Prütting/Wegen/Weinreich

BGB
Kommentar

Herausgegeben von

Prof. Dr. Hanns Prütting
Professor der Universität zu Köln,
Direktor des Instituts für Verfahrensrecht

Prof. Dr. Gerhard Wegen, LL.M. (Havard)
Attorney-at-law (New York)
Professor der Universität Tübingen, Rechtsanwalt, Stuttgart

Gerd Weinreich
Vorsitzender Richter am Landgericht Oldenburg

Luchterhand 2006

1. Auflage 2006

Bibliografische Information Der Deutschen Bibliothek
Die Deutsche Bibliothek verzeichnet diese Publikation
in der Deutschen Nationalbibliografie;
detaillierte bibliografische Daten sind im Internet
über http://dnb.ddb.de abrufbar

ISBN 3-472-06079-4

Zitierweise: PWW/*Bearbeiter* § ... Rn ...

www.wolterskluwer.de
www.luchterhand-fachverlag.de

Alle Rechte vorbehalten.
Luchterhand – eine Marke von Wolters Kluwer Deutschland GmbH.
© 2006 by Wolters Kluwer Deutschland GmbH, Heddesdorfer Straße 31, 56564 Neuwied.

Das Werk einschließlich aller seiner Teile ist urheberrechtlich geschützt. Jede Verwertung außerhalb der engen Grenzen des Urheberrechtsgesetzes ist ohne Zustimmung des Verlages unzulässig und strafbar. Das gilt insbesondere für Vervielfältigungen, Übersetzungen, Mikroverfilmungen und die Einspeicherung und Verarbeitung in elektronischen Systemen.

Umschlagkonzeption: Erich Kirchner, Heidelberg
Satz: TypoScript GmbH, München
Druck: Bercker Graphischer Betrieb, Kevelaer

♾ Gedruckt auf säurefreiem, alterungsbeständigem und chlorfreiem Papier.

Vorwort

Das Bürgerliche Gesetzbuch ist am 01. 01. 1900 in Kraft getreten und daher bereits über 100 Jahre alt.

Gerade deshalb stellt es eine besondere Herausforderung dar, zu einem solchen bewährten und durch langjährige Rechtsanwendung fortentwickelten Gesetz einen neuen einbändigen Kommentar für die Praxis vorzulegen. Zwar gibt es seit langer Zeit eine Reihe wissenschaftlich anerkannter und bewährter mehrbändiger Kommentare zum BGB, neuere Marktanalysen und Befragungen von Rechtsanwälten und Richtern zeigen aber sehr deutlich, dass die Praxis sich unverändert den einbändigen Kommentar mit breiter und fundierter, stets aktueller und praxisbezogener Information wünscht. Dem entspricht nach Umfang und Inhalt bisher nur ein einziges Werk zum BGB, das deshalb bis heute eine gewisse Vorrangstellung hat. Andererseits sind jedem Juristen die Klagen über die durch vielfältige Abkürzungen eingeschränkte Lesbarkeit dieses Werkes und das bei jedem häufig überarbeiteten Buch zu beobachtende Phänomen der überbordenden Materialfülle bekannt.

Autoren, Herausgeber und Verlag haben sich daher entschlossen, einen neuen, jährlich erscheinenden einbändigen BGB-Kommentar in lesbarer und moderner Fassung vorzulegen, der höchste Aktualität und praxisbezogene Informationsauswahl auf hohem wissenschaftlichen Niveau bietet. Es ist nach der starken Zäsur der Schuldrechtsmodernisierung des Jahres 2002 nunmehr der Zeitpunkt gekommen, um diese und viele andere aktuelle Novellierungen grundlegend zu verarbeiten. Auch die besondere Beachtung europarechtlicher Entwicklungen im Privatrecht ist ein wichtiges Kennzeichen dieses neuen Werkes.

Der Kommentar wird jährlich jeweils Ende Mai, erstmals zum Anwaltstag 2006, erscheinen und so auch künftig dem Benutzer eine stets aktuelle und praxisorientierte Hilfestellung sein. Dafür garantiert ein kompetentes Autorenteam aus Anwaltschaft, Notariat, Richterschaft und Hochschule, in dem sich neben außerordentlich erfahrenen Kommentatoren aus Wissenschaft und Praxis auch ein Team jüngerer Wissenschaftler und Praktiker zusammengefunden hat, das die nun vorliegende erste Auflage in einem bewundernswerten Gemeinschaftsgeist innerhalb kurzer Zeit erstellt hat. Uns ist klar, dass es für die nächsten Auflagen noch Abstimmungsbedarf in Einzelfragen zwischen den über 50 Autoren geben mag.

Dank gebührt allen Autoren ebenso wie dem Verlag, der das Werk mit voller Kraft und großem Engagement gefördert und hergestellt hat.

Die Herausgeber sind stolz und glücklich, in einem so engagierten, kommunikativen und aufgeschlossenen Umfeld wirken zu können.

Wir bitten die juristische Öffentlichkeit, uns Kritik, Anmerkungen, Verbesserungsvorschläge und konkrete Hinweise zukommen zu lassen, die wir gerne berücksichtigen. Wir sind entschlossen, in den Folgeauflagen die Qualität, Konsistenz und Homogenität dieses Werkes stetig zu verbessern.

Köln, Stuttgart und Oldenburg, im Mai 2006

Hanns Prütting
Gerhard Wegen
Gerd Weinreich

Die Bearbeiter

Dr. Martin Ahrens
Privatdozent der Universität Göttingen

Prof. Dr. Martin Avenarius
Professor der Universität zu Köln

Dr. Andreas Bauer
Wissenschaftlicher Mitarbeiter der Universität Osnabrück

Prof. Dr. Klaus Peter Berger, LL.M. (Virginia)
Professor der Universität zu Köln

Dr. Moritz Brinkmann, LL.M. (McGill)
Wissenschaftlicher Assistent am Institut für Verfahrensrecht der Universität zu Köln

Dr. Eckart Brödermann, LL.M. (Harvard)
Maître en droit (Paris V), Attorney-at-law (New York)
Rechtsanwalt, Hamburg

Prof. Dr. Petra Buck-Heeb
Professorin der Universität Hannover

Dr. Gunter Deppenkemper, LL.M., LL.M. (beide Osnabrück)
Wissenschaftlicher Assistent der Universität Osnabrück

Dr. Hoimar von Ditfurth
Rechtsanwalt, Frankfurt

Prof. Dieter Eickmann
Professor der Fachhochschule für Verwaltung und Rechtspflege, a.D.

Dr. Oliver Elzer
Richter am Amtsgericht, Berlin

Prof. Dr. Klaus Englert
Fachanwalt für Bau- und Architektenrecht und Rechtsanwalt, Schrobenhausen

Dr. Oliver Fehrenbacher
Privatdozent der Universität Konstanz
Diplom-Finanzwirt (FH)

Dr. Peer Feldhahn
Rechtsanwalt, Hamburg

Brigitte Frensch
Rechtsanwältin, Düsseldorf

Dr. Robert Freitag,
Maître en droit (Bordeaux)
Privatdozent der Universität Bayreuth

Dr. Peter Friederici
Vorsitzender Richter am Oberlandesgericht Naumburg, a.D.

Dr. Rainer Hoppenz
Vorsitzender Richter am Oberlandesgericht Karlsruhe, a.D.

Dr. Christoph Huhn
Notarassessor, Hürth

Prof. Dr. Brigitta Jud
Professorin der Universität Salzburg

Dr. Sibylle Kessal-Wulf
Richterin am Bundesgerichtshof, Karlsruhe

Dr. Christian Kesseler
Notarassessor, Euskirchen

Dr. Norbert Kleffmann
Fachanwalt für Familienrecht und Rechtsanwalt, Hagen

Dr. Joachim Kummer
Rechtsanwalt beim Bundesgerichtshof, Ettlingen

Hubertus Kramarz
Vorsitzender Richter am Landgericht Oldenburg

Dr. Reiner Lemke
Richter am Bundesgerichtshof, Karlsruhe

Stefan Leupertz
Richter am Oberlandesgericht Düsseldorf
Lehrbeauftragter für Bauvertragsrecht der Universität Dortmund

Dr. Stefan Lingemann
Fachanwalt für Arbeitsrecht, Rechtsanwalt und Notar, Berlin

Dr. Martin Löhnig
Privatdozent der Universität Regensburg

Prof. Dr. Dieter Medicus
Professor der Universität München, a. D.

Dr. Juliana Mörsdorf-Schulte, LL.M. (Berkeley)
Lehrbeauftragte der Universität Mannheim
Richterin

Prof. Dr. Hans-Friedrich Müller, LL.M. (Bristol)
Professor der Universität Erfurt

Gerd Nobbe
Vorsitzender Richter am Bundesgerichtshof, Karlsruhe

Prof. Dr. Thomas Pfeiffer
Professor der Universität Heidelberg
Direktor des Instituts für ausländisches und internationals Privat- und Wirtschaftsrecht
Richter am Oberlandesgericht, a.D.

Klaus Pieper
Richter am Oberlandesgericht Düsseldorf

Prof. Dr. Hanns Prütting
Professor der Universität zu Köln, Direktor des Instituts für Verfahrensrecht

Prof. Dr. Hans Rausch
Richter am Amtsgericht Euskirchen
Professor der Fachhochschule für Rechtspflege NRW, Bad Münstereifel

Eckhard Rehme
Vorsitzender Richter am Oberlandesgericht Oldenburg

Prof. Dr. Oliver Remien
Professor der Universität Würzburg

Dr. Olaf Riecke
Richter am Amtsgericht Hamburg-Blankenese

Oliver H. Röck, LL.M. Eur. (Frankfurt)
Wissenschaftlicher Mitarbeiter der Technischen Universität Darmstadt
Lehrbeauftragter für Europarecht und Vergaberecht

Prof. Dr. Renate Schaub, LL.M. (Bristol)
Professorin der Universität Göttingen

Prof. Dr. Josef Scherer
Richter am Landgericht, a.D.
Professor für Unternehmensrecht der Fachhochschule Deggendorf

Prof. Dr. Gottfried Schiemann
Professor der Universität Tübingen

Dr. Michael J. Schmid
Richter am Bayerischen Obersten Landesgericht, München

Dr. Detlef Schmidt
Rechtsanwalt und Notar, Berlin

Prof. Dr. Martin Schmidt-Kessel
Professor am European Legal Studies Institute der Universität Osnabrück

Prof. Dr. Martin Schöpflin
Professor der Niedersächsischen Fachhochschule für Verwaltung und Rechtspflege, Hildesheim

Dr. Jürgen Soyka
Vorsitzender Richter am Oberlandesgericht Düsseldorf

Prof. Dr. Barbara Völzmann-Stickelbrock
Professorin der Fernuniversität Hagen

Dr. Ursula Tschichoflos
Rechtsanwältin, Esslingen
Lehrbeauftragte der Katholischen Fachhochschule Freiburg

Dr. Wolfram Waldner, M.A.
Notar, Bayreuth

Prof. Dr. Gerhard Wegen, LL.M. (Harvard)
Attorney-at-law (New York)
Professor der Universität Tübingen
Rechtsanwalt, Stuttgart

Gerd Weinreich
Vorsitzender Richter am Landgericht Oldenburg

Prof. Dr. Axel Wirth
Professor der TU Darmstadt

Theo Ziegler
Staatsanwalt als Gruppenleiter bei der Staatsanwaltschaft Regensburg

Im Einzelnen haben bearbeitet:

BGB

Einleitung, §§ 1–14	Prof. Dr. Hanns Prütting
§§ 21–89	Prof. Dr. Martin Schöpflin
§§ 90–113	Prof. Dr. Barbara Völzmann-Stickelbrock
§§ 116–144	Dr. Martin Ahrens
§§ 145–163	Dr. Moritz Brinkmann
§§ 164–185	Brigitte Frensch
§§ 186–240	Dr. Christian Kesseler
§§ 241–248	Prof. Dr. Martin Schmidt-Kessel
§§ 249–255	Prof. Dr. Dieter Medicus
§§ 256–274	Prof. Dr. Brigitta Jud
§§ 275–292	Prof. Dr. Martin Schmidt-Kessel
§§ 293–304	Prof. Dr. Brigitta Jud
§§ 305–310	Prof. Dr. Klaus Peter Berger
§§ 311–311 c, 312–312 f, 313–361	Prof. Dr. Dieter Medicus
§§ 362–397	Prof. Dr. Thomas Pfeiffer
§§ 398–432	Prof. Dr. Hans-Friedrich Müller
§§ 433–480	Dr. Detlef Schmidt
§§ 481–487	Dr. Michael J. Schmid
§§ 488–515	Dr. Sibylle Kessal-Wulf
§§ 516–534	Dr. Rainer Hoppenz
§§ 535	Dr. Oliver Elzer
§§ 536, 536 a–d	Dr. Peer Feldhahn
§§ 537	Dr. Michael J. Schmid
§§ 538–542	Dr. Olaf Riecke
§§ 543–547	Dr. Peer Feldhahn
§§ 548	Dr. Olaf Riecke
§§ 549	Dr. Peer Feldhahn
§§ 550	Dr. Michael J. Schmid
§§ 551–555	Dr. Olaf Riecke
§§ 556–556 b	Dr. Michael J. Schmid
§§ 557–559 b	Dr. Oliver Elzer
§§ 560	Dr. Michael J. Schmid
§§ 561	Dr. Oliver Elzer
§§ 562–562 d, 563–567 b,	Dr. Olaf Riecke
§§ 568–572	Dr. Oliver Elzer
§§ 573–577 a	Dr. Olaf Riecke
§§ 578–580	Dr. Michael J. Schmid
§§ 580 a, 581–584 b, 585–597	Dr. Olaf Riecke
§§ 598–610	Dr. Rainer Hoppenz
§§ 611–630	Dr. Stefan Lingemann
§§ 631–661 a	Prof. Dr. Axel Wirth
§§ 651 a–651 m	Oliver H. Röck
§§ 662–704	Dr. Oliver Fehrenbacher
§§ 705–758	Dr. Hoimar von Ditfurth
§§ 759–779	Dr. Eckart Brödermann
§§ 780–811	Prof. Dr. Petra Buck-Heeb
§§ 812–822	Stefan Leupertz
§§ 823–838	Prof. Dr. Renate Schaub
§§ 839–839 a	Hubertus Kramarz
§§ 840–841	Prof. Dr. Renate Schaub
§§ 842–846	Prof. Dr. Dieter Medicus
§§ 847–853	Prof. Dr. Renate Schaub
Vor 854 ff–872	Prof. Dr. Hanns Prütting
§§ 873–902	Dr. Christoph Huhn
§§ 903–924	Dr. Reiner Lemke
§§ 925–928	Dr. Christoph Huhn
§§ 929–936	Prof. Dr. Hanns Prütting
§§ 937–984	Prof. Dr. Josef Scherer

§§ 985–1011	Prof. Dr. Klaus Englert
§§ 1018–1112	Prof. Dieter Eickmann
§§ 1113–1203	Dr. Wolfram Waldner
§§ 1204–1296	Gerd Nobbe
Vor §§ 1297 ff	Gerd Weinreich
§§ 1297–1312	Prof. Dr. Hans Rausch
§§ 1313–1320	Klaus Pieper
§§ 1353–1359	Gerd Weinreich
§§ 1360–1361	Dr. Norbert Kleffmann
§§ 1361 a–1390, 1408 I	Gerd Weinreich
§§ 1408 II	Eckhard Rehme
§§ 1409–1568	Gerd Weinreich
§§ 1569–1577	Dr. Norbert Kleffmann
§§ 1578–1579	Dr. Jürgen Soyka
§§ 1580–1586 b	Dr. Norbert Kleffmann
§§ 1587–1587 p	Eckhard Rehme
§§ 1588–1590	Prof. Dr. Hans Rausch
§§ 1591–1600 e	Klaus Pieper
§§ 1601–1615 o	Dr. Jürgen Soyka, Dr. Norbert Kleffmann
§§ 1616–1625	Klaus Pieper
§§ 1626–1711	Theo Ziegler
§§ 1712–1772	Dr. Peter Friederici
§§ 1773–1921	Dr. Andreas Bauer
§§ 1922–2063	Dr. Ursula Tschichoflos
§§ 2064–2099 (ohne 2077)	Dr. Martin Löhnig
§§ 2100–2146	Dr. Joachim Kummer
§§ 2147–2228	Prof. Dr. Gottfried Schiemann
§§ 2077	Prof. Dr. Hans Rausch
§§ 2229–2273	Prof. Dr. Martin Avenarius
§§ 2274–2385	Dr. Gunter Deppenkemper

EGBGB

Art 1–12 EGBGB	Dr. Juliana Mörsdorf-Schulte
Art 13–24 EGBGB	Prof. Dr. Hans Rausch
Art 25–26 EGBGB	Dr. Robert Freitag
Vor Art 27–28 EGBGB	Dr. Eckart Brödermann, Prof. Dr. Gerhard Wegen
Art 29, 29 a EGBGB	Prof. Dr. Oliver Remien
Art 30 EGBGB	Dr. Stefan Lingemann
Art 31, 32 EGBGB	Dr. Eckart Brödermann, Prof. Dr. Gerhard Wegen
Art 33 EGBGB	Prof. Dr. Hans-Friedrich Müller
Art 34 EGBGB	Prof. Dr. Oliver Remien
Art 35, 36, 37 EGBGB	Dr. Eckart Brödermann, Prof. Dr. Gerhard Wegen
Vor Art 38 EGBGB	Stefan Leupertz, Prof. Dr. Renate Schaub
Art 38 EGBGB	Stefan Leupertz
Art 39 EGBGB	Dr. Oliver Fehrenbacher
Art 40–42 EGBGB	Prof. Dr. Renate Schaub
Art 43–46 EGBGB	Dr. Moritz Brinkmann
VAHRG	Eckhard Rehme

Abkürzungsverzeichnis mit Literaturangaben*

aA	anderer Ansicht
AAA	American Arbitration Association
aaO	am angegebenen Ort
AB	Arbeitsblock
AbfG	Abfallgesetz
ABG	Allgemeines Berggesetz für die Preußischen Staaten
ABGB	Allgemeines Bürgerliches Gesetzbuch für Österreich
abgedr	abgedruckt
ABlEU	Amtsblatt der Europäischen Union (ab 1.1.04)
Abk	Abkommen
abl	ablehnend
Abl	Amtsblatt (Jahr, Seite)
ABlEG	Amtsblatt der Europäischen Gemeinschaften (bis 31.12.03)
ABM	Arbeitsbeschaffungsmaßnahme
Abs	Absatz
Abschn	Abschnitt
abw	abweichend
AbzG	Gesetz betreffend die Abzahlungsgeschäfte
abzgl	abzüglich
AC	Law Reports, Appeal Cases
AcP	Archiv für die zivilistische Praxis (Band, Seite)
Actes et docuements, 12éme	Conférence de La Haye de droit international privé Actes et documents de la douzième session, 2 au 21 octobre 1972, Tome IV, Obligations alimentaires, La Haye 1975
AdAnpG	Gesetz zur Anpassung rechtlicher Vorschriften an das Adoptionsgesetz
Aden	Aden, Enno Internationale Handelsschiedsgerichtsbarkeit, Kommentar zu den Verfahrensordnungen, 2. Aufl, München 2003
AdG	Gesetz über die Annahme als Kind und zur Änderung anderer Vorschriften (Adoptionsgesetz)
ADSp	Allgemeine Deutsche Spediteurbedingungen
AdVermiG	Gesetz über die Vermittlung der Annahme als Kind – Adoptionsvermittlungsgesetz
aE	am Ende
AEG	Anerbengericht
AEntG	Arbeitnehmerentsendegesetz
ähnl	ähnlich
ÄndAufhG	Gesetz über die Änderung oder Aufhebung von Gesetzen der DDR
ÄndG	Änderungsgesetz
aF	alte Fassung
AFG	Arbeitsförderungsgesetz, jetzt SGB III
AfP	Archiv für Presserecht
AFRG	Arbeitsförderungsreformgesetz
AG	Amtsgericht/Aktiengesellschaft
AGB	Allgemeine Geschäftsbedingungen
AGBG	Gesetz zur Regelung des Rechts der Allgemeinen Geschäftsbedingungen
AGBGB	Ausführungsgesetz zum BGB
AGBRL	Richtlinie 93/13/EWG des Rates v 5.4.93 über missbräuchliche Klauseln in Verbraucherverträgen, ABlEG L 095,29
AGJ-Mitt	Mitteilungen der Arbeitsgemeinschaft der Jugendämter
AGNB	Allgemeine Beförderungsbedingungen für den gewerblichen Güternahverkehr mit Kraftfahrzeugen
AgrarR	Agrarrecht (Jahr, Seite)

---

* Zitiert wird jeweils die neueste Auflage

AGS	Anwaltsgebühren spezial
AIZ	Allgemeine Immobilienzeitung (Jahr, Seite)
AK-BGB/Bearb	Kommentar zum Bürgerlichen Gesetzbuch (Reihe Alternativkommentare)
AKB	Allgemeine Bedingungen für die Kraftfahrtversicherung
AkfDR	Akademie für Deutsches Recht
AktG	Aktiengesetz
allg	allgemein
allgA	allgemeine Ansicht
AllgEisenbahnG	Allgemeines Eisenbahngesetz
allgM	allgemeine Meinung
ALR	Allgemeines Landrecht für die preußischen Staaten von 1794
aM	anderer Meinung
AMG	Gesetz über den Verkehr mit Arzneimitteln (ArzneimittelG)
AmtlBegr	amtliche Begründung
AmtsBl	Amtsblatt (Jahr, Seite)
AN	Arbeitnehmer
ANBA	Amtliche Nachrichten der Bundesanstalt für Arbeit
AnfG	Gesetz betreffend die Anfechtung von Rechtshandlungen eines Schuldners außerhalb des Insolvenzverfahrens (Anfechtungsgesetz)
Anh	Anhang
Anl	Anlage
Anm	Anmerkung
AnO	Anordnung
AnSVG	Anlegeschutzverbesserungsgesetz
AnVNG	Gesetz zur Neuregelung des Rechts der Rentenversicherung der Angestellten (Angestellten-Versicherungs-Neuregelungsgesetz)
AnwBl	Anwaltsblatt (Jahr, Seite)
AnwK/Bearb	Anwaltkommentar (Dauner-Lieb/Heidel/Ring) / Bearbeiter
AO	Abgabenordnung
AöR	Archiv für öffentliches Recht (Band, Seite)
AP	Nachschlagewerk des Bundesarbeitsgerichts (seit 1954, vorher: Arbeitsrechtliche Praxis)
ApG	Gesetz über das Apothekenwesen
APR	Allgemeines Persönlichkeitsrecht
ARB	Allgemeine Bedingungen für die Rechtsschutzversicherung
ArbG	Arbeitsgericht
ArbGG	Arbeitsgerichtsgesetz
ArbN	Arbeitnehmer
ArbNErfG	Gesetz über Arbeitnehmererfindungen
ArbPlSchG	Arbeitsplatzschutzgesetz
ArbRBGB/Bearb	Schliemann, Harald (Hrsg) Das Arbeitsrecht im BGB
ArbRKom/Bearb	Henssler/Willemsen/Kalb Arbeitsrechtskommentar
ArbRspr	Rechtsprechung in Arbeitssachen (Band, Seite)
ArbSamml	Arbeitsrechtssammlung: Entscheidungen des Reichsarbeitsgerichts, der Landesarbeitsgerichte und Arbeitsgerichte (Band, Seite)
ArbSchG	Arbeitsschutzgesetz
ArbuR	Arbeit und Recht (Jahr, Seite)
ArbuSozPol	Arbeits – und Sozialpolitik (Jahr, Seite)
ArbZG	Arbeitszeitgesetz
ArchBürgR	Archiv für Bürgerliches Recht (Band, Seite)
ArchPF	Archiv für Post- und Fernmeldewesen (Jahr, Seite)
arg	argumentum aus

ArG	Arbeitsgemeinschaft
ARST	Arbeitsrecht in Stichworten
Art	Artikel
ASt	Antragsteller
AsylVfG	Asylverfahrensgesetz
AT	Allgemeiner Teil
AtG	Gesetz über die friedliche Verwendung der Kernenergie und den Schutz gegen ihre Gefahren (Atomgesetz)
AuA	Arbeit und Arbeitsrecht (Jahr, Seite)
AuAS	Ausländer- und asylrechtlicher Rechtsprechungsdienst
AÜG	Gesetz zur Regelung der gewerbsmäßigen Arbeitnehmerüberlassung (Arbeitnehmerüberlassungsgesetz)
Aufl	Auflage
Aufs	Aufsatz
AuR	Arbeit und Recht (Jahr, Seite)
ausf	ausführlich
AusfG	Ausführungsgesetz
ausl	ausländisch(e)(r)
AuslInvestG	Auslandinvestmentgesetz
Ausn	Ausnahme
ausschl	ausschließlich
AV	Allgemeine Verfügung, auch: Arbeitsvermittlung, auch: Arbeitslosenversicherung
AVAG	Anerkennungs- und Vollstreckungsausführungsgesetz/Gesetz zur Ausführung zwischenstaatlicher Anerkennungs- und Voll-Streckungsverträge in Zivil- und Handelssachen
AVAVG	Gesetz über Arbeitsvermittlung und Arbeitslosenversicherung
AVB	Allgemeine Versicherungsbedingungen
AVBGasV	Gas-Versorgungsbedingungen-Verordnung
AVBWasserV	Wasser-Versorgungsbedingungen-Verordnung
AVG	Angestelltenversicherungsgesetz
AVO	Ausführungsverordnung
AWD	Außenwirtschaftsdienst des Betriebsberaters (Jahrgang, Seite)
AWG	Außenwirtschaftsgesetz
AWV	Außenwirtschaftsverordnung
Az	Aktenzeichen
BAA	Bundesausgleichsamt
BÄO	Bundesärzteordnung
BAG	Bundesarbeitsgericht
BAGE	Bundesarbeitsgerichtsentscheidungen
BAföG	Bundesgesetz über individuelle Förderung der Ausbildung (Ausbildungsförderungsgesetz)
Bahr	Bahr, Martin Glücks- und Gewinnspielrecht: eine Einführung in die wichtigsten rechtlichen Aspekte
BAKred	Bundesaufsichtsamt für das Kreditwesen
Bambg	OLG Bamberg
BankA	Bankarchiv, Zeitschrift für Bank- und Börsenwesen (Jahr, Seite)
BAnz	Bundesanzeiger (Jahr, Seite)
v Bar/Mankowski, IPR I	Bar, Christian von /Mankowski, Peter, Internationales Privatrecht, Erster Band: Allgemeine Lehren
v Bar, IPR II	Bar, Christian von, Internationales Privatrecht, Zweiter Band: Besonderer Teil

v Bar, Gemeinschafts-recht und IPR	Bar, Christan von (Hrsg) Europäisches Gemeinschaftsrecht und Internationales Privatrecht
BArbBl	Bundesarbeitsblatt (Jahr, Seite)
BaRoth/Bearb	Bamberger, Heinz/Roth, Herbert BGB Kommentar/Bearbeiter
BarwertV	Barwertverordnung
Basedow	Basedow, Jürgen Der Transportvertrag 1987
Basedow, Vertragsstatut und Arbitrage	Basedow, Jürgen Vertragsstatut und Arbitrage nach neuem IPR, in: Glossner (Hrsg.), Jahrbuch für die Praxis der Schiedsgerichtsbarkeit
BAT	Bundesangestelltentarifvertrag
Batiffol	Batiffol, Henri Réflexions sur la coordination des systèmes nationaux, in : Académie de Droit International, Rec 1967 I, 165–190
Batiffol/Lagarde	Batiffol, Henri/Lagarde, Paul Droit International Privé, Bd I, 8. Aufl Paris 1993
Bauer/Lingemann/Diller/Haußmann	Bauer, Jobst-Hubertus/Lingemann, Stefan/Diller, Martin/Haußmann, Katrin Anwaltsformularbuch Arbeitsrecht
Bauer/Röder	Bauer, Jobst-Hubertus/Röder, Gerhard Taschenbuch zur Kündigung
Bauer/Röder/Lingemann	Bauer, Jobst-Hubertus/Röder, Gerhard/Lingemann, Stefan Krankheit im Arbeitsverhältnis
BauFdgG	Gesetz über die Sicherung der Bauforderungen
BauGB	Baugesetzbuch
Baumbach/Lauterbach/Bearb	Baumbach, Adolf/Lauterbach, Wolfgang/Albers, Jan/Hartman, Peter/Bearbeiter Zivilprozessordnung
BauNVO	VO über die bauliche Nutzung der Grundstücke idF v 15. 9. 1977 (BGBl I 1763)
BauR	Baurecht (Jahr, Seite)
BausparkG	Gesetz über Bausparkassen
BaWü	Baden-Württemberg
Bay	Bayern
BayerGVBl	Bayerisches Gesetz- und Verordnungsblatt (Jahr, Seite)
BayJMBl	Bayerisches Justizministerialblatt (Jahr, Seite)
BayOBLG	Bayerisches Oberstes Landesgericht
BayOLGZ	Entscheidungen des Bayerischen Obersten Landesgerichts in Zivilsachen
BayVBl	Bayerische Verwaltungsblätter
BayVerfGH	Bayerischer Verfassungsgerichtshof
BazBV	Basiszinssatz-Bezugsgrößen-Verordnung v 10. 2. 99, BGBl I, 139; BGBl III, 7601-15-2
BB	Der Betriebsberater (Jahr, Seite)
BBankG	Gesetz über die Deutsche Bundesbank v 26. 7. 57 (BGBl I S. 745)
BBauBl	Bundesbaublatt (Jahr, Seite)
BBergG	Bundesberggesetz
BBesG	Bundesbesoldungsgesetz
BBG	Bundesbeamtengesetz
BBiG	Berufsbildungsgesetz
Bd	Band
BDH	Bundesdisziplinarhof
BDO	Bundesdisziplinarordnung
BDSG	Gesetz zum Schutz vor Missbrauch personenbezogener Daten bei der Datenverarbeitung (Bundesdatenschutzgesetz)
BeamtVG	Gesetz über die Versorgung der Beamten, Richter in Bund und Ländern (Beamtenversorgungsgesetz)
Bearb	Bearbeiter
BegrRegE	Begründung zum Regierungsentwurf eines Gesetzes zur Neuregelung Des Internationalen Privatrechts v 20. 10. 1983, BTDrs 10/504
Behrens	Behrens, Peter Die Gesellschaft mit beschränkter Haftung im internationalen und europäischen Recht

BerDGVR	Berichte der Deutschen Gesellschaft für Völkerrecht
Bergmann/Ferid	Bergmann, Alexander/Ferid, Murad Internationales Ehe- und Kindschaftsrecht, Loseblatt
BerHG	Beratungshilfegesetz
BerlAnwBl	Berliner Anwaltsblatt (Jahr, Seite)
BerlGVBl	Berliner Gesetz- und Verordnungsblatt (Jahr, Seite)
BErzGG	Gesetz über die Gewährung von Erziehungsgeld und Erziehungsurlaub (Bundeserziehungsgeldgesetz)
BeschFG	Beschäftigungsförderungsgesetz
bestr	bestritten
BetrR	Betriebsrat
betr	betreffend
BetrVG	Betriebsverfassungsgesetz
BeurkG	Beurkundungsgesetz
BewG	Bewertungsgesetz
BezG	Bezirksgericht
BFernStrG	Bundesfernstraßengesetz
BFG	Bundesfinanzgericht
BFH	Bundesfinanzhof
BFHE	Sammlung der Entscheidungen und Gutachten des BFH (Jahr, Seite)
BFH/NV	Beck'sches Nachschlagewerk der Entscheidungen des BFH
BG	Bundesgesetz
BGA	Bundesgesundheitsamt
BGB	Bürgerliches Gesetzbuch
BGB-DiskE	Diskussionsentwurf des Bundesministers der Justiz zum Entwurf eines Schuldrechtsmodernisierungsgesetzes
BGB-InfoV	Verordnung über Informations- und Nachweispflichten nach bürgerlichem Recht
BGB-KE	Entwurf der Kommission für die Überarbeitung des Schulrechts
BGB-KF	Konsolidierte Fassung des Diskussionsentwurfs des Bundesministers der Justiz zum Entwurf eines Schuldrechtsmodernisierungsgesetzes
BGBl	Bundesgesetzblatt (Jahr, Seite)
BGB-RegE	Regierungsentwurf für ein Gesetz zur Modernisierung des Schuldrechts, BRDrs 338/01, zumeist zitiert nach dem textidentischen Koalitionsentwurf der Bundestagsfraktionen von SPD und Bündnis 90/Die Grünen, BTDrs 14/6040
BGH	Bundesgerichtshof
BGH EBE	Eildienst der Entscheidungen des BGH
BGHEntlG	Gesetz zur Entlastung des Bundesgerichtshofes in Zivilsachen
BGHR	BGH-Rechtsprechung, hrsg v d. Richtern d. Bundesgerichtshofes
BGHST	Entscheidungen des BGH in Strafsachen (Jahr, Seite)
BGHZ	Entscheidungen des BGH in Zivilsachen (Band, Seite)
BImSchG	Bundes-Immissionsschutzgesetz
Bitterich	Bitterich, Klaus Die Neuregelung des Internationalen Verbrauchervertragsrechts in Art 29 a EGBGB
BJagdG	Bundesjagdgesetz
BKartA	Bundeskartellamt
BKGG	Bundeskindergeldgesetz
Bl	Blatt
BLG	Bundesleistungsgesetz
BlGWB	Blätter für Grundstücks- Bau- und Wohnungsrecht (Jahr, Seite)
BMA	Bundesminister(ium) für Arbeit und Sozialordnung
BMBau	Bundesminister(ium) für Raumordnung, Bauwesen und Städtebau
BMG	Gesetz(e) über Maßnahmen auf dem Gebiete des Mietpreisrecht

BMI	Bundesminister(ium) des Innern
BMinBlF	Bundesministerialblatt für Finanzen
BMJ	Bundesminister(ium) der Justiz
BML	Bundesminister(ium) für Ernährung, Landwirtschaft und Forsten
BmWi	Bundesminister(ium) für Wirtschaft
BMJ	Bundesminister der Finanzen
BNatSchG	Bundesnaturschutzgesetz
BNotO	Bundesnotarordnung
BNV	Bundesnebentätigkeitsverordnung
BO	Berufsordnung für Rechtsanwälte
BodSchG	Gesetz zum Schutz vor schädlichen Bodenveränderungen und zur Sanierung von Altlasten (Bundes-Bodenschutzgesetz)
BörsG	Börsengesetz
BOStB	Berufsordnung der Bundes-Steuerberaterkommentar
BPatG	Bundespatentgericht
BPersVG	Bundespersonalvertretungsgesetz
BPflV	Bundespflegesatzverordnung
BR	Bundesrat
BRAGO	Bundesgebührenordnung für Rechtsanwälte
BRAK-Mitt	Mitteilungen der Bundesrechtsanwaltskammer
Brandbg	OLG Brandenburg
BRAO	Bundesrechtsanwaltsordnung
Braunschw	OLG Braunschweig
BRDrs	Bundesrats-Drucksache
BReg	Bundesregierung
Breith	Sammlung von Entscheidungen aus dem Sozialrecht
Bremen	OLG Bremen
BRepD	Bundesrepublik Deutschland
Brödermann/Iversen	Brödermann, Eckart/Iversen, Holger Europäisches Gemeinschaftsrecht und Internationales Privatrecht
Brödermann/Rosengarten	Brödermann, Eckart/Rosengarten, Joachim IPR, Anleitung zur systematischen Fallbearbeitung im Internationalen Privat- und Verfahrensrecht
Brox	
– Allg SchuldR	Brox, Hans Allgemeines Schuldrecht
– AT	Brox, Hans Allgemeiner Teil des Bürgerlichen Gesetzbuches
– BesSchR	Brox, Hans Besonderes Schuldrecht
– ErbR	Brox, Hans Erbrecht
– HandelsR	Brox, Hans Handelsrecht
Brox-Walker ZwVR	Brox-Walker, Zwangsvollstreckungsrecht
BRRG	Rahmengesetz zur Vereinheitlichung des Beamtenrechts (Beamtenrechts-Rahmengesetz)
Brüssel I	s EuGVO
Brüssel II-VO	s EheGVO
Brüssel IIa-VO	s EheGVO (nF)
BRVO	Bundesratsverordnung
BSG	Bundessozialgericht
BSHG	Bundessozialhilfegesetz
Bsp	Beispiel
bspw	beispielsweise
BStBl	Bundessteuerblatt (Jahr, Seite)
BT	Bundestag
BTÄndG	Gesetz zur Änderung des Betreuungsrechts

BTDrs	Bundestags-Drucksachen
BtE	Betreuungsrechtliche Entscheidungen, Seitz-v Gaessler (Hrsg), (Jahrgang, Seite)
BtG	Gesetz zur Reform des Rechts der Vormundschaft und Pflegschaft für Volljährige (Betreuungsgesetz)
BTMG	Betäubungsmittelgesetz
BtPrax	Betreuungsrechtliche Praxis
BuB	Bankrecht und Bankpraxis (Loseblattwerk)
Bülow/Böckstiegel/Bearb	Bülow, Arthur/Böckstiegel, Karl-Heinz Der Internationale Rechtsverkehr/Bearbeiter
BUrlG	Bundesurlaubsgesetz
BuW	Betrieb und Wirtschaft
II. BV	Verordnung über wohnungswirtschaftliche Berechnungen – Zweite BerechnungsVO
BVBl	Bundesversorgungsblatt, Entscheidungssammlung
BVerfG	Bundesverfassungsgericht
BVerfGE	Entscheidungen des Bundesverfassungsgerichts (Band, Seite)
BVerfGG	Gesetz über das Bundesverfassungsgericht
BVerwG	Bundesverwaltungsgericht
BVerwGE	Entscheidungen des Bundesverwaltungsgerichts
BVFG	Bundesgesetz über die Angelegenheiten der Vertriebenen und Flüchtlinge (Bundesvertriebenengesetz)
BVG	Gesetz über die Versorgung der Opfer des Krieges (Bundesversorgungsgesetz)
BVS	Bundesanstalt für vereinigungsbedingte Sonderaufgaben (früher: Treuhandanstalt)
BWNotZ	Baden-Württembergische Notarzeitung
bzgl	bezüglich
BZollBl	Bundszollblatt (Jahr, Seite)
bzw	beziehungsweise
ca	cirka
CA	Cour d'appel, Court of Appeal
v Caemmerer	Caemmerer, Ernst von (Hrsg) Vorschläge und Gutachten zur Reform des deutschen internationalen Privatrechts der außervertraglichen Schuldverhältnisse
v Caemmerer/Schlechtriem/Bearb	v Caemmerer, Ernst von/Schlechtriem, Peter Kommentar zum Einheitlichen UN-Kaufrecht/Bearbeiter
Cass	Cour de cassation
Cc	Code civil, Codice civile, Código civil
Celle	OLG Celle
cic	culpa in contrahendo
CIEC	commission Internationale de l'État Civil (Internationale)
CISG	Unites Nations Convention on Contracts for the International Sale of Goods/Übereinkommen der Vereinten Nationen über Verträge über den internationalen Warenkauf
CIM	1. (Convention internationale concernant le transport des marchandises par chemins de fer.) Internat Übk v 7. 2. 1970 ü d Eisenbahnfracht-Verkehr (BGBl 1974 II 381) 2. Comité intergouvernemental pour les migrations
CIV	(Convention internationale concernant le transport des voyageurset des bagages par chemins de fer.) Internat Übk v 7. 2. 1970 üd Eisenbahn-Personen- u Gepäckverkehr (BGBl 1974 II 493)
Civ 1ère	Cour de Cassation, 1ère Chambre civile
Clunet	Clunet, Journal du droit international
CMI	Comité Maritime International

CMR	Convention relative au Contrat de transport international de Marchandises par route (Übereinkommen über den Beförderungs-Vertrag im internationalen Straßengüterverkehr)
COTIF	Convention relative aux transports internationaux ferroviaires v 9.5.1980 (BGBl 1985 II 132)
CR	Computer und Recht, Zeitschrift (Jahr, Seite)
Currie	Currie, David P Die Verfassung der Vereinigten Staaten von Amerika
DA	Dienstanweisung für die Standesbeamten und ihre Aufsichtsbehörden
DAG	Deutsche Angestelltengewerkschaft
Dalloz	Recueil Dolloz de doctrine, de jurisprudence et de législation
DAngV	Die Angestellten-Versicherung
DAR	Deutsches Autorecht (Jahr, Seite)
DArbR	Deutsches Arbeitsrecht (Jahr, Seite)
DatenschutzRL	Richtlinie 95/46/EG des Europäischen Parlaments und des Rates v 24.10.95 zum Schutz natürlicher Personen bei Verarbeitung personenbezogener Daten und zum freien Datenverkehr, ABlEG L 281,31
DAV	Deutscher Anwaltverein
DAVorm	Der Amtsvormund
DB	Der Betrieb (Jahr, Seite)
DBest	Durchführungsbestimmung
DCFR	Draft Common Frame of Reference
Ddorf	OLG Düsseldorf
DepotG	Gesetz über die Verwaltung und Anschaffung von Wertpapieren (Depotgesetz)
ders	derselbe
DFG	Deutsche Freiwillige Gerichtsbarkeit (Jahr, Seite)
DGB	Deutscher Gewerkschaftsbund
dgl	dergleichen
DGVZ	Deutsche Gerichtsvollzieherzeitung (Jahr, Seite)
DGWR	Deutsches Gemein- und Wirtschaftsrecht (Jahr, Seite)
dh	das heißt
Dicey/Morrid	Dicey and Morris on the Conflict of Laws
DIN	Deutsches Institut für Normung
Diss	Dissertation
DiszH	Disziplinarhof
DJ	Deutsche Justiz
DJT	Deutscher Juristentag
DJZ	Deutsche Juristenzeitung
DMR	Deutsches Mietrecht
DNotZ	Deutsche Notarzeitung
DÖD	Der öffentliche Dienst, Ausgabe A (Jahr, Seite)
Dölle	Dölle, Hans Internationales Privatrecht
DÖV	Die öffentliche Verwaltung
DOG	Deutsches Obergericht für das Vereinigte Wirtschaftsgebiet
DOK	Die (deutsche) Ortskrankenkasse (Jahr, Seite)
DONot	Dienstordnung für Notare (im Wesentlichen inhaltsgleiche Verwaltungsanordnungen der alten Bundesländer; als Rechtsverordnungen geltend in den neuen Bundesländern)
DPA	Deutsches Patentamt
DR	Deutsches Recht (Jahr, Seite)
Dresd	OLG Dresden

DRiG	Deutsches Richtergesetz
DRiZ	Deutsche Richterzeitung
Drobnig, FS Neumayer	Drobnig, Ulrich Die Beachtung von ausländischen Eingriffsgesetzen. Eine Interessenanalyse, Festschrift für Karl H Neumayer zum 65. Geburtstag
DRpfl	Deutsche Rechtspflege (Jahr, Seite)
DRspr	Deutsche Rechtsprechung (Leitzahl, Blatt)
DRWiss	Deutsche Rechtswissenschaft (Jahr, Seite)
DRZ	Deutsche Rechtszeitschrift
DStR	Deutsche Steuer-Rundschau/Deutsches Steuerrecht (Jahr, Seite)
DStZ	Deutsche Steuerzeitung (Jahr, Seite)
DtZ	Deutsch-Deutsche Rechtszeitschrift (Jahr, Seite)
DuD	Datenschutz und Datensicherung
DÜG	Diskontsatz-Überleitungs-Gesetz v 9.6.98, BGBl I,1242
DV	Deutsche Verwaltung (Jahr, Seite)
DVBl	Deutsches Verwaltungsblatt (Jahr, Seite)
DVO	Durchführungsverordnung
DWW	Deutsche Wohnungswirtschaft (Jahr, Seite)
DZWir	Deutsche Zeitschrift für Wirtschaftsrecht (Jahr, Seite)
EA	Einstweilige Anordnung
EALG	Entschädigungs- und Ausgleichsleistungsgesetz
ebda	ebenda
EBE/BGH	Eildienst Bundesgerichtliche Entscheidungen
Ebenroth/Boujoug/Joast	Ebenroth, Carsten/Boujoug, Thomas/Joast, Karlheinz Kommentar zum HGB
Ecolex	Zeitschrift für Wirtschaftsrecht (Österreich)
EFG	Entscheidungen der Finanzgerichte (Band, Seite)
EFTA	European Free Trade Association (Europäische Freihandelsassoziation)
EFZG	Entgeltfortzahlungsgesetz
EG	Einführungsgesetz
EGBGB	Einführungsgesetz zum Bürgerlichen Gesetzbuch
EGE	Ehrengerichtliche Entscheidungen (Band, Seite)
EGGVG	Einführungsgesetz zum Gerichtsverfassungsgesetz
EGH	Ehrengerichtshof-Entscheidungen (Band, Seite)
EGMR	Entscheidungen des Europäischen Gerichtshof für Menschenrechte
EGV	EG-Vertrag Vertrag zur Gründung der Europäischen Wirtschaftsgemeinschaft v 25.3.57 in der Fassung des Vertrages über die Europäische Union v 7.2.92, zuletzt geändert durch die Abk zum Beitrittsvertrag v 16.4.03
EGVVG	Einführungsgesetz zum Versicherungsvertragsgesetz
EGZPO	Gesetz, betreffend die Einführung der Zivilprozessordnung
EheG	Ehegesetz
EheGVO (Brüssel II)	Europäische Verordnung über die Zuständigkeit und Anerkennung und Vollstreckung von Entscheidungen in Ehesachen und in Verfahren betreffend die elterliche Verantwortung für die gemeinsamen Kinder der Ehegatten
EheGVO (nF) (Brüssel IIa)	Europäische Verordnung über die Zuständigkeit und Anerkennung und Vollstreckung von Entscheidungen in Ehesachen und in Verfahren betreffend die elterliche Verantwortung und zur Aufhebung der Verordnung (EG) Nr. 1347/2000
EhemissbrG	Gesetz gegen Missbräuche bei der Eheschließung und der Annahme an Kindes Statt
EheNÄndG	Gesetz über die Änderung des Ehenamens (Ehenamensänderungsgesetz)
1. EheRG	Erstes Gesetz zur Reform des Ehe- und Familienrechts v 14.6.76 (BGBl I 1421)
EheschlRG	Gesetz zur Neuordnung des Eheschließungsrechts

EheVO aF	Nr 1347/2000 v 29. 5. 00, ABl EG L 160 v 30. 6. 00
EheVO nF	Nr 2201/2003 v 27. 11. 03 ABl EG L 338/1 v 23. 12. 03
Eickmann	Eickmann, Dieter Heidelberger Kommentar zur Insolvenzordnung
EhfG	Entwicklungshelfergesetz
EigenheimVO	Eigenheimverordnung (DDR-Gesetz)
Einf	Einführung
EinigVtr	Einigungsvertrag
Einl	Einleitung
einschl	einschließlich
einschr	einschränkend
EKG	Einheitliches Gesetz über den internationalen Kauf beweglicher Sachen
EMRK	(Europäische) Konvention zum Schutz der Menschenrechte und Grundfreiheiten
Endg	endgültig
entspr	entsprechend
EnWG	Energiewirtschaftsgesetz
ErbbauR	Erbbaurecht
ErbbauV	Verordnung über das Erbbaurecht
ErbGleichG	Gesetz zur erbrechtlichen Gleichstellung nichtehelicher Kinder
ErbStDV	Erbschaftsteuer-Durchführungsverordnung
ErbStG	Erbschaftsteuer- und Schenkungsteuergesetz
ErFK	Erfurter Kommentar zum Arbeitsrecht
erg	ergänzend
Erg	Ergebnis
Erman/Bearb	Erman BGB Kommentar/Bearbeiter
ESchG	Embryonenschutzgesetz
ESG	Embryonenschutzgesetz
ESJ	Entscheidungssammlung für junge Juristen(Band, Seite)
ESTG	Einkommensteuergesetz
EU	Europäische Union
EuBVO	Verordnung (EG) Nr 1206/2001 des Rates über die Zusammenarbeit zwischen den Gerichten der Mitgliedstaaten auf dem Gebiet der Beweisaufnahme in Zivil oder Handelssachen vom 28. 5. 01, ABl EG 2001 Nr L 1774 S 1
EÜZ	Pariser Vereinbarung über die Anwendung des Europäischen Übereinkommens über die internationale Handelsschiedsgerichtsbarkeit
EuG	Gericht erster Instanz der Europäischen Gemeinschaften
EuGH	Gerichtshof der Europäischen Gemeinschaften
EuGRZ	Europäische Grundrechte-Zeitschrift (Jahr, Seite)
EuGVO (Brüssel I)	Europäische Verordnung über die gerichtliche Zuständigkeit und die Anerkennung und Vollstreckung von Entscheidungen in Zivil- und Handelssachen
EuGVÜ	(Europäisches) Übereinkommen über die gerichtliche Zuständigkeit und die Vollstreckung gerichtlicher Entscheidungen in Zivil- und Handelssachen
EuInsVO	Europäische Verordnung über Insolvenzverfahren
EuR	Europarecht (Jahr, Seite)
EuroEG	Gesetz zur Einführung des Euro
Eusterhus	Eusterhus, Daniel Die Akzessorietät im Bürgschaftsrecht
EuVTVO	EG-VO Nr 805/2004 v 21. 4. 04, in Kraft seit 21. 10. 05
EuZVO	Verordnung (EG) Nr 1348/200 des Rates über die Zustellung gerichtlicher und außergerichtlicher Schriftstücke in Zivil- oder Handelssachen in den Mitgliedstaaten vom 29. 5. 00, ABl EG 2000 Nr L 160 S 37
EuZW	Europäische Zeitschrift für Wirtschaftsrecht (Jahr, Seite)
eV	einstweilige Verfügung; auch: eingetragener Verein
EV	Eigentumsvorbehalt, Einwilligungsvorbehalt

EVO	Eisenbahnverkehrsordnung
evtl	eventuell
EVÜ	Europäisches Übereinkommen über das auf vertragliche Schuldverhältnisse anzuwendende Recht v 19. 6. 80 (BGBl 86 II 809; 91 II 871)
EWG	Europäische Wirtschaftsgemeinschaft
EWIR	Entscheidungen zum Wirtschaftsrecht (Jahr, Seite)
EWIV-Verordnung	Verordnung (EWG) Nr 2137/85 des Rates vom 25. Juli 1985 über die Schaffung einer Europäischen wirtschaftlichen Interessenvereinigung
EWR	Europäischer Wirtschaftsraum
EWRA	G z Ausführung d. Abkommens v. 2. 5. 1992 ü.d. Europäische Wirtschaftsraum v 27. 4. 1993 (BGBl I S 512)
EWS	Europäisches Wirtschafts- und Steuerrecht (Jahr, Seite)
EzA	Entscheidungen zum Arbeitsrecht
f	folgende (r)
FaFamR/Bearb	Gerhardt, Peter/v Heintschel-Heinegg, Bernd/Klein, Michael Handbuch des Fachanwalts Familienrecht/Bearbeiter
FactÜ	UNIDROIT-Übereinkommen über internationales Factoring (Ottawa 1988)
FAG	Gesetz über Fernmeldeanlagen
FamG	Familiengericht
FamNamRG	Gesetz zur Neuordnung des Familienrechts v 16. 12. 93, BGBl I 2054
FamNeuÄndG	Gesetz über die Änderung von Familiennamen und Vornamen
FamRÄndG	Gesetz zur Vereinheitlichung und Änderung familienrechtlicher Vorschriften (Familienrechtsänderungsgesetz)
FamRBInt	Familienrechtsberater International
FamRefK	Familienrechtsreformkommentar, Bäumel ua
FamRZ	Zeitschrift für das gesamte Familienrecht (Jahr, Seite)
FAZ	Frankfurter Allgemeine Zeitung
Ferid	Ferid, Murad Internationales Privatrecht
Ferid/Firsching	Ferid, Murad/Firsching, Karl (Hrsg) Internationales Erbrecht (Quellensammlung), Bd. I-VII, Loseblattsammlung
FernabsFinDinRL	Richtlinie 2002/65/EG des Europäischen Parlaments und des Rates v 23. 9. 02 über den Fernabsatz von Finanzdienstleistungen an Verbraucher und zur Änderung der Richtlinie 90/619/EWG des Rates und der Richtlinien 97/7/EG und 98/27/EG, ABlEG L 271,16
FernabsRL	Richtlinie 97/7/EG des Europäischen Parlaments und des Rates v 20. 5. 97 über den Verbraucherschutz bei Vertragsabschlüssen im Fernabsatz, ABlEG L 144,19
FernAG	Gesetz über Fernabsatzverträge und andere Fragen des Verbraucherrechts sowie von Umstellung von Vorschriften in Euro
FernUSG	Gesetz zum Schutz der Teilnehmer an Fernunterricht (Fernunterrichtsschutzgesetz)
FEVG	Freiheitsentziehungsverfahrensgesetz
ff	fortfolgende
FG	Finanzgericht
FGG	Gesetz über die freiwillige Gerichtsbarkeit
FGO	Finanzgerichtsordnung
FGPrax	Praxis der freiwilligen Gerichtsbarkeit
Firsching	Firsching, Karl Einführung in das internationale Privatrecht
Fischer	Fischer, Verkehrsschutz im internationalen Vertragsrecht
FluglärmG	Gesetz zum Schutz gegen Fluglärm
Flume	Flume, Allgemeiner Teil des Bürgerlichen Rechts
FlurberG	Flurbereinigungsgesetz
Fn	Fußnote
FPR	Familie, Partnerschaft und Recht

fr	französisch
Frankf	OLG Frankfurt/Main
Frankfurt/M	Frankfurt am Main
FreihEntzG	Gesetz über die Entziehung der Freiheit geisteskranker, geistesschwacher, rauschgift- oder alkoholsüchtiger Personen
Frisch	Frisch, Wolfgang Das internationale Schuldrecht der nordischen Länder im Vergleich zu dem europäischen Übereinkommen über das auf Schuldverträge anwendbare Recht
FS	Festschrift
FStrG	Bundesfernstraßengesetz
frz	französisch
FuR	Familie und Recht (Jahr, Seite)
FVE	Sammlung Fremdenverkehrsrechtlicher Entscheidungen (Band, Nummer)
FS	Festschrift
FZulV	Verordnung über die Zulassung von Fernmeldeeinrichtungen (Fernmeldeeinrichtungsverordnung)
G	Gesetz
GA	Goltdammer's Archiv für Strafrecht (Jahr, Seite); Genfer Abkommen zur Vollstreckung ausländischer Schiedssprüche v 26. 9. 1927
GB	Grundbuch
GBA	Grundbuchamt
GBAVO	Verordnung zur Ausführung der Grundbuchordnung
GBBerG	Grundbuchbereinigungsgesetz
GBl	Gesetzblatt (Band, Seite)
Gbl DDR I	Gesetzblatt Deutsche Demokratische Republik Teil I (Band, Seite)
GBO	Grundbuchordnung
GbR	Gesellschaft bürgerlichen Rechts
GBVfg	Allgemeine Verfügung über die Errichtung und Führung des Grundbuchs (Grundbuchverfügung)
Geb	Gebühr
GebrMG	Gebrauchsmustergesetz
Geimer	Geimer, Reinhold Internationales Zivilprozessrecht
Geimer/Schütze	Geimer, Reinhold/Schütze, Rolf A Internationale Urteilsanerkennung
gem	gemäß
GemS-OBG	Gemeinsamer Senat der Obersten Gerichtshöfe des Bundes
GenG	Genossenschaftsgesetz
GenTG	Gentechnikgesetz
GeschmMG	Gesetz betreffend das Urheberrecht an Mustern und Modellen
GewArch	Gewerbearchiv
GewerkMh	Gewerkschaftliche Monatshefte (Jahr, Seite)
GewO	Gewerbeordnung
GewSchG	Gewaltschutzgesetz
GG	Grundgesetz
ggf	gegebenenfalls
ggü	gegenüber
Giuliano/Lagarde	Mario Giuliano/Paul Lagarde, Bericht über das auf vertragliche Schuldverhältnisse anzuwendende Recht, BTDrs 10/503 S 33 ff
GK-/Bearb	s GK-BetrVG-/Bearb
GKAR	Gesetz über das Kassenarztrecht
GK-ArbGG/Bearb	Gemeinschaftskommentar zum Arbeitsgerichtsgesetz/Bearbeiter
GK-BetrVG/Bearb	Gemeinschaftskommentar zum Betriebsverfassungsgesetz/Bearbeiter

GKG	Gerichtskostengesetz
GleichberG	Gesetz über die Gleichberechtigung von Mann und Frau auf dem Gebiete des bürgerlichen Rechts (Gleichberechtigungsgesetz)
GmbHG	Gesetz betreffend die Gesellschaften mit beschränkter Haftung
GmbH-Rdsch	GmbH-Rundschau (Jahrgang, Seite)
GMBl	Gemeinsames Ministerialblatt (Band, Seite)
GoA	Geschäftsführung ohne Auftrag
GOA	Gebührenordnung für Architekten
GOÄ	Gebührenordnung für Ärzte
GoltdA	Archiv für Strafrecht und Strafprozessrecht, begründet von Goltdammer (Band, Seite)
GP	Genfer Protokoll über die Schiedsklauseln
GPR	Zeitschrift der Gemeinschaftsprivatrecht/European Community Law Review/Revue de droit privé communautaire
Grabitz	Grabitz, Eberhard (Hrsg) Das Recht der Europäischen Union, Loseblattsammlung
grds	grundsätzlich
GrdstVG	Grundstücksverkehrsgesetz
GrEStG	Grunderwerbsteuergesetz
Groeben/Schwarze	Groeben, Hans v.d./Schwarze (Hrsg.) Kommentar zum Vertrag über die Europäische Union und zur Gründung der Europäischen Gemeinschaft
GrS	Großer Senat
GrSZ	Großer Senat in Zivilsachen
GrundE	Das Grundeigentum (Jahr, Seite)
grundl	grundlegend
GRUR	Gewerblicher Rechtsschutz und Urheberrecht, Auslandsteil (Jahr, Seite)
GRURINT	Gewerblicher Rechtsschutz und Urheberrecht Internationaler Teil (Jahr, Seite)
GRV	Gesetzliche Rentenversicherung
GS	Großer Senat; Gedächtnisschrift, auch: Preußische Gesetzsammlung (Jahr, Seite)
GüKG	Güterkraftverkehrsgesetz
GuR	Gesetz und Recht, Sammlung in Deutschland nach dem 8. 5. 1945 erlassener Rechtssätze mit Erläuterungen (Heft, Seite)
Gutzwiller	Gutzwiller, Max Geschichte des Internationalprivatrechts
GV	Gerichtsvollzieher
GVBl	Gesetz- und Verordnungsblatt (Jahr, Seite)
GVG	Gerichtsverfassungsgesetz
GVKostG	Gesetz über Kosten der Gerichtsvollzieher
GVL	Gesellschaft für die Verwertung von Leistungsschutzrechten
GVO	Gruppenfreistellungsverordnung
GVVO	Verordnung über den Verkehr mit Grundstücken
GW	Gemeinnütziges Wohnungswesen (Jahr, Seite)
GWB	Gesetz gegen Wettbewerbsbeschränkungen
H	Hinweise(n)
hA	herrschende Ansicht
HA	Hauptausschuss des Parlamentarischen Rates
HaagEheschlAbk	Haager Abkommen zur Regelung des Geltungsbereichs der Gesetze auf dem Gebiete der Eheschließung
Haager Programm	Kommission der Eur Gem: 10 Prioritäten für die nächsten 5 Jahre, 10. 5. 05
HaagVormAbk	Haager Abkommen zur Regelung der Vormundschaft über Minderjährige
HAG	Heimarbeitergesetz v 14. 3. 1951 (BGBl I 191)
HAGÄndG	Gesetz zur Änderung des Heimarbeitsgesetzes und arbeitsrechtlicher Vorschriften
HambVO	Hamburger Verordnungsblatt (Jahr, Seite)

Hamm	OLG Hamm
Handelsvertreter RL	Richtlinie 86/653/EWG des Rates v 18. 12. 86 zur Koordinierung der Rechtsvorschriften der Mitgliedstaaten betreffend die selbständigen Handelsvertreter, ABlEG L 382, 17
HandwO	Handwerksordnung
HannRpfl	Hannoversche Rechtspflege (bis 1. 7. 1947), dann: Niedersächsische Rechtspflege (Jahr, Seite)
HansGZ	Hanseatische Rechts- und Gerichtszeitung (Jahr, Seite)
HansJVBl	Hanseatisches Justizverwaltungsblatt (Jahr, Seite)
HausratsV, HV	Verordnung über die Behandlung der Ehewohnung und des Hausrats
HausratsVO	Hausratsverordnung
HausTWG	Gesetz über den Widerruf von Haustürgeschäften und ähnlichen Geschäften
HBÜ	Haager Üb über die Beweisaufnahme im Ausland in Zivil- oder Handelssachen v 18. 3. 70 (BGBl 77 II 1472)
Hburg	Hanseatisches Oberlandesgericht Hamburg
Hdb IZVR	Max-Planck-Institut (Hrsg.) Handbuch des Internationalen Zivil-Verfahrenrechts, Bd I (1982), Bd III/1 (1984), Bd III/2 (1984)
HeimG	Gesetz über Altenheime, Altenwohnheime und Pflegeheime für Volljährige
HeizkostenV	Verordnung über die verbrauchsabhängige Abrechnung der Heiz- und Warmwasserkosten
Hepting/Gaaz	Hepting, Reinhard/Gaaz, Berthold Personenstandsrecht mit Eherecht und internationalem Privatrecht
HEZ	Höchstrichterliche Entscheidungen, Sammlung von Entscheidungen der Oberlandesgerichte und der obersten Gerichte in Zivilsachen (Band, Seite)
HFR	Höchstrichterliche Finanzrechtsprechung (Jahr, Seite)
HGB	Handelsgesetzbuch
HintO	Hinterlegungsordnung
HK/Bearb	Handkommentar, Bürgerliches Gesetzbuch/Bearbeiter
hL	herrschende Lehre
HLKO	Haager Abkommen betreffend die Gesetz und Gebräuche des Landkriegs
hM	herrschende Meinung
HMR	Handbuch des gesamten Miet- und Raumrechts
HMR Rspr	Rechtsprechungsbeilage zum Handbuch des gesamten Miet- und Raumrechts (Jahr, Seite)
HOAI	Honorarordnung für Architekten und Ingenieure
HöfeO	Höfeordnung
HöfeVO	Verfahrensordnung für Höfesachen
v Hoffmann/Thorn	v Hoffmann, Bernd/Thorn, Karsten Internationales Privatrecht
Hohloch	Hohloch, Gerhard Das Deliktsstatut
Holdheim	Monatszeitschrift für Handelsrecht und Bankwesen, begründet von Holdheim (Jahr, Seite)
Hoppenz	Hoppenz, Rainer Familiensachen
HpflG	Haftpflichtgesetz
HRGZ	Hanseatische Rechts- und Gerichtszeitschrift
HRP	Handbuch der Rechtspraxis
HRR	Höchstrichterliche Rechtsprechung
Hrsg, hrsg	Herausgeber, herausgegeben
Hs	Halbsatz
HÜB 1970	Haager Übereinkommen über die Beweisaufnahme im Ausland in Zivil- und Handelssachen v 18. 3. 1970
HÜZ	Haager Übereinkommen über den Zivilprozess v 1. 3. 1954
HUVÜ	Haager Übereinkommen über die Anerkennung und Vollstreckung von Unterhaltsentscheidungen v 2. 10. 1973

H(u)W		Haus und Wohnung, Berlin
HV		s HausratsV
HwO		Handwerksordnung
HypBG		Hypothekenbankgesetz
HZÜ		Haager Üb über die Zustellung gerichtlicher und außergerichtlicher Schriftstücke im Ausland in Zivil- oder Handelssachen v 15.11.65 (BGBl 77 II 1453)
i		in, im
iA		im Allgemeinen
IATA		International Air Transport Association
ICC		International Chamber of Commerce
I.C.J.		International Court of Justice
ICLQ		International and Comparative Law Quarterly
ICSID		International Centre for Settlement of Investment Disputes
idF		in der Fassung
idR		in der Regel
idS		in diesem Sinne
iE		im Einzelnen
ieS		im engeren Sinne
iGgs		im Gegensatz
IHK		Industrie- und Handelskammer
IHR		Internationales Handelsrecht (Jahr, Seite)
ILM		International Legal Meterials
ILR		Interlokales Recht
inkl		inklusive
insbes		insbesondere
InsO		Insolvenzordnung v 5.10.1994 (BGBl I S 2866)
IntGesR		Internationales Gesellschaftsrecht
InVo		Insolvenz und Vollstreckung
IPR		Internationales Privatrecht
IPRax		Praxis des Internationalen Privat- und Verfahrensrechts (Jahr, Seite)
IPRspr		Die Deutsche Rechtsprechung auf dem Gebiete des IPR (Jahr, Seite)
iRd/v/e		im Rahmen des/von/eines
IRG		Gesetz über die internationale Rechtshilfe in Strafsachen
iRv		im Rahmen von (der, des)
iS		im Sinne
iSd		im Sinne des (der)
iSv		im Sinne von
ital.		Italienisch
iü		im übrigen
iVm		im Verbindung mit
IWF		InternationalerWährungsfonds
iwS		im weiteren Sinne
IZPR		Internationales Zivilprozessrecht
IZRspr		Sammlung der deutschen Entscheidungen zum internationalen Privatrecht
IZVR		Internationales Zivilverfahrensrecht
JA		Juristische Arbeitsblätter (Jahrgang, Seite), auch: Jugendamt
Jahrbuch 1 (1987)		Jahrbuch für die Praxis der Schiedsgerichtsbarkeit, Bd 1 (1987) Hrsg: Glossner, Otto-arndt

JahrbItalR	Jahrblatt Italienisches Recht
JArbSchG	Gesetz zum Schutz der arbeitenden Jugend (Jugendarbeitsschutzgesetz)
Jauernig/Bearb	Jauernig, Othmar BGB Kommentar/Bearbeiter
Jayme/Hausmann	Jayme, Erik/Hausmann, Rainer Internationales Privat- und Verfahrens-Recht (Textausgabe)
JBeitrO	Justizbeitreibungsordnung
JbJZivRWiss	Jahrbuch junger Zivilrechtswissenschaftler
JBl	Justizblatt (Jahr, Blatt)
JBlSaar	Justizblatt des Saarlandes (Jahr, Seite)
Jena	OLG Jena, Thüringisches OLG
JFG	Jahrbuch für Entscheidungen in Angelegenheiten der Freiwilligen Gerichtsbarkeit und des Grundbuchrechts (Jahr, Seite)
JG	Jugendgericht
JGG	Jugendgerichtsgesetz
J/H/Bearb	Johannsen/Henrich/Bearbeiter, Eherecht
JMBl	Justizministerialblatt (Jahr, Seite)
JMBlNRW	Justizministerialblatt für Nordrhein-Westfalen (Jahr, Seite)
JO	Journal officiel (Jahr, Seite)
JR	Juristische Rundschau (Jahr, Seite)
Jud	Jud, Britta Schadensersatz bei mangelhafter Leistung
Juenger	Juenger, Friedrich General Course on Private International Law (1983) in: Académie de Droit International, Rec. Des Cours 1985 IV, Dordrecht/Boston/Lancaster 1986, 119-387
Junker	Junker, Abbo Internationales Privatrecht
Jura	Juristische Ausbildung (Jahrgang, Seite)
JurA	Juristische Analysen (Jahrgang, Seite)
JurBüro	Das Juristische Büro. Fachzeitschrift (Jahr, Seite)
jurisPraxK/Bearb	jurisPraxiskommentarBGB / Bearbeiter
JuS	Juristische Schulung (Jahr, Seite)
Justiz	Die Justiz, Amtsblatt des Justizministeriums Baden-Württemberg (Jahr, Seite)
JuV	Justiz und Verwaltung (Jahr, Seite)
JVBl	Justizverwaltungsblatt (Jahr, Seite)
JW	Juristische Wochenschrift (Jahr, Seite)
JWG	Gesetz für Jugendwohlfahrt (Jugendwohlfahrtgesetz)
JZ	Juristenzeitung (Jahr, Seite)
KAGG	Gesetz über die Kapitalanlagegesellschaften
Kahn	Kahn, Franz Abhandlungen zum internationalen Privatrecht, Bd I, München 1928
Kap	Kapitel
Karlsr	OLG Karlsruhe
KB	Law reports, King's Bench Division
Kegel/Schurig	Kegel/Schurig Internationales Privatrecht
Keidel/Kuntze/Winkler	Keidel, Theodor/Kuntze, Joachim/Winkler, Karl Freiwillige Gerichtsbarkeit, Teil A, FGG mit Erläuterungen
Keller/Siehr	Keller, Max/Siehr, Kurt Allgemeine Lehren des internationalen Privat-Rechts
KF	Karlsruher Forum
Kfz	Kraftfahrzeug
KG	Kammergericht
KGaA	Kommanditgesellschaft auf Aktien
KGBl	Blätter für Rechtspflege im Bezirk des Kammergerichts

KGJ	Jahrbuch für die Entscheidungen des Kammergerichts (Band, Seite)
KG-Rspr	Rechtsprechung Kammergericht
KindRG	Gesetz zur Reform des Kindschaftsrechts
KindUG	Gesetz zur Vereinheitlichung des Unterhaltsrechts
KJHG	Kinder- und Jugendhilfegesetz
KK	Karlsruher Kommentar
KKFamR/Bearb	Weinreich, Gerd/Klein, Michael/Bearbeiter, Kompaktkommentar zum Familienrecht
KlauselRichtl	EG-Richtlinie über missbräuchliche Klauseln in Verbraucherverträgen vom 5.3.1993
KO	Konkursordnung
Kobl	OLG Koblenz
Koch/Magnus/Winkler v Mohrenfels	Koch, Harald/Magnus, Ulrich/Winkler von Mohrenfels, Peter IPR und Rechtsvergleichung
Köhler AT	Köhler, Helmut BGB Allgemeiner Teil
Köln	OLG Köln
KOM	Kommissionsdokumente
Komm	Kommentar
KonsG	Konsulargesetz
Kornmeier/Sandrock	Kornmeier, Udo/Sandrock, Otto, in: Sandrock (Hrsg) Handbuch der internationalen Vertragsgestaltung
KostÄndG	Kostenänderungsgesetz
KostO	Gesetz über die Kosten in Angelegenheiten der freiwilligen Gerichtsbarkeit (Kostenordnung)
KostRÄndG	Kostenrechts-Änderungsgesetz
KostRs	Kostenentscheidungen, begründet von Tschischgale/ Luetgebrune/Lappe
KostVfg	Durchführungsbestimmungen zu den Kostengesetzen (Kostenverfügung – KostVfg)
KR/Bearb	Gemeinschaftskommentar zum Kündigungsschutzgesetz und zu sonstigen kündigungsschutzrechtlichen Vorschriften
KRG	Kontrollratsgesetz
Kreuzer	Kreuzer, Karl Ausländisches Wirtschaftsrecht vor deutschen Gerichten Zum Einfluß fremdstaatlicher Eingriffsnormen auf private Rechtsgeschäfte
krit	kritisch
Kropholler, Einheitsrecht	Kropholler, Jan Internationales Einheitsrecht
Kropholler, EuGVO	Kropholler, Jan Europäisches Zivilprozeßrecht, Kommentar zu EuGVO und Lugano-Übereinkommen
Kropholler, FS Ferid 1978	Kropholler, Jan Die Anpassung im Kollisionsrecht, in: Heldrich, Andreas/Heinrich, Dieter/Sonnenberger, Hans-Jürgen (Hrsg). Konflikte und Ordnung, Festschrift für Murad Ferid zum 70. Geburtstag
Kropholler	Kropholler, Jan Internationales Privatrecht
KrW-/AbfG	Gesetz zur Förderung der Kreislaufwirtschaft und Sicherung der umweltverträglichen Beseitigung von Abfällen (Kreislaufwirtschafts- und Abfallgesetz)
KSchG	Kündigungsschutzgesetz
KStG	Körperschaftssteuergesetz (Jahr,Seite)
KStZ	Kommunale Steuerzeitschrift
KSÜ	Haager Üb über die Zuständigkeit, das anzuwendende Recht, die Anerkennung, Vollstreckung über Zusammenarbeit auf dem Gebiet der elterlichen Verantwortung und der Maßnahmen zum Schutz von Kindern
KTS	Konkurs, Treuhand- und Schiedsgerichtswesen
Küttner/Bearb	Küttner, Wolfdieter ua/Bearbeiter Personalbuch
KunstUrhG/KUrhG	Gesetz betreffend das Urheberrecht an Werken der bildenden Künste und der Photografie (Kunsturhebergesetz)
Kunz	Kunz, Karl-Heinz Internationales Privatrecht

KV	Kostenverzeichnis
KV-GKG	Kostenverfügung zum Gerichtskostengesetz
KVO	Kraftverkehrsordnung für den Güterfernverkehr mit Kraftfahrzeugen (Beförderungsbedingungen)
KWG	Gesetz über das Kreditwesen
KWKG	Kriegswaffenkontrollgesetz
Lachmann	Lachmann, Jens-Peter Handbuch für die Schiedsgerichtsbarkeit
LAG	Lastenausgleichsgesetz auch: Landesarbeitsgericht
LAGE	Entscheidungssammlung Landesarbeitsgerichte (Band,Seite)
Landau id Pfalz	OLG Landau
LArbG	Landesarbeitsgericht
Larenz-Canaris SchuldR II 2 §...	Larenz, Karl/Canaris, Claus-Wilhelm Lehrbuch des Schuldrechts, 2. Bd BT §...
Larenz-SchuldR	Larenz, Lehrbuch des Schuldrechts
Larenz-Wolf AT	Larenz-Wolf, Allgemeiner Teil des deutschen bürgerlichen Rechts
LBesG	Landesbesoldungsgesetz
LBG	Landesbeamtengesetz
Lepke	Lepke, Achim Kündigung bei Krankheit
Leipold	Leipold, Dieter Lex fori, Souveränität, Discovery, Grundfragen des internationalen Zivilprozeßrechts
LFG	Gesetz über die Fortzahlung des Arbeitsentgelts im Krankheitsfalle (Lohnfortzahlungsgesetz)
LG	Landgericht
li	linke(r)
Lit	Literatur
Lit	littera
LKV	Landes- und Kommunalverwaltung
LKW	Lastkraftwagen
LM	Lindenmaier-Möhring, Nachschlagewerk des Bundesgerichtshofs
LMBG	Lebensmittel- und Bedarfsgegenständegesetz
Löwisch	Löwisch, Manfred Kündigungsschutzgesetz
Looschelders	Looschelders, Dirk Internationales Privatrecht Art 3 – 46 EGBGB
LPachtG	Gesetz über das landwirtschaftliche Pachtwesen (Landpachtgesetz)
LPachtVG	Landpachtverkehrsgesetz
LPartG	Lebenspartnerschaftsgesetz
LS	Leitsatz
LSG	Landessozialgericht
LStDV	Lohnsteuer-Durchführungsverordnung
Lüderitz	Lüderitz, Alexander Internationales Privatrecht
LuftfzRG	Gesetz über Rechte an Luftfahrzeugen
LuftVG	Luftverkehrsgesetz
LugÜ	Luganer Übereinkommen über die gerichtliche Zuständigkeit und die Vollstreckung gerichtlicher Entscheidungen in Zivil- und Handelssachen (BGBl 94 II 2660, 95 II 221,96 II 223)
LVerwG	Landesverwaltungsgericht
LwAnpG	Landwirtschaftsanpassungsgesetz
LWG RhPf	Landeswassergesetz Rheinland-Pfalz
LwVG	Gesetz über das gerichtliche Verfahren in Landwirtschaftssachen
LZ	Leipziger Zeitschrift (Jahr, Spalte)

m	mit
mA	meiner Ansicht
MaBV	Verordnung über die Pflichten der Makler, Darlehens- und Anlagenvermittler, Bauträger und Baubetreuer (Makler- und Bauträgerverordnung)
MÄG	Gesetz zur Änderung mietrechtlicher Vorschriften
Maier	Maier, Hans Jakob Handbuch der Schiedsgerichtsbarkeit
Malmström	Malmström, Ake Civilrätt, Lund 1983
Mansel	Mansel, Heinz-Peter Personalstatut, Staatsangehörigkeit und Effektivität
MarkenG	Gesetz über den Schutz von Marken und sonstigen Kennzeichen (Markengesetz)
Mayer/Heuzé Pierre	Mayer, Vincent Heuzé, Droit International Privé
MBl	Ministerialblatt (Jahr, Seite)
MDR	Monatsschrift für Deutsches Recht
Medicus	
– AT	Medicus, Dieter Allgemeiner Teil des BGB
– BürgR	Medicus, Dieter Bürgerliches Recht
– SchuldR I	Medicus, Dieter Schuldrecht I Allgemeiner Teil
– SchuldR II	Medicus, Dieter Schuldrecht II Besonderer Teil
MedR	Medizinrecht (Jahr, Seite)
mglw	möglicherweise
mH	mit Hinweisen
MHbeG	Gesetz zur Beschränkung der Haftung Minderjähriger
MHG	Gesetz zur Regelung der Miethöhe
Mietgericht	Das Mietgericht (Jahr, Seite)
MedSach	Der medizinische Sachverständige
MietRÄndG	Mietrechtsänderungsgesetz
MietRReformG	Mietrechtsreformgesetz
MinBl	Ministerialblatt (Jahr, Seite)
MittBayNotK	Mitteilungen Bayerische Notar-Kammer (Jahr, Seite)
MittBl	Mitteilungsblatt (Jahr, Seite)
MittRhNotK	Mitteilungen Rheinische Notar-Kammer (Jahr, Seite)
MMR	MultiMedia und Recht (Jahr, Seite)
MMV	Mustermietvertrag, herausgegeben vom Bundesministerium der Justiz
mN	mit Nachweisen
ModEnG	Modernisierungs- und Energieeinsparungsgesetz
MPI	Max-Planck-Institut für ausländisches und internationales Privat- und Prozessrecht
MRK	Menschenrechtskonvention
MRVerbG	MietrechtsverbesserungsG
MS	Mitgliedstaat
MSA	Minderjährigenschutzabkommen
MSG	Mieterschutzgesetz
MüKo/Bearb	Münchener Kommentar zum BGB, Hrsg v Rebmann, Kurt/Säcker, Frank-Jürgen/Bearbeiter
MüKo(ZPO)/Bearb	Münchener Kommentar zum Zivilprozessordnung, Hrsg v Luke, Gerhard/Walchshöfer, Alfred/Bearbeiter
München	OLG München
MünchArbG/(Bearb)	Münchener Handbuch zum Arbeitsrecht/Bearbeiter
Mugdan	Mugdan, B Die gesamten Materialien zum BGB
MuSchG	Gesetz zum Schutze der erwerbstätigen Mutter (Mutterschutzgesetz)
Musielak/Bearb	Musielak, Hans-Joachim Kommentar zur ZPO/Bearbeiter
MuW	Markenschutz und Wettbewerb (Jahr, Seite)

mwN	mit weiteren Nachweisen
MwSt	Mehrwertsteuer
Nachw	Nachweise
NachwG	Gesetz über den Nachweis der für ein Arbeitsverhältnis geltenden wesentlichen Bestimmungen
NÄG	Namensänderungsgesetz
Nagel/Gottwald	Nagel, Heinrich/Gottwald, Peter Internationales Zivilprozessrecht
NamÄndG	Namensänderungsgesetz, Ehenamenänderungsgesetz
Naumbg	OLG Naumburg
NDBZ	Neue Deutsche Beamtenzeitung (Jahr, Seite)
NdsNBauO	Niedersächsische Bauordnung
NdsRpfl	Niedersächsische Rechtspflege
NEhelG	Gesetz über die Stellung der nichtehelichen Kinder
Neuhaus	Neuhaus, Paul Heinrich Die Grundbegriffe des internationalen Privatrechts
nF	neue Fassung
NGO	Niedersächsische Gemeindeordnung
NJ	Neue Justiz
NJW	Neue Juristische Wochenschrift (Jahr, Seite)
NJW-CoR	NJW-Computerreport (Jahr, Seite)
NJW-RR	Neue Juristische Wochenschrift Rechtsprechungsreport (Jahr, Seite)
NJWE-FER	NJW-Entscheidungsdienst Familien- und Erbrecht (Jahr, Seite)
NJWE-MietR	NJW-Entscheidungsdienst für Miet- und Wohnungsrecht (Jahr, Seite)
NJWE-VHR	NJW-Entscheidungsdienst Versicherungs- und Haftpflicht (Jahr, Seite)
NJWE-WettbR	NJW-Entscheidungsdienst für Wettbewerbsrecht (Jahr, Seite)
NLO	Niedersächsische Landkreisordnung
NMV	Verordnung über die Ermittlung der zulässigen Miete für preisgebundene Wohnungen – Neubaumietenverordnung
no	numero
NotVO	Notverordnung, auch: Verordnung über die Tätigkeit von Notaren in eigener Praxis (DDR)
Nr(n)	Nummer(rn)
NRW	Nordrhein-Westfalen
NSTE	Neue Entscheidungssammlung für Strafrecht (Band, Seite)
NStZ	Neue Zeitschrift für Strafrecht (Jahr, Seite)
NStZ-RR	Neue Zeitschrift für Strafrecht Rechtsprechungsreport (Jahr, Seite)
Nürnbg	OLG Nürnberg
NuR	Natur und Recht
NVwZ	Neue Zeitschrift für Verwaltungsrecht (Jahr, Seite)
NVwZ-RR	Neue Zeitschrift für Verwaltungsrecht Rechtsprechungsreport (Jahr, Seite)
NW	Nordrhein-Westfalen
NZA	Neue Zeitschrift für Arbeitsrecht (Jahr, Seite)
NZA-RR	Neue Zeitschrift für Sozialrecht (Jahr, Seite)
NZG	Neue Zeitschrift für Gesellschaftsrecht (Jahr, Seite)
NZM	Neue Zeitschrift für Mietrecht (Jahr, Seite)
NZV	Neue Zeitschrift für Verkehrsrecht (Jahr, Seite)
oa	oder anderes
oä	oder ähnliches
öAGBG	(österreichisches) Allgemeines Bürgerliches Gesetzbuch
ÖJZ	Österreichische Juristenzeitung (Jahr, Seite)

ÖV	Zeitschrift »Die öffentliche Verwaltung« (Jahr, Seite)
OEEC	Organization for European Economic Cooperation
og	oben genannten
OGH	Oberster Gerichtshof für die britische Zone; auch: = OGHZ
OGHSt	Amtliche Sammlung der Entscheidungen des OGH in Strafsachen (Band, Seite)
OGH	Oberster Gerichtshof in Wien
OGHZ	Amtliche Sammlung der Entscheidungen des OGH in Zivilsachen
OHG, oHG	Offene Handelsgesellschaft
Oldbg	OLG Oldenburg
OLGE	Entscheidungen der Oberlandesgerichte in Zivilsachen einschl der freiwilligen Gerichtsbarkeit (Band, Seite)
OLGR	Die Rechtsprechung der Oberlandesgerichte (Jahr, Seite)
OLG-Rspr	OLG-Rechtsprechung (Gericht)
v Overbeck	von Overbeck, Alfred E. Cours géneral de droit international privé, Rec Cours 1982 III, 9-258, Den Haag 1983
OVG	Oberverwaltungsgericht
OVGE	Entscheidungen der Oberverwaltungsgerichte (Band, Seite)
OWiG	Gesetz über Ordnungswidrigkeiten
PachtKG	Pachtkreditgesetz
Palandt/Bearb	Palandt, Otto Kurzkommentar zum BGB/Bearbeiter
PAngV	Preisangabenverordnung
PaPkG	Preisangaben-und Preisklauselgesetz
PatG	Patentgesetz
PatrGG	Gesetz über Partnergesellschaften Angehöriger Freier Berufe – Partnerschaftsgesellschaftsgesetz
PBefG	Personenbeförderungsgesetz
PECL	Principles of European Contract Law, Parts I & II, 2000, Part III, 2003
PersR	Der Personalrat (Jahr, Seite)
PersV	Die Personalvertretung (Jahr, Seite)
Pfennig	Pfennig, Günter Die internationale Zustellung in Zivil- und Handelssachen
PflVG	Pflegeversicherungsgesetz
pfV	Produktionsgenossenschaft(en) des Handwerks
phG	persönlich haftender Gesellschafter
PICC	Unidroit Principles of International Commercial Contracts 2004
Pirrung	Pirrung, Jörg Internationales Privat- und Verfahrensrecht
PKH	Prozesskostenhilfe
PKW	Personenkraftwagen
PKW	Gesetz über das Postwesen
PostGebO	Postgebührenordnung
PostStrG	Gesetz zur Neustrukturierung des Post- und Fernmeldewesens und der Deutschen Bundespost (Poststrukturgesetz)
Pr, pr	Preußen, preußisch
Preis, Arbeitsvertrag	Preis Der Arbeitsvertrag
PrEntG	Preußisches Enteignungsgesetz
Preuß OVG	Preußisches Oberverwaltungsgericht
PrKV	Preisklauselverordnung
ProdHaftG	Produkthaftungsgesetz
ProdHHdb	Produkthaftungshandbuch
ProzBev	Prozessbevollmächtigter

P 2nd	Pacific Reporter, 2nd series
PStG	Personenstandsgesetz
pVV	positive Vertragsverletzung
Quittnat	Quittnat, Joachim Das Recht der Außenhandelskaufverträge
RA	Rechtsanwalt
Raape	Raape, Leo Internationales Privatrecht
Raape/Sturm	Raape, Leo/Sturm Fritz Internationales Privatrecht
Rabl	Rabl, Christian Die Gefahrtragung beim Kauf
RabelsZ	Rabels Zeitschrift für ausländisches und internationales Privatrech
RABl	Reichsarbeitsblatt (Jahr, Seite)
RADG	Rechtsanwaltsdienstleistungsgesetz
RaeW	Recht am eigenen Wert
RAG	Reichsarbeitsgericht, Entscheidungen des Reichsarbeitsgerichts (Band, Seite)
RAGebO	alte Gebührenordnung für Rechtsanwälte
RAK	Rechtsanwaltskammer
RAnB	Rechtsprechung Spezial Neue Bundesländer
RAO	Rechtsanwaltsordnung
Rauscher	Rauscher Internationales Privatrecht
RBB	Reichsbesoldungsblatt (Jahr, Seite)
Rbeistand	Rechtsbeistand
RdA	Recht der Arbeit (Jahr, Seite)
RdErl	Runderlass
RdL	Recht der Landwirtschaft
Rdn	Randnummer
Rdz	Randzahl
re	rechte(r)
Rec	Recueil des Cours
RechKredV	Verordnung über die Rechnungslegung der Kreditinstitute idB v 11. 12. 1998 (BGBl I 3658)
RegBdVO	Regelbedarf-Verordnung
RegBl	Regierungsblatt (Jahr, Seite)
RegE	Regierungsentwurf
RegUnterhVO	Verordnung zur Berechnung des Regelunterhalts (Regelunterhalt-Verordnung)
Reithmann/Martiny/Bearb	Reithmann, Christioph/Martiny, Dieter/Bearbeiter Internationales Vertragsrecht
Remien	Remien, Oliver Zwingendes Vertragsrecht und Grundfreiheiten des EG-Vertrages
Rev.crit. dr. int. pr.	Revue critique de droit international privé
RFH	Reichsfinanzhof
Rg	Reichsgericht; mit Fundstelle: amtliche Sammlung der RG-Rechtsprechung in Zivilsachen
RGBl	Reichsgesetzblatt (Jahr, Seite)
RGLZ	Leipziger Zeitschrift für Handels-, Konkurs- und Versicherungsrecht
RGRK/Bearb	Das BGB, Kommentar, herausgegeben von Reichsgerichtsräten und Richtern am BGH (Reichsgerichtsrätekommentar / Bearbeiter)
RGRK	BGB-Kommentar der Reichsgerichtsräte/Bearbeiter
RGSt	Amtliche Sammlung der Entscheidungen des Reichsgerichts in Strafsachen (Band, Seite)
RGZ	Reichsgericht, Entscheidungen in Zivilsachen (Band, Seite)

RiA	Recht im Amt (Jahr, Seite)
Richtl	Richtlinie
RIW/AWD	Recht der internationalen Wirtschaft/Außenwirtschaftsdienst des Betriebs-Beraters (Jahr, Seite)
RJA	Entscheidungen in Angelegenheiten der freiwilligen Gerichtsbarkeit und des Grundbuchrechts
RJM	Reichsministerium der Justiz; Recht der internationalen Wirtschaft (Jahrgang, Seite)
RJW	Recht der internationalen Wirtschaft (Jahrgang, Seite)
RJWG	Reichsgesetz für Jugendwohlfahrt
RKG	Reichsknappschaftsgesetz
RM	Reichsministerium
RMBl	Reichsministerialblatt, Zentralblatt für das Deutsche Reich (Jahr, Seite)
RMBliV	Reichsministerialblatt für die innere Verwaltung (Jahr, Seite)
Rn	Randnummer
ROHG	Reichsoberhandelsgericht; mit Fundstelle: amtliche Entscheidungssammlung (Band, Seite)
Rom I VO-V	Vorschlag für eine Verordnung über das auf vertragliche Schuldverhältnisse anzuwendende Recht
Rostock	OLG Rostock
RPfl	Zeitschrift „Der Rechtspfleger"
Rpfleger	Der Deutsche Rechtspfleger (Jahr, Seite)
RpflG/RpflegerG	Rechtspflegergesetz
RRG	Rentenreformgesetz
Rs	Rechtssache
Rspr	Rechtsprechung
Rspr (mit Zahl)	Rechtsprechung der Oberlandesgerichte
RstBl	Reichssteuerblatt (Jahr, Seite)
RuS	Recht und Schaden
RuStAG	Reichs- und Staatsangehörigkeitsgesetz v 22.7.1913 (RGBl S 583)
rv	Die Rentenversicherung
RVA	Reichsversicherungsamt
RVG	Rechtsanwaltsvergütungsgesetz
RVO	Reichsversicherungsordnung
RzW	Rechtsprechung zum Wiedergutmachungsrecht (NJW) (Jahr, Seite)
s, S	siehe, Seite/Satz
s.a.	siehe auch
Saarbr	Oberlandesgericht Saarbrücken
SaBl	Sammelblatt
SachenRÄndG	Gesetz zur Änderung sachenrechtlicher Bestimmungen im Beitrittsgebiet
SachenRBerG	Sachenrechtsbereinigungsgesetz (= Art 1 SachenRÄndG)
SAE	Sammlung arbeitsrechtlicher Entscheidungen (Jahr, Seite)
SächsArch	Sächsisches Archiv für Rechtspflege (Band, Seite)
v Savigny	Savigny, Friedrich Carl von System des Heiligen Römischen Rechts Bd VIII, Neudruck
Schack	Schack, Heimo Internationales Zivilverfahrensrecht
Schaden-Praxis	Zeitschrift für die Schaden-Praxis (Jahr, Seite)
Schaub/Bearb	Schaub, Günter Arbeitsrechtshandbuch
Schaub/Neef/Schrader	Schaub, Günter/Neef, Klaus/Schrader, Peter Arbeitsrechtliche Formularsammlung
ScheckG	Scheckgesetz

SchiedsG	Schiedsgericht
SchiedsVZ	Zeitschrift für Schiedsvefahren (Jahr, Seite)
SchiffsBG	Schiffsbankgesetz
Schlesw	OLG Schleswig
SchlH	Schleswig-Holstein
SchlHA	Justizministerialblatt für Schleswig-Holstein, Schleswig-Holsteinische Anzeigen (Jahr, Seite)
Schlosser	Schlosser, Peter F. EU-Zivilprozessrecht, EuGVVO, EuEheVO, EuBVO, EuZVO
Schlosshauer-Selbach	Schlosshauer-Selbach, Stefan Internationales Privatrecht
Schmidt-Futterer/Bearb	Schmidt-Futterer, Wolfgang Mitrecht, hrsg von Blank, Hubert
Schönke/Schröder/Bearb	Schönke, Adolf/Schröder, Horst Strafgesetzbuch/Bearbeiter
SchReg	Schiffsregister
SchRModG	Schuldrechtsmodernisierungsgesetz
Schütze	Schütze, Rolf Deutsch Internationales Zivilprozeßrecht
Schütze, Rechtsverfolgung	Schütze, Rolf Rechtsverfolgung im Ausland
Schütze/Tschernig/Wais/Bearbeiter	Schütze, Rolf/Tschernig, Dieter/Wais, Walter Handbuch des Schieds-Verfahrens
SchuldRÄndG	Gesetz zur Änderung schuldrechtlicher Bestimmungen im Beitrittsgebiet – Schuldrechtsänderungsgesetz
SchuldRAnpG	Schuldrechtanpassungsgesetz (= Art 1 SchuldRÄndG)
Schulze/Zuleeg	Schulze, Reiner/Zuleeg, Manfred Europarecht Handbuch für die deutsche Rechtspraxis
Schwab/Walter	Schwab, Karl Heinz/Walter Gerhard Schiedsgerichtsbarkeit
SchwZGB	Schweizerisches Zivilgesetzbuch
SE	Société européenne, Societas Europaea (Eurpäische Aktiengesellschaft)
Sec	Section
SeemG	Seemannsgesetz
Sen	Senat
SeuffA	Seufferts Archiv für Entscheidungen der obersten Gerichte in den deutschen Staaten
sf	siehe ferner
SG	Sozialgericht
SGb	Die Sozialgerichtsbarkeit (Jahr, Seite)
SGB I–XI	Sozialgesetzbuch – I Allgemeiner Teil, III Arbeitsförderung, IV Gemeinsame Vorschriften für die Sozialversicherung, V Gesetzliche Krankenversicherung, VI Gesetzliche Rentenversicherung, VII Gesetzlicher Unfallversicherung, VIII Kinder- und Jugendhilfe, X Verwaltungsverfahren, XI Soziale Pflegeversicherung
SGG	Sozialgerichtsgesetz
SHG	Gesetz zur Milderung dringender sozialer Notstände (Soforthilfegesetz)
SicherungsVO	Verordnung über die Sicherung des Volkseigentums bei Baumaßnahmen von Betrieben auf vertraglich genutzten, nicht volkseigenen Grundstücken
Siehr	Siehr, Kurt Internationales Privatrecht
SigG	Signaturgesetz
SJZ	Süddeutsche Juristenzeitung (Jahr, Seite, 1947 bis 1950: Spalte)
Slg	Sammlung
s. o.	siehe oben
Soergel/Bearb	Soergel, Theodor BGB Kommentar/Bearbeiter
sog	so genannte/e/er/es
SoldatenG	Gesetz über die Rechtsstellung der Soldaten
SorgeRG	Gesetz zur Neuregelung der elterlichen Sorge

SozS	Tschischgale, Kostenrecht in Sozialsachen, 1959
Sp	Spalte
Spahlinger/Wegen	Spahlinger, Andreas/Wegen, Gerhard Internationales Gesellschaftsrecht in der Praxis
Spickhoff	Spickhoff, Andreas Der ordre public im internationalen Privatrecht
SRZ	Saarländische Rechts- und Steuerzeitschrift (Jahr, Seite)
st	ständige
StAG	Staatsangehörigkeitsgesetz
StAnz	Staatsanzeiger (Jahr, Seite)
Staud/Bearb	Staudinger BGB-Kommentar/Bearbeiter
Staud/Bearb, IntGesR	J v Staudingers Kommentar zum Bürgerlichen Gesetzbuch mit Einführungsgesetz und Nebengesetzen Internationales Gesellschaftsrecht
Staud/Bearbeiter	J v Staudingers Kommentar zum Bürgerlichen Gesetzbuch mit Einführungsgesetz und Nebengesetzen
StAZ	Der Standesbeamte
StB	Der Steuerberater (Jahr, Seite)
StBerG	Steuerberatungsgesetz idB v 4.11.75 (BGBl I S. 2735)
Stbg	Die Steuerberatung
StBp	Die steuerliche Betriebsprüfung
Stein/Jonas/Bearb	Stein, Friedrich/Jonas, Martin/Bearbeiter, Kommentar zur Zivilprozessordnung
StGB	Strafgesetzbuch
StKV	Staats- und Kommunalverwaltung
StPO	Strafprozessordnung
str	streitig
Straatmann/Ulmer/Timmermann	Straatmann, Kuno/Ulmer, Peter/Timmermann, Franz-Hubert Handelsrechtliche Schiedsgericht-Praxis
StraFo	Zeitschrift »Strafverteidiger-Forum« (Jahr, Seite)
StrafV	Zeitschrift »Der Strafverteidiger« (Jahr, Seite)
StrEG	Gesetz über die Entschädigung für Strafverfolgungsmaßnahmen
stRspr	ständige Rechtsprechung
Stuttg	OLG Stuttgart
StuW	Steuer und Wirtschaft
StV	Der Strafverteidiger
StVG	Straßenverkehrsgesetz
StVollzG	Strafvollzugsgesetz
StVZO	Straßenverkehrszulassungs-Zulassungs-Ordnung idB v 28.9.1988 (BGBl I 1793)
s.u.	siehe unten
SVG	1. DDR: Gesetz über die Sozialversicherung v 28.6.1990 (GBl 486; BGBl II 1211) 2. Soldatenversorgungsgesetz idB v 6.5.1999 (BGBl I 882)
TDG	Teledienstegesetz
teilw	teilweise
TGI	Tribunal de grande instance
Thomas/Putzo/Bearb	Thomas, Heinz/Putzo, Hans mit GVG/Bearbeiter
TKG	Telekommunikationsgesetz
TKV	Telekommunikations-Kundenschutzverordnung
TPG	Transplantationsgesetz
TrinkWV	Trinkwasserverordnung
Tschöpe/Bearb	Tschöpe, Ulrich/Bearbeiter Anwaltshandbuch Arbeitsrecht
TranspR	Transportrecht (Jahr, Seite)
TVG	Tarifvertragsgesetz
TzBfG	Gesetz über Teilzeitarbeit und befristete Arbeitsverhältnisse

Abkürzungs- & Literaturverzeichnis

u	und
ua	unter anderem
UÄndG	Gesetz zur Änderung unterhaltsrechtlicher, verfahrensrechtlicher und anderer Vorschriften
uam	und anderes mehr
Üb	Übereinkommen
UÄndG	Gesetz zur Änderung unterhaltsrechtlicher, verfahrensrechtlicher und anderer Vorschriften
U/B/H	Ulmer/Brandner/Hensen
UKlaG	UnterlassungsklagenG v 26.11.01 (BGBl I 3173)
UmweltHG	Umwelthaftungsgesetz
UN, UNO	United Nations (Vereinte Nationen)
UNCITRAL	United Nations Commission on International Trade Law
UNESCO	Unitet Nations Educational, Scientific and Cultural Organization
UNIDROIT	Internationales Institut für die Vereinheitlichung des Privatrechts (Rom)
UnlauterkeitsRL	Richtlinie 2005/29/EG des Europäischen Parlaments und des Rates vom 11.5.05 über unlautere Geschäftspraktiken im binnenmarkt-internen Geschäftsverkehr zwischen Unternehmen und Verbrauchern und zur Änderung der Richtlinie 84/450/EWG des Rates, der Richtlinie 97/7/EG und 2002/65/EG des Europäischen Parlaments und des Rates sowie der Verordnung (EG) Nr 2006/2004 des Europäischen Parlaments und des Rates (Richtlinie über unlautere Geschäftspraktiken), ABlEG L 149, 22
UNO	Unitet Nations Organization
unstr	unstreitig
UNÜ	UN-Übereinkommen über die Anerkennung und Vollstreckung ausländischer Schiedssprüche
uö	und öfter
UrhG	Gesetz über Urheberrecht und verwandte Schutzrechte (Urheberrechtsgesetz)
UStG	Umsatzsteuergesetz
UStR	Umsatzsteuer Rundschau (Jahr, Seite)
usw	und so weiter
uU	unter Umständen
UVG	Gesetz zur Sicherung des Unterhalts von Kindern allein stehender Mütter und Väter durch Unterhaltsvorschüsse oder -ausfalleistungen (Unterhaltsvorschussgesetz)
UWG	Gesetz gegen den unlauteren Wettbewerb
v	vom, von
VA	Versorgungsausgleich
VBlBW	Verwaltungsblätter für Baden-Württemberg (Jahr, Seite)
VerbrKrG	Verbraucherkreditgesetz
Verdross/Simma	Verdross, Alfred/Simma, Bruno Universelles Völkerrecht Theorie und Praxis, 3. Aufl, Berlin 1984
VereinsG	Gesetz zur Regelung des öffentlichen Vereinsrechts
Verf	Verfahren
VerglO	Vergleichsordnung
Verh	Verhandlung
VerschÄndG	Gesetz zur Änderung von Vorschriften des Verschollenheitsrechts
VerschG	Verschollenheitsgesetz
VersKapAG	Versicherungskapitalanlagen-Bewertungsgesetz
VersN	Der Versicherungsnehmer, Zeitschrift für die versicherungsnehmende Wirtschaft und den Straßenverkehr (Jahr, Seite)
VersR	Versicherungsrecht (Jahr, Seite)
VerstV	Versteigerungsverordnung

VG	Verwaltungsgericht
VGH	Verwaltungsgerichtshof
VGHBW	VGH Baden-Württemberg Rechtsprechungs-vergleiche
vgl	vergleiche
vgR	Verbot der geltungserhaltenden Reduktion
VG Wort	Verwertungsgesellschaft Wort
VIZ	Zeitschrift für Vermögens- und Investitionsrecht (Jahr, Seite)
VMBl	Ministerialblatt des Bundesministeriums für Verteidigung (Jahr, Seite)
VO	Verordnung
VOB	Verdingungsordnung für Bauleistungen
VOB/A	Teil A: Allg Bestimmungen für die Vergabe v Bauleistungen
VOB/B	Teil B: Allg Vertragsbedingungen für die Ausführung v Bauleistungen
VOB/C	Teil C: Allg Technische Vorschriften
VOBl	Verordnungsblatt
Vorbem	Vorbemerkung
VormG	Vormundschaftsgericht
VRS	Verkehrsrechts-Sammlung
vTw	von Todes wegen
VuR	Verbraucher und Recht (Jahr, Seite)
VVG	Versicherungsvertragsgesetz
VV RVG	Vergütungsverzeichnis zum RVG
VwGO	Verwaltungsgerichtsordnung
VwVfG	Verwaltungsverfahrensgesetz
VwVG	Verwaltungs-Vollstreckungsgesetz
VwZG	Verwaltungs-Zustellungsgesetz
VZOG	Vermögenszuordnungsgesetz
WA	Westdeutsche Arbeitsrechtsprechung (Jahr, Seite)
WährG	Erstes Gesetz zur Neuordnung des Geldwesens
WBewB	Wohnraumbewirtschaftungsrecht
WBschwO	Wehrbeschwerdeordnung
WDiszplO	Wehrdisziplinarordnung
WEG	Gesetz über das Wohnungseigentum und das Dauerwohnrecht
WertVO	Wertermittlungsverordnung
Westphalen	Graf von Westphalen, Friedrich Vertragsrecht und HGB-Klauselwerke
WF	Wertermittlungsforum
WG	Wechselgesetz
WHG	Wasserhaushaltsgesetz idB v 12.11.1996 (BGBl I 1695)
WiB	Zeitschrift für Wirtschaftsanwälte und Unternehmensjuristen
wistra	Zeitschrift für Wirtschaft, Steuer, Strafrecht (Jahr, Seite)
WM	Wertpapiermitteilungen (Jahr, Seite)
wN	weitere Nachweise
WoBauÄndG	Gesetz zur Änderung des Wohnungsbindungsgesetzes und des Zweiten Wohnungs-baugesetzes (Wohnungsbauänderungsgesetz)
WoBauG II	2. Wohnungsbaugesetz (Wohnungsbau- und Familienheimgesetz)
WoBindG	Gesetz zur Sicherung der Zweckbestimmung von Sozialwohnungen (Wohnungsbin-dungsgesetz)
WoFG	Wohnraumförderungsgesetz v 13.9.2001 (BGBl I 2376)
WoGeldG (WoGG)	Wohnungsgeldgesetz
WoGenVermG	Wohnungsgenossenschaftsvermögensgesetz

WoGV	Wohngeldverordnung
WohnRBewG	Wohnraumbewirtschaftungsgesetz
WOModG	Gesetz zur Förderung der Modernisierung von Wohnungen (Wohnungsmodernisierungsgesetz), jetzt: Modernisierungs- und Energieeinsparungsgesetz
WoVermG	Gesetz zur Regelung der Wohnungsvermittlung
WpHG	WertpapierhandelsG idB v 9.9.1998 (BGBl I 2708)
WPM	Zeitschrift für Wirtschafts- und Bankrecht, Wertpapiermitteilungen Teil IV (Jahr, Seite)
WPO	Wirtschaftsprüferordnung
WpÜG	Wertpapiererwerbs- und Übernahmegesetz
WRP	Wettbewerb in Recht und Praxis (Jahr, Seite)
WRV	Weimarer Reichsverfassung
WStG	Wehrstrafgesetz
WTO	World Trade Organization
WuB	Wirtschafts- und Bankrecht (Jahr, Seite)
WuM	Wohnungswirtschaft und Mietrecht (Jahr, Seite)
WuW	Wirtschaft und Wettbewerb
WZG	Warenzeichengesetz
YB.Com.Arbitr.	Yearbook of Commercial Arbitration
ZAP	Zeitschrift für die anwaltliche Praxis (Jahr, Seite)
ZAP-Ost EN	Zeitschrift für die anwaltliche Praxis Ost, Eilnachrichten (Jahr, Seite)
zB	zum Beispiel
ZBergR	Zeitschrift für Bergrecht (Jahr, Seite)
ZBlFG	Zentralblatt für die freiwillige Gerichtsbarkeit (Jahr, Seite)
ZBR	Zeitschrift für Beamtenrecht(Jahr, Seite)
ZEuP	Zeitschrift für Europäisches Privatrecht (Jahr, Seite)
ZEV	Zeitschrift für Erbrecht und Vermögensnachfolge (Jahr, Seite)
ZfA	Zeitschrift für Arbeitsrecht (Jahr, Seite)
ZfJ	Zeitschrift für Jugendrecht
ZfR	Zeitschrift für Rechtsvergleichung (Österreich)
ZfRV	Zeitschrift für Rechtsvergleichung (Jahr Seite)
ZfS	Zeitschrift für Schadensrecht (Jahr, Seite)
ZfV	Zeitschrift für Versicherungswesen (Jahr, Seite)
ZG	Zollgesetz
ZGB	Zivilgesetzbuch
ZGR	Zeitschrift für Unternehmens- und Gesellschaftsrecht (Jahr, Seite)
ZHR	Zeitschrift für das gesamte Handelsrecht und Wirtschaftsrecht
ZIP	Zeitschrift für Wirtschaftsrecht (Jahr, Seite)
ZLW	Zeitschrift für Luft- und Weltraumrecht
ZMR	Zeitschrift für Miet- und Raumrecht
Zöller/Bearb	Zöller, Richard Zivilprozessordnung mit Gerichtsverfassungsgesetz und den Einführungsgesetzen, mit Internationalem Zivilprozessrecht, EG-Verordnungen, Kostenanmerkungen (bearbeitet von Geimer, Reinhold/Gummer, Peter/Greger, Reinhard/Philippi, Peter/Schneider, Egon/Stöber, Kurt/Heget, Kurt/Vollkommer, Max)
ZPO	Zivilprozessordnung
ZRHO	Rechtshilfeordnung für Zivilsachen
ZRP	Zeitschrift für Rechtspolitik
ZS	Zivilsenat

zT		zum Teil
Zug		Zugunsten
ZuSEG		Gesetz über die Entschädigung von Zeugen und Sachverständigen
zust		zustimmend
ZustG		Zustimmungsgesetz
zutr		zutreffend
ZVG		Gesetz über die Zwangsversteigerung und Zwangsverwaltung
ZVglRWiss		Zeitschrift für Vergleichende Rechtswissenschaft
Zweibr		OLG Zweibrücken
zw		zweifelhaft
zzgl		zuzüglich
zzt		zurzeit
ZZP		Zeitschrift für Zivilprozess
ZZPInt		Zeitschrift für Zivilprozess, Internationaler Teil (Jahr, Seite)

Bürgerliches Gesetzbuch

v. 18.08.1896 (RGBl. S. 195) i.d.F. der Bekanntmachung v. 02.01.2002 (BGBl. I 42), berichtigt am 22.05.2003 (BGBl. I 738), zuletzt geändert durch das Zweite Gesetz zur Neuregelung des Energiewirtschaftsrechts vom 7. Juli 2005 (BGBl. I S. 1970)

Einleitung

Literatur: 1

1. **Kommentare:** *BaRoth* BGB 3 Bände 1. Aufl 2003; *Dauner-Lieb/Heidel/Ring* Anwaltkommentar zum BGB 5 Bände, 1. Aufl 2005; *Erman* BGB, 2 Bände, 11. Aufl 2004; *Jauernig* BGB 11. Aufl 2004; Juris-Praxiskommentar, BGB, 7 Bände, 2. Aufl 2004/2005; Münchener Kommentar zum BGB, Band 1, 4. Aufl 2001, Band 1a, 4. Aufl 2003; *Palandt* BGB, 65. Aufl 2006; Reichsgerichtsrätekommentar, BGB, in Teilbänden, 12. Aufl 1974–1996; *Soergel* BGB, Bd 1 in 2 Teilbänden, 13. Aufl 1999/2000, Bd. 2a, 2002; *Staudinger* BGB, Bd. 1 in 2 Teilbänden, 12. Aufl 1979/1980; ab der 13. Bearbeitung in 5 Teilen und Neubearbeitungen (2004/2005/2004/2003/2004).

2. **Lehrbücher:** *Bork* Allgemeiner Teil des BGB, 2001; *Brehm* Allgemeiner Teil des BGB, 5. Aufl 2002; *Brox* Allgemeiner Teil des Bürgerlichen Gesetzbuches, 29. Aufl 2005; *Enneccerus/Nipperdey* Allgemeiner Teil des Bürgerlichen Rechts, 2 Bände, 15. Aufl 1959/60; *Flume* Allgemeiner Teil des Bürgerlichen Rechts, Band I 1, Die Personengesellschaft, 1977; Band I 2, Die juristische Person, 1983; Band II, Das Rechtsgeschäft, 4. Aufl 1992; *Hübner* Allgemeiner Teil des BGB, 2. Aufl 1996; *Köhler* BGB, Allgemeiner Teil, 29. Aufl 2005; *Larenz/Wolf* Allgemeiner Teil des Deutschen Bürgerlichen Rechts, 9. Aufl 2004; *Leipold* BGB I, Einführung und Allgemeiner Teil, 3. Aufl 2004; *Medicus* Allgemeiner Teil des BGB, 8. Aufl 2002; *Pawlowski* Allgemeiner Teil des BGB, 5. Aufl 2004; *Rüthers/Stadler* Allgemeiner Teil des BGB, 13. Aufl 2003; *Schack* BGB, Allgemeiner Teil, 10. Aufl 2004; *v. Thur* Der Allgemeine Teil des Deutschen Bürgerlichen Rechts, 3 Bände, 1910/1914/1918. 2

3. **Materialien:** Vorlagen der Redaktoren für die 1. Kommission, hrg. von *W. Schubert* seit 1981; 1. Entwurf eines Bürgerlichen Gesetzbuches, 1888; Motive, 5 Bände, Amtl. Ausgabe, 1888; 2. Entwurf 1895; Protokolle der Kommission für die 2. Lesung, 7 Bände, 1897–1899; 1., 2. und 3. Beratung des Entwurfs eines BGB im Reichstag, Stenografische Berichte, 1896; *Mugdan* Die gesamten Materialien zum BGB, 5 Bände, 1899; Die Beratung des Bürgerlichen Gesetzbuches in systematischer Darstellung der unveröffentlichten Quellen, hrg. von *HH Jakobs* und *W Schubert* seit 1978; *Staudinger* BGB-Synopse, 1896-2000, Neubearbeitung 2000, hrsg von *Repgen, Schulte-Nölke, Strätz; Schmoeckel/Rückert/Zimmermann* Historisch-kritischer Kommentar zum BGB, Bd. I, 2003. 3

A. Entstehung und Fortentwicklung des BGB. I. Ausgangspunkte. Entscheidende Grundlage der Entwicklung eines Bürgerlichen Rechts war das Römische Recht (insbes corpus iuris civilis von 529/534 nChr). Ab dem 11./12. Jahrhundert kam es zur Rezeption des Römischen Rechts und anschließend über Jahrhunderte zur wissenschaftlichen Bearbeitung (Glossatoren, Postglossatoren). Trotz dieser Basis im gemeinen Recht führte die Entwicklung zu einer außerordentlich starken Rechtszersplitterung schon in der frühen Neuzeit, insbes aber auch seit Untergang des Alten Reiches (1806). Neben dem Gemeinen Recht bestimmten wichtige landesrechtliche Kodifikationen (Preußisches ALR von 1793, Badisches Landrecht von 1809, Bayerischer Codex von 1756, Sächsisches BGB von 1865 sowie der französische Code Civile im Rheinland) die Praxis. Die Idee der Rechtsvereinheitlichung wurde allgemeinpolitisch von der Nationalstaatsidee (s.u. Rn 5) und in Deutschland speziell durch die Reichsgründung 1870/71 stark gefördert (s.u. Rn 5, 6). Hinzu kam eine ökonomische Entwicklung des 19. Jahrhunderts im Übergang von einer Agrar- zur Industriegesellschaft, die zusammen mit massivem Bevölkerungswachstum Fortschritte in der einheitlichen Rechtsentwicklung notwendig erscheinen ließ (Entwicklung der Zollvereine nach 1815, insbes Allgemeiner Zollverein 1833, Allgemeine Deutsche Wechselordnung 1848, ADHGB 1861). 4

II. Kodifikationsprobleme. Im 19. Jahrhundert bildete sich überall in Europa im Zusammenhang mit der Nationalstaatsidee auch der Grundgedanke der Kodifizierung des Rechts sehr stark aus. Die Kodifikationsidee enthielt also sowohl politische Aspekte als auch den Wunsch nach einem einheitlichen Rechtswissenschaftlichen System. Auch in Deutschland wurde bereits zu Beginn des 19. Jahrhunderts die Schaffung einer zivilrechtlichen Kodifikation gefordert (*Thibaut* Über die Notwendigkeit eines allgemeinen bürgerlichen Rechts für Deutschland,1814). Der berühmte Widerspruch von *Friedrich Carl von Savigny* („Vom Beruf unserer Zeit für Gesetzgebung und Rechtswissenschaft", 1814) verzögerte diese Entwicklung, ohne sie letztlich aufhalten zu können. Die im politischen Bereich vielfach beklagte späte deutsche nationalstaatliche Entwicklung führte so im Bereich des Privatrechts am Ende des 19. Jahrhunderts zu einer ausgereiften Kodifikation, die in ihren Grundlagen noch heute Geltung besitzt und die Vorbild für vielfältige ausländische Entwicklungen geworden ist (s.u. Rn 12). 5

III. Äußerer Gang der Entwicklung. Unmittelbar nach der Reichsgründung 1870/71 begann der Prozess der Schaffung des BGB. 1873 wurde zunächst die Gesetzgebungskompetenz des Reiches geschaffen (lex Miquel-Lasker). Über die Einsetzung einer Vorkommission und einer 1. Kommission im Jahre 1874 führte der Weg zum 1. Entwurf des Jahres 1888, der zusammen mit den Motiven veröffentlicht wurde. Die vielfältige und scharfe Kritik an diesem 1. Entwurf (insbes von *Gierke, Menger*) führte 1890 zur Einsetzung einer 6

2. Kommission, deren Arbeit 1895 mit einem 2. Entwurf (zusammen mit den Protokollen) endete. Schließlich wurde dieser Entwurf 1896 im Reichstag eingebracht (sog 3. Entwurf) und nach längeren Verhandlungen am 1.7.1896 verabschiedet. Das BGB ist am 1.1.1900 in Kraft getreten.

7 **IV. Fortentwicklung. 1. Die Zeit von 1900 bis 1945.** Während das BGB im Kaiserreich nahezu unverändert blieb, ergaben sich im Zuge des verlorenen 1. Weltkriegs und in der Zeit der Weimarer Republik eine Reihe von Änderungen (insgesamt 15 Novellierungen). Auch die Zeit des Nationalsozialismus führte rein äußerlich nicht zu grundlegenden Veränderungen des BGB. Geplant war, das Gesamtsystem des Bürgerlichen Rechts zu beseitigen und durch ein Volksgesetzbuch zu ersetzen, das jedoch nie in Kraft getreten ist. Die massiven Veränderungen des Bürgerlichen Rechts in der nationalsozialistischen Zeit vollzogen sich weitgehend im ideologischen Rechtsdenken und in der Rspr (vgl *Rüthers* Die unbegrenzte Auslegung, Zum Wandel der Privatrechtsordnung im Nationalsozialismus, 1968). Daneben ist die nationalsozialistische Sondergesetzgebung zu erwähnen (EheG, TestG, VerschG, BlutschutzG, ReichsbürgerG).

8 **2. Die Zeit von 1945 bis 2001.** Nach 1945 wurden zunächst durch Kontrollratsgesetze alle nationalsozialistischen Rechtsregeln beseitigt. Unter der Herrschaft des Grundgesetzes wurde ab 1949 das BGB in seiner Fassung vor 1933 wiederum zur Grundlage des Privatrechts. In der Folgezeit wurde das BGB vielfach novelliert (135 Novellen zwischen 1949 und 2000). Hervorzuheben sind das GleichberG 1957, das FamRÄndG 1961, die vielfältigen Mietrechtsgesetze, das NichtehelichenG von 1969, das 1. EhereformG von 1976, das AdoptionsG von 1976, das Gesetz zur Neuregelung der elterlichen Sorge von 1979, das BetreuungsG von 1990, die Änderungen des Namensrechts, das KindschaftsreformG 1997 sowie als vorläufiger Höhepunkt der Änderungen das SchuldrechtsmodernisierungsG 2001 (s.u. Rn 9).

9 **3. Die Zeit von 2002 bis heute.** Die stärksten Eingriffe in das Gesamtsystem des BGB seit seinem Inkrafttreten hat das Gesetz zur Modernisierung des Schuldrechts v 26.11.01 (BGBl I 3138) gebracht, das zum 1.1.02 in Kraft getreten ist und zu einer Neubekanntmachung des BGB v 2.1.02 geführt hat (BGBl I 42, ber. 2902 und BGBl I 2003, 738). Diese Novellierung war zwar durch drei Richtlinien der EU veranlasst (s.u. § 13 Rn 2 u vor § 241 Rn 9), ging aber weit darüber hinaus („große Lösung") und wollte insgesamt als eine grundlegende Überarbeitung des gesamten Schuldrechts (sowie des Verjährungsrechts) verstanden wissen werden. Dabei war es das erklärte Ziel des Gesetzgebers, zu einem einfacher handhabbaren und übersichtlicheren Recht zu gelangen (BTDrs 14/6040, S 98; *Däubler-Gmelin* NJW 01, 2281). Ob dies gelungen ist, darf füglich bezweifelt werden. Jedenfalls hat das deutsche Bürgerliche Recht durch diese Reform einen Europäisierungsschub erhalten, der es zu einer stetigen gesetzlichen Baustelle machen wird (vgl *Dauner-Lieb* AnwBl 04, 597, 601 und JZ 04, 1431). Seit Anfang 2002 hat das BGB dementsprechend bis Sommer 2005 bereits 19 weitere Veränderungen erfahren, darunter auch mehrfach Reparaturmaßnahmen zur Schuldrechtsreform.

10 **4. Fazit.** Insgesamt kann rückblickend auf die 110-jährige Geschichte des BGB gesagt werden, dass der Allgemeine Teil, das Sachenrecht und (mit meist familienrechtlich bedingten Abstrichen) auch das Erbrecht in ihren Grundstrukturen und wesentlichen Regelungen unverändert geblieben sind, während das Familienrecht und zuletzt im Jahre 2001 das Schuldrecht grundlegende Eingriffe und Umgestaltungen hinnehmen mussten. So muss die am BGB immer wieder geübte Kritik der Lückenhaftigkeit und der sozialen Unausgewogenheit deutlich hinter dem positiven Votum einer außerordentlich anpassungsfähigen Kodifikation des gesamten Bürgerlichen Rechts zurückstehen.

11 **V. Perspektiven.** Heute und in der weiteren Zukunft werden die Entwicklung des BGB sowie des gesamten Privatrechts außerordentlich stark von der europäischen Rechtsentwicklung beeinflusst und geprägt (s.u. Rn 28 ff). Die moderne Komplexität sozialer Beziehungen sowie die darauf aufbauende Komplexität zivilrechtlicher Normzusammenhänge (Stichwort: Verrechtlichung aller Lebensbereiche) führen zu einer ständig wachsenden Verfeinerung der Regelungen und Aufblähung des Rechtsstoffes. Im Zusammenhang mit der Neigung des Gesetzgebers, viele sonderprivatrechtliche Aspekte in das BGB zurückzuführen (AGB-Recht, Verbraucherschutzrecht), wird das Gesetz zunehmend unübersichtlicher, ohne an Geschlossenheit zu gewinnen. Die moderne Entwicklung macht so recht deutlich, wie gut gelungen insgesamt die Grundstruktur und die Systematik des BGB gewesen waren (das Familienrecht, das Arbeitsrecht und das Mietrecht aus naheliegenden Gründen einmal ausgenommen).

12 **VI. Die Ausstrahlungswirkung des BGB.** Das BGB ist ein (später) Teil einer großen europäischen Kodifikationswelle, die von Preußen (ALR 1794), Österreich (ABGB 1811) und Frankreich (Code Civil 1804) ausging und die im 19. Jahrhundert zur Schaffung von Zivilgesetzbüchern in weiten Teilen Europas führte (zB Niederlande 1838, Italien 1865, Portugal 1833/67, Spanien 1888/89, Schweiz 1907/12). Dabei hatte über lange Zeit insbes das französische Recht eine gewisse Vorbildfunktion. Das deutsche BGB hat mit seiner exzellenten Systematik und abstrakten Begrifflichkeit sodann im 20. Jahrhundert eine erhebliche Ausstrahlung auf die internationalen Rechtsentwicklung ausgeübt und in seiner Vorbildfunktion das französische Recht teilweise abgelöst. Hingewiesen sei auf die weitgehende Rezeption des deutschen Rechts in Griechenland (1940), in Japan (1898) und China (1930) sowie den prägenden Einfluss bei Teil- und Neukodifikationen in Österreich

(1914), in Italien (1942), in Portugal (1966) und in den Niederlanden (1992). Zu erwähnen sind ferner die Einflüsse in Osteuropa, vor allem in den baltischen Staaten, in der Türkei, Brasilien (1916), Argentinien (1869), Mexiko (1928) und in Ostasien (Japan, Korea, China).

B. Bürgerliches Recht als Kernbereich des Privatrechts; Begriff und Abgrenzungen. I. Begriff. Das Privatrecht wird im Allgemeinen als Oberbegriff für alle normativen Regelungen verstanden, die nicht dem Öffentlichen Recht (s.u. Rn 14) unterfallen. Soweit die Bezeichnung Zivilrecht nicht identisch mit Privatrecht gebraucht wird, wird es einschränkend neben dem Wirtschaftsrecht und dem Arbeitsrecht als Kern und Schwerpunkt des Privatrechts verstanden. Bürgerliches Recht kann demgegenüber noch einmal deutlich einschränkend als das Allgemeine Zivilrecht (Privatrecht) in Abgrenzung zum Sonderprivatrecht gesehen werden (s.u. Rn 15).

II. Abgrenzung zum Öffentlichen Recht. Dem Privatrecht steht als Gegensatz das Öffentliche Recht ggü, das im Wesentlichen das Staats- und Verwaltungsrecht, das Sozialrecht, das Steuerrecht, das Strafrecht sowie die Verfahrensrechte umfasst. Für den Gerichtszugang (§ 13 GVG, § 40 VwGO), für die Rechtsträger sowie die Rechtsfolgen des Handelns und die Handlungsformen ist die Unterscheidung von zentraler Bedeutung. Öffentliches Recht ist geprägt durch das Tätigwerden von Trägern hoheitlicher Gewalt, wobei aus öffentlich-rechtlichen Normen nur derjenige berechtigt oder verpflichtet wird, der selbst Hoheitsträger oder ein Rechtssubjekt ist, das durch Hoheitsakt zur Wahrnehmung gemeinsamer Angelegenheiten einer über individuelle Beziehungen hinausgehenden Personenvielfalt verpflichtet ist (neuere oder modifizierte Subjektstheorie, Sonderrechtstheorie). Deutlich wird der Unterschied im Alltag häufig dadurch, dass sich im Privatrecht die Beteiligten in einem Verhältnis der Gleichordnung gegenüberstehen, während im Öffentlichen Recht ein Über-Unterordnungsverhältnis besteht (Subjektionstheorie, Subordinationstheorie). Typische Handlungsform im Privatrecht ist daher die Willenserklärung und der Vertrag, während im Öffentlichen Recht die am häufigsten zu beobachtende Handlungsform der Verwaltungsakt ist.

III. Allgemeines Privatrecht und Sonderprivatrechte. Kennzeichnend für das Bürgerliche Recht ist der Grundgedanke eines allgemeinen Privatrechts, das jeden Bürger betrifft. Dem stehen Sonderbereiche für Kaufleute, Arbeitnehmer und andere Privatpersonen ggü, deren spezifischer Rechtskreis nur dort angesprochen ist, wo das privatrechtliche Verhalten gerade in seiner Sondereigenschaft vor sich geht. Daher trennt man zwischen dem Bürgerlichen Recht als dem allgemeinen Privatrecht und den Sonderprivatrechten (Handelsrecht, Gesellschaftsrecht, Arbeitsrecht, Wettbewerbsrecht, Gewerblicher Rechtsschutz, Privatversicherungsrecht, Urheberrecht, Kartellrecht usw).

IV. Bürgerliches Recht und Verfahren. Die prozessuale Durchsetzung von Rechten ist in Deutschland geprägt durch eine Aufteilung in insgesamt 5 Zweige der Gerichtsbarkeit (ordentliche Gerichtsbarkeit, Arbeitsgerichtsbarkeit, Verwaltungsgerichtsbarkeit, Sozialgerichtsbarkeit, Finanzgerichtsbarkeit). Unter dem Dach der ordentlichen Gerichtsbarkeit sind aus rein historischen Gründen die Zivilgerichtsbarkeit, die Strafgerichtsbarkeit und die Freiwillige Gerichtsbarkeit eingeordnet. Das Verfahren in bürgerlichen Streitigkeiten ist der ZPO und in einigen Teilen daneben dem FGG zugeordnet. Ausgenommen ist das gesamte Arbeitsrecht, das im ArbGG eigene Gerichte und eine eigene Verfahrensordnung aufweist. Verfahrensrecht als formelles Recht (im Unterschied zum materiellen Recht) ist zwar generell öffentliches Recht, das Zivilprozessrecht hat jedoch didaktisch und organisatorisch zwangsläufig eine große Nähe zum materiellen Privatrecht aufzuweisen (Gedanke des formellen und materiellen Justizrechts). Entscheidend für die Trennung von materiellem und formellem Recht ist der Grundgedanke, wonach materielles Recht Rechtsverhältnisse entstehen und subjektive Rechte erwerben lässt, formelles Recht dagegen der Feststellung sowie Verwirklichung oder Sicherung dieser Rechte dient. Die Unterscheidung von formellem und materiellem Recht weist dogmatische sowie praktische Bedeutung auf. Die Begriffe, Inhalte und Ziele beider Rechtsgebiete sind teilweise unterschiedlich, auch im Unterschied von Landes- und Bundesrecht, im Geltungsbereich der Normen sowie iRd Revisibilität folgen beide Bereiche unterschiedlichen Regelungen.

C. Aufbau und Grundprinzipien. I. Äußere Einteilung und Systematik. Das BGB ist in 5 Bücher eingeteilt. Zusammen mit dem EGBGB enthält es die nach ihrem Regelungsgehalt voneinander deutlich abgegrenzten Bereiche des Schuldrechts, des Sachenrechts, des Familienrechts und des Erbrechts sowie des Kollisionsrechts. Dagegen ist das 1. Buch des BGB (Allgemeiner Teil) ein besonderes Beispiel für abstrakt-generelle Tatbestände, die „vor die Klammer" gezogen sind. Dieser Gesetzesstil wird auch innerhalb des 1. Buches sowie in den weiteren Büchern vielfältig verwendet. Dadurch enthält das 1. Buch des BGB die Grundstrukturen des gesamten Privatrechts und geht in seiner Bedeutung teilweise sogar darüber hinaus. Der Preis für diese Regelung ist ein hoher Abstraktionsgrad, der die Aufzählung konkreter Fallbeispiele in der Regel vermeidet und sich durch abstrakt-generelle Tatbestände, durch Legaldefinitionen sowie durch Verweisungen und Generalklauseln auszeichnet. Die strikte juristische Fachsprache des BGB hat die Langlebigkeit und Flexibilität dieser Kodifikation erst ermöglicht, im krassen Gegensatz etwa zum Preußischen Allgemeinen Landrecht. Die Übernahme der von der Pandektistik entwickelten Systematik des Privatrechts sollte Rechtsklarheit und Rechtsvereinheitlichung herbeiführen, nicht dagegen vollkommen neues Recht schaffen.

18 **II. Privatautonomie.** Auf der Basis einer bürgerlich-liberalen Grundhaltung und einem sehr individualistischen Menschenbild hat sich das BGB ganz selbstverständlich für die Privatautonomie als Grundprinzip der Privatrechtsordnung entschieden. Wesentliche Ausprägung dieser Entscheidung ist die Vertragsfreiheit in ihren Teilaspekten der Abschlussfreiheit und der Inhaltsfreiheit (vgl auch die Eigentumsfreiheit, die Eheschließungsfreiheit sowie die Testierfreiheit). Diese allen Rechtssubjekten eingeräumte Befugnis, ihre privatrechtlichen Angelegenheiten selbständig und eigenverantwortlich sowie nach dem eigenen Willen zu gestalten, ist heute in Art 2 GG verankert. Zentrale Handlungsform dieser Rechtsgestaltung ist die Willenserklärung bzw der Vertrag. Dieses Instrumentarium sichert zugleich das entscheidende Steuerungsinstrument der Rechtssubjekte in einer Marktwirtschaft ab. Andererseits ist in der durch Verträge gestalteten Privatautonomie zugleich die Erwartung enthalten, dass die Vertragsfreiheit systemgerecht funktioniert und damit auch einen Ausgleich entgegengesetzter Interessen iSd Richtigkeitsgewähr des Vertrages zustande bringt. Damit ist das zentrale Problem des BGB angesprochen, das der Gesetzgeber im Laufe der vergangenen 100 Jahre und in jüngerer Zeit verstärkt durch Sondergesetze und gesetzliche Teilmaßnahmen absichern will. Typisch für diese Entwicklung ist die Entstehung und Ausbreitung eines eigenständigen Arbeitsrechts iRv Sondergesetzen (seit 1919), die Schaffung eines eigenständigen Kartellrechts (1957), die gesetzliche Regelung der Problematik der Allgemeinen Geschäftsbedingungen (1976) sowie die umfangreichen Sonderregelungen im Mietrecht (Wohnraumbewirtschaftung nach 1945 sowie Schaffung eines sozialen Mietrechts). Trotz dieser vielfältigen Maßnahmen und der intensiven Verstärkung des Verbraucherschutzes in neuerer Zeit bleibt der Grundsatz der Privatautonomie von prägender Bedeutung. Wo er in Gefahr ist, seine grundlegende Bedeutung zu verlieren (vgl die Diskussion um ein umfassendes Antidiskriminierungsgesetz), muss der Gesetzgeber höchste Vorsicht walten lassen.

19 **III. Verantwortlichkeit.** Die im Privatrecht bestehende grds Handlungsfreiheit der Rechtssubjekte kann nicht schrankenlos gewährt sein. Sie muss vielmehr mit einer entsprechenden Verantwortlichkeit allen Tuns einhergehen. Echte privatrechtliche Gestaltungsfreiheit ohne eigenverantwortliches Handeln ist nicht denkbar. Daher ist es ein weiteres selbstverständliches Grundprinzip des BGB, dass jedes Rechtssubjekt für die Folgen seines privatrechtlichen Handelns (sei es nach Vertrag oder Gesetz) verantwortlich ist. Typische Ausprägung dieser generellen Verantwortlichkeit ist die Bindung des Rechtssubjekts an abgegebene Willenserklärungen und geschlossene Verträge (pacta sunt servanda). Im Deliktsrecht ist die Verantwortlichkeit des Rechtssubjekts durch den Grundsatz geprägt, dass Jedermann für die schuldhafte Verletzung der Rechtsgüter einstehen muss (§§ 823 ff). Im Falle eines Schadenseintritts ohne zurechenbares Handeln gilt dagegen der Satz „casum sentit dominus". Dem widerspricht es nicht, dass der Gesetzgeber in besonders gelagerten Fällen auch Tatbestände der Gefährdungshaftung geschaffen hat (Tierhalter, Kfz-Halter, Produktgefahr, Arzneimittelhaftung). In allen diesen Fällen wird nämlich keine Zufallshaftung statuiert, sondern es wird eine Haftung für eine besondere Gefahrenquelle geschaffen, für die der Haftende die Verantwortung trägt.

20 **IV. Sozialschutz.** Die dem BGB zu Grunde liegende Privatautonomie (s.o. Rn 18) kann nicht schrankenlos gewährt werden. Wo die Erwartung des BGB versagt, dass privatrechtliche Selbstbestimmung zu einem Ausgleich entgegengesetzter Interessen führen werde, dort muss auf normativem Wege der Schutz des Schwächeren abgesichert werden. Angesichts des im Grundgesetz verankerten Sozialstaatsprinzips (Art 20 I GG) ist auch dies eine Selbstverständlichkeit. Freilich darf Sozialschutz nur dort eingreifen, wo anderenfalls ein Mindestmaß an Vertragsgerechtigkeit verloren geht. Daher ist es richtig, wenn das Privatrecht dem Minderjährigen starken Schutz gewährt, wenn im Arbeitsrecht, im Mietrecht und im Bereich des Verbraucherschutzes typische Sozialschutzelemente vorhanden sind und wenn darüber hinaus durch Generalklauseln sichergestellt ist, dass extreme Übervorteilung einzelner Rechtssubjekte vermieden wird (vgl §§ 134, 138, 226, 826). Dagegen ist eine Übersteigerung des Verbraucherschutzgedankens ebenso gefährlich wie der Versuch, jedes privatrechtliche Ungleichgewicht durch die Rspr zu verhindern. Nicht überzeugen kann deshalb die Rspr im Bürgschaftsrecht, wonach sich jeder Volljährige, der sehenden Auges ein Risikogeschäft wie die Bürgschaft abgeschlossen hat, dann ohne weiteres vom Vertrag lösen kann, wenn er einkommens- und vermögenslos ist (vgl § 765 Rn 21 ff). Die Zielrichtung des Schutzgedankens dieser Rspr, eine dauerhafte Überschuldung einzelner Personen zu vermeiden, muss im Vollstreckungs- und Insolvenzrecht Beachtung finden. Daher hat der Gesetzgeber zu Recht im Jahre 1999 in der Insolvenzordnung die Möglichkeit einer Restschuldbefreiung statuiert. Diese gesetzgeberische Entscheidung müsste an sich zu einer Veränderung der Bürgschaftsrspr führen.

21 **V. Vertrauensschutz.** Ein weiteres Grundprinzip des BGB ist der im rechtsgeschäftlichen Bereich an vielen Stellen verankerte Gedanke des Vertrauensschutzes. Im Interesse eines funktionsfähigen Rechtsverkehrs muss sich jedes Rechtssubjekt auf das rechtserhebliche Verhalten anderer ebenso verlassen können wie auf Rechtsverhältnisse, die die Basis für weitergehende Rechtsfolgen darstellen können. Typische Ausprägungen dieses Grundsatzes des Vertrauensschutzes sind daher die vermutete Richtigkeit öffentlicher Register, der zulässige Schluss von Besitzverhältnissen auf das Eigentum, das Vertrauen auf die Gültigkeit und die Richtigkeit von Erklärungen, der Schutz bestehender Vertretungsmacht im Rahmen vertrauenswürdiger Umstände usw.

22 **D. Geltungsbereich. I. Zeitlicher Geltungsbereich.** Das BGB ist am 1. 1. 1900 in Kraft getreten (Art 1 EGBGB). Die damaligen zeitlichen Übergangsregelungen sind in Art 153 ff EGBGB enthalten. Soweit nach

1900 Änderungen des BGB eingetreten sind, sind die jeweiligen Übergangsvorschriften in den Art 219 ff EGBGB enthalten. Insbes sind die Überleitungsvorschriften zum neuen Schuldrecht in Art 229 EGBGB niedergelegt. Für die neuen Bundesländer ist das BGB in seiner damaligen Fassung am 3. 10. 1990 in Kraft getreten (vgl Art 230 EGBGB sowie für die Übergangsregelungen Art 231 ff EGBGB).

II. Räumlicher Geltungsbereich. Grds beschränkt sich der räumliche Geltungsbereich des BGB auf das Staatsgebiet der Bundesrepublik Deutschland. Soweit allerdings ein Rechtsfall Auslandsberührungen persönlicher, sachlicher oder räumlicher Art aufweist, stellt sich für die Frage der Anwendung des materiellen Rechts eine kollisionsrechtliche Vorfrage. Dieser Bereich des sog Internationalen Privatrechts ist in den Art 3 ff. EGBGB geregelt (im Einzelnen s dort). Theoretisch kann es auch innerhalb des deutschen Staatsgebietes zu Kollisionsfragen kommen (interlokales Privatrecht). So hat sich insbes vor 1990 im Verhältnis zur DDR ein Problem des innerdeutschen Kollisionsrechts ergeben. Die DDR hatte zwar nach 1949 ebenfalls das BGB beibehalten, es allerdings im Jahre 1975 durch ein eigenes Zivilgesetzbuch ersetzt. Seit dem 3. 10. 1990 ist diese Problematik aber beseitigt (vgl Art 230 ff EGBGB). 23

III. Sachlicher Geltungsbereich. Grds enthält das BGB diejenigen Normen, die die allgemeinen privatrechtlichen Beziehungen zwischen den Rechtssubjekten regeln. Insofern steht es im Gegensatz zum gesamten Bereich des Öffentlichen Rechts (s.o. Rn 14). Soweit einzelne Normen grenzüberschreitend wirken (vgl insbes § 839), hat der Gesetzgeber diese Grenzziehung bewusst durchbrochen. Auch die Gerichtszuständigkeit nimmt nicht selten auf solche Durchbrechungen Rücksicht (vgl § 40 II VwGO). Im Ergebnis setzt daher die Anwendung des BGB die Qualifizierung eines rechtlichen Sachverhalts als privatrechtlich voraus, ohne dass dieser Sachverhalt in spezieller Weise durch Sonderbestimmungen geregelt wäre (Sonderprivatrecht). Das Bürgerliche Recht gilt im gesamten Bereich der Bundesrepublik Deutschland als Bundesrecht. Landesrecht kann es im Einzelfall nur insoweit geben, als der Bundesgesetzgeber von seiner bestehenden konkurrierenden Gesetzgebungszuständigkeit keinen Gebrauch gemacht hat (vgl Art 72 I, Art 74 I Nr 1 GG). Soweit vor dem Jahr 1900 privatrechtliches Landesrecht bestanden hat, ist es gem Art 55 EGBGB außer Kraft getreten. Zum Teil gilt dieses Landesrecht allerdings kraft ausdrücklicher gesetzlicher Anordnung auch heute noch fort (vgl Art 56 ff EGBGB). 24

E. Einbettung in das Verfassungsrecht. I. Das BGB unter der Geltung des Grundgesetzes. Seit dem Jahre 1949 muss sich auch das BGB dem GG unterordnen und den verfassungsrechtlichen Vorgaben entsprechen. Dies hat insbes im Bereich des Familienrechts weitreichende Auswirkungen gehabt, gilt aber auch für alle übrigen Teile des BGB. In der Praxis am stärksten hat sich die Existenz des modernen Verfassungsrechts dadurch ausgewirkt, dass die Grundrechte auf das Privatrecht einwirken (s.u. Rn 26). Diese Entwicklung ist vor allem durch das Verständnis der Grundrechte nicht nur als bloße Abwehrrechte des Bürgers gegen den Staat, sondern auch als Teilhaberechte sowie Ausdruck einer objektiven Wertordnung gefördert worden. 25

II. Bindung an die Grundrechte (Drittwirkung). Die Grundrechte binden Gesetzgebung, vollziehende Gewalt und Rspr als unmittelbar geltendes Recht (Art 1 III GG). Daraus ergibt sich, dass der Gesetzgeber bei der Schaffung von privatrechtlichen Normen seit 1949 an die Grundrechte gebunden ist. Soweit das vorkonstitutionelle Privatrecht mit dem GG unvereinbar ist, kann es nicht fortgelten. Diese legislative Bindung des Privatrechts an das Grundgesetz ist anerkannt und unproblematisch. Innerhalb der Anwendung der Rechtsnormen des BGB ist aber auch die Rspr von der Ausstrahlungswirkung der Grundrechte betroffen. Daher haben die Gerichte zu Recht die wertorientierte Bedeutung der Grundrechte für die Auslegung und Fortbildung des Privatrechts anerkannt und in vielfältiger Weise ausgebaut (zur Bedeutung einzelner Grundrechte im Privatrecht s.u. Rn 27). Andererseits stellt die auf Art 2 I GG beruhende Privatautonomie die im Privatrecht handelnden Rechtssubjekte von der Beachtung der Grundrechte frei. Ein Rechtssubjekt kann ohne Bindung an Art 3 GG Verträge schließen (oder ablehnen). Diese Auffassung muss freilich dort Einschränkungen hinnehmen, wo grundrechtliche Einwirkungen auch im Privatrecht anzuerkennen sind. Der Streit über den Umfang dieser Einwirkungen wird seit 50 Jahren geführt und hat unter den Aspekten der unmittelbaren Drittwirkung (*Nipperdey, Leisner, Ramm*) contra mittelbare Drittwirkung der Grundrechte (*Dürig, Bachof, Flume, Raiser, Hübner*) sowie das BVerfG in st. Rspr. seit der Lüth-Entscheidung BVerfGE 7, 198) und Lehre von den Schutzpflichten des Gesetzgebers zur Sicherung des objektiven Gehalts der Grundrechtsnormen (*Canaris, Stern, Hager, Höfling*, ferner BVerfGE 39, 1, 42; BVerfGE 81, 242) sowie der Ausstrahlungswirkung der Grundrechte im Privatrecht vielfältige Kontroversen hervorgebracht. Heute besteht Einigkeit, dass eine Einwirkung der Grundrechte auf das Privatrecht anzuerkennen ist und dass sich diese Einwirkung vor allem im Verständnis und bei der Auslegung der Generalklauseln (§§ 138, 242, 826), darüber hinaus aber auch im gesamten Privatrecht iRd Ausstrahlungswirkung der Grundrechte zeigt. Weiter ist festzuhalten, dass die Privatautonomie dort weichen muss, wo privatrechtliche Akte auf einer faktisch erzwungenen Zustimmung des Betroffenen beruhen. In diesem Bereich müssen nach heute allgemeiner Auffassung die Grundrechte zur Kontrolle privatrechtlichen Handelns herangezogen werden. Somit stellt sich heute als eigentliches Kernproblem der Einwirkung der Grundrechte auf das Privatrecht die Abwägung dar, ob im Einzelfall eine faktische Ausschaltung der Privatautonomie durch grundrechtsrelevantes Machtungleichgewicht vorliegt, das letztlich ein ergebnisorientiertes Heranziehen der Grundrechte erfor- 26 dert. Diese Frage kann nur unter Abwägung aller Aspekte des Einzelfalles entschieden werden (so zu Recht auch MüKo/*Säcker* Einl Rn 59).

27 III. Die Bedeutung einzelner Grundrechte im Privatrecht. Die Einwirkung der Grundrechte auf das Privatrecht hat sich im Laufe der vergangenen 50 Jahre in einer unendlichen Fülle von Einzelentscheidungen ausgewirkt. Von herausragender Bedeutung ist die Entwicklung des allgemeinen Persönlichkeitsrechts auf der Basis von Art 1, 2 GG gewesen. Auch die grundrechtliche Absicherung der Privatautonomie und der Vertragsfreiheit in Art 2 I GG und ihre vielfältigen Auswirkungen sind hier zu nennen. Von grundlegender Bedeutung ist weiterhin die Ausgestaltung der Meinungs- und Pressefreiheit im Verhältnis zum allgemeinen Persönlichkeitsrecht und zum Ehrenschutz auf der Basis von Art 5 GG gewesen. Ebenfalls grundlegend für die Ausgestaltung und die vielfältigen Bindungen des Eigentums an die verfassungsrechtlichen Vorgaben (Sozialbindung) ist die Heranziehung von Art 14 GG. Hervorhebung verdient außerdem das Gleichbehandlungsgebot im Arbeitsrecht in seinen vielfältigen Schattierungen auf der Basis von Art 3 GG.

**F. Europäische Privatrechtsentwicklung. I. Europäisches Recht als Rechtsquelle des deutschen Privat-
28 rechts.** Eine wichtige Quelle des deutschen Privatrechts ist heute auch das Recht der europäischen Gemeinschaften (Gemeinschaftsrecht). Teilweise ergibt sich dies aus der unmittelbaren Geltung des Gemeinschaftsrechts (1, 2). Zum Teil kommt es zu einer mittelbaren Einwirkung des Gemeinschaftsrechts, insbes durch Richtlinien (3). Schließlich dürfen die Einwirkungen der Rspr in diesem Zusammenhang nicht unterschätzt werden (4).

29 1. Primäres Gemeinschaftsrecht und Verordnungen. Unmittelbar gilt im deutschen Privatrecht insbes das primäre Gemeinschaftsrecht. Dies besteht in erster Linie aus den Gründungsverträgen, vor allem dem EG-Vertrag. Hinzu kommen die von den Mitgliedstaaten abgeschlossenen Änderungs- und Ergänzungsverträge sowie die allgemeinen Rechtsgrundsätze des Gemeinschaftsrechts. Aus dem Bereich des sekundären Gemeinschaftsrechts haben unmittelbare Wirkung die Verordnungen (Art 249 II EG). Sie bedürfen daher keiner Umsetzung in nationales Recht, sind allerdings im Kernbereich des Privatrechts bisher selten anzutreffen.

30 2. Grundfreiheiten. IRd unmittelbaren Geltung des primären Gemeinschaftsrechts ragen die Grundfreiheiten des EG-Vertrags heraus. Besondere Bedeutung haben das allgemeine Diskriminierungsverbot (Art 12 I EG), die Warenverkehrsfreiheit (Art 23, 25, 28 EG), die Freizügigkeit von Personen und insbes von Arbeitnehmern (Art 39 EG), die Niederlassungsfreiheit (Art 43 EG), die Dienstleistungsfreiheit (Art 49 EG), die Kapitalverkehrsfreiheit (Art 56), schließlich die Regelungen über das Verbot mengenmäßiger Ausfuhrbeschränkungen (Art 29 EG), die Regelungen im Bereich des Wettbewerbs- und Kartellrechts sowie der verbotenen Beihilfen (Art 81, 87, 88 EG) und das Gebot gleichen Entgelts für Männer und Frauen (Art 141 I EG). Grundrechte enthält der EG-Vertrag bisher noch nicht. Allerdings hat die Rspr des EuGH Grundrechte bereits in vielfältiger Weise zur Geltung gebracht. Darüber hinaus nimmt Art 6 II des EU-Vertrages auf die Grundrechte der EMRK Bezug. Die EMRK selbst gilt in Deutschland als einfaches Gesetzesrecht.

31 3. Richtlinien. Von sehr großer Bedeutung sind im deutschen Privatrecht die europäischen Richtlinien, durch die die einzelnen Mitgliedstaaten verpflichtet werden, ihr nationales Recht an den Inhalt der Richtlinien anzupassen. Erst die Umsetzung dieser Richtlinien führt zur Angleichung und Rechtsanwendung. Die Zahl der privatrechtsrelevanten Richtlinien ist sehr groß (zu einer Aufzählung vgl MüKo/*Säcker* Einl Rn 201 ff). Die Kenntnis der Richtlinien ist für die europarechtskonforme Auslegung des nationalen Rechts von großer Bedeutung (s.u. Rn 35). Bisher hat die Umsetzung der Richtlinien in Europa nur in sehr begrenztem Umfang eine Rechtsvereinheitlichung gebracht, weil die großen Spielräume bei der Umsetzung der Richtlinien dazu führen, dass die einzelnen Nationen sie sehr unterschiedlich ausfüllen.

32 4. Rechtsprechung. Besondere Bedeutung für die europarechtliche Entwicklung des deutschen Privatrechts weist die Rspr des EuGH auf. Dieser ist über das Vorabentscheidungsverfahren gem Art 234 EG in der Lage, die Vereinbarkeit nationalen Rechts mit dem EG-Recht bindend zu prüfen und festzustellen. Darüber hinaus sind auch alle nationalen Gerichte verpflichtet, ihr Recht gemeinschaftskonform auszulegen. Dazu sind die Gerichte wie alle anderen Organe der Mitgliedstaaten gem Art 10 EG verpflichtet. In der Praxis kann die Bedeutung der Rspr des EuGH heute wohl kaum überschätzt werden.

33 II. Die Anwendung des europäischen Rechts. Für das unmittelbar geltende Gemeinschaftsrecht besteht ein Anwendungsvorrang (EuGH NJW 64, 2371; NJW 99, 2355; BVerfGE 73, 378). Die unmittelbar geltenden Normen des Gemeinschaftsrechts stehen im Rang auch über dem Grundgesetz. Für das richtige Verständnis des Gemeinschaftsrechts sind die Textfassungen aller Amtssprachen gleichrangig zu berücksichtigen und autonom auszulegen (s.u. Rn 35).

34 III. Auf dem Weg zu einem europäischen (internationalen) Einheitsrecht. Über die bisherigen punktuellen Entwicklungen hinaus gibt es vielfältige Bestrebungen für ein europäisches Zivilgesetzbuch bzw für internationales Einheitsrecht. So hat das Europäische Parlament 1989 und 1994 die Organe der EG aufgefordert, mit der Vorbereitung eines einheitlichen europäischen ZGB zu beginnen. Die Kommission hat inzwischen einen Aktionsplan für ein europäisches Vertragsrecht vorgelegt. In diesem Bereich sind sachliche Erfolge noch nicht zu erkennen. Weitaus erfolgreicher sind bisher verschiedene nichtstaatliche Organisationen und private Arbeitsgruppen, die Vorschläge für ein Einheitsrecht erarbeiten. Hervorhebung verdienen die Lando-Gruppe, die „Principles of European Contract Law" vorgelegt hat (Teil 1 1995, Teil 2 2000, Teil 3 2003, Übersetzung in ZEuP 2000, 675 und 2003, 894), sowie die Arbeitsgruppe von UNIDROIT, die „Principles of International Commercial Contracts" vorgelegt hat (1994, 2. Aufl 2004; Text in ZEuP 1997, 890). Alle diese Texte sind an sich privater Natur, sie wirken aber durch ihren Einfluss auf die nationalen Gesetzgeber mittelbar rechtsvergleichend. So haben z. B. die UNIDROIT Principles nachweislich bereits die Gesetzgeber in Deutschland, China, Estland, Litauen, Russland und Ungarn sowie die Kommission beeinflusst.

IV. Die europarechtskonforme Auslegung. Die deutschen Gerichte haben eine aus Art 10 EG herrührende 35 Pflicht zur europarechtskonformen und insbes zur richtlinienkonformen Auslegung. Diese Pflicht verlangt, die Auslegung des Rechts in einer Weise vorzunehmen, dass dabei soweit wie möglich die Vorgaben des unmittelbar geltenden Europarechts sowie der Richtlinien Beachtung finden. Dies setzt voraus, dass der Richter sich bei jeder Anwendung des Rechts auch des Inhalts der zu Grunde liegenden Richtlinie vergewissert und sodann die deutschen Regelungen im Lichte der europarechtlichen Vorgaben auslegt.
Bei der Auslegung des europäischen Rechts und ebenso bei der Auslegung des gemeinschaftsrechtlich determinierten deutschen Privatrechts ergeben sich wichtige Abweichungen und Besonderheiten zur nationalen Rechtsauslegung. Zwar können grds auch hier diejenigen Kriterien herangezogen werden, die im nationalen Recht die Auslegung prägen, also die grammatische, die historische, die systematische und die teleologische Auslegung. In der Praxis sind zusätzlich die Präjudizien des EuGH für die Auslegung von eminent wichtiger Bedeutung. Im Einzelnen gelten allerdings wichtige Besonderheiten, die sich schon bei der Auslegung nach dem Wortlaut sehr deutlich zeigen. So kann der Richter nicht vom deutschen Gesetzestext ausgehen, sondern er muss berücksichtigen, dass die europarechtlichen Texte in allen Amtssprachen in gleicher Weise bedeutsam sind. Zusätzlich gilt es zu beachten, dass das europäische Recht autonom auszulegen ist und von einer autonomen Begrifflichkeit geprägt ist. Es können also normative deutsche Begriffe im deutschsprachigen Text nicht automatisch nach deutschem Rechtsinhalt verstanden werden. Dies gilt selbstverständlich, wenn ein gemeinschaftsrechtlicher Begriff in das nationale Recht eingefügt worden ist. Es entsteht in diesem Falle also eine gemeinschaftsrechtliche Prägung eines an sich deutschen Begriffs. Weitere Probleme ergeben sich, wenn der deutsche Gesetzgeber im Bereich europarechtlich geprägter Rechtsbereiche auf nationale Rechtsbegriffe verweist (Hybrid-Begriff). Auch hier wird die Auffassung vertreten, dass der nationale Rechtsbegriff nunmehr europarechtlich zu verstehen ist. Dies kann im Einzelfalle auch bedeuten, dass der Begriff entgegen dem deutschen Recht europarechtliche Beschränkungen erzwingt (vgl für § 13 den Streit, ob der Begriff des Verbrauchers auf natürliche Personen beschränkt ist). Ein weiteres Problem besteht bei einer überschießenden nationalen Gesetzgebung, die die Umsetzung von Richtlinien auf Sachverhalte ausdehnt, die nicht in deren Anwendungsbereich liegen. Auch hier ergibt sich die Frage, ob die Auslegung im Bereich dieser überschießenden Gesetzgebung europarechtlich zu erfolgen hat oder ob es zu einer gespaltenen Auslegung kommt. Überwiegend wird bisher die Auffassung vertreten, dass eine gespaltene Auslegung zulässig sei (vgl statt Aller Palandt/*Heinrichs* Einl Rn 44). Allerdings kann sich bereits aus innerstaatlichem Recht das Gebot zu einer einheitlichen und damit europarechtskonformen Auslegung ergeben.
In gleicher Weise wie die grammatische Auslegung ist auch die historische, die systematische und die teleologische Auslegung europarechtskonform vorzunehmen. Dabei hat iRd Argumentation nach dem Sinn und Zweck der Norm das Gemeinschaftsrecht eine überragende Bedeutung. Insbes bei Richtlinien ergibt sich aus den vorangestellten Erwägungsgründen in der Regel eine Fülle von Ansatzpunkten, um den Zweck der Richtlinie und damit des gesamten Normenkomplexes zu verdeutlichen. Darüber hinaus wird in der Rspr des EuGH iRd teleologischen Auslegung vor allem auch der effet utile herangezogen und betont. Dies bedeutet, dass das Gemeinschaftsrecht so auszulegen ist, dass es seine volle gemeinschaftsrechtliche Wirkung entfalten kann. Es handelt sich bei diesem Auslegungskriterium also um den Grundsatz der Effektivität der Auslegung und Anwendung von Gemeinschaftsrecht. Ziel ist die praktische Durchsetzung einheitlicher und gemeinschaftsrechtlicher Positionen.
Umfassend und vertiefend zur europäischen Privatrechtsentwicklung (mit umfangreichen Nachweisen) zuletzt *Gebauer/Wiedmann* Zivilrecht unter europäischem Einfluss, 1. Aufl 2005; MüKo/*Säcker* 4. Aufl Einl Rn 186 ff; grundlegend ferner *Roth*, in: Dauner-Lieb/Konzen/Schmidt, Das neue Schuldrecht in der Praxis, 2003, S. 25 ff. 36

G. Anwendung, Auslegung und Fortbildung des Privatrechts. I. Das klassische Subsumtionsmodell. Rechts- 37 anwendung ist ohne ein methodisches (also kontrolliertes und kontrollierbares) Vorgehen nicht denkbar. Anderenfalls könnte Rechtsanwendung weder Rechtssicherheit gewähren noch gerichtliche Überprüfung ermöglichen. Dem Missbrauch des Rechts wäre Tür und Tor geöffnet, wie „die unbegrenzte Auslegung" (*Rüthers*) in der NS-Zeit gezeigt hat. Eine wissenschaftlich kontrollierbare Rechtsanwendung geht bis heute vom klassischen Subsumtionsmodell aus. Dies bedeutet, dass ein Rechtssatz (also eine normative Regelung, ein Sollen) einem tatsächlichen Geschehen (Sachverhalt, Tatfrage, Sein) ggü gestellt wird. Anschließend wird iRd Syllogismus als eines logischen Schlussverfahrens aus der Gegenüberstellung des Rechtssatzes (Obersatz) und des Sachverhalts (Untersatz) ein Schlusssatz gefolgert. Dieser Schlusssatz ist die Rechtsfolge, die Konsequenz oder das Urteil aus der vorgenommenen Rechtsanwendung im konkreten Fall. Die dabei vorgenommene Subsumtion stellt einen Vergleich und eine Annäherung von Obersatz und Untersatz durch Definitionen, Auslegung und Konkretisierung des Obersatzes dar, bis letztlich das Enthaltensein des Untersatzes im Obersatz (oder dessen Negation) evident feststellbar wird. Daraus ergeben sich die für jede Rechtsanwendung klassischen Fragen und konkreten Konsequenzen. Es muss im Einzelfall ein passender Obersatz aus dem Gesamtstoff des Rechts gefunden werden. Dieser muss ausgelegt, konkretisiert und notfalls im Wege der Rechtsfortbildung hergestellt werden. Ferner bedarf es der Ermittlung des konkreten Sachverhalts, dessen wesentliche Sachverhaltsteile dem rechtlichen Merkmal gegenüberzustellen sind. Der sodann zu ziehende logische Schluss und damit die Erzielung der Rechtsfolge bildet den Abschluss der Rechtsanwendung.

38 Insgesamt ist das klassische Modell der Rechtsanwendung universell einsetzbar und zeitlos. Die wissenschaftliche Diskussion über die Methoden im Recht hat allerdings gezeigt, dass es eine zwingende Methodensicherheit und Richtigkeitsgewähr nicht gibt und nicht geben kann. Richterliche Entscheidung ist nicht endgültig und zwingend vorprogrammiert. Die eigentliche Streitfrage besteht darin, wie groß der freie richterliche Spielraum ist und wie weitgehend die Bindung an das Gesetz erfolgen kann.

39 **II. Die Rechtsgrundlagen: Norm und Richterrecht.** Gem Art 20 III GG besteht für die Exekutive und die Judikative eine generelle Bindung an Gesetz und Recht. Damit ist es zwingend die Aufgabe jedes Rechtsanwenders, das im konkreten Fall einschlägige Recht aufzusuchen. Dieses einschlägige Recht ist jedenfalls das gesetzte Recht, also jeder durch staatlich geregeltes oder anerkanntes Verfahren geschaffene normative Satz. Hinzu kommt zwingend das Gewohnheitsrecht, also das nicht förmlich gesetzte, sondern durch längere tatsächliche Übung entstandene Recht, wobei die Übung eine dauernde und ständige, gleichmäßige und allgemeine sein muss, und die Norm von den beteiligten Rechtsgenossen als verbindliche Rechtsnorm anerkannt werden muss (BVerfGE 22, 121). Neben dem gesetzten Recht und dem Gewohnheitsrecht werden richterrechtliche Entwicklungen bis heute allgemein nicht als Rechtsquelle anerkannt, sondern sie bilden nur eine Rechtserkenntnisquelle (Ausnahme § 31 BVerfGG). Auch wenn die faktisch sehr große Bedeutung des Richterrechts unbestritten ist, hat diese theoretische Position der Ablehnung von Richterrecht als Rechtsquelle wichtige Bedeutung: So kann die Rspr durch spätere Entscheidung eine frühere Auffassung jederzeit abändern, es entsteht dabei kein Rückwirkungsproblem, eine richterliche Entscheidung bedarf niemals der Aufnahme ins BGBl. (Ausnahme Entscheidungen des BVerfG nach § 31 BVerfGG) und es gibt nach deutschem Recht keine strikte Präjudizienbindung. Das Aufsuchen der entscheidungserheblichen Rechtsnorm führt insbes auch zu der Problematik des Vorrangs von Rechtsnormen, also zur **Normenpyramide**. Nach anerkannter Auffassung sind zunächst die allgemeinen Regeln des Völkerrechts (Art 25 GG) sowie das Völkergewohnheitsrecht zu beachten, sodann das Recht der Europäischen Union, weiterhin deutsches Bundesverfassungsrecht und erst danach das formelle Bundesrecht (Bundesgesetze, Gewohnheitsrecht, EMRK). Im Rang nach dem formellen Bundesrecht kommt sodann das materielle Bundesrecht (Verordnungen, Satzungen) und anschließend das Landesrecht (vgl Art 31 GG), also die jeweilige Landesverfassung, die Landesgesetze und schließlich Verordnungen und Satzungen eines Landes.

40 **III. Die Auslegung: Das richtige Normverständnis.** Die Auslegung einer Norm bedeutet, den Sinngehalt des jeweiligen Rechtssatzes richtig zu erfassen. Dabei helfen allgemeine und anerkannte Auslegungsgrundsätze. Seit Savigny ist es üblich, die vier klassischen Auslegungsgrundsätze der grammatischen, historischen, systematischen und der teleologischen Auslegung zu trennen. Ausgangspunkt einer Auslegung ist stets der Wortlaut, der Wortsinn und der Satzbau einer Norm (grammatische Auslegung). Dabei helfen Legaldefinitionen sowie ein häufig vorhandener spezieller juristischer Sprachgebrauch, aber auch der allgemein übliche Sprachgebrauch, auf den die Rspr teilweise zurückgreift (vgl BGH NJW 82, 1278 mit Zitat aus dem Duden). Von Bedeutung ist weiterhin die historische Auslegung, insbes die Entstehungsgeschichte der Norm und die dabei niedergelegten Gesetzesmaterialien. Diese Auslegung ist allerdings niemals alleiniger Maßstab, da nach ganz hM im Konfliktfalle der objektivierte Wille des Gesetzgebers gilt, also eine objektive Normauslegung vorzuziehen ist. Ein wichtiger und selbstverständlicher Auslegungsgrundsatz ist der Systemzusammenhang, der dem Rechtsanwender vielerlei Hinweise geben kann. Das beginnt bei amtlichen Überschriften, bei gleichen Begriffen an verschiedenen Stellen, bei Schlussfolgerungen aus der Stellung innerhalb eines Gesetzbuchs, eines Rechtsgebiets, eines Gesetzes oder umliegender Normen. Ferner können Schlussfolgerungen a minore ad maius sowie ein Umkehrschluss oder die Feststellung, dass bei anderer Auslegung eine benachbarte Norm überflüssig würde, typische systematische Folgerungen erlauben. Von zentraler praktischer Bedeutung bei der Auslegung ist die teleologische Auslegung, die also nach Sinn und Zweck einer Norm fragt. Dabei geht es stets um den Gesetzeszweck, nicht um die Interessen der beteiligten Personen. IRd Auslegung nach dem Gesetzeszweck sind auch allgemeine Rechtsprinzipien zu berücksichtigen, ebenso kann eine Folgenabschätzung berücksichtigt werden.

41 Zusätzlich zu den genannten vier klassischen Auslegungsmodalitäten ist auch die verfassungskonforme Auslegung zu berücksichtigen, die sich aus der Überordnung der Verfassung über das formelle Gesetzesrecht ergibt (s.o. Rn 39). Weiterhin ist die europarechtskonforme bzw richtlinienkonforme Auslegung zu beachten (s.o. Rn 35). Schließlich wird manchmal auch von der sog berichtigenden Auslegung gesprochen. Dabei handelt es sich nicht mehr um Auslegung im klassischen Sinn, sondern bereits um einen Schritt in Richtung auf die

Rechtsfortbildung. So wird nicht selten der Wortlaut einer Norm durch teleologische Reduktion oder teleologische Extension eingeengt oder ausgeweitet.

IV. Die Arbeit am Sachverhalt: Die Tatfrage. Der konkrete Sachverhalt bildet den Untersatz des Syllogismus iRd klassischen Subsumtionsmodells (s.o. Rn 37). Neben der Auffindung der einschlägigen Rechtsgrundlagen und ihrer Auslegung bedarf es also auch regelmäßig einer umfangreichen Sachverhaltsarbeit. Dabei sind insbes drei Schritte zu beachten, nämlich die Auswahl und Konkretisierung des Sachverhalts nach seiner rechtlichen Relevanz, sodann die beweismäßige Feststellung dieses Sachverhalts (Überzeugungsbildung des Richters) sowie die Würdigung des bewiesenen relevanten Sachverhalts im Hinblick auf die vorhandenen Normen. Trotz dieser engen Verknüpfung von Rechtsfrage und Tatfrage iRd Subsumtion bedarf es einer strikten Trennung beider Bereiche. Dies wird insbes bei der Beweislast sowie in der Revisionsinstanz als einer reinen Rechtsinstanz deutlich. 42

V. Die Rechtsfortbildung. Es ist heute allgemein anerkannt, dass jedes Gesetz notwendigerweise lückenhaft ist. Das betrifft insbes die offenen Gesetzeslücken (Formulierungslücke) sowie die verdeckten Gesetzeslücken (planwidrige Wertungslücke). Solche Gesetzeslücken können im Normtext von Anfang an enthalten sein, sie können sich aber auch durch spätere Entwicklungen ergeben. Im Hinblick auf das verfassungsrechtliche Gebot an den Richter, eine Entscheidung in jedem Rechtsstreit zu treffen, ergibt sich zwangsläufig die Aufgabe, auch Rechtsfortbildung iSe Lückenschließung zu betreiben. Dabei kommt insbes eine gesetzesimmanente Rechtsfortbildung, vor allem durch Analogie in Betracht. Voraussetzung für eine Analogie ist das Vorliegen einer Regelungslücke, die planwidrig ist, sowie eine Analogiebasis und ein Analogieschluss. Daneben ist auch eine gesetzesübersteigende Rechtsfortbildung zulässig (Rechtsfortbildung präter legem bzw extra legem, aber intra ius). Eine solche Rechtsfortbildung ist im Bedarfsfalle von jedem Richter zu leisten (vgl §§ 511 IV, 553 II, 574 II ZPO, § 132 IV GVG). Die Grenze zulässiger Rechtsfortbildung stellt eine Fortbildung contra legem dar. Allerdings ist im Einzelfall die Grenze zwischen zulässiger und unzulässiger Rechtsfortbildung nur sehr schwer zu ziehen. Im Hinblick auf die verfassungsrechtlichen Grundsätze der Gewaltenteilung, der Gesetzesbindung sowie die aus dem Rechtsstaatsprinzip fließenden Grundsätze der Rechtssicherheit und des Vertrauensschutzes bedarf es aber trotz aller Schwierigkeiten einer Abgrenzung von zulässiger Rechtsfortbildung und verbotener Fortbildung contra legem. 43

Buch 1 Allgemeiner Teil

Abschnitt 1 Personen

Titel 1 Natürliche Personen, Verbraucher, Unternehmer

§ 1 Beginn der Rechtsfähigkeit

Die Rechtsfähigkeit des Menschen beginnt mit der Vollendung der Geburt.

1 **A. Normzweck und Systematik.** Die Regelung des § 1, wie sie unverändert seit 1900 besteht, enthält nur eine konkrete Aussage über den Beginn der Rechtsfähigkeit des Menschen. Damit setzt diese Norm den Begriff der Rechtsfähigkeit (s.u. Rn 3) als solchen und das gesamte System der Rechtssubjekte voraus. Nach der Systematik des Privatrechts sind Zurechnungssubjekte für Rechte und Pflichten immer nur entweder Personen oder Gemeinschaften. Als Personen kennt das BGB nur die natürliche Person (§§ 1–14) und die juristische Person (§§ 21–89, also Vereine, Stiftungen und juristische Personen des öffentlichen Rechts). Die Regelung ist bezüglich der juristischen Personen sehr unvollständig. Hinzu kommen im Privatrecht noch die AG, die GmbH, die KG aA, die eingetragene Genossenschaft sowie der Versicherungsverein auf Gegenseitigkeit. Allen diesen Personen kommt kraft Definition Rechtsfähigkeit zu. Demgegenüber hat der Gesetzgeber den Gemeinschaften eine Rechtsfähigkeit nicht oder nur sehr eingeschränkt zuweisen wollen. Hier hat die Rspr in jüngerer Zeit starke Veränderungen vorgenommen (s.u. § 14 Rn 2). Als Gemeinschaften kennt das Privatrecht nur die Gesamthandsgemeinschaften (GbR, oHG, KG, Gütergemeinschaft, Erbengemeinschaft, Partnerschaftsgesellschaft, Partenreederei, EWIV) und die Bruchteilsgemeinschaft (§§ 741–758).

2 § 1 setzt neben dem System der Rechtssubjekte auch den Begriff der Rechtsfähigkeit als solchen voraus (s.u. Rn 3). Dabei geht die gesetzliche Regelung ganz selbstverständlich davon aus, dass Rechtsfähigkeit als Eigenschaft jeder natürlichen und jeder juristischen Person zukommt. Eine Person ohne Rechtsfähigkeit gibt es nicht (zu den Gesellschaften ohne Rechtspersönlichkeit s.u. Rn 4). Rechtsfähigkeit ist daher auch unabhängig von der Staatsangehörigkeit, der Religion, Abstammung, Beruf oder des Geschlechts. Allerdings bedeutet die Zuerkennung der allgemeinen Rechtsfähigkeit nicht, dass nicht spezielle Zuordnungen eine besondere Rechtsfähigkeit voraussetzen. So kann für einzelne Rechte und Pflichten ein bestimmtes Alter, Geschlecht, Verwandtschaft usw. spezielle Voraussetzung sein. Dagegen sind besondere berufliche Voraussetzungen vom Begriff der Rechtsfähigkeit zu trennen. Zur Rechtsfähigkeit der Gemeinschaften s.u. § 14 Rn 2, zur Sonderstellung des nichtrechtsfähigen Vereins s.u. § 54 Rn 12, 16, zur Vorgesellschaft vgl § 11 GmbHG.

3 **B. Begriff der Rechtsfähigkeit des Menschen. I. Begriff.** Der Begriff der Rechtsfähigkeit ist im Gesetz nicht festgelegt, sondern er wird vorausgesetzt. Nach heute weithin anerkannter Auffassung wird Rechtsfähigkeit verstanden als die Fähigkeit, Träger von Rechten und Pflichten zu sein (abweichend früher *Fabricius* Relativität der Rechtsfähigkeit, 1963, S 31 ff). Dieser allgemeine und umfassende Begriff der Rechtsfähigkeit steht im Einklang mit Art 1 GG und der in den Grundrechten zum Ausdruck gekommenen Werteordnung. Er drückt insbes auch die Unverzichtbarkeit dieser Eigenschaft für jeden Menschen und die gleichmäßige Rechtsfähigkeit aller Menschen aus.

4 **II. Teilrechtsfähigkeit.** Der Begriff der Teilrechtsfähigkeit ist missverständlich und sollte vermieden werden. Jedem Menschen (und jeder juristischen Person) steht die volle Rechtsfähigkeit zu. Soweit andere Gebilde wie die Gemeinschaften (insbes die Gesamthandsgemeinschaften) in bestimmten Einzelbereichen Rechtsträger und damit Träger einzelner Rechte und Pflichten sein können, führt dies nicht zur vollen Rechtsfähigkeit, wie der Gesetzgeber diese den Personen zugedacht hat (aA im Hinblick auf die GbR nunmehr die hM, vgl BGHZ 146, 341; im Einzelnen s.u. § 14 Rn 2; das Gesetz spricht aber weiterhin von Gesellschaften ohne Rechtspersönlichkeit, so zB in § 11 II Nr 1 InsO). Soweit die überwiegende Meinung dies heute anders sieht, muss sie die Rechtsfähigkeit der Personen von der Rechtsfähigkeit der GbR (und anderer Gesamthandsgemeinschaften) trennen. So ist zB bis heute unklar, ob die GbR grundbuchfähig ist. Abzutrennen von der allgemeinen Rechtsfähigkeit der Personen ist auch die Frage, ob im Einzelfall besondere Voraussetzungen vorliegen müssen, um eine bestimmte Rechtsposition erwerben oder ausüben zu können (Alter, Geschlecht, Verwandtschaft). Solche und andere besonderen Merkmale schränken die Rechtsfähigkeit als solche nicht ein.

5 **III. Der Mensch als Rechtssubjekt.** Der Begriff der natürlichen Person ist identisch mit dem Begriff des Menschen. Dabei handelt es sich um eine biologische Einteilung. Mensch iSv § 1 BGB ist, wer von Menschen abstammt. Aussehen, Gesundheit und Gestalt des Menschen sind ebenso ohne rechtliche Bedeutung wie Staatsangehörigkeit, Religion, Beruf, Weltanschauung oder Geschlecht. Unstreitig kann daher die Rechtsfähigkeit auch nicht vom Staat verliehen oder entzogen werden. Eine Regelung, wonach ein Mensch einer Sache gleichgestellt wird (wie zB die Sklaven im Altertum), ist heute also unmöglich.

IV. Abgrenzung zur Geschäfts-, Delikts- und Parteifähigkeit. Von der Rechtsfähigkeit sind bestimmte andere Handlungsfähigkeiten im materiellen Recht und Beteiligtenfähigkeiten im Prozessrecht zu unterscheiden. So nennt das Gesetz die Fähigkeit, durch eigenes rechtlich relevantes Verhalten rechtsgeschäftliche Rechte und Pflichten zu begründen, die Geschäftsfähigkeit (§§ 104 ff). Im Gegensatz dazu bedeutet die Deliktsfähigkeit, dass ein bestimmtes Verhalten dem Menschen im Rahmen gesetzlicher Haftungstatbestände zugerechnet wird (§ 827 f). 6

Korrespondierend zur Rechtsfähigkeit nennt das Gesetz die Fähigkeit einer Person, Subjekt eines Prozesses zu sein, die Parteifähigkeit. § 50 I ZPO erklärt diejenigen für parteifähig, die rechtsfähig sind. Entgegen dieser Regelung müssen allerdings Rechtsfähigkeit und Parteifähigkeit nicht identisch sein. So werden vom Gesetz oHG und KG für parteifähig erklärt (§§ 124, 161 II HGB), obgleich sie nicht die Rechtsfähigkeit von Personen besitzen. Im Gegensatz zur Parteifähigkeit nennt der Gesetzgeber die der Geschäftsfähigkeit korrespondierende prozessuale Handlungsfähigkeit die Prozessfähigkeit (vgl §§ 51, 52 ZPO). 7

V. Rechtliche Bedeutung der Rechtsfähigkeit. Die Rechtsfähigkeit ist den Personen nicht vom Gesetzgeber zugewiesen, sondern sie wird vorausgesetzt. Sie steht jeder Person zu. Personen ohne Rechtsfähigkeit gibt es nicht. Die Rechtsfähigkeit ist unabhängig von allen einer Person zukommenden Eigenschaften und Merkmalen (Staatsangehörigkeit, Beruf, Abstammung, Geschlecht usw). Sie ist unverzichtbar. Schließlich ist sie jeder Person gleichmäßig und in gleicher Weise gegeben. 8

C. Beginn und Ende der Rechtsfähigkeit. I. Beginn. Die Rechtsfähigkeit beginnt (wie § 1 ausdrücklich festlegt) mit der Vollendung der Geburt. Dies stellt eine bewusste Abweichung zum vorverlagerten strafrechtlichen Schutz dar, vgl den früheren § 217 StGB. Vollendet ist die Geburt mit dem vollständigen Austritt aus dem Mutterleib (sei es auf natürlichem oder künstlichem Wege). Durchtrennung der Nabelschnur und Ausstoßung der Nachgeburt sind nicht erforderlich. Notwendig ist aber, dass der geborene Mensch, wenn auch nur für einen kurzen Zeitraum, gelebt hat. Dazu ist eine Lebensäußerung erforderlich (§ 70 Nr 8 PStG iVm § 29 AVO), zB Herzschlag, pulsierende Nabelschnur, natürliche Lungenatmung, Hirntätigkeit. Ohne Bedeutung sind das Gewicht des Kindes, der Zeitpunkt der Geburt (Frühgeburt), Missbildungen des Geborenen. Nicht notwendig ist ferner die dauernde Lebensfähigkeit des Geborenen. Zur Rechtslage vor Vollendung der Geburt s.u. Rn 13 ff. Im Falle von besonderen Fallgestaltungen der Austragung durch eine Leihmutter (zB nach In-Vitro-Fertilisation) bleibt es bei dem rechtlichen Grundsatz, dass leibliche Mutter immer diejenige Frau ist, aus deren Körper der Nasciturus austritt (vgl Soergel/*Fahse* § 1 Rn 24 ff). 9

II. Ende. Die Rechtsfähigkeit endet mit dem Tod eines Menschen. Dies und ebenso die Frage, wann der Tod eintritt, hat das Gesetz nicht geregelt, sondern als biologische Tatsache vorausgesetzt (vgl § 1922). Die Feststellung des Todes bedarf daher einer medizinisch-biologischen Feststellung. Davon geht insbes auch das TPG aus, das auf den Tod abstellt, der nach dem aktuellen Stand der medizinischen Wissenschaft festgestellt wird. In der Praxis ist dies heute regelmäßig der sog Hirntod, also der Zeitpunkt, in dem sämtliche Hirnfunktionen endgültig und nicht reversibel ausgefallen sind. Bei Verschollenen kann sowohl eine Todeserklärung als auch eine Festlegung des Todeszeitpunktes nach dem VerschG vorgenommen werden. Zur Rechtslage nach dem Tod s.u. Rn 20. 10

III. Beweislast. Wer sich auf den Beginn der Rechtsfähigkeit und damit die Vollendung der Geburt berufen will, muss dies ebenso beweisen wie die Tatsache des Todes und den (rechtlich relevanten) Todeszeitpunkt. Für den Beginn der Rechtsfähigkeit gibt das Gesetz auch keine Vermutung. Erleichtert wird der Beweis aber durch das PStG. Durch Eintragung beweist das Geburtenbuch die Tatsache der lebenden Geburt. Gleiches gilt für den Tod. Auch dort beweist die Eintragung die Tatsache sowie den Ort und den Zeitpunkt des Todes einer Person. In allen Fällen ist aber der Nachweis der Unrichtigkeit der Eintragung zulässig. 11

Im Falle der Verschollenheit regelt das Verschollenheitsgesetz (v 15. 1. 51) sowohl die Möglichkeit einer Todeserklärung wie die gerichtliche Feststellung des Todes sowie des Todeszeitpunktes. Diese gerichtlichen Feststellungen begründen eine widerlegbare Vermutung. Wer sich darauf beruft, dass eine solche Person noch lebt oder zu einem anderen Zeitpunkt verstorben ist, trägt die Beweislast (vgl § 292 ZPO). 12

D. Rechtsstellung vor der Geburt. I. Rechtsstellung des Nasciturus. 1. Begriff. Der Gezeugte, aber noch nicht Geborene wird als Nasciturus (Leibesfrucht) bezeichnet. Zeugung ist die Verschmelzung von Eizelle und Samenzelle. Abweichend davon regelt das Strafrecht in § 218 I 2 StGB als Beginn des Schutzes der Leibesfrucht die Einnistung des befruchteten Eis in die Gebärmutter (Nidation). Die Regelung kann für das Privatrecht nicht gelten (aA *Soergel/Fahse*, § 1 Rn 27). Auch wenn der Nasciturus verfassungsrechtlich (vgl BVerfG NJW 93, 1751) oder strafrechtlich schon als geschütztes Rechtssubjekt anzusehen ist, kommt ihm doch kraft ausdrücklicher Regelung des § 1 BGB noch nicht die (privatrechtliche) Rechtsfähigkeit zu. In Übereinstimmung damit kann der Nasciturus auch im Strafrecht nicht Gegenstand von Mord und Totschlag sein (§§ 211 ff StGB), ist also noch kein Mensch. Der Sondertatbestand der Abtreibung (§ 218 StGB) ist daher die konsequente Schließung einer ansonsten bestehenden Schutzlücke. Die heute im Verfassungsrecht vorherrschende Terminologie, auch der Nasciturus sei bereits ein Mensch, ist daher für das Privatrecht und das Strafrecht nicht hilfreich. 13

14 **2. Schutzvorschriften.** Auch ohne Rechtsfähigkeit wird der Nasciturus an einigen Stellen des Gesetzes besonders geschützt. Er kann Erbe sein (§ 1923 II), ebenso Nacherbe (§ 2108), Vermächtnisnehmer (§ 2178), ferner wird er als Miterbe geschützt (§ 2043). Er hat Ersatzansprüche wegen Tötung eines Unterhaltsverpflichteten (§ 844 II 2; § 10 II 2 StVG; § 35 II 2 LuftVG; § 5 II 2 HaftpflichtG; § 28 II 2 AtG). Zulässig ist für ihn ein Vertrag zu Gunsten Dritter (§ 331 II), und für ihn kann zur Sicherung künftigen Unterhalts schon vor der Geburt eine einstweilige Verfügung erwirkt werden (§ 1615 o). Zur Wahrung der Rechte des Nasciturus kann ein Pfleger bestellt werden (§ 1912). Schließlich wird der Nasciturus iRd gesetzlichen Unfallversicherung einem Versicherten gleichgestellt (§ 12 SGB VII). Alle diese Erwerbs- und Schutztatbestände stehen aber unter der aufschiebenden Bedingung, dass später ein lebend geborenes Kind existiert (s.u. Rn 16).

15 **3. Ausweitung des Schutzes.** Die im Gesetz genannten Regelungen schützen den Nasciturus nur lückenhaft. Daher ist in der Praxis seit längerem eine Ausweitung des Schutzes im Wege der Analogie vorgenommen worden. Anerkannt ist das Bestehen von Schadensersatzansprüchen bei vorgeburtlicher Schädigung, sei es aus Vertrag mit Schutzwirkung zu Gunsten Dritter oder insbes aus § 823 (BGHZ 58, 48). Weiterhin wird man auch außerhalb der §§ 331 II, 1923 II, 2108, 2178 einen Rechtserwerb des Nasciturus zulassen müssen. Über § 844 II 2 hinaus können dem Nasciturus Ersatzansprüche bei Schäden zustehen, die er mittelbar infolge schädigender Handlungen gegen einen Unterhaltsverpflichteten erleidet (MüKo/*Schmitt* § 1 Rn 33).

16 **4. Teilrechtsfähigkeit.** Aus den vorgenannten Regelungen und Analogien wird heute weithin gefolgert, der Nasciturus sei im Privatrecht bereits partiell rechtsfähig (Teilrechtsfähigkeit). Darin liegt ein Missverständnis des Begriffs der Rechtsfähigkeit, die Rechtssubjekten nur als volle Rechtsfähigkeit zustehen kann (s.o. Rn 4). Dies wird praktisch daran deutlich, dass jeder Rechtserwerb des Nasciturus unter der aufschiebenden Bedingung entsteht, dass später ein lebend geborenes Kind existiert. Im Falle einer Totgeburt kommt es nicht zum Rechtserwerb. Schon dies zeigt, dass der Nasciturus zwar gesetzlich geschützt wird, dadurch aber noch nicht zum (teilrechtsfähigen) Subjekt im Privatrecht wird.

17 **II. Rechtsstellung des noch nicht Gezeugten. 1. Begriff.** Der noch nicht Gezeugte, bei dem also die Verschmelzung von Eizelle und Samenzelle noch fehlt (nondum conceptus) kann an sich mangels Vorhandensein eines Zuordnungssubjektes noch keine rechtliche Bedeutung aufweisen. Dennoch hat das Gesetz einzelne rechtliche Anknüpfungspunkte zum Schutz eines künftigen Menschen vorgesehen. Auch diese Rechtspositionen stehen jedoch unter der aufschiebenden Bedingung, dass sie nur vollwirksam entstehen können, wenn später eine Lebendgeburt vorliegt.

18 **2. Rechtslage.** Der noch nicht Gezeugte kann als Nacherbe oder Vermächtnisnehmer eingesetzt werden (§§ 2101 I, 2106 II, 2162, 2178). Möglich ist auch ein Vertrag zu Gunsten Dritter (§ 331 II). Die denkbaren Rechte eines noch nicht Gezeugten werden durch einen Pfleger wahrgenommen (§ 1913). Von Bedeutung für den noch nicht Gezeugten ist weiterhin das Embryonenschutzgesetz, das seit 1.1.91 in Kraft ist. Über die gesetzliche Regelung hinaus wird auch hier im Wege der Analogie ein weitergehender Rechtserwerb für möglich gehalten. So hat die Rspr die Eintragung einer Hypothek zu Gunsten eines noch nicht Gezeugten für zulässig erachtet (RGZ 61, 355; RGZ 65, 277). Auch einen Schadensersatzanspruch aus § 823 I hat die Rspr für möglich gehalten, soweit vor Zeugung des Kindes die Mutter geschädigt wurde und dieser Schaden sich auf den später gezeugten Nasciturus und das lebend geborene Kind erstreckt (BGHZ 8, 243).

19 **3. Teilrechtsfähigkeit.** Soweit aus den genannten einzelnen Schutzvorschriften für den noch nicht Gezeugten gefolgert wird, ihm stehe ebenfalls eine beschränkte Rechtsfähigkeit zu (so etwa MüKo/*Schmitt* § 1 Rn 45) verkennt diese Auffassung nicht nur das Wesen der Rechtsfähigkeit (s.o. Rn 3f), sondern macht auch die mit der angeblichen Teilrechtsfähigkeit verbundenen Missverständnisse dadurch besonders anschaulich, dass hier einem Nullum (einem noch nicht vorhandenen Wesen) bereits (partiell) Rechtsfähigkeit zugewiesen wird. Deshalb ist auch die Figur einer (fingierten) Rechtsfähigkeit abzulehnen (aA *Avenarius* JR 1994, 267).

20 **E. Rechtsstellung nach dem Tod.** Die Rechtsfähigkeit des Menschen endet mit dem Tod (s.o. Rn 10). Dies wird vom Gesetz als biologische Tatsache vorausgesetzt (vgl § 1922). Einen „bürgerlichen" oder rechtlichen Tod (zB durch Eintritt in ein Kloster) kennt die Rechtsordnung nicht. Mit dem Tod geht das Vermögen einer Person auf seine Erben über (§ 1922), immaterielle Güter sind nicht vererbbar und erlöschen mit dem Tod. Dennoch gibt es rechtliche Nachwirkungen nach dem Todeszeitpunkt.

21 **I. Postmortaler Persönlichkeitsschutz.** S.u. § 12 Rn 33.

22 **II. Rechtsstellung der Leiche.** Die Leiche und ebenso vom Körper abgetrennte Leichenteile sind als Sachen iSd § 90 anzusehen. An ihnen können sachenrechtliche Rechtsverhältnisse entstehen (s.u. § 90 Rn 6).

23 **III. Transplantation.** Rechtsfragen im Zusammenhang mit der Transplantation von Körperteilen können bei lebenden Menschen und bei Toten auftreten. Sie sind durch das Transplantationsgesetz v 5.11.77 (BGBl I 2631) geregelt. Da der Körper des lebenden Menschen kein Objekt des Rechtsverkehrs ist, kann die Organspende eines Lebenden nur unter den dort genannten engen Voraussetzungen zulässig sein, also insbes nur bei persönlicher Einwilligung. Rechtlich zulässig ist es, bezüglich der Organentnahme zur Transplanta-

tion nach dem Tode Verfügungen zu treffen. Im übrigen unterliegt die Transplantation von Organen eines Toten der jeweiligen Zustimmung des Rechtsinhabers.

F. Geschlecht. Für die Rechtsfähigkeit im Allgemeinen ist das Geschlecht ohne Bedeutung. Für einzelne Rechtspositionen dagegen hat das Geschlecht vielfältige Bedeutung. Das Privatrecht geht davon aus, dass jede natürliche Person entweder männlichen oder weiblichen Geschlechts ist. Ein Offenlassen iSe Zwitterstellung ist rechtlich nicht möglich. Es entscheidet das „überwiegende" Geschlecht. Bestimmt wird das Geschlecht bei der Geburt an Hand der äußeren Geschlechtsmerkmale. Das Recht geht davon aus, dass dieses Geschlecht für die Lebenszeit unverändert bleibt. Soweit in Ausnahmefällen eine Veränderung der Geschlechtszugehörigkeit in Betracht zu ziehen ist, wird diese durch das Transsexuellengesetz v 10. 9. 80 (BGBl I 1654) geregelt. 24

G. IPR. Die Rechtsfähigkeit von Personen bestimmt sich gem Art 7 EGBGB nach dem Recht des Staates, dem die Person angehört. Würde ein ausländisches Recht einer natürlichen Person die Rechtsfähigkeit allerdings absprechen, so wäre dies nach Art 6 EGBGB mit deutschem Recht unvereinbar. 25

§ 2 Eintritt der Volljährigkeit

Die Volljährigkeit tritt mit der Vollendung des 18. Lebensjahres ein.

A. Normzweck. Die Norm setzt die Rechtsfähigkeit einer natürlichen Person nach § 1 voraus. Sie regelt die wichtigste Altersstufe des Menschen, nämlich die Volljährigkeit mit 18 Jahren. Bis zum 31. 12. 1974 trat die Volljährigkeit mit dem vollendeten 21. Lebensjahr ein. Heute ist iRd Volljährigkeit die unbeschränkte Geschäftsfähigkeit und die Deliktsfähigkeit (§ 828) also identisch. 1

B. Eintritt der Volljährigkeit. Die Volljährigkeit wird mit Vollendung des 18. Lebensjahres erreicht. Dies ist der Beginn des 18. Geburtstages um 0.00 Uhr (§ 187 II 2). Eine vorzeitige Volljährigkeitserklärung gibt es nicht mehr, ebenso gibt es keine Möglichkeit, die Volljährigkeit hinauszuschieben. 2

C. Wirkungen der Volljährigkeit. Zentrale Wirkung der Volljährigkeit ist die unbeschränkte Geschäftsfähigkeit (vgl §§ 104 ff). Weiterhin tritt die Prozessfähigkeit (§ 52 ZPO), die Ehemündigkeit (§ 1303 I), die unbeschränkte Testierfähigkeit (§ 2247 IV mit § 2229 I) sowie das passive Wahlrecht (Art 38 II GG) ein. Es endet ab diesem Zeitpunkt die elterliche Sorge bzw eine Vormundschaft (§§ 1626 I, 1822). Auch im Verwaltungs- und Sozialrecht ist der Volljährige uneingeschränkt verfahrens- und handlungsfähig (§ 12 I Nr 1 VwVfG, § 11 I Nr 1 SGB X). Mit der Volljährigkeit enden die Erziehungsbeistandschaft, die Vollzeitpflege und die Heimerziehung. 3

D. Privatrechtliche Bedeutung von Altersstufen. Das Privatrecht (und ebenso das Öffentliche Recht) kennen viele weitere rechtlich bedeutsame Altersstufen, von deren Erreichen bestimmte Rechte und Pflichten abhängig sind. Zu Einzelheiten vgl die Übersicht bei MüKo/*Schmitt* § 2 Rn 13; ferner *L. Prütting* Das Lebensalter im privaten und öffentlichen Recht, 1954. 4

§§ 3 bis 6

– weggefallen –

Die §§ 3 bis 6 betrafen Volljährigkeit und Entmündigung.

§ 7 Wohnsitz; Begründung und Aufhebung

(1) Wer sich an einem Orte ständig niederlässt, begründet an diesem Orte seinen Wohnsitz.
(2) Der Wohnsitz kann gleichzeitig an mehreren Orten bestehen.
(3) Der Wohnsitz wird aufgehoben, wenn die Niederlassung mit dem Willen aufgehoben wird, sie aufzugeben.

A. Normzweck und Bedeutung. Die Regelung der §§ 7–11 enthält die grundlegenden Aspekte des **Wohnsitzes** (von natürlichen Personen). Demgegenüber haben juristische Personen einen **Sitz** (vgl § 17 I ZPO, beim Verein § 24 und bei der AG § 5 AktG). Der Wohnsitz ist ein sehr wichtiger örtlicher Anknüpfungspunkt und in ganz verschiedenen Rechtsbereichen und Normen von Bedeutung. Im BGB vgl die §§ 132 II, 269, 270, 773 I, 1409 II, 1558, 1786 I, 1944 III, 1954 III. 1

B. Begriff des Wohnsitzes und Abgrenzungen. I. Der Begriff. Der Wohnsitz ist zu verstehen als der räumliche Mittelpunkt des gesamten Lebens einer Person (RGZ 67, 191, 193; BayObLGZ 1984, 289; 1993, 88), wobei nicht das konkrete Haus als Wohnsitz anzusehen ist, sondern der Ort iSe politischen Gemeinde. In diesem Sinne wird allgemein der Begriff des Ortes in I, II ausgelegt. Der Hinweis auf den räumlichen Mittelpunkt kann allerdings nicht als zwingende Festlegung auf **einen** Ort verstanden werden, wie II zeigt (Wohnsitz an mehreren Orten). 2

3 **II. Abgrenzungen.** Vom Begriff des Wohnsitzes ist zu unterscheiden der Wohnort (Ort einer Wohnung, selbst wenn ein Wohnsitz ausnahmsweise nicht besteht); der gewöhnliche oder ständige Aufenthalt (rein tatsächliches Verweilen einer Person von einer gewissen Dauer oder Regelmäßigkeit auch ohne Wohnsitzwille); der dienstliche Wohnsitz (vgl § 9); die gewerbliche Niederlassung (vorhandene Räume dienen einem bestimmten gewerblichen oder geschäftlichen Zweck) sowie der Mittelpunkt der hauptsächlichen Interessen einer Person (vgl Art 3 EuInsVO für die internationale Zuständigkeit im Insolvenzrecht).

4 **C. Begründung des Wohnsitzes (I). I. Rechtsnatur.** Die Begründung des Wohnsitzes ist im Kern ein Realakt. Allerdings muss sie von einem Willen getragen werden, der nicht auf eine besondere Rechtsfolge ausgerichtet ist; daher wird die Wohnsitzbegründung nach hM zu Recht als rechtsgeschäftsähnliches Handeln bezeichnet (BGHZ 7, 104, 105).

5 **II. Voraussetzungen.** Die Begründung des Wohnsitzes hat zwei Voraussetzungen. Zunächst muss eine Unterkunft in einem konkreten Aufenthaltsbereich eines Ortes (in der Regel einer Gemeinde) vorliegen. Dies setzt nicht zwingend eine eigene Wohnung voraus, es genügt auch ein gemietetes Zimmer, ein Raum zur Untermiete oder ein ständiger Gasthausaufenthalt. Nicht ausreichend ist eine reine Adressenbegründung oder polizeiliche Anmeldung. Neben der tatsächlichen Unterkunft muss ein Wille zur Wohnsitzbegründung (Domizilwille) bestehen (e contrario aus III). Der Wille muss sich auf einen dauernden (ständigen) Aufenthalt beziehen. Daher genügt nicht eine Ferienwohnung oder ein Ferienhaus, der Aufenthalt iRd Wehrpflicht oder in einer Strafanstalt, der Aufenthalt an einem Studienort (BVerfG NJW 90, 2193), in einem Internat oder in einer Krankenanstalt. Im Einzelfall kann dagegen der Arbeitsort einen Wohnsitz darstellen (zB für Hausangestellte mit Familienanschluss).

6 **III. Stellvertretung.** Bei der Wohnsitzbegründung ist nach hM Stellvertretung möglich. Diese kann sich aus einer gesetzlichen Vertretung bei nicht voll Geschäftsfähigen ergeben. Möglich ist auch eine rechtsgeschäftliche Vertretung, zB durch einen Ehepartner bei Haft des anderen.

7 **D. Mehrfacher Wohnsitz (II).** Gem II ist ein mehrfacher Wohnsitz ausdrücklich gesetzlich vorgesehen, dürfte aber eine echte Ausnahme sein. Denn es müssen zwei verschiedene räumliche Schwerpunkte und der jeweilige doppelte Domizilwille vorliegen. Dafür genügt nicht das eigene Ferienhaus neben der normalen Wohnung, auch nicht die Übernachtungsmöglichkeit am Arbeitsplatz oder die Studentenbude bei weiterhin bestehendem Wohnsitz außerhalb.

8 **E. Aufhebung des Wohnsitzes (III). I. Aufgabe des Wohnsitzes.** Voraussetzung einer Aufhebung des Wohnsitzes ist es, dass der räumliche Standort faktisch aufgehoben wird und diese Aufhebung mit dem Willen des Betroffenen einher geht. Hierfür genügt nicht die vorübergehende Abwesenheit, auch wenn sie längere Zeit dauern sollte. Auch die polizeiliche Abmeldung ist nicht ausschlaggebend, allenfalls ein Indiz für den Aufhebungswillen. Nicht zur Aufhebung des Wohnsitzes führt insbes der Antritt einer Haftstrafe, der Beginn der Wehrpflicht oder einer Wehrübung, der zeitweilige Wechsel an einen Studienort oder in eine Internatsschule, die Aufnahme in eine Krankenanstalt sowie der zeitlich befristete Wechsel in ein Ferienquartier. Insgesamt ist die Aufhebung des Wohnsitzes wie auch die Wohnsitzbegründung kein Rechtsgeschäft, sondern eine rechtsgeschäftsähnliche Handlung.

9 **II. Wohnsitzlose Personen.** Mit der Aufgabe des Wohnsitzes muss nicht zwingend eine neue Wohnsitzbegründung verbunden sein. Soweit es an einer konkreten tatsächlichen Unterkunft iSe Wohnsitzbegründung oder am Domizilwillen fehlt, ist eine Person wohnsitzlos. Auch das Gesetz selbst geht ausdrücklich davon aus, dass Personen ohne Wohnsitz sein können (vgl § 16 ZPO). In solchen Fällen knüpft das Gesetz (im Falle eines Gerichtsstandes) an den Aufenthaltsort oder (falls ein solcher nicht bekannt ist) an den letzten bekannten Wohnsitz an (§ 16 ZPO).

10 **F. Der Wohnsitz im IPR.** Der Wohnsitz kann auch als Anknüpfungspunkt in IPR von Bedeutung sein. Das deutsche Kollisionsrecht kennt als Anknüpfungspunkte für natürliche Personen vor allem die Staatsangehörigkeit, den Aufenthalt und den Wohnsitz. Dabei ist aber der Wohnsitz heute nur noch von sehr geringer Bedeutung. Allein im Erbrecht findet er noch Berücksichtigung (vgl Art 26 I EGBGB). Darüber hinaus gibt es Staatsverträge mit kollisionsrechtlicher Bedeutung, die den Wohnsitz als Anknüpfungspunkt kennen.

11 **G. Der Wohnsitz im Zivilprozess (Gerichtsstand).** Von zentraler Bedeutung ist der Wohnsitz bei der Bestimmung der örtlichen und internationalen Zuständigkeit natürlicher Personen im Zivilprozess (vgl §§ 13, 15 I, 16, 29c ZPO; ferner §§ 23, 23 a, 27, 30 ZPO). Durch den Wohnsitz wird insbes der allgemeine Gerichtsstand natürlicher Personen iSv § 12 ZPO festgelegt. Wegen der zwingenden Verknüpfung von Gerichtsbezirken mit Gemeinden scheidet ein Schiff, ein Leuchtturm im Meer oder eine Bohrinsel usw aus. Für die internationale Zuständigkeit im europäischen Raum knüpfen die Art 2, 3, 4 EuGVVO ebenfalls an den Wohnsitz als allgemeinen Gerichtsstand an.

§ 8 Wohnsitz nicht voll Geschäftsfähiger

(1) Wer geschäftsunfähig oder in der Geschäftsfähigkeit beschränkt ist, kann ohne den Willen seines gesetzlichen Vertreters einen Wohnsitz weder begründen noch aufheben.
(2) Ein Minderjähriger, der verheiratet ist oder war, kann selbständig einen Wohnsitz begründen und aufheben.

A. Normzweck. In allen Fällen des § 104 (Geschäftsunfähigkeit) und des § 106 (beschränkte Geschäftsfähigkeit) schließt I eine gewillkürte Wohnsitzbegründung und eine gewillkürte Aufhebung des Wohnsitzes aus. Für beides ist jeweils der Wille des gesetzlichen Vertreters erforderlich. Auf einen Betreuten ist § 8 nur anzuwenden, soweit er gem § 104 Nr 2 geschäftsunfähig ist. Der Wille des Betreuers entscheidet in diesen Fällen, wenn sich dessen Aufgabenkreis auf die Aufenthaltsbestimmung erstreckt (§§ 1896, 1902). Ein geschäftsfähiger Betreuter kann seinen Wohnsitz allein begründen und aufheben. 1

B. Wohnsitz nicht voll Geschäftsfähiger (Abs 1). Obgleich die Wohnsitzbegründung nach § 7 nur ein rechtsgeschäftsähnliches Handeln voraussetzt und damit im Grundsatz ein natürlicher Wille zur Wohnsitzbegründung ausreicht (§ 7 Rn 4), schließt § 8 I eine selbständige Wohnsitzbegründung aller Personen, die noch nicht voll geschäftsfähig sind, generell aus. Der Begriff des Wohnsitzes ist dabei mit § 7 identisch. Verlangt wird also neben dem räumlichen Mittelpunkt des gesamten Lebens der Person zugleich ein Domizilwille. Die tatsächliche Niederlassung des Minderjährigen als Realakt muss dieser selbst durchführen, beim Domizilwillen genügt sein eigener natürlicher Handlungswille nicht. Zusätzlich ist zwingend der zustimmende Wille des gesetzlichen Vertreters erforderlich (formlos und konkludent möglich). Im Falle einer Genehmigung (nachträglichen Zustimmung) durch den gesetzlichen Vertreter wirkt diese nach § 184 I auf den Zeitpunkt der tatsächlichen Niederlassung des Minderjährigen zurück. Möglich ist in Ausnahmefällen auch die Begründung mehrerer Wohnsitze, da § 7 II insoweit entsprechend gilt. Alle für die Wohnsitzbegründung erforderlichen Merkmale gelten auch für die Wohnsitzaufhebung. 2

C. Wohnsitz verheirateter Minderjähriger (II). Eine Verheiratung eines Minderjährigen und damit ein Fall des § 8 II ist nur möglich, wenn das Familiengericht auf Antrag Befreiung vom Alterserfordernis für Eheschließungen erteilt hat (§ 1303 II). In solchen Ausnahmefällen ist der verheiratete oder verheiratet gewesene Minderjährige einem Volljährigen gleichgestellt. Eine Wohnsitzbegründung oder Aufhebung durch den gesetzlichen Vertreter scheidet aus. 3

§ 9 Wohnsitz eines Soldaten

(1) ¹Ein Soldat hat seinen Wohnsitz am Standort. ²Als Wohnsitz eines Soldaten, der im Inland keinen Standort hat, gilt der letzte inländische Standort.
(2) Diese Vorschriften finden keine Anwendung auf Soldaten, die nur auf Grund der Wehrpflicht Wehrdienst leisten oder die nicht selbständig einen Wohnsitz begründen können.

A. Normzweck. § 9 enthält spezielle Wohnsitzregelungen für Soldaten. Dabei trennt das Gesetz zwischen denjenigen Soldaten, die als Berufs- oder Zeitsoldaten tätig sind (I) und denjenigen Soldaten, die nur ihre kraft Gesetzes bestehende Wehrpflicht ableisten (II). Nicht erfasst von § 9 sind die Beamten und die Zivilbeschäftigten sowie die Ärzte der Bundeswehr, die keine Soldaten iSd SoldatenG sind. Auch auf die Angehörigen des Bundesgrenzschutzes ist § 9 nicht anwendbar. 1

B. Wohnsitz des Soldaten (Abs 1). I weist den Soldaten zwingend einen gesetzlichen Wohnsitz zu. Er ist allerdings nur auf die Berufssoldaten und die Soldaten auf Zeit anwendbar, die voll geschäftsfähig sind. Voraussetzung ist, dass es sich um Soldaten iSd SoldatenG handelt (s.o. Rn 1). Neben § 9 ist auch § 7 II anwendbar, so dass auch Soldaten einen zusätzlichen gewillkürten Wohnsitz begründen können. Der Begriff des Standortes bzw des letzten inländischen Standortes wird durch denjenigen Ort festgelegt, an dem sich die regelmäßige Unterkunft des Truppenteils befindet. An einem solchen Standort ist also in der Regel der dienstliche Wohnsitz mit dem privaten Wohnsitz eines Soldaten vereinigt. Ein Wechsel des Wohnsitzes wird durch Übungen oder befristete Abkommandierungen nicht begründet. Anders ist es bei einem echten Wechsel der Einheit und damit auch des Standortes. 2

C. Ausnahmen von der Vorschrift. II schränkt den Anwendungsbereich der Norm dadurch ein, dass alle diejenigen ausgenommen sind, die eine auf Gesetz beruhende Wehrpflicht ableisten. Ferner sind ausgenommen alle nicht voll geschäftsfähigen Soldaten, die aus diesem Grunde nicht selbständig einen Wohnsitz begründen können (vgl § 8). Im Ergebnis gilt somit § 9 I nur für Soldaten, die als Berufs- oder Zeitsoldaten freiwillig einen Wehrdienst ableisten. 3

§ 10 Wohnsitz der Ehefrau

– *weggefallen* –

§ 11 Wohnsitz des Kindes

¹Ein minderjähriges Kind teilt den Wohnsitz der Eltern; es teilt nicht den Wohnsitz eines Elternteils, dem das Recht fehlt, für die Person des Kindes zu sorgen. ²Steht keinem Elternteil das Recht zu, für die Person des Kindes zu sorgen, so teilt das Kind den Wohnsitz desjenigen, dem dieses Recht zusteht. ³Das Kind behält den Wohnsitz, bis es ihn rechtsgültig aufhebt.

1 **A. Normzweck.** Kinder können, wie es sich aus § 8 ergibt, nicht selbständig einen Wohnsitz begründen oder aufheben. Deshalb weist § 11 ihnen einen gesetzlichen Wohnsitz zu. Dieser ist an die personensorgeberechtigten Eltern gebunden. Allerdings ist § 11 nicht zwingend. Anstelle des gesetzlichen Wohnsitzes kann nach den Regeln der §§ 7, 8 auch ein gewillkürter Wohnsitz begründet werden. Möglich ist ferner die Begründung eines zusätzlichen Wohnsitzes (§ 7 II). Bedeutung hat die Regelung insbes für die Bestimmung des zuständigen Familiengerichts.

2 **B. Gesetzlicher Wohnsitz des Kindes (S 1). I. Grundsatz.** Das Gesetz bestimmt, dass minderjährige Kinder grundsätzlich den Wohnsitz ihrer Eltern teilen. Dabei wird für die Eltern allerdings das Vorhandensein eines Personensorgerechts vorausgesetzt. Liegt dies nicht oder nur zum Teil vor, so bedarf es einer Bildung der konkreten Fallgruppen (s.u. Rn 3).

3 **II. Fallgruppen.** IRd Wohnsitzbestimmung für das Kind ist zunächst zu trennen, ob die personensorgeberechtigten Eltern zusammen leben oder ob sie getrennt leben. Im letzteren Fall ist danach zu trennen, ob die Personensorge beiden Elternteilen oder nur einem Elternteil zusteht. Von allen genannten Fallgruppen abzutrennen ist der besondere Fall, dass keinem Elternteil das Personensorgerecht zusteht.

4 **1. Zusammenleben der Eltern.** Im Falle zusammen lebender Eltern teilen die Kinder kraft Gesetzes den Wohnsitz der Eltern, sofern beiden Eltern oder mindestens einem Elternteil die Personensorge zusteht. Soweit die Eltern mehr als einen Wohnsitz begründet haben, gilt dieser mehrfache Wohnsitz auch für die Kinder.

5 **2. Getrennt lebende Eltern mit gemeinsamer Personensorge.** Im Falle getrennt lebender Eltern ist nach der gesetzlichen Regelung entscheidend, wem das Personensorgerecht zusteht. Bei gemeinsamer Personensorge beider Elternteile haben die Kinder kraft Gesetzes einen Doppelwohnsitz. Selbst wenn ein Kind erst nach der Trennung der Eltern geboren wird, besteht von der Geburt an ein von beiden getrennten Elternteilen abgeleiteter Doppelwohnsitz.

6 **3. Personensorge für einen Elternteil.** Im Falle getrennt lebender Eltern, bei denen das Personensorgerecht nur einem Elternteil zusteht, ist dem Kind kraft Gesetzes als Wohnsitz der Wohnsitz dieses sorgeberechtigten Elternteils zugewiesen. Ohne Bedeutung ist es, aus welchen Gründen es zur Verteilung des Personensorgerechts gekommen ist. Im Einzelfall kann der sorgeberechtigte Elternteil den Wohnsitz des Kindes aufgeben, so dass das Kind seinen Wohnsitz nach den Regeln der §§ 7, 8 bei dem anderen Elternteil begründen kann (Ddorf FamRZ 78, 621).

7 **C. Wohnsitz eines Kindes ohne Sorgerecht der Eltern (S 2).** Den Eltern kann gem § 1666 die Personensorge entzogen sein, so dass ein Vormund oder Pfleger zu bestellen ist. In diesem Falle teilt das Kind den Wohnsitz des jeweiligen Personensorgeberechtigten. Dies gilt auch dann, wenn das Kind faktisch bei seinen Eltern oder einem Elternteil wohnt. Gleichzustellen ist der Fall, dass die Eltern nicht bekannt sind. In diesem Fall wird gem §§ 1773 II, 1774 von Amts wegen ein Vormund bestimmt. Nach dessen Wohnsitz bestimmt sich auch der Wohnsitz des Kindes.

8 **D. Aufgabe des Wohnsitzes (S 3).** Den gesetzlich bestimmten Wohnsitz eines minderjährigen Kindes behält dieses, bis es ihn nach den §§ 7, 8 wirksam aufgibt. Dies gilt insbes dann, wenn das Kind volljährig wird. Wohnt ein Volljähriger weiterhin bei seinen Eltern, so wird der gesetzliche Wohnsitz des § 11 zum gewillkürten Wohnsitz des § 7 ohne tatsächliche Wohnsitzveränderung. Bis zur Volljährigkeit entscheidet über die Aufgabe des Wohnsitzes der Wille des gesetzlichen Vertreters (§ 8). Sind also beide Eltern vertretungsberechtigt, so können sie den Wohnsitz des Kindes nur gemeinsam aufheben. Gibt ein Elternteil seinen Wohnsitz auf, so geschieht dies auch mit Wirkung für die Kinder. Soweit beide Eltern ihren Wohnsitz ersatzlos aufgeben, werden auch Kinder wohnsitzlos. Dies gilt nicht, wenn beide Elternteile das Personensorgerecht verlieren. In diesem Falle bleibt der letzte vorhandene Wohnsitz so lange bestehen, bis ein Vormund oder Pfleger den Wohnsitz nach den Regeln der §§ 7, 8 verändert. Ein automatischer Verlust des Wohnsitzes tritt auch nicht beim Tode eines oder beider Elternteile ein. Auch hier gilt S 3.

§ 12 Namensrecht

¹Wird das Recht zum Gebrauch eines Namens dem Berechtigten von einem anderen bestritten oder wird das Interesse des Berechtigten dadurch verletzt, dass ein anderer unbefugt den gleichen Namen gebraucht, so kann der Berechtigte von dem anderen Beseitigung der Beeinträchtigung verlangen. ²Sind weitere Beeinträchtigungen zu besorgen, so kann er auf Unterlassung klagen.

A. Normzweck. Die Norm ist seit 1.1.1900 unverändert. Sie regelt mit dem Namensrecht ein wichtiges einzelnes Persönlichkeitsrecht aus dem Kreis der sog besonderen Persönlichkeitsrechte (s.u. Rn 26). Das BGB kennt aber weder eine vollständige Regelung der besonderen Persönlichkeitsrechte noch das allgemeine Persönlichkeitsrecht (s.u. Rn 31). Daher ist § 12 zu einer wichtigen normativen Basis für die Fortentwicklung des Persönlichkeitsrechts und ebenso für die nähere Ausprägung des (ebenfalls im BGB nicht geregelten) allgemeinen Beseitigungs- und Unterlassungsanspruch geworden (vgl dazu § 1004 Rn 6, 7). 1

Mit dem Namen, den jede natürliche und jede juristische Person inne hat, wird die Individualität des Rechtssubjekts verdeutlicht. Der Name repräsentiert also in der Regel die Rechtsperson und kennzeichnet damit ihre Identität (**Individualisierungsfunktion**). Das Namensrecht ist verfassungsrechtlich in Art 1, 2 I GG verankert (BVerfG JZ 82, 798; *Hubmann* Das Persönlichkeitsrecht S 276 ff). 2

Der Name hat ferner eine **Zuordnungsfunktion**. Im Familienrecht und Erbrecht ebenso wie im gesamten Geschäftsverkehr dient der Name der Zuordnung einer Person zu einer bestimmten Familie, einer bestimmten Unternehmensbezeichnung usw. Diese Zuordnungsfunktion wird auch dadurch deutlich, dass an der gesetzlichen Regelung des Namensrecht ein öffentliches Interesse besteht, da auch im öffentlichen Recht die Zuordnungsfunktion von großer Bedeutung ist (**Ordnungsfunktion**). 3

Die Regelung des Namensrechts in § 12 ist nach der Systematik des BGB zunächst nur für natürliche Personen gedacht gewesen. Heute ist es aber einhellige Auffassung, dass § 12 analog auch auf juristische Personen sowie auf alle Arten von Vereinen und Gesellschaften anzuwenden ist (s.u. Rn 25). Besondere Regelungen finden sich im HGB für die Handelsfirma. Nach § 17 I HGB ist die Firma eines Kaufmanns der Name, unter dem er seine Geschäfte betreibt (zu den Einzelheiten s §§ 17-37a HGB). Abzutrennen vom Namensrecht ist schließlich auch die Marke, durch die die Herkunft einer Ware oder einer Dienstleistung gekennzeichnet wird. Für sie finden sich spezielle Regelungen im MarkenG. 4

B. Das Namensrecht. I. Wesen und Inhalt. 1. Namensarten. Beim Namen als einer schriftlich und mündlich zum Ausdruck kommenden Kennzeichnung einer Person sind verschiedene Arten und Formen zu unterscheiden. Zu trennen ist zunächst der **Zwangsname** (die Führung eines Namens ist gesetzlich zwingend vorgeschrieben) vom **Wahlnamen** (die Namensführung ist frei wählbar und frei änderbar). Als Zwangsnamen hat das Gesetz für die natürliche Personen den bürgerlichen Namen vorgesehen, für juristische Personen den Namen iVm der Rechtsform, für Kaufleute die Firma. Innerhalb der von § 12 zunächst erfassten natürlichen Personen ist beim bürgerlichen Namen zu trennen zwischen dem Familiennamen (durch Geburt oder durch Eheschließung erworben), dem einen (oder mehreren) Vornamen, der durch die mit der Personensorge ausgestatteten Personen verliehen wird, und den sonstigen Namen. Der Vorname muss dem Standesbeamten innerhalb einer Frist von einem Monat nach der Geburt eines Kindes angezeigt und von ihm im Geburtenbuch vermerkt werden (§ 22 PStG). Nachträgliche Änderungen eines Familiennamens oder eines Vornamens sind nur mit Zustimmung der jeweiligen Verwaltungsbehörde und bei Vorliegen eines wichtigen Grundes durch Verwaltungsakt möglich. Sonstige Namen einer Person, die sich vom sog bürgerlichen Namen unterscheiden (also Wahlnamen) sind Künstlernamen, Pseudonyme, Decknamen usw. Ein Auftreten in der Öffentlichkeit unter solchen selbst gewählten sonstigen Namen ist grundsätzlich zulässig. Bei Erklärungen gegenüber Behörden muss jedoch der bürgerliche Name verwendet werden. IRe Prozessführung genügt dagegen als Name jede Bezeichnung, die Zweifel hinsichtlich der Identität ausschließt. So kann etwa ein Kaufmann unter dem Namen seiner Firma klagen und verklagt werden (§ 17 II HGB). Die Wirksamkeit von Rechtsgeschäften wird von der Benutzung des bürgerlichen Namens abhängig. 5

Bestandteil des Familiennamens sind nach Art 109 III 2 WeimRV die **Adelsprädikate**, soweit sie vor dem 14.8.19 erworben wurden. Art 109 WeimRV gilt heute als einfaches Bundesrecht fort. Nicht zum bürgerlichen Namen gehören dagegen **Ordensvornamen**, die der jeweilige Träger als Mitglied einer geistlichen Gemeinschaft wählt oder erhält. Nicht zum bürgerlichen Namen gehören auch alle Zusätze, die eine Person als Besitzer eines Hofes ihrem Familiennamen anfügt. Nicht zum Familiennamen gehören selbstverständlich auch alle Wahlnamen wie insbes das Pseudonym. Weiterhin gehören nicht zum bürgerlichen Namen die **akademischen Titel und Berufsbezeichnungen**. Die besonderen deutschen akademischen Grade (Magister, Diplom, Doktor, Lizentiat, Bachelor, Master) sind zwar kein Namensbestandteil, sie dürfen aber wie ein Namensbestandteil geführt werden. An einer ausländischen Hochschule erworbene akademische Grade dürfen erst nach behördlicher Genehmigung geführt werden. Der Doktorgrad wird sogar in den Pass und den Personalausweis als Angabe über die Person des Inhabers eingetragen. Für alle diese akademischen Grade gilt § 12 analog. Bei Bestreiten eines solchen Titels steht dem Träger das Klagerecht zu. Uneinheitlich ist die Rechtslage im Hinblick auf den Professorentitel (*Zimmerling* Akademische Grade und Titel 1990, S 75 ff). Im 6

Ergebnis kann die akademische Bezeichnung „Universitätsprofessor" oder „Professor" während der Zugehörigkeit einer Person zu einer Hochschule als Namensbestandteil geführt werden. Bei den hauptamtlichen Professoren iSd Hochschulrechts ist diese akademische Bezeichnung grundsätzlich unverlierbar, auch wenn sie die Hochschule verlassen oder in Ruhestand gehen.

7 Nicht zum Namen gehören Kennzeichen anderer Art wie der **Internet-Domain-Name**. Dabei handelt es sich grds eher um eine Adresse, wobei Domains auch wie Namen benutzt werden können. Im Ergebnis wird heute § 12 auf solche Kennzeichen analog angewendet. Namensschutz kann in gleicher Weise auch Abkürzungen, Buchstabenkombinationen oder Zahlen (zB 4711) zukommen, wenn diese in der Öffentlichkeit einen namensähnlichen Charakter aufweisen. Nicht zum Namen gehören schließlich Wappen, Embleme und Bildzeichen, die sich nicht sprachlich als Namen ausdrücken. Aber auch diesen Zeichen wird heute der Schutz des § 12 analog zugebilligt.

8 **2. Namensrecht.** Alle gesetzlich erlaubten Namen unterstehen dem Schutz des Gesetzes. Das Namensrecht ist ein ein absolutes Recht und zugleich Teil des Persönlichkeitsrechts. Als spezielle Ausprägung ist das Namensrecht und damit § 12 lex specialis gegenüber dem allgemeinen Persönlichkeitsrecht.

9 **3. Namensführungspflicht.** Für alle Zwangsnamen und damit insbes für den bürgerlichen Namen, den § 12 ursprünglich ausschließlich meinte, besteht eine Namensführungspflicht. Für den bürgerlichen Namen ergibt sich dies aus § 111 OWiG, für die Firma aus §§ 29, 37 a HGB; vgl ferner § 15 a, 15 b GewO, § 1 II PersonalausweisG, § 1, 4 I PassG, § 11, 21 PStG, § 79 AktG.

10 **II. Anwendungsbereich. 1. Räumlicher Schutzbereich.** Der Schutz des § 12 für den bürgerlichen Namen bezieht sich auf das gesamte Bundesgebiet. Lediglich im Handels- und Unternehmensrecht gibt es für Firmen und Geschäftsbezeichnungen Einschränkungen. Bei grenzüberschreitenden Sachverhalten gilt für die rechtliche Beurteilung des Namens das Personalstatut. Maßgebend ist das Recht des Heimatstaates (BGHZ 56, 193, 195; 72, 163, 165). In Deutschland kann der Namensschutz eines ausländischen Namens nicht weiter gehen als das deutsche Recht selbst (BGHZ 39, 220, 233; 8, 318).

11 **2. Zeitlicher Schutzumfang.** Der Schutz des Namens beginnt mit dem Namenserwerb kraft Geburt, Eheschließung, Einbenennung oder Adoption. Bei Wahlnamen entsteht ein rechtlicher Schutz mit der Benutzung des jeweiligen Namens. Grundsätzlich erlischt das Namensrecht mit dem Tode des Menschen (BGHZ 8, 318, 324). Allerdings kann das Namensrecht als Teil des Persönlichkeitsrechts auch nach dem Tod des Namensträgers vor Missbrauch geschützt werden. Die Wahrnehmung dieses postmortalen Persönlichkeitsschutzes obliegt den Angehörigen (s.u. Rn 33).

12 **3. Übertragbarkeit.** Soweit das Namensrecht Teil des Persönlichkeitsrechts ist, ist es nicht übertragbar. Im geschäftlichen Verkehr ist allerdings die Einräumung eines Nutzungsrechts am Namen zulässig (BGHZ 119, 237, 240). Soweit dagegen im Handels-, Gesellschafts- und Wirtschaftsrecht eine namensmäßige Kennzeichnung geschäftlichen oder sonstigen wirtschaftlichen Zwecken dient, ist eine Übertragbarkeit und Vererblichkeit des Namens zu bejahen (vgl §§ 22 ff HGB).

13 **4. Namensänderung.** Die Änderung des Namens einer natürlichen Person (Zwangsname) ohne staatliche Genehmigung ist ausgeschlossen. Für eine Namensänderung bedarf es eines Antrags bei der zuständigen Verwaltungsbehörde und eines gesetzlichen Änderungsgrundes (§§ 3, 5 NÄG v 5.1.38 iVm ErgG v 29.8.61). Bei Zweifel über den richtigen Familiennamen sieht § 8 I NÄG ein Verfahren zur Feststellung des Familiennamens mit allgemein verbindlicher Wirkung vor.

14 **III. Verletzung des Namensrechts.** Eine Verletzungshandlung gem § 12 ist negativ möglich als Namensleugnung oder Namensbestreitung, positiv ist sie möglich als Namensanmaßung oder unzulässiger Namensgebrauch. Jede andere Verletzungshandlung fällt nicht unter § 12 (s.u. Rn 18).

15 **1. Namensleugnung.** Eine Verletzung des Namensrechts gegenüber dem Inhaber in negativer Form (Namensleugnung, Namensbestreitung) stellt es dar, wenn diesem das Recht zum Gebrauch des Namens in irgendeiner Form bestritten wird, zB durch dauernde Falschbezeichnung oder unrichtige Schreibweise.

16 **2. Namensanmaßung.** Eine positive Verletzung des Namensrechts in Form der Namensanmaßung liegt vor, wenn ein Dritter den Namen unbefugt verwendet und dadurch das schutzwürdige Interesse des Namensträgers beeinträchtigt. Dabei liegt der **Gebrauch** eines fremden Namens in der Verwendung des gleichen oder eines verwechslungsfähigen Namens. Für eine solche Verletzung durch Gebrauch desselben oder eines verwechslungsähnlichen Namens oder durch die Nutzung eines aussagekräftigen Bestandteils des Namens ist die Auffassung der jeweils beteiligten Verkehrskreise von entscheidender Bedeutung. Ein Gebrauch eines fremden Namens liegt nicht nur in der unbefugten Benutzung einer Person für sich selbst, sondern auch in der unzulässigen Bezeichnung einer dritten Person. Die Verletzungshandlung kann auch in einem sonstigen Gebrauch des Namens für wirtschaftliche Zwecke, insbes für Werbemaßnahmen liegen. Immer erforderlich ist für einen Anspruch aus § 12 jedoch die **Verwechslungsgefahr** in Bezug auf den Namen. **Unbefugt** ist der Gebrauch eines fremden Namens, wenn er dem Nutzer weder originär noch auf Grund einer vertraglichen Berechti-

gung zusteht. Im Falle des bürgerlichen Namens scheidet eine unbefugte Nutzung generell aus, wenn der benutzte Namen dem Nutzer nach öffentlichrechtlichen Vorschriften zukommt. Umgekehrt ist die Nutzung eines fremden bürgerlichen Namens nicht unbefugt, wenn dem Nutzer eine besondere Gestattung zur Seite steht. Bei Gleichnamigkeit eines bürgerlichen Namens liegt kein unbefugter Namensgebrauch vor. Anders ist es bei Wahlnamen, bei denen der Grundsatz der Priorität gilt. Ausnahmsweise kann die Benutzung des eigenen Namens unbefugt sein, wenn damit die wirtschaftliche Ausbeutung des Rufs eines bekannten gleichnamigen Unternehmens beabsichtigt ist (BGHZ 4, 96, 100). Im Übrigen bedarf es bei der Führung identischer oder verwechslungsfähiger Namen einer umfassenden **Interessenabwägung**, ob im Einzelfall ein unbefugter Namensgebrauch zu bejahen ist. In der Praxis wird dies nur im Bereich der Verwendung geschäftlicher Kennzeichnungen in Betracht kommen. Hier kann es erforderlich sein, durch eine Beifügung unterscheidungskräftiger Zusätze zu einer Lösung von Konfliktsfällen zu kommen. Neben dem Gesichtspunkt der Priorität und der Zumutbarkeit ist in Konfliktsfällen aber auch die Zeitdauer der Benutzung sowie ein Besitzstand der Namensinhaber zu berücksichtigen.

Schließlich setzt ein Anspruch nach § 12 voraus, dass durch die unbefugte Nutzung eines Namens die **geschützten Interessen** des Berechtigten verletzt werden. Es ist anerkannt, dass dabei der Begriff des Interesses sehr weit auszulegen ist. Geschützt sind neben wirtschaftlichen Interessen auch persönliche und ideelle Interessen. Selbst ein reines Affektionsinteresse kommt in Betracht (BGHZ 8, 314, 322; 43, 245, 255; 124, 181). Ausreichend als Interessenverletzung ist danach in aller Regel das Entstehen einer Verwechslungsgefahr oder die Tatsache, dass der benutzte Name in einen Zusammenhang mit in irgendeiner Weise zu missbilligenden Gesichtspunkten gebracht wird. Zu verneinen ist die Schutzwürdigkeit bei einer nur sehr geringen Interessenverletzung (BGH NJW 91, 1532, 1534). Neben der Verwechslungsgefahr kann auch als Verletzungshandlung eine sog Verwässerungsgefahr in Betracht kommen. 17

3. Andere Verletzungshandlungen. Soweit eine Verletzung des Namens nicht in einer Namensleugnung oder einer Namensanmaßung besteht, sondern in anderer Weise eine Beeinträchtigung vorliegt, durch die eine Persönlichkeitsverletzung zu bejahen ist (insbes unbefugte Namensnutzung in Literatur oder Theater usw), scheidet ein Anspruch nach § 12 aus. Hier kommen idR Ansprüche aus § 823 in Betracht (s.u. Rn 22). 18

IV. Rechtsfolgen der Verletzung. 1. Beseitigungsanspruch. Satz 1 gibt ausdrücklich einen Anspruch auf Beseitigung und stimmt damit in der Regelung mit § 862 I 1 und § 1004 I 1 überein. Der Anspruch steht dem Berechtigten zu und richtet sich auf Beendigung des störenden Zustandes. Im Einzelnen kann dies bei Namensbestreitung ein Anspruch auf Widerruf sein. Im Falle der Namensanmaßung richtet sich der Beseitigungsanspruch auf Tilgung aller durch die Namensbenutzung hervorgerufenen Folgen sowie auf eine Verhaltensänderung, etwa durch künftige Namensverwendung mit einem unterscheidungskräftigen Zusatz. Auch der Anspruch auf Löschung eines Domain-Namens ist möglich (vgl BGH MDR 04, 1131). Ein Verschulden ist für diesen Anspruch nicht erforderlich (zu Einzelheiten s.u. § 1004 Rn 6, 7). 19

2. Unterlassungsanspruch. Satz 2 sieht ebenso wie § 862 I 2 und § 1004 I 2 einen Unterlassungsanspruch vor, wenn weitere Beeinträchtigungen zu besorgen sind. Die Verletzung des Namensrechts muss also eine Wiederholungsgefahr in sich tragen. Eine solche Wiederholungsgefahr wird bei bereits vorliegender widerrechtlicher Benutzung regelmäßig zu vermuten sein. Der Unterlassungsanspruch ist nicht von einem Verschulden des Verletzers abhängig (zu Einzelheiten s.u. § 1004 Rn 6, 7). 20

3. Vorbeugender Unterlassungsanspruch. Obwohl der Gesetzeswortlaut ausdrücklich darauf abstellt, dass im Falle einer Unterlassung weitere Beeinträchtigungen zu besorgen sind, ist heute allgemein anerkannt, dass auch die erstmalige drohende Beeinträchtigung einen Unterlassungsanspruch auslösen kann. Auch hierfür ist ein Verschulden des möglichen künftigen Verletzers nicht erforderlich. Der Anspruch auf Unterlassung bei Erstbegehungsgefahr (also bei drohender erstmaliger Beeinträchtigung) wird in der Praxis nicht selten als vorbeugender Unterlassungsanspruch bezeichnet. Diese Bezeichnung ist insofern missverständlich, als jeder Unterlassungsanspruch vorbeugender Natur ist. Richtigerweise wird man trennen müssen zwischen Unterlassungsansprüchen bei Wiederholungsgefahr und bei Erstbegehungsgefahr. Der Nachweis, dass ein unzulässiger Eingriff erstmalig drohend bevorsteht, muss durch konkrete Indizien bewiesen werden. 21

4. Schadensersatzanspruch. § 12 kennt keinen Schadensersatzanspruch. Ein solcher kann sich nur aus § 823 I bei Verletzung eines sonstigen absoluten Rechts ergeben. Dies setzt schuldhaftes Handeln voraus. Das verletzte sonstige Recht kann das allgemeine Persönlichkeitsrecht sein. Allerdings kommt bei schwerwiegenden Eingriffen in das Persönlichkeitsrecht auch für immaterielle Schaden ein Geldersatz in Betracht. Die Berechnung des Schadens kann wie im Immaterialgüterrecht auf dreifache Weise erfolgen. So kann neben dem Differenzschaden eine angemessene Lizenzgebühr oder die Herausgabe des Verletzergewinns verlangt werden (BGHZ 57, 116, 117; 60, 206, 208). 22

5. Bereicherungsanspruch. Ein Bereicherungsanspruch gem § 812 I 1, 2 Alt (Eingriffskondiktion) kommt in Betracht, wenn der Verletzer mit der unbefugten Nutzung des Namens in ein Recht eingegriffen hat, dessen Vorteile allein dem Verletzten zugewiesen sind. Dies ist im Falle des Namensrechts wie des allgemeinen Per- 23 sönlichkeitsrechts bei unbefugten Eingriffen zu bejahen. Der Anspruch auf Eingriffskondiktion ist verschuldensunabhängig. Herauszugeben ist dasjenige, was der Verletzer durch den Eingriff erlangt hat. Auch hier kommt allerdings die Berechnung des Erlangten nach den Grundsätzen einer angemessenen Lizenzgebühr in Betracht (BGHZ 86, 90; BGH GRUR 90, 1008, 1009).

24 **V. Konkurrenzen.** Nach der Rspr schließen die handelsrechtlichen und wettbewerbsrechtlichen Sondervorschriften (vgl §§ 37 II HGB, 14, 15 MarkenG) § 12 nicht aus und umgekehrt. Auch das Deliktsrecht kommt neben § 12 zur Anwendung (BGH NJW 71, 1522; BGHZ 11, 214, 215; 36, 252, 254 ff; 43, 359, 361; 149, 195; aA MüKo/*Schwerdtner* Rn 110).

25 **VI. Entsprechende Anwendung.** § 12 bezieht sich nach seiner systematischen Stellung an sich nur auf den Namen natürlicher Personen. Unstreitig wird § 12 heute aber auch auf alle juristischen Personen sowie auf alle Gesellschaften ohne Rechtspersönlichkeit angewendet. Weiterhin fallen unter den Schutz des § 12 in Überschneidung mit den §§ 17 ff HGB auch die Firma sowie alle sonstigen Unternehmenskennzeichen, die eine namensähnliche Funktion im Wirtschaftsrecht haben. Weiterhin genießen den Namensschutz analog § 12 diejenigen Kennzeichen anderer Art, die Unterscheidungskraft besitzen, so zB Domainnamen, Abkürzungen, Buchstabenkombinationen und Zahlen mit Namensfunktion. Ähnliches gilt für Wappen, Embleme und Bildzeichen von anerkannter Unterscheidungskraft. Dies gilt etwa für das Kennzeichen des Roten Kreuzes (BGHZ 126, 287), für Wappen (BGHZ 119, 237) sowie für die Führung von Titeln (Soergel/*Heinrich*, Rn 157).

26 **C. Weitere besondere Persönlichkeitsrechte.** Das Gesetz kennt in unterschiedlichen Zusammenhängen eine Reihe besonders abgrenzbarer Bereiche der Persönlichkeit, die iRv § 12 nur kurz aufzuzählen sind (im Einzelnen insbes *Helle* Besondere Pesönlichkeitsrechte im Privatrecht 1990).

27 **I. Das Recht am eigenen Bild.** Neben dem Namensrecht gibt es eine eigene normative Regelung zum Schutz des Rechts am eigenen Bild (§§ 22 ff KUG). Der Bildnisschutz stellt neben dem Namensschutz einen besonders wichtigen Aspekt iRd Schutzes besonderer Persönlichkeitsrechte dar (zu Einzelheiten s MüKo/*Rixecker* § 12 Anh Rn 30 ff; Erman/*Ehmann* § 12 Anh Rn 165 ff).

28 **II. Das Recht der persönlichen Ehre.** Ein besonderer Aspekt des Persönlichkeitsrechts ist der Schutz vor Angriffen auf die persönliche Ehre. Er wird heute nach allgemeiner Meinung als sonstiges Recht iRv § 823 I berücksichtigt. Darüber hinaus besteht eine normative Verankerung in besonderen Fällen in § 824 sowie im strafrechtlichen Ehrenschutz (§§ 185 ff StGB iVm § 823 II). Zu den Einzelheiten s MüKo/*Rixecker* § 12 Anh Rn 60 ff; Erman/*Ehmann* § 12 Anh Rn 18 ff.

29 **III. Das Recht auf eine Privatsphäre autonomer Lebensgestaltung.** Ein weiteres insbes durch die Rspr ausgeformtes besonderes Persönlichkeitsrecht ist der Schutz des persönlichen Bereichs einer Person, insbes der Privatsphäre einer autonomen Lebensgestaltung. Geschützt wird hier die Person vor einem unzulässigen Belauschen und Aufnahme ihrer Worte auf Tonträger, vor unzulässiger Beobachtung der Person und fotografischem Festhalten aller Bewegungen, vor unzulässiger Ausforschung persönlicher Geheimnisse, vor unzulässigem Eindringen in persönliche Informationen durch Öffnen von Briefen und Lesen von Tagebüchern, durch Schutz von Personalakten und persönlichkeitsbezogenen Daten, schließlich durch Schutz vor Belästigung in Form von aufgedrängter Werbung und anderer unzulässiger Konfrontation (im Einzelnen vgl hierzu MüKo/*Rixecker* § 12 Anh Rn 77 ff; Erman/*Ehmann* § 12 Anh Rn 113 ff, 153 ff).

30 **IV. Datenschutz.** Ein weiteres besonderes Persönlichkeitsrecht ist das Recht auf informationelle Selbstbestimmung (BVerfGE 65, 1 Volkszählung). Geschützt wird der Einzelne davor, dass seine personenbezogenen Daten nicht durch Nutzung, Verarbeitung, Speicherung oder Weitergabe zu einer Beeinträchtigung seines Persönlichkeitsrechts führen. Dies umfasst zB auch den Schutz vor heimlich veranlassten DNA-Vaterschaftsanalysen (BGHZ 162, 1).

31 **D. Das allgemeine Persönlichkeitsrecht (APR). I. Entwicklung.** Die Verfasser des BGB haben die Frage der Anerkennung eines umfassenden APR diskutiert, letztlich seine Aufnahme in das BGB aber abgelehnt. Diese Grundentscheidung des Gesetzgebers hat das RG stets beachtet. Hintergrund war vor allem die Befürchtung allzu großer Schwierigkeiten bei der Anwendung und der Bestimmung der Grenzen eines solchen APR. Seit langem ist freilich offenkundig, dass diese gesetzgeberische Entscheidung zu großen Schutzlücken führt. Der Einfluss der Medien und die technischen Entwicklungen haben zu immer größeren Gefahren des Eindringens einzelner oder der Öffentlichkeit in die Privatsphäre oder gar die Intimsphäre geführt. So hat der BGH auf der Basis der Art 1, 2 GG schon bald nach 1949 eine radikale Rechtsprechungsänderung vollzogen. Bereits 1954 hat er ein APR anerkannt (BGHZ 13, 334 Leserbrief; 24, 200 Spätheimkehrer), ab 1958 hat der BGH dann auch einen Geldersatz für immaterielle Schäden bei Verletzung des Persönlichkeitsrechts anerkannt (BGHZ 26, 349 *Herrenreiter*). Mit der weiteren Entwicklung in der Rspr hat der BGH eine inhaltliche Präzisierung des generalklauselartigen Tatbestand des APR vorgenommen und dabei auch die erforderlichen Wertentscheidungen und Abwägungen mit anderen geschützten Rechten vorgenommen (BGHZ 30, 7 Caterina Valente; 31, 308 Burschenschaft; 35, 363 Ginseng-Wurzel; 39, 124 Fernsehansagerin; 50, 133 Mephisto; 107, 384 Nolde; 128, 1 Caroline I; 132, 332 Caroline III; 143, 214 Marlene; NJW 95, 986 Caroline II). Grundlegend zum Ganzen *Hubmann* Das Persönlichkeitsrecht 1956, 2 Aufl 1967.

II. Aktueller Stand der Rechtsprechung. Heute ist das APR weit über den enumerativen Schutz einzelner 32 besonderer Persönlichkeitsrechte hinaus zu einer Generalklausel verdichtet. Diese entzieht sich einer genauen Definition und wird in Rspr und Praxis durch einzelne Fallgruppen konkretisiert. Im Kern geht es darum, das Recht des Einzelnen vor ungerechtfertigter Beeinträchtigung und Verletzung seiner gesamten körperlichen und seelischen Integrität, seines privaten Lebensbereichs, seiner Möglichkeiten der Selbstdarstellung und Selbstverwirklichung zu schützen (Jauernig/*Teichmann* § 823 Rn 65). Als Rechtsfolgen bei Verletzung des APR kommen heute alle Formen des Beseitigungsanspruchs, der Unterlassungsansprüche, des Bereicherungsanspruchs sowie von Schadensersatzansprüchen auch bei immateriellem Schaden in Betracht. Eine Entschädigung in Geld kann dabei nach neuester Tendenz auch als Genugtuung für den Verletzten und als Prävention gegenüber dem Verletzer festgesetzt werden, wobei es sich bei einer solchen Geldentschädigung um einen eigenständigen Rechtsbehelf handeln soll, der durch zivilrechtliche Sanktionen den Schutzauftrag der Art 1, 2 GG realisiert (BGHZ 128, 1, 14; BGH NJW 96, 885; NJW 96, 986; BVerfG NJW 00, 2198). Diese Entwicklung ist im Hinblick auf die deutlich wachsende Höhe der ausgesprochenen Geldbeträge nicht unproblematisch. Durch eine berühmt gewordene Entscheidung des EGMR v 24.6.04 hat sich über den Streit um das APR Prominenter hinaus eine grds Kontroverse zwischen der deutschen Rspr und dem EGMR ergeben (EGMR NJW 04, 2647 gegen BVerfGE 101, 361 und BGHZ 131, 332; dazu *Prütting* Das Caroline-Urteil des EGMR und die Rspr des BVerfG 2005).

III. Der Tatbestand des allgemeinen Persönlichkeitsrechts. 1. Rechtsträger. Der Schutz iRd APR steht 33 allen natürlichen Personen zu, auch allen nicht oder beschränkt Geschäftsfähigen. Auch Prominenten steht der Schutz durch das APR in vollem Umfang zu (EGMR NJW 04, 2647). Darüber hinaus kann auch der **Nasciturus** unter den Schutz fallen, soweit ihm iRv § 823 I bereits Ansprüche zukommen. Über den Tod hinaus hat die Rspr auch ein **postmortales Persönlichkeitsrecht** anerkannt, so dass das Persönlichkeitsbild auch eines Verstorbenen gegen Ehrverletzungen und grobe Entstellungen der Persönlichkeit geschützt ist (BGHZ 50, 133 Mephisto). Geltend gemacht werden kann der postmortale Persönlichkeitsschutz durch Angehörige. Darüber hinaus können vermögenswerte Interessen der Persönlichkeit auf die Erben übergehen und Schadensersatzansprüche auslösen (BGH NJW 00, 2195, 2201 Marlene Dietrich).

Auch **juristische Personen**, Personenvereinigungen, Gemeinschaften und politische Parteien können einen 34 Persönlichkeitsschutz in dem Umfang beanspruchen, der durch Wesen und Zweck der Vereinigung sowie ihre satzungsmäßigen Funktionen begrenzt ist (Palandt/*Sprau*, § 823 Rn 92). Im Einzelnen kommt bei juristischen Personen und Gemeinschaften eine Beschränkung der allgemeinen Handlungsfreiheit und der wirtschaftlichen Betätigungsfreiheit in Betracht.

2. Verletzungshandlung. Vorliegen muss in jedem Fall eine Beeinträchtigung einer geschützten Sphäre des 35 Rechtsträgers. Nicht erforderlich ist ein vermögensrechtlicher Nachteil. Die Art des Eingriffs zum Nachteil des Geschützten kann sehr vielfältig sein. Eine mögliche Verletzung des APR kann in einer unzulässigen Aufzeichnung des gesprochenen Wortes liegen (BGHZ 27, 284), ebenso in der Verbreitung einer solchen Aufzeichnung (BGHZ 73, 120, 123; 80, 25, 42). Geschützt ist weiterhin das Recht an allen vertraulichen Aufzeichnungen, zB Briefen, Tagebuch (BGHZ 13, 334, 337; 15, 249, 257). Schutz gewährt das APR auch vor Eingriffen in die Intimsphäre (BGHZ 24, 72, 81; 39, 124, 128; 36, 77; 106, 229, 233). In Betracht kommen weiterhin Eingriffe in die Ehre sowie die Verfälschung oder Entstellung und unrichtige Wiedergabe von Äußerungen oder das Erfinden von Äußerungen. Auf Grund der Vielfältigkeit persönlichkeitsorientierter Merkmale von Personen ist eine abschließende Klassifizierung von Verletzungshandlungen nicht möglich. Es ist daher eine Konkretisierung an Hand von **Fallgruppen** vorzunehmen (s.u. Rn 45 ff).

In jedem Falle setzt der Eingriff in das APR eine **geschützte Sphäre** voraus. Bei natürlichen Personen ist es 36 weithin anerkannt, zwischen drei verschiedenen Sphären zu trennen. Die Individualsphäre (Sozialsphäre) bezeichnet alle Kontakte einer Person zu ihrer Umwelt und ihre Einbettung in die Gesellschaft. Geschützt wird hier das Selbstbestimmungsrecht der Person in allen Beziehungen zu dieser Umwelt. Die Privatsphäre (Geheimsphäre) bezeichnet einen persönlichen Rückzugsbereich, zu dem nur einzelne ganz bestimmte andere Personen Zutritt haben. Typisch für die Privatsphäre ist der eigene häusliche Bereich, aber auch jede andere bewusst gewählte örtliche Abgeschiedenheit. Geschützt wird hier die Privatsphäre gegen jeden unbefugten Eingriff. Die Intimsphäre als der engste Kreis umfasst die Person als solche in ihrer Gedanken- und Gefühlswelt sowie allen höchstpersönlichen Aspekten, insbes der Sexualität. Diese Sphäre genießt absoluten Persönlichkeitsschutz (BGH NJW 99, 2893, NJW 88, 1984).

3. Rechtswidrigkeit. Voraussetzung des Anspruchs ist weiter die Widerrechtlichkeit des Eingriffs in eine 37 geschützte Sphäre. Da es sich beim APR um einen sog offenen Tatbestand handelt, bedarf es einer gesonderten Feststellung der Rechtswidrigkeit im Wege einer Güter- und Interessenabwägung. Abzuwägen ist der Eingriff in eine geschützte Sphäre zunächst nach der Art des betroffenen Rechtskreises. Dem absoluten Schutz der Intimsphäre steht der grundsätzlich ebenfalls vollständige Schutz der Privatsphäre gegenüber, während iRd Individualsphäre bereits die eigene Verknüpfung des Geschützten mit seiner Umwelt zu einer Herabsetzung des Schutzniveaus führen muss. Abzuwägen ist in diesem Zusammenhang weiterhin die Schwere des Eingriffs und das vorherige Verhalten des Verletzten. Aus der Sicht des Schädigers sind wesentlich die Motive und Zwecke des Eingriffs. Abzuwägen ist das APR insbes mit den ebenfalls verfassungsrechtlich geschützten Rechtspositionen der Meinungsfreiheit, der Presse-, Kunst- und Wissenschaftsfreiheit sowie der Freiheit von Forschung und Lehre. Einzelheiten lassen sich hier nur iRv Fallgruppen näher konkretisieren (s.u. Rn 45 ff).

38 **4. Verschulden.** Das APR wird regelmäßig unter die sonstigen absoluten Rechte des § 823 I subsumiert. Dies bedeutet, dass ein Anspruch die Bejahung von Vorsatz oder Fahrlässigkeit beim Verletzer voraussetzt. Da zum Tatbestand des Eingriffs in das APR die widerrechtliche Beeinträchtigung einer geschützten Sphäre gehört, wird man beim Verletzer in der Regel Fahrlässigkeit annehmen müssen. Jedermann ist zuzumuten, vor Beeinträchtigungshandlungen eine sorgfältige Abwägung der betroffenen Rechtsgüter vorzunehmen und sein Handeln unter dem Gesichtspunkt des Rechtsschutzes Anderer näher zu prüfen.

39 **IV. Ansprüche des Verletzten.** Sie richten sich gegen denjenigen, der die Beeinträchtigung durch unmittelbares Handeln herbeigeführt hat oder der sie in zurechenbarer Weise veranlasst hat.

40 Als Inhalt des Anspruchs kommen grds alle Rechtsfolgen in Betracht, die sich im Bereich des gesamten Güterschutzes ergeben können. Im Einzelnen sind dies der Anspruch auf Beseitigung, auf Unterlassung, auf Schadensersatz, auf besondere Geldentschädigung trotz immateriellen Schadens sowie auf Bereicherungsausgleich und ergänzende Ansprüche (Auskunft). Hinzu kommen prozessuale Verwertungsverbote von auf diesem Wege erlangten Beweismitteln. Im Einzelnen fallen unter den **Beseitigungsanspruch** der Anspruch auf Widerruf (insbes ehrenrühriger Tatsachenbehauptungen), der Anspruch auf Veröffentlichung bestehender Unterlassungsverpflichtungen, die Beseitigung von Identifizierungsmerkmalen (zB Unkenntlichmachen eines Namens, Vernichtung unzulässig hergestellter Fotografien, Entfernung einer gefälschten Signatur auf Kunstwerken, Löschung von Tonträgeraufnahmen). Ein Beseitigungsanspruch auf Vernichtung rechtswidrig verbreiteter oder vorgeführter Bildnisse ergibt sich auch aus § 37 KUG. Zum medienrechtlichen Rückrufanspruch vgl *Paschke/Busch* NJW 04, 2620.

41 Anspruchsinhalt wird in vielen Fällen auch der **Unterlassungsanspruch** sein. In Betracht kommt hier wie allgemein bei §§ 12, 862, 1004 ein Unterlassungsanspruch bei Wiederholungsgefahr oder ein vorbeugender Unterlassungsanspruch bei Erstbegehungsgefahr. Abgewehrt werden kann ein solcher Unterlassungsanspruch in der Regel nur durch die Abgabe einer strafbewehrten Unterlassungserklärung.

42 Ein **Schadensersatzanspruch** kommt bei der Verletzung des APR jedenfalls dann in Betracht, wenn die Verletzungshandlung Vermögensnachteile zur Folge hat. Ein Spezialfall ist insoweit § 824. Neben der Berechnung des Schadensersatzes nach der Differenzmethode kommt auch die abstrakte Schadensberechnung nach einer üblichen Lizenzvergütung in Betracht. Auch die Herausgabe eines möglichen Verletzergewinns kann Gegenstand des Anspruchs sein (dreifache Form der Schadensberechnung). Zum Teil wird auch der **Anspruch auf Gegendarstellung** als Form des Schadensersatzes verstanden (im Einzelnen hierzu MüKo/*Rixecker* § 12 Anh Rn 230 ff).

43 Von besonderer Bedeutung im Bereich der Verletzung des APR ist der **Anspruch auf Geldentschädigung** auch für immaterielle Schäden, soweit ein schwerwiegender Eingriff in das APR vorliegt und die entstandenen Nachteile anders nicht hinreichend ausgeglichen werden können (BGHZ 26, 349; 128, 1; 132, 13, 27). Die Rspr hat sich mit dieser Entwicklung bewusst über § 253 in seiner früheren Fassung hinweggesetzt und den Schmerzensgeldanspruch nach § 847 ausgedehnt. An dieser Situation einer gesetzesübersteigenden Rechtsfortbildung hat auch die Neufassung von § 253 nichts geändert. Allerdings wird man heute den Anspruch auf Geldentschädigung bei Verletzung des APR als gewohnheitsrechtlich verfestigt ansehen können. Im Einzelnen ist die Höhe der Entschädigung von der Würdigung aller Umstände des Einzelfalles abhängig. Umfang und Tragweite des Eingriffs, Motive des Handelnden sowie der Grad seines Verschuldens sind hier von wesentlicher Bedeutung (BGHZ 132, 12; BGH NJW 71, 698, 700). Die besondere Schwere des Eingriffs und der anders nicht mögliche Ausgleich der entstandenen Nachteile ist insbes dort äußerst naheliegend, wo in die Intimsphäre des Opfers in persönlichkeitsbeeinträchtigender Weise eingegriffen worden ist. Berichte über das (wahre oder erfundene) Sexualleben des Opfers, die Veröffentlichung von Nacktfotos ohne Einwilligung oder die Wiedergabe von unterschobenen Äußerungen (erfundenes Interview) sind hier typische Beispiele.

44 Neben den genannten Anspruchsinhalten kommt im Einzelfall auch der Anspruch auf **Herausgabe des Erlangten** gem § 812 I 2 Alt (Eingriffskondiktion) in Betracht. Ergänzend kann zur Durchsetzung eines Anspruchs wegen Verletzung des APR auch ein **Auskunftsanspruch** in Betracht kommen. Solche Auskunftsansprüche sind von der Rspr in Analogie zu §§ 809, 810 bejaht worden, aber auch gem dem aus § 242 entwickelten allgemeinen Auskunftsanspruch (BGH NJW 80, 2801, 2807; BGHZ 78, 274). Soweit schließlich unter Verstoß gegen das APR Dokumente, Tonträger, Bilder uä hergestellt bzw erlangten wurden, die als Beweismittel in einem nachfolgenden Prozess von Bedeutung sind, ergibt sich aus dem Verfassungsverstoß bei der Beweismittelerlangung ein Verwertungsverbot (näher dazu MüKoZPO/*Prütting* 2. Aufl § 284 Rn 65 f).

45 **V. Fallgruppen. 1. Ehrenschutz.** Er ist Teil des APR (s.o. Rn 28) und wird realisiert durch Abwehr von ehrverletzenden Handlungen, Äußerungen, Darstellungen, Veröffentlichungen usw (umfassende Einzelheiten bei Erman/*Ehmann* § 12 Anh Rn 18 ff).

46 **2. Identitätsschutz.** Er wendet sich gegen Verfälschungen des Persönlichkeitsbildes insgesamt sowie gegen Werkentstellungen und Bildverfälschungen (BVerfG NJW 05, 3271 gegen BGH NJW 04, 596; BGHZ 50, 133, 144 Mephisto; 107, 384, 391 Nolde; 128, 1 Caroline).

3. Entfaltungsschutz. Er ist gegen Behinderungen der Entfaltung der Persönlichkeit in unzulässiger Weise gerichtet, zB Freiheitsberaubung, Kidnapping, Verlust des Arbeitsplatzes durch Mobbing, Vereitelung der Fortpflanzung (BGHZ 124, 54). 47

4. Belästigungsschutz. Er schützt gegen unbefugtes Eindringen in den privaten oder intimen Bereich, zB durch Telefonwerbung, untersagte Briefwerbung, unzulässige Email-Werbung und ähnliche rein belästigende Handlungen ohne rechtfertigenden Grund (BGHZ 59, 317; 64, 182; VersR 89, 373; ferner s.o. Rn 29). 48

5. Ausspähungsschutz. Er wendet sich gegen eine unzulässige Erforschung des privaten oder intimen Bereichs, zB durch Fotografien auf Privatgelände (Ablichtung des Leichnams Bismarcks im Jahre 1898 als erster Fall), Fotos im privaten oder intimen Bereich mit Teleobjektiv, Belauschen im Wohnungsbereich, Mithören privater Telefonate, Öffnen von Briefen, Entwendung sowie Lesen von Tagebüchern und anderen Aufzeichnungen, Zugang zu Personalakten und persönlichkeitsbezogenen Daten (BVerfG NJW 02, 3619; BGH NJW 04, 762; 03, 1728; 70, 1848; VersR 90, 532; BGHZ 27, 286; anders früher BGH NJW 64, 165; 82, 1397; dazu nunmehr die Auseinandersetzung zwischen EGMR und der deutschen Rspr, s.o. Rn 32). 49

6. Fixierungsschutz. Er ist gegen unzulässige Fixierung privater Umstände gerichtet, zB durch Ton-, Bild- oder Videoaufnahmen von nichtöffentlichem Auftreten oder nichtöffentlichen Äußerungen (BVerfG NJW 00, 1023; BGHZ 24, 208; 80, 42; 128, 410; NJW 88, 1017; NJW 95, 1956). 50

7. Verbreitungsschutz. Er soll die unzulässige Weitergabe von persönlichkeitsrelevanten Umständen an einzelne Dritte oder an die Öffentlichkeit verhindern, insbes die Offenbarung und Weitergabe der bereits in unzulässiger Weise fixierten privaten Umstände (s.o. Rn 50; BVerfG NJW 03, 3262; NJW 00, 1859; NJW 00, 1921; BGHZ 13, 338; 15, 262; 31, 312; 36, 80; 45, 308; 73, 124; 131, 337; 143, 204; NJW 64, 1472; NJW 66, 2335; NJW 85, 1617; NJW 94, 1281). Als einen (prozessualen) Sonderfall des Verbreitungsschutzes könnte man prozessuale Beweisverwertungsverbote ansehen (s.o. Rn 44). 51

8. Kommerzialisierungsschutz. Er schützt gegen die kommerzielle Ausbeutung fremder Rechte durch Verwendung bzw. Vermarktung von Namen, Bild, Fotografie, Ruf, Ansehen sowie allen urheberrechtlich und in ähnlicher Weise geschützten Werken zu Werbezwecken oder zu sonstiger Gewinnerzielung (BGHZ 81, 80; 126, 216; 151, 26; NJW 92, 2084). 52

9. Namensschutz. Als Teil des APR (s.o. Rn 8) ist auch das Namensrecht dem Schutz unterworfen, wie sich aus § 12 insoweit unmittelbar ergibt (Einzelheiten s.o. Rn 14 ff). Der Schutz des Namens kann sich mit anderen Fallgruppen (Ehrenschutz, Identitätsschutz, Kommerzialisierungsschutz) überschneiden. 53

10. Datenschutz. Auch er ist ein aus dem APR abgeleitetes Recht auf Schutz der informationellen Selbstbestimmung (s.o. Rn 30). Der Datenschutz überschneidet sich mit anderen Fallgruppen (Ausspähungsschutz, Fixierungsschutz, Verbreitungsschutz). 54

§ 13 Verbraucher

Verbraucher ist jede natürliche Person, die ein Rechtsgeschäft zu einem Zwecke abschließt, der weder ihrer gewerblichen noch ihrer selbständigen beruflichen Tätigkeit zugerechnet werden kann.

A. Gesetzesgeschichte und normative Grundlagen. I. Gesetzesgeschichte. Die Einführung der §§ 13, 14 durch Art 2 Nr 1 des am 27.6.00 verkündeten Gesetzes über „Fernabsatzverträge und andere Fragen des Verbraucherschutzrechts sowie zur Umstellung von Vorschriften auf Euro" (BGBl 00 I 897) stellte einen der ersten Schritte einer Integration des Verbraucherschutzrechts in das BGB dar. Nationale Vorläufer der §§ 13, 14 waren die §§ 24, 24a AGBG sowie die §§ 361a, b (K *Schmidt* JuS 06, 2). Ausführlich zur Genese der Normen HKK/*Duve* §§ 1–14 Rn 66–77. 1

II. Die europarechtliche Dimension des Verbraucherbegriffs und ihre Bedeutung für die nationale Rechtsanwendung. 1. Die europarechtlichen Rechtsquellen zum Verbraucherbegriff. Ihren Ursprung finden die Gesetz gewordenen Komplementärbegriffe des Verbrauchers und des Unternehmers in den europäischen Vorgaben, wie sie sich in der HaustürwiderrufsRichtl (Richtl 85/577/EWG), der Verbraucherkredit-Richtl (Richtl 87/102/EWG; zuletzt geändert durch Richtl 98/7/EWG), der FernabsatzRichtl (Richtl 97/7/EG), der PauschalreiseRichtl (Richtl 90/314/EWG), der Time-Sharing-Richtl (Richtl 94/47/EG), der Missbräuchliche-Klauseln-Richtl (Richtl 93/13/EWG) und der VerbrauchsgüterkaufRichtl (Richtl 99/44/EG) wiederfinden. Auf Grund des Gebots der EG-rechtskonformen Auslegung gem Art 23 I 1 GG muss daher die Auslegung der §§ 13, 14 unter Berücksichtigung der gesamten EG-Rechtsordnung und der Rspr des EuGH erfolgen (EuGH Slg 96, I-4705 Rn 41 ff; Slg 00, I-929 Rn 4; Slg 00, I-933, Rn 62; EuZW 03, 253 Rn 63). 2

2. Die europarechtlichen Vorgaben für die Auslegung des Verbraucherbegriffs. Ausgangspunkt der Auslegung ist Art 2 der HaustürwiderrufsRichtl, dessen Wortlaut mit dem der VerbrauchsgüterkaufRichtl und der VerbraucherkreditRichtl identisch und fast deckungsgleich mit den Formulierungen der FernabsatzRichtl 3 und der Missbräuchliche-Klauseln-Richtl ist. Nach dem Wortlaut der HaustürwiderrufsRichtl ist eine natürliche Person im Sinne dieser Richtl schutzwürdig, die bei den von dieser Richtl erfassten Geschäften zu einem Zweck handelt, der nicht ihrer beruflichen oder gewerblichen Tätigkeit zugerechnet werden kann. Der EuGH legt die Norm einschränkend aus: Auf den **Verkauf eines Gewerbebetriebes** an der Haustür soll die HaustürwiderrufsRichtl nicht anwendbar sein (EuGH, C 361/89, Slg 91, I-1206), da der durchschnittliche Gewerbetreibende den Wert seines Gewerbebetriebes und die Bedeutung aller Rechtsgeschäfte, die der Verkauf miteinschließe, kenne. Auch der **gewerbsmäßig handelnde Zessionar einer Privatforderung** gilt nach der Rspr des EuGH nicht als Verbraucher (EuGH NJW 93,1251).

4 Die **PauschalreiseRichtl** erweitert den Kreis der geschützten Personen über den Vertragspartner des Reiseveranstalters hinaus (*Reich* ZEuP 94, 390 mwN); geschützt werden auch die „übrigen Begünstigten", dh die Personen, in deren Namen sich der Vertragspartner zur Buchung verpflichtet und solche Personen, an die der Vertragspartner die Reise abtritt. Im Unterschied zu den in Rn 3 genannten Richtlinien beschränkt sich die PauschalreiseRichtl nicht auf den Schutz „natürlicher" Personen, sondern gilt für alle Personen, dh auch Unternehmer, die eine Reise buchen wollen (BGH NJW 02, 2239).

5 Nach dem sich aus einer Zusammenschau dieser Richtlinien ergebenden **funktionalen Verbraucherbegriff** (MüKo/*Micklitz* Vor §§ 13, 14 Rn 67) kommt es von der Grundkonzeption nicht mehr auf den Ausgleich struktureller Ungleichheiten an, wie sie etwa durch bestimmte Vertragsschlusssituationen per se hervorgerufen werden könnnen. Für die Kritik zum europäischen Verbraucherbegriff gerade im Zusammenhang mit Art 15 EuGVVO und Art 13 LugÜ vgl *Heiderhoff* IPRax 2005, 230 ff; grdsl kritisch ggü der Angemessenheit der dem Verbraucherbegriff zu Grunde liegenden Typisierung *Bydlinski* AcP 204, 309, 368ff; *Mohr* AcP 204, 660, 674 ff. Situativ schutzbedürftig ist der Verbraucher wohl nur im Hinblick auf die Wahrnehmung der ihm zugesprochenen ökonomischen Rolle (vgl *Reich* ZEuP 94, 389). Zur Deutung des § 13 als Regelung des Verbrauchergeschäfts vgl *K Schmidt* JuS 06, 2.

6 **3. Die nationalen Vorgaben für die Auslegung des Verbraucherbegriffs.** Da die Verbraucherrechtsrichtlinien auf dem Konzept der Mindestharmonisierung beruhen, stand es dem nationalen Gesetzgeber frei, bei der Umsetzung einen weitergehenden Verbraucherschutz als von den Richtlinien vorgesehen zu schaffen (*Bülow/Artz* NJW 00, 2050; *Lorenz* NJW 98, 2939). Der nationale Verbraucherbegriff umfasst sowohl rollensoziologische Merkmale, die sich schlagwortartig mit der strukturellen Unterlegenheit (vgl BVerfG NJW 94, 38f) des Verbrauchers beschreiben lassen, als auch Elemente der situativen Schutzbedürftigkeit (Schulze/Schulte-Nölke/*Pfeiffer* Die Schuldrechtsreform vor dem Hintergrund des Gemeinschaftsrechts 2001, S 139 f; MüKo/*Micklitz* Vor §§ 13, 14 Rn 66). Praktisch zeigt sich der Ausbau des europäischen Mindestschutzes durch die nationale Regelung zum einen daran, dass die europarechtliche Definition des Verbrauchers jegliche Verträge mit beruflicher Zweckbestimmung vom Schutzbereich ausnimmt. § 13 entzieht demgegenüber nur Rechtsgeschäfte, die selbständigen beruflichen Zwecken dienen, dem Anwendungsbereich (*Bülow/Artz* NJW 00, 2050). Zum anderen stellt § 13 nicht auf einen bestimmten sachlichen Anwendungsbereich ab. Vielmehr deckt der Wortlaut der Norm eindeutig jedes Rechtsgeschäft und ist nicht vertragstypenbezogen (MüKo/*Micklitz* Rn 44; aM *Bauer/Kock* DB 02, 44; *Henssler* RdA 02, 133 ff). Dies wird auch durch den Standort der Norm im Allg Teil des BGB unterstrichen (BAG NJW 05, 3308). Die einzelnen Verbraucherschutzrechte können demgegenüber jedoch auf bestimmte Vertragstypen bezogen sein (zB §§ 312 b, 491).

7 **III. Sachlicher Anwendungsbereich der Norm.** Von der Verbrauchereigenschaft hängt die Anwendbarkeit zahlreicher verbraucherrechtlicher Normen des BGB (§§ 241 a, 305 III, 312 I, 312 b I, II, 312 c I, 312 d I, 355, 356, 474 ff, 481 ff, 491, 495, 499 ff, 655 a, 661 a) und HGB (§§ 449 I 1, 451 a II, 451 b II, III, 451 g I, 451 h I, 455 III, 466 I, 468 II 1, 472 I 2 HGB) ab. Auch die §§ 2 II UWG, 17 IIa BeurkG, 2 UKlaG und 1031 V ZPO nehmen auf den Verbraucherbegriff des BGB Bezug. Teilweise wird vertreten, dass die Maßstäbe der §§ 13, 14 auch für die Auslegung des § 1 I 2 ProdHG herangezogen werden können (Palandt/*Heinrichs* Rn 7). Dagegen spricht die eindeutig rechtsgeschäftliche Ausrichtung der §§ 13, 14, die eine Übertragung auf den außervertraglichen Verbraucherschutz verbietet (MüKo/*Micklitz* Rn 44). **Beiderseitige Verbrauchergeschäfte** sind möglich, haben jedoch keine von den allgemeinen Vorschriften des Zivilrechts abweichenden Rechtsfolgen (Erman/*Saenger* Rn 3). Zu **beiderseitigen Unternehmergeschäften** vgl § 14 Rn 5.

8 **B. Die Tatbestandsmerkmale des Verbraucherbegriffs. I. Natürliche Personen.** Jede **natürliche Person** kann Verbraucher sein, auch der Unternehmer, der lediglich zu privaten Zwecken handelt. Folglich kann der Verbraucher nicht durch ein Wissensdefizit definiert werden – maßgeblich ist lediglich der **private Zweck des rechtsgeschäftlichen Handelns** (Rn 9). Entgegen dem Wortlaut sind auch natürliche Personen, die keinerlei Tätigkeit nachgehen, mögliche Verbraucher (vgl *Flume* ZIP 00, 1428). Nach überwiegender Auffassung soll auch eine **GbR** Verbraucher sein, soweit ein privater Zweck zum Handeln vorliegt (BGHZ 149, 80; Erman/*Saenger* Rn 6; *Martis* MDR 98, 1190; aM Jauernig/*Jauernig* Rn 2; *Dauner-Lieb/Dötsch* DB 03, 1666; *Mülbert* WM 04, 905ff; zweifelnd *K Schmidt* JuS 06, 4). Dies soll weiterhin sogar für jede Personengemeinschaft, die keine juristische Person ist, gelten (MüKo/*Micklitz* Rn 14; zur Erben- und Gütergemeinschaft vgl Soergel/*Pfeiffer* Rn 48; Erman/*Saenger* Rn 7). Das **überzeugt nicht**. Die zunehmend vertretene Rechtsfähigkeit der GbR und anderer Gemeinschaften muss hier zwangsläufig in einen Gegensatz zum ausdrücklich im Gesetz verwendeten Begriff der natürlichen Person führen.

An diesem Gesetzeswortlaut ist festzuhalten. **Juristische Personen** können auf Grund des eindeutigen Wortlauts des § 13 keine Verbraucher sein (EuGH NJW 02, 205). Zum **Arbeitnehmer** s.u. Rn 10.

II. Rechtsgeschäftliches Handeln zu einem privaten Zweck. Ein privater Zweck rechtsgeschäftlichen Handelns ist nach der Negativdefinition der Norm gegeben, wenn mit dem Abschluss des Rechtsgeschäfts weder gewerbliche noch selbständige berufliche Zwecke verfolgt werden. § 14 ist der Komplementärbegriff, der § 13 positiv ausfüllt. Diese Kriterien sind bei § 14 zu erörtern (Rn 9 ff). Jedenfalls ist die **Verwaltung eigenen Vermögens** durch eine GbR im Regelfall keine gewerbliche Tätigkeit, soweit man entgegen hier vertretener Auffassung (Rn 8) die GbR unter § 13 subsumiert (BGHZ 149, 80). Ob ein privater oder unternehmerischer Zweck vorliegt, ist objektiv durch Auslegung des Vertragsinhalts unter Einbeziehung der Begleitumstände zu ermitteln. Bei **gemischten vertraglichen Zwecksetzungen** soll maßgeblich sein, welcher Zweck überwiegt (Palandt/*Heinrichs* Rn 4; *Pfeiffer* NJW 99, 173) bzw immer die Verbrauchereigenschaft gegeben sein (*v.Westphalen* BB 96, 2101) oder eine Vermutung analog § 344 HGB für den Geschäftszweck bestehen, die bei Gegenbeweis zu einem Verbrauchergeschäft führt (*Larenz/Wolf* AT § 42 Rn 49). Beide Ansichten sind abzulehnen, da zwar eine Vermutung für die Schutzbedürftigkeit der privat Handelnden besteht, diese aber nicht aufrechterhalten werden kann, wenn auch ein gewerblicher Zweck verfolgt wird (vgl BaRoth/*Schmidt-Räntsch* Rn 7; Jauernig/*Jauernig* Rn 3). Im Übrigen kommt eine Anwendung des Rechtsgedankens des § 344 HGB nicht in Frage (vgl § 14 Rn 7). Sind auf derselben Seite **zwei Personen** am Vertragsschluss beteiligt und handelt die eine Person als Unternehmer und die andere als Verbraucher, so kommt nur der letzteren die Verbrauchereigenschaft zu (Palandt/*Heinrichs* Rn 3). Es war streitig, ob **Existenzgründer** vor Beginn ihrer unternehmerischen Tätigkeit als Verbraucher behandelt werden können (so MüKo/*Micklitz* Rn 38; Palandt/*Heinrichs* Rn 3; aM Oldenburg NJW-RR 02, 641f; Soergel/*Pfeiffer* Rn 35; Erman/*Saenger* Rn 16). Der BGH hat nunmehr entschieden, dass es auf den objektiven Zweck des Geschäfts ankommt (BGH NJW 05, 1273). Soweit dieser dem gewerblich-beruflichen Bereich zuzuordnen ist, liege unternehmerisches Handeln vor. Ein **GmbH-Geschäftsführer** kann Verbraucher sein, auch wenn er den Schuldbeitritt zu dem Kredit seiner GmbH erklärt (BGHZ 133, 76ff; NJW 00, 3133; aM *Dauner-Lieb/Dötsch* DB 03, 1667 mwN; *Kleindiek* in FS Otte S 185 ff) oder sich für eine Verbindlichkeit der GmbH verbürgt (BGH ZIP 04, 1648f; München ZIP 04, 991).

Der **Arbeitnehmer** ist Verbraucher iSd Norm (BAG NJW 05, 3305, 3308; *Herbert/Oberrath* NJW 05, 3745 mwN; für den Aufhebungsvertrag vgl *Hümmerich* NZA 04, 814 mwN; aM Palandt/*Heinrichs* Rn 3 bis zur 64. Aufl; AnwK/*Ring* § 14 Rn 13; Soergel/*Pfeiffer* Rn 44; offen gelassen noch von BAG NZA 04, 600; zweifelnd *K Schmidt* JuS 06, 5). Es ist nicht richtig, die Verbrauchereigenschaft des Arbeitnehmers bei Arbeits-, Aufhebungs- oder Abwicklungsverträgen mit dem Argument zu verneinen, dass diese Verträge nicht den Vertrieb von Gütern oder Dienstleistungen zum Inhalt haben. Auch das Argument, dass der Arbeitnehmer durch die Sondermaterie des Arbeitsrechts geschützt werde, überzeugt im Regelungszusammenhang mit § 13 nicht. Denn § 13 ist nicht vertragstypenbezogen, sondern gilt für jedes Rechtsgeschäft (Rn 8). Die Möglichkeit einer Einschränkung des Schutzes des Arbeitnehmers durch Verbrauchervorschriften besteht lediglich auf Ebene der spezifischen Schutzrechte (BAG NJW 05, 3310; vgl zu § 312 BAG NJW 04, 2401; SAE 05, 63 m Anm *Mankowski*).

III. Einschaltung oder Beteiligung Dritter. Der Dritte, der für ein Nicht-Verbrauchergeschäft eine Sicherheit leistet, kann Verbraucher sein (BGH NJW 96, 2156; Soergel/*Pfeiffer* Rn 50; aA EuGH NJW 98, 1295). Eine andere Frage ist es jedoch, ob das **Sicherungsgeschäft** unter den Schutzzweck einer bestimmten verbraucherschützenden Vorschrift unterfällt (vgl § 491 Rn 6). Der EuGH verneint nunmehr diese Voraussetzung für die Verbraucherkredit-Richtl und nimmt die Abgrenzung in zutreffender Weise nicht mehr bei der Frage der Verbrauchereigenschaft vor (EuGH NJW 00, 1323). Bei **Stellvertretung** ist zwischen dem Vertretergeschäft und der Bevollmächtigung zu unterscheiden: Ob es beim Vertretergeschäft auf den Vertreter oder den Vertretenen hinsichtlich der Anwendbarkeit der verbraucherschützenden Vorschriften ankommt, ergibt sich nicht aus § 13, sondern aus dem Schutzzweck der jeweils einschlägigen Vorschrift. Wenn diese situativ angelegt ist, wie etwa § 312, so kommt es auf den Vertreter an. Im Übrigen ist die Einordnung des Vertretenen maßgeblich (Hamburg IPRax 05, 261; Soergel/*Pfeiffer* Rn 51). Auch die Vollmachterteilung selbst kann Verbrauchergeschäft sein.

IV. Rechtsgeschäftsähnliches und vorvertragliches Handeln. Über den Wortlaut des § 13 hinaus ist eine natürliche Person auch dann Verbraucher, wenn ihr ggü rechtsgeschäftsähnlich gehandelt wird (vgl §§ 241 a, 661 a) oder zu ihren Gunsten im **Vorfeld eines Vertragsschlusses** Informationspflichten seitens des Unternehmers bestehen (vgl §§ 312 c, 482, 502). Die Ratio des Verbraucherschutzes gebietet die analoge Anwendung der Norm in diesen Fällen (Soergel/*Pfeiffer* Rn 26).

C. Beweislast. Im Streitfall trägt derjenige die Darlegungs- und Beweislast für die Verbraucher- oder Unternehmereigenschaft, der aus ihr Rechte ableiten möchte (BaRoth/*Schmidt-Räntsch* Rn 10; Palandt/*Heinrichs* Rn 4). Eine Beweislastumkehr zugunsten der natürlichen Person ist, anders als noch in § 1 I 1 VerbrKrG aF, nicht vorgesehen (Erman/*Saenger* Rn 20; Soergel/*Pfeiffer* Rn 53 ff).

§ 14 Unternehmer

(1) Unternehmer ist eine natürliche oder juristische Person oder eine rechtsfähige Personengesellschaft, die bei Abschluss eines Rechtsgeschäfts in Ausübung ihrer gewerblichen oder selbständigen beruflichen Tätigkeit handelt.
(2) Eine rechtsfähige Personengesellschaft ist eine Personengesellschaft, die mit der Fähigkeit ausgestattet ist, Rechte zu erwerben und Verbindlichkeiten einzugehen.

1 **A. Normative Grundlagen. I. Die europarechtliche Dimension des Unternehmerbegriffs.** Zu den europarechtlichen Rechtsquellen des Unternehmerbegriffs s im Einzelnen § 13 Rn 2. Zentral ist auch hier Art 2 der **HaustürwiderrufsRichtl**, der den Unternehmer als jede natürliche oder juristische Person definiert, die beim Abschluss des betreffenden Geschäfts iRi ihrer gewerblichen oder beruflichen Tätigkeit handelt. Die FernabsatzRichtl, die VerbrauchsgüterkaufRichtl und die Missbräuchliche-Klauseln-Richtl sind vom Wortlaut nahezu identisch. Allerdings kennt die FernabsatzRichtl neben dem Unternehmer noch den Betreiber. Da die gewerbliche oder berufliche Tätigkeit ausschlaggebend ist, können auch öffentliche Unternehmen, Angehörige der freien Berufe oder gemeinnützige Unternehmen, die ihre Leistungen gegen Entgelt anbieten, nach europarechtlichen Vorgaben Unternehmer sein. Die HaustürwiderrufsRichtl umfasst auch Hilfspersonen, die im Namen und für Rechnung eines Unternehmers handeln.

2 Die **PauschalreiseRichtl** unterscheidet zwischen Reiseveranstalter und Reisevermittler. Zu beachten ist, dass der Gelegenheitsveranstalter nicht als Gewerbetreibender angesehen wird, der nicht gewerblich tätige Veranstalter jedoch schon (MüKo-*Micklitz* Vor §§ 13, 14 Rn 93). Die **Time-sharing-Richtl** nennt als Unternehmer zwar ausdrücklich den Verkäufer, meint aber den Veräußerer, und nicht den Verkäufer im Rechtssinne (MüKo-*Micklitz* Vor §§ 13, 14 Rn 93). Einschränkend spricht die Richtl weiter nur von der beruflichen Tätigkeit des Verkäufers.

3 Gemein ist diesen verschiedenen Begriffen die Bestimmung der Unternehmereigenschaft über das Tätigkeitsfeld der handelnden Person. Unterscheidungen zwischen öffentlichen und privaten Unternehmen sowie den freien Berufen werden vom Gemeinschaftsrecht nicht beachtet. Dies erklärt sich aus der stark wettbewerbsorientierten Sicht der einzelnen Richtlinien, die in einem **funktionalen Unternehmerbegriff** kulminiert.

4 **II. Die nationalen Vorgaben für die Auslegung des Unternehmerbegriffs.** Auf Grund der Disparität der genannten RLen war eine wortgleiche Umsetzung des § 14 nicht möglich. Anstatt des Merkmals „im Rahmen" heißt es im nationalen Recht „in Ausübung" ihrer gewerblichen Tätigkeit. Ob dadurch eine inhaltliche Divergenz besteht, ist zweifelhaft. Im Gegensatz zu den RLen kann nach § 14 nicht jede, sondern nur die selbständige berufliche Tätigkeit die Unternehmereigenschaft begründen.

5 **III. Funktion und sachlicher Anwendungsbereich der Norm.** Durch die Negativformulierung des § 13 erhält § 14 eine Komplementärfunktion, die sich am Gegensatzpaar der Begriffe Unternehmer und Verbraucher zeigt (vgl Palandt/*Heinrichs* Rn 1). § 14 gilt damit für alle bei § 13 Rn 7 aufgeführten Normen. Bei Pauschalreiseverträgen iRd **PauschalreiseRichtl** gilt § 14 ausnahmsweise auch für **beiderseitige Unternehmergeschäfte**, da dort auch ein Unternehmer Verbraucher sein kann (vgl § 13 Rn 4). Der Unternehmer iSd Werkvertragsrechts ist nicht identisch mit dem Unternehmerbegriff des § 14.

6 **B. Die Tatbestandsmerkmale des Unternehmerbegriffs. I. Natürliche Person, juristische Person oder rechtsfähige Personengesellschaft.** § 14 erfasst alle **natürlichen Personen**. In Übereinstimmung mit den europarechtlichen Vorgaben können damit auch Freiberufler, Handwerker, Kleingewerbetreibende, die nicht im Handelsregister eingetragen sind, und Landwirte als Unternehmer auftreten (vgl Palandt/*Heinrichs* Rn 1 und 2). Die Norm bezieht auch jede **juristische Person** in den Anwendungsbereich ein. Somit unterfallen öffentliche Unternehmen und gemeinnützige Unternehmen, die ihre Leistungen gegen Entgelt anbieten, dem Unternehmerbegriff des § 14 (BaRoth/*Schmidt-Räntsch* Rn 3). Etwas anderes gilt nur, wenn die Leistungsbeziehung vollständig öffentlich-rechtlich organisiert ist (Palandt/*Heinrichs* Rn 2). § 14 I enthält schließlich die **rechtsfähige Personengesellschaft** als möglichen Unternehmer. Darunter fallen OHG, KG, Partnerschaft, EWIV und die teilrechtsfähige GbR (BGH NJW 02, 1207). Die Legaldefinition des § 14 II ist aussagelos (*Flume* ZIP 2000, 1428).

7 **II. Gewerbliche oder selbständige berufliche Tätigkeit.** Der Begriff der **gewerblichen Tätigkeit** ist zwar unter Berücksichtigung der im Handelsrecht entwickelten Grundsätze zu definieren – ist jedoch weiter als dieser (vgl BaRoth/*Schmidt-Räntsch* § 13 Rn 5). Ein Gewerbe liegt danach vor, wenn eine planvolle, auf gewisse Dauer angelegte, selbständige und wirtschaftliche Tätigkeit ausgeübt wird und sich diese nach außen hin manifestiert (vgl *Henssler* ZHR 161 (1997), 20). Auf eine Gewinnerzielungsabsicht kommt es jedoch genauso wenig an (*Faber* ZEuP 98, 869), wie auf die Wirksamkeit des getätigten Rechtsgeschäfts (Müko/*Micklitz* Rn 12). Teilweise soll der Rechtsgedanke des § 344 HGB Anwendung finden können, um in Zweifelsfällen die Zuordnung des Rechtsgeschäfts zur unternehmerischen Tätigkeit des rechtsgeschäftlich Handelnden zu erlauben (AnwK/*Ring* Rn 40; *Faber* ZEuP 98, 866) Die Anwendbarkeit der Vermutungsregel ist jedoch abzulehnen, da diese zu einer unzumutbaren Verschlechterung der Beweislastverteilung zu Lasten des Verbrauchers führen würde (MüKo/*Micklitz* Rn 27), die europarechtswidrig ist (*Pfeiffer* NJW 99, 173 f.) Auch die regelmäßige Vornahme

von Internet Auktionen als Verkäufer kann zur Einordnung des Verkäufers als Unternehmer führen, wenn hierbei eine gewisse Mindestschwelle überschritten wird (AG Bad Kissingen NJW 05, 2463).

Der Begriff der **selbständigen beruflichen Tätigkeit** ist wie folgt zu definieren: Ein **Beruf** ist jede erlaubte, sinnvolle auf Dauer angelegte Tätigkeit, die der Schaffung und Erhaltung der Lebensgrundlage dient (vgl BVerfGE 50, 362). **Selbständig** ist der Handelnde dann, wenn er in eigener Verantwortung und auf eigene Rechnung und Gefahr handelt (*Faber* ZEuP 98, 871). Dieses Merkmal dient zur Abgrenzung ggü dem Arbeitnehmer, der in einem Abhängigkeitsverhältnis steht (vgl BaRoth/*Schmidt-Räntsch* § 13 Rn 6). Gewerbliche und selbständige berufliche Tätigkeiten werden iRd § 14 gleichbehandelt – ihre Unterscheidung hat traditionelle Gründe (BaRoth/*Schmidt-Räntsch* Rn 9). 8

Nebenberufliche Tätigkeiten und **Abschlüsse von branchenfremden Geschäften** werden von § 14 genauso erfasst, wie Hilfs- und Nebengeschäfte, ungewöhnliche Verträge und vorbereitende bzw abwickelnde Geschäfte (Palandt/*Heinrichs* Rn 2). Unternehmer sind auch **gesetzliche Vermögensverwalter** wie der Insolvenz- oder Nachlaßverwalter und der Testamentsvollstrecker (AnwK/*Ring* Rn 36). Ein **Strohmann**, der auf Grundlage einer wirksamen Abrede für einen Unternehmer tätig wird, ist kein Verbraucher, kann also Unternehmer sein (BGH NJW 02, 2030). Die **Verwaltung und Anlage eigenen Vermögens** ist grdsl keine gewerbliche Tätigkeit (BGH NJW 02, 369f; *Pfeiffer* NJW 99, 172). Abgrenzungskriterium ist der Umfang der betriebenen Geschäfte – erfordern sie einen planmäßigen Geschäftsbetrieb (Unterhaltung eines Büros etc), so liegt eine gewerbliche Tätigkeit vor (Erman/*Saenger* § 13 Rn 14). Bei **gemischt vertraglichen Zwecksetzungen** gilt das bei § 13 Rn 9 Gesagte. 9

III. Rechtsgeschäftsähnliches und vorvertragliches Handeln. Auch die Vorbereitung, nicht nur der Abschluss von Rechtsgeschäften, werden vom Verbraucherschutzrecht umfasst. Es gilt das zu § 13 Rn 11 Gesagte entsprechend. 10

§§ 15–20
– weggefallen –

Titel 2 Juristische Personen

Vorbemerkungen vor §§ 21 ff

A. Allgemeines zur juristischen Person. I. Begriff und Entstehung. Juristische Personen sind Vereinigungen oder Organisationen (Stiftungen), denen das Gesetz als solchen Rechtsfähigkeit zuerkennt, die entweder durch Eintragung in ein Register bei Erfüllung der gesetzlichen Voraussetzungen (System der Normativbestimmungen, §§ 21, 22 BGB, 1 I, 41 I AktG, 13 I, II GmbHG, 17 GenG) oder aufgrund staatlicher Anerkennung (Konzessionssystem, §§ 22, 80 I BGB, 15 VAG) erworben wird, so dass Publizität gewährleistet ist (s *Schöpflin* S 89 f). Typischerweise haftet dann nur das Vermögen der Vereinigung und nicht das Privatvermögen der Mitglieder. Nach deutschem Recht gibt es keine freie Körperschaftsbildung iSd Entstehung privatrechtlicher juristischer Personen ohne Konzessionierung oder Registereintragung. 1

II. Zweck. Die juristische Person dient dazu, Kräfte auf effiziente Weise zu bündeln (Konzentrationsfunktion), sei es im ideellen oder im wirtschaftlichen Bereich (Kapitalsammelstelle), um einen Zweck überindividuell, also unabhängig vom Mitgliederwechsel, zu verfolgen (Perpetuierungsfunktion). Die juristische Person hat des Weiteren die Funktion, die Haftung zu begrenzen, wenn die Haftungsbeschränkung mit der jeweiligen Form der juristischen Person verbunden ist. Daran fehlt es hinsichtlich des Komplementärs der KGaA (§ 278 I AktG) und uU bei den Genossen einer eG mit unbeschränkter oder beschränkter Haftpflicht (§§ 6 Nr 3, 105 GenG). 2

III. Arten. Juristische Personen des **Privatrechts** mit körperschaftlicher Struktur sind eV, der konzessionierte wirtschaftliche Verein des BGB, AG, eG, GmbH, KGaA und VVaG. Für die Vereine der handelsrechtlichen Spezialgesetze gelten die §§ 21 ff lückenfüllend subsidiär, weil der Verein die Grundform der Vereinigungen mit juristischer Persönlichkeit darstellt. Die Stiftung des Privatrechts ist keine Personenvereinigung, sondern ein zugunsten des Stiftungszwecks besonders organisiertes Vermögen. Juristische Personen des **öffentlichen Rechts** sind öffentlichrechtliche Körperschaften, Anstalten und Stiftungen, die nach eigenen Regeln entstehen. 3

IV. Abgrenzung. Gesamthandgemeinschaften sind die GbR, der nichtrechtsfähige Verein, OHG, KG, EWIV sowie die Güter- und die Erbengemeinschaft. Das Gesetz geht nach wie vor von einem Unterschied zur juristischen Person aus, indem es von der rechtsfähigen Personengesellschaft spricht (§ 14 I, 1059a II). Während das Vermögen der Organisation bei der juristischen Person dieser selbst zusteht, sind nach der gesetzlichen Konzeption Träger des Vermögens der Gesamthandgemeinschaft die Mitglieder in gesamthänderischer Ver- 4 bundenheit (§§ 718, 719 BGB, 105 III, 161 II HGB, 1416, 1419, 2032, 2033 II BGB). Die Rspr hat sich contra legem für die Rechtsfähigkeit der GbR entschieden (BGH NJW 01, 1056, s § 54 Rn 12 f, § 705 Rn 35 ff). Folgt man dem, bleibt zur Abgrenzung von juristischen Personen letztlich nur noch der unterschiedliche Entstehungstatbestand: Konzession oder Registereintragung bei den juristischen Personen, (Gesellschafts-)Vertrag oder Gesetz (Erbengemeinschaft) bei der Gesamthandgemeinschaft.

5 **B. Umfang und Grenzen der Rechtsfähigkeit. I. Umfang.** Die Rechtsfähigkeit der juristischen Person ist **umfassend.** Sie umfasst nicht nur die Vermögensfähigkeit, so dass die juristische Person auch Träger von einzelnen Persönlichkeitsrechten wie des Namensrechts sein kann (Soergel/*Hadding* Vor § 21 Rn 22) und auch als Inhaberin von Grundrechten in Betracht kommt (Art. 19 III GG). Sie ist aber nicht fähig, Subjekt von Rechtsbeziehungen zu sein, die nur zwischen natürlichen Personen bestehen können. Daher scheiden familienrechtliche Beziehungen aus, während die juristische Person zwar nicht vererben, aber Erbin oder Testamentsvollstrecker sein kann.

6 **II. ultra-vires-Lehre.** Die ultra-vires-Lehre, nach der nicht vom Gesellschaftszweck gedeckte Akte von der Rechtsfähigkeit nicht umfasst sind, ist mittlerweile in Großbritannien relativiert und gilt im deutschen Recht für juristische Personen des Privatrechts nicht. Im Vereinsrecht kann stattdessen die Vertretungsmacht des Vorstands eingeschränkt werden (§ 26 II 2), was bei anderen juristischen Personen aber ausscheidet (s §§ 82 I AktG, 37 II GmbHG, 27 II GenG).

7 **III. Handlungs- und Deliktsfähigkeit.** Die juristische Person handelt durch ihre Organe, die mit den Organwaltern besetzt sind – der Verein handelt also zB durch seinen Vorstand, der mit den Vorstandsmitgliedern besetzt ist. Diese Sichtweise entspricht der **Organtheorie** *von Gierkes*, die sich gegen *Savignys* **Vertretertheorie** durchgesetzt hat, nach der die juristische Person einem unmündigen natürlichen Person entspricht, die im Rechtsverkehr vertreten werden muss (s *Schöpflin* S 15 f; MüKo/*Reuter* § 26 Rn 11 f; *Beuthien* NJW 99, 1142). Das rechtswidrige, insbes das deliktische Verhalten der Organe wird der juristischen Person nach § 31 zugerechnet.

8 **IV. Durchgriff. 1. Allgemeines.** Es gilt das **Trennungsprinzip**, dh die juristische Person ist gegenüber ihren Mitgliedern verselbstständigt, die Vermögenssphären sind streng getrennt. Soweit kein besonderer Haftungsgrund vorliegt (zB Übernahme einer Bürgschaft, Delikt oder § 278 I AktG) haften die Mitglieder der juristischen Person nicht; der Gläubiger kann also nicht direkt auf die Mitglieder „durchgreifen". Hinsichtlich der Einzelheiten des Durchgriffs, der nicht nur bei der Haftung, sondern etwa auch bei der Zurechnung eine Rolle spielt, muss auf die Spezialliteratur verwiesen werden (*Jung* Unternehmergesellschafter, passim; dazu *Schöpflin* ZHR 169 (2005), 98; Überblick bei *Schmidt* Gesellschaftsrecht §§ 9 IV 2, 24 VI 2 und MüKo/*Reuter* Vor § 21 Rn 19 ff). Hervorzuheben ist allerdings, dass der Durchgriff restriktiv gehandhabt werden muss, um das Rechtsinstitut der juristischen Person nicht auszuhöhlen. Die Rspr bejaht einen Durchgriff deshalb nur dann, wenn das Berufen auf das Trennungsprinzip einen **Rechtsmissbrauch** darstellt (BGHZ 78, 313, 333).

9 **2. Tatbestände.** Das Trennungsprinzip versagt bei **Vermögensvermischung**. Deshalb hat die Rspr den Durchgriff auf das Privatvermögen der Mitglieder gestattet, wenn die Abgrenzung zwischen Gesellschafts- und Privatvermögen durch eine undurchsichtige Buchführung oder auf andere Weise verschleiert worden ist (BGH NJW 94, 1801). Die **Existenzvernichtungshaftung** der Mitglieder hat der BGH bislang nur für die GmbH begründet (dazu *Roth* NZG 03, 1081; *Wilhelm* NJW 03, 175; *Wackerbarth* ZIP 05, 877). Sie ist aber allgemein auf die juristische Person zu übertragen. Die Mitglieder haften dann, wenn sie pflichtwidrig bei Dispositionen über das Vermögen der juristischen Person nicht angemessen Rücksicht nehmen auf deren Eigeninteresse an der Aufrechterhaltung ihrer Fähigkeit, ihren Verbindlichkeiten nachzukommen und in ihrer Existenz nicht gefährdet zu werden (BGH NJW 01, 3622; 02, 1803, 3024). Liegen diese Voraussetzungen vor, können die Gläubiger der juristischen Person ihre Forderungen unmittelbar und außerhalb des Insolvenzverfahrens gegen die an den Eingriffen in das Vermögen der juristischen Person mitwirkenden Mitglieder der juristischen Person geltend machen, soweit die Gläubiger von dieser keine Befriedigung erlangen können (BGH NJW 02, 3024). Während eines laufenden Insolvenzverfahrens kann die Haftung wegen existenzvernichtenden Eingriffs allerdings nur von dem Insolvenzverwalter, nicht aber von einzelnen Gläubigern der juristischen Person geltend gemacht werden (BGH NZG 2005, 886). Weitere Fallgruppen sind der **Rechtsschein persönlicher Haftung** (BGHZ 22, 226, 230) sowie die **unlautere Nutzung** der juristischen Person (BGHZ 54, 222; 68, 312) sowie die Fälle, in denen § 826 eingreift, **nicht** dagegen **bloße Unterkapitalisierung** (BAG NJW 99, 740, 741).

10 **C. Verein. I. Begriff und Wesen.** Da das Gesetz den nichtrechtsfähigen Verein kennt (§ 54), setzt die Vereinseigenschaft weder Rechtsfähigkeit noch juristische Persönlichkeit voraus. Der Verein (s *Reichert* Rn 1 ff) lässt sich definieren als eine Vereinigung, die einen Gesamtnamen führt, einen bestimmten Zweck verfolgt, eine größere Mitgliederzahl aufweist und auf eine Dauer angelegt ist, die Raum für notwendige körperschaftliche Organisation lässt. Die erforderliche körperschaftliche Struktur besteht darin, dass die Vereinigung unabhängig vom Mitgliederwechsel ist und dass sie die Organe des Vorstands und der Mitgliederversammlung hat (s im Einzelnen *Schöpflin* S 154 ff, 180; *Reichert* Rn 1 ff; BaRoth/*Schwarz* Vor § 21 Rn 18 ff). Anhand dieser Kriterien erfolgt im Einzelfall auch die **Abgrenzung** zur GbR (§ 54 Rn 5 f). Der Verein ist die **Grund-**

form aller privatrechtlichen **Körperschaften** (näher *Reichert* Rn 28 f), deshalb kann auch für andere Körperschaften auf vereinsrechtliche Vorschriften zurückgegriffen werden, insbes auf § 31.

II. Verfassungsrecht. Art 9 I GG gewährleistet die Vereinsfreiheit, während nach Art 9 II GG Vereine verboten sind, deren Zweck oder Tätigkeit den Strafgesetzen zuwiderläuft oder die sich gegen die verfassungsmäßige Ordnung oder die Völkerverständigung richten (s *Reichert* Rn 6006 ff, 6045 ff). Diesen Grundsatz gestaltet das **VereinsG** vom 5. 8. 1964 (BGBl I, 593, zuletzt geändert durch G v 22. 8. 2002, BGBl I, 3390) näher aus. Dieses polizeirechtliche G zur Gefahrenabwehr regelt im Wesentlichen das Vereinsverbot mit seinen Rechtsfolgen und gilt auch für privatrechtliche Vereinigungen, die keine Vereine sind (s *Reichert* Rn 6007 ff). Auch die **Vereinsautonomie** als das Recht des Vereins, seine innere Ordnung in freier Selbstbestimmung zu regeln, folgt aus Art 9 I GG. 11

III. Ökonomie. Der Gründung eines Vereins liegt die Entscheidung zugrunde, die beabsichtigte Kooperation statt durch Austauschverträge durch eine Organisation zu regeln. Dadurch werden Transaktionskosten gespart, da die §§ 21 ff die Organisation vorgeben und die Vereinsorgane (Vorstand, Mitgliederversammlung) die Kooperation steuern. Der Zusammenschluss sichert Größenvorteile (economies of scale). Einige Vereine (zB Sportvereine, ADAC) sind gewichtige Wirtschaftsfaktoren (zur Ökonomie des Vereins auch Staud/*Habermeier* Eckpfeiler des Zivilrechts S 713 ff). 12

IV. Erscheinungsformen und Anwendungsbereich. Die **Anzahl** der eV, also der eingetragenen Idealvereine, betrug am 31. 12. 2002 etwa 515 000. Der eV ist damit nach der GmbH die zweithäufigste Vereinigungsform (*Kornblum* NJW 2003, 2671, 2673). Allein der Deutsche Sportbund hat ca 90 000 Mitgliedssportvereine, in denen 27 Mio Mitglieder organisiert sind, beim Deutschen Chorverband sind es 1,8 Mio Sänger in 22.000 Chören. Größter deutscher eV ist der ADAC mit nahezu 15 Mio Mitgliedern (*Kornblum* NJW 2003, 3673). Praktische Hinweise zur Vereinsführung finden sich in zahlreichen Ratgebern und unter www.nonprofit.de. 13
Die §§ 21–53 gelten für alle rechtsfähigen und zT auch für nichtrechtsfähige Vereine (s § 54 Rn 8–11). Da der Verein die Grundform der **privatrechtlichen Körperschaften** ist, sind die vereinsrechtlichen Vorschriften zur Füllung etwaiger Lücken bei folgenden Vereinigungsformen anzuwenden: AG, eG, GmbH, KGaA, VVaG. Das gilt insbes für §§ 29, 30, 31 und 35. 14
Für die **politischen Parteien** gilt in erster Linie das ParteienG vom 24. 7. 1967 (BGBl I 773, zuletzt geändert durch G v 22. 12. 04, BGBl I, 3673). Dieses enthält aufgrund der verfassungsrechtlichen Sonderstellung der Parteien besondere Regeln, die aber durch die §§ 21 ff ergänzt werden. Religionsgesellschaften nach Art 140 GG, 137 WRV können in der Form des **religiösen Vereins** organisiert werden. Aufgrund ihrer verfassungsrechtlich garantierten Stellung haben die religiösen Vereine eine von § 25 unabhängige Autonomie, die es der Satzung zB ermöglicht, kirchliche Funktionsträger zu geborenen Mitgliedern zu erklären (Hamm NJW-RR 95, 119) oder die Bestellung des Vorstandes sowie sonstiger Leitungsorgane so zu regeln, dass die Mitglieder daran nicht beteiligt werden (BayOLGZ 1987, 161). Der Verein kann sich in eine Hierarchie eingliedern, in der er Fremdeinfluss unterliegt (BVerfG NJW 1991, 2623, 2625 f). 15

V. Großvereine und Vereinsverband. Großvereine (Gesamtvereine, näher *Reichert* Rn 48 f; *Segna* NZG 2002, 1048) entwickeln sich, indem sich der Verein zu einem Zentralverein mit Untergliederungen wie zB Ortsvereinen ausbildet. Diese Untergliederungen können selbständig (dh sie sind selbst Vereine) oder unselbständig (ohne eine Satzung und ohne eigene Vereinsorgane) sein. Bei unselbständigen Untergliederungen gibt es nur eine Mitgliedschaft im Zentralverein (BGHZ 189, 153, 155 f), während bei selbständigen Untergliederungen, die eV oder nichtrechtsfähiger Verein sein können, die Mitgliedschaft in der Untergliederung und im Zentralverein besteht. Der selbständige Zweigverein (Untergliederung) muss die Vereinseigenschaften besitzen (s Rn 10), allerdings kann die Satzung des Zweigvereins die des Gesamtvereins sein (BGHZ 90, 331, 333). 16
Vereinsverbände sind Zusammenschlüsse von selbständigen Vereinen, Beispiele für solche Dachverbände sind der Deutsche Sportbund oder die genossenschaftlichen Prüfungsverbände (§ 63 b GenG). Regeln sowohl die Satzung des Vereinsverbandes als auch des angeschlossenen Vereins Entsprechendes, begründet die Mitgliedschaft im Basisverein zugleich die Mitgliedschaft im Vereinsverband (BGHZ 105, 306, 311 f, Doppelmitgliedschaft). Für die Mitgliedschaft des Basisvereins im Vereinsverband gelten die allgemeinen Regeln, zB über den Auskunftsanspruch nach §§ 27 III, 666 (BGH NJW-RR 03, 830). 17

VI. Reform des Vereinsrechts. Das BMJ hat im August 2004 einen Referentenentwurf zur Änderung des Vereinsrechts vorgelegt (dazu und zur Kritik *Reuter* NZG 05, 738; *Damas* ZRP 05, 3; *Arnold* DB 04, 2143; *Segna* NZG 02, 1048). Vorgesehene Neuerungen sind ua die Normierung des Nebenzweckprivilegs, die Auflösung des Vereins bei Verfolgung wirtschaftlicher Zwecke und die aktive Parteifähigkeit des nichtrechtsfähigen Vereins, auf den die §§ 21–53 entsprechend angewandt werden sollen (kritisch *Beuthien* NZG 05, 493). Diese Reformvorschläge sind teils unnötig, teilweise gehen sie nicht weit genug, weil die dringlichen Probleme (Großvereine, wirtschaftliche Tätigkeit von Idealvereinen sowie die äußere und innere Kontrolle bei entsprechender Betätigung) nicht gelöst werden. 18

Untertitel 1 Vereine

Kapitel 1 Allgemeine Vorschriften

§ 21 Nicht wirtschaftlicher Verein

Ein Verein, dessen Zweck nicht auf einen wirtschaftlichen Geschäftsbetrieb gerichtet ist, erlangt Rechtsfähigkeit durch Eintragung in das Vereinsregister des zuständigen Amtsgerichts.

1 **A. Idealverein und wirtschaftlicher Verein.** Das Gesetz unterscheidet zwischen Idealverein (nichtwirtschaftlichem Verein, ein altruistischer Zweck ist also nicht erforderlich) und wirtschaftlichem Verein. Der Verein mit ideellem Zweck wird zur juristischen Person durch Eintragung in das Vereinsregister, die erfolgt, wenn die gesetzlichen Voraussetzungen dafür vorliegen (**Normativsystem**). Ein wirtschaftlicher Verein erlangt juristische Persönlichkeit aufgrund staatlicher Verleihung (**Konzessionssystem**). §§ 21, 22 schützen den Rechtsverkehr, indem sie die Rechtsform des rechtsfähigen Vereins, die kein garantiertes Kapital kennt und daher mit einer gewissen Gläubigergefährdung verbunden ist, für wirtschaftliche Vereine an die staatliche Konzession bindet. Wirtschaftliche Vereine werden in die handelsrechtlichen Rechtsformen gedrängt, da die Verwaltungsbehörden die Konzession nur erteilen können, wenn der jeweiligen Vereinigung eine andere Rechtsform als die des Vereins ganz ausnahmsweise nicht zugemutet werden kann (BVerwG NJW 1979, 2261, 2264; Grundsatz der **Subsidiarität** des wirtschaftlichen Vereins).

2 **B. Abgrenzung des Idealvereins vom wirtschaftlichen Verein. I. Vereinszweck.** Der Vereinszweck wird durch die Mitglieder in der Vereinssatzung (§ 57 I) kraft ihrer Vereinigungsfreiheit (Art 9 I GG) bestimmt. Die Grenzen zulässiger Vereinszwecke ergeben sich aus Art 9 II GG, dem VereinsG (s Vor § 21 Rn 11) und aus §§ 134, 138. Das Registergericht ermittelt im Eintragungsverfahren den Vereinszweck von Amts wegen und hat den Eintragungsantrag zurückzuweisen, wenn sich ein wirtschaftlicher Hauptzweck herausstellt (§§ 12, 160 a I FGG). Dabei kommt es insbes bei Widersprüchen nicht nur auf den in der Satzung formulierten Zweck, sondern auch auf den tatsächlich verfolgten Zweck an (KG NJW-RR 05, 339, 340; BayOLGZ 83, 45, 48). Ergibt sich nach der Eintragung ein wirtschaftlicher Zweck, muss das Registergericht den Verein von Amts wegen löschen, Ermessenserwägungen sind nur in atypischen Fällen geboten (BVerwG NJW 1998, 1166, 1168).

3 **II. Abgrenzungskriterium.** Während frühere Abgrenzungskriterien (zu ihnen BaRoth/*Schwarz* § 21 Rn 11 f) überholt sind, verfolgt die hM im Anschluss an *K Schmidt* (Rpfleger 82, 286, 343; AcP 182 (1982), 1) einen typologischen Ansatz (BaRoth/*Schwarz* § 21 Rn 13 ff; *Reichert* Rn 116 ff; Palandt/*Heinrichs* § 21 Rn 3 ff; im Wesentlichen auch MüKo/*Reuter* §§ 21, 22 Rn 9 ff.; kritisch *Schad* NJW 1998, 2411, der auf §§ 1 ff HGB, 1 GenG abstellen will). Danach sind drei Typen des wirtschaftlichen Vereins zu unterscheiden.

4 **1. Unternehmerischer Verein.** Wenn der Verein planmäßig und entgeltlich an einem **äußeren Markt** (also nicht nur gegenüber den Vereinsmitgliedern) als Anbieter (also nicht nur als Nachfrager) von Waren und Dienstleistungen tätig wird, liegt ein unternehmerischer Verein vor (BGHZ 85, 84, 92; BaRoth/*Schwarz* Rn 14; MüKo/*Reuter* Rn 29; AnwK/*Heidel*/*Lochner* Rn 24). Gewinnerzielungsabsicht oder kaufmännische Tätigkeit werden dabei nicht vorausgesetzt (Schlesw NJWE-MietR 97, 40; BaRoth/*Schwarz* Rn 14; MüKo/*Reuter* Rn 29). Der BGH rechnet dem Verein die wirtschaftliche Tätigkeit Dritter, insbes auch die der durch den Verein beherrschten **Tochtergesellschaften**, nicht zu (BGHZ 85, 84, 90 f – ADAC; zustimmend BaRoth/*Schwarz* Rn 16; abl MüKo/*Reuter* §§ 21, 22 Rn 36 ff; *Segna* ZIP 97, 1901). Das lässt sich damit rechtfertigen, dass die Gläubiger der vom Holdingverein gehaltenen Gesellschaft bereits nach den für diese geltenden Vorschriften geschützt werden.

5 **Beispiele** für den unternehmerischen Verein sind (s Reichert Rn 135; BaRoth/*Schwarz* Rn 17; MüKo/*Reuter* §§ 21, 22 Rn 43): freie Sparkassen, Betrieb einer Schauspielbühne (aA Stuttg DB 64, 1735), Dritte-Welt-Läden, Verein zur Wohnungsvermietung, Gewinnspielvereine, die Lotterien veranstalten (AG Potsdam Rpfleger 94, 361, Vereine zur betrieblichen Altersversorgung, die Immobiliengeschäfte betreiben (Ddorf NJW-RR 98, 663).

6 **2. Verein mit Binnenmarkttätigkeit.** Vereine mit unternehmerischer Tätigkeit in einem Binnenmarkt sind planmäßig, entgeltlich und anbietend an einem vereinsinternen Markt gegenüber ihren Mitgliedern tätig (MüKo/*Reuter* §§ 21, 22 Rn 31 ff; AnwK/*Heidel*/*Lochner* § 21 Rn 27; BaRoth/*Schwarz* Rn 18 f). Gewinnerzielungsabsicht ist nicht erforderlich, das Entgelt kann auch im Mitgliedsbeitrag oder der Aufnahmegebühr enthalten sein (BaRoth/*Schwarz* Rn 18). Entscheidend ist, dass das Mitglied gegenüber dem Verein als Kunde erscheint und dass keine Leistung mit mitgliedschaftlichem Charakter vorliegt (MüKo/*Reuter* §§ 21, 22 Rn 31 f; AnwK/*Heidel*/*Lochner* Rn 28). Das ist der Fall, wenn sich die Beziehung im Wesentlichen auf ein Austauschverhältnis beschränkt, weil es sich um Leistungen handelt, die üblicherweise auch von anderen außerhalb vereinsrechtlicher Beziehungen angeboten werden und die dem Wettbewerb ausgesetzt sind (BVerwG NJW 98, 1166 f).

7 **Beispiele** (s *Reichert* Rn 141 ff; BaRoth/*Schwarz* Rn 20 sind die Wissenschaftliche Buchgesellschaft in Darmstadt, Inkasso- und Auskunftsvereine, Car-Sharing-Vereine (aA LG Bremen Rpfleger 92, 67), Kapitalanlagevereine (Celle OLGR 02, 29), Internet-Vereine, die die nötige Infrastruktur für ihre Mitglieder bereitstellen

(AG Passau Rpfleger 99, 401). Dagegen bleibt der Ruderverein, der seinen Mitgliedern Boote zur Verfügung stellt, ein Idealverein, ebenso der Verein, der gegen Entgelt Erwachsenenbildung durchführt, es sei denn er wird von anderen Unternehmen zur Kundenwerbung benutzt (KG NJW-RR 05, 339).

3. Genossenschaftlicher Verein. Wenn Unternehmer zwecks genossenschaftlicher Kooperation einen Teil ihrer Unternehmenstätigkeit auf einen Verein übertragen, handelt es sich um einen wirtschaftlichen Verein, einerlei ob er die Tätigkeit entgeltlich oder unentgeltlich anbietet (BGHZ 45, 395, 397 f; BaRoth/*Schwarz* Rn 22; MüKo/*Reuter* §§ 21, 22 Rn 34 f; *Reichert* Rn 144 ff). Entsprechend dem genossenschaftlichen Prinzip muss der genossenschaftliche Verein durch wirtschaftlich bedeutsame Aktivität seine Mitglieder fördern, muss aber nicht selbst als Anbieter auftreten (BaRoth/*Schwarz* Rn 22; AnwK/*Heidel/Lochner* Rn 30). 8

Beispiele sind (*Reichert* Rn 146; BaRoth/*Schwarz* Rn 23): Funktaxizentralen (BGHZ 45, 395), ärztliche Abrechnungsstellen, Immobilienbörsen zur Zusammenführung von Angebot und Nachfrage (Ddorf NJW-RR 96, 989), Rabattsparvereine, Verwertungsgesellschaften wie die VG Wort, Verbrauchereinkaufsringe. 9

4. Nebenzweckprivileg. Liegt nach den genannten Kriterien an sich ein wirtschaftlicher Verein vor, nimmt die hM gleichwohl einen Idealverein an, wenn die wirtschaftliche Betätigung unter das sog Nebenzweck- oder Nebentätigkeitsprivileg fällt (BGHZ 85, 84, 93; MüKo/*Reuter* §§ 21,22 Rn 19; *Reichert* Rn 147 ff). Nach ihm ist ein Idealverein kein wirtschaftlicher Verein, wenn er zwar einen wirtschaftlichen Geschäftsbetrieb führt, dieser aber dem nichtwirtschaftlichem Hauptzweck untergeordnet ist und diesem dienen soll. Das Nebenzweckprivileg besteht unter der Voraussetzung, dass die Satzung einen nichtwirtschaftlichen Hauptzweck vorsieht, den der Verein auch tatsächlich verfolgt, und dass die unternehmerische Tätigkeit dem ideellen Zweck tatsächlich funktionell untergeordnet ist (BGHZ 85, 84, 93; BVerwG NJW 98, 1166, 1168; MüKo/*Reuter* §§ 21, 22 Rn 19). 10

Beispiele für vom Nebenzweckprivileg gedeckte Aktivitäten sind Buchverlage oder gastronomische Tätigkeiten von religiösen oder Sportvereinen. Ob sich Vereine der Fußball-Bundesliga noch auf das Nebenzweckprivileg berufen können, ist strittig (dafür Palandt/*Heinrichs* Rn 5; dagegen *Segna* ZIP 97, 1901; MüKo/*Reuter* §§ 21, 22 Rn 43). Dem Rechtsverkehr dürfte jedenfalls bewusst sein, dass Bundesligavereine oftmals am Rande des finanziellen Abgrunds wirtschaften, so dass Verträge mit ihnen ein Risiko darstellen können. 11

5. Idealvereine. Idealvereine sind alle Vereine, die nicht wirtschaftlich sind, vor allem Vereine, die Freizeit organisieren, Vereine die sich mit Wissenschaft und Kunst beschäftigen oder gesellschaftlich engagieren. Der Reisedienst des Kolpingwerks soll angesichts seines Zwecks, durch Reisen religiösen Zwecken und der Lebenshilfe zu dienen, einen ideellen Hauptzweck haben (*Hamm* NJW-RR 03, 298, kritisch *Terner* Rpfleger 04, 537, 542). Betriebliche Sozialeinrichtungen wie Werkskantinen, aber auch Pensions- und Unterstützungskassen verfolgen selbst keinen wirtschaftlichen Zweck (BaRoth/*Schwarz* Rn 19; Palandt/*Heinrichs* Rn 7) und sind daher Idealvereine. 12

C. Vereinsgründung. Die Einigung der Gründer über die Satzung ist der vereinsrechtliche **Gründungsakt**. Um eine körperschaftliche Struktur zu gewährleisten, muss der Verein durch mindestens drei (hM: zwei) Gründer errichtet werden (*Schöpflin* S 147 mwN), die Eintragung kann allerdings nur mit sieben Mitgliedern erreicht werden (§§ 56, 59 III). Nach hM handelt es sich bei dem Gründungsakt um einen Vertragsschluss (*Reichert* Rn 75; Palandt/*Heinrichs* § 21 Rn 9). Bis zur Erlangung der juristischen Persönlichkeit und dem Auftreten nach außen können Anfechtungs- und Nichtigkeitsgründe geltend gemacht werden, danach nur mit Wirkung ex nunc nach den Grundsätzen der fehlerhaften Gesellschaft (*Reichert* Rn 84 ff). Der Idealverein erlangt juristische Persönlichkeit mit Eintragung (§§ 55 ff), der wirtschaftliche mit Konzessionierung. Bei wesentlichen Mängeln ist der Verein im Verfahren nach §§ 159 I, 142 FGG zu löschen. 13

D. Vorverein. Zwischen dem Zeitpunkt der Errichtung des Vereins (durch Satzungsfeststellung und Vorstandswahl) und dem Erwerb der juristischen Persönlichkeit besteht ein Vorverein. Er ist ein nichtrechtsfähiger Verein iSd § 54, strebt aber im Gegensatz zum nichtrechtsfähigen Dauerverein die juristische Persönlichkeit an. Da mit § 54 eine sachgerechte Regelung zur Verfügung steht, stellt sich beim Vorverein das Problem der Rechtsnatur der Vorgesellschaft anders als zB bei der Vor-GmbH nicht. Der Vorverein unterliegt dem Recht, insbes auch dem Haftungsregime des § 54. Beim Idealverein haften die Mitglieder des Vorvereins nicht, anders beim wirtschaftlichen Vorverein (s § 54 Rn 17, 22, 23). Die Vorstandsmitglieder unterliegen der Handelndenhaftung des § 54 S 2 (näher § 54 Rn 18 ff). Diese Haftung erlischt nicht mit Eintragung des Vereins (*Schöpflin* S 501 f; aA Palandt/*Heinrichs* § 54 Rn 13). Daher bedarf es keiner Differenzhaftung der Gründer, die in Form einer Innenhaftung gegenüber dem Verein zum Ersatz von Verlusten verpflichten würde, die zwischen Gründung und Erwerb der Rechtspersönlichkeit aufgelaufen sind (BaRoth/*Schwarz* Rn 35; aA MüKo/*Reuter* §§ 21, 22 Rn 84, 88, 96 ff). 14

Der Vorverein und der aus ihm entstandene eV bzw konzessionierte Verein sind nach der ganz herrschenden **Identitätstheorie** identisch (MüKo/*Reuter* §§ 21, 22 Rn 80; BGHZ 80, 129, 140 – für GmbH). Alle Rechte und Pflichten des Vorvereins gehen kraft Gesetzes auf den rechtsfähigen Verein über. Für die nach der Eintragung entstehenden Neuverbindlichkeiten haftet nur der eV mit seinem Vereinsvermögen, für die Altverbindlichkeiten des Vorvereins haftet der eV mit seinem Vermögen, daneben haften die Handelnden, deren Haftung mit der Entstehung der Rechtspersönlichkeit nicht erlischt. 15

§ 22 Wirtschaftlicher Verein

¹Ein Verein, dessen Zweck auf einen wirtschaftlichen Geschäftsbetrieb gerichtet ist, erlangt in Ermangelung besonderer *reichs*gesetzlicher Vorschriften Rechtsfähigkeit durch staatliche Verleihung. ²Die Verleihung steht dem Bundesstaate zu, in dessen Gebiete der Verein seinen Sitz hat.

1 **A. Subsidiaritätsprinzip.** Für wirtschaftliche Betätigung von privatrechtlichen Körperschaften stellt der Gesetzgeber die besonderen Rechtsformen der AG, eG, GmbH, KGaA und des VVaG zur Verfügung. Jeweils sorgt das Gesetz für Gläubiger- bzw Anlegerschutz. Diese Schutzbestimmungen dürfen nicht durch die Wahl der Rechtsform eines rechtsfähigen wirtschaftlichen Vereins (zur Abgrenzung § 21 Rn 2 ff) unterlaufen werden, der keine besonderen Gläubigerschutzvorschriften kennt. Deshalb ist der wirtschaftliche Verein subsidiär, dh § 22 kommt eine **Auffang- und Sperrfunktion** zu: Nur wenn der Vereinigung andere Rechtsformen ganz ausnahmsweise aufgrund atypischer Umstände nicht zumutbar sind, kommt die Rechtsform des rechtsfähigen Wirtschaftsvereins in Betracht (BVerwG NJW 79, 2261). Der konzessionierte wirtschaftliche Verein ist zT durch sondergesetzliche Bestimmungen zugelassen (zB § 19 BWaldG – forstwirtschaftliche Zusammenschlüsse).

2 **B. Verfahrensrechtliches.** Für die staatliche Verleihung der Rechtsfähigkeit (Konzessionierung) ist die nach Landesrecht bestimmte Behörde **zuständig** (Zusammenstellung bei *Reichert* Rn 258 f). Die Behörde prüft, ob es sich überhaupt um einen wirtschaftlichen Verein handelt, ob dieser wirksam gegründet ist, die Mindesterfordernisse der Satzung erfüllt und ob hinreichender Verkehrschutz gewährleistet und eine andere Rechtsform zumutbar ist (s *Reichert* Rn 266 ff, BaRoth/*Schwarz* Rn 9 ff). Das Verfahren richtet sich nach dem jeweils einschlägigen VerwaltungsverfahrensG. Liegen die Voraussetzungen der Verleihung vor, ist der Behörde Ermessen eröffnet (BVerwG NJW 1979, 2261, 2264). Gegen die able Entscheidung steht dem Verein der verwaltungsgerichtliche Rechtsweg offen (*Reichert* Rn 285 ff).

3 **C. Wirtschaftlicher Vorverein.** Für den wirtschaftlichen Vorverein, der ein Handelsgewerbe betreibt, gilt das Recht der OHG mit den entsprechenden haftungsrechtlichen Konsequenzen (§ 128 HGB). Beim nicht kaufmännisch tätigen wirtschaftlichen Vorverein gilt hinsichtlich der Haftung das Recht der GbR (s § 54 Rn 22 f).

§ 23 Ausländischer Verein

Einem Verein, der seinen Sitz nicht in einem Bundes*staate* hat, kann in Ermangelung besonderer *reichs*gesetzlicher Vorschriften Rechtsfähigkeit durch Beschluss des *Bundesrates* verliehen werden.

1 Da ausländische Vereine, die nach ihrem Heimatrecht Rechtsfähigkeit genießen, auch im Inland rechtsfähig sind, betrifft die Norm nur den seltenen Fall, dass ein ausländischer nichtrechtsfähiger Verein die Rechtsfähigkeit nach deutschem *Recht* für das Inland erwerben will (MüKo/*Reuter* Rn 1). Zuständig ist der BMI (Art 125, 129 GG). Das Verbot ausländischer Vereine richtet sich nach Art 9 II GG, §§ 14, 15 VereinsG. Zur Sitzverlegung mit Auslandsbezug s § 24 Rn 4.

§ 24 Sitz

Als Sitz eines Vereins gilt, wenn nicht ein anderes bestimmt ist, der Ort, an welchem die Verwaltung geführt wird.

1 **A. Sitzbestimmung.** Jeder Verein muss einen Sitz haben, weil sich nach ihm bestimmte Behördenzuständigkeiten (§§ 21, 22, 45 III, 55 I), der allgemeine Gerichtsstand (§ 17 ZPO) sowie die Eigenschaft als inländischer oder ausländischer Verein bestimmen. Grds wählt der Verein seinen Sitz frei durch Satzungsbestimmung (§ 57 I), sog **Satzungssitz**. Dabei soll auch ein fiktiver Sitz zulässig sein (BayObLG NJW-RR 88, 96; aA MüKo/*Reuter* Rn 3 f). Auch die Wahl eines **fiktiven** Sitzes darf aber nicht rechtsmissbräuchlich sein, zB wenn der Verein an seinem satzungsgemäßen Sitz unerreichbar ist (LG Berlin NJW-RR 99, 335). Denn der Vereinssitz soll gerade die Greifbarkeit des Vereins für Zustellungen und für die Gläubiger sicherstellen.

2 Der Sitz muss **bestimmt** sein und sich idR auf eine bestimmte politische Gemeinde beziehen. Gibt es innerhalb einer Gemeinde mehrere Gerichtsbezirke (Hamburg, Berlin), muss der Sitz zB durch eine Straßenbezeichnung die gerichtliche Zuständigkeit erkennen lassen (vgl Hamm Rpfleger 77, 275, 278). Ein **Doppelsitz** ist ausgeschlossen, da das Interesse an einer effektiven Registerpraxis und an der Vermeidung widersprechender Eintragungen höher wiegt, als ein etwaiges Interesse des Vereins, dem es frei steht, seine Verwaltung an einem anderen Ort zu führen (bei schutzwürdigem Interesse für Anerkennung eines Doppelsitzes: MüKo/*Reuter* Rn 7). Der **Verwaltungssitz** ist Vereinssitz, wenn eine Satzungsbestimmung fehlt oder diese unwirksam ist. Entscheidend ist der Ort an dem die Vereinsorgane (Vorstand) ihre Hauptaktivität entfalten (zB durch eine Geschäftsstelle, *Reichert* Rn 515).

3 **B. Sitzverlegung.** Die Sitzverlegung bedarf der **Satzungsänderung**, die beim eV in das Vereinsregister einzutragen ist (§ 71) und beim konzessionierten Wirtschaftsverein der Genehmigung durch die Verleihungsbe-

hörde bedarf (§ 33 II). Ein eV kann innerhalb Deutschlands ohne Weiteres seinen Sitz verlegen, während die Sitzverlegung eines rechtsfähigen Wirtschaftsvereins in ein anderes Bundesland mit dem Verlust der Rechtsfähigkeit einhergeht (*Reichert* Rn 509). Nach § 6 I VRV hat der eV die Sitzverlegung beim **Registergericht** des alten Sitzes anzumelden. Dieses sendet eine entsprechende Mitteilung nebst Registerakten an das Registergericht des neuen Sitzes, das den Verein nach positivem Ergebnis der Prüfung unter Übernahme der bisherigen Registereintragungen einträgt. Auf die anschließende Benachrichtigung hin trägt das Gericht des alten Sitzes die Verlegung ein und schließt das Registerblatt.

Sitzverlegung in das **Ausland** ist als Auflösung des Vereins zu werten (*Reichert* Rn 4375 f), die nach § 6 III VRV einzutragen ist. Da Art 43, 44 EGV nach Art 48 II EGV nicht für Vereinigungen ohne Erwerbszweck gelten, bleibt es dabei auch angesichts der jüngsten Rspr des EuGH zur Niederlassungsfreiheit im Gesellschaftsrecht (NJW 2003, 3331), zumal diese nicht die Sitzverlegung betrifft (Zweibr DB 05, 2293). Umgekehrt haben auch ausländische Vereine aus dem EU-Bereich keinen Anspruch, unter Wahrung ihrer Identität bei Sitzverlegung nach Deutschland in das deutsche Vereinsregister eingetragen zu werden (Zweibr DB 05, 2291). 4

§ 25 Verfassung

Die Verfassung eines rechtsfähigen Vereins wird, soweit sie nicht auf den nachfolgenden Vorschriften beruht, durch die Vereinssatzung bestimmt.

A. Verfassung. Als rechtliche **Grundordnung** des Vereins enthält die Verfassung die Grundentscheidungen, die das Vereinsleben bestimmen, insbes die Mindestforderungen und den Sollinhalt der Satzung nach §§ 57, 58 (Zweck, Name, Sitz, Eintragungsabsicht, Ein- und Austritt, Beiträge, Vorstandsbildung, Berufung der Mitgliederversammlung). Rechtsgrundlagen der Verfassung sind die zwingenden vereinsrechtlichen Vorschriften, die nicht nach § 40 zur Disposition der Satzung stehen. Zwingend sind auch § 26 I 1 und § 39 sowie der ungeschriebene Gleichbehandlungsgrundsatz. Auf der zweiten Stufe der vereinsrechtlichen Normenpyramide folgt die Satzung, auf der dritten das dispositive Vereinsrecht des BGB, das eingreift, soweit es an einer Satzungsregelung fehlt. Die Satzung kann nicht auf den jeweils geltenden Inhalt einer anderen Vereinssatzung (zB des übergeordneten Verbandes) verweisen (BGH NJW 95, 583, 585 – dynamische Verweisung), da dieses der Vereinsautonomie widerspräche. Zulässig ist nur die statische Verweisung auf eine bestimmte Fassung einer anderen Verbandssatzung. 1

B. Satzung. I. Begriff. Die Satzung ist der privatautonom von den Gründern festgelegte **Teil der Vereinsverfassung**. Aufgrund § 59 II Nr 1 besteht für den eV faktisch Schriftformzwang. Satzung im formellen Sinne ist die Satzungsurkunde mit den in ihr enthaltenen Regelungen. Materielles Satzungsrecht sind die das Vereinsleben betreffenden Grundentscheidungen, die nicht nur in der Satzungsurkunde, sondern auch in Nebenordnungen (zB Schiedsordnungen, Wettkampfordnungen) enthalten sein oder sich aus Vereinsbeschlüssen ergeben können. Der Mindest- und Sollinhalt der Satzung folgt aus §§ 57, 58. Die das Vereinsleben bestimmenden Grundentscheidungen sind in die Satzung aufzunehmen (BGHZ 105, 306, 313). 2

II. Mängel. Inhaltliche Mängel der Satzung nach §§ 134, 138 führen zur Nichtigkeit der betroffenen Satzungsteile. § 139 ist unanwendbar (BGH NJW 67, 1268). Statt der nichtigen Satzungsbestimmungen gilt dispositives Gesetzesrecht. Lassen sich die verbleibenden Satzungsbestimmungen allerdings nicht zu einer praktikablen Vereinsordnung ergänzen, ist Gesamtnichtigkeit anzunehmen. Das gilt auch, wenn der Vereinszweck gesetzes- oder sittenwidrig ist. Bei Gesamtnichtigkeit gelten die Regeln über die fehlerhafte Gesellschaft, dh die Gründungsmängel führen nur ex nunc zur Auflösung der Vereinigung. Vorbehaltlich schutzwürdiger Interessen ist der fehlerhaft gegründete Verein wirksam bis der Gründungsmangel geltend gemacht wird. 3

III. Rechtsnatur. Die **Vertragstheorie** sieht die Satzung als Organisationsvertrag, der die Organe des Vereins näher regelt, und als einen schuldrechtlichen Vertrag, soweit zB die Mitglieder zu Beiträgen verpflichtet werden (Soergel/*Hadding* Rn 1 ff). Nach der **Normentheorie** ist die Gründung des Vereins ein schöpferischer sozialer Gesamtakt, der objektives Recht setzt, das für die Mitglieder vom Erwerb ihrer Mitgliedschaft an gilt (MüKo/*Reuter* Rn 16 ff). Nach der **modifizierten Normentheorie** verobjektiviert sich die Satzung nach ihrer Feststellung und wird zur objektiven Vereinsnorm (BGHZ 105, 306 „Normen eines Vereins"; *Reichert* Rn 380 f). Praktische Bedeutung hat die Rechtsnatur zB bei der Frage der Anwendung des § 139. Da die Satzung einem Verein eine körperschaftliche Ordnung für einen unbestimmten Personenkreis gibt, ist der Normentheorie zu folgen. Als Verfassung des Vereins wirkt die Satzung nur für und gegen die Mitglieder. Für Dritte erlangt sie nur Wirkung, wenn diese die Satzung einzelvertraglich anerkennen, zB anlässlich der Benutzung von Vereinseinrichtungen. 4

IV. Auslegung. Aus der Normentheorie folgt, dass Gründerwille und -interessen nach der Gründung hinter der entstandenen Organisation zurücktreten. Daher sind Satzungen objektiv und einheitlich auszulegen, also ohne die Berücksichtigung subjektiver Umstände außerhalb der Urkunde. Diese dürfen nur herangezogen werden, wenn sie den Betroffenen bekannt oder erkennbar sind (BGHZ 63, 282, 290; BayObLG FGPrax 01, 5

30). Eine Vereinsübung kann dann zur Auslegung herangezogen werden (Frankf WM 85, 1466, 1468). Die teleologische Satzungsauslegung muss den Vereinszweck und die Mitgliederinteressen berücksichtigen (BGH NJW 67, 1268).

6 **V. Nebenordnungen, Geschäftsordnungen, Vereinsgewohnheitsrecht.** Kraft der Vereinsautonomie kann der Verein auch außerhalb der Satzung verbindliche Regeln setzen. Derartige **Nebenordnungen** wie Wettkampf-, Benutzungs- oder Schiedsordnungen, gestalten die Satzung nur näher aus (*Reichert* Rn 418). Sie bedürfen einer satzungsmäßigen Grundlage (*Reichert* Rn 420). Wesentliche Entscheidungen müssen in der Satzung oder in einer zum Satzungsbestandteil erklärten Vereinsordnung enthalten sein, zB die Einführung einer Delegiertenversammlung oder die Rechtsgrundlage für Disziplinarmaßnahmen (weitere Beispiele bei *Reichert* Rn 416). Soweit die Vereinsordnung gegen Gesetz oder Satzung verstößt oder eine Regelung enthält, die der Satzung vorbehalten bleibt, ist sie unwirksam. Die Änderung von Vereinsordnungen ist mit einfacher Mehrheit möglich, §§ 33, 71 gelten nicht. **Geschäftsordnungen** regeln den Geschäftsgang von Vereinsorganen und bedürfen keiner satzungsmäßigen Grundlage. Sie dürfen aber weder gegen das Gesetz oder eine Vereinsordnung verstoßen noch in die Rechtsstellung von Mitgliedern eingreifen (BGHZ 47, 172, 178).

7 Beim rechtsfähigen Verein muss die Satzung schriftlich niedergelegt sein (§ 59 II Nr 1), so dass der Anwendungsbereich von **Vereinsgewohnheitsrechts** (Observanz), das sich durch ständige Übung bilden kann, begrenzt ist. Es steht im Rang unter der Satzung und kann diese nicht ändern, da Satzungsänderungen der Eintragung in das Vereinsregister bedürfen (§ 71 I 1). § 33 I 2 steht ferner der Zweckänderung durch Vereinsübung entgegen. Daher bleibt als Anwendungsbereich des Vereinsgewohnheitsrechts lediglich die Ergänzung lückenhaften satzungsnachrangigen Vereinsrechts (*Reichert* Rn 460, s aber § 54 Rn 8). Außerdem kann die Observanz bei der Satzungsinterpretation herangezogen werden (AnwK/*Heidel/Lochner* Rn 20).

8 **VI. Inhaltskontrolle.** § 310 IV nimmt das Gesellschaftsrecht einschließlich des Vereinsrechts von der AGB-Kontrolle aus. Die Rspr unterwirft Vereinssatzungen einer allgemeinen Inhaltskontrolle nach §§ 242, 315, weil diese Vorschriften die Satzungsautonomie jedenfalls bei Vereinen begrenzen, die im wirtschaftlichen oder sozialen Bereich eine **überragende Machtstellung** haben (BGHZ 105, 306, 318). Denn in diesen Fällen fehlt das Korrektiv der Austrittsmöglichkeit, und die einzelnen Mitglieder können kaum Satzungsänderungen erreichen. Prüfungsmaßstab ist die Angemessenheit der Regelung im Verhältnis zu den Mitgliedern, die aufgrund einer umfassenden Interessenabwägung zu bewerten ist (BGH NJW 95, 583, 585). Grds sollte die Inhaltskontrolle für **alle Vereine** gelten, da nicht einzusehen ist, warum Vereine ohne Monopolstellung ihre Angelegenheiten in unbilliger Weise sollten regeln dürfen. Allerdings ist die **Zumutbarkeit des Austritts** für die Mitglieder und ihre Angewiesenheit auf den Verein zu berücksichtigen. Deshalb müssen unbedeutende Vereine nicht demokratisch organisiert sein, allerdings kann nicht einzelnen Mitgliedern die Alleinentscheidung über Vereinsangelegenheiten eingeräumt oder Vereinsorganen Willkür ermöglicht werden (BaRoth/*Schwarz* Rn 40). Es ist hinzunehmen, wenn ein Adelsverein keine Mitglieder duldet, die den Adelsnamen der Frau zum Familiennamen machen (Celle NJW-RR 89, 313; BVerfG FamRZ 89, 1047). Es ist auch angemessen und hält der Inhaltskontrolle stand, wenn Gewerkschaftsmitglieder satzungsgemäß ihre Aufsichtsratsvergütungen zT an gewerkschaftseigene Stiftungen abführen müssen, da sie ihre Aufsichtsratsfunktion der Gewerkschaft verdanken (aA LG München I NJW 05, 1725).

9 Auch im Hinblick auf **Nichtmitglieder** übt die Rspr eine Inhaltskontrolle aus (BGH NJW 95, 583, 585), zB bei sportlichen Regelwerken. Vereinsrechtliche Regelungen, die Transferentschädigungen beim Vereinswechsel von Berufssportlern vorsehen, verstoßen gegen Art 39 EGV und sind daher nichtig (EuGH NJW 96, 505). Aufgrund Art 12 GG sind Transferentschädigungen auch innerhalb Deutschlands verboten und entsprechende Bestimmungen nach §§ 134, 138 nichtig (BGH NJW 99, 3552). Die Zahl der eingesetzten Berufssportler aus anderen EU-Staaten darf nicht begrenzt werden (EuGH aaO und NJW 05, 2979 = EuZW 05, 337).

10 **C. Aufnahmepflicht. I. Grundsätzliches.** Die freie Entscheidung von Verein und Mitglied über Ein- und Austritt bzw Aufnahme gehört zu den Grundprinzipien des Vereinsrechts und ist Voraussetzung funktionierenden Wettbewerbs im Bereich des Vereinswesens. Selbst wenn der Bewerber um die Mitgliedschaft alle satzungsgemäßen Voraussetzungen der Mitgliedschaft erfüllt, besteht kein Aufnahmezwang, wenn sich der Verein nicht satzungsmäßig oder einzelvertraglich gebunden hat. Eine Aufnahmepflicht kommt nur dort in Betracht, wo es keinen funktionierenden Wettbewerb gibt. Daher besteht ein **kartellrechtlicher Aufnahmeanspruch** nach §§ 1004, 823 II iVm § 20 VI GWB, wonach Wirtschafts- und Berufsvereinigungen die Aufnahme eines Unternehmens nicht ablehnen dürfen, wenn die Ablehnung zu einer sachlich nicht gerechtfertigten ungleichen Behandlung oder zu unbilliger Benachteiligung im Wettbewerb führt (BGH NJW 95, 462).

11 Aus § 20 VI GWB folgt mit dem Rechtsgedanken des § 826 zudem ein **allgemeiner Aufnahmeanspruch** auch für nicht unternehmerische Aufnahmebewerber, wenn der Verein im wirtschaftlichen oder sozialen Bereich eine überragende Machtstellung besitzt und ein wesentliches oder grundlegendes Interesse an dem Erwerb der Mitgliedschaft vorliegt (BGH NJW 99, 1326; 97, 3338). Anspruch auf Aufnahme besteht, wenn nach Abwägung der beiderseitigen Interessen die Zurückweisung des Bewerbers unbillig erscheint. Diese Kriterien ergeben sich mittelbar aus Art 9 I GG (BGH NJW 99, 1326). Erforderlich ist, dass der Aufnahmekandidat die satzungsgemäßen Beitrittsvoraussetzungen erfüllt, insbes wenn ihm das zumutbar ist. Dem Verein soll unter

Beachtung des Verhältnismäßigkeitsgrundsatzes zuzumuten sein, seine Satzung zu ändern, um die Aufnahme zu ermöglichen (BGHZ 63, 282, 286, 292 f); das ist freilich ein hochproblematischer Eingriff in die Vereinsautonomie, der nur in Extremfällen gerechtfertigt ist. Räumt die Vereinssatzung vereinsinterne Rechtsbehelfe gegen die Ablehnung des Aufnahmeantrags ein, sind diese auszuschöpfen, ehe staatliche Gerichte bemüht werden (BGHZ 47, 172, 174). Eine einstweilige Verfügung darf zwar keine vorläufige Mitgliedschaft begründen (aA Ddorf NJW-RR 98, 328), der Bewerber kann aber unter strenger Wahrung der Verhältnismäßigkeit einstweilen in die dringlichsten Rechte und Pflichten eines Vereinsmitglieds eingewiesen werden.

II. Kasuistik. Die Rspr hat einen Aufnahmeanspruch in folgenden Fällen **bejaht**: Deutscher Sportbund (BGHZ 63, 282), Fachsportverband in Regionalsportverband (Stuttg NZG 01, 997); Sportförderdachverein trotz örtlich begrenzter Machtstellung (BGH NJW 99, 1326); Stadtjugendring (LG Heidelberg MDR 90, 625); Gewerkschaft, die aber grds Beurteilungsspielraum hat und Aufnahme aus sachlich gerechtfertigten Gründen ablehnen darf (BGH NJW 91, 485). Ein Aufnahmeanspruch wurde **verneint**: Sportdachverband gegenüber Verein homosexueller Sportler mit unzumutbar provozierendem und integrationshinderndem Namen (KG NJW-RR 93, 183); Mieterverein (LG Münster MDR 74, 310); Heilpraktikerverband gegenüber Verband freier Berufe (Köln VersR 86, 116); Gemeinnützige Wohnungsbaugenossenschaft (Köln OLG 66, 132), weitere Bsp bei *Reichert* Rn 999. 12

D. Vereinsstrafen. I. Eigenart und Beispiele. Vereinsstrafen dienen der Funktionsfähigkeit der Organisation des Vereins entsprechend seinem auf den Vereinszweck bezogenen Selbstverständnis. Es handelt sich um einen Ausfluss der Vereinsautonomie und damit um ein eigenständiges verbandsrechtliches Institut (BGH MDR 03, 402; NJW 84, 918) und nicht etwa um eine Vertragsstrafe nach §§ 339 ff (so aber Soergel/*Hadding* Rn 38 mwN). Anlässe für Vereinsstrafen sind etwa regelwidriges Verhalten bei Sportvereinen, das äußere Ansehen des Vereins schädigende Handlungen wie Verstöße gegen Strafgesetze etc. Denkbare Sanktionen sind Verwarnung, Geldbußen, Lizenzentzug, Aberkennung von Punkten, zeitweiser oder teilweiser Entzug der Mitgliedschaftsrechte, Verlust von Vereinsämtern, Vereinsausschluss (vgl *Reichert* Rn 2712). 13

II. Voraussetzungen. 1. Satzungsmäßige Grundlage. Vereinsstrafen müssen als Grundentscheidungen in der Satzung enthalten sein, damit die Mitglieder erkennen können, welche Verhaltensweisen strafbewehrt sind (BGH NJW 84, 1355). Deshalb können Vereinsordnungen im Rang unter der Satzung die Strafvorschriften nur konkretisieren, nicht aber ausweiten. Die Satzungsregelung muss zwar bestimmt sein, allerdings sind Generalklauseln wie „vereinsschädigendes Verhalten" zulässig (*Reichert* Rn 2685). Es gilt das Rückwirkungsverbot, die Handlung muss also schon zZ ihrer Begehung mit Vereinsstrafe bedroht sein (BGHZ 55, 381, 385). 14

2. Verschulden. Dass Strafe Schuld voraussetzt, ist ein fundamentales Prinzip unserer Rechtsordnung und gilt daher auch für Vereinsstrafen (Frankf NJW-RR 86, 133, 135; 00, 1117, 1120). Bei Vereinen mit wirtschaftlichem Bezug kann allerdings auch an Verschulden der Erfüllungsgehilfen des Mitglieds angeknüpft werden (BGHZ 29, 352, 359 für Vereinigungen von Kaufleuten und Freiberuflern; BGH NJW 72, 1892, 1893). 15

3. Mitgliedschaft. Es entspricht der Privatautonomie und der Rechtslogik, dass nur Mitglieder der Vereinsstrafgewalt unterworfen sind; allerdings kann ein Nichtmitglied, das Mitglied eines Vereinsorgans ist, dieser Funktion sanktionsweise enthoben werden (BGHZ 29, 352, 359). Nach seinem Ausscheiden kann ein Vereinsmitglied nicht mehr bestraft werden, wohl aber im Zeitraum zwischen der Austrittserklärung und dem Ausscheiden (Palandt/*Heinrichs* Rn 15). Satzungsbestimmungen, die Nichtmitgliedern Strafen androhen, sind ebenso nichtig und wirkungslos (vgl BGH WM 80 869, 870), wie die auf dieser Grundlage verhängten Strafen. Soll ein **übergeordneter Verband** die Strafgewalt haben, kann das durch gleichzeitige Mitgliedschaft im unter- und übergeordneten Verein erreicht werden (BGHZ 28, 131), oder die Satzung des untergeordneten Vereins überträgt die Strafgewalt auf den übergeordneten Verband (BGH NJW 95, 583; dazu *Vieweg* SpuRt 95, 97; *Haas/Adolphsen* NJW 95, 2146). Nichtmitglieder können sich vertraglich der Vereinsstrafgewalt unterwerfen (BGH aaO). 16

III. Verfahren und Entscheidung. Aufgrund der Vereinsautonomie kann der Verein die Vereinsstrafgewalt auf **besondere Vereinsorgane**, wie ein Vereins- oder Ehrengericht oder einen Schlichtungsausschuss, übertragen, andernfalls bleibt es bei der Grundzuständigkeit der Mitgliederversammlung. Bei der Abberufung eines Vorstandsmitglieds muss angesichts § 27 in jedem Fall die Mitgliederversammlung beteiligt werden (BGH NJW 84, 1884; BayObLG NJW-RR 94, 832). Wer den verfahrenseinleitenden Antrag gestellt hat, soll dennoch Mitglied des Beschlussorgans sein können (BGH NJW 67, 1657, 1658; 1981, 744), die Verletzten dürfen sich aber an der Festsetzung der Vereinsstrafe nicht beteiligen (BGH NJW 81, 744; Schleswig SchlHA 01, 103). Soweit der Verein eine Verfahrensregelung aufgestellt hat, muss diese auch eingehalten werden (*Reichert* Rn 2806 gegen BGHZ 47, 172, 177, wo nur von Gleichbehandlungsanspruch ausgegangen wird). Eingehend zum Verfahren: *Reichert* Rn 3804 ff. 17

Bevor das zuständige Gremium über die Vereinsstrafe berät, muss es dem beschuldigten Mitglied **rechtliches Gehör** gewähren; die Möglichkeit zu schriftlicher Stellungnahme genügt (BGHZ 29, 352, 355). Es dürfen nur Tatsachen verwertet werden, zu denen sich der Beschuldigte äußern konnte. Ein Anspruch auf Vertretung durch einen **Rechtsanwalt** soll nur bestehen, wenn sich der Verein seinerseits eines Anwalts bedient (BGH 18

WM 74, 1258; BGHZ 55, 381, 390; 90, 92, 94), richtiger erscheint es, dass der Verein als Kehrseite der von ihm angemaßten Strafgewalt auch in jedem Fall die anwaltliche Vertretung des Beschuldigten hinnehmen muss. Entsprechend allgemeinen Grundsätzen ist der Beschuldigte zur Mitwirkung nicht verpflichtet, insbes muss er sich nicht selbst belasten (BGH NZG 03, 230 = MDR 03, 42).

19 Die **Entscheidung** über die Bestrafung erfolgt mit der für das entscheidende Organ gesetzlich oder satzungsmäßig erforderlichen Mehrheit (*Reichert* Rn 2855 f). Sie muss das Vergehen konkret bezeichnen und begründet werden. Die Entscheidung wird mit Bekanntmachung gegenüber dem Mitglied wirksam, sofern ein vereinsinternes Rechtsmittel eröffnet ist, erst mit Ablauf der Rechtsmittelfrist oder Zurückweisung des Rechtsmittels (*Reichert* Rn 2857 f).

20 **IV. Nachprüfung durch staatliche Gerichte. 1. Grundsätzliches.** Aus dem staatlichen Gewaltmonopol und dem Rechtsstaatsprinzip folgt, dass Vereinsstrafen durch staatliche Gerichte überprüfbar sind; es gibt auch insoweit keinen von staatlichem Recht freien Raum. Daher kann die Satzung die gerichtliche Nachprüfung nicht ausschließen (BGHZ 29, 352, 354; Frankf NJW-RR 00, 1117, 1118).

21 **2. Vorrang vereinsinterner Rechtsbehelfe.** Der Betroffene kann erst nach Ausschöpfung der vereinsinternen Rechtsbehelfe die staatlichen Gerichte anrufen (BGHZ 47, 172, 174), denn diese haben aufschiebende Wirkung (BayOLGZ 88, 175). Versäumt der Beschuldigte vereinsinterne Rechtsbehelfe, ist der Weg zu den staatlichen Gerichten verschlossen, wenn die Satzung darauf hinweist, dass die Fristversäumung zum Ausschluss des Rechtsbehelfs führt (BGHZ 47, 172, 174 f). Verzögert der Verein das Rechtsmittelverfahren oder ist dem Beschuldigten aufgrund sonstiger gravierender Interessen eine Verzögerung staatlichen Rechtsschutzes nicht zumutbar, kann sofort der staatliche Rechtsweg beschritten werden (*Reichert* Rn 2922). Die staatlichen Gerichte sind für einstweiligen Rechtsschutz zuständig (Palandt/*Heinrichs* Rn 19).

22 **3. Prüfungsumfang. a) Formelle Prüfung.** Aufgrund der regelmäßig erhobenen Feststellungsklage prüft das Gericht, ob die Vereinsstrafe rechtmäßig und damit wirksam ist oder nicht. Rechtmäßigkeit der Vereinsstrafe setzt voraus: eine ausreichende satzungsmäßige Grundlage (Rn 14), dass der Betroffene der Vereinsstrafgewalt unterliegt (Rn 16), ein ordnungsgemäßes Verfahren (Rn 17–19). Insoweit werden Tat- und Rechtsfragen überprüft (BGHZ 75, 158). Verfahrensfehler sind nur erheblich, wenn sie für die Verhängung der Vereinsstrafe ursächlich gewesen sind.

23 **b) Tatsachengrundlage.** Die Tatsachenfeststellungen des Vereinsgerichts prüfen die staatlichen Gerichte vollumfänglich nach (BGHZ 87, 337, 344; Hamm NJW-RR 02, 389); das gilt auch für die Frage der Rechtswidrigkeit und des Verschuldens (*Reichert* Rn 3096). Bei Wertungsfragen hat das entscheidende Vereinsorgan einen Beurteilungsspielraum (Ddorf NJW-RR 87, 697).

24 **c) Verstoß gegen staatliches Recht.** Die Vereinbarkeit mit staatlichem Recht wird uneingeschränkt überprüft. Der Strafbeschluss wird nicht nur an § 134, sondern auch an § 138 gemessen, so dass er nicht sittenwidrig sein darf. Ferner muss er zB auch mit dem Kartellrecht vereinbar sein und darf zB nicht diskriminierend wirken (§ 20 GWB).

25 **d) Rechtsanwendung.** Bei Vereinen, die einer Aufnahmepflicht (Rn 10–12) unterliegen, prüft das staatliche Gericht die **Subsumtion** unter die vereinsrechtliche Sanktionsnorm vollumfänglich nach, der Verband hat kraft seiner Autonomie lediglich einen eng begrenzten Beurteilungsspielraum (BGH NJW 94, 43; BGHZ 102, 265, 276). Das ist gerechtfertigt, weil das Mitglied in diesen Fällen auf die Mitgliedschaft angewiesen ist und sich der Strafe nicht durch Austritt entziehen kann.

26 Bei Vereinen ohne Aufnahmepflicht überprüfen die staatlichen Gerichte nur, ob die Strafe **willkürlich** oder **grob unbillig** ist (BGH NJW 97, 3368). Die Autonomie dieser Vereine kann und muss in stärkerem Maße respektiert werden, weil das Regulativ der Austrittsmöglichkeit des Mitglieds besteht, so dass kein uneingeschränkter Rechtsschutz erforderlich ist (aA AnwK/*Heidel/Lochner* Rn 31). Es gehört eben nicht zu den staatlichen Aufgaben, darüber zu entscheiden, ob ein Mitglied gegen die Ziele und Interessen eines Sport- oder Geflügelzüchtervereins verstoßen hat. Willkür (Ungleichbehandlung) liegt vor, wenn mehreren Mitgliedern der gleiche Verstoß zur Last fällt, aber nur einige sanktioniert werden (BGHZ 47, 381, 385). Offenbare Unbilligkeit ist zB zu bejahen, wenn der Ausschluss des Mitglieds wegen des Verhaltens von Angehörigen (BGH NJW 72, 1892) oder aufgrund lange zurückliegenden Verhaltens (RGZ 129, 45, 49) erfolgt.

27 **e) Prüfungsgegenstand, Beweislast.** Prüfungsobjekt ist der Vereinsstrafenbeschluss wie ihn das zuständige Vereinsorgan erlassen hat. Der Verein kann keine weiteren Gründe nachschieben (BGH NJW 90, 40, 41; Ddorf NJW-RR 94, 1402). Eine Ausnahme gilt nur für neue Tatsachen, die für die Beurteilung der offenbaren Unbilligkeit bedeutend sind (BGHZ 47, 381, 387). Das staatliche Gericht stellt die Wirksamkeit oder Unwirksamkeit des Beschlusses über die Vereinsstrafe fest. Das Mitglied muss den Vereinsstrafenbeschluss und Verfahrensfehler darlegen und beweisen, der Verein ist hinsichtlich der Unerheblichkeit der Verfahrensfehler und für die dem Mitglied zur Last gelegten Tatsachen darlegungs- und beweisbelastet (*Reichert* Rn 3108).

28 **4. Überprüfung von Maßnahmen ohne Strafcharakter.** Sonstige Maßnahmen, die keine Sanktionen darstellen, werden nach den gleichen Grundsätzen wie Vereinsstrafen überprüft (Rn 20–27), zB die Benutzungs-

regelung für Vereinseinrichtungen (Celle WM 88, 495). Wenn ein Verein Einrichtungen eines Dritten anmietet, um den Mitgliedern deren Benutzung zu ermöglichen, gelten mit dem Dritten vereinbare Nutzungsbeschränkungen auch für die Mitglieder (BGH NJW-RR 92, 507 – Anmietung von Flugplatzeinrichtungen durch Flugsportverein). Vereinsinterne Rechtsbehelfe sind grds vorrangig.

E. Ausschluss. Der Ausschluss aus dem Verein wird meistens als Vereinsstrafe angesehen (Palandt/*Heinrichs* Rn 26). Indes handelt es sich bei der Kündigung der Mitgliedschaft aus wichtigem Grund um ein allgemeines Institut des Verbandsrechts (AnwK/*Heidel/Lochner* Rn 45), das keinen Strafcharakter tragen muss, sondern auch präventiv wirken kann. Allerdings gelten die Grundsätze der Vereinsstrafe entsprechend (Rn 14–27). Wenn die Regelung klar und eindeutig gefasst ist, kann die Satzung für bestimmte Tatbestände den automatischen Ausschluss aus dem Verein bestimmen, ohne dass es dann noch eines Ausschließungsbeschlusses bedarf (*Reichert* Rn 2740). 29

Unabhängig davon, ob der Verein einen Vereinsausschluss in der Satzung vorsieht, kann er ein Mitglied aus **wichtigem Grund** ausschließen (BGH NJW 90, 40, 42), wenn die Mitgliedschaft nicht mehr zumutbar ist. Das folgt schon aus § 314 I, der auch den wichtigen Grund definiert. Der Ausschluss aus wichtigem Grund setzt kein Verschulden des Mitglieds voraus (BGH NJW 72, 1892, 1893; 73, 35, 36). Der bestimmt zu bezeichnende (BGH NJW 90, 40, 41 f) Ausschlussgrund unterliegt voller gerichtlicher Nachprüfung. Für den Ausschluss aus einer politischen Partei gelten die abschließenden Sonderregeln der §§ 10, 14 PartG (BGH NJW 94, 2610, 2611), die eingeschränkte Kontrolldichte ist mit dem Justizgewährungsanspruch vereinbar (BVerfG NJW 02, 2227). Wichtige Gründe sind etwa der Wegfall persönlicher Voraussetzungen der Mitgliedschaft (*Benecke* WM 00, 1172, 1175), das beharrliche Nichtzahlen der Vereinsbeiträge in Analogie zu § 543 II 1 Nr 3, Bildung eines Konkurrenzvereins (Hamm DB 76, 910 f). Die Satzung kann bestimmte Ausschlussgründe näher umschreiben, wie zB gravierende Vereinsschädigung oder dauerhaften Verstoß gegen den Vereinszweck (BaRoth/*Schwarz* Rn 81). 30

F. Schiedsgerichtsbarkeit. Anders als das Vereinsgericht ist das Schiedsgericht kein Vereinsorgan, sondern ein Entscheidungsgremium außerhalb des Vereins, das an die Stelle des staatlichen Gerichts tritt und gegen dessen Entscheidungen nur Aufhebungsantrag nach § 1059 ZPO gestellt werden kann (vgl BGH NJW 04, 2226). Die Schiedsgerichtsklausel muss in der Satzung enthalten sein (BGHZ 88, 314, 316; BGH NJW 04, 2226, 2227), dann ist keine gesonderte Schiedsvereinbarung erforderlich (§ 1066 ZPO). Eine durch Satzungsänderung in die Satzung neu aufgenommene Schiedsklausel gilt nicht für Mitglieder, die ihr nicht zustimmen und denen der Austritt nicht zumutbar war (BGH NJW 00, 1713 f). Das Schiedsgericht muss als unabhängige unparteiliche Stelle organisiert sein; liegt bloße Vereins- oder Verbandsgerichtsbarkeit vor, scheidet die Anwendung der §§ 1025 ff ZPO aus (BGH NJW 04, 2226, 2227). Im Zweifel ist von einfacher Vereinsgerichtsbarkeit auszugehen (BGH NJW 04, 2226, 2228), was den Weg zu den allgemeinen staatlichen Gerichten eröffnet. 31

§ 26 Vorstand; Vertretung

(1) ¹Der Verein muss einen Vorstand haben. ²Der Vorstand kann aus mehreren Personen bestehen.
(2) ¹Der Vorstand vertritt den Verein gerichtlich und außergerichtlich; er hat die Stellung eines gesetzlichen Vertreters. ²Der Umfang seiner Vertretungsmacht kann durch die Satzung mit Wirkung gegen Dritte beschränkt werden.

A. Gesetzlicher Vorstand. Als Körperschaft muss (§ 40) der Verein einen Vorstand als Vertretungsorgan haben. Das heißt aber nicht, dass das Gesetz den Verein als handlungsunfähig und daher vertretungsbedürftig ansieht (**Vertretertheorie**). Vielmehr ist das Handeln des Vorstands Eigenhandeln des Vereins durch seine Organe (**Organtheorie**, s *Beuthien* NJW 99, 1142). Der Vorstand ist mit einem oder mehreren Vorstandsmitgliedern besetzt. Die Satzung kann dem Vorstand einen anderen Namen wie zB Präsidium oder Direktorium geben. Oftmals geht die Satzung von einem weiteren Vorstandsbegriff aus und bezeichnet auch Personen ohne Vertretungsbefugnis als Vorstand. Nur die vertretungsberechtigten Vorstandsmitglieder sind dann **Vorstand iS des BGB**, mit den übrigen bilden sie den Gesamtvorstand oder erweiterten Vorstand (*Reichert* Rn 1915). Die Satzung muss Klarheit schaffen, wer vertretungsbefugt ist und wer nicht, andernfalls liegt ein Eintragungshindernis vor. Der Vorstand kann Dritten zwar für einzelne Angelegenheiten Vollmachten erteilen, darf aber seine Organstellung nicht durch eine Generalvollmacht unterlaufen (München NJW-RR 91, 893; BaRoth/*Schwarz* Rn 19). 1

B. Zusammensetzung. Es gilt der Grundsatz der Dritt- oder **Fremdorganschaft**, dh die Vorstandsmitglieder können auch Nichtmitglieder sein, wenn die Satzung nichts anderes vorschreibt (MüKo/*Reuter* Rn 2, 7). Enthält die Satzung keine Regelung, besteht der Vorstand aus einer Person. Sieht die Satzung einen mehrgliedrigen Vorstand vor, genügt es, wenn sie eine Mindest- oder Höchstzahl festlegt (BayObLG NJW 69, 1966). Eine unklare, alternative (Vertretung durch 1. oder 2. Vorsitzenden) oder bedingte (Vertretung durch den zweiten Vorsitzenden im Fall der Verhinderung des ersten) Vorstandszugehörigkeit ist jedenfalls im Außenverhältnis 2 unzulässig (*Reichert* Rn 1949 f; BaRoth/*Schwarz* Rn 10). Nach hM können auch juristische Personen und Minderjährige (mit Zustimmung des gesetzlichen Vertreters) Vorstandsmitglieder sein (MüKo/*Reuter* Rn 6 f; *Reichert* Rn 1924, 1926). Die Satzung kann Wählbarkeitsvoraussetzungen aufstellen, und zwar auch konkludent (zB aufgrund des Vereinszwecks) oder durch Vereinsübung. Mitgliedschaft im Vorstand und in einem Organ zur Kontrolle des Vorstands schließen sich gegenseitig aus.

3 **C. Vertretungsmacht.** Der Vorstand hat grds **umfassende und unbeschränkte** Vertretungsmacht. Entgegen sonstiger gesellschaftsrechtlicher Grundsätze ist mit der hM (BGH JZ 53, 474, 475; Erman/*Westermann* Rn 4; *Sauter/Schweyer/Waldner* Rn 233; *Schöpflin* S 250 f) die Handlungsfähigkeit des Vereins dahin einzuschränken, dass der Vorstand keine Vertretungsmacht bei erkennbar außerhalb des Vereinszwecks liegenden Rechtsgeschäften hat (Vorstand des Kegelvereins kauft Aktien auf Kredit). Die Gegenmeinung löst diese Fälle mit den Grundsätzen über den Missbrauch der Vertretungsmacht (Soergel/*Hadding* Rn 20). Aufgrund der vereinsrechtlichen Zuständigkeitsordnung kann der Vorstand den Verein nicht zu außerhalb seiner Zuständigkeit liegenden Grundlagengeschäften verpflichten (zB nicht zu Satzungsänderungen, Soergel/*Hadding* Rn 20).

4 **D. Beschränkung der Vertretungsmacht.** Die Satzung kann den Umfang der Vertretungsmacht **mit Außenwirkung** beschränken. Die Beschränkung muss eindeutig und hinreichend bestimmt erkennen lassen, dass sie nicht nur die interne Geschäftsführung regeln, sondern die Vertretungsmacht beschränken will (BGH NJW-RR 96, 866). Der Dritte muss sich die Beschränkung nur entgegenhalten lassen, wenn sie ihm bekannt oder ins Vereinsregister eingetragen ist (§§ 68, 70). Die Begrenzung der Vertretungsmacht dahin, dass bei Investitionsmaßnahmen über damals 50.000 DM die Zustimmung der Mitgliederversammlung erforderlich sei, soll die Vertretungsmacht bei Eintragung einer Grundschuld über den gleichen Betrag aufgrund mangelnder Bestimmtheit nicht einschränken (BayObLG NJW-RR 00, 41). Bestimmte summenmäßige Beschränkungen der Vertretungsmacht sind aber möglich. Im Übrigen gelten die allgemeinen Grenzen der Stellvertretung, also § 181 und die Grundsätze über den Missbrauch der Vertretungsmacht. Die Rechtsfolgen ergeben sich dann aus §§ 177, 179.

5 **E. Mehrgliedriger Vorstand.** Beim mehrgliedrigen Vorstand sollte die Satzung eindeutig regeln, ob die Vorstandmitglieder den Verein einzeln oder nur alle oder mehrere gemeinschaftlich (Gesamtvertretung) vertreten können. Besteht der Vorstand aus zwei Personen, vertreten diese mangels satzungsgemäßer Regelung gemeinschaftlich. Bei mehr als zwei Mitgliedern nimmt die hM Vertretung nach dem Mehrheitsprinzip an (AnwK/*Heidel/Lochner* Rn 10; Palandt/*Heinrichs* Rn 6; Soergel/*Hadding* Rn 16). Dabei ist unter Mehrheit die einfache Mehrheit der Gesamtzahl der Vorstandsmitglieder zu verstehen (*Schwarz* Rpfleger 03, 1, 5 f), auf etwas anderes wird sich ein Vertragspartner auch kaum einlassen (jurisPraxK/*Otto* Rn 30). Handelt nach außen die erforderliche Zahl von Vorstandsmitgliedern, kommt es für die wirksame Vertretung auf die interne Beschlussfassung nach § 28 nicht an (Soergel/*Hadding* Rn 16; *Schwarz* Rpfleger 03, 1).

§ 27 Bestellung und Geschäftsführung des Vorstands

(1) Die Bestellung des Vorstands erfolgt durch Beschluss der Mitgliederversammlung.
(2) ¹Die Bestellung ist jederzeit widerruflich, unbeschadet des Anspruchs auf die vertragsmäßige Vergütung. ²Die Widerruflichkeit kann durch die Satzung auf den Fall beschränkt werden, dass ein wichtiger Grund für den Widerruf vorliegt; ein solcher Grund ist insbesondere grobe Pflichtverletzung oder Unfähigkeit zur ordnungsmäßigen Geschäftsführung.
(3) Auf die Geschäftsführung des Vorstands finden die für den Auftrag geltenden Vorschriften der §§ 664 bis 670 entsprechende Anwendung.

1 **A. Bestellung des Vorstands.** Die Bestellung der Vorstandsmitglieder obliegt der **Mitgliederversammlung.** Die Satzung kann nach § 40 aber Abweichendes bestimmen, insbes das Selbstergänzungsrecht des Vorstands bestimmen (Kooptation) oder die Bestellung auf ein anderes Vereinsorgan (zB Kuratorium) oder Dritte verlagern. Allerdings darf sich die Mitgliederversammlung nicht selbst entmündigen und muss die Verlagerung der Bestellungskompetenz wieder rückgängig machen können, außerdem darf der Verein nicht lediglich zu einer Verwaltungsstelle des Dritten herabsinken (Frankf OLG 79, 5; 81, 391; *Reichert* Rn 1944). Aufgrund Verfassungsrechts gelten diese Einschränkungen nicht für das Organisationsrecht der Religionsgemeinschaften (Köln NJW 92, 1048; *Reichert* Rn 1946, 5861).

2 Bestellungsbeschluss und Bestellungserklärung an den Gewählten macht diesen erst zum Vorstandsmitglied, wenn dieser zustimmt, was idR durch Annahme der Wahl geschieht (BayOLGZ 81, 275, 277). Neben die dadurch begründete Organstellung kann ein **Anstellungsverhältnis** zwischen Verein und Vorstandsmitglied treten, wenn vom Auftragsrecht abgewichen, vor allem wenn eine Vergütung gezahlt werden soll. Für den Abschluss dieses Geschäftsbesorgungsvertrags ist in Analogie zu § 27 I bei Fehlen einer abweichenden Satzungsregelung die Mitgliederversammlung zuständig (BGH NJW 91, 1727). Es handelt sich nicht um ein Arbeitsverhältnis, vielmehr endet im Zweifel das Arbeitsverhältnis eines Arbeitnehmers zum Verein, wenn er in den Vorstand wechselt (BAG NJW 96, 614). Das Anstellungsverhältnis kann durch eine auflösende Bedingung von der Organstellung als Vorstandsmitglied abhängig gemacht werden.

B. Beendigung des Vorstandsamts. I. Widerruf der Bestellung. Der Widerruf ist jederzeit ohne besonderen Grund zulässig. Die Satzung kann den Widerruf auf bestimmte Gründe einschränken, nicht aber den Widerruf aus **wichtigem Grund** ausschließen (§ 40). Ein wichtiger Grund liegt vor, wenn die Vorstandstandmitgliedschaft dem Verein nicht mehr zumutbar ist. Die Vorschrift nennt beispielhaft grobe Pflichtverletzung und Unfähigkeit zur ordnungsmäßigen Geschäftsführung. Grobe Pflichtverletzung setzt Verschulden voraus (zB Straftaten, Geheimhaltung mitzuteilender Tatsachen, unrichtige Bilanzerstellung); Unfähigkeit zur ordnungsmäßigen Geschäftsführung meint unabhängig vom Verschulden personenbezogene Gründe wie Krankheit oder mangelnde Fachkenntnisse (Bsp bei *Reichert* Rn 2099). Die Widerrufszuständigkeit obliegt dem Bestellungsorgan; aus wichtigem Grund kann in jedem Fall die Mitgliederversammlung die Bestellung widerrufen (Staud/*Weick* Rn 16; aA Soergel/*Hadding* Rn 17). Fordert die Satzung einen wichtigen Grund zum Widerruf und fehlt dieser, ist nach hM der Abberufung unwirksam, da § 84 III 4 AktG nicht gelte, wonach der Widerruf wirksam ist, bis seine Unwirksamkeit rechtskräftig festgestellt wird (BGH DB 77, 84; Soergel/*Hadding* Rn 19). Unsicherheiten über die Rechtslage sind bis zur rechtskräftigen Entscheidung durch einstweiligen Rechtsschutz (§§ 935, 940 ZPO) oder durch Bestellung eines Notvorstandes (§ 29) zu beheben. Das Anstellungsverhältnis wird nach den einschlägigen Regeln (§§ 621, 626, 627) beendet. 3

II. Sonstige Beendigungsgründe. Das Vorstandsamt endet mit Tod, Geschäftsunfähigkeit, Amtszeitablauf, Wegfall der satzungsgemäß notwendigen Eigenschaften der Vorstandsmitglieder (zB Vereinsmitgliedschaft), Vereinsausschluss (beim Vorstandsmitglied ist die Mitgliederversammlung zuständig, BGH NJW 84, 1884) sowie Amtsniederlegung (Rücktritt). Nach hM kann ein aufgrund Dienstvertrages tätiges Vorstandsmitglied sein Amt nur aus wichtigem Grund niederlegen (Palandt/*Heinrichs* Rn 3; *Sauter/Schweyer/Waldner* Rn 274). Das erscheint unzutreffend, weil zwischen Organstellung und Anstellungsvertrag zu trennen ist (*Reichert* Rn 2154 ff). Vielmehr ist der Rücktritt jederzeit möglich und wird aus Gründen der Rechtssicherheit sofort wirksam (vgl BaRoth/*Schwarz* Rn 10). 4

C. Geschäftsführung. I. Allgemeines. Geschäftsführung ist die **Tätigkeit** des Vorstands für den Verein. Soweit nicht die Vertretung betroffen ist, kann die Satzung mit der Geschäftsführung ein anderes Organ betrauen (BGHZ 69, 250). Bestimmt die Satzung nichts anderes, entsprechen sich aber Geschäftsführungs- und Vertretungsbefugnis in ihrem Umfang (BGHZ 119, 379, 381). Einem Vorstand mit Einzelvertretungsmacht weist die Satzung Individualverantwortung und die entsprechende Geschäftsführungsbefugnis zu. Daher handelt das Vorstandsmitglied nicht pflichtwidrig, wenn es einen Vorstandsbeschluss nicht beachtet, nach dem die Vorstandsmitglieder bei Geschäften einer bestimmten Größenordnung nur mit Zustimmung anderer Vorstandsmitglieder handeln dürfen (BGHZ 119, 379, 381). 5

Aus dem **Auftragsrecht** folgt die Pflicht zur persönlichen Tätigkeit (§ 664), die Weisungsgebundenheit (§ 665) und Auskunftspflicht des Vorstands gegenüber der Mitgliederversammlung (§ 666) sowie der Anspruch auf Aufwendungsersatz (§ 670), nicht aber auf Vergütung (dazu Rn 2). 6

II. Haftung. Die Schadensersatzpflicht gegenüber dem Verein aufgrund von **Pflichtverletzungen** bei der Geschäftsführung folgt allgemeinen Regeln (§ 280 I), zB haften die vertretenden Vorstandsmitglieder dem Verein, wenn dieser aufgrund des Zuflusses verdeckter Vergütungen an Lizenzspieler eine Vertragsstrafe an den DFB zahlen muss (LG Kaiserslautern VersR 05, 1090). **Haftungsmaßstab** ist die Sorgfalt eines ordentlichen und gewissenhaften Vorstandsmitgliedes eines Vereins der fraglichen Art. An die Vorstandsmitglieder eines Bundesligavereines sind höhere Maßstäbe anzulegen als an die eines kleinen regionalen Gesangvereins. Bei ehrenamtlich tätigen Vereinsmitgliedern bejaht die Rspr (BGHZ 89, 153, 157) eine Haftungsbegrenzung nach den Grundsätzen der arbeitsrechtlichen **Haftungsmilderung** (keine Haftung für leichte Fahrlässigkeit, Schadensteilung bei mittlerer Fahrlässigkeit, volle Haftung bei grober Fahrlässigkeit). Das sollte entsprechend nicht nur für Vorstandsmitglieder mit arbeitnehmerähnlicher Stellung (LG Bonn NJW-RR 95, 1435), sondern für alle ehrenamtlich tätige Vorstandsmitglieder gelten (AnwK/*Heidel/Lochner* Rn 20; BaRoth/*Schwarz* Rn 20). Haften Vereinsmitglieder Dritten aufgrund ihrer Tätigkeit für den Verein, hat dieser sie von der Haftung **freizustellen**, wenn sie nicht vorsätzlich oder grob fahrlässig gehandelt haben (BGH NJW 05, 981). Entsprechendes muss nach §§ 27 III, 670 auch für Vorstandsmitglieder gelten. 7

III. Entlastung. Entlastung ist die Billigung der Führung des Vorstandsamts durch die Mitgliederversammlung. Mit der Entlastung des Vorstandes verzichtet der Verein auf Schadensersatz- und Bereicherungsansprüche, aber nicht auf solche, die die Mitgliederversammlung aufgrund der ihr erteilten Informationen nicht zu überblicken vermag (so für eG: BGH NZG 05, 562 = WuB II D § 34 GenG 1.05 – *Schöpflin*). Die Kenntnismöglichkeit von Rechnungsprüfern muss sich die Mitgliederversammlung nicht zurechnen lassen (BGH NJW-RR 88, 745, 748 f). Die Entlastung kann sich auf alle oder nur auf einzelne Vorstandsmitglieder, auf sämtliche oder nur auf einzelne Geschäfte beziehen. Eine Klage auf Entlastung kommt nicht in Betracht, wohl aber auf Feststellung, dass keine Ersatzansprüche bestehen (*Sauter/Schweyer/Waldner* Rn 289). 8

§ 28 Beschlussfassung und Passivvertretung

(1) Besteht der Vorstand aus mehreren Personen, so erfolgt die Beschlussfassung nach den für die Beschlüsse der Mitglieder des Vereins geltenden Vorschriften der §§ 32, 34.
(2) Ist eine Willenserklärung dem Verein gegenüber abzugeben, so genügt die Abgabe gegenüber einem Mitglied des Vorstands.

1 **A. Beschlussfassung.** Der mehrgliedrige Vorstand bildet seinen Willen durch Beschlussfassung. Die Satzung kann nicht entgegen § 34 den Vorstandsmitgliedern das Abstimmen in eigener Sache gestatten, wohl aber von der Regelung des § 32 abweichen. Es ist Auslegungsfrage, ob Satzungsbestimmungen, die für die Mitgliederversammlung von § 32 abweichen, auch für den Vorstand gelten. Entsprechend § 32 I 1 fasst der Vorstand seine Beschlüsse grds in Zusammenkünften (Sitzungen). Es kann aber nach § 32 II auch im schriftlichen Verfahren beschlossen werden, wenn alle Vorstandsmitglieder dem Antrag zustimmen (Umlaufverfahren); statt Schriftform ist elektronische Form möglich (§ 126 III). Wirksame Beschlussfassung erfordert die ordnungsgemäße Ladung und Beschlussfähigkeit. Schweigt die Satzung, kann der Vorstand auch dann wirksam beschließen, wenn nicht alle Vorstandsämter besetzt sind (*Sauter/Schweyer/Waldner* Rn 245 a, aA BayObLG Rpfleger 88, 416; *Reichert* Rn 2405). Vorstandsmitglieder können sich nicht durch ein Nichtvorstandsmitglied vertreten lassen (§§ 27 III, 664 I 1). Zu den Einzelheiten der Beschlussfassung s § 32. Beschlussmängel führen zur Nichtigkeit (BaRoth/*Schwarz* Rn 7). Zur Beschlussfassung und Vertretung s § 26 Rn 5 aE.

2 **B. Passivvertretung und Wissenszurechnung.** Die Passivvertretung ist nach § 40 zwingend. Die Abgabe einer Willenserklärung gegenüber einem Vorstandsmitglied wirkt als Abgabe gegenüber dem Verein, das Vorstandsmitglied hat insoweit Einzelvertretungsmacht. Auf die Kenntnis der anderen Vorstandsmitglieder kommt es nicht an; daher ist die Willenserklärung durch den Verein auch empfangen, wenn das Vorstandsmitglied die Willenserklärung unterdrückt (BGHZ 20, 149, 153). Die entsprechende Anwendung des § 28 II, wenn es auf das Kennen oder Kennenmüssen von Tatsachen ankommt, ist hM (BGHZ 109, 327, 331; *Reichert* Rn 2307 ff; AnwK/*Heidel/Lochner* Rn 6). Das Wissen des einzelnen Vorstandsmitglieds ist dem Vorstand und dessen Wissen wiederum nach § 166 I dem Verein zuzurechnen. Dabei ist es unerheblich, ob die Vorstandsmitglieder das Wissen privat oder in Vorstandseigenschaft erlangt haben, ob sie an dem fraglichen Geschäft beteiligt waren oder nach Kenntniserlangung aus dem Vorstand ausgeschieden sind (*Reichert* Rn 2313 mwN). Das Wissen mehrerer Vorstandsmitglieder ist zusammenzurechnen (BGHZ 109, 327, 331).

§ 29 Notbestellung durch Amtsgericht

Soweit die erforderlichen Mitglieder des Vorstands fehlen, sind sie in dringenden Fällen für die Zeit bis zur Behebung des Mangels auf Antrag eines Beteiligten von dem Amtsgericht zu bestellen, das für den Bezirk, in dem der Verein seinen Sitz hat, das Vereinsregister führt.

1 **A. Verfahren.** Das nach § 55 zuständige AG handelt gem § 3 Nr 1 a RPflG durch den Rechtspfleger nur auf Antrag eines Beteiligten, in seltenen Ausnahmefällen auch auf Initiative des Gerichts (BayObLG NJW-RR 89, 765). Das Verfahren folgt dem FGG. Es gilt die Amtsermittlung, die Entscheidung (Beschluss) wird mit Bekanntmachung wirksam, ist abänderbar und unterliegt der Beschwerde (§§ 12, 16, 18, 19 FGG).

2 Die **Auswahl** des Notvorstands unterliegt dem pflichtgemäßen Ermessen des Gerichts und vor allem Zweckmäßigkeitsgesichtspunkten. Soweit der Notvorstand anlässlich der durch interne Streitigkeiten begründeten Handlungsunfähigkeit des eV erforderlich wird, empfiehlt es sich, ein möglichst neutrales Vereinsmitglied zu bestellen, zB ein Gründungs- oder ein Ehrenmitglied. Der Ausgewählte wird erst mit der notwendigen Annahme des Amtes Notvorstand (KG NJW-RR 01, 900, 901 für GmbH).

3 **B. Geltungsbereich.** Die Vorschrift erfasst nicht Personengesellschaften oder juristische Personen des öffentlichen Rechts, sondern gilt für die privatrechtliche Stiftung sowie für alle privatrechtlichen körperschaftlich strukturierten Gesellschaften soweit keine Sonderregelungen bestehen, also für den nichtrechtsfähigen Verein (LG Berlin NJW 70, 1047), die GmbH (BGH NJW 83, 938; LG Frankenthal GmbHR 03, 586), die eG (BGHZ 18, 334, 337), die KGaA und GmbH & Co KG (Saarbr OLGZ 77, 291, 293), angesichts des § 85 AktG aber nicht für die AG. Bei Vereinen mit „ideologischen" Bezügen wie zB politischen Parteien oder Gewerkschaften ist § 29 mit der Einschränkung anwendbar, dass das Gericht die Befugnisse des Notvorstands auf das Abwickeln dringender Rechtsgeschäfte und die Berufung einer Mitgliederversammlung zur Wahl eines neuen Vorstands zu beschränken hat. Kann das Parteischiedsgericht einen Notvorstand einsetzen, erübrigt sich die Tätigkeit des AG nach § 29 (Hamm NJW-RR 89, 1532).

4 **C. Voraussetzungen. I. Fehlen der erforderlichen Vorstandsmitglieder.** Die erforderlichen Vorstandsmitglieder fehlen, wenn der Vorstand ohne sie keine Beschlüsse fassen oder nicht nach außen handeln kann. Das ist der Fall, wenn Vorstandsmitglieder zB aufgrund Tod, Geschäftsunfähigkeit, Rücktritt vom Vorstandsamt, Abwesenheit oder §§ 34, 181 (BayOLGZ 89, 298, 306). nicht handlungsfähig sind. Die Notbestellung soll

nicht erforderlich sein bei Nichtigkeit der Abberufung eines Vorstandsmitglieds (BayObLG DB 98, 68). Das ist indes bedenklich, weil es nur darauf ankommen kann, ob der Verein durch das Gegeneinander von (vermeintlichen) Vorstandsmitgliedern und ggf Vereinsmitgliedern so blockiert ist, dass es an der Handlungsfähigkeit des Vorstands fehlt und diese auch nicht aus eigener Kraft ohne einen Notvorstand wiederhergestellt werden kann (vgl Köln ZInsO 02, 834).

II. Dringende Fälle. Ein dringender Fall liegt vor, wenn den Interessen des Vereins, seiner Gläubiger oder anderer **Beteiligter** (jeder, dessen Rechtsstellung die Vorstandsbestellung berührt) mangels eines handlungsfähigen Vorstands nicht nur unerhebliche Nachteile drohen und diese nicht durch andere Maßnahmen zu verhindern sind. Kann der eV rechtzeitig die erforderlichen Vorstandsmitglieder bestellen, bedarf es keiner Maßnahme nach § 29. Will ein Gläubiger den eV in Anspruch nehmen und ist bereits ein Verfahrenspfleger nach § 57 ZPO bestellt, scheidet § 29 daher aus (Zweibr NJW-RR 01, 1057). Erschöpft sich die dringliche Tätigkeit des Vorstands nicht in der Prozessvertretung, geht die Maßnahme nach § 29 dem § 57 ZPO vor (BayObLG NJW-RR 99, 1259). In Analogie zu § 121 II 2 AktG sollen Vorstandsmitglieder, die als Vorstand im Vereinsregister eingetragen sind, als befugt gelten, die Mitgliederversammlung einzuberufen, was eine Notbestellung zu diesem Zweck entbehrlich mache (BayObLG NJW-RR 96, 991). Das hilft jedoch nicht weiter, wenn das Vorstandsmitglied zB zurückgetreten ist und die Einberufung nicht betreibt. 5

D. Rechtsfolgen. Nach Annahme des Amtes erlangt die bestellte Person die **Organstellung** eines Vorstandsmitglieds, dessen Befugnisse sich nach dem Beschluss des AG richten und das wie jedes andere Vorstandsmitglied einschließlich etwaiger Beschränkungen der Vertretungsmacht in das Vereinsregister einzutragen ist (§§ 64, 67 II, 68, 70). Aus Gründen der Effizienz und Verhältnismäßigkeit kann sich das AG über die sonstige Zusammensetzung des Vorstands hinwegsetzen und zB auch bei einem mehrgliedrigen Vorstand mit Gesamtvertretung lediglich ein Vorstandsmitglied mit voller Vorstandskompetenz bestellen (BayOLGZ 98, 179, 185). Fordert die Satzung bestimmte Eigenschaften des Vorstandsmitglieds, sollte das bei der Bestellung nach Möglichkeit berücksichtigt werden (BayObLG RPfl 92, 114). 6

Der Notvorstand hat jedenfalls einen **Aufwendungsersatzanspruch** nach §§ 27 III, 670, wenn er iRs Berufs- oder Gewerbes tätig wird, auch einen **Vergütungsanspruchs** nach § 1835 III (zB Rechtsanwalt). Soweit nach den Umständen keine ehrenamtliche Tätigkeit erwartet werden kann, hat der Notvorstand einen Vergütungsanspruch nach §§ 675, 611, 612 I BGB (BGH WM 59, 598, 600). Sowohl die fehlende Ehrenamtlichkeit als auch die Vergütung ergibt sich zB daraus, dass der bisherige Vorstand behandelt wurde. Die Ansprüche richten sich gegen den Verein, nicht gegen den Staat oder einen sonstigen Beteiligten. Streitigkeiten über die Vergütung gehören nach hM vor das Prozessgericht (BayObLG NJW-RR 88, 1500; Palandt/*Heinrichs* Rn 9), allerdings spricht die Einfachheit und der Sachzusammenhang dafür, dem Registergericht die Zuständigkeit zuzusprechen, zumal dessen Entscheidung der Beschwerde unterliegt (so im Ergebnis auch *Sauter/ Schweyer/Waldner* Rn 301). 7

E. Ende des Amts. Das Gericht kann das Amt des Notvorstands von vornherein befristen. Ansonsten endet das Amt mit der Erfüllung der Aufgabe, für die der Notvorstand bestellt ist (BayObLG MittBayNot 05, 56), oder durch Abberufung seitens des Registergerichts (nicht seitens des Vereins), wenn ein wichtiger Grund besteht (Ddorf ZIP 02, 281 = GmbHR 02, 158 – für GmbH). Der Notvorstand kann sein Amt auch niederlegen. Dann hat das Gericht einen neuen zu bestellen, wenn die Voraussetzungen des § 29 weiterhin vorliegen. 8

§ 30 Besondere Vertreter

¹Durch die Satzung kann bestimmt werden, dass neben dem Vorstand für gewisse Geschäfte besondere Vertreter zu bestellen sind. ²Die Vertretungsmacht eines solchen Vertreters erstreckt sich im Zweifel auf alle Rechtsgeschäfte, die der ihm zugewiesene Geschäftskreis gewöhnlich mit sich bringt.

A. Funktion. Durch besondere Vertreter können sich insbes größere Vereine eine differenzierte Organisationsstruktur geben (Bsp: Leitung unselbständiger Untergliederung oder einer selbständigen Vereinseinrichtung, s *Sauter/Schweyer/Waldner* Rn 313). Vom Bevollmächtigten unterscheidet sich der besondere Vertreter durch seine **organschaftliche Stellung**. Daher kann die von ihm ausgesprochene Kündigung nicht deshalb zurückgewiesen werden, weil er keine Vollmachtsurkunde vorgelegt hat (BAG BB 90, 1130). Mit dem Vorstand hat der besondere Vertreter eine gewisse Selbständigkeit gemeinsam, er unterscheidet sich aber durch seine beschränkte Funktion (Erman/*Westermann* Rn 1). § 30 gilt für alle privatrechtlichen Körperschaften und juristischen Personen des öffentlichen Rechts, nicht aber für die AG (BaRoth/*Schwarz* Rn 2). 1

B. Einzelheiten. Besondere Vertreter bedürfen einer **satzungsgemäßen Grundlage**, für die aber bereits ausreicht, wenn die Satzung Geschäftskreise vorsieht, die einen besonderen Vertreter erfordern (zB bestimmte Vereinsabteilungen, einzelne Projekte, BaRoth/*Schwarz* Rn 4). Auch Vereinsgewohnheitsrecht, also eine langjährige Vereinsübung genügt als Satzungsgrundlage (Palandt/*Heinrichs* Rn 4; aA AnwK/*Heidel/Lochner* Rn 2). Regelt die Satzung nicht, wer den besonderen Vertreter **bestellt**, ist die Mitgliederversammlung zuständig. 2

Die Satzung kann die Bestellung dem Vorstand zuweisen (BayObLG Rpfleger 99, 332). Sie muss auch den Aufgabenkreis bestimmen (BayObLG NJW 81, 2068).

3 Der besondere Vertreter ist nach § 64 analog in das **Vereinsregister** einzutragen (BayObLG NJW 81, 2068; *Reichert* 2659). Die **Vertretungsmacht** des besonderen Vertreters umfasst nur die gewöhnlichen Geschäfte seines Geschäftskreises. Die Satzung kann die Vertretungsmacht nach außen beschränken oder ausschließen (§ 26 II 2 analog). Das ist entsprechend § 64 eintragungsfähig, so dass §§ 70, 68 Anwendung finden können. Im Innenverhältnis ist Weisungsgebundenheit des besonderen Vertreters möglich, solange eine gewisse Selbständigkeit und Eigenverantwortung erhalten bleiben (BGH NJW 77, 2259, 2260). Da der Verein im Prozess durch den Vorstand vertreten wird, ist der besondere Vertreter dort **Zeuge** und nicht Partei (Soergel/*Hadding* Rn 11; aA *Reichert* Rn 2658).

4 Im **Haftungsrecht** lässt die Rspr juristische Personen für alle Vertreter mit wichtigen und eigenverantwortlichen Aufgaben nach §§ 30, 31 haften, um die Möglichkeit des Entlastungsbeweises nach § 831 zu vermeiden. In diesem Zusammenhang wird § 30 weit ausgelegt und ist insoweit auch auf die AG anzuwenden (Palandt/*Heinrichs* Rn 2).

§ 31 Haftung des Vereins für Organe

Der Verein ist für den Schaden verantwortlich, den der Vorstand, ein Mitglied des Vorstands oder ein anderer verfassungsmäßig berufener Vertreter durch eine in Ausführung der ihm zustehenden Verrichtungen begangene, zum Schadensersatz verpflichtende Handlung einem Dritten zufügt.

1 **A. Allgemeines.** Die Vorschrift ist keine Anspruchsgrundlage, sondern rechnet dem Verein das Handeln seiner Organe haftungsrechtlich zu. Damit begründet § 31 die **Haftung für Eigenhandeln** im Unterschied zu § 278, der die Haftung für fremdes Verschulden vorsieht. Nach § 831 haftet der Verein für eigenes vermutetes Verschulden mit der Möglichkeit des Entlastungsbeweises, die § 31 nicht kennt. Die Haftung des Vereins aufgrund § 31 tritt neben die etwaige persönliche Haftung des verfassungsmäßig berufenen Vertreters, zB aus unerlaubter Handlung (BGH NJW 96, 1535, 1536). § 31 ist durch Satzung **nicht abdingbar** (§ 40).

2 § 31 ist die vereinsrechtliche Norm mit dem weitesten **Anwendungsbereich**. Sie gilt für privatrechtliche Stiftungen (§ 86), juristische Personen des öffentlichen Rechts (§ 89 I) und den nichtrechtsfähigen Verein (*Schöpflin* S 397 ff; Soergel/*Hadding* Rn 6). § 31 ist auf alle juristischen Personen des Privatrechts anwendbar (AG, eG, GmbH, KGaA, VVaG), das gilt auch für die Vorgesellschaften wie die Vor-GmbH (Stuttg NJW-RR 89, 638). Auch auf die OHG, KG, PartG, ja selbst auf die GbR (BGH NJW 03, 1445; *Schöpflin* DStR 03, 1349) findet § 31 Anwendung, ebenso auf die Insolvenzmasse hinsichtlich der Handlungen des Insolvenzverwalters (Palandt/*Heinrichs* Rn 3). Nachdem der BGH (NJW 05, 2061) in einer abzulehnenden Entscheidung die Teilrechtsfähigkeit der WEG-Eigentümergemeinschaft bejaht hat, wäre die Anwendung des § 31 an sich konsequent (abl noch Palandt/*Heinrichs* Rn 3; Frankf OLGZ 85, 144).

3 **B. Voraussetzungen. I. Verfassungsmäßig berufener Vertreter.** Der Verein ist verantwortlich für das Verhalten des Vorstands als Organ, einzelner Vorstandsmitglieder eines mehrgliedrigen Vorstands und für die besonderen Vertreter nach § 30. Der Begriff des verfassungsmäßig berufenen Vertreters ist durch eine **weite Auslegung** gekennzeichnet. Da die juristische Person nicht selbst entscheiden kann, wem sie ohne Entlastungsmöglichkeit haften will, muss der Vertreter weder Vertretungsmacht haben, noch bedarf seine Stellung einer satzungsmäßigen Grundlage (BGH NJW 98, 1854, 1856). Die Rspr hat eine Haftung für **Repräsentanten** entwickelt, denen durch die allgemeine Betriebsregelung und Handhabung bedeutsame, wesensmäßige Funktionen der juristischen Person zur selbständigen, eigenverantwortlichen Erfüllung zugewiesen sind (BGH aaO). Eine Weisungsgebundenheit im Innenverhältnis ändert daran nichts, wenn der Vertreter selbständig nach außen auftritt (BGH NJW 77, 2260).

4 § 31 wird analog auf **andere Vereinsorgane** wie die Mitgliederversammlung, Aufsichtsrat, Disziplinarausschuss angewandt, nicht aber auf Schiedsrichter oder Vereinsschiedsgerichte (*Reichert* Rn 3220, 3226 f.).

5 **Beispiele** für verfassungsmäßig berufene Vertreter: Hauswirtschaftsleiter eines Altenheims (Frankf NJW-RR 89, 419); Filialleiter (BGH NJW-RR 90, 484); München VersR 74, 269; Chefarzt und sein Vertreter, wenn sie im medizinischen Bereich weisungsfrei arbeiten (BGH NJW 87, 2925; 80, 1901; 72, 334); örtliche Streikleitung einer Gewerkschaft (BAG NJW 89, 1881, 1884; 89, 57, 61); Leiter der Rechtsabteilung eines Presseverlages (BGH NJW 57, 1315); Frauenwartin als spielleitende Stelle (Hamm SpuRt 03, 166, 167); Haftung des Landesverbandes für Erklärungen des Vorsitzenden eines Bezirksverbandes in der Öffentlichkeit (BGH NJW-RR 86, 281); Arzt einer Gemeinschaftspraxis (Kobl MDR 05, 1302). Der Trainer ist nicht ohne weiteres verfassungsmäßig berufener Vertreter (*Reichert* Rn 3225).

6 **II. Zum Schadensersatz verpflichtendes Verhalten.** Die durch das Verhalten der Organperson ausgelöste Schadensersatzpflicht kann vertraglicher (§ 280 ff) oder quasivertraglicher (§ 311, 122) Natur sein, auf deliktischer Verschuldenshaftung (§§ 823 ff), auf Gefährdungshaftung oder auf Tatbeständen, die kein Verschulden voraussetzen (§§ 228, 231, 904), beruhen. Zuzurechnen sind sowohl **Handlungen** als auch **Unterlassungen**. Unterlassungen kommen vor allem bei der Verletzung von Aufsichts- und Verkehrssicherungspflichten in Betracht (BaRoth/*Schwarz* Rn 11; AnwK/*Heidel*/*Lochner* Rn 8).

Der Verein haftet auch bei **Organisationsmängeln**. Nach der Rspr muss der Verein sich so organisieren, dass 7
für alle wichtigen Aufgabengebiete ein verfassungsmäßig berufener Vertreter zuständig ist, der die wesentlichen Entscheidungen selbst trifft. Fehlt es daran, muss sich der Verein behandeln lassen, als wäre der eingesetzte Verrichtungsgehilfe ein verfassungsmäßiger Vertreter (BGHZ 24, 200, 213; BGH NJW 80, 2810). Erst recht besteht ein Organisationsmangel, wenn es überhaupt keinen Verantwortlichen gibt (Soergel/*Hadding* Rn 15). Die Presse muss zB Artikel und Anzeigen durch einen verfassungsmäßig berufenen Vertreter auf persönlichkeitsrechtliche Beeinträchtigungen überprüfen lassen (BaRoth/*Schwarz* § 31 Rn 16). Organisationsmängel kommen vor allem bei Verletzung der Verkehrssicherungspflicht in Betracht (*Sauter/Schweyer/Waldner* Rn 291), zB bei Fehlen einer Aufsichtsperson, um die Sicherheit eines Fastnachtszuges zu gewährleisten (LG Ravensburg NJW 97, 402).

III. In Ausführung der ihm zustehenden Verrichtungen. Der besondere Vertreter muss **in vereinsamtlicher Eigenschaft** gehandelt haben (*Reichert* Rn 3228). Ein innerer sachlicher, nicht nur zufälliger zeitlicher und örtlicher Zusammenhang zwischen der schadensstiftenden Handlung und seinem Aufgabenkreis ist erforderlich (BGH NJW 49, 19, 23; 98, 148). Problematisch ist das Verhältnis von Organhaftung und Vertretungsordnung (näher *Reichert* Rn 3226 f; BaRoth/*Schwarz* Rn 19 ff). Der Verein haftet weder für die Verpflichtung des vollmachtlosen Vertreters nach § 179 (BGH NJW 86, 2941; 80, 115; 86, 2939) noch wenn die Pflichtverletzung nur im vollmachtlosen Handeln liegt (Soergel/*Hadding* Rn 24). Dagegen haftet der Verein, wenn der besondere Vertreter beim Überschreiten seiner Vertretungsmacht nach den §§ 311 II, 280 oder aus unerlaubter Handlung haftet, es sei denn, dass er sich erkennbar außerhalb seines Aufgabenbereichs stellt, so dass sich der Schluss aufdrängt, dass er nur bei Gelegenheit der ihm zustehenden Verrichtung handelt (BGH 99, 298, 300; 98, 148, 151 f). 8

Bsp: Gesamtvertreter täuscht Verbindlichkeit der allein von ihm abgegebenen Erklärung vor (BGHZ 98, 148); 9
Betrug durch Bankfilialleiter oder Bürgermeister (BGH NJW-RR 90, 484; NJW 80, 115); fehlerhafte Ad-hoc-Mitteilung des Vorstands einer AG (BGH NJW 05, 2450).

IV. Dritter. Die Schadensersatzpflicht besteht gegenüber dem geschädigten Dritten. Das kann jede außerhalb des Vereins stehende Person, aber auch ein **Vereinsmitglied** (BGH NJW 90, 2877) oder ein Mitglied eines Vereinsorgans sein, nicht aber ein Organ des Vereins als solches (AnwK/*Heidel/Lochner* Rn 13). Da die Mitgliedschaft nach Ansicht des BGH (NJW 90, 2877) ein sonstiges Recht nach § 823 I ist, kommt eine Haftung nach dieser Vorschrift und nach § 280 I in Betracht, wenn ein Vereinsmitglied in seinen sich aus Satzung oder Mitgliedschaft ergebenden Rechten verletzt wird, zB bei falscher Beratung durch einen Lohnsteuerhilfeverein (München NJW 88, 1030), bei rechtswidrigem Vereinsausschluss (BGH NJW 84, 1884), bei Verweigerung satzungsgemäßer Leistungen (BGH NJW 90, 2877). Gegenüber Vereinsmitgliedern kann die Satzung die Haftung für einfache Fahrlässigkeit ausschließen (*Sauter/Schweyer/Waldner* Rn 292 c). 10

§ 32 Mitgliederversammlung; Beschlussfassung

(1) ¹Die Angelegenheiten des Vereins werden, soweit sie nicht von dem Vorstand oder einem anderen Vereinsorgan zu besorgen sind, durch Beschlussfassung in einer Versammlung der Mitglieder geordnet. ²Zur Gültigkeit des Beschlusses ist erforderlich, dass der Gegenstand bei der Berufung bezeichnet wird. ³Bei der Beschlussfassung entscheidet die Mehrheit der erschienenen Mitglieder.
(2) Auch ohne Versammlung der Mitglieder ist ein Beschluss gültig, wenn alle Mitglieder ihre Zustimmung zu dem Beschluss schriftlich erklären.

A. Grundlagen. Die Mitgliederversammlung ist das **oberste Willensbildungsorgan** des Vereins. Aus §§ 36, 37, 1 41, die nicht nachgiebig sind (§ 40), folgt die Notwendigkeit der Mitgliederversammlung. Sie wird durch die Gesamtheit der erschienenen Mitglieder gebildet. Der Mitgliederversammlung obliegt die Kompetenz-Kompetenz, dh sie legt die Zuständigkeit der anderen Organe fest, soweit diese nicht durch das Gesetz zwingend bestimmt wird, wie zB die Vertretungszuständigkeit des Vorstands nach § 26. Fehlt eine andere Zuständigkeit oder ist ein anderes Organ handlungsunfähig, ist die Mitgliederversammlung zur Entscheidung berufen. Sie entscheidet interne Streitigkeiten zwischen Organmitgliedern oder Vereinsorganen (zu allem näher *Reichert* Rn 1118–1132). Erst nach ihrem Beschluss kann Feststellungsklage erhoben werden, um festzustellen, dass ein Vereinsorgan sich rechtswidrig verhalten hat (BGHZ 49, 396; *Sauter/Schweyer/Waldner* Rn 156).
IR der zwingenden Vorschriften kann die Satzung die Befugnisse der Mitgliederversammlung regeln. Abdingbar 2 ist ihre Zuständigkeit zur Bestellung des Vorstands und der Liquidatoren (§§ 27, 48), zur Erteilung von Weisungen (§§ 27 III, 48 II, 665) und zur Satzungsänderung (§ 33). Die Mitgliederversammlung kann durch eine Delegiertenversammlung (Vertreterversammlung) ersetzt werden; die Satzung muss aber die Zusammensetzung und Bestellung der Delegierten eindeutig regeln (AnwK/*Heidel/Lochner* Rn 6; näher BaRoth/*Schwarz* Rn 45 f).

B. Berufung der Mitgliederversammlung. I. Einberufungsorgan. Einberufungsorgan ist der gesetzliche 3 Vorstand (§ 26) als Vertretungsorgan, und zwar entsprechend § 121 II 2 AktG auch dann, wenn die Bestellung unwirksam oder seine Amtszeit abgelaufen ist. Auch wenn grds ein ordnungsgemäßer Vorstandsbeschluss gefordert wird (KG OLG 78, 272, 276, aA *Reichert* Rn 1157), ist die Einberufung wirksam, wenn sie durch ein einzelvertretungsberechtigtes Vorstandsmitglied oder beim mehrgliedrigen Vorstand durch eine vertretungsberechtigte Zahl von Vorstandsmitgliedern erfolgt (BaRoth/*Schwarz* Rn 9). Bei **Doppeleinberufungen** (zB unabhängig voneinander durch zwei Vorstandsmitglieder mit Einzelvertretungsbefugnis) gilt grds das Prioritätsprinzip, dh die spätere Berufung ist unwirksam (näher *Reichert* Rn 1165 f). Bei zeitgleichem Zugang sind die Einladungen beider Versender wegen Verwirrung der Mitglieder unwirksam (Stuttg Rpfleger 04, 106 mit Anm *Waldner* = NZG 04, 1020). Die Einberufungspflicht regeln §§ 36, 37.

4 **II. Form, Frist, Zeit, Ort.** Die Satzung soll die **Form** der Berufung der Mitgliederversammlung regeln (§ 58 Nr 4), die Regelung muss hinreichend bestimmt sein (Palandt/*Heinrichs* Rn 3) und sicherstellen, dass jedes teilnahmeberechtigte Vereinsmitglied ohne Erschwerungen von der Mitgliederversammlung Kenntnis erhält (*Reichert* Rn 1254). Daher kann derzeit die Ladung per e-Mail nur für Mitglieder mit entsprechenden technischen Einrichtungen vorgesehen werden (vgl *Sauter/Schweyer/Waldner* Rn 171). Fordert die Satzung schriftliche Ladung, genügt die Bekanntmachung durch die Vereinszeitschrift nicht (AG Elmshorn NJW-RR 01, 25). Die Satzung kann mündliche, schriftliche Ladung, sowie Ladung durch Vereinszeitschrift, bestimmte Zeitung oder Zeitschrift vorsehen (*Sauter/Schweyer/Waldner* Rn 171), auch Alternativbestimmungen (zB wahlweise zwei Zeitungen) sind zulässig (Stuttg NJW 86, 995). Schweigt die Satzung zur Form, weil das Registergericht die Anmeldung nicht nach § 60 zurückgewiesen hat, kann die Mitgliederversammlung wirksam einberufen werden (*Sauter/Schweyer/Waldner* Rn 171), zu fordern ist dann persönliche mündliche oder schriftliche Benachrichtigung.

5 Die **Einberufungsfrist** muss angemessen sein (*Sauter/Schweyer/Waldner* Rn 172). Mangels anderer satzungsmäßiger Regelung beginnt mit dem Tag, an dem sie im Normalfall dem letzten Mitglied zugeht (Frankf NJW 74, 189). **Ort** und **Zeit** müssen für die Mitglieder zumutbar sein (*Sauter/Schweyer/Waldner* Rn 173), da der Aufwand für den Besuch der Mitgliederversammlung in vernünftigen Grenzen zu halten ist. Je nach Eigenart des Vereins kann eine Mitgliederversammlung in der Hauptferienzeit unzumutbar sein (BayObLG NZG 04, 1017), das Gleiche gilt gesetzliche Feiertage und Sonntage vor 11:00 Uhr (vgl BayObLG und Schleswig NJW-RR 87, 1362 – für WEG). Fehlt eine Satzungsregelung und ein Beschluss der Mitgliederversammlung hat der Vorstand Frist, Ort und Zeit nach pflichtgemäßem Ermessen zu bestimmen.

6 **III. Tagesordnung.** Der Gegenstand der Beschlussfassung, also die Tagesordnung, muss bei Berufung der Versammlung bezeichnet werden. Die Beschlussgegenstände müssen so genau bezeichnet sein, dass die Mitglieder sachgerecht über ihre Teilnahme entscheiden und diese vorbereiten können. Bei einer geplanten Satzungsänderung genügt es, die zu ändernden Bestimmungen zu bezeichnen (Frankf ZIP 85, 213, 220; *Reichert* Rn 1300). Die Tagesordnungspunkte „Verschiedenes" und „Anträge" ermöglichen nur Beratungen, keine verbindlichen Beschlüsse (KG OLG 74, 399, 400). Der Tagesordnungspunkt „Ergänzungswahl" umfasst nicht die Abberufung von Vorstandsmitgliedern (Köln OLG 84, 401). Da § 32 I 2 dispositiv ist, kann die Satzung gestatten, dass nachträglich Dringlichkeitsanträge auf die Tagesordnung gesetzt werden, doch bleibt die rechtzeitige Mitteilung von geplanten Satzungsänderungen erforderlich (BGH NJW 87, 1811).

7 **C. Beschlussfassung. I. Versammlungsleitung.** Die Satzung hat zu bestimmen, wer die Versammlung leitet. Fehlt es daran, kann die Mitgliederversammlung einen Leiter wählen, andernfalls ist der Vorstandsvorsitzende oder ein vom Vorstand gewähltes Vorstandsmitglied zuständig (BaRoth/*Schwarz* Rn 18). Der Versammlungsleiter muss für den ordnungsgemäßen Ablauf, insbes die korrekte Beschlussfassung sorgen. Daher obliegt ihm die Eröffnung und Schließung der Versammlung, die Bekanntgabe der Tagesordnung, die Leitung der Beschlussfassung, die Begrenzung der Redezeit, der Ausschluss von Störern (*Reichert* Rn 1505 ff). Der Leiter kann die Versammlung auch schließen, wenn die Tagesordnung noch nicht erschöpft ist (KG OLG 90, 316, 318). Fehler sind gerichtlich nur geltend zu machen, wenn die Wirksamkeit des Beschlusses angegriffen wird. Bei eigener Kandidatur oder sonstigen Interessenkollisionen kann der Leiter die Leitung auf einen Dritten übertragen (Köln Rpfleger 85, 447).

8 **II. Beschluss, Stimmabgabe, Stimmrecht, Beschlussfähigkeit.** Während die Stimmabgabe des einzelnen Mitglieds eine Willenserklärung darstellt, handelt es sich beim **Beschluss** um einen Akt körperschaftlicher Willensbildung (Gesamtakt), der auch für die nicht zustimmenden Vereinsmitglieder wirkt (Soergel/*Hadding* Rn 21). Auf die **Stimmabgabe** finden die allgemeinen Vorschriften (§§ 105 ff) Anwendung. Daher wird sie mit der Wahrnehmung durch die anderen Mitglieder oder den Versammlungsleiter wirksam (BayObLG NJW-RR 96, 524). Die Stimmabgabe eines Geschäftsunfähigen ist nichtig (§ 105), die eines Minderjährigen wird idR von der Zustimmung zum Vereinsbeitritt gedeckt sein (Soergel/*Hadding* Rn 26). Das auf der Vereinsmitgliedschaft beruhende **Stimmrecht** ist nicht übertragbar (§ 38) und grds persönlich auszuüben, doch kann die Satzung eine Bevollmächtigung zulassen (§§ 38, 40). Stimmbindungsverträge sind grds zulässig, ein Verstoß führt aber nicht zur Unwirksamkeit der Stimmabgabe (Soergel/*Hadding* Rn 23). Ist eine Stimmabgabe nichtig, zählt sie als Enthaltung (AnwK/*Heidel/Lochner* Rn 19).

9 Verlangt die Satzung für die **Beschlussfähigkeit** keine bestimmte Anwesenheitsquote (Quorum), kann bereits *ein* anwesendes Mitglied einen wirksamen Beschluss fassen (*Reichert* Rn 1531). Sieht die Satzung falls das

Quorum nicht erreicht wird, für eine neue Mitgliederversammlung ein geringeres oder gar kein Quorum vor, kann sie bereits eine mit der Einladung zur ersten Versammlung verbundene Eventualeinladung gestatten (BayObLG NJW-RR 02, 1612), in der auf das geringere Quorum hinzuweisen ist (Palandt/*Heinrichs* Rn 6).

III. Abstimmung und Mehrheit. Sieht die Satzung keine bestimmte Form der **Abstimmung** vor, wird sie 10 durch die Mitgliederversammlung und, wenn diese nicht entscheidet, durch den Versammlungsleiter bestimmt (BaRoth/*Schwarz* Rn 25). Bei Widerspruch eines Vereinsmitglieds entscheidet die Mitgliederversammlung (Palandt/*Heinrichs* Rn 7). Es besteht kein Anspruch des Mitglieds auf geheime Abstimmung, vielmehr obliegt die Entscheidung darüber der Mitgliederversammlung (vgl *Reichert* Rn 1668).
Wahlen müssen Chancengleichheit gewährleisten. Über die Kandidaten ist einzeln abzustimmen, wenn 11 nicht die Satzung Block- oder Listenwahlen gestattet, das Einverständnis der Mitgliederversammlung genügt nicht (BayObLG NJW-RR 01, 537).
Nach § 32 I 3 entscheidet die **Mehrheit** der erschienenen Mitglieder. Ein Antrag, auf den mehr als die Hälfte der 12 Stimmen entfällt, ist angenommen. Enthaltungen und ungültige Stimmen zählen nicht mit (BGHZ 83, 35; Köln NJW-RR 94, 1547; *Sauter/Schweyer/Waldner* Rn 206; *Jauernig* Rn 5). Das wirkt zwar so aus, als seien die sich enthaltenden Mitglieder der Versammlung ferngeblieben, aber auch bei anderen Rechtsformen kommt es auf die Mehrheit der abgegebenen Stimmen an (§§ 133 I AktG, 47 I GmbHG, 43 II GenG). Bei Stimmengleichheit ist der Antrag abgelehnt, wenn die Satzung nichts anderes bestimmt (*Sauter/Schweyer/Waldner* Rn 206). Der Versammlungsleiter kann das Abstimmungsergebnis nach der Subtraktionsmethode ermitteln, dh bereits nach zwei von drei auf Zustimmung, Ablehnung und Enthaltung gerichteten Abstimmungsfragen die Zahl der nicht abgegebenen Stimmen als Ergebnis der dritten Frage werten (BGH NJW 02, 3629 – für WEG). Bei **Wahlen** ist die absolute Mehrheit der abgegebenen Stimmen erforderlich (BGH NJW 74, 183; WM 75, 1041), selbst wenn die Satzung für die Wahl einfache Mehrheit vorsieht (BayObLG FGPrax 96, 73).

D. Beschlussmängel. Im Interesse einer im Vereinsrecht erforderlichen einfachen Lösung sind nach hM feh- 13 lerhafte Beschlüsse ohne weiteres **nichtig**, es wird also nicht wie in §§ 241 ff AktG zwischen Nichtigkeits- und Anfechtungsklage unterschieden (BGHZ 59, 369, 375; Frankf ZIP 85, 213, 222; *Reichert* Rn 1825–1827; Palandt/*Heinrichs* Rn 9). Der Verein kann aber in seiner Satzung bestimmen, dass Verstöße gegen die Satzung oder dispositives Recht nur durch eine Anfechtungsklage entsprechend §§ 243 ff AktG geltend gemacht werden können (Noack S 168, 183). **Nichtigkeitsgründe** sind Gesetzes- und Satzungsverstöße, Sittenwidrigkeit, Treupflichtverletzung, Einberufungsmängel wie zB fehlende Tagesordnung (Zweibr Rpfleger 02, 315), Einberufung durch unzuständiges Organ, Unzumutbarkeit von Ort oder Zeit, fehlende Ladung einzelner Mitglieder (s im Einzelnen BaRoth/*Schwarz* Rn 30 ff; *Reichert* Rn 1831 ff, 1840 ff), uU auch bei Doppelberufungen (Rn 3).
Der Verstoß gegen Verfahrensregeln, die die Mitwirkung des Vereinsmitglieds an der Willensbildung sichern 14 sollen, führt nur zur Beschlussnichtigkeit, wenn das Mitglied nach Kenntnis (vom Einberufungsmangel) gegen die Beschlussfassung **Widerspruch** erhebt (*Reichert* Rn 1853; *Sauter/Schweyer/Waldner* Rn 213; Palandt/*Heinrichs* Rn 10). Das anwesende Mitglied, das den Mangel erkennt, muss den Widerspruch zu Protokoll erklären, ansonsten ist der Widerspruch außerhalb der Versammlung gegenüber dem Vorstand zu erklären (Soergel/*Hadding* Rn 18). Das Mitglied kann den Beschluss genehmigen und damit heilen (BaRoth/*Schwarz* Rn 38). Beruht der Beschluss nicht auf dem Verfahrensmangel, bleibt er gültig (BGHZ 49, 209; BGH DB 98, 124; Zweibr Rpfleger 02, 315 f), die Beweislast trägt der Verein.
Beschlussmängel sind durch **Feststellungsklage** gegen den Verein nach Ausschöpfung vereinsinterner Rechtsbe- 15 helfe (KG NJW 88, 3159) geltend zumachen (BGHZ 59, 369, 371 f; Soergel/*Hadding* Rn 40). Nach vier Monaten ist die Klagemöglichkeit verwirkt (Hamm NJW-RR 97, 989; aA Palandt/*Heinrichs* Rn 11: 6 Monate). Der Verein trägt die **Beweislast** hinsichtlich des satzungsgemäßen Verfahrens und fehlender Kausalität, die Nichtigkeit des ordnungsgemäß beurkundeten Beschlusses muss derjenige beweisen, der sich auf sie beruft (BGHZ 49, 209, 211 f). Der die Ungültigkeit feststellende Beschluss wirkt für und gegen alle (BGH NJW-RR 92, 1209).

E. Schriftliche Beschlussfassung. Ein Beschluss kann nach § 32 II auch durch schriftliche (§ 126) Zustim- 16 mung aller Mitglieder gefasst werden. Die Mitgliedergesamtheit kann mit Zustimmung aller stets auf Förmlichkeiten verzichten und auch ohne Satzungsgrundlage eine Online-Mitgliederversammlung abhalten (AnwK/*Heidel/Lochner* Rn 26).

§ 33 Satzungsänderung

(1) ¹Zu einem Beschluss, der eine Änderung der Satzung enthält, ist eine Mehrheit von drei Vierteln der erschienenen Mitglieder erforderlich. ²Zur Änderung des Zweckes des Vereins ist die Zustimmung aller Mitglieder erforderlich; die Zustimmung der nicht erschienenen Mitglieder muss schriftlich erfolgen.
(2) Beruht die Rechtsfähigkeit des Vereins auf Verleihung, so ist zu jeder Änderung der Satzung staatliche Genehmigung oder, falls die Verleihung durch den *Bundesrat* erfolgt ist, die Genehmigung des *Bundesrates* erforderlich.

1 **A. Satzungsänderung.** Im Interesse des Minderheitenschutzes ist für eine Satzungsänderung eine ¾-Mehrheit erforderlich. Da die Satzungsänderung nach § 71 I der Eintragung bedarf, gilt der Grundsatz: „Keine Satzungsrechtsänderung ohne Satzungstextänderung". Satzungsänderung ist jede Änderung der Satzungsurkunde, und zwar auch dann, wenn die Vorschriften als Geschäftsordnungen und damit als einfaches Vereinsrecht hätten erlassen werden können und wenn es sich um bloße Ergänzungen handelt, zB um die Einführung einer Schiedsordnung (RGZ 88, 395, 401) oder um Änderungen der Zusammensetzung oder der Vertretungsmacht des Vorstands (BGHZ 69, 250, 253). Von der Satzung abweichende Beschlüsse, die die Satzung nicht ändern (Satzungsdurchbrechungen), sind auch mit ¾-Mehrheit nicht zulässig (AnwK/*Heidel/Lochner* Rn 3).

2 Da § 33 I zur Disposition der Satzung steht (§ 40), kann diese ein höhere oder geringere Mehrheit festsetzen oder sonstige Erschwerungen oder Erleichterungen vorsehen (zB besondere Anforderungen an die Beschlussfähigkeit der Mitgliederversammlung stellen). Die Satzungsänderungskompetenz kann nicht auf außerhalb des Vereins stehende Dritte (Soergel/*Hadding* Rn 7), wohl aber auf andere Vereinsorgane übertragen werden (MüKo/*Reuter* Rn 15). Die Satzungsänderung darf auch grds von der Zustimmung Dritter abhängig sein, der Verein darf aber nicht zur bloßen Verwaltungsstelle des Dritten herabsinken (BayOLGZ 79, 3003, 308 f; Soergel/*Hadding* Rn 7).

3 **B. Zweckänderung.** Vereinszweck ist die **oberste Leitmaxime** des Vereins (BGHZ 96, 245, 251 f; *Häuser/van Look* ZIP 86, 749, 754). Bloße Ergänzungen, Einschränkungen oder Anpassungen an den Wandel der Zeit sind keine Zweckänderungen (BayObLG Rpfleger 01, 307; AnwK/*Heidel/Lochner* Rn 5), sondern einfache Satzungsänderungen. Wenn die Mitglieder eine mehrheitlich beschlossene Änderung hinnehmen, kann darin die konkludente Zustimmung zur Zweckänderung liegen (BGHZ 25, 311, 316 f; 23, 122, 129 f). Die Satzung kann die Zweckänderung erschweren oder erleichtern, insbes vom Einstimmigkeitsprinzip abweichen (BaRoth/*Schwarz* Rn 12). Auch der Rechtsformwechsel nach § 275 UmwG sowie die Auswechslung sämtlicher Mitglieder (BGH NJW 80, 2707) bedarf der Zustimmung aller Mitglieder.

4 **C. Wirksamwerden.** Mit der **Eintragung** wird die Satzungs- oder Zweckänderung beim Idealverein wirksam (§ 71 I 1), der konzessionierte Wirtschaftsverein bedarf staatlicher Genehmigung der Verleihungsbehörde. Beim nichtrechtsfähigen Verein ist die Änderung mit Beschlussfassung wirksam (AnwK/*Heidel/Lochner* Rn 7). Fasst die Mitgliedermehrheit einen unwirksamen Beschluss und führt sie ihn gegen den Willen der Minderheit durch, ist das nach der Rspr als **Abspaltung** der Mehrheit vom Verein aufzufassen, so dass die Minderheit das Vereinsvermögen herausverlangen kann (BGHZ 49, 175, 180; 23, 122, 128, kritisch *Reichert* Rn 641, nach dem die Minderheit versuchen muss, die Durchführung des Beschlusses zu verhindern und notfalls Ausschließungsklage gegen die Mehrheit zu erheben hat).

§ 34 Ausschluss vom Stimmrecht

Ein Mitglied ist nicht stimmberechtigt, wenn die Beschlussfassung die Vornahme eines Rechtsgeschäfts mit ihm oder die Einleitung oder Erledigung eines Rechtsstreits zwischen ihm und dem Verein betrifft.

1 Die Vorschrift gilt entsprechend für OHG, KG, GbR, nichtrechtsfähigen Verein, Erben- und Bruchteilsgemeinschaft und Körperschaften des öffentlichen Rechts (BaRoth/*Schwarz* Rn 2) und verhindert **Interessenkollisionen** bei der Beschlussfassung. Das Stimmverbot gilt für Verträge, einseitige Rechtsgeschäfte, geschäftsähnliche Handlungen und in Fällen des **Richtens in eigener Sache**, wenn etwa über die Abberufung eines Organmitglieds oder die Kündigung eines Anstellungsverhältnisses aus wichtigem Grund oder den Vereinsausschluss abgestimmt wird (*Reichert* Rn 1456 ff, 1471 ff). Der Begriff des Rechtsstreits ist weit auszulegen und umfasst auch den einstweiligen Rechtsschutz, die Vollstreckung und schiedsgerichtliche Verfahren (*Reichert* Rn 1465 f). Soweit von den zur Abstimmung gestellten Maßnahmen nur Verwandte oder Ehegatten des Mitglieds betroffen sind, besteht nur ein Stimmverbot, wenn die Satzung es bestimmt (§ 40). Dagegen ist das Mitglied vom Stimmrecht ausgeschlossen, wenn der Beschluss eine Vereinigung betrifft, die das Mitglied beherrscht oder für deren Schulden es persönlich haftet (BGHZ 68, 107, 110; 56, 47, 53 f; BaRoth/*Schwarz* Rn 9).

2 Ausgeschlossen ist nur das Stimmrecht, nicht das Teilnahmerecht und das Recht, sich an der Aussprache in der Mitgliederversammlung zu beteiligen (AnwK/*Heidel/Lochner* Rn 5). Eine entgegen § 34 abgegebene Stimme ist nichtig und wird nicht mitgezählt (BGHZ 104, 66, 75).

3 Bei **Wahlen** mit eigener Kandidatur darf das Mitglied mitstimmen (Palandt/*Heinrichs* Rn 3), ebenso wenn es um seine Abwahl, die Abberufung aus der Organstellung ohne wichtigen Grund oder den Vereinsausschluss geht (Reichert Rn 1464; BaRoth/*Schwarz* Rn 6).

§ 35 Sonderrechte

Sonderrechte eines Mitglieds können nicht ohne dessen Zustimmung durch Beschluss der Mitgliederversammlung beeinträchtigt werden.

1 **A. Sonderrecht.** Die Vorschrift gilt für alle mitgliedschaftlich strukturierten juristischen Personen des Privatrechts sowie für Personengesellschaften (BaRoth/*Schwarz* Rn 2). Ein Sonderrecht ist eine auf satzungsmäßiger Grundlage beruhende unentziehbare bevorzugte Rechtsstellung, die über die allgemeine Rechtsstellung des Mit-

glieds hinausgeht (BGH NJW 74, 1996, 1997). Beispiele sind Mehrfachstimmrechte, die Mitgliedschaft im Vorstand, ein Bestellungsrecht für den Vorstand, Recht auf Beitragsermäßigung (AnwK/*Heidel/Lochner* Rn 4). Sonderrechte sind von Drittgläubigerrechten zu unterscheiden, bei denen das Mitglied dem Verein wie jeder Dritte gegenübertritt (BaRoth/*Schwarz* Rn 4), zB wenn es mit dem Verein einen Vertrag geschlossen hat. Mitgliedschaftliche Rechte, die aus der allgemeinen Vereinsmitgliedschaft folgen und allen Mitgliedern zustehen, sind keine Sonderrechte (zB Stimmrecht); ebenso wenig mitgliedschaftliche Rechte, die vom Bestand der Mitgliedschaft unabhängig sind, wenn sie einmal entstanden sind (Anspruch auf festgestellten Gewinnanteil, Schadensersatzanspruch aufgrund Verletzung der Mitgliedschaft, s im einzelnen BaRoth/*Schwarz* Rn 4; *Reichert* Rn 792 ff). 2

B. Schutz des Sonderrechts. Jede sich auf das Sonderrecht (auch mittelbar) nachteilig auswirkende Maßnahme des Vereins ist eine Beeinträchtigung (BaRoth/*Schwarz* Rn 8). Mit vorheriger Zustimmung (§ 182) des Betroffenen ist die Beeinträchtigung wirksam, andernfalls bis zur Genehmigung durch den Sonderrechtsinhaber schwebend, nach ihrer Verweigerung endgültig unwirksam (BaRoth/*Schwarz* Rn 10). Die Verletzung des Sonderrechts durch den Verein führt zur Haftung (§ 280 I). Der Sonderrechtsinhaber kann die Unwirksamkeit des Beschlusses und den (Fort-)Bestand seines Sonderrechts gerichtlich feststellen lassen (§ 256 ZPO). 3

§ 36 Berufung der Mitgliederversammlung

Die Mitgliederversammlung ist in den durch die Satzung bestimmten Fällen sowie dann zu berufen, wenn das Interesse des Vereins es erfordert.

Die durch Satzung nicht abdingbare Vorschrift (§ 40) verpflichtet das zuständige Organ, also meistens den Vorstand, gegenüber dem Verein zur Einberufung der Mitgliederversammlung in den satzungsgemäß bestimmten Fällen und wenn das Vereinsinteresse es erfordert. Eine solche außerordentliche Mitgliederversammlung ist notwendig, wenn für den Verein grundlegende Entscheidungen getroffen werden müssen, die keinen Aufschub bis zur nächsten ordentlichen Mitgliederversammlung dulden. Die Mitglieder können die Einberufung nur nach § 37 II erzwingen. Die Organmitglieder können sich bei Verletzung der Pflicht aus § 36 gegenüber dem Verein schadensersatzpflichtig machen (§ 280 I). 1

§ 37 Berufung auf Verlangen einer Minderheit

(1) Die Mitgliederversammlung ist zu berufen, wenn der durch die Satzung bestimmte Teil oder in Ermangelung einer Bestimmung der zehnte Teil der Mitglieder die Berufung schriftlich unter Angabe des Zweckes und der Gründe verlangt.
(2) ¹Wird dem Verlangen nicht entsprochen, so kann das Amtsgericht die Mitglieder, die das Verlangen gestellt haben, zur Berufung der Versammlung ermächtigen; es kann Anordnungen über die Führung des Vorsitzes in der Versammlung treffen. ²Zuständig ist das Amtsgericht, das für den Bezirk, in dem der Verein seinen Sitz hat, das Vereinsregister führt. ³Auf die Ermächtigung muss bei der Berufung der Versammlung Bezug genommen werden.

A. Verlangen der Einberufung. Die Vorschrift gilt auch für den nichtrechtsfähigen Verein und die Delegiertenversammlung und ermöglicht minderheitenschützend, die Mitgliederversammlung zu erzwingen, aber auch in entsprechender Anwendung, bestimmte Tagesordnungspunkte anzukündigen (Hamm MDR 73, 929). Das gesetzliche Einberufungsquorum beträgt 10 % der Mitglieder. Die Satzung kann hiervon abweichen, nach hM auch ein höheres Quorum verlangen, zB 20 % (BayObLG NJW-RR 01, 431), aber nicht 50 % (KG NJW 62, 1917; Palandt/*Heinrichs* Rn 1; AnwK/*Heidel/Lochner* Rn 4). Richtigerweise sind 10 % in Anlehnung an §§ 122 I AktG, 45 GenG als Höchstgrenze anzusehen (MüKo/*Reuter* Rn 3; Soergel/*Hadding* Rn 5). Überschreitet die Festlegung absoluter Mitgliederzahlen die 10 %-Grenze, ist die entsprechende Satzungsbestimmung daher unwirksam, nach aA ist nur der Umstand zu berücksichtigen, dass sich die Mitgliederzahl verringern kann (Stuttg NJW-RR 86, 995). 1

Das Einberufungsverlangen muss schriftlich abgefasst (§ 126) und von der erforderlichen Mitgliederzahl unterschrieben werden und dem Einberufungsorgan (Vorstand) zugehen. Einzelne gleich lautende Schreiben genügen (*Reichert* Rn 1184). Zweck (Beschlussgegenstände) und Gründe (Tatsachen, die die Erforderlichkeit der Einberufung begründen) sind anzugeben. Der Vorstand hat nur ein formelles, kein materielles Prüfungsrecht, kann aber einen offensichtlich rechtsmissbräuchlichen Antrag ablehnen (*Reichert* Rn 1192 f; BaRoth/*Schwarz* Rn 6). 2

B. Einberufungsermächtigung. Kommt das zuständige Vereinsorgan dem Einberufungsverlangen nicht nach und ist der vereinsinterne Rechtsweg ausgeschöpft, kann die gerichtliche Ermächtigung beantragt werden (AnwK/*Heidel/Lochner* Rn 6). Es entscheidet der Rechtspfleger (§ 3 Nr 1 a RPflG) im FGG-Verfahren, eine Klage ist unzulässig. Zuständig ist das AG des Vereinssitzes. Ein Antragsrecht haben nur die Mitglieder, die nach I vorgegangen sind. Das Gericht hört idR den Vorstand an (§ 160 S 1 FGG) und prüft die formellen Voraussetzungen des Einberufungsverlangens und ob ein Rechtsmissbrauch vorliegt. Eine weitergehende materielle Prüfung findet nicht statt (BaRoth/*Schwarz* Rn 9; *Reichert* Rn 1207 ff). Liegen die Voraussetzungen 3 vor, hat das Gericht die Ermächtigung durch bekanntzumachenden (§ 16 FGG) Beschluss auszusprechen, es besteht kein Ermessensspielraum (*Reichert* Rn 1209). Gegen die Entscheidung ist die sofortige Beschwerde eröffnet (§ 160 S 2 FGG). Mangels aufschiebender Wirkung (§ 24 FGG) scheitert die Einberufung nicht an einer Beschwerde; allerdings sind nach § 24 III FGG einstweilige Anordnungen möglich.

4 Die Ermächtigung kann auch den Vorsitz der Versammlung regeln (§ 37 II 2). Sie lässt das Einberufungsrecht des Vorstands unberührt (Stuttg Rpfleger 04, 106 mit Anm *Waldner* = NZG 04, 1020; BayObLG NZG 04, 1017). Zur Doppeleinberufung s § 32 Rn 3. Die Kosten der von der Minderheit einberufenen Versammlung trägt der Verein, sie hat einen Ersatzanspruch nach § 670 (*Reichert* Rn 1237; *Wagner* ZZP 105 (1992), 294, 306).

§ 38 Mitgliedschaft

¹Die Mitgliedschaft ist nicht übertragbar und nicht vererblich. ²Die Ausübung der Mitgliedschaftsrechte kann nicht einem anderen überlassen werden.

1 **A. Begriff und Mitgliedsfähigkeit.** Die Mitgliedschaft ist der Inbegriff aller mitgliedschaftsrechtlichen Rechte und Pflichten als komplexe Dauerrechtsstellung in Bezug auf eine Vereinigung (*Beuthien* AG 02, 266, 268; s.a. BaRoth/*Schwarz* Rn 2). Im Verein **mitgliedsfähig** sind juristische Personen, Personengesellschaften (OHG, KG, PartG, EWIW, GbR), sowie nichtrechtsfähige Vereine. Minderjährige sind mitgliedsfähig, bedürfen zur Begründung der Mitgliedschaft aber der Zustimmung ihres gesetzlichen Vertreters. Soweit lediglich Beitragspflichten bestehen, ist der Beitritt auch ohne diese Zustimmung für die Perioden wirksam, für die der **Minderjährige** nach § 110 die Beiträge bewirkt (vgl BaRoth/*Schwarz* Rn 6, zT aA Palandt/*Heinrichs* Rn 4). Der Verein kann die Aufnahme Minderjähriger davon abhängig machen, dass der gesetzliche Vertreter die Haftung für die Beiträge übernimmt, dieser muss bei Unterzeichnung des Aufnahmeantrags aber davon Kenntnis haben (Hamm NJW-RR 00, 42). Erfüllt ein Mitglied statutarische Aufnahmevoraussetzungen nicht (zB Beruf, Alter, Geschlecht, Eigenschaft als natürliche Person), ist der dennoch vollzogene Beitritt wirksam (BaRoth/*Schwarz* Rn 8).

2 **B. Beginn und Ende.** Die Mitgliedschaft **entsteht originär** durch Beteiligung an der Vereinsgründung (§ 21 Rn 13) oder durch Eintritt. Der Beitritt erfolgt durch Aufnahmevertrag (BaRoth/*Schwarz* Rn 10 ff). Soweit er zuständig ist, nimmt der Vorstand die Beitrittserklärung an. Die Satzung kann die Aufnahme von der Aushändigung einer Mitgliedskarte (BGH NJW 87, 2503; AG Duisburg NZG 02, 1072) oder von anderen Förmlichkeiten abhängig machen. Es gilt der Grundsatz der Privatautonomie, so dass die Satzung den Beitritt nicht dadurch erreichen kann, dass eine Spende als Beitrittserklärung gelten soll (BayObLG NStZ 82, 387). Religiöse Vereine können regeln, dass bestimmte kirchliche Funktionsträger geborene Mitglieder sind (Hamm NJW-RR 95, 119).

3 **Derivativer** (abgeleiteter) Mitgliedschaftserwerb in Form der **Übertragung** und **Vererbung** (und damit die Pfändung, §§ 851 I, 857 I ZPO) ist ausgeschlossen, wenn nicht die Satzung etwas anderes bestimmt (§§ 38, 40). Damit gestaltet das Gesetz die Mitgliedschaft als **höchstpersönlich** aus. Auch einzelne Mitgliedschaftsrechte können nicht übertragen werden (§ 717, Abspaltungsverbot, Soergel/*Hadding* Rn 29). Abgeleiteter Erwerb findet auch bei der Verschmelzung durch Aufnahme oder Neugründung statt (§§ 2, 99 ff, 20 I Nr 3 UmwG).

4 Die Mitgliedschaft **endet** durch Tod, Austritt (§ 39), Ausschluss (§ 25 Rn 29 f) oder Verlust der für die Mitgliedschaft satzungsgemäß erforderlichen Eigenschaften. Die Satzung kann das Ruhen der Mitgliedschaft bei Eintritt bestimmter Voraussetzungen vorsehen (BayOLGZ 79, 351).

5 **C. Rechte und Pflichten. I. Rechte. 1. Vorteilsrechte (Wertrechte).** Sie gewähren den Mitgliedern Anteil an den Vorteilen aus der Verfolgung des Vereinszwecks, also je nach konkretem Zweck Anspruch auf die Benutzung von Vereinseinrichtungen, auf Beratungs- und Unterstützungsmaßnahmen des Vereins (*Reichert* Rn 736 ff; Soergel/*Hadding* Rn 18), zB Vertretung von Mitgliedern durch die Gewerkschaft in Arbeitsgerichtsprozessen. Ohne besondere Satzungsregelung hat das Mitglied keinen Anspruch auf einen Anteil auf Gewinn oder auf ein Auseinandersetzungsguthaben beim Austritt (BGHZ 47, 381, 386; 55, 381, 385; Soergel/*Hadding* Rn 19; *Lettl* AcP 203 (2003), 149), beim nichtrechtsfähigen Verein kann das uU anders sein (*Schöpflin* S 283 ff, 309, str).

6 **2. Mitverwaltungsrechte.** Mitverwaltungsrechte umfassen den Anspruch, an der vereinsinternen Willensbildung teilzuhaben, insbes aktiv an den Mitgliederversammlungen teilzunehmen, das aktive und passive Wahlrecht zu den Vereinsorganen und die jedenfalls innerhalb der Mitgliederversammlung bestehenden Auskunfts- und Informationsrechte (*Reichert* Rn 731 ff).

7 **3. Schutzrechte.** Zu den Schutzrechten gehört das Recht auf **Gleichbehandlung**. Es verbietet die willkürliche Schlechterstellung einzelner Mitglieder ohne sachlichen Grund und begrenzt die Mehrheitsherrschaft (*Reichert* Rn 771 ff). Satzungsgemäße Sonderrechte (§ 35) sind aber ebenso zulässig wie abgestufte Mitgliedschaften, die unterschiedlichen Pflichten auch verschiedene Rechte zuordnen (näher *Beuthien/Schöpflin* DB 97, 361). Auch die **Treuepflicht** ist ein Schutzrecht. Sie verpflichtet den Verein, auf die Interessen der Minderheit Rücksicht zu nehmen und nicht unter Missachtung des Vereinszwecks eigennützig ausschließlich eigene Interessen zu verfolgen (*Reichert* Rn 910 ff; Soergel/*Hadding* Rn 19, 23).

II. Pflichten. 1. Beitrags- und Mitverwaltungspflichten. Die Satzung soll Regelungen über die Beitragspflicht enthalten (§ 58 Nr 2), auch die Mitgliederversammlung kann über sie beschließen. Meist sind die Beiträge in Geld zu leisten, möglich sind auch Sach- oder Dienstleistungen (BAG NJW 03,161). **Umlagen** zur Befriedigung eines besonderen Finanzbedarfs bedürfen einer Grundlage in der Satzung (*Reichert* Rn 865 ff). Mitverwaltungspflichten (zB Pflicht zur Teilnahme an der Mitgliederversammlung) können den Mitgliedern durch Satzung auferlegt werden. Sie werden durch den Grundsatz der Zumutbarkeit begrenzt. 8

2. Treuepflicht. Das Mitglied ist nach hM zur **Loyalität** nicht nur gegenüber dem Verein, sondern auch gegenüber den anderen Vereinsmitgliedern verpflichtet. Die Mitglieder müssen die Zwecke des Vereins fördern und dürfen dem Vereinszweck nicht schaden. Allerdings begründet Kritik an der Vereinspolitik keine Treuepflichtverletzung (AnwK/*Heidel/Lochner* Rn 16). Gegenüber den anderen Mitgliedern sind sie zur Rücksicht verpflichtet. Die Folgen einer Treuepflichtverletzung hängen vom Einzelfall ab. In Betracht kommen Unterlassungs-, Erfüllungs- und Schadensersatzansprüche sowie bei Abstimmungen das Nichtzählen der treuwidrigen Stimmabgabe bzw die Nichtigkeit des inhaltlich treuwidrigen Beschlusses (näher zur Treuepflicht BaRoth/*Schwarz* Rn 5, 27 f; *Reichert* Rn 890 ff). 9

III. Änderung. Außer den Sonderrechten (§ 35) können die Rechte und Pflichten der Mitglieder durch Mehrheitsbeschlüsse, die der Satzung entsprechen, geändert werden (BaRoth/*Schwarz* Rn 30). **Beitragserhöhungen** können mit der für Satzungsänderungen erforderlichen Mehrheit beschlossen werden, wenn sie ihrer Höhe nach für das einzelne Mitglied schon beim Eintritt in den Verein vorhersehbar waren, also stets bei moderaten Erhöhungen aufgrund der Geldentwertung (*Reichert* Rn 845 f). Wird diese Grenze überschritten, greift das **Verbot der wesentlichen Pflichtenmehrung** ein, so dass die Zustimmung aller von der Beitragserhöhung betroffenen Mitglieder notwendig ist (*Beuthien* BB 87, 6, 10 ff; *Reichert* Rn 845). 10

§ 39 Austritt aus dem Verein

(1) Die Mitglieder sind zum Austritt aus dem Verein berechtigt.
(2) Durch die Satzung kann bestimmt werden, dass der Austritt nur am Schluss eines Geschäftsjahrs oder erst nach dem Ablauf einer Kündigungsfrist zulässig ist; die Kündigungsfrist kann höchstens zwei Jahre betragen.

A. Austrittsrecht, Austrittsvoraussetzungen. Das Austrittsrecht ist nach § 40 durch die Satzung unabdingbar und sichert damit die Freiheit des Mitglieds, sich dem Verein und seinen Pflichten zu entziehen. Das ermöglicht auch einen Wettbewerb der Vereine untereinander. 1

Der Austritt muss als einseitige **empfangsbedürftige Willenserklärung** dem zuständigen Vereinsorgan zugehen, meist dem Vorstand (§§ 130, 28 II). Es gelten die allgemeinen Auslegungsregeln. Die Wendung „hiermit kündigen wir die Mitgliedschaft zum nächstmöglichen Termin" ist zB idR als Kündigung der Mitgliedschaft zum satzungsgemäßen Beendigungstermin auszulegen (BAG NZA 05, 645, 646). 2

Mit Ausnahme der Schriftform (§ 127) darf die Satzung, die nach § 59 Nr. 1 den Austritt näher regeln soll, keine Erschwerungen des Austritts vorsehen, also auch nicht die Form eines Einschreibens (BGH NJW-RR 96, 866) oder ein Austrittsgeld. Es verstößt aber nicht gegen § 39, wenn die Satzung die Rückzahlung eines Aufnahmebeitrags von einer Höchstmitgliederzahl oder von der Werbung eines neuen Vereinsmitglieds durch den Ausscheidenden abhängig macht (Brandbg MDR 05, 640 f). Die Satzung kann **Fristen** für den Austritt vorsehen, die nach II aber nicht länger als zwei Jahre betragen dürfen. Diese Frist gilt auch bei einer Kombination von Austrittsfrist und festem Austrittstermin. Unzulässig ist also zB eine Frist von zwei Jahren zum Jahresschluss, zulässig wäre aber ein Jahr zum Jahresende. Wenn die Satzung eine zu lange Frist vorsieht, soll das nicht unwirksam sein, sondern die zweijährige Kündigungsfrist des II gelten (Palandt/*Heinrichs* Rn 3). Zum Schutz des Vereinsmitglieds muss zur Wahrung der Vereinigungsfreiheit eine derartige Bestimmung jedoch in Gänze unwirksam sein, so dass das Mitglied mit sofortiger Wirkung austreten kann. Nach § 10 II 3 PartG sind Mitglieder politischer **Parteien** jederzeit zum sofortigen Austritt berechtigt. **Gewerkschaftsmitglieder** können aufgrund der Koalitionsfreiheit (Art 9 III GG) höchstens einer satzungsmäßigen Austrittsfrist von 6 Monaten unterworfen werden (BGH NJW 81, 340 f; AG Hambg NJW 87, 2380; näher *Reitze* NZA 99, 70). 3

Die Mitglieder können fristlos aus wichtigem Grund austreten, da es sich um ein Dauerschuldverhältnis handelt (§ 314). Entscheidend ist die Unzumutbarkeit der satzungsmäßigen Austrittsfrist. Maßvolle Beitragserhöhungen oder Umlagen rechtfertigen keinen fristlosen Austritt (LG Aurich Rpfleger 87, 115), anders bei exorbitanter Erhöhung (LG Hambg NJW-RR 99, 1708 – um 300 %). Der Erwerb einer Eigentumswohnung rechtfertigt nicht den sofortigen Austritt aus dem Mieterverein, da dem Mitglied die ordentliche Kündigungsfrist zumutbar ist, weil der Verein eine zuverlässige Kalkulationsgrundlage benötigt und der Kündigungsgrund aus der Sphäre des Mitglieds stammt (aA AG Wiesbaden NJW-RR 99, 1242). 4

B. Austrittswirkungen. Mit Zugang der Austrittserklärung wird der Austritt wirksam und scheidet das Mitglied aus dem Verein aus, wenn die Satzung keine Austrittsfrist vorsieht. Andernfalls wird der Austritt mit Fristablauf wirksam. Solange die Mitgliedschaft noch fortdauert, hat das Mitglied alle Rechte und Pflichten. Aller- 5 dings müssen mitgliedschaftliche Ansprüche des Vereins, die erst nach Wirksamwerden des Austritts fällig werden, nicht mehr erfüllt werden (Schleswig NJW-RR 04, 609). Einen Abfindungsanspruch hat das scheidende Mitglied jedenfalls im Normalfall nicht (näher *Lettl* AcP 03, 149). Das Gesetz gewährt auch keinen Anspruch auf die Rückzahlung eines bei Vereinseintritt gezahlten Aufnahmebeitrags (Brandbg MDR 05, 641).

§ 40 Nachgiebige Vorschriften

Die Vorschriften des § 27 Abs. 1, 3, des § 28 Abs. 1 und der §§ 32, 33, 38 finden insoweit keine Anwendung, als die Satzung ein anderes bestimmt.

1   Die angeführten Vorschriften sind satzungsdispositiv, die übrigen vereinsrechtlichen Normen zwingend. Allerdings lassen auch die zwingenden Vorschriften teilweise Gestaltungen durch die Satzung zu, zB § 39 II oder § 37 I.

§ 41 Auflösung des Vereins

¹**Der Verein kann durch Beschluss der Mitgliederversammlung aufgelöst werden.** ²**Zu dem Beschluss ist eine Mehrheit von drei Vierteln der erschienenen Mitglieder erforderlich, wenn nicht die Satzung ein anderes bestimmt.**

1   **A. Auflösung. I. Begriff und Abgrenzung.** Die **Auflösung** zielt auf Beendigung des Vereins und ändert seinen Zweck in den der Liquidation. **Erlöschen** ist die sofortige Vollbeendigung des Vereins, er hört auf zu existieren. Mit dem **Verlust der Rechtsfähigkeit** endet lediglich die Rechtspersönlichkeit des Vereins, er kann aber als nichtrechtsfähiger Verein oder GbR fortbestehen.

2   **II. Auflösungsbeschluss.** Die Mitgliederversammlung muss die Auflösung mindestens mit ¾-Mehrheit beschließen. Die Satzung kann Erschwerungen oder Erleichterungen vorsehen (zB Einstimmigkeit oder die einfache Mehrheit) und die Auflösung an die Zustimmung einzelner Vereinsmitglieder oder einzelner Vereinsorgane binden. Die Entscheidung darf aber nicht einem Dritten übertragen werden (Stuttg NJW-RR 96, 995). Nichtig ist ein missbräuchlich, zB unter politischem Druck gefasster Auflösungsbeschluss; nach Wegfall des Drucks wird der Auflösungsbeschluss bestätigt, wenn sich die Mitglieder mit ihm abfinden (BGHZ 19, 51, 352, 355 ff; Jena NJW-RR 94, 698; BaRoth/*Schwarz* Rn 3).

3   **III. Sonstige Auflösungsgründe.** Der Verein wird aufgelöst durch Zeitablauf (§ 74 II) oder Eintritt einer auflösenden Bedingung, wenn die Satzung das vorsieht; Insolvenz (§ 42 I 1) Gründungsmängel (Soergel/*Hadding* Vor § 21 Rn 10), Sitzverlegung in das Ausland. Dagegen bewirkt die Erreichung oder das Unmöglichwerden des Vereinszwecks keine automatische Auflösung, sondern es bedarf eines feststellenden Beschlusses der Mitgliederversammlung (BGHZ 49, 175, 178; MüKo/*Reuter* Rn 82).

4   **IV. Rechtsfolgen.** Aufgrund der Auflösung wandelt sich der Verein in einen rechtsfähigen Liquidationsverein und besteht bis zum Liquidationsabschluss als juristische Person fort (§ 49 II). Die Auflösung ist zum Vereinsregister anzumelden (§ 74 II). Der Verein kann einen Fortsetzungsbeschluss fassen und damit die Liquidation beenden, wenn der Auflösungsgrund nicht entgegensteht. Damit reaktiviert er sich als werbender Verein (näher BaRoth/*Schwarz* Vor § 41 Rn 18 ff).

5   **B. Erlöschen.** Beim **Wegfall sämtlicher Mitglieder** durch Tod, Austritt, Lossagen des letzten Mitglieds vom Verein erlischt der Verein; nach hM bedarf es keiner Liquidation (BaRoth/*Schwarz* Rn 15). Steht der Wegfall fest, erfolgt Amtslöschung (§§ 159, 142 FGG). Ist noch Vereinsvermögen vorhanden, muss nach § 1913 ein Pfleger bestellt werden. Mit einem Mitglied bleibt der Verein bestehen bis das Registergericht nach § 73 einschreitet. Haben die Vereinsmitglieder den Vereinszweck endgültig aufgegeben und sich über längere Zeit nicht mehr betätigt, ist ebenfalls Auflösung anzunehmen (BGH WM 76, 686), es sei denn der Verein wird in einem Teilgebiet weitergeführt (BVerwG NJW 97, 474). Durch **Vereinsverbot** und Anordnung der Vermögenseinziehung erlischt der Verein (§§ 3 I 2, 11 VereinsG).

6   **C. Umwandlung.** Bei Beteiligung an einer **Verschmelzung** als übertragender Rechtsträger (§§ 3 I Nr 4, 99 ff UmwG) erlischt der Verein nach § 20 I Nr 2 UmwG ohne Liquidation, da sein Vermögen auf den übernehmenden Rechtsträger übergeht (§ 20 I Nr 1 UmwG). Nichtrechtsfähige Vereine sind nicht nach dem UmwG verschmelzungsfähig, auch nicht Parteien und Gewerkschaften (*Schöpflin* S 513 f). Nichtrechtsfähige Vereine können aber ebenso wie rechtsfähige durch Auflösung und Einzelübertragung und Erwerb der Mitgliedschaft im aufnehmenden Verein jenseits des UmwG verschmelzen (*Reichert* Rn 4199 ff). Spaltung und Formwechsel sind nach §§ 149, 272 ff UmwG möglich.

§ 42 Insolvenz

(1) ¹Der Verein wird durch die Eröffnung des Insolvenzverfahrens aufgelöst. ²Wird das Verfahren auf Antrag des Schuldners eingestellt oder nach der Bestätigung eines Insolvenzplans, der den Fortbestand des Vereins vorsieht, aufgehoben, so kann die Mitgliederversammlung die Fortsetzung des Vereins beschließen. ³Durch die Satzung kann bestimmt werden, dass der Verein im Falle der Eröffnung des Insolvenzverfahrens als nicht rechtsfähiger Verein fortbesteht; auch in diesem Falle kann unter den Voraussetzungen des Satzes 2 die Fortsetzung als rechtsfähiger Verein beschlossen werden.

(2) ¹Der Vorstand hat im Falle der Zahlungsunfähigkeit oder der Überschuldung die Eröffnung des Insolvenzverfahrens zu beantragen. ²Wird die Stellung des Antrags verzögert, so sind die Vorstandsmitglieder, denen ein Verschulden zur Last fällt, den Gläubigern für den daraus entstehenden Schaden verantwortlich; sie haften als Gesamtschuldner.

A. Rechtsfolgen des Insolvenzverfahrens. § 42 I 1 stellt klar, dass der Verein durch Insolvenzeröffnung **aufgelöst** wird (§ 41 Rn 1, 4). Das Insolvenzverfahren ersetzt die bei Auflösung sonst notwendige Liquidation. Insolvenzgründe sind (drohende) Zahlungsunfähigkeit und Überschuldung (§§ 16–19 InsO). Die Eintragung erfolgt nach § 75. Der Verein besteht als rechtsfähiger bis zum Ende des Insolvenzverfahrens mit seinen Organen weiter. Deren Befugnisse sind aber durch die Verwaltungs- und Verfügungsbefugnis des Insolvenzverwalters eingeschränkt (§ 80 InsO). Zum Verein im Insolvenzverfahren ausführlich *Reichert* Rn 3574 ff. Wenn die Satzung nichts anderes bestimmt, erlischt die **Beitragspflicht** der Mitglieder mit Insolvenzeröffnung (BGHZ 96, 253, 256 zum Konkurs, *Reichert* Rn 3625). Mit Abschluss des Insolvenzverfahrens erlischt der Verein. 1

Der Verein kann seine **Fortsetzung** als rechtsfähiger Verein beschließen, wenn das Verfahren auf Antrag des Vereins eingestellt wird (§§ 212, 213 InsO) oder ein Insolvenzplan bestätigt wird, der den Fortbestand des Vereins vorsieht (§§ 248, 258 InsO). Durch Fortsetzungsklausel kann die Satzung bestimmen, dass der eV im Insolvenzfall als nichtrechtsfähiger Verein fortgesetzt wird. Dieser nichtrechtfähige Verein ist mit dem aufgelösten identisch; das Vermögen steht aber der Insolvenzmasse zu (BaRoth/*Schwarz* Rn 6; zur Fortsetzung näher *Reichert* Rn 4098 ff). 2

B. Insolvenzantrags- und Schadensersatzpflicht. Bei Zahlungsunfähigkeit oder Überschuldung trifft den Vorstand als Organ, die einzelnen Vorstandsmitglieder (unabhängig von der Vertretungsregelung) und außerdem die Liquidatoren (§ 53) nach § 42 II 1 eine Insolvenzantragspflicht, deren schuldhafte Verletzung gegenüber den geschädigten Vereinsgläubigern schadensersatzpflichtig macht (§ 42 II 2). Gläubiger die zZ als der Insolvenzantrag hätte gestellt werden müssen, bereits Gläubiger waren (Altgläubiger) können den Quotenschaden verlangen (Betrag, um den ihre Quote niedriger ausfällt als bei rechtzeitiger Antragstellung). Die Neugläubiger können beanspruchen, so gestellt zu werden, als hätten sie nicht mit dem Verein kontrahiert (BaRoth/*Schwarz* Rn 10; AnwK/*Eckardt* Rn 47 mwN). 3

§ 43 Entziehung der Rechtsfähigkeit

(1) Dem Verein kann die Rechtsfähigkeit entzogen werden, wenn er durch einen gesetzwidrigen Beschluss der Mitgliederversammlung oder durch gesetzwidriges Verhalten des Vorstands das Gemeinwohl gefährdet.
(2) Einem Verein, dessen Zweck nach der Satzung nicht auf einen wirtschaftlichen Geschäftsbetrieb gerichtet ist, kann die Rechtsfähigkeit entzogen werden, wenn er einen solchen Zweck verfolgt.
(3) – *weggefallen* –
(4) Einem Verein, dessen Rechtsfähigkeit auf Verleihung beruht, kann die Rechtsfähigkeit entzogen werden, wenn er einen anderen als den in der Satzung bestimmten Zweck verfolgt.

Gesetzwidrigkeit liegt vor, wenn der Beschluss der Mitgliederversammlung oder das Verhalten des Vorstands gegen ein **Verbotsgesetz** verstoßen, das die Allgemeinheit schützen soll (MüKo/*Reuter* Rn 9). Unabhängig davon kommt nach § 3 VereinsG ein Vereinsverbot in Betracht. 1

Einem **Idealverein** (eV) kann die Rechtsfähigkeit entzogen werden, wenn er tatsächlich einen wirtschaftlichen Zweck verfolgt. Damit werden Umgehungen des § 22 verhindert. Entscheidend ist, ob der Verein in einer Weise wirtschaftlich tätig wird, die über das Nebenzweckprivileg hinausgeht (BaRoth/*Schwarz* Rn 3). Amtslöschung nach §§ 159, 142 FGG kommt nur in Betracht, wenn die Satzung auf einen wirtschaftlichen Geschäftsbetrieb gerichtet ist (Schlesw Rpfleger 90, 304). Einem konzessionierten **Wirtschaftsverein**, der satzungswidrig einen anderen (auch anderen wirtschaftlichen) Zweck verfolgt, kann ebenfalls die Rechtsfähigkeit entzogen werden. 2

Die Entscheidung liegt im Ermessen der zuständigen Behörde (AnwK/*Eckardt* Rn 10). Mit Bestandskraft des entziehenden Verwaltungsakts entfällt die Rechtsfähigkeit, der Verein besteht als nichtrechtsfähiger auf Liquidation angelegter Verein fort, kann aber seine Fortsetzung als nichtrechtsfähiger Dauerverein beschließen (BaRoth/*Schwarz* Rn 7; s.a. AnwK/*Eckardt* Rn 11). 3

§ 44 Zuständigkeit und Verfahren

(1) Die Zuständigkeit und das Verfahren bestimmen sich in den Fällen des § 43 nach dem Recht des Landes, in dem der Verein seinen Sitz hat.
(2) Beruht die Rechtsfähigkeit auf Verleihung durch den *Bundesrat*, so erfolgt die Entziehung durch Beschluss des *Bundesrates*.

1 Die nach Landesrecht zuständigen Behörden finden sich bei *Reichert* Rn 3759 f. Beim Auslandsverein ist der Bundesinnenminister nach §§ 23, 44 II iVm Art 125, 129 GG zuständig.

§ 45 Anfall des Vereinsvermögens

(1) Mit der Auflösung des Vereins oder der Entziehung der Rechtsfähigkeit fällt das Vermögen an die in der Satzung bestimmten Personen.
(2) ¹Durch die Satzung kann vorgeschrieben werden, dass die Anfallberechtigten durch Beschluss der Mitgliederversammlung oder eines anderen Vereinsorgans bestimmt werden. ²Ist der Zweck des Vereins nicht auf einen wirtschaftlichen Geschäftsbetrieb gerichtet, so kann die Mitgliederversammlung auch ohne eine solche Vorschrift das Vermögen einer öffentlichen Stiftung oder Anstalt zuweisen.
(3) Fehlt es an einer Bestimmung der Anfallberechtigten, so fällt das Vermögen, wenn der Verein nach der Satzung ausschließlich den Interessen seiner Mitglieder diente, an die zur Zeit der Auflösung oder der Entziehung der Rechtsfähigkeit vorhandenen Mitglieder zu gleichen Teilen, anderenfalls an den Fiskus des Bundesstaats, in dessen Gebiet der Verein seinen Sitz hatte.

1 **A. Anfall.** Nach dem Wortlaut findet der Anfall bei Auflösung des Vereins (§ 41 Rn 1 ff) und Entziehung der Rechtsfähigkeit (§ 43) statt. Nur wenn ein Anfall stattfindet, ist die Liquidation durchzuführen (AnwK/*Eckardt* Rn 1). Die Vorschrift ist entsprechend auf Beendigungstatbestände anzuwenden, die zur Liquidation führen wie Verlust der Rechtsfähigkeit nach Amtslöschung oder Auflösung durch Hoheitsakt ohne Einziehung des Vermögens (§§ 3 I, 11 II VereinsG). Beim Wegfall aller Mitglieder gilt § 1913, der Pfleger muss aber Überschüsse dem Anfallberechtigten übertragen (BaRoth/*Schwarz* Rn 2).
2 Fällt das Vermögen nicht dem Fiskus (§ 46), sondern einer anderen Person zu, erfolgt die Liquidation des noch fortbestehenden Vereins, nach deren Ende der Überschuss an den Anfallberechtigten kraft eines schuldrechtlichen Anspruchs gegen den Verein auszuantworten ist (§ 49 I 1). Das auszuantwortende Vermögen umfasst die Rechte und Pflichten des Vereins einschließlich seiner Persönlichkeitsrechte, die ihm allerdings erhalten bleiben, wenn er seine Fortsetzung beschließt (BaRoth/*Schwarz* Rn 4).
3 **B. Anfallberechtigter.** Der Anfallberechtigte wird durch die Satzung oder das satzungsgemäß zuständige Organ bestimmt (§ 45 I, II 1). Beim Idealverein kann die Mitgliederversammlung auch ohne Satzungsbestimmung das Vereinsvermögen einer öffentlichen Stiftung oder Anstalt, nach hM auch einer Körperschaft zuweisen (Palandt/*Heinrichs* §§ 45–47 Rn 2; *Reichert* Rn 3993, der auch juristische Personen des Privatrechts, die öffentliche Aufgaben wahrnehmen, als anfallberechtigt ansieht). Ein Verein, der **steuerbegünstigte Zwecke** verfolgen will, muss den Grundsatz der Vermögensbindung beachten (§ 55 I Nr 4 AO) und sicherstellen, dass das Vereinsvermögen bei Auflösung nur steuerbegünstigten Zwecken zufällt (näher *Reichert* Rn 3988 ff).
4 Fehlt es an einer Satzungsregelung oder kann der Anfallberechtigte nicht durch die Mitgliederversammlung bestimmt werden, fällt das Vermögen beim selbstnützigen Verein zu gleichen Teilen an die Mitglieder. Beim fremdnützigen Verein oder wenn keine Mitglieder zu ermitteln sind oder sie aus anderen Gründen ausfallen (AnwK/*Eckardt* Rn 12), fällt das Vermögen an den Fiskus. Selbstnützig sind wirtschaftliche Vereine und solche, die keine steuerbegünstigten Zwecke nach §§ 51 ff AO verfolgen (*Reichert* Rn 3996).

§ 46 Anfall an den Fiskus

¹Fällt das Vereinsvermögen an den Fiskus, so finden die Vorschriften über eine dem Fiskus als gesetzlichem Erben anfallende Erbschaft entsprechende Anwendung. ²Der Fiskus hat das Vermögen tunlichst in einer den Zwecken des Vereins entsprechenden Weise zu verwenden.

1 Die Norm **privilegiert** den Fiskus als Anfallberechtigten. Aus den in Bezug genommenen erbrechtlichen Vorschriften folgt die Gesamtrechtsnachfolge in das Vereinsvermögen und die Vereinsverbindlichkeiten (§§ 1922, 1936 S 1, 1967), das Fehlen des Ausschlagungsrechts (§ 1942 II), die Beschränkung der Haftung auf das übernommene Vermögen (§§ 1994 I 2, 2011) und die Maßgeblichkeit der Feststellung nach §§ 1964 II, 1966 für die Geltendmachung von Ansprüchen. Mit der Gesamtrechtsnachfolge endet die Existenz des Vereins. Die öffentlich-rechtliche Pflicht zur vereinszweckgerechten Vermögensverwendung ist verwaltungsgerichtlich nicht durchsetzbar (AnwK/*Eckardt* Rn 4).

§ 47 Liquidation

Fällt das Vereinsvermögen nicht an den Fiskus, so muss eine Liquidation stattfinden, sofern nicht über das Vermögen des Vereins das Insolvenzverfahren eröffnet ist.

Liquidation bedeutet die Abwicklung des Vereins, indem das Vereinsvermögen in Geld umgesetzt, die Gläubiger befriedigt werden und das verbleibende Vermögen an den Anfallberechtigten ausgekehrt wird. Der Verein ändert seinen Zweck und wird zum Liquidationsverein. Ein Liquidationsverfahren findet nicht statt, wenn das Vereinsvermögen dem Fiskus anfällt (§ 46), im Falle der Insolvenz und wenn der Verein seine Fortsetzung als nichtrechtsfähiger Verein beschließt.

§ 48 Liquidatoren

(1) ¹Die Liquidation erfolgt durch den Vorstand. ²Zu Liquidatoren können auch andere Personen bestellt werden; für die Bestellung sind die für die Bestellung des Vorstands geltenden Vorschriften maßgebend.
(2) Die Liquidatoren haben die rechtliche Stellung des Vorstands, soweit sich nicht aus dem Zwecke der Liquidation ein anderes ergibt.
(3) Sind mehrere Liquidatoren vorhanden, so ist für ihre Beschlüsse Übereinstimmung aller erforderlich, sofern nicht ein anderes bestimmt ist.

Die Vorstandsmitglieder bleiben als „geborene" Liquidatoren ohne weiteres im Amt. Sie können aber nach den für den Vorstand geltenden Vorschriften durch „gekorene" Liquidatoren ersetzt werden (§ 48 I 2, II, 27 I, II), auch durch juristische Personen, zB Wirtschaftsprüfungs- oder Treuhandgesellschaften (Palandt/*Heinrichs* §§ 48, 49 Rn 1). Das AG kann nach §§ 48 II, 29 Notliquidatoren einsetzen. Die Liquidatoren sind in ihrer Geschäftsführung auf den Liquidationszweck beschränkt, sie vertreten den Verein nach außen, der für sie nach § 31 einstehen muss. Gegenüber dem Verein haften die Liquidatoren nach § 280 für Pflichtverletzungen. Der nach § 48 III geltende Einstimmigkeitsgrundsatz führt im Außenverhältnis zur Gesamtvertretung, wenn die Satzung oder die Mitgliederversammlung (Soergel/*Hadding* Rn 6; *Reichert* 3883, str) nicht etwas anderes bestimmt (zB Mehrheitsprinzip). Die Eintragung in das Vereinsregister regelt § 76.

§ 49 Aufgaben der Liquidatoren

(1) ¹Die Liquidatoren haben die laufenden Geschäfte zu beendigen, die Forderungen einzuziehen, das übrige Vermögen in Geld umzusetzen, die Gläubiger zu befriedigen und den Überschuss den Anfallberechtigten auszuantworten. ²Zur Beendigung schwebender Geschäfte können die Liquidatoren auch neue Geschäfte eingehen. ³Die Einziehung der Forderungen sowie die Umsetzung des übrigen Vermögens in Geld darf unterbleiben, soweit diese Maßregeln nicht zur Befriedigung der Gläubiger oder zur Verteilung des Überschusses unter die Anfallberechtigten erforderlich sind.
(2) Der Verein gilt bis zur Beendigung der Liquidation als fortbestehend, soweit der Zweck der Liquidation es erfordert.

Die Liquidatoren haben den **Liquidationszweck** des für die Abwicklung fortbestehenden Vereins zu verfolgen. Die Beendigung laufender Geschäfte ist weit zu verstehen. Die Liquidatoren können auch neue Geschäfte abschließen, die dem Liquidationszweck dienen. Es entscheidet die wirtschaftliche Zweckmäßigkeit. Bei Vereinen mit bedeutendem Geschäftsbetrieb müssen die Liquidatoren eine Eröffnungsbilanz erstellen (vgl AnwK/*Eckardt* Rn 4). IdR ist das Vermögen komplett zu versilbern, weil die Anfallberechtigten nur an Geld und nicht an Naturalien interessiert sind (vgl AnwK/*Eckardt* Rn 5). Nach Abschluss des Liquidationsverfahrens müssen die Liquidatoren den Überschuss nach Ablauf des Sperrjahres (§ 51) an den Anfallberechtigten auszahlen.

Die Liquidatoren überschreiten ihre **Vertretungsmacht**, wenn das Geschäft nicht unter den Liquidationszweck fällt und der Vertragspartner dies erkannt hat oder erkennen musste (RGZ 146, 376, 377; Erman/*Westermann* Rn 2), zum gleichen Ergebnis gelangt man, wenn man zwar unbeschränkte Vertretungsmacht annimmt, aber die Grundsätze über den Missbrauch der Vertretungsmacht anwendet (BaRoth/*Schwarz* Rn 12).

Nach § 49 II besteht der Verein bis zur Beendigung der Liquidation fort, ob als rechtsfähig oder teilrechtsfähig ist str (näher BaRoth/*Schwarz* Rn 4 f). Vermögenslosigkeit und **Vollbeendigung** des Vereins tritt mit Beendigung der Liquidation durch die Schlussverteilung des verbleibenden Aktivvermögens ein. Er kann dann nicht mehr durch Fortsetzungsbeschluss wiederbelebt werden.

§ 50 Bekanntmachung

(1) ¹Die Auflösung des Vereins oder die Entziehung der Rechtsfähigkeit ist durch die Liquidatoren öffentlich bekannt zu machen. ²In der Bekanntmachung sind die Gläubiger zur Anmeldung ihrer Ansprüche aufzufordern. ³Die Bekanntmachung erfolgt durch das in der Satzung für Veröffentlichungen bestimmte Blatt, in Ermangelung eines solchen durch dasjenige Blatt, welches für Bekanntmachungen des Amtsgerichts bestimmt ist, in dessen Bezirke der Verein seinen Sitz hatte. ⁴Die Bekanntmachung gilt mit dem Ablauf des zweiten Tages nach der Einrückung oder der ersten Einrückung als bewirkt.
(2) Bekannte Gläubiger sind durch besondere Mitteilung zur Anmeldung aufzufordern.

1   Bekanntmachung und Aufforderung zur Anmeldung von Ansprüchen dienen dem Gläubigerschutz. Steht die Vermögenslosigkeit des Vereins fest, ist die Aufforderung funktionslos und daher entbehrlich (aA Palandt/ *Heinrichs* §§ 50–51 Rn 1). Die Aufforderung führt nicht zum Ausschluss der Gläubiger. Das Unterlassen der Aufforderung kann zur Haftung der Liquidatoren nach § 53 führen. Bei der Berichtigung der Verbindlichkeiten sind alle bekannten Gläubiger zu berücksichtigen.

§ 51 Sperrjahr

Das Vermögen darf den Anfallberechtigten nicht vor dem Ablauf eines Jahres nach der Bekanntmachung der Auflösung des Vereins oder der Entziehung der Rechtsfähigkeit ausgeantwortet werden.

1   Die einjährige Verteilungssperre wirkt gläubigerschützend. Verstöße haben die Schadensersatzpflicht der Liquidatoren nach § 53 gegenüber Gläubigern und nach § 280 gegenüber dem Verein zur Folge. Anfallberechtigte, die verfrüht Vermögen erhalten haben, sind dem Verein nach § 812 I 1 zur Rückgewähr verpflichtet.
2   Soweit das Vermögen nicht nach § 52 benötigt wird, kann es nach Ablauf des Sperrjahres an die Anfallberechtigte verteilt werden. Solange die Verteilung nicht abgeschlossen ist, müssen Gläubiger, die sich nachträglich melden, befriedigt werden. Nach Abschluss der ordnungsgemäß durchgeführten Liquidation haben nachträglich auftauchende Gläubiger keinen Bereicherungsanspruch gegen die Anfallberechtigten, weil diese mit Rechtsgrund erworben haben (Erman/*Westermann* Rn 2). Wird nach Ende der Liquidation bisher übersehenes Vermögen des Vereins bekannt (auch Ansprüche nach § 53), bedarf es einer Nachtragsliquidation (näher *Reichert* Rn 4057 ff).

§ 52 Sicherung für Gläubiger

(1) Meldet sich ein bekannter Gläubiger nicht, so ist der geschuldete Betrag, wenn die Berechtigung zur Hinterlegung vorhanden ist, für den Gläubiger zu hinterlegen.
(2) Ist die Berichtigung einer Verbindlichkeit zur Zeit nicht ausführbar oder ist eine Verbindlichkeit streitig, so darf das Vermögen den Anfallberechtigten nur ausgeantwortet werden, wenn dem Gläubiger Sicherheit geleistet ist.

1   Die Berechtigung zur Hinterlegung bestimmt sich nach § 372, die Art und Weise der Sicherheitsleistung nach §§ 232 ff. Ein Verstoß gegen die Vorschrift führt zu Schadensersatzansprüchen gegen die Liquidatoren (§ 53) und zu Bereicherungsansprüchen gegen die Anfallberechtigten. Statt die Maßnahmen des § 52 zu ergreifen, kann die Ausschüttung auch bis zur Befriedigung der Gläubiger bzw bis zum Ende des Streits aufgeschoben werden (Erman/*Westermann* Rn 1).

§ 53 Schadensersatzpflicht der Liquidatoren

Liquidatoren, welche die ihnen nach dem § 42 Abs. 2 und den §§ 50 bis 52 obliegenden Verpflichtungen verletzen oder vor der Befriedigung der Gläubiger Vermögen den Anfallberechtigten ausantworten, sind, wenn ihnen ein Verschulden zur Last fällt, den Gläubigern für den daraus entstehenden Schaden verantwortlich; sie haften als Gesamtschuldner.

1   Die Gläubiger haben einen direkten Schadensersatzanspruch gegen die Liquidatoren, wenn sie die genannten Vorschriften verletzt haben. Nach allgemeinen Grundsätzen setzt der Anspruch Kausalität und Verschulden der Liquidatoren voraus. Der Schaden des Gläubigers besteht darin, dass er mit einer bekannten Forderung ausgefallen ist. Im Vorfeld haben die Gläubiger entsprechend § 1004 einen Anspruch auf Unterlassung pflichtwidriger Verteilung des Vereinsvermögens, der im Wege einstweiliger Verfügung (§§ 935 ff ZPO) geltend gemacht werden kann.

§ 54 Nicht rechtsfähige Vereine

¹Auf Vereine, die nicht rechtsfähig sind, finden die Vorschriften über die Gesellschaft Anwendung. ²Aus einem Rechtsgeschäfte, das im Namen eines solchen Vereins einem Dritten gegenüber vorgenommen wird, haftet der Handelnde persönlich; handeln mehrere, so haften sie als Gesamtschuldner.

A. Grundlagen. Der nichtrechtsfähige Verein (nV) unterscheidet sich vom eV durch die fehlende Eintragung in das Vereinsregister, also durch die fehlende Publizität. Als nichtrechtsfähige Vereine kommen alle Idealvereine in Betracht, die auch ein eV sein könnten, also vor allem Sportvereine, Studentenverbindungen, kulturell tätige Vereine wie Gesangsvereine, Brauchtumsvereine, aber auch Parteien und Gewerkschaften sowie selbständige Untergliederungen von Großvereinen. 1

B. Rechtsgeschichtliches und Rechtspolitisches. Mit der Verweisung auf das Recht der Gesellschaft griff das BGB die bis zu seiner Entstehung in Deutschland herrschende Rechtslage auf und sicherte das System der Normativbestimmungen ab, nach dem rechtsfähige Idealvereine durch Erfüllung der gesetzlichen Voraussetzungen aufgrund Eintragung entstehen. Im Jahr 1900 hatte die Verwaltungsbehörde ein Einspruchsrecht gegen die Eintragung (sozial-) politischer oder religiöser Vereine. Das AG konnte von dem Vorstand des eV jederzeit ein Verzeichnis der Namen sämtlicher Vereinsmitglieder verlangen. Diese Mechanismen waren geeignet, Vereine zu kontrollieren und daher zu veranlassen, sich mit dem Status eines nicht rechtsfähigen Vereins (nV) zu begnügen, so zB die Gewerkschaften. Gegenwärtig gibt es diese Kontrollbefugnisse nicht mehr, sondern nur noch rechtsformunabhängige öffentlich-rechtliche Befugnisse nach dem VereinsG. 2
Die Gründung eines eV ist mit äußerst geringem Kostenaufwand möglich, das Vereinsregister dient legitimen Zwecken des Rechtsverkehrsschutzes. § 54 verstößt mit seiner Verweisung in das scheinbar wenig passende Personengesellschaftsrecht auch nicht gegen das GG, weil genügend zumutbare Rechtsformalternativen insbes in Gestalt des eV vorhanden sind (*Schöpflin* S 117–139 mwN auch zur Gegenmeinung). Angesichts dieses Befundes sind Bemühungen, den nicht rechtsfähigen zum rechtsfähigen Verein zu machen (*K Schmidt* NJW 01, 993, 1002 f), nicht nur begrifflich absurd, sondern auch antiquiert, weil sie die liberale Wandlung des normativen Kontextes seit dem Jahr 1900 nicht zur Kenntnis nehmen (zur Rechtsgeschichte *Schöpflin* S 21–76). 3

C. Verweisung. § 54 S 1 ist eine dynamische Verweisung, die auf das Recht der GbR in seiner jeweiligen Ausgestaltung Bezug nimmt. Für den wirtschaftlichen nV verweist die Norm auf das Recht der OHG (näher *Schöpflin* S 77–81). 4

D. Abgrenzung zu anderen Rechtsformen. I. GbR. Die Abgrenzung zur GbR ist angesichts § 54 S 2 und wegen der Frage, ob das Innenrecht des Vereins oder der GbR Anwendung findet, unverzichtbar. Der nV setzt begrifflich einen gemeinsamen Zweck, Gesamtnamen sowie körperschaftliche Struktur durch Vorstand Mitgliederversammlung und Unabhängigkeit vom Mitgliederwechsel voraus. Er muss mindestens drei (nach aA zwei) Mitglieder haben und insofern von Dauer sein als die angestrebte Länge seines Bestehens Raum lassen muss für praktizierte körperschaftliche Organisation. Diese zur Unterscheidung von der GbR dienenden Einzelkriterien bedürfen einer Gesamtbetrachtung (s.a. Vor § 21 Rn 10). 5
Die Schwierigkeit der Abgrenzung zur GbR hat die Rspr veranlasst, Mischformen zwischen nV und GbR anzunehmen (BGH NJW 79, 2304). Jedoch muss jede Vereinigung eindeutig einer Rechtsform zugeordnet werden. Freilich kann ein Verein personalistischer sein als ein anderer, so dass im Innenrecht mit Vorsicht ergänzend Normen aus dem Recht der GbR Anwendung finden können. Das ändert aber nichts daran, dass der nV eine Körperschaft ist und nicht lediglich eine körperschaftlich verfasste Gesellschaft (aA *Bergmann* ZGR 05, 654). 6

II. Vorvereine und Vorgesellschaften. Vorvereine, die die Rechtspersönlichkeit durch Eintragung oder Konzessionierung anstreben, sind nVe. Da das Vereinsrecht die Grundform des Rechts privater Körperschaften darstellt, sind die Vorgesellschaften anderer Rechtsform (zB die Vor-GmbH) als nVe anzusehen (aA die hM, etwa BGHZ 20, 281, 285; Palandt/*Heinrichs* Rn 3). Freilich haben sich die Gründer dafür entschieden, eine AG, GmbH oder eG zu gründen, so dass das Organisationsrecht dieser Rechtsformen gilt. Die Verweisung des § 54 S 1 ermöglicht es aber, die persönliche Außenhaftung der Gesellschafter nach § 128 HGB zu begründen (*Beuthien* ZIP 96, 314 f; *Schöpflin* S 150, 449 ff). 7

E. Organisationsrecht. Die Organisation regelt der nV iRs durch Art 9 I GG garantierten Vereinsautonomie durch seine **Satzung**, die formfrei ist und ganz oder teilweise auch durch bloße Vereinsübung zustande kommen oder geändert werden kann. Die Satzung unterliegt den Grenzen der §§ 134, 138 sowie der zurückhaltend anzuwendenden gerichtlichen Inhaltskontrolle. Da § 54 eine Vereinsorganisation voraussetzt, entspricht es dem Zweck des Gesetzes, das Recht der inneren Vereinsorganisation, also die §§ 24 ff, auf den nV anzuwenden (BGHZ 50, 325, 329), zumal der Wortlaut dieser Vorschriften keinen eV voraussetzt. Der **Sitz** bestimmt sich daher nach § 24. 8
Für den **Vorstand** gelten §§ 26–29. Der Umfang seiner Vertretungsmacht kann nach § 26 II 2 mit Wirkung für und gegen Dritte beschränkt werden, was sich Dritte entsprechend §§ 68, 70 aber nur entgegenhalten lassen müssen, wenn sie die Beschränkungen kennen. Der Vorstand haftet nach allgemeinen Regeln. § 708 gilt nicht. 9

10 Die **Mitgliederversammlung** richtet sich nach §§ 32–37. Es gilt auch § 37 II, da es sachgerecht ist, wenn das AG im FGG-Verfahren die Mitglieder zur Berufung der Versammlung ermächtigt. Der nV kann sich auch weitere Organe wie zB einen Beirat geben.

11 Die **Mitgliedschaft** wird durch Beitrittserklärung gegenüber einem Vorstandsmitglied (§ 28 II) und bei Fehlen einer abweichenden Regelung durch positive Entscheidung der Mitgliederversammlung (§ 32 I 1) erworben. Für den Austritt gilt § 39, in jedem Fall auch die Höchstfrist von zwei Jahren für den Austritt nach § 39 II (aA BGH NJW 79, 2304, 2305 für Vereinigungen im Grenzbereich zur GbR mit geringem Mitgliederwechsel). Bei der altruistischen GbR mit ideellem Zweck ist der **Abfindungsanspruch** des § 738 I 2 beim Ausscheiden eines Mitglieds **ausgeschlossen** (BGH NJW 97, 2592 f). Das Gleiche gilt für altruistische nVe, in aller Regel auch bei anderen ideellen Vereinszwecken, was sich aus dem Mitgliederwillen und der Vereinspraxis ergibt. Allerdings sollte man nicht kategorisch in jedem Fall die Möglichkeit von Abfindungsansprüchen zumindest in Höhe der geleisteten Einlagen oder Beiträge verneinen. Das zeigt der klassische Fall (RGZ 113, 125), in dem das RG dem aus dem Franziskanerorden nach 40 Jahren ausscheidenden Kläger jeden Abfindungsanspruch versagte (näher Schöpflin S. 281–287). Die Regeln über den Vereinsausschluss, die Vereinsstrafgewalt und die **Mitgliederrechte und -pflichten** gelten wie beim eV. Angesichts der Vermögens- und Haftungsverfassung steht den Mitgliedern die **actio pro socio** unter dem Vorbehalt des Vorrangs der Vorstandskompetenz zu Gebote.

12 **F. Rechtszuständigkeit. I. Allgemeines.** Aufgrund der Verweisung des § 54 S 1 in das Recht der GbR ist der nV eine Gesamthandgemeinschaft. Nachdem der BGH die (Außen-)GbR contra legem als rechtsfähig anerkannt hat (BGH NJW 01, 1056, s § 705 Rn 35 ff), sieht man den nV ebenfalls als rechtsfähig an (AnwK/Eckardt § 54 Rn 3–5; K. Schmidt NJW 01, 1002 f). Die Rechtsfähigkeit des nichtrechtsfähigen Vereins ist nicht nur begrifflich absurd und widerspricht dem Gesetz, sie ist auch unnötig, weil sich sachgerechte Ergebnisse auch aufgrund des überkommenen Gesamthandverständnisses erreichen lassen. Zudem ist es rechtspolitisch verfehlt, nicht eingetragene Vereine der Notwendigkeit der Eintragung zu entheben, indem man sie auch hinsichtlich der Rechtszuständigkeit in jeder Hinsicht dem eV gleichstellt.

13 Da das Gesamthandprinzip (§§ 718, 719) zur Verselbständigung des Vereinsvermögens führt, so dass man von einer Rechtsverkehrsfähigkeit des nV sprechen kann, beschränkt sich der Unterschied der hier vertretenen Auffassung zu denjenigen, die die Rechtsfähigkeit des nV propagieren, lediglich auf die rechtliche Konstruktion und wenige wichtige Sachfragen.

14 **II. Einzelheiten.** Dass die Mitglieder in ihrer gesamthänderischen Verbundenheit Träger des **Vereinsvermögens** und des durch § 12 geschützten **Namensrechts** des Vereins sind, bereitet angesichts der Vertretungsbefugnis des Vorstands sowie des Prinzips der An- und Abwachsung keine Schwierigkeiten. Der nV verstanden als die Vereinsmitglieder in ihrer gesamthänderischen Verbundenheit ist **wechsel- und scheckfähig** und auch **erbfähig** und fähig, Arbeitgeber zu sein (LAG Hamm NZA-RR 03, 487). Der nV kann Mitglied einer juristischen Person und einer Personengesellschaft sowie eines anderen nV sein. Bei Beteiligung an einer Handelspersonengesellschaft sind neben den Vorstands- sämtliche Vereinsmitglieder in das Handelsregister ebenso einzutragen wie jeder Mitgliederwechsel. Dadurch wird die Beteiligung eines nV an einer Handelspersonengesellschaft in sachgerechter Weise erschwert (näher Schöpflin S 340–345).

15 Der nV ist als solcher **nicht markenrechtsfähig** (BPatG GRUR 05, 955), so dass die Marke allen Mitgliedern in ihrer gemeinschaftlichen Verbundenheit zusteht. Daher sind sämtliche Mitglieder in das Markenrechtsregister einzutragen, wodurch größere Vereine markenunfähig werden. Dementsprechend ist der nV ebenso wie die GbR (BayObLG NJW 03, 70; Schöpflin NZG 03, 117; aA Ulmer/Steffek NJW 02, 330) als solcher **grundbuchunfähig** (Celle NJW 04, 1743 für Ortsverband politischer Partei, aA LG Berlin Rpfleger 03, 391). Daher müssen sämtliche Mitglieder in das Grundbuch eingetragen werden. Die Grundbuchunfähigkeit folgt aus der informellen Natur und mangelnden Publizität des nV. Es ist nicht Sache des Grundbuchamts, das Bestehen eines wirksamen nV zu überprüfen. Will der nV ein Grundstück erwerben, sind auch die geringen finanziellen Mittel für die Eintragung in das Vereinsregister vorhanden. Rechtspolitisch ist es sinnvoll, mit Hilfe der Grundbuchfähigkeit die bedeutenderen Vereinen, die immerhin Immobilien erwerben wollen, auf die Eintragung in das Vereinsregister hinzuwirken. Etwas anderes gilt auch nicht für Parteien, Gewerkschaften oder andere Massenorganisationen (Schöpflin S 345–356).

16 Während der nV in öffentlich-rechtlichen und arbeitsgerichtlichen Verfahren partei- bzw beteiligtenfähig ist (§§ 61 Nr 2 VwGO, 70 Nr 2 SGG, 11 Nr 2 VwVfG, 10 ArbGG) und die passive **Parteifähigkeit** des nV im Zivilprozess nach § 50 II ZPO den Rechtsverkehr schützt, käme eine aktive Parteifähigkeit dem nV zugute. Ihr Fehlen eignet sich wiederum, Druck in Richtung einer Vereinsregistereintragung auszuüben. Da Identität und Existenz eines nV für den Rechtsverkehr nicht immer sicher feststellbar sind und § 50 II ZPO einen Umkehrschluss gebietet, ist die aktive Parteifähigkeit abzulehnen (aA KG MDR 03, 1197; AG Witzenhausen NJW-RR 03, 614). Für Massenorganisationen, insbes Gewerkschaften kann entgegen BGHZ 42, 210 und 50, 325 nichts anderes gelten (Schöpflin S 376–381). Politischen Parteien gewährt § 3 ParteienG die Parteifähigkeit. Nach § 735 ZPO kann die **Zwangsvollstreckung** gegen den nV betrieben werden. Wenn man die aktive Parteifähigkeit bejaht, vermag der nV die Zwangsvollstreckung uneingeschränkt zu betreiben, anderenfalls kann er nur aufgrund § 50 II ZPO vollstrecken, wenn er verklagt wurde, obsiegt hat und seine Kosten vollstreckt. Die **Insolvenzfähigkeit** normiert § 11 I 2 InsO.

G. Haftungsverfassung. I. Haftung des Vereinsvermögens und der Mitglieder. Dass der nV mit dem 17
Vereinsvermögen haftet, folgt schon aus §§ 50 II, 735 ZPO. Aufgrund der Verweisung des § 54 S 1 BGB auf
das Recht der GbR müsste man aufgrund der Rspr des BGH, nach der die Gesellschafter der GbR nach
außen akzessorisch haften (BGH NJW 01, 1056, 1061), eigentlich eine unbeschränkte persönliche Außenhaftung der Vereinsmitglieder mit ihrem Privatvermögen annehmen. Inkonsequent, wenngleich im Ergebnis mit Recht, verneint der BGH mit der ganz hM weiterhin die Mitgliederhaftung beim nichtrechtsfähigen Idealverein (BGH NJW-RR 03, 1265, dazu *Reuter* NZG 04, 878; dem BGH folgend Brandbg OLGR
04, 407), was sich nur differenziert und vor allem mit der Interessenlage der Vereinsmitglieder sowie damit
begründen lässt, dass § 54 S 2 den Gläubigern zum Ausgleich eine natürliche Person als Schuldner an die
Hand gibt (eingehend zur Begründung des Haftungsausschlusses *Schöpflin* S 416 ff, besonders S 431–445).
Dieser institutionelle Haftungsausschluss gilt für rechtsgeschäftliche und gesetzliche Verbindlichkeiten. Bei
Delikten findet § 31 Anwendung.

II. Handelndenhaftung nach § 54 S 2. § 54 S 2 garantiert, dass jedenfalls eine natürliche Person für rechts- 18
geschäftliche Verbindlichkeiten (einschließlich der Sekundäransprüche) haftet, und gleicht die fehlende
Registerpublizität aus (BGH NJW-RR 03, 1265). Handelnde sind sowohl organschaftliche als auch nicht-
organschaftliche Vertreter des Vereins (BGH LM Nr 11 zu § 31 BGB (Bl 2); MüKo/*Reuter* § 54 Rn 59), nicht
aber mittelbar Handelnde, die sich lediglich vereinsintern mit dem Geschäft einverstanden erklärt haben
(BGH LM Nr 11 ui § 31 BGB (Bl 3 f); Schleswig SchlHA 95, 237, 239 f). Bestätigt der für den Verein Auftretende lediglich eine bereits früher mit dem Verein abgeschlossene Vereinbarung, begründet das keine Handelndenhaftung (Frankf NZG 02, 1071). Dritter ist nur, wer dem Verein wie ein Außenstehender gegenübertritt (Frankf aaO 1072), also ein Geschäft ohne unmittelbaren Bezug zur Mitgliedschaft abschließt (BGH
NJW-RR 03, 1265, der dahinstehen lässt, ob ein Vereinsmitglied überhaupt Dritter sein kann).
Die hM wendet § 54 S 2 auch bei fehlender Vertretungsmacht des Handelnden an (LG Frankf DB 76, 2058; Soergel/ 19
Hadding § 54 Rn 27). In diesen Fällen bleibt es jedoch richtigerweise bei der Anwendung des § 179, so dass insoweit
kein Konkurrenzverhältnis zu § 54 entsteht. Die Haftung des Handelnden ist zu der des Vereins akzessorisch. Als
Vorstandsmitglied kann der Handelnde nach §§ 27 III, 670, als nichtorganschaftlicher Vertreter aus dem zugrunde
liegenden Auftragsverhältnis gem § 670 BGB Aufwendungsersatz verlangen. Dem handelnden Vorstandsmitglied
sollte man ausnahmsweise dann einen Regressanspruch pro rata gegen die einzelnen Mitglieder zugestehen, wenn
die Mitgliederversammlung den Vorstand zu Vornahme des Geschäfts angewiesen hat (näher *Schöpflin* S 493–498).
Die hM lehnt allerdings jeden Regressanspruch gegen die Mitglieder ab (Soergel/*Hadding* § 54 Rn 31).
§ 37 PartG schließt § 54 S 2 für politische Parteien aus. Die Handelndenhaftung kann rechtsgeschäftlich aus- 20
geschlossen werden, aber nicht durch die Satzung. Wenn der Handelnde für einen Vorverein aufgetreten ist,
soll mit der Eintragung die Handelndenhaftung erlöschen (Palandt/*Heinrichs* § 54 Rn 13). Das ist aber nicht
gerechtfertigt, weil die Eintragung anders als bei der GmbH kein bestimmtes Stammkapital garantiert. Da die
Rechtsstellung der Gläubiger durch die Eintragung nicht verbessert wird, verbleibt es bei der Haftung.

H. Ende des Vereins. Da ein Verein mindestens drei Mitglieder erfordert, ist der nV durch Absinken auf 21
zwei Mitglieder aufgelöst (aA Palandt/*Heinrichs* § 54 Rn 14: zwei Mitglieder genügen). Weitere Auflösungsgründe ergeben sich aus §§ 41, 42 und sind außerdem Zeitablauf sowie der Wegfall aller Mitglieder. Für
den Anfall des Vereinsvermögens und die Liquidation gelten §§ 45 ff. Mit Abschluss der Liquidation ist der
Verein erloschen. Eine Umwandlung nach dem UmwG kommt mangels Erwähnung des nV in § 3 UmwG
nicht in Betracht, sondern erst nach Erwerb der Rechtsfähigkeit. Möglich ist die vereinsrechtliche
Umwandlung durch Auflösung und Neugründung oder durch Auflösung und Übertragung des Vermögens
auf einen bestehenden Verein.

I. Besonderheiten beim wirtschaftlichen Verein. Der kaufmännisch tätige nV bleibt Verein und wird nicht 22
zur OHG (aA die hM, BGHZ 22, 240, 244; *K Schmidt* Gesellschaftsrecht § 25 I 2 b; Soergel/*Hadding* § 54
Rn 3). Allerdings ist kraft der Verweisung des § 54 S 2 das Recht der OHG anwendbar. Der nV, der ein Handelsgewerbe betreibt, muss sich analog § 33 HGB in das Handelsregister mit sämtlichen Mitgliedern und Vorstandsmitgliedern eintragen lassen. Zum Schutz des Rechtsverkehrs gelten der unbeschränkbare Umfang der
Vertretungsmacht des Vorstands nach § 126 HGB und die Buchführungspflicht der §§ 238 ff HGB.
Beim handelsgewerblich tätigen nV ist die rechtsgeschäftliche und gesetzliche persönliche akzessorische Mit- 23
gliederhaftung nach §§ 54 S 1 BGB, 128 S 1 HGB unbeschränkbar. Beim nicht handelsgewerblichen wirtschaftlichen Verein haften die Vereinsmitglieder wie die Gesellschafter einer GbR, also unbeschränkt, akzessorisch und gesamtschuldnerisch für rechtsgeschäftliche Vereinsschulden (BGH NJW 01, 748, 750 f). Ebenso
wie bei der GbR ist entgegen dem BGH (NJW 03, 1445, kritisch *Altmeppen* NJW 03, 1553; *Schöpflin* DStR 03,
1349) eine Mitgliederhaftung für gesetzliche Vereinsverbindlichkeiten insoweit abzulehnen als sie auf vorsätzlichen unerlaubten Handlungen von Vorstandsmitgliedern beruhen.

Kapitel 2 Eingetragene Vereine

§ 55 Zuständigkeit für die Registereintragung

(1) Die Eintragung eines Vereins der in § 21 bezeichneten Art in das Vereinsregister hat bei dem Amtsgerichte zu geschehen, in dessen Bezirk der Verein seinen Sitz hat.
(2) Die Landesjustizverwaltungen können die Vereinssachen einem Amtsgericht für die Bezirke mehrerer Amtsgerichte zuweisen.

1 **A. Vereinsregister und Registerverfahren.** Erst die Eintragung in das Vereinsregister stellt die Publizität des Vereins her und macht ihn zur juristischen Person. Die einschlägigen Regelungen finden sich in §§ 55–79 BGB, in §§ 159–160 a nebst den allgemeinen Vorschriften des FGG und in der Vereinsregisterverordnung (VRV vom 10. 2. 99, BGBl I, 147, zu ihr *Demharter* FGPrax 99, 84; Einzelheiten zum Verfahren bei *Reichert* Rn 4243 ff, 4355 ff, 4424 ff; *Keilbach* DNotZ 01, 671). Die einzutragenden Tatsachen ergeben sich aus §§ 59, 64, 67, 68, 70, 71, 74, 75, 76. Die Eintragung ist idR deklaratorisch, konstitutiv ist sie nur für das Entstehen der juristischen Persönlichkeit (§ 21) und die Satzungsänderung (§ 71 I 1). Die Tätigkeit des Amtsgerichts beschränkt sich (abgesehen von den Fällen der §§ 29, 37, 73) auf die Führung des Registers, es kontrolliert den Verein aber nicht. Vereinsrechtliche Streitigkeiten müssen im Zivilprozess ausgetragen werden.

2 Die Anmeldung zum Vereinsregister stellt einen formbedürftigen (§ 77) Eintragungsantrag dar. Es gilt der Untersuchungsgrundsatz des § 12 FGG, wobei das AG im Allgemeinen nur prüft, ob die nachgesuchte Eintragung durch den Inhalt der beigefügten Urkunden gerechtfertigt wird, und nur begründeten Zweifeln an den in den Urkunden angegebenen Tatsachen nachzugehen hat (Schlesw FGPrax 05, 82). Entspricht die Anmeldung nicht den Erfordernissen der §§ 57–59, ist sie zurückzuweisen (§ 60), allerdings muss durch Zwischenverfügung Gelegenheit zur Beseitigung behebbarer Mängel gegeben werden. Gesetzeswidrige Eintragungen führen zur Amtslöschung nach §§ 159 I, 142 FGG. Wird die Eintragung des eV insgesamt gelöscht, verliert er seine Rechtsfähigkeit mit dem Zeitpunkt der Löschung und ist zu liquidieren, wenn nicht die Fortsetzung als nichtrechtsfähiger Verein beschlossen wird (*Reichert* Rn 4509).

3 **B. Zuständigkeit und Rechtsmittel.** Sachlich zuständig für die Eintragung des eV in das Vereinsregister ist das **Amtsgericht** im Verfahren der freiwilligen Gerichtsbarkeit (§§ 159 ff FGG). Die **örtliche** Zuständigkeit folgt dem Sitz (§ 24), allerdings führt die örtliche Unzuständigkeit nicht zur Unwirksamkeit der Eintragung (§ 7 FGG). **Funktionell** ist der Rechtspfleger zuständig (§ 3 Nr 1 a RpflG), wobei die Wahrnehmung des Geschäfts durch den Richter die Wirksamkeit nicht berührt (§ 8 I RpflG). Die Zuständigkeit bei Sitzverlegung regelt § 6 VRV. Von der Möglichkeit der **Zentralisierung** des Vereinsregisters nach § 55 II haben die Länder BaWü, Berlin, Bremen, Hambg, NRW und Rheinland-Pfalz Gebrauch gemacht (*Reichert* Rn 4245).

4 Ist nach den allgemeinen Vorschriften kein Rechtsmittel gegeben (zB bei Zwangsgeldandrohung nach § 132 FGG) ist gegen Entscheidungen des Rechtspflegers die **Erinnerung** eröffnet (§ 11 II 1RpflG), ansonsten die sofortige (ua nach §§ 160 S 2, 160a FGG) oder die einfache **Beschwerde** nach § 19 FGG (näher *Reichert* Rn 4305 ff).

§ 55 a Elektronisches Vereinsregister

(1) ¹Die Landesregierungen können durch Rechtsverordnung bestimmen, dass und in welchem Umfang das Vereinsregister in maschineller Form als automatisierte Datei geführt wird. ²Hierbei muss gewährleistet sein, dass
1. die Grundsätze einer ordnungsgemäßen Datenverarbeitung eingehalten, insbesondere Vorkehrungen gegen einen Datenverlust getroffen sowie die erforderlichen Kopien der Datenbestände mindestens tagesaktuell gehalten und die originären Datenbestände sowie deren Kopien sicher aufbewahrt werden,
2. die vorzunehmenden Eintragungen alsbald in einen Datenspeicher aufgenommen und auf Dauer inhaltlich unverändert in lesbarer Form wiedergegeben werden können,
3. die nach der Anlage zu § 126 Abs. 1 Satz 2 Nr. 3 der Grundbuchordnung gebotenen Maßnahmen getroffen werden.

³Die Landesregierungen können durch Rechtsverordnung die Ermächtigung nach Satz 1 auf die Landesjustizverwaltungen übertragen.
(2) Die Führung des Vereinsregisters auch in maschineller Form umfasst die Einrichtung und Führung eines Verzeichnisses der Vereine sowie weiterer, für die Führung des Vereinsregisters erforderlicher Verzeichnisse.
(3) ¹Das maschinell geführte Vereinsregister tritt für eine Seite des Registers an die Stelle des bisherigen Registers, sobald die Eintragungen dieser Seite in den für die Vereinsregistereintragungen bestimmten Datenspeicher aufgenommen und als Vereinsregister freigegeben worden sind. ²Die entsprechenden Seiten des bisherigen Vereinsregisters sind mit einem Schließungsvermerk zu versehen.
(4) ¹Eine Eintragung wird wirksam, sobald sie in den für die Registereintragungen bestimmten Datenspeicher aufgenommen ist und auf Dauer inhaltlich unverändert in lesbarer Form wiedergegeben werden kann.

²Durch eine Bestätigungsanzeige oder in anderer geeigneter Weise ist zu überprüfen, ob diese Voraussetzungen eingetreten sind. ³Jede Eintragung soll den Tag angeben, an dem sie wirksam geworden ist.
(5) ¹Die zum Vereinsregister eingereichten Schriftstücke können zur Ersetzung der Urschrift auch als Wiedergabe auf einem Bildträger oder auf anderen Datenträgern aufbewahrt werden, wenn sichergestellt ist, dass die Wiedergaben oder die Daten innerhalb angemessener Zeit lesbar gemacht werden können. ²Bei der Herstellung der Bild- oder Datenträger ist ein schriftlicher Nachweis über ihre inhaltliche Übereinstimmung mit der Urschrift anzufertigen.
(6) ¹Wird das Vereinsregister in maschineller Form als automatisierte Datei geführt, so kann die Datenverarbeitung im Auftrag des zuständigen Amtsgerichts auf den Anlagen einer anderen staatlichen Stelle oder auf den Anlagen einer juristischen Person des öffentlichen Rechts vorgenommen werden, wenn die ordnungsgemäße Erledigung der Registersachen sichergestellt ist. ²Die Landesregierungen werden ermächtigt, durch Rechtsverordnung zu bestimmen, dass die Daten des bei einem Amtsgericht in maschineller Form geführten Vereinsregisters an andere Amtsgerichte übermittelt und dort auch zur Einsicht und zur Erteilung von Ausdrucken bereitgehalten werden, wenn dies der Erleichterung des Rechtsverkehrs dient und mit einer rationellen Registerführung vereinbar ist; die Landesregierungen können durch Rechtsverordnung die Ermächtigung auf die Landesjustizverwaltungen übertragen.
(7) Das Bundesministerium der Justiz wird ermächtigt, durch Rechtsverordnung mit Zustimmung des Bundesrates nähere Vorschriften zu erlassen über die Einzelheiten der Einrichtung und Führung des Vereinsregisters, auch soweit es maschinell geführt wird.

Die verfahrensrechtliche Vorschrift ermöglicht den Landesregierungen die Entscheidung, das Vereinsregister im Wege elektronischer Datenverarbeitung zu führen, regelt bzw schafft Rechtsgrundlagen für: Datensicherheit (I 2), Einzelheiten der Umstellung auf das elektronische Register (III), das Wirksamwerden von Eintragungen (IV) die Wiedergabe eingereichter Urkunden in elektronischer Form (V), die Zuständigkeit hinsichtlich der Datenverarbeitung und die Übermittlung von Daten an andere AGe (VI). Auf VII beruht die VRV (§ 55 Rn 1).

§ 56 Mindestmitgliederzahl des Vereins
Die Eintragung soll nur erfolgen, wenn die Zahl der Mitglieder mindestens sieben beträgt.

Diese Ordnungsvorschrift soll verhindern, dass unbedeutende Idealvereine Rechtspersönlichkeit erlangen. Das Registergericht prüft die Anzahl anhand der Unterzeichnung der Satzung (§ 59 III). § 56 gilt auch für Vereinsverbände, die also mindestens sieben Mitgliedsvereine aufweisen müssen. Wird der Verein von natürlichen und von juristischen Personen gegründet, die durch eben diese natürlichen Personen beherrscht werden, soll die Anzahl der beteiligten natürlichen Personen entscheidend sein (Köln NJW 89, 173; MüKo/*Reuter* Rn 1). Auch weniger als sieben Personen können nach der Rspr angesichts der Garantien der Art 140 GG, 137 WRV einen religiösen Verein gründen (Hamm NJW-RR 97, 1397; aA MüKo/*Reuter* Rn 2). Stets sind mindestens drei Mitglieder erforderlich, weil es sonst an einer körperschaftlichen Struktur fehlt (die hM verlangt nur zwei Mitglieder, MüKo/*Reuter* Rn 1; Soergel/*Hadding* Rn 2). Erfolgt entgegen § 56 die Eintragung, ist sie gleichwohl wirksam, selbst wenn sie durch Täuschung erschlichen ist (AnwK/*Heidel/Lochner* Rn 3; MüKo/*Reuter* Rn 1).

§ 57 Mindesterfordernisse an die Vereinssatzung
(1) Die Satzung muss den Zweck, den Namen und den Sitz des Vereins enthalten und ergeben, dass der Verein eingetragen werden soll.
(2) Der Name soll sich von den Namen der an demselben Orte oder in derselben Gemeinde bestehenden eingetragenen Vereine deutlich unterscheiden.

A. Mussinhalt der Satzung. Die Verletzung der zwingenden Vorschrift des § 57 I macht die Eintragung unzulässig und führt zur Amtslöschung (§§ 159 I, 142 FGG). Das Registergericht prüft die Voraussetzungen der §§ 57, 58 und sonstige Nichtigkeitsgründe der Satzung, also die Verletzung von zwingenden Rechtsvorschriften, während es unerheblich ist, ob das Gericht die Satzung für unzweckmäßig, unklar oder für redaktionell überarbeitungsbedürftig hält (Hamm NJW-RR 95, 119). Die **Satzung** bedarf faktisch der Schriftform, weil sie nach § 59 I in Ur- und Abschrift beim Registergericht einzureichen ist und der Eintragungsantrag andernfalls zurückgewiesen wird. Die Satzung kann auch in einem Dialekt oder einer Fremdsprache abgefasst sein, allerdings ist eine hochdeutsche Fassung mit einzureichen, bei einer Fremdsprache muss eine von einem vereidigten Übersetzer beglaubigt sein muss (LG Osnabrück RPfleger 65, 304 – zu Plattdeutsch; aA Palandt/*Heinrichs* Rn 1: nur Hochdeutsch, Ausnahme nur für sorbische Minderheit). Die Satzung kann in eindeutiger Weise auf eine beigefügte bestimmte Fassung der Satzung eines anderen Vereins verweisen (statische Verweisung, Hamm NJW-RR 88, 183).

2 Die Angabe des **Zwecks** muss so genau sein, dass die Einstufung des Vereins als wirtschaftlich oder nichtwirtschaftlich (§§ 21, 22) möglich ist. Neben der Angabe des **Sitzes** (§ 24) muss die Satzung die **Eintragungsabsicht** kundtun. Fehlt es daran und erfolgt gleichwohl die Eintragung, soll der Mangel durch einen formlosen Beschluss der Mitgliederversammlung geheilt werden können (Palandt/*Heinrichs* Rn 1; Soergel/*Hadding* Rn 3). Da es aber keine gesetzliche Formvorschrift für die Satzung gibt (MüKo/*Reuter* Rn 5), wird man bei längerem Fortbestehen der Eintragung den Willen zur Rechtsfähigkeit als stillschweigenden Satzungsbestandteil ansehen können.

3 **B. Vereinsname. I. Freie Namenswahl.** In Ausübung der Vereinigungsfreiheit (Art 9 I GG) kann der Verein seinen Namen frei wählen, und zwar auch einen Fantasie- oder einen fremdsprachlichen Namen (*Reichert* Rn 465, 469). Es gilt der Grundsatz der Namenseinheit, jeder Verein kann also nur einen Namen führen (*Reichert* Rn 467 f). Der Zusatz „eV" muss nach der Eintragung geführt werden (§ 65). Die Amtslöschung (§§ 159 I, 142 FGG) eines unzulässigen Vereinsnamens berührt den Bestand des Vereins zunächst nicht, allerdings ist der eV anschließend von Amts wegen zu löschen, wenn er sich auch nach Aufforderung keinen neuen Namen gibt, da ein Name wesentlicher Bestandteil der juristischen Person ist (ähnlich MüKo/*Reuter* Rn 4; nach hM lässt die Löschung des Namens die Rechtsfähigkeit unberührt, BGH NJW 84, 668; Palandt/*Heinrichs* Rn 2).

4 **II. Namenswahrheit.** In Analogie zu § 18 II HGB gilt für den Verein der Grundsatz der Namenswahrheit (MüKo/*Reuter* Rn 2; *Reichert* Rn 478). Der Name darf nicht über Verhältnisse irreführen, die für die angesprochenen Verkehrskreise wesentlich sind. Das Registergericht berücksichtigt die Irreführungseignung nur, wenn sie ersichtlich ist (§ 18 II 2 HGB). Die Liberalisierung des Firmenrechts ist auch für das Vereinsrecht zu berücksichtigen, weil das Namensrecht der Idealvereine nicht strenger sein kann als das Recht des Wirtschaftsverkehrs. Daher dürfen keine zu strengen Maßstäbe angelegt werden. Die vor dem Handelsrechtsreformgesetz von 1998 ergangene Rspr kann nur noch mit Vorsicht zu Rate gezogen werden.

5 An **Einzelfällen** (zahlreiche Beispiele bei *Reichert* Rn 480; MüKo/*Reuter* Rn 2) nach 1998 sind zu nennen: Die Bezeichnung „Europäische Wirtschaftskammer" führt irre, weil der Verkehr unter diesem Namen eine öffentlich-rechtliche Körperschaft oder zumindest eine durch solche Körperschaft beaufsichtigte Institution erwartet (Dresden WRP 2000, 1202). Die Bezeichnung „Institut" erweckt den fälschlichen Eindruck einer öffentlichen oder unter öffentlicher Aufsicht stehenden Einrichtung (Ddorf Rpfleger 04, 570 – für Einzelkaufmann). Der Zusatz Euro/European erscheint mittlerweile als so verwässert, dass er unbedenklich ist, wenn sich nicht konkrete Anhaltspunkte für eine Täuschungseignung ergeben (Hamm NJW-RR 99, 1710, 1711 – „European Bikers Touring Club e. V."). Die Bezeichnung „Akademie" kann Teil des Vereinsnamens sein, weil der Idealverein nicht auf Gewinnerzielung ausgerichtet ist und nicht eindeutig ist, dass der Rechtsverkehr mit dieser Bezeichnung hochschulähnliche Strukturen und staatliche Förderung und Kontrolle verbindet (KG NZG 05, 360, 361). Die Bezeichnung als Stiftung ist angesichts des obligatorischen Rechtsformzusatzes (§ 65) zulässig, wenn der Verein eine stiftungsähnliche Struktur aufweist und sich vor allem aus öffentlichen Mitteln finanziert (Frankf NJW-RR 02, 176 – für parteinahe Stiftung).

6 **III. Unterscheidbarkeit.** Nach § 57 II muss der Namen von anderen Vereinsnamen in demselben Ort oder derselben Gemeinde deutlich unterscheidbar sein. Es gilt der Prioritätsgrundsatz, ein Verstoß führt nicht zur Amtslöschung (Soergel/*Hadding* Rn 11; aA *Reichert* Rn 477). Verletzt der Verein das Namensrecht eines anderen Vereins, gilt § 12, was aber mangels Prüfungskompetenz des Registergerichts kein Eintragungshindernis darstellt (AnwK/*Heidel/Lochner* Rn 5; Jena NJW-RR 94, 698, 699; aA MüKo/*Reuter* Rn 7).

§ 58 Sollinhalt der Vereinssatzung

Die Satzung soll Bestimmungen enthalten:
1. über den Eintritt und Austritt der Mitglieder,
2. darüber, ob und welche Beiträge von den Mitgliedern zu leisten sind,
3. über die Bildung des Vorstands,
4. über die Voraussetzungen, unter denen die Mitgliederversammlung zu berufen ist, über die Form der Berufung und über die Beurkundung der Beschlüsse.

1 Wird die Sollvorschrift des § 58 nicht beachtet, weist das Registergericht die Anmeldung zurück (§ 60). Da der **Eintritt** (§ 58 Nr 1) formlos erfolgen kann, braucht die Satzung seine Form nicht zu regeln, muss aber bestimmen, ob sich der Eintritt durch Beitrittsangebot und dessen Annahme vollzieht oder ob ein besonderes Aufnahmeverfahren ablaufen soll (LG Münster MDR 74, 309). Zum **Austritt** s § 39.

2 Da **Beiträge** (§ 58 Nr 2) die Mitglieder belasten, müssen sie durch die Satzung vorgesehen sein (BGH NJW 89, 1724), gleiches gilt für **Umlagen**, die einen außergewöhnlichen Bedarf befriedigen sollen (München NJW-RR 98, 966). Die Bestimmung der Beitragshöhe kann die Satzung einem Vereinsorgan (Vorstand, Mitgliederversammlung) überlassen (BGH NJW 95, 2981; 89, 1724, 1725 f). Sollen die Beiträge umfangreiche Leistungen sicherstellen, muss die Satzung Grundzüge der Beitragspflicht einschließlich eines Höchstbeitrags regeln (BGH NJW 89, 1724, 1726). Rückwirkende Beitragserhöhungen ohne satzungsmäßige Grundlage sind unzulässig,

auch in Form eines 13. Monatsbeitrags (München NJW-RR 98, 966). Der Beitrag kann auch in Dienstleistungen bestehen, wenn arbeitsrechtliche Schutzbestimmungen nicht unterlaufen werden (BAG NJW 03, 161). Auch hinsichtlich des Beitrags gilt der Gleichheitsgrundsatz (LG Bonn DB 92, 879). Soll der gesetzliche Vertreter, der im Namen des Minderjährigen den Beitritt erklärt, persönlich für die Beiträge haften, setzt das nach allgemeinen rechtsgeschäftlichen Grundsätzen voraus, dass er bei Abgabe der Erklärung von einer entsprechenden Satzungsbestimmung Kenntnis hat; die Satzung muss diese Kenntnis sicherstellen (Hamm NJW-RR 00, 42). Die Beitragspflicht erlischt mit Eröffnung des Insolvenzverfahrens (BGH NJW 86, 1604 f).

Die Satzung muss die Zusammensetzung des **Vorstands** (§ 26) regeln (§ 58 Nr 3). Die Satzung kann es der Mitgliederversammlung auch ohne Bestimmung einer Höchst- oder Mindestzahl überlassen, die Zahl der Vorstandsmitglieder festzulegen (LG Gießen MDR 84, 312; aA MüKo/*Reuter* Rn 4: Mindest-/Höchstzahl in der Satzung erforderlich). 3

Die Satzung soll die Voraussetzungen der Einberufung der **Mitgliederversammlung** in §§ 36, 37 ergänzen (§ 58 Nr 4). Auch die Form der Berufung der Mitgliederversammlung darf nicht dem Ermessen des Vorstands überlassen werden, sondern bedarf der satzungsmäßigen Regelung (Hamm MDR 66, 48). Von einer Beurkundung der Beschlüsse kann die Satzung absehen, weil sie die Beurkundung frei regeln darf. Sind die Beschlüsse in einem vom Protokollführer zu unterschreibenden Protokoll niederzulegen, muss er ausdrücklich als Protokollführer unterzeichnen, wenn sich die Person des Protokollführers nicht aus der Satzung ergibt (Hamm NJW-RR 97, 484). 4

§ 59 Anmeldung zur Eintragung

(1) Der Vorstand hat den Verein zur Eintragung anzumelden.
(2) Der Anmeldung sind beizufügen:
1. die Satzung in Urschrift und Abschrift,
2. eine Abschrift der Urkunden über die Bestellung des Vorstands.
(3) Die Satzung soll von mindestens sieben Mitgliedern unterzeichnet sein und die Angabe des Tages der Errichtung enthalten.

Befolgt der Vorstand die Anmeldepflicht nicht, erwirbt der Vorverein keine juristische Persönlichkeit. Es handelt sich nicht um eine zwangsgeldbewehrte öffentlich-rechtliche Pflicht (§ 78), sondern um eine Verpflichtung gegenüber dem Verein, deren Erfüllung die Mitglieder notfalls durch Abberufung und Wahl eines neuen Vorstands durchsetzen müssen (§ 27 II). Nach hM muss die Erstanmeldung in Anlehnung an §§ 36 I AktG, 7 I, 78 GmbHG, 11, 157 GenG im Gegensatz zu den übrigen Anmeldungen durch alle Vorstandsmitglieder erfolgen (Hamm Rpfleger 83, 487; *Reichert* Rn 158 mwN; MüKo/*Reuter* Rn 3; aA Hamm FGPrax 03, 184), ansonsten genügt eine vertretungsberechtigte Zahl von Vorstandsmitgliedern. Der Vorstand kann sich vertreten lassen, allerdings ist eine öffentlich beglaubigte Bevollmächtigung notwendig (*Reichert* Rn 161). Die Form der Anmeldung ergibt sich aus § 77. 1

Der Anmeldung sind die von mindestens sieben Mitgliedern unterschriebene Satzung in Ur- und Abschrift sowie eine Abschrift der Urkunden über die Vorstandsbestellung beizufügen (§ 59 II, III). Wählt ein anderes Organ die Vorstandsmitglieder, muss die Urkunde über dessen Bestellung der Anmeldung beiliegen (BayObLG Rpfleger 84, 150). Ein Verstoß gegen § 59 II, III zieht die Folge des § 60, nicht aber die Amtslöschung nach sich. 2

§ 60 Zurückweisung der Anmeldung

(1) Die Anmeldung ist, wenn den Erfordernissen der §§ 56 bis 59 nicht genügt ist, von dem Amtsgericht unter Angabe der Gründe zurückzuweisen.
(2) – *weggefallen* –

Die **registergerichtliche Prüfungspflicht** erstreckt sich nicht nur auf die Voraussetzungen der §§ 56–59, sondern auch auf die allgemeine materielle Rechtmäßigkeit des Vereins. Das Registergericht prüft zunächst die formelle Ordnungsmäßigkeit der Anmeldung einschließlich des Vorhandenseins der Urkunden nach § 59 II (*Reichert* Rn 187 f). Materiell ist zu prüfen, ob die Mindestanforderungen an die körperschaftliche Organisation erfüllt sind, ob die §§ 134, 138 eingreifen, ob der Verein gegen öffentliches Vereinsrecht verstößt und ob ein ideeller Zweck gegeben ist (MüKo/*Reuter* Rn 2 f; *Reichert* Rn 191 ff). Eine Zweckmäßigkeitskontrolle findet nicht statt, so dass die Satzung nicht als unzweckmäßig oder unklar beanstandet werden kann (Hamm NJW-RR 00, 42, 43; *Reichert* Rn 182). Bei behebbaren Mängeln erlässt das AG (Rechtspfleger) eine Zwischenverfügung. Die Zurückweisung des Antrags kann mit der sofortigen Beschwerde des Vorvereins, vertreten durch den Vorstand, binnen zwei Wochen angegriffen werden (§§ 3 Nr 1 a, 11 I RpflG, 160a I, 22 FGG, s *Reichert* Rn 201 ff, 211). 1

§§ 61 bis 63

– *weggefallen* –

§ 64 Inhalt der Vereinsregistereintragung

Bei der Eintragung sind der Name und der Sitz des Vereins, der Tag der Errichtung der Satzung, die Mitglieder des Vorstands und ihre Vertretungsmacht anzugeben.

1 Die Vorschrift nennt die **eintragungspflichtigen** Tatsachen. Ohne Eintragung des Namens und Sitzes fehlt es an einer die Rechtspersönlichkeit begründenden Individualisierung, so dass keine Eintragung und damit kein eV vorliegt (MüKo/*Reuter* Rn 1). Außer dem Tag der Errichtung der Satzung und den Namen der Vorstandsmitglieder ist die Vertretungsmacht der Vorstandsmitglieder auch dann anzugeben, wenn sie der gesetzlichen Regel (§ 26 II) entspricht.

2 Im Interesse der Registerklarheit regelt § 64 die einzutragenden Tatsachen abschließend. Jedoch sind darüber hinaus folgende für den Rechtsverkehr erhebliche Tatsachen **eintragungsfähig**: ZB die Bestellung besonderer Vertreter (§ 30), satzungsmäßige Einzelvertretungsmacht oder sonstige besondere Ausgestaltung der Vertretung bei einem mehrgliedrigen Vorstand (Ddorf Rpfleger 82, 477; Soergel/*Hadding* Rn 5), Befreiung von den Beschränkungen des § 181 (Soergel/*Hadding* Rn 5).

3 Die Eintragung bewirkt konstitutiv die Rechtsfähigkeit des Vereins (§ 21), und zwar auch dann, wenn die Eintragung unter Mängeln leidet, es sei denn es fehlt an einem Personenverband oder einem Gründungsvorgang. Es kommt nur eine Amtslöschung nach §§ 159 I, 142 FGG in Betracht (*Reichert* Rn 233 ff).

§ 65 Namenszusatz

Mit der Eintragung erhält der Name des Vereins den Zusatz „eingetragener Verein".

1 Mit der Eintragung erhält der Verein kraft Gesetzes den Zusatz eV, den er im Rechtsverkehr führen muss. Ein wiederholter Verstoß gegen § 65 im rechtsgeschäftlichen Verkehr begründet neben der Haftung des Vereins nach §§ 280, 826 eine Rechtsscheinhaftung der Handelnden gem § 54 S 2, ein einmaliger Verstoß des Vereinsvorsitzenden soll aber noch nicht genügen (Celle NJW-RR 99, 1052; BaRoth/*Schwarz* Rn 2).

§ 66 Bekanntmachung

(1) Das Amtsgericht hat die Eintragung durch das für seine Bekanntmachungen bestimmte Blatt zu veröffentlichen.
(2) ¹Die Urschrift der Satzung ist mit der Bescheinigung der Eintragung zu versehen und zurückzugeben. ²Die Abschrift wird von dem Amtsgericht beglaubigt und mit den übrigen Schriftstücken aufbewahrt.

1 Die Bekanntmachung der Eintragung (zum Text *Schwarz* Rpfleger 03, 1) ist keine Wirksamkeitsvoraussetzung der Eintragung. Näheres zur Eintragung und Bekanntmachung regeln §§ 7 III, 10, 13, 14 VRV (eingehend *Reichert* Rn 217 ff, 244 ff).

§ 67 Änderung des Vorstands

(1) ¹Jede Änderung des Vorstands ist von dem Vorstand zur Eintragung anzumelden. ²Der Anmeldung ist eine Abschrift der Urkunde über die Änderung beizufügen.
(2) Die Eintragung gerichtlich bestellter Vorstandsmitglieder erfolgt von Amts wegen.

1 Die Vorschrift gilt für den gesetzlichen Vorstand nach § 26 und schützt dessen Publizität im Interesse des Rechtsverkehrs. Die Wiederwahl der eingetragenen Vorstandsmitglieder ist nicht anmeldepflichtig. § 67 I erfasst auch die Änderung der Organisation des Vorstands (*Reichert* Rn 2187). Die Anmeldung durch Vorstandsmitglieder in vertretungsberechtigter Zahl genügt (BGH NJW 86, 1033; MüKo/*Reuter* Rn 2; AnwK/*Heidel/Lochner* Rn 3). Anmeldepflichtig ist der Vorstand als Organ, so dass die neuen Vorstandsmitglieder die Anmeldung vorzunehmen haben (*Reichert* Rn 2194; Soergel/*Hadding* Rn 6). Anhand der eingereichten Urkunde prüft das Registergericht die Ordnungsmäßigkeit der Anmeldung und die Rechtmäßigkeit der Vorstandsänderung. Die Eintragung ist lediglich deklaratorisch. Die Anmeldung kann nach § 78 I erzwungen werden. Die Zurückweisung der Eintragung unterliegt der Beschwerde (§ 19 FGG).

§ 68 Vertrauensschutz durch Vereinsregister

¹Wird zwischen den bisherigen Mitgliedern des Vorstands und einem Dritten ein Rechtsgeschäft vorgenommen, so kann die Änderung des Vorstands dem Dritten nur entgegengesetzt werden, wenn sie zur Zeit der Vornahme des Rechtsgeschäfts im Vereinsregister eingetragen oder dem Dritten bekannt ist. ²Ist die Änderung eingetragen, so braucht der Dritte sie nicht gegen sich gelten zu lassen, wenn er sie nicht kennt, seine Unkenntnis auch nicht auf Fahrlässigkeit beruht.

A. Negative Publizität. Für die Änderung des Vorstands und für die Vertretungsmacht bzw Beschlussfassung (§ 70) schafft das Vereinsregister negative Publizität, dh Dritte können zwar nicht darauf vertrauen, dass die Eintragung richtig ist, wohl aber darauf, dass keine Änderungen gegenüber den im Vereinsregister eingetragenen Vertretungsverhältnissen eingetreten sind (MüKo/*Reuter* Rn 1; Erman/*Westermann* Rn 2). Dritter ist jeder, der von der Eintragung nicht selbst betroffen ist, also auch ein Vereinsmitglied, das zB an ein nicht mehr amtierendes Vereinsmitglied seinen Beitrag zahlt (Soergel/*Hadding* Rn 7). Der Begriff des Rechtsgeschäfts wird weit ausgelegt und umfasst auch rechtsgeschäftsähnliche Handlungen sowie Prozesshandlungen, nicht aber unerlaubte Handlungen (MüKo/*Reuter* Rn 2). Der Dritte muss gutgläubig sein, darf also die eintragungspflichtige Änderung nicht kennen – nur positive Kenntnis schadet, nicht schon bloßes Kennenmüssen. Die Beweislast trägt insoweit der Verein (Frankf Rpfleger 78, 134). 1

B. Eingetragene Vorstandsänderung. Indem sich Dritte die eingetragene Vorstandsänderung entgegenhalten lassen müssen, schützt das Gesetz den Verein. Der Dritte muss die Vorstandsänderung nur dann nicht gegen sich gelten lassen, wenn er sie nicht kennt und ihm insoweit auch keine Fahrlässigkeit vorzuwerfen ist. Fahrlässigkeit scheidet nur dann aus, wenn die Eintragung kurz vor dem Rechtsgeschäft erfolgt ist oder wenn der Dritte sich einen aktuellen Registerauszug vorlegen ließ (jurisPraxK/*Otto* Rn 6). Dem Dritten obliegt die Beweislast (MüKo/*Reuter* Rn 1). 2

§ 69 Nachweis des Vereinsvorstands

Der Nachweis, dass der Vorstand aus den im Register eingetragenen Personen besteht, wird Behörden gegenüber durch ein Zeugnis des Amtsgerichts über die Eintragung geführt.

Der Registerauszug legitimiert den Vorstand auch im Hinblick auf den Umfang seiner Vertretungsmacht gegenüber Behörden, auch gegenüber dem Grundbuchamt iRd § 29 GBO. Privatpersonen können sich erst recht auf den Registerauszug verlassen, was ggf zur Anwendbarkeit des § 68 S 2 führt. 1

§ 70 Beschränkung der Vertretungsmacht; Beschlussfassung

Die Vorschriften des § 68 gelten auch für Bestimmungen, die den Umfang der Vertretungsmacht des Vorstands beschränken oder die Beschlussfassung des Vorstands abweichend von der Vorschrift des § 28 Abs. 1 regeln.

Der Vertrauensschutz nach § 68 greift auch ein, wenn es um Änderungen des Umfangs der Vertretungsmacht oder Regelungen der Beschlussfassung geht. Schweigt das Register, kann ein Dritter auf die unbeschränkte Vertretungsmacht des Vorstands nach § 26 BGB vertrauen (Erman/*Westermann* Rn 1). 1

§ 71 Änderungen der Satzung

(1) ¹Änderungen der Satzung bedürfen zu ihrer Wirksamkeit der Eintragung in das Vereinsregister. ²Die Änderung ist von dem Vorstand zur Eintragung anzumelden. ³Der Anmeldung ist der die Änderung enthaltende Beschluss in Urschrift und Abschrift beizufügen.
(2) Die Vorschriften der §§ 60, 64 und des § 66 Abs 2 finden entsprechende Anwendung.

A. Konstitutive Wirkung. Die Satzungsänderung wird erst mit Eintragung wirksam, die Eintragung ist mithin konstitutiv. Eine unwirksame Satzungsänderung erlangt durch die Eintragung allerdings keine Wirksamkeit. Aufgrund der Satzungsänderung gefasste Beschlüsse der Vereinsorgane werden mit Eintragung der Satzungsänderung wirksam (München NJW-RR 98, 966). 1

B. Verfahren und Inhalt der Eintragung. Es genügt die **Anmeldung** durch den **Vorstand** in vertretungsberechtigter Zahl (s §§ 59 Rn 1, 67 Rn 1). Wenn Satzungsvorschriften über die Bildung des Vorstandes geändert werden, bleibt noch der alte Vorstand für die Anmeldung zuständig, notfalls ist nach § 29 vorzugehen (Bremen NJW 55, 1925). Der Vorstand muss der Anmeldung den Änderungsbeschluss in Ur- und Abschrift beifügen (unterschriebenes Versammlungsprotokoll). Wird der Satzungstext durch die Änderung unübersichtlich, kann das Registergericht die Eintragung von der Vorlage einer fortlaufend lesbaren Fassung der Satzung unter Hervorhebung der Änderungen verlangen (§ 9 IV VRV). 2

3 Das Gericht **prüft** die Ordnungsmäßigkeit der Anmeldung und die formelle und materielle Rechtmäßigkeit der Satzungsänderung. Die Zweckmäßigkeit, oder ob die Änderung schuldrechtlichen Pflichten des Vereins widerspricht (LG Augsburg Rpfleger 75, 87), untersucht das Registergericht dagegen nicht.

4 Änderungen, die nach §§ 64, 67 Einzutragendes betreffen, müssen in der Eintragung mindestens schlagwortartig klar wiedergegeben werden. Bei anderen Satzungsänderungen genügt die **Angabe** der geänderten Satzungsbestimmung und des Gegenstands der Änderung (§ 3 S 3 Nr 4 a VRV). Mangels Verweisung auf § 66 I unterbleibt die Bekanntmachung.

§ 72 Bescheinigung der Mitgliederzahl

Der Vorstand hat dem Amtsgericht auf dessen Verlangen jederzeit eine von ihm vollzogene Bescheinigung über die Zahl der Vereinsmitglieder einzureichen.

1 Da die Mitgliederzahl iRd §§ 33, 37, 73 entscheidend ist, kann das Registergericht eine vom Vorstand unterschriebene Bescheinigung über die Mitgliederzahl (ohne Namen) verlangen und diese notfalls erzwingen (§ 78).

§ 73 Unterschreiten der Mindestmitgliederzahl

(1) Sinkt die Zahl der Vereinsmitglieder unter drei herab, so hat das Amtsgericht auf Antrag des Vorstands und, wenn der Antrag nicht binnen drei Monaten gestellt wird, von Amts wegen nach Anhörung des Vorstands dem Verein die Rechtsfähigkeit zu entziehen.
(2) – *weggefallen* –

1 Die Vorschrift stellt sicher, dass der jeweilige eV ein Mindestmaß an Bedeutung hat. Sind keine Mitglieder mehr vorhanden, ist der eV erloschen und aus dem Register zu streichen. § 73 betrifft den Fall, dass der eV noch ein oder zwei Mitglieder hat, was das Registergericht bei entsprechenden Anhaltspunkten nach § 12 FGG ermitteln muss. Auf Antrag des Vorstands spricht das Gericht den Entzug der Rechtsfähigkeit aus. Fehlt es an einem Antrag, hat der eV drei Monate Gelegenheit, seine Mitgliederzahl wieder auf mindestens drei anzuheben. Gelingt das nicht erfolgt nach Anhörung des Vorstands der Entzug der Rechtsfähigkeit. Dagegen steht dem eV nach Bekanntgabe die sofortige Beschwerde offen (§§ 160 a II, 22 FGG). Fehlt es an einem Vorstand soll nach hM gem § 29 ein Notvorstand zur Entgegennahme des Entziehungsbeschlusses bestellt werden (BayObLG NJW-RR 89, 765, 766; *Reichert* Rn 3776). Nach Wirksamwerden der Verfügung mit deren Rechtskraft ist der Verein nach § 47 zu liquidieren.

§ 74 Auflösung

(1) ¹Die Auflösung des Vereins sowie die Entziehung der Rechtsfähigkeit ist in das Vereinsregister einzutragen. ²Im Falle der Eröffnung des Insolvenzverfahrens unterbleibt die Eintragung.
(2) ¹Wird der Verein durch Beschluss der Mitgliederversammlung oder durch den Ablauf der für die Dauer des Vereins bestimmten Zeit aufgelöst, so hat der Vorstand die Auflösung zur Eintragung anzumelden. ²Der Anmeldung ist im ersteren Falle eine Abschrift des Auflösungsbeschlusses beizufügen.
(3) Wird dem Verein auf Grund des § 43 die Rechtsfähigkeit entzogen, so erfolgt die Eintragung auf Anzeige der zuständigen Behörde.

1 Die Auflösung des Vereins (§ 41) ist stets in das Vereinsregister einzutragen, nur im Insolvenzfall gilt die Sonderregelung des § 75. Einzutragen ist auch das Erlöschen aufgrund des Wegfalls aller Vereinsmitglieder. Die Eintragung erfolgt von Amts wegen oder aufgrund Ersuchens der zuständigen Behörde, bei einem Auflösungsbeschluss hat der Vorstand die Auflösung zur Eintragung anzumelden (zwangsgeldbewehrt nach § 78, erforderlichenfalls muss nach hM auch ohne Antrag ein Notvorstand bestellt werden, Soergel/*Hadding* Rn 4).

§ 75 Eröffnung des Insolvenzverfahrens

¹Die Eröffnung des Insolvenzverfahrens ist von Amts wegen einzutragen. ²Das Gleiche gilt für
1. die Aufhebung des Eröffnungsbeschlusses,
2. die Bestellung eines vorläufigen Insolvenzverwalters, wenn zusätzlich dem Schuldner ein allgemeines Verfügungsverbot auferlegt oder angeordnet wird, dass Verfügungen des Schuldners nur mit Zustimmung des vorläufigen Insolvenzverwalters wirksam sind, und die Aufhebung einer derartigen Sicherungsmaßnahme,

3. die Anordnung der Eigenverwaltung durch den Schuldner und deren Aufhebung sowie die Anordnung der Zustimmungsbedürftigkeit bestimmter Rechtsgeschäfte des Schuldners,
4. die Einstellung und die Aufhebung des Verfahrens und
5. die Überwachung der Erfüllung eines Insolvenzplans und die Aufhebung der Überwachung.

Die Eintragung der mit der Insolvenz verbundenen Tatsachen ist für die Publizität im Interesse des Gläubigerschutzes von erheblicher Bedeutung; die Ablehnung der Insolvenzeröffnung mangels Masse wird allerdings nicht eingetragen. Die Insolvenzeröffnung führt zur Auflösung des Vereins (§ 42 I 1). Hinsichtlich der Einzelheiten muss auf das Insolvenzrecht verwiesen werden, und zwar auf folgende Vorschriften: Eröffnung des Insolvenzverfahrens und Aufhebung des Eröffnungsbeschlusses (Nr 1): §§ 27–29, 34 III 1 InsO; Bestellung eines vorläufigen Insolvenzverwalters und deren Aufhebung (Nr 2): §§ 21–25 InsO; Anordnung der Eigenverwaltung, deren Aufhebung, Anordnung der Zustimmungsbedürftigkeit bestimmter Rechtsgeschäfte (Nr 3): §§ 270–277 InsO; Einstellung und Aufhebung des Verfahrens (Nr 4): §§ 211 ff, 200 II, 258; Überwachung des Insolvenzplans und ihre Aufhebung (Nr 5): §§ 260, 268 InsO. 1

§ 76 Eintragung der Liquidatoren

(1) ¹Die Liquidatoren sind in das Vereinsregister einzutragen. ²Das Gleiche gilt von Bestimmungen, welche die Beschlussfassung der Liquidatoren abweichend von der Vorschrift des § 48 Abs. 3 regeln.
(2) ¹Die Anmeldung hat durch den Vorstand, bei späteren Änderungen durch die Liquidatoren zu erfolgen. ²Bei der Anmeldung ist der Umfang der Vertretungsmacht der Liquidatoren anzugeben. ³Der Anmeldung der durch Beschluss der Mitgliederversammlung bestellten Liquidatoren ist eine Abschrift des Beschlusses, der Anmeldung einer Bestimmung über die Beschlussfassung der Liquidatoren eine Abschrift der die Bestimmung enthaltenden Urkunde beizufügen.
(3) Die Eintragung gerichtlich bestellter Liquidatoren geschieht von Amts wegen.

Die Vorschrift führt zur Publizität der Liquidation. Einzutragen sind die Liquidatoren, auch wenn sie die bisherigen Vorstandsmitglieder sind (§ 48 I 1), sowie deren Vertretungsmacht, selbst wenn sie mit dem gesetzlichen Regelfall übereinstimmen (näher *Schwarz* NZG 02, 1033). Die Anmeldung obliegt den Vorstandsmitgliedern in vertretungsberechtigter Zahl. Da die Liquidatoren nach § 48 II die gleiche Stellung wie Vorstandsmitglieder haben, sind §§ 68, 70 anwendbar. Spätere Anmeldungen erfolgen durch die Liquidatoren. Zu ihren Pflichten gehört es auch, die Beendigung der Liquidation und damit das Erlöschen des Vereins anzumelden (*Reichert* Rn 4047), zwar ist das nicht erzwingbar (s § 78), nach § 4 II 2 Nr 2 und S 3 VRV wird das Registerblatt aber geschlossen (*Reichert* Rn 4051). 1

§ 77 Form der Anmeldungen

Die Anmeldungen zum Vereinsregister sind von den Mitgliedern des Vorstands sowie von den Liquidatoren mittels öffentlich beglaubigter Erklärung zu bewirken.

Die Anmeldung ist ebenso wie eine Bevollmächtigung zur Anmeldung öffentlich zu beglaubigen (§ 129). Der beglaubigende Notar gilt nach §§ 159 I, 129 FGG als ermächtigt, die Eintragung zu beantragen. Soweit es nicht um eine Erstanmeldung geht, die von sämtlichen Vorstandsmitgliedern zu unterzeichnen ist, genügt die Anmeldung durch eine vertretungsberechtigte Zahl von Vorstandsmitgliedern (s § 59 Rn 1). Eine unter Missachtung des § 77 erfolgte Eintragung ist wirksam und unterliegt nicht der Amtslöschung nach §§ 159, 142 FGG (AnwK/*Heidel/Lochner* Rn 1). 1

§ 78 Festsetzung von Zwangsgeld

(1) Das Amtsgericht kann die Mitglieder des Vorstands zur Befolgung der Vorschriften des § 67 Abs. 1, des § 71 Abs. 1, des § 72, des § 74 Abs. 2 und des § 76 durch Festsetzung von Zwangsgeld anhalten.
(2) In gleicher Weise können die Liquidatoren zur Befolgung der Vorschriften des § 76 angehalten werden.

Das Amtsgericht kann den Vorstand und die Liquidatoren zur Einhaltung der genannten Vorschriften durch Zwangsgeld zwingen gem Art 6 I EGStGB beträgt das Zwangsgeld zwischen 5 und 1.000 Euro. Das vom Rechtspfleger (§ 3 Nr 1 a RPflG) zu führende Verfahren richtet sich nach §§ 159 I 2, 132–139 FGG, Rechtsmittel ist die sofortige Beschwerde (§ 139 I FGG). Adressat der Zwangsgeldfestsetzung ist die konkret zum Handeln verpflichtete Person, nicht der Verein selbst (*LG Lübeck* SchlHA 84, 115; MüKo/*Reuter* Rn 1). 1

§ 79 Einsicht in das Vereinsregister

(1) ¹Die Einsicht des Vereinsregisters sowie der von dem Verein bei dem Amtsgericht eingereichten Schriftstücke ist jedem gestattet. ²Von den Eintragungen kann eine Abschrift gefordert werden; die Abschrift ist auf Verlangen zu beglaubigen. ³Werden die Schriftstücke nach § 55a Abs. 5 aufbewahrt, so kann eine Abschrift nur von der Wiedergabe gefordert werden. ⁴Die Abschrift ist auf Verlangen zu beglaubigen. ⁵Eine Einsicht in das Original ist nur gestattet, wenn ein berechtigtes Interesse an der Einsicht darin dargelegt wird.
(2) Die Einrichtung eines automatisierten Verfahrens, das die Übermittlung der Daten aus dem maschinell geführten Vereinsregister durch Abruf ermöglicht, ist zulässig, sofern sichergestellt ist, dass
1. der Abruf von Daten die nach Absatz 1 zulässige Einsicht nicht überschreitet und
2. die Zulässigkeit der Abrufe auf der Grundlage einer Protokollierung kontrolliert werden kann.
(3) ¹Der Nutzer ist darauf hinzuweisen, dass er die übermittelten Daten nur zu Informationszwecken verwenden darf. ²Die zuständige Stelle hat (z. B. durch Stichproben) zu prüfen, ob sich Anhaltspunkte dafür ergeben, dass die nach Satz 1 zulässige Einsicht überschritten oder übermittelte Daten missbraucht werden.
(4) Die zuständige Stelle kann einen Nutzer, der die Funktionsfähigkeit der Abrufeinrichtung gefährdet, die nach Absatz 3 Satz 1 zulässige Einsicht überschreitet oder übermittelte Daten missbraucht, von der Teilnahme am automatisierten Abrufverfahren ausschließen; dasselbe gilt bei drohender Überschreitung oder drohendem Missbrauch.
(5) ¹Zuständige Stelle ist die Landesjustizverwaltung. ²Örtlich zuständig ist die Behörde, in deren Bezirk das betreffende Amtsgericht liegt. ³Die Zuständigkeit kann durch Rechtsverordnung der Landesregierung abweichend geregelt werden. ⁴Sie kann diese Ermächtigung durch Rechtsverordnung auf die Landesjustizverwaltung übertragen.

1 Jedermann hat nach § 79 I das Recht zur Einsicht in das Vereinsregister und auf Erteilung einer (beglaubigten, Kosten: § 89 KostO) Abschrift (Einzelheiten §§ 16, 17 VRV). Außerdem besteht nach § 162 FGG Anspruch auf ein Negativattest, also der Bescheinigung, dass weitere Eintragungen nicht vorhanden sind oder eine bestimmte Eintragung in das Register nicht erfolgt ist. Begehrt jemand Einsicht in Registerakten, muss er nach § 34 FGG sein berechtigtes Interesse glaubhaft machen.

2 Auch in ein maschinell geführtes Register besteht ein Einsichtsrecht (über ein Datensichtgerät oder einen aktuellen chronologischen Ausdruck), die Abschrift kann idR nur von der Wiedergabe verlangt werden (§ 79 I 3–5, nähere Regeln enthalten §§ 31–32 VRV). § 79 II-V regelt ergänzt von § 33 VRV das automatisierte Datenübermittlungsverfahren auf Abruf (näher BaRoth/*Schwarz* Rn 5 ff; *Reichert* Rn 4383 ff, 4390 ff).

Untertitel 2   Stiftungen

§ 80 Entstehung einer rechtsfähigen Stiftung

(1) Zur Entstehung einer rechtsfähigen Stiftung sind das Stiftungsgeschäft und die Anerkennung durch die zuständige Behörde des Landes erforderlich, in dem die Stiftung ihren Sitz haben soll.
(2) Die Stiftung ist als rechtsfähig anzuerkennen, wenn das Stiftungsgeschäft den Anforderungen des § 81 Abs. 1 genügt, die dauernde und nachhaltige Erfüllung des Stiftungszwecks gesichert erscheint und der Stiftungszweck das Gemeinwohl nicht gefährdet.
(3) ¹Vorschriften der Landesgesetze über kirchliche Stiftungen bleiben unberührt. ²Das gilt entsprechend für Stiftungen, die nach den Landesgesetzen kirchlichen Stiftungen gleich gestellt sind.

1 **A. Begriff, Arten, Abgrenzung.** Begrifflich ist die Stiftung eine auf Ausstattung mit einem Vermögen angelegte, nicht in einem Personenverband bestehende selbständige juristische Person zur Erreichung eines dauernden Zwecks, der nur durch den Willen des Errichters bestimmt wird (BVerwG NJW 98, 2545, 2546). Es handelt sich also um eine **verselbständigte Vermögensmasse**, eine reine Verwaltungsorganisation mit eigener Rechtspersönlichkeit aber ohne Mitglieder (BGHZ 99, 344, 350; BaRoth/*Schwarz* Vor § 80 Rn 3). Vielmehr hat die Stiftung nur Destinatäre, denen die Vorteile der Stiftung zugute kommen sollen (näher AnwK/*Schiffer* Rn 46 ff). Die Stiftung ist gekennzeichnet durch den **Stiftungszweck**, der auf Dauer angelegt sein muss und die Individualität der Stiftung bestimmt (Erman/*Werner* Vor § 80 Rn 8). Die **Stiftungsorganisation** ist durch den Vorstand gekennzeichnet; das **Stiftungsvermögen** muss dem Stiftungszweck dauerhaft gewidmet sein und genügen, um ausreichend hohe Erträge zur Verwirklichung des Stiftungszweckes abzuwerfen (Erman/ *Werner* Rn 9 f), ein geringeres Vermögen als 50 000 € genügt allein aus Effizienzgründen nur in Ausnahmefällen (vgl Palandt/*Heinrichs* Rn 5; AnwK/*Schiffer* § 81 Rn 45 ff; gegen einen Mindestbetrag zu Unrecht Erman/ *Werner* Vor § 80 Rn 11).

2 Von der in §§ 80–88 geregelten privatrechtlichen Stiftung ist die durch den Staat errichtete **öffentlich-rechtliche** Stiftung abzugrenzen, des Weiteren auch die **unselbständige Stiftung**, bei der es sich um die treuhänderische Übertragung auf einen Treuhänder handelt, der das Vermögen zum festgelegten Zweck verwaltet. Das

Sammelvermögen entsteht durch die Veranstaltung einer Sammlung und wird von dem Veranstalter der Sammlung treuhänderisch verwaltet, wenn das Eigentum nicht bis zur zweckgerechten Verwendung bei den Spendern verbleibt (Erman/*Werner* Vor § 80 Rn 13). Zu den **Arten** der Stiftung s AnwK/*Schiffer* Rn 51 ff, zu den kirchlichen Stiftungen nach III s Erman/*Werner* Vor § 80 Rn 19, § 80 Rn 15.

B. Stiftungsgeschäft, Anerkennung. Das **Stiftungsgeschäft** ist ein Rechtsgeschäft unter Lebenden oder eine Verfügung von Todes wegen (§ 81 bzw § 83) und besteht in der Erklärung, eine Stiftung gründen zu wollen und nach deren Anerkennung das Gründungskapital zu leisten (Erman/*Werner* Rn 3). Für **das Anerkennungsverfahren** und die **Stiftungsaufsicht** gelten die Stiftungsgesetze der Länder (Fundstellen bei Erman/*Werner* Vor § 80 Rn 29, die Gesetzestexte finden sich auch unter www.stiftungen.org.). Die Anerkennung erfolgt durch Verwaltungsakt und wirkt konstitutiv. Zuständig ist die durch Landesrecht bestimmte Behörde. Es besteht ein **Rechtsanspruch** auf Anerkennung der Stiftung, wenn sie den Anforderungen des § 81 genügt (s auch § 83). Die Prognose muss ergeben, dass die dauernde und nachhaltige Erfüllung des Stiftungszwecks durch ein hinreichendes Vermögen (Rn 1) gesichert ist. Der Stiftungszweck darf das **Gemeinwohl** nicht gefährden (krit *Muscheler* NJW 03, 3161), vor allem nicht Verfassungsrechtsgüter gefährden (BVerwG NJW 98, 2545), nicht gegen ein gesetzliches Verbot, die guten Sitten oder die Menschenwürde verstoßen (Erman/*Werner* Rn 12). Der Kreis der Destinatäre darf aber nach Geschlecht und Religion abgegrenzt werden (Palandt/*Heinrichs* Rn 6).

§ 81 Stiftungsgeschäft

(1) ¹Das Stiftungsgeschäft unter Lebenden bedarf der schriftlichen Form. ²Es muss die verbindliche Erklärung des Stifters enthalten, ein Vermögen zur Erfüllung eines von ihm vorgegebenen Zweckes zu widmen. ³Durch das Stiftungsgeschäft muss die Stiftung eine Satzung erhalten mit Regelungen über
1. den Namen der Stiftung,
2. den Sitz der Stiftung,
3. den Zweck der Stiftung,
4. das Vermögen der Stiftung,
5. die Bildung des Vorstands der Stiftung.

⁴Genügt das Stiftungsgeschäft den Erfordernissen des Satzes 3 nicht und ist der Stifter verstorben, findet § 83 Satz 2 bis 4 entsprechende Anwendung.
(2) ¹Bis zur Anerkennung der Stiftung als rechtsfähig ist der Stifter zum Widerruf des Stiftungsgeschäfts berechtigt. ²Ist die Anerkennung bei der zuständigen Behörde beantragt, so kann der Widerruf nur dieser gegenüber erklärt werden. ³Der Erbe des Stifters ist zum Widerruf nicht berechtigt, wenn der Stifter den Antrag bei der zuständigen Behörde gestellt oder im Falle der notariellen Beurkundung des Stiftungsgeschäfts den Notar bei oder nach der Beurkundung mit der Antragstellung betraut hat.

Das Stiftungsgeschäft bedarf der **Schriftform** (§ 126), wenn Grundstücke übertragen werden sollen der Form entsprechend § 311 b I (aA Erman/*Werner* Rn 4). Es handelt sich um eine einseitige, nicht empfangsbedürftige Willenserklärung, für die die allgemeinen Regeln gelten. Inhalt muss zum einen die verbindliche Erklärung des Stifters sein, der Stiftung bestimmtes **Vermögen zu übertragen**, wenn sie anerkannt ist. Zum anderen muss die Stiftungsverfassung durch die **Satzung** festgelegt werden, die als Mindestinhalt Namen, Sitz, Zweck, Vermögen sowie die Art und Weise der Bildung des Vorstandes der Stiftung regeln muss. Die Satzung kann weitere Regelungen enthalten, etwa der Stiftung besondere Organe geben oder Grundsätze der Vermögensverwaltung (AnwK/*Schiffer* Rn 60 ff) sowie den Anfallberechtigten (§ 88) bestimmen.

Der Stifter kann nach II das Stiftungsgeschäft bis zur Anerkennung der Stiftung durch einseitige, nicht empfangsbedürftige Erklärung **widerrufen**. Ist die Anerkennung beantragt, kann der Widerruf nur gegenüber der Anerkennungsbehörde erfolgen. Nach dem Tod des Stifters kann grds dessen Erbe widerrufen, allerdings nicht wenn der Stifter bereits den Antrag auf Anerkennung gestellt oder den beurkundenden Notar damit beauftragt hatte.

§ 82 Übertragungspflicht des Stifters

¹Wird die Stiftung als rechtsfähig anerkannt, so ist der Stifter verpflichtet, das in dem Stiftungsgeschäft zugesicherte Vermögen auf die Stiftung zu übertragen. ²Rechte, zu deren Übertragung der Abtretungsvertrag genügt, gehen mit der Anerkennung auf die Stiftung über, sofern nicht aus dem Stiftungsgeschäft sich ein anderer Wille des Stifters ergibt.

Mit Anerkennung der Stiftung entsteht ein Anspruch der Stiftung auf Übertragung des zugesagten Vermögens. Rechte, die nach §§ 398, 413 übertragen werden, gehen kraft Gesetzes auf die Stiftung über. Andere Rechte, insbes Eigentumsrechte, müssen der Stiftung vertreten durch ihren Vorstand übertragen werden

(§§ 929, 873, 925). Unentgeltliche Zuwendungen an Stiftungen sind Schenkungen, die Pflichtteilsergänzungsansprüche nach §§ 2325, 2329 auslösen können (BGH NJW 04, 1382).

§ 83 Stiftung von Todes wegen

¹Besteht das Stiftungsgeschäft in einer Verfügung von Todes wegen, so hat das Nachlassgericht dies der zuständigen Behörde zur Anerkennung mitzuteilen, sofern sie nicht von dem Erben oder dem Testamentsvollstrecker beantragt wird. ²Genügt das Stiftungsgeschäft nicht den Erfordernissen des § 81 Abs. 1 Satz 3, wird der Stiftung durch die zuständige Behörde vor der Anerkennung eine Satzung gegeben oder eine unvollständige Satzung ergänzt; dabei soll der Wille des Stifters berücksichtigt werden. ³Als Sitz der Stiftung gilt, wenn nicht ein anderes bestimmt ist, der Ort, an welchem die Verwaltung geführt wird. ⁴Im Zweifel gilt der letzte Wohnsitz des Stifters im Inland als Sitz.

1 Das Stiftungsgeschäft kann in einer Verfügung von Todes wegen bestehen. Dann gelten erbrechtliche Regeln, so dass die Zuwendung durch Erbeinsetzung, Vermächtnis oder Auflage erfolgen und in einem Testament oder Erbvertrag enthalten sein kann. Erbe oder Testamentsvollstrecker haben die Anerkennung zu beantragen, hilfsweise teilt das Nachlassgericht das Stiftungsgeschäft der zuständigen Behörde mit. Die Verfügung von Todes wegen muss die Satzung der Stiftung enthalten. Fehlt es daran oder an anderen Erfordernissen des § 81 S 3, gibt die zuständige Behörde der Stiftung eine Satzung bzw ergänzt sie. Der Wille des Stifters soll berücksichtigt werden. Unverzichtbar ist allerdings, dass der Erblasser wenigstens den Zweck der Stiftung deutlich gemacht und eine Vermögenszusage gegeben hat (AnwK/*Schiffer* Rn 7).

§ 84 Anerkennung nach Tod des Stifters

Wird die Stiftung erst nach dem Tode des Stifters als rechtsfähig anerkannt, so gilt sie für die Zuwendungen des Stifters als schon vor dessen Tod entstanden.

1 Eine juristische Person muss zZ des Erbfalls bestehen und ist andernfalls nicht erbfähig. Hiervon macht die Vorschrift eine Ausnahme, indem sie die Rechtsfähigkeit der Stiftung zZ des Erbfalls fingiert, wenn die Stiftung erst nach dem Tod des Erblassers anerkannt wird. § 84 ist aber auch auf Stiftungen unter Lebenden anwendbar. Dann gilt der Anspruch auf das im Stiftungsgesetz zugesagte Vermögen als schon vor dem Tod des Stifters entstanden (AnwK/*Schiffer* Rn 4).

§ 85 Stiftungsverfassung

Die Verfassung einer Stiftung wird, soweit sie nicht auf Bundes- oder Landesgesetz beruht, durch das Stiftungsgeschäft bestimmt.

1 Das Stiftungsgeschäft bestimmt die **Satzung** der Stiftung, die Teil ihrer Verfassung, also der rechtlichen Grundordnung ist. Die Verfassung wird auch durch das Bundes- und Landesrecht sowie Richterrecht bestimmt (Erman/ *Werner* Rn 2). Für die **Auslegung** ist der Stifterwille maßgebend, sie ist revisibel (BGH NJW 94, 184 f). Der Stifter kann die Auslegung auf ein Stiftungsorgan oder die Aufsichtsbehörde übertragen (Erman/*Werner* Rn 3).
2 **Satzungsänderungen** bedürfen der Anerkennung durch die Aufsichtsbehörde (AnwK/*Werner* Rn 5). Die Änderung ist zulässig, wenn sie in der Satzung oder in den Stiftungsgesetzen vorgesehen ist (Erman/*Werner* Rn 4; AnwK/*Schiffer* Rn 3). Sie müssen dem erklärten oder mutmaßlichen Stifterwillen entsprechen (BGHZ 99, 344, 348).
3 Die Satzung kann den **Destinatären** (Nutznießern der Stiftung) ein Recht auf Stiftungsleistungen einräumen. Das setzt aber voraus, dass die Stiftungsurkunde bestimmte objektive Merkmale enthält, durch deren Erfüllung die Eigenschaft eines Destinatärs unmittelbar erworben wird, ohne dass den Stiftungsorganen noch die Möglichkeit einer Auswahl gelassen ist (BGHZ 99, 344, 355). Sollen die Destinatäre durch Stiftungsorgane oder Dritte ausgewählt werden, fehlt es an einem solchen Anspruch (Erman/*Werner* Rn 7).

§ 86 Anwendung des Vereinsrechts

¹Die Vorschriften der §§ 23 und 26, des § 27 Abs. 3 und der §§ 28 bis 31, 42 finden auf Stiftungen entsprechende Anwendung, die Vorschriften des § 27 Abs. 3 und des § 28 Abs. 1 jedoch nur insoweit, als sich nicht aus der Verfassung, insbesondere daraus, dass die Verwaltung der Stiftung von einer öffentlichen Behörde geführt wird, ein anderes ergibt. ²Die Vorschriften des § 28 Abs. 2 und des § 29 finden auf Stiftungen, deren Verwaltung von einer öffentlichen Behörde geführt wird, keine Anwendung.

Die Vorschrift verweist auf Teile des **Vereinsrechts**, bei deren Anwendung die andersartige Struktur der Stiftung zu beachten ist. **Ausländische Stiftungen** erwerben Rechtsfähigkeit durch Genehmigung des Bundesministers des Inneren (§ 23). 1

Der **Vorstand** ist notwendiges Organ der Stiftung, der sie gerichtlich und außergerichtlich vertritt (§ 26 I, II 1). Die **Vertretungsmacht** kann mit Außenwirkung beschränkt werden (§ 26 II 2). Allerdings fehlt ein Stiftungsregister, so dass Dritte die Beschränkung nur gegen sich gelten lassen müssen, wenn sie Ihnen bekannt oder evident war. Die hM will dagegen Beschränkungen auch gegenüber gutgläubigen Dritten gelten lassen (Palandt/*Heinrichs* Rn 1). Nach ihr ergibt sich eine Beschränkung der Vertretungsmacht auch schon aus dem Stiftungszweck (BGH NJW 57, 708; Palandt/*Heinrichs* Rn 1), die Gegenansicht verlangt, dass Beschränkungen der Vertretungsmacht in der Satzung eindeutig geregelt sein müssen (MüKo/*Reuter* Rn 7; Staud/*Rawert* Rn 8). Bei Zweifeln über die Vertretungsmacht sollte sich der Geschäftspartner eine von der Aufsichtsbehörde für den Vorstand ausgestellte Vertretungsbescheinigung vorlegen lassen. Zwischen Stiftung und Vorstand gilt Auftragsrecht (§ 27 III), auf die Beschlussfassung und Passivvertretung findet § 28 Anwendung. Notbestellung des Vorstands ist möglich (§ 29). Die Stiftung kann besondere Organe haben (§ 30) und haftet für ihre Organe nach § 31. § 27 I, II ist nicht anwendbar, weil die Bildung des Vorstands durch die Satzung zu regeln ist. 2

Bei Verwaltung der Stiftung durch öffentliche Behörden gelten statt der §§ 27 III, 28, 29 öffentlich-rechtliche Regeln. Bei Insolvenz der Stiftung gilt § 42, insbes wird sie mit Eröffnung des Insolvenzverfahrens aufgelöst (§ 42 I 1) und verliert ihre Rechtsfähigkeit (zur Insolvenz näher AnwK/*Schiffer* Rn 10 ff). 3

§ 87 Zweckänderung; Aufhebung

(1) Ist die Erfüllung des Stiftungszwecks unmöglich geworden oder gefährdet sie das Gemeinwohl, so kann die zuständige Behörde der Stiftung eine andere Zweckbestimmung geben oder sie aufheben.
(2) ¹Bei der Umwandlung des Zweckes soll der Wille des Stifters berücksichtigt werden, insbesondere soll dafür gesorgt werden, dass die Erträge des Stiftungsvermögens dem Personenkreis, dem sie zustatten kommen sollten, im Sinne des Stifters erhalten bleiben. ²Die Behörde kann die Verfassung der Stiftung ändern, soweit die Umwandlung des Zweckes es erfordert.
(3) Vor der Umwandlung des Zweckes und der Änderung der Verfassung soll der Vorstand der Stiftung gehört werden.

Die Erfüllung des Stiftungszwecks wird **unmöglich**, wenn das Stiftungsvermögen verloren ist, die Zweckerfüllung verboten wird oder die Destinatäre weggefallen sind (AnwK/*Schiffer* Rn 2 ff). Zur **Gemeinwohlgefährdung** s § 80 Rn 4. Die behördlichen Maßnahmen sind **subsidiär** und kommen nur in Betracht, wenn die Stiftung ihre Satzung nicht von sich aus ändert (Erman/*Werner* Rn 2). Nach dem Verhältnismäßigkeitsprinzip kommt die Aufhebung nur in Betracht, wenn die Umwandlung des Zwecks ausscheidet (Erman/*Werner* Rn 4). Vor der Entscheidung über die Aufhebung oder Umwandlung muss der Vorstand gehört werden (§ 28 VwVfG). Gegen die Entscheidung ist der Verwaltungsrechtsweg mit der Anfechtungsklage eröffnet (§ 42 VwGO). 1

Weitere Auflösungsgründe sind in den Landesstiftungsgesetzen geregelt, zB die Zusammenlegung (AnwK/*Schiffer* Rn 14 ff). In Betracht kommen außerdem: Insolvenz (§§ 86 S 1, 42), Zeitablauf, Eintritt einer auflösenden Bedingung, Beschluss des satzungsgemäß zuständigen Organs (Kobl NZG 02, 135). Die missbräuchliche Verwendung des Stiftungsvermögens führt nicht zur Auflösung, rechtfertigt aber ein Einschreiten der Aufsichtsbehörde (BGH WM 66, 221, 223 f). 2

§ 88 Vermögensanfall

¹Mit dem Erlöschen der Stiftung fällt das Vermögen an die in der Verfassung bestimmten Personen. ²Fehlt es an einer Bestimmung der Anfallberechtigten, so fällt das Vermögen an den Fiskus des Landes, in dem die Stiftung ihren Sitz hatte, oder an einen anderen nach dem Recht dieses Landes bestimmten Anfallberechtigten. ³Die Vorschriften der §§ 46 bis 53 finden entsprechende Anwendung.

Wird die Stiftung aufgelöst (§ 87 Rn 1, 2), fällt das Vermögen an die in der Satzung bestimmten Personen. Fehlt es an einer Satzungsregelung, fällt das Vermögen dem Fiskus oder aufgrund landesgesetzlicher Regelung einem anderen Anfallberechtigten an (zB Kommune, Kirche). Soll die Stiftung steuerrechtlich gemeinnützig sein, muss dem Anfallberechtigten ebenfalls Gemeinnützigkeit zukommen (Grundsatz der Vermögensbindung nach §§ 55 I Nr 4, III AO). Beim Anfall an den Fiskus findet Gesamtrechtsnachfolge statt (§ 46). Fällt das Vermögen anderen Personen zu, bedarf es einer Liquidation und der anschließenden Einzelübertragung des Liquidationserlöses (§§ 47–53). 1

Untertitel 3 Juristische Personen des öffentlichen Rechts

§ 89 Haftung für Organe; Insolvenz

(1) Die Vorschrift des § 31 findet auf den Fiskus sowie auf die Körperschaften, Stiftungen und Anstalten des öffentlichen Rechts entsprechende Anwendung.
(2) Das Gleiche gilt, soweit bei Körperschaften, Stiftungen und Anstalten des öffentlichen Rechts das Insolvenzverfahren zulässig ist, von der Vorschrift des § 42 Abs. 2.

1 **A. Juristische Personen des öffentlichen Rechts.** Fiskus ist der Staat (Bund und Länder) soweit er privatrechtlich handelt. Öffentlich-rechtliche **Körperschaften** sind mitgliedschaftlich strukturierte rechtsfähige Verbände, vor allem die Gebietskörperschaften (Bund, Länder, Landkreise, Gemeinden), die Kirchen, wissenschaftliche Hochschulen, Kammern (Industrie- und Handelskammern, Handwerkskammern, Rechtsanwalts- und Ärztekammern) und die Sozialversicherungsträger (Krankenkassen, Berufsgenossenschaften, Rentenversicherung). **Anstalt** ist ein rechtsfähiger Bestand von persönlichen und sachlichen Mitteln, die einem besonderen Zweck gewidmet sind. Die Anstalt hat keine Mitglieder, sondern Benutzer. Beispiele sind die kommunalen Sparkassen, Rundfunkanstalten. **Stiftungen** sind vom Staat oder anderen Verwaltungsträgern einem bestimmten öffentlichen Zweck gewidmete rechtsfähige Vermögensmassen, zB die Stiftung Preußischer Kulturbesitz.

2 **B. Haftungssystem.** Bei **hoheitlichem** Handeln haftet die juristische Person nach § 839 iVm Art 34 GG, der Handelnde haftet idR nicht, weil Art 34 GG seine Haftung ausschließt. Bei **privatrechtlichem Handeln** gilt § 89, so dass die juristische Person für Vertragsverletzungen und unerlaubte Handlungen verfassungsmäßig berufener Vertreter nach §§ 89, 31 iVm mit der jeweiligen Anspruchsgrundlage haftet. Für andere Personen gelten §§ 278, 831. Die Handelnden selbst haften nicht für Vertragsverletzungen. Bei unerlaubten Handlungen haften Beamte nach § 839, Nichtbeamte nach §§ 823 ff. Für die **Abgrenzung** zwischen hoheitlichem und privatrechtlichem Handeln kommt es darauf an, ob die Körperschaft in privatrechtlicher oder öffentlich-rechtlicher Form handelt (AnwK/*Schiffer* Rn 8).

3 **C. Verantwortlichkeit für verfassungsmäßig berufene Vertreter.** Der **Begriff** des verfassungsmäßig berufenen Vertreters ist wie bei § 31 weit auszulegen (§ 31 Rn 3). Erfasst ist jede Person, der durch Organisationsnormen der juristischen Person bestimmte eigenverantwortlich zu erledigende Aufgaben übertragen sind (RGZ 157, 228, 237). Fehlt es an einer satzungsmäßigen Grundlage, kann der Bedienstete aber gleichwohl unter §§ 30, 31 fallen, wenn die **Repräsentantenhaftung** (§ 31 Rn 3) eingreift. Ob ein Amtsträger die Behörde repräsentiert, entscheidet die Verkehrsanschauung (BaRoth/*Schwarz* Rn 9). Die Lehre vom **Organisationsmangel** (§ 31 Rn 6) gilt ebenfalls.

4 **Beispiele** für verfassungsmäßig berufene Vertreter (ausführlich Soergel/*Hadding* Rn 55 ff): **Bund, Länder und Gemeinden:** Bürgermeister, Stadtdirektor, Intendant des Stadttheaters, Liegenschaftsbeamter mit allgemeiner Vertragsabschlussvollmacht, Landrat, Oberförster, LG- und OLG-Präsident, Schulleiter; **Kirche:** Pfarrer, Gemeinderats- und Kirchenvorstandsmitglieder; **Krankenhaus:** Chefarzt (BGH NJW 72, 334; 80, 1901; 85, 2189; 87, 2925); **Sparkassen:** Vorstände, Zweigstellenleiter.

5 Handeln außerhalb des **Zuständigkeitsbereichs** führt bei juristischen Personen des öffentlichen Rechts zur Unwirksamkeit des Rechtsgeschäfts und schließt damit eine Anwendung des § 89 aus (BaRoth/*Schwarz* Rn 10). Bei bloßen Überschreitungen der Vertretungsmacht kommt § 89 dagegen in Betracht, so haftet eine Gemeinde für Betrugshandlungen des Bürgermeisters, die gerade darin bestanden, dass er die nach der Gemeindeordnung fehlende rechtliche Verbindlichkeit der allein von ihm abgegebenen Erklärungen vorspiegelt (BGH NJW 86, 2939; BaRoth/*Schwarz* Rn 11).

6 **D. Insolvenz.** Für Bund und Länder ist das Insolvenzverfahren ausgeschlossen (§ 12 I Nr 1 InsO), für juristische Personen des öffentlichen Rechts dann, wenn das Landesrecht es vorsieht (§ 12 I Nr 2 InsO), was meistens der Fall ist. Nur für die übrigen juristischen Personen des öffentlichen Rechts hat daher die Verweisung auf die Insolvenzantragspflicht des § 42 II Bedeutung.

Abschnitt 2 Sachen und Tiere

§ 90 Begriff der Sache

Sachen im Sinne des Gesetzes sind nur körperliche Gegenstände.

1 **A. Normzweck.** Der Begriff der Sache ist maßgebend dafür, woran Eigentum, ein beschränkt dingliches Recht oder Besitz bestehen kann. Die Legaldefinition gilt uneingeschränkt für das 3. Buch des BGB. Außerhalb des Sachenrechts, (zB §§ 119 II, 434, 598, 607) und im Handelsrecht wird der Sachbegriff zum Teil auch

auf unkörperliche Sachen erstreckt. Auch im öffentlichen Recht ist der Begriffsinhalt eigenständig nach dem Normzweck zu bestimmen.

B. Begriffsbestimmung. I. Körperliche Gegenstände. Körperlichkeit erfordert räumliche Abgrenzung und Beherrschbarkeit des Gegenstands. Maßgebend dafür ist die Verkehrsanschauung. Die Abgrenzung kann von Natur aus bestehen oder durch die Fassung in einem Behältnis bzw Hilfsmittel wie Grenzsteine oder die Einzeichnung in Karten, Katastern oder Plänen erfolgen. Keine Sachen sind daher die Luft im Raum, das fließende Wasser, Grundwasser sowie Schnee. Auch eine Umformung wie bei einer gespurten Langlaufloipe, soll diese mangels Abgrenzung nicht zur Sache machen (zweifelhaft BayObLG NJW 80, 132; Müko/*Holch* Rn 8; offen BGH NJW-RR 89, 673). Ein Meeresstrand ist hingegen jedenfalls dann als körperliche Sache anzusehen, wenn er vor seiner naturbedingten Umwandlung eines Dünengrundstücks im Privateigentums stand (Schleswig NJW-RR 03, 1170, 1171). Die Sacheigenschaft ist unabhängig vom Aggregatzustand, auch flüssige oder gasförmige Substanzen fallen hierunter, sofern sie zB durch Rohrleitungen oder Staubecken abgegrenzt sind. 2

II. Nicht körperliche Gegenstände. Nicht erfasst werden dagegen Energien wie Elektrizität, Wärme. Hieran ist Eigentum oder Besitz nicht begründbar. Jedoch kann zB die durch technische Anlagen gewonnene Wind- oder Sonnenenergie Gegenstand von Rechtsgeschäften sein (BGH NJW-RR 93, 1160). Nicht unter den Sachbegriff fallen weiter die Immaterialgüterrechte wie die gewerblichen Schutzrechte: Patent, Gebrauchs-, Geschmacksmuster und Marke, das Urheberrecht, das Namensrecht, die Firma sowie die sonstigen Vermögensrechte, Forderungen, Gestaltungsrechte etc. 3

III. Sach- und Rechtsgesamtheiten. In einer Sachgesamtheit sind mehrere selbständige Sachen zu einem gemeinsamen wirtschaftlichen Zweck verbunden, zB einem Warenlager (s § 92 II). Die Sachgesamtheit ist keine Sache iSd § 90. Die einzelnen Sachen bleiben rechtlich selbständig, nur an ihnen können dingliche Rechte begründet werden. Gleiches gilt für Sach- und Rechtsgesamtheiten wie das Unternehmen, den Kundenstamm oder sonstigen „good will" eines Handelsgeschäfts und reine Rechtsgesamtheiten wie das Vermögen. Die Gesamtheit selbst ist kein Verfügungsgegenstand, sondern kann nur Gegenstand schuldrechtlicher Vereinbarungen sein (BaRoth/*Fritzsche* Rn 21). 4

IV. Problemfälle. 1. Software. Computerprogramme, Daten und Informationen sind nach hL keine Sache, sondern das Ergebnis einer geistigen Schöpfung des Urhebers und damit ein Immaterialgut (*Redeker* NJW 92, 1739; *Junker* NJW 93, 824; BaRoth/*Fritzsche* Rn 25; aA *König* NJW 93, 3124; Erman/*Michalski* Rn 3). Der BGH bejaht die Sacheigenschaft jedenfalls bei Verkörperung in einem Datenträger (BGHZ 102, 135, 144, NJW 93, 2436; aA *Müller-Hengstenberg* NJW 94, 3128; BaRoth/*Fritzsche* Rn 26). Praktisch hat dieser Streit seit der Neufassung des § 453 keine Auswirkungen mehr, soweit es um die Überlassung von Computerprogrammen gegen einmaliges Entgelt geht. Kaufrecht findet auch bei Überspielen des Programms auf Festplatte (Download) entsprechende Anwendung (BGHZ 109, 97, *Kort* DB 94, 1505). Bei Überlassung auf Zeit sind die Regeln über Miete bzw Pacht entsprechend anwendbar (BGH NJW 00, 1415). Zur Pfändung von Software *Franke* MDR 96, 236. 5

2. Der Körper des Menschen. Der lebende Mensch ist kein Rechtsobjekt, sondern nach § 2 Rechtssubjekt. Abgetrennte Körperteile wie Haare, gespendetes Blut, Sperma oder entnommene Organe werden zu beweglichen Sachen, es sei denn, sie sind zur Bewahrung von Körperfunktionen oder zur Wiedereingliederung in den Körper bestimmt (Eigenblutspende, eingefrorenes Sperma, zur Befruchtung entnommene Eizelle), dann sollen sie auch während der Trennung weiter eine funktionale Einheit mit dem Körper bilden (BGHZ 124, 52, krit *Laufs/Reiling* NJW 94, 774; *Taupitz* NJW 95, 745, *Nixdorf* VersR 95, 740). Dies erscheint konstruiert (so auch MüKo/*Holch* Rn 28). Mit der Trennung handelt es sich um Sachen, die analog § 953 ins Eigentum des bisherigen Trägers fallen. Über abtrennbare Körperteile sind in den Grenzen des § 138 Rechtsgeschäfte zulässig. 6

Mit dem Körper nicht fest verbundene künstliche Körperteile wie Prothesen, Gebisse und erst recht Hilfsmittel wie Brillen, Hörgeräte oder Perücken bleiben bewegliche Sachen, sind nach § 811 Nr 12 ZPO aber unpfändbar. Künstliche Körperteile verlieren ihre Sacheigenschaft und werden Bestandteil des Körpers, wenn sie mit ihm fest verbunden werden, wie zB Herzschrittmacher, Zahnplomben. An ihnen soll nach dem Tod des Trägers ein Aneignungsrecht der Erben bestehen (LG Mainz MedR 84, 200, *Brandenburg* JuS 84, 48; Palandt/*Heinrichs* Rn 3 aA *Gropp* JR 85, 183). Richtiger erscheint es, sie als Teil der Leiche anzusehen, bei der das Bestimmungsrecht hinsichtlich der Bestattung, einer Organentnahme oder Sektion den nächsten Angehörigen zusteht (Totensorgerecht, § 2 FeuerbestattungsG). Erst nach Erlöschen des postmortalen Persönlichkeitsrechts, für das die in den Friedhofsordnungen niedergelegte Mindestruhe als Maßstab dienen kann, unterliegen die sterblichen Überreste der Aneignung (Staud/*Dilcher* Rn 23; MüKo/*Holch* Rn 31). Der Inhaber des Persönlichkeitsrechts kann Anordnungen zur Verwendung seines Leichnams, etwa für anatomische Zwecke oder zur Konservierung treffen (krit dazu *Benda* NJW 00, 1769 – Körperwelten).

Zur Organentnahme aus dem Körper eines Toten § 3 TPG (BGBl I 1997, s 2631).
Zur Organentnahme aus dem Körper lebender Spender § 8 TPG.

C. Einteilung der Sachen. I. Bewegliche und unbewegliche Sachen. Die §§ 91, 92 beziehen sich auf bewegliche Sachen. Hierunter fallen alle Sachen, die nicht Grundstücke, diesen gleichgestellt (§ 12 Erb- 7 bauVO) oder Grundstücksbestandteile sind (§§ 93–95). Bewegliche Sachen im Haftungsverband der Hypothek (§§ 1120 ff) unterfallen der Immobiliarvollstreckung.

8 **II. Sonstige Differenzierungen.** Zur Abgrenzung zwischen vertretbaren und nicht vertretbaren Sachen s § 91. Zur Abgrenzung zwischen verbrauchbaren und nicht verbrauchbaren Sachen s § 92. Zur Abgrenzung zwischen teilbaren und unteilbaren Sachen s § 752 Rn 2.
Zur Abgrenzung zwischen Hauptsache und Zubehör s § 97.

§ 90a Tiere

¹Tiere sind keine Sachen. ²Sie werden durch besondere Gesetze geschützt. ³Auf sie sind die für Sachen geltenden Vorschriften entsprechend anzuwenden, soweit nicht etwas anderes bestimmt ist.

1 **A. Normzweck.** Die durch das Gesetz zur Verbesserung der Rechtsstellung des Tieres vom 20.8.90 (BGBl I, S 1762) geschaffene Vorschrift will die formale Gleichstellung des Tieres mit der Sache beseitigen und damit der gesellschaftlichen Anschauung, dass Tiere Mitgeschöpfe und schmerzempfindliche Wesen sind, Rechnung tragen. Durch die entsprechende Anwendung der für Sachen geltenden Regelungen hat sich ggü dem vorherigen Rechtszustand nichts geändert. Es handelt sich lediglich um ein ethisches Bekenntnis zum Tierschutz wie es bereits § 1 TierSchG und die Aufnahme des Staatsziels „Tierschutz" in Art 20a GG beinhalten.

2 **B. Regelungsgehalt.** S 2 hat keinen Regelungsgehalt, sondern verweist nur auf die ohnehin bestehende Geltung der Tierschutzgesetze. Hierzu zählen auch die ebenfalls neu eingefügten §§ 251 II 2, 903 S 2 sowie die §§ 765a I 2 u 811c I ZPO.
S 3 Hs 1 stellt klar, dass Tiere trotz S 1 keine Rechtssubjekte sind, sondern als Rechtsobjekte weiterhin Gegenstand von Rechtsgeschäften sein können. Dementsprechend sind sie im Falle der Scheidung wie Hausrat zu behandeln. Eine Umgangsregelung analog § 1684 ist nicht möglich (Schleswig NJW 98, 3127; aA AG Bad Mergentheim NJW 97, 3033).
S 3 Hs 2 stellt fest, dass anderweitige Bestimmungen, wie sie sich schon vor Schaffung der Vorschrift in §§ 98, 833 f, 960–964 fanden, Vorrang haben. Will man den mit der Vorschrift gewünschten Schutz nicht konterkarieren, dürfte trotz des strafrechtlichen Analogieverbots des Art 103 II GG Diebstahl und (Sach)beschädigung von Tieren weiterhin strafbar sein (dazu *Küper* JZ 93, 435; *Graul* JuS 00, 215).

§ 91 Vertretbare Sachen

Vertretbare Sachen im Sinne des Gesetzes sind bewegliche Sachen, die im Verkehr nach Zahl, Maß oder Gewicht bestimmt zu werden pflegen.

1 **A. Begriff und Bedeutung.** Die Vorschrift definiert mit einer etwas antiquierten Formulierung die vertretbare Sache. Eine bewegliche Sache ist nach der Rspr dann vertretbar, wenn sie sich von anderen Sachen der gleichen Art nicht durch ausgeprägte Individualisierungsmerkmale abhebt und deshalb von anderen Sachen dieser Art ohne weiteres ersetzt werden kann (BGH NJW 66, 2307; 85, 2403). Nicht vertretbar sind dagegen Sachen, die speziell auf die Wünsche des Bestellers ausgerichtet sind. Der Unterschied zur Gattungsschuld nach § 243 besteht darin, dass es für die Vertretbarkeit nur auf die Verkehrsanschauung, also auf rein objektive Kriterien ankommt, während die Festlegung der Gattung der Parteivereinbarung unterliegt. Regelmäßig werden jedoch Gattungsschulden durch die Leistung vertretbarer Sachen erfüllt (MüKo/*Holch* Rn 7).

2 Bedeutsam ist die Unterscheidung vor allem im Schuldrecht. Bei Untergang einer vertretbaren Sache ist idR Naturalrestitution durch Lieferung einer anderen Sache möglich, bei unvertretbaren Sachen dagegen nicht (BGH NJW 85, 2413). Das Sachdarlehen (§ 607), der Werklieferungsvertrag (§ 651 I 3) die Verwahrung (§ 700) und die Anweisung (§ 783) setzen eine vertretbare Sache voraus. Weiterhin verwendet das Gesetz den Begriff bei Gesellschafterbeiträgen (§ 706 II), Handels- (§ 363 I HGB), Kommissions- (§ 406 II HGB) und Lagergeschäften (§ 469 I HGB).
Die Klage im Urkundsprozess (§ 592 ZPO) und eine Herausgabevollstreckung (§ 884 ZPO) sind nur bei vertretbaren Sachen möglich. Ein Grundurteil (§ 304 ZPO) kommt nur bei Leistung einer vertretbaren Sache in Betracht (BGH NJW 75, 1968).

3 **B. Beispiele aus der Rspr.** Vertretbar sind Geld (vgl §§ 607, 783) und Wertpapiere sowie sämtliche Neuwaren aus einer Serienproduktion, zB Kraftfahrzeuge (*München* DAR 64, 189), Möbel (BGH NJW 71, 1793), Maschinen wie Wärmepumpen (Hamm BB 86, 555) oder Windkraftanlagen (LG Flensburg WM 00, 2113), Baustoffe (BGH NJW-RR 96, 837), landwirtschaftliche Produkte, Bier einer bestimmten Brauerei (München OLGZ 73, 455) und Wein eines Jahrgangs, einer Rebsorte, Lage und Qualitätsstufe (BGH NJW 85, 2403). Die Anpassung an Wünsche des Bestellers zB die Anfertigung eines Bezugsstoffes (Karlsr BB 88, 1209) ändert an der Vertretbarkeit nichts, solange dies im Serienprogramm des Herstellers vorgesehen ist.

Nicht vertretbar sind Grundstücke und bewegliche Sachen, die Grundstücksbestandteil geworden sind (LG 4
Weiden NJW-RR 97, 1119), Eigentumswohnungen (BGH NJW 95, 588), Tiere, soweit sie nicht in Massen
verkauft werden, Sonderanfertigungen und Kunstwerke. Trotz der Vielzahl wertet die Rspr auch Werbeprospekte (BGH NJW 66, 2307) und Werbematerial (BGH DB 81, 313) für ein bestimmtes Unternehmen als
unvertretbar. Unvertretbar ist hier jedoch nur die Gruppe, nicht das einzelne Stück. Weiterhin sind alle
gebrauchten Sachen unvertretbar, da jedes Stück einen anderen Zustand aufweist.
Bei einer aus Serienteilen bestehenden Sachgesamtheit, wie zB einer Einbauküche, handelt es sich jedenfalls
dann um eine unvertretbare Sache, wenn diese individuell angepasst und eingebaut wird (BGH NJW-RR 90,
787; KG NJW-RR 96, 1010).

§ 92 Verbrauchbare Sachen

(1) Verbrauchbare Sachen im Sinne des Gesetzes sind bewegliche Sachen, deren bestimmungsmäßiger
Gebrauch in dem Verbrauch oder in der Veräußerung besteht.
(2) Als verbrauchbar gelten auch bewegliche Sachen, die zu einem Warenlager oder zu einem sonstigen Sachinbegriffe gehören, dessen bestimmungsmäßiger Gebrauch in der Veräußerung der einzelnen Sachen besteht.

A. Begriff und Bedeutung. Eine bewegliche Sache ist dann verbrauchbar, wenn es sich um tatsächlich ver- 1
brauchbare Sachen handelt, deren Gebrauch wie bei Nahrungsmitteln gerade im Verbrauch liegt. Daneben
sind im Rechtssinne verbrauchbar auch solche Sachen, die zur Veräußerung bestimmt sind. Hierunter fallen
Geld und Wertpapiere, soweit sie nicht zur Kapitalanlage dienen (Staud/*Dilcher* Rn 2). Bei diesen Sachen
führt der Verbrauch nicht zu einer Wertvernichtung, sondern nur zu einem Wertverlust beim Verbraucher.
Die Fiktion in II erweitert die Verbrauchbarkeit auf Bestandteile eines Warenlagers oder einer anderen Sachgesamtheit. Anders als bei I, wo sich die Verbrauchbarkeit objektiv nach der Zweckbestimmung bestimmt,
welche die Verkehrsanschauung einer Sache beimisst, können bei II alle Sachen erfasst werden, sofern der
Berechtigte subjektiv den Zweck verfolgt, diese zu veräußern.
Das Gesetz verwendet den Begriff in Gesellschafterbeiträgen (§ 706 II), bei Hinterlegung von Inhaberpapieren 2
(§§ 1814 S 2, 2116 I 2) und bei der Pflichtteilsergänzung (§ 2325 II 1). Praktische Bedeutung hat der Begriff
vor allem für den Nießbrauch an verbrauchbaren Sachen. Hier ist der Nutzungsberechtigte idR zum Verbrauch der Sache berechtigt, hat aber nach Beendigung des Nießbrauchs Wertersatz zu leisten (§§ 1067, 1075
II, 1084, 1086 S 2). Da die Sachen nach ihrem Gebrauch nicht in unverändertem Zustand oder (bei Geld)
identisch zurückgegeben werden können, kommen sie als Gegenstand von Leihe oder Miete nicht in Betracht
(MüKo/*Holch* Rn 6), vielmehr wird zumeist ein Sachdarlehen (§ 607) vorliegen.

B. Beispiele aus der Rspr. Tatsächlich verbrauchbare Sachen sind zB alle Lebensmittel, Arzneimittel, Brenn- 3
material und Treibstoffe. Nicht hierunter fallen Sachen wie Kleidungsstücke, die durch den Gebrauch abgenutzt, aber nicht vollständig verbraucht werden. Dennoch kann nicht allein darauf abgestellt werden, ob der
Verbrauch die Sache zurücklässt, da nach der Verkehrsanschauung auch nur einmal benutzbare Sachen verbrauchbar sind, zB Papiertaschentücher (BaRoth/*Fritzsche* Rn 5).
Die Sicherungsübereignung verbrauchbarer Sachen ist möglich (BGHZ 28, 16, 19; BGH NJW 84, 803),
ebenso ihr Erwerb unter Eigentumsvorbehalt. Das vorbehaltene Eigentum erlischt jedoch mit Verbrauch oder
Veräußerung (MüKo/*Holch* Rn 7).

§ 93 Wesentliche Bestandteile einer Sache

Bestandteile einer Sache, die voneinander nicht getrennt werden können, ohne dass der eine oder der
andere zerstört oder in seinem Wesen verändert wird (wesentliche Bestandteile), können nicht Gegenstand
besonderer Rechte sein.

A. Normzweck und Bedeutung. Die Regelung dient der Erhaltung wirtschaftlicher Werte, dadurch dass 1
eine Sache und ihre wesentlichen Bestandteile das gleiche rechtliche Schicksal haben sollen (BGHZ 20, 145,
154). Die Übereignung einer beweglichen oder unbeweglichen Sache erfasst damit immer auch deren wesentliche Bestandteile. Eine entgegenstehende Vereinbarung der Parteien ist nichtig (KG OLGZ 80, 198).
Wird eine bislang selbständige Sache wesentlicher Bestandteil einer anderen Sache, führt dies zum Verlust des 2
Eigentums und sonstiger Rechte an der Sache, s §§ 946 ff. Das gilt insbes für den bis zur Verbindung bestehenden Eigentumsvorbehalt an der Sache (RG 63, 422). Ggf kann aber ein Eigentumsvorbehalt an wesentlichen Bestandteilen in eine schuldrechtliche Vereinbarung umgedeutet werden, die Aneignung (§ 956) zu
gestatten oder ein Nutzungsrecht einzuräumen (MüKo/*Holch* Rn 16). Umgekehrt gewinnt ein wesentlicher
Bestandteil seine Sacheigenschaft durch Trennung zurück, sofern diese ohne Zerstörung oder Wesensveränderung der Sache und des Bestandteils möglich ist, § 997 I. Schuldrechtliche Vereinbarungen über wesentliche
Bestandteile sind möglich, insbes wenn diese später durch Trennung von der Hauptsache selbständig werden

sollen (BGH NJW 00, 505). Die separate Übereignung wesentlicher Bestandteile ist unwirksam, ebenso die Verpfändung und Pfändung von wesentlichen Bestandteilen (BGHZ 104, 298, 304; aA *Gaul* NJW 89, 2509). Dingliche Rechtsgeschäfte über wesentliche Bestandteile sind nur zulässig, sofern sie unter der aufschiebenden Bedingung der Trennung von der Hauptsache erfolgen (Soergel/*Marly* Rn 22 mwN).
Gesonderter Besitz an wesentlichen Bestandteilen ist hingegen möglich, vgl § 865, da der Besitz kein Recht iSd § 93 ist. Der Besitz kann auch selbständig übertragen werden (RGZ 108, 269 ff).

3 **B. Begriffsbestimmung. I. Wesentlichkeit.** Für die Wesentlichkeit eines Bestandteils ist nach der Legaldefinition des § 93 darauf abzustellen, wie sich die Abtrennung von Bestandteilen auf diese in wirtschaftlicher Hinsicht auswirkt. Auf das Schicksal der Gesamtsache, die durch die Trennung aufgelöst wird, kommt es nicht an, sondern nur auf das bisherigen Bestandteils nach der Trennung. Zerstörung bedeutet den substantiellen Untergang des Bestandteils, Wesensveränderung die Aufhebung oder Minderung seiner zweckbestimmenden Eigenschaften oder seines Wertes (BGHZ 20, 159, 162). Eine nur geringfügige Wertminderung infolge der Trennung ist unerheblich (Köln NJW 91, 2570). Maßgebend ist die Verkehrsanschauung (BGHZ 36, 46, 50; 61, 80). Bei Beurteilung der Frage, ob ein Bestandteil als wesentlich anzusehen ist oder nicht, sind der Fortschritt in der technischen Entwicklung u die Änderung der wirtschaftlichen Verhältnisse mit zu berücksichtigen (BGH 18, 226, 232). Eine feste Verbindung ist anders als bei § 94 weder erforderlich noch ausschlaggebend dafür, ob es sich um einen wesentlichen Bestandteil handelt. Sie wird zwar regelmäßig vorliegen, aber auch eine lose Verbindung kann genügen, wenn die Teile nach der Verkehrsanschauung nur als eine einzige Sache angesehen werden. Bei zusammengesetzten Sachen sind nur diejenigen Bestandteile als wesentlich anzusehen, die mit dem Einbau vollständig in dem Ganzen aufgehen u bei einer natürlichen Betrachtungsweise keine eigenständige Bedeutung mehr haben (BGH 20, 154). Sind die Teile austauschbar, zB bei einem KfZ (BGHZ 18, 226), handelt es sich um einfache Bestandteile.

4 **II. Einfache Bestandteile.** Einfache Bestandteile, zB Bild und Rahmen (Erman/*Michalski* Rn 16), können im Umkehrschluss zu § 93 Gegenstand besonderer Rechte sein, an ihnen ist Sondereigentum und Eigentumsvorbehalt möglich (RGZ 69, 117, 120).
Im Allgemeinen teilen auch einfache Bestandteile das rechtliche Schicksal der Sache (Frankf NJW 82, 654). Verfügungen über die Sache erstrecken sich regelmäßig auch auf den einfachen Bestandteil. Ob eine Pfändung einfacher Bestandteile von beweglichen Sachen vor ihrer Abtrennung zulässig ist, ist str (dafür MüKo/*Holch* Rn 30; dagegen Staud/*Dilcher* Rn 35). § 808 ZPO steht dem nicht entgegen, möglicherweise aber die Schwierigkeit der dem Gerichtsvollzieher damit auferlegten Abgrenzung zwischen wesentlichen und unwesentlichen Bestandteilen. Eine Pfändung von ungetrennten Grundstücksbestandteilen ist nach § 865 II 2 ZPO bis zur Beschlagnahme in der Zwangsversteigerung im Wege der Mobiliarvollstreckung möglich. § 865 II 1 ZPO stellt eine Sonderregelung für Zubehör dar und erlaubt keinen Erst-recht-Schluss auf die Unpfändbarkeit auch der ungetrennten Bestandteile (aA BGB-RGRK/*Kregel* Rn 48; Staud/*Dilcher* Rn 35).

5 **III. Selbständige Sache – Zubehör.** Maßgebend dafür, ob es sich um einen Bestandteil, eine innerhalb einer Sachgesamtheit selbständige Sache oder um Zubehör der Hauptsache handelt, ist eine an der Verkehrsanschauung ausgerichtete wirtschaftliche Betrachtung. Entscheidungskriterien sind ua der wirtschaftliche Zusammenhang der Sachen, inwieweit eine Sache der anderen zu dienen bestimmt ist (§ 97) sowie die beabsichtigte Dauer der Verbindung.

6 **C. Anwendungsbereich.** Ausnahmeregelungen finden sich in § 3 I WEG (Sondereigentum an Räumen), in § 810 I ZPO (Pfändbarkeit ungetrennter Früchte), in Art 231 § 5 EGBGB (Gebäudeeigentum, Anlagen u Anpflanzungen in den neuen Bundesländern), im Gesetz zur Sicherung der Düngemittel- und Saatgutversorgung (BGBl III 1949, s 403) und im Landesrecht nach Art 65, 66, 181 II, 182 EGBGB.
Zur Konkretisierung und Erweiterung des Begriffs des wesentlichen Bestandteils bei Grundstücken s § 94 Rn 2.
Zur Einschränkung des Begriffs des Bestandteils s § 95 Rn 1.
Zur Behandlung von Rechten als Bestandteilen s § 96 Rn 2.
Ob bei Schäden die Gebäude- oder die Hausratversicherung eingreift, richtet sich nach versicherungsrechtlichen Bestimmungen und nicht nach §§ 93 ff (Köln NJW-RR 93, 861; 00, 697, dazu auch BGH NJW-RR 92, 793).

7 **D. Beispielsfälle aus der Rspr.** Als wesentliche Bestandteile nach § 93 wurden zB angesehen:
Die Bremstrommel eines LKW (Hamm MDR 84, 842); die Karosserie eines Kfz (Stuttg NJW 52, 145); die Einzelteile eines komplett gekauften PC (München NJW-RR 92, 1271); das Gehäuse von Apparaten (BGHZ 20, 159, 162); der Inhalt von Konservendosen (LG Braunschw MDR 50, 739); Kontenblätter nicht gebundener Handelsbücher (KG Rpfleger 72, 441); Beleuchtungsanlagen von Gebäuden (RGZ 58, 341); Wurzeln und Zweige von Pflanzen (LG Itzehoe NJW-RR 95, 978). Da § 93 bewegliche und unbewegliche Sachen erfasst, sind zahlreiche wesentliche Bestandteile von Grundstücken und Gebäuden zugleich auch wesentliche Bestandteile nach § 93. Beispiele hierzu unter § 94 Rn 8.

8 Keine wesentlichen Bestandteile sind idR:
Die Maschinen in einem Fabrikgebäude, es sei denn sie sind derart auf das Gebäude abgestimmt, dass sie mit ihm eine untrennbare Einheit bilden (RGZ 69, 117, 121; BayObLG Rpfleger 99, 86); wesentliche Bedeutung für den

Betrieb genügt dagegen nicht (RG 130, 264, 266); der Serienmotor oder Austauschmotor eines Kfz (BGH 18, 226; 61, 80) und der Elektromotor einer Förderanlage (Köln NJW 91, 2570). Dagegen soll der Motor eines Schiffes entsprechend § 94 II wesentlicher Bestandteil sein (RGZ 152, 91, 94, zweifelnd BGHZ 26, 225, 227). Nur einfacher Bestandteil sind auch die Räder eines Kfz (Stuttg NJW 52, 145; Karlsr MDR 55, 413), die Reifen und die Sitze eines Busses (BayObLG NVwZ 86, 511); Matratze u Lattenrost eines Bettes (AG Esslingen NJW-RR 87, 750).

Weder als wesentlicher noch als einfacher Bestandteil, sondern als selbständige Sache wurden angesehen: 9
Die Bohrer einer Bohrmaschine (RGZ 157, 244, 245); der Motor eines Segelschiffs (LG Stettin LZ 31, 1098); das Autotelefon in einem Kfz (Köln NJW-RR 94, 51, BFH NJW 97, 1943); zwei funktionsmäßig verbundene, aber selbständig lauffähige Computerprogramme (Hamm NJW-RR 91, 954).

§ 94 Wesentliche Bestandteile eines Grundstücks oder Gebäudes

(1) ¹Zu den wesentlichen Bestandteilen eines Grundstücks gehören die mit dem Grund und Boden fest verbundenen Sachen, insbesondere Gebäude, sowie die Erzeugnisse des Grundstücks, solange sie mit dem Boden zusammenhängen. ²Samen wird mit dem Aussäen, eine Pflanze wird mit dem Einpflanzen wesentlicher Bestandteil des Grundstücks.
(2) Zu den wesentlichen Bestandteilen eines Gebäudes gehören die zur Herstellung des Gebäudes eingefügten Sachen.

A. Normzweck und Bedeutung. Die Norm konkretisiert und erweitert den Begriff des wesentlichen 1 Bestandteils bei Grundstücken. Dies dient zum einen wie bei § 93 der Erhaltung wirtschaftlicher Werte. Zum anderen sollen klare Verhältnisse geschaffen werden, damit der potentielle Erwerber ohne weiteres feststellen kann, was zum Grundstück gehört (BGH NJW 79, 712; Hamm VersR 83, 285). Da § 93 bewegliche und unbewegliche Sachen erfasst, kann eine Sache zugleich wesentlicher Bestandteil nach § 93 und nach § 94 sein.

B. Begriffsbestimmung. I. Wesentliche Bestandteile eines Grundstücks (I). Wesentliche Grundstücksbe- 2 standteile bilden neben den Gebäuden, die als wichtigster Fall besonders hervorgehoben sind, sonstige mit dem Grund und Boden fest verbundene Sachen und die ungetrennten Erzeugnisse. Gebäude sind Häuser und andere Bauwerke, zB Brücken (Karlsr NJW 91, 926) und Windkraftanlagen (dazu *Ganter* WM 02, 105; *Peters* WM 02, 110), aber auch Tiefgaragen (BGH NJW 82, 756) und Luftschutzstollen (BGH NJW 60, 1003). Ob eine Sache fest verbunden ist, richtet sich nach der Verkehrsauffassung. Zu bejahen ist eine feste Verbindung, wenn die Trennung zur Beschädigung oder Wesensänderung der mit dem Grundstück verbundenen Sache führen würde. Ausreichend ist bereits, wenn eine Trennung nur mit unverhältnismäßigem Aufwand möglich ist (zB BGH NJW 78, 1311; NJW 83, 567). Bei Gebäuden liegt aufgrund ihres Fundaments idR eine feste Verbindung mit dem Boden vor (BGHZ 104, 298: Blockhaus mit Fundament). Aber auch ohne Verankerung im Boden kann die Schwerkraft einer Sache für eine feste Verbindung genügen, etwa bei einem Holzfertighaus (Karlsr Justiz 83, 13; LG Konstanz ZIP 81, 512), einer Fertiggarage aus Beton (BFH NJW 79, 392; Ddorf BauR 82, 756; aA FG Bremen NJW 77, 600) oder einem aus einer Stahlkonstruktion bestehenden Gewächshaus (BGH LM Nr 16). Dagegen wird die feste Verbindung im Einzelfall verneint, wenn sich die Verankerung im Boden einfach lösen lässt (Fertighaus: LG Bochum DGVZ 88, 156) oder die Transportfähigkeit leicht wiederherzustellen ist, zB bei einem auf einem Campingplatz aufgestellten Mobilheim, das mit Rädern versehen ist (Kobl MDR 99, 1059).
Zu Bestandteilen mehrerer Grundstücke s § 912 Rn 27 f.

Zu den mit dem Grund u Boden fest verbundenen Sachen, die keine Gebäude sind, gehören zB Einfriedungs- 3 mauern und Zäune (LG Hannover NJW-RR 87, 208), die Gleisanlagen der Bundesbahn (BGH MDR 72, 410), die Förderanlage in einem Grubenschacht (BGHZ 57, 60, 61), das im Boden mit Beton eingelassene Schwimmbecken (BGH NJW 83, 568) und die Slipanlage einer Werft (OVG Bremen NJW-RR 86, 955). Versorgungsleitungen für Gas, Wasser und elektrischen Strom sind wegen ihrer festen Verbindung mit dem Boden wesentliche Bestandteile, allerdings nur, soweit sich die Leitungen auf Grundstücken des Versorgungsunternehmens befinden. Soweit sie in einem fremden Grundstück verlegt sind, fallen sie aber idR unter § 95 (BGHZ 37, 353, 358; Köln OLGR 05, 114).

Erzeugnisse sind die natürlichen Boden- und Pflanzenprodukte wie Getreide, Obst, Hölzer (s dazu auch § 99 4 Rn 2), nicht aber die Bodensubstanz (Lehm, Ton, Sand, Kies). S 2 stellt klar, dass die Erzeugnisse nicht erst mit der Bildung von Wurzeln, sondern bereits mit dem Verbringen in den Boden zu wesentlichen Bestandteilen werden. Aus dem Saatgut entstandene Pflanzen gehören zu dem Grundstück, auf dem sie an die Oberfläche treten (Ddorf OLGZ 78, 192; *Schmid* NJW 88, 30).

II. Wesentliche Bestandteile eines Gebäudes (II). Ist ein Gebäude iSd § 94 I 1 wesentlicher Bestandteil des 5 Grundstücks, sind seine wesentlichen Bestandteile zugleich solche des Grundstücks. Darüber hinaus umfasst der Begriff des Gebäudes in § 94 II auch Bauwerke, die keine Grundstücksbestandteile sind, weil sie mit dem Grund und Boden nicht fest verbunden oder nur auf Zeit (§ 95 I) verbunden sind. Auf im Schiffsregister eingetragene Schiffe ist § 94 II entsprechend anwendbar (BGHZ 26, 225, 228; Bremen OLGR 05, 248: Lukendeckel als wesentlicher Bestandteil des Schiffs analog § 94 II). Dagegen findet § 94 II auf eingetragene Luftfahrzeuge keine Anwendung (Palandt/*Heinrichs* § 94 Rn 5).

6 Zur Herstellung eingefügt sind zunächst alle Sachen, ohne die das Gebäude nach der Verkehrsanschauung noch nicht fertig gestellt ist (BGH NJW 79, 712; 92, 1163), zB Baumaterialien (BGH NJW-RR 91, 344). Entscheidend ist nicht der Zeitpunkt (vor oder nach Herstellung des Gebäudes) oder die Art der Verbindung (fest oder lose), sondern die Erforderlichkeit für die Herstellung unter Berücksichtigung der Zweckbestimmung des Gebäudes (BGHZ 36, 46, 50; BGH NJW 78, 1311). Über den Wortlaut hinaus werden auch die im Zuge eines Umbaus oder einer Renovierung eingefügten Sachen erfasst (BGHZ 53, 324, 326) sowie sämtliche Einrichtungs- und Ausstattungsgegenstände, die dem Bauwerk ihr Gepräge geben (BGH NJW 87, 3178; NJW-RR 90, 587). Beispiele s Rn 8.

7 Die Selbständigkeit der eingefügten Sache endet durch die Verbindung mit dem Gebäude, die Bereitstellung auf dem Grundstück zum Einbau reicht einerseits noch nicht aus, andererseits muss die vorgesehene Verbindung aber auch noch nicht komplettiert sein, zB reicht bei einem Heiz- oder Wasserkessel, wenn er auf den für ihn bestimmten Platz im Rohbau gebracht worden ist (LG Berlin NJW-RR 04, 635). Bei einer Sachgesamtheit, zB der **Heizungsanlage** werden die einzelnen Teile mit ihrer Einfügung, nicht erst mit Fertigstellung der Gesamtanlage wesentliche Bestandteile des Gebäudes (BGH NJW 79, 712; aA *Coestede* NJW 77, 2340). Werden Bestandteile zur Reparatur oder zur Vornahme weiterer Arbeiten wieder ausgebaut, hebt das die Eigenschaft als wesentlicher Bestandteil nicht auf (Naumbg OLGZ 28, 16). Ein nur probeweises Einsetzen, zB von Fenstern oder Türen, genügt nicht (BGH NJW-RR 94, 1301; LG Konstanz NJW-RR 97, 499). Eine Verbindung zu einem nur vorübergehenden Zweck lässt die Gegenstände nicht zu wesentlichen Bestandteilen werden s § 95 Rn 2.

8 **C. Beispielsfälle aus der Rspr.** Die Rspr spiegelt die auf den heutigen technischen Verhältnissen und Lebensgewohnheiten beruhende Verkehrsanschauung zur Ausstattung von Gebäuden wieder und ist einem zeitlichen Wandel unterworfen. Als wesentliche Bestandteile eines Grundstücks oder eines Gebäudes nach § 94 wurden bislang angesehen:
Alarmanlagen, sofern sie nicht auf Putz montiert sind (Hamm NJW-RR 88, 924; BGH NJW-RR 91, 1368); Antennen (BGH NJW 75, 688 heute wegen der Möglichkeit der Verkabelung zweifelhaft); Aufzug (RGZ 90, 198, 200); Be- und Entlüftungsanlagen in Gaststätten (NJW-RR 86, 376) sowie speziell angefertigte Bierausschankanlagen (Schleswig MDR 95, 1212); Dachgebälk (RGZ 62, 250); Drainageanlage (BGH DB 84, 113); Fenster u Rahmen (LG Lübeck NJW 86, 2514); Heizungs- und Heißwasseranlagen auch bei nachträglichem Einbau (Kobl WM 89, 535; Rostock CuR 04, 145) und in Fabrikgebäuden (Hamm MDR 75, 488) und Schulen (BGH NJW 79, 712; Hamm MDR 05, 387) s.a. Rn 7; Herd (BGHZ 40, 272, 275; NJW-RR 90, 586); Kletterwand bei Sporthalle (BGH NJW-RR 89, 1047); Kies auf Parkfläche (LG Landshut NJW-RR 90, 1037); Licht- und Tonanlage einer Diskothek (Frankf OLGR 98, 241); Markisen (FG Brandbg EFG 98, 778); Möbel, soweit sie mit Boden und Decke verbunden sind (BFH NJW 77, 648) oder als Raumteiler eine Wand ersetzen (Köln NJW-RR 91, 1082); Notstromaggregat in Hotel oder Diskothek (BGH NJW 87, 3178; NJW-RR 01, 1632); offener Kamin (Ddorf, NZM 98, 805); Pavillionaufbau (BGH NJW 78, 1311); Squash-Courts für Squash-Halle (München OLGZ 89, 335); Wasch- u Badanlagen in Wohnhaus (Braunschw NdsRpfl 55, 193) und Hotel (RG HRR 29, 1298); Warmwasserbereiter (BGHZ 40, 272, 275).

9 Umstr ist die Eigenschaft als wesentlicher Bestandteil bei Bodenbelag. Diese dürfte zu bejahen sein, nicht nur bei verklebtem Bodenbelag wie Linoleum, Parkett, Laminat sondern auch bei lose verlegtem Teppichboden, da regelmäßig die Absicht dauernder Einfügung bestehen wird (so LG Köln NJW 79, 1608; LG Frankenthal VersR 78, 1106; AG Nördlingen VersR 83, 721; MüKo/*Holch* Rn 25; aA LG Hambg VersR 79, 153; dazu *Zagel*, VersR 79, 539; *Moritz*, JR 80, 55; LG Oldbg VersR 88, 1285; München SeuffArch 74, 157). Auch bei Einbauküchen kommt es auf die Absicht dauernder Einfügung an. Bejaht wird diese, wenn die Küche besonders eingepasst wurde (BFH DB 71, 656), es sich um eine Spezialanfertigung handelt (Zweibr NJW-RR 89, 84) oder der Einbau während der ursprünglichen Herstellung des Gebäudes erfolgt (Nürnbg MDR 73, 758). Bei nachträglichem Einbau wird die Absicht dauernder Einfügung zum Teil bejaht (BGH NJW-RR 90, 586; Celle NJW-RR 89, 913), vielfach aber auch verneint (Karlsr NJW-RR 86, 19, 88, 459, Ddorf NJW-RR 94, 1039; Saarbr VersR 96, 97; Hamm FamRZ 98, 1028, s.a. BGH NJW-RR 90, 914). Maßgebend dürfte der Einzelfall sein (Art der Verbindung, Wert der Küche, Schwierigkeit des Ein- und Ausbaus etc). Zu den Problemen bei Wohnungseigentum s *Hurst* DNotZ 84, 77, 140.

10 Nicht als wesentlicher Bestandteil nach § 94 wurden angesehen:
Bierausschankanlage, die ohne weiteres entfernt werden kann (Celle MDR 98, 463); Dampferzeugungsanlagen, auch bei Verwendung der Hälfte des Dampfes zu Heizzwecken (BGH WM 87, 47); Einbaumöbel, wenn sie aus serienmäßigen Teilen bestehen (Ddorf OLGZ 88, 115) bzw an anderer Stelle ohne weiteres wieder aufgestellt werden können (BFH NJW 77, 648); Einrichtung einer Bäckerei (LG Aachen NJW-RR 87, 272), Gastanks (LG Gießen NJW-RR 99, 1538); im Garten aufgestellte Statue (Frankf NJW 82, 653); Kegelbahnanlage (BGH LM Nr 2, LG Saarbr NJW-RR 87, 11); Kirchenglocke (BGH NJW 84, 2277); Kletterwand an Wohnhaus (BGH NJW-RR 89, 1047); Saunaanlage (AG Ludwigsburg DGVZ 91, 95; JurBüro 04, 506); Sandkasten und Schaukel, da diese idR nur einem vorübergehenden Zweck dienen (BGH NJW 92, 1101).

§ 95 Nur vorübergehender Zweck

(1) ¹Zu den Bestandteilen eines Grundstücks gehören solche Sachen nicht, die nur zu einem vorübergehenden Zwecke mit dem Grund und Boden verbunden sind. ²Das Gleiche gilt von einem Gebäude oder anderen Werk, das in Ausübung eines Rechts an einem fremden Grundstück von dem Berechtigten mit dem Grundstück verbunden worden ist.
(2) Sachen, die nur zu einem vorübergehenden Zwecke in ein Gebäude eingefügt sind, gehören nicht zu den Bestandteilen des Gebäudes.

A. Normzweck und Bedeutung. Die Fiktion des § 95 schränkt die §§ 93, 94 ein, indem sie bei nicht auf Dauer mit dem Grundstück verbundenen oder nicht auf Dauer eingefügten Sachen die Bestandteilseigenschaft verneint (BGH NJW 1962, 1498). Derartige Bestandteile werden als **Scheinbestandteile** bezeichnet. Sie bleiben trotz der Verbindung im Rechtssinne bewegliche Sachen und können anders als die wesentlichen Bestandteile Gegenstand besonderer Rechte sein. Sie werden nach §§ 929 ff übertragen, der gutgläubige Erwerb richtet sich nach §§ 932 ff (BGHZ 23, 57; NJW 87, 774). Da es sich um einen Ausnahmetatbestand handelt, trägt derjenige die Beweislast, der sich auf § 95 beruft (RG 158, 375). 1

B. Verbindung oder Einfügung. I. Vorübergehender Zweck. Die mit dem Grund und Boden verbundenen Sachen (I 1) und die in ein Gebäude eingefügten Sachen (II) werden gleich behandelt. Die Verbindung oder Einfügung erfolgt zu einem vorübergehenden Zweck, wenn ihm seiner Natur nach eine zeitliche Begrenzung innewohnt, auch wenn es sich um einen längeren Zeitraum handelt (BGH NJW 96, 917) oder die Dauer noch nicht klar abzuschätzen ist (BGH DB 70, 585). Dagegen ist ein Zweck als dauernd anzusehen, wenn eine zeitliche Begrenzung des Zwecks nicht feststeht. Maßgebend für die Abgrenzung ist der innere Wille des Verbindenden im Zeitpunkt der Verbindung (BGH NJW 68, 2331). Er muss aber mit dem nach außen in Erscheinung tretenden Sachverhalt in Einklang zu bringen sein (BGHZ 54, 205, 208). Auszugehen ist von dem regelmäßigen Verlauf, mit dem die Beteiligten rechnen mussten. Bei einem Eigentumsvorbehalt ist die Einfügung daher keine vorübergehende, da im Normalfall das Eigentum mit vollständiger Kaufpreiszahlung auf den Käufer übergeht (BGH NJW 70, 896). 2

II. Änderung und Wegfall der Zweckbestimmung. Da es auf den Zeitpunkt der Verbindung ankommt, wird eine Sache nicht ohne weiteres durch die Änderung der Zweckbestimmung von der vorübergehenden zur dauernden Verbindung zugleich auch vom Scheinbestandteil zum (wesentlichen) Bestandteil. Hierzu bedarf es hM neben der Einigung zwischen dem bisherigen Sacheigentümer und dem Grundstückseigentümer über den Eigentumsübergang auch einer ausdrücklichen, nach außen erkennbaren Willensbekundung der Beteiligten um die dingliche Rechtslage zu ändern (BGHZ 23, 57, 60; NJW 80, 772; NJW 87, 774; Köln OLGR 05, 114; MüKo/*Holch* Rn 10). Nach aA soll es ausreichen, wenn der Eigentümer seine ursprüngliche Trennungsabsicht nachträglich aufgibt (Erman/*Michalski* Rn 9). Mit dem im Sachenrecht geltenden Publizitätsprinzip ist dies jedoch nicht in Einklang zu bringen. Entsprechendes gilt, wenn umgekehrt aus einem wesentlichen Bestandteil ein Scheinbestandteil werden soll (BGHZ 37, 353, 359; aA *Woitkewitsch* ZMR 04, 649; *Giesen* AcP 202, 689). 3

III. Mieter oder Pächter. Verbindet ein Mieter oder Pächter die Sache mit dem ihm nicht gehörenden Grundstück, spricht eine tatsächliche Vermutung dafür, dass die Verbindung nur für die Dauer des Vertragsverhältnisses und damit vorübergehend hergestellt worden ist (BGHZ 10, 171, 175; 92, 70; NJW 96, 916; Celle OLGR 05, 112; für eine Klarstellung im Mietvertrag *Lebek* NZM 98, 747). Dies gilt auch, wenn das zeitlich begrenzte Nutzungsrecht auf öffentlichem Recht beruht (BGHZ 8, 1, 5; NJW 56, 1273; NJW 80, 771). Der Grundsatz gilt entsprechend, wenn die Gesellschafter einer BGB-Gesellschaft au dem zur Nutzung eingebrachten Grundstücks eines Gesellschafters ein Bauwerk errichten (BGH NJW 59, 1487). Um die Vermutung zu entkräften, bedarf es des Nachweises eines gegenteiligen Willens desjenigen, der die Verbindung vorgenommen hat. Die bloße Hoffnung oder Aussicht, der Eigentümer werde die eingefügte Sache nach Ablauf der Vertragsdauer übernehmen, genügt dafür nicht (BGHZ 8, 1, 7). Ein Anbau des Mieters zu einem Scheinbestandteil bleibt auch dann wie der Altbau eine bewegliche Sache, wenn bei seiner Errichtung eine dauernde Verbindung beabsichtigt war (BGH NJW 87, 774). Dagegen gilt § 95 nicht, wenn die Verbindung sowohl den Zwecken des Nutzungsberechtigten als auch des Eigentümers dient und dieser das Bauwerk nach Beendigung des Vertragsverhältnisses entgeltlich oder unentgeltlich zu übernehmen hat (BGH NJW 85, 789). Dies ist idR anzunehmen für die vom Mieter gepflanzten Bäume und Sträucher (Ddorf NJW-RR 99, 160). Dass der Grundstückseigentümer die Sache übernehmen soll, muss zwischen den Parteien ausdrücklich oder stillschweigend vereinbart sein (BGHZ 104, 298, 300; NJW-RR 90, 411; BFH NJW 87, 2702). Ein vorübergehender Zweck soll auch ausscheiden, wenn nach Ablauf der jeweiligen Mietzeit eine automatische Verlängerung des Vertragsverhältnisses vorgesehen ist (Köln NJW 61, 461) und wenn der Mieter in der Erwartung, er werde demnächst Erbbauberechtigter (BGH NJW 61, 1251) oder Eigentümer des Grundstücks (BGH DNotZ 73, 472) Baumaßnahmen durchführt. § 95 gilt ebenfalls nicht, wenn die Verbindung einer vereinbarten Instandsetzung bzw dem Ausbau des Gebäudes dient (LG Bochum MDR 66, 48; BFH BB 94, 33) oder wenn sich der Vermieter oder Verpächter in erheblichem Umfang an den Kosten beteiligt (Ddorf NZM 98, 805). 4

5 **IV. Verbindung in Ausübung eines Rechts (I 2).** Derjenige, welcher in Ausübung eines Rechts an einem fremden Grundstück eine Sache mit diesem verbindet, verfolgt idR nur eigene Interessen und bezweckt nicht die dauernde Verbesserung des Grundstücks. Aus diesem Grund verneint § 95 I 2 hier ebenfalls die Bestandteilseigentschaft. Rechte iSd Vorschrift sind nur dingliche Rechte wie das Erbbaurecht, der Nießbrauch und die Dienstbarkeiten (BGH LM Nr 2; Celle MDR 52, 744). Gleichgestellt wird der rechtmäßige wie auch der entschuldigte Überbau, der eine ähnliche Duldungspflicht beinhaltet (BGHZ 27, 197, 204; Hamm, Rpfleger 84, 266; s § 912 Rn 18 f). Da der hinüber gebaute Gebäudeteil nach § 95 I 2 nur Scheinbestandteil des Grundstücks ist, auf dem er sich befindet, ist er nach §§ 93, 94 II wesentlicher Bestandteil des Gebäudes, zu dem er gehört (BGHZ 100, 298, 300; BVerwG VIZ 00, 90). In Ausübung eines Rechts erfolgt auch die Verlegung von Fernmeldekabeln in öffentlichen Wegen durch die Post (BGHZ 125, 56, 58; Nürnbg NJW-RR 97, 19; s.a. § 68 TKG). Keine Verbindung in Ausübung eines Rechts ermöglichen Grundpfandrechte und das dingliche Vorkaufsrecht (RGZ 106, 49, 51). Berechtigter ist auch ein Rechtsinhaber, dem die Ausübung des Rechts überlassen worden ist (BGH LM Nr 2). Dem Verbindenden muss das Recht tatsächlich zustehen. Er darf es nicht nur irrtümlich angenommen haben (BGH MDR 61, 591; Soergel/*Marly* Rn 22). Das Recht braucht aber noch nicht zu bestehen. Es reicht nach hM aus, wenn seine Eintragung beabsichtigt ist (Nürnbg DNotZ 55, 204; Hambg OLGR 99, 362; *Peters* WM 02, 113; aA MüKo/*Holch* Rn 20). Kommt das Recht endgültig nicht zustande, scheitert aber auch die Verbindung (Erman/*Michalski* Rn 6).

6 **C. Beispielsfälle aus der Rspr.** Ein Scheinbestandteil liegt vor bei: Baracken (RG LZ 31, 1063); Baumschulbeständen und zum Verkauf bestimmten Pflanzen (RGZ 66, 89; Hamm NJW-RR 92, 1438); Behelfsheimen (BGHZ 8, 1, 5); Bootssteg (Schleswig SchlHA 91, 11); Grenzstein (Frankf NJW 84, 2303); Grabstein (Köln OLGZ 93, 113, LG Braunschw NJW-RR 01, 715); Versorgungsleitungen in einem fremden oder auch in einem eigenen Grundstück (München VIZ 04, 207, 212; Brüning VIZ 97, 398; *Schulze* Rpfleger 99, 168; zur Problematik in den neuen Bundesländern: BGH VIZ 98, 582; Dresden VIZ 03, 140; *Böhringer* VIZ 98, 605); Wasserleitungen (BGHZ 37, 353, 362, NJW 80, 771); Windkraftanlagen, sofern deren Nutzungsdauer länger ist als die Laufzeit des Nutzungsvertrags (LG Flensburg WM 00, 2112; *Goecke/Gamon* WM 00, 1309; *Ganter* WM 02, 105; *Peters* WM 02, 110); Wohnwagen auf einem Campingplatz (Kobl MDR 99, 1059). Bei Bunkern ist zu unterscheiden, ob es sich um eine rein militärische Anlage handelt (BGH NJW 56, 1273) oder diese als Luftschutzbunker nicht nur zu Kriegszeiten geplant waren (BGH MDR 71, 997).

§ 96 Rechte als Bestandteile eines Grundstücks

Rechte, die mit dem Eigentum an einem Grundstücke verbunden sind, gelten als Bestandteile des Grundstücks.

1 **A. Normzweck.** Es handelt sich um eine Fiktion, nach der Rechte, die mit dem Eigentum an einem Grundstück verbunden sind, den (einfachen) Grundstücksbestandteilen gleich stehen. Diese werden dadurch jedoch nicht zu Sachen (RGZ 93, 71, 73). Der Zweck des § 96 besteht vor allem darin, diese Rechte der hypothekarischen Haftung nach §§ 1120 ff zu unterwerfen (RGZ 83, 198, 200). Wann ein Recht wesentlicher Bestandteil ist, regelt § 96 nicht. Die Rspr nimmt dies dann an, wenn das Recht nicht vom Eigentum am Grundstück getrennt werden kann (BayObLG NJW-RR 03, 451). Nicht sonderrechtsfähig sind daher insbes die subjektiv dinglichen Rechte s Rn 2.

2 **B. Regelungsinhalt.** Unter § 96 fallen subjektiv dingliche Rechte, die dem Eigentümer des herrschenden Grundstücks an einem anderen Grundstück zustehen wie die Grunddienstbarkeit (BayObLG NJW-RR 90, 1044; Köln NJW-RR 93, 982), die Reallast nach § 1105 II (BayObLGZ 90, 212) und das dingliche Vorkaufsrecht nach § 1094 II (RGZ 104, 316, 319). Weiter erfasst sind Benutzungsrechte nach § 921, das Recht auf Duldung eines Überbaus nach § 912 und eines Notweges nach § 917, sowie das Rentenrecht des Nachbarn, der Überbau oder Notweg zu dulden hat, aus § 913. Außerhalb des BGB zählen hierzu etwa der Heimfallanspruch nach § 3 ErbbauVO (Ddorf DNotZ 74, 177; BGH ZIP 80, 654) und nach § 36 I 2 WEG, das Jagdrecht nach § 3 BJagdG und Verbandsanteile an einer Forstgenossenschaft (BGH WM 98, 2207). Anzuwenden ist § 96 auch auf dingliche Anwartschaftsrechte auf Erwerb eines solchen Rechts (Köln OLGZ 68, 453).

3 Nicht zu den Rechten iSd § 96 gehören das Brennrecht nach dem BranntweinmonopolG als nur monopol- und steuerrechtliche Vergünstigung (BGH LM Nr 1), das schuldrechtliche Rübenlieferungsrecht (BGHZ 111, 110), das an den Betrieb gebundene Milchkontingent (BGHZ 114, 277) und die Milchreferenzmenge (VG Stade WM 87, 1312).

§ 97 Zubehör

(1) ¹Zubehör sind bewegliche Sachen, die, ohne Bestandteile der Hauptsache zu sein, dem wirtschaftlichen Zwecke der Hauptsache zu dienen bestimmt sind und zu ihr in einem dieser Bestimmung entsprechenden räumlichen Verhältnis stehen. ²Eine Sache ist nicht Zubehör, wenn sie im Verkehr nicht als Zubehör angesehen wird.

(2) ¹Die vorübergehende Benutzung einer Sache für den wirtschaftlichen Zweck einer anderen begründet nicht die Zubehöreigenschaft. ²Die vorübergehende Trennung eines Zubehörstücks der Hauptsache hebt die Zubehöreigenschaft nicht auf.

A. Normzweck und Bedeutung. Ebenso wie eine Sache und ihre Bestandteile nach §§ 93, 94 ein möglichst 1 einheitliches rechtliches Schicksal haben sollen, ordnet das Gesetz dies auch für solche Sachen an, die dem wirtschaftlichen Zweck der Hauptsache dienen. Solche rechtlich selbständigen beweglichen Sachen sind nach der Legaldefinition des § 97 Zubehör. Rechtsfolgen der Zubehöreigenschaft einer Sache ergeben sich aus §§ 311 c, 314, 498 I, 926 I, 1031, 1062, 1096, 1120 ff, 1135, 1932 I und 2164 I. Im Zweifel erstrecken sich dabei Verpflichtungs- und Verfügungsgeschäfte über Grundstücke auch auf das Zubehör. Die größte Bedeutung des Zubehörs liegt in der Haftung für Grundpfandrechte (s § 1120 Rn 7, soweit das Zubehör im Eigentum des Grundstückseigentümers steht oder dieser zumindest ein Anwartschaftsrecht am Zubehör besitzt (BGHZ 35, 35, 88). Bei beweglichen Sachen fehlen entsprechende Vorschriften. Hier müssen Zubehörstücke gesondert übertragen werden. In der Zwangsvollstreckung unterliegen die Zubehörstücke nach § 865 II ZPO der Immobiliarvollstreckung und werden gem §§ 20, 21, 55 ZVG von Beschlagnahme und Zuschlag erfasst.

B. Begriffsbestimmung. I. Zubehörsache. Nur bewegliche Sachen kommen als Zubehör in Betracht. 2 Grundstücke, Grundstücksbestandteile und Rechte können nicht Zubehör sein (BGHZ 111, 110, 116; 135, 292, 295). Bei einer Sachgesamtheit, zB dem Inventar eines landwirtschaftlichen Betriebes, stellt jede einzelne der Sachen das Zubehörstück dar, nicht die Sachgesamtheit als solche (hM BGH MDR 65, 561; MüKo/*Holch* Rn 4; aA Erman/*Michalski* Rn 2).

II. Hauptsache. Hauptsache können Grundstücke und bewegliche Sachen sein, Rechte dagegen nur ausnahms- 3 weise, wenn es sich, wie beim Erbbaurecht und beim Wohnungseigentum, um grundstücksgleiche Rechte handelt. Auch ein Sachbestandteil, zB ein Gebäude, kann Hauptsache sein (BGHZ 62, 49, 51). Eine Sache kann auch Zubehör mehrerer Hauptsachen, zB mehrerer Grundstücke sein (*Leppin* NJW 74, 1471). Sach- u Rechtsgesamtheiten (insbes das Unternehmen) können kein Zubehör haben (MüKo/*Holch* Rn 12). Das Inventar eines Gewerbebetriebs kann jedoch unter den Voraussetzungen des § 98 Nr 1 Zubehör sein (s § 98 Rn 2).

III. Weitere Voraussetzungen (I 1). 1. Zweckdienende Funktion. Das Zubehör muss dem **wirtschaftlichen** 4 **Zweck** der Hauptsache zu dienen bestimmt sein. Der wirtschaftliche Zweck ist dabei nicht zu eng zu fassen. Er muss nicht auf Gewinnerzielung gerichtet oder zumindest vermögensrechtlicher Natur sein. Die Hauptsache kann auch ideellen, kulturellen oder religiösen Zwecken dienen (zB Orgel und Glocke als Zubehör einer Kapelle, BGH NJW 84, 2277). Wird eine Sache in verschiedener Weise genutzt, kann sie für den jeweiligen Nutzungszweck unterschiedliches Zubehör haben. Erforderlich ist aber, dass die Hauptsache bereits soweit fertig gestellt ist, dass sich ihr Zweck verwirklichen lässt. Daran fehlt es bei einem erst im Rohbau befindlichen Gebäude (RGZ 89, 61, 64; Ddorf NJW 66, 1714; für die Zubehöreigenschaft von Inventar für einen Gewerbebetrieb schon vor Fertigstellung des Betriebsgebäudes hingegen BGH NJW 69, 36). Der Nutzungszweck darf auch nicht vollständig fehlen oder weggefallen sein, wie dies bei brachliegendem Land oder zum Verschrotten ausgesonderten Geräten der Fall ist. Derartige Sachen können kein Zubehör (mehr) haben. Zubehör **dient** dem Zweck der Hauptsache, wenn es deren zweckentsprechende Verwendung ermöglicht oder fördert, wobei auch nur mittelbare Vorteile genügen (RGZ 86, 326, 328). Das Zubehör muss jedoch nicht unentbehrlich für die Hauptsache sein (Colmar OLGE 6, 270). Auch auf das Werteverhältnis zwischen Hauptsache und Zubehör kommt es nicht an (RGZ 87, 43). Zwischen der Hauptsache und dem Zubehör muss aber grds ein Über-/Unterordnungsverhältnis bestehen (BGH 85, 234, 237). Daran fehlt es bei Rohstoffen, die nach Verarbeitung veräußert werden sollen (RGZ 86, 326, 329) und Waren und Erzeugnissen, die zum Verkauf bestimmt sind (RG 66, 88, 90). Diese dienen nicht dem Betriebsgrundstück, sondern stehen ihm als gleichwertige Sachen ggü. Verbrauchbare Sachen (s § 92) können Zubehör sein, wie zB das auf dem Baugrundstück lagernde Baumaterial (BGHZ 58, 309, 313), die zum Betrieb einer Fabrik bestimmten Kohlevorräte (RGZ 77, 36, 38) oder der Heizölvorrat eines Wohnhauses (Ddorf NJW 66, 1714; LG Braunschw ZMR 86, 120).

2. Widmung. Die Bestimmung, dem wirtschaftlichen Zweck der Hauptsache zu dienen, erfolgt durch eine 5 Widmung des Zubehörs zu dem entsprechenden Zweck. Die Widmung kann jeder vornehmen, der die tatsächliche Verfügungsmacht über die Hauptsache und das Zubehör hat (BGH NJW 69, 2135). Regelmäßig wird dies der Eigentümer sein, aber auch Mieter oder Pächter können eine Widmung vornehmen (BGH NJW 65, 2199). In § 1120 und § 55 II ZVG geht der Gesetzgeber davon aus, dass Zubehörstücke eines Grundstücks.a. im Eigentum eines anderen stehen können. Demgemäß können auch fremde Sachen, etwa unter Eigentumsvorbehalt gelieferte oder gestohlene Maschinen Zubehör sein (BGHZ 58, 309, 313). Die Widmung einer Sache als Zubehör einer anderen ist keine Verfügung über die Sache oder überhaupt ein Rechtsgeschäft, sondern eine bloße Rechtshandlung, für die nach hM natürliche Willensfähigkeit ausreicht (Palandt/*Heinrichs* Rn 6; Staud/*Dilcher* Rn 20; Erman/*Michalski* Rn 5). Wegen ihrer weit reichenden rechtlichen Auswirkungen (s Rn 1) spricht aber vieles dafür, hierfür Geschäftsfähigkeit zu verlangen (so auch MüKo/*Holch* Rn 19). Die Zubehöreigenschaft entsteht mit der Widmung, auf die erstmalige tatsächliche Benutzung (RG 66, 356) oder die Eignung des Zubehörs für den angestrebten Zweck (BGH NJW-RR 90, 586) kommt es nicht an. Umgekehrt ist aber die tatsächliche Benutzung Indiz für eine entsprechende Widmung. Diese muss auf Dauer erfolgen (s Rn 8), woran es gerade bei Mietern und Pächtern, die in Ausübung eines zeitlich begrenzten Nutzungsrechts handeln, häufig fehlt. Ändert der Benutzer der Hauptsache die Widmung in eine nur vorübergehende, entfällt die Zubehöreigenschaft (BGH NJW 84, 2277).

6 3. **Räumliches Verhältnis.** Die Zubehöreigenschaft einer Sache setzt weiterhin ein räumliches Verhältnis zur Hauptsache voraus. Dies bedeutet nicht, dass sich das Zubehör zwingend auf dem betreffenden Grundstück befinden muss. Eine geringe räumliche Entfernung schadet nicht (BGH MDR 65, 561), sofern die Benutzung für die Zwecke der Hauptsache möglich ist. Auch die auf einem fremden Grundstück verlegten Versorgungsleitungen eines Gas-, Wasser- oder Elektrizitätswerkes (BGH 37, 353, NJW 80, 771) und die auf einem benachbarten Grundstück errichteten Hilfsgebäude (RGZ 55, 284) können daher Zubehör sein, nicht aber der Fuhrpark eines Speditions- oder Transportunternehmens, da sich der Geschäftsbetrieb weitgehend im Straßennetz und nicht auf dem Betriebsgrundstück abspielt (BGHZ 85, 234, 239; 124, 380, 393).

7 **IV. Verkehrsanschauung (I 2).** Auch wenn alle Voraussetzungen vorliegen, ist eine Sache dann nicht als Zubehör zu bewerten, wenn sie im Verkehr nicht als Zubehör angesehen wird. Die hierfür maßgebliche Verkehrsanschauung ist die Anschauung, die sich allgemein oder in dem betreffenden Verkehrsgebiet gebildet hat u in den Lebens- u Geschäftsgewohnheiten in Erscheinung tritt (RGZ 77, 241, 243). Angesichts der allgemeinen Angleichung der Lebensverhältnisse in Deutschland sind ältere Entscheidungen zu unterschiedlichen Verkehrsanschauungen in bestimmten Gegenden nicht mehr aussagekräftig. Aus dem Gesichtspunkt der Verkehrsanschauung sind etwa eine Nebenstellenanlage (Köln NJW 61, 461), das Inventar einer Gastwirtschaft (LG Kiel Rpfleger 83, 167) und Möbel (Ddorf DNotZ 87, 108) nicht als Zubehör bewertet worden.

8 **V. Dauerhaftigkeit der Zweckbestimmung (II 1).** Nach § 97 II 1 muss das Zubehör dem Zweck der Hauptsache auf Dauer zu dienen bestimmt sein. Hierdurch soll „Scheinzubehör" vom Anwendungsbereich des § 97 ausgenommen werden (BGH NJW 62, 1498). Vorübergehend ist die Benutzung, wenn sie von vornherein auf beschränkte Zeit oder auf vorübergehende Bedürfnisse ausgerichtet war (zur vorübergehenden Benutzung s § 95 Rn 2). Nur vorübergehend benutzt werden zB in gepachtete Gebäude fest eingebaute Maschinen, die nach Beendigung des Pachtvertrages zu entfernen sind (BGH DB 71, 2113), weiterhin Gegenstände, die der Eigentümer für die Zwecke der Hauptsache mietet oder Gegenstände, die für einen Auftrag angeschafft werden und nach seiner Beendigung in das Eigentum des Kunden übergehen (Ddorf NJW-RR 91, 1130).

9 **VI. Aufhebung der Zubehöreigenschaft (II 2).** Die Zubehöreigenschaft wird aufgehoben, wenn eine ihrer Voraussetzungen auf Dauer fortfällt (BGH NJW 84, 2277).
Dies folgt im Umkehrschluss aus II 2, der eine vorübergehende Trennung für unerheblich erklärt. Dieser Rechtsgedanke ist zu verallgemeinern und gilt entsprechend auch für andere vorübergehende Umstände, zB die vorläufige Betriebseinstellung wegen Insolvenz (RGZ 77, 39, 40; BGHZ 60, 267). Beendet wird die Zubehöreigenschaft erst mit dauernder Einstellung des wirtschaftlichen Zwecks, dem das Zubehör dient, mit dauernder Trennung oder Änderung der Widmung. (BGH NJW 69, 2135; *Dilcher* JuS 86, 185; Soergel/*Marly* Rn 34). Da das Zubehör nicht im Eigentum des Grundstückseigentümers stehen muss, führt die bloße Übereignung nicht zum Wegfall der Zubehöreigenschaft (BGH NJW 79, 2514; 87, 1266). Eine Aufhebung der Zubehöreigenschaft durch Betriebsstilllegung geht über die Grenzen einer ordnungsgemäßen Wirtschaft hinaus und führt nach § 1122 II nicht zu einer Befreiung des Zubehörs von der Hypothekenhaftung (s. § 1122 Rn 3).

10 **C. Beispielsfälle aus der Rspr.** Als Zubehör wurden angesehen: Alarmanlage einer Eigentumswohnung (München MDR 79, 934); Anschlussgleis eines Fabrikgrundstücks (RG Warn 30, 49); Apothekeneinrichtung zum Apothekengrundstück (RG Warn 09, 491); Bagger eines Kiesgewinnungsbetriebs, auch wenn er sich nicht auf dem Grundstück selbst befindet (RG DR 42, 138); Baumaterial, das auf dem Baugrundstück lagert (BGHZ 58, 309, 312: noch nicht montierte Heizkörper); Baugeräte, die auf Grundstück des Baugeschäfts eingesetzt werden (Hamm MDR 85, 494); Bierausschankanlage (Celle OLGZ 80, 13) und Kühlanlage (Hamm NJW-RR 86, 376) einer Gastwirtschaft; Büroausstattungen von Verwaltungsgebäuden (LG Mannheim BB 76, 1152; LG Freiburg BB 77, 1672); Inventar und Kontoeinrichtungen von Gewerbebetrieben (LG Lüneburg Rpfleger 54, 314; Schleswig Rpfleger 88, 76; dazu auch BGH NJW 92, 3224); Einbauküchen, soweit sie nicht bereits Bestandteil sind (s § 94 Rn 9); Fahrzeuge, die dem Betrieb eines Gewerbes dienen (RGZ 47, 200: Hotelomnibus; Hamm JMBL NRW 53, 244: Pkw zum Aufsuchen der Baustellen). ansonsten nur, soweit es um die Zu- oder Ablieferung oder den innerbetrieblichen Transport von Gütern geht (BGHZ 85, 234, WM 80, 1384); Fernleitungen von Versorgungsbetrieben (s § 94 Rn 3), Glocke einer Kapelle (BGH 84, 2278); Maschinen auf einem Fabrikgrundstück (BGH NJW 79, 2514), auch vor Inbetriebnahme (BGH NJW 69, 36), sofern das Grundstück dauernd für einen entsprechenden Gewerbebetrieb eingerichtet ist (BGHZ 62, 49, 51); Satellitenanlage eines Wohngrundstücks (AG Nürnbg DGVZ 96, 123; *Leppin* NJW 74, 1471); Vorräte an Kohle oder Öl zum Heizen (Ddorf NJW 66, 1714, Schleswig SchlHA 97, 110, LG Braunschw ZMR 80, 61; *Schulte-Thoma* RNotZ 04, 64); Zahnformen eines Dentallabors (BGH NJW 91, 695); Zuchthengst eines Reiterhofs (AG Oldbg DGVZ 80, 94).

Nicht als Zubehör wurden bspw angesehen: Autotelefon für einen Geschäftswagen (Köln NJW-RR 94, 51 zweifelhaft); Baugeräte, die ausschl auf Baustellen eingesetzt werden (BGHZ 62, 49, 51: mobiler Baukran, BGHZ 124, 380, 393); Baumschulbestände aufgrund der nur vorübergehenden Verbindung (RGZ 66, 88, 90); Bauunterlagen des Hausgrundstücks (Karlsr NJW 75, 694); Bodenbelag (s § 94 Rn 9); Fahrzeuge eines Speditions- oder Transportunternehmens mangels räumlicher Beziehung zum Grundstück (BGHZ 85, 234, 238f); Möbel (Ddorf DNotZ 87, 108); Nebenstellensprechanlage (Köln NJW 61, 461); Rohstoffvorräte (RGZ 86, 326, 328) und zum Verkauf bestimmte Ware (RGZ 66, 88, 90). **11**

D. Beweislast. Wer sich auf die Zubehöreigenschaft einer Sache beruft, hat zu beweisen, dass diese dem wirtschaftlichen Zweck der Hauptsache zu dienen bestimmt ist und zu ihr in einem entsprechenden räumlichen Verhältnis steht. Die entgegenstehende Verkehrsauffassung stellt eine (seltene) Ausnahme dar, welche derjenige zu beweisen hat, der sich auf sie beruft (BGH NJW-RR 90, 586, Nürnbg NJW-RR 02, 1485). Hierzu ist ein geeignetes Beweismittel (Sachverständiger) für eine entsprechende Verkehrsanschauung zu benennen (BGH NJW 92, 3224). Wer eine nur vorübergehende Benutzung einwendet (RGZ 77, 241, 244) oder sich auf die Aufhebung der Zubehöreigenschaft beruft (BGH NJW 69, 2135), trägt hierfür die Beweislast. **12**

§ 98 Gewerbliches und landwirtschaftliches Inventar

Dem wirtschaftlichen Zwecke der Hauptsache sind zu dienen bestimmt:
1. bei einem Gebäude, das für einen gewerblichen Betrieb dauernd eingerichtet ist, insbesondere bei einer Mühle, einer Schmiede, einem Brauhaus, einer Fabrik, die zu dem Betrieb bestimmten Maschinen und sonstigen Gerätschaften,
2. bei einem Landgut das zum Wirtschaftsbetrieb bestimmte Gerät und Vieh, die landwirtschaftlichen Erzeugnisse, soweit sie zur Fortführung der Wirtschaft bis zu der Zeit erforderlich sind, zu welcher gleiche oder ähnliche Erzeugnisse voraussichtlich gewonnen werden, sowie der vorhandene, auf dem Gut gewonnene Dünger.

A. Normzweck. Die Vorschrift stellt eine Ergänzung zu § 97 dar. Sie erleichtert die Feststellung der Zubehöreigenschaft für die in dem nicht abschließenden Katalog von Regelbeispielen genannten Arten von Inventar. Da auch die sonstigen Tatbestandsmerkmale des § 97 erfüllt sein müssen, ist § 98 heute praktisch überflüssig, da ein Zubehörgegenstand iSd § 98 die Zubehöreigenschaft bereits aufgrund des § 97 besitzt. Mit der heute veralteten Norm sollte lediglich einer früher verbreiteten Auffassung entgegengewirkt werden, wonach Inventar eines gewerblichen Gebäudes nicht als Grundstückszubehör angesehen wurde (RGZ 67, 30, 33). Diese Auffassung ist jedoch überholt. Jedenfalls bei Betrieben, die einen wirtschaftlichen Bezug zum Gebäude oder Grundstück als Hauptsache haben, wird das Inventar als Zubehör angesehen. Verwirklicht sich dagegen der Betrieb auf dem Straßennetz, etwa bei Taxi- oder Transportunternehmen (BGHZ 85, 234, 238) liegt kein Fall des § 98 vor. **1**

B. Gewerbliches Inventar. Dauernde Einrichtung des Gebäudes für den gewerblichen Betrieb liegt grds vor, wenn es nach seiner Bauart, Einteilung oder Eigenart auf einen bestimmten Gewerbebetrieb abgestellt ist (BGHZ 62, 49, 50; 124, 380, 392). Bejaht worden ist dies zB bei einem Bürobetrieb (LG Mannheim BB 76, 1152), einer Gastwirtschaft (RGZ 48, 207, 208) oder Ziegelei (BGH NJW 69, 36). Verneint hat die Rspr die dauernde Einrichtung bei Fabrikgebäuden, die von Firmen ganz unterschiedlicher Produktionszweige genutzt wurden (BGH BB 71, 1124) oder Verkaufsläden, die für verschiedene Geschäftszweige benutzbar sind (RG JW 09, 485). Jedoch schadet es nicht, wenn ohne bauliche Änderung auch eine gewerbliche Nutzung des Gebäudes möglich wäre (Köln NJW-RR 87, 751). Kein Zubehör iSd §§ 97, 98 sind Maschinen dann, wenn sie ausnahmsweise Bestandteil des Gebäudes (v § 93 Rn 8) sind. Der Begriff der Gerätschaften ist weit auszulegen. Er umfasst auch Dekorationen eines Restaurants (RGZ 47, 197, 199f), Versandmaterial (BayObLGZ 12, 306, 314f) und bei Versorgungsunternehmen das gesamte Leitungsnetz, welches durch fremde Grundstücke führt (BGHZ 37, 353, 356). **2**

C. Landwirtschaftliches Inventar. Landgut iSd § 98 meint einen landwirtschaftlichen Betrieb, dh jede Einheit von Grundstücken, auf der Ackerbau, Forstwirtschaft oder Viehzucht betrieben wird. Ein Wohngebäude dürfte heute nicht mehr zwingend erforderlich sein (anders noch Rostock OLGZ 29, 211). Der für § 2312 entwickelte (BGHZ 98, 375) engere Begriff gilt hier nicht (Palandt/*Heinrichs* Rn 4). Zu den landwirtschaftlichen Geräten gehören zB Pflug, Traktor, Mähdrescher, aber auch Mobiliar für das Betriebspersonal und Büroeinrichtung. Zuchtvieh dient generell dem landwirtschaftlichen Betrieb, Mastvieh nur solange, wie es noch nicht endgültig zum Verkauf bestimmt ist (AG Neuwied DGVZ 75, 63; MüKo/*Holch* Rn 19). Erzeugnisse sind von § 98 Nr 2 erfasst, sofern sie als Viehfutter oder Saatgut der Weiterführung des Betriebs dienen, auch wenn sie hinzugekauft worden sind, Dünger hingegen nur, wenn er in dem Betrieb selbst angefallen ist. Kunstdünger kann mithin nur Zubehör nach § 97 sein.
Beachte auch den Zubehörbegriff des § 3 HöfeO. In der Zwangsvollstreckung bestimmt sich der Begriff nach §§ 97, 98 (Oldbg NJW 52, 671). **3**

§ 99 Früchte

(1) Früchte einer Sache sind die Erzeugnisse der Sache und die sonstige Ausbeute, welche aus der Sache ihrer Bestimmung gemäß gewonnen wird.
(2) Früchte eines Rechts sind die Erträge, welche das Recht seiner Bestimmung gemäß gewährt, insbesondere bei einem Rechte auf Gewinnung von Bodenbestandteilen die gewonnenen Bestandteile.
(3) Früchte sind auch die Erträge, welche eine Sache oder ein Recht vermöge eines Rechtsverhältnisses gewährt.

1 **A. Begriff und Bedeutung.** Die Vorschrift definiert den Begriff der Früchte und unterscheidet dabei zwischen den unmittelbaren (I) und mittelbaren (III) **Sachfrüchten** und den unmittelbaren (II) und mittelbaren (III) **Rechtsfrüchten**. Die rechtlichen Wirkungen, die sich an die Einordnung als Sach- oder Rechtsfrucht knüpfen, ergeben sich vor allem aus §§ 953 ff, 911 (Eigentumserwerb an den Früchten), §§ 993 (Herausgabe von Nutzungen), §§ 581, 1030 (Nutzungsrechte von Pächter und Nießbraucher), §§ 743, 923, 1213, 2020, 2039, 2184 (Recht zur Fruchtziehung), §§ 596 a, 998 (Kostenersatz). In der Zwangsvollstreckung treffen die §§ 810, 865 ZPO, 21 ZVG Sonderregelungen für Früchte.

2 **B. Sachfrüchte.** Unmittelbare Sachfrüchte sind die Erzeugnisse der Sache. Das sind alle natürlichen Tier- u Bodenprodukte, dh nicht nur das, was im Verkehr als Frucht bezeichnet wird, wie Obst und Getreide, sondern auch Eier, Milch, Wolle und Jungtiere, auch schon vor der Geburt. Die Substanz der Muttersache darf jedoch nicht verbraucht werden. Kein Erzeugnis ist daher das Fleisch eines geschlachteten Tieres. Auch Pflanzen und Bäume stellen als Bodenprodukte Früchte dar (RGZ 109, 190, 192). Unerheblich für die Einordnung ist, ob sich die Fruchtziehung im Rahmen ordnungsgemäßer wirtschaftlicher Erzeugung hält. Ist dies nicht der Fall, liegt eine übermäßige Fruchtziehung vor (§ 1039).

3 Gleichgestellt ist die sonstige Ausbeute (Alt 2). Bei ihr erfolgt idR ein Eingriff in die Sachsubstanz der Muttersache wie zB beim Abbau von Bodenschätzen (Kies, Sand, Kohle, Mineralien). Allerdings handelt es sich nur dann um Sachfrüchte, wenn diese bestimmungsgemäß ist, also der naturgemäßen oder verkehrsüblichen Nutzung entspricht. Daher stellt ein auf einem Grundstück gefundener Schatz (§ 984) keine Sachfrucht dar (BaRoth/*Fritzsche* Rn 8), ebenso wenig die auf einem Grundstück erzeugte Elektrizität (Soergel/*Marly* Rn 9).

4 **Mittelbare Sachfrüchte** sind die Erträge, welche die Sache infolge eines gesetzlichen Rechtsverhältnisses oder eines auf Nutzung gerichteten vertraglichen Rechtsverhältnisses gewährt. Hierunter fallen Miet- (BGH NJW 86, 1341) und Pachtzins (BGHZ 63, 365; Ddorf NJW-RR 87, 1164), Überbaurente (§ 912), nicht aber die Brandversicherungssumme (BGHZ 115, 157, 159; Ddorf NJW-RR 97, 604).

5 **C. Rechtsfrüchte.** Unmittelbare Rechtsfrüchte sind die bestimmungsgemäßen Erträge eines Rechts. Diese bestehen selbständig und als eigener Leistungsgegenstand neben dem Stammrecht. Hierunter fallen zB die Nutzungen des Pächters, des Nießbrauchers (KG NJW 64, 1808), des Reallastberechtigten und des Inhabers einer Grunddienstbarkeit oder beschränkt persönlichen Dienstbarkeit. Rechtsfrüchte sind weiter die Jagdbeute (BGHZ 112, 392, 395), Dividenden (BGHZ 58, 316, 320; NJW-RR 87, 989), der Gewinn aus einem GmbH-Anteil (BGH NJW 95, 1028), laufende Rentenleistungen der gesetzlichen Rentenversicherung (BSG MDR 82, 698) und nach hM auch die Zinsen einer Kapitalforderung (Erman/*Michalski* Rn 7; aA MüKo/ *Holch* Rn 6: mittelbare Rechtsfrüchte). Keine unmittelbaren Rechtsfrüchte sind dagegen das Stimmrecht, das Aktienbezugsrecht und die beim Verkauf erzielten Kursgewinne (Bremen DB 70, 1436).

6 **Mittelbare Rechtsfrüchte** sind die Gegenleistungen für die Nutzungsüberlassung an andere durch Vertrag oder Gesetz. Hierunter fallen vor allem Verzugszinsen (BGHZ 81, 8, 13) und Lizenzgebühren bei gewerblichen Schutzrechten (Staud/*Dilcher* Rn 16).

§ 100 Nutzungen

Nutzungen sind die Früchte einer Sache oder eines Rechts sowie die Vorteile, welche der Gebrauch der Sache oder des Rechts gewährt.

1 **A. Begriff und Bedeutung.** Inhalt der Norm ist allein die Legaldefinition des Begriffs der Nutzungen, der den Oberbegriff für die Sach- und Rechtsfrüchte (s § 99) sowie die Gebrauchsvorteile darstellt. Von Bedeutung ist der Begriff für die auf Herausgabe von Nutzungen gerichteten Vorschriften (§§ 346 f, 818 I, 987 ff, 2020 ff). Weiterhin verwendet das Gesetz den Terminus der Nutzungen zB in den §§ 256, 292, 302, 379, 446, 503, 584 b, 745, 820, 1030, 1039, 1213 f, 1283, 1698, 1813, 2111, 2133, 2184, 2379 f BGB, sowie in §§ 13, 16, 33 WEG, §§ 4, 9, 863 ZPO.

2 **B. Gebrauchsvorteil.** Der Gebrauch einer Sache oder eines Rechtes besteht in der Ausübung der damit verbundenen Rechte. Im Gegensatz zum **Verbrauch** geht durch den **Gebrauch** die Sache oder das Recht nicht unter. Allerdings zehrt der Gebrauch den Wert der Sache auf, wenn diese nur eine begrenzte Gebrauchsdauer hat (Möbel, KfZ, Maschinen).

Gebrauchsvorteile einer Sache werden durch deren Besitz vermittelt (Hambg MDR 53, 613). Als solche sind zB anzusehen: der Gebrauch eines Hauses zu Wohnzwecken aber auch als Kreditunterlage (*Gaier* ZflR 02, 612), der Gebrauch eines Pkw zur Fortbewegung und eines befestigten Platzes zum Parken (BGHZ 39, 186, 187). Auch nicht unmittelbar vermögensrechtliche Vorteile fallen hierunter wie der Gebrauch eines Musikinstruments, die Ausübung des Stimmrechts oder Wohnungseigentümerrechts (KG OLGZ 79, 290). Bei Geld besteht der Gebrauchsvorteil in den daraus erlangten Zinsen oder den durch seine Verwendung ersparten Schuldzinsen (BGHZ 138, 160, 166).
Zu den Gebrauchsvorteilen zählt auch der aus dem Gewerbebetrieb gezogene Gewinn (BGHZ 65, 365, 368; NJW 78, 1578), nicht zu berücksichtigen sind dagegen Vorteile, die auf werterhöhenden Investitionen des Schuldners beruhen (BGHZ 109, 179, 191; NJW 92, 892). Die Wertsteigerung ist vom Schuldner zu beweisen (BGH NJW 95, 2628).
Kein Gebrauchsvorteil ist das, was durch Verwertung oder Belastung der Sache erzielt wird, zB Kursgewinne aus Wertpapierverkäufen und das Bezugsrecht für neue Aktien (Bremen DB 70, 1436).
Die vor allem beim Wertersatz für herauszugebende Nutzungen notwendige **Bewertung** der Gebrauchsvorteile richtet sich nach dem objektiven Wert, den der Gebrauchsvorteil allgemein für Nutzende der betreffenden Art hat (BGH NJW 95, 2627). Bei Grundstücken ist idR die übliche Miete oder Pacht zugrunde zu legen (BGH NJW 98, 1707; NJW-RR 98, 805). Hat der Besitzer die Sache vermietet, beschränkt sich der Anspruch aus § 988 auf die tatsächlich gezogene Miete (BGH NJW 02, 60). Ist die Gebrauchsdauer begrenzt, berechnet sich die Nutzungsentschädigung entsprechend der „Werteverzehrstheorie" nach dem Verhältnis der tatsächlichen zur insgesamt möglichen Nutzungsdauer. Dies gilt insbes bei der Rückabwicklung von Kaufverträgen (BGHZ 115, 47, 54; BGH NJW 96, 250; NJW 95, 2161; krit *Gursky* JR 98, 7). 3

§ 101 Verteilung der Früchte

Ist jemand berechtigt, die Früchte einer Sache oder eines Rechts bis zu einer bestimmten Zeit oder von einer bestimmten Zeit an zu beziehen, so gebühren ihm, sofern nicht ein anderes bestimmt ist:
1. die im § 99 Abs. 1 bezeichneten Erzeugnisse und Bestandteile, auch wenn er sie als Früchte eines Rechts zu beziehen hat, insoweit, als sie während der Dauer der Berechtigung von der Sache getrennt werden,
2. andere Früchte insoweit, als sie während der Dauer der Berechtigung fällig werden; bestehen jedoch die Früchte in der Vergütung für die Überlassung des Gebrauchs oder des Fruchtgenusses, in Zinsen, Gewinnanteilen oder anderen regelmäßig wiederkehrenden Erträgen, so gebührt dem Berechtigten ein der Dauer seiner Berechtigung entsprechender Teil.

Die Vorschrift regelt die Verteilung der Früchte zwischen mehreren nacheinander fruchtziehungsberechtigten Personen, zB Veräußerer/Erwerber, Verpächter/Pächter, Erblasser/Vorerbe/Nacherbe (BGHZ 81, 8, 13). Sie gibt dem im Innenverhältnis Berechtigten einen unmittelbaren schuldrechtlichen Ausgleichsanspruch gegen den Fruchtzieher. Obwohl die Norm auf die Berechtigung zur Fruchtziehung abstellt, besteht der Anspruch nur, wenn die Früchte auch tatsächlich gezogen worden sind. Die bloße Möglichkeit der Fruchtziehung genügt nicht (BGH NJW 95, 1029). Für die Frage des Eigentums an den Früchten gelten die §§ 953 ff. 1
Eine anderweitige Bestimmung durch Gesetz (§§ 987 II, 1039, 1214, 2111, 2133), Vertrag (BGH NJW 98, 1315) oder Verfügung von Todes wegen hat Vorrang. Beweispflichtig ist derjenige, der sich hierauf beruht. Unmittelbare Sachfrüchte (§ 99 I) gebühren demjenigen, der im Zeitpunkt ihrer Trennung der Berechtigte ist, auch wenn ihm diese als Rechtsfrüchte zustehen. Bei anderen Früchten (§ 99 II, III) differenziert das Gesetz. Grds tritt an die Stelle der Trennung die Fälligkeit. Eine Ausnahme gilt für regelmäßig wiederkehrende Erträge. Diese gebühren unabhängig von der Fälligkeit dem Berechtigten zeitanteilig für die Dauer seiner Berechtigung. Hierunter fallen Miet- und Pachtzinsen, aber auch Zinsen und Gewinnanteile, die in ihrer Höhe auch variieren können, sofern sie nur fortlaufend sind. Erfasst werden schließlich auch Renten (nach § 1199), Leistungen aufgrund einer Reallast (§ 1105) oder Entschädigungen für Überbau (§ 912 II). 2

§ 102 Ersatz der Gewinnungskosten

Wer zur Herausgabe von Früchten verpflichtet ist, kann Ersatz der auf die Gewinnung der Früchte verwendeten Kosten insoweit verlangen, als sie einer ordnungsmäßigen Wirtschaft entsprechen und den Wert der Früchte nicht übersteigen.

Die Billigkeitsvorschrift räumt dem zur Fruchtherausgabe Verpflichteten einen selbständigen Anspruch auf die für die Gewinnung aufgewendeten Kosten gegen denjenigen ein, dem die Früchte zugute kommen. 1
Die Herausgabepflicht kann sich aus § 101, aber auch aus sonstigen gesetzlichen oder vertraglichen Regelungen ergeben. Sie gilt auch im Verhältnis von Vor- und Nacherbe (BGH NJW-RR 86, 1070). Die Früchte müssen bereits getrennt sein, ansonsten gelten die Sondervorschriften der §§ 596a, 998, 1055 II, 2130 II. Die Vorschrift ist dispositiv. Sie gilt für jede Art von Früchten, auch für Erträge eines Unternehmens (BGH LM Nr 1) oder Nutzungen einer Erbschaft (BGH FamRZ 86, 900). 2

3 Zu den Kosten der Gewinnung gehören alle Aufwendungen, die für die Fruchtziehung notwendig waren, dh bei landwirtschaftlichen Produkten die Kosten für Saatgut, Feldbestellung, Dünger, Unkraut- und Schädlingsbekämpfung sowie Ernte. Bei Gewinnung von Bodenschätzen auch die Herstellungs- und Erhaltungskosten zB für Grubenbauten im Kohleabbau. Der Anspruch umfasst auch den Wert der persönlichen Arbeitsleistung des Herausgabepflichtigen, seiner Angehörigen und Angestellten (BGHZ 131, 220). Der Wert der Früchte bildet die Obergrenze, um dem Berechtigten keine Kostenbelastung aufzuerlegen, die über den Nutzen hinausgeht. Kostenerstattung kann bereits vor Erhebung des Herausgabeanspruchs verlangt werden, der Herausgabegläubiger ist dann aber durch § 273 geschützt (MüKo/*Holch* Rn 6). Verzichtet der Berechtigte einseitig auf die Früchte, bringt dies den Herausgabeanspruch nicht zum Erlöschen (BaRoth/*Fritzsche* Rn 9).

§ 103 Verteilung der Lasten

Wer verpflichtet ist, die Lasten einer Sache oder eines Rechts bis zu einer bestimmten Zeit oder von einer bestimmten Zeit an zu tragen, hat, sofern nicht ein anderes bestimmt ist, die regelmäßig wiederkehrenden Lasten nach dem Verhältnis der Dauer seiner Verpflichtung, andere Lasten insoweit zu tragen, als sie während der Dauer seiner Verpflichtung zu entrichten sind.

1 Die Vorschrift enthält eine § 101 Nr 2 entsprechende Regelung für das Innenverhältnis mehrerer nacheinander zur Lastentragung Verpflichteter. Ein solcher Wechsel kann in den gleichen Konstellationen eintreten wie bei § 101 (s dort Rn 1). Soweit nach § 103 derjenige, der die Lasten entrichtet hat, diese nicht zu tragen hat, steht ihm im Innenverhältnis ein unmittelbarer schuldrechtlicher Ausgleichsanspruch gegen den Vorgänger oder Nachfolger zu. Das Gesetz setzt dabei den Begriff der Lasten voraus, ohne ihn zu definieren. Lasten iSd § 103 sind Leistungspflichten auf zivil- oder öffentlich-rechtlicher Grundlage, die den Eigentümer oder Besitzer einer Sache bzw den Inhaber eines Rechts treffen und den Nutzungswert der Sache bzw des Rechts mindern (BGH NJW 80, 2466; Hamm NJW 89, 839). Nicht hierunter fallen dagegen dingliche Belastungen eines Grundstücks wie Nießbrauch, Grunddienstbarkeit oder Vorkaufsrecht (RGZ 66, 316, 318). Nicht hierunter fallen auch die den Eigentümer oder Besitzer persönlich treffenden Verpflichtungen, etwa bauordnungsrechtliche Auflagen (RGZ 129, 10, 12) oder die Streupflicht (BGH NJW 90, 111), da es sich hierbei nicht um Lasten der Sache handelt. Umstr ist die Einordnung der (früheren) Vermögenssteuer (gegen eine Einordnung als Last Palandt/*Heinrichs* § 103 Rn 3; Soergel/*Marly* § 103 Rn 5; aA *Baums* DB 81, 356)

2 Das Gesetz unterscheidet zwischen regelmäßig wiederkehrenden und anderen (nicht notwendig einmaligen) Lasten. Zu den regelmäßig wiederkehrenden Lasten zählen Hypotheken- und Grundschuldzinsen, s § 1047 (BGH NJW 86, 2439), Grundsteuern (BGH ZIP 98, 2074), Sachversicherungsprämien (Ddorf NJW 73, 147), Notwege- und Überbaurente. Bei beweglichen Sachen gehören zu den typischen Lasten KfZ-Steuer und Pflichtversicherungsprämien (AG Hambg MDR 77, 842). Von den wiederkehrenden Lasten hat der Verpflichtete einen der Dauer seiner Verpflichtung entsprechenden Teil zu tragen.
Sonstige Lasten sind etwa Erschließungsbeiträge (BGH NJW 82, 1278; NJW 94, 2283) s aber § 436 I, Leistungen im Umlegungs- und Flurbereinigungsverfahren (§ 20 FlurbG) sowie die bei Aufgabe oder Veräußerung eines Gewerbebetriebes nach § 16 EStG anfallende Einkommensteuer. Diese Lasten sind von dem zur Zeit der Fälligkeit Verpflichteten zu tragen. Umstr ist die Einordnung der zur Deckung von Lasten und Kosten des gemeinschaftlichen Eigentums zu erbringenden Zahlungen der Wohnungseigentümer. Richtigerweise wird man Hausgeldzahlungen, die als Vorschusszahlungen erbracht werden als regelmäßig wiederkehrende Lasten ansehen müssen (BGHZ 95, 118, 121), nicht dagegen die nach Ablauf des Wirtschaftsjahres ggf notwendigen Abschlusszahlungen nach § 28 V WEG (zutr *Weitnauer* JZ 86, 193).

3 Eine den § 103 verdrängende Sonderregelung enthält das Gesetz für die öffentlichen Lasten beim Grundstückskauf (§ 436 I). Anderweitige gesetzliche Bestimmungen finden sich weiter für Kauf (§ 446), Miete (§ 546), Pacht (§ 581 II), Nießbrauch (§ 1047) und Erbschaftskauf (§§ 2379, 2380) sowie in § 56 S 2 ZVG für den Ersteher in der Zwangsversteigerung (BGHZ 95, 118). Wegen des dispositiven Charakters der Norm haben abweichende vertragliche Vereinbarungen Vorrang. Beweispflichtig ist derjenige, der sich hierauf beruft.
Zur ergänzenden Vertragsauslegung bei einer Änderung der Verwaltungspraxis in der Erhebung öffentlicher Lasten (Erstattung an den alten und Neufestsetzung ggü dem neuen Eigentümer) BGH NJW 88, 2099.

Abschnitt 3   Rechtsgeschäfte

Titel 1   Geschäftsfähigkeit

§ 104 Geschäftsunfähigkeit

Geschäftsunfähig ist:
1. *wer nicht das siebente Lebensjahr vollendet hat,*
2. *wer sich in einem die freie Willensbestimmung ausschließenden Zustand krankhafter Störung der Geistestätigkeit befindet, sofern nicht der Zustand seiner Natur nach ein vorübergehender ist.*

A. Begriff und Bedeutung. Geschäftsfähigkeit ist die Fähigkeit, Rechtsgeschäfte selbständig wirksam vorzu- 1
nehmen. Der Geschäftsfähigkeit im materiellen Recht entspricht im Verfahrensrecht die **Prozessfähigkeit** (§§ 51 ff
ZPO). Von der Geschäftsfähigkeit zu unterscheiden ist die **Rechtsfähigkeit**, d. h. die Fähigkeit, Träger von Rechten
und Pflichten zu sein. Das BGB regelt die Geschäftsfähigkeit anders als die Rechtsfähigkeit (§ 1) nicht positiv, sondern setzt diese grds voraus, sofern der rechtsgeschäftlich Handelnde nicht ausnahmsweise minderjährig (§§ 104
Nr 1, 106) oder iSv § 104 Nr 2 krank ist. Auch nicht geschäftsfähige Personen sind rechtsfähig.
Die Anordnung einer Betreuung führt grds nicht zu einem Verlust der Geschäftsfähigkeit (§ 1996 I).
Die Regelungen der §§ 104 ff dienen in erster Linie dem Schutz nicht Geschäftsfähiger vor den für ihn 2
möglicherweise nachteiligen Folgen einer Willenserklärung, deren Bedeutung er wegen seines Alters oder
einer krankhaften Störung der Geistestätigkeit nicht erfassen kann. Dem Schutz dieser Personen räumt der
Gesetzgeber Vorrang vor den Schutzbedürfnissen des Rechtsverkehrs ein. Dementsprechend ist der gute
Glaube an die Geschäftsfähigkeit des Vertragspartners nicht geschützt. Die Vorschriften dienen weiterhin
auch der Rechtssicherheit, indem das Gesetz starre, generelle Regeln für das Vorliegen der Geschäftsunfähigkeit festlegt und nicht auf die Einsichts- oder Urteilsfähigkeit beim konkreten Geschäftsabschluss abstellt.
Die Rechtsfolgen der Geschäftsunfähigkeit ergeben sich aus § 105 (s dort Rn 2–4). 3

B. Fallgruppen. I. Altersbedingte Geschäftsunfähigkeit. Die altersbedingte Geschäftsunfähigkeit ist von 4
der konkreten geistigen Entwicklung unabhängig. Sie endet gem §§ 187 II 1, 188 II Alt 2 mit dem Ablauf des
letzten Tages des siebten Lebensjahres (24 Uhr). Mit dem siebten Geburtstag (0 Uhr) tritt beschränkte
Geschäftsfähigkeit (s § 106 Rn 3) ein.

II. Krankhafte Störung der Geistestätigkeit. 1. Generelle Geschäftsunfähigkeit. Erfasst werden von dem 5
Begriff der krankhaften Störung der Geistestätigkeit sowohl die Geisteskrankheit s.a. die Geistesschwäche
(BGH WM 65, 895). Die genaue medizinische Einordnung der Störung ist dabei unerheblich. Es muss sich
jedoch um einen Dauerzustand handeln. Dies liegt nicht nur bei unheilbaren Erkrankungen vor, sondern
auch bei heilbaren Störungen, deren Heilung aber einen längeren Zeitraum beansprucht. Anwendbar ist
§ 104 Nr 2 zB bei wochenlanger Bewusstlosigkeit nach einem Unfall (München MDR 89, 361). Kurzfristige
oder ihrer Natur nach nur vorübergehende Störungen wie Ohnmacht, Volltrunkenheit, hohes Fieber fallen
dagegen unter § 105 II. Auch in Abständen immer wiederkehrende Störungen, wie zB Anfälle, Rauschzu-
stände sind nur vorübergehend, solange sie immer nur wenige Tage andauern. Unabhängig von ihrer Dauer
muss die krankhafte Störung aber in jedem Fall die freie Willensbestimmung ausschließen. Das ist der Fall,
wenn der Betroffene nicht mehr in der Lage ist, seine Entscheidungen unbeeinflusst von der Geistesstörung
zu treffen und sie von vernünftigen Erwägungen abhängig zu machen (BGH NJW 70, 1680; 96, 919; Ddorf
FamRZ 98, 1064). Zu prüfen ist, ob die Entscheidung auf einer sachlichen Abwägung des Für und Wider
beruht oder der Betroffene durch für ihn unkontrollierbare Vorstellungen bestimmt wird (BGH WM 84,
1064). Dies kann auch der Fall sein, wenn der Betroffene übermäßig durch Einflüsse Dritter beherrscht wird
(BGH NJW 96, 918). Bloße Willensschwäche oder leichte Beeinflussbarkeit genügen hingegen für einen Ausschluss freier Willensbestimmung noch nicht, ebenso wenig wie die Unfähigkeit, die Tragweite der abgegebenen Willenserklärung intellektuell zu erfassen (BGH NJW 61, 261). Die Abgrenzung von einem nur schwachen Verstand und einer Geistesschwäche (Debilität) kann im Einzelfall schwierig sein. Ein geringer IQ
(unter 60) mag dabei ein Hinweis für eine unter § 104 fallende Verstandesschwäche sein (s Ddorf VersR 96,
1493), reicht für die Annahme eines die Willensbildung ausschließenden krankhaften Zustandes allein noch
nicht aus. Auch bei chronischem Alkohol- und Drogenmissbrauch liegt nicht generell eine die freie Willensbildung ausschließende dauerhafte Störung der Geistestätigkeit vor. Etwas anderes gilt dann, wenn die Sucht
zu derartigen hirnorganischen Veränderungen geführt hat, dass diese die freie Willensbestimmung ausschließen (BayObLG NJW 03, 216; Naumbg NJW 05, 2017).
Da die Geschäftsunfähigkeit nur besteht, wenn sich der Betroffene „in einem Zustand" nach Nr 2 befindet,
besteht in sog lichten Augenblicken Geschäftsfähigkeit (RGZ 72, 61, 64).

2. Partielle Geschäftsunfähigkeit. In Ausnahmefällen kann sich die Geschäftsunfähigkeit nur auf einen 6
gegenständlich beschränkten, abstrakt zu umschreibenden Kreis von Angelegenheiten beziehen (BGH NJW 70,
1680; BayObLG NJW 92, 2100), während Willenserklärungen in anderen Bereichen voll wirksam sind. Angenommen worden ist eine solche partielle Geschäftsunfähigkeit von der Rspr zB bei Querulantenwahn für die
Prozessführung (BAG AP Nr 1; BVerwGE 30, 24, 25), wobei das Beharren auf der eigenen Rechtsauffassung und
eine große Zahl von Streitigkeiten allein noch nicht ausreichen (SG Berlin NJW 69, 1752). Partielle Geschäftsunfähigkeit kann weiter bestehen bei krankhafter Eifersucht für Fragen der Ehe (BGHZ 18, 184, 186), bei wahn-
hafter Verarbeitung der Beziehung zu einer Prostituierten für diesbezügliche Prozesse (BGH ZIP 99, 2073), bei
krankhafter Abhängigkeit von der Telefonsexpartnerin für Telefonate mit dieser (BGH NJW-RR 02, 1424),
beim Schock eines RA wegen Fristversäumnis für die Führung eines bestimmten Prozesses (BGHZ 30, 112,
117). Partielle Geschäftsunfähigkeit aufgrund Spielsucht ist nur ausnahmsweise anzuerkennen bei schwersten
Persönlichkeitsveränderungen durch pathologisches Spielen (OLGR Hambg 05, 137). Nicht anzuerkennen ist
aus Gründen der Rechtssicherheit dagegen eine relative Geschäftsunfähigkeit für besonders schwierige
Geschäfte (BGH NJW 53, 1342; 61, 261; BayObLG NJW 89, 1678; aA Köln NJW 60, 1389). Umgekehrt kann

auch bei erheblichen Zweifeln an der Geschäftsfähigkeit im Einzelfall eine partielle Geschäftsfähigkeit für die Eheschließung gegeben sein (BayObLG FGPrax 96, 143; 03, 32; BVerfG NJW 03, 1382).

7 **C. Beweislast.** Da das BGB von der Geschäftsfähigkeit als Regel ausgeht, stellt die Geschäftsunfähigkeit im Zeitpunkt der Abgabe der Willenserklärung die zu beweisende Ausnahme dar. Das gilt für § 104 Nr 1 und 2 gleichermaßen (BGH NJW 72, 681; BayObLG Rpfleger 82, 286). Steht ein krankhafter Zustand nach § 104 Nr 2 fest, sind lichte Augenblicke vom Gegner zu beweisen (BGH NJW 88, 3011; Karlsr OLGZ 82, 280).

8 Die Prozessfähigkeit hat das Gericht in jeder Lage des Verfahrens von Amts wegen zu prüfen und hierüber Beweis zu erheben (BGH NJW 96, 1059). Dabei trifft die Partei, welche sich auf Geschäftsunfähigkeit und damit Prozessunfähigkeit beruft, zwar die Darlegungslast, nicht aber die Beweislast. Kann nach Ausschöpfung sämtlicher Beweismittel nicht mit Gewissheit festgestellt werden, ob eine Partei prozessfähig ist, so gilt sie als prozessunfähig. Gegen sie darf kein Sachurteil ergehen (BGH 18, 184, 190; NJW-RR 86, 157). War die Partei aber zur Zeit der Erteilung einer Prozessvollmacht prozessfähig, so schadet es nicht, wenn sie nachträglich prozessunfähig wird (BAG DB 00, 779).

§ 105 Nichtigkeit der Willenserklärung

(1) Die Willenserklärung eines Geschäftsunfähigen ist nichtig.
(2) Nichtig ist auch eine Willenserklärung, die im Zustand der Bewusstlosigkeit oder vorübergehender Störung der Geistestätigkeit abgegeben wird.

1 **A. Nichtigkeit nach I. I. Grundsatz.** Die Norm ordnet im Interesse des Schutzes Geschäftsunfähiger (s § 104 Rn 1) an, dass **alle Willenserklärungen** eines Geschäftsunfähigen ohne Rücksicht auf ihren Inhalt nichtig sind. Dies gilt auch für Erklärungen, die lediglich rechtlich vorteilhaft für den Geschäftsunfähigen oder objektiv vernünftig sind. Die Nichtigkeit wirkt nicht nur ggü dem Vertragspartner sondern für und gegen jedermann. Für die Abgabe von Willenserklärungen ggü Geschäftsunfähigen gilt § 131. Auf sonstige Handlungen, bei denen die Rechtsfolge maßgeblich an den Willen des Handelnden anknüpft, ist § 105 entsprechend anwendbar (BGHZ 47, 352, 357). Daher sind auch geschäftsähnliche Handlungen wie die Mahnung (§ 286) nichtig, ebenso die Pfandrückgabe (§ 1253) oder die Dereliktion (§ 959). Dagegen tritt bei Realakten, wie Verbindung, Vermischung und Verarbeitung (§ 946 ff) die Rechtsfolge auch dann ein, wenn der Handelnde geschäftsunfähig ist. Nicht anwendbar ist § 105 auch auf den Besitzerwerb (BGHZ 27, 360, 362) und die Besitzaufgabe, allerdings nicht iRd § 935 I. Hier liegt bei freiwilliger Besitzaufgabe durch den Geschäftsunfähigen Abhandenkommen vor (*Canaris* NJW 64, 1988). Weiterhin gilt § 105 I nicht bei der Begründung von Eigenbesitz (§ 872), der Fruchtziehung (§ 954) und bei den gesetzlichen Pfandrechten (RGZ 132, 129).

2 **II. Ausnahmen.** Eingeschränkt wird die generelle Nichtigkeit durch § 105 a.
Ausnahmen gelten weiter in gerichtlichen Verfahren. Grds ist der Geschäftsunfähige zwar zugleich auch prozessunfähig (§ 52 ZPO). Allerdings ist die (möglicherweise) geschäftsunfähige Partei im Zulassungsstreit über ihre Prozessfähigkeit bis zur rechtskräftigen Entscheidung der Frage als prozessfähig zu behandeln (BGHZ 35, 1, 6). Gleiches gilt für die Verfahrensfähigkeit des Betreuten im Verfahren über die Anordnung einer Betreuung seiner Person nach § 66 FGG. Auch kann der Geschäftsunfähige wirksam Verfassungsbeschwerde einlegen (BVerfGE 10, 302, 310).

3 **III. Besonderheiten.** Die von einem Geschäftsunfähigen erteilte Vollmacht ist nichtig, der Vertreter handelt nach § 177 ff als Vertreter ohne Vertretungsmacht (BayObLG NJW-RR 88, 454). Gibt der Geschäftsunfähige die Willenserklärung als Vertreter oder Organ einer juristischen Person oder Personenhandelsgesellschaft ab, so ändert dies nichts an deren Nichtigkeit (BGHZ 115, 78, 79; ZIP 04, 661). Die Nichtigkeit der Willenserklärung eines geschäftsunfähigen Gesamtvertreters nach § 105 I führt zur Nichtigkeit des Rechtsgeschäfts, da Gesamtvertreter nur gemeinsam für den Vertretenen handeln können. § 139 ist unanwendbar (BGHZ 53, 210, 214 f; aA Hamm NJW 67, 1041). Etwas anderes gilt im Falle übereinstimmenden Handelns zweier alleinvertretungsberechtigter Vertreter (RGZ 145, 155, 160).
Wer geschäftsunfähig ist, kann grds keine Ehe eingehen (§ 1304). Eine gleichwohl geschlossene Ehe kann aufgehoben werden (§ 1314 I), es sei denn, der Ehegatte hat nach Wegfall der Geschäftsunfähigkeit zu verstehen gegeben, dass er die Ehe fortsetzen will (§ 1315 I Nr 3). Eine solche Bestätigung wirkt nur ex nunc.

4 **B. Nichtigkeit nach II.** Nichtig ist auch die im Zustand der Bewusstlosigkeit oder vorübergehender Störung der Geistestätigkeit abgegebene Willenserklärung. Für die Eheschließung gilt § 1314 II Nr 1. **Bewusstlosigkeit** bedeutet nicht völliges Fehlen des Bewusstseins (Ohnmacht), da es dann unabhängig von der Geschäftsfähigkeit bereits an dem für den Tatbestand der Willenserklärung notwendigen Handlungswillen fehlt. Der Begriff ist daher zu verstehen iSe Bewusstseinstrübung, die die Erkenntnis von Inhalt und Wesen der abgegebenen Erklärung ausschließt. In Betracht kommen hochgradige Trunkenheit (BGH WM 72, 972; Ddorf WM 88, 1407) die regelmäßig erst ab einem Blutalkoholgehalt von mehr als 3 Promille anzunehmen ist (BGH NJW 91, 852), ferner erheblicher Drogenkonsum, Fieberwahn, Nachtwandeln, Hypnose oder epileptische Anfälle. Dass der Geschäftsunfähige diesen Zustand schuldhaft herbeigeführt hat, ändert an der Nichtigkeit nichts (Nürnbg NJW

77, 1496). Wie bei § 104 Nr 2 muss durch den krankhaften Zustand die freie Willensbestimmung ausgeschlossen sein. Dies ist bei einer Erschöpfungsdepression nicht anzunehmen (LAG Mainz MDR 04, 580).
Eine **Störung der Geistestätigkeit** setzt wie § 104 Nr 2 eine geistige Anomalie voraus. Durch sie muss die freie Willensbestimmung ausgeschlossen werden (RGZ 105, 272; BGH FamRZ 70, 641; Saarbr NJW 99, 872; LAG Köln NZA-RR 99, 232). Eine Beschränkung auf ein bestimmtes Lebensgebiet ist auch hier denkbar (BGH NJW 61, 261; OGHZ 4, 66, 71), nicht aber eine Differenzierung nach dem Schwierigkeitsgrad des Rechtsgeschäfts. Unter § 105 II fallen nur vorübergehende Störungen. Bei Dauerhaftigkeit gilt § 104 Nr 2.

C. Rechtsfolgen der Nichtigkeit. Sind zur Erfüllung des nichtigen Vertrages bereits Leistungen ausgetauscht worden, sind diese nach §§ 812 ff rückabzuwickeln. Besonderheiten gelten dabei, soweit der Geschäftsunfähige einen Gebrauchsvorteil oder eine Dienstleistung erlangt hat, die nicht in natura herausgegeben werden kann. Müsste der Geschäftsunfähige hier nach § 818 II Wertersatz leisten, würde er faktisch so gestellt, als wäre er aus dem nichtigen Vertrag verpflichtet. Dies widerspräche dem Schutzzweck der §§ 104 f (BGHZ 55, 128, 138). Ein Geschäftsunfähiger ist daher nur dann zum Wertersatz verpflichtet, wenn er durch die Erlangung des Gebrauchsvorteils Kosten erspart hat, deren Entstehung vom Willen des gesetzlichen Vertreters getragen ist. Ansonsten kann er sich auf § 818 III berufen (Hamm NJW 66, 2358; *Medicus* NJW 70, 666). 5
Bei einem vom Geschäftsunfähigen geschlossenen nichtigen Arbeitsvertrag hat der **geschäftsunfähige ArbN** Anspruch auf die vereinbarte Gegenleistung, solange er tatsächlich gearbeitet hat. Für den geschäftsunfähigen ArbN besteht jedoch umgekehrt keine Verpflichtung, seine Leistung aus dem nichtigen Arbeitsverhältnis zu erbringen. Der **geschäftsunfähige ArbG** kann sich nicht zu Lasten des ArbN auf die Nichtigkeit des Arbeitsverhältnisses berufen. Dem ArbN stehen daher die vertraglich vereinbarten Lohnansprüche zu. Möglich ist aber eine sofortige Auflösung des Vertrages (zum Ganzen Müko/*Schmitt* § 105 Rn 52 ff). In ähnlicher Weise können auch bei Beteiligung eines Geschäftsunfähigen an einer Gesellschaft die Nichtigkeitsfolgen nur für die Zukunft geltend gemacht werden (BGHZ 55, 5, 7; NJW 92, 1502). 6

D. Beweislast. Für den Nachweis der Geschäftsunfähigkeit s § 104 Rn 6. Wer sich auf § 105 II beruft, muss das Vorliegen dieses Zustandes im Zeitpunkt der Abgabe der Willenserklärung beweisen (BGH WM 72, 972; 80, 521). 7

§ 105 a Geschäfte des täglichen Lebens

¹Tätigt ein volljähriger Geschäftsunfähiger ein Geschäft des täglichen Lebens, das mit geringwertigen Mitteln bewirkt werden kann, so gilt der von ihm geschlossene Vertrag in Ansehung von Leistung und, soweit vereinbart, Gegenleistung als wirksam, sobald Leistung und Gegenleistung bewirkt sind. ²Satz 1 gilt nicht bei einer erheblichen Gefahr für die Person oder das Vermögen des Geschäftsunfähigen.

A. Normzweck. Die zum 1. 8. 02 in kraft getretene Vorschrift wurde durch Art 25 I des OLG VertrÄndG (BGBl I 2850) in das BGB eingefügt und soll geistig behinderten Menschen die Teilnahme am Rechtsverkehr iR ihrer Fähigkeiten ermöglichen. Um die Eigenverantwortlichkeit volljähriger Geschäftsunfähiger zu stärken wird ihre Rechtsstellung dadurch verbessert, dass die von ihnen getätigten Geschäfte des täglichen Lebens unter den Voraussetzungen des § 105 a als wirksam gelten. Dies gilt allerdings nur beschränkt, „in Ansehung" von Leistung und Gegenleistung, anders als bei der ähnlichen Regelung des § 1903 III 2 für tägliche Geschäfte des volljährigen Betreuten, die auch ohne Einwilligung des Betreuers vollwirksam sind. Die Ungereimtheiten, die zwischen dem Betreuungsrecht und den §§ 104, 105 schon bisher bestanden (s § 1903 Rn 1, 8 f), werden durch § 105 a nicht ausgeräumt, sondern eher verstärkt (zur kritischen Bewertung der Norm in der Lit s *Casper* NJW 02, 3425; *Wiedemann/Thüsing* DB 02, 463; *Braun* JuS 02, 424; *Heim* JuS 03, 141; *Pawlowski* JZ 03, 66; *Lipp* FamRZ 03, 721; *Franzen* JR 2004, 221; *Löhnig/Schärtl* AcP 204, 25). 1

B. Regelungsinhalt. I. Anwendungsbereich. Die Vorschrift erfasst nur Geschäfte eines volljährigen Geschäftsunfähigen. Nach ihrem Sinn und Zweck gilt sie auch, wenn zwei volljährige Geschäftsunfähige miteinander kontrahieren (*Casper* NJW 02, 3426). Auf Minderjährige, die nach § 104 Nr 1 geschäftsunfähig sind, findet § 105 a keine Anwendung. Wird das Geschäft im Zustand vorübergehender Störung der Geistestätigkeit nach § 105 II abgeschlossen, so gilt § 105 a seinem Wortlaut nach nicht, da der Betreffende nicht generell geschäftsunfähig ist (aA *Casper* NJW 02, 3426). Die dadurch entstehende Schlechterstellung solcher Personen mit nicht dauerhafter Störung bei Geschäften des täglichen Lebens überzeugt nicht (Erman/*Palm* § 105 a Rn 3 für analoge Anwendung; *Franzen* JR 04, 226 für die Aufnahme des § 105 II in eine Neufassung des § 105 a). 2

II. Voraussetzungen (S 1). 1. Geschäfte des täglichen Lebens. Die Vorschrift gilt nur für „Geschäfte des täglichen Lebens". Der Begriff ist im Gesetz nicht definiert. Für seine Auslegung kann auf die zu dem Begriff der „Angelegenheit des täglichen Lebens" in § 1903 III entwickelten Kriterien zurückgegriffen werden (s § 1903 Rn 9). Maßgebend ist, ob es sich nach der Verkehrsauffassung um ein alltägliches Geschäft handelt. Dazu gehören nach der Gesetzesbegründung (BTDrs 14/9266 S 43) vor allem der Erwerb von Gegenständen des täglichen Bedarfs, wie geringen Mengen zum alsbaldigen Gebrauch bestimmter Nahrungs- oder Genussmittel, Getränke, Kosmetika, Körperpflegeprodukte, Presseerzeugnisse und Textilien. 3

Der Kauf von Mengen, die das übliche Maß übersteigen, fällt nicht unter § 105 a. Weiterhin zählen zu den Geschäften des täglichen Lebens die Inanspruchnahme von einfachen Dienstleistungen wie Friseur, Post, Telefon, öffentlichen Verkehrsmitteln und der Besuch von Sport- und Unterhaltungsveranstaltungen wie Kino, Theater, Konzert. In Betracht kommen weiterhin auch die Annahme und Hingabe von kleineren Anstandsschenkungen und die Leihe oder Aufbewahrung geringwertiger Gegenstände (zB Bücher aus einer Leihbücherei). Auch der Beitritt zu einem Verein kann unter § 105 a fallen. Allerdings wird man bei Dauerverpflichtungen wie der Zahlung eines nicht ganz geringen Mitgliedsbeitrags, bei Abonnements von Presseerzeugnissen, Theater oder Konzert sowie bei Telefonanschlüssen und Handyverträgen die Anwendbarkeit des § 105 a wohl verneinen müssen, zumal sich die Wirkung immer nur auf den bereits abgewickelten Teil des Geschäfts beziehen kann, da nur insoweit Leistung und Gegenleistung bereits erbracht sind (s Rn 5). Auch Verträge, die in einer Haustürsituation (§ 312) oder im Fernabsatz (§ 312 b) geschlossen werden, sollen wegen der den Behinderten überfordernden besonderen Vertriebsmodalitäten idR nicht unter § 105 a fallen, ebenso wenig der Abschluss von Mietverträgen, auch nicht iRd betreuten Wohnens (Palandt/*Heinrichs* § 105 a Rn 4).

4 **2. Mit geringwertigen Mitteln.** Auch eine Definition des geringwertigen Mittels enthält das Gesetz nicht. Der Geschäftsunfähige soll keine Leistungen erbringen dürfen, deren wirtschaftliches Ausmaß er nicht hinreichend beurteilen kann. Dabei ist nach der Gesetzesbegründung anders als bei § 1903 III nicht auf die individuellen Vermögensverhältnisse des Geschäftsunfähigen, sondern auf die allgemeine Verkehrsanschauung unter Berücksichtigung des durchschnittlichen Preis- und Einkommensniveaus abzustellen (BTDrs 14/9266 S 43; ebenso *Heim* JuS 03, 143). Maßgebend ist nicht der Preis der einzelnen Kaufsache, sondern der vom Geschäftsunfähigen zu erbringende Gesamtkaufpreis (BaRoth/*Wendtland* § 105 a Rn 4).

5 **3. Bewirkung von Leistung und Gegenleistung.** Zur Gewährleistung des Schutzes Geschäftsunfähiger wird das von diesen getätigte Geschäft erst dann (ex nunc) wirksam, wenn es durch ordnungsgemäße, vollständige Erfüllung der Leistung und ggf der vereinbarten Gegenleistung abgeschlossen ist. Dementsprechend fallen Kreditgeschäfte nicht unter § 105 a, sofern sie nicht abgewickelt sind. Derartige Geschäfte werden ebenso wie der Abschluss von Dauerschuldverhältnissen nur ganz ausnahmsweise in Betracht kommen. Zum Teil werden pauschal diejenigen Geschäfte ausgenommen, bei denen zu Lasten des Geschäftsunfähigen Leistung und Gegenleistung nicht in einem angemessenen Verhältnis stehen (Erman/*Palm* § 105 a Rn 6; Palandt/*Heinrichs* § 105 a Rn 3). Dies darf jedoch nicht soweit gehen, dass Geschäfte des täglichen Lebens, die von einem Geschäftsunfähigen getätigt worden sind, generell darauf überprüft werden, ob es sich um ein für den Geschäftsfähigen „günstiges" Geschäft handelt. Die durch § 138 gebildete Grenze ist vielmehr erst dann überschritten, wenn die Unerfahrenheit des Behinderten ausgenutzt wird oder ein Fall des § 105 S 2 vorliegt.

6 **III. Ausschluss (S 2).** Die inhaltlich an § 1903 I 1 angelehnte Ausschlussregelung des § 105 a S 2 nimmt solche Geschäfte von der Wirksamkeitsfiktion aus, die eine erhebliche Gefahr für die Person oder das Vermögen des Geschäftsunfähigen bedeuten. Maßstab ist hierfür die individuelle Situation des Geschäftsunfähigen. Seine Person ist gefährdet, wenn sein Leben, Gesundheit oder Freiheit betroffen ist, zB bei Veräußerung von Alkohol an einen Alkoholkranken. Das Vermögen ist bei verschwenderischen oder in hohem Maße wirtschaftlich nachteiligen Geschäften betroffen. Dieser Fall dürfte allerdings nur selten eintreten, da die Vermögensgefährdung bereits dadurch limitiert wird, dass es sich um Geschäfte des täglichen Lebens handeln muss. Erheblich ist die Gefahr dann, wenn sie sich zum einen mit einer gewissen Wahrscheinlichkeit verwirklichen wird, zum anderen, wenn hierdurch das Wohl des Geschäftsunfähigen wesentlich beeinträchtigt wird (MüKo/*Schmitt* § 105 a Rn 16). Die Formulierung „gilt nicht" zeigt, dass es hierbei auf die Erkennbarkeit der Gefahr für den Vertragspartner nicht ankommt. Dieser wird hierdurch nicht stärker benachteiligt, als er bei der sonst eintretenden generellen Nichtigkeitsfolge des § 105 auch steht.

7 **IV. Rechtsfolgen..** Die Reichweite der erst durch die vollständige Erbringung von Leistung und Gegenleistung eintretenden Wirksamkeitsfiktion ist im Einzelnen sehr umstr. Einigkeit besteht darüber, dass eine Rückforderung der ausgetauschten Leistungen ausgeschlossen ist, da der fingierte Vertrag einen Rechtsgrund zum Behaltendürfen darstellt. Unklar ist zunächst, ob § 105 a nur auf Verpflichtungsgeschäfte beschränkt ist, wie es der Wortlaut nahe legt. Nach der Gesetzesbegründung (BTDrs 14/9266 S 43) liegt nur ein fingiertes Verfügungsgeschäft vor, das zu keiner Eigentumsübertragung führt. Dies hat zur Folge, dass Eigentum und Besitz dauerhaft auseinander fallen, denn ein Vindikationsanspruch des Eigentümers scheitert daran, dass der fingierte Vertrag ein Recht zu Besitz iSv § 986 gewährt (MüKo/*Schmitt* § 105 a Rn 19; *Franzen* JR 04, 224). Um diese missliche Konsequenz zu vermeiden, spricht vieles dafür, § 105 a nach dem Normzweck sowohl für das Verpflichtungs- als auch für das Verfügungsgeschäft gelten zu lassen (*Casper* NJW 02, 3428; *Lipp* FamRZ 03, 725).

8 Umstr ist weiterhin, ob § 105 a auch bei gestörten Vertragsverhältnissen gilt. Der Gesetzeswortlaut gibt hierauf keine Antwort. Zum Teil wird dies generell verneint und § 105 a nur auf ordnungsgemäß bewirkte Leistungen und Gegenleistungen angewendet, während es im Falle von Leistungsstörungen bei der Gesamtnichtigkeit des Vertrages bleiben soll (BaRoth/*Wendtland* § 105 a Rn 7) bzw weitere vertragliche Ansprüche nicht entstehen sollen, zumal der Geschäftsunfähige diese auch nicht ausüben könne (*Lipp* FamRZ 03, 728; *Fran-*

zen JR 04, 225). Dagegen spricht aber, dass dem Geschäftsunfähigen dadurch Gewährleistungs- und vertragliche Schadensersatzansprüche abgesprochen werden, die ihm zuständen, wenn er voll geschäftsfähig wäre. Eine solche Schlechterstellung erscheint kaum hinnehmbar, insbes wenn durch einen dem Geschäftsunfähigen geleisteten Gegenstand später aufgrund eines Fehlers ein Folgeschaden verursacht wird (Erman/*Palm* § 105 a Rn 14). Nach wohl überwiegender Auffassung sollen dem Geschäftsunfähigen daher ab dem Zeitpunkt der Erfüllung alle Rechte aus dem Vertrag zustehen, er seinerseits aber keinen Ansprüchen ausgesetzt sein (*Casper* NJW 02, 3427; MüKo/*Schmitt* § 105 a Rn 20; Palandt/*Heinrichs* § 105 a Rn 5). Ob eine solche Äquivalenzstörung zu Lasten des Vertragspartners noch mit dem Schutz des Geschäftsunfähigen zu rechtfertigen ist (so MüKo/*Schmitt* § 105 a Rn 21; aA Erman/*Palm* § 105 a Rn 14) erscheint zweifelhaft, jedenfalls versagt diese Lösung bei einfachen Rechtsgeschäften zwischen zwei Geschäftsunfähigen. Dies mag man im Hinblick auf die wohl seltenen praktischen Fälle nicht als durchschlagendes Argument ansehen, es verdeutlicht aber die dogmatische Fragwürdigkeit der bestehenden Rechtsfolgenanordnung in § 105 a.

Eine Prozessfähigkeit des Geschäftsunfähigen für Rechtsstreitigkeiten aus einem Geschäft nach § 105 a S 1 besteht nicht. Die erst mit der Erfüllung eintretende Wirksamkeitsfiktion führt nicht dazu, dass sich der Geschäftsunfähige durch Verträge wirksam verpflichten kann, wie es § 52 ZPO für die Prozessfähigkeit verlangt. In einem Rechtsstreit muss sich der Behinderte daher durch einen Betreuer (§ 1896) vertreten lassen. 9

C. Beweislast. § 105 a S 1 stellt eine Ausnahme von der grds Nichtigkeit der Willenserklärungen eines Geschäftsunfähigen dar. Wer sich auf die Wirksamkeitsfiktion beruft, muss die Voraussetzungen des S 1 beweisen. § 105 a S 2 stellt wiederum eine Ausnahme von der Wirksamkeit eines von einem Minderjährigen nach S 1 getätigten Geschäfts des täglichen Lebens dar. Wer sich trotz Vorliegen der Voraussetzungen des S 1 auf die Unwirksamkeit des Vertrages beruft, hat die erhebliche Gefahr zu beweisen. 10

D. Bewertung. Trotz des achtenswerten rechtspolitischen Zieles, der Diskriminierung Behinderter im deutschen Recht verstärkt entgegenzutreten, erscheint dessen Umsetzung in § 105 a nicht sehr gelungen. Die verwendeten unbestimmten Rechtsbegriffe, insbes die Anknüpfung an ein Geschäft, statt wie sonst an eine Willenserklärung, sorgen für Rechtsunsicherheit. Das ist gerade für die betroffenen Menschen misslich. Die Konstruktion, ein an sich nichtiges Geschäft hinsichtlich der Leistung und der Gegenleistung als wirksam zu fingieren, ist mit der Dogmatik des Vertragsrechts nur schwer in Einklang zu bringen und lässt bei den Rechtsfolgen manche Frage offen (s Rn 7 f). Da für die Personen, welche § 105 a betrifft, in vielen Fällen die Bestellung eines Betreuers notwendig ist, bedarf es einer besseren Abstimmung zwischen den Handlungsmöglichkeiten des Betreuten im Schnittfeld von Betreuungsrecht und Geschäftsfähigkeit (*Lipp* FamRZ 03, 729). 11

§ 106 Beschränkte Geschäftsfähigkeit Minderjähriger

Ein Minderjähriger, der das siebente Lebensjahr vollendet hat, ist nach Maßgabe der §§ 107 bis 113 in der Geschäftsfähigkeit beschränkt.

A. Normzweck und Bedeutung. Die §§ 106–113 beziehen sich auf die beschränkte Geschäftsfähigkeit, die als Stufe zwischen Geschäftsunfähigkeit und beschränkter Geschäftsfähigkeit liegt. Das Gesetz ermöglicht Personen, bei welchen die Fähigkeit zu einer vernünftigen Willensbildung nur eingeschränkt besteht in gewissem Umfang am Rechtsverkehr teilzunehmen. Die Vorschriften haben sowohl Schutz- als.a. Erziehungszweck. 1

Da das Gesetz von der vollen Geschäftsfähigkeit als Regelfall ausgeht, ist die beschränkte Geschäftsfähigkeit der zu beweisende Ausnahmefall. Probleme ergeben sich hieraus nicht, denn zur Sicherheit des Rechtsverkehrs wird der Kreis der beschränkt Geschäftsfähigen rein objektiv durch das Alter bestimmt. Die im Einzelfall bestehende geistige Reife ist ohne Bedeutung. Der gute Glaube des Vertragspartners an die Volljährigkeit ist nicht geschützt (LG Mannheim NJW 69, 239), auch dann nicht, wenn der Minderjährige wahrheitswidrig behauptet hat, er sei volljährig. Die falsche Behauptung, volljährig zu sein, löst auch keine Haftung des Minderjährigen aus cic oder Ansprüche analog § 122 aus, denn der Schutz des beschränkt Geschäftsfähigen hat Vorrang vor dem Vertrauensschutz des Vertragspartners. In Betracht kommt jedoch ein deliktischer Anspruch aus § 823 II iVm § 263 StGB, sofern die Deliktsfähigkeit des § 828 III zu bejahen ist (zu den Anforderungen hieran BGH NJW 70, 1038; s § 828 Rn 6). Ersetzt wird nur der dem Vertragspartner durch die unerlaubte Handlung entstandene (Vertrauens-)Schaden. Keine Haftung besteht bei unterlassenem Hinweis auf die Minderjährigkeit bei Vertragsschluss, denn den Minderjährigen trifft keine Aufklärungspflicht (Hamm NJW 66, 2359; MüKo/*Schmitt* § 106 Rn 18). 2

B. Begriffsbestimmung. Die Fähigkeit, in den durch §§ 107 ff gezogenen Grenzen am Rechtsverkehr teilzunehmen beginnt am siebten Geburtstag (0 Uhr) und endet mit Eintritt der Volljährigkeit (§ 2), am achtzehnten Geburtstag (0 Uhr). Das BGB bezeichnet diese Altersgruppe pauschal als Minderjährige. Den Begriff des Jugendlichen, den § 1 II JGG für die 14 bis 18jährigen verwendet und den des Heranwachsenden für die 18 bis 21jährigen, kennt das bürgerliche Recht nicht. Der Betreute, bei dem ein Einwilligungsvorbehalt angeordnet worden ist, steht einem beschränkt Geschäftsfähigen weitgehend gleich (§ 1903 I 2, III). Da der 3 beschränkt Geschäftsfähige sich nicht durch Verträge selbst verpflichten kann, ist er nicht prozessfähig (§ 52 ZPO), soweit er nicht nach §§ 112, 113 als unbeschränkt geschäftsfähig anzusehen ist oder Ausnahmevorschriften seine Prozessfähigkeit (§§ 607, 640 b ZPO, § 62 I Nr 2 VwGO, § 71 SGG) oder ein selbständiges Beschwerderecht (§§ 59 I, 63 FGG) vorsehen.

4 **C. Sonderregelungen.** Zum Schutz des Minderjährigen gelten für den Zugang von Willenserklärungen (§ 131 II), den beschränkt geschäftsfähigen Vertreter mit (§ 165) und ohne Vertretungsmacht (§ 179 III) und die Verjährung von Ansprüchen (§ 210) eigene Regelungen.

Für bestimmte Rechtsgeschäfte gelten Sondervorschriften für beschränkt Geschäftsfähige, etwa bei Eheschließung (§ 1303), Eheverträgen (§ 1411), Verfügungen bei Gütergemeinschaft (§ 1516), Anerkennung (§ 1596) und Anfechtung (§ 1600 a II) der Vaterschaft, Sorgerechtserklärungen (§ 1626 c), Annahme als Kind (§ 1746), Testierfähigkeit (§§ 2229 I, 2233 I, 2247 IV), Erbvertrag (§§ 2275 II, 2296) und Erbverzicht (§§ 2347 II, 2351).

§ 107 Einwilligung des gesetzlichen Vertreters

Der Minderjährige bedarf zu einer Willenserklärung, durch die er nicht lediglich einen rechtlichen Vorteil erlangt, der Einwilligung seines gesetzlichen Vertreters.

1 **A. Normzweck und Anwendungsbereich.** Schutzzweck des § 107 ist es, den Minderjährigen vor nachteiligen Folgen seines eigenen rechtsgeschäftlichen Handelns zu bewahren. Aus diesem Grund ist die Einwilligung seines gesetzlichen Vertreters für solche Willenserklärungen erforderlich, die sein Vermögen belasten. Unmittelbar gilt § 107 nur für Willenserklärungen des Minderjährigen. Auf geschäftsähnliche Handlungen ist § 107 entsprechend anwendbar. Entsprechend anzuwenden sind die Vorschriften der §§ 107 ff auch auf die Einwilligung in einen ärztlichen Eingriff, bei dem es sich nicht um die Zustimmung zu einem Rechtsgeschäft, sondern um eine Ermächtigung zur Vornahme tatsächlicher Handlungen handelt. Der Minderjährige kann und muss allerdings selbst einwilligen, wenn er nach seiner geistigen und sittlichen Reife die Bedeutung und Tragweite des Eingriffs und seiner Gestattung zu ermessen vermag (BGHZ 29, 33, 36; *Roßner* NJW 90, 2292). Neben der Einwilligung des Minderjährigen für den Eingriff in ein höchstpersönliches Rechtsgut ist aber aufgrund des Personensorgerechts die Einwilligung des gesetzlichen Vertreters zu fordern, jedenfalls sofern sie ohne Gefahr für Leben und Gesundheit des Minderjährigen zu erlangen ist (Soergel/*Hefermehl* § 107 Rn 19). Ansonsten genügt bei ausreichender Verstandesfähigkeit die Einwilligung des Minderjährigen (BGHZ 29, 33, 36; BaRoth/*Wendtland* § 107 Rn 2; aA MüKo/*Schmitt* § 105 Rn 23). Fehlt diese, ist eine Entscheidung des Vormundschaftsgerichts nach § 1666 einzuholen.

2 **B. Die Einwilligung des gesetzlichen Vertreters.** Einwilligung ist die vor oder gleichzeitig mit der Willenserklärung des Minderjährigen erteilte Zustimmung (RGZ 130, 124, 127). Sie ist eine einseitige, empfangsbedürftige Willenserklärung, die sowohl ggü dem Minderjährigen als auch ggü dem anderen Teil erklärt werden kann (§ 182 I). Sie bedarf keiner Form, auch wenn das Rechtsgeschäft formbedürftig ist (§ 182 II) und kann bis zur Vornahme des Rechtsgeschäfts grds frei widerrufen werden (§ 183 S 2). Sie kann auch konkludent erfolgen, etwa durch Mitwirkung des gesetzlichen Vertreters beim einwilligungsbedürftigen Rechtsgeschäft (gemeinsame Veräußerung eines Grundstücks RGZ 130, 124, 128).

3 Die Einwilligung kann sich auf ein konkretes, einzelnes Rechtsgeschäft oder eine einzelne Willenserklärung (**Spezialeinwilligung**) aber auch auf einen Kreis von zunächst noch nicht individualisierbaren Rechtsgeschäften (**Generaleinwilligung**) beziehen (BGH NJW 77, 622; FamRZ 77, 44). Dies ist sinnvoll in den Fällen des § 110 und wird in den Fällen der §§ 112, 113 sogar durch die Bedürfnisse des Rechtsverkehrs gefordert. Im Interesse des Minderjährigenschutzes darf die Einwilligung aber nicht über die dort anerkannten Fälle hinaus zu einer partiell erweiterten Geschäftsfähigkeit führen (BGHZ 47, 352, 359). Eine unbeschränkte Generaleinwilligung in sämtliche Rechtsgeschäfte des Minderjährigen ist daher unzulässig. Der Umfang der erteilten Einwilligung ist durch Auslegung zu ermitteln. Nach hM richtet sich diese nach objektiven Kriterien (BGHZ 47, 352, 359; Palandt/*Heinrichs* § 107 Rn 9; Soergel/*Hefermehl* § 107 Rn 14). Zum Teil wird dagegen auf das Innenverhältnis zwischen dem gesetzlichen Vertreter und dem Minderjährigen abgestellt (*Pawlowski* JuS 67, 304; MüKo/*Schmitt* § 107 Rn 15). In jedem Fall ist die Einwilligung im Interesse eines effektiven Minderjährigenschutzes im Zweifel eng auszulegen. Dies gilt insbes für die sich oftmals stellende Frage, inwieweit die Einwilligung für ein Hauptgeschäft auch Folgegeschäfte erfasst. Die Einwilligung zur Aufnahme einer Arbeit oder Ausbildung am Wohnort des gesetzlichen Vertreters erfasst im Zweifel nicht die Einwilligung in die Anmietung einer Wohnung (LG Mannheim NJW 69, 239). Bei Ausbildung in einer anderen Stadt ist diese hingegen typischerweise enthalten. Die Einwilligung in eine Verlobung und die Aufnahme eines Anschaffungsdarlehens enthält nicht ohne weiteres die Zustimmung zum Kauf der Wohnungseinrichtung auf Kredit (LG Berlin JR 70, 346). Die Einwilligung in den Erwerb des Führerscheins beinhaltet nicht die Einwilligung in den Kauf oder die Anmietung eines Kfz (BGH NJW 73, 1790; Hamm NJW 66, 2357; Celle NJW 70, 1850; aA Hamm NJW 61, 1120; Köln MDR 62, 474). Dies ist wegen der Herabsetzung des Volljährigkeitsalters zzt nur bei § 7 II StVZO bedeutsam, wird aber durch den neuen Führerschein ab 17 Jahren möglicherweise wie-

der an Brisanz gewinnen. Die Einwilligung in den Erwerb eines Kfz erstreckt sich regelmäßig auf den Abschluss der notwendigen Haftpflichtversicherung (LG Saarbr VersR 66, 33), nicht aber auf die Abwicklung nach einem Unfall (BGHZ 47, 352, 358) oder die Einschaltung eines Unfallhelferringes (BGH NJW 77, 622). Die Einwilligung in die Eröffnung eines Girokontos enthält nicht die Zustimmung zur Verfügung über das Guthaben (*Kunkel* Rpfleger 97, 1). Die Einwilligung zum Vereinsbeitritt umfasst die Zustimmung zur Wahrnehmung sämtlicher Mitgliedschaftsrechte (*Hammelbeck* NJW 62, 722; *Reichert* RdJB 71, 234). Die Einwilligung in die Beantragung einer EC-Karte umfasst nicht die Kontoüberziehung (BaRoth/*Wendtland* § 107 Rn 9). Die Einwilligung zur Benutzung öffentlicher Verkehrsmittel berechtigt nicht zu Schwarzfahrten (AG Hambg NJW 87, 448; AG Bergheim NJW-RR 00, 202; AG Jena NJW-RR 01, 1469; *Harder* NJW 90, 857; aA *Fielenbach* NZV 00, 358). Der Minderjährige schuldet aber gem § 812 das übliche Entgelt (AG Wolfsburg NJW-RR 90, 1142). Die Einwilligung in die Benutzung des Haustelefons schließt im Zweifel nicht die Nutzung von 0190-Diensten ein (*Härting* DB 02, 2149).

Gesetzliche Vertreter sind grds die Eltern des Minderjährigen (§§ 1626, 1629) bzw der nach § 1629 I 3 vertretungsberechtigte Elternteil. Steht ein Minderjähriger nicht unter elterlicher Sorge oder sind die Eltern in der Angelegenheit nicht vertretungsberechtigt, ist ein Vormund zu bestellen. Ist auch dieser nach § 1795 an der Vertretung gehindert, ist nach §§ 1909 ff ein Pfleger zu bestellen. 4

Bedarf der gesetzliche Vertreter zu einem Rechtsgeschäft wegen dessen weit reichender Folgen der Genehmigung des Vormundschaftsgerichts, Gegenvormunds oder Beistands (§§ 1643, 1685, 1792, 1812 f, 1821 f), kann er die Einwilligung nach § 107 nur bei Vorliegen dieser Mitwirkungshandlungen wirksam erteilen.

Einen Anspruch auf Einwilligung des gesetzlichen Vertreters hat der Minderjährige grds nicht. Liegt das Rechtsgeschäft jedoch im objektiven Interesse des Minderjährigen, kommt ein Schadensersatzanspruch gegen den gesetzlichen Vertreter in Betracht (MüKo/*Schmitt* § 107 Rn 23). Eine Ersetzung der Einwilligung durch das Vormundschaftsgericht ist nur bei drohender Gefährdung des Kindeswohls (§ 1666 III) möglich. 5

C. Der lediglich rechtliche Vorteil. I. Abgrenzungskriterien. Maßgebend für die Erforderlichkeit einer Einwilligung zu einer Willenserklärung sind die Wirkungen der Willenserklärung für den Minderjährigen. Grundsatz ist die Einwilligungsbedürftigkeit. Keine Einwilligung ist mangels Schutzbedürfnis des Minderjährigen dann erforderlich, wenn die Willenserklärung ihm lediglich einen rechtlichen Vorteil bringt. Abzustellen ist allein auf die rechtlichen, nicht auf die wirtschaftlichen Folgen des Geschäfts (ständ Rspr und ganz hL BGH MDR 71, 380; NJW 05, 415; *Schmitt* NJW 05, 1091; aA nur *Stürner* AcP 171, 402; *Köhler* JZ 83, 225). Entscheidend ist, ob der Minderjährige durch den Abschluss des Rechtsgeschäfts eine persönliche Verpflichtung eingeht oder seine Rechte sonst vermindert werden. Ist dies der Fall, bedarf die Willenserklärung des Minderjährigen stets der Einwilligung, selbst wenn es sich um ein wirtschaftlich äußerst günstiges Geschäft handelt. Treffen den Minderjährigen als Haupt- oder Nebenfolge eines Geschäfts irgendwelche rechtlichen Verpflichtungen, ist das Geschäft nicht lediglich rechtlich vorteilhaft. Auf den Umfang der Pflichten kommt es nicht an. Rechtlich nachteilig und damit einwilligungsbedürftig sind damit **alle gegenseitig verpflichtenden Verträge**. IdR rechtlich nachteilig sind auch die **unvollkommen zweiseitigen** Verträge wie die Leihe (§ 598), der Auftrag (§ 662), das unverzinsliche Darlehen (§ 488) und die unentgeltliche Verwahrung (§ 690), da den Minderjährigen Erhaltungs-, Rückgabe- bzw Rückgewährpflichten treffen oder er Aufwendungsersatzansprüchen ausgesetzt sein kann. Rechtlich vorteilhaft ist nur die Schenkung als **einseitig verpflichtender Vertrag**, der auf eine unentgeltliche Zuwendung gerichtet ist (s Rn 9, 10). Bei **einseitigen Rechtsgeschäften** ist entscheidend, ob der Minderjährige eine Rechtsposition einbüßt, wie bei der Ausschlagung einer Erbschaft oder nur einen Vorteil erlangt, wie bei der Kündigung eines zinslosen Darlehens durch den Minderjährigen als Darlehensgeber oder durch eine Mahnung (Köln NJW 98, 320; *Emmerich* JuS 95, 124). Maßgebend sind nur die unmittelbaren Wirkungen des Rechtsgeschäfts, gleichgültig, ob diese auf Grund des Parteiwillens oder kraft Gesetzes eintreten (BGHZ 53, 173, 178). Unerheblich ist dagegen, ob der Minderjährige durch das Geschäft später möglichen Ansprüchen aus §§ 812 ff, 823 ff ausgesetzt werden könnte. Auch mögliche Rückgewähransprüche des Schenkers nach §§ 528, 530 bleiben als mittelbare Nachteile außer Betracht (BayObLG NJW 98, 3574; MüKo/*Schmitt* § 107 Rn 47). 6

Ist das Rechtsgeschäft für den Minderjährigen rechtlich vorteilhaft, gilt für Insichgeschäfte der Eltern das Verbot des Selbstkontrahierens nach § 181 nicht, ebenso wenig der für Betreute angeordnete Einwilligungsvorbehalt des § 1903 III. Auch die Vertretungsbeschränkungen für Eltern (§ 1629 Rn 10 ff) und Vormund (§ 1795 Rn 7) gelten nicht. 7

II. Rechtlich neutrale Geschäfte. Nicht einwilligungsbedürftig sind über den Wortlaut des § 107 hinaus auch solche Rechtsgeschäfte, die für den Minderjährigen weder rechtliche Vorteile noch Nachteile bringen. Denn der Minderjährige ist nicht schutzwürdig, wenn die Wirkungen des Geschäfts nicht ihn selbst, sondern einen Dritten treffen (hM MüKo/*Schmitt* § 107 Rn 33 f; *von Olshausen*, AcP 189, 231; aA BayObLG MDR 79, 669). Typischer Fall ist das Handeln des Minderjährigen als rechtsgeschäftlicher Vertreter für einen anderen (§ 165). Hierunter fällt auch die Verfügung über fremde Sachen zugunsten eines Gutgläubigen (§§ 932 ff) oder mit Ermächtigung des Berechtigten (§ 185 I) und die Leistungsbestimmung durch den Minderjährigen als Dritten (§ 317). 8

9   **III. Öffentliche Lasten.** Nach heute fast einhelliger Ansicht machen laufende öffentlich-rechtliche Lasten, insbes bei der Grundstücksschenkung an minderjährige Kinder, den Rechtserwerb nicht rechtlich nachteilig (aA Köhler AT § 10 Rn 16). Der BGH hat dieses Ergebnis früher durch eine getrennte Betrachtung der beiden Verträge erzielt. Das Schenkungsversprechen war für den Minderjährigen rechtlich vorteilhaft, der dingliche Vertrag diente nur der Erfüllung einer wirksamen Verbindlichkeit und konnte vom gesetzlichen Vertreter ohne die Einschränkung des § 181 und damit ohne eine sonst notwendige Bestellung eines Ergänzungspflegers vorgenommen werden (BGHZ 15, 168). Damit entfiel jedoch bei Schenkungen der von §§ 107, 181 bezweckte Schutz weitgehend. Heute wird die Frage des rechtlichen Vor- oder Nachteils einer Schenkung dagegen aus einer Gesamtbetrachtung des schuldrechtlichen und des dinglichen Vertrags vorgenommen (BGHZ 78, 28, 34). Nach verbreiteter Auffassung sind Steuern, Abgaben und Gebühren deshalb nicht als rechtlich nachteilig anzusehen, da diese den Minderjährigen nicht aufgrund der Willenserklärung treffen, sondern kraft öffentlichen Rechts, das an die Eigentümerposition anknüpft (BayOLGZ 98, 144; Celle MDR 01, 931; MüKo/*Schmitt* § 107 Rn 39). Der BGH distanziert sich neuerdings von dieser Begründung, da das Vermögen des Minderjährigen nicht weniger gefährdet sei, wenn ein Rechtsnachteil nicht aus den Parteiabreden folgt, sondern durch Gesetz angeordnet ist (BGH NJW 05, 418; *Schmitt* NJW 05, 1091). Der BGH nimmt vielmehr solche Verpflichtungen, die ihrem Umfang nach begrenzt und typischerweise aus den laufenden Erträgen des Grundstücks zu decken seien, vom Anwendungsbereich des § 107 aus. Ob dies auch für außerordentliche Grundstückslasten gilt, lässt der BGH offen. Inwieweit die Tendenz zu einer wirtschaftlichen Betrachtungsweise, wie sie in der Entscheidung anklingt, weiter voranschreitet, bleibt abzuwarten.
Eine Einwilligung bzw die Erteilung einer Genehmigung ist bei Erwerb von Wohnungseigentum nur dann erforderlich, wenn die Gemeinschaftsordnung über das WEG hinausgehende Pflichten begründet (BGHZ 78, 28, 32; BayObLGZ 79, 243, 249) oder bei Eintritt in einen Verwaltervertrag (Celle NJW 76, 2215; Hamm NJW-RR 00, 1611; BayObLG NJW-RR 04, 810).

10 **IV. Dingliche Belastungen.** Nicht rechtlich nachteilig ist die Zuwendung eines dinglich belasteten Gegenstandes. Dies gilt jedenfalls dann, wenn die dingliche Belastung auf der Sache ruht und deren Wert mindert, der Minderjährigen aber nicht persönlich verpflichtet wird. Da es nicht auf eine wirtschaftliche Bewertung ankommt, ist das Geschäft auch dann einwilligungsfrei, wenn die Belastungen größer sind als der Grundstückswert (BayObLGZ 79, 49, 53), da der Minderjährige im ungünstigsten Fall nur den Schenkungsgegenstand wieder verlieren kann. Rechtlich vorteilhaft ist demgemäß etwa die Schenkung eines mit **Grundpfandrechten** (BayObLGZ 79, 49, 53), **Nießbrauch** (BayObLG MDR 79, 669; offen gelassen von BGH MDR 71, 380; aA Palandt/*Heinrichs* § 107 Rn 4; BfH NJW-RR 90, 1036), **dinglichem Vorkaufsrecht** (BayObLG NJW 98, 3576), **Grunddienstbarkeit** oder **beschränkt persönlicher Dienstbarkeit** wie dem **Wohnungsrecht** (BayObLG NJW 67, 1913) belasteten Grundstücks. Etwas anderes gilt für den Erwerb eines mit einer **Reallast** belasteten Grundstücks, da der Grundstückseigentümer nach § 1108 persönlich zur Leistung verpflichtet wird. Einwilligungsbedürftig ist auch der Erwerb eines Erbbaurechts wegen der Verpflichtung zur Errichtung des Erbbauzinses aus § 9 ErbbauV (BGH NJW 79, 102). Soweit die Belastung nicht als rechtlich nachteilig zu bewerten ist, stellt auch die Schenkung unter dem Vorbehalt der Bestellung des dinglichen Rechts keinen Nachteil dar (RGZ 148, 321, 324; aA für die Auflage nach § 525 generell Stuttg NJW-RR 92, 706), denn der Minderjährige gibt auch bei der zeitgleich mit dem Erwerb erfolgenden Bestellung des Rechts nichts aus seinem Vermögen hin (BayObLG DNotZ 99, 589; aA Frankf Rpfleger 74, 429).

11 **V. Schuldrechtliche Belastungen.** Erforderlich ist eine Einwilligung aber, wenn die Haftung des Minderjährigen nicht auf das unentgeltlich zugewendete Grundstück beschränkt ist. Dies ist bei schuldrechtlichen Verpflichtungen der Fall. So ist der Erwerb eines vermieteten oder verpachteten Grundstücks nicht rechtlich vorteilhaft, da der Minderjährige wegen § 566 in die Pflichten aus dem Mietvertrag eintritt (BGH NJW 05, 1430; Oldbg NJW-RR 88, 839; BayObLG NJW 03, 1129). Ebenso ist eine Einwilligung erforderlich, wenn für einen Beteiligten ein schuldrechtliches Wohnungsrecht begründet werden soll (Hamm OLGZ 83, 144). Nicht lediglich rechtlich vorteilhaft ist eine Schenkung auch dann, wenn sich der Schenker vertraglich ein Rückforderungsrecht vorbehalten hat (BayObLGZ 04, 86; Köln ZEV 98, 110; Rpfleger 03, 570) oder der Schenker sich zur Darlehensgewährung verpflichtet (BFH NJW 77, 456; BFH WM 95, 604; aA bei Schenkung und Darlehen als einheitlichem Rechtsgeschäft Hamm DNotZ 78, 434, dazu *Antenrieth* DB 84, 2547)

12 **D. Einzelfälle. I. Einwilligungsfreie Rechtsgeschäfte.** Lediglich rechtlich vorteilhaft und damit einwilligungsfrei ist der **Erwerb von Rechten** durch Aneignung (§ 958) oder Übereignung einer Sache oder Abtretung einer Forderung an den Minderjährigen (BFH NJW 89, 1632), die Patent- und Markenanmeldung, die Schenkungsannahme mit den in Rn 10, 11 genannten Einschränkungen und die Vermächtnisannahme bei einem unbelasteten Vermächtnis. Einwilligungsfrei ist weiter auch der **Verzicht auf Rechte**, soweit sie gegen den Minderjährigen gerichtet sind, etwa der Erlass einer ggü dem Minderjährigen bestehenden Forderung (§ 397).

13 **II. Einwilligungsbedürftige Rechtsgeschäfte.** Nicht lediglich rechtlich vorteilhaft und damit einwilligungsbedürftig sind die Ablehnung eines Angebots; die Annahme einer Erbschaft und die Annahme der Schenkung eines Erbteils (AG Stuttg FamRZ 71, 182) wegen der Haftung für die Nachlassverbindlichkeiten; die

Ausschlagung der Erbschaft wegen des Verlusts der Erbenstellung; der Antrag auf Bewilligung von Prozesskostenhilfe (Hambg NJW 66, 1934) wegen § 121 ZPO; die Bürgschaftserklärung, der Erwerb eines Kommanditanteils (BGHZ 68, 225, 232; LG Aachen NJW-RR 94, 1319) oder einer stillen Beteiligung (BFH DB 74, 365), da diese neben Rechten auch Pflichten beinhalten; der Haftungsverzicht oder die Haftungsminderung, auch bei Gefälligkeitsfahrten. (BGH NJW 58, 905). Die **Ausübung von Gestaltungsrechten** wie Anfechtung, Aufrechnung, Kündigung, Rücktritt, Verzicht und Widerruf führt auch zu rechtlichen Nachteilen wie dem Erlöschen der Forderung des Minderjährigen und ist stets einwilligungsbedürftig. Ausnahmen gelten für die Kündigung eines zinslosen Darlehens durch den minderjährigen Darlehensgeber und für die Anfechtung eines den Minderjährigen benachteiligenden Testaments (*Joussen* ZEV 03, 181).

Die **Erfüllung** einer Verpflichtung durch den Minderjährigen ist für ihn nachteilig, weil er hierdurch nicht nur von seiner Verbindlichkeit befreit wird, sondern auch einen Rechtsverlust erleidet. Rechtlich nachteilig für den Minderjährigen ist aber auch die Erfüllung einer ihm ggü bestehenden Leistungspflicht, da hierdurch seine Forderung erlischt. Nach hM kann daher eine Verpflichtung ggü einem Minderjährigen ohne die Einwilligung des gesetzlichen Vertreters nicht wirksam erfüllt werden (*Wacke* JuS 78, 80; MüKo/*Schmitt* § 107 Rn 43 mwN; aA *Harder* JuS 77, 149; *van Venrooy* BB 80, 1017). Lediglich rechtlich vorteilhaft ist hingegen das zur Erfüllung der Forderung eines Minderjährigen durchgeführte Verfügungsgeschäft. Eine Übereignung kann daher an den Minderjährigen auch ohne Einwilligung erfolgen. Dass dadurch die zugrunde liegende Forderung erlischt, steht dem nicht entgegen, da wegen des Abstraktionsprinzips beide Rechtsgeschäfte getrennt zu betrachten sind. 14

Die **Rückabwicklung** der Erfüllung ggü einem Minderjährigen erfolgt nach Bereicherungsrecht. Ersatz für Gebrauchsvorteile und empfangene Leistungen hat der Minderjährige nur unter den Voraussetzungen des § 819 zu leisten. Im Falle der Leistungskondiktion kommt es dabei auf die Kenntnis des gesetzlichen Vertreters an, während bei der Eingriffskondiktion die Einsichtsfähigkeit des Minderjährigen entsprechend §§ 827 ff maßgebend ist (s § 819 Rn 6). Die Anwendung der Saldotheorie erfolgt wegen des vorrangigen Minderjährigenschutzes nicht, soweit sie sich zu seinem Nachteil auswirken würde (BGHZ 126, 105, 108). 15

§ 108 Vertragsschluss ohne Einwilligung

(1) Schließt der Minderjährige einen Vertrag ohne die erforderliche Einwilligung des gesetzlichen Vertreters, so hängt die Wirksamkeit des Vertrags von der Genehmigung des Vertreters ab.
(2) ¹Fordert der andere Teil den Vertreter zur Erklärung über die Genehmigung auf, so kann die Erklärung nur ihm gegenüber erfolgen; eine vor der Aufforderung dem Minderjährigen gegenüber erklärte Genehmigung oder Verweigerung der Genehmigung wird unwirksam. ²Die Genehmigung kann nur bis zum Ablauf von zwei Wochen nach dem Empfang der Aufforderung erklärt werden; wird sie nicht erklärt, so gilt sie als verweigert.
(3) Ist der Minderjährige unbeschränkt geschäftsfähig geworden, so tritt seine Genehmigung an die Stelle der Genehmigung des Vertreters.

A. Normzweck und Anwendungsbereich. Die Vorschrift trifft eine Regelung für den Fall, dass der Minderjährige unter Verstoß gegen § 107 ohne vorherige oder gleichzeitige Zustimmung (Einwilligung, s § 183 I) die Willenserklärung abgibt. Für den Fall, dass es sich bei dem vom Minderjährigen abgeschlossenen Rechtsgeschäft um einen Vertrag handelt, hängt seine Wirksamkeit von der nachträglichen Zustimmung (Genehmigung, s § 184 I) ab. Aus ihm lassen sich zunächst keine Rechte und Pflichten herleiten. Der Vertrag kann aber noch wirksam werden, wenn die Genehmigung erfolgt. In diesem Stadium wird der Vertrag daher als **schwebend unwirksam** bezeichnet. Die Parteien sind zwar grds an den Vertrag gebunden, dem Vertragspartner steht jedoch bis zur Genehmigung ein Widerrufsrecht nach § 109 zu. 1

Die Norm gilt nur für nicht lediglich rechtlich vorteilhafte Verträge (s § 107 Rn 13), welche der Minderjährige ohne die erforderliche Einwilligung seines gesetzlichen Vertreters geschlossen hat. Bei einseitigen Rechtsgeschäften des Minderjährigen findet dagegen § 111 Anwendung. Soweit für den **Betreuten** ein Einwilligungsvorbehalt angeordnet worden ist, gilt § 108 entsprechend (§ 1903 I 2). Fast gleich lautende Regelungen enthalten § 177 (Genehmigung des Vertretenen), § 1366 (Genehmigung des anderen Ehegatten) und § 1829 (Genehmigung des Vormundschaftsgerichts).

B. Beendigung des Schwebezustandes. I. Genehmigung. Genehmigt der gesetzliche Vertreter den Vertrag, wird dieser von Anfang an wirksam (§ 184 I), zwischenzeitlich erfolgte Verfügungen bleiben bestehen (§ 184 II). Die Genehmigung ist eine einseitige empfangsbedürftige Willenserklärung, die formlos möglich ist (§ 182 II) und auch konkludent erteilt werden kann. Dies setzt aber voraus, dass sich der gesetzliche Vertreter der schwebenden Unwirksamkeit des Vertrages bewusst ist oder sie zumindest für möglich hält (BGH NJW 88, 1200; Ddorf NJW-RR 95, 757). Die Genehmigung kann grds ggü dem Minderjährigen oder gegenüber dem Vertragspartner erteilt werden, im Falle der Aufforderung an den gesetzlichen Vertreter nach § 108 II nur letzterem ggü. 2

II. Verweigerung der Genehmigung. Verweigert der gesetzliche Vertreter die Genehmigung, wird der Vertrag von Anfang an unwirksam. Die Verweigerung ist aufgrund ihres rechtsgestaltenden Charakters unwiderruflich (BGHZ 13, 179, 187). 3

4 **III. Aufforderung (II).** Einen Anspruch auf Erteilung der Genehmigung gegen den gesetzlichen Vertreter haben weder der Minderjährige noch der Vertragspartner. Dieser kann den für ihn misslichen Schwebezustand dadurch beenden, dass er den gesetzlichen Vertreter zur Erklärung über die Genehmigung auffordert. Die Aufforderung ist eine einseitige, empfangsbedürftige, formlos mögliche, geschäftsähnliche Handlung, die nur an den gesetzlichen Vertreter gerichtet werden kann (Ausnahme: § 108 III). Sie ist keine Willenserklärung, da ihre Rechtsfolgen unabhängig vom Willen des Erklärenden kraft Gesetzes eintreten. Zulässig ist eine Aufforderung nach § 108 II nur dann, wenn eine Genehmigung erforderlich ist, nicht dagegen, wenn der Vertragspartner nur im Zweifel darüber ist, ob der Minderjährige mit Einwilligung des gesetzlichen Vertreters nach § 107 gehandelt hat. Eine entsprechende Anwendung des § 108 II auf die Einwilligung kommt nach dem Wortlaut und der Entstehungsgeschichte der Norm nicht in Betracht (hM s MüKo/*Schmitt* § 108 Rn 24 mwN; aA Palandt/*Heinrichs* § 108 Rn 7).

5 Rechtsfolge einer wirksamen Aufforderung ist, dass die Genehmigung abweichend von § 182 nur noch dem Vertragspartner ggü erklärt werden kann. Eine bereits dem Minderjährigen ggü erklärte Genehmigung oder Verweigerung wird rückwirkend unwirksam. Damit wird der bereits beendete Schwebezustand wieder hergestellt. Während der (erneuten) Schwebezeit steht dem Vertragspartner das Widerrufsrecht des § 109 zu. Allerdings muss er mit dem Widerruf im Anschluss an die Aufforderung zur Genehmigung eine angemessene Zeit warten, um diese nicht als rechtsmissbräuchlich erscheinen zu lassen. Die Genehmigung kann nur bis zum Ablauf von zwei Wochen nach Zugang der Aufforderung erklärt werden. Für die Berechnung der Frist gelten die §§ 187 I, 188 II. Eine Verlängerung der Frist ist durch einseitige Erklärung des Aufforderers möglich, eine Verkürzung jedoch nur im Wege einer Vereinbarung mit dem gesetzlichen Vertreter (RG HRR 37, Nr 786 zur gleich lautenden Regelung des § 177). Nach Ablauf der Frist gilt die Genehmigung endgültig als verweigert. Diese Wirkung kann nicht durch Anfechtung beseitigt werden, da es sich um eine kraft Gesetz eintretende Folge der Fristversäumnis handelt. Ein allenfalls vorliegender Rechtsfolgenirrtum des gesetzlichen Vertreters berechtigt nicht zur Anfechtung (Soergel/*Hefermehl* § 108 Rn 7).

6 **IV. Eintritt der unbeschränkten Geschäftsfähigkeit (III).** Mit Eintritt der Volljährigkeit wird der schwebend unwirksame Vertrag nicht automatisch wirksam. Ab diesem Zeitpunkt kann nur noch der nunmehr unbeschränkt Geschäftsfähige entscheiden, ob er den Vertrag genehmigen will oder nicht. Der bisherige gesetzliche Vertreter ist nicht mehr zuständig, auch wenn die Aufforderung nach § 108 II noch an ihn gerichtet wurde. Die Aufforderung ist jetzt an den geschäftsfähig Gewordenen zu richten. Für seine Genehmigung gelten die gleichen Grundsätze wie für die Genehmigung durch den gesetzlichen Vertreter (s Rn 2). Entsprechendes gilt, wenn der Minderjährige stirbt und an seine Stelle einer oder mehrere geschäftsfähige Erben treten. Die Genehmigung ist formfrei möglich, auch wenn die bis dahin schwebend unwirksame Willenserklärung wie beim Beitritt zu einer Kapitalgesellschaft formbedürftig war (BGH NJW 80, 1842). Eine konkludente Genehmigung setzt voraus, dass der bisher Minderjährige zumindest mit der schwebenden Unwirksamkeit gerechnet hat (BGHZ 47, 351; 53, 178; Ddorf NJW-RR 95, 755). Genehmigung durch schlüssiges Verhalten ist regelmäßig dann anzunehmen, wenn der volljährig Gewordene den Vertrag fortsetzt, zB durch Leistung der Prämien beim Lebensversicherungsvertrag (Kobl VersR 91, 209; LG Kaiserslautern VersR 91, 539; *Bayer* VersR 91, 130) oder durch Neudatierung des Vertrags (RGZ 95, 71; MüKo/*Schmitt* § 108 Rn 32). Rechtsmissbräuchlich kann es sein, wenn sich der Minderjährige erst längere Zeit nach Eintritt der Volljährigkeit auf die schwebende Unwirksamkeit des Vertrages beruft (BGH LM § 1829 Nr 3; LG Wuppertal NJW-RR 95, 152; LG Verden und LG Freiburg VersR 98, 41). Nach welchem Zeitraum dies anzunehmen ist, richtet sich nach den Umständen des Einzelfalles (LG Frankf NJW 99, 3566 abl bei 6 Jahren; LG Regensburg VersR 04, 722 für Rechtsmissbrauch bei 22 Jahren).

7 **V. Rechtsfolgen endgültiger Unwirksamkeit.** Sind zur Erfüllung des endgültig unwirksamen Vertrages bereits Leistungen ausgetauscht worden, so ist die dem Minderjährigen rechtlich nachteilige Verfügung an den Vertragspartner unwirksam, so dass dieser Ansprüche nach §§ 985 ff geltend machen kann. Die für ihn vorteilhafte Übereignung durch den Vertragspartner ist dagegen wirksam. Da das unwirksame Verpflichtungsgeschäft jedoch keinen Rechtsgrund für ein Behaltendürfen des Minderjährigen liefert, stehen dem Vertragspartner Ansprüche aus §§ 812 ff zu. Insoweit gelten die gleichen Grundsätze wie bei der Rückabwicklung von nichtigen Verträgen mit Geschäftsunfähigen (s § 105 Rn 5). Dies gilt auch für die Besonderheiten bei Arbeitsverhältnissen mit Minderjährigen und minderjährigen Gesellschaftern (s § 105 Rn 6). Unterschiede können sich jedoch bezüglich der verschärften Haftung des Minderjährigen nach § 819 I ergeben. Während es beim Geschäftsunfähigen nach allgemeiner Ansicht nur auf die Kenntnis des gesetzlichen Vertreters ankommt, ist beim beschränkt Geschäftsfähigen im Anschluss an die „Flugreise-Entscheidung" des BGH (BGHZ 55, 128, 136; *Canaris* JZ 71, 560; *Lieb* NJW 71, 1289; *Medicus* FamRZ 71, 250) zu differenzieren. Bei einer Rückabwicklung im Wege der **Leistungskondiktion** ist auf die Kenntnis des gesetzlichen Vertreters abzustellen und diese dem nicht voll Geschäftsfähigen analog § 166 I zuzurechnen, denn ansonsten würde über die verschärfte Haftung des § 819 I letztlich die gleiche Rechtsfolge eintreten, wie dies bei Wirksamkeit seiner rechtsgeschäftlich unwirksamen Handlung der Fall gewesen wäre. Damit würde der Minderjährigenschutz ausgehebelt. Etwas anderes gilt jedoch bei der **Eingriffskondiktion**, insbes dann, wenn der Minderjäh-

rige den Bereicherungsgegenstand durch eine unerlaubte Handlung, zB die Vortäuschung der Volljährigkeit bei Vertragsschluss, erworben hat. In diesem Fall ist die Verantwortlichkeit des Minderjährigen nach §§ 827, 828 zu beurteilen und entsprechend § 828 III darauf abzustellen, ob der Minderjährige die zur Erkenntnis der Verantwortung erforderliche Einsicht besitzt. Denn der Minderjährigenschutz findet seine Grenze im Recht der unerlaubten Handlungen, welche die Verantwortlichkeit unabhängig davon bestimmen, in welchem Umfang sich der Minderjährige rechtsgeschäftlich verpflichten kann.

C. Beweislast. Die Genehmigung und deren Rechtzeitigkeit nach § 108 II 2 hat derjenige zu beweisen, der sich auf die Gültigkeit des Vertrages beruft. Für die Aufforderung nach § 108 II 1 ist der Vertragspartner beweispflichtig. Der Minderjährige, welcher nach Eintritt der Volljährigkeit den Vertrag genehmigt hat und sich nunmehr darauf beruft, dass der gesetzlicher Vertreter die Genehmigung vor Eintritt der Volljährigkeit verweigert hat, trägt dafür die Beweislast (BGH NJW 89, 1728). 8

§ 109 Widerrufsrecht des anderen Teils

(1) ¹Bis zur Genehmigung des Vertrags ist der andere Teil zum Widerruf berechtigt. ²Der Widerruf kann auch dem Minderjährigen gegenüber erklärt werden.
(2) Hat der andere Teil die Minderjährigkeit gekannt, so kann er nur widerrufen, wenn der Minderjährige der Wahrheit zuwider die Einwilligung des Vertreters behauptet hat; er kann auch in diesem Falle nicht widerrufen, wenn ihm das Fehlen der Einwilligung bei dem Abschluss des Vertrags bekannt war.

A. Normzweck und Bedeutung. Die schwebende Unwirksamkeit des mit einem beschränkt Geschäftsfähigen geschlossenen Rechtsgeschäfts belastet den Vertragspartner. Um diesen zu schützen, wenn er die Minderjährigkeit oder die fehlende Einwilligung nicht gekannt hat, erlaubt ihm § 109, sich während der Schwebezeit durch Widerruf von dem Vertrag zu lösen. Der durch eine einseitige, empfangsbedürftige, nicht formgebundene Willenserklärung ggü dem gesetzlichen Vertreter (§ 131 II 2) oder ggü dem Minderjährigen (I 2) zu erklärende Widerruf führt zur endgültigen Unwirksamkeit des Vertrages. 1
Zur Rückabwicklung bereits ausgetauschter Leistungen und zum Schadensersatz s § 108 Rn 7.
Die Vorschrift gilt auch für den Betreuten, soweit ein Einwilligungsvorbehalt angeordnet worden ist (§ 1903 I 2). Ein entsprechendes Widerrufsrecht enthalten die §§ 178, 1366 II und 1830.

B. Regelungsgehalt. I. Voraussetzungen des Widerrufs. Das Widerrufsrecht besteht nur, solange eine Genehmigung des Vertrages durch den gesetzlichen Vertreter noch aussteht. Es endet mit dieser Genehmigung, auch wenn diese ggü dem Minderjährigen erklärt wird. Eine fehlende vormundschaftsgerichtliche Genehmigung gibt kein Widerrufsrecht. Der durch die Erteilung der Genehmigung ggü dem Minderjährigen beendete Schwebezustand wird wiederhergestellt und das Widerrufsrecht lebt wieder auf, wenn der Vertragspartner den gesetzlichen Vertreter nach § 108 II 1 zur Erklärung über die Genehmigung auffordert. Er kann dann widerrufen, muss aber nach der Aufforderung eine angemessene Zeit zur Genehmigung verstreichen lassen, da die Herbeiführung des Schwebezustands allein zum Zwecke des Widerrufs als rechtsmissbräuchlich anzusehen ist (MüKo/*Schmitt* § 109 Rn 9). 2

II. Ausschluss des Widerrufs (II). Ausgeschlossen ist das Widerrufsrecht, wenn der Vertragspartner die Minderjährigkeit positiv kannte. Fahrlässige Unkenntnis beseitigt das Widerrufsrecht nicht, denn den Vertragspartner treffen keine Nachforschungspflichten. 3
Trotz Kenntnis von der Minderjährigkeit besteht ein Widerrufsrecht, wenn der Minderjährige objektiv wahrheitswidrig dem Vertragspartner ggü das Vorliegen einer Einwilligung behauptet hat (II). Der Minderjährige braucht nicht bewusst getäuscht zu haben, sondern kann auch irrtümlich von einer Einwilligung ausgegangen sein. Auch in diesem Fall beseitigt positive Kenntnis vom Fehlen der Einwilligung bei Vertragsschluss das Widerrufsrecht, nicht jedoch schon Zweifel an ihrem Vorliegen.

C. Beweislast. Wer sich auf die Unwirksamkeit des Vertrags beruft, hat den Zugang des Widerrufs (vor einer erfolgten Genehmigung des Vertrages) zu beweisen (BGH NJW 89, 1728). Wer die Unzulässigkeit des Widerrufs behauptet, muss dagegen die Kenntnis des anderen Teils von der Minderjährigkeit oder der fehlenden Einwilligung beweisen. Dagegen hat der Vertragspartner wiederum zu beweisen, dass der Minderjährige die Einwilligung zu Unrecht behauptet hat (Baumgärtel/*Laumen* § 109 Rn 2). 4

§ 110 Bewirken der Leistung mit eigenen Mitteln

Ein von dem Minderjährigen ohne Zustimmung des gesetzlichen Vertreters geschlossener Vertrag gilt als von Anfang an wirksam, wenn der Minderjährige die vertragsmäßige Leistung mit Mitteln bewirkt, die ihm zu diesem Zweck oder zu freier Verfügung von dem Vertreter oder mit dessen Zustimmung von einem Dritten überlassen worden sind.

…ck und Bedeutung. Die Vorschrift regelt einen Sonderfall des § 107. Die Regelung will dem … Vertreter einerseits die Möglichkeit eröffnen, dem Minderjährigen zu Erziehungszwecken eine …rtschaftliche Bewegungsfreiheit im Rechtsverkehr einzuräumen, ihn andererseits vor nachteiligen …rklärungen, deren Wirkung er nicht zu überschauen vermag, schützen. Die dogmatische Einordnung …orschrift ist umstr. Teilweise wird sie als Erweiterung der Geschäftsfähigkeit (entsprechend §§ 112, 113) …anden, so dass es auf die Einwilligung des gesetzlichen Vertreters nicht mehr ankommen soll (*Leenen* …mRZ 00, 863; *Safferling* Rpfleger 72, 124). Die hM sieht hingegen in der Überlassung bestimmter Mittel eine konkludente Einwilligung des gesetzlichen Vertreters in die Vornahme von Bargeschäften, deren Umfang sich aus der mit der Überlassung der Mittel verbundenen Zweckbestimmung ergibt (RGZ 74, 235; MüKo/*Schmitt* § 110 Rn 4; Palandt/*Heinrichs* § 110 Rn 1; Soergel/*Hefermehl* § 110 Rn 1). Die Formulierung „ohne Zustimmung" stellt klar, dass keine ausdrückliche Zustimmung erforderlich ist (AG Waldshut VersR 85, 938). Damit liegt keine Ausnahme vom Grundsatz des Zustimmungserfordernisses bei Minderjährigen nach § 107 vor. Die konkludente Einwilligung ist jedoch inhaltlich auf Rechtsgeschäfte beschränkt, die der Minderjährige mit den ihm überlassenen Mitteln bar erfüllt (MüKo/*Schmitt* § 110 Rn 5; *Medicus* BürgR § 8 II 1 Rn 183). Der gesetzliche Vertreter kann seine Einwilligung inhaltlich dahin erweitern (Generaleinwilligung s § 107 Rn 3), dass der Vertrag nicht erst mit Erfüllung sondern bereits mit Abschluss wirksam sein soll (Palandt/*Heinrichs* § 110 Rn 1). Für eine Generaleinwilligung müssen konkrete Anhaltspunkte vorliegen. Fehlt es hieran, führt erst die Bewirkung der Leistung zur Wirksamkeit (s Rn 2). Bei einem Rechtsgeschäft, das der Genehmigung des Vormundschaftsgerichts bedarf, gilt § 107 Rn 4. Für den Betreuten gilt § 110, soweit für ihn ein Einwilligungsvorbehalt besteht (§ 1903 I 2).

2 **B. Voraussetzungen. I. Bewirkung der vertragsgemäßen Leistung.** § 110 gilt für alle Verträge, die ein Minderjähriger ohne die ausdrückliche Zustimmung seiner gesetzlichen Vertreter schließt und die für ihn rechtlich nachteilig sind. Um die Wirksamkeit des Rechtsgeschäftes herbeizuführen, muss der Minderjährige die vertragsgemäße Leitung vollständig bewirkt haben. Unerheblich ist, ob er die vertragsgemäße Leistung bar oder durch Banküberweisung erbringt (MüKo/*Schmitt* § 110 Rn 11). Bis zur Erfüllung ist der Vertrag gem § 108 schwebend unwirksam. Für die vollständige Leistungsbewirkung genügt neben der Erfüllung (§ 362) auch Leistung an Erfüllungs Statt (§ 364), Hinterlegung (§ 378) oder Aufrechnung (§ 389). Eine Teilleistung reicht grds nicht aus. Sie führt nur dann zur Teilwirksamkeit des Vertrages, wenn Leistung und Gegenleistung teilbar sind (RGZ 74, 235, 236; AG Bensberg MDR 63, 840; MüKo/*Schmitt* § 110 Rn 13). Das richtet sich nach der im Einzelfall vorliegenden Gestaltung des Vertrages. Nicht teilbar ist der Lebensversicherungsvertrag auf den Todes- und Erlebensfall (*Schilken* FamRZ 78, 642). Bei Abzahlungs- und Kreditgeschäften führt die Zahlung einer Rate nicht zur Teilwirksamkeit (BaRoth/*Wendtland* § 110 Rn 5). Leistet ein Minderjähriger mit den ihm überlassenen Mitteln Mietzinszahlungen, ist der Mietvertrag für diesen Zeitraum wirksam (Erman/*Palm* § 110 Rn 2). Sind Minderjährige außerhalb des elterlichen Wohnsitzes tätig, kann eine konkludente Einwilligung für Bargeldgeschäfte angenommen werden (BGH WM 76, 1350).

3 **II. Überlassene Mittel.** Als Mittel, die dem Minderjährigen zu einem bestimmten Zweck oder zur freien Verfügung überlassen worden sind, kommen Geld und andere Vermögensgegenstände in Betracht (*Hagemeister* JuS 92, 840; *Vortmann* WM 94, 967). Die Überlassung des jeweiligen Mittels ist nur dann zulässig, wenn der gesetzliche Vertreter keine Genehmigung des Vormundschaftsgerichts oder des Gegenvormunds benötigt. Die Überlassung zur freien Verfügung umfasst im Zweifel nur solche Rechtsgeschäfte, die sich noch iRd Vernünftigen halten (RGZ 74, 235). Auch bei den von einem Dritten überlassenen Mitteln kommt es auf die Zweckbestimmung des gesetzlichen Vertreters an (Soergel/*Hefermehl* § 110 Rn 4). Da die Überlassung der Mittel an keine Form geknüpft ist, kann sie auch konkludent erfolgen, zB durch Belassen der Ausbildungsvergütung (BGH NJW 77, 622, 623; Celle NJW 70, 1850). Ob sich die Einwilligung auch auf Surrogate erstreckt, die der Minderjährige mit den ihm überlassenen Mitteln erworben hat, bedarf der Auslegung im Einzelfall. Zu den Gefahren der Mobiltelefon-Benutzung durch Minderjährige iRd § 110 *Garth* VuR 04, 277. Wenn das Surrogat den Wert der überlassenen Mittel deutlich übersteigt (zB Spielgewinn), erstreckt sich die in der Überlassung der Mittel liegende Einwilligung nicht auf das Surrogat (RGZ 74, 235; Soergel/*Hefermehl* § 110 Rn 5).

4 **C. Wirkung der Leistung.** Erfüllt ein Minderjähriger einen von ihm geschlossenen Vertrag mit **Mitteln, die ihm hierfür überlassen worden sind**, ist der Vertrag von Anfang an wirksam. Dies gilt sowohl für das Verpflichtungs-, wie auch für das Verfügungsgeschäft. Erfüllt der Minderjährige den Vertrag mit **Mitteln, die ihm zur freien Verfügung überlassen worden sind**, ist der Vertrag von Anfang an wirksam, wenn der Inhalt des Rechtsgeschäftes nicht völlig unvernünftig und daher nicht mehr von der in der Überlassung liegenden Einwilligung gedeckt ist. Der gesetzliche Vertreter kann die in der Überlassung der Mittel liegende Einwilligung bis zur Vertragserfüllung widerrufen (§ 183). Solange der Vertrag aufgrund der fehlenden Erfüllung schwebend unwirksam ist, steht dem Vertragspartner das Widerrufsrecht nach § 109 zu (MüKo/*Schmitt* § 110 Rn 34; Erman/*Palm* § 110 Rn 5; aA Soergel/*Hefermehl* § 110 Rn 7).

5 **D. Beweislast.** Derjenige, der sich auf die Gültigkeit des Rechtsgeschäftes beruft, muss das Vorliegen der Voraussetzungen des § 110 beweisen.

§ 111 Einseitige Rechtsgeschäfte

¹Ein einseitiges Rechtsgeschäft, das der Minderjährige ohne die erforderliche Einwilligung des gesetzlichen Vertreters vornimmt, ist unwirksam. ²Nimmt der Minderjährige mit dieser Einwilligung ein solches Rechtsgeschäft einem anderen gegenüber vor, so ist das Rechtsgeschäft unwirksam, wenn der Minderjährige die Einwilligung nicht in schriftlicher Form vorlegt und der andere das Rechtsgeschäft aus diesem Grunde unverzüglich zurückweist. ³Die Zurückweisung ist ausgeschlossen, wenn der Vertreter den anderen von der Einwilligung in Kenntnis gesetzt hatte.

A. Normzweck und Bedeutung. Anders als bei Verträgen soll bei einseitigen Rechtsgeschäften ein Schwebezustand und die damit verbundene Rechtsunsicherheit vermieden werden. § 111 findet sowohl Anwendung auf alle einseitigen Rechtsgeschäfte, auf geschäftsähnliche Handlungen (BaRoth/*Wendtland* § 111 Rn 3) als auch auf die Bevollmächtigung (BGH NJW 90, 1721; MüKo/*Schmitt* § 110 Rn 4, 10). Nicht vom Anwendungsbereich erfasst ist die Sonderregelung des § 1596 für das Vaterschaftsanerkenntnis (Palandt/*Heinrichs* § 111 Rn 1) sowie die Begründung von Wertpapierangelegenheiten (MüKo/*Schmitt* § 111 Rn 11). 1

B. Regelungsgehalt. I. Unwirksamkeit bei fehlender Einwilligung (S 1). Einseitige Rechtsgeschäfte, die ein Minderjähriger ohne die erforderliche Einwilligung des gesetzlichen Vertreters vornimmt, sind unwirksam (S 1). Die Regelung gilt sowohl für empfangsbedürftige Rechtsgeschäfte (zB Kündigung, Rücktritt, Anfechtung, Aufrechnung) als auch für nicht empfangsbedürftige Rechtsgeschäfte (zB Auslobung, Eigentumsaufgabe). Die Wirksamkeit von Rechtsgeschäften, die rechtlich neutral oder lediglich vorteilhaft sind, wird nicht berührt (BaRoth/*Wendtland* § 111 Rn 8). Das wegen der fehlenden Einwilligung unwirksame Rechtsgeschäft kann nicht mehr durch den gesetzlichen Vertreter genehmigt werden, da es von Anfang an nichtig ist. Bei nicht empfangsbedürftigen Erklärungen des Minderjährigen ist generell keine Heilung, sondern nur eine Neuvornahme möglich. Bei empfangsbedürftigen Erklärungen sind ausnahmsweise die für den Vertrag geltenden §§ 108, 109 mit der Folge schwebender Unwirksamkeit des Rechtsgeschäfts anzuwenden, wenn der Erklärungsempfänger mit der Vornahme des Geschäfts ohne Einwilligung einverstanden ist (RGZ 76, 89, 91; Staudinger-*Dilcher* § 111 Rn 9). Ist die von dem Minderjährigen erteilte Vollmacht Bestandteil eines einheitlichen Rechtsgeschäfts, so nimmt dieses einseitige Rechtsgeschäft an der Genehmigungsfähigkeit des schwebend unwirksamen Vertrages teil, auch dann, wenn der Erklärungsempfänger die Minderjährigkeit nicht kannte (BGH NJW 90, 1723). 2

II. Unwirksamkeit infolge Zurückweisung (S 2, 3). Auch einseitige empfangsbedürftige Rechtsgeschäfte bei denen eine Einwilligung des gesetzlichen Vertreters vorliegt, können aufgrund der Zurückweisung durch den Erklärungsempfänger (S 2, 3) unwirksam werden. Dies setzt voraus, dass der Minderjährige die Einwilligung dem Erklärungsempfänger nicht in schriftlicher Form vorgelegt hat und dieser in Unkenntnis der Einwilligung das Rechtsgeschäft unverzüglich (§ 121) zurückweist. Die Zurückweisung ist eine einseitige empfangsbedürftige Willenserklärung, die sowohl ggü dem gesetzlichen Vertreter (analog § 109) als auch ggü dem Minderjährigem erklärt werden kann (Soergel/*Hefermehl* § 111 Rn 4). Die Zurückweisung führt zur anfänglichen Unwirksamkeit der Willenserklärung des Minderjährigen. Erfolgt keine unverzügliche Zurückweisung durch den Erklärungsempfänger, so ist das Rechtsgeschäft auch dann wirksam, wenn der Minderjährige nicht zum Ausdruck gebracht hat, dass er mit Einwilligung handelte (RGZ 50, 212). 3

C. Beweislast. Derjenige, der sich auf die Wirksamkeit des einseitigen Rechtsgeschäftes beruft, hat die Einwilligung des gesetzlichen Vertreters zu beweisen. Der Erklärungsempfänger, der sich trotz Vorliegen einer Einwilligung auf die Unwirksamkeit eines Rechtsgeschäftes beruft, muss die rechtzeitige Zurückweisung beweisen. Zur Entkräftung hat derjenige, der sich auf die Wirksamkeit des Rechtsgeschäftes beruft zu beweisen, dass die Einwilligung in schriftlicher Form vor Zurückweisung vorgelegen hat oder der Erklärungsempfänger vor Zurückweisung Kenntnis von der Einwilligung hatte (Palandt/*Heinrichs* § 111 Rn 6; Soergel/*Hefermehl* § 111 Rn 6). 4

§ 112 Selbstständiger Betrieb eines Erwerbsgeschäfts

(1) Ermächtigt der gesetzliche Vertreter mit Genehmigung des Vormundschaftsgerichts den Minderjährigen zum selbstständigen Betrieb eines Erwerbsgeschäfts, so ist der Minderjährige für solche Rechtsgeschäfte unbeschränkt geschäftsfähig, welche der Geschäftsbetrieb mit sich bringt. Ausgenommen sind Rechtsgeschäfte, zu denen der Vertreter der Genehmigung des Vormundschaftsgerichts bedarf.
(2) Die Ermächtigung kann von dem Vertreter nur mit Genehmigung des Vormundschaftsgerichts zurückgenommen werden.

A. Normzweck und Bedeutung. Die Regelung erweitert die Geschäftsfähigkeit des Minderjährigen, um diesem die Möglichkeit zur selbstständigen Ausübung eines Erwerbsgeschäftes zu geben. Damit er dieses Geschäft führen kann, muss der Minderjährige die Befugnis haben, auch rechtlich nachteilige Rechtsgeschäfte abzuschließen. Hierfür gewährt ihm § 112 eine partielle, sachlich eingegrenzte Geschäftsfähigkeit (MüKo/*Schmitt* § 112 Rn 1) und lässt die Vertretungsmacht des gesetzlichen Vertreters ruhen (Erman/*Palm* § 112 Rn 1). Der 1

Minderjährige ist in diesem sachlich abgegrenzten Bereich geschäfts- und prozessfähig. Die praktische Bedeutung der Vorschrift ist seit der Herabsetzung des Volljährigkeitsalters nur noch gering.

2 **B. Regelungsgehalt. I. Ermächtigung.** Voraussetzung der partiellen Geschäftsfähigkeit ist die formfreie Ermächtigung der gesetzlichen Vertreter zur Aufnahme des selbstständigen Betriebs eines Erwerbsgeschäftes. Die Ermächtigung ist eine einseitige, an den Minderjährigen zu richtende Willenserklärung, die zu ihrer Wirksamkeit der Genehmigung durch das Vormundschaftsgericht bedarf (Soergel/*Hefermehl* § 112 Rn 3). Das Gericht prüft, ob der Minderjährige die notwendigen Fähigkeiten und Kenntnisse zur Führung eines selbstständigen Erwerbsgeschäftes besitzt und entscheidet nach pflichtgemäßen Ermessen (Köln NJW-RR 94, 1450). Die Ermächtigung kann jederzeit zurückgenommen werden. Hierzu bedarf es aber wiederum der Genehmigung des Vormundschaftsgerichts (II).

3 **II. Erwerbsgeschäft.** Erwerbsgeschäft ist jede erlaubte, selbstständige, berufsmäßig ausgeübte und auf Gewinnerzielung gerichtete Tätigkeit (*Scheerer* BB 71, 981). § 112 erfasst auch die selbstständige Ausübung eines künstlerischen Berufes, die Tätigkeit als selbstständiger Handelsvertreter iSd § 84 I HGB (BAG NJW 64, 1641; ArbG Berlin VersR 69, 97) sowie die Gesellschafterstellung in einer Personenhandelsgesellschaft (MüKo/*Schmitt* § 112 Rn 6). Ein Minderjähriger kann jedoch selbst bei Vorliegen einer Ermächtigung gem § 6 I S 1 GmbHG nicht Geschäftsführer einer GmbH werden (Hamm NJW-RR 92, 1253).

4 **III. Umfang.** Die Geschäftsfähigkeit des Minderjährigen beschränkt sich inhaltlich auf Geschäfte, die der Betrieb des Erwerbsgeschäftes mit sich bringt. Bei der Frage der Abgrenzung ist der Zuschnitt des Betriebes im konkreten Einzelfall maßgeblich (Weimar DB 64, 1509 f; Soergel/*Hefermehl* § 112 Rn 4). Keiner Zustimmung bedürfen dabei alle Rechtshandlungen, sofern sie dem geschäftlichen Bereich zuzuordnen sind (BGHZ 83, 76, 80 zu § 1456). Ausgenommen sind Rechtsgeschäfte, zu denen der Vertreter der Genehmigung des Vormundschaftsgerichts bedarf (I S 2).

5 **C. Beweislast.** Das Vorliegen einer Ermächtigung, einer Genehmigung des Vormundschaftsgerichts oder die Rücknahme hat derjenige zu beweisen, der sich darauf beruft. Ist der Minderjährige Prozesspartei, prüft das Gericht bei der Frage der Prozessfähigkeit, ob die Tatbestandsvoraussetzungen des § 112 vorliegen (Erman/*Palm* § 112 Rn 10).

§ 113 Dienst- oder Arbeitsverhältnis

(1) ¹Ermächtigt der gesetzliche Vertreter den Minderjährigen, in Dienst oder in Arbeit zu treten, so ist der Minderjährige für solche Rechtsgeschäfte unbeschränkt geschäftsfähig, welche die Eingehung oder Aufhebung eines Dienst- oder Arbeitsverhältnisses der gestatteten Art oder die Erfüllung der sich aus einem solchen Verhältnis ergebenden Verpflichtungen betreffen. ²Ausgenommen sind Verträge, zu denen der Vertreter der Genehmigung des Vormundschaftsgerichts bedarf.
(2) Die Ermächtigung kann von dem Vertreter zurückgenommen oder eingeschränkt werden.
(3) ¹Ist der gesetzliche Vertreter ein Vormund, so kann die Ermächtigung, wenn sie von ihm verweigert wird, auf Antrag des Minderjährigen durch das Vormundschaftsgericht ersetzt werden. ²Das Vormundschaftsgericht hat die Ermächtigung zu ersetzen, wenn sie im Interesse des Mündels liegt.
(4) Die für einen einzelnen Fall erteilte Ermächtigung gilt im Zweifel als allgemeine Ermächtigung zur Eingehung von Verhältnissen derselben Art.

1 **A. Normzweck und Bedeutung.** Wie § 112 erweitert auch § 113 die Geschäftsfähigkeit des Minderjährigen für den Bereich seines Arbeits- und Dienstverhältnisses. Der Minderjährige soll in diesem Bereich seine Belange eigenverantwortlich regeln können. Die Aufnahme eines Dienst- oder Arbeitsverhältnisses hängt jedoch von der Ermächtigung der gesetzlichen Vertreter ab. Durch diese Ermächtigung wird der Minderjährige für die mit der Eingehung eines Dienst- oder Arbeitsverhältnis einhergehenden Rechtsgeschäfte von den Beschränkungen der §§ 107 ff befreit. Auch nach der Herabsetzung des Volljährigkeitsalters hat § 113 weiterhin erhebliche praktische Bedeutung.

2 **B. Regelungsgehalt. I. Ermächtigung.** Für die Aufnahme eines Dienst- oder Arbeitsverhältnisses ist die Ermächtigung der gesetzlichen Vertreter notwendig. Sie ist als einseitige empfangsbedürftige, formfreie Willenserklärung ggü dem Minderjährigen abzugeben. Die Ermächtigung kann von dem gesetzlichen Vertreter jederzeit zurückgenommen oder eingeschränkt werden (II). Im Unterschied zu § 112 bedarf die Ermächtigung, ihre Einschränkung sowie ihre Rücknahme zur Wirksamkeit nicht der Genehmigung des Vormundschaftsgerichts. Eine solche Genehmigung ist nur ausnahmsweise bei auch für den gesetzlichen Vertreter genehmigungsbedürftigen Rechtsgeschäften erforderlich (I S 2).

3 **II. Umfang.** Von der Ermächtigung umfasst sind alle Dienst- und Arbeitsverträge, aber auch Werkverträge. Auf die Art der Tätigkeit (selbständig oder unselbständig) kommt es nicht an. Die Tätigkeit eines Handelsvertreters fällt sowohl unter § 112 als auch unter § 113 (BAG NJW 64, 1641). Lehrverträge sind jedoch keine

Dienst- oder Arbeitsverträge iSd Vorschrift, da hier der Ausbildungs- und Erziehungszweck überwiegt (LAG Kiel BB 55, 997; LAG Ddorf AP Nr 1 zu HandwO § 21; Soergel/*Hefermehl* § 113 Rn 3). Auf öffentlich-rechtliche Dienstverhältnisse findet § 113 entsprechende Anwendung (BVerwGE 34, 168; OVG Münster NJW 62, 758). Zum Umfang der Rechtsgeschäfte, zu denen der Minderjährige ermächtigt ist gehören alle Rechtsgeschäfte, die in sachlichem Zusammenhang mit dem Dienst- oder Arbeitsverhältnis stehen. Dazu gehören die Eingehung und Aufhebung eines Dienst- und Arbeitsverhältnis einschl sonstiger Nebenabreden sowie die gesamte Vertragsabwicklung. Der Minderjährige kann den Lohn entgegennehmen, auf ihn verzichten, mit ihm aufrechnen, ihn stunden oder sich über ihn vergleichen (Soergel/*Hefermehl* § 113 Rn 5). Nicht ermächtigt ist er zur Vereinbarung eines Überziehungskredits (*Vortmann* WM 94, 967; *Kunkel* Rpfleger 97, l). Auch kann der Minderjährige ein zur Lohnzahlung erforderliches Girokonto eröffnen (*Capeller* BB 61, 454; *H P Westermann* FamRZ 69, 649; *Hagemeister* JuS 92, 842). Die Ermächtigung umfasst auch den Beitritt zu einer Gewerkschaft (LG Essen AP Nr 3; LG Frankf FamRZ 67, 680; *Gilles/Westphal* JuS 81, 899). Nicht umfasst ist aber eine Darlehensaufnahme bei der Gewerkschaft (LG Münster MDR 68, 146).

III. Ersetzung der Ermächtigung. Die Ermächtigung kann durch den Minderjährigen nicht eingeklagt werden. Jedoch hat er für den Fall, dass ein Vormund gesetzlicher Vertreter ist, die Möglichkeit, beim Vormundschaftsgericht einen Antrag auf Ersetzung der Ermächtigung zu stellen. Sind die Eltern gesetzliche Vertreter, ist keine Ersetzung möglich (Soergel/*Hefermehl* § 113 Rn 9). 4

C. Beweislast. Derjenige, der sich auf die Wirksamkeit des Rechtsgeschäftes beruft, muss das Vorliegen der Ermächtigung beweisen. In Fällen, in denen ein Vertragspartner die Begrenzung der Ermächtigung auf einen Einzelfall behauptet, ist dieser nach der Vermutungsregel des § 113 IV beweispflichtig. 5

§§ 114–115
– weggefallen –

Titel 2 Willenserklärung

§ 116 Geheimer Vorbehalt

¹Eine Willenserklärung ist nicht deshalb nichtig, weil sich der Erklärende insgeheim vorbehält, das Erklärte nicht zu wollen. ²Die Erklärung ist nichtig, wenn sie einem anderen gegenüber abzugeben ist und dieser den Vorbehalt kennt.

A. Zweck. Äußert der Erklärende einen Geschäftswillen, behält er sich dabei aber insgeheim vor, die Rechtsfolge nicht zu wollen, bindet § 116 S 1 den Erklärenden an seine Äußerung. Im Interesse des Verkehrsschutzes muss der geheim gehaltene Wille des Erklärenden bedeutungslos bleiben. Auf das Motiv kommt es nicht an. Kennt der Empfänger den Vorbehalt, gilt er als nicht schutzbedürftig und die Willenserklärung ist gem S 2 nichtig. 1

B. Voraussetzungen. Die Regelung des S 1 gilt für alle **Willenserklärungen**, unabhängig davon, ob es sich um ausdrückliche, konkludente, empfangsbedürftige oder nicht empfangsbedürftige Erklärungen handelt. Auf rechtsgeschäftsähnliche Erklärungen ist die Bestimmung entspr anwendbar. Auch im öffentlichen Recht ist sie heranzuziehen (Erman/*Palm*, § 116 Rn 3). 2

Ein **geheimer Vorbehalt** (Mentalreservation) liegt vor, wenn der Vorbehalt dem Erklärungsempfänger bzw demjenigen verheimlicht wird, für den die Erklärung bestimmt ist. Der Vorbehalt darf also keinen ausreichenden Ausdruck gefunden haben. Bei einer empfangsbedürftigen Willenserklärung kann der Vorbehalt auf eine andere Person zielen, als den Empfänger. Für die Stellvertretung ist zu unterscheiden: Schließt der Vertreter das Geschäft im eigenen Namen, ist sein Vorbehalt, für den Vertretenen handeln zu wollen, bereits nach § 164 II wirkungslos. Behält sich der Vertreter insgeheim vor, im eigenen Namen zu handeln, ist sein Vorbehalt nach § 116 S 1 unwirksam. Die kollusive Abrede eines Scheingeschäfts zwischen Scheinvertreter und Geschäftsgegner, die dem Vertretenen gegenüber geheim bleiben soll, ist analog § 116 S 1 unwirksam. 3

Hat der Empfänger den Vorbehalt durchschaut, fehlt seine Schutzbedürftigkeit. Die Willenserklärung ist dann nach § 116 S 2 nichtig. Der Empfänger muss den Vorbehalt kennen, bedingter Vorsatz genügt. Kennenmüssen, § 122 II, ist nicht ausreichend. Bei einer Vollmachtserteilung ist die Kenntnis des Geschäftsgegners und nicht des Bevollmächtigten maßgebend (BGH NJW 66, 1916). Bei einer amtsempfangsbedürftigen Erklärung ist die Kenntnis des Beamten unerheblich (BayObLG DtZ 92, 285). Ihrem Wortlaut nach gilt die Vorschrift nur für amts- bzw allgemein empfangsbedürftige Willenserklärungen. Auf nicht empfangsbedürftige Willenserklärungen kann § 116 S 2 analog anwendbar sein. Dies ist anerkannt für die Auslobung (aA MüKo/*Kramer* § 116 Rn 11), str für letztwillige Verfügungen (einerseits Jauernig/*Jauernig* § 116 Rn 4; anderer- 4 seits Erman/*Palm* § 116 Rn 3; Frankf FamRZ 93, 860). Für die Eheschließung gelten die §§ 1311, 1314. Auf Prozesshandlungen ist die Vorschrift unanwendbar.

5 **C. Rechtsfolgen.** Unter den Voraussetzungen von S 1 ist der Vorbehalt unbeachtlich. Die Erklärung ist wirksam, wie sie nach den allgemeinen Auslegungsregeln zu verstehen ist. Im Fall von S 2 ist die Willenserklärung nichtig.

6 **D. Abgrenzung.** Erwartet der Erklärende, dass der Empfänger den mangelnden Ernst erkennt, greifen die §§ 118, 122 ein. Soll trotz mangelnder Ernstlichkeit die Erklärung ernst genommen werden (böser Scherz), ist § 116 anzuwenden. Gibt der Erklärende eine bewusst mehrdeutige Erklärung ab, um eine der Bedeutungen nicht gegen sich gelten zu lassen, liegt ein Dissens vor. Ein offener Vorbehalt, z. B. bei der protestatio facto contraria, unterliegt nicht § 116. Behält sich ein widerrechtlich Bedrohter, wie vom Drohenden erkannt, insgeheim die Nichtgeltung des Erklärten vor, ist die Erklärung gem § 116 nichtig (aA Staud/*Singer* § 116 Rn 12).

7 **E. Beweislast.** Wer sich auf die Nichtigkeit einer unter Mentalreservation abgegebenen Willenserklärung beruft, muss den geheimen Vorbehalt und dessen Kenntnis beweisen.

§ 117 Scheingeschäft

(1) Wird eine Willenserklärung, die einem anderen gegenüber abzugeben ist, mit dessen Einverständnis nur zum Schein abgegeben, so ist sie nichtig.
(2) Wird durch ein Scheingeschäft ein anderes Rechtsgeschäft verdeckt, so finden die für das verdeckte Rechtsgeschäft geltenden Vorschriften Anwendung.

1 **A. Scheingeschäft, § 117 I. I. Bedeutung.** Beim Scheingeschäft wollen die Parteien einvernehmlich nur den äußeren Schein eines Rechtsgeschäfts hervorzurufen, doch sollen die damit verbundenen Rechtswirkungen nicht eintreten (BGHZ 36, 87 f). Indem die übereinstimmend nicht gewollte Willenserklärung für nichtig erklärt wird, konkretisiert § 117 I die negative Seite der Privatautonomie (BGH NJW 00, 3127).

2 **II. Voraussetzungen. 1. Empfangsbedürftige Willenserklärung.** Die Vorschrift ist nach ihrem eindeutigen Wortlaut allein auf empfangsbedürftige Willenserklärungen anwendbar. Bei streng einseitigen Willenserklärungen fehlt ein Adressat, der mit dem Scheincharakter einverstanden sein könnte. § 117 gilt daher nicht für das Testament (BayObLG FamRZ 77, 348; Frankf OLGR 93, 467). Auf amtsempfangsbedürftige Erklärungen, z. B. die Annahme oder Ausschlagung einer Erbschaft, ist die Vorschrift nicht anwendbar, weil die Behörde kein Einverständnis erklären kann. Für Prozesshandlungen gilt § 117 nicht. Eine einvernehmlich nur zum Schein erhobene Klage ist mangels Rechtsschutzbedürfnisses unzulässig.

3 **2. Vorgetäuschter Geschäftswille.** Da die Parteien nur den Schein eines Rechtsgeschäfts hervorrufen wollen, fehlt ihnen hinsichtlich des simulierten Geschäfts der Geschäftswille (BGH NJW 80, 1573), der für das verdeckte Geschäft regelmäßig vorliegt. Maßgebend ist, ob den Parteien zur Erreichung des mit dem Rechtsgeschäft angestrebten Erfolgs eine Simulation genügt oder ob die Parteien ein ernst gemeintes Rechtsgeschäft für notwendig halten – subjektiver Simulationsbegriff. Eine Täuschungsabsicht ist nicht erforderlich, doch werden die Parteien häufig einen Dritten, etwa die Finanzbehörde, täuschen wollen.

4 Eine zur Rangsicherung ernstlich gewollte, aber für eine Scheinforderung bestellt Hypothek entsteht wirksam als Eigentümergrundschuld (BGHZ 36, 88). Agenturgeschäfte im Gebrauchtwagenhandel sind kein Scheingeschäfte (BGH NJW 81, 388; zu § 475 jetzt NJW 05, 1039). Entscheiden sich die Parteien aus steuerlichen Gründen für eine Rechtsgestaltung, existiert idR der erforderliche Rechtsbindungswille, denn eine vertragliche Vereinbarung kann nicht gleichzeitig als steuerrechtlich gewollt und zivilrechtlich nicht gewollt angesehen werden (BGH NJW 93, 2610). Enthält ein Grundstückskaufvertrag zur Erlangung steuerlicher Vorteile eine in Wahrheit nicht gewollte Regelung über die Sanierung des Objekts, ist der Vertrag wirksam (BGH NJW-RR 02, 1527).

5 Unrichtige Angaben einzelner Tatsachen und bloße Falschbezeichnungen, wie Vor- oder Rückdatierungen, lassen die Gültigkeit des Rechtsgeschäfts unberührt, soweit das Geschäft wirklich gewollt ist. Über den rechtlichen Status eines Arbeitnehmers entscheidet nicht die Bezeichnung, sondern die tatsächliche Durchführung des Vertrags (BAG NZA 03, 855 f).

6 **3. Einverständnis.** Zwischen den Parteien muss ein Einvernehmen über die Simulation herrschen. Mit diesem subjektiven Merkmal wird kein rechtsgeschäftlicher Wille verlangt. Vorzuliegen hat nur das gemeinsame Bewusstsein, dass den Erklärungen kein Wille entspr soll (BGH NJW 99, 2882). Diese Vorstellung muss bei den am Rechtsgeschäft Beteiligten bestehen. Bei mehreren Erklärungsgegnern ist das Einverständnis aller erforderlich (Celle NJW 65, 399). Beim Vertretergeschäft ist ein Einverständnis mit dem Vertreter erforderlich, § 166 I (BGHZ 1, 184). Im Fall einer Gesamtvertretung genügt das Einverständnis eines Vertreters (BGH NJW 99, 2882). Bei einem beurkundeten Rechtsgeschäft muss das Einvernehmen zwischen den an der Beurkundung beteiligten Personen bestehen. Eine vorherige Absprache mit einem an der Beurkundung nicht beteiligten Vertreter genügt nicht, eine Wissensvertretung analog § 166 I BGB scheidet aus. Das Rechtsgeschäft kann dann nach den Grundsätzen der falsa demonstratio wirksam sein (BGH NJW 00, 3128).

III. Abgrenzungen. 1. Treuhandgeschäft. Von einer Treuhand wird gesprochen, wenn der Treugeber dem 7
Treunehmer gegenüber den Begrenzungen im Innenverhältnis einen Überschuss an Rechtsmacht einräumt.
Ein wirksames fiduziarisches Rechtsgeschäft liegt vor, wenn die Beteiligten ein gültiges Rechtsgeschäft benötigen, auch wenn dieses nicht in allen Konsequenzen gewollt ist. § 117 I greift ein, wenn den Parteien ihre Zwecke bereits durch den bloßen Schein eines wirksamen Rechtsgeschäfts erreichen wollen.

2. Strohmanngeschäft. Um einen Sonderfall fiduziarischer Geschäfte handelt es sich beim Strohmannge- 8
schäft. Der Strohmann wird eingeschaltet, weil sonst der erstrebte wirtschaftliche Zweck nicht oder nicht in
rechtsbeständiger Weise erreicht werden, insbes nicht in der Person des Hintermanns eintreten kann. Nach
dem Willen der Beteiligten soll das Geschäft den Strohmann binden (BGHZ 21, 382; NJW 82, 569 f; 95, 727;
02, 2031, Verbrauchereigenschaft; s.a. Karlsr NJW 71, 619). Ein wirksames Rechtsgeschäft liegt auch vor,
wenn dieser Umstand dem Vertragspartner bekannt ist. Will der Strohmann auch im Außenverhältnis die
Pflichten nicht übernehmen, soll sich der Dritte also ausschl und unmittelbar an den Hintermann halten,
liegt regelmäßig ein Scheingeschäft vor (BGH NJW 82, 570).

3. Umgehungsgeschäft. Bei einem Umgehungsgeschäft wollen die Beteiligten durch die Verwendung recht- 9
licher Gestaltungsmöglichkeiten einen Erfolg herbeiführen, der mit dem an sich zur Regelung des Tatbestands gebotenen Rechtsgeschäft nicht oder nicht in der gleichen Weise herbeigeführt werden könnte (Soergel/*Hefermehl* § 117 Rn 12). Da die Parteien den gesetzlich missbilligten Erfolg ernsthaft wollen, ist da
Geschäft nicht nach § 117 I wirksam. Ggf ergibt sich die Nichtigkeit aus § 134 (Rn 29 ff).

4. Sonstiges. Spezielle Regelungen können die Anwendung von § 117 I ausschließen. Die Scheinehe ist gültig, 10
aber aufhebbar, § 1314 II Nr 5. Die Anerkennung der Vaterschaft ist wirksam, § 1598 I, ebenso die Adoption.

IV. Rechtsfolge. Das Scheingeschäft ist ohne weiteres gegenüber jedermann nichtig. Schließen Eheleute 11
einen Arbeitsvertrag, bei dem eine Arbeitsentgelt ohne Arbeitsleistung anstelle des geschuldeten Unterhalts
gezahlt wird, soll ein nichtiges Scheingeschäft vorliegen (BGH NJW 84, 2350). Diese Folge gilt auch gegenüber einem gutgläubigen Dritten, den die Parteien regelmäßig mit dem Scheingeschäft täuschen wollen.
Der **Schutz Dritter** ist nach den allgemeinen Vertrauensschutzregelungen zu gewährleisten (BaRoth/*Wendt-* 12
land § 117 Rn 17). Liegt die Nichtigkeit in seinem Interesse, wie bei einer beabsichtigten Gläubigerbeeinträchtigung, benötigt er keinen Schutz. Hat der Dritte gutgläubig auf die Wirksamkeit des Geschäfts vertraut,
wird er im Fall des dinglichen Erwerbs etwa durch die §§ 892, 893, 932 ff, 1032, 1207 geschützt. Beim Erwerb
einer Scheinforderung oder eines anderen Rechts unter Vorlage einer vom Schuldner ausgestellten Urkunde
gelten die §§ 405 Alt 1, 413, s.a. 409. Wird mit dem Scheingeschäft gegenüber dem Dritten eine unerlaubte
Handlung nach den §§ 823, 826 begangen, ist dieser schadensersatzberechtigt. Ggf kann der Dritte auch die
Arglisteinrede erheben.
Ausnahme: Wird ein Gesellschaftsvertrag zum Schein geschlossen, ist § 117 bei einer in Vollzug gesetzten 13
Gesellschaft im Außenverhältnis unanwendbar. Im Innenverhältnis gelten nicht die Grundsätze über die fehlerhafte Gesellschaft (BGH NJW 1953, 1229).

B. Verdecktes Geschäft § 117 II. I. Anwendungsbereich. § 117 II regelt die Fälle, in denen die Parteien mit 14
dem Scheingeschäft ein anderes, ernstlich gewolltes Geschäft (dissimuliertes Geschäft) verdecken wollen. Dann
müssen die Wirksamkeitserfordernisse dieses Rechtsgeschäfts erfüllt sein. Hauptanwendungsfall ist die zur Kostenersparnis erfolgende Unterverbriefung beim Grundstückskauf (**Schwarzkauf**). Der zum Schein beurkundete
Vereinbarung zum niedrigen Preis ist gem § 117 I nichtig. Der gewollte Vertrag über den höheren Grundstückspreis ist nicht beurkundet und deswegen nach den §§ 311 b I 1, 125 S 1 nichtig. Mit Auflassung und Eintragung
des Erwerbers in das Grundbuch kann der Formmangel nach § 311 b I 2 geheilt werden (BGHZ 89, 43 f).

II. Voraussetzungen. Übereinstimmend mit dem Parteiwillen behandelt § 117 II das dissimulierte Geschäft 15
als gültig. Dazu müssen die Parteien einvernehmlich ein anderes Rechtsgeschäft gewollt haben. Außerdem
müssen sämtliche Wirksamkeitsvoraussetzungen des Geschäfts, wie Formen und Genehmigungserfordernisse, erfüllt sein (BGH NJW 83, 1844). Das verdeckte Geschäft ist nicht bereits deshalb verwerflich, weil es
verdeckt ist. Das Geschäft kann jedoch gegen die §§ 134, 138 verstoßen oder nach den Grundsätzen über ein
Umgehungsgeschäft nichtig sein (LG Frankfurt/M NJW-RR 92, 715).

III. Rechtsfolge. Liegen die jeweiligen Wirksamkeitsvoraussetzungen vor, ist das verdeckte Geschäft unab- 16
hängig vom Scheingeschäft wirksam.

C. Beweislast. Die Beweislast für den Scheincharakter des Geschäfts gem § 117 I trägt, wer sich auf die Nich- 17
tigkeit beruft (BGH NJW 88, 2599; BAG NJW 03, 2930). Wer aus dem verdeckten Geschäft Rechtsfolgen
ableiten will, muss dieses beweisen (vgl BGH NJW 91, 1617).

§ 118 Mangel der Ernstlichkeit

Eine nicht ernstlich gemeinte Willenserklärung, die in der Erwartung abgegeben wird, der Mangel der Ernstlichkeit werde nicht verkannt werden, ist nichtig.

1 **A. Anwendungsbereich.** Systematisch betrifft die nicht ernstlich gemeinte Willenserklärung den Bereich zwischen geheimen Vorbehalt und Scheingeschäft. Weder wird ein Vorbehalt verheimlicht, wie bei § 116, noch besteht ein Einverständnis über den Vorbehalt, so gem § 117. Dagegen wird das fehlerhafte Scheingeschäft von § 118 erfasst (BGH NJW 00, 3128; kritisch München NJW-RR 93, 1168). Der Erklärende erwartet dabei, dass der Empfänger den Vorbehalt erkennen und nur zum Schein mit ihm zusammenwirken wird, während der Empfänger die Erklärung ernst nimmt.

2 **B. Voraussetzungen. I. Willenserklärung.** Es muss der objektive Tatbestand einer Willenserklärung vorliegen, d. h. eines Verhaltens, von dem aus der Empfänger berechtigterweise auf einen Rechtsfolgewillen schließen darf. Bei Äußerungen im Theater („ein Königreich für ein Pferd") oder in der Vorlesung fehlt bereits der objektive Erklärungstatbestand (*Larenz/Wolf* AT § 35 Rz. 15). § 118 gilt für empfangsbedürftige wie nicht empfangsbedürftige Willenserklärungen (Testament: RGZ 104, 322).

3 **II. Fehlende Ernstlichkeit.** Subjektiv verlangt die Vorschrift Doppeltes. Die Erklärung darf nicht ernstlich gemeint sein. Außerdem muss der Erklärende erwartet haben, dass die mangelnde Ernstlichkeit erkannt wird. Dem Erklärenden fehlt damit das Erklärungsbewusstsein (Staud/*Singer* § 117 Rn 5). Die mangelnde Ernstlichkeit muss vom Empfänger weder erkannt noch für ihn objektiv erkennbar gewesen sein (*Bork* AT Rn 812). Es muss zwar nicht unbedingt eine scherzhafte Erklärung erfolgen, doch betrifft die unter Druck oder aufgrund einer Provokation abgegebene Willenserklärung („Schmerzerklärung") nicht § 118, sondern § 123 (*Medicus* AT Rn 586; *Weiler* NJW 95, 2608; aA *Tscherwinka* NJW 95, 308).

4 **C. Rechtsfolge.** Als Rechtsfolge ordnet § 118 – auch bei einem formbedürftigen Rechtsgeschäft (BGH NJW 00, 3128; *Thiessen* NJW 01, 3026; aA Palandt/*Heinrichs* Rn 2) – die Nichtigkeit des Willenserklärung an. Demjenigen, der auf die Erklärung vertraut, hat der Erklärende gem § 122 verschuldensunabhängig den Vertrauensschaden bis zur Grenze des Erfüllungsschadens zu ersetzen, es sei denn, der Empfänger hat die fehlende Ernstlichkeit fahrlässig verkannt. Bemerkt der Erklärende, dass der Empfänger den Mangel der Ernstlichkeit nicht erkannt hat, ist er zur Aufklärung verpflichtet. Sonst kann ggf die Berufung auf § 118 ausgeschlossen sein.

5 **D. Beweislast.** Wer sich auf die Nichtigkeit beruft, muss beide subjektiven Elemente beweisen, die mangelnde Ernstlichkeit sowie die Erwartung des Erklärenden, die fehlende Ernstlichkeit werde erkannt.

§ 119 Anfechtbarkeit wegen Irrtums

(1) Wer bei der Abgabe einer Willenserklärung über deren Inhalt im Irrtum war oder eine Erklärung dieses Inhalts überhaupt nicht abgeben wollte, kann die Erklärung anfechten, wenn anzunehmen ist, dass er sie bei Kenntnis der Sachlage und bei verständiger Würdigung des Falles nicht abgegeben haben würde.
(2) Als Irrtum über den Inhalt der Erklärung gilt auch der Irrtum über solche Eigenschaften der Person oder der Sache, die im Verkehr als wesentlich angesehen werden.

1 **A. Bedeutung. I. Anfechtbarkeit.** Weicht bei einer Willenserklärung der Wille unbewusst von der Erklärung ab, muss der Erklärende als Ausdruck seiner Selbstverantwortung im Interesse des Verkehrsschutzes die Erklärung so gegen sich gelten lassen, wie sie der Empfänger gem §§ 133, 157 verstehen durfte. Da eine privatautonome Gestaltung von Rechtsverhältnissen voraussetzt, dass die erklärten Rechtsfolgen mit dem wirklichen Willen übereinstimmen, soll der Erklärende nicht in jedem Fall an seiner irrtümlichen Erklärung festgehalten werden. Die irrtumsbehaftete Willenserklärung ist wirksam, aber anfechtbar, dh der Erklärende kann sie rückwirkend vernichten.

2 **II. Anfechtungsgründe.** In vier gesetzlich geregelten Kategorien entlang der Stadien einer wirksamen Willenserklärung ermöglichen die §§ 119, 120 eine Anfechtbarkeit der Erklärung wegen Irrtums. Der bei der Willensbildung eingetretene Motivirrtum ist als Folge der Selbstverantwortung grds unerheblich, argumentum e contrario zu den geregelten Fällen (*Medicus* AT Rn 744). Ausnahmsweise ist er als Eigenschaftsirrtum nach § 119 II beachtlich (Rn 33); außerdem §§ 1949 I, 2078 f, 2281. Sodann können beim Inhaltsirrtum der Wille sowie die Vorstellung über das Erklärte und dessen rechtlich maßgebende Bedeutung auseinander fallen, § 119 I Alt 1 (Rn 23 ff). Beim Erklärungsirrtum liegt eine fehlerhafte Erklärungshandlung vor, § 119 I Alt (Rn 22). Wird schließlich bei der Beförderung das Erklärte gegenüber dem Gewollten verändert, berechtigt für diesen Übermittlungsirrtum § 120 zur Anfechtung. Zwei weitere Fälle sind mit der Anfechtung wegen arglistiger Täuschung oder widerrechtlicher Drohung in § 123 I geregelt. Systematisch abweichend wird damit die Freiheit der Willensentschließung geschützt.

III. Abdingbarkeit. Durch Individualvereinbarung kann die Irrtumsanfechtung abbedungen werden (MüKo/*Kramer* § 119 Rn 144). Einschränkungen durch AGB verstoßen gegen § 307 II Nr 1 (BGH NJW 83, 1671). Erweiterungen durch Mistradeklauseln sind individualvertraglich zulässig (BGH NJW-RR 02, 1344), in AGB unzulässig, wenn sie § 121 ausschließen (Schlesw ZIP 04, 1846; *Fleckner/Vollmuth* WM 04, 1268 ff).

B. Anwendungsbereich. I. Privatrecht. 1. BGB. §§ 119, 120 gelten für alle Willenserklärungen, sofern keine Sonderregelungen eingreifen. Für die anfängliche, aber erst nach Vertragsschluss erkennbare, und die nachträgliche Zahlungsunfähigkeit enthält § 321 eine Sonderregelung. Im Übrigen ist eine Anfechtung nicht ausgeschlossen (Soergel/*Hefermehl* § 119 Rn 42; MüKo/*Kramer* § 119 Rn 126; aA *Flume* AT 487).

Sind die Voraussetzungen der **kaufrechtlichen Sachmängelgewährleistung** erfüllt, kommt nur eine Anfechtung nach §§ 119 I, 123 in Betracht. Eine Anfechtung wegen Eigenschaftsirrtums ist sowohl für den Käufer, der auf die Rechte aus den §§ 437 ff beschränkt ist, als auch den Verkäufer ausgeschlossen, der sich nicht seiner weitergehenden Haftung entziehen darf (BGH NJW 88, 2598). Das Anfechtungsrecht bleibt ausgeschlossen, auch wenn die Gewährleistungsrechte verjährt (RGZ 135, 341) oder wirksam abbedungen sind (BGHZ 63, 376 f). Vor Gefahrübergang lässt die Rechtsprechung eine Anfechtung des Käufers nach II auch dann zu, wenn er ausnahmsweise bereits die Gewährleistungsregeln geltend machen darf (BGHZ 34, 37). Dem ist zu widersprechen, da sonst das Nacherfüllungsrecht des Verkäufers und § 442 I 2 BGB umgangen werden können (BaRoth/*Wendtland* § 119 Rn 8; s.a. *Flume* AT, 485). Stellt die Eigenschaft dagegen keinen Sachmangel dar, wie eine höherwertige als die vereinbarte Beschaffenheit, bleibt das Anfechtungsrecht unberührt (BGH NJW 88, 2598). Dies gilt auch, wenn eine Eigenschaft (Baujahr eines Gebrauchtwagens) nicht zur Vertragsgrundlage gemacht wird (BGH NJW 79, 161).

Umstritten ist, ob die mietvertragliche Sachmängelgewährleistung eine Anfechtung des Mieters nach § 119 II ausschließt (bejahend MüKo/*Kramer* 3 119 Rn 38; verneinend RGZ 157, 174; *Emmerich* NZM 98, 694 f). Die werkvertragliche Sachmängelgewährleistung verdrängt § 119 II (BGH NJW 67, 719). Für Vergleiche enthält § 779 eine vorrangige Regelung.

Familien- und erbrechtliche Sonderregeln bestehen für die Eheschließung (§ 1314 II Nr 2), die Anerkennung der Vaterschaft (§ 1600 c II), letztwillige Verfügungen (§§ 2078, 2080, 2281, 2283) sowie die Erbschaftsannahme (§ 1949).

2. Arbeitsrecht. Auf den Abschluss eines Arbeitsvertrags gerichtete Willenserklärungen können grds angefochten werden (s.a. Rn 37). Auf die Anfechtungsfrist aus § 121 I 1 wendet das BAG § 626 II entspr an (BAG NZA 91, 722). In Vollzug gesetzte Arbeitsverhältnisse sind entgegen § 142 I grds nur ex nunc anfechtbar (BAG NJW 84, 446). Ist das Arbeitsverhältnis außer Funktion gesetzt oder wird aufgrund einer Erkrankung keine Arbeitsleistung erbracht, wirkt die Anfechtung auf den Zeitpunkt zurück, von dem an keine Arbeitsleistung mehr erbracht wird (BAG NZA 99, 587 f).

3. Sonstiges. In Funktion gesetzte Gesellschaftsverträge können nicht rückwirkend angefochten werden (BGHZ 13, 323 f). Für den Versicherer enthalten die §§ 16 ff VVG Sonderregeln (BGH NJW-RR 95, 726). Wertpapierrechtliche Erklärungen sind gegenüber einem gutgläubigen Dritten, der auf den Rechtsschein vertraut hat, nicht anfechtbar (BGH NJW 73, 283).

II. Prozesshandlungen. Auf einseitige Prozesshandlungen der Parteien sind die Anfechtungstatbestände nicht anwendbar. Ein Irrtum über die Sach- und Rechtslage ist ohnehin ein unbeachtlicher Motivirrtum (Celle NJW 71, 145 f). Zudem ermöglicht eine Auslegung nach den wohlverstandenen Interessen des Handelnden (BGH NJW 94, 1538) eine Korrektur. Anfechtbar sind dagegen Prozessverträge und insbes Prozessvergleiche (BGH NJW 99, 2804), aber auch Schiedsverträge (BGH BB 67, 97) und Mediationsvergleiche. Registeranmeldungen stellen unanfechtbare Verfahrenshandlungen dar (BayObLG DB 90, 169, Handelsregister).

III. Öffentliches Recht. Auf öffentlich-rechtliche Verträge sind gem § 62 S 2 VwVfG die Irrtumsregeln entspr anzuwenden. Auch verwaltungsrechtliche Erklärungen des Bürgers sind danach anfechtbar (OVG Rheinland-Pfalz DVBl 84, 282; nicht aber eine Baulast VGH Mannheim NJW 85, 1723). Eine entspr Anwendung der §§ 119 ff auf Verwaltungsakte ist dagegen ausgeschlossen (Erman/*Palm* § 119 Rn 3).

C. Abgrenzung. I. Auslegung. Ergibt die Auslegung, dass das Gewollte, also nicht das irrtümlich Erklärte, als Erklärungsinhalt gilt (BGHZ 71, 247), scheidet eine Anfechtung aus. Hat der Erklärungsempfänger den Irrtum erkannt, gilt das Gewollte (BGH NJW-RR 95, 859).

II. Falsa demonstratio. Verstehen die Parteien die Erklärung abweichend von ihrer eindeutigen Wortbedeutung, gilt die Erklärung nach dem Grundsatz falsa demonstratio non nocet im übereinstimmend gemeinten Sinn (BGH NJW 94, 1528; § 133 Rn 21). Bei diesem Sonderfall der Auslegung ist eine Anfechtung ausgeschlossen.

III. Dissens. Während sich beim Irrtum Wille und Erklärung nicht decken, stimmen beim versteckten Dissens zwei Willenserklärungen – auch nach ihrer Auslegung – nicht überein. Da eine Fehlvorstellung über die Erklärung des anderen Teils herrscht, ist eine Anfechtung ausgeschlossen.

15 **IV. Bewusste Unkenntnis.** Gibt der Erklärende eine Erklärung mit dem Bewusstsein ab, ihre Bedeutung nicht zu kennen, und ohne sich eine Vorstellung über ihren Inhalt zu machen, liegt keine zur Anfechtung berechtigende unbewusste Abweichung von Wille und Erklärung vor (BGH DB 67, 2115).

15 **1. Unterzeichnung ungelesener Urkunden.** Wer eine Urkunde ungelesen und in Kenntnis ihrer Rechtserheblichkeit, aber ohne Bewusstsein ihres Inhalts unterschreibt, kann idR nicht anfechten (BGH NJW 68, 2103; 99, 2665; 02, 957). Grds gilt dies auch für der deutschen Sprache Unkundige (BGHZ 87, 114; Köln VersR 00, 244), Lese- und Schreibunkundige (LG Köln WM 86, 822) und denjenigen, der den Erklärungsinhalt nicht verstanden hat (Köln VersR 00, 244). Zu erwägen ist aber ein Anspruch aus §§ 280 I, 311 II Nr 1, 241 II. Besaß der Erklärende eine – wenn auch unzutreffende – Vorstellung über den Erklärungsinhalt, kommt eine Anfechtung in Betracht (BGH NJW 95, 191). Ein Irrtum gem § 119 I Alt 2 liegt vor, wenn Urkunden verwechselt werden. Ein Irrtum nach § 119 I Alt 1 liegt vor, falls eine unrichtige Vorstellung herrscht (MüKo/*Kramer* § 119 Rn 52), weil etwa eine im notariellen Vertrag eingefügte Klausel beim Verlesen überhört (BGHZ 71, 263) oder eine vom Gegner angefertigte Urkunde in der irrigen Annahme unterzeichnet wird, sie stimme mit den Vertragsverhandlungen überein, obwohl sie abweichende Erklärungen beinhaltet. Enthält eine arbeitsrechtliche Ausgleichsquittung die Erklärung, weitere Rechtsansprüche bestehen nicht mehr, und versteht der Arbeitnehmer dies nur als Quittung für den restlichen Arbeitslohn und den Empfang der Papiere, kann er seine Erklärung wegen des Verzichts auf die Erhebung einer Kündigungsschutzklage anfechten (BAG NJW 71, 640).

16 **2. AGB.** Für die Unterzeichnung ungelesener AGB gelten im Wesentlichen die gleichen Grundsätze. Eine Anfechtung kommt nur bei einer falschen Vorstellung in Betracht (BGH NJW 95, 190). Für überraschende Klauseln gilt § 305 c.

17 **3. Blankounterschrift.** Wird eine Blankounterschrift geleistet und das Blankett abredewidrig ausgefüllt, liegen die Voraussetzungen der Irrtumsanfechtung an sich vor. Nach dem Gedanke aus § 172 II ist die Anfechtung gegenüber einem gutgläubigen Dritten ausgeschlossen (BGHZ 113, 53; NJW 96, 1469).

18 **V. Empfängerirrtum.** Versteht der Empfänger eine Willenserklärung falsch (Angebot), scheidet eine Irrtumsanfechtung dieser Erklärung aus, weil der Empfänger nichts erklärt hat. Gibt der Empfänger eine auf das missverstandene Angebot bezogene (Annahme)Erklärung ab, kann er diese Erklärung nach § 119 I Alt 1 anfechten.

19 **D. Voraussetzungen. I. Willenserklärung.** Alle Arten von Willenserklärungen sind nach den §§ 119 ff anfechtbar, also einseitige (BGHZ 106, 163; NJW 98, 532), mehrseitige (BayObLG NJW-RR 00, 1036), empfangsbedürftige, nicht empfangsbedürftige, ausdrückliche und konkludente Erklärungen (BGHZ 11, 5). Auf geschäftsähnliche Handlungen sind die §§ 119 ff grds entspr anwendbar (vgl BGHZ 106, 163; aA Erman/*Palm* § 119 Rn 27). Soweit die Formen des Nacherfüllungsanspruchs, aber auch die Rechtsbehelfe des (kaufrechtlichen) Gewährleistungsrechts in elektiver Konkurrenz stehen, ist eine Anfechtung ausgeschlossen.

20 Fingiert das Gesetz **Schweigen** als Ablehnung, ist eine Anfechtung ausgeschlossen (BaRoth/*Wendtland* § 119 Rn 3). Besitzt das Schweigen dagegen die Bedeutung einer Willenserklärung, ist es von zwei Sonderfällen abgesehen anfechtbar. Unanfechtbar ist der Irrtum über die rechtliche Bedeutung des Schweigens (BGH NJW 69, 1711) und das Schweigen auf ein kaufmännisches Bestätigungsschreiben (*Medicus* AT Rn 352). Realakte sind nicht anfechtbar.

21 Die Bedeutung des fehlenden **Erklärungsbewusstseins** ist umstritten. ZT wird darin ein konstitutives Element der Willenserklärung gesehen, weshalb bei einem mangelnden Erklärungsbewusstsein eine Anfechtung ausscheiden soll (*Canaris* Vertrauenshaftung, 427 f; *Wieacker* JZ 67, 389). Mit der neueren Rechtsprechung (BGHZ 91, 329; 109, 177) und inzwischen überwiegenden Literatur (MüKo/*Kramer* § 119 Rn 92 ff; *Larenz/Wolf* AT § 36 Rn 25 f, 81 ff; *Bork* AT Rn 596) ist eine Anwendbarkeit von § 119 I Alt 1 zu bejahen.

22 **II. Erklärungsirrtum, § 119 I Alt 2.** Bei diesem Irrtum in der Erklärungshandlung (Irrung) stimmt der äußere Erklärungstatbestand nicht mit dem Willen des Erklärenden überein. Er verspricht, verschreibt (Oldbg NJW 04, 168) oder vergreift sich, verwendet also unbewusst ein falsches Erklärungszeichen, so auch bei einer Urkundenverwechselung (Rn 15). Falsches Ablesen eines Preisschildes ist ebenfalls nach § 119 I Alt 2 BGB zu behandeln (LG Hannover MDR 81, 579; LG Hamburg NJW-RR 86, 156; aA Staud/*Singer* § 119 Rn 34). Eine veraltete oder falsche Preisliste berechtigt dagegen nicht zur Anfechtung (LG Bremen NJW 92, 915). Wird bei einer **elektronisch übermittelten** Erklärung ein falscher Icon angeklickt, liegt ein Erklärungsirrtum vor, ebenso bei unzutreffender Eingabe eines Buchungscodes (AG Bad Homburg NJW-RR 02, 1282). Beruht eine fehlerhafte automatisierte Willenserklärung auf unzutreffenden Daten, liegt ein Kalkulationsirrtum vor.

23 **III. Inhaltsirrtum, § 119 I Alt 1. 1. Allgemeines.** Beim Inhaltsirrtum stimmt der äußere Tatbestand der Erklärung mit dem Willen des Erklärenden überein, doch irrt sich dieser über die rechtliche Bedeutung oder Tragweite seiner Erklärung (BGH NJW 99, 2665). Subjektiv misst der Erklärende seiner Erklärung eine andere Bedeutung zu, als ihr objektiv zukommt. Der Irrtum muss eine Willenserklärung betreffen, nicht die irrtümliche Leistung auf eine nicht bestehende Forderung (BGH NJW-RR 03, 923). Grds kann sich der Irrtum auf alle rechtlich relevanten Elemente der Willenserklärung beziehen. Zur Unterzeichnung ungelesener Urkunden Rn 15 ff.

24 **2. Verlautbarungsirrtum.** Der Erklärende misst dem Erklärungstatbestand eine andere Bedeutung zu, als ihm aus der objektiven Empfängerwahrnehmung zukommt. Dies kommt bei der fehlerhaften Verwendung fach-

oder fremdsprachlicher Ausdrücke bzw der Verwechselung von Maß-, Gewichts- und Münzeinheiten in Betracht. Schulbeispiel ist die Verwechselung von Mengen- und Maßeinheiten bei der Bestellung von 25 Gros (= 3600 Rollen) Toilettenpapier in der irrigen Annahme, 25 große Rollen zu ordern (LG Hanau NJW 79, 721).

3. Identitätsirrtum. Hier richtet sich die Erklärung an eine andere bestimmte Person oder auf einen anderen bestimmten Gegenstand, als der Erklärende dies wollte. Statt Rechtsanwalt R 1 erteilt der Auftraggeber dem namensgleichen Rechtsanwalt R 2 das Mandat. Richtet sich die Erklärung dagegen an die gemeinte Person oder bezieht sie sich auf den gemeinten Gegenstand, besitzen diese jedoch andere Qualitäten, als vom Erklärenden gewünscht, liegt ein Eigenschaftsirrtum vor. Wie vorgestellt wird Rechtsanwalt R 1 beauftragt, doch ist dieser nicht Fachanwalt für Arbeitsrecht, sondern für Familienrecht.

4. Konkretisierung des Geschäfts. Um einen Inhaltsirrtum handelt es sich auch, wenn der Erklärende über den Vertragstypus (privater Krankenhausaufnahmevertrag gegenüber gesetzlich versicherter Krankenhausaufnahme LG Köln NJW 88, 1518) oder die Beschaffenheit eines Rechts irrt (RGZ 95, 115).

5. Rechtsfolgeirrtum. Über die Rechtsfolgen irrt sich der Erklärende, wenn das Rechtsgeschäft nicht die gewollte, sondern eine davon wesentlich verschiedene andere Rechtsfolge nach sich zieht (RGZ 88, 284). Ein Irrtum über die Rechtsfolgen ist als Inhaltsirrtum beachtlich, wenn die Rechtsfolge (unmittelbarer) Inhalt der rechtsgeschäftlichen Erklärung geworden ist. Als bloßer Motivirrtum ist dagegen der Irrtum über eine sich aus dem Gesetz ergebende Folge unbeachtlich (BGH NJW 02, 3103; *Larenz/Wolf* AT § 36 Rn 75). Die im Einzelnen oft schwierige Abgrenzung wird von der Rechtsprechung auch danach getroffen, ob das Geschäft außer der erstrebten Wirkung andere nicht erkannte und nicht gewollte Nebenfolgen bringt, die nicht zur Anfechtung berechtigen (BGH NJW 97, 653).

a) Anfechtbar. Ein beachtlicher Inhaltsirrtum liegt vor, falls der Verkäufer irrtümlich annimmt, ein vereinbarter Ausschluss der Rechtsmängelhaftung erfasse auch die Sachmängelhaftung (*Brox* AT Rn 425). Ebenso bei Löschung der erstrangigen Hypothek in der Annahme, die drittrangige Hypothek rücke auf (RGZ 88, 286); bei erstrangiger Hypothekenbestellung, die an 2. Stelle erfolgen sollte (RGZ 89, 33 f); bei Erbschaftsausschlagung in der Annahme, der Ausschlagende werde von allen Auflagen befreit (Ddorf DNotZ 98, 839) bzw in der Annahme, sie verschaffe dem Vorerben die Stellung eines Vollerben (BayObLG ZEV 98, 431) oder der stillschweigenden Erbschaftsannahme ohne Kenntnis des Ausschlagungsrechts (BayOLGZ 83, 162, Erklärungsirrtum; weitere Fälle bei Staud/*Singer* § 119 Rn 72 f) auch beim Vergleichsschluss des Versicherungsnehmers mit der Versicherung in der fehlerhaften Annahme, weitere Ansprüche des Geschädigten seinen ausgeschlossen (Zweibr VersR 77, 806 f); anders wenn der Versicherer nicht beachtet, dass ein Vergleich die Ansprüche gegen einen anderen Versicherer unberührt lässt (Hamm VersR 98, 1440).

b) Nicht anfechtbar. Ein unbeachtlicher Motivirrtum liegt vor, wenn der in das Geschäft eines Einzelkaufmanns Eintretende nicht die persönliche Haftung für bestehende Schulden des bisherigen Inhabers kennt (RGZ 76, 440). Ebenso bei Unkenntnis der Gewährleistungsregeln bzw bei fehlerhaften Vorstellungen über die Rechtsnatur des Vertrags und der für den Vertragstyp geltenden Garantiehaftung (Karlsr NJW 89, 907, Miete) beim Irrtum über das Bestehen eines gesetzlichen Rücktritts- bzw Widerrufsrechts (BGH NJW 02, 3103) beim Irrtum über die Ausgestaltung des übernommenen Vertrags bei der Vertragsübernahme (BGH NJW 99, 2664) im Fall der irrigen Annahme, bei der Einzahlung eines Geldbetrags auf ein neu eingerichtetes Konto sei eine „Kontosperre" ausgeschlossen (BGH NJW 95, 1485) und falls der Erbe nicht weiß, dass die Erbschaftsannahme zum Verlust des Pflichtteilsanspruchs führt (BayObLG NJW-RR 95, 906). Die schwangere Arbeitnehmerin kann den Abschluss eines Aufhebungsvertrags bzw eine Eigenkündigung nicht anfechten, obwohl ihr unbekannt ist, dass sie dadurch die Rechte aus dem MuSchG verliert (BAG NJW 83, 2958; 92, 2173).

6. Kalkulationsirrtum. Beim Kalkulationsirrtum (Berechnungsirrtum) irrt der Erklärende entweder bei einem Rechnungsfaktor (Aufmaß, Währungskurs) oder bei der Berechnung und dem Ergebnis (Werklohn, Kaufpreis). Er berührt vor allem die Grenzziehung zwischen Motiv- sowie Inhaltsirrtum und ist in seinen Rechtsfolgen umstritten (*Schöpflin* JA 99, 89).

a) Verdeckter Kalkulationsirrtum. Gibt der Erklärende lediglich das Ergebnis seiner Berechnungen, nicht aber deren Grundlagen bekannt, liegt ein interner oder verdeckter Kalkulationsirrtum vor, der als Motivirrtum rechtlich unbeachtlich ist (BGH NJW 02, 2312 f; NJW-RR 03, 923; *Pawlowski* JZ 97, 741; aA *Birk* JZ 02, 449 f). Für diesen Irrtum trägt der Erklärende das Risiko. Dies gilt auch, wenn der Erklärungsempfänger den Irrtum hätte erkennen können, aber nicht erkannt hat und sogar, wenn der Erklärungsempfänger den Irrtum positiv erkannte (BGHZ 139, 181). Besteht der Empfänger auf der Vertragsdurchführung, obwohl er den Irrtum kannte oder er sich der Kenntnisnahme treuwidrig verschlossen hat, kann eine unzulässige Rechtsausübung (§ 242) vorliegen, falls die Vertragsdurchführung dem Erklärenden schlechthin unzumutbar ist, etwa weil er dadurch in wirtschaftliche Schwierigkeiten geriete (BGHZ 139, 184 f). Im Fall eines erkannten schwerwiegenden Kalkulationsfehlers besteht allerdings eine Hinweis- und sonst nach den §§ 280 I, 311 II Nr 1, 241 II eine Schadensersatzpflicht (BGH NJW 01, 295).

b) Offener Kalkulationsirrtum. Beim externen oder offenen Kalkulationsirrtum wird die Kalkulation erkennbar zum Gegenstand der Vertragsverhandlungen gemacht, weil der verlangte oder angebotene Preis erkennbar als durch eine bestimmte Kalkulation zustande gekommen bezeichnet wird. Das RG hat diesen Fall als Inhaltsirrtum qualifiziert (RGZ 64, 268; 101, 108, Silber-Fall; 105, 407, Rubel-Fall; 116, 18, Börsenkurs-Fall). Von der Literatur wird dies abgelehnt, weil eine einseitige Kalkulation – wie jedes andere Motiv – nicht schon durch eine Mitteilung zum Erklärungsinhalt wird (*Larenz/Wolf* AT § 36 Rn 65; *Medicus* AT Rn 758; jetzt auch BGHZ 139, 180; aA für den erkannten offenen Kalkulationsirrtum Anfechtung analog § 119 I *Wieser* NJW 72, 709 f; analog § 119 II MüKo/*Kramer* § 119 Rn 86; *Singer* JZ 99, 345, 349). Die Behandlung hängt dann vom jeweiligen Einzelfall ab. Ergibt die Auslegung, dass die Parteien nicht auf einen Endbetrag, sondern eine Berechnungsmethode oder Einzelpreise abstellen wollten, gilt nach dem Grundsatz falsa demonstratio non nocet der richtig berechnete Preis (Frankf WM 01, 565; LG Aachen NJW 82, 1106; Kleve NJW 91, 1066). Dazu muss die Kalkulation allerdings Grundlage der Willenserklärung des Vertragspartners werden (BGH NJW 81, 1552). Wird eine evident unrichtige Rechnung mitgeteilt, ohne den Fehler selbst erkennen zu lassen, ist die perplexe (widersprüchliche) Erklärung nichtig (*Medicus* AT Rn 759). Heben sich die Parteien gemeinschaftlich geirrt, können die Grundsätze über das Fehlen der Geschäftsgrundlage (§ 313) anzuwenden sein. Schließlich kann eine unzulässige Rechtsausübung vorliegen oder eine Schadensersatzpflicht eintreten.

33 **IV. Eigenschaftsirrtum, § 119 II. 1. Einordnung.** Beim Eigenschaftsirrtum stimmen Wille und Erklärung überein, während die Vorstellung des Erklärenden von der Wirklichkeit abweicht. Da der Irrtum bei der Willensbildung eingetreten ist, handelt es sich um einen ausnahmsweise beachtlichen Motivirrtum (AnwK/*Feuerborn* § 119 Rn 63). Um den Anwendungsbereich von § 119 II zu begrenzen, nimmt die Lehre vom geschäftlichen Eigenschaftsirrtum einen beachtlichen Irrtum nur an, wenn sich das Rechtsgeschäft auf die Sache oder Person als eine solche mit bestimmten Eigenschaften bezieht (*Flume* AT II, 477; *Medicus* AT Rn 770). Die gesetzlich geforderte Verkehrswesentlichkeit wird auf diese Weise unzulässig durch eine Vertragswesentlichkeit substituiert (*Bork* AT Rn 864).

34 **2. Eigenschaften.** Eigenschaften sind die natürlichen Beschaffenheitsmerkmale sowie die tatsächlichen und rechtlichen Verhältnisse sowie Beziehungen einer Person oder Sache zur Umwelt, soweit diese nach der Verkehrsanschauung Bedeutung für die Wertschätzung oder Verwendbarkeit besitzen (BGHZ 34, 41; 70, 48; 88, 245). Die Beziehungen zur Umwelt müssen in der Sache oder Person selbst angelegt sein, von ihr ausgehen, sie bezeichnen (BGHZ 70, 48) und nicht nur ganz vorübergehend sein.

35 **3. Verkehrswesentlichkeit.** Allein vom Erklärenden vorgestellte Gesichtspunkte berechtigen nicht zur Anfechtung, denn die Eigenschaft muss im Verkehr als wesentlich angesehen werden. Dabei ist die Verkehrswesentlichkeit nicht abstrakt, sondern ausgehend vom Inhalt und den Umständen des Rechtsgeschäfts zu bestimmen (BGHZ 88, 246). Lassen sich aus dem Geschäft keine konkreten Anhaltspunkte ableiten, ist allein auf objektive Kriterien abzustellen (Erman/*Palm* § 119 Rn 43).

36 **4. Verkehrswesentliche Eigenschaften einer Person.** Vorrangig geht es um Eigenschaften des Erklärungsgegners, ggf eines Dritten (158, 170) oder des Erklärenden (BAG NJW 92, 2174). Abzustellen ist auf die natürlichen Persönlichkeitsmerkmale sowie solche tatsächlichen und rechtlichen Verhältnisse, die infolge ihrer Beschaffenheit und vorausgesetzten Dauer nach den Anschauungen des Verkehrs Einfluss auf die Wertschätzung der Person im konkreten Rechtsverhältnis ausüben (BAG NJW 91, 2726). Die mangelnde Zahlungsfähigkeit des Darlehensnehmers berechtigt grds zur Anfechtung (BayObLG DB 88, 1846; *Lindacher* MDR 77, 797; zur Ausnahme des § 321 s. o. Rn 4). Die fehlende Eintragung in die Handwerkerrolle kann zur Anfechtung gegenüber einem sich als Fachbetrieb bezeichnenden Vertragspartner berechtigen (Hamm NJW-RR 90, 523); ebenso fehlende Zuverlässigkeit bei einem auf vertrauenswürdige Zusammenarbeit angelegten Vertrag (BGH WM 69, 292).

37 Im **Arbeitsverhältnis** schließen die Antidiskriminierungsregeln grds eine Anfechtung wegen eines Irrtums über die sexuelle Identität aus (EuGH NZA 96, 695; aber BAG NJW 91, 2726). Die Schwangerschaft einer AN berechtigt aufgrund des Verbots mittelbarer geschlechtsbezogener Diskriminierung nicht zur Anfechtung (BAG NJW 89, 930, vorübergehender Zustand), die anerkannte Ausnahme für befristete Arbeitsverhältnisse erscheint kaum europarechtskonform (ErFK/*Preis* BGB § 611 Rn 435). Der Gesundheitszustand ist verkehrswesentliche Eigenschaft, soweit einem AN nicht nur vorübergehend die Fähigkeit zur Verrichtung der geschuldeten Leistung fehlt (BAG DB 74, 1531). Entspr gilt bei der Schwerbehinderteneigenschaft. Einschlägige Vorstrafen, die eine Eignung des AN für den konkreten Arbeitsplatz ausschließen, bilden verkehrswesentliche Eigenschaften (ErFK/*Preis* BGB § 611 Rn 437) ebenso die Mitgliedschaft in der Scientology-Sekte bei Personalberatern (LG Darmstadt NJW 99, 365) sowie bei Ausbildungstätigkeiten.

38 **5. Verkehrswesentliche Eigenschaft einer Sache.** Als Sachen iSv § 119 II gelten nicht nur körperliche Gegenstände gem § 90, sondern auch Sachgesamtheiten und unkörperliche Gegenstände (Rechte). Zu beachten ist die Konkurrenz mit den Gewährleistungsregeln (Rn 5). Eigenschaften (dazu oben Rn 34) sind die wertbildenden Faktoren, nicht aber der Wert oder Preis eines Gegenstands als solcher (BGHZ 16, 57).

39 **Wesentliche Eigenschaften** sind – nach Maßgabe des Rechtsgeschäfts – Grenzen, Umfang, Lage, Bebaubarkeit und gewerbliche Nutzbarkeit eines Grundstücks (BGHZ 34, 41), Urheberschaft und Echtheit eines Kunstwerks (BGH NJW 88, 2599; *Becker-Eberhard* JuS 92, 463), Baujahr (BGH NJW 79, 161) und Fahrleistung eines PKW (München DB 74, 1060). Umstritten ist, ob Umsatz und Ertrag eines Unternehmens als Eigenschaften anzusehen

sind (ablehnend BGH NJW 70, 655; zum Grundstück RGZ 149, 138; befürwortend MüKo/*Kramer* § 119 Rn 130; *Putzo* NJW 70, 655), doch ist nach neuem Schuldrecht eine Lösung über das Gewährleistungsrecht eröffnet (Staud/*Singer* § 119 Rn 95). Zu diesen Eigenschaften gehören auch die Höhe einer rechtsgeschäftlich erworbenen Forderung (*Dunz* NJW 64, 1214; aA BGH WM 63, 253), die Überschuldung des Nachlasses oder seine Belastung mit wesentlichen, auch im rechtlichen Bestand ungeklärten Forderungen (BGHZ 106, 363).

Nicht zu den wesentlichen Eigenschaften gehören das Eigentum an einer Sache (BGHZ 34, 41) beim Aktienerwerb oder Kauf von Gesellschaftsanteilen die Eigenschaften des Unternehmens (Erman/*Palm* § 119 Rn 48). Die rechtlichen Verhältnisse einer Hypothek sind keine Eigenschaft des Grundstücks, die Verhältnisse des Grundstücks keine der Hypothek (RGZ 149, 239). Eigenschaften anderer Sachen kommen also nur in Betracht, wenn auch diese Sache vom Rechtsgeschäft umfasst ist. **40**

V. Motivirrtum. Der Irrtum bei den Beweggründen oder Erwartungen einer Erklärung ist als Motivirrtum grds unbeachtlich. Ausnahmen bestehen im Erbrecht, §§ 2078 II, 2079, 2308. Ein Anerkenntnis kann nicht angefochten werden, weil die Verpflichtung nicht besteht (RGZ 156, 74; BGH WM 67, 825) ebenso der Irrtum über den Geldwert bzw. die Kaufkraft des Geldes (RGZ 111, 260), bzw der Irrtum über die vom Vergleich erfassten Ansprüche (Celle NJW 71, 145). Der gemeinschaftliche Irrtum wird überwiegend nach den Grundsätzen einer Störung der Geschäftsgrundlage behandelt (vgl § 313 aA *Brox* Die Einschränkung der Irrtumsanfechtung, 72 ff, 180 ff, ergänzende Vertragsauslegung). **41**

VI. Kausalität. Der Irrtum muss für die Willenserklärung ursächlich gewesen sein. Unter Anlegung eines objektiven Maßstabs ist zu fragen, wie gerade dieser Erklärende bei verständiger Würdigung des Falls gehandelt hätte (BGH NJW 88, 2599; BAG NJW 91, 2726). Dass der Irrende keine wirtschaftlichen Nachteile erleidet ist im Regelfall, aber nicht notwendig ein Anhaltspunkt (BGH NJW 88, 2599). Die Erheblichkeit fehlt, wenn die Abgabe der Willenserklärung rechtlich geboten ist (München WRP 85, 238) oder sich der Irrtum lediglich auf unwesentliche Nebenpunkte bezieht (RG Recht 1915 Nr 2214). **42**

E. Beweislast. Wer sich auf die Rechtsfolgen der Irrtumsanfechtung beruft, hat die Voraussetzungen des Anfechtungsrechts nachzuweisen (RGZ 70, 90). Hinsichtlich der Kausalität sind Tatsachen darzulegen und zu beweisen, die den Schluss darauf zulassen, dass die fehlerhafte Willenserklärung bei Kenntnis der Sachlage und verständiger Würdigung des Falls nicht abgegeben worden wäre (RG JW 1905, 525; Ddorf NJW-RR 95, 1396). **43**

§ 120 Anfechtbarkeit wegen falscher Übermittlung

Eine Willenserklärung, welche durch die zur Übermittelung verwendete Person oder Einrichtung unrichtig übermittelt worden ist, kann unter der gleichen Voraussetzung angefochten werden wie nach § 119 eine irrtümlich abgegebene Willenserklärung.

A. Zweck. Schaltet der Erklärende eine Person oder Einrichtung zur Übermittlung seiner Willenserklärung ein und wird die Erklärung unrichtig übermittelt, stimmt der äußere Erklärungstatbestand nicht mit dem Willen des Erklärenden überein. Deswegen stellt die Vorschrift den Übermittlungsirrtum mit dem Erklärungsirrtum nach § 119 I Alt 2 gleich. Da der Absender die Übermittlungsgefahr schafft und beeinflussen kann, ist es im Interesse des Verkehrsschutzes gerechtfertigt, das Vertrauen des Empfängers zu schützen und den Erklärenden für das Risiko der Übermittlungsform einstehen zu lassen. **1**

B. Voraussetzungen. I. Willenserklärung. Die Willenserklärung des Absenders muss fehlerhaft übermittelt, von der eingeschalteten Person oder Einrichtung also eine fremde Willenserklärung befördert worden sein. Es genügt eine durch die Aktivierung einer falschen Funktion bei einem Dienstleister fehlerhaft erstellte invitatio ad offerendum, auf die sich die Annahmeerklärung bezieht (Frankf MDR 03, 677; Hamm NJW 04, 2601). Da der Vertreter keine fremde Erklärung übermittelt, sondern eine eigene abgibt, kann keine Anfechtung nach § 120 BGB, sondern eine gem § 166 I erfolgen. Eine fernmündliche Erklärung ist gem § 119 zu behandeln. **2**

II. Übermittlungsperson oder -einrichtung. Der Erklärende muss sich einer Mittelsperson oder Institution bedient haben. Als Personen kommen Boten oder Dolmetscher (BGH WM 63, 166) und als Einrichtungen Post- oder Telegrafendienste, Internetprovider (BGH MDR 03, 406, *Fritzsche/Malzer* DNotZ 95, 13) und alle anderen Organisationen oder Diensteanbieter in Betracht, die fremde Willenserklärungen an einen Adressaten übermitteln. Die Person oder Einrichtung muss vom Erklärenden verwendet, dh eingesetzt sein. Auf eine unrichtige Übermittlung durch den Empfangsboten ist § 120 nicht anwendbar. Dieses aus seinem Machtbereich resultierende Risiko trägt der Empfänger, der nicht nach § 120 anfechten kann, weil er keine Erklärung abgibt. Bei der Verfälschung einer E-Mail oder SMS auf dem Transportweg trägt der Absender das Verfälschungsrisiko, nach dem Eingang in der Mailbox der Empfänger (*Ultsch* NJW 97, 3009). Hat der Erklärende keinen Boten eingeschaltet, sondern geriert sich ein Dritter als Bote (Scheinbote), liegt keine Willenserklärung des Absenders vor. Dies gilt grds auch bei manipulierten E-Mails, es sei denn, der Erklärende muss sich diese zurechnen lassen. **3**

4 **III. Unbewusst unrichtige Übermittlung.** Über den Wortlaut von § 120 hinaus, muss die Mittelsperson oder Einrichtung die Erklärung unbewusst unrichtig übermittelt haben. § 120 ist dann auch bei einer völligen Veränderung des Inhalts oder einem anderen Empfänger anwendbar. Auf eine bewusst unrichtige Übermittlung ist § 120 nicht anwendbar (BGH WM 63, 166; Kobl BB 94, 820; BaRoth/*Wendtland* § 120 Rn 5; Soergel/ *Hefermehl* § 120 Rn 4; aA *Marburger* AcP 173, 143 ff; AnwK/*Feuerborn* § 120 Rn 6), ggf kommt aber eine Haftung des Absenders aus Rechtsscheingesichtspunkten in Betracht. Die §§ 177 ff sind analog anwendbar (Oldbg NJW 78, 951). Genehmigt der Absender nicht, haftet der Bote entspr § 179 (s.a. Rn 6).

5 **IV. Unkenntnis des Empfängers.** Bei Kenntnis des Adressaten liegt eine falsa demonstratio vor (Erman/ *Palm* § 119 Rn 4).

6 **C. Rechtsfolgen.** Die Willenserklärung ist in der Frist des § 121 anfechtbar. Der Anfechtende haftet nach § 122, der Bote oder die Einrichtung nach dem jeweiligen Innenverhältnis, s.a. §§ 40 f TKG, § 7 TKV. Bei bewusst unrichtiger Übermittlung ist eine deliktische Haftung sowohl gegenüber dem Absender als auch dem Empfänger möglich, ggf auch nach aber §§ 280 I, III, 282, 311 II, 241 II.

7 **D. Beweislast.** Macht der Erklärende eine unverfälschte Übermittlung geltend, muss er darlegen und beweisen, dass die Erklärung unverfälscht in den Empfangsbereich des Adressaten gelangt ist. Will der Absender anfechten, muss er die zur Anfechtung berechtigenden Tatsachen beweisen. Entspr gilt, wenn er sich auf eine bewusst verfälschte Erklärung beruft (BaRoth/*Wendtland* § 120 Rn 9).

§ 121 Anfechtungsfrist

(1) ¹Die Anfechtung muss in den Fällen der §§ 119, 120 ohne schuldhaftes Zögern (unverzüglich) erfolgen, nachdem der Anfechtungsberechtigte von dem Anfechtungsgrund Kenntnis erlangt hat. ²Die einem Abwesenden gegenüber erfolgte Anfechtung gilt als rechtzeitig erfolgt, wenn die Anfechtungserklärung unverzüglich abgesendet worden ist.
(2) Die Anfechtung ist ausgeschlossen, wenn seit der Abgabe der Willenserklärung zehn Jahre verstrichen sind.

1 **A. Normzweck.** Der Anfechtungsberechtigte kann frei entscheiden, ob er das Gestaltungsrecht ausübt. Um die daraus resultierende Rechtsunsicherheit zu begrenzen, bestimmt § 121 I, II im allgemeinen Verkehrsschutzinteresse Ausschlussfristen, nach deren Ablauf das Anfechtungsrecht erlischt. Im Gerichtsverfahren ist die Einhaltung der Frist von Amts wegen zu berücksichtigen (RGZ 110, 34).

2 **B. Ausschlussfrist des § 121 I. I. Kenntnis des Anfechtungsgrunds.** Die Anfechtungsfrist beginnt mit der positiven Kenntnis des Anfechtungsberechtigten von einem Irrtum nach den §§ 119, 120 (RGZ 134, 32). Bei mehreren Anfechtungsgründen laufen je einzelne kenntnisabhängige Fristen (vgl BGH NJW 66, 39), ebenso bei mehreren Anfechtungsberechtigten. Gekannt werden müssen die tatsächlichen Voraussetzungen eines Irrtums nach den §§ 119 f, nicht das Anfechtungsrecht und die Anfechtungsfrist (RGZ 134, 32; BayObLG NJW-RR 97, 74; zum Rechtsirrtum Rn 4). Eine vollständige Überzeugung ist nicht erforderlich. Es genügt, falls der Berechtigte einen Irrtum als ernsthaft möglich erkennt, bzw sich ohne besondere Mühe die zur restlichen Aufklärung erforderlichen Angaben verschaffen kann (BGH DB 67, 1807; BayObLG NJW-RR 98, 798; KG NJW-RR 04, 942 f). Grds besteht keine Nachforschungspflicht. Bei ernsthaften Zweifeln, etwa aufgrund einer zuverlässigen Mitteilung, kann der Berechtigte verpflichtet sein, die Bedenken auszuräumen (Staud/*Singer* § 121 Rn 6). Ggf muss er eine auf die Auslegung des Rechtsgeschäfts bezogene und deswegen zulässige Eventualanfechtung erklären (BGH NJW 68, 2099; 79, 765). Kennen müssen aufgrund einfacher Zweifel, bloßer Vermutungen oder Verdachtsgründe genügt nicht (BGH WM 73, 751; BAG NJW 84, 447; BayObLG NJW-RR 98, 798). Die Kenntnis des (Wissens)Vertreters muss sich der Anfechtungsberechtigte nach § 166 I BGB zurechnen lassen (BGH NJW 83, 2035).

3 **II. Unverzüglich.** Die Anfechtung gem § 121 I 1 muss unverzüglich dh ohne schuldhaftes Zögern erfolgen. Diese Legaldefinition gilt für das bürgerliche Recht, §§ 111 S 2, 149 S 1, 174 S 1, 230 III, 318 II, 352, 353, 374 II, 384 II, 396 I, 410 I, 469 I, 536 c I, 543 II 3, 625, 650 II, 663, 727 II, 777 I, 789, 960 II, 961, 965 I, 978 I, 1042, 1160 II, 1166, 1218 II, 1220 II, 1241, 1285 II, 1799 I, 1831, 1894, 1909 II, 1980 I, 2045, 2146 I, 2215 I, 2259 I, 2384, ebenso im Zweifel bei einer Verwendung in AGB (BGH NJW-RR 94, 1109; Hamm NJW-RR 04, 58) oder bei geschäftsähnlichen Handlungen (RGZ 75, 357) sowie in allen anderen Rechtsbereichen, §§ 377 I HGB, 92 I AktG, 107 III GWB (Ddorf NJW 00, 145); 9 I 1 HS 2 MuSchG (BAG DB 88, 2107); 216 II, 269 III 2 ZPO, 295 I Nr 3 InsO, 23 II VwVfG, 37 b, 140 SGB III, 91 V SGB IX, 118 I SGB XII; 68 b I StGB, auch im Tarifrecht (LAG Köln DB 83, 1771).

4 Unverzüglich verlangt keine sofortige, sondern eine unter den gegebenen Umständen und bei Berücksichtigung der Interessen der Gegenseite alsbald mögliche und zumutbare Erklärung (RGZ 124, 118; BGH NJW-RR 94, 1108). Der Anfechtungsberechtigte darf den Anfechtungsgrund prüfen und Rechtsrat einholen (Oldbg NJW 04, 168). Abzustellen ist auf die konkreten Verhältnisse des Einzelfalls, wobei eine Dauer von

mehr als drei Wochen ab Kenntnis regelmäßig nicht unverzüglich ist (Hamm NJW-RR 90, 523). Neue Medien eröffnen oft beschleunigte Informations- und Entscheidungsmöglichkeiten. Ein Rechtsirrtum kann entschuldigen, doch gilt ein strenger Verschuldensmaßstab (RGZ 152, 232). Auf die Anfechtung des Arbeitsverhältnisses nach § 119 wendet das BAG die zweiwöchige Frist des § 626 II entspr an (BAG NJW 80, 1303), doch kann die Frist auch kürzer sein (BAG NJW 91, 2726). Als allgemeiner Maßstab für unverzügliches Handeln ist § 626 II ungeeignet.

III. Anfechtung unter Abwesenden, § 121 I 2. Als empfangsbedürftige Willenserklärung wird die Anfechtung 5 mit dem Zugang wirksam. Da ein unverzügliches Handeln primär von den Verhältnissen des Anfechtungsberechtigten bestimmt ist, nimmt I 2 die Dauer der Übermittlung davon aus und lässt eine unverzügliche Absendung genügen. Das Verzögerungsrisiko trägt der Empfänger, doch darf der Anfechtende keinen besonders umständlichen oder verzögerlichen Übermittlungsweg wählen. Das Verlustrisiko bleibt beim Absender (BaRoth/*Wendtland* § 121 Rn 9). Eine Wiederholung ist nur in der Frist des § 121 I 1 wirksam. Erforderlich ist eine Absendung an den Anfechtungsgegner. Nicht ausreichend ist eine Anfechtung in der bei Gericht eingereichten Klageschrift (BGH NJW 75, 39). § 167 ZPO ist unanwendbar.

C. Ausschlussfrist des § 121 II. Unabhängig von der Kenntnis des Anfechtungsberechtigten erlischt die Frist 6 zehn Jahre nach Abgabe (nicht Zugang) der Willenserklärung. Zudem muss die Anfechtungserklärung dem Anfechtungsgegner vor Ablauf der zehnjährigen Frist zugehen. § 121 I 2 ist nicht entspr anwendbar (AnwK/*Feuerborn* § 121 Rn 17). Die Frist kann weder unterbrochen noch gehemmt werden (MüKo/*Kramer* § 121 Rn 11).

D. Beweislast. Wer sich auf die Rechtsfolgen einer Irrtumsanfechtung beruft, hat Abgabe und Zugang der 7 Erklärung zu beweisen. Wer sich auf eine Verspätung beruft, regelmäßig also der Anfechtungsgegner, muss den Zeitpunkt der Kenntnis des Anfechtenden beweisen (BGH NJW 83, 2035; BAG NJW 80, 1303). Wer die Folgen der Anfechtung geltend macht, grds also der Anfechtende, muss die unverzügliche Anfechtung beweisen (München NJW-RR 88, 498).

§ 122 Schadensersatzpflicht des Anfechtenden

(1) Ist eine Willenserklärung nach § 118 nichtig oder auf Grund der §§ 119, 120 angefochten, so hat der Erklärende, wenn die Erklärung einem anderen gegenüber abzugeben war, diesem, andernfalls jedem Dritten den Schaden zu ersetzen, den der andere oder der Dritte dadurch erleidet, dass er auf die Gültigkeit der Erklärung vertraut, jedoch nicht über den Betrag des Interesses hinaus, welches der andere oder der Dritte an der Gültigkeit der Erklärung hat.
(2) Die Schadensersatzpflicht tritt nicht ein, wenn der Beschädigte den Grund der Nichtigkeit oder der Anfechtbarkeit kannte oder infolge von Fahrlässigkeit nicht kannte (kennen musste).

A. Normzweck. § 122 schützt das Vertrauen auf die Gültigkeit einer nach § 118 nichtigen oder aufgrund der 1 §§ 119, 120 wirksam angefochtenen Willenserklärung. Als Korrektiv der Nichtigkeit ist eine auf dem Veranlassungsprinzip (BGH NJW 69, 1380) beruhende verschuldensunabhängige Schadensersatzpflicht normiert.

B. Voraussetzungen. Die Schadensersatzpflicht erfordert eine gem § 118 nichtige und durch Anfechtung 2 nach §§ 119, 120 rückwirkend vernichtete Willenserklärung. Auf andere Nichtigkeitsgründe, wie § 105 I, oder Anfechtungsrechte, bspw § 123 I, ist § 122 nicht anwendbar. Als spezielle Vorschrift schließt § 2078 III eine Anwendung von § 122 bei der Anfechtung einer letztwilligen Verfügung aus. Entspr gilt für die Anfechtung eines Erbvertrags (München NJW 97, 2331). § 122 enthält nicht den allgemeinen Rechtsgedanken, dass derjenige, der auf die Wirksamkeit einer Willenserklärung vertraut hat und vertrauen durfte, einen Schadensersatzanspruch gegen denjenigen besitzt, aus dessen Sphäre ein Grund für die Unwirksamkeit einer Willenserklärung resultiert (AnwK/*Feuerborn* § 122 Rn 4; zu weit MüKo/*Kramer* § 122 Rn 4).
Gleichwohl bleibt eine **entspr Anwendung** möglich. Eine Analogie kommt in Betracht, wenn der unrichtige 3 Anschein einer Willenserklärung ohne den auf die Abgabe einer solchen Erklärung gerichteten Handlungs- oder Geschäftswillen vorliegt. Dies gilt etwa wenn die vorbereitete aber nicht abgegebene Willenserklärung, z. B. durch wohlmeinende Dritte, dem Empfänger übermittelt wird, der auf ihren Bestand vertraut (BaRoth/*Wendtland* § 122 Rn 3). Wird die Erklärung wegen mangelnden Erklärungsbewusstseins angefochten (§ 119 Rn 21), ist § 122 anwendbar (BGHZ 91, 329). Auf die vorsätzliche Falschübermittlung eines Boten kann § 122 nicht entspr herangezogen werden (§ 120 Rn 4).

C. Schadensersatzanspruch. I. Berechtigter. Bei einer empfangsbedürftigen Willenserklärung ist nur der 4 Empfänger ersatzberechtigt. Dagegen ist bei einer amtsempfangsbedürftigen oder nicht empfangsbedürftigen Willenserklärung jeder berechtigt, der auf die Gültigkeit der Erklärung vertraut hat. Hat bei einer Zwangsversteigerung der Meistbietende sein Gebot angefochten, muss er dem Gläubiger des Grundstückseigentümers den im Vertrauen auf die Wirksamkeit des Gebots entstandenen Schaden ersetzen (BGH NJW 84, 1950).

5 II. Umfang. Der Anspruch ist auf den Ersatz des Vertrauensschadens (negatives Interesse) gerichtet. Der Berechtigte ist so zu stellen, wie er stünde, wenn die Willenserklärung nicht abgegeben worden wäre (RGZ 170, 284). Zu ersetzen sind die nutzlosen Aufwendungen (Kosten), die im Vertrauen auf die Gültigkeit des Geschäfts erbracht wurden, und der durch den unterlassenen Abschluss eines anderen Geschäfts entgangene Gewinn (BGH NJW 84, 1950). Hat der Ersatzberechtigte im Vertrauen auf die Wirksamkeit der Erklärung an den Anfechtenden geleistet, kann er das Geleistete nach § 122 I zurückfordern. Der Anspruch konkurriert mit dem aus § 812, gestattet aber keine Berufung auf den Wegfall der Bereicherung (Erman/*Palm* § 122 Rn 5). Für die prozessuale Kostenerstattung ist zu differenzieren (str). Wurde die Anfechtung vorprozessual erklärt, richtet sich die Erstattung der Prozesskosten nach den §§ 91 ff ZPO. Ist die Anfechtung im Prozess erklärt worden, geht § 122 den §§ 91 ff ZPO vor, ggf ist sofort anzuerkennen (Staud/*Singer* § 122 Rn 13; aA BGH NJW 62, 1671; Celle OLGZ 72, 194 f).

6 III. Begrenzung. Der Ersatz des Vertrauensschadens ist durch das Erfüllungsinteresse begrenzt (RGZ 170, 284). Dies ist nach dem Zustand zu bemessen, der bei Gültigkeit der Erklärung und einer ordnungsgemäßen Erfüllung eingetreten wäre.

7 D. Ausschluss der Ersatzpflicht. Die Ersatzpflicht ist ausgeschlossen, wenn der Geschädigte den Grund der Nichtigkeit oder Anfechtbarkeit kannte oder kennen musste, dh infolge Fahrlässigkeit nicht kannte, § 122 II (Legaldefinition, zB §§ 123 II, 142 II, 169, 173, 179 III, 694). In Kenntnis handelt der Erklärende nach § 119 nur, wenn ihm zwar der Irrtum, nicht aber der wahre Wille des Anfechtenden bekannt war (MüKo/*Kramer* § 122 Rn 10). Kennen müssen liegt bei einer auf Fahrlässigkeit beruhenden Unkenntnis vor. Jede Fahrlässigkeit genügt (RGZ 83, 353). Da insoweit § 254 verdrängt wird, ist das Kennen müssen eng auszulegen (*Medicus* AT Rn 785). Sind die Voraussetzungen von 122 II nicht erfüllt, kann der Ersatzanspruch nach § 242 ausgeschlossen sein (RGZ 81, 398 f, vom Anfechtungsgegner verursachter Irrtum; München NJW 03, 367). Bei schuldloser Mitverursachung des Nichtigkeits- oder Anfechtungsgrunds ist § 254 entspr anzuwenden (BGH NJW 69, 1380; aA Staud/*Schiemann* § 254 Rn 13). Es besteht die Schadensminderungspflicht gem § 254 II (RGZ 116, 19). Für die Verjährung des Ersatzanspruchs gilt § 195.

8 E. Ersatzanspruch aus §§ 280 I, III, 282, 311 II, 241 II. Der verschuldensunabhängige Anspruch aus § 122 I steht einer Haftung nach den §§ 280 I, III, 282, 311 II, 241 II nicht entgegen (BaRoth/*Wendtland* § 122 Rn 12; aA *Früh* JuS 95, 126). Die Begrenzung des § 122 I auf das Erfüllungsinteresse ist nicht auf die neuen Haftungsregeln übertragbar. Durch eine Anfechtung wird ein vertraglicher Schadensersatzanspruch ausgeschlossen (*Höpfner* NJW 04, 2865; aA *Derleder* NJW 04, 970).

9 F. Beweislast. Wer den Schadensersatzanspruch geltend macht, muss die Nichtigkeit der Erklärung nach § 118 oder die wirksame Anfechtung gem §§ 119, 120 sowie die Anspruchsberechtigung, die Kausalität und Schadenshöhe beweisen. Der Anspruchsgegner ist für die Überschreitung des Erfüllungsinteresses und den Ausschluss der Ersatzleistung nach § 122 II beweispflichtig (Baumgärtel/*Laumen*, Handbuch der Beweislast, § 122 Rn 2 f).

§ 123 Anfechtbarkeit wegen Täuschung oder Drohung

(1) Wer zur Abgabe einer Willenserklärung durch arglistige Täuschung oder widerrechtlich durch Drohung bestimmt worden ist, kann die Erklärung anfechten.
(2) ¹Hat ein Dritter die Täuschung verübt, so ist eine Erklärung, die einem anderen gegenüber abzugeben war, nur dann anfechtbar, wenn dieser die Täuschung kannte oder kennen musste. ²Soweit ein anderer als derjenige, welchem gegenüber die Erklärung abzugeben war, aus der Erklärung unmittelbar ein Recht erworben hat, ist die Erklärung ihm gegenüber anfechtbar, wenn er die Täuschung kannte oder kennen musste.

1 A. Normzweck. § 123 schützt die rechtsgeschäftliche Entschließungsfreiheit (BGHZ 51, 147). Die von der Privatautonomie vorausgesetzte rechtsgeschäftliche Selbstbestimmung ist nur zu verwirklichen, wenn sich die Willensbildung frei von Täuschung und Zwang vollzieht (BaRoth/*Wendtland* § 123 Rn 1). Dem Verkehrsschutz wird differenzierend Rechnung getragen. Der Getäuschte oder Bedrohte kann entscheiden, ob die Erklärung gelten lassen oder anfechten will. Während eine arglistige Täuschung nur dann zur Anfechtung berechtigt, wenn die Täuschung gerade vom Geschäftsgegner begangen wurde oder er die Täuschung kennen musste, § 123 II, kommt es für die widerrechtliche Drohung nicht darauf an, vom wen sie begangen wurde.

2 B. Anwendungsbereich. Die Vorschrift gilt für alle Arten von Rechtsgeschäften (vgl § 119 Rn 19; zum Schweigen dort Rn 20). Verfügungsgeschäfte sind anfechtbar, wenn sie selbst auf einer Täuschung beruhen (*Grigoleit* AcP 199, 404 f, 419). Tatsachenerklärungen, wie der Widerruf ehrverletzender Behauptungen, sind unanfechtbar (BGH NJW 52, 417). Sonderregeln bestehen für die Eheschließung (§ 1314 II Nr 3, 4), die Lebenspartnerschaft (§ 15 II 2 LPartG), die Anerkennung der Vaterschaft (§ 1600 c II), letztwillige Verfügungen (§§ 2078, 2080, 2281, 2283) sowie die Erbschaftsannahme (§ 1949). Auf Eheverträge ist § 123 anwendbar (BGH NJW-RR 96,

1282). Für Versicherungsverträge gelten die §§ 16 ff VVG. Gesellschaftsverträge sind auch unter den Voraussetzungen des § 123 grds nur mit Wirkung ex nunc anfechtbar, anders aber bei einer besonders gravierenden Täuschung oder Drohung (BGHZ 13, 322 f). Zum öffentlichen und Prozessrecht vgl § 119 Rn 10 f.
Auf ein nach § 123 angefochtenes **Arbeitsverhältnis** (s.a. Rn 13, 20) ist die Ausschlussfrist des § 626 II nicht entspr anzuwenden (BAG BB 84, 534). Bei einem in Vollzug gesetzten Arbeitsverhältnis wirkt die Anfechtung des Getäuschten oder Bedrohten entgegen § 142 I grds nur ex nunc (BAG NJW 84, 446; aA MüKo/*Kramer* § 123 Rn 3). Ist das Arbeitsverhältnis außer Funktion gesetzt oder wird aufgrund einer Erkrankung keine Arbeitsleistung erbracht, wirkt die Anfechtung auf den Zeitpunkt zurück, von dem an keine Arbeitsleistung mehr erbracht wird (BAG NZA 99, 587 f). 3

C. Arglistige Täuschung. I. Täuschungshandlung. 1. Grundsatz. Die Täuschung verlangt wie nach § 263 StGB, dass der Täuschende beim Getäuschten einen Irrtum hervorruft, aufrechterhält oder bestärkt, indem er falsche Tatsachen vorspiegelt bzw wahre Tatsachen entstellt oder unterdrückt (BGH NJW 57, 988; AnwK/*Feuerborn* § 123 Rn 23). Im Gegensatz zum strafrechtlichen Betrug ist weder eine Bereicherungsabsicht des Täuschenden noch eine Schädigung des Getäuschten erforderlich (Köln VersR 04, 907). Die Täuschung kann durch positives Tun (Rn 5 ff) oder Unterlassung (Rn 8 ff) erfolgen und muss pflichtwidrig (Rn 20) sowie arglistig (Rn 23) geschehen. Die Anfechtung ist ausgeschlossen, wenn die Rechtslage des Getäuschten durch die Täuschung nicht mehr beeinträchtigt ist (BGH NJW 00, 2894). 4

2. Positives Tun. Eine Täuschung durch Vorspiegeln oder Entstellen von Umständen muss sich auf objektiv nachprüfbare Angaben beziehen (MüKo/*Kramer* § 123 Rn 15). Zu eng ist es, allein auf Tatsachen abzustellen. In Betracht kommen alle objektiv nachprüfbaren Umstände, die als wahr oder falsch bezeichnet werden können (vgl BGHZ 3, 273; BAG NJW 94, 1364; Baumbach/*Hefermehl* UWG § 5 Rn 2.27), sofern sie Einfluss auf den Entschluss des Erklärenden haben. Auf eine Offenbarungspflicht kommt es nicht an. Werden Angaben getätigt, müssen diese wahr sein (BGH NJW 64, 811). Nicht erfasst werden rein subjektive Werturteile (BAG NJW 94, 1364), Vermutungen oder marktschreierische Angaben ohne sachlichen Gehalt, die von einem verständigen Menschen nicht ernst genommen werden (Staud/*Singer/von Finkenstein* § 123 Rn 7). 5

Die Täuschung kann sich auf äußere Umstände wie **Wert bildende Merkmale** des Vertragsgegenstands beziehen. Dazu gehören der Kilometerstand eines **Pkw** (BGH NJW 60, 237 f; Köln NJW-RR 88, 1136), die Bezeichnung auch einzelner Teile als neu oder neuwertig (KG OLGZ 72, 403), als generalüberholt (BGH NJW 95, 956), fahrbereit (BGH NJW 93, 1854 f), die Täuschung über die Zahl von 2 statt 5 Vorbesitzern (Ddorf DAR 02, 506), den grauen Import bzw Reimport (LG Ddorf DAR 87, 385; Saarbr NJW-RR 99, 1063 f), die Unfallfreiheit (BGH NJW 82, 1386) bzw die Bagatellisierung von Unfallschäden (München MDR 01, 1407), nicht aber die Bezeichnung eines 6 Jahre alten PKW mit einem ordnungsgemäß reparierten Blechschaden als unfallfrei (Karlsr DAR 02, 167). Bei **Immobilien** kann getäuscht werden über die Finanzierung einer Immobilie aus Erträgen und Steuervorteilen (KG NJW 98, 1082) bzw öffentlich-rechtliche Nutzungsverbote oder Beschränkungen (BGH NJW-RR 88, 394; 1290 f). Eine Täuschung kann auch durch unzutreffende Angaben über die **Preisgestaltung** erfolgen, etwa bei der Bezeichnung eines überhöhten Preises als ordentlicher Preis resp Freundschaftspreis (Saarbr OLGZ 81, 248), als günstigen Preis verbunden mit der Herkunftsangabe aus Malernachlass (Hamm NJW-RR 93, 628), eines oberhalb der Herstellerempfehlung liegenden Preises als Sonderpreis (Frankf DAR 82, 294) oder bei Nennung unrichtiger Einstandspreise bzw. der Verdienstspanne. Getäuscht werden kann über **sonstige** – nicht notwendig verkehrswesentliche – Eigenschaften des Gegenstands oder Umstände des Geschäfts, wie das Alter von Teppichen (BGH DB, 77, 671), Möbeln oder Kunstgegenständen (Ddorf NJW 02, 614, Replikate), die Täuschung eines beschränkt deutsch sprechenden türkischstämmigen Mitbürgers über die schulische Notwendigkeit eines 18 bändigen Lexikons (AG Ibbenbüren NJW 05, 2464), die Qualität einer Ferienwohnung beim Time-sharing (Ddorf NJW-RR 95, 686, 3 statt 5 Sterne), die Rechtsverfolgungsaussichten bei einer Forderung (BGH VIZ 2001, 487), den Namen, die berufliche Stellung oder Qualifikation des Geschäftspartners, die Gewährleistung von Kundendienst und Wartung (BGH NJW 80, 784), die Entgeltlichkeit und Laufzeit einer Adressbucheintragung (BGH NJW-RR 05, 1083), über die Anerkennung eines Ausbildungsabschlusses (Frankf NJW-RR 05, 1145; s.a. Rn 7) oder das Vortäuschen eines Selbstmordversuchs beim Abschluss eines Ehevertrags (BGH NJW-RR 96, 1282). Ggf kann durch die Äußerung einer – bewusst unrichtigen – Rechtsansicht getäuscht werden (vgl KG OLGZ 72, 261). Eine Täuschung liegt vor, wenn ein Stellenbewerber um einen handschriftlichen Lebenslauf gebeten wird und einen nicht eigenhändig geschriebenen Lebenslauf vorlegt (BAG NJW 84, 446) oder die Frage nach einer Schwerbehinderung unzutreffend beantwortet (BAG NJW 96, 2324), außerdem bei unrichtigen Angaben über den Gesundheitszustand beim Abschluss einer Berufsunfähigkeits- (Hamm NJW-RR 95, 287), anders bei einmaligem Erschöpfungszustand (Saarbr NJW-RR 05, 334) oder einer Krankenversicherung (Hburg VersR 71, 902 f). Zu Fragen des Arbeitgebers nach dem Gesundheitszustand unten Rn 20. 6

Die Täuschung kann sich auf innere Umstände beziehen, wie die Absichten des Anfechtungsgegners. Ebenso kann sie auch **konkludent** erfolgen (BGH NJW 01, 3332), etwa über die iRe Unterrichtsvertrags zu erwerbende Qualifikation (AG Kaiserslautern NJW-RR 97, 1073; s.a. Rn 6). Ist ein Sachmangel offenbar, wird damit ggf erklärt, dass die Sache keine weiteren Mängel aufweist (Köln OLGZ 87, 229). Wer ein Geschäft auf Kredit tätigt, erklärt seine Absicht, bei Fälligkeit zu leisten und seine Annahme, hierzu in der Lage zu sein. 7

Selbst eigene Zweifel daran begründen noch keine Täuschung (Köln NJW 67, 741; verkürzt Staud/*Singer/von Finckenstein* § 123 Rn 8; Palandt/*Heinrichs* § 123 Rn 4). Der Hinweis auf besonders hohe Gewinnmöglichkeiten bei einem Geschäft kann irreführend sein, wenn beim Geschäftspartner der unzutreffende Eindruck erweckt wird, er werde ebenfalls entspr Gewinne erzielen (Bambg MDR 71, 44).

8 **3. Unterlassen. a) Grundsätze.** Jede Partei hat ihre Interessen grds selbst wahrzunehmen. Eine Täuschung durch Unterlassen (Verschweigen) erfolgt deshalb nur, wenn eine Offenbarungspflicht hinsichtlich des verschwiegenen Umstands besteht (BGH NJW-RR 96, 690; 98, 1406; BAG NJW 94, 1364). Soweit vereinzelt gesetzlich normierte Aufklärungspflichten existieren, etwa in den §§ 312 c I, 312 e I Nr 2, 482 II, 492 II 5 sowie den §§ 15 ff, 32 ff, 37 b ff WpHG (vgl BGH NJW 02, 1943; NJW-RR 01, 1416), kann ihre Verletzung eine Täuschungshandlung begründen (vgl etwa BaRoth/*Schmidt-Räntsch* § 312 c Rn 27; Erman/*Saenger* § 485 Rn 16). Ganz überwiegenden sind Offenbarungspflichten jedoch rechtsgeschäftlich begründet. Dazu muss der Erklärende nach Treu und Glauben sowie den im Verkehr herrschenden Anschauungen im Einzelfall mit eine Aufklärung rechnen dürfen (BGH NJW 89, 764; NJW-RR 91, 440). Eine Offenbarungspflicht setzt vielfach ein Informationsgefälle zwischen den Geschäftspartnern voraus (Brandbg NJW-RR 96, 726) Mangelnde Lebens- oder Geschäftserfahrung kann Aufklärungspflichten begründen (BGHZ 47, 210 f; NJW 92, 302). Eine allgemeine Pflicht zur Aufklärung aller für den Geschäftspartner relevanten Umstände besteht nicht (BGH NJW 03, 426). Ungünstige Eigenschaften einer Person oder Sache müssen grds nicht ungefragt offenbart werden (München NJW 67, 158). Wer den Mangel einer Kaufsache mit der im eigenen Interesse gebotenen Aufmerksamkeit selbst feststellen kann, darf keine Aufklärung erwarten (BGH NJW 01, 64). Eine Aufklärungspflicht über die Absicht, den Partner bei weiteren Geschäften schädigen zu wollen, besteht nicht (Hamm NZG 05, 212 f). Nimmt der Aufklärungspflichtige an, der Partner sei informiert, fehlt zwar nicht die Täuschung, ggf aber die Arglist (BGH NJW-RR 96, 690). Bei Geschäften mit spekulativem Charakter muss grds über die Umstände aufgeklärt werden, die das Geschäft als spekulativ kennzeichnen oder den Ertrag beeinflussen (BGHZ 80, 82 ff; 124, 154; NJW 98, 2676). Dies gilt insbes gegenüber geschäftlich unerfahrenen Personen (zur strukturellen Überlegenheit Staud/*Singer/von Finkenstein* § 123 Rn 11).

9 **b) Fallgruppen.** Für die Aufklärungspflichten sind insbes folgende Fallgruppen herausgebildet: Auf gezielte **Fragen** muss grds richtig und vollständig geantwortet werden (BGHZ 74, 392; NJW 77, 1915; WM 87, 138; BAG NJW 94, 1364). Will der Gefragte nicht antworten, darf er keine unvollständigen Angaben machen, sondern muss die Antwort verweigern. Ein konkreter Verdacht hinsichtlich der erfragten Umstände ist mitzuteilen (Brem DAR 80, 373). Einer Nachfrage gleichzustellen sein können bestimmte Anforderungsmerkmale in einer Ausschreibung, Leistungsbeschreibung oder einem Inserat (LG Stuttgart NJW-RR 92, 1360). Beim Gebrauchtwagenverkauf muss auf die Frage nach Unfallschäden jeder Bagatellschaden angegeben werden (BGHZ 74, 392; NJW 77, 1915; WM 87, 138), selbst solche, die ungefragt nicht zu offenbaren sind.

10 Eine Offenbarungspflicht wird regelmäßig bestehen, wenn eine **besonderes Vertrauensverhältnis** zwischen Erklärendem und Erklärungsempfänger existieren (BGH NJW 92, 302). In Betracht kommt eine besondere persönliche, familiäre oder gesellschaftsrechtliche Verbundenheit (BGH NJW 92, 300), ein Dauerschuldverhältnis mit persönlicher Vertrauensbeziehung (BGH MDR 79, 730), bei länger während Vertragsverhandlungen mit Angaben, die sich vor Vertragsschluss als unrichtig herausstellen (BGH NJW 83, 2492) und bei besonderen Geschäftsbeziehungen (BGHZ 13, 200), aber auch bei besonderen Fachkenntnissen, wie im Wertpapierhandel (BGHZ 80, 82 ff), bei Banken (RGZ 111, 234 f; Staud/*Singer/von Finkenstein* § 123 Rn 20), beim Auftritt als Fachberater (LG Berlin NJW-RR 89, 505), bei einem Architekten (BGH MDR 78, 1009) und ggf im Gebrauchtwagenhandel (BGHZ 63, 386 f; BGH NJW 80, 2185).

11 Der Erklärende ist auch über **erkennbar besonders wichtige Umstände** aufzuklären, die für seine Entschließung von ausschlaggebender Bedeutung sind (BGH NJW 71, 1799; 98, 1316), insbes wenn sie den Vertragszweck vereiteln oder gefährden können (BGH NJW 79, 2243; 89, 764; 00, 2498; NJW-RR 98, 1406). Ist bei der Übernahme von Dienst- oder Werkleistungen eine bestimmte Qualifikation als verkehrsüblich zu erwarten, muss über deren Fehlen aufgeklärt werden (Architekt: Ddorf NJW-RR 93, 1175; Nürnbg NJW-RR 98, 1714). Der Verkäufer eines Grundstücks muss auf eine geplante tief greifende Verkehrsumgestaltung hinweisen, die den Vertragszweck gefährdet (Frankf NJW-RR 02, 523). Die eigene wirtschaftliche Bedrängnis ist nicht allgemein, sondern nur dann zu offenbaren, wenn der Vertragszweck bedroht ist (BGH NJW 74, 1506; BAG NJW 75, 709). Zweifel an der Leistungsfähigkeit genügen nicht. Es muss zu erwarten sein, dass die Leistung nicht erbracht wird (LG Gießen ZMR 01, 895, hoch verschuldeter Mieter, der die Eidesstattliche Versicherung abgegeben hat).

12 Im Übrigen kann sich eine Aufklärungspflicht ergeben, wenn sie nach **Treu und Glauben** und den Anforderungen des Verkehrs aufgrund einer Gesamtwürdigung zu erwarten ist (BGHZ 117, 283; BGH NJW 83, 2494; NJW-RR 97, 270). Über die Gebührenhöhe hat der RA nicht allgemein, aber uU dann aufzuklären, wenn sie das vom Auftraggeber erstrebte Ziel wirtschaftlich sinnlos macht (BGH NJW 98, 3487).

13 **c) Einzelfälle. Arbeitsvertrag.** Die allgemeinen Grundsätze gelten auch bei der Anbahnung von Arbeitsverhältnissen. Auf eine unzulässige Frage muss der AN jedoch nicht wahrheitsgemäß antworten (Rn 20). Ohne eine entspr Frage muss der Arbeitsplatzbewerber nur auf solche Umstände hinweisen, deren Mitteilung der AG

nach Treu und Glauben erwarten darf, weil sie die Erfüllung der arbeitsvertraglichen Leistungspflicht unmöglich machen oder sonst für den in Betracht kommenden Arbeitsplatz von ausschlaggebender Bedeutung sind (BAG NJW 91, 2724 f). Die Anfechtung ist ausgeschlossen, wenn der Anfechtungsgrund seine Bedeutung für die Fortsetzung des Arbeitsverhältnisses verloren hat (BAG NZA 88, 731). Auf Krankheiten hat der Bewerber nur hinzuweisen, wenn er im Zeitpunkt des Dienstantritts voraussichtlich krank oder zur Kur sein wird (BAG NJW 64, 1197) bzw die gesundheitlichen Beschwerden die Leistungsfähigkeit erheblich gefährden (BAG DB 86, 2238). Über eine Schwangerschaft ist nicht zu informieren (*Schaub*, Arbeitsrechts-Handbuch § 26 Rn 23), eine Ausnahme für befristete Arbeitsverhältnisse erscheint nicht europarechtskonform (vgl EuGH NJW 02, 124). Auf die sexuelle Identität muss nicht hingewiesen werden (EuGH NZA 96, 695; BAG NJW 91, 2726). Über die bevorstehende Vollstreckung einer Strafhaft ist zu informieren (LAG Frankf BB 87, 968).
Architektenvertrag. Der unterlassene Hinweis auf die fehlende Architekteneigenschaft begründet eine Täuschung (Nürnbg NJW-RR 98, 1714). **Bürgschaft.** Verbürgt sich ein AN für seinen AG zwecks Erhalt des Unternehmens, muss der Gläubiger auf seinen Absicht hinweisen, die Geschäftsbeziehungen zum Hauptschuldner einzustellen (BGH NJW 01, 3332). Auf das Bürgschaftsrisiko, dh die Wahrscheinlichkeit der Inanspruchnahme des Bürgen, bei Bedenken gegen den Erfolg einer geplanten Sanierung oder die Kreditwürdigkeit des Hauptschuldners muss der Gläubiger den Bürgen nicht hinweisen (BGH NJW 88, 3205; Köln NJW-RR 90, 756). **Darlehen:** Eine allgemeine Pflicht zur Risikoaufklärung besteht nicht, auch nicht über ein finanziertes Bauherrnmodell (BGH NJW 00, 2353), anders bei einem konkreten Wissensvorsprung über ein finanziertes Vorhaben (BGH NJW 99, 2032 f). Zu den Folgen einer unterlassenen Aufklärung über das Widerrufsrecht beim Verbraucherdarlehen (EuGH NJW 05, 3554; *Staudinger* NJW 05, 3522). 14

Kaufvertrag. Der Verkäufer hat den Käufer auf solche Umstände hinzuweisen, die Voraussetzung für eine sachgerechte Benutzung sind. Wesentliche Mängel einer Kaufsache dürfen nicht verschwiegen werden (BGH NJW 90, 975), bei besonders schwerwiegenden Mängeln genügt bereits ein Verdacht (BGH LM § 463 Nr 8). 15

Kfz: Auf Unfallschäden ist hinzuweisen (BGHZ 29, 150 f; 63, 386 f; BGH NJW 82, 1386) auch gegenüber einem Gebrauchtwagenhändler (Köln NJW-RR 95, 51), nicht aber auf Bagatellschäden, wie ganz geringfügige äußere Lackschäden bei Pkw, bei LKW etwas schwächere Pflicht (BGH NJW 82, 1386, anders bei konkreter Frage, Rn 9), auch nicht auf Kleinstschaden neben erwähnter Reparatur (München DAR 02, 454). Beim Verkauf eines fabrikneuen Wagens ist auf eine ausgebesserte und überlackierte Tür hinzuweisen (LG Gießen NJW-RR 05, 493, Wertgrenze EUR 350). Erheblich Rostschäden an tragenden Teilen sind anzusprechen, nicht überlackierten Flugrost (Kobl NJW-RR 02, 1578). Nach schwerem Unfall ist über den Umfang des Schadens und die Art der Reparatur aufzuklären (Karlsr DAR 92, 151; Köln VerR 94, 111), nicht über die Sachverständigenbeurteilung als Totalschaden (Ddorf NJW-RR, 91, 1402; aA Hamm DAR 83, 355), ein Hinweis auf Seitenschaden rechts ist unzureichend (Kobl DAR 02, 452). Auf eine etwaige Verkehrsunsicherheit wegen nicht vollständig durchgeführter Reparatur ist hinzuweisen (Hamm DAR 96, 499), ebenso hat insbes ein Gebrauchtwagenhändler auf den begründeten Verdacht von Unfallschäden hinzuweisen (Frankf NJW-RR 99, 1064). Hinzuweisen ist auf Umstände, welche die Verkehrssicherheit und -zulassung betreffen (BGH NJW 71, 1799) oder auf ungewöhnliche Besonderheiten der Ausstattung (Ddorf NJW-RR 93, 1463), nicht auf das Alter als solches (BGH NJW 81, 224). Über den Reimport eines Gebrauchtwagens ist zu informieren (Saarbr NJW-RR 99, 1063) ebenso über die Vorbenutzung als Mietwagen (aA bei kurzer Dauer Köln VerR 97, 1368). Zur Fabrikneuheit (BGH NJW 00, 2018; 04, 160; Zweibr NJW-RR 98, 1213). Keine Aufklärungspflicht besteht über Wiederverkaufsabsichten, auch wenn Verkäufer nicht an Wiederverkäufer veräußern darf (BGHZ 117, 283). 16

Immobilien: Hinzuweisen ist auf eine Einsturzgefahr (BGH NJW 90, 975), die Kontaminierung mit Altöl oder anderen Altlasten sowie auf einen Altlastenverdacht (BGH NJW 01, 64; *Müggenborg* NJW 05, 2816), den Verdacht einer Nutzung als wilde Müllkippe (BGH NJW 91, 2900; 92, 1954 f), die Benutzung als Deponie (BGH NJW 95, 1550), als ungesichertes Lager für Chemikalien (LG Stuttgart NJW-RR 03, 1315), wohl auch als Gaswerk mit Verkokungsanlage (aA BGH NJW 94, 254), nicht aber über eine längere Zeit zurückliegende bordelllähnliche Nutzung (Hamm NJW-RR 00, 1183). Aufzuklären ist über den Verdacht von Trocken- oder Nassfäule (BGH MDR LM § 463 Nr 8; Celle MDR 71, 392), erhebliche Mängel des Abwasserabflusses (Kobl NJW-RR 90, 149), das Fehlen eines notwendigen Hochwasserschutzes (BGH NJW-RR 92, 334), schikanöses Verhalten eines Nachbarn (BGH NJW-RR 91, 1675), beim Kauf eines Mietobjekts über die mangelnde Bonität eines Mieters (BGH NJW-RR 03, 701) bzw erhebliche Zahlungsrückstände eines Mieters (Celle NJW-RR 99, 280 f), eine Mietpreisbindung beim Verkauf einer Eigentumswohnung als Vermögensanlage (vgl BGH NJW 98, 898), die Heranziehung eines Grundstücks für Planungsvorhaben der Kommune (BGH MDR 76, 565), die Ausweisung als Landschaftsschutzgebiet (Oldbg NJW-RR 03, 448), eine fehlende Baugenehmigung (BGH NJW 79, 2243; 03, 2381), öffentlich-rechtliche Nutzungsbeschränkungen (BGH NJW-RR 88, 1290), eine fehlende Zustimmung des Nachbarn zur Bebauung (Kobl NJW-RR 03, 119), Feuchtigkeitsschäden auch nach einem evtl erfolglosen Sanierungsversuch (BGH NJW 93, 1704), auf einen erheblichen Holzbockbefall (BGH NJW 65, 34; KG NJW-RR 89, 972), nicht aber die Gefahr von Hausschwamm, wenn der Käufer die dafür maßgebenden Umstände kennt (BGH NJW-RR 03, 772) auch nicht auf Risse im Estrich (München BB 97, 961). Keine Aufklärungspflicht besteht über fachlich einwandfrei durchgeführte Schwarzarbeiten (BGH NJW 17

79, 2243; Celle MDR 97, 927). Bei einem auf Steuerersparnis angelegten Immobilienkauf kann eine Hinweispflicht auf die steuerlichen Auswirkungen des Erwerbs bestehen (BGH NJW 99, 638).

18 **Sonstige Kaufverträge:** Der Verkäufer eines GmbH-Anteils muss über die Verbindlichkeiten der GmbH informieren, falls sie die Insolvenzreife der GmbH begründen (BGH NJW-RR 98, 1406), beim Unternehmenskauf ist über rückständige Umsatzsteuerleistungen zu informieren (Köln NJW-RR 94, 1065), der Umfang der Verbindlichkeiten ist zu offenbaren, soweit sie den Bestand des Unternehmens gefährden (BGH ZIP 02, 853). Aufzuklären ist bei der Beteiligung an einem Bauherrnmodell über erhebliche Differenzen zwischen einer Mietgarantie und gezahlten Mieten (Ddorf DNotZ 98, 901), nicht dagegen über die konkreten Vermögensverhältnisse des Schuldners einer Forderung (BGH WM 75, 158).

19 **Maklervertrag:** Ein Makler muss auf einen Provisionsanspruch gegen den Kreditgeber hinweisen, wenn er auch gegen den Darlehensnehmer einen Provisionsanspruch erwerben will (Stuttg NJW 82, 1599; Frankf NJW-RR 88, 1199). **Mietvertrag:** Bei einer Untervermietung ist auf erhebliche Mietrückstände im Hauptmietverhältnis hinzuweisen (Köln NJW-RR 99, 883), auf eine mögliche Eigenbedarfskündigung kann hinzuweisen sein (BVerfG NJW 89, 972), Nebenkosten sind realistisch anzugeben (Ddorf ZMR 00, 605). **Unterhaltsvertrag:** Das Verschweigen von erheblichen Einkünften und des Sicherungscharakters einer Forderungsabtretung ist aufklärungspflichtig (BGH NJW-RR 02, 1356), nicht aber das Zusammenleben mit einem anderen Partner (BGH NJW-RR 86, 1258). Beim gerichtlichen Unterhaltsvergleich können erhebliche Zuwendungen zu offenbaren sein (BGH NJW 99, 2804). **Vergleich:** Wird einem Vergleichsschluss eine Organisationsbeschreibung zugrundegelegt, ist darin auf Sicherheitsmängel hinzuweisen (BGH NJW 00, 2498). **Versicherungsvertrag:** Beim Abschluss eines Feuerversicherungsvertrags ist auf eine konkrete Brandstiftungsdrohungen hinzuweisen (KG NJW-RR 99, 100). Zur Aufklärungspflicht über Vorerkrankungen beim Abschluss eines Krankenversicherungsvertrags (BGH NJW-RR 95, 217; Saarbrücken VersR 03, 891). Beantwortet der Privatkunde einen umfassenden Fragenkatalog, muss er idR keine weiteren Umstände offenbaren (BGHZ 117, 386). **Werk- und Werklieferungsverträge:** Aufzuklären ist über mögliche Bedenken gegen die Brauchbarkeit einer neuen Technik (BGH BB 93, 27).

20 **II. Pflichtwidrigkeit.** Eine vorsätzliche Täuschung verstößt regelmäßig gegen (vor)vertragliche Pflichten und die Anforderungen eines redlichen Rechtsverkehrs. Ausnahmsweise ist die Täuschung bei der in erster Linie im Arbeitsrecht bedeutsamen Fallgruppe einer falschen Antwort auf eine unzulässige Frage nicht pflichtwidrig. Der Tatbestand des § 123 I Alt 1 wird insoweit um das ungeschriebene Merkmal der Pflichtwidrigkeit ergänzt. Fragen an den Arbeitsuchenden sind nur zulässig, wenn der AG ein berechtigtes, billigenswertes und schutzwürdiges Interesse an der Antwort im Hinblick auf das Arbeitsverhältnis hat (BAG NJW 96, 2323; 01, 1885). Die Frage nach der Schwerbehinderteneigenschaft ist zulässig und zwar auch, wenn diese tätigkeitsneutral ist (BAG NJW 94, 1364; 01, 1885). Nach einer Schwangerschaft darf – grds auch bei einem befristeten Arbeitsverhältnis – nicht gefragt werden (EuGH NJW 02, 124; BAG NJW 93, 1155). Vorstrafen darf der AG erfragen, wenn und soweit dies die Art des Arbeitsplatzes nach einem objektiven Maßstab erfordert (BAG NJW 99, 3654).

21 **III. Irrtum.** Ein Irrtum liegt bei einer unbewussten Fehlvorstellung über die Wirklichkeit vor und zwar auch dann, wenn der Irrende die Täuschung nicht erkannt hat, aber hätte erkennen können (BGH NJW 97, 1847). Erkennt der Getäuschte die Wahrheit, fehlt es an einem Irrtum (BAG NJW 01, 1885).

22 **IV. Kausalität.** Erforderlich ist eine doppelte Kausalität. Zunächst muss ein Ursachenzusammenhang zwischen Täuschungshandlung und Irrtum vorliegen. Dieser besteht, wenn der Täuschende den Irrtum unterhält oder die Täuschung den Irrtum mitverursacht hat (KG JR 64, 350), nicht aber bei einer Selbsttäuschung (BGH WM 74, 1023). Außerdem muss der Irrtum für die Abgabe der Willenserklärung kausal sein, falls etwa der Getäuschte die Willenserklärung nicht oder mit einem anderen Inhalt abgegeben hätte (BGH NJW 64, 811). Dafür sind Umstände ausreichend, die Einfluss auf die Entschließung besitzen (BGH NJW 95, 2362).

23 **V. Arglist.** Die Täuschung muss arglistig geschehen. Arglist iSd Vorschrift bedeutet Vorsatz. Der Vorsatz muss sich auf die Täuschung, Irrtumserregung und Kausalität beziehen. Es genügt das Bewusstsein, dass der Erklärende seine Erklärung ohne die Willenserklärung möglicherweise nicht oder nicht mit dem vereinbarten Inhalt abgegeben hätte (BGH NJW 98, 1316; 00, 2499). Bedingter Vorsatz ist ausreichend. Der Täuschende muss die Unrichtigkeit seiner Angaben kennen oder für möglich halten (BGH NJW 01, 2327). Der Täuschende handelt dagegen nicht arglistig, wenn die Fehlerhaftigkeit seines Handelns nahe liegt, er aber darauf vertraut, der Umstand werde nicht vorliegen (Erman/*Palm* § 123 Rn 28). Arglistig handelt auch, wer ohne hinreichende Grundlage – sich als unzutreffend erweisende – Erklärungen ins Blaue hinein abgibt (BGHZ 74, 392; NJW 98, 303). Ein Schädigungsvorsatz oder eine Bereicherungsabsicht ist nicht erforderlich (BGH NJW 74, 1506; 00, 2499). Auch die Täuschung in wohlmeinender Absicht ist arglistig, denn auf die Intention kann es beim Schutz der freien Willensentschließung nicht ankommen (MüKo/*Kramer* § 123 Rn 9; BaRoth/*Wendtland* § 123 Rn 19; *Medicus* AT Rn 789; aA BGH BB 54, 785; Palandt/*Heinrichs* § 123 Rn 11).

24 **VI. Täuschung durch Dritte. 1. Grundsatz.** Auf einer arglistigen Täuschung beruhende nicht empfangsbedürftige Willenserklärungen können unabhängig davon angefochten werden, wer den Erklärenden getäuscht hat. Bei empfangsbedürftigen Willenserklärungen ist dagegen die Anfechtbarkeit wegen einer Täuschung im

Interesse des Verkehrsschutzes beschränkt. Hat ein Dritter die Täuschung verübt, kann die Willenserklärung nach § 123 II 1 nur angefochten werden, wenn der Erklärungsempfänger die Täuschung kannte oder kennen musste. Scheitert danach das Anfechtungsrecht an der Gutgläubigkeit des Erklärungsempfängers, eröffnet § 123 II 2 ein Anfechtungsrecht, wenn ein anderer aus der Erklärung unmittelbar ein Recht erworben hat und dieser Begünstigte die Täuschung kannte oder kennen musste.

2. § 123 II 1. a) Person des Dritten. Vorbemerkung. Gegenüber einem bösgläubigen Erklärungsempfänger ist die Willenserklärung stets anfechtbar. Es kommt nicht darauf an, ob der Täuschende Dritter oder dem Geschäftskreis des Empfängers zuzurechnen ist. Anders gegenüber einem gutgläubigen Erklärungsempfänger (Erman/*Palm* § 123 Rn 33 f). Maßgebend ist, ob der Täuschende Dritter ist. Im Interesse eines weit gefassten Anfechtungsrechts wird hier die Stellung als Dritter restriktiv interpretiert. 25

Dritter i.S der Vorschrift ist der Außenstehende (BAG NZA 98, 34), der am Geschäft unbeteiligt ist und dessen Verhalten sich der Erklärungsempfänger nicht zurechnen lassen muss. Täuscht der Schuldner den Sicherungsgeber, verfolgt er als Dritter eigene Interessen und steht nicht im Lager des Sicherungsnehmers (BGH WM 63, 252), ebenso wenn der Darlehnsnehmer die Person täuscht, die eine Mithaftung übernimmt (LG Ulm WM 84, 28). Wer den Vertragsschluss wie ein Makler vermittelt, kann Dritter sein (BGZ 33, 309; zum Versicherungsvertreter aber Hamm VersR 74, 562 f), ebenso wer den Vertragsschluss aus eigenem Antrieb anbahnt (BGH NJW 96, 1051), anders aber, wenn ein Vermittler/Makler die Verhandlungen für den Erklärungsempfänger führt (vgl BGH NJW 1996, 451). Eine Vertragsübernahme – Zustimmung des Vermieters zum Mieterwechsel – kann von der im Vertrag verbleibenden Partei nur angefochten werden, wenn die ausscheidende und die eintretende Partei entweder selbst getäuscht hat oder bösgläubig war (BGH NJW 98, 533). 26

Kein Dritter ist ein am Vertragsschluss Beteiligter, dessen Verhalten dem des Erklärungsempfängers gleichzusetzen ist (BGH NJW 96, 1051). Gesetzliche und rechtsgeschäftliche Vertreter sowie beauftragte Verhandlungsführer und Verhandlungsgehilfen ohne Abschlussvollmacht sind danach keine Dritten (BGHZ 47, 230 f; BGH NJW 96, 1051). Auch andere am Zustandekommen eines Geschäfts Beteiligte sind nicht als Dritte anzusehen, wenn sie wegen ihrer engen Beziehung zum Erklärungsempfänger als dessen Vertrauensperson erscheinen (BGH NJW 78, 2145; 89, 2880; 90, 1662). Abzustellen ist darauf, ob der Täuschende bei einer funktionellen Betrachtungsweise auf der Seite des Erklärungsempfängers steht (Soergel/*Hefermehl* § 123 Rn 32; aA MüKo/*Kramer* § 123 Rn 22 f, Maßstab insbes § 278). Dies gilt etwa für den vollmachtlosen Vertreter dessen Handeln genehmigt wurde (BGH WM 79, 237), den Vertragspartner des Erklärungsempfängers (Kobl NJW-RR 03, 120), den Schuldner als Beauftragten des Gläubigers im Verhältnis zum Bürgen (BGH NJW 62, 1907 f; unzureichend soll eine Verhandlungsanstoß sein BGH NJW-RR 92, 1006) und den Strohmann (BaRoth/*Wendtland* § 123 Rn 22). Beim finanzierten Kauf kann die Täuschung des Veräußerers der Bank zuzurechnen sein, sowie sie aus Sicht des Darlehnsnehmers (Erwerbers) als Handlung des Kreditgebers erscheint (BGH NJW 78, 2145; s.a. § 358. Beim Leasingvertrag ist der die Vorverhandlung führende Hersteller oder Händler kein Dritter des Leasinggebers (BGH NJW 89, 288). IRe Auffangtatbestands kann schließlich die Eigenschaft als Dritter nach Billigkeitsgesichtspunkten unter Berücksichtigung der Interessenlage zu verneinen sein (BGH NJW 78, 2145; 90, 1662; 96, 1051). 27

b) Bösgläubigkeit. Hat ein Dritter getäuscht, besteht ein Anfechtungsrecht nur, wenn der Erklärungsempfänger die Täuschung kannte oder kennen musste. Jede Fahrlässigkeit genügt (§ 122 Rn 7). Anhaltspunkten für eine Täuschung muss der Erklärungsempfänger ggf nachgehen (BGH NJW-RR 92, 1006). 28

3. § 123 II 2. Erwirbt eine andere Person aus dem Rechtsgeschäft unmittelbar ein Recht, kann die Erklärung auch dem Begünstigten gegenüber angefochten werden, wenn dieser die Täuschung kannte oder kennen musste. Sollte ein Anfechtungsrecht nach § 123 II 1 ausscheiden, kann auf diese Weise die Anfechtung eröffnet sein. Hauptanwendungsfall ist der Vertrag zugunsten Dritter, etwa der Lebensversicherungsvertrag, bei dem der Versicherer als Versprechender seine Erklärung gegenüber dem Begünstigten anfechten darf, doch bleibt die Verpflichtung gegenüber dem Versprechensempfänger bestehen. § 139 ist insoweit unanwendbar (AnwK/*Feuerborn* § 123 Rn 71; aber Hamm VersR 88, 459). Die Täuschung kann durch den Begünstigten als Dritten oder einem Außenstehenden als Vierten begangen sein. 29

D. Widerrechtliche Drohung. I. Drohung. Unter einer Drohung wird das Inaussichtstellen eines künftigen Übels verstanden, auf dessen Eintritt der Drohende Einfluss zu haben vorgibt (BGHZ 2, 295; BGH NJW 88, 2600 f; BAG NZA 02, 732). Durch die Drohung muss der Erklärende in die von § 124 II 1 Alt 2 vorausgesetzte Zwangslage gebracht sein (AnwK/*Feuerborn* § 123 Rn 75). Die Drohung kann versteckt durch einen Hinweis auf nachteilige Folgen oder konkludent erfolgen (BGH NJW 88, 2601). Das Ausnutzen einer Zwangslage berechtigt aber nicht zu einer Anfechtung analog § 123 (BGH NJW 88, 2601). Die Drohung kann auch von einem Dritten ausgehen (BGH NJW 66, 2401), denn die Beschränkung des Anfechtungsrechts aus § 123 II gilt hier nicht (Staud/*Singer/von Finkenstein* § 123 Rn 60). 30

1. Übel. Als Übel genügt jeder Nachteil, unabhängig davon, ob er materieller oder ideeller Natur ist oder sich auf den Erklärenden bzw eine andere Person bezieht (BGHZ 25, 218 f; BGH NJW 88, 2601). Ebenso wird die angedrohte Ausübung vertraglicher Gestaltungsrechte erfasst, so die Kündigung eines Darlehens 31

(BGH NJW 97, 1981) oder Arbeitsvertrags (BAG NZA 02, 732 f). Auf das Gewicht des Übels kommt es nicht an, doch sind bei der Drohung mit Lappalien erhöhte Anforderungen an den Kausalitätsnachweis zu stellen (MüKo/*Kramer* § 123 Rn 46).

32 **2. Abhängigkeit vom Willen des Drohenden.** Beim Bedrohten muss der Eindruck hervorgerufen werden, der Eintritt des Übels sei vom Willen des Drohenden abhängig. Ausreichend ist eine nicht ernstlich gemeinte Drohung, die der Erklärende für ernst hält und halten soll (BGH NJW 82, 2301). Das Ausnutzen eines bestehenden Übels (BGHZ 2, 295, Suizidgefahr eines Dritten) oder einer objektiven Zwangslage (BGHZ 6, 351) genügt nicht. Beim Hinweis auf ein bestehendes Übel oder ein Risiko liegt eine unerhebliche Warnung vor (Staud/*Singer/von Finkenstein* § 123 Rn 63).

33 **II. Kausalität.** Der Erklärende muss durch die Drohung zur Abgabe der Willenserklärung bestimmt worden sein. Ohne die Drohung darf die Willenserklärung überhaupt nicht, nicht mit diesem Inhalt oder nicht zu dieser Zeit abgegeben worden sein (BGHZ 2, 299). Eine Abwägung der mit der Willenserklärung verbundenen Vor- und Nachteile schließt eine Anfechtbarkeit nicht aus, wenn die Drohung jedenfalls für die Abgabe mitursächlich war (Erman/*Palm* § 123 Rn 59), anders wenn die Willenserklärung aufgrund selbstbestimmter Überlegung abgegeben wurde (BGH WM 74, 1023). Ein Mitverschulden des Anfechtenden hindert die Anfechtung nicht (BGH NJW 97, 1847).

34 **III. Widerrechtlichkeit.** Eine Drohung ist widerrechtlich, wenn das angedrohte Mittel, der erstrebte Zweck oder das Verhältnis zwischen beiden (Mittel-Zweck-Relation) widerrechtlich ist (BGHZ 25, 220; BGH NJW 05, 2767; BAG NJW 99, 2061). Liegt ein Rechtfertigungsgrund vor, ist die Erklärung nicht anfechtbar (AnwK/*Feuerborn* § 123 Rn 83).

35 **1. Widerrechtliches Mittel.** Eine Drohung ist widerrechtlich, wenn das angedrohte Mittel (Verhalten) gegen die Rechtsordnung verstößt, weil es strafbar, rechts- oder sittenwidrig ist. Widerrechtlich ist die Drohung mit einem Vertragsbruch (BGH NJW 95, 3053), selbst wenn eine wirksame und fällige Forderung durchgesetzt werden soll (BaRoth/*Wendtland* § 123 Rn 29). Wird die Notaufnahme im Krankenhaus von der Vereinbarung von Wahlleistungen abhängig gemacht, ist dies widerrechtlich (Köln VersR 82, 677). Die Drohung eines Richters, er werde ein der Partei nachteiliges Urteil erlassen, falls diese nicht einem Vergleich zustimme, soll rechtswidrig sein (BGH NJW 66, 2399; aA *Schneider* ebda). Grds rechtmäßig ist die Drohung mit von der Rechtsordnung zugelassenen und in der Situation objektiv zu erwägenden Rechtsbehelfen (BGH NJW 05, 2768; aber unten Rn 37), zB einem Zurückbehaltungsrecht, einem Rechtsstreit (BGHZ 79, 143 f), der Zwangsvollstreckung (BGH WM 84, 1249), einem Insolvenzantrag, einer Kündigung (BGH NJW 05, 2768), einer Strafanzeige (BGHZ 25, 219; BAG NJW 99, 2061) oder einem Boykottaufruf im Arbeitskampf (BAG NJW 77, 318). Es müssen weder eine Bedenkzeit noch ein Widerrufsrecht (dazu BAG NJW 04, 2403) eingeräumt werden (BAG NJW 94, 1022). Die Verfolgung von Rechten ist selbst dann berechtigt, wenn das Recht nicht existiert, vorausgesetzt es besteht dabei ein guter Glaube oder ein berechtigtes Interesse (BGH NJW 05, 2768).

36 **2. Widerrechtlicher Zweck.** Selbst wenn das Druckmittel rechtmäßig ist, kann die Drohung aufgrund des subjektiv angestrebten rechts- oder sittenwidrigen Zwecks widerrechtlich sein. Es genügt aber nicht, dass der Drohende keinen Anspruch auf den erstrebten Erfolg hat (BGH NJW 97, 1981). Der Erfolg selbst muss rechtswidrig sein (BGHZ 25, 220). Dieser Fallgruppe kommt keine große Bedeutung zu, da die Willenserklärung zumeist bereits nach §§ 134, 138 nichtig ist (*Larenz/Wolf* AT § 37 Rn 37). Die Ankündigung einer Mandatsniederlegung, falls nicht ein Sonderhonorar gezahlt wird, ist rechtmäßig (BGH DB 78, 1174; NJW 02, 2775, anders zur Unzeit).

37 **3. Inadäquanz von Mittel und Zweck.** Sind weder das Mittel noch der Zweck rechtswidrig kann gleichwohl der Einsatz des Mittels für den konkreten Zweck zu missbilligen sein. IRd erforderlichen Gesamtwürdigung ist zu prüfen, ob der Drohende an der Erreichung des erstrebten Erfolgs ein berechtigtes Interesse hat und ob die Drohung ein angemessenes Mittel darstellt (BGHZ 25, 220; BGH NJW 83, 385; BAG NJW 04, 2402). Zu missbilligen ist die Drohung, ein Haus nur zu übergeben, wenn der Bedrohte eine Sonderzahlung anerkennt und auf Vorbehalte verzichtet (BGH NJW 82, 2301). Die Drohung mit einer **Klage** muss grds selbst dann hingenommen werden, wenn die Klage unbegründet ist, anders aber bei einer unlauteren Prozessführung, die etwa nur der Verzögerung dient (BGHZ 79, 143 f). Bei der Drohung mit einer **Strafanzeige** ist darauf abzustellen, ob ein innerer Zusammenhang zwischen der anzuzeigenden Tat und dem verfolgten Interesse besteht. Nicht widerrechtlich ist die Drohung, wenn der Bedrohte zur Ersatzleistung wegen seiner verübten Straftat angehalten werden soll (BGHZ 25, 220 f; BGH WM 63, 512). Die Drohung des AG mit einer Strafanzeige, um den AN zur Unterzeichnung eines Schuldanerkenntnisses zu veranlassen, ist bei einem begründeten Verdacht nicht unangemessen (BAG NJW 99, 2061). Grds inadäquat ist die Drohung mit einer Strafanzeige gegen Dritte, etwa Familienangehörige (Karlsr VersR 92, 704), es sei denn, der Dritte war an der Tat beteiligt (BGH WM 73, 575). Etwas anderes gilt, falls eine zufällig bekannt gewordene Straftat genutzt wird, um anderweitige zivilrechtliche Ansprüche durchzusetzen (BAG NJW 99, 2061). Die Drohung eines AG mit einer (außer)ordentlichen **Kündigung** ist rechtswidrig, wenn die Kündigung jeder Grundlage entbehrt und ein ver-

ständiger AG sie nicht in Erwägung gezogen hätte (BAG NZA 96, 1031; 02, 733; NJW 04, 2402). Bei einer angedrohten Verdachtskündigung muss sich der AG bemüht haben, die Verdachtsmomente aufzuklären (BAG NJW 97, 678). **Sonstiges.** Eine angedrohte Presseberichterstattung ist nicht zu missbilligen, wenn der angedrohte Pressebericht selbst nicht zu missbilligen ist (BGH NJW 05, 2769 f).

IV. Subjektiver Tatbestand. Vom Drohenden muss bezweckt werden, den Bedrohten zur Abgabe einer Willenserklärung zu veranlassen. Voraussetzung ist ein vorsätzliches Handeln, dh der Drohende muss den Bedrohten bewusst in eine Zwangslage versetzen wollen (BGH NJW-RR 96, 1283; aA *Larenz/Wolf* AT § 37 Rn 43). Nicht erforderlich ist die Absicht, den Bedrohten zu schädigen oder die Drohung zu verwirklichen (BaRoth/*Wendtland* § 123 Rn 35). Umstritten ist, ob auch hinsichtlich der Widerrechtlichkeit subjektive Anforderungen erfüllt sein müssen. Die Rspr verlangt, dass der Drohende die Umstände kennt, welche die Anstößigkeit begründen bzw eine auf Fahrlässigkeit beruhende Unkenntnis (BGHZ 25, 224 f; BGH JZ 63, 318; aA Staud/*Singer/von Finkenstein* § 123 Rn 78; *Medicus* AT Rn 820). 38

E. Rechtsfolgen. Die auf einer arglistigen Täuschung oder widerrechtlichen Drohung beruhende Willenserklärung ist anfechtbar. Eine Teilanfechtung trennbarer Teile des Rechtsgeschäfts ist zulässig (RGZ 146, 239; BGH WM 73, 638). Die Anfechtung ist ausgeschlossen, falls die Rechtslage des Getäuschten durch die Handlung nicht oder nicht mehr betroffen ist (BGH NJW 00, 2894), insbes wenn der Anfechtungsgrund seine Bedeutung für das Rechtsgeschäft verloren hat (Frankf NJW-RR 86, 1206; BAG NZA 88, 731). Abzustellen ist dafür auf den Zeitpunkt der Abgabe der Anfechtungserklärung, nicht des Zugangs (BGH NJW 00, 2894). Ein zeitweiliger Fortfall des Anfechtungsgrunds ist unschädlich (BGH NJW 92, 2348). 39

F. Konkurrenzen. I. Anfechtungstatbestände. Eine Anfechtung wegen arglistiger Täuschung und widerrechtlicher Drohung schließen sich nicht aus (BGH NJW-RR 96, 1281), ebenso wenig eine Anfechtung nach § 123 I und nach § 119 (BGHZ 78, 221). 40

II. Sittenwidrigkeit. Eine Täuschung (oder Drohung) allein begründet noch keine Sittenwidrigkeit gem § 138. Dazu bedarf es weiterer Umstände (BGH NJW 88, 903). 41

III. Vorvertragliche Pflichtverletzung, § 311 II. Eine Täuschung oder Drohung führt vielfach zu Schadensersatzansprüchen aus vorvertraglichen Pflichtverletzungen, §§ 280 I, II, 282, 241, 311 II. Umstritten ist, ob auch bei fahrlässigen Handlungen eine Befreiung von der Vertragspflicht erreicht werden kann. Dies wird vor allem von der st Rspr bejaht (etwa BGH NJW 62, 1198; 98, 303; 02, 2775; NJW-RR 02, 309 f; s.a. *Lorenz* ZIP 98, 1055; aA *Grigoleit* NJW 99, 900; s.a. *Schöpflin* JA 98, 356). Die Verstärkung der vorvertraglichen Pflichten und § 282 rechtfertigen es nach neuem Recht, einen solchen Schadensersatzanspruch bei fahrlässigen Pflichtverletzungen zuzulassen. 42

IV. Gewährleistungsrecht. Die Gewährleistungsrechte, insbes §§ 437 ff, schließen § 123 nicht aus (NJW 58, 177; BGHZ 57, 146; 110, 222). Mit der Anfechtung entfällt die Grundlage eines gewährleistungsrechtlichen Schadensersatzanspruchs (*Höpfner* NJW 04, 2865; aA *Derleder* NJW 04, 970). 43

V. Unerlaubte Handlungen. Das Anfechtungsrecht aus § 123 konkurriert oft mit Ansprüchen aus §§ 823 II (iVm 240, 263 StGB), 826. Diese Ansprüche sind idR auf das negative Interesse gerichtet (BGH NJW 98, 984). Das positive Interesse kann nur beim Nachweis verlangt werden, dass der Vertrag ohne den Anfechtungstatbestand zu günstigeren Bedingungen geschlossen wäre (RGZ 103, 159; BGH DB 69, 878). 44

G. Beweislast. Wer sich auf die Rechtsfolgen der Anfechtung nach § 123 beruft, hat die Voraussetzungen des Anfechtungsrechts nachzuweisen (BGH NJW 57, 988; 01, 65). Die Beweislastverteilung gilt auch im Arbeitsrecht, etwa bei der Anfechtung eines Aufhebungsvertrags (BAG DB 99, 2574). Bei einer Täuschung durch arglistiges Verschweigen ist der bedingte Vorsatz iSe Fürmöglichhaltens zu beweisen (BGH NJW 01, 2327; 03, 755). Der Gegner hat aber zunächst vorzutragen, wo, wann und wie die Aufklärung erfolgt ist (BGH NJW 01, 65). Die Kausalität einer arglistigen Täuschung kann der Getäuschte mit Umständen nachweisen, die für seinen Entschluss von Bedeutung sein konnten und dass die arglistige Täuschung bei der Art des Rechtsgeschäfts Einfluss auf die Entschließung haben kann (BGH NJW 95, 2362). Der Gegner hat dann zu beweisen, dass die Erklärung auch bei erfolgter Aufklärung abgegeben wäre (BGHZ 61, 120). Macht der Drohende die Adäquanz seines Verhaltens geltend, muss er nach den Grundsätzen der sekundären Beweislastverteilung die objektive Vertretbarkeit seines Standpunkts beweisen (BGH NJW 05, 2768). 45

§ 124 Anfechtungsfrist

(1) Die Anfechtung einer nach § 123 anfechtbaren Willenserklärung kann nur binnen Jahresfrist erfolgen.

(2) ¹Die Frist beginnt im Falle der arglistigen Täuschung mit dem Zeitpunkt, in welchem der Anfechtungsberechtigte die Täuschung entdeckt, im Falle der Drohung mit dem Zeitpunkt, in welchem die Zwangslage aufhört. ²Auf den Lauf der Frist finden die für die Verjährung geltenden Vorschriften der §§ 206, 210 und 211 entsprechende Anwendung.

(3) Die Anfechtung ist ausgeschlossen, wenn seit der Abgabe der Willenserklärung zehn Jahre verstrichen sind.

1 **A. Normzweck.** Im Interesse des Verkehrsschutzes wird die Anfechtbarkeit nach § 123 durch Ausschlussfristen begrenzt. Da der Getäuschte und der Bedrohte stärkeren Schutz als der Irrende verdienen, sieht § 124 längere Anfechtungsfristen als § 121 vor. Beim Vorliegen besonderer Umstände kann aber das Anfechtungsrecht bereits zuvor verwirkt sein (BGH NJW 71, 1800).

2 **B. Anwendungsbereich.** Die Ausschlussfristen bestehen für die Anfechtungsrechte aus § 123 und zwar auch, wenn ein Dritter Anfechtungsgegner ist (Motive I, 209; aA *Flume* AT II, 531 f). Sonderregeln enthalten die §§ 318 II, 2082 BGB. Die Fristen des § 124 gelten auch im Arbeitsrecht (BAG ZIP 84, 212; NZA 98, 375), § 626 II ist insoweit unanwendbar. Zuvor ist das Anfechtungsrecht ausgeschlossen, wenn der Anfechtungsgrund seine Bedeutung für die Fortsetzung des Arbeitsverhältnisses verloren hat (BAG NZA 88, 731). Im Versicherungsrecht kann ein von § 124 unberührtes Leistungsverweigerungsrecht nur dort bestehen, wo die §§ 16 ff VVG nicht eingreifen (BGH NJW 84, 2815).

3 **C. Ausschlussfrist, § 124 I. I. Allgemeines.** Die Anfechtung nach § 123 muss gem § 124 I binnen einer Jahresfrist erfolgen, die nach §§ 197 I, 188 II zu berechnen ist. Die Anfechtungserklärung muss vor Fristablauf zugegangen sein.

4 **II. Beginn. 1. Empfangsbedürftige Willenserklärungen.** Im Fall einer arglistigen Täuschung beginnt die Frist, sobald der Getäuschte die Täuschung gem § 124 II 1 Alt 1 entdeckt, also Kenntnis vom Irrtum und dem arglistigen Verhalten (RGZ 65, 89) erlangt hat (Staud/*Singer/von Finkenstein* § 124 Rn 4). Fahrlässige Unkenntnis oder ein Verdacht genügen nicht (BGH WM 73, 751), doch müssen nicht alle Einzelheiten bekannt sein (RG JW 38, 2202). Bei einer widerrechtlichen Drohung beginnt die Frist mit dem Ende der Zwangslage, § 124 II 1 Alt 2 BGB, also mit Eintritt des Übels (RGZ 90, 411) oder wenn mit dem Eintritt des Übels nicht mehr zu rechnen ist (RGZ 60, 374).

5 **2. Nicht empfangsbedürftige Willenserklärungen.** Der Fristbeginn ist hier gesetzlich nicht geregelt (Motive I, 209). Anfechtbarkeit und Anfechtungsgegner müssen bekannt sein (AnwK/*Feuerborn* § 124 Rn 7).

6 **III. Hemmung.** Die Ausschlussfrist des § 124 I ist aufgrund der nach § 124 II 2 entspr anzuwendenden §§ 206, 210, 211 bei höherer Gewalt, fehlender Geschäftsfähigkeit oder im Erbfall gehemmt.

7 **D. Ausschlussfrist, § 124 III.** Spätestens mit Ablauf von 10 Jahre nach Abgabe – nicht Zugang – der Willenserklärung erlischt das Anfechtungsrecht. Die Frist kann weder unterbrochen noch gehemmt werden.

8 **E. Folgen.** Mit Fristablauf ist das Anfechtungsrecht ausgeschossen. Im Prozess ist dies von Amts wegen zu berücksichtigen. Nur unter ganz besonderen Umständen kann es auf der Basis von § 242 nach Fristablauf geltend gemacht werden (BGH NJW 69, 604). Schadensersatzansprüche aus § 311 II, III, die auf Vertragsaufhebung gerichtet sein können, bleiben bestehen (BGH NJW 97, 254; NJW-RR 02, 309; str, vgl § 123 Rn 42), ebenso die aus unerlaubter Handlung, die als Einrede nach § 853 geltend gemacht werden können (BGH NJW 69, 605).

9 **F. Beweislast.** Wer sich auf den Fristablauf beruft, trägt die Beweislast, idR also der Anfechtungsgegner (Nürnbg VersR 01, 1368). Er muss auch die für die Kenntnis der arglistigen Täuschung maßgebenden Umstände beweisen (BGH NJW 92, 2347 f).

§ 125 Nichtigkeit wegen Formmangels

¹Ein Rechtsgeschäft, welches der durch Gesetz vorgeschriebenen Form ermangelt, ist nichtig. ²Der Mangel der durch Rechtsgeschäft bestimmten Form hat im Zweifel gleichfalls Nichtigkeit zur Folge.

1 **A. Formzwecke. Grundlagen.** Für Rechtsgeschäfte gilt der Grundsatz der Formfreiheit. Der gesetzliche Formzwang bildet eine von den Formzwecken gesteuerte Ausnahme. Welchem Zweck eine bestimmte Form dient, ist aus der sie anordnenden Norm zu ermitteln (BGH NJW 89, 1484). Gesetzliche Formvorschriften sind idR zwingend und auch dann einzuhalten, wenn ihre Funktion auf andere Weise zu erfüllen ist (vgl BGHZ 53, 194 f).

2 **Klarstellungs- und Beweisfunktion.** Fast alle formgebundenen Erklärungen dienen der Rechtsklarheit und dem Nachweis für die Vornahme sowie den Inhalt eines Rechtsgeschäfts, selbst wenn andere Aufgaben hinzukommen. Dies gilt etwa für das Schriftformerfordernis beim Mietvertrag, § 550 BGB, oder bei der Beendi-

gung von Arbeitsverhältnissen, § 623, die notarielle Beurkundung von Verträgen über Grundstücke, § 311 b I 1, bzw Eheverträgen, § 1410, und die behördliche Form der Eheschließung, § 1310.

Warnfunktion. Bei wirtschaftlich bedeutenden oder risikoreichen Geschäften soll der Erklärende vor unüberlegten oder risikoreichen Bindungen gewarnt werden. Beispielhaft dafür steht die notarielle Beurkundung des Erbverzichts, § 2348, bzw der Schenkung, 518, aber auch die Schriftform des Bürgschaftsversprechens, § 766, oder des Verbraucherdarlehensvertrags, § 492 BGB. 3

Beratungsfunktion. Vor allem die notarielle Beurkundung, § 17 BeurkG, aber etwa auch die Erklärung gegenüber einer öffentlichen Stelle, dienen der Beratung und Belehrung der Beteiligten (*Larenz/Wolf* AT § 27 Rn 10). Die gilt etwa für Eheverträge, § 1410, oder Erbverträge, § 2276. 4

Informationsfunktion. Häufig erfüllt das Schriftformerfordernis auch informatorische Aufgaben, namentlich bei zahlreichen Verbrauchergeschäften, vgl §§ 484, 492, 499, 500, 502. 5

Kontrollfunktion. Vereinzelt sollen Formerfordernisse eine behördliche Überwachung erleichtern, so etwa das Schriftformerfordernis nach § 15 II GWB bei der Preisbindung von Verlagserzeugnissen. 6

B. Formarten. Die gesetzlichen Formen sind im AT in den §§ 126–126 b, 127 a–129 geregelt. Modifiziert werden sie etwa durch das Erfordernis der eigenhändigen Schriftform beim Testament nach § 2247. Rechtsgeschäftlich vereinbarte Formen sind nicht an die gesetzlich fixierten Anforderungen gebunden, wobei die Auslegungsregel des § 127 Erleichterungen bei der Schriftform und elektronischen Form bestimmt. 7

Textform, § 126 b. Als schwächste Form erfordert die Textform eine Urkunde oder eine zur dauerhaften Wiedergabe in Schriftzeichen geeignete Erklärung (Fax, E-Mail). Anstelle einer Unterschrift bzw elektronischen Signatur genügt eine Nachbildung der Namensunterschrift oder andere Kennzeichnung, vgl §§ 312 c, 355, 554 III, 556a II, 560. 8

Elektronische Form, §§ 126 III, 126a. Soweit nichts anderes geregelt ist, kann nach § 126 III die elektronische Form die Schriftform ersetzen. Dazu muss der Erklärende dem elektronischen Dokument seinen Namen und eine qualifizierte elektronische Signatur nach dem SigG hinzufügen. 9

Schriftform, § 126 I, II. Sie verlangt eine eigenhändig durch Namensunterschrift oder durch notariell beglaubigtes Handzeichen unterzeichnete Urkunde. Der Text muss nicht eigenhändig verfasst sein, anders § 2247. 10

Öffentliche Beglaubigung, § 129. Die Erklärung ist schriftlich abzufassen und die Unterschrift bzw das Handzeichen vom Notar zu beglaubigen, zB §§ 77, 1355 IV 5, 2198. Sie bezweckt einen Übereilungs- oder Fälschungsschutz, nicht aber eine Belehrung. 11

Notarielle Beurkundung, § 128. Als stärkste Form kann die notarielle Beurkundung die anderen gesetzlichen Formen ersetzen, §§ 126 IV, 129 II. Bei ihr wird die Erklärung gegenüber dem Notar abgegeben, niedergeschrieben, vorgelesen, genehmigt, unterschrieben und die Niederschrift vom Notar unterzeichnet, §§ 8, 13 BeurkG (Erman/*Palm* § 125 Rn 2). § 925 I 1 verlangt für die Auflassung zusätzlich die gleichzeitige, aber nicht persönliche Anwesenheit beider Parteien. 12

Gerichtlicher Vergleich, § 127 a. Er ersetzt die notarielle und damit auch jede andere Form, §§ 126 IV, 129 II. 13

C. Anwendungsbereich. I. Arbeitsrecht. Tarifverträge und Betriebsvereinbarungen bedürfen der Schriftform, § 1 II TVG, 77 II BetrVG. Da tarifvertragliche Regelungen Rechtsnormen iSd Art 2 EGBGB sind, gehören tarifliche Schriftformerfordernisse zu den gesetzlichen Formvorschriften (BAG NJW 01, 990). Bei ihnen ist aber stets zu prüfen, ob sie konstitutive oder deklaratorische Bedeutung besitzen sollen (BAG DB 78, 258). Im Allgemeinen soll ihnen nur eine deklaratorische Funktion beizumessen sein (*Schaub*, Arbeitsrechts-Handbuch § 32 Rn 53). Die wesentlichen Arbeitsvertragsbedingungen sind nach § 2 NachwG schriftlich niederzulegen. Ein Verstoß dagegen führt nicht zur Unwirksamkeit (BAG NJW 98, 923), kann aber beweisrechtliche Konsequenz begründen (vgl EuGH NZA 98, 138). 14

II. Öffentlich-rechtliche Formvorschriften. Öffentlich-rechtliche Verträge erfordern gem § 57 VwVfG zumindest Schriftform. Für privatrechtliche Geschäfte juristischer Personen des öffentlichen Rechts, insbes der Gemeinden, sieht das Landesrecht zB in Gemeindeordnungen häufig besondere Förmlichkeiten vor. Da den Ländern insoweit die Gesetzgebungskompetenz fehlt, handelt es sich um Vertretungsregeln. Eine Verstoß führt nicht zur Anwendung von § 125, sondern der §§ 177 ff (BGH NJW 82, 1037; 01, 2626). 15

D. Gesetzlicher Formzwang, § 125 S 1. I. Voraussetzungen. Gesetz iSd BGB und damit auch von § 125 S 1 ist jede Rechtsnorm, Art 2 EGBGB (BGH NJW 01, 601). Nicht jede gesetzliche Regelung rechtsgeschäftlicher Formen beinhaltet jedoch eine Formvorschrift gem § 125 S 1. Eine derartige gesetzliche Formvorschrift setzt voraus, dass die Gültigkeit des Rechtsgeschäfts von der Einhaltung der gesetzlich vorgeschriebenen Form abhängt, woran es etwa bei § 1 S 1 VerstV fehlt (BGH NJW 01, 601). 16

II. Umfang. Der gesetzliche Formzwang erfasst das gesamte Rechtsgeschäft. Ausnahmsweise kann bei Verträgen nur eine Willenserklärung formbedürftig sein, §§ 766, 780 f, 1154 sowie § 4 I RVG. Grds erstreckt sich aber der Formzwang auf das gesamte Rechtsgeschäft samt Bezeichnung der Parteien (BGH NJW 02, 3391), mit allen dazu gehörenden Essentialia und wesentlichen Vertragsbestimmungen (BGHZ 40, 262; BGH NJW 99, 2592; 05, 885; NJW-RR 94, 779), aber auch **Nebenabreden** (BGH DNotZ 66, 738; 71, 38 f; s.a. *Mertens* JZ 2004, 431) soweit sie Rechtswirkungen entfalten (BGH NJW 89, 898). Über den Umfang entscheidet der 17 jeweilige Zweck der maßgebenden Formvorschrift (BGH NJW 89, 1484; 98, 59). Nicht dem Formzwang unterliegen daher unwesentliche Abreden, deren Fehlen den Vertragswillen nicht beeinflusst (BGH NJW 81, 222), sowie Bestimmungen, die den Vertragstext erläutern bzw veranschaulichen (BGH NJW 99, 2592; 05, 885). Umfasst ein formfreier Vertrag eine formbedürftige **Einzelverpflichtungen** (Grundstücksübertragung iRe Gesellschaftsvertrags), unterliegt der ganze Vertrag dem Formzwang (BGH NJW 98, 1558). Sind mehrere rechtlich selbständige Rechtsgeschäfte durch einen Verknüpfungswillen zu einer **Geschäftseinheit** verbunden, die miteinander stehen und fallen soll, erfasst der Formzwang eines Geschäfts das gesamte Verhältnis. Dies gilt insbes gem § 311 b I (BGHZ 101, 396; BGH NJW-RR 98, 951 Schwarzgeldzahlung an Dritten; 98, 1502 f), aber auch in anderen Fällen (BGHZ 84, 324).

18 **Änderungen** und Ergänzungen des formbedürftigen Rechtsgeschäfts unterliegen ebenfalls den Formerfordernissen. Dies soll auch für die Verlängerung der Widerrufsfrist eines gerichtlichen Vergleichs gelten (LG Bonn NJW-RR 98, 427; aA Zöller/*Stöber* ZPO, § 794 Rn 10 c). Kein Formzwang besteht für die Änderung eines Grundstücksvertrags nach der Auflassung, § 311 b I 2 (BGH NJW 85, 266; aA *Mertens* JZ 2004, 433), bzw die Behebung von Abwicklungsschwierigkeiten, die den Inhalt der Leistungsverpflichtungen unberührt lassen (BGH NJW 74, 271). Beim **Schuldbeitritt** (BGH NJW 00, 3497, Verbraucherdarlehen; 97, 3170, Finanzierungsleasing; 93, 584, Schuldanerkenntnis) und der **Vertragsübernahme** (BGH NJW 99, 2665 f, Verbraucherdarlehen) ist für das Formerfordernis nach dem Zweck der Formvorschrift zu unterscheiden. Die **Aufhebung** eines formbedürftigen Geschäfts ist formlos wirksam (BGHZ 83, 395), anders §§ 2290 IV, 2351, s.a. § 623 zur Aufhebung eines Arbeitsvertrags. Der **Vorvertrag** eines formbedürftigen Vertrags ist regelmäßig formbedürftig (BGH NJW 89, 167), es sei denn aus dem Normzweck ergibt sich etwas anderes (BGH NJW 80, 1578, Vorvertrag zum Mietvertrag). Eine **Vollmacht** zum Abschluss eines formbedürftigen Geschäfts ist gem § 167 II grds formfrei wirksam, anders etwa § 492 IV. Formfrei ist auch die **Zustimmung** gem § 182 II zu einem formbedürftigen Geschäft.

19 **III. Rechtsfolgen bei Formmängeln. 1. Grundsatz.** Erfüllt ein Rechtsgeschäft nicht die gesetzliche Form, ist es grds nichtig. Auch Dritte können sich darauf berufen (vgl RGZ 93, 76). Betrifft der Formmangel nur einen Teil des Rechtsgeschäfts, führt dessen Nichtigkeit nach § 139 im Zweifel zur Gesamtnichtigkeit (BGHZ 69, 269, Baubeschreibung; BGH NJW-RR 89, 1099, Auflassungsvollmacht). Eine Teilnichtigkeit kann aber aus einer Teilbarkeit des Rechtsgeschäfts und einem Willen der Beteiligten zur Aufrechterhaltung des Rechtsgeschäfts folgen (BGH NJW 00, 2101, Kaufpreisverrechnungsabrede). Eine salvatorische Klausel verändert allein die Beweislast (BGH NJW 03, 347; § 139 Rn 4).

20 **2. Ausnahmen.** Teilweise sieht das Gesetz andere Folgen eines Formmangels vor, vgl §§ 550, 578, § 14 IV TzBfG. In Vollzug gesetzte formwidrige Gesellschaftsverträge werden nur für die Zukunft von der Nichtigkeitswirkung erfasst (BGHZ 8, 165).

21 **3. Heilung.** Werden formnichtige Rechtsgeschäfte erfüllt, haben sich manche Formzwecke erledigt. In einigen Fällen ist deswegen eine Heilung des Formmangels möglich, zB §§ 311 b I 2, 494 II, III, 502 III 2, 518 II, 766 S 3, 2301 II, § 15 IV 2 GmbHG, s.a. § 39 ZPO. Soweit keine gesetzlichen Einschränkungen bestehen, §§ 494 II, 502 III, erstreckt sich die Heilung auf das gesamte Geschäft (BGH NJW 78, 1577). Die Heilung wirkt nicht zurück (BGHZ 54, 63), doch haben sich die Parteien regelmäßig analog § 141 II die Leistungen zu erbringen, die einem von Anfang an wirksamen Rechtsgeschäft entspr (BGHZ 32, 13). Eine Verallgemeinerung durch die entspr Anwendung der Heilungsvorschriften auf andere Fälle ist nicht zulässig (BGH NJW 67, 1131; 02, 2561; im Einzelfall abweichend BGH WM 67, 935).

22 **4. Sonstiges.** Schadensersatzansprüche nach §§ 280 I, 311 II, III, 214 II scheiden grds aus, es sei denn, es wurde ein Vertrauen auf das Zustandekommen oder Bestehen eines wirksamen Vertragsverhältnisses erweckt (BGHZ 116, 258).

23 **E. Gewillkürter Formzwang, § 125 S 2. I. Begründung.** Inhalt und Umfang rechtsgeschäftlich vereinbarter Formen sind durch Auslegung, §§ 133, 157 BGB, zu ermitteln. Führt die Auslegung zu keinem Ergebnis, bestimmt § 125 S 2, dass die Einhaltung der Form im Zweifel Wirksamkeitsvoraussetzung ist, also konstitutive Bedeutung besitzt. Ein mündlicher Vergleichsschluss ist bei vereinbarter gerichtlicher Protokollierung unwirksam (Karlsr NJW 95, 1562). Die Form kann aber auch nur der Klarstellung und dem Nachweis dienen, also deklaratorische Bedeutung haben. Im Handelsrecht wirkt die Abrede deklaratorisch, den Vertrag schriftlich bestätigen zu lassen (BGH NJW 64, 1270). Auch die Schriftformklausel bei Änderung von Personenhandelsgesellschaftsverträgen soll grds deklaratorische Bedeutung besitzen (BGHZ 49, 366). Soll eine Kündigung durch eingeschriebenen Brief erfolgen, besitzt die Schriftform konstitutive Bedeutung, während die Übermittlungsart nur den Zugang sichern soll und deswegen auch in anderer Weise als durch Einschreiben erfolgen kann (BGH NJW-RR 00, 1560, NJW 04, 1320).

24 **II. Aufhebung.** Ein vereinbarter Formzwang kann jederzeit formfrei aufgehoben werden, denn (BGHZ 66, 380). Die Aufhebung kann konkludent erfolgen (BGH WM 82, 902), insbes hebt eine übereinstimmend gewollte mündliche Absprache das gewillkürte Formerfordernis auf (BGHZ 66, 381, BAG NJW 89, 2150). Da

die Parteien gegenüber ihrer eigenen Vereinbarung souverän bleiben, ist ein Aufhebungswille nicht erforderlich (BGH NJW 75, 1654; Erman/*Palm* § 125 Rn 9; aA MüKo/*Einsele* § 125 Rn 66; BaRoth/*Wendtland* § 125 Rn 14; s.a. BGH NJW 93, 65). Auf ein qualifiziertes Schriftformerfordernis, das gerade auch für die Aufhebung der Form eine schriftliche Erklärung erfordert, kann formlos verzichtet werden (Erman/*Palm* § 125 Rn 9; aA BGHZ 66, 382; BAG NJW 03, 3727; MüKo/*Einsele* § 125 Rn 66). In AGB können einfache Schriftformklauseln mündlich aufgehoben werden (BGH NJW 91, 1751 f; 06, 138 f). Dies folgt bereits aus § 305 b (weiterführend *Teske*, Schriftformklauseln in AGB, 205 ff).

III. Rechtsfolge. Bei einem Verstoß gegen eine konstitutive Formvorschrift ist das Rechtsgeschäft nichtig. 25

F. Vermutung der Richtigkeit und Vollständigkeit der Urkunde. Ist über ein Rechtsgeschäft eine Urkunde 26 aufgenommen, besteht eine Vermutung für die vollständige und richtige Wiedergabe der getroffenen Vereinbarungen. (BGH NJW 00, 207 f; 03, 755), also nicht für das Datum (BGH NJW-RR 90, 737). Danach muss derjenige, der sich auf außerhalb der Urkunde liegende Umstände beruft, den Beweis für ihr Vorliegen führen (BGH NJW 99, 1703; 02, 3164 f). Die Vermutungswirkung ist mit dem Beweis einer Nebenabrede widerlegt (BGH NJW 89, 898). Bei formgebundenen Rechtsgeschäften erstreckt sich die Vermutung auf sämtliche vom Formzwang erfasste Abreden (BGH NJW-RR 98, 1470). Eine erteilte Information bedarf nicht der Form des Rechtsgeschäfts und nimmt daher nicht an der Vermutungswirkung teil (BGH NJW 03, 755). Ist die Nebenvereinbarung erwiesen, erfüllt sie jedoch nicht die gesetzlichen Formerfordernisse, ist das Rechtsgeschäft nichtig. Bei gewillkürten Formerfordernissen entscheidet darüber die Auslegung.

G. Formnichtigkeit und § 242. I. Grundsatz. In der Spannungslage zwischen der Ordnungsaufgabe des 27 Formzwangs und der Einzelfallgerechtigkeit kann ausnahmsweise eine Korrektur der Formnichtigkeit mittels § 242 erfolgen. Bloße Billigkeitserwägungen genügen dafür noch nicht (BGH NJW 93, 1128; 96, 1469), denn ein Ausnahmefall unterliegt strengen Anforderungen (BGHZ 92, 172). Nach der Rechtsprechung muss die Formnichtigkeit einen Vertragsteil nicht nur hart treffen, sondern für ihn schlechthin untragbar sein (BGHZ 138, 348; BGH NJW 87, 1070; 99, 952). Dazu muss ein Interessenausgleich geboten, jedoch mit anderen Mitteln nicht zu erzielen sein (BGH NJW 84, 607), zB mangels hinreichender Bereicherungs- oder Schadensersatzansprüche (s.a. Rn 29).

II. Voraussetzungen. Die zum Hoferbenrecht (BGHZ 12, 304; 23, 254; nach der Novellierung von § 7 HöfeO 28 BGHZ 119, 389) und zu dem in § 311 b I normierten Formzwang entwickelte Ausnahme (BGHZ 29, 10; 48, 398), ist auch bei anderen Formbestimmungen anwendbar, etwa § 550 (BGH NJW-RR 86, 944), § 766 (BGH 26, 151), § 15 IV GmbHG (BGHZ 35, 277) und beim Prozessvergleich (BAG NJW 70, 349). Erforderlich ist ein – abgesehen vom Formzwang – wirksames Rechtsgeschäft (BGHZ 45, 183). Eine schutzwürdige Situation kann fehlen, wenn beide Parteien den Formmangel kannten (BGH NJW 73, 1456). Letzteres soll auch gelten, wenn eine besondere Erfüllungszusicherung gegeben wurde (RGZ 117, 124, Edelmannswort; *Medicus* BR, Rn 181; aA BGHZ 48, 399), doch kommt ggf ein Arglisteinwand in Betracht. Eine Durchbrechung von § 125 muss auch bei einem beidseitig gesetzwidrigen Verhalten ausscheiden (BGH NJW 80, 451, Schwarzkauf).

III. Fallgruppen. 1. Arglistige Täuschung. Hat eine Partei die andere Partei über die Formanforderungen 29 des Rechtsgeschäfts getäuscht, reichen die auf das negative Interesse gerichteten Schadensersatzansprüche aus §§ 280 I, 311 II, 241 II bzw unerlaubter Handlung nicht aus. Eine lediglich schuldhafte Verursachung genügt nicht (BGH NJW 69, 1170), erst recht nicht eine schuldlose Herbeiführung (BGH NJW 77, 2072). Erforderlich ist eine qualifizierte Verantwortung (BGH NJW 69, 1170; aA BGH DNotZ 73, 18).

2. Besondere Rücksichtnahme. Sind die Rücksichtnahmepflichten im Einzelfall besonders gesteigert, kann 30 die Berufung auf § 125 ausgeschlossen sein, etwa bei einem formnichtigen Vertrag zwischen Siedlungsträger und Siedler (BGHZ 16, 337; 20, 173), gemeinnütziger Wohnungsbaugesellschaft und Eigenheimerwerber (BGH NJW 72, 1189), nicht aber im sozialen Wohnungsbau (BGH NJW 69, 1169). Eine Durchbrechung ist auch gegenüber einer Kommune geboten, die sich in zahlreichen Vergleichsfällen nicht auf die Formnichtigkeit berufen hat (BGHZ 92, 172). Da der Formzwang nicht einen Beauftragten schützen soll, kann beim Erwerb aus Mitteln des Auftraggebers eine Berufung auf die Formnichtigkeit ausgeschlossen sein (BGHZ 85, 251 f; 127, 175), anders bei einem Erwerb des Beauftragten im eigenen Namen (BGH NJW 96, 1961). Treuewidrig handelt, wer längere Zeit aus einem wichtigen Vertrag Vorteile gezogen hat und sich nun der eigenen Verpflichtung unter Berufung auf die Formnichtigkeit entziehen will (BGH NJW 93, 1128; 96, 1469; 2504; zur Unterverbriefung BGHZ 85, 319).

3. Existenzgefährdung. Der Formangel ist auch unbeachtlich, wenn die Nichtigkeit des Vertrags die Existenz 31 des einen Teils gefährdet (BGH NJW 72, 1189; 96, 2504). Meist wird dabei eine Überschneidung mit den anderen Fallgruppen vorliegen.

H. Beweislast. Wer sich auf Rechte aus einem formbedürftigen Vertrag beruft, muss die Einhaltung der 32 Formvorschrift beweisen (Baumgärtel/*Laumen*, Handbuch der Beweislast, § 125 Rn 1). Die Person, die sich auf die formlose Abänderungen eines formbedürftigen Rechtsgeschäfts beruft, muss die Wirksamkeit beweisen. Wurde der Vertrag eine längere Zeit vorbehaltlos in der modifizierten Gestalt durchgeführt, besteht eine tatsächliche Vermutung für eine wirksame Änderung (Baumgärtel/*Laumen*, Handbuch der Beweislast, § 125 Rn 11). Die für eine Wirksamkeit des Geschäfts nach § 242 erforderlichen Umstände sind von der Partei zu beweisen, die sich auf die Wirksamkeit beruft (BGH LM § 242 Ca Nr 13). Zur Vermutung einer vollständigen und richtigen Wiedergabe der getroffenen Vereinbarungen Rn 26.

§ 126 Schriftform

(1) Ist durch Gesetz schriftliche Form vorgeschrieben, so muss die Urkunde von dem Aussteller eigenhändig durch Namensunterschrift oder mittels notariell beglaubigten Handzeichens unterzeichnet werden.
(2) ¹Bei einem Vertrag muss die Unterzeichnung der Parteien auf derselben Urkunde erfolgen. ²Werden über den Vertrag mehrere gleichlautende Urkunden aufgenommen, so genügt es, wenn jede Partei die für die andere Partei bestimmte Urkunde unterzeichnet.
(3) Die schriftliche Form kann durch die elektronische Form ersetzt werden, wenn sich nicht aus dem Gesetz ein anderes ergibt.
(4) Die schriftliche Form wird durch die notarielle Beurkundung ersetzt.

1 **A. Anwendungsbereich.** § 126 bestimmt die Anforderungen an die gesetzlich vorgeschriebene Schriftform. Für die rechtsgeschäftlich vereinbarte Schriftform normiert dies § 127. § 126 gilt für alle Schriftformerfordernisse des BGB und des Privatrechts. Schriftform verlangen die §§ 81 I, 111 S 2, 368, 484, 492, 505 II, 550, 568, 585a, 594, 595, 623, 655b, 782, 792 I 2, 1154 I BGB. Die gesetzliche Terminologie ist jedoch nicht einheitlich. Synonym spricht das Gesetz von einer schriftlichen Anzeige § 410 II, schriftlichen Erklärung §§ 32 II, 574b, 577 III, der schriftlichen Erteilung § 1904 II, 1906 V, schriftlichen Erteilung einer Erklärung §§ 702a II, 761, 766, 780, 781, schriftlichen Geltendmachung § 611a IV, schriftlichen Mitteilung § 416 II, 485 IV, 575 I, 626 II, schriftlichen Vereinbarung §§ 557a, 557b, 641a III, schriftlichen Zustimmung § 33 I, 1128 II, einem schriftlichen Verlangen § 37 I, schriftlichen Vermerk 784 II oder dem Ausstellen einer Urkunde §§ 409, 410, 793. Die Zustimmung des neuen Mieters zu einem zwischen dem Vermieter und dem alten Mieter vereinbarten Mieterwechsel ist formfrei (BGH NJW-RR 05, 959).
2 Gesetz ist gem Art 2 EGBGB jede Rechtsnorm. Außerhalb des BGB ist Schriftform vorgeschrieben etwa in den §§ 20 I, 32 I, 122 I, 134 III AktG, 12 I AÜG (BGH NJW 05, 885), 15 III BBiG, 77 II, 99 III BetrVG (BAG NJW 03, 844, Telefax), 5, 11 II Nr 1 GenG, 90a I, 363 HGB, 4 II HOAI, 4 I RVG, 1 II TVG. Auch die durch Tarifvertrag bestimmte Schriftform fällt unter § 126 (§ 125 Rn 14). Auf öffentlich-rechtliche Verträge, §§ 57, 62 VwVfG ist § 126 anwendbar (OVG Lüneburg NJW 98, 2921, str), nicht aber bei Verwaltungsvereinbarungen der Länder (BVerwG NVwZ 2005, 1084). Da das Prozessrecht eigene Zwecke verfolgt, gelten dort abweichende Anforderungen (GmS-OGB NJW 00, 2341, Computerfax). Schriftformerfordernisse des europäischen Gemeinschaftsrechts erfasst § 126 nicht (BGH NJW 83, 521).
3 § 126 gilt für Rechtsgeschäfte. Auf rechtsgeschäftsähnliche Erklärungen ist die Vorschrift entspr anwendbar (BAG NJW 03, 844). Für die tariflich geforderte schriftliche Geltendmachung eines Anspruchs kann aber ein Telefax genügen (BAG NJW 01, 988).
4 **B. Anforderungen. I. Urkunde. 1. Gegenstand.** Die rechtsgeschäftliche Erklärung muss in einer Urkunde niedergelegt sein. Unter einer Urkunde ist jede schriftlich verkörperte Willenserklärung zu verstehen, die geeignet und bestimmt ist, im Rechtsverkehr Beweis zu erbringen sowie den Aussteller erkennen lässt (BGH NJW 98, 59). Die Urkunde kann in jeder lebenden oder toten Sprache abgefasst sein (Brandbg NJW-RR 99, 545). Sie kann mit der Hand oder einem technischen Hilfsmittel, wie Schreibmaschine, PC oder Kopierer, geschrieben, gedruckt oder vervielfältigt werden. Verwendet werden kann jedes Trägermaterial, auf dem Schriftzeichen dauerhaft festgehalten werden können (MüKo/*Einsele* § 126 Rn 5). Zur elektronischen Form § 126a Rn 3 ff.
5 **2. Inhalt.** Die Urkunde muss das gesamte formbedürftige Rechtsgeschäft mit allen kennzeichnenden Elementen umfassen (§ 125 Rn 17). Der Mindestinhalt der Urkunde kann ausdrücklich gesetzlich bestimmt sein, §§ 492, 502, oder sich aus dem Schutzzweck der Formvorschrift ergeben (BGH NJW 98, 59).
6 **3. Einheitlichkeit der Urkunde.** Das gesamte Rechtsgeschäft muss in einer Urkunde enthalten sein. Unschädlich sind außerhalb der Urkunde getroffene unwesentliche Nebenabreden (BGH NJW 99, 2592). Umfasst die Urkunde mehrere Blätter oder Textteile, muss ihr **Zusammenhang** kenntlich gemacht sein (BGH NJW 98, 59; 03, 1248). Die ältere Rechtsprechung hat dafür eine dauerhafte äußere Verbindung etwa durch Heften oder Verleimen verlangt (BGHZ 40, 263). Nach der jüngeren sog Auflockerungsrechtsprechung – deren Hauptanwendungsbereich § 550 = § 566 aF bildet – genügt eine erkennbare inhaltliche Verbindung (BGH NJW 98, 59; 03, 1248; NJW-RR 04, 586). Zu diesen sachlichen Kriterien gehören die Paginierung, Textfolge, Paraphierung einzelner Blätter, eine fortlaufende Paragraphenzählung, eine geschlossene graphische Gestaltung aber auch sonstige Merkmale (BGH NJW 98, 60; 99, 2592).
7 Das Prinzip der Einheitlichkeit der Urkunde ist von der Rechtsprechung noch in einer weiteren Hinsicht gelockert, denn zulässig ist auch eine **Bezugnahme**. Besteht ein wirtschaftlich einheitlicher Vertrag aus meh-

reren Schriftstücken, ist eine wechselseitige Bezugnahme erforderlich (BGHZ 84, 324; NJW 97, 2955) Zudem kann der Hauptvertrag etwa auf eine Anlage Bezug nehmen (BGH NJW 99, 1105; 00, 357; NJW-RR 04, 586). Eine Unterschrift bzw. Paraphierung der einzelnen Seiten ist dabei wünschenswert, aber nicht notwendig (vgl BGH NJW 00, 357). Schließlich genügt es, falls eine Nachtragsurkunde auf den ursprünglichen Vertrag Bezug nimmt und zum Ausdruck kommt, es solle unter Einbeziehung der Nachträge bei dem verbleiben, was früher formgültig niedergelegt wurde (BGH NJW-RR 00, 745; NJW 05, 885). Dies gilt auch, wenn der ursprüngliche Vertrag von anderen Parteien geschlossen wurde (BGH NJW 03, 1249).

II. Unterschrift. 1. Funktion. Die Urkunde muss die Unterschrift bzw das notariell beglaubigte Handzeichen des Ausstellers enthalten. Vorrangig soll die Identität des Ausstellers erkennbar werden (BGH NJW 03, 1120f). Außerdem wird die Echtheit der Urkunde dokumentiert und eine Warn- sowie Abschlussfunktion erfüllt. 8

2. Abschluss. Die Unterschrift soll die Urkunde räumlich abschließen (BGH NJW 94, 2300) und muss sich deswegen unter dem Text befinden. Eine Oberschrift reicht selbst bei einheitlich gestalteten Formularen nicht aus (BGHZ 113, 51) ebenso wenig ein seitlich vom Text stehender Namenszug (BGH NJW 92, 830). Nachträgliche Korrekturen des oberhalb der Unterschriften stehenden Textes werden von den Unterschriften gedeckt, sofern die Änderungen dem übereinstimmenden Willen der Vertragsschließenden entspr (BGH NJW 94, 2301). Nachträge unter den bereits erfolgten Unterschriften müssen erneut unterzeichnet werden (BGH NJW-RR 90, 518; NJW 94, 2300). Bei Testamenten hat die Rechtsprechung zusätzliche Ausnahmen zugelassen. 9

3. Blankounterschrift. Die Unterschrift kann zeitlich vor der Niederschrift des Urkundentextes geleistet sein. Eine Blankounterschrift ist selbst auf einem leeren Blatt grds zulässig (Erman/*Palm* § 126 Rn 8), falls der Text oberhalb eingefügt wird. Zur Anfechtbarkeit einer abredewidrig ausgefüllten Blanketterklärung § 119 Rz. 17. Der Schutzzweck der Formvorschrift kann dem Grenzen ziehen. Abweichend von § 167 II bedarf bei der Bürgschaft die Vollmacht zur Ausfüllung eines Blanketts der Schriftform (BGHZ 132, 125; NJW 00, 1180). Entspr gilt beim Verbraucherdarlehensvertrag (BGHZ 132, 126; NJW-RR 05, 1142) und Lebensversicherungsvertrag (BGH NJW 99, 951 f). Ob eine dann an den Bürgen ausgehändigte und von diesem dem Gläubiger zurückgegebene Bürgschaftsurkunde wirksam genehmigt ist, hat der BGH offen gelassen (BGH NJW 00, 1180; dagegen *Fischer* JuS 98, 208). 10

4. Name. Durch die Namensunterschrift soll die Erklärung einer individuell bestimmten Person zugeordnet werden. Es genügt die Unterzeichnung mit dem Familiennamen ohne Vornamen (BGH NJW 03, 1120) oder mit einem Teil eines Doppelnamens (BGH NJW 96, 997). Unzureichend ist die Unterschrift allein mit dem Vornamen (BGH NJW 03, 1120), es sei denn, die Person ist darunter in der Öffentlichkeit allgemein bekannt (RGZ 87, 111). Es genügt ein tatsächlich geführter Name (Künstlername), der den Aussteller zweifelsfrei erkennen lässt (AnwK/*Noack* § 126 Rn 28). Verwandtschaftsbezeichnungen sind unzureichend (RGZ 134, 310, Mutter). Eine Sonderregelung enthält § 2247 III 2. Bei Kaufleuten genügt gem. § 17 I HGB die Angabe der vollständigen Firma (BGH NJW 66, 1077). 11

Der Name muss grds ausgeschrieben sein, Kürzel oder Initialen reichen nicht (BGH NJW 67, 2310; 88, 713; 97, 3380). Ausländische Buchstaben oder Schriftzeichen sind zulässig (BaRoth/*Wendtland* § 126 Rn 8). Ob eine Unterschrift oder eine Abkürzung vorliegt, ist nach dem äußeren Erscheinungsbild zu beurteilen (BGH NJW 94, 55). Angelehnt an die Rechtsprechung zu bestimmenden zivilprozessualen Schriftsätzen wird ein individueller Schriftzug zu fordern sein, der sich – ohne lesbar sein zu müssen – als Wiedergabe des Namens darstellt und die Absicht einer vollen Unterschriftsleistung erkennen lässt (BGH NJW 97, 3381). Wenn die Autorenschaft gesichert ist, zB durch einen unterlegten Maschinenschriftzug, ist ein großzügiger Maßstab anzulegen (BAG NZA 00, 1248). Dann kann die Andeutung eines Anfangsbuchstaben mit weiteren Linien genügen (BGH NJW 97, 3380), eine als W erkennbare Wellenlinie (Köln NJW-RR 05, 1253), nicht aber allein eine gekrümmte oder geschlängelte Linie (BGH MDR 91, 233). Die Unterschrift muss nicht stets übereinstimmend geleistet werden (BGH NJW 01, 2889). 12

5. Eigenhändigkeit. Die Urkunde muss vom Aussteller eigenhändig unterzeichnet sein. Eigenhändigkeit wird nur für die Unterschrift, nicht den Text verlangt, anders beim Testament § 2247 I. Eine Schreibhilfe, etwa durch Halten der Hand, ist zulässig, soweit der Aussteller nur unterstützt wird und die Unterschrift auf seinem Willen beruht (BGHZ 47, 71; NJW 81, 1900). Unzureichend ist ein Stempel oder die Unterschrift durch einen Automaten (BGH NJW 70, 1080). Insbes bei einseitigen Rechtsgeschäften gilt, dass ein Telegramm (BGHZ 24, 300 ff), eine Fotokopie, ein Fax (BGHZ 121, 229 ff; NJW 97, 3170) oder ein Computerfax mit eingescannter Unterschrift nicht genügen (anders im Prozessrecht GmS-OGB NJW 00, 2341, s.a. § 130 a ZPO). 13

Aussteller ist der Erklärende unabhängig davon, ob ihn die Wirkungen in Person treffen oder ob er als Vertreter gehandelt hat. Handelt ein Vertreter, muss das Vertretungsverhältnis in der Urkunde durch einen Zusatz hinreichend deutlich zum Ausdruck gekommen sein (BGH NJW 02, 3391; 03, 3054; BAG NJW 05, 2572). Auch bei der Unterschrift ist nach den allgemeinen Regeln ein Handeln unter fremden Namen zulässig (45, 195). 14

6. Handzeichen. Die Unterzeichnung durch Handzeichen, wie Kreuze oder Initialen, bedarf der notariellen Beurkundung, § 126 I Alt 2. Gebärden genügen nicht (vgl Hamm NJW 00, 3363; s.a. BVerfG NJW 99, 1855). 15

16 **III. Vertragsschluss.** Beim Vertragsschluss ist die Unterzeichnung durch alle Vertragsparteien auf derselben Urkunde erforderlich. Ein Briefwechsel bzw die Unterzeichnung des Angebots durch eine Partei und der Annahme durch die andere genügen nicht, weil sich dann die Willensübereinstimmung erst aus dem Zusammenhang beider Urkunden ergibt (BGH NJW 01, 222 f). Das Formerfordernis ist nicht erfüllt, wenn bei einer Erklärung nicht ersichtlich ist, dass der Gegner sie schriftlich akzeptiert (BGH NJW 05, 885). Ausreichend ist aber, wenn eine Urkunde zunächst von der einen Partei unterzeichnet und dann von der anderen gegengezeichnet wird (BGH NJW 04, 2963). Bei Ausstellung mehrerer gleichlautender Urkunden genügt es, wenn jede Partei die für die andere Seite bestimmte Urkunde unterzeichnet, § 126 II 2. Die Urkunden müssen jeweils den gesamten Text enthalten.

17 **C. Elektronische Form.** Die Schriftform kann gem § 126 III durch die elektronische Form, § 126 a, ersetzt werden. Das gesetzliche Schriftformerfordernis kann aber die elektronische Form ausschließen, zB § 623 (vgl § 126 a Rn 2).

18 **D. Notarielle Beurkundung.** Nach § 126 IV kann die Schriftform stets durch die notarielle Beurkundung, § 128, und deswegen auch durch einen gerichtlichen Vergleich, § 127 a, ersetzt werden.

19 **E. Beweislast.** Die Echtheit der Urkunden hat zu beweisen, wer sich auf die Einhaltung der Form beruft (BGHZ 104, 176). Steht die Echtheit fest, so hat gem § 440 II ZPO die über der Unterschrift stehende Schrift die Vermutung der Echtheit für sich. Dies gilt auch für Blankounterschriften und selbst einen Blankettmissbrauch (BGHZ 104, 176).

§ 126 a Elektronische Form

(1) Soll die gesetzlich vorgeschriebene schriftliche Form durch die elektronische Form ersetzt werden, so muss der Aussteller der Erklärung dieser seinen Namen hinzufügen und das elektronische Dokument mit einer qualifizierten elektronischen Signatur nach dem Signaturgesetz versehen.
(2) Bei einem Vertrag müssen die Parteien jeweils ein gleichlautendes Dokument in der in Absatz 1 bezeichneten Weise elektronisch signieren.

1 **A. Normzweck.** Die elektronische Form stellt ein Substitut der gesetzlichen Schriftform dar, bildet also keine eigenständige Form (BTDrs 14/4987, 12). Die Vorschrift setzt, zusammen mit §§ 126 III, 127 III, die Signatur-RL 1999/93/EG sowie wohl auch die E-Commerce-RL 2000/31/EG um. Sie ist deswegen richtlinienkonform auszulegen. Als Formzwecke erfüllt die qualifizierte elektronische Signatur die Identifikationsfunktion, weil der Aussteller festgestellt werden kann, die Echtheitsfunktion, weil die Herkunft bestimmt werden kann, die Abschlussfunktion zum Ende des Produktionsvorgangs sowie die Warnfunktion infolge ihrer mehrstufigen Erstellung.

2 **B. Anwendungsbereich.** Im gesamten Privatrecht kann die elektronische Form an die Stelle der gesetzlichen Schriftform treten, s.a. § 1031 V 2 ZPO. Ausnahmen von dieser Gleichstellung sind gem. § 126 III nur in den gesetzlich besonders geregelten Fällen zugelassen, so §§ 484 I 2, 492 I 2, 500, 501, 507, 623, 630, 761, 766, 780, 781 BGB, 2 I NachwG.

3 **C. Voraussetzungen. I. Willenserklärung.** Aufgrund der Ableitung aus der Schriftform gilt § 126 a unmittelbar für Rechtsgeschäfte, ist aber entspr auf rechtsgeschäftsähnliche Erklärungen anzuwenden (vgl § 126 Rn 3). Diese Erklärung muss als elektronisches Dokument, zB als E-Mail, ausgefertigt werden. Das Dokument muss den gesamten vom Formzwang erfassten Inhalt (§ 125 Rn 17 f) einschließen.

4 **II. Aussteller.** Der Aussteller muss der Erklärung seinen Namen hinzufügen. Eine Unterschrift ist nicht erforderlich. Aus dieser Differenzierung sind die wesentlichen Anforderungen an die Namensnennung zu entwickeln. Um eine Identifikation zu erleichtern, muss der Familienname genannt werden. Kürzel genügen nicht (vgl § 126 Rn 11 f). Da eine Unterzeichnung nicht verlangt wird, muss der Name den Text nicht abschließen. Um eine eindeutige Identifikation zu ermöglichen, ist eine Unterscheidung vom Inhalt des Dokuments zu verlangen, etwa durch Nennung im Dokumentenkopf.

5 **III. Qualifizierte elektronische Signatur.** Ein einfaches elektronisches Dokument genügt den gesetzlichen Formerfordernissen nicht, weil es beliebig verändert werden kann und den Verfasser nicht verlässlich bezeichnet (BaRoth/*Wendtland* § 126 a Rn 2). § 2 SigG unterscheidet zwischen (einfachen) elektronischen Signaturen in Nr 1, fortgeschrittenen elektronischen Signaturen der Nr 2 und qualifizierten elektronischen Signaturen aus Nr 3 (*Roßnagel* NJW 01, 1918), welche die Merkmale der anderen Signaturformen mit umfassen. Allein qualifizierte elektronische Signaturen genügen den Erfordernissen des § 126 a.

6 Für qualifizierte elektronische Signaturen bestehen sechs Voraussetzungen. Sie müssen ausschl dem Signaturschlüsselinhaber zugeordnet sein, dessen Identifizierung ermöglichen, mit Mitteln erzeugt sein, die der Signaturschlüsselinhaber unter seiner alleinigen Kontrolle halten kann, so mit den Bezugsdaten verknüpft sein, dass eine nachträgliche Veränderung erkannt werden kann, auf einem qualifizierten Zertifikat beruhen und mit einer sicheren Signaturerstellungseinheit erzeugt sein (Soergel/*Marly* § 126 a Rn 12 f; *Roßnagel* NJW 01, 1819 f). Um die elektronische Form zu verwenden, ist die Hard- und Software für sichere Signaturerstellungseinheiten erforderlich (AnwK/*Noack/Kremer* § 126 a Rn 22). Ferner muss von einem Zertifizierungs-

diensteanbieter (ua Telekom AG, Deutsche Post AG, Bundesnotarkammer) ein qualifiziertes Signaturzertifikat erworben werden (Erman/*Palm* § 126 a Rn 5). Die elektronische Signatur beruht sodann auf einem öffentlichen und einen privaten Schlüssel (*Nowak* MDR 01, 843) und wird mit einer Signatur-Chip-Karte gefertigt (AnwK/*Noack/Kremer* § 126 a Rn 27 ff). Durch einen Signaturprüfschlüssel kann der Empfänger sie kontrollieren (*Hähnchen* NJW 01, 2833). Da sich die elektronische Signatur auf das gesamte Dokument bezieht, kann sie erst nach Fertigstellung erfolgen.

IV. Einverständnis. Über den Gesetzeswortlaut hinaus ist erforderlich, dass sich der Erklärungsgegner mit der elektronischen Form einverstanden erklärt hat (Staud/*Hertel* § 126 a Rn 39). Das Einverständnis kann auch konkludent erteilt werden. Wegen der zusätzlichen technischen Voraussetzungen genügt die Teilnahme am elektronischen Geschäftsverkehr dafür noch nicht. 7

V. Elektronische Form des Vertrags. Angelehnt an § 126 II normiert § 126 a II die elektronische Form beim Vertragsschluss. Um dabei die elektronische Form zu wahren müssen gleichlautende elektronische Dokumente hergestellt werden, die das gesamte Rechtsgeschäft umfassen. Eine Abgabe von Angebots- und Annahmeerklärung in elektronischer Form ist weder erforderlich noch ausreichend (vgl § 126 Rn 16; s.a. BTDrs 14/4987, 17). Erforderlich sind zwei gleichlautende Dokumente, wobei das für den Partner bestimmte Dokument zu signieren ist. Der Vertrag ist aber auch formwirksam, wenn beide Parteien ein das Rechtsgeschäft umfassende Dokument signieren oder eine Seite die Schriftform und die andere die elektronische Form verwendet (Erman/*Palm* § 126 a Rn 7). 8

D. Haftung. Verwendet ein Unbefugter ein Dokument mit der elektronischen Signatur der als Aussteller genannten Person, fehlt bereits deren wirksame Willenserklärung. Allerdings muss dafür zunächst die Beweisregel des § 371 a ZPO widerlegt werden (Rn 10; *Schemmann* ZZP 05, 165 ff). Selbst wenn diese Beweisführung gelingt, kommt eine Verantwortlichkeit nach den Grundsätzen der Duldungs- oder Anscheinsvollmacht bzw eine (vor)vertragliche Haftung in Betracht. Der Zertifizierungsdiensteanbieter haftet vertraglich sowie nach § 11 SigG. 9

E. Beweislast. Nach allgemeinen Grundsätzen hat derjenige die Wirksamkeit der Erklärung zu beweisen, der sich auf die Einhaltung der Form beruft (vgl BGHZ 104, 176). Elektronische Urkunden sind dabei gem § 371 I 2 ZPO Augenscheinsobjekte. Ist eine qualifizierte elektronische Signatur bewiesen, kommt dem Beweisführer die Beweisregel des § 371 a ZPO zugute, die das Gesetz – fehlerhaft – als Anscheinsbeweis bezeichnet (*Schemmann* ZZP 05, 165 ff). Der Gegner kann die Beweisregel nur durch Tatsachen erschüttern, die ernstliche Zweifel an einer mit dem Willen des Signaturschlüssel-Inhabers abgegebenen Erklärung begründen (*Roßnagel/Fischer-Dieskau* NJW 06, 807). 10

§ 126 b Textform

Ist durch Gesetz Textform vorgeschrieben, so muss die Erklärung in einer Urkunde oder auf andere zur dauerhaften Wiedergabe in Schriftzeichen geeignete Weise abgegeben, die Person des Erklärenden genannt und der Abschluss der Erklärung durch Nachbildung der Namensunterschrift oder anders erkennbar gemacht werden.

A. Normzweck. § 126 b regelt die einfachste Form einer schriftlichen Erklärung ohne eigenhändige Unterschrift oder qualifizierte elektronische Signatur. Die Vorschrift ermöglicht den Einsatz neuer Techniken (Fax, Computerfax, E-Mail), wenn den herkömmlichen Formfunktionen eine abgeschwächte Bedeutung beizumessen ist, also die Information und Dokumentation im Vordergrund steht (kritisch *Hähnchen* NJW 01, 2832 f). 1

B. Anwendungsbereich. Auf die Masse der formlos wirksamen Willenserklärungen ist § 126 b unanwendbar. Als gesetzliche Form ist die Textform nur zugelassen, wo sie im Gesetz ausdrücklich vorgesehen ist. Dies sind insbes die §§ 312 c II, 355 I 2, 356 I Nr 3, 357 III 1, 477 II, 493 II 5, 502 II, 505 II 3, 554 III 1, 556 a II, 557 b III 1, 558 a I, 559 b I 1, 560 I 1, IV, 613 a V, 655 b I 4 BGB, 410 I, 438 IV 1, 455 I 2, 468 I 1 HGB, 24 IV 1 WEG. Nach dem Gedanken aus § 126 IV kann die Textform durch andere Formen ersetzt werden, die strengere Anforderungen stellen, vor allem durch die Schriftform. 2

C. Voraussetzungen. I. Erklärung. Es muss eine formbedürftige Willenserklärung oder – praktisch wichtiger – rechtsgeschäftsähnliche Erklärung abgegeben werden. 3

II. Medium. Die Erklärung muss in einer Urkunde (zum Urkundenbegriff § 126 Rn 4) oder auf andere zur dauerhaften Wiedergabe von Schriftzeichen geeignete Weise abgegeben werden. Diese Anforderungen erfüllen ua mit elektronischen Medien – Computerfax, E-Mail oder SMS – übermittelten Erklärungen, die beim Adressaten dauerhaft gespeichert und von ihm am Bildschirm, Display oder als Ausdruck gelesen werden können. Das Einstellen auf der Homepage des Erklärenden genügt nur, wenn es zu einem Download kommt, weil erst dann die Erklärung auf einem dauerhaften Datenträger zur Verfügung gestellt wurde (LG Kleve NJW-RR 03, 196; aA AnwK/*Noack/Kremer* § 126 b Rn 16). Bei der Verwendung von elektronischen Medien ist (entspr § 126 a Rn 7) ein zumindest konkludent erklärtes Einverständnis zu verlangen (Erman/*Palm* § 126 b Rn 3). 4

5 **III. Erklärender.** In der Urkunde muss der Erklärende genannt werden. Wegen der von § 126 a abweichenden Gesetzesfassung ist eine Namensnennung nicht erforderlich. Entscheidend ist die zweifelsfreie Erkennbarkeit des Erklärenden, die auch durch einen unverwechselbaren Namens- oder Firmenteil gewährleistet sein kann.

6 **IV. Abschluss.** Der Abschluss der Erklärung muss erkennbar gemacht werden. Zulässig ist eine Nachbildung der Namensunterschrift, bspw durch eine eingescannte Unterschrift, oder jede andere geeignete Gestaltung der Erklärung, etwa durch eine Grußformel oder den Hinweis, dass der Text maschinell erstellt und nicht unterschrieben wurde.

7 **D. Beweislast.** Wer aus der Erklärung Rechte herleitet, hat ihre Wirksamkeit, dh die Erfüllung der Formerfordernisse und den Zugang, nachzuweisen (zur E-Mail *Mankowski*, NJW 02, 2822; *Roßnagel/Pfitzmann* NJW 03, 1209). § 371 a ZPO ist nicht auf die Textform anwendbar.

§ 127 Vereinbarte Form

(1) Die Vorschriften des § 126, des § 126 a oder des § 126 b gelten im Zweifel auch für die durch Rechtsgeschäft bestimmte Form.
(2) ¹Zur Wahrung der durch Rechtsgeschäft bestimmten schriftlichen Form genügt, soweit nicht ein anderer Wille anzunehmen ist, die telekommunikative Übermittlung und bei einem Vertrag der Briefwechsel. ²Wird eine solche Form gewählt, so kann nachträglich eine dem § 126 entsprechende Beurkundung verlangt werden.
(3) ¹Zur Wahrung der durch Rechtsgeschäft bestimmten elektronischen Form genügt, soweit nicht ein anderer Wille anzunehmen ist, auch eine andere als die in § 126 a bestimmte elektronische Signatur und bei einem Vertrag der Austausch von Angebots- und Annahmeerklärung, die jeweils mit einer elektronischen Signatur versehen sind. Wird eine solche Form gewählt, so kann nachträglich eine dem § 126 a entsprechende elektronische Signierung oder, wenn diese einer der Parteien nicht möglich ist, eine dem § 126 entsprechende Beurkundung verlangt werden.

1 **A. Normzweck.** Den Parteien steht es frei, ein kraft Gesetzes formfrei wirksames Rechtsgeschäft einem Formzwang zu unterwerfen. Die Anforderungen an die Form können sie frei bestimmen, also insbes gegenüber den §§ 126, 126 a, 126 b Erleichterungen oder Erschwerungen vorsehen. Treffen sie darüber keine Vereinbarungen, gelten nach der Auslegungsregel des § 127 die Vorschriften der §§ 126, 126 a, 126 b mit einigen für die vereinbarte Schriftform oder gesetzliche Form vorgesehenen Erleichterungen. Für Formbestimmungen in AGB ist § 309 Nr 13 zu beachten.

2 **B. Vereinbarte Schriftform.** Fehlen abweichende Parteivereinbarungen, genügt nach § 127 II 1 Alt 1 zur Wahrung der gewillkürten Schriftform eine telekommunikative Übermittlung (Fax, E-Mail, Telegramm). Zu verlangen ist eine dauerhafte Wiedergabemöglichkeit, weshalb eine fernmündliche Erklärung oder telefonische Telegrammdurchsage nicht genügen. Vor allem die eigenhändige Namensunterschrift wird beschränkt (zum früheren Recht BGH NJW-RR 96, 867, Fax). Die Übergabe einer unbeglaubigten Fotokopie reicht aus (BAG NJW 99, 596 f, nach § 623 nicht mehr für die Kündigung von Arbeitsverhältnissen). Im Einzelfall kann deswegen eine vereinbarte Schriftform trotz Fehlens der Unterschrift durch Einfügung des Namens in den Text erfüllt sein (BGH NJW-RR 96, 641).

3 Ein formgültiger **Vertragsschluss** ist nach § 127 II 1 Alt 2 abweichend von § 126 II durch Briefwechsel möglich. Ebenso genügt ein Austausch von E-Mail, also telekommunikativ iSd Alt 1 übermittelter Erklärungen. Die Erklärungen können durch unterschiedliche Medien erfolgen (Soergel/*Marly* § 127 Rn 10).

4 Jede Vertragspartei kann gem § 127 II 2 eine § 126 entspr nachträgliche Beurkundung durch Ausstellung einer einheitlichen Urkunde verlangen. Da die Erklärung unabhängig davon von Anfang an wirksam ist, dient die Beurkundung Beweiszwecken.

5 **C. Vereinbarte elektronische Form.** Im Zweifel ist nach § 127 III 1 eine qualifizierte elektronische Signatur nicht erforderlich. Auch einfache oder fortgeschrittene elektronische Signaturen nach § 2 Nr 1, 2 SigG sind danach formwirksam. Die Parteien können sogar einen Verzicht auf eine Signatur vereinbaren (BaRoth/ *Wendtland* § 127 Rn 5). Für einen Vertragsschluss genügt angelehnt an 127 II 1 und abweichend von § 126 a II ein Austausch der jeweils mit einer elektronischen Signatur versehenen Angebots- und Annahmeerklärung. Jede Partei kann eine dem § 126 a entspr elektronische Signierung verlangen. Verfügt eine Seite nicht über eine qualifizierte elektronische Signatur, kann eine § 126 entspr Beurkundung gefordert werden.

6 **D. Beweislast.** Wer bei einem gesetzlich formfreien Rechtsgeschäft eine vereinbarte Form behauptet, ist dafür beweispflichtig (Baumgärtel/*Laumen* Handbuch der Beweislast § 125 Rn 6 f). Unterliegt ein Rechtsgeschäft einem vereinbarten Formzwang nach § 127 I, muss derjenige, der davon abweichende Vereinbarungen behauptet, diese beweisen. Für AGB ist § 309 Nr 12 zu beachten.

§ 127a Gerichtlicher Vergleich

Die notarielle Beurkundung wird bei einem gerichtlichen Vergleich durch die Aufnahme der Erklärungen in ein nach den Vorschriften der Zivilprozessordnung errichtetes Protokoll ersetzt.

A. Normzweck und Anwendungsbereich. Beurkundungen sind nach § 1 BeurkG Aufgabe der Notare, doch kann nach § 127a die notarielle Beurkundung durch Aufnahme in ein gerichtliches Vergleichsprotokoll ersetzt werden. Ein wirksamer Prozessvergleich ersetzt auch die öffentliche Beglaubigung, § 129 II bzw die Schriftform § 126 IV. Für Auflassungserklärungen vgl § 925 I 3, zum Insolvenzplan § 254 I 2 und für das Vaterschaftsanerkenntnis § 641c ZPO. 1

B. Voraussetzungen. I. Gerichtlicher Vergleich. Der Vergleich muss in einem gerichtlichen Verfahren vor einem deutschen Gericht geschlossen sein. Er kann in einem PKH-Verfahren gem § 118 I 3 ZPO, im Zwangsvollstreckungs- und Arrestverfahren (RGZ 165, 162; München DNotZ 71, 545), im Verfahren der freiwilligen Gerichtsbarkeit (BGHZ 14, 388), im Privatklage- und Adhäsionsverfahren (Stuttg NJW 64, 110), im schiedsrichterlichen Verfahren § 1053 III ZPO, vor dem Verwaltungsgericht (BVerwG NJW 95, 2179) oder vor einem ersuchten oder beauftragten Richter (BaRoth/*Wendtland* § 127a Rn 4) vereinbart sein. Eine fehlerhafte Besetzung des Gerichts ist unschädlich (BGHZ 35, 314). Zulässig ist auch ein Vergleich vor dem Rechtspfleger, falls diesem das Verfahren nach dem RPflG übertragen worden ist (Nürnbg RPfleger 72, 305). Der Vergleich muss den Rechtsstreit nicht ganz oder teilweise beenden und kann über den Streitgegenstand hinausgehen (BGHZ 35, 316), wenn er nur im inneren Zusammenhang mit dem Rechtsstreit steht (BGHZ 84, 335). Der Vergleich muss vor Eintritt der Rechtskraft geschlossen sein (BGHZ 15, 194; aA München NJW 97, 2332). Bei einem Vergleich nach § 278 VI ZPO fehlen eine mündliche Verhandlung und die erforderliche Protokollierung, weswegen die Wirkungen des § 127a nicht begründet werden (Zöller/*Greger* § 278 Rn 25; Musielak/*Foerste* § 278 Rn 18). Auch ein Anwaltsvergleich gem § 796a ZPO und ein im Verfahren vor der Gütestelle, etwa nach § 15a EGZPO, geschlossener Vergleich stellen keine im gerichtlichen Verfahren geschlossene Vergleiche dar (MüKo/*Einsele* § 127a Rn 5). 2

II. Wirksamer Vergleich. Aufgrund der Doppelnatur des Prozessvergleichs (BGHZ 142, 88) setzt § 127a einen formell und materiell wirksamen Vergleichsschluss voraus (AnwK/*Noack* § 127a Rn 12). Im Anwaltsprozess ist eine wirksame Vertretung der Parteien erforderlich (BGH NJW 91, 1743). Ein Dritter kann dem Vergleich beitreten, ohne anwaltlich vertreten zu sein (BGHZ 86, 165 f). Der Vergleich muss protokolliert (BGHZ 14, 386) sowie vorgelesen und genehmigt sein, §§ 160 III Nr 1, 162 I ZPO. Sind diese Anforderungen erfüllt, ist ein fehlender Protokollvermerk unschädlich (BGHZ 142, 88). 3

Als **materiellrechtliche** Voraussetzung verlangt der Vergleich ein gegenseitiges Nachgeben (Hburg MDR 91, 65). Es genügt bereits ein geringfügiges Nachgeben bei der Fälligkeit, den Zinsen oder den Kosten, aber auch der Verzicht auf ein rechtskraftfähiges Urteil (BGHZ 39, 63). Während ein Erbvertrag (Köln OLGZ 70, 115), ein Erbverzicht oder ein Pflichtteilsverzicht (BGHZ 35, 316) bei persönlicher Anwesenheit, §§ 2274, 2347 II, wirksam sind, ist eine Testamentserrichtung oder ein Widerruf eines Testaments nicht im Vergleichsweg möglich, weil sich die Partei dazu nicht verpflichten kann (BGH DB 59, 790). 4

§ 128 Notarielle Beurkundung

Ist durch Gesetz notarielle Beurkundung eines Vertrags vorgeschrieben, so genügt es, wenn zunächst der Antrag und sodann die Annahme des Antrags von einem Notar beurkundet wird.

A. Normzweck. Die Mitwirkung des Notars an der Beurkundung von Verträgen soll eine sachkundige Beratung und Belehrung der Parteien sowie eine zweifelsfreie Formulierung des Textes ermöglichen, § 17 BeurkG. Eine notarielle Beurkundung dient insbes dem Übereilungsschutz, der Beratung und Klarstellung sowie einer Beweissicherung (MüKo/*Einsele* § 128 Rn 1). 1

B. Anwendungsbereich. Ausdrücklich ist § 128 auf Verträge anzuwenden, die kraft Gesetzes der notariellen Beurkundung bedürfen, etwa gem §§ 311b I 1, III, V 2, 873 II, 877, 1491 II 1, 1501 II 2, 1587o II 1, 2033 I 2, 2348, 2351, 2371, 2385, sowie § 23 I AktG, 2 I 1, 15 III, IV GmbHG. Unanwendbar ist § 128, wenn nur die Willenserklärung einer Partei notariell zu beurkunden ist, bspw nach §§ 518 I, 1516 II 3, 1597 I, 1626d, 2282 III, 2291 II, 2296 II 2, 2301, oder wenn eine gleichzeitige Anwesenheit beider Parteien vorgeschrieben ist, so §§ 925 I, 1410, 2276 I 1, 2290 IV sowie § 7 I 2 LPartG. 2

C. Beurkundung. I. Verfahren. Die Beurkundung kann vor jedem deutschen Notar – zum ausländischen Notar Art 11 EGBGB – erfolgen, § 2 BeurkG. Über die Verhandlung muss eine Niederschrift aufgenommen werden, § 8 BeurkG. Diese muss die Bezeichnung des Notars und der Beteiligten sowie deren Erklärungen enthalten, § 9 BeurkG. Die Niederschrift muss den Parteien in Gegenwart des Notars vorgelesen, von ihnen genehmigt sowie von ihnen und dem Notar unterschrieben werden, § 13 BeurkG. 3

4 **II. Vertragsschluss.** Die Erklärungen können nacheinander auch von verschiedenen Notaren an verschiedenen Orten beurkundet werden (MüKo/*Einsele* § 128 Rn 6). Bei Verbraucherverträgen treffen den Notar besondere Belehrungspflichten, § 17 IIa BeurkG (*Meinhof* NJW 02, 2275). Sofern nichts anderes bestimmt ist, kommt der Vertrag nach § 152 bereits mit der Beurkundung der Annahmeerklärung zustande.

5 **D. Beweislast.** Die Beweiskraft der notariellen Urkunde erstreckt sich darauf, dass die bezeichneten Personen die beurkundeten Erklärungen abgegeben haben, § 415 I ZPO, doch kann nach § 415 I ZPO eine unrichtige Beurkundung bewiesen werden (Baumgärtel/*Laumen* Handbuch der Beweislast § 128 Rn 1).

§ 129 Öffentliche Beglaubigung

(1) ¹Ist durch Gesetz für eine Erklärung öffentliche Beglaubigung vorgeschrieben, so muss die Erklärung schriftlich abgefasst und die Unterschrift des Erklärenden von einem Notar beglaubigt werden. ²Wird die Erklärung von dem Aussteller mittels Handzeichens unterzeichnet, so ist die im § 126 Abs. 1 vorgeschriebene Beglaubigung des Handzeichens erforderlich und genügend.
(2) Die öffentliche Beglaubigung wird durch die notarielle Beurkundung der Erklärung ersetzt.

1 **A. Normzweck.** Die öffentliche Beglaubigung ist das Zeugnis des Notars darüber, dass die Unterschrift oder das Handzeichen von der Person geleistet wurde, die sich als Träger des Namens ausgewiesen hat, §§ 39, 40 BeurkG (*Medicus* AT Rn 621). Sie dient dem Übereilungs- und Fälschungsschutz, gewährleistet aber keine sachkundige Belehrung.

2 **B. Anwendungsbereich.** Die Echtheit der Unterschrift oder des Handzeichens soll vor allem bei Erklärungen gegenüber dem Gericht oder der Behörde nachgewiesen werden, doch kann ggf auch ein Beteiligter im eigenen Interesse die öffentliche Beglaubigung verlangen, vgl §§ 77, 371, 403, 411, 1035 S 2, 1154 I 2, 1155 S 2, 1355 IV 5, 1491 I 2, 1492 I 2, 1560 S 2, 1617 I 2, 1617a II 3, 1617b II 2, 1617c I 3, 1618 S 5, 1945 I, 1955 S 2, 2120 S 2, 2121 I 2, 2198 I 2, 2215 II sowie §§ 13 S 3, 91 II 2 FGG, 29 I, 30, 31 GBO, 11 IV, 14 II 1, 28 II, 84 III, 157 GenG, 12 HGB, 3 I 5, II 7, 15 IV 1 LPartG, 5 II PartGG, 80 II 1, 726 I, 727 I, 750 II, 751 II, 756 I ZPO, 71 II, 81 II, III, 84 II, 91 II, 143, 144 I 1 ZVG.

3 **C. Beglaubigung. I. Verfahren.** Zuständig ist jeder Notar, doch können landesrechtlich weitere Personen oder Stellen ermächtigt werden § 63 BeurkG. Eine Beglaubigung durch Behörden erfüllt nach § 34 I Nr 2 VwVfG im Allgemeinen nicht die Anforderungen des § 129, doch bedürfen Erklärungen von Behörden, die von diesen iR ihrer Amtstätigkeit formell abgegeben werden, keiner Beglaubigung (BGHZ 45, 365 f). Die Unterschrift soll nur beglaubigt werden, wenn sie vor dem Notar eigenhändig hergestellt oder eine bereits auf der Urkunde befindliche Unterschrift als eigene anerkannt wird, § 40 I BeurkG. Erforderlich ist ein Beglaubigungsvermerk nach § 40 III BeurkG. Blankounterschriften können nach Maßgabe von § 40 V BeurkG beglaubigt werden. Nachträgliche Änderungen des Textes sind ohne erneute Beglaubigung wirksam (Staud/*Hertel* § 129 Rn 28), doch können sie den Beweiswert der Erklärung beeinträchtigen (BayObLG DNotZ 85, 223).

4 **II. Rechtsfolgen.** Die öffentliche Beglaubigung beweist die Echtheit der Unterschrift, nicht des Textes. Nur im Hinblick auf die Unterschrift handelt es sich um eine öffentliche Urkunde, im Übrigen liegt eine Privaturkunde vor (BGHZ 37, 86). Dem Formzwang unterliegende empfangsbedürftige Erklärungen müssen in der Form des § 129 zugehen, um wirksam zu sein. Ein Kopie genügt nicht (BayObLG DtZ 92, 285). Die öffentliche Beglaubigung kann durch eine notarielle Beurkundung, § 129 II, oder einen gerichtlichen Vergleich, 127a, ersetzt werden.

§ 130 Wirksamwerden der Willenserklärung gegenüber Abwesenden

(1) ¹Eine Willenserklärung, die einem anderen gegenüber abzugeben ist, wird, wenn sie in dessen Abwesenheit abgegeben wird, in dem Zeitpunkt wirksam, in welchem sie ihm zugeht. ²Sie wird nicht wirksam, wenn dem anderen vorher oder gleichzeitig ein Widerruf zugeht.
(2) Auf die Wirksamkeit der Willenserklärung ist es ohne Einfluss, wenn der Erklärende nach der Abgabe stirbt oder geschäftsunfähig wird.
(3) Diese Vorschriften finden auch dann Anwendung, wenn die Willenserklärung einer Behörde gegenüber abzugeben ist.

1 **A. Normzweck.** Nach dem Wortlaut von § 130 ist zwischen nicht empfangsbedürftigen und empfangsbedürftigen Willenserklärungen und bei letzteren weiter zwischen Erklärungen gegenüber Anwesenden und Abwesenden zu unterscheiden. Normiert sind insbes die Wirkungen von Abgabe und Zugang einer empfangsbedürftigen Willenserklärung unter Abwesenden sowie die Schranken eines Widerrufs (*Medicus* AT Rn 257 f). Unter welchen Voraussetzungen eine nicht empfangsbedürftige Willenserklärung wirksam wird, ist dagegen nicht geregelt. Es genügt eine Vollendung des Erklärungsvorgangs, also die Abgabe der Erklärung (MüKo/*Einsele* § 130 Rn 5). Offen geblieben sind auch die Anforderungen an eine wirksame empfangsbedürftige Willenserklä-

rung unter Anwesenden. Vor allem sind aber die Voraussetzungen an die Abgabe und den Zugang einer empfangsbedürftigen Willenserklärung ungeregelt, worum sich die meisten Probleme ranken.

B. Anwendungsbereich. I. Grundsatz. § 130 gilt für empfangsbedürftige Willenserklärungen sowie amtsempfangsbedürftige Erklärungen § 130 III (Rn 22) und ist auf geschäftsähnliche Handlungen entspr anwendbar (BGH NJW 87, 2236). Eine Zugangsfiktion regelt § 312 e I 2. Bei Benachrichtigungen gem § 666 bzw im Wertpapiergeschäft soll kein Zugang gem § 130 erforderlich sein (BGHZ 151, 9f). Umgekehrt genügt eine wirksame Willenserklärung nach § 130 noch nicht, wenn eine Regelung zusätzlich positive Kenntnis verlangt, so § 407 (BAG NJW 85, 824). Auch bei der arbeitsrechtlichen Abmahnung ist über den Zugang hinaus eine Kenntnisnahme erforderlich (BAG NJW 85, 824). Auf öffentlich-rechtliche Verträge ist § 130 entspr anwendbar, § 62 S 2 VwVfG. **Prozesshandlungen** unterliegen den besonderen Vorschriften des Prozessrechts, die für eine Anwendung von § 130 grds keinen Raum lassen. Bei Prozesshandlungen mit Doppelnatur, also Prozessvergleichen, gilt für das materiellrechtliche Geschäft § 130 (BaRoth/*Wendtland* § 130 Rn 4). Den Empfänger eines Widerrufs können die Parteien im Vergleich bestimmen (BGH NJW 80, 1754). Fehlt eine Vereinbarung, ist gegenüber dem Gegner zu widerrufen (BGH ZZP 71, 455). Für den Widerruf gegenüber dem Gegner gilt § 130. Auf materiellrechtliche Geschäfte im Prozess ist § 130 anzuwenden, so etwa bei der Erklärung der Aufrechnung, die von ihrer prozessualen Geltendmachung zu unterscheiden ist.

II. Ausnahmen. Nach den §§ 121 I 2, 355 I 2 HS 2 sowie § 377 IV HGB genügt die rechtzeitige Absendung der Erklärung. Die Erklärung wird erst mit Zugang wirksam, doch trägt der Empfänger das Verzögerungsrisiko (BGHZ 101, 53).

III. Disponibilität. Die Zugangsregelung ist dispositiv. Bei formbedürftigen Willenserklärungen ist zwar nicht die Formvorschrift, wohl aber der Zugang der Erklärung in der gehörigen Form disponibel (BGHZ 130, 75; *Armbrüster* NJW 96, 439). In AGB dürfen nach § 309 Nr 13 keine besonderen Zugangserfordernisse und gem § 308 Nr 6 keine Zugangsfiktionen vereinbart werden. Das Widerrufsrecht nach § 130 I 2 kann bei Online-Auktionen durch AGB abbedungen werden (KG NJW 05, 1054; aA Palandt/*Heinrichs* § 130 Rn 11, 19).

C. Willenserklärung gegenüber einem Abwesenden. I. Abgabe. Zuvorderst muss die Erklärung vom Erklärenden willentlich nach außen erkennbar gemacht werden, wobei an ihrer Endgültigkeit keine vernünftigen Zweifel bestehen dürfen (*Larenz/Wolf* AT § 26 Rn 2). Dies unterscheidet die Willenserklärung von Entwürfen oder Informationen (BGH DNotZ 83, 624 f). Zur Abgabe einer nicht empfangsbedürftigen Erklärung muss nur dieser Erklärungsvorgang vollendet sein. Eine empfangsbedürftige Willenserklärung ist erst abgegeben, wenn sie darüber hinaus mit Willen des Erklärenden in den Verkehr gelangt (BGHZ 65, 14 f; BGH NJW-RR 03, 384; bei einer E-Mail muss der endgültige Sendebefehl erteilt sein, *Ultsch* NJW 97, 3007) und der Erklärende damit rechnen konnte und gerechnet hat, sie werde den Empfänger – auf welchem Weg auch immer – erreichen (BGH NJW 79, 2033; WM 83, 712). Dazu muss die Erklärung auch an den Empfänger gerichtet sein (BGH NJW 89, 1671 f).

Gelangt die Erklärung zwar **nicht willentlich**, aber in einer dem Erklärenden zurechenbaren Weise in den Verkehr, liegt mit dem fehlenden Erklärungsbewusstsein rechtsähnliche Gestaltung vor. Die Willenserklärung ist anfechtbar, doch verpflichtet die Anfechtung entspr § 122 zur Schadensersatzleistung (AnwK/*Faust* § 130 Rn 9). Ist die Erklärung in einer dem Erklärenden nicht zurechenbaren Weise an den Empfänger gelangt, ist sie unwirksam (MüKo/*Einsele* § 130 Rn 14; aA *Medicus* AT Rn 266). Es besteht aber ein Schadensersatzanspruch analog § 122 (§ 122 Rn 3; BaRoth/*Wendtland* § 130 Rn 6; Erman/*Palm* § 130 Rn 4; aA *Bork* AT Rn 615).

II. Zugang. 1. Grundlagen. Eine empfangsbedürftige Willenserklärung wird erst mit Zugang beim abwesenden Empfänger wirksam. Zugegangen ist die Erklärung sobald sie derart in den Machtbereich des Empfängers gelangt ist, dass die Möglichkeit der Kenntnisnahme besteht und unter gewöhnlichen Verhältnissen mit einer Kenntnisnahme zu rechnen ist (BGHZ 67, 275; NJW 04, 1320; BAG NJW 93, 1093; BSG NJW 05, 1304; aA *Flume* AT 230 ff). Ziel ist eine angemessene Risikoverteilung. Der Absender trägt das Versendungs- und Transportrisiko. Nach Eingang in seinen Machtbereich trägt der Empfänger die aus seiner Sphäre stammenden Risiken. Erfolgt die Kenntnisnahme zuvor, ist die Erklärung damit zugegangen (*Larenz/Wolf* AT § 26 Rn 29). Eine formbedürftige Erklärung muss in der vorgeschriebenen Form zugehen. Beim gesetzlichen Schriftformerfordernis genügt eine – auch beglaubigte – Kopie nicht (BGH NJW 97, 3170).

Der räumlichen **Machtbereich** umfasst die Wohnung bzw Geschäftsräume, aber auch besondere Empfangseinrichtungen, wie den Hausbriefkasten (BGH NJW 79, 2033), ein Postfach (Celle NJW 1974, 1386) oder einen Anrufbeantworter. Ausreichend soll die in eine nicht einsehbare Tür eines Einfamilienhauses geklemmte Erklärung sein (LAG Hamm MDR 93, 658). Ein allgemein zugänglicher Hausflur genügt nicht. Beim Fax ist der Abschluss des Druckvorgangs erforderlich (BGH NJW 04, 1320). Die Erklärung befindet sich auch dann im Machtbereich des Empfängers, wenn sie in einer externen Mailbox auf dem Server des Providers gespeichert wird, anders aber, wenn sie dort mangels Speicherplatz zurückgewiesen wird (AnwK/*Faust* § 130 Rn 32 f).

Ob die **Möglichkeit der Kenntnisnahme** bestand und diese zu erwarten war, ist nach den üblichen Verhältnissen zu beurteilen. Dafür ist auf die gewöhnliche Leerung des Hausbriefkastens bzw die Geschäftszeiten oder üblichen Bürostunden abzustellen. Im inländischen Rechtsverkehr ist unerheblich, ob eine sprach- oder leseunkundige (*Großfeld/Hülper* JZ 99, 432) Person eine Übersetzungs- oder Lesehilfe benötigt (LAG Köln NJW 88, 1871; s.a. BGH NJW 95, 190). Eine freiwillige (Urlaub) oder unfreiwillige (Krankheit, Haft) Ortsabwesenheit des Empfängers ist grds unerheblich (BGH NJW 04, 1320; BAG NJW 93, 1093 f). Dies gilt selbst dann, wenn dem Absender die Abwesenheit und die geänderte Anschrift bekannt ist (BAG NJW 89, 607), da sonst das Übermittlungsrisiko gesteigert wird.

11 **2. Einzelfälle.** Ein **Brief** geht durch Einwurf in den Briefkasten des Empfängers am selben Tag zu, wenn gemäß der Verkehrsanschauung nach diesem Zeitpunkt noch mit einer Leerung gerechnet werden kann (BGH NJW 04, 1320, 10 Uhr). Beim Einwurf um 14 Uhr erfolgt ein Zugang am gleichen Tag (LG Stuttg BB 02, 380). Eine später als 16 Uhr eingeworfene Erklärung geht am folgenden Werktag zu (str., wie hier bei Einwurf um 16.30 BAG NJW 84, 1651; Erman/*Palm* § 130 Rn 8). Nach aA genügt ein Einwurf bis 18 Uhr (Palandt/*Heinrichs* § 130 Rn 6; BayVerfGH NJW 93, 518, nur aufgrund des Einzelfalls), doch ist dann die Leerung nicht mehr üblich.

12 Mittels **Postfach** geht ein Brief zu, wenn und sobald nach dem gewöhnlichen Lauf der Dinge mit einer Entnahme zu rechnen ist (BGH LM § 130 Nr 2), wobei eine Leerung um 8 Uhr verfrüht ist (Celle NJW 1974, 1386). Wird der Brief in ein falsches Fach einsortiert, erfolgt kein Zugang (Kiel OLGZ 35, 310). Ein Anwalt soll sein Postfach am Sonnabend zu leeren haben (BFH NJW 00, 1743). Hat der Empfänger einen **Nachsendeantrag** gestellt, erfolgt ein Zugang erst mit Zustellung am Aufenthaltsort (Erman/*Palm* § 130 Rn 8).

13 Ein **Einwurfeinschreiben** geht nach den gleichen Grundsätzen wie ein einfacher Brief zu, doch besitzt es nur einen begrenzten Beweiswert (LG Potsdam NJW 00, 3722; *Reichert* NJW 01, 2514). Kann ein **Übergabeeinschreiben** wegen Abwesenheit des Empfängers nicht ausgehändigt werden, begründet der Benachrichtigungsschein keinen Zugang (BGHZ 67, 275; BGH NJW 98, 977; BAG NJW 97, 147). Der Einschreibebrief geht erst zu, wenn ihn der Empfänger abholt. Wird der Brief nicht abgeholt, geht er als unzustellbar an den Absender zurück. Ein Zugang ist nicht erfolgt. Es kommt nur eine Zugangsstörung in Betracht (Rn 26 ff). Entspr gilt bei einem Übergabeeinschreiben mit Rückschein (Brandbg NJW 05, 1586).

14 Ein **Telegramm** geht mit Aushändigung zu, bei einer vorherigen telefonischen Durchsage aber schon damit (RGZ 105, 256). Eine per **Fax** übermittelte Erklärung ist mit Abschluss des Druckvorgangs zugegangen (BGH NJW 04, 1320; zum Störungsrisiko BGH NJW 95, 667). **E-Mail, SMS** und andere Erklärungen mittels Telekommunikationstechniken gehen zu, sobald sie in einer Mailbox gespeichert sind und mit einer Abfrage zu rechnen ist. Dies gilt auch, wenn die Erklärung in einer externen Mailbox auf dem Server des Providers gespeichert wird, anders aber, wenn sie dort mangels Speicherplatz zurückgewiesen wird (AnwK/*Faust* § 130 Rn 32 f). Die Telekommunikationsform muss zumindest konkludent vereinbart sein. Im unternehmerischen Geschäftsverkehr genügt die Angabe etwa der E-Mail-Adresse. Bei einem Verbraucher ist erforderlich, dass sich dieser der Übermittlungsform konkret bedient, bspw bei der Vertragsanbahnung (*Dörner* AcP 202, 368).

15 Ein **Aushang** etwa in einem Mietshaus begründet einen Zugang, falls die Adressaten von der Erklärung Kenntnis nehmen können (einschränkend AG Neuß WuM 95, 46). Die ältere Rechtsprechung zur Massenkündigung durch Aushang (BAG DB 58, 282, Feierschicht) ist durch § 623 überholt (*Schaub* Arbeitsrechts-Handbuch § 123 Rn 34). Die Übermittlung an eine Zweigniederlassung genügt jedenfalls dann, wenn diese empfangsberechtigt für die Hauptniederlassung ist (BGH NJW 65, 966). Das an eine Behörde gerichtete Schreiben geht mit Eingang in der Poststelle und nicht erst mit Vorlage beim zuständigen Amtsträger zu (BGH ZIP 00, 1481).

16 **3. Einschaltung einer Mittelsperson. a) Empfangsvertreter.** Erfolgt die Erklärung gegenüber einem wirksam bevollmächtigten Empfangsvertreter, § 164 III BGB, müssen die Zugangsvoraussetzungen beim Vertreter erfüllt sein (BGH NJW 65, 966). Auf die Weiterleitung an den Adressaten kommt es nicht. Wer zum Abschluss eines Rechtsgeschäfts bevollmächtigt wird, ist grds auch ermächtigt, die erforderlichen Willenserklärungen entgegen zu nehmen (MüKo/*Einsele* § 130 Rn 27). Mitmieter können sich im Mietvertrag formularmäßig zum Empfang von Erklärungen bevollmächtigen (BGH NJW 97, 3439). Wird in einem Kündigungsschutzprozess eine zweite Kündigung erklärt, bezieht sich nach der punktuellen Streitgegenstandstheorie eine Prozessvollmacht nicht auf die Entgegennahme der weiteren Kündigung (LAG Baden-Württemberg BB 67, 1424; anders wenn der Arbeitnehmer eine allgemeine Feststellungsklage erhoben hat BAG NJW 88, 2692 f). Fehlt eine Empfangsvollmacht, wird die Erklärung erst mit Zugang beim Adressaten wirksam. Dies gilt insbes wenn ein Anwalt eine Erklärung mangels Vollmacht zurückweist (BGH NJW 80, 990).

17 **b) Empfangsbote.** Eine durch Empfangsboten vermittelte Erklärung geht dem Adressaten zu dem Zeitpunkt zu, in dem nach dem regelmäßigen Geschehensverlauf eine Weiterleitung an den Empfänger zu erwarten ist (BGH NJW 65, 966; 94, 2614). Es geht zu Lasten des Adressaten, wenn der Empfangsbote die Erklärung falsch, verspätet oder nicht übermittelt (BAG DB 77, 546). Verweigert der Empfangsbote die Annahme, geht die Erklärung nicht zu (BAG NJW 94, 1094). Empfangsbote ist, wer vom Empfänger zur Entgegennahme von Erklärungen bestellt worden oder nach der Verkehrsanschauung als dazu bestellt oder geeignet anzusehen ist (BGH NJW 02, 1566). Bei schriftlichen Erklärungen gehören dazu die in der Wohnung des Empfängers lebenden Angehörigen und Haushaltsmitglieder (BAG NJW 94, 1094; BSG NJW 05, 1304), also Ehegatten (BGH NJW 51, 313; anders bei Aufenthalt des Empfängers auf hoher See BGH NJW 94, 2614), Lebenspartner, Partner einer nichtehelichen Lebensgemeinschaft (vgl BGH NJW 90, 1666, zu § 181 ZPO aF = 178 ZPO nF), Mitmieter (BGH NJW 97, 3439) sowie fest angestelltes Hauspersonal (*Bork* AT Rn 1354; zur Putzfrau Karlsr VersR 77, 902). Der Zimmervermieter

soll Empfangsbote sein (BAG DB 76, 1018). Persönlich ungeeignet sind Kinder (*Bork* AT Rn 1353), Nachbarn und Handwerker (BaRoth/*Wendtland* § 130 Rn 18), situativ ungeeignet die außerhalb der Wohnung angetroffenen Haushaltsangehörigen, Ehepartner ggf ausgenommen (München OLGZ 66, 2). Empfangsboten eines Unternehmens sind die kaufmännischen Angestellten (BGH NJW 65, 966; 02, 1566), der Buchhalter (BAG DB 77, 546), die mit der Entgegennahme einer Erklärung aufgrund einer Anrufweiterleitung betrauten Personen (BGH NJW 02, 1567) sowie ein Polier für Lieferscheine über Baumaterial (Celle NJW 60, 870).

c) Erklärungsbote. Dies ist eine vom Erklärenden eingesetzte Mittelsperson, die weder Empfangsvertreter noch Empfangsbote ist. Hierzu gehören insbes die als Empfangsboten ungeeigneten Personen. Die Erklärung geht mit der Übermittlung zu. Der Erklärende trägt das Risiko der rechtzeitigen und richtigen Übermittlung (Erman/*Palm* § 130 Rn 13). Zur Anfechtbarkeit § 120 Rn 3 f. 18

4. Form. Formbedürftige Erklärungen gehen nur in der vorgeschriebenen Form zu (BGH NJW 93, 1127; 97, 3170), dh im Original oder einer Ausfertigung (BGHZ 48, 377). Ein Fax (BGH NJW 97, 3170) oder eine – beglaubigte – Kopie (BGHZ 48, 377 f; 130, 73) erfüllen nicht die Schriftform oder strengere Erfordernisse. Der Zugang der Erklärung in der gehörigen Form kann abbedungen werden (BGHZ 130, 75; oben Rn 5). 19

III. Widerruf. Geht dem Empfänger vor oder gleichzeitig mit dem Zugang der Willenserklärung ein Widerruf zu, wird die Erklärung nicht wirksam, § 130 I 2. Abzustellen ist auf den Zeitpunkt des Zugangs, nicht (der Reihenfolge) der Kenntnisnahme (BGH NJW 75, 384). Geht umgekehrt der Widerruf später als die Willenserklärung zu, bleibt die Erklärung auch dann wirksam, wenn die Kenntnisnahme gleichzeitig erfolgt bzw der Empfänger bereits weiß, dass ein Widerruf unterwegs ist (RGZ 91, 63; Soergel/*Hefermehl* § 130 Rn 29; aA Erman/*Palm* § 130 Rn 15). Das Widerrufsrecht kann abbedungen werden. Dies ist auch in den AGB einer Online-Auktion wirksam, weshalb dann eine Löschung der eingegangenen Gebote eine wirksame Verkaufsofferte unberührt lässt (KG NJW 05, 1054; Oldbg NJW 05, 2557). 20

IV. Tod, Geschäftsunfähigkeit. Stirbt der Erklärende nach Abgabe, aber vor Zugang der Willenserklärung oder wird er in dieser Zeitspanne geschäftsunfähig, wird die Erklärung gem § 130 II mit Zugang wirksam. Die Erben, der gesetzlichen Vertreter und bei einem Einwilligungsvorbehalt gem § 1903 der Betreuer des Erklärenden können die Erklärung bis zum Zugang widerrufen. Ist ein wirksames Angebot abgegeben worden, richtet sich die Möglichkeit der Annahme nach § 153. Eine Schenkung kann wirksam durch Testament widerrufen werden (RGZ 170, 383). Da § 130 II dem Schutz des Erklärungsempfängers dient, ist für den Widerruf eines gemeinschaftlichen Testaments erforderlich, dass sich die Erklärung beim Tod auf dem Weg zum Empfänger befunden hat (BGHZ 48, 380 f). Auf die Verfügungsbefugnis, etwa bei einer zwischenzeitlichen Insolvenzeröffnung, ist § 130 II nicht entspr anzuwenden. Die Verfügungsbefugnis muss deswegen bei Wirksamwerden der Erklärung bestehen (BGHZ 27, 366). 21

V. Amtsempfangsbedürftige Erklärungen. Auf Willenserklärungen, die gegenüber einer Behörde abzugeben sind, finden nach § 130 III die Regelungen über die Wirksamkeit von Willenserklärungen gegenüber Abwesenden aus § 130 I, II Anwendung (MüKo/*Einsele* § 130 Rn 44). Dies betrifft etwa Erklärungen gegenüber der Stiftungsbehörde, § 81 II, der Hinterlegungsstelle, § 376 II, dem Grundbuchamt, § 928 I, und dem Nachlassgericht, § 1945 I, 2081 I, III. Ebenso gilt dies für Erklärungen, die wahlweise gegenüber einer Behörde oder einer Privatperson abgegeben werden können, so §§ 875 I 2, 876 S 3, 880 II 3, 1168 II 1, 1180 II 1 (AnwK/*Faust* § 130 Rn 15). Unanwendbar ist § 130 III auf Erklärungen, die nicht gegenüber einer Behörde, sondern einem privaten Empfänger, §§ 925 I 1, 2276 I (MüKo/*Einsele* § 130 Rn 45). 22

D. Willenserklärung gegenüber einem Anwesenden. Die Wirksamkeit einer Willenserklärung gegenüber einem Anwesenden ist gesetzlich nicht geregelt. Hier ist zu differenzieren. 23

I. Verkörperte Erklärungen. Eine verkörperte Erklärung wird mit Zugang wirksam, also mit der Übergabe (BGH NJW 98, 3344; BAG NJW 05, 1533). Bei einer zurückgelassenen Erklärung ist auf die Kenntnisnahmemöglichkeit abzustellen. Für den Zugang einer schriftlichen Kündigungserklärung wird keine dauerhafte Verfügungsgewalt des Empfängers über das Schriftstück verlangt (BAG NJW 05, 1533) 24

II. Nicht verkörperte Erklärungen. Eine mündliche, telefonische, § 147 I 2, oder in anderer Weise abgegebene nicht verkörperte Erklärung wird regelmäßig dann wirksam, wenn der Empfänger die Erklärung vernommen hat (BGH WM 89, 652; *Flume* AT 241; *Neuner* NJW 00, 1825, für Gehörlose). Gegenüber dieser vielfach vertretenen Ansicht ist aber eine Einschränkung erforderlich. Auf nicht erkennbare Hörschwierigkeiten oder ein gestörtes Telefonat ist vom Empfänger hinzuweisen (*Medicus* AT Rn 289). Die Erklärung ist zugegangen, wenn der Erklärende keinen vernünftigen Zweifel haben musste, dass die Erklärung verstanden wurde (Soergel/*Hefermehl* § 130 Rn 21; *Bork* AT Rn 631). 25

E. Zugangsstörungen. I. Grundsatz. Treten beim Adressaten Zugangsstörungen auf, bleibt es grds bei den allgemeinen Regeln (BGH NJW 98, 977; Staud/*Singer/Benedict* § 130 Rn 88). Allerdings kann es dem Empfänger bei einem von ihm zu verantwortenden Hindernis verwehrt sein, sich auf die Verspätung zu berufen 26

(*Bork* AT Rn 636). Im Fall einer arglistigen Zugangsvereitelung kommt darüber hinaus eine Zugangsfiktion in Betracht (*Larenz/Wolf* AT § 26 Rn 46; *Medicus* AT Rn 278). Als Ersatzmittel für den Zugang steht dem Erklärenden zudem die Zustellung gem § 132 zur Verfügung.

27 **II. Berechtigte Annahmeverweigerung.** Verweigert der Empfänger berechtigt die Annahme, geht ihm die Erklärung nicht zu, etwa bei einer unzureichenden Frankierung (OVG Hamburg NJW 95, 3138) oder mehrdeutigen Adressierung (Erman/*Palm* § 130 Rn 23). Verhindert ein Empfangsbote den Zugang, muss sich der Adressat dies nicht zurechnen lassen, wenn er darauf keinen Einfluss hatte, anders etwa bei Einvernehmen mit dem Boten (BAG NJW 93, 1094; AnwK/*Faust* § 130 Rn 68).

28 **III. Gestörte Empfangseinrichtungen, Pflichtverletzungen. 1. Voraussetzungen.** Eine allgemeine Pflicht, Empfangsvorkehrungen zu treffen oder -einrichtungen zu schaffen, besteht nicht (BGHZ 67, 278). Ein bei der Post niedergelegtes Einschreiben muss idR nicht abgeholt werden (BGH NJW 96, 1968; BAG NJW 97, 147). Im privaten Verkehr muss grds kein Briefkasten vorhanden, kein Namensschild angebracht (LAG Bremen DB 01, 2719) und eine Telekommunikationseinrichtungen (Anrufbeantworter, Fax, E-Mail) nicht funktionsfähig sein. Verzögerungen durch einen Nachsendeauftrag gehen zu Lasten des Erklärenden (BGH NJW 96, 1968). Allerdings bestehen gewichtige Einschränkungen. Wer aufgrund bestehender oder angebahnter geschäftlicher Beziehungen mit dem Zugang rechtserheblicher Erklärungen zu rechnen hat, muss geeignete Vorkehrungen treffen, damit ihn derartige Erklärungen auch erreichen (BGH NJW 98, 977; BAG NZA 06, 205). Dies gilt insbes für den Kaufmann, § 362 HGB, aber auch allgemein im unternehmerischen Geschäftsverkehr. Muss ein AN etwa aufgrund eines Verfahrens vor dem Integrationsamt mit einer Kündigung rechnen, kann er sich nicht auf den verspäteten Zugang der Erklärung berufen, wenn er trotz eines Benachrichtigungsscheins das Schreiben nicht zeitnah von der Postdienststelle abgeholt hat (BAG NZA 03, 723) oder wenn er trotz Umzugs die neue Adresse nicht mitteilt (BAG NZA 06, 206). Wer sich im privaten Rechtsverkehr bei der Geschäftsanbahnung einer Telekommunikationsform bedient, zB E-Mail (*Ultsch* NJW 97, 3007), oder auf sie verweist, etwa Fax-Anschluss (BaRoth/*Wendtland* § 130 Rn 25), muss für ihre Funktionsfähigkeit sorgen.

29 **2. Folgen.** Scheitert der Zugang an einem objektiv pflichtwidrigen Zugangshindernis (Soergel/*Hefermehl* § 130 Rn 28 aE; AnwK/*Faust* § 130 Rn 67; aA *Larenz/Wolf* AT § 26 Rn 48, auch Vorwerfbarkeit), kann sich der Empfänger nicht auf die Verspätung berufen, wenn der Erklärende alles Erforderliche und ihm Zumutbare getan hat, damit seine Erklärung den Adressaten erreichen konnte. Nach Kenntnis vom nicht erfolgten Zugang ist regelmäßig ein unverzüglicher erneuter Versuch zu unternehmen, um die Erklärung derart in den Machtbereich des Empfängers zu bringen, dass diesem ohne weiteres ein Kenntnis ihres Inhalts möglich ist (BGH NJW 83, 1968; 98, 977; BaRoth/*Wendtland* § 130 Rn 22). Es gilt insoweit eine Rechtzeitigkeitsfiktion (AnwK/*Faust* § 130 Rn 66; *Bork* AT Rn 637). Unternimmt der Erklärende nichts, treten die Rechtsfolgen der Erklärung nicht ein (*Medicus* AT Rn 278). Nach aA soll bei einem Einschreiben, über das mit einem Benachrichtigungsschein informiert wird, spätestens am übernächsten Tag eine Zugangsfiktion gelten (LG Freiburg NJW-RR 04, 1377; Palandt/*Heinrichs* § 130 Rn 18). Ist das objektiv bestehende Leistungshindernis auch subjektiv vorwerfbar, kommt zudem ein Schadensersatzanspruch insbes aus §§ 280 I, 241 II, 311 II in Betracht (Soergel/*Hefermehl* § 130 Rn 28).

30 **IV. Zugangsvereitelung.** Verweigert der Empfänger grundlos die Annahme einer an ihn gerichteten Erklärung, obwohl er mit dem Eingang rechtserheblicher Erklärungen seines Vertrags- oder Verhandlungspartners rechnen muss (BGH NJW 83, 930) oder vereitelt der Empfänger oder sein Vertreter arglistig den Zugang (BGH NJW 98, 977; BAG NZA 06, 205, bei Tendenz zur Arglist), ist ein erneuter Zustellungsversuch nicht mehr sinnvoll und daher entbehrlich. Nach dem Rechtsgedanken aus § 162 BGB ist hier eine Zugangsfiktion zu begründen (*Larenz/Wolf* AT § 26 Rn 46; aA; Staud/*Singer/Benedict* § 130 Rn 83 ff).

31 **F. Beweislast.** Wer sich auf die Wirksamkeit einer empfangsbedürftigen Willenserklärung beruft, ist für den Zugang beweispflichtig (Saarbrücken NJW 04, 2909; Baumgärtel/*Laumen* Handbuch der Beweislast § 130 Rn 1; von BGH NJW 87, 2236, offen gelassen). Er muss auch den Zugangszeitpunkt beweisen (BGH NJW 78, 886). Es besteht kein Anscheinsbeweis dafür, dass ein zur Post gegebener einfacher Brief (BGH NJW 64, 1177) bzw Einschreibebrief (BGHZ 24, 312; BGH NJW 96, 2035; aA für Einwurfeinschreiben AG Paderborn NJW 00, 2723) dem Empfänger zugeht. Entspr dem Gedanken aus § 175 S 2 ZPO schafft ein Einschreiben mit Rückschein den Beweis dafür, dass der Unterzeichner des Rückscheins die Erklärung abgegeben hat (AnwK/*Faust* § 130 Rn 86 ff). Da das Einschreiben auch an eine andere Person als den Adressaten, seinen Vertreter oder seinen Empfangsboten ausgehändigt werden darf, ist damit der Zugang nicht stets nachgewiesen. Nicht bewiesen ist der Inhalt des Schriftstücks. Für den Zugang eines per Fax übermittelten Schreibens ermöglicht der OK-Vermerk im Sendeprotokoll keinen Anscheinsbeweis, weil dadurch lediglich das Zustandekommen der Verbindung, nicht aber die ordnungsgemäße Übermittlung des Schreibens belegt wird (BGH NJW 95, 667; BAG DB 02, 2549; aA München MDR 99, 286; *Gregor* NJW 05, 2885). Für den Zugang einer E-Mail kann evtl die Lesebestätigung einen Anscheinsbeweis begründen (*Mankowski* NJW 04, 1902).

§ 131 Wirksamwerden einer Willenserklärung gegenüber nicht voll Geschäftsfähigen

(1) Wird die Willenserklärung einem Geschäftsunfähigen gegenüber abgegeben, so wird sie nicht wirksam, bevor sie dem gesetzlichen Vertreter zugeht.
(2) ¹Das Gleiche gilt, wenn die Willenserklärung einer in der Geschäftsfähigkeit beschränkten Person gegenüber abgegeben wird. ²Bringt die Erklärung jedoch der in der Geschäftsfähigkeit beschränkten Person lediglich einen rechtlichen Vorteil oder hat der gesetzliche Vertreter seine Einwilligung erteilt, so wird die Erklärung in dem Zeitpunkte wirksam, in welchem sie ihr zugeht.

A. Normzweck und Anwendungsbereich. § 131 normiert die Wirksamkeit einer empfangsbedürftigen Willenserklärung, die gegenüber einem nicht voll Geschäftsfähigen abgegeben wird. Die Vorschrift bildet das Spiegelbild zu den Bestimmungen über die Abgabe einer Willenserklärung durch diesen Personenkreis und dient ebenfalls ihrem Schutz. Die gegenüber einem Geschäftsunfähigen abzugebende Willenserklärung wird nach § 130 I ebenso wenig durch Zugang an ihn wirksam, wie seine Willenserklärung gem § 105 I wirksam ist. Die gegenüber einem beschränkt Geschäftsfähigen abzugebende Erklärung wird nach § 131 II nur ausnahmsweise durch Zugang an ihn wirksam, wie auch seine Willenserklärung nach den §§ 106 ff nur in Ausnahmefällen wirksam wird. 1

B. Anwendungsbereich. Die Regelung gilt für empfangsbedürftige **Willenserklärungen** sowie geschäftsähnliche Handlungen (AG Meldorf NJW 89, 2548). Nicht empfangsbedürftige Willenserklärungen werden mit Abgabe wirksam, auch wenn sie, wie ein Testament, die Rechtsstellung eines nicht voll Geschäftsfähigen berühren (BaRoth/*Wendtland* § 131 Rn 2). Für Erklärungen gegenüber Bewusstlosen und vorübergehend Geistesgestörten gilt nicht § 131. Bei ihnen ist für Erklärungen unter Abwesende auf die Zugangsregeln nach § 130 (Rn 8 ff) abzustellen. Bei Erklärungen unter Anwesenden gilt dann das zu § 130 Rn 23 ff Gesagte. 2

C. Willenserklärungen gegenüber Geschäftsunfähigen, § 131 I. Die gegenüber einem Geschäftsunfähigen, § 104, abzugebende Willenserklärung wird wirksam, wenn sie dem gesetzlichen Vertreter zugeht. Die Erklärung muss gegenüber dem Vertreter abgegeben sein. Eine bloß zufällige Kenntnis genügt nicht (Ddorf VersR 61, 878; LG Berlin MDR 82, 321; MüKo/*Einsele* § 131 Rn 3). Bei der gesetzlichen Vertretung eines Kindes durch die Eltern genügt der Zugang an einen Elternteil. Der Geschäftsunfähige kann Erklärungsbote des Erklärenden sein. Ein Empfangsbote des gesetzlichen Vertreters ist er nur, wenn er dazu bestellt wurde (Erman/*Palm* § 131 Rn 2). 3

D. Willenserklärungen gegenüber beschränkt Geschäftsfähigen, § 131 II. Grds gilt nach § 131 II 1 für den Zugang einer Willenserklärung gegenüber einem beschränkt Geschäftsfähigen das Gleiche, wie für Willenserklärungen gegenüber Geschäftsunfähigen. Die Erklärung muss dem gesetzlichen Vertreter zugehen. IRe Teilgeschäftsfähigkeit gem §§ 112, 113 ist die Erklärung gegenüber dem beschränkt Geschäftsfähigen wirksam. Bei einer Betreuung mit Einwilligungsvorbehalt, § 1903, muss die Erklärung dem Betreuer zugehen, es sei denn sie betrifft eine geringfügige Angelegenheit des täglichen Lebens, § 1903 III 2. 4

Entspr dem Gedanken aus § 107 wird gem § 131 II 2 Alt 1 eine Willenserklärung, die **lediglich rechtlich vorteilhaft** ist, mit dem Zugang an den beschränkt Geschäftsfähigen wirksam. Lediglich rechtlich vorteilhaft ist auch das dem beschränkt Geschäftsfähigen gemachte Vertragsangebot, und zwar unabhängig von seinem Inhalt, weil es die Möglichkeit eröffnet, durch die Annahme einen Vertrag zu schließen (AnwK/*Faust* § 131 Rn 11). Auch ein neutrales Geschäft, wie eine Bevollmächtigung, kann gegenüber dem beschränkt Geschäftsfähigen erklärt werden (Frankf MDR 64, 756). 5

Eine Willenserklärung wird auch durch Zugang an den beschränkt Geschäftsfähigen wirksam, wenn eine **Einwilligung** (§ 183) des gesetzlichen Vertreters vorliegt, § 131 II 2 Alt 2. Eine Genehmigung ist nicht vorgesehen und kann grds auch nicht erfolgen. Nur wenn durch Erklärung gegenüber einem beschränkt Geschäftsfähigen ein Vertragsangebot angenommen wird, kann der gesetzliche Vertreter neben der Erklärung des beschränkt Geschäftsfähigen ausnahmsweise auch den Zugang der Annahmeerklärung genehmigen, damit § 108 nicht entwertet wird (BGHZ 47, 358). Auf einseitige empfangsbedürftige Erklärungen ist dies nicht übertragbar. 6

§ 132 Ersatz des Zugehens durch Zustellung

(1) ¹Eine Willenserklärung gilt auch dann als zugegangen, wenn sie durch Vermittlung eines Gerichtsvollziehers zugestellt worden ist. ²Die Zustellung erfolgt nach den Vorschriften der Zivilprozessordnung.
(2) Befindet sich der Erklärende über die Person desjenigen, welchem gegenüber die Erklärung abzugeben ist, in einer nicht auf Fahrlässigkeit beruhenden Unkenntnis oder ist der Aufenthalt dieser Person unbekannt, so kann die Zustellung nach den für die öffentliche Zustellung einer Ladung geltenden Vorschriften der Zivilprozessordnung erfolgen. Zuständig für die Bewilligung ist im ersteren Falle das Amtsgericht, in dessen Bezirk der Erklärende seinen Wohnsitz oder in Ermangelung eines inländischen Wohnsitzes seinen Aufenthalt hat, im letzteren Falle das Amtsgericht, in dessen Bezirke die Person, welcher zuzustellen ist, den letzten Wohnsitz oder in Ermangelung eines inländischen Wohnsitzes den letzten Aufenthalt hatte.

1 **A. Normzweck.** Um das Übermittlungsrisiko zu begrenzen, ermöglicht § 132 die Zustellung der Willenserklärung als Ersatz des Zugangs. Während die Zustellung nach § 132 I durch Vermittlung eines Gerichtsvollziehers im Belieben des Erklärenden steht, ist die öffentliche Zustellung nach § 132 II an zusätzliche Voraussetzungen gebunden. Verlangt das Gesetz Kenntnis von einer Erklärung (§ 407, nach BAG NJW 85, 824, auch für die arbeitsrechtliche Abmahnung), wird die Kenntnis nicht durch die Zustellung ersetzt (RGZ 87, 417).

2 **B. Zustellung durch Vermittlung eines Gerichtsvollziehers, § 132 I.** Stets hat der Erklärende das Recht, die Zustellung durch Vermittlung eines Gerichtsvollziehers zu wählen. Ein Anwalt kann bei einer befürchteten Zugangsvereitelung dazu verpflichtet sein (Nürnbg NJW-RR 91, 414). Die Zustellung gegenüber einem nicht voll Geschäftsfähigen ist an den gesetzlichen Vertreter zu richten (§ 131 Rn 3 ff). Eine Zustellung im Parteiauftrag ohne Vermittlung eines Gerichtsvollziehers begründet nach § 132 I 1 nicht die Zugangswirkung (BGHZ 67, 277). Die Zustellung erfolgt gem § 132 I 2 nach den Vorschriften der §§ 192 ff ZPO. Der Gerichtsvollzieher kann gem § 194 ZPO die Post mit der Zustellung beauftragen. Nach §§ 191, 178 ff ist eine Ersatzzustellung möglich. Die Erklärung muss in der vorgeschriebenen Form zugestellt werden. Nach dem ersatzlosen Wegfall von § 170 I ZPO aF genügt zur Erfüllung der Schriftform nicht mehr die Zustellung einer beglaubigten Abschrift (so noch BGH NJW 67, 824). Angesichts des Sicherheitsgewinns sind die Zustellungskosten verhältnismäßig gering. Eine persönliche Zustellung durch den Gerichtsvollzieher kostet gem GVKostG KV Nr 100 € 7,50, sonst nach GVKostG KV Nr 101 € 2,50, zuzüglich insbes der jeweiligen Auslagen, so gem GVKostG KV Nr 701 für Zustellungen mit Zustellungsurkunde zzt € 5,60, der Pauschale für die Benutzung eigener Beförderungsmittel nach GVKostG KV Nr 710 von € 5,00 und das Wegegeld aus GVKostG KV Nr 711 etwa für bis zu 10 km von € 2,50.

3 **C. Öffentliche Zustellung, § 132 II.** Eine öffentliche Zustellung erfolgt nach den §§ 185 ff ZPO und erfordert entweder eine unverschuldete Unkenntnis über die Person des Empfängers (unbekannter Erbe) oder eine Unkenntnis über den Aufenthaltsort des Empfängers, wofür die Anforderungen aus § 185 Nr 1 ZPO gelten. Die erschlichene öffentliche Zustellung ist wirksam, doch kann ihr der Einwand unzulässiger Rechtsausübung entgegenstehen (BGHZ 64, 8).

§ 133 Auslegung einer Willenserklärung

Bei der Auslegung einer Willenserklärung ist der wirkliche Wille zu erforschen und nicht an dem buchstäblichen Sinne des Ausdrucks zu haften.

1 **A. Normzweck.** Die Auslegung einer Willenserklärung soll den rechtlich maßgebenden Sinn der Erklärung ermitteln (BGH FamRZ 87, 476; BaRoth/*Wendtland* Rn 17). Ihre Aufgabe erstreckt sich bereits auf die Vorfrage, ob ein Verhalten den Tatbestand einer Willenserklärung erfüllt (BGH NJW 86, 3132), insbes ob ein Rechtsbindungswille besteht (BGHZ 21, 106 f). Hauptsächlich ist freilich der Inhalt mehrdeutiger oder lückenhafter Willenserklärungen zu bestimmen (*Bork* AT Rn 507). Die Funktion der Willenserklärung als Mittel, einen privaten Willen zu verwirklichen, und der Wortlaut des § 133 legen nahe, dass mit der Auslegung der Wille festgestellt werden soll. Da der Wille in irgendeiner Weise nach außen erkennbar und damit verkörpert sein muss (BGHZ 47, 78), kann der reine Wille weder Gegenstand noch recht verstandenes Ziel der Auslegung sein (*Schiemann* Eckpfeiler des Zivilrechts, 52). Bezugspunkt der Auslegung ist das menschliche Verhalten bzw die Erklärung.

2 **B. Bedeutung. I. § 157.** Der sachliche Gehalt und das Verhältnis der §§ 133, 157 zueinander sind immer noch umstritten (Staud/*Singer* Rn 4 mwN). Nach der gesetzlichen Formulierung ist gem § 133 für die Auslegung von Willenserklärungen auf den wirklichen Willen und bei der Auslegung von Verträgen laut § 157 auf Treu und Glauben sowie die Verkehrssitte abzustellen. Diese Unterscheidung wird allgemein als verfehlt angesehen (Erman/*Palm* Rn 5). Einerseits sind die Kriterien des § 133 auch für die Auslegung von Verträgen heranzuziehen, da diese auf übereinstimmenden Willenserklärungen beruhen (MüKo/*Mayer-Maly/Busche* Rn 19). Andererseits sind die Wertungen des § 157 auch für die Auslegung von Willenserklärungen beachtlich (BGHZ 21, 328). Die §§ 133, 157 sind deshalb bei der Auslegung von Willenserklärungen nebeneinander (BGHZ 47, 78; 105, 27; AnwK/*Looschelders* Rn 2), wenn auch nicht unterschiedslos anzuwenden.

3 Überwiegend wird demgegenüber auf die Unterscheidung zwischen **nicht empfangsbedürftigen** und **empfangsbedürftigen** Willenserklärungen abgestellt. § 133 soll nur bei nicht empfangsbedürftigen Willenserklärungen maßgebend sein, während § 157 auch auf empfangsbedürftige Willenserklärungen angewendet wird (*Medicus* AT Rn 322 f). Allerdings werden Durchbrechungen für erforderlich gehalten. Haben die Vertragsparteien mit ihren Erklärungen einen vom objektiven Gehalt abweichenden Sinn verbunden, gilt nach der falsa-demonstratio-Regel das von ihnen Gewollte (Rn 21). Außerdem wird die Auslegung formbedürftiger Rechtsgeschäfte, zB eines Testaments, von der Andeutungstheorie (dazu Rn 9) durch die Einhaltung der Form begrenzt (vgl *Schiemann* Eckpfeiler des Zivilrechts, 52).

II. § 242. Zunächst ist im Wege der Auslegung das rechtliche Wollen zu klären. Lassen sich daraus keine hinreichenden Anhaltspunkte für die Streitentscheidung gewinnen, ist gem § 242 das rechtliche Sollen zu klären (BGHZ 16, 8). 4

III. § 139. Bei Teilnichtigkeit eines Rechtsgeschäfts ist vorrangig im Wege der Auslegung zu klären, ob die Parteien für diesen Fall eine Vereinbarung getroffen haben. Ohne besondere Abrede ist nach der Auslegungsregel des § 139 im Zweifel von der Gesamtnichtigkeit auszugehen. 5

IV. § 140. Erst wenn, ggf nach Auslegung, die Nichtigkeit eines Rechtsgeschäfts feststeht, ist eine Konversion möglich. Die Umdeutung bildet keinen Unterfall der Auslegung, denn während die Auslegung der Ermittlung des realen Willens dient, stellt die Umdeutung auf einen hypothetischen Willen ab (BGHZ 19, 273; § 140 Rn 2). 6

V. § 2084. Die Auslegung letztwilliger Verfügungen richtet sich primär nach § 133 und wird durch § 2084 ergänzt (MüKo/*Mayer-Maly/Busche* Rn 23). 7

C. Anwendungsbereich. Die §§ 133, 157 gelten für die Auslegung aller **Willenserklärungen**, also auch für Erklärungen iRe abstrakten Geschäfts (BGHZ 21, 161, Wechsel; BGH NJW-RR 96, 1458, Schuldversprechen). Sie betreffen das Ob und das Wie einer Willenserklärung (Rn 1). Für das **Schweigen** als Auslegungsgegenstand gelten die gleichen Grundsätze wie für die Auslegung empfangsbedürftiger Willenserklärungen (BaRoth/*Wendtland* Rn 29). 8

Auslegungsfähig sind auch **formbedürftige** Willenserklärungen. Die vor allem in der älteren Rspr vertretene Andeutungstheorie verlangt allerdings, dass der Wille wenigstens andeutungsweise in der formgerechten Urkunde zum Ausdruck gekommen sein müsse (RGZ 59, 219; 160, 111; BGHZ 80, 245), doch werden dadurch Auslegungsergebnis und Formgültigkeit vermengt (AnwK/*Looschelders* Rn 74). Zunächst ist deswegen der Inhalt der Erklärung im Wege der Auslegung zu ermitteln. Erst anschließend darf entspr dem Zweck der Formvorschriften festgestellt werden, ob die Erklärung in der vorgeschriebenen Form zum Ausdruck gekommen ist (BGHZ 86, 46 f; BGH NJW 96, 2793). 9

Die für ausdrückliche Willenserklärungen formulierten Grundsätze gelten grds auch für **konkludente** Willenserklärungen. Schlüssiges Verhalten kann nach der Rspr zum fehlenden Erklärungsbewusstsein dem Erklärenden als Willenserklärung zugerechnet werden, falls dieser bei Anwendung der im Verkehr erforderlichen Sorgfalt hätte erkennen können, dass sein Verhalten vom Empfänger nach Treu und Glauben mit Rücksicht auf die Verkehrssitte als Willenserklärung aufgefasst werden durfte und wenn der Empfänger es auch tatsächlich so verstanden hat (BGHZ 91, 330; 109, 177; *H-J Ahrens* JZ 84, 987; aA Staud/*Singer* Vorbem zu §§ 116–144 Rn 34 ff). Von der bisherigen Judikatur zu konkludenten Bestätigungen, Genehmigungen, Zustimmungen und Verzichtserklärungen wurde dazu das Bewusstsein verlangt, dass eine Willenserklärung erforderlich sein kann (BGHZ 2, 153; 53, 178; 110, 222, 129, 377). Inzwischen wird hiervon abgesehen und auch insoweit eine Gleichstellung mit der Judikatur zum fehlenden Erklärungsbewusstsein vertreten (BGH NJW 95, 953; ZIP 04, 1394; Palandt/*Heinrichs* Rn 11; s.a. Rn 37). 10

Ausgelegt werden können **geschäftsähnliche Erklärungen** (BGH NJW 95, 46), Leistungsbeschreibungen (BGH NJW 99, 2433; Palandt/*Heinrichs* Rn 3) und Einwilligungen in ärztliche Eingriffe (BGH NJW 80, 1903 f). Bei der Auslegung von **AGB** ist zusätzlich § 305 c zu beachten. 11

Auf **Prozesshandlungen** der Parteien sind die §§ 133, 157 grds anwendbar (BGHZ 22, 269). Als Auslegungsziel gilt, dass im Zweifel gewollt ist, was nach den Maßstäben der Rechtsordnung vernünftig ist und der recht verstandenen Interessenlage entspricht (BGH NJW 94, 1538). Die §§ 133, 157 sind gem § 62 S 3 VwVfG auf **öffentlich-rechtliche Verträge** anzuwenden (BVerwG NJW 90, 1928). Sie gelten aber auch für andere öffentlich-rechtliche Erklärungen (BGHZ 86, 110; BGH NJW 98, 2140). 12

D. Voraussetzungen. I. Auslegungsgegenstand. Die Auslegung erfolgt in mehreren Schritten. Zunächst ist der **Erklärungstatbestand** festzustellen (BGH NJW-RR 92, 773). Auslegungsgegenstand sind die Tatsachen, die den Erklärungsakt verkörpern, sowie alle Modalitäten, die Rückschlüsse auf seinen Inhalt zulassen (vgl BGH NJW 84, 721 f). Auslegungsmittel sind die außerhalb des Erklärungsakts liegenden Umstände, die Rückschlüsse auf den Sinn der Erklärung, ihren Inhalt sowie ihre Qualifikation zulassen, wozu etwa die Begleitumstände und die Vorgeschichte des Rechtsgeschäfts gehören (Staud/*Singer* Rn 8). Die anschließend iRd Auslegung erfolgende **Sinndeutung** ist eine rechtliche Würdigung (BGH NJW 84, 722; Rn 50 f). 13

II. Auslegungsbedürftigkeit, Auslegungsfähigkeit. Allgemeines Erfordernis der Auslegung ist die **Auslegungsbedürftigkeit** der Erklärung (BGH NJW 84, 290). Unzutreffend ist aber die weitere Annahme, eine Auslegung sei bei absolut eindeutigen Erklärungen ausgeschlossen (BGH NJW 96, 2650). Richtig ist vielmehr, dass bereits die Feststellung fehlender Auslegungszweifel das Resultat eines interpretatorischen Akts darstellt (BaRoth/*Wendtland* Rn 22). 14

Verlangt wird außerdem eine **Auslegungsfähigkeit** der Willenserklärung, denn widerspruchsvolle und widersinnige Willenserklärungen sollen nicht auslegbar sein (RG JW 10, 801; BGHZ 20, 110). Auch hier ist aber zunächst durch Auslegung zu ermitteln, ob hinter der widersprüchlichen Erklärung ein eindeutiger Sinn steckt (Erman/*Palm* Rn 12). Es ist zu ergründen, welche Überlegungen und Vorstellungen den widerspruchsvoll erscheinenden Vertragsbestimmungen zugrunde liegen (BGH NJW 86, 1035), denn es ist Aufgabe der 15

Auslegung, solche Zweifel aufzulösen (BGH NJW 81, 2746). Dabei ist von dem Erfahrungssatz auszugehen, dass Vertragsschließende auch bei einem unzulänglichen oder widerspruchsvollen Wortlaut mit dem Vertragsschluss einen bestimmten wirtschaftlichen Zweck verfolgten und mit der von ihnen gewählten Formulierung zum Ausdruck bringen wollten (BGHZ 20, 110). Erst wenn danach der Sinn unverständlich bleibt, begründet die perplexe Willenserklärung keine Rechtswirkungen.

16 **E. Auslegungsziele. I. Empirische Auslegung. 1. Grundsätze.** Auslegungsziele und Auslegungsmethoden sind zu unterscheiden (Staud/*Singer* Rn 2). Als Ziel der Auslegung nennt § 133 den **wirklichen Willen**. Der Rechtsbegriff des wirklichen Willens darf nicht mit der psychischen Tatsache des inneren Willens gleichgesetzt werden. Ein innerer, in keiner Weise nach außen gedrungener Wille, kann keine Bindungswirkung entfalten (Soergel/*Hefermehl* Rn 1; Schiemann Eckpfeiler des Zivilrechts, 52). Bezugsgröße der empirischen bzw natürlichen Auslegung ist daher, wie der Erklärende seine Verlautbarung verstanden hat. Wurde die Erklärung vom Empfänger abweichend aufgefasst, ist iRe normativen Auslegung zu klären, in welcher Weise der Adressat die Erklärung bei Beachtung der verkehrsüblichen Auslegung verstehen durfte (*Wieser* JZ 85, 407). Die Auslegungsmethoden betreffen sodann das Verfahren der Auslegung (Rn 31 ff).

17 **Vorrangig** ist von der auf den wirklichen Willen des Erklärenden bezogenen empirischen Auslegung auszugehen, weil diese am striktesten auf eine selbstbestimmte Gestaltung abzielt (BGH NJW 84, 721). Diese einseitige Ausrichtung ist dort berechtigt, wo keine schutzwürdigen Interessen des Empfängers entgegenstehen. Ihr Anwendungsbereich konzentriert sich auf die nicht empfangsbedürftigen sowie die übereinstimmend verstandenen empfangsbedürftigen Willenserklärungen.

18 **2. Nicht empfangsbedürftige Willenserklärungen.** Manche Typen nicht empfangsbedürftiger Willenserklärungen betreffen allein die Interessen des Erklärenden. Das Hauptbeispiel bildet das **Testament**, das nach dem wirklichen Willen des Erblasser auszulegen ist (BGHZ 80, 249; 86, 45). Um den Erblasserwillen zu ermitteln, sind sämtliche Begleitumstände unabhängig davon heranzuziehen, ob sie in der Testamentsurkunde einen Niederschlag gefunden haben (BGHZ 86, 46 f). Erst wenn sein Wille feststeht, darf geprüft werden, ob er formgültig niedergelegt wurde (Rn 9).

19 Bei **sonstigen** nicht empfangsbedürftigen Willenserklärungen können schutzwürdige Interessen Anderer nicht von vornherein ausgeschlossen werden. Bei den an die Öffentlichkeit gerichteten Erklärungen, speziell der Auslobung, ist auf die Verständnismöglichkeiten eines durchschnittlichen Angehörigen abzustellen (BGHZ 17, 371; AnwK/*Looschelders* Rn 40).

20 **3. Übereinstimmender Wille.** Erkennt der Empfänger den wirklichen Willen des Erklärenden, ist er nicht schutzbedürftig. Der Adressat muss sich also sein individuelles Verständnis zurechnen lassen. Der wirkliche Wille des Erklärenden bestimmt dann den Inhalt des Rechtsgeschäfts (BGH NJW 84, 721; NJW-RR 93, 373; *Larenz/Wolf* AT § 28 Rn 29). Nicht erforderlich ist, dass sich der Empfänger den Willen zu Eigen macht (BGH NJW 02, 1039).

21 Haben die Beteiligten eine Erklärung **übereinstimmend** verstanden, geht der wirkliche Wille des Erklärenden dem Wortlaut oder jeder anderweitigen Auslegung vor (BGHZ 71, 247; BGH NJW 96, 1679; 98, 747; 02, 1039). Das Hauptanwendungsgebiet wird durch die Parömie **falsa demonstratio non nocet** bezeichnet. Im Schulfall (RGZ 99, 148) haben die Parteien einen Kaufvertrag über Haakjöringsköd geschlossen, der norwegischen Bezeichnung für Haifischfleisch. Da die Parteien übereinstimmend Walfischfleisch meinten und sich lediglich im Ausdruck irrten, ist der Vertrag über Walfischfleisch zustande gekommen. Übereinstimmende Falschbezeichnungen sind unschädlich (BGHZ 20, 110). Diese Regel gilt auch bei der Auflassung (BGH NJW 02, 1039), dem In-Sich-Geschäft (BGH NJW 91, 1731), der Auslegung von AGB (BGHZ 113, 259; BGH NJW 83, 2638) und ggf bei der Auslegung von Wechseln (Köln NJW-RR 97, 940; Staud/*Singer* Rn 14). Bei formbedürftigen Rechtsgeschäften sind nur versehentliche Falschbezeichnungen unschädlich (RGZ 133, 281; s.a. BGHZ 74, 119). Absichtliche Falschbeurkundungen verstoßen gegen die Formzwecke und sind unwirksam (*Medicus* AT Rn 330).

22 **II. Normative Auslegung.** Bei empfangsbedürftigen Willenserklärungen ist auf die Interessen des Adressaten Rücksicht zu nehmen. Erkennt der Empfänger nicht, was der Erklärende gemeint hat, ist die Willenserklärung so auszulegen, wie sie jener nach Treu und Glauben unter Berücksichtigung der Verkehrssitte verstehen durfte (BGHZ 36, 33; 47, 78; 103, 280; BGH NJW 88, 2879; 92, 1446 f; BAG NJW 00, 309). Maßgebend ist der vom **Empfängerhorizont** aus zu bestimmende objektive Erklärungsgehalt. Der Empfänger darf sich nicht auf die ihm günstigste Deutung verlassen, sondern muss anhand aller erkennbaren Umstände mit der gebotenen Sorgfalt den Sinn der Erklärung erfassen (BGH NJW 81, 2296; 92, 170; BaRoth/*Wendtland* Rn 27; *Larenz/Wolf* § 28 Rn 6).

23 IRd normativen **Sorgfaltsanforderungen** sind nicht nur die dem Adressaten erkennbaren, sondern auch die von ihm unter zumutbaren Anstrengungen zu ermittelnden Umstände zu berücksichtigen (AnwK/*Looschelders* Rn 48). Auszugehen ist dafür vom Wortlaut der Erklärung und den – bei Zugang der Erklärung erkennbaren (Rn 35) – Begleitumständen (BGH NJW 03, 1317).

24 Aufgrund der Rspr zum fehlenden Erklärungsbewusstsein (vgl Rn 10) trifft den **Erklärenden** eine vergleichbare Verantwortlichkeit.

III. Ergänzende Vertragsauslegung. 1. Rechtsgeschäft. Weist ein gültiges Rechtsgeschäft in einem regelungsbedürftigen Punkt eine Regelungslücke auf, kann die Lücke im Wege der ergänzenden Vertragsauslegung geschlossen werden (BGHZ 9, 277 f; 77, 304). Erforderlich ist wirksames Rechtsgeschäft (BaRoth/*Wendtland* § 157 Rn 33). Es kann sich um ein formbedürftiges Rechtsgeschäft (BGHZ 81, 143), ein Testament (BGHZ 22, 360) oder die Gemeinschaftsordnung einer Wohnungseigentümergemeinschaft handeln (BGH NJW 04, 3416). Bei einem vorvertraglichen Schuldverhältnis kann durch ergänzende Vertragsauslegung ein Haftungsausschluss begründet werden (BGH NJW 80, 1682, Probefahrt). 25

2. Regelungslücke. Das Rechtsgeschäft muss in einem regelungsbedürftigen Punkt eine Regelungslücke, dh eine planwidrige Unvollständigkeit aufweisen (BGHZ 77, 304; 125, 17; 127, 142; BGH NJW 02, 2310; NJW-RR 05, 690). Der Vertrag muss innerhalb des durch ihn gesteckten Rahmens oder innerhalb des gewollten Vereinbarungen ergänzungsbedürftig sein (BGHZ 77, 304). Unerheblich ist, aus welchem Grund der Punkt offen geblieben ist. Die Lücke kann anfänglich bestanden oder sich nachträglich ergeben haben (BGH NJW 81, 220). Die Parteien können den Aspekt übersehen oder bewusst offen gelassen haben, weil sie ihn im Zeitpunkt des Vertragsschlusses nicht für regelungsbedürftig hielten (BGH NJW 02, 1262; 2310). Die Lücke kann auch durch Unwirksamkeit einer Vertragsbestimmung entstanden sein (BGHZ 90, 74; 137, 157). Sollte die Regelung abschließend sein, liegt keine Regelungslücke vor (BGHZ 94, 113; BGH NJW 90, 1724). 26

3. Lückenfüllung. Um den Vorrang der Privatautonomie zu wahren, ist der Vertrag primär auf der Grundlage des hypothetischen Parteiwillens und erst sekundär durch das dispositive Gesetzesrecht zu ergänzen. Dies gilt nach wohl einhelliger Ansicht, soweit eine Heranziehung des dispositiven Rechts dem Willen der Vertragsparteien widerspricht (BGH NJW 75, 1117), wenn es regelmäßig abbedungen wird (BGH NJW 79, 1705), falls das dispositive Recht keine passende Regelung enthält oder der gewählte Vertrag gesetzlich nicht geregelt ist (BGHZ 90, 75). Diese Rangfolge besteht auch, wenn die Vertragslücke durch abdingbares Recht geschlossen werden könnte. Es existiert kein allgemeiner Vorrang des dispositiven Gesetzesrechts (Erman/*Armbrüster* § 157 Rn 19; *Schiemann* Eckpfeiler des Zivilrechts, 55; aA BGHZ 40, 103; 90, 75; 137, 157; BaRoth/*Wendtland* § 157 Rn 38; Palandt/*Heinrichs* § 157 Rn 4). 27

Zur Ergänzung des Vertrags ist auf den **hypothetischen Parteiwillen** abzustellen. Auszugehen ist davon, was die Parteien bei einer angemessenen Abwägung ihrer Interessen nach Treu und Glauben als redliche Vertragspartner vereinbart hätten (BGHZ 111, 218; BGH NJW 97, 652). Dafür ist zunächst an den Vertrag selbst anzuknüpfen. Die darin enthaltenen Regelungen und Wertungen, sein Sinn und Zweck bilden den Ausgangspunkt der Vertragsergänzung (BGH NJW 02, 2311). Gesucht wird die durch den Vertrag im Ganzen, aber gerade nicht ausdrücklich getroffene Regelung (*M Ahrens* Recht und Risiko, 181). 28

Der hypothetische Parteiwille ist zunächst anhand der individuellen Umstände des konkreten Vertrags zu ermitteln. Ist dies nicht möglich, muss die Vertragsergänzung aus den objektiven Maßstäben von **Treu und Glauben** sowie einer Berücksichtigung der **Verkehrssitte** entwickelt werden (BGHZ 90, 78; Erman/*Armbrüster* § 157 Rn 20 f; nach aA besteht kein klares Rangverhältnis Staud/*Roth* § 157 Rn 32; *Medicus* AT Rn 344). 29

Entspr dem Primat des Parteiwillens darf die ergänzende Vertragsauslegung **nicht** zu einer Abänderung oder einer unzulässigen **Erweiterung** des Vertrags führen (BGHZ 40, 103; BGH NJW 02, 2311). Die Ergänzung muss sich als zwingende selbstverständliche Folge aus dem ganzen Zusammenhang des Vereinbarten ergeben, so dass ohne sie das Ergebnis im offenen Widerspruch mit dem nach dem Inhalt des Vertrags Vereinbarten stehen würde (BGHZ 77, 304). Ergeben sich **mehrere Auslegungsmöglichkeiten**, scheidet eine ergänzende Vertragsauslegung aus, falls kein Anhaltspunkt besteht, welche Regelung die Parteien getroffen hätten (BGHZ 62, 89 f; 143, 121; BGH NJW 02, 2311). 30

F. Auslegungsmethoden und -grundsätze. I. Wortlaut. Bei einer durch Schriftzeichen oder Sprache verkörperten Erklärung ist von ihrem Wortlaut als dem objektiv erklärten Parteiwillen auszugehen (BGHZ 121, 16; 124, 44 f; BGH NJW 00, 2099; 01, 144; 2535), doch verbietet § 133, auf die buchstäbliche Bedeutung abzustellen. Maßgebend ist grds der allgemeine Sprachgebrauch (BGH LM § 133 C Nr 17; München NJW-RR 96, 239). 31

Werden Begriffe vom beteiligten **Verkehrskreis** in einem bestimmten Sinn verwendet, ist diese Bedeutung zugrunde zu legen (BGH NJW 01, 1345). Bei einem aus Fachleuten bestehenden Empfängerkreis ist von der fachspezifischen Bedeutung auszugehen (BGH NJW-RR 94, 1108). Juristische Termini sind grds iSd spezifischen Sprachgebrauchs auszulegen (LG Berlin NJW 05, 993, Schuldanerkenntnis eines Rechtslehrers). Bei einer Verwendung durch Laien ist jedoch nicht mit einem fachgerechten Gebrauch (RGZ 89, 400), bei einer Verwendung gegenüber Laien nicht notwendig mit einem zutreffenden Verständnis zu rechnen (BGH NJW 92, 1447, Bürgschaft auf erstes Anfordern). Ein besonderer Sprachgebrauch des Erklärenden ist bei empfangsbedürftigen Willenserklärungen zu berücksichtigen, wenn ihn der Erklärungsempfänger kannte oder kennen musste (Palandt/*Heinrichs* Rn 14). 32

II. Zusammenhang. Aus der Lehre der Gesetzesauslegung können für schriftliche Erklärungen die Grundsätze der systematischen Auslegung übernommen werden (BGHZ 101, 273; MüKo/*Mayer-Maly/Busche* Rn 7; aA *Flume* 309). Gegenüber der Leistungsbeschreibung eines Bauvertrags kann daher den Vorbemerkungen größeres Gewicht zukommen (BGH NJW 99, 2433). 33

34 **III. Begleitumstände.** Im Anschluss an die Ermittlung des Wortsinns sind die außerhalb der Äußerung liegenden Umstände zu berücksichtigen, soweit sie auf den Sinngehalt der Erklärung schließen lassen (BGH NJW-RR 00, 1003; BaRoth/*Wendtland* Rn 25). Selbst der klare und eindeutige Wortlaut einer Erklärung bildet keine Grenze für die Auslegung anhand der Gesamtumstände (BGH NJW 02, 1261).

35 Zu den maßgebenden Umständen gehört in erster Linie die **Entstehungsgeschichte** des Rechtsgeschäfts, speziell die bisherigen Gepflogenheiten und die Durchführung früherer Geschäfte, sofern sie mit dem aktuellen Rechtsgeschäft im Zusammenhang stehen (BGH NJW-RR 03, 927; Staud/*Singer* Rn 47), der Inhalt von Vorverhandlungen (BGH NJW 99, 3192), Entwürfen und Vorbesprechungen (BGH NJW 03, 2236), der vorausgegangene Schriftverkehr (BGHZ 109, 22), mündliche Erläuterungen (BGHZ 82, 222) oder eine vorherige formunwirksame Vereinbarung (BGH NJW 87, 2438). Auf die Erklärungsbedeutung können nur solche Umstände Einfluss nehmen, die für den Empfänger bei Zugang der Willenserklärung erkennbar waren (BGH NJW 88, 2879).

36 **Nachträgliches Verhalten** der Parteien kann zwar nicht dazu führen, dass der Empfänger die Erklärung in einem anderen als dem zum Zeitpunkt des Zugangs erkennbaren Sinn verstehen musste. Spätere Vorgänge können aber Rückschlüsse auf den tatsächlichen Willen und das tatsächliche Verständnis der an dem Rechtsgeschäft Beteiligten zulassen (BGH NJW 88, 2879).

37 Bei **konkludentem Verhalten** (Rn 10) kann der Erklärungswert allein aus den Begleitumständen, den Grundsätzen von Treu und Glaube sowie der Verkehrssitte abgeleitet werden (AnwK/*Looschelders* Rn 32).

38 **IV. Interessenlage.** Mit jedem Rechtsgeschäft werden bestimmte Zwecke und Interessen verfolgt, die iRd **teleologischen Auslegung** zu berücksichtigen sind. In der Rechtsprechungspraxis gewinnt diese interessengerechte Auslegung zunehmend an Gewicht (Erman/*Palm* Rn 33). Die Erklärung ist so auszulegen, wie es den jeweiligen Zwecken (BGHZ 2, 385; 20, 110; BGH NJW 98, 2140) und der beiderseitigen Interessenlage am Besten entspricht und zum erstrebten Erfolg führt (BGHZ 21, 328; 109, 22; BGH NJW 02, 748; 03, 2236). Ziel muss eine allseits interessengerechte Beurteilung sein, bei der keine wesentlichen Interessen übergangen werden dürfen (BGHZ 137, 72; 149, 353; 152, 156). Anhand der Interessenlage ist der objektive Erklärungswert der Äußerungen zu bestimmen. Maßgebend sind die Parteiinteressen bei Abgabe ihrer Erklärungen (BGH NJW 98, 3269f).

39 Im Allgemeinen ist die teleologische Auslegung zwar nicht geeignet, eine Auslegung gegen den **Wortlaut** und erklärten Willen zu rechtfertigen (BGH NJW-RR 02, 646). Besondere Umstände können aber Ausnahmen rechtfertigen (BGH NJW 92, 1447). Selbst ein eindeutiger Wortlaut erfasst nicht notwendig völlig ungewöhnliche und von keiner Seite zu erwartende Sachlagen (BGHZ 124, 68).

40 Aus der interessengerechten Auslegung lassen sich mehrere **Auslegungsgrundsätze** ableiten (Staud/*Singer* Rn 55). Im Zweifel werden die Parteien eine vernünftige Regelung gewollt haben (BGHZ 79, 18; 98, 312; BGH NJW 93, 1978; 94, 1538, für Prozesshandlungen der Parteien), die widerspruchsfrei ist (BGH NJW 93, 1978; 03, 743). Nach dem Grundsatz der gesetzeskonformen Auslegung, gebührt der Deutung der Vorzug, die eine Unwirksamkeit der Bestimmung vermeidet (BGHZ 152, 158). Ebenso ist eine Auslegung vorzuziehen, bei der eine Vertragsbestimmung eine tatsächliche Bedeutung besitzt, wenn sich die Regelung sonst als ganz oder teilweise sinnlos erweisen würde (BGH NJW 98, 2966; 05, 2619). Außerdem ist grds davon auszugehen, dass die Parteien redlich sind (*Larenz/Wolf* AT § 28 Rn 45) und eine gesetzeskonforme Regelung wollen (BGH NJW 04, 1240).

41 **Einzelfälle:** Der Anruf bei einer Anwaltshotline führt zu einem Vertragsschluss mit dem beratenden Anwalt und nicht mit dem Betreiber der Hotline (BGHZ 152, 158). Ein krasses Missverhältnis zwischen Leistung und Gegenleistung kann gegen einen Rechtsbindungswillen sprechen (BGH NJW 01, 2324, Erlassfalle). Ein abzuwohnendes Darlehen ist in Höhe der angemessenen oder üblichen Miete abzurechnen (BGH NJW 03, 1318). Eine auf Wunsch des Gastes ausgesprochene Spielsperre verpflichtet die Spielbank nicht dazu, die Einhaltung des Verbots zu überwachen und durchzusetzen (BGHZ 131, 139). Eine als Bürgschaft bezeichnete Erklärung kann nicht als Schuldbeitritt (BGH LM § 133 B Nr 7) und ein Schuldbeitritt nicht als Bürgschaft ausgelegt werden (BGH LM § 133 C Nr 34; Palandt/*Heinrichs* Rn 18). IRe risikogerechten Auslegung ist eine Mietgarantie als Garantie gegen das Risiko der Unvermietbarkeit sowie gegen Mietausfälle auszulegen (BGH NJW 03, 2237).

42 **V. Treu und Glauben sowie die Verkehrssitte.** § 157 verlangt, Verträge so auszulegen, wie dies Treu und Glauben mit Rücksicht auf die Verkehrssitte erfordern. Über den Wortlaut hinaus gilt dieses Gebot für alle Willenserklärungen (BGHZ 47, 78). Mit der Orientierung an **Treu und Glauben** wird eine objektiv-normative Auslegung ermöglicht, die auf das schutzwürdige Vertrauen des Erklärungsempfängers, die berechtigten Belange der Parteien und die Anforderungen des redlichen Geschäftsverkehrs abstellt (Staud/*Singer* Rn 63).

43 Mit der **Verkehrssitte** wird kein normatives Kriterium, sondern eine bei den beteiligten Verkehrskreisen herrschende tatsächliche Übung bezeichnet (BGH NJW 66, 503; AnwK/*Looschelders* Rn 59). Diese Übung muss in dem Verkehrskreis Zustimmung gefunden und während eines längeren Zeitraums bestanden haben (BGH NJW 90, 1724). Eine zwar regelmäßig, aber nicht allgemein befolgte Verkehrsauffassung genügt nicht (RGZ 75, 341). Im Handelsverkehr sind die Handelsbräuche, § 346 HGB, als Verkehrssitte zu beachten. Ein abwei-

chendes übereinstimmendes Verständnis der Parteien geht einer Verkehrssitte vor (BGHZ 23, 136). Wird ein Begriff von den beteiligten Verkehrskreisen in einer bestimmten Bedeutung verwendet, verstößt es idR gegen §§ 133, 157, ihn in einem anderen Sinn zu deuten (BGH NJW 01, 1345).

Zwischen Angehörigen derselben **Verkehrskreise** gilt die Erklärung in ihrer verkehrsüblichen Bedeutung, sofern der Empfänger die Verkehrssitte kannte oder hätte erkennen müssen (RGZ 114, 12, keine Kenntnis). Gehören die Beteiligten verschiedenen Verkehrskreisen an, ist die Erklärung im Sinn der im Kreis des Empfängers geübten Verkehrssitte zu verstehen (*Larenz/Wolf* AT § 28 Rn 50 f; s.a. RGZ 135, 345). Bei einem örtlich beschränkten Geltungsbereich richtet sich die Bedeutung nach dem Ort, an dem die Erklärung abzugeben war (BGHZ 6, 134). 44

Die Abwälzung der Schönheitsreparaturen auf den Mieter ist jedenfalls nicht derart Verkehrssitte geworden, dass eine ausdrückliche Vereinbarung entbehrlich wäre (BGH NJW 04, 2962). 45

G. Sonderfälle. AGB sind unabhängig von den Einzelfallumständen objektiv auszulegen. Abzustellen ist auf die Erwartungen und Erkenntnismöglichkeiten eines rechtlich nicht vorgebildeten Durchschnittskunden (BGHZ 106, 49). 46

Betriebsvereinbarungen und **Tarifverträge** gelten mit ihrem normativen Teil für einen unbestimmten Personenkreis und sind deswegen nach den Regeln der Gesetzesauslegung auszulegen (BGH NJW 61, 1837). 47

Für **Grundbucherklärungen** gelten wegen des öffentlichen Glaubens einschränkende Grundsätze (Erman/ *Palm* Rn 39). Die Eintragungsbewilligung kann zur Auslegung einer unklaren oder ungenauen Erklärung verwendet werden (BGHZ 123, 301). Umstände außerhalb der Eintragungsunterlagen dürfen nur herangezogen werden, wenn und soweit sie nach den Umständen des Falls für jedermann ohne weiteres erkennbar sind (BGHZ 47, 196; 59, 209). 48

Satzungen eines Vereins oder einer Körperschaft sowie Beschlüsse der Mitglieder- bzw. Gesellschafterversammlung sind nach den sich aus der Urkunde ergebenden Umständen auszulegen (BGHZ 47, 180). 49

H. Prozessrecht. I. Beweislast. Die Feststellung des **Erklärungstatbestands** ist Tatsachenfeststellung. Wer sich auf einen für die Auslegung maßgebenden Umstand beruft, muss diesen darlegen und beweisen (Baumgärtel/*Laumen* Handbuch der Beweislast § 133 Rn 2). Dies gilt etwa für das Vorliegen einer Verkehrssitte (BGH NJW 90, 1724) oder eine Vertragsauslegung gegen den allgemeinen Sprachgebrauch (BGH NJW 01, 144). Die Beweisführung wird durch Erfahrungssätze erleichtert. Ist über ein Rechtsgeschäft eine Urkunde aufgenommen, besteht die Vermutung für die vollständige und richtige Wiedergabe der getroffenen Vereinbarungen. (BGH NJW 00, 207 f; 03, 755). Wer sich auf außerhalb der Urkunde liegende Umstände beruft, muss den Beweis für ihr Vorliegen führen (BGH NJW 99, 1703; 02, 3164 f). Die Vermutungswirkung ist mit dem Beweis einer Nebenabrede widerlegt (BGH NJW 89, 898). 50

Die anschließend iRd Auslegung erfolgende **Sinndeutung** ist eine rechtliche Würdigung und kann nicht Gegenstand einer Beweiserhebung oder Beweislastentscheidung sein (BGH NJW 84, 722). 51

II. Revisibilität. Die Feststellung des Inhalts und der Bedeutung von Willenserklärungen und Individualvereinbarungen ist idR dem Tatrichter vorbehalten. Seine Auslegung kann vom Revisionsgericht grds nur darauf überprüft werden, ob gesetzliche bzw allgemein anerkannte Auslegungsregeln, Denkgesetze oder allgemeine Erfahrungssätze verletzt sind (BGHZ 135, 273; BGH NJW 03, 2236). Das Revisionsgericht prüft, ob alle für die Auslegung erheblichen Umstände umfassend gewürdigt und in den Entscheidungsgründen nachvollziehbar dargelegt sind (BGH NJW 00, 2509). Die Auslegung von AGB unterliegt voller revisionsgerichtlicher Kontrolle, wenn die AGB über den Bezirk des Berufungsgerichts hinaus angewendet werden (BGH NJW 05, 2921). 52

§ 134 Gesetzliches Verbot

Ein Rechtsgeschäft, das gegen ein gesetzliches Verbot verstößt, ist nichtig, wenn sich nicht aus dem Gesetz ein anderes ergibt.

A. Normzweck. Die Privatautonomie besteht nur in den Schranken der gesetzlichen Ordnung. Missbilligt eine Norm ein Rechtsgeschäft und ordnet sie die Rechtsfolge selbst an (lex perfecta), wie die den §§ 248 I, 307–310, 311 b II, V, 723 III, 925 II 1136, bedarf es keiner weiteren zivilrechtlichen Transformation (BGH NJW 00, 1187). Enthält die Verbotsnorm dagegen keine Rechtsfolgenanordnung (lex imperfecta), kann die Nichtigkeit aus § 134 abgeleitet werden. Nach dem Wortlaut der Vorschrift tritt die Nichtigkeitsfolge ein, falls sich aus dem Verbotsgesetz nichts anderes ergibt. § 134 stellt damit eine **Auslegungsregel** zugunsten der Nichtigkeitsfolge auf und besitzt einen selbständigen Aussagegehalt (BGHZ 45, 326; BaRoth/*Wendtland* Rn 2; aA *Flume* 341; s.u. Rn 18). 1

Die Vorschrift dient dem **Schutz der Allgemeinheit** (BGHZ 13, 182), aus dem als Reflex ein Individualschutz resultieren kann. Dazu ist der Inhalt des Rechtsgeschäfts zu beurteilen (BGHZ 110, 175), also eine **Inhaltskontrolle** durchzuführen (Staud/*Sack* Rn 1). Abzustellen ist vor allem darauf, ob der mit dem Rechtsgeschäft bezweckte Erfolg verbotswidrig ist (BGH NJW 74, 1377). 2

3 **B. Voraussetzungen. I. Rechtsgeschäft.** § 134 gilt für Rechtsgeschäfte aller Art. Dazu gehören einseitige Rechtsgeschäfte, wie Testamente und Kündigungen, außerdem Verträge, grds auch Betriebsvereinbarungen und Tarifverträge, sowie mehrseitige Rechtsgeschäfte, etwa Beschlüsse (BaRoth/*Wendtland* Rn 3). Kein Rechtsgeschäft iSv § 134 bilden die einzelnen auf den Abschluss eines Vertrags gerichteten Willenserklärungen (Angebot und Annahme). Soweit die Erklärungen missbilligte Rechtsfolgen auslösen, ist eine entspr Anwendung von § 134 möglich (Palandt/*Heinrichs* Rn 12, str).

4 Auf **öffentlich-rechtliche Verträge** ist nach § 59 I VwVfG die Regelung des § 134 entspr anwendbar. Die Nichtigkeit soll aber nur eintreten, wenn eine zwingende Norm Inhalt und Erfolg des öffentlich-rechtlichen Vertrags verbietet und ihr Normzweck die Nichtigkeit im öffentlichen Interesse verlangt (BVerwGE 89, 20; BVerwG DVBl 90, 438; AnwK/*Looschelders* Rn 8). Unanwendbar ist § 134 bei Verwaltungsakten (Soergel/*Hefermehl* Rn 6).

5 **II. Gesetzliches Verbot. 1. Gesetz. a) Normcharakter.** Gesetz iSd § 134 bildet jede **Rechtsnorm**, Art 2 EGBGB. Das Verbot kann sich aus einem formellen Gesetz des Bundes oder eines Landes ergeben (BGH NJW 86, 2361; WM 03, 791). Erfasst werden auch Rechtsverordnungen und Satzungen öffentlich-rechtlicher Institutionen, die durch höherrangiges Recht legitimiert sind (*Taupitz* JZ 94, 222). Dazu gehören die **Satzungen** der Gemeinden und Berufsordnungen etwa der Ärztekammern (BGH NJW 86, 2361; differenzierend Erman/*Palm* Rn 50). Keine Gesetze bilden dagegen Satzungen privatrechtlicher Institutionen, Spielordnungen von Sportverbänden (BGH NJW 00, 1028) und Standesrichtlinien (BVerfG NJW 88, 192). Handelsbräuche und Verkehrssitten bilden kein Gesetz iSd Vorschrift (BaRoth/Wendtland Rn 7 f). Gesetzliche Vorschriften iSv § 134 enthalten die normativen Regelungen in **Tarifverträgen** (BGH NJW 00, 1187; BAG NJW 99, 2542) und **Betriebsvereinbarungen** (LAG Saarbrücken NJW 66, 2137; aber AnwK/*Looschelders* Rn 25).

6 **Allgemeine Rechtsgrundsätze** können ein Verbotsgesetz iSv § 134 enthalten. Dies wird für den Verstoß einer Schiedsklausel gegen das Gebot überparteilicher Rechtspflege (BGHZ 51, 262; 54, 400) und den Grundsatz, dass die öffentliche Verwaltung nichts verschenken darf (BGHZ 47, 40), angenommen (*Bork* AT Rn 1091; aA Staud/*Sack* Rn 22). Erforderlich ist eine hinreichende Konkretisierung. Fehlt es daran, kann die Nichtigkeit aus § 138 resultieren.

7 **b) Besondere Normen.** Das **Verfassungsrecht** des GG stellt zweifellos Gesetzesrecht dar, doch wirft seine Einwirkung auf das Privatrecht zahlreiche Fragen auf. Die Koalitionsfreiheit aus Art 9 III GG begründet eine unmittelbare Drittwirkung. Eine Anwendung des § 134 ist ausgeschlossen, weil Art 9 III 2 selbst die Nichtigkeit widersprechender Abreden anordnet. Eine unmittelbare Drittwirkung sehen auch Art 38 I 2, 48 II GG vor (BGHZ 43, 387). Überholt ist die ältere Rspr des BAG (NJW 62, 1982; s.a. Otto JZ 98, 854 f), die von einer unmittelbaren Drittwirkung anderer Grundrechte ausgegangen ist. Die Grundrechte wirken über die ausfüllungsbedürftigen Generalklauseln in das Privatrecht hinein (vgl nur BVerfG NJW 94, 36; 01, 958). Anstalten des öffentlichen Rechts, wie Sparkassen, sind unmittelbar an Grundrechte gebunden, weswegen die Kündigung des Kontos einer verfassungsfeindlichen, aber nicht verbotenen Partei (NPD) durch eine Sparkasse gegen das Willkürverbot verstößt und gem § 134 nichtig ist (BGH NJW 03, 1658 f).

8 Das **Europäische Recht** kann Verbotsgesetze iSd § 134 enthalten (BVerwGE 70, 44 f, 49). Soweit sich die Nichtigkeit wettbewerbsbeschränkender Abreden aus Art 81 II EGV ergibt, wird § 134 verdrängt. Gesetzliche Verbote können aber in Form mengenmäßiger Ein- und Ausfuhrbeschränkungen und Maßnahmen gleicher Wirkung, Art 28, 29 EGV, gesehen werden (vgl EuGH NJW 04, 132 ff, DocMorris). Verstöße gegen das EU-Beihilfenrecht sollen zur Nichtigkeit gem § 134 führen (BGH EuZW 03, 445; 04, 253; *Schmidt-Räntsch* NJW 05, 107; aA *Pütz* NJW 04, 2200). EG-Richtlinien, die ausnahmsweise nach Ablauf der Umsetzungsfrist angewendet werden, können gesetzliche Verbote enthalten (MüKo/*Mayer-Maly/Armbrüster* Rn 37).

9 **Völkerrechtliche Verbote**, die gem Art 25, 59 GG in deutsches Recht transformiert sind, können Verbotsgesetze gem § 134 bilden. Soweit die völkerrechtlichen Normen die Rechtswirkungen regeln, gehen die Bestimmungen § 134 vor (BGHZ 55, 339, zu Art VIII Abschn 2 (b) des Abkommens von Bretton Woods). Die EMRK gilt im Rang eines Bundesgesetzes (BVerfG NJW 04, 3408). Ist kollisionsrechtlich deutsches Sachrecht anzuwenden, kann **ausländisches Recht** kein Verbotsgesetz iSd § 134 begründen (BGHZ 59, 85; 69, 296).

10 **2. Verbot. a) Grundlagen.** Das Gesetz muss ein Rechtsgeschäft wegen seines Inhalts, des bezweckten Erfolgs oder besonderer Umstände bei der Vornahme des Geschäfts verbieten (BGHZ 46, 25; Hamburg NJW 93, 1335; Soergel/*Hefermehl* Rn 14). Das Verbot kann, vgl § 14 WpHG, muss sich aber nicht ausdrücklich aus der Norm ergeben (BGHZ 51, 262). Es genügt, wenn der Regelung das Verbot durch Auslegung zu entnehmen ist. Das Verbot muss sich aus einem zwingenden Gesetz ergeben, zumal dispositves Recht von den Parteien abbedungen wird (BGHZ 143, 288).

11 Vom **Vorliegen** eines Verbotsgesetzes ist die Frage zu unterscheiden, ob dieses Verbot nach seinem Sinn und Zweck die Nichtigkeitsfolge des § 134 begründet (Staud/*Sack* Rn 34; Erman/*Palm* Rn 9; dazu Rn 16). Die Unterscheidung ist notwendig, weil sich die Auslegungsregel des § 134 nur auf die Rechtsfolgenanordnung bezieht. In der Rechtsanwendung werden diese Fragen nicht stets auseinander gehalten, weil beide aus der Teleologie zu beantworten sind (MüKo/*Mayer-Maly/Armbrüster* Rn 42; AnwK/*Looschelders* Rn 49).

12 Dem **Gesetzeswortlaut** lässt sich zumeist nur ein begrenzter Aussagewert entnehmen. Selbst aus der Formulierung „darf nicht" sind keine eindeutigen Schlüsse zu ziehen (BGH NJW 92, 2022). Die Bezeichnung „kann nicht" oder „ist unzulässig" deuten idR nur auf eine zur schwebenden oder endgültigen Unwirksamkeit füh-

rende Einschränkung der Gestaltungsmacht (RGZ 56, 107 f; BAG DB 99, 1662). Bei dem Ausdruck „soll nicht" ist lediglich auf eine Ordnungsvorschrift zu schließen, welche die Gültigkeit eines verbotswidrig vorgenommenen Rechtsgeschäfts unberührt lässt (Soergel/*Hefermehl* Rn 12). Ausschlaggebend ist, ob sich die Vorschrift nach ihrem **Sinn und Zweck** gegen den Inhalt oder die Vornahme eines Rechtsgeschäfts wendet (Hburg NJW 93, 1335; *Bork* AT Rn 1092).

b) Beschränkungen der Gestaltungs- und Verfügungsmacht. § 134 bezieht sich nur auf Gesetze, nach denen ein Rechtsgeschäft nicht vorgenommen werden darf. Nicht betroffen sind Vorschriften, nach denen ein Geschäft nicht vorgenommen werden kann (BGHZ 13, 182 ff; Staud/*Sack* Rn 33; Palandt/*Heinrichs* Rn 5). Kein gesetzliches Verbot enthalten die Beschränkung der rechtsgeschäftlichen Gestaltungsbefugnis durch § 137 (BaRoth/*Wendtland* Rn 16), die Einschränkung des Selbstkontrahierens § 181 (RGZ 56, 107 f), sowie zwingendes Recht (BAG ZIP 00, 2038), aber auch die Abtretungsverbote nach §§ 399, 400 (BGHZ 40, 160) und § 719 (BGHZ 13, 182), der sachenrechtliche Typenzwang (BGHZ 23, 298) sowie die Beschränkung der Rechts- und Verfügungsmacht des Rechtsinhabers, des gesetzlichen Vertreters oder Vermögensverwalters, §§ 104 ff, 1365 ff, 2208 ff, 2211 (BaRoth/ *Wendtland* Rn 16), oder § 112 AktG (Celle BB 02, 1438). 13

3. Gesetzesverstoß. Für einen Verstoß gegen das gesetzliches Verbot genügt im Allgemeinen, wenn der **objektive Tatbestand** des Gesetzes erfüllt ist (BGHZ 37, 366; 53, 158; 116, 276). § 134 selbst erfordert kein Verschulden (*Bork* AT Rn 1110), weshalb es weder auf die Kenntnis der Verbotswidrigkeit noch eine fahrlässige Unkenntnis ankommt (AnwK/*Looschelders* Rn 50). Knüpft das Verbotsgesetz neben dem objektiven an einen subjektiven Tatbestand an, ist umstritten, ob diese subjektiven Merkmale vorliegen müssen. Auch bei einem Verstoß gegen ein Strafgesetz genügt grds die Verwirklichung des objektiven Straftatbestands (BGHZ 115, 130; 122, 122; Staud/*Sack* Rn 84; aA BGHZ 132, 318; Erman/*Palm* Rn 10; Bork AT Rn 1110). Allerdings kann die Nichtigkeitsfolge im Einzelfall davon abhängen, dass beide Parteien den Gesetzesverstoß kannten bzw in vorwerfbarer Weise nicht kannten (BGHZ 89, 373, Schwarzarbeit). 14

Ein Rechtsgeschäft ist generell nur dann nichtig, wenn das Verbot bereits im **Zeitpunkt** der Vornahme des Rechtsgeschäfts bestand (BGHZ 45, 326). Ein nach der Vornahme des Rechtsgeschäfts erlassenes Verbotsgesetz wirkt grds nur für die Zukunft, es sei denn, es handelt sich um eine zulässige Rückwirkung (Staud/*Sack* Rn 55). Wirksam begründete Dauerschuldverhältnisse werden von einem späteren Verbot nur ex nunc erfasst (BGHZ 45, 327; MüKo/*Mayer-Maly/Armbrüster* Rn 20). Rechtsprechungsänderungen werden Gesetzesänderungen nicht gleichgestellt. Entfällt das Verbot, ist eine Bestätigung des nichtigen Rechtsgeschäfts nach § 141 erforderlich (BGHZ 11, 60; BGH NJW-RR 97, 642). 15

C. Rechtsfolgen. I. Normzweckvorbehalt. Ein gesetzwidriges Rechtsgeschäft ist nach § 134 nichtig, falls sich nicht aus dem Gesetz ein anderes ergibt. Über die Rechtsfolge entscheidet damit in erster Linie der Verbotszweck. **Sinn und Zweck** des Gesetzes müssen eine Nichtigkeit des Rechtsgeschäfts verlangen und dürfen sich nicht mit Wirkungen begnügen, bei denen die Gültigkeit des Geschäfts unberührt bleibt (BGHZ 71, 361; 85, 43; 93, 267; BGH NJW 92, 2558). 16

In erster Linie greift § 134 ein, wenn das Rechtsgeschäft einen verbotenen **Inhalt** besitzt (BGHZ 110, 175) oder auf einen verbotswidrigen **Erfolg** gerichtet ist (BGHZ 37, 262; 139, 391 f; 146, 258; BGH NJW 74, 1377). § 134 kann auch dann anwendbar sein, wenn die Art und Weise der **Vornahme** eines Rechtsgeschäfts gegen ein gesetzliches Verbot verstößt. Die Nichtigkeitsfolge tritt jedoch nicht schon ein, wenn ein Rechtsgeschäft mit gesetzeswidrigen Mitteln abgeschlossen wurde (BGHZ 110, 175; 141, 369, Wettbewerbswidrigkeit). Das Verbotsgesetz darf sich nicht nur gegen die Art und Weise des Vertragsschlusses, sondern muss sich gerade gegen die Vornahme des Rechtsgeschäfts richten (Staud/*Sack* Rn 8). Ein unter Verstoß gegen § 56 I Nr 6 GewO zustande gekommener entgeltlicher Darlehensvermittlungsvertrag ist daher nichtig (BGH NJW 99, 1637; *Schiemann* Eckpfeiler des Zivilrechts, 92; Rn 43). Dagegen ist der als Haustürgeschäft gem § 312 geschlossene Darlehensvertrag wirksam, wenn dem Darlehensnehmer ein Widerrufsrecht zusteht (BGH NJW 96, 928; 3414). Ein während der gesetzlichen Ladenschlusszeiten geschlossener Kaufvertrag wird jedenfalls durch Erfüllung wirksam (RGZ 60, 276; *Medicus* AT Rn 648 ff). 17

Nach Wortlaut, Gesetzgebungsgeschichte und Normzweck enthält § 134 eine **Auslegungsregel.** Lässt sich die Wirksamkeit des Rechtsgeschäfts nicht mit hinreichender Sicherheit aus dem Verbotsgesetz begründen, ist von seiner (Gesamt)Nichtigkeit (Rn 25) auszugehen (BGHZ 45, 326; BGH NJW 74, 1377; BaRoth/*Wendtland* Rn 2; *Bork* AT Rn 1089 f, 1111; aA Jauernig/*Jauernig* Rn 8; *Flume* 341). Denjenigen trifft die Argumentationslast, der sich auf die Wirksamkeit des Rechtsgeschäfts trotz eines gesetzlichen Verbots beruft (Staud/*Sack* Rn 58). In der Rechtsprechung zeichnet sich eine Akzentverschiebung ab, denn es ist wiederholt formuliert worden, dass sich der Sinn und Zweck des Verbotsgesetzes auch gegen die privatrechtliche Wirksamkeit des Rechtsgeschäftswenden muss (BGHZ 88, 242; 115, 125; 118, 144). 18

II. Auslegungskriterien. Eine Reihe typischer Interessenbewertungen besitzen für die Rechtsanwendung erhebliches Gewicht, ohne dass ihnen generell eine indizielle Wirkung beizumessen ist (Staud/*Sack* Rn 75; *Bork* AT Rn 1116; aA AnwK/*Looschelders* Rn 58). 19

20 **1. Ein- und beidseitiges Verbot.** Richtet sich ein gesetzliches Verbot gegen **beide Vertragsparteien**, ist ein dagegen verstoßendes Rechtsgeschäft nach st Rspr im Allgemeinen nichtig (BGHZ 37, 262; 115, 125; 118, 145; BGH NJW 00, 1187). Insbes gibt eine für alle Beteiligten bestehende Straf- oder Bußgeldanordnung einen gewichtigen Hinweis, dass ein verbotswidriges Rechtsgeschäft unwirksam sein soll (BGHZ 118, 145; BGH NJW 92, 2559). Es handelt sich aber nur um eine generelle Regel, die den Rückgriff auf Sinn und Zweck der Verbotsnorm nicht entbehrlich macht (BGHZ 71, 360 f; 78, 265). Verstößt nur eine Partei gegen ein beidseitiges Verbot, kann es zum Schutz der rechtstreu handelnden Seite erforderlich sein, keine Nichtigkeit eintreten zu lassen, so etwa bei der Schwarzarbeit, dazu Rn 58 (BGH NJW 84, 1176; NJW 85, 2404; NJW-RR 02, 557).

21 Stellt das Verbotsgesetz eine beidseitige **Ordnungsvorschrift** auf, ist grds keine Nichtigkeit des Rechtsgeschäfts erforderlich (BGHZ 88, 243; 93, 267; 108, 368). Gewerbe- und gesundheitsrechtlichen Vorschriften, die sich nur gegen die Art und Weise des Geschäftsabschlusses richten, wird meist eine bloße Ordnungsfunktion beigemessen (BGHZ 37, 365; 53, 157; 78, 272; BGH NJW 68, 2286; Palandt/*Heinrichs* Rn 8). Aus der gewerberechtlichen Natur kann aber nicht allgemein auf die Gültigkeit des Rechtsgeschäfts geschlossen werden, denn es bleibt in jedem Einzelfall zu entscheiden, ob Sinn und Zweck des Verbotsgesetzes die Nichtigkeit erfordert (BGHZ 93, 267; BGH NJW 83, 2873; MüKo/*Mayer-Maly/Armbrüster* Rn 88; aA Soergel/*Hefermehl* Rn 20).

22 Wendet sich das Verbot nur gegen **einen Geschäftspartner** ist das Rechtsgeschäft nach Ansicht der Judikatur idR wirksam (RGZ 60, 276 f; BGHZ 46, 26; 71, 360; BGH NJW 92, 2559; 00, 1187). Im Einzelfall kann die Nichtigkeit aus der Verletzung einseitiger Verbote folgen, falls der Zweck des Gesetzes nicht anders zu erreichen ist und die durch das Rechtsgeschäft getroffene Regelung nicht hingenommen werden kann (BGHZ 46, 26; 139, 392; 146, 258). Der Verstoß des Rechtsberaters gegen das RBerG genügt, um die Nichtigkeit des Vertrags zu begründen (BGHZ 37, 262). Nichtig ist auch die nach § 14 HeimG verbotene Zuwendung von Heimbewohnern an den Heimträger, die Heimleitung oder das Heimpersonal (BGH NJW 90, 1604).

23 **2. Verpflichtungs- und Erfüllungsgeschäft.** Ist ein **Verpflichtungsgeschäft** wegen eines Verstoßes gegen ein gesetzliches Verbot nichtig, besteht kein Anspruch auf die Erfüllung. Wurde bereits erfüllt, ist das dingliche Geschäft aufgrund des Abstraktionsprinzips grds wirksam. Das Erfüllungsgeschäft kann ausnahmsweise nichtig sein, wenn im Fall der Fehleridentität die zur Verbotswidrigkeit des Kausalgeschäfts führenden Umstände zugleich und unmittelbar auch das Erfüllungsgeschäft betreffen. Dies gilt insbes bei einem Verstoß gegen § 203 StGB (BGHZ 115, 130; BGH NJW 92, 2350; 93, 1640; Erman/*Palm* Rn 13). Aus dem Verbot des Handeltreibens mit Betäubungsmitteln folgt auch die Nichtigkeit der Kaufpreiszahlung (BGH NJW 83, 636).

24 Richtet sich das Verbotsgesetz gegen ein **Erfüllungsgeschäft**, so ist grds auch das dazu gehörige Verpflichtungsgeschäft nichtig (BGHZ 116, 276 f, Patientenkartei; BGH NJW 95, 2027, Anwaltshonorare und Kanzleiübernahmevertrag; AnwK/*Looschelders* Rn 73).

25 **3. Genehmigungsbedürftige Rechtsgeschäfte.** Benötigt ein Rechtsgeschäft kraft Gesetzes eine behördliche Genehmigung, ist die Vornahme des Geschäfts ohne die Genehmigung grds verboten (Soergel/*Hefermehl* Rn 42). Wird ein einseitiges Rechtsgeschäft ohne behördliche Genehmigung vorgenommen, ist es idR nichtig (BGHZ 11, 37; 37, 235 f). Ein nicht genehmigtes zwei- oder mehrseitiges Rechtsgeschäft, zB ein Vertrag, ist schwebend unwirksam (BGH NJW 93, 650; 95, 320). Nach Erteilung der Genehmigung ist das Geschäft wirksam (BGHZ 1, 302), nach bestandskräftiger Versagung ist das Geschäft nichtig (BGHZ 1, 302; BGH NJW 93, 650 f; 95, 320).

26 **III. Gesamt- und Teilnichtigkeit.** Führt das gesetzliche Verbot zur Nichtigkeit des Rechtsgeschäfts, so ist nach der Auslegungsregel des § 134 (Rn 18) das Rechtsgeschäft im Zweifel insgesamt und von Anfang an nichtig (Erman/*Palm* Rn 14). Der Normzweckvorbehalt ermöglicht es aber, die Nichtigkeitsfolge einzuschränken und differenzierende Rechtsfolgen zu begründen (BGHZ 89, 319; Jauernig/*Jauernig* Rn 14). Rechtfertigt der Normzweck des Verbotsgesetzes nur eine Teilnichtigkeit des Rechtsgeschäfts, kann sich dessen Gesamtnichtigkeit aus der Auslegungsregel des § 139 ergeben, die auf den hypothetischen Vertragswillen abstellt (BGH NJW 86, 1487; Staud/*Sack* Rn 88; aA MüKo/*Mayer-Maly/Armbrüster* Rn 109; AnwK/*Looschelders* Rn 64, 67, Vorrang von § 134).

27 In Vollzug gesetzte Arbeits- und Gesellschaftsverträge sind mit Wirkung **ex nunc** nichtig (Staud/*Sack* Rn 102). Richtet sich der Normzweck des gesetzlichen Verbots allein gegen eine Vertragsklausel, kann der Vertrag im Übrigen gem § 139 wirksam sein (BGHZ 65, 372). Davon zu unterscheiden ist, ob eine unangemessene Klausel **teilweise nichtig** sein kann bzw eine geltungserhaltende Reduktion zulässig ist. Eine geltungserhaltende Reduktion von AGB ist ausgeschlossen. Im Mietpreisrecht hat der BGH dagegen Mietabreden nur insoweit für unzulässig erklärt, wie sie die nach § 5 WiStrG höchstzulässige Miete übersteigen (BGHZ 89, 319 f; s.a. *Kohte* NJW 82, 2804; vgl Rn 48). Die Unterschreitung der Mindestgebührensätze eines Rechtsanwalts führt zur Nichtigkeit der Gebührenvereinbarung, berührt jedoch nicht die sonstige Wirksamkeit des Vertrags (München NJW 02, 3642).

28 **IV. Sonstige Rechtsfolgen.** Beschränkt sich die Nichtigkeit auf das Kausalgeschäft, sind die Leistungen nach **Bereicherungsrecht** rückabzuwickeln (BGHZ 111, 311 f; AnwK/*Looschelders* Rn 74). Aus einem wegen Verstoßes gegen das RBerG nichtigen Geschäftsbesorgungsvertrag mit einem Steuerberater kann ein Vergütungsanspruch aus ungerechtfertigter Bereicherung resultieren (BGH NJW 00, 1562). Der Bereicherungsanspruch

kann jedoch nach § 817 S 2 ausgeschlossen sein, wenn (auch) der Leistende gegen das gesetzliche Verbot verstoßen hat und er sich dessen bewusst war (BGHZ 50, 92). Die Kondiktionssperre bezieht sich nur auf das, was aus dem missbilligten Teil des Rechtsgeschäfts geschuldet wird. Was aufgrund erlaubter, aber aus anderer Gründen (§ 139) nichtigen Leistungspflichten erbracht wurde, kann herausverlangt werden (BGHZ 19, 206; 50, 92). Im Übrigen kann sich aus dem Zweck des Verbotsgesetzes sowie Treu und Glauben eine Einschränkung von § 817 S 2 ergeben (BGHZ 111, 312).

Wer auf die Gültigkeit des Rechtsgeschäfts vertraut hat, kann nach § 280 I, 311 II, 241 II einen auf Ersatz des Vertrauensinteresses gerichteten **Schadensersatzanspruch** haben (BGH NJW 00, 70; Erman/*Palm* Rn 17). Bei einem nichtigen Dienst- oder Werkvertrag scheitern regelmäßig **Ansprüche aus Geschäftsführung** ohne Auftrag, weil die Dienste in einer gesetzwidrigen Tätigkeit bestanden, die nach den Umständen nicht für erforderlich gehalten werden durften (BGHZ 37, 263; 111, 311; BGH NJW 00, 1562). 29

D. Umgehungsgeschäfte. I. Grundlagen. Häufig versuchen die Parteien denselben oder einen vergleichbaren wirtschaftlichen Erfolg, wie in einem missbilligten Geschäft, mit anderen rechtlichen Gestaltungsmitteln zu erreichen, ohne die Tatbestandsmerkmale der Verbotsnorm zu verwirklichen. Lassen sich die Ziele auf anderem Weg erreichen, sind solche Geschäfte iRd rechtsgeschäftlichen Gestaltungsfreiheit zulässig. Der Einsatz anderer Gestaltungsformen sagt noch nichts über ihre rechtliche Würdigung aus (Soergel/*Hefermehl* Rn 37; *Bork* AT Rn 1121). Soll jedoch durch die Umgehung missbilligter rechtlicher Gestaltungen ein vom Gesetz **verbotener Erfolg** erreicht werden, liegt ein unzulässiges Umgehungsgeschäft vor (RGZ 155, 146; BGH NJW 59, 334; 91, 1060; Staud/*Sack* Rn 145). Die Kenntnis oder Absicht der Gesetzesumgehung ist nicht erforderlich (BGHZ 56, 289, 110, 234; BAG NJW 99, 2541; AnwK/*Looschelders* Rn 81; *Teichmann* JZ 03, 764). Manche Vorschriften ordnen die Unwirksamkeit von Umgehungsgeschäften **ausdrücklich** an, §§ 306 a, 312 f S 2, 475 I 2, 487 S 2, 506 I 2, 655e I 2 sowie §§ 42 AO, 8 FernUSG, 75d S 2 HGB. Das kann aber nicht dazu führen, alle rechtlichen Gestaltungsmöglichkeiten, die nicht vom Gesetzeswortlaut erfasst sind und bei denen die typische Situation nicht gegeben ist, auf die das Gesetz abstellt, dem Verbot zu unterstellen. Ein positives Umgehungsverbot enthält daher die Aufforderung des Gesetzgebers, bei der Anwendung des Gesetzes nicht zurückhaltend zu verfahren, sondern sich – extensiv – am Gesetzeszweck zu orientieren (BGHZ 113, 289; s.a. *Teichmann* JZ 03, 767). 30 31

Die rechtliche **Begründung** ist umstritten. Vereinzelt wird ein allgemeines Umgehungsverbot als selbständiges Rechtsinstitut angenommen (MüKo/*Mayer-Maly*/*Armbrüster* Rn 16; aA *Bork* AT Rn 1121; *Medicus* AT Rn 660), doch ist ein solches Rechtsinstitut mit zusätzlichen subjektiven Anforderungen abzulehnen. Teilweise wird im Umgehungsgeschäft ein Verstoß gegen die guten Sitten gesehen (Staud/*Sack* Rn 153), doch ist nicht jeder Gesetzesverstoß sittenwidrig. Maßgebend muss eine **teleologische Auslegung** bzw entspr Anwendung der Verbotsnorm sein (BGHZ 110, 64; Soergel/*Hefermehl* Rn 37; Jauernig/*Jauernig* Rn 18). Es ist daher die im Einzelfall schwierige Feststellung zu treffen, ob die Verbotsnorm das Rechtsgeschäft wegen des angestrebten Erfolgs unabhängig vom konkret beschrittenen Weg verbietet (Erman/*Palm* Rn 18; BaRoth/*Wendtland* Rn 20). 32

II. Beispiele für Umgehungsgeschäfte. Arbeitsrechtliche Aufhebungsverträge sind nicht wegen Umgehung von § 613a nichtig, wenn sie auf das endgültige Ausscheiden des Arbeitnehmers aus dem Betrieb gerichtet sind (BAG NZA 99, 424). Die Vereinbarung über ein Mieterdarlehen, das auch nach vorzeitiger Beendigung des Mietverhältnisses zinslos gewährt und mit 2% getilgt wird, ist wegen Umgehung von § 547 unwirksam (BGHZ 56, 289). Ein gemeindliches Vorkaufsrecht kann nicht wirksam durch die Begründung eines Nießbrauchs umgangen werden (BGHZ 34, 205). Das Verbot von Rechtsgeschäften zwischen Heimbewohnern und Heimleitung oder -personal aus § 14 HeimG wird bei einer Erbeinsetzung zugunsten eines Angehörigen des Verbotsadressaten unzulässig umgangen (BayObLG NJW 00, 1876; Frankf NJW 01, 1504; s.a. Rn 47). Die Abrede über eine verdeckte Sacheinlage kann im Gesellschaftsrecht eine Umgehung der auf Publizität und Wertdeckungskontrolle zielenden Vorschriften darstellen (BGHZ 125, 149 ff; BGH NJW 96, 1287). Nichtig sind Geschäfte, mit denen das Erfordernis einer Gewerbeerlaubnis, insbes die gaststättenrechtliche Konzessionspflicht zB durch einen Anstellungsvertrag umgangen werden soll (Hamm NJW 86, 2440; Stuttg NJW 87, 3270). Ein Gesellschaftsvertrag über den Betrieb einer Spielhalle stellt kein Umgehungsgeschäft dar (BGH NJW-RR 03, 1116). 33

E. Einzelfälle. Ein Verstoß gegen ein gesetzliches Verbot ist von der Rechtsprechung in den nachfolgenden Einzelfällen geprüft worden. 34

Eine **Abtretung** von Honorarforderungen unter Verstoß gegen § 203 StGB ist nichtig (BGHZ 115, 130; BGH NJW 95, 2027), aber §§ 49b IV BRAO, 64 II StBerG, 55a III WPO. Die Forderung bleibt pfändbar und unterliegt dem Insolvenzbeschlag (BGH NJW 99, 1545). Die Abtretung von Kundenforderungen eines Mobilfunkanbieters soll gegen das Fernmeldegeheimnis verstoßen (München NJW-RR 98, 758). Nach **AktG** ist eine Stimmrechtsabtretung oder eine entspr Stimmrechtsvollmacht gem § 134 AktG und § 134 unwirksam (BGH NJW 87, 780). **AMG:** Ein Verkauf von Arzneimitteln unter Verstoß gegen die Vorschriften über die Rezeptpflicht führt nicht zur Nichtigkeit des Kaufvertrags (BGH NJW 68, 2286f). Ein Vertrag über die Lieferung im Inland nicht zugelassener Arzneimittel ist nichtig (Karlsr NJW-RR 02, 1206). **ApG:** Eine stille Beteiligung an einer Apotheke ist nichtig, wenn der stille Gesellschafter Einfluss auf die Betriebsführung erhält (BGHZ 75, 215; BGH NJW 72, 338 f). 35

36 Eine ohne die erforderliche Erlaubnis ausgeübte gewerbsmäßige **Arbeitnehmerüberlassung** führt nach Art 1 § 9 Nr 1 AÜG zur Unwirksamkeit der Verträge zwischen Verleiher und Entleiher sowie zwischen Verleiher und Leiharbeitnehmer (BGHZ 75, 300 f; BGH DB 02, 2217). Da die Verbotsnorm die Rechtsfolgenanordnung enthält, handelt es sich um keinen Fall des § 134. Eine nach Art 1 § 1 b AÜG verbotene Arbeitnehmerüberlassung im Baugewerbe führt gem § 134 zur Nichtigkeit der Vereinbarung (BGH NJW 00, 1558).

37 **Arbeitsrecht:** Ein Arbeitsvertrag mit einem Arzt ohne die erforderliche Approbation ist nichtig (BAG NZA 05, 1409). Ein Vertrag mit einem ausländischen Arbeitnehmer ohne die erforderliche Arbeitserlaubnis gem § 284 SGB III ist bei einem beidseitigen vorsätzlichen Verstoß nichtig (BAG NJW 69, 2112). Nach Ablauf der Erlaubnis oder wenn eine Erlaubnis beantragt werden soll, ist der Arbeitsvertrag wirksam, denn es besteht nur ein Beschäftigungsverbot (BAG NZA 91, 342). Ein Verstoß gegen die öffentlich-rechtlichen Arbeitszeitvorschriften aus dem ArbZG, JArbSchG, MuSchG etc führt zur Nichtigkeit der Arbeitszeitvereinbarung (BAG NJW 86, 1487) unter Aufrechterhaltung des sonstigen Arbeitsvertrags (*Schaub* Arbeitsrechts-Handbuch § 45 Rn 51), anders bei sehr erheblicher Überschreitung, dann Gesamtnichtigkeit (BAGE 8, 49 f). Dabei wird grds jeder Erfüllungsanspruch ex nunc ausgeschlossen, doch darf der Lohn für eine unzulässig geleistete Mehrarbeit nicht vorenthalten werden (BAG NJW 86, 1487).

38 Ein gegen das Beschäftigungsverbot für Schwangere verstoßender Arbeitsvertrag ist nicht wegen eines Gesetzesverstoßes nichtig (EuGH NJW 94, 2077 f; offen gelassen von BGH NJW 89, 930). Vereinbarungen und Maßnahmen, die gegen das Verbot der geschlechtsbezogenen Diskriminierung aus § 611 a I verstoßen, sind nichtig (ErfK/*Schlachter* § 611 a Rn 31). Der mit einem Dritten entgegen § 8 BUrlG geschlossene Arbeitsvertrag über Urlaubsarbeit ist wirksam (BAG NZA 88, 608). Ein Verzicht auf Urlaub oder Urlaubsabgeltung entgegen § 13 BUrlG ist nichtig (BAG BB 88, 1744), ebenso eine gegen § 5 II BBiG verstoßende Vereinbarung über die Übernahme von Ausbildungskosten (BAG DB 85, 51). Während des Arbeitsverhältnisses ist ein Verzicht auf Entgeltfortzahlung entgegen § 12 EFZG nichtig (vgl BAG NJW 81, 1062). Die Vereinbarung einer kürzeren Kündigungsfrist für den Arbeitgeber entgegen § 622 VI ist nichtig (BAG NJW 05, 3230). § 613 a IV enthält ein eigenständiges Kündigungsverbot iSd § 134 (BGH NZA 97, 149). Die Kündigung eines schwerbehinderten Arbeitnehmers ist nicht deshalb nichtig, weil die schriftliche Zustimmung des Integrationsamts noch nicht vorliegt (BAG NJW 05, 3514).

39 **Architekt:** Beim Grundstückserwerb ist die Vereinbarung einer Architektenbindung nichtig (BGH NJW 00, 2354), doch ergibt sich die Unwirksamkeit aus Art 10 § 3 MRVerbG. Eine von den Vergütungssätzen der HOAI abweichende Vereinbarung ist gem § 134 nichtig und wird durch die Regeln der HOAI ersetzt (BGHZ 60, 205; BGH NJW 98, 2673).

40 **Arzt (Zahnarzt, Tierarzt):** Abtretung des Honoraranspruchs ohne Einwilligung unter Verstoß gegen § 203 StGB ist nichtig (BGHZ 115, 130; BGH NJW 05, 1506; Rn 34), eine krankenhausintern erteilte Einziehungsermächtigung ist wirksam (LG Bonn NJW 95, 2420). Die Forderung bleibt pfändbar und unterliegt dem Insolvenzbeschlag (BGH NJW 05, 1506). Aus der Nichtigkeit des Verfügungsgeschäfts folgt auch die Unwirksamkeit des Verpflichtungsgeschäfts (BGHZ 116, 276 f). Die Weitergabe veterinärmedizinischer Daten führt idR nicht zur Unwirksamkeit der Abtretung einer tierärztlichen Honorarforderung (Celle NJW 95, 786). IRe Praxiskaufvertrags ist eine entgegen § 203 StGB begründete Verpflichtung zur Übergabe der Patientenunterlagen unwirksam (BGHZ 116, 272). Ein Vertrag zwischen Ärzten über eine entgeltliche Patientenzuweisung ist nichtig (BGH NJW 86, 2361).

41 **Baurecht:** Ein Verstoß gegen bauordnungsrechtliche Vorschriften begründet keine Unwirksamkeit des Bauvertrags (BGHZ 75, 368). Ein Erschließungsvertrag ist insoweit nichtig, wie er eine zu geringe Beteiligung der Gemeinde an den Erschließungskosten begründet (BGHZ 65, 372). Zur Umgehung des Vorkaufsrechts einer Gemeinde Rn 32. **Bauträger:** Eine von § 3 MaBV abweichende Fälligkeitsvereinbarung ist nichtig, an ihre Stelle tritt § 641 I (BGHZ 146, 257). Eine Unterwerfung des Erwerbers unter die sofortige Zwangsvollstreckung ist unwirksam, wenn der Notar die Vollstreckungsklausel ohne besonderen Nachweis erteilen soll (BGH NJW 99, 52).

42 **Beamtenrecht:** Eine fehlende Nebentätigkeitsgenehmigung führt nicht zur Unwirksamkeit des Vertrags über die Nebentätigkeit (BGH NJW 74, 1377). **BTMG:** Das Verbot des Handeltreibens mit Betäubungsmitteln begründet die Nichtigkeit der Kaufpreiszahlung (BGH NJW 83, 636).

43 **Geldstrafe:** Die Zusage, eine Geldstrafe zu übernehmen, ist wirksam (BGHZ 41, 229; BGH NJW 91, 992). **Gesellschaftsrecht:** Ein verbotener Gesellschaftszweck kann zur Nichtigkeit des Gesellschaftsvertrags führen (BGHZ 62, 240, Inkassounternehmen; 97, 250, Vermessungsingenieur). Die offene Vorratsgründung einer AG als Mantel für die spätere Aufnahme eines Geschäftsbetriebs ist wirksam (BGHZ 117, 330 ff). Zur Stimmrechtsabtretung Rn 34. Ein gegen das Verbot der Einlagenrückgewähr an Gesellschafter nach § 30 GmbHG verstoßendes Rechtsgeschäft ist nicht gem § 134 nichtig (BGHZ 136, 129; 138, 298).

44 **Gewerberecht:** Den Vorschriften wird meist eine bloße Ordnungsfunktion beigemessen (Rn 21), doch bleibt in jedem Einzelfall zu entscheiden, ob Sinn und Zweck des Verbotsgesetzes die Nichtigkeit erfordert (BGHZ 93, 267; BGH NJW 83, 2873). Ein Werkvertrag mit einem Bauhandwerker ist nicht allein wegen der fehlenden Eintragung in die Handwerksrolle nichtig (BGHZ 88, 242 f; BGH NJW 85, 2404). Zur Umgehung der Erlaubnispflicht Rn 32. Ein im Reisegewerbe unter Verstoß gegen § 56 I Nr 6 GewO vereinbarter entgeltlicher Darlehensvermittlungsvertrag ist nichtig (BGH NJW 99, 1637; zur älteren Rspr BGHZ

71, 362; 93, 269). Dies gilt trotz der Neufassung von § 355 III 3. Dagegen ist der in einer Haustürsituation gem § 312 geschlossene Darlehensvertrag wirksam, wenn dem Darlehensnehmer ein Widerrufsrecht zusteht (BGH NJW 96, 928; 3414).

Glücksspiel: Eine Darlehensgewährung, die eine Teilnahme an einem verbotenen Glücksspiel ermöglichen soll, ist unwirksam (Celle NJW-RR 87, 1190). **Grundgesetz:** Rn 7. **GWB:** Das Verbot, Provisionen des Reisebüros an den Kunden weiterzugeben, verstößt gegen § 14 GWB und ist nichtig (München NJW-RR 05, 770). Verträge mit Kunden und Lieferanten sind wirksam (BGHZ 64, 237).

Handelsrecht: Vereinbarungen, die entgegen § 89 b IV 1 HGB den Ausgleichsanspruch des Handelsvertreters im Voraus ausschließen oder einschränken, sind nichtig (BGH NJW 03, 293). Zum Nachteil des Handelsvertreters von § 90 a HGB abweichende Wettbewerbsvereinbarungen sind gem § 134 nichtig (BVerfG NJW 90, 1471). Ein Prüfauftrag für einen nach § 319 II, III HGB ausgeschlossenen Abschlussprüfer ist nichtig (BGHZ 118, 144). **HandwO:** Zum Vertrag mit einem nicht in die Handwerksrolle eingetragenen Handwerker Rn 44. **Heilbehandlungsvertrag:** Verträge mit einem Psychologen oder Arzt, die gegen die BÄO oder das Heilpraktikergesetz verstoßen, etwa weil die erforderliche Erlaubnis fehlt, sind nichtig (BVerfG NJW 88, 2295; BAG BB 05, 782).

HeimG: Rechtsgeschäfte zwischen Heimbewohnern und dem Heimträger, der Heimleitung oder dem Heimpersonal, die gegen § 14 HeimG verstoßen, sind nichtig (BGH NJW 90, 1604; 00, 1188). Letztwillige Verfügungen im Einvernehmen mit dem Bedachten werden ebenfalls erfasst, nicht aber falls die Zuwendung dem Bedachten zu Lebzeiten des Heimbewohners nicht bekannt war (BayObLG NJW 92, 56 f; NJW-RR 04, 1591). Erbeinsetzungen zugunsten eines Angehörigen des Verbotsadressaten stellen eine nichtige Umgehung dar (Rn 33). Wirksam ist eine letztwillige Verfügung zugunsten eines Dritten unter einer das Heim begünstigenden Auflage (BayObLG NJW 00, 1961). Das Verbot schließt die Betreuung in der Familie (BayObLG NJW-RR 99, 1454) oder durch ambulante Pflegedienste nicht ein.

InsO: Wegen Gläubigerbenachteiligung gem den §§ 129 ff InsO anfechtbare Rechtsgeschäfte sind nicht unwirksam (BGH ZIP 97, 1181). **KWG:** Eine Kreditgewährung ohne die nach § 32 I KWG erforderliche Erlaubnis führt nicht zur Unwirksamkeit des Darlehensvertrags (BGHZ 76, 126 f; BGH NJW 04, 1785). Das Verbot des § 3 Nr 3 KWG, Barabhebungen zu beschränken, führt zur Nichtigkeit einer entspr Beschränkung (Stuttg NJW 80, 1800; offen gelassen von BGHZ 129, 92). Auf Zahlungen eines stillen Gesellschafters iRe Gesellschaftsvertrags ist die Regelung nicht anwendbar (BGH NJW 04, 1785 f). **Ladenschlussgesetz:** Vgl Rn 17.

Maklerrecht: Die fehlende Erlaubnis nach § 34 c I GewO begründet keine Nichtigkeit des Maklervertrags (BGHZ 78, 267; 271). Eine Wohnungsvermittlung entgegen § 6 I WoVermG ohne Auftrag eines Berechtigten führt nicht zur Nichtigkeit des Maklervertrags (BGH NJW 02, 3015). **Mietrecht:** Nach § 5 WiStrG unzulässige Mietpreisabreden sind nach der BGH-Rspr nur insoweit nichtig, wie sie die höchstzulässige Miete übersteigen (BGHZ 89, 319 f), zutreffend ist eine Begrenzung auf die ortsübliche Miete (Karlsr NJW 82, 1161; Palandt/*Heinrichs* Rn 27; *Kohte* NJW 82, 2806 f). Ein Verstoß gegen das Zweckentfremdungsverbot des Art 6 § 1 MRVerbG infolge einer fehlenden behördlichen Genehmigung begründet keine Nichtigkeit des Mietvertrags (BGH NJW 94, 320). Bei einem Mietvertrag über öffentlich geförderten Wohnraum ist der Mietvertrag trotz fehlender Berechtigung des Mieters wirksam (LG Aachen ZMR 73, 380).

Notar: Das Makelverbot aus § 14 IV BNotO führt zur Nichtigkeit des mit einem anwaltlichen Sozius des Notars geschlossenen Maklervertrags (BGH NJW 01, 1570). **Öffentlicher Dienst:** Eine gegen § 10 BAT verstoßende Vorteilsannahme ist wirksam (BGH NJW 00, 1188). **PBefG:** Die isolierte Übertragung einer Taxikonzession ohne gleichzeitige Übertragung zumindest abgrenzbarer Teile des Unternehmens verstößt gegen § 2 III PBefG und ist nichtig (BGH NJW 90, 1354 f).

Preisrecht: Unter Verstoß gegen das Preisangabenrecht geschlossene Verträge sind wirksam (BGH NJW 74, 859). Sind überhöhte Preise verboten, soll die Preisvereinbarung grds bis zur höchstzulässigen Grenze wirksam sein (BGHZ 89, 319 f; 108, 150; 116, 85). Zum Mietpreisrecht Rn 48.

RBerG: Von der Erlaubnispflicht werden Tätigkeiten erfasst, die darauf gerichtet und geeignet sind, konkrete fremde Rechte zu verwirklichen oder konkrete fremde Rechtsverhältnisse zu gestalten, ohne dass es auf den inhaltlichen Gestaltungsspielraum ankommt (BGH NJW 01, 71; 3774; 05, 823). Verstöße gegen das RBerG führen zur Nichtigkeit des gesamten Vertrags (BGHZ 37, 261 f; BGH NJW 00, 69; 1562; 01, 3775) einschl der erlaubten Tätigkeiten (BGHZ 50, 92; 70, 17). Gegen das Verbot unerlaubter Rechtsbesorgung verstoßen auch Verträge, bei denen die Rechtsbesorgung nicht den eigentlichen Inhalt ausmacht, sondern die auf eine unerlaubte Rechtsbesorgung hinauslaufen oder eine solche ermöglichen (BGH NJW 05, 824). Zur Vollmachtserteilung bei einem nichtigen Grundgeschäft Rn 53.

Die Anfertigung von **Vertragsentwürfen** durch einen Architekten beinhaltet eine die Nichtigkeit begründende Rechtsberatung (BGHZ 70, 17) ebenso der Entwurf eines Gesellschaftsvertrags durch einen Steuerberater (BGHNJW-RR 92, 1115; 93, 434). Die Tätigkeit des Erbensuchers verstößt gegen das RBerG (BGH NJW 03, 3047). Der Mediationsvertrag ist meist auf eine erlaubnispflichtige Rechtsberatung gerichtet (Rostock NJW-RR 02, 642; LG Leipzig NJW 04, 3785). Auch eine Vorsorgevereinbarung kann gegen das RBerG verstoßen und dann zusammen mit der Vorsorgevollmacht nichtig sein (*Ahrens* BtPrax 05, 164, 167). Bei einer Rechtsanwaltshotline kommt der Vertrag mit dem den Anruf entgegennehmenden Anwalt zustande und verstößt nicht gegen das RBerG (BGHZ 152, 158). Entspr gilt bei einer Steuerberaterhotline (BGH NJW 05, 1269).

54 Treuhand- und Geschäftsbesorgungsverträge zur Abwicklung des Erwerbs von Grundstücks- oder Wohneigentum aufgrund eines **Bauträger- oder Bauherrenmodells** oder bei einem Beitritt in eine **Immobilienfondsgesellschaft** beinhalten eine erlaubnispflichtige Rechtsberatung und begründen die Nichtigkeit des Treuhandvertrags (BGH NJW 01, 71; 3775; 03, 1254; 04, 60; 05, 823). Die Nichtigkeit des Treuhandvertrags erstreckt sich nicht auf einen zwischen den Parteien geschlossenen Darlehens- (BGH NJW 01, 3775; 04, 63) oder Immobilienkaufvertrag (BGH NJW 05, 823 f). Nach der Zielsetzung des RBerG ist eine dem Geschäftsbesorger oder Treuhänder erteilte **Vollmacht** unwirksam (BGH NJW 02, 67; 2326; 03, 1254; 2089; 04, 840; 04, 2737; 05, 823; dagegen verlangt BGH NJW 01, 3775, einen Einheitswillen) ebenso die Befugnis zur Abgabe einer Vollstreckungsunterwerfungserklärung (BGH NJW 04, 60; 840). Soweit das Vertrauen in die unwirksame Vollmacht nach den §§ 171, 172 geschützt ist (ablehnend bei einem verbundenen Geschäft BGH NJW 04, 2737), sind die in Vertretung geschlossenen Verträge wirksam (BGH NJW 04, 64; 2090; 05, 823).

55 Die Übernahme aller mit einer **Unfallabwicklung** verbundenen Aufgaben für den Geschädigten durch eine Bank, einen Mietwagenunternehmer, eine Werkstatt etc (Unfallhilfe) gegen Abtretung der Schadensersatzansprüche ist nichtig (BGHZ 47, 366; 61, 321; BGH NJW 04, 2516; 05, 135). Eine Sicherungsabtretung ist dagegen zulässig (BGH NJW 85, 1224). Abzugrenzen ist danach, in welcher Eigenschaft und in welchem Verhältnis zueinander die Beteiligten an der Geltendmachung der Schadensersatzansprüche beteiligt sind (BGH NJW 85, 1224; 05, 135). Ein Darlehensvertrag, der Element des Verfahrens zur Entlastung des Geschädigten ist, wird von der Nichtigkeit erfasst (BGH NJW 77, 39).

56 Die **Abtretung** von Schadensersatzansprüchen an eine Schutzgemeinschaft von Kleinaktionären ist nichtig (BGH NJW 95, 516). Eine Schuldenregulierung verstößt gegen das RBerG (BGH NJW 87, 3004), es sei denn sie beschränkt sich auf die Weiterleitung eines vom Kunden erstellten Tatsachenberichts (BGHNJW 85, 1224). Die Abtretung einer Forderung an und die gerichtliche Geltendmachung sowie rechtliche Beratung (BVerfG NJW 02, 1191) durch ein Inkassobüro verstößt nicht gegen das RBerG (BGH NJW 96, 392; BVerwG NJW 03, 2768). Der iRe Sanierungsberatung geschlossene Geschäftsbesorgungsvertrag ist nichtig, es sei denn er wird mit einer nach Art 1 § 5 RBerG berechtigten Person geschlossen, zB einem Wirtschaftsprüfer iRs Tätigkeit (BGHZ 102, 130 f). Die Forderungsabtretung aufgrund eines echten bzw unechten Factoring ist wirksam, weil der Factor seine eigene Rechtsangelegenheit besorgt (BGHZ 58, 368; 76, 125; BGH NJW 01, 756). Ein vergleichbare Situation hat der BGH bei einer Abtretung von Schadensersatzansprüchen der Kommanditisten einer Publikums-KG an den persönlich haftenden Gesellschafter der KG angenommen (BGH NJW 01, 756). Eine Forderungsabtretung zur Einziehung im eigenen Namen verstößt nicht gegen das RBerG, wenn dadurch die prozessuale und materiellrechtliche Stellung des Zessionars verstärkt werden soll.

57 Testamentsvollstreckungen durch Steuerberater (BGH NJW 05, 968) und Banken (BGH NJW 05, 969) sind wirksam, weil sie der Wahrnehmung wirtschaftlicher Belange dienen. Auch die Beratung über Fördermittel der öffentlichen Hand stellt keine unerlaubte Rechtsberatung dar (BGH NJW 05, 2459).

58 **Rechtsanwalt:** Wird ein Rechtsanwalt in derselben Angelegenheit für seinen Arbeitgeber nunmehr selbständig tätig, mit der er bereits aufgrund seines Beschäftigungsverhältnisses befasst war, führt der Verstoß gegen § 46 II Nr 1 BRAO zur Nichtigkeit des Anwaltsvertrags (BGH NJW 99, 1717). Ein Verstoß gegen das Verbot der Mehrfachvertretung aus § 146 StPO führt zur Nichtigkeit des Anwaltsvertrags (München NJW 883, 1688). Die Abtretung des Honoraranspruchs ohne Einwilligung ist grds wegen der Verletzung von § 203 I Nr 3 StGB nichtig (BGHZ 122, 117), s.a. § 49 b IV BRAO. Die Einwilligung kann konkludent erfolgen, doch sind daran strenge Anforderungen zu stellen (BGHZ 122, 119). Aus der Nichtigkeit des Verfügungsgeschäfts folgt auch die Unwirksamkeit des Verpflichtungsgeschäfts (BGH NJW 95, 2027). Die iRe Kanzleiveräußerung erfolgte Abtretung ist wirksam, wenn der Zessionar die Angelegenheit als Mitarbeiter des Zedenten bereits umfassend kennen gelernt hat (BGH NJW 95, 2915). Wirksam ist die Abtretung auch, wenn der Erwerber in die Außensozietät eintritt und der Veräußerer als freier Mitarbeiter weiterhin tätig bleibt (BGHZ 148, 101 f). Die Unterschreitung der Mindestgebührensätze führt zur Nichtigkeit der Gebührenvereinbarung, lässt aber den Vertrag im Übrigen bestehen (München NJW 02, 3642).

59 **Reisegewerbe:** Vgl Rn 44. Ein Vertrag über einen **Schwangerschaftsabbruch** ohne der nach § 219 StGB erforderliche Beratung soll nichtig sein (AG Bad Oeynhausen NJW 98, 1799). **Schwarzarbeit:** Ein beidseitiger Verstoß gegen das Gesetz zur Bekämpfung der Schwarzarbeit führt zur Nichtigkeit des Vertrags (BGHZ 85, 44; 111, 311). Ein einseitiger Verstoß begründet nur dann die Nichtigkeit, wenn ihn auch der Auftraggeber kannte und bewusst zum eigen Vorteil ausgenutzt hat (BGH NJW 84, 1176; NJW 85, 2404; NJW-RR 02, 557). Aus einem nichtigen Vertrag resultieren keine Erfüllungs- bzw Gewährleistungsansprüche (BGHZ 111, 313). Ansprüche des Schwarzarbeiters aus Geschäftsführung ohne Auftrag scheiden aus, weil die Dienste in einer gesetzwidrigen Tätigkeit bestanden, die nach den Umständen nicht für erforderlich gehalten werden durften (BGHZ 111, 311; s.a. BGH NJW 00, 1562). Nach der Rspr scheitern Wertersatzansprüche des Schwarzarbeiters aus § 818 II nicht an § 817 S 2, doch ist der herabgesetzte Wert seiner Leistung durch den Ausschluss von Gewährleistungsansprüchen und ggf bereits eingetretene Mängel zu berücksichtigen (BGHZ 111, 311 f).

60 **Sport:** Satzungen und Ordnungen von Sportverbänden, welche die freie Wahl des Arbeitsplatzes etwa durch Transferzahlungen oder Ausländerbeschränkungen einschränken, sind nichtig (EuGH NJW 96, 508 ff, Bosman). Sportlerberatungs- und Spielervermittlungsverträge können gegen das RBerG verstoßen (Erman/*Palm*

Rn 91). **Steuerberater:** Der Vertrag über eine Steuerberatung mit einer nicht als Steuerberater zugelassenen Person ist auch dann nichtig, wenn diese die Arbeiten durch einen steuerlichen Berater als Erfüllungsgehilfen ausführen lässt (BGH NJW 96, 1955). Für steuerberaterliche Gebührenforderungen gelten zwar die Abtretungsbeschränkungen (Rn 35). Die Forderungen sind aber grds pfändbar und unterliegen dem Insolvenzbeschlag (BGH NJW 99, 1545). **Steuerrecht:** Mit einer Steuerverkürzung verbundene Verträge sind nur dann nichtig, wenn die Steuerverkürzung Hauptzweck des Vertrags ist (BGHZ 136, 132). Ohne-Rechnung-Abreden müssen nach der neueren Rspr nicht zur Nichtigkeit führen (BGH NJW-RR 01, 380).
Strafrecht: Auch wenn ein Rechtsgeschäft gegen eine Strafrechtsnorm verstößt, hat dies nicht in jedem Fall seine Nichtigkeit zur Folge (BGHZ 53, 157). Im Zweifel ist aber von einem Verbotsgesetz auszugehen (BGHZ 115, 125). Grds genügt die Verwirklichung des objektiven Straftatbestands (BGHZ 115, 130; 122, 122; aA BGHZ 132, 318). Ein Vertrag über die Bergung eines U-Boots ist nicht nach § 168 I StGB iVm § 134 nichtig (BGH NJW 94, 2613). Ein Vertrag ist zwar wegen Betrugs nicht allgemein nichtig, sondern nur gem § 123 anfechtbar, anders aber, wenn ein Dritter getäuscht werden soll (Karlsr DAR 90, 183). 61

Versicherungsrecht: Ein Verstoß gegen das Provisionsabgabeverbot führt nicht zur Unwirksamkeit der Provisionsabreden (BGH VersR 04, 1030). 62

§ 135 Gesetzliches Veräußerungsverbot

(1) ¹Verstößt die Verfügung über einen Gegenstand gegen ein gesetzliches Veräußerungsverbot, das nur den Schutz bestimmter Personen bezweckt, so ist sie nur diesen Personen gegenüber unwirksam. ²Der rechtsgeschäftlichen Verfügung steht eine Verfügung gleich, die im Wege der Zwangsvollstreckung oder der Arrestvollziehung erfolgt.
(2) Die Vorschriften zugunsten derjenigen, welche Rechte von einem Nichtberechtigten herleiten, finden entsprechende Anwendung.

§ 136 Behördliches Veräußerungsverbot

Ein Veräußerungsverbot, das von einem Gericht oder von einer anderen Behörde innerhalb ihrer Zuständigkeit erlassen wird, steht einem gesetzlichen Veräußerungsverbote der im § 135 bezeichneten Art gleich.

A. Normzweck. § 135 regelt einen Sonderfall des gesetzlichen Verbots, der als lex specialis eine Anwendung von § 134 ausschließt (Staud/*Kohler* § 134 Rn 1). Da § 135 nur einen minimalen eigenen Anwendungsbereich besitzt, ist die Vorschrift allein wegen der in § 136 bestimmten entspr Anwendung auf die gerichtlichen und behördlichen Veräußerungsverbote bedeutsam. 1

B. Anwendungsbereich. I. Grundlagen. Anstelle der gesetzlichen Terminologie als Veräußerungsverbot hat sich die Bezeichnung als Verfügungsverbot eingebürgert. Nach Schutzbereich und Rechtsfolgen sind die in den §§ 135, 136 geregelten relativen Verfügungsverbote und die absoluten Verfügungsverbote zu unterscheiden. Relative Verfügungsverbote betreffen den Schutz bestimmter Personen und begründen eine relative Unwirksamkeit der Verfügung. Für Rechtsgeschäfte – auch für die in einem gerichtlichen Vergleich übernommene Verpflichtung, nicht über einen Gegenstand zu verfügen – gelten nicht die §§ 135, 136, sondern § 137. 2

II. Absolute Verfügungsverbote. Sie dienen dem Schutz der Allgemeinheit und wirken gegenüber jedermann. Verstößt eine Verfügung gegen ein absolutes Verfügungsverbot, ist sie nach § 134 nichtig (BGHZ 19, 359; BGH NJW 83, 636). Absolute Verfügungsverbote enthalten §§ 8 LMBG, 43 ff ArzneimittelG, 29 BTMG. Ein gutgläubiger Erwerb ist bei ihnen – anders als nach § 135 II – ausgeschlossen (Soergel/*Hefermehl* § 135 Rn 5). 3

III. Verfügungsbeschränkungen. Während die §§ 134 bis 136 das rechtliche Dürfen betreffen, regeln Verfügungsbeschränkungen das rechtliche Können (BGHZ 13, 184). Sie dienen zwar dem Schutz individueller Interessen, führen aber zur absoluten Unwirksamkeit der Verfügung. Solche Verfügungsbeschränkungen enthalten §§ 399 (auch bei vereinbarter Unabtretbarkeit BGHZ 56 231), 717, 719 (BGHZ 13, 283). Dazu gehören ebenso die Verfügungsbeschränkungen der Ehegatten gem §§ 1365, 1369 (MüKo/*Mayer-Maly/Armbrüster* § 135 Rn 22; aA BGHZ 40, 219 f, absolutes Verfügungsverbot, doch sind die Unterschiede gering), der Eltern §§ 1643 ff, des Vormunds §§ 1812 ff, des Erben bei Testamentsvollstreckung § 2211. Verfügungen des Schuldners nach Eröffnung des Insolvenzverfahrens sind gem § 81 InsO absolut unwirksam, ebenso Verfügungen, die gegen eine der im Insolvenzeröffnungsverfahren angeordneten Verfügungsbeschränkungen verstoßen, §§ 21 II Nr 2, 24 I, 81 InsO. 4

C. Relative Verfügungsverbote. I. Voraussetzungen. 1. Gesetzliche Verfügungsverbote, § 135. Mit relativer Wirkung ausgestattete gesetzliche Verfügungsverbote sind selten. Im BGB kommt allenfalls § 473 in Betracht (RGZ 148, 111; aA MüKo/*Mayer-Maly/Armbrüster* § 135 Rn 17), außerhalb des BGB etwa §§ 15, 98, 156 I VVG (*Medicus* AT Rn 671). 5

6 **2. Gerichtliche und behördliche Verfügungsverbote, § 136.** Praktisches Gewicht besitzen vor allem gerichtliche, aber auch behördliche Verfügungsverbote. Anwendungsfälle bilden die Pfändung von Forderungen und Rechten in der Zwangsvollstreckung, §§ 829, 857 ZPO (BGHZ 58, 26 f; 100, 45; BGH NJW 98, 748), die einstweilige Verfügung, § 938 II ZPO (BGH NJW 90, 2459), wobei dem Veräußerungsverbot das Erwerbsverbot gleich steht (BayObLG MDR 97, 595), die Zahlungssperre, § 1019 ZPO, Beschlagnahmen gem §§ 20, 23 I 1, 146 ZVG (BGH NJW 97, 1582), strafprozessuale Beschlagnahmen gem §§ 111 c V, 290 ff StPO sowie Anordnungen nach §§ 73, 73 e II, 74, 74e III StGB.

7 **II. Rechtsfolgen. 1. Relative Unwirksamkeit.** Verstößt eine Verfügung gegen ein relatives Verfügungsverbot, ist sie im Verhältnis zum Geschützten unwirksam, im Übrigen aber wirksam. Umstritten ist die dogmatische Begründung. Nach der Ansicht des BGH wird der Erwerber zwar im Verhältnis zur Allgemeinheit Eigentümer der Sache bzw Inhaber des Rechts, doch bleibt dem Veräußerer im Verhältnis zum Geschützten die Rechtsmacht, zu dessen Gunsten zu verfügen (BGH NJW 90, 2460; Soergel/*Hefermehl* § 136 Rn 18; Staud/*Kohler* § 135 Rn 89 ff; aA MüKo/*Mayer-Maly/Armbrüster* § 135 Rn 32 ff; *Larenz/Wolf* AT § 44 Rn 61, jeweils mwN). Im Insolvenzverfahren ist nach § 80 II 1 InsO ein relatives Verfügungsverbot wirkungslos.

8 **2. Geltendmachung.** Der Geschützte kann bei Übereignung einer beweglichen Sache vom Veräußerer Übereignung nach den §§ 929, 931 und anschließend vom Erwerber Herausgabe verlangen (Staud/*Kohler* § 135 Rn 119; aA BGH NJW 90, 2460, nur dingliche Einigung). Ein unmittelbarer Anspruch gegen den Erwerber besteht nicht (AnwK/*Looschelders* § 135 Rn 25 f). Bei Immobilien kann der Geschützte entspr §§ 883 II, 888 vom Erwerber Zustimmung zur Eintragung oder Löschung verlangen. Ist ein Recht verbotswidrig übertragen, kann der Geschützte vom Verfügenden Abtretung des Rechts verlangen. Hat zwischenzeitlich der Schuldner in Unkenntnis des Abtretungsverbots an den Erwerber geleistet, wird jener analog §§ 407 f geschützt (BGHZ 86, 338 f).

9 **3. Verfügungen durch Zwangsvollstreckung und Arrestvollziehung.** Derartige Verfügungen stehen nach § 135 I 2 einer rechtsgeschäftlichen Verfügung gleich. Die Zwangsvollstreckungsmaßnahme ist relativ unwirksam. Der Geschützte kann gem §§ 772, 771 Drittwiderspruchsklage erheben.

10 **D. Gutgläubiger Erwerb.** Nach § 135 II sind die Vorschriften über den gutgläubigen Erwerb, also die §§ 892 f, 932 ff, 1032, 1138, 1155, 1207, 1244 sowie § 366 HGB, entspr anwendbar. Es muss ein rechtsgeschäftlicher Erwerb erfolgen, weswegen ein gutgläubiger Erwerb im Wege der Zwangsvollstreckung, § 135 I 2, ausgeschlossen ist (RGZ 90, 338; BaRoth/*Wendtland* § 135 Rn 11; aA MüKo/*Mayer-Maly/Armbrüster* § 135 Rn 49). Der Erwerber muss gutgläubig in Bezug auf das Nichtbestehen eines relativen Verfügungsverbots sein. Nach dem Maßstab der §§ 932 ff, 1032, 1207, 1244 führt bei beweglichen Sachen Kenntnis und grob fahrlässige Unkenntnis zur Bösgläubigkeit, während nach den § 892 f, 1138, 1155 allein Kenntnis schadet (Erman/*Palm* §§ 135, 135 Rn 14). Zu §§ 407 f oben Rn 8.

§ 137 Rechtsgeschäftliches Verfügungsverbot

¹Die Befugnis zur Verfügung über ein veräußerliches Recht kann nicht durch Rechtsgeschäft ausgeschlossen oder beschränkt werden. ²Die Wirksamkeit einer Verpflichtung, über ein solches Recht nicht zu verfügen, wird durch diese Vorschrift nicht berührt.

1 **A. Normzweck.** § 137 S 1 schützt in erster Linie die Verkehrsfähigkeit von Sachen und Rechten und sichert den numerus clausus der Sachenrechte sowie die Zwangsvollstreckung (BGHZ 134, 186). Die Vorschrift verhindert, dass Gegenstände dem Rechtsverkehr entzogen werden (BGHZ 56, 278). Sie dient damit der Rechtssicherheit und Rechtsklarheit. Wie § 137 S 2 belegt, zielt § 137 S 1 nicht auf den Schutz der persönlichen Freiheit, der nur einen Reflex der Normwirkung bildet (BGH NJW 97, 862; Staud/*Kohler* § 137 Rn 5; aA BayObLG NJW 78, 701; Palandt/*Heinrichs* § 137 Rn 1).

2 **B. Rechtsgeschäftliche Verfügungsbeschränkung, § 137 S 1. I. Voraussetzungen.** Erfasst werden rechtsgeschäftliche Verfügungsbeschränkungen veräußerlicher Rechte. Abzustellen ist auf die objektive Eigenschaft eines Rechts, veräußerlich zu sein, also Verfügungen zu unterliegen, die von der subjektiven Verfügungsmacht des jeweiligen Rechtsinhaber zu unterscheiden ist (MüKo/*Mayer-Maly/Armbrüster* § 137 Rn 9). Veräußerlich sind Rechte an Sachen, Anwartschafts- (BGH NJW 70, 699) und Gestaltungsrechte (Erman/*Palm* § 137 Rn 2).

3 Forderungen sind übertragbar, es sei denn ihre Abtretbarkeit ist gem § 399 ausgeschlossen, wodurch eine vereinbarungswidrige Abtretung absolut unwirksam wird (BGHZ 102, 301). Erbrechtliche Verfügungsbeschränkungen sind durch Anordnung einer Testamentsvollstreckung, § 2211, sowie einer Vor- und Nacherbschaft möglich, §§ 2113 ff (AnwK/*Looschelders* § 137 Rn 12). Im Treuhandverhältnis ist eine dinglich wirkende Verfügungsbeschränkung unwirksam (BGHZ 11, 43; BGH NJW 68, 1471; BB 82, 891). Sperrkontenabreden haben grds keine dingliche Wirkung (*Kollhosser*, ZIP 84, 391; aber BGH WM 64, 350). Inhaltsbestimmungen eines Rechts, zB gem § 399 (BGHZ 70, 303) sowie §§ 5 ErbbauV, 12, 35 WEG, 15 V GmbHG, sind zulässig

(BGHZ 19, 359). Ein bedingter Rückauflassungsanspruch verstößt nicht gegen § 137 S 1 und ist vormerkungsfähig (BGH NJW 97, 862). **Unveräußerliche Rechte** sind die Vereinmitgliedschaft, § 38, das Vorkaufsrecht, § 473, der Nießbrauch, § 1058, sowie beschränkte persönliche Dienstbarkeiten, § 1092. Die Vorschrift ist nur auf rechtsgeschäftliche, nicht aber gesetzliche, gerichtliche oder behördliche Verfügungsbeschränkungen anwendbar.

II. Rechtsfolgen. Rechtsgeschäftliche Verfügungsbeschränkungen mit dinglicher Wirkung gegenüber Dritten sind nichtig, auch wenn sie in einem gerichtlichen Vergleich vereinbart werden (BaRoth/*Wendtland* § 137 Rn 7). Eine nichtige Verfügungsbeschränkung in einer Sicherungsvereinbarung kann gem § 139 zur Gesamtnichtigkeit der Sicherungsvereinbarung führen (BGH NJW 93, 1641). Die verbotswidrige Verfügung ist wirksam. Auf einen guten Glauben des Dritten im Hinblick auf das Verbot kommt es nicht an (Erman/*Palm* § 137 Rn 3). 4

C. Wirksamkeit der Verpflichtung. Die schuldrechtliche Verpflichtung, nicht zu verfügen, ist grds wirksam, Ausnahme §§ 1136, 2302. Sie kann etwa in Kauf- oder Schenkungsverträgen, aber auch erbrechtlichen Vereinbarungen (BGHZ 31, 18 f; BGH NJW 63, 1603) enthalten sein und ist grds formfrei, selbst wenn sie ein Grundstück betrifft (BGH NJW 63, 1603; BGHZ 103, 238 ff). 5

Aus der Verpflichtung kann ein **Unterlassungsanspruch** abgeleitet werden, doch bedarf es jedenfalls bei einer stillschweigend geschlossenen Vereinbarung einer sorgfältigen Prüfung, ob ein solcher Verpflichtungswille besteht (BGHZ 31, 19). Schuldner kann auch der Erwerber sein, falls er selbst verpflichtet ist. Der Anspruch kann durch einstweilige Verfügung gesichert werden (BGH NJW 97, 862; BayObLG NJW 78, 701). Eine Sicherung durch eine Vormerkung ist ausgeschlossen (Soergel/*Hefermehl* § 137 Rn 13; zum bedingten Rückauflassungsanspruch Rn 4). Verfügt der Schuldner vereinbarungswidrig, kann er sich nach § 280 schadensersatzpflichtig machen, ausnahmsweise auch nach § 826 (AnwK/*Looschelders* § 137 Rn 23 f). 6

§ 138 Sittenwidriges Rechtsgeschäft; Wucher

(1) Ein Rechtsgeschäft, das gegen die guten Sitten verstößt, ist nichtig.
(2) Nichtig ist insbesondere ein Rechtsgeschäft, durch das jemand unter Ausbeutung der Zwangslage, der Unerfahrenheit, des Mangels an Urteilsvermögen oder der erheblichen Willensschwäche eines anderen sich oder einem Dritten für eine Leistung Vermögensvorteile versprechen oder gewähren lässt, die in einem auffälligen Missverhältnis zu der Leistung stehen.

A. Normzweck. Eine Rechtsordnung, die auf eine selbstbestimmte Regelung der Privatrechtsbeziehungen abstellt, kann nicht auf Sicherungen gegen einen krassen Fehlgebrauch verzichten (*Schiemann* Eckpfeiler des Zivilrechts, 94). Gesetzliche Verhaltensanforderungen (§ 134) schaffen besonders legitimierte, aber gegenständlich begrenzte Schranken. In die rechtliche Ordnungsaufgabe müssen auch nicht dem positiven Recht angehörende **grundlegende** soziale **Wertvorstellungen** einfließen. Dies wird mit der Generalklausel des § 138 verwirklicht. Sie ermöglicht es, den steten Wandel der Lebensverhältnisse und Wertvorstellungen aufzunehmen, in rechtliche Standards zu transformieren und diese Übersetzung zu legitimieren (MüKo/*Mayer-Maly*/*Armbrüster* Rn 3). 1

Die Aufgabe von § 138 besteht nicht darin, **Rechts- und Sittenordnung** aneinander anzugleichen. Sittliches Verhalten wird nicht positiv verlangt. Vielmehr soll negativ die Durchsetzung von Rechtsgeschäften, die gegen die ganz überwiegend anerkannten Werte verstoßen, mit den Mitteln des Rechts verhindert werden (*Larenz*/*Wolf* AT Rn 3; *Medicus* AT Rn 680). 2

Der Wuchertatbestand in § 138 II dient dem Schutz der sich in einer Schwächeposition befindenden Personen vor einer wirtschaftlichen Ausbeutung (BaRoth/*Wendtland* Rn 40). Als Spezialfall der Sittenwidrigkeit konkretisiert das Wucherverbot die Generalklausel aus I. § 138 ist damit **zweistufig** aufgebaut. Lassen sich die Voraussetzungen des Wuchers nicht feststellen, ist auf die Generalklausel abzustellen (Rn 50; Soergel/*Hefermehl* Rn 73). 3

B. Abgrenzung. I. § 123. Die Vorschrift enthält eine gegenüber § 138 vorrangige Sonderregelung. Wer durch arglistige Täuschung oder widerrechtliche Drohung zur Abgabe einer Willenserklärung veranlasst wurde, kann grds allein nach § 123 anfechten. Nur wenn besondere Umstände hinzukommen, die das Geschäft nach seinem Gesamtcharakter als sittenwidrig erscheinen lassen, kann § 138 I neben § 123 I anwendbar sein (BGH NJW 88, 2601; 95, 3315; 02, 2775). Dies kann bei der Täuschung älterer, rechtlich und geschäftlich unerfahrener Personen durch Gewinnversprechen der Fall sein (BGH NJW 05, 2992). Eine vertragliche Verpflichtung, durch die mit einer Täuschung bewusst das Recht eines Dritten aus einem anderen Vertrag vereitelt werden soll, ist sittenwidrig (BGH NJW 88, 903). 4

II. § 134. Im Verhältnis zu § 138 I bildet § 134 die speziellere Norm (BGH NJW 83, 869 f; BAG NJW 93, 2703). Auf ein Rechtsgeschäft, das sowohl gegen eine Verbotsgesetz als auch die guten Sitten verstößt, ist § 134 anzuwenden (BAG NJW 93, 2703; BaRoth/*Wendtland* Rn 6; aber BGHZ 53, 160). Dies ist bedeutsam, weil der Verstoß gegen ein Verbotsgesetz nach § 134 – anders als der Verstoß gegen § 138 – nicht stets zur Nichtigkeit des Rechtsgeschäfts führt (Erman/*Palm* Rn 10; dazu § 134 Rn 16, 25). Lässt sich die Unwirksamkeit des Rechtsgeschäfts nicht aus § 134 ableiten, ist grds auf § 138 abzustellen. Diese Konkurrenz darf aller- 5 dings nicht dazu führen, dass die gesetzliche Wertung aus § 134 unterlaufen wird. Eine Gesetzeswidrigkeit allein begründet noch nicht die Sittenwidrigkeit des Rechtsgeschäfts. Dafür sind zusätzlich besondere Umstände erforderlich (BGHZ 138, 299; BAG NJW 93, 2703; Staud/*Sack* Rn 96). Eine Verletzung ausländischer Rechtsnormen, die zugleich gegen allgemein gültige sittliche Grundsätze verstößt, ist gem § 138 I zu beurteilen (BGHZ 94, 271). Der Vorrang gesetzlicher Verbote gegenüber der Sittenwidrigkeit besteht nicht zwischen § 138 II und § 134 iVm § 291 StGB (Rn 51).

6 **III. § 157.** Zunächst ist durch Auslegung zu bestimmen, ob das Rechtsgeschäft einen sittenwidrigen Inhalt hat. IRd ergänzenden Vertragsauslegung ist zu berücksichtigen, was redliche Vertragspartner vereinbart hätten (BaRoth/*Wendtland* Rn 7).

7 **IV. § 242.** Eine Verletzung von Treu und Glauben stellt einen geringeren Verstoß als ein sittlich vorwerfbares Verhalten dar (AnwK/*Looschelders* Rn 17; aA Staud/*Sack* Rn 154 f). Einerseits ist die Sittenwidrigkeit vorrangig zu prüfen, andererseits begründet § 242 eine über § 138 hinausreichende Inhaltskontrolle (BaRoth/*Wendtland* Rn 8). Ausnahmsweise kann die Berufung auf die Sittenwidrigkeit als unzulässige Rechtsausübung treuewidrig sein (BGH NJW 81, 1439). Zu denken ist an einen Wandel der Verhältnisse oder Wertvorstellungen (Staud/*Sack* Rn 85), bei einem einseitigen Sittenverstoß und in seltenen Fällen auch bei einem beidseitigen Sittenverstoß (BGH NJW 81, 1440).

8 **V. §§ 307 ff.** Für die Inhaltskontrolle von AGB sind in den §§ 307 ff strengere Anforderungen aufgestellt (BGHZ 136, 355) und in § 306 besondere Rechtsfolgen bestimmt. Die §§ 307 ff sind deswegen gegenüber § 138 vorrangig (Erman/*Palm* Rn 8; aA Staud/*Sack* Rn 161). Die Verwendung unangemessener formularmäßiger Klauseln kann dann zur Sittenwidrigkeit des Rechtsgeschäfts führen, wenn der Vertrag aus sittlich verwerflicher Gesinnung so einseitig abgefasst ist, dass nur der eine Vertragsteil seine Rechte durchsetzt, während wesentliche, berechtigte Belange des anderen Teils missachtet werden (BGH NJW 01, 2468). Diese Gesamtprüfung muss sich auf alle Vertragsbestimmungen stützen, auch die nach §§ 307 ff unwirksamen (BGHZ 136, 355 f).

9 **VI. § 312.** Die in einer Überrumpelungssituation als Haustürgeschäfte zustande gekommenen Verträge sind zwar nicht als solche sittenwidrig. Der durch eine vorangegangene Täuschung erreichte Abschluss eines Haustürgeschäfts kann aber zusammen mit anderen Umständen als Indiz für die Sittenwidrigkeit des Vertrags gewürdigt werden (BGH NJW 88, 1375).

10 **VII. § 826.** Während § 138 ein sittenwidriges Rechtsgeschäft für unwirksam erklärt, begründet § 826 im Fall eines vorsätzlichen sittenwidrigen Verhaltens einen Schadensersatzanspruch (BaRoth/*Wendtland* Rn 9). Die Anspruchsvoraussetzungen sind in wesentlichen Punkten verschieden, doch können bei einer einseitigen Sittenwidrigkeit beide Normen erfüllt sein (BGH NJW 70, 658). Infolgedessen ist es möglich, dass dem Geschädigten die Vorteile aus einem sittenwidrigen Rechtsgeschäft über § 826 verbleiben (Palandt/*Heinrichs* Rn 17). Unter einfacheren Voraussetzungen kann auch ein Anspruch aus einer vorvertraglichen Pflichtverletzung begründet sein, §§ 280 I, 311 II, 241 II (BGHZ 99, 106).

11 **VIII. §§ 132 InsO, 3 AnfG.** Gegenüber § 138 enthalten die §§ 129 ff InsO, 3 AnfG speziellere Regelungen. Anfechtbare Rechtshandlungen sind deswegen nicht sittenwidrig, es sei denn, das Rechtsgeschäft weist besondere über die Gläubigerbenachteiligung hinausgehende Umstände auf (BGH NJW 93, 2041).

12 **IX. UWG.** Der Begriff der guten Sitten in § 138 hat nicht denselben Inhalt wie der Begriff des UWG (BGHZ 110, 174; BGH NJW 98, 2532). Während § 138 der autonomen Rechtsgestaltung bei Rechtsgeschäften Grenzen setzt und Missbräuchen der Privatautonomie entgegenwirkt, schützt das UWG die guten Sitten des Wettbewerbs und knüpft an einen Verstoß gerade nicht die Nichtigkeit. Nur beim Hinzutreten besonderer Umstände kann ein Verstoß gegen die guten Sitten im Wettbewerb zur Nichtigkeit gem § 138 führen (BGHZ 110, 174; NJW 98, 2532).

13 **C. Anwendungsbereich. I. Rechtsgeschäfte.** § 138 gilt für Rechtsgeschäfte aller Art, also für Verpflichtungs- und Verfügungsgeschäfte. Allerdings begründet ein sittenwidriges Grundgeschäft nicht schon die Sittenwidrigkeit des abstrakten Geschäfts. Dazu müssen weitere Umstände hinzukommen (Soergel/*Hefermehl* Rn 12). Ein abstraktes Schuldanerkenntnis oder Schuldversprechen kann aufgrund einer Gesamtwürdigung nichtig sein (BGH NJW 87, 2015). Die Regelung ist auf einseitige Rechtsgeschäfte, wie Kündigungen und letztwillige Verfügungen (BGHZ 123, 371), aber auch auf rechtsgeschäftsähnliche Handlungen anwendbar (BaRoth/*Wendtland* Rn 3). Im Gesellschaftsrecht gelten zahlreiche einschränkende Regelungen. Auf den normativen Teil eines Tarifvertrags ist § 138 unanwendbar (vgl BAG BB 04, 1909).

14 **II. Andere Rechtshandlungen.** Die Nichtigkeit einer **Prozesshandlung** kann nicht einfach aus § 138 hergeleitet werden, doch führen eigene prozessuale Grundsätze ggf zur Unbeachtlichkeit bzw Unwirksamkeit von Prozesshandlungen (Stein/Jonas/*Leipold* vor § 128 Rn 293). Ein Prozessvergleich kann aufgrund seiner Doppelnatur nach § 138 nichtig sein (BGHZ 16, 390; 28, 172). Im **öffentlichen Recht** gilt für Verwaltungsakte die Sonderregelung des § 44 II Nr 6 VwVfG. Auf öffentlich-rechtliche Verträge ist nach § 59 I VwVfG die Regelung des § 138 entspr anwendbar (vgl BGH NJW 72, 1657).

D. Sittenwidrigkeit. I. Begriff. Der unbestimmte Rechtsbegriff der guten Sitten ist in hohem Maß konkretisierungsbedürftig. Gebräuchlich ist die Formel, nach der ein Rechtsgeschäft sittenwidrig ist, wenn es gegen das **Anstandsgefühl aller billig und gerecht Denkenden** verstößt (Motive II, 727; RGZ 48, 124; BGHZ 10, 232; 141, 361; NJW 94, 187 f; 04, 2670, zu § 826; *Sack* NJW 85, 761). Die Formel ist jedoch irreführend, weil weder auf das Gefühl noch auf einen indifferenten Personenkreis abzustellen ist (*Medicus* AT Rn 682; *Schiemann* Eckpfeiler des Zivilrechts, 94). Dieser Rückgriff eröffnet zudem Missbrauchsmöglichkeiten, die im Dritten Reich zu einer Gleichstellung der guten Sitten mit dem herrschenden Volksempfinden und der nationalsozialistischen Weltanschauung geführt haben (RGZ 150, 4). 15

Anzulegen ist ein **objektiver Maßstab** (Erman/*Palm* Rn 33; BaRoth/*Wendtland* Rn 16). Die Grundsätze allgemeiner Sittlichkeit und Moral sind dafür nicht geeignet (vgl Staud/*Sack* Rn 18 ff). Abzustellen ist auf die grundlegenden Wertvorstellungen, die sowohl auf rechtlichen als auch außerrechtlichen Prinzipien basieren können (*Larenz/Wolf* § 41 Rn 12). Im Konfliktfall besitzen die Wertentscheidungen der Rechtsordnung Vorrang (BaRoth/*Wendtland* Rn 18; Jauernig/*Jauernig* Rn 7). 16

II. Wertungselemente. 1. Rechtliche Maßstäbe. Wesentliche Bedeutung kommt der vor allem in den Grundrechten niedergelegten **Wertordnung des Grundgesetzes** zu (BGHZ 106, 338; NJW 86, 2944; 99, 568). Hierzu gehören insbes die Art 1 I, 2 (BGHZ 142, 314), 3 III, 4 I, 5, 6 (vgl BVerfG NJW 01, 958), 9, 12 (BGH NJW 86, 2944; 00, 1028), 14 I (BGH NJW 99, 568), 20 I sowie 28 I GG (BVerfG NJW 94, 36 f). 17

Bei der Ausformung der guten Sitten besitzen auch der Menschenrechtskatalog der EMRK sowie die **Grundfreiheiten des EGV** ein gewisses Gewicht (BGHZ 142, 314). Einen deutlichen Niederschlag finden auch die in den Antidiskriminierungsrichtlinien der EU enthaltenen Wertungen. 18

Einfachgesetzliche Wertentscheidungen sind zu berücksichtigen, wenn sie einen Ausfluss gesetzlicher Leitideen bilden. Dabei muss es sich um wesentliche Grundsätze und grundlegende Maßstäbe der Rechtsordnung handeln (BGHZ 80, 158; 106, 338). 19

Mit dem Begriff des **ordre public** ist der Zuweisungsgehalt des § 138 nicht identisch. Der ordre public dient der Aufgabe, die inländische Rechtsordnung gegenüber der Souveränität ausländischer Staaten abzugrenzen (*Larenz/Wolf* AT § 41 Rn 10; aA). 20

2. Außerrechtliche Maßstäbe. Ausgehend vom Vorrang rechtlicher Grundentscheidungen (Rn 17), ist sozialethischen Prinzipien eine gewisse **Ergänzungsfunktion** beizumessen. Ein allgemeiner Rückgriff auf die Sittenordnung ist damit nicht verbunden. Bereits der sich ausbreitende Wertepluralismus setzt dem enge Grenzen. So ist nur auf wenige fundamentale Prinzipien zurückzugreifen. 21

Als besonders sensibel erweist sich die Schnittstelle zur **Sexualmoral**. Bei der Verknüpfung rechtsgeschäftlicher Handlungen mit der Sexualsphäre liegt immer noch ein moralisches Unwerturteil nahe. Entscheidend wird sein, ob das Geschäft rechtlich zu missbilligen ist (zutreffend AnwK/*Looschelders* Rn 84). Nicht das sexuelle Verhalten, sondern zusätzliche Umstände müssen das Werturteil begründen (Soergel/*Hefermehl* Rn 206). Besonderes Gewicht besitzen die Menschenwürde (BVerwG NJW 96, 1424) sowie die freie Entfaltung der Persönlichkeit. Zu berücksichtigen sind auch die im ProstG zum Ausdruck gekommenen Wertentscheidungen (BGH NJW 02, 361). 22

Bei der Orientierung an sozialethischen Prinzipien wird ein **durchschnittlicher Standard** verlangt (BGHZ 10, 232), der dahingehend konkretisiert wird, dass weder besonders strenge noch gleichgültige Vorstellungen (AnwK/*Looschelders* Rn 38) oder individuelle Gerechtigkeitsüberzeugungen (BGH NJW 99, 568) zu berücksichtigen sind. Ergänzt werden muss dieses Rahmenmodell durch ein Verständnis, das dem dynamischen Faktor eines Vorstellungswandels Rechnung trägt. 23

III. Sittenverstoß. 1. Grundsatz. Ein Rechtsgeschäft kann wegen seines Inhalts oder seines Gesamtcharakter, dh aufgrund einer zusammenfassenden Würdigung von Inhalt, Beweggrund und Zweck sittenwidrig sein (BGHZ 125, 228). 24

2. Inhalt. Widerspricht der objektive Inhalt eines Rechtsgeschäfts grundlegenden Wertvorstellungen, tritt die Sittenwidrigkeit ohne Rücksicht auf die Vorstellung der am Rechtsgeschäft beteiligten Personen ein (BGHZ 94, 272; BGH NJW 89, 26, Schmiergeldzahlung; BGH NJW 94, 188, Titelkauf). Ein zu missbilligender Inhalt kann sich aus der Gestaltung, dem angestrebten Erfolg (Tötung eines anderen) oder den Konsequenzen des Rechtsgeschäfts ergeben (Erman/*Palm* Rn 38). 25

Geschäfte, die eine höchstpersönliche Entscheidung einer rechtlichen Bindung unterwerfen, sind deswegen sittenwidrig. Nichtig ist daher eine Verpflichtung, nicht zu heiraten (BAG AP 1 zu Art 6 I GG Ehe und Familie). Auch im Bereich des kirchlichen Arbeitsrechts verstoßen Zölibatsklauseln gegen fundamentale Prinzipien der Grundrechtsordnung und sind sittenwidrig (aA BAG 85, 216). Unwirksam ist das Versprechen, die Konfession bzw Staatsangehörigkeit zu wechseln oder ein Zeugnisverweigerungsrecht auszuüben (Soergel/*Hefermehl* Rn 21). Zu dieser Fallgruppe wird auch das Versprechen der Empfängnisverhütung gerechnet (vgl BGH NJW 86, 2044), doch könnten damit die Fälle der von beiden Partner nicht gewünschten Schwangerschaft nur unzureichend erklärt werden. Unwirksam ist vielmehr die Verantwortung für die Familienplanung einseitig zu übertragen. 26

27 **3. Gesamtwürdigung. a) Summenwirkung.** Im Einzelfall kann ein sittenwidriges Element so stark ausgeprägt sein, dass es die Sittenwidrigkeit des Rechtsgeschäfts zu begründen vermag (MüKo/*Mayer-Maly*/*Armbrüster* Rn 28). Typischerweise ist aber die Sittenwidrigkeit erst aus einem Zusammenwirken mehrerer Umstände zu begründen. Selbst wenn die einzelnen Umstände für sich allein noch nicht anstößig sind, können sie in ihrer summierten Wirkung das Gesamturteil der Sittenwidrigkeit begründen (BGHZ 51, 56). Diese bildhaft als Sandhaufentheorem bezeichnete Gesamtwirkung (Stuttg NJW 79, 2412) ist zwar für den enger formulierten Wuchertatbestand auf Ablehnung gestoßen (BGHZ 80, 159; vgl bereits RGZ 93, 28 f; s auch Rn 50). Für die Generalklausel in § 138 I kann auf sie zurückgegriffen werden (Staud/*Sack* Rn 59; AnwK/*Looschelders* Rn 100).

28 **b) Faktoren.** Ergibt sich die Sittenwidrigkeit nicht etwa schon aus dem Inhalt des Rechtsgeschäfts, ist auf eine Gesamtwürdigung von Inhalt, Motiv und Zweck sowie der äußeren Umstände bei der Vornahme abzustellen (BGHZ 107, 97; 125, 228; 141, 361; NJW 90, 704; 01, 1127). Als **wucherähnliches Geschäft** soll ein Vertrag nach § 138 I nichtig sein, wenn zwischen Leistung und Gegenleistung objektiv ein auffälliges Missverhältnis besteht und mindestens ein weiterer Umstand hinzukommt, der das Rechtsgeschäft bei Zusammenfassung der objektiven und subjektiven Merkmale als sittenwidrig erscheinen lässt (BGH NJW 01, 1127; Rn 50).

29 Eine ungleiche Verhandlungsposition allein stellt keinen die Sittenwidrigkeit begründenden Umstand dar. Weitere Faktoren müssen hinzutreten. Für die Vertragskontrolle verlangt das BVerfG die strukturelle Unterlegenheit eines Vertragsteils, die zu ungewöhnlich belastenden Folgen für den unterlegenen Partner geführt haben muss (BVerfG NJW 94, 38).

30 Die Sittenwidrigkeit ist aus einem **gemeinsamen**, in anstößiger Weise gegen die Interessen der Allgemeinheit oder eines Dritten gerichteten **Zweck** abzuleiten. Dies gilt etwa für den Kauf eines Radarwarngeräts (BGH NJW 05, 1491).

31 Auf einen **einseitig** gegen den Vertragspartner gerichteten Zweck ist die Sittenwidrigkeit ebenfalls zu stützen. Berücksichtigt werden können die Unangemessenheit der vereinbarten Leistung, das Ausnutzen wirtschaftlicher Übermacht oder einer besonderen Schwäche der Gegenseite (*Bork* AT Rn 1196).

32 In die Gesamtwürdigung sind die **weiteren Umstände** des Rechtsgeschäfts einzubeziehen, wie etwa besonders belastende Geschäftsbedingungen.

33 **4. Subjektive Voraussetzungen.** Es ist einerseits zwischen den nach ihrem objektiven Inhalt oder aufgrund weiterer Umstände anstößigen Rechtsgeschäften und andererseits den Fallgruppen zu unterscheiden, in denen die Sittenwidrigkeit einen subjektiven Tatbestand erfordert.

34 Die nach ihrem **Inhalt** oder den **Umständen** sittenwidrigen Rechtsgeschäfte setzen keine Schädigungsabsicht oder ein Bewusstsein der Sittenwidrigkeit voraus (BGHZ 146, 301; BGH NJW 88, 1374; 93, 1588). Insbes von der Rspr wird in diesen beiden Fallgruppen allerdings verlangt, dass die Beteiligten alle die Sittenwidrigkeit begründenden Umstände gekannt bzw sich dieser Kenntnis bewusst verschlossen oder entzogen haben muss (BGHZ 146, 301; NJW 94, 188; 01, 1127; Erman/*Palm* Rn 40). Demgegenüber ist festzustellen, dass bereits ein objektiver Sittenverstoß unabhängig von einer Zurechnung genügt (Staud/*Sack* Rn 62 f; MüKo/*Mayer-Maly*/ *Armbrüster* Rn 129; *Bork* AT Rn 1199). Verstößt der Inhalt des Rechtsgeschäfts gegen grundlegende Wertvorstellungen, dürfen die Rechtsfolgen nicht vom guten Glauben der Beteiligten abhängen. Gleiches hat für die aus den Umständen abgeleitete Sittenwidrigkeit zu gelten. Da ein Rechtsgeschäft bewertet wird und nicht haftungsrechtliche Wirkung bestimmt werden, kommt es auch hier grds nicht auf subjektive Merkmale an (AnwK/*Looschelders* Rn 96; aA BaRoth/*Wendtland* Rn 23).

35 Erfordert die Sittenwidrigkeit einen subjektiven Tatbestand, wie bei einem gegen die Interessen der Allgemeinheit oder eines Dritten gerichteten Rechtsgeschäft, müssen die Merkmale von beiden Beteiligten erfüllt werden (BGH NJW 90, 568; 95, 2284). Richtet sich das Rechtsgeschäft einseitig gegen die Interessen des anderen Vertragspartners, genügt es, wenn die subjektiven Elemente nur bei dem anstößig Handelnden erfüllt sind (BGHZ 50, 70; MüKo/*Mayer-Maly*/*Armbrüster* Rn 131).

36 **5. Beurteilungszeitpunkt.** Für die Beurteilung des Rechtsgeschäfts sind grds die bei seiner Vornahme und nicht die bei seiner Erfüllung herrschenden tatsächlichen Umstände sowie Wertvorstellungen maßgebend (BGHZ 100, 359; 107, 96 f; NJW 02, 431; Palandt/*Heinrichs* Rn 9; *Medicus* NJW 95, 2578). Dies gilt zunächst für veränderte **tatsächliche Verhältnisse**. Eine gesellschaftsvertragliche Abfindungsklausel wird nicht dadurch sittenwidrig, dass nachträglich ein grobes Missverhältnis zwischen Anteilswert und Abfindungsbetrag entsteht (BGHZ 123, 284; s auch 126, 239 ff). Ein zunächst wirksamer Sicherungsvertrag wird nicht durch weitere sittenwidrige Sicherungen (BGHZ 7, 115; s auch 100, 359) und ein wirksames Darlehen nicht durch eine Aufstockung nichtig (BGHZ 107, 97).

37 War ein Rechtsgeschäft bei seiner Vornahme unbedenklich, ist es aber aufgrund eines zwischenzeitlichen **Wandels der Wertvorstellungen** als sittenwidrig zu beurteilen, sprechen Rechtssicherheit und Vertrauensschutz dafür, das Geschäft nicht nachträglich infrage zu stellen (AnwK/*Looschelders* Rn 125). Der Eintritt dieses Wertewandels wird von der höchstrichterlichen Rechtsprechung lediglich festgestellt und nicht selbst geschaffen (BGH NJW 83, 2693; BVerfG NJW 84, 2345). Der Zeitpunkt des Wandels kann deswegen vor den ersten höchstrichterlichen Entscheidungen liegen. Auch bei einem gültigen Rechtsgeschäft drohen keine unerträglichen Folgen. Dem Erfüllungsverlangen aus einem noch nicht erfüllten Vertrag darf der Einwand

unzulässiger Rechtsausübung entgegengehalten werden (BGHZ 131, 213). Zudem ist ein Wegfall der Geschäftsgrundlage oder eine ergänzende Vertragsauslegung denkbar (BGHZ 126, 241).

War ein Rechtsgeschäft nach den bei seiner Vornahme herrschenden Maßstäben sittenwidrig, während es nach den aktuellen Vorstellungen wirksam ist, bleibt es bei der Nichtigkeit. Wollen die Parteien am Geschäft festhalten, müssen sie es bestätigen, § 141 (BaRoth/*Wendtland* Rn 27; *Bork* AT Rn 1157; aA Erman/*Palm* Rn 60). 38

Eine Ausnahme ist für letztwillige Verfügungen anzuerkennen. Maßgebend sind die Umstände im Zeitpunkt des Erbfalls (Staud/*Sack* Rn 87; Palandt/*Heinrich* Rn 10; aA BGHZ 20, 73 ff). Entspr dem erbrechtlichen Grundsatz aus § 2084 ist dadurch der Erblasserwillen nach Möglichkeit zu verwirklichen (*Larenz/Wolf* § 41 Rn 30). 39

IV. Rechtsfolgen. 1. Nichtigkeit. Ein sittenwidriges Rechtsgeschäft ist nach der gesetzlichen Rechtsfolge uneingeschränkt, dh von Anfang an ex tunc (BaRoth/*Wendtland* Rn 29), und grds auch **insgesamt** nichtig (BGH NJW 89, 26). Eine teleologische Reduktion von § 138 durch einen immanenten Normzweckvorbehalt widerspricht der gesetzlichen Systematik (AnwK/*Looschelders* Rn 131; aA Staud/*Sack* Rn 94 ff). Die Nichtigkeit wirkt ggü jedermann, also ggü den Vertragspartnern wie auch am Vertrag nicht beteiligten Dritten (BGHZ 27, 181; 60, 104 f; MüKo/*Mayer-Maly/Armbrüster* Rn 155), und ist von Amts wegen zu berücksichtigen (BGH NJW 81, 1439 f). 40

Um dem sittenwidrigen Geschäft nicht über den Umweg von Treu und Glauben zur Wirksamkeit zu verhelfen, stellt die Berufung auf die Nichtigkeit nur in besonders gelagerten Ausnahmefälle eine **unzulässige Rechtsausübung** dar (BGH NJW 86, 2945). Eine solche Ausnahme liegt vor, wenn ein Dauerschuldverhältnis durchgeführt wurde und die Erfüllung für einen vergangenen Zeitabschnitt unter Berufung auf § 138 verweigert wird (BGH NJW 81, 1440). 41

2. Verfügungen. Die Nichtigkeit des Verpflichtungsgeschäfts berührt grds nicht die Wirksamkeit der abstrakten Erfüllungsgeschäfte (BGH NJW 73, 615; 90, 385; 01, 1129). Ausnahmsweise wird von der Rspr eine Geschäftseinheit zwischen Verpflichtungs- und Verfügungsgeschäft anerkannt (BGH NJW 67, 1130; 91, 918; § 139 Rn 13 f). Das Verfügungsgeschäft ist im Übrigen nichtig, wenn es seinerseits gegen die guten Sitten verstößt. Dazu muss der Sittenverstoß gerade im Vollzug der Leistung liegen, wenn mit dem dinglichen Rechtsvorgang sittenwidrige Zwecke verfolgt werden (BGH NJW 85, 3007; Erman/*Palm* Rn 53). Bedeutsam ist dies vor allem bei sittenwidrigen Sicherungsgeschäften (BGHZ 30, 153). 42

3. Einschränkungen. a) Gesellschafts- und Arbeitsverträge. Ausnahmen von der anfänglichen Nichtigkeit bestehen für die in Vollzug gesetzten Gesellschafts- und Arbeitsverträge, deren Unwirksamkeit nur mit Wirkung ex nunc geltend gemacht werden darf (BAG AP 18 zu § 611 BGB Faktisches Arbeitsverhältnis, Stripteasetänzerin; AnwK/*Looschelders* Rn 133). Die bisher für die öffentliche Vorführung des Geschlechtsverkehrs formulierte Rückausnahme (BAG NJW 76, 1959) hat vor den Wertungen von § 1 ProstG keinen Bestand. 43

b) Geltungserhaltende Reduktion, Umdeutung. Eine geltungserhaltende Reduktion des zu missbilligenden Geschäfts auf ein erträgliches Maß (BGHZ 107, 357; NJW 01, 817, aA Staud/*Sack* Rn 106 ff) oder eine Umdeutung (BGHZ 68, 207) sind grds ausgeschlossen, denn einem sittenwidrig Handelnden darf nicht das Risiko der Nichtigkeit genommen werden. 44

c) Teilnichtigkeit. Erstreckt sich die Nichtigkeit bei einem teilbaren Rechtsgeschäft auf einen abtrennbaren Teil, kommt eine Teilnichtigkeit nach § 139 in Betracht (BGHZ 52, 25; NJW 72, 1459). Allgemein wird eine Teilbarkeit angenommen, wenn der nach Entfernung („Herausstreichen") des nichtigen Teils verbleibende Rest als selbständiges Rechtsgeschäft möglich ist (BGH NJW 62, 913; 96, 774; 01, 817; § 139 Rn 15). Eine Teilnichtigkeit kann aus der Unwirksamkeit einer Vertragsklausel oder Nebenabrede resultieren (BGH NJW 93, 1588 f). Um eine gewisse Flexibilität gegenüber den strikten Folgen der Sittenwidrigkeit zu erreichen, tendiert die Rspr zu einer großzügigen Interpretation der Teilbarkeit. § 139 soll bereits dann anwendbar sein, wenn sich der Vertragsinhalt eindeutig in einen nichtigen und einen von der Nichtigkeit nicht berührten Teil abgrenzen lässt und die Parteien bei Kenntnis der Nichtigkeit eine andere auf das zulässige Maß beschränkte Regelung vereinbart hätten (BGH NJW 01, 817). 45

Die Rspr hat eine alleinige Erbeinsetzung als teilweise nichtig angesehen (BGHZ 52, 24 f). Ein gesellschaftsvertragliches Ausschließungsrecht nach freiem Ermessen wurde als Ausschließungsrecht aus wichtigem Grund aufrechterhalten (BGHZ 105, 220; 107, 357). Eine den Bürgen krass überfordernde Bürgschaft soll insoweit wirksam sein, wie sich die Mithaftung auf gemeinschaftliche Altschulden von Bürgen und Ehepartner bezieht (BGH NJW 01, 817). Überlange Laufzeiten eines Bierbezugsvertrags (BGH NJW 72, 1459; NJW-RR 90, 816) oder eines gesellschaftsrechtlichen Wettbewerbsverbots (BGH NJW 91, 700) können auf das zulässige Maß begrenzt werden. Dagegen ist die Rückführung einer in AGB geregelten überlangen Tankstellen-Alleinbezugsverpflichtung nicht möglich (BGH NJW 00, 1113). 46

Ein sittenwidrig überhöhtes **Entgelt** darf nicht auf ein angemessenes Maß zurückgeführt werden (BGHZ 44, 162; 68, 207). Es ist nicht Aufgabe der Rspr, dem sittenwidrig Handelnden das Risiko abzunehmen und anstelle der Parteien das Gegenleistungsverhältnis auszubalancieren. 47

48 **4. Bereicherungsausgleich.** Erfasst die Nichtigkeit allein das Verpflichtungsgeschäft, erfolgt der Bereicherungsausgleich nach den §§ 812 ff. Ist auch das Verfügungsgeschäft nichtig, bestehen dingliche Ansprüche, zB gem § 985. Die bereicherungsrechtliche Rückabwicklung kann nach § 817 S 2 ausgeschlossen sein. Dies ist bereits der Fall, wenn der Gläubiger objektiv sittenwidrig gehandelt hat und sich des Sittenverstoßes bewusst war und ihn gewollt hat (BGHZ 50, 92). Bei einem sittenwidrigen Darlehensvertrag muss der Darlehensgeber dem Darlehensnehmer die Valuta für die ursprünglich vereinbarte Zeit überlassen (BGH NJW 87, 945), ohne eine Verzinsung für die Kapitalnutzung verlangen zu dürfen (BGH NJW 89, 3217; 93, 2108; MüKo/*Mayer-Maly/Armbrüster* Rn 166; aA *Medicus* BR Rn 700).

49 **5. Schadensersatz.** Bei sittenwidrigem Handeln gegenüber der anderen Seite kommt eine Schadensersatzanspruch aus § 826 in Betracht. Möglich ist auch ein Anspruch wegen vorvertraglicher Pflichtverletzungen, §§ 280 I, 311 II, 241 II (BGHZ 99, 106 f; BGH NJW 01, 1129), der auf Ersatz des negativen Interesses gerichtet ist (BGH NJW 96, 1204).

50 **E. Wucher. I. Grundlagen.** Der Wuchertatbestand aus § 138 II bildet einen Sonderfall der Sittenwidrigkeit (BGHZ 125, 137). Liegen die Voraussetzungen von II vor, wird die Generalklausel verdrängt (RGZ 72, 69; 93, 28 f). Wird der Wuchertatbestand nicht vollständig erfüllt, ist ein Verstoß des Rechtsgeschäfts gegen die guten Sitten nach I zu prüfen. Vor allem die Rspr verlangt dann für eine Sittenwidrigkeit nach § 138 I das Vorliegen zusätzlicher Umstände (RGZ 93, 29; 97, 254; BGH NJW 51, 397; Erman/*Palm* Rn 11). Ein gegenseitiger Vertrag, der den Wuchertatbestand nicht in allen Voraussetzungen erfüllt, soll als **wucherähnliches Geschäft** nach § 138 I nichtig sein, wenn zwischen Leistung und Gegenleistung objektiv ein auffälliges Missverhältnis besteht und mindestens ein weiterer Umstand hinzukommt, der den Vertrag bei Zusammenfassung der objektiven und subjektiven Merkmale als sittenwidrig erscheinen lässt (BGH NJW 81, 1206; 01, 1127; 02, 56). Da § 138 II die Generalklausel konkretisiert („insbesondere"), sind regelmäßig keine zusätzlichen Anforderungen aufzustellen (MüKo/*Mayer-Maly/Armbrüster* Rn 142).

51 Im Allgemeinen ist § 138 gegenüber § 134 subsidiär. Dieses Vorrangverhältnis besteht jedoch nicht zwischen § 138 II und § 134 iVm § 291 StGB. Da § 138 II einen Sonderfall der Sittenwidrigkeit regelt und § 291 StGB an die Voraussetzungen des § 138 II angepasst ist, wäre der Wuchertatbestand sonst weitgehend bedeutungslos. § 138 II ist deswegen gegenüber § 134 iVm § 291 StGB vorrangig (MüKo/*Mayer-Maly/Armbrüster* Rn 140; AnwK/*Looschelders* Rn 357; aA Erman/*Palm* Rn 10, nebeneinander; Jauernig/*Jauernig* Rn 19, Vorrang von § 134).

52 **II. Objektive Voraussetzungen. 1. Entgeltliches Austauschverhältnis.** § 138 II verlangt ein auffälliges Missverhältnis zwischen Leistung und Gegenleistung. Die Vorschrift kommt daher nur bei einem Austauschverhältnis vermögensrechtlicher Art in Betracht (BGH NJW 82, 2767), zB Kauf-, Darlehens-, Miet-, Dienst- oder Werkverträge. Nicht unter § 138 II fällt die Bürgschaft (BGH NJW 88, 2602; 89, 831), der Erlass (BGH NJW-RR 98, 591), die Schenkung (RG JW 07, 167) und ein familienrechtlicher Vertrag (BGH NJW 85, 1834; 92, 3165).

53 **2. Auffälliges Missverhältnis.** Für das Vorliegen eines auffälligen Missverhältnisses ist der **objektive** Wert von Leistung und Gegenleistung im Zeitpunkt des Vertragsschlusses zugrundezulegen (BGH NJW 00, 1255). Maßgebend ist grds der Verkehrswert der verglichenen Leistungen, also das verkehrsübliche Äquivalent (BGH NJW 99, 3190; 02, 431). Auf ein besonderes persönliches Interesse eines Vertragsteils kommt es nicht an (BaRoth/*Wendtland* Rn 44). Bei Sammlerstücken oder ausverkauften Sport- bzw Konzertveranstaltungen (Köln OLGZ 93, 193) sind die besonderen Marktverhältnisse zu berücksichtigen.

54 Ein auffälliges Missverhältnis ist regelmäßig anzunehmen, wenn der Wert der vereinbarten Gegenleistung **knapp 100 %** über der marktüblichen Vergütung liegt (BGH NJW 82, 2767; 95, 1022; 99, 3189). Dieser Richtwert wird bei verschiedenen Vertragstypen modifiziert. Bei zahlreichen Vertragstypen, wie etwa Grundstückskaufverträgen und Kaufverträgen über vergleichbar wertvolle Mobilien geht die Rspr bei einer solchen Wertrelation sogar von einem groben, besonders krassen Missverhältnis aus (BGH NJW 00, 1255), zu den Konsequenzen Rn 63. Beim Mietwucher wird ein auffälliges Missverhältnis bejaht, wenn das übliche Entgelt um mehr als 50 % überschritten wird (BGH NJW 97, 1846). Lohnwucher soll bei einem Unterschreiten des Tariflohns um mehr als 33 % vorliegen (BGH NJW 97, 2690 f).

55 Verglichen werden primär die **Hauptleistungspflichten** einschließlich der für den Fall der Pflichtverletzung begründeten Ansprüche (BGH NJW 81, 1209). Zu berücksichtigen sind auch die Vermögensvorteile, die nicht dem Vertragspartner, sondern einem Dritten zugesagt oder gewährt sind (BGH NJW 80, 1156; Staud/*Sack* Rn 178). § 138 II enthält zwar keine § 291 I 2 StGB entspr Additionsklausel, doch gilt ihr Grundgedanke auch für die zivilrechtliche Regelung. Zu beachten sind außerdem die weiteren Umstände des Einzelfalls einschließlich des vom Gläubiger übernommenen Risikos (BGHZ 69, 300 f) sowie etwaiger Sicherheiten (BGH NJW 82, 2767 f).

56 **III. Subjektive Voraussetzungen. 1. Grundsatz.** Bei dem Bewucherten muss eine Schwächesituation, also alternativ eine Zwangslage, Unerfahrenheit, ein Mangel an Urteilsvermögen oder eine erhebliche Willensschwäche bestehen, die der Wucherer ausgebeutet hat. Die Beeinträchtigungen der tatsächlichen Entscheidungsfreiheit sind für II abschließend aufgezählt. Bei vergleichbaren Schwächensituationen kommt eine Anwendung von § 138 I in Betracht (AnwK/*Looschelders* Rn 365).

2. Zwangslage. Sie liegt vor, wenn durch eine erhebliche Bedrängnis für den Betroffenen ein dringendes 57
Bedürfnis nach einer Geld- oder Sachleistung besteht (Erman/*Palm* Rn 21). Der Begriff der Zwangslage reicht
weiter als der einer Notlage und setzt keine Bedrohung der wirtschaftlichen Existenz voraus. Es genügt die
Gefahr schwerer wirtschaftlicher Nachteile (BGH NJW 94, 1276). Auch gesundheitliche Beeinträchtigungen,
psychische Bedrängnis (BGH NJW 03, 1861, Furcht vor Abschiebung des ausländischen Partners) oder politische Erwägungen (vgl BGHZ 69, 299 f; NJW 80, 1575, Fluchthelferverttrag) können eine Zwangslage schaffen
(Staud/*Sack* Rn 197). Es genügt ein Wasserrohrbruch am Wochenende (AG Langenfeld NJW-RR 99, 1345).
Die Situation eines Dritten, zB Angehörigen, kann eine Zwangslage des Bewucherten begründen (vgl BGH
NJW 80, 1575; 03, 1861).

Notwendig ist die Gefährdung von etwas Bestehendem. Es genügt nicht, wenn Zukunftspläne scheiterten 58
(BGH NJW 94, 1276). Auch eine bloß subjektiv empfundene Zwangslage ist nicht ausreichend (Soergel/
Hefermehl Rn 78; MüKo/*Mayer-Maly/Armbrüster* Rn 149; aA BaRoth/*Wendtland* Rn 51). Der Wucherer muss
dem Bewucherten eine Leistung erbringen, auf die der bewucherte Geschäftspartner zur Behebung seiner
Zwangslage angewiesen ist. An dieser Voraussetzung von § 138 II fehlt es, wenn die benachteiligte Person
zwecks künftiger Heirat iRd Vermögensauseinandersetzung der noch bestehenden Ehe eine ungünstige Vereinbarung trifft (BGH NJW 03, 1861).

3. Unerfahrenheit. Sie setzt einen allgemeinen Mangel an Lebens- oder Geschäftserfahrung voraus (BGH 59
BB 66, 226; WM 82, 849). Die Erfahrung kann Jugendlichen sowie Heranwachsenden (BGH NJW 66, 1451),
Senioren (AnwK/*Looschelders* Rn 368) und geistig besonders einfach strukturierten Personen fehlen (RGZ 67,
393; 72, 68). Mangelnde Erfahrung auf einem bestimmten Lebens- oder Wirtschaftsgebiet (Rechtskenntnisse)
sollen nicht genügen (Soergel/*Hefermehl* Rn 79; BaRoth/*Wendtland* Rn 52). Allerdings hat der BGH bei
einem im August bzw Oktober 1991 geschlossenen Vertrag eines Bürgers aus den neuen Bundesländern eine
offensichtliche Unerfahrenheit angenommen (BGH NJW 94, 1476). Ebenso soll auch bei Ausländern und
Aussiedlern, die aus einem anderen Wirtschafts- oder Kulturkreis kommen, eine Unerfahrenheit vorliegen
können (Staud/*Sack* Rn 205). Damit wird freilich eine sektorale Unerfahrenheit akzeptiert.

4. Mangelndes Urteilsvermögen. Es liegt vor, wenn dem Betroffenen in erheblichem Maß die Fähigkeit 60
fehlt, sich bei seinem rechtsgeschäftlichen Handeln von vernünftigen Beweggründen leiten zu lassen oder die
wechselseitigen Leistungen und die wirtschaftlichen Konsequenzen des Geschäfts zutreffend zu würdigen
(Erman/*Palm* Rn 23). Eine Verstandesschwäche ist nicht erforderlich. Das Urteilsvermögen kann insbes bei
bei schwierigen Geschäften fehlen. Abzustellen ist auf das konkrete Rechtsgeschäft (Palandt/*Heinrichs* Rn 72).

5. Erhebliche Willensschwäche. Von ihr ist auszugehen, wenn zwar der Betroffene die Vor- und Nachteile 61
eines Rechtsgeschäfts zutreffend abzuwägen vermag, er sich aber aus Mangel an psychischer Widerstandsfähigkeit nicht entspr dieser Einsicht verhalten kann. Sie kann bei Jugendlichen sowie Heranwachsenden, Alkoholkranken, Drogen- und Spielsüchtigen vorliegen (Soergel/*Hefermehl* Rn 81).

6. Ausbeutung der Unterlegenheit. Der Wucherer beutet die ungünstige Situation seines Geschäftspartners 62
aus, wenn er sich dessen Lage bewusst zunutze macht (BGH NJW 94, 1276). Eine besondere Ausbeutungsabsicht ist nicht erforderlich (BGH NJW 82, 2768; 85, 3007). Es genügt, wenn er von dem Leistungsmissverhältnis und der Unterlegenheit Kenntnis hat (BGH NJW 82, 2768; 85, 3007). Fahrlässigkeit reicht dafür nicht
aus (BGH NJW 85, 3007).

7. Besonders grobes Missverhältnis. Der Nachweis eines bewussten Ausnutzens bereitet zumeist erhebliche 63
Schwierigkeiten, denen die Rspr durch eine Beweiserleichterung begegnet. Liegt ein grobes, besonders krasses
Missverhältnis zwischen den Leistungen vor, so rechtfertigt dieser Umstand regelmäßig den Schluss auf eine
verwerfliche Gesinnung des begünstigten Vertragsteils (BGH NJW 94, 1275; 00, 1255; 01, 1227; 02, 57; 03,
1861). Im Einzelfall kann die Regel durch besondere Umstände erschüttert werden (BGH NJW 02, 432). Ein
grobes Missverhältnis wird bei Grundstückskaufverträgen und Kaufverträgen über vergleichbar wertvolle
Sachen angenommen, wenn der Wert der Leistung annähernd doppelt so hoch wie derjenige der Gegenleistung ist (BGH NJW 00, 1255; 03, 1861). Von dieser Wertrelation ist auch bei gewerblichen Miet- und Nutzungsverhältnissen (BGH NJW 99, 3189) sowie einer Bürgschaft auszugehen (BGH NJW 95, 2636).

IV. Rechtsfolgen. Das wucherische Rechtsgeschäft ist grds insgesamt und von Anfang an nichtig (vgl 64
Rn 40 ff). Aus dem Wortlaut „gewähren lässt" folgt, dass auch das Verfügungsgeschäft des Benachteiligten
nichtig ist (BGH NJW 94, 1275) und von ihm bestellte Sicherheiten unwirksam sind (BGH NJW 82, 2768).
Das Verfügungsgeschäft des Wucherers wird dagegen von der Unwirksamkeit nicht erfasst (MüKo/*Mayer-Maly/Armbrüster* Rn 164).

F. Beweislast. Die objektiven und subjektiven Voraussetzungen der Sittenwidrigkeit hat derjenige darzulegen 65
und zu beweisen, der sich auf die Nichtigkeit des Rechtsgeschäfts beruft (BGHZ 53, 379; NJW 95, 1429). An
den Nachweis der subjektiven Voraussetzungen dürfen jedoch keine allzu strengen Anforderungen gestellt
werden (BGH NJW 85, 2524). Zur Beweiserleichterung bei einem zwischen den Leistungen bestehenden groben Missverhältnis Rn 63.

66 **G. Einzelfälle. Abtretung:** Ein wegen wucherähnlicher Konditionen sittenwidriges Verpflichtungsgeschäft betrifft nicht die Abtretung, deren Wirksamkeit grds unabhängig davon zu beurteilen ist (BGH NJW 02, 432). Eine Abtretung aller zukünftigen Forderungen ist nicht sittenwidrig (Stuttg NJW 64, 666; aA RGZ 67, 168; Erman/*H P Westermann* § 398 Rn 17). Eine Gehaltsabtretung kann sittenwidrig sein, wenn sie neben eine Sicherungsübereignung tritt (Frankf NJW 86, 2713).

67 **Allgemeine Geschäftsbedingungen:** Vgl Rn 8.

68 **Animierlokal:** Überhöhte Getränkepreise verstoßen idR nicht gegen § 138 I (BayObLG NJW 85, 873; Schlesw NJW 05, 226). Nach den Wertungen des ProstG gilt dies auch, wenn damit zugleich sexuelle Leistungen vergütet werden (LG Flensburg NJW-RR 03, 418; aA Schlesw NJW 05, 226). Die Begebung von Schecks (BGH NJW 80, 1742) bzw Wechseln oder die Unterzeichnung eines Schuldanerkenntnisses zur Zahlung der Schulden ist grds nicht sittenwidrig. Etwas anderes gilt, wenn dem Gast damit die Beweislast für die Höhe der Zechschulden aufgebürdet werden soll (BGH NJW 80, 1742), insbes bei einem außergewöhnlich hohen Betrag (BGH NJW 87, 2015, knapp 80 000 DM; Schlesw NJW 05, 225 f, mehr als 10 000 DM).

69 **Angehörigenbürgschaft:** Vgl Rn 81 ff.

70 **Arbeitsvertrag:** Zur sittenwidrigen Arbeitsleistung Rn 43, zum Lohnwucher Rn 54, zu Zölibatsklauseln Rn 26. Die Sittenwidrigkeit bewirkt grds die Nichtigkeit ec nunc, vgl Rn 43.

71 **Arztvertrag:** Der Arzt darf das Vertrauensverhältnis nicht ausnutzen, um sich unangemessene Leistungen versprechen zu lassen (Karlsr NJW 01, 2805). Verträge über eine freiwillige Sterilisation sind auch dann nicht sittenwidrig, wenn keine Einwilligung des Ehegatten vorliegt (BGHZ 67, 54). Ein Haftungsausschluss ist sittenwidrig, wenn ihm ein Patient in einer Notlage zustimmt (Saarbr NJW 99, 872).

72 **Automatenaufstellvertrag:** Überlange Laufzeiten und Kündigungsfristen sind von der älteren Rspr als sittenwidrig angesehen worden (BGH NJW 69, 231), doch sind nunmehr die §§ 306 ff zu berücksichtigen (vgl *Ulmer/Brandner/Hensen* Anh. §§ 9–11 Rn 140 ff). Die Sittenwidrigkeit eines Automatenaufstellvertrags kann sich aus der Gesamtheit belastender Klauseln ergeben (BGH NJW 83, 162).

73 **Behindertentestament:** Vgl Rn 105.

74 **Benachteiligung der Allgemeinheit:** Rechtsgeschäfte, die wichtige Rechtsvorschriften beeinträchtigen, mit denen die Belange der Allgemeinheit geschützt werden, können sittenwidrig sein. Bejaht wurde die Sittenwidrigkeit beim Kauf eines Radarwarngeräts (BGH NJW 05, 1491) und der Zusage des Arbeitgebers über die Erstattung von Geldbußen für Verstöße des Arbeitnehmers gegen Vorschriften über Lenkzeiten im Güterkraftverkehr (BAG NJW 01, 1963). Anstößig sind auch Rechtsgeschäfte, mit denen private Lasten auf die Allgemeinheit abgewälzt werden sollen (Stuttg NJW 01, 3485, Erbschaftsausschlagung im Unterschied zum Behindertentestament).

75 **Benachteiligung Dritter:** Rechtsgeschäfte, deren Inhalt eine Vertragspartei in Konflikt mit bestehenden vertraglichen Verpflichtungen bringt, werden von der Rechtsordnung nicht verboten (Erman/*Palm* Rn 85). Die Beteiligung eines Dritten an einem Vertragsbruch wird erst bei Vorliegen besonderer Umstände sittenwidrig (BGHZ 12, 317; NJW 92, 2153). Zum Vertragsbruch Rn 151, zur Kollusion Rn 121, zur Schmiergeldzahlung Rn 77.

76 **Berufsrecht:** Nicht schon jeder Verstoß gegen Standesregeln begründet die Sittenwidrigkeit eines Vertrags (BGHZ 78, 267; NJW 96, 1956; 99, 2360). Sittenwidrig ist ein Eingriff in die Grundelemente eines freien Berufs, wie die sachliche Unabhängigkeit oder die eigenverantwortliche Aufgabenwahrnehmung bzw das Ansehen und Vertrauen in den Berufsstand (BGH NJW 92, 682; 96, 2500; 00, 3068, Rechtsanwalt; 96, 1956, Steuerberater).

77 **Bestechung:** Sittenwidrig sind auf eine Bestechung abzielende Verträge auch dann, wenn ein ausländischer Staatsbediensteter bestochen werden soll (BGH NJW 85, 2406). Vereinbarungen über die Zahlung von **Schmiergeld** an einen Vertreter (BGH NJW 62, 1099) oder eine in die Verhandlung eingeschaltete Hilfsperson (BGH NJW 73, 363) sind sittenwidrig. Der Sittenverstoß liegt in der Heimlichkeit der Zahlung unabhängig davon, ob ein Nachteil beabsichtigt war oder eingetreten ist (BGH NJW 73, 363). Die Sittenwidrigkeit der Schmiergeldabrede führt regelmäßig auch zur Nichtigkeit des Hauptvertrags (BGHZ 141, 360; NJW 00, 512; s auch Rn 121). Der Hauptvertrag ist nicht sittenwidrig, wenn die Schmiergeldabrede zu keiner für den Geschäftsherrn nachteiligen Vertragsgestaltung geführt hat (BGHZ 141, 361). Bei einem Vertreterhandeln ist der Vertrag schwebend unwirksam (BGH NJW 00, 512). Beim Abschluss durch den Geschäftsherrn besteht ein Schadensersatzanspruch aus den §§ 280 I, 311 II, 241 II (BGH NJW 01, 1067).

78 **Bierbezugsvertrag:** Ein solcher Vertrag ist sittenwidrig, wenn der Gastwirt seine Unabhängigkeit und wirtschaftliche Dispositionsfreiheit verliert (BGH NJW 70, 2159; 2243). Für individuell ausgehandelte Laufzeiten hängt die Dauer der zulässigen Bezugsbindung wesentlich von Art und Umfang der von der Brauerei erbrachten Gegenleistung sowie vom sachlichen Umfang der Bezugsbindung ab (BGH NJW 70, 2243; 01, 2331). Für den Normalfall sind Bindungen von 15 Jahren noch zu billigen. In Sonderfällen kann eine Bindungsfrist von 20 Jahren gerade noch hinzunehmen sein (BGHZ 74, 298; NJW 79, 2150; 92, 2145). Die überlange Laufzeit kann auf das zulässige Maß reduziert werden (BGH NJW 72, 1459; 92, 2145). Eine unbefristete Verbotsdienstbarkeit zur Sicherung einer noch zu vereinbarenden Bezugsbindung ist nicht sittenwidrig (BGH NJW 88, 2364; aA 79, 2150).

79 **Bietungsabkommen:** Eine solche Vereinbarung ist nur dann sittenwidrig, wenn besondere Umstände hinzutreten, etwa durch Beschränkung des Wettbewerbs der Bieter in der Zwangsversteigerung (BGH NJW 61, 1013; Celle NJW 69, 1765).

Bürgschaft: Da der Wuchertatbestand ein entgeltliches Austauschverhältnis voraussetzt, ist die Sittenwidrigkeit einer Bürgschaft allein nach § 138 I zu beurteilen (BGH NJW 88, 2602; 89, 831). Zur Mithaftung vgl. Rn 133. 80

Am Ausgangspunkt der neueren Rspr zu **Angehörigenbürgschaften** steht die Entscheidung des BVerfG vom 19.10.93. In diesem Beschluss hat das BVerfG eine Inhaltskontrolle von Verträgen verlangt, die eine strukturelle Unterlegenheit eines Vertragsteils erkennen lassen und für den unterlegenen Vertragsteil ungewöhnlich belastend sind (BVerfG NJW 94, 38). Auch die Einführung der Restschuldbefreiung in den §§ 286 ff InsO rechtfertigt keine Abkehr von diesen Grundsätzen (Frankf NJW 04, 2393; FK-InsO/*Ahrens* § 286 Rn 28 a). Die Inhaltskontrolle von Bürgschaftsverträgen bezweckt eine gegenwärtige Verpflichtungskontrolle, während die Restschuldbefreiung eine spätere Haftungsfreiheit ermöglicht. 81

Einen besonderen Schutz benötigen dem Schuldner nahe stehende **Angehörige** und ihm emotional besonders verbundene Personen (BGH NJW 00, 1184; 02, 745), weil die Entscheidungsfreiheit des Bürgen in anstößiger Weise beeinträchtigt wird und der Gläubiger sich dies anrechnen lassen muss (BGH NJW 98, 598). Dies betrifft Ehegatten (BGH NJW 01, 816), Verlobte (BGH NJW 97, 3372), Partner einer nicht ehelichen Lebensgemeinschaft (BGH NJW 00, 1184; 02, 745) und Eltern (BGH NJW 01, 2467). Auf Geschwister (BGH 99, 2372) sowie Cousin und Cousine (BGH NJW 97, 3230) in einem vergleichbaren persönlichen Näheverhältnis und sogar auf einen persönlich eng verbundenen Strohmann (BGH NJW 98, 598; 02 956) ist diese Judikatur anzuwenden (zusammenfassend BGH NJW 99, 2585). Für die Bürgschaft eines GmbH-Gesellschafters gelten diese Rspr-Grundsätze nicht (BGH NJW 02, 956; 1338). Bei einer von einem Arbeitnehmer in Sorge um seinen Arbeitsplatz eingeräumten, ihn krass überfordernde Bürgschaft wird dagegen ebenfalls der besondere Schutz begründet (BGH NJW 04, 161). 82

Für die Bürgschaft von **Kindern** ist regelmäßig von den gleichen Grundsätzen mit einigen Ergänzungen auszugehen (vgl BGH NJW 02, 747). Sofern nicht konkrete Tatsachen auf das Gegenteil hindeuten ist bei jungen Erwachsenen, die sich noch in der Ausbildung am Anfang ihrer beruflichen Entwicklung befinden, davon auszugehen, dass sie nicht über erhebliches Vermögen oder weit überdurchschnittliche Einkünfte verfügen (BGH NJW 94, 1279). Sie sind schwerlich in der Lage, vernünftig abzuwägen und werden in aller Regel aus Vertrauen zu den Eltern oder aufgrund ihrer wirtschaftlichen Abhängigkeit der an sie herangetragenen Bitte entsprechen (BGH NJW 94, 1342; 97, 53). 83

Als **Gläubiger** kommen Kreditinstitute sowie andere gewerbliche oder berufliche Kreditgeber in Betracht (BGH NJW 02, 747). 84

Die Anwendung von § 138 I hängt entscheidend vom **Missverhältnis** zwischen Verpflichtungsumfang und der finanziellen Leistungsfähigkeit des Bürgen ab (BGH NJW 02, 746; 05, 972). Abzustellen ist auf die Leistungsfähigkeit des Bürgen (BGH NJW 00, 1183) nach den bei Vertragsschluss erkennbaren Einkommens- und Vermögensverhältnissen bei Fälligkeit (BGH NJW 96, 2089). Der Wert eines selbst bewohnten Eigenheims ist zu berücksichtigen (BGH NJW 01, 2467). 85

Soweit kein krasses Missverhältnis vorliegt (dazu Rn 88 f), müssen **weitere belastende Umstände** hinzutreten, die dem Gläubiger zuzurechnen sind. Durch diese Umstände muss die Entscheidungsfreiheit des Bügen beeinträchtigt und ein unerträgliches Ungleichgewicht zwischen den Vertragspartner entstanden sein (BGH NJW 96, 2089; 97, 3231). Solche Belastungen können sich daraus ergeben, dass der Gläubiger die geschäftliche Unerfahrenheit oder eine seelische Zwangslage des Bürgen ausnutzt (BGH NJW 94, 1279; 1342), Umfang und Tragweit der Haftung verharmlost (BGH NJW 94, 1343), ungewöhnliche und schwerwiegende, dem Bürgen ersichtlich unbekannte Haftungsrisiken verschweigt (BGH NJW 94, 1278) oder in verwerflicher Weise eine Zwangslage begründet (BGH NJW 96, 514; 97, 1005). 86

Selbst wenn keine den Gläubiger zurechenbaren Gründe existieren, liegen zusätzliche belastende Umstände vor, wenn sich der Vertrag bei vernünftiger Betrachtungsweise in jeder Hinsicht als **wirtschaftlich sinnlos** erweist, weil kein schutzwürdiges Interesse an einer Haftung dieses Umfangs besteht (BGH NJW 97, 1003; 1006). Prinzipiell ist das Interesse des Gläubigers anzuerkennen, sich vor **Vermögensverlagerungen** auf Angehörige zu schützen (BGH NJW 99, 59; 00, 362; 02, 2230; 2231). Erforderlich ist aber eine ausdrückliche Haftungsbeschränkung auf diesen Fall (BGH NJW 01, 2230; 2231). Ohne besondere, vom Kreditgeber darzulegende und zu beweisende Anhaltspunkte kann nicht davon ausgegangen werden, dass die Bürgschaft von vornherein nur eine erhebliche Vermögensverlagerung zwischen Hauptschuldner und Sicherungsgeber verhindern sollte. 87

Besteht ein **krasses Missverhältnis**, ist ohne Hinzutreten weiterer Umstände widerleglich zu vermuten, dass der dem Hauptschuldner nahe stehende Bürge die für ihn ruinöse Personalsicherheit allein aus emotionaler Verbundenheit mit dem Hauptschuldner übernommen und der Kreditgeber dies in sittlich anstößiger Weise ausgenutzt hat (BGH NJW 01, 816; 02, 2229; 2231; 05, 972). Dies gilt auch gegenüber erfahrenen und geschäftsgewandten Personen (BGH NJW 02, 2231). 88

Eine krasse Überforderung liegt bei nicht ganz geringen Bankschulden vor, wenn die finanziellen Mittel des Bürgen im Hinblick auf die Höhe der verbürgten Hauptschuld praktisch bedeutungslos sind (BGH NJW 00, 363). Bereits bei Vertragsschluss darf nicht zu erwarten sein, dass der Bürge die Forderung wenigstens zu wesentlichen Teilen tilgen kann (BGH NJW 00, 1183). Davon ist auszugehen, wenn der Bürge nicht einmal die von den Vertragsparteien festgelegte Zinslast aus dem pfändbaren Teil seines Einkommens oder Vermögens bei Eintritt des Sicherungsfalls dauerhaft tragen kann (BGH NJW 00, 1183; 01, 816; 02, 2229; 2231). Für 89 die gebotene Prognose sind alle erwerbsrelevanten Umstände, wie Alter, Schul- und Berufsbildung sowie etwaige besondere familiäre oder vergleichbare Belastungen (BGH NJW 05, 972) und insbes auch dingliche Lasten (BGH NJW 02, 2228) zu berücksichtigen. Das Leistungsvermögen des Schuldners ist dabei nicht einzubeziehen (BGH NJW 01, 816).

90 Die Vermutung ist entkräftet, wenn ein auf einen freien Willensentschluss hindeutendes oder ein Handeln allein aus emotionaler Verbundenheit voll ausgleichendes **Eigeninteresse** des Bürgen vorliegt. Dies ist zu bejahen, falls er ein gemeinsames Interesse an der Kreditgewährung hat oder ihm aus der Verwendung der Darlehensvaluta unmittelbare und ins Gewicht fallende wirtschaftliche Vorteile erwachsen sind (BGH NJW 01, 817), zB bei einer Eigenbeteiligung am finanzierten Objekt (BGH NJW 05, 973). Der Erwerb eines mittelbaren geldwerten Vorteils, wie eine Verbesserung des Lebensstandards, die Verbesserung der Wohnverhältnisse oder eine spätere Erwerbsaussicht, genügt nicht (BGH NJW 05, 973).

91 **Darlehen:** Vgl Rn 122.

92 **Dauerschuldverhältnisse:** Die vertragliche Gestaltungsfreiheit ermöglicht es, langfristige Bindungen einzugehen (BGHZ 64, 290). Sittenwidrig kann ein unter Abwägung der beiderseitigen Interessen nicht mehr hinzunehmendes Übermaß sein (BGH NJW-RR 86, 982). Eine unangemessene Vertragsdauer soll regelmäßig nur eine Teilnichtigkeit begründen (Erman/*Palm* Rn 97).

93 **Diskriminierung:** Besonderes Gewicht kommt dem Diskriminierungsverbot im Arbeitsrecht zu. Dort existieren weitreichende Regelungen, meist auf europarechtlicher Grundlage.

94 **Ehe und Familie:** Rechtsgeschäfte, die gegen das Wesen der Ehe verstoßen, sind sittenwidrig (RGZ 158, 298). Ein Verlöbnis während einer bestehenden Ehe ist daher nichtig (BayObLG NJW 83, 832; Karlsr NJW 88, 3023). Zölibatsklauseln, die eine Eheschließung untersagen, greifen in ein höchstpersönliches Recht ein und sind nichtig (Rn 26). Sittenwidrig ist auch die Vereinbarung eines Entgelts oder einer anderen Vermögenszuwendung für das Eingehen einer Scheinehe (Ddorf FamRZ 83, 1023). Die Abrede über ein dauerndes Recht zum Getrenntleben ist wirksam (AnwK/*Looschelders* Rn 185; aA Ddorf FamRZ 81, 545; Palandt/*Heinrich* Rn 46). Dieser gelebte Ehetyp ist zulässig, weil Art 6 I GG das Recht gibt, die jeweilige Gemeinschaft nach innen in ehelicher Verantwortlichkeit frei zu gestalten (BVerfG NJW 01, 958).

95 Vereinbarungen, die das gesetzliche **Ehescheidungsrecht** ausschließen oder wesentlich erschweren, sind nichtig (BGHZ 97, 307). Dagegen ist ein Verzicht auf ein Scheidungsrecht wirksam. Infolge des Verzichts erlischt das Recht, soweit es entstanden ist, doch kann es aufgrund neuer Tatsachen erneut entstehen (BGHZ 97, 309). Wirksam ist auch die Zahlung einer Abfindung in Höhe von 100 000 DM, falls diese Summe eine angemessene wirtschaftliche Absicherung darstellt und die Leistungsfähigkeit des Zahlungsverpflichteten nicht übersteigt (BGH NJW 90, 704). Sittenwidrig ist die Abrede über unzutreffende Angaben zu den Scheidungsvoraussetzungen gegen vermögenswerte Zuwendungen (BGH NJW 03, 1862).

96 Bereits während der Ehe und zT sogar vor der Eheschließung sind **Scheidungsfolgenvereinbarungen** über den Unterhalt, das Sorgerecht für gemeinsame Kinder, den Versorgungsausgleich, den Zugewinnausgleich sowie die Hausratsteilung zulässig, §§ 1378 III, 1408, 1585c, 1587o, 1671 II. Andererseits wird durch Art 3 II GG die gleichberechtigte Partnerschaft der Ehegatten geschützt. Eine durch §§ 138, 242 vermittelte vertragliche Inhaltskontrolle ist dort erforderlich, wo eine erheblich ungleiche Verhandlungsposition der Vertragspartner zu einer besonders einseitigen vertraglichen Lastenverteilung geführt hat (BVerfG NJW 01, 958; 2248).

97 Nach der Rechtsprechung des BGH hat eine zweistufige Prüfung zu erfolgen (BGH NJW 04, 935; 05, 2388). Als erster Schritt ist im Rahmen einer **Wirksamkeitskontrolle** zu prüfen, ob die Vereinbarung zu einer derart einseitigen Lastenverteilung führt, dass ihr wegen Verstoßes gegen die guten Sitten die Wirksamkeit zu versagen ist. Erforderlich ist eine Gesamtwürdigung, die auf die individuellen Verhältnisse bei Vertragsschluss abstellt, also insbes die Einkommens- und Vermögensverhältnisse, den geplanten und bereits verwirklichten Zuschnitt der Ehe sowie die Auswirkungen auf die Ehegatten und die Kinder. Subjektiv sind die mit der Abrede verfolgten Zwecke und sonstigen Beweggründe zu berücksichtigen, die den begünstigten Ehegatten zu seinem Verlangen nach der ehevertraglichen Gestaltung veranlasst und den benachteiligten Ehegatten bewogen haben, diesem Verlangen zu entsprechen (BGH NJW 05, 2388). Besonderes Gewicht besitzt, ob der Ehevertrag in Zusammenhang mit einer Schwangerschaft geschlossen wurde (BVerfG NJW 01, 958; 2248).

98 Eine Sittenwidrigkeit kommt nur in Betracht, wenn durch den Vertrag Regelungen aus dem **Kernbereich** des gesetzlichen Scheidungsfolgenrechts ganz oder jedenfalls zu erheblichen Teilen abbedungen werden, ohne dass dieser Nachteil für den anderen Ehegatten durch anderweitige Vorteile gemildert oder durch besondere Verhältnisse der Ehegatten, den von ihnen angestrebten oder gelebte Ehetyp oder durch sonstige gewichtige Belange des begünstigten Partners gerechtfertigt wird (BGH NJW 05, 2388). Zu diesem Kernbereich gehört in erster Linie der Betreuungsunterhalt, § 1570. Im Übrigen ist eine Rangabstufung nach der Bedeutung der Scheidungsfolgenregelungen für den Berechtigten in seiner jeweiligen Lage vorzunehmen. Innerhalb der Unterhaltstatbestände folgen sodann der Krankheitsunterhalt, 1572, der Unterhalt wegen Alters, 1571 (dazu BGH NJW 05, 2391), wegen Erwerbslosigkeit, 1573 I, und der Krankenvorsorge- und Altersvorsorgeunterhalt, 1578 II, während Ansprüche auf Aufstockungs- und Ausbildungsunterhalt, §§ 1573 II, 1575, am ehesten verzichtbar sind (BGH NJW 05, 2388). Der laufende Unterhalt ist nach dieser Rspr wichtiger als der Zugewinn- oder Versorgungsausgleich (BGH NJW 04, 933 f; s auch Ddorf NJW 06, 234).

Sind einzelne Klauseln eines Ehevertrags nichtig, so sieht § 139 als **Rechtsfolge** im Zweifel die Gesamtnichtigkeit vor (BGH NJW 05, 2388). Es gilt dann das gesetzliche Recht. 99

Soweit der Vertrag Bestand hat, erfolgt in einem zweiten Schritt eine **Ausübungskontrolle** nach § 242 (BGH NJW 04, 936; 05, 2388). Maßgebend ist dafür, ob sich im Zeitpunkt des Scheiterns der Lebensgemeinschaft eine evident einseitige, unzumutbare Lastenverteilung ergibt. Dies kann bei einer weitreichenden Abweichung der tatsächlichen einvernehmlichen Gestaltung der ehelichen Lebensverhältnisse von der dem Vertrag zugrunde liegenden Lebensplanung der Fall sein. (BGH NJW 05, 2392). Im Rahmen einer Rechtsausübungskontrolle ist diejenige Rechtsfolge anzuordnen, die den berechtigten Belangen beider Parteien in der bestehenden Situation ausgewogen Rechnung trägt (BGH NJW 05, 2388). 100

Begründet ein Unterhaltsverzicht objektiv die **Sozialhilfebedürftigkeit** eines Ehegatten und waren sich beide Partner dessen bewusst, ist die Vereinbarung sittenwidrig, es sei denn besondere Gründe rechtfertigen den Verzicht (BGHZ 86, 86f; BGH NJW 91, 914; 92, 3165). 101

Ein Vertrag über eine **Leihmutterschaft** ist bei Einsatz künstlicher Fortpflanzungsmethoden meist wegen des Verstoßes gegen das gesetzliche Verbot in § 1 Nr 7 ESchG iVm § 134 nichtig. Auch im Übrigen einschließlich einer natürlichen Fortpflanzung sind diese Verträge in aller Regel sittenwidrig (Hamm NJW 86, 782). Rechtsgeschäfte über eine **heterologe Insemination** sind im Allgemeinen nicht sittenwidrig, wie aus der Wertung in § 1600 II folgt (AnwK/*Looschelders* Rn 179; *Roth* JZ 02, 653; aA MüKo/*Mayer-Maly/Armbrüster* Rn 66). Zur Vereinbarung der Empfängnisverhütung Rn 26. 102

Erbrecht: Die grundrechtlich geschützte Testierfreiheit, Art 14 I 1 GG, gestattet dem Erblasser weitgehend nach freiem Willen über sein Vermögen zu verfügen. Schranken werden ihm vor allem durch das Pflichtteilsrecht gesetzt. Eine weitergehende Korrektur durch § 138 I kommt nur in **besonders schwerwiegenden Ausnahmefällen** in Betracht (BGHZ 111, 40; 140, 129). Eine erbrechtliche Gestaltung, mit der die Erbmasse vor einem Zugriff der Gläubiger eines Erben geschützt werden soll, ist idR nicht sittenwidrig. Sittenwidrig kann aber die Ebenbürtigkeitsklausel in einem Hausgesetz des Adels sein (BVerfG NJW 04. 2011). 103

Zuwendungen an einen **außerehelichen Partner** durch letztwillige Verfügungen sind nicht sittenwidrig, auch wenn dadurch Ehepartner und Kinder zurückgesetzt werden. Die zu dieser Frage unter dem Schlagwort des Geliebtentestaments formulierten Grundsätze der neueren Rspr besagen, dass eine Zuwendung dann sittenwidrig ist, wenn sie ausschließlich dazu dient, eine geschlechtliche Hingabe zu belohnen oder zu fördern (BGHZ 53, 376). Obwohl derjenige, der sich auf die Sittenwidrigkeit beruft, die – kaum zu erfüllende – Darlegungs- und Beweislast für den sittenwidrigen Charakter der Zuwendung trägt (BGHZ 53, 379), verbleibt dabei ein Odium des Anstößigen. Um Wertungswidersprüche mit dem ProstG zu verhindern, darf die geschlechtliche Hingabe kein Kriterium einer Sittenwidrigkeitsprüfung bilden (Staud/*Sack* Rn 445; *Paal* JZ 05, 437). 104

Erbrechtliche Regelungen, die insbes zugunsten eines **behinderten Erben** einen Vermögenszufluss neben laufenden Sozialleistungen ermöglichen, aber einen Rückgriff des Sozialhilfeträgers auf die Erbmasse ausschließen, sind nicht sittenwidrig (BGHZ 111, 40; 123, 371). 105

Factoring: Die globale Vorausabtretung aller künftigen Forderungen ist beim echten Factoring nicht sittenwidrig (BGH NJW 77, 2208) auch nicht bei einem Zusammentreffen mit einem verlängerten Eigentumsvorbehalt (BGHZ 69, 257f). Für das unechte Factoring gelten die Regeln der Sicherungszession (BGHZ 82, 60). 106

Geliebtentestament: Dazu Rn 26. 107

Gesellschaftsrecht: Auf einen sittenwidrigen Zweck gerichtete Gesellsahftsverträge sind von Anfang an nichtig (BGH NJW 70, 1541). Regelmäßig ist ein sittenwidriger Gesellschaftsvertrag mit Wirkung ex nunc nichtig (RGZ 142, 102f). 108

Eine gesellschaftsvertragliche **Ausschließungsklausel**, nach denen ein Gesellschafter ohne Vorliegen eines wichtigen Grundes ausgeschlossen bzw hinausgekündigt werden kann, ist grds sittenwidrig (BGHZ 81, 266f; 105, 216f; 125, 79). Ausnahmen sind nur durch ganz besondere Umstände zu rechtfertigen (BGHZ 68, 215). **Abfindungsklauseln** können sittenwidrig sein, wenn sie sich unangemessen weit vom Leitbild einer wertgerechten Abfindung entfernen (Erman/*Palm* Rn 115), es sei denn, die Gesellschaft verfolgt einen ideellen Zweck (BGH NJW 97, 2592 f). Eine Abfindungsbeschränkung ist nichtig, wenn ein grobes Missverhältnis zwischen dem vertraglichen Abfindungsanspruch und dem vollen wirtschaftlichen Wert des Gesellschaftsanteils besteht (BGH NJW 92, 895; 93, 2102). 109

Die Übertragung sämtlicher Gesellschafterrechte auf einen Treuhänder, den der Gesellschafter weder auswählen noch anweisen darf, ist sittenwidrig (BGHZ 44, 161). Eine Klausel, die das Stimmenthaltungsgebot verletzt (Entlastungen), ist nichtig (BGHZ 108, 27). 110

Girokonto: Die nicht auf einen wichtigen Grund gestützte Kündigung des Girovertrags eines privaten Kreditinstituts mit einer verfassungsfeindlichen, aber nicht verfassungswidrigen (rechtsextremen) Partei ist nicht sittenwidrig (Brandbg NJW 01, 451, Köln 01, 452; aA Dresden NJW 01, 1433). Zu den Sparkassen vgl § 134 Rn 7. 111

Gläubigergefährdung: s Rn 152. 112

Gläubigerbenachteiligung: Dazu Rn 11. 113

Globalzession: Dazu Rn 144. 114

Glücksspiel: Eine Darlehensgewährung, mit der die Spielleidenschaft des Darlehensnehmers ausgenutzt wird, ist sittenwidrig, falls es sich nicht um unerhebliche Beträge handelt (Erman/*Palm* Rn 119). 115

116 **Grundstücksverkehr:** Ein grobes Missverhältnis liegt vor, wenn der Wert der Leistung knapp doppelt so hoch ist wie der Wert der Gegenleistung (Rn 63). Bei einem wucherähnliche Geschäft berührt die Sittenwidrigkeit des Kaufvertrags nicht die Wirksamkeit der Auflassung (BGH NJW 01, 1129).

117 **Handelsrecht:** Die Wirksamkeit langfristiger Vertragsbindungen mit einem Handelsvertreter ist unter Berücksichtigung der Umstände des Einzelfalls zu bestimmen (BGH NJW 95, 2351). Zu Wettbewerbsverboten Rn 153.

118 **Kartellrecht:** § 138 besitzt einen anderen Schutzzweck als das Kartellrecht und ist daher neben den Regelungen des GWB anwendbar. Für die kartellrechtliche Regelung ist ausschlaggebend, ob die Beschränkung des freien Wettbewerbs im Interesse der Allgemeinheit hingenommen werden kann. Für § 138 ist darauf abzustellen, in welchem Umfang die berechtigten Interessen des durch eine Beschränkung Begünstigten eine Einschränkung der Freiheit gewerblicher Betätigung auf seiten des anderen Teils rechtfertigen können (BGH NJW 94, 386).

119 **Kaufrecht:** Bei Kaufverträgen über besonders werthaltige bewegliche Sachen wird ein grobes Missverhältnis angenommen, wenn der Wert der Leistung annähernd doppelt so hoch ist wie derjenige der Gegenleistung (BGH NJW 00, 1255).

120 **Knebelungsvertrag:** Eine sittenwidrige Knebelung liegt vor, wenn die wirtschaftliche Entfaltung einer Partei in einem Maß beschränkt wird, dass diese ihre Selbständigkeit und wirtschaftliche Entschließungsfreiheit insgesamt oder in einem wesentlichen Teil einbüßt (BGHZ 19, 18; 44, 161; NJW 93, 1588). Dies gilt etwa bei der umfassenden und lückenlosen Kontrolle eines Geschäftsführers (BGH NJW 93, 1588). Eine Schädigungsabsicht ist nicht erforderlich (BGH NJW 93, 1588).

121 **Kollusion:** Beim bewussten und gewollten Zusammenwirken eines Vertreters mit einem Dritten zum Nachteil des Vertretenen liegt eine Kollusion vor (*Bork* AT Rn 1575). Sie führt zur Sittenwidrigkeit sowohl der Abrede als auch des Hauptvertrags (BGH NJW 89, 27). Eine Genehmigung analog § 177 ist ausgeschlossen.

122 **Kreditverträge:** Darlehensverträge können wegen überhöhter Zinsen als wucherähnliche Geschäfte nach § 138 I nichtig sein. § 138 II ist zumeist unanwendbar, weil die subjektiven Voraussetzungen des Wucherverbots nicht nachgewiesen sind. Dabei sind Konsumentenkredite (Verbraucherkredite gem § 491 sowie Verträge gem §§ 499 ff, 505, 655 a ff) von Kreditinstituten von anderen Krediten etwa an Unternehmen bzw Gelegenheitskrediten zu unterscheiden. Für Konsumentenkredite gilt:

123 Ein **wucherähnlicher Darlehensvertrag** liegt vor, wenn zwischen Leistung und Gegenleistung objektiv ein auffälliges Missverhältnis besteht und eine verwerfliche Gesinnung des begünstigten Teils hervorgetreten ist, insbes wenn dieser die wirtschaftlich schwächere Lage des anderen Teils bewusst zu seinem Vorteil ausgenutzt oder sich leichtfertig der Einsicht verschlossen hat, dass der Darlehensnehmer sich nur aufgrund seiner wirtschaftlich schwächeren Lage auf die ihn beschwerenden Vertragsbedingungen eingelassen hat (BGHZ 80, 160 f; NJW 95, 1020).

124 Ein auffälliges Missverhältnis ist in erster Linie durch einen Vergleich zwischen dem Vertragszins und dem Marktzins zum Zeitpunkt des Vertragsschlusses festzustellen (BGH NJW 83, 1421). Als **Vertragszins** ist der effektive Jahreszins zugrundezulegen (BGHZ 104, 104; 110, 338). Einzubeziehen sind neben den laufzeitabhängigen Zinsen auch die sonstigen Kreditkosten, wie Bearbeitungs- und Verwaltungsgebühren, sowie die vom Darlehensnehmer zu tragenden Vermittlungskosten (§ 492 I Nr 4; außerdem BGH NJW 82, 2434). Dies gilt sowohl für die in Form eines packing verdeckt gezahlten Vermittlungskosten (BGH NJW 86, 2568) als auch die offen ausgewiesenen Vermittlerkosten (BGH NJW 87, 181). Auch nach der Regelung in § 492 I Nr 4 sollen die allein im Interesse des Darlehensnehmers angefallenen Vermittlerkosten nicht einzubeziehen sein (BGH NJW 87, 182; Erman/*Saenger* § 492 Rn 30). Die Kosten einer Restschuldversicherung gehören mindestens zur Hälfte zu den Kreditkosten (Palandt/*Heinrichs* Rn 26), doch sollen sie nach der – insoweit abzulehnenden – Rspr nicht in den Vergleich einbezogen werden (BGHZ 99, 336).

125 Als **Vergleichszins** ist der in den Monatsberichten der Deutschen Bundesbank ausgewiesene Schwerpunktzins (BGHZ 98, 176) nebst einer durchschnittlichen Bearbeitungsgebühr von 2,5 % (BGH NJW 95, 1022 s auch BGHZ 104, 105) heranzuziehen.

126 Ein **auffälliges Missverhältnis** zwischen Leistung und Gegenleistung kann auf den relativen oder den absoluten Zinsunterschied gestützt werden. Als Richtwert für den **relativen Zinsunterschied** gilt eine Überschreitung des marktüblichen Vergleichszinses durch den Vertragszins um rund 100 % (BGHZ 104, 105; 110, 338). Entscheidend ist aber eine Gesamtwürdigung aller Umstände (BGH NJW 88, 696; 818). Eine Sittenwidrigkeit liegt auch bei einer relativen Zinsdifferenz zwischen 90 % und 100 % vor, wenn die von der Bank festgelegten sonstigen Kreditbedingungen die Belastungen ins Untragbare steigern (BGHZ 104, 105). Zu berücksichtigen sind dabei etwa die für den Fall des möglichen Zahlungsverzugs geltenden Regeln sowie unzutreffende oder unvollständige Angaben über die Belastungen (BGH NJW 82, 2435 87, 185). Bei einem relativen Zinsunterschied von weniger als 90 % verneint der BGH grds ein auffälliges Missverhältnis (BGHZ 104, 105; BGH NJW 89, 829, 87, 6 %), es sei denn, es liegt ein außergewöhnlich hoher Zinsunterschied vor (Rn 127). In Niedrigzinsphasen (Schwerpunktzins: 7,42 %) wird bei einem langfristig ohne Zinsanpassungsklausel gewährten Kredit ein relativer Unterschied von 110 % verlangt (BGH NJW 91, 835).

127 Auch wenn der relative Zinsunterschied weniger als 90 % beträgt, ist bei einem **absoluten Zinsunterschied** von 12 % regelmäßig ein auffälliges Missverhältnis zu bejahen (BGHZ 110, 340), womit vor allem in Hochzinsphasen eine zusätzliche Schranke besteht.

Die Sittenwidrigkeit verlangt außerdem als **subjektiven Tatbestand** eine verwerfliche Gesinnung des Darlehensgebers (Rn 123). Besteht ein auffälliges Missverhältnis, werden beim Konsumentenkredit die subjektiven Voraussetzungen der Sittenwidrigkeit widerleglich vermutet (BGHZ 98, 178; 104, 107; 128, 267). 128

Leasingvertrag: Finanzierungsleasingverträge sind objektiv sittenwidrig, wenn zwischen vereinbarter und marktüblicher Leasingrate ein auffälliges Missverhältnis besteht (BGHZ 128, 257). Richtwert ist grds der doppelte Betrag (BGHZ 128, 261). Lässt sich das übliche Entgelt mangels aussagekräftiger Vergleichsverträge nicht feststellen, kann auf die Rspr zu den Ratenkreditverträgen zurückgegriffen werden (BGHZ 128, 261). 129

Leihmutterschaft: Dazu Rn 102. 130

Maklervertrag: Die Vereinbarung einer Maklerprovision kann sittenwidrig sein, wenn die Kommerzialisierung in dem betreffenden Lebensbereich anstößig ist (BGH NJW 99, 2360), so bei der Vermittlung von Patienten an einen Arzt. Sittenwidrigkeit liegt bei einem auffälligen Missverhältnis zwischen Leistung und versprochener Vergütung vor, sofern weitere sittenwidrige Umstände hinzukommen, wie eine verwerfliche Gesinnung (BGH NJW 94, 1476; 00, 2669). Üblicherweise wird eine Provision zwischen 3 und 5 % vereinbart (BGH NJW 00, 2669). Übererlösklausel sind sittenwidrig, wenn sie zu einer unverhältnismäßig hohen Vergütung führen und der Makler die Möglichkeit eines beträchtlichen Übererlöses bei Abschluss kennt (BGH NJW 94, 1476). 131

Miete und Pacht: Zum Mietwucher Rn 54. 132

Mithaftung: Für die Sittenwidrigkeit einer Mithaftungsvereinbarung gelten die gleichen Grundsätze wie für eine Bürgschaft (Rn 80ff; BGH NJW 01, 816). Eine Mithaftung kann durch Schuldanerkenntnis, Schuldmitübernahme (BGH NJW 01, 815) oder Mitunterzeichnung des Darlehensvertrags erfolgen (BGH NJW 02, 744). Von einem Mithaftenden ist der Mitdarlehensnehmer dadurch zu unterscheiden, dass letzterer ein eigenes sachliches und/oder persönliches Interesse an der Kreditaufnahme hat und im Wesentlichen gleichberechtigt über die Auszahlung sowie Verwendung der Darlehensvaluta mitentscheiden darf (BGH NJW 02, 744; 02, 2705; 05, 974). Abzustellen ist ausschließlich auf die für die finanzierende Bank erkennbaren Verhältnisse der Mitdarlehensnehmer. Auf die Vertragsgestaltung durch das Kreditinstitut kommt es nicht an (BGH NJW 02, 2705). 133

Monopolstellung: Eine sittenwidrige Ausnutzung einer Monopolstellung liegt vor, wenn eine allgemeine Vormachtstellung rechtlicher, tatsächlicher, räumlicher, sachlicher oder zeitlicher Art ausgenutzt wird, um dem Verkehr aus Eigennutz unbillige Opfer aufzuerlegen (BGH NJW 98, 3191; Erman/*Palm* Rn 140). 134

Rechtsanwalt: Stellen Rechtsgeschäfte die Unabhängigkeit der Berufstätigkeit infrage, sind Zweifel an einer ordnungsgemäßen Berufsausübung begründet, die zur Sittenwidrigkeit der Geschäfte führen können (AnwK/*Looschelders* Rn 314). Dies ist zwar nicht bei einzelnen Maklergeschäften, wohl aber bei ständiger maklernder Tätigkeit anzunehmen (BGH NJW 92, 682; 00, 3068). Für die Maklertätigkeit darf eine erfolgsabhängige Vergütung vereinbart werden (BGH NJW 96, 2500). Die Vereinbarung eines Erfolgshonorars für die anwaltliche Tätigkeit galt früher als sittenwidrig (BGHZ 51, 293; NJW 87, 3204). Seitdem § 49b BRAO die Vereinbarung eines Erfolgshonorars bzw einer quota litis untersagt, verstoßen entspr Vereinbarungen gegen ein gesetzliches Verbot iSd § 134. 135

Vereinbarungen über eine **Prozessfinanzierung** sind im Allgemeinen nicht sittenwidrig (Staud/*Sack* Rn 479; aA *Bruns* JZ 00, 236f). Das Erfolgshonorar kommt nur dem Prozessfinanzierer zugute. Erst wenn besondere Umstände hinzutreten, wie ein auffälliges Missverhältnis zwischen Leistung und Gegenleistung, eine herausgehobene gesellschaftsrechtliche Beteiligung des Anwalts an dem finanzierenden Unternehmen (*Bruns* JZ 00, 236) oder eine Überredung des Mandanten, ist die Abrede sittenwidrig. 136

Schmiergeld: Dazu Rn 77. 137

Schneeballsystem: Nach dem Schneeballprinzip aufgebaute Gewinnspiele, bei denen die große Masse der Teilnehmer ihren Einsatz verliert, sind sittenwidrig (BGH NJW 97, 2315). 138

Sexualsphäre: Vgl Rn 22. Der Vertrag mit einer Zwangsprostituierten verstößt gegen ein gesetzliches Verbot. Im Übrigen ist ein Vertrag über die entgeltliche Erbringung sexueller Leistungen, insbes der Vertrag einer Prostituierten mit ihrem Kunden, nicht sittenwidrig (BaRoth/*Wendtland* Anh § 138 Rn 1; *Rautenberg* NJW 02, 651; aA Palandt/*Heinrichs* Rn 52). Eine Verpflichtung zur Vornahme sexueller Handlungen wird nicht begründet (AnwK/*Looschelders* Anhang zu § 138 Rn 11), doch besteht nach der Vornahme ein Zahlungsanspruch, § 1 ProstG. Anzeigen über die Werbung für einen Begleitservice sind nicht sittenwidrig (AG Berlin-Köpenick NJW 02, 1885). 139

Verträge über **Telefonsex** sind als solche nicht sittenwidrig (Frankf NJW-RR 02, 994; die abweichende Ansicht des BGH NJW 98, 2896, ist aufgrund der Wertungen des ProstG überholt). 140

Sicherungsgeschäfte: Zur Bürgschaft Rn 80ff. Eine sittenwidrige Übersicherung liegt vor, wenn der Kreditgeber dauerhaft mehr an Sicherheiten erhält, als zur Sicherung seines Waren- oder Geldkredits erforderlich ist und die wirtschaftliche Betätigungsfreiheit des Sicherungsgebers unangemessen eingeschränkt wird (BGHZ 94, 112). Nicht jedes Missverhältnis begründet eine Übersicherung, da aufgrund der Ausfallrisiken unklar ist, welcher Erlös bei einer Verwertung der Sicherheit erzielt werden kann. Im Anschluss an die Entscheidung des Großen Zivilsenats des BGH (BGHZ 137, 212) ist zwischen anfänglicher und nachträglicher Übersicherung wie folgt zu unterscheiden. 141

142 Eine **anfängliche Übersicherung** liegt vor, wenn bereits bei Vertragsschluss gewiss ist, dass in einem eventuellen Verwertungsfall ein auffälliges Missverhältnis zwischendem realisierbaren Wert der Forderung und der gesicherten Forderung bestehen wird (BGH NJW 98, 2047). Ein wichtiges Anzeichen bildet die Überschreitung der Deckungsgrenze um 200 % (AnwK/*Looschelders* Rn 257). Die Deckungsgrenze beläuft sich auf den realisierbaren Wert der Sicherungsgegenstände sowie einen Zuschlag von 10 % für die Verwertungskosten, also insgesamt auf 110 % dieses Werts (BGHZ 137, 225).

143 Bei einer **nachträglichen Übersicherung** besteht ein ermessensunabhängiger vertraglicher Freigabeanspruch (BGHZ 137, 218). Der Freigabeanspruch entsteht, wenn die Deckungsgrenze erreicht ist. Ist keine oder eine unangemessene Deckungsgrenze bestimmt, wird – angelehnt an § 237 S 1 – das Erreichen der Deckungsgrenze vermutet, wenn der Schätzwert der Sicherheit 150 % der gesicherten Forderung beträgt (BGHZ 137, 224).

144 Eine **Globalzession** ist sittenwidrig, soweit sie auch Forderungen umfasst, die der Schuldner aufgrund eines verlängerten Eigentumsvorbehalts künftig abtreten muss und abtritt (BGH NJW 99, 940).

145 **Sport:** Berufssport ist ein Teil des Arbeitslebens, auf den die dort geltenden Regeln grds anzuwenden sind (EuGH NJW 96, 509, Bosman). Ein Vertrag, durch den die beruflichen Entscheidungen des Sportlers von der Zustimmung eines Dritten abhängig gemacht werden, ist sittenwidrig (Frankf NJW-RR 96, 1333).

146 **Standesrecht:** Vgl Rn 76.

147 **Steuerberater:** Ein Vertrag durch den einem steuerlichen Berater ein Provision versprochen wird, falls er seine Mandanten zu einer bestimmten Vermögensanlage veranlasst, ist nichtig (BGH NJW 85, 2523; 91, 1820).

148 **Steuerrecht:** Mit einer Steuerverkürzung verbundene Verträge sind nur dann nichtig, wenn dies der vertragliche Hauptzweck ist (Palandt/*Heinrichs* Rn 44).

149 **Straftat:** Ein Vertrag, der die Begehung einer strafbaren Handlung zum Gegenstand hat, ist sittenwidrig (BGH NJW 95, 2027).

150 **Testament:** Dazu Rn 103 ff.

151 **Versicherungsrecht:** Ein kollusives und damit sittenwidriges Handeln liegt vor, wenn Agent und Versicherungsnehmer zum Nachteil des Versicherers zusammenwirken. Voraussetzung ist dabei, dass die eine Seite vom treuewidrigen Verhalten der anderen Seite Kenntnis besitzt (BGH NJW 02, 1498).

152 **Vertragsbruch:** Die Begründung von Vertragspflichten, die zu einer Verletzung von Abmachungen gegenüber Dritten führen, sind regelmäßig nicht sittenwidrig. Ausnahmsweise gilt etwas anderes, wenn in dem Eindringen in bestehende Vertragsbeziehungen ein besonderes Maß an Rücksichtslosigkeit zu erkennen ist (BGH NJW 81, 2185). Sittenwidrig ist eine Abrede, die bewusst darauf gerichtet ist, jemanden zur Verletzung einer vertraglichen Haupt- oder Nebenpflicht zu veranlassen (BGHZ 103, 241).

153 **Wettbewerbsverbot:** Vorrangig sind die Spezialregeln etwa der §§ 60 f, 74 ff, 90 a, 112, 113 HGB zu beachten. Ein Wettbewerbsverbot darf den Verpflichteten nicht übermäßig in der Berufsausübung beschränken und nicht über das schützenswerte Interesse des Begünstigten hinausgehen (BGH NJW 79, 1606). Ein anlässlich eines Unternehmenskaufs für die Dauer von zehn Jahren vereinbartes Wettbewerbsverbot ist regelmäßig sittenwidrig (BGH NJW 79, 1606; 82, 2001). Wettbewerbsvereinbarungen mit Organmitgliedern sind insoweit wirksam, wie ein anerkennenswertes Bedürfnis besteht, eine illoyale Verwertung von Verbindungen, Kenntnissen und Erfahrungen zu verhindern, die während der Tätigkeit für die Gesellschaft gewonnen wurden (BGHZ 91, 7). Entsprechendes gilt für die Auseinandersetzung von Sozietäten zwischen Freiberuflern (BGH NJW 00, 2584 f).

§ 139 Teilnichtigkeit

Ist ein Teil eines Rechtsgeschäfts nichtig, so ist das ganze Rechtsgeschäft nichtig, wenn nicht anzunehmen ist, dass es auch ohne den nichtigen Teil vorgenommen sein würde.

1 **A. Normzweck.** Die Teilnichtigkeit eines Rechtsgeschäfts führt im Zweifel nach § 139 zur Gesamtnichtigkeit des Geschäfts. Die Vorschrift dient damit einer Verwirklichung der Privatautonomie (BGH NJW 86, 2577). Sofern die Parteien einen umfassenden Rechtserfolg erreichen wollten, soll ihnen eine nur teilweise Realisierung nicht gegen ihren Willen aufgedrängt werden. Steht die Teilnichtigkeit fest, muss für die weiteren rechtsgeschäftlichen Folgen aufgrund der Auslegungsregel des § 139 (BGHZ 85, 318; NJW 94, 721; Rn 19) der hypothetische Parteiwille ermittelt werden (Erman/*Palm* Rn 1; *Bork* AT Rn 1209; realer Wille *Enneccerus/Nipperdey* AT 1219 mwN). Nach anderer Ansicht beinhaltet § 139 eine widerlegliche Vermutung (Staud/*Roth* Rn 2; *Flume* 578 ff), doch werden damit die objektiven Auslegungselemente zu stark betont. Die schneidigen Konsequenz des § 139 wird durch vielfältige Tendenzen zur teleologischen Reduktion der Vorschrift begegnet (Rn 3). Eine durchgängig zu rechtfertigende geltungserhaltende Reduktion des Rechtsgeschäfts (Staud/*Roth* Rn 3; AnwK/*Faust* Rn 31) widerspricht indessen der gesetzlichen Grundentscheidung.

2 **B. Anwendungsbereich. I. Subsidiarität.** Durch spezielle gesetzliche Regelungen der Teilnichtigkeit wird die allgemeine Auslegungsvorschrift des § 139 verdrängt. Man spricht deswegen von einer Subsidiarität des § 139 (MüKo/*Mayer-Maly/Busche* Rn 3). Besondere Bestimmungen enthalten ua die §§ 2085, 2195, 2279 I, die von einer Wirksamkeit der übrigen Verfügungen ausgehen, sowie die §§ 265, 550 S 1, 2270, 2298 I und

die §§ 76 GmbHG, 275 II, 276 AktG. Das AGB-Recht weicht in doppelter Weise von § 139 ab, denn § 306 I ordnet unabhängig vom hypothetischen Vertragswillen (in den Grenzen des § 306 III) die Aufrechterhaltung des Vertrags an und § 306 II ersetzt zusätzlich den unwirksamen Geschäftsinhalt durch das dispositive Gesetzesrecht (*Medicus* AT Rn 500).

Ergibt sich aus dem **Zweck der Verbotsnorm** eine abweichende Regelung, ist § 139 ebenfalls unanwendbar (BGH NJW 00, 1335). Dies gilt vor allem, wenn die Norm den Schutz einer Vertragspartei bezweckt und eine Gesamtnichtigkeit diesen Schutz unterlaufen würde (BaRoth/*Wendtland* Rn 5). Solche Schutzvorschriften enthalten die §§ 276 III, 312f, 444, 475, 487, 494 II, III, 499, 502 III 3–6, 506, 536d, 547 II, 551 IV, 553 III, 554 III, 555, 556a III, 557 IV, 557a IV, 557b IV, 558 VI, 639, 651m, 655e sowie die §§ 7 II BPflV (BGH NJW 98, 1780, mündlich geschlossener Arztzusatzvertrag) sowie 3 II, 12 MaBV (BGH NJW 01, 819), 5 WiStrG (BGHZ 89, 321). Bei einem Verstoß gegen die zum Schutz des Arbeitnehmers bestehenden Vorschriften ist § 139 unanwendbar. Gleiches gilt bei Verstößen gegen gesellschaftsvertragliche Bestimmungen (Staud/*Roth* Rn 27). Schließlich kann § 139 durch den Grundsatz von **Treu und Glauben** aus § 242 eingeschränkt sein (Rn 23). 3

II. Disponibilität. Die dispositive Regelung des § 139 kann von den Parteien insbes durch eine **salvatorische Klausel** abbedungen werden (BGH NJW 96, 774). Eine salvatorische Erhaltungsklausel enthält eine Beweislastregel. Steht die Teilnichtigkeit eines Rechtsgeschäfts fest, verlagert die Klausel die Darlegungs- und Beweislast auf denjenigen, der sich auf die Gesamtnichtigkeit des Rechtsgeschäfts beruft (BGH NJW 96, 774; 03, 347; Rn 24). Davon zu unterscheiden sind Ersetzungsklauseln (BGH NJW 05, 2226), die vorschreiben, durch welche Regelungen die unwirksamen Vertragsbestandteile ersetzt werden sollen. Trotz einer salvatorischen Klausel kommt eine Gesamtnichtigkeit in Betracht, wenn eine wesentliche Vertragsbestimmung unwirksam ist und durch die Teilnichtigkeit der Gesamtcharakter des Vertrags verändert wird (BGH WM 76, 1029; NJW 96, 774; 97, 934). In AGB sind salvatorische Klauseln unwirksam, mit denen die Rechtsfolge des § 306 II modifiziert werden soll (BGH NJW-RR 96, 789; WM 99, 1368). Unwirksam sind auch vorformulierte konkrete Ersatzklauseln (*Ulmer/Brander/Hensen* AGBG, § 6 Rn 40). 4

C. Voraussetzungen. I. Rechtsgeschäft. § 139 gilt für Rechtsgeschäfte aller Art sowie Gesamtakte, wie Vereins-, Gesellschafts- und Wohnungseigentümerbeschlüsse, soweit diese einen rechtsgeschäftlichen Charakter besitzen (BGHZ 124, 122; 139, 298). Im Miet- und Arbeitsvertragsrecht wird § 139 weitgehend verdrängt (Rn 3). Bei normativ wirkenden Regelungen, wie Vereinssatzungen (BGHZ 47, 178), Tarifverträgen (BAGE 1, 272) oder Betriebsvereinbarungen (BAG DB 84, 723), scheidet eine Anwendung von § 139 aus. Prozesshandlungen der Parteien mit rechtsgeschäftlichem Charakter, insbes die Prozessaufrechnung, sind entspr § 139 auszulegen (Zöller/*Greger* § 145 Rn 15). Auf Grundbucheintragungen ist § 139 anwendbar (RGZ 119, 214), im Grundbuchberichtigungsverfahren dagegen unanwendbar (BayObLG NJW-RR 97, 591). Für Verwaltungsakte gilt § 44 IV VwVfG, für öffentlich-rechtliche Verträge § 59 III VwVfG. 5

II. Nichtigkeit. Die Vorschrift erfordert eine Teilnichtigkeit. Erstreckt sich die Nichtigkeit auf das gesamte Rechtsgeschäft, ist die Norm unanwendbar. Erfasst werden alle Arten der Unwirksamkeit (BGH NJW 70, 1415; 86, 1990). Die Regelung gilt für eine anfängliche Teilnichtigkeit bei Sittenwidrigkeit, Gesetzesverstoß, Scheingeschäft oder Formnichtigkeit (RGZ 107, 40), die rückwirkende Nichtigkeit im Fall einer Teilanfechtung (BGH NJW 69, 1760; s auch § 143 Rn 2) sowie eine nachträgliche Unwirksamkeit. Sie erstreckt sich auf die schwebende Unwirksamkeit bei genehmigungsbedürftigen Geschäften etwa gem §§ 108, 177 (BGH NJW 70, 753; s auch NJW 74, 2234), die Unwirksamkeit nach Versagung der Genehmigung (BGH NJW 70, 1415) und die relative Unwirksamkeit (Staud/*Roth* Rn 33). 6

Auf einen Widerruf (BGHZ 97, 360; 128, 165) oder **Teilrücktritt** (BGH NJW 76, 1932) ist § 139 anwendbar. Bei Rücktritt wegen Pflichtverletzung enthält § 323 V eine Sonderregelung. Im Fall einer Teilunmöglichkeit gelten die §§ 275, 281 ff, 323 ff. Bis zur Ausübung eines verbraucherrechtlichen Rücktrittsrechts gem § 355 besteht eine schwebende Wirksamkeit und nach Ausübung ein Rückgewährschuldverhältnis. Besondere Regelungen sehen auch die §§ 358 f vor. § 139 ist hier unanwendbar (Staud/*Roth* Rn 33; *Jauernig* Rn 1; aA Karlsr NJW-RR 03, 185; Palandt/*Heinrichs* Rn 2). 7

III. Einheitlichkeit. 1. Geschäftseinheitswille. § 139 setzt die Teilnichtigkeit eines einheitlichen Rechtsgeschäfts voraus. Die erforderliche Einheitlichkeit liegt vor, wenn das Rechtsgeschäft einem gesetzlichen Typus zugehört und einzelne Vertragsklauseln oder Nebenbestimmungen nichtig sind. Besteht ein zusammengesetztes Rechtsgeschäft aus je für sich selbständig wirksamen Teilen (Notebookkauf und Softwarelizenzvertrag, s auch Rn 11), ist auf die durch den Parteiwillen begründete **Geschäftseinheit** abzustellen. 8

Der erforderliche **Einheitlichkeitswille** liegt dann vor, wenn das eine Geschäft nicht ohne das andere gewollt ist, also die Vereinbarungen miteinander stehen und fallen sollen (BGHZ 50, 13; NJW 86, 1990; 90, 1474). Sogar bei mehreren Rechtsgeschäften, die zwischen verschiedenen Personen abgeschlossen werden, ist eine Geschäftseinheit möglich (BGH NJW 76, 1932). Stets ist der Wille zu einer rechtlichen Einheit erforderlich, nicht nur zur wirtschaftlichen Verknüpfung. Es genügt, wenn der Wille nur bei einem Partner vorhanden, dem anderen jedoch erkennbar geworden und von ihm hingenommen ist (BGH NJW 87, 2007; 92, 3238). Der Einheitlichkeitswille kann vermutet werden, wenn beide Geschäfte in derselben Urkunde niedergelegt 9 sind (BGH NJW 70, 1415; 87, 2007). Werden die Geschäfte in unterschiedlichen Urkunden vereinbart, spricht dies gegen die rechtliche Einheit (BGH MDR 66, 749), doch kann auch dann eine Geschäftseinheit begründet werden (BGH NJW 90, 1474, zu einer Urkunde, die nicht alle Erklärungen umfasst).

10 **2. Einzelfälle.** Da eine Geschäftseinheit aufgrund der besonderen Umstände des jeweiligen Einzelfalls festzustellen ist, dürfen die Fallbeispiele nicht ungeprüft verallgemeinert werden. Eine **Geschäftseinheit** ist **bejaht** worden zwischen mehreren Grundstückskaufverträgen (BGH WM 00, 1405), einem Grundstückskauf- und einem Treuhandvertrag (BGH NJW 94, 2095) bzw Grundstückskauf- und Baubetreuungsvertrag (BGH NJW 76, 1931), einem Grundstückskaufvertrag und einer Auflassungsvollmacht (RGZ 103, 300 f) bzw einer Vollmachtserteilung und einem Baubetreuungsvertrag (BGHZ 102, 625; offen gelassen in BGH NJW 02, 67), Grundgeschäft und Vollmachtserteilung (BGH NJW 90, 1723), einem Handykauf und dem Mobilfunkvertrag (*Schöpflin* BB 97, 111), einem Franchise- und Kaufvertrag (BGHZ 112, 293), einem Grundstückskauf- und Bierlieferungsvertrag (BGHZ 112, 378), einem Getränkelieferungs- und Darlehensvertrag (BGH NJW 97, 935), einem Darlehensvertrag mit mehreren Darlehensnehmern (BGH NJW 91, 40), einem Darlehensvertrag und dem Vertrag mit Unfallhelferring über die Unfallregulierung (BGH NJW 77, 40), einem Ehe- und Erbvertrag (Stuttg FamRZ 87, 1035; s auch BGHZ 29, 132) sowie zwischen dem Geschäft (Grundstückskaufvertrag), aus dem die zu sichernde Forderung erwächst, und der Sicherungsabrede (BGH NJW 94, 2885).

11 Eine **Geschäftseinheit** ist **verneint** worden beim Vertragsschluss sowohl im eigenen Namen als auch als Vertreter ohne Vertretungsmacht in fremden Namen (BGH NJW 70, 241), beim Kauf von Hard- und Standardsoftware (BGH NJW 87, 2007, 90, 3012), bei mehreren Bürgschaften (Frankf NJW-RR 88, 497), beim Erwerb von Genossenschaftsanteilen und dem Abschluss von Darlehensverträgen (BGH NJW 83, 1420), zwischen Rahmen- und Einzellieferungsvertrag (BGH NJW 97, 935) sowie Haupt- und Schiedsvertrag (BGHZ 53, 318).

12 **3. Kausal- und Erfüllungsgeschäft.** Nach allgemeiner Ansicht kann die Wirksamkeit des Verpflichtungsgeschäfts zur Bedingung einer Wirksamkeit des Erfüllungsgeschäfts gemacht werden (BGHZ 31, 323; *Larenz/Wolf* § 45 Rn 11). Ein **Bedingungszusammenhang** ist zulässig, soweit überhaupt bedingt verfügt werden darf, also bei der Übereignung beweglicher Sachen und der Übertragung von Forderungen. Bei hinreichenden Anhaltspunkten kann auch ein konkludent vereinbarter Bedingungszusammenhang angenommen werden (BGHZ 31, 323). Er scheidet dagegen bei der bedingungsfeindlichen Auflassung von Grundstücken aus, § 925 II.

13 Äußerst umstritten ist dagegen, ob das Abstraktionsprinzip durch Begründung einer **Geschäftseinheit** zwischen Grund- und Erfüllungsgeschäft überwunden werden kann. Mit überzeugenden Gründen lehnt die überwiegende Lehre eine solche Abschwächung des Abstraktionsprinzips ab, denn die Privatautonomie wird hier durch die Verkehrssicherheit begrenzt (Staud/*Roth* Rn 54; Soergel/*Hefermehl* Rn 20; *Medicus* AT Rn 241). Von der Rspr und einem Teil der Lehre wird dagegen eine Geschäftseinheit zwischen Verpflichtungs- und Verfügungsgeschäft für möglich gehalten (BGH NJW 67, 1130; 91, 918; BAG NJW 67, 751; Anwk/*Faust* Rn 17; Palandt/*Heinrichs* Rn 7), doch kommt eine solche Einheit auch nach dieser Ansicht nur ausnahmsweise in Betracht (BGHZ 31, 323; NJW 79, 1496; 91, 918).

14 Von der Rspr werden deswegen konkrete Anhaltspunkte für einen Einheitswillen verlangt (BGH NJW 52, 60; DNotZ 90, 170). Nur beim Barkauf soll eine Geschäftseinheit auch ohne weitere Indizien zu begründen sein (Palandt/*Heinrichs* Rn 8), doch geht es hier nicht um die Verknüpfung zwischen Verpflichtung und Verfügung, sondern die Verbindung zwischen zwei Verfügungen (vgl *Medicus* AT Rn 241). **Bejaht** wurde eine Geschäftseinheit zwischen einem Darlehensvertrag und einer Sicherungsabtretung (BGH NJW 82, 276, Akzessorietät; s auch 91, 353), dem Erbteilskauf und der Übertragung des Miterbenanteils (BGH NJW 67, 1130) sowie in Verbindung mit einer Nießbrauchbestellung (Celle OLGZ 74, 170). **Verneint** wird eine Geschäftseinheit zwischen Grundgeschäft und Auflassung, weil das Verfügungsgeschäft bedingungsfeindlich ist und den Parteien nicht der Wille zur Gesetzesumgehung unterstellt werden kann (BGH NJW 79, 1496; 85, 3007; 05, 417). Eine Einheit scheidet auch aus, wenn das Grundgeschäft als Scheingeschäft nichtig ist (RGZ 104, 104; BGH BB 94, 2229; München NJW-RR 86, 14) bzw wenn ein formnichtiges Grundgeschäft durch das Erfüllungsgeschäft geheilt wird, §§ 518 II, 766 S 3 sowie § 15 IV 2 GmbHG. § 311b I 2 ist wegen § 925 II bedeutungslos.

15 **IV. Teilbarkeit.** Die aus einer anderen Rechtsnorm resultierende Nichtigkeit muss sich auf einen abtrennbaren Teil des Rechtsgeschäfts beziehen. Erforderlich ist ein teilbares Rechtsgeschäft. Teilbarkeit liegt vor, wenn der nach Entfernung („Herausstreichen") des nichtigen Teils verbleibende Rest als selbständiges Rechtsgeschäft bestehen kann (BGH NJW 62, 913; 96, 774; 01, 817). Für den fortbestehenden Teil müssen der Rechtsbindungswille (BGH NJW 99, 351) und die essentialia negotii gegeben sein. Eine Teilbarkeit ist grds anzunehmen, wenn der Nichtigkeitsgrund einen unwesentlichen Teil des Rechtsgeschäfts oder ein zusammengesetztes Rechtsgeschäft betrifft (Staud/*Roth* Rn 60).

16 Eine **objektive Teilbarkeit** wird angenommen, wenn einzelne Bestimmungen eines Rechtsgeschäfts unwirksam sind und die wirksamen Regelungen als selbständiges Rechtsgeschäft existenzfähig wären (BGH NJW 96, 774). Denkbar ist dies bei einer nichtigen Gewährleistungs- (Erman/*Palm* Rn 15) oder Schiedsklausel (BGH DB 84, 825), aber auch einer wirksamen Gerichtsstandsklausel (RGZ 87, 10), bei einem gesellschaftsrechtlichen Ausschließungsrecht (BGHZ 105, 221; 107, 357) oder bei einer gemischten Schenkung mit einem formnichtigen unentgeltlichen und einem entgeltlichen Teil (RGZ 148, 240). Überschreitet ein Vertreter seine Ver-

tretungsmacht, kann der Vertrag in einen durch die Vollmacht gedeckten und einen ungedeckten Teil zerlegt werden (BGH NJW 70, 241; Soergel/*Hefermehl* Rn 26).

Von einer **subjektiven Teilbarkeit** wird ausgegangen, wenn an dem Rechtsgeschäft zumindest auf einer Seite mehrere Personen beteiligt sind und der Nichtigkeitsgrund nur im Verhältnis zu einzelnen Personen vorliegt (BGH NJW 70, 753; 01, 3328). Teilbarkeit besteht bei einem Gesamtschuldverhältnis (RGZ 99, 53 ff; Karls NJW-RR 91, 948), bei Mitbürgen (RGZ 138, 272) oder einer Bürgschaft zugunsten mehrerer Gläubiger (BGH NJW 01, 3328 f) ebenso bei einer Forderungsabtretung durch Gesamtgläubiger (BGH NJW-RR 87, 1260) und bei einem Prozessvergleich (RGZ 141, 108). Eine Teilbarkeit liegt auch vor, wenn ein Vertrag im eigenen Namen und zugleich als vollmachtloser Vertreter im fremden Namen geschlossen wird (BGH NJW 70, 241). Dagegen ist § 139 unanwendbar, wenn die Erklärung eines Gesamtvertreters nichtig ist (BGHZ 53, 214 f), mehrere Miteigentümer einer Bruchteilsgemeinschaft bzw Miterben über das Eigentum als Ganzes verfügen (BGH NJW 94, 1471) oder die Zustimmung des Vermieters zum Mieterwechsel angefochten wird (BGH NJW 98, 533). 17

Als **quantitative Teilbarkeit** wird zum einen die Verkürzung einer vereinbarten Vertragsdauer verstanden, die eine entspr Anwendung von § 139 rechtfertigt, so bei einem Bierbezugsvertrag (BGH NJW 85, 2695), einem Wettbewerbsverbot bzw einer Mandatsschutzklausel (BGH NJW 91, 700; aber 97, 3089) sowie der Ankaufverpflichtung eines Erbbaurechts (BGHZ 68, 5). Zum anderen wird sie bei einer Begrenzung des Leistungsumfangs angenommen (BGH DB 83, 1812). Beruht die Nichtigkeit jedoch auf einem sittenwidrig überhöhten Entgelt, ist nach dem Schutzgedanken des § 138 die Regelung in § 139 unanwendbar (BGHZ 68, 207; NJW 01, 817). Eine geltungserhaltende Reduktion ist hier unzulässig (aA Staud/*Roth* Rn 70). 18

D. Rechtsfolgen. I. Hypothetischer Parteiwille. Da den Parteien eine nur partielle Verwirklichung ihrer ursprünglichen Vorstellungen nicht aufgedrängt werden soll, sieht die Auslegungsregel des § 139 (Rn 1) als Folge einer Teilnichtigkeit grds eine Gesamtnichtigkeit des Rechtsgeschäfts vor. Das Restgeschäft bleibt nur dann wirksam, wenn es ausnahmsweise ohne den nichtigen Teil vorgenommen wäre. Besaßen die Parteien beim Vertragsschluss **Kenntnis** von der Nichtigkeit einer vertraglichen Regelung, fehlt ihnen jedoch insoweit der Rechtsbindungswille. Eine Teilnichtigkeit iSd § 139 liegt nicht vor. Nach Ausscheiden des unwirksamen Teils gilt dann das restliche Rechtsgeschäft, sofern es mit diesem Inhalt von den Parteien gewollt war (BGHZ 45, 379 f; NJW 99, 351; dazu *Keim* NJW 99, 2866). 19

Bei einer Teilnichtigkeit ist für die weiteren Konsequenzen vorrangig auf den realen Willen der Parteien abzustellen, der etwa in einer salvatorischen Klausel (Rn 4) zum Ausdruck gekommen sein kann. Zumeist ist aber auf den **hypothetischen Willen** zurückzugreifen, der nach den Grundsätzen der ergänzenden Vertragsauslegung (§ 133 Rn 25) zu ermitteln ist. Abzustellen ist darauf, welche Entscheidung die Parteien im Zeitpunkt des Geschäftsabschlusses bei Kenntnis der Sachlage nach Treu und Glauben sowie bei vernünftiger Abwägung der beiderseitigen Interessen getroffen hätten (BGH NJW 86, 2577; 96, 2088). 20

Maßstab ist nicht das objektiv Vernünftige, sondern zu welchen Entscheidungen die Parteien gelangt wären (AnwK/*Faust* Rn 45; *Medicus* AT Rn 508; aA Staud/*Roth* Rn 75; Palandt/*Heinrichs* Rn 14). Bedeutungslos bleibt, ob die Parteien in jedem Fall irgendein Rechtsgeschäft geschlossen hätten, denn es ist entscheidend, ob von ihnen ein Rechtsgeschäft gleichen Inhalts ohne die nichtigen Teile vereinbart worden wäre (BGHZ 28, 84). Zur Ermittlung dieses beidseitigen (RGZ 99, 55) Parteiwillens sind alle in Betracht kommenden Umstände heranzuziehen, auch die außerhalb des Vertragstextes begründeten (BGH NJW 86, 2577). Lassen sich keine hinreichenden Anhaltspunkte für den hypothetischen Parteiwillen feststellen, verbleibt es bei der Gesamtnichtigkeit. 21

Tritt eine Gesamtnichtigkeit, kann diese von jedermann geltend gemacht werden. Im Prozess ist sie von Amts wegen zu berücksichtigen (Erman/*Palm* Rn 35). Ein Verstoß gegen in Vollzug gesetzte gesellschafts- und arbeitsrechtliche Regelungen führt nur zur Unwirksamkeit ex nunc (BaRoth/*Wendtland* Rn 18; s auch Rn 3). **Verfassungsrechtliche Wertungen** können einer Gesamtnichtigkeit ausschließen, etwa wenn nichtige Nebenabreden den Entgeltanspruch infrage stellen (BVerfG NJW 02, 3315). 22

II. Rechtsmissbrauch. Eine Berufung auf die Gesamtnichtigkeit kann als rechtsmissbräuchlich nach § 242 ausgeschlossen sein. Dies gilt etwa, wenn sich eine Partei auf die Nichtigkeit einzelner abtrennbarer Vertragsbestimmungen beruft, die den anderen Vertragspartner begünstigen und dieser unbeschadet des Fortfalls der Regelung am Vertrag festhalten will (BGH NJW 67, 245, Unterwerfung unter die sofortige Zwangsvollstreckung; 93, 1589; NJW-RR 97, 686). Der Einwand des Rechtsmissbrauchs ist auch berechtigt, wenn die Nichtigkeit aus einer Bestimmung hergeleitet werden soll, die für die Vertragsdurchführung bedeutungslos geblieben ist (BGHZ 112, 296; MüKo/*Mayer-Maly/Busche* Rn 33). Einen Verstoß gegen § 242 hat der BGH auch bei der Vereinbarung eines nach § 49 b II BRAO unzulässigen anwaltlichen Erfolgshonorars und der Geltendmachung eines höheren Pauschalhonorars angenommen (BGHZ 18, 347; zum Gebührenverzicht NJW 80, 2407). 23

E. Beweislast. Wer sich auf die Nichtigkeit des Rechtsgeschäfts beruft, muss die dafür maßgeblichen Tatsachen beweisen (Baumgärtel/*Laumen* Handbuch der Beweislast § 139 Rn 1). Derjenige, der sich darauf beruft, dass mehrere Geschäfte zu einem einheitlichen Rechtsgeschäft zusammengefasst wurden, trägt dafür die Darlegungs- und Beweislast (BGH NJW 97, 3307). Wer sich abweichend von der Vermutung des § 139 auf die Gültigkeit des restlichen Rechtsgeschäfts beruft, muss darlegen und beweisen, dass das Rechtsge- 24 schäft auch ohne den ungültigen Teil geschlossen worden wäre (BGH NJW 95, 724). Eine salvatorische (Erhaltungs)Klausel verlagert die Darlegungs- und Beweislast auf denjenigen, der sich auf die Gesamtnichtigkeit des Rechtsgeschäfts beruft (BGH NJW 96, 774; 03, 347; Rn 4).

§ 140 Umdeutung

Entspricht ein nichtiges Rechtsgeschäft den Erfordernissen eines anderen Rechtsgeschäfts, so gilt das letztere, wenn anzunehmen ist, dass dessen Geltung bei Kenntnis der Nichtigkeit gewollt sein würde.

1 **A. Normzweck.** Die Umdeutung (Konversion) eines nichtigen Rechtsgeschäfts in ein anderes Rechtsgeschäft (Ersatzgeschäft) beachtet einerseits die Nichtigkeitsvorschriften und dient andererseits der Durchsetzung des Parteiwillens, ohne ein erneutes Rechtsgeschäft zu erfordern (RGZ 129, 123; *Bork* AT Rn 1227). Ihr Ziel besteht darin, den von den Parteien angestrebten wirtschaftlichen Erfolg auch dann zu verwirklichen, wenn das von ihnen dafür gewählte Mittel unzulässig ist, aber ein anderer gangbarer Weg zur Verfügung steht, der zum annähernd gleichen wirtschaftlichen Resultat führt (BGH NJW 77, 1234; BAG NJW 02, 2973).

2 **B. Abgrenzungen. I. Auslegung.** Die Auslegung geht der Umdeutung stets vor (BGH WM 59, 330; ZIP 01, 307). Oft wird erst durch Auslegung festzustellen sein, ob das erklärte Rechtsgeschäft nichtig ist. Bei einer Falschbezeichnung (falsa demonstratio, § 133 Rn 21) gilt das Rechtsgeschäft nach den allgemeinen Auslegungsregeln mit dem übereinstimmend gewollten Inhalt. Eine Umdeutung ist nicht erforderlich (MüKo/*Mayer-Maly/Busche* Rn 4). Die Umdeutung bildet keinen Unterfall der Auslegung (anders Erman/*Palm* Rn 7), denn die Auslegung dient der Ermittlung des realen Willens, während die Umdeutung auf einen hypothetischen Willen abstellt (BGHZ 19, 273). Berührungspunkte bestehen vor allem mit der ergänzenden Vertragsauslegung, die ebenfalls einen hypothetischen Parteiwillen zugrunde legt (BGHZ 19, 273; Staud/*Roth* Rn 8). Zumindest theoretisch lässt sich eine klare Scheidelinie ziehen, denn die ergänzende Vertragsauslegung soll nur Lücken in einem insges wirksamen Vertrag schließen, während die Umdeutung ein nichtiges Rechtsgeschäft ersetzen soll (*Larenz/Wolf* § 33 Rn 18).

3 **II. Salvatorische Klauseln.** Vereinbaren die Parteien, dass im Fall der Nichtigkeit eine andere Regelung als Ersatz gelten soll, Konversionsklausel (RGZ 125, 212), besteht für eine Umdeutung kein Raum, denn es liegt ein wirksames bedingtes Rechtsgeschäft vor (BaRoth/*Wendtland* Rn 4). Die Parteien können auch eine Umdeutung ausschließen (MüKo/*Mayer-Maly/Busche* Rn 6).

4 **III. Sonderregeln.** Ohne Rücksicht auf einen hypothetischen Willen gilt nach § 150 I eine verspätete Annahmeerklärung als neuer Antrag. Sonderregeln enthalten auch die §§ 550, 2301, während § 2101 als spezieller Fall des § 140 interpretiert wird (Staud/*Roth* Rn 5).

5 **C. Voraussetzungen. I. Rechtsgeschäft.** Alle Arten von Rechtsgeschäften können umgedeutet werden, also einseitige Rechtsgeschäfte (BAG NJW 02, 2973), gegenseitige Verträge (BGH NJW 63, 339), Verfügungen (RGZ 66, 28; 124, 30) auch des Nichtberechtigten (*Völzmann* Rpfleger 05, 65; aA RGZ 124, 31), familienrechtliche Rechtsgeschäfte (Karlsr NJW 77, 1731), Verfügungen von Todes wegen (BGHZ 40, 224) und andere erbrechtliche Geschäfte (RGZ 129, 123). Fehlerhafte **Prozesshandlungen** der Parteien können entspr § 140 umgedeutet werden (BGH NJW 01, 1218; s.u.Rn 18). Im Grundbuchverfahren ist eine Umdeutung unter den formellen Anforderungen des Grundbuchverfahrensrechts möglich (BayObLG NJW-RR 97, 1237; 1512; 99, 621). **Öffentlich-rechtliche Verträge** können nach § 62 S 2 VwVfG entspr § 140 umgedeutet werden (BGHZ 76, 28; BVerwG NJW 80, 2539). Für fehlerhafte Verwaltungsakte enthält § 47 VwVfG eine Sonderregelung. Umstritten ist, ob § 140 auf öffentlich-rechtliche Willenserklärungen angewendet werden kann (Staud/*Roth* Rn 12).

6 **II. Nichtigkeit.** Das Rechtsgeschäft muss insgesamt nichtig sein. Eine Teilnichtigkeit genügt nicht, es sei denn, sie hat über § 139 BGB zur Gesamtnichtigkeit geführt (MüKo/*Mayer-Maly/Busche* Rn 10). Gültige, heilbare, anfechtbare oder schwebend unwirksame (bis zum Eintritt der endgültigen Unwirksamkeit) Rechtsgeschäfte können nicht umgedeutet werden (Staud/*Roth* Rn 14). Grds werden zwar alle Nichtigkeitsgründe erfasst (AnwK/*Faust* Rn 10), praktisch erfolgt eine Konversion vor allem bei Formnichtigkeit (BGH NJW 80, 2517) und bei Verstößen gegen zwingende gesetzliche Vorschriften zB des Typenzwangs (*Larenz/Wolf* § 44 Rn 80). Auf endgültig unwirksame Rechtsgeschäfte, etwa nach Verweigerung einer Genehmigung (BGHZ 40, 222), oder auf eine aus einem wichtigen Grund erklärte außerordentliche Kündigung (BGH NJW 98, 76) ist § 140 anwendbar. Umstritten ist, ob ein angefochtenes Rechtsgeschäft umgedeutet werden kann. Dies ist prinzipiell zu bejahen, da die angefochtene Erklärung ihre Bedeutung als Manifestation eines Willens nicht restlos verloren hat (Soergel/*Hefermehl* Rn 3; *Bork* AT Rn 1228 Fn 32; aA *Medicus* AT Rn 518), doch muss dazu der fehlerfreie Inhalt der Willenserklärung feststellbar sein (vgl MüKo/*Mayer-Maly/Busche* Rn 12).

7 Der **Schutzzweck des Nichtigkeitsgrundes** darf eine Umdeutung nicht ausschließen (BGH NJW 94, 1787). Bei einem gesetzes- oder sittenwidrigen Rechtsgeschäft scheidet eine Umdeutung aus (BGH NJW 77, 1234; 86, 2945).

Die Konversion setzt voraus, dass nicht der mit dem Rechtsgeschäft angestrebte wirtschaftliche Erfolg, sondern nur das von den Parteien gewählte Mittel von der Rechtsordnung missbilligt wird (BGH NJW 77, 1234). Die Erklärung eines Geschäftsunfähigen kann nicht umgedeutet werden (BaRoth/*Wendtland* Rn 7).

III. Ersatzgeschäft. Das nichtige Geschäft muss gem § 140 den Erfordernissen eines anderen Rechtsgeschäfts 8
entsprechen. Das Ersatzgeschäft kann ein Geschäft anderer Art sein oder dem von den Parteien vorgestellten Geschäftstyp entsprechen (Stuttg JZ 75, 573; Staud/*Roth* Rn 19). Das Ersatzgeschäft muss nicht notwendig wirksam sein. Es genügt, wenn es weniger fehlerhaft als das umgedeutete Geschäft ist, zB schwebend unwirksam statt unwirksam (AnwK/*Faust* Rn 17).
Zwischen nichtigem Geschäft und Ersatzgeschäft muss eine **Kongruenz** bestehen (MüKo/*Mayer-Maly*/*Busche* 9
Rn 14; *Zeiss* WM 64, 908). Entscheidend ist nicht, ob das Ersatzgeschäft im nichtigen Geschäft enthalten war (so aber BGHZ 19, 275; 20, 370; 26, 329), sondern ob der erstrebte wirtschaftliche Erfolg erreicht wird (BGH NJW 77, 1234). Das Ersatzgeschäft darf ein minus oder aliud, nicht aber ein plus (BGHZ 125, 363) darstellen (Erman/*Palm* Rn 12). Eine nichtige Verpfändung kann daher in ein vertragliches Zurückbehaltungsrecht umgedeutet werden(RGZ 124, 30).

IV. Hypothetischer Wille. Das Ersatzgeschäft gilt nach § 140 nur dann, wenn anzunehmen ist, dass dessen Gel- 10
tung bei Kenntnis der Nichtigkeit gewollt sein würde. Abzustellen ist primär auf den wirklichen Willen (BGH ZIP 01, 307). Da dieser nur ausnahmsweise feststellbar sein wird, kommt es zumeist auf den hypothetischen Willen an (BGHZ 147, 148; AnwK/*Faust* Rn 31). Eine Umdeutung gegen den Parteiwillen ist unzulässig (BGHZ 19, 273; NJW 71, 420). Kannten beide Parteien die Nichtigkeit, scheidet eine Umdeutung aus (Erman/*Palm* Rn 15), anders wenn jene nur einer Seite bekannt war (*Mülhans* NJW 94, 1049; aA Hamm VersR 86, 760).
Bei der **Bestimmung** des hypothetischen Willens ist darauf abzustellen, was die Parteien gewollt hätten, wenn 11
ihnen die Nichtigkeit des Rechtsgeschäfts bekannt gewesen wäre (BGHZ 40, 223; 125, 363; NJW 80, 2517). Die Grundsätze entsprechen der einer ergänzenden Vertragsauslegung (§ 133 Rn 25). Vielfach wird es darauf ankommen, ob die Parteien mit dem Ersatzgeschäft den angestrebten wirtschaftlichen Erfolg erreichen können, doch ist eine Auslegung nach rein objektiven Gesichtspunkten nicht zulässig (BGHZ 19, 273). Umzudeuten ist also nicht schon dann, wenn das andere Geschäft objektiv vernünftig ist. Vielmehr ist der hypothetische Parteiwille anhand der Umstände des jeweiligen Einzelfalls und der Interessenlage der Parteien zu ermitteln (BGHZ 125, 363; NJW 80, 2517 f). Für den mutmaßlichen Willen müssen gewichtige Anhaltspunkte sprechen (BGHZ 125, 363; NJW 81, 977). Maßgebender Zeitpunkt ist der Abschluss des nichtigen Rechtsgeschäfts (BGHZ 40, 223).

D. Einzelfälle. Da der hypothetische Parteiwille aufgrund der besonderen Umstände des jeweiligen Einzel- 12
falls zu ermitteln ist, dürfen die Fallbeispiele nicht ungeprüft verallgemeinert werden. Die **Abtretung** einer Forderung kann in eine Einziehungsermächtigung (BGHZ 68, 125; NJW 87, 3122), die Abtretung eines Herausgabeanspruchs in die Abtretung eines Bereicherungsanspruchs (Hamm MDR 62, 985) und die Abtretung des Nießbrauchsanspruchs in die Überlassung der Nießbrauchsausübung umgedeutet werden (RG JW 10, 801). Eine **Anfechtung** wegen arglistiger Täuschung ist in eine wegen Irrtums (BGHZ 72, 253 f), eine Anfechtung in eine Kündigung oder einen Rücktritt (BGH NJW 75, 1701), nicht aber eine ordentliche Kündigung in eine Anfechtung wegen Irrtums oder arglistiger Täuschung umdeutbar (BAG NJW 76, 592; Palandt/*Heinrichs* Rn 6).
Arbeitsvertrag, Dienstvertrag: Eine außerordentliche (zumeist fristlose) Kündigung ist in eine ordentliche 13
(fristgemäße) Kündigung umzudeuten, falls ein Beendigungswille besteht (BGH NJW 98, 76; BAG NJW 88, 581; 02, 2973), doch müssen deren Wirksamkeitserfordernisse, wie die Betriebsratsanhörung gem § 102 I BetrVG, erfüllt sein. Eine Kündigung kann auch als Angebot zum Abschluss eines Aufhebungsvertrags (BAG DB 72, 1784) und ein Angebot des Betriebsübernehmers auf Abschluss eines Arbeitsvertrags als Angebot auf Abschluss eines Änderungsvertrags gemeint sein (BAG DB 77, 1192).
Erbrecht: Der erkennbare Erblasserwille begrenzt die Umdeutung. Ein unwirksames gemeinschaftliches Tes- 14
tament ist unter der Voraussetzung des § 2247 in Einzeltestamente umdeutbar (offen gelassen in KG NJW 69, 798). Ein nichtiger Erbvertrag kann in ein einfaches oder gemeinschaftliches Testament (BayObLG NJW-RR 93, 332; 96, 7) oder einen schenkweisen Erlass umgedeutet werden (BGH NJW 78, 423). Ein formnichtiger Erbschaftskauf kann in einen Erbauseinandersetzungsvertrag (RGZ 129, 123) oder in die Abtretung eines künftigen Auseinandersetzungsanspruchs (RGZ 137, 176) umgedeutet werden. Es ist auch möglich, einen Übertragungsvertrag in einen Erbvertrag (BGHZ 40, 223; s auch NJW 94, 1787) bzw die Übertragung eines Erbteils in einen Erbverzicht (BGH NJW 74, 44) umzudeuten. Die nichtige Verpflichtung, das Testament nicht zu ändern, kann in einen Erbvertrag umgedeutet werden (Stuttg NJW 89, 2701).
Gesellschaftsrecht: Die unwirksame außerordentliche Kündigung des Geschäftsführers kann als ordentliche 15
Kündigung gewollt sein (BGH NJW 98, 76; s auch Rn 13). Ein OHG-Vertrag kann in den Vertrag einer BGB-Gesellschaft umgedeutet werden (BGHZ 19, 275), nicht aber umgekehrt (Staud/*Roth* Rn 57). Eine Stimmrechtsabtretung ist in eine Stimmrechtsvollmacht umdeutungsfähig (Hamburg NJW 89, 1866 f). Eine Stimmrechtsvereinbarung kann in einen Stimmrechtsausschluss verbunden mit einer Stimmrechtserhöhung umgedeutet werden (BGHZ 20, 371).

16 **Grundstücksrechte:** Ein Grundstücksveräußerungsvertrag kann in einen Vertrag über eine Nießbrauchbestellung umgedeutet werden (RGZ 110, 392) und ein dingliches Vor- oder Wiederkaufsrecht in eine schuldrechtliche Verpflichtung (RGZ 104, 124; BGH WM 65, 205). Die unwirksame Übertragung von Alleineigentum durch einen Miteigentümer ist in die Übertragung des Miteigentumsanteils (*Völzmann* Rpfleger 05, 66, zu Mobiliarsachenrechten; aA Palandt/*Bassenge* § 1008 Rn 4) und die Übertragung von Wohnungseigentum in ein Dauerwohnrecht (BGH NJW 63, 339) umdeutungsfähig. Die Umwandlung von Gemeinschaftseigentum in Sondereigentum kann als Begründung von Sondernutzungsrechten gewollt werden (Ddorf NJW-RR 96, 210). Zum Grundbuchverfahren Rn 5.

17 **Mietrecht:** Eine ordentliche Kündigung mit unrichtig berechneter Kündigungsfrist ist in eine Kündigung zum richtigen Termin umdeutbar (Frankf NJW-RR 90, 337; Hamm MDR 94, 56). Soll das Vertragsverhältnis in jedem Fall beendet werden, kann eine außerordentliche in eine ordentliche Kündigung umgedeutet werden (BGH NJW 81, 977), nicht aber in ein Angebot auf Vertragsaufhebung (BGH NJW 81, 44).

18 **Prozessrecht:** Vorrangig zu berücksichtigen sind die besonderen Auslegungsregeln des Verfahrensrechts, wonach im Zweifel gewollt ist, was nach den Maßstäben der Rechtsordnung vernünftig ist und der recht verstandenen Interessenlage entspricht (BGH NJW 94, 1538). Ein unwirksamer Prozessvergleich kann als wirksamer materiellrechtlicher Vergleich gewollt sein (BGH NJW 84, 1963). Eine sofortige Beschwerde kann in eine Berufung (BGH NJW 87, 1204) und eine unzulässige Berufung in eine Anschlussberufung umgedeutet werden (BGHZ 100, 387; *Ahrens* in: Handbuch Berufung, XIII Rn 85).

19 **Sicherungsgeschäfte:** Eine nichtige Verpfändung beweglicher Sachen oder Forderungen kann in die Begründung eines Zurückbehaltungsrechts (RGZ 66, 28), nicht aber in eine Sicherungsübereignung oder Sicherungsabtretung umgedeutet werden (*Medicus* AT Rn 526). Eine Bürgschaft kann nicht in eine Schuldmitübernahme umgedeutet werden (Hamm NJW 88, 3022).

20 Eine unwiderrufliche **Vollmacht** kann in eine widerrufliche (AnwK/*Faust* Rn 19), eine verdrängende in eine nicht ausschließliche Vollmacht umgedeutet werden. Eine nach § 48 HGB unwirksame Prokura kann in eine Handlungsvollmacht oder einfache Vollmacht umgedeutet werden (Staud/*Roth* Rn 72).

21 **Wertpapierrecht:** Die unwirksame bedingte Annahmeerklärung auf einem gezogenen Wechsel kann in ein abstraktes Schuldversprechen umgedeutet werden (BGH NJW 94, 447). Ein formnichtiger gezogener Wechsel ist in eine kaufmännische Anweisung, § 363 I 1 HGB (Bambg NJW 67, 1913), oder in eine bürgerlichrechtliche Anweisung umdeutbar (Erman/*Palm* Rn 29). Ein formnichtiger Scheck kann in eine Ermächtigung des Ausstellers an die Bank umgedeutet werden, für ihn und auf seine Rechnung an den Scheckbegünstigten zu zahlen (BGH NJW 01, 1855).

22 **E. Rechtsfolge.** Unter den Voraussetzungen des § 140 gilt ex tunc das Ersatzgeschäft. Die Umdeutung tritt kraft Gesetzes ein (BaRoth/*Wendtland* Rn 14) und ist, ohne dass es auf eine Geltendmachung seitens der Parteien ankommt, von Amts wegen zu berücksichtigen (BGH NJW 63, 340; BAG NJW 01, 2973).

23 **F. Beweislast.** Die tatsächlichen Grundlagen einer Umdeutung muss derjenige darlegen und beweisen, der für sich die Rechtsfolgen aus dem umgedeuteten Geschäft in Anspruch nimmt (Baumgärtel/*Laumen* Handbuch der Beweislast § 140 Rn 1).

§ 141 Bestätigung des nichtigen Rechtsgeschäfts

(1) Wird ein nichtiges Rechtsgeschäft von demjenigen, welcher es vorgenommen hat, bestätigt, so ist die Bestätigung als erneute Vornahme zu beurteilen.
(2) Wird ein nichtiger Vertrag von den Parteien bestätigt, so sind diese im Zweifel verpflichtet, einander zu gewähren, was sie haben würden, wenn der Vertrag von Anfang an gültig gewesen wäre.

1 **A. Normzweck.** Ein nichtiges Rechtsgeschäft bleibt auch dann nichtig, wenn der Nichtigkeitsgrund später entfällt (*Kohte* JuS 84, 511). § 141 eröffnet aber die Möglichkeit, das Rechtsgeschäft unter erleichterten Voraussetzungen wirksam werden zu lassen. Die Bestätigung verlangt damit keine Neuvornahme des Rechtsgeschäfts, sondern gilt nur im Hinblick auf die Folgen als solche (BGH NJW 99, 3705; *Medicus* AT Rn 532).

2 **B. Abgrenzung. I. Bestätigung gem § 144.** Die Bestätigung nach § 144 betrifft ein wirksames, noch nicht angefochtenes Rechtsgeschäft und führt nur zum Verlust des Anfechtungsrechts. Sie stellt geringere Anforderungen und setzt keine empfangsbedürftige Willenserklärung voraus (RGZ 68, 398). Nach Ausübung des Anfechtungsrechts ist eine Bestätigung gem § 141 möglich (BGH NJW 71, 1800).

3 **II. Heilung.** Bei ihr handelt es sich um eine gesetzliche, unabhängig von einem rechtsgeschäftlichen Willen eintretende Folge, §§ 311 b I 2, 518 II, 766 S 3.

4 **III. Genehmigung.** Sie betrifft ein schwebend unwirksames Geschäft und wirkt im Gegensatz zur Bestätigung nach § 141 I ex tunc, §§ 184, 108 I, 177 I, 1366 I.

IV. Umdeutung. Aufgrund eines hypothetischen Parteiwillens wird hier ein Rechtsgeschäft mit einem anderen 5
als den ursprünglich gewollten Inhalt aufrechterhalten, ohne dass ein erneutes Rechtsgeschäft erforderlich wird.

C. Voraussetzungen. I. Nichtiges Rechtsgeschäft. Bestätigt werden können nur Rechtsgeschäfte, die etwa 6
gem §§ 105 I, 116 S 2, 117 I, 118, 125 I, 134, 138, 142 I nichtig sind. Vor Ausübung des Anfechtungsrechts
gilt § 144 (BGH NJW 71, 1800).

II. Erklärter Bestätigungswille. Der Erklärungstatbestand muss nach außen erkennen lassen, dass das 7
Rechtsgeschäft trotz Zweifel an der Wirksamkeit gelten soll (Staud/*Roth* § 141 Rn 20; *Medicus* AT Rn 631).
Dies meint wohl auch die Formulierung der Rspr, wonach Kenntnis der Nichtigkeit, zumindest aber Zweifel
an der Wirksamkeit des Rechtsgeschäfts erforderlich sind (BGH NJW 82, 1981; 95, 2290), weshalb ein Festhalten
an einem unerkannt nichtigen Geschäft keine Bestätigung darstellt (BGH NJW 95, 2290). Wirksam ist
auch eine konkludent erklärte Bestätigung (BGHZ 11, 60). Eine Bestätigung kann mit einer Erfüllungshandlung
(BGH WM 83, 232) oder einer Vertragsänderung erfolgen (BGHZ 7, 163; NJW 82, 1981).

III. Vorliegen der Wirksamkeitsvoraussetzungen. Im Zeitpunkt der Bestätigung müssen alle Wirksam- 8
keitsvoraussetzungen des zu bestätigenden Geschäfts vorliegen. Bei einem Vertrag ist eine erneute Einigung
erforderlich, doch muss nicht über alle Vereinbarungen des ursprünglichen Rechtsgeschäfts eine Willensübereinstimmung
hergestellt und erklärt zu werden. Es genügt, wenn sich die Parteien in Kenntnis der Abreden
auf den Boden des Vertrags stellen (BGH NJW 82, 1981; 99, 3705). Der Nichtigkeitsgrund darf nicht fortbestehen.
Bei einer Sittenwidrigkeit müssen die Gründe für diese Sittenwidrigkeit entfallen sein (BGH NJW 73,
466; 82, 1981 f; *Kohte* JuS 84, 509). Bei einem Verstoß gegen ein gesetzliches Verbot muss das Verbot aufgehoben
sein (BGHZ 11, 60). Ein **formbedürftiges Rechtsgeschäft** kann wirksam nur unter Beachtung der Formanforderungen
bestätigt werden, wenn das Geschäft nicht wegen Formmangels, sondern aus anderen
Gründen nichtig ist (BGH NJW 85, 2580; Soergel/*Hefermehl* § 141 Rn 7; aA Staud/*Roth* § 141 Rn 16). Etwas
anderes gilt, wenn das Formerfordernis zwischenzeitlich entfallen ist (BGH NJW 73, 1367). Es genügt, wenn
in der Urkunde des bestätigenden Geschäfts auf die Urkunde über das zu bestätigende Geschäft verwiesen
wird (BGH NJW 99, 3705).

D. Rechtsfolgen. Die Bestätigung entfaltet keine Rückwirkung. Das Rechtsgeschäft ist erst vom Zeitpunkt 9
der Bestätigung an wirksam (BGHZ 54, 63; NJW 99, 3705; BAG NJW 05, 2334). Bei Verträgen sind nach der
Auslegungsregel in § 141 II die Parteien im Zweifel verpflichtet, einander so zu stellen, wie sie bei einem von
Anfang an gültigen Vertrag gestanden hätten. Ein abweichender Parteiwille muss zweifelsfrei feststehen (RG
JW 31, 2227). Die Auslegungsregel begründet eine schuldrechtliche Rückbeziehung (BaRoth/Wendtland
§ 141 Rn 12). Auf die schriftliche Bestätigung einer unwirksamen mündlichen Arbeitsvertragsbefristung ist
§ 141 II unanwendbar (BAG NJW 05, 2334).

§ 142 Wirkung der Anfechtung

(1) Wird ein anfechtbares Rechtsgeschäft angefochten, so ist es als von Anfang an nichtig anzusehen.
(2) Wer die Anfechtbarkeit kannte oder kennen musste, wird, wenn die Anfechtung erfolgt, so behandelt,
wie wenn er die Nichtigkeit des Rechtsgeschäfts gekannt hätte oder hätte kennen müssen.

A. Normzweck. Ein anfechtbares, aber nicht angefochtenes Rechtsgeschäft ist uneingeschränkt gültig (BGH 1
NJW-RR 87, 1456; *Flume* 557; aA *Enneccerus/Nipperdey* AT, 1213). § 142 I regelt die Wirkung der Anfechtung
auf das Rechtsgeschäft in Form einer Fiktion. § 142 bewirkt vor allem (vgl Rn 6) einen Gutglaubensschutz bei
einem Dritterwerb (AnwK/*Feuerborn* § 142 Rn 1).

B. Anwendungsbereich. Angefochten wird die fehlerhafte Willenserklärung. Auch bei einem Vertragsschluss 2
wird nicht der Vertrag selbst, sondern die auf seinen Abschluss gerichtete Erklärung angefochten (*Bork* AT 915;
aA Palandt/*Heinrichs* § 142 Rn 1). Anfechtbar ist auch eine rechtsgeschäftsähnliche Handlung (Staud/*Roth* § 142
Rn 16). Hauptanwendungsfälle sind die Anfechtungen nach den §§ 119, 120, 123, 1956, 2078 f, 2281 ff, 2308.
Unanwendbar ist § 142 auf die Anfechtungen nach § 1599 ff, 2340 ff. Spezielle Regelungen gelten für Willensmängel
bei der Eheschließung, §§ 1313 ff und bei der Annahme als Kind, §§ 1759 ff. § 142 gilt auch nicht für die
Insolvenzanfechtung, §§ 129 ff InsO, sowie die Gläubigeranfechtung außerhalb des Insolvenzverfahrens nach
§§ 1 ff AnfG. Prozesshandlungen sind nicht anfechtbar (BGHZ 80, 392). Prozessverträge sind anfechtbar, soweit
nicht eine irrevisible prozessuale Lage entstanden ist (MüKo/*Lüke* ZPO, Einleitung Rn 286). Prozessvergleiche
sind anfechtbar. Ein Prozessvergleich ist anfechtbar, auch bei einer Drohung durch das Gericht (BGH JZ 66,
753). Auf öffentlich-rechtliche Verträge ist § 142 entspr anwendbar.

C. Wirkung der Anfechtung, § 142 I. I. Grundsätze. Das angefochtene Geschäft ist gem § 142 als von 3
Anfang an nichtig anzusehen. Die Anfechtung vernichtet das Geschäft rückwirkend. Diese Wirkung ist nicht
durch Widerruf oder Rücknahme der Anfechtung zu beseitigen (RGZ 74, 3; aA AnwK/*Feuerborn* § 142
Rn 15). Aufgrund dieser Rückwirkung schließt sie andere, parallel aus dem Geschäft geltend gemachte Rechte

aus, etwa aus Gewährleistungsrechten (*Höpfner* NJW 04, 2865; aA *Derleder* NJW 04, 970). Dies gilt nicht, wenn die Anfechtung hilfsweise geltend gemacht wird (*Honsell* JuS 82, 811). Die Anfechtung wirkt absolut. Ein aus einem akzessorischen Geschäft mithaftender Dritter (Bürge, Pfandschuldner) kann nicht mehr in Anspruch genommen werden (BaRoth/*Wendtland* § 142 Rn 6). Vor der Anfechtung besteht für diesen Dritten ein Leistungsverweigerungsrecht, §§ 770 I, 1137 I 1, 1211 I 1.

4 Eine Anfechtung des **Kausalgeschäfts** lässt aufgrund des Abstraktionsprinzips idR die Wirksamkeit des Erfüllungsgeschäfts unberührt. Das Geleistete kann nach § 812 herausverlangt werden. Zur Kenntnis von der Anfechtbarkeit Rn 6. Bei Anfechtbarkeit des **Erfüllungsgeschäfts** bestehen die Ansprüche aus §§ 985, 894. Ausnahmsweise kann aber eine Fehleridentität vorliegen, bei der die Anfechtung beide Geschäfte erfasst, oder eine Geschäftseinheit bestehen.

5 **II. Ausnahmen.** Abweichend von der gesetzlichen Regelung des § 142 I ist weithin anerkannt, dass ein in Vollzug gesetztes Dauerschuldverhältnisses nur mit Wirkung für die Zukunft anfechtbar ist (Erman/*Palm* § 142 Rn 10). Dies gilt insbes für die Anfechtung von Gesellschaftsverträgen (BGHZ 55, 8; NJW 73, 1604) und Arbeitsverträgen (BAG NJW 84, 446). Ist dagegen das Arbeitsverhältnis außer Funktion gesetzt oder wird aufgrund einer Erkrankung keine Arbeitsleistung erbracht, wirkt die Anfechtung auf den Zeitpunkt zurück, von dem an keine Arbeitsleistung mehr erbracht wird (BAG NZA 99, 587 f).

6 **D. Wirkung gem § 142 II.** Bei Anfechtung eines **Verpflichtungsgeschäfts** führt die Kenntnis der Anfechtbarkeit zur verschärften Haftung gem §§ 819 I, 142 II, 818 IV, bei Anfechtung einer Vollmacht zur Einstandspflicht nach §§ 179, 142 II. Da ein angefochtenes **Verfügungsgeschäft** rückwirkend nichtig wird, handelt im Fall einer Weiterveräußerung der Veräußerer als Nichtberechtigter. § 142 II schützt dann den guten Glauben an das Fehlen der Anfechtbarkeit (BGH NJW-RR 87, 1457). Der Schutz wirkt nur wenn und soweit ein Gutglaubenserwerb möglich ist. Er besteht nicht beim Forderungs- und Rechtserwerb, §§ 398, 413. Nach dem Maßstab der §§ 932 ff, 1032, 1207, 1244 führt bei beweglichen Sachen Kenntnis und grob fahrlässige Unkenntnis zur Bösgläubigkeit, während nach den §§ 892 f, 1138, 1155 allein Kenntnis schadet. Angefochten werden kann auch ein **nichtiges Rechtsgeschäft** (vgl BGH JZ 55, 500). Dies ist dann bedeutsam, wenn der Dritte hinsichtlich des Nichtigkeitsgrunds gutgläubig, in Bezug auf die Anfechtbarkeit bösgläubig ist (Staud/*Roth* § 142 Rn 27 ff, str.).

§ 143 Anfechtungserklärung

(1) Die Anfechtung erfolgt durch Erklärung gegenüber dem Anfechtungsgegner.
(2) Anfechtungsgegner ist bei einem Vertrag der andere Teil, im Falle des § 123 Abs. 2 Satz 2 derjenige, welcher aus dem Vertrag unmittelbar ein Recht erworben hat.
(3) ¹Bei einem einseitigen Rechtsgeschäft, das einem anderen gegenüber vorzunehmen war, ist der andere der Anfechtungsgegner. ²Das Gleiche gilt bei einem Rechtsgeschäfte, das einem anderen oder einer Behörde gegenüber vorzunehmen war, auch dann, wenn das Rechtsgeschäft der Behörde gegenüber vorgenommen worden ist.
(4) ¹Bei einem einseitigen Rechtsgeschäft anderer Art ist Anfechtungsgegner jeder, der auf Grund des Rechtsgeschäfts unmittelbar einen rechtlichen Vorteil erlangt hat. ²Die Anfechtung kann jedoch, wenn die Willenserklärung einer Behörde gegenüber abzugeben war, durch Erklärung gegenüber der Behörde erfolgen; die Behörde soll die Anfechtung demjenigen mitteilen, welcher durch das Rechtsgeschäft unmittelbar betroffen worden ist.

1 **A. Normzweck.** Nach § 143 I erfolgt die Anfechtung durch einseitige empfangsbedürftige Willenserklärung mit der ein Gestaltungsrecht ausgeübt wird. § 143 II–IV bestimmt, an wen bei einer Vertragsanfechtung, bei der Anfechtung einer einseitigen empfangsbedürftigen Willenserklärung und in den übrigen Konstellationen, also bei amtsempfangsbedürftigen bzw nicht empfangsbedürftigen Willenserklärung, die Anfechtungserklärung zu richten ist (Staud/*Roth* § 143 Rn 2).

2 **B. Anfechtungserklärung. I. Grundlagen.** Die Anfechtung ist eine einseitige empfangsbedürftige Willenserklärung, die auch dann formfrei wirksam ist, wenn das angefochtene Geschäft einem Formzwang unterliegt (BaRoth/*Wendtland* § 143 Rn 2). Als Gestaltungsrecht ist die Anfechtung unwiderruflich (§ 142 Rn 3) sowie grds befristungs- und bedingungsfeindlich (RGZ 66, 153 f; 146, 238). Zulässig ist aber eine Bedingung über deren Eintritt der Anfechtungsgegner entscheidet (*Larenz/Wolf* AT § 46 Rn 37). Ebenfalls wirksam ist eine Eventualanfechtung, bei der die Anfechtung im Prozess unter der Rechtsbedingung geltend gemacht wird, dass ein anderes Recht nicht besteht (BGH NJW 68, 2099), insbes für den Fall nicht bestehender Gewährleistungsrechte (BGH NJW 91, 1673). Eine **Teilanfechtung** ist bei einem teilbaren Rechtsgeschäft möglich (RGZ 146, 236 f). Der verbleibende Teil muss ein wirksames Rechtsgeschäft bilden (BGH NJW-RR 02, 381) und insbes die essentialia negotii umfassen, sonst ist die Anfechtung unwirksam (*Vetter* MDR 98, 576). Zur Anfechtung nichtiger Rechtsgeschäfte § 142 Rn 6.

II. Inhalt. Die Anfechtung muss nicht ausdrücklich erklärt, der Ausdruck Anfechtung nicht verwendet werden. Erforderlich ist aber eine Äußerung oder ein konkludentes Verhalten dem der Anfechtungsgegner unzweideutig entnehmen kann, dass das Rechtsgeschäft wegen des Willensmangels rückwirkend beseitigt werden soll (BGHZ 88, 245; 91, 331 f; NJW-RR 95, 859; 02, 380). Es kann genügen, wenn eine Verpflichtung bestritten, ihr widersprochen (zu den Grenzen BGH MDR 55, 25) oder sie nicht anerkannt wird (BGHZ 91, 331 f). Unzureichend ist eine Rücktritts- (RGZ 105, 207) oder Widerrufserklärung, eine Strafanzeige (BGH WM 75, 1002), oder ein Schadensersatzbegehren (BGH NJW 91, 1674). 3

Der **Anfechtungsgrund** muss nicht angegeben werden (RGZ 65, 88; offen gelassen von BGH NJW 66, 39), denn die Gesetzesfassung verlangt keine Begründung. Den berechtigten Interessen des Anfechtungsgegners wird genügt, wenn entspr dem Gedanken aus § 626 II 3 auf Verlangen der Kündigungsgrund mitgeteilt werden muss (Erman/*Palm* § 143 Rn 1; nach aA muss der Anfechtungsgrund erkennbar sein Staud/*Roth* § 143 Rn 11; Palandt/*Heinrichs* § 143 Rn 143 Rn 3; *Medicus* AT Rn 724). Ein Nachschieben von Anfechtungsgründen ist als neue Anfechtungserklärung zu werten, deren Rechtzeitigkeit nach dem Zeitpunkt ihrer Abgabe zu beurteilen ist (BGH NJW 95, 191). Die Anfechtung wegen arglistiger Täuschung kann als Anfechtung wegen eines Irrtums nach § 119 II (BGHZ 34, 38 f; 78, 221) und eine auf § 119 II gestützte Erklärung als Anfechtung nach § 123 ausgelegt werden (Staud/*Roth* § 143 Rn 12). 4

III. Anfechtungsberechtigter. Dies ist derjenige, dessen Erklärung mit einem Willensmangel behaftet ist. Sonderregeln enthalten die §§ 2080, 2285. Beim Tod des Erklärenden geht das Anfechtungsrecht auf die Erben über (BGH NJW 04, 769). Der Vertreter ist nur dann anfechtungsberechtigt, wenn sein Vollmacht das Anfechtungsrecht einschließt (BaRoth/*Wendtland* § 143 Rn 8). Einem Vertreter ohne Vertretungsmacht steht das Anfechtungsrecht zur Abwehr seiner Einstandspflicht selbständig zu (BGH NJW 02, 1868). Bei mehreren Anfechtungsberechtigten kann jeder unabhängig von den anderen die Anfechtung erklären (RGZ 56, 424; 65, 405), anders bei einer Erbengemeinschaft (BGH NJW 04, 769). 5

C. Anfechtungsgegner. I. Vertrag, § 143 II. Bei einem Vertrag ist gegenüber dem Vertragspartner oder dessen Erben anzufechten. Dies gilt auch, wenn der Vertragspartner die Rechte aus dem Vertrag abgetreten (RGZ 86, 310) oder für den Vertragspartner ein Vertreter gehandelt hat. Auch beim Vertrag zugunsten Dritter ist der Vertragspartner Anfechtungsgegner (BGH LM PatG § 9 Nr 8). Bei einer Anfechtung gem § 123 II 2 ist nach § 143 II Alt 2 Anfechtungsgegner der Dritte, der aus dem Vertrag unmittelbar ein Recht erworben hat und die Täuschung kannte oder kennen musste. 6

Steht dem Anfechtenden eine **Personenmehrheit** gegenüber, muss jedenfalls bei einer unteilbaren Leistung die Anfechtung gegenüber sämtlichen Vertragspartnern erfolgen (BGHZ 96, 308 ff.; Staud/*Roth* § 143 Rn 23; *Bork* AT Rn 908). Im Fall eines Gesellschaftsvertrags ist die Anfechtungserklärung an alle Gesellschafter zu richten (BGH WM 76, 449). Eine Vertragsübernahme muss der Übernehmer gegenüber dem verbleibenden wie dem ausscheidenden Vertragspartner anfechten (BGHZ 96, 310; aA *Dörner* NJW 86, 2916). Wird die Zustimmung zur Vertragsübernahme angefochten, ist die Erklärung an beide Parteien des Übernahmevertrags zu richten (BGHZ 137, 260). Wird bei einer Schuldübernahme der Übernehmer durch den Schuldner getäuscht, ist auch nach einer Genehmigung durch den Gläubiger allein der Schuldner Anfechtungsgegner (BGHZ 31, 325 ff). 7

II. Einseitige empfangsbedürftige Willenserklärung, § 143 III. Diese ist nach § 143 III 1 gegenüber dem Empfänger anzufechten. Kann eine Erklärung alternativ gegenüber einer Privatperson oder einer Behörde erfolgen, §§ 875 I 2, 876 S 3, 880 II 3, 1168 II 1, 1180 I 2, 1183 S 2, muss die Anfechtung an die Privatperson gerichtet werden (*Medicus* AT Rn 719; s auch Rn 9). Umstritten sind die Fälle, in denen die Willenserklärung an zwei Personen gerichtet werden können, insbes §§ 168, 182. Ist aufgrund einer Vollmacht noch kein Geschäft getätigt, ist die Anfechtung an den zu richten, der die Erklärung empfangen hat (AnwK/*Feuerborn* § 143 Rn 20). Liegt das Geschäft bereits vor, hat die Anfechtung gegenüber dem anderen Teil des Geschäfts zu erfolgen (Staud/*Roth* § 143 Rn 35; *Flume* 563). 8

III. Einseitige Rechtsgeschäfte anderer Art, § 143 IV. Anfechtungsgegner einer nicht empfangsbedürftigen Willenserklärung (§§ 657, 959) ist nach § 143 IV 1, wer daraus einen Vorteil erlangt hat. § 132 II ist anwendbar. War die Erklärung nur gegenüber einer Behörde abzugeben, §§ 928 I, 1109 II (aber Rn 8), kann die Anfechtung gem § 143 IV 2 wahlweise gegenüber der Behörde oder der Privatperson erfolgen, anders § 1955. Die Mitteilung nach § 143 IV 2 HS 2 ist keine Wirksamkeitsvoraussetzung (MüKo/*Mayer-Maly/Busche* § 143 Rn 22). 9

§ 144 Bestätigung des anfechtbaren Rechtsgeschäfts

(1) Die Anfechtung ist ausgeschlossen, wenn das anfechtbare Rechtsgeschäft von dem Anfechtungsberechtigten bestätigt wird.
(2) Die Bestätigung bedarf nicht der für das Rechtsgeschäft bestimmten Form.

A. Normzweck. Da ein anfechtbares, aber nicht angefochtenes Rechtsgeschäft uneingeschränkt gültig ist (BGH NJW-RR 87, 1456), führt dessen Bestätigung nach § 144 I nur zum Verlust des Anfechtungsrechts. Sie stellt geringere Anforderungen als die Bestätigung nach § 141 und setzt keine empfangsbedürftige Willenser- 1 klärung voraus, weil vor einer Anfechtung fremde Interessen nicht berührt werden (RGZ 68, 398; aA *Larenz/ Wolf* § 44 Rn 28). Nach Ausübung des Anfechtungsrechts ist eine Bestätigung gem § 141 möglich (BGH NJW 71, 1800). Zur Abgrenzung zu § 141 vgl dort Rn 2.

2 **B. Voraussetzungen.** Es muss ein anfechtbares, aber noch nicht angefochtenes Rechtsgeschäft vorliegen. Die Bestätigung muss erklärt sein, benötigt aber nicht die für das Rechtsgeschäft vorgeschriebene Form, § 144 II. Nach der Rechtsprechung muss der Bestätigende das Anfechtungsrecht gekannt oder mit ihm zumindest gerechnet haben (BGHZ 110, 222; NJW 58, 177; 71, 1800; 95, 2291), doch ist auch hier (wie bei § 141 Rn 7) die Äußerung des Bestätigungswillens maßgebend. Bei einer widerrechtlichen Drohung setzt die Bestätigung einen Fortfall der Zwangslage voraus (Erman/*Palm* § 144 Rn 2).

3 Die Bestätigung kann **schlüssig** erfolgen (BGH NJW 67, 721), wenn aus dem Verhalten der Wille ersichtlich wird – trotz Kenntnis der Anfechtbarkeit – an dem Rechtsgeschäft festzuhalten (BGHZ 110, 222). Jede andere nach den Umständen einigermaßen verständliche Deutung des Verhaltens muss ausscheiden (BGHZ 110, 222; NJW 71, 1800). Als Bestätigung kommt eine freiwillige Erfüllung (RGZ 104, 3; doch genügt nicht, wenn im Mietverhältnis lediglich die Nebenkosten gezahlt werden BGH NJW-RR 92, 780) oder die Benutzung der Kaufsache in Betracht (BGH NJW 71, 1800). Eine Geltendmachung von Gewährleistungsrechten (Rücktritt oder Schadensersatz) reicht dafür regelmäßig nicht aus (BGHZ 110, 222; NJW 58, 177).

4 **C. Rechtsfolgen.** Die Bestätigung führt zu einem Verlust des Anfechtungsrechts. Etwaige Schadensersatzansprüche bleiben grds bestehen, es sei denn, die Auslegung ergibt einen Verzicht (AnwK/*Feuerborn* § 144 Rn 13).

5 **D. Beweislast.** Die Bestätigung ist von Amts wegen zu berücksichtigen. Wer sich auf eine Bestätigung beruft, trägt dafür die Beweislast (BGH NJW 67, 712).

Titel 3 Vertrag

Einleitung vor §§ 145 ff

1 **A. Vertragsbegriff. I. Definition.** Die §§ 145 ff regeln unmittelbar nur den Vertragsschluss und enthalten keine Definition des Vertragsbegriffs (Staud/*Bork* Vorbem zu §§ 145–156 Rn 1). Gleichwohl ergibt sich aus der Regelung, dass der Vertrag die privatautonome Regelung eines Rechtsverhältnisses durch Rechtsgeschäft aufgrund des übereinstimmenden Willens von mindestens zwei Parteien ist (*Flume* II § 33, 2; AnwK/*Schulze* Vor §§ 145-157 Rn 15). Damit ist der Vertrag Hauptfall des mehrseitigen Rechtsgeschäfts. In Abgrenzung hierzu ist der Beschluss ein innerorganisatorischer Willensbildungsakt, der nicht zwingend auf der Einstimmigkeit der Parteien beruhen muss, sondern auch dem Mehrheitsprinzip unterfallen kann.

2 Auch wenn der Konsens der Parteien das Kernelement des Vertrages ist, genügt doch die Einigung allein in einigen Fällen nicht, um die gewollte Rechtsfolge herbeizuführen. Regelmäßig ist dies bei Verfügungsverträgen der Fall. Zu deren Tatbestand gehört neben dem Konsensualakt der Einigung vielfach auch ein Publizitätsakt, der oft ein Realakt ist (Übergabe und Einigung als Elemente der Übereignung nach § 929 S 1).

3 Neben der Bindung infolge eines mehrseitigen Konsenses gibt es auch Fälle, in denen eine schuldrechtliche Verpflichtung durch einseitiges Versprechen zustande kommt. Zu nennen sind §§ 657 (Auslobung), 661a (Gewinnzusage), 443 (Garantie). Diese Fälle sind gewillkürte Begründungen eines Schuldverhältnisses ohne Vertrag und durch § 311 I aE sanktioniert. Ob auch die Patronatserklärung an die Allgemeinheit hierher zählt, ist str (§ 765 Rn 61 ff; bejahend AnwK/*Schulze* Vor §§ 145-157 Rn 15; *Schneider* ZIP 89, 624; anders – annahmebedürftiger Antrag – *Habersack* ZIP 96, 261).

4 **II. Abgrenzung zum Gefälligkeitsverhältnis.** Wesentliches Merkmal des Vertrags ist der Wille der Parteien, sich rechtlich zu binden. Fehlt er auf einer Seite, so liegt schon keine wirksame Willenserklärung vor (MüKo/ *Kramer* Vor § 116 Rn 9; AnwK/*Feuerborn* Vor §§ 116–144 Rn 9). Die Verbindung ist dann nicht als Vertrag, sondern als Gefälligkeitsverhältnis oder als sog **Gentlemen‚s Agreement** (Nürnbg NJW-RR 01, 636, zur Bedeutung des Gentlemen‚s Agreement als Geschäftsgrundlage) zu verstehen. Die Abgrenzung kann nur im Einzelfall erfolgen und richtet sich unter anderem nach der Bedeutung der Verpflichtung für die Parteien, nach ihrem persönlichen Verhältnis, nach der Entgeltlichkeit des Geschäfts. Vgl im Einzelnen § 241 Rn 32 ff.

5 Im Gegensatz zur Gefälligkeit ist die Naturalobligation (unvollkommene Verbindlichkeit) ein Vertrag (AnwK/ *Schulze* Vor §§ 145-157 Rn 12), dem kraft Gesetzes (§§ 762, 1297, 2287 II) oder kraft Vereinbarung (Staud/*J Schmidt* Einl v § 241 Rn 154) die Klagbarkeit fehlt.

6 **III. Anwendungsbereich der §§ 145 ff.** Als Regelungen des AT gelten die §§ 145 ff für alle Arten von Verträgen des materiellen Privatrechts. Der Vertrag ist im dt Recht keine Kategorie, die ausschließlich dem Obligationenrecht zugewiesen ist, wenngleich hier ihr Hauptanwendungsfall liegt. Entspr gibt es auch sachenrechtliche, familienrechtliche, erbrechtliche usw Verträge.

Auf das Zustandekommen **gesellschaftsrechtlicher Beschlüsse** (zu unterscheiden von Gesellschaftsverträgen, 7
auf die nach hM die §§ 145 ff unmittelbar anwendbar sind, BGHZ 47, 179; Staud/*Bork* Vorbem zu §§ 145–156
Rn 90), die grds dem Mehrheitsprinzip unterfallen, sind sie teilweise analog anwendbar (Staud/*Bork* Vorbem
zu §§ 145–156 Rn 6), soweit nicht das den §§ 145 ff zugrundeliegende Konsensprinzip entgegensteht.

Die §§ 145 ff finden nach heute hM auch auf **kartellrechtliche Vereinbarungen** iSd § 1 GWB Anwendung 8
(Staud/*Bork* Vorbem zu §§ 145–156 Rn 7; Erman/*Armbrüster* Vor § 145 Rn 3). Der weite Vertragsbegriff der früheren hM, der auch nicht vertragliche Absprachen umfasste, so dass die §§ 145 ff nur eingeschränkt anwendbar
waren (vgl BGH NJW 71, 521), ist durch die Reform des GWB überholt. Absprachen, die ohne rechtlichen Bindungswillen erfolgen, können kartellrechtlich als abgestimmtes Verhalten iSv § 1 GWB erfasst werden.

Prozessverträge sind von den Verträgen des materiellen Rechts nach dem Regelungsgegenstand zu unter- 9
scheiden. Auf sie findet grds Prozessrecht Anwendung, das allerdings das Zustandekommen von Prozessverträgen nicht regelt. Insoweit kann auf die §§ 145 ff zurückgegriffen werden (Zöller/*Greger* ZPO Vor § 128
Rn 27; *Rosenberg/Schwab/Gottwald* § 66 Rn 10).

Auf den Abschluss von **öffentlich-rechtlichen Verträgen** iSv § 54 VwVfG finden gem § 62 S 2 VwVfG die 10
§§ 145 ff Anwendung, soweit die §§ 54 ff VwVfG keine Sonderregelung enthalten (Saarbr NJW 93, 1612;
MüKo/*Kramer* Vor § 145 Rn 39). Hier ist insbes auf das Schriftformerfordernis aus § 57 VwVfG hinzuweisen,
wodurch zugleich die Annahme nach § 151 ausgeschlossen ist (Staud/*Bork* Vorbem zu §§ 145–156 Rn 98).

IV. Vertragsarten. Aus dem breiten Anwendungsbereich des Vertrags als Form des mehrseitigen Rechtsge- 11
schäfts ergibt sich, dass sich Verträge nach sehr verschiedenen Kriterien differenzieren lassen. So lassen sie
sich nach ihrem Gegenstand in schuld-, sachen-, familienrechtliche usw Verträge einordnen. Speziell bei den
Schuldverträgen besteht dabei kein Typenzwang, so dass die Parteien frei sind, einen Vertrag zu schließen,
der sich nicht einem der gesetzlich vorgegebenen Typen zuordnen lässt. Nach ihrer Pflichtenstruktur sind sie
in einseitig (Schenkung, Bürgschaft) oder allseitig verpflichtende (letztere wiederum in vollkommen beidseitige – gegenseitige, §§ 320 ff – oder unvollkommen zweiseitige, Bsp Auftrag) Verträge einzuteilen.

B. Vertragsfreiheit. Der Vertrag hat sich im 19. Jahrhundert zu der zentralen und entscheidenden Rechtsin- 12
stitution entwickelt. Diese Position ist auch unter einem von der sozialen Marktwirtschaft geprägten Gesellschaftsmodell nicht zu bestreiten (MüKo/*Kramer* Vor § 145 Rn 2). Entsprechend dieser Funktion kommt es
auf die inhaltliche „Richtigkeit" des Vertrages als Geltungsgrund nicht an, sondern nur auf die Fehlerfreiheit
des vertraglichen Einigungsprozesses (vgl *Flume* AT I § 1 5: „Stat pro ratione voluntas"). Diese Sichtweise ist
dadurch legitimiert, dass der freie, übereinstimmende Wille der Vertragsparteien eine höhere „Richtigkeitschance" verspricht als eine hoheitliche Bestimmung der Bedingungen der Güterzuordnung.

I. Begriff und Bedeutung. Die Vertragsfreiheit ist daher der wichtigste Unterfall der Privatautonomie. Sie ist 13
als Teil des Rechts auf freie Entfaltung der Persönlichkeit, Art 2 I iVm 1 I GG, auch verfassungsrechtlich
gewährleistet (BVerfG 8, 328), jedoch nur in den Schranken der verfassungsmäßigen Ordnung. Als **formales
Prinzip** garantiert die Vertragsfreiheit dem Einzelnen die grundsätzliche Freiheit, über das Ob und das mit
Wem (Abschlussfreiheit), das Worüber (Inhaltsfreiheit) und das Wie (Formfreiheit, s § 125 Rn 1) einer vertraglichen Bindung autonom zu entscheiden. Diese Freiheitsgarantie birgt vor allem in Zeiten des rechtsgeschäftlichen Massenverkehrs die Gefahr in sich, dass rechtsgeschäftliche Selbstbindung nicht aufgrund einer
privatautonomen Entscheidung eingegangen wird, sondern Ausdruck von Fremdbestimmung ist. Die grundrechtliche Gewährleistung der Privatautonomie setzt gemeinsam mit dem Sozialstaatsprinzip (Art 20 I, 28 I
GG) insofern in Fällen struktureller Unterlegenheit aufgrund von wirtschaftlichem oder intellektuellem
Übergewicht des anderen Vertragsteils in typisierbaren Fallgestaltungen der Vertragsfreiheit Schranken
(BVerfG NJW 94, 38). In diesen Fällen wird die Vertragsfreiheit durch **materielle Aspekte** zugunsten der Vertragsgerechtigkeit eingeschränkt. Der gebotene Schutz vor Fremdbestimmung darf aber nicht zu einer allgemeinen vertraglichen Inhaltskontrolle durch die Gerichte unter dem Banner der Vertragsgerechtigkeit führen.
Denn einer marktwirtschaftlichen Ordnung liegt die Vermutung zu Grunde, dass jeder unbeschränkt
Geschäftsfähige in der Lage ist, eigenverantwortlich über seine rechtsgeschäftlichen Bindungen zu entscheiden. Wo diese Vermutung freilich zur Fiktion degeneriert, fehlt es an einer Funktionsbedingung (*Larenz/Wolf*
AT § 34 Rn 5) für die Gewährung von Privatautonomie, so dass ein korrigierendes Einschreiten durch die
Zivilrechtsordnung geboten ist. Diese Korrekturen sind in systemkonformer Weise mit Mitteln des Privatrechts vorzunehmen, wozu etwa §§ 138, 242 und 826 die Ansatzpunkte bilden (§ 138 Rn 1).

II. Abschlussfreiheit. Die Abschlussfreiheit gewährleistet die freie Entscheidung des Einzelnen darüber, ob 14
und mit wem er eine vertragliche Bindung eingeht. Im Grundsatz kann niemand gezwungen werden, sich
gegenüber einer bestimmten Person vertraglich zu binden.

1. Reichweite der positiven Abschlussfreiheit. Die so beschriebene negative Abschlussfreiheit setzt voraus, 15
dass die Rechtsordnung einen zwischen zwei Parteien geschlossenen Vertrag als wirksam anerkennt (positive
Abschlussfreiheit, Staud/*Bork* Vorbem zu §§ 145–156 Rn 13). Im engsten persönlichen Freiheitsbereich versagt das Recht allerdings diese Anerkennung, da dieser Bereich einer (vertraglichen) Selbstbindung nicht
zugänglich ist. Daher kann etwa nicht wirksam auf das Recht verzichtet werden, Vaterschaftsanfechtungsklage

zu erheben (BGH NJW 83, 2073; NJW 95, 2028, 2030). Zur Rechtsverbindlichkeit einer Verabredung über die Einnahme empfängnisverhütender Mittel BGH NJW 86, 2043; *Medicus* BR Rn 372 a.

16 Grundsätzlich umfasst die Abschlussfreiheit auch die Möglichkeit, sich seiner Freiheit, Verträge zu schließen, (partiell) zu entäußern. In dem Sinn, dass man sich vertraglich zu einem Vertragsabschluss verpflichten kann, ist dies unproblematisch, wie schon das Beispiel des Vorvertrages zeigt (Rn 28). Auch die vertragliche Verpflichtung, nicht mit einem Dritten zu kontrahieren, ist wirksam, führt allerdings nicht zur Unwirksamkeit des abredewidrig geschlossenen Vertrages, sondern selbst im Fall von vertraglichen Verfügungsverboten gemäß § 137 lediglich zu Schadensersatzansprüchen. Umstritten ist die Beurteilung von Vereinbarungen, mit denen sich die Parteien verpflichten, in Zukunft keine vertragliche Bindung miteinander einzugehen (*Wagner-von Papp* AcP 205, 342 ff). Spricht man solchen Abreden Wirksamkeit zu, so bewirken sie für die Folgezeit einen partiellen Verlust der positiven Abschlussfreiheit. Spricht man sich hingegen für die Unwirksamkeit oder freie Aufhebbarkeit aus, so negiert man die positive Abschlussfreiheit im Ausgangszeitpunkt. Relevant wird dieses **Freiheitsparadoxon** unter anderem bei der Frage der Wirksamkeit von **Eigensperren in Spielbanken** (für Wirkungslosigkeit BGH NJW 96, 248; für Wirksamkeit mit der Rechtsfolge der Nichtigkeit des Spielvertrages (BGH NJW 06, 362; Hamm NJW-RR 02, 1634; Hamm NJW-RR 03, 971; KG NJW-RR 03, 1359). Es stellt sich in ähnlicher Weise bei rechtsgeschäftlichen Absprachen über die Formbedürftigkeit von Vertragsänderungen (§ 125 Rn 24).

17 **2. Einschränkungen der negativen Abschlussfreiheit.** Die negative Vertragsfreiheit wird durch den **Kontrahierungszwang** eingeschränkt (s auch § 311 Rn 7 ff). In diesen Fällen besteht für den Adressaten des Gebots die Pflicht, den ihm angetragenen Vertrag abzuschließen (Staud/*Bork* Vorbem zu §§ 145–156 Rn 13). Eine Verzögerung der Vertragsannahme führt zur Schadensersatzpflicht aus § 280 I. Auch in den Fällen des Kontrahierungszwangs reicht bloßes Schweigen des Verpflichteten auf das Angebot grundsl nicht aus (Staud/*Bork* Vorbem zu §§ 145-156 Rn 30; aA MüKo/*Kramer* § 151 Rn 4; Palandt/*Heinrichs* Einf v § 145 Rn 11). Anderes gilt nur bei § 5 III PflVersG und unter den bei §§ 147, 148 Rn 4 dargestellten Voraussetzungen. Häufig wird allerdings der Zugang der Annahme nach § 151 S1 verzichtbar sein. Die Pflicht zum Vertragsabschluss kann auch im Wege des einstweiligen Rechtsschutzes durchgesetzt werden (vgl Karlsr GRUR 80, 811; BaRoth/*H.-W. Eckert* § 145 Rn 13). Hinsichtlich bereits geschlossener Verträge wandelt sich das Kontrahierungsgebot in ein Kündigungsverbot (BGH NJW 89, 3011). Zum Kontrahierungszwang nach dem **Antidiskriminierungsgesetz** s § 311 Rn 14 ff.

18 **a) Unmittelbarer Kontrahierungszwang.** In den Fällen des unmittelbaren Kontrahierungszwanges ergibt sich dieser direkt aus einer gesetzlichen Vorschrift. **Verkehrsrecht** § 10 AEG; §§ 22, 47 IV PBefG; 21 II 3 LuftVG. **Telekommunikationsrecht** § 13 II PostG; §§ 16, 19 TKG. **Energierecht** § 18 EnWG2005; § 4 I EEG 2004; § 4 KWKG 2002. **Versicherungsrecht** § 5 II, IV PflVG. **Sozialrecht** §§ 23, 110 I Nr 1 SGB XI. **Berufsrecht** §§ 48, 49 BRAO; § 15 I BNotO. **Gewerblicher Rechtsschutz** §§ 61, 87 V UrhG; §§ 13, 24 PatG; § 20 GebrMG. **Kartellrecht** §§ 19 IV Nr 4, 20 iVm § 33 GWB). Neben diesen bundesrechtlichen Vorschriften sehen auch einige landesrechtliche Vorschriften Abschlussgebote vor.

19 **b) Mittelbarer Kontrahierungszwang.** Außerhalb dieser ausdrücklichen gesetzlichen Anordnung kann sich ein (mittelbarer) Kontrahierungszwang aus § 826 und § 20 GWB iVm § 33 GWB ergeben. Diese Normen sehen verschuldensabhängige Schadensersatzansprüche vor. Die gem § 249 herzustellende Naturalrestitution vollzieht sich nach hM in Form des Vertragsabschlusses zu angemessenen und gleichen Bedingungen (BGHZ 107, 279; Kobl NJW-RR 91, 946; RGZ 133, 388). Allerdings sollte auch ein nur objektiver Verstoß ausreichen (so KG WuW/E 2212), der Anspruch auf Vertragsschluss ist dann keine Folge eines Schadensersatzanspruchs, sondern ergibt sich direkt aus einem **quasinegatorischen Unterlassungsanspruch** (BaRoth/*H.-W. Eckert* § 145 Rn 16; Palandt/*Heinrichs* Einf v § 145 Rn 9; AnwK/*Schulze* Vor §§ 145-157 Rn 11; Erman/*Armbrüster* Vor § 145 Rn 28).

20 **aa) Kartellrecht.** Für den Bereich des Verkehrs zwischen Unternehmen ergibt sich aus § 20 GWB für marktbeherrschende und marktstarke Unternehmen ein Diskriminierungsverbot. § 20 I GWB verbietet es marktbeherrschenden Unternehmen, andere Unternehmen in einem Geschäftsverkehr, der gleichartigen Unternehmen üblicherweise zugänglich ist, zu behindern oder ohne sachlichen Grund ungleich zu behandeln (BGH NJW 03, 3345). § 20 II GWB dehnt dieses Verbot auf marktstarke Unternehmen aus, soweit kleinere und mittlere Unternehmen von einer Ware oder Dienstleistung in der Weise abhängig sind, dass zumutbare Ausweichmöglichkeiten nicht bestehen (BGH NJW-RR 00, 1286 – Polstermöbel; ZIP 94, 806; NJW 76, 801 – Rossignol).

21 Die Presse unterliegt hinsichtlich der Veröffentlichung politischer Werbung keinem Abschlusszwang (für Presseunternehmen BVerfG NJW 76, 1627). Hinsichtlich nicht-politischer Anzeigen gelten die unter Rn 20, 22 dargestellten Voraussetzungen (Karlsr NJW 88, 341; Schlesw NJW 77, 1886), wobei allerdings die redaktionellen und wirtschaftlichen Interessen des Herausgebers zu berücksichtigen sind. Private und öffentlich-rechtliche Rundfunkunternehmen können aufgrund landesrechtlicher Vorschriften zur Ausstrahlung von Wahlwerbung verpflichtet sein. Vgl zB § 33 SchlHRundfunkG, § 24 NMedienG Nds, § 30 PrivatrundfunkG Hessen. Anders § 13 MedienG HH.

22 **bb) Verbrauchergeschäfte..** Außerhalb des Geschäftsverkehrs zwischen Unternehmen hat schon das RG einen Kontrahierungszwang unter den Voraussetzungen von § 826 angenommen (RGZ 148, 334; 133, 390).

Danach besteht dann eine Pflicht zum Vertragsabschluss, wenn die Verweigerung eine vorsätzlich sittenwidrige Schädigung darstellen würde, was insbesondere bei Monopolbetrieben und bei lebensnotwendigen Leistungen zu bejahen ist. Dem ist der BGH (NJW 80, 186) im Grundsatz gefolgt. Im Schrifttum wird die Anknüpfung an § 826 und die Beschränkung auf Monopolbetriebe und lebenswichtige Leistungen zunehmend als zu eng empfunden. Befürwortet wird teilweise eine Gesamtanalogie zu den unter Rn 18 genannten Vorschriften (*Larenz* SchuldR § 4 Ia; *Palandt/Heinrichs* Vorb. § 145 Rn 10), wobei die Voraussetzungen im Einzelnen streitig sind. Jedenfalls genügt es, wenn ein Unternehmer lebenswichtige Güter öffentlich anbietet, eine zumutbare Alternative der Versorgung für den Verbraucher nicht besteht und keine sachlichen Gründe für die Abweisung des anderen Teils existieren (Staud/*Bork* Vorbem zu §§ 145-156 Rn 20; Palandt/*Heinrichs* Einf v § 145 Rn 10). Ob es auch ausreicht, wenn nur eines der Kriterien zutrifft, ist eine Frage des Einzelfalles, kann aber nicht ausgeschlossen werden. Der BGH hat in Erwägung gezogen (NJW 80, 186), auch solche Vereinigungen dem Abschlusszwang (Aufnahme in einen Anwaltsverein) zu unterwerfen, die keine Monopolstellung erlangt haben, aber eine erhebliche wirtschaftliche und soziale Machtstellung besitzen, sofern der Bewerber zur Verfolgung oder Wahrung wesentlicher Interessen auf die Mitgliedschaft angewiesen ist. Ungeklärt ist schließlich, ob ein Abschlusszwang im Einzelfall auch hinsichtlich der Deckung des Bedarfs für nicht lebensnotwendige Güter in Frage kommt (*Medicus* SchuR I Rn 84; nur für wichtige Güter Jauernig/*Jauernig* Vor § 145 Rn 11; abgelehnt für Besuch einer Spielbank BGH ZIP 94, 1274; ebenso für Wahlleistungen im Krankenhaus BGH NJW 90, 763. Bejahend für sozial erwünschte Leistungen MüKo/*Kramer* Vor § 145 Rn 13). Jedenfalls bei öffentlich angebotenen Gütern und Dienstleistungen, die zum Normalbedarf gehören, sollte bei einer sittenwidrigen Begründung der Vertragsablehnung ein Kontrahierungszwang bejaht werden (Staud/*Bork* Vorbem zu §§ 145-156 Rn 24). Bei der Frage der Rechtfertigung der Ungleichbehandlung durch sachliche Gründe sind schließlich auch Art 1 I GG, die Diskriminierungsverbote des Art 3 GG und das Sozialstaatsprinzip zu berücksichtigen.

In wesentlich weiterem Umfang ergibt sich aus den Richtl 2000/43, 2000/78 und 2002/73 im Wege richtlinienkonformer Auslegung des geltenden Rechts ein Kontrahierungszwang (im Einzelnen § 311). 23

c) gesetzliches Eintrittsrecht. Einem unmittelbaren Abschlusszwang gleich kommt der gesetzlich verfügte 24 Eintritt eines Dritten in ein Vertragsverhältnis. Solche Regelungen bestehen vor allem im Miet- und Pachtrecht (§§ 565, 566, 578, 581 II, 593a, 593b) und im Arbeitsrecht (§ 613a).

III. Inhaltsfreiheit. Die Domäne der Inhaltsfreiheit ist das Schuldvertragsrecht (§ 311 Rn 28 ff). 25
Im Sachen-, Familien- und Erbrecht werden dagegen Art und zulässiger Inhalt von Verträgen in weitem 26 Umfang durch zwingendes Gesetzesrecht vorgegeben. So bewirkt der numerus clausus der Sachenrechte zusammen mit dem sachenrechtlichen Typenzwang, dass die Parteien nur die gesetzlich bestimmten Rechte vereinbaren können und sich hierbei an die durch das Gesetz zur Verfügung gestellten Akttypen zu halten haben (s Vor § 854 Rn 14).

C. Vorstufen des Vertrages. I. Vertragsverhandlungen und vorvertragliches gesetzliches Schuldverhältnis. 27
Solange es noch nicht zu einem Konsens der Parteien über die essentialia negotii (§ 145 Rn 4) des erstrebten Vertrages gekommen ist, sich die Parteien also noch in der Verhandlungsphase befinden, unterliegen sie keiner rechtlichen Bindung iSe Erfüllungsverpflichtung. Allerdings kann durch die Aufnahme von Vertragsverhandlungen kraft Gesetzes ein vorvertragliches Schuldverhältnis entstehen, das die Parteien in besonderer Weise zu gegenseitiger Rücksichtnahme verpflichtet und damit die allgemeinen deliktsrechtlichen Sorgfaltsanforderungen verschärft. Der Unterschied dürfte allerdings infolge der Ausweitung der Verkehrssicherungspflichten nicht mehr zu groß sein. Eine Pflicht zum Vertragsabschluss begründet aber auch das vorvertragliche Schuldverhältnis nicht (Staud/*Bork* Vorbem zu §§ 145–156 Rn 49). Vgl im Einzelnen § 311 Rn 42 ff.

II. Rechtsgeschäftliche Bindungen im Vorfeld des Vertrages. 1. Vorvertrag. Der Vorvertrag ist die vertrag- 28 liche Verpflichtung zum Abschluss eines (Haupt-) Vertrages. Insofern begründet er einen gewillkürten Kontrahierungszwang. Es gibt ihn nur hinsichtlich verpflichtender Verträge, denn die vertragliche Verpflichtung zur Vornahme einer Verfügung ist selbst schuldrechtlicher Hauptvertrag (BGH NJW-RR 92, 977; Karlsr NJW 95, 1562 für Vorvertrag über Unterhaltsverzicht). Eine Bindung durch Vorvertrag kann sinnvoll sein, wenn dem Abschluss eines Hauptvertrages noch tatsächliche oder rechtliche Hindernisse entgegenstehen. Im Übrigen ist hinsichtlich der Annahme einer gewillkürten Bindung vor Abschluss des Hauptvertrages Zurückhaltung geboten (BGH NJW 80, 1577; 01, 1286). Denn entweder haben sich die Parteien schon so weit geeinigt, dass sie sich rechtlich binden wollten, dann handelt es sich im Zweifel um den Abschluss eines – bedingten – Hauptvertrages (LG Gießen NJW-RR 95, 524 für auflösend bedingten Mietvertrag). Oder ein Rechtsbindungswille liegt eben noch nicht vor, wodurch auch die Annahme eines Vorvertrages ausgeschlossen wird und es sich lediglich um eine unverbindliche Absichtserklärung handelt (letter of intent, Rn 40) hierbei.

Anders als der **Rahmen- oder Mantelvertrag** bedarf der Vorvertrag einer hinreichenden Bestimmtheit hin- 29 sichtlich aller objektiv oder nach Verständnis der Parteien wesentlichen Punkte des zu schließenden Hauptvertrages. Der Inhalt des Hauptvertrages muss ggf unter Anwendung des § 287 ZPO im Wege ergänzender Vertragsauslegung bestimmbar sein (BGH NJW-RR 93, 139; Karlsr 96, 997 f). Mantel- oder Rahmenvertrag enthalten dagegen zwingend nur eine Einigung über einige Einzelpunkte der zukünftig abzuschließenden Einzelverträge. Ein Anspruch auf Vertragsabschluss ergibt sich aus ihnen grds nicht (Staud/*Bork* Vorbem zu §§ 145-157 Rn 54), was durch § 154 I 2 bestätigt wird. Gleichwohl kann ein Rahmenvertrag bei entspr Bestimmtheit zugleich auch ein Vorvertrag sein (BGH NJW-RR 92, 977).

30 Für die **Formbedürftigkeit** des Vorvertrags kommt es auf die Funktion der für den Hauptvertrag einschlägigen Formvorschrift an: Soweit diese auch Warnfunktion besitzt und dem Übereilungsschutz dient, ist sie auch auf den Vorvertrag anzuwenden (BGHZ 61, 48). Daher soll § 550 für den Mietvorvertrag nicht gelten (BGH NJW 80, 1577; § 550; aM *Häsemeyer*, Die gesetzliche Form der Rechtsgeschäfte, S 112). Durch den Abschluss eines formgültigen Hauptvertrags wird der Formmangel des Vorvertrags analog § 311b I 2 geheilt (BGH NJW 04, 3626). Entspr gilt für ein behördliches Genehmigungserfordernis hinsichtlich des Hauptvertrags (Staud/*Bork* Vorbem zu §§ 145-157 Rn 63). Bei gewillkürter Schriftform gilt § 154 II (Jauernig/*Jauernig* Vor § 145 Rn 5).

31 Die Pflichten aus dem Vorvertrag werden durch Abgabe eines Angebots auf Abschluss eines Hauptvertrags und dessen Annahme erfüllt. Nichterfüllung dieser Pflichten kann Schadensersatzansprüche nach § 280 und ein Rücktrittsrecht nach § 323 auslösen (BGH NJW 84, 479). Wurde bei Bestehen eines Vorvertrags ein Hauptvertrag durch einen vollmachtlosen Vertreter geschlossen, so besteht ein Anspruch auf Genehmigung mit Wirkung ex nunc (BGH NJW 90, 508 dazu *K Schmidt* DNotZ 90, 710).

32 Die Vereitelung der mit dem Hauptvertrag einseitig oder zweiseitig bezweckten Erfolgs berührt die Geschäftsgrundlage des Vorvertrags nicht (BGH NJW 01, 1285). Die Verjährung der Ansprüche aus dem Vorvertrag unterliegt nicht den für den Hauptvertrag geltenden Regeln, sondern den allgemeinen Vorschriften (Staud/*Bork* Vorbem zu §§ 145-157 Rn 66 str; aA MüKo/*Kramer* Vor § 145 Rn 49).

33 Die **prozessuale Durchsetzung** des Anspruchs aus dem Vorvertrag erfolgt durch Leistungsklage auf Annahme des vom Kläger gemachten Angebots über den Abschluss des Hauptvertrags. Das stattgebende Urteil ersetzt gem § 894 ZPO die Annahmeerklärung des anderen Teils (BGH NJW 84, 480). Mit der Klage auf Annahme des Angebots kann daher auch die Klage auf Leistung aus dem Hauptvertrag verbunden werden, wobei dieser Antrag unter die Bedingung gestellt werden kann, dass die Klage auf Abschluss des Hauptvertrags Erfolg hat (unechtes Eventualverhältnis, BGH NJW 01, 1285). Regelt ein Vorvertrag jedoch nicht den vollständigen Inhalt des in Aussicht genommenen Hauptvertrags, so muss der Berechtigte mit seinem Klageantrag kein eigenes Angebot unterbreiten und dessen Annahme verlangen, sondern kann auf Abgabe eines ausformulierten Vertragsangebots durch den Verpflichteten (BGH NJW 01, 1272) oder auf Feststellung der Pflicht zum Vertragsschluss klagen (BGH NJW 02, 3017).

34 **2. Option.** Jeder Option ist es wesensimmanent, dass sie dem Berechtigten das Recht vermittelt, den Vertrag einseitig durch Ausübung der Option zustande kommen zu lassen. Insofern wird auch durch die Option ein Kontrahierungszwang begründet. Anders als der Vorvertrag vermittelt die Option aber nicht einen schuldrechtlichen Anspruch auf Abschluss des Hauptvertrags, sondern das Recht, unmittelbar durch die Ausübung der Option den Vertrag zustande kommen zu lassen. Hierbei handelt es sich nach hM um ein **Gestaltungsrecht** (MüKo/*Kramer* Vor § 145 Rn 50; aA Staud/*Bork* Vorbem zu §§ 145-157 Rn 73). Ist der zu schließende Vertrag ein Kaufvertrag, nennt man das Optionsrecht des Käufers „Call-Option", bei einem entspr Recht des Verkäufers spricht man von „Put-Option". Den Optionsverpflichteten treffen während der Schwebephase besondere Pflichten, die Durchführung des Vertrags nicht zu vereiteln (AnwK/*Schulze* vor §§ 145–157 Rn 36; s auch § 145 Rn 14).

35 **Konstruktiv** stellt sich die Option freilich nicht als ein einheitliches Institut dar. Ihre Begründung kann zum einen durch Einräumung eines Gestaltungsrechts in einem zweiseitigen Optionsvertrag erfolgen. Dieser ist wiederum in zwei Varianten denkbar, nämlich zum einen als Angebotsvertrag, in dem die eine Seite ein sie längerfristig bindendes Angebot abgibt. Möglich ist es auch, den Optionsvertrag als bedingten Hauptvertrag auszugestalten. Die Wirksamkeit des Vertrags ist dann aufschiebend auf die Ausübung der Option durch den Berechtigten bedingt (§ 158 Rn 7, 18).

36 Die **Einräumung** einer Option kann zum anderen auch einseitig durch ein langfristig bindendes Angebot (Festofferte) erreicht werden. Rechtstechnisch handelt es sich in diesem Fall um ein normales Angebot, dessen Annahmefähigkeit gem § 148 zu bestimmen ist.

37 Welche Konstruktion dem Willen der Parteien gerecht wird, ist durch Auslegung zu ermitteln. Hierbei ist der Grundsatz zu beachten, dass die Auslegung zu wählen ist, die dem Parteiwillen zum Erfolg verhilft. Es spielen vor allem Formfragen eine Rolle: Die Bestellung einer Option, ob mittels Festofferte, Angebotsvertrags oder bedingten Hauptvertrags bedarf jedenfalls der für die Willenserklärung des Optionsverpflichteten geltenden Form (MüKo/*Kramer* Vor § 145 Rn 53; Staud/*Bork* Vorbem zu §§ 145-157 Rn 74). Räumt also jemand einem Gläubiger eine Option auf Abschluss eines Bürgschaftsvertrags ein, so bedarf die Willenserklärung des möglichen Bürgen unabhängig von der Konstruktion der Form des § 766.

38 Nach hM ist die (ihrerseits bedingungsfeindliche, § 158 Rn 18) **Ausübung** der Option nur im Falle der Festofferte und des Angebotsvertrags formbedürftig. Für den Fall des bedingten Hauptvertrags bezieht die hM unter (zweifelhafter) Berufung auf § 456 I 2 die Formpflichtigkeit der Annahme schon und ausschl auf den Optionsvertrag, so dass die Ausübung der Option formlos möglich ist (BGH NJW-RR 96, 1167; Köln NJW-RR 03, 375; Palandt/

Heinrichs Einf v § 145 Rn 23; BaRoth/*H-W Eckert* § 145 Rn 28; aA MüKo/*Kramer* Vor § 145 Rn 53; Staud/*Bork* Vorbem zu §§ 145–157 Rn 74; Jauernig/*Jauernig* Vor § 145 Rn 6). Bei einem Grundstückskauf unterliegt danach der Optionsvertrag der Form des § 311 b I, während die Ausübung der Option formfrei möglich sein soll.

3. Vorhand. Die Vorhand vermittelt dem Berechtigten ein Recht, dass zunächst ihm der Vertragsschluss angetragen wird, bevor der Verpflichtete endgültig mit einem Dritten abschließt. Wie stark die Position des Berechtigten ausgestaltet ist, hängt vom Parteiwillen ab und schwankt von Fall zu Fall stark (MüKo/*Kramer* Vor § 145 Rn 56). So kann in einem Vorrechtsvertrag nur die Verpflichtung zur Aufnahme von Vertragsverhandlungen mit dem Berechtigten vorgesehen sein, es kann sich aber auch um einen (doppelt) bedingten Hauptvertrag handeln. Dann liegt in der Vorrechtseinräumung die Einräumung einer bedingten Option (BGH NJW 88, 1261) oder eines bedingten Vorvertrags. Die Bedingung ist der Entschluss des Verpflichteten, den Hauptvertrag abzuschließen. Das **Vorkaufsrecht**, § 463, lässt sich insofern als Sonderfall der Vorhand begreifen, bei dem der Inhalt des Vertrags zwischen Vorhandberechtigtem und -verpflichtetem vom Inhalt des mit dem Dritten geschlossenen Vertrags abhängt. Ob die Einräumung des Vorrechts formpflichtig ist, hängt davon ab, ob der Verpflichtete sich bereits endgültig bindet (vgl Hburg NJW-RR 92, 20). 39

4. Letter of intent. Die Bezeichnung letter of intent wird demgegenüber verwendet, um vorbereitende Erklärungen im Zusammenhang komplexer Vertragswerke typischerweise auf dem Gebiet des Wirtschaftsrechts zu beschreiben. Um eine gefestigte Rechtsfigur handelt es sich nicht (*K Schmidt* HandelsR § 20 I 2a). Auch beim letter of intent (Muster bei *Kösters* NZG 99, 623) fehlt es jedenfalls am Willen mindestens einer Partei, schon zu diesem Zeitpunkt eine rechtliche Bindung in vertraglicher Form einzugehen. Die Parteien verleihen vielmehr nur der Absicht Ausdruck, in ernsthafte Vertragsverhandlungen (über ein kompliziertes Vertragswerk) einzutreten. Regelmäßig werden auch im letter of intent bereits gewisse Eckpunkte des Vertrags festgelegt werden, es fehlt jedoch an der Bindungswirkung solcher Erklärungen, was in der Praxis häufig auch durch no binding clauses deutlich gemacht wird, sich aber auch schon aus § 154 I 2 ergibt. Zu den Rechtsfolgen s § 145 Rn 8; MüKo/*Kramer* Vor § 145 Rn 41. 40

D. Vertragsschluss. I. Allgemeines. Den §§ 145 ff liegt die Vorstellung eines **sukzessiven Vertragsschlusses** zugrunde, bei dem zunächst eine der Parteien einen Antrag macht, den anschließend die andere annimmt. Ob sich der Vertragsschluss tatsächlich nach diesem Muster vollzieht, ist für die Wirksamkeit des geschlossenen Vertrags freilich nicht entscheidend, denn der Geltungsgrund des Vertragsversprechens ist nicht die Art und Weise des Zustandekommens, sondern der materielle Konsens der Parteien (Staud/*Bork* Vorbem zu §§ 145–156 Rn 36). Hieraus ergibt sich, dass die **§ 145 ff dispositiv** sind. 41

Ort und Zeitpunkt des Vertragsschlusses bemessen sich, vorbehaltlich weiterer Wirksamkeitserfordernisse, grds nach dem Wirksamwerden der Annahme (MüKo/*Kramer* Vor § 145 Rn 57 ff). Bei empfangsbedürftiger Annahme kommt es danach auf den Ort und den Zeitpunkt ihres Zugangs an; bei Annahme nach § 151 auf Zeit und Ort der Annahmehandlung. Erfolgt der Vertragsschluss nach § 152, so ist entspr die Beurkundung der Annahmeerklärung entscheidend. 42

II. Angebot und Annahme, Abwandlungen. Die §§ 145 ff sehen einen Vertragsschluss durch zwei aufeinander bezogene Willenserklärungen vor, die inhaltlich komplementär sind. Aus ihnen ergibt sich die von den Parteien gewollte Rechtsfolge, die lex contractus. Zur Wirksamkeit des Vertrages ist Voraussetzung, dass die vereinbarten Regelungen wenigstens die essentialia negotii des betreffenden Vertragstyps festlegen oder diese bestimmbar sind (§ 145 Rn 4). Beim Abschluss von Versicherungsverträgen ist hinsichtlich des Vertragsinhalts § 5 VVG zu beachten. 43

Der sukzessive Vertragsschluss durch Angebot und Annahme kann auch durch konkludente Willenserklärungen erfolgen, sofern keine Formerfordernisse eingreifen. Um eine konkludente Willenserklärung in Form einer Realofferte handelt es sich auch bei der **Zusendung unbestellter Waren**. Dieses Angebot kann grds durch Ingebrauchnahme angenommen werden, Zugang ist gem § 151 nicht erforderlich. Dieser allgemein privatrechtliche Mechanismus des Vertragsschlusses wird durch § 241 a erheblich modifiziert, da im Anwendungsbereich der Vorschrift der Gebrauchshandlung kein Erklärungsgehalt zukommt (§ 241 a Rn 10). Außerhalb von § 241 a (Unternehmer oder Verbraucher jeweils untereinander) bleibt diese Möglichkeit, einen Vertrag zu schließen, freilich unbenommen, auch wenn die unverlangte Zusendung wettbewerbswidrig ist (BGH NJW 76, 78). Den Empfänger der Ware trifft weder eine Pflicht zur ausdrücklichen Ablehnung des Vertragsschlusses noch zur Rücksendung der Ware. Seine deliktische Haftung ist gem § 300 auf Vorsatz und grobe Fahrlässigkeit beschränkt. Für weitere Einzelheiten s § 241 a Rn 5. 44

Nach hM kommt auch bei sich **kreuzenden Angeboten**, die sich inhaltlich entsprechen, ein Vertrag zwischen den Parteien zustande (MüKo/*Kramer* § 151 Rn 5), jedenfalls sofern nicht eine der Seiten unverzüglich widerspricht (Staud/*Bork* § 146 Rn 7). Zwar fehlt es an einer Vertragsbegründung durch Annahme, jedoch besteht zwischen den Parteien materieller Konsens, der nach dem zu Rn 41 Gesagten ausreicht. 45

III. Aushandeln des Vertrages. Die Erkenntnis, dass Geltungsgrund des Vertrags der materielle Konsens der Parteien ist, öffnet den Blick für die in der Praxis gerade bei komplexen Transaktionen häufigen Fälle des Aushandelns eines Vertrags, an dessen Ende die Zustimmung beider Parteien zum Verhandlungsergebnis 46 steht. Vertragsverhandlungen, bei denen jede der Parteien einerseits Zugeständnisse macht und andererseits auf Positionen beharrt, als nicht endende Kette von Angeboten und abändernden Annahmen mit der Folge des § 150 II zu begreifen, ginge an der Wirklichkeit und vor allem am Verständnis der Parteien vorbei. Denn diese fühlen sich erst im Moment des Verhandlungsabschlusses gebunden. Entspr erzeugt der Abbruch von Vertragsverhandlungen allenfalls Ansprüche auf das negative Interesse (§ 145 Rn 8). Eine Bindung an ein Zwischenergebnis der Verhandlungen, wie es bei einer Anwendung des § 145 bestünde, kann aber allenfalls über Punktationen (§ 154 Rn 5) oder andere Vorfeldvereinbarungen (Rn **28 ff**) erreicht werden. Nichtsdestotrotz könen insbes §§ 147 f auch auf die Fälle des Aushandelns eines Vertrags analog angewendet werden (Staud/*Bork* Vorbem zu §§ 146–156 Rn 38).

47 **IV. Faktischer Vertrag.** Die Lehre vom faktischen Vertrag wurde begründet, um auch in Fällen des Massenverkehrs, in denen die Parteien keine ausdrücklichen Willenserklärungen abgeben, einen Vertragsschluss konstruieren zu können (vgl noch BGHZ 21, 334). Heute wird sie allgemein abgelehnt, da das gewünschte Ergebnis auch über die Annahme konkludenter Willenserklärungen erreicht werden kann (BGHZ 95, 339).

48 So liegt in den Fällen von öffentlich angebotenen Leistungen (Beförderung im Öffentlichen Personennahverkehr, Benutzung von Parkplätzen, Versorgung mit Strom, Gas, Wasser, Telekommunikationsleistungen) im Anbieten der Leistung eine Realofferte, die der Benutzer durch die Inanspruchnahme der Leistung annimmt. Es ist allerdings erforderlich, dass dem Nutzer die Mitwirkung des anderen Teils an der zu erbringenden Leistung erforderlich wird (BGH NJW 05, 3636 f: Kein Entgeltanspruch von Verbindungsnetz- und Plattformbetreibern ggü Telefonkunden bei Mehrwertdiensten). Der Zugang dieser Willensbetätigung mit Erklärungsgehalt ist nach § 151 entbehrlich. Die Vorschriften über Willenserklärungen sind auf die Willensbetätigung anwendbar, so dass Geschäftsfähigkeit erforderlich ist (AG Mühlheim NJW-RR 89, 175), allein die Anfechtung wegen eines Irrtums über die Rechtserheblichkeit des Verhaltens (§ 119 I) ist ausgeschlossen (Palandt/*Heinrichs* Einf v § 145 Rn 25).

49 Nimmt der Benutzer die Leistung in Anspruch, lehnt aber gleichzeitig eine rechtsgeschäftliche Bindung ab, so ist der Vertragsschluss problematisch. Wird der Vorbehalt nicht ausdrücklich kundgetan, so ist er gem § 116 als Mentalreservation nichtig (Jauernig/*Jauernig* Vor § 145 Rn 20). Wenn der Vorbehalt vom Benutzer allerdings nach außen deutlich gemacht wird, so wird von der hM auf die Regel **protestatio facto contraria non valet** zurückgegriffen, nach der die Äußerung als widersprüchliches Verhalten unbeachtlich sein soll, so dass dennoch ein Vertragsschluss zu bejahen ist (BGH NJW 00, 3431 für den Fall des weiteren Bezugs von Strom nach Kündigung des Bezugsvertrags; s aber auch BGH NJW 02, 817 u 02, 1945 für den Fall der Inanspruchnahme von Maklerdiensten nach der Erklärung, für einen Makler nichts zahlen zu wollen. Palandt/*Heinrichs* Einf v § 145 Rn 26; Staud/*Bork* Vorbem zu §§ 145–156 Rn 39; BaRoth/*H-W Eckert* § 145 Rn 45; Larenz/*Wolf* § 30 Rn 21). Von der Gegenansicht wird auf die Perplexität des Verhaltens (Widerspruch von Tun und Erklärung) abgestellt, wenn die Erklärung vor oder bei Abnahme der Leistung erfolge. Dieser Widerspruch führe zur Unwirksamkeit des Verhaltens insgesamt, dem damit kein Erklärungsgehalt zukomme, weshalb keine Annahme festzustellen sei (Jauernig/*Jauernig* Vor 145 Rn 20; auch Soergel/*Wolf* Vor § 145 Rn 104). Eine vertragliche Bindung gegen den erklärten Willen lasse sich nicht mit der Privatautonomie vereinbaren und sei auch nicht erforderlich. Denn dem Anbieter stünden ggf Ansprüche aus ungerechtfertigter Bereicherung zu. Andere versuchen eine heteronom begründete Vertragsverbindlichkeit unter Rückgriff auf § 242 zu konstruieren (AnwK/*Schulze* Rn §§ 145 Rn 43).

50 **V. Vertragsschlüsse auf Auktionsplattformen im Internet. 1. Einführung und Abgrenzung.** Vertragsschlüssen iRe **Online-Auktion** auf einer Internetplattform wie bspw eBay kommt zunehmende wirtschaftliche Bedeutung zu. Dies betrifft sowohl den Abschluss von Kaufverträgen zwischen Verbrauchern untereinander wie auch Verträge zwischen Unternehmern und Verbrauchern. Soweit diese Vertragsabschlüsse über sog Sofort- oder Direktkaufmodelle (hier findet keine Auktion statt, sondern die Ware wird zu einem Festpreis angeboten) zwischen einem Unternehmer als Anbieter und einem Verbraucher als Käufer erfolgen, können sie aus der folgenden Erörterung ausscheiden, da sie normale Fernabsatzgeschäfte darstellen, die hinsichtlich des Vertragsschlusses keine Sonderprobleme aufwerfen (AG Moers NJW 04, 1330): Der Anbieter gibt ein Angebot an eine unbestimmte Person ab, wobei sich aus der zur Artikelbeschreibung gehörigen Mengenangabe ergibt, wie viele Geschäfte er abschließen will. Der Käufer nimmt dieses Angebot durch eine entspr Willenserklärung an.

51 **2. Wesen der Online-Auktion und Wirksamkeit des abgeschlossenen Vertrages.** Das Betreiben einer Auktions-Plattform ist nicht nach § 34 b I GewO genehmigungspflichtig, ein Verstoß würde im Übrigen ohnehin nicht zur Nichtigkeit der von den Parteien geschlossenen Verträge führen. Die Durchsetzbarkeit der geschlossenen Verträge wird auch nicht von § 762 I berührt, da bei der Online-Auktion das dem Spiel wesentliche Element des Zufalls nur hinsichtlich der Stärke der Nachfrage im Angebotszeitraum vorhanden ist (BGH NJW 02, 365).

52 Online-Auktionen sind regelmäßig **keine Versteigerungen** iSd § 156 (BGH NJW 05, 54; krit *Mankowski* JZ 05, 444). Es fehlt am begriffsprägenden Zuschlag, der den Vertrag zustande bringt. Bei Online-Auktionen kommt der Vertrag vielmehr durch Zeitablauf zwischen dem Anbieter und dem aktuell Höchstbietenden zustande. Der bloße

Zeitablauf ist anders als der Zuschlag iSd § 156 keine Willenserklärung (AnwK/*Kremer/Noack* Anh zu § 156 Rn 12). Der Betreiber der Plattform ist insoweit nur Empfangsvertreter (BGH NJW 02, 364), ihm kommt aber nicht die Funktion eines Versteigerers zu. Online-Auktionen sind demnach nur eine moderne Form der Vertragsanbahnung im Internet unter Verwendung eines besonderen Verfahrens zur Preisfindung (AnwK/*Kremer/Noack* Anh zu § 156 Rn 10). Die essentialia negotii des so abgeschlossenen Vertrags, insbes die Parteien und der Kaufpreis, stehen im Zeitpunkt des Vertragsschlusses, nämlich dem Ablauf der Auktion, fest (BGH NJW 02, 363), so dass auch hieraus keine Bedenken gegen die Wirksamkeit des Vertrages erwachsen. Zur Beweislast bei missbräuchlicher Verwendung des eBay-Namens durch einen Dritten s Köln MMR 02, 813.

3. Ablauf des Vertragsschlusses. a) Angebot und Annahme. Das **Einstellen der Ware** verbunden mit dem Starten der Auktion durch den Verkäufer stellt die Abgabe eines **verbindlichen Verkaufsangebots** an denjenigen dar, der innerhalb der Laufzeit der Auktion das höchste Gebot abgibt (BGH NJW 05, 54; *Lettl* JuS 02, 219). Der Käufer nimmt das Angebot durch Abgabe eines (Höchst-) Gebots an. Nach dem diesbzgl Urteil des BGH v 3.11.04 hat eBay seine ABG inzwischen entspr angepasst (§ 9 Nr 1 AGB eBay). 53

Das **Gebot als Annahme** soll nach teilweise vertretener Ansicht unter der aufschiebenden Bedingung iSd § 158 I stehen, dass es im Moment des Ablaufs der Auktion das Höchstgebot bildet (AG Menden NJW 04, 1329; AnwK/*Kremer/Noack* Anh § 156 Rn 21). Vorzugswürdig erscheint es, ein unbedingtes Angebot anzunehmen, auf das der Erlöschensgrund des § 156 S 2 analog anzuwenden ist. Dies entspricht auch der in § 9 Nr. 2 AGB eBay zum Ausdruck gebrachten Vorstellung (zur Wirksamkeit der AGB s.u. Rn 59). Hieraus folgt, dass Gebote, die überboten wurden, unwirksam bleiben, wenn ein höheres Gebot ausnahmsweise zulässig zurückgenommen wurde, bspw in Ausübung des Widerrufsrechts aus § 312 d I. 54

b) Widerruf von Angebot oder Annahme. Ein Widerruf gem § 130 I 2 von Angebot oder Annahme ist grds nicht möglich (KG NJW 05, 1053). Denn der Zugang findet bereits im Moment des Einstellens des Angebots bzw der Abgabe des Gebots statt, da der Plattformbetreiber für beide Seiten als Empfangsvertreter nach § 164 III fungiert (BGH NJW 02, 364. Etwas anders AnwK/*Kremer/Noack* Anh § 156 Rn 13, nach denen der Zugang der Annahme gem § 151 verzichtbar sein soll). Eine den Widerruf erlaubende Zeitspanne zwischen Abgabe und Zugang der Erklärung existiert damit nicht, so dass der Anbieter sein verbindliches Angebot nicht nach Start der Auktion durch „Löschung" widerrufen kann. Eine Unwiderruflichkeit des eingestellten Angebots sieht auch § 9 Nr 1 AGB eBay vor (Oldbg NJW 05 2557; KG NJW 05, 1953; vgl auch *Wackerbarth/van der Hoff* ZGS 05, 216). 55

Möglich ist insoweit allenfalls, das Angebot durch Anfechtung nach § 142 rückwirkend zu vernichten. Diese setzt einen Anfechtungsgrund nach §§ 119, 123 und den Zugang der Anfechtungserklärung voraus. Für letzteren ist der Betreiber mangels entspr Vertretungsmacht im Zweifel nicht Empfangsvertreter, so dass die Anfechtung durch den Verkäufer ggü allen bisherigen Bietern zu erfolgen hat (AnwK/*Kremer/Noack* Anh § 156 Rn 23; aA *Ulrici* NJW 01, 1113). 56

Soweit es sich um eine Transaktion zwischen einem Unternehmer und einem Verbraucher handelt (B2C-Transaktion), besteht allerdings zu Gunsten des Verbrauchers das Widerrufsrecht aus § 312 d I, das nicht durch § 312 d IV Nr 5 ausgeschlossen wird, da es sich bei der Online-Auktion nicht um eine Versteigerung iSd § 156 handelt (BGH NJW 05, 53; BaRoth/*H-W Eckert* § 156 Rn 4; *Mankowski* JZ 05, 444). 57

4. Vertragsinhalt. Die Bedingungen, zu denen der Vertrag abgeschlossen wird (Erfüllungsort, Gewährleistung etc), sind durch Auslegung des Angebots zu ermitteln. Nach den allg Regeln ist diesbzgl die Einbeziehung der AGB des Verkäufers möglich. Ist hier oder im Angebot selbst nichts anderes bestimmt, so ergibt sich aus den Umständen (§ 269), dass nach Wahl des Käufers eine Schick- oder Holschuld vorliegt. 58

Ob die AGB des Betreibers der Internet-Plattform Bestandteil des zwischen den Parteien geschlossenen Vertrags werden, ist str. Richtigerweise ist dies abzulehnen, da sie von keiner Seite in den Vertrag einbezogen werden (AnwK/*Kremer/Noack* Anh § 156 Rn 6 mwN). Soweit die AGB den Vertragsabschluss betreffen, ist ihre Einbeziehung jedenfalls zu verneinen, sie können allenfalls zur Auslegung der Erklärungen herangezogen werden (BGH NJW 02, 365; dagegen *Hager* JZ 02, 507). 59

VI. Grenzüberschreitende Verträge. Die Anwendbarkeit dt Rechts auf den Vertragsschluss setzt gem Art 31 I EGBGB voraus, dass auf den angetragenen Vertrag dt Recht anzuwenden wäre. Dadurch entsteht ein Gleichklang zwischen Entstehungsstatut und Vertragsstatut, welches sich wiederum nach Art 27 ff EGBGB bemisst. 60

Für den Bereich des internationalen Warenkaufs sind die Art 14 ff CISG zu beachten, die eine dem dt Recht in weiten Teilen ähnliche Regelung vorsehen, die allerdings weitaus detaillierter ist. Abweichend von § 130 I 2 ist in Art 16 I CISG die Widerrufsmöglichkeit für den Antragenden grds bis zur Absendung der Annahme eröffnet, es sei denn, das Angebot ist unwiderruflich. Abweichend ist weiter die vertragsbegründende Wirkung von geringfügig abändernden und verspäteten Annahmeerklärungen geregelt. Hier hat es der Antragende in der Hand, über deren Wirksamkeit zu entscheiden, Art 19 II, 20 I CISG. 61

E. Fehlerhafte Verträge. Weist der Vertragsschluss einen Fehler auf, so kommt es auf die Art des Fehlers an, ob der Vertrag nichtig (Bsp §§ 134, 138), (schwebend) unwirksam (§§ 108 I, 177 I, 1366 I, 1369 I, 1819 ff) oder anfechtbar (§§ 119, 120, 123) ist. 62

63 Es ist allerdings allgemein anerkannt, dass bei **fehlerhaften Dienst-** (BGH NJW 00, 2983, Anstellung eines GmbH-Geschäftsführers), **Arbeits-** und (stillen, BGH NJW 05, 627) **Gesellschaftsverträgen**, die bereits in Vollzug gesetzt wurden, der Mangel nur mit Wirkung für die Zukunft geltend gemacht werden kann, sofern keine vorrangigen Schutzgesichtspunkte (BGH NJW 86, 65) eingreifen. Bis zur Geltendmachung des Mangels gilt der Vertrag als wirksam. Die Fehlerhaftigkeit des Vertrages gibt in diesen Fällen also nur ein Recht zur Auflösung ex nunc. Für Miet- oder Pachtverträge wird diese Lehre bislang nicht fruchtbar gemacht (KG NJW-RR 02, 155).

64 **F. Beendigung des Vertrages.** Die vom Gesetz vorgesehenen Beendigungs- oder Beseitigungsmöglichkeiten für einen geschlossenen Vertrag sind Rücktritt (§ 346) und bei Dauerschuldverhältnissen, Kündigung (vgl § 313 III 2). Zu nennen ist weiter das Widerrufsrecht des Verbrauchers gem § 355, das den Grundsatz *pacta sunt servanda* weitgehend einschränkt.

65 Abgesehen von der Ausübung eines vertraglichen Rücktrittsrechts kann die Einigung privatautonom durch **Aufhebungsvertrag** als actus contrarius beseitigt werden. Hierbei können die Parteien den Vertrag auch rückwirkend aufheben. Diese Rückbeziehung der Aufhebung hat allerdings nur schuldrechtliche Wirkung. Dingliche Wirkungen können nur ex nunc beseitigt werden. Der Aufhebungsvertrag ist solange formfrei, wie durch ihn keine Rückübertragungspflichten begründet (Anspruchsgrundlage für die Rückgewähr ist nicht § 812 I 1 Alt 1, sondern der Aufhebungsvertrag) werden, deren Begründung als Leistungspflichten formpflichtig gewesen wäre. Daher ist der Aufhebungsvertrag über einen Grundstückskauf dann formpflichtig, wenn das Grundstückseigentum bereits übertragen wurde (BGH NJW 82, 1639).

§ 145 Bindung an den Antrag

Wer einem anderen die Schließung eines Vertrags anträgt, ist an den Antrag gebunden, es sei denn, dass er die Gebundenheit ausgeschlossen hat.

1 **A. Angebot.** Die zeitlich erste Willenserklärung einer der künftigen Vertragsparteien oder eines ihrer Vertreter, die auf den Abschluss eines konkreten Vertrages abzielt, nennt das BGB „Antrag". Gebräuchlicher sind heute die Begriffe „Angebot" oder „Offerte", untechnisch spricht man auch von „Anerbieten eines Vertragsschlusses". Str ist, ob es sich auch bei der „Bestellung" in § 241 a II um ein Angebot iSd § 145 handelt (vgl regelmäßig bejahend Palandt/*Heinrichs* § 241 a Rn 6; anders Jauernig/*Mansel* in § 241 a Rn 3: nur Einverständnis mit späterer Lieferung).

2 **I. Rechtsnatur.** Das Angebot ist eine empfangsbedürftige Willenserklärung und kein einseitiges Rechtsgeschäft, denn dem Angebot kommt Wirksamkeit nur als unselbständiger Teil des zweiseitigen Rechtsgeschäfts „Vertrag" zu. Daher ist das Angebot des Minderjährigen nicht nach § 110 unwirksam, sondern ggf genehmigungsbedürftig nach §§ 107, 108. Es kommt auf die potentiellen Folgen des angetragenen Vertrages an (MüKo/*Kramer* Rn 3). Entsprechend ist auf das Angebot eines vollmachtlosen Vertreters nicht § 180, sondern § 177 anzuwenden.

3 **II. Wirksamkeitsvoraussetzungen. 1. Hinreichende Bestimmtheit.** Nach allgemeinen Regeln wird das Angebot im Moment seines Zugangs nach § 130 I 2 wirksam. Der Antrag ist grds formlos möglich und kann daher auch konkludent durch sog Realofferte erfolgen. Insofern liegt in der Zusendung unbestellter Waren grds ein Angebot auf Abschluss eines entsprechenden Kaufvertrages (Erman/*Armbrüster* Rn 6). Auch in der Zurverfügungstellung von Leistungen an die Öffentlichkeit wie bei öffentlichen Verkehrsbetrieben (Staud/*Bork* Rn 10), der Versorgung mit Strom und Wasser (BGH NJW 03, 3131), im Aufstellen von Warenautomaten (unter dem Vorbehalt ordnungsgemäßer Bedienung, Staud/*Bork* Rn 8; MüKo/*Kramer* Rn 10) oder in der Möglichkeit, aus dem Internet kostenpflichtig Software herunterzuladen (Erman/*Armbrüster* Rn 7), liegt ein Angebot, welches durch die Abnahme der entsprechenden Leistung angenommen wird (§ 151). Soweit allerdings für den angetragenen Vertrag Formvorschriften gelten, kommt es darauf an, ob auch die im Angebot enthaltene Erklärung formbedürftig ist.

4 Nach hM ist die hinreichende inhaltliche Bestimmtheit Wirksamkeitsvoraussetzung des Angebots. Es muss so spezifiziert sein, dass der andere Teil den Vertrag durch ein bloßes „Ja" zu Stande bringen kann. Als ausreichend wird es auch erachtet, wenn der Inhalt des angetragenen Vertrages beispielsweise durch die Berücksichtigung anderer Schriftstücke, die zuvor zwischen den Parteien ausgetauscht wurden, oder sonstiger Umstände bestimmbar ist. Ferner genügt es, wenn sich der Inhalt des erstrebten Vertrags im Wege der Bestimmung durch die andere Partei oder einen Dritten ergibt, vgl für die Bestimmung der Gegenleistung §§ 316 f. Entscheidend ist, dass sich dem Angebot mindestens die wesentlichen Vertragspunkte, die essentialia negotii, des prospektiven Vertrages entnehmen lassen (unmittelbar oder durch Auslegung), so dass dieser einem gesetzlichen Typus zuzuorden ist. Die Lückenfüllung kann dann über die Anwendung der entsprechenden dispositiven Bestimmungen erfolgen. Bei einem Vertrag, der keinem der gesetzlichen Typen zuzuordnen ist, muss es für die hinreichende Bestimmtheit darauf ankommen, ob sich von einem objektivem Empfängerhorizont aus dem Angebot eine sinnvolle, den angestrebten Vertragszweck kenntlich machende,

vollständige Regelung entnehmen lässt (MüKo/*Kramer* Rn 3). Hieraus ergibt sich, dass es nicht zwingend erforderlich ist, dass das Angebot an einen individualisierbaren Empfänger gerichtet ist (BGHZIP 06, 137). Auch ein Angebot an einen unbestimmten Personenkreis (ad incertam personam oder ad incertas personas) kann wirksam sein, sofern nach Abgabe einer Annahmeerklärung unzweifelhaft ist, zwischen wem der Vertrag zustande gekommen ist. Ob ein entsprechender Wille des Anbietenden vorliegt, mit dem zu kontrahieren, der die Offerte annimmt, ist durch Auslegung seiner Erklärung zu ermitteln. Regelmäßig wird ein solcher Wille nur bei Alltagsgeschäften anzunehmen sein (Staud/*Bork* Rn 19; sehr weitgehend für den Beitritt zu einer Publikums-KG, BGH NJW-RR 94, 1185 f). Entspr ist die im Selbstbedienungsladen ausgelegte Ware das konkludente Angebot an einen beliebigen Käufer (Staud/*Bork* Rn 19; MüKo-*Kramer* Rn 10; aA Jauernig/*Jauernig* Rn 3; Erman/*Armbrüster* Rn 10 nur invitatio), ebenso wie der aufgestellte Warenautomat (Rn 3), und die Einstellung eines Artikel iRe Internet-Auktion (BGH NJW 02, 363, 364, Vor § 145 Rn 53).

2. Rechtsbindungswille. a) Grundsatz. Wie bei jeder Willenserklärung ist auch bei Angebot und 5 Annahme der aus der Erklärung hervorgehende Rechtsbindungswille des Erklärenden Wirksamkeitsvoraussetzung. Vorliegen ist vom objektiven Empfängerhorizont aus zu beurteilen (BGH NJW 05, 2620 f). Hierbei geht es nicht um die Bindung an das Angebot, also seine mangels abweichender Bestimmung fehlende Widerrufbarkeit (hierzu Rn 10 ff), sondern um den Geltungswillen, der sich auf den angetragenen Vertrag beziehen muss. Die gewollte Bindung an das Angebot und die gewollte Bindung an den Vertrag sind insofern auseinander zu halten. Letzterer ist unverzichtbare Wirksamkeitsvoraussetzung, während die Unwiderruflichkeit des Angebots ausgeschlossen werden kann, § 145 2. HS und insofern den Wirkungen der Willenserklärung zuzuordnen ist (zu dieser Differenzierung *Häsemeyer* in FS Jayme, S 1435 ff).

b) Abgrenzung zur invitatio ad offerendum. Ob ein mit Rechtsbindungswillen abgegebenes Angebot vor- 6 liegt oder nur eine unverbindliche Aufforderung zur Abgabe eines solchen durch den anderen Teil (invitatio ad offerendum) ist Auslegungsfrage. Abzustellen ist wie stets bei empfangsbedürftigen Willenserklärungen auf den objektiven Empfängerhorizont, §§ 133, 157 (vgl BGH NJW 04, 3700 Vertragsschluss bei Postident-Verfahren). Hierbei ist auf Seiten des Erklärenden zu berücksichtigen, ob ein Bindungswille etwa an Vorbehalten hinsichtlich der eigenen Leistungsfähigkeit oder Leistungsbereitschaft scheitert (so uU bei Auslegung von Waren im Schaufenster, für die nicht zwingend angenommen werden kann, dass der Aussteller gerade diese Stücke verkaufen will, *Larenz/Wolf* AT § 29 Rn 20). Auch Kataloge, Preislisten oder Speisekarten im Restaurant stellen daher noch keine Angebote dar. Im Bereich des e-commerce ist zu differenzieren zwischen solchen Systemen, die eine online Überprüfung der Produktbestände vornehmen (dann Angebot, Erman/*Armbrüster* Rn 7), und solchen, die eher einem elektronischen Katalog ähneln.

Umgekehrt ist auf Seiten des Empfängers zu berücksichtigen, ob sich dieser auf die Rechtsverbindlichkeit der 7 Erklärung verlassen durfte, weil für ihn ein besonderes Interesse an der vertraglichen Bindung schon im Moment seiner (Annahme-)Erklärung bestand. Dies dürfte etwa bei der Reservierung von Hotelzimmern der Fall sein (Ddorf NJW-RR 91, 1143). Auch darf derjenige, der bereits eine invitatio ad offerendum abgegeben hat, damit rechnen, dass der andere Teil nicht seinerseits wiederum nur mit einer solchen antwortet. Die Antwort wird er vielmehr regelmäßig als Angebot verstehen dürfen (BGH NJW 84, 1885 f). Des weiteren werden Abmahnschreiben eines Wettbewerbers mit vorformulierten, strafbewehrten Unterlassungserklärungen als Angebot gewertet (BGH NJW 93, 722; Bork/*Staudinger* Rn 13).

c) Rechtsfolgen unverbindlicher Erklärungen. Auch wenn die invitatio ad offerendum wie der letter of 8 intent (Vor § 145 Rn 40) keine vertragliche Bindung erzeugt, können diese Instrumente doch einen Vertrauenstatbestand schaffen, dessen Verletzung Schadensersatzansprüche aus §§ 280, 241 II, 311 II ergeben können (Staud/*Bork* Rn 14; MüKo/*Kramer* Rn 41). Entsprechende Verletzungen können sowohl im grundlosen Abbruch der Vertragsverhandlungen liegen, wie uU auch im Schweigen auf ein Angebot, das als Antwort auf eine invitatio gemacht wurde (RGZ 102, 229, §§ 147, 148 Rn 4).

B. Wirkungen des Angebots. I. Bindung an das Angebot. 1. Grundsatz. Der wirksame Antrag ist für 9 den Antragenden grds bindend. Ab dem Moment des Zugangs der Erklärung (§ 130 I 2) kann er daher seine Erklärung nicht widerrufen, es sei denn, er hat die Bindung durch einseitiges Rechtsgeschäft ausgeschlossen. Zur Bindung bei eBay-Auktion KG NJW 05, 1053. Das Widerrufsrecht des Verbrauchers nach § 355 I 1 ist dogmatisch nicht als Ausschluss der Bindungswirkung einzuordnen, sondern als gesetzliches Rücktrittsrecht, wie sich aus der Rechtsfolgenverweisung in § 357 I ergibt (AnwK/*Schulze* Rn 17; BaRoth/*Grothe* § 355 Rn 3).

2. Erlöschen der Bindung. Die Bindung endet mit dem Ablauf der gem §§ 147, 148 zu bestimmenden 10 Annahmefrist. Tod oder Geschäftsunfähigkeit des Antragenden hindern die Bindung an das Angebot grds nicht, § 153. Für den Antragsempfänger vgl § 153 Rn 7. Bei nicht vorausehbarer Änderung der Umstände kann der Antragende allerdings unter den Voraussetzungen von §§ 313, 314 ausnahmsweise das Angebot widerrufen (Ddorf NJW-RR 91, 311).

II. Ausschluss der Bindung (Hs 2). Die von Hs 1 vorgesehene Bindungswirkung kann vom Antragenden 11 durch einseitige, empfangsbedürftige Willenserklärung ausgeschlossen werden. Diese Erklärung muss dem Empfänger spätestens gleichzeitig mit dem Angebot zugehen, ein späterer Bindungsausschluss ist unwirksam

(AnwK/*Schulze* Rn 15). Der Ausschluss der Bindung erfolgt mit Klauseln wie „freibleibend" (BGH NJW 96, 919), „ohne Obligo" oder „freibleibend, entsprechend unserer Verfügbarkeit" (BGH NJW 84, 1885), zu deren Auslegung jeweils die gesamten Umstände des Einzelfalls heranzuziehen sind. Abhängig davon kann eine derartige Klausel schon den fehlenden Rechtsbindungswillen des Erklärenden ausdrücken (BGH NJW 96, 919), so dass es sich bei der Erklärung nur um eine invitatio handelt (Rn 6), die den Erklärenden allerdings zur Ablehnung eines etwa angegebenen Angebots verpflichten kann, wenn er nicht gebunden sein will (RG 102, 229). Sie kann aber auch als Ausschluss der Bindungswirkung des Angebots nach Hs 2 zu verstehen sein, so dass der Antragende sein Angebot noch bis zur Wirksamkeit der Annahmeerklärung widerrufen kann. Schließlich kann ihnen auch die Wirkung zukommen, dass der Antragende seine Bindung an den Vertrag sogar noch unmittelbar nach Wirksamkeit der Annahme aufheben kann (offengelassen in BGH NJW 84, 1885). Dogmatisch handelt es sich im letzten Fall um einen Widerrufsvorbehalt, kombiniert mit einem befristeten vertraglichen Rücktrittsrecht (Staud/*Bork* Rn 27, 32; s im Übrigen die Kommentierungen zu § 346 HGB). Durch Klauseln wie „so lange der Vorrat reicht" oder „Zwischenverkauf vorbehalten" wird die Bindung an den Antrag an eine auflösende Bedingung, § 158 I, geknüpft (Hamburg BB 60, 383). Es ist zulässig, den Widerruf der Bindungswirkung selbst widerruflich auszugestalten, wenn nämlich nicht schon der Widerruf der Bindungswirkung zum Erlöschen des Angebots geführt hat (BGH NJW-RR 04, 953).

12 **C. Position des Angebotsempfängers. I. Allgemein.** Nach herrschender Ansicht steht dem Empfänger des Angebots ein Gestaltungsrecht zu, durch dessen Ausübung er den Vertrag zu Stande kommen lassen kann (RG 132, 6; Jauernig/*Jauernig* Rn 4; AnwK/*Schulze* Rn 10; aA Staud/*Bork* Rn 34; *Häsemeyer* FS Jayme S 1441). Jedenfalls ist der Empfang eines Angebots dem Empfänger ausschließlich günstig, so dass auch der Zugang an einen beschränkt Geschäftsfähigen das Angebot wirksam werden lässt, § 131 II 2.

13 **II. Bindendes Angebot.** Das bindende Angebot als Teil des zu schließenden Vertrages entfaltet darüber hinaus bereits vertragliche Vorwirkungen: So kann der künftige Erfüllungsanspruch schon durch Vormerkung gesichert werden, Auch Sicherung durch Bürgschaft oder Grundschuld sind ebenso wie die Unterwerfung unter die sofortige Zwangsvollstreckung (§ 794 I Nr 5 ZPO) möglich (RG 132, 7). Ob diese Position nach §§ 413, 398 übertragbar (dann auch verpfändbar nach § 1274 II, §§ 857, 851 ZPO und Bestandteil der Insolvenzmasse nach § 35 InsO) ist, ist durch Auslegung zu ermitteln. Zu Tod und Insolvenz des Antragsempfängers s § 153 Rn 7.

14 Zwischen Empfänger eines bindenden Angebots und Antragendem entsteht ein vorvertragliches Vertrauensverhältnis, das den Antragenden verpflichtet, den Zugang der Annahme nicht zu vereiteln und den Gegner auf den verspäteten Zugang der Annahme hinzuweisen, § 149. Weiterhin ist der Antragende verpflichtet, den Zweck des angetragenen Vertrages nicht durch Zerstörung des Vertragsgegenstands oder anderweitige vertragliche Bindung zu gefährden oder zu vereiteln. Vor solchen Handlungen wird der Empfänger durch Unterlassungs- und Schadensersatzansprüche geschützt. Einerseits sind angebotswidrige anderweitige Rechtshandlungen wirksam, andererseits berühren diese auch nicht die Wirksamkeit des Angebots. Wird in so einem Fall das Angebot dennoch angenommen, liegt bei schuldrechtlichen Verträgen anfängliche Unmöglichkeit mit den Rechtsfolgen des § 311a II vor (Staud/*Bork* Rn 25). Bei Verfügungsverträgen verfügt der Antragende in diesen Fällen als Nichtberechtigter. Er hat ggf Schadensersatz analog § 160 I zu leisten und ist ein erlangtes Surrogat nach § 285 herauszugeben (AnwK/*Schulze* Rn 12). Das gleiche gilt, wenn der Antragende den Gegenstand während der Annahmefrist schuldhaft zerstört (MüKo/*Kramer* Rn 19). Der Schadensersatzanspruch geht auf das positive Interesse, da es nicht mehr in der Hand des Antragenden lag, den Vertragsschluss zu verhindern (*Flume* II, § 35 I 3e). Ein Schutz über § 823 findet mangels Absolutheit der Empfängerposition nicht statt.

15 **D. Beweislast.** Der Empfänger hat die Tatsachen zu beweisen, auf die er sich zur Begründung seiner Behauptung beruft, dass ein wirksames Angebot vorliegt. Dagegen obliegt es dem Anbietenden, die Umstände darzulegen und zu beweisen, aus denen sich der Ausschluss der Bindungswirkung ergeben soll.

§ 146 Erlöschen des Antrags

Der Antrag erlischt, wenn er dem Antragenden gegenüber abgelehnt oder wenn er nicht diesem gegenüber nach den §§ 147 bis 149 rechtzeitig angenommen wird.

1 **A. Ablehnung.** Das Angebot erlischt mit der Ablehnung durch den Angebotsempfänger. Die Ablehnung ist einseitiges Rechtsgeschäft (Staud/*Bork* Rn 9; aA MüKo/*Kramer* Rn 4) und kann formlos geschehen. § 150 II ist ein Sonderfall der ebenfalls zulässigen konkludenten Ablehnung (hierzu *Rostk* NJW-RR 98, 526). Schweigen hat grds keinerlei Erklärungsgehalt. Eine Pflicht zur Ablehnung besteht grds nicht, kann sich aber aus dem vorvertraglichen Vertrauensverhältnis ergeben. Die verspätete Annahme ist ebenso wie die Annahme nach vorheriger Ablehnung als neuer Antrag zu werten (§ 150 I, §§ 133, 157).

2 **B. Andere Erlöschensgründe.** Außerdem erlischt das Angebot grds mit dem Ablauf der nach §§ 147, 148 zu ermittelnden Bindungsfrist (BGH NJW-RR 94, 1164). Abweichend von dieser dispositiven Regel ist es zulässig, ein Angebot gem § 148 zu befristen, es aber zugleich über diesen Zeitpunkt annahmefähig bis zum Zeit-

punkt des Widerrufs auszugestalten (BGH NJW-RR 04, 953; *Münch* ZIP 05, 160). Der Ablauf der Bindungsfrist führt insofern nicht zwingend zum Erlöschen des Angebots (AnwK/*Schulze* § 145 Rn 15). Umgekehrt beseitigt aber das Erlöschen des Angebots immer die Bindungswirkung.
Das Angebot erlischt des Weiteren durch wirksamen Widerruf, bleibt aber grds von Tod, Insolvenz oder eingetretener Geschäftsunfähigkeit des Offerenten gem § 153 unberührt. 3

§ 147 Annahmefrist

(1) ¹Der einem Anwesenden gemachte Antrag kann nur sofort angenommen werden. ²Dies gilt auch von einem mittels Fernsprechers oder einer sonstigen technischen Einrichtung von Person zu Person gemachten Antrag.
(2) Der einem Abwesenden gemachte Antrag kann nur bis zu dem Zeitpunkt angenommen werden, in welchem der Antragende den Eingang der Antwort unter regelmäßigen Umständen erwarten darf.

§ 148 Bestimmung einer Annahmefrist

Hat der Antragende für die Annahme des Antrags eine Frist bestimmt, so kann die Annahme nur innerhalb der Frist erfolgen.

A. Annahmeerklärung. I. Ausdrückliche oder konkludente Annahme. Die Annahme ist wie das Angebot 1 empfangsbedürftige Willenserklärung. Ihr Zugang ist allerdings in den Fällen der §§ 151 S 1, 152 entbehrlich. Inhaltlich liegt eine Annahme vor, wenn die Erklärung eine uneingeschränkte Zustimmung zum Angebot enthält. Daher geht das Angebot der Annahme stets voraus, die „antizipierte Annahme" ist entweder invitatio (§ 145 Rn 6) oder selber Angebot (Hamm NJW 01, 1143; AnwK/*Schulze* Vor §§ 145 Rn 18; aA BGH NJW 02, 363). Zur Annahme unter Änderungen s § 150 S 2.
Soweit die Annahme formfrei möglich ist, kann sie auch durch automatisierte Willenserklärung (abzu- 2 grenzen von der elektronischen Bestellbestätigung, AG Butzbach NJW-RR 03, 55) oder schlüssiges Verhalten erfolgen (BAG ZIP 02, 46). Ob in der Einlösung eines Schecks eine Annahme des zusammen mit der Scheckzusendung angebotenen Teilerlasses zu sehen ist, ist Auslegungsfrage. Hierbei kommt es entscheidend auf das Verhältnis zwischen Höhe der geltend gemachten Forderung und Schecksumme an (zur Abgrenzung zwischen konkludenter Annahme des angetragenen Erlassvertrags und unzulässiger Erlassfalle BGH NJW 01, 2325; *Kobl* NJW 03, 758). Zur Annahme bei Zusendung unbestellter Waren Vor § 145 Rn 44, § 241 a.

II. Schweigen als Annahme. 1. Schweigen im Allgemeinen. Schweigen stellt auch im kaufmännischen 3 Verkehr grds keine Annahme dar (AnwK/*Schulze* § 147 Rn 5). Auch iRv § 663 und § 44 BRAO folgt aus einem Unterlassen der Ablehnungsanzeige nur ein Ersatzanspruch auf das negative Interesse (§ 663 Rn 5; Jauernig/*Mansel* § 663 Rn 3). Anders im Anwendungsbereich von § 516 II 2, § 362 I HGB und § 5 III 1 PflVG. In diesen Fällen knüpft das Gesetz an das Schweigen des Angebotsempfängers die Fiktion der Annahme. Weiterhin kann zwischen den Parteien vereinbart worden sein, dass dem Schweigen Annahmewirkung zukommen soll („beredtes Schweigen", Ddorf NJW 05, 1515). Für Vereinbarung in AGB s § 308 Nr 5. Auch bei entsprechenden Rahmenverträgen oder bei laufender Geschäftsverbindung, bei der sich eine derartige Übung entwickelt hat, kann im Schweigen eine konkludente Annahme liegen (RG 84, 324, bei außergewöhnlichen und besonders bedeutsamen Geschäfte jedoch zu verneinen, BGH NJW-RR 94, 1165).
Schweigt der Empfänger eines Angebots, das auf eine von ihm stammende invitatio hin abgegeben wurde, so 4 wird man dagegen regelmäßig nur einen Schadensersatzanspruch aus § 311 II BGB anerkennen können (RG 102, 229; Staud/*Bork* § 146 Rn 10; AnwK/Schulze Rn 7; aA MüKo/*Kramer* § 151 Rn 5; Erman/*Armbrüster* § 147 Rn 3). Aus der Verletzung einer ausnahmsweise zu bejahenden Pflicht zur Ablehnung des Angebots (§ 146 Rn 1) folgt insofern nicht zwingend die Fiktion der Annahme (aA Palandt/*Heinrichs* § 148 Rn 3). Zur Abgrenzung muss es darauf ankommen, ob sich das Verhalten des Angebotsempfängers nach §§ 133, 157 dahingehend auslegen lässt, dass er den Vertrag wollte. Die Rspr verfährt hier zT unter Berufung auf § 242 großzügig. So soll bei einer geringfügig verspäteten Annahmeerklärung das Schweigen des Empfängers regelmäßig als konkludente Annahme des neuen Angebots (§ 150 I) zu werten sein. Auch in diesen Fällen soll aber Anderes anzunehmen sein, wenn Umstände vorliegen, die die Möglichkeit einer Änderung seiner sachlichen Entscheidung nahe legen (BGH NJW 86, 1809; NJW-RR 94, 1165). Weitergehend *Flume* II § 35 II 2, der § 149 analog anwenden will. Auch Schweigen auf ein Angebot auf Grund von Verhandlungen, bei denen alle wesentlichen Punkte geklärt worden waren und die Parteien daher fest mit einem Vertragsschluss rechnen durften, soll Annahme sein (BGH NJW 96, 920; NJW 95, 1281; sogar bei Vorverhandlungen mit namensähnlicher Schwesterfirma BGH NJW-RR 86, 457).

5 **2. Schweigen auf ein kaufmännisches Bestätigungsschreiben.** Kraft Gewohnheitsrecht (*K Schmidt* HandelsR § 19 III 1 a, str) kann auch an das Schweigen auf ein kaufmännisches Bestätigungsschreiben die Fiktion der Annahme durch den Empfänger geknüpft werden. Tatbestandlich gelten folgende Voraussetzungen: a) Absender und Empfänger des Schreibens müssen **Kaufleute** sein oder wie solche am Geschäftsverkehr teilnehmen (Die Vertretung eines Nicht-Kaufmanns durch einen Rechtsanwalt genügt nicht, BGH NJW 75, 1358.). Hilfreich dürfte es sein, auf die Unternehmereigenschaft nach § 14 abzustellen. Danach können auch Insolvenzverwalter (BGH NJW 87, 1941), Rechtsanwälte (bei Handeln im eigenen Namen, RG JW 31, 522, nicht wenn sie als Vertreter für einen Nicht-Kaufmann handeln), Makler, Architekten und Wirtschaftsprüfer (BGH NJW 63, 1922; DB 67, 1362; Ddorf NJW-RR 95, 501) Empfänger oder Absender eines Bestätigungsschreibens sein. b) Das Schreiben muss dem Empfänger zugegangen sein, so dass er die **tatsächliche Möglichkeit der Kenntnisnahme** hatte (BGH NJW 78, 886). c) Es müssen **Vertragsverhandlungen** unmittelbar voraus gegangen sein (BGH NJW 90, 386), die nach Meinung des Absenders zu einem Vertragsschluss geführt haben, so dass der Empfänger mit dem Eintreffen eines Bestätigungsschreibens rechnen konnte (BGH NJW 64, 1223). Dieser (angebliche) Vertragsschluss muss im Schreiben bestätigt werden (BGH NJW 64, 1224; NJW 72, 820), eine Bitte um Gegenbestätigung reicht daher nicht (BGH NJW 64, 1270). 4. Ein unverzüglicher (§ 121 I 1) **Widerspruch** des Empfängers des Bestätigungsschreibens nimmt diesem jede Wirkung. Für die Unverzüglichkeit kommt es auf die Umstände des Vertragsschlusses an, die Beurteilung unterliegt tatrichterlichem Ermessen (BGH NJW 62, 246 f).

6 Für den Fall eines tatsächlich mit diesem Inhalt geschlossenen Vertrages kommt dem Bestätigungsschreiben nur Beweisfunktion im Prozess zu (BGH NJW 64, 1270). Ist es jedoch iRd Verhandlungen in Wahrheit noch nicht zu einem Vertragsschluss zu diesen Bedingungen gekommen, so entfaltet das Bestätigungsschreiben insoweit materielle Wirkung. Diese kann darin bestehen, dass der Inhalt des geschlossenen Vertrages entsprechend dem Inhalt des Schreibens abgeändert wird, es kann aber auch sein, dass der Vertrag überhaupt erst durch die widerspruchslose Hinnahme geschlossen wird, soweit nicht andere Wirksamkeitsmängel entgegenstehen (BGH NJW-RR 91, 1290; NJW 81, 2147). Dogmatisch handelt es sich insofern entweder um einen Antrag auf Abschluss eines Änderungsvertrages oder gem § 150 II um einen neuen Antrag (AnwK/*Schulze* § 147 Rn 10 Fn 23); die Annahme wird jeweils infolge des Schweigens fingiert. Ein (Erklärungs-)Irrtum über die Bedeutung des Schweigens auf das Bestätigungsschreiben berechtigt nicht zur Anfechtung der fingierten Willenserklärung, da die Wirkungen kraft Gesetzes eintreten und nicht auf den Willen des Schweigenden beruhen. Die Anfechtung wegen Inhaltsirrtums bleibt unberührt, allerdings ist die Kausalität des Irrtums für sein Schweigen vom Anfechtenden zu beweisen (BGH NJW 72, 45).

7 Eines Widerspruchs bedarf es dann nicht, wenn das Schreiben vom Inhalt der bereits getroffenen Vereinbarung in so erheblicher Weise abweicht, dass der Absender vernünftigerweise, also objektiv nicht mit der widerspruchslosen Hinnahme durch den Empfänger rechnen durfte (BGH NJW 94, 1288). Das gilt auch für solche mit dem Bestätigungsschreiben einbezogene AGB, deren Hinnahme der Empfänger nicht erwarten konnte (BGH NJW 80, 449). Ein bewusst falsches Bestätigungsschreiben bedarf ebenfalls keines Widerspruchs (BGH JZ 67, 575). Für Abweichungen des Schreibens vom tatsächlich Vereinbarten ist der Empfänger beweispflichtig (BGH NJW-RR 01, 680). Auch bei sich **kreuzenden Bestätigungsschreiben** unterschiedlichen Inhalts bedarf es von keiner Seite eines Widerspruchs (BGH BB 61, 954; WM 84, 639; anders BGH NJW 66, 1862 für zusätzlichen Gewährleistungsausschluss, zweifelhaft), da die Parteien hier die abweichende Auffassung des jeweils anderen Teils kennen mussten (MüKo/*Kramer* § 151 Rn 33).

8 **3. Auftragsbestätigung.** Die Auftragsbestätigung ist nichts anderes als die Annahme eines Angebots. Die Abgrenzung zum Bestätigungsschreiben erfolgt nicht nach der vom Erklärenden gewählten Bezeichnung, sondern nach dem Inhalt des Schreibens (Palandt/*Heinrichs* § 148 Rn 12). Soll durch das Schreiben der Vertrag erst geschlossen werden, so liegt eine Auftragsbestätigung vor, soll es dagegen nur den Inhalt eines (angeblich) bereits geschlossenen Vertrages fixieren oder präzisieren, so handelt es sich um ein kaufmännisches Bestätigungsschreiben. Zum Schweigen auf eine Auftragsbestätigung, die Änderungen enthält (§ 150 II) BGH NJW 55, 1794; NJW 73, 2106.

9 **B. Rechtzeitigkeit der Annahme.** Die Annahme führt nur dann zum Vertragsschluss, wenn sie dem Antragenden innerhalb der nach §§ 147, 148 zu bestimmenden Annahmefrist zugeht (spezialgesetzliche Fristenregelung für Feuerversicherungen in § 81 I 1 VVG). Die rechtzeitige Abgabe genügt vorbehaltlich § 149 nicht (Palandt/*Heinrichs* § 148 Rn 4). Die verspätete Annahme ist gem § 150 I als neuer Antrag zu werten. Im Fall der Vereitelung des rechtzeitigen Zugangs muss sich der Empfänger so behandeln lassen, als sei die Erklärung rechtzeitig zugegangen (§ 162 Rn 11; MüKo/*Kramer* § 147 Rn 9).

10 **I. Vom Antragenden gesetzte Annahmefrist, § 148.** Hat der Antragende durch einseitiges Rechtsgeschäft (Soergel/*Wolf* § 148 Rn 3) selbst eine Annahmefrist gesetzt, so ist diese maßgebend. Hierin liegt zugleich die Setzung einer Bindungsfrist nach § 145 2. HS. Die Fristsetzung bedarf der Form des Antrags (BaRoth/*H W Eckert* § 148 Rn 3), ist dieser formfrei, kann sie auch konkludent geschehen oder sich aus den Umständen ergeben. Für Fristbestimmung in AGB s § 308 Nr 1 (s auch BGH NJW 01, 303). Die Berechnung der Frist erfolgt nach §§ 186 ff, wobei die nach einem Zeitraum bestimmte Frist idR am Tage des Antrags (nicht seines

Zugangs) beginnt (Soergel/*Wolf* § 148 Rn 8). Soweit ein konkretes Datum festgesetzt wurde, ist ein wirksame Annahme an diesem Tag im Zweifel noch fristgemäß, § 188. Nachträgliche Fristverlängerung ist möglich. Eine kürzere als die nach § 147 II einschlägige Frist kann allerdings gem § 130 I 2 nur vor oder gleichzeitig mit dem Antrag gesetzt werden. Ist die Fristsetzung unwirksam, gilt § 147 II, die Auslegungsregel des § 139 ist insoweit nicht anzuwenden.

Eine Vertragsannahme durch einen Vertreter ohne Vertretungsmacht kann trotz § 184 I nur innerhalb der Frist genehmigt werden (BGH NJW NJW 90, 508; 73, 1790; Staud/*Bork* § 148 Rn 10; BaRoth/*H W Eckert* § 148 Rn 3; aA Jauernig/*Jauernig* § 148 Rn 1). 11

II. Fehlen einer Fristbestimmung. Hat der Antragende seinem Angebot keine Fristbestimmung beigefügt, so kommt es für die Bestimmung des Zeitraums der Annahmefähigkeit gem § 147 darauf an, ob es sich um ein Angebot unter An- oder Abwesenden handelt.

1. Annahme eines Angebots unter Anwesenden, § 147 I. Unter Anwesenden wird gehandelt, wenn die Möglichkeit besteht, dass die Abgabe der Willenserklärung mit ihrer Kenntnisnahme unmittelbar zusammenfällt. Dies ist neben dem direkten Gespräch gem § 147 I 2 auch bei Telefongesprächen, Videokonferenzen und elektronischen Chats der Fall (aA für Chats über das Internet *Dörner* AcP 02, 375; AnwK/*Schulze* § 147 Rn 11). Bei Kommunikation per BTX oder E-mail liegt dagegen eine Erklärung unter Abwesenden vor. Wird das Angebot gegenüber einem Empfangsboten abgegeben, so liegt eine Erklärung unter Abwesenden vor, nicht so bei einem Angebot an einen Stellvertreter, selbst wenn dieser vollmachtlos ist (BGH NJW 96, 1994; Palandt/*Heinrichs* § 148 Rn 6). Bei der Übergabe von verkörperten Willenserklärungen wird man regelmäßig § 147 II anzuwenden haben (BGH NJW 85, 196; Frankfurt NJW-RR 98, 567; Staud/*Bork* § 147 Rn 2; aA AnwK/*Schulze* § 147 Rn 12: Frist nach § 148). 12

Das Angebot muss ohne jedes Zögern, ob schuldhaft oder nicht, so schnell wie objektiv möglich angenommen werden. Abhängig von den Umständen, insbesondere von der Komplexität des Angebots ist dadurch jedoch keine Antwort in Sekundenschnelle gefordert (Staud/*Bork* § 147 Rn 5). Bei Störungen der Kommunikation – etwa durch Abbruch der Telefonverbindung – kann der Annehmende durch sofortigen Rückruf noch rechtzeitig die Annahme erklären (MüKo/*Kramer* § 147 Rn 3; AnwK/*Schulze* § 147 Rn 11). 13

2. Annahme eines Angebots unter Abwesenden, § 147 II. Die gesetzliche Annahmefrist eines Antrags unter Abwesenden, für den keine Fristbestimmung nach § 148 greift, setzt sich zusammen aus der Zeit für die Übermittlung des Antrags an den Empfänger, dessen Bearbeitungs- und Überlegungszeit sowie aus der Zeit für die Übermittlung der Antwort an den Antragenden (BGH NJW 96, 921). Die Bestimmung der einzelnen Zeiträume muss aus der objektivierten Perspektive des Antragenden vorgenommen werden: Weiß er, dass der Erklärungsempfänger im Urlaub ist oder wegen starken Arbeitsanfalls, Krankheit oder sonstigen Gründen an der Bearbeitung des Angebots verhindert ist, so verlängert sich die Überlegungsfrist (BGH NJW 01, 303; BAG BB 03, 1732). Das gleich gilt, wenn ihm bekannt ist, dass der Angebotsempfänger Auskünfte von Dritten einzuholen hat. Umstände, die der Antragende nicht kannte und auch nicht hätte kennen müssen, verlängern die Frist dagegen nicht. Bei dem angemessenen Zeitraum für die Übermittlung der Antwort ist das vom Antragenden hinsichtlich des Angebots gewählte Kommunikationsmittel zu berücksichtigen. Sendet er das Angebot per Kurier oder E-mail, so steht auch für die Übermittlung der Annahme nur ein entsprechend kurzer Zeitraum zur Verfügung. Ein Antrag per Fax muss daher spätestens innerhalb von zwei Geschäftstagen angenommen werden (LG Wiesbaden NJW-RR 98, 1435), wobei gerade Fax und E-mail oft weniger aus Beschleunigungsgründen als aus Ersparnisgründen eingesetzt werden (MüKo/*Kramer* § 147 Rn 7; Staud/*Bork* § 147 Rn 14). Für Verzögerungen bei der Übermittlung des Angebots s § 149. Aus den drei Abschnitten ist eine Gesamtfrist zu berechnen. So kann beispielsweise eine überlange Bearbeitungsdauer durch eine besonders schnelle Übermittlung ausgeglichen werden. Die Bestimmung der Frist unterliegt tatrichterlichem Ermessen und kann daher vom Revisionsgericht nur hinsichtlich der Einhaltung der Ermessensgrenzen nachgeprüft werden (BAG BB 03, 1732). 14

Im Einzelnen ist danach verspätet eine Antwort, die mehrere Wochen nach einem schriftlichen Kauf- oder Werkvertragsangebot eingeht (LG Hamburg NJW 88, 115, 2 Wochen bei Autokauf; Frankfurt NJW-RR 98, 567 zwei Tage bei Angebot unter Anwesenden und Verzicht auf sofortige Annahme; Rostk NJW-RR 98, 526, 6 Wochen bei Werkvertrag). Bei Mietverträgen gilt eine noch kürzere Frist (KG MDR 01, 685). Dagegen kann das Angebot eines Maklers auch noch nach Monaten angenommen werden (Münch OLGZ 78, 446). 15

§ 149 Verspätet zugegangene Annahmeerklärung

¹Ist eine dem Antragenden verspätet zugegangene Annahmeerklärung dergestalt abgesendet worden, dass sie bei regelmäßiger Beförderung ihm rechtzeitig zugegangen sein würde, und musste der Antragende dies erkennen, so hat er die Verspätung dem Annehmenden unverzüglich nach dem Empfang der Erklärung anzuzeigen, sofern es nicht schon vorher geschehen ist. ²Verzögert er die Absendung der Anzeige, so gilt die Annahme als nicht verspätet.

1 **A. Allgemeines.** § 149 ist eine Einschränkung des in § 150 I normierten Grundsatzes, dass eine verspätete Annahme als neues Angebot gilt. Unter den Voraussetzungen der Norm ist die Verspätung unbeachtlich, so dass die Erklärung den Vertragsschluss bewirkt.

2 **B. Tatbestand und Rechtsfolge.** Für den Annehmenden durfte die Verspätung des Zugangs, die sich nach § 147 II, 148 bemisst, nicht vorhersehbar sein (Staud/*Bork* Rn 4). Er muss die Erklärung rechtzeitig abgesendet und einen üblichen Versandweg gewählt haben. Schließlich muss dem Empfänger bei Anwendung der im Verkehr erforderlichen Sorgfalt die Rechtzeitigkeit der Versendung erkennbar gewesen sein, etwa durch den Poststempel (BGH NJW 88, 2106).

3 Der Empfänger hat unter diesen Voraussetzungen die Verspätung ohne schuldhaftes Zögern (§ 121 I) anzuzeigen, wobei die rechtzeitige Absendung der Anzeige genügt. Auf ihren Zugang kann jedoch nicht vollständig verzichtet werden (Staud/*Bork* § 149 Rn 8; BaRoth/*H W Eckert* Rn 10; aA Palandt/*Heinrichs* Rn 3).

4 Kommt der Empfänger seiner Anzeigeobliegenheit aus S 1 nicht oder nur verspätet nach, so gilt die Annahme als rechtzeitig, so dass der Vertrag vorbehaltlich sonstiger Hindernisse zum Zeitpunkt des tatsächlichen Zugangs (MüKo/*Kramer* Rn 4) geschlossen ist. Bei rechtzeitiger Anzeige gilt § 150 I. Zum Schweigen auf geringfügig verspätet abgesandte Erklärungen s §§ 147, 148 Rn 4.

§ 150 Verspätete und abändernde Annahme

(1) Die verspätete Annahme eines Antrags gilt als neuer Antrag.
(2) Eine Annahme unter Erweiterungen, Einschränkungen oder sonstigen Änderungen gilt als Ablehnung verbunden mit einem neuen Antrag.

1 **A. Verspätete Annahme, I.** Die gem §§ 147, 148 verspätete Annahme ist – vorbehaltlich § 149 – unwirksam, da das Angebot nach § 146 erloschen ist. Hinsichtlich der verspäteten Annahmeerklärung vermutet § 150 I widerleglich (Staud/*Bork* Rn 1), dass sie als neuer Antrag gelten soll. Der neue Antrag unterliegt wiederum den §§ 145–148. Sofern die Annahme selbst nicht die essentialia negotii des Geschäfts wiederholt, etwa weil sie nur in einem einfachen „Ja" besteht, ist der Inhalt des fingierten neuen Angebots unter Berücksichtigung des erloschenen Angebots durch Auslegung zu ermitteln (Soergel/*Wolf* Rn 3). § 150 I setzt den Zugang der Annahmeerklärung voraus, in den Fällen der Entbehrlichkeit des Zugangs der Annahmeerklärung (§§ 151, 152, 156) reicht Kenntniserlangung durch den Anbietenden (BaRoth/*H-W Eckert* Rn 2). Hinsichtlich des Zugangs der Annahme des neuen Angebots wird man regelmäßig § 151 S 1 1. Alt anwenden können (Ddorf MDR 93, 26; Erman/*Armbrüster* Rn 1; AnwK/*Schulze* Rn 2, aber Köln NJW 90, 1051 für einen hohen Hypothekendarlehensvertrag).

2 Bei nur geringer Fristüberschreitung, vor allem soweit es um die gesetzliche Annahmefrist nach § 147 II geht, kann das Schweigen auf die verspätete Annahme auch außerhalb von § 149 zum Vertragsschluss führen. Infolge der nur geringen Fristüberschreitung kann der Anbietende nach Treu und Glauben verpflichtet sein, die Verspätung und damit die Unwirksamkeit der Annahme anzuzeigen s §§ 147, 148 Rn 4.

3 **B. Annahme unter Änderungen, II.** Der Antrag kann nur so angenommen werden, wie er ist. Eine Abweichung der Annahme vom Angebot bedeutet daher die Ablehnung des Angebots iSv § 146 (BGH NJW-RR 93, 1036. S aber § 2 KSchG) und begründet gem 150 Abs II die widerlegliche Vermutung, dass ein neuer Antrag zu den modifizierten Bedingungen gemacht werden soll. Dieser Antrag bedarf seinerseits der Annahme (BGH NJW 90, 1846). Auf den Zugang der Annahmeerklärung wird man bei § 150 II seltener verzichten können als nach § 150 I (LG Frankfurt NJW-RR 87, 1268). Schweigen genügt nur unter den bei §§ 147, 148 Rn 3 ff dargestellten Voraussetzungen. Unter Rückgriff auf §§ 154, 155 wird man allerdings annehmen müssen, dass der Vertrag trotz der modifizierenden Annahme zu den ursprünglichen Bedingungen gelten soll, wenn die Parteien ihn tatsächlich durchführen (Staud/*Bork* Rn 16; s.a. BGH NJW 05, 1656).

4 Auch unwesentliche oder geringfügige Abweichungen genügen, um die abändernde Annahme als Ablehnung zu qualifizieren (BGH NJW 01, 222; anders Art 19 II CISG). Auch Abweichungen, die dem Gegner günstig sind, sind erheblich. Abweichungen infolge Versprechens oder Verschreibens lassen sich im Wege der Auslegung korrigieren, Zweifel gehen zu Lasten des Annehmenden (Celle NJW-RR 04, 1165). Die Beifügung eines vom Inhalt des Angebots abweichenden Formulars genügt nicht (BGH WM 83, 313).

5 Die Auslegung der (abändernden) Annahme kann ergeben, dass eine Annahme des Angebots verbunden mit dem Antrag auf Abschluss eines Änderungsvertrages gewollt ist (Staud/*Bork* Rn 10). Str ist, ob die Anforderung einer größeren Menge als der ursprünglich angebotenen hierunter fällt (Staud/*Bork* Rn 11 grds nein; Jauernig/*Jauernig* Rn 2 grds ja). Entscheidend wird sein, ob der Annehmende nur an der gewünschten Gesamtmenge interessiert ist oder ob er auch an einer Teilmenge Interesse hat. Durch Auslegung des Angebots ist zu ermitteln, ob die Annahme einer geringeren Menge Ablehnung und neuer Antrag oder Annahme sein soll.

6 **C. Kollidierende AGB.** Fügt der Annehmende seiner Annahmeerklärung seine AGB bei, die den AGB des Antragenden teilweise widersprechen, so kommt nach heute hM der Vertrag insoweit zu Stande wie sich die AGB decken (Staud/*Bork* Rn 10; BaRoth/*H-W Eckert* Rn 9). Der BGH wandte hier lange die an § 150 II anknüpfende Theorie „des letzten Wortes" an, nach der die AGB gelten sollten, die widerspruchslos hinge-

nommen wurden oder auf die die Lieferung der Ware erfolgte (BGH BB 51, 456). Eingeschränkt hat der BGH diese Ansicht später für den Fall, dass die AGB der anderen Seite eine Abwehrklausel enthalten, nach der Vertrag nur zu den Bedingungen des Verwenders zu Stande kommen soll (BGH NJW-RR 01, 485; NJW 91, 2633; 85, 1838). Die einseitige Erklärung eines Eigentumsvorbehalts, der wegen entsprechender Abwehrklausel in den Käufer AGB nicht Bestandteil des schuldrechtlichen Vertrages wird, soll dinglich dennoch wirksam sein, wenn dem Erwerber der Wille des Veräußerers, nur unter Eigentumsvorbehalt zu veräußern, bekannt ist oder sein muss (BGH NJW 82, 1749; NJW-RR 86, 1378).

Richtigerweise wird man auch bei Fehlen einer Abwehrklausel nicht das Einverständnis der anderen Seite mit den AGB des Gegners annehmen dürfen, bloß weil es an einem (erneuten) Widersprechen fehlt. Die Durchführung des Vertrages macht vielmehr deutlich, dass die Parteien die Geltung des Vertrages über die Durchsetzung ihrer jeweils eigenen AGB stellen. Der Vertrag ist dann ohne die sich widersprechenden Klauseln wirksam geschlossen (AnwK/*Schulze* Rn 6). Dieses Ergebnis lässt sich auch auf §§ 306, 139 stützen. An die Stelle der nicht einbezogenen Klauseln tritt dispositives Gesetzesrecht (Saarbrücken NJW-RR 98, 1664; LG Hamburg ZIP 81, 1238; zum Ganzen § 306 Rn 13 ff; MüKo/*Kramer* Rn 5). Wenn allerdings eine der Parteien deutlich gemacht hat, dass sie nur zu ihren Bedingungen abzuschließen bereit ist und die Parteien daraufhin dennoch den Vertrag durchführen, nimmt die Rspr eine Geltung der durch diese Partei eingeführten AGB an (BGH NJW 95, 1671). 7

§ 151 Annahme ohne Erklärung gegenüber dem Antragenden

¹Der Vertrag kommt durch die Annahme des Antrags zustande, ohne dass die Annahme dem Antragenden gegenüber erklärt zu werden braucht, wenn eine solche Erklärung nach der Verkehrssitte nicht zu erwarten ist oder der Antragende auf sie verzichtet hat. ²Der Zeitpunkt, in welchem der Antrag erlischt, bestimmt sich nach dem aus dem Antrag oder den Umständen zu entnehmenden Willen des Antragenden.

A. Allgemeines. Unter den Voraussetzungen des § 151 ist der sonst erforderliche Zugang der Annahmeerklärung entbehrlich. Der Vertrag kommt damit schon im Moment der (konkludenten) Annahmeerklärung zustande. Auch hier bewirkt also nicht bloßes Schweigen den Vertragsschluss. Erforderlich ist eine nach außen tretende Betätigung des Annahmewillens. 1

B. Entbehrlichkeit des Zugangs. Der Zugang der Annahmeerklärung kann aufgrund einer entsprechenden Verkehrssitte oder eines Verzichts des Antragenden entbehrlich sein. Die Verzichtbarkeit des Zugangs kann auch bei formbedürftigen Rechtsgeschäften gegeben sein, es sei denn der mit dem Formerfordernis verfolgte Zweck verlangt den Zugang der Annahmeerklärung (BGH NJW-RR 04, 1683). 2

I. Verkehrssitte. Generell wird man eine verkehrsübliche Erwartungshaltung, dass der Zugang der Annahme nicht erforderlich ist, nicht bei außergewöhnlichen oder wirtschaftlich besonders bedeutsamen Verträgen annehmen können (Köln NJW 90, 1051). Dagegen ist nach der Verkehrssitte der Zugang der Annahme bei der Bestellung von Waren im Versandhandel entbehrlich. Der Vertrag kommt also schon im Moment der Aussonderung, jedenfalls des Versands durch das Versandunternehmen zustande, nicht erst mit dem Eintreffen der Ware beim Kunden (Staud/*Bork* Rn 7; MüKo/*Kramer* Rn 54). Auch in Fällen des Kontrahierungszwangs (s Vor § 145 Rn 17 ff) bedarf es keines Zugangs der Annahmeerklärung. Im Versicherungsgewerbe wird man dagegen allgemein von der Zugangsbedürftigkeit der Annahmeerklärung durch den Versicherer ausgehen müssen (BGH NJW-RR 87, 1429 zum Angebot auf Abschluss eines Aufhebungsvertrages durch Versicherten). 3

Bei lediglich vorteilhaften Angeboten wie der Annahme eines selbständigen Garantieversprechens (BGH NJW 88, 1726) oder eines Schuldbeitritts (BGH NJW-RR 94, 280) und der Abtretung einer Forderung (BGH NJW 00, 276) wird der Antragende regelmäßig nicht erwarten, dass der Annehmende seine Erklärung dem Antragenden übermittelt, soweit hier der Vertrag nicht ohnehin durch Schweigen zustande kommt (§ 516 II 2). 4

Auch bei Bestehen einer entsprechenden Übung kann der Antragende auf dem Zugang der Annahmeerklärung bestehen (RGZ 134, 76 f). 5

II. Verzicht. Der Verzicht auf den Zugang der Annahme kann ausdrücklich erfolgen, er kann sich aber auch aus den Umständen ergeben. Im letzten Fall ist die Abgrenzung zur Entbehrlichkeit qua Verkehrssitte fließend. Einen konkludenten Verzicht wird man annehmen können, wenn der Antragende „sofortige Lieferung" verlangt, bei der Erteilung eines sofort auszuführenden Auftrags oder bei Realofferten beispielsweise durch die Zusendung unbestellter Waren (s. aber § 241 a Rn 10). Gerade die Fälle der Entbehrlichkeit aufgrund der Eilbedürftigkeit der Vertragsdurchführung haben infolge der modernen Kommunikationsmittel wie Telefax und E-mail stark an Bedeutung verloren. Ein Verzicht lässt sich nicht allein daraus ableiten, dass der Antragende bei vereinbarter Schriftform in seiner Offerte nicht ausdrücklich auf die Erforderlichkeit einer Annahmeerklärung hingewiesen hat (BGH NJW 99, 1328). 6

7 **C. Betätigung des Annahmewillens.** Da nach § 151 S 1 nur der Zugang der Annahmeerklärung entbehrlich ist, bedarf es auch in diesen Fällen einer Willenserklärung mit innerem wie äußerem Erklärungstatbestand, auf die die Vorschriften über Willenserklärungen anwendbar sind. Da es allerdings am Zugangserfordernis fehlt, kommt auch eine Widerrufsmöglichkeit analog § 130 I 1 nicht in Betracht (Staud/*Bork* Rn 22). Der Annahmewille muss in jedem Fall objektiv erkennbar hervortreten (BGH NJW 04, 287). In welchen Handlungen eine ausreichende Betätigung des Annahmewillens zu finden ist, kann grundsätzlich nur in Würdigung des konkreten Einzelfalls entschieden werden. Dabei ist mangels Empfangsbedürftigkeit nicht auf den Empfängerhorizont (§ 157), sondern darauf abzustellen, ob das Verhalten des Angebotsadressaten vom Standpunkt eines unbeteiligten objektiven Dritten aufgrund aller äußeren Indizien auf einen „wirklichen Annahmewillen" (§ 133 BGB) schließen lässt (BGH NJW 90, 1655). Bei Bestellungen im Versandhandel kann dies schon das Aussondern der bestellten Waren sein, bei unverlangt zugesandten Waren vorbehaltlich § 241a ihre Ingebrauchnahme. Angebote zum Abschluss eines Bürgschaftsvertrages kann der Gläubiger auch durch bloßes Behalten der Urkunde annehmen (BGH NJW 97, 2233).

8 Grds ist auch die Einlösung eines Schecks, der zusammen mit dem Angebot auf Abschluss eines Teilerlasses übersandt wurde, als Annahme zu werten (BGH WM 90, 812; NJW 86, 415). Sofern allerdings ein krasses Missverhältnis zwischen bisher verlangter Teilleistung und mit dem Scheck angebotener Summe besteht, wird man die Einlösung nur als Annahme einer Teilleistung sehen können (BGH NJW 01, 2324; 01, 2325; zur sog Erlassfalle auch *Kleinschmidt* NJW 02, 346 ff).

9 **D. Erlöschen des Antrags, S 2.** Abweichend von §§ 147 II bestimmt S 2 dass die Annahme nach § 151 S 1 nur innerhalb einer vom Antragenden bestimmten (insoweit gilt § 148) oder nach seinem mutmaßlichen Willen subjektiv zu bestimmenden Frist (BGH NJW 00, 2984) möglich ist. Diese wird regelmäßig verhältnismäßig kurz sein. Nach Ablauf dieser Frist erlischt das Angebot (§ 146). Lässt sich auch aus den Umständen keine Frist entnehmen, so bleibt der Antragende bis zur Ablehnung an sein Angebot gebunden (BGH NJW 99, 2179).

§ 152 Annahme bei notarieller Beurkundung

¹Wird ein Vertrag notariell beurkundet, ohne dass beide Teile gleichzeitig anwesend sind, so kommt der Vertrag mit der nach § 128 erfolgten Beurkundung der Annahme zustande, wenn nicht ein anderes bestimmt ist. ²Die Vorschrift des § 151 Satz 2 findet Anwendung.

1 **A. Anwendungsbereich.** § 152 regelt den Fall der Sukzessivbeurkundung, also eine zeitlich gestreckte Beurkundung (durch den Notar oder eine andere zuständige Stelle, § 61 BeurKG) von Angebot und Annahme infolge nicht gleichzeitiger Anwesenheit beider Teile. Auch in diesem Fall ist wie nach § 151 der Zugang der Annahmeerklärung nicht erforderlich. Die Annahme wird dadurch zur nicht empfangsbedürftigen Willenserklärung (BGH NJW 02, 213). Der Vertrag kommt bereits im Moment der Abgabe der Erklärung zustande. § 152 erfasst sowohl die gesetzlich vorgeschriebene wie die gewillkürte notarielle Beurkundung, ist allerdings nicht entsprechend auf die Schriftform anwendbar. Er gilt dagegen auch für die notariell zu beurkundende Genehmigung eines durch einen vollmachtlosen Vertreter geschlossenen Vertrages (Karlsr NJW 88, 2050 BGH NJW 94, 1344; Staud/*Bork* Rn 3; MüKo/*Kramer* Rn 5, str; aA *Hänlein* JuS 90, 737; *Tiedke* BB 89, 924), wobei der BGH die Formbedürftigkeit der Genehmigung im Hinblick auf § 182 II verneint.

2 **B. Abweichende Regelungen.** § 152 kann ausdrücklich oder konkludent abbedungen werden. Vom Antragenden kann dann eine bloße Benachrichtigungspflicht über die vollzogene Annahme gewollt sein, er kann aber § 152 auch vollständig abbedingen und so den Zugang der Annahmeerklärung zum Wirksamkeitserfordernis iSv § 130 I erheben. Letzteres wird von der Rechtsprechung regelmäßig angenommen, wenn für die Annahme eine Frist gesetzt wurde (BGH NJW-RR 89, 199, KG GmbHR 05, 1136). Hierfür ist derjenige beweispflichtig, der sich auf die Verfristung beruft (MüKo/*Kramer* Rn 3; Staud/*Bork* Rn 10; Soergel/*Wolf* Rn 9, str aM RG 96, 275; Palandt/*Heinrichs* Rn 6). Zu prüfen ist dann, ob der beurkundende Notar als Empfangsbote oder -vertreter des Antragenden gehandelt hat. Aus den Umständen kann sich aber auch ergeben, dass es sich nur um eine Fristsetzung iSv § 151 S 2 handelt. Dann genügt es, wenn die Annahmeerklärung innerhalb der Frist abgegeben wurde (BGH NJW 02, 214).

3 **C. Annahmefrist, S 2.** Fehlt es an einer Fristbestimmung so gilt § 151 S 2, so dass der mutmaßliche Wille des Antragenden aus den Umständen zu entnehmen ist.

§ 153 Tod oder Geschäftsunfähigkeit des Antragenden

Das Zustandekommen des Vertrags wird nicht dadurch gehindert, dass der Antragende vor der Annahme stirbt oder geschäftsunfähig wird, es sei denn, dass ein anderer Wille des Antragenden anzunehmen ist.

1 **A. Tod oder Geschäftsunfähigkeit des Antragenden. I. Anwendungsbereich.** Während § 130 II die Zugangsfähigkeit einer Willenserklärung trotz Tod oder Geschäftsunfähigkeit des Erklärenden sichert, gewährleistet die Auslegungsregel des § 153 die Annahmefähigkeit des Angebots in diesen Fällen, wobei es nicht

darauf ankommt, ob der Umstand vor oder nach dem Zugang der Erklärung eingetreten ist (Staudinger/*Bork* Rn 2). Entscheidend ist, dass der Antrag noch nicht wirksam angenommen wurde (Hamm NJW-RR 87, 343). Entsprechend kann der Antrag einer Schenkung auf den Todesfall beispielsweise in Form der Anlegung eines Sparbuchs noch nach dem Tod des Antragenden gem § 153 angenommen werden. § 2301 gilt nicht, da dieser durch § 331 verdrängt wird, § 518 steht nicht entgegen, da die Schenkung mit der Annahme vollzogen wurde (BGH NJW 75, 383; 67, 101; aA *Medicus* BR Rn 392 ff).

Einer analogen Anwendung der Vorschrift für die Fälle des Eintritts der beschränkten Geschäftsfähigkeit beim Antragenden bedarf es nicht (Jauernig/*Jauernig* Rn 2; Staud/*Bork* Rn 14; aA MüKo/*Kramer* Rn 2). Die Rücknahme der Genehmigung nach §§ 112 II, 113 II wirkt ohnehin nur ex nunc (MüKo/*Schmitt* § 112 Rn 26), so dass die Annahmefähigkeit des bereits abgegebenen Angebots unberührt bleibt. 2

Wird über das Vermögen des Antragenden das Insolvenzverfahren eröffnet, so bleibt die Befugnis des Insolvenzschuldners, sich persönlich rechtsgeschäftlich zu verpflichten, unberührt. § 153 gilt insoweit auch nicht entsprechend (BGH NJW 02, 214). Verfügungsgeschäfte sind dagegen nach Verfahrenseröffnung ohnehin nach § 81 InsO unwirksam. Entsprechende Anträge können daher nach Eröffnung nicht mehr wirksam angenommen werden. 3

II. Annahme. Sofern nicht §§ 151, 152 eingreifen, hat die Annahme gegenüber dem Erben bzw dem Vertreter des Antragenden (§ 131 I) zu erfolgen. Daher verlängert sich in den Fällen des § 147 II die Frist um die Zeit, die für dessen Ermittlung erforderlich ist. Hat der Annehmende bei Abgabe noch keine Kenntnis vom Tod des Antragenden, so ist seiner Erklärung durch Auslegung zu entnehmen, ob er auch mit dem Rechtsnachfolger abschließen will. 4

III. Abweichende Bestimmung. Der Antragende kann die Bindung an den Antrag über seinen Tod oder seine Geschäftsunfähigkeit hinaus ausschließen. Ob er dies getan hat oder ob dies seinem mutmaßlichen Willen entsprach, bestimmt sich nach dem obj Empfängerhorizont (MüKo/*Kramer* Rn 3; Staud/*Bork* Rn 5, aA Palandt/*Heinrichs* Rn 2). Ein Schadensersatzanspruch des Annehmenden analog § 122, der verkannt hat, dass der Vertrag nicht zustande gekommen ist, ist nur zu bejahen, wenn dies darauf beruht, dass der Annehmende vom Tod des Antragenden wusste, weil ihm dieser nicht mitgeteilt wurde. Glaubte der Annehmende dagegen fälschlicherweise, ein Vertrag sei wegen § 153 wirksam geschlossen, so wird dieser Glaube nicht geschützt (str, vgl Soergel/*Wolf* Rn 13; Staud/*Bork* Rn 8; MüKo/*Kramer* Rn 3; Palandt/*Heinrichs* Rn 2). Ein konkludenter Ausschluss der Bindung wird bei Bestellungen zur Deckung persönlicher Bedürfnisse anzunehmen sein (Erman/*Armbrüster* Rn 2). Beweispflichtig für den Ausschluss ist der Rechtsnachfolger. 5

Ein Erlöschen des Angebots durch den Tod kann sich auch aus der Natur des angetragenen Vertrages ergeben. So insbesondere bei Lebensversicherungen (RG SeuffA 81, 20) oder bei einem Pflichtteilsverzichtsvertrag, da nach dem Tod des Erblassers auf den konkreten Pflichtteilsanspruch verzichtet werden muss (BGH NJW 97, 521). 6

B. Tod oder Geschäftsunfähigkeit des Antragsempfängers. § 153 kann auf den Fall des Hindernisses in der Person des Antragsempfängers nach Zugang des Antrags nicht entsprechend angewendet werden. Vielmehr muss zunächst festgestellt werden, ob das Angebot auch an den Rechtsnachfolger gerichtet sein soll. Ist dies zu bejahen (beachte §§ 613, 673, 675, 727, 1061), ist die Annahmeposition vererblich. Im Falle der Geschäftsunfähigkeit muss entsprechend geprüft werden, ob der Antrag auch an einen Geschäftsunfähigen gerichtet sein soll (für den Zugang gilt § 131 I), kann dies bejaht werden, so kann der Vertreter für den Geschäftsunfähigen annehmen. 7

Wird über das Vermögen des Antragsempfängers das Insolvenzverfahren eröffnet, so muss entsprechend durch Auslegung ermittelt werden, ob das Angebot auch in diesem Fall noch gelten soll, was stets bei solchen Verträgen zu verneinen sein wird, die ein Kreditierungselement enthalten. 8

Ein nach Abgabe der Annahmeerklärung eintretendes Hindernis in der Person des Annehmenden ist gem § 130 II unbeachtlich. Dies gilt erst recht, wenn das Rechtsgeschäft antizipierend abgeschlossen wurde (BGH NJW 88, 3262). 9

§ 154 Offener Einigungsmangel; fehlende Beurkundung

(1) ¹Solange nicht die Parteien sich über alle Punkte eines Vertrags geeinigt haben, über die nach der Erklärung auch nur einer Partei eine Vereinbarung getroffen werden soll, ist im Zweifel der Vertrag nicht geschlossen. ²Die Verständigung über einzelne Punkte ist auch dann nicht bindend, wenn eine Aufzeichnung stattgefunden hat.

(2) Ist eine Beurkundung des beabsichtigten Vertrags verabredet worden, so ist im Zweifel der Vertrag nicht geschlossen, bis die Beurkundung erfolgt ist.

A. Allgemeines. § 154 entscheidet die Frage, ob ein Vertrag bei nur teilweiser Einigung oder bei zwar verabredeter aber noch fehlender Beurkundung bereits geschlossen ist, im Zweifel zu Ungunsten der Wirksamkeit des Vertrags. 1

B. Offener Dissens, I. 1. Anwendungsbereich. § 154 I regelt nur den Fall, dass es mindestens einer Partei bewusst ist, dass sie sich noch nicht über mindestens einen Punkt geeinigt haben, über den nach Vorstellung jedenfalls einer Partei Einigkeit erzielt werden sollte. Insofern ist nur der Fall des offenen Dissenses im Sinne einer bewussten Teileinigung erfasst (bspw bei fehlender Einigung mit welcher Gegenforderung die Kaufpreis- 2 forderung zur Verrechnung gebracht werden sollte, BGH NJW-RR 99, 927; oder hinsichtlich der Frage, ob eine Anzahlung zu leisten ist, BGH NJW 98, 3196). Die Vorschrift setzt voraus, dass wenigstens eine Partei bei den Vertragsverhandlungen – sei es auch nur durch schlüssiges Verhalten – erkennbar gemacht hat, sie halte eine Einigung über den betreffenden, noch offenen Punkt für erforderlich (BGH NJW-RR 90, 1011). Nach § 154 ist auch der nur einseitige Dissens zu behandeln (*Medicus* AT Rn 436; Staudinger/*Bork* Rn 2; aA MüKo/*Kramer* § 155 Rn 2; Palandt/*Heinrichs* Rn 1 für Behandlung nach § 155) Zum versteckten Dissens vgl § 155.

3 Sofern zu den offenen Punkten auch vertragswesentliche Fragen (essentialia negotii) gehören, die sich nicht durch dispositives Gesetzesrecht klären lassen – beachte §§ 612, 632, 653 (BGH NJW 02, 818) – oder ggf über §§ 315 ff bestimmbar sind, ist § 154 unanwendbar. In diesem Fall des logischen Dissenses kann eine vertragliche Bindung nicht zustande kommen, da sonst der Vertrag Lücken aufwiese, die nicht nachträglich geschlossen werden könnten (Jauernig/*Jauernig* Rn 2; AnwK/*Schulze* Rn 4, 5).

4 **II. Rechtsfolge.** Bei bewusster Teileinigung soll der Vertrag nach der Auslegungsregel des § 154 I 1 im Zweifel nicht geschlossen sein. Diese Regel ist unanwendbar, wenn sich die Parteien trotz der noch offenen Punkte erkennbar vertraglich binden wollen. Dieser Wille kann ausdrücklich erklärt werden, kann sich aber auch aus den Umständen ergeben (zu entsprechendem internationalem Handelsbrauch, Frankf NJW 77, 1051). Anzeichen für einen dahingehenden Bindungswillen ist insbes die begonnene Vertragsdurchführung (BGH NJW 02, 818; 93, 64; NJW 60, 430 in Vollzug gesetzte Gesellschaft; BAG AP Nr 1 aufgenommener Arbeitsvertrag). Die offenen Lücken sind dann durch dispositives Gesetzesrecht (so vor allem bei nicht Vertragsbestandteil gewordenen AGB § 150 Rn 6 ff), im Wege ergänzender Vertragsauslegung nach § 157 (BGH NJW 75, 1116) oder durch richterliche Bestimmung nach billigem Ermessen gem §§ 315 ff zu schließen (BGH NJW-RR 00, 1560; MüKo/*Kramer* Rn 8; Staud/*Bork* Rn 9. Zu den Grenzen des richterlichen Bestimmungsrechts BGH ZIP 00, 2071 bei verabredetem aber nicht festgesetztem Freundschaftspreis). Eine treuwidrige Berufung auf die Zweifelsregel des I ist unbeachtlich (BGH MDR 54, 217).

5 **III. Punktation, I 2.** § 154 I 2 konkretisiert die in S 1 enthaltene Regel für den Fall, dass sich die Parteien über einzelne Punkte eines angestrebten Vertrages bereits geeinigt haben und diese Einigung auch in irgendeiner Form festgehalten haben. Auch eine solche Punktation soll die Parteien im Zweifel nicht binden. Gleichwohl kann der Punktation unter den in Rn 4 geschilderten Voraussetzungen Verbindlichkeit zukommen, sofern sie eine hinreichende Regelungsdichte besitzt (Staud/*Bork* Rn 11).

6 **C. Vereinbarte Beurkundung, II.** § 154 II bestimmt, dass bei gewollter aber noch nicht vorgenommener Beurkundung der Vertrag im Zweifel noch nicht geschlossen sein soll. Anders als bei Formfehlern nach § 125 S 2 ist der Vertrag also nicht nichtig (AnwK/*Schulze* Rn 7), sondern lediglich noch nicht wirksam. Die Vorschrift erfasst nicht nur die notarielle Beurkundung, sondern auch privatschriftliche, elektronische oder Textform (Köln NJW-RR 97, 405; Celle NJW-RR 00, 485; AnwK/*Schulze* Rn 7). Der geäußerte Beurkundungswille nur einer Partei genügt. II ist entsprechend anzuwenden, wenn die Parteien irrig glauben, dass ein gesetzliches Formerfordernis bestehe (Ddorf BB 70, 1778). Analoge Anwendung ist auch möglich bei zu beurkundenden gesellschaftsrechtlichen Beschlüssen (Stuttg BB 83, 1050).

7 Die gewillkürte Beurkundung als Wirksamkeitserfordernis ist abzugrenzen von der Beurkundung zu Beweiszwecken (BGH NJW-RR 93, 235 auf letztere ist II unanwendbar). Der Beurkundung nur prozessuale Funktion zuzuschreiben, liegt vor allem bei einer nach Vertragsschluss verabredeten Beurkundung nahe (BGH NJW 94, 2026). II ist dann unanwendbar. Die Parteien können auch nachträglich das Wirksamkeitserfordernis aufheben, indem sie den nicht beurkundeten Vertrag einvernehmlich durchführen (BGH NJW 00, 354, 357; KG MDR 05, 1276), auch dann ist II unanwendbar.

8 **D. Beweislast.** Derjenige, der sich auf das Zustandekommen des Vertrages beruft, hat wenigstens eine Einigung über die essentialia negotii zu beweisen. Gelingt dies, obliegt es der anderen Seite, eine beabsichtigte Einigung über andere Fragen zu beweisen (BGH NJW-RR 90, 1009). Dann hat wiederum die andere Seite zu beweisen, dass diese Einigung erfolgt ist oder dass die in § 154 I enthaltene Auslegungsregel nicht greift.

9 Eine gewollte Beurkundung hat der Teil zu beweisen, der sich auf die Unwirksamkeit des Vertrages beruft, wobei allerdings bei wirtschaftlich bedeutenden Verträgen eine Beurkundungsabrede zu vermuten ist (BGH NJW 90, 576; NJW-RR 93, 235; 91, 1053). Dass diese Beurkundung nur Beweiszwecken diente, hat dagegen der andere Teil zu beweisen.

§ 155 Versteckter Einigungsmangel

Haben sich die Parteien bei einem Vertrag, den sie als geschlossen ansehen, über einen Punkt, über den eine Vereinbarung getroffen werden sollte, in Wirklichkeit nicht geeinigt, so gilt das Vereinbarte, sofern anzunehmen ist, dass der Vertrag auch ohne eine Bestimmung über diesen Punkt geschlossen sein würde.

1 **A. Allgemeines.** § 155 betrifft den Fall, dass sich die Parteien nicht über einen nach ihrem Verständnis regelungsbedürftigen Punkt geeinigt haben und diese fehlende Einigung keiner der Parteien bekannt ist (vgl § 154 Rn 2). Wie § 154 regelt auch § 155 nur den Dissens über nicht wesentliche Vertragsbestandteile, sog accidentalia

negotii (RG 93, 299). Fehlt es an einer Einigung über wesentliche Vertragspunkte, so liegt ein logischer Dissens vor, der das Zustandekommen eines Vertrages ausschließt (MüKo/*Kramer* Rn 12). Ein versteckter Dissens setzt einerseits keinen abweichenden Wortlaut der Erklärungen voraus (BGH NJW-RR 93, 373), umgekehrt liegt ein Konsens nicht nur bei wortlautmäßig übereinstimmenden Erklärungen vor (Staud/*Bork* Rn 3, 5). Denn für die Frage, ob sich die Parteien geeinigt haben, kommt es nicht auf den Wortlaut der Erklärungen, sondern auf ihren durch Auslegung nach §§ 133, 157 zu ermittelnden Inhalt an („normativer Konsens").

B. Abgrenzung. Von der Irrtumsanfechtung unterscheidet sich der Dissens dadurch, dass bei der Anfechtung die Auslegung der Erklärungen einen übereinstimmenden Inhalt ergibt, der allerdings von dem durch eine der Parteien wirklich Gewollten abweicht. 2

Auch der Fall der falsa demonstratio (RG 99, 147) ist nicht von § 155 erfasst, da hier wegen der Übereinstimmung des inneren Willens kein Dissens vorliegt. Es gilt das von den Parteien tatsächlich Gewollte, auch wenn sie objektiv etwas anderes erklärt haben (BGH NJW 98, 746; für formbedürftige Verträge BGH NJW 83, 1610). Hat eine Partei erkannt, dass die andere Partei mit ihrer Erklärung etwas anderes erklären wollte, als sie objektiv erklärt hat, so ist der Vertrag mit dem tatsächlich von dieser Partei gewollten Inhalt geschlossen, eine Anfechtung wegen Irrtums scheidet analog § 116 aus (BGH BB 83, 927; RG 66, 427). 3

Liegt eine Übereinstimmung der objektiven Erklärungsinhalte vor, irren sich aber beide Parteien über den Inhalt des objektiv Erklärten, ohne dass ein gemeinsamer subjektiver Wille feststellbar ist, so liegt eine Störung der subjektiven Geschäftsgrundlage vor (§ 313 Rn 35; Staud/*Bork* Rn 6). Auch dies ist wegen des normativen Konsenses kein Fall des § 155. 4

C. Einzelfälle. I. Verdeckte, planwidrige Unvollständigkeit. § 155 ist einschlägig, wenn beide Parteien glauben, über alle Fragen geeinigt zu haben, aber tatsächlich noch Punkte offen sind, über die an sich eine Einigung erzielt werden sollte. Soweit es sich um Punkte handelt, welche nie zum Regelungsprogramm der Parteien gehörten, die sie insofern also gar nicht regeln wollten, ist dies freilich kein Fall des Dissenses. Es liegt vielmehr eine durch dispositives Recht oder ergänzende Vertragsauslegung zu füllende Vertragslücke vor. § 155 ist nur anwendbar, wenn die Parteien ursprünglich eine Regelung dieser Frage treffen wollten und sie dieses Vorhaben auch nicht im Laufe der Vertragsverhandlungen aufgegeben haben. 5

Sofern der versteckte Teildissens darauf beruht, dass die Parteien versucht haben, widersprüchliche AGB in den Vertrag einzubeziehen, ist eine Abgrenzung zu § 150 II erforderlich (§ 150 Rn 6f). Man wird hier § 155 anwenden können, wenn den Parteien die Abweichung nicht bewusst war und sie dennoch den Vertrag durchgeführt haben. 6

II. Irrtümlich angenommener Konsens. Der Irrglaube der Parteien, dass sie sich geeinigt haben, kann darauf beruhen, dass sich die Parteien bei der Wahrnehmung der Erklärung des Gegners verhört, verlesen oder die Erklärung schlicht missverstanden haben (Hamm NJW-RR 98, 1747; Erman/*Armbrüster* Rn 3). Der praktisch wichtigste Fall ist der, dass die Erklärungen der Parteien objektiv mehrdeutig sind und sie sie in einem unterschiedlichen Sinn gemeint haben, was ihnen aber verborgen geblieben ist (BGH NJW-RR 93, 373 (obiter); Köln NJW-RR 00, 1720, fehlende Eindeutigkeit des Begriffs „Best-of-Album"; Hamburg IPRax 81, 180 bei zweisprachigem Vertragstext; Köln WM 70, 892, Begriff „Aktien" ist unklar, wenn es sowohl Vorzugs- wie Stammaktien gibt). Bei mehrdeutigen AGB sind abweichend von § 155 die §§ 305 c II, 306 I zu beachten. 7

D. Rechtsfolgen. Grds ist bei Bestehen eines Dissenses, ob versteckt oder offen, der Vertrag nicht zustande gekommen (MüKo/*Kramer* Rn 12; Staud/*Bork* Rn 13; Palandt/*Heinrichs* Rn 5). Dieses Verständnis ergibt sich aus dem Konsensprinzip, auf dem die §§ 145 ff beruhen (Vor § 145 Rn 41) und wird durch die Regel des § 139 bestätigt. Die Wirksamkeit des Vertrages trotz einer fehlenden Einigung ist insofern die Ausnahme. Sie kann nach § 155 nur bejaht werden, wenn angenommen werden kann, dass den Parteien eine Einigung über diesen Punkt nicht so wichtig war, dass sie den gesamten Vertrag hätten daran scheitern lassen. Dies ist insbes bei einem Dissens bezüglich einbezogener AGB regelmäßig zu bejahen. 8

Ob eine Einigung trotz Teildissenses dem (mutmaßlichen) Parteiwillen entspricht, ist durch Auslegung zu ermitteln. Diese ist Aufgabe des Tatrichters (BGH WM 66, 142). Ein entsprechender Wille wird umso eher zu bejahen sein, je weniger bedeutend die offenen Fragen sind. Ein Gültigkeitswille kann daher nie bei fehlender Einigung über essentialia negotii angenommen werden (RG 93, 297). Auch iRv § 155 gilt das Verbot unzulässiger Rechtsausübung: Hätte eine nicht konsentierte Regelung sich für eine Partei nachteilig ausgewirkt, so kann sich diese Partei nicht auf die Unwirksamkeit des für sie günstigeren Vertrags infolge des Teildissenses berufen (Staud/*Bork* Rn 16). 9

Lässt sich ein entsprechender Gültigkeitswille ermitteln, so sind die Lücken in der Einigung durch dispositives Gesetzesrecht und ergänzende Vertragsauslegung zu schließen (BGH WM 66, 142; RG 88, 377). 10

E. Schadensersatzansprüche. Kommt der Vertrag infolge des versteckten Dissenses nicht zustande, so sollen nach überwiegender Ansicht Schadensersatzansprüche aus §§ 280, 311 II, 241 gegen die Partei gegeben sein, die durch ihre unklare Ausdrucksweise den Irrtum verursacht hat (RG 143, 219; Staud/*Bork* Rn 17; Soergel/*Wolf* Rn 21; Erman/*Armbrüster* Rn 6; BaRoth/*H.-W. Eckert* Rn 14; Palandt/*Heinrichs* Rn 5). Nach anderer Ansicht ist ein solcher Anspruch zu verneinen, da jede Partei das Risiko eines Fehlschlags der Einigung selbst zu tragen hat (*Flume* II § 34 5; MüKo/*Kramer* Rn 14; Jauernig/*Jauernig* Rn 3; AnwK/*Schulze* Rn 9). 12

13   **F. Beweislast.** Die Umstände, aus denen sich das Vorliegen eines versteckten Dissenses ergibt, hat die Partei zu beweisen, die sich darauf beruft (MüKo/*Kramer* Rn 15). Gelingt ihr dies, so obliegt es der Gegenseite, zu beweisen, dass die Parteien sich auch gebunden gefühlt hätten, wenn ihnen die fehlende Einigung bewusst gewesen wäre.

§ 156 Vertragsschluss bei Versteigerung

¹Bei einer Versteigerung kommt der Vertrag erst durch den Zuschlag zustande. ²Ein Gebot erlischt, wenn ein Übergebot abgegeben oder die Versteigerung ohne Erteilung des Zuschlags geschlossen wird.

1   **A. Anwendungsbereich.** § 156 gilt neben Versteigerungen nach §§ 383, 753, 966, 975, 979, 983, 1219, 1235, §§ 373, 376, 389, 407, 417 HGB auch für sonstige private Versteigerungen. Die Vorschrift ist zwar gem § 817 ZPO auch auf Versteigerungen zum Zwecke der Zwangsvollstreckung von beweglichen Sachen anzuwenden, hierbei ist allerdings zu beachten, dass bei einer Versteigerung nach § 816 ZPO das Gebot Prozesshandlung ist (MüKo/*Kramer* Rn 2) und insofern die für Willenserklärungen geltenden Vorschriften nicht gelten (Staudinger/*Bork* Rn 11). Bei der Zwangsversteigerung von Immobilien gelten die §§ 71 ff ZVG. § 156 konstruiert die Versteigerung als Vertragsschluss unter Anwesenden, auch wenn der Bieter, der den Zuschlag erhält, im Moment des Zuschlags nicht anwesend sein muss, § 15 S 2 BeurkG. Auch bei Ausschreibungen zur Vergabe öffentlicher Aufträge erfolgt zwar ein Zuschlag, der vertragsbegründende Wirkung hat, jedoch greift § 156 nicht, da es sich um einen Vertragsschluss unter Abwesenden handelt (Staud/*Bork* Rn 13). Insofern ist hier der Zuschlag empfangsbedürftig (BVerwG NJW 62, 1535).

2   Beim Vertragsschluss auf Auktionsplattformen im Internet handelt es sich nicht um Versteigerungen iSv § 156, Vor § 145 Rn 52.

3   **B. Zustandekommen des Vertrages.** Bei Versteigerungen im Sinne von § 156 ist das Ausrufen des Versteigerungsgutes (Ausgebot) nur eine invitatio ad offerendum. Entsprechend stellt ein Gebot einen Antrag iSd § 145 dar, der durch den Zuschlag angenommen wird. Hieraus ergibt sich, dass kein Anspruch auf den Zuschlag besteht (Jauernig/*Jauernig* § 155 Rn 1; AnwK/*Schulze* § 155 Rn 7); abweichende Regelung in den Versteigerungsbedingungen sind möglich). Bei Gebot und Zuschlag handelt es sich somit um Willenserklärungen, für die die allgemeinen Vorschriften gelten (zur Wahrung des Formerfordernisses des § 311 b s BGH NJW 98, 2350: Gebot, vgl § 15 BeurkG, und Zuschlag sind notariell zu beurkunden). Allerdings ist bei einer Versteigerung der Zuschlag nicht empfangsbedürftig (BGH NJW 98, 2350).

4   Das Gebot als Antrag erlischt gem § 146 durch seine Zurückweisung durch den Versteigerer, außerdem gem § 156 S 2 durch die Abgabe eines Übergebots sowie durch die Schließung der Versteigerung ohne Zuschlag. Dabei kommt es aus Verkehrsschutzgründen nicht darauf an, ob das Übergebot wirksam abgegeben wurde, es sei denn, es ist offensichtlich unwirksam (AnwK/*Schulze* Rn 6). Die Erlöschensgründe der §§ 147, 148 sind auf das Gebot nicht anwendbar.

5   § 156 betrifft nur den schuldrechtlichen Vertrag, die Übereignung des Versteigerungsguts erfolgt nach §§ 929 ff. Der Versteigerer handelt in der Regel als Vertreter des Einlieferers, so dass der Vertrag zwischen Einlieferer und Ersteigerer zustande kommt. Der Versteigerer kann aber auch im eigenen Namen als Verkaufskommissionär des Einlieferers handeln (*v Hoyningen-Huene* NJW 73, 1447). Wird der Versteigerer beauftragt, ein Gebot abzugeben, so liegt hierin eine entsprechende Bevollmächtigung des Versteigerers verbunden mit einer Befreiung vom Verbot des Selbstkontrahierens gem § 181 (BGH NJW 83, 1186). Ein entsprechender Auftrag erlischt nicht zwangsläufig durch Schließung der Versteigerung ohne Zuschlag. Ob eine Geltung auch über die Versteigerung hinaus gewollt ist, ist durch Auslegung des Auftrags festzustellen (BGH NJW 83, 1186).

6   Eine von den Regelungen des § 156 abweichende Vereinbarung in (Allgemeinen) Versteigerungsbedingungen ist ebenso möglich wie der privatautonome Ausschluss von § 156 (BGH NJW 02, 363). Im Einzelnen kann das Ausgebot als bindender Antrag ausgestaltet sein, so dass ein Anspruch auf den Zuschlag besteht, wenn das Gebot nicht durch Übergebot erlischt (Erman/*Armbrüster* Rn 6).

§ 157 Auslegung von Verträgen

Verträge sind so auszulegen, wie Treu und Glauben mit Rücksicht auf die Verkehrssitte es erfordern.

1   **A. Normzweck und Verhältnis zu § 133.** § 157 ist im Zusammenhang mit § 133 zu lesen. Weder ist § 133 beschränkt auf die Auslegung von Willenserklärungen, die nicht Bestandteil eines Vertrages sind, noch gilt § 157 nur für die Auslegung von Verträgen (BGH NJW 67, 673). Im Großen und Ganzen decken sich daher die Anwendungsbereiche der Vorschriften (Staud/*H Roth* Rn 1). § 157 ergänzt § 133 insofern als er die objektiven Auslegungsmaßstäbe von „Treu und Glauben" und der „Verkehrssitte" ausdrücklich benennt.

2   Von besonderer Bedeutung ist im Zusammenhang mit der in § 157 unvollkommen geregelten Auslegung von Verträgen die ergänzende Vertragsauslegung. Hier kann der in § 133 angesprochene Gedanke der Auslegung nach dem wirklichen Willen der Erklärung nicht Platz greifen, da die Parteien insoweit eben gerade keinen

übereinstimmenden Willen gebildet haben. Daher kommt es bei der lückenfüllenden ergänzenden Vertragsauslegung in besonderem Maße auf die in § 157 genannten objektiv/normativen Gesichtspunkte an (AnwK/*Looschelders* Rn 2).

B. Eigentliche Vertragsauslegung. I. Auslegungsmaßstäbe. Die unbestimmten Rechtsbegriffe von „Treu und 3 Glauben" und der „Verkehrssitte" sind gem § 157 Richtschnur auch der eigentlichen Auslegung (auch „erläuternde" oder „einfache" Auslegung). Sie greifen also auch dort, wo es nicht um ergänzende Vertragsauslegung geht.

1. Treu und Glauben. Mit dem Begriffspaar von „Treu und Glauben" ist zum einen das Verbot widersprüchli- 4 chen Verhaltens und zum anderen das Gebot eines gerechten Interessenausgleichs angesprochen.
Die Auslegung einer Klausel eines Vertragswerks, die im Widerspruch zu einer anderen Klausel oder dem Zweck 5 des von den Parteien geschlossenen Vertrages steht, widerspricht dem Grundsatz von Treu und Glauben (BGH NJW 01, 2622 zum Zweck eines Vertragsstrafeversprechens; BGH ZIP 05, 296 zur Bindung des alleinigen Gesellschafters und Geschäftsführers an das „seine" GmbH treffende Wettbewerbsverbot, vgl auch MüKo/*Mayer-Maly/Busche* Rn 5). Ebenso ist eine Auslegung, die der erfüllungsbereiten Partei ein Festhalten am Vertrag verwehren und der anderen Seite eine Abkehr vom Vertrag ermöglichen würde, nicht mit dem Grundsatz von Treu und Glauben zu vereinbaren (BGH NJW-RR 90, 817 für die ergänzende Vertragsauslegung).
Die in § 157 BGB bestimmte Beachtung der Grundsätze von Treu und Glauben bei der Auslegung vertragli- 6 cher Vereinbarungen hat weiter zur Folge, dass grds davon auszugehen ist, dass beide Parteien mit der getroffenen Vereinbarung ihren gegenseitigen Interessen gerecht werden wollen, so dass sich das Rechtsgeschäft nicht als Durchsetzung der Interessen nur einer Seite darstellt (BGH NJW-RR 00, 131 zur Schwarzgeldrückforderung nach Kaufvertragsabwicklung; Soergel/*Wolf* § 133 Rn 60; MüKo/*Mayer/Maly/Busche* Rn 6). Insoweit folgt aus Treu und Glauben der Grundsatz einer nach beiden Seiten hin interessengerechten Auslegung (BGH NJW 96, 248; NJW 94, 2229).
Ebenfalls Ausfluss von Treu und Glauben ist der Auslegungsgrundsatz *contra proferentem*, der in § 305c II sei- 7 nen Niederschlag gefunden hat. Hiernach gehen Unklarheiten bei der Auslegung einer Vertragsbestimmung, insbes einer Regelung in Allgemeinen Geschäftsbedingungen, zu Lasten desjenigen, der die Klausel in den Vertrag eingeführt hat. Bei dieser Regel handelt es sich allerdings nicht um eine allgemeine Unklarheitenregel (BGH VersR 71, 172). Denn grds wird man bei Individualverträgen, deren Inhalt sich auch nicht durch Auslegung klären lässt, einen verdeckten Dissens anzunehmen haben (§ 155 Rn 7) und wird nicht generell von einem bestimmten Verständnis der Bestimmung ausgehen dürfen (RGZ 131, 343, 350 für einen vertraglichen Haftungsausschluss). Die Anwendung der dargestellten Unklarheitenregel auf Individualvereinbarungen ist vielmehr nur dann gerechtfertigt, wenn die Einführung der Vertragsklausel ähnlich wie bei der Einbeziehung von AGB auf der überlegenen Verhandlungsmacht der einen Seite beruht (Frankfurt OLGZ 73, 230 bezügl Wettbewerbsverbot für Angestellte; MüKo/*Mayer-Maly/Busche* Rn 7; Palandt/*Heinrichs* § 133 Rn 23; Soergel/*Wolf* § 133 Rn 59). Methodisch ist daher richtigerweise in diesen Fällen nicht die gesetzlich nicht normierte Regel der *interpretatio contra proferentem* unmittelbar anzuwenden, sondern eine analoge Anwendung der speziellen Auslegungsregel des § 305c II (Staud/*Singer* § 133 Rn 62) vorzunehmen.

2. Verkehrssitte. Als Verkehrssitte bezeichnet man die in den betreffenden Verkehrskreisen bestehende, ein- 8 verständliche Übung (RG 55, 377; BGH LM Nr 1 zu § 157 (B); Staud/*Singer* § 133 Rn 65; Soergel/*Wolf* § 133 Rn 63). Von einer Übung kann man regelmäßig nur dann sprechen, wenn eine große Zahl von Rechtsgeschäften zwischen verschiedenen Rechtskreisteilnehmern über einen langen Zeitraum nach demselben Muster erfolgt ist (BGH NJW 90, 1723, 1724; Kobl NJW-RR 88, 1306). Sie kann allerdings auch bei verhältnismäßig seltenen Geschäften aufgrund nur relativ weniger Transaktionen entstehen (BGH NJW 66, 502 für den Verkauf von Schiffen) und sich andererseits auch innerhalb eines recht kurzen Zeitraums herausbilden, wenn währenddessen sehr viele Verträge nach demselben Muster abgeschlossen werden (Staud/*Singer* § 133 Rn 65).
Beispiele für bestehende Verkehrssitten kommen vor allem aus dem Handelsrecht. Hier sind insbesondere die 9 INCOTERMS 2000 der ICC (vgl www.iccwbo.org/index_incoterms.asp) und andere standardisierte Klauseln wie „Kasse gegen Dokumente" zu nennen. Im Handelsrecht fällt die Verkehrssitte definitorisch mit den Handelsbräuchen zusammen (*K Schmidt* HandelsR § 1 III 3a). Allerdings finden Handelsbräuche nach § 346 HGB nur dann Anwendung, wenn die Parteien Kaufleute sind. Soweit ein Handelsbrauch allerdings branchentypisch ist, gilt er als Verkehrssitte über § 157 auch für die Auslegung von branchenzugehörigen Geschäften unter Beteiligung von Nicht-Kaufleuten (*Kobl* NJW-RR 88, 1306; *K Schmidt* HandelsR § 3 II 1).
In Abgrenzung dazu spricht man von Gewohnheitsrecht, wenn sich eine Verkehrssitte normativ verfestigt 10 hat. Die Annahme von Gewohnheitsrecht setzt also voraus, dass die entsprechende Norm als Rechtssatz von den Rechtsgenossen anerkannt wird. Notwendig ist insofern eine „*opinio iuris*" (Staud/*Singer* § 133 Rn 66). Gewohnheitsrecht fungiert kraft seines Charakters als objektives Recht nicht nur als Auslegungsgrundsatz, sondern gilt als (dispositiver) Rechtssatz. Es bedarf somit für sein Eingreifen keines weiteren Geltungsgrundes, wie ihn etwa im Falle des § 157 der zwischen den Parteien bestehende Vertrag oder beim Handelsbrauch § 346 liefert.
Die Abgrenzung zwischen Verkehrssitte und Gewohnheitsrecht ist schwierig und wird weiter dadurch ver- 11 kompliziert, dass auch für Anerkennung einer Verkehrssitte von der hM eine entsprechende gemeinsame

Pflichtenvorstellung (BGH NJW 94, 660) der beteiligten Kreise oder jedenfalls deren Zustimmung verlangt wird (BGH NJW 90, 1723). Keine Anerkennung verdient danach insbesondere ein Brauch, den eine Interessengruppe durch Ausnutzung wirtschaftlicher Überlegenheit einseitig durchsetzt (RG 101, 75; Münch BB 55, 748; Köln BB 57, 910). Auch eine etwaige Verkehrssitte, die mit einer abschließenden gesetzlichen Regelung im Widerspruch steht, ist nicht zu berücksichtigen (BayObLG NJW-RR 96, 995).

12 Der Verkehrssitte kommt nur dann Bedeutung als Auslegungsgrundsatz zu, wenn zum einen das Geschäft dem entsprechenden Verkehr sachlich zuzuordnen ist und zum anderen die Vertragspartner beide Angehörige des Verkehrskreises sind. Räumlich kommt es auf den Ort an, an dem das betreffende Geschäft seinen Schwerpunkt bzw den engsten Bezug hat (BGH 6, 134; Soergel/*Wolf* Rn 66; i Erg auch Staud/*Singer* § 133 Rn 67; anders – Ort, an dem die Erklärung abgegeben wurde – MüKo/*Mayer-Maly/Busche* Rn 23). Es ist allerdings auch möglich, dass die Parteien ihr Geschäft einer bestimmten regional geltenden Verkehrssitte unterwerfen.

13 Nicht erforderlich ist, dass Erklärendem oder Erklärungsempfänger das Bestehen der Verkehrssitte bekannt war (BGH LM Nr 1 zu § 157 (B); Frankf NJW-RR 86, 912). Beim Erklärenden ergibt sich dies schon daraus, dass die Auslegung nicht nach seinem Verständnishorizont erfolgt. Für den Erklärungsempfänger genügt es, wenn ihm das Bestehen der Übung hätte bekannt sein können. Dies ergibt sich aus der Objektivierung der Auslegung, die nicht nach dem Verständnishorizont des konkreten Empfängers fragt, sondern nach dem eines durchschnittlichen Verkehrskreisteilnehmers, dem eine Verkehrssitte eben gerade wegen ihrer Bedeutung als dauernde Übung bekannt ist.

14 Als Auslegungsgrundsatz kann die Verkehrssitte iRv § 157 nur relevant werden, wenn die Parteien keinen abweichenden entgegenstehenden Willen gebildet haben. Die Erklärung oder der Vertrag muss insoweit auslegungsfähig sein (§ 133 Rn 14). Im Prozess ist für das Bestehen eines Handelsbrauchs bzw einer Verkehrssitte derjenige beweispflichtig, der sich darauf beruft. Der Beweis kann regelmäßig durch ein Gutachten der zuständigen Handelskammer geführt werden (vgl BGH WM 76, 292; Frankf NJW-RR 01, 1498, Rücktrittsrecht eines Reiseveranstalters von einer Hotelreservierung). Die Feststellung des Bestehens der Verkehrssitte ist Tatfrage und obliegt damit den Tatsacheninstanzen.

15 **C. Ergänzende Vertragsauslegung. I. Funktion und Anwendungsbereich.** Zweck der ergänzenden Vertragsauslegung ist es, Lücken der rechtsgeschäftlichen Regelung zu schließen. Ein derartiges Vorgehen kommt daher nur in Betracht, wenn die zu klärende Frage nicht im Wege der eigentlichen Auslegung zu klären ist. Diese ist daher stets vorrangig. Ob es sich bei der ergänzenden Auslegung überhaupt noch um Auslegung im Sinne einer an der privatautonomen Gestaltung des Rechtsverhältnisses orientierten Lösung handelt, ist insofern fraglich (hierfür Staud/*Roth* Rn 2). Nach aA soll es sich um heteronome Rechtsfortbildung handeln, die sich an den objektiven Maßstäben von Treu und Glauben und der Verkehrssitte zu orientieren habe (MüKo/*Mayer-Maly/Busche* Rn 26). Dabei ist aber unstr, dass Leitgedanke auch der ergänzenden Auslegung der hypothetische Wille der Parteien sein muss (hierzu Rn 26).

16 Die ergänzende Auslegung kommt grds bei allen, auch formbedürftigen (BGH NJW 57, 423; Karlsr JZ 82, 860), Willenserklärungen oder Rechtsgeschäften in Betracht. Gerade bei Testamenten hat die ergänzende Vertragsauslegung besondere Bedeutung (§ 2084 Rn 13). Hierbei sind allerdings die von der Rspr durch die sog Andeutungstheorie (§ 133 Rn 9, § 2084 Rn 20) gezogenen Grenzen zu berücksichtigen.

17 Schließlich ist die ergänzende Vertragsauslegung ist in den Fällen des offenen (BGH NJW 75, 1116) oder versteckten Dissenses fruchtbar zu machen, um Lücken in der vertraglichen Einigung der Parteien zu schließen (§ 155 Rn 11).

18 Die Rspr nimmt ebenfalls im Wege ergänzender Auslegung stillschweigende Haftungsausschlüsse zuweilen selbst dann an, wenn ein endgültiger Vertragsschluss gescheitert ist (BGH NJW 80, 1682; Dresden NJW-RR 97, 1180 Haftungsausschluss bei Bergung eines LKW). Inwieweit es sich hier freilich noch um Vertragsauslegung und nicht um die Erweiterung gesetzlicher Haftungsbeschränkungen handelt, ist fraglich (Rn 42; Staud/*Roth* Rn 13). Dieselben Zweifel gelten auch bezüglich der Gewinnung des Vertrags mit Schutzwirkung zugunsten Dritter aus dem Gesichtspunkt der ergänzenden Vertragsauslegung (vgl BGH NJW 04, 3035 Kreditnehmer als Begünstigter eines von einem Dritten beauftragten Wertgutachtens).

19 **II. Vertrags-/Regelungslücke als Voraussetzung.** Voraussetzung der ergänzenden Vertragsauslegung ist eine planwidrige Lücke in der vertraglichen Regelung (BGH NJW 02, 670). Dabei genügen Vorstellungen nur einer Seite, die nicht Bestandteil der Regelung geworden sind, nicht. Es kommt auf eine Lücke im gemeinsamen Regelungsprogramm an. Ob diese schon anfänglich vorliegt oder erst nachträglich durch Änderungen der Rechts- oder Tatsachenlage entsteht, ist unbeachtlich (BGH NJW-RR 95, 1360; NJW 05, 1421 zur Entstehung einer Gesetzeslücke in Folge der Schuldrechtsmodernisierung).

20 An der Planwidrigkeit der Lücke fehlt es insbes, wenn die Parteien bewusst eine abschließende Regelung der Frage getroffen haben. Die Erweiterung der rechtsgeschäftlichen Regelung im Wege ergänzender Vertragsauslegung scheidet dann aus (BGH NJW 85, 1835 zur Wirksamkeit des Verzichts auf nachehelichen Unterhalt). Auch ein bewusstes Offenlassen einer Frage kann eine planwidrige Lücke zur Folge haben, etwa wenn die Parteien eine Regelung nicht für erforderlich hielten oder sie glaubten, es werde später noch zu einer Einigung kommen (BGH NJW 75, 1116).

Der Streit, ob von einer Lücke auch dann gesprochen werden kann, wenn dem dispositiven Recht eine Regelung 21
zu entnehmen ist (dagegen die Rspr BGH 40, 103; dafür die hL vgl MüKo/*Mayer-Maly/Busche* Rn 28; Staudinger/*Roth* Rn 22; AnwK/*Looschelders* Rn 20), hat nur terminologische Bedeutung. Denn selbst soweit dies bejaht wird, wird dem dispositiven Recht ein Vorrang zugesprochen, so dass die Füllung der „Lücke" anhand des dispositiven Rechts erfolgt (Palandt/*Heinrichs* Rn 4). Das dispositive Recht kommt nur dann nicht zur Anwendung, wenn es entweder seinerseits keine befriedigende Lösung enthält, beispielsweise weil es sich um einen atypischen Vertrag wie etwa Leasing handelt, oder die Lösung des dispositiven Rechts dem Willen der Parteien nicht entspricht (BGH NJW 79, 1819; NJW-RR 90, 818; NJW 91, 3193: Unangemessenheit einer gesellschaftsrechtlichen Abfindungsklausel nach Buchwerten führt nicht automatisch zur Abfindung nach § 738). Letzteres kann auch darauf beruhen, dass das dispositive Recht in der konkreten Frage veraltet ist.

Im Hinblick auf die Voraussetzung der Lückenhaftigkeit der vertraglichen Regelung ist bei beurkundeten Rechts- 22
geschäften die Vermutung der Vollständigkeit und Richtigkeit des Urkundeninhalts zu beachten. Diese Vermutung kann allerdings durch außerhalb der Urkunde liegende Umstände entkräftet werden (BGH NJW 02, 2311).

Auch wenn eine Lücke infolge der Unwirksamkeit einer Allgemeinen Geschäftsbedingung entsteht, kann die 23
ergänzende Vertragsauslegung in Betracht kommen, wenn konkrete gesetzliche Regelungen zur Ausfüllung der Lücke nicht zur Verfügung stehen und die ersatzweise Streichung der unwirksamen Klausel nicht zu einer angemessenen, den typischen Interessen des Klausel-Verwenders und des Kunden Rechnung tragenden Lösung führt (BGH NJW 84, 1177, Tagespreisklausel; NJW 98, 450; 02, 3099).

III. Vorgang der Lückenfüllung. 1. Dispositives Recht und hypothetischer Parteiwille. Zum grds Vor- 24
rang des dispositiven Rechts bei der Lückenfüllung o Rn 22. Sofern sich aus diesem keine Antwort ergibt, ist auf das schwierige Konzept des hypothetischen Parteiwillens zurückzugreifen. Hiernach soll darauf abzustellen sein, welche Regelung die Parteien im Hinblick auf den mit dem Vertrag verfolgten Zweck bei sachgerechter Abwägung ihrer beiderseitigen Interessen nach Treu und Glauben und unter Berücksichtigung der Verkehrssitte getroffen hätten (ständige Rspr, vgl nur BGH ZIP 05, 2197; NJW-RR 90, 817). Der hypothetische Wille darf trotz dieser Formulierung nach hM freilich nicht mit dem gleichgesetzt werden, was die konkreten Parteien vereinbart hätten, wenn sie die Regelungsbedürftigkeit erkannt hätten (Staud/*Roth* Rn 31; MüKo/*Mayer-Maly/Busche* Rn 39). Denn der hypothetische Wille ist seinerseits objektiv durch die Konzepte von Treu und Glauben und der Verkehrssitte determiniert (BGH NJW 02, 2311). Daher ist die Frage, welche Regelungsvorschläge eine der Parteien bei rechtzeitigem Erkennen der Lücke gemacht hätte, unbeachtlich, so dass hierüber kein Beweis erhoben werden muss (Staud/*Roth* Rn 31).

Bei der ergänzen Auslegung ist demnach zunächst an den Vertrag selbst anzuknüpfen. Denn die darin enthalte- 25
nen Regelungen und Wertungen, die den Sinn und Zweck des Geschäfts erkennen lassen, sind Ausgangspunkt der Vertragsergänzung. Sie muss sich als zwingende, selbstverständliche Folge aus dem ganzen Zusammenhang des Vereinbarten ergeben, so dass ohne die vorgenommene Ergänzung das Ergebnis in offenbarem Widerspruch mit dem nach dem Inhalt des Vertrages tatsächlich Vereinbarten stünde (BGH NJW 80, 2347).

Aus den hiernach bei der Ergänzung zu berücksichtigenden subjektiv/individuellen wie objektiven Komponenten 26
ergibt sich ein Spannungsverhältnis, das nicht schematisch, sondern immer nur für den konkreten Einzelfall aufgelöst werden kann. Allerdings besteht bei Austauschverträgen eine Vermutung dahingehend, dass Leistung und Gegenleistung in einem angemessenen Verhältnis stehen (BGH NJW 02, 2311; vgl Münch AnwBL 05, 429 zur ergänzenden Auslegung eines Sozietätsvertrages). Bei unerwarteten Vor- oder Nachteilen wird entsprechend oft eine Halbteilung die angemessene Lösung sein (BGH NJW-RR 00, 894).

Der Primat der Parteiautonomie gebietet es, dass die Feststellung des hypothetischen Parteiwillens nicht ex- 27
post erfolgen darf, sondern aus der (mutmaßlichen) ex-ante Sicht erfolgen muss (BGH NJW 93, 3194; GRUR 05, 320; Staud/*Roth* Rn 34; MüKo/*Mayer-Maly/Busche* Rn 31; AnwK/*Looschelders* Rn 24; Palandt/*Heinrichs* Rn 7, anders Soergel/*Wolf* Rn 132). Daher kommt es auf nachträglich entstandene Verkehrssitten nicht an. Neues dispositives Recht ist aber wegen seines grundsätzlichen Geltungsvorrangs zu berücksichtigen.

2. Anfechtung der Vertragsergänzung. Nach hL ist die Anfechtung der Vertragsergänzung durch eine Seite ist 28
nicht zulässig (Soergel/*Wolf* Rn 20; *Flume* II § 16 4c); aA Staud/*Roth* Rn 35; Erman/*Armbrüster* Rn 20; AnwK/*Looschelders* Rn 13). In den Fällen, in denen die Lücke der privatautonomen Regelung durch dispositives Recht gefüllt wird, handelt es sich nach hM um einen unbeachtlichen (§ 119 Rn 27 Rechtsfolgenirrtum. Regelmäßig wird es in diesen Fällen ohnehin schon tatbestandlich am Vorliegen eines Irrtums fehlen. Denn für dessen Feststellung reicht die nachträgliche Unzufriedenheit einer Seite mit dem durch Auslegung ermittelten Vertragsinhalt nicht aus, da hierin keine fehlerhafte Willensbildung liegt, wie sie die Anfechtung voraussetzt. Greifen diese Gesichtspunkte nicht ein, so sind allerdings keine Gründe ersichtlich, die Anfechtung nicht zuzulassen.

IV. Schranken. Die Ergänzung der privatautonom getroffenen Regelung darf nicht zu einer freien richterlichen 29
Rechtsschöpfung führen. Ein tatsächlich feststellbarer übereinstimmender Parteiwille geht daher in jedem Fall vor (BGH NJW 95, 1213). Die ergänzende Vertragsauslegung darf nicht den Inhalt der Erklärungen verändern oder sich zu ihm in Widerspruch setzen (BGH NJW-RR 89, 1491). Eine Vertragsergänzung, die zur Nichtigkeit des Vertrages führen würde, entspricht nicht dem hypothetischen Parteiwillen (BGH NJW 70, 468).

30 Die richterliche Auslegung darf weiterhin nicht zu einer Erweiterung des Vertragsgegenstandes führen, und sie muss in dem Vertrag eine Stütze finden (BGH NJW 63, 2071). Der Begriff der unzulässigen Erweiterung ist allerdings auf den Zweck des Vertrages und nicht etwa auf die dort geregelten Pflichten zu beziehen. So kann im Wege der ergänzenden Vertragsauslegung durchaus eine Erweiterung der ursprünglich vorgesehenen wechselseitigen Pflichten erfolgen, wenn dies für die Erreichung des Vertragszwecks erforderlich ist (Staud/*Roth* Rn 39). Allerdings darf sie nicht dazu führen, dass eine der Parteien Rechte zugewiesen erhält, die sie im Laufe der Verhandlungen nicht hat durchsetzen können (BGH NJW-RR 91, 1033).

31 Lassen sich keine hinreichenden Anhaltspunkte für den hypothetischen Parteiwillen finden, etwa weil mehrere gleichwertige Auslegungsmöglichkeiten in Betracht kommen, scheidet eine ergänzende Vertragsauslegung aus (BGH NJW-RR 05, 1619; 05, 1040 Unerkannte Unwirksamkeit einer Sicherungsvereinbarng). Das Gericht kann die Parteien nicht nach seinem Gutdünken auf eine einzige von mehreren möglichen Lösungen festlegen (BGH NJW 02, 2311).

32 **V. Prozessuales.** Vor dem Rückgriff auf die ergänzende Vertragsauslegung durch den Richter hat immer der Versuch zu stehen, eine privatautonome Lösung durch Verhandlungen der Parteien herbeizuführen. Hierauf hat das Gericht auch noch in der Verhandlung hinzuwirken.

33 Die ergänzende Auslegung wird, jedenfalls soweit es sich um Individualverträge handelt, trotz ihrem normativen Charakter grds dem Bereich der Tatsachenfeststellung zugeordnet (anders Staud/*Roth* Rn 51 ff). Sie obliegt daher dem Tatrichter und ist entsprechend nur eingeschränkt revisionsrechtlich auf die Beachtung von Auslegungs- oder Ergänzungsregeln, Denkgesetzen und Erfahrungssätzen hin überprüfbar (BGH NJW 04, 1873. Für vollständige Revisibilität ua MüKo/*Mayer-Maly/Busche* Rn 48; *Ehricke* RabelsZ 96, 673). Das Revisionsgericht ist bei Beachtung dieser Regeln schon an die Feststellung einer Lücke durch den Tatrichter gebunden (BGH NJW 90, 1724). Die ergänzende Vertragsauslegung kann allerdings entsprechend den allgemeinen Regeln vom Revisionsgericht nachgeholt werden, wenn der Tatrichter die Ergänzung fehlerhaft unterlassen hat und weitere Sachverhaltsermittlung, zu der auch die Feststellung von Verkehrssitten gehört, Rn 13, nicht erforderlich ist (BGH NJW-RR 00, 894).

34 Bei der ergänzenden Vertragsauslegung im Falle von unwirksamen AGB steht dagegen der rechtsfortbildende Charakter der richterlichen Tätigkeit im Vordergrund. Der Sache nach geht es um die Weiterentwicklung des dispositiven Rechts. Daher ist hier eine uneingeschränkte revisionsrechtliche Überprüfbarkeit anzunehmen, sofern es sich um eine Vertragsbedingung handelt, die über die Zuständigkeit nur eines Berufungsgericht hinaus verbreitet ist (BGH NJW 2005, 2919; Staud/*Roth* Rn 55; AnwK/*Looschelders* Rn 70).

35 **VI. Abgrenzung.** Die ergänzende Vertragsauslegung bedarf nach verschieden Seiten hin der Abgrenzung. Sie geht der Irrtumsanfechtung nach § 119 insofern vor als Gegenstand der Anfechtung der durch (ergänzende) Auslegung ermittelte Inhalt der Willenserklärung ist. Zur Anfechtbarkeit von Vertragsergänzungen Rn 29.

36 Der methodische Unterschied zwischen ergänzender Vertragsauslegung und geltungserhaltender Reduktion liegt darin, dass durch die geltungserhaltende Reduktion eine Vertragslücke, welche Voraussetzung für die ergänzende Auslegung ist, vermieden wird. Soweit also im individualvertraglichen Bereich eine geltungserhaltende Reduktion auf den noch zulässigen Vertragsinhalt möglich ist, erscheint diese unter dem Gesichtspunkt der Parteiautonomie vorzugswürdig ggü der ergänzenden Vertragsauslegung (Staud/*Roth* Rn 36).

37 Für den Bereich der AGB-Verträge ist jedoch das von der hM aus § 306 II entnommene Verbot der geltungserhaltenden Reduktion zu beachten (§ 306 Rn 4). Daher kommt bei unzulässigen AGB nur die Schließung der Lücke im Wege ergänzender Vertragsauslegung in Betracht. Diese darf ihrerseits nicht im Ergebnis auf eine geltungserhaltende Reduktion hinauslaufen (BGH NJW 00, 1110; AnwK/*Looschelders* Rn 39. Gegen das grds Verbot der geltungserhaltenden Reduktion bei AGB Staud/*Roth* Rn 49).

38 Ggü der von § 139 im Zweifel statuierten Totalnichtigkeit des Vertrages bei Unwirksamkeit eines einzelnen Teils kann durch ergänzende Vertragsauslegung die infolge der Nichtigkeit entstandene Lücke geschlossen werden. Die Totalnichtigkeit wird dadurch vermieden. Die ergänzende Vertragsauslegung geht daher der Anwendung von § 139 vor (BGH NJW 75, 44; Köln ZMR 99, 633; Staud/*Roth* Rn 7).

39 Das Verhältnis der ergänzenden Vertragsauslegung zur Umdeutung nach § 140 ist schwer zu bestimmen und fließend (MüKo/*Mayer-Maly/Busche* § 140 Rn 3), da in beiden Fällen der hypothetische Parteiwille maßgeblich ist. § 140 ist insofern eine Spezialregelung für den Fall, dass die Regelungslücke durch die Unwirksamkeit des Rechtsgeschäfts entstanden ist.

40 Sowohl tatbestandlich wie auf der Rechtsfolgenseite bestehen enge Berührungspunkte zum Wegfall der Geschäftsgrundlage. Auch dieser gegenüber ist die ergänzende Vertragsauslegung als die der Parteiautonomie nähere Methode vorrangig (BGH ZIP 05, 2197; NJW 01, 2465; Hamm NJW-RR 93, 181; Staud/*Roth* Rn 9; AnwK/*Looschelders* Rn 7). Die Anpassung des Vertrages reicht insofern über die ergänzende Auslegung hinaus, als eine Anpassung auf der Grundlage von § 313 auch vorgenommen werden kann, wenn es unmöglich ist, einen hypothetischen Parteiwillen festzustellen.

41 **VII. Einzelfälle.** Vielfach wird von der Rspr im Weg ergänzender Vertragsauslegung ein (stillschweigender) **Haftungsverzicht** angenommen, wenn der Geschädigte billigerweise das Risiko hätte versichern können (BGH NJW 79, 415 für Beschränkung der Haftung ggü Mitfahrer; Hamm NJW-RR 00, 1047 für Vollkaskoversicherung bei Ersatzfahrzeug). Zuweilen gerät dabei freilich die Voraussetzung des Bestehens einer wirksamen und

damit auslegungsfähigen Vereinbarung zwischen den Parteien aus dem Blick (BGH NJW 79, 644 für Schäden am KFZ bei Probefahrt). Da eine ergänzende Auslegung des Gebäudeversicherungsvertrags des Vermieters einen konkludenten Regressverzicht des Versicherers für die Fälle ergibt, in denen der Wohnungsmieter einen Leitungswasserschaden durch einfache Fahrlässigkeit verursacht hat, kann in der mietvertraglichen Verpflichtung des Wohnungsmieters, die (anteiligen) Kosten der Gebäudeversicherung zu zahlen, keine stillschweigende Beschränkung seiner Haftung für die Verursachung von Leitungswasserschäden auf Vorsatz und grobe Fahrlässigkeit gesehen werden. Der Vermieter ist jedoch verpflichtet, den Gebäudeversicherer und nicht den Mieter auf Schadensausgleich in Anspruch zu nehmen, wenn ein Versicherungsfall vorliegt (BGH NJW-RR 05, 381).

Freistellungsvereinbarungen verpflichten regelmäßig nicht nur zur Erfüllung begründeter, sondern auch zur Abwehr unbegründeter Ansprüche (BGH NJW 02, 2382). 42

Bei einem **Gewährleistungsausschluss** bzgl eines Grundstückskaufs kann eine Verpflichtung zur Abtretung von Ansprüchen des Verkäufers und Erstkäufers gegen seinen (Erst-)Verkäufer nur bejaht werden, wenn Anhaltspunkte dafür bestehen, dass der Erstverkäufer nicht endgültig entlastet werden sollte (BGH NJW 04, 1873). 43

Zum Drittschutz bei **Gutachterleistungen** (BGH NJW 02, 3625; 04, 3035). 44

Die **Mehrwertsteuer** ist ein rechtlich unselbständiger Teil des Kaufpreises (BGH NJW 91, 2486 für Berechnung der Nutzungsvergütung), der Käufer darf grdsl davon ausgehen, dass sie im angebotenen Preis enthalten ist (BGH NJW 02, 2312; München NJW-RR 93, 415), anders bei RAen, Steuerberatern und Architekten. Bei Irrtümern über MwStPflicht gilt: Bei beiderseitigem Irrtum ist MwSt nach- bzw zurückzuzahlen (BGH NJW-RR 00, 1652). Anders bei einseitigem Irrtum des Verkäufers (BGH NJW 02, 2312). 45

Trägt der **Mieter** die Pflicht, Reparatur- und Instandsetzungsarbeiten durchführen zu lassen, so hat er dem Vermieter bei Beendigung des Mietverhältnisses einen Ausgleich in Geld zu zahlen, wenn dieser das Mietobjekt umbaut und dadurch die Instandsetzungsmaßnahmen zerstört würden (BGH NJW 02, 2383. Zu Schönheitsreparaturen s auch BGH NJW 04, 2961). 46

Kann der Verpflichtete einer als atypischer Gegenleistung übernommenen **Pflegeverpflichtung** nicht mehr nachkommen, so muss er sich an den Kosten der anderweitigen Pflege beteiligen (BGH NJW-RR 02, 1081). 47

Sicherungsabreden bei Globalsicherheiten sind dahingehend auszulegen, dass sie dem Sicherungsnehmer nur Sicherheit für in branchenüblicher Weise erlangte Forderungen verschaffen. Sie decken nicht solche Forderungen, die der Sicherungsnehmer von Dritten erworben hat, um eine Deckung zu verschaffen (BGH NJW 91, 1946). Ist bei Werkverträgen die Vereinbarung eines Sicherheitseinbehalts wegen unangemessener Benachteiligung des Unternehmers unwirksam, so kommt eine ergänzende Auslegung – etwa eine Ablösungsmöglichkeit durch Bürgschaft – nicht in Betracht, da regelmäßig nicht erkennbar ist, welche Regelungen die Parteien vereinbart hätten, wenn sie die Unwirksamkeit der Klausel erkannt hätten (BGH NJW-RR 05, 1040; NJW 01, 1858). 48

Aus einem Unternehmensübertragungsvertrag kann sich im Wege ergänzender Vertragsauslegung ein zeitlich und örtlich begrenztes **Wettbewerbsverbot** ergeben (RG 117, 1176; BGH NJW-RR 90, 226 für gekündigten Gesellschafter-Geschäftsführer). 49

Der Telefonnetzbetreiber und nicht der Anschlussinhaber trägt das Risiko der heimlichen Installation eines automatischen Einwahlprogramms („**Dialerprogramm**") auf einem Computer, es sei denn, der Nutzer handelt grob fahrlässig (BGH NJW 04, 1590). 50

Zinsänderungsklauseln verpflichten auch zur Herabsetzung des Zinssatzes bei sinkendem Zinsniveau (BGH NJW 86, 1803). Wertsicherungsklausel, die eine Mieterhöhung bei Ansteigen der allgemeinen Lebenshaltungskosten vorsehen, rechtfertigen dagegen kein Verlangen auf Herabsetzung des Mietzinses bei Absinken der ortsüblichen Miete (Celle NJW-RR 01, 1017; Rostock NZM 05, 506). 51

Titel 4   Bedingung und Zeitbestimmung

§ 158 Aufschiebende und auflösende Bedingung

(1) Wird ein Rechtsgeschäft unter einer aufschiebenden Bedingung vorgenommen, so tritt die von der Bedingung abhängig gemachte Wirkung mit dem Eintritt der Bedingung ein.
(2) Wird ein Rechtsgeschäft unter einer auflösenden Bedingung vorgenommen, so endigt mit dem Eintritt der Bedingung die Wirkung des Rechtsgeschäfts; mit diesem Zeitpunkt tritt der frühere Rechtszustand wieder ein.

A. Begriffe und Arten von Bedingungen. I. Definition. Bedingung iSd §§ 158 ff ist eine vertragliche Nebenbestimmung, welche die Wirkungen des Rechtsgeschäfts an ein zukünftiges, ungewisses Ereignis knüpft. Das Gesetz nennt allerdings sowohl die rechtsgeschäftliche Abrede als auch das in Bezug genommene ungewisse Ereignis selbst „Bedingung". Eine solche rechtsgeschäftliche Gestaltung erlaubt es, die Zeitpunkte der Vornahme des Rechtsgeschäfts und seiner Wirkungen voneinander zu trennen. Diese Trennung kann unterschiedlichen Zwecken dienen. Praktisch außerordentlich große Bedeutung haben heute bedingte Sicherungsgeschäfte (Kaufpreiszahlung als aufschiebende Bedingung beim Eigentumsvorbehalt). Bei der Sicherungsübereignung ist dagegen im Zweifel keine bedingte Rückübereignung anzunehmen, BGH NJW 84, 1185; NJW 94, 865). Bedingungen kön- 1 nen aber auch verwendet werden, um das Risiko einer den Erwartungen der Parteien entsprechenden Entwicklung wesentlicher Umstände auszuschalten. Schließlich kann ein Verfügungsgeschäft so auflösend bedingt werden, dass es unwirksam wird, wenn das Verpflichtungsgeschäft unwirksam ist. Auf diese Weise ist eine Überwindung des Abstraktionsprinzips möglich (MüKo/*Westermann* Rn 26).

2 II. Arten von Bedingungen. 1. Aufschiebende und auflösende Bedingung. § 158 unterscheidet Bedingungen zunächst nach der Art ihres Einflusses auf das Rechtsgeschäft. Die Wirkungen des Rechtsgeschäfts können mit Eintritt der Bedingung eintreten (aufschiebende oder Suspensivbedingung, I) oder zu diesem Zeitpunkt enden (auflösende oder Resolutivbedingung, II). Die Abgrenzung zwischen auflösender und aufschiebender Bedingung kann im Einzelfall schwierig sein. Vgl die Auslegungsregeln in §§ 449, 454, 2074. **Einzelfälle:** Aufschiebende Bedingung: Abschluss eines Kaufvertrages unter dem Vorbehalt, dass sich bei Probefahrt keine technischen Mängel zeigen (LG Berlin MDR 70, 923); Finanzierungsklauseln, es sei denn, der Käufer soll das Finanzierungsrisiko tragen (München WM 84, 1336; LG Aachen NJW-RR 86, 411; Staud/*Bork* Rn 5. Für auflösende Bedingung Köln ZIP 85, 25). Auflösende Bedingung: Kauf unter Vorbehalt des Umtauschs (Soergel/*Wolf* § 158 Rn 6); Erfüllung des Deckungsgeschäfts bei Selbstbelieferungsklauseln (BGH 24, 40).

3 2. Art des Ereignisses. Das in Bezug genommene Ereignis kann ein bestimmtes Verhalten eines Beteiligten, eines Dritten oder ein anderer Tatbestand sein. Die Ungewissheit des Ereignisses kann sich entweder sowohl auf das „Ob" als auch auf das „Wann" (Eintritt eines bestimmten Börsenkurses) beziehen oder nur auf das „Ob" (Erleben des 60. Geburtstages). Wird auf ein künftiges gewisses Ereignis abgestellt, handelt es sich um eine Befristung iSv § 163.

4 Bedingungen lassen sich nach der Art des fraglichen Ereignisses weiter in Zufalls- und Potestativbedingungen einteilen.

5 a) Zufallsbedingung. Bei der Zufallsbedingung steht der Eintritt der Bedingung nicht im Belieben einer der Parteien, sondern hängt vom Verhalten eines Dritten ab (unzulässig im Falle des § 2065, vgl. zur Zulässigkeit einer solchen Bedingung im Übrigen BayObLG NJW-RR 86, 94; vgl auch BGH WM 63, 192) oder ist ausschließlich zufällig in dem Sinn, dass kein Einzelner auf den Eintritt Einfluss besitzt, wie etwa bei der Entwicklung der politischen Lage. Bedingungen, die an ein vollkommen dem Zufall überlassenes Ereignis anknüpfen, können zur Beurteilung des Geschäfts als Spiel iSv § 762 führen (AnwK/*Wackerbarth* Rn 4).

6 b) Potestativ- und Wollensbedingung. Bei der **Potestativbedingung** sind die Wirkungen des Rechtsgeschäfts an ein Verhalten geknüpft, das im Belieben einer der Parteien steht. Diese kann also durch Vornahme oder Unterlassen der entsprechenden Handlung die Wirkungen des Rechtsgeschäfts herbeiführen oder beenden. Zur Beendigung eines unabsehbar langen Schwebezustands kommt uU eine Fristsetzung analog §§ 146, 148 (BGH NJW 85, 1557) durch die andere Seite in Betracht. Solche Potestativbedingungen sind grundsätzlich zulässig und in § 2075 auch gesetzlich anerkannt (vgl aber BGH WM 83, 991 für den Fall, dass die Erfüllung einer vertraglichen Nebenpflicht, Kautionszahlung, als aufschiebende Bedingung des Vertrages formuliert wurde). Denn hinsichtlich der Vornahme des Verhaltens ist die Partei zwar frei, für die rechtlichen Folgen dieses Verhaltens kommt es jedoch nicht auf ihren Willen an, da für den Bedingungseintritt die bloße Tatsache des bestimmten Verhaltens genügt (Soergel/*Wolf* Rn 23; Staud/*Bork* § Vor § 158 Rn 16). Die Potestativbedingung knüpft insofern nicht unmittelbar an den Willen einer Partei, sondern lediglich an ihr Verhalten an, das freilich regelmäßig Ausdruck ihres Willens sein wird.

7 Im Gegensatz dazu stellt die **Wollensbedingung** die Wirkungen des Vertrages direkt in das freie Belieben einer der Parteien. Ob solche Bedingungen zulässig sind, ist str. Die Rspr verfährt bei der Anerkennung derartiger Bedingungen im Rahmen gegenseitiger Verträge relativ großzügig (BGH NJW 67, 1605; BayObLG NJW-RR 88, 982). Die auflösende Wollensbedingung ist in der Tat, außerhalb von Verfügungen, unproblematisch (Soergel/*Wolf* Vor § 158 Rn 26). Funktional kommt diese Konstruktion der Vereinbarung eines einseitigen Kündigungs- oder Rücktrittsvorbehalts nahe (Staud/*Bork* Vor § 158 Rn 18). Von diesen Instituten ist die auflösende Wollensbedingung durch Auslegung abzugrenzen (vgl LG Hamburg NJW-RR 91, 823). Die aufschiebende Wollensbedingung wird dagegen von einigen Stimmen in der Literatur, abgesehen vom Kauf auf Probe, § 454 I, nicht anerkannt. Eingewendet wird, dass es hier am Vorliegen eines verbindlichen Vertrages fehle (Staud/*Bork* Vor § 158 Rn 18; aA AnwK/*Wackerbarth* Rn 6; MüKo/*Westermann* Rn 60; Erman/*Armbrüster* Rn 13), so dass die §§ 145 ff anwendbar seien. Hiergegen ist einzuwenden, dass es aus dem Gesichtspunkt der Privatautonomie den Parteien überlassen werden kann, an welche Voraussetzungen sie die Wirkungen ihres Vertrages knüpfen. Insbes ermöglicht es die Zulassung der reinen Wollensbedingung, eine Option als aufschiebend bedingten Vertrag zu konstruieren (s vor § 145 Rn 35; MüKo/*Westermann* Rn 22, 60; Palandt/*Heinrichs* Einf v § 158 Rn 10). Diese Konstruktion bietet ggü der Festofferte den Vorteil, dass die Herbeiführung der Bedingung nach hM formfrei möglich ist, so dass nur der Hauptvertrag der Form genügen muss (vor § 145).

8 c) Vergangenes oder gegenwärtiges Ereignis. Zwar setzen die §§ 158 ff die objektive Unsicherheit über das künftige Eintreten des Ereignisses voraus, die Vorschriften können allerdings uU analog auf Bedingungen angewendet werden, die nur für die Parteien unbekannte Ereignisse, über deren Eintritt objektiv bereits Klarheit besteht, zum Gegenstand haben (Staud/*Bork* Vor § 158 Rn 29; Erman/*Armbrüster* Vor § 158 Rn 6).

Gerade bei unklarer Rechtslage können die Parteien ein bestimmtes rechtliches Ergebnis, etwa die steuerliche Anerkennung des Geschäfts durch die Finanzbehörden, zur Wirksamkeitsvoraussetzung des Rechtsgeschäfts machen (zu sog „Steuerklauseln" *Zenthöfer* DStZ 87, 185, 189). Die Wirkungen des Rechtsgeschäfts beginnen oder enden dann zum Zeitpunkt der Kenntnis durch die Parteien.

Im Übrigen ist das Abstellen auf ein bereits eingetretenes oder endgültig nicht eingetretenes Ereignis allerdings unwirksam (LAG Saarbrücken NJW 66, 2136; LG Köln VersR 85, 385; Köln NJW-RR 92, 239; Staudinger/*Bork* Vor § 158 Rn 28). Die Auslegung kann allerdings ergeben, dass es sich bei dem Geschäft um eine Wette nach § 762 handelt. 9

B. Abgrenzung. I. Vertragsbedingung. Nicht um Bedingungen im Rechtssinn handelt es sich bei sog „Vertragsbedingungen" iSv § 305 I. Der Ausdruck „Vertragsbedingung" bezeichnet nur einzelne Klauseln des Vertrages, die den Inhalt des Rechtsgeschäfts festlegen. Sie betreffen dagegen nicht spezifisch den Eintritt der Wirkungen des Rechtsgeschäfts im Hinblick auf ein zukünftiges Ereignis. Zur Abgrenzung auch zwischen Bedingung und Fälligkeitsregelung NJW 93, 1381; Ddorf NJW-RR 91, 435. 10

II. Rechtsbedingung. Der Begriff fasst die gesetzlichen Voraussetzungen für Zustandekommen und Wirksamkeit eines Vertrages zusammen. Auch soweit die Wirksamkeit des Vertrages von behördlichen Genehmigungen abhängt, handelt es sich hierbei allerdings nicht um Bedingungen iSv §§ 158 ff (BGH DNotZ 04, 647). Bei einer behördlichen Genehmigung handelt es sich schon nicht um ein objektiv ungewisses Ereignis. Ist die Genehmigung eines Dritten erforderlich, so wird der Schwebezustand durch die §§ 184, 185 II geregelt. Die §§ 158 sind daher auch nicht entsprechend anwendbar. Nehmen die Parteien irrtümlich die Genehmigungsbedürftigkeit des Geschäfts an, so wird das Geschäft unmittelbar mit Abschluss wirksam (BGH WM 61, 407; DNotZ 76, 370), es sei denn die rechtliche Beurteilung ist Geschäftsgrundlage (vgl Ddorf NJW-RR 98, 150). Von der Rechtsbedingung ist die Vereinbarung einer Zustimmung oder Gegenzeichnung durch einen Dritten als Wirksamkeitsvoraussetzung zu unterscheiden. Hierbei handelt es sich um eine echte (Zufalls-) Bedingung (BGH WM 63, 192). 11

III. Auflage. Die Auflage iSv §§ 525, 1940, 2192 unterscheidet sich von der Potestativbedingung dadurch, dass sie die Wirksamkeit des Rechtsgeschäfts unberührt lässt und stattdessen eine Pflicht begründet, der Auflage nachzukommen. 12

IV. Zweckbindung, Irrtum und Geschäftsgrundlage. Das Erreichen eines außerhalb des Rechtsgeschäfts liegenden Zwecks kann zur Wirksamkeitsbedingung iSv § 158 erhoben werden. Es kann sich bei einer solchen Zwecksetzung allerdings auch um eine Zweckbestimmung der Leistung iSv § 812 I 2 2. Alt handeln. 13

Ist eine der Parteien bei Geschäftsabschluss zu Unrecht vom Eintritt oder Bestehen bestimmter tatsächlicher Voraussetzungen ausgegangen, so kann es sich hierbei um einen Irrtum iSv § 119 handeln (§ 119 Rn 34). Unterlagen beide Seiten der Fehlvorstellung, so kommt uU eine Anwendung des § 313 (§ 313 Rn 35) in Frage. Die Abgrenzung zur Bedingung ist im Wege der Auslegung vorzunehmen, wobei im Zweifel wegen der größeren Flexibilität auf der Rechtsfolgenseite von einer Geschäftsgrundlage auszugehen sein wird (Soergel/*Wolf* Vor § 158 Rn 15; Staud/*Bork* Vor § 158 Rn 11). 14

C. Bedingungsfeindliche Rechtsgeschäfte. Da die Beifügung von Bedingungen zu einem Rechtsgeschäft eine wesentliche Komponente der vertraglichen Gestaltungsfreiheit ist, sind Rechtsgeschäfte anders als **Prozesshandlungen** (dort sind nur innerprozessuale Bedingungen zulässig, Zöller/*Greger* ZPO vor § 128 Rn 20) grundsätzlich bedingungsfreundlich. Gesetzlich von der Bedingungsfreundlichkeit ausgenommen sind wegen des Allgemeininteresses an Rechtsklarheit ua die Auflassung (§ 925 II), die Aufhebung und Änderung des Erbbaurechts (§§ 1 IV, 11 I ErbbVO), die Eheschließung (§ 1311) und die Begründung einer Lebenspartnerschaft (§ 1 I LPartG), die Anerkennung der Vaterschaft (§ 1594 III), die Sorgeerklärung (§ 1626 b), die Annahme und Ausschlagung der Erbschaft und des Vermächtnisses (§§ 1947, 2180 II). 15

Im **Gesellschaftsrecht** sind beispielsweise die Zeichnung von Aktien, der Beitritt zu einer Genossenschaft (§ 15 I GenG), die Beitrittserklärungen der Gründer einer GmbH sowie die Übernahme von Stammeinlagen bei der Kapitalerhöhung und die Umwandlung einer Kommanditisten- in eine Komplementärstellung (BGH NJW 87, 3186) bedingungsfeindlich. Allerdings kann die Bestellung zum Geschäftsführer einer GmbH nach Ansicht des BGH bedingt erfolgen. Die Rechtsunsicherheit, die durch die Bedingung der Organstellung entsteht, führe nicht zur Unwirksamkeit einer entsprechenden Satzungsgestaltung (BGH ZIP 05, 2255; aM Lutter/Hommelhoff, GmbHG, § 6 Rn 25; Scholz/*Schneider*, GmbHG, § 6 Rn 27; *Marschner-Barner/Diekmann*, in: MünchHdbGesR, Bd 3, § 42 GmbHR, Rn 39). 16

Im **Arbeitsrecht** ist die Zulässigkeit von auflösenden Bedingungen im Arbeitsvertrag im Hinblick auf mögliche Umgehungen des Kündigungsschutzes problematisch. Entsprechend fordert das BAG für die Wirksamkeit einer solchen Bedingung einen sachlichen Grund (BAG DB 92, 948). 17

Der Grundsatz der Bedingungsfreundlichkeit gilt auch bei einseitigen Rechtsgeschäften. Gerade bei der Ausübung von Gestaltungsrechten sind allerdings im Hinblick auf den Schutz des Erklärungsempfängers Einschränkungen geboten (BGH 97, 264). Paradigmatisch ist dies für die **Aufrechnung** in § 388 S 2 ausgesprochen. Gleiches gilt für die Anfechtungserklärung (BGH WM 61, 157), die **Kündigungserklärung** (BAG NJW 18

01, 3335), die Genehmigung nach § 185 II und die Ausübung von Optionsrechten. Da die Bedingungsfeindlichkeit den Geschäftsgegner vor unklaren Schwebelagen schützen soll, sind trotz § 388 S 2 und entsprechenden Regeln solche Bedingungen zulässig, bei denen derartige Schwebelagen ausgeschlossen sind (BGH NJW 86, 2245; WM 73, 695), wie beispielsweise bei der Änderungskündigung, die nur für den Fall wirksam sein soll, dass der Empfänger nicht mit einer bestimmten Änderung des Vertragsverhältnisses einverstanden ist (Staud/*Bork* Vor § 158 Rn 41). Die Änderungskündigung ist im Arbeitsrecht nach § 2 KSchG zulässig. Aus dem Gesichtspunkt, dass die Schwebelage die Interessen des Erklärungsempfängers nicht übermäßig beeinträchtigt, ist innerhalb eines Prozesses auch die hilfsweise Ausübung von Gestaltungsrechten (Eventualaufrechnung, Eventualanfechtung) zulässig.

19 **D. Unzulässige Bedingungen.** Die Unzulässigkeit einer echten Bedingung kann sich aus der Bedingungsfeindlichkeit des Rechtsgeschäfts (Rn 15 ff) oder aus ihrem Inhalt ergeben. Letzteres ist insbesondere bei unerlaubten oder sittenwidrigen Bedingungen der Fall. Sittenwidrig sind vor allem solche Bedingungen, die eine Zuwendung an ein bestimmtes Verhalten des Empfängers knüpfen und dadurch unzumutbaren Druck auf diesen ausüben (BAG 4, 274 zu „Zölibatsklauseln" in Arbeitsverträgen; LAG Düsseldorf DB 77, 1196 zu Schwangerschaft als auflösender Bedingung in Arbeitsvertrag).

20 Bei gesetzlich bestimmter Bedingungsfeindlichkeit eines Rechtsgeschäfts ergibt sich die Nichtigkeitsfolge aus dem Gesetz (§§ 388 S 2, 925 II, s aber auch §§ 50 II, 126 II HGB). Im Übrigen führt die Unwirksamkeit einer aufschiebenden Bedingung regelmäßig ebenfalls zur vollständigen Nichtigkeit des Rechtsgeschäfts, da meist nicht anzunehmen sein wird, dass die Parteien das Rechtsgeschäft auch ohne die Bedingung abgeschlossen hätten (Staud/*Bork* Vor § 158 Rn 12, 33). Eine Umdeutung nach § 140 in ein unbedingt wirksames Geschäft ist unzulässig, da es sich hierbei um ein Mehr ggü dem bedingten Rechtsgeschäft handelt. Bei einer unwirksamen auflösenden Bedingung kann dagegen unter Rückgriff auf § 139 das Rechtsgeschäft im Übrigen aufrechterhalten werden (Soergel/*Wolf* Rn 32; Palandt/*Heinrichs* Vor § 158 Rn 11).

21 **E. Rechtsfolgen. I. Eintritt und Ausfall der Bedingung.** Tritt bei der aufschiebenden Bedingung das Ereignis ein, so beendet dies automatisch die Schwebelage. Bei Verpflichtungsgeschäften entsteht in diesem Moment der bedingte Anspruch, seine Fälligkeit richtet sich nach § 271 (missverständlich MüKo/*Krüger* § 271 Rn 8). Bei Verfügungsgeschäften finden im Moment des Bedingungseintritts Rechtserwerb und -verlust statt. Die Wirkungen des Rechtsgeschäfts treten ipso iure auch dann ein, wenn eine der Parteien nicht mehr am Rechtsgeschäft festhalten will (BGH NJW 94, 3228). Der Eintritt der Bedingung hat keine Rückwirkung, eine schuldrechtliche Rückbeziehung ist allerdings nach § 159 möglich. Ein Ausfall der Bedingung liegt vor, wenn endgültig feststeht, dass sie nicht mehr (rechtzeitig) eintreten kann. Bei Bedingungen, die auf ein unmögliches Ereignis gerichtet sind, liegt insofern von Anfang an ein Ausfall vor. Auch der einseitige Verzicht desjenigen, der aus dem Bedingungseintritt einen Vorteil hätte, soll jedenfalls bei Verfügungen zulässig sein (BGH NJW 98, 2360; NJW 94, 3227, str). Bei Verpflichtungsgeschäften handelt es sich um eine von beiden Seiten vorzunehmende Vertragsänderung.

22 Bei der aufschiebenden Bedingung führt der Ausfall zur endgültigen Wirkungslosigkeit des Rechtsgeschäfts. Bei der auflösenden Bedingung ist im Gegenteil das Rechtsgeschäft zunächst voll wirksam, mit Ausfall der Bedingung wird es endgültig wirksam. Tritt umgekehrt die Bedingung ein, so treten die Rechtsfolgen des Rechtsgeschäfts sofort und ohne weitere Zwischenakte gem § 158 II 2. Hs außer Kraft. Wurde vor Bedingungseintritt auf den auflösend bedingten Anspruch geleistet, so löst der Eintritt der Bedingung daher einen Anspruch aus § 812 I 1. Alt des Leistenden aus (Staud/*Bork* Rn 22).

23 **II. Schwebezustand vor Eintritt oder Ausfall der Bedingung.** Auch das aufschiebend bedingte Rechtsgeschäft ist schon vor Bedingungseintritt vollendet. Es liegt daher bis zum Bedingungseintritt keine schwebende Unwirksamkeit vor, lediglich sind die Rechtsfolgen des Rechtsgeschäfts bis zum Eintritt des Ereignisses hinausgeschoben. Daher kommt es für die übrigen Wirksamkeitsvoraussetzungen des Rechtsgeschäfts auf den Zeitpunkt seiner Vornahme an und nicht etwa auf den Zeitpunkt des Bedingungseintritts (MüKo/*Westermann* Rn 39). Eine nachträglich eintretende Verfügungsbeschränkung, zB aus § 91 I InsO, ist deshalb unschädlich. Der aufschiebend bedingte Anspruch ist nach § 883 I 2 vormerkungsfähig, vererblich, abtretbar und kann nach §§ 765 II, 1113 II, 1204 II durch akzessorische Sicherungsrechte besichert werden. Auch die Anordnung eines Arrests oder einer einstweiligen Verfügung zur Sicherung eines bedingten Anspruchs ist in den Grenzen von § 916 II ZPO zulässig (MüKo/*Westermann* § 160 Rn 8). Wird vor Bedingungseintritt geleistet, so steht dem Leistenden vorbehaltlich des § 814 ein Anspruch aus § 812 I 1 1. Alt zu (MüKo/*Westermann* Rn 40). Die Verjährung des Anspruchs beginnt erst mit dem Eintritt der Bedingung, denn erst zu diesem Zeitpunkt entsteht der Anspruch.

24 Der auflösend bedingte Anspruch ist bis zum Eintritt der Bedingung unbeschränkt durchsetzbar. Allerdings ist die dolo petit Einrede zu beachten (vgl BGH 10, 75).

25 Die Rechtsstellung des Begünstigten, der mit Eintritt der Bedingung automatisch in die übertragene Rechtsposition (bei der auflösenden Bedingung: wieder) eintritt, ist nach Maßgabe der §§ 160 ff gegen Leistungsstörungen, Zwischenverfügungen und Bedingungsvereitelung geschützt. Diese Position wird als Anwartschaft unter Umständen auch als Anwartschaftsrecht beschrieben, ohne dass aus diesem Begriff weitere Rechtsfolgen abgeleitet werden dürfen (vgl § 161 Rn 12 ff).

F. Prozessuales. I. Bedingte Rechtsgeschäfte im Prozess und während des Insolvenzverfahrens. Ein aufschiebend bedingter Anspruch kann nur unter den Voraussetzungen von § 259 ZPO eingeklagt werden. Die aufschiebend bedingte Veräußerung vor dem Prozess führt nicht zum Verlust der Prozessführungsbefugnis. Gleiches gilt nach § 265 ZPO, wenn die Bedingung während des Prozesses eintritt. Die Rechtskraft des Urteils wirkt nach § 325 ZPO auch für und gegen den Erwerber (MüKo/*Westermann* § 161 Rn 15 ff; Staud/*Bork* Vor § 158 Rn 48; Soergel/*Wolf* Vor § 158 Rn 34). Allerdings ist zugunsten des nunmehr Berechtigten § 161 zu berücksichtigen, der dazu führt, dass die Rechtskraft des Urteils insoweit nicht auf den Erwerber erstreckt wird, als dies seine Rechtsstellung beeinträchtigen würde (MüKo/*Westermann* § 161 Rn 15 ff).   26

In der Insolvenz sind auflösend bedingte Insolvenzforderungen bis zum Bedingungseintritt nach § 42 InsO wie unbedingte zu behandeln. Aufschiebend bedingte Insolvenzforderungen können angemeldet werden, sie sind nach Maßgabe des § 191 InsO zu behandeln.   27

II. Beweislast. Den Eintritt einer aufschiebenden Bedingung hat derjenige zu beweisen, der aus dem Rechtsgeschäft Rechte herleiten will. Entsprechendes gilt für auflösende Bedingungen.   28

Auf der Basis der herrschenden Klageleugnungstheorie muss derjenige, der aus einem Vertrag Rechte herleitet, nicht nur den Vertrag selbst, sondern auch dessen Unbedingtheit beweisen, wenn diese streitig ist (BGH NJW 02, 2862; 85, 497; Jena MDR 99, 1381; s aber Jena NZG 98, 581 bei Vorliegen einer Vertragsurkunde; aM Soergel/*Wolf* Vor § 158 Rn 40; AnwK/*Wackerbarth* Rn 77). Für die nachträgliche Hinzufügung einer Bedingung trägt die Partei die objektive Beweislast, die aus der Unwirksamkeit des Rechtsgeschäfts Rechte herleitet.   29

§ 159 Rückbeziehung

Sollen nach dem Inhalt des Rechtsgeschäfts die an den Eintritt der Bedingung geknüpften Folgen auf einen früheren Zeitpunkt zurückbezogen werden, so sind im Falle des Eintritts der Bedingung die Beteiligten verpflichtet, einander zu gewähren, was sie haben würden, wenn die Folgen in dem früheren Zeitpunkt eingetreten wären.

A. Allgemeines. Der Eintritt der Bedingung wirkt weder bei der aufschiebenden noch bei der auflösenden Bedingung auf den Zeitpunkt des Vertragsschlusses oder einen anderen früheren Zeitpunkt zurück (BGH NJW 97, 1707 für die auflösend bedingte Unterlassungserklärung). Nach § 159 können die Parteien allerdings vereinbaren, dass abweichend von diesem Grundsatz der Bedingungseintritt zu einer Rückbeziehung der Wirkungen des Rechtsgeschäfts im Ganzen oder auch nur der Verpflichtungen einer Partei auf einen früheren Zeitpunkt führt. Der Beginn der Wirkung kann aber muss nicht der Zeitpunkt des Vertragsschlusses sein. Beweispflichtig für eine solche Vereinbarung ist die Partei, die sich auf den früheren Eintritt der Rechtswirkungen beruft.   1

B. Wirkung der Rückbeziehung. Die Rückbeziehung hat allerdings nur schuldrechtliche Wirkung. Die Parteien sind demnach verpflichtet, einander das zu gewähren, was ihnen zugestanden hätte, wären die Wirkungen des Rechtsgeschäfts zum bestimmten Zeitpunkt eingetreten. Umfang und Art der Abwicklung richtet sich nach der Parteivereinbarung hilfsweise nach §§ 812 ff (BGH MDR 59, 658; Soergel/*Wolf* Rn 2; Jauernig/*Jauernig* Rn 1). Aus der ausschließlich schuldrechtlichen Wirkung einer solchen Abrede folgt, dass die Rückbeziehung keine Wirkungen ggü Dritten zeitigt.   2

C. Rückbeziehung außerhalb von § 159. Von der Rückbeziehung der Wirkungen des bedingten Rechtsgeschäfts ist die vereinbarte Rückwirkung in anderen Fällen (etwa die vereinbarte Rückwirkung eines Vergleichs) zu unterscheiden. Dies kann auch durch Rückdatierung des Rechtsgeschäfts geschehen. Eine dingliche Rückwirkung kann auch hier nicht vereinbart werden (Staud/*Bork* Rn 11).   3

§ 160 Haftung während der Schwebezeit

(1) Wer unter einer aufschiebenden Bedingung berechtigt ist, kann im Falle des Eintritts der Bedingung Schadensersatz von dem anderen Teile verlangen, wenn dieser während der Schwebezeit das von der Bedingung abhängige Recht durch sein Verschulden vereitelt oder beeinträchtigt.
(2) Den gleichen Anspruch hat unter denselben Voraussetzungen bei einem unter einer auflösenden Bedingung vorgenommenen Rechtsgeschäft derjenige, zu dessen Gunsten der frühere Rechtszustand wieder eintritt.

A. Allgemeines. Gem § 160 ist die Partei eines bedingten Rechtsgeschäfts, die das bedingte Recht schuldhaft beeinträchtigt, dem anderen Teil zum Schadensersatz in Höhe des positiven Interesses nach § 249 ff verpflichtet. Der Verschuldensmaßstab richtet sich vorbehaltlich eines besonderen Maßstabs (§ 521) nach § 276. § 278 findet Anwendung. Neben dem Schadensersatzanspruch aus § 160 besteht bei gegenseitigen Verträgen auch ein gesetzliches sofortiges Rücktrittsrecht analog § 323 IV (AnwK/*Wackerbarth* Rn 9). Zur analogen Anwendbarkeit der Vorschrift auf Vereitelungshandlungen durch den Anbietenden während der Annahmefrist s § 145 Rn 16.   1

2 B. Regelungsgehalt. Für bedingte Verpflichtungen ergibt sich ein Ersatzanspruch schon aus der allgemeinen Rücksichtnahmepflicht gem § 241 II, deren Verletzung durch § 280 I sanktioniert wird. Den Schuldner treffen im Hinblick auf den Leistungsgegenstand leistungssichernde Nebenpflichten wie Obhuts- und Fürsorgepflichten oder auch Unterlassungspflichten (vgl MüKo/*Kramer* § 241 Rn 67 ff). Diese Pflichten bestehen auch schon vor Unbedingtheit des Leistungsanspruchs (*Flume* II § 39 4; Soergel/*Wolf* Rn 6; aA AnwK/*Wackerbarth* Rn 3). § 160 hat insoweit nur deklaratorische Bedeutung (Palandt/*Heinrichs* Rn 1). Konstitutiv wirkt die Vorschrift dagegen bei bedingten Verfügungen. Geht also der aufschiebend übereignete Gegenstand während der Schwebezeit unter und hat der Verfügende dies zu vertreten, so erlangt derjenige, dessen Erwerb vereitelt wurde, mit Eintritt der Bedingung einen Schadensersatzanspruch gegen seinen Vertragspartner. Vor Bedingungseintritt liegt ein bedingter Schadensersatzanspruch vor. § 285 ist anwendbar (Oldenburg NJW-RR 90, 650). Statt des Schadensersatzanspruchs kann auch ein Aufwendungsersatzanspruch analog § 284 geltend gemacht werden (AnwK/*Wackerbarth* Rn 6). Entsprechendes gilt gem § 160 II für auflösend bedingte Verpflichtungen und Verfügungen.

3 Schadensersatzansprüche nach § 160 können auch bei Vereitelung des Rechtserwerbs durch Zwischenverfügungen gegeben sein, wenn diese trotz § 161 I, II gegenüber dem bedingt Berechtigten wirksam sind.

4 Eine Haftung Dritter gegenüber dem bedingt Berechtigten kann sich aus § 823 I unter dem Gesichtspunkt der Verletzung des Anwartschaftsrechts ergeben (§ 823 Rn 4).

§ 161 Unwirksamkeit von Verfügungen während der Schwebezeit

(1) ¹Hat jemand unter einer aufschiebenden Bedingung über einen Gegenstand verfügt, so ist jede weitere Verfügung, die er während der Schwebezeit über den Gegenstand trifft, im Falle des Eintritts der Bedingung insoweit unwirksam, als sie die von der Bedingung abhängige Wirkung vereiteln oder beeinträchtigen würde. ²Einer solchen Verfügung steht eine Verfügung gleich, die während der Schwebezeit im Wege der Zwangsvollstreckung oder der Arrestvollziehung oder durch den Insolvenzverwalter erfolgt.

(2) Dasselbe gilt bei einer auflösenden Bedingung von den Verfügungen desjenigen, dessen Recht mit dem Eintritt der Bedingung endigt.

(3) Die Vorschriften zugunsten derjenigen, welche Rechte von einem Nichtberechtigten herleiten, finden entsprechende Anwendung.

1 A. Normzweck und Rechtsfolgen. § 161 schützt den Erwerber eines dinglichen Rechts (Anwärter), wenn sein endgültiger Erwerb vom Eintritt einer aufschiebenden (I) oder auflösenden (II) Bedingung abhängt. Um dessen Rechtserwerb zu sichern, ordnet § 161 die bedingte Unwirksamkeit zu bedingungswidrigen Verfügungen an, die der Übertragende über den Gegenstand während der Schwebezeit trifft. Tritt die Bedingung ein, so werden diese Verfügungen ab diesem Zeitpunkt (Staud/*Bork* Rn 12; Jauernig/*Jauernig* Rn 3; aA Soergel/*Wolf* Rn 1, Unwirksamkeit ex tunc) insoweit unwirksam, als sie das Recht des Anwärters beeinträchtigen würden. Diese Unwirksamkeit ist absolut, sie wirkt daher gegenüber jedermann und kann von jedermann geltend gemacht werden (MüKo/*Westermann* Rn 8). Die Unwirksamkeit der Verfügung reicht allerdings nur soweit, wie die Verfügung das Recht des Erwerbers beeinträchtigen würde (vgl BayObLG NJW-RR 86. 94). Die Aufhebung einer Belastung des übertragenen Rechts etwa ist dem Erwerber günstig, so dass sie bestehen bleibt.

2 Bedingungsfeindliche Zwischenverfügungen über das Recht (Aufrechnung, Anfechtung s § 158 Rn 15) sind unabhängig vom späteren Bedingungseintritt unwirksam, da ein Schwebezustand hier nicht zuzulassen ist (Staud/*Bork* Rn 8). Die Zustimmung des Anwärters führt in entsprechender Anwendung des § 185 zur Wirksamkeit der Verfügung (BGH NJW 85, 378; Jauernig/*Jauernig* Rn 4).

3 Die Prozessführungsbefugnis des Berechtigten wird durch eine bedingte Verfügung nicht berührt. Der durch § 161 vermittelte Schutz ist allerdings bei der Anwendung des § 325 ZPO zu berücksichtigen (§ 158 Rn 26).

4 B. Bedingungswidrige Rechtshandlungen. I. Zwischenverfügungen. I 1 erfasst rechtsgeschäftliche Verfügungen des Rechtsinhabers während der Schwebezeit über das aufschiebend bedingt übertragene oder auflösend bedingt gehaltene Recht. Verfügung ist die Übertragung, Belastung, Inhaltsänderung oder Aufhebung des betreffenden Rechts. Bei Forderungen sind daher jedenfalls Abtretung und Erlass (BGH NJW 99, 1783) erfasst. Auch die Einziehung der Forderung ist Verfügung iSd § 161 (Soergel/*Wolf* Rn 3; Staud/*Bork* Rn 5; Palandt/*Heinrichs* Rn 1; aA *Berger* KTS 97, 395). Der leistende Schuldner wird allerdings von § 407 geschützt.

5 Auch der Erwerb eines gesetzlichen Pfandrechts an einem bedingt übertragenen Recht wird mit Bedingungseintritt analog § 161 unwirksam (Soergel/*Wolf* Rn 4; MüKo/*Westermann* Rn 13; Staud/*Bork* Rn 10).

6 Kein Fall des § 161 liegt vor, wenn derjenige, der sich zu einer bedingten Rechtsübertragung verpflichtet hat, noch vor der Vornahme dieser Übertragung anderweitig über das Recht verfügt. Eine solche Verfügung ist wirksam, dem anderen Teil entsteht bei Bedingungseintritt ein Schadensersatzanspruch nach § 160 (BGH DB 62, 331).

7 Auch Verpflichtungsgeschäfte mit einem Dritten über das von der Bedingung abhängige Recht fallen nicht unter § 161. Diese sind daher wirksam. Im Falle des Eintritts der Bedingung wird aber die Erfüllung der Verbindlichkeit unmöglich, so dass der Schuldner dem Dritten Schadensersatz zu leisten hat.

II. Maßnahmen in der Zwangsvollstreckung, der Arrestvollziehung oder durch den Insolvenzverwalter. Der 8
Erwerb eines Pfändungspfandrechts im Wege der Zwangsvollstreckung ist nach I 2 wie eine Zwischenverfügung zu behandeln und wird daher bei Bedingungseintritt unwirksam (BayObLG NJW-RR 97, 1174). Der Erwerb des Erstehers in der Zwangsversteigerung soll ungeachtet § 161 I 2 wirksam sein (BGH NJW 71, 799; Erman/*Armbrüster* Rn 2). Die Unwirksamkeit gilt ebenfalls für die Vollziehung des Arrestes gem §§ 928 ff ZPO. Auch Verfügungen des Insolvenzverwalters sind dem Anwärter gegenüber unwirksam. Ebenso ist die Vorausverfügung des späteren Insolvenzschuldners über aufschiebend bedingte Rechte durch § 161 I 2 geschützt, so dass das Recht nicht in die Masse fällt, auch wenn die Bedingung erst nach Verfahrenseröffnung eintritt (*Häsemeyer* InsR Rn 10.24). Dieser Schutz des bedingten Rechtserwerbs wird für den Vorbehaltskäufer in der Verkäuferinsolvenz durch § 107 I InsO vervollständigt. Dessen Rechtsstellung ist daher insolvenzfest.

C. Schutz des gutgläubigen Zwischenerwerbers, III. Der wirksame Rechtserwerb desjenigen, der gutgläubig hinsichtlich der unbedingten Berechtigung des Verfügenden ist, wird unter den Voraussetzungen der 9
jeweils einschlägigen Gutglaubensvorschrift (§§ 892, 932-936, 1032, 1138, 1155; 1207 f, §§ 366, 367 HGB) durch III geschützt. Der Vorbehaltskäufer ist allerdings so lange vor dem gutgläubigen Erwerb durch einen Dritten sicher, wie er den Besitz an der Kaufsache nicht freiwillig aufgegeben hat, §§ 936, 935. Bei Grundstücken kann sich der Anwärter durch Eintragung der Bedingung ins Grundbuch (BayObLG NJW-RR 86, 698) oder durch eine Vormerkung gegen gutgläubigen Erwerb sichern.
Der Anwärter ist im Fall der Wirksamkeit der Verfügung auf Ansprüche aus § 160 oder § 816 I 1 gegen seinen 10
Geschäftspartner angewiesen. Bei unentgeltlichen Verfügungen kommt auch ein Anspruch gegen den Erwerber aus § 816 I 2 in Betracht.
Bei Rechtserwerb im Wege der Zwangsvollstreckung oder aufgrund eines gesetzlichen Pfandrechts scheidet 11
gutgläubiger Erwerb aus. Gleiches gilt grundsätzlich beim Erwerb von Forderungen oder sonstigen Rechten.

D. Anwartschaftsrecht des Erwerbers. Aus § 161 ergibt sich, dass der Erwerb eines dinglichen Rechts, über 12
das unter einer vom Verhalten des Erwerbers abhängigen aufschiebenden Potestativ- oder Wollensbedingung verfügt wurde, vom Verfügenden auch nicht mehr durch anderweitige Verfügungen verhindert werden kann. Die Wirksamkeit des Rechtserwerbs hängt vielmehr allein vom Verhalten des Erwerbers ab. Seine Position ist insofern der Inhaberschaft am Vollrecht stark angenähert, wie auch der durch § 160 vermittelte Schutz zeigt. Die Rechtsposition des Erwerbers wird allgemein als Anwartschaftsrecht bezeichnet. Der praktisch wichtigste Fall ist die Stellung des Vorbehaltskäufers (§ 449 Rn 15). Zu beachten ist, dass § 161 keineswegs das Vorliegen eines Anwartschaftsrechts voraussetzt, oder dass umgekehrt in allen Fällen des § 161 ein Anwartschaftsrecht gegeben wäre (AnwK/*Wackerbarth* Rn 3, anders Erman/*Armbrüster* Rn 5).
Anwartschaftsrechte entstehen nicht nur bei bedingten Verfügungen, sondern immer dann, wenn von einem 13
mehraktigen Erwerbstatbestand so viele Akte vollzogen sind, dass dem Erwerber eine gesicherte Rechtsposition zukommt, die vom Veräußerer nicht mehr einseitig zerstört werden kann (Palandt/*Heinrichs* Einf v § 158 Rn 9). Daher vermittelt die Position des Aneignungsberechtigten (§ 956) kein Anwartschaftsrecht, solange die Gestattung widerrufen werden kann. § 161 ist nicht anwendbar (BGHZ 27, 360).
Das Anwartschaftsrecht wird ggü dem Vollrecht als wesensgleiches Minus (BGH NJW 58, 1134) bezeichnet, 14
das seinerseits Verfügungsgegenstand (Abtretung, Belastung etc.) sein kann und vererblich ist. Seine Übertragung richtet sich nach den für das Vollrecht geltenden Vorschriften. Zur Pfändung des Anwartschaftsrechts Zöller/*Stöber* ZPO § 848 Rn 13; § 857 Rn 3; Baumbach/Lauterbach/Albers/*Hartmann* ZPO Grdz § 704 Rn 60. Es wird als sonstiges Recht iRd § 823 I geschützt (§ 823 Rn 4).

§ 162 Verhinderung oder Herbeiführung des Bedingungseintritts

(1) Wird der Eintritt der Bedingung von der Partei, zu deren Nachteil er gereichen würde, wider Treu und Glauben verhindert, so gilt die Bedingung als eingetreten.
(2) Wird der Eintritt der Bedingung von der Partei, zu deren Vorteil er gereicht, wider Treu und Glauben herbeigeführt, so gilt der Eintritt als nicht erfolgt.

A. Allgemeines und Normzweck. Die Vorschrift ist Ausprägung des allgemeinen Gedankens, dass derjenige, 1
der treuwidrig eine bestimmte, ihm günstige Sachlage herbeiführt, nicht aus diesem Zustand Nutzen ziehen soll (Soergel/*Wolf* Rn 16). Zu diesem Zweck fingiert § 162 I den Eintritt der Bedingung, wenn dieser von der Partei treuwidrig vereitelt wurde, die ein Interesse am Nichteintritt hat. Umgekehrt fingiert § 162 II den Nichteintritt der Bedingung, wenn der Eintritt der Bedingung von der interessierten Partei treuwidrig herbeigeführt wurde. Auch wenn die Bedingung nicht zur Vornahme eines bestimmten Verhaltens zwingt (§ 158 Rn 12), so ist doch die treuwidrige Beeinflussung des Bedingungseintritts unzulässig.

B. Voraussetzungen. I. Vorliegen einer echten Bedingung. § 162 ist nur bei Vorliegen einer echten Bedin- 2
gung (Zufalls- oder Potestativbedingung, § 158 Rn 2 ff) anwendbar. Er gilt nicht, sofern eine Wollensbedingung vereinbart wurde (BGH NJW 96, 3340; Palandt/*Heinrichs* Rn 1; AnwK/*Wackerbarth* Rn 4), da hier der

Bedingungseintritt in die Willkür einer Partei gestellt wurde, so dass deren Verhalten nicht treuwidrig sein kann (aA Münch NJW-RR 88, 58, allerdings handelte es sich wohl um eine Potestativbedingung). Auch bei Rechtsbedingungen, wie etwa der Erteilung einer öffentlich-rechtlichen Genehmigung, kann die Norm nicht unmittelbar angewendet werden. Allerdings sind die Parteien nach § 242 vertraglich verpflichtet, bei der Erteilung der Genehmigung mitzuwirken (BGH BB 56, 869; Soergel/*Wolf* Rn 5). § 162 gilt auch im Prozessrecht (Soergel/*Wolf* Rn 4). So findet § 162 für die unter eine Bedingung gestellte Verpflichtung zur Rechtsmittelrücknahme Anwendung (BGH NJW-RR 89, 802).

3 **II. Handeln der interessierten Partei.** Erfasst ist jedes Verhalten der interessierten Partei. Ob bei einem Unterlassen eine Rechtspflicht zum Handeln bestand, ist im Rahmen der Treuwidrigkeit zu erörtern (vgl LG Gießen NJW-RR 97, 1081). Welche Partei durch Bedingungseintritt oder -ausfall einen Vorteil erlangt, ist nur bei Verfügungen eindeutig. Bei gegenseitigen Verträgen ist die Beurteilung unter Berücksichtigung der Gesamtumstände vorzunehmen. Für die Beurteilung der Vorteilhaftigkeit kommt es auf den Zeitpunkt des Eingriffs an (AnwK/*Wackerbarth* Rn 6).

4 Das Verhalten eines Dritten genügt grds nicht, allerdings ist auch das Bestimmen eines Dritten, die Bedingung zu vereiteln, als mittelbarer Eingriff tatbestandsmäßig (BGH NJW 05, 3417).

5 **III. Kausale Herbeiführung oder Vereitelung des Bedingungseintritts.** Die Bedingung muss durch das Verhalten der interessierten Partei kausal nicht eingetreten (I) bzw eingetreten (II) sein. Mitursächlichkeit oder mittelbare Kausalität genügt (BGH BB 65, 1052), nicht aber der bloße Versuch der Vereitelung. Im Falle des § 162 I genügt auch die kausale Verzögerung, deren Folgen dann auszugleichen sind.

6 **IV. Treuwidrigkeit.** Bei der Beurteilung der Treuwidrigkeit ist das Gesamtverhalten nach Anlass, Zweck und Beweggrund unter Berücksichtigung aller Umstände des Einzelfalls zu würdigen (Soergel/*Wolf* Rn 7). An der Treuwidrigkeit fehlt es regelmäßig bei wirtschaftlichen Gründen für das Verhalten (Staud/*Bork* Rn 9; BGH NJW 05, 3417). Bei der Gesamtwürdigung kann auch die subjektive Einstellung des Eingreifers berücksichtigt werden. Vorsatz ist hinsichtlich des Verstoßes gegen Treu und Glauben nicht erforderlich. Die Rspr verlangt allerdings jedenfalls fahrlässiges Verhalten (BGH NJW-RR 89, 802; BB 65, 1052), die hM in der Literatur lässt dagegen einen objektiven Verstoß genügen (Staud/*Bork* Rn 10; Palandt/*Heinrichs* Rn 3). Derjenige, der sich auf die Treuwidrigkeit einer Handlung beruft, hat deren tatsächlichen Voraussetzungen zu beweisen (BGH NJW-RR 97, 305).

7 **Einzelfälle:** Nichteinhaltung der Zahlungsfrist infolge des unrichtigen Bestreitens des Eingangs des Schecks beim Gläubiger (BGH NJW 02, 1788); Verzögerung der Zahlung der Grunderwerbssteuer als Voraussetzung für Erteilung der Unbedenklichkeitsbescheinigung des Finanzamts, die aufschiebende Bedingung des Grundstückskaufvertrages ist (Karlsruhe NJW-RR 96, 80); Nichtannahme der angebotenen Restzahlung durch Vorbehaltsverkäufer (BaRoth/*Rövekamp* Rn 5); Versuch des Vermieters, durch Stellung unzumutbarer Bedingungen gegenüber vom Mieter benannten potentiellen Nachmieter, das Ausscheiden des Mieters aus dem Mietvertrag zu vereiteln (München NJW-RR 95, 393); Erfüllung einer Verbindlichkeit als Bedingung der Rechtsmittelrücknahme, wenn der Schuldner schon bei Vertragsschluss von seinem Unvermögen wusste (BGH NJW-RR 89, 802); eine Partei kann treuwidrig handeln, wenn sie ihrem Aufsichtsrat einen Vergleich nicht – wie im Vergleich vorgesehen – zur Entscheidung über die Zustimmung zum Vergleich vorlegt (Dresden OLG-NL 01, 97). Wer die vertragliche Verpflichtung, im Falle der Eingehung eines Vertrages einen anderen mit in den Vertrag aufzunehmen, dadurch zu umgehen sucht, dass er den Vertragsschluss durch seine Ehefrau vornehmen lässt, muss sich nach § 162 I BGB so behandeln lassen, als hätte er den Vertrag selbst abgeschlossen (BGH NJW 82, 2552). Auch eine Adoption eines volljährigen Kindes zur Herbeiführung der Bedingung eines Vermächtnisanspruchs kann treuwidrig sein (BayObLGZ 84, 246).

8 **Nicht treuwidrig** handelt der Auftraggeber eines Maklers, wenn er in Verfolgung eigener Interessen von dem Abschluss des vermittelten Geschäfts absieht (BGH NJW 67, 1225; WM 75, 250). Auch der Bauherr, der dem Architekten für den Fall der Erteilung der Baugenehmigung das Honorar schuldet, muss gegen die Ablehnung des Bauantrags keine Rechtsmittel einlegen (Köln OLGZ 74, 8). Die Herbeiführung des Rückkauffalls, der für den Fall des Zahlungsverzugs vorgesehen war, ist für sich allein kein treuwidriges Verhalten des Käufers (BGH NJW 84, 2568). Muss ein von der Bundesagentur für Arbeit beauftragter Lehrgang ausfallen, weil ein Großteil der Arbeitnehmer inzwischen von dieser erfolgreich vermittelt wurde, so ist die Vermittlung keine treuwidrige Vereitelung des Honoraranspruchs des Lehrgangsanbieters (BGH NJW 03, 1459).

9 **V. Rechtsfolgen.** § 162 I ordnet die Fiktion des Bedingungseintritts an. Die Bedingung gilt daher als zu dem Zeitpunkt eingetreten, zu dem sie bei treugemäßem Verhalten eingetreten wäre (Ddorf NJW 81, 463; differenzierend *Flume* II § 40 I b). Die Fiktion des § 162 II führt dazu, dass der Eintritt der Bedingung als nicht erfolgt gilt. Das schließt nicht in allen Fällen aus, dass die Bedingung später erneut eintritt, ohne dass dies auf treuwidrigem Verhalten beruht. Insofern führt die Fiktion des § 162 II nicht zwingend zum (endgültigen) Ausfall der Bedingung (Soergel/*Wolf* Rn 14; AnwK/*Wackerbarth* Rn 20; aA Palandt/*Heinrichs* Rn 5). Auch Dritte, wie etwa der Makler des bedingten Geschäfts, können sich auf die Fiktion berufen (Palandt/*Heinrichs* Rn 5).

10 **VI. Analoge Anwendung.** Da § 162 einem allgemeinen Rechtsgedanken Ausdruck verleiht (Rn 1) kann die Vorschrift überall dort analog angewendet werden, wo Spezialvorschriften fehlen und verhindert werden soll,

dass eine Seite aus ihrem treuwidrigen Verhalten Vorteile zieht (stärker einschränkend Staud/*Bork* Rn 15). Insbes gilt sie auch im öffentlichen Recht (BVerwGE 85, 213 zur Zustellungsvereitelung) und im Prozessrecht (vgl LAG Hamm NZA 05, 544).

Die analoge Anwendung wurde weiter bejaht für: die treuwidrige Herbeiführung des Nacherbfalls durch den Nacherben (BGH NJW 68, 2051); die treuwidrige Weigerung, einen satzgemäß erforderlichen Beschluss zu fassen (Brandenburg NJW-RR 00, 766 zweifelhaft); die treuwidrige Kündigung eines Vertragsverhältnisses unmittelbar vor Eintritt der Voraussetzungen eines Vorteils der anderen Seite wie etwa Kündigungsschutz, Unverfallbarkeit einer Versorgungsanwartschaft oder Gratifikation (BAG NJW 58, 37; WM 76, 64; RG 170, 389; s aber BAG DB 99, 1706); die Bestimmung des Schuldners durch den Gläubiger, die Schuld nicht zu zahlen, zwecks Herbeiführung des Bürgschaftsfalls (BGH BB 66, 305). Des Weiteren wird der Rechtsgedanke des § 162 herangezogen bei der Zugangsvereitelung und beim treuwidrigen Sich-Verschließen vor der zumutbaren Möglichkeit der Kenntnisnahme (BGH NJW 98, 3192; NJW 96, 2934; AnwK/*Wackerbarth* Rn 22). Beim finanzierten Abzahlungskauf kann dies auch für die grundlose Weigerung der Annahme der Kaufsache gelten (BGH NJW 64, 36). Auch wenn der Rücktrittsgegner den Rücktrittsberechtigten durch Falschinformation von der fristgemäßen Ausübung des Rücktrittsrechts abhält, kann der Gedanke des § 162 eingreifen (BGH NJW-RR 91, 177). Hat der Grundstückseigentümer die Zustimmung zu der für die Aufnahme eines Baukredits nötigen Belastung des Erbbaurechts grundlos verweigert, kann die Ausübung des wegen nicht fristgerechter Bebauung entstandenen Heimfallanspruchs gegen Treu und Glauben verstoßen und analog § 162 unwirksam sein (BGH NJW-RR 93, 465). Einer Partei, die wegen ihrer Weigerung, Gewerkschaftsbeitragsrückstände auszugleichen, den gewerkschaftlichen Rechtsschutz verloren hat, ist es verwehrt, sich im Rahmen des Prozesskostenhilfeverfahrens auf den Verlust des gewerkschaftlichen Rechtsschutzes zu berufen.

§ 163 Zeitbestimmung

Ist für die Wirkung eines Rechtsgeschäfts bei dessen Vornahme ein Anfangs- oder ein Endtermin bestimmt worden, so finden im ersteren Falle die für die aufschiebende, im letzteren Falle die für die auflösende Bedingung geltenden Vorschriften der §§ 158, 160, 161 entsprechende Anwendung.

A. Begriff. Wie bei der Bedingung handelt es sich bei der Befristung um eine vertragliche Nebenabrede, die die Wirkungen des Rechtsgeschäfts von einem zukünftigen Ereignis abhängig macht. Anders als bei der Bedingung ist bei der Befristung der Eintritt dieses Ereignisses allerdings gewiss, lediglich der Zeitpunkt des Eintritts kann ungewiss sein (nächste Sturmflut). Ob das von den Parteien in Bezug genommene Ereignis gewiss oder ungewiss ist, kann im Einzelfall fraglich sein. Es kommt auf die Auslegung an, für die in erster Linie die Vorstellung der Parteien maßgeblich ist (BGH NJW-RR 98, 801; BayObLG NJW-RR 93, 1164; Staudinger/*Bork* Rn 4; Jauernig/*Jauernig* Rn 2; aA AnwK/*Wackerbarth* § 158 Rn 20). Je kürzer die Schwebezeit ist, desto näher wird die Annahme einer Bedingung liegen (Soergel/*Wolf* Rn 3) Bedingung und Befristung können auch kombiniert werden.

B. Zulässigkeit. Bedingungsfeindliche Geschäfte (§ 158 Rn 15 ff) sind idR auch befristungsfeindlich. Allerdings besteht bei Befristungen in Form von Zeitangaben unter dem Gesichtspunkt der Rechtssicherheit ein geringeres Schutzbedürfnis, so dass beispielsweise die befristete Kündigung grds zulässig ist (vgl aber BGH NJW 04, 284, Unzulässigkeit einer unbestimmt befristeten Kündigung).

C. Rechtsfolgen. Ist die Befristung als Anfangstermin gewollt, so treten zu diesem Zeitpunkt die Wirkungen des Rechtsgeschäfts ein, §§ 163, 158 I. Ist hingegen ein Endtermin bestimmt, so treten sie bei Erreichen dieses Termins außer Kraft, §§ 163 158 II. Auf den Anfangstermin sind daher die Regeln über aufschiebende, auf den Endtermin die über auflösende Bedingungen anwendbar, die in §§ 158, 160, 161 enthalten sind. Diese Aufzählung ist nicht abschließend. So kann auf Befristungen, deren Eintrittszeitpunkt ungewiss ist, auch § 162 angewendet werden (Ermordung des Vorerbens durch den Nacherben zur Herbeiführung des Nacherbfalls, BGH NJW 68, 2051). Auch die schuldrechtliche Rückbeziehung der Wirkungen des Geschäfts nach § 159 ist bei Befristungen möglich (Jauernig/*Jauernig* Rn 1), wenngleich selten gewollt. Die Berechnung der Frist richtet sich nach §§ 186 ff (BGH NJW 87, 1760). Im Insolvenzverfahren finden für befristete Forderungen die für bedingte Forderungen geltenden Vorschriften, §§ 42, 191 InsO, Anwendung (Kübler/Prütting/*Holzer* InsO § 41 Rn 7; *Häsemeyer* InsR Rn 16.18; aA MüKo-InsO/*Lwowski/Bitter* § 41 Rn 9; differenzierend Uhlenbruck/*Uhlenbruck* InsO § 41 Rn 10 ff).

D. Betagte Verbindlichkeiten. Von der Befristung ist die Betagung zu unterscheiden, für die § 163 nicht gilt (*Roth* ZZP 1985, 287; Staud/*Bork* Rn 2). Bei der Befristung entsteht wie bei der Bedingung die Verbindlichkeit erst mit dem Eintritt des Ereignisses. Bei der Betagung entsteht die Verbindlichkeit dagegen unmittelbar und wird lediglich erst zu dem späteren Zeitpunkt fällig (gestundete Kaufpreisforderung, monatlich zu zahlende Leasingrate, str BGH NJW 92, 2150; Maklerprovision, BGH NJW 86, 1035. Künftige Forderungen aus Mietverhältnissen sollen dagegen befristete Verbindlichkeit sein, BGH ZIP 97, 513). Bedeutung besitzt die

Unterscheidung iR von § 813 II und bei §§ 41, 42, 191 InsO (Staud/*Bork* Rn 2). Keine Bedeutung dürfte die Unterscheidung zwischen betagten und befristeten Forderungen dagegen für die Frage der Insolvenzfestigkeit einer Vorausverfügung haben (§ 161 Rn 8; Palandt/*Heinrichs* Rn 2; aA wohl Staud/*Bork* Rn 2).

Titel 5 Vertretung und Vollmacht

§ 164 Wirkung der Erklärung des Vertreters

(1) ¹Eine Willenserklärung, die jemand innerhalb der ihm zustehenden Vertretungsmacht im Namen des Vertretenen abgibt, wirkt unmittelbar für und gegen den Vertretenen. ²Es macht keinen Unterschied, ob die Erklärung ausdrücklich im Namen des Vertretenen erfolgt oder ob die Umstände ergeben, dass sie in dessen Namen erfolgen soll.
(2) Tritt der Wille, in fremdem Namen zu handeln, nicht erkennbar hervor, so kommt der Mangel des Willens, im eigenen Namen zu handeln, nicht in Betracht.
(3) Die Vorschriften des Absatzes 1 finden entsprechende Anwendung, wenn eine gegenüber einem anderen abzugebende Willenserklärung dessen Vertreter gegenüber erfolgt.

Inhaltsübersicht

	Rn
A. Begriff und dogmatische Grundlagen der direkten Stellvertretung	1
B. Abgrenzung von anderen Formen rechtsgeschäftlichen Handelns für andere	2–25
I. Die mittelbare Stellvertretung	2, 3
1. Begriff und Abgrenzung zur Stellvertretung	2
2. Rechtliche Behandlung	3
II. Die Ermächtigung	4
III. Die Treuhand	5–11
1. Erscheinungsformen	5
2. Abgrenzung zur unmittelbaren Stellvertretung	6
3. Die Vollmachtstreuhand	7
4. Die Ermächtigungstreuhand	8
5. Die Vollrechtstreuhand (echte Treuhand)	9–11
IV. Der Strohmann	12, 13
1. Begriff und Erscheinungsformen	12
2. Rechtliche Behandlung	13
V. Die Verwaltung fremden Vermögens	14, 15
1. Begriff und Abgrenzung zur Stellvertretung	14
2. Rechtliche Behandlung	15
VI. Der Vertrag zugunsten Dritter	16
VII. Die Botenschaft	17–21
1. Abgrenzung zwischen dem Erklärungs- und dem Empfangsboten	18
2. Abgrenzung zur Stellvertretung	19
3. Rechtliche Behandlung	20
4. Irrtumsfälle	21
VIII. Die Stellvertretung in der Erklärung	22
IX. Der Abschlussvermittler und der Verhandlungsgehilfe	23
X. Die Wissensvertretung	24
XI. Die Parteivertretung im Zivilprozess	25
C. Die Zulässigkeit der Stellvertretung	26, 27
I. Höchstpersönliche Rechtsgeschäfte	26
II. Folge eines Verstoßes gegen ein Vertretungsverbot	27
D. Die Voraussetzungen wirksamer Stellvertretung	28–73
I. Eigene Willenserklärung des Stellvertreters	28, 29
1. Anwendungsbereich der §§ 164 ff.	28
2. Wirksamwerden der Erklärung in der Person des Vertreters	29
II. Handeln in fremdem Namen des Vertretenen (Offenkundigkeitsprinzip)	30–47
1. Abgrenzung zum Eigengeschäft des Vertreters	31, 32
a) Allgemeine Auslegungsgrundsätze	31
b) Einzelfälle	32
2. Das unternehmensbezogene Rechtsgeschäft	33–35
a) Die Auslegungsregel	33
b) Einzelfälle	34
c) Rechtsscheinhaftung	35
3. Das Geschäft für den, den es angeht	36–41
a) Dogmatische Grundlagen	36
b) Voraussetzungen	37–39
aa) Gleichgültigkeit des Vertragspartners an der Person des Vertretenen	38
bb) Vertretungswillen	39
c) Einzelfälle	40
d) Rechtsfolgen	41
4. Das Geschäft mit einem unbekannten oder unbestimmten Geschäftsherrn	42–44
a) Fehlende Benennung des Vertretenen	43
b) Erklärung im Namen eines noch unbestimmten Dritten	44
5. Handeln unter fremdem Namen	45–47
a) Eigengeschäft des Handelnden	46
b) Fremdgeschäft für den Namensträger	47
III. Die Vertretungsmacht	48–73
1. Begriff und Rechtsnatur	49

	Rn
2. Erscheinungsformen und Entstehungsgrund	50–55
a) Die gesetzliche Vertretungsmacht	51
b) Die rechtsgeschäftliche Vertretungsmacht (Vollmacht)	52
c) Die organschaftliche Vertretungsmacht	53–55
aa) Dogmatische Grundlagen	53
bb) Anwendungsbereich	54
cc) Strukturelle Besonderheiten	55
3. Der Umfang der Vertretungsmacht	56–59
a) Der Umfang der gesetzlichen Vertretungsmacht	57
b) Der Umfang der rechtsgeschäftlichen Vertretungsmacht	58
c) Der Umfang der organschaftlichen Vertretungsmacht	59
4. Die Gesamtvertretung	60–66
a) Zweck und Erscheinungsformen	61
b) Entstehungsgrund	62
c) Die Ausübung der Gesamtvertretung bei der aktiven Stellvertretung	63–65
aa) Nachgeschaltetes Vertreterhandeln	63
bb) Handeln eines Gesamtvertreters mit Zustimmung der anderen	64
cc) Die Gesamtvertreterermächtigung	65
d) Die passive Gesamtvertretung	66
5. Missbrauch der Vertretungsmacht	67–73
a) Anwendungsbereich	68
b) Kollusion	69
c) Evidenz des Missbrauchs	70–72
aa) Voraussetzungen	70, 71
bb) Rechtsfolgen	72
d) Schadensersatzansprüche des Vertretenen	73
E. Die Rechtsfolgen wirksamer Stellvertretung	74–79
I. Wirkungen im Verhältnis des Vertragspartner zum Vertretenen	74–78
1. Eintritt der Rechtsfolgen des Vertretergeschäfts in der Person des Vertretenen	74
2. Anfechtungs- und Widerrufsrecht des Vertretenen	75, 76
3. Zurechnung von zum Schadensersatz verpflichtenden Handlungen des Vertreters	77
4. Keine Beschränkung der Rechtsmacht des Vertretenen	78
II. Wirkungen im Verhältnis des Vertragspartners zum Vertreter	79
F. Das Eigengeschäft des Stellvertreters (II)	80–82
I. Normzweck	80
II. Das irrtümliche Fremdgeschäft	81, 82
G. Die passive Stellvertretung (III)	83, 84
H. Beweislast	85

A. Begriff und dogmatische Grundlagen der direkten Stellvertretung. Die §§ 164 ff regeln das Recht der direkten (unmittelbaren, offenen) Stellvertretung. Der Begriff der direkten Stellvertretung erfasst das rechtsgeschäftliche Handeln im Namen des Vertretenen, das bewirkt, dass die Rechtsfolgen unmittelbar in der Person des Vertretenen eintreten. Bei I handelt es sich daher um eine Zurechnungsnorm für die Rechtsfolgen von Willenserklärungen. Nach der hM gilt das Repräsentationsprinzip, dh der Vertreter bildet grds allein stellvertretend für den Vertretenen den rechtsgeschäftlichen Willen, während die Rechtsfolgen ausschließlich in der Person des Vertretenen eintreten (MüKo/*Schramm* vor § 164 Rn 67 ff). 1

B. Abgrenzung von anderen Formen rechtsgeschäftlichen Handelns für andere. I. Die mittelbare Stellvertretung. 1. Begriff und Abgrenzung zur unmittelbaren Stellvertretung. Bei der im BGB nicht geregelten mittelbaren (indirekten, verdeckten) Stellvertretung handelt der mittelbare Vertreter zwar im Interesse und für Rechnung eines anderen, aber in Abgrenzung zu dem Stellvertreter in eigenem Namen, so dass er selbst berechtigt und verpflichtet wird. Spezielle Regelungen enthalten die §§ 383 ff, 453 ff HGB; §§ 32 I 1, 18 ff DepotG. 2

2. Rechtliche Behandlung. Die §§ 164 ff finden auf die mittelbare Stellvertretung keine Anwendung. Unmittelbare Rechtsbeziehungen zwischen dem Geschäftsherrn und dem Vertragspartner sind daher nicht gegeben (kritisch *Canaris* NJW 82, 305, 307 ff). Das Innenverhältnis zwischen dem Geschäftsherrn und dem mittelbaren Stellvertreter ist von dem Außenverhältnis zwischen dem mittelbaren Stellvertreter und dem Vertragspartner zu trennen (Soergel/*Leptien* vor § 164 Rn 33). Ansprüche des Geschäftsherrn bestehen nur gegen den mittelbaren Stellvertreter, meist aus Auftrag oder einem Geschäftsbesorgungsvertrag und gehen idR auf Herausgabe des durch das Ausführungsgeschäft Erlangten (§§ 667, 675). Dagegen hat der mittelbare Stellvertreter gegen den Geschäftsherrn idR einen Schuldbefreiungsanspruch aus den §§ 669, 670. Der mittelbare Stellvertreter kann im Wege der Drittschadensliquidation (s § 249 Rn 96) den Schaden geltend machen, den sein Auftraggeber durch ein vertragswidriges Verhalten des Vertragspartners erlitten hat (BGHZ 40, 91, 100). Das gilt jedoch nicht für Vermögensverfügungen, die ein Dritter im Vertrauen auf die Richtigkeit einer in verdeckter Stellvertretung für den Dritten eingeholten Bankauskunft trifft (BGH NJW 96, 2734, 2735 f). Die Forderungen und Rechte aus dem Ausführungsgeschäft unterliegen grds dem Vollstreckungszugriff von Gläubigern des mittelbaren Stellvertreters (MüKo/*Schramm* vor § 164 Rn 17 ff). 3

4 II. Die Ermächtigung. Die Stellvertretung ist von der Ermächtigung zu unterscheiden, die als eine besondere Erscheinungsform der Einwilligung (§ 183) dem Ermächtigten die Befugnis verleiht, im rechtgeschäftlichen Verkehr im eigenen Namen, aber mit unmittelbarer Wirkung für den Rechtsinhaber über ein fremdes Recht zu verfügen oder es auszuüben (s § 185 Rn 13). Ein Spezialfall der Ermächtigung ist die in § 185 I geregelte Verfügungsermächtigung, aus der Rspr und Schrifttum die Dogmatik der Ermächtigung entwickelt haben (s § 185 Rn 6). Die direkte Stellvertretung und die Ermächtigung wirken beide im Gegensatz zur mittelbaren Stellvertretung unmittelbar auf den Rechtskreis eines Dritten ein. Sie unterscheiden sich dadurch voneinander, dass die Stellvertretung auf einem Handeln in fremdem Namen beruht und grds zur Vornahme aller Rechtsgeschäfte und insbesondere auch zur Vornahme von Verpflichtungsgeschäften erteilt werden kann, während die Ermächtigung zum Handeln in eigenem Namen berechtigt und nach der hM auf Verfügungen und die Ausübung von Rechten beschränkt ist (*Larenz/Wolf* AT § 46 Rn 53, § 51 Rn 23). Anders als der Stellvertreter, der offen legen muss, dass die Rechtsfolgen nicht ihn selbst, sondern den Vertretenen treffen sollen, tritt der Ermächtigte bei der Verfügungsermächtigung häufig selbst als verfügungsberechtigter Rechtsinhaber auf, so dass der wahre Berechtigte verborgen bleibt (*Bork* AT Rn 1716). Zudem ist die Stellvertretung personen- und die Ermächtigung gegenstandsbezogen. Während der Stellvertreter der wirtschaftliche Gehilfe des Vertretenen ist und dessen Aktionsradius erweitert (Soergel/*Leptien* vor § 164 Rn 79), dehnt die Ermächtigung die Rechtszuständigkeit des Ermächtigten auf ein fremdes Recht aus (MüKo/*Schramm* vor § 164 Rn 39). Ob im Einzelfall eine Bevollmächtigung oder Ermächtigung vorliegt, ist Auslegungsfrage (s § 185 Rn 7). Der häufig unrichtige Sprachgebrauch ist nicht maßgeblich. Selbst das Gesetz ist ungenau (s §§ 49 HGB; 81 ZPO).

5 III. Die Treuhand. 1. Erscheinungsformen. Die im Wirtschaftsleben häufig anzutreffende, gesetzlich aber nicht definierte und geregelte Treuhand ist dadurch gekennzeichnet, dass der Treuhänder für den Treugeber kraft einer besonderen Vereinbarung (Treuhandabrede) Rechtsmacht über dessen Vermögen (Treugut) ausübt (*Bork* AT Rn 1313). Der Zweck einer Treuhandvereinbarung kann darin liegen, dass der Treuhänder die Vermögenswerte für den Treugeber verwalten soll (Verwaltungstreuhand), oder darin, dass der Treugeber durch das Treuhandgeschäft gesichert werden soll (Sicherungstreuhand). Die Verwaltungstreuhand dient in erster Linie den Interessen des Treugebers und ist daher fremdnützig. Die Sicherungstreuhand ist hingegen eigennützig, weil der Treuhänder vorrangig sein eigenes Sicherungsinteresse verfolgt (*Bork* AT Rn 1313). Nach der rechtlichen Struktur werden die Vollmachtstreuhand (Rn 7), die Ermächtigungstreuhand (Rn 8) und die Vollrechtstreuhand (Rn 9) unterschieden (*Bork* AT Rn 1316). Dem Wesen der Treuhand wird am ehesten die Vollrechtstreuhand gerecht, die daher auch als *echte* Treuhand bezeichnet wird.

6 2. Abgrenzung zur Stellvertretung. Die echte Treuhand ist wie die mittelbare Stellvertretung eine Form der Wahrnehmung fremder Interessen in eigenem Namen. Von der mittelbaren Stellvertretung unterscheidet sie sich dadurch, dass sie idR nur auf die Vornahme eines einzelnen Geschäfts gerichtet und der mittelbare Stellvertreter nur kurzfristiger Durchgangserwerber ist, während der Treuhänder typischerweise längerfristig seine Treuhandfunktion ausübt und von dem Treugeber das Treugut für die gesamte Dauer seiner Tätigkeit übertragen erhält (*Larenz/Wolf* AT § 46 Rn 62). Nach dem von der Rspr des BGH bisher nicht aufgegebenen und im Schrifttum unterschiedlich beurteilten Unmittelbarkeitsprinzip muss der Treunehmer das Treugut zudem unmittelbar von dem Treugeber übertragen worden sein (BGHZ 155, 227, 231; abl Soergel/*Leptien* vor § 164 Rn 56), während der mittelbare Stellvertreter Gegenstände von Ditten erwirbt. Der Treuhänder tritt ferner nicht notwendig nach außen, sondern übt auch sonstige Verwaltungsbefugnisse aus (*Larenz/Wolf* AT § 46 Rn 62). Das Wesen der Treuhand besteht daher in Abgrenzung auch zur direkten Stellvertretung nicht im rechtsgeschäftlichen Handeln für einen anderen, sondern in der Betreuung von Vermögensgegenständen, die der Treugeber grds unmittelbar von dem Treunehmer erhalten hat.

7 3. Die Vollmachtstreuhand. Bei der Vollmachtstreuhand wird ausnahmsweise die Stellvertretung als Mittel eingesetzt, um die Zwecke der Treuhand zu erreichen. Sie verdient trotz des Wesensunterschiedes zwischen der Treuhand und der Stellvertretung entgegen einer teilweise vertretenen Ansicht, nach der wegen der fehlenden eigenen Verfügungsmacht der Vertreters keine Treuhand iSd maßgeblichen Begriffsbestimmung vorliegt (Soergel/*Leptien* vor § 164 Rn 73), Anerkennung. Der Treuhänder verfügt bei der Vollmachtstreuhand über das Treugut in fremdem Namen als unmittelbarer Stellvertreter. Die §§ 164 ff finden daher uneingeschränkt Anwendung (BGH WM 64, 318).

8 4. Die Ermächtigungstreuhand. Auch bei der Ermächtigungstreuhand bleibt der Treugeber Vollrechtsinhaber. Als solcher ermächtigt er den Treunehmer, in eigenem Namen für ihn tätig zu werden (MüKo/*Schramm* vor § 164 Rn 31). Der Treuhänder kann zwar mit unmittelbarer Fremdwirkung über zum Treugut gehörende Gegenstände verfügen (§ 185 I), den Treugeber aber nicht unmittelbar verpflichten. Denn er tritt wie der mittelbare Stellvertreter im eigenen Namen auf und wird daher selbst Geschäftspartei. Ihn selbst treffen daher sämtliche rechtlichen wie auch steuerlichen Auswirkungen seines Handelns (BGHZ 134, 212, 215 f). Gegen die Ansicht, dass die Grundsätze über den Missbrauch der Vertretungsmacht auf die Ermächtigungstreuhand entspr Anwendung finden (MüKo/*Schramm* vor § 164 Rn 36), spricht, dass ein Bedürfnis hierzu selten bestehen wird, weil die Ermächtigung gem § 185 beliebig beschränkt und ausgestaltet werden kann, so dass sich im Gegensatz zur Vollrechtstreuhand das rechtliche Können im Außenverhältnis mit dem rechtlichen Dürfen im Innenverhältnis deckt (*Larenz/Wolf* AT § 46 Rn 68). Wie bei der Vollmachtsstreuhand stehen die Rechte aus §§ 771 ZPO; 47 InsO nur dem Treugeber, nicht dem Treunehmer zu (Soergel/*Leptien* vor § 164 Rn 72).

5. Die Vollrechtstreuhand (echte Treuhand). Bei der Vollrechtstreuhand erhält der Treuhänder Vermögensrechte zu eigenem Recht übertragen, darf diese aber nicht oder wenigstens nicht ausschließlich in eigenem Interesse ausüben (fiduziarische Treuhand). Die fiduziarische Treuhand ist daher dadurch gekennzeichnet, dass der Treugeber dem Treuhänder nach außen hin ein Mehr an Rechten überträgt, als dieser nach der gleichzeitig getroffenen schuldrechtlichen Abrede ausüben darf (BGH NJW 04, 1382, 1383). Die Treuhandabrede wirkt wegen § 137 aber nur im Innenverhältnis zwischen dem Treuhänder und dem Treugeber (MüKo/*Schramm* vor § 164 Rn 31, 35). Nach außen verfügt der Treuhänder in eigenem Namen und als formal berechtigter Inhaber des Rechts über das Treugut. Weil der Treugeber im Innenverhältnis über die Treuhandabrede auf das treuhänderisch gebundene Vermögen weiterhin Einfluss nehmen kann, bleibt ihm das unmittelbar aus seinem Vermögen stammende Treugut wirtschaftlich und haftungsrechtlich zugeordnet (sog wirtschaftliches Eigentum; *Bork* AT Rn 1316). Deshalb darf ein Schuldner uU gegen eine im Rahmen des Treuhandverhältnisses begründete Forderung mit einer Forderung gegen den Treugeber (BGH NJW 90, 982, 990) oder gegen eine Forderung des Treugebers mit einer Forderung gegen den Treuhänder aufrechnen (BGH NJW 89, 2386, 2387). 9

Vor Zugriffen von Gläubigern des Treuhänders ist der Treugeber durch § 771 ZPO (für die uneigennützige Treuhand BGH NJW 71, 559, 560; für die Sicherungstreuhand BGHZ 72, 141, 143 ff) und § 47 InsO (für die uneigennützige Treuhand BGH WM 93, 83, 84; für die Sicherungstreuhand BGH NJW 69, 942) geschützt. Ein Widerspruchs- und Aussonderungsrecht des Treugebers ist in der Rspr grds jedoch nur anerkannt, wenn dem Treuhänder das Treugut aus dem Vermögen des Treugebers übertragen worden ist (s Rn 6). Dagegen erwirbt der bisherige Volleigentümer durch eine schuldrechtliche Vereinbarung, dass er sein Eigentum nunmehr im Interesse eines anderen (Treugeber) verwaltet, kein Aussonderungsrecht in der Insolvenz des Eigentümers (BGHZ 155, 227, 231 ff; NJW 93, 2622). Eine Ausnahme von dem Unmittelbarkeitsgrundsatz gilt bei Zahlungen, die Dritte bestimmungsgemäß auf ein Anderkonto eines Rechtsanwalts oder Notars geleistet haben (BGH NJW 96, 1543). An unbeweglichen Sachen begründen Treuhandvereinbarungen in der Insolvenz des Treuhänders nur dann ein Aussonderungsrecht, wenn der Anspruch des Treugebers dinglich gesichert ist (BGHZ 155, 227, 236 ff). Während der Treuhänder bei der uneigennützigen Verwaltungstreuhand weder ein Interventionsrecht nach § 771 ZPO (BGH WM 04, 583, 585) noch ein Aussonderungsrecht nach § 47 InsO hat (BGH DB 75, 300), ist bei der eigennützigen Treuhand dem Umstand Rechnung zu tragen, dass wirtschaftlich eine Sicherung des Treuhänders (Sicherungsnehmers) bezweckt ist. Nach der hM hat der Sicherungsnehmer daher ein Widerspruchsrecht nach § 771 ZPO (BGHZ 80, 296, 299; aA für ein Absonderungsrecht nach § 805 ZPO MüKoZPO/*Schmidt* § 771 Rn 19) und ein Absonderungsrecht nach § 51 Nr 1 InsO (BGH WM 87, 74, 76). 10

Entgegen einer vor allem für die Treuhand an Gesellschaftsanteilen vertretenen Auffassung (MüKoHGB/*Schmidt* vor § 230 Rn 69) lehnt die hM eine analoge Anwendung der Grundsätze über den Missbrauch der Vertretungsmacht (s Rn 67 ff) auf die Vollrechtstreuhand ab (BGH NJW 68, 1471; WM 77, 525, 527). Für diese Ansicht spricht, dass der Unterschied zwischen dem Handeln in eigenem und dem in fremdem Namen bei missbräuchlichen Verfügungen des Treuhänders nicht nur ein formaler ist. Die Wertungsparallele zur Stellvertretung fällt aufgrund der Regelung in § 137, die eine mit dinglicher Wirkung ausgestattete Beschränkung der Verfügungsmacht des Treuhänders nicht zulässt, vielmehr von Gesetzes wegen weg. Gegen eine vergleichbare Interessenlage spricht zudem die weitergehende Rechtsmacht des Treuhänders und seine selbstständige Stellung (Soergel/*Leptien* vor § 164 Rn 60). 11

IV. Der Strohmann. 1. Begriff und Erscheinungsformen. Der Strohmann ist eine im Rechtsverkehr vorgeschobene Person, die für einen Hintermann auftritt, der das Geschäft nicht selbst abschließen kann oder will. Typische Erscheinungsformen sind die Strohmann-Gründung einer GmbH (BGH NJW 92, 2023 ff), die Überlassung der Unternehmensführung an einen Strohmann wegen einer fehlenden Konzession (MüKo/*Schramm* vor § 164 Rn 24) und die Einschaltung eines Strohmanns wegen der mangelnden Bereitschaft des Vertragspartners zum Vertragsschluss oder der fehlenden Börsentermingeschäftsfähigkeit des Geschäftsherrn (BGH NJW 95, 727 ff). 12

2. Rechtliche Behandlung. Der Strohmann hat grds die Stellung eines mittelbaren Stellvertreters und fremdnützigen Treuhänders. Da er in eigenem Namen auftritt, wird er durch das Rechtsgeschäft selbst berechtigt und verpflichtet, auch wenn der Vertragspartner von der Strohmanneigenschaft Kenntnis hatte (BGH NJW 95, 727). Die von dem Strohmann vorgenommen Rechtsgeschäfte sind in aller Regel nicht gem § 117 nichtig, weil das Strohmanngeschäft ernstlich gewollt ist (BGH NJW 02, 2030 f). Etwas anderes gilt nur dann, wenn der Vertragspartner erkennt, dass er es mit einem Strohmann zu tun hat und damit einverstanden ist, dass nur der Hintermann berechtigt und verpflichtet ist (BGH NJW-RR 97, 238). Auf die Grundsätze zur Sittenwidrigkeit von Ehegattenbürgschaften (s § 138 Rn 82) kann sich ein Strohmann-Gesellschafter einer GmbH nur berufen, wenn für die Bank klar ersichtlich ist, dass er finanziell an der Schuldner-GmbH nicht 13 beteiligt ist und die Stellung eines Gesellschafters ohne eigenes wirtschaftliches Interesse nur aus persönlicher Verbundenheit mit einer die GmbH wirtschaftlich beherrschenden Person übernommen hat (BGH NJW 02, 2634 f). Besonderheiten können sich daraus ergeben, dass der Hintermann durch den Einsatz des Strohmanns den Rechtsverkehr täuschen oder Rechtsfolgen herbeiführen will, die er aufgrund bestehender rechtlicher oder sonstiger Hindernisse selbst nicht erreichen kann. Es ist daher im Einzelfall zu prüfen, ob das Strohmanngeschäft oder der Geschäftsbesorgungsvertrag wegen Gesetzesumgehung nichtig ist (s § 134 Rn 30 ff) oder ob ein Durchgriff auf den Hintermann in Betracht kommt. Bei der Strohmann-Gründung einer GmbH wird der Hintermann von der Rspr hinsichtlich der Aufbringung des Stammkapitals (§§ 19, 24 GmbHG) und seiner Erhaltung (§§ 30 ff GmbHG) wie ein Gesellschafter behandelt (BGH NJW 92, 2023 f). Darüber hinaus ordnet die Rspr die von dem Strohmann erworbenen Gegenstände wirtschaftlich dem Strohmann zu mit der Folge, dass dem Hintermann die Möglichkeit, gegen Gläubiger des Strohmanns Drittwiderspruchsklage (§ 771 ZPO) zu erheben oder in der Insolvenz des Strohmanns Gegenstände auszusondern (§ 47 InsO), versperrt ist (BGH WM 64, 179). Die Gläubiger des Hintermanns können den Erwerb des Strohmanns aber nach den §§ 1, 7 AnfG anfechten (BGHZ 124, 298, 300 ff; weitergehend *Gerhardt*, FS Lüke, 1997, S 121 ff). Dagegen müssen die Gläubiger des Strohmannes dessen Schuldbefreiungsanspruch (§§ 669, 670) gegen den Hintermann pfänden, um auf das Vermögen des Hintermanns Zugriff nehmen zu können (Soergel/*Leptien* vor § 164 Rn 38).

14 **V. Die Verwaltung fremden Vermögens. 1. Begriff und Abgrenzung zur Stellvertretung.** Von der Stellvertretung ist die Verwaltung fremden Vermögens abzugrenzen, bei der dem Verwalter durch Gesetz oder testamentarische Verfügung eine Vermögensverwaltung anvertraut ist. Zu den Verwaltern fremden Vermögens zählen der Insolvenzverwalter (§ 80 InsO), der Nachlassverwalter (§ 1985), der Testamentsvollstrecker (§ 2205) und der Zwangsverwalter (§ 172 ZVG). § 116 Nr 1 ZPO spricht von der **Partei kraft Amtes**. Der Verwalter fremden Vermögens handelt objektbezogen für das von ihm verwaltete Vermögen und hat daher nicht bloß die Interessen des Rechtsinhabers wahrzunehmen. In der Tendenz ist seine Tätigkeit nicht auf eine einseitige Interessenswahrnehmung, sondern auf einen Ausgleich kollidierender Interessen gerichtet (sog neutrales Handeln im Privatrecht; MüKo/*Schramm* vor § 164 Rn 10). Infolgedessen ist der Verwalter von dem Vermögensinhaber unabhängig und an dessen Weisungen nicht gebunden (Staud/*Schilken* Vorbem zu § 164 Rn 58 f). Der Vermögensverwalter tritt zwar wie der Treuhänder in eigenem Namen auf, die Rechtsfolgen treffen aber dennoch nicht ihn, sondern den Rechtsinhaber. Im Prozess ist er berechtigt, ein zu dem verwalteten Vermögen gehörendes fremdes Recht als gesetzlicher Prozessstandschafter in eigenem Namen geltend zu machen (BGHZ 88, 331, 334).

15 **2. Rechtliche Behandlung.** Die Vermögensverwalter sind nach der sog Amtstheorie keine gesetzlichen Vertreter, sondern Träger eines privaten Amtes, mit dem die Befugnis verbunden ist, über die Gegenstände des ihrer Verwaltung unterliegenden Vermögens zu verfügen und den Träger des Vermögens zu berechtigen und zu verpflichten wie auch die zu dem Vermögen gehörenden Rechte gerichtlich geltend zu machen (BGHZ 88, 331, 334). Unabhängig von dem jeweiligen dogmatischen Standpunkt muss den Besonderheiten Rechnung getragen werden, die sich aus den Aufgaben mehrseitiger Interessenwahrnehmung ergeben (Staud/*Schilken* Vorbem zu § 164 Rn 61). Die umstrittene dogmatische Einordnung schließt es daher nicht aus, einzelne Vorschriften des Stellvertretungsrechts anzuwenden wie die Regeln über den Missbrauch der Vertretungsmacht (für den Testamentsvollstrecker BGH NJW-RR 89, 642 f), die §§ 177 ff (Staud/*Schilken* § 177 Rn 19) und § 181 (BGHZ 113, 262, 270).

16 **VI. Der Vertrag zugunsten Dritter.** Auch bei dem Vertrag zugunsten Dritter (§ 328) treten die Rechtsfolgen unmittelbar in der Person des nicht handelnden Dritten ein. Der Dritte wird jedoch nicht wie der Vertretene Vertragspartei, insbesondere treffen ihn keine Pflichten aus dem Vertrag (*Larenz/Wolf* § 46 Rn 82).

17 **VII. Die Botenschaft.** Der Bote gibt im Gegensatz zu dem Stellvertreter keine eigene Willenserklärung ab, sondern übermittelt nur eine fremde Erklärung seines Auftraggebers an den Empfänger (Erklärungsbote) oder nimmt für seinen Auftraggeber eine fremde Erklärung entgegen (Empfangsbote).

18 **1. Abgrenzung zwischen dem Erklärungs- und dem Empfangsboten.** Empfangsbote ist nur derjenige, der vom Adressaten mit der Entgegennahme der Erklärung beauftragt wurde (Hamm NJW-RR 87, 260, 262). Fehlt eine ausdrückliche Ermächtigung des Erklärungsempfängers, ist durch Auslegung (§§ 133, 157) zu ermitteln, ob der Mittler als Empfangs- oder Erklärungsbote anzusehen ist. Maßgeblich hierfür ist, ob die Mittelsperson zur Entgegennahme der konkreten Erklärung für den Empfänger als geeignet und ermächtigt anzusehen ist. Fehlt es hieran, ist die Mittelsperson Bote des Erklärenden, der sie in den Erklärungsprozess eingeschaltet hat (*Bork* AT Rn 1350). Ehegatten gelten nach der Verkehrsanschauung grds als Empfangsboten des jeweils anderen, wobei Ausnahmen möglich sind (BGH NJW 91, 2613, 2614: Ehegatte befindet sich auf hoher See). Dem Ehegatten steht der nichteheliche Lebenspartner jedenfalls dann gleich, wenn der Adressat mit einer Familie zusammenlebt (BGHZ 111, 3 f). Als Empfangsboten werden auch im Haushalt des Empfängers lebende Familienangehörige (BAG NJW 93, 109, 1094) und Hausgestellte (aA für eine Botenstellung nur bei Aushändigung einer schriftlichen Erklärung an fest angestellte Person *Bork* AT Rn 1354) angesehen. Für Geschäftsangestellte gilt das nur, soweit die Entgegennahme von Willenserklärungen in ihren Kompetenzbereich fällt (*Bork* AT Rn 1350).

2. Abgrenzung zur Stellvertretung. Ob Stellvertretung oder Botenschaft vorliegt, ist in Zweifelsfällen durch Auslegung vom Empfängerhorizont (§§ 133, 157) zu ermitteln. Die Abgrenzung kann in der Praxis schwierig sein (*Medicus* AT Rn 886). Maßgeblich ist nach dem für die Stellvertretung geltenden Offenkundigkeitsprinzip (s Rn 30) das äußere Auftreten der Mittelsperson gegenüber dem Vertragspartner (BGHZ 12, 327, 334; aA *Hueck* AcP 152, 432, 433 ff). Botenschaft liegt hiernach vor, wenn sich die Erklärung aus Sicht des Empfängers nicht als eine eigene der Mittelsperson darstellt, weil er als bloßes Transportmittel fungiert und allenfalls hinsichtlich der Transportart und der stilistischen Gestaltung frei ist, in der Sache aber keinerlei Entscheidungsspielraum hat (*Larenz/Wolf* AT § 46 Rn 71). Starke Weisungsgebundenheit schließt eine Stellvertretung jedoch nicht unbedingt aus. Auch der nach § 166 II stark weisungsgebundene *Vertreter mit gebundener Marschroute* ist trotz der weit reichenden Vorgaben des Geschäftsherrn, was den Inhalt und die Abgabe der Erklärung angeht, Stellvertreter, wenn er im Außenverhältnis als Vertreter auftritt und die maßgebliche Willenserklärung selbst formuliert (*Bork* AT Rn 1346).

3. Rechtliche Behandlung. Das Handeln des Boten ist nur tatsächlicher, nicht rechtsgeschäftlicher Natur. Anders als bei der Stellvertretung (§ 165) braucht der Bote daher nicht (beschränkt) geschäftsfähig sein, es genügt vielmehr die natürliche Einsichtsfähigkeit zur Übermittlung (MüKo/*Schramm* vor § 164 Rn 46). Andererseits genügt die Wahrung von Formvorschriften durch den Boten nicht. In den Fällen, in denen nur die Hilfsperson die Form wahrt, ist aber im Zweifel Stellvertretung anzunehmen (*Bork* AT Rn 1349). Für Willensmängel, Kenntnis und Kennenmüssen kommt es auf die Person des Geschäftsherrn an, während bei der Stellvertretung gem § 166 I grds die Person des Vertreters maßgeblich ist (*Bork* AT Rn 1358). Auch für die Auslegung einer durch oder ggü einem Boten übermittelten Willenserklärung kommt es auf den Willen und den Verständnishorizont des Geschäftsherrn an (*Larenz/Wolf* AT § 46 Rn 90). Dagegen sollen Vertretungsverbote (Rn 26) auch für die Botenschaft gelten (MüKo/*Schramm* vor § 164 Rn 46; aA Soergel/*Leptien* vor § 164 Rn 43). Das Gleiche gilt für die Regeln über die Vertretung ohne Vertretungsmacht in den §§ 177 ff (s § 177 Rn 5) und das Zurückweisungsrecht gem § 174 (s dort Rn 2). Zum Zugang einer unter Einschaltung eines Boten übermittelten Willenserklärung s § 130 Rn 17.

4. Irrtumsfälle. Nach der hM wird der Geschäftsherr gebunden, wenn der Bote oder der Vertreter im Rahmen seiner Legitimation (Vollmacht oder Botenmacht) handelt. Gleichgültig ist, ob der Handelnde hierbei als Vertreter oder Bote auftritt. Dogmatische Bedenken müssen in diesen Fällen gegenüber dem Bedürfnis nach Rechtssicherheit zurücktreten (MüKo/*Schramm* vor § 164 Rn 51 ff). Zur Falschübermittlung durch den Erklärungsboten s § 120 Rn 3.

VIII. Die Stellvertretung in der Erklärung. Die Rechtsfigur der Stellvertretung (nur) in der Erklärung, die der BGH für Fallkonstellationen, in denen wie bei Adoptionsverträgen nach § 1750 a aF die Stellvertretung ausgeschlossen ist und aus rechtlichen Gründen auch die Botenschaft ausscheidet, als Zwischenform zwischen Stellvertretung und Botenschaft entwickelt hat (BGHZ 30, 306, 311), ist mit der hM im Schrifttum abzulehnen. Ist eine Stellvertretung nicht zulässig (Rn 26) und eine Übermittlung durch Boten wegen des Formerfordernisses nicht möglich (Rn 20), muss das wegen des eindeutigen Gesetzeswillens sowie aus Gründen der Rechtsklarheit und Rechtssicherheit hingenommen werden. Die Annahme einer gesetzlich nicht vorgesehenen Stellvertretung nur in der Erklärung kann hierüber nicht hinweghelfen (*Larenz/Wolf* AT § 46 Rn 77).

IX. Der Abschlussvermittler und der Verhandlungsgehilfe. Kein Stellvertreter ist, wer nur damit beauftragt wurde, für einen anderen den Abschluss von Rechtsgeschäften zu vermitteln oder für eine Vertragspartei die Verhandlungen zu führen. Diese Hilfspersonen bereiten den Vertragsschluss lediglich vor, treten aber rechtsgeschäftlich nicht in Erscheinung. Bloße Abschlussvermittler sind der Zivil- (§§ 652 ff) und der Handelsmakler (§§ 93 ff HGB) sowie der Handelsvertreter (§§ 84 ff HGB), falls ihnen nicht zusätzlich auch eine Abschlussvollmacht erteilt wurde. Nur Verhandlungsgehilfe ist auch, wer zwar Vertretungsmacht hat, von ihr aber zB wegen eines Gremienvorbehaltes oder weil er das Geschäft aus internen Gründen nicht ohne die Zustimmung der Geschäftsleitung abschließen will, keinen Gebrauch macht (BGH NJW 95, 1281). Auch bei der gesetzlichen Vertretungsmacht im kaufmännischen Bereich (zB §§ 55 IV, 56, 91 II HGB) ist stets entscheidend, ob die Hilfsperson von der Vertretungsmacht durch Abgabe oder den Empfang einer Willenserklärung tatsächlich Gebrauch macht (MüKo/*Schramm* vor § 164 Rn 66). Die Verhandlungsgehilfen und Abschlussvermittler schließen das Rechtsgeschäft zwar nicht selbst ab, bereiten es aber mitunter bis zur Abschlussreife vor und haben daher oft entscheidenden Einfluss. Wie bei der Botenschaft kann daher Stellvertretungsrecht entspr Anwendung finden. Dies gilt insbesondere für § 166 (s dort Rn 16) und die §§ 167 S 1, 168 (BGH NJW-RR 91, 439, 441).

X. Die Wissensvertretung. Wissensvertreter sind Personen, deren Wissen sich der Geschäftsherr insbesondere in den Fällen der §§ 142 II, 442, 640 II, 819, 892 I 1, 932, 990 zurechnen lassen muss. Das Gesetz schreibt die Wissenszurechnung nur in den §§ 166 I; 2 III, 19 VVG ausdrücklich vor. Diese enge Regelung wird den Bedürfnissen einer arbeitsteilig organisierten Wirtschaft nicht gerecht. Rspr und Lehre dehnen daher die Vorschrift des § 166 I auf andere Hilfspersonen, die keine Stellvertreter sind, aus (s § 166 Rn 13). Vom Stellvertreter unterscheidet sich der Wissensvertreter dadurch, dass er nicht mit Willenserklärungen oder geschäftsähnlichen Handlungen befasst ist (Soergel/*Leptien* vor § 164 Rn 82) oder ggf auch ohne rechtsgeschäftliche Vertretungsmacht als Repräsentant selbstständig für den Geschäftsherrn auftritt (*Larenz/Wolf* AT § 46 Rn 102). Bei der Wissensvertretung handelt es sich daher nicht um rechtsgeschäftliches Handeln mit Fremdwirkung, sondern bloß um die Zurechnung fremder Kenntnisse als eigene (Erman/*Palm* vor § 164 Rn 27).

25 **XI. Die Parteivertretung im Zivilprozess.** Der Parteivertreter im Zivilprozess ist Stellvertreter iSv § 164 (Soergel/*Leptien* vor § 164 Rn 80; aA Erman/*Palm* vor § 164 Rn 29). Er untersteht jedoch dem Sonderrecht der §§ 78 ff ZPO, neben denen materiell-rechtliche Regelungen über die Stellvertretung und insbesondere über die Vollmacht nur anwendbar sind, wenn die ZPO auf sie verweist oder soweit in ihnen allgemeine Rechtsgedanken der Stellvertretung zum Ausdruck kommen (BGH WM 04, 27; *Larenz/Wolf* AT Rn 47 Rn 2). Der Gerichtsvollzieher ist nicht der Vertreter des Gläubigers, sondern Organ der Rechtspflege (BGH NJW 99, 2597, 2598). Etwas anderes gilt aber dann, wenn er freiwillige Leistungen des Schuldner entgegennimmt (BaRoth/*Habermeier* vor § 164 Rn 10).

26 **C. Die Zulässigkeit der Stellvertretung. I. Höchstpersönliche Rechtsgeschäfte.** Die Stellvertretung ist im rechtsgeschäftlichen Verkehr grds überall zulässig. Eine Ausnahme hiervon gilt für sog höchstpersönliche Rechtsgeschäfte. Ein Vertretungsverbot kann sich aus einem Gesetz oder Rechtsgeschäft mit dem künftigen Vertragspartner (gewillkürte Höchstpersönlichkeit; BGHZ 99, 90, 94) ergeben. Str ist, ob auch aus der Natur des Rechtsgeschäfts ein Stellvertretungsverbot hergeleitet werden kann. ZT wird dies für die Fälle der Zustimmung des anderen Ehegatten nach den §§ 1365 I, 1366 I und 1369 bejaht (Staud/*Schilken* Vorbem zu §§ 164 Rn 41; dagegen Soergel/*Leptien* vor § 164 Rn 84). Gesetzliche Vertretungsverbote sind vorwiegend im Familien- und Erbrecht anzutreffen; hierher gehören die §§ 1311 S 1 (Eheschluss), 1 LPartG (Begründung der Lebenspartnerschaft), 2064, 2274, 2284 S 1 (letztwillige Verfügungen), §§ 1516 II 1, 1596 IV, 1600a I, 1626c, 1750 III 1, 1760 V 2, 1762 I 3, 2271 I, 2282 I 1, 2290 II 1, 2296 I 2, 2347 II 1, 2351. Im Handelsrecht bestimmt § 48 I HGB, dass nur der Inhaber des Handelsgeschäfts Prokura erteilen darf. Str ist, ob § 78 Hs 2 GmbHG ein Stellvertretungsverbot enthält (dafür BayObLG NJW 87, 136 f; dagegen Köln NJW 87, 135). Kein Vertretungsverbot ist aus bloßen Formvorschriften herzuleiten wie etwa aus §§ 925 S 1 und 1410.

27 **II. Folge eines Verstoßes gegen ein Vertretungsverbot.** Hat jemand trotz eines gesetzlichen oder vertraglichen Vertretungsverbotes als Stellvertreter gehandelt, hat das die unheilbare Unwirksamkeit des Vertretergeschäfts zur Folge. Eine Genehmigung durch den Vertretenen nach §§ 177 I (s dort Rn 2) oder 185 I kommt ebenso wenig in Betracht wie eine Bestätigung nach § 141. Der Vertretene muss das Rechtsgeschäft daher noch einmal neu vornehmen, wobei Genehmigungs- und Bestätigungserklärungen als Neuvornahme ausgelegt werden können (*Bork* AT Rn 1341).

D. Die Voraussetzungen wirksamer Stellvertretung. I. Eigene Willenserklärung des Stellvertreters. 1. An-
28 **wendungsbereich der §§ 164 ff.** Die §§ 164 ff gelten unmittelbar nur für Willenserklärungen iSd §§ 116 ff. Auf rechtsgeschäftsähnliche Handlungen finden sie entspr Anwendung. Das gilt insbesondere für die Mahnung (§ 286 I), die Aufforderung zur Genehmigung (§§ 108 II, 177 II), die Fristsetzung (§§ 250 S 1, 281 I 1, 323 I 1, 637 I), die Mängelanzeige (§ 475), die Ablehnungsandrohung (§§ 250, 326 I 1), das Anerkenntnis (§ 212 I Nr 1), Mitteilungen (§§ 171, 172, 415 I 2), Anzeigen (§§ 170, 409, 663, 665, 692 S 2, 789) und Wissenserklärungen (MüKo/*Schramm* § 164 Rn 5). Nicht anwendbar sind die §§ 164 ff nach hM auf Realakte wie den Erwerb und Verlust des unmittelbaren Besitzes außer im Falle des § 854 II, die Verarbeitung und Verbindung wie auch die Aneignung und den Fund (BGHZ 32, 53, 56). Auf schuldhaftes Vertreterhandeln bei der Anbahnung (§ 311 II) oder der Durchführung des Vertrages (§ 280 I) und im Bereich der unerlaubten Handlungen finden die §§ 164 ff ebenfalls keine Anwendung; hier gelten vielmehr die §§ 278, 831, 31, 89 (MüKo/*Schramm* § 164 Rn 8, 16). In Abgrenzung sowohl von der Botenschaft (Rn 19) als auch zum Geschäftsvermittler und Verhandlungsgehilfen (Rn 23) muss der Stellvertreter eine eigene Willenserklärung abgeben.

29 **2. Wirksamwerden der Erklärung in der Person des Vertreters.** Weil nach dem Repräsentationsprinzip (Rn 1) allein der Vertreter den rechtsgeschäftlichen Willen bildet, ist seine Person maßgeblich für den Inhalt und die Wirksamkeit der Willenserklärung. im Gegensatz zum Erklärungsboten (s § 130 Rn 18) bewirkt der Erklärungsvertreter (I 1) nicht nur den Zugang der Erklärung, sondern gibt sie auch ab. Die einem Empfangsvertreter gegenüber abgegebene Erklärung geht dem von ihm vertretenen Erklärungsempfänger gem I 1, 3 sofort zu. Die für die Weiterleitung an den Vertretenen benötigte Zeit ist unerheblich (BGH NJW 02, 1041, 1042; *Bork* AT Rn 1365 ff). Für den Willensinhalt und für Willensmängel (§§ 116 ff) einer wirksamen Willenserklärung bei der Stellvertretung § 166. Zur Anfechtungsbefugnis und zum Widerrufsrecht s Rn 76. Ist das Rechtsgeschäft formbedürftig, muss die Erklärung des Vertreters der Form genügen. Auch für die Geschäftsfähigkeit und die Nichtigkeit des Rechtsgeschäfts nach § 105 II ist die Person des Vertreters maßgeblich. Nach § 165 genügt jedoch die beschränkte Geschäftsfähigkeit des Vertreters (§ 106), während die Geschäftsfähigkeit des Vertretenen unerheblich für die Wirksamkeit des Vertretergeschäftes ist, sondern nur Einfluss auf die Vollmacht hat (s § 167 Rn 19).

30 **II. Handeln in fremdem Namen des Vertretenen (Offenkundigkeitsprinzip).** Der Vertreter muss gem I 1 im Namen des Vertretenen handeln, wenn die Rechtsfolgen nicht bei ihm selbst, sondern in der Person des Vertretenen eintreten sollen. Die direkte Stellvertretung bedarf daher im Gegensatz zur mittelbaren Stellver-

tretung (Rn 2) und der Ermächtigung (Rn 4) der Offenlegung. Das Offenkundigkeitsprinzip dient im Stellvertretungsrecht in erster Linie dem Schutz des Vertragspartners, daneben aber auch dem Bedürfnis des allgemeinen Rechtsverkehrs nach einer Klarstellung der Rechtsverhältnisse und einer eindeutigen Zuordnung von Rechten und Pflichten (MüKo/*Schramm* Rn 14). Eine Willenserklärung kann zugleich in eigenem und in fremdem Namen abgegeben werden (BGH WM 97, 1431). Zum Offenkundigkeitsprinzip bei der passiven Stellvertretung s Rn 83.

1. Abgrenzung zum Eigengeschäft des Vertreters. a) Allgemeine Auslegungsgrundsätze. Ob der Erklä- 31
rende in eigenem oder in fremdem Namen handelt, ist in Zweifelfällen durch Auslegung vom Empfängerhorizont zu ermitteln (BGHZ 125, 175, 178). Für die Auslegung gelten die Grundsätze der §§ 133, 157 und I 2, der bestimmt, dass die Erklärung nicht ausdrücklich im Namen des Vertretenen erfolgen muss, dass es vielmehr genügt, wenn sich die Stellvertretung aus den Umständen ergibt. Zu berücksichtigen sind insbesondere früheres Verhalten, Zeit und Ort der Erklärung, die soziale Stellung der Beteiligten, Art und Inhalt ihrer Werbung, die Interessenlage und die Verkehrssitte (MüKo/*Schramm* Rn 22). Tritt der Wille, in fremdem Namen zu handeln, nicht erkennbar hervor, wird der Erklärende nach II selbst berechtigt und verpflichtet. Stimmen der Erklärende (Vertreter) und der Vertragspartner jedoch darüber überein, dass der Erklärende in fremdem Namen auftritt, liegt ein Vertretungsfall vor, selbst wenn er für einen außen stehenden Dritten nicht erkennbar ist. Umgekehrt liegt ein Eigengeschäft vor, wenn Vertreter und Vertragspartner übereinstimmend ein solches abschließen wollen. In diesen Fällen hat die an dem wirklichen Willen orientierte natürliche Auslegung Vorrang vor dem objektiven Erklärungswert (*Bork* AT Rn 1383). I 2 ist auf einen Mehrpersonenvertreter entspr anzuwenden (BGH NJW 00, 3344, 3345).

b) Einzelfälle. Ein Vertretergeschäft wird bejaht bei dem Abschluss von Bauverträgen durch den Baube- 32
treuer (BGHZ 67, 334, 335 ff), der Vermietung (KG WM 84, 254; 255) und Vergabe von Bauleistungen (BGH NJW-RR 04, 1017) durch einen Hausverwalter, der Benennung beider Ehegatten im Rubrum des Mietvertrages (Ddorf ZMR 00, 210), der Beiziehung eines Arztes oder der Einweisung in ein Krankenhaus bei Unfällen oder Notfällen (Palandt/*Heinrichs* Rn 5); der Buchung einer Gruppenreise (Frankf 04, 1285, 1286), Sammelbestellungen (Köln NJW-RR 91, 918, 919), der Mandatsübernahme im Namen aller, auch später eintretender Sozien nach der vor der Anerkennung der Teilrechtsfähigkeit der GbR (s BGHZ 146, 341 ff; § 705 Rn 35) praktizierten Doppelverpflichtungstheorie (BGH NJW 95, 1841), der Beauftragung einer Rechtsanwaltssozietät durch den Rechtsschutzversicherer (BGH NJW 78, 1003, 1004) und dem Handeln des Franchisenehmers für den Franchisegeber (Palandt/*Heinrichs* Rn 6). Ein Vertretergeschäft liegt nicht vor bei Auftragsvergaben durch einen Bauträger (BGH NJW 81, 757), der Benennung des Partners einer nichtehelichen Lebensgemeinschaft im Text des Mietvertrages (Palandt/*Heinrichs* Rn 5), dem Schuldanerkenntnis eines Unfallbeteiligten (Palandt/*Heinrichs* Rn 7), dem Reisevertrag mit einem Reiseunternehmen, das selbst wie ein Reiseveranstalter auftritt (BGHZ 77, 310, 316 f; Köln NJW-RR 95, 314, 315), und dem Abschluss eines gespaltenen Krankenhausvertrages (BGHZ 121, 107, 110 ff). Bei der Eröffnung eines Spar- oder Girokontos ist unter besonderer Berücksichtigung des Einzelfalls zu prüfen, wer nach dem erkennbaren Willen des die Kontoeröffnung Beantragenden Gläubiger der Bank sein soll. Maßgeblich sind vor allem die Bezeichnung des Kontoinhabers im Kontoeröffnungsantrag und der Besitz am Sparbuch. Unerheblich ist dagegen, aus wessen Mitteln die eingezahlten Gelder stammen (BGHZ 127, 229, 231 f; BGH NJW 05, 980). Ob ein Ehegatte beim Abschluss eines Arztvertrages, den der Ehegatte für sich und ein gemeinsames Kind abschließt, im Namen des anderen Ehegatten handelt, richtet sich nach den Umständen des Einzelfalles (BGH NJW 91, 2958 f). Zur Entgegennahme eines Schecks durch einen Mehrpersonenvertreter s BGH NJW 00, 3344 f.

2. Das unternehmensbezogene Rechtsgeschäft. a) Die Auslegungsregel. Für unternehmensbezogene Rechts- 33
geschäfte hat die Rspr die Auslegungsregel (BGH NJW 00, 2984, 2985) entwickelt, dass bei unternehmensbezogenen Geschäften nach dem übereinstimmenden Willen der Parteien im Zweifel der Inhaber des Unternehmens und nicht der für das Unternehmen Handelnde Vertragspartei werden soll (BGH NJW-RR 97, 527, 528). Das gilt auch, wenn der Vertragspartner den Vertreter für den Betriebsinhaber hält (BGHZ 62, 216, 221), dieser falsch bezeichnet ist oder der Vertragspartner aus sonstigen Gründen eine falsche Vorstellung über den Inhaber hat (BGH NJW 98, 2897). Ein Irrtum über die Person des Vertragspartners begründet allenfalls ein Anfechtungsrecht nach § 119 II (Palandt/*Heinrichs* Rn 2). Die Grundsätze über unternehmensbezogene Geschäfte ändern nichts am dem Offenkundigkeitsprinzip. Die Anwendung der Auslegungsregel setzt daher voraus, dass der Handelnde sein Auftreten für das Unternehmen hinreichend deutlich macht (BGH NJW 00, 2985, 2984). Das Rechtsgeschäft muss daher eindeutig auf ein bestimmtes Unternehmen bezogen sein, was sich auch aus den Umständen (Ort des Vertragsschluss, Zusätze zur Unterschrift, Leistung für den Betrieb des Unternehmens etc) ergeben kann (BGH NJW-RR 97, 527, 528). Verbleiben insoweit Zweifel, gilt II (BGH NJW 95, 43, 44). Existiert der Unternehmensträger nicht oder besaß der Vertreter keine Vollmacht, für den Unternehmensträger zu handeln, haftet dieser nach § 179 (BGHZ 91, 148, 152).

b) Einzelfälle. Die Grundsätze des unternehmensbezogenen Rechtsgeschäfts finden in folgenden Fällen 34
Anwendung: Reparaturauftrag für einen Firmenwagen (Köln VRS 89, 322, 323 f), Anmietung von Geschäftsräumen (Brandbg NJW-RR 99, 1606, 1607), Architektenauftrag für ein Bauunternehmen, das Eigentümer

des zu beplanenden Grundstücks ist (Köln NJW-RR 99, 1615 f), Kündigung eines Arbeitsvertrages (BAG ZIP 96, 799, 800), Abschluss eines Versicherungsvertrages (BGH VersR 97, 477, 478). Handelt ein GmbH-Geschäftsführer, ist es eine Frage des Einzelfalles, ob er die Erklärung in eigenem Namen oder im Namen der GmbH abgibt (BGH NJW NJW-RR 02, 822; NJW 00, 2984, 2985).

35 c) **Rechtsscheinhaftung.** UU trifft den Vertreter eine Rechtsscheinhaftung analog § 179, die gesamtschuldnerisch neben die Haftung des Unternehmensinhabers tritt, wenn der Vertreter in zurechenbarer Weise den Rechtsschein erweckt, er selbst sei ggf zusammen mit anderen der Inhaber des Unternehmens oder der von ihm selbst verschiedene Inhaber hafte persönlich. Das gilt insbesondere, wenn der Vertreter für eine GmbH ohne GmbH-Zusatz zeichnet (BGH NJW 91, 2627 f). Für eine Eigenhaftung des Vertreters nach Rechtsscheingrundsätzen genügt es jedoch nicht, dass bei mündlichen Verhandlungen der GmbH-Zusatz weggelassen wird (BGH NJW 96, 2645). Auch kommt sie neben einem unbeschränkt haftenden Unternehmensträger nicht in Betracht (BGH NJW 98, 2897; Kobl NJW-RR 04, 345, 346; aA Zweibr NZG 98, 939). Dieselben Grundsätze finden Anwendung, wenn der Vertreter ohne Zusatz für eine GmbH & Co KG auftritt (BGHZ 71, 354, 356) oder ein Geschäftsübergang nicht hinreichend kenntlich gemacht wird (Hamm NJW-RR 95, 418 f).

36 **3. Das Geschäft für den, den es angeht. a) Dogmatische Grundlagen.** Nach der Rspr und der hM im Schrifttum treffen die Rechtswirkungen des *Geschäfts für den, den es angeht*, den Vertretenen, auch wenn der Vertreter seinen Vertretungswillen nicht äußert (BGH NJW 91, 2958, 2959; abl *Flume* AT II § 44 II 2). Obwohl der Vertreter in eigenem Namen auftritt, handelt es sich nach der hM bei dem Rechtsinstitut des *Geschäfts für den, den es angeht*, nicht um eine mittelbare Stellvertretung, sondern um einen Fall der unmittelbaren Stellvertretung, bei dem der Schutz durch das Offenkundigkeitsprinzip aufgrund einer teleologischen Reduktion des II ausnahmsweise entbehrlich ist (Staud/*Schilken* Vorbem vor § 164 ff Rn 53).

37 **b) Voraussetzungen.** Ein *Geschäft für den, den es angeht*, setzt voraus, dass der Vertreter zum Zeitpunkt des Geschäftsschlusses (BGH NJW 55, 587, 590) mit Vertretungswillen handelt und dass es dem Vertragspartner gleichgültig ist, mit wem das Geschäft zu Stande kommt (BGH NJW-RR 03, 921, 922).

38 **aa) Gleichgültigkeit des Vertragspartners an der Person des Vertretenen.** Ob dem Vertragspartner die Person des Vertretenen gleichgültig ist, so dass er kein schutzwürdiges Interesse daran hat, zu erfahren, wer sein Vertragspartner ist, ist anhand der tatsächlichen objektiven Umstände zu ermitteln. Insbesondere bei Bargeschäften des täglichen Lebens, die von beiden Seiten sofort erfüllt werden, ergeben die Umstände typischerweise, dass die Person des Vertragspartners für das Erfüllungsgeschäft keine Rolle spielt (BGH NJW-RR 03, 921, 922). Bei allen anderen Geschäften ist Zurückhaltung geboten (BGH NJW 91, 2958, 2959). Vor allem bei schuldrechtlichen Verpflichtungsgeschäften finden die Grundsätze des *Geschäfts für den, den es angeht* nur in Ausnahmefällen Anwendung (BGH NJW-RR 03, 921, 922). Auch bei dinglichen Geschäften wird man von einem Eigengeschäft des Vertreters auszugehen haben, wenn der Vertragspartner für die Gegenleistung Kredit gewährt, dh seine eigene Leistung nicht Zug um Zug, sondern im Voraus erbringt (BGH NJW 91, 2958, 2959) und wenn er über größere und wertvollere Gegenstände verfügt (Stuttg NJW 51, 445, 447).

39 **bb) Vertretungswillen.** Die hM im Schrifttum verlangt, dass der Vertretungswille wenigstens für einen mit den Verhältnissen vertrauten Beobachter erkennbar ist und sich aus der Sachlage mit objektiver Sicherheit ergibt (Staud/*Schilken* Vorbem zu §§ 164 ff Rn 47; abl *Bork* AT Rn 1399). Diese Einschränkung erscheint trotz der starken Einengung des Anwendungsbereichs des *Geschäfts für den, den es angeht*, gerechtfertigt und geboten, wenn man annimmt, dass das Offenlegungsprinzip nicht nur dem Schutz des Geschäftspartners, sondern auch der Rechtsklarheit und Rechtssicherheit im Rechtsverkehr dient (s Rn 30).

40 **c) Einzelfälle.** Zu den Bargeschäften des täglichen Lebens zählen auch Kreditkäufe unter Eigentumsvorbehalt (BGH NJW 91, 2283, 2285). Im Effektenkommissionsgeschäft und bei der Stellung von Akkreditiven im Handelsverkehr ist die Anwendung der Grundsätze des *Geschäfts für den, den es angeht*, ebenfalls anerkannt (*Ingelmann* WM 97, 745 ff). Str ist sie für Kleinkredite (dafür Soergel/*Leptien* vor § 164 Rn 31; zweifelnd MüKo/*Schramm* Rn 53). Nicht anwendbar sind die Grundsätze des *Geschäfts für den, den es angeht*, beim Krankenhauspflegevertrag (BGH LM Nr 33), dem Schleppvertrag (Bremen VersR 86, 461) und der Auszahlung des Rücknahmepreises für Investmentanteile (BGH NJW-RR 03, 921, 922 f).

41 **d) Rechtsfolgen.** Die Rechtsfolgen eines *Geschäfts für den, den es angeht*, entsprechen denen der regulären Stellvertretung. Bei der dinglichen Übereignung (§ 929) erwirbt der Vertretene direkt, dh ohne Durchgangserwerb des Vertreters für eine juristische Sekunde Eigentum. Der Vertreter wirkt für den Vertretenen gem I an der dinglichen Einigung mit und fungiert bei der Übergabe entweder als Besitzdiener des Erwerbers (§ 855) oder vermittelt dem Erwerber aufgrund eines antizipierten Besitzkonstituts, das auch als Insichgeschäft (§ 181) abgeschlossen werden kann, den Besitz (§§ 930, 868). Ob sich die Gleichgültigkeit des Geschäftspartners auch auf das schuldrechtliche Geschäft erstreckt, ist gesondert zu prüfen (s Rn 38; aA für eine einheitliche Behandlung *Schmidt* JuS 87, 424, 429). Weigert der Vertreter sich, den Vertretenen namhaft zu machen, und scheitert die Durchführung des Geschäfts daran, haftet er analog § 179 (BGHZ 129, 136, 149 f).

4. Das Geschäft mit einem unbekannten oder unbestimmten Geschäftsherrn. Von den Fällen des echten 42 (verdeckten) *Geschäfts für den, den es angeht*, sind die Fälle zu unterscheiden, in denen zwar erkennbar ist, dass der Vertreter in fremdem Namen handelt, hierbei aber offen bleibt, in wessen Namen. ZT werden derartige Rechtsgeschäfte unter den Begriff des unechten (offenen) **Geschäfts für den, den es angeht**, gefasst (*Larenz/Wolf* AT § 46 Rn 38 ff). Nach richtiger Ansicht liegt indes ein Fall der normalen offenen Stellvertretung ohne Einschränkung des Offenkundigkeitsgrundsatzes vor, wenn bei Vertragsschluss nur noch unklar ist, wer der Vertreter letztlich ist. Es ist daher irreführend, diesen Fall als Anwendungsfall des **Geschäfts für den, den es angeht**, anzusehen (*Bork* AT Rn 1397).

a) Fehlende Benennung des Vertretenen. In den Fällen, in denen der Vertretene bei Vertragsschluss individualisiert ist und nur sein Name nicht offen gelegt wird (zB bei der als solchen erkennbaren Sammelbestellung), kommt der Vertrag sofort zustande. Der Vertreter haftet analog § 179, wenn er den Vertretenen nicht namhaft macht und die Durchführung des Vertrages daran scheitert (BGHZ 129, 136, 149 f). Daneben wird dem Vertragspartner auch ein Anspruch auf Benennung des Vertretenen zugebilligt, wenn dies zur Durchführung des Vertrages erforderlich ist (Ddorf MDR 74, 843).

b) Erklärung im Namen eines noch unbestimmten Dritten. Der Vertretene braucht bei Vornahme des Vertretergeschäfts noch nicht bestimmt zu sein. Es genügt, dass die nachträgliche Bestimmung dem Vertreter überlassen wird oder vereinbarungsgemäß aufgrund sonstiger Umstände erfolgen soll (BGH NJW 98, 62, 63). Eine Vertragsgestaltung, bei der noch unbekannte Erwerber mit dem Eintritt in eine Bauherrengemeinschaft automatisch Partei eines Darlehensvertrages werden, begegnet daher keinen rechtlichen Bedenken (BGH NJW 89, 164, 166). Die Wirkungen des Rechtsgeschäfts treten in diesen Fällen aber erst ex nunc mit der nachträglichen Festlegung des Vertragspartners ein (BGH NJW 98, 62, 63). Obliegt dem Vertreter die nachträgliche Bestimmung, so muss er sie auch treffen, ansonsten haftet er analog § 179, wenn die Durchführung des Vertrages daran scheitert (BGHZ 129, 136, 149 f). In Ausnahmefällen wird den Vertragspartner auch ein Zurückweisungsrecht analog 319, 95 HGB zugebilligt (Soergel/*Leptien* vor § 164 Rn 28). Aus der Bedingungsfeindlichkeit (§ 925 II) der Auflassung folgt, dass der Vertreter die Auflassung für eine noch nicht bestimmte Person nicht entgegennehmen kann (BayObLG Rpfleger 84, 11, 12).

5. Handeln unter fremdem Namen. Von dem Handeln in fremdem Namen sind die Fälle zu unterscheiden, 45 in denen der Handelnde einen falschen Namen benutzt. Ob beim Handeln unter fremdem Namen ein Geschäft des Namensträgers oder ein Eigengeschäft des Handelnden vorliegt, ist durch Auslegung vom Empfängerhorizont zu (§§ 133, 157) ermitteln (BGHZ 45, 193, 195). Maßgeblich ist, wie die andere Partei das Verhalten des Handelnden auffassen durfte (BGH NJW-RR 88, 814, 815).

a) Eigengeschäft des Handelnden. Ein Eigengeschäft des Handelnden ist dann gegeben, wenn die Benutzung des fremden Namens bei der anderen Vertragspartei keine Fehlvorstellung über die Identität des Handelnden hervorruft, diese den Vertrag also nur mit dem Handelnden abschließen will (BGH NJW-RR 88, 814, 815). Dass der Erklärende nur den Namensträger und nicht sich selbst verpflichten will, ist dagegen ohne Bedeutung. Von einem Eigengeschäft des Erklärenden ist idR dann auszugehen, wenn der Name für das Rechtsgeschäft keine Bedeutung hat, wofür die Benutzung eines Phantasie- und Allerweltsnamens oder die Tatsache sprechen können, dass der Empfänger den Namen nicht kennt. Typische Fälle eines solchen Handelns unter falscher Namensangabe sind die Übernachtung in einem Hotel sowie sonstige Bargeschäfte des täglichen Lebens (*Bork* AT Rn 1407 ff).

b) Fremdgeschäft für den Namensträger. Anders verhält es sich, wenn der angegebene Name auf eine 47 bestimmte andere Person hinweist und die andere Partei der Ansicht sein durfte, dass der Vertrag mit dieser Person zu Stande kommt (BGH NJW-RR 88, 814, 815). In einem solchen Fall sind die §§ 164 ff analog anzuwenden, obwohl ein Vertretungswille des Handelnden fehlt (BGHZ 45, 193, 195 f). Dem Namensträger kann die Erklärung gem I aber nur zugerechnet werden, wenn der Erklärende Vertretungsmacht hatte. Ansonsten gelten die §§ 177 ff analog (BGHZ 111, 334, 338). Von einem Geschäft für den Namensträger ist immer dann auszugehen, wenn der Handelnde eine Urkunde mit dem fremden Namen einer bestimmten existierenden Person unterzeichnet (Palandt/*Heinrichs* Rn 11). Diesem Fall gleichgestellt ist die Benutzung eines fremden PC für eine Bestellung (München NJW 04, 1328). Nach einer teilweise vertretenen Ansicht handelt es sich auch im Falle des Barverkaufs eines unterschlagenen Fahrzeuges unter dem in den Papieren genannten Namen um ein Fremdgeschäft für den Namensträger (Ddorf NJW 85, 2484 f; aA Ddorf NJW 89, 906 f).

III. Die Vertretungsmacht. Nach I 1 wirkt die in fremdem Namen abgegebene Willenserklärung nur dann 48 unmittelbar für und gegen den Vertretenen, wenn der Stellvertreter mit Vertretungsmacht handelt. Dies folgt aus dem Recht des Vertretenen zur privatautonomen Selbstbestimmung (*Medicus* AT Rn 923). Maßgeblich für die Frage, ob der Vertreter mit Vertretungsmacht handelte, ist der Zeitpunkt der Abgabe oder Entgegennahme der Willenserklärung, nicht der des Wirksamwerdens der Erklärung (Naumbg FGPrax 98, 1, 2; aA *Larenz/Wolf* AT § 46 Rn 17). Hierfür sprechen der Wortlaut von II u III und der Rechtsgedanke der §§ 130 II, 153 (*Bork* AT Rn 1603). Handelt der Vertreter ohne Vertretungsmacht oder überschreitet er sie, kann dem

Vertretenen die Willenserklärung nicht zugerechnet werden. Die Rechtsfolgen treffen nach der Gesetzessystematik den Stellvertreter selbst (§ 179), es sei denn, das Vertretergeschäft ist nach den §§ 170 ff oder den Grundsätzen der Duldungs- und Anscheinsvollmacht (s § 167 Rn 34 ff) als wirksam zu behandeln oder der Vertretene genehmigt das Rechtsgeschäft nachträglich (§§ 177 I, 184). Ist das Vertretergeschäft teilweise durch die Vertretungsmacht nicht gedeckt (Vollmachtsüberschreitung), gilt § 139 entspr (BGH NJW 70, 240, 241).

49 **1. Begriff und Rechtsnatur.** Vertretungsmacht ist die Rechtsmacht (Legitimation), durch rechtsgeschäftliches Handeln Rechtswirkungen unmittelbar für und gegen den Vertretenen herbeizuführen. Sie ist nach der hM kein subjektives Recht, sondern eine Rechtsmacht eigener Art (BayObLG NJW-RR 01, 297; *Bork* AT Rn 1426). Zur Pfändbarkeit und Abtretbarkeit der Vollmacht s § 167 Rn 3. Die Vertretungsmacht betrifft das rechtliche Können im Außenverhältnis zwischen dem Vertreter und dem Vertragspartner. Als solche ist sie von der Geschäftsführungsbefugnis im Innenverhältnis zwischen dem Vertreter und dem Vertretenem zu unterscheiden, die das rechtliche Dürfen des Vertreters betrifft (MüKo/*Schramm* vor § 167 Rn 68). Nach dem Abstraktionsprinzip ist die Vertretungsmacht im Interesse der Rechtssicherheit grds unabhängig von dem Dürfen im Innenverhältnis zu beurteilen (*Larenz/Wolf* AT § 46 Rn 135 f).

50 **2. Erscheinungsformen und Entstehungsgrund.** Die Vertretungsmacht kann auf Gesetz, Rechtsgeschäft oder einer Organstellung beruhen.

51 **a) Die gesetzliche Vertretungsmacht.** Das Gesetz ordnet die gesetzliche Vertretung dort an, wo der Vertretene nicht voll geschäftsfähig oder aus sonstigen Gründen nicht in der Lage ist, seine eigenen Angelegenheiten eigenverantwortlich zu regeln (MüKo/*Schramm* vor § 164 Rn 5). In diesen Fällen soll die gesetzliche Vertretung dem Vertretenen die Teilnahme am Rechtsverkehr ermöglichen (MüKo/*Schramm* Rn 68). Hauptanwendungsfall ist die gesetzliche Vertretungsmacht der Eltern für ihr Kind, die sich unmittelbar aus dem Gesetz ergibt (§ 1629). Weitere Fälle der gesetzlichen Vertretung sind die Bestellung eines Vormunds (§ 1793), Betreuers (§ 1902), Pflegers (§§ 1909 ff, 1915 I, 1793), Nachlasspflegers (§§ 1960 II, 1915 I, 1793) und Prozesspflegers (§§ 57, 58, 499 II ZPO), bei denen es für die Begründung der Vertretungsmacht eines zusätzlichen Staatsaktes bedarf und die daher nur mittelbar auf dem Gesetz beruhen.

52 **b) Die rechtsgeschäftliche Vertretungsmacht (Vollmacht).** Die rechtsgeschäftlich erteilte Vertretungsmacht (Vollmacht) soll eine Arbeitsteilung in der Rechtssphäre des Vertretenen ermöglichen (MüKo/*Schramm* Rn 68). Zur Erteilung, zum Erlöschen und Fortwirken der Vollmacht s §§ 167 ff. Spezielle Regelungen enthalten die §§ 48 ff HGB über die Prokura und die §§ 81 ff ZPO über die Prozessvollmacht.

53 **c) Die organschaftliche Vertretungsmacht. aa) Dogmatische Grundlagen.** Die organschaftliche Vertretung beruht darauf, dass juristische Personen selbst nicht handlungsfähig und daher auf das Handeln ihrer Organe, dh von Personen angewiesen sind, die befugt sind, den Willen der juristischen Person zu bilden. Entgegen der Ansicht, dass es sich bei der Organschaft um einen Spezialfall der gesetzlichen Stellvertretung (*Larenz/Wolf* § 46 Rn 9 f) handelt, ist die organschaftliche Vertretung nach der Formulierung des § 26 II 1 als dritte eigenständige Art der Stellvertretung der gesetzlichen Vertretung gleichgestellt (*Bork* AT Rn 1433; aA für eine grundsätzliche Unterscheidung von Organschaft und Stellvertretung *Beuthien* NJW 99, 1142 ff). Nach der Organtheorie wird der juristischen Person die Willenserklärung ihres Organs aber nicht als eine fremde Erklärung zugerechnet, sie erfüllt durch das Organhandeln vielmehr selbst den rechtsgeschäftlichen Tatbestand (*Bork* AT Rn 1433). Dagegen ist die Vertretung der juristischen Person durch das Organ nach der Vertretertheorie in gleicher Weise Stellvertretung wie das Stellvertreterhandeln des gesetzlichen Vertreters oder des Bevollmächtigten (*Flume* AT I/2 § 11 I). Zur Kritik an der Organtheorie im Rahmen der Wissenszurechnung s § 166 Rn 23.

54 **bb) Anwendungsbereich.** Organe mit Vertretungsmacht sind der Vorstand des rechtsfähigen Vereins (§ 26 II), der Stiftung (§ 86), der Genossenschaft (§ 24 I GenG) und der AG (§ 78 AktG) sowie der Geschäftsführer der GmbH (§ 35 GmbHG). Zu den Organen der juristischen Personen des öffentlichen Rechts (Staud/*Schilken* Vorbem zu §§ 164 ff Rn 27 ff). Um Organschaft handelt es sich auch bei der Vertretung der OHG und der KG durch die persönlich haftenden Gesellschafter gem §§ 125 II, III, 126 II, III HGB (BGHZ 64, 72, 75) und bei der Vertretung der Partnerschaftsgesellschaft gem § 7 III PartGG (*Medicus* AT Rn 926). Die früher hM sah die Vertretung der Gesellschafter einer GbR gem §§ 714, 715 nicht als organschaftliche Vertretung, sondern als einen Spezialfall der rechtsgeschäftlich erteilten Vertretungsmacht an (BGHZ 74, 240, 241). Hierfür sprechen der Wortlaut von § 714 und die Vorschrift in § 169 (Soergel/*Leptien* vor § 164 Rn 18). Die gesetzlich gewollte Konstruktion dürfte nach der Anerkennung der Teilrechtsfähigkeit der GbR durch den BGH (BGHZ 146, 341 ff; s auch § 705 Rn 35) nicht mehr aufrechtzuerhalten sein. Hiernach sind die vertretungsberechtigten Gesellschafter einer GbR vielmehr grds als Organ der Gesellschaft iSv § 31 anzusehen. Nicht organschaftlicher, sondern rechtsgeschäftlicher Vertreter ist jedoch der GbR-Gesellschafter, der abweichend von § 714 mit der alleinigen Vertretung der Gesellschaft betraut wird. Das rechtsgeschäftliche Handeln für eine GbR vollzieht sich insbesondere dann auf der Grundlage einer konkludent erteilten Vollmacht, wenn ein geschäftsführender Gesellschafter seinen Wirkungskreis auf die internen Verhältnisse der Gesellschaft beschränkt und dem anderen Gesellschafter bei der Vertretung der Gesellschaft freie Hand gewährt (BGH WM 05, 563).

Auch der WEG-Verwalter ist im Umfang seiner Vertretungsmacht das vertretungsberechtigte Fremdorgan der vom BGH neuerdings ebenfalls als teilrechtsfähig angesehenen Wohnungseigentümergemeinschaft (BGH NJW 05, 2061, 2063).

cc) Strukturelle Besonderheiten. Im Gegensatz zur gesetzlichen und rechtsgeschäftlichen Stellvertretung bedarf es zur Begründung der organschaftlichen Vertretungsmacht eines gesellschaftsrechtlichen Bestellungsaktes (§§ 27 I; 84 AktG; 46 Nr 5 GmbHG), durch den der Vertreter in die Organstellung berufen wird (*Larenz/Wolf* AT § 46 Rn 10). Eine weitere Besonderheit der Organschaft besteht darin, dass sie außer der Zurechnung von Willenserklärungen auch die Zurechnung von zum Schadensersatz verpflichtenden Handelungen gem § 31 umfasst (*Medicus* AT Rn 926). Strukturelle Unterschiede gegenüber der gesetzlichen und der rechtsgeschäftlichen Vertretungsmacht bestehen zudem im Hinblick auf die Beschränkbarkeit der Vertretungsmacht (Staud/*Schilken* Vorbem zu §§ 164 ff Rn 25). Zur Zurechnungstechnik nach der Organtheorie s Rn 53.

3. Der Umfang der Vertretungsmacht. Der Umfang der Vertretungsmacht ergibt sich in erster Linie aus ihrem Entstehungsgrund und teilweise auch aus speziellen gesetzlichen Regelungen wie zB § 181 (MüKo/*Schramm* Rn 70).

a) Der Umfang der gesetzlichen Vertretungsmacht. Bei der gesetzlichen Vertretung regelt das Gesetz auch den Umfang der Vertretungsmacht. Eltern und der Vormund sind grds berechtigt, das Kind bzw Mündel umfassend in allen seinen persönlichen und Vermögensangelegenheiten zu vertreten (§§ 1629 I 1, 1793 I). Einschränkungen ergeben sich jedoch aus der Haftungsbegrenzung der §§ 1629 a, 1793 II und im Hinblick auf mögliche Interessenkollisionen (§§ 1629 II, 1795, 1796). Für besonders schwerwiegende Geschäfte bedarf der gesetzliche Vertreter der Genehmigung des Vormundschaftsgerichts (§§ 1821, 1822). Die Vertretungsmacht des Betreuers (§ 1902) und des Pflegers (§ 1909 f) hat ihren jeweils begrenzten Aufgabengebieten entspr einen beschränkten Umfang.

b) Der Umfang der rechtsgeschäftlichen Vertretungsmacht. Bei der rechtsgeschäftlichen Vertretungsmacht folgt der Umfang der Vertretungsmacht idR aus der Vollmachtserklärung, so dass der Vollmachtgeber den Umfang der Vertretungsmacht grds beliebig bestimmen kann. Für einige typische Fälle ist der Inhalt der Vollmacht aus Gründen der Sicherheit und Leichtigkeit des Rechtsverkehrs jedoch weithin durch zwingendes Recht geregelt. Das gilt vor allem für die Prozessvollmacht gem §§ 80 ff ZPO (BGH FamRZ 88, 496) und die Prokura gem §§ 49 f HGB (*Bork* AT Rn 1570). Zum Vollmachtumfang s.a. § 167 Rn 23 ff.

c) Der Umfang der organschaftlichen Vertretungsmacht. Bei der organschaftlichen Vertretung ist neben gesetzlichen Bestimmungen (§§ 26 II 1; 126 I HGB; 35 I GmbHG; 78 I AktG; 26 GenG) der Gesellschaftsvertrag bzw die Satzung maßgeblich für den Umfang der Vertretungsmacht (*Larenz/Wolf* AT § 46 Rn 15). Während beim Verein (§ 26 II 2) und bei der GbR (arg e §§ 709, 710, 714) die Vertretungsmacht mit Außenwirkung beschränkt werden kann, ist die Vertretungsmacht des organschaftlichen Vertreters bei der Handelsgesellschaft der Disposition in vielen Bereichen entzogen und eine Beschränkung der Vertretungsmacht Dritten gegenüber unwirksam (§§ 126 II 1 HGB; 82 I AktG; 37 II 1 GmbHG; 27 II GenG). Einschränkungen, die sich in Gesellschaftsvertrag oder Satzung finden oder durch die Gesellschafterversammlung festgelegt werden, betreffen folglich nur das Dürfen, nicht das Können (*Bork* AT Rn 1568). Str ist der Umfang der im Gesetz nur heterogen geregelten Vertretungsmacht von Abwicklern (§§ 48 II, 149 S 2 HGB; 70 S 1 GmbHG; 269 I, V AktG; 88 S 1 GenG). Außer im Aktienrecht ist die Vertretungsmacht des Liquidators nach der früher hM beschränkt auf Geschäfte, die nicht erkennbar außerhalb des Liquidationszwecks liegen. An liquidationsfremde Geschäfte soll eine Gesellschaft zum Schutz des redlichen Geschäftsverkehrs aber dann nicht gebunden sein, wenn der Vertragspartner wusste oder bei sorgfältiger Überprüfung wissen musste, dass das Geschäft sich nicht mehr im Rahmen des Liquidationszwecks hielt (BGH NJW 84, 982). Dagegen ist die Vertretungsmacht der Liquidatoren nach einer vordringenden Ansicht unbeschränkt, die durch die Bindung an den Liquidationszweck im Innenverhältnis eintretende Beschränkung des rechtlichen Dürfens kann aber nach den Grundsätzen des Missbrauchs der Vertretungsmacht (s Rn 67 ff) auch im Außenverhältnis gegenüber Dritten Rechtswirkungen entfalten (Staud/*Weick* § 49 Rn 14 f). In der Praxis werden die beiden Ansichten kaum zu unterschiedlichen Ergebnissen führen.

4. Die Gesamtvertretung. Eng mit dem Umfang der Vertretungsmacht hängt die Frage zusammen, ob von mehreren Vertretern jeder allein (Einzel- oder Solidarvertretung) oder ob alle bzw einige von ihnen nur in Gemeinschaft (Gesamt- oder Kollektivvertretung) vertretungsberechtigt sind. Der Umfang der Vertretungsmacht betrifft die objektive Seite (Welches Rechtsgeschäft ist umfasst?) und die Frage nach der Einzel- oder Gesamtvertretung die subjektive Seite (Wer hat Vertretungsmacht?) der Vertretungsmacht (*Bork* AT Rn 1566).

a) Zweck und Erscheinungsformen. Die Funktion der Gesamtvertretung besteht darin, durch gegenseitige Kontrolle (Vier-Augen-Prinzip) treuwidrigen Rechtsgeschäften vorzubeugen und die Kompetenz der Vertreter in ihrer Gesamtheit zu bündeln (Staud/*Schilken* § 167 Rn 53). Von einer unechten oder gemischten Gesamtvertretung spricht man, wenn ein Gesellschafter, Vorstand oder Geschäftsführer nur zusammen mit einem Prokuristen vertretungsberechtigt ist (s §§ 125 III HGB; 78 III AktG). Sie wird als halbseitig bezeichnet, wenn nur ein Vertreter an die Mitwirkung des anderen gebunden ist (Soergel/*Leptien* Rn 28).

62 **b) Entstehungsgrund.** Die Gesamtvertretung kann auf Rechtsgeschäft (Gesamtvollmacht) oder Gesetz beruhen (MüKo/*Schramm* Rn 83). Gesetzlich vorgesehen ist sie im Familienrecht (§§ 1629 I 2, 1797 I 1, 1908i I 1, 1915 I). Sie ist ferner die Regel bei mehrgliedrigen Organen juristischer Personen (§§ 78 II AktG; 35 II 2 u 3 GmbHG; 25 II 1 GenG) und bei der GbR (§§ 709, 714). Bei der oHG und der KG besteht grds Einzelvertretungsmacht, die Gesamtvertretung ist auf rechtsgeschäftlicher Grundlage aber ausdrücklich zugelassen (§§ 125 II 1, 161 II HGB). Das Gleiche gilt für die Gesamtprokura (§ 48 II HGB). Die Gesamtvertretung kann ferner dadurch begründet werden, dass der Vollmachtgeber mehrere Personen bevollmächtigt. In diesem Fall ist durch Auslegung der Vollmachtserklärung gem §§ 133, 157 zu ermitteln, ob Einzel- oder Gesamtvertretungsmacht gewollt ist (Staud/*Schilken* § 167 Rn 52).

c) Die Ausübung der Gesamtvertretung bei der aktiven Stellvertretung. aa) Nachgeschaltetes Vertreter-
63 **handeln.** Handeln Gesamtvertreter in aktiver Stellvertretung, müssen sie grds, wenn auch nacheinander und getrennt voneinander, übereinstimmende Erklärungen gegenüber dem Vertragspartner abgeben. Ein ex nunc wirksames Vertretergeschäft liegt erst mit der letzten Erklärung vor (Staud/*Schilken* § 167 Rn 53). Nach einer vordringenden Ansicht müssen die Gesamtvertreter jedoch nicht an der gemeinsamen Erklärung festhalten, bis der letzte seine Erklärung abgibt (Staud/*Schilken* § 167 Rn 53; aA Soergel/*Leptien* Rn 29). Handeln alle Gesamtvertreter, müssen bei jedem die Wirksamkeitsvoraussetzungen der Willenserklärung vorliegen (Staud/*Schilken* § 167 Rn 53), dh dass die Willenserklärung eines jeden Gesamtvertreters der Form genügen muss (*Bork* AT Rn 1444) und dass ein Willensmangel jedes einzelnen von ihnen beachtlich ist (s § 166 Rn 2). § 139 ist nicht anwendbar (BGHZ 53, 210, 214f).Wirken nicht alle Gesamtvertreter an dem Rechtsgeschäft mit, ist das Vertretergeschäft schwebend unwirksam. Sowohl die anderen ausgeschlossenen Gesamtvertreter (s Rn 64) als auch der Vertretene können das Rechtsgeschäft gem § 177 I genehmigen. Andernfalls haftet der handelnde Vertreter nach § 179 (*Bork* AT Rn 1442). Das gilt jedoch dann nicht, wenn jemand offen als Gesamtvertreter auftritt und zu erkennen gibt, dass weitere Gesamtvertreter noch entspr Erklärungen abgeben müssen. In einem solchen Fall treten weder für den Vertretenen noch für den allein handelnden Gesamtvertreter Rechtsfolgen ein, weil bereits ein gemeinsamer Erklärungstatbestand fehlt (*Bork* AT Rn 1439 f). Str ist, ob der Vertretene das Vertretergeschäft gem § 177 genehmigen kann, wenn die Willenserklärung eines Gesamtvertreters nichtig ist (dafür BGHZ 53, 210, 214; Soergel/*Leptien* Rn 29). Hiergegen spricht, dass auch in diesem Fall ein vollständiger Erklärungstatbestand nicht vorliegt (*Bork* AT Rn 1443).

64 **bb) Handeln eines Gesamtvertreters mit Zustimmung der anderen.** Es müssen nicht alle Gesamtvertreter nach außen auftreten. Zur Erleichterung des Geschäftsverkehrs genügt es, wenn nur ein Gesamtvertreter an dem Vertretergeschäft formgerecht mitwirkt und der andere hierzu analog §§ 177, 182 I ausdrücklich oder konkludent seine Zustimmung erteilt (BGH ZfBR 03, 250, 251). Die nachträgliche Genehmigung des anderen Gesamtvertreters bedarf gem §§ 167 I, 182 II nicht der Form des Vertretergeschäfts (BGH NJW 04, 2382, 2384) und der Zustimmende braucht auch nicht alle Einzelheiten des Vertretergeschäfts zu kennen (MüKo/*Schramm* Rn 91). Die hM fordert, dass der erste Gesamtvertreter an seiner Erklärung festhält, bis der andere seine Zustimmungserklärung abgibt (BGH NJW 04, 2382, 2384). Für diese Ansicht wird angeführt, dass so der Kommunikationsprozess dem Zweck der Gesamtvertretung entspr bis zum Schluss aufrechterhalten wird (Soergel/*Leptien* Rn 29). Gegen die hM spricht jedoch, dass der erste Gesamtvertreter an seine frühere Erklärung nach Treu und Glauben gebunden ist und dass auch bei dem nachgeschalteten Vertreterhandeln (s Rn 63) ein Festhalten an der gemeinsamen Erklärung nicht gefordert werden kann (Staud/*Schilken* § 167 Rn 54). Die Genehmigung wirkt gem § 184 auf den Zeitpunkt der Vornahme des Rechtsgeschäfts zurück (MüKo/*Schramm* Rn 92; aA Staud/*Schilken* § 167 Rn 54).

65 **cc) Die Gesamtvertreterermächtigung.** Spezielle Vorschriften gestatten es den Gesamtvertretern, Einzelne von ihnen zur Vornahme bestimmter Geschäfte oder bestimmter Arten von Geschäften zu ermächtigen (§§ 125 II 2, 150 II 1 HGB; 78 IV, 269 IV 1 AktG; 25 III 1 GenG). Diese Vorschriften werden in den übrigen Gesamtvertretungsfällen analog angewandt (BGH NJW 92, 618; NJW-RR 86, 778). Die Gesamtvertreterermächtigung räumt dem Ermächtigten punktuell eine (organschaftliche) Alleinvertretungsmacht ein (BGH NJW 92, 618; aA für eine bloße Ausübungsermächtigung *Schwarz* NZG 01, 529, 535). Sie steht der Vollmacht so nahe, dass neben den §§ 182 ff auch § 174 analoge Anwendung findet (BAG NJW 1999, 444, 445). Ist das Vertretergeschäft formbedürftig, genügt gem § 182 II die Wahrung der Form durch den das Geschäft vornehmenden Gesamtvertreter (*Bork* AT Rn 1444; aA Staud/*Schilken* § 167 Rn 55). Ein gesamtvertretungsberechtigter Geschäftsführer darf seine Vertretungsmacht nicht in vollem Umfang einem anderen Geschäftsführer übertragen und diesen bevollmächtigen, ihn in seiner Eigenschaft als Mitgeschäftsführer allgemein zu vertreten (BGH NJW-RR 86, 778). Die Ermächtigung muss deshalb auf einzelne Geschäfte oder auf einen abgegrenzten Kreis von Geschäften beschränkt sein (*Bork* AT Rn 1442).

66 **d) Die passive Gesamtvertretung.** Um den Rechtsverkehr nicht unnötig zu erschweren, ist jeder Gesamtvertreter zur Empfangnahme von Willenserklärungen allein ermächtigt. Aus den Einzelvorschriften der §§ 1629 I 2; 125 II 3 HGB; 78 II 2 AktG; 35 II 3 GmbHG; 25 I 3 GenG leiten Rspr und Schrifttum einen für alle Fälle der Gesamtvertretung geltenden allgemeinen Rechtsgrundsatz her (BGHZ 149, 28, 31).

5. Der Missbrauch der Vertretungsmacht. Nach dem Abstraktionsprinzip (s Rn 49) berührt pflichtwidriges 67
Handeln im Innenverhältnis die Wirksamkeit des Vertretergeschäfts im Außenverhältnis nicht, solange sich
der Vertreter nur innerhalb der ihm erteilten Vertretungsmacht bewegt (*Bork* AT Rn 1573). Das Risiko eines
Vollmachtsmissbrauchs trägt grds der Vertretene (BGH NJW 99, 2883). Eine Ausnahme von diesem Grundsatz gilt in den Fällen des Missbrauchs der Vertretungsmacht, in denen der Vertragspartner nicht schutzwürdig ist.

a) Anwendungsbereich. Die Grundsätze des Missbrauchs der Vertretungsmacht gelten nicht nur bei der 68
Bevollmächtigung, sondern auch bei der gesetzlichen und der organschaftlichen Stellvertretung (Soergel/*Leptien*
§ 177 Rn 20) sowie analog für die Verwaltung fremden Vermögens (s Rn 14), nicht aber für die Treuhand
(s Rn 5). Sie sind zudem anzuwenden, wenn zur Ausführung eines Geschäfts ein Gesellschafterbeschluss erforderlich ist (BGH NJW 88, 2241, 2243) und werden auch im Zivilprozess herangezogen (BGH MDR 62, 374, 375).

b) Kollusion. Rechtsgeschäfte, die der Vertreter im Einverständnis mit dem Vertragspartner hinter dem 69
Rücken und zum Nachteil des von ihm vertretenen Geschäftsherrn vornimmt, verstoßen gegen die guten Sitten
und sind daher nichtig gem § 138 (BGH NJW 00, 2896, 2897; s § 138 Rn 121). Ein Teil der Lehre will die
§§ 177 ff analog anwenden, um dem Vertretenen die Möglichkeit einzuräumen, das Vertretergeschäft zu genehmigen (*Bork* AT Rn 1575 ff). Für diese Ansicht spricht, dass in Fällen, in denen die Rechtsordnung nur die Art
des Zustandekommens und nicht den Inhalt des Rechtsgeschäfts missbilligt, die Nichtigkeitsfolge nicht zwingend ist (vgl § 123) und dass den Interessen des Vertretenen wie in den sonstigen Fällen des Vertretungsmachtmissbrauchs (Rn 72) besser gedient ist, wenn er das Rechtsgeschäft gem § 177 I genehmigen kann.

c) Evidenz des Missbrauchs. aa) Voraussetzungen. Ein Missbrauch der Vertretungsmacht ist als besondere Ausgestaltung des § 242 bereits dann gegeben, wenn der Vollmachtsmissbrauch für den Vertragspartner 70
evident ist (aA für grob fahrlässige Unkenntnis BGH NJW 90, 384, 385). Das ist der Fall, wenn der Vertreter
von der Vertretungsmacht in ersichtlich verdächtiger Weise Gebrauch macht, so dass beim Vertragspartner
begründete Zweifel entstehen müssen, ob nicht ein Treueverstoß des Vertreters gegenüber dem Vertretenen
vorliegt (BGH NJW 02, 1497, 1498). An die Evidenz des Missbrauchstatbestandes sind hohe Anforderungen
zu stellen. Notwendig ist eine massive Verdachtsmomente voraussetzende objektive Evidenz des Missbrauchs
(BGH NJW 99, 2883). Das bedeutet, dass der Missbrauch der Vertretungsmacht für den Dritten ohne weitere
Nachforschungen offenkundig sein muss (*Larenz/Wolf* AT § 46 Rn 142). Bloßes Kennenmüssen des Vertragspartners genügt nicht. Diesem obliegt grds keine allgemeine Prüfungspflicht, ob und wieweit der Vertreter im
Innenverhältnis gebunden ist, von einer nach außen unbeschränkten Vertretungsmacht nur begrenzt
Gebrauch zu machen (BGH NJW 99, 2883). Maßgeblich ist eine Gesamtabwägung der Umstände des Einzelfalles (MüKo/*Schramm* Rn 119).

ZT wird verlangt, dass der Vertreter seine Vertretungsmacht bewusst missbraucht (Soergel/*Leptien* § 177 71
Rn 17). Auch der BGH hat ein bewusstes Handeln des Vertreters bei einer kraft Gesetzes unbeschränkbaren
Vertretungsmacht des Handelsrechts wie der Prokura und der organschaftliche Vertretungsmacht eines Komplementärs oder Vorstands einer AG (BGHZ 50, 112, 114; BGH NJW 84, 1461, 1462), nicht aber beim Missbrauch einer Vertretungsmacht, deren Inhalt rechtsgeschäftlich bestimmt ist (BGH NJW 88, 3012, 3013),
gefordert. Gegen dieses zusätzliche Erfordernis spricht, dass sich die Fallgruppe der Bösgläubigkeit des Vertragspartners kaum noch von den Kollusionsfällen unterscheiden würde und dass die Schutzwürdigkeit des
Vertretenen nur von solchen Umständen abhängen kann, die diesem selbst bekannt sind, nicht aber von der
Willensrichtung des Vertreters (*Bork* AT Rn 1582).

bb) Rechtsfolgen. Die Rechtsfolgen des Vollmachtsmissbrauchs sind in den Fällen des evidenten Missbrauchs der Vertretungsmacht str. Nach der Rspr muss der Vertretene das Vertretergeschäft gem § 242 nicht 72
gegen sich gelten lassen (BGH NJW 99, 2883, 2884). Diese Rechtsfolge ist nach hM zu verbinden mit der
analogen Anwendung der §§ 177 ff BGB, weil dies den Interessen des Vertretenen besser gerecht wird. Dieser
hat dann die Wahl, sich auf die Unwirksamkeit des Geschäfts zu berufen oder das Geschäft gem § 177 I zu
genehmigen und den Vertragspartner an dem Vertrag festzuhalten (BGH NJW 99, 2266, 2268). Genehmigt
er nicht, scheitert eine Haftung des Vertreters idR an § 179 III. Nach der Rspr sollen die nachteiligen Folgen
des Rechtsgeschäfts in Anwendung des Rechtsgedankens des § 254 je nach Verschulden auf den Vertretenen
und den Vertragspartner verteilt werden, wenn der Vertretene den Missbrauch der Vertretungsmacht durch
Unterlassen oder Vernachlässigung einer Kontrolle des Vertreters gefördert oder gar erst ermöglicht hat. Das
soll den Schutz des Vertretenen nach Maßgabe des § 242 ganz oder teilweise entfallen lassen (BGHZ 50, 112,
114 f; offen lassend BGH NJW 99, 2883, 2884). Gegen diese Auffassung bestehen jedoch gravierende systematische Bedenken, weil die Wirksamkeit des Vertretergeschäfts einer Aufteilung nicht zugänglich ist. Als
Rechtsfolge des Vertretergeschäfts kommen deshalb nur dessen Wirksamkeit oder Unwirksamkeit in Betracht
(BaRoth/*Habermeier* § 167 Rn 52). Die hM im Schrifttum schlägt daher folgende Lösung vor: das Vertretergeschäft ist zwar unwirksam, der Vertragspartner hat aber gegen den Vertretenen, der für den Vertreter nach
§ 278 einzustehen hat, einen Anspruch auf Ersatz des negativen Interesses aus cic (§§ 280, 311 II), auf den
§ 254 anzuwenden ist (Staud/*Schilken* § 167 Rn 104).

73 **d) Schadensersatzansprüche des Vertretenen.** Hat der Vertreter schuldhaft gehandelt hat, können Schadensersatzansprüche des Vertretenen gegen den Vertreter wegen pVV der Pflichten aus dem Innenverhältnis (§ 280) bestehen (*Larenz/Wolf* AT § 46 Rn 144). Schadensersatzansprüche des Vertretenen gegen den Vertragspartner wiederum können sich aus den §§ 823 II iVm 263 StGB und aus § 826 ergeben. Um den Vertrauensschutz und die Rechtssicherheit im Geschäftsverkehr nicht zu gefährden, wird auch für den Schadenersatzanspruch des Vertretenen gegen den Vertragspartner aus cic (§§ 280, 311 II) die objektive Evidenz des Vollmachtsmissbrauchs verlangt (BGH NJW 96, 1961, 1962).

E. Die Rechtsfolgen wirksamer Stellvertretung. I. Wirkungen im Verhältnis des Vertragspartners zum
74 **Vertretenen. 1. Eintritt der Rechtsfolgen des Vertretergeschäfts in der Person des Vertretenen.** Die primäre Wirkung der Stellvertretung besteht nach dem Repräsentationsprinzip (Rn 1) darin, dass dem Vertreter die von dem Stellvertreter abgegebene (I 1) oder entgegengenommene (III) Willenserklärung zugerechnet wird, so dass er auf der Rechtsfolgenseite so behandelt wird, als habe er diese Erklärung selbst abgegeben. Zurechnungsgrund ist die Vertretungsmacht des Vertreters oder die nachträgliche Genehmigung durch den Vertretenen nach §§ 177 I, 184 (*Bork* AT Rn 1653 f). Die Rechtsfolgen treten unmittelbar, dh ohne die Person des Vertreters als Durchgangsstadium in der Person des Vertretenen ein. Wenn es sich um den Abschluss eines Vertrages handelt, erlangt der Vertretene in jeder Hinsicht die Stellung einer Vertragspartei. Neben dem Erfüllungsanspruch stehen dem Vertretenen auch alle weiteren Rechte aus dem Vertragsverhältnis wie zB Schadensersatzansprüche und das Recht auf Rücktritt, Anfechtung (s Rn 75), Kündigung und Gewährleistung zu (*Larenz/Wolf* AT § 46 Rn 145).

75 **2. Anfechtungs- und Widerrufsrecht des Vertretenen.** Während es für die Frage, ob ein Willensmangel vorliegt, gem § 166 I grds allein auf die Person des Vertreters ankommt, steht das Anfechtungsrecht auch wegen in der Person des Vertreters liegenden Willensmängeln in Bezug auf das Vertretergeschäft idR allein dem Vertretenen zu, weil ihn die Folgen der Erklärung treffen. Der Vertreter ist jedoch zur Anfechtung im Namen des Vertretenen berechtigt, wenn sich seine Vertretungsmacht auf die Anfechtung erstreckt (*Larenz/Wolf* AT § 46 Rn 92, 147). Eine Ausnahme gilt bei der Vertretung ohne Vertretungsmacht. Weil diese den Vertretenen nicht bindet und der Vertretene daher kein Bedürfnis zur Anfechtung hat, ist mit einer verbreiteten Ansicht auch dem aus § 179 in Anspruch genommenen Vertreter ohne Vertretungsmacht ein Anfechtungsrecht zuzubilligen (BGH WM 91, 860, 861; aA Soergel/*Leptien* Rn 12).

76 Dieselben Grundsätze gelten für ein verbraucherschützendes Widerrufsrecht (§§ 312, 312 d, 485, 495). Während sich die Voraussetzungen des Widerrufsrechts wie die Haustürsituation (§ 312 I 1) oder die des Fernabsatzes (§ 312 b) nach dem Rechtsgedanken des § 166 I grds nach der Situation des Vertreters bei Abschluss des Vertretergeschäfts, nicht aber nach der des Vertretenen bei der Vollmachtserteilung richten (BGH NJW 05, 664, 668; 04, 154, 155), entscheidet über die Ausübung des Widerrufsrechts nach §§ 312 I 1, 355 grds allein der Vertretene (*Larenz/Wolf* AT § 46 Rn 148). Hat der Vertreter ohne Vertretungsmacht gehandelt und der Vertretene die Genehmigung verweigert, kann der Vertreter das Widerrufsrecht anstelle des Vertretenen ausüben (BGH WM 91, 860, 861 f). Dagegen bestimmt sich die Verbrauchereigenschaft iSd §§ 355, 13 nach der Person des Vertretenen, da es ein Gewerbetreibender ansonsten in der Hand hätte, in den Genuss des Widerrufsrechts zu kommen, indem er einen Verbraucher als Vertreter einsetzt (*Larenz/Wolf* AT § 46 Rn 97).

77 **3. Zurechnung von zum Schadensersatz verpflichtenden Handlungen des Vertreters.** Das durch die Aufnahme von Vertragsverhandlungen begründete gesetzliche Schuldverhältnis trifft grds den Vertretenen. Werden vorvertragliche Pflichten verletzt, haftet dieser hierfür aus §§ 280, 311 II, 241 II. Der Vertretene hat nicht nur für selbst verschuldete Pflichtverletzungen, sondern gem § 278 auch für Pflichtverletzungen seines Vertreters einzustehen (*Larenz/Wolf* AT § 46 Rn 153). Juristische Personen haften für das Verschulden ihrer Organe nach den §§ 31, 86, 89. Im Rahmen der deliktischen Haftung hat der Vertretene für das Handeln des Vertreters nach den §§ 31, 831 einzustehen. Ist eine Falschangabe Bestandteil der von dem Vertreter abgegebenen Willenserklärung geworden, erfolgt die Zurechnung zB im Rahmen des § 438 III über § 166 (Staud/*Schilken* Rn 13).

78 **4. Keine Beschränkung der Rechtsmacht des Vertretenen.** Die Macht des Vertretenen zu eigenen Rechtsgeschäften in derselben Sache ist durch die Vertretungsmacht nicht beschränkt (MüKo/*Schramm* Rn 135). Zur sog verdrängenden Vollmacht s § 167 Rn 2. Bei kollidierendem Handeln gilt für Verfügungsgeschäfte das Prioritätsprinzip. Verpflichtungsgeschäften sind grds wirksam, der Vertretene hat es jedoch zu vertreten, dass er nicht beide erfüllen kann (MüKo/*Schramm* Rn 135 ff). Kommt es dagegen zum doppelten Vertragsschluss mit demselben Vertragspartner, so kann dieser sich gem § 242 auf den späteren Vertragsschluss nicht berufen (Staud/*Schilken* § 164 Rn 10).

79 **II. Wirkungen im Verhältnis des Vertragspartners zum Vertreter.** Im Verhältnis zwischen dem Vertreter und dem Vertragspartner treten grds keine Rechtsfolgen ein. Etwas anderes gilt aber dann, wenn sich der Vertreter ausdrücklich oder stillschweigend etwa durch Bürgschaft, Schuldmitübernahme oder Garantie neben dem Vertretenen zur Leistung verpflichtet oder wenn er den Vertrag zugleich in eigenem und in fremdem Namen abschließt und daher selbst Vertragspartei mit allen Rechten und Pflichten wird (BGHZ 95, 98, 100; BGH WM 97, 1431). Zur Wirksamkeit von entspr Haftungsklauseln in AGB s BGHZ 104, 95, 98 ff. Gem § 311

III kann ausnahmsweise eine eigene Haftung des Vertreters aus einem vorvertraglichen Schuldverhältnis begründet sein, wenn der Vertreter als Sachwalter des Vertretenen an dem Vertragsschluss beteiligt war oder ein eigenes unmittelbares wirtschaftliches Interesse an dem Zustandekommen des Vertretergeschäfts hat. Sachwalter in diesem Sinne ist, wer, ohne selbst Vertragspartner zu sein, besonderes persönliches Vertrauen in Anspruch genommen und dadurch die Vertragsverhandlungen beeinflusst hat. Dazu genügt es nicht, dass der Vertragspartner dem handelnden Vertreter das normale Verhandlungsvertrauen entgegenbringt; der Vertreter muss vielmehr darüber hinaus eine zusätzliche, von ihm persönlich ausgehende Gewähr für die Seriosität und die Erfüllung des Geschäfts bieten (BGH ZIP 03, 571, 573). Eine Haftungserstreckung wegen besonderen wirtschaftlichen Eigeninteresses setzt voraus, dass der Vertreter eine so enge Beziehung zum Verhandlungsgegenstand hat, dass er wirtschaftlich betrachtet gleichsam in eigener Sache verhandelt (BGH NJW-RR 02, 1309, 1310). Dieselben Grundsätze gelten für die Haftung wegen Pflichtverletzungen im Rahmen der Vertragsabwicklung aus § 280 I iVm den Grundsätzen der pVV (BGH NJW-RR 90, 459, 460 f). Eine Eigenhaftung des Vertreters kann sich ausnahmsweise auch aus den §§ 54 S 2; 11 II GmbHG; 41 I 2 AktG ergeben. Zudem können deliktische Ansprüche (§§ 823 ff) gegen ihn bestehen.

F. Das Eigengeschäft des Stellvertreters (II). I. Normzweck. Dass der Vertreter selbst Vertragspartei wird, 80 wenn er seinen Vertretungswillen nicht hinreichend deutlich macht, ergibt sich bereits aus der allgemeinen Rechtsgeschäftslehre. Die Vorschrift in II knüpft hieran an. Ihre Bedeutung liegt daher nicht in der Bindung des Vertreters, sondern im Ausschluss der Irrtumsanfechtung nach § 119 I Alt 1 (BGH NJW-RR 92, 1010, 1011). Zugleich enthält II eine Regelung der Beweislast (*Bork* AT Rn 1417 ff).

II. Das irrtümliche Fremdgeschäft. Str ist, ob II auch Anwendung findet, wenn der Vertreter in eigenem 81 Namen handeln will, aber in fremdem Namen auftritt. Nach einer teilweise vertretenen Ansicht bleibt der Vertreter auch in diesem Fall analog II ohne Anfechtungsmöglichkeit an seine Erklärung gebunden (*Larenz/Wolf* AT § 46 Rn 28). Dagegen belässt die hM im Schrifttum dem Vertreter sein Anfechtungsrecht wegen Erklärungsirrtums nach § 119 I Alt 1, wenn er ein Eigengeschäft abschließen wollte, die Auslegung aber ein Handeln im fremden Namen ergibt. Denn durch die Regelung des II soll nur der Dritte geschützt werden, der nach dem Verhalten des Vertreters davon ausgehen musste, dass dieser sein Vertragspartner wird. Es besteht kein Grund, den Ausschluss der Anfechtung entgegen dem Gesetzeswortlaut auf den umgekehrten Fall der irrtümlichen Verwirklichung des objektiven Erklärungstatbestandes der Stellvertretung auszudehnen. Insoweit fehlt in methodischer Hinsicht die für eine Rechtsanalogie erforderliche vergleichbare Interessenlage. Eine bestandskräftige Stellvertretung setzt daher nach zutreffender Ansicht voraus, dass der Vertreter Vertretungswillen hat (*Bork* AT Rn 1420; abl *Larenz/Wolf* AT § 46 Rn 28; offen lassend BGHZ 36, 30, 34).
Str ist, wem das Anfechtungsrecht zusteht, wenn der Vertreter ungewollt in fremdem Namen handelt. Eine 82 Ansicht hält allein den Vertreter für anfechtungsberechtigt (Staud/*Schilken* Rn 21). Hiergegen spricht jedoch, dass kein Grund besteht, den Vertretenen aus dem Vertrag zu entlassen, zumal die Anfechtung durch den Vertreter diesem das angestrebte Eigengeschäft nicht automatisch verschafft (*Bork* AT Rn 1429). Daher ist der verbreiteten Ansicht zu folgen, die es bei der allgemeinen Regel (s Rn 75) belässt, wonach grds der Vertretene anfechtungsbefugt ist, dem Vertreter aber dann das Anfechtungsrecht zusteht, wenn das Geschäft für den Vertretenen wegen fehlender Vertretungsmacht und Genehmigung nicht wirksam geworden ist (*Bork* AT Rn 1420).

G. Die passive Stellvertretung (III). Passive Stellvertretung meint die Entgegennahme von Willenserklärun- 83 gen durch einen Stellvertreter (*Larenz/Wolf* AT § 46 Rn 29). Die Vorschrift in III, wonach I 2 auf die passive Stellvertretung entspr anzuwenden ist, ist ungenau. im Gegensatz zur aktiven Stellvertretung ist es nicht Sache des Vertreters, sondern die des Vertragspartners, die Stellvertretung offen zu legen. Seine Erklärung muss sich ausdrücklich oder nach den Umständen erkennbar an den Vertretenen richten (MüKo/*Schramm* Rn 133). Seitens des Empfangsvertreters genügt, Empfangsvertretungsmacht vorausgesetzt, die Entgegennahme der Willenserklärung, damit diese für und gegen den Vertretenen wirkt. Die Empfangsvollmacht kann ausdrücklich erteilt werden oder sich schlüssig aus der Art der Tätigkeit für den Vertretenen ergeben (BGH NJW 02, 1041). Selbst die Erklärung des Vertreters, eine Willenserklärung für den Vertretenen nicht in Empfang nehmen zu wollen, ist unbeachtlich (MüKo/*Schramm* Rn 133; aA Staud/*Schilken* Rn 22).
Aktive und passive Stellvertretung sind meistens miteinander verbunden. Wer zur aktiven Vertretung berech- 84 tigt ist, besitzt in der betreffenden Angelegenheit idR auch Empfangsvertretungsmacht (BGH NJW 02, 1041, 1042). Wem umgekehrt die aktive Vertretungsmacht in einer Angelegenheit fehlt, dem fehlt regelmäßig auch die passive (*Larenz/Wolf* AT § 46 Rn 29 f). Eine Beschränkung der aktiven Vertretungsmacht gilt aber nicht ohne weiteres auch für die Passivvertretung (Oldbg NJW-RR 91, 857). Für bestimmte Vermittler sieht das Gesetz eine isolierte Empfangsvertretung vor (§§ 43 I Nr 1, 2 VVG; 75g, 91 I, 55 IV HGB). Zum Zugang der Willenserklärung s Rn 29. Zur passiven Stellvertretung durch Gesamtvertreter s Rn 66.

H. Beweislast. Grds hat derjenige, der ein Vertretergeschäft behauptet, das Handeln in fremdem Namen zu 85 beweisen (BGH NJW 86, 1675). Bei unternehmensbezogenen Geschäften (s Rn 33) muss die Partei, die sich auf ein Vertretergeschäft beruft, nur beweisen, dass das Rechtsgeschäft erkennbar auf ein Unternehmen bezogen war (BGH NJW 95, 43, 44). Wer dagegen trotz der Unternehmensbezogenheit des Geschäfts behauptet, es liege kein Vertretergeschäft, sondern ein Eigengeschäft vor, trägt dafür die Beweislast (BGH NJW 91, 2627). Das Entstehen der Vertretungsmacht hat derjenige zu beweisen, der sich auf ein gültiges Vertretergeschäft beruft (BGH NJW 74, 748). Bei unsicherer Beweislage ist eine Streitverkündung (§ 72 ZPO) zweckmäßig.

§ 165 Beschränkt geschäftsfähiger Vertreter

Die Wirksamkeit einer von oder gegenüber einem Vertreter abgegebenen Willenserklärung wird nicht dadurch beeinträchtigt, dass der Vertreter in der Geschäftsfähigkeit beschränkt ist.

1 Da die Rechtsfolgen des Vertretergeschäfts idR ausschließlich den Vertretenen treffen und der beschränkt geschäftsfähige Vertreter, der ohne Zustimmung seines gesetzlichen Vertreters handelt, bei einem Mangel der Vertretungsmacht gem § 179 III 2 von einer Haftung befreit ist, bestimmt § 165, dass ein Vertretergeschäft auch dann wirksam ist, wenn der Vertreter in der Geschäftsfähigkeit beschränkt (§ 106) ist. Die Vorschrift ist die der Systematik der §§ 107 ff entspr Konsequenz aus der rechtlichen Neutralität des Vertretergeschäfts für den Vertreter (*Bork* AT Rn 1368).

2 Das Gesetz sieht jedoch eine Reihe von Ausnahmen für die gesetzliche (§§ 1673 II 2, 1781, 1915 I, 2201) und die organschaftliche Vertretung (§§ 76 III, 100 I 1 AktG; 6 II 1 GmbHG) vor. Bei der rechtsgeschäftlichen Vollmacht kann der Vollmachtgeber die Bevollmächtigung uU gem § 119 II wegen eines Eigenschaftsirrtums über die Person des Bevollmächtigten anfechten (*BaRoth/Habermeier* Rn 7). Für die Prozessvertretung gilt die Sonderregung des § 79 ZPO, der im Verfahren der freiwilligen Gerichtsbarkeit aber keine Anwendung findet (*BaRoth/Habermeier* Rn 10; str).

3 Ist der Vertreter geschäftsunfähig (§ 104), so ist die von ihm abgegebene Erklärung gem § 105 Nr 1 nichtig (*BGHZ* 53, 210, 215). Denn Geschäftsunfähige können einen rechtserheblichen Willen nicht bilden. UU kommt aber eine Rechtsscheinhaftung des Vertretenen in Betracht (*BGHZ* 115, 78, 82f). Zum nachträglichen Wegfall der Geschäftsfähigkeit eines Bevollmächtigten s § 168 Rn 6.

§ 166 Willensmängel; Wissenszurechnung

(1) Soweit die rechtlichen Folgen einer Willenserklärung durch Willensmängel oder durch die Kenntnis oder das Kennenmüssen gewisser Umstände beeinflusst werden, kommt nicht die Person des Vertretenen, sondern die des Vertreters in Betracht.

(2) ¹Hat im Falle einer durch Rechtsgeschäft erteilten Vertretungsmacht (Vollmacht) der Vertreter nach bestimmten Weisungen des Vollmachtgebers gehandelt, so kann sich dieser in Ansehung solcher Umstände, die er selbst kannte, nicht auf die Unkenntnis des Vertreters berufen. ²Dasselbe gilt von Umständen, die der Vollmachtgeber kennen musste, sofern das Kennenmüssen der Kenntnis gleichsteht.

1 **A. Zweck und Bedeutung der Regelung.** § 166 ist Ausfluss des Repräsentationsprinzips (§ 164 Rn 1), aber auch unabhängig von jeder Theorie Ausdruck des Gedankens, dass für den Abschluss und den Inhalt eines Rechtsgeschäfts die Person und Bewusstseinslage desjenigen maßgebend ist, der den rechtsgeschäftlichen Willen bildet (BGH NJW 00, 2268, 2269; *Medicus* AT Rn 899). I bestimmt daher, dass es für den Inhalt und die Wirksamkeit des Vertretergeschäfts grds auf den Willen und die Kenntnisse des Vertreters ankommt. Die Vorschrift trägt dem Umstand, dass grds der Vertreter den rechtsgeschäftlichen Willen bildet und dem Verkehrsschutz Rechnung (BGH NJW 00, 2268). Von dem Grundsatz, dass es auf die Person des Vertreters ankommt, macht II eine Ausnahme, falls der Vertreter nach bestimmten Weisungen des Vertretenen gehandelt hat. Darüber hinaus enthält I einen allgemeinen Rechtsgedanken, der auch außerhalb des Stellvertretungsrechts für die Wissenszurechnung herangezogen werden kann (s Rn 13).

2 **B. Persönlicher Anwendungsbereich des Abs 1.** I gilt nicht nur für den rechtsgeschäftlichen, sondern auch für den gesetzlichen Vertreter (BGHZ 38, 65, 66) und den Wissensvertreter (s Rn 13). Zur Zurechnung des Wissens von Organwaltern s Rn 22 f. I findet auch auf den Unterbevollmächtigten (BGH NJW 84, 1953, 1954) und den vollmachtlosen Vertreter Anwendung, sofern das Rechtsgeschäft nachträglich von dem Vertretenen gem § 177 I genehmigt wird (BGH NJW 00, 2272, 2273). Bei einem Insichgeschäft ist § 166 uneingeschränkt anwendbar (BGHZ 94, 232, 237; s auch NJW 00, 1405, 1406). Nicht anwendbar ist § 166 auf den mittelbaren Stellvertreter (§ 164 Rn 2), den echten Treuhänder (§ 164 Rn 9) und den Vermögensverwalter (§ 164 Rn 14). Da der Handelnde in diesen Fällen selbst Vertragspartei ist, kommt es ohnehin auf seinen Willen und seine Kenntnisse an, ohne dass es einer Zurechnung bedarf (aA für den Kommissionär *Larenz/Wolf* AT § 46 Rn 115). Keine Anwendung findet § 166 auch bei Boten. Weil der Bote keine eigene Erklärung abgibt, sondern nur die des Geschäftsherrn überbringt (s § 164 Rn 17), versteht es sich von selbst, dass allein der Wille und das Wissen des Geschäftsherrn maßgeblich sind (*Larenz/Wolf* AT § 46 Rn 115). Bei der Gesamtvertretung sind ein Willensmangel und das Wissen jedes einzelnen am Geschäft beteiligten Gesamtvertreters beachtlich (BGH NJW 01,

359, 360; BGHZ 140, 54, 61; 62, 166, 173). Dagegen ist im Falle der Einzelvertretung der Willensmangel oder das Wissen eines Vertreters dem Vertretenen nur zuzurechnen, wenn dieser das Rechtsgeschäft selbst vornimmt oder wenn eine Pflicht zur ordnungsgemäßen Wissensorganisation (s Rn 18 ff) besteht (BGH NJW 01, 359, 360; BGHZ 140, 54, 61 f). Soweit ein gesetzlicher Vertreter ohne die erforderliche Genehmigung des Vormundschaftsgerichts handelt (§§ 1643, 1821, 1822), ist seine Kenntnis dem Vertretenen nicht zuzurechnen (*Larenz/Wolf* AT § 46 Rn 100). Das Gleiche gilt, wenn ein Minderjähriger bei einem gem § 107 zustimmungsfreien Rechtsgeschäft selbst handelt (BGHZ 94, 232, 239 f).

C. Die Zurechnung von Willensinhalten, Willensmängeln und Kenntnissen des Vertreters (I). I. Vertragsauslegung. Die Zurechnung des Vertreterhandelns nach I ist auch für die Auslegung eines Vertrages maßgeblich. Für den Inhalt sowohl der von dem Vertreter abgegebenen (§ 164 I 1) als auch der von ihm entgegengenommenen Erklärung (§ 164 III) kommt es auf die Willensrichtung bzw das Verständnis des Vertreters an (BGH NJW 00, 2272, 2273). 3

II. Willensmängel. I bestimmt, dass für Willensmängel iSd §§ 116 ff die Person des Vertreters maßgeblich ist. Für die Nichtigkeit einer unter einem geheimen Vorbehalt gegenüber dem Vertreter abgegebenen Erklärung nach § 116 S 2 kommt es dagegen sowohl auf die Kenntnis des Vertreters als auch auf die des Vertreters an (BaRoth/*Habermeier* Rn 11; aA Staud/*Schilken* Rn 12; *Flume* AT II § 20 1). Eine Erklärung, die der Vertreter im Einverständnis mit dem Vertragspartner abgegeben hat, ist gem § 117 I iVm I nichtig, es sei denn der Vertreter und der Vertragspartner haben kollusiv zum Nachteil des Vertretenen zusammengewirkt (BaRoth/*Habermeier* Rn 12). Für eine Irrtumsanfechtung nach § 119 muss sich der Vertreter geirrt haben (*Bork* AT Rn 1655). Ein Anfechtungsgrund gem § 123 besteht nur, wenn der Vertreter bedroht oder getäuscht wurde (BGHZ 51, 141, 145). 4

III. Kenntnis und Kennenmüssen des Vertreters. Nach I ist die Person des Vertreters auch dann entscheidend, wenn die Kenntnis oder das Kennenmüssen (s die Legaldefinition in § 122 II) besonderer Umstände für das Vertretergeschäft von Bedeutung ist. Das gilt insbesondere für die subjektiven Tatbestandsmerkmale eines Verbotsgesetzes iSd § 134 (BayObLG NJW 93, 1143, 1144 f), die subjektiven Voraussetzungen des § 138 (BGH NJW 92, 899, 900) und der §§ 142 II, 173 (BGH NJW 89, 2879, 2880), die Zurechnung der Kenntnis von Mängeln iSd §§ 442 I 2, 640 II (BGH NJW 00, 1405, 1406) und von Arglist iSv § 463 S 2 aF, 442 I 2, 434 III, 444 (BGH NJW 04, 1196, 1197; 96, 1205; 91, 1500), die Kenntnis der Nichtschuld iSd § 814 (BGH NJW 99, 1024, 1025), die Zurechnung von bösem Glauben gem §§ 819, 892, 932, 990; 366 HGB (BGH NJW 01, 360, 361; WM 00, 1539, 1541; BGHZ 135, 202, 205 ff) und § 912 (BGH NJW 77, 375) wie auch die subjektive Voraussetzung der Gläubigeranfechtung gem §§ 3 AnfG; 129 ff InsO (BGH NJW 91, 980, 981; BGHZ 94, 232, 237 zu § 3 I Nr 1 AnfG aF). 5

IV. Treuwidrigkeit der Berufung auf das Vertreterwissen gem § 242. Im Einzelfall kann die Berufung auf I gem § 242 treuwidrig sein. Das ist etwa anzunehmen, wenn der Vertragspartner mit dem Vertreter bewusst zum Nachteil des Vertretenen zusammengewirkt hat oder er dem Vertretenen den Vertreter aufgedrängt hat, um aus der Vorschrift des I Vorteile zu ziehen (BGH NJW 00, 1405, 1406). 6

D. Berücksichtigung von Kenntnissen des Vertretenen (II). Hat der bevollmächtigte Vertreter nach bestimmten Weisungen des Vollmachtgebers gehandelt, kann dieser sich gem II hinsichtlich solcher Umstände, die er selbst kannte, nicht auf die Unkenntnis des Vertreters berufen. II folgt wie I dem einheitlichen Grundsatz, dass der Kenntnisstand desjenigen ausschlaggebend ist, der den rechtsgeschäftlichen Willen bildet (*Larenz/Wolf* AT § 46 Rn 111). Die Ansicht, nach der Bösgläubigkeit des Vertretenen immer schaden soll (*Beuthien* NJW 99, 3585 ff), findet im Gesetz keine Stütze. Informiert der Vertretene den Abschlussvertreter nicht über Umstände, die er dem Vertragspartner zu offenbaren hat, kann dies aber zu einer vorvertraglichen Haftung des Vertretenen aus §§ 280 I, 311 II, 241 II führen. Hierbei ist dem Vertretenen im Verhältnis zu dem Vertragspartner das Wissen eines anderen, an dem Vertragsabschluss nicht unmittelbar beteiligten Wissensvertreters (s Rn 13), der den Abschlussvertreter im Namen des Vertretenen beauftragt hat, nicht jedoch eines einfachen rechtsgeschäftlichen Vertreters analog I zuzurechnen (BGH NJW-RR 04, 1196, 1197 f). 7

I. Bestimmte Weisung. Der Begriff des Handelns auf Weisung iSv II ist weit auszulegen. Es genügt, dass der Bevollmächtigte im Rahmen der Vollmacht zu einem bestimmten Rechtsakt schreitet, zu dessen Vornahme ihn der Vollmachtgeber veranlasst hat. Einer Weisung kommt es daher gleich, wenn der Vollmachtgeber trotz Kenntnis nicht eingreift, obwohl er könnte (BGHZ 50, 364, 368). Das ist insbesondere der Fall, wenn der Prozessanwalt in Anwesenheit und unter Mitwirkung der von ihm vertretenen Partei einen gerichtlichen Vergleich abschließt und diese nicht widerspricht (BGHZ 51, 141, 145). Erforderlich ist jedoch, dass der Vollmachtgeber den Vertreter durch ein gezieltes Verhalten veranlasst hat, gerade dieses Geschäft für ihn vorzunehmen (*Larenz/Wolf* AT § 46 Rn 111). Hieran fehlt es bei einem bloß teilnahmslosen Schweigen (Braunschw OLGZ 75, 441, 444 f). Auch die Genehmigung eines ohne Vertretungsmacht abgeschlossenen Rechtsgeschäfts nach § 177 I kommt einer Weisung gleich (BGH BB 65, 435). 8

9 **II. Kenntnis oder Kennenmüssen des Vollmachtgebers.** Grds kommt es auf die Kenntnis oder das Kennenmüssen des Vollmachtgebers im Zeitpunkt der Erteilung der betreffenden Weisung an. Spätere Kenntniserlangung genügt jedoch, wenn der Vollmachtgeber zu diesem Zeitpunkt noch die Möglichkeit hat, durch eine neue Weisung auf das von dem Vertreter vorzunehmende Geschäft einzuwirken (BGHZ 50, 364, 368; *Larenz/Wolf* AT § 46 Rn 111).

10 **III. Analoge Anwendung des II.** II gilt seinem Wortlaut nach nur für die rechtsgeschäftlich erteilte Vertretungsmacht. Hierunter fallen auch die Untervollmacht und die Vertretung ohne Vertretungsmacht, sofern der Vertretene das Rechtsgeschäft nachträglich gem § 177 I genehmigt (BGH BB 65, 435). Das Gesetz geht davon aus, dass gesetzliche Vertreter und Organe von juristischen Personen keine Weisungen der von ihnen vertretenen Person empfangen können. Wenn dennoch ein gesetzlicher Vertreter etwa in der Funktion als Ergänzungspfleger wie ein weisungsgebundener Bevollmächtigter handelt (BGHZ 38, 65, 68) oder ein Geschäftsführer oder Liquidator einer GmbH die Weisungen des einzigen Gesellschafters befolgt (BGH WM 04, 1037, 1040), wird II analog angewandt.

11 § 166 bestimmt, dass sich Willensmängel in der Person des Vertretenen nicht auswirken. Der BGH wendet II auf Willensmängel des Vertretenen dennoch entspr an, wenn solche Willensmängel die Weisung beeinflusst haben (Braunschw OLGZ 75, 441, 442). Insbesondere wenn der Vertretene durch arglistige Täuschung des Vertragspartners dazu bestimmt wurde, dem Vertreter die Weisung zum Abschluss des Geschäfts zu erteilen, wird ihm das Recht zugebilligt, das Vertretergeschäft gem § 123 anzufechten (BGH NJW 00, 2268, 2269; BGHZ 51, 141, 146 ff). II soll in den Fällen des § 105 II gleichfalls entspr Anwendung finden (Braunschw OLGZ 75, 441, 442 f). Gegen die Rspr des BGH spricht jedoch, dass sie die Bestandskraft des Vertretergeschäfts systemwidrig von Willensmängeln des Vertretenen bei der Weisung abhängig macht (*Bork* AT Rn 1656).

12 **E. Sonderprobleme. I. Die Behandlung von künstlichem Speicherwissen.** Nach den Grundsätzen, die der BGH für die Wissenszurechnung in arbeitsteilig handelnden Organisationen (s Rn 18 ff) entwickelt hat, kann man den Inhalt von künstlichen Speichern (Akten; elektronische Datenträger) als Wissen nur zurechnen, wenn die Information bis zu dem Zeitpunkt, in dem die Wissensnorm verwirklicht wurde, überhaupt gespeichert werden musste und wenn ein besonderer Anlass bestand, sich des gespeicherten Wissens in der konkreten Situation zu vergewissern. IE richtet sich die Zurechnung von künstlichem Speicherwissen nach der Zumutbarkeit. Ob und wie lange die Speicherung der Information zumutbar ist, ist abhängig von der Rechtserheblichkeit und Wichtigkeit der Information. Maßgeblich für die Zumutbarkeit ihres Abrufs sind die Bedeutung des Anlasses hierfür und die Schwierigkeit der Sache (BGHZ 132, 30, 38 f; 117, 202, 205). Diese Grundsätze, die auf das nicht arbeitsteilige Handeln von Einzelpersonen übertragbar sind (Staud/*Schilken* Rn 6), verschieben normativ die Grenze zwischen Wissen und Wissenmüssen und neutralisieren den Begriff der Arglist bei der Wissenszurechnung. Das ist rechtsdogmatisch und rechtsethisch nur in Grenzen gerechtfertigt (*Dauner-Lieb*, FS Kraft, 1998, S 43 ff; Staud/*Schilken* Rn 6).

13 **II. Die Wissensvertretung. 1. Die Grundsätze der Wissenszurechnung kraft Aufgabenübertragung.** Der Vorschrift in I ist nach hM – unabhängig von einem Vertretungsverhältnis – der allgemeine Rechtsgedanke zu entnehmen, dass derjenige, der einen anderen mit der Erledigung bestimmter Aufgaben in eigener Verantwortung betraut, sich das in diesem Rahmen erlangte Wissen des anderen zurechnen lassen muss (WM 00, 1539, 1541). Die Anwendung des I ist daher nicht auf die rechtsgeschäftliche Vertretung beschränkt, sondern erstreckt sich analog auf den vergleichbaren Tatbestand der Wissensvertretung (BGHZ 135, 202, 205). Wissensvertreter ist jeder, der nach der Arbeitsorganisation des Geschäftsherrn – auch ohne rechtsgeschäftliche Vertretungsmacht – dazu berufen ist, im Rechtsverkehr als dessen Repräsentant bestimmte Aufgaben in eigener Verantwortung zu erledigen und dabei anfallende Informationen zur Kenntnis zu nehmen und ggf weiterzuleiten (BGH NJW-RR 04, 1196, 1197 f; BGHZ 132, 30, 35). Der Geschäftsherr muss sich seiner im rechtsgeschäftlichen Verkehr wie eines Vertreters bedienen (BGHZ 117, 104, 107). Gleiches gilt, wenn einem anderen, ohne dass eine Vollmacht erteilt wird, die tatsächliche Möglichkeit eingeräumt wird, Rechte aus einem bestehenden Vertragsverhältnis selbstständig wahrzunehmen (BGH WM 00, 1539, 1541). In sachlicher Hinsicht erfolgt die Wissenszurechnung kraft Aufgabenübertragung auch außerhalb des Anwendungsbereichs der §§ 164 ff, zu den Einzelheiten s Rn 5.

14 Die erweiterte Wissenszurechnung entfällt, wenn die Partei klarstellt, dass sie nur für eigenes Wissen und Tun einstehen will (KG WM 96, 358, 362; vgl BGH NJW 95, 2550, 2551). Eingeschränkt ist sie auch bei notariell beurkundeten Verträgen. Um die Warn- und Schutzfunktion des Formzwangs nicht zu unterlaufen, kommt es bei der Auslegung eines nach § 311 b oder 15 IV GmbHG beurkundungspflichtigen Vertrags nicht darauf an, welchen Sinn die von einer Vertragspartei mit den Vorverhandlungen Beauftragte dort einer Vereinbarung beigelegt hatte; maßgeblich ist nur, wie die Vertragsparteien selbst oder der für sie an der Beurkundung beteiligte Vertreter die beurkundeten Erklärungen verstehen mussten (BGH NJW 00, 2272, 2273 f; 3127, 3128; abl *Goldschmidt* ZIP 05, 1305, 1313).

15 Spezielle Regelungen der Wissenszurechnung gelten im Versicherungsvertragsrecht (§§ 2 III, 19, 43 Nr 1, 44 VVG). Der BGH hat hierzu die sog *Auge-und-Ohr-Rechtsprechung* entwickelt, nach der sich der Versicherer die Kenntnis eines Angestellten oder Versicherungsagenten, die dieser in Ausübung der Stellvertretung bei der

Entgegennahme des Antrags auf Abschluss eines Versicherungsvertrages erlangt, zurechnen lassen muss (BGH NJW-RR 00, 316, 317). Ferner hat die Rspr besondere Regeln der Wissenszurechnung für den Beginn der Verjährung deliktischer Regressforderungen des Staates gem § 852 aF entwickelt. Handelt es sich bei dem Geschädigten bzw dem zessionsbedingten Anspruchsinhaber um eine Behörde oder öffentliche Körperschaft, kommt es für die Kenntnis von Schaden und Schädiger auf den Wissensstand derjenigen Bediensteten an, die nach der Behördenorganisation mit der Vorbereitung und Verfolgung von deliktischen Regressforderungen betraut sind. Die für die abteilungs- und filialübergreifende Wissenszurechnung im rechtsgeschäftlichen Verkehr entwickelten Grundsätze (s Rn 18 ff) sind nicht anwendbar (BGH NJW 01, 2535, 2536).

2. Einzelfälle. Als Wissensvertreter anerkannt sind der Kassenbeamte der Bank, der einen Scheck hereinnimmt (BGHZ 102, 316, 320), und der Sachbearbeiter einer anderen Filiale derselben Bank, der den Scheck prüft und weiter bearbeitet (BGH NJW 93, 1066, 1067), der Bankkassierer (BGH NJW 84, 1953, 1954), der Kontobevollmächtigte, dem der Kontoinhaber sein Girokonto zum alleinigen Gebrauch überlässt (BGH NJW 82, 1579, 1596). Dem Kontoinhaber ist auch das Wissen eines Dritten zuzurechnen, der sein Konto zwar ohne Kontovollmacht, aber mit seiner Erlaubnis zum Einzug eines Schecks nutzt (BGH WM 00, 1539, 1541). Wissensvertreter sind ferner der vom Versicherungsnehmer mit der Erfüllung seiner Aufklärungsobliegenheit beauftragte Angehörige (BGHZ 122, 388, 389), der vom Versicherer mit der Erstellung eines ärztlichen Gutachtens beauftragte Hausarzt (Frankf NJW-RR 93, 676, 677), der Hintermann, der für den von ihm vorgeschobenen Strohmann auftritt (BGH NJW-RR 92, 589, 590) und die Einkaufsabteilung eines Gebrauchtwagenhändlers (BGH NJW 96, 1205 f). Beim Verjährungsbeginn muss sich der Gläubiger die Kenntnisse des Rechtsanwalts, den er mit der Tatsachenermittlung gerade zur Durchsetzung desjenigen Anspruchs beauftragt hat, um dessen Verjährung es konkret geht, analog I zurechnen lassen (BGH NJW 97, 2049, 2050). Beim Überbau (§ 912) rechnet die Rspr dem Bauherrn den bösen Glauben des Architekten, dem des Bauunternehmers zu (BGH NJW 77, 375). Ob ein Verhandlungsgehilfe (s 164 Rn 23) als Wissensvertreter anzusehen ist, hängt von den Umständen des Einzelfalles ab. Überlässt der Verkäufer die Verhandlungsführung und den tatsächlichen Vertragsschluss vollständig einer mit der Sachlage allein vertrauten Hilfsperson, muss er sich deren Wissen analog I zurechnen lassen; dies gilt auch dann, wenn die Hilfsperson ohne Abschlussvollmacht gehandelt und der Eigentümer das Handeln später genehmigt hat (BGH NJW 92, 899, 900). Schaltet der mit der Anwerbung von Kunden und mit den Vertragsanbahnungsgesprächen beauftragte Verhandlungsgehilfe einen selbstständigen Vermittler ein, sind dessen Kenntnisse dem Geschäftsherrn zuzurechnen, wenn dieser mit der Einschaltung des Untervermittlers rechnen musste (BGH NJW 04, 2156, 2157). Zur Wissenszurechnung beim Unternehmenskauf s *Goldschmidt* ZIP 05, 1305 ff.

Keine Wissensvertreter sind Personen, die nicht als Repräsentanten einer Partei, sondern als Dritte an dem Vertragsschluss und seiner Vorbereitung beteiligt sind, wie der lediglich intern wirkende Berater (BGH 117, 104, 107), der Sachbearbeiter im Baurechtsamt (BGHZ 117, 104, 107) und der rechtlich wie organisatorisch selbstständige Dritte (BGH NJW-RR 97, 270). Dem Käufer einer Immobilie ist daher das Wissen eines Hauswarts oder Hausverwalters (BGH NJW-RR 97, 270) ebenso wenig zuzurechen wie dem Leasinggeber das Wissen des Lieferanten des Leasinggutes (BGH WM 05, 757, 758). Auch der Notar (Köln NJW-RR 91, 46, 47), der Makler (BGH NJW 04, 2156, 2157) und der Finanzierungsvermittler (BGH WM 00, 2539, 2540; Frankf WM 02, 1281, 1286) sind grds keine Wissensvertreter, sondern Dritte. Eine Wissenszurechnung analog I ist aber dann möglich, wenn der Dritte seine Tätigkeit nicht auf das für die Durchführung eines Auftrags Notwendige beschränkt, sondern als Hilfsperson einer Vertragspartei, etwa als deren Verhandlungsführer oder -gehilfe tätig wird (BGH NJW 04, 2156, 2157). Wann dies anzunehmen ist, kann nur aufgrund einer die Interessen beider Parteien berücksichtigenden Gesamtwürdigung der Einzelfallumstände entschieden werden. Angesichts der erforderlichen wertenden Beurteilung der Einzelumstände verbietet sich jede schematische Lösung der Zurechnungsproblematik (BGH WM 00, 2539, 2540; 96, 315, 316). Eine finanzierende Bank muss sich das Wissen eines Vermittlers, der als ihr Verhandlungsgehilfe auftritt, nur zurechnen lassen, soweit es den Bereich der Anbahnung des Kreditvertrags betrifft, nicht aber, soweit es sich auf das finanzierte Geschäft bezieht (BGH WM 00, 1685, 1686).

III. Die Wissenszusammenrechnung in arbeitsteiligen Organisationen. 1. Dogmatische Grundlagen. Besondere Probleme bestehen, wenn sich das relevante Wissen infolge einer arbeitsteiligen Organisation auf verschiedene Personen verteilt. Nach hM darf ein Dritter, der es mit dem Vertreter einer arbeitsteiligen Organisation zu tun hat, dadurch, dass Wissen und Zuständigkeiten auf mehrere Stellen verteilt sind, gegenüber dem Kontakt mit einer Einzelperson weder schlechter noch besser gestellt werden (sog Gleichstellungsargument, s BGHZ 135, 202, 205 f). Ausgehend von diesem Grundsatz hat der BGH die Wissenszurechnung in arbeitsteiligen Organisationen auf eine neue dogmatische Grundlage gestellt (BGHZ 132, 30, 36 f; 135, 202, 205 ff). Der von der Rspr entwickelten Lehre von der Wissenszurechnung liegt der Gedanke zugrunde, dass derjenige, der im Rechtsverkehr mit einer arbeitsteiligen Organisation und der damit verbundenen Wissensaufspaltung auftritt, ähnlich wie bei einer Verkehrssicherungspflicht aus Gründen des Verkehrsschutzes die Verfügbarkeit von typischerweise aktenmäßig festgehaltenem Wissen gewährleisten muss. Tut er das nicht, kann er sich nicht gem I auf die Unwissenheit der konkret handelnden Person berufen, analog II ist vielmehr auf die Person des Vertretenen abzustellen, der das im Falle einer ordnungsgemäßen Wissensorganisation verfügbare Aktenwissen zugerechnet wird (*Bork* AT Rn 1671; aA für eine Rechtsfortbildung ähnlich der Rspr zu den Verkehrssicherungspflichten und der Vertrauenshaftung *Drexl*, Neues Schuldrecht und Bankgeschäfte Wissenszurechnung bei Kreditinstituten, 1992, S 85, 93). Maßgeblicher Grund für die Zurechnung von Wissen ist danach eine unabhängig von der jeweiligen Rechtsform in arbeitsteiligen Organisationen bestehende allgemeine Pflicht zur ordnungsgemäßen Organisation der Kommunikation (BGHZ 132, 30, 34 ff).

19 **2. Anwendungsbereich.** Die Grundsätze der Wissenszurechnung kraft Pflicht zur Wissensorganisation sind nur innerhalb einer arbeitsteilig handelnden Organisation anwendbar (BGHZ 132, 30, 35 ff; 135, 202, 205 ff), weil nur hier das Gleichstellungsargument passt und die rechtlichen und tatsächlichen Voraussetzungen für eine Wissensorganisationspflicht bestehen. Auf die Organisationsform oder Rechtsfähigkeit der am Rechtsverkehr teilnehmenden Struktureinheit kommt es nicht an (BGH NJW 01, 359, 360). Eine Wissenszurechnung kraft Organisationspflicht kommt dagegen nicht in Betracht, soweit es um die Zurechnung des Wissens von rechtlich und organisatorisch selbstständigen Dritten geht (BGH NJW 03, 589, 590). Grds ist auch eine Wissenszusammenrechnung mehrerer rechtsgeschäftlicher Vertreter einer Einzelperson ausgeschlossen. Der als Einzelperson ohne Organisationspflichten auftretende Grundstücksverkäufer kann aber gehalten sein, den in seinem Namen mit den Kaufvertragsverhandlungen beauftragten Makler über Umstände zu informieren, die er dem Käufer zu offenbaren hat, und sich hierbei analog I das Wissen seines am Vertragsschluss selbst nicht unmittelbar beteiligten Wissensvertreters zurechnen zu lassen (BGH NJW-RR 04, 1196, 1197 f).

20 **3. Die Grundsätze der Wissenszurechnung kraft Organisationspflicht.** Die Rspr rechnet dem Unternehmensträger das Wissen von Mitarbeitern zu, dessen Relevanz für spätere Geschäftsvorgänge innerhalb des jeweiligen Organisationsbereichs dem Wissenden erkennbar ist und das deshalb bei sachgerechter Organisation dokumentiert und verfügbar gehalten werden muss und zu dessen Nutzung unter Berücksichtigung der geschäftlichen Bedeutung des Vorgangs auch Anlass bestand. Auf die konkret getroffenen Organisationsmaßnahmen soll es dagegen nicht ankommen (BGH NJW 01, 2535, 2536; BGHZ 135, 202, 206 f). Arglist kann aber nicht angenommen werden, falls die richtige Information bei der Speicherung schlicht vergessen wurde (BGH NJW 96, 1205, 1206). Zu der Problematik der Zurechnung künstlichen Speicherwissens s schon Rn 12.

21 **4. Einzelfälle.** Nach der Rspr des BGH ist ein Bankangestellter gehalten, bei der Hereinnahme eines disparischen Schecks mit einem Scheckbetrag von mindestens 5.000 DM nicht nur eigenes Wissen, sondern auch in den Kontounterlagen verfügbare Informationen über den Arbeitgeber des Einreichers zu berücksichtigen (BGHZ 135, 202, 208). Das Wissen, das Mitarbeiter der Filiale einer Bank bei der verantwortlichen Aushandlung einer Rahmenfinanzierung erlangt haben, begründet bei der anschließend von einer anderen Filiale derselben Bank herausgereichten Einzelfinanzierung einen zur Aufklärung verpflichtenden konkreten Wissensvorsprung der Bank (BGH WM 05, 375, 377 f; zur filialübergreifenden Zurechnung der bei Kreditverhandlungen erlangten Kenntnisse eines Filialleiters s BGH NJW 89, 2879, 2880). Zur Problematik der sog *Chinese Walls* s BankRHdb/*Eisele* § 109 Rn 42; *Schröter*, Neues Schuldrecht, aaO, S 163, 179 ff. Generell zur Einschränkung der Wissenszurechnung aufgrund von Datenschutz und Geheimhaltungspflichten insbesondere nach § 116 AktG s *Fassbender/Heuhaus* WM 02. 1253, 1256; *Hellmann/Thomas* WM 02, 1665, 1670 ff. Eine Wissenszurechnung ist auch im Verhältnis zwischen Einkaufs- und Verkaufsabteilung eines Gebrauchtwagenhändlers (BGH NJW 96, 1205, 1206), nicht aber im Verhältnis zwischen dem Liegenschaftsamt und dem Bauamt einer Gemeinde möglich (BGHZ 117, 104, 106 ff).

IV. Die Zurechnung des Wissens von Organwaltern. 1. Die überkommene Lehre von dem Organ-
22 **wissen.** Nach der überkommenen Rspr des BGH bildet das Wissen aller vertretungsberechtigten Organwalter analog § 31 eo ipso das Wissen der juristischen Person, gleich, ob sie an der konkreten Rechtshandlung mitgewirkt haben oder überhaupt davon wussten und wissen konnten (BGHZ 109, 327, 330; aA für eine Wissenszurechnung von am Geschäftsabschluss unbeteiligten Organmitgliedern analog II *Flume* AT I/2 § 11 IV; Staud/*Schilken* Rn 32; hiergegen *Grunewald*, FS Beusch 1993, 301, 304). Das Wissen der Organmitglieder wird nach dieser Ansicht automatisch zusammengerechnet (*Bork* AT Rn 1668). Auch das Ausscheiden des wissenden Organmitglieds aus dem Amt oder sein Tod stehen dem Fortdauern der Wissenszurechnung nach einer verbreiteten Ansicht nicht entgegen (BGH NJW 95, 2159, 2160; abl *Bork* AT Rn 1669). Diese Auffassung ist Ausfluss der Organtheorie, nach der bei der organschaftlichen Vertretung eine Zurechnung iSd §§ 164 ff nicht stattfindet, jedes Organmitglied vielmehr die juristische Person repräsentiert (s § 164 Rn 53). Das Wissen aller Organwalter wird daher als Wissen der juristischen Person aufgefasst, ohne dass es der Regelung in I bedarf. ZT werden diese Grundsätze auf Personengesellschaften übertragen (BGHZ 34, 293, 297; *Bork* AT Rn 1670; abl BaRoth/*Habermeier* Rn 15; offen lassend BGHZ 140, 54, 61; BGH NJW 95, 2159, 2160). Der BGH lehnt eine automatische Zurechnung des Wissens eines ausgeschiedenen oder verstorbenen Organmitgliedes bei Personengesellschaften jedoch ab (BGH NJW 95, 2159, 2160). Ein Teil der Rspr und Lehre hält trotz der geänderten Rspr zur Dogmatik der Wissenszurechnung in arbeitsteiligen Organisationen (s Rn 18) an der Lehre von dem Organwissen einer juristischen Person fest und zieht die Grundsätze der Wissenszurechnung kraft Organisationspflicht nur ergänzend heran (BGHZ 140, 54, 61; *Bork* AT Rn 1668 ff).

2. Die Wissenszurechnung im Lichte der neuen Rspr zur Dogmatik der Wissenszusammenrechnung. Eine vordringende Ansicht will mit Hilfe der geänderten Dogmatik zur Wissenszurechnung die überkommene Lehre von dem Organwissen der juristischen Person überwinden, indem sie an die Stelle des formalistischen Lösungsansatzes der Organtheorie eine wertende Betrachtung zum Ausgangspunkt der Wissenszurechnung macht. Nach dieser Ansicht ist das Wissen des Organs nicht gleichzusetzen mit dem der juristischen Person. Die Zurechnung hat nicht wie nach der absoluten Wissenszurechnungstheorie automatisch zu erfolgen, sondern nach den Grundsätzen der relativen Wissenszurechnung nur dann, wenn der wissende Organwalter die juristische Person gerade bei der betreffenden Rechtshandlung, sei es auch nur als einer von mehreren Gesamtvertretern vertreten hat, oder daran in sonstiger Weise ähnlich einem Wissensvertreter beteiligt war (*Nobbe*, Neues Schuldrecht, aaO, S. 121, 128 ff; MüKo/*Schramm* Rn 20 ff). Das Wissen derjenigen Organwalter, die am Abschluss eines Vertrages selbst nicht beteiligt waren, ist der juristischen Person nach den zur Wissenszurechnung in arbeitsteiligen Organisationen entwickelten Grundsätzen nur dann zuzurechnen, wenn dieses Wissen bei ordnungsgerechter Organisation aktenmäßig festzuhalten, weiterzugeben und vor Vertragsschluss abzufragen war (BGH NJW 01, 359, 360). Das gilt unabhängig von der Organisationsform auch dann, wenn der ursprüngliche Wissensträger mittlerweile aus der Gesellschaft ausgeschieden oder verstorben ist (*Medicus* AT 904c). Für diese Ansicht spricht der Grundsatz der verhaltensakzessorischen Wissenszurechnung, wonach nicht bloßes Wissen als solches, sondern wissengetragenes rechtserhebliches Verhalten zugerechnet wird (s hierzu *Fassbender/Neuhaus* WM 02, 1253, 1254 f). Außerdem führt die begriffsjuristische, auf einer „naturalistischen Anwendung der Organtheorie als der Theorie der realen Verbandspersönlichkeit" (so *Flume* AT II/1 § 11 IV) beruhende absolute Wissenszurechnung zu einer nicht gerechtfertigten Schlechterstellung der juristischen gegenüber der natürlichen Person (*Nobbe*, aaO, S 121, 132 ff). Nicht abschließend geklärt ist die Anwendung dieser Grundsätze im Konzern. Weil eine Wissenszurechnung nur zu Lasten der juristischen Person oder Personengesellschaft, nicht aber zu Lasten ihrer Organe stattfindet, ist sie nach der Rspr des BGH nicht geeignet, rechtserhebliches Wissen eines personenidentischen Organs einer anderen Struktureinheit zu begründen (BGH NJW 01, 359, 360). Weitergehend zu der Problematik *Drexl*, Neues Schuldrecht, aaO, S 85 ff.

23

§ 167 Erteilung der Vollmacht

(1) Die Erteilung der Vollmacht erfolgt durch Erklärung gegenüber dem zu Bevollmächtigenden oder dem Dritten, dem gegenüber die Vertretung stattfinden soll.
(2) Die Erklärung bedarf nicht der Form, welche für das Rechtsgeschäft bestimmt ist, auf das sich die Vollmacht bezieht.

Inhaltsübersicht

	Rn		Rn
A. Begriff, Rechtsnatur und rechtliche Struktur der Vollmacht	1–5	C. Der Umfang der Vollmacht	23–33
I. Die sog verdrängende Vollmacht	2	I. Auslegungsgrundsätze	24
II. Nichtübertragbarkeit und Unpfändbarkeit der Vollmacht	3	II. Typische Einzelfälle	25–29
		1. Die Kontovollmacht	25
IV. Die Abstraktheit der Vollmacht	4	2. Die Architektenvollmacht	26
V. Vollmacht und Vertretergeschäft (Trennungstheorie)	5	3. Vollmachten im Zusammenhang mit einem Immobilienerwerb	27
		3. Die Anwaltsvollmacht	28
B. Die Erteilung der Vollmacht (I)	6–22	6. Sonstige Vollmachten	29
I. Die Vollmachtserklärung	7, 8	III. Die General-, Gattungs- und Spezialvollmacht	30–33
1. Interne und externe Vollmachtserteilung	7	1. Die Generalvollmacht	31, 32
		a) Umfang	31
2. Auslegung der Vollmacht und konkludente Vollmachtserteilung	8	b) Zulässigkeit	32
II. Die Form der Vollmacht (II)	9–14	2. Die Gattungs- und die Spezialvollmacht	33
1. Gesetzlicher und gewillkürter Formzwang	10	D. Die Duldungs- und Anscheinsvollmacht	34–47
2. Teleologische Reduktion des II	11–13	I. Dogmatische Grundlagen	34
		II. Anwendungsbereich	35
3. Rechtsfolgen einer formunwirksamen Bevollmächtigung	14	III. Begriff und Abgrenzung	36
III. Die Anfechtung der Vollmacht	15–18	IV. Voraussetzungen	37–42
1. Anfechtbarkeit	15, 16	1. Objektiver Rechtsscheinatbestand	37, 38
2. Anfechtungsgegner und Rechtsfolgen	17, 18	2. Zurechenbarkeit des Rechtsscheins	39, 40
IV. Sonstige Mängel der Vollmacht	19	3. Gutgläubigkeit des Vertragspartners	41
V. Mängel des Grundgeschäfts	20–22	4. Kausalität	42

	Rn		Rn
V. Umfang der Rechtsscheinvollmacht	43	I. Die mittelbare und die unmittelbare Untervollmacht	49
VI. Rechtsfolgen	44–46	II. Der Offenkundigkeitsgrundsatz bei der Untervertretung	50
a) Einwendungsausschluss	44		
b) Anfechtbarkeit der Rechtsscheinvollmacht	45	III. Die Vertretungsmacht des Untervertreters	51–53
b) Haftung des Vertreters aus § 179	46	1. Befugnis zur Erteilung einer Untervollmacht	52
VII. Rechtsscheinvollmacht kraft Einräumung einer Stellung	47		
E. Die Untervollmacht	48–53	2. Umfang und Dauer der Untervollmacht	53

1 **A. Begriff, Rechtsnatur und rechtliche Struktur der Vollmacht.** Die von der Ermächtigung (s § 164 Rn 4), der Treuhand (s § 164 Rn 5 f) und der Botenmacht (s § 164 Rn 18) abzugrenzende Vollmacht ist nach der Legaldefinition in § 166 II die durch Rechtsgeschäft erteilte Vertretungsmacht. Zu dem Begriff, der Rechtsnatur und den Arten der Vertretungsmacht s § 164 Rn 49.

2 **I. Die sog verdrängende Vollmacht.** Durch die Bevollmächtigung wird die Vertretungsmacht originär beim Stellvertreter begründet, ohne dass die Befugnis des Vollmachtgebers, in dem von der Vollmacht erfassten Bereich selbst noch Willenserklärungen abzugeben und entgegenzunehmen, hiervon berührt würde. Eine den Vollmachtgeber verdrängende Vollmacht mit dinglicher Wirkung ist unvereinbar mit dem Rechtsgedanken des § 137 I (BGH WM 71, 956, 957; aA *Gernhuber* JZ 95, 381 ff). Zu den Rechtsfolgen kollidierenden Handelns von Vertreter und Vertretenem s § 164 Rn 78.

3 **II. Nichtübertragbarkeit und Unpfändbarkeit der Vollmacht.** Entgegen dem missverständlichen Wortlaut der §§ 52 II, 58 HGB; 135 III 2 AktG ist nach hM eine Vollmachtsübertragung iSe Verfügungsgeschäfts nicht möglich (MüKo/*Schramm* Rn 93; aA Palandt/*Heinrichs* Rn 1). Möglich ist aber eine Ersatzbevollmächtigung (s Rn 48). Das Recht aus einer Vollmacht ist nach hM grds auch unpfändbar, weil es kein selbstständiges Vermögensrecht iSe geldwerten Rechts darstellt (Musielak/*Becker* § 857 Rn 2). Eine Ausnahme kann allenfalls dann gelten, wenn die Vollmacht im Interesse des Bevollmächtigten erteilt wurde und insbesondere dem Erwerb von Vermögensgegenständen durch den Bevollmächtigten dient (BayObLG DB 78, 1929; Zöller/*Stöber* § 857 Rn 2; abl *Vortmann* NJW 91, 1038 f; aA für die Pfändbarkeit der Vollmacht, wenn die Rechte aus dem Grundverhältnis pfändbar sind und eine Befugnis zur Erteilung einer Untervollmacht besteht MüKo/*Schramm* § 164 Rn 69).

4 **IV. Die Abstraktheit der Vollmacht.** Der Vollmachtserteilung liegt idR ein bestimmtes Rechtsverhältnis (Auftrag, Dienst-, Werk- oder Geschäftsbesorgungsvertrag) zugrunde, das die Rechte und Pflichten des Bevollmächtigten regelt (sog kausale Vollmacht). Die Vollmacht ist nach dem Abstraktionsprinzip (s schon § 164 Rn 49) in ihrer Wirksamkeit von dem ihr zugrunde liegenden Rechtsverhältnis grds unabhängig (BGH NJW-RR 96, 848). Dennoch stehen Vollmacht und Grundgeschäft nicht beziehungslos nebeneinander (BaRoth/*Habermeier* Rn 3). Das Grundgeschäft hat zB Auswirkungen auf das Erlöschen der Vollmacht gem § 168 und uU auch Bedeutung für ihren Inhalt (s Rn 24). Die Vollmachtserteilung kann ausnahmsweise ohne ein bestimmtes Grundverhältnis erfolgen (BGHZ 110, 363, 367). Um eine solche isolierte Vollmacht handelt es sich auch, wenn das ihrer Erteilung zugrunde liegende Rechtsverhältnis nicht wirksam begründet worden ist (Zweibr OLGZ 85, 45, 46; zweifelnd *Medicus* AT Rn 949).

5 **V. Vollmacht und Vertretergeschäft (Trennungstheorie).** Entgegen der Lehre von dem einheitlichen Gesamttatbestand sind die Bevollmächtigung und das Vertretergeschäft nach der herrschenden, auf der Repräsentationstheorie (§ 164 Rn 1) basierenden Trennungstheorie nicht als ein einheitlicher Akt anzusehen, sondern grds streng voneinander zu unterscheiden (Staud/*Schilken* vor § 164 Rn 22, 32).

6 **B. Die Erteilung der Vollmacht (I).** Die Erteilung der Vollmacht ist ein einseitiges Rechtsgeschäft, das durch empfangsbedürftige Willenserklärung erfolgt (*Larenz/Wolf* AT § 47 Rn 15). Einer Annahme oder Zustimmung durch den Vertreter bedarf es nicht. Gleichwohl ist eine Vollmachtserteilung nach hM durch Vertrag möglich (Karlsr NJW-RR 86, 100, 101). Ferner hat der Bevollmächtigte die Befugnis, die Vollmacht zurückzuweisen (*Larenz/Wolf* AT § 47 Rn 15). Eine Vollmacht kann grds auch formularmäßig erklärt werden (BGHZ 136, 314, 321 ff).

7 **I. Die Vollmachtserklärung. 1. Interne und externe Vollmachtserteilung.** Empfänger der Vollmachtserklärung ist gem I entweder der Bevollmächtigte oder der Dritte, dem gegenüber die Vertretung stattfinden soll. Im ersten Fall spricht man von einer internen Vollmacht (Innenvollmacht), im zweiten von einer externen Vollmacht (Außenvollmacht). Die externe Bevollmächtigung kann auch durch Erklärung an eine Mehrzahl von Personen zB durch einen Rundbrief an Kunden eines Unternehmens erfolgen. Eine solche Bevollmächtigung durch Erklärung an die Öffentlichkeit ist eine nicht empfangsbedürftige Willenserklärung, die von der in § 171 genannten Vollmachtskundgabe zu unterscheiden ist und die wirksam wird, sobald die

Öffentlichkeit von ihr Kenntnis nehmen kann (*Larenz/Wolf* AT § 47 Rn 21). Der Außenvollmacht ähnlich und daher idR wie diese zu behandeln ist die nach außen kundgegebene Innenvollmacht (§§ 171 I, 172 I), bei der die Vollmachtskundgabe wie die Außenvollmacht an einen einzelnen Vertragspartner oder durch öffentliche Bekanntgabe erfolgen kann (MüKo/Schramm Rn 81).

2. Auslegung der Vollmacht und konkludente Vollmachtserteilung. Ob das Verhalten des Vertretenen als **8** Vollmachtserteilung zu verstehen ist, ist in Zweifelsfällen durch Auslegung nach dem Empfängerhorizont (§§ 133, 157) zu ermitteln (*Larenz/Wolf* AT § 47 Rn 17). Während bei der internen Vollmacht der Verständnishorizont des Bevollmächtigten maßgeblich ist, ist bei einer externen Bevollmächtigung, wenn sie gegenüber einer bestimmten Person erklärt wird, der Verständnishorizont dieser Person, und wenn sie gegenüber einem unbestimmten Personenkreis erklärt wird, der Verständnishorizont eines durchschnittlichen Angehörigen dieses Personenkreises heranzuziehen (*Larenz/Wolf* AT § 47 Rn 20, 23). Letzteres gilt entspr auch bei einer nach außen kundgegebenen Innenvollmacht (§§ 171 I, 172 I). Soweit die Vollmacht keiner Form bedarf, kann sie auch durch schlüssiges Handeln (konkludent) erteilt werden (BaRoth/*Habermeier* Rn 7). Eine Ausnahme gilt für die Prokura (§ 48 I HGB). Die Abgrenzung der konkludenten Vollmacht zur Duldungsvollmacht kann im Einzelfall schwierig sein (s Rn 36).

II. Die Form der Vollmacht (II). Für die Bevollmächtigung gilt nach II der Grundsatz der Formfreiheit **9** auch dann, wenn das vorgesehene Vertretergeschäft formbedürftig ist. Die §§ 80, 89 II ZPO enthalten eigene Regelungen für die Prozessvollmacht, die II verdrängen (s § 164 Rn 25). Auch auf eine Vollmacht zur Unterwerfung unter die sofortige Zwangsvollstreckung (§ 794 I Nr 5 ZPO) finden die zu II entwickelten Grundsätze über eine Ausdehnung des Formzwangs auf die Vollmacht keine Anwendung (BGH NJW 04, 844). Zur Formbedürftigkeit einer Kreditvollmacht nach § 4 I 1 VerbrKrG aF, s § 492 Rn 3. Von dem Grundsatz der Formfreiheit nach II gelten für die Praxis wichtige Ausnahmen.

1. Gesetzlicher und gewillkürter Formzwang. ZT sieht das Gesetz solche Ausnahmen wie zB in den §§ 492 IV **10** 1, 1945 III 2 iVm 1955, 1484 II; 12 II HGB; 2 II, 47 III GmbHG ausdrücklich vor. Die Formbedürftigkeit einer Vollmacht kann sich auch aus einer Vereinbarung ergeben, die der Vollmachtgeber mit dem Bevollmächtigten oder dem Vertragspartner getroffen hat, und aus der Satzung einer juristischen Person (Staud/*Schilken* Rn 18).

2. Teleologische Reduktion des II. Darüber hinaus haben Rspr und Lehre den Grundsatz der Formfreiheit **11** aufgrund einer aus dem Zweck der betreffenden Formvorschrift herzuleitenden teleologischen Reduktion des II (aA für eine Heranziehung des Verbots der Gesetzesumgehung Erman/*Palm* Rn 4) wesentlich eingeschränkt. Nach der Rspr gelten Formvorschriften mit einer Warnfunktion (zB §§ 311 b I, 518, 766, 780, 781) auch für die Vollmacht, wenn die Vollmacht unwiderruflich oder sonst mit gleicher rechtlicher oder tatsächlicher Bindung erteilt wurde (BGH NJW 98, 1857, 1858 f). Für diese Auffassung und gegen die weitergehende Ansicht, dass die Formvorschriften mit Warnfunktion generell auf die Erteilung der Vollmacht zum Abschluss eines formbedürftigen Geschäfts anzuwenden sind (Staud/*Schilken* Rn 20), spricht, dass es keiner Warnung bedarf und die Reduktion des II daher zu weit ginge, wenn noch nicht einmal eine faktische Bindung eingetreten ist (*Bork* AT Rn 1466).

Eine Vollmacht zum Grundstücksverkauf oder -erwerb nach § 311 b I ist nach ständiger Rspr formbedürftig, **12** wenn sie unwiderruflich erteilt wurde und damit für den Vollmachtgeber bereits eine Bindung mit sich bringt (BGHZ 132, 120, 124). Das gilt auch, wenn die Vollmacht zeitlich begrenzt widerrufen werden kann (Karlsr NJW-RR 86, 100, 101). Formbedürftig ist die Vollmacht auch, wenn sie zwar widerruflich erteilt wurde, tatsächlich aber nach der Vorstellung des Vollmachtgebers bereits mit der Vollmachtserteilung die gleiche Bindungswirkung eingetreten ist wie durch den Abschluss des formbedürftigen Hauptvertrages (BGHZ 132, 120, 124). Das ist etwa der Fall, wenn das Rechtsgeschäft ausschließlich den Interessen des Bevollmächtigten dient und ihm die Möglichkeit eröffnet wird, die Vollmacht unverzüglich zu seinen Gunsten zu verwerten (BGHZ 132, 120, 124 f), eine Partei eine bindende Erwerbsverpflichtung eingeht (BGH NJW 85, 730) oder wenn für den Fall des Widerrufs eine Vertragsstrafe vereinbart ist (BGH NJW 71, 557 f). Dagegen ist die Befreiung des Bevollmächtigten von § 181 für sich allein noch kein ausschlaggebender Gesichtspunkt (BGH NJW 79, 2306, 2307; aA *Larenz/Wolf* AT § 47 Rn 26). Die in der Literatur vertretene Auffassung, dass die Vollmacht auch dann formbedürftig sei, wenn sie dem Bevollmächtigten keinen eigenen Entscheidungsspielraum belässt (*Larenz/Wolf* AT § 47 Rn 26), findet in der Rspr keine Stütze (BGH NJW 98, 1857, 1857).

Außerhalb von Grundstücksgeschäften ist die Vollmacht zur Übernahme einer Bürgschaft generell nach § 766 **13** formbedürftig (BGHZ 132, 119, 125). Formbedürftig sind auch die bindende Vollmacht zum Abschluss eines Erbteilübertragungsvertrages (BayObLGZ 54, 225, 234) und die unwiderrufliche Vollmacht zur Abtretung von Steuererstattungsansprüchen (BFH WM 83, 402, 493 f). Dagegen bedarf eine widerrufliche Vollmacht zum Abschluss eines Ehevertrages nicht der Form des § 1410 (BGH NJW 98, 1857, 1858 f; aA *Vollkommer* JZ 99, 522, 523 f). Da der Formzwang bei der Übertragung von GmbH-Anteilen nach § 15 III GmbHG nicht dem Schutz der Vertragsparteien dient, sondern den Zweck verfolgt, die Umlauffähigkeit von GmbH-Anteilen zu beschränken, ist – außer im Falle einer Blankovollmacht – eine Vollmacht zur Übertragung von GmbH-Anteilen auch dann nicht formbedürftig, wenn sie unwiderruflich erteilt wurde (BGHZ 19, 69, 72; Staud/*Schilken* Rn 27).

14 **2. Rechtsfolgen einer formunwirksamen Bevollmächtigung.** Bedarf die Vollmacht ausnahmsweise der Form, ist eine formlos erteilte Vollmacht grds gem § 125 I nichtig (BGHZ 132, 119, 128). Die formunwirksame Vollmachtserteilung kann eine Rechtsscheinhaftung auslösen (s Rn 34 ff). Ansonsten richten sich die Rechtsfolgen des vollmachtlosen Vertreterhandelns nach den §§ 177 ff. Die Genehmigung des Vertretergeschäfts durch den Vertretenen ist gem § 182 II formfrei möglich (s § 182 Rn 6). Daneben besteht für eine Heilung analog §§ 311b I 2, 518 II kein praktisches Bedürfnis (Soergel/*Leptien* Rn 14). Der Vollzug des Vertretergeschäfts durch den Vertreter heilt nicht, da dies der ratio des § 311b I 1 und der Ausdehnung des Formzwangs auf die Vollmacht widersprechen würde (Staud/*Schilken* Rn 24; str).

15 **III. Die Anfechtung der Vollmacht. 1. Anfechtbarkeit.** Vor dem Gebrauch einer Vollmacht ist deren Anfechtung unproblematisch möglich, wenn auch uU unzweckmäßig, weil der Vollmachtgeber die Vollmacht einfacher gem § 168 S 2 widerrufen kann (*Bork* AT Rn 1471). Str ist, ob der Vollmachtgeber die Vollmacht auch noch nach ihrem Gebrauch anfechten kann, was zur Folge hat, dass die Vollmacht ex tunc (§ 142 I) unwirksam wird und der Vertragspartner rückwirkend seine Ansprüche gegen den Vollmachtgeber verliert. Ein Teil der Lehre vertritt daher aus Gründen des Vertrauensschutzes die Ansicht, dass eine bereits vollzogene Vollmacht grds unanfechtbar ist (Erman/*Palm* Rn 27). Gegen diese Ansicht spricht, dass der Vertragspartner durch die §§ 122, 179 und die Grundsätze der Rechtsscheinvollmacht ausreichend geschützt ist. Deshalb ist der hM zu folgen, dass eine Anfechtung der Vollmachtserteilung auch nach dem Gebrauch der Vollmacht grds zulässig ist (Staud/*Schilken* Rn 78; *Schwarz* JZ 04, 588, 594).

16 Hat der Vollmachtgeber intern Vollmacht erteilt und ist er durch Täuschung des Vertragspartners oder eines Dritten hierzu gebracht worden, hängt die Anfechtbarkeit der Vollmacht gem §§ 123 I, 123 II 1 davon ab, dass der Bevollmächtigte die Täuschung kannte oder kennen musste. Fehlt es hieran, wendet die hM § 123 II 2 analog an, wenn der Vertragspartner ein Recht aus dem Vertretergeschäft erlangt hat und die Bevollmächtigung nicht im Eigeninteresse des Bevollmächtigten erteilt wurde. Unter diesen Voraussetzungen ist auch eine interne Vollmacht wegen Täuschung anfechtbar, wenn nur der Vertragspartner die Täuschung kannte oder kennen musste (MüKo/*Schramm* Rn 113).

17 **2. Anfechtungsgegner und Rechtsfolgen.** Die Anfechtung einer Außenvollmacht ist gem § 143 III 1 dem Vertragspartner gegenüber zu erklären. Dieser kann gem § 122 von dem Vollmachtgeber seinen Vertrauensschaden ersetzt verlangen. Str ist, ob der Vertragspartner daneben auch den Vertreter aus § 179 in Anspruch nehmen kann. Ein Teil der Lehre macht hiergegen geltend, dass es unbillig wäre, den Vertreter für Willensfehler des Vertretenen einstehen zu lassen (*Flume* AT II § 52 5 e). Zu dem gleichen Ergebnis gelangt eine aA, nach der § 122 als die sachnähere Norm die Anwendung des § 179 aus Konkurrenzgründen ausschließt (MüKo/*Schramm* Rn 110). Nach der wohl hM haftet der Vertreter aus § 179 neben dem Vertretenen, kann aber analog § 122 (aA für einen Ausgleichsanspruch aus § 426 *Bork* AT Rn 1473) beim Vertretenen Regress nehmen und Freistellung von seiner Haftung aus § 179 verlangen (Staud/*Schilken* Rn 81 f). Für diese Ansicht spricht, dass der Vertreter im Außenverhältnis zu dem Vertragspartner durch den Gebrauch der Vollmacht einen Grund für die Garantiehaftung aus § 179 gesetzt hat. Im Innenverhältnis zwischen dem Vertreter und dem Vertretenen muss jedoch nach dem Rechtsgedanken des § 122 der Vertretene allein haften.

18 Eine Innenvollmacht ist gem § 143 III 1 dem Vollmachtgeber gegenüber anzufechten. Ein großer Teil des Schrifttums hält es jedoch für unbillig, wenn der Vertragspartner nur den Vertreter aus § 179 in Anspruch nehmen kann, da es letztlich um die Beseitigung des Vertretergeschäfts geht. ZT wird deshalb die Auffassung vertreten, dass die Anfechtung auch dem Vertragspartner gegenüber erfolgen soll, um auf diese Weise dem Vertragspartner den Anspruch aus § 122 gegen den Vollmachtgeber zu verschaffen (*Medicus* AT Rn 945; ähnlich für eine kombinierte Anwendung der §§ 143 II, III *Petersen* AcP 201, 375, 385 ff). Nach einer vordringenden Ansicht ist Anfechtungsgegner zwar der Vertreter, dem Vertragspartner soll aber dennoch ein Anspruch auf Ersatz seines Vertrauensschadens gegen den Vollmachtgeber analog § 122 zustehen, der neben seinen Anspruch gegen den Vertreter aus § 179 tritt (*Larenz-Wolf* AT § 47 Rn 36; *Schwarz* JZ 04, 588, 595, aA gegen jede Abweichung vom gesetzlichen Ausgleichssystem *Bork* AT Rn 1473, 1479). Für diese Ansicht spricht, dass es nach dem Schutzzweck des § 122 gleichgültig ist, ob die Vollmacht ggü dem Vertragspartner oder dem Vertreter angefochten wird. Maßgeblich für die Haftung des Vollmachtgebers ist, dass der Vertragspartner aufgrund des Drittbezugs der Vollmacht von deren Anfechtung unmittelbar betroffen und deshalb schutzwürdig ist, während die Vollmacht selbst rechtlich und wirtschaftlich neutral ist.

19 **IV. Sonstige Mängel der Vollmacht.** Erteilt ein beschränkt Geschäftsfähiger die Vollmacht, kommt es für die Wirksamkeit der Vollmachtserteilung nach § 107 darauf an, ob das vorgesehene Vertretergeschäft für den Minderjährigen lediglich rechtlich vorteilhaft ist (*Bork* AT Rn 1461). Ansonsten gilt § 111 S 1. Für die Kenntnis eines geheimen Vorbehaltes (§ 116 S 2) und das Einverständnis mit einer Scheinerklärung (§ 117 I) kommt es grds bei einer Innenvollmacht auf die Person des Vertreters und bei einer Außenvollmacht auf die Person des Vertragspartners an (*Larenz-Wolf* AT § 47 Rn 37). Hiervon gelten jedoch Ausnahmen, s Staud/*Schilken* Rn 75.

20 **V. Mängel des Grundgeschäfts.** Mängel des Grundgeschäfts lassen die Wirksamkeit der Vollmacht nach dem Abstraktionsprinzip (s Rn 4) grds unberührt (*Bork* AT Rn 1491). Ausnahmsweise kann sich ein Mangel

des Grundgeschäfts aber auch auf die Vollmacht erstrecken. Anerkannt ist das bei der sog Fehleridentität, wenn der Grund für die Nichtigkeit des Grundgeschäfts auch die Vollmacht erfasst sowie in Fällen, in denen das Grundgeschäft und die Vollmacht ein einheitliches Geschäft iSv § 139 bilden (BGH NJW 01, 3774, 3775). Das Gleiche gilt, wenn die Wirksamkeit des Grundgeschäfts zur Bedingung für die Wirksamkeit der Vollmacht gemacht wurde (*Bork* AT Rn 1491).

In der Praxis bereiten zzt die Fälle Probleme, in denen ein Kapitalanleger einem Geschäftsbesorger/Treuhänder, dem eine Erlaubnis zur Besorgung fremder Rechtsangelegenheiten gem Art 1 § 1 RBerG nicht erteilt wurde, im Rahmen eines Steuersparmodells eine umfassende Vollmacht zur Abwicklung des Immobilienerwerbs erteilt hat. Nach mittlerweile gefestigter Rspr umfasst die Nichtigkeit des ohne Erlaubnis abgeschlossenen Geschäftsbesorgungsvertrages (BGHZ 145, 264 ff) nach dem Schutzgedanken des Art 1 § 1 RBerG iVm § 134 unmittelbar auch die dem Geschäftsbesorger erteilte materiell-rechtliche Abwicklungsvollmacht (BGH WM 05, 1520, 1521; 03, 247; 918, 919 f; 01, 2260, 2261 f; aA noch BGH NJW 01, 3774, 3775). Der IV. u der XI. Zivilsenat des BGH vertreten aber in ständiger Rspr die Auffassung, dass sich der Vollmachtgeber (Anleger) hierauf nach Rechtsscheingrundsätzen nicht berufen kann (s Rn 35). Gegen diese Rspr ist einzuwenden, dass die Vollmacht selbst nicht gegen Art 1 § 1 RBerG verstößt, so dass ein Fall der Fehleridentität nicht vorliegt und die Abwicklungsvollmacht nach dem Abstraktionsprinzip wirksam bleibt (*Hellgardt/Mayer* WM 04, 2380, 2383 ff; *Prütting* EWiR 03, 347, 348). Etwas anderes ergibt sich nicht aus der Zweckrichtung des RBerG, den Rechtssuchenden vor sachunkundigen unbefugten Rechtsberatern zu schützen. Denn die Vollmacht ist ein einseitiges Rechtsgeschäft des Vollmachtgebers, gegen den sich das Verbot der unerlaubten Rechtsberatung nicht richtet (*Prütting*, GA zum 65. DJT 2004, S G51; aA Henssler/Prütting/*Weth* Art 1 § 1 Rn 71). Im Übrigen ist anerkannt, dass ein Verstoß gegen Art 1 § 1 RBerG nur dann gem § 134 zur Nichtigkeit eines im Rahmen der unerlaubten Rechtsbesorgung abgeschlossenen Vertrages mit einem Dritten führt, wenn der Dritte in einer Weise mit dem Rechtsbesorger zusammenwirkt, dass seine Tätigkeit als eine Beteiligung an der unerlaubten Rechtsbesorgung angesehen werden muss (BGH ZIP 98, 775, 776). An diesem Rechtsgrundsatz hält auch der XI. Zivilsenat des BGH auch für Verträge fest, die von dem unzulässig tätigen Rechtsbesorger als Vertreter abgeschlossen werden (BGH WM 04, 1127, 1129; offen lassend II. Zivilsenat BGH WM 04, 1529, 1530 f). In Fällen, in denen der von dem Rechtsbesorger im Namen des Anlegers geschlossene Vertrag trotz der unerlaubten Rechtsberatung im Interesse des dann vorrangigen Verkehrschutzes wirksam ist, besteht aber kein Bedürfnis, die Nichtigkeitsfolge dennoch auf die abstrakte Vollmacht zu erstrecken. Wegen des Drittbezuges der Vollmacht müssen für die Erstreckung der Nichtigkeitsfolge auf die an sich rechtlich neutrale Drittbezug dieselben Grundsätze gelten wie für die Auswirkung der unerlaubten Rechtsberatung auf das Vertretergeschäft selbst. Im Übrigen führt der von dem BGH im Interesse des Verkehrsschutzes gewählte Rückgriff auf die Grundsätze der Rechtsscheinvollmacht zu sachwidrigen Abgrenzungen und nicht gerechtfertigten Risikoverschiebungen zu Lasten der Vertragspartner des Anlegers. Denn das Schicksal der von dem Geschäftsbesorger für den Anleger abgeschlossenen Rechtsgeschäfte hängt bei konsequenter Anwendung der von dem BGH aufgestellten Grundsätze in erster Linie von dem in der Praxis häufig nur zufälligen Nachweis ab, dass dem Vertragspartner bei Abschluss des Vertretergeschäfts eine Ausfertigung der notariellen Vollmachtsurkunde vorlag mit der Folge, dass das Vertretergeschäft gem §§ 172 I, 173 dem Vertragspartner ggü als wirksam zu behandeln ist. Die Lösung des BGH widerspricht auch dem Grundsatz, dass der Anleger im Verhältnis zu dem an dem Verstoß gegen Art 1 § 1 RBerG selbst nicht beteiligten Vertragspartner grds die Risiken zu tragen hat, die sich aus der Nichtigkeit des Grundgeschäfts ergeben. Die Interessen des Anlegers sind nicht höher zu bewerten als die des auf die Wirksamkeit des Rechtsgeschäfts vertrauenden Vertragspartners (so auch BGH WM 05, 72, 75; 127, 131). Etwas anderes gilt nur dann, wenn die Ausübung der Vertretungsmacht bei nichtigem Grundverhältnis im Einzelfall missbräuchlich ist. Die Regeln über den Missbrauch der Vertretungsmacht (s § 164 Rn 67 ff) sind aus rechtsdogmatischer und rechtsethischer Sicht zur Lösung des Konflikts zwischen dem Schutz des Anlegers vor fehlerhafter Rechtsbesorgung und den Interessen seiner auf die Wirksamkeit des Rechtsgeschäfts vertrauenden Vertragspartner daher besser geeignet als der von dem BGH gewählte Lösungsweg (*Hellgardt/Mayer* WM 94, 2380 ff). Gegen diesen Lösungsweg spricht auch, dass der Geschäftsbesorger durch die Anwendung der Rechtsscheingrundsätze letztlich doch in die Lage versetzt wird, Rechtsgeschäfte zu Lasten des Anlegers abzuschließen, was durch die Erstreckung des Nichtigkeitsfolge auf die Vollmacht gerade verhindert werden soll. Dieser Widerspruch kann entgegen einer teilweise vertretenen Ansicht (Henssler/Prütting/*Weth* Art 1 § 1 Rn 71) nicht dazu führen, dass die Vollmacht unheilbar nichtig ist. Denn die unheilbare Nichtigkeit der Vollmacht hätte automatisch die Unwirksamkeit sämtlicher Vertretergeschäfte zur Folge, was die Sicherheit des Rechtsverkehrs unnötig belasten und zu einer nicht hinnehmbaren Risikoverschiebung zu Lasten der Vertragspartner des Anlegers führen würde.

Nach der Rspr des BGH erfasst die Nichtigkeit des Geschäftsbesorgungsvertrages auch die nach prozessualen Grundsätzen zu beurteilende Vollmacht zur Unterwerfung unter die sofortige Zwangsvollstreckung (§ 794 I Nr 5 ZPO), gleichwohl kann es dem Anleger aber gem § 242 verwehrt sein, sich auf die Unwirksamkeit der Unterwerfungserklärung zu berufen, s hierzu § 177 Rn 10 (BKR 05, 501, 504 f; WM 04, 372, 375; 03, 2375, 2377). Gegen diese Auffassung spricht, dass die ZPO auf vielfältige Weise dafür gesorgt hat, dass Willensfehler im Rahmen von Prozesshandlungen unschädlich bleiben, so dass die Regelungen der §§ 80 ff ZPO die Grundsätze der Rechtsscheinvollmacht verdrängen (s Rn 35). Daraus folgt aber, dass die Wirksamkeit der Prozessvollmacht im Hinblick auf die von dem Zivilprozess eigens bezweckte Rechtssicherheit grds unabhängig von materiell-rechtlichen Mängeln zu beurteilen ist und dass die Vorschrift des § 134 daher bei einem Verstoß gegen Art 1 § 1 RBerG auf die Prozessvollmacht nicht anwendbar ist (*Prütting*, aaO, S G52; *ders*, EWiR 03, 347, 348; *Rennen/Caliebe* Art 1 § 1 Rn 199; Stein/Jonas/*Bork* § 79 Rn 4; aA Henssler/Prütting/*Weth* Art 1 § 1 Rn 71). Ist die materiell-rechtliche Abwicklungsvollmacht wirksam, besteht im Übrigen kein Bedürfnis für die Erstreckung der Nichtigkeitsfolge auf die prozessuale Vollmacht zur Vollstreckungsunterwerfung. Denn der Anleger ist nicht schutzwürdig, wenn er bei der materiell-rechtlichen Haftungsübernahme (§ 780) wirksam vertreten war und wenn sich die finanzierende Bank daher jederzeit einen neuen Titel beschaffen könnte.

23 **C. Der Umfang der Vollmacht.** Zum Umfang der Vertretungsmacht s bereits § 164 Rn 56, 58. Der Umfang der Vollmacht ist gesetzlich nur in wenigen Ausnahmefällen (zB §§ 49, 50, 54, 55, 91 HGB; 81 ff ZPO) geregelt, so dass grds der Vollmachtgeber den Vollmachtsumfang bestimmt. Dieser kann sich auch aus AGB ergeben (BGH NJW 99, 1633, 1635 f.).

24 **I. Auslegungsgrundsätze.** Der Inhalt der Vollmacht ist bei Zweifeln durch Auslegung vom Empfängerhorizont (§§ 133, 157) zu ermitteln. Bei der rein internen Vollmacht kommt es auf die Verständnismöglichkeiten des Bevollmächtigten an. Dabei können auch Inhalt und Zweck des zugrunde liegenden Geschäfts mitberücksichtigt werden (BGH NJW 91, 3141). Stimmen der Wille des Vollmachtgebers und des Bevollmächtigten hinsichtlich des Vollmachtsumfangs überein, kommt eine davon abweichende Auslegung nicht in Betracht (BGH NJW 99, 486, 487). Für die Auslegung einer externen Vollmacht oder einer nach außen kundgegebenen Innenvollmacht (§§ 171, 172) kommt es darauf an, wie der Vertragspartners das Verhalten verstehen musste (BGH NJW-RR 00, 745, 746). Umstände, die sich nicht aus der Vollmachtsurkunde selbst ergeben, haben außer Betracht zu bleiben, soweit sie dem Vertragspartner nicht bekannt waren (BGH NJW 83, 1906). Entscheidend ist daher idR, welche Bedeutung ein objektiver Betrachter in der Situation des Vertragspartners der Bevollmächtigung beimessen durfte. Das richtet sich vor allem nach dem erkennbaren Zweck der Vollmacht sowie nach der (örtlichen) Verkehrssitte (BaRoth/*Habermeier* Rn 24). Bei einer Bevollmächtigung durch Erklärung an die Öffentlichkeit oder einer Vollmachtskundgabe durch öffentliche Bekanntmachung (§ 171) ist die Verständnismöglichkeit eines durchschnittlichen Beteiligten maßgeblich, dh es ist von der objektiven und verkehrsüblichen Bedeutung der Vollmachterklärung auszugehen (Palandt/*Heinrichs* Rn 5). Die Auslegung einer Vollmacht ist auch am Maßstab von Treu und Glauben zu messen, der vor allem bei außergewöhnlichen Geschäften einschränkend wirkt (BGH NJW 88, 3012). Bei verbleibenden Zweifeln ist der weniger weit reichende, eindeutig festzustellende Vollmachtsumfang anzunehmen (Köln NJW-RR 01, 652).

25 **II. Typische Einzelfälle. 1. Die Kontovollmacht.** Eine Kontovollmacht berechtigt nur zu Verfügungen über ein Kontoguthaben und die Inanspruchnahme einer eingeräumten Kreditlinie, aber nicht zu Kreditaufnahmen und -erweiterungen in unbegrenzter Höhe (BGH MDR 53, 345, 346; Köln ZIP 01, 1709, 1710). Das gilt auch für die wechselseitige Bevollmächtigung zur Mitverpflichtung bei einem Oder-Konto und die gegenseitige Bevollmächtigung von satzungsmäßig gesamtvertretungsberechtigten Gesellschaftern zu Einzelverfügungen über ein Girokonto der Gesellschaft. In diesen Fällen verstoßen Klauseln in AGB, wonach die Kontoinhaber in unbegrenzter Höhe für Kontoüberziehungen haften, gegen die §§ 305 c, 307; hierzu bedarf es vielmehr einer zur Kreditaufnahme ermächtigenden Spezialvollmacht (BGH NJW 91, 923, 924; Köln ZIP 01, 1709, 1710 f). Dieselben Grundsätze werden auf die in dem Formulartext einer Girokontovollmacht ausdrücklich erteilte Kreditvollmacht angewandt (Köln ZIP 01, 1709, 1710; aA Oldbg WM 96, 997, 999). Zulässig sind aber Klauseln, wonach jedem Kontoinhaber vorübergehende Kontoüberziehungen im banküblichen Rahmen gestattet sind (Köln WM 99, 1003 f; BankRHdb/*Lwowsky* § 34 Erl zu 5). Die Kontovollmacht umfasst das Recht, über das Girokonto mit Hilfe von Schecks zu verfügen (BGH WM 86, 901, 902). Sie gibt aber nicht die Befugnis zur Umwandlung des Kontos des Vertretenen in ein Konto des Vertreters (Soergel/*Leptien* Rn 53; aA Hamm WM 95, 152 für den Fall der transmortalen Vollmacht). Zur Umwandlung eines Oder-Kontos in ein Und-Konto s BGH WM 93, 141, 143.

26 **2. Die Architektenvollmacht.** In der Beauftragung eines bauleitenden Architekten mit der Durchführung eines Bauvorhabens liegt im Zweifel zugleich die Erteilung einer Vollmacht, die auf üblicherweise vom Architekten für den Bauherrn getätigte Geschäfte wie die Vergabe von Bauleistungen (BGH BB 63, 111) beschränkt ist (sog originäre Vollmacht; s BGH NJW 78, 995). Das gilt nicht, wenn sich der Auftrag ausdrücklich nur auf die Einholung von Angeboten erstreckt (Köln NJW-RR 92, 915) oder die Vollmacht auf sonstige Weise vertraglich ausgeschlossen ist (Ddorf NJW-RR 96, 1485, 1186). Der Umfang einer Architektenvollmacht ist im Zweifel eng auszulegen. Die Erteilung von Nachtrags- und Zusatzaufträgen größeren Umfangs (BGH BB 75, 990) ist von der Mindestvollmacht ebenso wenig umfasst wie ein Anerkenntnis von Schlussrechnungen und der Abschluss eines Vergleichs hierüber (BGH NJW 78, 995) wie auch die rechtsgeschäftliche Abnahme von Bauleistungen (Ddorf NJW-RR 01, 14, 15). Sie erstreckt sich dagegen auf die Vergabe kleinerer Zusatzaufträge, die Erteilung von Weisungen, die Rüge von Mängeln, die technische Abnahme, die Feststellung und Anerkennung des gemeinsamen Aufmaßes, die Entgegennahme von Stundenlohnzetteln und die Entgegennahme von Angeboten, Vorbehalten und Schlussrechnungen (*Pauly* BauR 98, 1143, 1145).

3. Vollmachten im Zusammenhang mit einem Immobilienerwerb. Die Vollmacht zum Verkauf eines 27
Grundstücks kann die Beauftragung eines Maklers enthalten (BGH NJW 88, 3012), berechtigt aber nicht
dazu, den Käufer zur Belastung des Grundstücks zu ermächtigen (Jena OLG-NL 94, 245). Die nur an eine
Notarstelle gebundene Belastungsvollmacht des Grundstückskäufers berechtigt zur Bestellung von Grundschulden in unbeschränkter Höhe (BayObLG NJW- RR 95, 1167, 1168). Sie erstreckt sich nicht nur auf den
eigentlichen Beleihungsvorgang, dh auf die Bestellung des Grundpfandrechts, sondern auch auf alle Erklärungen,
die erforderlich sind, um den Grundbesitz zur Absicherung der Kaufpreisfinanzierung zu nutzen. Hierzu
zählt auch die Herbeiführung eines Rangwechsels (Ddorf WM 98, 1922, 1924) und die Ausnutzung eines den
Verkäufer vorbehaltenen Rangvorbehaltes (Ddorf FGPrax 00, 55, 56). Die einem Notar erteilte Vollmacht zur
Durchführung eines Grundstückskaufvertrages berechtigt weder dazu, die vereinbarte Verpflichtung der Verkäufers zur Verschaffung eines dinglich wirkenden Sondernutzungsrechts durch die Pflicht zur Verschaffung
eines obligatorischen Sondernutzungsrechts zu ersetzen (BGH NJW 02, 2863, 2864) noch zur Auflassung nur
an einen von mehreren Erwerbern oder an einen Dritten (Hamm NJW-RR 01, 376, 377). Sie umfasst aber
die Einholung und Entgegennahme von Genehmigungen eines Vertragsteils (BGH Rpfleger 59, 219, 220;
Köln NJW 95, 1499, 1500) und von Löschungsbewilligungen auch für erst nach dem Vertragsschluss eingetragene Rechte (Köln NJW-RR 95, 590).

3. Die Anwaltsvollmacht. Die Beauftragung eines Rechtsanwaltes, der einer Anwaltssozietät angehört, umfasst 28
im Zweifel alle Sozien (BGH NJW-RR 88, 1299). Zur Scheinsozietät s Rn 38. Entsprechendes gilt für Steuerberater (BGH NJW 90, 827, 828) und Ärzte (BGHZ 97, 277). Eine Prozessvollmacht (s § 164 Rn 25) ermächtigt nach
§ 81 ZPO grds auch zur Abgabe und Entgegennahme von materiell-rechtlichen Erklärungen wie die Anfechtung,
des Rücktritts und der Aufrechnung, wenn dies der Rechtsverfolgung innerhalb der Klagebegründung oder der
Rechtsverteidigung innerhalb der Klageabwehr dient (BGH NJW 03, 963, 964). Das gilt auch für Erklärungen, die
außerhalb des Prozesses abgegeben werden und betrifft insbesondere die Entgegennahme von Folgekündigungen
in Räumungs- und Kündigungsschutzprozessen (BGH NJW-RR 02, 745; BAG NJW 88, 2691) und das im Mieterhöhungsstreit abgegebene Mieterhöhungsverlangen (BGH NJW 03, 963, 964).

6. Sonstige Vollmachten. Eine vor der Privatisierung der Post erteilte Postvollmacht (§ 46 PostO) hat keine 29
privatrechtliche Wirkung (BGHZ 98, 140, 144).

III. Die General-, Gattungs- und Spezialvollmacht. Begrifflich werden die General-, die Gattungs- und die 30
Spezialvollmacht unterschieden

1. Die Generalvollmacht. a) Umfang. Die Generalvollmacht umfasst grds die Befugnis, alle den Voll- 31
machtgeber betreffenden Rechtsgeschäfte zu erledigen, soweit die Stellvertretung zulässig ist, s dazu § 164
Rn 26 (*Bork* AT Rn 1456). Ein gesetzlicher Anwendungsfall der Generalvollmacht ist die Prokura mit zwingend umfassendem Inhalt (§§ 49 f HGB). Auch für eine Generalvollmacht gilt, dass ihr Umfang in Zweifelsfällen durch Auslegung zu ermitteln ist, aus der sich entgegen dem Formulieren auch ein begrenzter Vollmachtsumfang ergeben kann (Zweibr NJW-RR 90, 931). So wird man zB annehmen müssen, dass sich eine
Generalvollmacht auf persönliche, nicht vermögensrechtliche Angelegenheiten, wie zB Fragen des allgemeinen Persönlichkeitsrechts, nur erstreckt, wenn dies ausdrücklich erklärt oder eindeutig erkennbar ist (*Larenz/
Wolf* AT § 47 Rn 47). Eine unternehmensbezogene Generalvollmacht wie die Prokura bezieht sich ohnehin
nicht auf Privatangelegenheiten (MüKo/*Schramm* Rn 84). Auch sind nach den persönlichen Lebensverhältnissen des Vertretenen ganz außergewöhnliche Rechtsgeschäfte und solche, die den Vollmachtgeber erkennbar schädigen, von einer Generalvollmacht nicht gedeckt (Zweibr NJW-RR 90, 931).

b) Zulässigkeit. Die Ausübung der organschaftlichen Vertretungsmacht kann auch dann nicht durch eine 32
Generalvollmacht vollständig auf eine andere Person delegiert oder übertragen werden, wenn die Gesellschafter dem zugestimmt haben (BGH NJW 77, 199 f). Das Verbot der Übertragung der organschaftlichen Vertretungsmacht schließt jedoch nicht die Möglichkeit aus, dass ein Dritter mit einer umfassenden Vollmacht, die
noch über den gesetzlich festgelegten Umfang der Prokura hinausgehen kann, ausgestattet wird (BGHZ 36,
292, 295). Im Zweifel ist eine Geschäftsführertätigkeiten einschließende Generalvollmacht als zulässige Generalhandlungsvollmacht (§ 54 HGB) auszulegen oder umzudeuten (BGH NJW-RR 02, 1325, 1326 f). Zur
Unwirksamkeit einer unwiderruflichen Generalvollmacht s § 168 Rn 13.

2. Die Gattungs- und die Spezialvollmacht. Die Art- oder Gattungsvollmacht berechtigt zur Vornahme einer 33
bestimmten Art von Geschäften. Sie kann wie die Handlungsvollmacht nach § 54 HGB und die Vollmacht des
Ladenangestellten nach § 56 HGB an eine bestimmte Funktion und Stellung im Unternehmen geknüpft sein oder
wie zB die Inkasso- oder die Bankvollmacht wiederkehrende, gleichartige Geschäfte betreffen. Ihr Umfang ist
gesetzlich nicht festgelegt (MüKo/*Schramm* Rn 82). Die gesetzlich ebenfalls nicht vorgeschriebene und definierte
Spezialvollmacht ist auf eine bestimmte Angelegenheit beschränkt (*Larenz/Wolf* AT § 47 Rn 48).

D. Die Duldungs- und Anscheinsvollmacht. I. Dogmatische Grundlagen. Die §§ 171–173 sind Anwen- 34
dungsfälle des allgemeinen Rechtsgrundsatzes, dass derjenige, der einem gutgläubigen Dritten gegenüber zurechenbar den Anschein einer Bevollmächtigung eines anderen setzt, sich zum Schutz des Vertragsgegners und des

Rechtsverkehrs so behandeln lassen muss, als habe er dem anderen wirksam Vollmacht erteilt (BGH WM 05, 1521, 1522). Das gilt über die §§ 171–173 hinaus nach allgemeinen Rechtsscheingrundsätzen auch in den Fällen der aus diesem Rechtsgedanken entwickelten Duldungs- und Anscheinsvollmacht (BGH WM 04, 1231, 1232). Entgegen einer teilweise vertretenen Ansicht (Staud/*Schilken* Rn 29 a) handelt es sich auch bei der Duldungsvollmacht nicht um eine stillschweigende rechtsgeschäftliche Vollmacht, sondern um einen Rechtsscheintatbestand (*Bork* AT Rn 1556). Ein Teil der Lehre stützt die Duldungs- und Anscheinsvollmacht auf eine Analogie zu den §§ 171 ff sowie auf § 56 HGB. Andere Ansichten sehen den Geltungsgrund der Rechtsscheinvollmacht in der Rechtsscheinhaftung als einem eigenen rechtsfortbildend entwickelten Rechtsinstitut (*Bork* AT Rn 1549) oder ziehen § 242 heran (Staud/*Schilken* Rn 32). Die Zurechnung bei der Rechtsscheinvollmacht basiert entgegen der hM (BGH VersR 92, 989, 990; MüKo/*Schramm* Rn 59 ff) nicht auf Verschulden, sondern auf der bloßen Veranlassung des Rechtseintatbestandes als einem Zurechnungsgrund sui generis, der bei der Duldungsvollmacht aufgrund der willentlichen Veranlassung des vertrauensbegründenden Rechtsscheintatbestandes und bei der Anscheinsvollmacht aufgrund der Beherrschbarkeit der eigenen Risikosphäre gerechtfertigt ist (*Bork* AT Rn 1555, 1564).

35 **II. Anwendungsbereich.** Die ursprünglich für den kaufmännischen Verkehr entwickelten Grundsätze der Duldungs- und Anscheinsvollmacht gelten nach allgemeiner Ansicht auch für Nichtkaufleute (MüKo/*Schramm* Rn 48). Zu ihrer Anwendung bei juristischen Personen des öffentlichen Rechts s Staud/*Schilken* Rn 46 ff. Nicht abschließend geklärt ist, inwieweit eine gem § 134 iVm Art 1 § 1 RBerG nichtige materiell-rechtliche Abwicklungsvollmacht, die ein Kapitalanleger einem Geschäftsbesorger/Treuhänder zur Abwicklung eines Immobilienerwerbs im Rahmen eines Steuersparmodells erteilt hat (s Rn 21), nach Rechtsscheingrundsätzen als wirksam zu behandeln ist. Der IV. und der XI. Zivilsenat des BGH gehen in ständiger Rspr davon aus, dass die §§ 171 f und die Grundsätze der Duldungs- und Anscheinsvollmacht anwendbar sind und bei Vorliegen ihrer Voraussetzungen zu einer Heilung des Vollmachtsmangels führen (BGH BKR 05, 501, 502; abl Henssler/Prütting/*Weth* Art 1 § 1 Rn 71; Staud/*Schilken* Rn 35; Hellgardt/*Mayer* WM 04, 230, 2382). Dagegen hat der II. Zivilsenat des BGH in einem obiter dictum eingewandt, dass bei einem kreditfinanzierten Beitritt zu einem geschlossenen Immobilienfonds mit einheitlicher Vertriebsorganisation die Grundsätze der Rechtsscheinvollmacht nicht anwendbar sind, weil es sich um ein verbundenes Geschäft iSv § 358 III (§ 9 III VerbrKrG aF) handelt und der Treuhänder keine Vertrauensperson des Anlegers ist (BGH WM 04, 1529, 1531; 1536, 1538). Auf diese Erwägungen hat der XI. Senat repliziert, dass die Regeln über das verbundene Geschäft für die Rechtsscheinhaftung rechtlich ohne Bedeutung sind und dass die Grundsätze der Rechtsscheinvollmacht ein irgendwie geartetes Vertrauensverhältnis zwischen dem Vertreter und dem Vertretenen nicht voraussetzen (BGH WM 05, 127, 130 f; 1520, 1523). Neuerdings vertritt aber auch der XI. Zivilsenat die Auffassung, dass das Handeln des Treuhänders/Geschäftsbesorgers dem Vollmachtgeber (Anleger) nach den allgemeinen Regeln der Duldungs- und Anscheinsvollmacht nicht zugerechnet werden kann, wenn dieser die Nichtigkeit der Vollmacht nicht kannte bzw kennen musste (s Rn 40). Das führt zu einer weiteren Risikoverschiebung zu Lasten der Vertragspartner des Anlegers. Die Diskussion zwischen den Zivilsenaten des BGH und deren aus dogmatischer Sicht überraschende Lösungsvorschläge machen deutlich, dass die Erstreckung der Nichtigkeitsfolge des § 134 iVm Art 1 § 1 RBerG auf die Vollmacht und der Rückgriff auf die Grundsätze der Rechtsscheinvollmacht nicht zu einer befriedigenden Lösung führen, weil Wertungswidersprüche und sowohl rechtsdogmatisch als auch rechtsethisch nicht gerechtfertigte Risikoverlagerungen unvermeidlich erscheinen (s schon Rn 21). Auf die Prozessvollmacht sind nach der Rspr des BGH weder die §§ 171 f noch die Grundsätze der Duldungs- und Rechtsscheinsvollmacht anwendbar, da die §§ 80, 88, 89 ZPO insoweit eigenständige und abschließende Spezialregelungen enthalten, die eine Rechtsscheinhaftung des Vollmachtgebers nicht vorsehen und durch die Grundsätze der Rechtsscheinvollmacht nicht ersetzt oder ergänzt werden dürfen (BGH BKR 05, 501, 504 f; WM 05, 1520, 1521; aA Stein/Jonas/*Bork* § 80 Rn 14 f; *Paulus-Henkel* NJW 03, 1692, 1693 f; Staud/*Schilken* Rn 33; BGH NJW 75, 1652, 1653). Soweit der BGH in den Fällen einer unerlaubten Rechtsberatung die Nichtigkeitsfolge des § 134 iVm Art 1 § 1 RBerG aber dennoch auf die Prozessvollmacht erstreckt, ist seine Rspr inkonsequent (s Rn 22).

36 **III. Begriff und Abgrenzung.** Eine Duldungsvollmacht liegt vor, wenn der Vertretene es wissentlich geschehen lässt, dass ein anderer für ihn ohne Vertretungsmacht wie ein Vertreter auftritt und der Vertragspartner dieses Dulden nach Treu und Glauben dahin versteht und auch verstehen darf, dass der als Vertreter Handelnde bevollmächtigt ist. Der Vertretene nimmt im Gegensatz zur Anscheinsvollmacht den Rechtsschein bewusst hin. Eine Anscheinsvollmacht ist dagegen gegeben, wenn der Vertretene das Handeln des Scheinvertreters zwar nicht kannte, also auch nicht duldete, aber bei pflichtgemäßer Sorgfalt hätte bemerken und verhindern können (BGH WM 05, 1520, 1522). Die Duldungsvollmacht unterscheidet sich von der konkludenten Vollmacht dadurch, dass der Vertretene keinen rechtsgeschäftlichen Willen zur Bevollmächtigung hat (BGH NJW 73, 1789). Ob eine rechtsgeschäftliche Billigung vorliegt, ist in Zweifelsfällen durch Auslegung vom Empfängerhorizont (§§ 133, 157) zu ermitteln (BaRoth/*Habermeier* Rn 15). Maßgeblicher Zeitpunkt für die Beurteilung einer Rechtsscheinvollmacht ist der des Vertragsschlusses; spätere Vorgänge können jedoch nur dem Gesichtspunkt einer Genehmigung gem § 177 I relevant sein (Staud/*Schilken* Rn 38).

IV. Voraussetzungen. 1. Objektiver Rechtsscheintatbestand. Der Rechtsschein einer Duldungs- und 37
Anscheinsvollmacht setzt voraus, dass der Scheinvertreter ohne eine Bevollmächtigung als Vertreter für den
Vertretenen auftritt, so dass Dritte berechtigterweise auf das Bestehen einer Vollmacht schließen können
(BGH WM 05, 1520, 1522). Weil der Rechtsscheintatbestand auf ein Verhalten des Vertretenen bezogen ist
(MüKo/*Schramm* Rn 57), muss das Auftreten des Scheinvertreters nach Treu und Glauben den zuverlässigen
Schluss auf eine Vollmachtserteilung durch den Vertretenen erlauben (Soergel/*Leptien* Rn 20). Hierzu ist es
idR erforderlich, dass der Vertreter wiederholt oder während einer gewissen Dauer für den Vertretenen als
Vertreter auftritt (BGH NJW 98, 1854, 1855). Ausnahmsweise kann der Rechtsscheintatbestand aber auch bei
einem ein- bzw erstmaligen Auftreten des Vertreters ohne Vertretungsmacht in Betracht kommen, wenn das
Verhalten mit großer Deutlichkeit für eine Bevollmächtigung spricht (*Bork* AT Rn 1550). Auch ein Vertreterhandeln aufgrund einer nichtigen Vollmacht kann nach den Grundsätzen der Duldungs- und Anscheinsvollmacht eine Rechtsscheinhaftung des Vollmachtgebers begründen, wenn das Vertrauen des Dritten auf den
Bestand der Vollmacht nach Maßgabe der gesetzlichen Vorschriften und allgemeiner Rechtsgrundsätze
schutzwürdig erscheint (BGH WM 05, 1520, 1522). Um die gesetzliche Wertung der §§ 172 f nicht zu umgehen, muss das Vertrauen des Vertragspartners aber an andere Umstände als die Vollmachtsurkunde anknüpfen und bereits bei Vertragsschluss vorgelegen haben (BGH WM 2004, 1536, 1539; 1230, 1232). Zur Zurechenbarkeit des Vertreterhandelns in den Fällen einer nichtigen Vollmacht s Rn 40.
Als hinreichende Grundlage für eine Duldungs- und Anscheinsvollmacht anerkannt sind die selbstständige 38
Bearbeitung und Erledigung der Geschäftskorrespondenz (BGH LM § 164 Nr 9), die wiederholte Verwendung überlassener Geschäftspapiere oder eines Firmenstempels (BGHZ 5, 111, 116), die Fortführung eines
Betriebes ohne Bekanntgabe des Inhaberwechsels (BGH WM 71, 15 f) auch durch einen Miterben im Namen
der Erbengemeinschaft (BGH NJW 62, 2196, 2197 f), die Verwendung des Namens eines ausgeschiedenen
Sozius oder eines Nicht-Sozius auf dem Kanzleischild oder dem Briefbogen einer Anwaltskanzlei (BGH NJW
91, 1225; BGHZ 70, 247, 249), die Aufforderung des Verkäufers an den Käufer, sich mit einer Mängelrüge an
den Hersteller zu wenden (Karlsr MDR 83, 488 f), nicht nur vereinzelt gebliebene Kontoüberziehungen durch
einen Kontobevollmächtigten oder Mitkontoinhaber (Ddorf WM 96, 949, 952 f; Oldbg WM 96, 997, 999),
wiederholte Kreditinanspruchnahmen ohne erkennbaren Widerspruch (BGH NJW 97, 312, 314). Dagegen
soll die Vorlage von Unterlagen, die den Darlehensvertrag lediglich vorbereiten (Selbstauskunft, Einziehungsermächtigung, Prospekte usw) für eine Rechtsscheinvollmacht zum Abschluss eines Darlehensvertrages
ebenso wenig genügen wie das Schweigen des Kreditnehmers auf die Mitteilung über die Einrichtung eines
Kontos (BGH WM 05, 1520, 1522; 05, 786, 788; kritisch *Münscher* BKR 05, 500, 501). Eine Rechtsscheinvollmacht kann sich auch auf die Begebung eines Schecks oder Wechsels erstrecken. Nicht ausreichend ist jedoch
die Zeichnung und Begebung von zwei Schecks innerhalb von drei Wochen (BGH WM 86, 901, 902), wohl
aber die Ausstellung von vier Wechseln an eigene Order innerhalb von vier bis sechs Monaten (München BB
97, 646, 647). Eine über die originäre Architektenvollmacht (s Rn 26) hinausgehende Anscheinsvollmacht
kommt nur ausnahmsweise in Betracht, wenn der Vertragspartner aufgrund der besonderen Umstände des
Einzelfalles annehmen darf, der Bauherr kenne und dulde das Verhalten des für ihn auftretenden Architekten
(BGH WM 83, 232). Die Aushändigung eines Kfz-Briefs (Köln VersR 74, 1185) begründet keine Duldungsvollmacht. Eine grundsätzliche Vermutung der Vertretungsbefugnis unter Ehegatten ist dem deutschen Recht
fremd (BSG NVwZ 83, 768). Wenn weitere Umstände hinzukommen, haftet der im Bauvertrag mit aufgeführte Ehegatte aber nach den Grundsätzen der Anscheinsvollmacht (Dresden NJW-RR 99, 897).

2. Zurechenbarkeit des Rechtsscheins. Die Zurechenbarkeit des Rechtsscheintatbestandes setzt bei einer 39
Duldungsvollmacht voraus, dass der Vertretene das Verhalten des von ihm nicht bevollmächtigten Vertreters
kannte und dagegen eingeschritten ist, obwohl ihm das möglich gewesen wäre (BGH WM 05, 1520,
1522). Bei der Anscheinsvollmacht genügt es für die Zurechnung, dass der Vertretene bei gehöriger verkehrsüblicher Sorgfalt die Möglichkeit hatte, das Auftreten des Scheinvertreters zu erkennen und zu verhindern
(BGH NJW 88, 1199, 1200). Nicht voll Geschäftsfähige können den objektiven Tatbestand einer Duldungs-
und Anscheinsvollmacht zu ihren eigenen Lasten nicht begründen, denn ihr Schutz geht dem Vertrauensschutz des Rechtsverkehrs vor. Die §§ 104 ff finden daher entspr Anwendung, wenn der Vollmachtgeber nicht
voll geschäftsfähig ist (Ermann/*Palm* Rn 19). Besteht für den Vertretenen Gesamtvertretung, müssen grds alle
Gesamtvertreter das Auftreten des Handelnden wissentlich dulden oder erkennen und vermeiden können
(BGH NJW 88, 1199, 1200). Etwas anderes gilt nur dann, wenn der Anschein besteht, der handelnde
Gesamtvertreter ermächtigt ist, den Vertretenen allein zu vertreten (BGH WM 76, 503, 504; kritisch Soergel/
Leptien Rn 29). Dem Vertretenen ist das Verhalten von Hilfspersonen, die seiner Risikosphäre zuzuordnen
sind, insbesondere von Überwachungspersonen zuzurechnen (Soergel/*Leptien* Rn 22; aA für eine Anwendung
des § 831 *Fabricius* JuS 66, 55, 57; für eine Anwendung des § 1278 *Hübner* AT Rn 1286). Bei juristischen Per-
sonen erfolgt die Zurechnung des Verhaltens Dritter über § 31 (Staud/*Schilken* Rn 41).
An der neuerdings vertretenen Auffassung des BGH, dass dem Vollmachtgeber das Vertreterhandeln im 40
Anschluss an eine nichtige Vollmachtserteilung nicht zugerechnet werden kann, wenn er die Nichtigkeit der
Vollmacht weder kannte noch kennen musste (BGH WM 05, 1520, 1522; kritisch *Münscher* BKR 05, 500, 501),
bestehen Zweifel. Gegen diese Auffassung spricht, dass der Zurechnungsgrund bei der Duldungsvollmacht nicht

ein Verschulden des Vertretenen, sondern die willentliche Veranlassung des Rechtsscheins einer wirksamen Bevollmächtigung ist (s Rn 34). Weil dem Vollmachtgeber daher eine Nachlässigkeit in eigenen Angelegenheiten nicht vorgeworfen werden muss, ist es nicht erforderlich, dass der Vollmachtgeber bereits bei Vertragsschluss die Nichtigkeit kannte oder kennen musste. Um dem Schutz des Vertragspartners und des Rechtsverkehrs ausreichend Rechnung zu tragen, kann für die Duldungs- und Anscheinsvollmacht insoweit nichts anderes gelten als für die Rechtsscheinhaftung nach den §§ 171 f. Auch die §§ 171 f setzen jedoch nicht voraus, dass der Vertretene die Nichtigkeit der Vollmacht kennt oder kennen muss, sondern stellen allein auf die eigenverantwortliche Vollmachtskundgabe des Vertretenen ab (BGH WM 05, 1520, 1523). Wenn ein Vertreter aufgrund einer nichtigen Vollmacht handelt, beruht der Rechtsschein auch nicht bloß darauf, dass der Vollmachtgeber nicht einschreitet, obwohl er das Vertreterverhalten kennt oder bei pflichtgemäßer Sorgfalt kennen muss, sondern auf einem eigenen positiven Handeln des Vollmachtgebers, das wie bei der Einräumung einer Stellung (Rn 47) für die Zurechnung des Rechtsscheins als ausreichend angesehen werden muss. Dem steht die in den §§ 171 f getroffene Wertung des Gesetzgebers nicht entgegen. Diese verlangt nur, an andere Umstände als die Vollmachtsurkunde anzuknüpfen, schließt es aber nicht aus, die Vollmachtserteilung als Zurechnungsgrund für das Vertreterhandeln im Anschluss an die nichtige Vollmachtserteilung heranzuziehen. Dass der Vollmachtgeber auch dann nach Rechtsscheingrundsätzen haftet, wenn sich erst nachträglich herausstellt, dass die Vollmacht nichtig ist, ist auch deshalb gerechtfertigt, weil im Verhältnis zu dem Vertragspartner der Vollmachtgeber die Risiken zu tragen hat, die sich aus der Nichtigkeit der Vollmacht ergeben.

41 **3. Gutgläubigkeit des Vertragspartners.** Analog § 173 ist der Vertragspartner bei der Duldungs- und Anscheinsvollmacht nicht geschützt, wenn er das Fehlen der Vollmacht kennt oder kennen muss (*Larenz/Wolf* AT § 48 Rn 31). Bei aufwändigen, ungewöhnlichen und nicht eilbedürftigen Rechtsgeschäften kann eine Rückfrage geboten sein (Köln NJW-RR 92, 915, 916). Eine bezogene Bank ist verpflichtet, Schecks vor der Einlösung zu prüfen (BGH NJW 82, 1513).

42 **4. Kausalität.** Der Rechtsschein muss für das Verhalten des Vertragspartners ursächlich geworden sein, dh im Zeitpunkt des vollmachtlosen Auftretens des Scheinvertreters noch bestehen. Zudem muss der Vertragspartner auf den Rechtsschein vertraut haben (BGH NW 83, 1308, 1309). Dazu muss er nicht alle den Rechtsschein begründenden Tatsachen kennen, vielmehr kann eine allgemeine, ihm bekannte Überzeugung vom Vorliegen einer Vollmacht genügen (BGH NJW-RR 86, 1476, 1477). Aufgrund der ihm bekannten Tatsachen muss der Vertragspartner ferner den Schluss ziehen, dass der Scheinvertreter bevollmächtigt ist (MüKo/*Schramm* Rn 57). Gleichwohl fehlt die erforderliche Kausalität, wenn der Vertragspartner den Vertrag auch bei Kenntnis der wahren Verhältnisse geschlossen hätte (*Bork* AT Rn 1545).

43 **V. Umfang der Rechtsscheinvollmacht.** Der Umfang einer Rechtsscheinvollmacht richtet sich nach dem geschaffenen Vertrauenstatbestand. Die Art des abgeschlossenen Rechtsgeschäfts darf nicht völlig aus dem Rahmen dessen fallen, was bei den gegebenen Umständen ein Bevollmächtigter hätte tun dürfen. Bei wichtigen, aber nicht besonderes eilbedürftigen Geschäften ist Zurückhaltung geboten (Staud/*Schilken* Rn 37).

44 **VI. Rechtsfolgen. a) Einwendungsausschluss.** Die Rechtsfolge der Duldungs- und Anscheinsvollmacht besteht darin, dass sich der Vertretene auf das Fehlen der Vertretungsmacht nicht berufen kann und sich daher so behandeln lassen muss, wie wenn er eine echte Vollmacht erteilt bzw ein vollmachtloses Auftreten genehmigt hätte. Die Vollmacht kraft Rechtsscheins steht daher einer rechtsgeschäftlich erteilten Vollmacht gleich (BGH NJW 83, 1207, 1309). Hiergegen wird von einem Teil der Lehre für die Anscheinsvollmacht geltend gemacht, dass ein nur fahrlässig veranlasster Rechtsschein außerhalb des kaufmännischen Geschäftsverkehrs keine ausreichende Grundlage für eine rechtsgeschäftliche Bindung bilde, sondern allenfalls eine Haftung des Vertretenen auf das negative Interesse aus cic begründen könne (Staud/*Schilken* Rn 31, 44). Nach aA trifft den Vertretenen nur die Verpflichtung, das schwebend unwirksame Vertretergeschäft nach § 177 I zu genehmigen (*Peters* AcP 179, 214, 238 ff). Gegen diese Ansichten spricht, dass dem Gesetz und insbesondere den §§ 171 f ein derart begrenztes Verständnis der Privatautonomie nicht zugrunde liegt. Auch die §§ 171 f erfassen vielmehr Fälle eines nur fahrlässig verursachten Rechtsscheins. Im Geschäftsverkehr besteht zudem ein über die Haftung auf das negative Interesse hinausgehendes Bedürfnis nach Vertrauensschutz. Die Rechtsscheinhaftung kann aber nicht weitergehen als die Haftung ginge, wenn der Schein der wirklichen Rechtslage entspräche (BGH NJW 98, 2897).

45 **b) Anfechtbarkeit der Rechtsscheinvollmacht.** Zur Anfechtbarkeit einer bereits vollzogenen Vollmacht s bereits Rn 15. Nach früher hM ist eine Rechtsscheinvollmacht nicht anfechtbar, weil sie nicht auf einem rechtsgeschäftlichen, sondern auf einem tatsächlichen Verhalten des Vertretenen beruht (BaRoth/*Habermeier* Rn 19). Gegen diese Auffassung spricht, dass eine Rechtsscheinvollmacht nicht strenger binden kann als eine schlüssige Bevollmächtigung. Um Wertungswidersprüche zur nur schlüssigen Bevollmächtigung zu vermeiden, ist daher der vordringenden Ansicht zu folgen, dass auch eine Rechtsscheinvollmacht anfechtbar ist (*Bork* AT Rn 1559). Die Rechtsscheinhaftung kann aber nicht mit der Begründung beseitigt werden, man habe sich über die Rechtsfolgen seines Verhaltens geirrt.

b) Haftung des Vertreters aus § 179. Das Verhältnis der Rechtsscheinsvollmacht zur Haftung des Vertreters 46
ohne Vertretungsmacht (§ 179) ist str. Die hM lehnt eine Anwendung der §§ 177 ff ab, wenn der Vertretene den
Vertrag nach den §§ 170 ff oder den Grundsätzen der Duldungs- und Anscheinsvollmacht gegen sich gelten lassen muss, weil der Vertragspartner nicht schutzwürdig sei (BGH NJW 83, 1308, 1309). Dagegen räumt ein Teil
der Lehre dem Vertragspartner ein Wahlrecht zwischen den Grundätzen der Rechtsscheinvollmacht und § 179
ein (Staud/*Schilken* Rn 44). Für diese Ansicht spricht, dass die Rechtsscheinvollmacht nicht zu einer Vertretungsmacht, sondern nur zu einem Einwendungsausschluss zugunsten des Vertragspartner führt, auf den dieser
verzichten kann (*Bork* AT Rn 1547). Im Übrigen verdient der Vertragspartner auch bei Vorliegen einer Rechtsscheinvollmacht Schutz vor den Risiken einer unsicheren Rechts- und Beweislage. Hinzu kommt, dass auch in
den Fällen der §§ 15 I, III HGB und der gewohnheitsrechtlichen Rechtsscheinhaftung aufgrund der Publizität
des Handelsregisters ein entsprechendes Wahlrecht besteht (*Larenz/Wolf* AT § 48 Rn 33).

VII. Rechtsscheinvollmacht kraft Einräumung einer Stellung. Wer einem anderen eine Stellung in einem 47
Unternehmen einräumt, die typischerweise mit einer Vollmacht verbunden ist, weil ohne sie der Inhaber der
Stellung die mit ihr verbundenen Aufgaben nicht ordnungsgemäß erfüllen kann, muss den anderen als
bevollmächtigt gelten lassen, auch wenn dieser tatsächlich keine oder eine geringere Vollmacht hat (Palandt/
Heinrichs Rn 21; im Ergebnis BGH NJW 02, 1041). Hierbei handelt es sich um einen Parallelfall der
Anscheinsvollmacht, der nach dem Rechtsgedanken des § 56 HGB zu lösen ist und bei dem es für die Zure-
chenbarkeit des Rechtsscheins nicht darauf ankommt, ob der Vertretene das Verhalten des Vertreters kannte
oder kennen musste. Hierfür genügt vielmehr das positive Handeln des Vertretenen. Der Schluss von der
Stellung auf die Vollmacht muss aber bei verständiger Würdigung zwingend sein (Soergel/*Leptien* Rn 30;
MüKo/*Schramm* Rn 62). Zudem schadet es dem Vertragspartner, wenn er den Mangel der Vollmacht kannte
oder kennen musste. Nach diesen Grundsätzen ist die Angestellte am Fernsprecher als zur Entgegennahme,
nicht aber zur Abgabe von Erklärungen berechtigt anzusehen (Palandt/*Heinrichs* Rn 21). Die im Schalter-
und Kassendienst sowie in der Kundenberatung tätigen Bankangestellten gelten als befugt, für die Bank Auskünfte zu erteilen (BGH WM 73, 635 f). Ein Zweigstellenleiter gilt als berechtigt, Festgelder oder Einlagen
entgegenzunehmen (BGH NJW 80, 2410, 2411), nicht aber zum mündlichen Abschluss von Darlehensverträgen über höhere Summen (Kobl WM 94, 1797, 1798 f).

E. Die Untervollmacht. Untervollmacht ist die einem Dritten (Untervertreter) durch einen gesetzlichen, 48
rechtsgeschäftlichen oder organschaftlichen Stellvertreter (Hauptvertreter) erteilte Rechtsmacht, seinerseits
rechtsgeschäftlich für den Vertretenen tätig zu werden. Durch die Untervollmacht entsteht eine mehrstufigen
Vertretung (*Larenz/Wolf* AT § 46 Rn 38). Der Bestand der Hauptvollmacht wird durch die Unterbevollmächtigung idR nicht berührt. Nur bei der sog Ersatzvollmacht, bei der es sich um eine Form der Unterbevollmächtigung und nicht um eine Vollmachtsübertragung handelt, tritt der Untervertreter an die Stelle des
Hauptvertreters. Der Hauptbevollmächtigte kann nach hM hierbei auf seine inhaltsgleiche Vollmacht verzichten oder es kann von vornherein vereinbart sein, dass seine Vollmacht im Fall der Unterbevollmächtigung endet (*Larenz/Wolf* AT § 46 Rn 40).

I. Die mittelbare und die unmittelbare Untervollmacht. Die Rspr unterscheidet zwei Arten von Untervoll- 49
machten. Im ersten Fall nimmt der Hauptvertreter die Bevollmächtigung des Untervertreters im Namen des
Vertretenen mit Wirkung für diesen vor (unmittelbare Untervertretung). Der Untervertreter tritt hierarchisch
neben den Hauptvertreter. Hiervon ist der Fall zu unterscheiden, dass der Hauptvertreter den Untervertreter
im eigenen Namen bevollmächtigt, ihn in seiner Eigenschaft als Vertreter des Vertretenen zu vertreten. In diesem Fall vertritt der Untervertreter unmittelbar den Hauptvertreter und nur mittelbar gleichsam durch den
Hauptvertreter hindurch den Vertretenen (mittelbare Untervertretung). Der Untervertreter steht hierarchisch
unter dem Hauptvertreter. Ob eine unmittelbare oder mittelbare Untervertretung gewollt ist, wird im Wege
der Auslegung gem den §§ 133, 157 ermittelt (BGHZ 68, 391, 393f). Die hM im Schrifttum lehnt die Figur
des mittelbaren Untervertreters ab. Für diese Ansicht spricht, dass jemand für sich selbst keinen Vertreter
bestellen kann, der Rechtsfolgen auch für einen Dritten herbeiführt. Obgleich diese Konstruktion nicht denk-
unmöglich ist, ist sie in hohem Maße sach- und verkehrsfremd sowie im Übrigen auch nicht von der Hauptvollmacht gedeckt (*Larenz/Wolf* AT § 47 Rn 44).

II. Der Offenkundigkeitsgrundsatz bei der Untervertretung. Der Offenkundigkeitsgrundsatz (§ 164 Rn 30) 50
verlangt bei der unmittelbaren Untervollmacht, dass der Untervertreter im Namen des Vertretenen auftritt.
Der Untervertreter muss aber nicht offen legen, dass er seine Vollmacht nicht direkt vom Vertretenen, sondern vom Hauptvertreter ableitet (*Larenz/Wolf* AT § 46 Rn 43). Auch bei der mittelbaren Untervollmacht
(Rn 49) soll es nicht ausreichen, wenn der Unterbevollmächtigte im Namen des Hauptvertreters gehandelt
hat. Gefordert wird vielmehr, dass der Unterbevollmächtigte hinreichend zum Ausdruck gebracht hat, dass
die Rechtswirkungen nicht den Hauptvertreter, sondern den Vertretenen treffen sollen (*Bork* AT Rn 1450).
Ansonsten handelt er ohne Vertretungsmacht und haftet selbst nach § 179, s dort Rn 22.

III. Die Vertretungsmacht des Untervertreters. Die Erklärung des Untervertreters ist dem Vertretenen nur 51
zuzurechnen, wenn der Unterbevollmächtigte sich in den Grenzen der ihm von dem Hauptvertreter erteilten

Vertretungsmacht hält und der Hauptvertreter im Zeitpunkt der Unterbevollmächtigung Vertretungsmacht auch zur Erteilung der Untervollmacht hatte (*Bork* AT Rn 1451). Zur Haftung nach § 179 bei Mängeln der Haupt- oder Untervollmacht s dort Rn 21 f.

52 **1. Befugnis zur Erteilung einer Untervollmacht.** Ein gesetzlicher Vertreter darf immer Untervollmacht erteilen, sofern das Gesetz etwa in den §§ 1600 a II, III nichts anderes bestimmt (MüKo/*Schramm* Rn 101). Das Gleiche gilt für den organschaftlichen Vertreter, solange die gesetzliche Vertretungsanordnung nicht entgegensteht. Zu der Erteilung einer Generalvollmacht durch einen organschaftlichen Vertreter an ein Nichtorgan und der Geschäftsführer-Generalvollmacht s Rn 32. Bei rechtsgeschäftlichen Vertretern kann sich die Befugnis zur Erteilung einer Untervollmacht aus dem Gesetz oder der Vollmacht ergeben. Gesetzliche Regelungen enthalten §§ 135 III AktG; §§ 52 II HGB, 58; 81 ZPO. In Zweifelsfällen ist durch Auslegung der Hauptvollmacht zu ermitteln, ob eine Unterbevollmächtigung erlaubt ist (*Bork* AT Rn 1451). Hierfür ist in erster Linie das Interesse des Vertretenen maßgeblich (BaRoth/*Habermeier* Rn 32). Beruht die Hauptvollmacht auf ganz besonderem Vertrauen, so ist die Erteilung der Untervollmacht idR ausgeschlossen. Nur in dem mit Rücksicht auf das in der Bevollmächtigung regelmäßig zum Ausdruck kommende Vertrauen in die Person des Vertreters eher seltenen Fall, dass der Vertretene kein erkennbares Interesse an einem persönlichen Tätigwerden des Hauptvertreters hat, ist von einer Erlaubnis zur Unterbevollmächtigung auszugehen (BGH WM 59, 377, 378). Erteilt der Hauptvertreter eine Untervollmacht, ohne dazu befugt zu sein, so ist die Vollmacht grds nach § 180 1 unwirksam. Zur Haftung aus § 179 s dort Rn 21 f.

53 **2. Umfang und Dauer der Untervollmacht.** Der Hauptvertreter kann dem Unterbevollmächtigten nicht mehr Rechtsmacht verleihen als er selbst hat (Staud/*Schilken* Rn 67). Das bedeutet, dass ein selbst von § 181 nicht befreiter Vertreter einen Untervertreter nicht von den Beschränkungen des § 181 befreien kann und der nur widerruflich Bevollmächtigte keine unwiderrufliche Untervollmacht (BaRoth/*Habermeier* Rn 35) erteilen kann. Ob auch der Fortbestand der Untervollmacht von der Vertretungsmacht des Hauptvertreters abhängig ist, ergibt sich aus dem Inhalt der Hauptvollmacht und ist in Zweifelsfällen durch Auslegung (§§ 133, 157) zu ermitteln (*Larenz/Wolf* AT § 47 Rn 42). Zum Widerruf der Untervollmacht ist sowohl der Hauptvertreter, der die Vollmacht erteilt hat, als auch der Vertretene berechtigt (Staud/*Schilken* Rn 69).

§ 168 Erlöschen der Vollmacht

¹Das Erlöschen der Vollmacht bestimmt sich nach dem ihrer Erteilung zugrunde liegenden Rechtsverhältnis. ²Die Vollmacht ist auch bei dem Fortbestehen des Rechtsverhältnisses widerruflich, sofern sich nicht aus diesem ein anderes ergibt. Auf die Erklärung des Widerrufs findet die Vorschrift des § 167 Abs. 1 entsprechende Anwendung.

1 **A. Die Systematik des Erlöschensgründe.** § 168 regelt das Erlöschen der Vollmacht nur sehr unvollständig. Neben dem Erlöschen der Vollmacht nach Maßgabe des Grundgeschäfts (Rn 3) und dem Widerruf der Vollmacht (Rn 12 ff) kann die Bevollmächtigung selbst als abstraktes Rechtsgeschäft Erlöschensgründe enthalten (Rn 2). Str ist, ob ein einseitiger Verzicht des Bevollmächtigten auf die Vollmacht möglich ist (Rn 16). Für die Prozessvollmacht (s § 164 Rn 25) gelten die Sondervorschriften in den §§ 86 f ZPO.

2 **B. Erlöschen nach Maßgabe der Vollmacht.** Entgegen dem Wortlaut des § 168 richtet sich das Erlöschen der Vollmacht in erster Linie nach ihrem Inhalt. Insbesondere kann eine Vollmacht selbst befristet (§ 163) oder unter einer auflösenden Bedingung (§ 158 II) erteilt werden. Eine Vollmacht erlischt ferner durch Zweckerreichung, wenn das Rechtsgeschäft, für das sie erteilt wurde, abgeschlossen wurde oder der Geschäftsschluss endgültig gescheitert ist (BaRoth/*Habermeier* Rn 2).

3 **C. Erlöschen nach Maßgabe des Grundgeschäfts (S 1).** Enthält die Vollmacht keine ausdrückliche Regelung, bestimmt sich das Erlöschen der Vollmacht gem S 1 aus dem Grundverhältnis (zB Auftrag, Geschäftsbesorgungsvertrag, Dienst- oder Arbeitsvertrag). Das bedeutet jedoch nicht, dass die Vollmacht automatisch mit dem Grundverhältnis endet. Wegen der Abstraktheit der Vollmacht ist vielmehr die Feststellung des Beendigungsgrundes auch für die Vollmacht erforderlich (*Larenz/Wolf* AT § 47 Rn 68, 7). IdR wird jedoch eine Auslegung des Grundverhältnisses trotz der Abstraktheit der Vollmacht ergeben, dass die Vollmacht nur für die Dauer des Grundverhältnisses erteilt worden ist und daher mit dessen Beendigung erlischt (*Bork* AT Rn 1499). S 1 ist auf die isolierte Vollmacht grds nicht anwendbar, da ein Grundverhältnis fehlt (Staud/*Schilken* Rn 16; aA MüKo/*Schramm* Rn 2). Im Einzelfall kann sich jedoch aus dem Gesetz oder der Auslegung der Vollmacht ergeben, dass personenbezogene Erlöschensgründe auch für eine isolierte Vollmacht gelten (s Rn 4, 7).

4 **I. Erlöschensgründe in der Person des Bevollmächtigten. 1. Tod und Verlust der Rechtspersönlichkeit.** Stirbt der Bevollmächtigte, führt das gem §§ 673, 675 im Zweifel zum Erlöschen eines Auftrages oder Geschäftsbesorgungsvertrages im Grundverhältnis sowie über S 1 idR auch zum Erlöschen der Vollmacht, es sei denn mit dem Aufschub ist Gefahr verbunden (MüKo/*Schramm* Rn 6). Das gilt wegen des besonderen Vertrauens des

Treugebers zu dem Treunehmer vor allem für die treuhänderische Vollmacht. Anders verhält es sich jedoch bei einer ausschließlich im Interesse des Bevollmächtigten erteilten Vollmacht wie zB einer dem Grundstückskäufer erteilten Auflassungsvollmacht. Eine solche Vollmacht ist nicht an die Person des Bevollmächtigten gebunden und besteht daher zugunsten der Erben des Bevollmächtigten fort (Köln OLGZ 69, 304 ff). Str ist, ob die Vollmacht gem § 1922 vererblich ist (für die unwiderrufliche Vollmacht *Larenz/Wolf* AT § 47 Rn 74) oder ob die Erben als für den Todesfall bevollmächtigt anzusehen sind (BaRoth/*Habermeier* Rn 5). Die §§ 673, 675 iVm S 1 gelten entspr bei einer isolierten Vollmacht (Staud/*Schilken* Rn 19; str). Die einer juristischen Person erteilte Vollmacht endet noch nicht mit deren Liquidation, sondern erst mit deren vollständigem Erlöschen (BaRoth/*Habermeier* Rn 7).

2. Insolvenz. Die Insolvenz des Bevollmächtigten berührt das Bestehen der Vollmacht nicht, es sei denn die Vollmacht beruht auf einem Gesellschaftsvertrag (§ 728). Sie kann jedoch einen Grund für eine fristlose Kündigung des Grundverhältnisses liefern, die nach S 1 auch das Erlöschen der Vollmacht zur Folge hat (MüKo/*Schramm* Rn 16). 5

3. Verlust der Geschäftsfähigkeit. Verliert der Bevollmächtigte seine Geschäftsfähigkeit (§ 104 Nr 2), führt das nach zutreffender Ansicht im Hinblick auf das Risiko für den Vollmachtgeber zur Beendigung des Grundgeschäfts und damit zum Erlöschen der Vollmacht. Das gilt nach hM jedenfalls dann, wenn die Geschäftsunfähigkeit irreversibel, also von Dauer ist (MüKo/*Schramm* Rn 7). Nach aA ist nur das Vertretergeschäft gem § 105 Nr 1 nichtig mit der Folge, dass die fortbestehende Vollmacht nach Wiedererlangung der Geschäftsfähigkeit wieder ausgeübt werden kann (*Bork* AT Rn 1504). Gegen diese Ansicht spricht, dass der Mangel nur das Innenverhältnis betrifft. 6

II. Erlöschensgründe in der Person des Vollmachtgebers. 1. Tod und Verlust der Rechtspersönlichkeit. Der Tod des Vollmachtgebers führt gem §§ 672 S 1, 675 im Zweifel nicht zum Erlöschen eines Auftrages oder Geschäftsbesorgungsvertrages im Grundverhältnis und iVm S 1 einer von dem Erblasser erteilten Vollmacht (BGH NJW 69, 1245, 1246). Das Gleiche gilt gem § 52 III HGB für die Prokura. Klauseln zB in Bankformularen, nach denen die Vollmacht nach dem Tod des Vollmachtgebers fortgelten sollen (transmortale Vollmacht), bestimmen nur, was § 672 1 ohnehin vermutet (*Bork* AT Rn 1502). Im Gegensatz zur transmortalen Vollmacht soll der Vertreter bei der sog postmortalen Vollmacht erst ab dem Tode des Bevollmächtigten Vertretungsmacht haben. Wirkt die erteilte Vollmacht über den Tod hinaus, vertritt der Bevollmächtigte beschränkt auf den Nachlass die Erben (BGH FamRZ 83, 476, 477; MüKo/*Schramm* Rn 30). Diese haben das Recht, die Vollmacht zu widerrufen, es sei denn die Vollmacht wurde unwiderruflich erteilt (BaRoth/*Habermeier* Rn 11). Ob der Bevollmächtigte die Interessen des Erblassers oder der Erben zu beachten hat, ist durch Auslegung zu ermitteln (MüKo/*Schramm* Rn 34 f). Eine isolierte Vollmacht erlischt nach der hM im Zweifel mit dem Tod des Vollmachtgebers (Staud/*Schilken* 27; aA *Flume* AT II § 51 5 a). Die von einer juristischen Person erteilte Vollmacht endet erst mit deren Erlöschen. Der Eintritt in die Liquidation bewirkt nur, dass die Vollmacht auf den Liquidationszweck beschränkt wird (Staud/*Schilken* Rn 27; str für die Prokura). Zum Übergang der Vollmacht bei einer Verschmelzung des bevollmächtigten Rechtsträgers s Kobl NJW-RR 98, 38, 39 ff. 7

2. Verlust der Geschäftsfähigkeit. Verliert der Vollmachtgeber seine Geschäftsfähigkeit, so hat das nach der hM im Zweifel weder für einen Auftrag oder Geschäftsbesorgungsvertrag (§§ 672 1, 675) im Grundverhältnis noch für die Vollmacht Konsequenzen (S 1). Der Bevollmächtigte unterliegt weder den Beschränkungen der §§ 1641, 1643, 1821, 1822 noch hat er den Willen des gesetzlichen Vertreters zu beachten (BaRoth/*Habermeier* Rn 14; aA Staud/*Schilken* Rn 23; *Flume* AT II § 51 6). 8

3. Betriebsübergang nach § 613 a. Prokura und Handlungsvollmacht (§§ 52, 54 HGB) enden bei einer Betriebseinstellung oder Veräußerung des Unternehmens (Staud/*Schilken* Rn 2). Vereinzelt wird die Auffassung vertreten, dass im Falle eines Betriebsübergangs nach § 613 a eine Vollmacht, die der bisherige Inhaber erteilt hat, für den neuen Inhaber bestehen bleibt, weil sie auf den Betrieb und seine Funktionen bezogen ist und daher ebenso wenig wie das zugrunde liegende Arbeitsverhältnis durch den Betriebsübergang eine Änderung erfahren darf. Dies soll auch für die Prokura gelten (*Larenz/Wolf* AT § 47 Rn 71). Zumindest die Prokura kann jedoch nur von dem jeweiligen Betriebsinhaber erteilt werden. 9

4. Insolvenz. Die Insolvenz des Vollmachtgebers lässt gem §§ 115 I, 117 I InsO einen Auftrag und eine von dem Schuldner erteilte Vollmacht, soweit diese sich auf das zur Insolvenzmasse gehörende Vermögen beziehen, erlöschen, es sei denn mit dem Aufschub ist Gefahr verbunden (§§ 115 II, 117 II InsO). Das gilt auch für eine von dem Schuldner erteilte Prozessvollmacht (BGH NJW 00, 738, 739). Der Bevollmächtigte haftet aber nicht nach § 179, solange er die Insolvenzeröffnung ohne Verschulden nicht kennt (§ 117 III). §§ 177 I, III InsO sind auch auf die isolierte Vollmacht anzuwenden (Staud/*Schilken* Rn 25). 10

III. Sonstige Erlöschensgründe. Sonstige Beendigungsgründe für das Grundverhältnis und damit über S 1 auch für die Vollmacht sind insbesondere die Befristung und Bedingung (§§ 158 ff) sowie der Widerruf eines Auftrages durch den Auftraggeber und dessen Kündigung durch den Auftragnehmer (§ 671). § 671 ist auf den Geschäftsbesorgungsvertrag abgesehen von der Ausnahme in § 675 I nicht anwendbar. Für ihn gelten viel- 11 mehr die einschlägigen Bestimmungen des Dienst- und Werkvertrages über die Kündigung (§§ 314, 620 II, 649), den Rücktritt (§§ 346 ff, 323, 324, 326) und den Widerruf (§§ 312, 312 d, 355, 385).

12 **D. Der Widerruf der Vollmacht (S 2 und 3). I. Die Widerruflichkeit der Vollmacht.** S 2 bestimmt, dass eine Vollmacht grds frei widerruflich ist, auch wenn das Grundverhältnis fortbesteht. Die Erteilung einer unwiderruflichen Vollmacht ist nur in engen Grenzen zulässig, weil der Vollmachtgeber sich hierdurch seines Selbstbestimmungsrechts in erheblichem Umfang begibt.

13 **1. Unwiderruflichkeitsabrede.** Weil das Gesetz für die Unwiderruflichkeit auf das Grundverhältnis abstellt, bedarf es nach der hM für die Unwiderruflichkeit der Vollmacht einer Unwiderruflichkeitsabrede im Grundverhältnis. Das bedeutet, dass der Widerruf einer Vollmacht nur durch Vertrag ausgeschlossen werden kann (aA für die Möglichkeit eines einseitigen Verzichts Staud/*Schilken* Rn 11) und dass eine isolierte Vollmacht nicht unwiderruflich erteilt werden kann, sondern wegen des fehlenden Grundverhältnisses unabhängig von ihrer Formulierung auch ohne Vorliegen eines wichtigen Grundes frei widerruflich ist (BGH NJW-RR 96, 848, 849 f; BGHZ 110, 363, 367). Ist die Bevollmächtigung ausschließlich im Interesse des Bevollmächtigten erfolgt oder dient sie nach Grund und Zweck seinen besonderen Interessen, spricht das für einen stillschweigenden Ausschluss der Widerruflichkeit der Vollmacht, der bei überwiegenden Interessen des Vollmachtgebers an der Vollmachtserteilung wiederum ausgeschlossen ist (BGH NJW-RR 91, 439, 442). Zur Formbedürftigkeit einer unwiderruflichen Vollmacht s § 167 Rn 11. Eine unwiderrufliche Generalvollmacht ist nach §§ 307, 138 I unwirksam (*Bork* AT Rn 1509). Entgegen dem Wortlaut kann sich aber aus den Umständen ergeben, dass es sich nur um eine Spezialvollmacht handelt (s § 167 Rn 31). Darüber hinaus versagt die hM der unwiderruflichen Vollmacht immer dann die Anerkennung, wenn sie nicht durch mindestens gleichwertige Interessen des Bevollmächtigten oder eines Dritten gerechtfertigt ist (BGH NJW-RR 96, 848, 849; abl *Bork* AT Rn 1509). Ist die Unwiderruflichkeitserklärung unwirksam, bleibt die Vollmacht gem § 139 im Zweifel als widerrufliche bestehen (MüKo/*Schramm* Rn 27).

14 **2. Widerruflichkeit aus wichtigem Grund.** Auch eine unwiderrufliche Vollmacht ist nach dem Rechtsgedanken der §§ 27 II 2, 554a 1, 626 I, 723 I 2 bei groben Pflichtverstößen des Bevollmächtigten aus wichtigem Grund widerrufbar (BGH NJW 97, 3437; 3440; zweifelnd *Medicus* AT Rn 942). Dagegen will ein Teil der Lehre die unwiderrufliche Vollmacht nur anerkennen, wenn der Bevollmächtigte oder der Dritte gegenüber dem Vollmachtgeber einen Anspruch auf Vornahme des Vertretergeschäfts hat (*Flume* AT II § 53 3). Eine so weitgehende Einschränkung der Ausgestaltungsmöglichkeiten rechtsgeschäftliche Stellvertretung ist durch § 167 S 2 jedoch nicht mehr gerechtfertigt (*Fuchs* AcP 196, 313, 361 ff).

15 **II. Wirksame Widerrufserklärung.** Für die Widerrufserklärung verweist S 3 auf § 167 I. Der Widerruf erfolgt demnach durch einseitige empfangsbedürftige Willenserklärung, die entweder dem Bevollmächtigten (Innenwiderruf) oder dem Vertragspartner (Außenwiderruf) gegenüber abzugeben ist und analog § 171 II auch durch öffentliche Bekanntmachung erfolgen kann. Dabei muss der Erteilungstatbestand nicht mit dem Widerrufstatbestand korrespondieren (*Bork* AT Rn 1513). Eine Außenvollmacht kann daher auch dem Bevollmächtigten gegenüber widerrufen werden. Dann besteht aber die Gefahr, dass die Vollmacht nach den §§ 170 ff oder den Regeln über die Duldungs- und Anscheinsvollmacht fort gilt.

16 **E. Verzicht des Bevollmächtigten auf die Vollmacht.** Der Bevollmächtigte kann nach hM durch einseitige Erklärung gegenüber dem Vollmachtgeber auf die Vollmacht auch dann verzichten, wenn er im Innenverhältnis zur Ausführung des Vertretergeschäfts verpflichtet bleibt (Staud/*Schilken* Rn 18; aA Erman/*Palm* Rn 1).

17 **F. Beweislast.** Die Partei, die sich auf das Erlöschen der Vollmacht beruft, trägt dafür die Beweislast. Steht das Erlöschen der Vollmacht fest, muss derjenige, der sich auf ein Vertretergeschäft beruft, beweisen, dass das Geschäft vor dem Erlöschen der Vollmacht abgeschlossen wurde (BGH NJW 84, 603, 604).

§ 169 Vollmacht des Beauftragten und des geschäftsführenden Gesellschafters

Soweit nach den §§ 674, 729 die erloschene Vollmacht eines Beauftragten oder eines geschäftsführenden Gesellschafters als fortbestehend gilt, wirkt sie nicht zugunsten eines Dritten, der bei der Vornahme eines Rechtsgeschäftes das Erlöschen kennt oder kennen muss.

1 Ist das Grundverhältnis ein Auftrag, Geschäftsbesorgungsvertrag oder ein Gesellschaftsverhältnis, wird in den Fällen der §§ 674, 675, 729 das Fortbestehen des Grundverhältnisses dem gutgläubigen Vertreter gegenüber fingiert. Dies hat nach § 168 S 1 auch das Fortwirken der Vollmacht zur Folge. Hieran knüpft die Vorschrift in § 169 an, indem sie anordnet, dass die fortbestehende Vollmacht nicht gegenüber einem Vertragspartner wirkt, der nicht schutzwürdig ist, weil er das Erlöschen des Grundverhältnisses kennt noch kennen muss (*Bork* AT Rn 1517). Nach zutreffender Ansicht dient die Regelung dem Schutz des Vertretenen vor ungewollten rechtlichen Bindungen (BaRoth/*Habermeier* Rn 3), während der Vertreter vor den Folgen auftragslosen Handelns durch § 179 III 1 geschützt ist (Staud/*Schilken* Rn 4; aA RGRK/*Steffen* Rn 1). § 169 ist nur auf die

reine Innenvollmacht anwendbar. Bei einer Außenvollmacht und einer kundgegebenen Innenvollmacht gehen die §§ 170 ff und die Grundsätze der Duldungs- und Anscheinsvollmacht (s § 167 Rn 34 ff) vor (MüKo/*Schramm* Rn 4). Auf eine isolierte Vollmacht findet § 169 wegen des fehlenden Grundverhältnisses ebenfalls keine Anwendung (Staud/*Schilken* Rn 7; aA für eine Anwendbarkeit des § 169 bei einem nichtigen Grundverhältnis MüKo/*Schramm* Rn 6). Das Gleiche gilt, wenn einer kausalen Vollmacht ein anderes Grundverhältnis als ein solches iSd §§ 674, 675, 729 zugrunde liegt (BaRoth/*Habermeier* Rn 9).

§ 170 Wirkungsdauer der Vollmacht

Wird die Vollmacht durch Erklärung gegenüber einem Dritten erteilt, so bleibt sie diesem gegenüber in Kraft, bis ihm das Erlöschen von dem Vollmachtgeber angezeigt wird.

A. Normzweck, Systematik und dogmatische Grundlagen der §§ 170–173. Die §§ 170–173 schützen das Vertrauen des gutgläubigen (§ 173) Vertragspartners in den Bestand einer Außenvollmacht (§ 170) und einer kundgegebenen Innenvollmacht (§§ 171 I, 172 I). Im Gegensatz zur Außenvollmacht begründet die Vollmachtserteilung bei einer internen Vollmacht selbst noch keinen Vertrauenstatbestand. § 171 knüpft deshalb an die Kundgabe der Vollmacht nach außen durch Mitteilung an einen Dritten oder öffentliche Bekanntgabe an. § 172 stellt die Aushändigung einer Vollmachtsurkunde in den rechtlichen Folgen der Vollmachtskundgabe durch Mitteilung gleich. Die §§ 170 ff normieren nach hM eine Rechtsscheinhaftung (BaRoth/*Habermeier* Rn 2). Nach aA beruht die Haftung in den Fällen der §§ 170 ff (Rechtsgeschäftstheorie; *Flume* AT II § 49 2, § 51 9) oder jedenfalls im Falle des § 170 (*Larenz/Wolf* AT § 48 Rn 16) auf rechtsgeschäftlichen Handlungen, die nur durch gegenläufige Rechtsgeschäfte beseitigt werden können. Gegen diese Ansicht spricht die für eine Rechtsscheinhaftung typische Struktur und Systematik der §§ 170 ff (vgl *Bork* AT Rn 1522). Die Rechtsnatur der Rechtscheinvollmacht ist str. Entgegen der teilweise vertretenen Ansicht, dass die ursprüngliche Vollmacht aufgrund des Rechtsscheins als entspr gesetzliche Vertretungsmacht fortwirkt (BaRoth/*Habermeier* Rn 7, § 171 Rn 10), verschafft die Rechtsscheinhaftung nach hM kraft Gesetzes eine vollmachtsgleiche Vertretungsmacht (Staud/*Schilken* § 171 Rn 2). Nach zutreffender Ansicht handelt es sich hierbei nicht um eine echte Vertretungsmacht. Die Rechtsscheinvollmacht führt vielmehr als Reflexwirkung des Vertrauensschutzes nur zu einem Einwendungsausschluss, aufgrund dessen der Vertretene sich im Verhältnis zum Vertragspartner auf das Fehlen der Vertretungsmacht nicht berufen kann. Der Vertragspartner kann auf den Einwendungsausschluss verzichten und stattdessen den Vertreter aus § 179 in Anspruch nehmen (*Bork* AT Rn 1546 f; str s § 167 Rn 46). 1

B. Tatbestandsvoraussetzungen des § 170. I. Nachträgliches Erlöschen einer wirksam erteilten Außenvollmacht. § 170 ist nur anwendbar, wenn eine wirksam erteilte Außenvollmacht nachträglich erloschen ist. Der Vertragspartner muss Kenntnis von der externen Bevollmächtigung genommen haben; der Zugang der Vollmachtserklärung genügt dagegen nicht, um einen Vertrauenstatbestand zu begründen (Staud/*Schilken* Rn 2). Auf die unwirksame, dh auch auf die mit Wirkung ex tunc (§ 142 I) angefochtene Vollmacht ist § 170 nach hM weder direkt noch indirekt anwendbar. Insoweit richtet sich der Vertrauensschutz vielmehr ausschließlich nach §§ 104 ff, 116 ff, 122 (*Bork* AT Rn 1519) und nach den Regeln über die Duldungs- und die Anscheinsvollmacht (§ 167). § 170 gilt aber auch dann, wenn die Außenvollmacht eingeschränkt werden soll (Staud/*Schilken* Rn 3). 2

II. Schutzwürdigkeit des Vertragspartners. Auf den Fortbestand der Vollmacht kann nur der gutgläubige Vertragspartner vertrauen, s § 173. In der Insolvenz des Vollmachtgebers ist der Vertragspartner trotz Vorliegens der Voraussetzungen der §§ 170, 173 nicht schutzwürdig. Denn wenn der Vollmachtgeber gem § 80 I InsO nicht mehr über sein Vermögen verfügen kann, gilt das erst recht für seinen Vertreter (BaRoth/*Habermeier* Rn 6). 3

III. Erlöschensanzeige iSv § 170. Der Vertragspartner kann sich auf den Vertrauensschutz nach § 170 nicht mehr berufen, sobald ihm das Erlöschen der Vollmacht angezeigt wurde. Die Erlöschensanzeige ist nach zutreffender Ansicht eine rechtsgeschäftsähnliche Handlung, auf welche die Vorschriften über Willenserklärungen (§§ 104 ff) entspr Anwendung finden (MüKo/*Schramm* Rn 7; aA Staud/*Schilken* Rn 7; *Flume* AT II § 51 9). Der Zugang der Anzeige genügt; auf die tatsächliche Kenntnisnahme kommt es nicht an (Staud/*Schilken* Rn 7). 4

C. Beweislast. Derjenige, der sich auf das Erlöschen der Außenvollmacht beruft, muss den Wegfall des Rechtsscheins in Form einer wirksamen Erlöschensanzeige oder die tatsächlichen Voraussetzungen der Bösgläubigkeit des Vertragspartners beweisen (BaRoth/*Habermeier* Rn 11). 5

§ 171 Wirkungsdauer bei Kundgebung

(1) Hat jemand durch besondere Mitteilung an einen Dritten oder durch öffentliche Bekanntmachung kundgegeben, dass er einen anderen bevollmächtigt habe, so ist dieser auf Grund der Kundgebung im ersteren Falle dem Dritten gegenüber, im letzteren Falle jedem Dritten gegenüber zur Vertretung befugt.
(2) Die Vertretungsmacht bleibt bestehen, bis die Kundgebung in derselben Weise, wie sie erfolgt ist, widerrufen wird.

1 **A. Anwendungsbereich der §§ 171, 172.** Die §§ 171, 172 sind nur auf eine Innenvollmacht anwendbar (BaRoth/*Habermeier* Rn 3). Da Anknüpfungspunkt für den Rechtsschein die Kundgabe der Vollmacht nach außen ist, finden die §§ 171, 172 anders als § 170 auch auf eine nichtige Vollmacht Anwendung (BGH WM 05, 1520, 1522; aA *Hellgardt/Mayer* 04, 2380, 2382). Zur Heilung einer nach Art 1 § 1 RBerG iVm § 134 nichtigen Vollmacht nach Rechtsscheingrundsätzen s § 167 Rn 21. Auch wenn eine Vollmacht niemals erteilt wurde (str) oder nachträglich erloschen ist, finden die §§ 171, 172 Anwendung (Staud/*Schilken* Rn 7). Das Gleiche gilt, wenn die Vollmachtskundgabe von dem tatsächlichen Umfang der Vollmacht abweicht (Staud/*Schilken* Rn 1).

2 **B. Tatbestandsvoraussetzungen des § 171. I. Vollmachtskundgabe iSv § 171 I. 1. Rechtsnatur und Anfechtbarkeit.** Die Vollmachtskundgabe ist nach hM eine rein deklaratorische, rechtsgeschäftsähnliche Handlung, auf welche die Vorschriften über Willenserklärungen (§§ 104 ff) entspr anzuwenden sind (Staud/*Schilken* Rn 2; aA *Flume* AT II § 51 9). Es muss ein adressatengerichteter Kundgabewille vorliegen (*Bork* AT Rn 1524) und der Kundgebende muss voll geschäftsfähig sein (BGH NJW 77, 622, 623). Die von einem nur beschränkt Geschäftsfähigen vorgenommene Vollmachtskundgabe ist ohne Zustimmung des gesetzlichen Vertreters nur wirksam, wenn der beschränkt Geschäftsfähige das Rechtsgeschäft gem § 107 selbst vornehmen konnte (BaRoth/*Habermeier* Rn 6). Der Dritte muss von der Vollmachtskundgabe Kenntnis genommen haben; allein der Zugang der Mitteilung oder der Vollzug der öffentlichen Bekanntmachung genügen nicht. Die Kenntnisnahme wird aber vermutet, wenn die Mitteilung zugegangen oder die öffentliche Bekanntmachung erfolgt ist (MüKo/*Schramm* Rn 12). Nach hM kann die Kundgabeerklärung analog §§ 119 ff angefochten werden, weil sie ansonsten eine stärkere Bindungswirkung als eine wirksame Außenvollmacht (s § 167 Rn 45) hätte (*Bork* AT Rn 1525; abl Erman/*Palm* Rn 3; aA für die Unanfechtbarkeit der Rechtsscheinvollmacht bei öffentlicher Bekanntmachung *Larenz/Wolf* § 48 Rn 9). Allerdings kann die Anfechtung nicht auf einen Irrtum über die aus § 171 resultierende Rechtsfolge der Vollmachtskundgabe (unbeachtlicher Rechtsfolgenirrtum) oder das Vorliegen einer Vollmacht (unbeachtlicher Motivirrtum) gestützt werden. Die Anfechtung der Vollmachtskundgabe hat zur Folge, dass der Vertreter nach § 179 und der Vollmachtgeber nach § 122 haften, s § 167 Rn 17.

3 **2. Mitteilung an einen Dritten.** Eine Vollmachtskundgabe durch Mitteilung liegt vor, wenn jemand anderer als der Bevollmächtigte formlos von der Bevollmächtigung unterrichtet wird (MüKo/*Schramm* Rn 3). Die Mitteilung kann auch durch schlüssiges Handeln (konkludent) erfolgen, wobei die Abgrenzung zur konkludenten Außenvollmacht schwierig sein kann (MüKo/*Schramm* Rn 4). Ein Vertrauenstatbestand wird nur gesetzt, wenn der Dritte zweifelsfrei auf die Person des Vertretenen und den Umfang der Vollmacht schließen kann (BaRoth/*Habermeier* Rn 7).

4 **3. Öffentliche Bekanntmachung.** Die Vollmacht wird öffentlich bekannt gemacht, wenn sie einer unbestimmten Vielzahl von Personen etwa durch eine Zeitungsanzeige, einen Aushang oder eine Eintragung im Handelsregister zugänglich gemacht wird (BaRoth/*Habermeier* Rn 8). Nicht unter § 171 fällt die Anmeldung zum Gewerberegister (Hamm NJW 85, 1846, 1847).

5 **II. Gutgläubigkeit.** Derjenige, der sich auf die Richtigkeit der Vollmachtskundgabe beruft, muss gutgläubig sein (s § 173).

6 **III. Das Erlöschen der Rechtsscheinvollmacht durch Widerruf (II).** Die Beseitigung der Vollmacht erfolgt gem II durch actus contrarius. Der Widerruf der Kundgabe muss möglichst in derselben Weise erfolgen wie die Vollmachtskundgabe, dh je nachdem wie die Vollmachtskundgabe erfolgt ist, durch Mitteilung oder öffentliche Bekanntmachung. Die Kundgabe und der Widerruf müssen jedoch nicht absolut gleichartig sein. Die schriftliche Kundgebung kann vielmehr auch mündlich und die öffentliche Bekanntmachung durch besondere Mitteilung an einzelne Dritte widerrufen werden (Staud/*Schilken* Rn 10). Der Zugang einer schriftlichen Widerrufserklärung genügt; ihre Kenntnisnahme durch den Dritten ist nicht erforderlich (MüKo/*Schramm* Rn 15).

7 **C. Beweislast.** Die Kundgabe der Innenvollmacht muss derjenige beweisen, der den Vollmachtgeber aus dem Vertretergeschäft in Anspruch nimmt. Den Vollmachtgeber trifft die Beweislast für den Widerruf der Vollmachtskundgabe gem II (Staud/*Schilken* Rn 13).

§ 172 Vollmachtsurkunde

(1) Der besonderen Mitteilung einer Bevollmächtigung durch den Vollmachtgeber steht es gleich, wenn dieser dem Vertreter eine Vollmachtsurkunde ausgehändigt hat und der Vertreter sie dem Dritten vorlegt.
(2) Die Vertretungsmacht bleibt bestehen, bis die Vollmachtsurkunde dem Vollmachtgeber zurückgegeben oder für kraftlos erklärt wird.

A. Anwendungsbereich. Zum Anwendungsbereich der §§ 171 ff s § 171 Rn 1. § 172 gilt auch nicht entspr für die Bestallungsurkunde eines gesetzlichen Vertreters oder eines Verwalters fremden Vermögens (MüKo/*Schramm* Rn 18). Das gleiche gilt für einen die Vertretung regelnden Gesellschaftsvertrag (Staud/*Schilken* Rn 1; aA *Wertenbruch* DB 03, 1099, 1102). 1

B. Tatbestandsvoraussetzungen des § 172. I. Urkundenvorlage iSd § 171. 1. Echte Vollmachtsurkunde. Vollmachtsurkunde ist ein gem § 126 von dem Vollmachtgeber unterzeichnetes oder mit einem notariell beglaubigten Handzeichen des Vollmachtgebers versehenes Schriftstück, in dem der Vollmachtgeber erklärt, dass er einem anderen Vollmacht erteilt und das sowohl die Person des Bevollmächtigten als auch den Umfang seiner Vertretungsmacht bezeichnet (Staud/*Schilken* Rn 1). Die Urkunde muss echt sein, dass heißt von der aus ihr als Aussteller hervorgehenden Person stammen (BaRoth/*Habermeier* Rn 4). 2

2. Aushändigung. Die Aushändigung der Urkunde ist deren bewusstes Inverkehrbringen durch den Vollmachtgeber. Sie muss willentlich und zum Zwecke des Gebrauchmachens geschehen. Der Schutz des § 172 gilt daher nicht für abhanden gekommene Urkunden (BGHZ 65, 13, 14 f). Die Aushändigung der Vollmachtsurkunde ist wie die Vollmachtskundgabe iSd § 171 eine rechtsgeschäftsähnliche Handlung, auf welche die Vorschriften über Willenserklärungen (§§ 104 ff) entspr Anwendung finden (BaRoth/*Habermeier* Rn 5). Die Ausführungen zu § 171 Rn 2 gelten entsprechend. 3

3. Vorlage. Der Vertreter muss dem Vertragspartner die Urkunde spätestens bei Abschluss des Vertretergeschäfts vorgelegt haben. Die Vollmachtsurkunde ist iSd § 171 vorgelegt, wenn sie der sinnlichen Wahrnehmung eines Dritten unmittelbar zugänglich gemacht wird (BGHZ 76, 76, 78). Die Urkunde muss im Original, dh in Urschrift oder bei einer notariell beurkundeten Vollmacht in Ausfertigung (§ 47 BeurkG) vorgelegen haben; eine Abschrift, Kopie oder Mitteilung per Telefax genügt nicht (BGH WM 04, 1536, 1539). Auch genügt eine Bezugnahme auf die bei Gericht oder einem Notar hinterlegte Vollmachtsurkunde idR nicht (BGHZ 102, 60, 65). Einer Vorlage der Vollmachtsurkunde steht es jedoch gleich, wenn der Vertragspartner zur Einsichtnahme berechtigt wird und Einsicht nimmt (MüKo/*Schramm* Rn 8) oder wenn die Vollmachtsurkunde aus Anlass eines früheren Geschäfts vorgelegt worden ist (Staud/*Schilken* Rn 5). Eine bloße Bezugnahme auf die Vollmacht ist ferner ausreichend, wenn die Vollmacht dem Notar bei der Beurkundung eines notariellen Vertrages vorlag, dieser das Vorliegen der Vollmacht ausdrücklich in seine Verhandlungsniederschrift aufgenommen und deren Ausfertigung zusammen mit einer Abschrift der Vollmacht dem Vertragspartner zugeleitet hat (BGH WM 05, 828, 832). Das Gleiche gilt, wenn die Vollmacht von dem Notar selbst beurkundet worden ist und jederzeit bei ihm zugänglich ist (BGHZ 102, 60, 65). Es genügt die Vorlage der in einem notariellen Vertragsangebot enthaltenen Vollmacht; der Vorlage einer Ausfertigung der notariell beurkundeten Annahme des Vertragsangebotes bedarf es nicht (BGH WM 05, 127, 131). Eine Kenntnisnahme des Dritten von dem Urkundeninhalt ist nicht erforderlich (BGH WM 05, 1520, 1523; aA Erman/*Palm* Rn 9). 4

II. Gutgläubigkeit. Der Dritte, der sich auf die Richtigkeit der Vollmachtsurkunde beruft, muss gutgläubig (s § 173) sein. 5

III. Das Erlöschen der Rechtsscheinvollmacht gem § 172 II. Die Rechtsscheinvollmacht erlischt mit Rückgabe der Vollmachtsurkunde an den Vollmachtgeber (vgl § 175) und der Kraftloserklärung der Vollmachtsurkunde (vgl § 176). Rückgabe iSd § 172 II meint Besitzerlangung durch den Vollmachtgeber mit Wissen des Bevollmächtigten (Erman/*Palm* Rn 13). Der Vollmachtgeber kann den Rechtsschein auch durch einen Widerruf der Vollmacht oder eine Erlöschensanzeige gem § 171 II dem jeweiligen Erklärungsempfänger gegenüber beseitigen (Staud/*Schilken* Rn 10; aA *Bork* AT Rn 1529). 6

C. Beweislast. Derjenige, der aus der Vollmachtsurkunde Rechte gegen den Vollmachtgeber herleitet, muss die Echtheit der Urkunde und die Vorlage der Urkunde durch den Vertreter beweisen. Der Vertretene muss beweisen, dass die Vollmachtsurkunde nicht von ihm ausgehändigt wurde und dass die Rechtsscheinvollmacht erloschen ist (BaRoth/*Habermeier* Rn 14). 7

D. Die abredewidrige Ausfüllung eines Blanketts. Der Rechtsgedanke des § 172 wird auf Blanketturkunden entspr angewandt. Wer ein Blankett mit seiner Unterschrift freiwillig aus der Hand gibt und die Ausfüllung des Urkundentextes einem Dritten überlässt, muss den abredewidrig ausgefüllten Inhalt einem gutgläubigen Dritten gegenüber als seine Willenserklärung gegen sich gelten lassen. Der Vertrauensschutz ist durch Anfechtung nicht zu beseitigen (BGH NJW 96, 1467, 1469; *Bork* AT Rn 1641 ff). Diese Grundsätze sind bei Sammelüberweisungen (BGH NJW-RR 92, 1264, 1265 f) und der missbräuchlichen Verwendung eines Internetanschlusses entspr heranzuziehen (Köln NJW-RR 94, 177, 178). 8

§ 173 Wirkungsdauer bei Kenntnis und fahrlässiger Unkenntnis

Die Vorschriften des § 170, des § 171 Abs. 2 und des § 172 Abs. 2 finden keine Anwendung, wenn der Dritte das Erlöschen der Vertretungsmacht bei der Vornahme des Rechtsgeschäfts kennt oder kennen muss.

1 **A. Normzweck und Anwendungsbereich.** Auf den Vertrauensschutz der §§ 170–173 kann sich nicht berufen, wer bei der Vornahme des Rechtsgeschäfts den Mangel der Vollmacht kennt oder kennen muss. Entgegen seinem Wortlaut gilt § 173 nicht nur für das das Erlöschen der Vollmacht (§§ 171, II, 172 II). Ebenso ist § 173 anzuwenden, wenn eine Vollmacht überhaupt nicht bestanden hat (§§ 171 I, 172 I) oder nachträglich inhaltlich verändert, insbesondere beschränkt wurde (BGH NJW 00, 2270, 2271; Staud/*Schilken* Rn 6 f).

2 **B. Kenntnis und Kennenmüssen iSv § 173. I. Kenntnis.** Kenntnis iSv § 173 meint positives Wissen um den Mangel der Vollmacht (Staud/*Schilken* Rn 2).

3 **II. Kennenmüssen.** Kennenmüssen ist gem §§ 122 II, 276 als grob fahrlässige Unkenntnis zu verstehen, die vorliegt, wenn die Unkenntnis des Vertragspartners über den Mangel der Vollmacht auf einer Außerachtlassung der im Verkehr erforderlichen Sorgfalt beruht (BGH NJW 85, 730; aA für Evidenzmaßstab Staud/*Schilken* Rn 2). Hiervon ist auszugehen, wenn für einen durchschnittlichen Teilnehmer am jeweiligen Geschäftsverkehr erkennbare Zweifel an der Vollmacht bestanden, die einen sorgfältigen Geschäftspartner zu Nachforschungen veranlasst hätten (*Larenz/Wolf* § 48 Rn 16). Im Rahmen der §§ 170–173 besteht jedoch keine allgemeine Überprüfungs- und Nachforschungspflicht (BGH WM 05, 828, 832). Ferner kommt es für § 173 nicht nur auf die Kenntnis und das Kennenmüssen der den Mangel der Vertretungsmacht begründenden Umstände an, sondern auf die Kenntnis oder das Kennenmüssen des Mangels selbst. Erforderlich ist daher, dass der Vertragspartner aus den ihm bekannten Umständen den rechtlichen Schluss zieht, dass die Vollmacht nicht besteht. Dabei stellt die Rspr an eine Bank, die über rechtlich versierte Fachkräfte verfügt, strengere Sorgfaltsanforderungen, als an einen juristisch nicht vorgebildeten Durchschnittsbürger (BGH WM 95, 828, 832). Dennoch kann einer Bank ebenso wenig wie einem Notar (BGHZ 145, 265, 275 ff) der Vorwurf fahrlässigen Verhaltens gemacht werden, weil ihr vor dem Bekanntwerden der hierzu im Jahr 2000 ergangenen Rspr verborgen geblieben ist, dass die ihr vorgelegte Vollmacht des Geschäftsbesorgers/Treuhänders zur Abwicklung eines Immobilienerwerbs im Rahmen eines Steuersparmodells gegen Art 1 § 1 RBerG verstoßen und deshalb nichtig sein könnte (BGH WM 05, 828, 832). Das Gleiche gilt für die Widerruflichkeit einer Vollmacht nach § 1 I HWiG aF (BGH NJW 00, 2268, 2270) und die Formnichtigkeit einer der Bank im Jahr 1979 vorgelegten Vollmacht gem §§ 311 b I, 139 (BGH NJW 88, 697, 698 f).

4 **III. Maßgeblicher Zeitpunkt.** Nach hM muss der gute Glaube des Vertragspartners nicht nur bis zur Abgabe bzw dem Empfang der Erklärung des Vertretenen, sondern grds auch noch bei Vollendung des Rechtsgeschäfts vorliegen. Ausnahmen bestehen jedoch analog §§ 878, 892 II und bei bedingten Geschäften (*Larenz/Wolf* § 48 Rn 15; aA Staud/*Schilken* Rn 8). Hierfür sprechen der Wortlaut des § 173 und der Umstand, dass der Dritte vor dem Abschluss des Vertretergeschäfts nicht schutzwürdig ist.

5 **C. Beweislast.** Die Beweislast für die Bösgläubigkeit des Dritten trifft den Vertretenen (BaRoth/*Habermeier* Rn 8.). Im Übrigen hat der Vertragspartner nach allgemeinen Regeln die Voraussetzungen einer Rechtsscheinhaftung nach den §§ 170 ff zu beweisen.

§ 174 Einseitiges Rechtsgeschäft eines Bevollmächtigten

¹Ein einseitiges Rechtsgeschäft, das ein Bevollmächtigter einem anderen gegenüber vornimmt, ist unwirksam, wenn der Bevollmächtigte eine Vollmachtsurkunde nicht vorlegt und der andere das Rechtsgeschäft aus diesem Grunde unverzüglich zurückweist. ²Die Zurückweisung ist ausgeschlossen, wenn der Vollmachtgeber den anderen von der Bevollmächtigung in Kenntnis gesetzt hatte.

1 **A. Normzweck.** § 174 schützt den Vertragspartner vor der Ungewissheit über die Wirksamkeit eines von einem Vertreter vorgenommenen einseitigen Rechtsgeschäfts gem § 180 S 1 (BAG ZIP 92, 497, 498). Die Vorschrift entspricht gemeinsam mit den §§ 111 S 2, 3, 182 III, 410 I 2, II, 1131 S 2, 1160 II, einem allgemeinen Rechtsgrundsatz (*Larenz/Wolf* AT § 49 Rn 16).

2 **B. Anwendungsbereich.** § 174 betrifft einseitige empfangsbedürftige Willenserklärungen wie die Kündigung, den Rücktritt, die Anfechtung, die Aufrechnung und den Widerruf und wird analog auf rechtsgeschäftsähnliche Handlungen wie die Mahnung, die Abmahnung und die Fristsetzung angewandt (BGH NJW 01, 289, 290; Staud/*Schilken* Rn 2), nicht aber auf Erklärungen zur Wahrung einer tariflichen Ausschlussfrist (BAG NJW 03, 236). Gesetzlich ausgeschlossen wird die Anwendung des § 174 durch § 651 g I 2. Analoge Anwendung findet § 174 bei der Annahme eines Vertragsangebotes durch den Vertreter, es sei denn das Angebot wurde bereits dem Vertreter gegenüber erklärt (Staud/*Schilken* Rn 2; aA *Bork* AT Rn 1532). Außerhalb des Stellvertretungsrechts wird § 174 analog auf eine von einem Boten übermittelte Erklärung (Staud/

Schilken Rn 4) und die Zustellung einer einseitigen empfangsbedürftigen Willenserklärung durch den Gerichtsvollzieher gem §§ 132, 176 II ZPO (BGH NJW 81, 1210) angewandt. Weder direkt noch analog anwendbar ist § 174 auf Erklärungen, die ein gesetzlicher oder ein organschaftlicher Vertreter abgibt (BGH NJW 02, 1194, 1195). Trotz Anerkennung der Rechtsfähigkeit der GbR findet § 174 auf einseitige empfangsbedürftige Willenserklärungen des Gesellschafters einer GbR weiterhin Anwendung (BGH NJW 02, 1194, 1195). Das Gleiche gilt für die Kündigung eines Vorstands durch ein von dem Aufsichtsrat ermächtigtes Mitglied (Ddorf NZG 04, 141, 143 ff). Auf Erklärungen, die ein Prozessvertreter aufgrund einer Prozessvollmacht (s § 164 Rn 25) abgibt, findet § 174 wegen der Sonderregelung in den §§ 80, 88 f ZPO keine Anwendung (BGH NJW 03, 963; Staud/*Schilken* Rn 2).

C. Tatbestandsvoraussetzungen. I. Nichtvorlage einer Vollmachtsurkunde. Das Zurückweisungsrecht besteht nicht, wenn der Vertreter bei der Vornahme des Rechtsgeschäfts eine Vollmachtsurkunde vorlegt hat. Insoweit gelten dieselben Anforderungen wie an die Vorlage der Vollmachtsurkunde iSd § 172, s dort Rn 4. Ein Unterbevollmächtigter muss auch die Hauptvollmacht vorlegen (Staud/*Schilken* Rn 3). 3

II. Die Zurückweisung des Rechtsgeschäfts. Die Zurückweisung ist eine einseitige empfangsbedürftige Willenserklärung, die unverzüglich, dh ohne schuldhaftes Zögern (§ 121 I) gegenüber dem Vertreter oder dem Vertretenen zu erfolgen hat (Staud/*Schilken* Rn 7). Für die Frage, ob eine Zurückweisung unverzüglich erfolgt ist, gelten die zu § 121 entwickelten Grundsätze entsprechend. Die Zurückweisung muss nicht sofort erfolgen. Dem Erklärungsempfänger ist vielmehr eine gewisse Zeit zur Überlegung und zur Einholung eines Rates durch einen Rechtskundigen darüber, ob er das Rechtsgeschäft wegen der fehlenden Bevollmächtigung zurückweisen soll, einzuräumen. Maßgeblich für die Länge der Frist sind die Umstände des Einzelfalles (BAG ZIP 92, 497, 499). Eine Zurückweisung ist nicht unverzüglich, wenn sie erst nach 6 bis 10 Tagen erfolgt (BGH NJW 01, 220, 221; Hamm NJW 91, 1185, 1186). Dagegen ist sie noch rechtzeitig, wenn sie nach 3 Tagen erfolgt (BAG ZIP 92, 497, 499). Die Zurückweisung muss eindeutig, also gerade wegen der fehlenden Vorlage der Vollmachtsurkunde erfolgen (BAG ZIP 03, 1161, 1163). 4

III. Ausschluss des Zurückweisungsrechts gem S 2 (Inkenntnissetzung). Das Zurückweisungsrecht besteht nicht, wenn der Vollmachtgeber den Erklärungsempfänger auf andere Weise über die Bevollmächtigung in Kenntnis setzt. Erforderlich hierfür ist eine bewusste und zumindest auch an den Dritten gerichtete Kundgabe der Bevollmächtigung durch den Vollmachtgeber (MüKo/*Schramm* Rn 7). Eine zufällige Kenntniserlangung genügt den Anforderungen des S 2 nicht (Staud/*Schilken* Rn 11). Der Inkenntnissetzung durch den Vollmachtgeber steht es gleich, wenn der Vertreter für den Vertragspartner sichtbar eine Position bekleidet, die üblicherweise mit einer das einseitige Rechtsgeschäft umfassenden Vollmacht verbunden ist. Nach ständiger Rspr des BAG bedeutet die Berufung eines Mitarbeiters in die Stellung als Leiter der Personalabteilung, Prokurist oder Generalbevollmächtigter idR, dass die Arbeitnehmer des Betriebes davon in Kenntnis gesetzt sind, dass der Betreffende zur Kündigung von Arbeitsverhältnissen berechtigt ist (BAG ZIP 01, 1229, 1230; BB 98, 539, 541). Diese Grundsätze können aber auch dann nicht auf untergeordnete Arbeitnehmer ausgedehnt werden (BAG BB 98, 539, 540), wenn diese zur Vertretung des Personalabteilungsleiters berufen sind (BAG NZA 97, 1343, 1345). Dagegen werden sie auf den Rechtsanwalt angewandt, der eine Erklärung ohne Mitwirkung eines Scheinsozius abgibt (BAG NJW 97, 1867, 1868), nicht aber auf den Sozius eines Insolvenzverwalters (BAG KTS 03, 159, 164). Von einer Inkenntnissetzung iSv S 2 ist auch dann auszugehen, wenn der Vertreter mit der Abwicklung des Vertragsverhältnisses betraut war und die gesamte Korrespondenz geführt hat (KG BB 98, 607). Die Zurückweisung des Rechtsgeschäfts verstößt im Übrigen gegen § 242, wenn der Vertreter innerhalb einer ständigen Geschäftsverbindung wiederholt Handlungen für den Vertreter vorgenommen hat und der Vertragspartner diese ohne Vorlage einer Vollmachtsurkunde gegen sich gelten ließ (München NJW-RR 97, 904). Der Vorlage einer Vollmachtsurkunde bedarf es ferner nicht bei der Kündigung eines Mietvertrages durch einen Hausverwalter, der für den Vertretenen den Mietvertrag abgeschlossen hat (Frankf NJW-RR 96, 10; aA MüKo/*Schramm* Rn 8). 5

D. Rechtsfolge. Die Zurückweisung hat die volle Unwirksamkeit des Rechtsgeschäfts zur Folge. Eine Anwendung der §§ 177 ff ist ausgeschlossen (Staud/*Schilken* Rn 10). 6

E. Beweislast. Die Darstellung der Berechtigung zur Zurückweisung der Erklärung obliegt demjenigen, der sich auf die Rechtzeitigkeit der Zurückweisung beruft (BGH NJW 01, 220, 221). Dagegen hat der Vertretene, der sich auf die Wirksamkeit des einseitigen Rechtsgeschäfts beruft, im Falle der Zurückweisung neben den Voraussetzungen einer wirksamen Stellvertretung auch die Vorlage der Vollmachtsurkunde oder die Inkenntnissetzung iSd S 2 zu beweisen (Staud/*Schilken* Rn 13). 7

§ 175 Rückgabe der Vollmachtsurkunde

Nach dem Erlöschen der Vollmacht hat der Bevollmächtigte die Vollmachtsurkunde dem Vollmachtgeber zurückzugeben; ein Zurückbehaltungsrecht steht ihm nicht zu.

§ 175 hat den Zweck, den Vollmachtgeber vor einer missbräuchlichen Verwendung der Vollmachtsurkunde (§ 172) zu schützen (Staud/*Schilken* Rn 1). Die Vorschrift wird analog angewandt, wenn eine Vollmacht nicht oder nicht wirksam erteilt wurde (Staud/*Schilken* Rn 1) oder wenn ein Dritter im Besitz der Vollmachtsur- 1 kunde ist (BaRoth/*Habermeier* Rn 6; aA Staud/*Schilken* Rn 5). Die Herausgabepflicht erstreckt sich nicht nur auf die Urschrift und Ausfertigungen der Vollmachtsurkunde, sondern wegen der Missbrauchsgefahr auch auf Abschriften und Fotokopien (Staud/*Schilken* Rn 4). Widerruft nur einer von mehreren Vollmachtgebern die Vollmacht, kann er nur die Vorlage der Vollmachtsurkunde zur Eintragung eines einschränkenden Vermerks verlangen (BGH NJW 90, 507). Enthält die Vollmachtsurkunde noch weitere Erklärungen, tritt gem § 242 eine Entwertung der Bevollmächtigungsklausel an die Stelle der Rückgabe der Urkunde, wenn das Interesse des Bevollmächtigten an einem Verbleib der Urkunde bei ihm überwiegt (BaRoth/*Habermeier* Rn 4). Der Ausschluss des Zurückbehaltungsrechts in Hs 2 gilt entspr auch ggü anderen Ansprüchen zB dem aus § 985 (Staud/*Schilken* Rn 9).

§ 176 Kraftloserklärung der Vollmachtsurkunde

(1) ¹Der Vollmachtgeber kann die Vollmachtsurkunde durch eine öffentliche Bekanntmachung für kraftlos erklären; die Kraftloserklärung muss nach den für die öffentliche Zustellung einer Ladung geltenden Vorschriften der Zivilprozessordnung veröffentlicht werden. ²Mit dem Ablauf eines Monats nach der letzten Einrückung in die öffentlichen Blätter wird die Kraftloserklärung wirksam.
(2) Zuständig für die Bewilligung der Veröffentlichung ist sowohl das Amtsgericht, in dessen Bezirk der Vollmachtgeber seinen allgemeinen Gerichtsstand hat, als auch das Amtsgericht, welches für die Klage auf Rückgabe der Urkunde, abgesehen von dem Wert des Streitgegenstandes, zuständig sein würde.
(3) Die Kraftloserklärung ist unwirksam, wenn der Vollmachtgeber die Vollmacht nicht widerrufen kann.

1 § 176 gibt dem Vollmachtgeber die Möglichkeit, die Legitimationswirkung einer Vollmachtsurkunde ohne Mitwirkung des Bevollmächtigten zu beseitigen. Die Kraftloserklärung ist eine rechtsgestaltende Erklärung des Vollmachtgebers, die nach den §§ 186 ff ZPO zugestellt wird (BaRoth/*Habermeier* Rn 2). Das Gericht entscheidet über den Antrag auf Bewilligung der öffentlichen Zustellung im Verfahren der freiwilligen Gerichtsbarkeit. Dabei hat es nur über die Zulässigkeit des Antrages, nicht über die materiellen Voraussetzungen der Kraftloserklärung zu entscheiden (Staud/*Schilken* Rn 7). Bestand zum Zeitpunkt der Kraftloserklärung eine wirksame Vollmacht, so enthält die Kraftloserklärung einen konkludenten Widerruf der Vollmacht gem § 168 S 2. Ist dieser unwirksam, gilt § 176 III (BaRoth/*Habermeier* Rn 6).

§ 177 Vertragsschluss durch Vertreter ohne Vertretungsmacht

(1) Schließt jemand ohne Vertretungsmacht im Namen eines anderen einen Vertrag, so hängt die Wirksamkeit des Vertrages für und gegen den Vertretenden von dessen Genehmigung ab.
(2) ¹Fordert der andere Teil von Vertretenen zur Erklärung über die Genehmigung auf, so kann die Erklärung nur ihm gegenüber erfolgen; eine vor der Aufforderung dem Vertreter gegenüber erklärte Genehmigung oder Verweigerung der Genehmigung wird unwirksam. ²Die Genehmigung kann nur bis zum Ablauf von zwei Wochen nach dem Empfang der Aufforderung erklärt werden; wird sie nicht erklärt, so gilt sie als verweigert.

1 **A. Systematik der §§ 177–180.** Ein Rechtsgeschäft, das ein Vertreter im Namen des Vertretenen ohne Vertretungsmacht (falsus procurator) vornimmt, entfaltet keine Rechtswirkungen für und gegen den Vertretenen (§ 164 Rn 48). Ein Vertrag ist schwebend unwirksam. Die Schwebezeit wird beendet durch die Genehmigung des Vertretenen oder deren Verweigerung. Der Vertragspartner kann die Schwebezeit verkürzen, indem er den Vertretenen zu Erklärung über die Genehmigung gem II auffordert. Er kann sie auch selbst beenden, indem er seine Vertragserklärung nach § 178 widerruft. Auf einseitige Rechtsgeschäfte finden die Vorschriften der §§ 177–179 nur in Ausnahmefällen Anwendung (§ 180).

2 **B. Anwendungsbereich der §§ 177–179. I. Die Vertretung ohne Vertretungsmacht. 1. Abschluss eines Vertrages.** Die §§ 177–179 finden auf den Abschluss aller Verträge Anwendung, bei denen die Stellvertretung zulässig ist. Ist die Stellvertretung nicht zulässig (s § 164 Rn 26), scheidet dagegen auch eine Anwendung der §§ 177 ff aus (BGH NJW 71, 428, 429).

3 **2. Handeln als Vertreter.** Die §§ 177 ff setzen voraus, dass der Vertreter als solcher gehandelt hat. Hierzu muss er eine eigene Willenserklärung abgegeben (s § 164 Rn 28 f) und in fremdem Namen gehandelt, dh dem Offenkundigkeitsgrundsatz genügt haben (s § 164 Rn 30). Die §§ 177 ff gelten für den gewillkürten, den gesetzlichen (BGHZ 39, 45, 50 f) auch den organschaftlichen (BGHZ 63, 45, 48 f) Vertreter. Bei der Prozessvertretung (§ 164 Rn 36) werden sie durch die Sondervorschriften der §§ 88 f ZPO verdrängt. Auch bei der mittelbaren Stellvertretung ist eine Anwendung der §§ 177 ff ausgeschlossen (Staud/*Schilken* Rn 18). Die Anwendbarkeit der §§ 177 ff auf das *Geschäft für den, den es angeht*, hängt von der umstrittenen dogmatischen Konstruktion ab (s § 164 Rn 36 ff).

3. Ohne Vertretungsmacht. Ein Handeln ohne Vertretungsmacht liegt vor, wenn der Vertreter entweder gar 4
keine Vertretungsmacht besaß oder seine Vertretungsmacht überschritten hat (*Larenz/Wolf* § 49 Rn 1). Unerheblich ist, ob eine Vollmacht überhaupt nie bestand oder nachträglich erloschen ist. Zum maßgeblichen Zeitpunkt für das Vorliegen der Vertretungsmacht s § 164 Rn 48. Zur Anwendung der §§ 177 ff in den Fällen, in
denen das Vertretergeschäft nach den §§ 170 ff oder den Grundsätzen der Duldungs- und Anscheinsvollmacht
als wirksam zu behandeln ist, s § 167 Rn 46 und § 170 Rn 1. Die §§ 177 ff sind grds nicht anwendbar, wenn der
Vertreter der Zustimmung eines Dritten zB nach den §§ 1643, 1821, 1822 bedarf (BaRoth/*Habermeier* Rn 28).
Um einen Fall der §§ 177 ff handelt es sich aber, wenn ein Gesamtvertreter übergangen wird (s § 164 Rn 63) und
der Vertreter von seiner Vertretungsmacht keinen Gebrauch machen will (BGH BB 1967, 1394). Wenn bei
einem privatrechtlichen Geschäft einer juristischen Person des öffentlichen Rechts die für die Vertretung bestehenden öffentlich-rechtlichen Formvorschriften nicht eingehalten wurden, führt das zwar nicht zur Anwendung des § 125 S 1, sondern der §§ 177 ff, so dass das Vertretergeschäft gem § 177 genehmigt werden kann
(BGHZ 147, 380, 383 f; BAG NJW 87, 1038), eine Haftung des Vertreters aus § 179 I ist nach hM aber ausgeschlossen, weil § 839 insoweit vorrangig ist (BGHZ 147, 381, 387 ff; aA Staud/*Schilken* Rn 3). Das Gleiche gilt,
wenn die Aufsichtsbehörde die Genehmigung verweigert (BGH WM 04, 182, 185).

II. Analoge Anwendung der §§ 177 ff. Entsprechende Anwendung finden die §§ 177 ff auf den Boten ohne 5
Botenmacht (Oldbg NJW 78, 951; Staud/*Schilken* Rn 22), den Dolmetscher, der bewusst falsch übersetzt
(BGH BB 63, 204; Staud/*Schilken* Rn 22), das Fremdgeschäft für den Namensträger beim Handeln unter falschen Namen (s § 164 Rn 47), den Verwalter fremden Vermögens (Staud/*Schilken* Rn 19), die Ausfüllung
eines entwendeten Blanketts (*Bork* AT Rn 1651) und in den Fällen des Missbrauchs der Vertretungsmacht
(s § 164 Rn 69 und § 170 Rn 72). Auch beim Handeln für eine (noch) nicht existierende juristische Person
oder Handelsgesellschaft sind §§ 177 ff grds entspr anwendbar, es sei denn der Vertreter tritt nicht für die
künftige Gesellschaft, sondern ausschließlich für die Vorgründungsgesellschaft auf (BGHZ 105, 283, 285; 91,
148, 152 f; 63, 45, 48 f). Der Handelnde haftet aus § 179, wenn er keine Vertretungsmacht besaß oder wenn
der Rechtsträger nicht existiert und das Rechtsgeschäft somit nicht genehmigt werden kann. Einer Genehmigung
durch die später entstandene Gesellschaft bedarf es jedoch nicht, wenn das Rechtsgeschäft mit Erlangung der
Rechtsfähigkeit automatisch für die Gesellschaft wirksam wird (BGHZ 80, 129 ff). Das ist nach der Rspr des
BGH auch dann der Fall, wenn der Geschäftsführer der Vorgesellschaft, der für die künftige Gesellschaft
einen Vertrag geschlossen hat, von den Gründern übereinstimmend zum Abschluss der Geschäfts vor Eintragung ermächtigt wurde und nach der Satzung nur Bareinlagen vereinbart sind (BGH NJW 81, 1373, 1376).
Eine Haftung aus § 179 ist zudem ausgeschlossen, wenn die Sonderregelungen in den die §§ 11 II GmbHG,
41 I 2 AktG eingreifen (Soergel/*Leptien* § 179 Rn 10). Die Einzelheiten sind jedoch str.

C. Die Genehmigung des Vertretergeschäfts. I. Die Genehmigungserklärung. Die Genehmigung iSv I ist 6
eine einseitige empfangsbedürftige Willenserklärung, die den Schwebezustand beendet und auf die sowohl
die §§ 104 ff als auch die §§ 182, 184 Anwendung finden. Als Gestaltungserklärung ist sie unwiderruflich und
bedingungsfeindlich (*Bork* AT Rn 1606). Anstelle des Vertretenen kann nach § 164 I auch sein Stellvertreter
die Genehmigung erklären (BGH NJW-RR 94, 291, 292 f) und analog § 108 II selbst der betroffene Vertreter
ohne Vertretungsmacht, sobald er Vertretungsmacht erlangt hat (BGH NJW 97, 669). Zur Genehmigung des
Vertretergeschäfts bei der Gesamtvertretung s § 164 Rn 63. Die Genehmigung kann gem § 182 I gegenüber
dem Vertreter (Innengenehmigung) oder dem Vertragspartner (Außengenehmigung) erklärt werden, es sei
denn der Vertragspartner hat den Vertretenen gem II zur Erklärung über die Genehmigung aufgefordert
(s Rn 11). Das schwebend unwirksame Vertretergeschäft kann auch konkludent genehmigt werden. Das setzt
jedoch regelmäßig voraus, dass der Genehmigende die Unwirksamkeit kennt oder zumindest mit ihr rechnet
und dass in seinem Verhalten der Ausdruck des Willens zu sehen ist, das bisher als unverbindlich angesehene
Geschäft verbindlich zu machen (BGH WM 05, 786, 788; abl *Medicus* Rn 977). Zur Form s § 182 II. Der Vertretene kann den Vertrag nur während der Schwebezeit genehmigen. Eine Genehmigung ist deshalb nicht
mehr möglich, wenn der Vertretene die Genehmigung verweigert oder der Vertragspartner seine Erklärung
nach § 178 widerrufen hat. Ist die Vornahme eines einseitigen Rechtsgeschäfts an eine gesetzliche Ausschlussfrist gebunden, so kann die rückwirkende Genehmigung durch den Vertretenen nur innerhalb dieser Ausschlussfrist erfolgen. Die Rückwirkung einer erst nach dem Fristablauf erklärten Genehmigung scheitert an
dem Ablauf der Ausschlussfrist (BGH NJW 87, 1038, 1039; Staud/*Schilken* Rn 9). Das Gleiche gilt für die
Genehmigung der Annahme einer befristeten Vertragsangebotes (BGH NJW 73, 1789, 1790; abl Staud/*Schilken* Rn 9). Auch die Nachfristsetzung gem § 326 I BGB aF kann nach Fristablauf nicht in rückwirkender
Weise genehmigt werden, weil sie nach fruchtlosem Fristablauf keine Gestaltungswirkung mehr hat und die
beiderseitigen Erfüllungsansprüche erlöschen (BGH NJW 98, 3058, 3060). Das Gleiche gilt für eine Fristsetzung mit Kündigungsandrohung gem § 643 (BGH ZfBR 03, 250, 252).

II. Rechtswirkungen der Genehmigung. Durch die Genehmigung kommt der Vertrag rückwirkend (§ 184 7
I) mit dem Vertretenen zustande, sofern keine anderen Wirksamkeitshindernisse bestehen. Das Vertretergeschäft wird so behandelt, als habe der Vertreter bereits bei Vertragsschluss Vertretungsmacht gehabt. Die
§§ 164 ff sind daher in vollem Umfang anwendbar. Der Vertretene kann grds nur den gesamten Vertrag

genehmigen. Etwas anderes gilt nach dem Rechtsgedanken des § 139 aber dann, wenn das Rechtsgeschäft teilbar selbst ist und wenn anzunehmen ist, dass die Parteien den Vertrag auch über den genehmigten Teil geschlossen hätten (Hamm DNotZ 02, 266, 268; BaRoth/*Habermeier* Rn 23).

8 **III. Die Verweigerung der Genehmigung.** Die Verweigerung der Genehmigung ist wie die Genehmigung eine einseitige empfangsbedürftige Willenserklärung, die den Schwebezustand beendet (BGH NJW 00, 3128, 3129) und sowohl dem Vertreter als auch dem Vertragspartner gegenüber erklärt werden kann (§ 182 I). Auch die Verweigerung ist bedingungsfeindlich und unwiderruflich. Sie hat zur Folge, dass das Vertretergeschäft endgültig unwirksam ist. Eine nachträgliche Genehmigung des Rechtsgeschäfts ist nicht möglich (*Bork* AT Rn 1610).

IV. Genehmigungspflicht und Treuwidrigkeit der Berufung auf das Fehlen der Genehmigung. 1. Geneh-
9 **migungsanspruch des Vertreters.** Ausnahmsweise besteht in den Fällen der Notgeschäftsführung gem §§ 679, 680, nicht aber bereits bei einer berechtigten GoA (§§ 677, 683) ein Genehmigungsanspruch des Vertreters gegen den Vertretenen (BGH NJW 51, 398). Die Ansicht, dass der Notgeschäftsführer gesetzliche Vertretungsmacht habe (BaRoth/*Habermeier* Rn 11), findet im Gesetz keine Stütze (*Bork* AT Rn 1637).

10 **2. Genehmigungsanspruch des Vertragspartners.** Macht der Vertretene das Fehlen der Vollmacht erst nach langer Zeit geltend, nachdem der Vertragspartner im Vertrauen auf die Gültigkeit des Geschäfts eigene Dispositionen getroffen hatte, kann die Berufung auf die fehlenden Genehmigung gem § 242 verwirkt sein oder gegen das Verbot des *venire contra factum propium* verstoßen. Auf die Kenntnis des Vertretenen vom Fehlen der Vollmacht kommt es insoweit nicht an (*Larenz/Wolf* AT § 49 Rn 6). Die Verweigerung der Genehmigung ist zudem rechtsmissbräuchlich gem § 242 (*dolo agit*), wenn der Vertretene zur Vornahme des Vertretergeschäfts verpflichtet ist (BGHZ 125, 16, 22; WM 03, 2375, 2378; *Larenz/Wolf* AT § 49 Rn 6). Verstößt die Verweigerung der Genehmigung gegen § 242, bleiben der Schwebezustand und die Genehmigungspflicht des Vertretenen bestehen. Der Vertretene kann das Vertretergeschäft auch dann noch genehmigen, wenn er die Genehmigung zuvor verweigert hat (BGHZ 108, 380, 384 f). Nach diesen Grundsätzen ist ein Darlehensnehmer gem § 242 gehindert, die Unwirksamkeit einer Unterwerfungserklärung wegen eines Verstoßes der Prozessvollmacht gegen Art 1 § 1 RBerG (s § 167 Rn 22) geltend zu machen, wenn er zur Darlehensrückzahlung verpflichtet ist und vor oder nach der Beurkundung der Unterwerfungserklärung die Verpflichtung übernommen hat, sich in einer notariellen Urkunde der sofortigen Zwangsvollstreckung zu unterwerfen (BGH BKR 05, 501, 505; WM 04, 21, 24; Köln WM 05, 789, 79).

11 **V. Die Aufforderung zur Erklärung über die Genehmigung (II).** Die Aufforderung zur Erklärung über die Genehmigung gem II ist eine rechtsgeschäftsähnliche Handlung, auf welche die Vorschriften über Willenserklärungen (§§ 104 ff) entspr Anwendung finden (*Bork* AT Rn 1611). Schließt der Vertreter mit mehreren Personen ab, müssen diese sämtlich an der Aufforderung mitwirken, wenn sich nicht aus deren Innenverhältnis etwas anderes ergibt (BGH NJW 04, 2382, 2383).

12 **1. Ausschließliche Empfangszuständigkeit des Vertragspartners (S 1).** Die Aufforderung bewirkt, dass die Genehmigung nur noch durch Erklärung gegenüber dem Vertragspartner erteilt oder verweigert werden kann und dass eine schon früher gegenüber dem Vertreter erfolgte Erklärung hierüber unwirksam wird, so dass das Vertretergeschäft wieder in den Schwebezustand zurückversetzt wird. Das soll jedoch dann nicht gelten, wenn der Vertreter den Vertragspartner zuverlässig über die Innengenehmigung informiert hat, weil dann keine Rechtsunsicherheit für den Vertragspartner mehr besteht (*Bork* AT Rn 1611).

13 **2. Verweigerungsfiktion (S 2).** Erklärt der Vertretene sich innerhalb einer Frist von zwei Wochen nach Zugang der Aufforderung nicht, so gilt die Genehmigung als verweigert (S 2). Eine spätere Genehmigung ist ausgeschlossen. Die Frist des S 2 kann durch (konkludente) Vereinbarung verlängert, verkürzt oder außer Kraft gesetzt werden. Eine längere Frist kann auch einseitig durch den Vertragspartner gesetzt werden (Zweibr Rpfleger 02, 261; Staud/*Schilken* Rn 13). Bei der fingierten Verweigerung handelt es sich nicht um eine stillschweigende Willenserklärung, sondern um einen Fall gesetzlich normierten Schweigens. Eine Anfechtung wegen Irrtums über die Bedeutung des Schweigens ist daher nicht zulässig (*Larenz/Wolf* AT § 49 Rn 14). Ferner findet II 2 keine Anwendung, wenn das Schweigen wie in den Fällen der §§ 75 h, 91 a HGB und beim kaufmännischen Bestätigungsschreiben kraft Gesetzes als Genehmigung gilt (*Larenz/Wolf* AT § 49 Rn 13).

14 **D. Beweislast.** Denjenigen, der die Wirksamkeit eines vollmachtlos geschlossenen Vertrages geltend macht, trifft grds die Beweislast für eine rechtzeitige Genehmigung des Vertretergeschäfts und im Falle einer Aufforderung zur Genehmigung nach II auch für den Zeitpunkt der Genehmigung. Das gilt jedoch nicht für die Haftung aus § 179 (s dort Rn 18). Den Zeitpunkt der Aufforderung hat derjenige zu beweisen, der aus der Aufforderung die Unwirksamkeit des Vertrages ableitet (Baumgärtel/*Laumen* I, § 177 Rn 1 ff).

15 **E. Die Haftung des Vertretenen gegenüber dem Vertragspartner. I. Haftung für eigenes Verschulden.** Ausnahmsweise kann eine vorvertraglichen Haftung (§§ 280, 311 II, 241 II) des Vertretenen gegenüber dem Vertragspartner bestehen, wenn der Vertretene ein Verhalten des Vertreters veranlasst oder gefördert hat, durch das dieser die ihm erteilte Vertretungsmacht überschritten hat, sei es dass er den Vertreter schlecht ausgewählt, instruiert oder überwacht, sich bei der Vollmachtserteilung missverständlich ausgedrückt oder dem

Vertragspartner gegenüber den Umfang der Vollmacht nicht in der gebotenen Weise klargestellt hat (BGH NJW 80, 2410, 2411; BaRoth/*Habermeier* Rn 38). Eine Haftung des Vertretenen wird selten sein, da in den einschlägigen Fällen die Voraussetzungen einer Duldungs- oder Anscheinsvollmacht erfüllt sein dürften. Zum Wahlrecht des Vertragspartners in diesen Fällen s § 167 Rn 46.

II. Haftung für fremdes Verschulden des Vertreters. Für ein Verschulden des vollmachtlosen Vertreters hat der Vertretene gem § 278 einzustehen, wenn er den Vertreter wissentlich und willentlich als Verhandlungsperson in die Vertragsverhandlungen eingeschaltet hat; die §§ 177, 179 enthalten insoweit keine abschließende Regelung (BGH NJW-RR 98, 1342 f; Staud/*Schilken* Rn 24; str). Eine juristische Person haftet für schuldhafte Vollmachtsanmaßungen und -überschreitungen ihrer Organe nach den §§ 31, 86, 89. Bei der gesetzlichen Vertretung scheidet eine Haftung des Vertretenen für das Handeln des Vertreters ohne Vertretungsmacht aus, weil dem Vertretenen das Handeln seines gesetzlichen Vertreters nicht zurechenbar ist (*Bork* AT Rn 1618). 16

III. Haftungsumfang. Die Haftung des Vertretenen tritt gesamtschuldnerisch neben die des Vertretenen aus § 179 (BaRoth/*Habermeier* § 179 Rn 32). Sie geht auf das negative Interesse und kann gem § 254 gemindert oder ganz ausgeschlossen sein, wenn der Vertragspartner den Mangel der Vertretungsmacht kannte oder hätte kennen müssen (*Bork* AT Rn 1618). 17

§ 178 Widerrufsrecht des anderen Teils

¹Bis zur Genehmigung des Vertrages ist der andere Teil zum Widerruf berechtigt, es sei denn, dass er den Mangel der Vertretungsmacht bei dem Abschluss des Vertrages gekannt hat. ²Der Widerruf kann auch dem Vertreter gegenüber erklärt werden.

A. Der Widerruf. I. Widerrufserklärung. Der Widerruf iSv § 178 ist eine einseitige empfangsbedürftige Willenserklärung, die sowohl dem Vertretenen als auch dem Vertreter gegenüber erklärt werden kann (S 2). Sie kann auch konkludent etwa durch die Rückforderung bereits erbrachter Leistungen aus § 812 erfolgen (BGH NJW 88, 1199, 1200). Die Erklärung muss jedoch erkennen lassen, dass der Vertragspartner den Vertrag gerade wegen des Mangels der Vertretungsmacht nicht gelten lassen will (BAG NJW 96, 2594, 2595). 1

II. Schwebende Unwirksamkeit des Vertrages. Voraussetzung für einen wirksamen Widerruf ist ferner, dass der Schwebezustand noch andauert, der Vertretene die Genehmigung also weder erteilt noch verweigert hat (*Bork* AT Rn 1612). Dagegen schließt eine Aufforderung nach § 177 II vor Ablauf der Frist zur Erklärung über die Genehmigung das Widerrufsrecht nicht aus (Frankf BB 95, 2440, 2441; Staud/*Schilken* Rn 3). 2

III. Gutgläubigkeit des Vertragspartners. Der Widerruf ist ausgeschlossen, wenn der Vertragspartner den Mangel der Vertretungsmacht bei Vertragsschluss kannte. Wie bei § 109 schadet nur positive Kenntnis. Das Kennenmüssen steht der Kenntnis nicht gleich. Maßgeblich für die Kenntnis des Vertragspartners ist der Zeitpunkt der Abgabe seiner eigenen Vertragserklärung. Hat der Vertragspartner erst später Kenntnis von dem Mangel der Vertretungsmacht erlangt, führt das nur dann zum Ausschluss des Widerrufsrechts, wenn er das Wirksamwerden des Rechtsgeschäfts zB durch die Verhinderung des Vollzugs der dinglichen Einigung (Übergabe, Eintragung) einseitig noch verhindern konnte (BaRoth/*Habermeier* Rn 5). 3

IV. Rechtswirkungen. Mit dem Widerruf wird das Vertretergeschäft endgültig unwirksam. Eine Genehmigung ist danach nicht mehr möglich (Staud/*Schilken* Rn 1). Auch die Haftung des Vertreters aus § 179 entfällt (MüKo/*Schramm* Rn 11). § 178 schließt eine Anfechtung des Vertretergeschäfts wegen eines Irrtums über das Vorliegen der Vertretungsmacht durch den Vertragspartner aus (BaRoth/*Habermeier* Rn 9). Bei sonstigen Willensmängeln ist ein Widerruf wegen § 122 günstiger für den Vertragspartner. 4

B. Beweislast. Wer die Unwirksamkeit des Vertretergeschäfts geltend macht, muss beweisen, dass der Vertrag vor einer Genehmigung widerrufen wurde. Die Beweislast dafür, dass der Vertragsgegner den Mangel der Vertretungsmacht kannte, trifft denjenigen, der sich auf die Wirkungslosigkeit des Widerrufs beruft (Erman/*Palm* Rn 8). 5

§ 179 Haftung des Vertreters ohne Vertretungsmacht

(1) Wer als Vertreter einen Vertrag geschlossen hat, ist, sofern er nicht seine Vertretungsmacht nachweist, dem anderen Teile nach dessen Wahl zur Erfüllung oder zum Schadensersatz verpflichtet, wenn der Vertretene die Genehmigung des Vertrags verweigert.
(2) Hat der Vertreter den Mangel der Vertretungsmacht nicht gekannt, so ist er nur zum Ersatz desjenigen Schadens verpflichtet, welchen der andere Teil dadurch erleidet, dass er auf die Vertretungsmacht vertraut, jedoch nicht über den Betrag des Interesses hinaus, welches der andere Teil an der Wirksamkeit des Vertrages hat.
(3) ¹Der Vertreter haftet nicht, wenn der andere Teil den Mangel der Vertretungsmacht kannte oder kennen musste. ²Der Vertreter haftet auch dann nicht, wenn er in der Geschäftsfähigkeit beschränkt war, es sei denn, dass er mit Zustimmung seines gesetzlichen Vertreters gehandelt hat.

1 **A. Normzweck und Anwendungsbereich.** § 179 knüpft an § 177 an und normiert für den Fall, dass der Vertretene die Genehmigung des Vertretergeschäfts verweigert, eine verschuldensunabhängige Garantiehaftung des Vertreters ohne Vertretungsmacht, die einen Ausgleich für das enttäuschte Vertrauen des Vertragspartners über den Bestand der Vollmacht gewähren soll und deshalb gerechtfertigt ist, weil der Vertreter dem Risiko eines Mangels der Vertretungsmacht näher steht als der Vertragspartner (vgl BGH NJW 00, 1407; *Bork* AT Rn 1619). Die Haftung des Vertreters aus § 179 wird durch die Sondervorschriften der §§ 54 S 2; 41 I 2 AktG; 11 II GmbHG (BaRoth/*Habermeier* Rn 18, § 177 Rn 5) verdrängt. Die weitergehende Vorschrift in Art 8 S 1 WG schließt II, nicht aber III aus (BGH WM 72, 904, 906). § 179 ist analog anzuwenden, wenn die Genehmigung des Vertrages daran scheitert, dass der Vertretene nicht voll geschäftsfähig ist und der Vertreter das dem Vertragspartner verschwiegen hat (Staud/*Schilken* Rn 21). Das Gleiche gilt, wenn der Vertretene nicht existiert (BGH NJW 98, 2897; s § 177 Rn 5) oder der Vertreter ihn nicht namhaft macht (BGHZ 127, 136, 149 ff; BGH NJW-RR 97, 607). Zur Rechtsscheinhaftung analog § 179 bei unternehmensbezogenen Geschäften s § 164 Rn 35.

2 **B. Reguläre Haftungsvoraussetzungen. I. Vertretung ohne Vertretungsmacht.** s § 177 Rn 2 ff.

3 **II. Verweigerung der Genehmigung.** Der Vertreter ohne Vertretungsmacht haftet erst, wenn der Vertretene die Genehmigung des Vertrages verweigert hat und dieser dadurch endgültig unwirksam wurde. Unerheblich ist, ob die Verweigerung der Genehmigung durch Erklärung des Vertretenen erfolgt oder nach § 177 II fingiert wird.

4 **III. Kein Haftungsausschluss gem Abs 3. 1. Kenntnis oder Kennenmüssen des Vertragspartners (S 1).** Die Haftung des Vertreters ohne Vertretungsmacht entfällt, wenn der Vertragspartner bei der Vornahme des Vertretergeschäfts den Mangel der Vertretungsmacht kannte oder infolge grober Fahrlässigkeit nicht kannte (§ 122 II). Grob fahrlässige Unkenntnis ist dem Vertragspartner vorzuwerfen, wenn ihn Misstrauen erregende Umstände dazu veranlassen mussten, sich genauer nach der von dem Vertreter behaupteten Vertretungsmacht zu erkundigen (BGH NJW 00, 1407, 1408). Ohne besondere Veranlassung besteht nach der gesetzlichen Risikoverteilung keine allgemeine Nachforschungs- und Erkundigungspflicht des Vertragspartners über den Bestand und den Umfang der Vollmacht (BGH NJW 01, 2626, 2627). Handelt der Vertreter für eine noch nicht existierende Gesellschaft, kommt es auf die Kenntnis bzw das Kennenmüssen des Dritten davon an, dass die Gesellschaft in absehbarer Zeit nicht entstehen wird (BGHZ 105, 283, 286 f). Im Übrigen gelten die gleichen Grundsätze wie zu § 173.

5 **2. Beschränkte Geschäftsfähigkeit des Vertreters (S 2).** War der Vertreter in der Geschäftsfähigkeit beschränkt, steht das der Wirksamkeit des Vertretergeschäfts zwar nicht entgegen (§ 165). Aus § 179 haftet der Vertreter aber nur, wenn er mit Zustimmung seines gesetzlichen Vertreters gehandelt hat. Auf die Zustimmung sind die §§ 182 ff entspr anwendbar (MüKo/*Schramm* Rn 43). Eine Haftung des geschäftsunfähigen Vertreters kommt von vornherein nicht in Betracht, weil das von ihm vorgenommene Vertretergeschäft gem § 105 Nr 1 nichtig ist und daher auch ohne den Vertretungsmangel keine Rechtswirkungen entfalten würde (*Bork* AT Rn 1635).

6 **IV. Verjährung.** Sämtliche Ansprüche aus § 179 verjähren in dem Zeitraum, in dem auch der Erfüllungsanspruch aus dem Vertretergeschäft verjährt wäre. Die Verjährung beginnt frühestens mit der Entstehung des Anspruchs (§ 199 I Nr 1), das ist der Zeitpunkt, in dem feststeht, dass eine Genehmigung des Vertrages nicht in Betracht kommt (BGH NJW 04, 774).

7 **C. Weitere Haftungsbeschränkungen.** In Literatur und Rspr werden weitere Einschränkungen der Haftung im Wege einer teleologischen Reduktion der Haftungstatbestände in §§ 179 I, II diskutiert.

8 **I. Scheitern des Vertrages bereits aus anderen Gründen.** Nach dem Sinn und Zweck der Vorschrift, einen Ausgleich für enttäuschtes Vertrauen über den Bestand der Vollmacht zu schaffen, muss die Verweigerung der Genehmigung (§ 177) zum Scheitern des Vertrages geführt haben. Eine Haftung des Vertreters ist daher ausgeschlossen, wenn das Rechtsgeschäft bereits aus anderen Gründen unwirksam ist (*Bork* AT Rn 1623). § 179 wird jedoch analog angewandt, wenn bei einer wirksamen Vertretung das weitere Wirksamkeitshindernis (zB die fehlende Genehmigung einer Behörde) beseitigt worden wäre (Staud/*Schilken* Rn 24). Wäre das Vertretergeschäft an § 118 gescheitert und an die Stelle der Erfüllungsanspruchs ein Anspruch aus § 122 getreten, ist II analog anzuwenden (Staud/*Schilken* Rn 24). Die Anfechtbarkeit oder ein verbraucherschützendes Widerrufsrecht (§ 355) schließen die Haftung ebenfalls nicht aus. Der Vertreter, der aus § 179 I in Anspruch genommen wird, kann vielmehr anstelle des Vertretenen die Anfechtung oder den Widerruf erklären. Nach hM soll der Vertreter dann nicht haften, wenn der Vertrag undurchführbar war, weil dem Vertretenen die erforderliche Verfügungsmacht fehlte (BGH JZ 57, 441). Entsprechendes gilt, wenn der Vertretene vermögenslos ist und der Vertragspartner auch im Falle einer Genehmigung weder Erfüllung noch Schadensersatz hätte erlangen können. Für diese Ansicht spricht, dass § 179 den Dritten auch unter wirtschaftlichen Gesichtspunkten nicht besser stellen will, als er stünde, wenn die Genehmigung erteilt worden wäre (Hamm MDR 93, 515; *Bork* AT Rn 1627; zweifelnd *Medicus* AT Rn 987). Die Haftung ist ausgeschlossen, wenn der Vertragspartner den Schwebezustand selbst durch einen Widerruf nach § 178 beendet hat (*Bork* AT Rn 1625; aA BGH NJW 88, 1199, 2000).

II. Hinweis des Vertreters auf mögliche Mängel der Vertretungsmacht. Nach der hM entfällt eine Haftung 9
des Vertreters, ohne dass die Voraussetzungen des III 1 erfüllt sind, wenn der Vertreter beim Vertragspartner
kein Vertrauen auf den Bestand der Vollmacht geweckt hat, weil er auf mögliche Mängel seiner Vertretungsmacht hingewiesen hat. Entsprechendes gilt, wenn der Vertreter nur auf Tatsachen hingewiesen hat, aus
denen sich seine Vertretungsmacht ergeben soll, im Übrigen die Beurteilung der Vollmacht aber in die Hände
des Vertragspartners gelegt hat (Staud/*Schilken* Rn 18; offen lassend BGHZ 39, 45, 50 f). Diese Haftungsbegrenzung findet im Gesetz jedoch keine ausreichende Stütze (*Bork* AT Rn 1634).

III. Herleitung der Vertretungsmacht aus einem verfassungswidrigen Gesetz. § 179 ist nach seiner ratio 10
nicht anwendbar, wenn der Vertreter und der Vertragspartner die Vertretungsmacht einem verfassungswidrigen Gesetz entnommen haben, weil in seinem solchen Fall die Ursache für das enttäuschte Vertrauen nicht
beim Vertreter, sondern beim Gesetzgeber lag (BGHZ 39, 45, 52).

IV. Außenvollmacht und Vollmachtskundgabe. Im Schrifttum wird vereinzelt die Auffassung vertreten, dass 11
bei einer Außenvollmacht (§ 170) und einer kundgegebenen Innenvollmacht (§§ 171, 172) für eine Haftung nach
§ 179 kein Raum sei, weil das Vertrauen des Vertragspartners auf den Bestand der Vollmacht auf der Erteilung der
Außenvollmacht bzw dem Kundgabeakt beruhe, während der Erklärung des Vertreters, er habe Vertretungsmacht, dahinter zurückfalle (MüKo/*Schramm* Rn 8). Gegen diese Auffassung spricht, dass der Vertreter auch bei
einer Außenvollmacht und einer kundgegebenen Innenvollmacht zumindest konkludent das Bestehen der Vollmacht behauptet und dass es mit der gesetzlichen Risikoverteilung unvereinbar ist, das Risiko für das Bestehen
der Vollmacht auf den Vertragspartner abzuwälzen (für die Außenvollmacht *Bork* AT Rn 1621).

V. Erkennbarkeit des Vollmachtmangels. Nach einer vereinzelten Ansicht entfällt die Haftung nach II, 12
wenn das Fehlen der Vertretungsmacht außerhalb der Erkenntnis- und Beurteilungsmöglichkeiten des Vertreters lag (*Flume* AT II § 47 3 c). Gegen diese Ansicht spricht, dass ein Verschulden des Vertreters nach dem
klaren Wortlaut des Gesetzes und dem eindeutigen Willen des Gesetzgebers für die Einstandspflicht des Vertreters nicht erforderlich ist und dass auch unerkennbare Vollmachtsmängel in den Risikobereich fallen, für
den der Vertreter einzustehen hat, weil er der Vollmachtserteilung näher steht als der Vertragspartner (*Bork*
AT Rn 1632; *Larenz/Wolf* § 49 Rn 24).

D. Haftungsumfang. Der Vertreter hat für den wegen fehlender Vertretungsmacht nicht wirksam zustande 13
gekommenen Vertrag einzustehen. Ist ein Teil des Rechtsgeschäfts von der Vertretungsmacht gedeckt und ist
dieser Teil nach § 139 wirksam, erstreckt sich die Haftung nur auf den anderen von der Vertretungsmacht
nicht gedeckten Teil (BGHZ 103, 275, 278). Dasselbe gilt wenn der Vertretene das Rechtsgeschäft analog
§ 139 nur teilweise genehmigt (s § 177 Rn 7; BGH NJW 88, 1378).

I. Das Wahlrecht des Vertragspartners (I). 1. Kenntnis des Vertreters und Rechtsnatur des Wahlrechts. Aus 14
II ergibt sich, dass der Vertreter nur dann auf das positive Interesse nach I haftet, wenn er den Mangel der
Vertretungsmacht gekannt hat. Nach Maßgabe des § 166 II muss er sich die Kenntnis des Vertretenen zurechnen lassen (Köln NJW-RR 90, 760). Weil II dispositiv ist, kann der Vertreter durch eine Individualvereinbarung, nicht aber durch AGB (§ 309 Nr 11 lit b) auch eine von seinem Kenntnisstand unabhängige Garantiehaftung übernehmen (Erman/*Palm* Rn 14). Bei der in I eröffneten Alternative handelt es sich nach hM um
ein Wahlschuldverhältnis iSd §§ 262 ff (Staud/*Schilken* Rn 13; aA für elektive Konkurrenz Palandt/*Heinrichs*
Rn 5). Der Vertragspartner ist an die einmal getroffene Wahl gebunden (MüKo/*Schramm* Rn 31). Das Wahlrecht beschränkt sich gem § 265 von Anfang an auf Schadensersatz, wenn die Erfüllung durch den Vertreter
unmöglich ist (BaRoth/*Habermeier* Rn 19). Das gilt insbesondere bei einem Vertrag über eine höchstpersönliche Leistung und einem dinglichen Rechtsgeschäft (*Larenz/Wolf* AT § 49 Rn 19).

2. Erfüllung. Wählt der Vertragspartner Erfüllung, wird der Vertreter zwar nicht selbst Vertragspartei (BGH 15
NJW 71, 429, 430), zwischen ihm und dem Vertragspartner wird aber ein gesetzliches Schuldverhältnis
begründet, dessen Inhalt durch das Vertretergeschäft bestimmt wird (*Larenz/Wolf* AT § 49 Rn 19). Der vollmachtlose Vertreter hat dem anderen Teil das zu gewähren, was dieser bei Wirksamkeit des Vertrages von
dem Vertretenen fordern könnte (BGH NJW 04, 744). Dem Vertragspartner stehen gegen den Vertreter daher
alle Primär- und Sekundäransprüche aus diesem Vertrag zu. Die für den Erfüllungsanspruch bestellten
Sicherheiten haften dem Dritten jedoch nicht (MüKo/*Schramm* Rn 74). Auch eine Schiedsklausel gilt nicht
(BGH NJW 77, 1397). Der Vertreter selbst erlangt ebenfalls die Stellung einer Vertragspartei, ohne selbst Vertragspartei zu sein (BGH NJW 70, 240, 241; *Larenz/Wolf* AT § 49 Rn 20). Er kann daher Gegenrechte insbesondere aus den §§ 320, 323 ff (BGH NJW 01, 3184) sowie alle übrigen Einreden und Einwendungen geltend
machen, die dem Vertretenen zugestanden hätten, wenn dieser den Vertrag genehmigt hätte. Insbesondere
kann er ein verbraucherschützendes Widerrufsrecht etwa nach § 355 ausüben (BGH NJW-RR 91, 1074,
1075), den Vertrag anfechten (BGH NJW 02, 1867, 1868), vom Vertrag zurücktreten, sich auf Verjährung
berufen (BGHZ 73, 266, 269 f) und Gewährleistungsansprüche geltend machen (Köln NJW-RR 90, 760).
Erbringt der Vertreter die nach dem Vertrag von dem Vertretenen geschuldete Leistung, kann er auch die
Gegenleistung verlangen (MüKo/*Schramm* Rn 32).

16 **3. Schadensersatz.** Wählt der Vertragspartner Schadensersatz, ist er so zu stellen, wie er stünde, wenn das Rechtsgeschäft für den Vertretenen wirksam geworden und gehörig erfüllt worden wäre (*Bork* AT Rn 1628). Der Vertreter schuldet jedoch nicht Naturalrestitution iSd §§ 249 ff, da dies der Erfüllung gleichkäme. Er hat vielmehr das Interesse des Vertragspartners in Geld zu ersetzen. Bei einem gegenseitigen Vertrag besteht der Schaden nach der gemischten Differenztheorie idR in der Differenz zwischen dem Wert der Leistung, die der Vertragspartner hätte fordern können, und dem Wert der von ihm ersparten Gegenleistung (*Larenz/Wolf* AT § 49 Rn 21). Der Schaden ist nach allgemeinen Grundsätzen abstrakt oder konkret zu berechnen (MüKo/*Schramm* Rn 36). Der Vertreter hat dem Vertragspartner auch die Kosten für einen Vorprozess gegen den Vertretenen zu ersetzen (Ddorf NJW 92, 1176, 1177).

17 **II. Beschränkung auf das negative Interesse (II).** Kannte der Vertreter den Mangel der Vertretungsmacht nicht, haftet er dennoch auf das negative Interesse. Auf ein Verschulden des Vertreters kommt es nicht an (BGHZ 105, 283, 285). Unerheblich ist auch, ob der Mangel der Vertretungsmacht für ihn erkennbar war (s Rn 12). Der Vertragspartner ist so zu stellen, wie er stünde, wenn er mit dem Vertreter nie in Kontakt getreten wäre und das fragliche Geschäft nicht vorgenommen hätte (*Bork* AT Rn 1631). Die Haftung ist jedoch durch das Erfüllungsinteresse begrenzt. Wie im Falle des Abs 1 umfasst auch die Haftung nach II die Kosten für einen Vorprozess gegen den Vertretenen (BaRoth/*Habermeier* Rn 25).

18 **D. Beweislast.** Der Vertragspartner hat zu beweisen, dass der Vertreter mit ihm in fremdem Namen einen Vertrag geschlossen hat. Da die Verweigerung der Genehmigung ein selbstständiges Anspruchselement bildet, hat der Vertragspartner abweichend von der für die Genehmigung nach § 177 geltenden Beweislastverteilung (s § 177 Rn 14) auch zu beweisen, dass der Vertretene die Genehmigung verweigert hat oder dass die Genehmigung gem § 177 II als verweigert gilt (Baumgärtel/*Laumen* I Rn 1). Aufgrund der Beweislastregel in I obliegt es dagegen dem Vertreter, das Entstehen seiner Vertretungsmacht zu beweisen (BGHZ 99, 50, 52; Baumgärtel/*Laumen* I Rn 2). Zum Erlöschen der Vertretungsmacht s § 168 Rn 17. Beruft der Vertreter auf einen Haftungsausschluss nach II, trifft ihn die Beweislast für die Kenntnis und das Kennenmüssen des Vertragspartners von dem Mangel der Vertretungsmacht und seine beschränkte Geschäftsfähigkeit. Dagegen hat der Vertragspartner die Zustimmung des gesetzlichen Vertreters nach II 2 zu beweisen (Baumgärtel/*Laumen* I Rn 7). Der Vertreter, der sich auf die Haftungsbeschränkung des II beruft, muss seine eigene Unkenntnis von dem Mangel der Vertretungsmacht beweisen (Baumgärtel/*Laumen* I Rn 6).

19 **E. Konkurrierende Ansprüche des Vertragspartners gegen den Vertreter.** Der Vertreter haftet aus § 122, wenn der Dritte Erfüllung wählt und er selbst den Vertrag anficht (*Bork* AT Rn 1636). Neben die Haftung aus § 179 kann eine vorvertragliche Haftung des Vertreters aus §§ 280, 311 II, III, 241 II treten. Eine solche Haftung setzt voraus, dass die Voraussetzungen für eine Eigenhaftung des Vertreters vorliegen (s § 164 Rn 79) und dass der Vertreter gegen Verpflichtungen aus dem vorvertraglichen Schuldverhältnis verstoßen hat (BGH NJW 90, 389). Hierfür reicht es jedoch nicht aus, dass der Vertreter schuldhaft das Vertrauen des Vertragspartners in seine Vertretungsmacht erweckt hat, da § 179 für die daraus entstandenen Schäden eine abschließende Sonderregelung enthält (*Bork* AT Rn 1636). Wenn die Haftung nach III 1 ausgeschlossen ist, kann dem Vertragspartner daher auch ein gem § 254 gekürzter Anspruch aus § 311 II, III nicht zugebilligt werden (Erman/*Palm* Rn 15; aA Staud/*Schilken* Rn 20). Das gilt jedoch dann nicht, wenn die vorvertragliche Pflichtverletzung darin liegt, dass der Vertreter schuldhaft den Eindruck erweckt hat, der Vertretene werde den Vertrag mit Sicherheit genehmigen (Celle DNotZ 04, 716; Erman/*Palm* Rn 22).

20 **F. Regress des Vertreters gegen den Vertretenen.** Besteht zwischen dem Vertreter und dem Vertretenen ein Auftrag, Geschäftsbesorgungsvertrag oder ein ähnliches Rechtsverhältnis, so ist der Vertretene verpflichtet, den Vertreter zu informieren, wenn er den Mangel der Vertretungsmacht erkennt oder fahrlässig nicht erkennt. Versäumt er schuldhaft die Information, ist er dem Vertreter aus §§ 280, 241 II zum Schadensersatz verpflichtet (BGH NJW 01, 3184). Der Vertreter muss sich sein eigenes Mitverschulden nach § 254 anrechnen lassen (*Larenz/Wolf* AT § 49 Rn 33). Im Übrigen kann der Vertreter unter den Voraussetzungen der §§ 683 S 1, 677 (berechtigte GoA) oder § 684 S 2 (unberechtigte GoA) von dem Vertretenen verlangen, dass dieser ihn von der Haftung aus § 179 freistellt (§ 257) oder ihm bereits an den Dritten geleistete Zahlungen nach § 670 erstattet (BGH NJW-RR 04, 81; *Bork* AT Rn 1638). Haftet neben dem Vertreter auch der Vertretene dem Dritten (s § 177 Rn 15 ff), hat ein anteiliger Ausgleich nach § 426 I zu erfolgen (*Bork* AT Rn 1638). Ficht der Vertretene die Vollmacht an, ergibt sich seine Haftung aus § 122 (s § 167 Rn 17).

21 **G. Die Untervertretung ohne Vertretungsmacht. I. Mängel der Untervertretungsmacht.** Fehlt bei einer Untervertretung (s § 167 Rn 48 ff) die eigene Untervertretungsmacht des Untervertreters, haftet der Untervertreter aus § 179 (BGHZ 68, 391, 397). Sowohl der Hauptvertreter- als auch der Vertretene können den Vertrag genehmigen. Genehmigt der Hauptvertreter den Vertrag, entfällt die Haftung des Untervertreters aus § 179 auch bei Mängeln der Hauptvertretungsmacht (BGH BB 63, 1139; Köln NJW-RR 96, 212).

22 **II. Mängel der Hauptvertretungsmacht.** Der BGH hat im Hinblick auf die Haftung bei Mängeln der Hauptvertretungsmacht die Rechtsfigur der mittelbaren Untervertretung entwickelt (s § 167 Rn 49), bei der im Falle mangelnder Hauptvertretungsmacht, aber offen gelegter und wirksamer Untervertretung nur der

Hauptvertreter dem Vertragspartner aus § 179 haftet (BGHZ 68, 391, 396). Hat dagegen der Untervertreter seine bestehende Untervertretungsmacht nicht offen gelegt, besteht kein Grund, ihn vor der Haftung aus § 179 zu verschonen (BGH NJW 77, 1535, 1536). Das Gleiche gilt, wenn bei der unmittelbaren Unvertretung der Mangel der Hauptvertretungsmacht gem § 180 S 1 zur Unwirksamkeit der Untervollmacht führt und der Untervertreter deshalb nach § 179 haftet. Zu den Regressmöglichkeiten des Untervertreters s Rn 20. Die hM im Schrifttum lehnt die von dem BGH gewählte Konstruktion ab. Hiernach tritt der Untervertreter bei offen gelegter Untervertretung nur für den Hauptvertreter auf und haftet daher für dessen Vertretungsmacht nicht. Handelt der Untervertreter dagegen nur für den Vertretenen, ohne die Untervertretung aufzudecken, hat er im Verhältnis zu dem Vertragspartner allein für die Vertretungsmacht des Hauptvertreters einzustehen (*Larenz/Wolf* AT § 49 Rn 31 f; *Medicus* AT Rn 996). Weil auch die hM im Schrifttum die Haftung des Untervertreters aus § 179 an das Auftreten des Untervertreters nach außen anknüpft, kommt sie idR zu demselben Ergebnis wie die Rspr. Nach aA haftet der Untervertreter sowohl für Mängel der Unter- als auch der Hauptvertretungsmacht. Bei der offen gelegten Untervertretung soll der Hauptvertreter gesamtschuldnerisch neben dem Untervertreter für den Mangel der Hauptvertretungsmacht einzustehen haben (Soergel/*Leptien* § 167 Rn 62). Gegen diese Auffassung spricht jedoch, dass der Hauptvertreter in den Fällen der offen gelegten wirksamen Untervertretung als derjenige anzusehen ist, der das Vertrauen des Vertragspartners in die Vertretungsmacht des Untervertreters erweckt hat und dass auch das Vertrauen des Untervertreters in die Vertretungsmacht des Hauptvertreters enttäuscht worden ist (*Larenz/Wolf* AT § 49 Rn 33).

§ 180 Einseitiges Rechtsgeschäft

¹Bei einem einseitigen Rechtsgeschäft ist Vertretung ohne Vertretungsmacht unzulässig. ²Hat jedoch derjenige, welchem gegenüber ein solches Rechtsgeschäft vorzunehmen war, die von dem Vertreter behauptete Vertretungsmacht bei der Vornahme des Rechtsgeschäfts nicht beanstandet oder ist er damit einverstanden gewesen, dass der Vertreter ohne Vertretungsmacht handele, so finden die Vorschriften über Verträge entsprechende Anwendung. ³Das Gleiche gilt, wenn ein einseitiges Rechtsgeschäft gegenüber einem Vertreter ohne Vertretungsmacht mit dessen Einverständnis vorgenommen wird.

A. Normzweck, Systematik und Anwendungsbereich. Nach der mit §§ 111 S 1, 1367, 1831 S 1 korrespondierenden Vorschrift in S 1 ist ein von oder gegenüber einem Vertreter ohne Vertretungsmacht vorgenommenes einseitiges Rechtsgeschäft unheilbar nichtig (Staud/*Schilken* Rn 2). Es gibt keinen Schwebezustand und das Rechtsgeschäft kann auch nicht genehmigt werden. Die Vorschrift dient dem Schutz des Rechtsverkehrs vor der Ungewissheit schwebend unwirksamer Geschäfte (Staud/*Schilken* Rn 1). Von diesem Grundsatz sehen S 2, 3 praktisch wichtige Ausnahmefälle für einseitige empfangsbedürftige Willenserklärungen (Kündigung, Rücktritt, Anfechtung) und rechtsgeschäftsähnliche Handlungen vor, in denen der Erklärungsempfänger nicht schutzbedürftig ist und die §§ 177–179 daher analoge Anwendung finden. Bei streng einseitigen, nicht empfangsbedürftigen Willenserklärungen (Auslobung, Eigentumsaufgabe, Erbschaftsannahme und Erbausschlagung) und bei amtsempfangsbedürftigen Willenserklärungen (§§ 376 II Nr 1, 1, 928, 976, 1196 II) bleibt es dagegen bei der Regelung in S 1 (Staud/*Schilken* Rn 26). Für Prozesshandlungen wie die Unterwerfung unter die sofortige Zwangsvollstreckung finden S 2 und 3 aufgrund der spezielleren Norm des § 89 ZPO ebenfalls keine Anwendung (Staud/*Schilken* Rn 13).

B. Ausnahmen bei der aktiven Stellvertretung (S 2). Ein schlüssiges Behaupten der Vertretungsmacht iSv S 2 Alt 1 liegt idR schon in dem Auftreten als Vertreter (Staud/*Schilken* Rn 6). Es fehlt, wenn der Vertreter den Mangel der Vertretungsmacht offen legt oder auch nur Zweifel an ihr äußert (MüKo/*Schramm* Rn 7). „Beanstanden" ist gleichbedeutend mit „unverzüglich zurückweisen" iSd § 174 (Köln NJW-RR 95, 1463, 1464), s dort Rn 4. Das Einverständnis iSv S 2 Alt 2 kann auch durch schlüssiges Handeln (konkludent) erklärt werden. Es muss sich auf die Vornahme des Rechtsgeschäfts beziehen und setzt voraus, dass der Erklärungsempfänger das Fehlen der Vertretungsmacht kannte oder zumindest für möglich hielt (MüKo/*Schramm* Rn 10). Die Beanstandung der Vertretungsmacht hat bei der Vornahme des Rechtsgeschäfts, dh bei einer Erklärung unter Anwesenden sofort und bei einer solchen unter Abwesenden unverzüglich, also ohne schuldhaftes Zögern (§ 121 I) zu erfolgen (BaRoth/*Habermeier* Rn 7). Spätestens zu diesem Zeitpunkt muss auch das Einverständnis des Erklärungsempfängers mit dem Vertretergeschäft vorliegen (MüKo/*Schramm* Rn 10). S 2 findet auf die gesellschaftsrechtliche Stimmausübung analoge Anwendung (Frankf NZG 03, 438).

C. Ausnahme bei der passiven Stellvertretung (S 3). Das Einverständnis des Empfangsvertreters iSv S 3 setzt voraus, dass dieser erkennbar zur Entgegennahme der Willenserklärung bereit ist und dass der Empfangsvertreter vom Einverständnis des Vertreters Kenntnis erlangt. Nicht erforderlich ist, dass der Vertreter Kenntnis von dem Fehlen seiner Vertretungsmacht hat (Staud/*Schilken* Rn 8).

D. Rechtsfolge. Die Rechtsfolgen ergeben sich aus einer entspr Anwendung der §§ 177–179. Das Rechtsgeschäft ist schwebend unwirksam und kann gem § 177 I von dem Vertretenen genehmigt werden (BGH BB 69,

293). Analog § 177 II kann der Erklärungsempfänger den Vertretenen zur Erklärung über die Genehmigung auffordern. Nach hM kann der Erklärungsempfänger das Rechtsgeschäft während des Schwebezustandes analog § 178 zurückweisen, es sei denn er kannte den Mangel der Vertretungsmacht, wie das bei dem Einverständnis iSv S 2 Alt 2 immer der Fall ist (Staud/*Schilken* § 178 Rn 6). Das ist jedoch systemwidrig und von der in S 2 und 3 angeordneten analogen Anwendung der §§ 177 ff nicht gewollt (*Bork* AT Rn 1615 Fn 268). Genehmigt der Vertretene das Rechtsgeschäft nicht, haftet der Vertreter analog § 179. Ein Erfüllungsanspruch ist bei einseitigen Rechtsgeschäften allerdings undenkbar. Im Falle des Einverständnisses des Erklärungsempfängers nach S 2 Alt 2 scheitert die Haftung des Vertreters zudem idR an § 179 III 1 (BaRoth/*Habermeier* Rn 11).

5   **E. Beweislast.** Derjenige, der sich auf die Wirksamkeit eines einseitigen Rechtsgeschäfts beruft, hat die Vertretungsmacht des Vertreters und, falls das nicht gelingt, das Vorliegen der Ausnahmeregelungen in S 2, 3 zu beweisen (Erman/*Palm* Rn 10). Steht die Beanstandung fest, hat er auch zu beweisen, dass sie verspätet erfolgte (Baumgärtel/*Laumen* I Rn 2).

§ 181 Insichgeschäft

Ein Vertreter kann, soweit nicht ein anderes ihm gestattet ist, im Namen des Vertretenen mit sich im eigenen Namen oder als Vertreter eines Dritten ein Rechtsgeschäft nicht vornehmen, es sei denn, dass das Rechtsgeschäft ausschließlich in der Erfüllung einer Verbindlichkeit besteht.

1   **A. Normzweck.** Die frühere Rspr verstand § 181 als eine rein formale Ordnungsvorschrift, die daran anknüpft, dass an einem Rechtsgeschäft der äußeren Form nach grds zwei Personen beteiligt sein müssen und die daher ohne Rücksicht auf das Vorliegen einer Interessenverletzung im Einzelfall Insichgeschäfte verbietet. Ein Interessengegensatz zwischen den mehreren von dem Vertreter repräsentierten Personen sei zwar gesetzgeberisches Motiv, aber zur Tatbestandserfüllung weder erforderlich noch ausreichend (BGHZ 50, 8, 11). Diese Auffassung gilt heute als überholt. Nach heutigem Verständnis hat die Vorschrift einen materiellen Gerechtigkeitsgehalt mit bestimmten Schutzzwecken (*Larenz/Wolf* AT § 46 Rn 119). Eine vom Zweck der Vorschrift völlig losgelöste, ausschließlich formale Betrachtungsweise lehnt mittlerweile auch der BGH ab (BGHZ 59, 236, 239 f). In erster Linie soll § 181 der Gefahr begegnen, dass sich bei Personenidentität typischerweise auftretende Interessenkollisionen zum Nachteil des Vertretenen auswirken. Daneben soll sie den Rechtsverkehr im Interesse des Gläubigerschutzes sowie der Rechtssicherheit und Rechtsklarheit vor verborgenen Vermögensverschiebungen bewahren (BGHZ 75, 358, 361; *Larenz/Wolf* AT § 46 Rn 120). Die heute hM hält daran fest, dass § 181 gegenüber diesem Normzweck tatbestandlich verselbstständigt ist. § 181 regelt auch nach heutigem Verständnis nicht den materiellen Interessenkonflikt, sondern lediglich die unzulässige formale Beteiligung derselben Person auf beiden Seiten bei einem Vertragsschluss. Dh die Feststellung eines konkreten Interessenkonflikts im Einzelfall ist nach wie vor weder erforderlich noch ausreichend (BGH NJW 91, 982, 983; aA *Brox* AT Rn 592). In Fällen, in denen aufgrund abstrakt-genereller Kriterien eine Interessenkollision typischerweise ausgeschlossen oder trotz des Fehlens eines Insichgeschäfts einwandfrei festgestellt werden kann,, sind aber dennoch Einschränkungen oder Erweiterungen des Anwendungsbereichs der Norm nach den Regeln der juristischen Methodenlehre vorzunehmen (MüKo/*Schramm* Rn 7 ff).

B. Anwendungsbereich und tatbestandliche Voraussetzungen. I. Der persönliche Anwendungsbe-
2   **reich.** Dem Verbot des § 181 unterliegen neben dem rechtsgeschäftlichen auch der gesetzliche (BGHZ 50, 8, 10 f) und der organschaftliche (BGHZ 56, 97, 101) Vertreter. Auf die Verwalter fremden Vermögens (s § 164 Rn 14) und den WEG-Verwalter (vor der Anerkennung der Teilrechtsfähigkeit der Wohnungseigentümergemeinschaft KG NJW-RR 04, 1161, 1162; str) ist § 181 zumindest entsprechend anzuwenden.

3   **II. Der gegenständliche Anwendungsbereich.** Das Verbot des § 181 gilt für das gesamte Privatrecht unter Einschluss des Gesellschaftsrechts, soweit nicht abschließende Sondervorschriften wie die Stimmrechtsverbote in den §§ 34, 450, 451; 47 IV GmbHG; 136 I AktG, 43 III GenG, 25 IV WEG eingreifen. § 181 findet zwar auf Prozesshandlungen keine unmittelbare Anwendung (BGH 41, 104, 107). Im Prozessrecht gilt aber der allgemeine Grundsatz, dass niemand Partei in einem Prozess gegen sich selbst sein kann oder beide Prozessparteien zugleich vertreten kann (BGH NJW 96, 658). Dieser Grundsatz findet auch in FGG-Streitsachen, nicht aber bei nicht streitigen Angelegenheiten der freiwilligen Gerichtsbarkeit, wie Registersachen Anwendung (BayObLG Rpfleger 70, 288; Staud/*Schilken* Rn 28).

4   **III. Der Tatbestand eines Insichgeschäfts. 1. Rechtsgeschäft.** Das Verbot des § 181 erfasst sämtliche Verträge und ist auch auf einseitige empfangsbedürftige Rechtsgeschäfte wie die Kündigung, den Rücktritt, den Widerruf, die Bevollmächtigung und die Gestattung zum Selbstkontrahieren (BGH WM 91, 1753, 1754) sowie auf rechtsgeschäftsähnliche Handlungen wie die Mahnung, die Androhung oder die Fristsetzung (BaRoth/Habermeier Rn 6), nicht aber auf streng einseitige (nicht empfangsbedürftige) Rechtsgeschäfte (BaRoth/*Habermeier* Rn 9) und reine Realakte (BGH NJW 76, 49) anwendbar.

2. Vertreterhandeln auf beiden Seiten des Rechtsgeschäfts. Der Tatbestand eines Insichgeschäfts setzt 5
voraus, dass der Vertreter auf beiden Seiten des Rechtsgeschäfts aufgetreten ist (*Bork* AT Rn 1587).

a) Verträge. Bei Verträgen liegt die erforderliche Personenidentität vor, wenn der Vertreter mit sich selbst in 6
eigenem Namen (Selbstkontrahieren) oder mit sich in fremdem Namen eines Dritten (Mehrvertretung) kontrahiert. Sie fehlt, wenn die Vertragspartner durch verschiedene Personen vertreten werden, von denen keine selber Vertragspartei war (BGHZ 91, 334, 335). Für die Anwendung des § 181 genügt es, wenn der Vertreter auf einer Seite als einer von mehreren Gesamtvertreter aufgetreten ist (BGH NJW 92, 618). Ein Insichgeschäft ist dagegen ausgeschlossen, wenn Gesamtvertreter einen von ihnen ermächtigen oder bevollmächtigen, das Rechtsgeschäft als Alleinvertreter mit dem anderen Gesamtvertreter abzuschließen (BGHZ 64, 72, 75 f; zur analogen Anwendung des § 181 s Rn 10). Das Gleiche gilt, wenn der Vertreter einen Vertrag zugleich in eigenem und in fremdem Namen abschließt und dabei auf derselben Seite eines Vertrages steht (BGHZ 50, 8, 10; Staud/*Schilken* Rn 8).

b) Einseitige Rechtsgeschäfte. Bei einseitigen empfangsbedürftigen Rechtsgeschäften und rechtsgeschäfts- 7
ähnlichen Handlungen ist der Tatbestand des § 181 erfüllt, wenn der Erklärende und der Erklärungsempfänger identisch sind (BGHZ 94, 132, 137). Hieran fehlt es, wenn der Vertreter die Erklärung insbesondere in den Fällen der §§ 182 I, 1064, 1255 I nicht sich selbst, sondern wahlweise dem Vertragspartner gegenüber abgibt. Zur analogen Anwendung des § 181 in diesen Fällen s Rn 10.

c) Gesellschafterbeschlüsse. Im Gesellschaftsrecht findet § 181 nicht nur auf den Gesellschaftsvertrag 8
(Staud/*Schilken* Rn 22) und auf Rechtsgeschäfte zwischen der Gesellschaft und einzelnen Gesellschaftern Anwendung, sondern grds auch auf Grundlagenbeschlüsse wie die Änderung des Gesellschaftsvertrages oder der Satzung (BGH NJW 76, 1538, 1539), die Bestellung des Vertreters zum Organ (BGHZ 112, 339, 341 ff), dessen Aufnahme in die Gesellschaft (Staud/*Schilken* Rn 22) und die Auflösung der Gesellschaft (BaRoth/*Habermeier* Rn 13; aA BGHZ 52, 316, 318 f). Dagegen ist die Anwendung des § 181 ausgeschlossen bei Beschlüssen, die im Rahmen des Gesellschaftsvertrages über Maßnahmen der Geschäftsführung und sonstige gemeinsame Angelegenheiten gefasst werden und bei denen die gemeinsame Verfolgung des im Gesellschaftsvertrag festgelegten Zwecks im Vordergrund steht (BGHZ 112, 339, 341). Die früher herrschende Ansicht, nach der § 181 auf Beschlüsse zur Willensbildung eines Vereins oder einer Gesellschaft generell keine Anwendung findet, weil es sich um Sozialakte und nicht um Rechtsgeschäfte handelt (BGHZ 52, 316, 318), verdient wegen ihrer zur Problemlösung kaum geeigneten begriffsjuristischen Argumentation keine Anerkennung (Staud/*Schilken* Rn 24). Allerdings enthält eine Stimmrechtsvollmacht idR eine Befreiung von § 181 (BGHZ 112, 339, 343). Ferner findet § 181 bei der AG wegen der gebotenen erweiternden Auslegung des § 135 AktG auf Beschlüsse der Hauptversammlung keine Anwendung (Staud/*Schilken* Rn 25).

3. Teleologische Reduktion wegen des Fehlens einer Interessenkollision. Obgleich § 181 tatbestandlich ver- 9
selbstständigt ist und eine Interessenkollision im Einzelfall nicht vorliegen muss, ist es nach der hM nicht ausgeschlossen, im Wege einer teleologischen Reduktion Fallgruppen aus dem Anwendungsbereich der Norm herauszunehmen, in denen typischerweise eine Interessenkollision nicht gegeben ist (s Rn 1). Praktisch bedeutsam ist dies vor allem bei Insichgeschäften, die dem Vertretenen lediglich einen rechtlichen Vorteil bringen (BGH NJW 89, 2542, 2543). Da ein Interessengegensatz ausgeschlossen ist und auch Belange Dritter nach der Wertung in § 107 nicht entgegenstehen, findet § 181 in diesen Fällen keine Anwendung (Staud/*Schilken* Rn 32). Zum Begriff des rechtlichen Nachteils s § 107 Rn 6, 8 ff. Dagegen bleibt es gem § 35 IV 1 GmbHG, der auch für die dort nicht ausdrücklich geregelte Mehrvertretung gilt, bei Insichgeschäften, die der Gesellschafter-Geschäftsführer einer Ein-Mann-GmbH mit der Gesellschaft abschließt, bei der Anwendung des § 181 (Staud/*Schilken* Rn 20; aA aus der Zeit vor dem Inkrafttreten von § 35 IV 1 GmbHG BGH NJW 80, 932, 933). Str ist die Anwendung des § 181 bei der Mehrfachvertretung im Konzern s *Bachmann* ZIP 99, 85 ff.

4. Analoge Anwendung auf andere mögliche Interessenkonflikte. a) Untervertreter. Anderseits ist § 181 10
nach der hM auf unzulässige Insichgeschäfte, die mit Hilfe eines Untervertreters abgeschlossen werden (BGHZ 112, 339, 343; Staud/*Schilken* Rn 35 f), analog anzuwenden. Hierfür spricht, dass die für § 181 erforderliche Personenidentität und die mit ihr typischerweise verbundene Gefahr einer für den Vertreter nachteiligen Interessenwahrnehmung nicht auf dem Umweg über die Bestellung eines Untervertreters beseitigt werden darf. Das Gleiche gilt, wenn ein vollmachtlos handelnder Vertreter das Rechtsgeschäft für den Vertretenen gem § 177 I genehmigt, nachdem er nachträglich Vertretungsmacht erlangt hat (BGH NJW-RR 94, 291, 292). Dagegen findet § 181 nach der Rspr und einer vordringenden Ansicht im Schrifttum keine analoge Anwendung, wenn ein gesamtvertretungsberechtigtes Organ aufgrund einer Gesamtvertreterermächtigung (s Rn 6) für die Gesellschaft mit einem anderen Gesamtvertreter kontrahiert (BGHZ 64, 72, 76 f; Staud/*Schilken* Rn 17; aA Erman/*Palm* Rn 19). Gegen eine Anwendung des § 181 spricht in diesen Fällen, dass der ermächtigte Gesamtvertreter selbstständig und unabhängig von Weisungen über den Geschäftabschluss entscheidet und dass für ihn die Interessen der Gesellschaft und nicht die des anderen Gesamtvertreters maßgeblich sind (BaRoth/*Habermeier* Rn 15). Das Gleiche gilt, wenn für die Gesellschaft ein Prokurist handelt (BGHZ 91, 334, 336 f).

11 **b) Amtsempfangsbedürftige Willenserklärungen.** § 181 ist auch auf amtsempfangsbedürftige Willenserklärungen analog anzuwenden, wenn der Vertreter der Sache nach der Erklärungsempfänger ist. Das ist der Fall, wenn der Vertreter das Rechtsgeschäft wie in den Fällen der §§ 875 I 2, 876 S 3, 880 III, 1168 II 1, 1183 S 2 wahlweise auch gegenüber sich selbst hätte vornehmen können (BGHZ 77, 7, 9 f) oder wenn die Erklärung zwar einer staatlichen Stelle gegenüber abgegeben werden kann, der Sache nach aber an den Vertreter selbst oder bei der Mehrfachvertretung an den anderen Vertretenen gerichtet ist (§§ 376 II, 2079 ff). Der Testamentserbe kann daher nicht als Vertreter des gesetzlichen Erben das Testament gegenüber dem Nachlassgericht gem §§ 2089, 2081 anfechten (Staud/*Schilken* Rn 40). Dagegen steht § 181 nicht entgegen, wenn die staatliche Stelle auch materiell Erklärungsempfänger ist. Hiervon ist auszugehen, wenn ein gesetzlicher Vertreter die Erbschaft ausschlägt, auch wenn er selbst dadurch Erbe wird (BayObLGZ 83, 213, 220 f).

12 **c) Interessenkollisionen.** Wegen der verselbstständigten Normstruktur des § 181 kommt eine generelle Anwendung des § 181 in den Fällen einer Interessenkollision nicht in Betracht (BGHZ 91, 334, 337; Staud/*Schilken* Rn 34). Zu fordern ist zumindest eine mittelbare Beteiligung des Vertreters auf beiden Seiten des Vertretergeschäfts (MüKo/*Schramm* Rn 35). Hieran fehlt es, wenn der Vertreter im Namen des Vertretenen durch Vertrag mit dem Gläubiger (§ 414) eine eigene Schuld übernimmt oder eine Sicherheit für eine eigene Schuld bestellt oder übernimmt (Interzession). § 181 ist in diesen Fällen nicht analog anzuwenden; es gelten vielmehr die Regeln über den Missbrauch der Vertretungsmacht (BGHZ 91, 334, 337; Staud/*Schilken* Rn 43; aA für die Schuldübernahme Erman/*Palm* Rn 18). Und wenn Eltern Geld von dem Konto ihres Kindes auf ihr eigenes Konto überweisen (BGH NJW 04, 2517, 2518). Das Gleiche gilt, wenn bei einer Verrechnungsvereinbarung der Gläubiger und der Dritte durch dieselbe Person vertreten werden (BGH NJW 85, 2409, 2410).

13 **C. Ausnahmen vom Verbot des Insichgeschäfts. I. Die Gestattung.** Eine Ausnahme von dem Verbot des Insichgeschäfts ist die Gestattung, die auf Gesetz (§§ 1009 II; 125 II 2 HGB; 78 IV AktG; 3 III BerBG) oder Rechtsgeschäft beruhen kann.

14 **1. Die rechtsgeschäftliche Gestattung durch den Vollmachtgeber.** Die rechtsgeschäftliche Gestattung durch den Vollmachtgeber ist eine einseitige empfangsbedürftige Willenserklärung, durch die der Umfang der Vollmacht erweitert wird und auf die daher die Vorschriften über die Vollmachtserteilung anzuwenden sind. Sie kann bereits in der Vollmacht enthalten sein oder aus einer sie ergänzenden besonderen Erklärung hervorgehen und sowohl für ein einzelnes Geschäft als auch für einen bestimmten Kreis von Geschäften erteilt werden. Ihre Erteilung kann auch nachträglich nach § 177 I (s Rn 19) erfolgen (BGHZ 65, 123, 125 f). Zur Formbedürftigkeit s § 167 Rn 12. In Zweifelsfällen ist durch Auslegung vom Empfängerhorizont (§§ 133, 157) unter Berücksichtigung der Verkehrssitte zu ermitteln, ob eine Befreiung von § 181 gewollt ist. Eine konkludente Gestattung ist nicht bereits in der Erteilung einer Generalvollmacht, Prokura oder Handlungsvollmacht (BaRoth/*Habermeier* Rn 33) enthalten, wohl aber in der Erteilung eines Ersteigerungsauftrages an den Versteigerer (BGH NJW 83, 1186, 1187), einer Auflassungsvollmacht durch beide Vertragsparteien in derselben Urkunde (Staud/*Schilken* Rn 52), einer Kontovollmacht, wenn dem Bevollmächtigten gestattet wird, über das Kontoguthaben auch zu eigenen Gunsten zu verfügen (München WM 73, 1252, 1253), einer Generalvollmacht an einen Ehegatten (Staud/*Schilken* Rn 52), uU einer Stimmrechtsvollmacht (s Rn 8) und der Mitwirkung an einem Gesellschafterbeschluss, wenn den Umständen nach klar ist, dass der Vollzug durch ein Insichgeschäft erfolgen wird (BGH NJW 76, 1538, 1539). Die Gestattung untersteht wie jedes andere Rechtsgeschäft des Verbots des § 181 (BGHZ 58, 115, 118). Deshalb kann sich ein Stellvertreter die Erlaubnis zum Selbstkontrahieren nicht selbst erteilen (BGHZ 33, 189, 191). Ein gewillkürter Vertreter, der selbst nicht von den Beschränkungen des § 181 befreit ist, kann auch einem anderen (Unter-)Vertreter nicht das Selbstkontrahieren gestatten (BGHZ 33, 189, 192 f; BayObLG BB 93, 746, 747). Die Gestattung kann grds nur der Vertretene selbst erklären (BGH NJW-RR 94, 291, 293). Bei Mehrvertretung muss jeder Vertreter die Befreiung von § 181 gestatten (BaRoth/*Habermeier* Rn 34).

15 **2. Die Gestattung bei der organschaftlichen Vertretung.** Die Befreiung eines Organs von den Beschränkungen des § 181 erfolgt durch Gesellschaftsvertrag bzw Satzung oder durch das Bestellungsorgan (BGHZ 87, 59, 60; Staud/*Schilken* Rn 53). Bei der GmbH ist die Gesellschafterversammlung für die Gestattung zuständig (BGH NJW-RR 94, 291, 293). Die generelle Gestattung durch das Bestellungsorgan (Mitgliederversammlung, Gesellschafterversammlung, Aufsichtsrat, Generalversammlung) bedarf einer entsprechenden gesellschaftsvertraglichen oder satzungsmäßigen Grundlage. Ist diese nicht vorhanden, bedarf es einer Satzungsänderung (BaRoth/*Habermeier* Rn 34). Das Gestattungsgeschäft unterliegt auch, wenn es vom Einmanngesellschafter gegenüber sich selbst vorgenommen wird, dem Verbot des § 181 (BGHZ 33, 189, 193 f). Einem Gesellschafter-Geschäftsführer einer eingliedrigen GmbH können Insichgeschäfte daher nur durch die Satzung gestattet werden (BGH NJW 00, 664, 665; aA Altmeppen NJW 95, 1184, 1185 f). Eine dem Geschäftsführer einer mehrgliedrigen GmbH erteilte Gestattung bleibt aber wirksam, wenn die Gesellschaft zur Ein-Mann-GmbH wird (BGHZ 114, 167, 170 ff). Die generelle Gestattung des Selbstkontrahierens muss nach der hM bei der eingliedrigen und der mehrgliedrigen GmbH gem § 10 I 2 GmbHG im Handelsregister eingetragen werden (Staud/*Schilken* Rn 53; aA Altmeppen NJW 95, 1182 ff). Entsprechendes gilt für die Personenhandelsgesell-

schaft, bei der die Eintragung der Befreiung im Handelsregister zuzulassen ist (BGHZ 58, 115, 117; BayObLG NJW-RR 00, 1421, 1422). Für den Liquidator gilt ohne weiteres zwar nicht die beschlossene Befreiung eines Geschäftsführers von den Beschränkungen des § 181, wohl aber die in der Satzung enthaltene Ermächtigung hierzu (BayObLG NJW-RR 96, 611, 612).

3. Die Gestattung bei der gesetzlichen Vertretung und bei Amtswaltern. Einem gesetzlichen Vertreter können Insichgeschäfte nach dem Rechtsgedanken des § 108 III durch den Vertretenen nur gestattet werden, wenn dieser voll geschäftsfähig geworden ist. Ansonsten ist wie bei der Genehmigung (s Rn 19) eigens ein Pfleger, bei Mehrvertretung für jeden Vertreter ein gesonderter Pfleger zu bestellen (BaRoth/*Habermeier* Rn 35). Eine Gestattung des Selbstkontrahierens zB bei Einzahlungen auf ein für das Kind eingerichtetes Sparkonto aufgrund Verkehrsübung verdient keine Anerkennung (Staud/*Schilken* Rn 56). Dem Testamentsvollstrecker können Insichgeschäfte durch den Erblasser (BGH NJW 81, 1271, 1272) oder, falls der Wille des Erblassers nicht entgegensteht, durch alle Erben (Staud/*Schilken* Rn 58) gestattet werden. Die Ernennung eines Miterben zum Testamentsvollstrecker enthält eine konkludente Gestattung (BGHZ 30, 67, 70). Die Befreiung eines Insolvenzverwalters von den Beschränkungen des § 181 kann nur durch den Insolvenzschuldner und die Gläubiger gemeinsam oder durch einen vom Insolvenzgericht bestellten Sonderverwalter (§ 56 InsO) erfolgen. Entsprechendes gilt für den Zwangs- und Nachlassverwalter (Staud/*Schilken* Rn 59).

II. Erfüllung einer Verbindlichkeit. Der Vertreter ist von den Beschränkungen des § 181 auch befreit, wenn das von ihm getätigte Insichgeschäft ausschließlich der Erfüllung einer Verbindlichkeit des Vertreters gegenüber dem Vertretenen, des Vertretenen gegenüber dem Vertreter oder im Falle der Mehrvertretung des einen Vertretenen gegenüber dem anderen Vertretenen dient. Ob die Verbindlichkeit auf Gesetz oder Rechtsgeschäft beruht, ist unerheblich (Staud/*Schilken* Rn 61). Sie muss wirksam und fällig sein und darf nicht mit einer Einrede behaftet sein. Nicht ausreichend ist es, wenn die Verbindlichkeit wie in den Fällen der §§ 311 b 1 2, 518 II durch die Erfüllung erst wirksam wird (Staud/*Schilken* Rn 62). Das Insichgeschäft darf von der geschuldeten Leistung nicht abweichen. Die Erfüllung kann durch Aufrechnung erfolgen, wenn sich die gegenseitigen Forderungen einredefrei gegenüberstehen. Das gilt auch im Falle einer einseitigen Aufrechnungsbefugnis des Vertretenen (*Bork* AT Rn 1589; aA Soergel/*Leptien* Rn 43). Eine Leistung an Erfüllungs statt oder erfüllungshalber ist aber nicht möglich (BaRoth/*Habermeier* Rn 39). Ist der Gläubiger der zu erfüllenden Verbindlichkeit nicht voll geschäftsfähig, bleibt das Insichgeschäft aufgrund einer teleologischen Reduktion der Ausnahmevorschrift verboten, wenn der Minderjährige durch das Erfüllungsgeschäft einen rechtlichen Nachteil erleidet (arg § 107). Ob das der Fall ist, ist durch eine Gesamtbetrachtung von schuldrechtlichem und dinglichem Rechtsgeschäft zu ermitteln (BGHZ 78, 28, 34; BaRoth/*Habermeier* Rn 49; aA für eine Anwendung der Ausnahmevorschrift nur, wenn der erfüllungswillige Vertreter die Erfüllung erzwingen könnte *Bork* AT Rn 1599).

III. Erkennbarkeit des Insichgeschäfts. Selbst wenn einer der Ausnahmetatbestände des § 181 eingreift, sind Insichgeschäfte nur wirksam, wenn sie nach außen erkennbar vorgenommen wurden (BGH NJW 91, 1730). Bei Verfügungsgeschäften müssen die Willenserklärungen äußerlich und für Dritte erkennbar in Erscheinung treten. Es genügt jede Art der Manifestation wie zB das Eintragen in Geschäftsbüchern und das Einzahlen von Geld. Zusätzlich bedarf die Sachübergabe als Realakt aufgrund des sachenrechtlichen Bestimmtheitsgrundsatzes (s § 854 Rn 16) der Publizität (Staud/*Schilken* Rn 65 f). Die Anforderungen an Verpflichtungsgeschäfte sind weniger streng. Es genügen spätere Maßnahmen insbesondere zur Vertragserfüllung (Staud/*Schilken* Rn 67). Bei formbedürftigen Rechtsgeschäften muss sich das Insichgeschäft aus der Urkunde ergeben (Ddorf MDR 77, 1018). Besonders hohe Anforderungen an die Manifestation des Geschäftsabschlusses nach außen gelten gem § 35 IV 2 GmbHG bei der Ein-Mann-GmbH (BGHZ 75, 385, 362 f).

D. Rechtsfolge. Bei der Vorschrift in § 181 handelt es sich nicht um ein gesetzliches Verbot, sondern um eine gesetzliche Begrenzung der Vertretungsmacht (*Bork* AT Rn 1600). Ein unter Verstoß gegen § 181 abgeschlossener Vertrag ist daher gem den §§ 177 ff schwebend unwirksam, während für einseitige Rechtsgeschäfte § 180 gilt (Staud/*Schilken* Rn 45). Ein Vertrag wird gem § 177 I voll wirksam, wenn der Vertretene ihn genehmigt. Die Genehmigung muss im Gegensatz zur Gestattung iSv § 181 nicht durch den Vertretenen selbst, dh bei einer GmbH durch die Gesellschafterversammlung erklärt werden, vielmehr kann auch der an dem Rechtsgeschäft nicht beteiligte Stellvertreter des Vertretenen gem § 164 I genehmigen (BGH NJW-RR 94, 291, 292). Nimmt ein vollmachtloser Vertreter ein Insichgeschäft vor, bedarf es neben der Genehmigung des vollmachtlosen Handelns einer nachträglichen Befreiung vom Verbot des § 181 (Ddorf BB 99, 578). Bei Mehrfachvertretung müssen alle Vertretenen nach § 177 I genehmigen (*Bork* AT Rn 1600). Ist ein Elternteil von der Vertretung des Kindes ausgeschlossen, gilt das wegen des Gesamtvertreterprinzips auch für den anderen Elternteil (BGH NJW 72, 1708, 1709). Ist der Vertretene verstorben, erfolgt die Genehmigung durch die Erben (Hamm OLGZ 79, 44, 47). Hat der gesetzliche Vertreter eines nicht voll Geschäftsfähigen das Rechtsgeschäft vorgenommen, so kann der Vertretene nur nach Erlangung der Geschäftsfähigkeit oder ein für ihn eigens bestellter Pfleger (§ 1909) genehmigen, nicht aber das Vormundschaftsgericht (BGHZ 21, 229, 234; *Bork* AT Rn 1600; aA Larenz/*Wolf* AT § 46 Rn 128 für die Mehrvertretung).

20 **E. Beweislast.** Derjenige, der sich abweichend von der allgemeinen Regel auf die Wirksamkeit eines Insichgeschäfts beruft, hat zu beweisen, dass er von den Beschränkungen des § 181 befreit wurde oder dass das Geschäft ausschließlich in der Erfüllung einer Verbindlichkeit besteht (Baumgärtel/*Laumen* I Rn 1). Entsprechendes gilt für die tatsächlichen Voraussetzungen einer teleologischen Reduktion der Vorschrift. Umgekehrt hat derjenige, der sich auf eine analoge Anwendung der Vorschrift beruft, deren tatsächliche Voraussetzungen zu beweisen (Staud/*Schilken* Rn 68).

Titel 6 Einwilligung und Genehmigung

§ 182 Zustimmung

(1) Hängt die Wirksamkeit eines Vertrages oder eines einseitigen Rechtsgeschäfts, das einem anderen gegenüber vorzunehmen ist, von der Zustimmung eines Dritten ab, so kann die Erteilung sowie die Verweigerung der Zustimmung sowohl dem einen als dem anderen Teil gegenüber erklärt werden.
(2) Die Zustimmung bedarf nicht der für das Rechtsgeschäft bestimmten Form.
(3) Wird ein einseitiges Rechtsgeschäft, dessen Wirksamkeit von der Zustimmung eines Dritten abhängt, mit Einwilligung des Dritten vorgenommen, so finden die Vorschriften des § 111 Satz 2, 3 entsprechende Anwendung.

1 **A. Begriff, Abgrenzung und Arten der Zustimmung iSd §§ 182 ff.** Zustimmung iSd §§ 182 ff ist die für die Wirksamkeit eines Rechtsgeschäfts kraft Gesetzes erforderliche privatrechtliche Einverständniserklärung eines Dritten mit dem Rechtsgeschäft (*Bork* AT Rn 1695). Das Gesetz unterscheidet in den §§ 182 ff zwischen der Einwilligung als der vor der Vornahme des zustimmungsbedürftigen Rechtsgeschäfts erteilten Zustimmung (§ 183) und der nachträglichen Zustimmung, die das Gesetz in § 184 I als Genehmigung bezeichnet. Andernorts wie etwa in den §§ 1643, 1819 ff weicht das Gesetz von diesem Sprachgebrauch ab. Das Zustimmungserfordernis kann aufgrund einer Rechts- und Interessenbeteiligung des Zustimmungsberechtigten am Rechtsgeschäft (§§ 177 I, 185, 415 I 1, 876, 880 II, III, 1071 I 1, II, 1183 S 1, 1245 I 2, 1255 II 1, 1276 I 1, II, 1283 I, 1365 ff, 1423 ff, 2120, 2291 I 2) oder kraft Aufsichtsrechts (§§ 107, 108 I, 1411 I, 1746 I, 1903 I 1) bestehen (*Bork* AT Rn 1692). Nicht in den Anwendungsbereich der §§ 182 ff fällt dagegen die zeitlich versetzte Mitwirkung bei eigenen Geschäften nach den §§ 32 II, 709 I, 744 II, 454 (BaRoth/*Bub* Rn 6). Ferner gelten die §§ 182 ff nur für Regelungen, nach denen die Wirksamkeit des Rechtsgeschäfts von der Zustimmung eines Dritten abhängig ist, nicht aber wenn das Zustimmungserfordernis allein das rechtliche Dürfen eines der am Rechtsgeschäft Beteiligten betrifft (BaRoth/*Bub* Rn 7). Auch wenn die Zustimmung nicht kraft Gesetzes, sondern aufgrund einer Vereinbarung zwischen den Parteien des Rechtsgeschäfts erforderlich ist, liegt im Zweifel keine Zustimmungsbedürftigkeit iSd §§ 182 ff, sondern eine aufschiebende Bedingung gem § 158 I vor (BGHZ 108, 172, 177; *Bork* AT Rn 1694; aA BaRoth/*Bub* Rn 4). Der Anwendungsbereich der §§ 182 ff beschränkt sich des Weiteren auf die Zustimmung eines privaten Rechtssubjekts. Nicht erfasst sind daher behördliche Zustimmungen (*Bork* AT Rn 1694). Nicht privatrechtlicher, sondern hoheitlicher Natur ist auch die Genehmigung des Vormundschaftsgerichts, deren Wirksamkeit sich ausschließlich nach den §§ 1828 ff richtet (MüKo/*Schramm* Rn 8). Ferner muss sich das Zustimmungserfordernis aus dem Privatrecht ergeben. Öffentlich-rechtliche Zustimmungserfordernisse richten sich dagegen nicht nach den §§ 182 ff, sondern in erster Linie nach öffentlichem Recht, uU sind aber die §§ 182 ff ergänzend heranzuziehen (BaRoth/*Bub* Rn 11 ff). Die Zustimmung zu Prozesshandlungen zB in den Fällen der §§ 89 II, 269 I, II, 263, 267 ZPO bestimmt sich ausschließlich nach Prozessrecht (BaRoth/*Bub* Rn 14).

2 **B. Die Systematik der §§ 182 ff.** Die §§ 182–184 enthalten allgemeine Vorschriften darüber, gegenüber wem und in welcher Form bei zustimmungsbedürftigen Rechtsgeschäften die Erteilung der Zustimmung oder deren Verweigerung zu erklären sind und welche Wirkungen beide entfalten. Das Gesetz unterscheidet zwischen der Einwilligung (§ 183) und der Genehmigung (§ 184). Mit Einwilligung vorgenommene zustimmungsbedürftige Rechtsgeschäfte sind von Anfang an wirksam. Ohne Einwilligung vorgenommene zustimmungsbedürftige Verträge sind schwebend unwirksam. Die Genehmigung eines zustimmungsbedürftigen Vertrages führt zu dessen endgültiger und rückwirkender (§ 184) Wirksamkeit, die in § 182 I ebenfalls genannte Verweigerung der Genehmigung beendet den Schwebezustand in der Weise, dass der Vertrag endgültig unwirksam wird. Dagegen regelt § 185 den speziellen Fall der Zustimmung zu der Verfügung eines Nichtberechtigten. Das Gesetz enthält noch zahlreiche weitere spezielle Vorschriften über die Erteilung oder Verweigerung der Zustimmung (§§ 451, 876 f, 880 III, 1071, 1183, 1255 II, 1276, 1283 I, 1595, 1903; 23 II Nr 1 Alt 2 InsO), durch die §§ 182 ff weitgehend verdrängt werden.

3 **C. Die Zustimmungserklärung. I. Rechtsnatur.** Die Zustimmung ist ein einseitiges Rechtsgeschäft, das nach dem Abstraktionsprinzip von dem zustimmungsbedürftigen Rechtsgeschäft unabhängig und gedanklich zu trennen ist. Sie erfolgt durch eine empfangsbedürftige Willenserklärung, für deren Zustandekommen und Wirksamkeit die allgemeinen Regeln (§§ 104 ff) gelten.

II. Erklärung. Die Zustimmung kann ausdrücklich erklärt werden oder durch schlüssiges Verhalten (konkludent) erfolgen. Wie auch in sonstigen Fällen reicht das potenzielle Erklärungsbewusstsein des Erklärenden (s § 133 Rn 10), dh es genügt, dass der Erklärende bei Anwendung pflichtgemäßer Sorgfalt hätte erkennen können, dass sein Verhalten als Zustimmung aufgefasst werden könnte. Dagegen ist es entgegen einer früher vertretenen Auffassung nicht erforderlich, dass der Erklärende die Zustimmungsbedürftigkeit kennt oder zumindest mit ihr rechnen muss (BGHZ 109, 171, 177 f). In Zweifelsfällen ist durch Auslegung vom Empfängerhorizont (§§ 133, 157) zu ermitteln, ob das Verhalten des Zustimmungsberechtigten als Einverständnis mit der Geltung des Hauptgeschäfts zu verstehen ist. Das ist regelmäßig der Fall, wenn ein Nichtberechtigter über einen Gegenstand verfügt hat und der Berechtigte Klage gegen den Nichtberechtigten auf Herausgabe des Erlöses (§ 816 II) erhebt (BGH NJW 86, 2104, 2106). Obwohl die Genehmigung als Gestaltungserklärung bedingungsfeindlich ist (s § 184 Rn 2), soll es zulässig sein, dass sie unter der auflösenden Bedingung der fehlenden Beitreibbarkeit des Erlöses oder Zug um Zug gegen Herausgabe des Erlöses erteilt wird (BaRoth/*Bub* § 185 Rn 9). Fehlt eine Zustimmungserklärung, kann eine Rechtsscheinzustimmung analog §§ 171 ff oder nach den Grundsätzen über die Duldungs- und Anscheinsvollmacht (s § 167 Rn 34 ff) vorliegen (BGH WM 64, 224, 225; *Bork* AT Rn 1698). 4

III. Adressat. Abs 1 bestimmt, dass die Zustimmung sowohl dem einen als auch dem anderen Teil, dh bei Verträgen beiden Vertragsparteien und bei einseitigen empfangsbedürftigen Willenserklärungen sowohl dem Erklärenden als auch dem Erklärungsempfänger gegenüber erklärt werden kann. Die Zustimmung zu nicht empfangsbedürftigen Willenserklärungen kann nur dem Erklärenden gegenüber erfolgen (*Bork* AT Rn 1699). Sind auf einer Seite eines Vertrages oder auf der Empfängerseite einer empfangsbedürftigen Willenserklärung mehrere Personen beteiligt, dann muss die Zustimmung gegenüber allen Personen erklärt werden (BaRoth/*Bub* Rn 4). Zu beachten sind die abweichenden Spezialvorschriften vor allem in §§ 108 II, 177 II und in §§ 876 I 2, 1071 I 2, 1178 II 3, 1245 I 3, 1255 II 2, 1276 I 2, 1366 II 1. 5

IV. Form. Nach II bedarf die Zustimmung nicht der Form, die für das zustimmungsbedürftige Rechtsgeschäft vorgeschrieben ist. Der BGH nimmt eine teleologische Reduktion wie bei der Vollmacht (s § 167 Rn 11 ff) nicht vor (BGH NJW 04, 2382, 2383; BGHZ 125, 218, 220 ff). Die unterschiedliche Behandlung von Vollmacht und Zustimmung erscheint jedoch problematisch, wenn die Einwilligung das formbedürftige Rechtsgeschäft vorweg nimmt. Dagegen bleibt es im Falle einer widerruflichen Einwilligung und der Genehmigung grds bei dem Grundsatz der Formfreiheit (BGH NJW 98, 1482, 1484; *Bork* AT Rn 1702). Gesetzliche Ausnahmen von dem Grundsatz der Formfreiheit ergeben sich aus den §§ 1516 I 2, 1517 I 2, 2120 S 2, 2291 II; 71 II ZVG. Für die Einwilligung zu einem einseitigen Rechtsgeschäft verweist Abs 3 auf das Zurückweisungsrecht des Erklärungsempfängers nach § 111 S 2 u 3. 6

V. Anfechtbarkeit. Die Anfechtung der Zustimmung kommt nur bei Willensmängeln in Betracht, die dem Zustimmungsgeschäft selbst anhaften und nicht nur das zustimmungspflichtige Hauptgeschäft betreffen (BGHZ 137, 255, 260). Ein Inhaltsirrtum iSv § 119 I und nicht bloß ein unbeachtlicher Motivirrtum liegt aber auch dann vor, wenn der Zustimmende eine falsche Vorstellung von dem Inhalt des zustimmungsbedürftigen Rechtsgeschäfts hatte (Staud/*Gursky* Vorbem zu §§ 182 ff Rn 45). Wegen des Drittbezuges der Zustimmung bestehen bei der Anfechtung der Zustimmung dieselben Probleme wie bei der Anfechtung der Vollmacht (s § 167 Rn 15 ff). Str ist, ob der Zustimmende die Zustimmung bei einer von einer Vertragspartei des Hauptgeschäfts begangenen arglistigen Täuschung zu Lasten der selbst nicht täuschenden Partei anfechten kann. Um Wertungswidersprüche zwischen der externen und der internen Zustimmung zu vermeiden, vertritt ein Teil des Schrifttums die Ansicht, dass die interne Zustimmung analog § 123 II 2 anfechtbar ist, wenn zwar der tatsächliche Zustimmungsempfänger die Täuschung weder kannte noch kennen musste, wohl aber der andere Vertragspartner und potenzielle Zustimmungsempfänger (Erman/*Palm* vor § 182 Rn 6; für eine Anwendung des § 123 II 1 Soergel/*Leptien* vor § 182 Rn 5). Nach aA kommt es bei der internen Zustimmung wegen des Drittbezuges der Zustimmung generell auf die Kenntnis und das Kennenmüssen des Partners des Hauptgeschäfts an (MüKo/*Kramer* § 123 Rn 26). Weil die Zustimmung zu einer Vertragsübernahme (§ 415) einem dreiseitigen Vertrag ähnlich ist, ist sie nach dem Rechtsgedanken des § 123 II 2 nur dann anfechtbar, wenn in der Person beider Parteien des Hauptgeschäfts ein Anfechtungsgrund iSv § 123 vorliegt. Hiernach kann ein Vermieter seine Zustimmung zu einem Mieterwechsel durch Vertragsübernahme wegen einer Täuschung durch den neuen Mieter nur anfechten, wenn der Altmieter die Täuschung kannte oder kennen musste (BGHZ 137, 255, 260 ff; abl Staud/*Gursky* Vorbem zu §§ 182 ff Rn 46; zweifelnd auch MüKo/*Kramer* § 123 Rn 26). Adressat der Anfechtungserklärung ist nach der hM derjenige, dem gegenüber die Zustimmung tatsächlich erklärt wurde (Staud/*Gursky* Rn 45; aA für die Möglichkeit, auch der anderen Vertragspartei als potenziellem Anfechtungsgegner gegenüber anzufechten Palandt/*Heinrichs* Rn 1; für eine Beschränkung der Anfechtungsmöglichkeit auf eine Anfechtung der bereits offen gelegten Zustimmung ausschließlich gegenüber dem Vertragspartner *Flume* AT II § 54 6 e; ähnlich *Medicus* AT Rn 721). Das gilt jedoch nicht für die Vertragsübernahme, die einem dreiseitigen Vertrag ähnlich ist und bei der die Zustimmung daher allen Beteiligten gegenüber erklärt werden muss (BGHZ 96, 302, 309 f). Schadensersatz schuldet der Anfechtende analog § 122 nicht nur dem Zustim- 7 mungs- bzw Anfechtungsgegner, sondern auch der anderen Vertragspartei des Hauptgeschäfts, sofern ihr die Zustimmung bekannt gegeben wurde (BaRoth/*Bub* Rn 8).

8 **D. Die Verweigerung der Zustimmung. I. Rechtsnatur und Wirksamkeitsvoraussetzungen.** Das Gesetz stellt in I neben die Erteilung der Zustimmung deren Verweigerung. Die Zustimmungsverweigerung iSv I ist eine empfangsbedürftige Willenserklärung, die wie die Erteilung der Zustimmung nicht an eine Form gebunden ist und ggü beiden Seiten des Rechtsgeschäfts erklärt werden kann (s Rn 5 f). Sie ist darauf gerichtet, das Hauptgeschäft endgültig unwirksam werden zu lassen. Hierzu muss das Hauptgeschäft bereits abgeschlossen und diese Tatsache dem Zustimmungsberechtigten bekannt sein. Ferner muss der Zustimmungsberechtigte den wesentlichen Inhalt und die Art des Hauptgeschäfts kennen, sofern die Kenntnis für den Entschluss zur Ablehnung des Geschäfts von Bedeutung ist (BGH NJW 82, 1099, 1100). Eine endgültige Verweigerung der Zustimmung fehlt, wenn die Zustimmung von einer Bedingung abhängig gemacht wird, über die noch verhandelt werden kann (BGH WM 64, 878, 879). Auch genügt die Erhebung einer Schadensersatzklage gegen den unberechtigt Verfügenden nicht (BGH NJW 68, 1326, 1327). Der in den §§ 108 II 2, 177 II 2, 415 II 2, 1366 III 2 enthaltene allgemeine Rechtsgedanke, dass im Interesse des Vertragspartners und des Rechtsverkehrs an der Beseitigung der Ungewissheit über schwebend unwirksame Verträge die Genehmigung als verweigert gilt, wenn der Vertragspartner den Zustimmungsberechtigten vergeblich zur Erklärung über die Genehmigung aufgefordert hat, findet auch auf sonstige zustimmungsbedürftige Rechtsgeschäfte Anwendung (*Bork* AT Rn 1696).

9 **II. Wirkung.** Die Verweigerung der Einwilligung hat grds keine Bindungswirkung. Der Zustimmungsberechtigte kann sie analog § 183 widerrufen oder das Rechtsgeschäft nachträglich genehmigen, es sei denn er hat auf sein Widerrufs- oder Genehmigungsrecht verzichtet (BaRoth/*Bub* Rn 12). Dagegen ist die Verweigerung der Genehmigung im Interesse der Rechtssicherheit unwiderruflich und führt zur endgültigen Unwirksamkeit des Rechtsgeschäfts. Eine nachträgliche Erteilung der verweigerten Genehmigung ist wirkungslos. Die Parteien können das Rechtsgeschäft nur analog § 141 I bestätigen (BGH NJW 00, 3128, 3129, 99, 3704). Die Bestätigung bedarf als Neuvornahme der für das zustimmungsbedürftige Rechtsgeschäft notwendigen Form (BaRoth/*Bub* Rn 13). Eine Ausnahme von der Bindungswirkung einer einmal erteilten Genehmigungsverweigerung gilt jedoch dann, wenn einer der Parteien des zustimmungsbedürftigen Rechtsgeschäfts einen Anspruch auf die Genehmigung hat. In diesem Fall muss der Schwebezustand aufrechterhalten bleiben, damit die Erteilung der Genehmigung gerichtlich erzwungen werden kann (BGHZ 108, 380, 384 f).

10 **E. Beweislast.** Entsprechend den allgemeinen Grundsätzen muss, wer sich auf ein zustimmungsbedürftiges Rechtsgeschäft beruft, die tatsächlichen Voraussetzungen einer wirksamen Zustimmung beweisen. Dagegen muss derjenige, der trotz Zustimmung die Unwirksamkeit des Rechtsgeschäfts geltend macht, darlegen und beweisen, dass die Zustimmung wirksam angefochten wurde oder wegen einer bereits früher erfolgten endgültigen Genehmigungsverweigerung unwirksam ist (BaRoth/*Bub* Rn 14).

§ 183 Widerruflichkeit der Einwilligung

¹Die vorherige Zustimmung (Einwilligung) ist bis zur Vornahme des Rechtsgeschäfts widerruflich, soweit nicht aus dem ihrer Erteilung zugrunde liegenden Rechtsverhältnis sich ein anderes ergibt. ²Der Widerruf kann sowohl dem einen als dem anderen Teil gegenüber erklärt werden.

1 **A. Widerruf der Einwilligung. I. Rechtsnatur und Wirksamkeitsvoraussetzungen.** Der Widerruf der Einwilligung ist wie die Einwilligung selbst eine empfangsbedürftige Willenserklärung. S 1 bestimmt, dass der Widerruf abweichend von § 130 I 2 bis zur Vornahme des zustimmungsbedürftigen Hauptgeschäfts erklärt werden kann. Hiermit ist die Herstellung des vollen rechtsgeschäftlichen Tatbestandes gemeint (BGHZ 14, 114, 119 f). Ist die zustimmungsbedürftige Willenserklärung schon vorher nach § 873 II bindend geworden, so ist nach der hM dieser Zeitpunkt maßgeblich (BGH NJW 98, 1482, 1484; differenzierend BaRoth/*Bub* Rn 3). Widerrufsadressat ist nach S 2 nicht nur derjenige, dem gegenüber die Einwilligung erklärt wurde, der Widerruf kann vielmehr beiden Teilen des Rechtsgeschäfts gegenüber erklärt werden. Zur Rechtsscheinhaftung s § 182 Rn 4.

2 **II. Ausschluss des Widerrufsrechts.** In besonderen Fällen ist die Einwilligung kraft Gesetzes unwiderruflich (§§ 876 S 3, 880 II 3, 1071 I 2, 1178 II 3, 1183 S 2, 1245 I 3, 1255 II 2, 1276 I 2, 1750 II 2, 2291 II). Wie die Vollmacht kann auch die Einwilligung unwiderruflich erteilt werden. Insoweit gelten die Ausführungen zu § 168 Rn 12 ff entsprechend. Auch wenn sich aus dem Grundverhältnis ergibt, dass der Zustimmende zur Erteilung der Zustimmung verpflichtet ist, kann er die pflichtgemäß erteilte Zustimmung nicht widerrufen (*Bork* AT Rn 1703). Das gilt insbesondere für die Weiterveräußerungsermächtigung beim verlängerten Eigentumsvorbehalt (BGH NJW 69, 1171) und die dem Grundstückserwerber erteilte Belastungsermächtigung (BayObLG JZ 61, 543, 544).

3 **III. Wirkung.** Der wirksame Widerruf hat das Erlöschen der Einwilligung zur Folge. Der Zustimmungsberechtigte ist jedoch nicht gehindert, erneut seine Einwilligung zu erteilen oder das Rechtsgeschäft nach dessen Vornahme zu genehmigen (BaRoth/*Bub* Rn 7).

B. Sonstige Erlöschensgründe. Die Einwilligung kann auch aus anderen Gründen erlöschen, so etwa wenn 4
sie bedingt oder befristet erteilt wurde. Wenn der Erteilung der Einwilligung ein Rechtsverhältnis zugrunde
lag (Geschäftsbesorgungsvertrag, Ablösevereinbarung), gilt § 168 S 1 entsprechend, dh mit der Beendigung
dieses Rechtsverhältnisses erlischt im Zweifel auch die Einwilligung (BaRoth/*Bub* Rn 8). Die Ausführungen
zu § 168 Rn 3 ff gelten entsprechend. Eine Ermächtigung zur Prozessführung (BGH NJW 00, 738, 739) und
zur Zahlung direkt an den Gläubiger des Auftragnehmers bei dessen Zahlungsverzug gem § 16 Nr 6 VOB/B
(BGHZ 142, 72, 75) erlöschen in der Insolvenz des Ermächtigenden.

§ 184 Rückwirkung der Genehmigung

(1) Die nachträgliche Zustimmung (Genehmigung) wirkt auf den Zeitpunkt der Vornahme des Rechtsgeschäfts zurück, soweit nicht ein anderes bestimmt ist.
(2) Durch die Rückwirkung werden Verfügungen nicht unwirksam, die vor der Genehmigung über den Gegenstand des Rechtsgeschäfts von dem Genehmigenden getroffen worden oder im Wege der Zwangsvollstreckung oder der Arrestvollziehung oder durch den Insolvenzverwalter erfolgt sind.

A. Die schwebende Unwirksamkeit zustimmungsbedürftiger Rechtsgeschäfte. Ohne Einwilligung geschlossene zustimmungsbedürftige Verträge sind, solange die Erteilung der Genehmigung noch möglich ist, schwebend unwirksam. Die Vertragsparteien sind mit Ausnahme der Fälle der §§ 109, 178, 1366 II, 1830, die ein Widerrufsrecht des Vertragspartners vorsehen, an ihre Willenserklärung gebunden (BGHZ 95, 88, 95). Während des Schwebezustandes bestehen aber noch keine klagbaren Erfüllungsansprüche und die Vertragsparteien können mit der von ihnen geschuldeten Leistungen nicht in Verzug geraten (BGH NJW 99, 1329). Von den Vertragsparteien in Unkenntnis des Schwebezustandes bereits erbrachte Leistungen können nach den §§ 812 I 1 Alt 1, 814 zurückverlangt werden (BGHZ 65, 12, 126 f). Handelt es sich bei dem zustimmungsbedürftigen Geschäft um ein einseitiges Rechtsgeschäft, kann die Zustimmung nach dem Rechtsgedanken der §§ 111, 180 S 1, 1831 grds nur vorher als Einwilligung erfolgen. Die hM entnimmt den genannten Vorschriften einen allgemeinen Rechtsgedanken, den sie auf sonstige einseitige Rechtsgeschäfte analog anwendet. Hiernach ist ein ohne Einwilligung vorgenommenes einseitiges Rechtsgeschäft von Anfang an unwirksam und daher nicht genehmigungsfähig (*Larenz/Wolf* AT § 51 Rn 9; aA BaRoth/*Bub* Rn 3). Etwas anderes gilt nur im Falle des entsprechend anwendbaren § 180 S 2. 1

B. Die Genehmigung. Zur Rechtsnatur und den allgemeinen Wirksamkeitsvoraussetzungen der Zustimmungserklärung s bereits § 182 Rn 4 ff. Die Genehmigung ist als rechtsgestaltende Erklärung bedingungsfeindlich (str; aA BaRoth/*Bub* Rn 4) und unwiderruflich (BGHZ 40, 156, 164). Die Voraussetzungen einer wirksamen Genehmigung müssen zum Zeitpunkt ihrer Erteilung (Zugang) noch vorliegen. Die Genehmigung der Verfügung eines Nichtberechtigten ist deshalb unwirksam, wenn der Genehmigende zum Zeitpunkt ihrer Erteilung nicht mehr verfügungsberechtigt ist (BGHZ 107, 340, 341 f). Das Gleiche gilt, wenn die Genehmigung zuvor verweigert worden war, es sei denn eine Partei des Hauptgeschäfts hat einen Anspruch auf die Genehmigung (s § 182 Rn 9). Die Genehmigung muss zudem während der Schwebezeit erfolgen. Insoweit gelten die Ausführungen zu § 177 Rn 6 entsprechend. 2

C. Die Rückwirkung der Genehmigung (I). Nach Abs 1 wirkt die Genehmigung auf den Zeitpunkt der Vornahme des Rechtsgeschäfts zurück (sog Wirkung ex tunc), es sei denn es ist ein anderes bestimmt. Aufgrund der Rückwirkung gelten die Rechtsfolgen, die eingetreten wären, wenn das genehmigte Geschäft von Anfang an wirksam gewesen wäre (*Larenz/Wolf* AT § 51 Rn 19). Hierbei handelt es sich um eine juristische Fiktion, von der das Gesetz annimmt, dass sie vorbehaltlich einer anderen Bestimmung dem mutmaßlichen Parteiwillen entspricht. 3

I. Abweichende Parteivereinbarung. § 184 ist dispositiv. Den Parteien des zustimmungspflichtigen Rechtsgeschäfts ist es daher nach zutreffender Ansicht nicht verwehrt, die Rückwirkung durch Vereinbarung, die auch konkludent geschlossen werden kann, auszuschließen (BGHZ 108, 380, 384; aA *Flume* AT II § 56). Str ist, ob auch der Genehmigende einseitig die Rückwirkung ausschließen kann. Das ist mit der hM im Schrifttum zu verneinen, da der Genehmigende dem Vertrag nur so zustimmen kann, wie er geschlossen wurde (Staud/*Gursky* Rn 42; aA BGHZ 108, 3280, 384). 4

II. Anderweitige Bestimmung. Darüber hinaus sind zahlreiche Ausnahmen von der Rückwirkung anerkannt, bei denen nach dem Gesetzeszweck davon auszugehen ist, dass ein anderes bestimmt ist. Auszunehmen von der Rückwirkung sind insbesondere die Verjährung vertraglicher Ansprüche (*Larenz/Wolf* AT § 51 Rn 20) und der Eintritt des Schuldnerverzuges (Rostk NJW 95, 3127, 3128), es sei denn die Genehmigung ist bereits vor Eintritt der kalendermäßig bestimmten Leistungszeit erfolgt und der Verzug tritt deshalb gem § 286 II Nr 1 ohne Mahnung ein (BGH NJW 01, 365, 366) oder die Parteien des Hauptgeschäfts haben bereits für die Dauer des Schwebezustandes Leistungspflichten vereinbart (s BGH NJW 99, 1329). Auch die Fristen für die Gläubigeranfechtung nach den §§ 3, 4, 6 AnfG (BGH NJW 79, 102, 103) und für den Widerruf nach § 495, 355 I 2 (BGHZ 129, 371, 382 f) beginnen erst mit der Genehmigung. Bei fristgebundenen Erklärungen ist durch Auslegung zu 5 ermitteln, ob die Genehmigung innerhalb der Frist erteilt werden muss. Im Zweifel ist die Genehmigung, ohne dass es auf die Rückwirkung ankommt, wirkungslos, wenn sie nicht innerhalb einer gesetzlichen oder vertraglichen Ausschlussfrist erteilt wurde (s § 177 Rn 6; aA BaRoth/*Bub* Rn 9). Der BGH vertritt die Auffassung, dass sich generell bei der Genehmigung von Gestaltungserklärungen aus der Art des genehmigten Geschäfts die Unanwendbarkeit der Rückwirkungsfiktion ergebe (BGHZ 143, 41, 46; abl Staud/*Gursky* Rn 38 a). Das soll insbesondere für die Genehmigung einer Fristsetzung mit Ablehnungsandrohung nach § 326 I 1 aF gelten (BGH NJW 98, 3058, 3060). Nur ex nunc soll auch eine Genehmigung wirken, zu deren Erteilung der Genehmigende verurteilt wurde (BGHZ 108, 380, 384; abl Staud/*Gursky* Rn 43). Erlangt der Genehmigende die Zustimmungsbefugnis erst nach Abschluss des Hauptgeschäfts, kann die Rückwirkung nur auf den Zeitpunkt des eigenen Rechtserwerbs zurückreichen (BGHZ 107, 340, 341 f). Wird eine Klage durch eine erst während des Prozesses erteilte Genehmigung begründet, ist die Rückwirkung der Genehmigung für die Kostenfolge der §§ 91 a, 93 ZPO ohne Bedeutung (Staud/*Gursky* Rn 38).

6 **D. Zwischenverfügungen (II).** II bestimmt, dass Zwischenverfügungen des Genehmigenden, die dieser zwischen der Vornahme des Rechtsgeschäfts und der Genehmigung über den Gegenstand des Rechtsgeschäfts getroffen hat, wirksam bleiben. Dasselbe gilt für in dieser Zeit gegen den Genehmigenden ergangene Zwangsverfügungen (Pfändungen oder Verfügungen des Insolvenzverwalters). Die Vorschrift ist Ausfluss des allgemeinen Rechtsgrundsatzes, dass der Genehmigende nur zustimmungsberechtigt ist, solange er die Verfügungsmacht über den Gegenstand des Rechtsgeschäfts besitzt (*Larenz/Wolf* AT § 51 Rn 27). Sie wird analog bei Mehrfachverfügungen des Berechtigten angewandt, wenn dieser die spätere Verfügung genehmigt (BGHZ 55, 34, 37). Dagegen findet die Vorschrift nach der hM bei Zwischenverfügungen, die ein anderer als der Genehmigende trifft, oder bei Zwangsverfügungen, die nicht gegen den Genehmigenden, sondern gegen einen Dritten ausgebracht werden, auch keine analoge Anwendung (BaRoth/*Bub* Rn 12; differenzierend Staud/*Gursky* Rn 51 ff). Insbesondere Zwangsverfügungen gegen eine Partei des Hauptgeschäfts (Stuttg NJW 54, 36) oder einen Vertragspartner des Genehmigenden (Frankf NJW-RR 97, 1308, 1310) werden von II nicht erfasst. Das Gleiche gilt für die Eintragung eines Widerspruchs im Grundbuch (BaRoth/*Bub* Rn 13).

§ 185 Verfügung eines Nichtberechtigten

(1) Eine Verfügung, die ein Nichtberechtigter über einen Gegenstand trifft, ist wirksam, wenn sie mit Einwilligung des Berechtigten erfolgt.
(2) ¹Die Verfügung wird wirksam, wenn der Berechtigte sie genehmigt oder wenn der Verfügende den Gegenstand erwirbt oder wenn er von dem Berechtigten beerbt wird und dieser für die Nachlassverbindlichkeiten unbeschränkt haftet. ²In den beiden letzteren Fällen wird, wenn über den Gegenstand mehrere miteinander nicht in Einklang stehende Verfügungen getroffen worden sind, nur die frühere Verfügung wirksam.

1 **A. Die Systematik des § 185.** Nach Abs 1 ist die Verfügung eines Nichtberechtigten von Anfang an wirksam, wenn sie mit Einwilligung des Berechtigten erfolgt. Davon zu unterscheiden sind die in Abs 2 Satz 1 genannten Fälle der nachträglichen Heilung (Konvaleszenz). Auf der Grundlage von Abs 1 haben Rspr und Lehre die Dogmatik der Ermächtigung entwickelt (Rn 13 ff).

2 **B. Anwendungsbereich. I. Verfügung eines Nichtberechtigten. 1. Verfügung.** Verfügung iSv § 185 ist ein Rechtsgeschäft, durch das der Verfügende auf ein Recht unmittelbar einwirkt, indem es auf einen Dritten überträgt, mit einem Recht belastet, es aufhebt oder sonst wie in seinem Inhalt verändert (BGHZ 75, 221, 226). Hauptanwendungsfälle sind die Übereignung einer Sache (§§ 929 ff), die Abtretung einer Forderung (§§ 398 ff) und die Verpfändung von Sachen und Rechten (§§ 1204 ff). Keine Verfügung im Sinne von § 185 sind die Verfügung von Todes wegen (BaRoth/*Bub* Rn 2) und der Abschluss eines Verpflichtungsvertrages (BGH NJW 99, 1026, 1027), weil sie nicht unmittelbar auf den Bestand eines Rechts einwirken.

3 **2. Nichtberechtigter.** Nichtberechtigter iSv § 185 ist, wer über einen Gegenstand verfügt, obwohl ihm die dafür erforderliche Verfügungsmacht nicht oder nicht allein zusteht (Palandt/*Heinrichs* Rn 5). Darunter fällt zunächst derjenige, der nicht Inhaber des Rechts am Verfügungsgegenstand ist, sofern ihm nicht ausnahmsweise die Verfügungsbefugnis übertragen ist (BaRoth/*Bub* Rn 5). Der Vorbehaltskäufer ist vor Bedingungseintritt (Kaufpreiszahlung) lediglich berechtigt, sein Anwartschaftsrecht zu übertragen (BGHZ 20, 88, 94 ff). Nichtberechtigter ist auch der Rechtsinhaber, dem die Verfügungsbefugnis entzogen ist etwa der Schuldner im Insolvenzverfahren gem § 80 I InsO (BaRoth/*Bub* Rn 5) und der Erbe bei der Testamentsvollstreckung (§ 2211; Ddorf NJW 63, 162) oder der Nachlassverwaltung (§ 1984 I; BGHZ 46, 221, 229 f). Nichtberechtigter ist ferner der nicht voll Berechtigte, das ist der bloß Mitberechtigte wie etwa das Mitglied einer Gesamthands- oder Bruchteilsgemeinschaft, der ohne die Mitwirkung der anderen Berechtigten über einen der Gemeinschaft zustehenden Gegenstand verfügt (BGHZ 19, 138 f). Maßgeblicher Zeitpunkt für die Beurteilung der Verfügungsberechtigung ist die Vornahme der Verfügung.

3. In eigenem Namen. § 185 gilt nur für Verfügungen, die der Nichtberechtigte in eigenem Namen trifft. 4
Auf Verfügungen in fremdem Namen finden ausschließlich die §§ 164 ff Anwendung. Eine Heilung der von
einem Vertreter ohne Vertretungsmacht für den Berechtigten getroffenen Verfügung gem Abs 2 Satz 1 Alt 2
oder 3 kommt daher nicht in Betracht (Frankf NJW-RR 1997, 17, 18; aA für eine analoge Anwendung von
Abs 2 Satz 1 Alt 3 *Habersack* JZ 1991, 70 f).

II. Analoge Anwendung. Kraft Gesetzes gilt § 185 entsprechend für die Erfüllung einer Forderung (§ 362 II). 5
Man spricht in diesem Fall von einer Empfangsermächtigung (*Bork* AT Rn 1731). Auf Gestaltungsrechte wie
die Anfechtung, den Rücktritt und die Kündigung wird Abs 1 (BGH NJW 98, 896, 897), nicht aber II (BGH
NJW 97, 1150, 1151 f; differenzierend Staud/*Gursky* Rn 6) entsprechend angewandt. Hierfür spricht, dass
Gestaltungsrechte einen Schwebezustand nicht vertragen. Das Gleiche gilt für die Nachfristsetzung nach § 326
Abs 1 aF (BGHZ 143, 41, 45), nicht aber für eine Fristsetzung nach §§ 281 Abs 1, 323 I (Palandt/*Heinrichs*
Rn 2; aA BaRoth/*Bub* Rn 3). § 185 ist auch auf Zwangsverfügungen über Sachen oder Rechte, die im Wege
der Zwangsvollstreckung, der Arrestvollziehung oder durch den Insolvenzverwalter erfolgen, entsprechend
anzuwenden (BaRoth/*Bub* Rn 3). Bei der Pfändung einer schuldnerfremden Sache entsteht daher das Pfandrecht analog Abs 2 Satz 1 Alt 2, wenn der Schuldner nachträglich das Eigentum erwirbt (BGHZ 20, 88, 101).
Die Pfändung einer abgetretenen Forderung bleibt dagegen auch nach einer Rückabtretung unheilbar
unwirksam (BGHZ 56, 339, 350 f). Dagegen genügt für die Pfändung fortlaufender Bezüge nach § 832 ZPO,
dass deren Entstehungsgrund bereits gesetzt war (BAG NJW 93, 2699, 2700 f). Der Rechtsgedanke des § 185
gilt entsprechend beim Grenzüberbau (BGHZ 15, 216, 219) und für die Besitzüberlassung, wobei jedoch
§ 556 III als lex specialis der Regelung in § 185 vorgeht (BGHZ 114, 96, 100) und die Zustimmung des Verfügungsberechtigten zur Besitzüberlassung nicht für die Entstehung eines gesetzlichen Pfandrechts genügt
(BGHZ 34, 122, 125 f). Entsprechend anzuwenden ist § 185 auf die grundbuchrechtliche Eintragungsbewilligung nach § 19 GBO (Naumbg NJW-RR 99, 1462). Auf Prozesshandlungen durch einen Nichtberechtigten
in eigenem Namen ist § 185 generell nicht anwendbar (BaRoth/*Bub* Rn 3). Dies gilt insbesondere für die Klageerhebung (BGH NJW 58, 338, 339) und die Einlegung von Rechtsmitteln (Hamm NJW-RR 97, 1326, 1327).
Dagegen werden Abs 1 (Köln Rpfleger 91, 13, 14) und Abs 2 (BGHZ 108, 372, 376) auf die Unterwerfung
unter die Zwangsvollstreckung (§ 794 I Nr 5) entsprechend angewandt. Ferner gilt § 185 bei relativen Verfügungsverboten (§§ 135, 136) entsprechend (BaRoth/*Bub* Rn 5). Dasselbe gilt für Verfügungen des Vorerben,
die gegen die Verfügungsbeschränkungen der §§ 2113 ff verstoßen (BayObLG NJW RR 97, 1239). § 185 ist
jedoch nicht anwendbar, wenn der Treuhänder bei einer Verfügung Pflichten aus dem Treuhandverhältnis
verletzt (BGH NJW 99, 1026, 1027; abl *Jacobs* ZIP 99, 733 ff).

C. Voraussetzungen für die Wirksamkeit der Verfügung. I. Die Einwilligung in die Verfügung. Die Ein- 6
willigung zur Verfügung verschafft dem Nichtberechtigten die Rechtsmacht über ein fremdes Recht in eigenem
Namen wirksam zu verfügen (Verfügungsermächtigung). Die Verfügung ist daher von Anfang an wirksam.

1. Erteilung der Einwilligung. Für die Einwilligung gelten die §§ 182, 183. Ob im Einzelfall eine Einwilli- 7
gung oder Vollmacht vorliegt, hängt von dem unter Berücksichtigung des Zwecks des Rechtsgeschäfts und
der Interessenlage durch Auslegung (§§ 133, 157) zu ermittelnden Willen des Erklärenden ab (MüKo/
Schramm vor 164 Rn 41). Entscheidend ist nicht die von den Parteien gewählte Bezeichnung, sondern Sinn
und Zweck ihrer Erklärung (Palandt/*Heinrichs* Rn 7). Die Einwilligung kann auch durch schlüssiges Handeln
(konkludent) erfolgen (§ 182 Rn 4) und muss durch den Berechtigten erteilt werden. Der Begriff des Berechtigten entspricht spiegelbildlich dem des Nichtberechtigten (Palandt/*Heinrichs* Rn 6). Berechtigter iSv § 185
ist daher jeder ist derjenige, dem die volle Verfügungsmacht zusteht, dh der verfügungsbefugte Rechtsinhaber oder ein Nichtinhaber des Rechts, dem die Verfügungsbefugnis übertragen ist (Insolvenzverwalter, Testamentsvollstrecker, Nachlassverwalter). Beruht die Nichtberechtigung darauf, dass der Verfügende nicht voll
berechtigt ist, so sind die anderen Mitberechtigten zur Einwilligung befugt (BaRoth/*Bub* Rn 7). Der Ermächtigende kann die Verfügungsbefugnis bei der Erteilung der Einwilligung wie eine Vollmacht beliebig begrenzen und dadurch das Können dem Dürfen anpassen (BGHZ 106, 1, 4).

2. Einzelfälle. Praktisch wichtige Anwendungsfälle der Einwilligung iSv Abs 1 sind die Verkaufskommission 8
(§§ 383 ff HGB) und der verlängerte Eigentumsvorbehalt (s § 449 Rn 21 ff). Auch ohne ausdrückliche Einwilligung ist der Vorbehaltskäufer idR stillschweigend zur Weiterveräußerung der Ware in eigenem Namen ermächtigt (BGHZ 68, 199, 202). Die Ermächtigung steht aber unter der Bedingung, dass der Vorbehaltskäufer die
Sicherung erlangt, von deren Erhalt er seine Einwilligung zur Weiterveräußerung abhängig gemacht hat. Sie ist
daher unwirksam, wenn der Käufer durch eine Abwehrklausel verhindert, dass der verlängerte Eigentumsvorbehalt Vertragsinhalt wird (BGH NJW-RR 86, 1378, 1379). Zudem ist sie auf eine Weiterveräußerung im ordnungsgemäßen Geschäftsgang beschränkt. Hierfür ist im Interesse der Rechtssicherheit auf objektive, auch
einem Drittabnehmer erkennbare Kriterien abzustellen (BGHZ 68, 199, 202 ff). Die Ermächtigung deckt nicht
den Verkauf mit gleichzeitigem Rückkauf zu einem höheren Preis (BGH NJW 89, 895, 896 f), den Notverkauf
unter Einkaufspreis, um mit dem Erlös dringende Wechselschulden zu bezahlen (BGH MDR 70, 227), die
Sicherungsübereignung und den Verkauf im Sale-and-Lease-Back-Verfahren (BGHZ 104, 129, 132 ff), sowie

den Verkauf bei Vereinbarung eines Abtretungsverbotes (BGHZ 77, 274, 275 f; aA für dem kaufmännischen Geschäftsverkehr nach § 354a HGB *Derleder* BB 99, 1561, 1563 f). Dagegen ist der Verkauf auch dann von der Einwilligung gedeckt, wenn der Vorbehaltskäufer in eine wirtschaftliche Krise gerät (BGHZ 68, 199, 203 f) und wenn der Kaufpreis in ein Kontokorrent eingestellt wird (BGHZ 73, 259, 264 f). Die Ermächtigung erlischt mit der Eröffnung des Insolvenzverfahrens über das Vermögen des Vorbehaltskäufers (BGH NJW 53, 217, 218 f). Dagegen bleibt sie in der Insolvenz des Vorbehaltsverkäufers wegen § 107 InsO bestehen (BaRoth/*Bub* Rn 8). Weitgehend dieselben Grundsätze gelten für die Veräußerungsermächtigung bei der Sicherungsübereignung von Warenlagern (BaRoth/*Bub* Rn 8). Mit der Auflassung eines Grundstückes ist nach hM idR die stillschweigende Einwilligung in eine Weiterveräußerung ohne Zwischeneintragung des Auflassungsempfängers verbunden (BGH NJW-RR 91, 465), es sei denn, die Weiterveräußerung würde eine vereinbarte Sicherheit (Rückauflassung) des Veräußerers vereiteln (Ddorf OLGZ 80, 343 f) oder sonst einer vertraglichen Zweckbestimmung zuwider laufen (BGH NJW 97, 936, 937). Die Ermächtigung umfasst jedoch nicht ohne weiteres die Befugnis zur Belastung des Grundstücks (BayObLG NJW 71, 514 f).

9   **II. Heilung (Konvaleszenz). 1. Die Genehmigung der Verfügung (II 1 Alt 1).** Nach II 2 Alt 1 wird die Verfügung eines Nichtberechtigten wirksam, wenn der Berechtigte sie genehmigt. Für die Genehmigung gelten die §§ 182, 184. Sie muss vom Berechtigten (Rn 7) erteilt werden. Für die Genehmigungsbefugnis kommt es nicht auf den Zeitpunkt der Verfügung, sondern auf den der Genehmigung an (BGHZ 107, 340, 341 f). Durch die Genehmigung wird die bis dahin schwebend unwirksame Verfügung nach § 184 I rückwirkend (ex tunc) wirksam. Bei mehreren Verfügungen über denselben Gegenstand kann der Berechtigte wählen. Es wird diejenige Verfügung wirksam, deren Genehmigung der Berechtigte zuerst erklärt. Danach verliert dieser seine Zustimmungsbefugnis. Bei einer Verfügungskette werden durch die Genehmigung einer vorangehenden Verfügung alle nachfolgenden Verfügungen wirksam (BaRoth/*Bub* Rn 10). Hat der Berechtigte die spätere Verfügung genehmigt, bleibt analog § 184 II diese Verfügung selbst dann allein wirksam, wenn er später auch die frühere genehmigt (s § 184 Rn 6).

10   **2. Nachträglicher Erwerb (II 1 Alt 2).** Nach I 1 Alt 2 wird die Verfügung des Nichtberechtigten wirksam, wenn dieser den Gegenstand, über den er als Nichtberechtigter verfügt hat, nachträglich erwirbt. Das ist insbesondere der Fall, wenn der Verfügende nachträglich Eigentümer der veräußerten Sache oder Gläubiger der abgetretenen Forderung wird. Das Gleiche gilt, wenn der Verfügende nachträglich die ihm bisher fehlende Verfügungsmacht zB im Falle der Aufhebung eines Insolvenzverfahrens wiedererlangt (BGHZ 123, 58, 62). Nicht ausreichend ist hingegen, dass der Nichtberechtigte die Verfügungsmacht kraft Amtes etwa als Testamentsvollstrecker oder Insolvenzverwalter erlangt. Der Nichtberechtigte kann in diesem Fall die Verfügungen nur nach II 1 Alt 1 genehmigen. Für diese Ansicht spricht, dass die Konvaleszenz nicht zu Lasten eines fremden Vermögens gehen soll (BGH ZIP 99, 447, 450 f; str). Erforderlich für eine Heilung nach I 2 Alt 2 ist, dass die Wirksamkeit der Verfügung noch in der Schwebe ist, also noch nicht durch eine Genehmigungsverweigerung oder kraft gesetzlicher Anordnung endgültig unwirksam geworden ist (BGHZ 125, 355, 360; aA *Habersack* JZ 91, 70, 72 f) und dass der Nichtberechtigte mit dem Erwerb auch die Verfügungsbefugnis für die getroffene Verfügung erlangt. Hieran fehlt es, wenn dem Nichtberechtigten beim Erwerb die Verfügungsmacht entzogen ist (BGHZ 36, 329, 334) oder er den Gegenstand nicht als voll Berechtigter, sondern nur als Mitberechtigter erwirbt (BaRoth/*Bub* Rn 11). Str ist, ob die Heilung durch Erwerb voraussetzt, dass im Zeitpunkt des Erwerbs ein schuldrechtlicher Anspruch des Begünstigten gegen den Nichtberechtigten auf den Verfügungserfolg (noch) besteht (Rechtsgrundabhängigkeit der Konvaleszenz). Das ist nach zutreffender Auffassung zu verneinen, weil dieses Erfordernis dem Abstraktionsprinzip des BGB widerspricht und bei der Beratung des BGB ausdrücklich abgelehnt wurde (BaRoth/*Bub* Rn 11). Liegen die Voraussetzungen des I 2 Alt 2 vor, wird die Verfügung ohne Rückwirkung ab dem Zeitpunkt des Erwerbes (ex nunc) wirksam (BGH WM 78, 1406, 1407). Der Erwerb erfolgt im Wege eines Durchgangserwerbs durch die Person des Nichtberechtigten, dh dieser wird für eine logische Sekunde Inhaber des Rechts, über das er verfügt hat (BGHZ 20, 88, 101). Str ist, ob auch die Zulässigkeit einer Verfügung über ein künftiges Recht, insbes die Vorausabtretung von Forderungen auf einer entspr Anwendung von II 1 Alt 2 beruht und deshalb ein Durchgangserwerb in der Person des Verfügenden stattfindet (s § 398 Rn 14).

11   **3. Erbfall (II 1 Alt 3).** Die unwirksame Verfügung wird gem II 1 Alt 3 mit derselben Wirkung wie im Falle des Erwerbs, dh ex nunc wirksam, wenn der Berechtigte den Nichtberechtigten beerbt und für die Nachlassverbindlichkeiten unbegrenzt haftet. Erforderlich ist, dass die Erbenhaftung gem § 2013 endgültig nicht mehr beschränkt werden kann (BayObLG FamRZ 97, 710, 712). Die Konvaleszenz durch Beerbung hat deshalb nur geringe praktische Bedeutung. Eine Konvaleszent ist wegen § 2063 II auch ausgeschlossen, wenn ein Miterbe zugleich Gläubiger und Begünstigter der Verfügung ist (BGH LM 2113 Nr 1). II 1 Alt 3 setzt nach der überwiegend vertretenen Lehre von der Rechtsgrundabhängigkeit der Konvaleszenz bei der gebotenen teleologischen Auslegung voraus, dass mit der Erbschaft zugleich die noch wirksame schuldrechtliche Pflicht zur Vornahme der Verfügung auf den Berechtigten übergeht (BGH NJW 94, 1470, 1471). Gegen diese Auffassung spricht, dass dem Gesetz zwar die Annahme zu Grunde liegt, dass eine solche Verpflichtung des Nichtberechtigten typischerweise besteht. Der Gesetzgeber hat das Bestehen einer solchen Verpflichtung aber nicht zum

gesetzlichen Tatbestandsmerkmal erhoben, so dass es für die Heilung auch nicht erforderlich ist (*Bork* AT Rn 1725 Fn 15).

4. Kollidierende Verfügungen (II 2). In den Fällen der Konvaleszenz durch Erwerb und Beerbung gilt bei mehreren kollidierenden Verfügungen das Prioritätsprinzip. Hiernach erlangt eine spätere Verfügung nur dann und nur insoweit Wirksamkeit, als sie der früheren nicht widerspricht. War die frühere Verfügung eine Übereignung, wird eine spätere Verpfändung nicht wirksam. Dagegen steht die frühere Verpfändung einer späteren Übereignung nicht entgegen, sondern führt zum Erwerb des mit einem Pfandrecht belasteten Eigentums. Für das Verhältnis mehrere Pfändungen (BaRoth/*Bub* Rn 13) und die gleichzeitige Genehmigung mehrere Verfügungen durch den Berechtigten (Palandt/*Heinrichs* Rn 12) gilt Abs 2 S 2 entsprechend.

D. Die Ermächtigung. Rspr und Lehre haben vielfältige Versuche unternommen, die Rechtsfigur der Ermächtigung über den Bereich der Einwilligung zu einer fremden Verfügung gem I hinaus auszudehnen und als ein allgemeines Institut zu erweisen (Staud/*Schilken* Vorbem zu 164 ff Rn 62 ff). Die hM im Schrifttum wendet dagegen ein, dass die Konstruktion der Ermächtigung im weiteren Sinne keinen einheitlichen und selbständigen Rechtsbegriff bildet (Staud/*Gursky* Rn 111).

I. Die Ausübungsermächtigung. Unabhängig davon, ob man die Ausübung von Rechten als Verfügung über diese Rechte versteht, ist heute gewohnheitsrechtlich anerkannt, dass der Inhaber eines subjektiven Rechts einem Dritten eine Ausübungsermächtigung erteilen kann, dh zustimmen kann, dass der Dritte das Recht in eigenem Namen ausübt. Auf die Ausübungsermächtigung werden die §§ 182 ff analog angewandt (*Bork* AT Rn 1732). Ein praktischer Anwendungsfall ist die Ermächtigung zur Ausübung eines Kündigungsrechts (BGH NJW 98, 896, 897).

II. Die Einziehungsermächtigung. Die Einziehungsermächtigung ist ein abgespaltenes Gläubigerrecht und verkörpert einen Fall der Einwilligung zur Verfügung über ein fremdes, dem Einwilligenden gehörendes Recht iSv I (BGHZ 82, 283, 288). Nach aA handelt es sich um einen Sonderfall der Ausübungsermächtigung (*Bork* AT Rn 1732 f). Eine dritte Ansicht führt das in den §§ 1059 S 2 und 1092 I 2 niedergelegte Rechtsinstitut der Überlassung zur Ausübung analog heran (Staud/*Schilken* Vorbem zu §§ 164 ff Rn 67). Nach überwiegender Ansicht verdient die Einziehungsermächtigung als Ergebnis richterlicher Rechtsfortbildung Anerkennung (Staud/*Schilken* Rn 67; abl *Medicus* AT Rn 1008 f). Hauptanwendungsfall der Einziehungsermächtigung sind die Sicherungszession und die Zession der Kaufpreisforderung beim verlängerten Eigentumsvorbehalt. In Zweifelsfällen ist durch Auslegung vom Empfängerhorizont (§§ 133, 157) zu ermitteln, wozu eine Einziehungsermächtigung im Einzelnen berechtigt. IdR darf der Ermächtigte Leistungen nicht nur an den Rechtsinhaber, sondern auch an sich selbst verlangen. Dabei umfasst die Ermächtigung alle zur Realisierung der Forderung notwendigen außergerichtlichen Schritte, dh nicht nur das Einfordern, sondern auch die vorher nötige Kündigung, Fälligstellung oder Mahnung, nicht hingegen den Erlass oder die Übertragung der Forderung. Zur Abtretung der Forderung ist der Ermächtigte nur dann berechtigt, wenn dadurch deren Wert für den Rechtsinhaber realisiert wird, also beispielsweise bei der endgültigen Veräußerung der Forderung an den Faktor (BGH NJW 98, 3205, 3206; *Bork* AT Rn 1733). Einklagen darf der Ermächtigte die Forderung nur, wenn die Voraussetzungen der gewillkürten Prozessstandschaft erfüllt sind. Die Rspr verlangt hierfür über die Voraussetzungen einer wirksamen materiell-rechtlichen Einziehungsermächtigung gem § 185 hinaus, dass der Prozessstandschafter ein eigenes schutzwürdiges Interesse an der Durchsetzung des Rechts dartut (BGH NJW 03, 2231, 2232).

III. Die Erwerbsermächtigung. Mit Hilfe der Erwerbsermächtigung soll erreicht werden, dass beim Erwerb dinglicher Rechte das Recht vom Übertragenden nicht auf dessen in eigenem Namen handelnden Vertragspartner, sondern direkt auf einen Dritten übergeht. Von der hM wird diese Konstruktion nicht anerkannt, weil sie mit dem Offenkundigkeitsgrundsatz (§ 164 Rn 30 ff) kollidiert und im Hinblick auf § 328 entbehrlich erscheint (Staud/*Schilken* Vorbem zu §§ 164 ff Rn 69).

IV. Die Verpflichtungsermächtigung. Mit der hM ist auch die Rechtsfigur der Verpflichtungsermächtigung abzulehnen, weil der mit ihr verbundene Verstoß gegen den Offenkundigkeitsgrundsatz dem dt Recht fremd ist und zur Herbeiführung der erstrebten Rechtswirkungen die Schuldübernahme bzw der Schuldbeitritt als hinreichend anzusehen sind (BGHZ 114, 96, 100; Staud/*Schilken* Vorbem zu 164 § 164 ff Rn 70 f).

Abschnitt 4 Fristen, Termine

§ 186 Geltungsbereich

Für die in Gesetzen, gerichtlichen Verfügungen und Rechtsgeschäften enthaltenen Frist- und Terminsbestimmungen gelten die Auslegungsvorschriften der §§ 187 bis 193.

A. Zweck. Die Bestimmungen der §§ 187 bis 193 haben eine Auffangfunktion, um auch in Fällen, in denen die Auslegung des relevanten Gesetzes, der gerichtlichen Verfügung oder des Rechtsgeschäfts kein oder kein eindeutiges Ergebnis liefert, exakte Terminbestimmungen zu ermöglichen. Sie tragen damit der Tatsache

Rechnung, dass es dem allgemeinen Sprachgebrauch oftmals an Eindeutigkeit mangelt. Die Regelungen fußen allerdings auf einem entsprechend geprägten überwiegenden Verständnis des Rechtskreises.

2 **B. Anwendungsbereich.** Die §§ 187 bis 193 kommen nur dann zur Anwendung, wenn die Auslegung nach allgemeinen Grundsätzen nicht zu einem zweifelsfreien Ergebnis führt. Wo eindeutige Regelungen getroffen sind, ist kein Raum für ihre Anwendung. Sie gelten nicht nur für das BGB, sondern für alle Frist- und Terminsbestimmungen des Bundesrechts (GemS-OGB BGHZ 59, 397), soweit nicht Sondervorschriften vorgehen, zB HGB 359, 361; WG 36, 37, 72–74; ScheckG 29, 30, 55–57; StPO 42, 43; VVG 7; StGB 77b; FGG 17; ZPO 222 III; VwVfG 31; AO 108; SGG 64; InsO 139. Teilweise wird die Geltung in Gesetzen ausdrücklich geregelt, zB ZPO 222 I; VwGO 57 II; VwVfG 31 I; FGG 17 I; AO 108 I. Sie ist von der Rspr anerkannt worden im öffentlichen Recht (RGZ 161, 125), im Strafrecht (BGH NJW-RR 89, 629), im Tarifvertragsrecht (BGH ZIP 98, 428), im Abgabenrecht (BFH DB 97, 79), im Sozialversicherungsrecht (BSG NJW 74, 919), im Personenstandsrecht (BayObLG JW 29, 2450). Die Beweislast für die Vereinbarung einer abweichenden Bestimmung trifft denjenigen, der die Abweichung geltend macht.

3 **C. Begriffe.** Frist ist ein abgegrenzter, also bestimmter oder jedenfalls bestimmbarer Zeitraum (RGZ 120, 362). Die Abgrenzbarkeit kann sich aus der Verwendung von Zeiteinheiten („binnen ... Monaten"), der Festlegung von Anfangs- und Endpunkten („vom ... bis zum ...") oder auch aus unbestimmten Rechtsbegriffen („angemessen", „unverzüglich") ergeben. Fristen müssen nicht zusammenhängend verlaufen (§ 191). Termin ist ein bestimmter Zeitpunkt, an dem etwas geschehen soll oder eine Rechtswirkung eintritt (VGH München NJW 91, 1251). Die §§ 186 ff setzen den Gregorianischen Kalender voraus. Dessen Geltung ist anders als die der mitteleuropäischen Zeit (Zeitgesetz vom 25. 7. 1978, BGBl I 1110) sowie der Sommer- und Winterzeit (VO vom 12. 7. 01, BGBl I 1591) nicht bundesgesetzlich verankert.

§ 187 Fristbeginn

(1) Ist für den Anfang einer Frist ein Ereignis oder ein in den Lauf eines Tages fallender Zeitpunkt maßgebend, so wird bei der Berechnung der Frist der Tag nicht mitgerechnet, in welchen das Ereignis oder der Zeitpunkt fällt.
(2) ¹Ist der Beginn eines Tages der für den Anfang einer Frist maßgebende Zeitpunkt, so wird dieser Tag bei der Berechnung der Frist mitgerechnet. ²Das Gleiche gilt von dem Tage der Geburt bei der Berechnung des Lebensalters.

1 Für die Berechnung einer nach Tagen bemessenen Frist stehen im Grundsatz 2 Ansätze zur Verfügung. Die so genannte Naturalkomputation zählt vom Eintritt des die Frist in Gang setzenden Ereignisses an die natürliche Länge der Frist durch bis zu dem Zeitpunkt des letzten Tages der Frist, der dem Zeitpunkt des Fristbeginns entspricht. Das BGB folgt dagegen als Auslegungsregel dem Prinzip der Zivilkomputation. Es wird nur nach vollen Tagen gerechnet; ein „angebrochener" Tag zählt nicht. Folgerichtig zählt für den Fristbeginn der angebrochene Tag, in den das Ereignis des Fristbeginns fällt, nicht mit. Für den Fristbeginn ist es unerheblich, ob dieser auf einen Samstag, Sonntag oder Feiertag fällt, da § 193 nicht entsprechend anzuwenden ist (RG Recht 1937 Nr1915). Fällt das den Fristanlauf auslösende Ereignis zufällig auf den Beginn eines Tages, gilt gleichwohl, dass die Frist erst am Folgetag zu laufen beginnt (BGH NJW-RR 89, 629; BGH ZIP 05, 310), was nicht mit dem Prinzip der Zivilkomputation (ganzer Tag) sondern damit zu begründen ist, dass der Wille der Beteiligten regelmäßig darauf gerichtet ist, den exakten Zeitpunkt des Fristbeginns innerhalb eines Tages nicht festhalten zu müssen. Auf Stunden- oder Minutenfristen bzw noch kleinere Zeiteinheiten ist dieses Prinzip grds nicht zu übertragen. Während das Gesetz für Tagesfristen unterstellt, dass es regelmäßige Absicht der Beteiligten ist, leicht handhab- und nachweisbare Fristläufe zu bestimmen, kann diese der Norm zugrunde liegende Vermutung auf kleinere Zeiteinheiten nicht übertragen werden, da bereits deren Verwendung Indiz für die Vereinbarung des natürlichen Zeitablaufs ist.

2 II ordnet für solche Fristläufe, die nicht durch ein in den Lauf eines Tages fallendes Ereignis, sondern exakt durch den Beginn des Tages definiert sind, abweichend von I an, dass der Tag des Fristbeginns mitzurechnen ist. Dabei handelt es sich um die konsequente Umsetzung der Zivilkomputation, da der Beginn des Tages einen vollen Zähl-Tag markiert. Für die Berechnung des Lebensalters bestimmt S 2 die volle Zählung des Tages in den die Geburt fällt. Strukturell inkonsequent stellt diese Regelung eine Konzession an die tatsächlich geübte Praxis dar. Entgegen der Zivilkomputation wird hier nicht der angebrochene Tag negiert, sondern stattdessen auf einen vollen Tag ergänzt. Das jeweils nächste Lebensjahr beginnt damit nicht zum genauen Zeitpunkt der Geburt innerhalb des Tageslaufs, sondern bereits mit Beendigung des vorangegangenen Tages.

3 § 187 ist analog anzuwenden, wenn eine Frist von einem bestimmten Zeitpunkt zurück gerechnet werden muss. Fällt also das Ereignis, welches den Endzeitpunkt für eine Tages-, Wochen-, Monats- oder Jahresfrist bestimmt, in den Ablauf eines Tages, so ist im Zweifel dieser Tag nicht mitzuzählen, um den Beginn der Frist zu ermitteln. Eine 4-Wochen Rückfrist endet damit an dem Tag, der dem Tag in der Bezeichnung entspricht, der dem Tag des Ereignisses des Fristbeginns vorangeht.

Bei einer Formulierung „in 14 Tagen ab heute" wird das „heute" idR nicht mitgezählt (Königsberg OLGE 40, 277); Gesetze, die vom Tag der Verkündung an gelten, gelten ab Beginn des Verkündungstages (RGZ 91, 339); eine um 24.00 oder 0.00 Uhr notierte Geburt ist dem neuen Tag zuzurechnen (Schlesw MDR 02, 522); Rechtshängigkeit als Ereignis nach § 291 S 1 fällt unter § 187 I, Zinslauf beginnt also erst ab folgendem Tag (BGH NJW-RR 90, 519, BAGE 96, 233); gleiches gilt für Beginn des Zinslaufs im Rahmen gesetzlicher Verzugszinsen nach Mahnung, Klagezustellung, Zustellung eines Mahnbescheids (str, bejahend: Staud/*Repgen* Rn 6); § 187 gilt nicht für den Beginn der Verjährungshemmung (RGZ 161, 127); Arbeitsrecht: Lohnfortzahlungspflicht beginnt am Tag nach dem Unfall (BAG NJW 61, 479); voraussichtlicher Entbindungstag zählt bei Ermittlung nach § 9 MuSchG nicht mit (BAG FamRZ 86, 901); erster Tag des Arbeitsverhältnisses zählt für Lauf der Probezeit mit (BAG DB 03, 614); § 187 II 2 gilt für die Berechnung des Ruhestandes und des Rentenalters (BVerwGE 30, 168, BAG DB 65, 1368, BSG DB 70, 1548); einzelfallabhängig ist der Beginn der Kündigungsfrist bei Kündigung des Arbeitsverhältnisses vor Dienstantritt (BAGE 26, 81 f); Baurecht: Tag der Auslegung eines Planes zählt mit (GmS-OGB BGHZ 59, 396); Darlehensvertrag: Tag der Widerrufsbelehrung zählt für Lauf der Frist nicht mit (BGHZ 126, 56, 62 f); Kaufvertrag: Tag der Übergabe/Ablieferung zählt für Verjährungsbeginn nicht mit, und zwar auch dann nicht, wenn Ereignis zufällig auf den Beginn des Tages gefallen ist (BGH NJW-RR 89, 629); Patentrecht: Bei § 17 III 2 PatG gilt § 187 II 1 (BPatG GRUR 83, 641); Reiserecht: Bei § 651 g I wird der Tag der Beendigung der Reise nicht mitgezählt (Karlsr NJW-RR 91, 54, Celle NJW-RR 96, 372); Strafrecht: § 187 II 2 gilt auch für strafrechtliche Volljährigkeit (RGSt 35, 37); Versicherungsrecht: „Anzeige des Schadens innerhalb von 48 Stunden" entspricht im Zweifel Anzeige innerhalb von zwei Tagen, Tag des Versicherungsfalls zählt nicht mit (KG HansRZ 27, 97); Tag des Zugangs des Ablehnungsschreibens nach § 12 III VVG zählt nicht mit (BGH VersR 66, 723). **4**

§ 188 Fristende

(1) Eine nach Tagen bestimmte Frist endigt mit dem Ablauf des letzten Tages der Frist.
(2) Eine Frist, die nach Wochen, nach Monaten oder nach einem mehrere Monate umfassenden Zeitraum – Jahr, halbes Jahr, Vierteljahr – bestimmt ist, endigt im Falle des § 187 Abs. 1 mit dem Ablauf desjenigen Tages der letzten Woche oder des letzten Monats, welcher durch seine Benennung oder seine Zahl dem Tage entspricht, in den das Ereignis oder der Zeitpunkt fällt, im Falle des § 187 Abs. 2 mit dem Ablauf desjenigen Tages der letzten Woche oder des letzten Monats, welcher dem Tage vorhergeht, der durch seine Benennung oder seine Zahl dem Anfangstag der Frist entspricht.
(3) Fehlt bei einer nach Monaten bestimmten Frist in dem letzten Monat der für ihren Ablauf maßgebende Tag, so endigt die Frist mit dem Ablauf des letzten Tages dieses Monats.

Allgemeines Da nach dem Prinzip der Zivilkomputation (§ 187 Rn 1) grds nur in vollen Tagen gerechnet **1** wird, laufen Fristen ab mit Beendigung des letzten Tages, dh um Mitternacht. Dies bedeutet jedoch nicht, dass damit jede Handlung auch noch bis zum vollen Ende einer Frist vorgenommen werden könnte, da es jedenfalls dort, wo es auf die auch nur passive Mitwirkung eines anderen Teils ankommt, eine Bindung an die üblichen Geschäftsstunden gibt (BGHZ 23, 310; Staud/*Repgen* Rn 4). So kann eine Warenlieferung, um fristgerecht zu sein, nicht mehr um 23.00 Uhr erfolgen, es sei denn, dies wäre geschäftsüblich. Gleiches gilt für den Zugang von Willenserklärungen. Sind bestimmte Zeitpunkte innerhalb des Tagesablaufs vereinbart, zB „frühmorgens", dann kann die Lieferung nicht vor Geschäftsbeginn erfolgen (Hambg HansRGZ 25, 440).
I bestimmt für alle Fristen, die durch Zeiteinheiten von Tagen oder größeren Zeiträumen bestimmt sind, dass **2** der Ablauf des letzten Tages der Frist das Fristende darstellt. Abgesehen von Besonderheiten (Rn 1) ist auch der letzte Zeitpunkt des letzten Tages der Frist, 23.59 Uhr, noch fristgerecht. Ist eine Leistung bis zu einem bestimmten Tag geschuldet, tritt Verzug erst mit Beginn des Folgetages ein.
II trifft für längere Fristen als Tagesfristen eine leicht verständliche praxisgerechte Regelung dahin gehend, **3** dass bei Wochenfristen die Namensidentität des betreffenden Tages, bei Monats- und Jahresfristen die numerische Identität der jeweiligen Tagesbezeichnung entscheidend sein soll. Bei Fristen, die nach § 187 I mit dem Folgetag des Ereignisses des Fristbeginns zu laufen beginnen, bestimmt sich folgerichtig das Ende der Frist auf den Tag der in seiner Bezeichnung oder Nummerierung dem Tag des den Fristbeginn auslösenden Ereignisses entspricht. In den Fällen des § 187 II ist es jeweils der vorangegangene Tag. Fällt das Ereignis des Fristbeginns einer Wochenfrist auf einen Dienstag, so ist auch der Dienstag der Tag des Fristendes; ist es bei einer Monatsfrist der 15. so fällt das Fristende entsprechend auch auf den 15. des betreffenden Endmonats. Beginnt die Frist mit dem Beginn eines Tages, dann handelt es sich beim Fristende entsprechend um das Ende des in der Bezeichnung vorhergehenden Tages, bei einem Fristbeginn am Dienstag endet die Wochenfrist mit dem Ablauf des Montags, bei einem Fristbeginn mit Beginn des 15. eines Monats, endet die Monatsfrist mit dem Ende des 14. des betreffenden Endmonats. Für Monats- und Jahresfristen entkoppelt das Gesetz die Fristlängen von den unterschiedlichen Monats- bzw Jahreslängen.
Da die unterschiedliche Länge der Monate eine numerische Identität hinsichtlich der letzten Tage eines **4** Monats nicht immer zulässt, bestimmt III dass Monatsfristen, die an einem Datum beginnen, für die im

Endmonat kein numerisch entsprechendes Pendant existiert, am letzten Tag des Monats enden. Eine am 31. Januar beginnende Ein-Monatsfrist endet damit am 28. Februar. Eine am 28. Februar beginnende Frist endet am 28. März (BGH NJW 84, 1358).

§ 189 Berechnung einzelner Fristen

(1) Unter einem halben Jahr wird eine Frist von sechs Monaten, unter einem Vierteljahr eine Frist von drei Monaten, unter einem halben Monat eine Frist von fünfzehn Tagen verstanden.

(2) Ist eine Frist auf einen oder mehrere ganze Monate und einen halben Monat gestellt, so sind die 15 Tage zuletzt zu zählen.

1 § 189 bietet Auslegungsregeln für den Fall, dass Fristen mit einem Bruchteil eines Jahres oder Monats angegeben sind. Danach gilt grds die Frist eines halben Monats als 15 Tage, gleichgültig ob die Frist in einen Monat mit 28, 29, 30 oder 31 Tagen fällt. Entsprechendes ist für Bruchteile von Jahresbezeichnungen geregelt, wonach insbes nicht nach Tagen abgezählt wird, bei einem Schaltjahr also nicht auf 183 Tage abgestellt wird, sondern vielmehr ganze Monatszeiträume entsprechend § 188 gemeint sind. Eine Frist, die in Wochen bestimmt ist, kann jedoch grds nicht im Wege der Auslegung in Monatsbruchteile umgedeutet werden. Vier Wochen sind nicht gleich einem Monat (RG Recht 1902 Nr 25); 10 Wochen nicht 2 ½ Monate. Analoge Anwendung auf 1/3 Jahr ist möglich, zweifelhaft bei 1/3 Monat da ungebräuchlich. II trägt der unterschiedlichen Monatslänge Rechnung. Eine am 25. Januar beginnende Frist von 1 ½ Monaten endet damit in einem normalen Jahr am 12. März, nicht wie bei umgekehrter Zählweise am 9. März, in einem Schaltjahr am 11. und nicht am 8. März

§ 190 Fristverlängerung

Im Falle der Verlängerung einer Frist wird die neue Frist von dem Ablauf der vorigen Frist an berechnet.

1 Als Auslegungsregel steht auch § 190 unter dem Vorbehalt, dass anderweitiger Wille der Beteiligten erkennbar ist. Dies dürfte im Bereich der Fristverlängerungen oftmals gegeben sein, sodass die gesetzliche Regelung hier mit besonderer Vorsicht anzuwenden ist. Wird der Lauf einer Frist durch eine neue ersetzt, so ist nicht § 190, sondern § 187 anzuwenden. Materiellrechtliche Fristen können auch noch nach ihrem Ablauf verlängert werden (BGHZ 21, 46; BGH NJW 80, 52). Der Begriff der Fristverlängerung ist dabei wörtlich zu verstehen. Selbst dann, wenn eine Frist schon abgelaufen sein sollte, wird im Zweifel die Verlängerung so an die alte Frist angehängt, dass die Verlängerung nahtlos an das Ende der alten Frist anknüpft. Das Datum der Fristverlängerung selbst ist unerheblich (Karlsr DB 71, 1410). Alte und neue Frist bilden eine Einheit, sodass § 193 hinsichtlich der alten Frist keine Anwendung findet. § 190 findet auch auf das Aufeinanderfolgen zweier gesetzlicher Fristen Anwendung (BAG DB 56, 598).

§ 191 Berechnung von Zeiträumen

Ist ein Zeitraum nach Monaten oder nach Jahren in dem Sinne bestimmt, dass er nicht zusammenhängend zu verlaufen braucht, so wird der Monat zu 30, das Jahr zu 365 Tagen gerechnet.

1 Im Bereich des Zivilrechts ist der Anwendungsbereich der Norm äußerst gering. Denkbare Anwendungen sind Bestimmungen, wonach die Nutzung eines Gegenstandes für einen bestimmten Zeitraum zur Verfügung steht, bspw das Recht, ein Ferienhaus zwei Monate im Jahr zu nutzen. Für diese Fälle bestimmt das Gesetz, dass unter dem Begriff des Monats eine Fristdauer von 30 Tagen, unter der des Jahres die Frist von 365 Tagen zu verstehen ist. Nicht anwendbar ist die Norm auf das Trennungsjahr nach § 1566.

§ 192 Anfang, Mitte, Ende des Monats

Unter Anfang des Monats wird der erste, unter Mitte des Monats der 15., unter Ende des Monats der letzte Tag des Monats verstanden.

1 § 192 bietet für übliche Terminbezeichnungen im Geschäftsverkehr eine Auslegungsregel, wobei sich Anfang und Ende des Monats praktisch von selbst verstehen, während sich die Bestimmung hinsichtlich der Mitte des Monats jedenfalls bei den Monaten, die keine 30 Tage aufweisen, nicht aus sich selbst heraus ergibt. Auch im Februar gilt im Zweifel als die Mitte des Monats der 15. und nicht der rechnerisch richtige 14. Nicht geregelt im § 192 ist die Auslegung der Begriffe Beginn oder Ende der Woche, womit jedoch regelmäßig der Montag bzw der Sonnabend, bei Bezugnahme auf Werktage der Freitag gemeint ist. Bei jahreszeitlichen Bestimmungen wie bspw Frühjahr oder Sommer ist auf die Verkehrssitte am Leistungsort abzustellen, fehlt eine

solche auf den kalendermäßigen Zeitraum der Jahreszeit. Die Bezugnahme auf einen Kalendertag ohne Jahresangabe meint im Zweifel den nächstfolgenden Tag dieses Datums.

§ 193 Sonn- und Feiertag; Sonnabend

Ist an einem bestimmten Tage oder innerhalb einer Frist eine Willenserklärung abzugeben oder eine Leistung zu bewirken und fällt der bestimmte Tag oder der letzte Tag der Frist auf einen Sonntag, einen am Erklärungs- oder Leistungsort staatlich anerkannten allgemeinen Feiertag oder einen Sonnabend, so tritt an die Stelle eines solchen Tages der nächste Werktag.

A. Allgemeines. Die Norm verfolgt im wesentlichen zwei Ziele. Ursprünglich ging es vor allem darum, den Gedanken der Heiligung von Sonn- und Feiertagen aufrechtzuerhalten, was in der Ursprungsfassung der Norm dazu geführt hatte, dass der Sonnabend nicht erwähnt war. Zweiter und heute wohl überwiegender Zweck der Norm ist die Rücksichtnahme darauf, dass an Sonnabenden, Sonn- und Feiertagen allgemein nicht gearbeitet wird, was die Einhaltung von auf diesen Tagen endenden Fristen erschwert. Ist aus tatsächlichen Gründen eine Leistungsbewirkung oder die Abgabe einer Willenserklärung an einem bestimmten Tag nicht möglich, führte ein auf solche Tage fallendes Fristende zu einer faktischen Verkürzung der Fristen (Begründung zum Gesetzentwurf, BTDrs IV/3394, 3). Während zwar beim Sonnabend auch in den Bereichen, in denen es sich bei diesem um einen normalen Arbeitstag handelt oder der Rechtsverkehr schon gar nicht an die üblichen Arbeitszeiten gebunden ist, gleichwohl im Zweifel bei der Abgabe einer Willenserklärung oder einer Leistungsbewirkung die Fristverlängerung auf den nächsten Werktag eintritt, kann der Norm nicht die Aussage entnommen werden, dass es sich beim Sonnabend um einen Werktag bzw ausdrücklich um keinen Werktag handelt. Dies lässt die Norm offen. Wird für eine Fristbestimmung der Begriff Werktag verwendet, bedarf es besonderer Aufmerksamkeit bei der Auslegung, ob damit auch ein Sonnabend gemeint ist oder nicht (vgl LG Hambg WuM 81, 182). Im Bereich solcher Rechtsnormen allerdings, die zur Umsetzung von EG-Richtlinien geschaffen wurden, ist zu beachten, dass die EG-Ratsverordnung Nr 1182/71 einheitliche Interpretationsregeln für alle Rechtsakte, die Rat und Kommission aufgrund des EG-Vertrages erlassen, vorsieht. Die dortige, § 193 BGB entsprechende Bestimmung verwendet den Begriff des Arbeitstages, womit gerade nicht der Sonnabend gemeint ist. Fristen und Leistungsdaten im Bereich solche Richtlinien umsetzender Rechtsnormen lassen damit keinen Raum für von der Grundregelung des § 193 abweichende Auslegungen, es sei denn, der deutsche Gesetzgeber hätte eine gänzlich andere Terminologie verwendet (s dazu ausf MüKo/*Grothe* Rn 3). 1

B. Anwendungsbereich. I. Bestimmter Tag, Frist. Die Vorschrift findet Anwendung auf Fristen, wobei sie zumindest entsprechend auch auf solche Zeitspannen anzuwenden ist, die nur durch die Festsetzung eines Endtermins bestimmt sind (BVerwGE 44, 48). Für eine nach Stunden oder noch kürzeren Zeiträumen bemessene Frist ist die Vorschrift nicht anwendbar, da sich aus der Bestimmung solch kurzer Zeiteinheiten idR der Wille der Beteiligten ablesen lässt, für den Fristablauf den genauen Zeitpunkt zu vereinbaren. Ähnliches muss wohl gelten, wenn kurze Fristen bestimmt sind, und es für die Beteiligten offenbar ist, dass das Ende der Frist auf einen der in § 193 genannten Tage fällt. Vorsicht ist bei der Anwendung des § 193 auf bestimmte Tage geboten, wenn bei der Bestimmung des Termins feststand, dass dieser auf einen Sonnabend oder Sonn- oder Feiertag fallen wird. 2

II. Willenserklärung, Leistung. Nach dem Wortlaut der Norm findet diese nur auf solche Termine und Fristen Anwendung, die für die Abgabe einer Willenserklärung oder die Bewirkung einer Leistung bestimmt sind. Damit hat sie keine Bedeutung für andere Ereignisse, bspw Eintritt einer Bedingung (RG SeuffA 86 Nr 59) Fälligkeit einer Leistung (Königsberg OLGE 13, 331) oder die Berechnung einer Vertragsstrafe (BGH NJW 78, 2594) oder eines Zinslaufs (Frankf NJW 75, 1971). Entsprechende Anwendung findet § 193 auf geschäftsähnliche Handlungen, Mahnungen oder Anzeigen (Palandt/*Heinrichs* Rn 2; Staud/*Repgen* Rn 9). Gleiches gilt für Prozesshandlungen mit materiellrechtlichen Wirkungen, insbes Klageerhebung zur Verjährungsunterbrechung (BGH WM 78, 464), Widerruf eines Prozessvergleichs (BGH RPfleger 78, 362; München NJW 75, 933), Klage aufgrund Insolvenzanfechtung (BGH NJW 84, 1559). Nicht in Betracht kommt eine Anwendung in solchen Fällen, in denen sich an einen bestimmten Termin oder das Ende einer Frist eine Schutzfrist zugunsten eines anderen anschließen, wie bspw bei gesetzlichen Kündigungsfristen (zuletzt BGHZ 162, 175 = MDR 05, 798). Dies gilt bspw bei Kündigungsfristen im Arbeitsvertrag (BAG NJW 70, 1470; DB 77, 639; LAG Ddorf DB 60, 1219), die Kündigung eines Handelsvertreterverhältnisses (BGHZ 59, 267) oder mietvertragliche Kündigungsfristen (Staud/*Repgen* Rn 14). Anderes gilt für Kündigungsfristen, die keinen solchen Schutzcharakter haben wie bspw im Versicherungsvertrag (AG Hambg VersR 51, 125; LG Köln VersR 53, 185). Gesellschaftsrechtliche Ladungsfristen dulden ebenfalls keine Abkürzung (Hamm NJW-RR 01, 105). § 193 findet analoge Anwendung auf den Ablauf von Verjährungs- und Ausschlussfristen (RGZ 151, 345; BGH WM 78, 464; Ddorf NJW-RR 93, 1328). 3

4 **C. Rechtswirkungen.** § 193 verschiebt einen Termin bzw verlängert eine Frist, wenn diese auf einen der in der Norm genannten Tage fallen bzw enden würden. Die Norm enthält jedoch keine Rückwirkungsfiktion (Frankf NJW 75, 1971). Sie verschiebt nicht den Tag des Fristbeginns (RG Recht 1937 Nr 1915). Auch Zwischenfristen, an deren Lauf sich dann die endgültige Leistungsfrist anschließt, werden nicht vom § 193 berührt (BSGE 5, 54; BFHE 101, 206; VGH München NJW 91, 1251). Keinen Einfluss auf das Fristende hat es ferner, wenn in den Lauf der Frist Sonn-, Feier- oder Samstage fallen (LG Wuppertal WuM 93, 450). Da § 193 nur dem Schutz des Erklärenden bzw Leistenden dient, räumt sie dem anderen Teil kein besonderes Ablehnungsrecht ein, dies mag jedoch nach § 242 oder anderen Normen ohnehin gegeben sein.

Abschnitt 5 Verjährung

Titel 1. Gegenstand und Dauer der Verjährung

§ 194 Gegenstand der Verjährung

(1) Das Recht, von einem anderen ein Tun oder Unterlassen zu verlangen (Anspruch), unterliegt der Verjährung.
(2) Ansprüche aus einem familienrechtlichen Verhältnis unterliegen der Verjährung nicht, soweit sie auf die Herstellung des dem Verhältnis entsprechenden Zustands für die Zukunft gerichtet sind.

1 **A. Konzeption des Verjährungsrechts.** Abweichend vom bis zum 31. 12. 01 geltenden Recht hat sich das Schuldrechtsmodernisierungsgesetz dafür entschieden, als regelmäßige Verjährung eine auf subjektiven Voraussetzungen beruhende kurze Frist von drei Jahren kombiniert mit längeren objektiven Fristen vorzusehen. Die bisherige Regelverjährung von 30 Jahren ist damit obsolet. Um die Schneidigkeit der kurzen Verjährungsfrist abzumildern, setzt deren Beginn neben der Fälligkeit des Anspruchs voraus, dass der Gläubiger sowohl von den den Anspruch begründenden Umständen wie auch von der Person des Schuldners Kenntnis erlangt. Es ist sachgerecht, dem Gläubiger die Verpflichtung aufzuerlegen, nach Kenntniserlangung vom Anspruch innerhalb kurzer Fristen den Schwebezustand des drohenden Anspruchs für den Schuldner zu beseitigen. Eine alleinige Anknüpfung an subjektive Elemente wird gleichwohl den Interessen der Rechtssicherheit und des Rechtsfriedens nicht gerecht, weshalb das Gesetz auch absolute Ausschlussfristen von 10 bzw 30 Jahren kenntnisunabhängig einführt. Der Kenntnis ist die grob fahrlässige Unkenntnis gleichgestellt. Daneben sieht das Gesetz für bestimmte Ansprüche (Mängelrechte) besondere Verjährungsfristen vor, die ausschließlich objektive Anknüpfungspunkte kennen und gleichwohl noch kürzerer Verjährung unterliegen, wie bei der 2-Jahres-Frist der §§ 438, 634 a. Die Fälle möglicher Verjährungsunterbrechung wurden drastisch ggü dem alten Recht reduziert und weitestgehend in Hemmungsgründe überführt, deren Zahl stark ausgeweitet wurde. Das bisherige Verbot der verjährungsverlängernden Vereinbarung ist einer Höchstfrist von 30 Jahren ab dem gesetzlichen Verjährungsbeginn gewichen, die Verkürzung der Fristen ist außer im Fall der Haftung wegen Vorsatzes auch im vorhinein (§ 202) möglich.

2 **B. Allgemeines. 1. Begriff der Verjährung.** Unter dem Begriff der Verjährung versteht das Gesetz den Zeitablauf, der es dem Schuldner eines Anspruchs ermöglicht, die von ihm geschuldete Leistung zu verweigern. Die Verjährung begründet eine Einrede, die vom Schuldner geltend zu machen ist (§ 214 Rn 2), führt jedoch nicht zum Erlöschen des Rechts, sodass Leistungen auf eine verjährte Forderung grds nicht rechtsgrundlos erbracht sind. Die erwerbende Verjährung kennt das BGB in der Form der Ersitzung, in den Landesrecht vorbehaltenen Rechtsgebieten besteht sie darüber hinaus im Tatbestand der unvordenklichen Verjährung (BayOLGZ 82, 406). Die unvordenkliche Verjährung begründet eine widerlegliche Vermutung, wonach dann, wenn ein Recht für einen Zeitraum von mindestens 40 Jahren besessen wurde und in den vorangegangenen weiteren 40 Jahren keine Erinnerungen an einen abweichenden Zustand seit Menschengedenken bestanden haben, der gegenwärtige Zustand rechtmäßig begründet wurde.

3 **2. Zweck der Verjährung.** Das Recht der Verjährung trägt primär der Tatsache Rechnung, dass im Streitfall das Bestehen eines Anspruchs eine Frage der Beweisbarkeit und nicht der objektiven Existenz ist. Obwohl nur ein bestehender Anspruch verjähren kann, schützen die §§ 194 ff damit primär den nur scheinbaren Schuldner (BGHZ 122, 244; ZIP 03, 526). Je länger das angebliche Entstehen eines Anspruchs zurückliegt, umso schwieriger wird es für den vermeintlichen Schuldner, zuverlässige Nachweise für seine Rechtsposition beizubringen. Da gerade der Nichtschuldner nicht mit einer Inanspruchnahme zu rechnen hat, besteht für diesen hinsichtlich durch Zeitablauf nicht mehr verfügbarer Beweismittel eine besondere Gefahr. Mit zunehmendem Zeitablauf verfestigt sich überdies der Vertrauenstatbestand, nicht wegen etwaiger Ansprüche durch den Gläubiger in Anspruch genommen zu werden. Während das Verjährungsrecht zwar nicht dazu dient, dem wirklichen Schuldner einen Ausweg aus seiner Verbindlichkeit zu geben, soll sie auf seiner Seite gleichwohl insoweit zur Rechtswahrung dienen, als ihm durch Zeitablauf Regressmöglichkeiten verloren gehen können. Ferner lässt der Zeitablauf im Fall der nur teilweisen Begründetheit des Anspruchs die Notwendigkeit zur

Sicherung etwaiger (Teil-) Einwendungen oder Einreden immer weniger sinnvoll erscheinen. Ergänzend kommt hinzu, dass auf Seiten des echten Schuldners auch das Vertrauen auf die nicht mehr erfolgende Inanspruchnahme mit Zeitablauf wächst. Je länger der Zeitablauf, umso mehr darf sich auch der Schuldner darauf verlassen, dass von Seiten des Gläubigers keine Ansprüche mehr geltend gemacht werden (BGHZ 128, 82). Der Verjährung kommt ferner eine rechtsbefriedende Funktion zu. Nicht nur im Bereich der absoluten Rechte besteht ein öffentliches Interesse daran, über längere Zeiträume hindurch unangefochten bestehende tatsächliche Zustände als zutreffend behandeln zu können. Insoweit befriedigt die Verjährung das Bedürfnis des Rechtsverkehrs nach Rechtsklarheit (s dazu auch BGHZ 59, 74; NJW-RR 93, 1060). Ausdruck dafür sind insbes die von der Kenntnis unabhängigen Höchstfristen von 10 bzw 30 Jahren sowie das Verbot einer Verlängerung von Verjährungsfristen über 30 Jahre hinaus. Die Schaffung von Rechtsklarheit hat allerdings für den Gläubiger den Verlust seiner Rechtsposition und damit einen Eingriff in seinen durch Art 14 I GG geschützten Rechtsbereich zur Folge. Diesen Belangen des Gläubigers trägt das Gesetz dadurch Rechnung, dass der Beginn der regelmäßigen Verjährungsfrist die Kenntnis des Gläubigers voraussetzt. Ihm wird damit ausreichend Gelegenheit gegeben, die Rechtsdurchsetzung zu betreiben. In den Fällen, in denen wie bspw beim Kauf- oder Werkvertragsrecht kurze objektive Verjährungsfristen bestehen, resultieren die Ansprüche aus Sonderverbindungen, auf deren Entstehen der Gläubiger Einfluss hat. Wo dies nicht der Fall ist, bestimmt das Gesetz regelmäßig längere Verjährungsfristen von 10 bzw 30 Jahren.

3. Gegenstand der Verjährung. 1. Legaldefinition des Anspruchs. § 194 I definiert den materiellrechtlichen Begriff des Anspruchs. Unter dem Begriff des Tuns versteht das Gesetz jede denkbare aktive Handlung, wie bspw eine Zahlung, Sachherausgabe, Erbringung von Dienstleistungen, Abgabe einer Willenserklärung u.ä. Unterlassen ist demggü jedes denkbare Nichthandeln einschließlich des Duldens rechtlicher oder tatsächlicher Einwirkungen. Rechtsgrundlage des Anspruchs kann dabei jeder Bereich des Zivilrechts sein. 4

2. Verjährbarkeit. Der Verjährung unterworfen ist nicht ein Rechtsverhältnis als solches, sondern nur der daraus resultierende Anspruch. Dabei ergreift die Verjährung nur den materiellrechtlichen Anspruch, nicht das daraus resultierende prozessuale Klagerecht. Bei einem Dauerschuldverhältnis verjährt grds nicht das Schuldverhältnis als solches sondern nur die daraus resultierenden Ansprüche (BGH LM § 138 Nr 51 Bl. 3). Für Leibrenten und ähnliche Rechtsverhältnisse ist in der Rspr anerkannt, dass auch das Stammrecht selbständig verjähren kann (RGZ 136, 432; BGH NJW 73, 1685, str). Die Klagbarkeit ist nicht Voraussetzung der Verjährung, sodass auch ggü unklagbaren Ansprüchen die Verjährungseinrede erhoben werden kann. 5

3. Abgrenzung. Andere Rechte und Rechtsstellungen, die nicht Anspruch sind, können grds nicht verjähren. Gestaltungsrechte, die dem Berechtigten einseitig die Befugnis geben, ein Recht zu begründen, aufzuheben oder zu ändern, bspw Kündigung, Anfechtung, Widerruf, Aufrechnung und Anfechtung unterliegen nicht der Verjährung. Aus der Ausübung von Gestaltungsrechten resultierende Ansprüche verjähren jedoch. IdR bestehen Ausschlussfristen. Um die Verjährungsfristen zur Ausübung von Mängelrechten nicht auszuhöhlen, bestimmt § 218, dass das gesetzliche Rücktrittsrecht als Gestaltungsrecht dann nicht ausgeübt werden kann, wenn der Anspruch auf Leistung oder Nacherfüllung verjährt ist. Ebenso wenig handelt es sich bei absoluten Rechten um Ansprüche. Diese gegen jedermann wirkenden Rechte können Ansprüche auslösen, die dann wiederum der Verjährung unterliegen. Die Möglichkeit, dass ein absolutes Recht dadurch faktisch ausgehöhlt wird, dass ein aus ihm resultierender Anspruch verjährt, hat der Gesetzgeber bewusst hingenommen (BTDrs 14/7052, 179). So kann durch Verjährung des Herausgabeanspruchs aus § 985 BGB dauerhaft Eigentum und Besitz an einer Sache auseinanderfallen; jedoch verbleibt das Eigentum beim Eigentümer (RGZ 138, 300). Nach hM ist auch das Recht zum Besitz und nicht der Besitz selbst eine nicht verjährbare dauerhafte Befugnis, sodass bei einem Kaufvertrag, bei dem der Besitz übertragen wurde, der Eigentumsverschaffungsanspruch aber verjährt ist, ein Herausgabeanspruch des Eigentümers nicht besteht (RGZ 138, 296; BGHZ 90, 269). Diese Auffassung verdient insoweit Kritik, als es den Beteiligten eines Kaufvertrages den Willen zur Übertragung eines vom Eigentumsverschaffungsanspruch unabhängigen Besitzrechts unterstellt, was regelmäßig nicht der Fall sein dürfte. Nicht auf einem Gegenanspruch beruhende, sog selbständige Einreden, unterliegen nicht der Verjährung, wie bspw die Einrede der Verjährung selbst oder diejenige der Stundung. Aus verjährbaren Ansprüchen resultierende, sog unselbständige Einreden, sind ebenso der Verjährung unterworfen wie der diesen zugrunde liegende Anspruch, es sei denn, aufgrund besonderer gesetzlicher Anordnung (§§ 821, 853) bestünde ein gesetzliches Leistungsverweigerungsrecht. Bestand ein Leistungsverweigerungsrecht nach § 273 aufgrund eines unverjährten Anspruchs, so perpetuiert § 215 diese Lage. 6

4. Unverjährbarkeit. a) Familienrechtliche Verhältnisse. Ansprüche auf Herstellung familienrechtlicher Verhältnisse unterliegen nicht der Verjährung. Der Anspruch muss nicht zwingend gegen Familienmitglieder, sondern kann auch gegen Dritte gerichtet sein wie bspw der Anspruch auf Herausgabe des Kindes (§ 1632 I). Der Gesetzeswortlaut leitet insofern fehl, als nicht sämtliche Rechtsverhältnisse des Familienrechts unverjährbar sind. Als Bsp sind zu nennen der Anspruch auf Herstellung der ehelichen Lebensgemeinschaft nach § 1353 I S 2, auf Unterhaltsgewährung für die Zukunft, §§ 1360 bis 1361, der Dienstanspruch der Eltern gegen im Haushalt lebende Kinder nach § 1619 und weitere (§§ 1596 ff; 1601 ff). Lebenspartner gelten als Familienangehörige. 7

8 **b) Unverjährbarkeit im Übrigen.** Eine Unverjährbarkeit kann sich nur auf gesetzlicher Grundlage ergeben, § 202 II schließt entsprechende Vereinbarungen aus. Bsp sind der Anspruch auf Aufhebung der Gemeinschaft nach § 758, Ansprüche auf Grundbuchberichtigungen nach § 894, Ansprüche aus eingetragenen Rechten nach § 902 I S 1, bestimmte nachbarrechtliche Ansprüche (§§ 907 bis 909, 915, 917 I, 918 II, 919, 920, 923 II) sowie den Grundbuchrechten entsprechende Ansprüche hinsichtlich des Schiffs- oder Luftfahrtsregisters.

9 **5. Sonstige zeitablaufbedingte Einwirkungen auf Rechte. a) Ausschlussfristen.** Während die Verjährung ein Leistungsverweigerungsrecht begründet, hat der Ablauf einer Ausschlussfrist die Rechtsvernichtung zur Folge, die im Prozess von Amts wegen zu beachten ist (BGHZ 122, 24). Im Gegensatz zur Verjährung bestehen Ausschlussfristen nicht nur für Ansprüche, sondern auch für Gestaltungsrechte (§§ 124 I und III, 148, 532, 622 II, 1944) und absolute Rechte (§ 64 UrhG); sie kann, insbes auf vertraglicher Grundlage, auch ganze Rechtsverhältnisse erfassen. Die gesetzlichen Regelungen zur Verjährung finden auf Ausschlussfristen nur dann Anwendung, wenn dies gesetzlich angeordnet oder besonders vereinbart ist. Zweck der Ausschlussfristen ist weniger der Schuldnerschutz, für den eine Einrede ausreichend wäre, als vielmehr Aspekte der Rechtssicherheit und Rechtsklarheit. Aus diesem Grund können gesetzliche Ausschlussfristen grds nicht durch Vereinbarung verlängert werden (München, HRR 1940, 27; Celle, WM 75, 654). Soweit die entsprechende Geltung des Verjährungsrechts auf Ausschlussfristen nicht angeordnet ist, ist für die jeweilige Einzelregelung zu entscheiden, ob nach deren Sinn und Zweck eine Anwendung einzelner Regelungstatbestände des Verjährungsrechts in Betracht kommt (BGHZ 112, 101). Gesetzliche Teilverweisungen auf das Verjährungsrecht bestehen bspw bei den §§ 124 II, 204 III, 802, 1002, 1600b VI, 1944, 1954, 2082, 2083). Zur Anwendbarkeit einzelner Normen des Verjährungsrechts auf Ausschlussfristen gibt es eine reichhaltige Kasuistik (s dazu MüKo/*Grothe* Rn 11 ff). Das BGB nennt Verjährungsregelungen beim Namen, während es bei Ausschlussfristen eine Vielzahl unterschiedlicher Formulierungen kennt, die jedoch alle gemeinsam haben, dass sie deutlich zum Ausdruck bringen, dass das betreffende Recht nach Fristablauf nicht mehr besteht („erlischt", „kann nur erfolgen", „ist ausgeschlossen" u.ä.).

10 **b) Verwirkung.** Bei der Verwirkung handelt es sich um eine besondere Ausprägung der unzulässigen Rechtsausübung (RGZ 155, 152; BGHZ 122, 314; NJW-RR 96, 950). Als Einwendung im Prozess von Amts wegen zu berücksichtigen (BGH NJW 66, 345; Frankf MDR 74, 240; WM 77, 586), setzt sie voraus, dass neben dem bloßen Zeitablauf ein Umstandsmoment dergestalt hinzutritt, dass auf Seiten des Verpflichteten ein berechtigtes Vertrauen darauf entstanden ist, dass das verwirkte Recht nicht mehr geltend gemacht werde. Zu Einzelfragen s § 242 Rn 48–53.

11 **6. Die Erhebung der Verjährungseinrede als unzulässige Rechtsausübung.** Grds treffen den Schuldner keine Obliegenheiten, den Eintritt der Verjährung des Anspruchs zu verhindern oder den Gläubiger in besonderer Form auf das Risiko hinzuweisen, dies gilt selbst für Versicherungsverträge (BGH NJW 59, 241), und auch dann, wenn beide Beteiligten irrtümlich von einem späteren Verjährungseintritt ausgegangen sind (Celle NJW 75, 1604; VersR 78, 1121). Eine Berufung auf die Unzulässigkeit der Erhebung der Verjährungseinrede kommt nur dort in Betracht, wo ein wirklich grober Verstoß gegen Treu und Glauben vorliegt (BGH VersR 69, 858 f; NJW 98, 1490). Der Anwendungsbereich ist nach der Reform des Verjährungsrechts schon deshalb geringer geworden, weil mit § 203 (Hemmung bei Verhandlungen) sowie der nunmehrigen Möglichkeit der Vereinbarung über die Verlängerung der Verjährung (§ 202) wesentliche Anwendungsbereiche des § 242 im Verjährungsrecht entfallen sind. Die Berufung auf die Unzulässigkeit der Erhebung der Verjährungseinrede setzt ferner voraus, dass der Gläubiger unverzüglich nach Wegfall der Umstände, die die Nichterhebung der Verjährungseinrede rechtfertigten, Maßnahmen mit verjährungshemmender oder unterbrechender Wirkung ergreift. Regelmäßig darf sich der Schuldner nicht mehr als 4 Wochen Zeit lassen (BGH NJW 98, 903; 98, 1490). Nachdem nunmehr die meisten Absprachen zwischen Beteiligten, bspw über Erhebung eines Musterprozesses (BAG DB 75, 1420), Vereinbarung der Klärung im einstweiligen Verfügungsverfahren (Hamm WRP 77, 815) und ähnliches, zumindest konkludent eine Vereinbarung über die Verjährungsverlängerung enthalten und der Eintritt in Verhandlungen zu einer Hemmung der Verjährung führt, bleibt als wesentlicher Anwendungsbereich der unzulässigen Rechtsausübung die aktive Täuschung des Gläubigers durch den Schuldner im Wege der Identitätstäuschung (BGH NJW-RR 91, 1034; Ddorf OLG 72, 206), sowie der treuwidrige Verstoß gegen eine Aufklärungspflicht über eine Identitätsänderung (zur Umwandlung s BGH NJW 02, 3111) übrig. Hinzu treten die Fälle, in denen die Verjährung durch Schadenersatzansprüche auslösende Pflichtverletzungen des Schuldners eingetreten ist, wie dies insbes bei der Verletzung von Beratungspflichten (Rechtsanwalt/Steuerberater) vorkommt.

12 **7. Beweislast.** Die Beweislast für den Beginn und den Ablauf der Verjährung trägt der Schuldner (BGH WM 80, 534). Damit obliegt ihm bei der Regelverjährung auch der Nachweis der subjektiven Voraussetzungen iSd § 199 I (MüKo/*Grothe* Rn 22). Dem Gläubiger obliegt dagegen der Nachweis des Vorliegens der Voraussetzung für die Hemmung oder den Neubeginn der Verjährungsfrist.

§ 195 Regelmäßige Verjährungsfrist
Die regelmäßige Verjährungsfrist beträgt drei Jahre.

A. Allgemeines. Das Schuldrechtsmodernisierungsgesetz hat die alte 30-jährige objektive Regelverjährungsfrist durch die nunmehr 3-jährige, kenntnisabhängige relative (§ 199 I) Frist ersetzt. Dem Gesetzgeber schien es ausreichend, dem Gläubiger ab Kenntnis der anspruchsbegründenden Tatsachen und des Anspruchsgegners die Verpflichtung zur Geltendmachung des Anspruchs innerhalb von drei Jahren aufzuerlegen. Dies trägt erheblich zur Rechtssicherheit bei. 1

B. Anwendungsbereich. I. Ansprüche aus dem BGB. Sofern nicht durch Gesetz oder Vereinbarung eine kürzere oder längere Frist bestimmt ist, ergreift die Regelverjährung grds alle privatrechtlichen Ansprüche. Sie gilt dabei gleichermaßen für Primär- wie auch für Sekundärleistungsansprüche. Abweichende gesetzliche Bestimmungen finden sich dabei sowohl in den Regelungen des Verjährungsrechts selbst wie auch bei den gesetzlichen Regelungen zu einzelnen Rechtsverhältnissen. Erfasst werden damit grds sowohl sämtliche vertraglichen wie auch quasi-vertraglichen Ansprüche, gleichgültig ob sie auf einem gesetzlich normierten Schuldverhältnis oder auf iRd Privatautonomie möglicher, gesetzlich nicht typisierter vertraglicher Grundlage beruhen. Wichtigste Ausnahme stellen hierbei die in §§ 438 und 634a geregelten Sonderverjährungen für Mängelrechte aus Kauf- und Werkverträgen dar. Dagegen gilt für die kaufvertragliche Primärleistungsverpflichtung die Regelverjährung nach § 195. Im Bereich des Deliktsrechts (§§ 823 ff) hat sich durch die Reform insoweit wenig geändert, als der bisherige § 852 aF Vorbildnorm der neuen Verjährungsregelungen der §§ 195, 199 war. Ansprüche aus ungerechtfertigter Bereicherung (§§ 812 ff) unterliegen ebenfalls der Regelverjährung. Im Bereich des Sachenrechts trifft § 197 für den Herausgabeanspruch aus Eigentum und anderen dinglichen Rechten eine eigenständige Regelung, im übrigen findet auch auf sachenrechtliche Ansprüche die Regelverjährung Anwendung. Dagegen sind familien- und erbrechtliche Ansprüche nach § 197 I Nr 2 ausdrücklich der 30-jährigen Verjährung unterworfen, soweit nicht besondere Regelungen im Familien- und Erbrecht existieren oder es sich nach § 197 II um Ansprüche auf wiederkehrende Leistungen oder Unterhaltsleistungen handelt. 2

II. Verweisung auf das Verjährungsrecht des BGB. In zahlreichen Nebengesetzen wird auf die Regelverjährung verwiesen, so insbes in §§ 33 III, 141 PatG, § 24c GebrauchsmusterG, § 20 MarkenG, § 9 III HalbleiterschutzG, § 102 UrheberG, § 49 S 1 GeschmacksmusterG, § 117 II BBergG, § 37c SortenschutzG. Das Verjährungsanpassungsgesetz (BGBl I 04 S 3214) hat den Anwendungsbereich der Regelverjährung auf weitere Rechtsgebiete ausgedehnt. Dies gilt insbes im Bereich von Schadenersatzansprüchen gegen Versorgungsunternehmen sowie bei solchen gegen Rechtsanwälte, Steuerberater und Patentanwälte. Die bisherigen objektiv anknüpfenden Fristen der §§ 51b BRAO, 68 StBG und 45a Patentanwaltsordnung wurden durch das Verjährungsanpassungsgesetz aufgehoben und sind nunmehr ersetzt durch die gesetzliche Verjährungsfrist des § 195. Die am 15.12.04 bestehenden Schadenersatzansprüche verjähren allerdings noch nach altem Recht, und zwar gleichgültig ob am Stichtag die Primär- oder die Sekundärverjährung lief. Die von der Rspr entwickelten Regelungen zur schadenersatzpflichtigen Verletzung einer Belehrungspflicht über das Bestehen von Schadenersatzansprüchen gegen diese Berufsträger hat sich damit faktisch erledigt. 3

III. Analoge Anwendung. Für das bis zur Schuldrechtsmodernisierung geltende Verjährungsrecht wurde in praktisch allen Fällen privatrechtlicher Ansprüche außerhalb des BGB, für die eine ausdrückliche Bestimmung zur Verjährung fehlte, die bisherige 30-jährige Regelverjährung angewendet. Die Übertragung der nunmehrigen kürzeren subjektiven Frist ist aber nicht immer sachgerecht, sodass bei der analogen Anwendung des § 195 auf außerhalb des BGB geregelte Ansprüche der Analogiefähigkeit besondere Bedeutung zukommt. Ggf kann sich daraus ergeben, dass eine für den Gläubiger günstigere Verjährungsregelung entsprechend herangezogen werden muss. Die stark diskutierte Frage, inwieweit Ansprüche auf Kapitalaufbringung der kurzen Regelverjährung unterliegen (*Müller* ZGS 02, 280; *Altmeppen* DB 02, 514 mwN), hat nunmehr der Gesetzgeber dadurch geregelt, dass er im Verjährungsanpassungsgesetz (BGBl I 04 S 3214) in §§ 54 IV, 62 III AktG, 9 II, 19, 31 V GmbHG und 22 IV GenG eine einheitliche 10-jährige Verjährungsfrist vorgesehen hat. 4

IV. Anwendung im öffentlichen Recht. Bislang wurde dort, wo keine konkreten Regelungen des öffentlichen Rechts vorhanden sind, die regelmäßige 30-jährige Verjährung des § 195 aF analog angewandt. Nach der Neuregelung stellt sich die Frage, inwieweit diese analoge Anwendung bei den jeweils betroffenen Rechtsverhältnissen noch angemessen ist. Die überwiegende Literaturmeinung geht davon aus, dass die für die Neuregelung des Verjährungsrechts des BGB sprechenden Erwägungen im öffentlichen Recht in gleicher Weise tragen (Palandt/*Heinrichs* Rn 20; Soergel/*Niedenführ* Rn 55; Staud/*Peters* Rn 15; BaRoth/*Henrich* Rn 18; MüKo/*Grothe* Rn 13; aA AnwK/*Mansel/Stürner* § 194 Rn 16 ff). 5

V. Gesetzliche Sonderregelungen. Zu den Einzelfällen gesetzlich geregelter Sondervorschriften der Verjährung s die Aufstellung von *Grothe* (MüKo/*Grothe* Rn 14 ff). 6

C. Geltungsbereich der jeweiligen Verjährungsfristen. Die Gefahr von Überschneidungen von Verjährungsfristen ist durch die Neuregelung des Verjährungsrechts erheblich gemindert, insbes durch die Aufhebung der bisherigen Einzelregelungen in den §§ 196, 197 aF. 7

8 **I. Entstehungstatbestand.** Entscheidend für die Frage, welche Verjährungsfrist zur Anwendung kommt, ist der Sachverhalt zum Zeitpunkt der Entstehung des Anspruchs (Schlesw NJW-RR 03, 627). Nachträgliche Änderungen spielen keine Rolle. Bei gemischten Verträgen kommt es auf die Qualifikation des jeweiligen Einzelanspruchs an (BGHZ 70, 361), soweit auch hierbei mehrere Vertragstypen in Betracht kommen, entscheidet der wirtschaftliche Kern.

9 **II. Ersatz-, Neben- und Hilfsansprüche.** Nach § 217 verjähren Ansprüche auf abhängige Nebenleistungen mit dem Anspruch auf die Hauptleistung. Die unter der früheren Rechtslage begründete Auffassung, dass Sekundäransprüche der Verjährungsfrist des Hauptanspruchs unterliegen (BGHZ 73, 269; NJW 00, 2671), hat ihre Bedeutung verloren, da die meisten dieser Ansprüche mittlerweile ohnehin der Regelverjährung nach § 195 unterliegen. Nur dort, wo der Hauptanspruch nicht der Regelverjährung unterliegt, ist nunmehr besonders zu prüfen, ob sich für die Sekundäransprüche Anhaltspunkte bieten, diese einer anderen, insbes der Regelverjährung, zu unterwerfen. Richtet sich danach ein Ersatzanspruch auf die gleiche geschuldete Leistung, wird eine Anwendung spezialgesetzlicher Verjährungsfristen in Betracht kommen, richtet er sich dagegen auf Schadenersatz, verjährt er innerhalb der Regelverjährung. Hilfsansprüche, insbes solche auf Rechnungslegung oder Auskunft (s BGHZ 33, 379; NJW 85, 384; aA Ddorf MDR 05, 981), unterliegen einer eigenständigen Verjährung, grds also der Regelverjährung.

10 **III. Wechsel der Beteiligten und Novation.** Soweit durch den Wechsel auf Gläubiger- oder Schuldnerseite keine Neubegründung des Anspruchs eintritt, lässt der Personenwechsel die Verjährung unberührt (BGHZ 60, 240; Köln ZMR 94, 117). Wird ein bestehendes Schuldverhältnis durch ein anderes Neues ersetzt, oder wird neben dem Bestehenden ein weiteres Schuldverhältnis geschaffen, so läuft die Verjährung für das neue Rechtsverhältnis grds neu an und zwar mit den dafür geltenden Verjährungsregeln. Dies gilt insbes beim konstitutiven Schuldanerkenntnis (BGHZ 130, 288, 292). Anderes gilt dagegen für ein rein deklaratorisches Schuldanerkenntnis (BGH NJW 1982, 1809, 1810; BGHZ 130, 288, 291), der Hingabe eines Schuldscheins oder Abschluss eines außergerichtlichen Vergleichs (BGHZ 52, 39, 46; BGH NJW-RR 1987, 1426, 1427). Entscheidend kommt es hierbei auf den Parteiwillen an.

11 **D. Anspruchskonkurrenz.** Gründen sich auf einen Lebenssachverhalt mehrere Ansprüche so gilt der Grundsatz, dass jeder der Ansprüche selbständig verjährt (RGZ 168, 301; BGHZ 24, 191; ZIP 04, 1810). Nach altem Recht sehr bedeutend, hat die Anspruchskonkurrenz wegen der weitgehenden Vereinheitlichung der Verjährungsfristen in vielen Bereichen für das Verjährungsrecht ihre Bedeutung verloren. Gleichwohl bestehen schon wegen der Möglichkeit der Kollision der kurzen objektiven Verjährungsfristen für Mängelrechte im Kauf- und Werkvertragsrecht sowie der konkurrierenden deliktischen Regelverjährung weiterhin nicht unbeträchtliche Anwendungsbereiche. Für die Frage, ob die kurze Verjährungsfrist auch etwaige konkurrierende Ansprüche erfassen soll, ist besonders auf den Sinn und Zweck der gesetzlichen Regelung zur kurzen Verjährung abzustellen. Lässt der konkurrierende Anspruch die gesetzlich vorgesehene kurze Verjährung praktisch leer laufen, ist die entsprechende Anwendung auch auf den konkurrierenden Anspruch geboten (BGHZ 66, 317). Dies wird bspw angenommen bei den kurzen Fristen der §§ 548, 591 b, 606, 1057, die auch dann gelten, wenn der Ersatzanspruch wegen Verschlechterung der Sache auf unerlaubten Handlungen, Gefährdungshaftung oder Eigentum gestützt wird, und zwar selbst dann, wenn zwischen dem Partner der Sonderverbindung und dem Eigentümer keine Identität, sondern nur eine enge wirtschaftliche Verknüpfung besteht (BGHZ 116, 293). Von besonderer Bedeutung war unter altem Recht die Parallelität deliktischer Ansprüche und kauf- bzw werkvertraglicher Mängelrechte. Der Gesetzgeber hat es ausweislich der Gesetzesbegründung ausdrücklich der Rspr überlassen, diese Frage zu klären. Die Klärung der Frage hat dabei allerdings weniger im Verjährungsrecht als vielmehr dazu zu erfolgen, wie weit der Anwendungsbereich des § 823 gefasst wird (BaRoth/*Henrich* Rn 13).

§ 196 Verjährungsfrist bei Rechten an einem Grundstück

Ansprüche auf Übertragung des Eigentums an einem Grundstück sowie auf Begründung, Übertragung oder Aufhebung eines Rechts an einem Grundstück oder auf Änderung des Inhalts eines solchen Rechts sowie die Ansprüche auf die Gegenleistung verjähren in zehn Jahren.

1 **A. Allgemeines.** Für Ansprüche auf dingliche Rechtsänderung hat der Gesetzgeber die Notwendigkeit erkannt, eine ggü der regelmäßigen Verjährung verlängerte Verjährungsfrist von 10 Jahren zu schaffen. Hintergrund war dabei vor allem, dass bei der Begründung, Inhaltsänderung, Übertragung oder Aufhebung eines dinglichen Rechts wegen der (§ 873) regelmäßig notwendigen grundbuchlichen Eintragung sowie ggf weiterer von den Beteiligten nicht zu beeinflussender Erfordernisse, bspw Vermessung und katasteramtliche Fortschreibung, die regelmäßige Verjährungsfrist von 3 Jahren oftmals zu kurz ist. Die noch frische Erinnerung an die Verhältnisse in den neuen Bundesländern nach der Wende, als teilweise Eintragungszeiten von mehreren Jahren bestanden, ließen die 3-Jahresfrist erheblich zu kurz erscheinen. In solchen Situationen würden die Parteien ohne längere Fristen unnötig zu Maßnahmen der Anspruchsdurchsetzung gezwungen.

B. Anwendungsbereich. I. Anspruch auf dingliche Rechtsänderung. 1. Primärleistungsanspruch. Grds 2
keine Rolle spielt es, auf welche rechtliche Grundlage sich der konkrete Anspruch auf dingliche Rechtsänderung stützt, insbes ob es sich um einen aus einer vertraglichen Sonderbeziehung oder auf gesetzlicher Grundlage handelt. Das Bestehen einer Gegenleistung ist trotz HS 2 nicht Voraussetzung der Anwendung des § 196, sodass insbes auch Ansprüche aus einem Schenkungsversprechen in den Anwendungsbereich der Norm fallen. Der wichtigste dieser Ansprüche ist dabei derjenige auf Übereignung eines Grundstücks, wobei entsprechend § 311 b Miteigentumsanteile, Wohnungseigentum und das Erbbaurecht gleichgestellt sind, nicht jedoch der Eigentumserwerb kraft Anwachsung. Erfasst ist auch jeder Anspruch auf Rechtsänderung an beschränkt dinglichen Rechten (§ 1018 bis 1203), die Norm gilt damit für die Einräumung eines Nießbrauchs, einer Grunddienstbarkeit, einer beschränkt persönlichen Dienstbarkeit, eines Vorkaufsrechtes, von Reallasten, Grundpfandrechten und sonstigen, insbes landesrechtlichen, Rechten wie bspw einem Altenteil. Entgegen dringender Mahnungen von Seiten der Notare hat der Gesetzgeber auch für die Rückgewähransprüche nicht mehr valutierender Grundpfandrechte die 10-Jahresfrist vorgesehen. Angesichts der Vielzahl auch über Jahrzehnte stehen gelassener Grundpfandrechte geht dies an der Praxis vorbei, was dazu führt, dass nunmehr flächendeckend formularmäßig die Verjährungsfrist auf die Maximalfrist des § 202 verlängert wird. Beruht der Anspruch auf dingliche Rechtsänderung auf einem Vermächtnis, geht der speziellere § 197 I Nr 2 (30-jährige Verjährungsfrist) vor.

2. Sekundärleistungsansprüche. Entgegen einer teilweise in der Lit vertretenen Auffassung (dazu BaRoth/ 3
Henrich Rn 3; AnwK/*Mansel*/*Stürner* Rn 29) erfasst § 196 auch Sekundäransprüche, soweit sich diese wiederum auf dingliche Rechtsänderung an einem Grundstück oder grundstücksgleichem Recht beziehen. Die vom Gesetzgeber für die längere Verjährungsfrist angestellten Überlegungen greifen unabhängig vom Rechtsgrund des Anspruchs soweit der Anspruchsinhalt dem in § 196 genannten Rahmen entspricht (so auch Palandt/*Heinrichs* Rn 5; MüKo/*Grothe* Rn 4; Erman/*Schmidt-Räntsch*). Richtet sich der Sekundärleistungsanspruch dagegen auf eine andere Leistung, insbes auf eine Geldleistung, bleibt es bei der Regelverjährung.

3. Teleologische Reduktion. Grds findet die lange Verjährungsfrist unabhängig von der Frage Anwendung, 4
ob im Einzelfall eines der vom Gesetzgeber erkannten Verzögerungsprobleme bei der Erfüllung eines der in § 196 genannten Ansprüche eintritt oder nicht. Keine Anwendung findet § 196 allerdings dort, wo die vom Gesetzgeber erkannten Risiken schon per se nicht eintreten können, dies gilt insbes in den Fällen, in denen die Rechtsänderung ohne Verfügung einhergeht (bspw Anwachsung) oder ein Mitwirken anderer Stellen als Schuldner und Gläubiger zur Herbeiführung der dinglichen Rechtsänderung nicht erforderlich ist. Um einen solchen Fall handelt es sich insbes beim Anspruch auf Abtretung einer Briefgrundschuld nach § 1154 I.

4. Analoge Anwendung. Die analoge Anwendung des § 196 wird in der Lit für solche Besitzansprüche diskutiert, 5
die parallel zu einem in § 196 genannten Ansprüche bestehen, wenn das geschuldete dingliche Recht selbst einen Besitzanspruch vermittelt (so Erman/*Schmidt-Räntsch* Rn 7; AnwK/*Mansel*/*Stürner* Rn 20 f; MüKo/*Grothe* Rn 5; BaRoth/*Henrich* Rn 9; aA Palandt/*Heinrich* Rn 6). Es sind weniger rechtsdogmatische als vielmehr rechtspraktische Erwägungen, die für dieses Ergebnis sprechen. Es machte wenig Sinn, den Inhaber eines Anspruchs auf Einräumung eines ein Besitzrecht konstituierenden dinglichen Rechts auf die Verjährung seines schuldrechtlichen Besitzanspruchs zu verweisen, um ihn alsdann nach Verwirklichung der dinglichen Rechtsänderung zur erneuten Klage aus dem dinglichen Recht zu zwingen.

II. Gegenleistungsansprüche. Soweit den Ansprüchen auf dingliche Rechtsänderung ein Gegenleistungsanspruch 6
ggüsteht, wollte der Gesetzgeber ein zu starkes Auseinanderfallen der Verjährungen beider Ansprüche dadurch, dass auf den Gegenleistungsanspruch nur die Regelverjährung Anwendung findet, vermeiden. Als Gegenleistungsanspruch ist dabei allerdings nur ein solcher zu verstehen, der im Verhältnis zum Hauptanspruch in einem Synallagma stehen. Zwar gewährt § 215 dem Gegenleistungsgläubiger eine dauernde Einrede, ausweislich der Gesetzesbegründung wollte der Gesetzgeber aber dauerhaft nicht beendbare Verträge vermeiden. Daraus leitet ein Teil der Lit (MüKo/*Grothe* Rn 6) die Schlussfolgerung ab, dass eine teleologische Reduktion bei solchen Gegenleistungsansprüchen geboten ist, bei denen der Anspruch auf dingliche Rechtsänderung bereits befriedigt ist, mit der Konsequenz, dass alsdann die Regelverjährung eingreift. Die hM lehnt dies ab (Palandt/*Heinrichs* Rn 4; AnwK/*Mansel*/*Stürner* Rn 28; BaRoth/*Henrich* Rn 12).

§ 197 Dreißigjährige Verjährungsfrist

(1) In 30 Jahren verjähren, soweit nicht ein anderes bestimmt ist,
1. Herausgabeansprüche aus Eigentum und anderen dinglichen Rechten,
2. familien- und erbrechtliche Ansprüche,
3. rechtskräftig festgestellte Ansprüche,
4. Ansprüche aus vollstreckbaren Vergleichen oder vollstreckbaren Urkunden,
5. Ansprüche, die durch die im Insolvenzverfahren erfolgte Feststellung vollstreckbar geworden sind und
6. Ansprüche auf Erstattung der Kosten der Zwangsvollstreckung.

(2) Soweit Ansprüche nach Absatz 1 Nr. 2 regelmäßig wiederkehrende Leistungen oder Unterhaltsleistungen und Ansprüche nach Absatz 1 Nr. 3 bis 5 künftig fällig werdende regelmäßig wiederkehrende Leistungen zum Inhalt haben, tritt an die Stelle der Verjährungsfrist von 30 Jahren die regelmäßige Verjährungsfrist.

1 **A. Allgemeines.** Mit der 30-jährigen Verjährung trägt der Gesetzgeber der Überlegung Rechnung, dass die regelmäßige Verjährungsfrist von 3 Jahren für bestimmte Ansprüche schlicht zu kurz ist. So würde das grds unverjährbare Eigentum entkernt, verjährte ein Herausgabeanspruch schon nach relativ kurzer Zeit. Für familien- und erbrechtliche Ansprüche gilt im Grundsatz Gleiches, da zum einen ggf lange Klärungszeiten bestehen, zum anderen wegen der auf Dauer angelegten Rechtsbeziehungen gerade im Familienrecht vorzeitige Verjährungen kaum angebracht erscheinen. Hinsichtlich der Regelungen für titulierte Ansprüche in I Nr 3 bis 6 wird der bisherige Rechtszustand nach § 218 aF aufrechterhalten. Hierbei spielt vor allem eine Rolle, dass die Durchsetzung titulierter Ansprüche schon wegen zeitweise nicht bestehender Leistungsfähigkeit des Schuldners für enge zeitliche Grenzen nicht geeignet ist. Soweit der Entschuldungsgedanke eine Rolle spielt, wollte der Gesetzgeber dies ausdrücklich dem Insolvenz- und nicht dem Verjährungsrecht überlassen. Die in II geregelte Einschränkung hinsichtlich wiederkehrender Leistungen oder Unterhaltsleistungen aus dem Familien- und Erbrecht und künftig fällig werdender regelmäßig wiederkehrender Leistungen aus titulierten Forderungen stellen zum Schutz des Schuldners vor Kumulierungen solcher Leistungen die Regelverjährung wieder her.

2 **B. Herausgabeansprüche.** Der 30-jährigen Verjährung unterliegen nur solche Herausgabeansprüche, die aus dinglichen Rechten resultieren, allen voran also der Hausgabeanspruch aus § 985. Klargestellt hat der Gesetzgeber damit insbes auch die Frage, ob der Herausgabeanspruch überhaupt verjähren kann. Herausgabeansprüche aufgrund dinglichen Rechts sind ferner § 1036 I, § 1093 I iVm 1036 I, § 1227, § 11 I ErbbauV, § 31 III und § 34 II WEG, § 9 I BBergG, hinzu tritt der Anspruch aus dem dinglichen Vermieterpfandrecht nach § 562 b II S 1. Beseitigungs- und Unterlassungsansprüche unterfallen dagegen der Regelverjährung. Gleiches gilt für Ansprüche auf Nutzungsherausgabe, da diese regelmäßig nicht auf dem dinglichen Recht selbst, sondern auf den entsprechenden Begleitschuldverhältnissen (bspw §§ 987, 988, 990) beruhen. Rein schuldrechtliche Herausgabeansprüche unterliegen der Regelverjährung. Die Herausgabeansprüche des Besitzers (§ 861) und des früheren Besitzers (§ 1007) sind keine Ansprüche aus einem dinglichen Recht und unterliegen der Regelverjährung. Zu beachten ist ferner, dass für Ansprüche aus einem eingetragenen dinglichen Recht nach § 902 die Unverjährbarkeit angeordnet ist.

3 **C. Familien- und erbrechtliche Ansprüche.** Soweit nicht aufgrund spezieller gesetzlicher Regelungen Sondervorschriften gelten, gilt auch für familien- und erbrechtliche Ansprüche die 30-jährige Verjährungsfrist. Das Leistungsziel des Anspruchs spielt keine Rolle, es kann sich dabei also sowohl um Zahlungs-, Herausgabe- oder Ausgleichsansprüche handeln. Nicht alle Ansprüche aus dem 4. Buch sind erfasst, bspw nicht solche aus einem Betreuungsverhältnis.

4 **I. Familienrechtliche Ansprüche.** Familienrechtlich ist damit bspw der Anspruch auf Versorgungsausgleich (§ 1587 a), der Anspruch des Kindes aus § 1664 oder Ansprüche aus der Verletzung von ehelichen Pflichten (bspw § 1359). Ebenfalls dem Familienrecht zuzuordnen sind Ansprüche auf Ausgleich sogr ehebedingter unbenannter Zuwendungen, deren Grundlage zwar in § 313 besteht, gleichwohl wegen ihrer Verwurzelung in der Ehe dem Familienrecht zuzuordnen sind (MüKo/*Grothe* Rn 9; Soergel/*Niedenführ* Rn 9; AnwK/*Mansel*/*Stürner* Rn 41 f; Palandt/*Heinrichs* Rn 4; aA BaRoth/*Henrich* Rn 13).

5 **II. Erbrechtliche Ansprüche.** Die Ansprüche des Erbrechts unterfallen, soweit keine Sonderregelungen bestehen, vollständig der 30-jährigen Verjährung. Dies gilt insbes für den Erbherausgabeanspruch, Vermächtnisansprüche, Auskunftsansprüche sowie die Ansprüche innerhalb einer Erbengemeinschaft. Hinsichtlich der Auseinandersetzungsansprüche innerhalb einer Erbengemeinschaft ist auch der Anspruch aus einem Auseinandersetzungsvertrag im Anwendungsfall der 30-jährigen Verjährung (MüKo/*Grothe* Rn 11; Palandt/*Heinrichs* Rn 8; aA *Lönig* ZEV 04, 267). Herrschend werden auch die Ansprüche aus einer Pflichtverletzung des Testamentsvollstreckers dem I Nr 2 zugeordnet (BGH NJW 02, 3773; MüKo/*Grothe* Rn 11; aA *Otte* ZEV 02, 500; *Baldus* FamRZ 03, 308) sowie ebenfalls dessen Vergütungsanspruch (Palandt/*Heinrichs* Rn 8; MüKo/*Grothe* Rn 11). Bei der Erbenhaftung für Nachlassverbindlichkeiten handelt es sich dagegen nicht um einen erbrechtlichen Anspruch (Erman/*Schmidt-Räntsch* Rn 7; MüKo/*Grothe* Rn 11).

6 **III. Unterhalt, regelmäßig wiederkehrende Leistungen.** II ordnet für familien- und erbrechtliche wiederkehrende Leistungen und Unterhaltsleistungen die Geltung der Regelverjährung an. Zum Zweck s Rn 1. Unterhaltsansprüche bestehen dabei nicht nur im Familienrecht (§§ 1361, 1569 ff, 1601 ff, 1615 l, LPartG 12, 16), sondern auch im Bereich des Erbrechts, so insbes für den Unterhaltsanspruch der werdenden Mutter (§ 1963) oder den Anspruch auf das 30te (§ 1969). Da für Unterhaltsansprüche eine regelmäßige Wiederkehr gesetzlich nicht gefordert ist, gilt II auch für den Anspruch auf Sonderbedarf (§ 1613 II). Ersatzansprüche Dritter für in Vorleistung erbrachter Unterhaltszahlungen unterliegen der Regelverjährung nach § 195, es sei denn, sie selbst wären wiederum familien- oder erbrechtlicher Natur (MüKo/*Grothe* Rn 28). Unter regelmäßig wiederkehrenden Leistungen versteht man solche, bei denen die regelmäßige zeitliche Wiederkehr von Einzelleistungen zur

Anspruchsnatur gehört (BGH VersR 57, 451; NJW 01, 1065), nicht also solche, bei denen eine Hauptschuld bloß in Raten getilgt wird. Nicht notwendig ist die Gleichheit der zu zahlenden Leistungen, entscheidend ist allein die regelmäßige Wiederkehr (RGZ 153, 378; BGHZ 80, 357 ff). Dazu können insbes Ansprüche auf regelmäßige Zinszahlungen, im Bereich des Erbrechts bspw ein Rentenvermächtnis, gehören.

D. Titulierte Ansprüche. I. Rechtskräftig festgestellte Ansprüche. Grundlage einer rechtskräftigen Feststellung können neben dem Leistungs-Endurteil sowohl Versäumnis- wie Freistellungsurteile (BGH NJW 91, 2015), Feststellungsurteile, soweit es um das Bestehen eines Anspruchs geht (BGH NJW-RR 89, 215), ebenso Vorbehaltsurteile und zwar selbst dann, wenn sie unter dem Vorbehalt bestimmter Haftungsbeschränkungsregime ergehen, sein; selbst durch Abweisung einer negativen Feststellungsklage kann der streitgegenständliche Anspruch rechtskräftig festgestellt werden (BGH NJW 75, 1321; WM 86, 954). Urteile bei Teilklagen entfalten Wirkung nur hinsichtlich des verfahrensgegenständlichen Teils (RGZ 66, 271). Mangels materieller Rechtskraft ist ein Grundurteil nicht ausreichend (BGH NJW 85, 792). Nicht notwendig muss es sich um ein kontradiktorisches Urteil handeln, auch ein Anerkenntnis oder Säumnisurteil reicht aus. Keine Rolle spielt es, in welcher Gerichtsbarkeit die rechtskräftige Feststellung ergangen ist. Entscheidungen ausländischer Gerichte können ebenfalls die Wirkung der rechtskräftigen Feststellung besitzen, wenn die Entscheidung in Deutschland anerkennungsfähig ist (Ddorf RIW 79, 59; *Looschelders* IPrax 98, 301). Der gerichtlichen Feststellung steht die eines Schiedsgerichts gleich. Der nach altem Recht anerkannten Gleichstellung privater Anerkenntnisse bedarf es nicht mehr, da anders als früher § 202 Vereinbarungen über die Verjährung eröffnet (AnwK/*Mansel/Stürner* Rn 59; aA Palandt/*Heinrichs* Rn 12).

II. Sonstige Titel. Gleiche Wirkung wie die rechtskräftige Feststellung hat die Titulierung eines Anspruchs in Form vollstreckbarer Vergleiche (§ 794 I Nr 1 ZPO), aus vollstreckbaren Urkunden (§ 794 I Nr 5 ZPO), die Feststellung zur Insolvenztabelle (§§ 201 II, 215 II S 2, 257) sowie der Erstattungsansprüche hinsichtlich der Kosten der Zwangsvollstreckung. Der vollstreckbare Anwaltsvergleich fällt allerdings unter I Nr 3, da dieser nur durch gerichtlichen (§ 794 b ZPO) oder notariellen (§ 796 c ZPO) Akt vollstreckbar wird (s dazu AnwK/*Mansel/Stürner* Rn 64; BaRoth/*Henrich* Rn 18; offenbar aA Palandt/*Heinrichs* Rn 12; MüKo/*Grothe* Rn 20). Die durch das Verjährungsanpassungsgesetz eingefügte Nr 6 beseitigt den bisherigen Streit zur Frage der Verjährung der Kosten der Zwangsvollstreckung. Voraussetzung der verjährungsverlängernden Wirkung vollstreckbarer Urkunden ist, dass die Zwangsvollstreckungsunterwerfung formell und auch materiell wirksam ist (BGH NJW 99, 52; Zweibr BauR 00, 1209). Der Streit um die verjährungsverlängernde Wirkung der Vollstreckbarerklärung notarieller Kostenrechnungen hat sich nach der ablehnenden Entscheidung des BGH (NJW-RR 04, 1578) erledigt.

III. Art der Ansprüche. Die gerichtliche Feststellung bzw Titulierung eines Anspruchs führt zur Ersetzung der bisher maßgeblichen Verjährungsfrist durch die 30-jährige Verjährung. Für nicht der Entscheidung zugrunde liegende bzw nicht titulierte Ansprüche gilt sie grds nicht (zum Verzugsschaden BGH LM § 286 Nr 3). Sie erstreckt sich allerdings auf Ansprüche, die den Festgestellten bzw Titulierten ersetzen, zB Schadensersatz statt Herausgabevollstreckung (RGZ 109, 237) oder anstelle Freistellungsanspruch (BGH NJW 91, 2014). Bei Feststellung einer Schadenersatzpflicht verjähren auch Ansprüche wegen später eingetretener Schadensfolgen in 30 Jahren (BGH NJW-RR 89, 215). Gleiches gilt für solche Ansprüche, die durch Gesetzesänderung erst nach rechtskräftiger Feststellung neu entstehen (BGH NJW 67, 563). Personenwechsel berühren die Verjährungswirkung grds dann nicht, wenn eine rechtskräftige Feststellung zum Zeitpunkt des Personenwechsels bereits bestand (BGH NJW 87, 2864). Gesellschafter einer Personenhandelsgesellschaft oder Inhaber eines Handelsgeschäfts können sich für solche Ansprüche, die vor ihrem Ausscheiden rechtskräftig festgestellt oder tituliert sind, nicht auf die zeitlichen Schranken der §§ 26 und 160 HGB berufen, da diese nicht vor schon vor Ausscheiden entsprechend festgestellten Ansprüchen schützen (Staud/*Peters* Rn 3; MüKo/*Grothe* Rn 15; Palandt/*Heinrichs* Rn 13; Erman/*Schmidt-Räntsch* Rn 19).

IV. Künftig fällig werdende regelmäßig wiederkehrende Leistungen. Es gilt die Regelverjährung für künftig fällig werdende regelmäßig wiederkehrende Leistungen. Ob die Leistung auf Gesetz oder Vertrag beruht ist gleichgültig. Es kann sich dabei um Zinsen einschließlich Verzugszinsen (BGHZ 98, 187; MDR 93, 574), Bereitstellungszinsen (Stuttg NJW 86, 437), Leibrenten und Schadenersatzrenten (BGH NJW-RR 89, 215), Überbaurenten und Notwegrenten, Leistungen aus einer Reallast oder einer Rentenschuld und auch abgelegeneres wie Vereinsbeiträge oder Wohngeld (BGH DStR 05, 1620) handeln, es sei denn, solche Leistungen wären kumuliert in einer Summe aE einer Laufzeit zu zahlen (Ricken NJW 99, 1147). Bereits mittitulierte wiederkehrende Leistungen für die Vergangenheit verjähren in 30 Jahren.

§ 198 Verjährung bei Rechtsnachfolge

Gelangt eine Sache, hinsichtlich derer ein dinglicher Anspruch besteht, durch Rechtsnachfolge in den Besitz eines Dritten, so kommt die während des Besitzes des Rechtsvorgängers verstrichene Verjährungszeit dem Rechtsnachfolger zugute.

1   Bei einem persönlichen Anspruch hat ein Schuldnerwechsel keinen Einfluss auf die Verjährung, da sich die Identität des Anspruchs nicht ändert (BGHZ 60, 240). Der Besitzwechsel hinsichtlich einer Sache, an der ein dinglicher Anspruch besteht, lässt, jedenfalls wenn es sich nicht um Gesamtrechtsnachfolge handelt (dazu MüKo/*Grothe* Rn 2), den gegen den früheren Besitzer bestehenden Anspruch untergehen und gegen den aktuellen Besitzer neu entstehen. § 198 stellt hinsichtlich abgeleiteten Besitzerwerbs verjährungsrechtlich die gleiche Situation wie beim persönlichen Anspruch her, sodass die unter dem (oder den, dazu BaRoth/*Henrich* Rn 3; Erman/*Schmidt-Räntsch* Rn 7; MüKo/*Grothe* Rn 2) Besitzvorgängern vergangene Zeit dem aktuellen Besitzer zugerechnet wird. Geschützt ist nur abgeleiteter Besitzerwerb, sodass originärer Besitzerwerb bspw durch Fund oder Besitzerwerb gegen den Willen des Besitzvorgängers die Verjährungsfrist neu beginnen lässt. Auf die Gutgläubigkeit des Besitzerwerbers kommt es dagegen nicht an. § 198 gilt nicht für Veränderungen in der Person des Inhabers des dinglichen Anspruchs, eine analoge Anwendung liegt jedoch nahe (so MüKo/*Grothe* Rn 5).

§ 199 Beginn der regelmäßigen Verjährungsfrist und Höchstfristen

(1) Die regelmäßige Verjährungsfrist beginnt mit dem Schluss des Jahres, in dem
1. der Anspruch entstanden ist und
2. der Gläubiger von den den Anspruch begründenden Umständen und der Person des Schuldners Kenntnis erlangt oder ohne grobe Fahrlässigkeit erlangen müsste.

(2) Schadensersatzansprüche, die auf der Verletzung des Lebens, des Körpers, der Gesundheit oder der Freiheit beruhen, verjähren ohne Rücksicht auf ihre Entstehung und die Kenntnis oder grob fahrlässige Unkenntnis in 30 Jahren von der Begehung der Handlung, der Pflichtverletzung oder dem sonstigen, den Schaden auslösenden Ereignis an.

(3) ¹Sonstige Schadensersatzansprüche verjähren
1. ohne Rücksicht auf die Kenntnis oder grob fahrlässige Unkenntnis in zehn Jahren von ihrer Entstehung an und
2. ohne Rücksicht auf ihre Entstehung und die Kenntnis oder grob fahrlässige Unkenntnis in 30 Jahren von der Begehung der Handlung, der Pflichtverletzung oder dem sonstigen, den Schaden auslösenden Ereignis an.

²Maßgeblich ist die früher endende Frist.

(4) Andere Ansprüche als Schadensersatzansprüche verjähren ohne Rücksicht auf die Kenntnis oder grob fahrlässige Unkenntnis in zehn Jahren von ihrer Entstehung an.

(5) Geht der Anspruch auf ein Unterlassen, so tritt an die Stelle der Entstehung die Zuwiderhandlung.

1   **A. Allgemeines.** § 199 gilt nur für die Regelverjährung gleich ob diese direkt oder durch Verweisung anzuwenden ist. Dabei stellt § 199 das Korrektiv zur kurzen 3-jährigen Verjährungsfrist dar. Nach I bedarf es für den Beginn der Verjährung des Anspruchs neben dem Entstehen (objektiv) auch der Kenntnis (subjektiv) des Anspruchsinhabers. Kombiniert wird diese subjektiv anknüpfende Frist allerdings mit absoluten Höchstfristen, um die Verjährung nicht unendlich auszudehnen.

2   **B. Beginn der regelmäßigen Verjährung.** Der Beginn der regelmäßigen Verjährungsfrist bestimmt sich nach I, wonach zum einen die Anspruchsentstehung, zum anderen die entsprechende Kenntnis bzw grob fahrlässige Unkenntnis des Gläubigers vorliegen müssen.

3   **I. Anspruchsentstehung. 1. Grundprinzip Fälligkeit.** Ein Anspruch ist in dem Augenblick entstanden, in dem er erstmals geltend gemacht und ggf durch Klage durchgesetzt werden kann (BGHZ 55, 341; NJW-RR 00, 648). Dies entspricht dem Begriff der Fälligkeit (BGHZ 53, 225; ZIP 01, 613 stRspr). Völlig deckungsgleich sind die Begriffe der Fälligkeit und des Entstehens des Anspruchs allerdings deshalb nicht, da die Möglichkeit, schon vor Fälligkeit eine verjährungsunterbrechende Feststellungsklage zu erheben, eine Verjährungsfrist beginnen lassen kann (BGHZ 73, 365; NJW 82, 1288). Folgerichtig ist die Bezifferbarkeit eines etwaigen Anspruchs für dessen Entstehung irrelevant (BGHZ 79, 178). Die Möglichkeit der Erhebung einer Feststellungsklage lässt allerdings umgekehrt den Anspruch nicht immer entstehen (BGHZ 100, 233). Obwohl die nachträgliche Genehmigung nach § 184 I auf den Zeitpunkt der Vornahme des Rechtsgeschäfts zurückwirkt, beginnt die Verjährung eines so entstehenden Anspruchs frühestens mit der Genehmigung zu laufen (RGZ 65, 248; BaRoth/*Henrich* Rn 4; MüKo/*Grothe* Rn 5). Gleiches gilt für eine Rückdatierung, es sei denn, damit wäre die Vereinbarung einer verkürzten Verjährungsfrist nach § 202 II verbunden. Aufschiebend bedingte Ansprüche verjähren frühestens mit Bedingungseintritt (BGHZ 47, 391; NJW 87, 2745).

4   Soweit die Fälligkeit von einer vorangegangenen Kündigung bzw einer Anfechtungserklärung abhängt, gelten diese Ansprüche erst als entstanden, wenn die entsprechende Handlung wirksam geworden ist (BGH MDR 02, 1387; Palandt/*Heinrichs* Rn 4; BaRoth/*Henrich* Rn 4; MüKo/*Grothe* Rn 5). Abweichend vom bisherigen Recht reicht die bloße Möglichkeit der Kündigung oder Anfechtung nicht aus. Soweit im Ausnahmefall die Fälligkeit die Erteilung einer Rechnung voraussetzt, bspw bei Honoraransprüchen des Arztes nach § 12 II GOÄ oder des Architekten nach § 8 HOAI, beginnt die Verjährung nicht vor Rechnungsstellung, was solche Forderungen

praktisch unverjährbar macht. In Betracht kommt in solchen Fällen aber Verwirkung (Erman/*Schmidt-Räntsch* Rn 6; Palandt/*Heinrichs* Rn 6). Hängt die Entstehung eines Anspruchs von einer vorhergehenden gerichtlichen oder behördlichen Entscheidung ab, bspw der Festsetzung einer Erbbauzinserhöhung analog § 315 III, entsteht der Anspruch mit der Rechts- bzw Bestandskraft der Entscheidung (BGH NJW 96, 1054).

2. Verhaltene Ansprüche. Verhaltene Ansprüche sind solche, die jederzeit, allerdings immer nur auf besonderes Verlangen des Berechtigten zu erfüllen sind. Nach altem Recht galten verhaltene Ansprüche dann als entstanden, wenn alle sonstigen Entstehungsvoraussetzungen gegeben waren und das Verlangen erstmals ausgeübt werden konnte (BGH MDR 00, 384). Nach Verkürzung der Regelverjährung auf drei Jahre ist dies nicht mehr sachgerecht, was der Gesetzgeber in Sonderregeln (§§ 604 V, 695 S 2, 696 S 2) dergestalt geregelt hat, dass die Anspruchsverjährung erst mit Ausübung des Verlangens läuft. Daraus ist nach herrschender Auffassung (s nur MüKo/*Grothe* Rn 7; Palandt/*Heinrichs* Rn 8; BaRoth/*Henrich* Rn 10; AnwK/*Mansel/Stürner* Rn 22; aA *Rieple* NJW 04, 2272) ein Rechtsprinzip abzuleiten, das eine entsprechende Analogie für alle verhaltenen Ansprüche rechtfertigt.   5

3. Wiederkehrende Leistungen und Dauerhandlungen. Bei wiederkehrenden Leistungen entsteht der Anspruch für jede Teilleistung einzeln, wobei sich der Zeitpunkt des Entstehens wiederum nach allgemeinen Regeln richtet. Soweit die einzelnen Leistungen Nutzungen eines Stammrechts darstellen, kann auch dieses Stammrecht autonom verjähren. Begründet eine Dauerhandlung einen Anspruch immer wieder neu, beginnt die Verjährung nicht zu laufen, solange die Dauerhandlung fortwährt (BGH NJW 73, 2285). Handelt es sich dagegen um wiederholte Handlungen, verjährt der jeweils entstehende Anspruch autonom (BGHZ 97, 110).   6

4. Unterlassungsansprüche. Besonders geregelt ist in V der Beginn der Verjährung für Unterlassungsansprüche. Solange keine Zuwiderhandlung vorliegt, kann ein Unterlassungsanspruch schlechterdings nicht durchgesetzt werden. Eine Verjährung etwaiger Ansprüche kommt damit erst ab Zuwiderhandlung in Betracht. Jede Zuwiderhandlung löst eine neue Verjährung aus. Auf Ansprüche auf dauernde positive Leistung (Instandhaltungspflichten o.ä.) ist § 199 V entsprechend anzuwenden (BGH NJW 95, 2549).   7

5. Einzelfälle. Die Verjährung vertraglicher Ansprüche beginnt regelmäßig mit Vertragsschluss, es sei denn die Fälligkeit wäre abweichend von § 271 bestimmt. Zur Fälligkeit bestehen sowohl im BGB als auch in Nebengesetzen zahlreiche Einzelvorschriften. Gewinnansprüche entstehen regelmäßig erst mit Feststellung der Bilanz (BGHZ 80, 358). Ein Anspruch auf Auszahlung eines Spargutsthabens verjährt erst nach Kündigung, gleichgültig wie groß der Zeitablauf seit der letzten Kontenbewegung ist (BGHZ 151, 51 f; OLGR Frankf 05, 312).   8

6. Schadenersatzansprüche. a) Das Prinzip der Schadenseinheit. Im Bereich der Schadenersatzansprüche gilt das sog Prinzip der Schadenseinheit. Danach gelten Schadenersatzansprüche bereits mit Schadenseintritt als entstanden und zwar auch, wenn sich bestimmte Schadensfolgen erst später zeigen. Voraussetzung ist alleine, dass zumindest ein Teilbetrag des Schadens im Wege der Leistungsklage geltend gemacht werden kann (BGHZ 50, 24 NJW 02, 1414 stRspr; aA Staud/*Peters* Rn 37 ff). Das Prinzip gilt nur dann nicht, wenn eine bestimmte Schadensfolge objektiv nicht vorhersehbar ist (BGH NJW 00, 861). Der BGH stellt hierbei auf den Horizont eines Fachmanns ab, richtiger erscheint es jedoch auf einen durchschnittlichen Betrachter abzustellen (so MüKo/*Grothe* Rn 11; Staud/*Peters* Rn 35). Anwendbar ist das Prinzip nur für einheitliche Schädigungshandlungen, nicht jedoch bei Schäden aus wiederholten Handlungen (BGHZ 97, 110; DB 02, 1657).   9

b) Einzelfälle. Der Schadenersatzanspruch wegen Pflichtverletzung aus § 280 einschließlich Verzugsschäden entsteht mit Schadenseintritt (BGHZ 73, 365). Der Schadenersatzanspruch statt der Leistung nach § 281 ff entsteht einheitlich mit der Entstehung des Primäranspruchs (MüKo/*Grothe* Rn 21; Palandt/*Heinrichs* Rn 15). Die für das alte Recht abweichende Rspr, wonach der Anspruch erst nach Ablauf der Fristsetzung für die Erfüllung des Primäranspruchs entsteht (BGH NJW 99, 2886), dürfte überholt sein, da sich ansonsten die Frist um weitere drei Jahre verlängerte. Ein deliktischer Schadenersatzanspruch entsteht frühestens wenn aus der unerlaubten Handlung ein klagbarer Teilschaden entstanden ist, nicht jedoch schon mit Setzung der Schadensursache. Prozessuale Schadenersatzansprüche, bspw nach § 717 II ZPO und § 945 ZPO entstehen mit Aufhebung des Urteils (Karlsr OLG 79, 374) oder rechtskräftiger Abweisung der einstweiligen Maßnahme (BGH NJW 92, 2297). Bei bloßen Vermögensschäden bedarf es einer aktuellen Verschlechterung, auch wenn sich die Höhe noch nicht beziffern lässt, eine bloße Gefährdung reicht nicht (BGH NJW 00, 1264). Auch bei Ansprüchen gegen Rechtsanwälte oder Steuerberater ist ein Anspruch erst dann entstanden, wenn die Pflichtverletzung einen Schaden verursacht hat (BGHZ 100, 228; 124, 30). Bei fehlerhaftem Prozessverhalten entsteht der Anspruch mit Erlass der nachteiligen Entscheidung, bspw des Steuerbescheids (OLGR Celle 05, 489), beim Verstreichenlassen von Fristen, bspw Verjährungsfristen oder Rechtsmittelfristen, ist der Ablauf der Frist maßgebend (BGH NJW 94, 2822; 96, 50).   10

II. Kenntnis. § 199 I Nr 2 fordert neben dem objektiven Kriterium des Entstehens des Anspruchs als weitere Voraussetzung des Verjährungsbeginns die Kenntnis bzw grob fahrlässige Unkenntnis des Gläubigers vom Anspruch. Mit diesem subjektiven Kriterium wird die Schärfe der Kürze der Regelverjährung kompensiert.   11

12 **1. Kenntnis des Gläubigers.** Die Kenntnis muss in der Person des Anspruchsberechtigten vorliegen. Bei nicht Geschäftsfähigen kommt es auf das Wissen des gesetzlichen Vertreters an, insbes also der Eltern oder eines Vormunds, ggf auch eines Betreuers an (BGH NJW 89, 2323; 96, 2934). Bei gemeinsam sorgeberechtigten Eltern reicht die Kenntnis eines Elternteils, ansonsten die des Sorgeberechtigten. Die Kenntnis eines gewillkürten Wissensvertreters reicht aus, wenn diesem die Ermittlung und Durchsetzung des Anspruchs übertragen ist (BGH NJW 89, 2323). Im Fall der Drittschadensliquidation kommt es nicht auf den Anspruchsinhaber, sondern auf die Person des den Anspruch geltend machenden geschädigten Dritten an (BGH NJW 67, 930). Bei Verträgen zugunsten Dritter ist ebenfalls der Anspruchsberechtigte entscheidend, soweit im Ausnahmefall beide forderungsberechtigt sind, kann es zu unterschiedlichem Verjährungsbeginn kommen. Gleiches gilt im Fall einer Mehrheit von Gläubigern nach § 425 II. Bei Behörden und öffentlichen Körperschaften entscheidet die Kenntnis des jeweils zuständigen Mitarbeiters (BGHZ 134, 343). Bei juristischen Personen entscheidet die Kenntnis des gesetzlichen Vertreters, insbes also der Organe. Sind mehrere Personen organschaftliche Vertreter so genügt regelmäßig die Kenntnis eines von ihnen selbst wenn Gesamtvertretung besteht. Unternehmen müssen sich allerdings auch die Kenntnis solcher Personen zurechnen lassen, von denen die Weitergabe der Information an die organschaftlichen Vertreter erwartet werden durfte (BGHZ 132, 35). Ob die bisherige Ablehnung einer Wissenszurechnung nach den Grundsätzen des § 166 (s dazu BGHZ 133, 139) angesichts der in § 199 I verankerten Verantwortung für grob fahrlässige Unkenntnis aufrechterhalten bleiben kann, ist fraglich. Im Fall der Rechtsnachfolge muss sich der neue Gläubiger grds die Kenntnis des Rechtsvorgängers zurechnen lassen, und zwar gleichgültig ob es sich um einen Fall der Gesamtrechtsnachfolge oder der Einzelrechtsnachfolge wie bspw der Abtretung (BGH NJW 96, 117) handelt. Hatte der Erblasser Kenntnis, wird dies auch einer Erbengemeinschaft zugerechnet, bei Kenntniserlangung erst nach dem Tod durch die Erben, bedarf es vor Auseinandersetzung der Erbengemeinschaft der Kenntnis aller Erben (Celle NJW 64, 870). Geht allerdings ein Anspruch sofort mit Entstehung über, bspw nach § 81 a BVG oder § 5 Opferentschädigungsgesetz, kommt es nur auf die Kenntnis des Versicherungs- oder Leistungsträgers an (BGHZ 48, 192, stRspr). Hatte ein Zessionar schon vor dem Zedenten Kenntnis iSd § 199 I Nr 2, wird der Verjährungsbeginn nicht nach vorn verschoben, sondern beginnt mit der Zession.

13 **2. Kenntnis der anspruchsbegründenden Umstände. a) Tatsachenkenntnis.** Nr 2 verlangt nur die Kenntnis der Tatsachen nicht jedoch eine rechtliche Würdigung durch den Anspruchsinhaber (BGH NJW 96, 118 stRspr). Anderes gilt allenfalls bei Ansprüchen, die sich aus komplexen Rechtskonstruktionen bspw Kapitalanlagebetrug ergeben (BGH NJW 94, 3093). Das Verkennen von Anspruchsgrundlagen, eine Änderung der Rspr und ähnliches hindert Tatsachenkenntnis nicht.

14 **b) Anspruchsbegründende Umstände.** Erforderlich ist die Kenntnis der einen Anspruch begründenden Umstände, dh derjenigen Tatsachen, die zusammen den Tatbestand eines gesetzlichen Anspruchstatbestandes ausfüllen. Erforderlich ist dafür zunächst die Kenntnis vom Schaden, wobei dieser nicht dem Umfang, sondern nur dem Grunde nach bekannt sein muss (BGHZ 67, 373, stRspr). Erkennt der Gläubiger eine eingetretene Beeinträchtigung allerdings nicht als Schaden, liegt keine Kenntnis vor. Eine detaillierte Kenntnis naturwissenschaftlicher Kausalverläufe ist nicht erforderlich, es reicht das Wissen um die zugrunde liegenden Tatsachen (BGH NJW 84, 661; 91, 2351). Lässt sich aus den Tatsachen allerdings für den Laien nicht das Vorliegen eines anspruchsbegründenden Merkmals erschließen, erkennt bspw der von Steinschlag verletzte Wanderer nicht den über ihm befindlichen Felskletterer, liegt keine Kenntnis vor. Nicht notwendig ist ferner umfassende Tatsachenkenntnis, es genügt wenn auf Grundlage der Tatsachenkenntnis eine hinreichend aussichtsreiche Klage erhoben werden kann (BGHZ 102, 246; 122, 317, stRspr). Unerheblich ist ferner die Kenntnis von etwaigen Rechtfertigungsgründen oder das Nichtvertretenmüssen auf Seiten des Schuldners, ebenso wenig, dass dem Gläubiger keine ausreichenden Beweismittel zur Verfügung stehen (Staud/*Peters* Rn 47). Gehört zum Tatbestand ein Verschulden des Anspruchsgegners, muss sich die Kenntnis auch darauf beziehen (BGH NJW 93, 2614). Für innere Tatsachen, bspw Vorsatz, reicht die Kenntnis äußerer Umstände, die auf das Vorhandensein der inneren Tatsachen schließen lassen (BGH NJW 64, 494).

15 Aus dem Grundsatz der Schadenseinheit (Rn 11) ergibt sich grds, dass auch für Spätschäden, die durch die gleiche schädigende Handlung entstanden sind, Umstandskenntnis gegeben ist. Eine Ausnahme wird allerdings für solche Spätschäden gemacht, mit denen nach objektiven Maßstäben zunächst nicht zu rechnen war (BGHZ 100, 231; NJW 95, 1614). Dies ist bspw bei Dauerfolgen nur leichtester Verletzungen anerkannt (BGH NJW 79, 269).

16 **3. Kenntnis von der Person des Verpflichteten.** Kenntnis setzt auch die Kenntnis des Anspruchsschuldners voraus, wobei dessen Identität so konkretisiert sein muss, dass eine Klage mit hinreichender Erfolgsaussicht anhängig gemacht werden kann (BGHZ 102, 248). Regelmäßig ist damit Kenntnis von Name und Anschrift erforderlich. Bloße Ermittlungsmöglichkeiten reichen dagegen nicht aus (BGH NJW 98, 2908). Kommen mehrere Personen als Schuldner in Betracht, läuft die Verjährungsfrist ggü dem tatsächlichen Schuldner erst dann, wenn keine substanziellen Zweifel mehr an dessen Identität bestehen. Bei Gesamtschuldnern kommt es auf die Kenntnis des Einzelnen an, sodass die Verjährung unter Umständen unterschiedlich laufen kann (BGH NJW 01, 964). Bei der Amtshaftung ist das Wissen um die Haftung des Staa-

tes unerheblich, für den Verjährungsbeginn erforderlich ist aber die Kenntnis, dass der Beamte entweder vorsätzlich gehandelt hat oder keine bzw keine hinreichende anderweitige Ersatzmöglichkeit besteht (BGHZ 121, 71). Gleiches gilt für die Notarhaftung (BGH NJW 93, 2741). Bei Ansprüchen gegen einen Geschäftsherrn wegen Gehilfenverschulden bedarf es nur des Wissens um den Geschäftsherrn, nicht jedoch um den Gehilfen (BGH NJW 99, 424).

4. Grob fahrlässige Unkenntnis. Neben der Kenntnis reicht die grob fahrlässige Unkenntnis des Gläubigers von den anspruchsbegründenden Umständen und der Person des Schuldners aus, um die Verjährung beginnen zu lassen. Grobe Fahrlässigkeit setzt voraus, dass der Gläubiger sich bei auch nur mäßiger Beachtung der im Verkehr erforderlichen Sorgfalt Kenntnis hätte verschaffen können. Es bedarf also eines ungewöhnlich großen Maßes der mangelnden Sorgfalt. Dies ist bspw dann gegeben, wenn ein Gläubiger aufgrund unzureichender Organisation nicht für eine strukturell ausreichende zeitnahe Erfassung von Forderungen Sorge trägt, ein- und ausgehende Beträge nicht kontrolliert, keine sorgfältige Kontrolle von Buchungsunterlagen durchführt. Grob fahrlässig verhält sich ferner, wer bei bestehenden Indizien diesen nicht nachgeht auch wenn sich aufdrängte, dass damit Kenntnis erlangt werden könnte (BGH NJW 90, 2808). Bei fehlenden Indizien besteht aber keine weitere Ermittlungspflicht, bspw braucht ein Patient nicht die Krankenhausunterlagen zu durchsuchen (BGH NJW 89, 2324). Weiß der Patient aber, dass ihm ein Schaden im Krankenhaus entstanden ist, muss er sich um die Identität des zuständigen Arztes bemühen. Ist ihm das Kfz-Kennzeichen des Schädigers bekannt, muss er Ermittlungen zu dessen Identität anstellen. Voraussetzung ist immer, dass greifbare Erkenntnismöglichkeiten ohne Not über längere Zeit ausgelassen wurden und naheliegende Ermittlungsmaßnahmen die notwendige Kenntnis erbracht hätten (BGH NJW 89, 2323).

III. Ultimoverjährung. Vor allem aus Gründen der leichteren Handhabbarkeit ordnet I an, dass die Regelverjährung immer mit Jahresende beginnt. Verjährungsbeginn ist für die Regelverjährung daher immer der 31.12. um 24.00 Uhr, sodass das Verjährungsende ebenfalls auf den 31.12. fällt. Die Regel gilt nur für den Verjährungsbeginn, kommt es zu einer Hemmung oder zum Neubeginn der Verjährung, laufen diese ohne Beachtung der Ultimoregel taggenau (BGHZ 93, 294; BAG NJW 97, 3461).

C. Höchstfristen. Es sind Gründe der Rechtssicherheit die den Gesetzgeber dazu bewogen haben, neben die allgemeine Regel des I in den II–IV Höchstfristen vorzusehen, nach deren Ablauf Ansprüche gleichgültig, wann sie entstanden sind bzw wann der Gläubiger Kenntnis von ihnen erlangte, nicht mehr geltend gemacht werden können. Allerdings kann sich die Höchstfrist dadurch verlängern, dass die Vorschriften über Hemmung, Ablaufhemmung und Neubeginn auch für diese gelten. Die Ultimoregel gilt für diese Fristen nicht, sie laufen taggenau. Soweit aufgrund eines Ereignisses mehrere Rechtsgüter nebeneinander betroffen sind, ist die Höchstfrist hinsichtlich jedes Rechtsguts einzeln zu ermitteln. Dabei kommt es auf Wertverhältnisse oder Ähnliches nicht an.

I. Höchstpersönliche Rechtsgüter. Schadenersatzansprüche, gleichgültig ob diese auf vertraglicher oder gesetzlicher Grundlage stehen, aus der Verletzung des Lebens, des Körpers, der Gesundheit oder der Freiheit verjähren unabhängig vom Vorliegen der Voraussetzungen des I in 30 Jahren ab dem den Schaden auslösenden Ereignis. II gilt nur für die genau bezeichneten Rechtsgüter, erfasst allerdings neben allen materiellen Schadenersatzansprüchen auch solche auf immateriellen Schaden, insbes Schmerzensgeld. Die Frist beginnt dabei zu laufen mit der Setzung der Schadensursache, unabhängig davon, wann ein Schaden erstmals auftritt (BGHZ 117, 287). Ist der Kausalverlauf damit einmal in Gang gesetzt, läuft die Frist, gleichgültig ob der Schaden erst nach deren Ablauf eintritt. Fristbeginn ist damit bei deliktischen Ansprüchen die Vornahme der Schädigungshandlung, bei vertraglichen Ansprüchen der Zeitpunkt der Pflichtverletzung, bei pflichtwidrigen Unterlassungen der Zeitpunkt, zu dem die unterlassene Handlung letztmals schadensvermeidend hätte vorgenommen werden können.

II. Andere Schadenersatzansprüche. Ansprüche auf Ersatz von Schäden an anderen als den in II genannten Rechtsgütern unterliegen ebenfalls der 30-jährigen Verjährung ab dem schadensstiftenden Ereignis, zusätzlich verjähren sie aber in jedem Fall 10 Jahre nach Entstehung. Betroffen sind insbes Ansprüche aus der Verletzung des Eigentums und des Vermögens, aber auch aller sonstigen nicht höchstpersönlichen Rechtsgüter. Ist ein Schadenersatzanspruch entstanden, verjährt dieser unabhängig von Kenntnis oder grob fahrlässiger Unkenntnis jedenfalls innerhalb einer Frist von 10 Jahren. Bsp: Werden an einem Bauwerk betonzersetzende Chemikalien freigesetzt, sind Ansprüche gegen den Schädiger sowohl dann verjährt, wenn der Schaden sofort entsteht, der Schädiger aber erst nach mehr als 10 Jahren bekannt wird, wie auch wenn der Schaden erst nach mehr als 30 Jahren auftritt.

III. Sonstige Schadenersatzansprüche. Alle sonstigen Ansprüche, die nicht Schadenersatzansprüche sind, verjähren unabhängig von der Kenntnis oder grob fahrlässigen Unkenntnis 10 Jahre nach ihrer Entstehung.

§ 200 Beginn anderer Verjährungsfristen

¹Die Verjährungsfrist von Ansprüchen, die nicht der regelmäßigen Verjährungsfrist unterliegen, beginnt mit der Entstehung des Anspruchs, soweit nicht ein anderer Verjährungsbeginn bestimmt ist. ²§ 199 Abs. 5 findet entsprechende Anwendung.

1 § 200 ist Auffangnorm für all diejenigen Ansprüche, die nicht der regelmäßigen Verjährung unterliegen. Der praktische Anwendungsbereich ist äußerst gering, da die nicht der regelmäßigen Verjährung unterliegenden Ansprüche meist Sondervorschriften zum Verjährungsbeginn kennen. Sie gilt damit maßgeblich für die in §§ 196, 197 I Nr 1 und 2 genannten Ansprüche. § 200 knüpft den Beginn der Verjährung rein objektiv an die Entstehung des Anspruchs. Das subjektive Kriterium der Kenntnis besteht nicht. Zum Begriff des Entstehens s § 199 Rn 3 f. Eine andere Bestimmung iSd S 1 besteht bspw in § 548 I S 2 (BGHZ 162, 30)

§ 201 Beginn der Verjährungsfrist von festgestellten Ansprüchen

¹Die Verjährung von Ansprüchen der in § 197 Abs. 1 Nr. 3 bis 6 bezeichneten Art beginnt mit der Rechtskraft der Entscheidung, der Errichtung des vollstreckbaren Titels oder der Feststellung im Insolvenzverfahren, nicht jedoch vor der Entstehung des Anspruchs. ²§ 199 Abs. 5 findet entsprechende Anwendung.

1 **A. Allgemeines.** Die Titulierung eines Anspruchs stellt diesen verjährungsrechtlich auf eine neue Grundlage. Damit kommt ein pauschaliertes Abstellen auf die Entstehung des Anspruchs entsprechend der Regelung des § 200 nicht in Betracht, da ansonsten durch Titulierung möglicherweise eine Verlängerung der Verjährungsfrist, nicht jedoch ein Neuentstehen erreicht werden könnte.

2 **B. Fristbeginn.** Unter der Voraussetzung, dass der Anspruch bereits entstanden ist, beginnt die Verjährung im Fall des § 197 I Nr 3 mit der formellen Rechtskraft des Urteils, gleichgültig ob bereits vollstreckt werden kann, im Fall des § 197 I Nr 4 mit der Errichtung des Titels und im Fall des § 197 I Nr 5 mit der vollstreckbaren Feststellung im Insolvenzverfahren. Ist der Anspruch zu diesem Zeitpunkt noch nicht entstanden, beginnt die Frist frühestens mit Anspruchsentstehung. Rechtskräftig ist eine Entscheidung, wenn sie nicht mehr mit Rechtsmitteln angegriffen werden kann. Vollstreckbare Vergleiche sind mit Protokollierung im Termin und Genehmigung durch die Beteiligten errichtet, vollstreckbare Urkunden wenn sie in der gesetzlich vorgeschriebenen Form aufgenommen sind und, falls der Gläubiger nicht Beteiligter der Urkunde ist, ein Publikationsakt in Form der Übersendung einer Ausfertigung hinzugetreten ist. Ein Anwaltsvergleich ist Entscheidung iSd § 197 I Nr 3 (§ 197 Rn 8). Vollstreckbare Feststellung im Insolvenzverfahren setzt neben der Aufnahme in die Tabelle und Feststellung auch die Bekanntmachung der Aufhebung oder der Einstellung des Insolvenzverfahrens voraus. Für Unterlassungsansprüche verweist § 201 auf § 199 V, sodass es für den Verjährungsbeginn auf die Zuwiderhandlung ankommt mit der Konsequenz, dass, solange keine Zuwiderhandlung auftritt, der Anspruch nicht verjährt.

§ 202 Unzulässigkeit von Vereinbarungen über die Verjährung

(1) Die Verjährung kann bei Haftung wegen Vorsatzes nicht im Voraus durch Rechtsgeschäft erleichtert werden.
(2) Die Verjährung kann durch Rechtsgeschäft nicht über eine Verjährungsfrist von 30 Jahren ab dem gesetzlichen Verjährungsbeginn hinaus erschwert werden.

1 **A. Allgemeines.** Abweichend vom bis zum 31.12.01 geltenden Recht ist das Verjährungsrecht nunmehr mit Ausnahme weniger Teilbereiche vollständig der Parteiautonomie zugänglich. Insbes die Möglichkeit der Verjährungserschwerung beseitigt die Notwendigkeit früherer, teilweise rechtlich zweifelhafter Konstruktionen. Der Anwendungsbereich des § 202 ist mit § 194 identisch. Daraus ergibt sich aber gleichzeitig, dass Ansprüche, die nicht der Verjährung unterliegen, auch nicht dem Dispositionsrahmen des § 202 zuzuordnen sind (BaRoth/*Henrich* Rn 2; MüKo/*Grothe* Rn 5; Palandt/*Heinrichs* Rn 5). Hinsichtlich der in I und II gezogenen Grenzen handelt es sich bei der Norm um ein Verbotsgesetz iSd § 134, was Regelungen außerhalb der gezogenen Grenzen nichtig macht. Neben den durch § 202 gezogenen Grenzen bestehen darüber hinaus weitere gesetzliche Schranken, bspw im Verbrauchsgüterkauf nach § 476.

2 **B. Rechtsgeschäftliche Erklärungen.** Ausweislich der Überschrift bedarf es grds einer Vereinbarung zur Änderung der gesetzlichen Verjährungsregelungen. Einseitige Erklärungen genügen nur, wenn der Anspruch selbst auf einem einseitigen Rechtsgeschäft beruht bzw ein Einredeverzicht des Schuldners vorliegt. Da Vereinbarungen über die Verjährung grds frei getroffen werden können, können sie sowohl die Länge der Verjährungsfristen, die abweichende Bestimmung des Verjährungsbeginns, die eigene Bestimmung von Hemmungsgründen oder die Tatbestände eines Neubeginns betreffen. Keine Rolle spielt, ob die Vereinbarung

unmittelbar oder nur mittelbar, bspw Stundung, Einfluss auf die Verjährung nimmt. Eine Vereinbarung kann sowohl vor wie auch nach Entstehen des Anspruchs als auch vor Beginn, während und nach Ablauf der Verjährung getroffen werden. Es kann also auch eine bereits abgelaufene Frist noch verlängert werden. Wie der Inhalt der Vereinbarung insgesamt unterliegt auch deren Umfang der Parteidisposition, sodass es im Wesentlichen auf die Auslegung der Erklärung ankommt, auf welche Ansprüche sich diese beziehen soll. Im Zweifel wird wohl davon auszugehen sein, dass konkurrierende oder alternative Ansprüche von einer getroffenen Vereinbarung umfasst sind, sodass sich auch dort die Verjährung verändert. Vereinbarungen sind auch dergestalt möglich, dass sie als Vertrag zugunsten Dritter geschlossen werden (BGH BB 04, 179). Gleiches gilt für einen Vertrag mit Schutzwirkung für Dritte.

Eine bestimmte Form schreibt das Gesetz für die Verjährungsvereinbarungen nicht vor. Die hM (MüKo/*Grothe* Rn 4; Erman/*Schmidt-Räntsch* Rn 3; aA Palandt/*Heinrichs* Rn 2b) will dies auch bei Grundstückskaufverträgen gelten lassen. Dies ist für Vereinbarungen vor Vertragsschluss unzutreffend, da das Beurkundungserfordernis des § 311b I auch die wesentlichen Nebenabreden erfasst. Ferner muss es bei nachträglichen Vereinbarungen wohl auch dann gelten, wenn die Auflassung noch nicht erklärt ist, und im Fall verjährungserleichternder Vereinbarungen durch die Vereinbarung die Beeinträchtigung des Eigentumsverschaffungsanspruchs zu einem Zeitpunkt eintritt, zu dem nach der Rspr eine Rückabwicklung des Vertrages der notariellen Beurkundung bedürfte (s dazu § 311b Rn 12). 3

Grds ist ein einseitiges Einwirken auf die Verjährung nicht zulässig (Rn 2). Anderes gilt nur für Ansprüche aus einseitigen Rechtsgeschäften, bspw Auslobung, Gewinnzusagen und Ansprüche aus Vermächtnissen, bei denen der Versprechende einseitig die Verjährung beeinflussen kann. Nichts hindert den Schuldner allerdings daran, einseitig auf die Erhebung der Verjährungseinrede zu verzichten (BGH NJW 73, 1690). Verzichte sind nunmehr anders als nach altem Recht sowohl vor wie nach Ablauf der Verjährung möglich. Der Verzicht bewirkt nach hM den Neubeginn einer Verjährung, nicht jedoch die Unverjährbarkeit des Anspruchs (Brandbg NJW-RR 05, 871; Palandt/*Heinrichs* Rn 3a; BaRoth/*Henrich* Rn 5; AnwK/*Mansel/Stürner* Rn 46). Nach zutreffender Gegenauffassung (AnwK/*Mansel/Stürner* Rn 46; MüKo/*Grothe* Rn 10; aA Erman/*Schmidt-Räntsch* Rn 15) ist ein Verzicht auf die Verjährungseinrede vor Eintritt der Verjährung nur in den Grenzen des II möglich, nach Eintritt der Verjährung kann es allerdings zu einer Überschreitung der 30-Jahres-Frist kommen. Für die Wirksamkeit eines Verzichts spielt es keine Rolle mehr, ob der Schuldner Kenntnis vom Verjährungseintritt hat. Inwieweit eine Erklärung als Verjährungsverzicht anzusehen ist, ist eine Frage der Auslegung. Das bloße Fallenlassen der Verjährungseinrede im Prozess muss nicht Verzicht sein (BGHZ 22, 267). Ein nur der Form nach ungültiges Anerkenntnis kann einen Verzicht darstellen (BGH DB 74, 2005). 4

C. Verjährungserleichterungen. Für die individualvertragliche Vereinbarung einer Verjährungserleichterung besteht nach I nur die Einschränkung, dass die Haftung wegen Vorsatzes nicht im Voraus erleichtert werden kann. Auf die Rechtsnatur des Anspruches, deliktisch, vertraglich oder auf sonstiger Grundlage, kommt es nicht an. Das Verbot gilt jedoch nicht für nachträgliche Vereinbarungen. Sie gilt ferner nicht für fahrlässiges Verhandeln, auch nicht bei grober Fahrlässigkeit. 5

Eine ausdrückliche Grenze der Verjährungserleichterung enthält § 309 Nr 8 ff, wonach die Verjährungsfrist für Mängel an Bauwerken nicht, für sonstige Mängelrechte nicht unter ein Jahr abgekürzt werden kann. Der gesetzlichen Verjährungsregelung wird nach hM eine Leitbildfunktion iSd § 307 II Nr 1 zugeschrieben (s dort Rn 21). Insofern müssen sich Regelungen in allgemeinen Geschäftsbedingungen an diesem Maßstab messen lassen. Akzeptabel dürfte dabei auch im nichtunternehmerischen Bereich die Verkürzung von Verjährungsfristen dann sein, wenn jedenfalls an den subjektiven Verjährungserfordernissen, Kenntnis oder grob fahrlässige Unkenntnis, im Bereich der Regelverjährung festgehalten wird. 6

D. Verjährungserschwerung. Als Höchstgrenze der Vereinbarungen über eine Verlängerung der Verjährung sieht II eine Frist von 30 Jahren ab dem gesetzlichen Verjährungsbeginn vor. Erfasst sind grds alle Vereinbarungen, die zu einer längeren Frist führen, gleichgültig, ob es sich um eine echte Fristverlängerung, ein Hinausschieben des Verjährungsbeginns, besondere Ablaufhemmungen und Ähnliches handelt. 7

Die rechtlichen Grenzen einer formularmäßigen Erschwerung der Verjährung sind weniger scharf umgrenzt. Klauselverbote ohne Wertungsmöglichkeit bestehen nicht, sodass auf die Generalklausel des § 307 zurückzugreifen ist. Eine Verlängerung der Fristen aus § 438 I Nr 3 um bis zu ein Jahr dürfte zulässig sein, gleiches gilt für eine Verlängerung der Fristen für Mängel an Bauwerken auf 10 Jahre (BGH NJW 96, 2155). 8

Titel 2   Hemmung, Ablaufhemmung und Neubeginn der Verjährung

§ 203   Hemmung der Verjährung bei Verhandlungen

¹Schweben zwischen dem Schuldner und dem Gläubiger Verhandlungen über den Anspruch oder die den Anspruch begründenden Umstände, so ist die Verjährung gehemmt, bis der eine oder der andere Teil die Fortsetzung der Verhandlungen verweigert. ²Die Verjährung tritt frühestens drei Monate nach dem Ende der Hemmung ein.

1 **A. Begriff der Hemmung.** Die Hemmung der Verjährung hat zur Folge, dass eine angelaufene Verjährungsfrist zum Stillstand kommt und erst nach Wegfall der Hemmung weiterläuft. Der Eintritt eines Hemmungsgrundes kann allerdings vor Anlaufen der Verjährungsfrist, insbes also im Fall der Regelverjährung vor dem Ablauf des 31.12., dazu führen, dass eine Verjährungsfrist zunächst nicht anläuft. Auch bei dieser bewirkt der Wegfall des Hemmungsgrundes das Anlaufen der Verjährung, soweit die sonstigen Voraussetzungen gegeben sind. Anders als bei der Ablaufhemmung (Rn 5) wird so aus der Verjährungsfrist nur ein bestimmter Zeitraum ausgeklammert, nicht jedoch die Frist als solche verlängert; es verschiebt sich nur der Ablaufzeitpunkt. Zu unterscheiden ist ferner der Neubeginn einer Verjährung, der nach jetzt geltendem Recht nur noch in wenigen Fällen angeordnet ist. Kommen Verhandlungen zustande, beginnt die Hemmung rückwirkend mit der ersten Geltendmachung des Anspruchs ggü dem Schuldner, es sei denn diese stünde in keinem Zusammenhang zur Verhandlung (BGH VersR 62, 616).

2 **B. Verhandlungen. I. Begriff der Verhandlungen.** Der Verhandlungsbegriff des § 203 ist weit auszulegen (BGH NJW 83, 2076; NJW-RR 01, 1169). Danach reicht praktisch jeder Meinungsaustausch über die Grundlagen oder den rechtlichen Bestand eines Anspruchs aus, es sei denn, von Seiten des Schuldners wird sofort und eindeutig eine Verhandlung abgelehnt (BGHZ 93, 66; NJW-RR 01, 1169). Eine objektive Erfolgsaussicht der Vergleichsverhandlungen ist nicht erforderlich, wobei allerdings der Grad zwischen offenbarer Ablehnung und Aufnahme von Gesprächen ohne jede Erfolgsaussicht erkennbar schmal ist. Soweit die Bereitschaft zur Findung einer einverständlichen Regelung von Seiten des Schuldners geäußert wird, ist entgegen der Rspr (BGHZ 97, 112) schon von Verhandlungen auszugehen (dazu MüKo/*Grothe* Rn 5; s.a. BGH NJW 01, 1723;). Laufen Verhandlungen setzt die Erklärung des Schuldners, bis zu einem bestimmten Zeitpunkt die Verjährungseinrede nicht zu erheben, dem Hemmungstatbestand keine zeitliche Grenze (BGH NJW 04, 1654). Die gemeinschaftliche Prüfung von Mängeln führt ebenso zur Verhandlung (*Wagner* ZIP 02, 794) wie die Aufforderung zu Verhandlungen im Fall entsprechender vertraglicher oder gesetzlicher Verpflichtungen, ebenso ein Widerrufsvergleich bei Güteverhandlung (BGH NJW 05, 2006).

3 **II. Verhandlungsgegenstand.** Grds gilt, dass bei der Verhandlung über einen bestimmten Lebenssachverhalt alle diesen betreffenden Ansprüche gehemmt sind. Eine genaue Bezeichnung oder Bezifferung der Ansprüche ist nicht erforderlich. Eine Aufteilung ist nur da möglich, wo erkennbar nur ein Teilbereich eines Gesamtereignisses Gegenstand der Verhandlungen sein soll, iRe Verkehrsunfalls also bspw Körperschäden Verhandlungsgegenstand sind, während der entstandene Sachschaden nicht verhandelt wird. Soweit Verjährungsfristen unterschiedlich laufen (§ 199 Rn 14) kann auch die Hemmung unterschiedlich wirken. Allerdings führen Verhandlungen mit dem Kfz-Versicherer auch zur Hemmung der Ansprüche gegen den Halter (BGHZ 83, 166).

4 **III. Ende von Verhandlungen.** Beendet eine Partei durch Erklärung eindeutig die Verhandlung ist auch die Hemmung beendet (BGH NJW 98, 2820). Einer Erklärung steht entsprechendes eindeutiges Verhalten eines Beteiligten gleich. Schwieriger festzulegen ist ein Ende von Verhandlungen, wenn diese von den Beteiligten nicht mehr fortgesetzt werden, ohne dass jedoch eine direkte Ablehnung erkennbar wäre. Hier wird angenommen, dass die Hemmung zu dem Zeitpunkt endet, zu dem unter Berücksichtigung aller Umstände mit dem nächsten Verhandlungsschritt zu rechnen gewesen wäre (BGH NJW 86, 1338; NJW-RR 90, 664; 01, 1169). Haben die Parteien dagegen eine Verhandlungspause vereinbart, liegt die Verpflichtung zur Wiederingangsetzung der Verjährung beim Schuldner (BGH NJW 86, 1337).

5 **C. Ablaufhemmung.** Die in S 2 geregelte Ablaufhemmung dient vor allem dazu, verjährungshemmende Verhandlungen auch noch zu einem Zeitpunkt zu ermöglichen, zu dem der Ablauf der Verjährung unmittelbar bevorsteht. Ein Gläubiger, der sich kurz vor Ende der Verjährung noch auf Verhandlungen einlässt, soll nicht durch einen plötzlichen Abbruch der Verhandlungen durch den Schuldner in zeitliche Bedrängnis geraten. Das Gesetz ordnet deshalb an, dass die Verjährung, auch wenn die ursprüngliche Frist nur noch geringere Zeit liefe, jedenfalls nicht vor Ablauf von drei Monaten nach dem Ende der Verhandlungen endet.

§ 204 Hemmung der Verjährung durch Rechtsverfolgung

(1) Die Verjährung wird gehemmt durch
1. die Erhebung der Klage auf Leistung oder auf Feststellung des Anspruchs, auf Erteilung der Vollstreckungsklausel oder auf Erlass des Vollstreckungsurteils,
2. die Zustellung des Antrags im vereinfachten Verfahren über den Unterhalt Minderjähriger,
3. die Zustellung des Mahnbescheids im Mahnverfahren,
4. die Veranlassung der Bekanntgabe des Güteantrags, der bei einer durch die Landesjustizverwaltung eingerichteten oder anerkannten Gütestelle oder, wenn die Parteien den Einigungsversuch einvernehmlich unternehmen, bei einer sonstigen Gütestelle, die Streitbeilegungen betreibt, eingereicht ist; wird die Bekanntgabe demnächst nach der Einreichung des Antrags veranlasst, so tritt die Hemmung der Verjährung bereits mit der Einreichung ein,

5. die Geltendmachung der Aufrechnung des Anspruchs im Prozess,
6. die Zustellung der Streitverkündung,
7. die Zustellung des Antrags auf Durchführung eines selbständigen Beweisverfahrens,
8. den Beginn eines vereinbarten Begutachtungsverfahrens oder die Beauftragung des Gutachters in dem Verfahren nach § 641 a,
9. die Zustellung des Antrags auf Erlass eines Arrests, einer einstweiligen Verfügung oder einer einstweiligen Anordnung, oder, wenn der Antrag nicht zugestellt wird, dessen Einreichung, wenn der Arrestbefehl, die einstweilige Verfügung oder die einstweilige Anordnung innerhalb eines Monats seit Verkündung oder Zustellung an den Gläubiger dem Schuldner zugestellt wird,
10. die Anmeldung des Anspruchs im Insolvenzverfahren oder im Schifffahrtsrechtlichen Verteilungsverfahren,
11. den Beginn des schiedsrichterlichen Verfahrens,
12. die Einreichung des Antrags bei einer Behörde, wenn die Zulässigkeit der Klage von der Vorentscheidung dieser Behörde abhängt und innerhalb von drei Monaten nach Erledigung des Gesuchs die Klage erhoben wird; dies gilt entsprechend für bei einem Gericht oder bei einer in Nummer 4 bezeichneten Gütestelle zu stellende Anträge, deren Zulässigkeit von der Vorentscheidung einer Behörde abhängt,
13. die Einreichung des Antrags bei dem höheren Gericht, wenn dieses das zuständige Gericht zu bestimmen hat und innerhalb von drei Monaten nach Erledigung des Gesuchs die Klage erhoben oder der Antrag, für den die Gerichtsstandsbestimmung zu erfolgen hat, gestellt wird, und
14. die Veranlassung der Bekanntgabe des erstmaligen Antrags auf Gewährung von Prozesskostenhilfe; wird die Bekanntgabe demnächst nach der Einreichung des Antrags veranlasst, so tritt die Hemmung der Verjährung bereits mit der Einreichung ein.

(2) ¹Die Hemmung nach Absatz 1 endet sechs Monate nach der rechtskräftigen Entscheidung oder anderweitigen Beendigung des eingeleiteten Verfahrens. ²Gerät das Verfahren dadurch in Stillstand, dass die Parteien es nicht betreiben, so tritt an die Stelle der Beendigung des Verfahrens die letzte Verfahrenshandlung der Parteien, des Gerichts oder der sonst mit dem Verfahren befassten Stelle. ³Die Hemmung beginnt erneut, wenn eine der Parteien das Verfahren weiter betreibt.

(3) Auf die Frist nach Absatz 1 Nr. 9, 12, und 13 finden die §§ 206, 210 und 211 entsprechende Anwendung.

A. Allgemeines zu I und II. § 204 fasst die Hemmungstatbestände bei Rechtsverfolgung zusammen. Der Gläubiger muss bei Einleitung eines Verfahrens, das der Anspruchsdurchsetzung dient, vor der Verjährung des Anspruchs geschützt werden. Ein berechtigtes Vertrauen des Schuldners ab Einleitung solcher Verfahren besteht nicht mehr. Die Hemmung der Verjährung endet grds sechs Monate nach Beendigung der nach I betriebenen Verfahren bzw nach Stillstand eines solchen Verfahrens. Verfahrensbeendigung iSd ist auch die Rücknahme des Antrags, es kommt also gerade nicht zu einem rückwirkenden Wegfall der Hemmungswirkung. Naturgemäß stellt sich die Frage der Hemmung nur dort, wo das Verfahren nicht zu einer Entscheidung über den Anspruch geführt hat. Der Beendigung des Verfahrens gleichgestellt ist ein Verfahrensstillstand, der seine Ursache darin hat, dass die Beteiligten das Verfahren nicht weiter betreiben. Der mangelnde Fortgang des Verfahrens muss seine Ursache in der Untätigkeit der Beteiligten haben. Gesetzliche Unterbrechungen wie bspw Insolvenzverfahrenseröffnung (BGH NJW 63, 2019) oder Aussetzungen führen somit nicht zur Beendigung der Hemmung. Liegt die Ursache des Verfahrensstillstands dagegen bei der angerufenen Stelle, liegt kein Stillstand iSd Norm vor (BGH VersR 76, 36). Gleiches gilt, wenn das Gericht von Amts wegen tätig sein müsste, dies allerdings nicht tut (BGH NJW-RR 95, 1336; NJW 97, 2308). Nach hM führt ein Verfahrensstillstand allerdings dann nicht zu Beendigung der Hemmung, wenn ein triftiger Grund für das Nichtbetreiben des Verfahrens erkennbar ist (BGH NJW 99, 3775; BaRoth/*Henrich* Rn 76; Palandt/*Heinrichs* Rn 47; aA Erman/*Schmidt-Räntsch* Rn 55). Die Anordnung des Ruhens des Verfahrens nach § 251 I, 251a III ZPO ist jedoch zurechenbarer Stillstand (BGH NJW-RR 88, 279).

B. I Nr 1: Klageerhebung. I. Klagearten. Die Erhebung der Leistungsklage hemmt die Verjährung bereits dann, wenn iRe Stufenklage zunächst nur der Auskunftsanspruch geltend gemacht wird (BGH NJW 99, 1101; NJW-RR 01, 865), anders für die reine Auskunftsklage oder andere vorbereitende Klagen (BAG NJW 96, 1693). Die Klage auf künftige Leistung ist ebenso ausreichend wie die auf wiederkehrende Leistungen, wobei letztere Wirkung allerdings nur zugunsten des eingeklagten Anspruchs, nicht jedoch hinsichtlich des Gesamtanspruchs hat (BGH VersR 63, 1161). Die Klage auf Freistellung ist Leistungsklage iSd Nr 1. Die Erhebung einer positiven Feststellungsklage hemmt die Verjährung, eine negative Feststellungsklage nur dann, wenn damit ein Leistungsanspruch des Klägers festgestellt würde. Die Verteidigung gegen eine negative Feststellungsklage hemmt nicht (BGH NJW 72, 1043), wie überhaupt die bloße Verteidigung keine Hemmungswirkung herbeiführt (BGHZ 72, 25; stRspr BGHZ 122, 293). Hemmungswirkung entfalten ferner Klagen auf Erteilung der Vollstreckungsklausel sowie solche auf Erlass eines Vollstreckungsurteils mit dem die Zulässigkeit der Zwangsvollstreckung aus einem ausländischen Urteil ausgesprochen wird, wobei bereits der Antrag auf Vollstreckbarkeitserklärung nach dem AVAG ausreicht. Gleichgültig ist ferner ob ein Anspruch als Haupt-

oder Hilfsanspruch geltend gemacht wird (BGH NJW 81, 679; stRspr NJW-RR 94, 515). Die im Ausland erhobene Klage hemmt nach früher hM die Verjährung nur dann, wenn das dortige Urteil in Deutschland anerkennungsfähig wäre. Nach zutreffender, im Vordringen befindlicher Auffassung (MüKo/*Grothe* Rn 9; BaRoth/*Henrich* Rn 20; AnwK/*Mansel/Budzikiewicz* Rn 24 f; aA RGZ 129, 389; Palandt/*Heinrichs* Rn 3) ist auch die Auslandsklage generell geeignet, die Verjährung zu hemmen, da auch durch diese der Rechtsverfolgungswille des Klägers offenbar wird.

3 **II. Klage des Gläubigers.** Nur die Klage des Anspruchsberechtigten hemmt die Verjährung, wobei Berechtigter nicht notwendig der Rechtsinhaber sein muss, bspw bei Berechtigungen kraft Amtes (Insolvenzverwalter, Nachlassverwalter), Forderungspfändung oder Einziehungsermächtigung. Der Zedent einer Forderung ist nur dann Berechtigter, wenn es sich um fiduziarische Abtretungen handelt. Genehmigt ein tatsächlich Berechtigter die Klage eines Nichtberechtigten, so tritt die Hemmungswirkung ex nunc ein (BGHZ 46, 229; NJW-RR 89, 1269). Nur die Klage gegen den Schuldner hemmt die Verjährung (BGHZ 80, 222), Klagen gegen Handelsgesellschaften allerdings auch ggü dem Gesellschafter.

4 **III. Wirksamkeit der Klage.** Erforderlich ist eine wirksame Klage, sie muss damit den Mindestvoraussetzungen des § 253 II ZPO entsprechen (BGH NJW-RR 89, 508), die Klageschrift des Berechtigten muss damit formal als Klage zu erkennen sein. Ein bloßer Entwurf reicht nicht (Köln NJW 94, 3360); gleiches gilt für eine fehlende Unterschrift und für mangelnde Postulationsfähigkeit (Naumbg FamRZ 01, 1006; Braunschw MDR 57, 426; MüKo/*Grothe* Rn 22; Palandt/*Heinrichs* Rn 4; aA BaRoth/*Henrich* Rn 12; Staud/*Peters* Rn 28). Mängel in der Bezeichnung des Klagegegners schaden dann nicht, wenn dessen Person ermittelt werden kann (BGH NJW 77, 1686). Keine Rolle spielt dagegen, ob die Klage zulässig, schlüssig und begründet ist (BGH NJW 98, 3488; NJW-RR 03, 784).

5 **IV. Eintritt der Hemmung – Klageerhebung.** Hemmung tritt grds mit Zustellung der Klage, ggf mit Geltendmachung des Anspruchs in der mündlichen Verhandlung ein. Die Zustellung hat wirksam zu erfolgen, wird an einen Nichtbevollmächtigten zugestellt, hat eine etwaige Genehmigung Rückwirkung (RGZ 86, 246), gleiches gilt bei Verlust des Rügerechts (BGH VersR 67, 398). Die Hemmungswirkung der Zustellung tritt nach § 167 ZPO rückwirkend auf den Zeitpunkt der Klageeinreichung ein, wenn die Zustellung demnächst erfolgt. Grds gilt dabei, dass Verzögerungen, die auf dem Geschäftsablauf innerhalb des Gerichts beruhen, nicht dem Kläger zugerechnet werden und damit die Voraussetzung des „demnächst" nicht beeinträchtigen (BGHZ 103, 28, stRspr NJW 03, 2830). Verzögerungen, die auf den Kläger zurückgehen, hindern nur dann nicht die demnächstige Zustellung, wenn sie eine Verzögerung von weniger als 14 Tagen auslösen (BGH NJW 99, 3225; 00, 2282). Die Anforderung des Kostenvorschusses darf der Kläger abwarten, die Zahlung hat dann allerdings umgehend zu erfolgen (BGH NJW-RR 92, 471).

6 **V. Umfang der Hemmung.** Der Umfang der Hemmung ist grds auf den streitgegenständlichen Anspruch beschränkt (BGHZ 132, 243; NJW 99 2110; Köln ZIP 01, 565). Die Hemmung erstreckt sich dabei grds auf alle in Betracht kommenden Anspruchsgrundlagen, die von dem streitgegenständlichen Lebenssachverhalt getragen werden (BGH NJW 83, 2813; 96, 1743). § 213 bestimmt ferner ausdrücklich, dass solche Ansprüche, die wahlweise neben oder anstelle des eingeklagten Anspruchs gegeben sind, ebenfalls der Hemmung unterliegen. Bei Teilklagen tritt Hemmung nur in Höhe des jeweils eingeklagten Betrages ein (BGH NJW 88, 693; ZIP 02, 988), wobei es keine Rolle spielt, ob in der Klagebegründung der Anspruch seinem gesamten Umfang nach dargelegt wird oder sogar Geltendmachung des Rests vorbehalten wird (RGZ 57, 375). Hemmung tritt selbst dann nur teilweise ein, wenn es sich um eine sog verdeckte Teilklage handelt, bei der für niemanden der Beteiligten erkennbar ist, dass der eingeklagte Betrag den Schaden unterschreitet (BGH ZIP 02, 989). Eine Ausnahme gilt nur dann, wenn für den Klagegegner erkennbar der gesamte Anspruch vom Gläubiger geltend gemacht werden wollte, sich der Betrag nur nachträglich als zu niedrig herausstellt. Ist der Kläger erkennbar davon ausgegangen, dass der vom Sachverständigen bezifferte Betrag den gesamten Schaden abdeckt, dann hemmt er mit der Klageerhebung auch dann, wenn sich im Nachhinein herausstellt, dass dieser Betrag zu niedrig angesetzt ist. Die Vorschussklage hemmt dagegen wegen des gesamten Anspruchs (BGH NJW-RR 05, 1037). Werden durch Teilklage Teilbeträge verschiedener Ansprüche ohne nähere Abgrenzung untereinander geltend gemacht, wird die Verjährung zunächst für jeden der Ansprüche hinsichtlich des gesamten eingeklagten Betrages gehemmt, die Hemmung entfällt allerdings nachträglich wenn die Aufgliederung bis zum Ende des Prozesses nicht nachgeholt wird (BGH NJW 84, 2346). Die unbezifferte Schmerzensgeld- oder Feststellungsklage führt dagegen zur Hemmung der Verjährung für den gesamten Anspruch (BGH NJW 74, 1551; 02, 3769).

7 **VI. Verfahrensbeendigung.** Die Beendigung eines Klageverfahrens ist der rechtskräftige Abschluss oder die sonstige anderweitige Erledigung. Teilurteile wirken nur hinsichtlich des entschiedenen Teils (BGHZ 65, 135). Grund- oder Zwischenurteile führen nicht zur Verfahrensbeendigung. Entscheidend ist formelle Rechtskraft (BGH NJW 87, 271). Anderweitige Erledigung tritt ein durch gerichtlichen Vergleich, Erledigungserklärung, Klägerwechsel (BGH NJW-RR 98, 1269) und auch im Fall der Klagerücknahme. § 269 III ZPO steht der Hemmung nicht entgegen.

C. I Nr 2: Vereinfachtes Unterhaltsverfahren. Das vereinfachte Verfahren über den Unterhalt Minderjähriger nach den §§ 645 ff ZPO ersetzt funktionell eine Klageerhebung, weshalb der Einleitung dieses Verfahrens ebenfalls hemmende Wirkung zukommt. Soweit die Mindestvoraussetzungen nach § 646 I Nrn 1, 2, 4 und 6 ZPO vorliegen und damit eine ausreichende Individualisierung möglich ist, tritt Hemmung auch dann ein, wenn im Übrigen ein unzuständiges Gericht angerufen oder sonstige Anforderungen des § 646 ZPO nicht erfüllt sind. Bei demnächstiger Zustellung gelten die Ausführungen zur Klage entsprechend. Verfahrensende ist die formelle Rechtskraft des Festsetzungsbeschlusses nach § 649 ZPO oder der Mitteilung nach § 650 S 1 ZPO. Da auch bei diesem Verfahren eine Antragsrücknahme nicht zum rückwirkenden Fortfall der Hemmung führt, gilt dies gleichermaßen für die Rücknahmefiktion des § 651 VI ZPO.

D. I Nr 3: Mahnbescheid. Der Eintritt der Hemmung durch die Zustellung des Mahnbescheides setzt voraus, dass der Mahnbescheid wirksam ist (BGH WM 00, 2378). Notwendig ist dazu eine ausreichende Individualisierung, um dem Schuldner die Möglichkeit zu geben zu erkennen, welcher Anspruch gegen ihn geltend gemacht wird (BGH NJW 92, 1111; 01, 305); wie bei der Klage bedarf es des Vorliegens der Grundvoraussetzungen eines Mahnbescheides iSd § 690 I Nrn 1 bis 3 ZPO, nicht jedoch der Zulässigkeit des Verfahrens überhaupt oder der Zuständigkeit des angerufenen Gerichts (BGHZ 86, 322). Mangelt es an der Individualisierbarkeit, wirkt eine Nachholung im Streitverfahren nur ex nunc (BGH NJW 01, 305). Für Teilmahnbescheide gelten die vorstehenden Ausführungen zur Klage (Rn 6) entsprechend. Die Hemmung beginnt grds mit der Zustellung des Mahnbescheides, erfolgt allerdings die Zustellung demnächst, so beginnt die Hemmung bereits mit der Antragseinreichung, Verzögerungen, die auf den Antragsteller zurückzuführen sind, gelten hier allerdings anders als bei der Klage noch dann als unschädlich, wenn sie zu einer Verzögerung von nicht mehr als einem Monat führen (BGH NJW 02, 2794). Rückwirkung kann auch dann eintreten, wenn ein Mangel des Mahnbescheidsantrags nach Zwischenverfügung beseitigt wird (BGH NJW 99, 3717). Wird im Mahnbescheid erst nach Eröffnung des Insolvenzverfahrens zugestellt, kommt es nicht zur Hemmung der Verjährung (RGZ 129, 344). Für ausländische Verfahren gelten die Überlegungen zur Klage (Rn 2) entsprechend, so hemmt bspw ein schweizerischer Zahlungsbefehl die Verjährung ebenso wie der deutsche Mahnbescheid (BGH RIW 02, 557).

Das Mahnverfahren endet mit Rechtskraft des Vollstreckungsbescheids, ebenso mit Abgabe der Sache an das Prozessgericht. Mangels Zustellung kann der zurückgewiesene Mahnantrag schon keine Hemmungswirkung entfalten, so dass die Frage der Beendigung nicht relevant wird. Soweit verfahrensrechtlich erforderliche Anträge auf Abgabe oder Erlass eines Vollstreckungsbescheids nicht gestellt werden, kommt es zum Stillstand des Verfahrens (Rn 21).

E. I Nr 4: Güteantrag. Die Vorschrift lässt Hemmung eintreten beim Güterantrag bei durch die Landesjustizverwaltung eingerichteten und anerkannten Gütestellen, dh, Gütestellen, die befugt sind, vollstreckbare Vergleiche iSd § 794 I Nr 1 ZPO zu errichten, solchen, die nach § 15 a I EGZPO eingerichtet sind, als auch sonstigen Gütestellen, die Streitbeilegung betreiben iSd § 15 a III EGZPO. Bei letzteren ist allerdings ein einvernehmlicher Einigungsversuch zur Herbeiführung der Hemmung notwendig, wobei für Verbraucher § 15 a III S 2 EGZPO zu beachten ist. Die örtliche (BGHZ 123, 337) oder sachliche Unzuständigkeit der Gütestelle hindert die Hemmung nicht. str ist, inwieweit ein ausländisches Verfahren vor einer ausländischen Gütestelle Hemmungswirkungen entfaltet (s dazu *Friedrich* NJW 03, 1781; *ders* MDR 04, 483; *Staud/Eidenmüller* NJW 04, 23). Der Antrag muss wie bei der Klage die notwendigen Formerfordernisse (Rn 4) erfüllen und vom Berechtigten gestellt werden (Rn 3). Für den Eintritt der Hemmung reicht die Veranlassung der Bekanntgabe des Güterantrags. Eine Zustellung oder sonstige Bekanntgabe ist nicht erforderlich. Eine demnächst erfolgende Bekanntgabe lässt die Verjährung bereits mit Antragstellung eintreten (Rn 5). Die Antragstellung allein durch den Schuldner reicht ebenso wie im Falle der negativen Feststellungsklage nicht aus. Ein Güteverfahren endet mit gütlicher Einigung oder dem Scheitern (BGHZ 123, 346), gleiches gilt, wenn die Anberaumung eines weiteren Termins abgelehnt wird (BGH NJW 02, 1488).

F. I Nr 5: Aufrechnung. Die Aufrechnung muss im Verfahren erklärt werden, des Zugangs oder der Bekanntgabe der Erklärung an den Verfahrensgegner bedarf es nicht, da die Aufrechnung kein Sachantrag ist. Hemmungswirkung kann die erklärte Aufrechnung nur entfalten, wenn die Aufrechnung selbst bspw bei der Hilfsaufrechnung durch Klageabweisung (BGHZ 80, 225 f; NJW 90, 2681), der prozessual unzulässigen Aufrechnung (BGHZ 83, 271) oder der materiell wegen einem Aufrechnungsverbot unzulässigen Aufrechnung (BGHZ 80, 225) keinen Erfolg hat, da ansonsten der Anspruch ohnehin erloschen ist. Die Aufrechnung ggü dem falschen Schuldner hat keine Hemmungswirkung, eine Ausnahme gilt dann, wenn die Aufrechnung nur an gesamthänderischer Bindung scheitert, der Schuldner aber als Mitglied der Gesamthand von der Aufrechnungserklärung und damit dem Durchsetzungswillen des Anspruchsinhabers Kenntnis erlangt (BGHZ, 80, 227, str). Hemmung tritt mit der Geltendmachung ein, eine Rückbeziehung besteht nicht. Hemmungswirkung besteht ferner nur in Höhe der Klageforderung (BGH NJW 90, 2681; NJW-RR 86, 1097), werden mehrere Forderungen zur Aufrechnung gestellt, gilt die Hemmung für alle (BayOLGZ 66, 361). Auch der Kläger kann mittels Aufrechnung Hemmungswirkung herbeiführen, bspw dann, wenn er sich gegen eine Aufrechnung des Beklagten mit eigener Aufrechnung hinsichtlich einer weiteren Forderung wendet. Eine analoge Anwendung der Nr 5 auf Zurückbehaltungsrechte ist nicht möglich (Staud/*Peters* Rn 64). Zur Verfahrensbeendigung bei der Aufrechnung gelten die Ausführungen zur Klage entsprechend (Rn 7), das Fallenlassen des Aufrechnungseinwands steht der Rücknahme gleich.

13 **G. I Nr 6: Streitverkündung.** Um Hemmungswirkung zu entfalten, muss die Streitverkündung den Formalerfordernissen des § 73 ZPO genügen (BGH MDR 00, 1271), nach hM (BGH NJW 02, 1415; 76, 39 40; Palandt/*Heinrichs* Rn 21; Staud/*Peters* Rn 76; aA BaRoth/*Henrich* Rn 29) muss sie ferner den Zulässigkeitserfordernissen des § 72 ZPO genügen; nicht erforderlich ist eine echte präjudizierende Wirkung. Sie erfasst den gesamten Anspruch und ist nicht beschränkt auf den Anspruch in dem Rechtsstreit, aus dem heraus sie erklärt wird (BGH NJW 02, 1414). Die Hemmungswirkung beginnt mit Zustellung der Streitverkündung, wirkt jedoch auf den Zeitpunkt der Einreichung der Streitverkündungsschrift zurück, sofern die Zustellung iSd § 167 ZPO demnächst erfolgt. Streitverkündung im selbständigen Beweisverfahren ist ausreichend (BGH NJW 97, 860), ebenso im Verfahren über Prozesskostenhilfe (Hamm NJW 94, 203). Eine Beiladung im Verwaltungsverfahren ist keine Streitverkündung (BGH VersR 03, 874). Bei funktionaler Äquivalenz reicht auch die Streitverkündung in einem ausländischen Prozess (RGZ 61, 393; MüKo/*Grothe* Rn 38; Palandt/*Heinrichs* Rn 21). Für die Beendigung der Streitverkündung gelten die Erläuterungen zur Klage entsprechend (Rn 7).

14 **H. I Nr 7: Selbständiges Beweisverfahren.** Hemmungswirkung hat auch die Einleitung des selbständigen Beweisverfahrens nach den §§ 485 ff ZPO. Die Hemmungswirkung beginnt mit der Zustellung des Antrags an den Antragsgegner, wobei auch hier die demnächst erfolgende Zustellung die Hemmungswirkung mit Antragseingang bei Gericht eintreten lässt (Rn 5). Ein gegen einen unbekannten Antragsgegner gerichtetes Verfahren reicht nicht (BGH NJW 80, 1485). Notwendig ist der Antrag des Gläubigers (BGH NJW 93, 1916; 80, 1485), erlangt der Antragsteller erst später den Anspruch, tritt Hemmungswirkung ex nunc ein (BGH NJW 93, 1916). Kommt es im Beweisverfahren zu einem Gegenantrag, so ist für das Ende der Hemmung die Herstellung des letzten Gutachtens maßgeblich (BGH WM 01, 821; MüKo/*Grothe* Rn 40; aA Palandt/*Heinrichs* Rn 22). Unerheblich ist, ob die festzustellenden Tatsachen auch tatsächlich festgestellt werden (BGH NJW-RR 98, 1476). Keine Hemmung bewirkt ein Verfahren auf Feststellung der Mangelfreiheit (OLGR Saarbrücken 05, 849; Staud/*Peters* Rn 89) Soweit ausländische Verfahrensordnungen funktionell vergleichbare Verfahren kennen, gilt die Hemmungswirkung entsprechend. Das selbständige Beweisverfahren endet mit Schluss des Beweistermins bzw der Übermittlung des schriftlichen Gutachtens (BGH NJW 93, 851), es sei denn, es wäre von Seiten des Gerichts eine Stellungnahmefrist eingeräumt oder innerhalb angemessener Frist von Seiten der Beteiligten Einwendungen erhoben worden (BGH NJW 02, 1641). Der Beschluss über die Ablehnung der Durchführung des Verfahrens ist Verfahrensbeendigung, ebenso die Antragsrücknahme.

15 **I. I Nr 8: Begutachtungsverfahren.** Verjährungshemmende Wirkung hat auch der Beginn eines vereinbarten Begutachtungsverfahrens oder die Beauftragung des Gutachters im Verfahren nach § 641 a. Beim Verfahren nach § 641 a reicht die Beauftragung des Gutachters aus, der Gesetzgeber sah den Schuldner durch die Einladung zum Besichtigungstermin nach § 641 a III S 1 ausreichend geschützt. Für das parteivereinbarte Begutachtungsverfahren stellt das Gesetz ganz allgemein auf dem Begriff des Beginns an, um allen möglichen Vereinbarungen der Beteiligten Rechnung zu tragen, eines Schutzes bedarf es wegen der Vereinbarungsgebundenheit nicht. Hemmungswirkung kann das Begutachtungsverfahren neben ausdrücklich vereinbarten Ansprüchen nur für solche haben, für deren Durchsetzung es auf die Begutachtung ankommt oder ankommen kann. Das Verfahren endet mit der Fertigstellungsbescheinigung, Gutachtenerstellung oder Ablehnung oder mit Rücknahme des Antrags.

16 **J. I Nr 9: Einstweiliger Rechtsschutz.** Die Einleitung von Verfahren des einstweiligen Rechtsschutzes wie der Antrag auf Erlass eines Arrests, einer einstweiligen Verfügung und einer einstweiligen Anordnung, hemmen die Verjährung. Gehemmt wird nur der gesicherte bzw durch Leistungsverfügung erfüllte Anspruch, nicht jedoch weitere Folgeansprüche. Wie bei der Klage ist Zulässigkeit oder Begründetheit des Antrags nicht erforderlich (Rn 4), die wesentlichen Formerfordernisse der §§ 945 ff ZPO müssen jedoch erfüllt sein. Soweit der Antrag dem Gegner zugestellt wird, beginnt die Verjährung mit der Zustellung, wobei wiederum die Rückwirkung auf den Zeitpunkt der Antragseinreichung nach § 167 ZPO greift (Rn 5), für den Fall, dass ohne mündliche Verhandlung entschieden und der Antrag nicht zugestellt wird, tritt Hemmungswirkung mit Einreichung des Antrags ein, jedoch nur unter der Voraussetzung, dass die ergangene Entscheidung dem Antragsgegner innerhalb der Monatsfrist zugestellt wird. Um dem abgewiesenen Antrag Hemmungswirkung zu verschaffen, ist deshalb dessen Zustellung erforderlich und sollte vom Antragsteller bei Gericht nachgesucht werden, da ansonsten keine Hemmung eintritt. Zur Beendigung gelten die Ausführungen zur Klage entsprechend (Rn 7).

17 **K. I Nr 10: Anmeldung im Insolvenzverfahren bzw Schifffahrtsrechtlichen Verteilungsverfahren.** Die ordnungsgemäß erfolgte Anmeldung einer Forderung im Insolvenzverfahren nach den §§ 174 ff InsO hemmt die Verjährung, die Nichteinhaltung der Formvorschriften ist hemmungsschädlich, die Behebung von Anmeldungsmängeln wirkt nur ex nunc (RGZ 39, 45 ff; Frankf KTS 82, 483). Eine Anmeldung vor Verfahrenseröffnung kann es schon verfahrenstechnisch nicht geben (s LSG Stuttg KTS 85, 568), ebenso wenig die Anmeldung von Masseverbindlichkeiten (LAG Hambg ZIP 88, 1271). Hemmungswirkung tritt nur in Höhe des angemeldeten Betrages ein (RGZ 170, 278). Die Anmeldung im schifffahrtsrechtlichen Verteilungsverfahren steht der im Insolvenzver-

fahren gleich. Verfahrensende ist die öffentliche Bekanntmachung der Aufhebung oder Einstellung (BGHZ 64, 2) ebenso die Rechtskraft des Einstellungsbeschlusses, ferner die Rücknahme der Anmeldung und die Rücknahme des Insolvenzantrags oder dessen Erledigungserklärung vor Verfahrenseröffnung.

L. I Nr 11: Schiedsverfahren. Die Hemmung nach Nr 11 beschränkt sich alleine auf Schiedsverfahren entsprechend §§ 1025 ff ZPO, Schiedsgutachterverfahren sind nicht erfasst. Die Hemmungswirkung, die grds alle Ansprüche, die im schiedsrichterlichen Verfahren geltend gemacht werden, erfasst, beginnt mit dem Beginn des schiedsrichterlichen Verfahrens. Dies ist nach der Grundregel des § 1044 ZPO der Empfang des Antrags durch den Schuldner, wegen der vielfältigen Möglichkeiten parteiautonom Regeln zu formulieren, reicht aber auch jeder andere verfahrensgerechte Beginn. Erfüllt der Antrag die formalen Voraussetzungen, insbes die Bezeichnung der Parteien, die Angabe des Gegenstands sowie den Hinweis auf die Schiedsvereinbarung, tritt Hemmung auch bei Unzuständigkeit des Schiedsgerichts ein, nicht jedoch beim willkürlicher falscher Anrufung. Die Anrufung ausländischer oder internationaler Schiedsgerichte reicht grds aus. Beendigung tritt mit Übersendung des Schiedsspruchs oder Erlass eines Beschlusses nach § 1056 II ZPO ein, die spätere Entscheidung über die Kosten hat Auswirkungen auf die Hemmung nur hinsichtlich des Kostenerstattungsanspruchs (MüKo/*Grothe* Rn 97; aA Palandt/*Heinrichs* Rn 43). Vergleich und Rücknahme führen ebenfalls zur Beendigung. 18

M. I Nr 12: Verwaltungsbehördliches Vorverfahren und gerichtliche Zuständigkeitsbestimmung. Hängt die Zulässigkeit, nicht jedoch die Begründetheit, einer Klage von einem behördlichen Vorverfahren ab (BGH WM 80, 1175), hemmt bereits die Einreichung des Antrags die Verjährung des geltend zu machenden Anspruchs. Ist das Verfahren von Amts wegen voran zu treiben, führt Untätigkeit des Gläubigers nicht zur Beendigung der Hemmung (BGH VersR 77, 647). Strukturell ähnlich wie das verwaltungsbehördliche Vorverfahren hat auch der Antrag auf Zuständigkeitsbestimmung beim höheren Gericht nach § 36 ZPO hemmende Wirkung. Eine Sachentscheidung ist nicht erforderlich (BGHZ 160, 262; Staud/*Peters* Rn 110; AnwK/*Mansel/Budzikiewicz* Rn 105; aA Palandt/*Heinrichs* Rn 28; Soergel/*Niederführ* Rn 91; MüKo/*Grothe* Rn 57; BaRoth/*Henrich* Rn 43). Die Hemmung bezieht sich grds auf alle Ansprüche, die sich dem im Antragsverfahren ggü der Behörde bzw im Zuständigkeitsbestimmungsverfahren dargelegten Lebenssachverhalt entnehmen lassen (BayOLGZ 56, 73). Weitere Bedingung der Hemmung ist, dass seit Zugang der Entscheidung beim Gläubiger nicht mehr als drei Monate vergangen sind. Der Klageerhebung gleichgestellt sind bei Gericht zu stellende Anträge, bspw auf Prozesskostenhilfe, oder solche bei einer Gütestelle iSd Nr 4. Beendigung tritt mit Zugang der Sachentscheidung beim Antragsteller ein, ebenso mit Antragsrücknahme. 19

N. I Nr 14: Prozesskostenhilfeantrag. Die Veranlassung der Bekanntgabe des Antrags auf Gewährung von Prozesskostenhilfe hat nunmehr explizit verjährungshemmende Wirkung. Voraussetzung ist wie bei der Klage (Rn 4), dass die wesentlichen Erfordernisse der Verfahrenseinleitung erfüllt sind, so dass auch ein unzulässiger oder ein unbegründeter Antrag hemmende Wirkung hat. Grds gilt auch hier, dass bei Geltendmachung nur eines Teilanspruchs Hemmung nur insoweit eintritt (Rn 6), wie die Geltendmachung reicht. Hemmungswirkung hat nur der erste Antrag, nicht jedoch weitere gestellte Anträge auf Prozesskostenhilfe. Die Hemmung beginnt mit Veranlassung der Bekanntgabe an den Schuldner analog zum Güterantrag nach Nr 4 (Rn 11). Wird die Bekanntgabe demnächst veranlasst, wirkt die Hemmung analog § 167 ZPO auf den Zeitpunkt der Einreichung des Antrags zurück. Wird im Verfahren keine Bekanntgabe veranlasst, tritt keine Hemmungswirkung ein, es kommt aber auch nicht zum Hemmungsverbrauch. Rechtskraft der Entscheidung, Rücknahme des Antrags und Vergleiche führen zur Beendigung. 20

O. Verfahrensstillstand. Der Beendigung des Verfahrens gleichgestellt ist ein Verfahrensstillstand, der seine Ursache darin hat, dass die Beteiligten das Verfahren nicht mehr betreiben. Gesetzliche Unterbrechungen wie bspw Insolvenzverfahrenseröffnung (BGH NJW 63, 2019) oder Aussetzungen führen somit nicht zur Beendigung der Hemmung. Liegt die Ursache des Verfahrensstillstands bei der angerufenen Stelle, liegt kein Stillstand iSd Norm vor (BGH VersR 76, 36). Gleiches gilt, wenn das Gericht von Amts wegen tätig sein müsste, dies allerdings versäumt (BGH NJW-RR 95, 1336; NJW 97, 2308). Nach hM führt ein Verfahrensstillstand allerdings dann nicht zu Beendigung der Hemmung, wenn ein triftiger Grund für das Nichtbetreiben des Verfahrens erkennbar ist (BGH NJW 99, 3775; BaRoth/*Henrich* Rn 76; Palandt/*Heinrichs* Rn 47; aA Erman/*Schmidt-Räntsch* Rn 55). Die Anordnung des Ruhens des Verfahrens nach §§ 251 I, 251a III ZPO ist zurechenbarer Stillstand (BGH NJW-RR 88, 279). 21

Liegen die Voraussetzung des hemmungsbeendenden Stillstands vor, dann ist zeitlicher Anknüpfungspunkt des Fristlaufs die letzte Verfahrenshandlung der Beteiligten oder des Gerichts, bspw die Einreichung eines Schriftsatzes (BGH VersR 76, 37) oder die Aufforderung zur Begründung des Anspruchs (BGH NJW-RR 95, 1336). Entscheidend ist das Wirksamwerden der Verfahrenshandlung, bei gerichtlichen Verfügungen also der Zugang (BGHZ 134, 390). 22

P. Weiterbetreiben. Zur erneuten Hemmung der Verjährung führen Maßnahmen der Parteien, die das zum Stillstand gekommene Verfahren wieder in Gang setzen, und zwar auch dann, wenn diese Handlung erfolglos bleibt (BGH NJW 01, 220). Kenntnis des anderen Teils von der Maßnahme ist nicht erforderlich (BGH NJW 84, 2104), reine Vorbereitungsmaßnahmen wie eine Ankündigung reichen jedoch nicht aus (Nürnbg NJW-RR 95, 1091). 23

37 **Q. Hemmung der Fristen nach Abs 1 Nr 9, 12 und 13.** Die Vorschriften über Hemmung bei höherer Gewalt nach § 206, Ablaufhemmung bei nicht voll Geschäftsfähigen nach § 210 und Ablaufhemmung in Nachlassfällen nach § 211 finden auf die Monatsfrist des I Nr 9 und die Drei-Monats-Fristen des I Nr 12 und 13 entsprechende Anwendung.

§ 205 Hemmung der Verjährung bei Leistungsverweigerungsrecht

Die Verjährung ist gehemmt, solange der Schuldner auf Grund einer Vereinbarung mit dem Gläubiger vorübergehend zur Verweigerung der Leistung berechtigt ist.

1 **A. Allgemeines.** Der Anwendungsbereich der Norm ist denkbar gering, da fast alle Vereinbarungen über ein Leistungsverweigerungsrecht andere Hemmungstatbestände auslösen. § 205 findet Anwendung nur auf vereinbarte, nicht jedoch auf gesetzliche Leistungsverweigerungsrechte. Voraussetzung ist ein vereinbartes vorübergehendes Leistungsverweigerungsrecht des Schuldners, auf dauernde Verweigerungsrechte findet die Norm keine Anwendung. Rein einseitige Maßnahmen reichen nicht, es muss eine, ggf auch konkludente, Vereinbarung getroffen werden. Wiederholt die Vereinbarung nur ein gesetzliches Leistungsverweigerungsrecht, ist § 205 nicht anwendbar (AnwK/*Mansel/Budzikiewicz* Rn 12; Erman/*Schmidt-Räntsch* Rn 2).

2 **B. Vereinbarungen.** Stundungsvereinbarung iSd § 205 ist nur die nach Verjährungsbeginn hinausgeschobene Fälligkeit (BGHZ 86, 104; WM 77, 895), da anderenfalls die Verjährung erst gar nicht beginnt. Solche Vereinbarungen dürfen allerdings nicht als Anerkenntnis auszulegen sein, da ansonsten der neue Beginn der Verjährung nach § 212 I Nr 1 eingreift. Der Abschluss eines Stillhalteabkommens wird in aller Regel bereits die Verjährungshemmung nach § 203 eintreten lassen. § 205 ist insofern Auffangtatbestand. Inhalt einer solchen Vereinbarung muss die Begründung eines Leistungsverweigerungsrecht des Schuldners (BGH NJW 00, 2661) oder jedenfalls der Ausschluss des Rechts des Gläubigers, die Anspruchsdurchsetzung zu betreiben, sein (BGH NJW 02, 1488 f). Werden solche Vereinbarungen ausdrücklich getroffen, enthalten sie regelmäßig eine Vereinbarung über die Verjährung iSd § 202, so dass für § 205 vor allem konkludente Stillhalteabkommen von Bedeutung sind. Bsp sind die Vereinbarung, dass zunächst die Durchsetzung einer erfüllungshalber abgetretenen Forderung versucht werden soll (RGZ 70, 37), die Vereinbarung zunächst mögliche Ansprüche Dritter gemeinsam zu bekämpfen (BGH NJW 99, 1103), die Vereinbarung, einen Musterprozess abzuwarten (BGH VersR 79, 349), nicht jedoch, wenn eine in AGB enthaltene Musterprozessvereinbarung nichtig ist (BGH NJW 88, 198). Bloße Vertragsverhandlungen stellen grds keine Stillhaltevereinbarung dar (BGH LM Nr 2 zu § 222 BGB aF), ebenso wenig die Verteidigung im Beweissicherungsverfahren (Saarbr BauR 04, 1198).

3 **C. Dauer.** Der Beginn der Hemmung knüpft an den Abschluss der Vereinbarung bzw besondere dort getroffene Regelungen an. Gleiches gilt für das Ende, wobei ggf durch Auslegung der diesbezügliche Inhalt der Vereinbarung ermittelt werden muss.

§ 206 Hemmung der Verjährung bei höherer Gewalt

Die Verjährung ist gehemmt, solange der Gläubiger innerhalb der letzten sechs Monate der Verjährungsfrist durch höhere Gewalt an der Rechtsverfolgung gehindert ist.

1 **A. Allgemeines.** Für die Dauer der letzten sechs Monate einer Verjährungsfrist ordnet § 206 einen besonderen Hemmungsgrund in Form des Rechtsverfolgungshindernisses wegen höherer Gewalt an. Die Norm findet kraft Verweisung entsprechende Anwendung auf eine Vielzahl gesetzlicher Ausschlussfristen. Eine weiter gehende analoge Anwendung wird von der hM (MüKo/*Grothe* Rn 2; Palandt/*Heinrichs* Rn 3; AnwK/*Mansel/Budzikiewicz* Rn 4. Staud/*Peters* Rn 31) abgelehnt. Hemmungswirkung hat höhere Gewalt nur innerhalb der letzten sechs Monate; bestand das Durchsetzungshindernis schon früher, beginnt die Hemmung mit dem Beginn des Sechs-Monats-Zeitraums (BGH NJW-RR 91, 574). Die hM geht davon aus, dass die Dauer der Hemmung auf maximal sechs Monate beschränkt ist und jedenfalls mit dem ohne Berücksichtigung des § 206 bestehenden Fristende endet (Staud/*Peters* Rn 2; BaRoth/*Henrich* Rn 2). Nach § 209 wird der Zeitraum der Hemmung allerdings nicht in die Verjährungsfrist eingerechnet, so dass sich das Ende der Frist entsprechend verschiebt. Solange die Rechtsverfolgung wegen höherer Gewalt gehindert ist, wird also das Fristende ebenfalls hinaus gezögert, so dass es zu einer Begrenzung der Wirkung des § 206 auf einen Sechs-Monats-Zeitraum nicht kommt.

2 **B. Vorliegen höherer Gewalt.** Die Behinderung der Rechtsverfolgung wegen höherer Gewalt ist dann gegeben, wenn Ereignisse vorliegen, die auch durch äußerste billigerweise zu erwartende Sorgfalt nicht verhindert werden konnten (stRspr BGH NJW 97, 3164; 94, 2753; BAG NJW 03, 2850). Schon geringes Verschulden des Gläubigers steht damit höherer Gewalt entgegen. Das Verschulden von Prozessbevollmächtigten (BGH NJW 97, 3164) oder eines gesetzlichen Vertreters (BGH LM § 254 (E) Nr 2 zu § 203 aF) wird dem Gläubiger zuge-

rechnet, nicht jedoch das von Amtspersonen. Fälle höherer Gewalt sind bspw verzögerte oder falsche Sachbehandlung durch Gerichte oder Ämter (BGH NJW 95, 1420), Erteilung eines unrichtigen Erbscheins (BayObLG NJW-RR 98, 1091), nicht vorhersehbare Krankheit, die Vorsorge nicht erlaubt (BGH VersR 63, 94), nicht jedoch Beweisschwierigkeiten (BGH NJW 75, 1466), Insolvenzeröffnung über das Vermögen des Gläubigers (BGH NJW 63, 2019), Unkenntnis von der Verfassungswidrigkeit eines Gesetzes (Hamm NJW 80, 244), Vertrauen auf den Fortbestand einer Rspr (str BAG NJW 62, 1077 f; Palandt/*Heinrichs* Rn 7; BaRoth/*Henrich* Rn 6; aA BGH NJW 60, 283). Ebenso als höhere Gewalt eingestuft wird der Stillstand der Rechtspflege, wie er bspw bei Einstellung gerichtlicher Tätigkeit durch Krieg, Überschwemmungen u.ä. eintritt. Bloße Erschwerungen der Rechtsverfolgungen reichen nicht, ebenso wenig, wenn nur der Berechtigte persönlich an der gerichtlichen Verfolgung gehindert ist (RGZ 128, 47).

§ 207 Hemmung der Verjährung aus familiären und ähnlichen Gründen

(1) ¹Die Verjährung von Ansprüchen zwischen Ehegatten ist gehemmt, solange die Ehe besteht. ²Das Gleiche gilt für Ansprüche zwischen
1. Lebenspartnern, solange die Lebenspartnerschaft besteht,
2. Eltern und Kindern und dem Ehegatten eines Elternteils und dessen Kindern während der Minderjährigkeit der Kinder,
3. dem Vormund und dem Mündel während der Dauer des Vormundschaftsverhältnisses,
4. dem Betreuten und dem Betreuer während der Dauer des Betreuungsverhältnisses und
5. dem Pflegling und dem Pfleger während der Dauer der Pflegschaft.

³Die Verjährung von Ansprüchen des Kindes gegen den Beistand ist während der Dauer der Beistandschaft gehemmt.
(2) § 208 bleibt unberührt.

A. Allgemeines. § 207 berücksichtigt die besonderen Beziehungen innerhalb von Familienstrukturen und ähnlichen Verhältnissen. Für die Norm ist es allerdings unerheblich, ob tatsächlich eine persönliche Nähe besteht, es ist ausreichend, dass die dort tatbestandlich genannten Voraussetzungen vorliegen. Sie ist nicht auf familienrechtliche Ansprüche beschränkt, sondern erfasst grds alle Ansprüche, auch solche aus Verkehrsunfällen einschließlich des Direktanspruchs gegen Haftpflichtversicherer (OLGR Celle 01, 185). Da die Hemmung nur an das persönliche Verhältnis zwischen Gläubiger und Schuldner anknüpft, führt ein Personenwechsel zur Beendigung der Hemmung, es sei denn, auch in Person des neuen Anspruchsgegners lägen Hemmungsgründe vor. Wird die Beziehung erst nach Entstehung oder Fälligkeit des Anspruchs begründet, tritt die Hemmung mit dem Zeitpunkt der Herstellung des persönlichen Verhältnisses ein. 1

B. Personenkreis. Die Hemmung zwischen Ehegatten gilt, solange die Ehe besteht, auch soweit sie aufhebbar jedoch noch nicht aufgehoben ist (Palandt/*Heinrichs* Rn 2; BaRoth/*Henrich* Rn 2). Für Nichtehen und nichteheliche Lebensgemeinschaften gilt § 207 nicht (Köln NJW-RR 00, 558). Für Lebenspartner gelten die Ausführungen entsprechend. 2
Während der Minderjährigkeit des Kindes sind Ansprüche, gleich ob diese den Eltern oder den Kindern bzw Stiefkindern zustehen, gehemmt. Die Ehelichkeit des Kindes spielt keine Rolle (BGHZ 76, 295), ebenso wenig die elterliche Sorge. Adoptivkinder sind Kinder iSd Norm. 3
Auch iRv Vormundschaften, Betreuungen und Pflegschaften sind Ansprüche beidseitig gehemmt, solange das Verhältnis besteht. Sie gilt auch für den Gegenvormund, den Ergänzungsbetreuer und den Ergänzungspfleger. Im Verhältnis zwischen Kind und Beistand tritt Hemmung nur für Ansprüche des Kindes gegen den Beistand ein, da Ziel der Regelung die Berücksichtigung der Unterlegenheit des Kindes und nicht etwa einer Nähebeziehung ist. 4

§ 208 Hemmung der Verjährung bei Ansprüchen wegen Verletzung der sexuellen Selbstbestimmung

¹Die Verjährung von Ansprüchen wegen Verletzung der sexuellen Selbstbestimmung ist bis zur Vollendung des 21. Lebensjahrs des Gläubigers gehemmt. ²Lebt der Gläubiger von Ansprüchen wegen Verletzung der sexuellen Selbstbestimmung bei Beginn der Verjährung mit dem Schuldner in häuslicher Gemeinschaft, so ist die Verjährung auch bis zur Beendigung der häuslichen Gemeinschaft gehemmt.

A. Anwendungsbereich. § 208 findet Anwendung auf alle Ansprüche aus der Verletzung der sexuellen Selbstbestimmung, damit insbes solche aus § 823 I, § 823 II in Verbindung mit § 174 ff StGB, § 825. Nicht erforderlich ist jedoch, dass es sich um einen Verstoß gegen die §§ 174 ff StGB handelt (aA Palandt/*Heinrichs* Rn 2). 1

2 **B. Voraussetzungen.** § 208 setzt im Gegensatz zu § 207 kein persönliches Verhältnis voraus, sondern stellt allein auf die Person des Geschädigten ab. Beim Anspruchsgegner kann es sich also auch um einen völlig fremden Dritten handeln. Die Verjährungshemmung besteht jedenfalls bis zur Vollendung des 21. Lebensjahres des Opfers, liegen die sonstigen Voraussetzungen des Verjährungsbeginns vor, beginnt die Verjährungsfrist damit am 21. Geburtstag.

3 Entscheidend für das Vorliegen einer häuslichen Gemeinschaft sind die tatsächlichen Verhältnisse, insbes das Wohnen in einer gemeinsamen Wohnung. Nicht dauernde Unterbrechungen sind unerheblich. Die Hemmung dauert bis zur Beendigung der häuslichen Gemeinschaft fort. str ist, ob die häusliche Gemeinschaft schon zum Zeitpunkt der Anspruchsentstehung und Anspruchskenntnis iSd § 199 I gegeben sein muss, oder ob es entsprechend der Ultimo-Verjährung auf die Verhältnisse zum jeweiligen Jahresende ankommt. Die hM (Staud/*Peters* Rn 6; BaRoth/*Henrich* Rn 5; MüKo/*Grothe* Rn 7; Palandt/*Heinrichs* Rn 4) stellt dem Wortlaut entsprechend auf das Jahresende, eine Mindermeinung (AnwK/*Mansel/Budzikiewicz* Rn 22) dem Sinn der Norm besser gerecht werdend auf den genauen Tag der Entstehung und Kenntnis ab. Nach dem Wortlaut der Norm muss auch bei unter 21-jährigen die häusliche Gemeinschaft schon zum Zeitpunkt des Verjährungsbeginns gegeben sein, was ein Schutzdefizit in den Fällen begründet, in denen mit dem Schädiger vor Vollendung des 21. Lebensjahres eine häusliche Gemeinschaft begründet wird. Eine Ausweitung der Hemmungswirkung auf diese Fälle ist geboten (MüKo/*Grothe* Rn 7; Palandt/*Heinrichs* Rn 5; aA Staud/*Peters* Rn 6; AnwK/*Mansel/Budzikiewicz* Rn 24; Erman/*Schmidt-Räntsch* Rn 5).

§ 209 Wirkung der Hemmung

Der Zeitraum, während dessen die Verjährung gehemmt ist, wird in die Verjährungsfrist nicht eingerechnet.

1 Die Hemmung bringt eine Verjährungsfrist zeitweilig zum Stillstand bzw, falls sie nicht angelaufen sein sollte, verzögert sie ihren Beginn. Der Zeitraum der Hemmung wird bildlich gesprochen aus der Verjährungsfrist ausgeschnitten. Die Hemmung beginnt mit dem Tag des Eintritts des Hemmungsgrunds, nicht erst am Folgetag, und endet ebenso taggenau. Zeitliche Höchstgrenzen der Hemmung bestehen nicht (BGH NJW 90, 178). Bei einer Hemmung vor Fristbeginn läuft die Verjährungsfrist am auf den Tag des Wegfalls des Hemmungsgrundes folgenden Tag an, eine erneute Ultimozählung (§ 199 Rn 22) gibt es nicht. Hemmung wirkt nur zwischen den jeweiligen Personen, zwischen denen der Hemmungsgrund besteht. Beim Zusammentreffen von Hemmung und Neubeginn beginnt die neue Verjährungsfrist erst mit Beendigung des Hemmungszeitraums (BGH NJW 90, 826), beim Zusammentreffen mit einer Ablaufhemmung hat die Hemmung nur Bedeutung, wenn sie über die Ablaufhemmung hinausreicht (BGH VersR 01, 1270).

§ 210 Ablaufhemmung bei nicht voll Geschäftsfähigen

(1) ¹Ist eine geschäftsunfähige oder in der Geschäftsfähigkeit beschränkte Person ohne gesetzlichen Vertreter, so tritt eine für oder gegen sie laufende Verjährung nicht vor dem Ablauf von sechs Monaten nach dem Zeitpunkt ein, in dem die Person unbeschränkt geschäftsfähig oder der Mangel der Vertretung behoben wird. ²Ist die Verjährungsfrist kürzer als sechs Monate, so tritt der für die Verjährung bestimmte Zeitraum an die Stelle der sechs Monate.
(2) Absatz 1 findet keine Anwendung, soweit eine in der Geschäftsfähigkeit beschränkte Person prozessfähig ist.

1 **A. Allgemeines.** Zweck der Norm ist es, den Gläubiger eines Anspruchs davor zu schützen, dass allein wegen auf mangelnder Geschäftsfähigkeit seiner eigenen Person oder der des Schuldners beruhender Nichtdurchsetzbarkeit einer Forderung Verjährung eintritt. Die Beweislast für den Mangel der Geschäftsfähigkeit trägt dabei immer der Gläubiger, gleich ob der Mangel in seiner oder in der Person des Schuldners besteht. Nach § 1903 I S 2 ist die Norm entsprechend auf dem Betreuten mit Einwilligungsvorbehalt anzuwenden. Sie gilt nicht für juristische Personen (BGH NJW 68, 694).

2 **B. Fehlende Geschäftsfähigkeit und fehlender gesetzlicher Vertreter.** Geschäftsunfähigkeit und beschränkte Geschäftsfähigkeit richten sich nach §§ 104 und 106. § 210 gilt allerdings auch dann, wenn sich die Geschäftsunfähigkeit nur auf den konkreten Anspruch auswirkt, sie muss nicht allgemein gegeben sein (BGH VersR 69, 907). Gilt umgekehrt ein beschränkt Geschäftsfähiger bspw nach §§ 112, 113 als geschäftsfähig, ist § 212 unanwendbar.

3 Besonderen Schutzes bedarf der Gläubiger nur dann, wenn er aufgrund der Geschäftsunfähigkeit in der Anspruchsdurchsetzung gehindert ist, dh, wenn kein gesetzlicher Vertreter anstelle des Geschäftsunfähigen vorhanden ist. Das Fehlen muss nicht tatsächlich begründet sein, sondern kann auch eine rechtliche Ursache bspw §§ 181, 1629, 1795 haben (BGHZ 55, 271). Ist ein gesetzlicher Vertreter dagegen vorhanden und dieser nur tatsächlichen Gründen an der Ausübung gehindert, bspw im Fall der Krankheit oder Abwesenheit, greift § 210 nicht (MüKo/*Grothe* Rn 4).

D. Wirkung. Das Fehlen des gesetzlichen Vertreters ist nur dann von Bedeutung, wenn es innerhalb der letzten 4
sechs Monate der Frist vorliegt. Ist das Vertretungsdefizit vorher beseitigt, kommt § 210 nicht zur Anwendung.
Umgekehrt reicht es, wenn innerhalb dieses Zeitraums eine Vertretung, sei es auch nur kurzfristig, nicht gegeben
war. Nach Beendigung der vertretungslosen Zeit endet die Verjährung nicht vor Ablauf von weiteren sechs Monaten, es sei denn, die Verjährungsfrist wäre kürzer, in welchem Fall dann diese kürzere Frist läuft.

E. II. Besteht das Rechtsdurchsetzungshindernis mangelnder Vertretung deshalb nicht, weil der nicht voll 5
Geschäftsfähige gleichwohl prozessfähig ist, gilt § 210 nicht. II hat Bedeutung in den Fällen, in denen die Prozessfähigkeit über die Grenzen der Geschäftsfähigkeit hinaus erweitert ist, bspw in §§ 607 I und 640b S 1 ZPO.

§ 211 Ablaufhemmung in Nachlassfällen

¹Die Verjährung eines Anspruchs, der zu einem Nachlass gehört oder sich gegen einen Nachlass richtet, tritt nicht vor dem Ablauf von sechs Monaten nach dem Zeitpunkt ein, in dem die Erbschaft von dem Erben angenommen oder das Insolvenzverfahren über den Nachlass eröffnet wird oder von dem an der Anspruch von einem oder gegen einen Vertreter geltend gemacht werden kann. ²Ist die Verjährungsfrist kürzer als sechs Monate, so tritt der für die Verjährung bestimmte Zeitraum an die Stelle der sechs Monate.

In grds gleicher Zielrichtung wie § 210 schützt § 211 sowohl den oder die Erben wie auch den Nachlassgläubiger 1
vor den erbfallbedingten Schwierigkeiten der Rechtsdurchsetzung durch Anordnung einer Ablaufhemmung.
Zur Wirkung s § 210 Rn 4. Die Sechs-Monats-Frist beginnt zu laufen mit der Erbschaftsannahme, gleichgültig,
ob zu diesem Zeitpunkt ein für die Rechtsdurchsetzung erforderlicher Erbschein vorliegt oder nicht, bei einer
Mehrheit von Erben allerdings erst, nachdem alle Miterben angenommen haben (MüKo/*Grothe* Rn 3; Palandt/
Heinrichs Rn 1; AnwK/*Mansel/Budzikiewicz* Rn 10), wobei *Peters* (Staud/*Peters* Rn 4) die nicht durch den Wortlaut gedeckte Einschränkung vorsieht, dass in Aktivprozessen des Nachlasses die Klage eines Miterben für alle
Hemmungswirkung hat und insoweit eine Einschränkung des § 211 geboten sei. Im Falle der Nachlassinsolvenz
kann der Insolvenzverwalter ebenso die Anspruchsdurchsetzung betreiben bzw gegen diesen betrieben werden,
wie im Fall der Einsetzung eines Vertreters in Form eines Nachlassverwalters, Nachlasspflegers, Abwesenheitspflegers oder Testamentsvollstreckers, wobei beim Testamentsvollstrecker die Frist mit der Annahme des Amtes
beginnt, während sie bei den Vertretern kraft Amtes mit deren Bestellung läuft.

§ 212 Neubeginn der Verjährung

(1) Die Verjährung beginnt erneut, wenn
1. der Schuldner dem Gläubiger gegenüber den Anspruch durch Abschlagszahlung, Zinszahlung, Sicherheitsleistung oder in anderer Weise anerkennt oder
2. eine gerichtliche oder behördliche Vollstreckungshandlung vorgenommen oder beantragt wird.
(2) Der erneute Beginn der Verjährung infolge einer Vollstreckungshandlung gilt als nicht eingetreten, wenn die Vollstreckungshandlung auf Antrag des Gläubigers oder wegen Mangels der gesetzlichen Voraussetzungen aufgehoben wird.
(3) Der erneute Beginn der Verjährung durch den Antrag auf Vornahme einer Vollstreckungshandlung gilt als nicht eingetreten, wenn dem Antrag nicht stattgegeben oder der Antrag vor der Vollstreckungshandlung zurückgenommen oder die erwirkte Vollstreckungshandlung nach Absatz 2 aufgehoben wird.

A. Allgemeines. Während nach früherem Recht der Neubeginn der Verjährung – damals als Unterbrechung 1
bezeichnet – in weitaus größerem Umfang Anwendung fand, ist diese nunmehr beschränkt auf solche Fälle,
in denen der Schuldner entweder das Bestehen des Anspruchs anerkennt oder der Gläubiger eine gerichtliche
oder behördliche Vollstreckungshandlung vornehmen lässt oder beantragt hat.

B. Anerkenntnis. I. Begriff und Rechtsnatur. Ein Anerkenntnis ist jedes tatsächliche Verhalten, das 2
unzweideutig darauf schließen lässt, dass dem Schuldner das Bestehen des Anspruchs bewusst ist und der
Gläubiger die berechtigte Erwartung gibt, eine Berufung auf Verjährung werde nicht erfolgen (BGH NJW 02,
2873, stRspr). Ein Anerkenntnis bedarf keiner Willenserklärung und kann auch allein im schlüssigen Verhalten zu sehen sein (BGH NJW 88, 254 f). Das Anerkenntnis ist damit als geschäftsähnliches Verhalten einzustufen (Staud/*Peters* Rn 7; MüKo/*Grothe* Rn 6). Gleichwohl können auch dann, wenn ein Anerkenntnis nicht
in Form einer Willenserklärung abgegeben wird, bestimmte gesetzliche Regelungen zur Willenserklärung
analog angewandt werden, so insbes die Irrtums- oder Täuschungsanfechtung (MüKo/*Grothe* Rn 11; Staud/
Peters Rn 9) oder das Erfordernis der Geschäftsfähigkeit (Staud/*Peters* Rn 9 mwN) sowie ferner §§ 133, 157
zur Auslegung etwaiger Erklärungen (BGH VersR 03, 251). Das Anerkenntnis muss sich nicht auf einen konkreten Betrag beziehen, ein Anerkenntnis dem Grunde nach lässt die Frist für den gesamten Betrag neu
beginnen (BGH MDR 02, 1240). Auch wenn der Begriff des Anerkenntnisses nicht mit dem des konstitutiven

oder deklaratorischen Schuldanerkenntnisses verwechselt werden darf, erfüllen gleichwohl beide Rechtsinstitute selbstverständlich auch die Voraussetzungen eines Anerkenntnisses iSd § 212. Abzugrenzen ist das Anerkenntnis zu sonstigen Vereinbarungen über die Verjährung nach § 202. Eine Anwendung früherer Rspr muss deshalb immer mit Rücksicht darauf vorgenommen werden, dass der Bereich der Hemmungstatbestände erheblich erweitert während der des Neubeginns stark eingeschränkt wurde, sodass tendenziell eine engere Auslegung des Begriffs des Anerkenntnisses geboten ist (Erman/*Schmidt-Räntsch* Rn 11; MüKo/*Grothe* Rn 6).

3 **II. Beteiligte.** Das Anerkenntnis ist von Seiten des Schuldners abzugeben, wobei sich dieser vertreten lassen kann (BGH WM 96, 35). Das Anerkenntnis eines Haftpflichtversicherers wird als auch für den Versicherten ausreichend angesehen (BGH VersR 72, 373) und zwar auch dann, wenn die Deckungssumme überschritten ist (BGH VersR 72, 399). Das Anerkenntnis muss ggü dem Gläubiger erfolgen, wobei auch hier Stellvertretung möglich ist. Da es des Zugangs der Erklärung grds nicht bedarf, reicht es, wenn ein Anerkenntnis nur ggü dem vermeintlichen Gläubiger abgegeben wird, soweit der Schuldner dabei annahm, ggü dem Berechtigten anzuerkennen.

4 **III. Form des Anerkenntnisses.** Das Gesetz benennt selbst drei Formen möglicher Anerkenntnishandlungen, nämlich Abschlagszahlung, Zinszahlung und Sicherheitsleistung. Á-Konto-Zahlungen sind damit regelmäßig Anerkenntnisse der Restschuld, Zahlungen auf einzelne Schadensfolgen die Anerkennung des Anspruchs aus dem gesamten Schaden (BGH NJW-RR 86, 324), Zinsgutschriften im Sparbuch sind Anerkenntnis der Gesamtsumme. Zur weitreichenden Kasuistik s MüKo/*Grothe* Rn 14 ff. Bei wiederkehrenden Leistungen stellt die Zahlung der einzelnen Raten grds das Anerkenntnis des Gesamtbetrages dar und bewirkt insoweit Unterbrechung der Verjährung (BGH VersR 60, 949). Ein Teilanerkenntnis unterbricht die Verjährung allerdings grds nur für den anerkannten Teil (BGH VersR 60, 832), es sei denn, der Anerkennende ginge fälschlich davon aus, es handele sich um die Gesamtforderung. Als Anerkenntnis werden dagegen regelmäßig nicht zu werten sein die Sicherheitsleistung zur Abwendung der Zwangsvollstreckung (BGH NJW 93, 1848), Zahlungen als Erfüllung einer Bewährungsauflage (Ddorf NJW-RR 64, 614) oder die Ankündigung einer Kulanzzahlung (München DAR 81, 13).

5 **C. Vollstreckungshandlungen.** Unterbrechungswirkung hat ferner jeder Antrag auf Vornahme einer Vollstreckungshandlung sowie zusätzlich (nochmals) deren tatsächliche Vornahme (BGHZ 93, 295). Keine Rolle spielt dabei die Zeitdauer, die zwischen Antragstellung und Vornahme der Vollstreckungshandlung vergeht. Die Unterbrechung wirkt hinsichtlich des jeweils mittels Vollstreckung durchgesetzten bzw gesicherten Anspruchs bzw zugrundeliegenden Rechtsverhältnisses; bei Vollstreckungsmaßnahmen, denen ein Arrest oder eine einstweilige Verfügung zugrunde liegt, wirkt der Neubeginn damit nicht zugunsten des Hauptsacheanspruchs (Ddorf BauR 80, 475). Vollstreckungshandlungen hinsichtlich der Kosten wirken entsprechend nicht zugunsten des Hauptanspruchs (Hamm GRUR 79, 326). Vollstreckungshandlungen idS sind alle die tatsächliche Vollstreckung fördernden Maßnahmen, nicht jedoch solche, die nur der Vorbereitung dienen, insbes der Antrag auf Umschreibung der Vollstreckungsklausel (Brandbg NJW-RR 02, 362) oder die Zustellung des Titels (BGHZ 122, 294). Die bloße Erstreckung eines Pfändungspfandrechts auf künftig fällig werdende Leistungen nach § 832 ZPO ist keine Vollstreckungshandlung (BGHZ 137, 198). Wird durch gerichtliche Anordnung eine angekündigte Zwangsvollstreckung verhindert, gilt die Unterbrechungswirkung entsprechend (BGHZ 122, 295). Gleiches wird angenommen, wenn ein Drittschuldner aufgrund eines Pfändungs- und Überweisungsbeschlusses leistet. Irrelevant ist, ob die Vollstreckung nur aus einem vermeintlich titulierten Anspruch betrieben wird (Köln WM 95, 597). Der Neubeginn wirkt punktuell und hat keine gleichzeitig eintretende Hemmung zur Folge. Nach entsprechendem Antrag oder Vornahme einer Vollstreckungshandlung beginnt die Verjährungsfrist also sofort wieder neu zu laufen.

6 **D. Wirkung des Neubeginns.** Der Neubeginn wirkt grds nur für den Anspruch, auf den sich das Anerkenntnis bzw die Vollstreckungsmaßnahme konkret bezieht. Im Mehrpersonenverhältnis gilt dies insbes nur hinsichtlich der konkreten Person, bei Gesamtschuldnern bspw nur in der Person des konkret Anerkennenden. Gleiches gilt für die Bürgenhaftung, wobei allerdings §§ 767, 768 zu beachten sind. Bei Rechtsnachfolge gilt der Neubeginn allerdings auch für den jeweiligen Rechtsnachfolger.

7 Bei Vorliegen der Voraussetzung des I Nrn 1 oder 2 wird die Verjährungsfrist vollständig wieder neu in Gang gesetzt. Für das Anlaufen der Frist gilt § 187, die Ultimoregelung des § 199 I (§ 199 Rn 22) greift jedoch nicht. Nach Eintritt der Verjährung haben die Maßnahmen des I Nr 1 und 2 keine Wirkung, es sei denn, das Anerkenntnis wäre tatsächlich als Verzicht auf die Erhebung der Verjährungseinrede auszulegen. Kommt es zum Zusammentreffen von Hemmung und Neubeginn, dann beginnt die Verjährungsfrist frühestens mit Beendigung des Hemmungszeitraums zu laufen. Im Fall der Ablaufhemmung beginnt sie sofort, da der Schutzzweck der Ablaufhemmung in diesem Fall nicht mehr eingreift. Durch das Eintreten mehrerer Ereignisse, die den Neubeginn auslösen, kann die Verjährung faktisch dauerhaft behindert werden.

8 **E. Wegfall des Neubeginns.** Es kommt zum rückwirkenden Wegfall des Neubeginns, wenn die vorgenommene Vollstreckungshandlung (II) oder der Antrag auf eine solche (III) auf Betreiben des Gläubigers oder mangels Vorliegens gesetzlicher Voraussetzung aufgehoben wird. Die Unterscheidung in II und III ist nur

deshalb getroffen, um beide Fälle des Neubeginns der Verjährung des I Nr 2, nämlich den Antrag und die vorgenommene Vollstreckungshandlung, hinsichtlich der Voraussetzungen des Wegfalls der Unterbrechungswirkung zu regeln. Eine entsprechende Regelung für das Anerkenntnis besteht logisch konsequent nicht. Kommt es aus anderen Gründen als einem Antrag des Gläubigers zur Aufhebung, müssen die Voraussetzungen der Zwangsvollstreckung schlechthin fehlen, es reicht nicht aus, dass nur Einwendungen gegen die konkrete Art der Zwangsvollstreckung geltend gemacht werden, bspw wegen Unpfändbarkeit der gepfändeten Sache, Drittwiderspruchsklage oder im Verfahren nach §§ 766, 767 ZPO. Kommt es zur Aufhebung der Vollstreckungsmaßnahme, fällt nach III auch der durch den entsprechenden Antrag ausgelöste Neubeginn rückwirkend fort. Teilweise wird in der Lit die Auffassung vertreten, dass es beim Neubeginn durch Vollstreckungshandlung oder entsprechenden Antrag bleibe, wenn der Gläubiger innerhalb der Frist des § 204 II erneut eine Maßnahme iSd I Nr 2 ergreife (Palandt/*Heinrichs* Rn 12; Soergel/*Niedernführ* Rn 33). Anders als nach altem Recht findet sich im Gesetz für diese Auffassung keine Grundlage mehr (AnwK/*Mansel/Budzikiewicz* Rn 24; Erman/*Schmidt-Räntsch* Rn 16; MüKo/*Grothe* Rn 20).

§ 213 Hemmung, Ablaufhemmung und erneuter Beginn der Verjährung bei anderen Ansprüchen

Die Hemmung, die Ablaufhemmung und der erneute Beginn der Verjährung gelten auch für Ansprüche, die aus demselben Grunde wahlweise neben dem Anspruch oder an seiner Stelle gegeben sind.

A. Allgemeines. § 213 soll den Gläubiger, der bereits hemmende oder verjährungsunterbrechende Maßnahmen vorgenommen hat, davor schützen, dass gleichzeitig Ansprüche aus demselben Rechtsgrund, die wahlweise neben oder anstelle des durchgesetzten Anspruchs stehen, verjähren. § 213 hat insoweit sowohl rechtsbefriedende als auch rechtsentlastende Funktion, da ohne die Vorschrift die parallele Durchsetzung aller denkbaren Alternativansprüche notwendig wäre. § 213 stellt die Verallgemeinerung der bereits in §§ 477 III und 639 I 1 aF bestehenden Regelung dar. 1

B. Voraussetzungen. Voraussetzung ist das Vorliegen verschiedener Ansprüche, die denselben Anspruchsgrund haben. Dabei genügt eine Identität im Kern, da bei vollständiger Identität nur eine Anspruchsgrundlagenkumulation auftritt, die bereits von den allgemeinen Vorschriften erfasst wird. 2

Die anderen Ansprüche müssen schon ursprünglich dem Gläubiger zur Wahl gestanden haben oder anstelle des Durchgesetzten gegeben sein. Klassische Fälle sind dabei die Mängelrechte im Kaufvertrag nach § 437, Werkvertrag nach § 634 oder diejenigen gegen den falsus prokurator nach § 179 I. 3

Neben den vorgenannten Mängelrechten beim Kauf- und Werkvertrag sind anerkannt der Bereicherungsanspruch anstelle einer Werklohnforderung (BGH NJW 00, 3493); Zugewinnausgleichsklage auf Übertragung hälftigen Miteigentums zum Anspruch auf Zahlung des Zugewinnausgleichsbetrages (BGH NJW-RR 94, 515), Kapitalabfindung statt Geldrente (RGZ 77, 216), Freistellungsklage anstatt Zahlungsklage beim Schadenersatzanspruch (BGH NJW 85, 1154), nicht jedoch beim Übergang vom Vergütungsanspruch auf Schadenersatz wegen Nichterfüllung (BGH NJW 92, 1111), Pflichtteilsanspruch und Pflichtteilsergänzungsanspruch (BGHZ 132, 243) oder Erfüllungsanspruch und Verzugsschadensanspruch (Hamm VersR 81, 947). 4

Titel 3 Rechtsfolgen der Verjährung

§ 214 Wirkung der Verjährung

(1) Nach Eintritt der Verjährung ist der Schuldner berechtigt, die Leistung zu verweigern.
(2) ¹Das zur Befriedigung eines verjährten Anspruchs Geleistete kann nicht zurückgefordert werden, auch wenn in Unkenntnis der Verjährung geleistet worden ist. ²Das Gleiche gilt von einem vertragsmäßigen Anerkenntnis sowie einer Sicherheitsleistung des Schuldners.

A. Leistungsverweigerungsrecht. Ist die Verjährungsfrist endgültig abgelaufen, steht dem Schuldner ein dauerndes Leistungsverweigerungsrecht zu. Der Anspruch selbst erlischt, von wenigen Ausnahme abgesehen (§§ 901, 1028 S 2, 1090 I), gerade nicht, sondern bleibt bestehen. Nichts hindert den Gläubiger am Versuch der Durchsetzung einschließlich Klageerhebung. Die Erhebung der Verjährungseinrede steht allein im Belieben des Schuldners, macht er diese nicht geltend, kann er zur Leistung verurteilt werden. Folgerichtig ist eine Feststellungsklage auf Nichtbestehen eines Anspruchs wegen Eintritts der Verjährung nicht begründet, allenfalls eine solche auf Nichtdurchsetzbarkeit (BGH NJW 83, 392). 1

Aus dem Charakter als Einrede ergibt sich, dass es grds Sache des Schuldners ist, die Verjährung in einem etwa gegen ihn gerichteten Verfahren geltend zu machen, von Amts wegen ist sie nicht zu berücksichtigen. Anderes gilt nur, wenn der Gläubiger selbst vorträgt, der Beklagte habe die Verjährungseinrede erhoben 2

(Ddorf NJW 91, 2091). Einer ausdrücklichen Erwähnung des Wortes Verjährung bedarf es nicht, wenn erkennbar ist, dass der Schuldner den Zeitablauf als Grund für seine Leistungsunwilligkeit offen legt (Staud/*Peters* Rn 8). Umstr ist, inwieweit das Gericht auch die Möglichkeit zur Erhebung der Verjährungseinrede hinweisen darf (dafür BayObLG NJW 99, 1875; Köln NJW-RR 90, 192; KG NJW 02, 1732; Palandt/*Heinrichs* Rn 3; unentschieden BGH NJW 98, 612; ausf und differenziert Staud/*Peters* Rn 14 ff mwN; dagegen AnwK/*Mansel/Stürner* Rn 4; MüKo/*Grothe* Rn 3; im Ergebnis auch BGH NJW 04, 164). Auch wenn praktische Erwägungen für einen entsprechenden Hinweis sprechen, sollte der Richter den Nachteil des durch den Hinweis erzeugten Anscheins der Parteilichkeit nicht unterschätzen. Zum Verzicht auf die Einrede der Verjährung gelten die Grenzen des § 202. Unter Umständen kann die Erhebung der Verjährungseinrede rechtsmissbräuchlich sein und deshalb gegen § 242 verstoßen (§ 242 Rn 47).

3 **B. Rückforderungsrecht nach II.** Dem Charakter der Verjährungswirkung entsprechend, bestimmt II, dass auf den Anspruch Geleistetes nicht zurückgefordert werden kann, da auf einen wirksamen Anspruch hin geleistet wurde. Der Leistung gleichgestellt ist das vertragsmäßige Anerkenntnis nach § 781 sowie die Sicherheitsleistung auf den verjährten Anspruch. Von dem in II geregelten Grundsatz macht die Rspr da eine Ausnahme, wo von Seiten Schuldners nicht freiwillig, sondern im Wege der Zwangsvollstreckung oder zu deren Abwendung geleistet wurde (BGH NJW 93, 3320). Gleiches gilt für Leistungen unter entsprechendem Vorbehalt (BGH NJW 99, 496).

§ 215 Aufrechnung und Zurückbehaltungsrecht nach Eintritt der Verjährung

Die Verjährung schließt die Aufrechnung und die Geltendmachung eines Zurückbehaltungsrechts nicht aus, wenn der Anspruch in dem Zeitpunkt noch nicht verjährt war, in dem erstmals aufgerechnet oder die Leistung verweigert werden konnte.

1 **A. Aufrechnung.** Entsprechend der Regelung des bisherigen § 390 S 2 aF bestimmt § 215, dass die Aufrechnung auch noch auf eine verjährte Forderung gestützt werden kann, soweit die Aufrechnungslage bereits zu einem Zeitpunkt bestanden hat, als die zur Aufrechnung gestellte Forderung noch nicht verjährt war. Insofern handelt es sich bei § 215 um einen Vertrauensschutztatbestand, der dem durch die Aufrechnungslage geschützten Gläubiger die Durchsetzung der Forderung nur zur Abwendung der Verjährung ersparen soll. Ist die Aufrechnungslage erst nach Verjährungseintritt entstanden, greift § 215 nicht. Der Fälligkeit der Gegenforderung bedarf es jedoch nicht. Die Aufrechnung wird auch nicht dadurch gehindert, dass eine Klage aus der Forderung wegen Verjährung rechtskräftig abgewiesen wurde (BGH WM 71, 1367).

2 **B. Zurückbehaltungsrecht.** Parallel zur Aufrechnung sieht § 215 auch für das Zurückbehaltungsrecht die Möglichkeit der Geltendmachung noch dann vor, wenn die Forderung zwischenzeitlich verjährt ist, das Zurückbehaltungsrecht aber bereits zu einem Zeitpunkt, als die Verjährung noch nicht eingetreten war, hätte geltend gemacht werden können. Dass eine Berufung auf das Zurückbehaltungsrecht vor Verjährungseintritt tatsächlich stattgefunden hat, ist nicht erforderlich (BGHZ 53, 125). Die Regelung gilt sowohl für das Zurückbehaltungsrecht nach § 273 wie auch für die Einrede des nicht erfüllten Vertrages nach § 320 I.

§ 216 Wirkung der Verjährung bei gesicherten Ansprüchen

(1) Die Verjährung eines Anspruchs, für den eine Hypothek, eine Schiffshypothek oder ein Pfandrecht besteht, hindert den Gläubiger nicht, seine Befriedigung aus dem belasteten Gegenstand zu suchen.
(2) ¹Ist zur Sicherung eines Anspruchs ein Recht verschafft worden, so kann die Rückübertragung nicht auf Grund der Verjährung des Anspruchs gefordert werden. ²Ist das Eigentum vorbehalten, so kann der Rücktritt vom Vertrag auch erfolgen, wenn der gesicherte Anspruch verjährt ist.
(3) Die Absätze 1 und 2 finden keine Anwendung auf die Verjährung von Ansprüchen auf Zinsen und andere wiederkehrende Leistungen.

1 **A. Allgemeines.** § 216 stellt jedenfalls in seinem I eine Durchbrechung des Akzessorietätsprinzips dar, da die Durchsetzung einer hingegebenen Sicherheit auch dann noch möglich sein soll, wenn die gesicherte Verbindlichkeit wegen der Einrede der Verjährung nicht mehr durchgesetzt werden kann. Insofern sieht sich der dinglich gesicherte Gläubiger einer verjährungs-einredebehafteten Forderung privilegiert, vgl §§ 1137, 1169, 1211, 1254.

2 **B. Akzessorische Sicherheiten I.** Akzessorische Sicherheiten iSd I sind die Hypotheken einschließlich der Schiffshypotheken und dem Registerpfandrecht an Luftfahrzeugen sowie die Pfandrechte an beweglichen Sachen und Rechten. I findet dabei Anwendung sowohl auf die vertraglichen wie auch die gesetzlichen Sicherheiten und der im Wege der Zwangsvollstreckung entstehenden einschließlich der des vorläufigen Rechtsschutzes wie die Arresthypothek und das Arrestpfandrecht (Celle WM 85, 548). Nicht unter § 216 fällt dagegen die Vormerkung, die dem strengen Akzessorietätsprinzip untersteht, so dass nach Verjährung der

Forderung nach § 886 die Löschung verlangt werden kann. Ebenso gilt § 216 nicht für persönliche Sicherheiten wie die Bürgschaft. Es besteht weiterhin die Möglichkeit, vertraglich entsprechende Sicherheitsgestaltungen zu begründen, bspw Hinterlegung beim Notar (BGHZ 143, 397).

C. Abstrakte Sicherheiten und Eigentumsvorbehalt II. Logisch konsequent stellt II S 1 die abstrakten Sicherungsrechte wie insbes Sicherungszession und Sicherungsübereignung den akzessorischen gleich. Nicht akzessorische Sicherheit idS ist auch die Sicherungsgrundschuld. Der wirtschaftlich der Sicherungsübereignung entsprechende Eigentumsvorbehalt des Verkäufers wird durch II S 2 dergestalt geschützt, dass der grds wegen Verjährung ausgeschlossene Rücktritt vom Vertrag trotz Verjährung möglich ist, um eine Befriedigung aus dem bedingt übereigneten Gegenstand zu ermöglichen. Ohne Rücktrittsmöglichkeit sähe sich der Vorbehaltseigentümer ansonsten dem weiter bestehenden Besitzrecht aus dem Kaufvertrag ausgesetzt. 3

D. Zinsen und wiederkehrende Leistungen III. In struktureller Parallele zum § 197 I (§ 197 Rn 6) schließt III die Möglichkeit des Gläubigers aus, sich nach Verjährung etwaiger Forderungen auf Zinsen und andere wiederkehrende Leistungen aus einer dafür gestellten Sicherheit zu befriedigen. Hat eine Verwertung bereits stattgefunden, so kann er Auskehrung des Erlöses verlangen (BGH NJW 93, 3319). Neben Zinsen geschuldete Amortisationsbeträge erfasst III nicht (hM MüKo/*Grothe* Rn 5; AnwK/*Mansel/Stürner* Rn 10 mwN). 4

§ 217 Verjährung von Nebenleistungen

Mit dem Hauptanspruch verjährt der Anspruch auf die von ihm abhängenden Nebenleistungen, auch wenn die für diesen Anspruch geltende besondere Verjährung noch nicht eingetreten ist.

Hinsichtlich der Verjährung sind Ansprüche auf Nebenleistungen grds vom Hauptanspruch unabhängig, so dass Beginn, Dauer, etwaige Hemmungs- und Unterbrechungstatbestände und auch der Eintritt der Verjährung jeweils selbstständig angeknüpft sind. Abhängige Nebenleistungen idS sind Zinsen, insbes Verzugszinsen, die Ansprüche auf die Nutzungen, Früchte sowie Kosten, ferner findet § 217 zumindest analog Anwendung auf sonstige Verzugsschäden (BGHZ 128, 77). Nicht abhängig sind dagegen Ansprüche auf Mietnebenkosten (Frankf MDR 83, 757) oder Schadenersatzansprüche statt der Leistung (MüKo/*Grothe* Rn 1). Ansprüche auf wiederkehrende Leistungen in Form von Unterhalt, Renten oder sonstigen Ansprüchen aus einem Dauerschuldverhältnis stellen schon keine Nebenleistungen idS dar. 1

Für die abhängigen Nebenleistungen stellt die Verjährung des Hauptanspruchs auch gleichzeitig den Zeitpunkt der eigenen Verjährung dar. Eine Ausnahme wird in den Fällen angenommen, in denen die Nebenleistungen zum Zeitpunkt der Verjährung des Hauptanspruchs bereits eingeklagt waren (BGHZ 128, 82) oder die Voraussetzung des § 212 I gegeben sind (MüKo/*Grothe* Rn 3; AnwK/*Mansel/Stürner* Rn 4). Gleiches gilt nach hM, wenn der Hauptanspruch bspw durch Erfüllung erloschen ist (MüKo/*Grothe* Rn 3; BaRoth/*Henrich* Rn 6; Staud/*Peters* Rn 8; aA Köln NJW 94, 2160). 2

§ 218 Unwirksamkeit des Rücktritts

(1) ¹Der Rücktritt wegen nicht oder nicht vertragsgemäß erbrachter Leistung ist unwirksam, wenn der Anspruch auf die Leistung oder der Nacherfüllungsanspruch verjährt ist und der Schuldner sich hierauf beruft. ²Dies gilt auch, wenn der Schuldner nach § 275 Abs. 1 bis 3, § 439 Abs. 3 oder § 635 Abs. 3 nicht zu leisten braucht und der Anspruch auf die Leistung oder der Nacherfüllungsanspruch verjährt wäre. ³§ 216 Abs. 2 Satz 2 bleibt unberührt.
(2) § 214 Abs. 2 findet entsprechende Anwendung.

A. Allgemeines. Da nach § 194 I nur Ansprüche der Verjährung unterliegen, würde das nach neuem Recht auch im Bereich der Mängelrechte als Gestaltungsrecht ausgestaltete Rücktrittsrecht nicht der Verjährung unterliegen. § 218 verhindert die Geltendmachung dieses Gestaltungsrechts, wenn der Hauptleistungsanspruch verjährt ist. Insoweit wird eine der Verjährungseinrede gleichstehende Einrede gegen das Gestaltungsrecht geschaffen. Die Norm findet Anwendung auf das gesetzliche Rücktrittsrecht wegen Pflichtverletzung aufgrund nicht oder nicht vertragsgemäßer Leistung. Insoweit deckt er sich mit § 323. Auf den Rücktritt nach § 324 wegen Verletzung vertraglicher Nebenpflichten ist § 218 unanwendbar (BaRoth/*Henrich* Rn 2; AnwK/ *Mansel/Stürner* Rn 5 mwN). Auf vertragliche Rücktrittsrechte, gleich ob diese gesetzliche nachbilden oder über die sie hinausgehen, findet § 218 keine Anwendung (MüKo/*Grothe* Rn 2; AnwK/*Mansel/Stürner* Rn 4; aA BaRoth/*Henrich* Rn 2; Erman/*Schmidt-Räntsch* Rn 3). Ebenso wenig findet die Norm auf andere Gestaltungsrechte mit Ausnahme der Minderung (§§ 438 V, 634a V) Anwendung. Aufgrund ausdrücklicher Verweisung ist der Rücktritt beim Eigentumsvorbehaltskauf ausgeklammert. Auf Ansprüche aus dem Rücktritt findet § 218 keine Anwendung. 1

2 **B. Voraussetzungen und Wirkung.** Voraussetzung der Anwendung der Norm ggü einem bestehenden Rücktrittsrecht ist, dass der Anspruch, dessen Verletzung das Rücktrittsrecht ausgelöst hat, bereits verjährt ist. Dies kann sowohl der Hauptleistungs- wie auch ein Anspruch auf Nacherfüllung sein. I 2 überträgt die Wirkung auf die Fälle des § 275 I, wenn der Anspruch wegen Unmöglichkeit untergegangen ist, sowie rein deklaratorisch auf § 275 II und III, wenn dem Schuldner bloß eine Einrede zusteht. Neben dem Vorliegen dieser Voraussetzungen ist es ferner notwendig, dass der Schuldner sich auf die Verjährung bzw im Fall des § 275 I auf die an sich eingetretene Verjährung beruft.

3 Ohne Berufung des Schuldners auf die Verjährung ist der erklärte Rücktritt zunächst wirksam. Er wird mit Geltendmachung der Verjährung ex nunc unwirksam, womit die ursprünglichen Ansprüche wieder aufleben. Nach II gelten die Bestimmungen des § 214 II entsprechend, wonach Leistungen, die iRd Rückabwicklungsverhältnisses bis zur Geltendmachung der Verjährung geleistet wurden, nicht zurückgewährt werden müssen.

§§ 219–225
– *weggefallen* –

Abschnitt 6   Ausübung der Rechte, Selbstverteidigung, Selbsthilfe

§ 226 Schikaneverbot

Die Ausübung eines Rechts ist unzulässig, wenn sie nur den Zweck haben kann, einem anderen Schaden zuzufügen.

1 **A. Allgemeines.** Die Ausübung subjektiver Rechte stößt immer dort an Schranken, wo gleich- oder höherwertige Rechte anderer Personen durch die Rechtsausübung betroffen werden. Dem trägt das Gesetz zum einen dadurch Rechnung, dass es den Inhalt subjektiver Rechte insoweit bereits einschränkt. Zum anderen kennt es besondere Regelungen, die Missbrauchskonstellationen im Einzelfall verhindern § 226 steht dabei im Kontext der Regelungen der §§ 138, 242 und 826, die allesamt einen als unangemessen empfundenen Gebrauch von Rechten einschränken können. Der Anwendungsbereich der Norm ist im bürgerlichen Recht begrenzt, seit das Reichsgericht aus § 242 und § 826 den Begriff der unzulässigen Rechtsausübung (dazu § 242 Rn 27 ff) entwickelt hat (RGZ 146, 396). § 226 regelt faktisch nur noch einen Teilausschnitt dieses allgemeinen Rechtsbegriffs. § 226 beschränkt sich ebenso wie § 242 nicht nur auf den Bereich des bürgerlichen Rechts, sondern erfasst alle Rechtsgebiete einschließlich des Prozessrechts (RGZ 120, 50; Frankf NJW 79, 1613).

2 **B. Tatbestand.** Die Norm ist grds auf Rechte aller Art anwendbar. Eine Rechtsausübung kann nach § 226 nur dann ausgeschlossen werden, wenn diese einzig und allein dem Zweck dient, einem anderen einen Schaden zuzufügen (BGH NJW 75, 1314). Es darf sich bei objektiver Betrachtung der Gesamtsituation kein anderer möglicher Zweck als der Schadensverursachung ergeben (RGZ 68, 424; 125, 110; 138, 375; Frankf NJW 79, 1613). Nicht erforderlich ist allerdings, dass es sich um einen Vermögensnachteil handelt, die Zufügung eines rein immateriellen Nachteils ist ausreichend (RGZ 72, 253). § 226 fordert eine finale Verknüpfung zwischen Rechtsausübung und Schaden (aA offenbar Zweibrücken NZM 05, 429), sodass dieser nach richtiger Auffassung nur dolos eventualis und nicht etwa Absicht erfordert (RG WarnR 36 Nr 183; BGH BB 53, 373; Staud/*Repgen* Rn 19; aA MüKo/*Grothe* Rn 3; BaRoth/*Dennhardt* Rn 5 mwN). Immer dann nämlich, wenn ein anderweitiges berechtigtes Interesse für die Rechtsausübung auch nur mitursächlich ist, scheidet die Anwendung des § 226 aus (RGZ 98, 17).

3 **C. Rechtsfolgen.** Das Vorliegen der Tatbestandsmerkmale des § 226 führt nicht dazu, dass das betreffende Recht in seinem Bestand tangiert wäre. Allein die konkrete Ausübung entbehrt des rechtlichen Schutzes. Das Verbot der Rechtsausübung in einer bestimmten Weise führt damit nicht zur Unzulässigkeit in anderen Fällen. Die schikanöse Durchsetzung eines Rechts wird vom Gericht als Einwendung berücksichtigt, sodass es nur eines entsprechenden Vortrags und nicht der Berufung auf § 226 bedarf. Die Norm hat keine Drittwirkung (RG WarnR 30 Nr 4). Eigene Rechte des Belasteten vermag § 226 nicht zu begründen. Allerdings ist § 226 Schutzgesetz iSd § 823 II.

4 **D. Einzelfälle.** Herausgabeverlangen bezüglich wegen Insolvenz wertloser Aktien bestimmter Nummerierung statt angebotener gleichwertiger (RGZ 96, 186); Betretungsverbot für das Grundstück, auf dem das Grab der Mutter liegt (RGZ 72, 251; aA in einem ähnlich gelagerten Fall AG Grevenbroich NJW 98, 2063); Benutzungsverbot ggü einem Einzelnen für einen Weg, den der Eigentümer grds der Allgemeinheit öffnet (Ddorf NJW-RR 01, 162); Verlangen der Abgabe der eidesstattlichen Versicherung wegen DM 2,10 (LG Köln RPfleger 91, 328); das vielfache Geltendmachung einer identischen Klage (LG Hamm MDR 66, 272); nicht dagegen die Beibehaltung eines Wegerechtes trotz Bestehens anderer Zuwegung (RGZ 169, 182).

§ 227 Notwehr

(1) Eine durch Notwehr gebotene Handlung ist nicht widerrechtlich.
(2) Notwehr ist diejenige Verteidigung, welche erforderlich ist, um einen gegenwärtigen rechtswidrigen Angriff von sich oder einem anderen abzuwenden.

A. Allgemeines. § 227 ist wie die Parallelvorschrift des § 32 StGB Ausdruck des allgemeinen Rechtsprinzips, dass Recht dem Unrecht nicht zu weichen braucht. Jedenfalls für den zivilrechtlichen Bereich dient die Norm allein dem Individualrechtsschutz nicht dagegen einem objektiven Interesse nach Bewährung der Rechtsordnung (so aber Palandt/*Heinrichs* Rn 1). Wegen der inhaltlichen Nähe zum § 32 StGB können für die Auslegung des § 227 die dortigen Überlegungen weitestgehend entsprechend angewandt werden. 1

B. Schutzgüter. Notwehr kann geübt werden zum Schutz von Rechtsgütern aller Art. Dies ist nicht etwa beschränkt auf den Bereich der absoluten Rechte wie Leib, Leben, Gesundheit, Freiheit u. a. (Staud/*Repgen* Rn 9; BGB-RGRK/*Johannsen* Rn 17 Palandt/*Heinrichs* Rn 3). Geschützt sind bspw die Fortbewegungsfreiheit im Straßenverkehr (Schlesw NJW 84, 1470), das Recht zum Aufsuchen des Arbeitsplatzes (Löwisch/Krauß DB 85, 1330), das Hausrecht (Ddorf NJW 97, 3383), das allgemeine Persönlichkeitsrecht (Ddorf NJW 94, 1972; Hambg NJW 72, 1290), auch die Abwehr von Rauchern in Nichtraucherabteilen der Bahn, da Passivrauchen eine erhebliche Gesundheitsgefährdung darstellt (so auch Staud/*Repgen* Rn 10; aA LG Berlin NJW 78, 2343 und Palandt/*Heinrichs* Rn 4). 2

C. Die Notwehrlage. I. Der Angriff. Der Begriff des Angriffs ist definiert als die von einem Menschen ausgehende drohende Verletzung rechtlich geschützter Individualinteressen, ohne dass es eines Verschuldens des Angreifers bedürfte. Angreifer iSd § 227 kann auch ein Schuldunfähiger wie bspw ein Kind oder ein Geisteskranker sein (BayObLG NJW 91, 2031; Staud/*Repgen* Rn 14). Sachen oder Tiere können keine Angreifer iSd Norm sein, gegen diese ist Notstand nach § 228 möglich. Notwehr greift allerdings dann, wenn die Sache oder das Tier als Werkzeug des menschlichen Angreifers dient. Soweit im Einzelfall juristische Personen einen Angriff ausüben, richtet sich die Notwehr gegen deren Organe. Nach herrschender Auffassung setzt der Begriff des Angriffs im Zivilrecht ein aktives Handeln ggü dem betroffenen Rechtsgut voraus (Staud/*Repgen* Rn 15; Palandt/*Heinrichs* Rn 2; zum Streitstand Erman/*Wagner* Rn 3). Die Nichterfüllung zivilrechtlicher Pflichten, bspw die Räumungspflicht des Mieters, die Pflicht des Arbeitnehmers zum Verlassen des Arbeitsplatzes, die Herausgabepflicht eines Werkunternehmers, begründen kein Notwehrrecht. 3

II. Gegenwärtigkeit. Der Begriff der Gegenwärtigkeit setzt voraus, dass der Angriff zwar nicht notwendig bereits begonnen hat, eine Gefährdung aber bereits so weit konkretisiert ist, dass das Umschlagen in eine Verletzung unmittelbar zu befürchten ist (BayObLG NJW 85, 2601; Staud/*Repgen* Rn 19). Abgeschlossen und damit nicht mehr gegenwärtig ist ein Angriff dann, wenn eine konkrete Gefährdung nicht mehr besteht oder aber die Verletzung bereits vollständig verwirklicht wurde. Für die Gegenwärtigkeit ist es allerdings ausreichend, wenn weitere Verletzungen ernsthaft zu befürchten sind (BGH VersR 64, 286; 71, 629), bei Beleidigungen also bspw mit weiteren Beleidigungen zu rechnen ist (BGH VersR 63, 37). Notwehr kann auch noch gegen den flüchtenden Dieb geübt werden, solange dieser die Beute nicht freigibt (RGZ 111, 370; Hamm VersR 77, 934). Ein von mehreren Personen ausgeübter Angriff ist erst dann beendet, wenn von Seiten sämtlicher Angreifer keine Gefahr mehr droht (Kiel Recht 22 Nr 1138). 4

III. Rechtswidrigkeit. Ist der Angriff selbst rechtmäßig, kommt eine Berufung auf Notwehr zu dessen Abwehr nicht in Betracht. Dabei gilt iRd § 227 die so genannte Lehre vom Erfolgsunrecht, wonach die Rechtswidrigkeit am Erfolg der Angriffshandlung und nicht an der Handlung selbst gemessen wird (ausf Staud/*Repgen* Rn 23 ff). Gegen einen selbst durch Notwehr gerechtfertigten Angriff ist daher Notwehr nicht zulässig. Ein selbst provozierter Angriff stellt damit keine Rechtfertigung für eine Abwehrhandlung dar (BGH NJW 83, 2267). Irrelevant ist, ob der Angreifer schuldhaft handelt. Entsprechend kann von Kindern und Geisteskranken ein Angriff ausgehen, wobei in diesen Fällen allerdings iRd Erforderlichkeit besondere Abwägungskriterien gelten. Notwehr ist auch gegen rechtswidrige Amtshandlungen möglich, soweit es sich dabei um einen Angriff im vorgenannten Sinne handelt (LG Berlin NJW 71, 620). 5

Um eine so genannte Putativnotwehr handelt es sich, wenn der Betroffene eine Handlung irrtümlich für einen Angriff hält und sich entsprechend verteidigt. Unabhängig von der Frage des Verschuldens begründet die Putativnotwehr jedenfalls keine Rechtfertigung, sodass gegen diese Abwehrmaßnahme selbst wiederum Notwehr möglich ist. Zur Frage der Schadenersatzpflicht s § 823 Rn 20. 6

D. Die Verteidigungshandlung. I. Verteidigungswille. Als Notwehr ist eine Maßnahme immer nur dann gerechtfertigt, wenn sie vom Abwehrenden mit entsprechendem Notwehrwillen vorgenommen wird. Trifft danach nur zufällig ein eigener Angriff mit einer Notwehrlage zusammen, so ist die eigene Handlung nicht durch § 227 gerechtfertigt. Der Abwehrwille muss allerdings nicht notwendig alleiniger Beweggrund sein; Wut, Rache und Ähnliches dürfen hinzutreten (BGHSt 3, 198; aA Braun NJW 98, 941). Zu Recht bei der Frage des Notwehrwillens wird der Fall der Notwehrprovokation angesiedelt (s Staud/*Repgen* Rn 41). Wer einen Angriff absichtlich herbeiführt, um sich gegen diesen zu verteidigen, handelt nicht mit Notwehrwillen, 7 sondern mit eigenem Angriffswillen. Geht der provozierte Angriff aber über das zulässige Maß hinaus, so ist gegen diesen wiederum Notwehr möglich, wobei allerdings ein erhöhtes Maß von Duldungsbereitschaft des Angegriffenen verlangt werden kann.

8 **II. Erforderlichkeit.** Der Angegriffene ist verpflichtet, von den ihm zur Verfügung stehenden Verteidigungsmitteln dasjenige auszuwählen, das dem Angreifer ggü am wenigsten schädlich oder gefährlich ist (BGH VersR 67, 478; BGH NJW 72, 1822). Die Beurteilung erfolgt dabei nach objektiven Kriterien und nicht danach, was der Handelnde für erforderlich hielt (RGZ 84, 307). Allerdings braucht sich der Angegriffene nicht auf unsichere Verteidigungsmittel einzulassen, nur unter den Sicheren ist das am wenigsten Einschneidende zu wählen (BGH NJW 76, 42; 91, 504). Dazu kann es auch erforderlich sein, anstelle eigener Maßnahmen hilfswillige Dritte oder staatliche Organe hinzuzurufen (RGSt 71, 133; BayObLG NJW 63, 825; aA AG Bensberg NJW 66, 733). Soweit dies zur Beendigung des Angriffs geeignet ist, kann auch die Flucht adäquates Verteidigungsmittel sein (RGZ 84, 308). Der Begriff der schimpflichen Flucht passt ebenso wenig in die heutige Zeit wie der der Satisfaktion durch Duell. Naturgemäß ist eine Typisierung für die Frage der Erforderlichkeit nicht möglich. So nützt bspw die grds Abfolgeregelung beim Schusswaffengebrauch erst Drohung, dann Warnschuss, dann Schuss in die Beine (BGH NStZ 87, 322) nichts, wenn der Angreifer im Begriff steht, mit dem Messer auf den Verteidigenden einzustechen. Dass bei einem Streit unter Ehegatten grds nicht von einer tödlichen Bedrohung auszugehen ist, dürfte bei intensiver Gewaltanwendung nicht zutreffend sein (so aber BGH NJW 69, 802). Wählt der Angegriffene nicht das mildeste Verteidigungsmittel, ist seine Verteidigungshandlung rechtswidrig. Beruht der Notwehrexzess auf einem Irrtum, kann ggf ein Schadensersatzanspruch mangels Verschuldens ausgeschlossen sein (BGH NJW 76, 42). Überschreitet er absichtlich die Grenzen der Notwehr, mangelt es hinsichtlich seiner Verteidigungshandlung am entsprechenden Verteidigungswillen.

9 **III. Grenzen der Rechtsausübung.** Im Bereich der Notwehr findet grds eine Güterabwägung anders als beim Notstand nicht statt (BGH NJW 76, 42). Es darf damit ein höherwertiges Rechtsgut des Angreifers zum Schutz eines geringwertigen Eigenen verletzt werden. Allerdings kennt auch das Notwehrrecht die Grenze des Rechtsmissbrauchs. Besteht zwischen angegriffenem und verteidigtem Rechtsgut ein krasses Missverhältnis, kann § 242 die Ausübung des Notwehrrechtes versagen (BayObLG NJW 95, 2644). So darf ggü einem Obstdieb sicher kein tödlicher Schusswaffengebrauch geübt werden (s.a. Braunschw MDR 47, 205). Ggü Kindern und Geisteskranken wie auch innerhalb besonderer persönlicher Verhältnisse zB der Ehe (BGH NJW 69, 802; 75, 63) können besondere Einschränkungen des Notwehrrechts bestehen.

10 **E. Nothilfe.** Notwehr setzt nicht notwendig einen Angriff auf Rechtsgüter des Verteidigenden voraus, § 227 rechtfertigt auch die Nothilfe zum Schutz der Rechtsgüter anderer (RG WarnR 1913 Nr 102; BGH VersR 70, 375). Bedacht werden muss dabei allerdings, dass Nothilfe gegen den Willen des Verletzten nicht zulässig ist, da es insoweit dann an der Rechtswidrigkeit des Angriffs mangelt (Freiburg JZ 52, 334). Nothilfe zugunsten des Staates ist grds ausgeschlossen, es sei denn, es drohten schwerste Angriffe gegen dessen Integrität. Ein Angriff auf die öffentliche Ordnung ist nicht nothilfefähig (BGHSt 5, 247; BGHZ 64, 180).

11 **F. Rechtsfolge und Beweislast.** Geschieht ein Angriff auf die Rechtsgüter eines Dritten in Notwehr, ist dieser nicht rechtswidrig. Es können insbes keine Schadensersatzpflichten ausgelöst werden, ebenso kann es sich nicht um verbotene Eigenmacht handeln. Gegen eine gerechtfertigte Notwehrhandlung ist damit keine Notwehr möglich. Nicht gerechtfertigt ist allerdings die Schädigung Rechtsgüter Dritter, dies kann nur über andere Normen (Notstand) der Fall sein. Die rechtshindernde Einwendung des Vorliegens von Notwehr muss hinsichtlich der Notwehrlage durch den Verteidiger bewiesen werden (RGZ 159, 240; BGH NJW 76, 42; Kobl NJW-RR 94, 863). Die Beweislast für eine Überschreitung der Notwehr trägt allerdings regelmäßig der Angreifer (BGH VersR 71, 630; 76, 42).

§ 228 Notstand

¹Wer eine fremde Sache beschädigt oder zerstört, um eine durch sie drohende Gefahr von sich oder einem anderen abzuwenden, handelt nicht widerrechtlich, wenn die Beschädigung oder die Zerstörung zur Abwendung der Gefahr erforderlich ist und der Schaden nicht außer Verhältnis zu der Gefahr steht. ²Hat der Handelnde die Gefahr verschuldet, so ist er zum Schadensersatz verpflichtet.

1 **A. Allgemeines.** Die gesetzlichen Regeln zum Notstand ergänzen diejenigen des Notwehrrechts. Während die Notwehr einen menschlichen Angriff voraussetzt, setzt der Notstand eine von einer Sache ausgehende Gefahr voraus. § 228 regelt den Defensivnotstand, der sich gegen die Sache richtet, von der die Gefahr ausgeht. Den sog aggressiven Notstand, bei dem auf eine Sache eingewirkt wird, von der die Gefahr gerade nicht ausgeht, regelt § 904. In § 34 StGB besteht eine Parallelvorschrift, die in ihren Tatbestandsvoraussetzungen allerdings enger ist als § 228. Die Einheit der Rechtsordnung gebietet es, dass die zivilrechtlichen Rechtfertigungstatbestände im Strafrecht und umgekehrt anerkannt werden. Durch die Einfügung des § 90 a hat sich nichts daran geändert, dass Notstand auch gegen Tiere geübt werden kann (Hamm NJW-RR 97, 467). Not-

standsfähig sind grds alle Rechtsgüter, nicht nur absolute Rechte. So können auch bloße Vermögensinteressen oder schuldrechtliche Ansprüche (RGSt 34, 297) im Wege des Notstands geschützt werden. Zu Notstandsexzessen und Fällen des Putativnotstands sowie der provozierten Notstandslagen gelten die Ausführungen zu § 227 (Rn 6) entsprechend.

B. Notstandslage. I. Drohende Gefahr. Hinsichtlich der Konkretisierung der Gefahr sind die Voraussetzungen des § 228 weiter als die des § 227. So setzt der Notstand nur eine drohende, nicht jedoch eine gegenwärtige Gefahr voraus. Diese ist gegeben, wenn eine auf tatsächlichen Umständen gegründete Wahrscheinlichkeit besteht, dass der Schaden eintritt (BGHSt 18, 272). Allerdings reicht die bloße Möglichkeit eines künftigen Schadenseintritts nicht. 2

II. Sachgefahr. In Abgrenzung zum § 904 ist es für § 228 erforderlich, dass die Gefahr für das zu schützende Rechtsgut von der Sache selbst ausgeht, gegen die die Maßnahme ergriffen wird. Umstr ist, ob die Gefahr von der Sache unmittelbar (so RGZ 71, 240; 88, 214; Palandt/*Heinrichs* Rn 6; Staud/*Repgen* Rn 15; Erman/*Wagner* Rn 4) oder auch mittelbar ausgehen kann (so Erman/*Hefermehl* Rn 10; *Allgaier* VersR 89, 789). Um nicht die Unterscheidung zwischen § 904 und 228 zu verwischen, erscheint eine Beschränkung auf unmittelbare Sachgefahren angezeigt, da ansonsten der Schadenersatzpflicht nach § 904 S 2 die Bedeutung genommen wird. Die Fälle der von einer Sache ausgehenden mittelbaren Gefahren sind sachgerechter durch die Regelungen zur Gefährdungshaftung zu lösen. 3

C. Notstandshandlung. I. Abwehrwillen. Ebenso wie die Notwehr setzt auch eine Notstandshandlung den notwendigen Abwehrwillen voraus (BGHZ 92, 359) und muss den Anforderungen der Erforderlichkeit genügen (s dazu § 227 Rn 8). Aus dem Begriff der Erforderlichkeit ergeben sich im Übrigen keine Unterschiede zu § 227, da die Auffassung, dass eine zur Abwehr von Rechtsgutverletzungen geeignete Flucht bei der Notwehr nicht gefordert werden kann, obsolet ist (§ 227 Rn 8). 4

II. Verhältnismäßigkeit. Anders als bei der Notwehr ist es für den Notstand erforderlich, dass der durch die Notstandshandlung angerichtete Schaden nicht außer Verhältnis zu der dem bedrohten Rechtsgut drohenden Gefahr steht. Dies muss nicht unbedingt bedeuten, dass das geschützte Rechtsgut wertvoller als das geschädigte ist. Gewisse Wertabweichungen zu Ungunsten des geschützten Rechtsgut sind möglich. Generell ist aber davon auszugehen, dass Leib und Leben immer höherwertig einzuschätzen sind als Sachwerte (Hamm NJW-RR 01, 237). Auch insoweit ist aber eine Abwägung erforderlich, die es ggf rechtfertigen kann, zur Rettung einer besonders wertvollen Sache (Kronjuwelen) geringfügige Körperverletzungen hinzunehmen. Ideelle Gesichtspunkte können berücksichtigt werden, sodass ggf das Rassepferd dem geliebten Mischlingshund weichen muss. Wegen der besonderen Stellung von Tieren kann die Wertabwägung dort nur eingeschränkt vorgenommen werden. 5

D. Rechtsfolgen und Beweislast. Das Vorliegen der Notstandsvoraussetzungen rechtfertigt die Notstandshandlung, sie wird damit rechtmäßig und ist keine unerlaubte Handlung iSd §§ 823 ff. Hat der in Notstand Handelnde die Gefahr selbst verschuldet, so ist er nach § 228 S 2 zum Schadenersatz verpflichtet, ohne dass die Notstandshandlung dadurch rechtswidrig würde. Hinsichtlich des Verschuldens gelten die deliktsrechtlichen Vorschriften, §§ 827, 828 entsprechend. Wie bei § 227 trägt der in Notstand Handelnde die Beweislast für das Vorliegen der Notstandslage, umgekehrt der Geschädigte diejenige für den Notstandsexzess. 6

§ 229 Selbsthilfe

Wer zum Zwecke der Selbsthilfe eine Sache wegnimmt, zerstört oder beschädigt oder wer zum Zwecke der Selbsthilfe einen Verpflichteten, welcher der Flucht verdächtig ist, festnimmt oder den Widerstand des Verpflichteten gegen eine Handlung, die dieser zu dulden verpflichtet ist, beseitigt, handelt nicht widerrechtlich, wenn obrigkeitliche Hilfe nicht rechtzeitig zu erlangen ist und ohne sofortiges Eingreifen die Gefahr besteht, dass die Verwirklichung des Anspruchs vereitelt oder wesentlich erschwert werde.

A. Allgemeines. Ein geordnetes Gemeinwesen setzt voraus, dass der Einzelne sich zur Durchsetzung oder Sicherung von Ansprüchen grds der staatlichen Organe bedient und nicht Eigenmacht übt. Unter Durchbrechung dieses Grundsatzes erlauben die §§ 229 bis 231, die von weiteren eng umgrenzten Tatbeständen erlaubter Selbsthilfe (§§ 562 b, 859, 860, 910 und 962) flankiert werden, die Rechtsdurchsetzung im Wege der Selbsthilfe. Diese Normen sind ius strictum und können auch nicht durch Parteivereinbarung erweitert werden, da sie eine Durchbrechung des staatlichen Gewaltmonopols darstellen (RGZ 131, 222; 146, 186). 1

B. Voraussetzungen. I. Eigener Anspruch. IRd § 229 gilt der Anspruchsbegriff des § 194, nicht der des Prozessrechts, er muss allerdings erfolgreich durchsetzbar sein, unklagbare oder verjährte Ansprüche reichen nicht. Der bloße Glaube an das Bestehen des Anspruchs rechtfertigt nicht. Insoweit können Taschenkontrollen im Supermarkt nur gerechtfertigt sein, wenn tatsächlich ein Ladendiebstahl vorliegt. Selbsthilfe kann nur hinsichtlich eigener Ansprüche nicht jedoch zugunsten Dritter geübt werden (hM Staud/*Repgen* Rn 14; 2

Palandt/*Heinrichs* Rn 3). Gesetzliche oder rechtsgeschäftliche Vertreter sowie beauftragte Dritte können Selbsthilfe zugunsten des Berechtigten üben, die entsprechende Anwendung einer Geschäftsführung ohne Auftrag kommt wegen des Ausnahmecharakters des § 229 nicht in Betracht.

3 **II. Erlangung obrigkeitlicher Hilfe.** Soweit die Inanspruchnahme staatlicher Organe zur Rechtsdurchsetzung möglich ist, scheidet Selbsthilfe aus. Kommt eine einstweilige Verfügung oder ein Arrest noch zeitig genug, so ist dieses Mittel zu wählen. In einem funktionierenden Rechtsstaat kommt ein Selbsthilfehandeln ggü staatlichen Organen damit praktisch nicht in Betracht (aA Staud/*Werner* (Bearb. 01) Rn 8).

4 **III. Vereitelungsgefahr.** Entscheidend ist, dass die Durchsetzung des eigenen Anspruchs ohne die Selbsthilfe vereitelt oder zumindest erheblich erschwert wird. Bloße Beweisschwierigkeiten rechtfertigen die Selbsthilfe damit nicht (BGHSt 17, 328), ebenso wenig drohende Insolvenz. Ein die Zeche oder den Fahrpreis prellender Gast kann deshalb zur Feststellung seiner Personalien festgehalten werden (BGH VersR 71, 629; Hambg MDR 69, 759; Ddorf NJW 91, 2716), nicht jedoch wenn dessen Identität bekannt ist. Die Volldurchsetzung des Anspruchs bspw durch Griff in das Portemonnaie des Schuldners kann dann gerechtfertigt sein, wenn dessen Flucht ins Ausland droht.

5 **C. Die Selbsthilfemaßnahmen.** Grds kommen als Maßnahmen der Selbsthilfe nur solche in Betracht, die auch iRe hoheitlichen Verfahrens von staatlichen Organen vorgenommen werden können. Selbsthilfe erfordert Selbsthilfewillen. Dessen Fehlen führt zur Versagung der Rechtfertigung.

6 Objekte der Sachgewalt dürfen nur Sachen des Schuldners sein und als solche vollstreckungs- und arrestfähig sein. Wie im Zwangsvollstreckungsverfahren kann hinsichtlich eines Zahlungsanspruchs jede pfändbare Sache in Anspruch genommen werden, wegen eines Herausgabeanspruchs nur die herauszugebende Sache. Die Zerstörung oder Beschädigung von Sachen kommt grds nur als Nebenfolge der Anspruchsdurchsetzung in Betracht (Aufbrechen einer Tür) es sei denn, der Anspruch richtete sich gerade auf die Zerstörung einer Sache wie bspw bei der Beseitigung von Plagiaten.

7 Als Mittel gegen eine Flucht des Verpflichteten ist auch dessen Festnahme gerechtfertigt. Soweit jedoch mehr als Identitätsfeststellung vorgenommen wird, müssen die Voraussetzungen des persönlichen Arrests, s § 230 III, gegeben sein (Staud/*Repgen* Rn 27; Palandt/*Heinrichs* Rn 7).

8 Widerstand des zu einer Duldung verpflichteten Schuldners darf gebrochen werden. Die Duldungspflicht kann sich aus dem zu sichernden Anspruch oder auch aus dem Selbsthilferecht ergeben, wenn sich der Schuldner zB der Festnahme widersetzt. Gewaltanwendung hat aber schonend zu erfolgen, da ansonsten Aufschaukelungsgefahr durch Notwehr gegen Widerstandsmaßnahmen des Schuldners besteht.

9 **D. Rechtsfolgen.** Das Vorliegen der Voraussetzung des § 229 lässt die Rechtswidrigkeit von Selbsthilfehandlungen entfallen. Damit sind Schadenersatzansprüche des Schuldners ausgeschlossen, ebenso ist eine Notwehr gegen diese nicht möglich. Zu den Konsequenzen des Selbsthilfeexzesses und der Putativselbsthilfe gelten § 227 Rn 6 f. entsprechend. Beachte jedoch die Schadenersatzpflicht nach § 231.

§ 230 Grenzen der Selbsthilfe

(1) Die Selbsthilfe darf nicht weiter gehen, als zur Abwendung der Gefahr erforderlich ist.
(2) Im Falle der Wegnahme von Sachen ist, sofern nicht Zwangsvollstreckung erwirkt wird, der dingliche Arrest zu beantragen.
(3) Im Falle der Festnahme des Verpflichteten ist, sofern er nicht wieder in Freiheit gesetzt wird, der persönliche Sicherheitsarrest bei dem Amtsgericht zu beantragen, in dessen Bezirke die Festnahme erfolgt ist; der Verpflichtete ist unverzüglich dem Gericht vorzuführen.
(4) Wird der Arrestantrag verzögert oder abgelehnt, so hat die Rückgabe der weggenommenen Sachen und die Freilassung des Festgenommenen unverzüglich zu erfolgen.

1 **A. Erforderlichkeit.** Rechtmäßig sind nur solche Selbsthilfemaßnahmen, die erforderlich sind, die Gefahr abzuwenden. Es gelten die gleichen Maßstäbe wie bei der Notwehr (§ 227 Rn 8). Reicht zur Anspruchsdurchsetzung die Identifizierung des Schuldners, so ist ein längeres Festhalten nicht erforderlich. Nach herrschender Auffassung bedarf es keiner Verhältnismäßigkeitsprüfung, sondern nur der Beachtung der Grenzen des Rechtsmissbrauchs (Erman/*Hefermehl* Rn 1; Staud/*Repgen* Rn 1; Palandt/*Heinrichs* Rn 1). Richtig ist es wohl, die Grenzen bei der Selbsthilfe deshalb enger zu stecken, da auch im Rahmen staatlicher Vollstreckungsmaßnahmen eine Verhältnismäßigkeitsabwägung erfolgen muss.

2 **B. Maßnahmen.** Das Selbsthilferecht vermittelt kein Besitzrecht, sondern soll nur der vorläufigen Sicherstellung dienen. Folgerichtig fordert II die hoheitliche Legitimierung der Besitzlage durch Zwangsvollstreckung bzw dinglichen Arrest. Dies gilt selbst dort, wo ein wirksamer Besitzanspruch existiert, da sonst die Grenzen des § 859 II (Besitzkehr) erweitert würden. Die fortgesetzte Festnahme des Verpflichteten setzt die Erwirkung des persönlichen Sicherheitsarrests nach den §§ 918, 920 ZPO voraus. Einzige Alternative ist die sofortige Freilassung.

C. Ausbleiben hoheitlicher Maßnahmen. Dass für den Fall, dass hoheitliche Maßnahmen wie der Arrest 3
versagt werden, die sofortige Beendigung des durch Selbsthilfe entstandenen Zustands zu erfolgen hat, ist
selbstverständlich. Das Gesetz duldet aber auch im Fall der Verzögerung hoheitlicher Maßnahmen keine Aufrechterhaltung dieses Zustands, dieser wird sofort widerrechtlich. Daran schließen sich alsdann mögliche
eigene Notwehr- oder gar Selbsthilferechte des Verpflichteten sowie Schadenersatzansprüche an.

§ 231 Irrtümliche Selbsthilfe

Wer eine der in § 229 bezeichneten Handlungen in der irrigen Annahme vornimmt, dass die für den Ausschluss der Widerrechtlichkeit erforderlichen Voraussetzungen vorhanden seien, ist dem anderen Teil zum
Schadensersatz verpflichtet, auch wenn der Irrtum nicht auf Fahrlässigkeit beruht.

Das Selbsthilferecht stellt eine Durchbrechung des staatlichen Gewaltmonopols dar. Notwendiges Gegenstück 1
ist die dogmatisch der Gefährdungshaftung zuzurechnende verschuldensunabhängige Haftung des Handelnden für den Fall, dass er irrtümlich die Voraussetzungen der Selbsthilfe annimmt. Verschuldensfähigkeit ist
nicht erforderlich.

Abschnitt 7 Sicherheitsleistung

§ 232 Arten

(1) Wer Sicherheit zu leisten hat, kann dies bewirken
– durch Hinterlegung von Geld oder Wertpapieren,
– durch Verpfändung von Forderungen, die in das Bundesschuldbuch oder in das Landesschuldbuch eines Landes eingetragen sind,
– durch Verpfändung beweglicher Sachen,
– durch Bestellung von Schiffshypotheken an Schiffen oder Schiffsbauwerken, die in einem deutschen Schiffsregister oder Schiffsbauregister eingetragen sind,
– durch Bestellung von Hypotheken an inländischen Grundstücken,
– durch Verpfändung von Forderungen, für die eine Hypothek an einem inländischen Grundstück besteht, oder
– durch Verpfändung von Grundschulden oder Rentenschulden an inländischen Grundstücken.
(2) Kann die Sicherheit nicht in dieser Weise geleistet werden, so ist die Stellung eines tauglichen Bürgen zulässig.

A. Allgemeines. Die §§ 232 ff haben nur recht geringe praktische Bedeutung. Sie greifen immer dort ein, wo 1
nach gesetzlicher Regelung eine Sicherheitsleistung verlangt oder erbracht werden kann. §§ 232 ff regeln dabei
nur das Wie der Sicherheitsleistung nicht das Ob. Die Berechtigung bzw Verpflichtung Sicherheit zu leisten
muss sich aus anderen gesetzlichen Vorschriften, richterlicher Anordnung oder Vereinbarung (BGH NJW 86,
1038) ergeben. Das Gesetz kennt die Stellung von Sicherheiten einmal im alleinigen Interesse des Gläubigers
zur Sicherung seiner Rechtsposition (zB §§ 843 II, § 1039 I S 2, 1051) zum anderen als Recht des Schuldners
zur Abwendung von Rechtsnachteilen bzw der Gewährung von Rechtsvorteilen (zB §§ 52 II, § 257 S 2, 258
S 2, 273 III). Die Höhe der zu stellenden Sicherheiten richtet sich dabei grds nach dem Wert des zu sichernden Rechts. Auf die prozessualen Sicherheitsleistungsbestimmungen der ZPO sind die §§ 232 ff nur anzuwenden, wenn darauf ausdrücklich verwiesen wird.

B. Wahlrecht. § 232 räumt demjenigen, der eine Sicherheit zu leisten hatte, das Wahlrecht ein, in welcher 2
Form er diese bewirken möchte. Dabei ist Vermischung möglich. Wird die Stellung einer Sicherheit im Wege
der Zwangsvollstreckung durchgesetzt, geht das Wahlrecht nach § 264 analog auf den Gläubiger über (KG JW
36, 677; Ddorf FamRZ 84, 704). Eine Besonderheit stellt die in II vorgesehene Möglichkeit der Stellung eines
tauglichen Bürgen dar. Diese steht dem Verpflichteten nur zur Verfügung, wenn ihm die in I genannten Möglichkeiten nicht zu Gebote stehen, wofür er die Beweislast trägt. Tatsächlich kommt der Stellung eines Bürgen
in Form der Bankbürgschaft die praktisch größte Bedeutung zu.

§ 232 bestimmt die allgemeine Zulässigkeit bestimmter Sicherheitsmittel. Die folgenden Normen enthalten 3
alsdann Regelungen zu einzelnen Sicherheitsformen. Die Hinterlegung von Geld und Wertpapieren erfolgt
nach der Hinterlegungsordnung wobei unter Geld das inländische gesetzliche Zahlungsmittel zu verstehen
ist. Ausländisches Geld ist Wertpapieren gleichzustellen, sodass dafür § 234 III entsprechend gilt (Palandt/
Heinrichs Rn 3; Staud/*Repgen* Rn 2). An den übrigen im § 232 genannten Gegenständen muss ein Pfandrecht
bzw eine Hypothek bestellt werden, wobei die Bestellung einer Sicherungshypothek ausreicht.

§ 233 Wirkung der Hinterlegung

Mit der Hinterlegung erwirbt der Berechtigte ein Pfandrecht an dem hinterlegten Geld oder an den hinterlegten Wertpapieren und, wenn das Geld oder die Wertpapiere in das Eigentum des Fiskus oder der als Hinterlegungsstelle bestimmten Anstalt übergehen, ein Pfandrecht an der Forderung auf Rückerstattung.

1 Bei Hinterlegung entsteht dem Sicherungsberechtigten ein gesetzliches Pfandrecht iSd § 1257 am hinterlegten Geld bzw den Wertpapieren. Soweit allerdings durch die Hinterlegung ein Eigentumswechsel zugunsten des Fiskus oder der Hinterlegungsstelle eintritt, erwirbt der Sicherungsberechtigte ein Pfandrecht an der entsprechenden Rückerstattungsforderung. Zur Durchsetzung des Pfandrechts bedarf es verfahrensrechtlich der Freigabeerklärung des Hinterlegers bzw einer entsprechenden rechtskräftigen Entscheidung. str ist, inwieweit ein Pfandrechtserwerb auch dann in Frage kommt, wenn fremdes Geld oder Wertpapiere hinterlegt wurden. Herrschend ist die Auffassung, dass bei inländischen Zahlungsmitteln in jedem Fall, bei ausländischen Zahlungsmitteln und Wertpapieren nur bei Gutgläubigkeit ein Pfandrecht zugunsten des Sicherungsberechtigten entsteht (zum Streitstand Staud/*Repgen* Rn 5 f.).

§ 234 Geeignete Wertpapiere

(1) ¹Wertpapiere sind zur Sicherheitsleistung nur geeignet, wenn sie auf den Inhaber lauten, einen Kurswert haben und einer Gattung angehören, in der Mündelgeld angelegt werden darf. ²Den Inhaberpapieren stehen Orderpapiere gleich, die mit Blankoindossament versehen sind.
(2) Mit den Wertpapieren sind die Zins-, Renten-, Gewinnanteil- und Erneuerungsscheine zu hinterlegen.
(3) Mit Wertpapieren kann Sicherheit nur in Höhe von drei Vierteln des Kurswerts geleistet werden.

1 Der Kreis der sicherheitsfähigen Wertpapiere wird durch § 234 eingeschränkt, es handelt sich nur um Inhaberpapiere wie Inhaberschuldverschreibungen und auch auf den Inhaber lautende Aktien sowie Orderpapiere mit Blankoindossament, die jeweils qualitativ das Erfordernis der Mündelsicherheit erfüllen müssen (dazu § 1807 Rn 1 ff). Aus II geht hervor, dass das Pfandrecht des Sicherungsberechtigten sich nicht nur auf die Hauptsumme, sondern auch auf entsprechende Ergänzungspapiere erstreckt. Der Begriff des Kurswertes fordert nicht, dass die Wertpapiere einer amtlichen Notierung unterliegen, es bedarf nur der Feststellbarkeit eines Marktpreises. Unabhängig von der Bonität des Schuldners bzw der Qualität der verbrieften Rechte sind diese als Sicherheit nur zu ¾ ihres Kurswertes anzusetzen.

§ 235 Umtauschrecht

Wer durch Hinterlegung von Geld oder von Wertpapieren Sicherheit geleistet hat, ist berechtigt, das hinterlegte Geld gegen geeignete Wertpapiere, die hinterlegten Wertpapiere gegen andere geeignete Wertpapiere oder gegen Geld umzutauschen.

1 § 232 räumt zwar dem Verpflichteten der Sicherungsleistung die Auswahl über deren Art ein, nach erfolgter Sicherheitsstellung erlischt dieses jedoch. Grds ist damit ein Sicherungstausch nur mit Zustimmung des Berechtigten möglich. Wegen der besonderen Fungibilität von Geld und Wertpapieren eröffnet § 235 dagegen dem Sicherungsgeber einen Austausch auch ohne Zustimmung.

§ 236 Buchforderungen

Mit einer Schuldbuchforderung gegen den Bund oder gegen ein Land kann Sicherheit nur in Höhe von drei Vierteln des Kurswerts der Wertpapiere geleistet werden, deren Aushändigung der Gläubiger gegen Löschung seiner Forderung verlangen kann.

1 Die Norm bestimmt den Wertansatz für Buchforderungen gegen den Bund oder einen der Bundesstaaten. Dieser bestimmt sich auf ¾ des Kurswertes der Wertpapiere, die der Gläubiger gegen Löschung der Schuldbuchforderung erhält.

§ 237 Bewegliche Sachen

¹Mit einer beweglichen Sache kann Sicherheit nur in Höhe von zwei Dritteln des Schätzungswerts geleistet werden. ²Sachen, deren Verderb zu besorgen oder deren Aufbewahrung mit besonderen Schwierigkeiten verbunden ist, können zurückgewiesen werden.

Bei Verpfändung beweglicher Sachen sieht das Gesetz im Vergleich zu Wertpapieren einen auf ⅔ des Schätzwertes der Sache reduzierten Sicherungswert vor. Bloße Liebhabergegenstände taugen danach nicht, da diese keinen Schätzwert besitzen. Die Beweislast für einen Schätzwert trägt der die Sicherheit Leistende. Nicht als Sicherheit geeignet sind Sachen, die verderblich (Obst, Gemüse u.ä.) oder schwierig aufzubewahren sind. Tiere sind damit ungeeignet.

§ 238 Hypotheken, Grund- und Rentenschulden

(1) Eine Hypothekenforderung, eine Grundschuld oder eine Rentenschuld ist zur Sicherheitsleistung nur geeignet, wenn sie den Voraussetzungen entspricht, unter denen am Orte der Sicherheitsleistung Mündelgeld in Hypothekenforderungen, Grundschulden oder Rentenschulden angelegt werden darf.
(2) Eine Forderung, für die eine Sicherungshypothek besteht, ist zur Sicherheitsleistung nicht geeignet.

Grundpfandrechte bzw grundpfandrechtlich gesicherte Forderungen eignen sich nur dann zur Sicherheitsleistung, wenn es sich um mündelsichere Werte handelt (dazu § 1807 Rn 1 ff). Forderungen, für die eine Sicherungshypothek besteht, eignen sich deshalb nicht zur Sicherheitsleistung, da es für diese am besonderen Schutz des guten Glaubens an das Grundbuch hinsichtlich des Bestehens der Forderung mangelt. Die Bestellung einer originären Sicherungshypothek als Sicherheit ist damit jedoch nicht ausgeschlossen (str).

§ 239 Bürge

(1) Ein Bürge ist tauglich, wenn er ein der Höhe der zu leistenden Sicherheit angemessenes Vermögen besitzt und seinen allgemeinen Gerichtsstand im Inland hat.
(2) Die Bürgschaftserklärung muss den Verzicht auf die Einrede der Vorausklage enthalten.

Das subsidiäre Sicherungsmittel des Bürgen setzt voraus, dass die betreffende Person angemessenes Vermögen besitzt oder zumindest ausreichende wiederkehrende Einkünfte hat (hM). Zum Geschäftsbetrieb in Deutschland zugelassene Kreditinstitute sind damit praktisch immer als Bürgen geeignet. Aufgrund Art 59 EuGVÜ ist es mittlerweile ausreichend, wenn der allgemeine Gerichtsstand des Bürgen sich innerhalb der EU befindet (Kobl RIW 95, 775; Ddorf ZIP 95, 1667). Die Bürgschaftserklärung muss ferner den formgerechten Verzicht auf die Einrede der Vorausklage enthalten, die im Zweifel selbst dann zu erklären ist, wenn sie nach § 349 S 1 HGB ausgeschlossen wäre. Den Nachweis für die Tauglichkeit des Bürgen hat der die Sicherheit Leistende zu erbringen.

§ 240 Ergänzungspflicht

Wird die geleistete Sicherheit ohne Verschulden des Berechtigten unzureichend, so ist sie zu ergänzen oder anderweitige Sicherheit zu leisten.

Sicherungsgegenstände können einem Wertverfall unterliegen, wie Absinken eines Kurswertes, Vermögensverfall des Bürgen, Beschädigung oder Wertverlust der verpfändeten Sache. Den Anspruch auf Ergänzung hat der Berechtigte, die Wahl zwischen Ergänzung und Ersetzung steht dem Verpflichteten zu. Der Berechtigte trägt die Beweislast für den Wertverlust der Sicherheit. Um einen mehr akademischen Streit handelt es sich, ob bei anfänglich unzureichender Sicherheit der Anspruch aus § 240 oder dem ursprünglichen Sicherungsrecht herrührt. Da es sich bei der Ergänzungspflicht um eine rein schuldrechtliche Verpflichtung handelt, ist der Berechtigte im Insolvenzfall des Pflichtigen auf eine Insolvenzforderung verwiesen. Wurde zwischen den Beteiligten einvernehmlich vereinbart, dass nur ein bestimmter Gegenstand als Sicherheit dienen sollte, so begründet dessen Wertminderung im Zweifel keine Ergänzungspflicht. Ebenso wenig besteht diese, wenn der Gegenstand durch Verschulden des Berechtigten im Wert gemindert wird.

Buch 2 Recht der Schuldverhältnisse

Abschnitt 1 Inhalt der Schuldverhältnisse

Titel 1 Verpflichtung zur Leistung

Vorbemerkungen vor §§ 241 ff

1 **A. Bedeutung und Funktionen des Schuldrechts.** Das Schuldrecht gehört zum Kern des zivilen Vermögensrechts, welchen es zusammen mit dem Allgemeinen Teil und dem Sachenrecht bildet. Regelungsgegenstand ist – wie auch die Überschrift zum zweiten Buch des BGB deutlich macht – das „Recht der Schuldverhältnisse". „Schuld" meint dabei keinen moralischen Vorwurf, sondern die Verpflichtung von Personen im Rechtsverkehr; „Schuld" ist deshalb „Pflicht". Dieser Pflicht einer Person, des Schuldners, steht das (subjektive) Recht einer anderen, des Gläubigers, gegenüber. Das zwischen beiden Personen bestehende Rechtsverhältnis wird international als „Obligation" bezeichnet. Den vor 1900 auch in Deutschland vorherrschenden Begriff der Obligation hat das BGB durch den Terminus „Schuldverhältnis" ersetzt (zum Begriff des Schuldverhältnisses s § 241 Rn 4 ff).

2 Das Schuldrecht behandelt Rechtsverhältnisse zwischen – im Ausgangspunkt – gleichgeordneten Teilnehmern am Rechtsverkehr. Dabei ist es nicht auf natürliche und juristische Personen des Privatrechts beschränkt, sondern findet auch Anwendung, soweit juristische Personen des öffentlichen Rechts am Privatrechtsverkehr teilnehmen (zur Abgrenzung zum öffentlichen Recht Rn 13). Gleichordnung meint nicht, dass sich Hierarchien mit den Mitteln des Schuldrechts nicht organisieren ließen. So können insbes unter § 315 Weisungsrechte vereinbart werden; für Arbeitsverhältnisse enthält § 106 GewO eine Sonderregelung dazu.

3 **I. Funktionen des Schuldrechts.** Das Schuldrecht soll verschiedene Funktionen im Rechtsleben erfüllen und diese Mehrfachfunktionalität bereitet bei der Auslegung und Anwendung seiner einzelnen Vorschriften bisweilen nicht unerhebliche Schwierigkeiten. Das zweite Buch des BGB regelt zunächst den rechtsgeschäftlichen Verkehr und organisiert damit **Güterbewegungen** am Markt. Außerdem dient es – auch außerhalb des rechtsgeschäftlichen Verkehrs – dem **Personen- und Güterschutz**. Zu diesem Zweck hält das Gesetz umfängliche Ausgleichsordnungen, nämlich das Schadensersatzregime nach §§ 823 ff sowie die Bewältigung unberechtigter Vermögensverschiebungen in den §§ 812 ff, vor. Eine gewisse Zwitterstellung nehmen in diesem Zusammenhang die Regeln über die Geschäftsführung ohne Auftrag (§§ 677 ff) ein, weil sie einerseits eine Ausgleichsordnung bilden und andererseits eine Schwäche der Vertragsordnung überwinden helfen.

4 Neben diesen beiden Kernfunktionen dient das Schuldrecht außerdem dazu, allgemeine Regeln für die entstehenden Rechte bereitzustellen: So finden sich etwa allgemeine Regeln über Geldschulden (§§ 244–248), über Schadensersatzansprüche (§§ 249–255) sowie über das Erlöschen entstandener Ansprüche durch Erfüllung (§§ 362–371), Hinterlegung und Selbsthilfeverkauf (§§ 372–386), Aufrechnung (§§ 387–396) und Erlass (§ 397). Ferner werden die Übertragung der Gläubigerstellung durch Abtretung (§§ 398–413) und der Schuldnerstellung durch Schuldübernahme (§§ 414–418) sowie die verschiedenen Konstellationen von Personenmehrheiten auf Gläubiger- oder Schuldnerseite (§§ 420–432) behandelt. Die genannten Regeln bilden zusammen mit einigen wenigen weiteren den wirklichen Allgemeinen Teil des Schuldrechts, weil sie ohne Rücksicht darauf Anwendung finden (sollen), welcher der genannten Kernfunktionen der jeweils entstandene Anspruch seine Existenz verdankt.

5 **II. Schuldrecht und Vertragsrecht.** Entspr den beschriebenen Funktionen des Schuldrechts, erfasst dieses Rechtsgebiet nicht nur vertragliche, sondern auch außervertragliche Schuldverhältnisse. Schuldrecht und Vertragsrecht sind **nicht deckungsgleich**: Einerseits ist das Vertragsschlussrecht – von wenigen Ausnahmen (etwa §§ 241a, 311 ff, 312 ff) abgesehen – nicht Teil des Schuldrechts, andererseits gilt dieses mit seinen allgemeinen Regeln (s ua Rn 12 f) grds auch für das Deliktsrecht, das Bereicherungsrecht und für das Recht der Geschäftsführung ohne Auftrag. Diese Ordnungsidee des Schuldrechts steht jedoch in einem Spannungsverhältnis zu Tendenzen der europäischen und internationalen Rechtsvereinheitlichung (s etwa die Unidroit Principles of International Commercial Contracts 2004 [PICC], die Principles of European Contract Law Parts I & II 2000, Part III 2003 [PECL], sowie die verschiedenen Mitteilungen der EG-Kommission zum Europäischen Vertragsrecht aus den Jahren 2001, 2002 und 2004; vgl *Schmidt-Kessel* RIW 03, 481 und *Schmidt-Kessel* GPR 05, 2). Außerdem führt sie auch innerhalb des deutschen Rechts zu Inkohärenzen, weil zahlreiche Regeln des allgemeinen Schuldrechts trotz ihrer grds generellen Anwendbarkeit auf vertragliche Schuldverhältnisse zugeschnitten sind. Unsicherheiten über die Anwendung der §§ 275 ff iRd Rückabwicklung nach §§ 818 ff etwa haben hier ihren Ursprung. Dementspr ist bei der Behandlung von Vorschriften des allgemeinen Schuldrechts immer auch danach zu fragen, ob sie auf außervertragliche Schuldverhältnisse einschränkungslos angewandt werden können.

B. Entwicklung des Schuldrechts unter dem BGB. Das 1896 verabschiedete und 1900 in Kraft getretene 6
Schuldrecht des BGB beruht weitgehend auf dem Stand der wissenschaftlichen Erkenntnis zum römischen
Recht am Ende des 19. Jahrhunderts (*Zimmermann* The law of obligations S 29 ff; *Wieacker* Privatrechtsgeschichte der Neuzeit S 472 ff). Dass der Gesetzgeber dabei im Anschluss an *Mommsen* und *Windscheid* auf
eine ausdrückliche allgemeine Regelung der culpa-Haftung verzichtete (zur ursprünglichen Struktur des
gesetzlichen Leistungsstörungsrechts s Vorbem zu § 275 Rn 2), führte bereits in den Jahren 1902/03 zur Etablierung der positiven Forderungsverletzung als eigenständige aber ungeschriebene Anspruchsgrundlage
(RGZ 52, 18, 19 f; *Staub* FS DJT 1902, 29-56; *Staub* Die positiven Vertragsverletzungen 1904). Fast von
Anfang an fielen daher der Text des Gesetzes und die geltende Rechtslage auseinander. Es ist nicht zuletzt dieser Umstand, der es Rspr und Lehre leicht gemacht hat, auch an anderer Stelle vom Text und gelegentlich
auch vom Geist des Gesetzes abzuweichen (vgl *Rüthers* Die unbegrenzte Auslegung S 13 ff et passim). Prominentestes Beispiel dafür ist die formal auf § 242 gestützte Entwicklung der Geschäftsgrundlagenlehre (s § 313
Rn 1).

Zu den bestimmenden Faktoren der Entwicklung des Schuldrechts zählt seit der Mitte des 20. Jahrhunderts 7
insbes das **Verfassungsrecht** (grundlegend: *Ruffert* Vorrang der Verfassung und Eigenständigkeit des Privatrechts 2001 S 7 ff). Zwar gelten Art 2 I GG und die verschiedenen spezielleren Grundrechte ganz überwiegend nicht unmittelbar unter Privaten (für die Ausnahme Art 9 III GG s BVerfGE 57, 220, 245), jedoch sind
einerseits die Normen des Schuldrechts hinsichtlich ihrer Wirksamkeit am Maßstab der Grundrechte zu messen oder grundrechtskonform auszulegen und andererseits fließen die Grundrechte als Kern der verfassungsrechtlichen Wertordnung in die Konkretisierung der zivilrechtlichen Generalklauseln, insbes §§ 138, 242, 826,
mit ein (mittelbare Drittwirkung: grundlegend BVerfGE 7, 198, 205 f [*Lüth*]; s § 242 Rn 13 ff).

Die **Europäische Gemeinschaft** verfügt bereits seit ihrer Gründung über Bestimmungen, welche in das Zivil- 8
und besonders das Schuldrecht der Mitgliedstaaten eingreifen (s nur Art 81, 82 [ex 85, 86] EGV). Primärrechtlich sind insoweit vor allem die Grundfreiheiten angesprochen, welche – jedenfalls auch zwingende –
Normen des Schuldrechts einschränken oder von der Anwendbarkeit ausschließen können (s dazu *Remien*
Zwingendes Vertragsrecht und Grundfreiheiten des EG-Vertrages S 178 ff). Für dispositive Bestimmungen ist
dies umstr (dafür *Basedow* FS Mestmäcker 347, 354 ff). Praktisch erheblich wichtiger ist die umfangreiche
Rechtssetzungstätigkeit des Gemeinschaftsgesetzgebers, die vorwiegend durch von den Mitgliedstaaten umzusetzende Richtlinien erfolgt (für einen jüngeren Überblick über das geltende Sekundärrecht s *Riesenhuber*
Europäisches Vertragsrecht 2003 S 14 ff). Das so entstehende Umsetzungsrecht unterliegt in Auslegung und
Anwendung besonderen Regeln, in deren Zentrum das Gebot der **richtlinienkonformen Auslegung** steht. Im
Einzelnen müssen die Mitgliedstaaten zur Erfüllung ihrer Verpflichtungen aus einer Richtlinie alle erforderlichen Maßnahmen ergreifen, um die vollständige Wirksamkeit der Richtlinie gem ihrer Zielsetzung zu
gewährleisten (vgl EuGH, 17. 6. 99, Rs C-336/97, Kommission/Italien, Slg 99, I-3771, Rz 19; EuGH, 5. 12. 02,
Rs C-324/01, Kommission/Belgien, Slg 02, I-11197, Rz 18). Jedoch hat der EuGH entschieden, dass eine
Richtlinie nicht selbst Verpflichtungen für einen Einzelnen begründen kann, so dass ihm gegenüber eine
Berufung auf die Richtlinie als solche nicht möglich ist (vgl EuGH Urteile vom 14. 7. 94, Rs C-91/92, Faccini
Dori, Slg 94, I-3325, Rn 20; EuGH, 5. 10. 04, Rs C-397/01 bis C-403/01, Pfeiffer ua, Slg 04, I-8835, Rn 108).
Ein nationales Gericht, bei dem ein Rechtsstreit zwischen Privatpersonen anhängig ist, muss allerdings bei
der Anwendung der Bestimmungen des innerstaatlichen Rechts, die zur Umsetzung der in einer Richtlinie
vorgesehenen Verpflichtungen erlassen worden sind, das gesamte nationale Recht berücksichtigen und es so
weit wie möglich anhand des Wortlauts und des Zweckes der Richtlinie auslegen, um zu einem Ergebnis zu
gelangen, das mit dem von der Richtlinie verfolgten Ziel vereinbar ist (vgl EuGH, 5. 10. 04, Rs C-397/01 bis
C-403/01, Pfeiffer ua, Slg 04, I-8835, Rn 120).

Das im BGB geregelte Schuldrecht hat seine tiefsten Einschnitte durch das **Gesetz zur Modernisierung des** 9
Schuldrechts vom 26. 11. 01 (BGBl 01, I, 3138) erfahren. Die Vorgeschichte dieser Reform beginnt in den 70er
Jahren und führte 1984 zur Konstituierung der Kommission zur Überarbeitung des Schuldrechts. Diese legte
1992 den im Abschlussbericht der Kommission näher erläuterten Entwurf zur Überarbeitung des Schuldrechts
(BGB-KE) vor. Der 60. Deutsche Juristentag 1994 in Münster begrüßte diesen Entwurf mit großen Mehrheiten. Nach dem Regierungswechsel von 1998 nutzte die damalige Bundesministerin *Däubler-Gmelin* die Pflicht
zur Umsetzung dreier EG-Richtlinien, darunter die Richtlinie 1994/44/EG zu bestimmten Aspekten des Verbrauchsgüterkaufs und der Garantien für Verbraucher (ABlEG Nr L 171 v 7. 7. 99, 11), um auf den Kommissionsentwurf zurückzugreifen. Der Diskussionsentwurf vom Herbst 2000 beruht ganz überwiegend auf dem
Kommissionsentwurf und wurde in seinen Grundlinien über die konsolidierte Fassung des Diskussionsentwurfs zur Grundlage des Regierungsentwurfs vom 9. 5. 01 (BR-Drucks 338/01, zumeist zitiert nach dem textidentischen Koalitionsentwurf, BTDrs 14/6040). Mit zahlreichen Modifikationen im Detail, jedoch unverändert in seinen Grundlinien, ist das Gesetz zum 1. 1. 02 in Kraft getreten (zu den Übergangsregeln in Art 229
§§ 5-7 EGBGB s die Kommentierungen von *Peters*, *Löwisch* und *Schmidt* im entspr Band des Staud).

C. Regelungsorte und Regelungstechnik. Der Kernbestand schuldrechtlicher Regeln findet sich im zweiten 10
Buch des BGB, also in den §§ 241-358. Jedoch ist das Schuldrecht nicht auf diesen **Regelungsort** beschränkt;
vielmehr finden sich schuldrechtliche Bestimmungen – vorwiegend Anspruchsgrundlagen – auch in sämtli-

chen anderen Büchern des Gesetzbuchs. Außerdem enthält das deutsche Recht schuldrechtliche Regelungen in einer Unzahl weiterer Gesetze. Insbes enthält das HGB zahlreiche Sonderbestimmungen für handelsrechtliche Schuldverhältnisse. Eine Reihe von Sondergesetzen behandelt etwa Fragen der außervertraglichen Haftung für gefährliche Anlagen (HPflG), gefährliche Produkte (ProdHaftG), Umweltschäden (UmweltHG) und Unfälle im Straßenverkehr (StVG). Neben diesen nationalen Sondergesetzen können freilich auch einheitsrechtliche Regelungen wie EG-Verordnungen – etwa die Verordnung 261/04 über eine gemeinsame Regelung für Ausgleichs und Unterstützungsleistungen für Fluggäste im Fall der Nichtbeförderung und bei Annullierung oder großer Verspätung von Flügen (ABlEG Nr L 046 v 17. 2. 04, 1) – oder völkerrechtliche Verträge, wie das internationale UN-Kaufrecht, CISG, zur Anwendung gelangen.

11 Das BGB arbeitet mit der **Regelungstechnik**, allgemeine, in einer Vielzahl von Regelungsbereichen gleichartig auftretende Probleme „vor die Klammer zu ziehen" und abstrakt zu regeln. Diese Technik betrifft nicht nur das Verhältnis der verschiedenen Bücher des Gesetzes zueinander, sondern sie findet auch innerhalb des zweiten Buchs Anwendung: die §§ 241–432 behandeln den „Allgemeinen Teil" des Schuldrechts und enthalten idealiter allgemeine, dh für alle Schuldverhältnisse geltende Regeln. Diese Regelungstechnik erschwert freilich gelegentlich die Lesbarkeit der Normen, etwa wenn sich die Regeln über den Handelskauf, über den Allgemeinen Teil, das allgemeine Schuldrecht, das besondere Schuldrecht und die §§ 373 ff HGB verstreut finden.

12 **D. Anwendungsbereich.** Die Regeln des allgemeinen Schuldrechts gelten unmittelbar für die dort und im besonderen Schuldrecht aufgeführten sowie für die außerhalb des BGB geregelten Schuldverhältnisse, soweit sie sich mit den Besonderheiten der jeweiligen Regel vereinbaren lassen. Das gilt auch für solche Schuldverhältnisse, welche sich aus Vorschriften des Sachen- (Bsp: §§ 987 ff), des Familien- (Bsp: §§ 1601 ff) und des Erbrechts (Bsp: §§ 2174 ff) ergeben.

13 Auch das öffentliche Recht kennt Schuldverhältnisse, für welche die einschlägigen Kodifikationen (insbes VwVfG des Bundes und der Länder, AO und SGB) in großem Umfang Sonderregeln enthalten. Soweit diese lückenhaft sind, werden die §§ 241 ff vielfach entspr herangezogen (RGZ 82, 206, 215 [Fuldaer Dombrand]; BGHZ 63, 167, 172). Teilweise finden sich auch ausdrückliche Verweisungen auf das BGB (Bsp: § 62 S 2 VwVfG des Bundes).

14 **E. Internationales Privatrecht.** Das für schuldrechtliche Konstellationen einschlägige Internationale Privatrecht ist bislang weitgehend in den Art 27–37 EGBGB für vertragliche und in den Art 38-42 EGBGB für außervertragliche Schuldverhältnisse geregelt. Erstere beruhen auf dem EG-Übereinkommen vom 19. 6. 80 über das auf vertragliche Schuldverhältnisse anwendbare Recht (sog Rom I-Übereinkommen). Sonderregeln finden sich etwa in Art 7 ff EGVVG, § 130 II GWB, § 32 b UrhG. Neben diesen nationalen Vorschriften findet sich eine Reihe völkerrechtlicher Verträge, die jedoch ganz überwiegend nicht internationales Privatrecht, sondern internationales Einheitsrecht setzen. Die wichtigsten unter diesen sind das internationale UN-Kaufrecht, CISG, v 11. 4. 80, sowie die verschiedenen transportrechtlichen Übereinkommen (ua CMR, COTIF [CIV u CIM], Abkommen von Warschau u Montreal), welche, soweit sie Regelungen treffen, die entspr Regeln des nationalen Sach- und Kollisionsrechts verdrängen.

15 Seit der Begründung einer allgemeinen Kompetenz der Europäischen Gemeinschaft zur Regelung des internationalen Privatrechts in Art 65 EGV, bemüht sich die Gemeinschaft zunehmend um den Erlass kollisionsrechtlicher Vorschriften. Im Mittelpunkt steht dabei das Vorhaben, das Rom I-Übereinkommen in eine EG-Verordnung (Rom I-Verordnung) zu überführen (KOM[2005] 650 endgültig; dazu *Mankowski* IPRax 2006, 101; *Schaefer* GPR 2006, 55). Außerdem befindet sich ein Vorschlag der Kommission über eine Verordnung über das auf außervertragliche Schuldverhältnisse anzuwendende Recht (Rom II-Verordnung) im Gesetzgebungsverfahren (KOM[2003] 427 endgültig; dazu *Fuchs* GPR 03/04, 100 ff). Diese Verordnungen werden voraussichtlich für sämtliche Mitgliedsstaaten mit Ausnahme Dänemarks gelten.

§ 241 Pflichten aus dem Schuldverhältnis

(1) ¹Kraft des Schuldverhältnisses ist der Gläubiger berechtigt, von dem Schuldner eine Leistung zu fordern. ²Die Leistung kann auch in einem Unterlassen bestehen.
(2) Das Schuldverhältnis kann nach seinem Inhalt jeden Teil zur Rücksicht auf die Rechte, Rechtsgüter und Interessen des anderen Teils verpflichten.

1 **A. Allgemeines.** Die Vorschrift ist durch die Schuldrechtsreform ergänzt worden: Während I den Text der ursprünglichen Fassung von 1896 unverändert wiedergibt, handelt es sich bei II um eine im Kern auf § 241 II 1 BGB-KE zurückgehende Ergänzung (zu den Gründen s Abschlussbericht S 113 ff; AnwK/*Krebs* § 241 Rn 18). Neu ist auch die amtliche Überschrift der Bestimmung.

2 Die Vorschrift enthält eine allgemeine, in das Schuldrecht einführende Regelung. Sie gilt – zu Unrecht – als theoretisierende Regel ohne Aussagekraft (etwa MüKo/*Kramer* § 241 Rn 1; Palandt/*Heinrichs* § 241 Rn 1). § 241 entfaltet vielmehr nicht zu unterschätzende **konzeptionelle** und **begriffliche Wirkungen**: So definiert die Vorschrift implizit die wichtigsten Beteiligten des Schuldverhältnisses, Gläubiger und Schuldner (s Rn 8 f), und leistet außerdem einen Beitrag zur Klärung des Begriffs „Schuldverhältnis" (Rn 4 ff).

Konzeptionell verharrt der Text von Abs 1 bei der herkömmlichen Vorstellung vom Erfüllungsanspruch als 3 „Rückgrat der Obligation" (s *Rabel* Recht des Warenkaufs I S 375): Einerseits bildet § 241 I 1 nämlich die Basis für die Durchsetzung vertraglicher Pflichten in Natur, den Erfüllungsanspruch (*Schlechtriem/Schmidt-Kessel* Schuldrecht AT Rn 465; s Rn 22–24). Andererseits gehört dieser Satz zu der auch in den übrigen Teilen der Bestimmung sowie nach der amtlichen Überschrift im Mittelpunkt stehenden Beschreibung der vertypten Pflichteninhalte (*Schlechtriem/Schmidt-Kessel* Rn 159-165; s Rn 10 ff). Die – als selbstverständlich empfundene – Zusammenschau von Pflicht und Erfüllungsanspruch entspr nach der Schuldrechtsreform nicht mehr der Systematik des Leistungsstörungsrechts, welches den Erfüllungsanspruch als eigenen Rechtsbehelf auffasst (s zunächst §§ 437 Nr 1, 634 Nr 1; Rn 22–24; Vorbem zu § 275 Rn 10). Es hätte daher nahe gelegen, die beiden Regelungsgegenstände – **Pflichtentypen und Rechtsbehelf Erfüllungsanspruch** – nunmehr in getrennten Vorschriften anzusiedeln; die geltende Gesetzesfassung mit der Doppelnatur von § 241 I 1 droht die Neuausrichtung des Erfüllungsanspruchs zu verdecken.

B. Begrifflichkeiten. I. Schuldverhältnis im engeren und im weiteren Sinne. § 241 definiert den Begriff 4 des Schuldverhältnisses nicht, sondern beschreibt lediglich die Pflichten der Parteien als Wirkungen von Schuldverhältnissen. Die genaue Wortbedeutung bleibt jedoch unklar. Das entspricht der Mehrdeutigkeit, mit welcher der Begriff Schuldverhältnis auch sonst im Gesetz Verwendung gefunden hat: In einigen Vorschriften (etwa §§ 362, 364, 397) ist die einzelne rechtliche Forderungsbeziehung, die Obligation, angesprochen; man spricht insoweit vom **Schuldverhältnis im engeren Sinne**. Andere Bestimmungen (etwa §§ 280 I 1, 311 I, 425 I) verstehen unter Schuldverhältnis die gesamte Rechtsbeziehung zwischen den Parteien, das sog **Schuldverhältnis im weiteren Sinne**.

Die Bedeutungsvariante „im engeren Sinne" entspringt dem Versuch, das Wort Obligation durch eine 5 deutschsprachige Formel zu ersetzen (Staud/*Olzen* [2005] § 241 Rn 4). Dementspr wird sie herkömmlich mit der einzelnen Leistungsbeziehung gleichgesetzt, also der Kombination aus dem Forderungsrecht des Gläubigers (Anspruch, § 194 I) und der entspr Leistungspflicht des Schuldners. Dabei ist freilich zu beachten, dass die Begriffe Obligation und Schuldverhältnis im engeren Sinne in ein Pflichtelement und ein Durchsetzungselement zerfallen, welche nach der Schuldrechtsreform auch getrennt gedacht werden müssen (s.o. Rn 3). Der Begriff des Schuldverhältnisses im engeren Sinne verweist also auf die überholte Engführung von Pflicht und Erfüllungsanspruch in der Konzeption der Obligation und sollte daher aufgegeben werden.

Hinter der Formel vom Schuldverhältnis im weiteren Sinne steht die Vorstellung, dass eine Gesamtheit von 6 Rechtsbeziehungen zwischen Parteien durch einen Begriff beschrieben und zusammenfassend bezeichnet werden kann. Dieses, anderen Rechtsordnungen nicht immer leicht vermittelbare, Verständnis entspricht dem Bild vom Schuldverhältnis als „Organismus" (*Sieber*) oder „sinnhaftes Gefüge" (*Larenz*). Das Schuldverhältnis im weiteren Sinne ist die Basis der Pflichten der Parteien und der bei ihrer Verletzung eingreifenden Rechtsbehelfe. Mit einem solchen Schuldverhältnis sind nicht notwendig Erfüllungsansprüche iSv § 241 I 1 verbunden (zu Unrecht kritisch AnwK/*Krebs* § 241 Rn 9).

Auch die Wortbedeutung in § 241 ist nicht vollständig geklärt: Zwar entspr es allgemeiner Meinung, dass 7 § 241 I 1 von einem Schuldverhältnis im engeren Sinne handelt (etwa Jauernig/*Mansel* § 241 Rn 2). Allerdings ist zu beachten, dass damit nach der Schuldrechtsreform sowohl der Pflichttyp „Leistungspflicht" als auch der Rechtsbehelf Erfüllungsanspruch angesprochen sind (s.o. Rn 3). Für § 241 II ist die Einordnung hingegen umstr. Teilweise wird hier eine Bedeutung als Schuldverhältnis im weiteren Sinne angenommen (insbes *Schapp* JZ 01, 583, 584; *ders* JA 02, 939, 941 ff). Das ist jedoch unrichtig: Wie bereits die Verweise in §§ 282, 311 II, III und 324 zeigen, geht es in der Bestimmung um die Vertypung bestimmter Pflichten. Die Verwendung des Wortes „Schuldverhältnis" erfolgt daher in der engeren Bedeutungsvariante und verdeutlicht damit lediglich, dass auch insoweit ein Erfüllungsanspruch als Rechtsbehelf in Betracht kommt.

II. Gläubiger und Schuldner. Die Begriffe Gläubiger und Schuldner werden in § 241 I 1 zwar nicht aus- 8 drücklich definiert, jedoch implizit näher bestimmt, indem der Gläubiger als der Berechtigte der betreffenden Pflicht und der zugehörigen Forderung, also des Erfüllungsanspruchs angesprochen und zugleich der Schuldner zum Adressat von Pflicht und Forderung erklärt wird. Auch auf diese Begriffe schlägt also der in der Vorschrift enthaltene Dualismus von Pflicht und Erfüllungsanspruch durch, wobei die Worte Gläubiger und Schuldner – im Gegensatz zu Verpflichteter und Berechtigter – wiederum der überkommenen Konzeption entstammen.

§ 241 I 1 verdeutlicht zudem das Erfordernis zweier unterschiedlicher Rechtsträger sowohl für die Pflicht als 9 auch für den darauf basierenden Erfüllungsanspruch (RGZ 148, 65, 67; AnwK/*Krebs* § 241 Rn 7). Fällt etwa eine der Parteien ersatzlos weg, dh ohne dass es einen Rechtsnachfolger gibt, erlischt die Pflicht und mit ihr der Erfüllungsanspruch (RGZ 148, 65, 67 [hoheitliche Auflösung eines kommunistischen Vereins]). An zwei unterschiedlichen Rechtsträgern fehlt es auch im Falle der Konfusion, so dass die Pflicht und mit ihr der Erfüllungsanspruch erlischt, wenn sich die Positionen von Gläubiger und Schuldner in einer Person vereinigen (AnwK/*Krebs* § 241 Rn 7).

C. Pflichten aus dem Schuldverhältnis. Darstellungen zum Schuldrecht teilen die verschiedenen Pflichten, 10 die aus Schuldverhältnissen erwachsen können, herkömmlich in verschiedene Kategorien ein. Solche Einteilungen sind jedenfalls dort unschädlich, wo sie lediglich der Darstellung dienen. Sobald an derartige kategoriale Differenzierungen jedoch unterschiedliche Rechtsfolgen geknüpft werden, ist Vorsicht geboten. Es stellt sich dann die Frage, ob das dadurch entstehende Geflecht tatbestandlicher Voraussetzungen lediglich dogmatisches Konstrukt ist oder im Gesetz eine Stütze findet.

11 **I. Erfolg und Verhalten als Gegenstände.** Das zentrale Kriterium bei der Unterscheidung verschiedenartiger Pflichten ist richtigerweise die Frage danach, ob die betreffende Pflicht das Erreichen eines Erfolgs einschließt oder ob der Schuldner lediglich ein Verhalten schuldet; letzteres mag zwar auch auf einen bestimmten Erfolg gerichtet sein, dieser ist aber nicht geschuldet. Diese Unterscheidung, welche auf den Franzonen *René Demogue* (Traité des obligations Bd 5 Nr 1237: obligations de résultat und obligations de moyens) zurückgeht, findet sich als Grundmuster im gesamten Europäischen Vertragsrecht (Art 5.1.4 und 5.1.5 PICC; Komm D und Anm 2 zu Art 6:102 PECL; vgl *Schmidt-Kessel* Standards vertraglicher Haftung nach englischen Recht 2003 S 202). Im deutschen Recht findet sich die Differenzierung va als Grenze zwischen Werk- und Dienstvertrag. Außerdem war nach altem Schuldrecht die Beweislastverteilung bei der positiven Vertragsverletzung richtigerweise davon abhängig, ob die verletzte Pflicht erfolgsbezogen oder verhaltensbezogen war (grundl *Stoll* FS v Hippel, 517 ff u *ders* AcP 176 [1976], 145, 149 ff; ihm folgend Staud/*Löwisch* [2001] § 282 Rn 20 mwN; ebenso für das neue Recht *Stoll* 2. FS Lorenz, 287, 296 f). Die Differenzierung zwischen Erfolgs- und Verhaltenspflichten wohnt dem deutschen Recht aber ganz generell inne (grundlegend *Lobinger* Die Grenzen rechtsgeschäftlicher Leistungspflichten 2004 S 194 ff).

12 Konsequenzen hat diese Differenzierung zunächst für die ordentliche Vertragsdurchführung: So wird für das nach § 362 für die Erfüllung erforderliche „Bewirken" der Leistung regelmäßig verlangt, dass neben der bloßen Leistungshandlung auch der Leistungserfolg herbeigeführt werden müsse (etwa AnwK/*Avenarius* § 362 Rn 2; Palandt/*Heinrichs* § 362 Rn 1; Staud/*Olzen* [2000] § 362 Rn 11). Das ist jedoch nur für Erfolgspflichten zutreffend, während die Richtigkeit dieser Auffassung für Verhaltenspflichten voraussetzen würde, dass sich der Leistungserfolg auf die Leistungshandlung beschränken kann, beide also zusammenfallen (so etwa Jauernig/*Mansel* § 241 Rn 7).

13 Unterschiede ergeben sich zudem bei den Rechtsbehelfen, welche dem Gläubiger bei Pflichtverletzungen zustehen: So beschränkt sich der Erfüllungsanspruch bei Verhaltenspflichten auf das geschuldete Verhalten selbst; das hat zur Folge, dass er nach § 275 nicht ohne weiteres dadurch ausgeschlossen wird, dass das mit dem Verhalten verfolgte Ziel, dessen Erreichung nicht geschuldet ist, nicht mehr erreicht werden kann. Bei Rücktritt und Kündigung bezieht sich die Nachfristsetzung gem §§ 314 II, 323 I bei Verhaltenspflichten lediglich auf die Vornahme der gebotenen Handlungen, womit sie selbst wie auch die Fälle der Entbehrlichkeit der Fristsetzung ein anderes Gewicht erhalten als bei Erfolgspflichten; dasselbe gilt auch für den Fristsetzungsmechanismus nach § 281 I 1. Konsequenzen zeitigt die Differenzierung auch bei der Schadensersatzhaftung nach § 280 I: Abgesehen von der bereits angesprochenen Frage der Beweislast für das Vertretenmüssen (so Rn 11), eröffnet sie die grds Frage nach der Grenze zwischen der Pflichtverletzung nach § 280 I 1 und dem Sorgfaltsverstoß nach §§ 280 I 2, 276 (*Schlechtriem/Schmidt-Kessel* Schuldrecht AT Rn 566). Bei Verhaltenspflichten gibt es kein sachliches Kriterium, diese von der im Verkehr erforderlichen Sorgfalt kategorial abzugrenzen. Bei Erfolgspflichten könnte man einen Unterschied immerhin noch darin erblicken, dass zur Entlastung ein den Erfolg vereitelndes Hindernis erforderlich ist.

14 Die Einordnung der einzelnen Pflicht in die eine oder andere Kategorie erfolgt nach den allgemeinen Regeln der Vertragsauslegung und Vertragsergänzung. Als wesentliche Kriterien kommen dabei neben der expliziten Parteivereinbarung das mit einer Erfolgsverwirklichung verbundene Risiko und dessen Steuerbarkeit durch den Schuldner in Betracht. Außerdem lässt sich darauf abstellen, ob die vereinbarte Gegenleistung oder sonstige Vertragsbestimmungen eine entspr Risikoprämie enthalten. Ungewöhnliche Erwartungen des Gläubigers sind hingegen nur dann berücksichtigungsfähig, wenn dieser sie hinreichend kundgetan hat.

15 **II. Leistung und Schutz als Gegenstände der Pflicht.** § 241 unterscheidet zwei Gegenstände von Pflichten, nämlich die auf eine Leistung gerichteten Pflichten, Leistungspflichten iSv I 1, und diejenigen Pflichten, welche auf den Schutz der Rechte, Rechtsgüter und Interessen des anderen Teils gerichtet sind, Schutzpflichten iSv II. Diese Differenzierung hat zunächst einmal eine rein beschreibende Funktion. Bei ihr schwingt zugleich eine Aussage über die Funktion der betreffenden Pflicht für das Schuldverhältnis und die auf es anwendbaren Regeln mit: Während die Leistungspflichten das Schuldverhältnis typischerweise charakterisieren, sind die dem Rechtsgüterschutz dienenden Schutzpflichten weitgehend unabhängig vom konkreten Vertragstyp.

16 Das Begriffspaar Leistungspflicht – Schutzpflicht kann allerdings zu Missverständnissen führen, insbes, wenn mit der Qualifikation der jeweiligen Pflicht bestimmte Konsequenzen auf der Rechtsfolgenseite fest verbunden werden. Insbes wird das Bestehen eines Erfüllungsanspruchs vielfach an die Qualifikation als Leistungspflicht geknüpft (etwa AnwK/*Krebs* § 241 Rn 38). Das ist freilich unrichtig: Einerseits begründet etwa § 611a in den Fällen des II eine Leistungspflicht, die freilich in Natur nicht durchsetzbar ist. Andererseits dienen §§ 541, 618 ausschl dem begleitenden Rechtsgüterschutz, sind aber in Natur durchsetzbar (§ 541 Rn 7; § 618 Rn 5). Die betroffenen Pflichten in solchen Fällen „umzuetikettieren" (so der Sache nach AnwK/*Krebs* § 241 Rn 38), entwertet die jedenfalls hinsichtlich ihrer beschreibenden Funktion wertvolle Begrifflichkeit.

Außer Schutz- und Leistungspflichten spricht die Vorschrift in Abs 1 S 2 Pflichten an, welche auf ein Unterlassen gerichtet sind. Die Vorschrift stellt damit klar, dass das Unterlassen Gegenstand einer Leistungspflicht iSv I 1 sein kann und gibt damit einer puren Selbstverständlichkeit Ausdruck. Schutzpflichten sind ohnehin vielfach auf ein Unterlassen gerichtet, so dass eine entspr Klarstellung entbehrlich erscheint. Systematisch richtig hätte I 2 freilich als neuer III positioniert werden müssen. 17

III. Ordnung nach der Funktion im Schuldverhältnis. Das Begriffspaar Haupt- und Nebenpflichten ordnet Vertragspflichten nach ihrer Funktion im Schuldverhältnis. Die Hauptpflichten bestimmen regelmäßig den Vertragstyp, während Nebenpflichten lediglich eine vorbereitende, begleitende und sichernde Funktion zukommt. Das jeweils anzuwendende Bündel von gesetzlichen Regeln hängt damit von der Qualifikation der jeweiligen Pflichten ab. Ist etwa neben der Lieferung die Montage eines Handwaschbeckens geschuldet, hängt der maßgebliche Vertragstyp (§§ 433, 631, 651) ua davon ab, welches Gewicht der Montageverpflichtung zukommt (vgl § 434 II 1). 18

Die Einordnung einer Pflicht als Haupt- oder Nebenpflicht hat zudem Einfluss auf die bei ihrer Verletzung zur Verfügung stehenden Rechtsbehelfe des Gläubigers. Anders als unter § 326 aF schlägt sich dieser Einfluss jedoch nicht in einer kategorialen Grenze nieder, von der insbes das Rücktrittsrecht abhängt. Vielmehr lässt sich aus der Qualifikation der einzelnen Pflicht lediglich ein Indiz dafür gewinnen, ob ihre Verletzung den Vertrag so schwerwiegend tangiert, dass seine Aufhebung möglich ist. Insbes enthebt die (vollständige) Verletzung einer Hauptpflicht den Rechtsanwender *de facto* der Notwendigkeit, die besonderen Voraussetzungen der Vertragsaufhebung bei partieller Vertragsstörung nach §§ 281 I 2 u 3, 282, 323 V, 324 zu prüfen; die dort vorgesehenen Schwellen werden jedenfalls erreicht sein. Hingegen schließt die Qualifikation als Nebenpflicht weder die Anwendbarkeit der Regeln des Schadensersatzes statt der ganzen Leistung noch das Rücktrittsrecht aus; die in §§ 281 I 2 u 3, 282, 323 V, 324 niedergelegten Schwellen belegen dies gerade. 19

Eine überflüssige Vermischung verschiedener Fragestellungen findet sich in dem Terminus der Nebenleistungspflicht. Hier wird die Frage der Funktion der betreffenden Pflicht im Vertrag mit derjenigen nach ihrer Durchsetzbarkeit in Natur verbunden. In einem System des Leistungsstörungsrechts, welches Pflichtenkanon und Rechtsbehelfe voneinander klar scheidet, kann eine solche Verbindung allenfalls zu Missverständnissen führen. Der Begriff Nebenleistungspflicht sollte daher aufgegeben werden. 20

IV. Veraltet: Primäre und sekundäre Pflichten. Als weitere Differenzierung findet sich nicht selten die Einteilung nach primären und sekundären Pflichten (oder Ansprüchen). Diese ist unter dem neuen Schuldrecht anachronistisch, weil sie den – als primär gesetzten – Erfüllungsanspruch noch zur Vertragsinhaltsseite schlägt. Mit der Etablierung des Erfüllungsanspruchs als Rechtsbehelf (s Rn 22–24), der grds gleichrangig zu den übrigen Rechtsbehelfen, also insbes Schadensersatz- und Vertragsaufhebung ist, hat die Unterscheidung nach primären und sekundären Pflichten (oder Ansprüchen) ihren Sinn verloren und droht Missverständnisse hervorzurufen (s etwa Celle NJW 05, 2094). Im Falle einer Pflichtverletzung stehen vielmehr sämtliche Rechtsbehelfe in einer Reihe. Soweit dem Erfüllungsanspruch ausnahmsweise ein Vorrang eingeräumt wird, muss dies daher durch die ausdrückliche Anordnung des Fristsetzungserfordernisses geschehen. Die Gleichrangigkeit der Rechtsbehelfe (einschl des Erfüllungsanspruchs) wird in diesen Fällen mit dem Ablauf der Nachfrist wieder hergestellt. Wo es an einer ausdrücklichen Regelung des Fristsetzungserfordernisses fehlt (etwa §§ 478 II, 536a I u II, 543, 626, 628 II), lässt sich ein solches nicht mit dem schlichten Hinweis auf den Primat des Erfüllungsanspruchs begründen. 21

D. Erfüllungsanspruch als Rechtsbehelf. Nach § 241 I 1 ist der Gläubiger berechtigt, eine „Leistung zu fordern" und damit Inhaber eines Anspruchs iSv § 194 (zur Begrifflichkeit Staud/*Peters* [2004] § 194 Rn 1 ff). Der Gläubiger kann nicht nur die Erfüllung seines Anspruchs in Natur „verlangen", sondern diese auch durchsetzen. Das geschieht va mit Hilfe der Gerichte und Vollstreckungsorgane, aber uU auch durch Akte der Selbsthilfe wie Aufrechnung (s § 387 Rn 1) oder Zurückbehaltung (s § 273 Rn 1); auch der Selbsthilfeverkauf etwa dient letztlich der Rechtsdurchsetzung idS nämlich von Kooperationspflichten des Gläubigers. Der Erfüllungsanspruch dient also der Rechtsdurchsetzung und ist damit unter den verschiedenen Rechtsbehelfen, welche dem Gläubiger bei einer Pflichtverletzung des Schuldners zur Verfügung stehen derjenige, mit denen die Pflicht des Schuldners in Natur (sub specie) durchgesetzt werden kann. Basis dieses Erfüllungsanspruchs ist heute § 241 I 1. 22

Die **Trennung der** auf eine Leistung gerichteten **Pflicht vom Rechtsbehelf** des Erfüllungsanspruchs ist eine Konsequenz der Neustrukturierung des Leistungsrechts durch die Schuldrechtsreform, welche die Konzeption des einheitlichen Forderungsrechts aufgegeben hat (*Stoll* JZ 01, 589, 599; *Schlechtriem/Schmidt-Kessel* Schuldrecht AT Rn 466). Sie wird besonders augenfällig in den „Pfadfindernormen" der §§ 437 Nr 1, 634 Nr 1, die jeweils den Weg zu den (Nach-)Erfüllungsansprüchen weisen. Den Wandel des Erfüllungsanspruchs zum Rechtsbehelf verdeutlichen auch §§ 280 I, III, 281, 283, welche die Konkurrenz dieses Anspruchs zum Schadensersatz behandeln (s § 280 Rn 36 ff). Diese Entwicklung entspr auch der Fließrichtung des Internationalen Einheitsrechts, welches etwa in Art 28, 45 I lit a, 46, 61 I lit a, 62 CISG sowie in Art 7.2.1 ff PICC und Art 9:101 ff PECL die Durchsetzung in Natur als Rechtsbehelf einordnet. 23

24 Entgegen verbreiteter Auffassung (etwa AnwK/*Krebs* § 241 Rn 38; Jauernig/*Mansel* § 241 Rn 10) können auch **Schutzpflichten** grds mit dem Erfüllungsanspruch in Natur durchgesetzt werden (wie hier *Stürner* JZ 76, 384 ff; *Motzer* JZ 83, 884, 886); der Schutzstandard innerhalb von Schuldverhältnissen bleibt insoweit nicht hinter demjenigen von § 1004 zurück. Der Gläubiger ist nicht auf ein Dulden und Liquidieren beschränkt. Praktisch steht diese Frage jedoch häufig gar nicht zur Entscheidung, weil nach Eintritt des durch Verletzung der Pflicht entstandenen Schadens der Gläubiger vielfach kein Interesse mehr an der Durchsetzung hat. Außerdem kommt eine Durchsetzung von Schutzpflichten in Natur regelmäßig nur dann in Betracht, wenn eine konkrete Gefährdung von Rechtsgütern vorliegt (*Schlechtriem/Schmidt-Kessel* Schuldrecht AT Rn 165). Die zu § 1004 I 2 entwickelten Standards (s § 1004 Rn 7 sowie Staud/*Gursky* [1999] § 1004 Rn 206 ff) bieten hierzu einen guten Ausgangspunkt; sie können freilich in vertraglichen Schuldverhältnissen durch die – ggf richterlich ergänzten – Parteiabreden überspielt werden.

25 **E. Schuld und Haftung. I. Bedeutung.** Im Kontext von § 241 wird herkömmlich auch das Binom „Schuld und Haftung" behandelt. Mit Schuld wird die aufgrund des Schuldverhältnisses bestehende **Verbindlichkeit** bezeichnet, welche den Schuldner zu einem Verhalten verpflichtet. Haftung meint hingegen in diesem – nicht haftungsrechtlichen – Zusammenhang das **Einstehenmüssen** für die Verpflichtung. Schuld und Haftung müssen nicht immer gleichzeitig vorliegen: eine Haftung ohne persönliche Verbindlichkeit, also ohne Schuld, wird durch die Bestellung dinglicher Sicherheiten für eine fremde Schuld begründet (s § 1147 Rn 1 ff; § 1204 Rn 1). Eine Schuld ohne Haftung liegt vor, wenn die betreffende Verbindlichkeit zwar vom Schuldner erfüllt, die Erfüllung vom Gläubiger aber nicht erzwungen werden kann; derartige Verbindlichkeiten werden als unvollkommene Verbindlichkeiten oder Naturalobligationen (s Rn 27) bezeichnet.

26 Grds haftet der Schuldner mit seinem gesamten Vermögen. Das bedeutet, dass der Gläubiger die Verpflichtung gerichtlich durchsetzen und anschließend die Zwangsvollstreckung betreiben kann. Einschränkungen der Haftung können sich zum einen materiellrechtlich ergeben. So kann sich die Haftung auf bestimmte Vermögensgegenstände – etwa das verpfändete Grundstück bei einem für eine fremde Forderung bestellten Grundpfandrecht – oder auf ein Sondervermögen – etwa den Nachlass nach §§ 1975, 1990, 1991 – beschränken. § 1629a beschränkt zudem die Haftung des Kindes grds auf den Bestand des bei Eintritt der Volljährigkeit vorhandenen Vermögens des Kindes (zu Einzelheiten s § 1629a Rn 4). Prozessuale Beschränkungen der Haftung ergeben sich aus den Regeln über den Vollstreckungsschutz (§§ 811, 850 ff ZPO). Hingegen beschränken §§ 888 I u III ganz überwiegend nicht die Haftung des Schuldners, sondern die Durchsetzung des gegen ihn gerichteten Anspruchs in Natur.

27 **II. Unvollkommene Verbindlichkeiten.** Verbindlichkeiten ohne Haftung werden als unvollkommene Verbindlichkeiten oder **Naturalobligationen** bezeichnet (mit Recht kritisch zum Begriff Jauernig/*Mansel* § 241 Rn 20). Das besondere Merkmal dieser Verbindlichkeiten ist, dass Naturalobligationen einen Behaltensgrund iSv § 812 darstellen. Basis für diesen Behaltensgrund ist nicht etwa eine sittliche Pflicht iSv § 814 Alt 2, sondern eine Verbindlichkeit im Rechtssinne, der es durch den Ausschluss der Haftung an der Durchsetzbarkeit fehlt (unrichtig Palandt/*Heinrichs* vor § 241 Rn 12). Gesetzlich geregelte Fälle sind Forderungen aus Spiel, Wette, soweit kein staatlich genehmigter Lotterie- oder Ausspielvertrag vorliegt (§§ 762, 763), der Ehemäklerlohn (§ 656), die Leistung auf die einer Restschuldbefreiung unterliegende Forderung (§ 301 III InsO) sowie die Erfüllung verjährter Ansprüche (§§ 214 II, 813 I 2). Eng verwandt ist die Unklagbarkeit des Verlöbnisses nach § 1297, ohne dass sich daraus ein Behaltensgrund ergäbe.

28 **III. Pflichten und Obliegenheiten.** Überwiegend nicht als Pflichten im strengen Sinne, sondern als Verhaltenserwartungen eigener Art werden Obliegenheiten aufgefasst (grundl für den Begriff *Schmidt* Obliegenheiten 1953). Diese sind nicht in Natur durchsetzbar und ihnen ist ein vom üblichen Leistungsstörungsrecht deutlich abweichendes Rechtsbehelfsarsenal zugeordnet. Richtigerweise handelt es sich freilich auch bei ihnen um **Pflichten im Rechtssinne**, denen aufgrund ihres besonderen Schutzzwecks besondere Rechtsfolgen zugeordnet sind (*Schmidt-Kessel* Gläubigerfehlverhalten § 15). Typische Rechtsfolge ist der – vollständige oder partielle – Rechts- oder Einwendungsverlust. Beispiele sind etwa §§ 254 II 1, 651d I, § 377 HGB, §§ 6, 62 VVG. Sehr viel umfangreicher ist die Rechtsfolgenseite bei Verletzung von Kooperationspflichten nach §§ 293 ff (s § 293 Rn 5). Der gelegentlich hier eingeordnete § 355 II 1 begründet hingegen eine auch mit Schadensersatzfolgen nach §§ 311 II, 280 I bewehrte Pflicht zur Belehrung über das Widerrufsrecht (s EuGH 25.10.05 Rs C-350/03 – *Schulte*, Rn 94 ff).

29 **F. Dauerschuldverhältnisse.** Das Schuldrecht ist in seinen Regeln ganz überwiegend auf die Erbringung und den Austausch von Leistungen zugeschnitten, welche in einem einmaligen und kurzfristigen Vorgang erbracht werden; der Kauf ist das Paradigma des allgemeinen Schuldrechts. Charakteristisch für Dauerschuldverhältnisse ist hingegen, dass sie über einen gewissen Zeitraum hinweg bestehen und dauernde oder fortlaufend neu entstehende Leistungs- und Schutzpflichten umfassen. Typischerweise hängt zudem der jeweilige Leistungsumfang von der zeitlichen Dauer des Schuldverhältnisses ab. Zur Abgrenzung im Einzelnen s § 314 Rn 4–6.

30 Die Regeln für Dauerschuldverhältnisse weichen in mehrfacher Hinsicht von den „gewöhnlichen" Regeln des allgemeinen Schuldrechts ab: Während das Pflichtenprogramm zu Beginn der Durchführung weitgehend

demjenigen eines punktuellen Austauschvertrags entspricht – etwa Überlassung der Mietsache gegen Zahlung der ersten Miete –, ist es im weiteren Verlauf der Vertragserfüllung durch die Dauerhaftigkeit des Schuldverhältnisses gekennzeichnet. Typisch sind zudem Mechanismen für die Anpassung des Pflichtenprogramms an veränderte Umstände; § 313 enthält insoweit nur die allgemeine Regel (s § 313 Rn 4, 25, § 314 Rn 18). Anders als beim punktuellen Austausch stellt sich zudem die Frage nach einer ordentlichen Beendigung anders als durch Erfüllung; Dauerschuldverhältnisse enden entweder durch Zeitablauf oder durch Kündigung, wobei letztere zunächst noch kein Rechtsbehelf wegen Leistungsstörung ist. Besondere Bedeutung haben zudem nachlaufende Vertragspflichten, welche die Vertragsbeendigung überdauern oder durch diese ausgelöst werden (etwa Rückgabe der Mietsache oder nachvertragliche Wettbewerbsverbote).

Besondere Regeln gelten zudem für die Rechtsbehelfe bei Pflichtverletzungen einer Seite. Wegen der Abhängigkeit der Leistungen von der Zeit können diese – über § 275 hinaus – zur Nichtnachholbarkeit der Leistung und damit zum Ausschluss des Erfüllungsanspruchs führen (vgl §§ 537, 615 S 1 aE). Ist das Dauerschuldverhältnis in Vollzug gesetzt, kommt grds ein Rücktritt nicht mehr in Betracht; einschlägig sind vielmehr die Regelungen über die Kündigung aus wichtigem Grund (§ 314; zu weiteren Vorschriften § 314 Rn 17), welche den Vertrag – auch funktional, vgl § 346 ff (s § 346 Rn 3) – ex nunc beenden. Derselbe Gedanke liegt Beschränkungen der Rückabwicklung bei Anfechtung, Unwirksamkeit oder Nichtigkeit von Dauerschuldverhältnissen zugrunde (s § 812 Rn 36; Palandt/*Sprau* § 812 Rn 79 f). Aus den Abweichungen bei der außerordentlichen Vertragsbeendigung ergeben sich ferner Besonderheiten hinsichtlich des Schadensersatzes im Kündigungsfall, dem sog Kündigungsschaden (§ 314 Rn 21 f). Diese schlagen sich insbes bei den Regeln über den Schadensersatz statt der ganzen Leistung, §§ 281 I 2, 3, V, 282, 283 S 2, nieder (s § 281 Rn 30). 31

G. Gefälligkeitsverhältnisse. Die Gefälligkeit ist keine kohärente rechtliche Kategorie. Sie umfasst nach herkömmlicher Auffassung einerseits vertragliche Schuldverhältnisse, welche unentgeltliche Leistungen zum Gegenstand haben (§§ 598, 662, 690). Alternativ dazu soll ein „Gefälligkeitsverhältnis" vorliegen können, welchem die Qualität als Rechtsverhältnis abgesprochen wird (Jauernig/*Mansel* § 241 Rn 23). Ob und inwieweit aus einem solchen Gefälligkeitsverhältnis über die Maßstäbe von § 823 hinaus gesteigerte Anforderungen an den Rechtsgüterschutz durch die Beteiligten zu stellen sind, wird abstrakt nicht einheitlich beantwortet; die Rspr ist insoweit unüberschaubar. Als zentrales Abgrenzungskriterium zwischen Gefälligkeitsverhältnis und Schuldverhältnis gilt der aus den Erklärungen und den sonstigen Umständen zu ermittelnde Rechtsbindungswille (Palandt/*Heinrichs* vor § 241 Rn 7). Tatsächlich geht es bei dieser klassischen Unterscheidung um **zwei voneinander zu trennende Sachfragen**, nämlich diejenige nach dem Entstehen von („Leistungs-") Pflichten, welche sich nur aus einer rechtsgeschäftlichen Bindung ergeben können und diejenige nach dem Maß der Verantwortung für die Rechtsgüter des anderen Teils. Spätestens nach der Einführung von § 311 II differieren die Kriterien, nach welchen die Sachfragen zu entscheiden sind. 32

Die Frage, ob ein Teil dem anderen gegenüber zur Erbringung einer (unentgeltlichen) **Leistung** verpflichtet ist, richtet sich in der Tat nach dem **Rechtsbindungswillen**. Dabei muss es nicht nur um Leistungen des Gefälligen gehen, vielmehr entscheidet der Rechtsbindungswille auch über dessen evtl Ansprüche des Begünstigten (BGH NJW 1992, 498: Aufwendungsersatz wegen Totalschaden am Kfz iRe Gefälligkeitsfahrt). Soweit sich der Rechtsbindungswille nicht unmittelbar aus den Erklärungen der Parteien ergibt, ist nach ihm unter Heranziehung der allgemeinen Auslegungsregeln zu fragen. Typischerweise sind dabei zu berücksichtigen Art und Zweck der Gefälligkeit sowie die Interessenlage der Beteiligten (BGHZ 21, 102, 107; BGHZ 92, 164, 168). Für die Annahme eines Rechtsbindungswillens spricht dabei insbes ein eigenes wirtschaftliches oder rechtliches Interesse des Gefälligen (RGZ 65, 17, 19; BGHZ 88, 373, 382). Dasselbe gilt, wenn der Begünstigte sich erkennbar auf eine Zusage verlässt und für ihn erhebliche Werte auf dem Spiel stehen (BGHZ 56, 204, 210). Die praktische Bedeutung dieser Abgrenzungskriterien ist auf Dienstleistungen und Gebrauchsüberlassungen beschränkt: Für die unentgeltliche Eigentumsübertragung ergibt sich der Rechtsbindungswille nämlich bereits aus der Einhaltung der Form nach § 518 I 1 oder der – durch Rechtsgeschäft erfolgenden – Übertragung des Schenkungsgegenstandes. 33

Für die Frage einer Begründung außerdeliktischer **Schutzpflichten** gelten hingegen andere Maßstäbe: Entscheidend sind hier die Kriterien, welche das Entstehen eines gesetzlichen Schuldverhältnisses nach § 311 II beherrschen (vgl AnwK/*Krebs* § 241 Rn 12 f). Praktische Spitze dieser Entscheidung ist heute die durch die Anwendbarkeit von §§ 280 I 2, 278 eintretende Haftungsverschärfung. Die früher gelegentlich für Gefälligkeitsfahrten in Fahrgemeinschaften vertretene Auffassung einer Haftungsmilderung nach § 708 scheidet heute – unabhängig von der Qualifikation des Verhältnisses zwischen den Parteien – schon deshalb aus, weil diese Vorschrift wie §§ 1359, 1664 im Straßenverkehr keine Anwendung finden (s § 708 Rn 4; § 1359 Rn 5; § 1664 Rn 8). S generell zum Haftungsmaßstab bei Gefälligkeiten und anderen unentgeltlichen Leistungen § 276 Rn 16 ff. Die Entstehung von Schutzpflichten unter § 311 II setzt jedoch – selbstverständlich – keinen Vertragsschluss und damit keinen Rechtsbindungswillen voraus (§ 311 Rn 36 ff) und steht damit auch nicht zur einseitigen Disposition des Schutzpflichtigen (AnwK/*Krebs* § 241 Rn 13). Gemeinschaftlich können die Parteien sich jedoch gegen eine über § 823 hinausgehende Verrechtlichung ihres Verhältnisses entscheiden und damit das Entstehen eines Schuldverhältnisses nach § 311 II ausschließen. Letztlich begründet die Anwendbarkeit der Regeln über vorvertragliche Schuldverhältnisse daher eine **Umkehr des Regel-Ausnahme-** 34

verhältnisses: während Pflichten zur Erbringung einer Leistung den Rechtsbindungswillen voraussetzen, ist bei Pflichten iSv § 241 II der Wille zur Nichtbindung erforderlich.

§ 241a Unbestellte Leistungen

(1) Durch die Lieferung unbestellter Sachen oder durch die Erbringung unbestellter sonstiger Leistungen durch einen Unternehmer an einen Verbraucher wird ein Anspruch gegen diesen nicht begründet.
(2) Gesetzliche Ansprüche sind nicht ausgeschlossen, wenn die Leistung nicht für den Empfänger bestimmt war oder in der irrigen Vorstellung einer Bestellung erfolgte und der Empfänger dies erkannt hat oder bei Anwendung der im Verkehr erforderlichen Sorgfalt hätte erkennen können.
(3) Eine unbestellte Leistung liegt nicht vor, wenn dem Verbraucher statt der bestellten eine nach Qualität und Preis gleichwertige Leistung angeboten und er darauf hingewiesen wird, dass er zur Annahme nicht verpflichtet ist und die Kosten der Rücksendung nicht zu tragen hat.

1 **A. Allgemeines.** Zweck von § 241a ist es, den Empfänger unbestellter Leistungen davor zu schützen, dass er gegen seinen Willen durch eine „falsche" Reaktion auf die unbestellte Leistung Schuldner von Forderungen des Leistungserbringers wird (*Schlechtriem/Schmidt-Kessel* Schuldrecht AT Rn 48). Darüber hinaus soll die Vorschrift zugleich dem Schutz des lauteren Wettbewerbs dienen, indem sie die Absatztechnik der unbestellten Leistungserbringung so unattraktiv macht, dass ein solches Verhalten in Zukunft unterbleibt (AnwK/*Krebs* § 241a Rn 5). Dieser zweite Regelungszweck liefert die rechtspolitische Begründung dafür, den Leistungserbringer auch ersatzlosen Verlust seiner Leistung zu sanktionieren.

2 Die Vorschrift dient zugleich der **Umsetzung von Art 9 FernabsRL** und **Art 9 FernabsFinDinRL**. Diese beiden Bestimmungen sind durch Art 15 UnlauterkeitsRL geändert worden, ohne dass sich daraus für § 241a in der vorliegenden Fassung ein zusätzlicher Umsetzungsbedarf ergeben würde; die Änderungen dienen lediglich der Übernahme des jeweils reinen lauterkeitsrechtlichen Teils der Vorschriften in die UnlauterkeitsRL (dort Art 8, 9), während der jeweils im Kern privatrechtliche Teil im Wortlaut nahezu unverändert erhalten geblieben ist. Die Vorgaben der Richtlinienbestimmungen divergieren: Während Art 9 FernabsRL es lediglich ausschließt, dass der Verbraucher zu einer Gegenleistung verpflichtet wird, verlangt Art 9 FernabsFinDinRL den Ausschluss jeder Verpflichtung. Indem § 241a I im Grundsatz jeden Anspruch gegen den Verbraucher ausschließt, entspr er den Anforderungen der zweitgenannten Vorschrift und geht über die Vorgaben – jedenfalls des Wortlauts – von Art 9 FernabsRL deutlich hinaus.

3 § 241a wird regelmäßig eine sanktionsähnliche Wirkung zugeschrieben (AnwK/*Krebs* § 241a Rn 5). Darin allein erschöpft sich die **dogmatische Einordnung** der Vorschrift freilich nicht: Soweit es um die Lieferung unbestellter Sachen geht, begründet sie richtigerweise die gesetzliche **Fiktion einer Handschenkung** (*Schlechtriem/Schmidt-Kessel* Schuldrecht AT Rn 49); nur so lassen sich die Erfassung gesetzlicher Ansprüche und die Gegenausnahme nach II kohärent iSd allgemeinen Rechtsgeschäftslehre (s § 145 Rn 1) erklären. Dasselbe gilt *cum grano salis* auch für unaufgefordert erbrachte Dienstleistungen, nur dass bei diesen die Einordnung als unentgeltlicher Dienstleistungsvertrag (nicht notwendig Auftrag, s § 662 Rn 7) weniger spektakulär erscheint, weil unentgeltliche Dienstleistungen weitaus selbstverständlicher sind als unentgeltliche Sachleistungen. Diese Erklärung entspricht im Übrigen auch der Haltung des Unternehmers, der mit seiner Leistung bewusst das Risiko eingeht, keine Gegenleistung zu erhalten.

4 Nach dem Vorstehenden begegnet die Vorschrift auch **keinen verfassungsrechtlichen Bedenken** (wie hier AnwK/*Krebs* § 241a Rn 6. Anders: Palandt/*Heinrichs* § 241a Rn 4). Das gilt auch im Hinblick darauf, dass bei der Lieferung unbestellter Sachen sogar § 985 gesperrt wird. Die billigende Inkaufnahme des Unentgeltlichkeitsrisikos macht die vielfach vorgeschlagene, auf den Erhalt der Vindikation gerichtete Reduktion von § 241a entbehrlich; dem Telos der Norm würde sie ohnehin zuwiderlaufen. **Bedenken** sind vielmehr lediglich **in rechtspolitischer Hinsicht** angebracht: Die Vorschrift ist nicht nur missbrauchsanfällig (AnwK/*Krebs* § 241a Rn 8), sie geht bei Sachleistungen auch deutlich über das gebotene Maß hinaus. Für diese hätte es genügt, dem Unternehmer das Entreicherungsrisiko, das Verschlechterungsrisiko sowie anfallende Kosten aufzuerlegen. Anders bei Dienstleistungen, deren Rückgewähr ihrer Natur nach von vornherein ausgeschlossen ist. Die Gewährung gesetzlicher Wertersatzansprüche aus Bereicherungsrecht oder Geschäftsführung ohne Auftrag (letztere gar iVm § 354 HGB) würde hier nämlich im Regelfalle funktional zu einer Gegenleistungspflicht des Verbrauchers führen.

5 **B. Voraussetzungen.** § 241a setzt die Erbringung einer Leistung durch einen **Unternehmer** iSv § 14 I an einen **Verbraucher** iSv § 13 voraus. Da der Verbraucher nicht bestellt hat, ist § 13 nicht unmittelbar anwendbar; entscheidend ist die hypothetische Betrachtung, ob der Empfänger Verbraucher wäre, hätte er bestellt. Im Rechtsverkehr zwischen Unternehmern oder zwischen Verbrauchern findet die Vorschrift hingegen keine – entspr – Anwendung (Jauernig/*Mansel* § 241a Rn 1; zu weit Palandt/*Heinrichs* § 241a Rn 7). Ganz überwiegend wird angenommen, § 241a erfasse Ansprüche des Unternehmers gegenüber **Dritten** nicht (Jauernig/*Mansel* § 241a Rn 2, 5). Das ist zwar zutreffend, soweit es um eine unmittelbare Anwendung der

Vorschrift geht. Für den praktisch entscheidenden Fall der Weitergabe einer zugesandten **Sache** durch den Verbraucher an einen Dritten schützt § 241 a diesen jedoch mittelbar: Da der Verbraucher richtigerweise Eigentum erwirbt (s.u. Rn 11), erwirbt der Dritte vom Berechtigten. Dasselbe gilt letztlich auch, soweit man den Verbraucher mit der hA kein Eigentum erwerben lässt: Der Zweck von § 241 a verlangt es, dass der Verbraucher in diesen Fällen auch gegen – etwa auf §§ 435, 523, 536 III gestützte – Rückgriffe des nach §§ 985 oder 816 I 2 in Anspruch genommenen Dritten geschützt wird.

Die Vorschrift erfasst **Leistungen** aller Art und geht damit – jedenfalls dem Wortlaut nach – über die Richtlinienvorgaben ("Waren und Dienstleistungen") hinaus. Ausdrücklich hervorgehoben wird im Gesetzestext zunächst die **Lieferung von Sachen**. Dazu zählen nicht nur Vorgänge mit welchen der Unternehmer auf den Abschluss eines Kaufvertrags abzielt, vielmehr sind auch Lieferungen mit sonstigen Zielrichtungen erfasst, etwa das Leasing (AnwK/*Krebs* § 241 a Rn 15) oder die Mobiliarmiete (vgl für deren Erfassung durch die FernabsRL EuGH v 10. 3. 05 – C 336/03 m Anm *Telkamp* ecolex 2005, 583 f; *Baldus* GPR 2005, 124 ff). Sonstige Leistungen iSv § 241 a sind va **Dienstleistungen**, also etwa Leistungen, welche gewöhnlich unter einem Dienstvertrag, einem Werkvertrag oder einem Geschäftsbesorgungsvertrag erbracht werden. Dazu zählen auch Leistungen von Telekommunikationsunternehmen, welche von einem heimlich beim Verbraucher eingerichteten Dialer abgerufen werden (LG Gera CR 04, 543, 544; *Lienhard* NJW 03, 3592 ff). Außerdem ist die Verschaffung **unkörperlicher Gegenstände**, etwa von Strom oder von Rechten wie etwa Softwarelizenzen, eine sonstige Leistung iSd Vorschrift (AnwK/*Krebs* § 241 a Rn 17). 6

Die Wertung von § 241 a beruht im Kern auf dem Umstand, dass der Verbraucher keinen Anlass für die Erbringung der Leistung gegeben hat. Er soll in dieser Situation vor unzumutbaren Belästigungen (vgl § 7 UWG), vor aufgedrängten Leistungen und überraschenden Verpflichtungen geschützt werden. Das Gesetz fasst dies im Merkmal „unbestellt" und verlangt damit für jede vom Unternehmer erbrachte Leistung eine Basis. Eine solche liegt vor, wenn der Unternehmer auf eine vorherige Anforderung des Verbrauchers leistet. Dies gilt, anders als nach § 312 III Nr 1, auch dann, wenn der Unternehmer eine derartige Aufforderung provoziert hat (AnwK/*Krebs* § 241 a Rn 23; aA Erman/*Saenger* § 241 a Rn 10). § 241 a ist außerdem in solchen Fällen ausgeschlossen, in denen der Verbraucher generell – etwa als „Stammkunde" – sein Einverständnis mit derartigen Zusendungen erklärt hat (AnwK/*Krebs* § 241 a Rn 22). 7

Auch bei Zusendungen unter Forderung eines **höheren Preises** hat der Verbraucher noch hinreichend Anlass für die erbrachte Leistung gegeben (AnwK/*Krebs* § 241 a Rn 21); das der klassischen „Scheckfalle" (vgl § 362 Rn 8) entspr Problem des Versuchs, eine Vertragsänderung durch Angebot einer auf den Vertrag bezogenen Leistung zu erzwingen, kann nicht iRv § 241 a gelöst werden. Anders steht es freilich, wenn die erbrachte Leistung vertraglich nicht geschuldet ist; sie ist dann unbestellt iSv § 241 a. Das ergibt bereits der Umkehrschluss aus III der Vorschrift. Dieser Absatz macht von der Regel lediglich dann eine Ausnahme, wenn der Unternehmer seine Leistung (1) statt einer bestellten erbringt, (2) diese mit der geschuldeten Leistung nach Qualität im Preis gleichwertig ist, und (3) er den Verbraucher darauf hinweist, dass dieser weder zur Annahme verpflichtet ist noch die Kosten einer Rücksendung zu tragen hat (an der Richtlinienkonformität zweifelnd Gebauer/Wiedmann/*Schinkels* Fernabsatzverträge Rn 83). Nur für diesen Fall eines offen gelegten gleichwertigen Ersatzangebots findet § 241 a in derartigen Konstellationen keine Anwendung. Daraus ergibt sich zugleich, dass § 241 a auch im Falle einer **aliud-Lieferung** iSv § 434 III Anwendung findet (Staud/*Olzen* [2005] § 241 a Rn 26; Palandt/*Heinrichs* § 241 a Rn 2 a. Abweichend wegen Spezialität der Gewährleistung Palandt/*Putzo* [62. Aufl] § 434 Rn 52); § 241 a schließt dann freilich nur die Rückgewähr der erbrachten Leistung aus, ohne auf §§ 434 ff ansonsten einzuwirken. 8

Über das Merkmal „unbestellt" werden schließlich auch die Fälle der **berechtigten GoA** aus dem Anwendungsbereich von § 241 a ausgeschlossen: Das doppelte Erfordernis, dass die Geschäftsführung dem Interesse und dem – zumindest mutmaßlichen – Willen des Verbrauchers entspr muss, begründet zugleich einen dem Verbraucher zuzurechnenden Anlass, welcher das Tätigwerden des Unternehmers nicht unbestellt sein lässt; eine teleologische Reduktion von § 241 a ist daher nicht erforderlich (so aber die Konstruktion der hA: AnwK/*Krebs* § 241 a Rn 30; Staud/*Olzen* [2005] § 241 a Rn 34; noch anders Hau NJW 01, 2863, 2865 [§ 241 a I enthalte das Merkmal der Vertragsanbahnungsabsicht]). Dieses Ergebnis ist auch richtlinienkonform (Gebauer/Wiedman/*Schinkels* Fernabsatzverträge Rn 88). Da das Vorliegen einer berechtigten GoA bereits die Einordnung einer Leistung als unbestellt ausschließt, kann der Geschäftsführer sogar eine ihm ggf nach § 354 HGB oder unter Heranziehung von § 1835 III zustehende Vergütung verlangen (aA Gebauer/Wiedman/*Schinkels* Fernabsatzverträge Rn 88). Auch dies ist im Grundsatz mit dem Zweck der Richtlinie vereinbar, weil es gewöhnlich an der wettbewerbsrechtlich bedenklichen Situation fehlt. Im Einzelfall – etwa in den viel zitierten Erbensucherfällen – mag es aber geboten sein, die Voraussetzungen der berechtigten GoA richtlinienkonform zuzuschneiden; § 683 dient insoweit der Richtlinienumsetzung. 9

C. Rechtsfolgen. § 241 a schließt zunächst das Entstehen **vertraglicher Ansprüche** aus. Insbes kommt § 151 nicht zur Anwendung (Jauernig/*Mansel* § 241 a Rn 6). Entgegen verbreiteter Auffassung (etwa Palandt/*Heinrichs* § 241 a Rn 3) kommt jedoch auch durch ausdrückliche Annahmeerklärung des Verbrauchers kein Vertrag zustande. Das Angebot des Unternehmers ist nämlich nichtig nach § 134 iVm §§ 3, 7 UWG, ohne dass dies den Verbraucher daran hindert, seinerseits durch ein eigenes Angebot einen Vertragsschluss herbeizuführen. 10

11 Wie der Rückschluss aus II ergibt, schließt § 241 a außerdem das Entstehen **gesetzlicher Ansprüche** gegen den Verbraucher aus (aber nicht aus berechtigter GoA, s.o. Rn 9). Dieser Ausschluss ist jedenfalls insoweit gemeinschaftsrechtlich geboten als die Richtlinie der Umsetzung von Art 9 FernabsFinDinRL dient (s.o. Rn 2). Dasselbe gilt soweit Dienstleistungen unter Art 9 FernabsRL von Anfang an nicht rückabwicklungsfähig sind und gesetzliche Ansprüche daher funktional eine Gegenleistungspflicht begründeten (s.o. Rn 4). § 241 a II schließt dementspr va Ansprüche aus §§ 812 ff, 823 ff aus (insoweit wohl allgA: Palandt/*Heinrichs* § 241 a Rn 4). Richtigerweise sind – partiell über die Richtlinienvorgaben hinaus – auch § 985 sowie dessen Fortsetzung in die Entgeltherausgabe nach § 816 I 1 ausgeschlossen (AnwK/*Krebs* § 241 a Rn 24, 26; *Wendehorst* DStR 00, 1311, 1316 f. AA *Caspar* ZIP 00, 1602, 1605 ff). Das entspricht nicht nur dem Willen des Gesetzgebers (s BTDrs 14/2658, 46), sondern folgt auch aus der oben entwickelten (so Rn 3) dogmatischen Einordnung der Vorschrift: Bei Lieferung unbestellter Sachen ist die Übereignung vom Unternehmer gerade gewollt.

12 Nach § 241 a II werden gesetzliche Ansprüche ausnahmsweise dann nicht ausgeschlossen, wenn die Leistung irrtümlich erfolgte und der Verbraucher dies hätte erkennen können. Der Wortlaut erfasst zwar lediglich die Leistung an den falschen Empfänger und den Irrtum über das Vorliegen einer Bestellung, richtigerweise ist die Vorschrift jedoch auch auf solche Fälle auszudehnen, in welchen der Unternehmer irrtümlich eine falsche Leistung erbringt. Die Richtlinien sehen keine § 241 a II vergleichbare Gegenausnahme vor. Allerdings liegt die Vorschrift exakt auf der Linie des Normzwecks von Art 9 FernabsRL und Art 9 FernabsFinDinRL, welche bereits gemeinschaftsrechtlich einer entspr teleologischen Reduktion bedürfen (Gebauer/Wiedmann/*Schinkels* Fernabsatzverträge Rn 95).

§ 242 Leistung nach Treu und Glauben

Der Schuldner ist verpflichtet, die Leistung so zu bewirken, wie Treu und Glauben mit Rücksicht auf die Verkehrssitte es erfordern.

Inhaltsübersicht

	Rn
A. Allgemeines	1–25
I. Bedeutung und Anwendungsbereich	4–6
II. Treu und Glauben als Generalklausel und als allgemeiner Rechtsgrundsatz	7–18
1. Elemente der Norm	7–11
2. Gebot der Fairness im Rechtsverkehr	12
3. Generalklausel als Einfallstor	13–18
a) Grundrechte und andere verfassungsrechtliche Maßstäbe	13–16
b) Gemeinschaftsrechtskonforme Auslegung	17
c) Wertordnungen anderer gesetzlicher Vorschriften	18
III. Funktionen von Treu und Glauben	19–21
1. Korrekturfunktion	20
2. Ermächtigungsfunktion	21
IV. Wirkungen von Treu und Glauben im Schuldverhältnis	22–25
1. Ergänzende Wirkung	22, 23
2. Begrenzende Wirkung	24, 25
B. Überkommene Rechtsinstitute und Argumentationsformen	26–53
I. Unzulässige Rechtsausübung und Rechtsmißbrauch	27–47
1. Allgemeine Fragen und Struktur	27–32
a) Innentheorie versus Außentheorie	28
b) subjektive Voraussetzungen?	29
c) Zurechnung des Verhaltens Dritter	30
d) Rechtsfolgenseite	31
e) Drittwirkungen	32
2. Ausformungen	33–47
a) Unredlicher Erwerb der eigenen Rechtsposition	34–36
b) Verletzung eigener Pflichten	37–39
c) Fehlen des schutzwürdigen Eigeninteresses	40, 41
d) Unverhältnismäßigkeit	42
e) Venire contra factum proprium	43–47
II. Verwirkung	48–53
1. Begriff und Gegenstand	48
2. Anwendungsbereich	49
3. Voraussetzungen	50–52
4. Rechtsfolgen	53
C. Begründung von Pflichten (heteronome Vertragsergänzung)	54–66
I. Allgemeines	54, 55
II. Aufklärung und Information	56–59
III. Kooperation	60
IV. Treuepflichten	61
V. Schutzpflichten	62–65
VI. Nachwirkende Vertragspflichten	66

1 **A. Allgemeines.** Der bescheiden elegante Wortlaut von § 242 lässt nicht erkennen, welche zentrale Bedeutung der Vorschrift wie dem mit ihr verknüpften Rechtsgrundsatz von Treu und Glauben im deutschen Recht zukommt. Nach dem Wortlaut enthält § 242 lediglich Vorgaben für die Ausfüllung des schuldnirschen Pflichtenprogramms, genauer: für die Konkretisierung der von ihm geschuldeten Leistung. Rspr und Rechtslehre

haben die Vorschrift über diesen engen Wortlaut hinaus zu dem umfassenden Prinzip entwickelt, das jedermann in Ausübung seiner Rechte und Pflichten Treu und Glauben beachten muss (s etwa BGHZ 85, 39, 48 [auch für nichtige Rechtsgeschäfte]; zur historischen Entwicklung der Vorschrift s Staud/*Looschelders/Olzen* [2005] § 242 Rn 38–104, zur Vorgeschichte Rn 1–37). In der Lit wird regelmäßig auf die parallele Formulierung in Art 2 II schweizerisches ZGB verwiesen.

Das Gemeinschaftsprivatrecht hat bislang keine vergleichbare eigenständige Generalklausel entwickelt (so **2** auch *Heiderhoff* Gemeinschaftsprivatrecht S 123 f; *Riesenhuber* Europäisches Vertragsrecht Rn 572). Gleichwohl hat der Grundsatz von Treu und Glauben seinen Niederschlag in einer Reihe von Richtlinien gefunden, nämlich va in Art 3 I AGBRL, Art 3 I, 4 I HandelsvertreterRL und Art 6 lit a DatenschutzRL. Insoweit dient § 242 heute auch der Richtlinienumsetzung (s auch vor § 305 Rn 3, 14). Als allgemeiner Rechtsgrundsatz des Gemeinschaftsprivatrechts etabliert ist hingegen das allgemeine Verbot des Rechtsmissbrauchs (*Schmidt-Kessel* JbJZivRWiss 2000, 61 ff; unrichtig insoweit Staud/*Looschelders/Olzen* [2005] § 242 Rn 1138). Dieses erlaubt es insbes gemeinschaftsrechtliche Rechtspositionen auch dann zu beschneiden, wenn sich aus dem Wortlaut des EG-Rechtsakts keine derartige Beschränkung ergibt (*Schmidt-Kessel* JbJZivRWiss 00, 61, 73). Die Konkretisierung dieser gemeinschaftsrechtlichen Generalklauseln nimmt der Europäische Gerichtshof überwiegend nicht selbst vor (zu Art 3 I AGBRL s EuGH Rs C-237/02, 1. 4. 04 – Freiburger Kommunalbauten, dazu Anm *Röthel* ZEuP 05, 418 ff und *Schmidt-Kessel* WuB IV F. Art 3 RL 93/13/EWG 1.04).

Das Einheitsrecht ist mit der Regelung des Prinzips bislang sehr zurückhaltend. Bislang dienen Treu und **3** Glauben in internationalen Konventionen vor allem als Grundsatz der Konventionsauslegung (s Art 7 I CISG, Art 4 I UNIDROIT-Übereinkommen zum internationalen Factoring). Ob die Konventionen darüber hinaus ein allgemeines Prinzip von Treu und Glauben kennen ist jeweils umstr (s *Najork*, Treu und Glauben im CISG, 165 f; Staud/*Magnus* [2005] Art 7 CISG Rn 10, 29; MüKo/HGB/*Ferrari* Art 4 FactÜ Rn 20). Die ersten Vorentwürfe für einen gemeinsamen Referenzrahmen zum europäischen Vertragsrecht differenzieren jedenfalls deutlich zwischen der in den Konventionen ausdrücklich geregelten Rechtsfortbildungsfunktion (Art I-1.102 DCFR) und den Ergänzungs- und Schrankenfunktionen des Prinzips (Art II-1.105, II-9.102 DCFR). Damit wird sich dieses Instrument deutlich von den Principles of European Contract Law und den UNIDROIT-Principles of International Commercial Contracts unterscheiden, welche in Art 1:201 I PECL und Art 1.7 PICC jeweils einen der heutigen Funktionen von § 242 entspr allgemeinen Rechtsgrundsatz etablieren (dazu *Castronovo* Europa e Diritto Privato 05, 589 ff).

I. Bedeutung und Anwendungsbereich. Der in § 242 enthaltene Rechtsgrundsatz hat einen umfassenden **4** Anwendungsbereich und beherrscht die **gesamte Rechtsordnung** (BGHZ 85, 39, 48; BGHZ 118, 182, 191). Die Vorschrift wird wegen ihrer überragenden Bedeutung gelegentlich als „königliche Norm" bezeichnet (*Weber* JuS 92, 631). Zu der nur geringe Wirkungen entfaltenden Beschränkung von § 242 auf Sonderverbindungen s Rn 8. Über ihren Wortlaut hinaus gilt sie nicht nur für das Schuldrecht, sondern für das Privatrecht insgesamt. Das **5** gilt namentlich für das Sachen- (BGHZ 88, 344, 351), das Familien- (BGH NJW 03, 510) und das Erbrecht (BGHZ 4, 91, 96), ferner für das Arbeitsrecht (BAG AP Nr 29 zu § 40 BetrVG 1972), das Gesellschaftsrecht (RGZ 146, 385, 396; BGH LM Nr 72 zu § 242 (A) BGB), den gewerblichen Rechtsschutz und das Wettbewerbsrecht (BGH NJW 74, 2282; BGH NJW 71, 1749) sowie das Versicherungsrecht (BGHZ 100, 60, 64). Der Anwendungsbereich des Grundsatzes von Treu und Glauben umfasst auch das **öffentliche Recht**, darun- **6** ter insbes das Verwaltungsrecht (BVerwG NJW 94, 954, 955; 98, 3135), das Steuerrecht (BFH NJW 90, 1251) und das Sozialrecht (BSG NJW 96, 1277, 1278). Auch für das Zivilverfahrensrecht sowie die übrigen Verfahrensrechte (BGH NJW 94, 1351, 1352; 97, 3377, 3379) und das Zwangsvollstreckungsrecht (BGHZ 57, 108, 111) lässt sich seine Anwendung belegen. Dass, wie häufig betont wird (Palandt/*Heinrichs* § 242 Rn 17), dabei nicht § 242 selbst, sondern der dieser Vorschrift zu entnehmende Grundsatz angewandt wird, ist angesichts des geringen eigenständig normative Gehalts (s Rn 12) der Vorschrift eher irreführend.

II. Treu und Glauben als Generalklausel und als allgemeiner Rechtsgrundsatz. 1. Elemente der Norm. § 242 **7** enthält keine subsumtionsfähigen Tatbestandsmerkmale und auch keine konkreten Rechtsfolgen; es handelt sich um eine **doppelte Generalklausel**, welche in Tatbestand und Rechtsfolgen offen ist. Dem Wortlaut der Vorschrift lassen sich nur sehr grobe Leitlinien entnehmen.
Nach hA gilt § 242 nur innerhalb von **Sonderverbindungen**; das ergibt sich aus dem Wortlaut und der syste- **8** matischen Stellung der Vorschrift (RGZ 160, 349, 357; BGHZ 95, 279, 288; BFH NJW 1990, 1251. Kritisch Erman/*Hohloch* § 242 Rn 15; offen BGHZ 102, 95, 102). Mit der Annahme derartiger Sonderverbindungen ist die Rspr allerdings großzügig; schon nach Auffassung des Reichsgerichts genügen „irgendwelche Rechtsbeziehungen" (RGZ 160, 349, 357). Soweit die Annahme von § 242 am Fehlen einer Sonderverbindung scheitert, ließe sich dasselbe Ergebnis regelmäßig auch durch eine entspr Konkretisierung der Generalklausel erreichen (s BFH NJW 1990, 1251, 1252 [Verneinung von Vertrauensschutz]).
Die beiden sachlichen Elemente des Tatbestands, **Treu und Glauben** sowie die **Verkehrssitte** sind heute (zur **9** historischen Entwicklung grundlegend *Strätz* Treu und Glauben) inhaltlich kaum konturiert. Im Element der „Treue" schwingen die Gebote der Verlässlichkeit, des Wohlverhaltens und der Loyalität mit, auf deren Einhaltung sich der andere Teil verlässt – „Glauben". Das Element der Verkehrssitte verweist – bereits deutlich

konkreter – auf die tatsächliche und sozial verbindliche Übung der am Rechtsverkehr beteiligten Kreise (AnwK/*Krebs* § 242 Rn 14). Auch unterhalb der Schwelle von § 346 HGB ist daher auf Gewohnheiten und Gebräuche Rücksicht zu nehmen.

10 § 242 spricht zwar eine Verpflichtung des Schuldners aus, jedoch wird nicht festgelegt, welche Rechtsfolgen im Falle ihrer Verletzung eintreten. Eine eigenständige Anspruchsgrundlage ist § 242 deshalb nicht (etwa AnwK/*Krebs* § 242 Rn 17). Allerdings kann der § 242 zu entnehmende Grundsatz von Treu und Glauben auch zur Begründung von – überwiegend ergänzenden – Ansprüchen dienen (zur Ermächtigungsfunktion s.u. Rn 21).

11 Der Grundsatz von Treu und Glauben gilt als zwingend und der Parteidisposition entzogen (Jauernig/*Mansel* § 242 Rn 2). Daran ist richtig, dass die Parteien eines Rechtsverhältnisses sich den Wirkungen dieses Grundsatzes nicht gänzlich entziehen können. Das hindert sie freilich nicht generell daran, einzelne auf § 242 gestützte Ergänzungen oder Beschränkungen ihrer Rechte auszuschließen (AnwK/*Krebs* § 242 Rn 36). Die Mehrzahl von diesen ist nämlich dispositiv.

12 **2. Gebot der Fairness im Rechtsverkehr.** Zur Charakterisierung der in § 242 grundgelegten Generalklausel heißt es im Anschluss an *Larenz*, der Grundsatz von Treu und Glauben sei ein „rechtsethisches Prinzip" (*Larenz* Methodenlehre, 421 ff). Weniger überhöhend wird man die in der Generalklausel enthaltene Leitlinie als Gebot der Fairness im Rechtsverkehr einzuordnen haben. Weder mit der einen noch mit der anderen Beschreibung ist freilich viel gewonnen: Tatsächlich ist der eigene normative Gehalt von § 242 minimal. Die Vorschrift setzt ganz überwiegend keine eigenen Wertungen durch, sondern ist ein **Instrument zum Transport fremder Wertungen**. Soweit diese Wertungen nicht normativ verankert sind (dazu u Rn 13–18), ergeben sich diese unter Rückgriff auf die „in der sozialen Wirklichkeit akzeptierte(n) Normalmaßstäbe korrekten sozialen Verhaltens" (*Gernhuber* JuS 83, 764). Zuweilen wird, was heute von einem erkennenden Gericht als allgemein akzeptierter Maßstab behauptet wird, erst durch diese Entscheidungspraxis zur sozialen Norm. Auch diese präjudizielle Rechtssetzung kann aber auf Dauer nur dort und insoweit auf Wirkung und Akzeptanz hoffen, wo sie in der Entwicklungsrichtung bereits anerkannter Standards bleibt (Schlechtriem/*Schmidt-Kessel* Schuldrecht AT Rn 158).

13 **3. Generalklausel als Einfallstor. a) Grundrechte und andere verfassungsrechtliche Maßstäbe.** Das Grundgesetz und insbes die Grundrechte werden nicht unmittelbar zwischen Privaten angewandt (zur Drittwirkungsdebatte *Ruffert* Vorrang der Verfassung S 8 ff und öfter). Vielmehr wirkt die Verfassung mit ihren Wertentscheidungen über die privatrechtlichen Normen und insbes über die Generalklauseln in das Privatrecht hinein (BVerfG NJW 94, 36; BAG NZA 86, 227).

14 Praktische Bedeutung hat dies insbes im Bereich der von Art 4 GG **geschützten Glaubens- und Gewissensfreiheit** erlangt, welche nach allgemeiner Auffassung einwirkt (BAG NJW 86, 85). Grds kann echte Gewissensnot des Schuldners daher ein Leistungsverweigerungsrecht begründen (§ 275 Rn 26). Das gilt freilich nicht, soweit – wie in den Fällen der verweigerten Begleichung von Stromrechnungen durch Kernkraftgegner – lediglich politische Ziele durchgesetzt werden sollen (Hamm NJW 81, 2473, 2475; LG Dortmund NJW 81, 764, 765). IRv § 315 und § 106 GewO kann jedoch anderes gelten, wenn dem Arbeitgeber der Einsatz eines anderen Arbeitnehmers zuzumuten ist (vgl BAG NJW 86, 85; 90, 203). Gebetspausen während der Arbeit können nur beansprucht werden, wenn dies nicht zu einer erheblichen Störung des Arbeitsablaufs führt (LAG Hamm NJW 02, 1970, 1972). War die aufgetretene Konfliktlage für die in ihrer Glaubens- oder Gewissensfreiheit betroffene Person jedoch vorhersehbar, ist von der Übernahme des betreffenden Risikos durch sie auszugehen (BAG NJW 86, 85).

15 Auch das **allgemeine Persönlichkeitsrecht** wirkt über § 242 in die Privatrechtsordnung hinein. Daraus ergibt sich etwa die Notwendigkeit einer Inhaltskontrolle von Verträgen, die einen der beiden Vertragspartner ungewöhnlich stark belasten und das Ergebnis strukturell ungleicher Verhandlungsstärke sind (BVerfG NJW 94, 36). Gestützt auf § 242 kann ein psychisch Kranker einen Anspruch auf Aufklärung über seine Krankheit haben (BGH NJW 89, 764). Arbeitsrechtlich begründet das allgemeine Persönlichkeitsrecht iVm § 242 einen Anspruch des Arbeitnehmers gegen den Arbeitgeber auf Entfernung unrichtiger Einträge aus der Personalakte (BAG NZA 86, 227).

16 Über § 242 lassen sich ferner Verstöße gegen **Gleichbehandlungsgebote** bekämpfen. Eine generelle Pflicht zur gleichmäßigen Behandlung – etwa als mittelbare Drittwirkung von Art 3 GG – widerspräche jedoch dem Grundsatz der Privatautonomie: Vertrag ist Diskriminierung. Gleichwohl lassen sich neben den speziellen Diskriminierungsverboten des Arbeitsrechts (§ 611 a Rn 1), des Vereins- und Gesellschaftsrechts (§ 38 Rn 1, 7 sowie § 705 Rn 25 f) sowie des Wettbewerbsrechts (§ 20 GWB) vereinzelt Ungleichbehandlungen unter Hinweis auf § 242 bekämpfen: Das gilt etwa für die Diskriminierung nach der ethischen Herkunft (Art 3 III 1 GG; BAG NJOZ 04, 1258) oder für Diskriminierungen Behinderter (Art 3 III 2 GG; Köln NJW 98, 764; BayObLG NJW-RR 02, 226 f).

17 **b) Gemeinschaftsrechtskonforme Auslegung.** Besondere Bedeutung wird § 242 zukünftig auch bei der Durchsetzung gemeinschaftsrechtlicher Vorgaben zukommen. Die insoweit meist einschlägigen EG-Richtlinien gelten unter Privaten grds nicht unmittelbar (Calliess/*Ruffert* Art 249 EGV Rn 78 ff). Allerdings hat der Europäische Gerichtshof das Gebot der richtlinienkonformen Auslegung in jüngster Zeit erheblich ausgeweitet (*Schlechtriem/Schmidt-Kessel* Schuldrecht AT Rn 16, 154 a). Insbes verlangt der Gerichtshof, dass die nationalen Gerichte das gesamte nationale Recht berücksichtigen, um zu prüfen, ob es so angewendet werden kann, dass es nicht zu einem der Richtlinie widersprechenden Ergebnis führt (EuGH, 25. 2. 99, Rs C-131/97, Slg 99, I-1103 [*Carbonari*], Rn 49 f). Zu den anzuwendenden Bestimmungen zählt zweifelsohne auch § 242. Dabei muss der deutsche Richter auch auf die Grundsätze zurückgreifen, nach denen die Wertungen des GG über die Generalklauseln des BGB in Privatrechtsverhältnisse hineinwirken. Ermöglicht es nämlich das nationale Recht durch die Anwendung seiner Auslegungsmethoden, eine innerstaatliche Bestimmung unter bestimmten Umständen so auszulegen, dass eine Kollision mit einer anderen Norm innerstaatlichen Rechts vermieden wird, so ist das nationale Gericht nach Auffassung des EuGH verpflichtet, die gleichen Methoden anzuwenden, um das von der Richtlinie verfolgte Ziel zu erreichen (EuGH, 5. 10. 04, Rs C-307/01 bis C-403/01 [*Pfeiffer*], Rn 116; dazu *Riesenhuber/Domröse* RIW 05, 47 ff und *Staffhorst* GPR 05, 89, 90 f). Dieses Gebot der Gleichbehandlung des Gemeinschaftsrechts zwingt neben der richtlinienkonformen Auslegung auch zur **richtlinienkonformen Rechtsfortbildung**, welche für das Schuldrecht vorzugsweise auf § 242 zu stützen ist.

c) **Wertordnungen anderer gesetzlicher Vorschriften.** Leitlinie der Konkretisierung von § 242 ist schließlich das **geltende Recht** im Übrigen. Auch jenseits der Voraussetzungen einer Analogie lassen sich auf diese Weise Wertungen gesetzlicher Vorschriften im Wege der Rechtsfortbildung auf von diesen nicht erfasste Fälle übertragen. Umgekehrt dienen – was va der Verweis auf das gesetzliche Leitbild in § 307 II zeigt (s § 307 Rn 9) – die gesetzlichen Vorgaben nicht nur der Ergänzung, sondern auch als Maßstab für Beschränkungen von Rechtspositionen unter Rückgriff auf § 242. Besondere Zurückhaltung ist geboten, wo eindeutige Entscheidungen des Gesetzgebers und die zugrunde liegenden Wertungen geändert werden sollen (*Schlechtriem/Schmidt-Kessel* Schuldrecht AT Rn 156). Die unter Treu und Glauben entwickelten neuen Regeln greifen dementspr weitgehend auf die gesetzliche Risikoverteilung zurück; wichtigstes Bsp ist § 313 (s § 313 Rn 14–16). 18

III. Funktionen von Treu und Glauben. Für die Beschreibung der Funktionen von Treu und Glauben finden sich im Schrifttum unterschiedliche Ansätze. Dabei sind **zwei Ebenen** voneinander zu unterscheiden: Einerseits geht es um die Frage, welche Befugnisse § 242 den Gerichten zuschreibt. Andererseits wirkt die Ausübung dieser Befugnisse in unterschiedlicher Weise auf das Schuldverhältnis ein, indem es dieses entweder ergänzt oder die sich aus ihm ergebenden Rechtspositionen beschränkt (su Rn 22–25). Die **richterlichen Befugnisse** sind danach zu unterscheiden, ob sie den Eingriff im Einzelfall (Korrekturfunktion) oder die rechtsfortbildende Entwicklung neuer Rechtssätze (Ermächtigungsfunktion) betreffen. 19

1. Korrekturfunktion. § 242 erlaubt dem Richter, unter bestimmten Voraussetzungen das in Anwendung des übrigen positiven Rechts gefundene Ergebnis **im Einzelfall** zu korrigieren. Der Grundsatz von Treu und Glauben dient damit auch der Erzielung von Einzelfallgerechtigkeit. Voraussetzung dafür ist freilich, dass die Anwendung respektive Durchsetzung der an sich gegebenen Rechte im Einzelfall zu nicht tragbaren Ergebnissen führen würde (AnwK/*Krebs* § 242 Rn 63). Die Anforderungen an eine solche Korrektur im Einzelfall sind hoch, weil diese in einem Spannungsverhältnis zur Rechtssicherheit steht (s etwa BGHZ 38, 61, 65; BGH NJW 85, 2579, 2580); eine allgemeine Billigkeitsjustiz lässt sich auf § 242 nicht stützen (AnwK/*Krebs* § 242 Rn 63). 20

2. Ermächtigungsfunktion. Der in der Generalklausel verankerte Grundsatz von Treu und Glauben enthält die Ermächtigung an die Rspr zur **Entwicklung allgemeiner Rechtssätze** des Billigkeitsrechts im Wege richterlicher Rechtsfortbildung (etwa BGHZ 108, 179, 186). Die Entstehung von und der weitere Umgang mit derartigen Fallnormen ist methodisch weitgehend ungeklärt. Zutreffend ist jedenfalls, dass die Rspr von dieser Befugnis nur in der Weise Gebrauch machen darf, dass sie eine Rechtsnorm formuliert (s Art 1 II u III SchwZGB). Durch die Schuldrechtsmodernisierung sind einige der so entwickelten Rechtsnormen durch gesetzliche Tatbestände ersetzt worden (§§ 241 II, 311 II, III, 313, 314). Für entspr zum besonderen Schuldrecht sowie die übrigen Bücher des BGB entwickelte Normen muss auf die betreffenden Kommentierungen verwiesen werden. 21

IV. Wirkungen von Treu und Glauben im Schuldverhältnis. 1. Ergänzende Wirkung. Die ergänzende Wirkung von § 242 trägt dem Umstand Rechnung, dass sowohl die Parteien als auch der Gesetzgeber den **Inhalt von Rechtsverhältnissen** nicht vollständig bestimmen können. Vor allem beim Pflichtenprogramm aber auch auf der Rechtsbehelfsseite sind daher Ergänzungen erforderlich. Den Gerichten stehen dabei verschiedene Ergänzungstechniken zur Verfügung, die sich nicht immer klar und deutlich voneinander abgrenzen lassen: Soweit es um die Ergänzung der gesetzlichen Vorgaben geht, erfolgt diese etwa durch Analogieschlüsse, extensive Interpretationen oder auch unter offenem Rückgriff auf § 242. Insoweit gelten die allgemeinen Regeln richterlicher Rechtsfortbildung (vgl o Rn 20). Zu einzelnen unter § 242 entwickelten Pflichten s.u. Rn 54–66. 22

Neben der Entwicklung ergänzender Normen wird § 242 auch zur Ergänzung von Rechtsverhältnissen im Einzelfall herangezogen. Insbes gilt die Vorschrift als eine Basis der zudem auf § 157 gestützten **ergänzenden Vertragsauslegung** (s § 133 Rn 25 ff; § 157 Rn 15 ff), also der heteronomen Ergänzung von Verträgen durch den Richter (s *Schmidt-Kessel* ZVglRWiss 96 [1997] 101, 139 ff). Dabei ist insbes das Verhältnis zum disposi- 23 tiven Recht umstr: Teilweise wird angenommen, die ergänzende Vertragsauslegung stehe hinter dem dispositiven Recht immer zurück (*Henckel* AcP 159 [60/61] 106, 122; *Mangold* NJW 61, 2284, 2286). Soweit eine Ergänzung allein mit den von den Parteien vorgenommenen Wertungen gerechtfertigt werden kann, geht sie dem dispositiven Recht jedoch bereits aufgrund der Privatautonomie vor (BGH NJW 75, 1116, 1117 [gesetzliche Regelung widerspricht dem Willen der Parteien]). Richtigerweise kommt der ergänzenden Vertragsauslegung wegen ihrer größeren Nähe zum Konsens und der § 242 eigenen Korrekturfunktion sogar generell Vorrang vor dem dispositiven Recht zu (s BGH NJW 79, 1705, 1706).

24 **2. Begrenzende Wirkung.** Der Grundsatz von Treu und Glauben entfaltet zudem begrenzende Wirkungen für die sich aus dem Rechtsverhältnis oder der Rechtsordnung ergebenden Rechtspositionen der Parteien (auch: Schrankenfunktion). Diese – gelegentlich auch bei § 826 verortete (s § 826 Rn 2) – Funktion findet im Wortlaut von § 242 zwar keine Stütze, sie ist jedoch nach dem Vorbild von Art 2 SchwZGB heute allgemein anerkannt. Umstr ist hingegen, ob diese Funktion den betreffenden Rechtspositionen von vornherein immanent ist (sog Innentheorie) oder ob sie als gegenläufiger, außerhalb der jeweiligen Rechtsposition angesiedelter Widerpart eingeordnet werden muss (sog Außentheorie; s.u. Rn 28).

25 In den Bereich der begrenzenden Wirkung von Treu und Glauben fallen va die verschiedenen überkommenen Rechtsinstitute und Argumentationsformen, welche sich unter der Bezeichnung unzulässige Rechtsausübung und Rechtsmissbrauch zusammenfassen lassen (s.u. Rn 33–47). Außerdem zählt die Verwirkung hierher (s.u. Rn 48–53). Schließlich ist auch die auf § 242 gestützte Kontrolle von Vertragsinhalten, soweit sie neben §§ 305 ff Anwendung findet (s vor § 305 Rn 14), Teil der begrenzenden Wirkung von Treu und Glauben. Zur Inhaltskontrolle von Verträgen im Bereich des Familien- und Erbrechts s § 310 Rn 13 f (§ 1408 Rn 23 ff, 1585 c Rn 6, § 2346 Rn 1). Zur Inhaltskontrolle von Gesellschaftsverträgen und Vereinssatzungen vor § 305 Rn 14 sowie § 705 Rn 2. Auch die in § 310 IV 1 ausgenommenen arbeitsrechtlichen Kollektivvereinbarungen unterliegen grds einer Inhaltskontrolle nach § 242, welche freilich aufgrund von Art 9 III GG jedenfalls für Tarifverträge kaum ausgeübt werden kann (vgl *Annuß* BB 02, 458, 459). § 310 IV 1 begründet hier kein Gegenargument, weil die Vorschrift es insoweit lediglich beim bisherigen Rechtszustand belässt (*Löwisch/Kaiser* BetrVG § 77 Rn 30; aA *Annuß* BB 02, 458, 459).

26 **B. Überkommene Rechtsinstitute und Argumentationsformen.** Unter dem Dach des Grundsatzes von Treu und Glauben haben sich mit der Zeit zahlreiche ältere Rechtsinstitute und Argumentationsformen versammelt, welchen die Rechtsfolge gemeinsam ist, dass sie der Begrenzung subjektiver Rechtspositionen dienen; sie repräsentieren den Kern der beschränkenden Wirkung von § 242 (rechtsvergleichend *Schmidt-Kessel* Gläubigerfehlverhalten § 11). Im Einzelnen geht es hierbei um die Figuren der **exceptio doli** (in ihren verschiedenen Ausprägungen), des Verbots des **Rechtsmissbrauchs** und des **widersprüchlichen Verhaltens** und schließlich das Institut der **Verwirkung**. Einige eng verwandte Rechtsfiguren haben im Gesetz eine ausdrückliche Regelung erfahren, sodass insoweit auf die betreffenden Kommentierungen zu verweisen ist. Das gilt insbes für das Schikaneverbot (s § 226 Rn 1), das Verbot der Manipulation der Bedingung (s § 162 Rn 1), den Grundsatz nemo auditur propriam turpitudinem allegans (s § 817 Rn 1 sowie unten Rn 34) sowie neuerdings teilweise für den tu-quoque-Einwand (§ 323 VI; dazu *Schmidt-Kessel* Gläubigerfehlverhalten § 11 VIII). Die meisten dieser älteren Rechtsinstitute und Argumentationsformen lassen sich unter der heute gängigen Überschrift **unzulässige Rechtsausübung** zusammenfassen. Eine Sonderrolle spielt allein die Verwirkung mit ihren spezifischen auf den Zeitablauf ausgerichteten Voraussetzungen.

27 **I. Unzulässige Rechtsausübung und Rechtsmißbrauch. 1. Allgemeine Fragen und Struktur.** Die gegen § 242 verstoßende Rechtsausübung oder Ausnutzung einer Rechtslage ist unzulässig (RGZ 146, 385, 396; BGHZ 12, 154, 157). Wann das Verbot unzulässiger Rechtsausübung eingreift, ist also eine Frage der Konkretisierung des Gebots von Treu und Glauben. Diese geschieht nicht nur im Einzelfall (so aber Palandt/*Heinrichs* § 242 Rn 38), sondern va durch die Ausbildung und Festigung von Fallgruppen und Argumentationsformen. Zum Erfordernis der Sonderverbindung s.o. Rn 8. Maßgebender Zeitpunkt für die Beurteilung der Treuwidrigkeit ist die Geltendmachung des Rechts (BGHZ 13, 346, 350), im Prozess die letzte mündliche Verhandlung in der Tatsacheninstanz (Palandt/*Heinrichs* § 242 Rn 38). Die Unzulässigkeit der Rechtsausübung ist nicht notwendig unabänderlich, vielmehr kann sie nachträglich entfallen (BGHZ 52, 365, 368) oder erst zu einem späteren Zeitpunkt als der Entstehung des Rechts eintreten (MüKo/*Roth* § 242 Rn 198).

28 **a) Innentheorie versus Außentheorie.** Die Unzulässigkeit der Ausübung eines Rechts stößt **logisch** auf **Schwierigkeiten**: Entweder das Recht besteht und kann ausgeübt werden, oder es besteht nicht und kann deshalb nicht ausgeübt werden. Um die Erklärung dieses scheinbaren Widerspruchs ringen zwei Ansätze. Nach der sog Innentheorie bildet die Unzulässigkeit der Ausübung eine immanente Begrenzung der betroffenen Rechtsposition (hA: BGHZ 30, 140, 145 [„Ein Handeln ohne Recht"]; zuletzt BGH NJW-RR 05, 619, 620; AnwK/*Krebs* § 242 Rn 63). Hingegen tastet die sog Außentheorie den Bestand des Rechts selbst nicht an, sondern erklärt die Unzulässigkeit seiner Ausübung als von außen an das Recht herantretende Ausübungsschranke. Letzteres – jedenfalls für das Schuldrecht – ist vorzugswürdig, weil sich so das vom Berechtigten erwartete Verhalten selbständig und im Grundsatz unabhängig von der Rechtsposition beschreiben lässt. Die

damit formulierten Pflichten respektive Obliegenheiten (s § 241 Rn 28) des Berechtigten treten neben diejenigen des anderen Teils und sind somit originärer Bestandteil des Pflichtenprogramms des betreffenden Schuldverhältnisses (*Schmidt-Kessel* Gläubigerfehlverhalten § 11 I 2). Soweit derartige Erwartungen an den Berechtigten zum Gegenstand selbständiger gesetzlicher Regelungen werden – wichtigstes Beispiel ist der Gläubigerverzug (s § 293 Rn 1 f) – folgen diese ohnehin notwendig der Außentheorie.

b) subjektive Voraussetzungen?. In der exceptio doli, der klassischen Formulierung des Verbots unzulässiger Rechtsausübung, schwingt noch das alte Vorsatzerfordernis mit, weshalb diese Rechtsfigur früher vielfach auch § 826 zugeordnet wurde (s § 826 Rn 6; s BGH LM § 242 Nr 166 [§ 826 zu eng]). Heute besteht insoweit Einigkeit, als der Einwand unzulässiger Rechtsausübung ein **Verschulden** oder Vertretenmüssen **nicht** zwingend **voraussetzt** (BGHZ 64, 5, 9; Jauernig/*Mansel* § 242 Rn 35). Das schließt nicht aus, dass für einzelne verfestigte Fallgruppen gleichwohl ein subjektives Element verlangt wird (s.u. Rn 35, 50 ff). Jedenfalls sind derartige subjektive Elemente bei der Konkretisierung der Verbotsvoraussetzungen zu berücksichtigen (AnwK/*Krebs* § 242 Rn 65; Jauering/*Mansel* § 242 Rn 35). 29

c) Zurechnung des Verhaltens Dritter. Spielt bei der Frage nach der Unzulässigkeit der Rechtsausübung das Verhalten eines Dritten herein, kommt es zunächst darauf an, ob die die Unzulässigkeit begründende Treuwidrigkeit im Verhalten des Berechtigten selbst liegt; ist dies der Fall, kommt es auf eine Zurechnung nicht an. Ist bereits das Verhalten des Dritten als solches treuwidrig, stellt sich die Frage einer Zurechnung dieser Treuwidrigkeit an den Berechtigten. Hat der Dritte von vornherein im Pflichtenkreis des Berechtigten gehandelt, ergibt sich die Zurechnung **analog § 278** (vgl BGH NJW 73, 1604, 1605). Fehlt es an dieser Voraussetzung, schadet dem Berechtigten grds **positive Kenntnis** vom Fehlverhalten des Dritten (MüKo/*Roth* § 242 Rn 218); abweichende Entscheidungen von dieser Grundregel betreffen etwa die Zwangsvollstreckung (BGH LM § 242 Nr 166 [Kenntnis vom Bruch des Bankgeheimnisses schließt die erst durch diese Kenntnis ermöglichte Vollstreckung in das Bankguthaben nicht aus]) sowie Fälle in denen die Kenntnis dem Erwerb der Rechtsposition nachfolgt (BGH LM § 826 Nr 3). Je nach Konstellation kann auch die **fahrlässige Unkenntnis** des Berechtigten genügen (BGH NJW 66, 1911 [Fahrlässige Unkenntnis des Vertragspartners vom Missbrauch der Vertretungsmacht durch den Vertreter der Gegenpartei]). 30

d) Rechtsfolgenseite. Die unzulässige Rechtsausübung genießt keinen Rechtsschutz (Art 2 II SchwZGB). Gleichwohl ist es missverständlich, wenn es heißt, das Rechtsinstitut begründe lediglich ein Abwehrrecht (so AnwK/*Krebs* § 242 Rn 70): Da sich der Einwand unzulässiger Rechtsausübung auch gegen Einwendungen zu richten vermag, kann ihm funktional auch eine offensive Wirkung zukommen (vgl Jauernig/*Mansel* § 242 Rn 36). Die unzulässige Rechtsausübung selbst kann jedoch nie zu Ersatz-, Beseitigungs- oder Unterlassungsansprüchen führen; diese können sich freilich aus dem jeweiligen Rechtsverhältnis, aus Geschäftsführung ohne Auftrag oder aus Delikt ergeben (AnwK/*Krebs* § 242 Rn 70). 31

e) Drittwirkungen. Der Einwand unzulässiger Rechtsausübung wirkt selbstverständlich gegenüber Gesamtrechtsnachfolgern (BGHZ 44, 367, 370) und auch gegenüber Einzelrechtsnachfolgern, die freilich nach den Regeln über einen gutgläubigen oder gutgläubig lastenfreien Erwerb geschützt sein können (AnwK/*Krebs* § 242 Rn 72). Im Übrigen kommt dem Einwand unzulässiger Rechtsausübung **grds keine Drittwirkung** zu (Palandt/*Heinrichs* § 242 Rn 41). Anders steht es, soweit dem Dritten die Treuwidrigkeit zugerechnet werden kann (s.o. Rn 30). Eine weitere Ausnahme ergibt sich beim echten Vertrag zugunsten Dritter (BGH MDR 70, 213 f). 32

2. Ausformungen. Aus den zahlreichen Fallkonstellationen unzulässiger Rechtsausübung haben sich einige typische Fallgruppen herausgebildet, die freilich weder abschließend noch frei von Überschneidungen sind; auch eine einheitliche Terminologie hat sich bislang nicht durchgesetzt (s AnwK/*Krebs* § 242 Rn 75-98; Jauernig/*Mansel*§ 242 Rn 38-52; Palandt/*Heinrichs* § 242 Rn 42-57). 33

a) Unredlicher Erwerb der eigenen Rechtsposition. Niemand soll aus seinem eigenen unredlichen Verhalten rechtliche Vorteile ziehen dürfen (BGHZ 122, 163, 168): nemo auditur propriam turpitudinem allegans. Daher kann sich ein Berechtigter auf sein Recht nicht berufen, wenn er dieses unter Verstoß gegen § 242 erworben hat. Dieses Prinzip ergänzt die positiv-rechtlichen Regeln, insbes §§ 134, 138, welche den rechtswidrigen Erwerb einer Rechtsposition unterbinden; es findet daher nur nachrangig Anwendung (s § 134 Rn 30 u § 138 Rn 7). Als gesetzliche Ausprägung gilt § 162 II (s § 162 Rn 1). Die unredliche Vereitelung von Rechten der Gegenpartei ist entspr zu behandeln: Die treuwidrig handelnde Seite muss sich so behandeln lassen, als sei die betreffende Rechtsposition entstanden (vgl § 162 I, § 815). 34

Bsp für den unredlichen Erwerb der eigenen Rechtsposition sind etwa der Fall der Berufung auf einen unter Missbrauch der Vertretungsmacht geschlossenen Vertrag bei Kenntnis des Missbrauchs (BGH NJW 02, 1497, 1498) oder der Rechtserwerb durch arglistige Täuschung, sofern das Recht nach Ablauf der Frist aus § 124 durchgesetzt werden soll (AnwK/*Krebs* § 242 Rn 76; Jauernig/*Mansel* § 242 Rn 45). Hierher gehört auch die treuwidrige Herbeiführung des Garantiefalls (BGH NJW 01, 282) oder des Sicherungsfalls bei anderen Sicherheiten (BGH NJW 02, 1493 [Bürgschaft]; BGH ZIP 04, 1589 [Bürgschaft]; s § 765 Rn 61 f) sowie die 35

Erhöhung des Ausfallrisikos durch Aufgabe anderer Sicherheiten seitens des Gläubigers (§ 776; *Schmidt-Kessel* Gläubigerfehlverhalten § 6 III 2, IV 2; anders für Pfandrechte BGH BB 91, 500, 501). Zu nennen ist zudem das Erschleichen eines unanfechtbaren Gesellschafterbeschlusses (BGHZ 101, 113, 120) sowie für den prozessualen Bereich die Verhinderung rechtzeitiger Klageerhebung (BGH MDR 81, 737). Die unredliche Inanspruchnahme aus einem rechtskräftigen Urteil wird hingegen nicht als unzulässige Rechtsausübung angesehen, sondern nur unter den Voraussetzungen von § 826 untersagt (s dort Rn 44; AnwK/*Krebs* § 242 Rn 76); dasselbe Ergebnis ließe sich allerdings auch unter § 242 erreichen.

36 Als unredliche Vereitelung von Rechten der Gegenpartei zu qualifizieren sind zB die Herbeiführung der eigenen Leistungsunfähigkeit durch den Unterhaltsschuldner (BGH NJW 88, 2239, 2241) oder die Herbeiführung der Formwidrigkeit eines Rechtsgeschäfts wider Treu und Glauben (RGZ 96, 313, 315; s § 125 Rn 27). In den gleichen Kontext gehört auch die treuwidrige Herbeiführung des Vertragsbruchs des anderen Teils (BGH LM § 242 (Cd) Nr 55 [Ausschluss der Kündigung]; BGH NJW 71, 1126 [Ausschluss der Vertragsstrafe]). Weitere Beispiele sind die Zugangsvereitelung (BGHZ 137, 205, 208; s § 130 Rn 30) sowie die Zustellungsvereitelung (BGH NJW-RR 05, 415, 416), wobei in letzterem Fall ein Ingangsetzen prozessualer Notfristen nicht erfolgt (BGH WM 70, 1106; BGH NJW 78, 426). Die Fälle der Beweisvereitelung zählen ebenfalls hierher (BGHZ 85, 212, 217 f).

37 **b) Verletzung eigener Pflichten.** Verletzt der Inhaber einer Rechtsposition eigene Pflichten, ergeben sich die Konsequenzen dieses Fehlverhaltens regelmäßig aus den geschriebenen Regeln des allgemeinen und des besonderen Schuldrechts, also insbes den §§ 293 ff sowie §§ 273 f, 320 ff und §§ 314, 323 ff, 280 ff (s *Schmidt-Kessel* Gläubigerfehlverhalten § 22 u öfter). Bereits deren differenzierte Lösungen zeigen, dass es **keinen allgemeinen Grundsatz** des Inhalts gibt, dass nur derjenige Rechte durchsetzen könne, der sich seinerseits rechts- oder vertragstreu verhalten hat (so auch die hA BGH NJW 71, 1747, 1748; BAG NJW 75, 229, 230; AnwK/*Krebs* § 242 Rn 79; aA *Wieacker* Präzisierung S 31).

38 Unter § 242 wird die Verletzung eigener Pflichten va auf zweierlei Weise sanktioniert: Zum einen kann der Ausübung von Rechtsbehelfen wegen Pflichtverletzungen des anderen Teils der **tu-quoque-Einwand** entgegenstehen. Das gilt insbes für solche Rechtsbehelfe, die von einem Vertretenmüssen des anderen Teils unabhängig sind, also für §§ 314, 323 ff (vgl RGZ 67, 313, 318 f; RGZ 171, 297, 304; BGH NJW 90, 3008, 3009; BGHZ 138, 195, 209 f [in concreto verneint]), für Fälle einer verschuldensunabhängigen Vertragsstrafe (RGZ 147, 228, 233; BGH NJW 71, 1126; vgl Staud/*Rieble* [2004] § 339 Rn 169 [Analogie zu § 162]) sowie bei – vereinbarten oder gesetzlichen – Fälligkeitszinsen (BGH DNotZ 78, 478, 479). Die Relevanz des tu-quoque-Einwands ist seit der Schuldrechtsreform durch die Unabhängigkeit der Gestaltungsrechte Kündigung, Rücktritt und Minderung von einem Vertretenmüssen erheblich gewachsen, jedoch hat die Regel insoweit einen ausdrücklichen gesetzlichen Niederschlag in § 323 VI gefunden. Diese Vorschrift, die entspr auch bei § 314 anzuwenden ist (*Schmidt-Kessel* Gläubigerfehlverhalten § 11 VIII), verdrängt in ihrem Anwendungsbereich den allgemeinen auf § 242 gestützten Grundsatz.

39 In extremen Fällen kann die Verletzung eigener Pflichten sogar zu einem Rechtsverlust führen (**„Verwirkung" durch Treueverstoß**). Beispiele sind etwa die Verwirkung von Unterhaltsansprüchen (Schlesw NJW-RR 87, 1481, 1482; s.a. § 1579 Rn 3 ff; § 1611 Rn 5 sowie für den Versogungsausgleich § 1587 c Rn 1 ff), der Verlust von Ansprüchen auf Nutzungsentschädigung aus §§ 987, 990 bei Verletzung der Pflicht zur Rücknahme (BGH NJW-RR 05, 743, 745) und die Berufung auf eine ausschl Bezugsbindung bei unzulässiger Verweigerung der Belieferung (Nürnbg NJW 72, 2270, 2271). Ein gesetzlicher geregelter Anwendungsfall ist § 654 (s dort Rn 1 ff); auch die Honoraransprüche von Rechtsanwälten und Ärzten entfallen allenfalls bei besonders schweren Pflichtverletzungen wie zB einem Parteiverrat (BGH NJW 63, 1301, 1303; BGH NJW 81, 1211, 1212). Solch ein isolierter Rechtsverlust darf freilich die allgemeinen Regeln des Leistungsstörungsrechts, die regelmäßig auch das Schicksal der Gegenleistung im Blick haben, nicht überspielen.

40 **c) Fehlen des schutzwürdigen Eigeninteresses.** Die Ausübung eines Rechts ist unzulässig, wenn der Berechtigte **kein sachliches Eigeninteresse** verfolgt, sei es, dass die Rechtsausübung nur zweckfremden oder unlauteren Motiven dient (BGHZ 5, 186, 189), sei es, dass die Rechtsausübung mangels irgendeines sachlichen Eigeninteresses des Ausübenden völlig nutzlos ist (BGHZ 93, 338, 350; AnwK/*Krebs* § 242 Rn 84). Von dieser Ausformung des Verbots unzulässiger Rechtsausübung sind auch die Fälle des § 226 (s dort Rn 1) sowie diejenigen einer Pflicht zur sofortigen Rückgewähr erfasst. Gesetzliche Ausprägungen dieses Grundsatzes „**dolo agit qui petit quod statim redditurus est**" finden sich in §§ 273, 387 (s § 273 Rn 2, § 387 Rn 23). Allerdings lassen sich auch viele der sonstigen seinem Anwendungsbereich zugeschriebenen Fälle mit den Mitteln des geschriebenen Rechts lösen (vgl BGHZ 74, 293, 299 f [Lösung über § 139 möglich]; BGHZ 116, 200, 203 f [Ausschluss der außervertraglichen Haftung durch den Vertrag]).

41 Das schutzwürdige Eigeninteresse des Berechtigten fehlt bspw bei der Ausübung eines gesetzlichen Vorkaufsrechts nach BauGB, wenn kein öffentliches Kaufinteresse iSv § 24 III BauGB besteht, ferner bei Einleitung und Durchführung eines gerichtlichen Verfahrens zu verfahrensfremden Zwecken (BGHZ 95, 10, 19). Zu letzteren Fällen zählen auch die sog räuberischen Aktionärsklagen (BGHZ 107, 296, 309 ff; 112, 9, 23 f). Außerdem ist die Ausübung von Informationsansprüchen unzulässig, wenn diese der Ausspähung von

Geschäftsgeheimnissen dient (BGHZ 93, 191, 211), und weiter die Weigerung, dem Austausch einer Prozessbürgschaft gegen eine gleichwertige andere auszutauschen (BGH NJW 94, 1351, 1352). § 242 vermag hier sogar das Gestaltungsdogma zu überwinden, etwa wenn der bei einer Kündigung nach § 573 II Nr 2 vorliegende Eigenbedarf noch während einer gerichtlich gewährten Räumungsfrist nach § 721 ZPO entfällt (BGH NJW 06, 220, 222). Nicht hierher gehört nach neuem Schuldrecht hingegen der in den Kommentierungen häufig genannte Fall, in dem ein Käufer Rücktritt oder Minderung erklärt nachdem der Mangel weggefallen ist (vgl BGHZ 90, 198, 204 f); §§ 323, 441 setzen das Vorliegen der Pflichtverletzung bei Ausübung des Gestaltungsrechts voraus.

d) Unverhältnismäßigkeit. Das deutsche Recht kennt keinen allgemeinen Grundsatz, dass **geringfügige** **42** **Pflichtverletzungen** stets ohne Folgen bleiben (BGHZ 88, 91, 95; BGH WM 85, 876, 877), vielmehr müssen weitere Umstände hinzukommen, um die Ausübung von Rechten in solchen Fällen als unzulässig erscheinen zu lassen. In den gesetzlich geregelten Fällen der §§ 281 I 3, 320 II, 323 V 2, 536 I 3 ergeben sich solche Umstände aus der Tatsache, dass dem verletzten Teil Alternativen zur Verfügung stehen, welche ihn nach der gesetzlichen Wertung hinreichend schützen (für § 273 muss dagegen § 242 bemüht werden: BGH BB 2006, 517, 518). Entspr Wertungen liegen in den zahlreichen Fristsetzungs-, Abmahnungs- oder Mahnungserfordernissen (etwa §§ 250, 281 I 1, 286 I, 314 II, 323 I, 536a, 637 I), welche durch ihre wertungsoffenen Tatbestandsmerkmale die Verhältnismäßigkeit der jeweiligen Rechtsfolge ohne Rückgriff auf § 242 sicherstellen. Ein solcher ist nur erforderlich, wo die einzuschränkende Rechtsposition selbst nicht über entspr Einfallstore verfügt: Richtet sich etwa die Beseitigung eines Vergleichs mit Ratenzahlungsvereinbarung nicht nach §§ 314 II, 323, sondern haben die Parteien eine auflösende Bedingung dergestalt vereinbart, dass die verspätete Zahlung einer Rate den Vergleich hinfällig macht, kommt die Vermeidung dieser Rechtsfolge nur in Frage, wenn eine unzulässige Rechtsausübung vorliegt. Wegen der § 323 II Nr 2 vergleichbaren Funktion der Bedingungskonstruktion (BGH WM 85, 876, 877), sind hieran jedoch hohe Anforderungen zu stellen; möglich ist etwa, dass der Gläubiger insoweit einen Vertrauenstatbestand geschaffen hat (BGH NJW 03, 2448, 2449).

e) Venire contra factum proprium. Die Rechtsordnung verlangt von den Teilnehmern am Rechtsverkehr **43** **keine Widerspruchsfreiheit** des eigenen Handelns. Diese dürfen insbes ihre eigene Rechtsauffassung ändern (BGH NJW 05, 1354, 1356) und dies auch noch nach Beginn eines Rechtsstreits (Palandt/*Heinrichs* § 242 Rn 55). Dies schließt etwa die Möglichkeit ein, sich auf die Nichtigkeit eigener Erklärungen oder die sonstige Unwirksamkeit eigener Rechtsgeschäfte zu berufen (BGHZ 87, 169, 177; BGH NJW 92, 834; BAG NJW 05, 2333). Diese Freiheit zur Inkohärenz bedeutet jedoch nicht, dass früheres Verhalten keine rechtlichen Bindungen erzeugen würde; der trivialste Fall einer solchen Bindung ist der Abschluss eines Vertrags. Auch sonst kennt die Rechtsordnung zahlreiche Fälle der Gebundenheit einer Partei an ihr früheres Verhalten, so etwa bei der Bindung an einen gesetzten Rechtsschein (BGH BB 76, 1479, 1480 [Rechtsschein im Widerspruch zum Handelsregister]; grundlegend *Canaris* Vertrauenshaftung 28 ff; Staud/*Looschelders/Olzen* [2005] § 242 Rn 320), in den Fällen der Heilung nichtiger Rechtsgeschäfte (Bsp §§ 311 b I 2, 766 S 3, 1310 III) oder bei der von der hA angenommenen Bindung an die Ausübung von Gestaltungsrechten (*Böttcher* FS Dölle 41, 71 f). Entspr nimmt § 203 (s dort Rn 1 ff) dem Schuldner die Einrede der Verjährung zumindest für denjenigen Zeitraum, in dem er mit dem Gläubiger über den Anspruch verhandelt hat.

Außer in diesen etablierten Fällen, kann eine im **Widerspruch zu früherem Verhalten** stehende Rechtsaus- **44** übung – venire contra factum prorium – unzulässig sein, wenn besondere Umstände die Ausübung treuwidrig erscheinen lassen (BGHZ 32, 273, 279; BGH NJW 92, 834; BGH NJW 97, 3377, 3379). Bei der Ermittlung der Treuwidrigkeit ist ein Verschulden der betreffenden Partei keine notwendige Voraussetzung, sondern geht lediglich in die erforderliche Abwägung mit ein (BGHZ 64, 5, 9). Auch eine sonstige Missbilligung des zeitlich früheren Verhaltens muss nicht gegeben sein (Jauernig/*Mansel* § 242 Rn 48), wohl aber eine Zurechnung des Verhaltens eines Dritten, auf welchem die Widersprüchlichkeit (mit-)beruht (s.o. Rn 30). Ergibt sich aus dem Sachverhalt ein rechtsgeschäftlicher Ausschluss der Rechtsposition, insbes ein Verzicht, ist diese vorrangig zu berücksichtigen; die durch widersprüchliches Verhalten unter § 242 eintretende Bindung ist hingegen nach hA keine rechtsgeschäftliche (AnwK/*Krebs* § 242 Rn 93). Anders als bei der Verwirkung (s.u. Rn 48–53) ist das Zeitmoment nicht von entscheidender Bedeutung. Zur Konkretisierung des offenen Tatbestandes haben sich Fallgruppen ausgebildet:

Der Einwand des venire contra factum proprium kann insbes als Folge eines **vertrauensbegründenden Ver-** **45** **haltens** gegeben sein. Hat der Berechtigte durch sein Verhalten bei der Gegenseite ein schutzwürdiges Vertrauen darauf hervorgerufen, dass er sein Recht nicht oder nur zu bestimmten Modalitäten ausüben wird, kann dies die Ausübung ausschließen oder einschränken, wenn sich die Gegenseite darauf in einer Weise eingerichtet hat, dass ihr die Rechtsausübung nicht mehr zugemutet werden kann (BGHZ 94, 344, 351 f; *Canaris* Vertrauenshaftung S 287, 301 f). Die damit geforderte Ausübung des Vertrauens liegt va in einer Vermögensdisposition (*Singer* Widersprüchliches Verhalten S 21 ff, 43 ff), ist aber nicht darauf beschränkt (AnwK/*Krebs* § 242 Rn 94). Schutzwürdiges Vertrauen kann sich insbes aus Mitteilungen und nicht bindenden Zusagen des Berechtigten ergeben, etwa aus der Zusage, ein Dauerschuldverhältnis nur aus wichtigem Grund zu kündigen (München NJW-RR 92, 1037 f) oder aus der Erklärung, die Kündigung eines Arbeitsvertrages zurückzunehmen (BAG NJW 69, 1048). Besondere Bedeutung hat in dieser Hinsicht die Schlussrechnung des Architekten erlangt, welche diesen vielfach an späteren Nachforderungen hindert (BGHZ 120, 133, 135 ff; BGHZ 136, 1, 9 f; Köln NZBau 05, 467). Entspr kann das Erwecken des Eindrucks, es werde nicht aufgerechnet, zum Ausschluss der Aufrechnung (RGZ 121, 177, 178) oder des Anscheins, Schuldner einer Forderung zu sein, das Bestreiten der Passivlegitimation ausschließen (BGH NJW-RR 87, 335; BGH NJW-RR 90, 417, 418). Auf diese Weise kann ferner ein Vorkaufsberechtigter an der Ausübung seines Rechts gehindert sein, wenn er umfangreiche Investitionen des Vorkaufspflichtigen in das betroffene Grundstück untätig abwartet; im Blick auf § 469 sind jedoch hohe Anforderungen zu stellen (BGH WM 85, 876, 877 f). Auch zwingendes Recht kann so überwunden werden: So kann sich auf die Nichtigkeit des Kaufvertrags über ein Grundstück wegen Geschäftsunfähigkeit der späteren Erbe des Geschäftsunfähigen nicht berufen, wenn er am Abschluss des Vertrags mitgewirkt hat (BGHZ 44, 367, 370 ff) und ebenso wird sich bei Vertragsschluss als Unternehmer ausgebende Verbraucher mit der Berufung auf Verbraucherschutzrecht nicht gehört (BGH NJW 05, 1045 f); das gleiche gilt für einen freien Mitarbeiter, der sich auf seine Arbeitnehmerstellung berufen will, obwohl er gerade keinen Arbeitsvertrag abschließen wollte (BAG NJW 97, 2618, 2619).

46 Eine unzulässige Rechtsausübung kann ferner bei einem **unauflösbaren Selbstwiderspruch** vorliegen, ohne dass es insoweit auf ein vertrauensbegründendes Verhalten ankäme (BGHZ 130, 371, 375). Gesetzlicher Anwendungsfall ist § 814 (s § 814 Rn 1). Ferner ist etwa mit der Schiedseinrede ausgeschlossen, wer sich vor dem Schiedsgericht auf die Zuständigkeit der ordentlichen Gerichte berufen hat (BGHZ 50, 191, 196) oder an wem das Schiedsverfahren wegen der eigenen finanziellen Leistungsunfähigkeit gescheitert ist (BGHZ 102, 199, 202 f; BGH NJW 99, 647, 648; anders Frankf NJW-RR 98, 778); umgekehrt kann die Zuständigkeit des Schiedsgerichts nicht beschreiten, wer die Streitigkeit vor den ordentlichen Gerichten durch seine Schiedseinrede hat scheitern lassen (BGH NJW-RR 87, 1194, 1195). Schließlich kann eine Vertragspartei, die sich bei Abgabe ihrer Erklärung im Irrtum befunden hat, ihre Erklärung nicht anfechten, wenn die Gegenpartei bereit ist, das tatsächlich Gewollte gelten zu lassen (*Flume* Allgemeiner Teil II § 21, 6).

47 Praktische Bedeutung haben insbes Fälle einer **treuwidrigen Berufung auf Verjährung** oder auf den Ablauf einer Ausschlussfrist erlangt. Hat der Schuldner den Gläubiger davon abgehalten, eine Hemmung oder einen Neubeginn der Verjährung herbeizuführen, kann ihm die Ausübung der Verjährungseinrede verwehrt sein (BGHZ 93, 64, 66 f; BGHZ 123, 394, 400 f; BGHZ 126, 88, 104 f). Entspr gilt für gesetzliche und vertragliche Ausschlussfristen (BGH NJW-RR 87, 157 f). Ein Verschulden des Schuldners ist jeweils nicht erforderlich (BGH NJW 02, 3110, 3111). § 203 ist ein gesetzlich geregelter Fall (s.o. Rn 43). Das einverständliche Abwarten der Entscheidung einer Parallelsache oder eines Musterprozesses gehört regelmäßig hierher (BAG BB 75, 881; BGH NJW 85, 1152). Einem Versicherer kann die Berufung auf die Ausschlussfrist des § 12 III VVG versagt sein, wenn der Versicherungsnehmer die Frist ohne Verschulden versäumt hat und weitere Umstände die Berufung auf die Frist als treuwidrig erscheinen lassen (BGHZ 43, 235, 238f; BGH NJW-RR 2005, 619, 620); die Vorschrift soll jedoch iRd großen VVG-Reform entfallen (s Abschlussbericht der Kommission zur Reform des VVG vom 19. 4. 04 S 303).

48 **II. Verwirkung. 1. Begriff und Gegenstand.** Unter Verwirkung wird der Ausschluss der Rechtsausübung wegen **illoyaler Verspätung** verstanden (BGHZ 92, 184, 187; BGHZ 105, 250, 256; BGH NJW-RR 03, 727, 728; BAGE 6, 165, 167); sie ist von der Verwirkung durch treuwidriges Verhalten (s.o. Rn 39) zu unterscheiden (AnwK/*Krebs* § 242 Rn 103). Die Verwirkung gilt als Unterfall der unzulässigen Rechtsausübung wegen widersprüchlichen Verhaltens (BGHZ 84, 280, 284; 105, 290, 298; *Kegel* FS Pleyer 1986, 523) oder jedenfalls als mit dieser verwandt (BGHZ 21, 67, 79 f; AnwK/*Krebs* § 242 Rn 99) und soll auf dem Gedanken des Vertrauensschutzes beruhen (*Canaris* Vertrauenshaftung S 266). Richtigerweise handelt es sich bei der Verwirkung entgegen der hA in Deutschland jedoch um einen **stillschweigend erklärten Verzicht**, welcher sich aus dem **Erklärungswert des Verhaltens** des Berechtigten ergibt und von dessen Willen grds unabhängig ist (insoweit zutreffend BGHZ 25, 47, 52; BGH NJW 96, 588). Folglich haben – entgegen der hA – die Regeln der Rechtsgeschäftslehre zur Anwendung zu gelangen.

49 **2. Anwendungsbereich.** Der Verwirkung unterliegen grds **sämtliche Rechte, Rechtsstellungen und Befugnisse**. Sie findet im gesamten Bereich des Privatrechts einschl des Familienrechts (BGH FamRZ 02, 1698ff), des Erbrechts (München FamRZ 05, 1120 und des Arbeitsrechts (BAG BB 88, 978), ferner im öffentlichen Recht (BVerwGE 6, 204, 205; BVerwGE 44, 339, 343) einschl des Sozialrechts (BSG NJW 69, 767) und der Prozessrechte (BGHZ 97, 212, 220 f; BAG NJW 83, 1443, 1444) als allgemeine Regel Anwendung; sie kann dementspr durch speziellere Vorschriften ausgeschlossen oder verdrängt werden. Dies gilt etwa für § 4 IV 2 TVG (ausdrücklicher Verwirkungsausschluss) sowie für Unterlassungsansprüche nach §§ 1, 2 UKlaG (BGH NJW 95, 1488 [zu § 13 AGBG aF]). Dasselbe nimmt das BAG für die elementaren Rechte des Arbeitnehmers aus dem Arbeitsverhältnis etwa für den Lohnanspruch, den gesetzlichen Urlaubsanspruch oder für Versorgungsbezüge an (BAG NJW 55, 157, 159; BAG BB 58, 117; BAG DB 70, 787, 788). Die Verwirkung ergänzt bestehende Verjährungs- und Ausschlussfristen und wird durch diese nicht verdrängt. Da der Verwirkungseinwand jedoch nicht zur Aushöhlung dieser Fristen führen darf, muss er auf Ausnahmefälle beschränkt sein (BGH NJW-RR 92, 1240, 1241). Die Verkürzung der regelmäßigen Verjährungsfrist auf drei Jahre hat den

Anwendungsbereich der Verwirkung daher erheblich verkleinert (Palandt/*Heinrichs* § 242 Rn 97). Gelegentlich finden sich auch gesetzliche Sondervorschriften zur Verwirkung, deren Voraussetzungen an die Stelle der allgemeinen Verwirkungsregeln treten, vgl § 21 MarkenG, §§ 314 III, 626 II.

3. Voraussetzungen. Verwirkung setzt zunächst voraus, dass zwischen der ersten Möglichkeit der Geltendmachung des betreffenden Rechts und seiner tatsächlichen Geltendmachung ein längerer Zeitraum verstrichen ist, währenddessen der Berechtigte untätig geblieben ist: „**Zeitmoment**". Der Zeitablauf allein genügt für den Eintritt der Verwirkung jedoch nicht, vielmehr müssen weitere Umstände vorliegen, welche die späte Geltendmachung des Rechts als treuwidrige Härte erscheinen lassen: „**Umstandsmoment**" (BGHZ 146, 217, 220, 224 f; NJW 03, 824). Das Verhältnis beider Momente zueinander ist letztlich offen; regelmäßig wird angenommen, dass eine kürzere Zeitspanne durch schwerwiegendere Umstände ausgeglichen werden könne und umgekehrt (BGH NJW 93, 918, 921; GRUR 01, 323, 327). 50

Die für das Zeitmoment maßgebende **Zeitspanne** lässt sich nicht in festen Zahlen ausdrücken. Sie richtet sich vielmehr nach den Umständen des Einzelfalls (BGHZ 146, 217, 224 f; NZA-RR 03, 253, 254). Wichtiger Anhaltspunkt bei der Konkretisierung ist zunächst eine einschlägige Verjährungs- oder Ausschlussfrist; je kürzer eine solche Frist ist, desto weniger wird Raum für die Verwirkung sein (BGHZ 103, 62, 68). Praktische Bedeutung hat ferner der Ablauf von handels- und steuerrechtlichen Aufbewahrungsfristen (§ 257 HGB, § 147 II AO 1977); die Differenz zwischen diesen Fristen und den bisweilen längeren Bearbeitungszeiten der Rechnungshöfe des Bundes und der Länder für die Prüfung von Schlussrechnungen aus Bauaufträgen droht den Bauunternehmer als potentiellen Schuldner eines Rückforderungsanspruchs in eine schlechte prozessuale Lage zu bringen (Hburg BB 84, 14, 16; ausführlich zur Problematik *Hahn* ZfBR 82, 139 ff). Vergleichsweise kurze Fristen sind insbes bei Ansprüchen aus Dauerschuldverhältnissen in Betracht zu ziehen (vgl § 556 III; zu den meist kurzen tariflichen Ausschlussfristen vgl *Löwisch/Rieble* TVG § 1 Rn 640 ff); das gilt insbes in Fällen der Nichtgeltendmachung von Unterhaltsansprüchen (BGHZ 103, 62, 70; 105, 250, 256 f). Bei Gestaltungsrechten kann eine Verwirkung sogar schon nach wenigen Wochen eintreten; §§ 314 III, 626 II sind gesetzliche Bsp dafür. Es gibt aber keinen allgemeinen Grundsatz, wonach Gestaltungsrechte generell nach kurzer Frist verwirkt sind (BGH NJW 02, 669). 51

Das **Umstandsmoment** ist gegeben, wenn zusätzlich zur Verspätung weitere Umstände vorliegen, die eine verspätete Durchsetzung unzumutbar machen. Wichtigster Fall einer solchen Unzumutbarkeit ist ein entstandenes **schutzwürdiges Vertrauen**. Schutzwürdig ist ein solches Vertrauen dann, wenn der Verpflichtete bereits eine darauf gestützte Vermögensdisposition getroffen hat (BGHZ 67, 56, 68; NJW 84, 1684; 03, 128). Neben Vertrauensschutzerwägungen kann sich das Umstandsmoment auch aus einer schlicht objektiven Verschlechterung der schuldnerschen Position ergeben, welche in der Zwischenzeit eingetreten ist. Dies gilt insbes für den zwischenzeitlich eingetretenen Verlust von Beweismitteln (BGH NJW-RR 92, 1240, 1241; Hamm NJW-RR 03, 81, 82). 52

4. Rechtsfolgen. Die Verwirkung führt zur dauerhaften **Undurchsetzbarkeit** des betreffenden Rechts (AnwK/*Krebs* § 242 Rn 111). Der Erhebung einer § 214 I vergleichbaren Einrede bedarf es nicht, vielmehr ist die Verwirkung – bei entspr Sachvortrag – **von Amts wegen** zu berücksichtigen (BGH NJW 66, 343, 345). Bei Ansprüchen führt die Verwirkung jedoch nicht zu deren vollständiger Vernichtung, sondern es kann dasjenige, was auf eine verwirkte Forderung geleistet wird, entspr § 214 II nicht zurückgefordert werden: der Anspruch bleibt insoweit Rechtsgrund (AnwK/*Krebs* § 242 Rn 112). Die **Beweislast** für die Voraussetzungen der Verwirkung trägt der Verpflichtete, wobei der Berechtigte jedoch rechtserhaltende Maßnahmen substantiiert darzulegen hat (BGH NJW 58, 1188 f; 66, 343, 345; Z 67, 56, 68). 53

C. Begründung von Pflichten (heteronome Vertragsergänzung). I. Allgemeines. Die ergänzende Wirkung von § 242 (o Rn 22 f) gestattet es, dem Rechtsverhältnis zwischen den Parteien unabhängig von deren Willen zusätzliche Pflichten hinzuzufügen. Dies kann entweder durch die Bildung ergänzender richterrechtlicher Normen oder im Wege ergänzender Vertragsauslegung geschehen. Die Grenze zwischen diesen beiden Ergänzungsmechanismen ist fließend. Immerhin lassen sich Fallgruppen herausarbeiten, welche die Ordnung des kaum noch zu übersehenden Entscheidungsmaterials erleichtern (s.u. Rn 56-66). 54

Die möglichen Ergänzungen betreffen auch die den **Typ** des Schuldverhältnisses **charakterisierenden** (**Haupt-**)**Pflichten** (s § 241 Rn 18). Solche Vorgänge meint der Wortlaut von § 242, der insoweit neben die §§ 243-274 tritt. Der Schuldner muss danach seine Pflichten nicht nur dem „Buchstaben", sondern auch dem Geist des Schuldverhältnisses nach erfüllen (so klassisch *Larenz* Schuldrecht I § 10 II). So darf der Schuldner etwa auch außerhalb von § 358 HGB nur zur Unzeit leisten (RGZ 92, 208, 210 f). Ferner kann er zu einer Anpassung des Vertrages verpflichtet sein, wenn die unveränderte Durchführung bestimmter Vertragsteile nicht möglich oder dem Gläubiger ausnahmsweise nicht zumutbar ist; das ergibt sich heute aus § 313 I (zum alten Recht: OGH NJW 49, 465, 467 [Notwendigkeit eines Wechsels des Erfüllungsortes]; vgl auch RGZ 107, 121, 122 f). Umgekehrt muss **auch der Gläubiger** Rücksicht auf die Belange des Schuldners nehmen. Dieser kann zwar grds auf einer pflichtgemäßen Erfüllung bestehen, jedoch muss er einerseits in dem gebotenen Maße kooperieren (BGH NJW 77, 2358, 2359; s.u. Rn 60) und andererseits muss er im Einzelfall gewisse geringfügige, unerhebliche Abweichungen vom Leistungsprogramm des Schuldverhältnisses hinnehmen 55 (etwa RGZ 78, 137, 142 [Scheck statt Barzahlung]; BGH NJW 69, 320, [Überweisung auf abweichendes Konto]). Bei derartigen Konstellationen, zu denen auch Einschränkungen von § 266 gehören (s dort Rn 3), ist die Grenze zur beschränkenden Wirkung von § 242 fließend (vgl o Rn 24, 25).

56 **II. Aufklärung und Information.** Das deutsche Recht kennt **keine generelle Pflicht** der Parteien von Schuldverhältnissen zur gegenseitigen Aufklärung (Auskunft, Anzeige, Hinweis, Mitteilung, Offenbarung, Information), und zwar weder vertraglich noch außervertraglich. Das gilt auch für Personen, die fremde Angelegenheiten zu betreuen haben (BGH NJW 88, 1906 f). Jedoch kennt das Gesetz zahllose einzelne Tatbestände, welche Pflichten zur Aufklärung und Information begründen (etwa §§ 312 c, 312 e, 402, 477, 482, 492, 651 a III, 666, 675a, 681, 713, 1379, 2057, 2127, 2130 II, 2218 sowie die BGB-InfoV). Neben diesen kann sich eine Auskunftpflicht auch aus § 242 ergeben. Soweit eine solche Auskunftpflicht auch eine Pflicht zur Rechenschaft beinhaltet, richten sich die weiteren Einzelheiten nach §§ 259-261 (s § 259 Rn 3). Von Pflichten zur Aufklärung und Information zu trennen ist die Pflicht zur **Wahrhaftigkeit** gegebener Auskünfte und Informationen. Auch wenn Erstere nicht besteht, dürfen keine falschen oder irreführenden Informationen gegeben werden (BGH NJW-RR 91, 178, 179; 91, 1246, 1247 f [Fehlerhafte Prospektangaben]).

57 Die Ableitung einer Aufklärungspflicht aus § 242 setzt voraus, dass der Berechtigte über den Bestand und den Umfang seiner Rechte im Ungewissen ist und diese Ungewissheit nicht zu verantworten hat sowie dass der Verpflichtete unschwer Auskunft erteilen kann (RGZ 108, 1, 7; BGHZ 81, 21, 24; 95, 285, 287 f). Außerdem muss die Annahme einer Pflicht zumutbar und verhältnismäßig sein (BGHZ 10, 385, 387; 70, 86, 91; 95, 285, 288). Dem Richter obliegt eine **Abwägung** zwischen dem **Auskunftsinteresse** des Berechtigten und den legitimen gegenläufigen Interessen des anderen Teils (AnwK/*Krebs* § 242 Rn 50). Daher besteht keine Aufklärungspflicht, wenn sich der Berechtigte die Informationen in zumutbarer Weise selbst beschaffen kann (Hamm NJW-RR 01, 236, 237). Häufig wird erst das Auskunftsverlangen die Pflicht auslösen (AnwK/*Krebs* § 242 Rn 50), während ohne ein solches erheblich höhere Anforderungen zu stellen sind (BGH NJW 88, 1965, 1966 [Schweigen offensichtlich unredlich]). Rechtsvergleichend und kollisionsrechtlich hierzu *Osthaus*, Informationszugang.

58 Bei **vertraglichen** Schuldverhältnissen und solchen aus **Vertragsanbahnung** liegt die Annahme einer von einem Auskunftsverlangen unabhängigen Aufklärungspflicht besonders nahe. Hierbei geht es um Pflichten, die für das Zustandekommen des Vertrags, seine ordnungsgemäße Durchführung oder für die Erreichung des Vertragszwecks erkennbar von entscheidender Bedeutung sind (BGHZ 60, 221, 224; 114, 87, 91; NJW 01, 2021, 2021 f; Jauernig/*Mansel* § 242 Rn 19). Für die Annahme einer solchen Pflicht können etwa die Art des Geschäfts und der Geschäftsgegenstand sprechen (BGHZ 124, 151, 156 [Vermittlung von Börsentermingeschäften]), ferner ein Informationsungleichgewicht zwischen den Parteien wegen besonderer Sach- und Fachkunde oder besonderer Unerfahrenheit eines Teils (BGHZ 80, 80, 85; BGH NJW 98, 305, 306). Ihre Grenzen findet die Aufklärungspflicht regelmäßig an einer entgegenstehenden vertraglichen Risikoverteilung (BGHZ 114, 87, 90; 117, 280, 283 ff). Hintergrund des Ringens um derartige Pflichten im vertraglichen Kontext ist die beschränkte Ersatzfähigkeit reiner Vermögensschäden unter § 823 (s dort Rn 57). Mit einem „informationellen Vorsatzdogma" (so *Grigoleit* Vorvertragliche Informationshaftung S 16 ff, 40 ff) hat dies nichts zu tun.

59 Besonderheiten gelten für **Unterlagen**, welche während einer Vertragsdurchführung bestimmungsgemäß erstellt werden und an deren Kenntnis die andere Partei ein schutzwürdiges Interesse hat (vgl BGHZ 150, 377; *Osthaus* Informationszugang S 150 ff). Hier kann sich aus § 242 ggf ein Anspruch auf **Vorlage und Einsicht** iSd §§ 809–811 (s dort) ergeben. Hierzu zählen insbes Ansprüche auf Einsicht und Vertragsunterlagen (BGH NJW-RR 92, 1072, 1073) und Krankenakten (BGHZ 85, 327, 331; 106, 146, 148). Ggf können sich entsprRechte auch aus § 34 BDSG ergeben.

60 **III. Kooperation.** Die Parteien sind verpflichtet, zur Erreichung des Vertragszwecks **zusammenzuwirken** und entgegenstehende **Hindernisse zu beseitigen** (BGH NJW-RR 1989, 1393, 1395); erst recht ist es ihnen verboten, Obstruktion zu betreiben (zu den sog Leistungstreuepflichten s.u. Rn 61). Diese Pflichten treffen auch den Gläubiger, wobei §§ 293 ff zeigen, dass die Schutzzwecke dieser Pflichten von den gewöhnlichen abweichen (AnwK/*Schmidt-Kessel* § 293 Rn 2). Unter § 242 sind insoweit va zwei Fallgruppen von Bedeutung: Zum einen müssen die Parteien zusammenwirken, um die Erteilung einer für den Vertrag oder seine Durchführung erforderlichen behördlichen Genehmigung herbeizuführen; umgekehrt müssen sie unterlassen, was die Genehmigung vereiteln oder gefährden könnte (RGZ 129, 357, 376; BGHZ 14, 1, 2; 67, 34, 35; BVerwG NJW-RR 86, 756, 758). Ggf sind sie einander verpflichtet, den Vertrag iRd zumutbaren – so zu ändern, dass er genehmigungsfähig wird (BGHZ 67, 34, 35; 87, 156, 165) oder den mangels Genehmigung gescheiterten Vertrag neu abzuschließen (BGH MDR 63, 837 f; Z 87, 156, 165). Zum anderen kann sich – auch unabhängig von einer Genehmigungspflichtigkeit – aus § 242 die Pflicht ergeben, den Vertrag an veränderte Umstände anzupassen (BGHZ 71, 276, 284; 98, 276, 279 f). Bei wirksamem Vertrag sind diese Fälle jedoch heute durch § 313 abgedeckt, der so etwa auch § 275 überspielen kann (s § 275 Rn 17). Zum Sonderfall der beiderseitigen Rücksichtnahmepflicht im nachbarschaftlichen Gemeinschaftsverhältnis s BGH NJW-RR 03, 1313, 1314 sowie § 906 Rn 1 ff. Zur gesellschaftsrechtlichen Treuepflicht s Rn 61.

IV. Treuepflichten. Die vertragliche Bindung verbietet es den Parteien grds, den Vertragszweck oder einen Leistungserfolg zu beeinträchtigen, zu vereiteln oder zu gefährden (BGH NJW 78, 260 f; 83, 998). Dieses Obstruktionsverbot ist das Komplement zur Mitwirkungspflicht der Parteien. Wichtigster Fall einer Verletzung dieses Verbots ist die in §§ 281 II Alt 1; 286 II Nr 1; 314 II 2; 323 II Nr 1, IV nunmehr ausdrücklich geregelte Vertragsaufsage. Außerdem lassen sich aus der **allgemeinen Leistungstreuepflicht** zahlreiche Nebenpflichten ableiten, so etwa Pflichten des Vermieters, den Mieter vor Konkurrenz (Karlsr NJW-RR 90, 1234, 1235) oder vor Störungen des vertragsgemäßen Gebrauchs durch Dritte (BGHZ 99, 182, 191) zu schützen. Auch Beschränkungen von Vertragsbeendigungsrechten können sich aus ihr ergeben, etwa das nunmehr in § 314 I 2 geregelte Abmahnungserfordernis oder das Verbot der Kündigung zur Unzeit (§§ 671 II, 676 S 1, 723 II; s Jauernig/*Mansel* § 242 Rn 27). In besonderem Umfang hat die Rspr derartige Nebenpflichten aus der sog gesellschaftsrechtlichen Treuepflicht abgeleitet (s BGHZ 129, 136, 142 ff; zu Einzelheiten § 705 Rn 22–24 sowie AnwK/*Krebs* § 242 Rn 56–62).

61

V. Schutzpflichten. Die Parteien eines Schuldverhältnisses haben sich so zu verhalten, dass Person, Eigentum und sonstige Rechtsgüter des anderen Teils nicht verletzt werden (BVerfG NJW 83, 32; BGH NJW-RR 04, 481, 483). Bei diesen **Schutzpflichten** handelt es sich um Pflichten iSv § 241 II (s § 241 Rn 15 f). Sie dienen vornehmlich dem Integritätsschutz und decken sich insoweit mit den Verkehrssicherungspflichten des Deliktsrechts (s § 823 Rn 104 ff). Gesetzlich geregelt sind solche Pflichten etwa in §§ 535 I 2, 569 I 1, 618, 701, § 62 HGB. Hauptquelle ist jedoch der in § 242 verankerte und in § 241 II angesprochene Grundsatz, dass jede Partei die gebotene Sorgfalt für die Integrität der anderen aufzuwenden hat (RGZ 78, 239, 240). Schutzpflichten auf dieser Grundlage kann jedes bestehende Schuldverhältnis enthalten; außerhalb des Vertrags ist dies im Blick auf die Lückenhaftigkeit der Haftung nach §§ 823 ff insbes im Stadium der Vertragsanbahnung von Bedeutung (s § 311 Rn 37 f). Das gilt umso mehr, als Pflichten dieser Art über den deliktischen Rechtsgüterschutz hinaus auch das Vermögen als solches schützen können.

62

Die Rechtfertigung für die Annahme von Schutzpflichten liegt an der durch das Schuldverhältnis begründeten besonderen Einwirkungsmöglichkeit auf die zu schützenden Rechtsgüter (vgl Saarbr NJW-RR 95, 23), bei Verträgen zusätzlich in der Annahme, die Parteien hätten sich gegenseitig zum Rechtsgüterschutz verpflichten wollen. Besondere Einwirkungsmöglichkeiten gegenüber Personen bestehen insbes bei **Dienst-, Miet- und Geschäftsräumen**; diese müssen sich in einem für die Beteiligten Kunden, Mieter und Arbeitnehmer gefahrlosen Zustand befinden (s §§ 535 I 2, 618, § 62 HGB; RGZ 78, 239, 240; BGHZ 66, 51, 53 ff). Entspr gilt für die möglicherweise von geleisteten oder überlassenen **beweglichen Gegenständen** ausgehenden Gefahren (§ 694; §§ 410, 564b HGB), die sich freilich überwiegend mit dem jeweiligen Leistungsinteresse decken (vgl §§ 434 I 2, 524 [str, s Rn 2], 535 I 2, 633 II 2 [vgl RGZ 148, 148, 150]).

63

Umgekehrt treffen besondere Schutzpflichten denjenigen, der eine dem anderen Teil gehörende Sache in seine **Obhut** nimmt (s § 425 ff HGB; vgl §§ 536 c, 538, 602 f, 690; RGZ 108, 341, 343 [während Annahmeverzug]; BGH NJW 79, 811, 812 [Empfänger einer mangelhaften Sache vor Rücksendung]; BGH NJW 83, 113 [zu reparierende Sache]); das diesen Konstellationen innewohnende Verwahrungselement hat freilich bislang nicht zu einer generellen Anwendung der §§ 688 ff geführt (vgl § 688 Rn 5).

64

Vermögensschützende Pflichten ergeben sich insbes bei vermögensbezogenen Dienstleistungen; so ist etwa die darlehensgewährende Bank dem Kreditnehmer gegenüber zur Verschwiegenheit verpflichtet (München ZIP 04, 19, 21) und entspr gilt für die klassischen Beratungsberufe (s § 42 a II BRAO für Rechtsanwälte u § 9 BOStB für Steuerberater). Entspr kann sich bei anderen Dienstleistungen mit der Gefahr größerer Vermögensschäden ergeben: Bspw sind der Telefondiensteanbieter und der Netzbetreiber gehalten, Schutzvorkehrungen vor unbeabsichtigten Kosten zu treffen (LG Heidelberg NJW 02, 2960 [Einrichtung einer automatischen Abschaltung einer 0190-Telefonverbindung nach einer Stunde]; vgl §§ 43 b IV aF, 66 IV, 152 TKG).

65

VI. Nachwirkende Vertragspflichten. Ergänzende Pflichten können sich auf der Basis von § 242 auch für die **Zeit nach Vertragsbeendigung** ergeben. Die Möglichkeit solcher Fortwirkungen ist nach der neueren Dogmatik zur Vertragsbeendigung (vgl §§ 346 ff, 546, 628, 630, § 109 GewO sowie § 346 Rn 2) nicht weiter überraschend. Einer gesonderten Figur nach Art der **culpa post contractum finitum** (vgl *v Bar* AcP 179 [1979] 452, 463) bedarf es daher nicht mehr (s § 346 IV). Die Begründung derartiger Pflichten unter § 242 richtet sich nach den vorgestellten allgemeinen Regeln. Sie betreffen insbes die Rückgabe überlassener Gegenstände (vgl etwa § 546, die Rückabwicklung von Vorleistungen (s §§ 547, 628 I 3), Wettbewerbsverbote (etwa RGZ 117, 176, 179; BGHZ 84, 125, 127) sowie sonstige nachvertragliche Schutz- und Treuepflichten (etwa BGHZ 80, 25, 28; 99, 167, 173; BAGE 79, 258, 261 f).

66

§ 243 Gattungsschuld

(1) Wer eine nur der Gattung nach bestimmte Sache schuldet, hat eine Sache von mittlerer Art und Güte zu leisten.
(2) Hat der Schuldner das zur Leistung einer solchen Sache seinerseits Erforderliche getan, so beschränkt sich das Schuldverhältnis auf diese Sache.

§ 243

1 **A. Bedeutung.** § 243 enthält Regelungen für die häufig vorkommende **Gattungsschuld als Gegenbegriff zur** das Grundmodell des Schuldrechts bildenden **Stückschuld.** Ergänzende Vorschriften finden sich in §§ 300 II, 524 II, 2155, 2182 f und für das Handelsrecht in §§ 360, 373 ff HGB. Ihre Funktion erhält diese Begrifflichkeit insbes bei der Verteilung der **Leistungsgefahr** nach § 275: Diese trägt nach dem Grundmodell der Gläubiger (s § 275 Rn 3), während der Schuldner die Leistungsgefahr trägt, soweit er aus einer Gattung schuldet. Ferner übernimmt der Schuldner, wiederum soweit er aus der Gattung schuldet, das **Beschaffungsrisiko iSv § 276 I 1**, sodass er grds unabhängig von Fahrlässigkeit auf Schadensersatz haftet (s § 276 Rn 24). Nach § 434 III begründet die Abweichung von der Gattung beim Kauf zudem einen **Sachmangel**; das gilt freilich nur, soweit der Verkäufer davon ausgeht, mit der angebotenen Leistung erfüllen zu können (zu den Einzelheiten § 434 Rn 87 ff).

2 Umstr ist die Frage, ob das Begriffspaar Gattungs- und Stückschuld auch die Auswahl des Käufers zwischen den verschiedenen **Arten der Nacherfüllung** nach § 439 I steuert (dazu auch § 439 Rn 24 f); nimmt man dies an, bedarf es jedoch zur Herstellung einer mit Art 3 II, III Verbrauchsgüterkaufrichtlinie zu vereinbarenden Lösung (s *Gebauer/Wiedmann/Leible* Kaufvertrag Rn 77) einer Veränderung der bewährten Abgrenzungskriterien (so konsequent *Ackermann* JZ 02, 378, [wenn Neulieferung möglich, dann Gattungsschuld]). Richtigerweise hat die Entscheidung über die Neulieferung daher unabhängig von den Kategorien des § 243 zu erfolgen.

3 Obwohl sich der Wortlaut des § 243 lediglich auf Sachleistungsschulden bezieht, ist die **Vorschrift entspr** auch auf den Kauf sonstiger Gegenstände (AnwK/*Tettinger* § 243 Rn 9 [Forderungen mit bestimmten Nennwert]), Dienst- und Werkleistungen (*Koller* VersR 95, 1385, 1386 [Lagerhaltung]; BGHZ 100, 157, 174 [Reisevertrag]), Leasingverträge (BGH NJW 82, 873) oder auf die Bestellung von Sicherheiten (AnwK/*Tettinger* § 243 Rn 9 [Sicherungsabtretung von Forderungen zu einem Gesamtnennwert]) **anzuwenden**.

4 **B. Begriff und Voraussetzungen der Gattungsschuld.** Gattungsschulden (oder: Genusschulden) unterscheiden sich von Stückschulden (oder: Speziesschulden) dadurch, dass der Leistungsgegenstand nicht individuell festgelegt, sondern nur **nach generellen Merkmalen** (etwa Typ, Sorte, Serie) **bestimmt** ist; auch Qualitätsmerkmale (s RGZ 86, 90, 91; vgl § 434 III u dazu § 434 Rn 87 ff) oder sonstige Sacheigenschaften (BGH NJW 89, 218, 219 [Prädikatsstufen bei Wein]; Ddorf NJW-RR 00, 1654 [Glasurrisse in Dachziegeln]) können die Gattung beschreiben. Über die Abgrenzung im Einzelnen entscheidet der Parteiwille (BGH NJW 89, 218, 219), hilfsweise die Verkehrsauffassung (BGH NJW 1975, 2011; 84, 1955). Die Vertretbarkeit iSv § 91 ist keine Voraussetzung der Gattungsschuld.

5 Die Gattungsschuld unterscheidet sich von der **Wahlschuld** einerseits durch die notwendige Gleichartigkeit der möglichen Leistungsgegenstände und andererseits dadurch, dass deren Zahl nicht regelmäßig beschränkt ist (s § 262 Rn 5). Die **Geldschuld** ist keine Sachschuld und kann damit auch keine Gattungsschuld sein (§§ 244, 245 Rn 9).

6 **C. Inhalt der Gattungsschuld.** Bei der Gattungsschuld bestimmt der Schuldner den Leistungsgegenstand im Wege der Konkretisierung (s Rn 9 ff). Er ist darin jedoch nicht frei, sondern hat aus der vereinbarten Gattung nach § 243 I **mangelfreie Sachen mittlerer Art und Güte** auszuwählen; die Vorschrift wird insoweit durch die speziellen Regeln der §§ 434 I, 524 II, 535, 600, 633 II, 651c näher ausgefüllt. Für den Handelsverkehr gilt § 360 HGB.

7 **Regelfall** der Gattungsschuld ist die **marktbezogene Gattungsschuld.** Das deutsche Recht geht davon aus, dass sich der Schuldner die geschuldete Leistung am Markt beschafft. Die marktbezogene Gattungsschuld begründet daher eine **Beschaffungspflicht** des Schuldners (BGH NJW-RR 2004, 50, 52; grundlegend *Ballerstedt* FS Nipperdey 1955, 261, 272; sehr kritisch hierzu *Gsell* Beschaffungsnotwendigkeit S 12 ff, 205 ff). Das vom Schuldner übernommene Risiko umfasst daher sämtliche am Markt verfügbare Ware. Diese Risikoübernahme ist die Rechtfertigung, den Schuldner die Leistungsgefahr iSv § 275 und das Beschaffungsrisiko iSv § 276 tragen zu lassen; der umgekehrte Schluss des alten Rechts (§§ 275, 279 aF) trägt heute nicht mehr (s aber Jauernig/*Mansel* § 243 Rn 5). Wer aus der Gattung schuldet, wird nur frei, wenn die gesamte Gattung vom Markt verschwunden ist (Palandt/*Heinrichs* § 243 Rn 3).

8 Das Risiko des Schuldners wird vielfach durch die Vereinbarung einer **beschränkten Gattungsschuld** zurückgeschnitten. Das ist etwa der Fall, wenn die Zugehörigkeit der zu leistenden Ware zu einem bestimmten Vorrat zu den die Gattung beschreibenden Merkmalen zählt (**Vorratsschuld**; RGZ 108, 419, 420 [bestimmter Lagerplatz]; BGH WM 73, 363, 364 [bestimmte Schiffsladung]; kritisch zur Begrifflichkeit *Gsell* Beschaffungsnotwendigkeit S 202-204). Praktisch häufiger ist die Beschränkung der Gattungsschuld auf eine **bestimmte Quelle** (RGZ 84, 125, 126 [Produkte eines bestimmten Hofs]; Karlsr JZ 72, 120 [Kohlen aus einer bestimmten Zeche]; München OLGZ 73, 454 [Bier einer bestimmten Brauerei]). Eine solche Beschränkung ist im Zweifel anzunehmen, wenn der Produzent der geschuldeten Ware verkauft (RGZ 88, 287, 288). Eine entspr Beschränkung kann sich auch nachträglich in Anwendung von § 300 II (AnwK/*Schmidt-Kessel* § 300 Rn 7; aA Staud/*Löwisch* [2004] § 300 Rn 20) oder bei Erfüllung von Schickschulden im Wege des Sammelversands (Palandt/*Heinrichs* § 243 Rn 5) ergeben. Ob bei teilweisem Untergang des Vorrats oder Versiegen der Quelle der Schuldner berechtigt ist, die Forderungen seiner Gläubiger anteilig zu kürzen (dazu RGZ 84, 125,

Ernst GS Knobbe-Keuk 1997, 49, 97 ff; *Schmidt-Kessel* Standards vertraglicher Haftung S 150 ff), ist eine Frage der Risikoverteilung im Einzelfall und dürfte für § 275 und für § 276 unterschiedlich zu entscheiden sein.

D. Konkretisierung. Der Schuldner kann das übernommene Risiko durch eine Konkretisierung nach § 243 II beschränken. Sie führt zum **Übergang der Leistungsgefahr** auf den Gläubiger, der im Falle von § 275 seinen Erfüllungsanspruch verliert. Zugleich erlischt bei der marktbezogenen Gattungsschuld die Beschaffungspflicht des Schuldners (Ausnahme: § 439 I bei nach Konkretisierung eingetretener Mangelhaftigkeit). Ferner bewirkt die Konkretisierung eine **Absenkung des Haftungsstandards**: Der Schuldner haftet nicht mehr für den Eintritt des Beschaffungsrisikos, sondern nur noch für Vorsatz und Fahrlässigkeit; häufig wird sogar § 300 I eingreifen und die Haftung damit auf grobe Fahrlässigkeit beschränkt sein.   9

Voraussetzung der Konkretisierung ist, dass der Schuldner das zur Leistung „seinerseits erforderliche" tut. Nicht erforderlich ist, dass dieser Vorgang den Annahmeverzug begründet (AnwK/*Schmidt-Kessel* § 300 Rn 6). Es genügt daher, dass der Schuldner die Sache von den übrigen der Gattung **absondert** und die nach Art der Schuld **erforderliche Leistungshandlung vornimmt**, soweit ihm dies ohne Mitwirkung des Gläubigers möglich ist. Bei Bringschulden muss die Sache dem Gläubiger an seinem Sitz körperlich angeboten werden (Jauernig/*Mansel* § 243 Rn 9). Bei Schickschulden genügt die Übergabe der Sache an den ersten Transporteur (RGZ 57, 138, 141; BGH BB 65, 349; Köln NJW 95, 3128). Bei Holschulden genügen Ausscheidung und Bereitstellung, wobei eine Benachrichtigung des Gläubigers analog § 299 richtigerweise nur erforderlich ist, wenn eine Leistungszeit nicht vereinbart wurde oder vorzeitig geleistet wird (aA Palandt/*Heinrichs* § 243 Rn 5).   10

Zu dem seitens des Schuldners Erforderlichen gehört auch die **Mangelfreiheit** der Leistung. Erfüllt sie die durch die Bestimmungen des besonderen Vertragsrechts konkretisierten Anforderungen von § 243 I nicht, tritt keine Konkretisierung ein. Das gilt jedenfalls dann, wenn der Gläubiger die mangelhafte Sache in Unkenntnis des Mangels annimmt (BGH NJW 99, 2884, 2885; s.a. § 362), sie zurückweist (s RGZ 95, 116, 119) oder die Zurückweisung ausgeschlossen ist (s AnwK/*Schmidt-Kessel* §§ 294-296 Rn 10 ff). Ausnahmsweise ist die Konkretisierung trotz Mangel möglich, wenn dieser nicht die Sache selbst sondern eine zusätzliche Pflicht betrifft. Das gilt insbes in den Fällen von § 434 II 1 und III Alt 2, sofern es nicht zur Zurückweisung kommt. Insoweit besteht kein Grund, Leistungsgefahr und Beschaffungsrisiko generell beim Schuldner zu belassen. Das schließt freilich nicht aus, dass der Käufer Neulieferung nach § 439 I Alt 2 verlangt. Dasselbe gilt für solche Mängel, die nach der Begrenzung der Leistungsgefahr durch die Konkretisierung aber vor dem Übergang der Verschlechterungsgefahr eintreten (zu diesen bei richtiger Auslegung von § 474 II seltenen Fällen abweichend AnwK/*Tettinger* § 243 Rn 29).   11

Umstr ist, ob der Schuldner an die einmal eingetretene **Konkretisierung gebunden** ist. Sachlich geht es insoweit vor allem um Versendungskäufe, bei denen der Verkäufer daran gehindert werden soll, auf Kosten des Käufers zu spekulieren. Außerdem wird darauf hingewiesen, dass der Verkäufer dem Käufer im Falle der Mangelhaftigkeit nicht das Wahlrecht nach § 439 I soll aus der Hand schlagen können (AnwK/*Tettinger* § 243 Rn 28); dies ist freilich ohnehin nur in den wenigen Fällen möglich, in denen es trotz Mangels zur Konkretisierung kommen kann (s Rn 11). Hinsichtlich des Versendungskaufs ist die Lösung an den Pflichten des Verkäufers im Blick auf den Transport zu bestimmen: Soweit er sich nach dem Kaufvertrag das Weisungsrecht gegenüber dem Transporteur vorbehalten darf, kann er dieses auch entspr ausüben, so dass die Wirkungen der Gattungsschuld restituiert werden (Jauernig/*Mansel* § 243 Rn 11; aA Köln NJW 95, 3128, 3129). Zu Sonderfällen s RGZ 91, 110, 112 f; 108, 184, 187 (jeweils Zurückweisung durch den Gläubiger) und BGH WM 1964, 1023, 1024 f (Annahme der stattdessen angebotenen Leistung).   12

§ 244 Fremdwährungsschuld

(1) Ist eine in einer anderen Währung als Euro ausgedrückte Geldschuld im Inland zu zahlen, so kann die Zahlung in Euro erfolgen, es sei denn, dass Zahlung in der anderen Währung ausdrücklich vereinbart ist.
(2) Die Umrechnung erfolgt nach dem Kurswert, der zur Zeit der Zahlung für den Zahlungsort maßgebend ist.

§ 245 Geldsortenschuld

Ist eine Geldschuld in einer bestimmten Münzsorte zu zahlen, die sich zur Zeit der Zahlung nicht mehr im Umlauf befindet, so ist die Zahlung so zu leisten, wie wenn die Münzsorte nicht bestimmt wäre.

A. Allgemeines. Das BGB regelt **Geldschulden** nur sehr bruchstückhaft. Die §§ 244, 245 betreffen lediglich die Sonderformen der Fremdwährungsschuld (Rn 12 ff) und der unechten Geldsortenschuld (Rn 8). Außerdem hier näher zu behandelnden Geldschuldrecht werden Geldschulden in großem Maße durch währungsrechtliche Regelungen (dazu Rn 12-17, 18-27) bestimmt, für die die Europäische Gemeinschaft inzwischen die ausschl Gesetzgebungskompetenz hat (*Grote* WM 02, 22; *Grote*, Fremdwährungsverbindlichkeiten S 288;   1

Hafke WM 97, 693, 969 f; s im Einzelnen *Gruber* Geldwertschwankungen S 328 ff). Im Zuge der Euro-Einführung wurde die früher Bezugnahme auf die „inländische Währung" in § 244 durch eine auf Euro ersetzt; die ergangene Rspr bezieht sich regelmäßig noch DM-Zahlungen.

2 Seiner **wirtschaftlichen Funktion** nach ist Geld Wertmesser, Tauschmittel respective Mittel zur Wertübertragung, Mittel zur Wertbewahrung sowie Rechnungseinheit (s etwa MüKo/*Grundmann* §§ 244, 245 Rn 1–4). Rechtlich wird zwischen dem institutionellen Geldbegriff, dem Bargeld und dem Buchgeld unterschieden (dazu und zu weiteren Konzeptionen *Proctor* Mann on the Legal Aspect of Money 5 ff). Nach dem (schuldrechtlichen) **institutionellen Geldbegriff** ist Geld als Gegenstand der Geldschuld eine in Währungseinheiten ausgedrückte abstrakte Vermögensmacht (Staud/*K. Schmidt* [1997] Vorbem zu § 244 Rn A15). Geschuldet werden daher nicht körperliche Gegenstände – daher liegt auch keine Gattungsschuld vor –, sondern die Verschaffung solcher Vermögensmacht. Verkörpertes Geld (**Bargeld** oder „Geld im gegenständlichen Sinn") sind die Geldzeichen (Banknoten und Münzen) des Euro oder einer anderen Währung. Unverkörpertes Geld (**Buchgeld**) sind Forderungen gegen Kreditinstitute; Zahlung durch Buchgeld erfolgt idR mit den Mitteln des bargeldlosen Zahlungsverkehrs (Überweisung, Lastschrift, Kreditkarte, Scheck etc).

3 **Bargeld** und **Buchgeld** werden im Rechtsverkehr vielfach gleichbehandelt; gleichwohl bestehen **Unterschiede**: Für Bargeld besteht ein währungsrechtlicher Annahmezwang (AnwK/*Bergdolt* § 245 Rn 5), beim Buchgeld nicht. Daraus wird ganz überwiegend abgeleitet, dass der Gläubiger auch schuldrechtlich zur Annahme grds nicht verpflichtet sei (§ 362 Rn 11). Obwohl die bargeldlose Zahlung ganz überwiegend der Praxis entspricht, bedarf es daher einer entspr Vereinbarung zwischen Gläubiger und Schuldner; die Anforderungen an die Annahme einer solchen Vereinbarung sind jedoch sehr gering (§ 362 Rn 11).

4 Für den **Wert des Geldes** ist zu unterscheiden: Der **Nennwert** ausgegebener Geldzeichen wird durch das Währungsrecht festgelegt; er ist kein Wert im wirtschaftlichen Sinn. Der **Außenwert** (Valutakurs) ergibt sich aus dem Wertverhältnis zu fremden Währungen. Der **Binnenwert** des Geldes entspricht seiner Kaufkraft im Währungsgebiet.

5 **B. Währungsrechtliche Basis des Euro.** Die währungsrechtliche Basis des Euro ergibt sich aus dem **Gemeinschaftsrecht**, nämlich va aus Art 4 II, 105 ff EGV, der Verordnung (EG) Nr 1103/97 des Rates vom 17. 6. 97 über bestimmte Vorschriften im Zusammenhang mit der Einführung des Euro (**Euro I VO**) und der Verordnung (EG) Nr 974/98 des Rates vom 3. 5. 98 über die Einführung des Euro (**Euro II VO**). Die Umrechnungskurse zu den früheren nationalen Währungen regelt die Verordnung (EG) Nr 2866/98 vom 31. 12. 98 über die Umrechnungskurse zwischen dem Euro und den Währungen der Mitgliedstaaten, die den Euro einführen (**Euro III VO**). Diese Regeln gelten als allgemeiner Teil des europäischen Währungsrechts auch für spätere Beitritte zum Euro.

6 Seit dem 1. 1. 02 ist der **Euro alleiniges gesetzliches Zahlungsmittel** (Art 10, 15 Euro II VO). Alle Bezugnahmen in „Rechtsinstrumenten" (Art 1 Euro II VO: Rechtsvorschriften, Verwaltungsakte, gerichtliche Entscheidungen, Verträge, einseitige Rechtsgeschäfte, Zahlungsmittel [außer Banknoten und Münzen] sowie sonstige Instrumente mit Rechtswirkung) sind nach Art 14 Euro II VO zum 1. 1. 02 entspr dem jeweiligen Umrechnungskurs auf Euro umgestellt worden. Der Umrechnungskurs beträgt 1,95583 DM = 1 Euro (Art 1 Euro III VO). Zu den Einzelheiten der Umrechnung s Art 4, 5 Euro I VO (dazu EuGH C-19/03 v 14. 9. 04 EuZW 04, 629). Bezugnahmen auf den ECU (Art 118 EGV) sind im Verhältnis 1:1 auf Euro umgestellt worden (zu den Einzelheiten Art 2 Euro I VO). Der deutsche Gesetzgeber hat diese Umstellung in zehn Euro-Einführungsgesetzen nachvollzogen. Nach Art 16 Euro I VO müssen die teilnehmenden Mitgliedsstaaten ihre früheren Geldzeichen auch weiterhin zum Umrechnungskurs in Euro umtauschen.

7 Bei **Verträgen** begründet die Einführung des Euro keinen Wegfall der Geschäftsgrundlage. Vielmehr ordnet Art 3 Euro I VO **Vertragskontinuität** an. Das gilt richtigerweise auch dann, wenn das Recht eines Drittstaats Anwendung findet; Art 3 Euro I VO enthält insoweit eine versteckte Kollisionsnorm, welche die Frage der Vertragskontinuität gesondert anknüpft. Die Vorschrift ist nach ihrem S 2 allerdings dispositiv; zu Umstellungsklauseln und deren Inhaltskontrolle EuGH C-19/03 v 14. 9. 04 EuZW 04, 629 (Rundungsklauseln bei Telephontarifen) sowie *Schmidt-Kessel* WM 97, 1732 ff.

8 **C. Geldschuld.** Die Geldschuld ist das auf Geld als Leistungsobjekt gerichtete Schuldverhältnis. Sie ist gerichtet auf Verschaffung der durch das Geld abstrakten Vermögensmacht; sie ist damit **Wertverschaffungsschuld**. Im Gegensatz dazu ist die auf eine einzelne Münze oder auf eine bestimmte Münzsorte gerichtete Schuld eine Sachschuld und Letztere damit eine Gattungsschuld. Solche **Geldsortenschulden** kommen heute – außer zu Sammlerzwecken – kaum noch vor. Für sie bestimmt § 245, dass sie im Zweifel eine unechte Geldsortenschuld ist, also eine Geldschuld, deren Erfüllung soweit möglich in einer bestimmten Münzsorte zu erfolgen hat (s Palandt/*Heinrichs* § 245 Rn 13). Auch auf Herausgabe von Geld gerichtete Ansprüche können Sachschulden sein (AnwK/*Bergdolt* § 245 Rn 12).

9 Im Regelfall ist die Geldschuld eine **Geldsummenschuld** (auch Betragsschuld; zum Gegenstück, der Geldwertschuld s.u. Rn 11). Die geschuldete Leistung wird ausschl ziffernmäßig in Bezug auf bestimmte Währungseinheiten festgelegt. Geldsummenschulden sind etwa Ansprüche auf den Preis oder die Vergütung einer Leistung (Bsp § 433 II, 611 I, 631 I) oder vertragliche oder gesetzliche Ansprüche auf Rückzahlung (BGHZ

101, 296, 306f). Die Leistungspflicht des Schuldners richtet sich nur nach dem Nennbetrag der Schuld, nicht etwa nach dem inneren Wert des Geldbetrags. Dieser Grundsatz des **schuldrechtlichen Nominalismus** gilt als ungeschriebener Grundsatz des Privatrechts der Europäischen Gemeinschaft (vgl Palandt/*Heinrichs* § 245 Rn 15, *Proctor* Mann on the Legal Aspect of Money S 227 ff sowie für das frühere deutsche Recht BVerfGE 50, 57; BGHZ 61, 31, 38; 79, 187, 194).

Die Annahme einer Geldsummenschuld hat zur Folge, dass die Vorschriften über Sachschulden weitgehend unanwendbar sind. Insbes wird der Schuldner vom Anspruch auf Leistung von Geld nicht nach § 275 befreit, dass ihn diese unmöglich ist (§ 275 Rn 5; anders uU bei Valutaschulden, s Rn 13). Außerdem hat er für seine finanzielle Leistungsfähigkeit unabhängig von der geübten Sorgfalt einzustehen (§ 276 Rn 29-31). Allerdings trägt – entspr der Grundidee des Nominalismus – der Gläubiger das **Risiko der Geldentwertung**. Gegen dieses kann er sich nur in gewissen Grenzen vertraglich durch eine Wertsicherungsklausel schützen (s Rn 18ff). In extremen Fällen kommt auch eine Vertragsanpassung nach § 313 in Betracht (s dort Rn 27). 10

Bei **Geldwertschulden** fehlt es an der Festlegung eines bestimmten Nennbetrags; die Höhe des zu leistenden Betrags richtet sich nach dem Zweck der Schuld (BGHZ 123, 65, 75). Geldwertschulden sind etwa Ansprüche auf Schadens-, Aufwendungs- oder Wertersatz (AnwK/*Bergdolt* § 245 Rn 19), Ansprüche auf Zugewinnausgleich und Pflichtteil (BGHZ 61, 385, 391; 65, 75, 77) sowie nach hA Unterhaltsansprüche, deren Höhe sich freilich weniger nach dem Wert als vielmehr nach der Bedürftigkeit des Unterhaltsgläubigers und der Leistungsfähigkeit des Unterhaltsschuldners richtet. Geldwertschulden sind bis zur vertraglichen oder gerichtlichen Fixierung der Schuldhöhe wertbeständig (**Valorismus**; vgl BGHZ 79, 187, 194); eine spätere Anpassung des fixierten Betrags nach §§ 323 oder 313 ZPO liegt vielfach nahe. Das Risiko der Geldentwertung trägt idR der Schuldner, der sich – wie bei der Geldsummenschuld – auch nicht auf § 275 berufen kann und unabhängig von Fahrlässigkeit haftet (s.o. Rn 10). 11

D. Fremdwährungsschuld. Die Fremdwährungs- oder **Valutaschuld** (zu ihr ausführlich *Grothe* Fremdwährungsverbindlichkeiten) ist eine in ausländischer Währung, dh nicht in Euro, ausgedrückte Geldschuld (BGHZ 101, 296, 302). Eine bloße Abrede über die Art der Zahlung, die vor der Euro-Einführung wegen der Genehmigungsbedürftigkeit von Valutaschulden häufig vorkam, begründet keine Fremdwährungsschuld (RGZ 168, 240, 245f). Fremdwährungsschulden können sich aus Vereinbarung oder auch aus Gesetz (BGH WM 69, 26 [§ 667]; NJW-RR 98, 680 [Kosten der Rückbeförderung aus dem Ausland nach Rücktritt]) ergeben. Geldwertschulden entstehen nach deutschem Recht in inländischer Währung; Beträge in ausländischer Währung fließen lediglich in die Berechnung des in Euro festzusetzenden Betrages ein (BGHZ 14, 212; NJW-RR 98, 1426, 1429; abweichend für den Aufwendungsersatzanspruch gegen den Kreditkarteninhaber Hburg NJW 96, 1902, 1903). 12

Eine **echte** Valutaschuld ist nicht nur in ausländischer Währung ausgedrückt, sondern kann auch nur durch Zahlung in ausländischer Währung erfüllt werden (etwa Jauernig/*Mansel* § 245 Rn 15). Eine Zahlung in inländischer Währung ist aber denkbar, wenn devisenrechtliche Vorschriften entgegenstehen; nach deutschem Recht wird der Schuldner in diesem Fall nämlich von seiner Verpflichtung nicht frei, diese ist vielmehr nach § 313 I anzupassen, was die Umwandlung in eine Euro-Schuld einschließen kann (BGH LM § 275 Nr 5; Palandt/*Heinrichs* § 245 Rn 22). Wegen § 244 I (s.u. Rn 14) muss sich ein entspr Parteiwille idR ausdrücklich im Vertrag niederschlagen (s RGZ 153, 384, 385). Entspr Formulierungen sind etwa „effektiv" oder „zahlbar in". Im Zweifel ist ein auf eine effektive Valutaschuld gerichteter Parteiwille außerdem anzunehmen, wenn der Erfüllungsort der Geldschuld außerhalb der Euro-Zone liegt; § 244 findet insoweit keine Anwendung (RGZ 96, 270, 272; Palandt/*Heinrichs* § 245 Rn 22). 13

Der Regelungsgegenstand von § 244 beschränkt sich auf **unechte Valutaschulden**, also auf solche Geldschulden, die außer in Valuta auch in der Währung des Zahlungsorts erfüllt werden können. Die Vorschrift setzt voraus, dass für die Schuld ein **inländischer** (zur Anwendung auf den Euro-Raum s Rn 16) **Erfüllungsort** besteht. Rechtsfolge von § 244 I ist dann, dass eine unechte Valutaschuld vorliegt, der Schuldner also wahlweise in der ausländischen Vertragswährung oder in Euro zahlen darf. Technisch handelt es sich um eine Ersetzungsbefugnis des Schuldners (RGZ 101, 312, 313; BGHZ 104, 268, 272; Köln WM 97, 2031), die ihm auch im Falle der Aufrechnung zusteht (RGZ 167, 60, 63; KG NJW 88, 2181). Der Gläubiger kann hingegen keine Zahlung in Euro verlangen (BGH NJW 80, 2017; WM 93, 2011, 2012). § 244 ist jedoch **dispositiv**, sodass die Parteien auch eine Ersetzungsbefugnis oder eine Wahlschuld zugunsten des Gläubigers vereinbaren können (RGZ 136, 127, 129; 168, 240, 247). Bei Zahlung in Euro bestimmt sich die Umrechnung nach § 244 II: Maßgebend ist der Tageskurs am Zahlungsort zum Zeitpunkt der tatsächlich erfolgten Zahlung (BGH WM 93, 2011, 2012) respective des Zugangs der Aufrechnungserklärung (RGZ 167, 60, 63) oder der Eröffnung des Insolvenzverfahrens (BGHZ 108, 123, 128) Urteile bezüglich DM. Auf die Fälligkeit des Zahlungsanspruchs kommt es hingegen nicht an (RGZ 101, 312, 313); etwaige Verspätungsschäden sind nach §§ 280 I, II, 286 auszugleichen (Palandt/*Heinrichs* § 245 Rn 20). Abzustellen ist auf den Briefkurs als denjenigen Kurs, den der Gläubiger für die Beschaffung der Valuta aufwenden muss (BGH WM 93, 2011, 2012). Auf Geldwertschulden findet § 244 II keine Anwendung (Jauernig/*Mansel* § 245 Rn 17); zu Besonderheiten bei Unterhaltsschulden s Staud/*K. Schmidt* [1997] § 244 Rn 33 ff. 14

15 Gesichert ist die Anwendung der Regeln von § 244 jedenfalls bei Anwendung deutschen Rechts als *lex causae* und Zahlungsort in Deutschland. Darüber hinaus soll die Vorschrift nach verbreiteter Auffassung eine **versteckte** einseitige **Kollisionsnorm** enthalten (LG Braunschweig NJW 85, 1169; *Kropholler* Internationales Privatrecht S 107; Palandt/*Heinrichs* § 245 Rn 19) und damit vor deutschen Gerichten unabhängig von der *lex causae* immer dann zur Anwendung kommen, wenn der Zahlungsort im Inland liegt. Die Gegenauffassung sieht § 244 als **Teil des auf den Vertrag anwendbaren Rechts** (*Grothe* Fremdwährungsverbindlichkeiten S 148 ff uö) und plädiert für eine entspr Anwendung der Norm bei ausländischen Zahlungsorten (*Grothe* aaO 553-555 [Ersetzungsbefugnis Vertragswährung gegen Ortswährung]). Letztere Lösung ist vorzugswürdig: Der Gläubiger ist nicht schutzwürdig, weil er die Ersetzungsbefugnis durch eine Effektivklausel ausschließen kann. Deutsche Interessen zur Förderung der Zahlung in deutscher Währung sind nach der Euro-Einführung nicht mehr von entscheidendem Gewicht, zumal die frühere Genehmigungsbedürftigkeit der Vereinbarung von Valutaschulden nach § 3 WährungsG aF entfallen ist (MüKo/*Martiny* Anh I zu Art 34 EGBGB Rn 25). In Betracht kommt allerdings außerdem eine Berücksichtigung von § 244 nach Art 32 II EGBGB (BaRoth/*Spickhoff* Art 32 Rn 17).

16 Die kollisionsrechtliche Behandlung von § 244 hat auch Auswirkungen auf den **Inlandsbegriff** der Vorschrift: Die bislang überwiegende Auffassung gerät nämlich in selten erkannte Schwierigkeiten, wenn sie die Norm nunmehr richtigerweise (*Grothe* Fremdwährungsverbindlichkeiten 556) auf die **gesamte Euro-Zone** (Mitgliedstaaten ohne Vereinigtes Königreich, Schweden, Dänemark und ohne die zum 1.5.04 beigetretenen Staaten) ausweiten will (Palandt/*Heinrichs* § 245 Rn 19). Dies hätte zur Folge, dass die Zweifelsregel des § 244 I auch für Zahlungen in Dublin, Lissabon, Heraklion und Helsinki zur Anwendung käme, wenn nur deutsche Gerichte zur Entscheidung berufen wären. Mit der hier vertretenen Ablehnung einer Sonderanknüpfung, ergibt sich hingegen die kohärente Lösung, dass zwar einerseits ein Zahlungsort im Euro-Raum genügt, andererseits jedoch die Anwendung deutschen Rechts als *lex causae* erforderlich ist.

17 Im Anwendungsbereich des Internationalen UN-Kaufrechts, **CISG**, gelten § 244 und entspr nationale Normen nicht (öst OGH 22.10.01 CISG-online 613; iE ebenso Kobl 17.9.93 CISG-online 91; Schlechtriem/Schwenzer/*Hager* Art 54 Rn 10; Staud/*Magnus* [2005] Art 53 Rn 26; zur gegenteiligen Auffassung unter dem EKG s Dölle/von Caemmerer Art 57 EKG Rn 23); etwas anderes kann sich freilich im Einzelfall – aber nicht für § 244 – aus der Qualifikation einer solchen Vorschrift als Bestimmung über die Gültigkeit iSv Art 4 CISG ergeben. Für die Frage, ob dem Schuldner unter einem internationalen Kaufvertrag eine § 244 vergleichbare Ersetzungsbefugnis zukommt, ist daher auf die Mittel der Vertragsinhaltsbestimmung (Art 8, 9 CISG) zurückzugreifen.

18 **E. Wertsicherung von Geldschulden**

§ 2 Preisangaben- und Preisklauselgesetz

(1) Der Betrag von Geldschulden darf nicht unmittelbar und selbsttätig durch den Preis oder Wert von anderen Gütern oder Leistungen bestimmt werden, die mit den vereinbarten Gütern oder Leistungen nicht vergleichbar sind. Das Bundesministerium für Wirtschaft kann auf Antrag Ausnahmen genehmigen, wenn Zahlungen langfristig zu erbringen sind oder besondere Gründe des Wettbewerbs eine Wertsicherung rechtfertigen und die Preisklausel nicht eine der Vertragsparteien unangemessen benachteiligt. Der Geld- und Kapitalverkehr, einschl der Finanzinstrumente im Sinne des § 1 Abs. 11 des Kreditwesengesetzes sowie die hierauf bezogenen Pensions- und Darlehensgeschäfte, bleibt vom Indexierungsverbot ausgenommen. Desgleichen bleiben Verträge von gebietsansässigen Kaufleuten mit Gebietsfremden vom Indexierungsverbot ausgenommen.

(2) Die Bundesregierung wird ermächtigt, durch Rechtsverordnung ohne Zustimmung des Bundesrates
1. die Voraussetzungen näher zu bestimmen, unter denen Ausnahmen vom Preisklauselverbot nach Absatz 1 Satz 2 einzeln oder allgemein genehmigt werden können, oder solche Ausnahmen festzulegen,
2. die Ausnahmen nach Absatz 1 Satz 3 und 4 für bestimmte Arten von Rechtsgeschäften aus Gründen des Verbraucherschutzes zu begrenzen und
3. statt des Bundesministeriums für Wirtschaft eine andere Bundesbehörde zu bestimmen, die für die Erteilung dieser Genehmigungen zuständig ist.

19 **I. Allgemeines.** Bei Geldsummenschulden trägt der Gläubiger wegen des herrschenden schuldrechtlichen Nominalismus das **Risiko der Geldentwertung** (s.o. Rn 10). Dieser von § 313 nur für Extremfälle eingeschränkte (s dort Rn 27) Effekt lässt sich grds durch die Vereinbarung einer Wertsicherungsklausel (auch Preis- oder Indexklausel) vermeiden. Wegen der damit verbundenen Durchbrechung des Nennwertprinzips zugunsten des Valorismus hat der Gesetzgeber die Möglichkeiten zur Vereinbarung von Wertsicherungsklauseln früher durch § 3 Währ,G aF, heute durch § 2 **PaPkG** (Rn 21 ff) erheblich eingeschränkt (rechtsvergleichend dazu *Proctor* Man on the1 Legal Aspect of Money S 293 ff). Die Vorschrift begründet ein **repressives Verbot mit Ausnahmevorbehalt** (Jauernig/*Mansel* § 245 Rn 18; *Gruber* Geldwertschwankungen S 315; *Kirchhoff* Wertsicherungsklauseln S 147). Die zum **Indexierungsverbot** veröffentlichten Entscheidungen sind noch zu § 3 WährungsG aF ergangen.

20 Zweifelhaft ist die **Gemeinschaftsrechtskonformität** des Genehmigungserfordernisses. Zwar hat der Gesetzgeber bei der Begründung die verbraucherschützende Funktion der Regelung hervorgehoben (BTDrs 13/

10334, 41), diese findet sich jedoch nur in der verordnungsrechtlichen Konkretisierung der Genehmigungsvoraussetzungen in § 2 I 2 PaPkG, §§ 2 II, 6 PrKV. Auch die Ressortierung im Geschäftsbereich des Bundesministeriums für Wirtschaft spricht gegen eine verbraucherschützende Einordnung. Tatsächlich geht es um eine Fortschreibung des bisherigen § 3 WährungsG aF (*Gruber* Geldwertschwankungen S 324), dessen währungsrechtliche Einordnung unumstr war. Ohne eine eigenständige Legitimation außerhalb des Währungsrechts fällt die Regelung jedoch in den Bereich ausschl Zuständigkeit der Gemeinschaft (s.o. Rn 1) und kann daher – wegen entgegenstehenden, vorrangigen Gemeinschaftsrechts – die Nichtigkeit entspr Klauseln nicht begründen (vgl *Grote*, Fremdwährungsverbindlichkeiten S 288). Gleichwohl ist im Folgenden auf die Einzelheiten der Vorschrift einzugehen. Mit dem Grundgesetz ist die Vorschrift jedenfalls vereinbar (*Gruber* Geldwertschwankungen S 205 ff).

Das **Indexierungsverbot** des § 2 I 1 PaPkG erfasst grds solche auf Wertsicherung gerichteten Vertragsklauseln, welche den „Betrag von Geldschulden ... unmittelbar und selbständig durch den Preis oder Wert von anderen Gütern oder Leistungen bestimmt werden"; das Verbot gilt also nur, wenn die Klausel zu einer **automatischen Preisanpassung (Gleitklausel)** führt. Einschränkend ist zudem erforderlich, dass die in Bezug genommenen Güter und Leistungen „mit den vereinbarten Gütern oder Leistungen nicht vergleichbar sind". Außerdem finden sich in § 2 I 3 und 4 PaPkG erste Bereichsausnahmen. Keine Anwendung findet die Vorschrift auf Geldwertschulden (BGH WM 75, 55). Die gesamte Regelung wird durch die auf der Grundlage von § 2 II PaPkG erlassene Preisklauselverordnung (PrKV) näher konkretisiert. Danach sind drei Arten von Klauseln zu unterscheiden: die nach § 1 PrKV aufgrund ihrer Gestaltung genehmigungsfreien Klauseln (s Rn 22–24), die unter die verschiedenen Bereichsausnahmen nach §§ 1 Nr 4, 2 I 3 und 4 PaPkG sowie §§ 4, 6 PrKV und § 557 b (s dort Rn 1) fallenden Klauseln (s Rn 25) und schließlich die der Genehmigung tatsächlich bedürfenden Klauseln, für welche § 2 I 2 PaPkG und § 2 PrKV allgemeine das Ermessen der Genehmigungsbehörde eröffnende Voraussetzungen regeln (s Rn 26–27); für langfristige Zahlungen und besondere Wettbewerbssituationen werden diese allgemeinen Voraussetzungen durch §§ 3, 5 PrKV näher konkretisiert (s Rn 26). 21

II. Genehmigungsfreie Wertsicherungsklauseln. Bereits nach § 2 I 1 PaPkG genehmigungsfrei sind **Leistungsvorbehaltsklauseln**. Diese Klauseln lassen nach der Definition in § 1 Nr 1 PrKV hinsichtlich des Ausmaßes der Änderung des geschuldeten Betrages einen Ermessensspielraum, der es ermöglicht, die neue Höhe der Geldschuld nach Billigkeitsgrundsätzen zu bestimmen. Bei diesen fehlt es nämlich an der verbotenen automatischen Anpassung (vgl zum alten Recht BGHZ 63, 132, 136). Daher darf eine angesprochene Bezugsgröße zwar Voraussetzung der Neufestsetzung nicht aber deren alleiniger Maßstab sein. Die Anpassung erfolgt regelmäßig durch einseitige Leistungsbestimmung des Gläubigers gem §§ 315 ff (BGH NJW 74, 1464); die Auslegung kann aber auch ergeben, dass die Leistungsbestimmung durch Urteil (BGHZ 71, 276, 282 f) oder durch einen Schiedsgutachter (vgl *Bulla* BB 76, 389) erfolgen soll. 22

Auch **Spannungsklauseln** fallen bereits aus dem Tatbestand von § 2 I 1 PaPkG heraus. Zwar wirken sie automatisch, jedoch sind – entspr der Definition in § 1 Nr 2 PrKV – die Bezugsgrößen mit dem den zu vergütenden Gütern oder Leistungen zumindest gleichartig. Eine solche Gleichartigkeit liegt etwa vor bei der Anknüpfung der Entwicklung von Gehältern oder Ruhegehältern an Beamtenbesoldung oder Tariflöhne (BAG DB 77, 503; BGH NJW 80, 1741) oder der Bindung von Miet- oder Pachtzinsen an die Preis- oder Wertentwicklung für vergleichbare Objekte (BGH NJW-RR 86, 877; München NJW-RR 1994, 469), während deren Bindung an die Entwicklung Löhne und Gehälter nicht zur Genehmigungsfreiheit führt (BGHZ 14, 306, 311; NJW 83, 1909). 23

Aus denselben Gründen sind auch **Kostenelementsklauseln** schon nach § 2 I 1 PaPkG genehmigungsfrei, also solche Klauseln, die an die Entwicklung der Selbstkosten des Gläubigers anknüpfen (§ 1 Nr 3 PrKV). Genehmigungsfrei ist dies freilich nur insoweit, als die Selbstkosten des Gläubigers unmittelbar beeinflusst werden, also nur im Umfang des Anteils der betreffenden Kostenfaktoren an den Gesamtkosten (*Morsch* BB 04, 1803, 1806). 24

III. Bereichsausnahmen bei grds Genehmigungsbedürftigkeit. Ausgenommen vom Verbot ist nach § 1 Nr 4 PrKV der Bereich der Verträge zur Bestellung eines **Erbbaurechts**, wenn diese eine Laufzeit von mindestens 30 Jahre aufweisen. § 2 I 3 PaPkG nimmt zudem den **Geld- und Kapitalverkehr**, einschl der Finanzinstrumente iSd § 1 I 1 des KWG sowie die hierauf bezogenen Pensions- und Darlehensgeschäfte vom Verbot aus; § 6 PrKV nimmt diese Bereichsausnahme freilich für Verbraucherkredite (§ 491 sowie die weiteren Fälle der §§ 499-507) wieder zurück und verweist insoweit auf die allgemeinen Genehmigungsvoraussetzungen. Vom Verbot nicht erfasst werden zudem Verträge im **Außenhandel** (§ 2 I 4 PaPkG) sowie – unter den jeweils genannten Voraussetzungen – **Miet- und Pachtverträge über Immobilien** (§ 4 PaPkG u § 557 b). 25

IV. Genehmigungsbedürftige Wertsicherungsklauseln. Sonstige Wertsicherungsklauseln sind nach § 2 PrKV nur dann genehmigungsfähig, wenn sie **hinreichend bestimmt** sind und **nicht eine Vertragspartei unangemessen benachteiligen** (insoweit schon § 2 I 2 PaPkG). Die Genehmigungsbehörde – nach § 7 PrKV das Bundesamt für Wirtschaft – hat dann einen Ermessensspielraum, der allerdings auf die Genehmigung aus zwei Gründen, der **langfristigen** Erbringung der **Zahlung** (§ 2 I 2 PaPkG, § 3 PrKV) und der besonderen Gründe des nationalen oder internationalen **Wettbewerbs** (§ 2 I 2 PaPkG, § 5 PrKV), beschränkt ist. 26

27 Abw von § 134 (s dort Rn 25; *Gruber* Geldwertschwankungen S 203 f) begründet die fehlende Genehmigung keine Nichtigkeit, sondern eine schwebende Unwirksamkeit (BGHZ 101, 296, 303). Ist die Klausel nicht genehmigungsfähig oder wird die Genehmigung bestandskräftig abgelehnt, ist die Klausel im Wege der ergänzenden Vertragsauslegung durch eine genehmigungsfähige zu ersetzen (BGHZ 63, 132; Köln ZMR 99, 633); falls dies nicht möglich ist besteht regelmäßig ein Anpassungsanspruch nach § 313 II, I wegen Fehlens der Geschäftsgrundlage (entspr zum alten Recht BGH NJW 73, 1498, 1499; Z 81, 135, 138). Nur wenn beides scheitert kommt eine Anwendung von § 139 in Betracht (BGHZ 63, 132, 135 f.; NJW 83, 1909, 1910).

§ 246 Gesetzlicher Zinssatz

Ist eine Schuld nach Gesetz oder Rechtsgeschäft zu verzinsen, so sind vier vom Hundert für das Jahr zu entrichten, sofern nicht ein anderes bestimmt ist.

1 **A. Allgemeines.** § 246 gewährt keinen eigenständigen Zinsanspruch, sondern bestimmt lediglich den **Inhalt einer** bereits **anderweitig** durch Gesetz oder Vertrag **begründeten Zinsschuld**. Die Vorschrift findet nur dann Anwendung, wenn gesetzlich oder vertraglich nichts anderes bestimmt ist (AnwK/*Bergdolt* § 246 Rn 1 [Auffangtatbestand]). Anwendungsfälle des § 246 sind etwa die Verzinsung von Aufwendungen (§ 256), die vorzeitige Zahlung bei Teilzahlungsgeschäften (§ 504), der Werklohn (§ 641), die Nutzung fremden Geldes (§§ 668, 698), die verschärfte Herausgabehaftung (§ 820), die Verzinsung einer Ersatzsumme (§ 849) sowie die Verwendung von Geld des Mündels durch den Vormund (§ 1834). Auch außerhalb des BGB finden sich entspr Vorschriften, etwa § 20 II VVG.

2 Bei der **Funktion des Zinses** ist danach zu unterscheiden, ob dieser dem **Ausgleich** eines **Schadens oder** einer **Bereicherung** dient; die Funktionszuordnung gibt Aufschluss darüber, welcher Posten durch den als Zins zu zahlenden Betrag ersetzt werden soll und ist deshalb ein Ansatzpunkt für die Bestimmung der gesetzlichen Zinshöhe (vgl en detail *Königer* Bestimmung der gesetzlichen Zinshöhe S 43 ff; s.u. Rn 7, 9). Zielt der Zinsanspruch auf den Ersatz des dem Gläubiger erwachsenden Schadens ab, so kommt ihm eine schadensersatzrechtliche Funktion zu: Dies gilt etwa für den Anspruch auf Verzinsung einer Geldschuld im Verzug des Schuldners nach § 288 I, II, welcher primär zum Ersatz des dem Gläubiger aus der Verzögerung entstehenden Schadens dient (RGZ 92, 283, 284; BGHZ 74, 231, 234 f; 77, 60, 62). Ist der Zinsanspruch hingegen darauf gerichtet, bei dem Schuldner den Gewinn abzuschöpfen, den dieser aus der Verfügungsmöglichkeit über das Kapital der Vermutung nach gezogen hat, so hat er bereicherungsrechtliche Funktion: Dies galt etwa für § 347 S 3 aF; letztlich ist auch der niedrige Zinssatz bei § 246 nur mit der Vorstellung des Ausgleiches einer in Form der Möglichkeit der Kapitalnutzung eingetretenen Bereicherung zu erklären.

3 **B. Anwendungsvoraussetzungen.** § 246 setzt eine **zu verzinsende Schuld** voraus. Als solche kommt praktisch zwar nur eine Geldschuld in Betracht (s hierzu §§ 244, 245 Rn 8–11), theoretisch können aber kraft rechtsgeschäftlicher Vereinbarung auch andere, auf die Leistung vertretbarer Sachen gerichtete Schulden verzinslich sein; der Wortlaut des § 246 ist zumindest nicht auf Geldschulden beschränkt (*Schmidt* Geldrecht § 246 Rn 10).

4 **I. Zinsschuld.** Eine Zinsschuld liegt vor, wenn das betreffende Schuldverhältnis ausdrücklich durch Gesetz oder Rechtsgeschäft auf die Leistung von Zinsen gerichtet ist (Jauernig/*Mansel* § 246 Rn 5). Sie ist eine sich ständig erneuernde **Nebenschuld** (BGH LM Nr 2 zu § 248), da sie immer neben eine (verzinsliche) Hauptschuld tritt; zwar kann auch die Zahlung von „Zinsen" ohne bestehende Hauptschuld vereinbart werden, allerdings handelt es sich dann nicht um eine Zinsschuld im von § 246 gemeinten Sinne, sondern um eine Rentenschuld (s Rn 6; jurisPK-BGB/*Toussaint* § 246 Rn 19). Die Zinsschuld ist insoweit **akzessorisch**, als sie in ihrer Entstehung von der Hauptschuld abhängig ist (Ausnahme für Zinsscheine in § 803). Auch erfassen Sicherheiten der Hauptschuld die Zinsschuld mit (s §§ 1118, 1192, 1210, 1289; Jauernig/*Mansel* § 246 Rn 5). Hinsichtlich ihres **Fortbestandes** jedoch ist die Zinsschuld **selbständig**: Sie kann isoliert und damit ohne die Hauptforderung abgetreten, ge- und verpfändet sowie gesondert eingeklagt werden und unterliegt einer eigenständigen Verjährung (vgl einschr hierzu § 217; RGZ 94, 137 f; jurisPK-BGB/*Toussaint* § 246 Rn 20 [Formelle Selbständigkeit]). Für die Zinsen eines entgeltlichen Darlehens gilt Besonderes: Wie § 488 klarstellt, handelt es sich hier bei den Zinsen nicht um eine im Neben-, sondern im Gegenseitigkeitsverhältnis (§§ 320 ff) stehende Hauptpflicht (Jauernig/*Mansel* § 488 Rn 18), sodass für sie weder der Grundsatz der Akzessorietät noch § 217 gilt (*Müller* WM 02, 465, 469 f).

5 **II. Zinsbegriff.** Das BGB selbst definiert den Begriff des Zinses nicht. Eine Orientierungshilfe bietet die von *Canaris* (NJW 78, 1891, 1892) in Auseinandersetzung mit der Rspr des Reichsgerichts entwickelte und heute gebräuchliche (s etwa BGH NJW 79, 540, 541; 805, 806; Jauernig/Mansel § 246 Rn 2; Staud/*Blaschczok* [1997] § 246 Rn 6) Definition: Danach sind **Zinsen** eine gewinn- und umsatzunabhängige, laufzeitabhängige, in Geld oder anderen vertretbaren Sachen zu entrichtende Vergütung für die Möglichkeit des Gebrauchs von Kapital. Die Voraussetzung der „wiederkehrenden Entrichtung" findet sich in dieser Definition zu Recht

nicht mehr – die hierauf bedachte frühere Rspr bedingte eine zu starke Verengung des Zinsbegriffs (zB RGZ 168, 284, 285; s Jauernig/*Mansel* § 246 Rn 2). Auch ist es nicht erforderlich, dass die Zinsen einen „im Voraus bestimmten Bruchteil" des Kapitals ausmachen; vielmehr kann die Zinshöhe von wechselnden Umständen, wie etwa dem Basiszinssatz (s § 247) abhängen (BGH LM § 247 Nr 2; Palandt/*Heinrichs* § 246 Rn 2). Obwohl als **Kapital** zumeist lediglich Geld angesehen wird, kommen hierfür auch sonstige vertretbare Sachen in Betracht (s.o. Rn 3; AnwK/*Bergdolt* § 246 Rn 8).

Entscheidend für die Charakterisierung einer Leistung als Zins ist ihr **wahrer wirtschaftlicher Zweck**; die 6 Bezeichnung (zB „Gebühr", „Provision", „Spesen" etc) ist ohne Bedeutung. Zwingende Zinsvorschriften, wie etwa §§ 248, 289 S 1, 489, können nicht durch eine abweichende Bezeichnung umgangen werden (Jauernig/*Mansel* § 246 Rn 2); die Qualifikation als Zins unterliegt nicht der Parteidisposition (vgl jurisPK-BGB/*Toussaint* § 246 Rn 8). **Keine Zinsen** sind zB: Wiederkehrende Leistungen, die allein geschuldet werden, ohne dass daneben ein Kapital als solches geschuldet wird, wie zB Renten (BGH LM Nr 2 zu § 248); Vergütungen für andere Vorteile als den Gebrauch eines Kapitals wie zB Miet-, Pacht- und Erbau„zinsen" (s jedoch § 9 I ErbbauVO iVm § 1107); die Verzinsung einer Enteignungsentschädigung, da diese kein Entgelt für die Überlassung eines in Geld oder anderen vertretbaren Sachen bestehenden Kapitals ist (BGH NJW 64, 294). **Zinsen sind** hingegen zB: Kreditgebühren beim Teilzahlungskredit (BGH NJW 79, 805, 806; 89, 222, 223; *Canaris* NJW 78, 1891, 1893 [Einbeziehung in den Darlehensbetrag stellt nur besondere Zahlungsabrede dar]); Überziehungsentgelte (BGHZ 118, 126) sowie einmalige Sonderleistungen (Jauernig/*Mansel* § 246 Rn 4 [verschleierte Zinsen], wenn es sich hierbei in Wahrheit um eine Kapitalüberlassungsvergütung handelt (*Canaris* NJW 78, 1891, 1892). In letzterem Zusammenhang ist im Wege der Auslegung zumeist auch das idR zu einer Senkung des Nominalzinses führende Disagio einzuordnen (BGHZ 133, 358; NJW 00, 352 [wirtschaftliche Funktion von Zinsen]; Jauernig/*Mansel* § 246 Rn 4).

III. Keine anderweitige Bestimmung. § 246 findet nur dann Anwendung, wenn keine andere gesetzliche 7 oder vertragliche Bestimmung eingreift (s.o. Rn 1). Von § 246 **abweichende gesetzliche Regelungen** finden sich va in §§ 288 I, II, 291 S 2 (fünf bzw acht Prozentpunkte über dem jeweiligen Basiszinssatz aus § 247) sowie in § 497 I 2 (zweieinhalb Prozentpunkte über dem jeweiligen Basiszinssatz) für Zinsschulden aus Verzug und Rechtshängigkeit (Jauernig/*Mansel* § 246 Rn 1 [Bedeutungsverlust des § 246]) und in § 676 b I 2 (fünf Prozentpunkte über dem jeweiligen Basiszinssatz). Für Handelsgeschäfte gilt § 352 (5%), für Rückgriffsansprüche nach dem Scheck- und Wechselgesetz Art 45 Nr 2, 46 Nr 2 ScheckG und Art 28 II, 48 I Nr 2, 49 Nr 6 WG (6% bzw 2 Prozentpunkte über dem jeweiligen Basiszinssatz, mindestens aber 6%). Für die Entschädigung aus einer Feuerversicherung oder aus einer Tierversicherung ergibt sich ein gesetzlicher Zinssatz iHv 4% aus §§ 94 I, 124 VVG.

Neben gesetzlich abweichenden Bestimmungen, können die Parteien auch **vertragliche Abreden über die** 8 **Zinshöhe** sowohl gesetzlich als auch von vertraglichen Zinsansprüchen treffen (AnwK/*Bergdolt* § 246 Rn 3 [Zinsfußabreden]). Grenzen ergeben sich aus § 138, insbes unter dem Aspekt des Wuchers. Das für § 138 I in objektiver Hinsicht erforderliche auffällige Missverhältnis von Leistung und Gegenleistung wird idR dann anzunehmen sein, wenn der vertragliche Effektivzins den marktüblichen Vergleichszins um 100% übersteigt (zu den Einzelheiten s *Bunte/Lwowski/Schimansky* Bankrechts-Handbuch Bd II § 82, 2145 ff sowie § 138 Rn 54).

C. Rechtsfolge. Gelangt § 246 zur Anwendung, so ist der Zinsschuldner zur Entrichtung von **4% der ver-** 9 **zinslichen Schuld** verpflichtet – der Zinsbetrag bezieht sich, wie dies zumeist auch bei rechtsgeschäftlich vereinbarten Zinsen der Fall ist, auf das Jahr. Werden die Zinsen nicht für ein ganzes Jahr, sondern nur für einen Teil geschuldet, so bedarf es einer entspr Umrechnung (zu Einzelheiten der Zinsberechnung s jurisPK-BGB/*Toussaint* § 246 Rn 28 f). **Fällig** werden gesetzliche Zinsen zugleich mit der Hauptforderung, was bedeutet, dass sie, erfüllt der Schuldner die Hauptforderung nicht, mit ihrer täglichen Entstehung laufend sofort fällig werden. Die Fälligkeit vertraglicher Zinsen hängt von der Parteivereinbarung ab. **Gesetzlich beschränkt** wird der Zinsanspruch **durch die Zinseszinsverbote** aus §§ 248, 289, 291 S 2 (s jeweils dort).

§ 247 Basiszinssatz

(1) ¹Der Basiszinssatz beträgt 3,62 Prozent. ²Er verändert sich zum 1. Januar und 1. Juli eines jeden Jahres um die Prozentpunkte, um welche die Bezugsgröße seit der letzten Veränderung des Basiszinssatzes gestiegen oder gefallen ist. ³Bezugsgröße ist der Zinssatz für die jüngste Hauptrefinanzierungsoperation der Europäischen Zentralbank vor dem ersten Kalendertag des betreffenden Halbjahrs.
(2) Die Deutsche Bundesbank gibt den geltenden Basiszinssatz unverzüglich nach den in Absatz 1 Satz 2 genannten Zeitpunkten im Bundesanzeiger bekannt.

A. Allgemeines. Der Basiszinssatz nach § 247 ist die zentrale Bezugsgröße für Zinsen (s 1. u. 2. VO zur Ersetzung 1 von Zinssätzen v 5.4. u 13.5.02, BGBl I, 1250 und 1582; *Petershagen* NJW 02, 1455); im Gegensatz zu § 246 (starre 4%; s § 246 Rn 9) handelt es sich um einen **dynamisierten Zinssatz**, der nur dann anzuwenden ist, wenn eine gesetzliche Vorschrift oder eine rechtsgeschäftliche Vereinbarung ausdrücklich auf ihn als **Referenzgröße** verweisen. Durch Regelung im DÜG v 9.6.98 sowie in der BazBV v 10.2.99 war der Basiszinssatz zunächst lediglich als **Übergangslösung für** den mit der Euro-Einführung nicht fortgeführten **Diskontsatz** der Deutschen Bundesbank gedacht. Nach erheblichen Modifizierungen zwecks Anpassung an die RL 2000/35/EG zur Bekämpfung von Zahlungsverzug im Geschäftsverkehr (ABlEG Nr L 200 v 8.8.00, 35), wurde die Regelung schließlich durch das SchRModG mit Wirkung zum 1.1.02 als (neuer) § 247 in das BGB eingefügt (zur Entwicklung en detail s jurisPK-BGB/*Toussaint* § 247 Rn 2; zu den gemeinschaftsrechtlichen Vorgaben Gebauer/Wiedmann/*Schmidt-Kessel* Verzug Rn 26; Überleitungsvorschrift: Art 229 § 7 EGBGB). Das DÜG und die BazBV wurden durch Art 4 § 1 Nr 1 VersKapAG (BGBl I, 1219) erst mit Wirkung zum 4.4.02 aufgehoben; in der Zeit vom 1.1.02 bis zum 3.4.02 existierten damit zwei unterschiedliche Basiszinssätze – nach DÜG und nach § 247 – nebeneinander (zu den sich hieraus ergebenden Anwendungsproblemen s *Petershagen* NJW 02, 1455). Fragwürdig bleibt, warum der Gesetzgeber nicht jeweils unmittelbar auf die EZB-Zinssätze Bezug nimmt.

2 Insbes für die Bemessung der Verzugs- und Prozesszinsen nach §§ 288 I, II, 291 S 2 (fünf bzw acht Prozentpunkte über dem Basiszinssatz) sowie für prozessuale und zwangsvollstreckungsrechtliche Kostenerstattungsansprüche nach §§ 104 I, 788 II ZPO (fünf Prozentpunkte über dem Basiszinssatz) kommt dem Basiszinssatz große Bedeutung zu. Daneben verweisen etwa §§ 497 I 2, 676b I, § 688 II ZPO, § 28 I EGZPO, §§ 305 III, 320b I, 327b II AktG, §§ 45II, 46 Nr 2 ScheckG, §§ 28, 48 I, 49 WG, § 49a III VwVfG, §§ 44 III, 64 II, 99 III BauGB, § 28 r II, III SGB IV, § 50 II (a) SGB X sowie die in der VO zur Ersetzung von Zinssätzen v 5.4.02 (BGBl I, 1250) aufgezählten Vorschriften auf den Basiszinssatz. Liegt eine vertragliche Bezugnahme auf den Basiszinssatz vor, so ist auch diese als auf den **jeweiligen Basiszinssatz** Bezug nehmend zu verstehen (Palandt/*Heinrichs* § 247 Rn 4).

3 **B. Höhe und Anpassung des Basiszinssatzes.** § 247 I 1 bestimmt den Prozentsatz des Basiszinssatzes, der bei Inkrafttreten des SchRModG galt; da die erste Veränderung nach Art 229 § 7 III EGBGB bereits gleichzeitig mit dem Inkrafttreten von § 247 zum 1.1.02 erfolgte (Jauernig/*Mansel* § 248 Rn 2 [nach einer logischen Sekunde]), handelt es sich allerdings lediglich um eine **Ausgangsgröße**, an der sich die künftigen Veränderungen des Satzes zu orientieren haben. Aus I 2 geht hervor, dass der Basiszinssatz zweimal im Jahr – am 1.1. und am 1.7. – angepasst wird. Die Anpassung ist von der in II vorgeschriebenen Bekanntgabe im Bundesgesetzblatt unabhängig; letztere hat rein deklaratorische Bedeutung (AnwK/*Bergdolt* § 247 Rn 5, 7). Die **Bezugsgröße für den Basiszinssatz** ergibt sich aus I 3 der Vorschrift: Dem Basiszinssatz nach Art 2 Nr 4 der RL 2000/35/EG zur Bekämpfung von Zahlungsverzug im Geschäftsverkehr (ABlEG Nr L 200 v 8.8.00, 35) liegt der marginale Zinssatz (nicht: die *minimum bid rate*, vgl jurisPK-BGB/*Toussaint* § 247 Rn 8) für die jüngste Hauptrefinanzierungsoperation der Europäischen Zentralbank zugrunde. Er betrug am 29.12.05 2,25 %; hieraus errechnet sich mit dem Beginn des **1.1.06** ein **Basiszinssatz von 1,37 %** (zuvor 1,17 %). Davor galten **3,62 %** (1.9.–31.12.01), **2,57 %** (1.1.–30.6.02.), **2,47 %** (1.7.02 – 28.2.03), **1,97 %** (1.3.–1.6.03), **1,22 %** (1.7.–3.12.03), **1,14 %** (1.1.–30.6.04), **1,13 %** (1.7.–31.12.04), **1,21 %** (1.1.–30.6.05) und **1,17 %** (1.7.–31.12.05).

§ 248 Zinseszinsen

(1) Eine im Voraus getroffene Vereinbarung, dass fällige Zinsen wieder Zinsen tragen sollen, ist nichtig.
(2) ¹Sparkassen, Kreditanstalten und Inhaber von Bankgeschäften können im Voraus vereinbaren, dass nicht erhobene Zinsen von Einlagen als neue verzinsliche Einlagen gelten sollen. ²Kreditanstalten, die berechtigt sind, für den Betrag der von ihnen gewährten Darlehen verzinsliche Schuldverschreibungen auf den Inhaber auszugeben, können sich bei solchen Darlehen die Verzinsung rückständiger Zinsen im Voraus versprechen lassen.

1 **A. Allgemeines.** § 248 verbietet die rechtsgeschäftliche Vereinbarung eines Zinseszinses (Anatozismus) und bezweckt damit den Schutz des Schuldners vor mangelnder Zinsklarheit auf der einen und vor einer Ausbeutung durch Zinskumulation (Köln NJW-RR 92, 682) auf der anderen Seite. Ein entspr Verbot enthält § 289 S 1 für die Vereinbarung eines Zinseszinses auf Verzugszinsen (s dort Rn 1). Ausschlüsse des Zinseszinses für gesetzliche Zinsansprüche finden sich in §§ 289 S 1 (insoweit Beschränkung von § 288, s § 289 Rn 1), 291 S 2, § 353 S 2 HGB.

2 **B. Anwendungsbereich.** Die Vorschrift erfasst die **Vereinbarung von Zinseszinsen** sowohl für **vertragliche** als auch für **gesetzliche Zinsen**; der Zinsbegriff entspricht dem des § 246 (s dort Rn 5, 6). Ist ein **Disagio** – wie im Regelfall (s hierzu § 246 Rn 6) – als Zinsvereinbarung auszulegen, so verstößt dessen Verzinsung wegen transparenter Bestimmung der Zinsschuld nicht gegen § 248 (BGH NJW 00, 352; Köln NJW-RR 92, 682; *Bezzenberger* WM 02, 1617, 1623 f; aA Palandt/*Heinrichs* § 248 Rn 1, AnwK/*Bergdolt* § 248 Rn 3). Bei

Kreditgebühren (s § 246 Rn 6) ist zwischen Tilgungs- und Zinsanteil zu trennen (*Emmerich* WM 86, 541, 542). Das Verbot des § 248 bezieht sich nur auf eine im Voraus, dh **vor Fälligkeit** getroffene Vereinbarung (AnwK/*Bergdolt* § 248 Rn 4); Abreden nach Fälligkeit sind deshalb zulässig. Die vorherige Abrede einer Vertragsstrafe mit dem Inhalt, dass sich der Zinsfuß bei nicht fristgerechter Zahlung erhöht, wird ebenfalls als wirksam angesehen (*K.Schmidt* JZ 82, 829, 832); zu beachten ist dann jedoch § 306 Nr 6 (Palandt/*Heinrichs* § 248 Rn 2).

Eine **Ausnahme vom Zinseszinsverbot** des § 248 besteht nach Abs 2 für bestimmte Bankgeschäfte; die hier verwendeten Begriffe Sparkasse, Kreditanstalt, Bankgeschäft werden durch §§ 1, 39, 40 KWG inhaltlich bestimmt (zur Schuldverschreibung auf den Inhaber s § 793 und dort Rn 8). Abs 2 gilt für § 289 S 1 entspr (s dort Rn 1). Eine weitere Ausnahme findet sich in § 355 I HGB für die Verzinsung des Überschusses eines kaufmännischen Kontokorrents. Für beide Fälle enthält § 497 II 1 für Verbraucherkredite eine Gegenausnahme (s dort Rn 7). 3

Vorbemerkungen vor §§ 249 bis 255

A. Anwendungsbereich. Die §§ 249 bis 255 regeln Umfang und Art des zu leistenden Schadensersatzes. 1 Dagegen sagen sie über den Grund von Schadensersatzansprüchen nichts. Solche Vorschriften finden sich über das ganze BGB und seine Nebengesetze verstreut; die wichtigsten im BGB sind die §§ 280 und 823. Erst in Verbindung mit einer solchen Vorschrift erlangen die §§ 249 ff Bedeutung.

Dabei gelten die §§ 249 ff für alle auf Schadensersatz gerichteten Ansprüche, auch für solche außerhalb des 2 Schuldrechts, sogar außerhalb des BGB. Doch gibt es einige Sondervorschriften im BGB, vor allem die §§ 842 bis 846 für Deliktsansprüche. Solche Sondervorschriften bringen, aber nur vereinzelt wirkliche Abweichungen von den §§ 249 ff, wie zB die §§ 414 I 2, 429 ff HGB oder die für die Gefährdungshaftung bestimmten Haftungshöchstbeträge (zB StVG §§ 12 ff). Einige Besonderheiten werden später im Sachzusammenhang erwähnt. Abgesehen hiervon jedoch bleibt es auch für Spezialgebiete bei den §§ 249 ff Diese bilden also Vorschriften von höchstem Allgemeinheitsgrad.

B. Abgrenzungen. I. Die Vertragsstrafe. Die Vertragsstrafe beruht auf einem besonderen Strafversprechen, 3 § 339. Sie ist im Grundsatz unabhängig von der Entstehung eines Schadens beim Gläubiger. Vielmehr soll sie die Vertragserfüllung gerade auch dort erzwingen, wo ein Schaden iSd §§ 249 ff rechtlich zweifelhaft (zB Ausfall der Eigennutzung, vgl § 249 Rn 33 ff) oder schwer zu beweisen ist. Doch sind die Vertragsstrafe und ein nachweisbarer Schaden über § 340 II miteinander verbunden.

II. Der pauschalierte Schaden. Vor allem wenn ein Schaden schwer zu beziffern ist (wie häufig bei Ver- 4 dienstausfall), wird seine Höhe oft durch Vertrag pauschal festgelegt (zB auf 10 % des vereinbarten Preises). Hier wird die Abgrenzung zur Vertragsstrafe zweifelhaft. Sie ist aber wichtig, weil nur Schadenspauschalen dem § 309 Nr 5 unterliegen. Andererseits sind Vertragsstrafen durch §§ 309 Nr 6 in bestimmten Fällen verboten; auch unterliegen sie der richterlichen Herabsetzung nach § 343. Grob gesagt gilt: Je höher der Betrag festgesetzt ist, je stärker er sich von dem zu erwartenden Schaden entfernt, umso näher liegt die Annahme einer Vertragsstrafe. Denn sie will weniger den entstandenen Schaden ersetzen, als vielmehr einen Zwang zu pünktlicher Erfüllung ausüben.

C Beweisfrage. I. Grundsatz. Die Beweislast für die den Ersatzspruch begründenden Umstände einschließ- 5 lich des Schadens liegt beim Geschädigten. Ausnahmen im Sinne einer Beweislast des Schädigers gelten im Bereich des Schadens nach § 251 II (unverhältnismäßige Höhe der Herstellungskosten), § 252 S 2 (entgangener Gewinn unter dem zu erwartendem) und vor allem § 254 (mitwirkendes Verschulden). Dazu kommen noch schadensmindernde Umstände, die ohne gesetzliche Grundlage berücksichtigt werden können (mit dem Schaden verbundene Vorteile, s § 249 Rn 72 ff; Reserveursachen, s § 249 Rn 102 ff).

II. Anscheinsbeweis. Gemildert wird die Beweislast für den Geschädigten bei typischen Geschehensabläufen 6 insbesondere hinsichtlich der Kausalität: Wenn sich unter Berücksichtigung aller unstreitigen und festgestellten Einzelumstände und besonderen Merkmale des Einzelfalls ein für die zu beweisende Tatsache nach der Lebenserfahrung typischer Geschehensablauf ergibt, kann von diesem ausgegangen werden (etwa BGHZ 143, 268, 281). Das gilt zB bei Auffahrunfällen (BGH VersR 64, 263): Diese beruhen idR auf einem Verschulden des Auffahrenden. Oder in dem Fall von BGH NJW 98, 79: der Sturz einer Kiste von einen Transportwagen legt den Schluss nahe, dass dabei die in der Kisten verpackten Schaltkästen beschädigt worden sind. Dagegen gilt der Anscheinsbeweis nicht bei individuellen Verhaltensweisen, weil es hier an einer Typik fehlt (BGHZ 143, 268, 281). Auch kehrt der Anscheinsbeweis nicht etwa die Beweislast um. Vielmehr ist er entkräftet, wenn der Gegner Tatsachen behauptet und beweist, aus denen sich die ernsthafte Möglichkeit eines anderen, untypischen Ablaufs ergibt (BGH NJW 91, 230, 231; 98, 79, 81). Wer aber Möglichkeiten für diesen gegen den typischen Ablauf gerichteten Beweis schuldhaft vereitelt, kann sich auf den Anscheinsbeweis nicht berufen (BGH NJW 98, 79, 81).

7 Bedeutung hat der Anscheinsbeweis überall, wo es typische Geschehensabläufe gibt, etwa im Straßenverkehr und bei der Arzthaftung. Insbesondere kommt er bei Schutzgesetzen, technischen Normen, Unfallverhütungsvorschriften, Verkehrspflichten oder auch Vertragspflichten in Betracht, die vor bestimmten Gefahren schützen sollen: Verwirklicht sich dann eine solche Gefahr, so wird Kausalität zwischen der Pflichtverletzung und dem Verletzungserfolg kraft Anscheinsbeweises angenommen (zB bestimmte Verletzungen bei Nichtanlegen des Sicherheitsgurtes).

8 Doch kann auch umgekehrt aus einem bestimmten Erfolg auf ein bestimmtes Verhalten geschlossen werden. So darf aus dem Eintritt bestimmter typischer Verletzungen das Nichtanlegen des Sicherheitsgurts gefolgert werden (BGH NJW 91, 230, 231).

9 **III. § 287 I ZPO.** Weiter kann dem Geschädigten § 287 I ZPO helfen: Bei Streit über die Entstehung eines Schadens oder seine Höhe darf das Gericht unter Würdigung aller Umstände nach freier (d. h. pflichtgemäßer) Überzeugung ohne die Bindung an Beweisanträge entscheiden. Das gilt für die haftungsausfüllende Kausalität, die über den Umfang des ersatzfähigen Schadens entscheidet (BGH NJW 00, 509), nicht dagegen für die haftungsbegründende, also zwischen verschiedenen Tatbestandsmerkmalen der Anspruchsnorm bestehende Kausalität (BGH NJW 04, 777, 778). Auch ist bei § 287 ZPO das Beweismaß gegenüber § 286 ZPO gemindert: Zumindest genügt „eine deutlich überwiegende, auf gesicherter Grundlage beruhende Wahrscheinlichkeit" (BGH NJW 93, 734).

10 **D. Verjährung.** Die Verjährung wurde bis zum SMG nicht durch den Schaden bestimmt, also nicht vom Inhalt, sondern allein vom Grund des Anspruchs. Das trifft nach wie vor für die regelmäßige Dauer der Verjährungsfrist zu (§§ 195 bis 197). Dagegen gelten für die kenntnisunabhängigen Höchstfristen bei Schadensersatzansprüchen Besonderheiten: Nach § 199 II beträgt diese Frist 30 Jahre bei Verletzung des Lebens, des Körpers, der Gesundheit oder der Freiheit, und zwar beginnend mit dem schadensstiftenden Umstand. Sonstige Schadensersatzansprüche aus der Verletzung niedriger bewerteter Rechtsgüter (Eigentum Vermögen) verjähren nach § 199 III 1 in 10 Jahren seit ihrer Entstehung oder in 30 Jahren seit dem schadensstiftenden Umstand; nach § 199 III 2 entscheidet die früher endende Frist. Zum Zeitpunkt der Schadensentstehung s BGH NJW 02, 888, 890: Der Schaden muss mindestens dem Grunde nach erwachsen oder es muss durch die Verletzungshandlung eine als Schadens anzusehende Verschlechterung der Vermögenslage eingetreten sein. Festzustehen braucht aber nicht, dass der Schaden fortbesteht und damit endgültig wird. Genügen soll weiter, dass eine solche Verschlechterung der Vermögenslage oder auch ein endgültiger Teilschaden entstanden ist und mit der nicht entfernt liegenden Möglichkeit des künftigen Auftretens bisher noch nicht erkennbarer, adäquat verursachter Nachteile bei vernünftiger Würdigung gerechnet werden kann.

11 **E. Zeitpunkt und Dauer der Schadensberechnung.** Die Dauer der Schadensberechnung (genauer der Durchsetzbarkeit von Ersatzansprüchen) wird materiellrechtlich durch die Verjährung begrenzt (s.o. Rn 10). Daher ist es zweckmäßig, bei ungewissem künftigen Schadensverlauf mit der Leistungsklage eine Feststellungsklage hinsichtlich der Erschatzpflicht für künftige Schadensfolgen zu verbinden (mit der Folge von § 197 I Nr 3). Doch vgl dazu *Hess/Burmann* NJW Spezial 05, 255.

12 Zeitpunkt der Schadensberechnung ist die idR die letzte mündliche Tatsachenverhandlung (BGH NJW 96, 2652, 2654). Doch ist auch eine hinreichend substantiiert vorgetragene künftige Entwicklung zu berücksichtigen, wenn sie eine Schätzung nach § 287 ZPO ermöglicht. Das steht für Renten ausdrücklich in § 844 II, gilt aber auch sonst. Neu auftretende Umstände sind ggf vom Geschädigten durch eine Nachforderungsklage oder vom Schädiger nach § 767 ZPO geltend zu machen. Bei wiederkehrenden Leistungen gilt § 323 ZPO.

13 Diesen idR zeitlich unbegrenzt geltenden Korrekturmöglichkeiten steht aber ggf die Verjährung (s.o. Rn 10) entgegen. Zudem muss der Erfüllung eine befriedende Wirkung zugeschrieben werden (vgl *Lange/ Schiemann* Schadensersatz § 1 IV 2 b aa). Hat etwa der Geschädigte den für die Herstellung erforderlichen Betrag entgegengenommen (§ 249 II 1), wird er nachträglich nicht mehr geltend machen können, die Herstellung sei teurer gekommen. Umgekehrt ist auch eine Teilrückforderung des Schädigers deshalb ausgeschlossen, weil die Herstellung billiger gelungen sei.

14 **F. Schadensumfang und Haftungsbeschränkungen.** Die Klauselverbote des § 309 betreffen in Nr 5 die Pauschalierung des Schadens (s.o. Rn 4). Dagegen verbietet die Nr 7 neben den Ausschluss der Haftung auch jede Begrenzung. Hierdurch werden die §§ 249 ff „AGB-fest". Im Übrigen verbietet § 276 III bei Vorsatz auch eine Haftungsbegrenzung sogar in Individualverträgen.

15 **G. Literatur.** Grundlegend für alle Fragen der §§ 249 ff ist die Behandlung durch *Lange/ Schiemann*, Schadensersatz, 3. Aufl 03, zudem Staud/*Schiemann* BGB §§ 249 bis 254 Neubearb 05.

§ 249 Art und Umfang des Schadensersatzes

(1) Wer zum Schadensersatz verpflichtet ist, hat den Zustand herzustellen, der bestehen würde, wenn der zum Ersatz verpflichtende Umstand nicht eingetreten wäre.

(2) ¹Ist wegen Verletzung einer Person oder wegen Beschädigung einer Sache Schadensersatz zu leisten, so kann der Gläubiger statt der Herstellung den dazu erforderlichen Geldbetrag verlangen. ²Bei der Beschädigung einer Sache schließt der nach Satz 1 erforderliche Geldbetrag die Umsatzsteuer nur mit ein, wenn und soweit sie tatsächlich angefallen ist.

Inhaltsübersicht

	Rn		Rn
A. Entwicklung der Vorschrift	1	II. Der Schutzbereich der Norm	59–67
B. Die beiden Grundprinzipien des I	2–4	1. Ausgangspunkt	59, 60
I. Herstellung	2, 3	2. Gesetzliche Pflichten	61–64
II. Totalersatz	4	2. Vertragliche Pflichten	65–67
C. Die Herstellung	5–20	III. Weitere Gründe für eine Ersatzbeschränkung	68–71
I. Inhalt	5	F. Die Vorteilsausgleichung	72–89
II. Die Herstellung bei Sachschäden	6–10	I. Ausgangspunkt	72
1. Reparatur oder Ersatzbeschaffung	6, 7	II. Die Zessionsfälle	73, 74
2. Ersatzwagen	8–10	III. Andere gesetzliche Regelungen	75
III. Die Herstellung bei Personenschäden	11	IV. Weitere Fallgruppen	76–84
IV. Die Herstellung bei anderen vermögensrechtlichen Schädigungen	12–19	1. Erbschaft	76, 77
1. Geldzahlung	12–16	2. Versicherungsleistungen	78–80
2. Positives und negatives Interesse	17–19	3. Ersparnis von Aufwendungen	81
IV. Die Herstellung bei Nichtvermögensschäden	20	4. Andere Vorteile	82–84
D. Ersatz der Herstellungskosten, II	21–41	V. Grundsätze der Vorteilsausgleichung	85
I. Wahlrecht des Geschädigten	21	VI. Ersatz neu für alt	86–89
II. Ersatz der zur Herstellung erforderlichen Kosten	22–32	G. Der Ersatz von Drittschaden	90–101
1. Möglichkeit der Herstellung	22	I. Ausgangspunkt	90–92
2. Die Verwendungsfreiheit des Geschädigten	23–32	II. Gesetzliche Ansätze für eine Drittschadensliquidation	93
III. Insbesondere der Ersatz von Nutzungsausfall	33–40	III. Einzelne Fallgruppen nach Richterrecht	94–100
1. Problematik	33, 34	1. Vereinbarungen	94, 95
2. Die Rspr zu Kraftfahrzeugen	35–37	2. Mittelbare Stellvertretung	96
3. Die Rspr zu anderen Sachen oder Nutzungsrechten	38–40	3. Treuhandverhältnisse	97
IV. Die Anrechnung des Restwertes	41	4. Obhutsverhältnisse	98
E. Normative Einschränkungen des Schadensersatzes	42–71	5. Obligatorische Gefahrentlastung	99
I. Kausalität und Zurechnung	43–58	6. Keine weiteren Folgerungen	100
1. Ausgangspunkt: Äquivalente Kausalität	43	IV. Rechtsfolgen der Drittschadensliquidation	101
2. Die Adäquanztheorie	44–47	H. Reserveursachen	102–108
3. Die psychisch vermittelte Kausalität	48–55	I. Ausgangspunkt	102
4. Die Berufung auf rechtmäßiges Alternativverhalten	56–58	II. Problembeschreibung	103
		III. Fallgruppen	104–107
		1. Anderer Ersatzpflichtiger	104
		2. Anlagefälle	105
		3. Übrige Fälle	106
		4. Zeitliche Grenze	107
		IV. Beweislast	108

A. Entwicklung der Vorschrift. § 249 war von dem SMG nicht betroffen. Geändert ist er aber seit dem 1.8.02 durch das Zweite Gesetz zur Änderung schadensersatzrechtlicher Vorschriften vom 19.7.02: Aus § 249 S 1 aF ist I geworden und aus 249 S 2 aF ist § 249 II 1 entstanden. § 249 II 2 ist neu hinzugefügt worden (s.u. Rn 31).   1

B. Die beiden Grundprinzipien des I. § 249 I enthält die beiden Grundprinzipien des deutschen Schadensersatzrechts.

I. Herstellung. In I und II 1 (ebenso in den §§ 250, 251) spricht das Gesetz von der Herstellung eines 2 bestimmten (schadensfreien) Zustands. Das ist die sog **Naturalrestitution**: Regelmäßig wird nicht Geldersatz als Ausgleich für die Wertminderung geschuldet, die das Vermögen des Geschädigten durch den zum Ersatz verpflichtenden Umstand erlitten hat. Vielmehr soll auch die konkrete Zusammensetzung des Vermögens erhalten bleiben: Die beschädigte Sache ist zu reparieren, der verletzte Mensch ist zu heilen. Das kann durch den Ersatzpflichtigen selbst geschehen. Viel häufiger wird aber der Geschädigte diese Herstellung besorgen; dann sind ihm nach § 249 II 1 die dazu erforderlichen Kosten zu ersetzen. Auch dieser Kostenersatz ist also eine Form der Herstellung (zB BGHZ 92, 85, 87).

3 Dagegen bildet der **Schadensersatz in Geld**, der nur den geminderten Geldwert des Vermögens ausgleicht, nach § 251 die Ausnahme bei Unmöglichkeit, Ungenügen oder unverhältnismäßig hohen Kosten der Herstellung. Bei Nichtvermögensschäden passt § 251 naturgemäß überhaupt nicht; hier bekommt aber nach § 253 II eine (anders zu ermittelnde) „billige Entschädigung in Geld" in Betracht. Ihr steht die bei Verletzung des allgemeinen Persönlichkeitsrechts nach Richterrecht geschuldete „Genugtuung" nahe (s § 253 Rn 24 ff).

4 **II. Totalersatz.** Nach dem zweiten in § 249 I verkörperten Grundprinzip umfasst der zu leistende Natural- oder Geldersatz allen Schaden, der auf den zum Ersatz verpflichteten Umstand zurückgeht. Gesetzliche Ausnahmen hiervon bilden bei Nichtvermögensschäden § 253 I und für alle Schäden die verhältnismäßige Minderung des Ersatzes nach § 254. Daneben gibt es aber noch einige richterrechtlich anerkannte Korrekturen. Diese setzen teils beim Kausalzusammenhang an (s.u. Rn 44), teils beim Normzweck (s.u. Rn 59) oder bei weiteren Gesichtspunkten (s.u. Rn 68). Dadurch wird die sog **Differenzhypothese** (Schaden als Differenz zwischen zwei Vermögenszuständen) durch Wertungen (normativ) verändert. Man gelangt so zu einem **normativen Schadensbegriff**.

5 **C. Die Herstellung. I. Inhalt.** Auch die Herstellung ist dem Grundsatz des Totalersatzes (s.o. Rn 4) unterworfen. Sie richtet sich daher nicht, wie oft gesagt wird, auf die Herstellung des Zustandes vor dem Schadensereignis. Vielmehr ist der Zustand herzustellen, der jetzt ohne dem zum Ersatz verpflichtenden Ersatz bestünde. Dieser hypothetische Zustand braucht real nie bestanden zu haben, was sich etwa beim entgangenen Gewinn zeigt: Hier wird Gewinn ersetzt, der nicht wirklich bezogen worden ist. Insbesondere kann sich die Herstellung auch auf die Aufhebung oder Veränderung eines Vertrages richten, was etwa bei § 311 II in Betracht kommt (dort Rn 3). Insbes beim durch Täuschung veranlassten Erwerb von Aktien kann der Käufer nicht etwa nur ersetzen verlangen, was er zuviel gezahlt hat. Vielmehr ist (gegen Aushändigung der Aktien) der volle Kaufpreis zu ersetzen, wenn ohne die Täuschung nicht gekauft worden wäre (BGHZ 160, 149; NJW 05, 2450, 2451).

6 **II. Die Herstellung bei Sachschäden. 1. Reparatur oder Ersatzbeschaffung.** Die nächstliegende Art der Herstellung ist bei einer Beschädigung von Sachen die **Reparatur**. Diese ist aber in mehrfacher Hinsicht problematisch:

7 Sie kann **verhältnismäßig teuer** sein, was bei Massenprodukten häufig vorkommt. So werden etwa beschädigte Teile eines Kraftfahrzeugs regelmäßig nicht repariert, sondern durch neue ersetzt. An sich gewährt § 251 II dem Schädiger in solchen Fällen eine Befugnis zur Leistung von Geldersatz. Der Anwendungsbereich dieser Befugnis hängt aber davon ab, was man unter einer Herstellung versteht: Die Rspr neigt dazu, auch die Lieferung einer gleichartigen und gleichwertigen Ersatzsache als Herstellung anzusehen (etwa BGHZ 92, 85, 91 mwN). Das gilt insbesondere bei der erheblichen Beschädigung von Kraftfahrzeugen: Hier soll die Bereitstellung eines gleichartigen und gleichwertigen Gebrauchtwagens noch zur Herstellung gehören (im Grundsatz BGHZ 115, 364, 368 mwN; ZIP 03, 1156, 1157). Folglich fällt auch eine Beschädigung, deren Reparatur verhältnismäßig teuer wäre (sog wirtschaftlicher Totalschaden idR bei mehr 130 % der Wiederbeschaffungskosten, BGHZ 115, 364; 375, zur Berechnung BGHZ 155, 1: Kosten einer markengebundenen Fachwerkstatt) bei der Möglichkeit zur Beschaffung eines Ersatzwagens noch unter § 251 II, sondern unter § 249. Doch ist das Wahlrecht des Geschädigten beschränkt durch **den Grundsatz der Wirtschaftlichkeit** (BGHZ 162, 161, 164 mN)

8 **2. Ersatzwagen.** Insbes der Ersatzwagen ist idR (nämlich wenn nicht ein neuwertiger Wagen beschädigt worden ist; die Grenze liegt bei einer Fahrleistung ca. 1000 km, BGH VersR 83, 658) ein Gebrauchtwagen. Der Geschädigte wird dem oft mit Misstrauen begegnen, schon weil er die Eigenarten des ihm fremden Fahrzeugs nicht kennt. Daher hat der BGH der Reparatur einen Vorrang vor der Ersatzbeschaffung zuerkannt: Reparatur soll verlangt werden können, wenn ihre Kosten nicht mehr als 130 % der Ersatzbeschaffungskosten ausmachen (s.o. Rn 7).

9 Der Geschädigte kann dem Ersatzwagen noch aus zwei weiteren Gründen kritisch gegenüberstehen: weil dieser nicht so gut gepflegt worden sei wie sein eigener, und weil dieser Wagen einen Zweithandwagen darstelle. Der BGH hat jedoch sowohl einen **Risiko**- (NJW 66, 1454) wie einen **Zweithandzuschlag** (NJW 78, 1373) abgelehnt. Stattdessen soll der Wiederbeschaffungswert so hoch bemessen werden, dass der Geschädigte „einen ähnlichen Wagen nach einer gründlichen technischen Überprüfung von einem seriösen Gebrauchtwagenhändler erwerben kann und sich von diesem Händler für eine gewisse Zeit eine Werkstättengarantie geben lassen" kann (BGH NJW 66, 1454, 1455).

10 Trotzdem kann die **Reparatur zur vollen Entschädigung** nicht genügen, § 251 I Alt 2. Das kommt schon deshalb in Betracht, weil die Reparatur bestimmte Folgeschäden nicht beseitigen kann, etwa den entgangenen Gewinn oder den Nutzungsausfall. Deswegen sind dann zusätzliche Geldzahlungen zu erbringen (u § 251

Rn 4). Bei umfangreichen Reparaturen wird der Wagen zudem zum Unfallwagen: Solche Reparaturen muss der Geschädigte bei einem Verkauf offen legen, so dass der erzielbare Preis sinkt. Das ist der sog **merkantile Minderwert**: Der BGH hat ihn zunächst nur bei einem Wiederverkauf ersetzen wollen (BGHZ 27, 181). Seit BGHZ 35, 396 soll der Geschädigte den merkantilen Minderwert aber auch ohne Verkauf sofort verlangen können. Denn wenn er den reparierten Wagen weiter benutze, begnüge er sich mit einem stärker reparaturanfälligen und daher geringerwertigen Fahrzeug. Auch sei nur so eine rasche Abwicklung des Schadens möglich. Das ist jetzt h M. Dagegen kommt bei marktgängigen Sachen (wie etwa Straßenbahnwagen oder Kampffahrzeugen der Bundeswehr) ein merkantiler Minderwert nicht in Betracht (Palandt/*Heinrichs* § 251 Rn 13). Geschätzt wird die Höhe des merkantilen Minderwerts üblicherweise nach der Methode von *Ruhkopf* und *Sahm*, VersR 62, 593, vgl BGH NJW 80, 280, 281. Bei einer Fahrleistung von mehr als 100000 Kilometern wir idR kein merkantiler Minderwert mehr angenommen, BGH aaO, auch NJW 05, 277, 279 = BGHZ 161, 151, 160.

III. Die Herstellung bei Personenschäden. Bei einer Verletzung von Körper oder Gesundheit besteht die Herstellung in der Heilung. Doch wird die Herstellung durch den Schädiger hier noch weniger in Betracht kommen als bei Sachschäden: Der Verletzte wird sich nicht ausgerechnet dem Verletzer anvertrauen wollen, vgl daher u Rn 24. 11

IV. Die Herstellung bei anderen vermögensrechtlichen Schädigungen. 1. Geldzahlung. Andere vermögensrechtliche Schädigungen (zB durch Betrug, Untreue, Nichtleistung, Nichterfüllung von Schutzpflichten) betreffen von vornherein das Vermögen. Hier besteht die Herstellung in einer Geldzahlung, ohne dass diese auf § 251 gestützt werden müsste. Denn diese Geldzahlung stellt ohne weiteres den Zustand her, der ohne den zum Ersatz verpflichtenden Umstand bestünde. 12

Herstellung ist insbesondere auch möglich, wenn der Schaden in der Belastung mit einer Verbindlichkeit besteht, und zwar selbst bei einem vermögenslosen Verein (BGHZ 59, 148 gegen das RG). Die Herstellung besteht hier in der Befreiung von der Verbindlichkeit (§ 257). Ist der Schädiger zugleich der Gläubiger, so darf er seine Forderung nicht geltend machen, und zwar ohne Rücksicht auf Aufrechnungsverbote (BGHZ 71, 240, 245 mwN). 13

Einen Sonderfall bildet die Belastung mit dem **Unterhalt für ein nicht gewolltes Kind**. Hier hatte schon RGZ 108, 87 eine Ersatzpflicht ohne weiteres bejaht, ebenso noch LG Itzehoe FamRZ 69, 90. Im Anschluss an dieses Urteil hat sich aber eine teils emotionale Debatte darüber ergeben, ob eine familienrechtlich begründete Pflicht übertragbar sei und ob dies nicht den Interessen des Kindes schade (Übersicht in BGHZ 76, 249, 252 f). Doch ist der VI. ZS des BGH aaO diesen Bedenken nicht gefolgt. In seinem Abtreibungsurteil hat dann der 2. Senat des BVerfG die Bedenken wieder aufgegriffen: Eine Qualifikation des Kindes als Schadensquelle sei von Verfassungs wegen (Art 1 I GG) ausgeschlossen; die zivilrechtliche Rspr sei daher zu überprüfen (BVerfGE 88, 203) Ls 14, 296 [Begründung] = NJW 93, 1751). Diese Überprüfung hat in BGHZ 124, 128, 136 f. stattgefunden: Das Schadensrecht solle Lasten feststellen und sie entsprechend der Verantwortung verteilen. Die Bewertung als eine vermögensmäßige Differenz bedeutet keine Herabwürdigung. Der Akzeptanz des Kindes könne es sogar nützen, wenn sein Unterhalt durch einen Schadensersatzanspruch gesichert sei. Dieser Standpunkt ist auf eine Verfassungsbeschwerde hin vom 1. Senat des BVerfG gebilligt worden (NJW 98, 519). Die vom 2. Senat (NJW 98, 523) geforderte Anrufung des Plenums (§ 16 BVerfGG) hat der 1. Senat mit Recht abgelehnt: Die genannten Bedenken des 2. Senats gehörten nicht zu den tragenden Gründen seiner Entscheidung und hierüber brauche das Plenum nicht zu befinden. Damit dürfte die Ersatzpflicht für die Praxis feststehen. 14

Fraglich ist dagegen der **Umfang der Ersatzpflicht**. Nach BGHZ 76, 259, 267 soll der familienrechtlich bestimmte Unterhalt „nicht schlechthin einem Schaden gleichgesetzt werden können", weil er von der Leistungsfähigkeit und auch von Entscheidungen der Eltern abhänge. Zu ersetzen sei nur der „eigentliche Planungsschaden", nämlich der nach durchschnittlichen Anforderungen für das Auskommen eines Kindes erforderlich Betrag. Anderseits soll nach BGHZ 124, 128, 144 bei der Geburt eines kranken Kindes statt eines erwünschten gesunden der gesamte Unterhalt ersetzt werden statt nur der krankheitsbedingten Mehrkosten. Hier beachtet BGHZ 76 aaO jedoch den sonst anerkannten Grundsatz nicht, der Schädiger müsse dem Geschädigten so nehmen, wie er nun einmal sei (s.u. Rn 43). Dadurch wäre bei wohlhabenden Eltern ein höherer Schaden ohne weiteres zu begründen. BGBHZ 124 aaO ist schwer vereinbar mit der Schutzzwecklehre (s.u. Rn 59): Der durch die Beratung zu verhindernde Vermögensschaden bestand ja nur in der besonderen Belastung durch die Krankheit des Kindes. 15 16

2. Positives und negatives Interesse. Allerdings kann bei der Pflichtverletzung in Schuldverhältnissen dieser schadensfreie Zustand in verschiedener Weise bestimmt werden, nämlich als Schadensersatz statt der Leistung (früher Schadensersatz wegen Nichterfüllung) oder als Ersatz desjenigen Schadens, den der Gläubiger durch das Vertrauen auf die Erfüllung erlitten hat. Das erste ist das positive (Erfüllungs)interesse, das zweite, das negative (Vertrauens)interesse. Beide bringen Totalersatz (s.o. Rn 4). Nur wird der herzustellende Zustand in verschiedener Weise bestimmt. 17

18 Dabei soll das **positive Interesse** die ausgebliebene Leistung ersetzen. Es kommt also nur in Betracht, wenn die Leistung bei pflichtgemäßen Verhalten des Schädigers erbracht worden wäre, insbesondere bei Wirksamkeit des Schuldverhältnisses (mögliche Ausnahme § 311a II 1, vgl 311a Rn 8). Dagegen betrifft das negative Interesse idR unwirksame oder unwirksam gewordene Schuldverhältnisse (v a §§ 122, 179 II und viele Fälle der cic, s § 311 Rn 61). Dabei geht es einmal um vergebliche Aufwendungen, die der Schädiger für den Vertrag und in Erwartung der Leistung gemacht hat, also um Frustrationsschäden (u § 251 Rn 18). Zum anderen kann es sich aber auch um entgangenen Gewinn handeln, nämlich wenn der Gläubiger im Vertrauen auf die Wirksamkeit des Vertrages den Abschluss eines anderen, gewinnbringenden Geschäfts unterlassen hat.

19 IdR ergibt das positive Interesse einen höheren Betrag als das negative. Dass es aber auch anders sein kann, zeigt sich schon daran, dass etwa § 122 I den zu ersetzenden Betrag des negativen Interesses durch den Betrag des positiven begrenzt. Das trifft zu, wenn die Vertragserfüllung für den Gläubiger ungünstig gewesen wäre. Doch ist diese Beschränkung des negativen Interesses keine allgemein geltende Regel (etwa BGHZ 57, 191, 193; 69, 53, 56; NJW 88, 2234, 2236).

20 **IV. Die Herstellung bei Nichtvermögensschäden.** Auch bei Nichtvermögensschäden kann Herstellung verlangt werden; § 253 beschränkt nur einen Entschädigung in Geld. Zur Herstellung gehören etwa Operationen zur Beseitigung oder Verdeckung von Unfallnarben (BGHZ 63, 295, 300 ff) Bei unverhältnismäßig hohen Kosten (etwa auch, weil die Beeinträchtigung kaum sichtbar ist) kann freilich § 242 entgegenstehen; ggf ist dann aber das Schmerzensgeld des Verletzten zu erhöhen; § 251 II kommt nicht in Betracht (alles BGH aaO). Ersatzfähig sind auch die Kosten für Maßnahmen zur Linderung der Folgen (zB rollstuhlgeeigneter Umbau des Hauses, BGH NJW 82, 757, 758). Bei beeinträchtigenden Äußerungen kommt ein Widerruf (aber keine Abbitte) in Betracht (vgl BGH NJW 53, 1386). Die Kosten der Anzeige zur Richtigstellung einer Falschmeldung können nach § 249 II verlangt werden (BGHZ 70, 39, 43).

21 **D. Ersatz der Herstellungskosten, II. I. Wahlrecht des Geschädigten.** II gibt dem Geschädigten bei Verletzung einer Person oder Beschädigung einer Sache die Wahl, statt der Herstellung den Ersatz der dazu erforderlichen Kosten verlangen. Hier von „Geldersatz" zu sprechen, vermischt aber den Unterschied zu § 251. Das ist schon deshalb gefährlich, weil der zu zahlende Geldbetrag verschieden berechnet wird: Die Herstellungskosten (§ 249 II) können anders und vor allem auch höher sein (vgl § 251 II!) als die Verminderung des Vermögenswerts (§ 251 I).

22 **II. Ersatz der zur Herstellung erforderlichen Kosten. 1. Möglichkeit der Herstellung.** Der Anspruch auf Ersatz der Herstellungskosten setzt unzweifelhaft voraus, dass die Herstellung einmal möglich gewesen ist. Das folgt schon aus dem Gesetzeswortlaut „statt der Herstellung"; wenn diese nicht möglich war, ist sie auch nicht geschuldet worden, sondern von vornherein nur Geldersatz nach § 251 I. Es folgt aber auch daraus, dass sich für eine unmögliche Herstellung keine erforderlichen Kosten angeben lassen. Ob die Möglichkeit bei dem Verlangen der Herstellungskosten noch fortbestehen muss, kann eher zweifelhaft sein (s sogl Rn 23 ff).

23 **2. Die Verwendungsfreiheit des Geschädigten.** Die Frage nach der Möglichkeit der Herstellung hängt zusammen mit der anderen Frage nach der Verwendungsfreiheit des Geschädigten: Muss er den Betrag der erforderlichen Kosten wirklich für die Herstellung verwenden oder kann er darüber frei verfügen? Im ersten Fall müsste ihm die Herstellung noch möglich sein; im zweiten käme es darauf nicht an. Für die Antwort dürfte zu unterscheiden sein.

24 Hier (s.o. Rn 11) kann nur verlangt werden, was wirklich an Kosten für die Herstellung entsteht. Anders hat zwar BGH NJW 58, 627 entschieden (bejaht wurde dort der Ersatz der Kosten für ein wegen Geldmangels nicht gekauftes Stärkungsmittel, dagegen etwa *Medicus* SchuldR AT Rn 642). Richtig dann aber BGHZ 97, 14, 18 ff: Die für eine Operation nötigen Kosten könnten nur zur deren Durchführung verlangt werden. Andernfalls geriete man in Konflikt mit § 253 I. So sind auch nicht die Kosten für einen „eigentlich" nötigen Krankenhausaufenthalt zu ersetzen, wenn der Verletzte sich zu Hause von seinen Angehörigen hat pflegen lassen. Vgl etwa *Zeuner* JZ 86, 640; *Grunsky* JuS 87, 441.

25 Einen Sonderposten bilden bei Personenverletzungen die **Kosten für Besuche im Krankenhaus**. Diese müssen heilungsfördernd sein, was vor allem bei Ehegatten oder Kindern zutreffen kann. Problematisch ist aber, dass diese Kosten nicht dem Verletzten selbst entstehen und auch von ihm nicht zu ersetzen sind. Trotzdem bejaht der BGH (zB NJW 90, 1037) einen Anspruch des Verletzten auf Ersatz der hierbei entstehenden Fahrtkosten und des Verdienstausfalls, auch der Kosten für einen Babysitter. Doch sollen nach BGH NJW 91, 2340 Fortkommensschäden des Besuchers unersetzt bleiben. Unzweifelhaft nicht ersatzfähig ist auch die (nicht mit Kosten verbundene) vermehrte elterliche Zuwendung für das verletzte Kind (BGHZ 106, 28, 30).

26 Insbes an Kraftfahrzeugen bejaht der BGH überwiegend die bei Körperschäden verneinte Verwendungsfreiheit des Geschädigten (etwa BGHZ 99, 81; 162 161, 165; anders der V. ZS für Grundstücke BGHZ 81, 385, 392, dies dann aber wieder einschränkend BGHZ 147, 320, 322): Verwendungsfreiheit soll auch dann gelten, wenn der Geschädigte den beschädigten Wagen inzwischen verkauft und sich dadurch zu einer Herstellung außerstande gesetzt hat. Bei Grundstücken soll der Anspruch nach 249 II 1 wenigstens dann erhalten bleiben, wenn er bis zum Wirksamwerden der Übereignung an den Erwerber abgetreten worden ist (BGHZ 147, 320,

323). Nach meiner Ansicht sollte der Streit seit dem Änderungsgesetz vom 19.7.02 (s.o. Rn 1) entschieden sein: Indem der Gesetzgeber durch II 2 nur die nicht wirkliche entstandene Umsatzsteuer vom Ersatz ausgeschlossen hat, ist im Übrigen der Ersatz fiktiver Herstellungskosten bis zur Grenze von § 251 II anerkannt (*Schiemann* VersR 06, 160, 166).

Nach BGHZ 162, 161, 166 sollen Reparaturkosten bis zu 130% über den Wiederbeschaffungswert nur verlangt werden können, wenn die Reparatur fachgerecht und in einem Umfang durchgeführt wird, wie ihn der Sachverständige zur Grundlage seiner Kostenschätzung gemacht hat (bestätigend BGH NJW 05, 1110 f). 27

Der nötige **Nachweis der Kosten** gelingt am leichtesten durch die Vorlage einer Rechnung über die ausgeführte Reparatur. Nicht selten stellt sich erst während der Arbeiten heraus, was alles nötig ist. Das ist die **Abrechnung auf Rechnungsbasis**. Hier bereitet auch der nach II 2 nötige Nachweis der Umsatzsteuer keine Schwierigkeit, sofern nicht ein Nichtunternehmer repariert hat (sog Hinterhofreparatur, s.u. Rn 31). 28

Streitig kann die Frage der **Erforderlichkeit** sein. Erforderlich sind generell diejenigen „Aufwendungen, die ein verständiger, wirtschaftlich denkender Mensch in der Lage des Geschädigten für zweckmäßig und notwendig halten darf" (BGHZ 162, 161, 165). Zweifel können entstehen, wenn die vom Geschädigten beauftragte Werkstatt unwirtschaftlich gearbeitet hat. Für eine solches Verschulden hat dann idR nicht etwa der Geschädigte nach §§ 254 II 2, 278 I stehen (s § 254 Rn 26). Vielmehr ist die Herstellung nach I Sache des Schädigers, so dass er das Risiko eines Versagens der Werkstatt tragen muss. Diese Risikoverteilung will II 1 nicht ändern. Daher trägt der Schädiger auch die Risiken einer vom Geschädigten veranlassten Herstellung (BGHZ 63, 182). Freilich muss der Geschädigte dann seine Ansprüche gegen den Werkstattinhaber an den Schädiger abtreten. 29

Entsprechendes muss auch für das **Prognoserisiko** gelten, nämlich wenn die Wirksamkeit einer bestimmten Herstellungsmaßnahme oder die Wirtschaftlichkeit der Herstellung (§ 251 II) irrig bejaht worden sind: Auch diese Risiken trägt der Schädiger (BGHZ 63, 182, 185 f; 115, 364, 370). 30

Der zweite Weg zum Nachweis der erforderlichen Kosten führt über Sachverständigengutachten (Abrechnung auf Gutachtenbasis). Für den Ersatz der Gutachterkosten (dazu *Meinel* VersR 05, 201) gewährt BGH NJW 05, 356, 357 dem Tatrichter ein weites Ermessen (§ 287 I ZPO). Der Weg über ein Gutachten oder bei Bagatellschäden über einen Kostenvoranschlag kommt vor allem in Betracht, wenn der Geschädigte die Reparatur nicht wirklich ausführen lassen, sondern von seiner Verwendungsfreiheit (s.o. Rn 26) Gebrauch machen will. Bei dieser Abrechnungsart erlangt der neue (s.o. Rn 1) II 2 Bedeutung, bloß fiktive (also in dem Gutachten für die Reparaturkosten zwar angesetzte, aber nicht wirkliche angefallene **Umsatzsteuer** soll nicht ersetzt werden. Doch kann auch (insbesondere für die Beschaffung von Ersatzteilen) bei Hinterhof- oder Teilreparaturen Umsatzsteuer anfallen, wenngleich in geringerer Höhe; diese ist dann zu ersetzen (teils anders BGHZ 162, 170, 175, dagegen *Schiemann* VersR 06, 160, 165 und klarstellend BGH NJW 06, 285, 286). 31

Auch die Ersatzbeschaffungskosten (also der für einen Gebrauchtwagen zu zahlende Preis) können auf der Basis einer Schätzung abgerechnet werden. Dazu ist oft kein Gutachten nötig, weil laufend aktualisierte Marktberichte für Gebrauchtfahrzeuge der Eurotax Schwacke GmbH (sog *Schwacke*-Liste) zur Verfügung stehen. Die **Umsatzsteuerpflicht** hängt beim Kauf eines Gebrauchtwagens von der Unternehmereigenschaft des Verkäufers ab. Nach dem Sinn von II 2 wird der Geschädigte daher auch bei einer Ersatzbeschaffung das wirkliche Entstehen einer Umsatzsteuerpflicht nachweisen müssen. Nach BGHZ 162, 170, 175 soll jedoch der Netto-Wiederbeschaffungsaufwand die Obergrenze für den Ersatzbetrag bilden, wenn der Geschädigte den Restwert durch Verkauf des unreparierten Wagens ersetzt hat. 32

III. Insbesondere der Ersatz von Nutzungsausfall. 1. Problematik. Insbes bei Kraftfahrzeugen kann bis zur Vollendung der Reparatur oder Ersatzbeschaffung einige Zeit vergehen. Zur vollständigen Herstellung würde gehören, dass der Geschädigte für diese Zeit einen Ersatzwagen erhält. Daher würde II 1 die für einen **Mietwagen** erforderlichen Kosten umfassen. Doch vgl zur Problematik der Ersatzfähigkeit der höheren Unfallersatztarife BGH NJW 05, 51; 135; 1041; 06, 360 sowie *Buller*, NJW Spezial 05, 159; *Schiemann* JZ 05, 1058: Der höhere Tarif muss durch zusätzliche Leistungen begründet sein. Ausnahmsweise werden die Mietkosten überhaupt nicht für ersatzfähig gehalten, wenn der Geschädigte sich bei geringem Fahrbedarf ohne wesentliche Beeinträchtigung mit Taxis oder öffentlichen Verkehrsmitteln behelfen kann. Dann soll er nach § 254 nur den dafür erforderlichen Betrag verlangen können (§ 254 Rn 20). 33

Nicht selten verzichten die Geschädigten aber auf einen Mietwagen, schon weil sie über die Höhe des zu erwartenden Ersatzes unsicher sind (§ 254!). Dann wird fraglich, ob und wie viel Geld trotzdem verlangt werden kann. Eine entsprechende Frage stellt sich für andere Sachen, deren Nutzung keinen Marktwert hat. 34

2. Die Rspr zu Kraftfahrzeugen. BGHZ 40, 345 hat eine abstrakte Nutzungsentschädigung dem Grund nach bejaht: Die Möglichkeit, jederzeit und sofort ein Kraftfahrzeug, das an der Garage oder vor der Tür steht, benutzen zu können, werde heute allgemein als wirtschaftlicher Vorteil angesehen, durch Vermögensaufwendungen „erkauft" und sei daher kommerzialisiert (aaO 349 f). Doch hat das schon BGHZ 45, 212 eingeschränkt: Die Nutzungsbeeinträchtigung müsse für den Geschädigten **fühlbar** geworden sein. Sie entfällt also, wenn dieser selbst noch eine weiteres Kraftfahrzeug zur Verfügung hat (BGH NJW 76, 286) oder wenn er selbst verletzt worden ist und daher das Kraftfahrzeug nicht verwenden kann (BGH NJW 68, 1778). Gleiches gilt, wenn das Kraftfahrzeug aus anderen, unfallunabhängigen Gründen während der Reparaturzeit nicht eingesetzt worden wäre (BGH NJW 85, 2471). 35

36 **Weitere Einschränkungen** hat BGHZ 45, 212 hinsichtlich der **Höhe der Entschädigung** gemacht: Von dem üblichen Mietpreis sollten außer der ersparten Abnutzung des eigenen Wagens auch der Unternehmergewinn und die allgemeinen Betriebskosten eines gewerblichen Fahrzeugvermieters abgezogen werden. Dieser Anspruch beruhe wegen der Unmöglichkeit einer Herstellung auf § 251 (aaO 220 f).

37 Auf dieser Grundlage sind dann **Tabellen für den Nutzungswert** der verschiedenen Modelle berechnet worden, die nur gut 30 % des üblichen Mietpreises ergeben (*Sanden/Danner* VersR 66, 697; 69, 483). BGHZ 56, 214 hat das ausdrücklich gebilligt, selbst wenn die erwähnten Beträge die gebrauchsunabhängigen Gemeinkosten (Vorhaltekosten) nur maßvoll übersteigen. Die Praxis verfährt nach diesen Sätzen (etwa NJW 06,19, 22 für PKW, Geländewagen und Transporter). Nach BGH NJW 05, 277, 278 können die Tabellen auch dann nach § 287 ZPO verwendet werden, wenn das Kraftfahrzeug dort wegen seines hohen Alters nicht mehr aufgeführt ist. BGHZ 85, 11; 88, 11, 13 (erg BGH NJW 83, 2139) hat sich auch auf die vertragswidrige Vorenthaltung eines Kraftfahrzeugs erstreckt. BGH NJW 05, 277, 278 berücksichtigt bei älteren Fahrzeugen aber zutreffend, dass die Tabellen von **Sanden/Danner/Küpersbusch** von fabrikneuen Wagen ausgehen. Das kann der Tatrichter im Rahmen von § 287 ZPO pauschalierend durch eine Herabstufung um eine (BGH NJW 05, 1044) oder zwei (BGH NJW 05, 277, 278) Fahrzeuggruppen berücksichtigen. Bei langer Dauer des Nutzungsausfalls soll der so ermittelte Betrag sogar den Wert des Kraftfahrzeugs übersteigen können (BGH NJW 05, 1044).

38 **3. Die Rspr zu anderen Sachen oder Nutzungsrechten.** Die eben dargestellte Berechnung des Nutzungswertes von Kraftfahrzeugen ist von der Kommerzialisierung immer stärker in die Nähe eines Frustrationsschadens (vgl § 251 Rn 18) gerückt: Die Entschädigung nähert sich dann dem Betrag der Aufwendungen des Geschädigten, die wegen des Schadensereignisses ihren Zweck verfehlen. Andererseits hat BGHZ 55, 146, 151 f eine solche Schadensberechnung wegen der Gefahr einer unübersehbaren Ausdehnung der Ersatzpflicht abgelehnt (dort für eine Körperverletzung, derentwegen ein teuer erkauftes Jagdrecht nicht ausgeübt werden konnte). Nicht zuletzt wegen dieser dogmatischen Unsicherheit ist auch die Frage nach der Erstreckung der abstrakten Nutzungsentschädigung auf andere Sachen oder Nutzungsrecht sehr zweifelhaft geworden. Die Praxis der Gerichte war uneinheitlich (Palandt/*Heinrichs* vor § 249 Rn 25: „fast schon chaotisch").

39 Der V. ZS des BGH hat einen solchen Fall (Unbenutzbarkeit eines eigengenutzten Wohnhauses) mit einem vorzüglich begründeten Beschluss dem GSZ vorgelegt (NJW 86, 2037, Anm *Zeuner* JZ 86, 395). Dieser hat entgegen der V. ZS für eine Erweiterung votiert (BGHZ 98, 212 ff). Dass die Nutzung zeitweilig verhindert werde, dürfe „nicht bloß monetär" gesehen werden. Denn sonst sei im Nachteil, wer sein Gut nicht erwerbswirtschaftlich einsetze und daher nicht über § 252 entgangenen Gewinn liquidieren könne. Doch müsse dieser Nutzungsersatz auf Wirtschaftsgüter von allgemeiner, zentraler Bedeutung für die Lebenshaltung beschränkt werden. Danach war der Anspruch wegen des Wohnhauses zu bejahen.

40 Diese wohl nur als Richterrecht begreifbare Umschreibung schließt vor allem einen Nutzungsersatz für **Luxusgüter** aus: etwa für eine privates Schwimmbad, BGH NJW 80, 1386; für einen Pelzmantel, BGH NJW 75, 733; für eine Privatflugzeug, Oldbg NJW-RR 93, 1437; für ein Reitpferd, LG Augsburg ZfS 88, 42; für ein Motorboot, BGH NJW 84, 72. Bejaht worden ist die Entschädigung dagegen etwa für einen Elektrorollstuhl, LG Hildesheim NJW-RR 91, 798, Blindenhund, AG Marburg, NJW-RR 98, 931, eine Kücheneinrichtung, LG Osnabrück NJW RR 99, 349. Ausgeschlossen soll der Anspruch aber bei Beeinträchtigungen, die sich kurzfristig durch Umdispositionen auffangen lassen (BGH NJW 93, 1794). Für eine Garage hat der BGH die Entschädigung einmal bejaht (NJW 86, 427) und einmal verneint (NJW 93, 1794). Hier bleiben also viele Unsicherheiten.

41 **IV. Die Anrechnung des Restwertes.** Wenn der Geschädigt auf Dauer ein Ersatzfahrzeug erhält, muss er im Prinzip das eigene beschädigte Fahrzeug herausgeben. Er kann es aber auch selbst verwerten; dann wird der Erlös von den zu ersetzenden Kosten des Ersatzfahrzeugs abgezogen. An die Bemühungen des Geschädigten zur Verwertung werden keine hohen Anforderungen gestellt: BGH NJW 05, 357 f. verpflichtet idR nicht zur Inanspruchnahme eines Sondermarktes für Restwertaufkäufer im Internet. Wenn dort aber ohne besondere Mühe wirklich ein höherer Erlös erzielbar ist, muss dieser angerechnet werden (vgl BGHZ 154, 395, 398; NJW 05, 2541, 2542, s.o. Rn 32). Ein Angebot des Haftpflichtversicherers der Gegenseite braucht der Geschädigte aber nicht abzuwarten.

42 **E. Normative Einschränkungen des Schadensersatzes.** Der Totalersatz nach I (s.o. Rn 4) kann sehr weit reichen. Der entschädigende Umstand kann – zusammen mit anderen Ursachen – zu mannigfachen Folgeschäden führen. Den Schadensersatz soweit auszudehnen, scheint als korrekturbedürftig. Solche Korrekturen werden mit mehreren Instrumenten erreicht (abgesehen von zahlenmäßig bestimmten Obergrenzen, die es aber nur außerhalb des BGB gibt).

43 **I. Kausalität und Zurechnung. 1. Ausgangspunkt: Äquivalente Kausalität.** Bei der Anwendung des Zustandsvergleichs im Rahmen der Differenzhypothese (s.o. Rn 4) stehen alle Ursachen gleich; es kommt nur darauf an, ob sie wirksam geworden sind. So ist vielfach ausgesprochen worden, der Schädiger müssen den Geschädigten so nehmen wie er ist, also mit allen seinen schadensfördernden oder -vergrößernden Schwä-

chen und auch psychischen Anlagen (BGHZ 20, 137, 139, 141; 132, 341, 345 mN): Wer einen gesundheitlich schon geschwächten Menschen verletzt, kann nicht verlangen, so gestellt zu werden, als wenn der Betroffene gesund gewesen wäre (zu Ausnahmen u Rn 68). Man kann hier von äquivalenter Kausalität sprechen. Sie bildet für die Schadensermittlung den Ausgangspunkt: Es wird nur gefragt, ob der Schaden bei Wegdenken des schädigenden Ereignisses entfiele. Bei pflichtwidrigen Unterlassungen wird dagegen das geschuldete Tun hinzugedacht. Für einen Schaden durch einen Anwaltsfehler entscheidet über die Kausalität das „richtige" und nicht dasjenige Urteil, zu dem das Gericht ohne den Fehler gelangt wäre, BGHZ 163, 223 mit Anm *Mäsch* JZ 06, 201.

2. Die Adäquanztheorie. Die Adäquanztheorie will ganz unwahrscheinliche („inadäquate") Kausalverläufe 44 ausschalten. Hierfür gibt es verschiedene Formulierungen. Am gebräuchlichsten ist wohl: Das schädigende Ereignis müsse im Allgemeinen und nicht nur unter besonders eigenartigen, unwahrscheinlichen und nach dem gewöhnlichen Verlauf der Dinge außer Betracht zu lassenden Umständen geeignet sein, einen Erfolg der eingetretenen Art herbeizuführen (etwa BGHZ 7, 198, 204; 137, 11, 19 mwN).

Bei dem Urteil über diese Wahrscheinlichkeit sollen berücksichtigt werden alle zur Zeit des Schadenseintritts 45 dem optimalen Beobachter erkennbaren und zusätzlich die dem Täter noch darüber hinaus bekannten Umstände (BGHZ 3, 261, 267). Tatfolgen, die dem Täter bekannt oder sogar von ihm gewollt sind, sollen also immer adäquat sein (BGH NJW 92, 1381, 1382).

Die Formulierung für die Adäquanz hat aber nur selten eine wesentliche Beschränkung des zu ersetzenden 46 Schadens bewirkt. Beispiele bilden BGH NJW 52, 1010: Jemand hatte 1937 bei einem Verkehrsunfall ein Bein verloren; er konnte deshalb 1945 einen rettenden Bunker nicht mehr erreichen und wurde daher von einem Splitter tödlich getroffen. Oder BGHZ 25, 86, 91: Während einer unfallbedingten Operation entdeckt ein Arzt eine Anomalie des Patienten und will diese beheben; das führt zum Tod. Weiter Fälle bei *Lange/Schiemann* § 3 VI 4b. In letzter Zeit werden diese Fälle aber noch seltener, wohl wegen des Vordringens anderer Argumentationen (vor allem der Schutzzwecklehre, u Rn 59). Aus neuester Zeit vgl immerhin den exotischen Fall von AG Regensburg NJW 00, 1047.

Die geringe Wirksamkeit der Adäquanz hängt gewiss mit der Kunstfigur des „optimalen Beobachters" (s.o. 47 Rn 45) zusammen: Von ihm kann man kaum sagen, was er angeblich nicht weiß, aber selbst wenn man mit *Larenz* (SchuldR AT 324) an seine Stelle einen „erfahrenen" Beobachter setzt, bleibt die Filterwirkung der Adäquanztheorie gering. Sie ist noch dadurch vermindert worden, dass die Voraussehbarkeit nur für den Schadenseintritt und nicht auch für den konkreten Ablauf der Schädigung gefordert worden ist (so in dem „Spitzhackenfall" von BGH VersR 61, 465). Vgl aber zur sog „Unterbrechung des Kausalzusammenhangs" noch u Rn 55.

3. Die psychisch vermittelte Kausalität. Statt durch die Naturgesetze kann der Kausalzusammenhang auch 48 durch Entschlüsse des Geschädigten selbst oder Dritter vermittelt werden. Dann sind diese Entschlüsse auf ihre Adäquanz (s.o. Rn 44) und auch darauf zu prüfen, ob der durch sie vermittelte Schaden noch im Schutzbereich der Anspruchsnorm liegt (s.u. Rn 59). Darüber hinaus hat die Rspr zu solchen Entschlüssen aber noch eine weitere Kontrolle eingeführt: Der Entschluss wird – grob gesagt – auf seine Vernünftigkeit geprüft.

Entwickelt worden sind die maßgeblichen Kriterien vor allem an den **Verfolgungsfällen**: Jemand veranlasst 49 durch seine Flucht eine gefährliche Verfolgung; der Verfolger verunglückt und verlangt dann von dem Verfolgten Ersatz. Dieser soll nicht schon dann gewährt werden, wenn der Verfolgte die Verfolgung adäquat kausal verursacht hat. Vielmehr wird zudem verlangt, dass der Verfolger „sich zum Eingreifen herausgefordert fühlen durfte, und zwar überhaupt und ggf in der gewählten Art und Weise" (BGHZ 57, 25, 31). Eine solche **Herausforderung** hat der BGH etwa bejaht für einen Fahrkartenkontrolleur durch einen flüchtenden Schwarzfahrer (aaO) oder unter Berufung auf die „Kameradschaftlichkeit der Straße" für einen Kraftfahrer, der einen Unfallflüchtigen stellen will (BGH NJW 64, 1363). Argumente für die bejahte hinreichende Herausforderungen sind § 127 StPO, § 229 BGB und für den Kontrolleur auch die rechtliche Verpflichtung zum Eingreifen.

Andere Fallkonstellationen mit bejahter Herausforderung begegnen in **Rettungsfällen** (etwa im Nierenfall 50 von BGHZ 101, 215). Auch **Kosten der Rechtsverfolgung** (etwa durch Beauftragung eines Anwalts oder Inkassobüros, sogar durch eine schließlich erfolglose Klage) können vom wirklichen oder vermeintlichen Schuldner in einer zum Ersatz verpflichtenden Weise herausgefordert worden sein.

Durch falsche Angaben über wertbildende Umstände bei einem börsennotierten Unternehmen kann eine 51 **Anlagestimmung** geschaffen werden. Dann wird vermutet, dass der Erwerb einer Beteiligung an diesem Unternehmen auf den Falschangaben beruht. Diese Stimmung soll längstens ein Jahr dauern, aber schon vorher enden, wenn andere Fakten für die Wertschätzung bestimmend werden (BGHZ 139, 225, 233 f, vgl Frankf ZIP 05, 710, 712).

Abgelehnt worden ist eine Herausforderung dagegen in Fällen eines **gemeinsamen gefährlichen Tuns** (BGH 52 NJW 86, 1865: Zwei Jungendliche experimentieren gemeinsam mit Sprengstoff; einer verliert ein Auge und will den anderen mit verantwortlich machen). Der BGH spricht hier von „entschädigungslosem allgemeinem Lebensrisiko", wenn nicht der andere durch Inanspruchnahme einer übergeordneten Rolle eine Garantenstellung übernommen habe.

53 Abgelehnt hat der BGH eine Herausforderung auch in folgendem Fall: Jemand verursacht schuldhaft einen Verkehrsunfall, der zur **Straßensperrung** und einem langen Stau führt. Andere Kraftfahrer umfahren das Hindernis und zerstören dabei den Gehsteig: Diese seien nicht herausgefordert worden, sondern selbst Herr des Geschehens geblieben; für die Schäden an dem Gehweg seien allein sie der Stadtgemeinde haftbar. LG Düsseldorf (NJW 55, 1031) hatte für eine Zerstörung des Autobahngrünstreifens entgegengesetzt entschieden. Für den BGH hat anscheinend den Ausschlag gegeben, dass die Umfahrung rechtswidrig war.

54 Ähnlich liegt der von BGH NJW 04, 1375 entschiedene **Zweitunfall**: Jemand verschuldet einen Unfall, der zwei Spuren der dreispurigen Autobahn versperrt. Die Unfallstelle wird jedoch optimal abgesichert und von mehreren anderen Fahrern unfallfrei passiert. Ein weiterer Fahrer fährt dennoch ungebremst in die Unfallstelle. Er soll von dem an dem Erstunfall Schuldigen keinen Ersatz verlangen können: Wegen der guten Absicherung der Unfallstelle sei es für den Zweitunfall gleichgültig gewesen, ob das Hindernis aus einem Erstunfall stamme.

55 **Insgesamt** kann man sagen: Die für die psychisch vermittelte Kausalität nötige Herausforderung beruht wesentlich auf der Größe des mit dem Entschluss übernommenen Risikos sowie der Dringlichkeit und der rechtlichen Bewertung des bezweckten Erfolges. Hierin zeigt sich wie bei der Adäquanz ein Übergang von der bloß logischen zur rechtlichen Bewertung: Aus dem logisch verstandenen Kausalzusammenhang wird ein rechtlich geprägter Zurechnungszusammenhang. Die frühere Übung, in den kritischen Fällen nach einer Unterbrechung des Kausalzusammenhangs zu fragen, erweist sich so als ungenau; vielmehr geht es um die Grenze der Zurechnung eines Schadens an eine bestimmte Person.

56 **4. Die Berufung auf rechtmäßiges Alternativverhalten.** Entlastend wirken kann weiter die Berufung des Schädigers darauf, er hätte die schädigende Handlung anders als unrechtmäßig auch rechtmäßig vornehmen dürfen: Vor einem Eingriff, der ohne ärztlichen Behandlungsfehler zu einem Schaden geführt hat, möge der Patient nicht ordnungsgemäß aufgeklärt worden sein. Der auf Schadensersatz belangte Arzt macht geltend, der Patient würde dem Eingriff auch nach Aufklärung zugestimmt haben. Oder der vertragsbrüchige Dienstverpflichtete beruft sich darauf, ihn hätte auch eine Kündigung von seiner Pflicht befreien können.

57 Der BGH hat im Gegensatz zur RGZ 163, 129, 138 dem Arzt Recht gegeben (etwa BGHZ 90, 103, 111 mN). Freilich hat er dabei das Selbstbestimmungsrecht des Patienten durch eine strenge **Beweisbelastung des Arztes** zu sichern gesucht. Insbes genüge nicht der Nachweis, ein vernünftiger Patient würde zugestimmt haben, denn das Selbstbestimmungsrecht schütze auch aus medizinischen Gründen unvertretbare Entscheidungen. Wenn die Gründe für eine Ablehnung einer anerkannten Therapie nicht klar zutage liegen, müsse der Patient jedoch seine hypothetische Ablehnung plausibel begründen (BGH aaO 112, weiter NJW 05, 2072). – Zur Problematik des Dienstverpflichteten u. Rn 67.

58 Auch bei **fehlerhaftem Verhalten einer Behörde** ist der (von ihr zu führende) Nachweis zugelassen worden, derselbe Erfolg wäre auch bei rechtmäßigem Verhalten eingetreten; dass er lediglich hätte eintreten können, genügt dagegen nicht (BGHZ 120, 281, 287 mN). Im Übrigen ist aber hier (wie auch bei anderer Verteidigung mit einem Alternativverhalten) zu bedenken, dieser Einwand dürfe nicht zur Aushöhlung wichtiger Verfahrensnormen führen (hM, vgl *Lange/Schiemann* Schadensersatz § 4 XII 5 e mwN).

59 **II. Der Schutzbereich der Norm. 1. Ausgangspunkt.** Im Gegensatz zur Adäquanztheorie (s.o. Rn 44) will die Schutzbereichslehre Schäden nicht deshalb vom Ersatz ausschließen, weil der Eintritt ganz unwahrscheinlich war. Vielmehr geht es dieser Lehre um den Zweck der den Ersatzanspruch begründenden Norm: Ersetzt werden sollen nur die Schäden, deren Verhinderung die Norm bezweckt. Damit können auch einigermaßen wahrscheinliche Schäden ausgeschlossen werden wie in BGH NJW 81, 1606: Vorgeschrieben (und unterlassen) war eine Hinweis auf die Gefahren aus der Anwendung eines Pflanzenschutzmittels; nicht gehaftet wird für dessen Wirkungslosigkeit.

60 Eine **gesetzliche Beschränkung des Schutzzwecks** ist in den §§ 823 II, 839 I 1 ausdrücklich vorgesehen; in anderen Normen lässt sie sich durch Auslegung ermitteln (zB §§ 989, 990: Nach BGH NJW 90, 909 umfassen diese Vorschriften nicht den Vorenthaltungsschaden, sondern nur den Schaden aus der Unmöglichkeit der Herausgabe). Auch bei Verträgen kann die Auslegung einen beschränkten Schutzbereich ergeben, ebenso wie auch umgekehrt eine Erweiterung auf Dritte (Vertrag mit Schutzwirkung für Dritte, vgl vor § 328 Rn 2 ff). Zur Schutzpflicht eines Sperrvertrages mit einer Spielbank BGH NJW 06, 362.

61 **2. Gesetzliche Pflichten.** Bei § 823 II geht es häufig schon um die Eignung eines Schutzgesetzes als Anspruchsgrundlage überhaupt. So dient nach BGH NJW 04, 356, 357 (mwN) ein Halteverbot nach § 12 StVO in erster Linie der Sicherheit und Leichtigkeit des Verkehrs. Zwar kann es zB auch Fußgänger schützen sollen, wenn es die Sichtverhältnisse an einem Fußgängerüberweg verbessert (vgl BGH NJW 83, 1326). Dagegen dient es nicht den Vermögensinteressen eines Bauunternehmers, der durch einen verbotswidrig geparkten Wagen am Erreichen seiner Baustelle gehindert wird.

62 Auch bei § 839 geht es bei der Erörterung des Schutzzwecks der verletzten Amtspflicht häufig schon um die Anspruchsgrundlage. So verhält es sich etwa bei der umfangreichen Rspr zur Überplanung von Altlasten. Dabei handelt es sich um pflichtwidrige Bebauungspläne für Grundstücke, die wegen ihrer Altlasten die Gesundheit gefährden. Im Schutzbereich sollen die Vermögensinteressen derjenigen Personen liegen, die solche Grundstücke erworben oder bebaut haben. Nicht geschützt werden dagegen die Eigentümer angrenzen-

der Grundstücke (BGHZ 109, 380, 390) oder diejenigen, deren Grundstücke bebaubar, aber im Wert gemindert sind (BGHZ 121, 65, 68 f).

Bei 823 I liegen die Dinge komplizierter. Hier geht es nach dem Wortlaut um den Eintritt einer Verletzung an bestimmten Rechtsgütern oder Rechten. Eine Beschränkung des Normzwecks lässt sich allein hieraus nicht begründen. Doch wird bei sog mittelbaren Verletzungen auf den Verstoß gegen Verkehrspflichten abgestellt (vgl § 823 Rn 104 ff). Diese Pflichten können durchaus einen beschränkten Schutzzweck haben. So soll nach einem Schulbeispiel die zahlenmäßige Beschränkung der für einen Autobus zugelassenen Fahrgäste diese vor der Gefährdung an Körper und Gesundheit, aber nicht auch vor (durch das Gedränge begünstigten) Taschendieben schützen.

In der Rspr viel behandelt worden ist der **Schutzbereich von Sicherungspflichten** etwa auf Baustellen (BGH BB 56, 771), in einem Internat (BGH NJW 80, 1745) oder gegenüber Unbefugten, insbesondere gegenüber Kindern (BGH NJW-RR 89, 219, Badesee) und BGH NJW 95, 2631 (Eisenbahnwagen unter Oberleitung).

2. Vertragliche Pflichten. Eine mehrfach behandelte Fallgruppe ergibt sich im **Arzthaftungsrecht**, insbesondere wegen einer **ungewollten Schwangerschaft**. So hat BGHZ 143, 389, 394 ff einen Ersatzanspruch verneint, wenn bei einem Behandlungsvertrag eine Schwangerschaft der Patientin schuldhaft nicht erkannt worden ist: Der Vertrag habe nur der Heilung gedient und nicht die Vermögenslasten aus der Geburt eines Kindes verhindern sollen. Ebenso soll kein Anspruch bestehen, wenn ein zum Schutz der Mutter vorgenommener Eingriff misslingt (BGH NJW 85, 2749). Weiter kann kein Unterhaltsersatz verlangt werden, wenn die soziale Notlage behoben wird, derentwegen der Abbruch vergeblich versucht worden ist (BGH NJW 92, 1556). Bei einer misslungenen SteRichtlsation nimmt der BGH (NJW 81, 630, 632; 95, 2407) freilich an, der Vertrag diene zumindest auch der Vermeidung von Unterhaltslasten (so allgemein fraglich).

Auch bei der **Auskunftshaftung** ist der Schutzbereich des Vertrages von Bedeutung: Wenn eine Sparkasse falsch über die Fortdauer der Sozialbindung von Wohnraum informiert, haftet sich nicht für Schäden des Käufers aus Mängeln des Hauses und der schlechten wirtschaftlichen Lage des Verkäufers (BGHZ 116, 209, 212 für cic: Der Schaden stamme nach Art und Entstehungsweise nicht aus dem Bereich der derjenigen Gefahren, zu deren Abwehr die verletzte Pflicht bestimmt war). Anderseits hat aber BGHZ 123, 106, 114, wenn volle Beratung und Aufklärung geschuldet werden, Schadensersatz auch dann zugebilligt, wenn andere als die unrichtig dargestellten Risiken zum Wertverfall der Anlage geführt haben (fraglich).

Auch die o in Rn 56 erwähnten Fälle des **Bruchs von Dienstverträgen** sind mit der Schutzbereichslehre zu lösen: Die verletzte Pflicht zum Dienstantritt sollte nicht vor einer alsbaldigen Kündigung schützen; der Vertragsbrüchige braucht daher nur den „Verfrühungsschaden" zu ersetzen, der durch die Nichtarbeit während der Kündigungsfrist entstanden ist (BAGE 35, 179 = NJW 81, 2340; NJW 84, 2846 mN).

III. Weitere Gründe für eine Ersatzbeschränkung. Es gibt wenigstens noch eine Gruppe von Fällen, bei denen der Schadensersatz beschränkt werden muss. Ein Beispiel bildet BGH NJW 76, 1143, 1144: Jemand erleidet einen Stammhirnschaden mit der Folge von Lähmungen und Sprachstörungen durch bloße Beleidigungen und leichte Tätlichkeiten. Hier könnte man das Fehlen von Adäquanz annehmen (o Rn 44), doch mag das wegen der Unbestimmtheit „optimalen Beobachters" zweifelhaft sein (o Rn 47). Zudem erfasst die Annahme von Inadäquanz eine Besonderheit solcher Fälle nur unvollkommen: Der Schaden entsteht aus einer extremen dauernden Schwäche des Geschädigten; er wäre wahrscheinlich ohnehin einmal entstanden, und zwar womöglich ohne das Verschulden eines anderen. Der deutlichste Fall dieser Gruppe ist BGH NJW 68, 2287 f. (Schadensersatz dort abgelehnt, weil der Schaden nicht im Schutzbereich des § 823 I liege): Bei der Behandlung eines Unfallverletzten wird eine schon vorhandene Hirnarteriosklerose entdeckt und dieser daher in den Ruhestand versetzt. Andere Anwendungsfälle sind etwa Karlsr VersR 66, 741: Ein versehentlicher Tritt auf den Fuß führt wegen einer arteriellen Störung zur Notwendigkeit einer Oberschenkelamputation; Karlsr MDR 93, 29; KG VersR 87, 105 Herzinfarkt eines Tierhalters wegen einer Balgerei zwischen Hunden. Diese Fälle bedeuten eine Einschränkung der Regel, der Schädiger müsse den Geschädigten mit allen seinen Schwächen hinnehmen (vgl BGHZ 132, 341, 345 und o Rn 43).

Auch bei Sachgütern kann eine **extreme Empfindlichkeit** zur Vereinung eines Ersatzanspruchs führen. So hatte schon RGZ 158, 34 einen Ersatzanspruch verneint, wenn Silberfüchse auf ein normales Flugzeuggeräusch schädlich reagieren. Gleiches gilt für eine durch das Geräusch eines Verkehrsunfalls ausgelöste „Panik im Schweinestall" bei Massentierhaltung (BGHZ 115, 84, 87).

Weiter gehören hierin die Schockschäden durch die Nachricht über einen oder durch Anblick von einem Unfall, bei dem ein naher Angehöriger verletzt oder getötet wird, wenn diese Beeinträchtigungen den Rahmen nicht überschreiten, den solche Nachrichten oder Wahrnehmungen gewöhnlich mit sich bringen (zeitweilige Schlafstörungen uÄ), so BGH NJW 89, 2317 f mN.

Erklären kann man die Nichtgewährung von Schadensersatz in derartigen Fällen (seit o. Rn 68) mit einer Nichterfüllung der Anspruchsnorm (so wohl *Lange/Schiemann* § 3 X 1c): Solche Beeinträchtigungen würden im Verkehr nicht als Verletzung von Körper oder Gesundheit aufgefasst (sie seien „sozialadäquat"). Vorzugswürdig dürfte aber die Bildung einer **Kategorie des ersatzlos bleibenden allgemeinen Lebensrisikos** sein (vgl schon o Rn 52).

72 **F. Die Vorteilsausgleichung. I. Ausgangspunkt.** Der für die Schadensermittlung nach § 249 I anzustellende Zustandsvergleich braucht für den Geschädigten nicht bloß Nachteile zu ergeben. Vielmehr können ihnen Vorteile gegenüberstehen. Ob und wie diese auf den geschuldeten Schadensersatz anzurechnen sind, ist eine praktisch sehr wichtige und teils zweifelhafte Frage. Das BGB beantwortet sie nur in Ansätzen.

73 **II. Die Zessionsfälle.** In vielen Fallgruppen erlangt der Geschädigte neben dem Schadensersatz einen Anspruch gegen einen Dritten, etwa gegen einen Arbeitgeber auf Lohnfortzahlung oder gegen einen Schadensversicherer auf die Versicherungssumme. Dann wird regelmäßig der Übergang des Anspruchs gegen den Schädiger an den leistenden oder auch nur zur Leistung verpflichteten Dritten bestimmt. Am wichtigsten sind die §§ 6 EFZG, 67 VVG, 116 SGB X sowie die entsprechenden Vorschriften des Beamtenrechts. Diese Zessionsanordnungen setzen voraus, dass der Anspruch des Geschädigten gegen den Schädiger von der Leistungspflicht oder Leistung des Dritten unberührt bleibt. Das bedeutet eine gesetzliche Verweigerung der Vorteilsausgleichung: Statt einer Entlastung des Schädigers soll die Leistung des an der Schädigung unbeteiligten Dritten ausgeglichen werden.

74 Allerdings umfasst dieser Übergang nur den Ersatz wegen derjenigen Schadensteile, für die der Dritte Ersatz leistet (**Kongruenzerfordernis**). Wenn der Dritte nur den Vermögensschaden ersetzt, bleibt also der Anspruch auf Schmerzensgeld beim Geschädigten.

75 **III. Andere gesetzliche Regelungen.** Den Zessionsanordnungen steht § 843 IV (mit vielen Verweisen hierauf bei der Gefährdungshaftung) nahe: Ein Unterhaltsanspruch des Geschädigten soll den Deliktsanspruch nicht berühren; es besteht auch keine Gesamtschuldverhältnis (BGH NJW 04, 2892, 2893). Gleiches gilt, wenn der Unterhalt inzwischen geleistet worden ist (BGH a a O). Der Rückgriff des Unterhaltspflichtigen gegen den Schädiger muss sich hier freilich auf eine besondere Anspruchsgrundlage stützen (zB §§ 1648, 683, 670, vgl BGH NJW 79, 598). Entsprechend angewendet wird § 843 IV auf Fälle, in denen die Familiengemeinschaft den Ausfall einer Betreuungsperson (insbesondere der Hausfrau und Mutter) durch Verzicht oder gesteigerte eigene Mithilfe ausgleicht (BGH NJW 86, 715, 717).

76 **IV. Weitere Fallgruppen. 1. Erbschaft.** Eine Tötung kann dazu führen, dass den nach §§ 844, 845 ersatzberechtigten Angehörigen zugleich eine Erbschaft ganz oder zum Teil anfällt. Dann ist die völlige Anrechnung dieses Vorteils offenbar ungerecht, weil und soweit die Angehörigen die Erbschaft später ohnehin erhalten hätten. Die Rspr (BGHZ 8, 325, 329; NJW 74, 1236, 1237) rechnet daher idR nur den „**Verfrühungsvorteil**" an, nicht dagegen den Stamm der Erbschaft. Verfrühungsvorteile sind die Mehrerträge, die dem Erben aus der Erbschaft zufallen, weil diese früher erworben worden ist, als nach dem Alter des Erblasses zu erwarten war. Doch wird auch das noch korrigiert: Nicht angerechnet werden sollen Erträge, die der Erblasser nicht konsumiert, sondern erspart (und damit dem Vermögensstamm hinzugefügt) hätte (BGH NJW 74, 1236, 1237). Nicht angerechnet werden sollen weiter Erträge, die der Geschädigte durch eigene, nicht nach § 254 ihm obliegende Anstrengungen aus der Erbschaft erzielt hat (BGHZ 58, 14, 18).

77 Dem würde umgekehrt die volle Anrechnung einer Erbschaft entsprechen, die der Geschädigte ohne das schädigende Ereignis nicht erhalten hätte, weil er nämlich den Erblasser überlebt hätte. Der BGH ist dieser Konsequenz aber ausgewichen (VersR 67, 1154; NJW 57, 905). Ebenso scheint die derzeit sehr nahe liegende Gefahr unberücksichtigt zu bleiben, dass der Stamm der Erbschaft bei unfallfreiem Ablauf durch die Kosten für Krankheit oder Pflege vermindert worden wäre. Dass solche Konsequenzen teils nicht gezogen werden und dass die Spekulationen über den schadensfreien Ablauf stets zweifelhaft bleiben müssen, spricht gegen die ganze Konstruktion. Vorzugswürdig dürfte die generelle Nichtanrechnung der Erbschaften sein (vgl *Lange/Schiemann* § 9 IV 4c aa mN) und sogar der Verfrühungsvorteile. Für Pflichtteilsansprüche gilt Entsprechendes wie für Erbschaften (BGH NJW 61, 119).

78 **2. Versicherungsleistungen.** Das zum Ersatz verpflichtende Ereignis kann auch zu Vorteilen aus Versicherungsleistungen führen. Wenn diese aus einer Schadensversicherung stammen, gilt ohnehin Nichtanrechnung wegen § 67 VVG (o Rn 73).

79 Bei der **Lebensversicherung** hat die Rspr geschwankt: Bei der Risikolebensversicherung ist niemals angerechnet worden, weil es sich um Ersparnisse des Versicherungsnehmers für seine Hinterbliebenen handle (vgl BGHZ 39, 249, 250). Bei der Sparlebensversicherung (die Versicherungssumme wird außer beim Tod auch bei der Erreichung eines bestimmten Lebensalters ausbezahlt) hatten das RG (etwa RGZ 146, 281) und zunächst auch BGHZ 19, 94 die Versicherungssumme nicht angerechnet. BGHZ 39, 249, 252 hatte entgegengesetzt entschieden. Doch ist BGHZ 73, 109, 111 wieder zu der alten Nichtanrechnung zurückgekehrt: Der Geschädigte wolle auch hier (sogar mit noch höherem Aufwand) seinen Angehörigen und nicht dem Schädiger einen Vorteil verschaffen. Das überzeugt, trägt aber auch die Nichtanrechnung der Erbschaft (vgl aber *Lange/Schiemann* § 9 VIII 3).

80 Entsprechendes wie für die Lebensversicherung gilt idR auch für eine vom Geschädigten abgeschlossene **Unfallversicherung** (BGHZ 10, 107, st. Rspr). Eine Ausnahme gilt für die vom Halter abgeschlossene Insassenunfallversicherung und für andere Versicherungen, wenn sie die Haftpflicht des Versicherungsnehmers verringern sollen (BGHZ 64, 260, 264; 80, 8, 11 f).

3. Ersparnis von Aufwendungen. Der Tod einer Person kann einer anderen Person Aufwendungen erspa- 81
ren. BGHZ 56, 389, 393; VersR 84, 875, 876 haben einem Ehemann auf dessen Ersatzanspruch nach § 844 II
den Wegfall der Unterhaltslast für seine getötete Ehefrau als Vorteil angerechnet (unentschieden noch BGHZ
4, 133, 137 f. bei Tötung eines Kindes). Dagegen spricht, dass so der Unterhalt gleichsam als Gegenleistung
für die Arbeitsleistung der Ehefrau verstanden wird (vgl aber *Lange/Schiemann* § 9 IV 4b).

4. Andere Vorteile. Wenn der an Körper oder Gesundheit Verletzte seine **Erwerbstätigkeit fortsetzt** (viel- 82
leicht in geringerem Umfang) oder eine andere Erwerbstätigkeit aufnimmt, ist der so erzielte Verdienst idR
anzurechnen. Die Grenze wird durch § 254 II bestimmt (vgl dort Rn 17 f): Anzurechnen ist nur, was dem
Geschädigten zur Schadensminderung obliegt. Darüber hinausgehender Verdienst wird nicht angerechnet
(BGHZ 55, 329). Diese Frage stellt sich insbesondere auch, wenn eine Unfallwitwe eine Erwerbstätigkeit aufnimmt.

Ein **Deckungsgeschäft** (etwa des nicht belieferten Käufers) begrenzt jedenfalls seinen Schaden und obliegt 83
dem Geschädigten daher idR auch nach § 254 (vgl dort Rn 22). Doch kann das Geschäft zu zusätzlichem
Gewinn führen, etwa wenn die Ware zu einem günstigeren Preis beschafft werden kann. Dem ersatzpflichtigen Verkäufer wird dieser Zusatzgewinn idR nicht zugute kommen, wenn er dem Käufer nicht mühelos
durch eine Änderung der Marktbedingungen zugefallen ist (*Lange/Schiemann* § 9 V 4). Das kommt etwa für
eine Bank in Betracht, die sich günstiger refinanzieren konnte.

Wer auf Kosten des Schädigers einen Mietwagen nimmt, muss sich die ersparte Abnutzung des eigenen 84
Wagens anrechnen lassen (idR mit 10% der Mietwagenkosten, Frankf VersR 78, 1044). Ähnlich sind dem in
einem Krankhaus Untergebrachten die ersparten Kosten der häuslichen Verpflegung anzurechnen, aber nur
bis zum Wert der Verpflegung im Krankenhaus (*Lange/Schiemann* § 49 IV 2b) und bei Arbeitsunfähigkeit die
ersparten Kosten von Fahrten zur Arbeitsstelle (BGH NJW 80, 1787 f).

V. Grundsätze der Vorteilsausgleichung. Die Aufzählung von Anwendungsfällen der Vorteilsausgleichung 85
könnte noch weit fortgesetzt werden. Eine aussagekräftige Formel für die Lösung ist bisher nicht gefunden
worden. Es lassen sich nur drei Grundgedanken angeben. (1) Der Vorteil muss auf den Schaden zurückgehen.
Die Rspr (etwa BGHZ 136, 52, 54) verlangte zudem Adäquanz (zweifelnd BGHZ 77, 152, 153), was die Lit
fasst einhellig ablehnt (ihr zustimmend BGH NJW 79, 760). (2) Die Anrechnung muss dem Sinn und Zweck
der Schadensersatzpflicht entsprechen, d.h. den Geschädigten nicht unzumutbar belasten und den Schädiger
nicht unbillig begünstigen (BGHZ 136, 52, 54 mN). (3) Wenn der Vorteil sich nur auf einzelne Schadenspositionen bezieht, kann er nur diese mindern; der Vorteil muss also mit bestimmten Nachteilen korrespondieren
(BGHZ aaO).

VI. Ersatz neu für alt. Der Ersatz neu für alt wird idR im Zusammenhang mit der Vorteilsausgleichung 86
behandelt (vgl etwa BGHZ 30, 29, 33 f). Doch stellt er eigenen Problembereich dar: Der mögliche Vorteil
hängt nicht mit dem Schaden zusammen, sondern mit dessen Ersatz, weil nämlich dieser den Schaden an
Wert übersteigt: Das abgebrannte alte Haus wird neu aufgebaut, das beschädigte Kraftfahrzeug erhält einen
neuen Motor statt des alten. Das kommt vor allem in Betracht, wenn es für gleichwertige alte Teile keinen
Markt gibt oder wenn diese dem Geschädigten nicht zumutbar sind (zB getragene Kleidung). Die Frage lautet dann, ob der Geschädigte den notwendig erzielten Vorteil ausgleichen muss. Dabei ist zu unterscheiden:
Möglicherweise erhöht der neuwertige Ersatzteil den Wert der reparierten Sache nicht, zB ein neuer Kotflügel 87
an einem alten Kraftfahrzeug. Dann kommt ein Ausgleichsanspruch des Schädigers nicht in Betracht (KG
VersR 85, 272).

Tritt dagegen eine solche Werterhöhung ein, so ist sie grundsätzlich auszugleichen (BGHZ 30, 29). Das gilt 88
insbesondere, wenn an einem Kraftfahrzeug Verschleißteile, wie Reifen, Bremsbeläge oder Stoßdämpfer,
durch neue ersetzt werden und sich so die Lebensdauer des Fahrzeugs erhöht oder der durch Abnutzung
bedingte Erneuerungsbedarf erst später auftritt (vgl BGHZ 30, 29, 34; NJW 96, 584, 585 f). Der Ausgleich,
der den Vorteil des Geschädigten abschöpfen soll, erfolgt i d Rn durch einen Abzug bei den nach § 249 II zu
ersetzenden Reparaturkosten. Bei einem neu errichteten Gebäude ist die Höhe des Abzugs nicht nach der
Wertsteigerung gegenüber dem alten Gebäude zu berechnen, sondern nach der Wertsteigerung des Grundstücks durch das neue Bauwerk (BGHZ 102, 322, 331 f). Bei wenig getragenen Kleidungsstücken ist der Preis
für die Wiederbeschaffung um 10% gemindert worden (BGH VersR 64, 257).

Problematisch bleibt bei einem solchen Abzug freilich, dass er auf einem **Vermögenszuwachs** beruht, der dem 89
Geschädigten durch die Herstellung **aufgedrängt** worden ist. So bleibt in dem Fall von BGHZ 102, 322,
331 f. der Geschädigte zunächst auf einem Teil der für den Neubau aufzuwendenden Kosten sitzen. Durch
diesen drohenden Nachteil darf er weder zu einem Verzicht auf die Herstellung noch gar zu einem Verkauf
des Grundstücks gezwungen werden. Daher muss er zunächst die vollen Herstellungskosten ersetzt verlangen
können; den Ausgleich braucht er erst zu leisten, wenn er den Mehrwert realisiert (durch Verkauf oder das
Ersparen von Aufwendungen). Vgl hierzu *Lange/Schiemann* § 6 V 3.

G. Der Ersatz von Drittschaden. I. Ausgangspunkt. In aller Regel braucht der Schädiger dem Gläubiger 90
des Schadensersatzes nur denjenigen Schaden zu ersetzen, der diesem Gläubiger selbst entstanden ist. Das

folgt zB aus § 251 I (Entschädigung „des Gläubigers"), aber auch aus vielen Anspruchsnormen (zB 823 I „dem anderen"), wird aber auch sonst allgemein als Regel vorausgesetzt (sog **Dogma vom Gläubigerinteresse**). Wenn der Schaden eines Dritten ersetzt werden soll, der nicht selbst verletzt worden ist, wird diesem idR ein eigener Anspruch gewährt (vor allem § 844, 845, anwendbar auch nach § 618 III). Entsprechende Vorschriften finden sich in den Gesetzen über eine Gefährdungshaftung (zB § 10 II StVG, § 5 II HaftPflG, § 35 II LuftVG).

91 **Außerhalb dieser Drittansprüche** bleibt ein Drittschaden idR unersetzt. So haftet, wer einen Erblasser tödlich verletzt hat, den Erben nur für den beim Erblasser entstandenen Schaden. Dagegen kann der Erbe nicht eigenen Schaden gelten machen, zB weil ein zu einem Nachlass gehörendes Unternehmen liquidiert werden muss (BGH VersR 72, 460). Selbst wenn der Anspruch des Verletzten durch Legalzession auf einen Dritten übergeleitet wird (o R 73), umfasst dieser Anspruch doch bloß den Schaden des Verletzten. So kann der Arbeitgeber des Verletzten nur den bei diesem fiktiv entstehenden Lohnausfall ersetzt verlangen. Ob sein eigener Schaden größer (zB Betriebsstillstand) oder kleiner war (die Arbeit des Verletzten wird durch dessen Kollegen ohne besondere Vergütung miterledigt), spielt keine Rolle.

92 Für einen wirklichen Ersatz des Drittschadens gibt es daher nur zwei Wege: (1) Dem Dritten wird ein eigener Anspruch gewährt; das geschieht beim Vertrag mit Schutzwirkung für Dritte, der in Zusammenhang mit den §§ 328 ff erörtert wird (vor § 328 Rn 2 ff). (2) Der Gläubiger des Ersatzanspruchs kann den Schaden des Dritten liquidieren. Das ist die im Folgenden zu erörternde Drittschadensliquidation. Sie wird oft mit einer zufälligen Schadensverlagerung begründet: Dass der Schaden in untypischer Weise nicht beim Verletzten selbst eingetreten ist, sondern bei einem Dritten, soll den Schädiger nicht entlasten. Doch ist hier der Begriff „zufällig" zweifelhaft.

93 **II. Gesetzliche Ansätze für eine Drittschadensliquidation.** Das Privatrecht enthält immerhin einige Ansätze für die Drittschadensliquidation. So verlangt § 700 I wegen der vom Gast eingebrachten und dann beeinträchtigten Sachen nicht, dass diese dem Gast gehört haben; der Gast kann also den Schaden des dritten Eigentümers geltend machen. Noch deutlicher gibt § 421 I 2 HGB dem Empfänger das Recht, aus dem (idR vom Absender geschlossenen) Frachtvertrag zu klagen; dabei kann er ebenso wie der Absender auch in fremdem Interesse handeln (§ 421 I 3 HGB).

94 **III. Einzelne Fallgruppen nach Richterrecht. 1. Vereinbarungen.** Im Rahmen der Vertragsfreiheit kann vereinbart werden, dass ein Vertragspartner einen Schaden Dritter soll geltend machen können. So hat RGZ 170, 246 eine Stadtgemeinde für berechtigt gehalten, die Schäden von Einlagerern geltend zu machen, deren Fleisch durch unsachgemäße Reparaturen in dem Städtischen Kühlhaus verdorben war. Ähnlich hat BGH NJW 74, 502 für einen Lizenzvertrag entschieden, der einem Dritten bestimmte Exklusivrechte vorbehielt: Hier habe auch der Dritte geschützt werden sollen. *Lange/Schiemann* § 8 III 2 bemerkt aber mit Recht, dass man heute dem Dritten hier wohl eigene Ansprüche aus einer Drittwirkung des Vertrages zu seinen Gunsten gewähren würde.

95 BGH NJW 58, 1838, 1839 hat allgemeiner anerkannt, dass sich eine Ermächtigung zur Geltendmachung fremden Schadens auch aus der Interessenlage ergeben kann.

96 **2. Mittelbare Stellvertretung.** Bei der vor allem im Handelsrecht verbreiteten mittelbaren Stellvertretung tritt der Vertreter zwar im eigenen Namen, aber für fremde Rechnung (in fremdem Interesse) auf. Daher kann bei von ihm abgeschlossenen Geschäften eine Pflichtverletzung des anderen Teils vor allem den dritten Interessenträger schädigen. Zur Abwicklung des von dem Stellvertreter abgeschlossenen Geschäfts gehört es dann auch, dass dieser den Schaden des Dritten geltend macht. RGZ 107, 132, 135 hat das so formuliert: Der Dritte sei der wirklich und endgültig Geschädigte, während der Handelnde nur nach außen hin zur Klage berufen sei. Das dies rechtens ist, brauchte nicht mehr weiter begründet zu werden; man darf es für Gewohnheitsrecht halten (*Lange/Schiemann* § 8 III 4). Es entspricht auch einer st Rspr (etwa BGH NJW 89, 3099 für den Spediteur). Dagegen verneint BGHZ 133, 36, 41 die Drittschadensliquidation, wenn eine Auskunft für einen Dritten in verdeckter Stellvertretung eingeholt wird.

97 **3. Treuhandverhältnisse.** Auch der Treunehmer klagt gegen Dritte, die das Treugut beeinträchtigen, aus eigenem Recht (zB Sicherungseigentum). Bei der Sicherungstreuhand nimmt er auch eigene Interessen wahr, weil er wegen des Sicherungszwecks zugleich selbst an der Unversehrtheit interessiert ist. Daneben geht es aber auch um Interessen des Treugebers. Beispiele sind BGHZ 128, 371, 376 (Schuldnerverzug bei Sicherungszession), aber auch die Inkassozession (RGZ 107, 132, 135).

98 **4. Obhutsverhältnisse.** Der zur Obhut über eine fremde Sache Verpflichtete setzt diese vertraglich der Einwirkung eines Dritten aus; dieser beeinträchtigt die Sache. Dann soll der Obhutspflichtige aus dem Vertrag den Schaden des Eigentümers liquidieren dürfen, so RGZ 93, 39 (über einen gemieteten Kahn wird ein Schleppvertrag geschlossen; der Schlepper beschädigt den Kahn) oder BGH NJW 85, 2411 (Einlagerung fremder Waren in ein Lagerhaus; diese gehen verloren). Hier soll eine Drittschadenliquidation auch nicht daran scheitern, dass der Eigentümer eigene Deliktsansprüche aus § 823 hat (BGH aaO 2412, zweifelhaft). Die Drittschadensliquidation kann in einem Teil solcher Fälle auch mit einer Analogie zu § 991 II begründet werden.

5. Obligatorische Gefahrentlastung. Der Eigentümer oder sonstige Berechtigte, der in der Regel von einer 99
Verletzung seiner Rechtsposition betroffen wird, ist durch ein Schuldverhältnis zu einem Dritten von der
Sachgefahr entlastet. Dann soll er den Schaden dieses Dritten geltend machen können. Schulbeispiel ist der
Versendungsverkäufer (§ 447), der die Kaufsache ordentlich abgesendet hat; die Sache geht durch das Verschulden eines Dritten unter. Hier kann der Verkäufer nach wie vor den Kaufpreis fordern; den Schaden hat
also der Käufer, der aber weder Eigentümer noch Besitzer der Sache war und daher keinen eigenen Schadensersatzanspruch gegen den Dritten hat. Ähnliche Sachlagen ergeben sich wegen § 644 beim Werkvertrag. Hier
soll der Verkäufer oder Unternehmer zur Drittschadensliquidation berechtigt sein, so etwa BGH NJW 70, 38,
41. Die Begründung folgt aus dem Zweck der §§ 447, 644: Sie wollen nur die Gefahrtragung zwischen den
Vertragsparteien regeln, aber nicht einen dritten Schädiger entlasten (vgl *Lange/Schiemann* § 8 III 6). Eine
andere Ansicht hält hier die Drittschadensliquidation für entbehrlich, weil die vertragliche Gefahrentlastung
den Schädiger ohnehin nichts angehe (etwa *Büdenbender* NJW 00, 986).

6. Keine weiteren Folgerungen. Die Drittschadensliquidation lässt sich nicht über die genannten Teilgrup- 100
pen hinaus erweitern, weil sonst das Dogma vom Gläubigerinteresse all zu stark entwertet würde (BGHZ 51,
91, 93 ff, wo die Drittschadensliquidation für die Produzentenhaftung abgelehnt wird, wenn der Verkäufer
beim Händler den Schaden des Käufers liquidiert). Auch bei Kettenverträgen (A verkauft an B, dieser weiter
an C) soll nicht B den Schaden des C bei A liquidieren dürfen. Ähnlich ist es beim Leasing (vgl dazu BGHZ
116, 22 mit *Lange/Schiemann* § 8 III 8d).

IV. Rechtsfolgen der Drittschadensliquidation. Der Liquidationsberechtigte kann Ersatz des Drittschadens 101
verlangen. Dabei gibt es keine Begrenzung auf die Höhe des Schadens, der ohne die Schadenverlagerung bei
dem Liquidationsberechtigten selbst entstanden wäre (BGHZ 128, 371, 377; VersR 72, 1140): Bei einer abtretungsfähigen Forderung muss der Schuldner eben mit einem Wechsel des Gläubigers und auch mit damit
verbundenen Änderungen der Schadensanfälligkeit rechnen. Die allgemeinen Grenzen des Schadensersatzes
bleiben aber auch hier maßgeblich. Der Liquidationsberechtigte kann Leistung an sich selbst verlangen (BGH
NJW 89, 450, 451). Der Anspruch oder das daraus Erlangte wird aber nach §§ 255, 285 idR an den wirtschaftlich betroffenen Dritten zu übertragen sein.

H. Reserveursachen. I. Ausgangspunkt. Bei der Berücksichtigung von Reserveursachen geht es idR ebenso 102
wie bei den o Rn 42 ff behandelten Fragen um ein Kausalitätsproblem (bisweilen wohl auch bloß um die
Schadensberechnung). Doch kann man dieses nicht eindeutig als eine normative Einschränkung des Schadensersatzes auffassen. Vielmehr kann man hierin uU auch eine Erweiterung der Ersatzpflicht finden, nämlich wenn man Reserveursachen schon nach § 249 I grundsätzlich für beachtlich hält. Von der Berufung auf
rechtmäßiges Alternativverhalten (o Rn 56) unterscheidet sich die Berücksichtigung von Reserveursachen
dadurch, dass diese nicht in einem hypothetischen Sich-anders-Verhalten des Schädigers selbst bestehen.

II. Problembeschreibung. Es geht um eine Frage, die für die Theorie wichtiger zu sein scheint, als für die 103
Praxis: Kann sich der Schädiger darauf berufen, dass der von ihm zu verantwortende Schaden später aus
einem anderen Grund (nämlich der Reserveursache) eingetreten wäre? Das BGB gibt hierauf keine
klare Antwort: Beim Ersatz der Bestattungskosten nach § 844 I bleibt außer Betracht, dass diese später allemal angefallen wären. Andererseits kann nach §§ 287 S 2, 848 der für Zufall haftende Schädiger geltend
machen, der Schaden würde auch bei rechtzeitiger Leistung eingetreten sein. Ähnlich sind Spezialfälle in
den §§ 565, 705 HGB, 44 BinnenSchG geregelt. Ein einheitliches Prinzip folgt hieraus nicht; man muss wohl
unterscheiden.

III. Fallgruppen. 1. Anderer Ersatzpflichtiger. Nicht streitig sind die Fälle, in denen die Reserveursache 104
zur Ersatzpflicht eines Dritten geführt hätte: Das kann den realen Schädiger nicht entlasten, soweit er durch
seine Schädigung das Wirksamwerden der Reserveursache und damit die Haftung des bloß hypothetisch
gebliebenen Schädigers verhindert hat (etwa BGHZ 29, 207, 215 f.; NJW 67, 551, 552).

2. Anlagefälle. Beachtlich sind dagegen Reserveursachen, die im Zeitpunkt der realen Schädigung bereits als 105
Schadensursache angelegt waren. Dabei geht es vor allem um Krankheiten (etwa BGH VersR 69, 802). Oder
ein Notar zahlt zum Schaden einer Bank vorzeitig einen Betrag aus, den die Bank ohnehin aus einer Bürgschaft hätte zahlen müssen (BGH VersR 97, 371, 374).

3. Übrige Fälle. In den übrigen Fällen unterscheidet die h M (etwa Palandt/*Heinrichs* vor § 249 Rn 105 f) 106
nach der Art des Schadens: Der schon fertig vorliegende Objektschaden (etwa durch Beschädigung eines
Fahrzeugs) bleibt auch dann zu ersetzen, wenn es für ihn später eine Reserveursache gegeben hätte, die nicht
schon in der Anlage vorhanden war (BGH NJW 94, 999, 1000). Dagegen kann ein Schaden, der sich erst im
Lauf der Zeit entwickelt (v a entgangener Gewinn), nicht ohne Rücksicht auf veränderte Umstände ermittelt
werden (wie ja auch umgekehrt das Fortkommen berücksichtigt wird, § 842 I). In gleichem Sinn berücksichtigt § 844 II 1 die „mutmaßliche Dauer seines (des Getöteten) Lebens", also gewissermaßen den natürlichen
Tod als Reserveursache. Ebenso BGH DB 79, 352.

107 **4. Zeitliche Grenze.** Reserveursachen können idR nicht berücksichtigt werden, wenn der Schaden bezahlt, abgeurteilt oder verglichen worden ist. Dagegen bleiben bei Rentenansprüchen die Rechte aus § 323 ZPO erhalten (hM, etwa Palandt/*Heinrichs* vor § 249 Rn 104).

108 **IV. Beweislast.** Die Beweislast für eine beachtliche Reserveursache trägt der Schädiger (BGH NJW 83, 1053 mN) dagegen ist der Geschädigte beweisbelastet, wenn streitig ist, welches von zwei Ereignissen den Schaden real verursacht hat (BGH VersR 87, 179).

§ 250 Schadensersatz in Geld nach Fristsetzung

¹Der Gläubiger kann dem Ersatzpflichtigen zur Herstellung eine angemessene Frist mit der Erklärung bestimmen, dass er die Herstellung nach dem Ablauf der Frist ablehne. ² Ablauf der Frist kann der Gläubiger den Ersatz in Geld verlangen, wenn nicht die Herstellung rechtzeitig erfolgt; der Anspruch auf die Herstellung ist ausgeschlossen.

1 **A. Voraussetzungen.** Die kaum je angewendete Vorschrift ermöglicht es dem Geschädigten, von dem Herstellungsanspruch (gemeint ist wohl § 249 I) auf einen Geldanspruch überzugehen (was zB die Zwangsvollstreckung erleichtern kann). Hierzu bedarf es der Setzung einer angemessenen Frist mit Ablehnungsandrohung (diese ist hier durch das SMG versehentlich nicht getilgt worden). Die Fristsetzung dürfte in Analogie zu den §§ 281 II, 323 II Nr 1 entbehrlich sein, wenn der Schädiger die Herstellung ernsthaft und endgültig verweigert. Verschulden des Schädigers ist unnötig, ebenso Schuldnerverzug.

2 **B. Rechtsfolgen.** Jedenfalls kann nach S 2 am Ende der Geschädigte nach Fristablauf die Herstellung nicht mehr verlangen. Zweifelhaft ist aber, ob er dann Kostenersatz nach § 249 II oder Geldersatz nach § 251 zu fordern hat. Nach dem Gesetzeswortlaut ist beides denkbar. Die Rspr hat die Frage meist unentschieden gelassen (Zitate bei *Lange/Schiemann* § 5 Fn. 123; BGH NJW 54, 345, 346 spricht obiter eher für § 249 II). Das dürfte vorzugswürdig sein. Die neuen amtlichen Überschriften von § 250 und 251 sprechen freilich eher für § 251. Doch sollte die Frage mit diesen Überschriften schwerlich entschieden werden.

§ 251 Schadensersatz in Geld ohne Fristsetzung

(1) Soweit die Herstellung nicht möglich oder zur Entschädigung des Gläubigers nicht genügend ist, hat der Ersatzpflichtige den Gläubiger in Geld zu entschädigen.
(2) ¹Der Ersatzpflichtige kann den Gläubiger in Geld entschädigen, wenn die Herstellung nur mit unverhältnismäßigen Aufwendungen möglich ist. ²Die aus der Heilbehandlung eines verletzten Tieres entstandenen Aufwendungen sind nicht bereits dann unverhältnismäßig, wenn sie dessen Wert erheblich übersteigen.

1 **A. Funktionen.** Die Vorschrift verfolgt drei sehr verschiedene Zwecke: I hilft dem Geschädigten, der bei Unmöglichkeit oder nicht genügender Herstellung mit § 249 nicht zum Erfolg kommt. Dagegen hilft II 1 dem Schädiger, der sich vor den Kosten einer unverhältnismäßig teuren Herstellung soll schützen können. Der später im Zusammenhang mit § 90 a eingefügte II 2 endlich soll dem Tierschutz dienen, begünstigt aber auch unmittelbar nur den Eigentümer des Tieres.

2 **B. Der Schutz des Geschädigten, I. I. Voraussetzungen. 1. Unmöglichkeit der Herstellung.** § 249 I erfordert die fortdauernde Möglichkeit der Herstellung (etwa BGHZ 92, 85, 87). Bei § 249 II 1 muss diese zumindest einmal bestanden haben (vgl § 249 Rn 22; 26). Wenn es daran fehlt, eröffnet § 251 I dem Geschädigten den Weg zum Geldersatz wegen seiner Vermögensminderung (vgl u Rn 5 f). Beispiele bilden eine nicht heilbare Verletzung, die Tötung eines Tieres, die Zerstörung einer auch durch ein Ersatzstück nicht ersetzbaren Sache (vgl für Kraftfahrzeuge § 249 Rn 7), die Unmöglichkeit der Erfüllung eines Vertrages. Beim Anspruch auf Schadensersatz statt der Leistung (§§ 281, 283) ist die Herstellung deshalb unmöglich, weil sie auf die ausgeschlossene (§ 281 IV) Leistung hinausliefe. Bei § 839 soll die Verurteilung zur Herstellung einen unzulässigen (wirklich?) Eingriff in die Zuständigkeit der Verwaltungsgerichte bedeuten (BGHZ 34, 99, 105).

3 **2. Ungenügen der Herstellung.** Hierin gehört etwa, dass eine technisch mögliche Herstellung unzumutbar lange dauert (zB RGZ 76, 146: Trockenlegung der durch Bergbau abgesunkenen Wiesen erst in 5 Jahren). Auch kann die Herstellung mit unzumutbaren Belästigungen oder Spätfolgen für den Geschädigten verbunden sein (zB bei der Beseitigung von Altlasten oder der sichtbar bleibenden Reparatur eines Abendkleides).

4 Zudem kann man das Ungenügen auch quantitativ verstehen: Die Herstellung vermag häufig nur einen Teil des Schadens auszugleichen. So lässt die Reparatur von Kraftfahrzeugen häufig noch einen merkantilen Minderwert zurück (§ 249 Rn 10). Auch der Nutzungsausfall bis zum Abschluss der Reparatur muss gesondert ausgeglichen werden (§ 249 Rn 33 ff). So kommt dann § 251 neben § 249 in Betracht.

II. Rechtsfolgen. Die in § 251 I vorgesehene Rechtsfolge ist die Entschädigung des Gläubigers in Geld. 5
Ersetzt wird damit das Kompensations-, Geld- oder Summeninteresse statt des bei § 249 maßgeblichen Herstellungs- oder Integrationsinteresses. Auch für das Geldinteresse gilt aber die Formel von § 249 I, soweit sie sich auf den Totalersatz bezieht. Auszugleichen ist also jede Vermögensminderung, die der Geschädigte durch das Schadensereignis erlitten hat. Dabei sind wieder alle die Gesichtspunkte zu berücksichtigen, die den Totalersatz auch bei § 249 I bestimmen, also Zurechnungsschranken (§ 249 Rn 42 ff) und andere Besonderheiten (§ 249 Rn 72 ff).
Bei Kraftfahrzeugen und ähnlichen Gebrauchsgütern (zB Kleidung) kann zu berücksichtigen sein, dass diese 6
wiederbeschafft werden müssen, weil der Geschädigte sie für seine Lebenshaltung benötigt. Dann ist nicht der (geringere) Betrag anzusetzen, zu dem der Geschädigte die Sache hätte verkaufen können. Vielmehr entscheidet der Wiederbeschaffungswert. Dann führt die Schadensberechnung zum selben Ergebnis wie nach § 249 II (vgl § 249 Rn 26 ff). Insoweit ist der Übergang zwischen beiden Vorschriften fließend.

C. Der Schutz des Schädigers, II. I. Die Unverhältnismäßigkeit der Herstellungskosten, II 1 und 2. 1. Regel. 7
Der Gläubiger soll nach II 1 in Geld entschädigt werden können, wenn die Herstellung den Schädiger unverhältnismäßig teuer käme (§ 249 I) oder die nach § 249 II geschuldeten Herstellungskosten unverhältnismäßig hoch sind. Hierfür gilt bei Kraftfahrzeugen die 130 %-Grenze (§ 249 Rn 7). Das soll aber auf andere Sachen nicht schematisch übertragen werden können. Vielmehr bedarf es dort einer Abwägung der beiderseitigen Interessen und sogar des beiderseitigen Verschuldensgrades (vgl BGHZ 59, 365, 368; NJW 88, 699, 700). Wenn die Herstellung nur immateriellen Interessen dient, passt II 1 überhaupt nicht (BGHZ 63, 295, 297 f Unfallnarbe).
In der Nähe dieser Problematik steht auch der Modellbootfall von BGHZ 92, 85: Ein vom Geschädigten in 8
jahrelanger Arbeit hergestelltes Modellboot war nicht reparaturfähig zerstört worden. Hier soll nur Geldersatz nach I Alt 1 verlangt werden können. Hierfür ist der Wert der aufgewendeten Arbeit und des Materials keine geeignete Schätzungsgrundlage für § 287 ZPO (BGHZ aaO 92). Der BGH (aaO 93) weicht daher aus „auf einen Vergleich mit ähnlichen Objekten, die einen Marktpreis haben" (aber das hilft nicht immer).

2. Ausnahmen, II 2. II 2 ist 1990 im Zusammenhang mit der „gefühligen Deklamation" (Palandt/*Heinrichs* 9
§ 90 a Rn 1) zur Sonderstellung von Tieren in § 90 a eingeführt worden. Danach kann die Herstellung (Heilung) eines verletzten Tieres nicht allein deshalb abgelehnt werden, weil die Kosten den Wert des Tieres erheblich übersteigen. Dabei werden aber letztlich nur die Bindungen des Eigentümers an das Tier berücksichtigt und nicht der Tierschutz selbst, für den solche Bindungen unbeachtet bleiben müssen. Die Anrufung von Art 20 a GG (vgl LG Essen NJW 04, 527, 528) ist daher wohl übertrieben. Immerhin werden für Tiere fast ohne Marktwert Behandlungskosten bis 2000 Euro noch für angemessen gehalten (etwa LG Bielefeld NJW 97, 3320, LG Baden-Baden NJW – RR 99, 609).
Ähnliches wie nach § 251 II 2 gilt nach UmweltHG § 16 und GenTG § 32 VII: Es sollen ökologische Interessen 10
berücksichtigt werden. Freilich geht es auch hier wieder letztlich um die Interessen des geschädigten Eigentümers, der ja idR zur Herstellung nicht verpflichtet ist.

II. Das Wahlrecht des Schädigers. Die für II maßgebliche Unverhältnismäßigkeit der Herstellungskosten 11
muss vom Schädiger geltend gemacht werden; er hat eine Ersetzungsbefugnis (hM, Palandt/*Heinrichs* Rn 6). Solange der Schädiger diese nicht ausgeübt hat, schuldet er also die Herstellung oder den Ersatz der Herstellungskosten. Nach der Ausübung schuldet er nur den Sachwert und nicht etwa den Geldbetrag, bis zu dessen Höhe die Herstellungskosten ersatzfähig gewesen wären. Das gilt selbst dann, wenn der Geschädigte die hohen Herstellungskosten wirklich aufgewendet hat (BGH NJW 72, 1800).

D. Einzelne Fallgruppen. I. Kraftfahrzeugunfälle. Speziell zu Kraftfahrzeugunfällen findet sich vieles 12
schon bei § 249, weil es mit der Herstellung zusammenhängt (etwa Rn 8 f Ersatzbeschaffung, Rn 26 Verwendungsfreiheit des Geschädigten, Rn 29 Werkstattfehler, Rn 30 Prognoserisiko, Rn 32 Schätzung der Kosten, Rn 41 Restwertanrechnung). Anderes, was an sich zu § 251 gehört, ist bei § 249 z. T. mitbehandelt worden (Rn 10 merkantiler Minderwert, Rn 32 f, 84 Mietwagenkosten, Rn 35 ff Nutzungsausfall, Rn 49, 53 f Herausforderung, Rn 86 f Ersatz neu für alt).
Zu erwähnen bleibt noch der **Versicherungsschaden** durch Rückstufung des Unfallverletzten. Nicht ersatzfä- 13
hig ist insoweit der Nachteil aus der Rückstufung bei der eigenen Haftpflichtversicherung: Dieser Schaden beruht auf der eigenen Verantwortlichkeit des Geschädigten (BGHZ 66, 398 gegen BGHZ 44, 382, 387). Als ersatzfähig kommt aber der Schaden bei der Kaskoversicherung in Betracht, wenn der Geschädigte Anlass hatte, zunächst diese in Anspruch zu nehmen (BGHZ 44, 382, 387 f).
Weiter ersatzfähig sind etwa Abschleppkosten, Verdienstausfall des Geschädigten, notwendige Kreditkosten 14
(BGHZ 61, 347) und die Kosten der Rechtsverfolgung. Nach BGH NJW 97, 865 soll die Haftung sogar den Wert von Sachen umfassen können, die aus dem unfallgeschädigten Fahrzeug gestohlen worden sind.

II. Vorsorgekosten. Unter Vorsorgekosten versteht man Aufwendungen, die der Geschädigte schon vor einer 15
konkreten Schädigung macht, um den aus solchen Schädigungen drohenden Schaden gering zu halten oder ganz zu verhindern (vgl *Lange/Schiemann* Schadensersatz § 6 VIII). Die Rspr hierzu ist nicht einheitlich. Bei

der Verletzung musikalischer Urheberrechte ist der GEMA ein 100%-iger Zuschlag zu den gewöhnlichen Lizenzgebühren zugesprochen worden (BGHZ 17, 376, 383 und 59, 286), mit dem der Verletzer an den Überwachungskosten beteiligt werden soll. Andererseits hat BGHZ 97, 37 aber eine Ausdehnung der GEMA-Rspr abgelehnt. Auch sollen ertappte Ladendiebe nicht mit den Kosten der Überwachung belastet werden (BGHZ 75, 230, 237). Gleiches soll für die Kosten des vorsorglichen Einbaus einer gasdichten Haustür wegen eine nahen Chemiewerks gelten (BGH NJW 92, 1043).

16 Die Kosten der Reservehaltung von Verkehrsunternehmen (**Vorhaltekosten**) sollen nach BGHZ 32, 280 auf Personen umgelegt werden können, die durch eine haftbar machende Beschädigung eines regulären Fahrzeugs den Einsatz der Reserve nötig machen. Doch ist das wohl unrichtig: Es fehlt an dem kausalen Bezug der Reservehaltung zu bestimmten Unfällen; das kann auch durch betriebswirtschaftliche Erwägungen nicht überwunden werden (ausführlich *Lange/Schiemann* Schadensersatz §6 VIII 2). Anders liegt es selbstverständlich für Kosten, die der Geschädigte zur Vermeidung oder Milderung konkreter Schäden aufwendet (und nach §254 vielleicht sogar aufwenden muss).

17 **III. Kosten der Schadensfeststellung.** Im Vorfeld jedes Ersatzanspruchs (auch bei §249) können dem Geschädigten Kosten für die Ermittlung des ersatzfähigen Schadens und des zum Ersatz verpflichteten Schädigers entstehen. BGHZ 66, 112, 115 hat diesen Aufwand jedoch „aus Erwägungen des Verantwortungsbereichs und der Praktikabilität" idR für nicht ersatzfähig gehalten. Das soll nicht nur für einen Aufwand an Freizeit gelten, sondern auch für eigens angestellte und zu bezahlende Arbeitskräfte. Eine Ausnahme wird freilich unter Berufung auf RGZ 150, 37 für „ganz ungewöhnliche" Belastungen angenommen, „die sich über viele Jahre hingezogen und sogar (die) wirtschaftliche Existenz gefährdet hatten" (BGHZ aaO). Im Übrigen hat der BGH seine grundsätzliche Haltung noch mehrfach bestätigt (etwa BGHZ 75, 230, 231 f.; 127, 348). Dagegen hat er in BGHZ 76, 216 die Kosten für infolge von Diebstahl nötig gewordene Revisionsarbeiten ersetzen wollen. Hieran ist richtig, dass die Kosten auf konkrete Schadensfälle bezogen und abgrenzbar sein müssen. Wenn das vorliegt, dürfte aber der Ersatz nicht zu versagen sein; ein bloßer Verlust an Freizeit genügt freilich schon wegen §253 I nicht. Vgl *Lange/Schiemann*, Schadensersatz §6 XIV 3 S 386f. mN

18 **IV. Frustrationsschaden und Rentabilitätsvermutung.** Die Berechnung des ersatzfähigen Schadens nach den durch das Schadensereignis nutzlos gewordenen Aufwendungen des Geschädigten wird überwiegend abgelehnt, weil die Kausalität des Ereignisses für die Aufwendungen fehlt (etwa BGHZ 55, 146 Jagdpacht, s §249 Rn 37). Auch soll die Höhe des Schadens nicht von der Selbsteinschätzung durch den Geschädigten abhängen (*Lange/Schiemann* Schadensersatz §6 IV S 257 f) Abgeschwächt wird es aber durch die für die gegenseitigen Verträge entwickelte Rentabilitätsvermutung: Die von einer Partei für den Vertrag gemachten Aufwendungen sollen eine widerlegliche Vermutung für einen „ersten handgreiflichen Schaden" begründen (etwa RGZ 127, 245, 248; BGHZ 143, 41). Diese Vermutung versagt aber, wenn der Geschädigte mit dem Vertrag keinen wirtschaftlichen Zweck verfolgt (wie in dem Stadthallenfall von BGHZ 99, 182, 189). Das hat das SMG mit §284 korrigieren wollen, das sich aber nur auf den Schadensersatz statt der Leistung bezieht. Vgl jüngst *Weitemeyer* AcP 205, 05, 275.

§ 252 Entgangener Gewinn

¹Der zu ersetzende Schaden umfasst auch den entgangenen Gewinn. ²Als entgangen gilt der Gewinn, welcher nach dem gewöhnlichen Lauf der Dinge oder nach den besonderen Umständen, insbesondere nach den getroffenen Anstalten und Vorkehrungen, mit Wahrscheinlichkeit erwartet werden konnte.

1 **A. Zweck der Vorschrift. I.1.** Entgangener Gewinn sind diejenigen Vorteile, deren Zufluss in das Vermögen des Geschädigten der zum Ersatz verpflichtende Umstand verhindert hat. Dieser Gewinnentgang ist schon von §249 I umfasst (Totalersatz, s dort Rn 4); §252 soll also insoweit nur Zweifel beheben, die sich aus früheren Kodifikationen hätten ergeben können (s Mot. II 17 f).

2 Dem Satz 1 sind gleichwertig die §§842, 843 I bis III sowie die entsprechenden Vorschriften in den Haftpflichtgesetzen. Das gilt auch für das in §842 genannte „Fortkommen", also die Möglichkeit zu einer Verbesserung des Einkommens (durch Beförderung, Vergrößerung des Geschäfts usw). Auch dies ist nämlich in dem Zustand enthalten, der jetzt ohne das Schadenereignis bestünde (§249 I); Fortkommensschäden sind also nicht bloß nach Deliktsrecht zu ersetzen.

3 **II.2.** Größere Bedeutung hat S 2. Er will die Beweisschwierigkeiten mildern, die beim entgangenen Gewinn oft besonders belastend sind. Dabei enthält die Vorschrift trotz des entgegenstehenden Wortlauts („gilt") keine Fiktion, sondern nur eine widerlegbare Vermutung (BGH NJW 59, 1079, jetzt wohl allg. Ansicht). S. u. Rn4.

4 **B. Einzelheiten. I. Die Vermutung in S2. 1. Allgemeines.** Die Vermutung in S 2 gleicht weitgehend dem §287 I ZPO (vgl vor §249 Rn9). Die „freie Überzeugung" von §287 I 1 ZPO führt nämlich kaum zu einem anderen Ergebnis als zu dem in S 2 geforderten Wahrscheinlichkeitsurteil (BGHZ 29, 393, 398 f).

Hinsichtlich des für die Erwartung **maßgeblichen Zeitpunktes** verweist der Wortlaut von S. 2 auf die Vergangenheit („erwartet werden konnte"). Das müsste wohl der Zeitpunkt des Schadensereignisses sein. Doch widerspricht das der allgemeinen Regel von der Maßgeblichkeit des derzeitigen Wissensstandes (also in der letzten mündlichen Tatsachenverhandlung). Daher legt die hM (etwa BGHZ 29, 393, 398; NJW 64, 661, 662) den S. 2 auch in dieser Hinsicht berichtigend aus: Entscheidend ist die Beurteilung aus der Sicht der Gegenwart.

2. Der gewöhnliche Lauf der Dinge. Der gewöhnliche Lauf der Dinge bildet nach S 2 die Grundlage für die Gewinnschätzung. Dieser braucht, eben weil er wahrscheinlich ist, vom Geschädigten nicht bewiesen zu werden (BGH NJW 64, 661, 663). Insbesondere liegt es nach BGH NJW 00, 3287, 3288 nahe, „nach dem gewöhnlichen Lauf der Dinge von einem voraussichtlich durchschnittlichen Erfolg des Geschädigten in seiner Tätigkeit auszugehen".

In manchen Situationen lässt sich freilich ein solcher gewöhnlicher Lauf der Dinge nicht feststellen. Das gilt etwa für die verhinderte Teilnahme an einem Preisausschreiben (BGH NJW 83, 442, 443; nicht einmal die Aufwendungen sollen hier als Mindestschaden angesetzt werden können). Auch bei einem Pferderennen gibt es keine hinreichende Wahrscheinlichkeit dafür, dass der Favorit gewonnen hätten (Ddorf NJW – RR 86, 517).

Nach der Rspr ermöglicht § 252 S 2 eine **abstrakte Schadensberechnung** (etwa RGZ 101, 217, BGH NJW 88, 2234, 2236): Im Handelsverkehr entspreche es dem gewöhnlichen Lauf der Dinge, dass ein Kaufmann marktgängige Ware zum Marktpreis hätte verkaufen können; das Vorhandensein eines Abnehmers brauche nicht nachgewiesen zu werden. Während aber das RG aaO 219 f einen Gegenbeweis (Mangel der Verkaufsabsicht) nicht zugelassen hat, entscheidet der BGH aaO 2236 f und auch schon in NJW 64, 661, 662 f. entgegengesetzt. Damit sind die Bedenken der Lit (etwa *Steindorff* AcP 158, 58/59, 431; *Knobbe-Keuk* VersR 76, 411) weitgehend ausgeräumt: Die sog abstrakte Schadensberechnung reduziert sich auf die Anwendung von § 252 S 2. Weiter geht nur § 376 III HGB für den Fixhandelskauf.

3. Die besonderen Umstände. Die Maßgeblichkeit des gewöhnlichen Laufs endet, wenn ein anderer Verlauf nach den besonderen Umständen erwartet werden konnte. Als Beispiele nennt S 2 die „getroffenen Anstalten und Vorkehrungen". Danach kann der gewöhnlich zu erwartende Gewinn sowohl über- wie auch unterschritten werden. Je nach dem, welches Ziel erstrebt wird, liegt hier die Beweislast bei dem Geschädigten oder dem Schädiger.

Zu den getroffenen Vorkehrungen gehört insbesondere der **Beginn einer Ausbildung.** Hier sollen an die Behauptungs- und Beweislast wenigstens dann keine hohen Anforderungen gestellt werden, wenn der Geschädigte sich noch am Anfang seiner beruflichen Entwicklung befindet (BGH NJW 00, 3287, 3288, vgl *Steffen* DAR 94, 1 ff; *Medicus* DAR 94, 442 ff). So hat der BGH aaO einer (auch wohl nur vorübergehend) berufsunfähig gewordenen 17-Jährigen unterstellt, sie hätte ohne den Unfall eine Lehre als Pferdewirtin begonnen, diese erfolgreich absolviert und danach das durchschnittliche Einkommen einer Pferdewirtin erzielt. Allgemein könne bei jüngeren Menschen ohne konkrete Anhaltspunkte angenommen werden, sie würden auf Dauer die ihnen zu Gebote stehenden Möglichkeiten für eine gewinnbringende Erwerbstätigkeit nutzen (BGH aaO). Ähnlich hat schon BGH NJW 98, 1633, 1634 für einen verhinderten Fußballtrainer entschieden. Insbesondere sollen die §§ 252, 842 auch den Verzögerungsschaden umfassen, der durch die vom Schadensereignis verursachte Verspätung des Berufseintritts oder des beruflichen Fortkommens entsteht (BGH NJW 00, 3287, 3288 mN).

Weniger großzügig ist die Rspr hinsichtlich eines entgangenen Gewinns durch **gewerbliche Tätigkeit.** Hier hat etwa BGH NJW 64, 661, 662 den Nachweis verlangt, der wegen des Gewinnentgangs aus einem verhinderten Fabrikbau Klagende habe wirklich über die für den Bau nötigen Mittel verfügt. Auch soll der Schaden nicht nach dem Gehalt berechnet werden können, das für eine in Wahrheit nicht angestellte Ersatzkraft aufzubringen gewesen wäre (BGHZ 54, 45; VersR 92, 973). Das wird in der Lit ganz überwiegend abgelehnt: Im Zw sei die Arbeitskraft des Verletzten ebenso viel wert wie für eine Ersatzkraft hätte bezahlt werden müssen (etwa *Lange/Schiemann*, Schadensersatz § 6 IX 4d). Immerhin soll der Verletzte aber im Übrigen bei der Schätzung des Gewinnentgangs großzügig behandelt werden (BGH NJW 98, 1634, 1636): Selbst wenn die Fortführung seines Unternehmens wahrscheinlich nicht gelungen wäre, soll ersetzt werden, was er bei dem Ausweichen in eine unselbständige Tätigkeit hätte verdienen können.

II. Insbesondere der Verdienst aus unselbständiger Tätigkeit. Bei Tätigkeiten, die durch Lohn, Gehalt oder bei Beamten durch die Dienstbezüge abgegolten werden, spielen mehrere Besonderheiten eine Rolle.

1. Die Fortzahlung des Entgelts. Solange des Entgelt fortgezahlt wird (§§ 1 EFZG, 63 HGB, 87a BBG, 52 BRRG), entsteht streng genommen kein Verdienstausfall. Doch wird bei den Vorschriften über die Fortzahlung jeweils ein Anspruchsübergang auf den Fortzahlenden ausgesprochen. Damit wird kraft gesetzlicher Wertung ein Schaden des Entgeltsberechtigten fingiert (normativer Schaden). Dieser umfasst nach § 6 I EFzG auch die Arbeitgeberanteile an Beiträgen zur Bundesagentur für Arbeit, zur Sozialversicherung, zur Pflegeversicherung und zu Einrichtungen der zusätzlichen Alters- und Hinterbliebenenversorgung. Weiter zu ersetzen sind anteiliges Weihnachts- und Urlaubsgeld (BGHZ 133, 1). Es ist also im weitesten Sinn der Bruttolohn zu ersetzen, der idR alle Aufwendungen des Arbeitgebers umfasst. Man kann das auch so sehen, dass letztlich der Arbeitgeber seinen frustrierten Aufwand ersetzt bekommt. Entsprechendes gilt auch für Beamte.

13 **2. Nach der Fortzahlung.** Nach dem Ende der Fortzahlung (o Rn 12) liegt der Ausfallschaden beim Verletzten selbst. Hier war zwischen dem III. und dem VI. ZS des BGH streitig, ob vom Brutto- oder vom Nettogehalt auszugehen sei. Doch waren unstr im ersten Fall Abzüge und im zweiten Zuschläge erforderlich. Inzwischen hat der VI. ZS anerkannt, dass auch die Bruttolohnmethode einen geeignete Weg darstellt (BGHZ 127, 391, 393 ff; NJW 99, 3711). Sowohl die steuer- wie auch die sozialversicherungsrechtliche Gesetzgebung unterliegen aber starken Schwankungen. Daher können hier nur Grundsätze angegeben werden, die nach dem Gesetzesstand im Zeitpunkt des Verdienstausfalls konkretisiert werden müssen. Zu beachten ist auch, dass den BGH-Entscheidungen bisweilen ein anderer Rechtszustand als der jetzige zugrunde liegt.

14 **Steuern** entfallen nach § 24 I EStG auch auf Einkommensersatzleistungen. Danach ist der Ersatzbetrag vom Geschädigten noch zu versteuern; insoweit muss der Schädiger also brutto leisten. Dabei können die Vorteile, die der Geschädigte aus der Minderung seines steuerpflichtigen Einkommens hat, gegen die Steuerpflicht für die Schadensersatzleistung aufgehoben werden (BGH NJW 99, 3711, 3712). Weitergehende steuerliche Vorteile können jedoch nach der Regel über die Vorteilsanrechnung (§ 249 Rn 85 ff) anzurechnen sein, soweit sie nicht gerade den Geschädigten entlasten sollen (BGH aaO). Das gilt insbesondere sogar dann, wenn wegen der Steuervorteile die Ersatzleistung netto den sonst erzielbaren Nettolohn übersteigt (BGH aaO).

15 Bei den **Sozialversicherungsbeiträgen** kommt es zunächst darauf an, ob die Versicherung trotz der Arbeitsunfähigkeit beitragspflichtig fortgesetzt werden kann: Wenn das zutrifft, muss der Schädiger die hierfür nötigen Beträge zahlen. Besteht die Möglichkeit dagegen nicht, ist der Schädiger erst ersatzpflichtig, wenn und soweit den Geschädigten durch Ausfall oder Kürzung von Versicherungsleistungen ein konkreter Schaden entsteht (BGH NJW 83, 1669). Insoweit ist Feststellungsklage ratsam, vgl vor § 249 Rn 11. Bisweilen geht aber der Schadensersatzanspruch hinsichtlich der Beiträge nach auf den Versicherungsträger über (etwa nach § 116 SGB X); dann muss der Schädiger (nur) an diesen zahlen. Überhaupt keine Ersatzpflicht besteht, wenn durch die Arbeitsunfähigkeit zugleich das zu versichernde Risiko wegfällt; das gilt für die Versicherung gegen Arbeitsunfälle.

16 **3. Nach der Wiederherstellung der Arbeitsfähigkeit.** Wenn die Arbeitsfähigkeit wieder hergestellt ist, endet regelmäßig auch die Entstehung weiterer Schäden. Doch gibt es Ausnahmen: Das berufliche Fortkommen kann durch die Unterbrechung verzögert sein; dafür wird Schadensersatz geschuldet. Bei langen Unterbrechungen kann es sogar zum Verlust des Arbeitsplatzes kommen. Auch das bedeutet einen ersatzfähigen Schaden, zumal heute vielfach kein Ersatz gefunden werden kann.

17 **III. Verletzung von Hausfrauen oder –männern.** Bei der Verletzung des einen Haushalt führenden Teils (im Folgenden kurz: Hausfrau) entgeht diesem nicht eigentlich ein Anspruch auf Verdienst. Doch erbringt nach Art 3 II GG die Hausfrau ihre Dienste nicht unentgeltlich. Vielmehr leistet sie damit den vor ihr geschuldeten Teil des Familienunterhalts, § 1360 (entsprechendes gilt für Partner einer Eingetragenen Lebenspartnerschaft, § 5 LPartG). Daher wird seit BGHZ 38, 55 ein eigener Schaden der Hausfrau angenommen. BGHZ 50, 304 hat diesen Schaden dann normativ aufgefasst: Die Kosten für eine Ersatzkraft, auch wenn keine genommen worden ist, sollen einen Anhaltspunkt für die Berechnung bilden (im wertungswidrigen Gegensatz zu BGHZ 54, 45 bei Selbständigen, o Rn 11). Doch soll nach BGHZ 86, 372 von der Nettovergütung ausgegangen werden; dem könne bei der gebotenen Pauschalierung ein Abschlag von 30 % vom Bruttolohn entsprechen.

18 **IV. Anstößiger Erwerb.** Dass ein entgangener Erwerb nicht zu ersetzen ist, der nur unter Verstoß gegen Gesetz oder gute Sitten hätte erzielt werden können, bildet eine alte Rechtsregel (Mot II 18). Das gilt unzweifelhaft bei Hehlerei, Rauschgifthandel und Steuerhinterziehung, auch für unzulässige Werbemaßnahmen (BGH NJW 64, 1181, 1183) für Wettbewerbsverstöße (BGH NJW 05, 1789, 1790) oder einen Verstoß gegen die AZO (BGH NJW 86, 1486). Auch Schwarzarbeit wird hier einzuordnen sein (Palandt/*Heinrichs* Rn 2).

19 Zu dem früher als klassisches Beispiel geltenden entgangenen Gewinn aus **Prostitution** (BGHZ 67, 119) muss jetzt wohl Abweichendes gelten, seitdem das ProstG einen Lohnanspruch bejaht. Doch mag die Frage nach dem versteuerten oder zur Versteuerung erklärten Einkommen übermäßige Forderungen am Mangel des nötigen Nachweises scheitern lassen.

20 **V. Gewinne aus Kapitalanlagen.** Unter § 252 fällt auch der durch das Schadensereignis verhinderte Gewinn aus Kapitalanlagen. Bei Schuldnerverzug des Schädigers bilden die Verzugszinsen nach § 288 die Untergrenze. Doch kann nach § 288 IV auch ein weiterer Schaden ersetzt verlangt werden. Hierunter fällt grundsätzlich auch der Gewinn aus Spekulationsgeschäften (so schon RG JW 11, 35 jetzt BGH ZIP 02, 895, 896). Doch ist für den Nachweis zu beachten, dass sich im Nachhinein mit den erst später erlangten Kenntnissen leicht erfolgreich spekulieren lässt. Daher tut der Geschädigte gut daran, wenn er seine Absichten dem Schuldner beizeiten mitteilt (BGH WM 60, 861). Allerdings ist dies (auch unter dem Gesichtspunkt von § 254 II 1) idR nicht notwendig (BGH ZIP 02, 895, 897). Denn die nötige Wahrscheinlichkeit für vom Geschädigten

geplante Geschäfte lässt sich auch anders beweisen, etwa dadurch, dass er entsprechende Geschäfte mit seinem verfügbaren Kapital wirklich ausgeführt hat (BGH aaO). Auch das Unterlassen einer Kreditaufnahme für die durch den Verzug gehinderten Geschäfte verletzt idR keine Obliegenheit des Gläubigers (BGH NJW 89, 290, 291 mN; ZIP aaO 898).

VI. Prozessuales. An die Darlegungspflicht des Klägers dürfen nach st. Rspr „jedenfalls keine zu hohen Anforderungen gestellt werden" (BGH NJW 05, 830, 832 mN).

§ 253 Immaterieller Schaden

(1) Wegen eines Schadens, der nicht Vermögensschaden ist, kann Entschädigung in Geld nur in den durch das Gesetz bestimmten Fällen gefordert werden.
(2) Ist wegen einer Verletzung des Körpers, der Gesundheit, der Freiheit oder der sexuellen Selbstbestimmung Schadensersatz zu leisten, kann auch wegen des Schadens, der nicht Vermögensschaden ist, eine billige Entschädigung in Geld gefordert werden.

A. Entwicklung. Vor dem SMG hatte in § 253 aF nur der Ausschluss des immateriellen Schadens vom Geldersatz gestanden. Dagegen war die wichtige Ausnahme, nämlich das Schmerzensgeld, in § 847 aF geregelt und daher auf die Deliktsansprüche beschränkt. Der neue § 253 führt in I den § 253 aF fort. Dagegen hat er in II das Schmerzensgeld geregelt und zusätzlich die Verletzung der sexuellen Selbstbestimmung aufgeführt. Durch die Übernahme des Schmerzensgeldes in das allgemeine Schuldrecht ist der Anwendungsbereich erheblich und insbesondere auch auf Vertragsansprüche erweitert worden.

B. Abs 1. I. Bedeutung. 1. Regel. I schließt für einen „Schaden, der nicht Vermögensschaden ist", eine Entschädigung in Geld aus. Das bezieht sich auf den Schadensersatz nach § 251, nicht dagegen auf die Herstellung nach § 249 (vgl dort Rn 20). Wo diese aber unmöglich ist, führt I zur Verneinung eines Schadensersatzanspruchs überhaupt, wenn nicht eine Ausnahme eingreift. Der wichtigste Fall ist der Schmerz über den Verlust naher Angehöriger: Er selbst gibt im Gegensatz zu vielen fremden Rechten (*Kadner* ZEuP 96, 135; *Janssen* ZRP 03, 156) den Hinterbliebenen keinen Ersatzanspruch ausführl *Odersky*, Schmerzensgeld bei Tötung naher Angehöriger, 1989. Anders ist es nur, wenn der Tod die Gesundheit des Hinterbliebenen selbst über das gewöhnliche Maß (dazu gehören etwa Schlafstörungen) hinaus beeinträchtigt (BGHZ 56, 163: „Schockschäden", st Rspr).

2. Abgrenzung. Für I war ua der Gedanke maßgeblich, die bei Nichtvermögensschäden nahezu unvermeidbare Freiheit der Schätzung sei bedenklich (Mot II 22 f). Dieser Gedanke trifft aber nicht zu, wenn ein Nichtvermögensgut (zB der Genuss einer Opernaufführung) einen festen Preis hat, also **kommerzialisiert** ist. Größte praktische Bedeutung hat dieser Gesichtspunkt bei der Nutzungsentschädigung für nicht geschäftlich genutzte Kraftfahrzeuge und anderer Sachgüter erlangt (§ 249 Rn 35 ff).
Es gibt aber eine nicht geringe Zahl von Nachteilen, die (noch?) nicht kommerzialisiert sind. Dazu gehört vor allem der **Liebhaberwert (Affektionsinteresse)**: Das ist das Interesse, das allein der Berechtigte an einer Sache hat und das daher deren Marktpreis nicht steigert. Doch sind schon hier die Grenzen fließend: Wenn es eine Mehrzahl von Liebhabern gibt, kann das zu einem Markt mit höheren Preisen führen (zB bei Oldtimern): Das genügt für einen Vermögensschaden. Dieser liegt auch vor, wenn aus einer vollständigen Sammlung ein Stück verloren geht und dadurch der Wert sinkt (zB bei einem Satz Briefmarken).
IdR nur einen Nichtvermögensschaden begründen **Unlustgefühle**, etwa der Ärger über verdorbene Freizeit (BGHZ 69, 34, 36; 106, 28, 32, anders BGHZ 86, 212, 216 für eine vertraglich geschuldete Freizeitgestaltung). Daran ändert nichts, dass die Unlust durch Geld oder die mit ihm zu beschaffenden Annehmlichkeiten gemindert werden könnte. Das ist insbesondere auch keine Herstellung durch Ersatzbeschaffung iSv § 249 I.
Zweifelhafter ist die Beeinträchtigung eines mit Geld erkauften Genusses: In BGH NJW 56, 1234 war durch ein Verschulden der Zollverwaltung das Gepäck von Eheleuten nicht an Bord eines Schiffes für eine 10-tägige Seereise gekommen. Die Eheleute hätten, so sagt der BGH, mit dem Preis für die Passage nicht nur die Beförderung gekauft, sondern auch die mit einem Kleiderwechsel verbundenen Annehmlichkeiten an Bord. Die Beeinträchtigung dieses Genusses beeinträchtige auch das mit der Preiszahlung erstrebte vermögenswerte Äquivalent. Diese Argumentation läuft aber auf die vom BGH später deutlich abgelehnte Frustrationslehre hinaus (§ 249 Rn 38; § 251 Rn 18). Zudem kann man schwerlich sagen, die Möglichkeit zur Mitnahme von Gepäck auf einer Seereise sei kommerzialisiert; sie hat ja keinen eigenen Preis. Übrigens können jetzt bei einem Fehler des Veranstalters die §§ 651 d, f II in Betracht kommen.
Eher von Kommerzialisierung kann man bei **entgeltlichen Veranstaltungen** sprechen: Wird hier in einer zum Schadensersatz verpflichtenden Weise die Teilnahme verhindert (so dass zB die Eintrittskarte verfällt), ist deren Preis zu ersetzen, wenn man den Kommerzialisierungsgedanken nicht vollständig ablehnt. Ein Affektionsinteresse (o Rn 4) bleibt aber auch dann ohne Ersatz.

8 **3. Ausnahmen.** Die wichtigsten Ausnahmen von der Regel in I stehen in II (u Rn 9 ff) und anderen Vorschriften über ein Schmerzensgeld: § 11 S 2 StVG, § 6 HaftpflG, § 8 ProdHaftG, § 53 II LuftVG, § 29 II AtomG und § 84 AMG. Eine Art von Schmerzensgeld gewähren auch die §§ 611 a II, 651 f. II. Dagegen begründet der von der Rspr entwickelte Anspruch auf Genugtuung wegen Verletzung des allgemeinen Persönlichkeitsrechts wohl einen Anspruch eigener Art (vgl u Rn 24 ff).

9 **C. Abs 2. I. Anwendungsbereich.** Die „Verletzung des Körpers, der Gesundheit oder der Freiheit" entsprechen den gleichen Merkmalen in § 823 I (vgl dort Rn 22 ff). Dagegen entspricht die „Verletzung der sexuellen Selbstbestimmung" dem neu gefassten § 825. Dabei sind gegenüber dem § 825 aF die Beschränkungen auf „Frauenspersonen" und die „Gestattung der außerehelichen Beiwohnung" aufgegeben worden. Wegen dieser Übereinstimmung mit den Anspruchsgrundlagen des Deliktsrechts brauchen neben Ansprüchen aus § 280 Deliktsansprüche nicht mehr eigens wegen des Schmerzensgeldes geprüft zu werden.

10 **II. Rechtsfolgen. 1. Formulierung.** Nach II sollen Verletzte „auch wegen des Schadens, der nicht Vermögensschaden ist", eine „billige Entschädigung in Geld" verlangen können. Dabei ist die Formulierung für die zu entschädigenden **Nachteile ganz weit**; sie geht erheblich über körperliche Schmerzen hinaus. Insbesondere umfasst sie auch Unbehagen, Wesensänderungen, Ängste überhaupt den Entgang von Lebensfreude durch den Verlust der Fähigkeit, eigenen Neigungen nachzugehen (zB Sport, Musik usw) oder den Verlust der Wahrnehmungsfähigkeit (zB Erblindung). Jedenfalls ist die Bezeichnung „Schmerzensgeld" verkürzend ungenau. Freilich ist dabei zu bedenken, dass nicht wenige der so entstandenen Nachteile schon nach den §§ 249, 251 ausgeglichen oder doch gemildert werden können, etwa durch Maßnahmen der Betreuung oder Anschaffung von Hilfsgeräten (Rollstuhl, Blindenführhund). Die hierfür entstehenden Kosten sind außerhalb von § 253 II zu ersetzen (BGH NJW 82, 1589). Die so erreichbaren Milderungen mindern dann allerdings das Schmerzensgeld. Außerhalb von § 253 II bleibt auch eine Minderung der Erwerbsfähigkeit; sie ist nach § 252 zu ersetzen.

11 **2. Funktion der Entschädigung.** Der BGH hatte als Zweck des Schmerzensgeldes zunächst die Ausgleichsfunktion betont: Die Bemessung sollte nur Intensität und Dauer der erlittenen Beeinträchtigung berücksichtigen; sie sollte dem Geschädigten gleichsam ein Äquivalent an Lebensfreude gewähren (BGHZ 7, 223, 226, 229). An dieser Entscheidung war gewiss richtig, dass sie eindringlich auf die Bedeutung immaterieller Schäden und ihrer Entschädigung hingewiesen hat.

12 Trotzdem hat schon wenig später der GSZ (BGHZ 18, 149) entgegengesetzt entschieden: Das Schmerzensgeld könne nicht allein nach dem Ausgleichsgedanken bemessen werden; man könne nicht „sozusagen die Schmerzen mit den Freuden saldieren, durch die der Verletzte die Erinnerung an die Schmerzen tilgen soll". Zu berücksichtigen sein könnten vielmehr unter dem Gesichtspunkt der Genugtuung alle Umstände des Falles: Der Grad des Verschuldens beim Schädiger, der Anlass der Schädigung (zB eine Gefälligkeit) und die wirtschaftlichen Verhältnisse der Beteiligten. Doch sollen diese Umstände je nach Lage des Falles nur berücksichtigt werden können, aber nicht müssen.

13 **3. Bemessung.** Die genannte Plenarentscheidung hat sich aber anscheinend weniger ausgewirkt als man vermuten könnte (vgl *A. Diederichsen* VersR 05, 433 f). Der Genugtuungsfunktion steht nämlich schon entgegen, dass die große Mehrzahl der Verletzungsfälle über Haftpflichtversicherer abgewickelt wird, so dass der Verletzer selbst das höhere Schmerzensgeld nicht zu spüren bekommt; diese Funktion ist (außer bei Vorsatztaten) inzwischen weithin aufgegeben worden. Höhere Schmerzensgelder für Wohlhabende kommen anscheinend richtigerweise nicht vor. Und die Berücksichtigung des Verschuldensgrades scheitert wenigstens da, wo auch ohne Verschulden gehaftet wird. Dass das Schmerzensgeld dort ebenso bemessen werden soll wie bei leichter Fahrlässigkeit (so Celle NJW 04, 1185) ist zweifelhaft (vgl *Pauker* VersR 04, 1391). Was sich an Gerechtigkeit bei der Bemessung des Schmerzensgeldes erreichen lässt, ist außer einer absolut angemessenen Höhe bloß eine vernünftige Abstufung nach Umfang und Dauer der Beeinträchtigung sowie eine Gleichbehandlung gleichliegender Fälle.

14 Daraus erklärt sich die in der Praxis große Bedeutung der **Schmerzensgeldtabellen**: Etwa *Hacke/Rings/Böhmer* 22. Aufl 03; *Slizyk/Schlindtwein*, CD-Rom; *Jaeger/Luckey*, 3. Aufl 06 (weit über eine bloße Tabelle hinausreichend). Bei dem Vergleich mit älteren Fällen ist die inzwischen eingetretene Geldentwertung zu berücksichtigen. Derzeit liegen die Schmerzensgelder etwa zwischen 50 (u Rn 15) und nahe an einer Million Euro.

15 **4. Einzelfragen.** Bei nach Intensität und Dauer **geringfügigen Beeinträchtigungen** kann ein Schmerzensgeld ganz entfallen (etwa BGH NJW 93, 2173, 2175); Schmerzensgelder unter etwa 50,– EURO dürften daher kaum vorkommen. Dass dies bei der Neufassung des § 253 II nicht ausdrücklich gesagt worden ist, beruht nur darauf, dass der BGH es ohnehin schon anerkannt hatte (BTDrs 14/8780 S 35). Beispiele bilden geringfügige Platz- oder Schürfwunden (BGH aaO) oder vorübergehende Kopfschmerzen und Schleimhautreizungen (BGH NJW 92, 1043). Ein Grenzfall ist die Bedrängnis durch die zweistündige Unbenützbarkeit einer Bahntoilette (AG Frankfurt NJW 02, 2253).

16 Den Gegensatz bilden **schwerste Verletzungen**, die den Geschädigten sogar an der Wahrnehmung seiner Beeinträchtigung hindern. Der BGH hatte zunächst (NJW 76, 1147) nur eine symbolische Entschädigung

zuerkannt, das aber später mit Recht aufgegeben (BGHZ 120, 1, 6): Zu entschädigen sei „die Einbuße an Persönlichkeit, der Verlust an personaler Qualität" (aaO 7, vgl jetzt *Diederichsen* VersR 05, 433, 438)".

Der Tod selbst löst keinen Anspruch auf Schmerzensgeld aus. In Betracht kommt nur ein vererblicher Anspruch für die vor dem Tod erlittenen Schmerzen. Das setzt aber voraus, dass der tödlich Verletzte zunächst noch eine nennenswerte Zeit gelebt hat. So hat BGHZ 138, 388 bei einem tödlichen Verletzten, der nach dem Unfall noch ca. 35 Minuten bei Bewusstsein war und dann nach 10 Tagen Koma gestorben ist, ein Schmerzensgeld von 28 000 DM nicht beanstandet. 17

Das Schmerzensgeld darf nicht deshalb gemindert werden, weil der Verletzen **kriminell bestraft** worden ist (BGHZ 128, 117). Die abweichende Ansicht (etwa Ddorf NJW 74, 1289) mag zwar unter dem Gesichtspunkt der Genugtuung konsequent sein, ist aber im Ergebnis unerträglich: Die Kriminalstrafe trifft gerade die schwersten Fälle; sie kann daher nicht zu Lasten des Verletzten gehen. 18

Das Schmerzensgeld wird idR als **Einmalbetrag** zugesprochen. Auf Antrag des Geschädigten kann aber bei Dauerschäden daneben auch eine **Rente** verlangt werden (BGHZ 113, 284; NJW 98, 3411). Das gilt insbesondere bei einem in der Entwicklung schwer überschaubaren Schaden (BGH VersR 68, 475) mit der Möglichkeit zur Korrektur nach § 323 ZPO (*Diederichsen* VersR 05, 433, 442). Auf die Rente dürfte § 843 II entsprechend anwendbar sein. 19

Bei **Mitverschulden des Verletzten** (§ 254) soll dieses einen Bemessungsfaktor für ein einheitliches, nicht noch quotal zu minderndes Scherzensgeld bilden (BGH WM 91, 1776). Diese aus dem Gesetz kaum zwingend abzuleitende Praxis erschwert die Vergleichbarkeit von Schmerzensgeldern bei gleichartigen Verletzungsfolgen; sie ist fragwürdig. 20

Auch **innerhalb einer Familie** kann es Schmerzensgeldforderungen geben. Bei leichter Fahrlässigkeit des Verletzers im Straßenverkehr (für den § 1359 unanwendbar sein soll, vgl dort Rn 5) wird aber in Betracht gezogen, ob die nicht die Pflicht zur gegenseitigen Rücksichtnahme auch die Pflicht umfasst, solche Ansprüche nicht geltend zu machen (nicht entschieden in BGHZ 53, 352, 356; NJW 73, 1654). 21

5. Prozessuale Besonderheiten. Welchen Betrag das Gericht als Schmerzengeld zusprechen wird, lässt sich schwer vorhersehen. Der Kläger braucht daher bloß die für die Berechnung maßgeblichen Umstände darzutun und für ein angemessenes Schmerzensgeld einen **Mindestbetrag** anzugeben (BGH NJW 02, 3769, und zwar auch außerhalb des Klagantrags, BGHZ 132, 341, 350). Erreicht das Urteil diesen Betrag nicht, so besteht insoweit eine Beschwer (BGHZ 132, 341, 351). Doch bleibt das Gericht auch durch eine solche Angabe trotz § 308 I ZPO nach oben frei (BGH aaO; *Diederichsen* VersR 05, 433, 439). Der Streitwert richtet sich nach dem Mindestbetrag oder dem höheren im Urteil festgesetzten Betrag. Erreicht dagegen das Urteil den Mindestbetrag, so fehlt eine Beschwer (BGH NJW 99, 1339). 22

Eine Klage auf Schmerzensgeld umfasst idR auch **alle Zukunftsfolgen**. Doch soll, wenn die der Festsetzung zugrunde liegenden Prognose auf einen bestimmten Zeitraum beschränkt ist, eine entsprechende Beschränkung auch für das Schmerzensgeld zulässig sein (BGH VersR 61, 727, 728). BGH VersR 04, 1334 erlaubt darüber hinaus auch eine sog **offene Schmerzensgeldteilklage**: Sie berücksichtigt alle bereits eingetretenen Schäden (ggf auch für die Zukunft) und klammert nur bestimmte Verschlechterungen aus, die für die Zukunft nur als möglich erscheinen. Vgl dazu *Terbille* VersR 05, 37; *Diederichsen* VersR 05, 433, 439 f. 23

D. Die Genugtuung wegen Persönlichkeitsverletzung. Seit BGHZ 13, 334 (Leserbrief) ist das allgemeine Persönlichkeitsrecht als Schutzgut von § 823 I anerkannt. Bei dessen Verletzung ist aber ein Ersatz durch Herstellung vielfach nicht möglich, und für § 251 fehlt es oft an einem Vermögensschaden. Daher hat seit BGHZ 26, 349 (Herrenreiter) die Rspr eine eigene Sanktion entwickelt, nämlich eine Geldentschädigung für Nichtvermögensschäden. Zur Begründung hat sich BGHZ 35, 363 erstmals auf die Menschenwürde in Art 1 I GG berufen: Diese fordere bei schwerwiegenden Verletzungen (dazu letztens BVerfG NJW 04, 591) eine wirksame Sanktion. BVerfGE 34, 269 hat diese Korrektur des § 253 aF mit dem GG für vereinbar gehalten. Vgl dazu § 12 Rn 31 ff. 24

Der Gesetzgeber des 2. SchErsÄndG (s § 249 Rn 1) hat das allgemeine Persönlichkeitsrecht nicht unter die Schutzgüter des neuen § 253 II aufgenommen, andererseits aber offenbar auch die richterliche Neuschöpfung nicht abschaffen wollen. Die dort entwickelte **Buße** steht also jetzt ohne Anhalt im BGB neben dem Schmerzensgeld von § 253 II (so auch bereits BGHZ 128, 1, 15, Caroline von Monaco, vgl *Diederichsen* VersR 05, 433, 437 f). 25

Tatsächlich decken sich auch die Bemessungskriterien dieser Buße nicht mit denen des Schmerzensgeldes (zu Einzelheiten Ddorf NJW 05, 1791, 1797 ff). Das wird am deutlichsten durch die Berücksichtigung des **Präventionsgedankens**. Denn neben dem (mit § 249 I vereinbaren, aber meist auf eine Analogie zu § 1004 gestützten) Anspruch auf Widerruf (BGHZ 128, 6 ff) wird ein Anspruch auf „Geldentschädigung" gesetzt. Bei Vorsatz des Verletzers und dessen Absicht zur Auflagensteigerung und Gewinnerzielung soll das Gericht diese Umstände zur Prävention in die Entscheidung über die Höhe der Geldentschädigung einbeziehen (BGHZ 128, 1, 12 ff, Ergänzung in BGH NJW 05, 215). Das soll zwar **keine „Gewinnabschöpfung"** bedeuten (dafür käme auch eher die Eingriffskondiktion nach § 812 I 1 Alt 2 in Betracht). Doch müsse die Höhe der Geldentschädigung einen „echten Hemmungseffekt" gegen unbefugte Vermarktung der Persönlichkeit bedeu- 26 ten. Nach diesen Leitlinien können sich viel höhere Beträge ergeben als nach den Regeln über Schmerzensgelder (vgl o Rn 14). Dass so der Ärger einer Prinzessin teuerer werden kann als eine lebenslange Lähmung, ist nicht recht einzusehen.

§ 254 Mitverschulden

(1) Hat bei der Entstehung des Schadens ein Verschulden des Beschädigten mitgewirkt, so hängt die Verpflichtung zum Ersatz sowie der Umfang des zu leistenden Ersatzes von den Umständen, insbesondere davon ab, inwieweit der Schaden vorwiegend von dem einen oder dem anderen Teil verursacht worden ist. (2) ¹Dies gilt auch dann, wenn sich das Verschulden des Beschädigten darauf beschränkt, dass er unterlassen hat, den Schuldner auf die Gefahr eines ungewöhnlich hohen Schadens aufmerksam zu machen, die der Schuldner weder kannte noch kennen musste, oder dass er unterlassen hat, den Schaden abzuwenden oder zu mindern. ²Die Vorschrift des § 278 findet entsprechende Anwendung.

1 **A. Funktion.** § 254 (und viele Spezialvorschriften entsprechenden Inhalts wie § 9 StVG, § 4 HaftpflG, § 34 LuftVG, § 6 ProdhaftG, § 27 AtomG, § 85 AMG, § 11 UmweltHG, § 32 GenTG) durchbricht mit größter praktischer Bedeutung das Prinzip des Totalersatzes (§ 249 Rn 4): Der Geschädigte soll idR nur einen Teil seines Schadens ersetzt verlangen können, wenn er selbst an dessen Entstehung zurechenbar mitgewirkt hat. Das wird mit § 242 in Verbindung gebracht: Es verstoße gegen das Verbot widersprüchlichen Verhaltens, den vollen Ersatz eines Schadens zu verlangen, an dessen Entstehung oder Ausweitung man selbst zurechenbar beteiligt war (krit zur Aussagekraft dieser Herleitung MüKo/*Oetker* Rn 4 und u Rn 4).

2 **B. Anwendungsbereich. I. Schadensersatzansprüche.** Nach Wortlaut und Stellung im BGB bezieht sich § 254 auf Schadensersatzansprüche aller Art, also ebenso wie § 249 unabhängig von der Anspruchsgrundlage. Sinngemäß wird er auch im öffentlichen Recht angewendet (zB BGHZ 151, 337, 352 zu § 14 PostG aF oder BGH NJW 64, 1670 zum SchulR). § 93 III 2 BauGB verweist sogar ausdrücklich auf § 254. Weiter gilt § 254 bei Aufopferungsansprüchen (BGHZ 45, 290, 294 ff) und beim enteignungsgleichen Eingriff für das Unterlassen der Schadensminderung (BGHZ 90, 17, 32 ff).

3 **II. Ansprüche anderen Inhalts.** Entsprechend gilt § 254 insbes für Ausgleichsansprüche unter gesamtschuldnerisch haftenden Schädigern nach § 426 (dort Rn 12); zum Ausgleich zwischen mehreren Kraftfahrzeughaltern bei Haftung gegenüber einem Dritten (so ausdrücklich § 17 StVG). Auch für Ausgleichsansprüche anderer Art nach § 906 II 2 gilt § 254 entspr (BGH NJW – RR 88, 136). Bei einem Vollmachtsmissbrauch soll entsprechend § 254 zu beachten sein, dass der Vertretene den Missbrauch durch zumutbare Kontrollen des Vertreters hätte verhindern können (BGHZ 50, 112, 114 f, zweifelhaft). Zum Beseitigungsanspruch aus § 1004, wo der BGH § 254 wegen der vom Gestörten aufgewendeten Beseitigungskosten anwendet, vgl § 1004 Rn 6. Bei einem fehlgegangenen Auszahlungsauftrag soll der Erstattungsanspruch aus § 667 entsprechend § 254 gekürzt werden, wenn der Auftraggeber und die auszahlende Bank auf einen Betrüger hereingefallen sind (BGHZ 130, 87, 95 mN). Der Anspruch auf Aufwendungsersatz aus § 670 passt wenigstens dann zu § 254, wenn die zu ersetzenden Aufwendungen schadensähnlich sind (etwa BAG NJW 81, 702).

4 **Unanwendbar** dagegen ist § 254 auf Erfüllungsansprüche (BGH NJW 67, 248, 250 zu § 615). Gleiches gilt für Herausgabeansprüche aus § 985 etwa mit der Begründung, der Eigentümer habe seinen Besitzverlust selbst verschuldet (MüKo/*Medicus* § 985 Rn 45) oder § 812 (BGHZ 14, 7, 10; 37, 363, 370). Doch hat BGHZ 57, 137, 152 auch Bereicherungsansprüche „dem allgemeinen Grundsatz des § 242" unterstellt, „von dem § 254 nur eine besonders geregelte Ausprägung ist", und hat so eine Anspruchsteilung für möglich gehalten. Das ist aber fraglich: Der Bereicherungsschuldner wird idR ausreichend durch § 818 III geschützt.

5 **III. Abweichende Regeln.** Keine Schadensteilung, sondern einen Ausschluss des Anspruchs bestimmen die §§ 122 II, 179 III 1. Doch wendet BGH NJW 69, 1382 den § 254 analog an, wenn der Geschädigte den Irrtum des Anfechtenden schuldlos veranlasst hat (wohl unrichtig: der besonderen Erklärungshaftung des Anspruchenden entspricht keine gleiche Verantwortlichkeit des Erklärungsempfängers).

6 **C. Voraussetzungen. I. Mitwirkung bei der Schädigung. 1. Verletzung von Pflicht oder Obliegenheit.** Eine Mitwirkung des Geschädigten kann schon die Entstehung oder erst den Umfang des zu ersetzenden Schadens betreffen. I nennt nur die Entstehung, doch ist unstr auch die Mitwirkung bei der weiteren Entwicklung des Schadens gemeint. Davon geht auch II 1 am Ende aus, der ausdrücklich die Verpflichtung zur Minderung des Schadens nennt.

7 Irgendwie wirkt der Geschädigte fast immer an der Schadensentstehung mit, und sei es nur dadurch, dass er sich zur kritischen Zeit am Ort der Schädigung aufgehalten hat. Die nötige Einschränkung ergibt sich durch die Bezugnahme auf ein **Verschulden** des Geschädigten. IdR setzt ein Verschulden eine Rechts- oder Pflichtverletzung voraus. Das kommt auch bei § 254 in Betracht; Bsp für Rechtsverletzung sind etwa überhöhte Geschwindigkeit oder Nichtanlegen des Sicherheitsgurts (vgl § 21 a StVO). Bsp für die Verletzung einer Pflicht aus einer Sonderverbindung ist das Unterlassen der Abnahme der ordnungsgemäß gelieferten Ware, wenn diese dann gestohlen wird.

Vielfach fehlt es aber an einer gesetzlichen oder vertraglichen Pflicht. Das gilt schon bei den beiden Fallgruppen von II 1, nämlich der Pflicht zur Warnung oder Schadensabwendung bzw -minderung (u Rn 14 ff). In solchen Fällen spricht man von „Pflichten des Geschädigten gegen sich selbst" oder **Obliegenheiten**.

2. Andere Zurechnungskriterien. Weiter müssen Eintritt oder Umfang des Schadens kausal auf der Verletzung einer Pflicht oder Obliegenheit beruhen. Das ergibt sich schon aus dem Wort „Mitwirkung". Es muss also zB die Trunkenheit des Fahrers für den Unfall ursächlich geworden sein (BGH VersR 60, 479). Adäquanz (§ 249 Rn 44) ist schon deshalb nötig, weil die Mitwirkungsanteile nach der Wahrscheinlichkeit des Umstandes für das Schadensereignis gewichtet werden (u Rn 21 f): Wo diese nur ganz geringfügig ist, bleibt der Umstand also außer Betracht.

Weiter muss der **Schutzzweck der verletzten Obliegenheit** betroffen sein. So soll der Schadensersatzanspruch eines Unfallverletzten gegen den ihn fehlerhaft behandelnden Arzt nicht deshalb gemindert werden, weil der Verletzte den Unfall selbst verschuldet hatte: „Es macht für das Rechtsverhältnis zwischen Arzt und Patient keinen Unterschied, ob der Patient durch eigene Schuld behandlungsbedürftig geworden ist oder nicht" (BGH NJW 72, 334, 335). Ähnlich darf sich der Abschleppunternehmer nicht auf das Verschulden des Abzuschleppenden bei dessen Falschparken berufen (BGH NJW 78, 2502, 2504). Wer die Behandlung oder Behütung eines Suizidgefährdeten übernimmt, kann nicht ein Mitverschulden des Gefährdeten an einen Suizidversuch geltend machen (BGHZ 96, 98, 101). Wer aus der Verletzung einer Beratungspflicht haftet, kann idR nichts daraus herleiten, dass der zu Beratende selbst das Richtige hätte erkennen können (BGH NJW 04, 1868, 1870).

Fraglich ist, ob es auf die **zeitliche Reihenfolge** zwischen der Schädigung und der für § 254 maßgeblichen Mitwirkung ankommt. Nach BGH ZIP 90, 315, 318 soll gegenüber einem Anspruch auf Schadensersatz wegen Nichterfüllung einer Vertragspflicht nur ein Verhalten relevant sein, dass dem Vertragsschluss zeitlich nachfolgt. Das dürfte aber zumindest nicht allgemein zutreffen: Schadensvermeidende Obliegenheiten können ebenso wie Schutzpflichten schon im Verhandlungsstadium bestehen (vgl § 311 II).

II. Verschulden. Die Obliegenheitsverletzung muss regelmäßig verschuldet sein. Hierfür gelten § 276 und ebenso die §§ 827, 828. Kinder bis zum 7. Lebensjahr können also wegen eigenen Verschuldens nicht unter § 254 fallen; zwischen dem 7. und dem 18. Lebensjahr kommt es darauf an, ob der Verletzte die zur Erkenntnis seiner Mitverantwortlichkeit erforderliche Einsicht hat. Die Sonderregelung für den fließenden (BGHZ 161, 180) Straßenverkehr in § 828 II hat sogar den hauptsächlichen Zweck, Kinder bis zum vollendeten 10. Lebensjahr vor einer Kürzung ihrer Ersatzansprüche zu bewahren.

Die hM hält § 829 für anwendbar (etwa BGHZ 37, 102, 105 ff mN). Doch soll der Anspruch des Minderjährigen nicht schon bei einer wesentlichen Mitbeteiligung an der Verletzung gemindert werden. Vielmehr soll § 829 ein entsprechendes Verhältnis der finanziellen Leistungsfähigkeit beider Teile verlangen (BGH NJW 69, 1762: Die Billigkeit müsse eine Beteiligung des Minderjährigen „fordern"). Hieran wird § 829 bei § 254 für Minderjährige idR scheitern.

III. Einzelne Obliegenheiten. 1. Die Warnungsobliegenheit aus II 1 Alt. 1. Eine Obliegenheit zur Warnung nach II 1 kommt nur in Betracht, wenn die Beteiligten sich irgendwie nahe stehen. Das kann auf einen Vertrag beruhen (zB Warnung des Wartungspflichtigen vor dem ungewöhnlich hohen Ausfallschaden einer Druckerei, Hamm NJW – RR 98, 380). Die Nähe kann weiter aus der schon entstandenen Schadensersatzpflicht stammen, zB Warnung an den Verursacher eines Unfalls, der Geschädigte könne die Reparaturkosten nicht aufbringen und müsse bei Ausfall des Fahrzeugs hohen Schaden fürchten (Schlesw VersR 67, 68). Die Nähe kann endlich aus daraus stammen, dass ein konkreter Schaden droht. So muss der Betreiber einer Schifffahrtsstraße darauf hinweisen, dass wegen Bauarbeiten große Schäden durch Schleifenlassen des Ankers drohen (BGH NJW 88, 94).

Die Warnpflicht entfällt, wenn der Ersatzpflichtige den Schaden ebenso gut voraussehen konnte (BGH VersR 53, 14). Ebenso entfällt sie, wenn die Warnung erfolglos geblieben wäre (BGH DB 56, 110; VersR 94, 380, doch geht es hier wohl eher um das Fehlen der Kausalität einer Unterlassung).

2. Die Obliegenheit zur Schadensabwendung oder –minderung, II 1 Alt 2. a) Körper- und Gesundheitsschäden. Bei Körper- oder Gesundheitsschäden muss der Geschädigte sich sachgerecht um Heilung bemühen. Doch braucht er sich nicht mit einer Nachbehandlung gerade durch den ersatzpflichtigen Arzt zu begnügen (Köln VersR 87, 620). Ggf muss der Geschädigte sich einer Rehabilitation unterziehen (BGH VersR 70, 272). Dazu muss der Schädiger die nötigen Mittel vorschießen (BGH VersR 61, 1125). Einer Operation, deren Kosten der Schädiger gleichfalls vorzuschießen hat, muss sich der Geschädigte unterziehen, wenn sie Erfolg verspricht und nicht mit besonderen Gefahren oder Schmerzen verbunden ist (BGHZ 10, 18, 19 und ständig; eine Grenze zieht BGH NJW 94, 1592). Bei einer Meinungsverschiedenheit unter Ärzten besteht diese Obliegenheit nicht (RGZ 129, 398).

Wenn die Berufsfähigkeit nicht wieder hergestellt werden kann, muss der Geschädigte in einen zumutbaren **anderen Beruf wechseln**, dessen Vergütung und soziale Wertschätzung nicht spürbar unter derjenigen des alten Berufs liegt (Hamm VersR 92, 1120). Die Eröffnung einer eigenen Praxis kann aber unzumutbar sein (BGH NJW 74, 602).

18   Dem Geschädigten kann auch eine **Umschulung** zuzumuten sein, selbst wenn diese mit einer Trennung von seiner Familie und einem Wechsel des Wohnsitzes verbunden ist (BGHZ 10, 18, 20). Auch hier muss der Schädiger die Finanzierung übernehmen. Die Inanspruchnahme einer vorgezogenen Altersgrenze (also das In-Rente-Gehen) ist dem Geschädigten nicht zuzumuten (BGH NJW 82, 984).

19   **b) Sachschäden.** Bei Sachschäden muss sich der Geschädigte, wenn er die Herstellung selbst übernimmt, um eine rasche und sachverständige Reparatur bemühen (Celle VersR 80, 633); die Entscheidung der Haftpflichtversicherung des Schädigers soll er nicht abwarten dürfen (Celle VersR 62, 1212).

20   Während einer längeren Reparaturzeit darf (und muss ggf) er einen Mietwagen nehmen oder sogar ein Interimsfahrzeug erwerben, wenn ein wichtiger Fahrbedarf besteht (Frankf VersR 80, 45). Bei geringem Fahrbedarf muss er auf Taxis oder öffentliche Verkehrsmittel ausweichen (BGHZ 45, 212, 219; NJW 69, 1477). Zur Inanspruchnahme von Mietwagen, die zu einem Unfallersatztarif teurer angeboten werden, s § 249 Rn 33: Der Mehraufwand wird nur dann durch § 249 II gedeckt, wenn auf besonderen Leistungen des Vermieters beruht. Doch kommt es andernfalls darauf an, ob der Geschädigte die Übertreuerung erkennen konnte (BGHZ 132, 373, 378: Der Geschädigte braucht nicht erst „eine Art Marktforschung" zu betreiben, um das günstigste Angebot herauszufinden).

21   Nach der Herstellung durch Beschaffung eines Ersatzwagens (§ 249 Rn 8) gibt es nicht selten Streit um die **Verwertung des Unfallwagens.** Hierfür mag der Versicherer des Schädigers ein Angebot machen, auf das der Geschädigte idR eingehen muss. Dagegen genügt ein bloßer Hinweis des Versicherers auf eine Verwertungsmöglichkeit nicht, dem der Geschädigte erst nachgehen müsste (BGH NJW 00, 800). Vielmehr darf er den Unfallwagen zu dem sachverständig ermittelten Wert veräußern, ohne zuvor eine günstigere Verwertungsmöglichkeit suchen zu müssen (BGH NJW 93, 1849, 1850 f).

22   **c) Andere Schäden.** Bei Nichtleistung kann dem Käufer (durch anderweitige Beschaffung) oder dem Verkäufer (durch anderweitige Veräußerung) ein Deckungsgeschäft obliegen; das soll nach den Umständen des Einzelfalls zu entscheiden sein (etwa BGH NJW 97, 1231, 1232 mN). Der Reisende kann im Rahmen des § 651 c II (dort Rn 23) mit einer gleichwertigen Ersatzunterkunft vorlieb nehmen müssen. Der Geschädigte darf die Herstellung nicht deshalb verzögern, weil er die Kosten aus eigenen verfügbaren Mitteln vorfinanzieren soll (BGHZ 61, 350).

23   **3. Die Mitwirkung bei der Verursachen des Schadens, I.** Wo es gesetzliche Verhaltenspflichten gibt, wie für den **Straßenverkehr,** fällt deren schuldhafte Nichteinhaltung idR (nämlich bei Mitursächlichkeit) unter § 254 (bzw. § 9 StVG). Doch kann selbst eine schuldlose Nichteinhaltung die maßgebliche Betriebsgefahr erhöhen. Diese tritt aber bei Auffahrunfällen idR zurück, wenn der Geschädigte verkehrsgerecht gebremst hat (BGH NJW 88, 58, freilich noch zu § 7 II StVG aF). Selbst eine Überschreitung der in der VO vom 21. 11. 78 (BGBl I 1824) bloß empfohlenen **Richtgeschwindigkeit** auf Autobahnen (130 km/h) kann über eine Erhöhung der Betriebsgefahr die Mithaftung nach §§ 254 BGB, 9 StVG begründen (BGHZ 117, 337). Bei ausreichenden Anhaltspunkten für eine Gefahr ist besondere Vorsicht anzuwenden (etwa BGH NJW 85, 482: Vereisung eines Weges bei Frost). Fußgänger müssen zum Überqueren der Fahrbahn einen nahe gelegenen Fußgängerübergang benutzen (BGH VersR 77, 337). Sicherheitsgurte und Sturzhelme sind anzulegen (§ 21a I, II StVO).

24   Aber auch außerhalb gesetzlicher Vorschriften kommt ein Mitverschulden durch die Verletzung bloßer **Obliegenheiten** in Betracht; das Mitverschulden ist dann ein sog Verschulden gegen sich selbst. Ein Bsp. bildet schon der eben genannte, einen gesicherten Übergang verschmähende Fußgänger. Entsprechende Obliegenheiten finden sich in fast allen Lebensbereichen. So darf man sich auf eine mündliche Auskunft nicht verlassen, die im Widerspruch zu gleichzeitig ausgehändigten schriftlichen Unterlagen steht (BGH NJW 80, 2576). Der Bankkunde muss seine Scheckformulare sorgsam aufbewahren (RGZ 81, 254) und den Verlust der Formulare oder der Scheckkarte rasch anzeigen (BGH NJW 68, 37). Seine Kontobewegungen muss er überwachen (BGH NJW 68, 742). Auch wertvolle Sachen müssen sorgfältig behütet werden (BGH NJW 69, 789). Die Aufzählung solcher Obliegenheiten lässt sich fast beliebig fortsetzen.

25   Es gibt aber auch einen wichtigen Bereich, in dem Obliegenheiten weitgehend verneint werden: Wir beruflich Rat zu erteilen oder Fristen zu überwachen hat, darf nicht erwarten, dass der Gläubiger dem Rat misstraut oder die Fristwahrung selbst überwacht (BGH NJW 92, 307; 820; BGH WM 78, 948). Dies gilt auch gegenüber behördlichen Auskünften (BGH NJW 80, 2576, 2577).

26   **IV. Insbesondere die Problematik von II 2. 1. Anwendung auch bei I.** II 2 bestimmt die entsprechende Anwendung von § 278. Diese Anwendung bezieht sich nach ihrer Stellung nur auf den ihr vorangehenden II 1. Es gibt aber keinen Grund, die Spezialfälle von II 1 anders zu behandeln als die Regelfälle von I. Daher besteht Einigkeit: II 2 ist wie eine selbständiger III zu lesen. Er bezieht sich also auch auf I (etwa RGZ 62, 107; BGHZ 3, 46, 48).

27   **2. Das Erfordernis der Sonderverbindung.** § 278 spricht von „Schuldner" und „Verbindlichkeit", setzt also eine **Sonderverbindung** voraus. Eine solche besteht regelmäßig in den Fällen II 1 Alt 1 (sonst kann der Geschädigte kaum warnen) und Alt 2 (es gibt ja schon meist einen Schadensersatzanspruch). Dagegen ist bei

I eine Sonderverbindung zwar insbesondere bei Haftung aus Vertragsverletzung oder cic gegeben, nicht aber bei der Deliktshaftung. Wenn der Ersatzanspruch aus Delikt stammt, wird also insbesondere Kindern ein Aufsichtsverschulden ihrer Eltern bei der Schadensentstehung nicht angerechnet. Wohl aber müssen sie ein Verschulden an der Ausweitung des Schadens gegen sich gelten lassen, also wenn zB eine ärztliche Behandlung verzögert wird (RGZ 156, 193, 205).

Die eben geschilderte Auffassung des II 2 als **Rechtsgrundverweisung** auf § 278 wird aber durch den Wortlaut nicht zwingend gefordert. Vielmehr kann man die ja bloß „entsprechende" Anwendung auch als **Rechtsfolgeverweisung** verstehen: Dann kommt es auf eine Sonderverbindung zwischen Schädiger und Geschädigten im Zeitpunkt der Schädigung nicht an. 28

Während in der Lit nicht selten die Ansicht von o Rn 28 vertreten wird, hat die Rspr die (vor allem für Kinder günstigere) Ansicht von o Rn 27 vorgezogen: etwa BGHZ 24, 325, 327; 116, 60, 74. Freilich sollen dann auch die §§ 31, 831 entsprechend anwendbar sein (BGHZ 3, 46; 8, 142, 151), die aber für Kinder nicht in Betracht kommen. Da wirklich überzeugende Gegengründe nicht ersichtlich sind, ist II 2 in der Praxis als Rechtsgrundverweisung (mit der Konsequenz von o Rn 27) zu verstehen. 29

Bei Annahme einer Rechtsgrundverweisung gilt für den Gehilfen auch das weitere Merkmal des § 278 entsprechend, nämlich das der **Einschaltung** (vgl § 278 Rn 8). Anzurechnen ist also nur ein Verschulden von Gehilfen, die der Geschädigte in die Erfüllung seiner Obliegenheiten eingeschaltet hat, zB die Ehefrau wird mit der Begleitung eines Transports betraut (BGHZ 3, 46, 51). Nicht Erfüllungsgehilfe ist dagegen der Architekt des Bauherrn bei der Kontrolle des Bauunternehmers: Diese Kontrolle obliegt dem Bauherrn nicht, so dass er den Architekten nicht eingeschaltet hat (Karlsr VersR 62, 188). 30

Einige Sondervorschriften (§§ 9 StVG, 6 I ProdhaftG, 11 UmwHaftG, 34 LuftverkG, 27 AtomG) stellen bei der Beschädigung einer Sache ein Verschulden des **Sachbewahrungsgehilfen** dem Verschulden des Geschädigten gleich. Hier wird also ohne die Erfordernisse von § 278 zugerechnet. 31

V. Die Anrechnung von Betriebsgefahren. Nach dem Wortlaut des § 254 muss ein Verschulden des Geschädigten mitgewirkt haben. Ausnahmsweise stellen Spezialvorschriften im Recht der Gefährdungshaftung (§ 17 I 2 StVG, § 13 I 2 HaftpflG, § 41 S 2 LuftverkG) aber auf „die Umstände" ab, die nicht notwendig ein Verschulden des Geschädigten erfordern. Die Rspr hat das unter Zustimmung großer Teile der Lehre ausgeweitet: Wenn an der Schädigung eine Betriebsgefahr auf der Seite des Geschädigten mitgewirkt hat, die dieser als Schädiger vertreten müsste, soll sie ihm auch analog § 254 schadensmindernd angerechnet werden (etwa BGHZ 67, 129, 134 Verletzung unter Luxustieren, ausführlich Staud/*Schiemann* § 254 Rn 10 ff). Die Betriebsgefahr des Geschädigten wird auch auf verschuldensabhängige Ansprüche des Geschädigten angerechnet (BGHZ 20, 159). Die Anrechnung von Betriebsgefahren, für die keine gesetzliche Haftung besteht (zB bei einem beladenen Fahrrad), ist aber abzulehnen. 32

D. Rechtsfolgen. I. Die Schadensteilung. 1. Mitwirkung. Die Verantwortlichkeit von Schädiger und Geschädigten für einen Schaden führt idR zu einer Schadensteilung. Dafür kommt es nach I insbesondere auf die Verursachungsanteile an (BGH NJW 03, 1929, 1931). Diese müssen also gewichtet werden. Dem scheint entgegenzustehen, dass sonst alle Ursachen als äquivalent behandelt werden (§ 249 Rn 43). Doch gilt das für § 254 nicht: Dort wird nach der **Wahrscheinlichkeit** unterschieden, mit der einerseits die schädigende Handlung und andererseits die Obliegenheitsverletzung den Schaden herbeigeführt hat (BGH VersR 88, 1238; NJW 94, 379): Eine Mitwirkung wiegt umso schwerer, je wahrscheinlicher sie den Schaden gemacht hat. 33

Diese Wahrscheinlichkeit kann sich für mehrere Schadensposten unterscheiden. So macht etwa das Nichtanlegen des Sicherheitsgurtes Kopfverletzungen sehr wahrscheinlich, hat aber auf Sachschäden idR keinerlei Einfluss. Trotzdem arbeitet die Rspr oft nur mit einer auf den ganzen Schaden bezogenen einheitlichen Schadensverteilung (Ausnahme vielleicht BGH NJW 79, 980). Das kann unschädlich sein, wenn man schon den vollen Schaden übersieht; freilich erschwert dann die „Durchschnittsquote" die Vergleichbarkeit. Daher ist es auch in solchen Fällen vorzugswürdig, ggf für verschiedene Schadensposten jeweils eigene Quoten zu bilden (vgl Staud/*Schiemann* Rn 129). 34

2. Verschulden oder Gefährdung. Gegenüber der Mitwirkung bilden das Verschulden und das etwa zu vertretende Gefährdungspotenzial (o Rn 32) idR nur einen Korrekturfaktor. So sagt etwa BGH NJW 69, 789, 790, die Prüfung des Verschuldensgrades beider Teile sei erst dann nötig, wenn die Abwägung der Mitwirkungsanteile kein Überwiegen ergeben (weniger eng BGH NJW 98, 1137, 1138: Das Verschulden sei nur „ein Faktor" der Abwägung). Freilich wird das Verschulden häufig nicht viel ändern: Auch dieses wiegt in der Regel umso schwerer, je wahrscheinlicher es den Schaden gemacht hat. Dem widerspricht freilich, dass bei Vorsatz der Schädiger den Schaden idR allein tragen soll (u Rn 37). Im Einzelnen bleibt das Verhältnis von Mitwirkung und Verschulden unklar. 35

3. Die Quoten. Die Abwägung bei § 254 bildet also weithin ein Ergebnis der Schätzung durch den Tatrichter (u Rn 49). Daher tut die Praxis gut daran, bei der Festsetzung der Quoten nicht eine Genauigkeit vorzutäuschen, die es nicht geben kann. Folglich sollten nur runde %-Sätze (10, 20 % usw) oder Brüche mit kleinem Nenner (1/2, 1/3, 1/4, 1/5) angegeben werden. Zu den im Verkehrsrecht angewendeten Quoten *Grünberg*, Haftungsquoten bei Verkehrsunfällen, 9. Aufl 05. 36

37 **II. Alleinige Schadenstragung.** Aus dem Gesagten folgt, dass kleine Mitwirkungsanteile des Geschädigten (etwa unter 10 %) unberücksichtigt bleiben sollen. Der Schädiger hat dann vollen Ersatz zu leisten. Gleiches gilt in der Regel, wenn ihm ein den Schaden umfassender Vorsatz zur Last fällt, während der Geschädigte nur Fahrlässigkeit zu verantworten hat (BGH NJW 84, 921, 922 mN). Doch darf der Vorsatz des Schädigers „nicht schlechthin zum Freibrief für jeden Leichtsinn des Geschädigten werden" (BGH NJW 02, 1643, 1646 mN). Berücksichtigt werden kann insbesondere, dass der Geschädigte (vorsätzlich) elementare Vorsichtsmaßnahmen unterlassen hat (BGH aaO). Für einen Schadensersatzanspruch aus § 826 soll Abweichendes gelten, idR auch für einen Anspruch aus unrichtiger Auskunft (BGH NJW 98, 302, 305). Der Vorsatz eines Gehilfen soll aber milder behandelt werden (BGH NJW 97, 2236, 2237 f).

38 Umgekehrt kann auch der Schadensbeitrag des Geschädigten so groß sein, dass er seinen Schaden allein tragen muss (zB beim Aufspringen auf eine anfahrenden Eisenbahnzug, Stuttg VersR 86, 147, ebenso für das Abspringen Frannkf VersR 987, 1118).

39 **E. Handeln auf eigene Gefahr.** Wer sich wissentlich und willentlich in eine erhöhte Gefahr begibt, erklärt so sein Einverständnis mit einer daraus folgende Verletzung und hat daher keinen Schadensersatzanspruch. Dieser Satz war seit RGZ 141, 262 bis zum Jahr 1961 weithin anerkannt. Doch hat BGHZ 34, 355 eine Wende eingeleitet: Das **Einverständnis** mit der Verletzung fehle idR, weil der Handelnde auf einen schadensfreien Verlauf hoffe (aaO S 360 ff). Das gilt vor allem für nicht besonders gefährliche Sportarten und die Teilnahme am Straßenverkehr. Eine Ausnahme ist nur für besonders gefährliche Sportarten erwogen worden (aaO S 363).

40 Einen anderen Weg wählt die Rspr jedoch bei **Kampfsportarten**, insbesondere bei Fußballspielen: Jeder Teilnehmer wisse, dass es trotz Einhaltung der Regeln (oder auch bei leicht fahrlässigen Regelverstößen) zu Verletzungen kommen könne. Dabei sei jeder Spieler potenziell sowohl Täter wie auch Opfer. Er verstoße daher gegen das Verbot des Selbstwiderspruchs (§ 242 Rn 43 ff), wenn er aus einer so zustande gekommenen Verletzung Ansprüche herleiten wolle (BGHZ 63, 140, 144 ff). In dieser Konstellation gelangt man also nicht mehr zu § 254.

41 **F. Mehrheit von Schädigern.** Bei einer Mehrheit von Schädigern hat der Geschädigte idR Ersatzansprüche gegen jeden von ihnen. Der Umfang dieser Ansprüche wird zweifelhaft, wenn den Geschädigten eine von diesem zu verantwortende Mitwirkung trifft, deren Abwägung gegen die Mitwirkung der Schädiger zu verschiedenen Ergebnissen führt.

42 Sind die Schädiger Mittäter, Anstifter oder Gehilfen einer unerlaubten Handlung nach § 830 I 1, II, so ist jeder (unabhängig von seinem Mitwirkungsanteil) für den Schaden verantwortlich. Die Tatbeiträge sind also **zu kumulieren**; ihre Summe steht der Mitwirkung des Geschädigten gegenüber. Sofern diese nach o Rn 37 f überhaupt Bedeutung erlangt, mindern sich die Ersatzansprüche also nur verhältnismäßig wenig (vgl BGHZ 30, 203, 206). Das ist die für den Geschädigten günstigste Lösung: Jeder Schädiger haftet gesamtschuldnerisch (§ 840) auch für die Schadensbeiträge der übrigen.

43 Sonst (also idR bei fahrlässigen Nebentätern) hatte BGHZ 12, 213, 220 eine **isolierte Einzelbetrachtung** der mehreren Ersatzansprüche angewendet: Jeder Schädiger hafte auf die Quote, die sich aus dem Vergleich der ihm zur Last fallenden Mitwirkung mit derjenigen des Geschädigten ergebe. Insgesamt erhielt der Geschädigte so Ersatz der für ihn günstigsten Einzelquote; die übrigen Schädiger hafteten mit ihren geringeren Quoten gesamtschuldnerisch daneben.

44 BGHZ 30, 204, 207 ff hat dies durch eine **Gesamtschau des Unfallgeschehens** ergänzt: Die Verantwortungsanteile aller Schädiger werden gegen den Anteil des Geschädigten abgewogen; die hieraus folgende Quote erhält der Geschädigte insgesamt, doch soll jeder einzelne Schädiger höchstens so viel leisten müssen, wie sich aus der Einzelbetrachtung nach o Rn 43 ergibt (insoweit dann als Gesamtschuldner).

45 BGHZ 54, 283, 285 hat aber diese **Gesamtschau wieder eingeschränkt**: Dem Geschädigten solle die bloße Zahl der Schädiger keinen Nutzen bringen, wenn die Zahl zu keiner Erhöhung der Gefährlichkeit führe. So liege es, wenn die Ursachenbeiträge der Schädiger sich vereinigt hätten, ehe sie auf den Beitrag des Geschädigten träfen. Der Mitwirkungsanteil einer solchen **Haftungseinheit** sei dann dem Anteil des Geschädigten gegenüberzustellen. Die wichtigsten Haftungseinheiten sind Fahrer und Halter sowie Gehilfe (§ 278 oder § 831) und Geschäftsherr. Das ist aber streitig, vgl Staud/*Schiemann* Rn 145 ff mN

46 **G. Prozessuales.** § 254 begründet keine Einrede, sondern eine von Amts wegen zu beachtende Einwendung. Das wird aus der Verwandtschaft der Vorschrift mit § 242 gefolgert (BGH NJW 00, 217, 219 mN).

47 Die **Beweislast**, für die eine Anspruchsminderung begründenden Umstände trifft den Schädiger (BGHZ 91, 243, 260; BGH NJW 00, 664, 667). Doch soll der Geschädigte an der Beweisführung mitzuwirken haben, wenn es um Tatsachen aus seiner Sphäre geht (BGHZ 91, 243, 260). Für den Beweis selbst ist § 286 maßgeblich; dagegen richtet sich die Bewertung der erwiesenen Umstände nach § 287 ZPO (BGH NJW 68, 985).

48 Ein **Grundurteil** nach § 304 ZPO kann bereits die Haftungsquote feststellen. Doch darf diese Feststellung auch dem Betragsverfahren überlassen werden, wenn § 254 zweifellos nur zu einer Minderung und nicht zur Beseitigung einer Haftung führen kann (BGHZ 76, 397, 400).

Voll **revisibel** ist die Anwendung oder Nichtanwendung des § 254. Dagegen ist die Bewertung und damit die 49
Feststellung der maßgeblichen Quote grundsätzlich Sache des Tatrichters. Doch kann das Revisionsgericht
prüfen, ob dieser „alle in Betracht kommenden Umstände vollständig und richtig berücksichtigt und der
Abwägung rechtlich zulässigen Erwägungen zugrunde gelegt hat" (BGH NJW 03, 1929, 1931).

§ 255 Abtretung der Ersatzansprüche

Wer für den Verlust einer Sache oder eines Rechts Schadensersatz zu leisten hat, ist zum Ersatz nur gegen
Abtretung der Ansprüche verpflichtet, die dem Ersatzberechtigten auf Grund des Eigentums an der Sache
oder auf Grund des Rechts gegen Dritte zustehen.

A. Funktion. Die Vorschrift geht davon aus, dass Schadensersatz für den Verlust einer Sache oder eines 1
Rechts auch verlangen kann, wer möglicherweise (BGHZ 6, 55, 61) auch Ansprüche aus dem Sacheigentum
(insbesondere aus § 985, was auf eine Übertragung des Eigentums hinausläuft) oder aufgrund des Rechts
gegen einen Dritten hat. Dabei soll § 255 einen Verstoß gegen das schadensrechtliche Bereicherungsverbot
(vgl BGHZ 60, 353, 357) verhindern: Der Geschädigte soll nicht zugleich Schadensersatz erhalten und
Ansprüche aus Sachen oder Recht behalten können. Vgl dazu *Roth* FS Medicus, 99, 495 ff

B. Anwendungsbereich. I. Konkurrenzen. § 255 soll einen Regress des Schädigers (= Ersatzpflichtigen) 2
gegen einen Dritten ermöglichen. Er steht daher neben den Regressvorschriften, die mit einer Legalzession
arbeiten (zB §§ 67 VVG, 116 SGB X) und insbesondere neben der Gesamtschuld, die einen doppelten Regress
über § 426 vermittelt (vgl dort Rn 16 ff). Diese Regeln sollen dem § 255 vorgehen (BGHZ 52, 39, 43, 45, str).
Dadurch wird der Anwendungsbereich von § 255 stark eingeengt. Das gilt umso mehr, je stärker der Anwendungsbereich
der Gesamtschuldregeln auf verschiedenartige Leistungen (wie Schadensersatz und Erlösherausgabe
nach § 816 I 1) ausgeweitet wird (vgl § 421 Rn 5). Die Tendenz zu einer Ausschaltung des § 255
bringt Vorteile, weil § 426 im Gegensatz zu § 255 keine eigene Abtretung verlangt und in Verbindung mit
§ 254 (vgl dort Rn 3) elastische Lösungen ermöglicht.

II. Voraussetzungen. Abgesehen von der Konkurrenzfrage (o Rn 2) betrifft § 255 beim **Verlust einer Sache** 3
vor allem den Herausgabeanspruch des Geschädigten aus § 985 und ggf auch Ansprüche aus den §§ 987 ff,
823 I, soweit sie nach der Schadensersatzleistung an den Eigentümer fortbestehen. BGHZ 52, 39, 42 nennt
weiter den Anspruch auf Erlösherausgabe aus § 816 I 1, räumt aber ein, dass dessen Abtretung an den Verkäufer
sinnlos ist. Die weiteren dort genannten Ansprüche aus den §§ 1007, 861 sind dagegen keine
Ansprüche aus dem Eigentum. Dass der Dritte (als Regressschuldner) dem Schaden näher stehen müsse als
der Ersatzschuldner, wie vielfach behauptet wird, ist nicht richtig: Der Schaden des Alteigentümers wird ja
durch den Ersatzberechtigten voll ersetzt; der Regress gegen den Dritten betrifft nur Ansprüche, die nach
dem Wegfall dieses Schadens noch übrig bleiben (das ist eben in ersten Linie § 985, wenn die Sache noch
existiert).

Der **Verlust eines Rechts** ist selten. Angewendet worden ist die Vorschrift auf den Verlust einer Wechselurkunde 4
(RG JW 1906, 109) und analog auf die verspätete Vorlegung eines Schecks (BGHZ 6, 55). Weiter in
Betracht kommen die Verjährung oder eine andere Entwertung des Rechts.

C. Rechtsfolgen. Der Ersatzschuldner braucht den Ersatz nur Zug um Zug (§§ 273, 274) gegen Abtretung 5
der Ansprüche zu leisten. Ob diese wirklich durchsetzbar sind, spielt keine Rolle (BGHZ 6, 55, 61). Hat er
den Ersatz ohne die Berufung auf § 255 geleistet, kann er über den Wortlaut der Vorschrift hinaus die Abtretung
noch nachträglich fordern (RGZ 117, 335, 338; BGHZ 52, 39, 42); § 255 wird dann also zur Anspruchsgrundlage).
Die Abtretung des § 985 meint die Übereignung der Sache nach §§ 929, 931 (§ 985 kann ja nicht
vom Eigentum getrennt werden, vgl § 985 Rn 19).

§ 256 Verzinsung von Aufwendungen

¹Wer zum Ersatz von Aufwendungen verpflichtet ist, hat den aufgewendeten Betrag oder, wenn andere Gegenstände
als Geld aufgewendet worden sind, den als Ersatz ihres Wertes zu zahlenden Betrag von der Zeit der
Aufwendung an zu verzinsen. ²Sind Aufwendungen auf einen Gegenstand gemacht worden, der dem Ersatzpflichtigen
herauszugeben ist, so sind Zinsen für die Zeit, für welche dem Ersatzberechtigten die Nutzungen
oder die Früchte des Gegenstands ohne Vergütung verbleiben, nicht zu entrichten.

A. Normzweck. § 256 begründet keinen Aufwendungsersatzanspruch, sondern ergänzt den aufgrund anderer 1
Vorschriften gegebenen Ersatzanspruch um einen Anspruch auf Verzinsung (Soergel/*Wolf* § 256 Rn 1;
MüKo/*Krüger* § 256 Rn 1). § 256 ist damit Anspruchsgrundlage für den Anspruch auf Verzinsung, der einen
Neben- und Ergänzungsanspruch zum eigentlichen Aufwendungsersatzanspruch darstellt (Soergel/*Wolf* § 256
Rn 1; AnwK/*Knöfler* § 256 Rn 1).

2 § 256 bezweckt, dem zum Aufwendungsersatz Berechtigten einen **Ausgleich** dafür zu geben, dass er den aufgewendeten Geldbetrag oder den ihm zustehenden Wertersatz für aufgewendete Gegenstände nicht selbst zur Verfügung hat (Staud/*Bittner* § 256 Rn 1; Soergel/*Wolf* § 256 Rn 2). Der Anspruch nach § 256 ist dementspr von den **Voraussetzungen des Verzugs unabhängig** und entfällt nach S. 2, solange und soweit der Ersatzberechtigte die Nutzungen des Gegenstandes, auf den er die Aufwendungen gemacht hat, unentgeltlich behalten darf.

3 **B. Begriff der Aufwendungen.** Aufwendungen sind **freiwillig** erbrachte Aufopferungen von Vermögenswerten, die im Interesse eines anderen liegen. Freiwillig bedeutet die willentliche Selbstauferlegung des Vermögensopfers. Nicht erforderlich ist, dass die Aufwendung „aus freien Stücken" vorgenommen wurde (MüKo/*Krüger* § 256 Rn 2, 3; Palandt/*Heinrichs* § 256 Rn 1). Unter den Begriff der Aufwendungen fallen auch die so genannten **Verwendungen** (vgl §§ 459, 850, 994, 996, 1049). Darunter fallen Aufwendungen, die den Zweck haben, einer Sache zugute zu kommen, zB eine Sache zu erhalten, zu verbessern oder wiederherzustellen (AnwK/*Knöfler* § 256 Rn 2; BaRoth/*Grüneberg* § 256 Rn 5). Keine Aufwendungen sind Schäden, die der Betroffene ohne oder gegen seinen Willen erleidet (MüKo/*Krüger* § 256 Rn 2).

4 **C. Anwendungsbereich.** Die Verpflichtung zum Aufwendungsersatz kann aufgrund einer **vertraglichen Vereinbarung** (vgl § 652 II) oder einer **gesetzlichen Vorschrift** bestehen. Einen Aufwendungsersatzanspruch gewähren zB die §§ 284, 304, 347 II 2, 536a, 478 II, 637, 670, 683, 693, 970, einen Ersatzanspruch für „Verwendungen" erwähnen zB die §§ 459, 601, 850, 994, 995, 996, 999, 1049 I.

5 Aus dem Begriff der Aufwendungen folgt, dass der **familienrechtliche Ausgleichsanspruch** (s § 1601 Rn 1 ff) ebenso wenig einen Aufwendungsersatzanspruch iSd § 256 darstellt (BGH NJW 89, 2816), wie der **prozessuale Kostenerstattungsanspruch** oder der Anspruch auf Ersatz von **Vorsorgekosten**, die mit Rücksicht auf mögliche Schädigungen Dritter aufgewendet wurden, zB Versicherungen (Soergel/*Wolf* § 256 Rn 5; MüKo/*Krüger* § 256 Rn 6). In all diesen Fällen fehlt es an dem für den Aufwendungsersatzanspruch charakteristischen Handeln im fremden Interesse.

6 **D. Verzinsungspflicht.** § 256 S 1 gewährt dem Ersatzberechtigten einen Anspruch auf Zinsen auf den Betrag der Ersatzforderung mit der Entstehung des Aufwendungsersatzanspruchs, also von der Zeit der Aufwendung an (BGH VIZ 00, 563). Die Höhe der Zinsen ergibt sich aus § 246 (4 %) oder § 352 HGB (5 %).

7 § 256 S 2 statuiert eine Ausnahme von der Verzinsungspflicht für den Fall, dass der Ersatzberechtigte die Nutzungen oder die Früchte des Gegenstandes, auf den die Aufwendungen gemacht worden sind, unentgeltlich verbleiben (Erman/*Kuckuk* § 256 Rn 7; AnwK/*Knöfler* § 256 Rn 5; BaRoth/*Grüneberg* § 256 Rn 9). Derjenige, der den Nutzen aus der Sache zieht, soll entspr dem Normzweck des § 256 (s Rn 2) nicht auch noch Zinsen beanspruchen können.

8 **E. Verjährung, Zurückbehaltungsrecht.** Für den Anspruch auf Verzinsung ist die dreijährige Regelverjährung des § 195 anwendbar. Zu berücksichtigen ist allerdings, dass der Anspruch nach § 217 spätestens mit dem Aufwendungsersatzanspruch verjährt (Staud/*Bittner* § 256 Rn 14). Dem Ersatzberechtigten steht ein Zurückbehaltungsrecht zu (§ 273 II).

§ 257 Befreiungsanspruch

¹Wer berechtigt ist, Ersatz für Aufwendungen zu verlangen, die er für einen bestimmten Zweck macht, kann, wenn er für diesen Zweck eine Verbindlichkeit eingeht, Befreiung von der Verbindlichkeit verlangen. ²Ist die Verbindlichkeit noch nicht fällig, so kann ihm der Ersatzpflichtige, statt ihn zu befreien, Sicherheit leisten.

1 **A. Normzweck.** § 257 S 1 konkretisiert den Inhalt eines Aufwendungsersatzanspruchs, wenn die Aufwendung in der Eingehung einer Verbindlichkeit besteht. Der Ersatzberechtigte kann iSe Naturalrestitution die Befreiung von der übernommenen, aber noch nicht erfüllten Pflicht verlangen. § 257 S 2 räumt dem Schuldner das Recht ein, vor Fälligkeit der Verbindlichkeit statt der uU noch gar nicht möglichen Befreiung Sicherheit zu leisten.

2 **B. Anwendungsbereich.** Wie § 256 setzt auch § 257 einen aufgrund eines Vertrags oder Gesetzes bestehenden Aufwendungsersatzanspruch voraus. Die Aufwendung muss in der Eingehung einer Verbindlichkeit im Interesse des Ersatzverpflichteten bestehen (MüKo/*Krüger* § 257 Rn 3). § 257 konkretisiert nur den Inhalt des Aufwendungsersatzanspruchs, stellt für diesen aber keine eigene Anspruchsgrundlage dar. Soweit sich der Anspruch auf Befreiung von einer eingegangenen Verbindlichkeit oder der Anspruch auf Sicherheitsleistung bereits aus anderen Rechtsgrundlagen ergibt (zB § 775), kommt § 257 nicht zur Anwendung. Besteht ein vertraglich vereinbarter Befreiungsanspruch, ist § 257 S 2 für die Möglichkeit der Sicherheitsleistung analog anzuwenden (MüKo/*Krüger* § 257 Rn 2; Soergel/*Wolf* § 257 Rn 1).

3 **C. Befreiungsanspruch.** Der Berechtigte kann Befreiung der eingegangenen, aber noch nicht erfüllten Verbindlichkeit fordern, nicht aber den zur Tilgung der Verbindlichkeit notwendigen Geldbetrag (BaRoth/*Grü-*

neberg § 257 Rn 5). Anderes gilt nur, wenn die Inanspruchnahme durch den Dritten mit Sicherheit zu erwarten ist (RGZ 78, 26). Wie der Schuldner die Befreiung bewirkt, ist ihm überlassen (BGHZ 91, 77), zB durch Leistung als Dritter (§ 267), befreiende Übernahme der Verbindlichkeit (§§ 414, 415) oder durch Vereinbarung eines Erlassvertrags mit dem Gläubiger zugunsten des Schuldners (MüKo/*Krüger* § 257 Rn 4; Soergel/*Wolf* § 257 Rn 5; aA Staud/*Bittner* § 257 Rn 7). Um dem Schuldner sein diesbezügliches Wahlrecht zu erhalten, lautet der Klageantrag auf Verurteilung zur Befreiung von der Verbindlichkeit. Durch die Verurteilung des Schuldners auf Freistellung hat der Gläubiger nicht das Recht, durch Ersatzvornahme Zahlung an sich selbst zu verlangen (Celle OLGR 98, 58). Die Zwangsvollstreckung erfolgt nach § 887 ZPO, setzt allerdings voraus, dass der Geldbetrag des auf Befreiung von einer Geldschuld gerichteten Anspruchs nach Grund und Höhe eindeutig bestimmt ist (Soergel/*Wolf* § 257 Rn 8).

Der Befreiungsanspruch ist grundsätzlich nicht abtretbar, da er mit der Abtretung seinen Inhalt ändern würde (§ 399). Eine Ausnahme ist nur dort zu machen, wo der Befreiungsanspruch gerade an den Gläubiger des Ersatzberechtigten abgetreten wird (BGHZ 71, 170). In diesem Fall verwandelt sich der Befreiungsanspruch in eine Forderung auf die geschuldete Leistung (MüKo/*Krüger* § 257 Rn 8). In der Insolvenz des Gläubigers fällt der Befreiungsanspruch in die Masse und verwandelt sich in einen Zahlungsanspruch (BGH NJW 94, 49, BGHZ 57, 78), bei Insolvenz des Schuldners des Befreiungsanspruchs gilt § 45 InsO (BaRoth/*Grünewald* § 257 Rn 11). 4

D. Sicherheitsleistung. Ist die Verbindlichkeit des Dritten gegenüber dem Gläubiger noch nicht fällig, dann eröffnet § 257 S 2 dem Schuldner die Wahlmöglichkeit, statt der Befreiung des Gläubigers diesem nur Sicherheit zu leisten. Diese facultas alternativa des Schuldners ist erforderlich, wenn der Dritte zu einer Schuldübernahme oder zu einem Erlass nicht bereit ist und der Schuldner mangels Fälligkeit nicht als Dritter leisten kann. Die Art der Sicherheit richtet sich nach den §§ 232 ff. 5

§ 258 Wegnahmerecht

¹Wer berechtigt ist, von einer Sache, die er einem anderen herauszugeben hat, eine Einrichtung wegzunehmen, hat im Falle der Wegnahme die Sache auf seine Kosten in den vorigen Stand zu setzen. ²Erlangt der andere den Besitz der Sache, so ist er verpflichtet, die Wegnahme der Einrichtung zu gestatten; er kann die Gestattung verweigern, bis ihm für den mit der Wegnahme verbundenen Schaden Sicherheit geleistet wird.

A. Normzweck. Das BGB billigt demjenigen, der Verwendungen auf die herauszugebende Sache gemacht hat, neben oder anstatt des Aufwendungsersatzes in bestimmten Fällen ein Wegnahmerecht zu. Damit soll den Interessen des Herausgabepflichtigen Rechnung getragen werden, der mit der herauszugebenden Sache eine „Einrichtung" verbunden hat, die für ihn auch nach der Trennung einen eigenständigen Wert besitzt (MüKo/*Krüger* § 258 Rn 1). § 258 regelt nur den Inhalt des Wegnahmerechts; das Wegnahmerecht selbst ergibt sich aus anderen Rechtsgrundlagen, zB gesetzlich für den Mieter (§ 539 II), Pächter (§ 581 II), Entleiher (§ 601 II 2), unrechtmäßigen Besitzer (§ 997 I) und Vorerben (§ 2125 II) oder aus Vertrag (BaRoth/*Grüneberg* § 258 Rn 2; AnwK/*Knöfler* § 258 Rn 2). 1

B. Einrichtung. Gegenstand des Wegnahmerechts ist eine Einrichtung. Darunter ist eine Sache zu verstehen, die mit einer anderen körperlich verbunden ist und deren wirtschaftlichen Zwecken dient (Palandt/*Heinrichs* § 258 Rn 1), unabhängig davon, ob sie wesentlicher Bestandteil der Hauptsache geworden ist oder ob die Verbindung nur einem vorübergehenden Zweck dient (Staud/*Bittner* § 258 Rn 3). Einrichtungen sind zB Anbauten (BGHZ 81, 146), Badewannen, Beleuchtungsanlagen, Heizungsinstallationen (RGZ 106, 52), Bahnanschlussgleise (BGH BB 66, 304) oder Pflanzen (Ddorf NJW-RR 99, 160). 2

C. Wegnahmerecht. Das Wegnahmerecht besteht unabhängig davon, ob der Berechtigte noch Eigentümer der Einrichtung ist. Ist der Berechtigte Eigentümer, bedeutet Wegnahme die Trennung der Einrichtung von der Hauptsache (Staud/*Bittner* § 258 Rn 1). Ist der Berechtigte nicht mehr Eigentümer (§§ 946, 93), steht dem Berechtigten neben dem Trennungsrecht auch ein dingliches Aneignungsrecht zu (BGHZ 81, 150; MüKo/*Krüger* § 258 Rn 6; AnwK/*Knöfler* § 258 Rn 4). 3

Hat der andere Besitz an der Sache, verwandelt sich das Trennungsrecht nach § 258 S 2 in einen Anspruch auf Gestattung der Wegnahme, der ebenfalls dinglich ist (BGHZ 81, 150; 101, 42). Den Besitzer trifft nach § 258 S 2 aber keine Herausgabepflicht hinsichtlich der Sache oder der Einrichtung, er hat bis zur Wegnahme ein Recht zum Besitz (§ 986), weshalb er auch nicht zur Herausgabe der Nutzungen verpflichtet ist (BGHZ 81, 151; Staud/*Bittner* § 258 Rn 7). 4

Wer das Wegnahmerecht ausübt, hat die Sache nach § 258 S 1 nach Wegnahme der Einrichtung auf seine Kosten in den vorigen Stand zu setzen, also in den Stand, in dem sich die Sache vor der Verbindung mit der Einrichtung befunden hat (Naturalherstellung). Mit dem Wegnahmerecht korrespondiert also eine Wegnahmepflicht (Staud/*Bittner* § 258 Rn 4). Wer Gleise wegnimmt, darf den Schotter nicht liegen lassen (BGH BB 66, 304), wer ein Gebäude abreißt, darf nicht nur die verwertbaren Bauteile wegnehmen und den Rest liegen- 5 lassen (BGH NJW 70, 755). Ist die Naturalherstellung nicht oder nur mit unverhältnismäßigen Aufwendungen möglich (vgl § 251), besteht zwar das Wegnahmerecht, doch hat der Berechtigte Schadensersatz für die Wertminderung der Hauptsache zu leisten (MüKo/*Krüger* § 258 Rn 8).

6 Hat der Berechtigte einen Anspruch auf Gestattung der Wegnahme, weil sich die Sache im Besitz des anderen befindet, kann dieser die Gestattung gem §§ 273 f verweigern, bis ihm für den mit der Wegnahme verbundenen Schaden Sicherheit geleistet wird (§ 258 S 2). Die Sicherheitsleistung kann nur vor Ausübung des Wegnahmerechts einredeweise verlangt werden, die Art der Sicherheitsleistung richtet sich nach den §§ 232 ff (Soergel/*Wolf* § 258 Rn 18; AnwK/*Knöfler* § 258 Rn 6).

7 Die Verjährung der sich aus § 258 ergebenden Ansprüche richtet sich nach allgemeinen Regeln; das Wegnahmerecht des Mieters oder Pächters verjährt allerdings innerhalb von 6 Monaten (§§ 548 II, 581 II, 591b I).

§ 259 Umfang der Rechenschaftspflicht

(1) Wer verpflichtet ist, über eine mit Einnahmen oder Ausgaben verbundene Verwaltung Rechenschaft abzulegen, hat dem Berechtigten eine die geordnete Zusammenstellung der Einnahmen oder der Ausgaben enthaltende Rechnung mitzuteilen und, soweit Belege erteilt zu werden pflegen, Belege vorzulegen.
(2) Besteht Grund zu der Annahme, dass die in der Rechnung enthaltenen Angaben über die Einnahmen nicht mit der erforderlichen Sorgfalt gemacht worden sind, so hat der Verpflichtete auf Verlangen zu Protokoll an Eides statt zu versichern, dass er nach bestem Wissen die Einnahmen so vollständig angegeben habe, als er dazu imstande sei.
(3) In Angelegenheiten von geringer Bedeutung besteht eine Verpflichtung zur Abgabe der eidesstattlichen Versicherung nicht.

1 **A. Normzweck.** Um dem Gläubiger die Durchsetzung von Ansprüchen zu erleichtern, gewährt ihm das Gesetz in verschiedenen Fällen einen Anspruch auf Rechenschaftslegung. § 259 bestimmt, wie die Rechenschaftspflicht zu erfüllen ist, begründet den Anspruch aber nicht (AnwK/*Knöfler* § 259 Rn 1). Durch die in § 259 normierte Verpflichtung, eine geordnete Zusammenstellung der Einnahmen und Ausgaben der Verwaltung mitzuteilen und gegebenenfalls Belege vorzulegen, wird der Gläubiger in die Lage versetzt, die Ordnungsmäßigkeit der Verwaltung zu überprüfen, um bei allfälligen Pflichtverletzungen Ansprüche geltend zu machen (MüKo/*Krüger* § 259 Rn 1). Bei Zweifeln an der Sorgfalt der Rechenschaftslegung gewährt § 259 II dem Gläubiger das Recht, eine eidesstattliche Versicherung zu verlangen, sofern es sich nicht nur um Angelegenheiten von geringer Bedeutung handelt (§ 259 III).

2 **B. Anwendungsbereich.** § 259 findet unabhängig davon Anwendung, ob der Anspruch auf Rechenschaftslegung auf **Vertrag, Gesetz** oder allgemeinen Rechtsgrundsätzen (§ 242) beruht. Eine gesetzliche Rechenschaftspflicht sehen zB die §§ 27 III, 86 S 1, 556 III, 666, 675, 681 S 2, 687 II 1, 713, 740 II, 1214 I, 1698 II, 1890, 2130 II, 2218 vor. Auch für die Pflicht zur Rechenschaftslegung gegenüber dem Vormundschafts- oder Familiengericht (§§ 1840, 1841, 1667, 1908 i) gilt § 259 (Soergel/*Wolf* § 259 Rn 1; Palandt/*Heinrichs* § 259 Rn 17; aA MüKo/*Krüger* § 259 Rn 4) mit den dort geregelten Besonderheiten. Diesen gesetzlichen Regeln ist der **allgemeine Rechtsgrundsatz** zu entnehmen, dass jedermann zur Rechenschaftslegung verpflichtet ist, der fremde oder zumindest auch fremde Angelegenheiten besorgt (MüKo/*Krüger* § 259 Rn 6; Staud/*Bittner* § 259 Rn 9; Palandt/*Heinrichs* § 261 Rn 18). Da es aber keinen allgemeinen Anspruch auf Rechnungslegung über Umstände gibt, die der eine kennt und die für den anderen bedeutsam sind, erfordert die Verpflichtung zur Rechnungslegung stets eine bestehende Sonderrechtsverbindung, die auch über den Inhalt und den Umfang der Rechenschaftspflicht entscheidet (BGH MDR 03, 1430; MüKo/*Krüger* § 259 Rn 6). Eine solche, auf allgemeinen Grundsätzen beruhende Rechenschaftspflicht ist bei Gewinnbeteiligungen (BGH NJW 57, 1026), Umsatzbeteiligungen eines Arbeitnehmers (BAG AP KSchG § 3 Nr 18), bei Berechnung der Arbeitnehmererfindervergütung (BGH NJW 98, 1305) oder bei Treuhändern (BGH BB 76, 1193) zu bejahen. Auch rechtswidriges Verhalten kann eine Rechenschaftspflicht begründen, zB bei Vereitelung eines Vertrags, der zu einer Rechenschaftspflicht geführt hätte (BGH MDR 63, 300), bei Verletzung von Urheberrechten (§ 97 I UrhG) oder gewerblichen Schutzrechten (BGHZ 92, 64). **Keine** Rechenschaftspflicht besteht bei der Pflicht zur Herausgabe von Nutzungen (BGHZ 19, 68) oder hinsichtlich tatsächlich entstandener Kosten, wenn sie keinen Einfluss auf die Höhe des Entgelts haben (BGH NJW 79, 1304).

3 **C. Inhalt der Rechenschaftspflicht.** Erforderlich ist eine übersichtliche Zusammenstellung der Einnahmen und Ausgaben (MüKo/*Krüger* § 259 Rn 21; AnwK/*Knöfler* § 259 Rn 8). Dabei ist nicht nur der derzeitige Zustand zu berücksichtigen, sondern die gesamte Entwicklung. Die Zusammenstellung muss detailliert und verständlich sein, so dass der Berechtigte ohne fremde Hilfe die Möglichkeit hat, seine Ansprüche gegenüber dem Verpflichteten zu überprüfen. Eine bloße Vorlage von Belegen, auch unter Zusage einer mündlichen Erläuterung, reicht nicht aus (BGHZ 39, 95).

4 **D. Verhältnis zum Hauptanspruch.** Der Anspruch auf Rechnungslegung steht, wenn auch nur als Hilfsanspruch, selbstständig neben dem Hauptanspruch (Staud/*Bittner* § 259 Rn 17; MüKo/*Krüger* § 259 Rn 16).

Wenn der Hauptantrag ausscheidet, so besteht auch kein Anspruch auf Rechnungslegung. Beide Ansprüche verjähren jedoch grundsätzlich unabhängig voneinander (Soergel/*Wolf* § 259 Rn 20; Palandt/*Heinrichs* § 261 Rn 27). Eine Abtretung des Anspruchs auf Rechenschaftslegung ist grundsätzlich nur zusammen mit dem Hauptanspruch möglich (BGHZ 107, 110; MüKo/*Krüger* § 259 Rn 17; BaRoth/*Grüneberg* § 259 Rn 14).

E. Eidesstattliche Versicherung. Wenn Grund zur Annahme besteht, die Rechnungslegung sei nicht mit der 5 erforderlichen Sorgfalt erstellt worden, so ist es Sinn und Zweck der eidesstattlichen Erklärung, diese zu berichtigen oder zu vervollständigen (Soergel/*Wolf* § 259 Rn 41; MüKo/*Krüger* § 259 Rn 38). Den Grund zur Annahme der Unrichtigkeit der Rechnungslegung hat der Verlangende der eidesstattlichen Versicherung zu beweisen (Staud/*Bittner* § 259 Rn 36). Besteht ein Anspruch auf eine eidesstattliche Versicherung, so hat der Verpflichtete zu versichern, dass die Angaben nach bestem Wissen gemacht worden sind. Obwohl die Verpflichtung höchstpersönlicher Natur ist und daher nur vom Verpflichteten und nicht von Hilfspersonen oä erfüllt werden kann (KG NJW 72, 2093), geht sie bei Tod des Verpflichteten auf dessen Erben über (BGHZ 104, 371). Der Erbe kann die Richtigkeit und Vollständigkeit aber nur auf der Grundlage seines Wissensstandes versichern (BGHZ 104, 373; MüKo/*Krüger* § 259 Rn 41).
Der Anspruch auf eidesstattliche Versicherung ist nach § 253 III ausgeschlossen, wenn die Angelegenheit von 6 geringer Bedeutung ist (Soergel/*Wolf* § 259 Rn 47; BaRoth/*Grüneberg* § 259 Rn 28). Von geringer Bedeutung ist die Angelegenheit bei geringfügigen Werten oder bei unbedeutenden Mängeln (Soergel/*Wolf* § 259 Rn 48; Palandt/*Heinrichs* § 261 Rn 31; AnwK/*Knöfler* § 259 Rn 20).

F. Verfahren. In der Regel ist der Anspruch auf Rechnungslegung oder eidesstattliche Versicherung im zivil- 7 prozessualen Erkenntnisverfahren geltend zu machen (Staud/*Bittner* § 259 Rn 44). Dies ist im Wege der Stufenklage nach § 254 ZPO möglich (MüKo/*Krüger* § 259 Rn 45).

§ 260 Pflichten bei Herausgabe oder Auskunft über den Inbegriff von Gegenständen

(1) Wer verpflichtet ist, einen Inbegriff von Gegenständen herauszugeben oder über den Bestand eines solchen Inbegriffs Auskunft zu erteilen, hat dem Berechtigten ein Verzeichnis des Bestands vorzulegen.
(2) Besteht Grund zu der Annahme, dass das Verzeichnis nicht mit der erforderlichen Sorgfalt aufgestellt worden ist, so hat der Verpflichtete auf Verlangen zu Protokoll an Eides statt zu versichern, dass er nach bestem Wissen den Bestand so vollständig angegeben habe, als er dazu imstande sei.
(3) Die Vorschrift des § 259 Abs. 3 findet Anwendung.

A. Normzweck. Besteht ein Herausgabeanspruch, der eine Mehrheit von Gegenständen umfasst, soll der 1 Anspruchsberechtigte überprüfen können, auf welche Gegenstände sich sein Anspruch bezieht. Regelmäßig hat der Verpflichtete besseren Zugang zu den Informationen, die den Anspruchsinhalt konkretisieren. Neben dem spezielleren Anspruch auf Rechnungslegung (§ 259) regelt § 260 die Pflichten bei Herausgabe oder Auskunft über Tatsachen, die dem Hauptanspruch dienlich sind (Soergel/*Wolf* § 260 Rn 1; Staud/*Bittner* § 260 Rn 1; AnwK/*Knöfler* § 260 Rn 2). Die Vorschrift hat also eine dienende Funktion (MüKo/*Krüger* § 260 Rn 3) und soll die Geltendmachung des Hauptanspruchs erleichtern (Erman/*Kuckuk* § 260 Rn 1).

B. Herausgabe oder Auskunft über den Inbegriff von Gegenständen. Unter den Inbegriff von Gegenstän- 2 den fallen solche, die durch ein einheitliches Rechtsverhältnis und nicht durch bloße Willkür zusammengefasst werden (Staud/*Bittner* § 260 Rn 4). Der Begriff der Gegenstände ist im weitesten Sinne zu verstehen und beschränkt sich nicht auf körperliche, sondern bezieht auch Forderungen und Rechte ein (BGHZ 49, 11; RGZ 90, 139).

§ 260 regelt die Pflichten des Schuldners, begründet den Anspruch auf Herausgabe oder Auskunft aber nicht 3 (Staud/*Bittner* § 260 Rn 2; Soergel/*Wolf* § 260 Rn 14; AnwK/*Knöfler* § 260 Rn 5). **Herausgabe** ist in einem umfassenden Sinn zu verstehen. Der Anspruch muss gerade gegenüber dem Gläubiger bestehen und kann gesetzlich (zB §§ 285 I, 985 ff, 812 ff) oder vertraglich begründet sein. Ein Anspruch auf **Auskunft** besteht aufgrund des Gesetzes (zB §§ 1435 S 2, 2027 f), ist in gesetzlich vorgesehenen Rechenschaftspflichten enthalten (zB §§ 666, 681 S 2, 1698) oder beruht auf Vertrag. Nach der Rsprr besteht ein Auskunftsanspruch nach dem Grundsatz von Treu und Glauben (§ 242), wenn zwischen den Parteien eine Sonderverbindung besteht, der Auskunftsberechtigte sich nicht in zumutbarer Weise selbst informieren kann, seine Unkenntnis entschuldbar ist und der Auskunftsverpflichtete die Auskunft unschwer erteilen kann (*Lorenz* JuS 95, 572; Beispiele: BGHZ 95, 279, 81, 24; 55, 203; 10, 385; BGH LM § 242 Nr 5; Nr 23).

C. Art und Weise der Auskunftserteilung. Der Verpflichtete kommt seiner Verbindlichkeit durch Vorlage 5 eines Bestandsverzeichnisses (Inventar) nach, dessen Inhalt und Umfang durch den Zweck der Auskunft konkretisiert wird. Hierbei können Schweigepflichten und Geheimhaltungsinteressen den Umfang der Auskunft beschränken (BGH NJW 89, 1602; Soergel/*Wolf* § 260 Rn 52). Die Wissenserklärung ist in der Regel schriftlich zu fixieren (München FamRZ 95, 737).

6 **D. Eidesstattliche Versicherung.** Hat der Anspruchsschuldner eine Auskunft abgegeben und zieht der Berechtigte deren Wahrheitsgehalt oder Vollständigkeit in Zweifel, hat er das Recht, die Richtigkeit der Auskunft eidesstattlich versichern zu lassen. Dies soll der Verwendung einer den Parteiinteressen angemessenen Sorgfalt Vorschub leisten (MüKo/*Krüger* § 260 Rn 45). Materielle Unrichtigkeit der Auskunft, die insbes auf Unvollständigkeit beruhen kann, führt jedoch nicht zu einem Anspruch auf Ergänzung (BGH MDR 61, 571, aA Hburg NJW-RR 02, 1292). Der Anspruch auf eidesstattliche Versicherung ist nach § 253 III ausgeschlossen, wenn die Angelegenheit von geringer Bedeutung ist (§ 259 Rn 6).

§ 261 Abgabe der eidesstattlichen Versicherung

(1) ¹Die eidesstattliche Versicherung ist, sofern sie nicht vor dem Vollstreckungsgericht abzugeben ist, vor dem Amtsgericht des Ortes abzugeben, an welchem die Verpflichtung zur Rechnungslegung oder zur Vorlegung des Verzeichnisses zu erfüllen ist. ²Hat der Verpflichtete seinen Wohnsitz oder seinen Aufenthalt im Inland, so kann er die Versicherung vor dem Amtsgericht des Wohnsitzes oder des Aufenthaltsorts abgeben.
(2) Das Gericht kann eine den Umständen entsprechende Änderung der eidesstattlichen Versicherung beschließen.
(3) Die Kosten der Abnahme der eidesstattlichen Versicherung hat derjenige zu tragen, welcher die Abgabe der Versicherung verlangt.

1 **A. Normzweck.** Die Vorschrift regelt verfahrensrechtliche Fragen für eine abzugebende eidesstattliche Versicherung (MüKo/*Krüger* § 261 Rn 1; Erman/*Kuckuk* § 261 Rn 1). Sie ist auf die in §§ 259 II, 260 II geregelten eidesstattlichen Versicherungen anzuwenden (Palandt/*Heinrichs* § 261 Rn 2; BaRoth/*Grüneberg* § 261 Rn 1).

2 **B. Gerichtszuständigkeit (Abs 1).** § 261 I findet nur auf freiwillig abgegebene eidesstattliche Versicherungen Anwendung. Freiwillig ist eine solche Erklärung, wenn der zur Abgabe Verpflichtete diese ohne gerichtliche Auseinandersetzung oder nach gerichtlicher Entscheidung erklärt, ohne dass ein Vollstreckungsverfahren gegen ihn eingeleitet werden musste. Ist die eidesstattliche Versicherung vor dem Vollstreckungsgericht abzugeben, ist das Vollstreckungsgericht am Wohnsitz des Schuldners nach § 889 ZPO zuständig.

3 Für freiwillige eidesstattliche Versicherungen ist das Amtsgericht des Leistungsorts, an dem die Verpflichtung zur Rechnungslegung oder zur Vorlegung des Verzeichnisses zu erfüllen ist, örtlich und sachlich zuständig (MüKo/*Krüger* § 261 Rn 3). Für solche Erklärungen gelten §§ 163, 79 FGG. IRd freiwilligen Gerichtsbarkeit ist der Rechtspfleger nach § 3 Nr 1 b RPflG zur Abnahme der Versicherung berufen. § 261 I 2 begründet für den Fall, dass der Verpflichtete seinen Wohnsitz oder Aufenthalt im Inland hat, auch eine Zuständigkeit des Gerichts am Wohnsitz.

4 **C. Änderung der Versicherung durch das Gericht (Abs 2).** Der Wortlaut der vom Schuldner abzugebenden Erklärung ergibt sich aus §§ 259 II, 260 II. Das Gericht kann nach § 261 II Änderungen der Versicherungsformel vorsehen, wenn dies Besonderheiten des Einzelfalles erfordern (BGH MDR 04, 1444). Durch einen Beschluss des zuständigen Gerichts wird der Inhalt der gesetzlich vorgesehenen Formulierung konkretisiert und für den Schuldner verbindlich. In welchem Umfang auch das Vollstreckungsgericht zu Änderungen der Formel befugt ist, ist str (vgl Bambg NJW 69, 1305; MüKo/*Krüger* § 261 Rn 5; Staud/*Bittner* § 261 Rn 5; Zöller/*Stöber* § 889 ZPO Rn 3). Jedenfalls darf der Streitgegenstand nicht geändert oder erweitert werden (AnwK/*Arnold* § 261 Rn 3).

6 **E. Kosten (Abs 3).** Die Kostenregelung erstreckt sich ausschließlich auf die Kosten der eidesstattlichen Versicherung. Nicht von Belang ist, ob die Erklärung vor einem Vollstreckungsgericht oder einem Gericht der freiwilligen Gerichtsbarkeit abgegeben wurde (BGH NJW-RR 00, 2014). Da die Vorschrift demjenigen die Kostentragung auferlegt, der die Abgabe der Erklärung fordert, statuiert sie eine Ausnahme zum Grundsatz, dass die Kosten einer gerichtlich durchzusetzenden Handlung vom Pflichtigen zu tragen sind (AnwK/*Arnold* § 261 Rn 4). Die Kostenpflicht für ein der Abgabe der Erklärung vorausgehendes gerichtliches Verfahren wird nach §§ 91 ff ZPO bestimmt und fällt nicht unter § 261 III (Erman/*Kuckuk* § 261 Rn 3; MüKo/*Krüger* § 261 Rn 7).

§ 262 Wahlschuld; Wahlrecht

Werden mehrere Leistungen in der Weise geschuldet, dass nur die eine oder die andere zu bewirken ist, so steht das Wahlrecht im Zweifel dem Schuldner zu.

1 **A. Normzweck.** Die §§ 262–265 enthalten Regeln für gesetzlich oder rechtsgeschäftlich begründete Wahlschulden. § 262 definiert die Wahlschuld (Rn 2) und bestimmt, dass das Wahlrecht im Zweifel dem Schuldner zusteht. Die §§ 262 ff werden allgemein als praxisferne (MüKo/*Krüger* § 262 Rn 1), wenig überzeugende Regeln (Palandt/*Heinrichs* § 262 Rn 4) angesehen, mitunter auch als „in Gesetzesform gegossene schlechte Begriffsjurisprudenz" bezeichnet (*Ziegler* AcP 171, 207). Kritisiert wird zum einen, dass die hier geregelten

Wahlschulden keine praktische Bedeutung haben, bedeutsame verwandte Rechtsfiguren (Ersetzungsbefugnis, elektive Konkurrenz, s Rn 7, 8) hingegen keine Regelung erfahren haben, was mit Abgrenzungsschwierigkeiten verbunden ist, zum anderen, dass die § 262 ff inhaltlich den Interessen der Beteiligten regelmäßig nicht entspr. Da die §§ 262 ff dispositiv sind (AnwK/*Arnold* § 262 Rn 1), ergibt die (ergänzende) Vertragsauslegung häufig das Gegenteil der gesetzlichen Anordnung.

B. Wahlschuld. Eine Wahlschuld liegt vor, wenn mehrere verschiedene Einzelleistungen in der Weise 2 geschuldet werden, dass nach der Wahl nur eine von ihnen zu erbringen ist (Palandt/*Heinrichs* § 262 Rn 1). Die Wahlschuld kann also auf die eine oder andere Art erfüllt werden (Alternativobligation), die Verbindlichkeit ist auf die eine oder andere Leistung gerichtet, von denen aber nur eine zu bewirken ist: „duae (res) sunt in obligatione, sed una est in solutione". Das Wahlschuldverhältnis ist ein einheitliches Schuldverhältnis, es besteht ein **einheitlicher Anspruch**, der bis zur Wahl relativ unbestimmt, aber bestimmbar ist (MüKo/ *Krüger* § 262 Rn 2; BaRoth/*Grüneberg* § 262 Rn 2). Durch die Wahl konkretisiert sich das Schuldverhältnis rückwirkend (§ 263 II) auf den gewählten Leistungsgegenstand, weshalb sie als **Gestaltungsrecht** zu begreifen ist. Das Wahlrecht kann sich auf verschiedene Leistungsgegenstände (es wird wahlweise ein Schimmel oder ein Rappen gekauft) oder verschiedene Leistungsmodalitäten (Lieferzeitpunkt, Transportart) beziehen. Keine Wahlschuld liegt vor, wenn es um die Wahl verschiedener Berechnungsmethoden einer Leistung geht (BGH NJW 96, 826).

Eine Wahlschuld entsteht durch **Vertrag**, zB Wahlrecht zwischen verschiedenen Währungen (RGZ 168, 247), 3 Wahlrecht zwischen Geld- und Naturalpacht (BGHZ 81, 137), Wahlrecht des Sicherungsnehmers, welche von verschiedenen Sicherheiten er bei Übersicherung freigeben will (BGH NJW-RR 03, 45; WM 02, 1643; Palandt/*Heinrichs* § 262 Rn 3; MüKo/*Krüger* § 262 Rn 13), **gesetzlicher Anordnung** oder einer **Verfügung von Todeswegen** („Wahlvermächtnis" § 2154).

C. Wahlrecht. Das **Wahlrecht** steht im Zweifel dem Schuldner zu. Die Zweifelsregel greift ein, wenn sich 4 weder aus der (ausdrücklichen oder konkludenten) Parteienvereinbarung noch aus dem Zweck der Regelung das Wahlrecht des Gläubigers ableiten lässt. Dass entgegen der Zweifelsregel das Wahlrecht dem Gläubiger zusteht, hat dieser zu beweisen (MüKo/*Krüger* § 262 Rn 15; Staud/*Bittner* § 262 Rn 20). Die Parteien können das Wahlrecht auch einem Dritten überlassen, es gelten die §§ 317–319 entspr (Staud/*Bittner* § 262 Rn 21; MüKo/*Krüger* § 262 Rn 4; aA *Gernhuber* § 11 2 c).

D. Abgrenzung zu verwandten Rechtsfiguren. Wie bei der Wahlschuld ist auch bei der **Gattungsschuld** der 5 Leistungsgegenstand zunächst relativ unbestimmt, doch wählt der Schuldner bei der Gattungsschuld aus einer Menge gleichartiger Gegenstände, bei der Wahlschuld hingegen aus einer Menge verschiedener, individuell bestimmter Gegenstände aus (Palandt/*Heinrichs* § 262 Rn 5; Staud/*Bittner* § 262 Rn 4). Entscheidend für die Abgrenzung ist der Parteiwille. Hat zumindest eine der Parteien an der endgültigen Entscheidung über den konkreten Leistungsgegenstand noch ein besonderes Interesse, ist also der Bestimmungsakt für eine der Parteien bedeutsam, liegt Wahlschuld vor. Kommt es den Parteien hingegen nicht auf die Auswahl und damit auch nicht auf die individuelle Beschaffenheit der Stücke, sondern nur auf die Gattungseigenschaft an, liegt Gattungsschuld vor (*Rabl*, Gefahrtragung 345 f). Indizien für das Vorliegen einer Wahlschuld sind daher kleine Mengen, individuell bezeichnete Gegenstände und unvertretbare (§ 91) Sachen (MüKo/*Krüger* § 262 Rn 5; AnwK/*Arnold* § 262 Rn 5). Die Abgrenzung der Wahlschuld von der Gattungsschuld ist notwendig, weil der Schuldner bei der Gattungsschuld Sachen mittlerer Art und Güte auszuwählen hat (§ 243 I), bei der Wahlschuld aber in den Grenzen des § 242 frei ist (§ 263 Rn 3) und die Ausübung des Wahlrechts zur rückwirkenden Konkretisierung führt (§ 263 II), bei der Gattungsschuld nur zu einer Wirkung ex nunc (vgl § 243 II, Staud/*Bittner* § 262 Rn 4).

Beim **Spezifikationskauf** kann der Gläubiger die nähere Bestimmung über Form, Maß oder ähnliche Verhält- 6 nisse der Kaufsache treffen (§ 375 HGB). Es handelt sich dabei um eine Schuld mit Bestimmungsvorbehalt (§ 315), die regelmäßig Gattungsschuld ist (Soergel/*Wolf* § 262 Rn 13; Palandt/*Heinrichs* § 262 Rn 5).

Bei der **Ersetzungsbefugnis** (facultas alternativa) schuldet der Schuldner nur eine Leistung, nur sie kann der 7 Gläubiger fordern. Das Schuldverhältnis ist damit anders als bei der Wahlschuld von Anfang an bestimmt. Der Schuldner hat aber das Recht, sich durch eine andere als die an sich geschuldete Leistung von seiner Verbindlichkeit zu befreien. Die Ersetzungsbefugnis des Schuldners beruht auf dem Gesetz (zB §§ 244 I, 251 II, 528 I 2, 775 II, 2170 II 2) oder der vertraglichen Vereinbarung, zB wenn der Schuldner statt Barzahlung Wertpapiere leisten darf (RGZ 132, 14) oder wenn dem Käufer eines Kfz gestattet wird, statt des Kaufpreises seinen Gebrauchtwagen als Leistung an Erfüllungsstatt in Zahlung zu geben (BGHZ 46, 340, 89, 128; Soergel/*Wolf* § 262 Rn 19). Bei der Ersetzungsbefugnis des Gläubigers hat der Gläubiger das Recht, statt der geschuldeten Leistung eine andere zu fordern. Sie beruht ebenfalls auf dem Gesetz, zB § 249 II (Soergel/*Wolf* § 262 Rn 21; Palandt/*Heinrichs* § 262 Rn 9; MüKo/*Krüger* § 262 Rn 10), oder einer vertraglichen Vereinbarung, die vor allem bei langfristigen Verträgen getroffen wird, um dem Gläubiger die Anpassung an veränderte Interessen zu ermöglichen, zB Wertsicherungsklauseln, die dem Gläubiger das Recht einräumen, bei Geldentwertung statt der Zahlung eine Sachleistung zu verlangen (BGHZ 81, 137; NJW 62, 1568; Soergel/*Wolf* § 262 Rn 10). Auf die Ersetzungsbefugnis sind die §§ 262–265 weder direkt noch analog anwendbar (Palandt/*Heinrichs* § 262 Rn 7).

8 **Elektive Konkurrenz** liegt vor, wenn dem Gläubiger mehrere, inhaltlich verschiedene Rechte (Forderungen, Gestaltungsrechte) wahlweise zustehen, die einander aber wechselseitig ausschließen. Beispiele: Wahlrecht des Gläubigers zwischen Rücktritt und Minderung nach §§ 437 Nr 2, 634 Nr 3, zwischen Nachbesserung und Ersatzlieferung nach § 439 (*Spickhoff* BB 03, 589), zwischen Erfüllung und Schadensersatz nach § 179 I, zwischen Schadensersatz und Aufwendungsersatz nach § 284 oder zwischen vereinbarter und ortsüblicher Miete nach § 546a I (Palandt/*Heinrichs* § 262 Rn 6; MüKo/*Krüger* § 262 Rn 12). Gerade die dem Gläubiger zustehenden Wahlrechte nach § 179 I, 439 und § 564a I werden zT auch als Beispiele einer gesetzlich angeordneten Wahlschuld mit Wahrecht des Gläubigers genannt (Staud/*Bittner* § 262 Rn 18 für § 541a I; Soergel/*Wolf* § 262 Rn 24 für § 179 I). Richtig erscheint, diese Fälle grundsätzlich zur elektiven Konkurrenz zu zählen, weil die jeweiligen Gläubigerrechte, auch wenn sie einem Schuldverhältnis entspringen und nicht gleichzeitig geltend gemacht werden können, mehrere Forderungs- oder Gestaltungsrechte sind, bei der Wahlschuld hingegen ein einheitlicher Anspruch (Rn 2) vorliegt. Dies schließt aber die analoge Anwendung der §§ 262–265 nicht von vornherein aus (aA offenbar Soergel/*Wolf* § 262 Rn 9). Ob der Gläubiger zB an den gewählten Anspruch oder das ausgeübte Gestaltungsrecht wie bei der Wahlschuld gebunden ist (§ 263) oder ob er ein ius variandi hat, ist dem Inhalt und Zweck der Norm zu entnehmen, die die konkurrierenden Gläubigerrechte begründet (Palandt/*Heinrichs* § 262 Rn 6). Ist der Gläubiger mit der Wahl des konkurrierenden Rechts im Verzug, kann mangels einschlägiger Sonderregelung § 264 II entspr angewendet werden (*Heinrichs* FS Derleder 87/107; *Schwab* JR 03, 135; Palandt/*Heinrichs* § 262 Rn 6).

§ 263 Ausübung des Wahlrechts; Wirkung

(1) Die Wahl erfolgt durch Erklärung gegenüber dem anderen Teile.
(2) Die gewählte Leistung gilt als die von Anfang an allein geschuldete.

1 **A. Ausübung des Wahlrechts.** Das Wahlrecht wird durch einseitige, empfangsbedürftige Willenserklärung ausgeübt, für deren Wirksamwerden die §§ 130 ff gelten. Die Erklärung ist als einseitige rechtsgestaltende Willenserklärung bedingungs- und befristungsfeindlich (BGHZ 97, 267; Staud/*Bittner* § 263 Rn 6; AnwK/*Arnold* § 264 Rn 2). Sie kann ausdrücklich oder konkludent erfolgen, zB wenn der wahlberechtigte Schuldner eine Leistung anbietet, übergibt, versendet oder wenn der wahlberechtigte Gläubiger eine angebotene Leistung vorbehaltlos annimmt oder auf eine bestimmte Leistung klagt (RGZ 154, 62). Steht das Wahlrecht mehreren Personen gemeinsam zu, muss es von allen oder gegen alle ausgeübt werden (BGHZ 59, 190 f; Soergel/*Wolf* § 263 Rn 6).

2 Der Wahlberechtigte ist nach Wirksamwerden der Willenserklärung (§ 130 I) an die Wahl gebunden. Die Wahl kann nicht widerrufen oder geändert werden (RGZ 154, 63), wohl aber nach Maßgabe der §§ 119 ff angefochten werden (BaRoth/*Grüneberg* § 263 Rn 3). Leistet der wahlberechtigte Schuldner in Unkenntnis seines Wahlrechts und darf der Gläubiger dies als konkludente Ausübung des Wahlrechts verstehen (s Rn 1), kommt eine Anfechtung nach § 119 I in Betracht. Erkennt aber der Gläubiger den Irrtum, liegen keine konkludente Wahlerklärung und damit keine Erfüllung des Wahlschuldverhältnisses vor (AnwK/*Arnold* § 262 Rn 2). Der Schuldner kann die erbrachte Leistung kondizieren, §§ 812 ff (MüKo/*Krüger* § 263 Rn 4; Erman/*Kuckuk* § 263 Rn 2). § 263 ist dispositiv, die Parteien können daher auch ein ius variandi vereinbaren (RGZ 136, 130; Staud/*Bittner* § 263 Rn 2).

3 Der Wahlberechtigte ist bei Ausübung der Wahl frei. Insbes findet § 243 I keine Anwendung. Er kann auch den Zweitpunkt der Wahl grundsätzlich frei bestimmen, die Wahl also auch vor dem Zeitpunkt der Fälligkeit treffen (*Jud*, Schadenersatz 168). Auch hier ist der Berechtigte an die Wahl gebunden (Palandt/*Heinrichs* § 263 Rn 2). Eine allgemeine Grenze bei der Ausübung des Wahlrechts ergibt sich aus Treu und Glauben. So darf die Wahl zB nicht zur Unzeit ausgeübt werden (BGH LM § 263 BGB Nr 1).

4 **B. Rechtsfolgen.** Durch die Wahl konkretisiert sich das Schuldverhältnis auf die gewählte Leistung. Die Konzentration wirkt nach Abs 2 zurück, es wird fingiert, dass die gewählte Leistung die von Anfang an (allein) geschuldete war. Die Wahl der einen Leistung bedeutet gleichzeitig auch die „Abwahl" der anderen Leistung, die dann nie geschuldet war. Man kann daher die Ausübung des Wahlrechts auch negativ als Ausschluss der Leistungspflicht für das nicht gewählte Stück sehen (*Jud*, Schadenersatz 169). Daraus folgt, dass auf das „abgewählte" Stück auch bei Unmöglichkeit der Leistung des gewählten Stücks (MüKo/*Krüger* § 262 Rn 7) oder iRd Ersatzlieferung (§ 439) nicht zurückgegriffen werden kann. Dies gilt auch dann, wenn man den Ersatzlieferungsanspruch beim Stückkauf (s § 439 Rn 25) bejaht (*Jud*, Schadenersatz 166 ff).

§ 264 Verzug des Wahlberechtigten

(1) Nimmt der wahlberechtigte Schuldner die Wahl nicht vor dem Beginn der Zwangsvollstreckung vor, so kann der Gläubiger die Zwangsvollstreckung nach seiner Wahl auf die eine oder auf die andere Leistung richten; der Schuldner kann sich jedoch, solange nicht der Gläubiger die gewählte Leistung ganz oder zum Teil empfangen hat, durch eine der übrigen Leistungen von seiner Verbindlichkeit befreien.

(2) ¹Ist der wahlberechtigte Gläubiger im Verzug, so kann der Schuldner ihn unter Bestimmung einer angemessenen Frist zur Vornahme der Wahl auffordern. ²Mit dem Ablauf der Frist geht das Wahlrecht auf den Schuldner über, wenn nicht der Gläubiger rechtzeitig die Wahl vornimmt.

A. Normzweck. § 264 regelt den Fall, dass der Schuldner (§ 264 I) oder der Gläubiger (§ 264 II) das ihm zustehende Wahlrecht nicht ausübt. Da mangels spezieller Vereinbarung (Soergel/*Wolf* § 264 Rn 1) keine Pflicht zur Wahl besteht, kann auf die Ausübung des Wahlrechts nicht geklagt werden. Der Verzug des Wahlberechtigten wird unterschiedlich geregelt, je nach dem, ob das Wahlrecht dem Schuldner oder dem Gläubiger zusteht. 1

B. Wahlrecht des Schuldners. Der Verzug des Schuldners mit der Ausübung des Wahlrechts ist vom Leistungsverzug zu trennen. Es bleibt bis zur Erfüllung beim Schuldner, auch dann, wenn der Gläubiger ihn ergebnislos zur Wahl auffordert oder in Leistungsverzug setzt, und geht anders als nach § 264 II nicht auf den Gläubiger über (MüKo/*Krüger* § 264 Rn 2). Der Gläubiger kann den Schuldner nur alternativ auf Bewirkung der einen oder anderen Leistung klagen und nach Erlass eines entspr Urteils die Zwangsvollstreckung auf eine bestimmte Leistung bewirken (Staud/*Bittner* § 264 Rn 6). Bis zu diesem Zeitpunkt besteht das Wahlrecht des Schuldners unverändert fort, kann also durch Erklärung ausgeübt werden (§ 263). Trotz Beginns der auf eine bestimmte Leistung bezogenen Zwangsvollstreckung bleibt das Wahlrecht beim Schuldner, doch kann es nun nicht mehr durch Erklärung, sondern nur mehr durch Vornahme der Leistung ausgeübt werden (RGZ 53, 82; Staud/*Bittner* § 264 Rn 7). Das Wahlrecht des Schuldners endet, wenn der Gläubiger die Leistung ganz oder teilweise empfängt. Dem steht der Empfang der Leistung durch den Gerichtsvollzieher gleich (BGH NJW 95, 3190; Soergel/*Wolf* § 264 Rn 6). 2

C. Wahlrecht des Gläubigers. Voraussetzung für den Verzug des Gläubigers mit der Ausübung des Wahlrechts ist mangels anderer Vereinbarung, dass ihn der Schuldner nach den §§ 293 ff in Annahmeverzug gesetzt hat (MüKo/*Krüger* § 264 Rn 10), also die zur Wahl stehenden Leistungen wörtlich (§ 295) anbietet. Nimmt der Gläubiger die Wahl nicht vor, kann ihm der Schuldner eine angemessene Frist zur Vornahme der Wahl setzen, die auch mit dem wörtlichen Angebot der Leistungen verbunden werden kann. Es gelten die zu § 326 aF entwickelten Grundsätze (MüKo/*Krüger* § 264 Rn 11), dh, das Setzen einer zu kurzen Frist setzt eine angemessene Frist in Gang (Soergel/*Wolf* § 264 Rn 9; MüKo/*Krüger* § 264 Rn 11) und die Fristsetzung ist bei endgültiger und ernsthafter Verweigerung der Wahl oder Leistung entbehrlich (RGZ 129, 145; Palandt/*Heinrichs* § 264 Rn 3). Mit Ablauf der Frist geht das Wahlrecht auf den Schuldner über. Nimmt nun der Schuldner die Wahl nicht vor, gilt § 264 I (MüKo/*Krüger* § 264 Rn 12). 3

§ 264 II 1 ist als ein allgemeiner Grundsatz (Palandt/*Heinrichs* § 262 Rn 6) analogiefähig (MüKo/*Krüger* § 264 Rn 13), zB auf die Fälle der elektiven Konkurrenz (Palandt/*Heinrichs* § 264 Rn 3, vgl auch BAG DB 91, 709 für ein arbeitsrechtliches Wettbewerbsverbot). 4

§ 265 Unmöglichkeit bei Wahlschuld

¹Ist eine der Leistungen von Anfang an unmöglich oder wird sie später unmöglich, so beschränkt sich das Schuldverhältnis auf die übrigen Leistungen. ²Die Beschränkung tritt nicht ein, wenn die Leistung infolge eines Umstands unmöglich wird, den der nicht wahlberechtigte Teil zu vertreten hat.

A. Normzweck. § 265 regelt den Fall, dass eine der geschuldeten Leistungen aus der Wahlschuld unmöglich ist. Umfasst werden die anfängliche und die nachträgliche Unmöglichkeit, die zufällige und die zu vertretende Unmöglichkeit. Der Grundgedanke ist, dem Gläubiger bei Unmöglichkeit einer Leistung die noch mögliche Leistung zu sichern (Soergel/*Wolf* § 265 Rn 1). Die Unmöglichkeit der einen Leistung bewirkt also abweichend von § 263 II die Konzentration auf die noch mögliche Leistung (AnwK/*Schwab* § 265 Rn 2). Gerade dies entspricht aber häufig nicht den Interessen der Parteien (*Ziegler* AcP 171, 211). Die Wahlschuld wird ja gerade deshalb vereinbart, weil zumindest eine der Parteien ein besonderes Interesse an der späteren Bestimmung des Leistungsgegenstandes hat (§ 262 Rn 5). Die Beschränkung des Schuldverhältnisses auf die noch mögliche Leistung trägt diesem Interesse nicht Rechnung, wenn der Wahlberechtigte die unmögliche Leistung gewählt hätte (Beispiele bei Staud/*Bittner* § 265 Rn 4). Daher bestimmt zB § 907 öABGB, dass der Wahlberechtigte bei (zufälliger) Unmöglichkeit einer Leistung an den Vertrag nicht gebunden ist. § 265 ist dispositiv; eine stillschweigende Abbedingung ist anzunehmen, wenn § 265 den Interessen der Parteien widerstreitet (RGZ 90, 395; Palandt/*Heinrichs* § 265 Rn 1). 1

B. Anwendungsbereich. § 265 setzt voraus, dass eine der geschuldeten Leistungen vor Ausübung des Wahlrechts unmöglich wird. Er findet daher keine Anwendung, wenn alle Leistungen unmöglich sind oder wenn das Wahlrecht bereits ausgeübt wurde. Wird in diesem Fall die gewählte Leistung unmöglich, gelten nach § 263 II (Rückwirkung der Konzentration) die allgemeinen Regeln (§§ 275, 283 iVm 280 III, 326); wird das nicht gewählte Stück unmöglich, hat dies auf das Schuldverhältnis keinen Einfluss (Palandt/*Heinrichs* § 265 2

Rn 4). § 265 findet entspr Anwendung, wenn eine der Leistungen gegen ein gesetzliches Verbot verstößt, sittenwidrig ist oder an einem Formmangel leidet, sofern dasselbe nicht auch für die andere Leistung gilt oder die verbleibende Leistung nicht auch ohne die unmögliche vereinbart worden wäre (Köln VersR 93, 323; RG JW 1904, 405; Palandt/*Heinrichs* § 265 Rn 1; MüKo/*Krüger* § 265 Rn 14). § 265 findet ferner entspr Anwendung, wenn die Leistung nicht unmöglich, sondern unzumutbar iSd § 275 II, III ist (BaRoth/*Grüneberg* § 265 Rn 2; AnwK/*Schwab* § 265 Rn 2; aA Staud/*Bittner* § 265 Rn 15, 16). § 265 findet auf die Ersetzungsbefugnis keine Anwendung (MüKo/*Krüger* § 265 Rn 15).

3 **C. Inhalt der Norm.** Nach § 265 S 1 bewirkt die Unmöglichkeit der einen Leistung die Konzentration des Schuldverhältnisses auf die andere Leistung. Fraglich ist, ob die Konzentration auf die noch mögliche Leistung nach S 1 auch dann eintritt, wenn an die Stelle der unmöglichen Leistung ein Anspruch auf das stellvertretende Commodum (§ 285) oder ein Schadensersatzanspruch tritt. Dies ist wegen des ohnehin fragwürdigen Regelungsinhalts zu verneinen (so im Ergebnis auch MüKo/*Krüger* § 265 Rn 2; Staud/*Bittner* § 265 Rn 7, 8; aA AnwK/*Schwab* § 265 Rn 2 für den Schadensersatzanspruch). Tritt ein Sekundäranspruch an die Stelle der unmöglichen Leistung, kann der Wahlberechtigte zwischen diesem und der noch möglichen Leistung wählen.

4 Nach S 2 tritt die Konzentration nicht ein, wenn der nicht wahlberechtigte Teil die Unmöglichkeit zu vertreten hat. Hat der wahlberechtigte Teil die Unmöglichkeit zu vertreten, bleibt es bei der Rechtsfolge des S 1. Dass die Konzentration nach S 2 nicht eintritt, wenn der nicht wahlberechtigte Teil die Unmöglichkeit zu vertreten hat, bedeutet, dass dem anderen Teil das Wahlrecht weiterhin zusteht. Steht dem Schuldner das Wahlrecht zu, kann er die noch mögliche Leistung wählen und zusätzlich für die Vereitelung der Wahl Schadensersatz nach § 280 I verlangen, sofern ihm ein Schaden entstanden ist (MüKo/*Krüger* § 265 Rn 10). Wählt er die unmöglich gewordene Leistung, wird er nach § 275 I frei und behält unter den Voraussetzungen des § 326 II 1 den Anspruch auf die Gegenleistung. Steht das Wahlrecht aber dem Gläubiger zu und hat der Schuldner die Unmöglichkeit der einen Leistung zu vertreten, kann der Gläubiger wie nach § 265 S 1 zwischen der noch möglichen Leistung und dem Sekundäranspruch (§§ 280 III, 281 oder § 285) wählen (MüKo/*Krüger*§ 265 Rn 11).

§ 266 Teilleistungen

Der Schuldner ist zu Teilleistungen nicht berechtigt.

1 **A. Normzweck.** § 266 ordnet im Interesse des Gläubigers an, dass der Schuldner nicht zu Teilleistungen berechtigt ist und korrespondiert insofern mit § 294, nach welchem dem Gläubiger die Leistung so angeboten werden muss, „wie sie zu bewirken" ist. Dadurch soll der Gläubiger vor Belastungen geschützt werden, die eine unvollständige Leistung mit sich bringen (RG 79/361; Palandt/*Heinrichs* § 266 Rn 1; Staud/*Bittner* § 266 Rn 1), wie zB, dass sich der Gläubiger mehrmals zur Entgegennahme der Leistung bereit halten muss, mehrfach den Waren- oder Zahlungseingang kontrollieren muss oder die Ware im Hinblick auf § 366 HGB mehrfach untersuchen muss (AnwK/*Schwab* § 266 Rn 1). Aus § 266 folgt, dass der Gläubiger die Teilleistung zurückweisen kann, ohne in Annahmeverzug zu geraten und den Schuldner die Rechtsfolgen der vollständigen Nichterfüllung treffen (s Rn 7 f).

2 **B. Anwendungsbereich.** § 266 findet keine Anwendung, wenn die Parteienvereinbarung oder das Gesetz etwas anderes bestimmen. Eine abweichende **Parteienvereinbarung** stellt vor allem der Sukzessivlieferungsvertrag dar (Staud/*Bittner* § 266 Rn 19). Bei Dauerschuldverhältnissen, wie zB einem Mietvertrag, ist die Leistung von vornherein periodisch zu erbringen, so dass § 266 insofern keine Anwendung findet (AnwK/*Schwab* § 266 Rn 3; aA offenbar Staud/*Bittner* § 266 Rn 19). Der (monatliche) Mietzins muss allerdings vollständig erbracht werden. Abweichende **gesetzliche Regeln** sind zB § 497 III 2 (Verbraucherdarlehensvertrag), § 1382 (Zugewinngemeinschaft), § 2331 a (Pflichtteilsansprüche) oder Art 39 II WG (Inhaber eines Wechsels darf angebotene Teilzahlungen nicht zurückweisen). Eine weitere Ausnahme ergibt sich aus den §§ 387, insbes § 389, die die Aufrechnung auch dann zulassen, wenn sich die Forderungen der Höhe nach nicht decken. Verwendet daher der Schuldner eine geringere Forderung zur Aufrechnung, so tilgt er die dem Gläubiger zustehende Forderung teilweise, was zu einer Ausnahme von § 266 führt (Staud/*Bittner* § 266 Rn 21).

3 § 266 wird durch den Grundsatz von **Treu und Glauben** (§ 242) eingeschränkt (BGHZ 61, 245; Staud/*Bittner* § 266 Rn 30 ff). Der Gläubiger ist trotz Unvollständigkeit der Leistung zur Entgegennahme verpflichtet, wenn zB nur ein geringfügiger Spitzenbetrag fehlt (Bremen NJW-RR 90, 7; weitere Beispiele bei Palandt/*Heinrichs* § 266 Rn 8).

4 **C. Begriff der Teilleistung.** Eine Teilleistung liegt immer dann vor, wenn die angebotene Leistung hinter der geschuldeten Leistung zurückbleibt, also objektiv unvollständig ist (MüKo/*Krüger* § 266 Rn 3). Unerheblich ist, ob der Schuldner die objektiv unvollständige Leistung subjektiv für vollständig hält (Palandt/*Heinrichs* § 266 Rn 2) oder ob ein Teil der Hauptleistung oder die Nebenleistung nicht erbracht wird. Der Begriff der

teilbaren Leistung (s § 420 Rn 2) stimmt daher nicht mit dem Begriff der Teilleistung überein, ist also für die Auslegung des § 266 unergiebig (Palandt/*Heinrichs* § 266 Rn 3).

Eine Teilleistung liegt vor allem dann vor, wenn die angebotene Leistung **quantitativ unvollständig** ist, die vollständige Leistung aber noch erbracht werden kann (**Teilverzug**). Kann die Leistung nur mehr teilweise erbracht werden (**Teilunmöglichkeit**), wird der Schuldner teilweise nach § 275 I von der Leistungspflicht befreit (arg „soweit"). Daraus zieht die hM den Schluss, dass § 266 keine Anwendung finde (*Lorenz*, NJW 03, 3097; MüKo/*Krüger* § 266 Rn 2; Palandt/*Heinrichs* § 266 Rn 7), der angebotene Teil wegen des Ausschlusses der Leistungspflicht hinsichtlich des unmöglichen Teils insofern Vollleistung ist (AnwK/*Schwab* § 266 Rn 7). Diese Auffassung darf allerdings nicht zu dem Fehlschluss verleiten, der Gläubiger müsse den möglichen Leistungsteil annehmen (so auch hM, vgl nur Palandt/*Heinrichs* § 266 Rn 7). Im Hinblick auf das dem Gläubiger zustehende Rücktrittsrecht (§§ 326 V, 323) darf der Gläubiger die angebotene Leistung zurückweisen, weil er sie auch bei Geltendmachung des Rücktritts zurückzugewähren hätte (*Jud*, JuS 04, 843, zum Ausschluss des Rücktrittsrechts s Rn 8). 5

Wird die Leistung in **qualitativer Hinsicht** unvollständig erbracht (**Sachmangel**), muss die im neuen Schuldrecht vorgenommene Verknüpfung des Gewährleistungsrechts mit dem Nichterfüllungsrecht beachtet werden. Die Pflicht zur Verschaffung einer mangelfreien Sache und die gesetzliche Verankerung des Nacherfüllungsanspruchs des Käufers zwingen dazu, die Gewährleistung als Fall der Nichterfüllung zu begreifen. Die weitgehende Harmonisierung der Rechtsfolgen der Nicht- und Schlechterfüllung legen es nahe, behebbare Mängel als Fall des Teilverzugs und unbehebbare Mängel als Fall der Teilunmöglichkeit zu begreifen (*Lorenz*, JZ 01, 743). Insofern kommt § 266 auch für die Schlechterfüllung Bedeutung zu, was sich insbes im Zurückweisungsrecht des Käufers einer mangelhaften Sache zeigt (*Jud*, JuS 04, 842 ff; unten Rn 8). 6

D. Rechtsfolgen. Der Gläubiger ist nicht verpflichtet, den angebotenen Leistungsteil anzunehmen; ihm steht also ein **Zurückweisungsrecht** zu (hM: Palandt/*Heinrichs* § 266 R 10; Staud/*Bittner* § 266 Rn 2; MüKo/*Krüger* § 266 Rn 18; AnwK/*Schwab* § 266 Rn 12; AnwK/*Schmidt-Kessel* § 296 Rn 10 ff). Macht der Gläubiger von seinem Zurückweisungsrecht Gebrauch, treten für den Schuldner die Nichterfüllungsfolgen in vollem Umfang ein. Der Gläubiger kann hinsichtlich der gesamten Leistung nach fruchtlosem Ablauf der Nachfrist vom Vertrag zurücktreten (§ 323) oder Schadensersatz statt der Leistung verlangen (§§ 280, 281, 286). Der Gläubiger gerät wegen des Zurückweisungsrechts auch hinsichtlich des angebotenen Leistungsteils nicht in Annahmeverzug. Anderes gilt nur, wenn der Schuldner ausnahmsweise zur Teilleistung berechtigt ist (Rn 2, 3). 7

Das dem Gläubiger zustehende Recht, eine in quantitativer oder qualitativer Hinsicht unvollständige Leistung zurückzuweisen, ist jedoch gewissen **Einschränkungen** zu unterwerfen. Diese resultieren aus der Notwendigkeit, nach der Reform des Schuldrechts das Zurückweisungsrecht des Gläubigers vor Gefahrenübergang mit dem System der Rechtsbehelfe nach Gefahrenübergang zu harmonisieren (*Jud*, JuS 04, 842; AnwK/*Schmidt-Kessel* § 296 Rn 11). Für die Teilunmöglichkeit entspricht dies auch der hM zum alten Schuldrecht (*Ernst*, NJW 97, 897). In welchen Fällen das Zurückweisungsrecht des Gläubigers im neuen Recht einzuschränken ist, ist im Detail strittig. Dies gilt insbes für die mangelhaft angebotene Leistung (dazu *Jansen*, ZIP 02, 877; *Lamprecht*, ZIP 02, 1790, AnwK/*Schwab* § 266 Rn 6; ausführlich AnwK/*Schmidt-Kessel* § 296 Rn 10 ff). ME ist der Gläubiger immer dann zur Zurückweisung berechtigt, wenn ihm wegen der Pflichtverletzung des Schuldners ein sofortiges Rücktrittsrecht oder Schadensersatz statt der ganzen Leistung zusteht, weil er auch bei Geltendmachung des Rücktritts oder des Schadensersatzes die Sache zurückzugewähren hätte. Dasselbe gilt, wenn die vollständige oder mangelfreie Leistung noch erbracht werden kann, sei es durch Nachlieferung, Ersatzlieferung oder Nachbesserung (§ 439 I). Ist vollständige (mangelfreie) Erfüllung möglich, ist der Gläubiger auch dann zur Zurückweisung berechtigt, wenn die Schwelle für den Rücktritt (§ 323 V) oder den Schadensersatz statt der ganzen Leistung (§ 281 I S 2, 3) nicht erreicht ist, der Gläubiger also an der angebotenen Teilleistung kein Interesse hat oder die Pflichtverletzung unerheblich ist. Andernfalls würde dem Gläubiger nämlich die Möglichkeit genommen, auf den Schuldner Druck zur ordnungsgemäßen und vollständigen Erfüllung auszuüben. Der Ausschluss des Rücktritts (§ 323 V) setzt bei behebbaren Pflichtverletzungen daher voraus, dass der Gläubiger die mangelhafte Sache oder die Teilleistung angenommen hat. Nur bei unbehebbaren Pflichtverletzungen (quantitative Teilunmöglichkeit, unbehebbare Mängel), die die Schwelle für den Rücktritt nicht erreichen, ist der Gläubiger zur Annahme der in quantitativer oder qualitativer Hinsicht unvollständigen Leistung verpflichtet, sein Zurückweisungsrecht also ausgeschlossen (ausführlich *Jud*, JuS 04, 843 ff mwN). 8

E. Teilforderungen. Da für den Gläubiger eine dem § 266 entspr Regel fehlt, ist er berechtigt, Teilforderungen (auch gerichtlich) geltend zu machen (hM, vgl nur MüKo/*Krüger*; Palandt/*Heinrichs* § 266 Rn 11). 9

§ 267 Leistung durch Dritte

(1) ¹Hat der Schuldner nicht in Person zu leisten, so kann auch ein Dritter die Leistung bewirken. ²Die Einwilligung des Schuldners ist nicht erforderlich.

(2) Der Gläubiger kann die Leistung ablehnen, wenn der Schuldner widerspricht.

A. Allgemeines. § 267 privilegiert den Schuldner, indem er ihm das Recht zubilligt, die Erfüllung seiner Verbindlichkeit auch durch einen Dritten bewirken zu können (*Medicus* JuS 74, 620; BaRoth/*Grüneberg* § 267 1

Rn 1). Der Gläubiger kann die Leistung hingegen nur vom Verpflichteten einfordern, vgl § 241. § 267 ist auf alle Arten von Schuldverhältnissen anwendbar (MüKo/*Krüger* § 267 Rn 3; BaRoth/*Grüneberg* § 267 Rn 2). Die Bestimmung ist dispositiv (Staud/*Bittner* § 267 Rn 4; Soergel/*Wolf* § 267 Rn 14; Erman/*Kuckuk* § 267 Rn 2).

2 **B. Keine höchstpersönliche Leistungspflicht.** Regelmäßig hat der Gläubiger ein vorrangiges Interesse an der Leistung und nicht an der Person des Leistenden (Soergel/*Wolf* § 267 Rn 1; MüKo/*Krüger* § 267 Rn 1). Aus dem Inhalt des Schuldverhältnisses kann jedoch folgen, dass die Leistung **höchstpersönlich** zu erbringen ist. Wann dies der Fall ist, ergibt sich aus dem Gesetzeszweck (BGHZ 23, 224) oder dem positiv erklärten oder durch Auslegung ermittelten Parteiwillen. Für gewisse Bereiche bestehen Auslegungsregeln, die die Höchstpersönlichkeit der Schuld vermuten (zB Dienstvertrag § 613 S 1, Auftrag § 554 I, Verwahrung § 691 S 1, Pflichten geschäftsführender Gesellschafter § 713 und des Testamentsvollstreckers § 2218 I). Höchstpersönlich zu erbringende Leistungen sind auch nach § 888 ZPO unvertretbar (Soergel/*Wolf* § 267 Rn 3). Bei der Erfüllung höchstpersönlicher Leistungsverpflichtungen können gesetzlich oder rechtsgeschäftlich bestellte Vertreter jedenfalls dann hinzugezogen werden, wenn sich deren Tätigkeit auf die Unterstützung der Leistungshandlung beschränkt (MüKo/*Krüger* § 267 Rn 4; BaRoth/*Grüneberg* § 267 Rn 3; Soergel/*Wolf* § 267 Rn 3).

3 **C. Dritter.** Dritte sind ausschließlich solche Personen, die aus eigenem Willen an den Gläubiger leisten, um eine fremde Schuld zu erfüllen (MüKo/*Krüger* § 267 Rn 9; Palandt/*Heinrichs* § 267 Rn 2; BaRoth/*Grüneberg* § 267 Rn 5; AnwK/*Schwab* § 267 Rn 4). Bedient sich der Schuldner bei der Erfüllung seiner Pflichten Hilfspersonen gem § 278 I Fall 2, sind diese nicht Dritte (Staud/*Bittner* § 267 Rn 5; Soergel/*Wolf* § 267 Rn 3; zum Begriff des Erfüllungsgehilfen vgl § 278 Rn 7 ff). Leisten Dritte durch einen Schadensfall veranlasst Hilfe, kann der § 267 zugrunde liegende Gedanke herangezogen werden (*Büdenbender* JZ 95, 923).

4 Die Norm ist nicht auf Leistungen von Personen zugeschnitten, die **eigene Zwecke** verfolgen. Insbes wenn der Dritte die Forderung erwerben will, liegt keine Drittleistung vor (Staud/*Bittner* § 267 Rn 6; Soergel/*Wolf* § 267 Rn 13; MüKo/*Krüger* § 267 Rn 13). Ein gesetzlicher Forderungsübergang auf den Dritten (zB nach §§ 774 I, 268 III, 1225), hindert die Freiwilligkeit jedoch nicht (BGH ZIP 98, 602).

5 Ob eine **fremde Schuld** getilgt werden soll, ist anhand der §§ 133, 157 aus dem objektiven Empfängerhorizont zu ermitteln (BGHZ 137, 95; BGH NJW 95, 129; Soergel/*Wolf* § 267 Rn 9; Palandt/*Heinrichs* § 267 Rn 3; aA MüKo/*Krüger* § 267 Rn 11). Dies gilt auch dann, wenn der Leistende sich selbst für den Schuldner hält, die Leistung sich aber aus Sicht des Gläubigers als solche des Schuldners darstellt (Staud/*Bittner* § 267 Rn 41 f). Bei einer Erfüllungsübernahme nach § 329 wird ebenfalls auf eine fremde Schuld geleistet, auch wenn der Übernehmende im Innenverhältnis zur Tilgung der Schuld verpflichtet ist (Staud/*Bittner* § 267 Rn 10; aA AnwK/*Schwab* § 267 Rn 9). Der Leistende kann die Zweckrichtung seiner Tilgungshandlung nicht nachträglich ändern (Staud/*Bittner* § 267 Rn 45; MüKo/*Krüger* § 267 Rn 12; *Medicus* BürgR Rn 951; aA BGH NJW 86, 2700 f; *Flume* AcP 199, 26; Palandt/*Heinrichs* § 267 Rn 3; Soergel/*Wolf* § 267 Rn 9). Der Fremdtilgungswille ist jedoch unabhängig davon, ob er als Willenserklärung oder geschäftsähnliche Handlung (Soergel/*Wolf* § 267 Rn 9) zu verstehen ist, nach den §§ 119 ff (analog) anfechtbar.

6 **D. Widerspruch des Schuldners (II).** Einer Einwilligung der am Schuldverhältnis Beteiligten bedarf es für die Drittleistung nicht (Staud/*Bittner* § 267 Rn 2; Soergel/*Wolf* § 267 Rn 14). Da der Gläubiger über den ihm zustehenden Anspruch verfügen kann, ist nach § 267 I 2 auch eine Erfüllung gegen den Willen des Schuldners möglich. Es steht ihm jedoch gem § 267 II frei, die Leistung des Dritten abzulehnen, wenn der Schuldner widerspricht, ohne dadurch in Annahmeverzug zu geraten. Ob der Leistung jedoch Tilgungswirkung zukommt, wird vom Gläubiger bestimmt. Nimmt dieser die Leistung vorbehaltlos an, erzeugt der Widerspruch des Schuldners keine Wirkung (Staud/*Bittner* § 267 Rn 48; Soergel/*Wolf* § 267 Rn 19; MüKo/*Krüger* § 267 Rn 16). Praktische Relevanz besitzen diese als lebensfremd bezeichneten Regelungen (so Staud/*Bittner* § 267 Rn 3) nur durch die dinglichen Anwartschaften.

7 **E. Rechtsfolgen.** Grundsätzlich erfordert § 267, dass die geschuldete Leistung an den Gläubiger bewirkt wird. Leistet der Dritte auf die Verbindlichkeit des Schuldners, so erlischt diese gem § 362 I (BGH NJW-RR 04, 983) ebenso wie für den Gläubiger bestellte Sicherheiten (BGH DB 75, 2432). Nicht nur Befriedigung des Gläubigers selbst, sondern auch Zahlung an Dritte rufen unter den Voraussetzungen des § 185 Erfüllungswirkung hervor.

8 Allgemein gilt, dass sich der Gläubiger Erfüllungssurrogate nicht von Dritten aufdrängen lassen muss (RGZ 119, 4). Hinterlegt der Dritte die Schuld oder rechnet mit einer anderen Forderung auf, erlischt die Schuld nur bei Zustimmung des Gläubigers (Staud/*Bittner* § 267 Rn 28). Eine Leistung an Erfüllungs Statt ist ebenfalls nur in dieser Weise möglich (Staud/*Bittner* § 267 Rn 28; Soergel/*Wolf* § 267 Rn 15; MüKo/*Krüger* § 267 Rn 14; Erman/*Kuckuk* § 267 Rn 5; Palandt/*Heinrichs* § 267 Rn 4). Leistet der Dritte eine mangelhafte Sache, so erlischt die Leistungsverpflichtung nicht, sondern der Erfüllungsanspruch wandelt sich in einen Nacherfüllungsanspruch um.

9 Durch die Leistung auf die fremde Schuld erwirbt der Dritte nach § 267 BGB keine Rechte. Die Wirkungen auf das Innenverhältnis zwischen dem die Schuld tilgenden Dritten und dem Schuldner bestimmen sich nach dem Innenverhältnis (Staud/*Bittner* § 267 Rn 30 ff; Soergel/*Wolf* § 267 Rn 22; Erman/*Kuckuk* § 267 Rn 9).

Besteht zwischen dem Schuldner und dem Gläubiger keine Verbindlichkeit, müssen die Leistungen nach 10
§§ 812 ff zurückgewährt werden. Leistet der Dritte nach § 267 auf eine fremde Schuld, ist trotz des bereicherungsrechtlichen Dreiecksverhältnisses von einer Leistung des Dritten auszugehen, so dass der Dritte auch direkt vom Gläubiger kondizieren kann (Staud/*Bittner* § 267 Rn 33 ff; Soergel/*Wolf* § 267 Rn 25; Erman/*Kuckuk* § 267 Rn 10 f; aA *Flume* AcP 199, 23 f). Nur eine Anweisung des Schuldners an den Dritten gibt Anlass, die Vornahme der Tilgungshandlung als Leistung des Schuldners zu bewerten.

§ 268 Ablösungsrecht des Dritten

(1) ¹Betreibt der Gläubiger die Zwangsvollstreckung in einen dem Schuldner gehörenden Gegenstand, so ist jeder, der Gefahr läuft, durch die Zwangsvollstreckung ein Recht an dem Gegenstand zu verlieren, berechtigt, den Gläubiger zu befriedigen. ²Das gleiche Recht steht dem Besitzer einer Sache zu, wenn er Gefahr läuft, durch die Zwangsvollstreckung den Besitz zu verlieren.
(2) Die Befriedigung kann auch durch Hinterlegung oder durch Aufrechnung erfolgen.
(3) ¹Soweit der Dritte den Gläubiger befriedigt, geht die Forderung auf ihn über. ²Der Übergang kann nicht zum Nachteil des Gläubigers geltend gemacht werden.

A. Normzweck. § 268 gewährt einem Dritten, der ein besonderes Interesse an dem Gegenstand der Forderung hat, ein eigenes Recht auf Befriedigung des Gläubigers (Erman/*Kuckuk* § 268 Rn 1; Staud/*Bittner* § 268 Rn 1). Durch das Ablösungsrecht soll der Dritte davor geschützt werden, ein Recht oder den Besitz an dem Gegenstand, in den die Zwangsvollstreckung betrieben wird, zu verlieren (MüKo/*Krüger* § 268 Rn 2; AnwK/*Schwab* § 268 Rn 1). Ein Widerspruch des Schuldners, der die Rechtsfolgen dieser Leistung durch den Dritten zu verhindern sucht, bleibt wirkungslos. Der Gläubiger muss die Leistung unter den Voraussetzungen des § 268 akzeptieren, um nicht nach §§ 293 ff in Annahmeverzug zu geraten. Insofern stellt § 268 eine besondere Ausgestaltung der in § 267 geregelten Befugnis dar, eine fremde Schuld zu erfüllen (Soergel/*Wolf* § 268 Rn 1; AnwK/*Schwab* § 267 Rn 29; Staud/*Bittner* § 267 Rn 6; MüKo/*Krüger* § 268 Rn 1; Erman/*Kuckuk* § 268 Rn 1). 1
Wenn eine Abtretung der Forderung nach §§ 399, 400, 412 ausgeschlossen ist, besteht grundsätzlich kein 2
Ablösungsrecht (MüKo/*Krüger* § 268 Rn 13; aA Staud/*Bittner* § 268 Rn 16).

B. Voraussetzungen. I. Betreibung der Zwangsvollstreckung wegen einer Geldforderung. Die Vorschrift 3
greift nur ein, wenn die Zwangsvollstreckung bereits begonnen hat. Wann die Zwangsvollstreckung beginnt, bestimmt sich nach der ZPO (§§ 808 ff, 828 ff, 866 ff) und dem ZVG (§§ 15 ff, 146 ff, 162 ff). Dass eine Zwangsvollstreckung droht oder unmittelbar bevorsteht, reicht nicht aus (MüKo/*Krüger* § 268 Rn 3; Soergel/*Wolf* § 268 Rn 5). Abweichend davon sehen die §§ 1142, 1143, 1150, 1223 II, 1224, 1249, 1273 II vor, dass ein Ablösungsrecht auch schon vor Beginn der Zwangsvollstreckung besteht. Die Zwangsvollstreckung endet idR mit Erteilung des Zuschlages (BaRoth/*Grüneberg* § 268 Rn 5; AnwK/*Schwab* § 268 Rn 3); ab diesem Zeitpunkt besteht kein Ablösungsrecht mehr (Rn 6).

II. Dem Schuldner gehörender Gegenstand. § 268 ist nur dann anzuwenden, wenn in Gegenstände vollstreckt wird, die dem Schuldner zuzuordnen sind (RGRK/*Alff* § 267 Rn 1; Staud/*Bittner* § 268 Rn 6). Dieser muss also Inhaber eines dinglichen Rechtes, wie zB Eigentum, oder einer Anwartschaft sein (MüKo/*Krüger* § 268 Rn 5; Soergel/*Wolf* § 268 Rn 6). Wenn der Gläubiger die Zwangsvollstreckung nur in einen Teil des Gegenstandes betreibt, kann der Dritte auch ausschließlich für diesen Teil das Ablösungsrecht ausüben. Wird in schuldnerfremde Gegenstände vollstreckt, ist § 268 wegen der hinreichenden Schutzmechanismen von § 267 und § 771 ZPO nicht anzuwenden (Soergel/*Wolf* § 268 Rn 6; AnwK/*Schwab* § 268 Rn 5). 4

III. Rechts- oder Besitzverlust des Dritten. Das durch die Zwangsvollstreckung gefährdete Recht muss 5
gegenüber jedem geschützt sein, also ein absolutes (dingliches) Recht darstellen (Soergel/*Wolf* § 268 Rn 4; MüKo/*Krüger* § 268 Rn 6; Staud/*Bittner* § 268 Rn 7). Neben allen dinglichen Rechten sind auch die Auflassungsvormerkung nach § 883 (BGH NJW 94, 1475; Soergel/*Wolf* § 268 Rn 4; Erman/*Kuckuk* § 268 Rn 2), Anwartschaftsrechte und die Zwangshypothek erfasst.
§ 268 I 2 gewährt bei drohendem Besitzverlust zusätzlich dem berechtigten Besitzer ein Ablösungsrecht (Palandt/*Heinrichs* § 268 Rn 4; MüKo/*Krüger* § 268 Rn 8; Soergel/*Wolf* § 268 Rn 4), unabhängig davon, ob es sich um mittelbaren oder unmittelbaren Besitz handelt.

IV. Beseitigung der aus der Zwangsvollstreckung drohenden Gefahren. Die Norm findet nur dann 6
Anwendung, wenn die drohende Gefahr des Rechts- oder Besitzverlustes noch abgewendet werden kann.
§ 268 dient der Erhaltung des Haftungsgegenstandes (RGZ 123, 339 f; MüKo/*Krüger* § 268 Rn 9). Ist die Zwangsvollstreckung bereits beendet, kann dieser Zweck nicht mehr erreicht werden (Soergel/*Wolf* § 268 Rn 8), weshalb auch kein Ablösungsrecht (mehr) besteht. Aus demselben Grund besteht auch dann kein Ablösungsrecht, wenn „nur" die Zwangsverwaltung angeordnet wird (Erman/*Kuckuk* § 268 Rn 6). Nicht erforderlich ist, dass der Dritte den Willen gebildet hat, die Vollstreckung abzuwenden (AnwK/*Schwab* § 268 Rn 19; Staud/*Bittner* § 268 Rn 11; aA Soergel/*Wolf* § 268 Rn 7 f).

7 **C. Ausübung des Ablösungsrechts (I).** Der Dritte übt sein Ablösungsrecht aus, indem er den Gläubiger befriedigt. Abweichend von § 267 (Rn 8) kann der Schuldner die Befriedigung des Gläubigers auch durch Hinterlegung oder Aufrechnung bewirken, wenn deren spezielle Voraussetzungen gegeben sind. Die Zweckrichtung des § 268 macht lediglich die Gegenseitigkeit der Forderungen iRd Aufrechnung entbehrlich (MüKo/*Krüger* § 268 Rn 11; AnwK/*Schwab* § 268 Rn 11; Palandt/*Heinrichs* § 268 Rn 5).

8 **D. Rechtsfolgen.** Befriedigt der ablösungsberechtigte Dritte den Gläubiger, erlischt das Schuldverhältnis nicht, sondern die Forderung geht nach § 268 III 1 auf ihn über. Bei dieser cessio legis folgen dem Hauptanspruch dienende Nebenrechte nach §§ 401, 412 (BGHZ 46, 14; MüKo/*Krüger* § 268 Rn 12; AnwK/*Schwab* § 268 Rn 12 f). Bei Ausübung des Ablösungsrechts gehen auch öffentlich-rechtliche Forderungen über, die der Erwerber dann auf dem ordentlichen Rechtsweg geltend machen kann (BGHZ 75, 24 f; RGRK/*Alff* § 268 Rn 7). Strittig ist, ob ein gutgläubiger einredefreier Erwerb der Forderung in Betracht kommt (dafür *Hager* ZIP 97, 137; *Canaris* NJW 86, 1488 f; *Medicus* BürgR Rn 547; dagegen BGH NJW 86, 1488; 97, 190; Staud/*Bittner* § 268 Rn 15).

9 **E. Gläubigerschutz (III 2).** Wenn die Forderung auf den Dritten übergeht, darf der Gläubiger nach § 268 III 2 nicht schlechter gestellt werden, als er bei Tilgung durch den Schuldner stünde. Der gesetzliche Forderungsübergang darf also nicht zum Nachteil des Gläubigers geltend gemacht werden. Dieser Grundsatz hat insbes für den Rang dinglicher Sicherungsrechte Bedeutung (Soergel/*Wolf* § 268 Rn 13). Grundsätzlich tritt das übergegangene Forderungsrecht des Dritten mit den Rechten des Gläubigers in Konkurrenz (MüKo/*Krüger* § 268 Rn 15). Ein Vorrang der Gläubigerforderung besteht ausschließlich für die Sicherungs- und Nebenrechte nach §§ 401, 412 (*Gernhuber*, Erfüllung § 21 II 6). Wird zB nur ein Teil einer Hypothek abgelöst, geht der dem Gläubiger verbleibende Teil dem Recht des Dritten im Rang vor (RGZ 131, 325). In der Insolvenz bestimmt sich die Reihenfolge der Befriedigung allein nach dem Vorgaben der InsO (MüKo/*Krüger* § 268 Rn 17). Auch bestehen gegen den Gläubiger keine Rechte wegen eines eventuellen Rechtmangels nach §§ 435, 437, da der Übergang des Rechts durch Legalzession erfolgt und kein Rechtskauf vorliegt.

§ 269 Leistungsort

(1) Ist ein Ort für die Leistung weder bestimmt noch aus den Umständen, insbesondere aus der Natur des Schuldverhältnisses, zu entnehmen, so hat die Leistung an dem Orte zu erfolgen, an welchem der Schuldner zur Zeit der Entstehung des Schuldverhältnisses seinen Wohnsitz hatte.
(2) Ist die Verbindlichkeit im Gewerbebetrieb des Schuldners entstanden, so tritt, wenn der Schuldner seine gewerbliche Niederlassung an einem anderen Orte hatte, der Ort der Niederlassung an die Stelle des Wohnsitzes.
(3) Aus dem Umstand allein, dass der Schuldner die Kosten der Versendung übernommen hat, ist nicht zu entnehmen, dass der Ort, nach welchem die Versendung zu erfolgen hat, der Leistungsort sein soll.

1 **A. Normzweck.** § 269 bestimmt den Ort zur Erbringung der Leistung für den Fall, dass ein Leistungsort nicht bereits durch gesetzliche Sonderregeln, Parteivereinbarung oder die Umstände festgelegt ist. Nur an diesem kann der Schuldner seine Verbindlichkeit erfüllen und Folgen wie Annahmeverzug des Gläubigers, Vermeidung des Schuldnerverzuges und Konkretisierung der Gattungsschuld auslösen. Anzuwenden ist § 269 auf Schuldverhältnisse aller Art sowie auf sachenrechtliche (zB § 985, BGHZ 79, 214) und familien- und erbrechtliche Ansprüche (Palandt/*Heinrichs* § 269 Rn 6).

2 **B. Leistungsort. I. Begriff.** Der Leistungsort ist der Ort, an dem die Leistungshandlung, jedenfalls ihr letzter Abschnitt (*Larenz* I § 14 IVa), durch den Schuldner zu erbringen ist (Staud/*Bittner* § 269 Rn 2). Hiervon zu trennen ist der Erfolgsort, an welchem der Leistungserfolg eintritt (MüKo/*Krüger* § 269 Rn 2). In der Praxis fallen beide Orte häufig zusammen, zB bei der **Holschuld**, bei der der Gläubiger die Leistung am Wohnort des Schuldners abzuholen hat, bei **Bringschuld**, bei der die Leistung beim Gläubiger zu erbringen ist, sowie bei der Vereinbarung eines neutralen Leistungsortes, wodurch Elemente der Hol- und Bringschuld kombiniert werden (MüKo/*Krüger* § 269 Rn 8). Im Unterschied dazu fallen bei der **Schickschuld**, bei der die Leistung vom Schuldner an den Gläubiger versandt wird, Leistungs- und Erfolgsort auseinander: Leistungsort ist der Wohnsitz des Schuldners, Erfolgsort dagegen erst der Ablieferungsort, an den die Leistung zu übersenden ist; Beispiele hierfür sind der Versendungskauf, § 447, sowie die Geldschuld, § 270 I (vgl § 270 Rn 1 ff).

3 Soweit das Gesetz vom „Erfüllungsort" (vgl §§ 447 I, 644 II; sowie nach allgM § 29 ZPO, vgl Staud/*Bittner* § 269 Rn 2) spricht, ist darunter der Leistungsort zu verstehen.

4 Bei einer Mehrzahl von Verpflichtungen können unterschiedliche Leistungsorte bestimmt werden (BayObLG NJW-RR 97, 699), so zB bei der Bürgschaft (RGZ 137, 11) oder bei der Gesamtschuld. Dies gilt auch für Leistung und Gegenleistung (RGZ 49, 75; 140, 69). Es besteht jedoch eine Tendenz, eine solche Spaltung zu vermeiden (Karlsr NJW-RR 86, 351). Bei gegenseitigen Verträgen wird teilweise auf den Ort der vertragscha-

rakteristischen Leistung als regelmäßigen Leistungsort für beide Vertragspflichten abgestellt (BGH WM 81, 411; NJW 86, 1178; NJW 91, 3095; München VersR 01, 395; MüKo/*Krüger* § 269 Rn 19). Die Rechtsprechung lehnt es nunmehr allerdings ab, alleine aus dem Schwerpunkt des Vertrages auf den Leistungsort für sämtliche Vertragspflichten zu schließen, und verlangt das Hinzutreten weiterer Umstände (BGH NJW 04, 55; so auch Palandt/*Heinrichs* § 269 Rn 13; Staud/*Bittner* § 269 Rn 48), so vor allem für Honoraransprüche aus dem Anwalts- (BGH NJW 04, 55; Karlsr NJW 03, 2175) und Steuerberatervertrag (LG Berlin NJW-RR 02, 207). Nebenpflichten sind im Zweifel am Leistungsort der Hauptverpflichtung zu erbringen (RGZ 70, 199), so zB Rechenschaftspflichten (BGH NJW 02, 2703; Karlsr NJW 69, 1969) und Vertragsstrafen (RGZ 69, 12).

II. Bestimmung des Leistungsortes. Der Ort der Leistung wird, wenn keine gesetzliche Sonderregelung besteht (zB §§ 261 I, 374, 697, 700 I 3, 811 I, 1194, 1200 I BGB, 36 VVG, 2 II, III ScheckG, 2 III, 75 Nr 4, 76 III WG), durch Parteivereinbarung oder die Umstände des Vertrags festgelegt. 5

1. Parteivereinbarung. Den Parteien steht es frei, den Leistungsort ausdrücklich oder konkludent zu bestimmen. Bei der ausdrücklichen Vereinbarung in allgemeinen Geschäftsbedingungen ist der Vorrang der Individualabrede nach der Auslegungsregel des § 305 c zu beachten. Nach den allgemeinen Auslegungsregeln des BGB kann eine Parteivereinbarung über den Leistungsort auch durch schlüssiges Verhalten begründet werden, so zB bei Erfüllung durch beide Parteien unmittelbar nach Vertragsschluss am selben Ort (RGZ 102, 283). Nach § 269 III ist aber nicht bereits aus der Übernahme der Versendungskosten durch den Schuldner eine Verlegung des Leistungsortes an den Versendungsort zu folgern; das Gleiche gilt für die Übernahme der Versendungsgefahr (RGZ 68, 78; 114, 408); beides auch unter Verwendung der hierfür handelsüblichen Klauseln wie „cif" (cost, insurance, freight), „fob" (free on board) oder den sog. „Frei-Klauseln" (zB „frei Haus" – ausnahmsweise Bestimmung des Leistungsortes: BGH NJW 84, 567; 97, 872), sowie bei bloßer Vereinbarung eines Ablieferungsortes (Schlesw NJW-RR 93, 314). Keine Vereinbarung des Leistungsortes liegt außerdem bei einer Akkreditivabrede vor (BGH NJW 81, 1905). 6

Der einmal bestimmte Leistungsort kann durch die Parteien nachträglich verändert werden (RGZ 106, 211; Schlesw IPRax 93, 95). Eine einseitige Änderung des Leistungsortes ist aber auch iR ständiger Geschäftsbeziehungen ausgeschlossen (RGZ 52, 135; 57, 411; 65, 331), es sei denn, der andere stimmt zu oder einem Schweigen ist ausnahmsweise Erklärungsgehalt beizumessen (RGZ 57, 410). 7

2. Umstände. Als Umstände des Vertrags zu beachten sind Natur und Charakter des Schuldverhältnisses, besondere Begebenheiten des Einzelfalls sowie Verkehrssitte und Handelsbrauch (Staud/*Bittner* § 269 Rn 18). Für Unterlassungsansprüche bestimmt sich der Leistungsort nicht nach dem Ort der Zuwiderhandlung, sondern nach dem Wohnsitz des Schuldners (BGH NJW 74, 411). Schadensersatzansprüche sind im Fall der Naturalrestitution, § 249 I, am Ort der Schädigung zu leisten, Schadensersatz statt der Leistung oder wegen Verletzung einer Nebenpflicht an dem Ort, an dem die geschuldete Leistung hätte erbracht werden müssen bzw. an dem die Nebenpflicht verletzt wurde (MüKo/*Krüger* § 269 Rn 42). Bei Gewährleistungsansprüchen ist für den Nacherfüllungsanspruch in der Regel auf den Leistungsort des Erfüllungsanspruchs, bei der Minderung auf den Wohn- bzw. Niederlassungssitz des Verkäufers (RGZ 66, 76) und für die Rückgewähransprüche sowie den Rücktritt selbst auf den Ort, an dem sich die Sache vertragsgemäß befindet, abzustellen (BGH NJW 83, 1479; Saarbr NJW 05, 906; MüKo/*Krüger* § 269 Rn 41. 8

Beispiele: Beim Kaufvertrag ist die Bestimmung des Leistungsortes nach den Umständen des Vertrags stark inhaltsabhängig, von der bloßen Zug-um-Zug-Leistung kann aber noch kein Rückschluss auf einen einheitlichen Leistungsort gezogen werden (MüKo/*Krüger* § 269 Rn 19); bei alltäglichen Ladengeschäften ist Leistungsort der Ladenraum (Stuttg OLGE 41, 244); im Falle der Warenanlieferung wie zB für Heizöl, Kohle und Möbel (Oldbg NJW-RR 92, 1527) ist idR eine Bringschuld anzunehmen, so dass Leistungsort der Wohnsitz des Käufers ist (Palandt/*Heinrichs* § 269 Rn 12); ebenso beim Versandhandel (Stuttg NJW-RR 99, 1577); für den Arbeitsvertrag richtet sich der Ort der Leistung grundsätzlich am Ort der Arbeitsstätte als Mittelpunkt der Leistung aus (BAG DB 83, 395; 04, 2483), doch ist hinsichtlich der Art der jeweiligen Arbeitsleistung zu differenzieren, so zB für Monteure, Bauarbeiter und Handelsreisende (LAG Baden Württemberg DB 66, 746); für den Anwaltvertrag ist mittlerweile nicht mehr regelmäßig vom Kanzleisitz als Erfüllungsort der Verpflichtungen beider Seiten auszugehen (BGH NJW 04, 54; Palandt/*Heinrichs* § 269 Rn 13; Staud/*Bittner* § 269 Rn 48; aA MüKo/*Krüger* § 269 Rn 21); ebenso wenig für den Steuerberatervertrag (LG Berlin NJW-RR 02, 207); für den Architektenvertrag ist Leistungsort idR das Bauwerk (BGH NJW 01, 1936), für Bauwerksverträge einheitlich der Ort des Bauvorhabens (BGH NJW 86, 935). 9

3. Zweifelsregel des § 269. Ist der Leistungsort nicht durch Gesetz, Parteivereinbarung oder die Umstände bestimmt, greift § 269 subsidiär ein und legt als Leistungsort den Wohnsitz des Schuldners bei Entstehung des Schuldverhältnisses (§ 269 I) oder für gewerbliche Verpflichtungen den Ort der Niederlassung (§ 269 II) fest. Da § 269 eine Zweifelsregel ist, trägt derjenige die Beweislast, der aus einer Vereinbarung oder den Umständen einen anderen Leistungsort als den Wohnsitz des Schuldners behauptet (Palandt/*Heinrichs* § 269 Rn 19). 10

11 § 269 I bestimmt als Leistungsort den Wohnsitz, §§ 7–12. „Wohnsitz" ist im politischen Sinne zu verstehen. Gemeint ist die kleinste politische Einheit, in der sich die Wohnung befindet; zumeist die Gemeinde oder Stadt (BGHZ 87, 111; Palandt/*Heinrichs* § 7 Rn 1). Direkt (RGZ 78, 141) oder analog (Erman/*Kuckuk* § 269 Rn 2) wird § 269 auch auf das sog. Platzgeschäft, einem innerörtlichen Geschäft, zur Bestimmung der konkreten Leistungsstelle innerhalb der Gemeinde angewendet. Existiert kein fester Wohnsitz, so tritt an seine Stelle der Aufenthaltsort; bei mehreren Wohnsitzen besteht ein Wahlrecht des Schuldners (Palandt/*Heinrichs* § 269 Rn 17) bei Entstehung des Schuldverhältnisses (für den Maklervertrag ist daher auf dessen Abschluss, nicht auf den des provisionspflichtigen Geschäfts abzustellen, Stuttg NJW-RR 87, 1076). Eine nachträgliche Änderung des Wohnsitzes wirkt sich nicht auf den bereits bestimmten Leistungsort aus (BGHZ 36, 15; BGH NJW 62, 110). Bei juristischen Personen ist, wenn kein Fall des § 269 II vorliegt, der Sitz, also der Ort, an dem die Verwaltung geführt wird, § 24, als Wohnsitz zu werten.

12 **C. Rechtsfolgen.** Unmittelbare Auswirkungen hat der Leistungsort für die Frage der ordnungsgemäßen Leistung des Schuldners (siehe Rn 1). Mittelbar erlangt er Bedeutung für die Bestimmung der Kostentragung: Liegt der Leistungsort am Wohnsitz des Gläubigers, so hat der Schuldner die Kosten der Versendung der Leistung zu tragen, befindet er sich beim Schuldner, sind die Kosten vom Gläubiger zu übernehmen (MüKo/*Krüger* § 269 Rn 51).

13 Der Gerichtsstand bestimmt sich nach dem gesetzlichen Erfüllungsort, § 29 I ZPO. Vereinbarungen zum Leistungsort sind für den Gerichtsstand ohne Belang (Palandt/*Heinrichs* § 269 Rn 3); lediglich Kaufleuten, juristischen Personen des öffentlichen Rechts oder öffentlich-rechtlichen Sondervermögen ist eine Vereinbarung des Gerichtsstands durch Festlegung des Erfüllungsorts möglich, § 29 II ZPO (MüKo/*Krüger* § 269 Rn 12). Keine Vereinbarung des Leistungsortes liegt dagegen bei der abstrakten Erfüllungsortvereinbarung vor, also bei der bloßen Einigung über den Gerichtsstand und das anzuwendende Recht (BGH NJW-RR 98, 755; RGZ 41, 361).

§ 270 Zahlungsort

(1) Geld hat der Schuldner im Zweifel auf seine Gefahr und seine Kosten dem Gläubiger an dessen Wohnsitz zu übermitteln.
(2) Ist die Forderung im Gewerbebetrieb des Gläubigers entstanden, so tritt, wenn der Gläubiger seine gewerbliche Niederlassung an einem anderen Orte hat, der Ort der Niederlassung an die Stelle des Wohnsitzes.
(3) Erhöhen sich infolge einer nach der Entstehung des Schuldverhältnisses eintretenden Änderung des Wohnsitzes oder der gewerblichen Niederlassung des Gläubigers die Kosten oder die Gefahr der Übermittlung, so hat der Gläubiger im ersteren Falle die Mehrkosten, im letzteren Falle die Gefahr zu tragen.
(4) Die Vorschriften über den Leistungsort bleiben unberührt.

1 **A. Normzweck.** Nach seinem Wortlaut stellt § 270 eine **Auslegungsregel** für die Fälle auf, bei denen zweifelhaft ist, wo der Zahlungsort für Geldschulden liegt. Auf diese gesetzliche Auslegungshilfe ist jedoch auch dann zurückzugreifen, wenn die Parteien gar keine Vereinbarung getroffen haben (Soergel/*Wolf* § 270 Rn 1). Der Leistungsort liegt mangels anderer Regelung gem §§ 269 I, 270 IV am Wohnsitz des Schuldners, doch trifft den Schuldner nach § 270 I die Verpflichtung, das Geld auf eigene Kosten und Gefahr an den Wohnsitz des Gläubigers zu übermitteln. Die Geldschuld ist daher eine **qualifizierte Schickschuld**, die einer Bringschuld angenähert ist, aber Unterschiede hinsichtlich des Gerichtsstands (§ 29 ZPO) und der Rechtzeitigkeit der Leistung aufweist (Palandt/*Heinrichs* § 270 Rn 1; MüKo/*Krüger* § 270 Rn 1; AnwK/*Schwab* § 270 Rn 1; Jauernig/*Vollkommer* § 270 Rn 1; aA Staud/*Bittner* § 270 Rn 2 f, welche die Geldschuld als modifizierte Bringschuld einstuft).

2 **B. Anwendungsbereich.** § 270 bezieht sich nur auf Geldschulden, dh auf schuldrechtliche Verbindlichkeiten, die auf Zahlung von unkörperlichen Vermögensgegenständen gerichtet sind und in Geld ausgedrückt werden (K. *Schmidt* JuS 84, 740). Es werden sowohl Geldwert-, als auch Geldsummenschulden erfasst (Soergel/*Wolf* § 270 Rn 2). So wie § 269 ist auch § 270 auf Platzgeschäfte anwendbar (BGH NJW 69, 875; RGZ 78, 140). Keine Anwendung findet § 270 auf die Herausgabeverpflichtung des Kommissionärs nach § 384 HGB, die des Beauftragten nach § 667 (BGHZ 28, 128; NJW 03, 745; MüKo/*Krüger* § 270 Rn 5; *Medicus* JuS 83, 902) sowie auf Ansprüche aus ungerechtfertigter Bereicherung (RGZ 96, 347), soweit es sich hierbei nicht um eine verschärfte Haftung nach §§ 818 II, 819 handelt (BGHZ 83, 297).

3 **C. Zahlungsort.** Im Unterschied zu § 269, der den Ort der Leistungshandlung bestimmt, legt § 270 I, II mit dem Zahlungsort den Ort fest, an dem der Leistungserfolg der Geldschuld eintreten soll (MüKo/*Krüger* § 270 Rn 7). Nach § 270 ist die Geldschuld an den Wohnsitz des Gläubigers (Abs 1), bei Forderungen im Gewerbebetrieb an den Ort der gewerblichen Niederlassung des Gläubigers (Abs 2) zu übermitteln.

Anders als § 269 stellt § 270 nicht auf den Wohnsitz zum Zeitpunkt der Entstehung der Verbindlichkeit ab, 4
sondern auf den Zeitpunkt der Übermittlung, § 270 III. Entstehen dem Schuldner durch die Veränderung des
Wohnsitzes nach Begründung der Verbindlichkeit zusätzliche Kosten oder eine Gefahrenerhöhung, so hat der
Gläubiger die Mehrkosten oder die Gefahr im Ganzen zu tragen. Hiervon nicht erfasst werden aber Fälle der
nachträglichen Kontoverlagerung (BGHZ 6, 127), da es dem Schuldner weiterhin möglich ist, am Wohnsitz
des Gläubigers zu erfüllen (AnwK/*Schwab* § 270 Rn 15).

Die **Art der Übermittlung** steht dem Schuldner grundsätzlich frei. Die Leistung kann sowohl bar als auch 5
bargeldlos bewirkt werden. Die Banküberweisung ist jedenfalls dann zulässig, wenn der Gläubiger eine Bank-
oder Postverbindung angegeben hat (Frankf JW 22, 511; Palandt/*Heinrichs* § 270 Rn 5). Die Überweisung ist
nicht Leistung an die Bank, sondern unmittelbar an den Gläubiger (BGHZ 53, 142; 72, 319). Die Zusendung
eines Schecks erfolgt dagegen im Zweifel erfüllungshalber (Palandt/*Heinrichs* § 270 Rn 5).

Die Zahlung per **Nachnahme** ist keine Geldversendung des Schuldners, vielmehr zahlt er bereits schuldtil- 6
gend an die Post und der Gläubiger trägt Übermittlungs- und Verlustgefahr (Karlsr WM 96, 1960; AnwK/
Schwab § 270 Rn 5); Staud/*Bittner* § 270 Rn 14). Ebenfalls nicht unter § 270 fallende Arten der Übermittlung
sind das **Lastschriftverfahren** (BGH NJW 84, 872; WM 85, 462; Palandt/*Heinrichs* § 270 Rn 4; AnwK/*Schwab*
§ 270 Rn 21; BaRoth/*Grüneberg* § 270 Rn 7; aA *Gernhuber*, Erfüllung, § 2 VII 4c) und Zahlung durch **Kreditkarte**. Hierbei handelt es sich jeweils um eine Holschuld, der Zahlungsort liegt also beim Schuldner (BGH
NJW 84, 872; WM 85, 462).

Da der Wohnsitz des Schuldners im Zweifel als Leistungsort fortbesteht, ist für die **Rechtzeitigkeit der Leis-** 7
tung darauf abzustellen, wann der Schuldner das aus seiner Sicht zur Übermittlung Erforderliche getan hat
(BGHZ 44, 179; BGH NJW 64, 499; Köln NJW-RR 99, 285). Die Verzögerungsgefahr nach rechtzeitiger
Übermittlung wird nicht von § 270 I erfasst und fällt damit dem Gläubiger zu (Palandt/*Heinrichs* § 270 Rn 6;
krit *Schön* AcP 198, 443). Durch die Vereinbarung sog. Rechtzeitigkeitsklauseln kann aber auch der Eingang
beim Gläubiger maßgebend sein (Kobl NJW-RR 93, 583; BaRoth/*Grüneberg* § 270 Rn 15). Bei der Überwei-
sung ist für die Rechtzeitigkeit der Leistung seit der Neuregelung des Überweisungsrechts die Annahme des
Überweisungsauftrags durch die kontoführende Bank (§ 676a) entscheidend (Palandt/*Heinrichs* § 270 Rn 7;
MüKo/*Krüger* § 270 Rn 24; AnwK/*Schwab* § 270 Rn 10; *v Westphalen* BB 00, 160; aA Karlsr NJW-RR 98, 1484;
Köln NJW-RR 92, 1529; Ddorf DB 84, 2686; Soergel/*Wolf* § 270 Rn 18; Erman/*Kuckuk* § 270 Rn 7, die unter
vorausgesetzter Deckung des Schuldnerkontos auf den Zeitpunkt der bloßen Auftragserteilung abstellen); es
kommt weder auf den Zeitpunkt der tatsächlichen Abbuchung noch auf den der Gutschrift auf das Gläubigerkonto an (BGH NJW 64, 499; Karlsr NJW-RR 98, 1483). Bei Scheckübersendung kommt es für die Rechtzeitigkeit auf den Zeitpunkt der Übergabe an die Post an (BGH NJW 98, 1302).

D. Verlustgefahr und Kosten. Die Verlustgefahr liegt beim Schuldner und geht erst dann auf den Gläubiger 8
über, wenn dieser das Geld in Empfang genommen hat bzw wenn er nach § 300 II in Annahmeverzug gerät
(AnwK/*Schwab* § 270 Rn 4). Die Kosten der Übermittlung sind im Zweifel vom Schuldner zu tragen, § 270 I,
so zB die Überweisungsgebühren (Erman/*Kuckuk* § 270 Rn 10; AnwK/*Schwab* § 270 Rn 7). Hiervon nicht
erfasst werden die Kosten, die der Gläubiger für die Bereitstellung eines Girokontos zu zahlen hat (BAG BB
77, 443).

E. Beweislast. Die Beweislast dafür, dass das geschuldete Geld abgesendet und eingetroffen ist, trifft den 9
Schuldner (MüKo/*Krüger* § 270 Rn 27; Palandt/*Heinrichs* § 270 Rn 12). Die Bescheinigung über eine Ein-
schreibesendung ist jedoch als Anscheinsbeweis nicht ausreichend (BGHZ 24, 312). Eine tatsächliche Vermutung begründen dagegen Postanweisungsabschnitte oder Wertbriefeinlieferungsscheine (BaRoth/*Grüneberg*
§ 270 Rn 19; MüKo/*Krüger* § 270 Rn 27).

§ 271 Leistungszeit

(1) Ist eine Zeit für die Leistung weder bestimmt noch aus den Umständen zu entnehmen, so kann der
Gläubiger die Leistung sofort verlangen, der Schuldner sie sofort bewirken.
(2) Ist eine Zeit bestimmt, so ist im Zweifel anzunehmen, dass der Gläubiger die Leistung nicht vor dieser
Zeit verlangen, der Schuldner aber sie vorher bewirken kann.

A. Normzweck. Die Leistungszeit bezeichnet den Zeitpunkt, in dem der Schuldner zur Leistung berechtigt 1
ist, und ab dem der Gläubiger die Leistung fordern kann. Die Norm umfasst daher auf der einen Seite die
Fälligkeit der Leistung, also den Zeitpunkt, ab dem der Gläubiger fordern kann, und auf der anderen Seite
die **Erfüllbarkeit** der Leistung, also den Zeitpunkt, ab dem der Schuldner mit Annahmeverzugswirkung zu
leisten befähigt ist (Palandt/*Heinrichs* § 271 Rn 1; AnwK/*Schwab* § 271 Rn 1). Der Begriff der Leistungszeit
des § 271 ist als ergänzende Regelung zum Leistungsort, § 269 zu verstehen (MüKo/*Krüger* § 271 Rn 1).

§ 271 ist auf alle Schuldverhältnisse anwendbar (Palandt/*Heinrichs* § 271 Rn 3). In öffentlich-rechtlichen 2
Rechtsverhältnissen findet § 271 entspr Anwendung (BaRoth/*Grüneberg* § 271 Rn 3).

3 **B. Bestimmung der Leistungszeit.** Die Leistungszeit kann durch Gesetz oder durch Parteivereinbarung bestimmt sein. Haben die Parteien nichts vereinbart und fehlt es an gesetzlichen Vorschriften, so ist die Leistung nach § 271 I sofort fällig und erfüllbar. Bei dem Begriff „sofort" ist ausschließlich auf den objektiven Maßstab abzustellen.

4 **I. Gesetzliche Regelungen.** Die Leistungszeit ergibt sich für bestimmte Verpflichtungen aus dem Gesetz, wie zB nach §§ 556b (Miete), 608f (Darlehen), 614 (Dienstvertrag), 641 (Werkvertrag), 695f (Verwahrung), 721 (Gesellschaft), 760 (Leibrente), 1361 IV, 1585 I, 1612 III (Unterhalt), 2181 (Vermächtnis). Nicht im BGB enthaltene Leistungszeiten ergeben sich zB aus §§ 11 VVG, 23 VerlagsG, 61 GKG, 798 ZPO, 11 ZVG.

5 **II. Parteivereinbarung.** Die Fälligkeit kann vertraglich vereinbart werden, soweit sie nicht zwingend gesetzlich vorgeschrieben ist (BaRoth/*Grüneberg* § 271 Rn 5). Bei Wendungen, wie zB „In Kürze", „Umgehend" oder ähnlichen unbestimmten Formulierungen dieser Art, ist der Beurteilungsspielraum nach billigem Ermessen auszufüllen (Soergel/*Wolf* § 271 Rn 7). So beträgt zB die Leistungszeit beim Möbelkauf unter der Verwendung der Formulierung „baldigst", ca 6 bis 8 Wochen (Nürnbg NJW 81, 1104). Sofern AGB Regelungen über die Leistungszeit beinhalten, sind die §§ 305 ff einschlägig. Ist jedoch eine Klausel wegen Verstoßes gegen § 308 Nr 1 unwirksam, so ist gem § 306 II die Regelung des § 271 anwendbar (Soergel/*Wolf* § 271 Rn 8; BaRoth/*Grüneberg* § 271 Rn 5; MüKo/*Krüger* § 271 Rn 3).

6 Wenn der **Gläubiger** nach der Vereinbarung zur Bestimmung der Leistungszeit berechtigt ist, hat er sie gem § 315 im Zweifel nach billigem Ermessen festzusetzen (AnwK/*Schwab* § 271 Rn 24). Das Bestimmungsrecht des Gläubigers darf von ihm nicht rechtsmissbräuchlich ausgeübt werden (MüKo/*Krüger* § 271 Rn 10). Die Bestimmung muss innerhalb angemessener Zeit erfolgen, wenn der Gläubiger zur Bestimmung nicht nur berechtigt, sondern auch verpflichtet ist, wie zB beim Kauf auf Abruf (Naumbg OLGE 20, 166). Unterbleibt ein solcher Abruf, führt dies zum Gläubigerverzug, § 295 (Soergel/*Wolf* § 271 Rn 20; Palandt/*Heinrichs* § 271 Rn 6).

7 Ist der **Schuldner** nach der Vereinbarung zur Bestimmung der Leistungszeit berechtigt, hat er sie ebenfalls im billigem Ermessen (§ 315) festzusetzen (s Rn 6). Es sind die Grenzen des § 242 einzuhalten, sofern die Bestimmung in das freie Belieben des Schuldners gestellt wurde (Palandt/*Heinrichs* § 271 Rn 6; Erman/*Kuckuk* § 271 Rn 14).

8 Wurde das Bestimmungsrecht auf Dritte übertragen, gelten die §§ 317–319 (Staud/*Bittner* § 271 Rn 6; Erman/*Kuckuk* § 271 Rn 14).

9 **C. Regelung des § 271 II.** Bei einer bestimmten Leistungszeit wird die Leistungspflicht des Schuldners zwar hinausgeschoben, doch ist er nicht daran gehindert, vorzeitig zu leisten (Erman/*Kuckuk* § 271 Rn 15; Soergel/*Wolf* § 271 Rn 24). Nimmt der Gläubiger die frühzeitige Leistung des Schuldners nicht an, gerät er (unter Berücksichtigung des § 299) in Annahmeverzug (BaRoth/*Grüneberg* § 271 Rn 23).

10 **D. Rechtsfolgen.** Wird die Leistungszeit vom Schuldner nicht eingehalten, kommt dieser unter den Voraussetzungen des § 286 in Schuldnerverzug. Der Gläubiger gerät unter den Voraussetzungen der §§ 293 ff in Annahmeverzug (Staud/*Bittner* § 271 Rn 19; BaRoth/*Grüneberg* § 271 Rn 22).

§ 272 Zwischenzinsen

Bezahlt der Schuldner eine unverzinsliche Schuld vor der Fälligkeit, so ist er zu einem Abzug wegen der Zwischenzinsen nicht berechtigt.

1 **A. Normzweck.** Nach dem Wortlaut der Norm darf ein Schuldner die Zwischenzinsen einer vor Fälligkeit bezahlten Schuld nicht abziehen (AnwK/*Schwab* § 272 Rn 1). Die vorzeitige Zahlung des Schuldners gewährt dem Gläubiger einen Vorteil, da dieser das Geld bereits vor der eigentlichen Fälligkeit zinsbringend anlegen kann. Da die frühzeitige Zahlung aber vom Schuldner freiwillig bewirkt wurde, belässt das Gesetz den Vorteil dem Gläubiger (Soergel/*Wolf* § 272 Rn 1; MüKo/*Krüger* § 272 Rn 1).

2 **B. Ausnahmen.** Es bestehen jedoch hinsichtlich des Verbots des Abzugs von Zinsen auch Ausnahmen. Ist der Schuldner gesetzlich zur Leistung gezwungen, wie zB bei Gefährdung der Sicherheit der Hypothek nach § 1133 S 3 oder bei vorzeitiger Rückgabe des Pfandes bei einer Rechtsverletzung seitens des Pfandgläubigers nach § 1217 (Staud/*Bittner* § 272 Rn 3; Erman/*Kuckuk* § 272 Rn 1), lässt das Gesetz einen Abzug von Zwischenzinsen ausdrücklich zu. Eine andere Ausnahme stellen abweichende Vereinbarungen dar. Die Beweislast liegt bei demjenigen, der eine von der gesetzlichen Regel des § 272 abweichende Vereinbarung behauptet (Staud/*Bittner* § 272 Rn 7).

3 **C. Berechnung der Zwischenzinsen.** Für den Fall, dass Zwischenzinsen abgezogen werden dürfen (s Rn 2) ist nach allgM auf die sog Hoffmannsche Methode abzustellen, um die Zwischenzinsen zu berechnen (BGHZ 115, 310; Staud/*Bittner* § 272 Rn 6):

$$x = \frac{100 \cdot s}{100 + 4a}$$

„x" stellt den nach Abzug der Zwischenzinsen zu zahlenden Betrag dar, während „s" für die Schuldsumme und „a" für die Anzahl der Jahre steht.

§ 273 Zurückbehaltungsrecht

(1) Hat der Schuldner aus demselben rechtlichen Verhältnis, auf dem seine Verpflichtung beruht, einen fälligen Anspruch gegen den Gläubiger, so kann er, sofern nicht aus dem Schuldverhältnis sich ein anderes ergibt, die geschuldete Leistung verweigern, bis die ihm gebührende Leistung bewirkt wird (Zurückbehaltungsrecht).
(2) Wer zur Herausgabe eines Gegenstands verpflichtet ist, hat das gleiche Recht, wenn ihm ein fälliger Anspruch wegen Verwendungen auf den Gegenstand oder wegen eines ihm durch diesen verursachten Schadens zusteht, es sei denn, dass er den Gegenstand durch eine vorsätzlich begangene unerlaubte Handlung erlangt hat.
(3) ¹Der Gläubiger kann die Ausübung des Zurückbehaltungsrechts durch Sicherheitsleistung abwenden. ²Die Sicherheitsleistung durch Bürgen ist ausgeschlossen.

A. Normzweck. § 273 I definiert das Zurückbehaltungsrecht als Recht des Schuldners, seine Leistung zu verweigern, bis die ihm gebührende Leistung vom Gläubiger bewirkt wird. Die beiderseitigen Leistungspflichten werden also miteinander verknüpft, so dass der Schuldner seine Leistung so lange zurückhalten kann, bis er vom Gläubiger wegen seiner Forderung befriedigt wird und umgekehrt (MüKo/*Krüger* § 273 Rn 1). Das Zurückbehaltungsrecht ist eine anspruchsbeschränkende Einrede (*Larenz* AT § 14 II), durch deren Geltendmachung der Schuldner rechtsgestaltend auf den Anspruch des Gläubigers in der Form einwirkt, dass er nur noch auf Leistung Zug-um-Zug gegen Empfang der Gegenleistung gerichtet ist (Soergel/*Wolf* § 273 Rn 1; siehe Rn 19).

Das allgemeine Zurückbehaltungsrecht ist nicht Folge des Synallagmas (für gegenseitige Verträge geht § 320 als lex specialis vor, Staud/*Bittner* § 273 Rn 2), sondern eine besondere Ausformung von **Treu und Glauben** (hM, BGHZ 91, 83; Palandt/*Heinrichs* § 273 Rn 1; MüKo/*Krüger* § 273 Rn 2; AnwK/*Schmidt-Kessel* § 273 Rn 3; Staud/*Bittner* § 273 Rn 8; Soergel/*Wolf* § 273 Rn 2): Derjenige, der aus einem einheitlichen Rechtsverhältnis eine Leistung fordert, ohne die ihm obliegende Gegenleistung zu erbringen, handelt treuwidrig (RGZ 68, 34; 152, 73; BGHZ 38, 126).

Aus dem Verständnis des Zurückbehaltungsrechts als Ausdruck des allgemeinen Grundsatzes von Treu und Glauben ergeben sich gewisse **Einschränkungen** (Palandt/*Heinrichs* § 273 Rn 18; Soergel/*Wolf* § 273 Rn 48 ff): § 242 schließt das Zurückbehaltungsrecht zB aus, wenn der Schuldner für seine Ansprüche genügend Sicherheiten besitzt (BGHZ 7, 127; BAG ZIP 1985, 304), wenn wegen einer geringen Gegenforderung die ganze Leistung zurückgehalten werden soll (RGZ 61, 128) oder wenn gegenüber einer unbestrittenen Forderung ein Gegenanspruch geltend gemacht wird, dessen Klärung so schwierig ist, dass die Durchsetzung der unbestrittenen Forderung auf unabsehbare Zeit verhindert wird (BGHZ 91, 83; NJW 90, 1172; 00, 948; weitere Beispiele bei Palandt/*Heinrichs* § 273 Rn 18). Umgekehrt erfährt das Zurückbehaltungsrecht durch § 242 auch gewisse **Erweiterungen**, besteht also, obwohl die Voraussetzungen des § 273 (siehe Rn 9 ff) nicht erfüllt sind (*„dolo facit, qui petit, quod statim redditurus est"*, AnwK/*Schmidt-Kessel* § 273 Rn 8; Palandt/*Heinrichs* § 273 Rn 1).

Dem Zurückbehaltungsrecht kommen zwei wesentliche Funktionen zu. Zum einen bezweckt das Zurückbehaltungsrecht den Schutz des Schuldners, indem es seine Gegenansprüche sichert, **Sicherungsmittel** (BGH NJW 87, 3255; MüKo/*Krüger* § 273 Rn 3; AnwK/*Schmidt-Kessel* § 273 Rn 3), zum anderen stellt es ein mittelbares **Druckmittel** zur Durchsetzung der Gegenansprüche dar, weil der Gläubiger leisten muss, wenn er seine Forderung befriedigt haben will (MüKo/*Krüger* § 273 Rn 3; Soergel/*Wolf* § 273 Rn 3; Staud/*Bittner* § 273 Rn 4; AnwK/*Schmidt-Kessel* § 273 Rn 2). Anders als das kaufmännische Zurückbehaltungsrecht (§§ 369, 371) gewährt es allerdings **kein Befriedigungsrecht**.

B. Anwendungsbereich. § 273 findet grundsätzlich auf **alle Schuldverhältnisse** Anwendung, also auch auf dingliche (BGHZ 64, 124; 41, 33) und auf erb- (vgl BGHZ 92, 198) oder familienrechtliche Rechtsverhältnisse, sofern der Sinn und Zweck des Anspruchs nicht einen Ausschluss des Zurückbehaltungsrechts erfordert, wie zB bei Unterhaltsansprüchen (Hburg OLGE 21, 241; MüKo/*Krüger* § 273 Rn 4; *Diederichsen*, FS Heinrichs 181), beim Anspruch auf Herausgabe eines Kindes (Hburg OLGE 8, 431) oder beim Anspruch auf Herstellung der ehelichen Lebensgemeinschaft. Bejaht wurde aber zB das Recht des Schiedsrichters, seine Tätigkeit unter Berufung auf § 273 auszusetzen, wenn der Vorschuss ausbleibt (BGHZ 55, 347).

§ 273 findet grundsätzlich auch im **öffentlichen Recht** entspr Anwendung, wobei freilich die Besonderheiten des Einzelfalls zu berücksichtigen sind (MüKo/*Krüger* § 273 Rn 5). Das Zurückbehaltungsrecht wird zB am abgeschleppten Fahrzeug wegen der Kosten der Abschleppung bejaht, nicht aber bei Abgabenforderungen unter Hinweis auf § 226 III AO (AnwK/*Schmidt-Kessel* § 273 Rn 6 mwN).

Gegenüber **Feststellungsklagen** und **Gestaltungsklagen**, wie zB gegenüber einer Vollstreckungsgegenklage kommt das Zurückbehaltungsrecht nach hM nicht in Betracht (BGHZ 71, 22; RGZ 163, 63; MüKo/*Krüger* § 273 Rn 4; AnwK/*Schmidt-Kessel* § 273 Rn 7; Palandt/*Heinrichs* § 273 Rn 3).

C. Gegenstand der Zurückbehaltung. Gegenstand der Zurückbehaltung kann grundsätzlich jede Leistung sein, also nicht nur Gegenstände (§ 273 II), sondern auch die Befreiung von einer Verpflichtung (BGH in

NJW 1984, 2152), die Freigabe von hinterlegtem Geld (BGHZ 90, 196), Versicherungsscheine, Hypothekenbriefe uä (Palandt/*Heinrichs* § 273 Rn 4). Auch die Erfüllung von Duldungs- und Unterlassungspflichten kann zurückbehalten werden (BGH DB 76, 2399), doch ist bei den Unterlassungspflichten zu beachten, dass eine Zurückbehaltung bei nur einmaligem Verstoß idR nicht möglich und ausgeschlossen ist, wenn dadurch der Unterlassungsanspruch endgültig vereitelt würde (BAG NJW 83, 2898; AnwK/*Schmidt-Kessel* § 273 Rn 5).

9 **D. Voraussetzungen. I. Gegenseitigkeit.** Voraussetzung des Zurückbehaltungsrechts ist zunächst, dass der zurückbehaltende Schuldner Gläubiger des Gegenanspruchs ist und der Gläubiger zugleich dessen Schuldner. Ein Gegenanspruch nur gegen einen Mitgläubiger reicht nicht aus (BGH DNotI 85, 551), wohl aber, dass der Schuldner nur Mitgläubiger der Gegenforderung ist (MüKo/*Krüger* § 273 Rn 9 ff; Staud/*Bittner* § 273 Rn 13 ff). Zu den Ausnahmen vom Erfordernis der Gegenseitigkeit s AnwK/*Schmidt-Kessel* § 273 Rn 14 mwN.

10 **II. Konnexität.** Die Ansprüche des Schuldners und des Gläubigers müssen auf demselben rechtlichen Verhältnis beruhen. Nicht erforderlich ist, dass die Ansprüche auf demselben Schuldverhältnis oder demselben Vertrag beruhen, es genügt vielmehr, wenn ihnen ein innerlich zusammenhängendes **einheitliches Lebensverhältnis** zugrunde liegt (BGHZ 115, 103; 92, 196; Palandt/*Heinrichs* § 273 Rn 9). Die Rspr umschreibt dieses einheitliche Lebensverhältnis häufig damit, dass zwischen den Ansprüchen ein **natürlicher** oder **wirtschaftlicher Zusammenhang** bestehen muss, so dass es gegen Treu und Glauben verstieße, wenn der eine Anspruch ohne Rücksicht auf den anderen geltend gemacht werden kann (BGHZ 47, 167; NJW 97, 2945).

11 **Beispiele** (vgl auch AnwK/*Schmidt-Kessel* § 273 Rn 17 ff; MüKo/*Krüger* § 273 Rn 13 ff; Staud/*Bittner* § 273 Rn 38 ff): Konnexität ist gegeben bei vermögensrechtlichen Ansprüchen bei Auflösung der Ehe oder einer eheähnlichen Lebensgemeinschaft (BGHZ 92, 196), bei vertragsnahen Konstellationen, wie zB einem auf Grund eines nichtigen Vertrages erfolgten Leistungsaustausch (Staud/*Bittner* § 273 Rn 39) oder bei Ansprüchen, die iR ständiger Geschäftsbeziehungen entstehen (BGHZ 54, 250). Keine Konnexität besteht zB bei Ansprüchen aus verschiedenen Bauvorhaben (Naumbg BauR 97, 1049) oder einem Anspruch aus einem Versicherungsverhältnis und einem Gegenanspruch aus einem versicherungsfremden Geschäft (RGZ 158, 15).

12 **III. Wirksamkeit, Fälligkeit, Durchsetzbarkeit.** Die Gegenforderung muss wirksam, fällig und durchsetzbar sein. Nicht erforderlich ist die liquide Beweisbarkeit (AnwK/*Schmidt-Kessel* § 273 Rn 21; vgl aber BGH NJW 1981, 2802). Das Erfordernis der Wirksamkeit ist zB bei bedingten oder künftigen Forderungen nicht erfüllt (BGH NJW-RR 86, 543; Ddorf NJW-RR 99, 444 für den Zugewinnausgleich). Fälligkeit ist auch dann gegeben, wenn die Gegenforderung gleichzeitig mit der Hauptforderung fällig wird (BGHZ 116, 248; ausführlich Staud/*Bittner* § 273 Rn 24 f; AnwK/*Schmidt-Kessel* § 273 Rn 22). Auch ein bereits verjährter Anspruch begründet das Zurückbehaltungsrecht, wenn die Verjährung noch nicht vollendet war, als der Anspruch des Gläubigers entstand (§ 215, vgl Palandt/*Heinrichs* § 273 Rn 8).

13 Das Zurückbehaltungsrecht setzt weiters voraus, dass die Leistung noch zurückbehalten werden kann, also noch nicht bewirkt ist. § 273 II verlangt für das Zurückbehaltungsrecht an einem Gegenstand überdies den Besitz des Schuldners. Hat der Schuldner in Unkenntnis des Zurückbehaltungsrechts geleistet, kann er nicht die Rückgewährung der Leistung nach § 813 verlangen (RG 139, 21; Palandt/*Heinrichs* § 273 Rn 19), weil das Zurückbehaltungsrecht nur eine aufschiebende Einrede begründet (Rn 15).

14 **E. Ausschluss des Zurückbehaltungsrechts.** Das Zurückbehaltungsrecht kann aus den verschiedensten Gründen ausgeschlossen sein. Dabei sind zunächst einmal die **gesetzlichen** Ausschließungsgründe zu beachten, zB § 175 (Vollmachtsurkunde), §§ 570, 581 II, 596 II für den Mieter und Pächter oder § 19 II GmbHG für die Stammeinlage des GmbH-Gesellschafters.

15 Da § 273 dispositiv ist, kann das Zurückbehaltungsrecht auch **vertraglich ausgeschlossen** sein. Bei Verbraucherverträgen sind allerdings die §§ 309 Nr 2, 310 III zu beachten, die eine Individualvereinbarung voraussetzen. Allgemeinen Grundsätzen entspr kann das Zurückbehaltungsrecht auch konkludent ausgeschlossen werden, was zB bei Vereinbarung einer Vorausleistungspflicht, einer Barzahlungsklausel (Palandt/*Heinrichs* § 273 Rn 13; AnwK/*Schmidt-Kessel* § 273 Rn 10) oder dann anzunehmen ist, wenn ein neues Rechtsverhältnis in Kenntnis des Bestehens von Gegenforderungen begründet wird (BGH NJW-RR 90, 49). Auch die Vereinbarung eines vertraglichen Aufrechnungsverbotes inkludiert den Ausschluss des Zurückbehaltungsrechts, soweit die Zurückbehaltung in ihrer Wirkung der Aufrechnung gleichkommt (BGH NJW 84, 129; Palandt/*Heinrichs* § 273 Rn 14).

16 Aus dem Verständnis des § 273 als besondere Ausformung von **Treu und Glauben** folgen weitere Ausschlüsse (Rn 3), vor allem, wenn dem Zurückbehaltungsrecht überschießende Wirkung zukäme, etwa die dauernde und gänzliche Vereitelung des Gläubigerrechts, wenn es gegen den generellen Grundsatz der Verhältnismäßigkeit verstieße (vgl § 320 II) oder wenn sich die Ausübung als rechtsmissbräuchlich darstellte (AnwK/*Schmidt-Kessel* § 273 Rn 32 II).

17 Schließlich kann sich der Ausschluss des Zurückbehaltungsrechts aus der **Natur des Schuldverhältnisses** ergeben, wobei eine abschließende Systematisierung der Fälle praktisch unmöglich ist (AnwK/*Schmidt-Kessel* § 273 Rn 23 ff; Palandt/*Heinrichs* § 273 Rn 15 ff mwN).

F. Ausübung des Zurückbehaltungsrechts. Das Zurückbehaltungsrecht muss vom Schuldner mit **Einrede** 18 ausgeübt werden. Es ist daher nicht von Amts wegen wahrzunehmen, sondern muss ausdrücklich oder konkludent geltend gemacht werden. Dies beruht auf der Überlegung, dass der Gläubiger in die Lage versetzt werden soll, von seiner Abwendungsbefugnis nach § 273 III Gebrauch zu machen (NGH NJW 83, 565; WM 1971, 1021; Palandt/*Heinrichs* § 273 Rn 19; Staud/*Bittner* § 273 Rn 121).

G. Wirkungen. Das Zurückbehaltungsrecht gewährt dem Schuldner eine aufschiebende (dilatorische) Einrede, der **rechtsgestaltende Wirkung** zukommt (BGH NJW-RR 86, 992; hM, vgl nur Palandt/*Heinrichs* § 273 Rn 20). Sie schränkt das Recht des Gläubigers, die Leistung zu fordern, dahingehend ein, dass der Gläubiger nur mehr zur Forderung der Leistung Zug-um-Zug gegen Bewirkung der Gegenleistung verpflichtet ist. Strittig ist, ob das Zurückbehaltungsrecht dem Schuldner ein **Recht zum Besitz** (§ 986) gewährt. Die Rspr 20 bejaht dies (BGHZ 64, 124; WM 85, 1421; NJW 95, 2627; so auch Palandt/*Heinrichs* § 273 Rn 20), verneint aber gleichzeitig das Recht des Schuldners, den zurückbehaltenen Gegenstand (unentgeltlich) zu nutzen (BGH NJW 61, 453; 75, 1773). Richtiger erscheint daher die Auffassung, dass die Einrede dem Schuldner kein Recht zum Besitz iSd § 986 gewährt (MüKo/*Krüger* § 273 Rn 92; Staud/*Bittner* § 273 Rn 122). Das Zurückbehaltungsrecht hat **keine dingliche Wirkung**, weshalb es im Insolvenzverfahren außer Betracht 21 bleibt (BGH NJW 05, 884; 02, 2313; Staud/*Bittner* § 273 Rn 124; Palandt/*Heinrichs* § 273, Rn 20). Zu den **prozessualen Wirkungen** s § 274.

H. Abwendung durch Sicherheitsleistung. Da das Zurückbehaltungsrecht dem Schuldner kein Befriedi- 22 gungsrecht gewährt, sondern vor allem ein Sicherungsmittel darstellt (Rn 4), räumt § 273 III dem Gläubiger das Recht ein, das Zurückbehaltungsrecht des Schuldners durch Sicherheitsleistung abzuwenden. Darin liegt ein wesentlicher Unterschied zu § 320, der eine Abwendung durch Sicherheitsleistung nicht zulässt. Voraussetzung ist, dass der Gläubiger die Sicherheit tatsächlich leistet, das bloße Angebot reicht nicht aus (RGZ 137, 355; hM Palandt/*Heinrichs* § 273 Rn 24).
Die Art der Sicherheitsleistung richtet sich nach § 232 ff (BGH NJW 88, 484), doch ist abweichend davon die 23 Sicherheitsleistung durch Bürgen ausgeschlossen.

§ 274 Wirkungen des Zurückbehaltungsrechts

(1) Gegenüber der Klage des Gläubigers hat die Geltendmachung des Zurückbehaltungsrechts nur die Wirkung, dass der Schuldner zur Leistung gegen Empfang der ihm gebührenden Leistung (Erfüllung) zu verurteilen ist.
(2) Auf Grund einer solchen Verurteilung kann der Gläubiger seinen Anspruch ohne Bewirkung der ihm obliegenden Leistung im Wege der Zwangsvollstreckung verfolgen, wenn der Schuldner im Verzug der Annahme ist.

Die Regelung der „Wirkung des Zurückbehaltungsrechts" in § 274 ist unvollständig (AnwK/*Schmidt-Kessel* 1 § 274 Rn 1), weil sie nur die Auswirkungen auf die Erfüllungsklage des Gläubigers (§ 274 I) und die Vollstreckung aus dem Zug-um-Zug-Titel betrifft. Die sonstigen Wirkungen der Erhebung der Zurückbehaltungseinrede, nämlich die rechtsgestaltende Wirkung, die den Anspruch des Gläubigers mit dem des Schuldners dahingehend verknüpft, dass der Schuldner nur noch zur Zug-um-Zug-Leistung verpflichtet ist, ergibt sich (mittelbar) aus § 273 (s § 273 Rn 19).
§ 274 I transportiert die materiellrechtliche Wirkung der Einrede des Zurückbehaltungsrechts (Verknüpfung 2 der Ansprüche zur Zug-um-Zug-Erfüllung) in das Prozessrecht und bestimmt die Wirkungen im Erkenntnisverfahren (MüKo/*Wolf* § 274 Rn 1). Das der Klage stattgebende Urteil hat bei Erhebung der Einrede auf Leistung Zug-um-Zug gegen Erfüllung der Gegenleistung zu lauten. Technisch handelt es sich aber auch bei der Geltendmachung des Zurückbehaltungsrechts im Prozess um eine Einrede. Das Zurückbehaltungsrecht wird also nicht von Amts wegen wahrgenommen, sondern muss vom Beklagten geltend gemacht werden. Nicht erforderlich ist, dass der Beklagte formell einen Antrag auf Verurteilung Zug-um-Zug stellt; es genügt, wenn sich aus den Umständen ergibt, dass der Beklagte das Zurückbehaltungsrecht geltend machen will (BGH NJW-RR 86, 992; Palandt/*Heinrichs* § 274 Rn 1). Selbst die außergerichtlich erhobene Einrede reicht aus, wenn dieser Umstand in den Prozess einfließt (Staud/*Bittner* § 274 Rn 3; MüKo/*Krüger* § 274 Rn 4).
Die Verurteilung Zug-um-Zug gegen Empfang der Gegenleistung ist gegenüber der unbeschränkten Verurtei- 3 lung ein minus, kein aliud (Palandt/*Heinrichs* § 274 Rn 2; Staud/*Bittner* § 274 Rn 4). Besteht der Kläger trotz der Zurückbehaltungseinrede auf eine unbeschränkte Verurteilung, so wird die Klage teilweise abgewiesen (BGHZ 117, 3) mit der Folge, dass die Kosten nach § 92 ZPO zu teilen sind (Staud/*Bittner* § 274 Rn 4; MüKo/ *Krüger* § 274 Rn 7).
Die Zwangsvollstreckung aus einem auf Leistung Zug-um-Zug lautenden Urteil richtet sich nach den §§ 726 4 II, 756, 765 ZPO, die durch § 274 II ergänzt werden (Staud/*Bittner* § 274 Rn 6). Das Zug-um-Zug-Urteil gibt zunächst einmal nur dem Gläubiger die Möglichkeit, die Zwangsvollstreckung zu betreiben, nicht aber dem zurückhaltenden Schuldner (AnwK/*Schmidt-Kessel* § 274 Rn 10). Die Vollstreckung setzt aber den Beweis

voraus, dass der Gegenanspruch des Schuldners erfüllt ist oder der Schuldner hinsichtlich der Gegenleistung in Annahmeverzug ist (§ 274 II). Dabei kommt dem Nachweis der Erfüllung der Gegenforderung oder des Annahmeverzugs entscheidende Bedeutung zu (AnwK/*Schmidt/Kessel* § 274 Rn 11), der sich nach den §§ 756, 765 ZPO richtet: Der Nachweis muss regelmäßig durch öffentliche oder öffentlich beglaubigte Urkunden erbracht werden; bei Vollstreckung durch den Gerichtsvollzieher kann der Annahmeverzug durch diesen begründet werden (AnwK/*Schmidt-Kessel* § 274 Rn 11). Der Gläubiger kann den erforderlichen Nachweis aber auch dadurch erbringen, dass er vor oder während des Prozesses den Annahmeverzug herbeiführt und im Erkenntnisverfahren einen entspr Feststellungsantrag stellt (MüKo/*Krüger* § 274 Rn 10). Das Feststellungsurteil erfüllt die Beweisform (AnwK/*Schmidt-Kessel* § 274 Rn 11), doch reicht es auch aus, wenn sich der Annahmeverzug aus den Urteilsgründen ergibt (Köln JurBüro 89, 873; Palandt/*Heinrichs* § 274 Rn 4).

Vorbemerkungen vor §§ 275 ff

1 **A. Überblick.** Schuldrecht ist das Recht der durch Pflichten zwischen Personen konstituierten und gestalteten Rechtsverhältnisse zwischen diesen Personen. Das durch das SchRModG neugestaltete Schuldrecht baut deshalb folgerichtig für Störungen, dh nicht dem Pflichtenplan entspr Entwicklungen, auf dem **zentralen Begriff der „Pflichtverletzung"** auf (s Rn 5–8). Die Gliederung folgt dann den verschiedenen Konsequenzen, die eine solche Pflichtverletzung haben kann, den Rechtsbehelfen des Gläubigers. Im allgemeinen Schuldrecht sind dies vor allem der Erfüllungsanspruch, der Anspruch auf Schadensersatz und die Rechte zur Aufhebung des Vertrags durch Rücktritt oder Kündigung (s Rn 9–12).

2 Die Auffassungen darüber, welchem **System** das Recht der Abweichungen vom Pflichtenplan (Leistungsstörungsrecht) folgt, gehen zT weit auseinander. Zum alten Recht s insoweit die Nachweise bei *Schlechtriem/Schmidt-Kessel* Schuldrecht AT Rn 447. Für das neue Recht hat vor allem dessen wechselvolle Entstehungsgeschichte dazu geführt, dass erneut Unsicherheiten über das dem Gesetz zugrunde liegende System bestehen. Wenig hilfreich sind dabei zunächst solche Auffassungen, die versuchen, die Gliederung nach Störungstypen auch unter dem neuen Recht fortzuschreiben (insbesondere *Wilhelm* JZ 04, 1055). Ihr Ansatzpunkt ist der Begriff der Pflichtverletzung, in den sie bestimmte weitere Voraussetzungen einzelner Rechtsbehelfe hineinlesen wollen. Solche Versuche, die ihre Wurzel teilweise noch in dem früheren Bemühen haben, die Reform durch den Vorwurf der Absurdität insgesamt zu verhindern, werden dem geltenden Schuldrecht nicht gerecht. Im Gesetzestext lassen sich die entstandenen Unsicherheiten insbes an der Aufgliederung der Regelungskomplexe zum Schadensersatz (§§ 280–286, 311a II) und zur Vertragsaufhebung (§§ 323–326, 314) sowie am Ausschluss des Erfüllungsanspruchs nach § 275 festmachen. Im Blick auf diese Vorschriften wird daher nicht selten davon gesprochen, das neue Recht verbinde rechtsfolgenorientierte Elemente mit tatbestandsorientierten zu einem Mischsystem (idS bspw *Looschelders* Schuldrecht AT Rn 454 ff; ähnlich MüKo/*Ernst*, Vor § 275 Rn 11 ff noch anders *Huber* in *Huber/Faust* 10 ff). Die später eingefügten Unterscheidungen bei den Voraussetzungen der verschiedenen Rechtsbehelfe sind jedoch lediglich ein – nicht immer gelungener – Versuch, Klarstellungen zu erreichen und dem unter dem alten Schuldrecht ausgebildeten Juristen die Lektüre des Gesetzes zu erleichtern.

3 Wie schon vom Abschlussbericht der Schuldrechtsreformkommission und dem DiskE vorgeschlagen, erfolgt die **Ausdifferenzierung des Systems allein auf der Rechtsfolgenseite**: An den **Zentraltatbestand der Pflichtverletzung** knüpfen die drei wichtigsten Rechtsbehelfe an: der (im allgemeinen Schuldrecht vor allem hinsichtlich seiner Grenzen geregelte) Erfüllungsanspruch, der Schadensersatz mit seiner Anspruchsgrundlage in § 280 sowie die Vertragsaufhebung, deren allgemeine Voraussetzungen in den §§ 314, 323 geregelt sind. Gegen dieses System lässt sich insbes § 275 IV nicht ins Treffen führen: Die Vorschrift stellt lediglich klar, dass § 275 I–III nur den Erfüllungsanspruch, nicht aber die diesem zugrunde liegende Pflicht beseitigen (s § 275 Rn 4).

4 Gleich welcher Auffassung vom System des neuen Rechts man auch folgen mag: Immer kommt es zum **Auseinanderfallen von äußerem und innerem System des Gesetzes**, also von der Gliederung des Gesetzestextes und seiner dogmatischen Aufarbeitung. Die Ursache dafür liegt neben der bewegten Entstehungsgeschichte des neuen Schuldrechts in der Ordnungsidee, die mit dem Schuldrecht verbunden ist (dazu auch vor § 241 Rn 5): Bestimmte Rechtsbehelfe sind von vorneherein nur vertragsrechtlicher Art oder verlangen darüber hinaus das Vorliegen gegenseitiger vertraglicher Pflichten. Diese Rechtsbehelfe, insbes die Aufhebung des Vertrags durch Rücktritt oder Kündigung, regelt das Gesetz nicht iRd allgemeinen Vorschriften über Pflichtverletzungen (§§ 275 ff), sondern davon getrennt im Abschnitt 3 über Schuldverhältnisse aus Verträgen. Wäre nicht das **Schuldrecht als Ganzes**, sondern lediglich das **Vertragsrecht** Gegenstand des 2. Buches des BGB, wäre hingegen eine zusammenfassende Regelung geboten, die derjenigen in Kap 9 der Principles of European Contract Law vergleichbar wäre. Bei der Regelungskonzeption des geltenden BGB ist hingegen immer zu beachten, dass die §§ 275 ff auch auf nichtvertragliche Schuldverhältnisse Anwendung finden. Gleichwohl sind auch diese Regeln primär auf ihre Anwendung in vertraglichen Schuldverhältnissen angelegt.

B. Pflichtverletzung. Pflichtverletzung ist die **unberechtigte Abweichung einer Partei vom Vertragsprogramm**. Sie ist **Voraussetzung für sämtliche Rechtsbehelfe**, also insbes den Erfüllungsanspruch (s § 275 Rn 1), die Kündigung und den Rücktritt (§ 314 Rn 9; § 323 Rn 12 ff) sowie den Schadensersatz (§ 280 Rn 10). Erforderlich ist daher zunächst die Feststellung des Vertragsprogramms mit den einzelnen Pflichten der Parteien; sodann werden deren Verhalten und die erreichten Erfolge an diesem Programm gemessen. Regelfall ist damit die bloße Nichterfüllung bei Fälligkeit (unrichtig Jauernig/*Stadler* Vor §§ 275-292 Rn 3). Zu den Gründen für die Wahl des Begriffs Pflichtverletzung siehe *Schlechtriem/Schmidt-Kessel* Schuldrecht AT Rn 454. Das Vertretenmüssen (s § 276 Rn 1) ist nach geltendem Schuldrecht weitgehend auf die Funktion einer zusätzlichen Voraussetzung des Schadensersatzes beschränkt (Palandt/*Heinrichs* Vor § 275 Rn 8).

Das Schuldrecht in seiner seit dem 1.1.02 geltenden Fassung kennt selbstverständlich verschiedene Pflichteninhalte, es **unterscheidet** jedoch **nicht grds nach verschiedenen Pflichttypen** (missverständlich etwa Palandt/*Heinrichs* § 280 Rn 12). Soweit etwa in den §§ 281, 282, 323, 324 verschiedene Arten der Verletzung angesprochen werden, handelt es sich nicht um dogmatische, sondern um heuristische Kategorien, die eine klare Abgrenzung untereinander nicht erlauben. Das neue Schuldrecht unterscheidet – von den Sonderregeln zu den einzelnen Vertragstypen abgesehen – **nicht zwischen der Nichterfüllung, der Schlechterfüllung und der Verletzung von Nebenpflichten**.

Unrichtig ist vor diesem Hintergrund das gelegentlich geforderte Hineinlesen der weiteren Voraussetzungen der §§ 281-283 in den Begriff der Pflichtverletzung (in diesem Sinne etwa *Wilhelm* JZ 04, 1055, 1056; Jauernig/*Stadler* Vor §§ 275-292 Rn 6; zumindest missverständlich Palandt/*Heinrichs* Vor § 275 Rn 9). Die Vorschriften dienen gerade umgekehrt der **Loslösung** des Gesetzes **von der anachronistischen Vorstellung einer Typologie der Leistungsstörungen**. Wie § 280 III zeigt, regeln sie lediglich zusätzliche Voraussetzungen für die Ersatzfähigkeit einzelner Schadensposten (s § 280 Rn 3). Das zeigt auch, dass die Unmöglichkeit als solche keine Pflichtverletzung (aA etwa Jauernig/*Stadler* Vor §§ 275-292 Rn 2), sondern allenfalls die Ursache einer solchen ist. Erst recht wird dem Gesetz eine Auffassung nicht gerecht, die § 280 I auf die Verletzung von Schutzpflichten zu beschränken sucht (so insbes *Ehmann/Sutschet* JZ 04, 62, 67).

Die **Wege zur Begründung der Pflicht** sind vielfältig (s die Übersicht § 280 Rn 11-15): Sie kann aufgrund Vertrages – evtl auch zugunsten Dritter – und seiner Auslegung im Lichte von Treu und Glauben (s § 242 Rn 23) oder aufgrund Gesetzes bei Vorliegen bestimmter tatsächlicher Voraussetzungen, zB Vertragsanbahnung, Geschäftsführung ohne Auftrag für einen anderen, Erbfall, usw entstanden sein. Sie kann Leistungspflicht iSv § 241 I sein oder Schutzpflicht iSv § 241 II (s § 241 Rn 15); die typischerweise mit einer solchen Klassifizierung verbundenen Zwecke können bei Verletzungen zu unterschiedlichen Rechtsfolgen führen. Natürlich entstehen mit einem Schuldverhältnis zumeist nicht nur eine einzelne Pflicht, sondern mehrere und entspr mehrere Möglichkeiten einer Störung durch Verletzung der Pflichten.

C. System der Rechtsbehelfe. Das System der gesetzlichen Rechtsbehelfe bildet sozusagen das **Rückgrat des Schuldrechts** für Fälle von pflichtverletzenden Ereignissen, insbes – bei Leistungspflichten – von sog Leistungsstörungen. Hier können die Ursachen und Gründe der Pflichtverletzung erheblich werden, denn sie können zusätzlich zur Pflichtverletzung als negative oder positive Voraussetzungen für die Begründung eines bestimmten Rechtsbehelfs von Bedeutung sein. Als allgemeine Rechtsbehelfe sind die Ansprüche auf Erfüllung und Schadensersatz zu sehen, ferner – bei vertraglichen Schuldverhältnissen – die Rechte zur Aufhebung des Vertragsbandes durch Rücktritt oder Kündigung. Für bestimmte Konstellationen oder für bestimmte Vertragstypen stellt das Gesetz weitere, spezielle Rechtsbehelfe zur Verfügung, etwa einen Anspruch auf Ersatz von Aufwendungen oder das Recht zur Minderung der (eigenen) Gegenleistung, etwa bei Kauf-, Miet-, Werk- und Reisevertrag, aber auch bei Durchführung eines Vertrages durch Leistung (Ersatzausgabe) eines minderwertigen Surrogates im Falle des § 326 III (s § 326 Rn 19). Hier wie etwa im Miet- und Reisevertragsrecht tritt die Minderung freilich ipso iure ein, so dass der Gläubiger diesen Rechtsbehelf nicht „ausüben" muss. Richtigerweise lässt sich aus den Regelungen der einzelnen Vertragstypen sowie aus §§ 323, 326 ein allgemeines Recht zur Minderung herleiten (s *Schlechtriem/Schmidt-Kessel* Schuldrecht AT Rn 556 f).

Das Gesetz betrachtet diese **Rechtsbehelfe grds als gleichrangig** und gibt damit die überkommene Vorstellung vom Erfüllungszwang als Kehrseite der Pflicht, vom Erfüllungsanspruch als dem selbstverständlichen „Rückgrat der Obligation" auf (*Schlechtriem/Schmidt-Kessel* Schuldrecht AT Rn 459, 465 f). Der **Erfüllungsanspruch ist ein Rechtsbehelf unter mehreren**; das zeigt nicht zuletzt der Umkehrschluss aus §§ 281 I 1, 323 I, 637 I, 651c III, 651e II. Dass der Gesetzgeber gleichwohl primär auf eine Durchführung von Verträgen und sonstigen Schuldverhältnissen in Natur setzt, lässt sich daran ablesen, dass er vom Gläubiger eines solchen mehrfach verlangt, dem Schuldner mittels Setzung einer angemessenen Frist zunächst noch einmal die Möglichkeit einzuräumen, seine Pflichten zu erfüllen (§§ 281 I 1, 323 I, 637 I, 651c III, 651e II). Der so begründete **Vorrang des Erfüllungsanspruchs** bedarf jedoch – darin zeigt sich gerade die Gleichrangigkeit der Rechtsbehelfe – im Einzelfall der **ausdrücklichen Anordnung** für den jeweiligen Rechtsbehelf. Das zeigt sich auch daran, dass die einmal erfolgte Beseitigung des Vorrangs durch Fristsetzung endgültig ist; nicht etwa stellt das weitere Drängen des Gläubigers auf Erfüllung den Vorrang wieder her (*Schlechtriem/Schmidt-Kessel* Schuldrecht AT Rn 459; unrichtig daher Celle NJW 05, 1094).

11 **Praktische Bedeutung** erlangt diese Regelungsstruktur vor allem bei solchen Rechtsbehelfen, für die **keine ausdrückliche Anordnung des Fristsetzungserfordernisses** gegeben ist, etwa bei den Aufwendungsersatzansprüchen nach §§ 478 II, 536 a II (s *Schlechtriem/Schmidt-Kessel* Schuldrecht AT Rn 459) oder bei den besonders geregelten Aufhebungsrechten nach §§ 543 (s § dort Rn 24 für den Mietrückstand), 626 (zu dem inzwischen vielfach aus § 314 II abgeleiteten Erfordernis einer Abmahnung vgl § 620 Rn 57 ff), und Schadensersatzansprüchen nach §§ 536 a I, 628 II (s BGH NJW 02, 3237 [zum alten Schuldrecht]). Die Begründung eines zusätzlichen Fristsetzungs- oder Abmahnungserfordernisses lässt sich in diesen Fällen jedenfalls nicht auf einen allgemeinen Vorrang des Erfüllungsanspruchs stützen.

12 Neben den gesetzlich vorgesehenen Rechtsbehelfen kommt gelegentlich eine Rechtsdurchsetzung durch den Gläubiger im Wege der **Selbsthilfe** oder ähnlicher Formen in Betracht (s *Schlechtriem/Schmidt-Kessel* Schuldrecht AT Rn 460). Vor allem räumt das Gesetz dem Schuldner, der seinerseits vom Gläubiger etwas fordern kann, in einer Reihe von Bestimmungen **Zurückbehaltungsrechte** ein (etwa §§ 273, 359, 1000 oder §§ 369 ff HGB). Durch Zurückhaltung der eigenen Leistung soll der Gläubiger zur Erfüllung seiner Pflicht angehalten werden. Die Ausübung eines Zurückbehaltungsrechts soll und kann also Erfüllungszwang bewirken. Freilich erlauben Zurückbehaltungsrechte primär nur eine Verteidigung des Schuldners gegen Ansprüche seines Gläubigers; ihre Funktion als Rechtsbehelf ist deshalb eher sekundär und mittelbar.

§ 275 Ausschluss der Leistungspflicht

(1) Der Anspruch auf Leistung ist ausgeschlossen, soweit diese für den Schuldner oder für jedermann unmöglich ist.
(2) ¹Der Schuldner kann die Leistung verweigern, soweit diese einen Aufwand erfordert, der unter Beachtung des Inhalts des Schuldverhältnisses und der Gebote von Treu und Glauben in einem groben Missverhältnis zu dem Leistungsinteresse des Gläubigers steht. ²Bei der Bestimmung der dem Schuldner zuzumutenden Anstrengungen ist auch zu berücksichtigen, ob der Schuldner das Leistungshindernis zu vertreten hat.
(3) Der Schuldner kann die Leistung ferner verweigern, wenn er die Leistung persönlich zu erbringen hat und sie ihm unter Abwägung des seiner Leistung entgegenstehenden Hindernisses mit dem Leistungsinteresse des Gläubigers nicht zugemutet werden kann.
(4) Die Rechte des Gläubigers bestimmen sich nach den §§ 280, 283 bis 285, 311a und 326.

1 **A. Erfüllungsanspruch als Rechtsbehelf.** Der Erfüllungsanspruch (s § 241 Rn 22–24) ist **einer von mehreren Rechtsbehelfen**, mit denen die Pflicht(en) des Schuldners in Natur (sub specie) durchgesetzt werden kann. Nach der Grundkonzeption des neuen Schuldrechts ist der Erfüllungsanspruch nicht von vornherein der „primäre" Rechtsbehelf; er muss jedoch häufig geltend gemacht werden, bevor auf andere Rechtsbehelfe zurückgegriffen werden kann (s Vor § 275 Rn 10). Er ist nicht mehr das Rückgrat der Obligation (vgl *Rabel*, Recht des Warenverkaufs I 375).

2 Die **terminologische Behandlung** des Erfüllungsanspruchs durch das Gesetz ist **sehr unglücklich**. Das Gesetz bezeichnet ihn in § 275 als **„Leistungspflicht"** und stiftet damit überflüssige Verwirrung. Es geht nämlich gerade nicht um eine Pflicht iSd §§ 280, 323, sondern um die Folge der Verletzung einer solchen.

3 **B. Wirkungen von Leistungshindernissen im Allgemeinen (§ 275).** Das materielle Recht (zu vollstreckungsrechtlichen Grenzen s §§ 887, 888 ZPO sowie *Neufang* Erfüllungszwang 278 ff) muss berücksichtigen, dass sich **der Erfüllung Hindernisse entgegenstellen** können, die für den Schuldner unüberwindbar sind und die deshalb einer Durchsetzung, insbes einer gerichtlichen Durchsetzung, des Anspruchs auf Naturalerfüllung Schranken setzen müssen. Das SchRModG hat diese Sachfrage allgemein in dem neugefassten § 275 zu lösen versucht (zur Vorgeschichte AnwK/*Dauner-Lieb* § 275 Rn 3; *Schlechtriem/Schmidt-Kessel* Schuldrecht AT Rn 470): Der Erfüllungsanspruch entfällt oder ist undurchsetzbar; darin liegt auch die grds Zuweisung der **Leistungsgefahr** an den Gläubiger. Die Vorschrift ist freilich in der letzten Phase durch bestimmte, am alten Recht orientierte Ausdifferenzierungen eher schwer verständlich geworden und dürfte auch in der praktischen Anwendung Schwierigkeiten bereiten. Umso wichtiger ist es, bei der Auslegung von § 275 darauf zu achten, dass die Grundidee der ursprünglichen Vorschläge erhalten geblieben ist.

4 Die Vorschrift behandelt nur die Grenzen von Ansprüchen auf Erfüllung in Natur und lässt die jeweils **zugrundeliegenden Pflichten unberührt** (s Rn 12 f). Dies ergibt sich bereits aus dem Wortlaut von § 275 I, der nicht mehr davon spricht, dass der Schuldner „von der Verpflichtung zur Leistung frei" wird (§ 275 I aF), sondern ausdrücklich den Anspruch auf die Leistung ausschließt. Der (unvollständige) § 275 IV hat demgegenüber nur deklaratorische Bedeutung (s Rn 12). Die dem Erfüllungsanspruch gezogenen Grenzen sind nach den **Wirkungen** des bestehenden Hindernisses **abgestuft**: Schließt dieses die Erbringung der Leistung überhaupt oder auch nur für den Schuldner aus, besteht der Erfüllungsanspruch nach I nicht (Unmöglichkeit); stehen die zur Erfüllung erforderlichen Aufwendungen wirtschaftlich außer Verhältnis zum Interesse des Gläubigers, kann der Schuldner die Erfüllung in Natur nach II einredeweise verweigern (wirtschaftliche Unzumutbarkeit); III enthält ein entspr Verweigerungsrecht in Fällen der persönlichen Unzumutbarkeit.

§ 275 erfasst schon seinem Wortlaut nach auch **Teilstörungen**. Der Schuldner kann dann Naturalerfüllung 5
auch nur für den Teil verweigern, dessen Erfüllung unmöglich oder unzumutbar ist respective geworden ist;
Ausnahmen sind die rechtliche Unteilbarkeit (BGH NJW 00, 1256) oder die tatsächliche Sinnlosigkeit der
Teilleistung (BGH NJW-RR 95, 853, 854). Ist die Unmöglichkeit oder Unzumutbarkeit nur eine **vorübergehende**, kann nach ihrer Behebung wieder Naturalerfüllung verlangt und durchgesetzt werden. Das ergibt sich
freilich nicht aus § 275 I (Jauernig/*Stadler* § 275 Rn 10), sondern erst aus einer entspr Anwendung der Vorschrift. Freilich kann ein nur vorübergehendes Leistungshindernis gleichwohl endgültige Unmöglichkeit oder
Unzumutbarkeit bewirken, etwa bei einem **absoluten Fixgeschäft**, wenn der Leistungstermin verstrichen und
wegen des Charakters als absolutes Fixgeschäft Nachholung der Leistung nicht möglich ist (s Rn 7). Bei **Geldschulden** kommt eine Anwendung von § 275 **nicht** in Betracht, solange nicht die Vertrags- und Zahlungswährung ohne rekurrenten Anschluss entfällt; die Herausgabe eines Surrogats nach § 285 ist keine Geldschuld
idS (BGHZ 140, 223, 239 f). Keine eigenständige Kategorie, sondern schlicht **irreführend** ist die sog **qualitative Unmöglichkeit** (s *Lorenz* JZ 01, 742, 743). Tatsächlich geht es auch insoweit um den Ausschluss von
Erfüllungsansprüchen, welche sich auf die Beseitigung von Qualitätsdefiziten beziehen.

C. Unmöglichkeit als Einwendung gegen den Anspruch auf Naturalerfüllung. Nach § 275 I kann ein 6
Anspruch auf Naturalerfüllung nicht durchgesetzt werden, wenn die Leistung in Natur entweder „für jedermann", also **objektiv**, oder „für den Schuldner", also **subjektiv**, **unmöglich** ist. Die Unmöglichkeit kann **faktische** oder **rechtliche** Gründe haben. Ob der Schuldner sie verursacht und/oder zu verantworten hat, spielt
hier keine Rolle. Unerheblich ist auch, ob die Unmöglichkeit bei vertraglichen Pflichten bereits bei Abschluss
des Vertrages, also **anfänglich**, bestand **oder nachträglich** eingetreten ist. Alle diese nach altem Recht wichtigen **Distinktionen haben** für die aus 275 I folgende Undurchsetzbarkeit des Anspruchs auf Naturalerfüllung
ihre Bedeutung verloren. Bei § 311 a II geht es richtigerweise nur noch um einen besonderen Haftungsstandard für bei Vertragsschluss vorliegende Pflichtverletzungen (s § 276 Rn 14). Ob die Leistung jedermann oder
dem Schuldner unmöglich ist, richtet sich allein nach dem vertraglich Geschuldeten. Maßgeblich ist daher
primär der **Parteiwille** (*Himmelschein* AcP 135 [1932] 255, 282).

I. Fallgruppen. Die früher entwickelten Fallgruppen lassen sich auch unter dem neuen Recht weitgehend 7
fortschreiben, wenngleich ihre Bedeutung erheblich reduziert ist: Ist eine angemessene Nachfrist gesetzt und
verstrichen, kommt es für den Rücktritt und den Schadensersatz statt der Leistung auf die Voraussetzungen
des § 275 BGB nicht mehr an (s § 281 Rn 12, § 283 Rn 4). Für die vertragliche Haftung gleichwohl von einer
gewissen Bedeutung sind zum einen diejenigen Fälle, in denen die Leistung nach den Naturgesetzen oder
nach dem Stand von Wissenschaft und Technik nicht erbracht werden kann (**naturgesetzliche oder physische
Unmöglichkeit**). Paradigmatisch dafür steht der Untergang des Vertragsgegenstands, etwa der Kauf- oder
Mietsache (BGHZ 2, 268, 270 [Kaufsache]; Karlsr NJW-RR 95, 849 [Mietsache]). Das Versiegen der einzig
möglichen Bezugsquelle für die geschuldete Ware begründet ebenfalls einen Fall der Unmöglichkeit und
schließt also den Erfüllungsanspruch aus (RGZ 57, 116, 119). Dasselbe gilt für den Ausfall des Schuldners bei
höchstpersönlich zu erbringenden Leistungen (RGZ 5, 278, 279; LG Berlin, NJW 63, 513; vgl zur Leistung
des Arbeitnehmers *Löwisch* NZA 01, 465, 466 f); hingegen gehören die früher hier vielfach diskutierten Fälle
der Pflichtenkollisionen und Gewissenskonflikte (vulgo „sittliche" oder „moralische Unmöglichkeit") in den
Anwendungsbereich von § 275 III (s Rn 26). Schließlich zählt hierher auch das Verstreichen des maßgeblichen Zeitpunkts oder Zeitraums bei nicht nachholbaren Leistungen, insbes beim absoluten Fixgeschäft
(BGHZ 60, 14, 16 [Urlaubsreise]; BGHZ 99, 182, 189 [Stadthallenvermietung für Veranstaltung]; AG Hamburg TPR 99, 210 [dem Fluggast unbekannte Vorverlegung eines bestimmten Flugs]; MüKo/*Ernst* § 275
Rn 45 ff). Nach altem Recht wurden diesen Fällen solche Verschlechterungen gleichgestellt, welche die betroffene Sache wirtschaftlich zu einer völlig anderen machten (Oldbg NJW 75, 1788 [verrotteter Gebrauchtwagen]; Frankf NJW 98, 84 [veraltete Software; entgegen *Huber* Leistungsstörungen II 713 handelt es sich dabei
um einen Fall der Unmöglichkeit, wenn auch nicht durch schlichten Zeitablauf]); nach neuem Recht wird
man diese Fälle weitgehend über § 275 II BGB und die Unzumutbarkeit der Nachbesserung zu bewältigen
haben (aA offenbar Palandt/*Heinrichs* § 275 Rn 14 jedoch ohne Begründung).

Zum anderen spielt die sog **rechtliche Unmöglichkeit** eine erhebliche Rolle, also die Konstellation, in welcher 8
die Leistung aus rechtlichen Gründen nicht erbracht werden kann. Hierzu zählt zunächst die Nichtexistenz
eines zu übertragenden Rechts (BGHZ 96, 385, 388; NJW 86, 1605 [auf eines noch zu bestellenden Erbbaurechts an einem Grundstück, dessen planungsrechtliche Bebaubarkeit entfällt]). Von deutlich größerer praktischer Bedeutung sind freilich die Fälle des gesetzlichen Verbots der Leistung (RGZ 102, 203, 205 [Verkauf
von Kriegsschiffen scheitert am Vertrag von Versailles]; RGZ 146, 60, 64 [Verbot der Errichtung von Verkaufsstellen]; BGH NJW 83, 2874 [Importverbot]; BGHZ 122, 117 und BGH NJW 95, 2026 [jeweils: Abtretungsverbot einer Honorarforderung eines Rechtsanwalts]), ihrer Untersagung durch Verwaltungsakt (etwa
RGZ 140, 378, 381) und der Versagung einer erforderlichen behördlichen Genehmigung (RGZ 149, 348, 349;
BGH NJW-RR 97, 686, 688). Bei einem Handelsembargo wird heute zumeist ein gesetzliches Verbot des Vertrags oder seiner Erfüllung durch EG-Verordnung vorliegen (vgl *Bittner* RIW 94, 458, 459 f; *Bittner*
ZVglRWiss 93 [94] 268, 271-275).

9 **Nicht** als Fall der Unmöglichkeit gilt hingegen das **gesetzliche Verbot des Verpflichtungsgeschäfts** iSv § 134 BGB (Staud/*Löwisch* [2004] § 275 Rn 38). Für die Haftung des Schuldners nach altem Recht war die Differenzierung zwischen dem Verbot der Verpflichtung und dem Verbot ihrer Erfüllung allerdings nicht von Interesse: § 309 BGB aF stellte beide Fälle insoweit durch den Verweis auf § 307 BGB aF gleich. Im neuen Recht ist diese Gleichstellung entfallen; die Haftung des Schuldners bei Scheitern des Verpflichtsundgeschäfts nach § 134 BGB kann sich nunmehr aus den §§ 280 I, 311 II BGB (culpa in contrahendo) ergeben. Für den Fall eines **nachträglichen gesetzlichen Verbots des Verpflichtungsgeschäfts** wird hingegen wegen des Zuschnitts von § 134 BGB auf anfänglich bestehende Verbote angenommen, dass dieses nicht zur endgültigen Nichtigkeit des Vertrags führe; für die Zeiträume vor Erlass und nach Aufhebung des Verbots kann daher Erfüllung verlangt werden (BGHZ 45, 322, 326-329; vgl *Medicus* NJW 95, 2577, 2578; MüKo/*Ernst* § 275 Rn 44 außerdem *Canaris*, DB 02, 930 ff [zur Aufhebung von § 103 GWB aF]). Damit findet im Ergebnis § 275 I – unmittelbar oder wegen vorübergehender Unmöglichkeit – Anwendung (anders noch RGZ 102, 203, 205 für einen Anspruch aus § 281 BGB aF [§ 285]).

10 Auch bei **Wegfall des Leistungssubstrats und Zweckverfehlung** tritt Unmöglichkeit ein. Existiert etwa der Gegenstand, an welchem die Leistung erbracht werden soll, nicht mehr oder ist eine begünstigte Person verstorben, kann die Leistung nicht erbracht werden, weil das Leistungssubstrat weggefallen ist (etwa Hamm NJW-RR 96, 1360 [private Pflegeleistungen können nicht mehr erbracht werden, da der Gläubiger stationär in ein Pflegeheim aufgenommen wurde]); der Ausschluss ihrer Durchsetzung in Natur liegt auf der Hand. Ferner zählen hierher Fälle, in denen der vertraglich anvisierte Erfolg unabhängig von der Leistung des Schuldners eintritt (Schulfall: Das festliegende Schiff ist bei Eintreffen des Bergeunternehmens durch Seegang wieder frei geworden); praktische Relevanz erhält diese Fallgruppe inzwischen in den Fällen der eigenmächtigen Nachbesserung des Käufers oder Bestellers vor Ablauf einer Frist nach §§ 281, 323, 637 (s § 439 Rn 31, § 637 Rn 4). Richtigerweise tritt hier Unmöglichkeit ein, so dass es zur Ermäßigung des Entgeltanspruchs nach § 326 II 2 kommt (iE unrichtig BGH NJW 05, 1348, 1349). Unmöglichkeit kann unter bestimmten Umständen außerdem vorliegen, wenn der Zweck nicht erreicht werden kann, zu dem die Leistung dem Gläubiger dienen sollte (BGHZ 37, 319, 329 f [Entfallen einer – rechtlich vielleicht möglichen – Verpflichtung zur Erklärung eines Erbverzichts mit Eintritt des Erbfalls]; BGHZ 74, 370 [Kauf von Bauerwartungsland]; Bremen NJW 53, 1393 [abgesagtes Gastspiel und Mietvertrag über den Veranstaltungsort]; Hamm WM 72, 1323 [beabsichtigte aber nicht mögliche Betreibung einer Gaststätte und Pachtvertrag]; Stuttg BB 74, 199 [Verwendung gekaufter Ware]). Im Regelfall trägt jedoch der Gläubiger das Verwendungsrisiko, so dass jedenfalls § 326 I nicht zur Anwendung gelangen kann.

11 Ob nach der Schuldrechtsreform der in § 275 I Alt 1 geregelten **subjektiven Unmöglichkeit** (Unvermögen) überhaupt noch ein **Anwendungsbereich** verbleibt, ist allerdings **fraglich**: Kein Fall des Unvermögens liegt insbes vor, soweit der Schuldner zur persönlichen Leistungserbringung verpflichtet ist. Fällt der Schuldner aus, ist die Erbringung der an seine Person geknüpfte Leistung nämlich für jedermann ausgeschlossen (s Rn 7). Ist der Schuldner hingegen zwar selbst an der Erbringung der Leistung gehindert und könnte er sie am Markt „einkaufen", ist ihm die Leistung letztlich nicht unmöglich (vgl § 243 Rn 7 f). Das **behebbare Unvermögen ist kein Fall von § 275 I**. Vielmehr stellt sich dann die nach § 275 II, III zu beantwortende Frage, wie weit der Schuldner mit seinen Anstrengungen gehen muss (s Rn 18 ff, 25 ff). Für § 275 I Alt. 1 verbleiben daher kaum noch Anwendungsfälle (wie hier AnwK/*Dauner-Lieb* § 275 Rn 12). Vorstellbar sind wohl nur noch Konstellationen auf eng regulierten Märkten, welche es dem Verpflichteten nicht erlauben, sich die geschuldete Leistung am Markt oder von dem die Leistung vorhaltenden Dritten zu verschaffen (*Schlechtriem/Schmidt-Kessel* Schuldrecht AT Rn 475; vgl BGH LM § 275 Nr 3 [Verlust der Gewerbeerlaubnis]).

12 **II. Rechtsfolgen der Einwendung.** Die Unmöglichkeit begründet eine **Einwendung**; sie ist also **von Amts wegen** zu beachten (Staud/*Löwisch* [2004] § 275 Rn 67). Das hat in den ersten Erläuterungen oft zu der Formulierung geführt, der Schuldner würde im Falle der Unmöglichkeit „von seiner Pflicht befreit" (Palandt/ *Heinrichs* § 275 Rn 1). Soweit man dabei im Auge behält, dass nur der dem Anspruch des Gläubigers auf Naturalerfüllung korrespondierende Teilaspekt der Pflicht des Schuldners gemeint sein kann, ist es unschädlich, den Schuldner insoweit (evtl nur temporär) befreit zu sehen. Zuweilen lassen die diesbezüglichen Aussagen aber erkennen oder doch vermuten, dass die Autoren noch dem dogmatischen Konzept des § 275 aF und dem vor allem in § 306 aF festgeschriebenen Grundsatz, dass bei Unmöglichkeit überhaupt keine Pflicht des Schuldners (mehr) besteht, folgen (s etwa *Pfeiffer* ZGS 02, 23, 28; *Mattheus* JuS 02, 209, 212). Erfüllungspflicht und Obligation werden damit wieder gleichgesetzt, obwohl sie durch die Reform entkoppelt werden sollten (*Lorenz/Riehm* Rn 318, 319). § 275 IV benennt eine Reihe der Rechtsfolgen, ist jedoch **nicht abschließend**; der Absatz ist ohne eigenen Regelungsgehalt.

13 Der **Fortbestand der** dem Anspruch zugrundeliegenden **Pflicht** erklärt einige Konsequenzen, welche sich über den Ausschluss des Erfüllungsanspruchs hinaus ergeben und vermeidet überflüssige Hilfskonstruktionen: Der Anspruch auf ein Surrogat (stellvertretendes commodum) nach § 285 setzt einen Fortbestand der Schuldnerpflicht voraus (s § 285 Rn 1). Da die Pflichtverletzung Grundvoraussetzung (auch) für andere Rechtsbehelfe des Gläubigers ist, könnte nicht gleichzeitig der Wegfall der Schuldnerpflicht angenommen, aber gleichwohl **Rücktritt** erklärt oder **Schadensersatz** wegen ihrer Verletzung verlangt werden (s aber *Pfeiffer*

ZGS 02, 23, 28 [„Begrifflich seltsame, aber gewollte Konsequenz"]), wie § 275 IV ausdrücklich vorsieht. Schließlich verschärft die unterschiedliche Behandlung der Rechtsfolgen aus § 275 I, wenn man hier Wegfall der Schuldnerpflicht annehmen müsste, und § 275 II, III, wo der Konstruktion der Verteidigungsmöglichkeit des Schuldners als Einrede (s Rn 24, 25) zweifellos Fortbestand der Pflicht zugrunde liegt, die Notwendigkeit der Grenzziehung zwischen I einerseits und II andererseits (dazu Rn 16).

Die Einwendung nach § 275 I führt beim gegenseitigen Vertrag grds zum **Erlöschen des Anspruchs auf die** 14 **Gegenleistung** nach § 326 I (s dort Rn 7 ff). Außerdem macht der Ausschluss des Erfüllungsanspruchs nach §§ 283, 326 V sonst möglicherweise erforderliche **Fristsetzungen entbehrlich** (s § 283 Rn 1); dasselbe gilt für § 311 a II, sofern man in der Vorschrift im Unrecht eine eigene Anspruchsgrundlage sieht (vgl *Schlechtriem/ Schmidt-Kessel* Schuldrecht AT Rn 575 ff sowie § 276 Rn 14). Über die in § 275 IV genannten Rechtsfolgen hinaus begründet § 275 I für Verspätungsschäden nach §§ 280 I, II, 286 die Entbehrlichkeit der Mahnung.

D. Wirtschaftliche Unzumutbarkeit als Einrede (§ 275 II). § 275 II normiert einen zum Schuldrecht aF von 15 der Rspr (BGHZ 59, 365, 367; BGHZ 62, 388, 391, 394; BGHZ 114, 383, 389) entwickelten Gedanken: Das Recht des Gläubigers auf Naturalerfüllung endet dort, wo Leistung unmöglich ist oder vom Schuldner unzumutbare Anstrengungen erfordert (sog „**Opfergrenze**"). Man spricht – ohne sachlichen Gewinn und mit der Gefahr der Irreführung – auch von „faktischer" oder „praktischer" Unmöglichkeit (vgl *Canaris* JZ 01, 499, 501; Jauernig/*Stadler* § 275 Rn 24). Das Gesetz gebietet hier eine vergleichende **Abwägung** zwischen dem für den Schuldner **erforderlichen Aufwand** und dem **Gläubigerinteresse** („unter Beachtung des Inhalts des Schuldverhältnisses und der Gebote von Treu und Glauben"), deren Ergebnis bei einem „groben Missverhältnis" den Schuldner zur Leistungsverweigerung berechtigen kann. Auch ideelle Gläubigerinteressen, also nicht nur Vermögensinteressen, sind mE zu berücksichtigen. In die Abwägung einzubeziehen ist auch, ob der Schuldner das Leistungshindernis zu vertreten hat, § 275 II 2. Neben § 275 II können §§ 439 III, 635 III, 651c II 2 zur Anwendung gelangen.

I. Abgrenzungen. Die **Grenze zwischen § 275 I und II** kann im Einzelfall schwer zu ziehen sein (vgl etwa 16 *Lobinger* Leistungspflichten S 362 und öfter; *Picker* JZ 03, 1035, 1036 ff). Die praktische Spitze in diesen Fällen liegt freilich (nur) darin, dass bei Unmöglichkeit eine von Amts wegen zu berücksichtigende Einwendung eingreift, bei Unzumutbarkeit iSv § 275 II der Schuldner dagegen eine Einrede erheben muss, wenn er sich erfolgreich gegen einen Erfüllungsanspruch verteidigen will.

Das Verhältnis von § 275 II zu § 313 wird vielfach als problematisch gesehen (*Zimmer* NJW 02, 1, 11 f; *Mattheus* JuS 02, 213), was auf einem Missverständnis der unterschiedlichen Funktionen beider Vorschriften beruht: Während § 275 II lediglich den Anspruch auf Erfüllung in Natur sperrt, kann die Regelung über den **Wegfall der Geschäftsgrundlage** zu einer Umgestaltung des gesamten Vertrages führen. Gegenüber einem Erfüllungsanspruch des Gläubigers bei Leistungshindernissen, die nur mit unzumutbaren Anstrengungen überwunden werden können, findet daher zunächst § 275 II Anwendung, dh der Schuldner kann die Leistung verweigern (*Kindl* WM 02, 1313, 1316). Beide Seiten können dann jedoch Vertragsanpassung nach § 313 verlangen, welche die Voraussetzungen der Einrede nach § 275 II regelmäßig beseitigen wird. § 313 ist daher geeignet, die Regelung des § 275 (auch von I!) zu überspielen. Das gilt freilich nur dann, wenn nicht das Leistungshindernis vom Schuldner zu verantworten ist.

II. Voraussetzungen. Ausgangspunkt der nach § 275 II erforderlichen Abwägung ist das **Gläubigerinteresse**. 18 Freilich bereitet dessen Bestimmung Schwierigkeiten. Da es um die Frage der Begrenzung des Anspruchs auf Erfüllung in Natur wegen Unzumutbarkeit für den Schuldner geht, kann es nicht um das Erfüllungsinteresse des Gläubigers im schadensrechtlichen Sinne gehen. Vielmehr geht es um das Interesse des Gläubigers **an der Leistung in Natur durch den Schuldner selbst** (s *Schlechtriem/Schmidt-Kessel* Schuldrecht AT Rn 483; unklar Palandt/*Heinrichs* § 275 Rn 27). Das stützt auch der Wortlaut: Der Wortteil „Leistung" bezieht sich – wie auch sonst in § 275 und in §§ 280–285, 323, 326 – auf den Anspruch auf Erfüllung in Natur und nicht etwa auf das gesamte Interesse, welches der Gläubiger an der Einhaltung der schuldnerischen Pflicht hat. Das große Missverhältnis nach § 275 II 1 muss sich daher gerade daraus ergeben, dass der Aufwand des Schuldners völlig außer Verhältnis steht zu dem – vom Vertrag gedeckten – Interesse des Gläubigers, gerade von ihm Erfüllung in Natur zu erhalten. Dieses Interesse kann auch immateriell sein (AnwK/*Dauner-Lieb* § 275 Rn 15) und sich gerade auf die Leistung dieses Schuldners (Bsp: Maler, Architekten) beziehen. Unerheblich ist die dem Schuldner zustehende Gegenleistung (Jauernig/*Stadler* § 275 Rn 25), auch wenn diese ein Indiz für das Gläubigerinteresse sein kann.

Der auf die Gegenseite einzustellende **Aufwand** des Schuldners ist wegen § 275 III rein materiell. Es geht um 19 aufzuwendendes **Geld und Material** sowie um die vorzunehmenden **Tätigkeiten** (Jauernig/*Stadler* § 275 Rn 25). Nicht zu berücksichtigen ist, dass der Schuldner noch andere Lasten zu tragen hat (BGH WM 03, 29, 32 [Ausgleich bereits eingetretener Mangelfolgeschäden]; Palandt/*Heinrichs* § 275 Rn 28). Der Gläubiger kann sich am Aufwand des Schuldners beteiligen und diesen dadurch senken (*Huber/Faust* Schuldrechtsmodernisierung S 36 f).

Die Einrede nach § 275 II verlangt ein **grobes Missverhältnis** zwischen Gläubigerinteresse und Aufwand des 20 Schuldners. Diese gesteigerten Anforderungen stellen sicher, dass die betreffenden Fälle als der Unmöglichkeit unter Wertungsgesichtspunkten zumindest nahekommend eingeordnet werden können (vgl *Lorenz/Riehm* Rn 310). Wegen der zusätzlich mit der Erhebung der Einrede verbundenen Beurteilung der Lage durch den Schuldner als unzumutbar genügen aber auch weniger einschneidende Störungen. Zu beachten ist, dass lediglich die Naturalerfüllung aber gerade nicht die Pflicht (und damit der Schadensersatz) ausgeschlossen wird. Bei der Abwägung ist die gesamte vertragliche Risikoverteilung zu berücksichtigen (*Huber* FS Schlechtriem 521 ff; Jauernig/*Stadler* § 275 Rn 26). Die Unzumutbarkeit ist vor allem eine **Frage des Einzelfalls**, daher sind erste Faustformeln (etwa Jauernig/*Stadler* § 275 Rn 26 [110 % des Erfüllungsinteresses]; Palandt/*Heinrichs* § 275 Rn 28 [Wert der Sache; strenger bei Mietverträgen]) mit praktischen Gefahren verbunden. Ein Umkehrschluss aus § 275 II 2 zeigt, dass der Schuldner generell also unabhängig vom Vertretenmüssen Aufwand zur Überwindung von Hindernissen treiben muss; die Frage der Einseitigkeit bestehender Erfüllungsansprüche ist insoweit ohne Belang (aA *Huber* FS Schlechtriem 521, 552; Palandt/*Heinrichs* § 275 Rn 28).

21 Nach § 275 II 2 hängt die Beurteilung des Missverhältnisses auch davon ab, ob der Schuldner das die Zumutbarkeit tangierende **Hindernis zu vertreten** hat; ist dies der Fall, können von ihm grds höhere Anstrengungen erwartet werden, als im Falle der Gefahrverwirklichung. Auch hier sind Faustformeln (etwa Palandt/*Heinrichs* § 275 Rn 28 [Aufwendungen bis zur Grenze des zu leistenden Schadensersatzes jedenfalls nicht unverhältnismäßig]) mit Vorsicht zu betrachten, zumal ein Vergleich mit dem Erfüllungsinteresse des Gläubigers nicht dem generellen Maßstab von § 275 II 1 entspricht (s Rn 18). Keinesfalls lässt das Vertretenmüssen des Schuldners die Einrede von vornherein entfallen; dieses muss vielmehr seiner Art nach höhere Anstrengungen des Schuldners rechtfertigen. Insbes führt die mangelnde finanzielle Leistungsfähigkeit des Schuldners, die er immer zu vertreten hat (§ 276 Rn 29), nicht zu einer generellen Unanwendbarkeit von § 275 II 1 (*Schlechtriem/Schmidt-Kessel* Schuldrecht AT Rn 480).

22 Besondere Schwierigkeiten bereitet die Anwendbarkeit von § 275 II auf **Gattungsschulden**. Auf den ersten Blick könnte es so scheinen, als könne Erfüllung in Natur in diesem Falle fast immer verlangt werden: Bei Gattungsschulden übernimmt nämlich der Schuldner typischerweise das Beschaffungsrisiko iSv § 276 I 1 und hat daher das Ausbleiben der Leistung unabhängig von Fahrlässigkeit zu vertreten (s § 276 Rn 24). Teilweise wird daher die Auffassung vertreten, § 275 II 2 führe dazu, dass sich der Gattungsschuldner gegenüber dem Erfüllungsanspruch auf eine wirtschaftliche Unzumutbarkeit typischerweise nicht berufen kann (AnwK/*Dauner-Lieb* § 275 Rn 17). Dem ist jedoch nicht so: Das große Missverhältnis nach § 275 II 1 muss sich gerade daraus ergeben, dass der Aufwand des Schuldners völlig außer Verhältnis steht zum Interesse des Gläubigers, gerade von ihm Erfüllung in Natur zu erhalten (s Rn 19). Gerade bei Gattungsschulden wird es daran – auch unter Berücksichtigung der Übernahme eines Beschaffungsrisikos – in aller Regel fehlen. Gattungsschulden sind mithin nach neuem Schuldrecht nur noch ausnahmsweise in Natur durchsetzbar (*Schlechtriem/Schmidt-Kessel* Schuldrecht AT Rn 483).

23 **Anwendungsfälle** sind etwa das Schulbeispiel der Verschaffung des Rings vom Boden eines Sees (Schulfall: *Heck* Grundriss des Schuldrechts S 89), die Veräußerung einer bei einem Dritten abhandengekommenen Sache (LG Augsburg NJW 78, 2034, 2035) oder die Wiederherstellung nach wirtschaftlichem Totalschaden (s BGH NJW-RR 91, 204, 205).

24 **III. Rechtsfolgen der Einrede.** Die Verteidigung muss vom Schuldner **als Einrede** erhoben werden. Als Grund für den Unterschied zu § 275 I gilt, dass man dem Schuldner die Möglichkeit lassen wollte, trotz der an sich unzumutbaren Anstrengungen zu erfüllen (*Schlechtriem/Schmidt-Kessel* Schuldrecht AT Rn 481). Die übrigen Rechtsfolgen entsprechen im Wesentlichen denen bei § 275 I. Zu beachten ist allerdings, dass es der Schuldner nach dem herrschenden Verständnis von § 311 a II (vgl dort Rn 8 u 12) durch die Erhebung der Einrede in der Hand hat, den Maßstab für das Vertretenmüssen zu ändern.

25 **E. Persönliche Unzumutbarkeit als Einrede (§ 275 III).** § 275 III gibt dem Schuldner eine weitere, ebenfalls technisch als Einrede ausgestaltete Verteidigungsmöglichkeit, wenn eine **persönliche Naturalerfüllung** in Abwägung mit dem Gläubigerinteresse **unzumutbar** ist. Es geht vor allem um Pflichtenkollisionen bei Dienstleistungen iwS. Grundvoraussetzung ist, dass der Schuldner die Leistung persönlich zu erbringen hat (dazu *Löwisch* NZA 01, 465 f; AnwK/*Dauner-Lieb* § 275 Rn 19). Daher scheidet eine Anwendung der Vorschrift auf juristische Personen, insbes solche des öffentlichen Rechts, aus (vgl BGHZ 99, 182 [Überlassung der Stadthalle an eine rechtsextreme Vereinigung durch die Gemeinde]).

26 **Bsp:** Kann die Sängerin etwa wegen Erkrankung ihres Kindes nicht auftreten (*Löwisch* NZA 2001, 465 f); der Arbeitnehmer erscheint nicht zur Arbeit, weil er seinen Wehrdienst (dessen Verweigerung unter Androhung der Todesstrafe steht) in seinem Heimatland ableistet (AnwK/*Dauner-Lieb* § 275 Rn 19). Die Arbeiterin in einer Druckerei lehnt die Mitarbeit bei der Herstellung pornografischer, Frauen entwürdigender Schriften ab, der Arzt verweigert aufgrund religiöser Überzeugung im Krankenhaus die Vornahme eines Schwangerschaftsabbruchs (jeweils *Schlechtriem/Schmidt-Kessel* Schuldrecht AT Rn 486). In den Stromboykott-Fällen (etwa Hamm NJW 81, 2473) wurde jeweils um ein behauptetes Recht der Kunden zur (Atom-)Stromrechnungskürzung aus Gewissensgründen gestritten, die Unzumutbarkeit jedoch zu Recht verneint. Größere praktische Bedeutung haben die Grenzen des Direktionsrechts des Arbeitgebers (BAG AP § 611 BGB – Direktionsrecht – Nr 27 Anm *Brox* BAG AP § 611 BGB – Gewissensfreiheit – Nr 1 Anm *Kraft/Raab* und *Berger-Belhey*).

Freilich geht es in § 275 III nur um die Berechtigung, Naturalerfüllung zu verweigern, was die Schwelle der 27
Zumutbarkeit eher abzusenken erlauben dürfte. **Schadensersatzansprüche** gegen den Nacherfüllung Verweigernden **bleiben möglich**, sofern nicht die Pflichtenkollision auch auf der Verantwortungsebene, dh bei der Voraussetzung, dass der Schuldner seine Pflichtverletzung zu vertreten hat, entlastend wirkt. Haftung ist etwa bei voraussehbaren Pflichtenkollisionen als bei Vertragsschluss erkennbaren Leistungshindernissen – s § 311a II 2 – möglich, etwa wenn dem Arzt bei Abschluss seines Dienstvertrages bekannt war, dass im Krankenhaus (straffreie) Schwangerschaftsabbrüche durchgeführt werden. Und die Leistungsweigerung ist auch hier stets eine Frage der Abwägung im Einzelfall: Steht das Leben eines Menschen auf dem Spiel, sollte eine vom Arzt als Erfüllung seines Dienstvertrages verlangte Leistung kaum je nach § 275 III verweigert werden dürfen.

Mit Hilfe von § 275 III lassen sich schließlich auch solche Fälle lösen, in welchen die vom Schuldner zu 28
erbringende **Leistung am Markt** zwar vorhanden ist und also **beschafft werden kann**, der betreffende Anbieter sich jedoch weigert, dem Schuldner behilflich zu sein. Während § 275 II in Fällen dieser Art die Frage beantwortet, welchen wirtschaftlichen Aufwand der Schuldner betreiben muss, zieht § 275 III seinem persönlichen Einsatz eine Grenze: Der Schuldner muss sich keinesfalls so verausgaben, dass die Grenzen des ihm persönlich zumutbaren – insbes seiner Würde – in Mitleidenschaft gezogen werden (s *Schlechtriem/Schmidt-Kessel* Schuldrecht AT Rn 488).

F. Sonstige Ausschlüsse des Erfüllungsanspruchs. Außer § 275 kennt das Gesetz eine ganze Reihe weiterer 29
Fälle, in denen der Erfüllungsanspruch ausgeschlossen ist. Dies gilt zum einen für die Fälle des Erlöschens und der Beendigung von Schuldverhältnissen. Erlischt der Anspruch des Gläubigers etwa durch Erfüllung, Aufrechnung, Hinterlegung oder Selbsthilfeverkauf oder finden Erlass, Konfusion, Novation oder Aufhebungsvertrag statt, kommt eine spätere Klage auf Erfüllung nicht in Betracht. Dasselbe gilt, wenn der Vertrag durch Kündigung beendet oder durch Rücktritt in ein Rückabwicklungsverhältnis umgesteuert wird. Soweit eine solche Vertragsaufhebung eine Reaktion auf eine Pflichtverletzung darstellt, ergibt sich daraus eine Konkurrenzregel für die betreffenden Rechtsbehelfe: Rücktritt und Kündigung sind mit dem weiteren Betreiben einer Durchsetzung des Vertrages in Natur unvereinbar.

Solche Regeln über die Konkurrenz von Rechtsbehelfen finden sich auch an weiteren Stellen. So schließt 30
insbes das Verlangen von Schadensersatz statt der Leistung nach § 281 IV den Erfüllungsanspruch aus; insoweit entspricht das Schadensersatzverlangen funktional der Erklärung eines (Teil-)Rücktritts (s § 281 Rn 20, 31 f). Ähnlich wirkt § 340 I 2 BGB: Der Gläubiger kann nicht zugleich die Vertragsstrafe und die Erfüllung der strafbewehrten Verbindlichkeit verlangen. Wie § 275 haben auch diese Fälle des Ausschlusses des Erfüllungsanspruchs eine Nebenfunktion: Sie ergänzen §§ 281 II, 323 II um zusätzliche Fälle der Entbehrlichkeit der Fristsetzung; wo kein Erfüllungsanspruch mehr besteht, kann dieser auch nicht vorrangig sein (s § 281 Rn 14). Ein wenig anders ist die Lage bei § 376 I 2 HGB (Fixhandelskauf), weil dort Rücktritt und Schadensersatz ohnehin keiner Fristsetzung bedürfen. Das Erlöschen des Erfüllungsanspruchs ergibt sich hier aus einer weitergehenden Gleichsetzung von relativem und absolutem Fixgeschäft für den auf eine schnelle Abwicklung angewiesenen Handelsverkehr; ohne rechtzeitigen Widerspruch des Käufers wird die Verspätung daher der Unmöglichkeit gleichgestellt.

§ 276 Verantwortlichkeit des Schuldners

(1) ¹Der Schuldner hat Vorsatz und Fahrlässigkeit zu vertreten, wenn eine strengere oder mildere Haftung weder bestimmt noch aus dem sonstigen Inhalt des Schuldverhältnisses, insbesondere aus der Übernahme einer Garantie oder eines Beschaffungsrisikos, zu entnehmen ist. Die Vorschriften der §§ 827 und 828 finden entsprechende Anwendung.
(2) Fahrlässig handelt, wer die im Verkehr erforderliche Sorgfalt außer Acht lässt.
(3) Die Haftung wegen Vorsatzes kann dem Schuldner nicht im Voraus erlassen werden.

A. Allgemeines. Die Verletzung einer Pflicht des Schuldners löst Schadensersatzansprüche nur aus, wenn er 1
die Pflichtverletzung – respektive den Umstand, der sie verursacht hat – zu verantworten hat. Das deutsche Zivilrecht verwendet für diese Verantwortung zumeist den Begriff „**Vertretenmüssen**". Nach neuem Schuldrecht ist dieser Topos weitgehend auf Schadensersatzansprüche beschränkt: § 280 I 2; zusätzlich wird er etwa in §§ 275 II 2, 286 IV, 309 Nr 8 lit a, 536a I Var 2, 651f in Bezug genommen. **§ 276 I 1** ist die **zentrale Norm** für das Vertretenmüssen. Daraus ergibt sich, dass das Gesetz hier gleichsam eine **Variable** setzt: Dem Vertretenmüssen können verschiedene Werte zugewiesen werden, wobei § 276 I 1 zugleich bestimmt, dass der Schuldner regelmäßig – sozusagen als Standardwert – Vorsatz und Fahrlässigkeit zu vertreten hat. **Bezugspunkt** der Verantwortung des Schuldners ist die **Pflichtverletzung**. Allenfalls ausnahmsweise spielt dabei noch die Art der Pflichtverletzung noch eine Rolle; zu § 311a II 2 s Rn 16.

§ 276 gilt lediglich für die Bewertung von **Verhalten in Schuldverhältnissen**, also auch für solche im Umfeld 2
der Vertragsanbahnung nach § 311 II, III. Für das **Deliktsrecht** gilt die Vorschrift **nicht** (Jauernig/*Stadler* § 276 Rn 4), weil durch das Delikt das Schuldverhältnis erst entsteht. Soweit zur Bestimmung der Begriffe

Vorsatz und Fahrlässigkeit oder der im Verkehr erforderlichen Sorgfalt (s §§ 823 I, 826, 831 I 2, 833 S 2, 834 S 2, 836 I 2, II, 839, 839a und die Kommentierungen dazu) auf § 276 verwiesen wird (s § 823 Rn 18), ist dies mit großer Vorsicht zu behandeln: Die Basis der Haftung aus dem Schuldverhältnis ist – vor allem beim Vertrag – eine gänzlich andere als diejenige des Deliktsrechts. Eine Anwendung in öffentlich-rechtlichen Rechtsverhältnissen ist möglich, sofern das mit deren Eigenart zu vereinbaren ist (BGHZ 61, 7, 11; BGHZ 135, 341, 346).

3 In der Rechtslehre wird als Kern der Regelung des § 276 vielfach das sog Verschuldensprinzip angesprochen und zugleich die Haftung wegen Pflichtverletzung in Zusammenhang mit der Frage gebracht, ob diese dem Schuldner vorzuwerfen sei (AnwK/*Dauner-Lieb* § 276 Rn 2; *Deutsch* AcP 202 [02] 889, 892 f; vgl BGHZ 119, 152, 168). Das ist **unrichtig**: Die Haftung wegen Verletzung einer vertraglichen Pflicht ist nicht mit einem persönlichen Vorwurf gegen den Haftenden verbunden noch von einem solchen Vorwurf abhängig (*Schlechtriem/Schmidt-Kessel* Schuldrecht AT Rn 564). Nur die fehlende Verschuldensfähigkeit schließt nach §§ 276 I 2, 827, 828 die Verantwortlichkeit aus (s.u. Rn 13). Im Übrigen richtet sich das Vertretenmüssen **ausschl** nach **objektiven Maßstäben**; das gilt insbes für die Konkretisierung der Fahrlässigkeit nach § 276 II. Die gelegentlich zusätzlich geforderte „innere" Sorgfalt handelt letztlich nur von der – wiederum an objektive Standards zu messenden – Vergewisserung über die eigene Leistungsfähigkeit beschreibt lediglich einen Unterfall des allgemeinen Sorgfaltsverstoßes (*Schlechtriem/Schmidt-Kessel* Schuldrecht AT Rn 565). Zur Abgrenzung des Vertretenmüssens von der Pflichtverletzung s § 280 Rn 19.

4 Teilweise wird in der Literatur die **Rechtswidrigkeit** des schuldnerischen Verhaltens als eigenständige Voraussetzung der Haftung angesehen (etwa *Nipperdey* NJW 57, 1780; *Schapp* JZ 01, 583, 585). Der vertragsbrüchige Teil verletzt jedoch nicht die Rechtsordnung, sondern die individuelle Vertragsordnung. Soweit die Rechtswidrigkeit mit der Pflichtwidrigkeit gleichgesetzt wird (etwa Jauernig/*Stadler* § 276 Rn 13) besteht die Gefahr eines Missverständnisses, weil diese nicht Teil des Vertretenmüssens, sondern dessen Bezugspunkt ist. Eine gesonderte Rechtswidrigkeit als Haftungsvoraussetzungen fordert das Vertragsrecht daneben **nicht**. Dasselbe gilt richtigerweise auch für das Deliktsrecht (*v Bar*, Gemeineuropäisches Deliktsrecht II 234 ff; vgl § 823 Rn 9 ff) jedoch nicht für die Haftung nach § 839. Für das Vertragsrecht lässt sich erst recht nicht generell der Lehre vom **Verhaltensunrecht** oder der Lehre vom **Erfolgsunrecht** folgen, ob das Fehlverhalten allein oder erst der fehlende Erfolg die Vertragshaftung auslöst, hängt von der jeweiligen Pflicht ab, ob es sich nämlich um eine Erfolgspflicht (*obligation de résultat*) oder um eine Verhaltenspflicht (*obligation de moyens*) handelt (s § 241 Rn 11–14).

5 **B. Regelfall: Haftung für Vorsatz und Fahrlässigkeit.** Vereinfachend wird der zentrale Haftungsstandard des BGB einer Haftung für Vorsatz und Fahrlässigkeit oft als „**Verschulden**" umschrieben (Verschuldensprinzip s.o. Rn 3) und dazu auf § 276 I 1 verwiesen. **Gegenbegriffe** sind **Zufall** (§§ 287 S 2 [s dort Rn 3], 848) und (Leistungs- oder Gegenleistungs-)**Gefahr** (etwa §§ 270, 300 II [s dort Rn 5 ff], 446 [s dort Rn 14], 447, 644); zur höheren Gewalt s Rn 32, 33. Freilich zeigt der 2. Hs, dass es auf Verschulden in der Form des Vorsatzes oder der Fahrlässigkeit nur ankommt, wenn nicht andere – strengere oder mildere – Verantwortungsvoraussetzungen gesetzlich (zB §§ 521, 600, 708) oder vertraglich geregelt sind; insbes die „**aus dem sonstigen Inhalt des Schuldverhältnisses**" möglicherweise zu entnehmende „Übernahme einer Garantie oder eines Beschaffungsrisikos" kann zu verschuldensunabhängiger Haftung führen. § 276 I 1 hat also **Auffangfunktion**: Man haftet jedenfalls für Vorsatz und Fahrlässigkeit (sofern nicht eine Haftungsmilderung vorgesehen ist), vielfach aber schärfer.

6 **I. Vorsatz.** Vorsatz wird definiert als „**Wissen und Wollen** des Erfolges **im Bewusstsein der Pflichtwidrigkeit**" (RGZ 72, 4, 6). Zivilrechtlich relevante Formen sind der direkte Vorsatz, wenn der Erfolg als notwendige Folge eines bestimmten Verhaltens vom Handelnden vorausgesehen und gewollt ist (Staud/*Löwisch* [2004] § 276 Rn 21), und der bedingte Vorsatz, wenn der Handelnde sich den Erfolg nur als möglich vorgestellt und für den Fall seines Eintritts billigend in Kauf genommen hat (Staud/*Löwisch* [2004] § 276 Rn 22). Bedingter Vorsatz ist von der bewussten Fahrlässigkeit abzugrenzen: Beim bedingten Vorsatz wird die als möglich erkannte Folge vom Handlungswillen umfasst, während bei der bewussten Fahrlässigkeit der Täter nicht gehandelt hätte, wenn er den Eintritt der Folge, die ihm an sich als Möglichkeit bewusst war, erwartet hätte.

7 Die **Bedeutung der Abgrenzung** von der Fahrlässigkeit ist vergleichsweise **gering**, da regelmäßig auch für Fahrlässigkeit gehaftet wird. § 276 III wird praktisch durch § 309 Nr 7 weitgehend überspielt. Besonderheiten gelten jedoch bei der Freizeichnung bzw Haftungsbeschränkung bestimmter Dienstleistungsberufe (vgl § 51 BRAO, § 67 StBerG, § 54 WPO). Im Übrigen ist die entscheidende Grenze vielfach diejenige zwischen einfacher und grober Fahrlässigkeit (s Rn 17, 18). Bedeutung hat die Unterscheidung von Vorsatz und Fahrlässigkeit vor allem noch für die deliktische Haftung im Zusammenhang mit § 823 II, da bei einem Schutzgesetz, das nur vorsätzlich verletzt werden kann, auch die zivilrechtliche Haftung Vorsatz voraussetzt (s § 823 Rn 224).

8 Das **Bewußtsein der Pflichtwidrigkeit** ist im Zivilrecht nach der sog **Vorsatztheorie** grds Voraussetzung einer vorsätzlichen Pflichtverletzung (vgl RGZ 72, 4, 6; BGH NJW 85, 134, 135 m Anm *Deutsch*; BGHZ 115, 286,

299). Ein Verbotsirrtum schließt den Vorsatz daher aus. Wer etwa irrig davon ausgeht, ein Zurückbehaltungsrecht zu haben, hat die dadurch verursachte Leistungsverzögerung jedenfalls nicht vorsätzlich verursacht (*Schlechtriem/Schmidt-Kessel* Schuldrecht AT Rn 570). Allerdings macht die Rspr eine **Ausnahme** und wendet die Schuldtheorie bei § 823 II an, falls das verletzte Schutzgesetz eine Strafnorm ist und für die strafrechtliche Verantwortung des Täters deshalb die Schuldtheorie gelten würde (BGH NJW 85, 134, 135 [zu § 5 GSB]). Abweichend hat früher auch das BAG entschieden (BAGE 1, 69, 79).

II. Fahrlässigkeit. Fahrlässigkeit ist **tatsächlich** der **regelmäßige Haftungsstandard**; sie wird als „Außerachtlassen der im Verkehr erforderlichen Sorgfalt" definiert (§ 276 II). Aufzubringen ist also die „erforderliche", nicht nur die „übliche" Sorgfalt; im Verkehr eingerissene Unsitten entlasten nicht, mögen sie auch im jeweiligen Verkehrskreis üblich sein (RGZ 128, 39, 44 [„in Jägerkreisen herrschende Übung" nicht maßgeblich]; BGHZ 30, 7, 15. Das gilt etwa auch für die personelle Unterversorgung einer Klinik hinsichtlich des vom Klinikbetreiber geforderten Sorgfaltsstandards (BGHZ 95, 63, 73).   9

Nach hA ist die verkehrserforderliche Sorgfalt **objektiviert** (BGHZ 24, 21, 28; 129, 226, 232) und verlangt Einhaltung der Standards, die im betreffenden Berufskreis gelten (BGHZ 113, 297, 303; BGH NJW 03, 2022, 2024). Der Schuldner **garantiert** damit letztlich, dass er über **die erforderlichen Fähigkeiten** verfügt (Huber, Leistungsstörungen I 671). Es gilt deshalb kein individueller Maßstab, nach dem sich der Verpflichtete darauf berufen könnte, die in seinem Berufskreis geltenden Standards selbst nicht erreichen zu können, etwa weil er mangelhaft ausgebildet ist (BGH NJW-RR 03, 1454, 1455 [fehlende Vermittlung bestimmter Fachkenntnisse an der Universität schützt den Architekten nicht]). Die Figur des sog **Übernahmeverschuldens** ist insoweit nicht mehr als eine Erklärung, welche bei Verzicht auf die Merkmale Vorwerfbarkeit oder innere Sorgfalt (s Rn 3) **entbehrlich** ist.   10

Es ergeben sich **gruppentypische Maßstäbe**: Für den Kaufmann wird das in § 347 HGB ausdrücklich festgehalten: Er hat die Sorgfalt eines ordentlichen Kaufmanns zu beachten (BGHZ 92, 396, 402); entspr Vorschriften finden sich für den Frachtführer (§ 429 HGB), den Geschäftsführer, Vorstand oder ein ähnliches Organmitglied (§§ 93 I, 116 AktG, § 43 I GmbHG, § 34 GenG) und für Prozessparteien (§ 282 I ZPO). Die Rspr hat weitere Gruppen entwickelt, die sich jedoch heute weitgehend mit der Pflichtentypik unter § 280 I 1 decken (s daher vor allem dort Rn 60-71). Bsp sind der Gewerbetreibende (BGHZ 31, 358, 366 f), der Bauherr (BGH NJW 94, 2232, 2233), der erfahrene Facharzt oder Operateur (BGHZ 88, 248, 259) oder – zweifelhaft – die Hausfrau (Hamm NJW 85, 332).   11

Höhere Fähigkeiten und überlegene Kenntnisse muss der Schuldner dagegen einsetzen: Hat der behandelnde Arzt Spezialkenntnisse, kann er sich nicht darauf berufen, jedenfalls wie ein normaler Facharzt behandelt, diagnostiziert usw zu haben (BGH NJW 87, 1479, 1480). Dieser höhere Standard folgt daraus, dass die Parteien eines Vertrages typischerweise vom Einsatz der tatsächlich vorhandenen Fähigkeiten ausgehen, also aus der Auslegung des Vertrags; § 276 II begründet demgegenüber **nur** einen **Mindeststandard**. Zu einer solchen Berücksichtigung höherer Fähigkeiten kommt es auch dann, wenn sie nur bei einem Erfüllungsgehilfen oder gesetzlichen Vertreter iSv § 278 vorliegen, dessen Einsatz zum Inhalt des Schuldverhältnisses gehört (vgl § 278 Rn 3).   12

III. Verschuldensfähigkeit. Nach § 276 setzt Verschuldenshaftung Vorsatz oder Fahrlässigkeit und Verschuldensfähigkeit voraus (§ 276 I 2 iVm §§ 827, 828). Danach sind verschuldensunfähig alle Personen bis zur Vollendung des **7. Lebensjahres**, § 828 I, sowie derjenige, der im Zustand der Bewusstlosigkeit oder in einem die freie Willensbestimmung ausschließenden Zustand krankhafter **Störung der Geistestätigkeit** gehandelt hat, § 827 S 1. Ausgenommen ist der Fall, in dem sich jemand vorübergehend in diesen Zustand durch vorwerfbare Einnahme geistiger Getränke oder ähnlich berauschender Mittel, zB Drogen, versetzt hat, § 827 S 2. Wer das 7., aber noch nicht das **18. Lebensjahr** vollendet hat, ist beschränkt verschuldensfähig. Für bestimmte Schäden im Straßen- oder Schienenverkehr ist er bis zur Vollendung des **10. Lebensjahres** nur verantwortlich, wenn er vorsätzlich gehandelt hat, § 828 II. Im Übrigen hängt seine Verantwortlichkeit davon ab, ob er bei der Verletzung einer Pflicht die zur Kenntnis der Verantwortlichkeit erforderliche Einsicht hatte, § 828 III. Einsichtsfähigkeit genügt; auf Steuerungsfähigkeit soll es nicht ankommen. Auf § 829 verweist § 276 I 2 nicht; eine entspr Anwendung (dafür etwa Palandt/*Heinrichs* § 276 Rn 6) ist abzulehnen, weil die Billigkeitshaftung dem typischen Parteiwillen nicht entspricht (wie hier Jauernig/*Stadler* § 276 Rn 12).   13

C. Haftung für Kenntnis oder zu vertretende Unkenntnis einer Leistungsstörung. Bei Verletzung vertraglicher Pflichten aufgrund einer Störung, die schon bei Vertragsschluss vorlag, trifft § 311 a II 2 eine Sonderregelung für den Standard der Haftung (vgl dort Rn 16), welcher in seinem Anwendungsbereich den Standardwert des Vertretenmüssens verdrängt. Richtigerweise erfasst § 311 a II über die Fälle des § 275 I–III hinaus im Wege einer teleologischen Extension **jegliche anfängliche Pflichtverletzung** (*Schlechtriem/Schmidt-Kessel* Schuldrecht AT Rn 577). Bei nicht zu vertretender Unkenntnis ist eine Haftung für spätere Sorgfaltsverstöße nicht ausgeschlossen (vgl *S Lorenz* NJW 02, 2497, 2500 ff). § 276 I gilt auch für die Konkretisierung von § 311 a II 2: Die Verletzung der vorvertraglichen Pflicht, sich über die eigene Leistungsmöglichkeit zu vergewissern, kann deshalb durchaus auch ohne Verschulden zu vertreten sein, etwa wenn der Schuldner insoweit eine Garantie oder ein Beschaffungsrisiko übernommen hat (*Zimmer* NJW 02, 1, 3). Andererseits müssen   14 auch Haftungsmilderungen, die für den jeweiligen Vertrag und die Verantwortung des Schuldners für sein Leistungsvermögen gelten, auf die vorvertragliche Verantwortung, sich über dieses Leistungsvermögen zu vergewissern, durchschlagen. Nimmt der Schenker leicht fahrlässig an, er sei Miteigentümer eines Nachlassgegenstandes, den er deshalb verschenken könne, dann sollte er nur für grob fahrlässige Unkenntnis oder Kenntnis haften – es sei denn, er hat wirklich eine Garantie übernommen (anders zum alten Recht BGHZ 144, 118; dagegen wiederum *U Huber* ZIP 00, 1372; *Löwisch* JZ 2001, 355).

15 **D. Haftungsmilderungen.** Ein abweichender Standard der Haftung iS einer Haftungsmilderung kann sich sowohl **aus Gesetz** als auch **aus Vertrag** ergeben. Grenzen vertraglicher Haftungsmilderungen setzen v.a. §§ 276 III, 309 Nr 7. Gesetzliche Haftungsmilderungen sind insbes solche, welche die Haftung des Schuldners auf die eigenübliche Sorgfalt oder grobe Fahrlässigkeit des Schuldners beschränken (s Rn 16). Eine richterrechtlich entwickelte Besonderheit des Arbeitsrechts bildet daneben die Beschränkung der Arbeitnehmerhaftung (s Rn 20, 21). Für das Transportrecht findet sich außerdem in §§ 435, 461 I, 607a IV, 660 III HGB sowie in einer Reihe internationaler Transportrechtskonventionen der Maßstab einer „Leichtfertigkeit im Bewusstsein der Schadenswahrscheinlichkeit". Er ist richtigerweise noch enger als der Maßstab grober Fahrlässigkeit (*Rabe* Seehandelsrecht § 607 a Rn 21). Auf diesen Maßstab kommt es insbes dort an, wo ein Transporteur über die im Transportrecht regelmäßig vorgesehenen Haftungshöchstbeträge hinaus in Anspruch genommen werden soll.

16 **I. Haftung nur für grobe Fahrlässigkeit oder eigenübliche Sorgfalt.** Die Haftung für grobe Fahrlässigkeit ist ein Fall milderer Haftung iSv § 276 I 1. **Anwendungsfälle** sind die Haftungsmilderungen für den Schenker, § 521, den Verleiher, § 599, den Notgeschäftsführer, § 680, und für den Finder, § 968. Auch im Annahmeverzug des Gläubigers (§§ 293 ff) ist die Haftung des Schuldners gemildert, § 300 I (s dort Rn 2 ff). Da der Begriff der groben Fahrlässigkeit in über 100 verschiedenen Normen und richterlich entwickelten Rechtsinstituten des Zivilrechts – zB auch bei der Haftung von Arbeitnehmern bei betriebsbezogener Arbeit – verwendet wird, liegt es nahe, diesen Begriff je nach der Norm, in der er verwendet wird, zu differenzieren; die hA definiert jedoch einheitlich.

17 Grobe Fahrlässigkeit liegt vor, wenn die im Verkehr erforderliche Sorgfalt **in besonders schwerem und ungewöhnlich hohem Maße** vernachlässigt worden ist (vgl die Legaldefinition in § 45 II 3 Nr 3 SGB X): Vorausgesetzt wird eine das gewöhnliche Maß der Fahrlässigkeit erheblich übersteigende Schwere des Sorgfaltsverstoßes sowie nach hA in subjektiver Hinsicht persönliche Vorwerfbarkeit (BGH NJW 88, 1265, 1266; BGHZ 119, 147, 149). Das ist freilich schon deshalb unrichtig, weil das Zivilverfahren auf die Feststellung eines subjektiven Vorwurfs nicht ausgelegt ist (vgl auch *König* Grobe Fahrlässigkeit S 150 ff, 194 f [je nach betroffener Norm]). Als **Faustformel** für das Vorliegen des besonders groben Sorgfaltsverstoßes lässt sich mit der Formulierung arbeiten, der Schuldners habe einfachste Anforderungen an seine Sorgfalt nicht eingehalten sowie diejenigen Standards verletzt, die jedermann als offensichtlich einzuhalten ansehen würde (s BGHZ 77, 274, 276; BGHZ 89, 153, 161).

18 Die **Grenze zur einfachen Fahrlässigkeit** lässt sich über die üblichen Formeln hinaus abstrakt nicht beschreiben (vgl BGHZ 129, 136, 163). Die Entscheidung des Tatrichters ist nur insoweit revisibel, als es um eine Verkennung des Rechtsbegriffs der groben Fahrlässigkeit geht (BGHZ 89, 153, 160 f; BGHZ 131, 288, 296).

19 Die grobe Fahrlässigkeit ist zugleich die Grenze der entlastenden Wirkung der **eigenüblichen Sorgfalt**; dazu die Kommentierung zu § 277.

20 **II. Haftungsmilderung für Arbeitnehmer.** Schädigt bei **betriebsbezogenen Tätigkeiten** der Arbeitnehmer den Arbeitgeber (s § 611 Rn 88 ff) dann haftet der Arbeitnehmer bei leichtester Fahrlässigkeit unter bestimmten Voraussetzungen nicht, während bei mittlerer, ausnahmsweise sogar bei grober Fahrlässigkeit eine Schadensteilung eintritt (vgl BAG NJW 90, 468, 469 f. [Haftungserleichterung bei grober Fahrlässigkeit, falls zwischen Schadensrisiko und Verdienst ein Missverhältnis besteht]). Der Gefahrentlastung des Arbeitnehmers liegt der Gedanke zugrunde, dass das mit seiner Tätigkeit verbundene Schädigungsrisiko letztlich ein Betriebsrisiko des Arbeitgebers ist. Konsequenterweise ist dieses **Betriebsrisiko gleich einem Mitverschulden** des entstandenen Schadens analog § 254 in Rechnung zu stellen; das schließt die Berücksichtigung eines echten Mitverschuldens nicht aus (ErfK/*Preis* § 619 a BGB Rn 8).

21 Die (Umstr) Voraussetzung, dass die Schädigung in Ausführung einer „gefahrgeneigten Arbeit" geschehen war (BAG BB 90, 64) ist **aufgegeben** (BAG (GS) AP Nr 103 zu § 611 BGB Haftung des Arbeitnehmers; BGH NJW 94, 856; vgl zu weiteren Einzelheiten *Schaub* Arbeitsrechts-Handbuch S 428 ff; *Löwisch* Arbeitsrecht S 310 ff). „Gefahrgeneigt" spielt jetzt nur noch bei **Abwägung von Verschulden und Betriebsrisiko** eine Rolle. Außerdem sind bei der Ermittlung des Risikos die folgenden Gesichtspunkte zu berücksichtigen: Die Höhe des Schadens (ErfK/*Preis* § 619a BGB Rn 16), ein vom Arbeitgeber einkalkuliertes oder durch Versicherungen deckbares Risiko (BAG AP BGB § 611 Haftung des Arbeitnehmers Nr 92) und die Stellung des Arbeitnehmers im Betrieb (ErfK/ *Preis* § 619a BGB Rn 16). Die Gefahrgeneigtheit erscheint hier nach wie vor als einer der Aspekte der Abwägung (BAG AP BGB § 611 Haftung des Arbeitnehmers Nr 106). Die Höhe des Arbeitsentgelts kann nur insoweit Bedeutung erlangen, als darin möglicherweise eine – die Haftungsmilderung dann ausschließende – Risikoprämie für den Arbeitnehmer enthalten ist (BAG AP BGB § 611 Haftung des Arbeitnehmers Nr 106). Hingegen

haben persönliche Verhältnisses des Arbeitnehmers wie die Dauer seiner Betriebszugehörigkeit, seine Familienverhältnisse, sein bisheriges Verhalten und sein Lebensalter keinen Einfluss auf die betriebliche Risikostruktur; entgegen der Auffassung der Rspr bleiben sie daher außer Betracht (*Löwisch* Arbeitsrecht S 311). Dasselbe gilt für die wirtschaftliche Leistungsfähigkeit des Arbeitnehmers (BGH AP BGB § 611 Haftung des Arbeitnehmers Nr 1).

E. Haftungsverschärfungen. Das BGB kennt eine Reihe schärferer Haftungsstandards, welche vom Schuldner mehr verlangen als die Fahrlässigkeit. Teilweise wird eine Verschärfung bereits durch eine **Beweislastumkehr** erreicht (s § 280 Rn 21). Als haftungsverschärfend wird regelmäßig auch § 278 angesehen (etwa AnwK/*Dauner-Lieb* § 276 Rn 16; Jauernig/*Stadler* § 276 Rn 9); tatsächlich handelt es sich aber darum, den Schuldner an einer Haftungsentlastung durch Delegation zu hindern (*Schmidt-Kessel* Standards vertraglicher Haftung 410; s § 278 Rn 1). Neben diesen Elementen findet sich jedoch eine Reihe echter Haftungsverschärfungen. Diese können sich aus Gesetz oder aus dem entspr auszulegenden Vertrag ergeben. Der Gedanke einer **Haftung nach** Risikosphären oder **Gefahrenbereichen** hat bislang vor allem iRd AGB-Kontrolle eine Rolle gespielt (BGHZ 114, 138, 243 ff [Missbrauchsrisiko bei Kreditkarten]; BGHZ 115, 38, 45 [Risiko der Geschäftsunfähigkeit des Kunden]; BGHZ 119, 152, 168 f [verschuldensunabhängige Haftung des Mieters für Schäden der Mietsache]). 22

Unabhängig davon, worauf sich eine Haftungsverschärfung gründet, kann sich der **Gläubiger** auf diese nicht berufen, wenn er die haftungsbegründende Situation durch **vertragswidriges Verhalten** erst herbeigeführt hat (s RGZ 96, 6, 10 sowie § 242 Rn 34). Dafür genügt freilich noch nicht, dass der Gläubiger bei Vertragsschluss ein bestimmtes Risiko bereits kennt, so die Auslegung ergibt, dass es der Schuldner – gleichwohl – übernommen hat (vgl BGH NJW 72, 1702, 1703; BGH LM § 279 Nr 4; Staud/*Löwisch* [2004] § 276 Rn 153). 23

I. Übernahme von Beschaffungsrisiken. Hat der Schuldner ein Beschaffungsrisiko übernommen, haftet er für die davon erfassten Pflichtverletzungen **unabhängig von Fahrlässigkeit** (Staud/*Löwisch* [2004] § 276 Rn 146). Die Übernahme von Beschaffungsrisiken geschieht durch **ausdrückliche Vereinbarung**, aber vor allem auch durch **Auslegung** eines Schuldverhältnisses nach §§ 157, 242 (s § 157 Rn 15 ff, § 242 Rn 23). Damit ist hier eine Einfallspforte für rechtspolitisch erwünschte Haftungsverschärfungen, etwa um das deutsche Schuldrecht an internationale Standards heranzuführen, eingefügt worden, aber auch für die Korrektur von Haftungsabschwächungen durch den neuen § 311a II 2 (s.o. Rn 14). Eine Übernahme eines Beschaffungsrisikos ist **regelmäßig bei Gattungsschulden** anzunehmen (AnwK/*Dauner-Lieb* § 276 Rn 28), solange es Gegenstände der Gattung, aus der der Schuldner zu leisten hat, noch gibt. Auch bei Stückschulden ist die Vereinbarung eines Beschaffungsrisikos möglich (Palandt/*Heinrichs* § 276 Rn 31). 24

Ergibt sich aus dem Vertrag eine **Einschränkung der Verpflichtung** auf bestimmte Teilmengen einer Gattung, etwa auf einen bestimmten **Vorrat** (AnwK/*Dauner-Lieb* § 276 Rn 32), eine bestimmte Produktionsquelle oder bestimmte Herstellungskapazitäten (*Schmidt-Kessel* Standards vertraglicher Haftung S 71 ff), dann ist die Nichtbeschaffung keine Pflichtverletzung, und der Schuldner kann nicht nur nicht auf Erfüllung in Anspruch genommen werden (s § 243 Rn 8), sondern haftet auch nicht auf Schadensersatz. „Vertretenmüssen" ist im Hinblick auf die Nichtbeschaffung nicht mehr zu prüfen; hinsichtlich der Nichtlieferung ist es ausgeschlossen. 25

Der Schuldner kann **entlastet** sein, soweit eine Leistungsstörung nicht mit der **Eigenart der Übernahme des Risikos**, aus der Gattung beschaffen zu können, zusammenhängt. Dies kann zB bei Krankheit und unverschuldeter Freiheitsbeschränkung des Schuldners der Fall sein (RGZ 99, 1, 2; *Coester-Waltjen* AcP 183 [1983] 279, 289). Freizeichnung durch eine sog. Selbstbelieferungsklausel („rechtzeitige und richtige Selbstbelieferung vorbehalten") ist zulässig (BGHZ 92, 396, 399). Schließlich kann der Schuldner einer Gattungsschuld jedenfalls von der Verpflichtung zur Naturalerfüllung entlastet sein, wenn infolge nicht vorhersehbarer Umstände so erhebliche Leistungshindernisse eingetreten sind, dass dem Schuldner die Beschaffung nicht mehr zugemutet werden kann (§ 275 II); eine Schadensersatzhaftung kann aber gleichwohl gegeben sein (s zum alten Recht BGH NJW 94, 515, 516 [Haftung trotz Ausschluss des Erfüllungsanspruchs möglich]). 26

Besondere Schwierigkeiten bereitet die Frage, ob das Beschaffungsrisiko beim Gattungskauf sich auch auf die **Fehlerfreiheit der Kaufsache** bezieht. Anwendbar ist die Haftungsverschärfung jedenfalls hinsichtlich solcher Schäden, die dem Käufer dadurch entstehen, dass der Verkäufer die Mangelfreiheit nicht rechtzeitig im Wege der Nacherfüllung bewirkt. Zu einer massiven Haftungsverschärfung würde es hingegen führen, wenn die fahrlässigkeitsunabhängige Haftung sich auch auf solche Fälle bezöge, in denen der Käufer Schäden an anderen Rechtsgütern erleidet. Ganz überwiegend wird daher angenommen, die verschärfte Haftung erstrecke sich auf derartige Schäden nicht (s *Sailer* Schadensersatzhaftung S 48; Palandt/*Heinrichs* § 276 Rn 32 mwN). In der Tat wird der Schutzzweck der Risikoübernahme hier insbes die Haftung für Integritätsverletzungen („Mangelfolgeschäden") vielfach ausschließen. Allerdings muss man dafür mit dem Dogma der hA brechen, dass sich das Vertretenmüssen nicht auf den Schaden zu beziehen hat. Eine pauschale Ablehnung der Erfassung der Haftung für Mängel entspricht freilich nicht dem Text des Gesetzes (vgl *v Westphalen* ZIP 01, 2258, 2262). 27

II. Garantien. Garantien werden in der Praxis häufig gegeben und können verschiedene Inhalte und Funktionen haben (vgl zB §§ 443, 477). In der Bedeutung des § 276 I 1 begründen sie eine von **Fahrlässigkeit unabhängige** Haftung des Schuldners. Entspr Erklärungen betreffen etwa den Fall mangelhafter Kaufgegenstände 28 und Werke oder die Umsatzangaben beim Unternehmenskauf. Die Abgrenzung derartiger Garantien von der klassischen Herstellergarantie iSd §§ 443, 477 bereitet erhebliche Schwierigkeiten (s § 433 Rn 8). Bei Sachmängeln entspricht die Funktion der Garantie iSv § 276 I 1 der bisherigen **Zusicherungshaftung** (AnwK/ *Dauner-Lieb* § 276 Rn 21).

29 **III. Finanzielle Leistungsfähigkeit des Schuldners.** Für sein finanzielles Leistungsvermögen hat der Schuldner grds **immer einzustehen** (*Medicus* AcP 188 [1988] 490-510; *Lorenz/Riehm* Rn 177). Dies ergibt sich aus dem Prinzip der unbeschränkten Vermögenshaftung (Palandt/*Heinrichs* § 276 Rn 28). Auch der gesetzlich zu einer Geldzahlung Verpflichtete, etwa der Schadensersatz- oder Unterhaltsschuldner, haftet idR fahrlässigkeitsunabhängig (s Staud/*Löwisch* [2004] § 276 Rn 160 f). Der Geldschuldner kann sich also nicht nur nicht auf § 275 berufen (s §§ 244, 245 Rn 10), um einer Verurteilung zur Naturalerfüllung zu entgehen, sondern das „Vertretenmüssen" seiner finanziellen Leistungsunfähigkeit bewirkt vor allem auch Verzug, sofern die anderen Voraussetzungen des Verzugs gegeben sind (s § 286 Rn 4 ff).

30 Die Haftung für die eigene finanzielle Leistungsfähigkeit erstreckt sich **auch** auf die **Verpflichtung zu Nicht-Geldleistungen**, etwa Lieferung von Sachen oder Herstellung eines Werkes, wenn sie den Einsatz finanzieller Ressourcen verlangen, die dem Schuldner fehlen: Eine Fluggesellschaft ist gegenüber ihren Passagieren nicht entlastet, wenn ihre Flugzeuge deshalb am Boden bleiben, weil sie ihre Kerosinlieferanten nicht rechtzeitig bezahlen konnte.

31 Allenfalls in **Ausnahmefällen**, etwa dem eines verwahrten Geldbetrages, kann Nicht-Vertretenmüssen in Betracht kommen, doch handelt es sich insoweit nicht um eine echte Geldsummenschuld, sondern eine auf Sachen (Münzen, Scheine) oder ein bestimmtes Bankguthaben gerichtete **Herausgabeschuld** (*Lorenz/Riehm* Rn 178). Bsp ist treuhänderisch zu verwahrendes Geld welches vereinbarungsgemäß auf ein Treuhandkonto eingezahlt wird; im Falle der Insolvenz der Bank haftet der Treuhänder für den die Einlagensicherung übersteigenden Betrag nur bei Fahrlässigkeit (*Schlechtriem/Schmidt-Kessel* Schuldrecht AT Rn 595). Die Rspr hat den Geldschuldner außerdem in bestimmten eng umgrenzten Ausnahmefällen für entlastet gehalten, wenn er – **bei eigener Leistungsfähigkeit** – Zahlungen aufgrund eines **Rechtsirrtums** nicht pünktlich erbracht hat (wN bei Staud/*Löwisch* [2004] § 286 Rn 144–165).

32 **IV. Weitere Fälle eines sorgfaltsunabhängigen Vertretenmüssens. 1. Höhere Gewalt.** Die Haftung der Parteien nach **Art 79 I CISG** ist ebenfalls verschuldensunabhängig. Auf persönliche Verschuldensfähigkeit kommt es nicht an. Aber auch die Einhaltung der objektiv geforderten Sorgfalt reicht zur Entlastung nicht aus, vielmehr muss der Schuldner beweisen, „dass die Nichterfüllung auf einem außerhalb [seines] Einflussbereichs liegenden Hinderungsgrund beruht und dass [von ihm] vernünftigerweise nicht erwartet werden konnte, den Hinderungsgrund bei Vertragsabschluß in Betracht zu ziehen oder den Hinderungsgrund oder seine Folgen zu vermeiden oder zu überwinden" (zu Einzelheiten s Schlechtriem/*Stoll/Gruber* Art 79 CISG Rn 10 ff). Diese Entlastung ist allerdings nur für die Haftung auf Schadensersatz möglich (vgl Art 79 V CISG). Anderen Rechtsbehelfen des Gläubigers kann sich der Schuldner nicht entziehen; für Naturalerfüllung s jedoch Art 28 CISG.

33 Der Sache nach handelt es sich bei Art 79 CISG um einen Haftungsausschluß wegen höherer Gewalt. Dieser **Standard** einer strengen, verschuldensunabhängigen Haftung **war dem BGB** in seiner ursprünglichen Fassung weitgehend **fremd** (Ausnahme §§ 206 [ex § 203 II] und 1996 I 1). Inzwischen hat dieser Standard freilich in Umsetzung der Richtlinien über Pauschalreisen und Überweisungen sowie des Europaratsübereinkommens über die Gastwirtehaftung Einzug gehalten: §§ 651 j I, 676b IV, 676e V 2, 701 III Var 5. Unter höherer Gewalt ist ein **externes Hindernis** der Pflichterfüllung zu verstehen, das der Schuldner **weder vermeiden noch überwinden** kann (s RGZ 117, 12, 13; BGHZ 100, 185, 188). Mit der Externalität des Störungsursprungs ist nicht gemeint, dass es sich um ein menschlich nicht beherrschbares Ereignis handeln muss. Vielmehr soll dieses Erfordernis lediglich Hindernisse aus der Sphäre des Schuldners ausschließen. An die Vermeidbarkeit und Überwindbarkeit sind die Anforderungen des Fahrlässigkeitsmaßstabes (§ 276 II) zu stellen. Häufig wird auch die Unvorhersehbarkeit der Störung gefordert (s etwa den Wortlaut von § 651 j I). Freilich handelt es sich dabei nicht um eine eigenständige Voraussetzung der höheren Gewalt, vielmehr ist die Vorhersehbarkeit der Störung ein bei der Auslegung des Vertrages zu berücksichtigender Umstand, der auf eine Risikoübernahme durch den Schuldner hindeutet (*Schmidt-Kessel* Standards vertraglicher Haftung S 127 f, 450 f). Eine solche Risikoübernahme, die sich auch aus anderen Umständen ergeben kann, schließt die Berufung auf höhere Gewalt aus.

34 **2. Anfängliche Störungen.** Nach altem Schuldrecht führte zudem der Umstand, dass eine Störung des Vertrages bereits bei Vertragsschluss vorlag, im Grundsatz zu einer von Fahrlässigkeit unabhängigen Haftung (s *Schlechtriem/Schmidt-Kessel*, Schuldrecht AT Rn 600; Ausnahme: Sachmängel beim Kauf). Während diese Haftung durch den neuen § 311 erheblich gemildert worden ist (s.o. Rn 14), ist es für anfängliche Mängel der Mietsache bei der alten Rechtslage geblieben: Nach § 536 a I Var. 1 haftet der Vermieter für derartige Mängel unabhängig davon, ob er diesbezüglich unsorgfältig gehandelt hat oder den Mangel hätte erkennen können. Die Vorschrift ist lex specialis zu § 311a II 2 und zu § 276 I 1.

3. Vorangegangene Pflichtverletzung. In bestimmten Situationen tritt eine Verschärfung der Verantwortung aufgrund einer vorangegangenen Pflichtverletzung ein: Ist der Schuldner mit der Leistung in Verzug (s § 286 Rn 4 ff), dann hat er eine während des Verzugs durch Zufall, dh ohne sein Verschulden, eintretende Unmöglichkeit stets zu vertreten, § 287 S 2; eine Entlastung ist nur möglich, wenn der Schaden auch bei rechtzeitiger Leistung eingetreten wäre, § 287 S 2 aE (s dort Rn 5). Für Zufall, dh unabhängig von Verschulden, haftet auch der Deliktsschuldner, der aufgrund seiner unerlaubten Handlung zur Rückgabe einer Sache verpflichtet ist, die er durch die unerlaubte Handlung erlangt hat, § 848 (s dort Rn 1). Der Gedanke, dass das Fehlverhalten eines Teils, welches die Risikoerhöhung nach sich zieht, bei diesem zu einer **Haftungsverschärfung** führt, ist ein **allgemeiner Grundsatz des Schuldrechts**, welcher sich auch an anderer Stelle niedergeschlagen hat (vgl *Schmidt-Kessel* Standards vertraglicher Haftung S 330 ff). Das gilt etwa für § 447 II, welcher eine zusätzliche Haftung des Verkäufers für den Fall begründet, dass dieser von Versendungsanweisungen des Käufers zu Unrecht abweicht (s § 447 Rn 15). 35

F. Abdingbarkeit. Die verschiedenen unter § 276 zur Anwendung gelangenden Haftungsstandards sind grds **dispositiv** (s BGHZ 9, 295, 301, 306), insbes kann die Haftung durch Vertrag ausgeschlossen, beschränkt und erweitert werden; das zeigt bereits der Wortlaut von § 276 I 1. **Haftungsausschlüsse** sind im Zweifel **eng auszulegen** (BGHZ 22, 90, 96; BGHZ 54, 299, 305); für AGB gilt § 305 c II (s dort Rn 11 ff). Grenzen finden insoweit insbes Gewährleistungsausschlüsse: Diese erfassen insbes keine Mängel, die nach Vertragsschluss entstehen (BGH NJW 03, 1316) und idR auch keine Ansprüche aus Delikt (BGHZ 67, 359, 366). Ein Haftungsausschluss kann auch **konkludent** erklärt werden (s BGH NJW 65, 907) jedoch ist eine entspr **ergänzende Vertragsauslegung** nur ausnahmsweise möglich (BGH NJW 03, 578). 36

§ 276 kann **nicht schrankenlos** abbedungen werden. § 276 III schließt zunächst die Freizeichnung von Vorsatz aus; daneben greift ggf § 138 (in concreto abgelehnt Saarbr NJW 99, 873 [vom Patienten gewünschte aber nicht indizierte Amputation]). Für Haftungsbeschränkungen in AGB ergeben sich weitere Schranken aus §§ 307 I, II Nr 2, 309 Nr 7 (s § 307 Rn 29 ff, § 309 Rn 39 ff); für Verbraucherverträge wir deren Anwendungsbereich durch § 310 III erweitert. Die besonderen gesetzlichen Verbote oder Einschränkungen von Haftungsbeschränkungen etwa in §§ 619, 651 h, 676 g V, § 2 V Nr 3 FernUSG, § 51 a BRAO tangieren jeweils auch Vereinbarungen über den Standard des Vertretenmüssens. 37

§ 277 Sorgfalt in eigenen Angelegenheiten

Wer nur für diejenige Sorgfalt einzustehen hat, welche er in eigenen Angelegenheiten anzuwenden pflegt, ist von der Haftung wegen grober Fahrlässigkeit nicht befreit.

A. Allgemeines. Der Standard der eigenüblichen Sorgfalt, der sich lange Zeit auf dem Rückzug befunden hatte, ist durch die Schuldrechtsmodernisierung erheblich aufgewertet worden: nach § 346 III 1 Nr 3 steuert er die Wertersatzpflicht des Berechtigten eines gesetzlichen Rücktrittsrechts, soweit dieser seinerseits zur ordnungsgemäßen Rückgewähr nicht in der Lage ist (s § 346 Rn 15 ff); die Vorschrift findet nach § 357 I 1 grds auch auf den verbraucherschützenden Widerruf Anwendung, Ausnahme: § 357 III 3. Weitere **Anwendungsfälle** finden sich etwa in §§ 347 I 2, 357 I, III 3, 690, 708, 1359, 1664, § 4 LPartG. Grds haften auch die Partner einer nichtehelichen Lebensgemeinschaft einander nur für eigenübliche Sorgfalt (Oldbg NJW 86, 2259). Die **Gründe** für die Anordnung dieses Haftungsmaßstabes sind unterschiedlich: Bei §§ 346 III 1 Nr 3, 347 I 2 etwa geht es um den Schutz des Rückgewährschuldners, der von seinem Rücktrittsrecht (noch) nichts weiß (zu § 357 s dort Rn 9). Eher romantisierende Vorstellungen liegen den §§ 708, 1359, 1664 zugrunde: Die – für die Gesellschaft allenfalls noch ausnahmsweise – zutreffende Personalisierung dieser Beziehungen soll hier dazu führen, dass jeder den anderen zu nehmen hat, wie er eben ist. Für die letztgenannten Fälle gilt der Haftungsstandard daher nicht, soweit – außerhalb der persönlichen Sphäre – ein Fehlverhalten im Straßenverkehr in Rede steht (BGHZ 53, 352, 355; BGH NJW 88, 1208). 1

B. Eigenübliche Sorgfalt. Bei der Haftung für die eigenübliche Sorgfalt (diligentia quam in suis) handelt es sich um eine **Haftungsmilderung gegenüber der Haftung für Fahrlässigkeit**, von welcher derjenige Schuldner profitiert, dessen Sorgfalt gewöhnlich eine geringere ist als die von § 276 II geforderte. Die Sorgfalt wird nicht objektiv, sondern **subjektiv** nach dem **für den Schuldner Üblichen** bestimmt (BGHZ 103, 338, 346). Hat der Schuldner nicht einmal objektiv fahrlässig gehandelt, haftet er folglich auch dann nicht, wenn er mit seiner üblichen Sorgfalt die im Verkehr erforderliche Sorgfalt regelmäßig übertrifft (Palandt/*Heinrichs* § 277 Rn 2); Grund: Die eigenübliche Sorgfalt ist nur Haftungsmilderung. Die Grenze der Haftungsmilderung ergibt sich aus § 277: Handelt der Schuldner **grob fahrlässig**, ist er auch dann nicht von der Haftung entlastet, wenn sein Verhalten dabei der von ihm üblicherweise geübten Sorgfalt – besser: Nachlässigkeit – entspricht. Diese **Grenzziehung** ist der **einzige Regelungsinhalt** von § 277. 2

§ 278 Verantwortlichkeit des Schuldners für Dritte

¹Der Schuldner hat ein Verschulden seines gesetzlichen Vertreters und der Personen, deren er sich zur Erfüllung seiner Verbindlichkeit bedient, in gleichem Umfang zu vertreten wie eigenes Verschulden. ²Die Vorschrift des § 276 Abs. 3 findet keine Anwendung.

1 **A. Allgemeines.** Nach § 278 hat der Schuldner für seine gesetzlichen Vertreter und sog Erfüllungsgehilfen einzustehen, **ohne daß es auf Fahrlässigkeit** hinsichtlich deren Auswahl oder Überwachung ankommt. Als Gründe für diese Zurechnung gelten Arbeitsteilung und Risikozurechnung (BGH NJW 96, 451; MüKo/*Grundmann* § 278 Rn 3), Sicherung der Gefahren- und Beweislage, Übernahme einer Garantie (s *Lüderitz* NJW 75, 1 ff; *Kronke* Transportrecht 88, 90; Staud/*Löwisch* [2004] § 278 Rn 1; zur Entstehung des § 278 *K. Schmidt* FS Raisch 189, 199 f). Tatsächlich handelt es sich aber darum, den Schuldner an einer **Haftungsentlastung durch Delegation** zu **hindern** (*Schmidt-Kessel* Standards vertraglicher Haftung S 410). § 278 ist der regelmäßige Preis dafür, dass sich der Schuldner der Hilfsperson überhaupt bedienen darf. Darf sich der Schuldner dritter Personen überhaupt nicht bedienen, kommt es auf eine Anwendung des § 278 nicht an. Die Haftung richtet sich dann danach, ob er die pflichtwidrige Übertragung zu vertreten hat (vgl RGZ 152, 125, 128; Staud/*Löwisch* [2004] § 278 Rn 31).

2 Grds haftet der Schuldner für alle seine Gehilfen, welche sich im Zuge ihrer Tätigkeit nach § 278 BGB falsch verhalten und dadurch bei einem Vertragspartner Schäden an dessen sonstigen Rechtsgütern anrichten (BGH LM § 278 BGB Nr 39; BGH NJW-RR 90, 308, 309). Freilich ist die Reichweite der **Schutzpflichten** für jeden Vertrag gesondert im Wege der Auslegung zu bestimmen (Staud/*Löwisch* [2004] § 278 Rn 41). Für den Arbeitsvertrag werden sie etwa nicht nur auf die Person des Arbeitnehmers, sondern regelmäßig auch auf das von ihm üblicherweise auf dem Betriebsparkplatz abgestellte Kraftfahrzeug beziehen. Wird das Fahrzeug durch auf dem Betriebsgelände vorgenommene Arbeiten gefährdet, so entstehen dem Arbeitgeber entspr Schutzpflichten. Erfolgt die Gefährdung nicht durch eigene Leute des Arbeitgebers, sondern durch einen von diesem zu den betreffenden Arbeiten eingesetzten Dritten, kann dies den Arbeitgeber nicht von einer Zurechnung nach § 278 BGB entlasten. Das dort festgehaltene Benachteiligungsverbot lässt dieses nicht zu (aA BAG NJW 00, 3369, 3371). Dass die gefährdende Tätigkeit in keiner Weise auf den Arbeitnehmer bezogen war (so das Argument des BAG aaO), ist unerheblich.

3 Während der Schuldner selbst verschuldensunabhängig einzustehen hat, muss der **Gehilfe** bzw gesetzliche Vertreter selbst die Pflichtverletzung zu verantworten haben: Das Gesetz spricht von **Verschulden** der gesetzlichen Vertreter oder Erfüllungsgehilfen. Daher gelten die §§ 276 I 2, 827, 828: Verschuldensfähigkeit ist erforderlich (Ddorf NJW-RR 95, 1165, 1166; *v Caemmerer* FS Hauß 39; Staud/*Löwisch* [2004] § 278 Rn 62; aA *Deutsch* Fahrlässigkeit S 313; *Larenz* Schuldrecht I S 303 f). Da der erforderliche Sorgfaltsmaßstab jedoch beim Erfüllungsgehilfen der für den Schuldner selbst geltende ist („**in gleichem Umfange**"), sind nicht nur Haftungserleichterungen zu berücksichtigen (Staud/*Löwisch* [2004] § 278 Rn 58), sondern auch Haftungsverschärfungen aufgrund der objektiven Standards, die etwa für den Berufskreis des Schuldners gelten. Das gilt im Grundsatz auch für den gesetzlichen Vertreter (Staud/*Löwisch* [2004] § 278 Rn 114; aA Jauernig/*Stadler* § 278 Rn 18): der Schuldner nicht der Vertreter ist Partei des Schuldverhältnisses; allerdings wird das Auftreten eines besser qualifizierten gesetzlichen Vertreters oder Erfüllungsgehilfen entspr den allgemeinen Regeln zur Konkretisierung von § 276 II (s dort Rn 12) regelmäßig zur Anhebung des Fahrlässigkeitsstandards führen (BGHZ 114, 263, 272; *Spiro* Erfüllungsgehilfen S 248). Der Schuldner muss sich nämlich die Kenntnisse und Fähigkeiten seiner Gehilfen auch insoweit zurechnen lassen (Soergel/*Wolf* § 278 Rn 57).

4 § 278 wirkt nicht allein auf der Ebene des Vertretenmüssens, sondern auch bei der **Begründung von Pflichten** und der Zurechnung ihrer Verletzung. Letzteres zeigt etwa § 434 II 1 (s dort Rn 71 ff). Die Begründung von Pflichten kommt insbes dort in Betracht, wo es um Schutzpflichten iSv § 241 geht. Das Verhalten und die Erkenntnisse von Erfüllungsgehilfen können hier ggf auch erst die Grundlage für das Entstehen einer Pflicht schaffen.

5 Verantwortungsbegründend wirken für einen Schuldner, der nicht selbst handelt, auch die §§ 31 (Haftung für Organe, s Rn 17 sowie § 31 Rn 1 ff) **und 831** (Haftung für Verrichtungsgehilfen im außervertraglichen Bereich, s dort Rn 3). Vor allem der Unterschied zu § 831, nach dem sich der Geschäftsherr für seinen Gehilfen unter bestimmten Voraussetzungen entlasten kann, also an sich nur für eine eigene Pflichtverletzung bei der Auswahl, Anleitung und Überwachung des Gehilfen haftet, hat zu einer **Ausweitung des Anwendungsbereichs** der Garantiehaftung aus § 278 geführt. Schuldbeziehungen aus sozialem Kontakt, Begünstigung Dritter aus Verträgen, an denen sie selbst nicht beteiligt sind, sowie eine Vielzahl von Schutzpflichten dienen vor allem dem Zweck, Verantwortung für Leute nach § 278 zu begründen.

6 Von der Haftung nach § 278 kann er sich in individuellen Vereinbarungen freizeichnen, § 278 S 2, zu Freizeichnungen in AGB s jedoch § 309 Nr 7: Danach ist allenfalls Freizeichnung von der Haftung für leichte Fahrlässigkeit von Gehilfen zulässig, und auch das nicht bei Verletzung des Lebens, des Körpers oder der Gesundheit, § 309 Nr 7 lit a (s dort Rn 39 ff). Eine weitere Kontrollschranke für Freizeichnungen von Gehilfenverschulden bildet § 307, insbes bei der Verletzung von sog Kardinalpflichten (BGHZ 89, 363, 367; BGHZ 103, 316, 320 f).

B. Erfüllungsgehilfen. Nach dem Wortlaut von § 278 S 1 ist Erfüllungsgehilfe derjenige, dessen sich der 7
Schuldner „zur Erfüllung seiner Verbindlichkeiten bedient". Die von der Rechtslehre entwickelte Definition
des Erfüllungsgehilfen ist erheblich detaillierter: Erfüllungsgehilfe ist hiernach, wer mit Wissen und Wollen
des Geschäftsherrn in dessen **Pflichtenkreis** tätig wird. Von dem Einsatz von Erfüllungsgehilfen ist die sog
Substitution zu unterscheiden (vgl § 664 und dort Rn 2 ff): Darf der Schuldner die Ausführung der Verpflichtung einem anderen übertragen, haftet er nur für die ordentliche Auswahl des Substituten, nicht aber
für dessen Ausführung (§ 664 I 2).

Erforderlich ist zunächst, dass der Gehilfe **zur Erfüllung einer Verbindlichkeit** des Schuldners **eingesetzt ist**, 8
also bereits ein Schuldverhältnis besteht, aus dem Verbindlichkeiten für den Schuldner erwachsen sind. Erforderlich ist also ein Schuldverhältnis iwS (s § 241 Rn 6). Der Begriff des bestehenden Schuldverhältnisses ist
damit auch iSv § 311 II zu verstehen; § 278 beherrscht auch die Haftung für Erfüllungsgehilfen bei vorvertraglichem Kontakt. Der Schuldner muss **sich des Erfüllungsgehilfen bedienen**; § 278 BGB erfasst also nur
das Verhalten solcher Personen, welche bei der Erfüllung mit Willen des Schuldners mitwirken (BGHZ 13,
111; BGHZ 50, 32, 35; BGHZ 62, 119, 124; BGHZ 98, 330, 334; *Huber* Leistungsstörungen I S 697). In diesem Zusammenhang wird die Frage diskutiert, ob der Schuldner auch die **Untätigkeit von Erfüllungsgehilfen**
nach § 278 BGB zu vertreten habe. Grds ist dies zu bejahen: Der Schuldner setzt nämlich den Gehilfen zur
Erfüllung seiner vertraglichen Pflichten ein. Werden diese Pflichten nicht erfüllt, haftet der Schuldner, sofern
dem kein Hindernis entgegensteht. § 278 BGB macht gerade deutlich, dass allein die Notwendigkeit sich eines
Dritten zu bedienen, kein relevantes Hindernis ist. Die schlichte Untätigkeit des Erfüllungsgehilfen schließt
daher die Haftung wegen der Verletzung derjenigen Pflichten nicht aus, für deren Erfüllung der Gehilfe vorgesehen war (BGHZ 23, 319, 323; *Kaiser/Rieble* NJW 90, 218 ff; Staud/*Löwisch* [2004] § 278 Rn 32; anders
noch *Löwisch* AcP 174 [1974] 202, 250–252).

Bei **rechtmäßigem Streik** in seinem eigenen Unternehmen führt der Schuldner selbst einen Arbeitskampf. Er 9
kann sich vertraglich nicht dazu verpflichten, dies zu unterlassen. Allein wegen des rechtmäßigen Streiks seiner Arbeitnehmer haftet dieser folglich nicht. In Betracht kommt allenfalls die Haftung für die pflichtwidrige
Übernahme in Kenntnis des drohenden Streiks oder für die fehlende Vorsorge oder Abwendung der Folgen
desselben (*Huber* Leistungsstörungen I S 685; Staud/*Löwisch* [2004] § 278 Rn 33; aA *Kaiser/Rieble* NJW 90,
218, 220 f). Hingegen hat der Schuldner für den rechtswidrigen Streik seiner Arbeitnehmer einzustehen
(BGH NJW 77, 1875, 1876 [zu § 839]; Palandt/*Heinrichs* § 278 Rn 8). Gegen einen solchen kann sich der
Schuldner nämlich wehren und muss dies im Drittinteresse auch tun. Daß mit dem Beginn des Ausstands die
Erfüllungsgehilfeneigenschaft ende (so Staud/*Löwisch* [2004] § 278 Rn 33), trifft nicht zu. Der Streik und
seine Wirkungen beruhen gerade darauf, dass sich der Schuldner der Arbeitnehmer zur Erfüllung bedienen
will.

Ist lediglich die **Vermittlung** der Leistungen Dritter geschuldet – etwa bei der Kommission, der Spedition 10
oder bei der Tätigkeit als Handelsvertreter –, sind diese Dritten keine Erfüllungsgehilfen des Schuldners
(*Huber* Leistungsstörungen I 681 f). Die Grenzen der eigenen Pflichten sind freilich nicht immer leicht zu ziehen. Insbes im Bereich der Organisation von Reisen ist etwa häufig von Vermittlung die Rede, wo es um
eigene Leistungen des Schuldners geht (BGHZ 61, 275; BGH NJW 74, 1046; BGHZ 119, 152, 166). Für den
Pauschalreisevertrag hat sich der Gesetzgeber zu einer entspr Klarstellung durch § 651 a II BGB genötigt gesehen. In gleicher Weise stellt nunmehr § 676 c I 3 BGB – entgegen der früheren Rechtsauffassung des BGH
und der herrschenden Lehre (BGH NJW 91, 2210, 2211; Staub/*Canaris* Bankvertragsrecht Rn 390; anders
bereits zuvor *Huber* Leistungsstörungen I S 682) – klar, dass das überweisende Kreditinstitut zur Erledigung
der vollständigen Überweisung verpflichtet ist.

Nach verbreiteter Auffassung sind hingegen Personen, die vom Schuldner zur **Leistungsvorbereitung** heran- 11
gezogen werden, keine Erfüllungsgehilfen, wenn die Leistungsvorbereitung noch nicht zu den Pflichten des
Schuldners ggü dem Gläubiger gehört (Soergel/*Wolf* § 278 Rn 36 mwN). Diese Auffassung ist wiederum
sichtlich von der unrichtigen Vorstellung geprägt, dass es vor Vertragsschluss mangels entspr Pflichten kein
Vertretenmüssen des Schuldners geben könne. Zutreffend ist vielmehr, dass – soweit nur ein hinreichender
Bezug zum späteren Leistungsprogramm gegeben ist – der Zeitpunkt des Einsatzes des Gehilfen keine Rolle
spielt (Staud/*Löwisch* [2004] § 278 Rn 34). Fehler von Hilfspersonen bei Vorbereitungshandlungen vor Vertragsschluss sind folglich nach § 278 BGB zuzurechnen (RGZ 108, 221, 224; 171, 333, 350; BGHZ 47, 312).
Ein Vertretenmüssen kann sich außerdem aus anderen Gründen ergeben, etwa wegen Mängeln in der Organisation des eigenen Betriebs, zu der die Auswahl zuverlässiger Energielieferanten und das Offenhalten von
Ersatzlieferquellen gehört hätte, oder die Übernahme eines Beschaffungsrisikos.

Das BGB etabliert damit **keine allgemeine Leutehaftung**, also keine allgemeine Haftung für die Arbeitnehmer 12
des Schuldners (*Huber* Leistungsstörungen I S 679 f). Gefordert ist vielmehr immer ein Bezug zu dessen vertraglichen Pflichten. Da § 278 BGB keine allgemeine Leutehaftung begründet, kommt es für die von der Vorschrift erfassten Personen auch nicht darauf an, ob sie weisungsgebunden (BGH NJW 96, 451) oder sonst der
Kontrolle des Schuldners unterworfen (BGH NJW 93, 1704, 1705) sind. Für das Transport- und Speditionsgeschäft begründen die §§ 428 S 1, 462 S 1, 607 I HGB hingegen ausnahmsweise eine Leutehaftung, welche
jedoch kaum zu praktischen Unterschieden führt, soweit durch das Erfordernis des Handelns in Ausübung

der Verrichtungen jedenfalls für §§ 428 S 1, 462 S 1 HGB sichergestellt ist, dass ein hinreichend enger Zusammenhang zu dem betroffenen Vertrag besteht.

13 Nach verbreiteter Auffassung sind **Zulieferer eines Verkäufers** nicht dessen Erfüllungsgehilfen (etwa Palandt/ *Heinrichs* § 278 Rn 13 f). Die herkömmliche Begründung lautet dabei, der Verkäufer sei nicht zur Herstellung der Kaufsache verpflichtet (Leitentscheidung: BGHZ 48, 118, 121 [TREVIRA]; ebenso BGH NJW-RR 89, 1190; *Huber* Leistungsstörungen I S 697). Dasselbe nehmen Rspr und herrschende Lehre etwa für den Lieferanten des Werkunternehmers (BGH NJW 78, 1157; Karlsr ZIP 98, 1689; *Huber* Leistungsstörungen I 680) sowie für ein vom behandelnden Arzt eingeschaltetes externes Labor (BGH NJW 99, 2731; Staud/*Löwisch* [2004] § 278 Rn 36) an. Dies ist freilich nach neuem Recht nicht zu halten: Wie sich aus dem Nachbesserungsanspruch nach §§ 433 I 2, 439 I Alt 1 ergibt, muss der Verkäufer im Zweifel auch für die Herstellung sorgen. Die Haftung für Zulieferer ist darüber hinaus auch rechtspolitisch geboten: andernfalls erlaubte man dem Verkäufer seine Haftung allein dadurch zu reduzieren, dass er nicht selbst herstellt, sondern die Herstellung insgesamt oder Teile davon an Dritte delegiert (**Haftungsentlastung qua Delegation**). Beauftragt eine Weberei mit einem Produktionsschritt für den zu liefernden Stoff einen Dritten, ist dieser hinsichtlich der Pflichten nach § 651 Erfüllungsgehilfe (anders zum alten Recht BGHZ 48, 118, 121 [die Betrauung des Dritten war erst in zweiter Instanz vorgetragen worden]). Die Arbeitsteilung würde sonst eine Haftungserleichterung begründen. Dogmatisch ist zudem auf § 311 a II 2 zu verweisen, auf den § 437 Nr 3 Bezug nimmt: Den Verkäufer trifft nach neuem Recht eine Pflicht zur Vergewisserung über die Qualität der Kaufsache. Von dieser kann er sich nicht durch Delegation an seinen Lieferanten oder den Hersteller befreien.

14 Ob der Gehilfe ein **abhängiger Arbeitnehmer oder** ein **unabhängiger Dritter**, zB ein Subunternehmer ist, spielt keine Rolle (BGH NJW 93, 1704, 1705). Der Bauunternehmer haftet für Mängel des Bauwerks unabhängig davon, ob sie seine Leute oder ein beigezogener Nachunternehmer verursacht haben (s Rn 12). Auch der Notar kann, jedenfalls im Rahmen betreuender Tätigkeit auf dem Gebiet vorsorgender Rechtspflege, Erfüllungsgehilfe eines Beteiligten sein (BGH NJW 84, 1748). Hat der Verkäufer direkt an den Abnehmer seines Käufers zu liefern, so kann der Abnehmer Erfüllungsgehilfe des Käufers für dessen Abnahmepflicht sein (BGHZ 90, 302). Sogar ein Monopolbetrieb wie die Deutsche Bahn kann Erfüllungsgehilfe sein, zB bei der Erfüllung einer Transportverpflichtung (s BGHZ 50, 32, 37).

15 Weitere Voraussetzung ist, dass sich der Gehilfe **iRd ihm übertragenen Aufgaben** bewegt hat: Nur ein Fehlverhalten bei Erfüllung führt zur Haftung des Geschäftsherrrn, nicht eine **nur bei Gelegenheit** der Erfüllung begangene Pflichtwidrigkeit (RGZ 63, 343 f; BGHZ 23, 319, 323; BGHZ 31, 358, 366; BGHZ 84, 141, 145; BGHZ 123, 1, 14; BAG NJW 00, 3369). Die vertragliche Bindung des Schuldners reicht nämlich regelmäßig nicht so weit, auch für solche Schädigungen seines Gehilfen einstehen zu müssen, welche nicht in hinreichendem Zusammenhang mit der Vertragserfüllung stehen (s aber *Picker* AcP 183 [1983] 369, 486–489; *Spiro* Erfüllungsgehilfen 233 ff). Der Pflichtenkreis wird freilich weit zu fassen sein: Erfasst werden auch Schutzpflichten iSv § 241 II hinsichtlich anderer Rechtsgüter und Sachen des Vertragspartners. § 278 wirkt insbes hier auch pflichtenbegründend (s Rn 4). Anders steht es jedoch bei der Zurechnung nach § 607 I HGB, wo auch der Diebstahl bei Gelegenheit der Vertragsdurchführung vom Verfrachter zu vertreten ist (*Rabe* Seehandelsrecht § 607 Rn 1). Ob der Erfüllungsgehilfe noch in Ausführung oder schon bei Gelegenheit der Erfüllung gehandelt hat, richtet sich danach, wie weit die Pflichten des Schuldners *in concreto* reichen; maßgebend ist wiederum der objektive Empfängerhorizont des Gläubigers (Staud/*Löwisch* [2004] § 278 Rn 51). Die Abweichung von Weisungen des Schuldners führt jedenfalls nicht dazu, dass eine Zurechnung nach § 278 BGB ausscheidet (RGZ 101, 348, 350; BGH NJW 65, 962, 963 f; BGH NJW 91, 3208; BGH NJW 97, 1233, 1234 f). Entscheidend ist letztlich das äußere Bild des Pflichtenkreises des Schuldners (BGHZ 31, 358, 366; BGH NJW 97, 1233, 1234; *Larenz* Schuldrecht I 301). Eine aus Sicht des Richters gebotene Risikoverteilung hat bei dessen Ermittlung allenfalls indizielle Bedeutung (s aber Soergel/*Wolf* § 278 Rn 37).

16 **C. Gesetzliche Vertreter.** Gesetzliche Vertreter sind vor allem die **Vertreter natürlicher Personen** (etwa Eltern, § 1626, Vormund, §§ 1793 ff, Betreuer, § 1902). Nach hM stehen Testamentsvollstrecker, Insolvenzverwalter und ähnliche Personen gleich. Ein Betreuer, dessen Einwilligung zu Rechtsgeschäften des Betreuten erforderlich ist – s §§ 1896 ff, 1903 I –, dürfte ebenfalls einem gesetzlichen Vertreter iSd § 278 gleichstehen.

17 **D. Organe und Vertretenmüssen.** Besonderheiten gelten für Organe von privatrechtlichen Körperschaften (etwa der Geschäftsführer einer GmbH, der Vorstand einer AG) sowie von juristischen Personen des öffentlichen Rechts (§ 89). Sie gelten für die Personengesellschaften des bürgerlichen und des Handelsrechts (GbR, oHG, KG) entspr. Für derartige Organe gilt § 31, wonach die Körperschaft für den Schaden verantwortlich ist, den ein Organ einem Dritten zufügt. Umstritten ist freilich, ob diese Vorschrift auch im Rahmen schuldrechtlicher Sonderverbindungen gilt und insoweit § 278 jedenfalls partiell verdrängt (s etwa MüKo/*Reuter* § 31 Rn 31). Da auch § 31 eine Zurechnung fremden Fehlverhaltens vorsieht, hat dieser Streit praktische Konsequenzen nur für die Frage, ob die betreffende Körperschaft sich von der Haftung für Vorsatz des Organs freizeichnen kann, vgl § 278 S 2. Da Körperschaften überhaupt nur über ihre Organe handlungsfähig sind, muss es jedoch mit der hA bei der Regel des § 31 und damit dem Verbot nach § 276 III verbleiben (s *Schlechtriem/ Schmidt-Kessel* Schuldrecht AT Rn 615).

§ 279
– weggefallen –

§ 280 Schadensersatz wegen Pflichtverletzung

(1) ¹Verletzt der Schuldner eine Pflicht aus dem Schuldverhältnis, so kann der Gläubiger Ersatz des hierdurch entstehenden Schadens verlangen. ²Dies gilt nicht, wenn der Schuldner die Pflichtverletzung nicht zu vertreten hat.
(2) Schadensersatz wegen Verzögerung der Leistung kann der Gläubiger nur unter der zusätzlichen Voraussetzung des § 286 verlangen.
(3) Schadensersatz statt der Leistung kann der Gläubiger nur unter den zusätzlichen Voraussetzungen des § 281, des § 282 oder des § 283 verlangen.

Inhaltsübersicht	Rn		Rn
A. Allgemeines	1–8	E. Schadensersatz statt der ganzen Leistung	46–50
B. Der zentrale Tatbestand des § 280 I	9–23	F. Besondere Schäden	51–59
I. Schuldverhältnis	9	I. Mangelfolge- oder Begleitschäden	52, 53
II. Pflichtverletzung	10–15	II. Schäden aus Schutzpflichtverletzungen?	54
III. Vertretenmüssen der Pflichtverletzung	16–19	III. Fehlen von Sonderregeln zur Mangelhaftigkeit der Leistung	55–57
IV. Rechtsfolgen	20	IV. Betriebsausfall	58, 59
V. Beweislast	21–23	G. Einzelfälle	60–71
C. Verzögerungsschäden (§ 280 II)	24–35	I. Finanzdienstleistungen	60–64
I. Begriff	24–29	II. Kauf-/Werk-/Miet-/Reisevertrag	65
II. Voraussetzungen der Ersatzfähigkeit	30–32	III. Rechtsanwalts-/Steuerberaterhaftung	66, 67
III. Rechtsfolgen	33–35	IV. Sonstige	68–71
D. Schadensersatz statt der Leistung	36–45		
I. Grundgedanken	36–40		
II. Anwendungsbereich	41–44		
III. Rechtsfolge der Qualifikation	45		

A. Allgemeines. Für den Rechtsbehelf des Schadensersatzes arbeitet das Gesetz mit einer **zentralen Norm**: 1
§ 280 I ist – jedenfalls der Idee nach die einzige – **Anspruchsgrundlage** für Schadensersatzansprüche aufgrund jeglicher Pflichtverletzungen in Schuldverhältnissen. Die Vorschrift kommt grds **unabhängig von der Art der Pflichtverletzung und der Art des Schuldverhältnisses** zur Anwendung. § 280 I gilt damit bei der Verletzung sowohl von Leistungs- als auch von Schutzpflichten (s § 241 Rn 15, 16), wie sie sich – ggf im Wege der Auslegung oder Ergänzung (s § 242 Rn 23) – aus dem jeweiligen Schuldverhältnis ergeben. Die Vorschrift betrifft vertragliche wie gesetzliche Schuldverhältnisse und ist damit insbes auch Anspruchsgrundlage für Ansprüche aus Verletzung vorvertraglicher Pflichten (culpa in contrahendo; s § 311 Rn 33) sowie für die Verletzung von Pflichten aus laufender Geschäftsverbindung (s *Müller-Graff* JZ 76, 153), die heute auf § 311 II Nr 3 zu stützen ist. Eine Anwendung auf **öffentlich-rechtliche** Rechtsverhältnisse ist grds (s vor § 241 Rn 13) möglich (s zur pFV des alten Schuldrechts BGHZ 61, 7, 11; 135, 341, 344).

Für die **Beendigung des Vertrags** wegen Pflichtverletzung gilt § 280 grds **nicht**. Deren Voraussetzungen ergeben sich vielmehr aus §§ 314, 323, 324, 326 V sowie entspr Spezialtatbeständen. Im Wege des **Schadensersatzes statt der ganzen Leistung** (s Rn 46–50) lassen sich jedoch in großem Umfang kündigungs- respektive rücktrittsgleiche Wirkungen erzielen. 2

Idealiter verweisen Vorschriften, welche an anderer Stelle auf Schadensersatzansprüche Bezug nehmen, auf die Zentralnorm und begründen **keine eigenen Anspruchsgrundlagen**. Das gilt insbes für §§ 437 Nr 3 und 634 Nr 4, die – anders als gelegentlich zu lesen – keine eigene Anspruchsgrundlage enthalten (s § 437 Rn 27 ff; § 634 Rn 8). Ebenso enthalten die §§ 281–283 lediglich zusätzliche Voraussetzungen der Ersatzfähigkeit des eingetretenen Schadens; nicht etwa gewährleisten sie selbst einen Anspruch auf Schadensersatz. Die Regelungen der einzelnen Schuldverhältnisse enthalten jedoch eine ganze Reihe weiterer Anspruchsgrundlagen, die vielfach noch nicht auf die §§ 280 ff abgestimmt ist. Siehe etwa §§ 122, 179 II, III, 523 I, II 1, 524 I, II 2, 536a I, 600, 611a II Hs 1, 628 II, 651f, 694, 701 sowie §§ 89 II, 375, 376, 390, 414, 425, 455, 468, 475, 564, 606 HGB. 3

Während in den meisten Fällen über die Einordnung einzelner Vorschriften weitestgehend Einigkeit besteht, ist das Verhältnis zu § 311a II 1 umstritten: Vielfach findet sich hier die Auffassung, es handele sich um eine eigenständige Anspruchsgrundlage (BTDrs 14/6040, 166; Jauernig/*Stadler* § 311a Rn 1; unkritisch übernommen von Karlsr NJW 05, 989, 991). Dem ist jedoch entgegenzutreten: § 311a II 1 begründet lediglich einen besonderen Maßstab des Vertretenmüssens für anfängliche Leistungsstörungen (s § 276 Rn 14; Schlechtriem/*Schmidt-Kessel* Schuldrecht AT Rn 575 ff). 4

5   Für das richtige Verständnis von § 280 ist der Blick auf **Funktion und Regelungstechnik von § 280 II, III** entscheidend. Sie betreffen zusätzliche Voraussetzungen für die **Ersatzfähigkeit bestimmter Schäden**. Dementspr erfolgen die erforderlichen Abgrenzungen nicht nach Art der Pflichtverletzung (so aber *Medicus* Bürgerliches Recht Rn 279), sondern nach Art des Schadens (wie hier Jauernig/*Stadler* § 280 Rn 3; *Grigoleit/Riehm* AcP 203 [2003] 727, 730). Die richtige **Qualifikation des Schadens** ist nach neuem Recht eine **Hauptaufgabe** des Rechtsanwenders. Sie erfolgt für jeden Schadensposten gesondert (Jauernig/*Stadler* § 280 Rn 4). Grundlage der Schadensersatzpflicht des Schuldners im Falle einer zu vertretenden Pflichtverletzung bleibt in den Fällen allein § 280 I.

6   Das Gesetz arbeitet mit drei verschiedenen Kategorien von besonderen Schadensarten, nämlich dem **Schadensersatz statt der Leistung** (§§ 280 III, 281 I 1, II, III, IV, 283 S 1), dem **Schadensersatz statt der ganzen Leistung** (§§ 281 I 2 und 3, V, 283 S 2 und richtigerweise §§ 280 III, 282) sowie dem **Schadensersatz wegen Verzögerung der Leistung** (§ 280 II). Die Kategorie Schadensersatz statt der Leistung hat die Konkurrenz von Schadensersatz und Erfüllungsanspruch zum Gegenstand (s Rn 36); beim Schadensersatz statt der ganzen Leistung geht es zusätzlich darum, andere von der Pflichtverletzung nicht betroffene Teile des Schuldverhältnisses – bis hin zu einer Beendigung des Vertrags – in den Schadensersatz mit einzubeziehen (s Rn 46). Beim Schadensersatz wegen Verzögerung der Leistung geht es darum, dass zum Schutzzweck der Regeln über die Leistungszeit (s § 271) regelmäßig nicht der Schutz vor Verspätungsschäden gehört (§ 271 Rn 1), sondern dass dafür zusätzlich die Voraussetzungen des Verzugs nach § 286 I–III vorliegen müssen (s Rn 30).

7   Außer diesen Dreien findet sich in der Rechtslehre zunehmend der Begriff des **Schadensersatzes neben der Leistung**. Bei diesem Begriff, den das Gesetz nicht kennt, handelt es sich um eine **reine Komplementärkategorie**, die nicht mehr aussagt, als dass die von ihr erfassten Schadenspositionen zu ihrer Ersatzfähigkeit nicht der Voraussetzungen nach §§ 280 III, 281-283 bedürfen; vom Gebrauch des Begriffs ist wegen der **Gefahr von Missverständnissen** abzuraten. Gemeint sind damit neben dem Verzögerungsschaden (§ 280 II) insbes Schäden an anderen Rechtsgütern des Gläubigers (vor allem „Mangelfolgeschäden", dazu Rn 52, 53) sowie Schäden aus der Verletzung einer Schutzpflicht. Eine sichere Abgrenzung von den Fällen der §§ 280 III, 281-283 wird durch den Begriff nicht geleistet. So sind durchaus Fälle denkbar, in denen die letztgenannten Vorschriften auch bei Schutzpflichtverletzungen und Mangelfolgeschäden zur Anwendung gelangen, weil die betreffenden Leistungspflichten zugleich auf Rechtsgüterschutz ausgerichtet sind.

8   **Inhalt und Umfang des Schadensersatzes** richten sich im Übrigen weitgehend nach den allgemeinen Regeln der §§ 249 ff. Allerdings führt § 280 generell **nicht** zur **Naturalrestitution**, weil die betreffenden Regeln der §§ 249 ff durch das Regime der §§ 280 III, 281-283 vollständig überlagert werden (s *Schlechtriem/Schmidt-Kessel* Schuldrecht AT Rn 248).

9   **B. Der zentrale Tatbestand des § 280 I. I. Schuldverhältnis.** Die Haftung nach § 280 I setzt – anders als § 823 – ein bestehendes Schuldverhältnis voraus (s Rn 1). Dieses **beherrscht** – ggf iRd Grenzen der Parteiautonomie – den gesamten **weiteren Tatbestand**.

10 **II. Pflichtverletzung.** Pflichtverletzung ist die **unberechtigte Abweichung** einer Partei **vom Vertragsprogramm** respective Programm eines anderen Schuldverhältnisses. Sie ist Voraussetzung für sämtliche Rechtsbehelfe. Erforderlich ist daher zunächst die Feststellung des Vertragsprogramms mit den einzelnen Pflichten der Parteien, worin eine Hauptaufgabe bei der Anwendung der Vorschrift liegt (s den notwendig rudimentären Katalog Rn 60–71). Primär sind dafür die Abreden zwischen den Parteien in den Blick zu nehmen und auszulegen. Gegebenenfalls kann eine richterliche Vertragsergänzung angebracht sein, und schließlich ist auf die gesetzlichen und richterrechtlich entwickelten allgemeinen oder vertragstypsspezifischen Pflichten zurückzugreifen (s sogleich Rn 11–15). Neben den im Gesetzestext fixierten Pflichten wird daher auf die langen Kataloge der Kommentierungen der alten positiven Vertragsverletzung und von § 242 zurückzugreifen sein. Anders als manche Kommentierungen dies suggerieren (s insbes Palandt/*Heinrichs* § 280 Rn 12), **unterscheidet § 280 nicht nach** verschiedenen **Pflichtentypen**. Entspr Einteilungen (s sogleich Rn 11–15) haben lediglich **heuristischen Wert** (generell zur Pflichtverletzung vor § 275 Rn 5–8). Nach Feststellung des Pflichtenprogramms werden das Verhalten der Parteien und die erreichten Erfolge an diesem Programm gemessen.

11 Als Pflichten iSv § 280 sind zunächst diejenigen zu nennen, welche den Kern des betreffenden **Schuldverhältnisses ausmachen und dieses charakterisieren**. Diese sind nur teilweise gesetzlich niedergelegt und eben vom jeweiligen Vertragstyp abhängig. Dementspr ist auf die einzelnen Kommentierungen zu verweisen: s § 433 Rn 16 f, 35 f; § 481 Rn 1 ff; § 488 Rn 1 f; § 516 Rn 1; § 535 Rn 30; § 581 Rn 1 ff; § 585; § 598 Rn 1 ff; § 607 Rn 2; § 611 Rn 1; § 631 Rn 19 f, 30 f; § 651 a Rn 20; § 652 Rn 26, 30 f; § 655 a Rn 2; § 662 Rn 1; § 675 Rn 8; § 676 ff, § 676 a Rn 16 ff, 21; § 676 d Rn 4; § 676 f Rn 5 f, 17; § 677 Rn 1; § 688 Rn 1; § 705 Rn 21 ff; § 765 Rn 1; § 818 Rn 3. S außerdem für das Leasing § 535 Rn 9.

12 Unabhängig von den typenspezifischen Pflichten und damit **von allgemeiner Bedeutung** sind vor allem drei Gruppen von Pflichten: Pflichten zur **begleitenden Information** des anderen Teils (Rn 13), Pflichten betreffend den Rechtsgüterschutz des anderen Teils (**Schutzpflichten**; Rn 14) sowie Pflichten betreffend die **Vertragstreue** (Rn 15). Diese Gruppen überschneiden sich sämtlich in gewissen Teilbereichen mit den jeweils maßgebenden charakteristischen Pflichten und auch insoweit haben die Abgrenzungen vor allem **heuristischen** Wert.

Leistungsbegleitende Nebenpflichten sind regelmäßig auf Anleitung, Aufklärung, Warnung, Hinweise und andere Arten **informierender Kooperation** gerichtet. Wegen der großen Nähe zur Leistungsbeschreibung, gibt es regelmäßig – je nach Vertragstyp unterschiedlich große – Abgrenzungsschwierigkeiten (BGHZ 107, 331, 336 ff; 132, 175, 178 [jeweils Weiterbelieferung in einer Dauerlieferbeziehung ohne Hinweis auf Änderung der Beschaffenheit]; BGH NJW 97, 3227; BGH NJW 99, 3192 [jeweils Falschberatung über Verwendungsmöglichkeiten der Leistung]; BGH WM 02, 875 [unterbliebener Hinweis, dass Werkleistung noch nicht fertig gestellt]). Soweit Überschneidungen bestehen, haben Sonderregeln zur Mangelhaftigkeit von Leistungen als *lex specialis* Vorrang (s Jauernig/*Stadler* § 280 Rn 15); die Formulierung der Nebenpflicht kann dann bei der Konkretisierung von § 276 II wieder aufscheinen (richtig Jauernig/*Stadler* § 280 Rn 15). Teilweise hat der Gesetzgeber die Regeln der Vertragswidrigkeit bewusst auf vormalige Nebenpflichten erstreckt (zu Montageanleitungen s § 434 II 2; anders für eine Bedienungsanleitung BGHZ 47, 312). Die **praktische Spitze** der Einordnungsfrage sind die **Verjährung** (vgl §§ 438, 634 a) sowie die unterschiedlichen Schwellen in § 281 I 2 und 3 (s dort Rn 23–30).

§ 241 II verdeutlicht die generelle Verpflichtung der Parteien eines Schuldverhältnisses auf den gegenseitigen Rechtsgüterschutz (s § 241 Rn 15). Entspr **Schutzpflichten** treffen die Parteien jedenfalls insoweit, als abweichendes Verhalten zugleich eine unerlaubte Handlung iSv §§ 823 ff begründet; die **deliktischen Verkehrspflichten** sind der – grds dispositive – **Mindeststandard** des vertraglichen Schutzpflichtenkanons. Vertragsrechtliche Anordnungen von Schutzpflichten sind selten (s § 241 Rn 14). Der praktische Grund für ihre Annahme liegt regelmäßig in der Eröffnung der Zurechnung über § 278 (vgl dort Rn 5). Überschneidungen mit Regelungen einzelner Vertragstypen sind – außer bei Verwahrungselementen (s *Schmidt-Kessel*, Standards vertraglicher Haftung 316 ff) – vor allem dort möglich, wo vertragliche Qualitätsstandards dem Rechtsgüterschutz – und das heißt hier auch Vermögensschutz – dienen (vgl § 434 Rn 54; § 536 Rn 7 f; § 633 Rn 18; vgl § 3 ProdHG). Bei den zu den **Schutzpflichten** weit überwiegend entschiedenen **Fällen** handelt es sich regelmäßig um **Sachschäden** die im Zuge der Vertragsdurchführung entstanden sind (BGHZ 66, 208 [Brandschaden durch falsche Verpackung]; BGHZ 107, 249 [Schädigung bei Einfüllen von Kraftstoff]; Ddorf NJW 97, 3320 [Nichtentfernen von Farbsicherungsetiketten]). Seltener sind – glücklicherweise – **Personenschäden**, die vorwiegend durch den unsicheren Zustand der iRd Schuldverhältnisses vom Geschädigten aufgesuchten Räumen und Einrichtungen entstehen (RGZ 78, 239; BGHZ 66, 51; BGH NJW 94, 2617). Im Kontext möglicher **Vertragsschlüsse** geht es häufig um Pflichten, die auf einen – deliktisch nicht möglichen – Schutz vor **Vermögensschäden** zielen (s § 311 Rn 42 ff, 55 ff); die Anwendbarkeit von § 280 auch im vorvertraglichen Kontext macht auch Streitigkeiten um die genaue Einordnung des Ladendiebstahls überflüssig (s Hburg NJW 77, 1347; Jauernig/*Stadler* § 280 Rn 16). Beispiel für den Vermögensschutz im laufenden Vertrag sind die Fälle der „Schockwerbung" durch den Hersteller mit Umsatzeinbußen der Vertriebshändler als Folge (s BGHZ 136, 295).

Pflichten betreffend die **Vertragstreue** haben durch die Schuldrechtsmodernisierung an eigenständiger Bedeutung eingebüßt. Die **Erfüllungsverweigerung** und die **Vertragsaufsage** sind im Regelfall lediglich – für § 280 I unbeachtliche – *modi* der Verletzung der nicht erfüllten Pflicht (bei unterschiedlicher Begründung im Einzelnen hM: *U.Huber* Leistungsstörungen II S 577; *Huber/Faust* S 120, 125; *Leser* FS Rheinstein II 643, 649); das zeigen bereits §§ 281 II Alt 1, 286 II Nr 3, 323 II Nr 1; die Konstruktion einer **eigenständigen Pflicht** ist regelmäßig **überflüssig** und **irreführend** (unrichtig daher auch *Lorenz/Riehm* S 180 [Fall des § 282]). Die zugrunde liegende Pflicht verletzt der Schuldner nicht nur durch ausdrückliche Verweigerung, sondern auch dadurch, dass er deren Erfüllung vertragswidrig von zusätzlichen Bedingungen abhängig macht (s BGHZ 65, 372, 375; 99, 182, 189; BGH NJW 94, 1653, 1654). Die Vertragsaufsage, das unberechtigte Lossagen vom Vertrag, liegt etwa im Bestreiten von dessen Wirksamkeit (BGHZ 50, 175, 177) oder in der unberechtigten – und damit regelmäßig unwirksamen – Ausübung vertragsbeendigender Gestaltungsrechte (RGZ 57, 113 [„Annullierung"]; BGHZ 89, 296, 302 [Kündigung]; BGH NJW 87, 251, 253 [Rücktritt]; vgl § 671 II 2: Kündigung zur Unzeit). Fraglich kann insoweit allein sein, welche Folgen die betreffenden Vorgänge haben, wenn sie **vor Fälligkeit** respektive Erfüllungszeitpunkt erfolgen; anders als § 323 IV treffen die §§ 280 ff insoweit keine besondere Regelung. § 323 IV enthält jedoch dauerallgemeine Regel, dass vor Fälligkeit des Erfüllungsanspruchs die diesem zugrunde liegende Pflicht bereits verletzt werden kann. Dies gilt auch für § 280 I unter der in § 323 IV genannten Voraussetzung der **Offensichtlichkeit der Pflichtverletzung** auch bei **Fälligkeit** (iE hM: *U Huber* Leistungsstörungen II S 577; *Huber/Faust* S 120, 125).

III. Vertretenmüssen der Pflichtverletzung. Für das Vertretenmüssen gelten die **allgemeinen Regeln**, so dass regelmäßig wenigstens Fahrlässigkeit vorliegen muss (s § 276 Rn 5). Das Vertretenmüssen ist keine – auch keine „materielle" – Haftungsvoraussetzung (s Rn 21–23) gestattet; für die Schlüssigkeit bedarf es daher keines gesonderten Vortrags (s *Kohler* ZZP 05, 25, 28). Praktische Bedeutung kann der Entlastungsbeweis jedoch nur bei erfolgsbezogenen Pflichten entfalten (s Rn 22).

Die Ausgestaltung der §§ 280 ff hat teilweise zu **Unsicherheiten hinsichtlich des Bezugspunktes** des Vertretenmüssens geführt. Richtigerweise ist dieser **immer** die **Pflichtverletzung** und nie die weiteren Voraussetzungen der §§ 280 II, III, 281–283, 286; bei § 311 a II 2 ist hingegen ausnahmsweise an den Vertragsschluss anzuknüpfen (s BGH NJW 05, 2852 2853 u 2854), weil es um die entlastende Berücksichtigung eines „entschuldbaren" Irrtums bei Vertragsschluss geht. Vergleichsweise unproblematisch ist noch die Formulierung, dass beim Verspätungsschaden die Verspätung zu vertreten sei (vgl Palandt/*Heinrichs* § 286 Rn 39). Tatsächlich geht es um die Pflichtverletzung, welche seit dem Leistungszeitpunkt fortwirkt; ein später hinzutretendes Vertretenmüssen ist ausreichend (s LG Frankfurt aM NJW-RR 04, 1238; MüKo/*Ernst* § 286 Rn 114). Zumindest missverständlich ist die auf § 281 bezogene Formulierung, es gehe um ein Vertretenmüssen des Ausbleibens der Nacherfüllung (s Köln ZGS 06, 77, 78): Vornehmlich geht es vielmehr das Vertretenmüssen der ursprünglichen Pflichtverletzung. Fehlt es daran, kann das zu vertretende Ausbleiben der Nacherfüllung – etwa deren vorsätzliche Verweigerung (Köln ZGS 06, 77 [in concreto Vertretenmüssen verneint]; vgl BGH NJW 05, 2852, 2854) – allerdings ebenfalls den Schadensersatzanspruch begründen; funktional entspricht dies § 536 a I Var 3. Regelrecht unrichtig ist es schließlich, wenn in den Fällen des § 283 das Vertretenmüssen auf den Umstand nach § 275 bezogen wird (so aber Palandt/*Heinrichs* § 283 Rn 4); vielmehr stehen Unmöglichkeit und zu vertretende Pflichtverletzung nebeneinander (richtig BGH BB 06, 291, 292). Die Vorschrift greift nämlich auch in dem Fall, dass der Schuldner zunächst seine Pflicht in zu vertretender Weise verletzt und nachträglich unabhängig davon Unmöglichkeit oder Unzumutbarkeit eintritt (§ 283 Rn 3; vgl § 287 Rn 3).

18 Kein allgemeiner eigenständiger Entlastungsgrund neben dem Vertretenmüssen ist das **Fehlverhalten des Gläubigers** (BGH NJW 71, 1747). Insoweit kennt das deutsche Recht keine generelle *unclean hands doctrine* (s BGH NJW 62, 2198, 2199). Etwas anderes gilt freilich für Fälle sorgfaltsunabhängiger Haftung, soweit das Fehlverhalten für die Pflichtverletzung des Schuldners ursächlich ist (s § 242 Rn 38 und § 276 Rn 23). Die Erhöhung des schuldnerischen Risikos, bei längerer Vertragsdauer eine Unsorgfältigkeit zu begehen, wird von § 300 I aufgefangen, soweit eine eingetretene Verzögerung auf den Gläubiger zurückzuführen ist (s § 300 Rn 2).

19 Die vor allem von der Praxis vorangetriebene und in der Rechtslehre vielfach nicht hinreichend nachvollzogene Objektivierung des Vertretenmüssens hat insbes für den Maßstab der Fahrlässigkeit ein neues Problem auftreten lassen: Wo liegt der **Unterschied zwischen** der **Pflichtverletzung** nach § 280 I 1 **und dem Sorgfaltsverstoß** nach §§ 280 I 2, 276 (s *Canaris* JZ 01, 499, 512; *Huber* Leistungsstörungen I 1, 6 f; *Schapp* JZ 01, 583, 584)? Die – nicht eben befriedigende – Antwort dazu lautet: **auf der Rechtsfolgenseite**: Wird eine Verhaltenserwartung als Pflicht eingeordnet, muss der Gläubiger, der Schadensersatz verlangt, ihre Verletzung vortragen und ggf beweisen. Begründet die Verhaltenserwartung hingegen eine Sorgfaltsanforderung iSv § 280 I 2, 276, ist es Sache des Schuldners, deren Maßgeblichkeit und Einhaltung darzutun und – wiederum – ggf zu beweisen (s jeweils Rn 21). Die weitgehende Austauschbarkeit der Einordnungen gibt dem Richter hier **große Spielräume**. *Heinrichs* hat diese Spielräume dazu genutzt, die bis 2001 bei § 276 II behandelten Fälle in die Kommentierung der Pflichtverletzung bei § 280 zu verschieben (s Palandt/*Heinrichs* § 276 Rn 1); beide Kategorien sind heute **weitgehend austauschbar** und damit nicht von einander abgrenzbar. Soweit Schuldverhältnisse überhaupt nur zu sorgfältigem Verhalten verpflichten, insbes im Falle von Schutzpflichten nach § 241 II, aber auch bei vielen Dienstleistungen, ist dies weitgehend selbstverständlich (s etwa Jauernig/*Stadler* § 280 Rn 20). Letztlich gilt aber auch für erfolgsbezogene Pflichten nichts anderes: Bei diesen ist lediglich zusätzlich erforderlich, dass der Schuldner dartut, dass der Erreichung des Erfolges ein Hindernis entgegensteht, welches er entweder nicht überwinden kann oder nach dem Vertrag nicht überwinden muss (s *Schlechtriem/Schmidt-Kessel* Schuldrecht AT Rn 566).

20 **IV. Rechtsfolgen.** Rechtsfolge von § 280 I ist der **Ersatz des** durch die Pflichtverletzung **verursachten Schadens**. Zu Inhalt und Umfang s oben Rn 8. Vor Schadenseintritt ergibt sich regelmäßig ein Anspruch auf Unterlassung, der freilich als Erfüllungsanspruch (s § 241 Rn 22) nicht auf § 280 zu stützen ist (s aber zum alten Recht BGH NJW 95, 1284, 1285). Die Verjährung des Schadensersatzanspruchs richtet sich nach den allgemeinen Regeln der §§ 195, 199, soweit keine Sondervorschriften (Bsp §§ 438, 558, 606, 634 a) eingreifen.

21 **V. Beweislast.** § 280 I 2 ordnet die Beweislast für das **Vertretenmüssen** dem pflichtverletzenden **Schuldner** zu; die **Pflichtverletzung** als solche hat jedoch grds der **Gläubiger** zu beweisen (vgl schon zum alten Schuldrecht BGH NJW 78, 584 [Arzthaftung]; Hburg NJW-RR 92, 207, 208 [Kündigung eines Mietvertrages aus wichtigem Grund bei Pflichtverletzungen im Gefahrenbereich des Mieters]); *Stoll* AcP 176 [1976] 145-166; zum neuen Schuldrecht *Canaris* JZ 01, 499, 512; *Kohler* ZZP 05, 25–46). Diese Verteilung gilt auch für Pflichtverletzungen durch Unterlassen (s BGH NJW-RR 90, 1423; BGH NJW 93, 1139, 1140). In einigen Bereichen führt dies zur Haftungsverschärfung, insbes wo die zuvor hA von der Beweislastverteilung nach Gefahrenbereichen durch die Neuregelung überspielt wird. Das gilt insbes für die **Arzthaftung** (dazu noch unten Rn 61), wo wichtige Teile des Kernbereichs ärztlichen Handelns bislang der Beweislastumkehr entzogen waren, während hinsichtlich anderer Verantwortungsfelder – etwa Gerätschaften, Medikamente und Blutkonserven – von einer Beweislastumkehr hinsichtlich des Vertretenmüssens ausgegangen wurde (s zu den Einzelheiten etwa BGH NJW 81, 2002, 2004; 91, 1540, 1541; BGHZ 114, 284, 296 ff). Für das Arbeitsverhältnis siehe § 619 a (und dort Rn 3) sowie Rn 69.

22 Für das Vertretenmüssen sind die bislang herrschende Auffassung einer Beweislastverteilung nach **Gefahrenbereichen** (s BGHZ 8, 239, 241; 126, 124; BGH NJW 00, 2812) sowie die bereits früher vorzugswürdige Diffe-

renzierung nach **Erfolgs- und Verhaltenspflichten** nicht überholt, wobei freilich Erstere heute nur noch als Kriterium der Pflichtenqualifikation dienen kann. Muss der Schuldner einen **bestimmten Erfolg** erreichen, kann er den Entlastungsbeweis hinsichtlich der Fahrlässigkeit nur führen, wenn er zeigt, dass dessen Erreichung ein **Hindernis entgegensteht**, dessen Überwindung ihm unter Anwendung der von ihm nach § 276 II zu erwartenden Sorgfalt nicht möglich war (hierin liegt der heute noch gültige Kern von BGHZ 59, 303, 309; BGHZ 66, 349, 351, BGH NJW 80, 2186, 2187 [jeweils „Kausalität der zu vertretenden Umstände für die Pflichtverletzung"]). Diesen Beweis muss der Gläubiger nur deshalb nicht führen, weil das Hindernis die Pflicht nicht erlöschen lässt, es also nicht um eine Frage des Vorliegens der Pflichtverletzung geht. Ohne ein solches Hindernis liegt ohnehin Vorsatz vor; der entscheidende Unterschied zur Haftungsentlastung wegen *force majeure* (s § 276 Rn 32) liegt in der Möglichkeit der Berufung auf Hindernisse aus der Sphäre des Schuldners, also insbes auf fehlende eigene Verschuldensfähigkeit (s § 276 Rn 21). **Praktisch** bedeutet dieser Standard eine **Garantiehaftung** für die in bestimmten Berufskreisen zu erwartenden Fähigkeiten und Anstrengungen.

Die **Ursächlichkeit** der Pflichtverletzung für den Schaden hat gleichfalls der **Gläubiger nachzuweisen**, dem allerdings vielfach ein Beweis des ersten Anscheins helfen wird (s BGH NJW 78, 2197). Es genügt freilich der Nachweis, dass nur Ursachen aus dem Verantwortungsbereich des Schuldners für den Schaden in Frage kommen (s BGH NJW 80, 2187). Bisweilen kommt es auch hier zur Umkehr oder Erleichterung der Beweislast: Standardfall ist die **grobe Verletzung von Berufspflichten**. Paradigma ist insoweit wiederum die **Arzthaftung** (s Rn 68), jedoch lassen sich deren Regeln dort verallgemeinern, wo es um den Schutz von **Personenschäden** geht (BGH NJW 62, 959 [Bademeister]; 71, 243 [Krankenpflege, Infektion mit Staphylokokken]). Für **Vermögensschäden** werden derartige Erleichterungen hingegen im Grundsatz abgelehnt (s BGHZ 126, 217, 223 f [Haftung des Rechtsanwalts für Untätigkeit bei der erforderlichen Interessenwahrnehmung]). Allerdings finden sich auch insoweit Ausnahmen (s zu den Einzelfällen u Rn 60 ff).

C. Verzögerungsschäden (§ 280 II). I. Begriff. Für den Anspruch auf Ersatz des Verzögerungsschadens müssen nach § 280 II die zusätzlichen Voraussetzungen des Verzugs nach § 286 gegeben sein. Anschaulicher lässt sich insoweit vom **Schadensersatz statt der Rechtzeitigkeit der Leistung** sprechen. Nach dem Tatbestandsaufbau kann für die nähere Bestimmung dieses Begriffs und damit die Schadensqualifikation ausschlaggebend nicht § 286 sein – es geht **nicht** mehr um einen **Verzugsschaden** iSd alten Rechts –, vielmehr geht es nach neuem Recht um die Frage, unter welchen Voraussetzungen bei Überschreitung des Zeitpunkts der Pflichterfüllung die Ersatzfähigkeit eintretender Schäden gegeben sein soll. **Maßgebliches Kriterium** ist daher nicht die Verursachung durch die Verspätung (so aber Palandt/*Heinrichs* § 280 Rn 13), sondern die **fortlaufende Erneuerung** und Ausweitung **des** eintretenden **Schadens** allein mit der Zeit. Solche Schäden können auch auf der Mangelhaftigkeit einer bereits erbrachten Leistung beruhen (unrichtig Palandt/*Heinrichs* § 280 Rn 13). § 280 II setzt teilweise die Zahlungsverzugsrichtlinie um; der fehlende amtliche Hinweis auf diesen Umstand (vgl amtl Fn zu § 286) führt zur mangelnden Transparenz der Richtlinienumsetzung und damit zur partiellen **Gemeinschaftsrechtswidrigkeit** der Vorschrift.

Als Schadensersatz kann der Gläubiger dann **bspw** Mahnkosten (BGHZ 52, 393, 398; nicht für eine erst verzugsbegründende Mahnung: BGH NJW 85, 320, 324) und sonstige Kosten der gerichtlichen Rechtsverfolgung (s BGHZ 66, 112, 114; BGH NJW-RR 01, 170; zur RL: Gebauer/Wiedmann/*Schmidt-Kessel* Verzug Rn 27), Rechtsverfolgungskosten, Inkassokosten bei Geldschulden (s BGH NJW 90, 1905 f; *Löwisch* NJW 86, 1725-1728; Gebauer/Wiedmann/*Schmidt-Kessel* Verzug Rn 27) usw verlangen. Im Anwendungsbereich der Zahlungsverzugsrichtlinie, dh bei Entgeltansprüchen, sind auch die internen Verwaltungskosten des Gläubigers zu ersetzen (Gebauer/Wiedmann/*Schmidt-Kessel* Verzug Rn 27). Zu den ersatzfähigen Aufwendungen zählt dabei unter den Voraussetzungen der § 1835 III respective § 354 HGB auch die eigene Arbeitskraft und -zeit (aA Frankf NJW 76, 1320).

Unter § 280 II fallen **Wert- und Kursverluste** sowie ein daraus folgender entgangener Gewinn durch Sinken eines Verkaufs- oder Steigen eines Einkaufspreises. Das gilt insbes für Spekulationsgeschäfte (BGH NJW 02, 2553) aber auch für den mit der Verzögerung einhergehenden Wertverlust einer zurückzugebenden Sache (BGH NJW 01, 3114, 3115). Hierher zählt auch eine eintretende Geldentwertung oder Währungsschwankung (BGH MDR 76, 661; Frankf MDR 81, 1016; München RIW 88, 297, 299; Frankf NJW-RR 88, 1109; WM 89, 57). Umgekehrt sind Wert- und Kursgewinne schadensmindernd anzurechnen (BGHZ 77, 151, 154 f).

Ebenfalls Verspätungsschaden sind zusätzliche Finanzierungskosten des Gläubigers (BGHZ 121, 210, 213 [Folge einer Bauverzögerung]). Zinsen von Verzugszinsen können als Verzögerungsschaden verlangt werden, wenn der Schuldner insoweit (auch) in Verzug gesetzt worden ist (s BGH NJW 93, 1260, 1261 sowie § 289 Rn 2). Die aufgrund der Verzögerung vom Gläubiger an einen Dritten zu leistende Vertragsstrafe wird regelmäßig unter § 280 II fallen (zurückhaltender Dresden NJW-RR 97, 83). Verzögerungsschäden sind regelmäßig auch solche Betriebsausfallschäden, welche durch verspätete Leistung oder durch die nicht rechtzeitige Herstellung der Mangelfreiheit verursacht werden. Diese werden nicht etwa iRd Schadensersatzes statt der (ganzen) Leistung oder schlicht nach § 280 I ersetzt, sondern bedürfen des Vorliegens der zusätzlichen Voraussetzungen nach § 286 (s.u. Rn 58, 59). Weit entfernte Folgeschäden sind ggf durch Eingrenzung der Deckungsreichweite der verletzten Pflicht von der Ersatzpflicht auszunehmen (s *Honsell* FS Lange 509, 517 ff).

28 **Nutzungsausfälle** sind ebenfalls Verzögerungsschäden. Das ist selbstverständlich, soweit dem Gläubiger insoweit auch Einnahmeausfälle entstehen (s BGH NJW 93, 2674, 2675 f [Mietausfall]). Ihre Ersatzfähigkeit im Übrigen ist jedoch wegen der grds Eigenschaft als immaterieller Schaden vielfach nach § 253 I ausgeschlossen (s § 249 Rn 33 ff und § 253 Rn 3). Anerkannt ist sie nur für Wirtschaftsgüter von allgemeiner, zentraler Bedeutung für die eigenwirtschaftliche Lebenshaltung (s BGHZ [GS] 98, 212, 220 ff; 117, 260, 262). Paradigma ist der Nutzungsausfall beim KfZ (BGHZ 85, 11, 14 ff; BGH NJW 88, 484, 485 f). Geeignete Gegenstände sind ferner die – zur Eigennutzung bestimmten – Räume eines Hauses oder einer Wohnung (BGHZ 98, 212, 216 f; 117, 260, 262; BGH NJW 93, 1793, 1794), ein Ferienhaus (BGHZ 101, 325, 332) sowie Gegenstände zur Wohnungseinrichtung (LG Kiel NJW-RR 96, 559). Abgelehnt wird die Ersatzfähigkeit von der Rspr hingegen bei Luxusgütern (s BGHZ 76, 179, 186; 89, 60, 64).

29 Nicht als **Verzögerungsschäden** einzuordnen sind solche Schäden, die nur aus Anlass einer Verzögerung entstehen, aber der Sache nach an die Stelle des Erfüllungsanspruchs treten: Das gilt insbes für Kosten einer Ersatzvornahme (nach neuem Recht anders zu entscheiden ist daher BGHZ 87, 104, 109 ff) oder für die Mehrkosten eines Deckungsgeschäfts (s München NJW 95, 2363; anders für einen Sonderfall BGH NJW 89, 1215). Zweifelhaft ist die Einordnung von **Haftungsschäden**; herkömmlich werden diese als Verzugsschäden behandelt (BGH NJW 89, 1215; Jauernig/*Stadler* § 280 Rn 51). Als Verzögerungsschäden sind sie jedoch nur dann sicher einzuordnen, wenn die Haftung ihrerseits wiederum auf einen Verzögerungsschaden geht. Im Übrigen wird nicht selten ein Schadensersatz statt der Leistung vorliegen, weil die Konkurrenz zum Erfüllungsanspruch (s Rn 36) in Rede steht.

30 **II. Voraussetzungen der Ersatzfähigkeit.** Die zusätzlichen **Voraussetzungen** der Ersatzfähigkeit des Verzögerungsschadens ergeben sich aus § 286. Wegen der – vom Verzugsrecht des alten Rechts abweichenden – Natur des Schadens ist es dabei unschädlich, ob die Leistung in Natur noch möglich ist oder nicht (s § 286 Rn 8; aA etwa Jauernig/*Stadler* § 280 Rn 33), am beschränkten Schutzzweck der Leistungszeitpunkte ändert dies nämlich nichts.

31 Die Anwendbarkeit von §§ 280 II, 286 ändert an den **übrigen Voraussetzungen der Haftung**, insbes an den Maßstäben des **Vertretenmüssens** nichts. Jedoch haben für letztere bestimmte Fragen vor allem im Zusammenhang mit Verzögerungsschäden Bedeutung: Entlastend wirken insoweit insbes Leistungshindernisse tatsächlicher oder rechtlicher Art. Ist Fahrlässigkeit der maßgebende Haftungsstandard, kann zu diesen Hindernissen auch die Unkenntnis des Schuldners von der Verpflichtung zählen (s Jauernig/*Stadler* § 280 Rn 41). In Kriegs- und Krisenzeiten wird es vielfach zur Haftungsentlastung durch höhere Gewalt kommen (s § 276 Rn 32, 33). Bei Räumungspflichten können Schwierigkeiten bei der Beschaffung von Ersatzraum dem Schuldner uU helfen (s Celle MDR 67, 1013). Bedient sich der Schuldner zur Feststellung des Umfangs seiner Leistungspflicht eines Gutachters, so hat er für dessen Fehler nach § 278 einzustehen (Karlsr MDR 05, 811 [Gutachter bei Gebrauchtwagengarantie]; zum Parallelproblem beim Rechtsirrtum s Rn 32). Andere entlastende Umstände sind etwa die Verzögerung der rechtzeitig beantragten Genehmigung (BGH NJW 74, 1080; s.a. BGH NJW 02, 1568, 1569 [iE keine Entlastung, weil Schuldner das Risiko übernommen hat]) oder vorübergehende Beschränkungen des internationalen Waren- oder Zahlungsverkehrs (RGZ 161, 100, 105). Letztere vermögen grds auch bei der Übernahme eines Beschaffungsrisikos durch Vereinbarung einer Gattungsschuld (s § 276 Rn 24–27) zu entlasten, so der Schuldner nicht ausnahmsweise die Beschaffung auch unter derartigen Umständen garantiert hat.

32 Besondere tatsächliche Fragen stellen sich bei **Verspätung mit** der Erfüllung von **Geldforderungen**. Zu den Anforderungen der Richtlinie an den Haftungsstandard s § 286 Rn 23. Von geldrechtlichen Beschränkungen und der vorübergehenden Unkenntnis von der Zahlungspflicht abgesehen kommt insoweit eine Haftungsentlastung nur in seltenen Fällen des nicht fahrlässigen **Rechtsirrtums** in Frage: Die Anforderungen daran sind sehr hoch (BGHZ 89, 296, 303; 131, 354; BGH NJW 01, 3114, 3115). Vor allem muss der Schuldner die Rechtslage sorgfältig prüfen und ggf Rechtsrat einholen (BGHZ 131, 346, 354 f; 140, 223, 238 f.; BGH NJW 01, 3114, 3115). Fehler des Rechtsberaters werden ihm jedoch regelmäßig nach § 278 zugerechnet (BGHZ 74, 281; LAG Düsseldorf BB 93, 1149; *von Caemmerer* FS Weitnauer 262, 266, 273 ff). Der Schuldner trägt zudem das erkennbare Risiko einer abweichenden Beurteilung durch das Gericht (BGHZ 89, 296, 303; BGH NJW-RR 90, 160, 161); eine überraschende Rechtsprechungsänderung, die auch noch von der hA in der Lehre abweicht, vermag hingegen zu entlasten (BGH NJW 72, 1045; BAG DB 93, 1037). Das ist richtlinienkonform (s § 286 Rn 23).

33 **III. Rechtsfolgen.** Für den **Inhalt des Schadensersatzanspruchs** gelten die §§ 249–255. Im Regelfall kann der Verzögerungsschaden nur in Geld ausgeglichen werden (BGH NJW 86, 987 f). Ist der Gläubiger aufgrund der Verzögerung seinerseits gegenüber einem Dritten schadensersatzpflichtig geworden, dann kann Naturalrestitution aber auch durch Freistellung von der Haftungsverbindlichkeit erreicht werden (Jauernig/*Stadler* § 280 Rn 50). Der Gläubiger kann seinen Schaden in den Grenzen der §§ 251, 254 unter bestimmten Voraussetzungen unterschiedlich **berechnen** (s BGH NJW-RR 90, 980; *Schlechtriem/Schmidt-Kessel*, Schuldrecht AT

Rn 641): Möglich ist sowohl die Geltendmachung entstehender Mehrkosten (etwa Kreditzinsen) als auch die der entgangenen Einnahmen (s § 252 nebst Beweiserleichterung dort in S 2). Allerdings können nur die Nettoerträge verlangt werden, die nach Abzug der Bewirtschaftungskosten, Betriebskosten und des Finanzierungsaufwandes verbleiben (s BGH NJW-RR 90, 980 [nicht Zinsaufwand + entgangene Erträge]). Verzögerungsbedingte Vorteile sind jedenfalls anzurechnen (BGH NJW 83, 2137, 2138).

Besondere Schwierigkeiten hat die Berechnung des Verzögerungsschadens einer Bank im Falle der **nicht** **34** **rechtzeitigen Zahlung von Zinsen und Tilgungsraten** eines Kredits bereitet (s *Honsell* FS Lange 509, 511 f; *Löwisch* BB 85, 959–962; *Reifner* Verzugszinsen der Banken im Konsumentenkredit S 22 ff). Grds kann der Kreditgeber seinen Schaden **konkret** berechnen, indem er darlegt und ggf nachweist, dass er sich zu einem höheren Zins refinanzieren musste (BGHZ 77, 151, 154; BGH NJW 83, 1420, 1423). Eine Bank kann jedoch, ausgehend von der Darlegung, dass sie die rechtzeitig zurückgezahlten Beträge auf dem Markt zinsbringend angelegt hätte, als abstrakte Schadensberechnung die marktüblichen Sollzinsen zzt des Verzuges ihrer Schadensberechnung zugrunde legen. Sie kann aber auch den ursprünglichen Vertragszins als Schaden verlangen, wenn sie einen für längere Zeit geschlossenen Kreditvertrag wegen schuldhafter Vertragsverletzung des Kreditnehmers vorzeitig gekündigt hat und der Kreditnehmer mit der Rückzahlung der vorzeitig fällig gewordenen Restschuld in Verzug gerät. Allerdings beschränkt sich dieser Schadensersatzanspruch in Höhe der Vertragszinsen auf die Restkapitalschuld und endet, auch wenn der Verzug andauert, mit dem Ablauf der ursprünglichen Vertragszeit oder dem nächsten Termin, zu dem der Kreditnehmer seinerseits hätte kündigen können (BGHZ 104, 337, 344 ff [damit Beschränkung auf unkündbare Laufzeit des Kredits]). Besonderheiten gelten jedoch bei Verbraucherkrediten, s § 497 I (und dort Rn 4 sowie BGH WM 91, 1983 [noch zu § 11 I VerbrkrG aF]).

Der Ersatzanspruch wegen des Verspätungsschadens **verjährt** auch nach neuem Recht **selbständig** nach den **35** Regeln, welche für den Erfüllungsanspruch der zugrunde liegenden Pflicht gelten (s BGH MDR 59, 910).

D. Schadensersatz statt der Leistung. I. Grundgedanken. Die Regelung der §§ 280 III, 281–283 beruht **36** auf zwei **Grundgedanken:** Zunächst bedeutet Schadensersatz statt der Leistung Liquidation des Schuldverhältnisses, soweit es auf Erfüllung der verletzten Pflicht in Natur gerichtet war, durch Ersatz des „Erfüllungsinteresses" oder „positiven Interesses". Schadensersatz statt der Leistung ist also **Schadensersatz anstelle des Erfüllungsanspruchs.** §§ 280 III, 281–283 behandeln damit in erster Linie die **Konkurrenz** von Schadensersatz und Erfüllungsanspruch, welche das neue Schuldrecht dogmatisch bei der Ersatzfähigkeit des mit dem Erfüllungsanspruch konkurrierenden Schadens verortet. Zugleich behandeln die §§ 280 III, 281–283 eine zweite Sachfrage: Da auch beim Schuldner ein Interesse an der Durchführung des Schuldverhältnisses durch Erfüllung in Natur besteht bzw angenommen werden kann, soll er grds zunächst eine „zweite Chance" zur Erfüllung haben: **Recht zur zweiten Andienung** (überbetont in BGH NJW 05, 1348, 1350). Diese Gelegenheit zur (Nach-)Erfüllung ist Teil des gesetzlichen Leitbildes iSv § 307 II Nr 1 (BGH ZGS 06, 26, 30). Das soll auch dann gelten, wenn lediglich § 478 I in das Verhältnis zwischen Unternehmern übertragen wird (BGH ZGS 06, 26, 31, zweifelhaft).

Zentrales Kriterium für die **Qualifikation** als Schadensersatz statt der Leistung ist die **Konkurrenz von Scha- 37 densposten und Erfüllungsanspruch.** Die häufig zu lesende Überlegung, ob eine Fristsetzung oder eine **Nachbesserung sinnvoll** sei (so etwa *Canaris* Karlsruher Forum 03, 5, 34; *St. Lorenz* NJW 02, 2497, 2500), bezeichnet zwar die **praktisch entscheidende Frage**, ist im Hinblick auf die zahlreichen Fälle der Entbehrlichkeit, die großteils diesem Kriterium auch genügen (s nur §§ 281 II Alt 1, 283), eher irreführend. Schadensersatz statt der Leistung sind insbes der Mehraufwand respective der Verlust beim Deckungsgeschäft (s BGHZ 126, 131 ff [Deckungsverkauf]; BGHZ 126, 305, 308 [Deckungsverkauf]; BGH NJW 98, 2901, 2903 [Deckungskauf]) respective bei abstrakter Berechnung die Differenz zum Marktpreis (BGHZ 107, 67, 69 f), der Haftungsschaden ggü Drittnehmern, soweit es nicht um Verspätungsschäden geht (Köln NJW-RR 93, 949; s Rn 29), und beim Darlehen der Zinsverlust bis zum nächstmöglichen Kündigungstermin (BGH NJW 91, 1817). Der Schadensersatzanspruch des Gläubigers einer harten Patronatserklärung mit Ausstattungsverpflichtung bei Nichterfüllung durch den Patron fällt ebenfalls unter § 280 III (s zum alten Recht Rostock MDR 2005, 1277). Aufwendungen iSv § 284 (s dort Rn 2) sind ebenfalls ein – besonders berechneter – Schadensersatz statt der Leistung.

Soweit eine abstrakte Schadensberechnung zulässig ist (s § 252 Rn 1 ff), ist maßgeblicher **Zeitpunkt** der des **38** Entfallens des Erfüllungsanspruchs (*Huber/Faust* S 151; aA Jauernig/*Stadler* § 281 Rn 19 [Fristablauf]; Palandt/*Heinrichs* § 281 Rn 34 [Wahrecht zwischen Pflichtverletzung und Fristablauf]), also regelmäßig der Zeitpunkt des Verlangens nach § 281 IV; den für diesen letzteren Fall gelegentlich angeführten Gefahren der Spekulation durch den Gläubiger kann der Schuldner, sofern er noch in Natur leisten muss, durch ein Angebot der Leistung begegnen. Verzögerungsschäden fallen nach neuem Recht nicht unter § 280 III (s Jauernig/*Stadler* § 281 Rn 16; *Grigoleit/Riehm* AcP 203 [2003] 727, 750; s zum alten Recht BGH NJW 97, 1231; BGH NJW 98, 1303, 1304) und ebenso wenig die zusätzlichen Kosten des Gläubigers aus der Verwendung der später wegen Mangelhaftigkeit zurückgewährten Sache (Köln ZGS 06, 77, 78).

Das **Verhältnis zum Rücktrittsrecht** ergibt sich zunächst aus § 325 (s dort Rn 1), so dass der erklärte Rück- **39** tritt den Schadensersatz statt der Leistung nicht mehr ausschließt (anders im alten Recht, s zuletzt BGH BB

05, 2152, 2153). Im Übrigen ist die Relation nicht sofort erkennbar, zumal dieses weitgehend auch durch die weitere Kategorie des Schadensersatz statt der ganzen Leistung bestimmt wird (s Rn 46-50); die Regelungstechnik einer weitgehend parallelen Formulierung der Normen verdeckt mehr, als sie hilft. Nur hinsichtlich des Rechts zur zweiten Andienung besteht nämlich Identität mit den Regelungszwecken des Rücktrittsrechts, §§ 323 ff. Anders steht es, soweit §§ 281–283 als Regelung der Konkurrenz aufgefasst werden: Anders als beim Rücktrittsrecht wird mit der Ausfüllung der wertungsoffenen Begriffe dieser Vorschriften nicht (notwendig) über den Fortbestand des Vertrags entschieden. In Frage steht lediglich, ob der Gläubiger – bei in der Regel fortbestehendem Vertrag – statt zur Erfüllungsklage zum Ersatz des Erfüllungsinteresses greifen kann. Obwohl die Regeln der §§ 281–283, §§ 323–326 in Teilen identisch formuliert und weitgehend gleich strukturiert sind, kann es daher zu durchaus **unterschiedlichen Konkretisierungen der wertungsoffenen Begriffe**, zB „angemessene Frist", „besondere Umstände", „Abwägung der beiderseitigen Interessen", kommen.

40 Die **Lösung** beider Sachfragen erfolgt in den §§ 281–283 dadurch, dass der Gläubiger grds dem Schuldner zunächst eine angemessene **Frist zur Erfüllung** setzen muss, ehe er mit einem Schadensersatzanspruch das Schuldverhältnis (ieS) liquidieren und statt der Erfüllung sein Erfüllungsinteresse verlangen kann. Der Fristsetzungsmechanismus führt freilich nicht zum Erlöschen des Erfüllungsanspruchs (anders noch § 326 I 2 Hs 2 aF), sondern stellt diesen und den Schadensersatz nebeneinander dem Gläubiger zur Wahl (BGH 20. 1. 06, V ZR 124/05, Nr 16, nv; unrichtig insoweit die Vorinstanz Celle NJW 2005, 2094; s § 281 Rn 19). Erst wenn der Gläubiger Schadensersatz statt der Leistung verlangt hat, kann er nicht mehr zum Erfüllungsanspruch zurückkehren, § 281 IV.

41 **II. Anwendungsbereich.** Zentraler Anwendungsbereich des Schadensersatzes statt der Leistung sind **vertragliche Ansprüche** aus § 280 I, und zwar typischerweise solche aus gegenseitigem Vertrag. Soweit in § 311a II zu Unrecht eine Anspruchsgrundlage gesehen wird (s § 276 Rn 14), kommen die Regeln auch dort zur Anwendung. Auch bei Leistungspflichten aus **gesetzlichen Schuldverhältnissen** kann das Erfüllungsinteresse über einen Schadensersatzanspruch statt der Leistung durchgesetzt werden. Das gilt etwa für den Herausgabeanspruch gegen den auftragslosen Geschäftsführer (*Schlechtriem/Schmidt-Kessel* Schuldrecht AT Rn 622). Anwendbar sind die einschlägigen Vorschriften auch auf Rückgewähransprüche nach Rücktritt (s § 346 IV).

42 In einer Reihe von Fällen stellt sich zudem die Frage, inwieweit die **§§ 281–283** auch bei eigenständig gebliebenen **Anspruchsgrundlagen der besonderen Schuldverhältnisse** zur Anwendung gelangen; zur Anwendung von § 284 s dort Rn 3. Für eine Reihe von Fällen lässt sich dies im Blick auf die besonderen – den §§ 281–283 teilweise äquivalenten – Anspruchsvoraussetzungen verneinen; das gilt insbes für §§ 523 II 1, 524 II 2, 651f. Bei den besonderen Regelungen des Kündigungsschadens § 628 II, § 89a II HGB handelt es sich letztlich um Sonderfälle des (auf die Zukunft beschränkten) Schadensersatzes statt der ganzen Leistung (s § 281 Rn 26), von dessen Voraussetzungen das jeweils nicht geschriebene Erfordernis der Abmahnung jedoch nicht § 281 III, sondern wegen der Akzessorietät dieser Ansprüche zur Kündigung selbst § 314 I 1 entnommen werden. Der Kündigungsschaden unter § 314 selbst ergibt sich freilich aus §§ 280 ff (s § 314 IV).

43 Ein **Durchschlagen der §§ 281–283** auf die Tatbestände des besonderen Schuldrechts kommt insbes dort in betracht, wo ein Schadensersatz statt der (ganzen) Leistung entsprechen § 326 aF auf den **Verzug** des Schuldners gestützt wird, namentlich bei § 536a Var 3 sowie §§ 375 II, 376 HGB. Hier stellt sich jeweils die Frage, wie wörtlich diese Voraussetzung nach der Änderung des allgemeinen Schuldrechts noch zu nehmen ist. Für **§ 536a Var 3** ist davon auszugehen, dass die Vorschrift mit ihren gegenüber §§ 281-283 schwächeren Anforderungen eine zusätzliche – mietrechtliche – Ausnahme vom Fristsetzungserfordernis nach § 281 I 1 begründet; das Merkmal Verzug ist mithin auch zukünftig im technischen Sinne zu lesen. Bei **§ 376 HGB** beschränkt sich die Funktion dieses Verweises auf § 286 auf das dadurch begründete Erfordernis des Vertretenmüssens (*Hopt* HGB § 376 Rn 11). Damit aber weicht § 376 I 1 HGB hinsichtlich der Voraussetzungen des Schadensersatzes nicht von der Lösung ab, welche sich richtigerweise nach §§ 280, 281 ohnehin ergibt (s zum Fixgeschäft § 281 Rn 17; wie hier *Hopt* HGB § 376 Rn 11). Merkwürdig mutet der trotz der Änderung der Vorschrift in **§ 375 II HGB** verbliebene Verweis auf den Verzug an, zumal dieser für den Rücktritt zu einem sachlich nicht erklärlichen Verbleiben bei der Lösung des § 326 aF einschl des Erfordernisses des Vertretenmüssens führen würde. Richtigerweise ist daher der Verweis auf den Verzug nicht technisch, sondern iSe Ausbleibens der Bestimmung zur gebotenen Zeit zu verstehen (anders offenbar *Hopt* HGB § 375 Rn 6).

44 Sehr umstritten ist die Frage, ob die §§ 281–283 auch auf **dingliche Ansprüche**, insbes § 985, angewandt werden können (dafür *Gebauer/Huber* ZGS 05, 103 ff [soweit § 990 II die Sperrwirkung der Regeln des Eigentümerbesitzverhältnisses einschränkt]; dagegen *Gursky* Jura 04, 433 ff). Eine Anwendung insbes von § 281 BGB könnte die ausgewogene Risiko- und Haftungsverteilung der §§ 985 ff gefährden, weshalb hier Zurückhaltung geboten erscheint. Freilich ist die Streitfrage nur dort von praktischer Bedeutung, wo dem Gläubiger der Übergang vom Rückgewähr- zum Schadensersatzanspruch nicht ohnehin offen steht. Auf den Rückgabeanspruch des Vermieters nach § 546 I etwa finden die §§ 281–283 richtigerweise Anwendung mit der Konsequenz, dass das Schadensersatzverlangen nicht nur den Erfüllungsanspruch nach § 281 IV ausschließt, sondern zugleich bewirkt, dass dem Mieter aus dem ablaufenden Mietverhältnis ein Recht zum Besitz iSv § 986 I entsteht (*Schlechtriem/Schmidt-Kessel* Schuldrecht AT Rn 622).

III. Rechtsfolge der Qualifikation. Rechtsfolge der Qualifikation eines Schadenspostens als Schadensersatz statt der Leistung ist die Anwendung der §§ 281–283, mithin das grds **Erfordernis einer Nachfristsetzung** (s § 281 Rn 5–9). §§ 281 II, 282, 283, 325 sowie eine Reihe weiterer Vorschriften begründen allerdings zahlreiche **Ausnahmen** davon (s § 281 Rn 10–15).

E. Schadensersatz statt der ganzen Leistung. Als Sonderfall des Schadensersatzes statt der Leistung kennt das Gesetz in §§ 281 I 2 und 3, V, 283 S 2 und richtigerweise in § 282 den Schadensersatz statt der ganzen Leistung. Um einen solchen Schadensersatz geht es immer dann, wenn der verlangte Schadensersatz **über das Maß der Pflichtverletzung hinaus** auf das Schuldverhältnis ausgreift (s *Schlechtriem/Schmidt-Kessel* Schuldrecht AT Rn 631). Die mit den zusätzlichen Voraussetzungen des Schadensersatzes statt der ganzen Leistung verbundene Sachfrage ist also, inwieweit auch solche Teile des Schuldverhältnisses, die von der Pflichtverletzung nicht unmittelbar betroffen sind, durch diese „kontaminiert" werden. Da auf diese Weise hinsichtlich der weiteren Teile Schadensersatz anstelle der Erfüllung in Natur verlangt wird, müssen außerdem jedoch immer die Voraussetzungen des Schadensersatzes statt der Leistung erfüllt sein.

Vielfach wird der Schadensersatz statt der Leistung im Ergebnis einer **Kombination aus Rücktritt und Schadensersatz** gleichkommen. Das zeigt nicht zuletzt die in § 281 V niedergelegte Rechtsfolge, dass der Gläubiger seinerseits zur Rückabwicklung nach Rücktrittsregeln verpflichtet ist. Allerdings muss sich diese Funktionsäquivalenz **nicht in jedem Fall** ergeben: Denkbar ist auch, dass der geltend gemachte Schadensersatz zwar über das Maß der Pflichtverletzung hinausgreift, jedoch gleichwohl unterhalb der Schwelle der Aufhebung des gesamten Vertrags bleibt. Hat etwa ein Käufer für seinen Fuhrpark zehn Pkw gleicher Bauart erworben und ist einer mangelhaft, ist Schadensersatz statt der ganzen Leistung sowohl die Abrechnung des Vertrags hinsichtlich aller zehn Pkw als auch hinsichtlich des einen mangelhaften. Die verbreitete **Gleichsetzung** des Schadensersatzes statt der ganzen Leistung **mit** dem herkömmlichen „großen Schadensersatz" ist daher **irreführend**.

Mit dem Schadensersatz statt der ganzen Leistung hat das Gesetz klargestellt, dass der Gläubiger seinen Schaden sowohl nach der **Surrogations-** als auch nach der **Differenzmethode** berechnen kann, wenn die Voraussetzungen des Schadensersatzes statt der ganzen Leistung vorliegen. Dh, er kann seine eigene Leistung erbringen und das gesamte Erfüllungsinteresse statt der Schuldnerleistung verlangen oder seine Leistung behalten und ihren Wert von seinem Schaden statt der Leistung abziehen. Auch wenn er schon geleistet hat, kann er wählen, ob er seine erbrachte Leistung zurückverlangt (§§ 281 V, 346) und ihren Wert bei Berechnung seines Erfüllungsinteresses abzieht, oder ob er sie dem Schuldner belässt und den vollen Schaden statt der Leistung des Schuldners verlangt.

In der Literatur wird für den Schadensersatz bei derartigen Teilstörungen häufig mit dem Begriffspaar „großer" und „kleiner" Schadensersatz gearbeitet (s *Lorenz/Riehm* Rn 216 ff). Diese Begrifflichkeit entstammt dem alten Schuldrecht (etwa BGHZ 108, 156, 159 f) und hatte ihren Ursprung in dem – erfolgreichen – Bemühen, die strikte Alternativität von Rücktritt und Schadensersatz in §§ 325, 326 im Wege der Schadensberechnung zu überwinden: Der große Schadensersatz schloss die Rückabwicklung und damit funktional des Rücktritts mit ein. Unter dem neuen Schuldrecht beschwört die fortgesetzte Verwendung dieser Begrifflichkeiten die **Gefahr von Missverständnissen** hinauf. Es erscheint daher angezeigt, sich auf die gesetzliche Terminologie zu beschränken.

Die **Voraussetzungen** der Ersatzfähigkeit unterscheiden sich je nachdem, wie das mögliche Ausgreifen der begrenzten Pflichtverletzung auf andere Vertragsteile erfolgen kann: In § 281 I 2 geregelter **Grundfall** ist die partielle oder **Teilstörung** des Schuldverhältnisses (s § 281 Rn 23). Zu deren Anwendungsfällen zählt auch die in die Schadensabrechnung integrierte Kündigung (s § 281 Rn 26); insoweit wird der Vertrag nicht beeinträchtigt. Als ersten Sonderfall regelt § 281 I 3 für die „**Leistung nicht wie geschuldet[e]**" eine erheblich geringere Schwelle des Ausgreifens auf weitere Vertragsteile oder den gesamten Vertrag (s § 281 Rn 27, 28). Ebenfalls einen Sonderfall des Schadensersatzes statt der ganzen Leistung regelt – trotz seiner irreführenden Terminologie – § 282 (s dort Rn 1). Abweichende Regeln greifen schließlich für den neben Rücktritt und Kündigung geltend gemachten Schadensersatz (s § 281 Rn 30).

F. Besondere Schäden. Wegen der nach § 280 II, III zusätzlich erforderlichen Voraussetzungen, wird die richtige **Qualifikation** des Schadens zur **zentralen Frage** der §§ 280 ff. In einer Reihe von Fällen bestehen hier erheblich Unsicherheiten, die freilich überwiegend von der unreflektierte Fortschreibung alter Texte herrühren.

I. Mangelfolge- oder Begleitschäden. Aus dem alten Recht – ohne wirkliche Not – übernommen ist der Begriff des **Mangelfolgeschaden**s, auch Begleitschäden. Die Begrifflichkeit sollte unter dem neuen Recht nicht weiter verwandt werden (Jauernig/*Stadler* § 280 Rn 12; *Grigoleit/Riehm* AcP 203 [2003] 727, 732; *Schubel* JuS 02, 313, 319). Als Mangelfolgeschaden wird nach herkömmlicher Auffassung der vom Mangelschaden abzugrenzende Schaden an anderen Rechtsgütern des Gläubigers einer mangelhaften Leistung bezeichnet (Palandt/*Heinrichs* § 280 Rn 18). Bsp sind etwa ein durch einen Mangel der Elektroinstallationen eines Neubaus ausgelöster Brand oder eine Haftungsbelastung des Käufers einer mangelhaften Maschine zur Herstellung von Papiertüchern gegenüber seinen Kunden, die ihn wegen Rostflecken in den Papiertüchern, die durch den Mangel verursacht worden sind, in Anspruch genommen haben.

53 Schäden dieser Art werden nach verbreiteter Auffassung nicht von §§ 280 III, 281 ff erfasst, sondern nur auf der Basis von § 280 I abgerechnet (Jauernig/*Stadler* § 280 Rn 4; Palandt/*Heinrichs* § 280 Rn 18). Wird der Vertrag ohnehin insgesamt „liquidiert", sei es, dass der Gläubiger vom Vertrag zurücktritt und Schadensersatz oder nach § 281 I Schadensersatz statt der Leistung verlangt, dann gehen die Mangelfolge- oder Begleitschäden wohl auch nach hA im Schadensersatzanspruch statt der Leistung auf (vgl Jauernig/*Stadler* § 280 Rn 12). An dieser Lösung ist zutreffend, dass insoweit eine Nachfristsetzung für die Ersatzfähigkeit des Schadens vielfach nicht erforderlich ist. Allerdings lässt sich dieses Ergebnis auch durch die Anwendung von § 283 S 1 erreichen, weil die Beseitigung des Schadens im Wege der (Nach-)Erfüllung nicht möglich ist. Auf die Frage der Qualifikation kommt es daher im Ergebnis regelmäßig überhaupt nicht an. Eine **Ausnahme** davon ist jedenfalls dort denkbar, wo es bei der erbrachten **Leistung gerade um Eingriffe** in weitere Rechtsgüter des Gläubigers geht: So stellt sich im Falle einer – auf einem Mangel des verwandten Mittels beruhenden – fehlerhaften Haarfärbung durch einen Friseur (§ 633 II, s dort Rn 13 ff) durchaus die Frage einer Nachbesserung, die dann nach den allgemeinen Regeln insbes zur Entbehrlichkeit der Fristsetzung zu beantworten ist. Das kann sogar für einen nach § 253 II ersatzfähigen immateriellen Schaden gelten. Die Kategorie des Mangelfolgeschadens ist daher nicht mehr als ein starkes Indiz für die Entbehrlichkeit der Fristsetzung.

54 **II. Schäden aus Schutzpflichtverletzungen?.** Für die Verletzung von Schutzpflichten wird vielfach die **Auffassung** vertreten, auf diese seien §§ 281, 283 generell **nicht anwendbar**; es komme lediglich § 282 zur Anwendung (s Jauernig/*Stadler* § 281 Rn 4; Staud/*Otto* [2004] § 281 Rn C22). Das ist in dieser Allgemeinheit freilich unzutreffend. Zwar wird bei der Verletzung von Schutzpflichten häufig keine Setzung einer Nachfrist respektive keine Abmahnung erforderlich sein, jedoch liegt dies nicht daran, dass insoweit keine Leistung und mithin auch kein Anspruch auf Erfüllung in Natur in Betracht käme (s § 241 Rn 24). § 618 ist auch hier ein treffendes Gegenbeispiel. Entbehrlich ist die Nachfristsetzung vielmehr regelmäßig deshalb, weil die Erfüllung der verletzten Schutzpflicht im Blick auf den bereits eingetretenen Schaden gar nicht mehr möglich ist, § 283 I. Somit ist auch bei den Schutzpflichtverletzungen die genaue Qualifikation des Schadens im Ergebnis häufig entbehrlich. Wie das Bsp von § 618 zeigt, ergibt sich daraus freilich keine generelle Unanwendbarkeit der §§ 281, 283 auf Schutzpflichtverletzungen, vielmehr taugt diese These **nur als „Daumenregel"** für den Regelfall.

55 **III. Fehlen von Sonderregeln zur Mangelhaftigkeit der Leistung.** §§ 280 III, 281–283 gelten auch für den Fall, dass eine Leistung unter einem Vertrag oder sonstigen Schuldverhältnis nicht wie geschuldet erbracht wird, für das es an einer besonderen gesetzlichen Regelung zur Schlechterfüllung fehlt (aA Palandt/*Heinrichs* § 280 Rn 16; Jauernig/*Stadler* § 280 Rn 11). Nicht Wortlaut, nicht Zweck, nicht Entstehungsgeschichte und nicht das System erfordern diese Beschränkung; vielmehr widerspricht die Gegenauffassung der §§ 280 ff zugrunde liegenden Idee einer von Vertrags- und Störungstyp unabhängigen allgemeinen Regel. Entscheidend ist allein die Qualifikation des Schadens und damit die Frage, ob ein Erfüllungsanspruch auf Beseitigung des Leistungsdefizits besteht.

56 In der Sache geht es vor allem um die von den §§ 611 ff, 662 ff, 675, 677 ff, 688 ff, 705 ff geregelten Rechtsverhältnisse. Für bereits eingetretene Schäden aus **ärztlichen Kunstfehlern** oder Falschberatungen (s BGHZ 124, 128, 138) wird es für die Ersatzfähigkeit vielfach schon mangels Nachholbarkeit (s § 283 sowie § 281 Rn 12) daher keiner Fristsetzung mehr bedürfen. Das dürfte freilich bei einer teilweise gelungenen Schönheitsoperation regelmäßig anders sein, sofern die Nachbesserung dem Patienten nicht unzumutbar ist (§ 281 II Alt 2; s dort Rn 16). Schlechte Prozessführung oder falsche Beratung durch einen **Rechtsanwalt** sind ebenso erfasst, wie die falsche Beratung durch eine **Bank**, die Verletzung bestimmter Beitragspflichten (s BGH NJW 83, 1188) eines **Gesellschafters** oder die Überschreitung seiner Geschäftführungsbefugnisse (s Köln NJW-RR 95, 547, 548).

57 Zu beachten ist freilich, dass bei einer vielfach denkbaren Verbindung des Schadensersatz mit einer **Vertragsbeendigung** iRe **Schadensersatzes statt der ganzen Leistung** dessen Voraussetzungen (Fristsetzung oder Entbehrlichkeit + Überwindung der Geringfügigkeitsschwelle; s § 281 Rn 23–30) erfüllt sein müssen; insoweit wird nicht selten eine Abmahnung nach § 281 III (s dort Rn 7) erforderlich sein. Auch insoweit ist die Ersatzfähigkeit für jeden Schadensposten einzeln zu beurteilen.

58 **IV. Betriebsausfall.** Besonders umstritten ist die Einordnung von Betriebsausfallschäden, vor allem solcher, die als Folge der Mangelhaftigkeit einer Kaufsache oder eines Werkes entstehen. Nach altem Schuldrecht gingen solche Schäden häufig im Schadensersatz wegen Nichterfüllung auf (vgl BGH NJW 97, 1231); dementspr findet sich auch zum neuen Recht die Auffassung, es gehe um **Schadensersatz statt der Leistung** (*Huber/Faust* S 352). Das ist unrichtig, weil der Betriebsausfallschaden nicht mit einem Erfüllungsanspruch konkurriert (s.o. Rn 27, 37). Die bereits im Regierungsentwurf vorgeschlagene Einordnung von Betriebsausfallschäden in einen **schlichten § 280 I** (BTDrs 14/6040, 225; ebenso *Canaris* ZIP 03, 321, 326 f; *Dauner-Lieb/Dötsch* DB 01, 2535, 2537; Palandt/*Heinrichs* § 280 Rn 13), vernachlässigt die beim Betriebsausfall **typische Steigerung** des Schadens **mit der Zeit**: Es handelt sich daher um **Verzögerungsschäden** (zutreffend *Grigoleit/Riehm* AcP 203 (2003) 727, 754 ff; *Sailer* Schadensersatzhaftung des Verkäufers 33).

Hinter den Versuchen einer Vermeidung von § 280 II steht offenbar auch die Sorge darum, dass die **Verzugs-** 59
voraussetzungen zT zu streng sein könnten, um sachgerechte Lösungen zu erreichen (s etwa *Dauner-Lieb/ Dötsch* DB 01, 2535, 2537; *Gruber* ZGS 03, 130). Dabei wird freilich übersehen, dass sich insbes die diskutierten Fälle des bereits mit Lieferung eintretenden Betriebsausfall(schaden)s, sich vielfach mit den Mitteln von § 286 II lösen lassen. Bei **mangelhaften Leistungen vor Fälligkeit** (s § 271 II) muss der Ersatz des Schadens für die Zeit vor dem Fälligkeitszeitpunkt grds ausgeschlossen sein. Eine mögliche Ausnahme davon ist etwa der sofortige Eintritt des Verzugs mit der Nacherfüllung nach § 286 II Nr 4 (s.a. *Sailer* Schadensersatzhaftung des Verkäufers 34 sowie § 286 Rn 21) bei vorzeitiger Lieferung einer mangelhaften Sache, wenn bei den Vertragsverhandlungen deutlich geworden ist, dass beim Gläubiger im Falle des Mangels sofort nach Lieferung Verspätungsschäden – etwa Betriebsausfall – eintreten würden.

G. Einzelfälle. I. Finanzdienstleistungen. Anlageberatung: Wendet sich ein Interessent wegen einer kon- 60
kreten Anlageentscheidung an ein Kreditinstitut/Beratungsunternehmen und lässt dieses sich auf die Beratung ein, so kommt auch ohne ausdrückliche Vereinbarung ein Beratungsvertrag zustande (BGHZ 123, 126, 128; 100, 117, 122; BGH NJW 00, 3275). Die Bank hat den Kunden über alle für seine Anlageentscheidung wesentlichen Umstände zu informieren (BGH NJW-RR 93, 1114); die Informationspflicht des Beraters kann auch auf § 31 WpHG (Schutzgesetz iSv § 823 II) gestützt werden. Sie hat zudem im Gegensatz zum bloßen Anlagevermittler (s.u. Rn 61) die erteilten Informationen fachkundig zu bewerten und zu beurteilen (BGH NJW-RR 93, 1114). Der BGH spricht in diesem Zusammenhang von einer „anleger- und objektgerechten" **Beratung** (BGHZ 123, 126): Die Bank hat das Anlageziel des Kunden und sein einschlägiges Fachwissen abzuklären (anlegergerechte Beratung; BGHZ 123, 126) und ihn über alle Umstände und Risiken, die für die Anlageentscheidung Bedeutung haben, richtig und vollständig zu informieren (objektgerechte Beratung; BGHZ 74, 103). Keine Beratungspflicht übernimmt die Bank im Zweifel dann, wenn der Kunde bestimmte Wertpapiere zum Kauf vorgibt (BGH ZIP 98, 1183). Hinsichtlich der **Verjährung** von Ansprüchen gegen einen Wertpapierdienstleister aus der Verletzung einer Aufklärungspflicht ist § 37 a WpHG zu beachten, der die nach §§ 195, 199 geltenden Regelverjährung auf 3 Jahre kenntnisunabhängig beginnend mit Entstehung des Anspruchs verkürzt.

Anlagevermittlung: Der Anlagevermittler vertreibt eine bestimmte Kapitalanlage im Interesse des Kapitalsu- 61
chenden. Bei dem Verhältnis zwischen ihm und dem Anlageinteressenten handelt es sich idR um einen stillschweigend zustande gekommenen Auskunftsvertrag (BGHZ 74, 103, 106; BGH NJW 90, 2461, 2463; BGH NJW-RR 03, 1690; 05, 1120). Auch der Anlagevermittler muss den Kunden richtig und vollständig über alle für die Anlage wichtigen tatsächlichen Umstände informieren (BGHZ 74, 103; BGH NJW 82, 1095; 83, 1730; 04, 1868) – im Vergleich zum Anlageberater (s.o. Rn 60) schuldet er jedoch **keine Bewertung** dieser Umstände (BGH NJW-RR 93, 1114). Er muss das Anlagekonzept auf seine wirtschaftliche Plausibilität hin überprüfen (BGH NJW-RR 00, 998; 05, 1120). Schließt der Anlagevermittler sein Haftung für die Verletzung einer Beratungspflicht (Kardinalpflicht; Palandt/*Heinrichs* § 280 Rn 52; s § 307 Rn 29 ff) in Allgemeinen Geschäftsbedingungen aus, so verstößt dies gegen § 307 II (BGH ZIP 00, 355).

Finanztermingeschäfte: Zu beachten sind seit dem 1.7.02 die §§ 37 d ff WpHG. Neben den hier ua geregel- 62
ten – aber nur gegenüber einem Verbraucher geltenden – Informationspflichten gelten die von der Rspr für Finanztermin- und ähnliche Risikogeschäfte entwickelten Aufklärungs- und Hinweispflichten weiter; diese sind strenger als die für die Anlageberatung und -vermittlung geltenden Grundsätze (Palandt/*Heinrichs* § 280 Rn 53; s.o. Rn 60–61) und geben eine Berücksichtigung der individuellen Verhältnisse des Anlegers bzw der Eigenart des konkreten Geschäfts vor (BGHZ 133, 82). Nur eingeschränkte Geltung entfaltet die Aufklärungsverpflichtung im Bereich des bankenmäßigen Wertpapierhandels (BGH NJW 98, 2675 [schriftlicher Hinweis nicht erforderlich]); bei Kunden, die keine Beratung wünschen oder sich terminsgeschäftserfahren geben (BGH NJW 00, 359; BGH ZIP 03, 2295, 2296; 04, 111 [Direkt-Banking/Discount-Broker]). Die mangelnde Aufklärung führt bei hierauf gestützten Schadensersatzansprüchen gegen den Anbieter oder Vermittler (BGHZ 80, 80; 105, 108) grds zu einer **widerlegbaren Vermutung** dahingehend, dass der Kunde von dem Geschäft bei ordnungsgemäßer Aufklärung abgesehen hätte (BGH NJW-RR 98, 1271).

Banken: Geht es um eine Kreditgewährung, so hat die Bank den Kunden vollständig und richtig über das ins 63
Auge gefasste Finanzierungsmodell zu beraten (Celle WM 93, 2085). Sie **haftet für fehlerhafte Berechnungen** (München NJW-RR 90, 438 [Betrag für eine Umschuldung]; BGH ZIP 91, 645; BGH NJW 00, 3275 [Belastung beim Hauserwerb]. Da sich aus § 18 KWG nur eine öffentlich-rechtliche Verpflichtung ergibt, ist die Bank gegenüber dem Kunden nicht verpflichtet, dessen Kreditwürdigkeit oder den Wert des zu belastenden Objekts zu prüfen (Stuttgart WM 03, 343). Sie ist zudem nicht verpflichtet, den Kunden ohne Nachfrage über etwaige Risiken der geplanten Verwendung des als Kredit aufgewendeten Geldes zu unterrichten (BGH NJW 07, 92, 101; BGH NJW-RR 92, 879). Nach jüngster EuGH-Rspr (C 229/04 u C 350/03 v 25.10.05; dazu *Rott* GPR 06, 25) kann eine Bank, die im Falle eines Haustürgeschäfts ihre Belehrungspflicht nicht erfüllt hat, auch dann zum Schadensersatz verpflichtet sein, wenn die Haftungsvoraussetzungen nach den bisherigen auf nationaler Ebene höchstrichterlich entwickelten Grundsätzen nicht vorlagen. Die Bank trifft immer eine Aufklärungspflicht, wenn sie einen **konkreten Wissensvorsprung** hinsichtlich der Risiken der geplanten Anlage hat (BGH NJW 89, 2881; 99, 2032).

64 **Prospekthaftung:** Neben Regelungen in Spezialgesetzen wie etwa §§ 44 ff, 55 BörsG, § 13 VerkProspG iVm WpPG, § 127 InvG, wurde für den sog „grauen" Kapitalmarkt von der Rspr eine **allgemeine zivilrechtliche Haftung** für die Richtigkeit und Vollständigkeit von Prospekten entwickelt (MüKo/*Emmerich* § 311 Rn 162). Mit dem Anlegerschutzverbesserungsgesetzes (AnSVG) wurde deren Anwendungsbereich allerdings erheblich eingeschränkt (Palandt/*Heinrichs* § 280 Rn 54): Die allgemeine Haftung beschränkt sich nunmehr auf solche Anlagen, die nicht unter § 8 f VerkProspG fallen, auf solche Beteiligten, die nicht von § 44 I BörsG erfasst werden, sowie auf Altfälle (*Janert/Schuster* BB 05, 987, 991). Ansonsten besteht seit dem 1.7.05 auch für die nicht in Wertpapieren verbrieften Anlagen unter bestimmten Umständen eine Prospektpflicht nach § 8 f VerkaufsprospG; wird diese verletzt, so begründen § 13 VerkProspG, §§ 44 ff BörsG eine Verpflichtung zum Schadensersatz. Beachtenswert ist, dass nun auch bei Fehlen eines Verkaufsprospekts gehaftet wird, § 55 BörsG (*Barta* NZG 05, 305). Auch für die Prospekthaftung gilt, dass sie nicht formularmäßig ausgeschlossen werden kann, § 307 II Nr 2 (BGH NJW 02, 1711). Hinsichtlich der an einen Prospekt gestellten **Anforderungen** gilt, dass dieser über sämtliche Umstände, die für die Entscheidung zur Anlage von Bedeutung sind, richtig und vollständige Informationen bereithalten muss (BGHZ 123, 106; BGH NJW 00, 3346, BGH NJW 04, 2228). Ergeben sich nachträglich Änderungen, so verpflichtet die Rspr zu entspr Richtigstellung/Ergänzung (BGHZ 123, 106; BGH ZIP 04, 312; Jena ZIP 05, 904). Der Kreis der Personen, die für Richtigkeit und Vollständigkeit des Prospekts haftungsrechtlich verantwortlich gemacht werden können, wird von der Rspr weit gezogen: Gründer, Initiatoren und Gestalter der Gesellschaft (BGHZ 71, 284; 115, 213; BGH NJW 95, 1025; BGH ZIP 04, 606) sowie alle Personen, die hinter der Gesellschaft stehen und auf Geschehen und Gestaltung des konkreten Modells entscheidenden Einfluss ausüben (BGHZ 79, 337; 115, 213; BGH NJW 95, 1025; 01, 360). Erfasst sind zudem alle Garanten des Prospekts wie Wirtschaftsprüfer, Steuerberater und Rechtsanwälte für die Informationen, für die sie eine Garantie übernommen haben (BGHZ 77, 172, 178; 79, 337, 349). Für die sog **uneigentliche Prospekthaftung** gelten die Grundsätze der cic (§ 311 II, III).

65 **II. Kauf-/Werk-/Miet-/Reisevertrag.** Der **Verkäufer** verletzt seine Pflichten, wenn er eine mangelhafte Sache liefert (arg ex § 433 I 2, s dort Rn 5); der **Unternehmer**, wenn er ein mangelhaftes Werk liefert (arg ex § 633 I, s dort Rn 11). Eine Untersuchungspflicht hinsichtlich der Kaufsache trifft den Verkäufer nach hA grds nicht (vgl BGH NJW 68, 2238; 81, 1269; Ausnahme: Besonders hochwertige oder fehleranfällige Produkte bzw besondere Sachkunde des Verkäufers, Palandt/*Heinrichs* § 280 Rn 19). Allerdings verlangt § 311 a II nunmehr doch ein Gewisses Maß an Vergewisserung (s § 276 Rn 14). Zwischen Verkäufer und Käufer kann ein zusätzlicher Beratungsvertrag zustande gekommen sein, der im Falle einer Verletzung der hieraus resultierenden Beratungspflichten zu einem konkurrierenden Anspruch ebenfalls aus § 280 I führen kann (s BGH NJW 97, 3227; 99, 3192 sowie oben Rn 13). Die Haftung des **Vermieters** und des **Reiseveranstalters** für Mängel ist in §§ 536a und 651f geregelt. § 280 greift hier nur dann ein, wenn es sich um eine nicht §§ 536a, 651f unterfallende Pflichtverletzung handelt.

66 **III. Rechtsanwalts-/Steuerberaterhaftung. Rechtsanwälte:** Der Rechtsanwalt ist zu einer **umfassenden** und **möglichst erschöpfenden Belehrung** des Mandanten verpflichtet (BGH NJW 88, 563, 566; 91, 2079; BGH NJW-RR 90, 1241), es sei denn, dass dieser zu erkennen gegeben hat, dass er nur hinsichtlich einer bestimmten Richtung der Beratung bedarf (BGH NJW 96, 2931; 97, 2168, 2169); die Rechtskundigkeit des Mandanten schränkt die Aufklärungsverpflichtung des Rechtsanwalts indes nicht ein (BGH NJW 92, 820). Der Rechtsanwalt ist auch zur Aufklärung über etwaige konkrete wirtschaftliche Gefahren des beabsichtigten Vorgehens sowie über erforderliche Vorsichtsmaßnahmen verpflichtet (BGH NJW 98, 900). Von Bedeutung ist zudem die Verpflichtung des Rechtsanwalts, sicherzustellen, dass seinem Mandanten keine Rechtsnachteile durch eine **Verjährung** des Anspruchs entstehen können – er muss daher den Beginn und die Länge der Verjährungsfrist prüfen (Ddorf VersR 89, 850) und für rechtzeitige Hemmung oder einen Neubeginn der Verjährung sorgen (BGH NJW 81, 2741; 92, 840). Es gilt – wie für die gesamte Mandatsbetreuung – das **Gebot des sichersten Weges** (BGH NJW 81, 2741, 2742; 88, 487, 566; BGH NJW-RR 90, 204, 205), wenn der Rechtsanwalt Zweifel hinsichtlich des Endes der Verjährungsfrist hat (BGH NJW 81, 2741); die Rspr geht so weit, dass sie die Haftung des Erstanwalts nicht entfallen lässt, obwohl auch der erst später tätig gewordene Rechtsanwalt die Verjährung noch hätte verhindern können (BGH NJW-RR 05, 1146). Der Rechtsanwalt ist zur Kenntnis aller einschlägigen, auch aus neuester Zeit stammenden Gesetze, verpflichtet (BGH NJW 71, 1704; 78, 1486; 82, 96, 97). Zudem muss er sich über den Stand der höchstrichterlichen Rspr durch die fortlaufende Lektüre von Fachzeitschriften informieren (BGH NJW 52, 425; 79, 877; 01, 675). Im Interesse des Mandanten soll der Rechtsanwalt sich an den Ergebnissen der höchstrichterlichen Rspr orientieren (BGH NJW 93, 3323, 3324). Er ist verpflichtet, **Weisungen des Mandanten** zu befolgen (Köln NJW-RR 94, 955, 956), vgl §§ 675 I, 665. Wird ein Prozess eingeleitet, so hat der Rechtsanwalt **alle für einen Prozesserfolg notwendigen Maßnahmen** zu treffen, etwa die notwendigen Beweisanträge zu stellen und Beweise im Interesse seines Mandanten zu sichern (BGH NJW 93, 2676). Geht es um die Annahme eines **Vergleichsvorschlags**, so hat der Rechtsanwalt sorgfältig über das Für und Wider zu beraten (Oldbg NJW-RR 91, 1399; *Edenfeld* MDR 01, 972); er darf den Vergleich ohne Einholung der Zustimmung des Mandanten nicht abschließen, falls eine von diesem für wichtig gehaltene Rechtsposition in dem Vergleich nicht gewahrt würde (BGH NJW 93, 1325;

BGH NJW-RR 96, 567; Ausnahme: Widerrufsvorbehalt, Hamm FamRZ 97, 939). Der Mandant ist in geeigneten Fällen auf die Möglichkeit hinzuweisen, dass PKH beantragt werden kann (BVerfG-Ka NJW 00, 2494). Besteht eine Rechtsschutzversicherung, so muss die Deckungspflicht geklärt werden (Nürnbg NJW-RR 89, 1370). Auf die fehlende Kostenerstattungspflicht im Arbeitsgerichtsverfahren ist hinzuweisen (Ddorf AnwBl 87, 283). Zur Verjährung der gegen den Rechtsanwalt wegen Pflichtverletzung gerichteten Ansprüche und insbes zur sog Sekundärverjährung § 195 Rn 3.

Steuerberater: Das Tätigkeitsfeld des Steuerberaters und damit einhergehend auch seine jeweiligen Verpflichtungen orientieren sich an Inhalt und Umfang des erteilten Mandats (BGHZ 128, 358, 361). Er ist verpflichtet, die iRd Auftrags liegenden steuerlichen Interessen seines Mandanten umfassend wahrzunehmen (BGH NJW 98, 1221) und – ebenso wie der Rechtsanwalt (s.o. Rn 66) – den für seinen Mandanten **sichersten Weg** zu wählen (BGH NJW-RR 92, 1110, 1112). Seine Belehrungs- und Hinweispflicht umfasst alle auftretenden steuerlichen Fragen und die Möglichkeit von Steuerersparnissen (Stuttg NJW-RR 90, 791, 792). Der Steuerberater hat jede unrichtige Beurteilung einer steuerlichen Frage zu vertreten (BGH NJW-RR 95, 620, 621). Er muss die einschlägige Rspr des BFH kennen (BGH NJW-RR 93, 212; 95, 620, 621). Für die Abgabe von Steuererklärungen maßgebende Fristen sind für das Vertragsverhältnis Steuerberater – Mandant nur dann verbindlich, wenn diese zum Vertragsinhalt gemacht wurden (BGHZ 115, 382). Es gilt die Vermutung, dass sich der Mandant bei ordnungsgemäßer Beratung aufklärungsrichtig verhalten hätte (Palandt/*Heinrichs* 280 Rn 77). Den Steuerberater trifft die Darlegungs- und Beweislast, wenn er geltend machen will, dass ein durch eine von ihm empfohlene Maßnahme entstandener Steuernachteil auch ohne diese Maßnahme entstanden wäre (BGH NJW 83, 1053). Zur Verjährung und auch hier zur sog Sekundärverjährung vgl § 195 Rn 3. 67

IV. Sonstige. Ärzte: Neben seinen allgemeinen (va Aufklärungs-)Pflichten, die zumeist unter § 823 fallen werden (s dort Rn 200 ff), können den Arzt auch Pflichten zur Wahrung der Vermögensinteressen des Patienten treffen, so zB, wenn Zweifel hinsichtlich der Eintrittspflicht des Versicherers bestehen (BGH NJW 83, 2630); allerdings muss sich dem Arzt die Möglichkeit einer wirtschaftlichen Schädigung aufdrängen (Köln NJW 87, 2304; Hamm NJW-RR 91, 1141; Bremen, NJW 92, 2366; Ddorf NJW-RR 00, 906). Der Arzt unterliegt einer Schweigeverpflichtung (BGH NJW 68, 2288). Zur Beweislast für das Vertretenmüssen s.o. Rn 21-23 sowie *Spickhoff* NJW 02, 2530 ff. Hinsichtlich der **Kausalität** kommt es zur Beweislastumkehr, wenn der Arzt einen **groben Behandlungsfehler** (zum Begriff: BGHZ 138, 1, 6; BGH NJW 96, 2428) zu vertreten hat, und dieser geeignet war, den tatsächlich eingetretenen Schaden herbeizuführen (BGHZ 72, 132, 136; BGHZ 126, 217, 223 und st Rspr). Dem groben Behandlungsfehler hat die Rspr die Behandlung durch einen nicht hinreichend qualifizierten Mediziner (BGHZ 88, 248, 257 und BGH NJW 94, 3008 f [jeweils Assistenzarzt]) **gleichgestellt**. In einer Reihe weiterer Fälle kommen dem Patienten Beweiserleichterungen zugute, nämlich bei Mängeln der ärztlichen Dokumentation (BGHZ 72, 132, 139; BGH NJW 96, 780), bei groben Organisationsfehlern (BGH NJW 94, 1594, 1595) sowie beim Fehlen einer gebotenen Befunderhebung und Befundsicherung (BGHZ 132, 47; BGHZ 138, 1). 68

Arbeitsverhältnisse: Die Fürsorgepflicht des **Arbeitgebers** (s hierzu u zu den anderen sich aus dem Arbeitsverhältnis ergebenden Verpflichtungen des Arbeitgebers § 611 Rn 91 ff) umfasst die ordnungsgemäße Einrichtung und Organisation des Arbeitsablaufs; der Arbeitnehmer muss im Falle einer Verletzung lediglich den ordnungswidrigen Zustand der Betriebsräume oder des Arbeitsablaufs beweisen, der Arbeitgeber hingegen hat nachzuweisen, dass ihn an dieser Ordnungswidrigkeit kein Verschulden trifft (BAG AP Nr 1 zu § 618 = BAG BB 56, 692). Verletzt der **Arbeitnehmer** eine sich für ihn aus dem Arbeitsverhältnis ergebende Pflicht (s hierzu § 611 Rn 62 ff), so trifft den Arbeitgeber, der einen Anspruch aus § 280 geltend machen will, die volle Darlegungs- und Beweislast (Staud/*Otto* [2004] § 280 Rn F 38). Im Blick auf § 619a (s dort Rn 2) gilt dies entgegen § 280 I 2 auch für ein Verschulden des Arbeitnehmers, da der Arbeitgeber das Organisationsrisiko trägt. Eine Beschränkung dieses Grundsatzes auf solche Fallgestaltungen, in denen der Schaden durch eine betriebliche Tätigkeit verursacht wird, erscheint geboten (so auch Staud/*Otto* [2004] § 280 Rn F 39). Im Falle der **Mankohaftung** ergibt sich die Pflichtverletzung des Arbeitnehmers bei alleinigem Zugriff auf den Kassenbestand daraus, dass er den Fehlbetrag und damit den Vermögensschaden des Arbeitgebers hat entstehen lassen (BAG AP Nr 1 zu § 611). Ansonsten gilt für die Darlegungs- und Beweislast des Arbeitgebers das soeben gesagte (Staud/*Otto* [2004] § 280 Rn F39). 69

Architekten: Ebenso wie beim Steuerberater (s.o. Rn 67), orientieren sich auch die Pflichten des Architekten an dem mit seinem Auftraggeber abgeschlossenen Vertrag (BGHZ 133, 399; BGH NJW 99, 427). Die Rspr fordert, dass der Architekt die für die Durchführung seiner Aufgabe erforderliche Fachkenntnis hat (BGH NJW-RR 03, 1454). Hat er diese (in Teilbereichen) nicht, dann muss er Fachleute hinzuziehen bzw den Auftraggeber in Kenntnis setzen und ihm gegenüber auf die Einschaltung von Fachleuten hinwirken (BGH NJW 01, 1276). Als Sachwalter seines Auftraggebers (Palandt/*Sprau* § 631 Rn 19) ist er diesem gegenüber zur umfassenden Information, Betreuung und Beratung verpflichtet (Ddorf NZBau 02, 457). 70

Weitere Einzelfälle: Ein **Beförderungsvertrag** beinhaltet regelmäßig die Verpflichtung des den Geschehensablauf beherrschenden Transporteurs, den Fahrgast oder die beförderten Güter unversehrt an ihr Ziel zu bringen (etwa BGHZ 8, 239 [Personenbeförderung]). Ein Gastwirt wird durch den **Beherbergungs- und Gastaufnahmevertrag** verpflichtet, für den gefahrlosen Zustand der überlassenen Einrichtungen und 71

Räume zu sorgen (Staud/*Otto* [2004] § 280 Rn F 53); hierzu gehört auch die Sicherung vor randalierenden Gästen (KG VersR 72, 157). Der **Heimpflegevertrag** verpflichtet den Träger, für die körperliche Unversehrtheit der Heimbewohner zu sorgen (BGH NJW 05, 1937; 05, 2613). Ein **Mobilfunkunternehmen** muss im Falle der Versendung einer Telefonkarte zusammen mit der PIN-Nummer Schutzmaßnahmen ergreifen, um zu verhindern, dass eine unkontrollierte Aushändigung an unberechtigte Personen erfolgt (LG Rottweil NJW-RR 05, 1187). Zu den einem **Sachverständigen** obliegenden Pflichten vgl § 839 a Rn 1–4. Der **Wirtschaftsprüfer** haftet ggü dem Kreditgeber für die Richtigkeit des von ihm geprüften Abschlusses (Palandt/*Heinrichs* § 280 Rn 87).

§ 281 Schadensersatz statt der Leistung wegen nicht oder nicht wie geschuldet erbrachter Leistung

(1) ¹Soweit der Schuldner die fällige Leistung nicht oder nicht wie geschuldet erbringt, kann der Gläubiger unter den Voraussetzungen des § 280 Abs. 1 Schadensersatz statt der Leistung verlangen, wenn er dem Schuldner erfolglos eine angemessene Frist zur Leistung oder Nacherfüllung bestimmt hat. ²Hat der Schuldner eine Teilleistung bewirkt, so kann der Gläubiger Schadensersatz statt der ganzen Leistung nur verlangen, wenn er an der Teilleistung kein Interesse hat. ³Hat der Schuldner die Leistung nicht wie geschuldet bewirkt, so kann der Gläubiger Schadensersatz statt der ganzen Leistung nicht verlangen, wenn die Pflichtverletzung unerheblich ist.
(2) Die Fristsetzung ist entbehrlich, wenn der Schuldner die Leistung ernsthaft und endgültig verweigert oder wenn besondere Umstände vorliegen, die unter Abwägung der beiderseitigen Interessen die sofortige Geltendmachung des Schadensersatzanspruchs rechtfertigen.
(3) Kommt nach der Art der Pflichtverletzung eine Fristsetzung nicht in Betracht, so tritt an deren Stelle eine Abmahnung.
(4) Der Anspruch auf die Leistung ist ausgeschlossen, sobald der Gläubiger statt der Leistung Schadensersatz verlangt hat.
(5) Verlangt der Gläubiger Schadensersatz statt der ganzen Leistung, so ist der Schuldner zur Rückforderung des Geleisteten nach den §§ 346 bis 348 berechtigt.

1 **A. Allgemeines.** § 281 enthält sowohl den Kern der Regelung der **Konkurrenz von Schadensersatz- und Erfüllungsanspruch** als auch der **Schadensabrechnung** über den von der **Pflichtverletzung** betroffenen Vertragsteil **hinaus**. Der Gläubiger kann sich durch Fristsetzung nach § 281 I die Möglichkeit verschaffen, zwischen den Rechtsbehelfen Schadensersatz- und Erfüllungsanspruch zu wählen (s Rn 19). Die endgültige Umwandlung in den Schadensersatzanspruch bewirkt allerdings erst das „Verlangen" des Schadensersatzes (unscharf Jauernig/*Stadler* § 281 Rn 1). Zum Anwendungsbereich der Regelung s § 280 Rn 1. **Anspruchsgrundlage** bleibt § 280.

2 Die Vorschrift erfasst **alle Schuldverhältnisse**, bei denen eine Konkurrenz von Schadensersatz und Erfüllungsanspruch in Betracht kommt. Dazu zählen auch Rückgewähransprüche nach Rücktritt oder Kündigung; dazu zählt auch die Rückgabe überlassener Gegenstände nach ordentlicher Kündigung wie insbes § 546 (BGHZ 56, 308, 312; s § 280 Rn 44). § 281 gilt selbstverständlich auch für Geldansprüche (unrichtig Palandt/*Heinrichs* § 281 Rn 5). Das ist insbes in Fällen der Annahmeverweigerung der durch diese zu entgeltenden Leistung von Interesse, wenn der Preisgläubiger keine Zug-um-Zug-Verurteilung anstrebt, sondern sich vom Vertrag lösen will. Zu dinglichen Ansprüchen s § 280 Rn 44.

3 **B. Schadensersatz statt der Leistung.** Die **Grundgedanken** des Schadensersatz statt der Leistung – die Konkurrenz von Schadensersatz und Erfüllung sowie das Recht zur zweiten Andienung (s § 280 Rn 36) – beherrscht nicht nur die Frage der Qualifikation des Schadens (s § 280 Rn 37), sondern auch die Ausfüllung der zusätzlichen Voraussetzungen der Ersatzfähigkeit. Das gilt sowohl für die Angemessenheit der Frist (Rn 6) als auch für die Klärung der Frage nach der Entbehrlichkeit der Fristsetzung (Rn 10 ff) und dabei insbes für die Konkretisierung der Generalklausel in § 281 II Alt 2 (Rn 16–18).

4 **I. Voraussetzungen.** § 281 begründet zusätzliche Voraussetzungen nur für solche Fälle, in denen der **Tatbestand des § 280** erfüllt ist. Nur insoweit kommt es auf Pflichtverletzung und Vertretenmüssen an. Nicht etwa ergibt sich aus dem Umstand, dass Schadensersatz statt der Leistung verlangt wird, eine abweichende Anforderung an die **Pflichtverletzung**; diese bleibt jeweils **identisch** (s § 280 Rn 10 ff). Nicht etwa werden die Voraussetzungen von § 281 in § 280 I 1 hineingelesen (s vor § 275 Rn 7; problematisch daher Jauernig/*Stadler* § 281 Rn 16 [„Schaden, dass der Schuldner bei Fristablauf nicht geleistet hat"]). Auf diese Pflichtverletzung bezieht sich auch das **Vertretenmüssen**. Liegt dieses erst später vor als die (besser: der Beginn der) Pflichtverletzung ist dies hinreichend (Köln ZGS 06, 77 [in concreto Vertretenmüssen verneint]; vgl BGH NJW 05, 2852); dabei geht es freilich nicht um das Vertretenmüssen des Ausbleibens der Nacherfüllung (missverständlich *Tiedtke/Schmidt* 178 f) als vielmehr der Pflichtverletzung, die sowohl dem ursprünglichen Erfüllungsanspruch als auch dessen Modifikation im Nacherfüllungsanspruch zugrunde liegt. Keine Voraussetzung von

§ 281 ist der Verzug des Schuldners (Jauernig/*Stadler* § 281 Rn 16), der aber vielfach vorliegen wird (s Palandt/*Heinrichs* § 281 Rn 7 [im Einzelnen freilich missverständlich]).

1. Fristsetzungserfordernis. Will der Gläubiger wegen Verletzung der Pflicht hinsichtlich einer Leistung seinen Schaden, dh sein Erfüllungsinteresse geltend machen, dann muss er nach § 281 I 1 zunächst **erfolglos eine angemessene (Nach-)Frist** gesetzt haben (generell zum Nachfristmodell *Wolf/Lange* FS Kilian, 801-815). Dabei handelt es sich um eine geschäftsähnliche Erklärung, auf die die §§ 104 ff Anwendung finden; sie ist lediglich rechtlich vorteilhaft iSv § 107 (Palandt/*Heinrichs* § 281 Rn 9). Die Fristsetzung muss hinreichend bestimmt eine Frist mit zumindest berechenbarem Ende bezeichnen – mehrfaches oder ständiges Mahnen genügt nicht; ausnahmsweise soll die Aufforderung zu „unverzüglicher Leistung" genügen können (RGZ 75, 354, 357), derartige Fälle sollten jedoch unter § 281 II Alt 2 als solche der Entbehrlichkeit der Frist behandelt werden (s Rn 16, 17). Die Erklärung des Gläubigers muss den betroffenen Anspruch hinreichend genau bezeichnen (*Huber/Faust* 118). Eine Fristsetzung **vor Fälligkeit** ist grds **unwirksam** (AnwK/*Dauner-Lieb* § 281 Rn 21); unschädlich ist jedoch, wenn mit der Fristsetzung zugleich die Fälligkeit begründet wird (*Derleder/Zänker* NJW 03, 2777, 2778). Daher muss es dem Gläubiger auch möglich sein, vor Fälligkeit eine Frist so zu setzen, dass sie innerhalb angemessener Zeit nach Fälligkeit endet. Zulässig ist außerdem im Falle einer Leistungsverweigerung vor Fälligkeit (s § 280 Rn 15) die fristbewehrte Aufforderung an den Schuldner, seine Leistungsbereitschaft zu erklären (s BGH NJW 83, 989, 990); im Blick auf § 281 II Alt 1 (s.u. Rn 11), ist diese jedoch für die Ersatzfähigkeit des Schadens nicht erforderlich.

Die gesetzte **Frist muss angemessen** sein. Die angemessene Länge hängt von den Umständen, insbes vom Inhalt der Pflicht und der Art ihrer Verletzung ab; diese Maßstäbe sind objektive (BGH NJW 85, 2640, 2641). Da die Frist nur die letzte Gelegenheit sein soll, die Erfüllung zu vollenden, ist die Nachfrist keine „Ersatzleistungsfrist" (BGH NJW 85, 855, 857; 85, 2640; 85, 320, 323), sondern „letzte Chance" (BGH NJW 05, 1348, 1350). Außerdem ist zu beachten, dass – jedenfalls beim einfachen Schadensersatz statt der Leistung – keine Aufhebung des Vertrages, sondern lediglich die Beseitigung des Vorrangs der Erfüllung in Natur in Rede steht. Denkbar erscheint es jedenfalls dann, dass eine Frist nach § 281 I 1 kürzer ist als eine solche nach § 323 I (*Schlechtriem/Schmidt-Kessel* Schuldrecht AT Rn 625). Die unangemessen kurze Frist setzt eine angemessene Frist in Lauf (s BGH NJW 96, 1814).

Wo nach der Art der Pflichtverletzung eine Fristsetzung zur Leistung nicht in Betracht kommt, etwa bei Unterlassungspflichten oder manchen Schutzpflichten, tritt nach § 281 III an die Stelle der Fristsetzung eine **Abmahnung**. Dies entspricht der allgemeinen Erkenntnis, dass der Mechanismus der Fristsetzung für manche Pflichtentypen und Verletzungskonstellationen ungeeignet ist (s §§ 314 II, 323 III), vor allem weil sich eine einmal erfolgte Pflichtverletzung nicht wieder beseitigen lässt. Das gilt vor allem für **Unterlassungspflichten**. Aber auch eine einmal eingetretene Verspätung lässt sich durch eine spätere Nachholung der Leistung nicht mehr aus der Welt schaffen. Dieses vor allem für **Dauerschuldverhältnisse** bedeutsame (vgl § 314 II) – und im Arbeitsvertragsrecht bis in die feinste Verästelungen hinein entwickelte (ErfK/*Müller-Glöge* § 626 Rn 45) – Instrument, greift bei Austauschverträgen bei der Verletzung von **Schutzpflichten** (s § 241 Rn 15 ff) ein. Sind bspw bei einem Sukzessivlieferungsvertrag acht Teillieferungen vereinbart und kommt bereits die erste verspätet, aber noch innerhalb der vom Käufer gesetzten Nachfrist, dann kann die Abmahnung dem Käufer für den Wiederholungsfall den Weg zum Schadensersatz statt der Leistung öffnen. Die Abmahnung ist die **ernsthafte Aufforderung** an den Schuldner, **weitere Pflichtverletzungen zu unterlassen**.

Fristsetzung und Abmahnung bedürfen **keiner besonderen Form** und **keines festgelegten Inhalts** – jedenfalls nicht im allgemeinen Schuldrecht (vgl Staud/*Otto* § 323 Rn B40). Insbes ist – anders als nach § 326 aF – **keine Androhung**, dass der Gläubiger nach Fristablauf nicht mehr abnehmen werde, oder anderer rechtlicher Konsequenzen, erforderlich. Man hat auf die Ablehnungsandrohung verzichtet, weil ihre Notwendigkeit Nichtjuristen offenbar vielfach nicht bekannt war, vor allem aber allzu freundliche Formulierungen – wie unter Vertragspartnern, die ihre Geschäftsbeziehung nicht gefährden wollen, üblich und ratsam – Auslegungsprobleme verursacht haben. Gleichwohl ist dem Gläubiger zu empfehlen, seine Fristsetzung auch nach neuem Recht nicht nur als freundliche Erinnerung zu formulieren, wenn sie eindeutigen Nachfristcharakter haben soll, etwa durch deutliches Verlangen der Erfüllung bis zum gesetzten Termin. Die Vereinbarung einer **Ablehnungsandrohung in AGB** soll nach Auffassung Mancher gegen § 307 II Nr 1 verstoßen (etwa *Schwab* JR 03, 133, 138 f). Das ist in dieser Allgemeinheit freilich unrichtig, zumal die immerhin im Verordnungsrang stehenden §§ 4 Nr 7, 5 Nr 4 VOB/B eine Ablehnungsandrohung nach wie vor vorsehen.

Die **Frist** ist **gewahrt**, wenn der Schuldner bis zum bezeichneten Termin leistet; insoweit gelten die allgemeinen Regeln der §§ 269-271. Die rechtzeitige Vornahme der **Leistungshandlung** soll dabei auch dann ausreichen, wenn der Erfolg erst nach Fristablauf eintritt (s BGHZ 12, 267, 268 f); das gilt freilich dann nicht, wenn der Schuldner von vornherein den Erfolg schuldet und es nicht ausnahmsweise – wie etwa bei § 270 – für die Rechtzeitigkeit dennoch auf die Leistungshandlung ankommt; eine dieser Ausnahmen ist auch der Versendungskauf (s BGHZ 12, 267, 268 f). Bei unvollständigen oder mangelhaften Leistungen hängt die Fristwahrung vom Bestehen eines Zurückweisungsrechts und dessen Ausübung ab (s § 266 Rn 8; AnwK/*Schmidt-Kessel* §§ 294-296 Rn 10 ff). Nimmt der Gläubiger in einem solchen Fall die defizitäre Leistung – ohne Rechtsverlust – an, ist umstritten, ob es einer erneuten Frist bedarf (dafür Palandt/*Heinrichs* § 281 Rn 12; dagegen

AnwK/*Dauner-Lieb* § 281 Rn 15). Richtigerweise ist das Erfordernis einer erneuten Fristsetzung abzulehnen, weil das Fristsetzungserfordernis angesichts der durch die Schuldrechtsreform bewirkten Gleichrangigkeit der Rechtsbehelfe (s vor § 275 Rn 10) als Ausnahme vom Regelfall eng auszulegen ist.

10 **2. Entbehrlichkeit der Fristsetzung.** Fristsetzung, dh eine **letzte Chance** für den Schuldner, kann in bestimmten Situationen **entbehrlich** sein, so dass sofort mit Eintritt der zu vertretenden Pflichtverletzung Schadensersatz statt der Leistung verlangt werden kann. Die einschlägigen Fallkonstellationen entsprechen weitestgehend denjenigen beim Rücktritt (s § 323 Rn 27 sowie *Schlechtriem/Schmidt-Kessel* Schuldrecht AT Rn 519 ff). Das in der Entbehrlichkeit der Fristsetzung verschlüsselte **besondere Gewicht der Vertragsstörung** nach § 323 I muss erstrecht die Beseitigung des Vorrangs der Naturalerfüllung gegenüber dem Schadensersatz nach sich ziehen. Zugleich steht hinter vielen Fällen der Entbehrlichkeit der Gedanke, dass eine Fristsetzung dann auch sinnlos, eine „nutzlose Förmelei", wäre (s Naumbg NJW 04, 2022). Die einschlägigen Regelungen finden sich vor allem in den §§ 281 II, 282, 283; darüber hinaus finden sich einige weitere Regelungen.

11 **a) Gesetzlich genannte Fälle.** § 281 II Alt 1 ordnet dies zunächst für den Fall der **ernsthaften und endgültigen Erfüllungsverweigerung** durch den Schuldner an; eine Fristsetzung wäre in diesem Fall überflüssig (BGH NJW 02, 1571, 1573). Hier sind – vor allem an die Endgültigkeit der Verweigerung – strenge **Anforderungen** zu stellen, die jedoch im Blick auf die Aufwertung des Schadensersatzanspruchs gegenüber dem alten Recht (s dazu BGHZ 104, 6, 13; 115, 286, 297) **etwas zu lockern** sind; jedenfalls kann die Verweigerung konkludent erfolgen (s BGH 21. 12. 05, VIII ZR 49/05, Nr 24 f, n v). Ausreichend sind die ernsthafte Erklärung des Schuldners, den Vertrag zu beendigen (s BGH NJW 00, 506, 507), die Stellung eines Antrags auf Klageabweisung (BGH NJW 84, 1460) oder das Bestreiten, Vertragspartei zu sein (s BGH NJW 05, 1348 [in casu verneint]). Nicht ausreichend ist hingegen das schlichte Bestreiten eines Mangels als Verweigerung der Nachbesserung (BGH 21. 12. 05, VIII ZR 49/05, Nr 25, n v [weitere Umstände erforderlich]) oder die Ankündigung, den Leistungstermin nicht einhalten zu können (Hamm NJW-RR 96, 1098; anders bei § 286 II Nr 3, s dort Rn 19); letzteres gilt freilich nicht, wenn die angekündigte Verspätung die – sonst zu setzende – angemessene Frist übersteigt (BGH NJW-RR 03, 13). Hingegen genügt die Erklärung des Gebrauchtwagenvermittlers, ein Mangel falle nicht unter die vereinbarte Garantie, nicht als Verweigerung der Nacherfüllung (BGH NJW 05, 1348 f). Die Verweigerung vor Fälligkeit genügt (Jauernig/*Stadler* § 281 Rn 9). Nach zutreffender Auffassung kommt es nicht darauf an, ob der Schuldner berechtigterweise verweigert hat (s Jauernig/*Stadler* § 281 Rn 9), sofern ein Verweigerungsrecht, etwa §§ 273, 320, nicht bereits die Pflichtverletzung als solche ausschließt. Damit kommt § 281 II Alt 1 insbes auch dann zur Anwendung, wenn sich der Schuldner – zu Recht oder zu Unrecht – auf ein Hindernis iSv § 275 I-III beruft (s *Schlechtriem/Schmidt-Kessel* Schuldrecht AT Rn 520).

12 Entbehrlich ist die Fristsetzung außerdem, wenn dem Schuldner eine **Einwendung oder Einrede nach § 275** zusteht, § 283 (s dort Rn 1). Freilich ist diese Vorschrift **weitgehend entbehrlich**, weil in der Berufung des Schuldners auf § 275 stets eine ernsthafte und endgültige Erfüllungsverweigerung zu sehen ist. Praktische Relevanz entfaltet § 283 daher nur, sofern sich der Schuldner auf einen Fall des § 275 I nicht beruft; bei den Einreden nach § 275 II und III ist die Berufung auf die Unzumutbarkeit hingegen ohnehin erforderlich, so dass § 281 II Alt 1 stets erfüllt ist.

13 Unabgängig von der richtigen Einordnung der Vorschrift (s.u. Rn 29) enthält schließlich auch § 282 die Regelung, dass die Fristsetzung keine Voraussetzung für den Ersatz des von der Vorschrift erfassten Schadens darstellt (s § 282 Rn 5).

14 Das Gesetz enthält eine Reihe **weiterer Fälle**, in welchen die Setzung einer Frist entbehrlich ist. Das gilt zunächst für die weiteren Fälle neben § 275, in welchen der Vorrang des Erfüllungsanspruchs bereits dadurch entfällt, dass dieser ausgeschlossen ist: Einschlägig ist insbes **§ 340 I 2**. Da der Erfüllungsanspruch danach durch das Strafverlangen erlischt, bedarf es für den Schadensersatz statt der Leistung keiner zusätzlichen Nachfrist. Entbehrlich ist die Frist außerdem nach § 325, wenn der Gläubiger vom Vertrag zurückgetreten ist: Ist der Gläubiger vom Vertrag zurückgetreten, hat er keinen Erfüllungsanspruch mehr, der mit dem Schadensersatz konkurrieren könnte.

15 Daneben ergänzt das **besondere Schuldrecht** die geschriebenen Fälle einer Entbehrlichkeit der Fristsetzung an einigen Stellen durch eine **bewusste Erweiterung des Katalogs** nach §§ 281 II, 282, 283, namentlich in §§ 440 (dazu BGH 21. 12. 05, VIII ZR 49/05, Nr 22, n v), 478 I, 636. Sehr viel zahlreicher noch sind die Vorschriften, in welchen das Fristsetzungserfordernis bereits dadurch verfällt, dass sie eigene Schadensersatzansprüche ohne ein solches gewähren. Hier ist letztlich die Anpassung an das neue Schuldrecht noch nicht vollzogen. Das gilt etwa für die Schadensersatzansprüche nach § 536a (wegen Mängeln der Mietsache) oder nach §§ 375, 376 I 2 HGB (für den Handelskauf).

16 **b) Ausfüllung der Generalklausel in § 281 II Alt 2.** Wie beim Rücktritt ist die **Liste der Entbehrlichkeitsfälle** beim Schadensersatz statt der Leistung **nicht abschließend**. Dies verdeutlicht die **Generalklausel in § 281 II Alt 2**. Sie erklärt die Fristsetzung in solchen Fällen für entbehrlich, die dem Gewicht der Störung nach den geschriebenen Fällen gleichkommen. Ein Grund dafür kann auch in dem Umstand liegen, dass der mit der Fristsetzung verbundene Zeitverlust mit dem Risiko eines wesentlich größeren Schadens verbunden ist (BGH ZGS 05, 433, 434; Palandt/*Heinrichs* § 281 Rn 15). Das gilt etwa für den Fall des ins Ausland verzogenen

Schuldners (Köln NJW-RR 03, 802) oder den der verspätungsbedingte Nichtabnahme von Ware durch die Abnehmer des Gläubigers, so der Weiterverkauf dem Vertrag zugrunde lag (s BGH NJW-RR 98, 1489, 1491). Die (Putativ-)Lebensgefahr für ein zuvor gekauftes Tier rechtfertigt eine tierärztliche Notfallbehandlung ohne Fristsetzung im Blick auf die Infektion (BGH ZGS 05, 433 f.; BGH ZGS 06, 113, 114); bei einmal legitimerweise begonnener Behandlung muss der Tierarzt auch nicht mehr gewechselt werden (BGH ZGS 05, 433, 434). Der Umstand allein, dass ein Tier, welches nicht aus wirtschaftlichem, sondern aus persönlichem Interesse erworben wird, Gegenstand des Vertrags ist, schließt das Fristsetzungserfordernis nicht aus (BGH ZGS 06, 113, 114) Jedenfalls über § 281 II Alt 2 sind die Folgen einer Insolvenzeröffnung für das Fristsetzungserfordernis zu behandeln: Die **Insolvenz überwindet das Fristsetzungserfordernis** sofern nicht der Verwalter für die Erfüllung optiert, der Gläubiger kann die Entscheidung darüber nach § 103 II 2 und 3 InsO herbeiführen; bei Insolvenz eines Dritten soll § 283 anwendbar sein (s BGH BB 06, 291, 292). Hingegen genügt die Erklärung des Gebrauchtwagenvermittlers, ein Mangel falle nicht unter die vereinbarte Garantie nicht für die Entbehrlichkeit der Fristsetzung (den Fall s BGH NJW 05, 1348 [§ 281 II Alt 2 allerdings nicht geprüft]).

In Anwendung der Generalklausel lassen sich insbes auch solche Fälle bewältigen, für welche beim Rücktrittsrecht die Entbehrlichkeit der Fristsetzung gesichert ist: Das gilt insbes für das **Fixgeschäft**, welches in § 281 II anders als in § 323 II Nr 2 keine ausdrückliche Erwähnung gefunden hat (*Jaensch* NJW 03, 3613, 3614 f; *Hopt* HGB § 376 Rn 11; aA MüKo/*Ernst* § 281 Rn 59; Palandt/*Heinrichs* § 281 Rn 15). Auch insoweit greift die generelle Überlegung, dass die Entbehrlichkeit der Fristsetzung beim Rücktritt erstrecht geeignet sein muss, den Vorrang der Erfüllung vor dem Schadensersatz zu beseitigen. Die Bindung des „Leistungsinteresses an die Rechtzeitigkeit der Leistung" hat die Rspr früher mit der einprägsamen Formel umschrieben, der Vertrag solle mit der Rechtzeitigkeit „stehen oder fallen" (BGHZ 110, 88, 96 f). **Standardfall eines** solchen **Fixgeschäfts** ist der Verkauf von Saisonware, die nicht rechtzeitig – schlimmstenfalls nach Saisonende – geliefert wird. Dasselbe gilt etwa für Termingeschäfte (RGZ 108, 156, 158). Außerdem kann sich der Fixcharakter eines Geschäfts auch aus entspr Vereinbarungen insbes aus entspr Klauseln (fix, präzis, prompt) ergeben. Hierher gehört auch der im Regierungsentwurf angesprochene Fall des Just-in-time-Vertrags (BTDrs 14/6040, 140). Während nach altem Recht zwischen dem sog. relativen Fixgeschäft, welches ohne Fristsetzung ein Rücktrittsrecht nach § 361 aF eröffnete, und dem absoluten Fixgeschäft als Fall der Unmöglichkeit zu unterscheiden war, ist diese Unterscheidung nunmehr ohne Belang: Auf die Nachholbarkeit der Leistung zu einem späteren Termin kommt es für die Entbehrlichkeit der Fristsetzung nicht an. Eine Sondervorschrift für den Handelskauf enthält § 376 HGB. Hinsichtlich des Rücktritts unterscheidet sich die Vorschrift vor allem dadurch, dass der Gläubiger auch ohne Rücktritt seinen Erfüllungsanspruch verliert, wenn er sein Bestehen auf der Erfüllung nicht rechtzeitig nach § 376 I 2 HGB anzeigt.

Die künftige Entwicklung wird zeigen, ob auch im Hinblick auf **Art 3 V Verbrauchsgüterkaufrichtlinie** eine Fristsetzung dann entbehrlich ist, „wenn der Verkäufer nicht innerhalb einer angemessenen Frist Abhilfe geschaffen hat". Das Gemeinschaftsrecht, welches den Schadensersatz wegen Sachmängeln gerade nicht regelt, verlangt dies nicht. Jedoch lässt sich der angesprochene Erstrechtsschluss vom Rücktritt auf den Schadensersatz auch hier ziehen. Für den Rücktritt verlangt Art 3 V der Richtlinie, dass der Verbraucher bei Mangelhaftigkeit der Kaufsache eine „Vertragsauflösung" ua dann verlangen kann, „wenn der Verkäufer nicht innerhalb einer angemessenen Frist Abhilfe geschaffen hat." Damit verlangt die Richtlinie weniger als §§ 323, 437 Nr 2, 440 erforderlich ist: Der Setzung einer Frist durch den Gläubiger bedarf es nicht; es genügt, dass der Verkäufer Kenntnis von der Mangelhaftigkeit hat und nicht innerhalb angemessener Zeit nacherfüllt. Dieses **Umsetzungsdefizit** lässt sich – jedenfalls inter partes – durch Anwendung der Generalklausel des § 323 II Nr 3 bewältigen, was über § 325 auf § 281 II Alt zurückwirkt (Gebauer/Wiedmann/*Leible* §§ 433–480 Rn 82).

II. Rechtsfolgen. Rechtsfolge von § 281 I 1, II, III ist die **Ersatzfähigkeit des Schadens**, der mit dem Erfüllungsanspruch konkurriert (s § 280 Rn 37). Dessen Vorrang wird beseitigt; der Schadensersatz tritt nunmehr neben den Erfüllungsanspruch (s vor § 275 Rn 10). Dieser Vorgang ist **irreversibel**: Ist die Frist einmal verstrichen oder hat einmal Entbehrlichkeit vorgelegen, bleibt es – abgesehen von gegenteiligen Vereinbarungen der Parteien – bei der Ersatzfähigkeit des Schadens. Daran ändert auch der Umstand nichts, dass der Gläubiger auch nach Fristablauf noch auf Erfüllung drängt; er muss nicht etwa eine neue Frist setzen (BGH 20.1.06, V ZR 124/05, Nr 16, nv; unrichtig noch die Vorinstanz: Celle NJW 05, 2094). Allerdings kann der Schuldner eine Entscheidung des Schuldners erzwingen, indem er Erfüllung anbietet (s AnwK/*Schmidt-Kessel* §§ 294–296 Rn 17; Jauernig/*Stadler* § 281 Rn 15). Außerdem kann das Beharren auf der Erfüllung den späteren Übergang zum Schadensersatz als widersprüchliches Verhalten erscheinen lassen (insoweit im Ansatz zutreffend Celle NJW 05, 2094; s BGH 20.1.06, V ZR 124/05, Nr 23, nv).

Die Schwebelage des Wahlrechts zwischen den verschiedenen Rechtsbehelfen endet erst durch das „**Verlangen**" des Schadensersatz statt der Leistung nach § 281 **IV**. Dieses führt zum **Erlöschen des Erfüllungsanspruchs** und hat damit Gestaltungswirkungen. Zugleich enden Ansprüche auf Fälligkeitszinsen (BGH NJW 00, 71, 72). Zeitlich maßgebend ist insoweit der Zugang der Erklärung beim Schuldner (s BGH NJW 99, 3115). Beim Schadensersatz statt der Leistung erlischt der Anspruch auf die Gegenleistung nicht (aA Jauernig/*Stadler* § 281 Rn 14). Zum Schadensersatz statt der ganzen Leistung s.u. Rn 31, 32. § 281 IV kann nicht entspr auf das Verlangen der Erfüllung angewandt werden mit der Folge, dass der Gläubiger einer erneuten Fristsetzung bedarf (BGH 20. 1. 06, V ZR 124/05, Nr 19, nv).

21 **C. Schadensersatz statt der ganzen Leistung.** Um einen Schadensersatz statt der ganzen Leistung geht es immer dann, wenn der verlangte Schadensersatz **über das Maß der Pflichtverletzung hinaus** auf das Schuldverhältnis ausgreift (s *Schlechtriem/Schmidt-Kessel* Schuldrecht AT Rn 631). Die entscheidende Sachfrage ist also, inwieweit auch solche Teile des Schuldverhältnisses, die von der Pflichtverletzung nicht unmittelbar betroffen sind, durch diese „kontaminiert" werden (s § 280 Rn 46, 50). Die verbreitete **Gleichsetzung** des Schadensersatzes statt der ganzen Leistung **mit dem herkömmlichen „großen Schadensersatz"** ist **irreführend** (s § 280 Rn 47).

22 **I. Voraussetzungen.** Der Schadensersatz statt der ganzen Leistung setzt wie der statt der Leistung und §§ 280 I, II, 286 voraus, dass **der Tatbestand des § 280 I** erfüllt ist. Da mit ihm – zumindest hinsichtlich der weiteren Teile Schuldverhältnisses – Schadensersatz anstelle der Erfüllung in Natur verlangt wird, müssen außerdem jedoch immer die Voraussetzungen des Schadensersatzes statt der Leistung erfüllt sein. Kern der Regelungen zu den Voraussetzungen der Ersatzfähigkeit ist die Schwelle, deren Übersteigen es erlaubt, andere Teile des Vertrags in die Schadensabrechnung einzubeziehen.

23 **1. Partielle Störung.** Die **Grundregel** enthält § 281 I 2: Bei nur teilweiser Verletzung des Pflichtenprogramms kommt Schadensersatz statt der ganzen Leistung nur in Betracht, soweit der **Gläubiger** an den übrigen Teilen des Pflichtenprogramms **kein Interesse** hat. Dieses zusätzliche Erfordernis kann auf den Grundgedanken zurückgeführt werden, der auch der Regelung des Rücktrittsrechts für diese Situationen zugrunde liegt (§ 323 V 1, dazu dort Rn 33): Liquidation des ganzen Erfüllungsinteresses, dh Schadensersatz statt der ganzen Leistung (und nicht nur wegen der Teilstörung) kann nur verlangt werden, wenn die Pflichtverletzung hinreichend schwerwiegend ist.

24 Nach verbreiteter Auffassung setzt § 281 I 2 **Teilbarkeit** der Leistung und der Gegenleistung voraus (s BGH NJW 00, 1256; Kobl NJW-RR 92, 689; *Huber/Faust* S 128; *Jauernig/Stadler* § 281 Rn 21). Diese Auffassung ist freilich unter dem neuen Recht aufzugeben, weil es nach ihm nur noch um die **Unterscheidbarkeit verschiedener Pflichten** geht. Auch bei Unteilbarkeit bestimmt das Kriterium nach § 281 I 2 über die Berechtigung zum Schadensersatz statt der ganzen Leistung. Dementspr kommt es beim einfachen Schadensersatz statt der Leistung auch nicht zu einer Auftrennung (vgl zum alten Recht BGHZ 36, 316, 318).

25 Das maßgebende Kriterium ergibt sich aus der **Interessenlage des Gläubigers**, soweit sie auf der Basis des Vertragsinhalts **legitimerweise berücksichtigungsfähig** ist. Am Interesse des Gläubigers kann es etwa fehlen, wenn der vertragsgemäß durchgeführte Teil allein funktionslos ist (BGH NJW 90, 2549 [Überwachungslücken bei beauftragtem Privatdetektiv]; BGH NJW 90, 3011 [EDV-Anlage ohne Software]) oder wenn ein vollständiger Neuabschluss des Vertrages für ihn günstiger ist (BGH NJW 90, 2549, 2550).

26 Ein praktisch bedeutsamer Fall des Schadensersatz statt der ganzen Leistung ist der **Kündigungsschaden**, der bislang nur vereinzelt (§ 628 II, § 314 IV verweist lediglich) geregelt ist. § 281 I 2 erlaubt seine Abrechnung ohne Erklärung der Kündigung, wobei das Verlangen nach § 281 IV an die Stelle der Kündigungserklärung tritt. Die zu beendigenden Dauerschuldverhältnisse (auch Sukzessivlieferungsverträge) werden in aller Regel bis zum Kündigungszeitpunkt vollständig aufrechterhalten, weil **kein Interessenverlust für die Vergangenheit** eintritt.

27 **2. Sonderfall: Leistung „nicht wie geschuldet".** In § 281 I 3 enthält das Gesetz eine Regelung für den Fall, dass der Schuldner die „Leistung nicht wie geschuldet bewirkt". Ausgeschlossen ist der Schadensersatz statt der ganzen Leistung in diesen Fällen nur dann, wenn die Pflichtverletzung unerheblich ist; dadurch legt das Gesetz die **Latte erheblich niedriger** als in § 281 I 2. Über die **Unerheblichkeit** ist durch eine umfassende Abwägung der beteiligten Interessen – auch der des Schuldners – zu entscheiden. Anwendungsfälle der Unerheblichkeit sind selten (s *Jud* Schadensersatz bei mangelhafter Leistung S 297 f [„Was kein vernünftiger Mensch als Mangel empfindet"]; zu ersten öst Entscheidungen s *Jud* GPR 06, 72 f). Genannt werden etwa Mängel an leicht austauschbaren Zubehörteilen oder Ausstattungsgegenständen (s *Palandt/Heinrichs* § 281 Rn 48). Erhebliche Mängel sind hingegen etwa ein Kraftstoffmehrverbrauch des gekauften KfZ von mehr als 10% (BGHZ 136, 94) oder die unterbliebene Montage der Kaufsache (vgl § 434 II 1 [und dort Rn 71 f] sowie BGH NJW 98, 3197).

28 Die von § 281 I 3 erfassten Fälle sind als partielle Störungen an sich auch von § 281 I 2 erfasst, jedoch geht S 3 für die Fälle der **Mangelhaftigkeit der erbrachten Leistung** als lex specialis vor. Hauptanwendungsbereich von § 281 I 3 sind Sach- und Rechtsmängel bei Kauf- und Werkvertrag. Anders als § 323 V 2 beruht die Vorschrift freilich nicht auf der Kaufrechtsrichtlinie, sondern dient lediglich der systematischen Kohärenz, die ansonsten auf dem Umweg über § 325 erzwungen würde. Das gilt auch für die in § 434 III erfassten Fälle, die auf diese Weise dem Regime von § 281 I 2 entzogen werden.

29 **3. Sonderfall Schutzpflichtverletzung, § 282.** Ebenfalls einen Sonderfall des Schadensersatzes **statt der ganzen Leistung** regelt § 282: Bei Verletzung einer Schutzpflicht soll das Erfüllungsinteresse hinsichtlich einer selbst nicht verletzten Pflicht (nur) ausnahmsweise beansprucht werden können, nämlich wenn die Leistung

dem Gläubiger wegen der Pflichtverletzung nicht mehr zuzumuten ist. Entgegen dem Wortlaut geht es damit nicht um einen Schadensersatz statt der Leistung, sondern statt der ganzen Leistung (s § 282 Rn 1).

4. Zusammenspiel mit Rücktritt und Kündigung. Um Schadensersatz statt der ganzen Leistung geht es auch, wenn der Gläubiger neben einem Rücktritt oder einer Kündigung aus wichtigem Grund Schadensersatz fordert. Ein solcher Schadensersatz ist nicht nur nicht ausgeschlossen, §§ 314 IV, 325, Rücktritt und Kündigung lassen vielmehr die Ersatzfähigkeit der betreffenden Schäden nicht unberührt. So macht der wirksame Rücktritt nicht nur eine **gesonderte Fristsetzung nach § 281 I 1 entbehrlich**, weil ein konkurrierender Erfüllungsanspruch nicht mehr besteht, sondern er überspringt **auch die Schwellen für den Schadensersatz statt der ganzen Leistung**: Ist die Pflichtverletzung so schwerwiegend, dass der Rücktritt möglich ist, ergibt sich die Ersatzfähigkeit jenes Schadens im Wege des Erstrechtschlusses (s § 325 und dort Rn 4). Dasselbe gilt im Grundsatz auch für das Zusammenspiel von Kündigung und Schadensersatz (s § 314 IV und dort Rn 21), wenngleich hier nur ausnahmsweise Rückgewähransprüche nach § 281 V in Betracht kommen (s § 314 Rn 23). 30

II. Rechtsfolgen. Rechtsfolge des Vorliegens der Voraussetzungen des Schadensersatz statt der ganzen Leistung ist zunächst die **Ersatzfähigkeit des betreffenden Schadens**, sobald der Gläubiger diesen nach § 281 IV (s Rn 20) verlangt. Bei dessen Berechnung sind die **vom Gläubiger** bereits **erbrachten (Gegen-)Leistungen** mit einzubeziehen, so dass der Anspruch insoweit mit § 346 I konkurriert: Die erfolgten Zahlungen und anderen Leistungen **sind Schaden** iSd Schadensersatzes statt der ganzen Leistung; die Äquivalente der Nebenansprüche nach §§ 346, 347 fließen – als weitere Schadens- oder als Abzugsposten – in die Schadensberechnung mit ein. § 281 V ist nicht – auch nicht entspr – anwendbar. Ein eigens erklärter Rücktritt ist nicht erforderlich (aA Jauernig/*Stadler* § 281 Rn 32). 31

Mögliche Gegenansprüche des Schuldners auf Rückabwicklung bereits erbrachter (Teil-)Leistungen werden nicht in die Schadensberechnung einbezogen, sie richten sich vielmehr wegen des Verweises in § 281 V nach Rücktrittsfolgenrecht, §§ 346–348. Auch hier zeigt sich, dass Liquidation einer Leistungspflicht durch Schadensersatz statt der Leistung und Rücktritt + Schadensersatz funktional vergleichbar sind. Soweit der Schadensersatz statt der ganzen Leistung jedoch **nur einen Teil** des Schuldverhältnisses betrifft (s § 280 Rn 47), führen §§ 281 V, 346–348 auch nur zu einer teilweisen Rückabwicklung; soweit es um Zahlungen geht, gelten §§ 326 I 1 Hs 2 und S 2, 441 III, soweit der betreffende Vertragstyp keine abweichende Berechnung der **Minderung** vorsieht (s § 536 I 2). 32

§ 282 Schadensersatz statt der Leistung wegen Verletzung einer Pflicht nach § 241 Abs. 2

Verletzt der Schuldner eine Pflicht nach § 241 Abs. 2, kann der Gläubiger unter den Voraussetzungen des § 280 Abs. 1 Schadensersatz statt der Leistung verlangen, wenn ihm die Leistung durch den Schuldner nicht mehr zuzumuten ist.

A. Allgemeines. § 282 regelt – abweichend vom irreführenden Wortlaut – einen Sonderfall des **Schadensersatzes statt der ganzen Leistung**. Bei Verletzung einer Schutzpflicht soll das **Erfüllungsinteresse hinsichtlich einer selbst nicht verletzten Pflicht** (nur) ausnahmsweise beansprucht werden können, nämlich wenn die Leistung dem Gläubiger wegen der Pflichtverletzung nicht mehr zuzumuten ist. Damit das **allgemeine Prinzip** der §§ 281–283 angesprochen, wonach die aus jedweder Pflichtverletzung folgende Unzumutbarkeit der weiteren schuldrechtlichen Bindung den Gläubiger dazu berechtigt, zum Schadensersatz überzugehen. Der Tatbestand der Vorschrift ist mit der Bezugnahme auf § 241 II folglich zu eng geraten (s Rn 2). Der Anwendungsbereich entspricht § 281 (s dort Rn 1). 1

Entgegen dem Wortlaut geht es damit nicht um einen Schadensersatz statt der Leistung, also um den Ersatz des Erfüllungsinteresses bzgl der verletzten Pflicht selbst. Vielmehr greift der Schadensersatz nach § 282 über das **Maß der Pflichtverletzung hinaus** auf die übrigen Teile des Vertrags aus und ist damit als **Schadensersatz statt der ganzen Leistung** zu qualifizieren (s auch *Schwab* ZGS 03, 73, 75). Die Verfasser des Gesetzes haben sich dennoch – das heißt trotz der aufgezeigten Äquivalenz – gescheut, auch in § 282 BGB von Schadensersatz statt der ganzen Leistung zu sprechen; dies dürfte seine Ursache darin finden, dass sich bei den – nach der insoweit zweifelhaften Vorstellung der Verfasser in den Anwendungsbereich der Vorschrift fallenden – Nebenpflichten ohne Leistungsbezug (vgl *Huber/Faust* 16) der hinreichende Zusammenhang mit der Leistung erst daraus ergibt, dass die Verletzung dieser Pflicht die Unzumutbarkeit begründet. Die Schwelle der Unzumutbarkeit der Annahme der schuldnerischen Leistung weicht im Kern nicht von der Grundregel des § 281 I 2 ab. Die **Abgrenzung von § 281** richtet sich daher abweichend von einer verbreiteten Auffassung (etwa Jauernig/*Stadler* § 282 Rn 3) nur insoweit nach dem Typus der verletzten Pflicht, als § 282 für Schutzpflichten *lex specialis* zu § 281 ist (iE ebenso Palandt/*Heinrichs* § 282 Rn 1); für die Anwendung hilfreich ist es, § 282 **lediglich als Konkretisierung von § 281 I 2, II Alt 2** aufzufassen. 2

3 **B. Voraussetzungen.** Erforderlich ist die Verwirklichung des **Tatbestands von § 280 I**. Der Schuldner muss dabei eine Pflicht iSv § 241 II verletzt haben. Die Abgrenzung solcher Schutzpflichten von Pflichten, welche den Kern des Schuldverhältnisses bilden ist vielfach schwierig (s § 241 Rn 15, 16), kann aber für den Zivilprozess im Regelfalle offen bleiben (vgl Palandt/*Heinrichs* § 282 Rn 2). Bsp sind etwa der Versuch Arbeitnehmers des anderen Teils zu illoyalem Verhalten zu bewegen (RGZ 149, 187, 189) oder die Beleidigung oder schwere Kränkung der anderen Partei (RGZ 140, 378, 385; BGH LM § 276 (Hd) Nr 1). Verstöße gegen Pflichten zur Leistungstreue fallen hingegen idR nicht unter § 282 (Jauernig/*Stadler* § 282 Rn 4; aA *Lorenz/Riehm* Rn 361), weil sie typischer weise keine sonstigen Rechtsgüter betreffen.

4 Nach dem Wortlaut von § 282 ist der Anwendungsbereich auf Schutzpflichtverletzungen vor Erfüllung der sonstigen Pflichten aus dem Schuldverhältnis beschränkt (Jauernig/*Stadler* § 282 Rn 4). Seinem Zweck nach ist er freilich auch auf **nachträgliche Pflichtverletzungen** anzuwenden (iE ebenso *Knocke/Höller* ZGS 03, 26 ff [Analogie]) Allerdings steigen dann die Anforderungen an die Unzumutbarkeit, weil die mit dem Schadensersatz ggf verbundene Rückabwicklung ein gesteigertes Maß an Störung voraussetzt. Bei **Dauerschuldverhältnissen** führt § 282 in aller Regel nur zur Beendigung ex nunc iRd Schadensersatzes statt der ganzen Leistung (s § 281 Rn 26) und wirkt damit wie eine Kündigung zuzüglich Schadensersatz.

5 Vorausgesetzt ist ferner die **Unzumutbarkeit der weiteren Bindung** für den Gläubiger. Das Merkmal hat die Doppelfunktion, sowohl den Übergang zum Schadensersatz als auch das Ausgreifen auf die nicht von der Pflichtverletzung betroffenen Teile des Schuldverhältnisses zu steuern. Sein Vorliegen ist dementspr gesondert festzustellen (Jauernig/*Stadler* § 282 Rn 5). Grds ist wegen dieses Kriteriums eine **Abmahnung nicht erforderlich**. Bei Pflichtverletzungen von geringerem Gewicht, kann sich deren Notwendigkeit freilich entspr § 281 III (ein Rückgriff auf eine Analogie § 314 II ist entbehrlich) ergeben (vgl BGH DB 68, 1575). Bei der Feststellung der Unzumutbarkeit bedarf es zudem einer Orientierung an den Kriterien von § 281 I 2 und 3, um den Schadensersatz statt der ganzen Leistung zu rechtfertigen (anders Jauernig/*Stadler* § 282 Rn 7, die freilich offenbar nicht davon ausgeht, dass es sich bei § 282 immer um einen Schadensersatz statt der ganzen Leistung handelt). Ersetzt wird die Unzumutbarkeit durch einen wirksamen Rücktritt (vgl § 325).

6 **C. Rechtsfolgen.** § 282 führt regelmäßig zur vollständigen **Umwandlung des Schuldverhältnisses** in ein Abrechnungsverhältnis. Die Umwandlung erfolgt durch das Verlangen iSv § 281 IV, dem auch hier Gestaltungswirkungen zukommen (s § 281 Rn 20). Ebenfalls wie bei § 281 (s dort Rn 32) kann es auch dazu kommen, dass nur ein abtrennbarer Teil des Schuldverhältnisses erfasst ist; die Abtrennbarkeit wird freilich mit Blick auf die eingetretene Rechtsgutsverletzung nur selten vorliegen. Soweit Leistungen bereits erbracht sind, sind diese nach §§ 281 V, 346 ff rückabzuwickeln. Bei Dauerschuldverhältnissen ist § 281 V hingegen regelmäßig – dh von Vorauszahlungen eines Teils abgesehen (vgl § 628 I 3 und dort Rn 4) – unanwendbar; es kommt zur Beendigung ex tunc.

§ 283 Schadensersatz statt der Leistung bei Ausschluss der Leistungspflicht

¹Braucht der Schuldner nach § 275 Abs. 1 bis 3 nicht zu leisten, kann der Gläubiger unter den Voraussetzungen des § 280 Abs. 1 Schadensersatz statt der Leistung verlangen. ²§ 281 Abs. 1 Satz 2 und 3 und Abs. 5 findet entsprechende Anwendung.

1 Die **Funktion** von § 283 ist **beschränkt**. Eigenen (geringen) Regelungsgehalt hat letztlich nur S 1, indem in Ergänzung zu § 281 II ein Fall der **Entbehrlichkeit der Fristsetzung** festgehalten wird (*Altmeppen* DB 01, 1131); S 2 hat nur deklaratorische Bedeutung. Die mit der Vorschrift gleichwohl verbundenen Gefahren von Missverständnissen lassen rechtspolitisch ihre Streichung als ratsam erscheinen (vgl auch *Kupisch* NJW 02, 1401), zumal sie letztlich überflüssig ist (Rn 4). Der Anwendungsbereich entspricht demjenigen von § 281 (s dort Rn 1). Eine Überschneidung mit § 311 a II gibt es nicht, sofern man der Auffassung folgt, dieser beschränke sich auf die Anordnung eines besonderen Haftungsstandards (s § 276 Rn 14).

2 Hinsichtlich seiner **Voraussetzungen** knüpft § 283 wie §§ 281, 282 and das Vorliegen des **Tatbestands von § 280 I** an. Pflichtverletzung ist nicht die Unmöglichkeit oder Unzumutbarkeit iSv § 275 (missverständlich Jauernig/*Stadler* § 283 Rn 1). Letztere schließen nur und ggf auch nachträglich den Erfüllungsanspruch (auch den Nacherfüllungsanspruch s §§ 437 Nr 3, 634 Nr 4) aus und sind ohne Bezug zum Haftungsgrund.

3 § 283 setzt voraus, dass der „Schuldner nach § 275 I-III nicht zu leisten" braucht. Erforderlich ist also eine **Unmöglichkeit oder Unzumutbarkeit**, welche den Erfüllungsanspruch ausschließt und damit die Fristsetzung nach § 281 I 1 entbehrlich macht. Bei § 275 II und III setzt das die Erhebung der Einrede voraus (Palandt/*Heinrichs* § 283 Rn 3). Ihrem Wortlaut nach ist die Vorschrift nicht auf Fälle nachträglicher Störungen beschränkt; der richtigerweise eng aufzufassende § 311 a II (s Rn 1 und § 276 Rn 14) liefert dagegen auch kein systematisches Argument. Richtigerweise ist § 283 daher für **anfängliche Störungen** (aA Palandt/*Heinrichs* § 283 Rn 3) und damit erstrecht auf solche anwendbar, bei denen die Voraussetzungen § 275 II oder III bereits bei Vertragsschluss vorlagen, die Einrede aber erst danach erhoben wurde (aA Jauernig/*Stadler* § 283 Rn 5). Jeder Fall von § 275 macht die Fristsetzung entbehrlich.

Selbst in seiner beschränkten Funktion ist die **Vorschrift** letztlich **entbehrlich** (*Sailer* Schadensersatzhaftung 4
des Verkäufers 31). Beruft sich der Schuldner nämlich auf Unmöglichkeit oder Unzumutbarkeit nach § 275,
dann liegt stets Erfüllungsweigerung nach § 281 II Alt 1 vor (s § 281 Rn 11). Auch hier zeigt sich der Bedeutungsverlust der früher zentralen Kategorie „Unmöglichkeit": Auf die Ursache der Erfüllungsweigerung des
Schuldner und ihre Berechtigung kommt es für den sofortigen Rücktritt nicht an. Fehlt es an der Berufung
auf die Einrede, wird in allen relevanten Fällen § 281 II Alt 2 eingreifen (s § 281 Rn 16).

§ 284 Ersatz vergeblicher Aufwendungen

Anstelle des Schadensersatzes statt der Leistung kann der Gläubiger Ersatz der Aufwendungen verlangen,
die er im Vertrauen auf den Erhalt der Leistung gemacht hat und billigerweise machen durfte, es sei denn,
deren Zweck wäre auch ohne die Pflichtverletzung des Schuldners nicht erreicht worden.

A. Allgemeines. Mit § 284 versucht das Gesetz, das vieldiskutierte Problem der **frustrierten Aufwendungen** 1
zu lösen: Im Vertrauen auf den Erhalt einer Leistung, die der Schuldner unter Verletzung seiner Pflichten
nicht – oder nicht rechtzeitig – erbringt, kann der Gläubiger Aufwendungen gemacht haben, die sich aufgrund der Pflichtverletzung als nutzlos erweisen. Zumeist handelt es sich um Aufwendungen in Hinblick auf
vertraglich vereinbarte Leistungen, aber auch gesetzlich geschuldete Leistungen können Anlass für den Gläubiger sein, in Erwartung ihrer pflichtgemäßen Erbringung Aufwendungen zu machen. Das maßgebliche
Instrument des alten Schuldrechts hierzu ist die sog **Rentabilitätsvermutung** (s § 251 Rn 18), die jedoch nur
eingreift, wenn von einer möglichen Rentabilität überhaupt die Rede sein kann, der verfolgte Zweck also ein
wirtschaftlicher ist; für immaterielle Zwecke ist die Rentabilitätsvermutung ungeeignet (s BGHZ 99, 182
[Bruch des Mietvertrags über eine Stadthalle mit einer rechtsextremistischen Partei durch die Gemeinde;
keine Ersatzfähigkeit des Vorbereitungsaufwands für die abgesagte Veranstaltung]).

Nach § 284 können Aufwendungen **unabhängig davon**, dass sie **nicht durch eine Pflichtverletzung** des 2
Schuldners **verursacht** worden sind – der Gläubiger hat sie freiwillig und oft schon vor der Pflichtverletzung
unternommen – und ob sie einen nach der Differenzhypothese nachweisbaren Schaden darstellen, nach § 284
ersetzt verlangt werden. Bsp solcher **Aufwendungen** sind etwa Vertragskosten (s *Dehner* NJW 02, 3747 [Maklerkosten]) oder Kosten der Finanzierung der Gegenleistung (s BGHZ 114, 193, 197), Abschluss von Verträgen mit Vorlieferanten und Subunternehmern in Hinblick auf einen Werkvertrag, Anmietung von Lagerraum
für bestellte Ware oder eines Liegeplatzes für ein gekauftes Schiff, die Kosten der Inempfangnahme der Leistung (LG Lüneburg NJW 02, 614 [Reise- und Übernachtungskosten bei Konzertbesuch]), Herrichten vermieteter Räume oder eines verpachteten Geländes, Werbeausgaben für ein neues Produkt, das wegen Mängeln
eines von einem Zulieferer bezogenen Grundstoffs vom Markt genommen werden muss. Zu den ersatzfähigen Aufwendungen zählt unter den Voraussetzungen der § 1835 III respektive § 354 HGB auch die eigene
Arbeitskraft (Jauernig/*Stadler* § 284 Rn 4). Für diese Fälle begründet § 284 eine **zusätzliche Möglichkeit** des
Geschädigten, seinen **Schaden zu berechnen**. § 284 ist dementspr **keine Anspruchsgrundlage** (aA Jauernig/
Stadler § 284 Rn 1). § 254 findet unmittelbare Anwendung (Palandt/*Heinrichs* § 284 Rn 7; aA Jauernig/*Stadler*
§ 284 Rn 8 [analoge Anwendung]). Bestehen die Aufwendungen in eingegangenen Verpflichtungen, dann
kann der Gläubiger auch Freistellung von seinen Verbindlichkeiten verlangen, § 257 S 1.

B. Anwendungsbereich. Die Vorschrift erfasst wie § 280 **sämtliche** bereits bestehenden **Schuldverhältnisse**; 3
für das Deliktsrecht gilt sie nicht. Der Eingangshalbsatz verweist auf die Voraussetzungen des **Schadensersatzes statt der Leistung**. Die einzelnen Voraussetzungen des Schadensersatz statt der Leistung, vor allem Vertretenmüssen der Pflichtverletzung und regelmäßig Fristsetzung, müssen also vorliegen. Dh außerdem, dass die
Schadensberechnungsmöglichkeit nach § 284 nur besteht, soweit der Gläubiger **grds auch einen Erfüllungsanspruch** hinsichtlich der verletzten Pflicht hat. Das bedeutet auch, dass ggf Schutzpflichtverletzungen die
Möglichkeit des Ersatzes frustrierter Aufwendungen begründen können; eine enge Auslegung des Anwendungsbereichs von §§ 280 III, 281–283 rächt sich hier. § 284 gestattet den Ersatz frustrierter Aufwendungen
in unabhängig von der Anspruchslage und findet daher etwa in den Fällen der §§ 523 II 1, 524 II 2,
536a, 651f ebenfalls – unmittelbare Anwendung (*Huber/Faust* S 160 f), nicht entspr (aA Jauernig/*Stadler* § 284 Rn 2) –
Anwendung.

Die Aufwendungen können „anstelle des Schadensersatzes statt der Leistung" verlangt werden. „Anstelle" 4
bedeutet **auch Alternativität**, so dass bei Geltendmachung eines Schadensersatzanspruchs statt der Leistung
ein zusätzlicher Anspruch aus § 284 ausscheidet (Anw/*Arnold* § 284 Rn 37). Die Schwierigkeiten, die verlorenen Aufwendungen als Schaden auszuweisen, die durch § 284 ausgeräumt werden sollen, tauchen dann wieder auf (s AnwK/*Arnold* § 284 Rn 10 [kein Rückgriff auf Rentabilitätsvermutung] anders *Canaris* JZ 2001,
499, 517 [Anwendung der Rentabilitätsvermutung]). Zu beachten ist freilich, dass die Konkurrenz zwischen
beiden Berechnungsarten **für jeden Schadensposten einzeln** zu klären ist. Die Gefahr einer Überkompensation, welche durch die Alternativität beider Berechnungsarten vermieden werden soll, besteht dann nämlich
nicht (vgl auch *Weitemeyer* AcP 205 [2005] 275, 287 ff).

5 **C. Weitere Voraussetzungen.** Die Aufwendungen (s hierzu Rn 2) müssen **im Vertrauen auf den Erhalt der Leistung** gemacht worden sein. Das Vertrauen des Gläubigers ist notwendiges Glied des Kausalnexus zwischen der aufgrund der Pflicht des Schuldners erwarteten Leistung und den Aufwendungen. Hätte der Gläubiger die Aufwendung(en) ohnehin gemacht, erhält er sie nicht erstattet. Außerdem muss das Schuldverhältnis zum Zeitpunkt der Tätigung der Aufwendungen bereits bestanden haben (Jauernig/*Stadler* § 284 Rn 5; s BGH NJW 99, 2269) oder jedenfalls ein berechtigtes Vertrauen in den – später erfolgten – künftigen Vertragsschluss bestanden haben; der Maßstab entspricht insoweit demjenigen bei § 311 für den Abbruch von Vertragsverhandlungen (s dort Rn 48).

6 Erforderlich ist ferner die **Verfehlung des** mit den Aufwendungen verbundenen **Zwecks**. In Abweichung von der Rentabilitätsvermutung stellt § 284 auch Aufwendungen für **immaterielle Zwecke** ersatzfähig. Insoweit enthält die Vorschrift eine geschriebene **Ausnahme zu § 253**, weil mit Aufwendungen für einen immateriellen Zweck ein immaterieller Schaden ersetzt wird (*Grundmann* AcP 204 [2004] 569, 598 ff; weitergehend *Stoppel* AcP 204 [2004] 87, 114 [§ 284 führt immer zu einem immateriellen Schaden]).

7 G durfte die Aufwendungen **billigerweise** machen. Art und Umfang müssen in einer vernünftigen Relation zur erwarteten Leistung stehen. Für überzogene Aufwendungen kann grds kein Aufwendungsersatz verlangt werden (aA *Canaris* JZ 01, 499, 517 [Entscheidungsfreiheit des Gläubigers]); das ergibt sich bereits aus der Wertung von § 254.

8 Hätten die Aufwendungen ihren Zweck ohnehin verfehlt, sind sie nicht zu erstatten, § 284 HS 2. Wären sie also ohnehin verloren gewesen, weil der Gläubiger ein Verlustgeschäft gemacht hat, sollen sie nicht ersetzt werden (AnwK/*Arnold* § 284 Rn 31). Das entspricht der Widerleglichkeit der herkömmlichen Rentabilitätsvermutung.

§ 285 Herausgabe des Ersatzes

(1) Erlangt der Schuldner infolge des Umstands, auf Grund dessen er die Leistung nach § 275 Abs. 1 bis 3 nicht zu erbringen braucht, für den geschuldeten Gegenstand einen Ersatz oder einen Ersatzanspruch, so kann der Gläubiger Herausgabe des als Ersatz Empfangenen oder Abtretung des Ersatzanspruchs verlangen.

(2) Kann der Gläubiger statt der Leistung Schadensersatz verlangen, so mindert sich dieser, wenn er von dem in Absatz 1 bestimmten Recht Gebrauch macht, um den Wert des erlangten Ersatzes oder Ersatzanspruchs.

1 **A. Allgemeines.** § 285 begründet einen Anspruch des Gläubigers auf Herausgabe des sog **stellvertretenden commodum**. Die Vorschrift enthält eine eigene Anspruchsgrundlage. Sie ist auf der Basis des neuen Rechts erheblich leichter zu erklären: Die Möglichkeit des Schuldners, eine Verurteilung zur Naturalerfüllung unter Berufung auf § 275 I, II oder III abzuwehren, bedeutet nämlich nicht, dass er von seiner Verpflichtung insgesamt „frei geworden" ist (s § 275 Rn 12). § 285 ist – neben Schadensersatz und Rücktritt – eine der wichtigsten Konsequenzen davon und entspricht zudem dem mutmaßlichen Parteiwillen (BGHZ 99, 385, 388; 135, 284, 289): Der Schuldner muss leisten, was in seinem Vermögen an die Stelle des nicht (mehr) Leistbaren getreten ist (s BGH NJW-RR 88, 903); man spricht insoweit von einer schuldrechtlichen Surrogation (s Jauernig/*Stadler* § 285 Rn 2 mN). Ggf kann sich aus einer ergänzenden Auslegung des Vertrags ergeben, dass auch solche Surrogate herauszugeben sind, die nicht von § 285 erfasst werden (s BGHZ 25, 1, 10).

2 Die Vorschrift gilt grds für **alle Schuldverhältnisse** auf Leistung bestimmter Gegenstände. Diese Gegenstände sind nicht auf Sachleistungen oder übertragbare Vermögenswerte beschränkt, sondern erfassen **auch Dienstleistungen** (*Löwisch* NJW 03, 2049 f) und ferner einen Leistungsannex (s BGHZ 135, 284, 288 f). Damit kann die Vorschrift bei sämtlichen vertraglichen Leistungen zur Anwendung gelangen. Sie gilt auch für Fälle der unmöglichen oder unzumutbaren Nacherfüllung zur Mängelbeseitigung und richtigerweise auch bei den **Verweigerungsrechten nach §§ 439 III, 635 III**, soweit beide Arten der Nacherfüllung ausgeschlossen sind (Jauernig/*Stadler* § 285 Rn 6). Darüber hinaus zählt § 285 zu den allgemeinen Regeln iSv §§ 818 IV, 819 (BGHZ 75, 203, 207). Richtigerweise muss die Vorschrift hingegen im Normalfalle der Bereicherungshaftung außer Anwendung bleiben; § 818 II, III sind lex specialis (hM; anders noch RGZ 138, 45, 47 f). Hingegen findet § 285 neben dem Regime von § 346 II-IV Anwendung (s zum alten Recht BGH NJW 83, 929, 930; aA mit beachtlichen Gründen Staud/*Löwisch* [2004] § 285 Rn 12). Die Vorschrift gilt auch beim Vermächtnis (s KG ZEV 99, 494) jedoch nicht bei erloschenen Ansprüchen aus § 985 (s RGZ 115, 31, 33 f; BGH NJW 62, 587, 588). Sondervorschriften enthalten §§ 667, 681, 687 II, 816 I, § 384 II HGB.

3 **B. Voraussetzungen.** Erforderlich ist zunächst ein **Leistungshindernis** nach § 275. Bei § 275 II oder III ist zusätzlich Voraussetzung, dass der Schuldner seine Einrede geltend macht. Zu §§ 439 III, 635 III s Rn 2. Nach verbreiteter Auffassung gilt § 285 entspr, wenn die Haftung für Sachmängel ausgeschlossen ist (s Jauernig/*Stadler* § 285 Rn 6). Es kommt nicht darauf an, ob der Schuldner die Pflichtverletzung zu vertreten hat (arg § 285 II).

Der Schuldner muss außerdem ein **stellvertretendes commodum**, also einen Ersatz oder Ersatzanspruch, erwerben. Erfasst ist jeder Vermögensnachteil, der an die Stelle der nach § 275 nicht mehr in Natur durchsetzbaren Leistung tritt. Es genügt ein Surrogat im wirtschaftlichen Sinne. Ein stellvertretendes commodum iSv § 285 kann etwa eine Versicherungsleistung oder ein Anspruch gegen eine Versicherung sein (BGHZ 99, 385, 388 f; 114, 34 ff; 129, 103, 106), aber auch ein Schadensersatzanspruch gegen einen Dritten, der den Untergang des Leistungsgegenstandes verursacht hat. Weitere Fälle sind Entschädigungen wegen Enteignung oder nach dem VermG (BGH LM § 281 aF Nr 12) sowie der Versteigerungsüberlös in der Zwangsvollstreckung (BGH WM 87, 986, 988)

Str war bereits zu § 281 aF, ob auch ein Surrogat, dass der Schuldner durch rechtsgeschäftliche Verfügung über den Leistungsgegenstand – den er deshalb nicht mehr leisten kann – erlangt hat, als stellvertretendes commodum herausgeben muss. Die Verfasser des BGB haben aufgrund römischrechtlicher Vorbilder nur das sog. commodum ex re, nicht auch das **commodum ex negotiatione** (das rechtsgeschäftlich erworbene Surrogat) gemeint; die Verfasser des Schuldrechtsmodernisierungsgesetzes haben diese Frage nicht geklärt, doch ist sie heute wohl anders zu entscheiden (Staud/*Löwisch* § 285 Rn 38; s zu § 281 aF *Köndgen* RabelsZ 56 [1992] 696, 738 ff [zwischen schuldhafter und schuldloser Unmöglichkeit der Naturalerfüllung unterscheidend]). Neuerdings wird allerdings in der Literatur die Frage diskutiert, ob § 285 insbes in diesen Fällen auf den beim Gläubiger entstandenen Schaden zu begrenzen sei (dafür etwa *Staud/Löwisch* § 285 Rn 42; *Stoll* FS Schlechtriem 677, 694 f).

Mit Recht ist freilich jüngst daraufhingewiesen worden, dass § 285 gegenüber § 281 aF eine Funktionserweiterung dadurch erfahren hat, dass **Ersatzeinkünfte auch bei persönlicher Unzumutbarkeit** der Leistungserbringung für den Schuldner, § 275 III, herauszugeben sind (s *Löwisch* NJW 03, 2049-2053). Damit muss insbes der Arbeitgeber, der seine Leistung nach § 275 III verweigern kann, einen parallel dazu anderweitig erzielten Verdienst an den Arbeitgeber abführen, wenn ihm diese Verdienstmöglichkeit respective die dazu erforderliche Kapazität erst durch die Unzumutbarkeit eröffnet worden ist (*Schlechtriem/Schmidt-Kessel* Schuldrecht AT Rn 492).

Der weiter erforderliche **Kausalzusammenhang** zwischen Leistungshindernis und Ersatzerlangung wird großzügig gehandhabt – wirtschaftlich zusammengehöriges gilt als Einheit (s BGH LM § 281 aF Nr 1); das gilt insbes für das commodum ex negotiatione (s Rn 5). Damit verwand ist das Erfordernis der Qualifikation des Erlangten als **Ersatz**. Daran fehlt es etwa, wenn die weitere Durchführung eines Miet- oder Pachtvertrag daran scheitert, dass die Miet- oder Pachtsache nicht mehr zur Verfügung steht, im Blick auf den vom Vermieter-/Verpächter dafür erlangten Ersatz (s BGHZ 25, 1, 10).

C. Rechtsfolgen. Liegen die Voraussetzungen von § 285 vor, hat der Gläubiger ein Wahlrecht. Wird dies entspr ausgeübt, muss der Schuldner den erlangten Ersatz **vollständig herausgeben**. Entscheidend ist, was dem Schuldner tatsächlich zugeflossen ist bzw zusteht (BGHZ 114, 34, 39). Abzüge darf der Schuldner nicht machen (RGZ 138, 45, 48 [vollständiger Veräußerungserlös]; BGH NJW 83, 929, 930 [Zinserträge]), soweit ihm nicht ein Gegenanspruch zur Aufrechnung zur Verfügung steht (BGH DtZ 97, 224, 226). Das gilt auch dann, wenn der Wert des Surrogats den Wert der Leistung übersteigt.

Die **Abwicklung** erfolgt nach allgemeinen Regeln; es gelten die §§ 275 ff. Die Verjährung richtet sich nach dem ursprünglichen Anspruch (BGH NJW-RR 88, 902, 904), das gilt auch für §§ 438, 634 a bei Unmöglichkeit oder Unzumutbarkeit der Nacherfüllung. Das Schicksal der Gegenleistung richtet sich nach § 326 III (s dort Rn 19). Verlangt der Gläubiger Schadensersatz statt der Leistung, wird zwar ggf § 326 III ausgeschlossen (in den Fällen des § 281 V, 282) jedoch nicht der Anspruch nach § 285 I. Der Gläubiger muss sich jedoch nach § 285 II das Surrogat anrechnen lassen. Letzteres kann er dadurch vermeiden, dass er vor Erfüllung des Anspruchs aus § 285 I zum Schadensersatz zurückkehrt (s RGZ 108, 184, 187).

§ 286 Verzug des Schuldners

(1) ¹Leistet der Schuldner auf eine Mahnung des Gläubigers nicht, die nach dem Eintritt der Fälligkeit erfolgt, so kommt er durch die Mahnung in Verzug. ²Der Mahnung stehen die Erhebung der Klage auf die Leistung sowie die Zustellung eines Mahnbescheids im Mahnverfahren gleich.

(2) Der Mahnung bedarf es nicht, wenn
1. für die Leistung eine Zeit nach dem Kalender bestimmt ist,
2. der Leistung ein Ereignis vorauszugehen hat und eine angemessene Zeit für die Leistung in der Weise bestimmt ist, dass sie sich von dem Ereignis an nach dem Kalender berechnen lässt,
3. der Schuldner die Leistung ernsthaft und endgültig verweigert,
4. aus besonderen Gründen unter Abwägung der beiderseitigen Interessen der sofortige Eintritt des Verzugs gerechtfertigt ist.

(3) ¹Der Schuldner einer Entgeltforderung kommt spätestens in Verzug, wenn er nicht innerhalb von 30 Tagen nach Fälligkeit und Zugang einer Rechnung oder gleichwertigen Zahlungsaufstellung leistet; dies

gilt gegenüber einem Schuldner, der Verbraucher ist, nur, wenn auf diese Folgen in der Rechnung oder Zahlungsaufstellung besonders hingewiesen worden ist. ²Wenn der Zeitpunkt des Zugangs der Rechnung oder Zahlungsaufstellung unsicher ist, kommt der Schuldner, der nicht Verbraucher ist, spätestens 30 Tage nach Fälligkeit und Empfang der Gegenleistung in Verzug.
(4) Der Schuldner kommt nicht in Verzug, solange die Leistung infolge eines Umstands unterbleibt, den er nicht zu vertreten hat.

1 **A. Allgemeines.** Die Regeln zum Verzug haben gegenüber dem alten Recht erheblich **an Bedeutung verloren**. Pflichten sind regelmäßig zu einem bestimmten oder bestimmbaren Termin oder innerhalb eines bestimmten Zeitraums zu erfüllen (**Fälligkeit**). Verzögerungen, dh **Überschreitung** solcher Termine für die Leistung (s § 271) sind bis zur vollständigen Erfüllung **Pflichtverletzung** (Palandt/*Heinrichs* § 286 Rn 6; anders nach altem Recht *Schur* Leistung und Sorgfalt S 48, 89; *Wahl* Schuldnerverzug S 196). Auch eine im Leistungszeitpunkt dem Inhalt der Leistungspflicht nicht voll entspr – etwa mangelhafte, später nachgebesserte – Leistung ist eine (doppelte) Pflichtverletzung: Der Schuldner hat schlecht und verspätet geleistet. An Rechtsbehelfen stehen vor allem der Erfüllungsanspruch (s § 241 Rn 22), Rücktritt und Kündigung (§§ 314, 323 ff) sowie Schadensersatz statt der Leistung oder statt der ganzen Leistung (§§ 280 I, III, 281–283) zur Verfügung. Für diese bedarf es keines Rückgriffs auf die Regeln zum Verzug (mehr) (Ausnahme § 536 a Var 3). Das war freilich unter dem alten Schuldrecht anders (s iE *Schlechtriem/Schmidt-Kessel* Schuldrecht AT Rn 653).

2 **Voraussetzung** ist der – hinsichtlich seiner Voraussetzungen in § 286 geregelte – Verzug **nur noch für die Haftungsverschärfungen** nach §§ 287, 290, für die Verzinsung nach §§ 288 f und für die Ersatzfähigkeit des Verzögerungsschadens nach § 280 II (dazu § 280 Rn 24–35). Bei der Anknüpfung an den Verzug in § 375 II Var 2 HGB handelt es sich um ein übersehenes Relikt des alten Rechts, dass im Wege systematischer Auslegung (s §§ 280 I, III, 281 ff) aufzugeben ist. Eine gesonderte Klage auf Feststellung des Verzugs ist regelmäßig unzulässig (BGH NJW 00, 2280, 2281 auch zu Ausnahmen). Trotz Bedeutungsverlust und – in ihrer Form – Systemwidrigkeit hat der Gesetzgeber jedoch an besonderen Regeln für den Verzug des Schuldners festgehalten; es handelt sich um ein **systematisches Fossil**. Das hat seine Ursache wohl auch darin, dass die der gesetzlichen Regelung teilweise zugrundeliegende Zahlungsverzugsrichtlinie der Europäischen Gemeinschaft (Richtlinie 2000/35/EG zur Bekämpfung von Zahlungsverzug im Geschäftsverkehr, AblEG Nr L 200 8. 8. 00, 33 ff; dazu Gebauer/Wiedmann/*Schmidt-Kessel* Verzug) eben diesem Störungstyp gilt.

3 Der **Anwendungsbereich** von § 286 geht über vertragliche Schuldverhältnisse weit hinaus und umfasst alle Schuldverhältnisse, auch solche sachenrechtlichen Ursprungs (BGHZ 49, 263, 265 [für § 990 II Rn 5]; BGHZ 85, 11, 13 [für § 990 II]; ablehnend BGH NJW-RR 87, 74, 76 [für § 888]). Der weite Anwendungsbereich der **Zahlungsverzugsrichtlinie** (dazu Gebauer/Wiedmann/*Schmidt-Kessel* Verzug Rn 8–10) macht eine Ausweitung auf bislang nach hA nicht erfasste Bereiche erforderlich, soweit es um (auch nicht-vertragliche) Entgelte für Güter oder Dienstleistungen geht. Gemeint sind Personen die als **amtliches Organ** oder ein **Träger eines privaten Amtes** gegen Entgelt tätig werden wie der Vormund (§§ 1773, 1836-1836e; dazu BayObLG FamRZ 02, 767; Zweibr Rpfleger 02, 477; Palandt/*Diederichsen* § 1835 Rn 1), der Betreuer (§§ 1896, 1908 e, 1908 i), der Nachlassverwalter (§§ 1975, 1987), der Testamentsvollstrecker (§§ 2197, 2221) sowie der Insolvenzverwalter (§§ 56, 63 InsO; dazu BGH NJW-RR 04, 1132, 1133). Voraussetzung ist zwar jeweils, dass auch auf Seiten des jeweiligen Treugebers die von Art 2 Nr 1 Zahlungsverzugsrichtlinie geforderte Unternehmereigenschaft vorliegt; das ist insbes beim **Insolvenzverwalter** über das Vermögen eines solchen Unternehmers der Fall (Gebauer/Wiedmann/*Schmidt-Kessel* Verzug Rn 15; nicht gesehen von BGH NJW-RR 04, 1132, 1133). Das Gebot einheitlicher Auslegung der Umsetzungsbestimmungen erfordert eine Anwendung jedoch grds auch in den übrigen Fällen. Entspr zur Lage bei den Organen oder Amtsträgern sind auch die Vergütungsansprüche von **Sachverständigen, Dolmetschern und Übersetzern** (§§ 8–14 JVEG) vom Schutz der Richtlinie erfasst (*Pfeiffer* ZEuP 04, 878, 879 f; Gebauer/Wiedmann/*Schmidt-Kessel* Verzug Rn 15). Insoweit kommt außer einer Anwendung der Verzugsregeln auch eine **unmittelbare Anwendung der Richtlinie** in Betracht (richtig *Pfeiffer* ZEuP 04, 878, 879) und zwar wegen der besonderen öffentlichen Funktion des Insolvenzverwalters wohl auch zu dessen Gunsten. Auf sonstige öffentlich-rechtliche Rechtsverhältnisse sind die Verzugsregeln häufig nicht anwendbar (BGH NJW 82, 1277 f [öffentlich rechtliche Entschädigung]). Es bedarf jedoch einer Prüfung im Einzelfall (BGHZ 108, 268, 270 f).

4 **B. Voraussetzungen des Verzugs.** Unter bestimmten Voraussetzungen **qualifiziert das Gesetz** die Verzögerung der Erfüllung einer Pflicht **als** eine besondere Form der Pflichtverletzung – **Verzug** –, die spezielle und zusätzliche Rechtsbehelfe des Gläubigers auslösen kann. Diese Voraussetzungen sind nach hA Fälligkeit (Rn 5) und Durchsetzbarkeit (Rn 6), Nichtleistung (Rn 9), Möglichkeit der Leistung (Rn 8), Vertretenmüssen der Nichtleistung (Rn 22) und grds, aber nicht stets Mahnung (Rn 11), § 286.

5 **I. Fälligkeit.** Voraussetzung für den Schuldnerverzug ist die Fälligkeit der Leistung. Die Pflicht ist fällig, wenn der Schuldner sie erfüllen muss, nicht, wenn er sie schon erfüllen darf (s § 271). Die Fälligkeit kann durch eine Frist oder ein Datum bestimmt sein. Möglich ist auch, dass der Gläubiger die Fälligkeit als

Bestimmung des Leistungsinhalts selbst festlegen kann, also zB „zahlbar mit Zugang der Rechnung", „Lieferung der Ware auf Abruf des Käufers". Ist über die Fälligkeit keine Vereinbarung getroffen worden, ist nach § 271 I die Leistung sofort fällig. Unterlässt der Gläubiger die gebotene Mitwirkung, ist der Verzug ausgeschlossen (BGH NJW 96, 1745, 1746; *Gursky* AcP 173 [1973] 450 ff) oder entfällt wieder – purgatio morae; dies ist richtlinienkonform (Gebauer/Wiedmann/*Schmidt-Kessel* Verzug Rn 18). Richtigerweise wird durch Gläubigerverzug sogar die Fälligkeit beseitigt (AnwK/*Schmidt-Kessel* § 293 Rn 23).

II. Durchsetzbarkeit des Anspruchs. Der Anspruch muss voll wirksam und durchsetzbar sein. Hat der Schuldner eine dauernde (zerstörende) oder aufschiebende (hemmende) **Einrede** (etwa §§ 214, 379, 438 IV 2, 771, 821, 853, 2014 f), dann tritt Verzug grds nicht ein (BGHZ 104, 6, 11; Jauernig/*Stadler* § 286 Rn 13). Der Schuldner muss sich jedoch spätestens im Prozess auf die Einrede berufen; andernfalls bleibt sie unberücksichtigt (offen gelassen in BGHZ 113, 232, 236; wie hier *H.Roth* Einrede des Bürgerlichen Rechts S 157 ff). Einzelheiten sind umstritten (s Palandt/*Heinrichs* § 286 Rn 12). 6

Besonderheiten gelten für die **Einrede des nichterfüllten Vertrages** nach § 320 I 1: Beim gegenseitigen Vertrag tritt automatisch für keine Partei Leistungsverzug ein, solange sie nicht vorleistungspflichtig ist und die andere Partei die ihr obliegende Leistung nicht bei der Mahnung anbietet (BGH NJW 87, 251, 252; BGH NJW-RR 03, 1318). Diese Lösung gebietet nunmehr auch die **Zahlungsverzugsrichtlinie** (*Freitag* EuZW 98, 559, 561; anders AnwK/*Schulte-Nölke* Verzugs-RL Art 3 Rn 22, *Gsell* ZIP 00, 1861, 1866; *Huber* JZ 00, 957, 958). Das **Zurückbehaltungsrecht** aus § 273 muss der Schuldner dagegen regelmäßig ausüben, um den Eintritt des Verzugs zu verhindern (RGZ 77, 436, 438; Ddorf ZMR 88, 304; Jauernig/*Stadler* § 280 Rn 36). Richtigerweise ist dies jedoch bei gegenläufigen Pflichten aus demselben Vertrag nicht erforderlich (AnwK/*Schmidt-Kessel* § 274 Rn 6). 7

Nach weit überwiegender Auffassung hindern außerdem **Unmöglichkeit und Unzumutbarkeit** den Verzugseintritt (BGH NJW 88, 251, 252; Palandt/*Heinrichs* § 286 Rn 12). Tritt Unmöglichkeit während des Verzuges ein, so endet dadurch auch hA der Verzug. Für die Zeit bis zur Verzugsbeendigung gelten die Vorschriften über den Verzug, danach die Normen zur Unmöglichkeit. Freilich sind nach neuem Schuldrecht **Zweifel** angebracht, ob es in Fällen dieser Art auf die Verzugsvoraussetzungen nach § 286 tatsächlich nicht mehr ankommt. Das gilt insbes für die Frage der Ersatzfähigkeit von Verzögerungsschäden. Die betreffenden Pflichten, die bei § 275 gerade nicht erlöschen (s dort Rn 12, 13), haben hier im Blick auf Leistungsverspätungen nur einen bestimmten Schutzzweck, welcher den Ersatz derartiger Schäden nur dann gestattet, wenn die Pflichtverletzung hinreichend qualifiziert ist. Das muss richtigerweise auch für Fälle gelten, in denen der **Verspätungsschaden** entsteht, nachdem der Schuldner nach § 275 nicht mehr erfüllen muss. Insoweit gehört die Möglichkeit der Leistung nicht zu den Verzugsvoraussetzungen (Schlechtriem/*Schmidt-Kessel* Schuldrecht AT Rn 660). Ist etwa ein Pkw verkauft worden, der vor der Lieferung auf Grund von Fahrlässigkeit des Verkäufers untergeht, sind die Kosten für die vorübergehend erforderliche Beförderung mit öffentlichen Verkehrsmitteln nur ersatzfähig, wenn die Voraussetzungen von § 286 vorliegen. 8

III. Nichtleistung. Voraussetzung ist zunächst, dass der Schuldner eine Leistung, zu der er gesetzlich oder aufgrund Vertrages verpflichtet ist, **nicht erbracht hat**, sei es, dass er dem nach dem Inhalt der Pflicht erforderliche Leistungshandlung nicht vorgenommen hat, oder dass trotz Leistungshandlung ein geschuldeter Leistungserfolg (noch) ausgeblieben ist. Ob Nichthandeln oder Ausbleiben eines Leistungserfolges als Leistungsverzögerung zu sehen ist, hängt vom Inhalt der jeweiligen Leistungspflicht ab (s § 241 Rn 11 ff). Für Rechtzeitigkeit der Erfüllung einer Geldschuld als Schickschuld reicht nach § 270 I rechtzeitige Absendung als Erfüllungshandlung aus (BGH NJW 98, 1302; aA Staud/*Bittner* [2004] § 270 Rn 36). 9

Besondere Schwierigkeiten entstehen im **bargeldlosen Zahlungsverkehr** (s §§ 244, 245 Rn 2). Ob der Schuldner bei Zahlung durch Überweisung bereits mit Veranlassung der Überweisung, dh durch Erteilung eines korrekten und wirksamen Überweisungsauftrags, zu dessen Ausführung die Bank verpflichtet ist, die geschuldete Erfüllungshandlung rechtzeitig vorgenommen hat, oder ob erst Abbuchung des Betrages von seinem Konto oder Eingang des Betrages bei der Bank seines Gläubigers oder gar erst Gutschrift der Empfängerbank zugunsten des Gläubigers über die Rechtzeitigkeit der Zahlung entscheidet, ist str (s Staud/*Bittner* [2004] § 270 Rn 32 f, 38). Praktisch geht es dabei um die Frage, ob der Schuldner die Laufzeit von Überweisungen mit berücksichtigen muss, und – vor allem – ob er für Verzögerungen im Überweisungsverkehr der Banken haftet (s *U Huber* in Hadding/Schneider Rechtsprobleme der Auslandsüberweisung S 33, 36 ff). Vor allem praktische Überlegungen sprechen für die wohl hA, dass der Schuldner mit der **Erteilung eines wirksamen Überweisungsauftrags** an seine Bank, bei der er ein (gedecktes) Konto unterhält, die geschuldete Erfüllungshandlung rechtzeitig vorgenommen hat. Die von der Bank mit Datum abgestempelte Durchschrift des Überweisungsauftrags ermöglicht dem Schuldner den Beweis rechtzeitiger Absendung des Geldes iSv § 270 I. 10

IV. Mahnung. Regelmäßig genügt nach § 286 I **Fälligkeit** der Forderung **allein nicht**, um aus der Säumnis rechtlich Verzug werden zu lassen. Der Gläubiger muss vielmehr dem Schuldner nach Eintritt der Fälligkeit durch eine **Mahnung** deutlich machen, dass die Säumnis für ihn nachteilige Folgen haben kann (zu gemeinschaftsrechtlichen Bedenken Gebauer/Wiedmann/*Schmidt-Kessel* Verzug Rn 19). Die Mahnung ist eine einseitige, empfangsbedürftige Aufforderung, die geschuldete Leistung zu erbringen (Schlechtriem/*Schmidt-Kessel* 11

Schuldrecht AT Rn 662). Der Streit, ob die Mahnung eine Willenserklärung oder eine geschäftsähnliche Handlung (hA: BGH NJW 87, 1546, 1547) ist, darf als theoretisch offen bleiben, weil auch bei Annahme einer geschäftsähnlichen Handlung die Vorschriften über Willenserklärungen analog anzuwenden sind (BGHZ 47, 352, 357). Die Mahnung muss daher zugehen, kann ggf angefochten werden (s *Schlechtriem/ Schmidt-Kessel* Schuldrecht AT Rn 662) und ist auch bei Erklärung durch einen Minderjährigen nach § 107 wirksam, weil sie ihm lediglich einen rechtlichen Vorteil bringt (Köln NJW 98, 320).Eine vor Fälligkeit erfolgte Mahnung ist wirkungslos (BGHZ 103, 62, 66). Die Mahnung kann jedoch mit der die Fälligkeit begründenden Erklärung verbunden werden (RGZ 50, 255, 261; BGH NJW 01,3114, 3115) und wird regelmäßig in den Fristsetzungen nach § 281 I 1 oder § 323 I (s § 281 Rn 5, § 323 Rn 15 ff) zu sehen sein. Mit Zugang der Mahnung beginnt der Verzug (*Schneider* NJW 80, 1375).

12 Die Mahnung muss **hinreichend bestimmt** (anders bei unbestimmten Forderungen: BGH NJW-RR 90, 323, 325 [Schmerzensgeld]) und eindeutig sein sowie erkennen lassen, dass das Ausbleiben der Leistung Folgen haben kann (BGH NJW 98, 2132, 2133). Als verzugsbegründende Mahnung genügt jede eindeutige und bestimmte Aufforderung, mit welcher der Gläubiger unzweideutig zum Ausdruck bringt, dass er die geschuldete Leistung verlangt (Jauernig/*Stadler* § 286 Rn 18). Die Ankündigung bestimmter Rechtsnachteile oder gar eine Rechtsfolgenbelehrung ist nicht erforderlich (BGH NJW 98, 2132, 2133); eine Ausnahme davon bildet § 39 VVG. Die Anmahnung eines nur hilfsweise geltendgemachten Anspruchs ist möglich (BGH NJW 81, 1732). Die Mahnung kann **formlos** (LG Frankfurt NJW 82, 650 [Versform]), uU auch durch **schlüssiges Verhalten** erfolgen (BGHZ 80, 269, 277 und 96, 182, 194 [jeweils Vorlage des Wechsels zur Zahlung]; BGH NJW 85, 2526 [berechtigtes Nachlieferungsverlangen wegen Mangel der Kaufsache]). Bei § 536 a I Var 3 soll die Mängelanzeige nach §§ 536 e I 1, II 2 Nr 2 nicht genügen (s § 536 a Rn 6 sowie Palandt/*Weidenkaff* § 536 a Rn 12).

13 Die Mahnung muss sich grds auf den richtigen **Umfang der Forderung** beziehen; Mahnungen, mit denen zuviel gefordert wird, sind grds unwirksam (BGH NJW 06, 769). Geringfügige Überschreitungen des geschuldeten Betrags sind im Blick auf § 242 unschädlich (s BGH NJW 91, 1823; abweichend BGH VersR 85, 533 [für die qualifizierte Mahnung nach § 39 I VVG]). Im Übrigen wirkt eine „Zuvielmahnung" verzugsbegründend, wenn der Schuldner sie als Aufforderung zur Bewirkung des tatsächlich geschuldeten Betrags versteht oder verstehen muss und der Gläubiger zur Annahme des geringeren Betrags bereit ist (BGHZ 146, 24, 35). Entspr gilt, wenn eine Leistung zu abweichenden Bedingungen angemahnt wird (BGH WM 89, 1897, 1898 [Leistung an Rechtsanwalt statt auf Notaranderkonto]). Ist der angemahnte Betrag zu gering, kann nur über diesen geringeren Betrag Verzug eintreten (BGH NJW 82, 1983, 1985).

14 Der Mahnung gleichgestellt sind nach § 286 I 2 die Erhebung der **Leistungsklage** (§§ 253, 254 ZPO; s BGHZ 96, 182, 194) und die Zustellung eines **Mahnbescheids** (§§ 688 ff ZPO). Die Zustellung eines Antrags auf **einstweilige Anordnung** nach § 620 ZPO sowie die Zustellung eines Urteils, wenn die Leistung erst mit Zustellung des Urteils fällig wird, soll in entspr Anwendung des § 286 I 2 ebenfalls ausreichen (BGH NJW 88, 2239, 2240). Dasselbe soll für den Antrag auf **Prozesskostenhilfe** gelten (BGH NJW-RR 90, 323, 325). Nicht ausreichend sind Verfahren nach §§ 256, 257 ff ZPO, § 174 InsO.

15 Der Schuldner kann im Vertrag auf die Mahnung als Voraussetzung des Verzugseintritts **verzichten**, uU auch schlüssig. Die Zusage „schnellstmöglicher Reparatur" kann etwa Verzicht auf Mahnung bedeuten (vgl BGH NJW 63, 1823). Ein Verzicht auf Mahnung ist jedoch in AGB-Klauseln grds nicht zulässig, vgl § 309 Nr 4 (für den kaufmännischen Rechtsverkehr offen gelassen in BGH NJW 86, 2049, 2050).

16 **V. Entbehrlichkeit der Mahnung.** Mahnung kann unter bestimmten Voraussetzungen entbehrlich sein, insbes, wenn für die Leistung ein **kalendermäßig festgesetztes Datum** bestimmt ist (§ 286 II Nr 1; „dies interpellat pro homine"). Dazu muss ein Kalendertag wenigstens mittelbar bezeichnet sein (BGH NJW 92, 1628, 1629), was auch nachträglich durch einvernehmliche Festlegung (BGHZ 149, 283, 288) oder durch Ausübung eines einseitigen Bestimmungsrechts (BGHZ 110, 74, 76) geschehen kann. Bloße Berechenbarkeit genügt nicht (Jauernig/*Stadler* § 286 Rn 27).

17 Entbehrlich ist die Mahnung ferner dann, wenn eine kalendermäßige Berechnung des Termins deshalb möglich ist, weil der Leistung ein Ereignis wie Kündigung, Leistungsabruf, Beginn von Bauarbeiten, Aufhebung eines Vertrages, notarielle Beurkundung (vgl BGH LM § 284 Nr 46) usw vorauszugehen hat und eine **Frist ab diesem Ereignis** zu laufen beginnt (§ 286 II Nr 2). Bsp sind „20 Tage nach Lieferung" oder „10 Tage ab Abnahme". Die vereinbarte Frist muss nach dem Wortlaut der Vorschrift freilich **angemessen** sein, sonst läuft eine angemessene Frist, was freilich eine sichere Bestimmung des Verzugseintritts nicht ermöglicht.

18 Ob auch eine sog **Nullfrist** (etwa „Zahlung bei Lieferung") ausreicht, ist umstritten. Jedenfalls im Anwendungsbereich der Zahlungsverzugsrichtlinie wird man nicht umhin können, hier großzügig zu verfahren. Richtigerweise genügt nach dem Zweck von Art 3 I lit a der Richtlinie bereits die Bestimmbarkeit des Termins für den Verzugseintritt ohne Mahnung (Gebauer/Wiedmann/*Schmidt-Kessel* Verzug Rn 19; Jauernig/ *Stadler* § 286 Rn 28; aA Staud/*Löwisch* [2004] § 286 Rn 79 f), so dass entweder § 286 II Nr 2 wird richtlinienkonform ausgelegt werden müssen oder eine Lösung über die Generalklausel des § 286 II Nr 4 (s Rn 21) anzustreben wäre.

Als Mahnungssurrogat gilt auch der in § 286 II Nr 3 geregelte Fall einer **ernsthaften und endgültigen Erfüllungsverweigerung**, welcher einen großen Teil der Rspr (etwa BGH NJW 86, 842; 88, 485) zur Entbehrlichkeit der Mahnung in § 284 aF „einfangen" soll (Palandt/*Heinrichs* § 286 Rn 24). Die Endgültigkeit muss sich nur auf eine hinreichende Sicherheit beziehen, dass der Schuldner nicht rechtzeitig leisten wird. Die Vorschrift ist damit weiter auszulegen als §§ 281 II Alt 1, 323 II Nr 1 und erfasst **auch** den Fall der **angekündigten Leistungsverspätung**. So genügt etwa die grundlose Einstellung jeder Unterhaltsleistung (Schlesw FamRZ 85, 735). 19

Nach § 286 III 1 tritt der Verzug mit einer Entgeltforderung außerdem **30 Tage nach** Zugang einer **Rechnung** oder einer gleichwertigen Zahlungsaufforderung ein. Das entspricht im Wesentlichen der Regelung von Art 3 I lit b) Zahlungsverzugsrichtlinie (*Leible* in: Europäisches Vertragsrecht S 151, 158; *Gsell*, ZIP 99, 1281, 1282): Der Eingang der Rechnung beim Schuldner setzt nach der in lit b) Ziff i) niedergelegten Grundregel eine dreißigtägige Frist in Lauf, nach deren Ende der Schuldner automatisch in Verzug gerät. Ist der Zeitpunkt des Eingangs unsicher, beginnt die Frist mit der Leistung durch den Preisgläubiger (Ziff ii); wenn § 286 III 3 hier statt „Eingang" von „Zugang" spricht, dürfte diese Anknüpfung an den Begriff der allgemeinen Rechtsgeschäftslehre einer späteren Konkretisierung des Begriffs „Eingang" durch den EuGH genügen. Den Eingang respective Zugang als solchen muss jedenfalls der Gläubiger nachweisen (Gebauer/Wiedmann/*Schmidt-Kessel* Verzug Rn 21; *Oepen* ZGS 02, 351). Bei Unsicherheit über den Zeitpunkt lässt § 286 III 2 die Frist mit dem Empfang der Gegenleistung beginnen, sofern der Schuldner kein Verbraucher ist. Während die Richtlinie die 30-Tage-Frist frühestens mit der Erbringung der eigenen Leistung durch den Gläubiger beginnen lässt (Ziff iii), knüpfen § 286 III 1 statt dessen und Satz 3 **zusätzlich** an die **Fälligkeit** des Entgelts an. Damit hängt die Richtlinienkonformität der Regelung von den auf diese Weise in Bezug genommenen Regeln über die Fälligkeit ab (s *Krebs* DB 00, 1697, 1700; *Gsell* ZIP 00, 1861, 1865). Für den Fristbeginn gilt § 187, für das Fristende §§ 188, 193 (aA *U Huber* JZ 00, 743, 744 [§ 193 unanwendbar]). 20

Abgerundet wird die Vorschrift in II Nr 4 durch eine **Generalklausel**, welche in den nicht ausdrücklich normierten Fällen eine Überwindung des Mahnungserfordernisses gestattet, wenn der sofortige Eintritt des Verzugs „aus besonderen Gründen unter Abwägung der beiderseitigen Interessen ... gerechtfertigt ist." Hiermit lassen sich eine Reihe problematischer Fälle lösen, etwa der gemeinschaftsrechtlich gebotene Verzugseintritt nach einer „**Nullfrist**" (s Rn 18). Ein weiterer Fall einer solchen Rechtfertigung ist etwa der sofortige Eintritt des Verzugs mit der Nacherfüllung bei Lieferung einer mangelhaften Sache vor dem ursprünglich vereinbarten Leistungszeitpunkt, wenn bei den Vertragsverhandlungen deutlich geworden ist, dass beim Gläubiger im Falle des Mangels sofort nach Lieferung Verzögerungsschäden – etwa durch **Betriebsausfall** – eintreten würden (übergangen bei *Dauner-Lieb/Dötsch* DB 01, 2535, 2537 und *Gruber* ZGS 2003, 130). Bei periodisch wiederkehrenden Leistungen, insbes Unterhaltsleistungen, kann nach II Nr 4 eine einmalige Mahnung ausreichend sein (BGHZ 103, 62, 67 ff; 105, 250, 256). Bei terminierten Leistungen, die zunächst ohne Vertretenmüssen des Schuldners nicht erbracht werden, kann die später erst eintretende Fahrlässigkeit die Mahnung ebenfalls entbehrlich machen (anders zum alten Recht BGH DB 03, 2223, 2224). Ferner zählt die sog Selbstmahnung, die Nichteinhaltung eines angekündigten Leistungstermins, hierher (BGH NJW-RR 97, 622, 623; Köln NJW-RR 00, 73). 21

VI. Vertretenmüssen. Verzug im juristischen Sinne tritt nur ein, wenn der Schuldner die fehlende Rechtzeitigkeit der Leistung **zu vertreten** hat, § 286 IV. Maßstab für das Vertretenmüssen ist grds § 276, bei vertraglichen Pflichten mE ev auch § 311 a II 2. Der Schuldner haftet also grds für vorsätzliche oder fahrlässige Verspätung der Leistung, doch kann seine Haftung gemildert, aber auch verschärft sein, zB aufgrund einer Garantie oder Übernahme eines Beschaffungsrisikos, insbes bei einer Geldschuld. Allgemein hat der Schuldner sein finanzielles Leistungsunvermögen zu vertreten (s § 276 Rn 29 sowie *Coester-Waltjen* AcP 183 [1983] 279, 287 f; grds aA *Ahrens*, Der mittellose Geldschuldner S 236). Leistet er mit Verzögerung, weil es ihm an Geldmitteln mangelt, dann hat er die Verzögerung zu vertreten. Auf Rechtsirrtum kann sich der Schuldner zwar berufen, doch muss er die Rechtslage sorgfältig prüfen und ggf Rechtsrat einholen; unrichtige anwaltliche Auskunft muss sich der Schuldner über § 278 zurechnen lassen (*von Caemmerer* FS Weitnauer 266, 273 ff). Entlastungsgründe, also etwa fehlendes Verschulden, hat der Schuldner zu beweisen, § 286 IV (Beweislast in der Formulierung „... nicht ..., solange ..." zum Ausdruck gebracht). 22

Im Anwendungsbereich der **Zahlungsverzugsrichtlinie** sind bei der Konkretisierung des Vertretenmüssens zusätzlich deren Anforderungen zu beachten: Deren Art 3 I lit c Ziff ii und lit e Satz 1 fordern für den Verzugseintritt zusätzlich, dass der Schuldner für die Verzögerung „verantwortlich" ist. Die Mitgliedstaaten können also eine Entlastungsmöglichkeit für den Schuldner vorsehen, soweit diese dem Zweck der Richtlinie nicht zuwiderläuft. Der europäische Gesetzgeber hatte jedoch bei der Formulierung des Erfordernisses der Verantwortlichkeit des Schuldners Art 79 CISG im Blick (AnwK/*Schulte-Nölke*, Verzugs-RL, Art 3 Rn 24; *Leible* in: Europäisches Vertragsrecht 151, 160; *Gsell* ZIP 99, 1281, 1282; *Schulte-Braucks* NJW 01, 103, 105). In der Literatur ist daher Streit darüber entstanden, ob dieser Standard eng iSd UN-Kaufrechts oder weit iSv § 276 aufzufassen ist. Die **praktische Spitze** hinsichtlich des anzuwendenden Maßstabs liegt in der Frage der **Entlastung durch Rechtsirrtum** (Gebauer/Wiedmann/*Schmidt-Kessel* Verzug Rn 25): Die deutsche Rspr gewährt sie bislang in seltenen Fällen auch bei Zahlungsansprüchen (s Rn 22). Art 79 CISG böte hier hingegen keine Hilfe, da er ganz nach Art einer klassischen force majeure-Klausel nur bei externen Hindernissen 23 entlastet (*Schmidt-Kessel* Standards vertraglicher Haftung 433, 445 f). Jedoch reicht die Prägung der Richtlinie durch Art 79 CISG nicht so weit, so dass eine Entlastung wegen Rechtsirrtums nicht gänzlich ausgeschlossen ist.

24 Soweit es um den Ersatz eines **Verzögerungsschadens** geht, ergibt sich die Möglichkeit der Entlastung mangels Vertretenmüssen allerdings bereits aus § 280 I 2 (*Kohler* JZ 04, 961, 962). § 286 IV begründet daher keine zusätzliche Voraussetzung. Praktische Bedeutung kommt diesem Umstand etwa bei § 619 a zu, welcher lediglich auf § 280 I 2 verweist und gleichwohl auch für Verzögerungsschäden gilt (aA *Löwisch* FS Wiedemann 311, 329). Bei fehlendem Vertretenmüssen können besondere Anzeige- oder Mitteilungspflichten bestehen, deren Verletzung wiederum Schadensersatzansprüche auslösen kann (vgl Art 79 IV CISG).

25 **C. Abweichende Vereinbarungen.** § 286 ist, wie auch von der Zahlungsverzugsrichtlinie angestrebt, grds **dispositiv**. Spezifische Grenzen vertraglicher Abweichungen von diesen Regeln hat der deutsche Gesetzgeber – anders als iRd Schuldrechtsmodernisierung zunächst noch vorgesehen – den Parteien nicht gesetzt; vielmehr bleibt es bei den allgemeinen Mechanismen der Inhaltskontrolle in den §§ 138, 242, 307 (Jauernig/*Stadler* § 286 Rn 36). Hingegen hat der Gemeinschaftsgesetzgeber in Art 3 III–IV **Zahlungsverzugsrichtlinie** Sonderregelungen zur Inhaltskontrolle abweichender Vereinbarungen angeordnet. Art 3 III 2 Zahlungsverzugs-RL erhebt für die Beurteilung der groben Benachteiligung die Regelung von I lit b–d), II zum gesetzlichen Leitbild (*Schmidt-Kessel* NJW 01, 97, 100; AnwK/*Schulte-Nölke*, Verzugs-RL, Art 3 Rn 36) und verlangt vom Gericht unter anderem die Prüfung, ob der Schuldner einen objektiven Grund für die Abweichung von diesem Leitbild hat. Dieser Maßstab ist für den deutschen Richter bei der Konkretisierung von § 307 aber auch von §§ 138, 242 verbindlich (Gebauer/Wiedmann/*Schmidt-Kessel* Verzug Rn 29). Art 3 II der Richtlinie gibt zudem einen Hinweis darauf, dass längere Zahlungsfristen als 60 Tage kaum je und allenfalls bei anschließend drastisch höheren Verzugszinsen zulässig sein dürften (ähnlich AnwK/*Schulte-Nölke*, Verzugs-RL, Art 3 Rn 36). Angesichts der Zielrichtung der Richtlinie kann insbes die **öffentliche Hand** nicht mit dem Einwand gehört werden, sie bedürfe aus institutionellen Gründen mehr Zeit für die Prüfung (Gebauer/Wiedmann/*Schmidt-Kessel* Verzug Rn 29). Zur ferner erforderlichen Möglichkeit einer Unterlassungsklage s Gebauer/Wiedmann/*Schmidt-Kessel* Verzug Rn 31.

§ 287 Verantwortlichkeit während des Verzugs

¹Der Schuldner hat während des Verzugs jede Fahrlässigkeit zu vertreten. ²Er haftet wegen der Leistung auch für Zufall, es sei denn, dass der Schaden auch bei rechtzeitiger Leistung eingetreten sein würde.

1 **A. Allgemeines.** § 287 ist keine eigenständige Anspruchsgrundlage, sondern legt lediglich bestimmte **Standards für die Haftung des sich im Verzug befindenden Schuldners** fest. Die Vorschrift trägt der Tatsache Rechnung, dass sich bei rechtzeitiger Leistung die in der Sphäre des (nunmehr säumigen) Schuldners bestehenden Gefahren nicht mehr auf die Leistung ausgewirkt hätten (s BTDrs 14/6040, 148) und verlagert aus diesem Grunde Risiken auf seine Seite. Der Regelungsgehalt der Vorschrift beinhaltet zum einen die Haftung des säumigen Schuldners für jede Fahrlässigkeit (S 1) und zum anderen für Zufall (S 2).

2 **B. Erweiterte Verantwortlichkeit nach S 1.** Mit der in S 1 der Vorschrift statuierten Haftungsverschärfung wird klargestellt, dass der säumige Schuldner trotz einer eigentlich einschlägigen Haftungserleichterung (etwa nach §§ 521, 690; zu weiteren Fällen s etwa § 277 Rn 16) **für jede Fahrlässigkeit** einzustehen hat. Hierdurch wird er – ebenso wie nach § 300 I ein sich im Verzug befindender Gläubiger – von Gesetzgeber für seine Säumnis sanktioniert (s.o. Rn 1). Dies gilt grds auch, wenn eine nach AGB grds zulässige (vgl § 309 Nr 7 b, Nr 8) vertragliche Beschränkung der Haftung auf grobe Fahrlässigkeit eingreifen würde; allerdings kann eine solche – § 287 ist **dispositiv** – dahingehend auszulegen sein, dass auch S 1 abbedungen sein soll (AnwK/*Schulte-Nölke* § 287 Rn 2). Mit Blick auf die in S 2 normierte verschuldensunabhängige Haftung des Schuldners „wegen der Leistung", ist S 1 allerdings nur dann von praktischer Relevanz, wenn es um Pflichtverletzungen geht, die nicht zum Untergang bzw zu einer Verschlechterung des Leistungsgegenstandes führen, dh im Falle der bloßen **Verzögerung** und im Falle **sonstiger Pflichtverletzungen nach § 241 II** (Jauernig/*Stadler* § 287 Rn 1). S 1 ist nicht auf die Fälle beschränkt, in denen der Schuldner etwas Bestimmtes herauszugeben hat, sondern gilt etwa auch für Dienstleistungspflichten (BTDrs 14/6040, 148).

3 **C. Haftung für Zufall nach S 2.** Ein Zufall iSv S 2 liegt vor, wenn das jeweilige Ereignis weder vom Schuldner noch vom Gläubiger zu vertreten ist (s § 276 Rn 35; *Hirsch* Jura 03, 42, 45); auch höhere Gewalt ist Zufall (*Knütel* NJW 93, 900). Die selbständige Bedeutung von S 2 ist indes beschränkt. Stellt sich nämlich die Verhinderung zur Leistungserbringung als adäquate Folge der Pflichtverletzung dar, so haftet der Schuldner unmittelbar aus § 280, ohne dass es auf ein weiteres Vertretenmüssen ankäme: Der Eintritt des Leistungshindernisses wird dann zur haftungsausfüllenden Kausalität gezählt, für die ein Vertretenmüssen keine Rolle spielt (s Jauernig/*Stadler* § 287 Rn 2; jedoch geht es insoweit nach neuem Recht nicht [mehr] um einen Verzögerungsschaden, sondern um einen Schadensersatz statt der Leistung, s § 280 Rn 29). Damit kommt S 2

nur dann eigenständige Bedeutung zu, wenn kein adäquater Kausalzusammenhang zwischen Verzug und Leistungshindernis besteht (AnwK/*Schulte-Nölke* § 287 Rn 4), etwa wenn ein Arbeitgeber mit der Pflicht zur Gewährung von Urlaub und der ersatzweisen Abgeltung im Verzug ist und der Arbeitnehmer während des Verzugs stirbt (BAG AP Nr 57 zu § 7 BUrlG Abgeltung; BAG AP Nr 71 zu § 7 BUrlG Abgeltung; BAG NJW 97, 2243, 2344; Kritisch: *Hohmeister* BB 97, 1901, 1902).

In allen diesen Fällen begründet § 287 S 2 allerdings für alle Umstände, die eine Pflichtverletzung nach sich ziehen, ein von Fahrlässigkeit unabhängiges Vertretenmüssen, und zwar auch dann, wenn der Leistungsgegenstand beschafft wurde (BTDrs 14/6040, 148) oder wenn das Leistungshindernis sich nur auf einen Leistungsteil bezieht (Palandt/*Heinrichs* § 287 Rn 3); vorübergehende Hindernisse sind ebenfalls umfasst (BGH LM § 286 Nr 3 [zeitweilig gesetzte Zahlungsverbote]). Auf Pflichten aus § 241 II findet S 2 keine Anwendung (BTDrs 14/6040, 148), hier verbleibt es vielmehr bei der verschuldensabhängigen Haftung des Schuldners (s.o. Rn 2). 4

Die Zufallshaftung des säumigen Schuldners wird nach S 2 Hs 2 ausgeschlossen, wenn der Schaden bei hypothetischer Betrachtung auch bei **rechtzeitiger Leistung** eingetreten wäre: Das zurückzugebende Kfz, mit dessen Rückgabe der Mieter in Verzug war, ist durch einen Hagelschlag schwer beschädigt worden; die gleiche Beschädigung wäre allerdings auch bei rechtzeitiger Rückgabe an den Vermieter geschehen, weil dort der Wagen ebenfalls unter freiem Himmel abgestellt worden wäre (*Schlechtriem/Schmidt-Kessel* Schuldrecht AT Rn 601). Es kommt nicht darauf an, ob dasselbe oder ein anderes Ereignis zum Schaden geführt hätte (Palandt/*Heinrichs* § 287 Rn 4). Das Vorliegen einer entspr „Reservursache" hat der Schuldner zu beweisen (AnwK/*Schulte-Nölke* § 287 Rn 5). 5

§ 288 Verzugszinsen

(1) ¹Eine Geldschuld ist während des Verzugs zu verzinsen. ²Der Verzugszinssatz beträgt für das Jahr fünf Prozentpunkte über dem Basiszinssatz.
(2) Bei Rechtsgeschäften, an denen ein Verbraucher nicht beteiligt ist, beträgt der Zinssatz für Entgeltforderungen acht Prozentpunkte über dem Basiszinssatz.
(3) Der Gläubiger kann aus einem anderen Rechtsgrund höhere Zinsen verlangen.
(4) Die Geltendmachung eines weiteren Schadens ist nicht ausgeschlossen.

A. Allgemeines. Die durch das SchRModG neu gefasste Vorschrift hat den bereits durch das Gesetz zur Beschleunigung fälliger Zahlungen vom 30.3.00 (BGBl I, 330) auf fünf Prozentpunkte über dem Basiszinssatz angehobenen gesetzlichen Zinssatz beibehalten und in Umsetzung von Art 3 I(d) der Zahlungsverzugsrichtlinie RL 2000/35/EG des Europäischen Parlaments und des Rates v 29.6.00 den höheren Zinssatz des II eingefügt. Als Überleitungsvorschrift ist Art 229 § 1 I 3 u § 5 EGBGB zu beachten. § 288 I bezweckt, den säumigen Schuldner zur alsbaldigen Erfüllung anzuhalten und ihm typischerweise aus der Pflichtverletzung entstehende Vorteile abzuschöpfen (BTDrs 14/1246, 5); II soll generalpräventiven Abschreckungscharakter im Rechtsverkehr haben. Da die I und II dazu dienen, den **objektiven Mindestschaden** des Gläubigers zu ersetzen, kommt es nicht darauf an, ob ihm tatsächlich ein entspr Schaden entstanden ist oder nicht (BGHZ 74, 231, 235; BAG NJW 01, 3570, 3573 f); einen entspr Gegenbeweis lässt die Vorschrift nicht zu (Jauernig/*Stadler* § 288 Rn 2; zur Ausnahme beim Verbraucherdarlehen s.u. Rn 7). 1

B. Anspruch auf Verzugszinsen (I). Der frühere gesetzliche Zinssatz von 4 % führte zu missbräuchlichem Verhalten seitens der Schuldner, die sich hiermit besser standen als bei Inanspruchnahme eines tatsächlichen Kredits (Palandt/*Heinrichs* § 288 Rn 2); I wirkt dem entgegen. Die Verpflichtung zur Verzinsung besteht für **Geldschulden** jeder Art (s §§ 244, 245 Rn 8 ff), nach BGH auch für einen auf die Herausgabe von Geld gerichteten Anspruch aus § 667 Alt 2 (BGH VersR 06, 86) sowie für die Pflicht zum Kostenvorschuss iRd Mängelbeseitigung nach § 637 III und nach § 13 Nr 5 VOB/B (BGHZ 77, 60, 62); die Zinsen können nicht in die Abrechnung des Vorschusses einbezogen werden (BGHZ 94, 330, 333). Auch Schadensersatz-, Bereicherungs- und Rückforderungsansprüche (§ 346) sind zu verzinsen; gleiches gilt für die Unterhaltsschuld (Frankf FamRZ 85, 706, str). Der Anspruch auf Zustimmung zur Mieterhöhung ist nicht umfasst (BGH NJW 05, 2310, 2312). Hinsichtlich des auf Gehalt gerichteten Anspruchs ist der gesamte Bruttobetrag zu verzinsen (BAG GrS NJW 01, 3570; aA *Löwisch* RdA 02, 182; *Hanau* AP BGB § 288 Nr 4); Lohnersatzleistungen sind allerdings abzuziehen (Palandt/*Heinrichs* § 288 Rn 6). I gilt nicht für die Schenkung (§ 522; s dort Rn 1) und wegen der gesonderten Regelung in Art 48 WG nicht für Wechselunkosten und Provision (BGH NJW 77, 1396). Zu öffentlich-rechtlichen Ansprüchen s § 286 Rn 3. 2

Die nach I 2 zu bestimmende **Zinshöhe** knüpft an den Basiszinssatz und zwar trotz des insoweit fehlenden Verweises an den **jeweiligen Basiszinssatz** an (Palandt/*Heinrichs* § 288 Rn 7); sie ist damit **variabel**. Ein auch auf die Zahlung künftiger Zinsen gerichteter Klageantrag würde korrekt daher wie folgt lauten: „... nebst Zinsen iHv fünf Prozentpunkte über dem jeweiligen Basiszinssatz seit dem ..." (*Reichenbach* MDR 01, 13). Die eventuelle Verwendung des Begriffs „Prozente" ist in diesem Zusammenhang nach den Grundsätzen aus 3

§ 133 iSd richtigen Begriffs „Prozentpunkte" auszulegen (Hamm NJW 05, 2238; aA *Hartmann* NJW 04, 1358). Da der Basiszinssatz seit dem 1.1.06 1,37 % beträgt (s § 247 Rn 3), hat der Verzugszins zzt – und bis zum 30.6.06, § 247 I 2 – eine Höhe von **6,37 %**.

4 **C. Höhe des Zinsanspruches für den Geschäftsverkehr (II).** II der Vorschrift bezieht sich auf den der Zahlungsverzugsrichtlinie (s.o. Rn 1) entstammenden Begriff der **Entgeltforderung** und damit ebenso wie § 286 III (s dort Rn 20) nur auf Forderungen, die auf Zahlung eines Entgelts für die Lieferung von Gütern oder die Erbringung von Dienstleistungen gerichtet sind (Hburg ZGS 04, 237; Karlsr ZGS 05, 279, *Schermaier* NJW 04, 2501; Staud/*Löwisch* [2004] § 286 Rn 93; zur Richtlinie Gebauer/Wiedmann/*Schmidt-Kessel* Verzug Rn 8, 15; s außerdem § 286 Rn 3). Erfasst sind damit etwa der Kaufpreis, der Werklohn sowie auch Abschlagszahlungen auf den Entgeltanspruch (Jauernig/*Stadler* § 288 Rn 7). Keine Entgeltforderungen sind hingegen zB Darlehensforderungen, die deshalb nur nach I zu verzinsen sind oder der Anspruch eines ausscheidenden Gesellschafters auf Abfindung (Karlsr ZGS 05, 279 mit Anm *Mankowski* EWiR § 288 BGB 1/05, 663). Um den Anwendungsbereich des II auf den Geschäftsverkehr zwischen Unternehmen (§ 14) unter Einschluss juristischer Personen des öffentlichen Rechts oder des öffentlich-rechtlichen Sondervermögens zu beschränken, werden nur **Rechtsgeschäfte** erfasst, **an denen keine Verbraucher (§ 13) beteilt sind** (s Art 2 Nr 1 RL 2000/35/EG; Gebauer/Wiedmann/*Schmidt-Kessel* Verzug Rn 9). Obwohl Arbeitsverträge keine Verbraucherverträge idS sind (s Palandt/*Heinrichs* § 288 Rn 9), sind im Wege teleologischer Reduktion (Jauernig/*Stadler* § 288 Rn 7) auch arbeitsvertragliche Ansprüche des Arbeitnehmers nur nach I zu verzinsen (BAG ZIP 05, 873; *Boemke* BB 02, 96). Besteht eine gesamtschuldnerische Haftung eines Unternehmers mit einem Verbraucher, so gilt I für den Verbraucher und II für den Unternehmer, § 425 (Palandt/*Heinrichs* § 288 Rn 10 [Gemeinsames Leasen eines Pkw]). Auch die durch II festgelegte **Zinshöhe** ist variabel (s hierzu o Rn 3): Sie liegt 8 % über dem (jeweiligen) Basiszinssatz (s hierzu § 247 Rn 3) und beträgt damit zzt (und bis zum 30.6.06, s.o. Rn 3) **9,37 %**.

5 **D. Anspruch auf höhere Zinsen (III).** III kann nur bei Vorliegen einer **Individualabrede** (BGHZ 104, 337, 339) zum Tragen kommen: Die gesetzlich in anderen Vorschriften festgelegten Zinssätze stimmen entweder mit I 2 überein (§§ 676 b I 2, 104 I 2 ZPO, 352 HGB) oder sind niedriger (§§ 246, 497 I 2, Art 48 I Nr 2, 49 Nr 2 WG, Art 45 Nr 2, 46 Nr 2 ScheckG) und die Fortzahlung eines Vertragszinses kann weder formularmäßig noch im Verbrauchervertrag vereinbart werden (BGHZ 104, 337, 339 f; BGHZ 115, 268, 269; s §§ 307 II Nr 1, 309 Nr 5 a, 6; 310 III Nr 2; 497, 506 S 1; Jauernig/*Stadler* § 288 Rn 9); gleiches gilt für einen (verzugsbedingt) überhöhten Überziehungszins (s BGH NJW 03, 1801).

6 **E. Weiterer Schaden (IV).** Gestützt auf §§ 280, 286 kann der Gläubiger nach § 288 IV auch einen über I 2 hinausgehenden Zinssatz als **Verzögerungsschaden** geltend machen. Dieser Zinsschaden liegt entweder (1) in einem **Verlust von Anlagezinsen** (s BGHZ 104, 337, 344 f) oder (2) in der **Aufwendung von Kreditzinsen**. Während Banken ihren Schaden iSv (1) abstrakt nach ihrem durchschnittlichen Bruttosollzinssatz berechnen dürfen (BGHZ 62, 103; 104, 337, 347), müssen alle anderen Gläubiger ihren Zinsverlust konkret darlegen und beweisen (Palandt/*Heinrichs* § 288 Rn 13). Allerdings kommen hier die Anwendung der Grundsätze der allgemeinen Lebenserfahrung (Jauernig/*Stadler* § 288 Rn 10 [Anlage von Großbeträgen]) sowie § 287 ZPO (BGHZ 80, 269, 279) zum Tragen. Im Fall (2) ist eine konkrete Darlegung erst dann erforderlich, wenn der Schuldner die allgemeine Behauptung des Gläubigers, dieser habe einen mit einem bestimmten Prozentsatz verzinslichen Bankkredit in Anspruch genommen, bestreitet (BGH DB 77, 582; BGH NJW-RR 91, 1406). Es wird nicht vorausgesetzt, dass der Gläubiger den Kredit gerade wegen des Verzugs aufgenommen hat (BGH NJW 84, 371, 372 [Kaufmann]; BGH LM Nr 7 [öffentliche Hand]; Karlsr VersR 92, 173 [Rentner]); vielmehr genügt es, dass der Gläubiger im Zeitpunkt des Verzugsbeginns einen Bankkredit in einer den rückständigen Betrag übersteigenden Höhe in Anspruch genommen hat (BGH NJW-RR 91, 793 [Kaufleute]). Einem Kaufmann kann eine tatsächliche Vermutung dahingehend zugute kommen, dass er eingehende Zahlungen zur Rückführung des Kredits verwendet (BGH NJW-RR 91, 793). Die **Mehrwertsteuer** kann als weiterer Verzugsschaden nicht geltend gemacht werden, da auf Verzugszinsen eine solche nicht zu entrichten ist (s EuGH NJW 83, 505; BGHZ 88, 228, 230; 90, 198, 206). **Überziehungszinsen** indes sind zu ersetzen (Karlsr VersR 92, 174).

7 **F. Verbraucherdarlehensverträge.** Für Verbraucherdarlehensverträge nach den §§ 491 ff sind iRv § 288 einige Besonderheiten zu beachten: Der Kreditgeber kann zunächst nach § 497 I 1 beim Zahlungsverzug des Schuldners ohne jeglichen Schadensnachweis die Verzinsung des geschuldeten Betrags (Hauptleistung, vor Eintritt des Verzugs angefallene Zinsen, Kosten der Rechtsverfolgung und sonstige Kosten, Jauernig/*Stadler* § 288 Rn 11) geltend machen. Der Verzugszinssatz beträgt nach § 497 I 2 lediglich zweieinhalb Prozentpunkte über dem (jeweiligen) Basiszinssatz, dh zzt und bis zum 30.6.06 (s.o. Rn 3) **3,87 %**. Im Gegensatz zur ansonsten uU möglich abstrakten Schadensberechnung (s.o. Rn 6), muss ein weitergehender Schaden gem § 497 I 3 insgesamt konkret berechnet werden („im Einzelfall"). § 497 I 3 lässt zudem den Gegenbeweis zu, dass dem Gläubiger tatsächlich ein niedrigerer Schaden entstanden ist (s.o. Rn 1). Eine Sonderregelung für Immobilienverträge trifft § 497 I 1 Hs 2. Zu den Einzelheiten s § 497 Rn 1 ff.

§ 289 Zinseszinsverbot

¹Von Zinsen sind Verzugszinsen nicht zu entrichten. ²Das Recht des Gläubigers auf Ersatz des durch den Verzug entstehenden Schadens bleibt unberührt.

A. Zinseszinsverbot. § 289 S 1 dehnt das in § 248 aufgestellte Verbot der Erhebung eines Zinseszinses aus, indem es (gesetzlich oder vertraglich) geschuldete Zinsen vom Anwendungsbereich des § 288 ausnimmt. § 248 II (s dort Rn 3) gilt richtigerweise für § 289 S 1 entspr. Der Zinsbegriff der Vorschrift entspricht dem des § 246 (s dort Rn 5 f); auf dingliche Erbauzinsen findet § 289 entspr Anwendung (§ 9 I ErbbauVO iVm § 1107; BGH NJW-RR 92, 591, 592; Ddorf NJW-RR 01, 1310, 1311; vgl § 246 Rn 6). Ebenso wie § 248 (s dort Rn 3) entfaltet auch § 289 S 1 keine Wirkung für die Verzinsung des Überschusses eines kaufmännischen Kontokorrents, soweit dort Verzugszinsen eingestellt worden sind, § 355 I HGB. Eine Ausnahme hiervon gilt (genauso wie für § 248 II, s dort Rn 3) für Verbraucherkredite, § 497 II 1 (s dort Rn 7). 1

B. Verzugsschaden. Mit § 289 S 2 wird klargestellt, dass S 1 lediglich die Erhebung eines Zinseszinses, nicht aber den Anspruch wegen eines gem § 288 IV nachweislich entstandenen **weiteren Schadens wegen der Verzögerung von Zinszahlungen** ausschließt (BGH NJW 93, 1260). Allerdings müssen dazu die Verzugsvoraussetzungen (vgl §§ 280 I, 286 I-III, s § 280 Rn 24, 30) auch hinsichtlich der Zinsforderung vorliegen (BGH NJW 93, 1260, 1261) und der Schaden konkret dargelegt und bewiesen werden (RGZ 152, 166, 174 f). Für Banken lässt die höchstrichterliche Rspr in diesem Zusammenhang eine abstrakte Berechnung des Schadens zu (BGH NJW-RR 86, 205, 207; BGH NJW 88, 1967, 1969; 93, 1260; kritisch: *Reifner* NJW 92, 337 ff), dh, dass sie den Verlust von Anlagezinsen, Krediterträgen oder die Aufwendung von Kreditzinsen geltend machen können, ohne iE darlegen und beweisen zu müssen, dass sie gerade mit dem vom Schuldner verspätet gezahlten Geldbetrag eine bestimmte Investition getätigt hätten (AnwK/*Schulte-Nölke* § 289 Rn 4). Im Falle von Verbraucherdarlehensverträgen nach § 491 I oder Finanzierungshilfen nach § 499 I, II wird die Höhe des Schadensersatzanspruches durch § 497 II 2 auf den gesetzlichen Zinssatz des § 246 (4 %, s § 246 Rn 9) begrenzt. 2

§ 290 Verzinsung des Wertersatzes

¹Ist der Schuldner zum Ersatz des Wertes eines Gegenstands verpflichtet, der während des Verzugs untergegangen ist oder aus einem während des Verzugs eingetretenen Grund nicht herausgegeben werden kann, so kann der Gläubiger Zinsen des zu ersetzenden Betrags von dem Zeitpunkt an verlangen, welcher der Bestimmung des Wertes zugrunde gelegt wird. ²Das Gleiche gilt, wenn der Schuldner zum Ersatz der Minderung des Wertes eines während des Verzugs verschlechterten Gegenstands verpflichtet ist.

A. Allgemeines. § 290 ordnet an, dass der Schuldner, dessen ursprünglich bestehende, nicht verzinsliche **Herausgabeverpflichtung** sich aufgrund seines Verzugs **in eine Verpflichtung zum Wertersatz gewandelt** hat – wegen Untergangs (S 1) oder Verschlechterung (S 2) des Gegenstandes –, diese Wertersatzschuld wie eine Geldschuld verzinsen muss. § 290 bestimmt nicht, wann eine solche Wertersatzschuld vorliegt; dies ergibt sich vielmehr aus §§ 280, 281, 283 iVm 287. Weitere **Anwendungsfälle** sind richtigerweise etwa §§ 346 II, 347, 818 II. Der in § 289 S 1 für die Berechnung der Zinsen angesprochene Zeitpunkt der Wertermittlung richtet sich nach den allgemeinen Regeln des Schadensersatzrechts (s vor § 249 Rn 12). § 290 hat damit einen ähnlichen Regelungsgehalt wie die deliktsrechtliche Vorschrift des § 849 (s § 849 Rn 1). Vertreten wird, dass § 290 nicht nur die Verpflichtung des Schuldners zur Herausgabe, sondern auch zur **Übergabe eines Gegenstandes** umfasst (s AnwK/*Schulte-Nölke* § 290 Rn 1 mwN). 1

B. Anspruchsinhalt. Die Höhe des sich aus § 290 ergebenden Zinsanspruches beurteilt sich nach § 288 I, II: Der Gläubiger kann also den gesetzlich geregelten Mindestschaden iHv fünf oder acht Prozentpunkten über dem Basiszinssatz (s § 247 Rn 3) geltend machen. Ein weitergehender Schadensersatzanspruch ist auch hier nicht ausgeschlossen (§ 288 IV, s dort Rn 6). 2

§ 291 Prozesszinsen

¹Eine Geldschuld hat der Schuldner von dem Eintritt der Rechtshängigkeit an zu verzinsen, auch wenn er nicht im Verzug ist; wird die Schuld erst später fällig, so ist sie von der Fälligkeit an zu verzinsen. ²Die Vorschriften des § 288 Abs. 1 Satz 2, Abs. 2, Abs. 3 und des § 289 Satz 1 finden entsprechende Anwendung.

A. Allgemeines. § 291 stellt eine **selbständige**, neben § 288 tretende **Anspruchsgrundlage** dar – im Gegensatz zu § 288 kommt es nicht auf den Verzug des Schuldners, sondern auf die Rechtshängigkeit des Anspruchs des Gläubigers an; unabhängig von den technischen Voraussetzungen des Verzugs muss sich hiernach der Schuldner, der es zu einem Prozess hat kommen lassen, so behandeln lassen, als ob er mit der Leis- 1 tungserbringung vorwerfbar säumig ist (*Schlechtriem/Schmidt-Kessel* SchuldR AT Rn 680). Große praktische Bedeutung kommt der Vorschrift indes nicht zu: Trotz der Eigenständigkeit ergibt sich aus ihr nur selten ein über § 288 hinausgehender Anspruch, da sich der Schuldner nach § 286 I 2 idR spätestens mit Rechtshängigkeit auch im Verzug befindet und der Gläubiger für den gleichen Zeitraum Verzugs- und Prozesszinsen nicht verlangen kann (RGZ 92, 283, 285; Saarbr NJW-RR 87, 470, 471). Relevanz hat § 291 deshalb nur für die Fälle, in denen der Schuldner die Verspätung der Leistung (zB wegen eines entschuldbaren Rechtsirrtums) nicht zu vertreten hat (§ 286 IV, s dort Rn 22) sowie bei der Klage auf künftige Leistung gem § 257 ZPO, die noch keinen Verzug begründet hat.

2 **B. Voraussetzungen.** § 291 setzt zunächst eine **Geldschuld** voraus (s hierzu §§ 244, 245 Rn 8 ff). Unerheblich ist, auf welchem Rechtsgrund diese beruht – zB auf einer Unterhalts- (BGH NJW-RR 87, 386) oder auf einer Rückgewährverpflichtung (Jauernig/*Stadler* § 291 Rn 2: §§ 346, 357, 437 Nr 2) – oder ob sie bezifferbar ist (BGH NJW 65, 531, 532 [Schmerzensgeldanspruch]). Auch Geldschulden aus einem **öffentlich-rechtlichen** Rechtsverhältnis sind umfasst (BVerwG NJW 95, 3135; BGH NJW 98, 3368), es sei denn, es besteht eine abweichende oder speziellere Vorschrift (etwa § 49a III u IV VwVfG). **Keine Anwendung** findet § 291 auf Wechselunkosten und Provision, da hierfür in Art 48 WG eine Sonderregelung besteht (BGH NJW 77, 1396, 1397).

3 Aus S 1 ergibt sich weiter, dass der Anspruch des Gläubigers **fällig** (KG Berlin NJW-RR 02, 1591) und **durchsetzbar** sein muss. Klagt deshalb der Gläubiger gem § 257 ZPO auf künftige Leistung (s.o. Rn 1), so macht er einen noch nicht fälligen Anspruch geltend und die Zinspflicht beginnt erst mit der Fälligkeit. Beansprucht der Gläubiger einen künftigen entgangenen Gewinn, so ist dieser erst ab dem Zeitpunkt zu verzinsen, zu dem der Gewinn erzielt worden wäre (BGHZ 115, 307 ff). Ist die Forderung einredebehaftet (etwa § 273 oder § 320), so schließt auch dies die Geltendmachung von Prozesszinsen aus (BGHZ 55, 198).

4 Der Zinsanspruch aus § 291 wird durch Erhebung einer **Leistungsklage** (§ 253 ZPO) oder Stellung eines **Mahnantrags** (§ 690 ZPO) begründet. Das Stellen eines Hilfsantrags (BGH NJW-RR 90, 518, 519) sowie richtigerweise die Stufenklage reichen ebenfalls aus. Eine Festellungsklage hingegen vermag nach höchstrichterlicher Rspr den Zinsanspruch nicht zu begründen (BGH 93, 183, 186; Ausnahmen: BVerwG NVwZ 01, 1057 f [Leistungsklage als gleichwertige Rechtsschutzform gegen die öffentliche Hand]; nicht die Eingruppierungsklage BAG AP § 291 BGB Nr 1 [Klage auf arbeitsrechtliche Eingruppierung]). Die für § 291 erforderliche **Rechtshängigkeit** des Anspruchs beurteilt sich nach §§ 253, 261, 696 III, 700 II ZPO.

5 **C. Rechtsfolgen.** Als Rechtsfolge ergibt sich für den Gläubiger aus § 291 ein Anspruch auf Prozesszinsen iHv fünf (S 2 iVm § 288 I 2) bzw acht Prozentpunkten (S 2 iVm § 288 II) über dem Basiszinssatz; unter den Voraussetzungen des § 288 III kann der Gläubiger auch einen höheren Zinssatz ersetzt verlangen (S 2 iVm § 288 III). Trotz des in S 2 fehlenden Verweises auf § 497 S 2 gilt für Ansprüche aus Verbraucherdarlehensverträgen ein (Prozess-)Zinssatz von zweieinhalb Prozentpunkten über dem Basiszinssatz (AnwK/Schanbacher § 291 Rn 5). Ein Zinseszinsverbot auch für Prozesszinsen ergibt sich aus S 2 iVm § 289 S 1. Daraus, dass S 2 nicht auf § 289 S 2 verweist, folgert der BGH zudem ein Verbot, einen wegen der Verzögerung der Zinszahlungen entstandenen weiteren Schaden geltend zu machen (BGH NJW 93, 1260, 1261).

§ 292 Haftung bei Herausgabepflicht

(1) Hat der Schuldner einen bestimmten Gegenstand herauszugeben, so bestimmt sich von dem Eintritt der Rechtshängigkeit an der Anspruch des Gläubigers auf Schadensersatz wegen Verschlechterung, Untergangs oder einer aus einem anderen Grunde eintretenden Unmöglichkeit der Herausgabe nach den Vorschriften, welche für das Verhältnis zwischen dem Eigentümer und dem Besitzer von dem Eintritt der Rechtshängigkeit des Eigentumsanspruchs an gelten, soweit nicht aus dem Schuldverhältnis oder dem Verzug des Schuldners sich zugunsten des Gläubigers ein anderes ergibt.
(2) Das Gleiche gilt von dem Anspruch des Gläubigers auf Herausgabe oder Vergütung von Nutzungen und von dem Anspruch des Schuldners auf Ersatz von Verwendungen.

1 **A. Allgemeines.** Mit § 292 wird eine **Mindesthaftung** des auf Herausgabe verklagten Schuldners begründet, welche immer dann eingreift, wenn der Schuldner nicht nach der Art des Schuldverhältnisses (etwa § 848) oder wegen Verzugs (§ 287) weitergehend haftet, § 292 I aE. Da nach § 286 I 2 mit der Klageerhebung regelmäßig auch der Verzug des Schuldners eintritt (Ausnahmen: §§ 280 I 2, 286 IV sowie die Klage auf künftige Leistung), wird auf den sich aus § 292 ergebenden Haftungsstandard (s.u. Rn 4) nur selten zurückgegriffen werden müssen; die praktische Bedeutung der Vorschrift ist daher gering (Jauernig/*Stadler* § 292 Rn 1). Sie folgt va aus der Verweisungskette der § 819 I, 818 IV (s § 818 Rn 39).

2 § 292 umfasst **alle schuldrechtlichen Herausgabeansprüche** inklusive der Bereicherungsansprüche, wie die Verweisung auf die „allgemeinen Vorschriften" in § 818 IV bestätigt (§ 818 Rn 39); für dingliche Herausgabeansprüche existieren hingegen gesonderte Regelungen (etwa §§ 1065, 1227). Die Vorschrift führt zu einer Gleichbehandlung der zwischen Gläubiger und Schuldner eines rechtshängigen Herausgabeanspruchs und

zwischen Eigentümer und Besitzer seit Rechtshängigkeit des Eigentumsherausgabeanspruchs bestehenden Rechtsverhältnisse (vgl AnwK/*Schanbacher* § 292 Rn 1).

B. Voraussetzungen. § 292 setzt eine **Herausgabeverpflichtung** des Schuldners voraus, die sich auf einen – nicht lediglich gattungsmäßig – bestimmten Gegenstand beziehen muss. Als Gegenstand idS gilt all das, was Objekt von Rechten sein kann (Palandt/*Heinrichs* § 292 Rn 2), also neben Sachen und Sachgesamtheiten (BGH LM § 987 Nr 3 [Apotheke]; Staud/*Löwisch* [2004] § 292 Rn 4, 12) zB auch das Eigentum an einem Grundstück (BGHZ 144, 323, 325 [Rückauflassungsanspruch als Herausgabeverpflichtung]) oder ein Patentrecht (RGZ 62, 320, 321). Je nachdem, um was für einen Gegenstand es sich handelt, fällt auch die Verpflichtung des Schuldners zur Herausgabe unterschiedlich aus: eine gekaufte Sache etwa ist zu übergeben, eine gemietete oder geliehene zurückzugeben, eine Forderung abzutreten. Die Verpflichtung zur Vorlegung von Sachen nach §§ 809, 810 unterfällt dem Begriff der Herausgabe iSv § 292 indes nicht; die Vorschrift findet hierauf keine Anwendung (Staud/*Löwisch* [2004] § 292 Rn 6). 3

Als weitere Voraussetzung verlangt § 292 den **Eintritt der Rechtshängigkeit** des Herausgabeanspruchs, der sich nach §§ 261, 253 ZPO beurteilt. Im Falle der Verweisung aus §§ 819 I, 818 IV tritt an die Stelle der Rechtshängigkeit der Zeitpunkt der Kenntnis vom Mangel des rechtlichen Grundes. 4

C. Rechtsfolgen. In der Rechtsfolge erklärt § 292 I kraft ausdrücklicher Verweisung die **für das Eigentümer-Besitzer-Verhältnis ab Rechtshängigkeit unmittelbar geltenden Vorschriften** für anwendbar. Das bedeutet konkret, dass der Schuldner wegen einer Verschlechterung, des Untergangs oder einer anderweitigen Unmöglichkeit der Herausgabe unter den Voraussetzungen des § 989 (s dort Rn 1 ff) Schadensersatz zu leisten hat. Zudem folgt aus § 292 II eine Haftung des Schuldners für gezogene und schuldhaft nicht gezogene Nutzungen nach Maßgabe des § 987 (s dort Rn 2 ff). Ein Verwendungsersatzanspruch des Schuldners, § 292 II, beurteilt sich nach §§ 994 II, 995. Die Verwendungen müssen deshalb notwendig gewesen sein sowie nach den Regeln der GoA im Interesse des Gläubigers gelegen und seinem wirklichen oder mutmaßlichen Willen entsprochen haben (s § 994 Rn 2). Entspr anwendbar sind zudem das Wegnahmerecht des § 997 im Falle nützlicher Verwendungen sowie die aus §§ 1000 ff folgenden Befugnisse (AnwK/*Schanbacher* § 292 Rn 10). 5

Titel 2 Verzug des Gläubigers

§ 293 Annahmeverzug

Der Gläubiger kommt in Verzug, wenn er die ihm angebotene Leistung nicht annimmt.

A. Allgemeines. Der Gläubigerverzug ist das Gegenstück zum Schuldnerverzug (§§ 286 ff). Er tritt ein, wenn der Gläubiger die seinerseits erforderliche Mitwirkung an der Erfüllung des Schuldverhältnisses unterlässt. Dies ist nicht nur dann der Fall, wenn der Gläubiger die ihm angebotene Leistung nicht annimmt, sondern auch, wenn er die Erfüllung einer sonstigen Leistungspflicht des Schuldners vereitelt (Palandt/*Heinrichs* § 293 Rn 1). Die §§ 293 ff finden daher auch auf sachen-, familien- und erbrechtliche Ansprüche Anwendung (Palandt/*Heinrichs* § 293 Rn 1), auf Grund der Verweisung in § 62 S 2 VwVfG auf Ansprüche aus öffentlich-rechtlichen Verträgen und modifizieren die Regeln des Eigentümer-Besitzer-Verhältnisses, wenn der Eigentümer die ordnungsgemäß angebotene Sache nicht zurücknimmt (AnwK/*Schmidt-Kessel* § 293 Rn 3). Die Regeln des Gläubigerverzugs umfassen daher sämtliche **Mitwirkungspflichten des Gläubigers**, wie zB die Ausübung des Wahlrechts nach § 262, die Abgabe der Erklärung nach § 315 II (BGH NJW 2002, 3541), die Spezifikation nach § 375 HGB (RGZ 43, 103) oder die Vornahme von Vorbereitungshandlungen, wie zB die Bereitstellung von Transporthilfsmitteln (RG JW 1904, 168), der zu bearbeitenden Stoffe (Stuttg NJW 47/48, 565) oder auch das Zugänglichmachen des Leistungsorts (weitere Bspe bei AnwK/*Schmidt-Kessel* § 293 Rn 13). Bedarf der Schuldner keiner Mitwirkung oder Kooperation des Gläubigers, wie zB bei Unterlassungspflichten oder Pflichten, die auf die Abgabe einer Willenserklärung gerichtet sind, spielen die Regeln des Gläubigerverzugs hingegen keine praktische Rolle (AnwK/*Schmidt-Kessel* § 293 Rn 4). 1

Nach hM ist der Gläubiger zur Annahme der Leistung nur berechtigt, nicht aber verpflichtet (BGH NJW-RR 88, 1265; Palandt/*Heinrichs* § 293 Rn 1). Der Gläubigerverzug stellt daher grds keine Verletzung einer Rechtspflicht, sondern bloß den Verstoß gegen eine **Obliegenheit** dar (R. *Schmidt*, Obliegenheiten 146 ff; Palandt/*Heinrichs* § 293 Rn 1; differenzierend AnwK/*Schmidt-Kessel* § 293 Rn 2, der von Pflichten mit beschränktem Schutzzweck spricht), begründet daher auch keine Schadensersatzpflicht, setzt umgekehrt aber auch kein Vertretenmüssen voraus (AnwK/*Schmidt-Kessel* § 293 Rn 15 f). Anderes gilt aber dann, wenn das Gesetz oder die Vereinbarung die Annahme der Leistung durch den Gläubiger oder seine Mitwirkung als echte Rechtspflicht ausgestalten, wie dies zB nach den §§ 433 II oder § 640 I für den Kauf- und Werkvertrag der Fall ist. Der Gläubiger kommt in diesen Fällen zugleich auch in Schuldnerverzug, der unter den Voraussetzungen des § 280 auch schadensersatzrechtlich sanktioniert ist (Palandt/*Heinrichs* § 293 Rn 4 mwN). 2

3 **B. Voraussetzungen.** Die Voraussetzungen des Gläubigerverzugs sind in den §§ 293 bis 299 geregelt. Der Gläubiger gerät demnach nur in Verzug, wenn der Schuldner die Leistung tatsächlich so anbietet, wie sie zu bewirken ist (§ 294), der Schuldner zur Leistung imstande (§ 297) und auch berechtigt ist. Bedarf es daher für die Leistung zB einer öffentlichrechtlichen Genehmigung, setzt der Annahmeverzug voraus, dass die Genehmigung vorliegt (BGHZ 13, 329; NJW 52, 743; Palandt/*Heinrichs* § 293 Rn 8).

4 Da der Gläubigerverzug die Leistungsbereitschaft und -fähigkeit des Schuldners voraussetzt, schließen **Unmöglichkeit** der Leistung (§ 275 I) und Unvermögen des Schuldners den Gläubigerverzug grds aus (BGHZ 24, 96; Palandt/*Heinrichs* § 293 Rn 3; aA *Schmidt-Kessel*, Gläubigerfehlverhalten § 7 II 1b; AnwK/*Schmidt-Kessel* § 293 Rn 29; vgl schon *Picker* JZ 79, 292 ff). Fraglich ist aber, welche Fälle dem Gläubigerverzug und welche der Unmöglichkeit zuzuordnen sind. Nach heute hM ist für die Abgrenzung von Unmöglichkeit und Annahmeverzug darauf abzustellen, ob die Leistung noch erbracht werden kann. Annahmeverzug liegt vor, wenn der Gläubiger die Leistung nicht annehmen kann oder will, Unmöglichkeit, wenn der Leistung ein dauerndes Hindernis entgegensteht (BGHZ 60, 17; *Beuthien*, Zweckerreichung 230 ff; Palandt/*Heinrichs* § 293 Rn 5; Staud/*Löwisch* vor § 293 Rn 5; MüKo/*Ernst* § 293 Rn 8; Erman/*Hager* § 293 Rn 5). Beim Arbeitsvertrag grenzt die Rsp nach der Sphärentheorie ab und stellt darauf ab, in wessen Gefahrenkreis die Störungsursache liegt (RG 106, 275; siehe § 615 Rn ...).

5 **C. Rechtsfolgen.** Die Rechtsfolgen des Gläubigerverzugs werden zunächst in den §§ 300 ff geregelt, bestehen also in der Haftungsminderung und dem Gefahrenübergang bei Gattungsschulden (§ 300), dem Wegfall der Verzinsungspflicht (§ 3001), der Beschränkung der Verpflichtung zur Nutzungsherausgabe (§ 302), dem Recht zur Besitzaufgabe bei Grundstücken oder eingetragenen Schiffen oder Schiffsbauwerken (§ 303) und dem Anspruch des Schuldners auf Ersatz von Mehraufwendungen (§ 304). Darüber hinaus steht dem Schuldner regelmäßig das Recht zur Hinterlegung (§§ 372-382, § 373 I HGB) und unter den Voraussetzungen der §§ 383–386, 373 II–V HGB das Recht zum Selbsthilfeverkauf zu.

6 Der Gläubigerverzug befreit den Schuldner allerdings nicht von seiner Leistungspflicht, auch ein Rücktritts- oder Kündigungsrecht steht dem Schuldner alleine wegen des Gläubigerverzugs nicht zu (§ 300 Rn 2; differenzierend AnwK/*Schmidt-Kessel* § 293 Rn 22). Allerdings muss der Schuldner keine Rechtsbehelfe fürchten, wenn seine Pflichtverletzung auf dem Fehlverhalten des Gläubigers beruht. Den Regeln des Gläubigerverzugs kommt daher eine Verteidigungsfunktion zu (AnwK/*Schmidt-Kessel* § 293 Rn 6).

7 **D. Beendigung des Annahmeverzugs.** Da der Gläubigerverzug den Schuldner nicht von seiner Leistungspflicht befreit, der Schuldner aber an seiner Leistung durch das Fehlverhalten des Gläubigers gehindert ist, tritt das Schuldverhältnis in einen **Schwebezustand**. Der **Gläubiger** kann diesen Schwebezustand und damit auch seinen Annahmeverzug mit Wirkung ex nunc beenden, wenn er die Leistung annimmt oder die sonst erforderliche Mitwirkungspflicht erfüllt (Palandt/*Heinrichs* § 293 Rn 12). Die nach §§ 300 ff bereits eingetretenen Rechtsfolgen, wie zB die Konkretisierung (§ 300 II), bleiben freilich bestehen (AnwK/*Schmidt-Kessel* § 293 Rn 17). Bedarf es zur Erfüllung einer weiteren Erfüllungshandlung des Schuldners, muss der Gläubiger seine Abnahmebereitschaft erklären. Der Gläubigerverzug endet erst nach Ablauf der Zeit, die der Schuldner zur Bewirkung der Leistung tatsächlich benötigt (Staud/*Löwisch* § 293 Rn 31). Zum Ersatz der Mehraufwendungen nach § 304 muss der Gläubiger zwar nicht anbieten (MüKo/*Ernst* § 293 Rn 20), doch kann der Schuldner wegen der ihm zustehenden Ansprüche ein Zurückbehaltungsrecht geltend machen und dadurch nach § 298 die Beendigung des Annahmeverzuges verhindern (BGHZ 116, 249; Staud/*Löwisch* § 293 Rn 31; Palandt/*Heinrichs* § 293 Rn 12; AnwK/*Schmidt-Kessel* § 293 Rn 18).

8 Der **Schuldner** kann den Schwebezustand durch Hinterlegung oder Selbsthilfeverkauf beenden, sofern er dazu berechtigt ist (Rn 5). Der Annahmeverzug endet überdies, wenn die Schuld aus anderen Gründen erlischt, zB durch Aufrechnung (§ 389) oder Erlass (§ 397), wenn die Leistung unmöglich wird (BGHZ 117, 6) oder wenn der Schuldner sein Angebot zur Leistung zurücknimmt (Palandt/*Heinrichs* § 293 Rn 13).

§ 294 Tatsächliches Angebot

Die Leistung muss dem Gläubiger so, wie sie zu bewirken ist, tatsächlich angeboten werden.

1 **A. Allgemeines.** Durch die Vorschriften der §§ 294 ff sollen die beiderseitigen Interessen der Vertragsparteien bei der Durchführung des Schuldverhältnisses in Einklang gebracht werden (Soergel/*Wiedemann* § 294 Rn 1). § 294 statuiert den Grundsatz, dass der Schuldner einer Leistung diese tatsächlich andienen muss. Dadurch wird die Grundnorm des § 293 konkretisiert (BaRoth/*Grüneberg* § 294 Rn 1; MüKo/*Ernst* § 294 Rn 1). Außerdem wird festgelegt, dass der Gläubigerverzug nur durch ein zur Erfüllung taugliches Angebot begründet werden kann (Palandt/*Heinrichs* § 294 Rn 1).

2 **B. Tatsächliches Angebot.** Der Schuldner ist nach § 294 verpflichtet, alles zu tun, was zur Bewirkung der Leistung erforderlich ist (Staud/*Löwisch* § 294 Rn 11). Es obliegt ihm, alle zur Erbringung der Leistung erforderlichen Handlungen einzuleiten (Soergel/*Wiedemann* § 294 Rn 4). Das tatsächliche Angebot ist dabei der

Beginn der Leistungshandlung des Schuldners (BaRoth/*Grüneberg* § 294 Rn 2). Es ist seiner Rechtsnatur nach ein in der Leistungshandlung enthaltener Realakt (*Huber*, Leistungsstörungen I 203 f; Palandt/*Heinrichs* § 294 Rn 2; Erman/*Hager* § 294 Rn 1; MüKo/*Ernst* § 293 Rn 13; Soergel/*Wiedemann* § 294 Rn 2), auf den § 130 keine Anwendung findet (Staud/*Löwisch* § 294 Rn 18; Soergel/*Wiedemann* § 294 Rn 2; aA RGRK/*Alff* § 293 Rn 3). Der Gläubiger kommt daher auch dann in Verzug, wenn er wegen Ortsabwesenheit zunächst keine Kenntnis vom Angebot erlangt (Palandt/*Heinrichs* § 294 Rn 2, vgl aber § 299).

Der Schuldner muss zur Erbringung der vertraglich geschuldeten Leistung ernsthaft bereit sein. Der Gläubiger soll zur Erfüllung der Schuld nichts anderes beitragen müssen, als die tatsächlich angebotene Leistung entgegenzunehmen (BGHZ 90, 359; RGZ 109, 328; RGRK/*Alff* § 294 Rn 1). Der Leistungswille des Schuldners kann nur im Rückblick festgestellt werden (BAG AP § 615 Nr 30). Wird beim Leistungsangebot ein Vorbehalt erklärt, wird kein Annahmeverzug begründet (BGH ZIP 94, 1840), es sei denn der Vorbehalt soll lediglich die Rechtsfolgen des § 814 ausschließen (BGH NJW 82, 2302; AnwK/*Schmidt/Kessel* § 296 Rn 7; MüKo/*Ernst* § 294 Rn 4; Erman/*Hager* § 294 Rn 3). 3

Wird eine **Sache** geschuldet, ist der Charakter der Schuld für die Modalitäten des tatsächlichen Angebotes maßgebend. Die Leistung muss in der richtigen Weise, am richtigen Ort (§§ 269, 270), zur richtigen Zeit (§ 271) und durch die richtige Person angeboten werden. Bei einer Bringschuld muss der Schuldner die Sache beim Gläubiger vorzeigen. Auch bei einer Schickschuld muss die Sache beim Gläubiger abgeliefert werden (BGHZ 90, 359; München NJW 97, 945; Erman/*Hager* § 294 Rn 3; Staud/*Löwisch* § 294 Rn 14; RGRK/*Alff* § 294 Rn 1). Nachnahmesendungen sind beim Empfänger vorzuweisen (RGZ 102, 372). Da bei der Holschuld eine Mitwirkungshandlung des Gläubigers erforderlich ist, reicht ein wörtliches Angebot der Leistung nach § 295 aus. 4

Ist die Vornahme einer **Handlung** geschuldet, muss sich der Schuldner am vorgesehenen Ort befinden und bereit sein, die Handlung vorzunehmen (Staud/*Löwisch* § 294 Rn 15). So hat sich auch ein **Arbeitnehmer** an seiner Arbeitsstelle zu melden und die Weisungen seiner Arbeitgebers entgegenzunehmen (BAG DB 83, 396). 5

Bei **Geldschulden** liegt ein tatsächliche Angebot dann vor, wenn der Schuldner des Geld persönlich zum Gläubiger bringt und deutlich macht, dass er es aushändigen will (RGZ 85, 416). Auch wenn das Geld auf dem Konto des Gläubigers eingeht, bedeutet dies ein tatsächliches Angebot (Staud/*Löwisch* § 294 Rn 12). Der Gläubiger muss also die Verfügungsmöglichkeit über die Summe erlangen (Soergel/*Wiedemann* § 294 Rn 4). Die bloße Anweisung der eigenen Bank reicht indes nicht aus (RGZ 109, 328). 6

Die **Abgabe einer Willenserklärung** muss der Schuldner nach Mitteilung durch den Gläubiger bei der zur Entgegennahme vorgesehenen Stelle vornehmen (BGHZ 116, 250). 7

C. Ordnungsgemäßes Angebot. Der Schuldner muss die Leistung so anbieten, „wie sie zu bewirken ist". Die Ordnungsgemäßheit des Angebotes bezieht sich auf den **Leistungsort**, die **Leistungszeit** und die **Leistung selbst**. Hinsichtlich der Leistungszeit ist zu beachten, dass der Schuldner die Leistung im Zweifel nach § 271 II bereits vor Fälligkeit erbringen kann (AK/*Dubischar* § 294 Rn 1). Umgekehrt tritt bei einer nur vorübergehenden Annahmeverhinderung nach § 299 trotz des tatsächlichen Angebotes kein Annahmeverzug ein, vgl § 299 Eine Leistung ist im Zweifel nach § 271 bereits vor Fälligkeit möglich (AK/*Dubischar* § 294 Rn 1). Bei einer nur vorübergehenden Annahmeverhinderung nach § 299 tritt trotz des tatsächlichen Angebotes kein Annahmeverzug ein, vgl § 299 Rn 1. 8

Auch die **Leistung selbst** muss ordnungsgemäß, also wie geschuldet angeboten werden. Die Leistung muss nach Art, Güte und Menge dem Inhalt des Schuldverhältnisses entspr. Das Angebot einer Leistung an Erfüllung statt oder einer Leistung erfüllungshalber genügt daher ebenso wenig (BGH WM 83, 864; Palandt/*Heinrichs* § 294 Rn 3), wie eine unvollständige Leistung (Staud/*Löwisch* § 294 Rn 2). Das Angebot einer Teilleistung begründet aber dann der (teilweisen) Annahmeverzug des Gläubigers, wenn die Teilleistung ausnahmsweise zulässig ist (§ 266 Rn 3, 8). Bietet der Schuldner eine mangelhafte Leistung an, ist der Gläubiger grds zur Zurückweisung berechtigt, ohne in Annahmeverzug zu geraten (BGZ 114, 40; *Jud* JuS 2004, 841). Dabei ist nicht erforderlich, dass sich der Gläubiger auf die Mangelhaftigkeit beruft, es reicht aus, wenn diese tatsächlich besteht. Anderes gilt dann, wenn die Mangelhaftigkeit weder durch Nacherfüllung oder Nachlieferung beseitigt werden kann und unerheblich iSd § 326 V ist, weil sonst die dort vorgesehene Rücktrittsschwelle unterlaufen werden könnte (str, s § 266 Rn 8). 9

§ 295 Wörtliches Angebot

¹Ein wörtliches Angebot des Schuldners genügt, wenn der Gläubiger ihm erklärt hat, dass er die Leistung nicht annehmen werde, oder wenn zur Bewirkung der Leistung eine Handlung des Gläubigers erforderlich ist, insbesondere wenn der Gläubiger die geschuldete Sache abzuholen hat. ²Dem Angebot der Leistung steht die Aufforderung an den Gläubiger gleich, die erforderliche Handlung vorzunehmen.

A. Allgemeines. Hat der Gläubiger erklärt, die Leistung nicht anzunehmen oder muss er an der Leistung mitwirken, ist die tatsächliche Andienung des Leistungsgegenstandes nicht erforderlich; es reicht ein wörtli- 1 ches Angebot (BaRoth/*Grüneberg* § 295 Rn 1; MüKo/*Ernst* § 295 Rn 1). Das wörtliche Angebot dokumentiert die Leistungsbereitschaft des Schuldners gegenüber dem Gläubiger in hinreichender Art und Weise. Hinter dieser Ausnahmeregel steht der Gedanke, dass dem Schuldner ein tatsächliches Angebot nur dann zuzumuten ist, wenn er nach den Umständen davon ausgehen kann, dass seine Leistung auch angenommen wird. Dies ist aber nicht der Fall, wenn der Gläubiger die Annahme der Leistung bereits abgelehnt hat und zu ungewiss, wenn es seiner Mitwirkung bedarf (Staud/*Löwisch* § 295 Rn 1).

2 Voraussetzung ist freilich auch iRd § 295, dass der Schuldner zur Leistung bereit und im Stande ist (BGH NJW 2003, 1601; BAG NJW 75, 1336). Bei Gattungsschulden ist allerdings eine vorherige Aussonderung nicht erforderlich (BGH WM 75, 920; Palandt/*Heinrichs* § 295 Rn 3; Staud/*Löwisch* § 295 Rn 17). Ohne Aussonderung geht allerdings die Gefahr nicht auf den Gläubiger über (§ 300 Rn 7).

3 Anders als das tatsächliche Angebot (Vgl § 294 Rn 2) ist das wörtliche Angebot eine rechtsgeschäftsähnliche Handlung (*Huber*, Leistungsstörungen I § 9 I 2), auf die die §§ 130 ff Anwendung finden (Palandt/*Heinrichs* § 295 Rn 1; Erman/*Hager* § 295 Rn 2; MüKo/*Ernst* § 295 Rn 2; BaRoth/*Grüneberg* § 295 Rn 6). Das Angebot bedarf keiner Form, kann daher ausdrücklich oder schlüssig erfolgen.

4 Das wörtliche Angebot kann grds nur vom Schuldner selbst abgegeben werden. Ein Dritter ist dazu nur unter den Voraussetzungen der §§ 268, 1150, 1249 befugt (RGZ 83, 393; BaRoth/*Grüneberg* § 295 Rn 7; Staud/ *Löwisch* § 295 Rn 24; Soergel/*Wiedemann* § 295 Rn 3; MüKo/*Ernst* § 295 Rn 3).

5 **B. Voraussetzungen. I. Ablehnung der Annahme (S 1 Fall 1).** Der Gläubiger muss nach § 295 S 1 Fall 1 deutlich machen, dass er die Leistung des Schuldners nicht als Erfüllung einer Schuld annehmen will (Staud/ *Löwisch* § 295 Rn 3; MüKo/*Ernst* § 295 Rn 6). Auch die Erklärung des Gläubigers ist wie das wörtliche Angebot selbst eine zugangsbedürftige rechtsgeschäftsähnliche Handlung (BGH ZIP 99, 441). In der Erklärung des Gläubigers muss eindeutig und bestimmt zum Ausdruck kommen, dass er die Annahme der Leistung ablehnt. Dies ist der Fall, wenn der Gläubiger (unberechtigt) den Rücktritt erklärt (RGZ 57, 112 f) oder eine Kündigung (BAG NJW 04, 316) ausspricht. Ein bloßer Vorbehalt oder ein Schweigen auf die Anzeige der Leistungsbereitschaft reicht indes nicht aus (Braunschw OLGE 43, 28; Palandt/*Heinrichs* § 295 Rn 4; BaRoth/ *Grüneberg* § 295 Rn 2; Staud/*Löwisch* § 295 Rn 3).

6 Die Ablehnung der Annahme durch den Gläubiger muss dem Angebot vorausgehen (BaRoth/*Grüneberg* § 295 Rn 3; Staud/*Löwisch* § 295 Rn 7; Soergel/*Wiedemann* § 295 Rn 12; MüKo/*Ernst* § 295 Rn 6). § 765 II ZPO modifiziert diesen Grundsatz in seinem Anwendungsbereich dergestalt, dass der Gerichtsvollzieher mit der Zwangsvollstreckung bereits dann beginnen darf, wenn der Schuldner erklärt hat, er werde die Leistung nicht annehmen.

7 **II. Unterbliebene Mitwirkung (S 1 Fall 2).** Das wörtliche Angebot des Schuldners reicht auch dann aus, wenn zur Bewirkung der Leistung eine Handlung des Gläubigers erforderlich ist. Ob und gegebenenfalls welche Mitwirkungspflichten des Gläubigers bestehen, ergibt sich aus dem Inhalt der Parteivereinbarungen. Zu denken ist hier insbes an die Pflicht des Gläubigers zur Abholung der Sache (Holschuld, Köln ZMR 02, 423), aber auch an eine Leistungskonkretisierung nach § 315 (BGH NJW 02, 3541), die Wahl des Leistungsgegenstandes bei der Wahlschuld (§ 262), die Abnahme beim Werkvertrag (§ 640), der Kauf auf Abruf (BGH NJW 54, 385) und der Spezieskauf (§ 375 HGB). Ist nach der Parteivereinbarung erforderlich, Verpackungsmaterial zur Verfügung zu stellen, begründet auch dies ein Mitwirkungspflicht (MüKo/*Ernst* § 295 Rn 7). Auch kann ausnahmsweise in einem Anspruch auf Rechnungslegung eine notwendige Mitwirkungshandlung bestehen, wenn der geschuldete Betrag noch nicht eindeutig beziffert ist (Celle NJW 86, 327). Nicht hinreichend ist trotz § 368 die Pflicht zur Erteilung einer Quittung (Staud/*Löwisch* § 295 Rn 15).

8 **III. Aufforderung zur Mitwirkung (S 2).** Ist der Gläubiger zur Mitwirkung verpflichtet, muss ihn der Schuldner zur Vornahme der erforderlichen Handlung auffordern. Eines Leistungsangebotes bedarf es nicht (BaRoth/*Grüneberg* § 295 Rn 9). Die Aufforderung zur Leistung steht insoweit einem wörtlichen Angebot gleich (Staud/*Löwisch* § 295 Rn 25; Soergel/*Wiedemann* § 295 Rn 13).

§ 296 Entbehrlichkeit des Angebots

¹Ist für die von dem Gläubiger vorzunehmende Handlung eine Zeit nach dem Kalender bestimmt, so bedarf es des Angebots nur, wenn der Gläubiger die Handlung rechtzeitig vornimmt. ²Das Gleiche gilt, wenn der Handlung ein Ereignis vorauszugehen hat und eine angemessene Zeit für die Handlung in der Weise bestimmt ist, dass sie sich von dem Ereignis an nach dem Kalender berechnen lässt.

1 Parallel zur Vorschrift des § 286 II gerät der Gläubiger dann ohne weiteres in Annahmeverzug, wenn seine erforderliche Mitwirkungshandlung nach dem Kalender bestimmt oder bestimmbar ist (BaRoth/*Grüneberg* § 296 Rn 1; Soergel/*Wiedemann* § 296 Rn 1; MüKo/*Ernst* § 296 Rn 1; *Jakobs/Schubert*, S. 340). In diesen Fällen kann der Gläubiger auch ohne Anzeige erkennen, dass der Schuldner die Leistung nicht selbstständig erbringen kann („Dies interpellat pro homine"). Es bedarf also weder eines tatsächlichen noch eines wörtlichen

Angebotes des Schuldners, § 296 ergänzt insofern § 295 Fall 2. Der Gläubiger kommt nach Ablauf des festgelegten Zeitpunktes ohne weiteres in Annahmeverzug (BGH WM 95, 439), sofern die allgemeinen Voraussetzungen des Annahmeverzugs vorliegen (MüKo/*Ernst* § 296 Rn 3). Nimmt der Gläubiger die erforderliche Mitwirkungshandlung nachträglich vor, so erlischt der Annahmeverzug mit Wirkung ex nunc, wenn die Leistung des Schuldners trotz der Säumnis noch möglich ist (Soergel/*Wiedemann* § 296 Rn 2; RGRK/*Alff* § 296 Rn 1; MüKo/*Ernst* § 296 Rn 4).

Das Angebot des Schuldners ist vor allem dann entbehrlich, wenn eine kalendermäßig fixierte Holschuld vereinbart wurde (BGH NJW-RR 91, 268). Auch wenn der Schuldner die Leistung nur innerhalb eines bestimmten Zeitraumes erbringen kann, dessen Ende aber eindeutig festgelegt ist, liegt eine kalendermäßige Bestimmung vor (BGH NJW 92, 1629; WM 95, 440 f; MüKo/*Ernst* § 296 Rn 2; Erman/*Hager* § 296 Rn 1). Die Berechnung der Frist erfolgt wie bei § 286 (BaRoth/*Grüneberg* § 296 Rn 2; Erman/*Hager* § 296 Rn 1; Palandt/*Heinrichs* § 296 Rn 1). § 296 findet aber zB auch dann Anwendung, wenn dem Schuldner der Verladeort beim fob-Kauf nicht termingerecht mitgeteilt wird (AnwK/*Schmidt-Kessel* § 298 Rn 19), wenn der Gläubiger einen Beurkundungstermin (BGHZ 116, 250), einen Arzt- oder Operationstermin (str, Nachweise bei Palandt/*Heinrichs* § 296 Rn 1) versäumt oder wenn er nicht zu Beginn der Oper oder des Theaterstücks anwesend ist (*Deckers*, JuS 99, 1160). 2

Die Rspr hält das Angebot des Schuldners auch dann für entbehrlich, wenn es nur „leere Form" oder für den Schuldner „unzumutbar" wäre (BGH NJW 01, 287; so auch Palandt/*Heinrichs* § 295 Rn 4). Dies soll vor allem in den Fällen einer unberechtigten Kündigung gelten. Der Arbeitgeber gerät demnach auch dann in Annahmeverzug, wenn der unwirksam gekündigte Arbeitnehmer seine Leistungsbereitschaft nicht erklärt. Dem ist nicht zu folgen, weil es zum einen der Wertung des § 295 widerspricht, der ja gerade für den Fall der unberechtigten Verweigerung der Annahme durch den Gläubiger das wörtliche Angebot verlangt, zum anderen aber auch der Notwendigkeit der Erhebung einer Kündigungsschutzklage nach § 7 KSchG (so zutreffend AnwK/*Schmidt-Kessel* § 296 Rn 23, 33). Die Rspr begründet die Entbehrlichkeit des Angebotes des Arbeitnehmers, trotz der unberechtigten Kündigung weiter leistungsbereit zu sein, aber auch direkt mit § 296 S 1 (BAG NJW 85, 935, 2662). Die nach dem Kalender bestimmte Mitwirkungshandlung des Arbeitgebers liege darin, dass dem Arbeitnehmer für jeden Arbeitstag ein funktionsfähiger Arbeitsplatz zur Verfügung zu stellen und laufend Zuweisungen zu erteilen seien. Auch diese Begründung überzeugt letztlich nicht, weil die Zuweisung ja an Ort und Stelle erfolgen müsste, was voraussetzt, dass sich der Arbeitnehmer an der Arbeitsstelle einfindet. Daraus folgt, dass der zu Unrecht gekündigte Arbeitnehmer seine Leistung zumindest wörtlich anbieten muss, um den Arbeitgeber in Gläubigerverzug zu setzen (AnwK/*Schmidt-Kessel* § 296 Rn 33). 3

§ 297 Unvermögen des Schuldners

Der Gläubiger kommt nicht in Verzug, wenn der Schuldner zur Zeit des Angebots oder im Falle des § 296 zu der für die Handlung des Gläubigers bestimmten Zeit außerstande ist, die Leistung zu bewirken.

Ist die Leistung unmöglich (§ 275 I) oder hat der Schuldner die Leistung endgültig verweigert (§ 275 II, III), gelten die Regeln über den Ausschluss der Leistungspflicht und § 297 findet keine Anwendung (Staud/*Löwisch* § 297 Rn 1; differenzierend AnwK/*Schmidt-Kessel* § 297 Rn 1). § 297 bezieht sich daher nur auf die **vorübergehende Unmöglichkeit** und das **vorübergehende Unvermögen** (MüKo/*Ernst* § 297 Rn 1): Kann der Schuldner die Leistung vorübergehend nicht erbringen, gerät der Gläubiger auch dann nicht in Verzug, wenn er die erforderliche Mitwirkungshandlung nicht vorgenommen hat (Palandt/*Heinrichs* § 297 Rn 1; Soergel/*Wiedemann* § 297 Rn 2; MüKo/*Ernst* § 297 Rn 1). 1

Bsp: Versäumt ein Schüler die festgesetzte Unterrichtsstunde, gerät er nicht in Verzug, wenn der Lehrer den Unterricht wegen Krankheit ohnehin nicht hätte erteilen können (*Larenz* I § 25 I c); unterbleibt die Hausrenovierung, weil der Auftraggeber auf Urlaub ist, gerät er nicht in Verzug, wenn der Auftragnehmer die Leistung ohnehin nicht erbringen kann, weil er Baumaterial zu spät bestellt hat (vgl MüKo/*Ernst* § 297 Rn 2). Wird aber einem Lkw-Fahrer der Führerschein entzogen, kommt der Arbeitgeber in Annahmeverzug, wenn eine andere Beschäftigung möglich und zumutbar ist (BAG DB 87, 1359; Palandt/*Heinrichs* § 297 Rn 1; weitere Bsp bei Staud/*Löwisch* § 297 Rn 4 ff). 2

Maßgebender Zeitpunkt für die Leistungsfähigkeit und Leistungswilligkeit des Schuldners ist der Zeitpunkt des Angebotes (MüKo/*Ernst* § 293 Rn 3), also bei tatsächlichem Angebot (§ 294) dessen Vornahme, beim wörtlichen Angebot (§ 295) der Zeitpunkt der Erklärung an den Gläubiger und im Fall des § 286 der für die Mitwirkungshandlung des Gläubigers maßgebende Zeitpunkt (AnwK/*Schmidt-Kessel* § 297 Rn 4). 3

Die **Beweislast** für das vorübergehende Unvermögen und die fehlende Leistungsbereitschaft des Schuldners trifft den Gläubiger (MüKo/*Ernst* § 297 Rn 4; Staud/*Löwisch* § 293 Rn 22; BAG BB 68, 1383). 4

§ 298 Zug-um-Zug-Leistungen

Ist der Schuldner nur gegen eine Leistung des Gläubigers zu leisten verpflichtet, so kommt der Gläubiger in Verzug, wenn er zwar die angebotene Leistung anzunehmen bereit ist, die verlangte Gegenleistung aber nicht anbietet.

1 **A. Normzweck.** § 298 ist eine Sonderregelung des Gläubigerverzugs für Zug-um-Zug-Leistungen. Er setzt das Nichtanbieten der verlangten Gegenleistung der Annahmeverweigerung der Leistung gleich. Geregelt wird nicht der Leistungsverzug des Gläubigers hinsichtlich der von ihm dem Schuldner geschuldeten Leistung, sondern sein Annahmeverzug in Bezug auf die ihm vom Schuldner geschuldete Leistung (Staud/*Löwisch* § 298 Rn 1).

2 **B. Anwendungsbereich.** § 298 findet nicht nur auf gegenseitige Verträge (§§ 320 ff), sondern auch auf alle sonstigen Fälle von Zug-um-Zug-Leistungen, wie zB §§ 255, 273, 285, 348, 371, 785, 797, 1144, 1223, § 812 I HGB, Anwendung, auch wenn diese lediglich Nebenleistungen darstellen wie zB §§ 368, 371 (Palandt/*Heinrichs* § 298 Rn 1; MüKo/*Krüger* § 298 Rn 1). Die zu erstattenden Kosten eines Rechtsstreits fallen dagegen nicht unter § 298 (LG Hildesheim NJW 59, 538). § 298 ist anzuwenden, wenn der Gläubiger im Voraus zu leisten hat, da es sich hierbei um eine über die Zug-um-Zug-Leistung hinausgehende Verpflichtung handelt (BGHZ 90, 359; MüKo/*Ernst* § 298 Rn 1; AnwK/*Schmidt-Kessel* § 298 Rn 2; Palandt/*Heinrichs* § 298 Rn 1).

3 **C. Voraussetzungen.** Voraussetzung für den Annahmeverzug des Gläubigers ist, dass der Schuldner die Leistung des Gläubigers verlangt hat, sie durch den Gläubiger aber nicht angeboten wurde. Ein ausdrückliches Verweigern durch den Gläubiger ist nicht erforderlich (Erman/*Hager* § 298 Rn 3; MüKo/*Ernst* § 298 Rn 2); die Art der zu verlangenden Anbietung ist nach den entspr anwendbaren §§ 294, 295 zu bestimmen und kann somit auch nur wörtlich sein (BGHZ 90, 359; Palandt/*Heinrichs* § 298 Rn 2). Ein eventuelles Verschulden des Gläubigers bleibt entspr § 293 unbeachtlich (MüKo/*Ernst* § 298 Rn 2; Staud/*Löwisch* § 298 Rn 7; BaRoth/*Grüneberg* § 298 Rn 5). § 299 ist in den Fällen, in denen der Gläubiger wegen des vorzeitigen Angebots des Schuldners nicht leistungsbereit ist, entspr anzuwenden (Erman/*Hager* § 298 Rn 3; MüKo/*Ernst* § 298 Rn 2).

4 **D. Rechtsfolgen und Beweislast.** Die Rechtsfolgen des Annahmeverzugs richten sich allgemein nach denen des Gläubigerverzugs, §§ 300–304. Durch den Annahmeverzug des Gläubigers gerät der Schuldner seinerseits nicht in Schuldnerverzug (BaRoth/*Grüneberg* § 298 Rn 6). Kann der Gläubiger die geschuldete Gegenleistung aufgrund eines durch ihn zu vertretenden Umstands nicht rechtzeitig erbringen, so gerät er gleichzeitig in Schuldnerverzug, § 286 I, IV (MüKo/*Ernst* § 298 Rn 4).

5 Bringt der Schuldner den Annahmeverzug des Gläubigers iSd § 298 vor, so muss er darlegen und beweisen, dass er selbst ein ordnungsgemäßes Angebot der geschuldeten Leistung abgegeben hat. Steht dies fest, so ist es Aufgabe des Gläubigers, sein Angebot der Gegenleistung darzulegen und zu beweisen (MüKo/*Ernst* § 298 Rn 4).

§ 299 Vorübergehende Annahmeverhinderung

Ist die Leistungszeit nicht bestimmt oder ist der Schuldner berechtigt, vor der bestimmten Zeit zu leisten, so kommt der Gläubiger nicht dadurch in Verzug, dass er vorübergehend an der Annahme der angebotenen Leistung verhindert ist, es sei denn, dass der Schuldner ihm die Leistung eine angemessene Zeit vorher angekündigt hat.

1 **A. Normzweck.** § 299 schränkt den Grundsatz, dass Annahmeverzug kein Verschulden des Gläubigers voraussetzt, dahingehend ein, dass es bei nur zeitweiliger Verhinderung des Gläubigers im Falle der unbestimmten Leistungszeit unbillig wäre, den Gläubiger in Annahmeverzug zu versetzen. Als Sonderregelung stellt § 299 somit eine Ausgestaltung des Grundsatzes von Treu und Glauben, § 242, dar (Hburg OLGE 28, 71; Palandt/*Heinrichs* § 299 Rn 1).

2 **B. Voraussetzungen. I. Unbestimmtheit der Leistung.** Voraussetzung des § 299 ist, dass die Leistungszeit entweder unbestimmt ist, so dass der Schuldner die Leistung gem § 271 I sofort erbringen kann, oder zwar eine Bestimmung der Leistungszeit vorliegt, der Schuldner aber auch zu einem früheren Zeitpunkt leisten kann, § 271 II (MüKo/*Ernst* § 299 Rn 2; Staud/*Löwisch* § 299 Rn 1).

3 **II. Annahmehinderung.** Liegt eine solche Unbestimmtheit vor, versetzt eine vorübergehende Annahmehinderung den Gläubiger nicht in Annahmeverzug. Unter einem vorübergehenden Annahmeverzug sind solche Umstände zu verstehen, die den Gläubiger nur zeitweilig von der Annahme hindern, wie etwa zufällige Abwesenheit (Hburg OLGE 28, 71), schwere Erkrankung (RG JW 1903 Beilage Nr 251) oder vorübergehender Platzmangel (Staud/*Löwisch* § 299 Rn 3). Der Gläubiger kann sich nicht auf derartige Gründe berufen, wenn er sie selbst absichtlich herbeigeführt hat (Soergel/*Wiedemann* § 299 Rn 2; BaRoth/*Grüneberg* § 299 Rn 4).

III. Ankündigung der Leistung. Trotz Unbestimmtheit der Leistungszeit gerät der Gläubiger in Annahmeverzug, wenn die Leistung vorher angekündigt war. Die Ankündigung ist eine empfangsbedürftige geschäftsähnliche Mitteilung (Palandt/*Heinrichs* § 299 Rn 3; Erman/*Hager* § 299 Rn 4); sie muss eine angemessene Zeit vor der Leistung stattfinden, so dass der Gläubiger sich auf die Annahme vorbereiten kann; es ist also stark auf Art und Umfang der geschuldeten Leistung abzustellen (AnwK/*Schmidt-Kessel* § 299 Rn 3; BaRoth/*Grüneberg* § 299 Rn 5). Eine Ankündigung zu einer unpassenden Zeit führt den Annahmeverzug erst zu dem Zeitpunkt herbei, an dem die Annahme durch den Gläubiger billigerweise erwartet werden konnte (Staud/*Löwisch* § 299 Rn 6; Erman/*Hager* § 299 Rn 4). Die Grundsätze von Treu und Glauben, § 242, finden überdies besondere Beachtung, so dass trotz rechtzeitiger Ankündigung ein Annahmeverzug dennoch ausgeschlossen sein kann, so zB bei einem Todesfall in der Familie oder plötzlicher Krankheit des Gläubigers (MüKo/*Ernst* § 299 Rn 5; Palandt/*Heinrichs* § 299 Rn 3). Ist der Gläubiger allerdings dauerhaft an der Annahme verhindert, tritt auch ohne eine rechtzeitige Vorankündigung bei frühzeitigem Angebot Annahmeverzug ein (MüKo/*Ernst* § 299 Rn 4; Erman/*Hager* § 299 Rn 3).

C. Beweislast. Der Gläubiger hat die vorübergehende Behinderung, der Schuldner die rechtzeitige Ankündigung darzulegen und zu beweisen (Erman/*Hager* § 299 Rn 6; Palandt/*Heinrichs* § 299 Rn 4).

§ 300 Wirkungen des Gläubigerverzugs

(1) Der Schuldner hat während des Verzugs des Gläubigers nur Vorsatz und grobe Fahrlässigkeit zu vertreten.
(2) Wird eine nur der Gattung nach bestimmte Sache geschuldet, so geht die Gefahr mit dem Zeitpunkt auf den Gläubiger über, in welchem er dadurch in Verzug kommt, dass er die angebotene Sache nicht annimmt.

A. Normzweck. § 300 regelt einen Teil der Rechtsfolgen des Gläubigerverzugs (AnwK/*Schmidt-Kessel* § 300 Rn 1). Im Gegensatz zum Schuldnerverzug löst der Gläubigerverzug grds keine Schadensersatzpflicht des Gläubigers aus, es sei denn, er gerät zugleich in Schuldnerverzug (§ 286) oder es ist ein Anspruch aus § 280 I gegeben (Palandt/*Heinrichs* § 300 Rn 1; MüKo/*Ernst* § 300 Rn 1). § 300 I ordnet eine Haftungserleichterung für den Schuldner an, § 300 II regelt den Übergang der Leistungsgefahr bei Gattungsschulden.

B. Die Haftungserleichterung nach § 300 I. Trotz des Annahmeverzugs des Gläubigers wird der Schuldner von seiner Leistungspflicht nicht befreit (Palandt/*Heinrichs* § 300 Rn 1). Ausnahmen von diesem Grundsatz ergeben sich aus dem Gesetz (§ 615) oder Treu und Glauben. Der Schuldner erhält aber grds nur die Möglichkeit, die Schuld nach §§ 372, 383, 303 zum Erlöschen zu bringen; ein Rücktritt- oder Kündigungsrecht steht dem Schuldner nur zu, wenn im Verhalten des Gläubigers zugleich eine Pflichtverletzung liegt. § 300 I ordnet daher im Interesse des Schuldners eine Haftungserleichterung an; er hat im Gläubigerverzug nur Vorsatz und grobe Fahrlässigkeit zu vertreten.
Die Haftungserleichterung bezieht sich auf den Untergang oder die Beschädigung des Leistungsgegenstandes, aber auch auf die in den Schranken des § 302 herauszugebenden Nutzungen (AnwK/*Schmidt-Kessel* § 300 Rn 3). § 300 I ist auf alle Schuldverhältnisse anwendbar (MüKo/*Ernst* § 300 Rn 2); einschließlich des Rückgewährschuldverhältnisses (RG 56, 270; Köln NJW-RR 95, 53; Palandt/*Heinrichs* § 300 Rn 2) und der Obhutspflichten des Mieters (BGHZ 86, 208; BaRoth/*Grüneberg* § 300 Rn 2), Pächters oder Werkunternehmers (BGH MDR 58, 335; MüKo/*Ernst* § 300 Rn 2; aA Soergel/*Wiedemann* § 300 Rn 9). Auch allenfalls konkurrierende Ansprüche aus unerlaubter Handlung fallen in den Anwendungsbereich (Köln NJW-RR 95, 53; MüKo/*Ernst* § 300 Rn 2). § 300 I kommt demgegenüber nicht zur Anwendung bei der Verletzung von Nebenpflichten iSd § 241 II (BGH LM § 651 Nr 3 Bl 2 R, Saarbr NJW-RR 02, 529; Palandt/*Heinrichs* § 300 Rn 2; MüKo/*Ernst* § 300 Rn 2 mwN; aA RG 57, 107) oder bei Handlungspflichten wie Dienst- oder Arbeitsleistungen (AnwK/*Schmidt-Kessel* § 300 Rn 4).
Keine Auswirkung hat die Haftungsbeschränkung des § 300 I auf die Verteilung der Beweislast nach § 280 I 2. Der Schuldner trägt im Falle des Annahmeverzugs lediglich die Beweislast für solche Umstände, aus denen sich ergibt, dass weder Vorsatz noch grobe Fahrlässigkeit zur Unmöglichkeit der Leistung führten (MüKo/*Ernst* § 300 Rn 3; Erman/*Hager* § 300 Rn 4).

C. Der Gefahrübergang nach § 300 II. Ist der Gläubiger im Verzug, weist ihm § 300 II die Leistungsgefahr zu. § 300 II gilt hinsichtlich aller Arten von Gattungsschulden, einschließlich der Vorratsschuld; eine entspr Anwendung ist bzgl der Geldschuld möglich (BaRoth/*Grüneberg* § 300 Rn 4). Betroffen ist aber ausschließlich die **Leistungsgefahr**, nicht dagegen die Preisgefahr, die von § 326 I, II erfasst wird (RG 103, 15; Palandt/*Heinrichs* § 300 Rn 3). Insgesamt ist der Anwendungsbereich von § 300 II beschränkt, da die Leistungsgefahr bei Gattungsschulden bereits gem §§ 243 II, 275 durch Konkretisierung auf den Gläubiger übergeht, diese aber regelmäßig schon in dem Angebot des Schuldners zu sehen ist. Geht die ganze Gattung oder bei der Vorratsschuld der ganze Vorrat unter, wird der Schuldner nach § 275 von der Leistungspflicht befreit, so dass § 300

6 § 300 II kommt in den folgenden Fällen in Betracht: Wird der Gläubiger einer Bring- oder Schickschuld durch ein wörtliches Angebot nach § 295 oder durch ein fehlendes Erfordernis zum Angebot nach § 296 (Palandt/*Heinrichs* § 300 Rn 6; BaRoth/*Grüneberg* § 300 Rn 5; aA Staud/*Löwisch* § 300 Rn 22; Erman/*Hager* § 300 Rn 8) in Annahmeverzug versetzt und hat die Konkretisierung des Leistungsgegenstandes bereits stattgefunden, wurde die Leistung dem Gläubiger aber nicht übermittelt, findet § 243 II keine Anwendung, so dass § 300 II eingreifen kann (Palandt/*Heinrichs* § 300 Rn 6; BaRoth/*Grüneberg* § 300 Rn 5; Erman/*Hager* § 300 Rn 8; aA MüKo/*Ernst* § 300 Rn 4). Dies soll auch dann gelten, wenn der Annahmeverzug durch eine Unterlassung der Mitwirkungshandlung des Gläubigers verursacht wird (Staud/*Löwisch* § 300 Rn 17; BaRoth/*Grüneberg* § 300 Rn 5; aA Erman/*Hager* § 300 Rn 8; MüKo/*Ernst* § 300 Rn 4). Eine weitere Konstellation liegt nach hM in der Übermittlung eines Geldbetrags, der vom Gläubiger nicht angenommen wird und auf dem Rücktransport verloren geht oder gestohlen wird; aufgrund des § 270 I finde ein Gefahrübergang nach §§ 243 II, 275 auch hier nicht statt (Staud/*Löwisch* § 300 Rn 18; Erman/*Hager* § 300 Rn 8; BaRoth/*Grüneberg* § 300 Rn 5; Palandt/*Heinrichs* § 300 Rn 7; aA MüKo/*Ernst* § 300 Rn 4). Als dritte Fallgruppe ist unstrittig § 300 II umstr für den Fall einer vertraglichen Abbedingung des § 243 II anzuwenden (BaRoth/*Grüneberg* § 300 Rn 5; MüKo/*Ernst* § 300 Rn 4; Erman/*Hager* § 300 Rn 8).

7 Voraussetzung der Gefahrtragungsregel ist zum einen der Gläubigerverzug, der sowohl auf §§ 294, 295 als auch auf § 296 beruhen kann (Erman/*Hager* § 300 Rn 6; Palandt/*Heinrichs* § 300 Rn 4), zum anderen die Aussonderung des Leistungsgegenstands (RG 57, 404; BGH WM 75, 920), unabhängig davon, ob dies für den Eintritt des Annahmeverzugs notwendig war (Palandt/*Heinrichs* § 300 Rn 4). Eine Reihenfolge dieser beiden Bedingungen ist nicht vorgegeben, so dass die Aussonderung auch erst nach Eintritt des Annahmeverzugs erfolgen kann (BGH WM 75, 920; Erman/*Hager* § 300 Rn 4; Palandt/*Heinrichs* § 300 Rn 4); eine gesonderte Benachrichtigung des Gläubigers über die erfolgte Aussonderung ist dabei nach mittlerweile wohl hM nicht erforderlich (Staud/*Löwisch* § 300 Rn 21; Erman/*Hager* § 300 Rn 4; Palandt/*Heinrichs* § 300 Rn 4; AnwK/*Schmidt-Kessel* § 300 Rn 7; aA RG 57, 404).

§ 301 Wegfall der Verzinsung

Von einer verzinslichen Geldschuld hat der Schuldner während des Verzugs des Gläubigers Zinsen nicht zu entrichten.

1 Der Schuldner einer verzinslichen Geldschuld wird während des Gläubigerverzugs von der Verpflichtung zur Entrichtung der Zinsen befreit. Dies ist nicht als Stundung zu verstehen, sondern als endgültige Befreiung (Palandt/*Heinrichs* § 301 Rn 1; Staud/*Löwisch* § 301 Rn 1). Die Vorschrift regelt nicht die Entstehung und die Höhe eines Zinsenanspruchs, sondern lediglich einen Beendigungsgrund (BGHZ 104, 341; MüKo/*Ernst* § 301 Rn 2).

2 Anzuwenden ist die Norm auf alle Arten von Zinsen (§ 246 Rn xx; MüKo/*Ernst* § 301 Rn 2). Der Rechtsgrund, auf dem die Zahlungspflicht basiert, kann sich aus Gesetz, aber auch aus einem Rechtsgeschäft ergeben (Erman/*Hager* § 301 Rn 2). §§ 668, 698, 1834 sehen eine Verzinsungspflicht bei Fremdgeldern vor. Diese Normen gehen nach hM § 301 vor (Palandt/*Heinrichs* § 301 Rn 2).

§ 302 Nutzungen

Hat der Schuldner die Nutzungen eines Gegenstands herauszugeben oder zu ersetzen, so beschränkt sich seine Verpflichtung während des Verzugs des Gläubigers auf die Nutzungen, welche er zieht.

1 Die Norm begünstigt den Schuldner im Annahmeverzug des Gläubigers im Hinblick auf die Nutzungen (Erman/*Hager* § 302 Rn 1). Anzuwenden ist § 302 auf Schuldverhältnisse, welche eine Herausgabe von Nutzungen begründen, wie zB § 346 (BaRoth/*Grüneberg* § 302 Rn 2). Beendet wird die Pflicht zur Nutzungsherausgabe durch den Gläubigerverzug (Soergel/*Wiedemann* § 302 Rn 1). Der Schuldner hat auch nur die Nutzungen eines Gegenstands herauszugeben, welche er tatsächlich gezogen hat (Staud/*Löwisch* § 302 Rn 1). § 302 begründet selbst keine Anspruchsgrundlage, da ein Anspruch auf Nutzungsersatz vorausgesetzt wird (AnwK/*Schmidt-Kessel* § 302 Rn 3).

§ 303 Recht zur Besitzaufgabe

¹Ist der Schuldner zur Herausgabe eines Grundstücks oder eines eingetragenen Schiffs oder Schiffsbauwerks verpflichtet, so kann er nach dem Eintritt des Verzugs des Gläubigers den Besitz aufgeben. ²Das Aufgeben muss dem Gläubiger vorher angedroht werden, es sei denn, dass die Androhung untunlich ist.

1 Zweck dieser Norm ist die Entlastung des Schuldners (MüKo/*Ernst* § 303 Rn 1; BaRoth/*Grüneberg* § 303 Rn 1). Befindet sich der Gläubiger im Annahmeverzug, ist es dem Schuldner nicht zumutbar, sich weiterhin

um die herauszugebende Sache zu kümmern (Staud/*Löwisch* § 303 Rn 1). Daher berechtigt § 303 den Schuldner zur Besitzaufgabe eines Grundstücks oder eines eingetragenen Schiffs oder Schiffsbauwerks.
Befreien kann sich der Schuldner nicht von der Verpflichtung der Eigentumsübertragung, da er nur zur **Besitzaufgabe**, dh zur Aufgabe der tatsächlichen Gewalt über die Sache und nicht zur Aufgabe des Eigentums berechtigt ist (Soergel/*Wiedemann* § 303 Rn 2; AnwK/*Schmidt-Kessel* § 303 Rn 1). Die Aufgabe des Besitzes befreit den Schuldner lediglich von der Pflicht zur Besitzübertragung und von der Haftung für das Schiff oder Grundstück (Palandt/*Heinrichs* § 303 Rn 2; MüKo/*Ernst* § 303 Rn 2). Eine Übereignungspflicht bleibt indes weiterhin bestehen. Wenn der Schuldner den Besitz noch nicht aufgegeben hat, besteht seine Obhutspflicht unter Berücksichtigung der Haftungsbeschränkung aus § 300 I fort (BGHZ 86, 208; BaRoth/*Grüneberg* § 303 Rn 6). 2

Der Besitzaufgabe hat eine **Androhung** vorauszugehen. Eine Androhung ist eine rechtsgeschäftsähnliche Erklärung, auf die die §§ 130 ff anzuwenden sind (RGZ 73, 70 f; MüKo/*Ernst* § 303 Rn 3). Die Androhung hat vor der Besitzaufgabe zu erfolgen, so dass der Gläubiger rechtzeitig einen möglichen Schaden von der Sache abwenden kann (Soergel/*Wiedemann* § 303 Rn 3). Die Androhung kann auch entbehrlich sein, wenn sie **untunlich** ist. Das ist der Fall, wenn die Androhung mit einem erheblichen Aufwand von Kosten, Mühen oder Zeit verknüpft ist, die dem Schuldner nicht zugemutet werden kann (§ 242). Die Beweislast der Untunlichkeit hat der Schuldner zu tragen. 3

§ 304 Ersatz von Mehraufwendungen

Der Schuldner kann im Falle des Verzugs des Gläubigers Ersatz der Mehraufwendungen verlangen, die er für das erfolglose Angebot sowie für die Aufbewahrung und Erhaltung des geschuldeten Gegenstands machen musste.

§ 304 bestimmt, dass der Schuldner nicht die Kosten zu tragen hat, welche durch den Annahmeverzug des Gläubigers entstehen. Der Gläubiger hat Mehraufwendungen, die objektiv erforderlich waren und tatsächlich getätigt wurden (BGH NJW 96, 1465), dem Schuldner zu ersetzen (Erman/*Hager* § 304 Rn 2; MüKo/*Ernst* § 304 Rn 1). § 304 stellt eine selbstständige Anspruchsgrundlage für den Ersatz der Mehraufwendungen dar. 1

Unter **Mehraufwendungen** sind Kosten zu verstehen, welche der Schuldner dadurch erleidet, dass der Gläubiger in Annahmeverzug ist. Ersatzfähige Positionen sind bspw Personal- und Materialkosten, Mahnkosten oder Erhaltungskosten (AnwK/*Schmidt-Kessel* § 304 Rn 3; MüKo/*Ernst* § 304 Rn 2; Staud/*Löwisch* § 304 Rn 3). Aufgrund seines Anspruchs (Rn 1) steht dem Schuldner ein Zurückbehaltungsrecht iSd § 273 zu (BaRoth/*Grüneberg* § 304 Rn 4). 2

Abschnitt 2 Gestaltung rechtsgeschäftlicher Schuldverhältnisse durch Allgemeine Geschäftsbedingungen

Vorbemerkungen vor §§ 305 ff

A. Schutzzweck. Die §§ 305 ff liefern die gesetzliche Basis für eine über die §§ 138, 242 hinausgehende richterliche Inhaltskontrolle von Vertragsbedingungen. Der Grund hierfür liegt im einseitigen Ausnutzen der Vertragsgestaltungsfreiheit durch den Verwender von AGB (BGH NJW 03, 890). Dies birgt die **Gefahr der unangemessenen Risikoabwälzung** auf den Kunden (BGHZ 130, 50). Die richterliche Kontrollkompetenz dient als Korrektiv dafür, dass aufgrund des meist fehlenden Konditionenwettbewerbs die Richtigkeitsgewähr des Vertragskonsenses nicht gewährleistet ist (*Lieb* AcP 178, 203). Sie kann nur bei einem freien Aushandeln (§ 305 I 3) der Vertragsbedingungen durch die Vertragsparteien angenommen werden (s § 305 Rn 12). S zum Verbraucherschutz Rn 3; zu den Besonderheiten des **unternehmerischen Geschäftsverkehrs** § 305 Rn 14, § 307 Rn 33 ff, § 310 Rn 2 f. 1

B. Entwicklung der Inhaltskontrolle. Die Entwicklung der richterlichen Inhaltskontrolle von AGB begann mit dem auf § 138 gestützten, sehr restriktiven Ansatz des RG (RGZ 20, 117). Der BGH ging zu einer offenen, auf § 242 basierenden richterlichen Inhaltskontrolle über (BGHZ 22, 100; 41, 154). Diese Grundsätze wurden dann im AGBG v 1. 4. 77 (BTDrs 7/3919) kodifiziert. Das AGBG wurde schließlich durch das Gesetz zur Modernisierung des Schuldrechts v 1. 1. 02 (dazu *Ulmer* JZ 01, 491) in die §§ 305 ff eingegliedert. 2

Mit Wirkung v 25. 7. 96 wurde die EU-Richtl 93/13/EWG über missbräuchliche Klauseln in Verbraucherverträgen v 5. 4. 93 (AmtsBl EG Nr L 95, S 29; *Brandner/Ulmer* BB 91, 701) in das deutsche AGB-Recht umgesetzt (BGBl 96 I, S 1013; *Heinrichs* NJW 96, 2190). Der **Verbraucherschutz** gehört damit heute zum Schutzzweck (Rn 1) des AGB-Rechts (BGH NJW 03, 890). Die §§ 305 ff sind richtlinienkonform auszulegen, soweit es um einen Verbrauchervertrag nach § 310 III geht (EuGH ZIP 00, 1165; *Hau* IPRax 01, 96 ff). Vgl allg Einl Rn 35. 3

4 Die §§ 305 ff enthalten nur das materielle AGB-Recht. Das formelle AGB-Recht, also die früher in § 13 AGBG enthaltenen Regelungen zum Verbandsklageverfahren, wurde mit der Schuldrechtsreform in das **UKlaG** (BGBl 01 I, S 3138 ff) übernommen. § 1 UKlaG schützt abstrakt gegen den Inhalt von AGB, die nach §§ 307-309 unwirksam sind (Köln NJW-RR 03, 316; zur Klagebefugnis rechtsfähiger Verbände BGH NJW 03, 290).

5 **C. Anwendungsbereich. I. Sachlich; Persönlich.** Der sachliche Anwendungsbereich wird positiv durch § 305 I 1 u negativ durch § 305 I 3 (§ 305 Rn 12), § 305 b u § 310 IV 1 (§ 310 Rn 13) festgelegt. Umgehungskonstruktionen, etwa auf der Grundlage gesellschaftsrechtlicher Beziehungen oder auf der Basis interner Anweisungen, werden von § 306 a erfasst (§ 306 a Rn 2). Der persönliche Anwendungsbereich einiger Vorschriften wird, bspw für den unternehmerischen Geschäftsverkehr, durch § 310 I, II eingeschränkt (s § 310 Rn 2 ff).

6 **II. Zeitlich.** Nach Art 229 § 5 EGBGB gelten die §§ 305 ff für alle Schuldverhältnisse, die nach dem 31.12.01 entstanden sind. Vor diesem Zeitpunkt abgeschlossene Verträge unterfallen dagegen dem AGBG (BGH NJW 04, 1104). Auf vor dem 1.1.02 abgeschlossene **Dauerschuldverhältnisse** sind ab dem 1.1.03 die §§ 305 ff anwendbar. Bei Arbeitsverträgen kann dies die ergänzende Vertragsauslegung als Maßnahme des Vertrauensschutzes rechtfertigen, s § 305 c Rn 21 aE. Klauseln, die den zeitlichen Anwendungsbereich abweichend von Art 229 § 5 EGBGB regeln, sind nach § 307 II Nr 1 unwirksam (BaRoth/*J Becker* § 305 Rn 6).

7 **III. International. 1. Verträge mit Auslandsbezug.** Die §§ 305 ff sind aufgrund ausdrücklicher oder stillschweigender (BGH NJW 03, 2605) Wahl des deutschen Rechts durch die Parteien (Art 27 I, II EGBGB), aufgrund objektiver Anknüpfung nach Art 28 EGBGB (BGH WM 04, 1177) oder aufgrund der Sonderanknüpfungen der Art 29 (BGH NJW 92, 3158) u 29a EGBGB (**kollisionsrechtlicher Verbraucherschutz**) anwendbar, s Art 29 EGBGB Rn 22, Art 29 a EGBGB Rn 9.

8 Im unternehmerischen Geschäftsverkehr sind die §§ 305 ff **keine international zwingenden Normen** iSv Art 34 EGBGB (*Schlechtriem* FS Lorenz, S 571 f; *Wolf* ZHR 89, 302 f). Zu Verträgen, die dem CISG unterliegen, s § 305 Rn 21, 37.

9 Auf **Individualarbeitsverträge** finden die zwingenden AGB-rechtlichen Bestimmungen (s § 310 IV 2) auch bei abweichender Rechtswahl unter den Voraussetzungen des Art 30 I iVm II EGBGB Anwendung.

10 **2. Verträge ohne Auslandsbezug.** Bei Binnensachverhalten kommen über Art 27 III EGBGB die zwingenden AGB-rechtlichen Regelungen auch dann zur Anwendung, wenn diese Verträge einem fremden Recht unterstellt werden (*Stoffels* Rn 235).

11 **D. Verhältnis zu anderen Vorschriften.** Nur soweit der sachliche Anwendungsbereich der §§ 305 ff (s Rn 2 ff) reicht, werden die §§ 134, 138, 139, 242 verdrängt.

12 § 134 ist anwendbar, wenn AGB gegen ein gesetzliches Verbot verstoßen (MüKo/*Basedow* Vor § 307 Rn 9). In einem Verstoß gegen § 134 liegt zugleich eine unangemessene Benachteiligung nach § 307 I, denn von zwingendem Gesetzesrecht darf durch AGB nicht abgewichen werden (BGHZ 153, 16; NJW 03, 293).

13 § 138 ist anwendbar, wenn die Sittenwidrigkeit auf anderen als den in §§ 307 ff genannten Umständen beruht (BGH ZIP 96, 960). Das Urteil der Sittenwidrigkeit nach § 138 I kann durch die Verwendung von unwirksamen AGB mit beeinflusst werden (BGH NJW 81, 1209; BGH NJW 04, 163 für Arbeitnehmerbürgschaft; MüKo/*K P Berger* § 488 Rn 117 für Gelddarlehensvertrag). In Fällen insgesamt krass einseitiger AGB kann der Vertrag ausnahmsweise auch nach § 138 nichtig sein (BGH NJW-RR 03, 1060; NJW 01, 2468). Zur Unwirksamkeit einzelner Klauseln nach § 138 in einem ansonsten unbedenklichen Vertrag s § 306 Rn 3. Zu § 139 s § 306 Rn 1.

14 § 242 ist anwendbar, wenn die Berufung auf eine an sich gültige AGB-Klausel im Einzelfall, etwa wegen Verstoßes gegen das Verbot des widersprüchlichen Verhaltens (**Ausübungskontrolle**, s § 242 Rn 27 ff), treuwidrig ist (BGHZ 105, 88; ZIP 00, 78). § 242 hat auch Bedeutung für die Bereiche, für die nach § 310 IV 1 eine Inhaltskontrolle nach den §§ 305 ff ausgeschlossen ist oder für die nach der Rspr eine **offene Inhaltskontrolle** zulässig ist (BGHZ 64, 238; NJW 01, 1270 zu Publikumspersonengesellschaften; BGH NJW 04, 3708 zu Auslandskapitalanlagegesellschaften; BGHZ 105, 306 zu Vereinssatzungen; BGHZ 101, 353 ff; 108, 164 zu notariellen Verträgen; Frankf NJW-RR 98, 1707 zu Gemeinschaftsordnungen der Wohnungseigentümer; BGHZ 128, 101 zu sportlichen Regelwerken). Ist eine Klausel nach § 307 ff unwirksam, kann der Verwender sich auf § 242 nicht mit dem Argument berufen, die andere Seite habe deren Wirksamkeit im Laufe der Zeit akzeptiert (BGH NJW 88, 410).

15 Eine auf die Einbeziehung von AGB bezogene **Anfechtung** durch den Kunden nach § 123 kommt neben der AGB-rechtlichen Inhaltskontrolle ebenso in Betracht (*Laas* JZ 97, 67) wie eine Anfechtung nach § 119 (*Stoffels* Rn 395). Für den Verwender gilt dies nicht (W/H/L § 9 Rn 8).

§ 305 Einbeziehung Allgemeiner Geschäftsbedingungen in den Vertrag

(1) ¹Allgemeine Geschäftsbedingungen sind alle für eine Vielzahl von Verträgen vorformulierten Vertragsbedingungen, die eine Vertragspartei (Verwender) der anderen Vertragspartei bei Abschluss eines Vertrags stellt. ²Gleichgültig ist, ob die Bestimmungen einen äußerlich gesonderten Bestandteil des Vertrags bilden oder in die Vertragsurkunde selbst aufgenommen werden, welchen Umfang sie haben, in welcher Schriftart sie verfasst sind und welche Form der Vertrag hat. ³Allgemeine Geschäftsbedingungen liegen nicht vor, soweit die Vertragsbedingungen zwischen den Vertragsparteien im Einzelnen ausgehandelt sind.

(2) Allgemeine Geschäftsbedingungen werden nur dann Bestandteil eines Vertrags, wenn der Verwender bei Vertragsschluss
1. die andere Vertragspartei ausdrücklich oder, wenn ein ausdrücklicher Hinweis wegen der Art des Vertragsschlusses nur unter unverhältnismäßigen Schwierigkeiten möglich ist, durch deutlich sichtbaren Aushang am Orte des Vertragsschlusses auf sie hinweist und
2. der anderen Vertragspartei die Möglichkeit verschafft, in zumutbarer Weise, die auch eine für den Verwender erkennbare körperliche Behinderung der anderen Vertragspartei angemessen berücksichtigt, von ihrem Inhalt Kenntnis zu nehmen,

und wenn die andere Vertragspartei mit ihrer Geltung einverstanden ist.

(3) Die Vertragsparteien können für eine bestimmte Art von Rechtsgeschäften die Geltung bestimmter Allgemeiner Geschäftsbedingungen unter Beachtung der in Absatz 2 bezeichneten Erfordernisse im Voraus vereinbaren.

A. Begriff der AGB (I 1). S 1 enthält eine Legaldefinition von AGB. Die Vorschrift legt damit zusammen mit S 3 (Rn 12) u § 310 IV 1 (s § 310 Rn 13 ff) den sachlichen Anwendungsbereich der §§ 305 ff fest. Die Prüfung muss sich immer auf eine konkrete Klausel beziehen (BGH NJW 98, 2600). 1

I. Vertragsbedingungen. Vertragsbedingungen sind alle Regelungen, die nach ihrem objektiven Wortlaut bei den Empfängern den Eindruck hervorrufen, es solle damit der Inhalt eines vertraglichen Rechtsverhältnisses gestaltet werden (BGHZ 133, 187; WM 05, 875). Die **Art u Rechtsnatur des Rechtsverhältnisses**, etwa die Frage, ob es sich um ein vertragliches, vorvertragliches (BGH NJW 96, 2574) oder gesetzliches Schuldverhältnis, ein delikts- (BGHZ 100, 157; NJW 86, 2757), sachen-, börsen- (LG Frankfurt/M NJW-RR 02, 124) bzw wertpapierrechtliches (BGHZ 119, 312 zu Genussscheinen; Frankf WM 05, 1080; BGH WM 05, 1078 zu Anleihebedingungen, sa Rn 18) Verhältnis oder eine sonstige Vereinbarung handelt, die ausschließlich Verfügungswirkung hat, wie zB eine Abtretung (§ 398) oder Schuldübernahme (§ 414), ist irrelevant (BaRoth/ J Becker § 305 Rn 11). Erfasst werden auch prozess- u vollstreckungsrechtliche Verträge (BGHZ 101, 271; NJW 87, 904) sowie Rechtsverhältnisse aus dem Bereich der Daseinsvorsorge (BGH NJW 87, 1828 zu Ergänzenden Bestimmungen zur AVBGasV; NJW-RR 05, 960 zur AVBWasserV; s.a. § 307 Rn 2). Auf den **Inhalt** der jeweiligen Bestimmung (abgesehen von den Bereichsausnahmen des § 310 IV) oder ihre AGB-rechtliche Wirksamkeit kommt es nicht an (*Stoffels* Rn 109). Erfasst werden auch Klauseln, die den **Vertragsschluss** (zB Zustandekommen durch Schweigen) regeln (BGHZ 104, 99; Ddorf NJW 05, 1515). 2

Auch die inhaltliche Gestaltung von **einseitigen Rechtsgeschäften des Kunden**, die der Ausgestaltung des Vertragsinhalts dienen (Vollmachtserteilung, Ermächtigung, Empfangsbestätigung oder Einwilligung, etwa im Grundbuch- u Verfahrensrecht), fällt in den sachlichen Anwendungsbereich der §§ 305 ff (BGH NJW 00, 2677; 87, 2011). Die einseitige rechtsgeschäftliche Erklärung des Kunden muss im Zusammenhang mit einer Vertragsbeziehung stehen, nicht aber notwendigerweise auch deren rechtlicher Bestandteil sein (BGH NJW 99, 1864). Einseitige Rechtsgeschäfte des Verwenders werden dagegen nicht erfasst (BGH NJW 81, 2822). 3

Keine Vertragsbedingungen sind **unverbindliche Hinweise**, Bitten oder bloße Informationen ohne rechtlichen Regelungsgehalt. Eine Vertragsbedingung nach I 1 liegt nur dann vor, wenn ein allg Hinweis des Verwenders nach seinem objektiven Wortlaut (s Rn 2) bei einem durchschnittlichen, rechtlich nicht vorgebildeten Kunden (Empfängerhorizont) den Eindruck erweckt, es solle damit der Inhalt eines (vor-)vertraglichen Rechtsverhältnisses bestimmt werden (BGH NJW 96, 2574). 4

II. Vorformulierte Vertragsbedingungen. Ausreichend ist, dass die Vertragsbedingungen zeitlich vor dem Vertragsschluss fertig formuliert vorliegen, um in künftige Verträge einbezogen zu werden (MüKo/*Basedow* § 305 Rn 13). Das Gesetz verlangt keine Schriftform (BGH NJW 99, 2180). Auch die als Textbaustein im PC (BGH NJW 88, 410) oder nur „im Kopf des Verwenders" gespeicherte, immer wieder (handschriftlich) verwendete Vertragsbestimmung fällt unter § 305 I 1 (BGH NJW 99, 2180; 92, 2759). Die Formulierung der Klausel muss nicht in jedem Verwendungsfall sprachlich exakt übereinstimmen, solange nur das in der Klausel enthaltene materielle Regelungsmodell in jedem Verwendungsfall gleich bleibt (BGH NJW 00, 1110). Erfasst werden diese Klauseln auch dann, wenn die Einfügung gelegentlich unterbleibt (BGH NJW 99, 2180; Palandt/*Heinrichs* § 305 Rn 8). Keine „AGB aus dem Kopf" sind **interne Betriebsanweisungen** (Köln ZIP 04, 1496; Hamm BKR 02, 1016). Sie können jedoch einen Umgehungstatbestand darstellen, s § 306 a Rn 2. 5

6 **III. Vielzahl von Verträgen.** Der Verwender muss die Absicht haben, die Klausel für **mindestens drei** Verträge zu verwenden (BGH NJW 02, 138; *Münch* WM 05, 931). Unerheblich ist, ob dies dann auch tatsächlich geschieht. Bereits beim ersten Verwendungsfall handelt es sich um AGB (BGH NJW 04, 1454; ZIP 01, 2288). Dagegen wird eine Klausel, die allein mit der Absicht entworfen wurde, in einen konkreten Einzelvertrag Eingang zu finden, nicht dadurch AGB, dass sie später in weiteren Verträgen verwendet wird u erst dann als AGB einzustufen ist (BGH NJW 97, 135). Die Mehrfachverwendung muss nicht gegenüber verschiedenen Vertragspartnern beabsichtigt sein (BGH NJW 04, 1454). Es genügt, wenn ein **Dritter** (Verband, Autor eines Formularbuches usw) die Klausel für eine Vielzahl von Verträgen vorformuliert hat, auch wenn der Verwender sie nur in einem Einzelfall verwenden will (BGH ZIP 05, 1604; Dresden WM 01, 2169), vorausgesetzt, sie wird vom Verwender gestellt (Rn 7 f). Für Verbraucherverträge genügt nach § 310 III Nr 2 die einmalige Verwendung, s § 310 Rn 7. Zu Beweiserleichterungen Rn 16.

7 **IV. Vom Verwender gestellte Vertragsbedingungen.** Entscheidend ist, dass eine der Parteien selbst oder durch eine Hilfsperson die Einbeziehung der von ihr oder einem Dritten (Rn 8) vorformulierten Bedingungen verlangt, also ein konkretes Einbeziehungsangebot macht u auf diese Weise unter Ausschluss des anderen Teils einseitig rechtsgeschäftliche Gestaltungsmacht in Anspruch nimmt (BGHZ 130, 57; Hamm NJW-RR 99, 999). Verlangen beide Parteien unabhängig voneinander die Einbeziehung derselben AGB, sind diese nicht einseitig gestellt (Köln NJW 94, 59; W/H/L § 1 Rn 29).

8 Bedient sich der Notar oder Wirtschaftsprüfer, der nicht im Lager einer der Parteien steht, eines vorformulierten Klauselwerkes, so fehlt es am Merkmal des Stellens (BGH NJW 92, 2817). „**Drittbedingungen**" sind nur dann von einer Partei gestellt, wenn das Stellen durch den Dritten einer Partei zuzurechnen ist, etwa weil ihm die entsprechende Klausel oder das Formular von einer Partei zur Verfügung gestellt wurde (BGHZ 83, 58), weil er in ihrem Auftrag handelt (BGH NJW 95, 2034), als „Hausnotar" regelmäßig für eine Partei (Bauträger) tätig ist (BGHZ 118, 239; NJW 85, 2477) oder eine Klausel übernimmt, die eine Partei ständig verwendet (Köln VersR 00, 730; Palandt/*Heinrichs* § 305 Rn 11). Eine tatsächliche Vermutung für das Stellen gilt dann, wenn eine Klausel eine Vertragspartei in eindeutiger u offensichtlicher Weise begünstigt (BGHZ 118, 240). Dagegen kann nicht diejenige Vertragspartei als Verwender angesehen werden, die in der jeweilgen Klausel begünstigt wird (BGHZ 130, 57). § 310 III Nr 1 fingiert für Verbraucherverträge das Tatbestandsmerkmal des „Stellens", s § 310 Rn 7.

9 Gestellt sind AGB auch in den Fällen des „**vorauseilenden Gehorsams**" des Vertragspartners, der in der Erwartung, der Verwender werde dem Vertragsschluss entsprechend seiner üblichen Praxis u seiner Marktmacht nur unter Einbeziehung seiner AGB zustimmen, diese Bedingungen von vornherein in sein Angebot aufnimmt (BGH NJW 97, 2043; Erman/*Roloff* § 305 Rn 12).

10 Gestellt ist eine Vertragsbedingung auch dann, wenn der Kunde befugt ist, in der Klausel **unselbstständige Ergänzungen** vorzunehmen. Unselbstständig ist die Ergänzung immer dann, wenn sich die Unangemessenheit der Klausel unabhängig vom Inhalt der Ergänzung (Name, Mindestbeträge, Vertragsbeginn usw) nur aus dem vorformulierten Teil der Klausel ergibt (BGHZ 102, 158; 99, 205; BaRoth/*J Becker* § 305 Rn 17). **Selbstständige Ergänzungen** sind gestellt, wenn dem Kunden zwar scheinbar die Auswahl zwischen mehreren Ergänzungsmöglichkeiten gelassen wird, dieser aber durch den im Übrigen vorformulierten Vertragstext oder durch den Verwender bzw dessen Mitarbeiter so stark in seiner Entscheidungsfreiheit begrenzt wird, dass seine Wahlfreiheit hinter dem vorformulierten Text zurücktritt (BGH NJW 98, 1066 f; 96, 1676). Dies gilt dann, wenn der Verwendergegenseite nur eine eng begrenzte Zahl von Alternativen für die Vertragslaufzeit vorgegeben wird (BGH NJW 98, 1066). Hat die Vertragspartei dagegen die freie Auswahl, kann auch ein Aushandeln iSv I 3 gegeben sein, s Rn 12.

11 **B. Irrelevanz von äußerer Gestaltung, Umfang, Schriftart u Form (I 2).** S 2 stellt klar, dass die §§ 305 ff für AGB iSv S 1 unabhängig von der äußeren Gestaltung (Vertragsbestandteil, „Mustervertrag" oder separates Klauselwerk), dem Umfang, der Schriftart (handschriftlich, maschinengeschrieben, gedruckt) u der Form (formfreier oder notariell beurkundeter Vertrag, s BGHZ 62, 253) gelten. In einem ausgehandelten (s Rn 12) Vertrag kann auch eine einzelne Klausel als AGB zu qualifizieren sein (BGHZ 75, 21; Palandt/*Heinrichs* § 305 Rn 15) wie auch umgekehrt in einem als AGB zu qualifizierenden Vertrag eine Klausel ausgehandelt sein kann.

12 **C. Keine ausgehandelte Individualvereinbarung (I 3).** Aushandeln ist das Gegenteil von Stellen (s Rn 7). Dies ist für jede einzelne Klausel („soweit", s BGHZ 97, 215; 84, 112) anhand der Umstände des Einzelfalls zu prüfen. Aushandeln ist mehr als Verhandeln. Der Verwender muss den gesetzesfremden Kerngehalt seiner AGB ernsthaft zur **Disposition** stellen u dem anderen Teil **Gestaltungsfreiheit** zur Wahrung eigener Interessen einräumen. Zugleich muss er dem Kunden die **reale Möglichkeit** verschaffen, den Inhalt der Vertragsbedingungen zu beeinflussen (BGHZ 153, 321; NJW 05, 2543; 04, 1454). Der Verwender muss also tatsächlich zu Verhandlungen bereit sein u dies dem Kunden gegenüber unzweifelhaft zum Ausdruck bringen (BGHZ 143, 112; Palandt/*Heinrichs* § 305 Rn 20). Allein die Tatsache, dass der Kunde über die Bedeutung bestimmter Klauseln belehrt wurde, genügt nicht (BGHZ 74, 209; NJW 05, 2543). Gleiches gilt für die formularmäßige Erklärung des Verwenders, er sei zur Abänderung bereit gewesen (BGH NJW 87, 1634; MüKo/*Basedow* § 305

Rn 37) oder eine vom Kunden unterzeichnete Erklärung, wonach der Vertragsinhalt in allen Einzelheiten ausgehandelt wurde (BGH NJW 77, 432).

Sind dagegen die genannten strengen Anforderungen erfüllt, wird das Aushandeln nicht dadurch ausgeschlossen, dass die betreffende Klausel während der Vertragsverhandlungen nicht tatsächlich abgeändert oder ergänzt wurde (BGHZ 84, 111; NJW 92, 2285). Auch eine **unveränderte Klausel** kann „ausgehandelt" sein, vorausgesetzt, der andere Teil hat ihren Inhalt in seinen Vertragsabschlusswillen aufgenommen. Dies kann aber nur dann angenommen werden, wenn er sich nach gründlicher inhaltlicher Erörterung mit dem Text ausdrücklich einverstanden erklärt u das in der Klausel manifestierte Risiko als sachgerecht akzeptiert hat (BGHZ 143, 112; Münch WM 05, 931). In aller Regel schlägt sich daher das Aushandeln in einer erkennbaren Änderung des Klauseltextes nieder (BGHZ 143, 112; NJW 04, 1454). Eine Vertragsbedingung kann auch dann ausgehandelt sein, wenn sie der Verwender als eine von **mehreren Alternativen** anbietet, unter denen der Kunde frei auswählen kann (zB Vertragslaufzeit zwischen 12 u 25 Jahren frei wählbar), wenn es sich also um eine selbstständige Ergänzung (Rn 10) handelt (BGHZ 153, 151). Ist die Klausel nach den §§ 307 ff wirksam, kann offen bleiben, ob sie ausgehandelt wurde (BGHZ 154, 183). 13

Im **unternehmerischen Geschäftsverkehr** (Vor § 305 Rn 1) sind an das Aushandeln geringere Anforderungen zu stellen. Dies folgt schon daraus, dass für die Frage des Aushandelns auch die berufliche Position der Verhandlungspartner u die Frage des wirtschaftlichen Machtgefälles maßgeblich ist (Staud/*Schlosser* § 1 AGBG Rn 36). Eine Klausel kann daher zwischen Kaufleuten ausgehandelt sein, wenn sie von einer Seite als unverzichtbar u unabänderlich hingestellt wird (BGH NJW 92, 2285; Köln ZIP 95, 1636). Ein Aushandeln kann auch dann angenommen werden, wenn eine unternehmerische Partei, um eine von ihr vorformulierte Vertragsklausel unverändert durchzusetzen, Preiszugeständnisse oder Konzessionen bei anderen Klauseln macht (MüKo/*Basedow* § 305 Rn 39; Palandt/*Heinrichs* § 305 Rn 23; enger BGHZ 153, 322 f). Auch muss der Verwender eine Klausel nicht von Grund auf zur Disposition stellen (BGH NJW 98, 3488; Köln ZIP 95, 1636). Besteht zwischen den Parteien kein Machtgefälle (s § 307 Rn 36), muss für S 3 auch das Verhandeln genügen (ICC Schiedsspruch Nr 10279 SchiedsVZ 05, 111 mit Anm *Hobeck*; *Berger* NJW 01, 2152 f; *Hensen* NJW 86, 1987; *Rabe* NJW 87, 1980; aA BGHZ 153, 322 ff; sehr str). 14

Auch die **nachträgliche Einbeziehung** von AGB iRv Vertragsänderungen unterliegt grds den Voraussetzungen des § 305 (BaRoth/*J Becker* § 305 Rn 75). Hier wird es sich aber häufig um individuell ausgehandelte Abreden handeln. Dies gilt auch dann, wenn die Änderungsvereinbarung darauf abzielt, einer unwirksamen AGB-Klausel nachträglich einen anderen Inhalt zu geben (Hamm NJW-RR 94, 531; NJW 81, 1049). 15

D. Beweislast. Die Voraussetzungen der §§ 305 ff muss derjenige beweisen, der sich darauf beruft – also die Verwendergegenseite (BGHZ 118, 238). Für die Vorformulierung spricht ein **Beweis des ersten Anscheins**, wenn ein Formularvertrag verwendet wurde, dessen Klauseln nicht auf die individuelle Vertragssituation abgestimmt sind (BGH NJW-RR 04, 814; NJW 00, 1110). Gleiches gilt, wenn eine Klausel drei- oder mehrfach verwendet wurde (BGH NJW 02, 138 f). Sind Verträge nach Aufbau, Inhalt u Wortlaut im Wesentlichen identisch, so spricht der äußere Anschein für eine mehrfache Verwendung (BGH NJW 04, 502; 04, 1454; *v.Westphalen* NJW 04, 1993). Für das Aushandeln (Rn 12) trägt der Verwender die Beweislast (BGHZ 153, 152). 16

E. Einbeziehungsvereinbarung (Abs 2). Das gem § 305 II Hs 1 Nr 1 u 2 besonders ausgestaltete Einbeziehungsangebot des Verwenders u die, auch stillschweigend mögliche, Einverständniserklärung des Kunden (§ 305 II Hs 2) bilden zusammen die rechtsgeschäftliche Einigung der Parteien über die Einbeziehung der AGB. Diese Voraussetzungen müssen im Zeitpunkt des Vertragsschlusses erfüllt sein. 17

II ist in den Fällen unanwendbar, in denen es einer Einbeziehungsvereinbarung nicht bedarf, etwa weil der Vertrag unmittelbar durch **Rechtsnormen** (Gesetz, VO, Satzung) bestimmt wird (MüKo/*Basedow* § 305 Rn 52). In diesen Fällen liegen aber zumeist schon keine AGB vor (*Stoffels* Rn 112). II gilt nicht für Anleihebedingungen von **Inhaberschuldverschreibungen** (BGH WM 05, 1567). 18

Besteht der Vertrag ausschließlich aus AGB (**Formularvertrag**), bedarf es keiner gesonderten Einbeziehung nach II, weil die Unterschrift des Vertragspartners unter dem gesamten Vertrag bereits dessen vollen Inhalt deckt (BGH NJW 95, 190; 88, 2465). 19

II gilt nicht in den Fällen des § 305 a u § 310 I 1, s § 310 Rn 2 ff. 20

Unterliegt der Vertrag dem CISG, richtet sich die Einbeziehung von AGB nach den Vertragsabschlussvorschriften des Übereinkommens (Art 14, 18 CISG) sowie der Auslegungsregel des Art 8 CISG (BGH NJW 02, 370). S.a. Rn 37. 21

I. Einbeziehungsangebot des Verwenders (Hs 1 Nr 1, 2). Das Gesetz weicht in § 305 II Hs 1 in zwei Punkten von der allg Rechtsgeschäftslehre ab. 22

1. Ausdrücklicher Hinweis oder Aushang (Nr 1). Nr 1 verlangt über §§ 133, 157 hinausgehend (s aber § 305a) einen ausdrücklichen, schriftlichen, mündlichen oder fernmündlichen Hinweis des Verwenders auf die hinreichend individualisierten AGB im Zeitpunkt des Vertragsschlusses (BGH NJW 88, 1212). Dies gilt auch für die Änderung von AGB (Hamm BB 79, 1789). Ist der Vertrag schriftform- oder beurkundungsbe- 23 dürftig, erstreckt sich dieses Formerfordernis auch auf den Hinweis (Staud/*Schlosser* § 2 AGBG Rn 12; BaRoth/*J Becker* § 305 Rn 46).

24 Der Hinweis muss so **klar, übersichtlich u lesbar** sein, dass er von einem Durchschnittskunden auch bei flüchtiger Betrachtung nicht übersehen werden kann (BGH NJW-RR 87, 113; zu den drucktechnischen Anforderungen vgl BGH BB 83, 2074). Der bloße Abdruck auf der Rückseite des Vertragstextes reicht nicht aus. Es muss auf der **Vorderseite** ein Hinweis auf die AGB auf der Rückseite erfolgen (Ddorf VersR 82, 872; LG Münster VersR 80, 100). Der Hinweis auf „umseitige AGB" erfasst aber nur denjenigen Teil des auf der Rückseite abgedruckten Textes, der die Überschrift „AGB" trägt (BGH NJW 87, 2432). Der ausdrückliche Hinweis muss **bei Vertragsschluss** erfolgen. Ein nachträglicher Hinweis, zB auf der Rechnung, dem Lieferschein oder der Eintrittskarte, erfüllt die Einbeziehungsvoraussetzungen des Abs 2 nicht (BaRoth/*J Becker* § 305 Rn 45).

25 Der ausdrückliche Hinweis kann durch einen entsprechenden **deutlich sichtbaren Aushang** am Ort des Vertragsabschlusses (nicht der Erfüllungshandlung!) ersetzt werden, vorausgesetzt, ein solcher ist wegen der Art des Vertragsschlusses nur unter unverhältnismäßigen Schwierigkeiten möglich. Der Kunde muss ihn ohne weiteres erkennen können (BaRoth/*J Becker* § 305 Rn 51; U/B/H § 2 Rn 44). Der Aushang muss nur den Hinweis, nicht aber die AGB selbst enthalten (Palandt/*Heinrichs* § 305 Rn 31; str). Gemeint sind damit vor allem die typischen, zumeist konkludent abgeschlossenen Massengeschäfte des täglichen Lebens, bei denen entweder ein Hinweis mangels persönlichen Kontakts ausgeschlossen ist (Parkhaus, Schließfächer usw, LG Frankfurt/M NJW-RR 88, 955; LG Essen VersR 95, 1198) oder jedenfalls eine unverhältnismäßige u im Grunde überflüssige Erschwerung der (automatisierten) Massenabfertigung darstellen würde, wie etwa im Theater, bei Sportveranstaltungen, in Kinos oder Kfz-Waschanlagen (BGH NJW 05, 424).

26 **2. Möglichkeit der Kenntnisnahme (Nr 2). a) Distanzgeschäfte.** Nach Nr 2 muss der Verwender in Abweichung von den §§ 145 ff (s aber § 305 a) seinem Vertragspartner in zumutbarer Weise die Möglichkeit der Kenntnisnahme der AGB geben. Diese Möglichkeit (auf die tatsächliche Kenntnisnahme kommt es nicht an, BGH NJW 02, 372) ist immer gegeben, wenn der Vertragspartei die AGB **ausgehändigt** werden (BGH NJW 88, 2108). Muss der Vertragspartner dagegen selbst tätig werden, um sich die AGB erst zu verschaffen, ist ihm die Kenntnisnahme in aller Regel nicht zumutbar (BGH MDR 99, 1061; BaRoth/*J Becker* § 305 Rn 58). Zu Lotto u Toto BGH NJW 91, 1745.

27 Das Angebot, die AGB kostenlos zu übersenden, lässt die höchstrichterliche Rspr nicht genügen (BGH NJW-RR 99, 1246; MDR 99, 1061). Der Kunde muss aber das Recht haben, durch Individualvereinbarung auf diese Möglichkeit u damit auf die Einhaltung von Nr 2 zu **verzichten** (LG Braunschweig NJW-RR 86, 639; MüKo/*Basedow* § 305 Rn 63). Allerdings muss der Verzicht auch wirklich **individualvertraglich** vereinbart worden sein. Der Kunde muss für ihn erkennbar die Möglichkeit haben, die vorherige Zusendung der AGB zu verlangen (*Borges* S 296 f). Daraus folgt zugleich, dass alle Arten von vorformulierten Klauseln, in denen der Kunde „bestätigt", eine Druckfassung der AGB erhalten zu haben oder den Inhalt der AGB zur Kenntnis genommen zu haben, unwirksam sind (s § 309 Rn 97). Diese Lösung ist auch auf den **Vertragsabschluss per Internet** übertragbar, falls man es nicht mit der hM genügen lässt, dass der Anbieter die AGB auf seiner Homepage zum kostenlosen Download bereitstellt (Hamm NJW 01, 1142 f; U/B/H § 2 Rn 49 a).

28 **b) Transparenzgebot als Einbeziehungsschranke.** Trotz der Erwähnung in der für die Inhaltskontrolle maßgeblichen Generalklausel des § 307 I 2 (§ 307 Rn 14) ist das Transparenzgebot als Einbeziehungsschranke ebenfalls in Nr 2 verortet (Schlesw NJW 95, 2858; Palandt/*Heinrichs* § 305 Rn 41). Danach werden nur solche Klauseln in den Vertrag einbezogen, die für einen Durchschnittskunden **mühelos lesbar u verständlich** sind u ein **Mindestmaß an Übersichtlichkeit** sowie einen im Verhältnis zur Bedeutung des Geschäfts **vertretbaren Umfang** aufweisen (BGHZ 106, 49 f; 104, 92; NJW 00, 651). Diese Anforderungen sind etwa dann nicht erfüllt, wenn eine Klausel lediglich einen Verweis auf eine nicht mit abgedruckte, gesetzliche Bestimmung enthält („Verweisungsklausel") u daher nur für einen Juristen verständlich ist (Schlesw NJW 95, 2859). Ganz generell sind in AGB enthaltene Verweise auf andere Regelwerke (**Staffelverweisung**) nur dann zulässig, wenn die durch die Verweisung geschaffene Konstruktion nicht so komplex ist, dass sie wegen des unklaren Verhältnisses konkurrierender Regelungen für den Vertragspartner nicht mehr zu durchschauen ist (BGHZ 111, 390 f; NJW 05, 1183). Außerdem muss der Verwender dem Vertragspartner die Kenntnisnahme der verwiesenen Bedingungen nach § 305 II Nr 2 (s Rn 26) ermöglichen (BGH NJW 05, 1183).

29 **c) Einbeziehung von AGB gegenüber sprachunkundigen Ausländern.** Ist Verhandlungs- u Vertragssprache Deutsch, trägt der Ausländer das **Sprachrisiko** (BGHZ 87, 114 f). Dies gilt erst recht, wenn er sich von einem Sprachkundigen vertreten lässt (BGH NJW 95, 190; Bremen WM 73, 1228). Zur Schadensersatzhaftung des Verwenders aus § 311 II Nr 1 wegen Verletzung einer sich aus dem Transparenzgebot (§ 307 Rn 14) ergebenden Informationspflicht *v. Westphalen* NJW 02, 14.

30 Werden die Vertragsverhandlungen in **ausländischer Sprache** geführt, muss auf die AGB in dieser Sprache hingewiesen u eine Übersetzung der AGB in die Verhandlungssprache übermittelt werden (BGHZ 87, 114). Ein Hinweis u eine Übersetzung in einer „Weltsprache", die nicht die Verhandlungssprache ist, genügt jedenfalls gegenüber Verbrauchern (s.a. Rn 37) im Regelfall nicht (Frankfurt/M NJW-RR 03, 706; BaRoth/*J Becker*

§ 305 Rn 61). Liegen mehrere, inhaltlich voneinander abweichende AGB-Fassungen in verschiedenen Sprachen vor, so wird nur die mit der Verhandlungssprache übereinstimmende Fassung Vertragsinhalt (BGH NJW 86, 1819).

II. Einverständniserklärung des Kunden (Hs 2). § 305 II Hs 2 macht deutlich, dass erst mit dem Einverständnis des Kunden die für die Einbeziehung von AGB maßgebliche Vereinbarung zwischen Verwender u Kunde zustande kommt. Das Einverständnis kann wie jede Willenserklärung **konkludent** erklärt werden (Erman/*Roloff* § 305 Rn 41; W/H/L § 2 Rn 43). Es ist an keine Form gebunden. Dies setzt aber voraus, dass die Voraussetzungen des Abs 2 Hs 1 eingehalten wurden, also insbes der Kunde im Zeitpunkt des Vertragsschlusses die Möglichkeit hatte, von den AGB Kenntnis zu nehmen. IdR genügt es, wenn der Kunde der Einbeziehung nicht ausdrücklich widerspricht (BaRoth/*J Becker* § 305 Rn 66). 31

Wird auf die AGB erst nach Vertragsschluss Bezug genommen, bedeutet **Schweigen** des Kunden bei der Entgegennahme der Leistung im Gegensatz zum unternehmerischen Geschäftsverkehr (BGH NJW 95, 1671; NJW-RR 00, 1154) idR keine Zustimmung (Palandt/*Heinrichs* § 305 Rn 43). Ist der Vertrag nicht wirksam zustande gekommen, kommt nur eine Einbeziehung über III in Betracht (BaRoth/*J Becker* § 305 Rn 68). Möglich ist auch, die Geltung von AGB für die Phase der Vertragsanbahnung zu vereinbaren (Celle NJW-RR 88, 833; Palandt/*Heinrichs* § 305 Rn 44). 32

III. Einbeziehung von Neufassungen; Änderungsklauseln. Die Voraussetzungen des II gelten auch für die Einbeziehung von **Neufassungen** der AGB in einen bereits unter Einbeziehung von AGB geschlossenen Vertrag (Stuttgart WM 94, 630; Saarb VersR 89, 245). § 308 Nr 5 erlaubt aber dem Verwender für diese Fälle, unter den dort genannten Voraussetzungen die nach § 305 II Hs 2 notwendige Einverständniserklärung des Kunden durch eine AGB-Klausel zu fingieren. Dies gilt etwa für Ziff 1 (2) AGB-Banken (Bankrechts-Hdb/ *Bunte* § 6 Rn 10 ff). 33

Wird dagegen ein Vertrag durch Individualvereinbarung **geändert** bzw **erweitert**, bedarf es keiner neuen Einbeziehungsvereinbarung (Palandt/*Heinrichs* § 305 Rn 47). Klauseln, die dem Verwender ein uneingeschränktes Abänderungsrecht zugestehen, sind unzulässig (BGHZ 136, 402). Anlass u Umfang der Änderung müssen vielmehr in der Klausel in einer den Anforderungen des Transparenzgebots (s § 307 Rn 14) genügenden Weise konkretisiert werden. Die Ausübung des Rechts muss zudem auf triftige Gründe beschränkt werden (MüKo/*Basedow* § 305 Rn 80 f). 34

IV. Einbeziehung gegenüber Unternehmern. 1. Einbeziehungsvereinbarung. Für die Einbeziehung von AGB in Verträge mit Unternehmern iSv § 14 finden § 305 II, III keine Anwendung (§ 310 I 1). Für sie gelten insoweit die allg rechtsgeschäftlichen Grundsätze. 35

Erforderlich ist eine ausdrückliche oder stillschweigende Willensübereinstimmung der Vertragspartner über die Geltung der AGB. Der eine Teil muss zum Ausdruck bringen, dass neben dem individualvertraglich vereinbarten „Vertragskern" auch bestimmte, klar u unzweideutig bezeichnete (BGHZ 102, 304) AGB Vertragsinhalt werden sollen. Der andere Teil muss hiermit einverstanden sein (BGHZ 117, 194) bzw der Geltung der AGB nicht widersprechen, etwa durch Verweis auf eine eigene Abwehrklausel (BGH NJW-RR 01, 484; *v Westphalen* NJW 02, 1689). Hierfür ist nicht erforderlich, dass die AGB dem zum Vertragsschluss führenden Schreiben des Verwenders beigefügt sind, solange klar u eindeutig auf sie hingewiesen wird u der Vertragspartner des Verwenders, etwa durch den Hinweis, dass die AGB auf Wunsch übersandt werden, in der Lage ist, sich über die AGB ohne weiteres Kenntnis zu verschaffen. 36

Bei **grenzüberschreitenden Wirtschaftsverträgen** genügt es im Gegensatz zu b2c-Verträgen (Rn 30) im Hinblick auf die Bedeutung der englischen Sprache als lingua franca des internationalen Wirtschaftsverkehrs, wenn Hinweis u Text der AGB in Englisch vorliegen, auch wenn diese nicht Verhandlungs- u Vertragssprache ist (Karlsr DZWiR 94, 70; Hburg NJW 80, 1232). Im internationalen Handel ist allerdings erforderlich, dass der Verwender seinem Vertragspartner die AGB übersendet oder anderweitig zugänglich macht (BGH NJW 02, 370 für einen dem CISG unterliegenden Vertrag). Dies gilt nicht im grenzüberschreitenden Inter-Banken-Verkehr (BGH WM 04, 1177). 37

2. Geltung von AGB aus besonderem Grund. Die bloße Tatsache, dass ein Vertrag ohne Bezugnahme auf AGB in engem **zeitlichen Zusammenhang** zu einem anderen Vertrag geschlossen wird, der auf Grundlage dieser Bedingungen zustande gekommen ist, genügt nicht für die Einbeziehung der AGB auch in den zeitlich nachfolgenden Vertrag (BGHZ 117, 197). 38

Eine Klausel, wonach die betreffenden AGB auch zukünftigen Verträgen zwischen den Parteien zugrunde liegen sollen (**Erstreckungsklausel**), ist nur wirksam, wenn der darin zum Ausdruck kommende Einbeziehungswille des Verwenders dem Kunden gegenüber unmissverständlich zum Ausdruck gebracht wird. Der Vertragspartner muss also von dieser Klausel positive Kenntnis haben (BGHZ 117, 198). 39

Für die Einbeziehung von AGB iRe **Geschäftsverbindung** abgeschlossenen Einzelverträge ist neben einer gewissen Häufigkeit von Vertragsabschlüssen (so Köln IPRax 94, 465; Zweibr OLGZ 68, 391; Ddorf BB 60, 422; aA BGHZ 117, 196; NJW 78, 2243; WM 73, 1198) erforderlich, dass die iRd Geschäftsverbindung abgeschlossenen Verträge stets zu den AGB der einen Seite abgeschlossen worden sind. Diese Partei muss unmiss- 40 verständlich, dh durch auch für den flüchtigen Leser ohne weiteres erkennbaren Hinweis (BGHZ 42, 55; NJW-RR 91, 571), zu erkennen gegeben haben, dass sie regelmäßig Geschäfte nur auf der Grundlage ihrer eigenen Geschäftsbedingungen tätigen will. Diesem Ansinnen darf die andere Partei nicht ausdrücklich oder stillschweigend – etwa durch eine Abwehrklausel in ihren eigenen AGB – widersprochen haben (BGHZ 117, 195; Hburg NJW 80, 1232). Diese letzte Voraussetzung ist nicht erfüllt, wenn die betreffende Partei in allen Geschäften erst nachträglich, etwa in Lieferscheinen, auf ihre AGB Bezug genommen hat, denn hierdurch werden die AGB nicht Bestandteil des bereits abgeschlossenen Vertrages (Hburg aaO; MüKo/*Basedow* § 305 Rn 94).

41 Die Bezugnahme auf AGB in einem **kaufmännischen Bestätigungsschreiben** (s § 148 Rn 5) muss ausdrücklich sein. Die kommentarlose Beifügung oder der Abdruck auf der Rückseite des Bestätigungsschreibens genügt nicht (Ddorf NJW 65, 761). Enthält das Bestätigungsschreiben eine ausdrückliche Bezugnahme auf die AGB des Absenders, werden diese durch das Schweigen des Empfängers selbst dann in den Vertrag einbezogen, wenn die AGB dem Schreiben nicht beigefügt waren u dem Empfänger auch sonst nicht bekannt waren (BGHZ 20, 151; 11, 4), vorausgesetzt, der Inhalt der AGB weicht vom mündlich Vereinbarten nicht so erheblich ab, dass der Absender redlicherweise nicht mit einer Billigung durch den Vertragspartner rechnen konnte (BGHZ 18, 216; 7, 190 f). Dies gilt etwa dann, wenn der Verwender aufgrund der klaren u eindeutigen Formulierung des Bestellschreibens des Kunden oder aufgrund langjähriger Geschäftsbeziehung die in den AGB der Gegenseite enthaltene Abwehrklausel kennt, u daher weiß, dass die andere Seite nicht auf der Grundlage seiner AGB abschließen will (BGH NJW 82, 1751).

42 Im bloßen Schweigen auf eine **Auftragsbestätigung**, in der auf AGB Bezug genommen wird, liegt, anders als beim kaufmännischen Bestätigungsscheiben (Rn 41), noch keine stillschweigende Annahmeerklärung der Gegenseite (BGHZ 61, 285; NJW 95, 1671). Erst in der Entgegennahme der Leistung durch die andere Seite kann ein stillschweigendes Einverständnis mit den AGB gesehen werden, vorausgesetzt, der Verwender hat in der Auftragsbestätigung deutlich zum Ausdruck gebracht, dass er nur unter seinen Bedingungen zur Leistung bereit ist (BGH NJW 95, 1671; NJW-RR 00, 1154).

43 Bei **branchenüblichen AGB** kann angenommen werden, dass sich der Kunde diesen allg bekannten Bedingungen als einer fertig bereitliegenden Vertragsordnung stillschweigend unterwirft, ohne dass es eines besonderen Hinweises bedarf (BGHZ 42, 55). Die Branchenüblichkeit ist aber nur ein (widerlegbares) Indiz für das Einverständnis der anderen Seite (BGH NJW 85, 1840). Dies gilt etwa für die ADSp (BGH NJW 96, 1313; NJW 85, 2412) u die AGB-Banken im Verkehr der Banken untereinander, gleich ob im nationalen (BGH NJW 90, 513) oder internationalen (BGH WM 04, 1177) Bereich. Auch eine branchenübliche **Eigentumsvorbehaltsklausel** (s.a. Rn 46) kann zum Vertragsbestandteil werden, wenn zugleich im laufenden Geschäftsverkehr zwischen den Parteien Rechnungen auf den Eigentumsvorbehalt verweisen u die Gegenseite keine Abwehrklausel verwendet, mit der sie deutlich macht, dass sie den Eigentumsvorbehalt des Lieferanten nicht akzeptiert (BGH NJW 85, 1840).

44 AGB können gar ohne Einbeziehungsvereinbarung Vertragsbestandteil werden, wenn sie zu einem **Handelsbrauch** erstarkt sind u daher kraft Gesetzes (§ 346 HGB) für den Vertrag Geltung beanspruchen. Dies kommt allerdings nur sehr selten in Betracht (BGH NJW-RR 87, 94). Ganz allg besteht die Möglichkeit, dass nicht die ganzen AGB, wohl aber einzelne Klauseln zu einem Handelsbrauch erstarkt sind. Dies gilt etwa für den einfachen (LG Marburg NJW-RR 93, 1505) oder verlängerten (BGH NJW-RR 04, 555) Eigentumsvorbehalt, vorausgesetzt, dieser ist in der betreffenden Branche in der Regel, nicht jedoch für eine Schiedsklausel (wegen der Formvorschrift des § 1031 ZPO; aA zum alten Schiedsrecht BGH NJW 93, 1798).

45 **3. Kollision sich widersprechender AGB ("battle of forms")**. Verweisen im unternehmerischen Rechtsverkehr beide Parteien auf ihre AGB, so gilt das **"Prinzip der Kongruenzgeltung"**. Sie werden nur insoweit Vertragsbestandteil, als sie sich decken. Dies gilt auch dann, wenn beide AGB Abwehrklauseln enthalten (BGH NJW 91, 1606; 85, 1840). Die Abwehrklausel schließt auch ergänzende Klauseln des anderen Vertragsteils aus (BGH NJW-RR 01, 484). Ansonsten ist die fehlende Kongruenz der AGB durch Auslegung aufgrund einer Gesamtwürdigung aller einschlägigen Regelungen zu ermitteln (BGH NJW 02, 1653; 85, 1839).

46 Soweit sich die AGB widersprechen, gilt in Anlehnung an den in § 306 II enthaltenen Rechtsgedanken das **dispositive Gesetzesrecht**, wenn die Parteien trotz der fehlenden Übereinstimmung der AGB einverständlich mit der Durchführung des Vertrages beginnen (BGHZ 61, 288 f; NJW 91, 1606). Auf der sachenrechtlichen Ebene kann sich eine **Eigentumsvorbehaltsklausel** auch dann durchsetzen, wenn sie wegen Kollision mit anders lautenden AGB nicht wirksam in den schuldrechtlichen Vertrag einbezogen wurde (BGHZ 104, 137; NJW 82, 1749). Zu internationalen Verträgen (CISG) s BGH NJW 02, 1653.

47 **F. Rahmenvereinbarungen (Abs 3)**. Die Einbeziehung von AGB durch Rahmenvereinbarungen (s zB Ziff 1 (1) AGB-Banken sowie § 5 a VVG) ist nur unter **drei Voraussetzungen** zulässig. Die Rahmenvereinbarung muss eine Einbeziehungsvereinbarung enthalten, die den Voraussetzungen des Abs 2 genügt (BGH NJW-RR 87, 112). Diese Einbeziehungsvereinbarung muss sich auf "bestimmte" AGB beziehen. Die Geltungserstreckung in die Zukunft kann also nicht auf zukünftige, im Zeitpunkt des Abschlusses der Rahmenvereinbarung noch unbestimmte Fassungen ("in ihrer jeweils geltenden Fassung") dieser AGB ausgedehnt werden (*Berger*

ZGS 04, 334). Schließlich kann die Rahmenvereinbarung AGB nur für eine „bestimmte Art von Rechtsgeschäften" einbeziehen. Im Einklang mit der durch die Rahmenvereinbarung angestrebten Rationalisierungsfunktion muss es genügen, wenn es sich um mehrere Arten verwandter Geschäfte handelt (U/B/H § 2 Rn 76; *Stoffels* Rn 311).
Im Verkehr mit Unternehmern müssen nach § 310 I die Voraussetzungen des Abs 3 nicht eingehalten werden. 48

§ 305 a Einbeziehung in besonderen Fällen

Auch ohne Einhaltung der in § 305 Abs. 2 Nr. 1 und 2 bezeichneten Erfordernisse werden einbezogen, wenn die andere Vertragspartei mit ihrer Geltung einverstanden ist,
1. die mit Genehmigung der zuständigen Verkehrsbehörde oder auf Grund von internationalen Übereinkommen erlassenen Tarife und Ausführungsbestimmungen der Eisenbahnen und die nach Maßgabe des Personenbeförderungsgesetzes genehmigten Beförderungsbedingungen der Straßenbahnen, Obusse und Kraftfahrzeuge im Linienverkehr in den Beförderungsvertrag,
2. die im Amtsblatt der Bundesnetzagentur für Elektrizität, Gas, Telekommunikation, Post und Eisenbahnen veröffentlichen und in den Geschäftsstellen des Verwenders bereitgehaltenen Allgemeinen Geschäftsbedingungen
   a) in Beförderungsverträge, die außerhalb von Geschäftsräumen durch den Einwurf von Postsendungen in Briefkästen abgeschlossen werden,
   b) in Verträge über Telekommunikations-, Informations- und andere Dienstleistungen, die unmittelbar durch Einsatz von Fernkommunikationsmitteln und während der Erbringung einer Telekommunikationsdienstleistung in einem Mal erbracht werden, wenn die Allgemeinen Geschäftsbedingungen der anderen Vertragspartei nur unter unverhältnismäßigen Schwierigkeiten vor dem Vertragsschluss zugänglich gemacht werden können.

A. Amtlich genehmigte bzw veröffentlichte AGB. Nur für bestimmte, in § 305 a abschließend aufgezählte 1 Vertragsbedingungen gelten die strengen Anforderungen an das Einbeziehungsangebot des Verwenders (§ 305 II Nr 1 u 2) nicht. Der Wortlaut der Norm macht deutlich, dass es auch in diesen Fällen einer rechtsgeschäftlichen Einbeziehung der AGB, insbes eines Einverständnisses des Kunden bedarf. Dieses liegt regelmäßig (§§ 133, 157) in der Inanspruchnahme der Beförderungsleistung (*v. Westphalen* NJW 00, 14 f). Für Versicherungsbedingungen gilt die Sondervorschrift des § 5 a VVG (*Dörner/Hoffmann* NJW 96, 153).

B. Beförderungsbedingungen (Nr 1). Erfasst werden Beförderungsbedingungen, die nach § 12 VI AllgEi- 2 senbahnG u § 39 VI PBefG amtlich genehmigt u veröffentlicht wurden. Die EVO u die VO v 27. 2. 70 (BGBl I, S 230) unterfallen dagegen wegen ihres Normcharakters (§ 305 Rn 18) nicht § 305 a (AG Frankfurt/M NJW 01, 132).

C. Post- u Telekommunikationsbedingungen (Nr 2). Die Einbeziehungserleichterung für amtlich veröf- 3 fentlichte u in den Geschäftsstellen bereitgehaltene AGB für Postbeförderungsverträge (a) gilt nur dann, wenn der Vertrag außerhalb von Geschäftsstellen durch Einwurf von Sendungen in Briefkästen zustande kommt. An Postkästen innerhalb einer Geschäftsstelle muss also ein Aushang (s § 305 Rn 25) angebracht sein (Palandt/*Heinrichs* § 305 Rn 4).
Für Dienstleistungsverträge, bei denen die Leistung über oder durch Bereitstellung von Fernkommunikati- 4 onsmitteln erbracht wird (b), gilt die Freistellung von § 305 II Nr 1 u 2 BGB nur, wenn die Dienstleistung gerade u unmittelbar durch Einsatz von Fernkommunikationsmitteln erbracht wird. Gemeint sind damit etwa call by call-Verfahren iSv § 43 VI TKG, Mehrwertdienste wie die „0190"-Verbindungen sowie Informationsdienste wie die Telefonauskunft (BT-Drucks 14/1640, S 153; *v. Westphalen* NJW 02, 15). Nicht erfasst werden alle Dienstleistungen, die erst nach Beendigung des Telekommunikationsvorgangs erbracht werden, wie zB die Aufgabe eines Telegramms. Hierfür gelten die formalisierten Einbeziehungsvoraussetzungen des § 305 II (*v Westphalen* NJW 02, 16).

§ 305 b Vorrang der Individualabrede

Individuelle Vertragsabreden haben Vorrang vor Allgemeinen Geschäftsbedingungen.

A. Regelungszweck; Reichweite. Individuelle Parteivereinbarungen haben wegen ihres Einzelfallbezugs 1 einen stärkeren Geltungsanspruch als abstrakt-generelle AGB-Klauseln (*Zoller* JZ 91, 850). In den (praktisch die Regel bildenden) Fällen, in denen die Parteien hierzu keine Regelung getroffen haben, entscheidet das Gesetz daher das **funktionelle Rangverhältnis** (W/H/L § 4 Rn 1) zwischen beiden iSe vorrangigen Geltung derartiger Individualabreden, wenn sie mit Regelungen in (wirksam einbezogenen) AGB in Konflikt stehen. Dieses allg Prinzip gilt auch für den unternehmerischen Geschäftsverkehr (BGH NJW-RR 90, 613). Auf

§ 305 b kann sich auch der Verwender berufen (BGH NJW 95, 1496). In Verfahren nach §§ 1, 3 UKlaG kann § 305 b nicht geltend gemacht werden (BGH NJW 82, 333).

2 **B. Begriff der Individualabrede.** Individualabreden sind ausdrücklich oder stillschweigend (BGH NJW 86, 1807), mündlich oder schriftlich (BGH NJW-RR 95, 180), vor, bei oder nach Vertragsabschluss getroffene (*Stoffels* Rn 347) Vereinbarungen der Parteien, die zwischen ihnen ausgehandelt (§ 305 Rn 12) oder verhandelt wurden (Palandt/*Heinrichs* § 305 b Rn 2). Die Individualabrede muss selbst wirksam sein (U/B/H § 305 a Rn 11). Es kommt nicht darauf an, ob sich die Parteien der Abweichung von den AGB bewusst waren oder die Abweichung gar beabsichtigten (BGH NJW 87, 2011) oder ob die Individualabrede zugunsten oder zulasten des Kunden von den AGB abweicht (BGH NJW 95, 1494). Die bloße Tatsache, dass sich der Vertragspartner über den Inhalt des Vertrages vollständig im Klaren ist, genügt nicht (BGH NJW 88, 2465).

3 **C. Regelungswiderspruch.** Der Regelungswiderspruch zwischen der Individualabrede u der wirksam einbezogenen (BaRoth/*Schmidt* § 305 b Rn 5) AGB-Klausel kann sich unmittelbar aus dem **Wortlaut** oder mittelbar aus dem durch **Auslegung** (s § 305 c Rn 12) zu ermittelnden Sinn der Abreden ergeben. So gehen individualvertragliche Beschaffenheitsvereinbarungen formularmäßigen Haftungsausschlüssen vor (BGHZ 54, 242; NJW 76, 43). Individuelle Haftungsregeln haben Vorrang vor in AGB vereinbarten Haftungsbeschränkungen (BGH VersR 77, 516). Die formularmäßige Bezeichnung als Alleinauftrag wird durch abweichende Abreden der Parteien verdrängt (BGHZ 49, 87). Eine Klausel, wonach Lieferfristen u Termine unverbindlich sind, gilt nicht, wenn die Parteien eine konkrete Lieferfrist oder einen festen Termin vereinbart haben (BGH NJW 84, 48 f; 83, 1320). Wurde ein bestimmter Betrag als Mietzins vereinbart, wird dadurch eine AGB-Klausel, wonach zusätzlich MwSt zu zahlen ist, verdrängt (BaRoth/*Schmidt* § 305 b Rn 13). Eine Festpreisabrede hat Vorrang vor einer in AGB enthaltenen Lohngleitklausel (Celle NJW 66, 507) oder einem in AGB in Bezug genommenen Kostenanschlag (Nürnbg MDR 77, 137; Palandt/*Heinrichs* § 305 a Rn 4). Eine Klausel, die einen Skonto-Abzug vorsieht, wird durch eine Zahlungsvereinbarung „ohne Abzug" verdrängt (U/B/H § 4 Rn 21).

4 **D. Schriftformklauseln.** Der Grundsatz des Vorrangs der höherrangigen Individualabrede ist an keine speziellen Formanforderungen geknüpft (Rn 1). Daraus folgt, dass Schriftformklauseln (*Michalski* DStR 98, 771 f; *Teske* S 90) außer Kraft gesetzt werden, wenn die Vertragschließenden deutlich den Willen zum Ausdruck bringen, die mündlich getroffene Abrede solle ungeachtet dieser Klausel gelten (BGH NJW-RR 95, 179; NJW 86, 3132). Die mündliche Abrede muss allerdings auch hier (s Rn 2) rechtlich wirksam sein, was problematisch ist, wenn die Schriftformklausel zugleich die Vertretungsmacht einschränkt (*Stoffels* Rn 352). Zur Unwirksamkeit von Schriftformklauseln nach § 307 s § 307 Rn 13; zur Wirksamkeit von Vollständigkeitsklauseln § 309 Rn 97.

§ 305 c Überraschende und mehrdeutige Klauseln

(1) Bestimmungen in Allgemeinen Geschäftsbedingungen, die nach den Umständen, insbesondere nach dem äußeren Erscheinungsbild des Vertrags, so ungewöhnlich sind, dass der Vertragspartner des Verwenders mit ihnen nicht zu rechnen braucht, werden nicht Vertragsbestandteil.
(2) Zweifel bei der Auslegung Allgemeiner Geschäftsbedingungen gehen zu Lasten des Verwenders.

1 **A. Normzweck.** Abs 1 enthält eine negative gesetzliche Einbeziehungsvoraussetzung (U/B/H § 3 Rn 4) für überraschende Vertragsklauseln. Die Norm setzt also voraus, dass es sich um wirksam einbezogene AGB handelt. Abs 2 normiert eine Auslegungsregel für unklar formulierte AGB. Der überraschende Charakter einer AGB-Klausel kann häufig erst nach Ermittlung ihres Sinns im Wege der **Auslegung** bestimmt werden, wobei verbleibende Mehrdeutigkeiten unter Rückgriff auf die Unklarheitenregel aufzulösen sind. Eine zunächst bedenklich erscheinende Klausel kann sich daher nach Anwendung der Unklarheitenregel als nicht überraschend erweisen (BGHZ 103, 80).

2 **B. Überraschende Klauseln (Abs 1).** Abs 1 beruht auf dem Gedanken, dass der Kunde, der unter den Voraussetzungen des § 305 II (§ 305 Rn 26) auch dann an AGB gebunden ist, wenn er sie nicht gelesen hat, in seinem Vertrauen darauf zu schützen ist, dass sich die in den AGB enthaltenen Einzelregelungen im Großen u Ganzen iR dessen halten, was der redliche Geschäftsverkehr nach den Umständen bei Abschluss des Vertrages erwarten konnte (BGH DB 75, 2366; Köln NJW-RR 03, 706). Die Norm gilt auch für Klauseln, die nach § 307 III der Inhaltskontrolle entzogen sind (BaRoth/*Schmidt* § 305 c Rn 3) sowie für Einmalklauseln nach § 310 III Nr 2 (s § 310 Rn 9). Im Verfahren nach §§ 1, 3 UKlaG ist die Norm nicht anwendbar (BGH NJW 01, 635).

3 Abs 1 findet auch im unternehmerischen Geschäftsverkehr Anwendung (BGHZ 102, 162; NJW 90, 576). Im Hinblick auf die erhöhten Anforderungen, die an Unternehmer gestellt werden können (s § 307 Rn 33), ist allerdings der Überraschungseffekt weniger leicht zu bejahen, wenn die Gegenseite mit derartigen Geschäften vertraut ist (BGHZ 100, 85; 102, 162).

I. Voraussetzungen. Die betreffende Klausel muss **objektiv ungewöhnlich** u **subjektiv** für den Vertragspartner des Verwenders **überraschend** sein (Ddorf BB 86, 1464; U/B/H § 3 Rn 11). 4

1. Ungewöhnlich. Eine Klausel ist ungewöhnlich, wenn sie nach dem äußeren Erscheinungsbild des Vertrages u den gesamten Umständen von den Erwartungen abweicht, die der redliche Geschäftsverkehr typischerweise an den Vertragsinhalt knüpft, so dass mit einer solchen Klausel nach den Umständen vernünftigerweise nicht zu rechnen ist (BGH NJW-RR 04, 780; NJW 00, 1181). Ausschlaggebend ist also die Perspektive des **vertragstypischen Durchschnittskunden** (BGH NJW-RR 01, 439; NJW 95, 2637). Maßgebende Kriterien sind dabei neben dem Grad der Abweichung vom dispositiven Gesetzesrecht u die für den Geschäftskreis übliche Gestaltung (BGHZ 102, 158 f; NJW 01, 1416 f) auch die Abweichung vom vertraglichen Leitbild (BGHZ 121, 113) u konkrete Umstände wie die Höhe des Entgelts (Hburg VersR 79, 134). Dieser strenge Maßstab geht über die bloße Unüblichkeit oder inhaltliche Unangemessenheit hinaus (*Stoffels* Rn 329). 5

2. Überraschend. Eine Klausel ist überraschend, wenn zwischen dem Klauselinhalt u den berechtigten Erwartungen des Kunden eine solch erhebliche Diskrepanz besteht, dass der Klausel ein „Überrumpelungs- oder Übertölpelungseffekt" innewohnt (BGH NJW-RR 02, 485; NJW 01, 1416 f). Die Klausel muss also Regelungen enthalten, mit denen der Kunde vernünftigerweise nicht zu rechnen brauchte. Neben dem Grad der Abweichung der Vorstellung der Gegenseite von der Ausgestaltung der Klausel (BGHZ 100, 85) sind vor allem der ungewöhnliche äußere Zuschnitt der betreffenden Klausel, ihre Stellung im Vertrag, der Gang u Inhalt der Vertragsverhandlungen sowie der äußere Zuschnitt des Vertrages (Aufmachung, drucktechnische Anordnung, Schriftbild, MüKo/*Basedow* § 305 c Rn 6) zu berücksichtigen (BGHZ 102, 158 f; NJW 01, 1416). Dabei kommt es auf die Erkenntnismöglichkeiten des für derartige Verträge typischerweise zu erwartenden Durchschnittskunden (BGHZ 121, 113) an, es sei denn, die enttäuschte Kundenerwartung stützt sich gerade auf individuelle Umstände bei Vertragsschluss (BGHZ 102, 159; WM 81, 117). 6

Die berechtigten Erwartungen des Kunden schließen einen Überrumpelungseffekt aus, wenn während der Vertragsverhandlungen ein klarer u deutlicher **Hinweis** (auch durch besondere drucktechnische Gestaltung, BGH NJW-RR 02, 485) auf die Klausel erfolgte (BGH NJW 78, 1519, hier kann aber auch ein Fall von §§ 305 I 3, 305b gegeben sein) oder der Klauselinhalt anderweitig zum Inhalt der vertraglichen Vereinbarung gemacht wurde (MüKo/*Basedow* § 305 c Rn 7). Gleiches gilt, wenn beide Parteien die Klausel übereinstimmend in einem bestimmten Sinn auslegen (BGH NJW 02, 2102; Palandt/*Heinrichs* § 305 c Rn 4). Der überraschende Charakter einer Klausel kann nicht nur aus ihrem Inhalt, sondern auch aus ihrer konkreten Anordnung im Vertrag, etwa an unerwarteter oder gar versteckter Stelle folgen (BGH NJW 89, 2255; 82, 2309). 7

II. Beweislast. Derjenige, der sich auf I beruft, trägt die Beweislast für dessen tatbestandliche Voraussetzungen. Für Umstände, die trotz des Vorliegens der Voraussetzungen des I seine Anwendung ausschließen (Hinweis, sonstige Kenntnis usw), trägt der Verwender die Beweislast (BGHZ 83, 60). 8

III. Beispiele. Überraschend +, nicht –: Automatische Vertragsverlängerung bei gleichzeitiger Regelung einer Vertragslaufzeit von jeweils einem Jahr (+ BGH NJW 89, 2255); Eigentumsvorbehalt, einfach u verlängert (- Palandt/*Heinrichs* § 305 c Rn 6); Haftungsbegrenzungsklausel für Dritte (Anlagevermittler, Anlageberater) in Immobilienfondsprospekt (+ BGH NJW-RR 04, 780); Konzernverrechnungsklausel (– Frankfurt/M NJW-RR 04, 56); Limitierung der Auftragssumme bei Einheitspreisvertrag (+ BGH NJW 05, 246); Nichtabnahmeentschädigung im Kreditvertrag (– es sei denn, Bank behält sich Entschädigung bei Kreditvergabe durch zwei Banken auch für den Fall der Ablehnung der Restfinanzierung durch die andere Bank vor, BGH NJW 98, 683); Selbstbelieferungsvorbehalt bei Handelskauf (– BGHZ 92, 397); Vergütungspflicht für Kostenvoranschlag bei Werkvertrag (+ BGH NJW 82, 765); Verpflichtung zur Zinszahlung ab einem vor dem Vertragsschluss liegenden Zeitpunkt (+ BGH NJW 86, 1805); Vollmacht in Generalübernehmervertrag, Aufträge für Bauleistungen im Namen u für Rechnung des Bauherrn zu erteilen (+ BGH NJW-RR 02, 1312). 9

Sicherungsverträge: Ausdehnung der Sicherungszweckerklärung einer Grundschuld auf alle bestehenden u künftigen Verbindlichkeiten eines Dritten (+ BGH NJW 02, 2710; s aber BGH NJW 00, 2675; ZIP 01, 408); Bürgschaft auf erstes Anfordern (+ BGH NJW 02, 3627); Erstreckung der Bürgenhaftung auf Forderungen, die nicht Anlass des Bürgschaftsvertrages waren (+ BGH NJW 97, 3232); Zwangsvollstreckungsunterwerfungserklärung in Grundschuldurkunde (– BGH NJW 04, 839; 03, 885; uU anders bei fehlender notarieller Belehrung BGHZ 114, 13). 10

C. Unklarheitenregel (II). Die Vorschrift ergänzt die für die Auslegung von AGB maßgeblichen Grundsätze. Die Auslegung muss der Inhaltskontrolle immer vorausgehen (BGH NJW 99, 1633). Die Norm gilt auch für Klauseln, die nach § 307 III 1 der Inhaltskontrolle entzogen sind. 11

I. Grundsatz der objektiven Auslegung. Der vom Verwender mit AGB verfolgte Zweck erfordert einen von den allg, für sonstige, einzelfallbezogene Vertragsbedingungen geltenden Auslegungsprinzipien (§ 133 Rn 31 ff; § 157 Rn 1 ff) abweichenden, aber letztlich doch in ihnen verankerten, objektiven Auslegungsansatz. Wegen ihrer Rationalisierungs- u Typisierungsfunktion muss sich das Auslegungsergebnis als allg Lösung des in ihr geregelten, stets wiederkehrenden Interessengegensatzes darstellen (BGHZ 60, 380). 12

13 AGB sind daher losgelöst von den Zufälligkeiten des Einzelfalls u den individuellen Vorstellungen der Parteien (BGHZ 49, 88; NJW-RR 99, 1105) unter Beachtung ihres wirtschaftlichen Zwecks, der gewählten Ausdrucksweise u des allg Sprachgebrauchs im Zeitpunkt der Einbeziehung in den Vertrag (MüKo/*Basedow* § 305 c Rn 25) einheitlich so auszulegen, wie sie von **verständigen u redlichen Vertragsparteien** unter Abwägung der Interessen der normalerweise beteiligten Verkehrskreise (zB typischerweise von den AGB betroffene Kundengruppen, Hburg DB 81, 1718) verstanden werden (BGH NJW 05, 1183; 02, 285). Maßgebend sind dafür die Verständnismöglichkeiten eines rechtlich nicht vorgebildeten Durchschnittskunden (BGHZ 33, 218). Eine Differenzierung nach unterschiedlichen Verkehrskreisen kann danach geboten sein (BGH NJW-RR 04, 1248).

14 Individuelle Umstände, die dem typischen, juristisch nicht vorgebildeten Durchschnittskunden nicht zugänglich sind (zB Entstehungsgeschichte der Klausel, systematische Stellung im Vertrag) dürfen nicht berücksichtigt werden (BGH NJW 02, 2102; NJW-RR 96, 857). Maßgeblich ist aber eine von der objektiven Bedeutung abweichende, von beiden Parteien so verstandene Bedeutung der Klausel (BGH NJW 02, 2102). **Fachspezifischen Bezeichnungen** ist grds ihre in Fachkreisen geläufige Bedeutung zugrunde zu legen, auch wenn diese von der Umgangssprache abweicht (BaRoth/*Schmidt* § 305 c Rn 26). Juristische Fachtermini, die erkennbar dem Gesetz entnommen wurden, sind in dem Sinn auszulegen, den sie in dem betreffenden Gesetz haben (BGH ZIP 03, 1095; Hamm NJW-RR 04, 58 für den Begriff „unverzüglich" aus § 121). Haftungsfreizeichnungen sind grds eng auszulegen (BGH NJW 92, 2016).

15 In **Verbraucherverträgen** werden individuelle Umstände nach § 310 III Nr 3 (s § 310 Rn 11) nur bei der Inhaltskontrolle, nicht jedoch bei der Auslegung berücksichtigt (*Stoffels* Rn 363).

16 Die Auslegung von AGB ist nach § 545 ZPO **revisibel**, sofern ihr Anwendungsbereich über den Bezirk eines OLG hinausgeht (BGH NJW 04, 1104). Dies gilt nicht für ausländische AGB (BGHZ 104, 181).

17 **II. Unklarheitenregel. 1. Grundsatz.** Die Unklarheitenregel des II kommt nicht zur Anwendung, wenn eine Klausel eindeutig u damit nicht auslegungsbedürftig ist (BGH NJW-RR 04, 1247). In sonstigen Fällen kommt Abs 2 erst dann zur Anwendung, wenn nach Ausschöpfung der in Betracht kommenden Auslegungsmöglichkeiten (Rn 12) ein nicht behebbarer Zweifel bleibt, so dass mindestens zwei Auslegungsergebnisse rechtlich vertretbar sind (BGH NJW-RR 04, 1247; NJW 02, 2102). Wird hingegen einer Auslegung der Vorzug eingeräumt, weil sie weitaus näher liegt als eine andere, dann ist diese der Inhaltskontrolle zugrunde zu legen (BGH NJW 93, 658). Die Unklarheitenregel gilt auch im **unternehmerischen Geschäftsverkehr** (BGH NJW-RR 88, 113). Ist die Klausel nicht nur auslegungsbedürftig, sondern intransparent, kommt sowohl die Nichteinbeziehung nach § 305 II Nr 2 (s § 305 Rn 28) als auch die Unwirksamkeit nach § 307 I 2 (s § 307 Rn 14) in Betracht (Palandt/*Heinrichs* § 305 c Rn 18 aE).

18 **2. Rechtsfolge.** Ist eine Klausel mehrdeutig (Rn 17), so ist sie „zu Lasten des Verwenders" iSv II ausgelegt, wenn die **kundenfeindlichste Alternative** gewählt wird, also die, die am ehesten gegen die §§ 307 ff verstößt. Sie ist die für den Kunden günstigste Alternative. Dies ist für den Verbandsprozess nach §§ 1, 3 UKlaG allg anerkannt (BGHZ 124, 358; NJW 03, 1237). Im Hinblick auf den Schutzzweck von Abs 2 u dem Interesse einheitlicher Auslegungsergebnisse ist von diesem Ansatz der kundenfeindlichsten Auslegung entgegen der bisher hM (*Roth* WM 91, 2088) auch im Individualprozess auszugehen (Schlesw ZIP 95, 762; Münch NJW-RR 98, 393; tendenziell auch BGH NJW 94, 1798; Palandt/*Heinrichs* § 305 c Rn 20). Sind dagegen alle denkbaren Alternativen nach §§ 307 ff wirksam, so ist von derjenigen auszugehen, die den Kunden am meisten begünstigt (W/H/L § 5 Rn 33; MüKo/*Basedow* § 305 c Rn 35).

19 Die Anwendung der so verstandenen Unklarheitenregel im Individualprozess muss dazu führen, den Grundsatz der restriktiven Auslegung von den Kunden belastenden Bestimmungen wie Freizeichnungsklauseln oder Gewährleistungsausschlüsse (BGHZ 62, 251; NJW 86, 2757) aufzugeben. Die restriktive Auslegung verstellt den Blick auf die kundenfeindlichste Auslegung u gerät zudem mit dem Verbot der geltungserhaltenden Reduktion (§ 306 Rn 4) in Konflikt (BaRoth/*Schmidt* § 305 c Rn 34; *Sambuc* NJW 81, 315).

20 **3. Beispiele.** Unklar +, nicht –: „gekauft wie besichtigt" (– BGH NJW 79, 1886); „zahlbar sofort netto Abzug" (– BGH NJW-RR 93, 1334); „soweit gesetzlich zulässig" (– *Roth* WM 91, 2087); Haftung für Fahrtleistung im gewerblichen Gebrauchtwagenverkauf, „soweit ihm bekannt" (+ BGH NJW 98, 2207; – Köln NJW 99, 2601 bei privatem Verkauf aus zweiter Hand); Darlehen gegen Stellen einer Bankbürgschaft als Vertragspflicht oder aufschiebende Bedingung (+ BGH NJW-RR 97, 304); Hinweis auf nicht existierende „Widerrufsmöglichkeit" (+ BGH NJW 82, 2313); Fehlerfreiheit „während eines Jahres seit Auslieferung" (+ BGH NJW 96, 2504); abgetretene Rechte als „weitere Sicherheiten" in Grundschuldzweckerklärung (+ BGHZ 110, 113); Umfang einer Mietgarantie bei Bauherrenmodell (+ Celle NJW-RR 88, 119); Umfang der Versicherungsdeckung (+ BGH NJW-RR 96, 857).

21 **III. Ergänzende Auslegung.** Enthält ein Vertrag, der unter Zugrundelegung von AGB geschlossen wurde, eine Lücke, so ist zu unterscheiden: Wenn die AGB wirksam einbezogen u auch nach §§ 307 ff als wirksam anzusehen sind, ist der Richter befugt, eine (anfängliche) Lücke nach den Grundsätzen über die **ergänzende Vertragsauslegung** nach § 157 (s § 157 Rn 15 ff) zu schließen (BGHZ 119, 325; NJW-RR 04, 262). Die Lücke kann auch darauf beruhen, dass sich die bei Vertragsschluss bestehenden wirtschaftlichen oder rechtlichen

Verhältnisse nachträglich ändern (BGH NJW 93, 3193; NJW-RR 89, 1490). Beruht die (nachträgliche) Lücke darauf, dass die Klausel(n) nicht wirksam in den Vertrag einbezogen wurde(n) oder auf der Unwirksamkeit einer Klausel nach §§ 307 ff, so gilt zunächst § 306 I, II. Nur mangels dispositiven Gesetzesrechts kommt hier die Lückenfüllung durch ergänzende Vertragsauslegung in Betracht, soweit der ersatzlose Wegfall der Klausel nicht dem Parteiwillen entspricht (BaRoth/*Schmidt* § 305 c Rn 33; s § 306 Rn 14). Zur ergänzenden Vertragsauslegung als Maßnahme des Vertrauensschutzes bei vor dem 1. 1. 02 abgeschlossenen Arbeitsverträgen BAG ZIP 05, 635.

Zu ermitteln ist in jedem Fall die Gestaltung, die die Parteien bei sachgerechter Abwägung ihrer beiderseitigen Interessen gewählt hätten, wenn ihnen die Lücke bei Vertragsschluss bewusst gewesen wäre (BGHZ 119, 325; NJW 02, 3098). Dabei ist ein **objektiv-generalisierender**, auf den in den AGB zum Ausdruck kommenden, typischen Interessenkonflikt fokussierter u an den Interessen der typischerweise an Geschäften der betreffenden Art beteiligten Verkehrskreise ausgerichteter Maßstab anzulegen (BGHZ 107, 277; NJW-RR 04, 262). Der tatsächliche Wille der Parteien ist nur insoweit zu berücksichtigen, als er die äußerste Grenze der Auslegung bildet (BGHZ 90, 77). 22

Kommen verschiedene Gestaltungsmöglichkeiten gleichermaßen in Betracht, scheidet eine ergänzende Vertragsauslegung aus (BGHZ 90, 80; NJW 00, 1114; aA W/H/L § 6 Rn 21; BaRoth/*Schmidt* § 306 Rn 13). Gleiches gilt, wenn eine Vielzahl von AGB-Klauseln unwirksam ist u die ergänzende Vertragauslegung einer Vertragsgestaltung durch das Gericht gleichkäme (BGHZ 51, 58; NJW 71, 1034; s.a. § 306 Rn 18). Zur Abgrenzung zum Verbot der geltungserhaltenden Reduktion § 306 Rn 5.

Beispiele: Bürgenhaftung (BGHZ 137, 157); Freigabeanspruch bei revolvierenden Globalsicherheiten (BGHZ 137, 218 ff); Genussscheine (BGHZ 119, 325); Kündigungsausschluss in Langzeitvertrag (BGHZ 120, 122); Tagespreisklauseln (BGHZ 90, 74 ff; NJW 84, 1181); Preisanpassungsklausel (BGH NJW 90, 116); Preiserhöhungsklausel u Festpreisvereinbarung (BGHZ 94, 342); Vergütungsanspruch bei vorzeitiger Vertragsbeendigung (BGHZ 54, 115); Vertragserfüllungsbürgschaft auf erstes Anfordern (BGH NJW 02, 2388; 02, 3098). 23

§ 306 Rechtsfolgen bei Nichteinbeziehung und Unwirksamkeit

(1) Sind Allgemeine Geschäftsbedingungen ganz oder teilweise nicht Vertragsbestandteil geworden oder unwirksam, so bleibt der Vertrag im Übrigen wirksam.
(2) Soweit die Bestimmungen nicht Vertragsbestandteil geworden oder unwirksam sind, richtet sich der Inhalt des Vertrags nach den gesetzlichen Vorschriften.
(3) Der Vertrag ist unwirksam, wenn das Festhalten an ihm auch unter Berücksichtigung der nach Absatz 2 vorgesehenen Änderung eine unzumutbare Härte für eine Vertragspartei darstellen würde.

A. Regelungszweck. Hauptzweck der Vorschrift ist es, wegen der gegenüber individuell getroffenen Abreden anderen Interessenlage der Parteien eine von § 139 abweichende Lösung für den Fall der gescheiterten Einbeziehung oder Unwirksamkeit von AGB bereit zu stellen (I, II). Der ansonsten nach § 139 geltende Regelfall der Gesamtnichtigkeit kommt bei AGB nur in sehr begrenzten Ausnahmefällen in Betracht (III). § 306 enthält somit im Vergleich zu § 139 ein **umgekehrtes Regel-Ausnahme-Verhältnis** u ist daher lex specialis zu dieser Norm (BGH NJW 95, 2556; 92, 896). Sie gilt auch für den unternehmerischen Geschäftsverkehr. 1

B. Vertragslücke u Wirksamkeit des Vertrages (I). I. Vorliegen einer Lücke. I erfasst die Fälle der ganz oder teilweise gescheiterten Einbeziehung ebenso wie die der Unwirksamkeit. Die Gründe hierfür werden in I nicht erwähnt u damit auch nicht beschränkt. Die gescheiterte Einbeziehung kann also sowohl die AGB im Ganzen (§ 305 II) als auch einzelne Klauseln (§ 305 c) betreffen. Sie kann auch auf einer formunwirksamen Einbeziehungsvereinbarung (§ 305 Rn 23) beruhen (Palandt/*Heinrichs* § 306 Rn 3). Der Vorrang einer Individualabrede folgt dagegen ohne weiteres aus dem in § 305 b zum Ausdruck kommenden funktionalen Rangverhältnis (§ 305 b Rn 1). 2

Die Unwirksamkeit einzelner Klauseln wird zumeist auf den §§ 307 ff beruhen, kann sich aber auch aus einem Verstoß gegen Formvorschriften (§ 125), gegen gesetzliche Vorschriften (§§ 134, 138) oder aus einer Anfechtung nach § 123 oder § 119 (Vor § 305 Rn 12 ff) ergeben (BGHZ 129, 306; NJW 92, 896). Bei einem Dissens über die Einbeziehung von AGB gilt nicht § 154 I, sondern I jedenfalls dann, wenn die Parteien die Wirksamkeit des Vertrages nicht in Zweifel gezogen u mit Erfüllungshandlungen begonnen haben (BGHZ 61, 288 f; aA Palandt/*Heinrichs* § 306 Rn 4). Zur Gesamtunwirksamkeit des Vertrages nach § 138 Vor § 305 Rn 13; BaRoth/*Schmidt* § 306 Rn 6. I kann nicht durch AGB abbedungen werden (U/B/H § 6 Rn 23). Die Unwirksamkeit des Vertrages kann aber durch Individualvereinbarung bestimmt werden (MüKo/*Basedow* § 306 Rn 9). 3

II. Verbot der geltungserhaltenden Reduktion. 1. Grundsatz. Die Annahme einer Lücke kann nicht dadurch vermieden werden, dass die betreffende Klausel durch richterliche Gestaltung auf einen gerade noch zulässigen Inhalt zurückgeführt wird. Dem steht das Verbot der geltungserhaltenden Reduktion (VgR) entgegen (BGH NJW 00, 1113; 91, 2141). So kann eine Haftungsfreizeichnungsklausel, die auch die Haftung für 4

Kardinalpflichten (s § 307 Rn 29) einschließt, nicht auf das noch zulässige Maß zurückgeführt werden (BGH NJW 99, 1031; 93, 335). Das Verbot gilt sowohl im Individual- als auch im Verbandsprozess (BGH NJW 01, 294; 82, 2309; aA MüKo/*Basedow* § 306 Rn 12) u auch im unternehmerischen Geschäftsverkehr (BGH NJW-RR 04, 1498).

5 **2. Ausnahmen.** Die Rspr lässt allerdings verschiedene Ausnahmen von diesem Verbot zu. Darüber hinaus ist auch die ergänzende Vertragsauslegung von AGB zulässig (s § 305 c Rn 21). Zur Abgrenzung vom VgR BGHZ 137, 221 f; 90, 81.

6 **a) Abtrennbarkeit.** Eine Ausnahme vom VgR gilt dann, wenn die beanstandete Klausel einen **sachlich u sprachlich abtrennbaren**, für sich wirksamen Teil aufweist (BGH NJW 01, 294; 97, 3437). Dies setzt voraus, dass der unwirksame Klauselteil ohne weiteres gestrichen werden kann („*blue pencil test*", BayObLG 97, 159; Palandt/*Heinrichs* Vor § 307 Rn 11). Dies gilt etwa für Klauseln über Fristbeginn u -länge (BGH NJW 88, 2106), Voraussetzungen u Folgen einer Kündigung (BGH NJW 88, 200), Abgabe u Empfang von Erklärungen (BGH NJW 97, 3437), Schönheitsreparaturen u Reparaturkosten (BayObLG NJW-RR 97, 1373), Gefahrtragungsregeln für den Fall der Beschädigung oder des Untergangs (BGH BB 98, 1126), dagegen nicht für die Regelung einer zu langen Frist (BGH NJW 84, 2817).

7 **b) Personelle Teilbarkeit.** Schon aus dem im b2b-Geschäft eingeschränkten Schutzzweck (§ 307 Rn 34) folgt, dass eine Klausel, die in b2c-Verträgen unwirksam ist, in b2b-Verträgen als wirksam angesehen werden kann (BGH NJW 00, 660). Auch bleibt eine für beide Seiten getroffene u dem Kunden gegenüber unangemessene Klausel **dem Verwender gegenüber** wirksam (BGH NJW 87, 2506; Ddorf NJW-RR 00, 284).

8 **c) Fertig bereitliegende Rechtsordnung.** Die geltungserhaltende Reduktion soll bei Klauselwerken zulässig sein, die als **kollektiv ausgehandelte Vertragswerke** unter Mitwirkung der beteiligten Verkehrskreise zustande gekommen sind u damit als „fertig bereitliegende Rechtsordnung" nicht ohne weiteres mit einseitig aufgestellten AGB vergleichbar sind (BGH NJW 95, 3117 für die ADSp; BGH NJW 95, 2224 für die AGNB; aA U/B/H § 6 Rn 15).

9 **d) Fern liegender Ausnahmefall.** Die Wirksamkeit einer Klausel ist zu bejahen, wenn sie nur in ganz **fern liegenden u untypischen**, vom Verwender nicht bedachten Ausnahmefällen gegen die §§ 307 ff verstößt (BGH NJW 93, 658; U/B/H § 6 Rn 15). Dies gilt etwa für das Stornorecht der Banken (BGH NJW 83, 250), Selbstbelieferungsvorbehalte (BGHZ 92, 398) u Zinsänderungsklauseln (BGHZ 97, 212).

10 **e) Vertrauensschutz.** In Anlehnung an die Rspr des BGH zur Aufrechterhaltung von Bürgschaftsverpflichtungen bei an sich unwirksamer Ausdehnung der Bürgenhaftung auf alle bestehenden u künftigen Ansprüche (BGHZ 137, 153; s § 307 Rn 24) u bei Vertragsstrafen in Höhe von 10% der Abrechnungssumme bei Bauverträgen bis zu einem Volumen von 15 Mio DM (BGHZ 153, 327 einerseits, BGH WM 05, 894 andererseits; s.a. § 307 Rn 24) sollte ganz allg trotz sprachlicher Unteilbarkeit der Klausel bei einer Neuorientierung der Inhaltskontrolle durch die Rspr derjenige Teil der Klausel aufrechterhalten werden, der im Zeitpunkt der Verwendung dem Stand der Rspr entsprach (Palandt/*Heinrichs* Vor § 307 Rn 10; *Medicus* NJW 95, 2577 ff; vgl auch BGH NJW 03, 1805; 02, 3098).

11 **III. Abtrennbarkeit der unwirksamen Klausel.** Die Regel des I gilt nur dann, wenn die als wirksam anzusehenden Rest-AGB sinnvoll von der unwirksamen Klausel bzw einem Klauselteil zu trennen sind (BGHZ 106, 25; 93, 48 ff; NJW 95, 2556). Dies ist nicht der Fall, wenn ohne diese Klausel(n) von einer gänzlich neuen, von der bisherigen völlig abweichenden Vertragsgestaltung gesprochen werden muss (BGHZ 107, 191; NJW 92, 896) oder nur ein nicht ergänzungsfähiger Torsovertrag verbleibt (*Stoffels* Rn 587).

12 **IV. Vertragliche Vermeidung von Lücken.** Eine Klausel, wonach im Fall der Unwirksamkeit von AGB eine Regelung mit (annähernd) gleichem wirtschaftlichen Erfolg gilt oder von den Parteien vereinbart werden soll (**salvatorische Klausel**), ist als vertraglich vereinbare geltungserhaltende Reduktion nach § 307 II Nr 1 unwirksam (BGH NJW 02, 894; NJW-RR 96, 789). Auch ein Zusatz, wonach die Klausel nur „soweit gesetzlich zulässig" gelten soll, ist unwirksam (BaRoth/*Schmidt* § 306 Rn 17). Bei unklarer Rechtslage muss eine Ersatzklausel, die im Zeitpunkt der Verwendung den Stand der Rspr wiedergibt (s Rn 4 ff), zulässig sein (U/B/H § 6 Rn 40; Staud/*Schlosser* § 6 Rn 11; str).

13 **C. Rechtsfolge. I. Grundsatz: Lückenfüllung durch gesetzliche Vorschriften (II).** Die nach I entstandene Lücke wird durch das dispositive Recht, einschließlich der von Rspr u Lehre entwickelten Rechtsgrundsätze geschlossen (BGHZ 124, 389; NJW 96, 2093). Fehlen entsprechende gesetzliche Regelungen (etwa im Fall eines gesetzlich nicht geregelten Vertragstyps), so kann die Klausel ersatzlos entfallen (BGH NJW-RR 96, 1009; NJW 85, 852; 83, 159). Dies gilt auch, wenn die in der Klausel enthaltene Regelung bei objektiver Betrachtung als vom Verwender bewusst abschließend gewählt anzusehen ist (BGH NJW 02, 3098; 85, 1835).

14 Stellt der ersatzlose Wegfall jedoch keine angemessene, den typischen Interessen der Parteien Rechnung tragende Lösung dar, insbes weil die Lücke dem Vertragspartner des Verwenders einen Vorteil belässt, der das

Vertragsgefüge einseitig zu seinen Gunsten verschiebt, ist die Lücke durch ergänzende Vertragsauslegung (§ 157) zu schließen (BGH NJW 02, 3098; 00, 1114); s § 305 c Rn 21.
II gilt nur für den Individualprozess, nicht für Verbandsklagen nach §§ 1, 3 UKlaG (vgl Vor § 305 Rn 4). 15

II. Ausnahme: Unwirksamkeit des Vertrages (III). III hat gegenüber der in I enthaltenen Grundregel (s Rn 1) 16 Ausnahmecharakter u daher nur einen engen Anwendungsbereich (W/H/L § 6 Rn 60). Es müssen besondere Gründe („unzumutbare Härte") vorliegen, damit die Vorschrift eingreift.
Aus der Sicht des **Verwenders** genügt dafür nicht die Unwirksamkeit einzelner Klauseln nach §§ 307 ff. Unzu- 17 mutbar kann das Festhalten am Vertrag für den Verwender jedoch dann sein, wenn infolge der Unwirksamkeit einer AGB-Klausel das Vertragsgleichgewicht grundlegend gestört ist. Allerdings reicht dafür nicht schon jeder wirtschaftliche Nachteil des Verwenders. Es ist eine einschneidende Störung des Äquivalenzverhältnisses erforderlich, die das Festhalten am Vertrag für ihn unzumutbar macht (BGH NJW-RR 02, 1136; Münch NJW 04, 2532). Unterhalb dieser Schwelle kommt die Schließung der entstandenen Lücke durch ergänzende Vertragsauslegung in Betracht (BGH WM 05, 744 für unwirksame Verwertungsregel bei Lohn- bzw Gehaltsabtretung; s.a. § 305 c Rn 21).
Aus der Sicht des **Kunden** kann die Gesamtunwirksamkeit ganz ausnahmsweise dann in Betracht kommen, 18 wenn bei einem gesetzlich nicht geregelten Vertragstyp die Mehrzahl der AGB unwirksam sind (s § 305 c Rn 22) u daher völlige Unklarheit über die beiderseitigen Rechte u Pflichten droht (BGH NJW-RR 03, 1060). Die Rechtsfolge des III ist nicht durch AGB, wohl aber individualvertraglich abdingbar (BaRoth/*Schmidt* 19 § 306 Rn 22).

III. Weitere Rechtsfolgen. Im Falle eines Verstoßes gegen die §§ 307 ff kann von der gem § 3 UKlaG zustän- 20 digen anspruchsberechtigten Stelle ein Unterlassungs- u ggf Widerrufsanspruch nach § 1 UKlaG vor dem nach § 6 UKlaG zuständigen Landgericht geltend gemacht werden.
Bei dauerhafter Verwendung unwirksamer AGB kommt auch ein Unterlassungsanspruch nach § 1 UWG in 21 Betracht (Stuttgart BB 87, 2394). Die Verwendung unwirksamer Klauseln kann zudem einen Anspruch des Kunden auf Schadensersatz nach §§ 280, 311 II begründen (BGH NJW 94, 2754).

§ 306 a Umgehungsverbot

Die Vorschriften dieses Abschnitts finden auch Anwendung, wenn sie durch anderweitige Gestaltungen umgangen werden.

A. Voraussetzungen. Ob eine Umgehung vorliegt, ist auf der Grundlage einer wirtschaftlichen Betrachtung 1 unter Abwägung des Interesses der Parteien an der Wahl der Gestaltung u dem Schutzzweck der AGB-rechtlichen Normen zu entscheiden (MüKo/*Basedow* § 306 a Rn 4). Ein Verstoß liegt vor, wenn eine als AGB unwirksame Regelung bei gleicher Interessenlage durch eine andere rechtliche Gestaltung erreicht werden soll, die nur den Sinn haben kann, dem gesetzlichen Verbot zu entgehen (BGH WM 05, 874). Eine **Umgehungsabsicht** ist nicht erforderlich (Staud/*Schlosser* § 7 AGBG Rn 2).
Wegen der Weite der Generalklausel des § 307 u der Klauselkataloge der §§ 308 f zielt das Umgehungsverbot 2 in erster Linie auf Konstruktionen, die den sachlichen Anwendungsbereich des 2. Abschnitts unterlaufen, etwa durch Wahl von, in § 310 IV 1 von der Anwendung des 2. Abschnitts ausgenommenen, vereins- oder gesellschaftsrechtlichen Gestaltungen (*Stoffels* Rn 97). Auch in einer **internen Anweisung** (s § 305 Rn 5) kann ein Umgehungstatbestand liegen, wenn damit die Absicht verfolgt wird, AGB zu vermeiden, der Inhaltskontrolle nach § 307 ff zu entgehen u ebenso effizient wie bei gestellten AGB eine AGB-rechtlich unzulässige Gebühr zu erheben (BGH WM 05, 876; *Berger* ZGS 04, 330). In seltenen Fällen kann sich die Umgehung auch auf Klauselverbote beziehen (BGH NJW 85, 852).

B. Rechtsfolge. Die Rechtsfolge der Umgehung ist die Kontrolle der betreffenden Klausel(n) anhand der 3 Bestimmungen des 2. Abschnitts (BGH WM 05, 876).

§ 307 Inhaltskontrolle

(1) ¹Bestimmungen in Allgemeinen Geschäftsbedingungen sind unwirksam, wenn sie den Vertragspartner des Verwenders entgegen den Geboten von Treu und Glauben unangemessen benachteiligen. ²Eine unangemessene Benachteiligung kann sich auch daraus ergeben, dass die Bestimmung nicht klar und verständlich ist.
(2) Eine unangemessene Benachteiligung ist im Zweifel anzunehmen, wenn eine Bestimmung
1. mit wesentlichen Grundgedanken der gesetzlichen Regelung, von der abgewichen wird, nicht zu vereinbaren ist oder
2. wesentliche Rechte oder Pflichten, die sich aus der Natur des Vertrags ergeben, so einschränkt, dass die Erreichung des Vertragszwecks gefährdet ist.

(3) ¹Die Absätze 1 und 2 sowie die §§ 308 und 309 gelten nur für Bestimmungen in Allgemeinen Geschäftsbedingungen, durch die von Rechtsvorschriften abweichende oder diese ergänzende Regelungen vereinbart werden. ²Andere Bestimmungen können nach Absatz 1 Satz 2 in Verbindung mit Absatz 1 Satz 1 unwirksam sein.

1 **A. Anwendungsbereich.** Die Generalklausel des § 307 ist von großer praktischer Bedeutung. Die detaillierten Klauselkataloge der §§ 308 f können längst nicht alle in der Praxis vorkommenden Fallgestaltungen erfassen. Im unternehmerischen Geschäftsverkehr gegenüber öffentlichen Unternehmen erfolgt die Inhaltskontrolle wegen § 310 I ohnehin ausschließlich nach § 307. Den Vorschriften des dispositiven Rechts kommt iRd Inhaltskontrolle eine wichtige Leitbildfunktion zu (BGHZ 89, 211; 54, 110; s Rn 9, 21 ff, 35).

2 Die Inhaltskontrolle erstreckt sich auf AGB iSv § 305 (§ 305 Rn 2 ff), nicht dagegen auf vertragliche Verhältnisse, deren Inhalt unmittelbar durch **Rechtsnormen** (Gesetz, VO, Satzung) bestimmt wird, wie etwa im Bereich der Daseinsvorsorge (vgl aber BGHZ 93, 364; 91, 86; sa zu den „Ergänzenden Bestimmungen" § 305 Rn 2) oder bei **öffentlich-rechtlich** ausgestalteten Nutzungsverhältnissen. Wird die öffentliche Hand mit den Mitteln des Privatrechts tätig, unterliegen die von ihr verwendeten AGB der Inhaltskontrolle (BGH NJW 90, 2686). Eine indirekte Normenkontrolle wird durch den Ausschluss deklaratorischer Klauseln von der Inhaltskontrolle (Abs 3 S 1) vermieden, s Rn 37 ff. Für **öffentlich-rechtliche Verträge** gelten über § 62 VwVfG die §§ 305 ff entsprechend, für privatrechtlich ausgestaltete Nutzungsverhältnisse unmittelbar. Bei privatrechtlichen **städtebaulichen Verträgen** geht § 11 II 1 BBauG vor, jedenfalls für vor Inkrafttreten der KlauselRichtl abgeschlossene Verträge (BGH NJW 03, 889 f). Aus § 8 II UKlaG folgt, dass auch mit behördlicher Genehmigung erlassene AGB der Inhaltskontrolle unterliegen (BGH NJW 89, 225; 83, 1324). Gleiches gilt für AGB, denen Konditionenkartelle (§ 2 GWB) oder -empfehlungen (§ 22 III Nr 2 GWB) zugrunde liegen (MüKo/*Basedow* Vor § 307 Rn 15). Zur beschränkten Prüfungskompetenz des **Grundbuchamtes** s BayObLG NJW 80, 2818; Celle WM 79, 1317.

3 **B. Prüfungsreihenfolge; Prüfungsgegenstand.** Die Inhaltskontrolle setzt zunächst voraus, dass es sich um AGB iSv § 305 I (uU iVm § 310 III Nr 1 u 2) handelt, die nach § 305 II (Ausnahme: § 310 I, IV 2 Hs 2) u § 305 c I wirksam in den Vertrag einbezogen wurden, nicht von einer Individualabrede verdrängt werden (§ 305 b), nicht unter die Ausnahmevorschrift des Abs 3 (uU iVm § 310 IV 3) fallen u dem Transparenzgebot des I 2 entsprechen. Die Klauselkataloge der §§ 309, 308 sind sodann in dieser **Reihenfolge** stets vor den gesetzlichen Regelbeispielen des II u der Auffangklausel des I zu prüfen. Eine Klausel, die nach §§ 309, 308 aus tatbestandlichen Gründen nicht zu beanstanden ist, kann nur aus anderen Gründen nach § 307 unwirksam sein (BGH NJW 03, 507; KG NJW-RR 03, 1062). Ist die Klausel umgekehrt nach §§ 309, 308 unwirksam, kann dieses Urteil nicht über § 307 revidiert werden (BGH NJW 97, 739). In den Fällen des § 310 I, II findet die Inhaltskontrolle ausschließlich nach § 307 statt.

4 **Gegenstand der Inhaltskontrolle** ist der, uU zunächst durch objektive Auslegung (s § 305 c Rn 12) u ggf unter Rückgriff auf die Unklarheitenregel des § 305 c II (s § 305 c Rn 17) zu ermittelnde, Inhalt der Klausel, nicht ihre praktische Handhabung im Einzelfall (BGHZ 82, 128). Die Auslegung geht also der Inhaltskontrolle stets vor (BGH NJW 04, 2589; s § 305 c Rn 1). Maßgebend sind im Individualprozess die Umstände u rechtlichen Anschauungen im Zeitpunkt der Einbeziehung in den Vertrag (BGH NJW 00, 1113). Im Verbandsprozess ist der Zeitpunkt der letzten mündlichen Verhandlung maßgebend (U/B/H § 9 Rn 74 b).

5 Bei **kollektiv ausgehandelten Regelwerken** (VOB, ADSp) als „fertig bereitliegende Vertragsordnung", die einen an Treu u Glauben einigermaßen ausgewogenen Ausgleich der Interessen beider Seiten beinhalten, hat eine isolierte Inhaltskontrolle einzelner Bestimmungen zu unterbleiben. Vielmehr ist das Vertragsgefüge als Ganzes zu prüfen (BGHZ 127, 281; 86, 141). Dies gilt aber schon dann nicht mehr, wenn durch eine anders lautende vertragliche Vereinbarung, gleich welchen Inhalts u welchen Gewichts, in das geschlossene Regelwerk eingegriffen wurde u dieses nicht mehr als im Ganzen vereinbart gilt (BGH NJW 04, 1597 in Abkehr von der bisherigen Rspr, die einen Eingriff in den „Kernbereich" verlangte).

6 Die Frage der unangemessenen Benachteiligung ist eine **revisible Rechtsfrage** (BGH NJW 99, 276).

7 **C. Verbot der unangemessenen Benachteiligung (I).** Im Verbot der unangemessenen Benachteiligung manifestiert sich der Schutzzweck des AGB-Rechts (s Vor § 305 Rn 1 f). Abs 1 schützt den Kunden davor, dass der Verwender missbräuchlich eigene Interessen auf Kosten des Vertragspartners durchzusetzen versucht, ohne von vornherein die Interessen seines Vertragspartners hinreichend zu berücksichtigen u ohne ihm einen angemessenen Ausgleich zuzugestehen (BGHZ 147, 282; NJW 03, 886). Die Benachteiligung muss daher, unmittelbar oder mittelbar, den Vertragspartner treffen, nicht einen Dritten oder die Allgemeinheit (Palandt/*Heinrichs* § 307 Rn 7). Eine Inhaltskontrolle zugunsten des Verwenders kommt ebenfalls nicht in Betracht (BGH NJW 98, 2280).

8 **I. Unangemessene Benachteiligung (S 1).** S 1 verlangt eine **zweistufige Prüfung**. Im ersten Schritt (Rn 9) ist der Maßstab für die Angemessenheitsprüfung zu ermitteln. Im zweiten Schritt (Rn 10 f) ist die Frage der unangemessenen Benachteiligung zu prüfen (*Stoffels* Rn 466; *Fastrich* S 280 f). Zum Zusammenhang von S 1 u § 134 s Vor § 305 Rn 12. Die Unangemessenheit wird nicht dadurch in Frage gestellt, dass die betreffende Klausel weithin üblich ist (BGHZ 114, 15; 106, 267).

1. Benachteiligung. Die Benachteiligung des Vertragspartners ist durch Vergleich des Regelungsgehalts der 9 Klausel mit der ohne die Klausel geltenden Rechtslage als **gesetzlichem Leitbild** der Inhaltskontrolle zu ermitteln (BGH NJW 94, 1070). Der so ermittelte Grad der Benachteiligung kann für die nachfolgende Interessenabwägung bedeutsam sein (s Rn 10). Eine nur geringfügige Benachteiligung wird von S 1 nicht erfasst (W/H/L § 9 Rn 114; Palandt/*Heinrichs* § 307 Rn 8; str).

2. Unangemessenheit. a) Interessenabwägung. Ob die so ermittelte Benachteiligung des Vertragspartners 10 unangemessen ist, muss im Rahmen einer umfassenden Abwägung der Interessen des Verwenders (an der Aufrechterhaltung der Klausel) u des Vertragspartners (am Wegfall der Klausel) ermittelt werden (BGHZ 153, 154; 120, 118). Bei dieser Abwägung sind nicht nur die auf Seiten des Verwenders getätigten Investitionen, sondern der **gesamte Vertragsinhalt** zu berücksichtigen; notwendig ist eine Gegenüberstellung der insgesamt begründeten gegenseitigen Rechte u Pflichten (BGHZ 143, 114; NJW 03, 886). Ähnlich wie für die Auslegung (s § 305c Rn 12ff) gilt dabei ein **überindividuell-generalisierender** u typisierender, von den konkreten Umständen des Einzelfalls losgelöster Maßstab (BGH NJW 02, 1715; 00, 2106). Maßgeblich sind also nicht der persönliche Verständnishorizont u die Erwartungen des betroffenen Kunden, sondern die, uU in Berufs- oder Standesrichtlinien oder sonstigen Verhaltensregeln zum Ausdruck kommenden, Anschauungen der beteiligten Verkehrskreise (BGH NJW 90, 1601; 87, 487). Die Abwägung kann daher für unterschiedliche Verkehrs- oder Berufskreise (zB b2c u b2b) unterschiedlich ausfallen (BGH NW 00, 660). S aber für Verbraucherverträge § 310 III Nr 3, dazu § 310 Rn 11. Die jeweilige Klausel ist dabei im Kontext des Gesamtvertrages zu bewerten, wobei stets auch Gegenstand, Zweck u Charakter des Vertrages sowie individuelle Absprachen der Parteien zu berücksichtigen sind (BGHZ 82, 240).

b) Abwägungsregeln. Auf der Grundlage des unter a) Gesagten haben sich folgende (s *Stoffels* Rn 484ff) 11 Abwägungsregeln herausgebildet (unangemessen +, nicht –): **Summierungseffekt** von nachteiligen Klauseln iVm benachteiligender Wirkung einer noch hinnehmbaren Klausel (+ BGH NJW 95, 254; sa BGH NJW 03, 2234); **Kompensationswirkung** anderer, mit der beanstandeten Klausel im sachlichen Zusammenhang iSe Wechselbeziehung stehender, unbedenklicher Klauseln (– BGH NJW 03, 891; 02, 894; 97, 2598); Verstoß gegen das **Äquivalenzprinzip** (+ BGH NJW-RR 04, 273; NJW 01, 2635); hohes Interesse des Verwenders an Rationalisierung (– BGH NJW 96, 988); bessere u kostengünstigere **Kontrollierbarkeit eines Risikos** durch Verwender (+ BGH NJW 05, 424 für Haftungsausschluss bei Autowaschstrasse; NJW 84, 2460; 71, 1036); Risiko wird typischerweise durch Verwender kostengünstig **versichert** (- BGH NJW 02, 675); **geringerer Preis** bei Aufrechterhaltung der benachteiligenden Klausel (+ BGHZ 120, 226; 77, 131; Ausnahme: offene Tarifwahl, BGHZ 77, 134; Palandt/*Heinrichs* § 307 Rn 14); Erbringung **eigener gesetzlicher Verpflichtungen**, für die das Gesetz kein Entgelt vorsieht (+ BGHZ 141, 383; WM 05, 276).

c) Beweislast. Der Vertragspartner des Verwenders trägt die Darlegungs- u Beweislast dafür, dass ihn die 12 Klausel unangemessen benachteiligt (BGH WM 96, 56; 91, 1642). Der Verwender muss aber die sein Angebot bestimmenden u für die Beurteilung der Unangemessenheit relevanten (etwa für die Amortisation bei Laufzeitklauseln) Daten offen legen u ihre Marktkonformität darstellen (BGHZ 153, 156).

3. Beispiele. Wirksam +, nicht –: Schriftformklausel (– wenn sie beim anderen Vertragsteil den Eindruck 13 erweckt, eine lediglich mündliche Abrede sei entgegen allg Rechtsgrundsätzen (dazu § 305b Rn 4) unwirksam BGH NJW 01, 292; 95, 1488); Haftungsfreizeichnung für durch leichte Fahrlässigkeit verursachte Beschädigung von Kfz-Zubehörteilen durch Autowaschanlagenbetreiber (– BGH NJW 05, 424); unverzügliche Anzeigepflicht (– BGH NJW 99, 1031) oder zweiwöchige Ausschlussfrist (– BGH NJW-RR 05, 247) für Gewährleistungsansprüche des Auftraggebers im Bauvertrag; CPU-Klausel in Softwarelizenzvertrag (+ BGH NJW 03, 2014); deklaratorisches Schuldanerkenntnis (+ BGH NJW 03, 2386); Sicherheitseinbehalt des Bauauftraggebers, der durch selbstschuldnerische Bürgschaft ablösbar ist (– BGH WM 05, 268; WM 06, 122; NJW-RR 04, 814); Haftungsfreizeichnung des Leasinggebers durch bedingte u nicht vorbehaltlose Abtretung von werkvertraglichen Gewährleistungsansprüchen (– BGH NJW-RR 03, 51); Haftungsfreizeichnung für alle Beratungspflichten des Versicherungsmaklers (– BGH NJW 05, 1360); Schiedsvereinbarung (+ BGH NJW 05, 1125, auch gegenüber Verbraucher, wenn Form des § 1031 V ZPO erfüllt; BGH NJW 92, 575; anders wenn zu befürchten ist, dass zwingende Bestimmungen des deutschen Rechts missachtet werden, BGH NJW 91, 2215); Verzehrklausel in Sportstudiovertrag (– BGH NJW-RR 04, 273); Verwertungsregelung bei Lohn- u Gehaltsabtretung (– BGH WM 05, 744; NJW 92, 2626).

II. Transparenzgebot (S 2). 1. Verstoß gegen Transparenzgebot als unangemessene Benachteiligung. S 2 14 stellt wegen EuGH NJW 01, 2244 klar, dass sich eine unangemessene Benachteiligung auch aus der Intransparenz der Klausel ergeben kann. Das Transparenzgebot verlangt, dass eine Klausel für den typischerweise bei Verträgen der betreffenden Art zu erwartenden Durchschnittskunden (BGHZ 115, 115; 106, 49, Sonderwissen der betreffenden Vertragspartei bleibt außer Betracht, s aber § 310 III Nr 3) verständlich, klar u durchschaubar formuliert wird. Dazu gehört, dass die wirtschaftlichen Nachteile u Belastungen für den Kunden so weit erkennbar werden, wie dies nach den Umständen gefordert werden kann (BGHZ 136, 401; NJW 01, 2635).

15 Bereits aus der Unklarheit einer Klausel kann danach ihre Unangemessenheit folgen, wenn, etwa durch die Art der Formulierung oder die Regelung von Einzelheiten an versteckten oder nur schwer miteinander in Zusammenhang zu bringenden Stellen des Regelwerkes, die wirtschaftlichen Vertragsfolgen (etwa von Preisnebenabreden) verschleiert werden (**Verständlichkeitsgebot**, BGHZ 140, 31 f; NJW 01, 300; aA Palandt/*Heinrichs* § 307 Rn 20). Dies gilt auch für Verweise auf andere Regelwerke, wobei statische Verweise weniger problematisch sind als dynamische (BGH NJW 02, 507; 98, 383; 95, 589). Das aus dem Transparenzgebot abgeleitete **Bestimmtheitsgebot** verlangt, dass die tatbestandlichen Voraussetzungen u die Rechtsfolgen in der Klausel so genau beschrieben werden, dass für den Verwender keine ungerechtfertigten Beurteilungsspielräume entstehen (BGH NJW 04, 1600). Möglich ist auch, dass die Klausel so unbestimmt ist, dass der Vertragspartner nicht erkennen kann, unter welchen Voraussetzungen der Verwender von den ihm eingeräumten Befugnissen (etwa iRv Zinsanpassungs- oder anderen einseitigen Bestimmungsvorbehalten) Gebrauch machen wird (BGH NJW 00, 651). Das Transparenzgebot ist auch dann verletzt, wenn der Vertragspartner durch die Formulierung der Klausel davon abgehalten wird, seine berechtigten Ansprüche gegenüber dem Verwender geltend zu machen u so dem Verwender die Möglichkeit eröffnet wird, begründete Ansprüche unter Hinweis auf die Klauselgestaltung abzuwehren (**Täuschungsverbot**, BGH NJW-RR 05, 1500; 01, 2637). Eine nach S 1 gerade noch akzeptable Klausel kann wegen ihrer intransparenten Formulierung unangemessen werden (MüKo/*Basedow* § 307 Rn 51).

16 Der Verwender muss die Anforderungen des Transparenzgebots nur iRd Möglichen erfüllen, solange er bei mehreren möglichen Klauselfassungen diejenige wählt, die die kundenbelastende Wirkung nicht unterdrückt, sondern deutlich macht (BGHZ 112, 119; ZIP 99, 103). Der Verwender muss also nicht seine AGB umfassend kommentieren, um sie für den Vertragspartner verständlich zu machen (BGHZ 112, 119). Eine allg Pflicht des Klauselverwenders, gesetzliche oder vertragliche Rechte ausdrücklich zu regeln oder den Vertragspartner darüber zu belehren, gibt es nicht (BGH NJW 99, 276; 97, 3022).

17 Zum Transparenzgebot iRd Einbeziehungskontrolle s § 305 Rn 28.

18 **2. Beispiele.** Verstoß +, nein –: Abrechnung bei vorzeitiger Beendigung des Leasingvertrages (+ BGH NJW 96, 455); Befristung der Gültigkeit eines Telefonkartenvertrages (– BGH NJW 01, 2635); CPU-Klausel in Softwarelizenzvertrag (– BGH NJW 03, 2014); Schönheitsreparaturklausel (– BGH NJW 05, 3416); eingeschränkte Endrenovierungsklausel mit flexiblen Schönheitsreparaturfristen (– BGH NJW 04, 2087); Entgeltklausel bei Kundenpfändung (+ BGHZ 136, 402; NJW 00, 651); Geltung der „jeweils gesetzlich zulässigen Miete" in Wohnungsmietvertrag (– BGH NJW 04, 1600); Haftungsfreizeichnung für vermittelte Reiseleistungen (+ BGH NJW 04, 683); Kfz-Schätzpreisklausel (+ Stuttgart NJW-RR 04, 419); Haftungsfreistellung gegen Entgelt nach „Grundsätzen einer Vollkaskoversicherung" bei Kfz-Miete (+ BGH NJW 05, 1183); Ausschluss der Haftung, „soweit gesetzlich zulässig" (+ BGH NJW 96, 1407); Preisvorbehalt (+ BGH NJW 03, 507); Preisanpassungsklausel (+ BGH DB 05, 2813; NJW 03, 509); Preisänderungsklauseln der Stromversorgungswirtschaft (+/– *Schöne* WM 04, 264 ff); Leistungsbestimmungsrecht ohne Festlegung von Anlass u Grenzen (+ BGH NJW-RR 05, 1501); Darstellung der zeitlichen Voraussetzungen eines Rücktrittsrechts in Neuwagen-Verkaufsbedingungen (+ BGH NJW 01, 296); Skontoregelung (+ BGHZ 131, 392); Stundensatz in Honorarvereinbarung eines Rechtsanwalts (+ Frankfurt/M NJW-RR 00, 1367); Tilgungsverrechnungsklauseln in Darlehensverträgen (+ BGH NJW 89, 224); Verfall eines Telefonkartenguthabens (– BGH NJW 01, 2635); Verwendung des Begriffs „Kardinalpflichten" (+ BGH NJW-RR 05, 1505) weitere Fälle bei *Koch* WM 02, 2173 ff, 2177 ff.

19 **D. Regelbeispiele (II).** II enthält Regelbeispiele für eine unangemessene Benachteiligung iSv I (BGHZ 153, 155). Die Unwirksamkeit entfällt ausnahmsweise dann, wenn eine **Gesamtwürdigung** aller Umstände ergibt, dass die Klausel den Kunden nicht unangemessen benachteiligt (BGH NJW 03, 1447; Palandt/*Heinrichs* § 307 Rn 25).

20 Wie bei Abs 1 (s Rn 12) trägt der Vertragspartner des Verwenders die **Beweislast** dafür, dass ihn die Klausel unangemessen benachteiligt. Anders als bei Abs 1 begründen die Regelbeispiele aber eine widerlegbare Vermutung der unangemessenen Benachteiligung (BGHZ 153, 155; WM 05, 276).

21 **I. Unvereinbarkeit mit gesetzlichem Leitbild (Nr 1). 1. Gang der Prüfung.** Die Prüfung hat in **drei Schritten** zu erfolgen. Zunächst ist das durch wesentliche Grundgedanken der gesetzlichen Regelung bestimmte **gesetzliche Leitbild** zu ermitteln (vgl zum Leitbild des Kaufvertrages BGH NJW 81, 117; des Maklervertrages BGH WM 70, 392; des Mietvertrages Hamm NJW 81, 1049; des Automatenaufstellvertrages Hburg NJW 83, 1502; des Partnerschaftsvermittlungsvertrages BGH NJW 89, 1479; des Telefonbuch-Werbevertrages BGH NJW-RR 03, 836; des Veranstaltungsvertrages über die Bereitstellung von Ferienunterkünften BGH NJW 92, 3160; des Mobilfunkvertrages BGH NJW 02, 2386). Es wird bestimmt durch dispositive gesetzliche Bestimmungen, soweit diese nicht nur auf Zweckmäßigkeitserwägungen beruhen, sondern dem Gerechtigkeitsgebot als dem Bedürfnis nach angemessenem Schutz des Vertragspartners Ausdruck verleihen (BGHZ 89, 210; NJW 99, 635). Dispositive Regelungen in diesem Sinn sind nicht nur Gesetze im formellen u materiellen Sinn sowie das Gewohnheitsrecht u die durch Analogie u Rechtsfortbildung entwickelten Rechtssätze (vor allem bei Verträgen ohne gesetzliches Leitbild, BGH NJW 84, 1186), sondern auch das **Richterrecht** u die dem Gerechtigkeitsgebot entsprechenden **allg anerkannten Rechtsgrundsätze** (BGHZ 93, 362 f; NJW 98, 1642; 93, 721). Ein solcher Grundsatz ist etwa das Prinzip, dass eine Verpflichtung zum Schadenser-

satz regelmäßig nur bei schuldhaftem Verhalten besteht (BGHZ 115, 42; NJW 92, 3161), das in §§ 320 ff manifestierte Prinzip der Äquivalenz von Leistung u Gegenleistung (BGHZ 96, 109; NJW 01, 2637) sowie die Pflicht, eigene gesetzliche Verpflichtungen zu erfüllen u Tätigkeiten im ausschließlich eigenen Interesse durchzuführen, ohne hierfür ein spezielles Entgelt verlangen zu können (BGH NJW 02, 2386; 01, 1419; s Rn 11). Durch die Schuldrechtsreform hat sich das gesetzliche Leitbild für bestimmte Bereiche wie den Verbrauchsgüterkauf u das Verjährungsrecht (dazu AnwK/*Mansel/Stürner* Vor §§ 194 ff Rn 5 ff) teilweise gewandelt (*Westermann* NJW 02, 241 f; *Roth* JZ 01, 489; s zum Kaufrecht Rn 30). S aber zum unternehmerischen Verkehr Rn 33.

Die auf der zweiten Stufe vorzunehmende Prüfung der „Abweichung" erfolgt wie die iRv Abs 1 vorzunehmende Prüfung der Benachteiligung (Staud/*Schlosser* § 9 AGBG Rn 20), s Rn 9. 22

Die abschließende Prüfung der **Unvereinbarkeit mit dem gesetzlichen Leitbild** ist durch die Abweichung vom gesetzlichen Gerechtigkeitsmodell „vorbelastet" (*Stoffels* Rn 518). Je nach Gerechtigkeitsgehalt der betreffenden Normen bedarf es eines mehr oder weniger starken Interesses des Verwenders, um die Klausel dennoch als wirksam anzusehen (BGH NJW 90, 2065). 23

2. Beispiele. Unvereinbar +, nicht –: Abbedingung von § 286 III 1 (+ *Stoffels* Rn 521; BaRoth/*Schmidt* § 307 Rn 38; str), §§ 311, 313 (+ BGH NJW 93, 2738 f), § 314 (+ BGH NJW-RR 03, 1638), § 320 (+ BGH NJW-RR 05, 919), § 321 (+ BGH NJW 85, 1220), § 340 II (+ BGH NJW 75, 163), § 341 III (+ Münch BB 84, 1386), § 366 (- BGHZ 91, 380), § 439 II (+ BGH NJW 96, 389), § 478 (+ BGH NJW 06, 05); § 535 I 2 (+ BGHZ 108, 6), § 573 c (+ BGH NJW 01, 3482), § 627 (+ BGH ZIP 99, 72; WM 05, 1667), § 641 III (+ BGH NJW-RR 05, 919), § 770 II (+ BGH NJW 03, 1521, sofern der Ausschluss auch dann gilt, wenn Gegenforderung unbestritten oder rechtskräftig festgestellt ist), § 776 (+ BGH NJW 02, 295; 00, 1568); Abbedingung der Ausschlussfrist für Mängelanzeige bei nicht offensichtlichen Mängeln (+ BGH NJW-RR 86, 52), der Nachfristsetzung in §§ 281, 323 (+ BGH NJW 87, 2506; Palandt/*Heinrichs* § 307 Rn 30); Ausschluss des Einwandes von Preis- oder Kalkulationsirrtum (+ BGH NJW 83, 1671); Gebühr für Ein- u Auszahlungen am Bankschalter (+ BGH NJW 94, 318), für Bearbeitung einer Pfändung (+ BGH NJW 00, 651), eines Freistellungsauftrags (+ BGH NJW 97, 2752), einer Löschungsbewilligung bei Grundpfandrechten (+ BGH NJW 91, 1953); Entgeltstattung bei Lastschriftrückgabe (+ BGH NJW 98, 309); Gerichtsstandsklausel (+ BGH BB 83, 527); Gültigkeitsbefristung von Telefonkarten (+ BGH NJW 01, 2637); Haftung für unverschuldete Rechtsmängel (+ BGH NJW 06, 49); Ausdehnung der Bürgenhaftung auf „anlassfremde" Forderungen gegen Hauptschuldner (+ BGH NJW 02, 343; 00, 2582; anders bei Verbürgung für Schulden der eigenen GmbH, BGH NJW 02, 3167); Verpflichtung des Mieters zu turnusmäßigen Schönheitsreparaturen u Endrenovierung (+ BGH ZIP 03, 1848; NJW 98, 710); eingeschränkte Endrenovierungsklausel verbunden mit flexiblen Schönheitsreparaturfristen (+ BGH NJW 04, 2087); „starre" Fristen für Schönheitsreparaturen im Mietvertrag (+ BGH NJW-RR 05, 13; anders, wenn Fristen erst mit Anfang des Mietverhältnisses zu laufen beginnen, BGH NJW 05, 425 oder durch AGB-Regelung flexibilisiert wird, BGH NJW 05, 1188); Kleinreparaturklausel im Mietvertrag (– BGH NJW 89, 2247); Konzernverrechnungsklausel (+ BGH WM 05, 1801); Bürgschaft für künftige Forderungen ohne summenmäßige Begrenzung (+ BGH NJW 00, 659); Verpflichtung eines Bauunternehmers zur Stellung einer selbstschuldnerischen Vertragserfüllungsbürgschaft (- BGH NJW 02, 3098; NJW-RR 00, 1331); unverhältnismäßige, undifferenzierte u unbegrenzte Vertragsstrafe (+ BGHZ 85, 312 ff; NJW 97, 3234; 94, 1060); Unternehmensbeteiligungsmodell auf Zeit (– Ddorf NZG 05, 354); maßvolle Verlängerung der Verjährungsfrist (– BGH NJW 06, 47); Vertragsabschlussklausel (– Ddorf NJW 05, 1515); Vertragsstrafe mit Höchstgrenze von über 5 % in Bauverträgen (+ BGHZ 153, 324 ff; anders bei Vertragsstrafen in Mietverträgen, BGHZ 154, 184 f); Vorleistungsklausel (– wenn sachlich gerechtfertigter Grund, BGH NJW 99, 2180; + bei um 8 Monate vorgezogener Fälligkeit für Telefonbuchwerbung, BGH NJW-RR 03, 836). 24

II. Aushöhlungsverbot (Nr 2). 1. Gang der Prüfung. Nr 2 lässt sich kaum trennscharf von Nr 1 abgrenzen. Die Einschränkung wesentlicher Rechte u Pflichten ist fast immer auch mit wesentlichen Grundgedanken der gesetzlichen Regelung unvereinbar, so dass hier ist eine umfassende Abwägung der beiderseitigen Interessen vorzunehmen (BGHZ 155, 137), wobei die Prüfung in **drei Schritten** durchzuführen ist. 25

Die **Natur des Vertrages** wird zunächst durch die gesetzlich geregelten oder von der Rspr herausgearbeiteten, Zweck u Inhalt des Vertrages bestimmenden Leistungspflichten der Parteien gekennzeichnet. Zusätzlich ist der durch verkehrsübliche Klauselpraxis bzw die Verkehrsanschauung u Handelsbräuche u die konkrete Vereinbarungen der Parteien bestimmte, berechtigte Erwartungshorizont des objektiven Durchschnittskunden (s Rn 10) zu berücksichtigen (Palandt/*Heinrichs* § 307 Rn 32). 26

Wesentliche, sich aus dem so ermittelten Vertragszweck ergebende **Rechte u Pflichten** werden ausgehöhlt, wenn dem Vertragspartner Rechtspositionen genommen oder eingeschränkt werden, die ihm der Vertrag nach seinem Inhalt u Zweck zu gewähren hat u auf dessen Gewährung er daher berechtigterweise vertraut (BGHZ 103, 324; 89, 367). Dabei geht es nicht nur um die im Gegenseitigkeitsverhältnis stehenden Hauptpflichten des Verwenders (BGH NJW 02, 673; s zu „Kardinalpflichten" Rn 29), sondern auch um Nebenpflichten, die für den Schutz des Vertragspartners (Person, Vermögen) von grundlegender Bedeutung sind oder deren Erfüllung die ordnungsgemäße Vertragsdurchführung erst möglich macht (mit denen der Vertrag 27

„steht u fällt"), auf deren Einhaltung der Vertragspartner also berechtigterweise vertrauen durfte (BGH NJW 93, 335; 88, 1785; Palandt/*Heinrichs* § 307 Rn 33).

28 Die Aushöhlung ist aber nur relevant, wenn durch sie im Einzelfall die **Erreichung des Vertragszwecks** auch tatsächlich **gefährdet** wird (BGHZ 103, 324; BB 84, 1449). Gefährdung bedeutet weniger als die totale Vereitelung des Vertragszwecks (BaRoth/*Schmidt* § 306 Rn 42). Wie bei I (s Rn 11) können unbedenkliche Klauseln die Gefährdung durch eine Klausel kompensieren (*Stoffels* Rn 548).

29 **2. Kardinalpflichten; Haftungsfreizeichnung.** Nr 2 hat vor allem für die Freizeichnung von Kardinalpflichten große Bedeutung. So ist eine formularmäßige Freizeichnung von der Haftung für einfache Fahrlässigkeit des Klauselverwenders zwar gemäß § 309 Nr 7 nicht grds ausgeschlossen (s § 309 Rn 44). Sie darf jedoch nicht zur **Aushöhlung von vertragswesentlichen Rechtspositionen** des Vertragspartners führen (BGH NJW-RR 05, 1505). Für die formularmäßige Begrenzung der Haftung gilt dies in gleichem Maße. Eine Haftungsfreizeichnung oder -beschränkung ist daher regelmäßig dann nach Nr 2 unwirksam, wenn sie sich auch auf **vertragstypische, vorhersehbare Schäden**, die aus der Verletzung vertragswesentlicher Pflichten entstehen, erstreckt (vgl BGH NJW 01, 302; 93, 335, auch bei summenmäßiger Haftungsbegrenzung, BGHZ 138, 133; NJW 01, 295) oder wenn der Verwender in besonderem Maße Vertrauen für sich in Anspruch genommen hat (BGH NJW-RR 86, 272). Zum Zusammenhang von Haftungsfreizeichnung u Versicherbarkeit des Risikos s Rn 11 sowie BGHZ 103, 326; 77, 133; NJW-RR 98, 1426. Zum Verbot der geltungserhaltenden Reduktion s § 306 Rn 4. Zum Reisevertrag s § 651h.

30 Im Kaufrecht stellt der Anspruch auf mangelfreie Leistung nach § 433 I 2 eine Kardinalpflicht dar (*Arnold* ZGS 04, 20; *Pfeiffer* ZGS 02, 177; *v. Westphalen* BB 02, 214; vgl auch BGH NJW 01, 302). Die Haftung für Mangel- u Mangelfolgeschäden kann daher ebenso wie die Haftung für nicht fristgerechte Lieferung (BGH NJW 94, 1063) auch bei einfacher Fahrlässigkeit nicht vollständig ausgeschlossen, sondern nur auf die Haftung für voraussehbare, vertragstypische Schäden (s Rn 29) beschränkt werden (*Arnold* ZGS 04, 20; str, differenzierend zwischen Verkauf neuer u gebrauchter Sachen Palandt/*Heinrichs* § 397 Rn 34 a; großzügiger *Litzenburger* NJW 02, 1245; *Fliegner* AnwBl 01, 677). Für den **Verbrauchsgüterkauf** sind nach § 475 I ohnehin die wesentlichen Bestimmungen zwingender Natur (s § 475 Rn 1) u bestimmte Käuferrechte nach § 309 Nr 7 u 8b nicht abdingbar, s § 309 Rn 39 ff, 52 ff.

31 **3. Beispiele.** Haftungsausschlüsse u -begrenzungen (s Rn 29) (unvereinbar +, nicht –): Vermieterhaftung für mängelbedingte Schäden des Mieters (+ BGH NJW 02, 673); Desinfektion eingebrachter Sachen im Krankenhausvertrag (+ BGH NJW 90, 764); Haftung für Konstruktionsfehler (+ BGH NJW 71, 1797); Haftung für Produktionsausfall gleich aus welchem Rechtsgrund (+ BGH NJW-RR 01, 342); fristgerechte Lieferung des Verkäufers (+ BGH NJW 94, 1062); grundlegende Organisationsmängel (+ BGH NJW 73, 2154); Haftung für Wertminderung, entgangenen Gewinn, Abschleppkosten usw bei Neuwagenkauf (+ BGH NJW 01, 302); Preisbindungsbestimmungen in Kommissionsvertrag (– BGH NJW-RR 03, 1059); Subsidiaritätsklausel in Bauträgervertrag (+ BGH NJW 02, 2470); Haftung für Organe, leitende Angestellte sonstige Erfüllungsgehilfen im unternehmerischen Geschäftsverkehr (+ BGH NJW-RR 98, 1426); Haftung für Auskunft u Beratung von Anlagevermittlern u Banken (+ BGH NJW-RR 00, 998; NJW 00, 3275); Information in Fondsprospekt (+ BGH NJW-RR 02, 915); Wirtschaftlichkeitsberechnung bei finanziertem Immobilienerwerb (+ BGH NJW 00, 3275); s zu Haftungsbegrenzungen im Transportrecht §§ 449 II, 451h II, 452d I, II, 466 II HGB sowie Art 23, 41 CMR.

32 Sonstige Klauseln: Abbedingung des Einwendungsdurchgriffs beim finanzierten Kauf (+ BGHZ 83, 308); Fakultativklausel in Überweisungsvordruck (+ BGH NJW 86, 2429); Rückgriffsrecht des Kreditkartenunternehmens gegen Vertragsunternehmen (+ BGH NJW 02, 287); Schadensminderungspflicht, die über § 254 hinausgeht (+ Frankf NJW-RR 86, 1172); zeitlich unbegrenztes Kündigungsrecht bei Krankenhaustagegeldversicherung (+ BGHZ 88, 78).

33 **III. Verträge zwischen Unternehmern.** Nach § 310 I 1 bildet im unternehmerischen Geschäftsverkehr u gegenüber Unternehmen u juristischen Personen des öffentlichen Rechts § 307 die alleinige Grundlage der Inhaltskontrolle. IRd auch hier gebotenen überindividuellen Betrachtungsweise (s Rn 10, 26) ist zu berücksichtigen, dass der Gesetzgeber generell von einer erhöhten Selbstverantwortung des Unternehmers für seine geschäftlichen Angelegenheiten ausgeht. Unternehmern wird grds die Fähigkeit zur privatautonomen Gestaltung ihrer Rechtsverhältnisse unterstellt (Handelsgeschäfte-Hdb/*Pfeiffer* § 1 Rn 8). Dies ist auch iRv § 307 zu berücksichtigen (BGH NJW 03, 886).

34 Der unternehmerische Kunde verdient daher nicht im gleichen Maße Schutz durch den Gesetzgeber, wie dies im b2c-Verkehr der Fall ist (*Wackerbarth* AcP 200, 82 ff; *Wolf* 50 Jahre BGH, I, S 120 ff). § 310 I 2 Hs 2 verlangt zudem, dass **Handelsbräuche** ebenso wie unternehmerische Interessen u Bedürfnisse bei der Inhaltskontrolle angemessen berücksichtigt werden (AnwK/*Hennrichs* § 307 Rn 13). Dies gilt auch für die Interessenabwägung iRv § 308, dessen Katalog auf die Wertung iRv § 307 ausstrahlt (U/B/H § 24 Rn 22). Ein Verstoß gegen § 309 liefert zumindest ein Indiz für die Unangemessenheit nach § 307 (BGHZ 103, 328; NJW 03, 886). Eine Klausel kann aber im b2c-Verkehr als unangemessen, im b2b-Verkehr dagegen als angemessen gelten (Palandt/*Heinrichs* § 307 Rn 40; BaRoth/*Schmidt* § 37 Rn 57). S.a. zum Aushandeln § 305 Rn 14; zur Indizwirkung der Handelsüblichkeit einer nicht unter §§ 308 f fallenden Klausel § 310 Rn 3; zur verwandten Proble-

matik im Bereich des Individualarbeitsrechts (wodurch § 309 zu einer Norm mit Wertungsmöglichkeit wird) § 310 Rn 21. Zu Haftungsfreizeichnungen § 309 Rn 47.

Die Leitbildfunktion der Regelungen zum **Verbrauchsgüterkauf** (§§ 474 ff) kann nicht auf den unternehmerischen Verkehr übertragen werden (*Stoffels* Rn 66; *Dauner-Lieb* NJW 04, 1432; *Westermann* JZ 01, 535). Zu Haftungsbegrenzungsklauseln *Arnold* ZGS 04, 16; zur Lieferkette *Bellinghausen* AWR 04, 17 ff. 35

All dies gilt jedenfalls dann, wenn zwischen den Parteien kein erhebliches **Machtungleichgewicht** besteht. Bei den früheren Minderkaufleute oder Kleinstgewerbetreibenden (*Pfeiffer* NJW 99, 169) ebenso wie in extremen Machtungleichgewichtslagen (Industrieproduzent-Zulieferer) kann dagegen durchaus eine dem b2c-Geschäft vergleichbare Interessenlage bestehen. 36

E. Deklaratorische Klauseln; Leistungsbeschreibungen (III). Abs 3 S 1 entzieht deklaratorische Klauseln u solche, die nur der Leistungsbeschreibung dienen, der Inhaltskontrolle. Die §§ 305 II, 305b, 305c I sowie das Transparenzgebot nach Abs 1 S 2 (s.a. S 2) sind dagegen auch auf solche Klauseln anwendbar. 37

I. Deklaratorische Klauseln. Klauseln, die lediglich die anwendbaren gesetzlichen Vorschriften (zum Gesetzesbegriff s Rn 21) wiedergeben, unterliegen nicht der Inhaltskontrolle (BGH NJW 01, 2015). Dies gilt etwa für die Regelung in den AGB eines Kreditkartenunternehmens durch die lediglich ein ohnehin nach § 812 I bestehender Bereicherungsanspruch geregelt wird (BGH NJW-RR 04, 1124). Es genügt, wenn die Klausel die Rechtslage sinngemäß, inhaltsgleich u richtig wiedergibt (BGH ZIP 02, 884; 01, 1052). Die Inhaltskontrolle ist aber zulässig, wenn eine Klausel einen allg gehaltenen Rechtssatz ausfüllt oder ergänzt (BGH NJW 03, 507; 01, 2016; Brandenburg NJW-RR 03, 991) oder vom Gesetz für einen bestimmten Vertrag vorgesehene Regeln auf einen anderen Vertragstyp überträgt (BGHZ 91, 57). Aus Sinn u Zweck einer Norm kann folgen, dass sie die Ausfüllung oder Ergänzung gerade erlaubt („**Erlaubnisnorm**") u daher eine Inhaltskontrolle vom Gesetzgeber gerade nicht gewollt ist (Palandt/*Heinrichs* § 307 Rn 67; aA MüKo/*Basedow* § 307 Rn 10). S für Verträge des Kollektivarbeitsrechts § 310 IV 3. 38

II. Leistungsbeschreibungen. 1. Allgemeine Grundsätze. Abreden über den unmittelbaren Gegenstand der Hauptleistung (Leistungsbeschreibungen) sind ebenso wie Vereinbarungen über das vom anderen Teil zu erbringende Entgelt (Rn 41) der Inhaltskontrolle entzogen (BGH NJW 01, 751; 01, 2635; 99, 2440). Dieser Ausnahmebereich ist **eng gefasst.** Leistungsbeschreibungen sind nur solche Bestimmungen, die Art, Umfang u Güte der geschuldeten Leistung festlegen (Leistungsbeschreibungen, Kataloge, Beschaffenheitsvereinbarungen usw), ohne die also mangels Bestimmbarkeit oder Bestimmtheit des wesentlichen Vertragsinhalts ein wirksamer Vertrag nicht mehr angenommen werden kann (BGH NJW 03, 2014; 01, 2016). Kontrollfähig sind dagegen Klauseln, die das Hauptleistungsversprechen einschränken, ausgestalten oder modifizieren (BGH NJW 04, 2591; 01, 2636) sowie alle Bestimmungen (Hauptleistungspflichten, Nebenpflichten als §§ 241 II, 242), die durch dispositives Recht ersetzt werden könnten, wenn die Parteien sie nicht getroffen hätten (BGH NJW 03, 2015; BaRoth/*Schmidt* § 307 Rn 49). Dies gilt etwa für Einschränkungen des Zugangs zu Provider- u Webhostingverträgen, Mobilfunkdienstleistungen u Online-Banking-Systemen (BGH NJW 01, 751) sowie für Klauseln, die den Umfang einer Garantieleistung regeln (MüKo/*Basedow* § 307 Rn 13). S zu Gültigkeitsbefristungen BGH NJW 01, 2635; Köln CR 01, 232; allg zu Laufzeitregelungen BGHZ 127, 41; Palandt/*Heinrichs* § 307 Rn 57. 39

2. Preis(neben)abreden. Aus dem oben Gesagten folgt, dass Abreden über den Preis mangels gesetzlicher Fixierung nicht kontrollfähig sind (BGH WM 02, 70; NJW 00, 577 (Zinsen); BGHZ 116, 119 (Werklohnabrede)). Hierzu zählen auch Klauseln, die den Preis indirekt dadurch bestimmen oder bestimmbar machen, dass sie für die **Preisfindung maßgebliche Faktoren** festlegen (BGH NJW 01, 2636) oder ein Nachbewertungsrecht vorsehen (BGH NJW 01, 2401 zu Verträgen mit der Treuhandanstalt; anders bei Freistellungsklausel im Restitutionszusammenhang, BGH NJW-RR 04, 263). Liegen gesetzliche Preisregelungen (feste Sätze oder Rahmengebühren) vor, unterliegt die Klausel dagegen der Inhaltskontrolle (BGHZ 115, 391; NJW 92, 746). Das Gleiche gilt für Fälligkeits- u sonstige Zahlungsklauseln, bei deren Fehlen dispositives Gesetzesrecht gelten würde (Preisnebenabreden) wie Klauseln über Preisänderungen (BGH WM 83, 731), Zahlungsbedingungen, Zinsanpassungsklauseln (BGHZ 93, 255; Hamm WM 03, 1170), Fälligkeits- u Wertsicherungsklauseln (BGHZ 81, 242), Kostenerhöhungsklauseln (BGH NJW 90, 115; 84, 1177), die Vereinbarung besonderer Preiszuschläge (BGHZ 93, 361) sowie Klauseln, die Höhe u zugleich Voraussetzungen des Entstehens des Anspruchs regeln (BGHZ 93, 365). Gleiches gilt für Erhöhungsvorbehalte nach § 651 a (BGH NJW 03, 508), Skonti u Rabatte (BGH NJW 94, 1063), Deaktivierungsgebühr bei Stilllegung eines Telefonanschlusses (BGH NJW 02, 2386), Wertstellungsklauseln (BGHZ 106, 263) oder Klauseln, die im Fall der Nichtzuteilung von Aktien bei Neuemissionen eine Zahlung durch den Kunden vorsehen (BGH NJW 03, 1447 f). 40

3. Entgeltregelungen für Neben- u Zusatzleistungen. Kontrollfrei sind auch Entgeltregelungen für Neben- oder Zusatzleistungen, wenn sie sich nicht auf rechtlich fixierte Leistungsbestandteile beziehen (BGHZ 137, 30; 116, 119; NJW 02, 2386). Kontrollfähig sind dagegen **Klauseln über Entgelte für Leistungen**, die nicht im Interesse des Vertragsgegners erfolgen oder denen keine echte Leistung an den Vertragspartner zugrunde liegt, etwa weil es nur um die gesetzlich vorgesehene Begründung, Erfüllung oder Abwicklung eines Vertragsverhält- 41 nisses oder um die Erfüllung sonstiger, gesetzlich vorgesehener u vom Gesetz nicht mit einer besonderen Entgeltpflicht versehener eigener Pflichten des Verwenders geht (Deaktivierungsgebühren bei Mobilfunkverträgen BGH NJW 02, 2386; Ein- u Auszahlungen am Bankschalter BGHZ 124, 254; Bankentgelte für die Erteilung von Löschungsbewilligungen BGHZ 114, 333; Postenpreisklauseln für Giroverträge BGHZ 133, 10; Entgelte für die Bearbeitung von Pfändungs- u Überweisungsbeschlüssen BGHZ 136, 261; Entgelt für Kundenbenachrichtigung bei Nichteinlösung von Schecks u Lastschriften BGH NJW 01, 1419; Entgelt für Wertpapierübertragung in ein anderes Depot BGH WM 05, 274). Diese Wertung folgt letztlich aus dem eigentlich erst iRd Inhaltskontrolle nach Abs 1 Nr 1 relevanten (s Rn 11 aE) Rechtsprinzip, wonach jeder seine gesetzlichen u im eigenen Interesse liegenden Verpflichtungen zu erfüllen hat, ohne hierfür ein Entgelt verlangen zu können.

42 **III. Transparenzgebot (III 2).** Nach S 1 kontrollfreie Klauseln unterliegen nach S 2 der Transparenzkontrolle (BGHZ 130, 153; NJW 95, 2553), s Rn 14. Die durch S 1 verbotene Preiskontrolle darf aber nicht auf dem Umweg des Transparenzgebotes vorgenommen werden (BaRoth/*Schmidt* § 307 Rn 55).

§ 308 Klauselverbote mit Wertungsmöglichkeit

In Allgemeinen Geschäftsbedingungen ist insbesondere unwirksam
1. (Annahme- und Leistungsfrist)

    eine Bestimmung, durch die sich der Verwender unangemessen lange oder nicht hinreichend bestimmte Fristen für die Annahme oder Ablehnung eines Angebots oder die Erbringung einer Leistung vorbehält; ausgenommen hiervon ist der Vorbehalt, erst nach Ablauf der Widerrufs- oder Rückgabefrist nach § 355 Abs. 1 und 2 und § 356 zu leisten;
2. (Nachfrist)

    eine Bestimmung, durch die sich der Verwender für die von ihm zu bewirkende Leistung abweichend von Rechtsvorschriften eine unangemessen lange oder nicht hinreichend bestimmte Nachfrist vorbehält;
3. (Rücktrittsvorbehalt)

    die Vereinbarung eines Rechts des Verwenders, sich ohne sachlich gerechtfertigten und im Vertrag angegebenen Grund von seiner Leistungspflicht zu lösen; dies gilt nicht für Dauerschuldverhältnisse;
4. (Änderungsvorbehalt)

    die Vereinbarung eines Rechts des Verwenders, die versprochene Leistung zu ändern oder von ihr abzuweichen, wenn nicht die Vereinbarung der Änderung oder Abweichung unter Berücksichtigung der Interessen des Verwenders für den anderen Vertragsteil zumutbar ist;
5. (Fingierte Erklärungen)

    eine Bestimmung, wonach eine Erklärung des Vertragspartners des Verwenders bei Vornahme oder Unterlassung einer bestimmten Handlung als von ihm abgegeben oder nicht abgegeben gilt, es sei denn, dass

    a) dem Vertragspartner eine angemessene Frist zur Abgabe einer ausdrücklichen Erklärung eingeräumt ist und

    b) der Verwender sich verpflichtet, den Vertragspartner bei Beginn der Frist auf die vorgesehene Bedeutung seines Verhaltens besonders hinzuweisen;

    dies gilt nicht für Verträge, in die Teil B der Verdingungsordnung für Bauleistungen insgesamt einbezogen ist;
6. (Fiktion des Zugangs)

    eine Bestimmung, die vorsieht, dass eine Erklärung des Verwenders von besonderer Bedeutung dem anderen Vertragsteil als zugegangen gilt;
7. (Abwicklung von Verträgen)

    eine Bestimmung, nach der der Verwender für den Fall, dass eine Vertragspartei vom Vertrag zurücktritt oder den Vertrag kündigt,

    a) eine unangemessen hohe Vergütung für die Nutzung oder den Gebrauch einer Sache oder eines Rechts oder für erbrachte Leistungen oder

    b) einen unangemessen hohen Ersatz von Aufwendungen verlangen kann;
8. (Nichtverfügbarkeit der Leistung)

    die nach Nummer 3 zulässige Vereinbarung eines Vorbehalts des Verwenders, sich von der Verpflichtung zur Erfüllung des Vertrags bei Nichtverfügbarkeit der Leistung zu lösen, wenn sich der Verwender nicht verpflichtet,

    a) den Vertragspartner unverzüglich über die Nichtverfügbarkeit zu informieren und

    b) Gegenleistungen des Vertragspartners unverzüglich zu erstatten.

A. Allgemeines. Der Klauselkatalog des § 308 konkretisiert die in § 307 I, II enthaltenen Rechtsgedanken 1 (Palandt/*Heinrichs* § 308 Rn 1). Im Gegensatz zu § 309 ist stets ein **richterlicher Wertungsakt** erforderlich. Zur Bedeutung der Vorschrift im unternehmerischen Geschäftsverkehr vgl jeweils die Kommentierung der einzelnen Nrn sowie § 307 Rn 33, zur Prüfungsreihenfolge § 307 Rn 3.

B. Annahme- u Leistungsfrist (Nr 1). Nr 1 gilt für alle Vertragsarten – Hs 1 auch für dingliche Verträge 2 (W/H/L § 10 Nr 1 Rn 4; BaRoth/*J.Becker* § 308 Nr 1 Rn 4).

I. Annahmefrist. Nr 1 schützt die Verwendergegenseite vor unangemessen langen u unbestimmten Annah- 3 mefristen, durch die sie über das Zustandekommen des Vertrages im Unklaren gelassen wird (BTDrs 7/3919, S 24). Die Vorschrift setzt voraus, dass die Annahmefrist vom **Verwender als Antragsempfänger**, nicht aber als Antragendem (W/H/L § 10 Nr 1 Rn 5), festgesetzt wird; sie ist auf die in Nr 1 geregelten Vertragsabschlussklauseln ohne weiteres (vgl § 305 Rn 2 aE) u auf aufschiebende Bedingungen entsprechend anwendbar (Karlsr NJW-RR 95, 504 mwN; aA U/B/H § 10 Nr 1 Rn 4). Sie gilt daher auch für formularmäßig vereinbarte Optionsrechte des Verwenders (bspw Andienungsrecht des Leasinggebers) – u zwar unabhängig davon, ob diese sich konstruktiv als Vertragsannahme oder Bedingungseintritt darstellen (MüKo/*Basedow* § 308 Nr 1 Rn 4).

1. Unangemessene Länge. Unangemessen lang ist eine Frist, die wesentlich über den Tatbestand des § 147 II 4 (s § 148 Rn 14) einschließlich einer sachlich gebotenen **Überlegungszeit** hinausgeht (BGH NJW 01, 303). Ob dies der Fall ist, ist im Wege einer Interessenabwägung zu bestimmen, die sich grds an den für den Vertragsgegenstand typischen Umständen orientiert (BGH NJW 01, 303; 86, 1808) u im Ergebnis zu einer branchenspezifischen Konkretisierung führt (MüKo/*Basedow* § 308 Nr 1 Rn 7). Gegenstand der Kontrolle ist – unabhängig von etwaigen Festlegungen in der Klausel – der Zeitraum zwischen der Abgabe des Angebotes u dem Zugang der Annahmeerklärung (BaRoth/*J Becker* § 308 Nr 1 Rn 10).
Einzelfälle (unangemessen +, nicht –): höchstens 14 Tage bei Alltagsgeschäften (– Palandt/*Heinrichs* § 308 5 Rn 4); 4 Wochen/1 Monat beim Neuwagenverkauf (– BGH NJW 90, 1785; sa Frankf NJW-RR 98, 567), beim Kauf eines hochwertigen technischen Gerätes (– Ddorf NJW 05, 1515), im Möbelversand (– Celle *Bunte* I § 10 Nr 1 Rn 4; 3 Wochen beim Kauf vorrätiger Möbel +, vgl BGH NJW 01, 303), bei Darlehensverträgen mit Hypothekenbanken (– BGH NJW 88, 2107), bei Verbraucherkreditverträgen (– BGH VuR 05, 155); 6 Wochen bei Darlehensverträgen (+ BGH NJW 86, 1808), beim Abschluss einer Lebensversicherung (– Hamm NJW-RR 86, 388; aA Naumburg MDR 98, 855); 8 Wochen bei Bauverträgen (+ Nürnbg *Bunte* I § 10 Nr 1 Rn 5); 2 Monate bei Leasingverträgen (+ Hamm NJW-RR 86, 928).

2. Bestimmtheitsgebot. Hinreichend bestimmt ist eine Frist, die für einen Durchschnittskunden nach 6 Beginn, Dauer u Ende (einschl etwaiger Verlängerungstatbestände) **berechenbar** ist (MüKo/*Basedow* § 308 Nr 1 Rn 8; Palandt/*Heinrichs* § 308 Rn 5). Dies ist dann der Fall, wenn der Kunde ohne Schwierigkeiten u ohne rechtliche Beratung feststellen kann, wie lange er gebunden ist (vgl BGH NJW 85, 856; W/H/L § 10 Nr 1 Rn 18). Beginn u Ende der Frist müssen nicht kalendermäßig bestimmt sein. Der Beginn einer Frist ist auch dann berechenbar, wenn er von einem Ereignis in der Sphäre des Kunden abhängt (BGH NJW 85, 856), nicht aber, wenn das Ereignis allein in der Einfluss- oder Kenntnissphäre des Verwenders liegt (BGH VuR 05, 156; NJW 88, 2106).
Einzelfälle (bestimmt +, nicht –): Fristbeginn mit Aufgabe der Annahmeerklärung zur Post (– BGH NJW 88, 7 2106); Annahme innerhalb der „gewerbeüblichen Fristen" (– Köln BB 82, 638); Annahme 4 Wochen nach dem Besuch eines Technikers des Verwenders (– LG Dortmund MDR 81, 759 f); Fristbeginn „nach schriftlicher Bestätigung durch den Hersteller" (– vgl BGH NJW 85, 856); Fristbeginn mit Zugang bei der Bank; Zustandekommen des Vertrages mit Unterschrift der Bank (– BGH VuR 05, 156); „Circa-Fristen" (+ Palandt/ *Heinrichs* § 308 Rn 8).

II. Leistungsfristen. Durch Nr 1 soll die Verwendergegenseite in ihrer Dispositionsfreiheit geschützt u die 8 Effektivität der ihr nach dem Gesetz zustehenden Sekundäransprüche sichergestellt werden (BGH NJW 84, 2469). Leistungsfristen iSv Nr 1 sind alle Fristen, die nach dem Inhalt der AGB verstrichen sein müssen, ehe die Leistung – bzw wichtige Nebenleistung (W/H/L § 10 Nr 1 Rn 31) – **fällig** ist (MüKo/*Basedow* § 308 Nr 1 Rn 15). Die Vorschrift betrifft allein vom Verwender gesetzte Fristen für von ihm geschuldete Leistungen (*Stoffels* Rn 761). Sie gilt unabhängig von der Art der geschuldeten Leistung (BaRoth/*J Becker* § 308 Nr 1 Rn 19). Erfasst werden daher alle Klauseln, die den Beginn der Leistungsfrist hinausschieben, die Frist unterbrechen (BGH NJW 82, 333) oder im Anschluss an eine vereinbarte Leistungsfrist eine weitere **Zusatz-** oder **unechte Nachfrist** vorsehen (BGH NJW 01, 294; 83, 1320). Nicht erfasst werden echte Nachfristklauseln, die die Fälligkeit des Anspruchs voraussetzen (vgl dazu Nr 2).

1. Unangemessene Länge. Ob eine Leistungsfrist angemessen ist, muss im Wege einer **Abwägung** der gegen- 9 seitigen typischen Interessen im Hinblick auf die jeweilige Geschäftsart ermittelt werden (BGH NJW 84, 2468). Maßgeblich ist die branchenübliche Frist (MüKo/*Basedow* § 308 Nr 1 Rn 17), die um einen gewissen **Sicherheitszeitraum** zu verlängern ist (BGH NJW 84, 2469). Gegen außergewöhnliche Risiken muss sich der Verwender durch eine Individualabrede absichern (BaRoth/*J Becker* § 308 Nr 1 Rn 21).

10 **Einzelfälle** (unangemessen +, nicht –): 3 Wochen im Möbelhandel (– Bamberg *Bunte* III § 10 Nr 4 Rn 25; 6 Wochen + Hamm NJW-RR 87, 315; 3 Monate + BGH NJW 84, 48); 6 Wochen beim Neuwagenkauf (– BGH NJW 01, 292); 6 Monate für die Werkabnahme gegenüber Subunternehmern (+ BGH NJW 89, 1602).

11 **2. Bestimmtheitsgebot.** Die für Annahmefristen dargestellten Grundsätze (s Rn 6) gelten entsprechend: Nicht hinreichend bestimmt ist eine Frist, wenn der Leistungszeitpunkt vom Vertragspartner des Verwenders nicht ohne besondere Mühe u Aufwand berechnet werden kann (BGH WM 89, 1603).

12 **Einzelfälle** (bestimmt +, nicht –): Beginn der Lieferzeit „mit schriftlicher Bestätigung der Maße durch den Hersteller" (– BGH NJW 85, 855); Lieferung „in branchenüblicher Frist" (– Köln BB 82, 638); „Lieferfristen u Termine sind unverbindli0ch" (– Kobl WM 83, 1272); „Abnahme bei Übergabe des Hauses an den Kunden" im Subunternehmervertrag (– BGH NJW 97, 395); Fristbeginn am „Ende der Widerrufsfrist" (– Kobl NJW-RR 93, 1081); „Vom Verkäufer nicht zu vertretende Störungen [...], die auf einem unvorhersehbaren u unverschuldeten Ereignis beruhen, verlängern die Lieferzeit entsprechend" (+ Köln NJW-RR 01, 198 im Zusammenspiel mit anderen Bestimmungen); Verlängerung der Lieferfrist bei Streiks u ähnlichen Ereignissen (– Stuttg NJW 81, 1105).

13 **III. Ausnahme bei Verträgen mit Widerrufs- u Rückgaberecht.** Nr 1 ermöglicht es dem Verwender, unnötige Rückabwicklungskosten durch eine formularmäßige Vereinbarung zu vermeiden, die es ihm erlaubt, seine Leistung erst nach Ablauf der Widerrufs- u Rückgabefrist zu erbringen. Beginnt die Widerrufsfrist erst mit der Erbringung der Leistung (vgl etwa § 312 d, § 4 I 2 FernUSG), verstößt eine solche Klausel gegen § 307 (Palandt/*Heinrichs* § 308 Rn 9). Die Ausnahmeregelung ist daher für Fernabsatz- u Fernunterrichtsverträge ohne Bedeutung.

14 **IV. Verträge zwischen Unternehmern.** Aufgrund der vergleichbaren Interessenlage finden die für Nr 1 geltenden Grundsätze über § 307 auch im unternehmerischen Geschäftsverkehr Berücksichtigung (Erman/*Roloff* § 308 Rn 12). Branchenspezifische Bräuche u Gewohnheiten führen hier eher zu Verkürzungen der Annahme- (MüKo/*Basedow* § 308 Nr 1 Rn 11) u Leistungsfristen (BaRoth/*J Becker* § 308 Nr 1 Rn 31). Handelsübliche Klauseln wie „Lieferung baldmöglichst" sind zulässig (U/B/H § 10 Nr 1 Rn 23), auch wenn sie dem Kunden die Berechnung der Leistungszeit erschweren (Palandt/*Heinrichs* § 308 Rn 10).

15 **C. Nachfrist (Nr 2).** Nr 2 ergänzt Nr 1 u soll verhindern, dass der Verwender Gläubigerrechte des Kunden (etwa § 281 I) durch die formularmäßige Vereinbarung unangemessen langer oder unbestimmter Nachfristen beeinträchtigt (BaRoth/*J Becker* § 308 Nr 2 Rn 2). Dieser Schutzzweck gebietet es, Nr 2 auf alle Vorschriften (etwa §§ 281, 323, 637, 651 c III, 651 e II) anzuwenden, die die Geltendmachung von Kundenrechten von einer Nachfrist abhängig machen (Erman/*Roloff* § 308 Rn 13). Die Vorschrift gilt nur für Nachfristen, die der Verwender als Schuldner für die Erbringung eigener Leistungen bestimmt (MüKo/*Basedow* § 308 Nr 2 Rn 3). Für die sog unechten Nachfristen, vgl Rn 8.

16 **I. Unangemessen lange Frist.** Die Angemessenheit einer Nachfrist ist im Wege einer **typisierenden Betrachtung** der beteiligten Interessen zu bestimmen (vgl MüKo/*Basedow* § 308 Nr 2 Rn 4). Dabei sind insbes die im jeweiligen Geschäftszweig üblichen Beschaffungs- u Herstellungszeiten – ggf verlängert um einen gewissen Sicherheitszeitraum –, aber auch die Interessen des Kunden an alsbaldiger bzw fristgerechter Leistung zu berücksichtigen (BGHZ 92, 28). Die im Einzelfall angemessene Nachfrist darf überschritten werden, wenn die Lieferfrist dadurch nicht erheblich verlängert oder erneuert wird (BGH NJW 85, 857). Da die Nachfrist keine „Ersatzlieferungsfrist" ist, u die Lieferfristen nicht erheblich verlängern darf, gilt im Grundsatz: Je großzügiger die Lieferfrist, desto knapper ist die zu gewährende Nachfrist zu bemessen (BGH NJW 85, 320). Wird entgegen gesetzlicher Ausnahmetatbestände (§§ 281 II, 323 II) eine Nachfrist gesetzt, ist die Klausel nach § 307 II Nr 1 unwirksam (BaRoth/*J Becker* § 308 Nr 2 Rn 5).

17 **Einzelfälle** (unangemessen +, nicht –): 2 Wochen bei normalen Verbrauchergeschäften (– BGH NJW 85, 323); 4 Wochen bei Maßanfertigungen in kleinen Betrieben (– Frankf DB 81, 884); pauschal 4 Wochen im Möbelhandel (+ BGH NJW 85, 323); 6 Wochen im Neuwagengeschäft (– BGH NJW 01, 294; 82, 333), bei der Lieferung von Fenstern oder Fassadenverkleidungen (+ BGH NJW 85, 857), im Fassadenbau (+ Stuttg NJW-RR 88, 788).

18 **II. Nicht hinreichend bestimmte Frist.** Die bei Nr 1 dargestellten (s Rn 6) Anforderungen gelten entsprechend.

19 **III. Verträge zwischen Unternehmern.** Über §§ 307 II Nr 1, 310 I finden die Wertungen von Nr 2 auch im unternehmerischen Geschäftsverkehr Berücksichtigung, die Fristen können aber kürzer bemessen sein (BaRoth/*J Becker* § 308 Nr 2 Rn 13; Palandt/*Heinrichs* § 308 Rn 13).

20 **D. Rücktrittsvorbehalt (Nr 3).** Nr 3 will die Vertragsbindung des Verwenders sicherstellen u verhindern, dass dieser sich grundlos durch die Aufhebung seiner Leistungspflicht den Freizeichnungsverboten des § 309 Nr 7 u 8 entzieht (W/H/L § 10 Nr 3 Rn 1). Der Begriff „Lösungsrecht" ist **umfassend** zu verstehen. Er umfasst alle Fälle, in denen die Ausübung des dem Verwender zustehenden Rechts – unabhängig von dessen Bezeichnung – zum Wegfall seiner vertraglichen Leistungspflicht führen soll, etwa Anfechtungs-, Widerrufs- oder

Kündigungsrechte (vgl MüKo/*Basedow* § 308 Nr 3 Rn 4; *Stoffels* Rn 773). Darüber hinaus gilt Nr 3 für Klauseln, die eine teilweise Änderung des Leistungsumfangs ermöglichen (Erman/*Roloff* § 308 Rn 17), schuldrechtliche Ansprüche auf Vertragsaufhebung (BaRoth/*J Becker* § 308 Nr 3 Rn 3), auflösende Bedingungen (W/H/L § 10 Nr 3 Rn 6) u sonstige Konstruktionen, die zu einem ipso facto-Wegfall der Leistungspflicht des Verwenders führen (Palandt/*Heinrichs* § 308 Rn 14; W/H/L § 10 Nr 3 Rn 6). Nicht anwendbar ist Nr 3 dagegen auf eine Rückkaufvereinbarung, die einen gesonderten Vertrag mit neuen Leistungspflichten begründet (BGH NZG 05, 354).

I. Bestimmtheitsgebot. Die (vertraglichen oder gesetzlichen) Lösungsgründe sind in der Klausel so genau anzugeben, dass ein Durchschnittskunde ohne Schwierigkeiten feststellen kann, wann der Verwender vom Vertrag Abstand nehmen darf (BGH NJW 83, 1320). 21
Einzelfälle (bestimmt +, nicht –): Beschränkung der Rücktrittsmöglichkeit auf „höhere Gewalt, Streiks u Rohstoffmangel" (+ Kobl NJW-RR 89, 1459); Rechtsbegriffe wie „Unmöglichkeit" (+ Palandt/*Heinrichs* § 308 Rn 15); „Betriebsstörungen jeder Art" (– Kobl WM 83, 1272); „Erkrankungen" (– Hamm BB 83, 1305); „zwingender Grund" (– Köln NJW-RR 98, 926); „wenn es die Umstände erfordern" (– BGH NJW 83, 1322). 22

II. Sachlich gerechtfertigter Grund. Ein Lösungsgrund ist sachlich gerechtfertigt, wenn eine **Interessenabwägung** ergibt, dass das Interesse des Verwenders an der Auflösung des Vertrages das Interesse des Vertragspartners am Fortbestand des Vertrages überwiegt (BGH NJW 87, 833; vgl BaRoth/*J Becker* § 308 Nr 3 Rn 7). Eine sachliche Rechtfertigung kann sich insbes aus Leistungshindernissen in der Sphäre des Verwenders, vertragswidrigem Verhalten oder Kreditunwürdigkeit der Verwendergegenseite ergeben. Keine sachliche Rechtfertigung ist dann gegeben, wenn sich der Rücktritt auf Gründe stützt, die der Verwender bei Beachtung der gebotenen Sorgfalt schon vor Vertragsschluss hätte erkennen können (BGH NJW 87, 831; MüKo/*Basedow* § 308 Nr 3 Rn 2). 23

1. Leistungshindernisse im Bereich des Verwenders. Einzelfälle (gerechtfertigt +, nicht –): Vorübergehende Leistungshindernisse (idR – BGH NJW 83, 1321; – Kobl NJW-RR 89, 1460; + MüKo/*Basedow* § 308 Nr 3 Rn 7, wenn es sich um ein Fixgeschäft handelt); schuldhaft herbeigeführte Leistungshindernisse (– BGH NJW 83, 1321, muss in der Klausel klargestellt werden); „erhebliche Verteuerung der Lieferung" (– BGH NJW 83, 1321); eingeschränkte Selbstbelieferungsvorbehalte des Verwenders (+ BGHZ 92, 397; NJW 83, 1320; zu uneingeschränkten Selbstbelieferungsvorbehalten vgl BGH NJW 85, 857); „Lieferungsmöglichkeit vorbehalten" (idR – Stuttg ZIP 81, 875); „solange der Vorrat reicht" (– Palandt/*Heinrichs* § 308 Rn 18). 24

2. Vertragswidriges Verhalten des Kunden. Einzelfälle (gerechtfertigt +, nicht –): Bestimmte Pflichtverletzungen (etwa Nichtwahrung des Vorbehaltseigentums) im Möbelhandel (+ BGH NJW 85, 325); Verstoß des Käufers eines Neuwagens gegen ein Weiterveräußerungsverbot (+ BGH NJW 82, 180); Verletzung einer dem Kunden obliegenden Mitwirkungshandlung (+ BGH NJW 92, 1629 f zum Schlüsseldienst); falsche Selbstauskunft in Bezug auf unerhebliche Tatsachen (+ BGH NJW 85, 325; 85, 2272); Verdacht einer Pflichtverletzung (– Hamm BB 79, 1427). 25

3. Kreditunwürdigkeit. Vermögensverschlechterungen oder -gefährdungen der Verwendergegenseite können einen Rücktritt rechtfertigen, wenn sie zugleich eine (ernsthafte) Gefährdung des Gegenleistungsanspruchs des Verwenders begründen (vgl BGH NJW 01, 298). 26
Einzelfälle (gerechtfertigt +, nicht –): Abgabe einer eidesstattlichen Versicherung (+ BGH NJW 01, 298); „erhebliche Verschlechterung der Vermögensverhältnisse" (– Ddorf ZIP 84, 719); falsche Angaben des Käufers über seine Vermögensverhältnisse (+ BGH NJW 85, 325); „ungünstige Kreditauskunft" (– Erman/*Roloff* § 308 Rn 21; Palandt/*Heinrichs* § 308 Rn 17). 27

III. Dauerschuldverhältnisse. Nr 3 gilt nicht für Dauerschuldverhältnisse – zu denen auch Sukzessivlieferungs- (MüKo/*Basedow* § 308 Nr 3 Rn 13), nicht aber Ratenlieferungsverträge (U/B/H § 10 Nr 3 Rn 10) gehören –, es sei denn, dass mit dem vertraglichen Leistungsaustausch noch nicht begonnen wurde (BGHZ 99, 193). 28

IV. Verträge zwischen Unternehmern. Die Nr 3 zugrunde liegenden Wertungen gelten im unternehmerischen Geschäftsverkehr unter Einschränkungen (vgl BGH NJW 85, 738; *Stoffels* Rn 787). Vor dem Hintergrund unternehmerischer Gepflogenheiten ist der Begriff „sachlich gerechtfertigter Grund" weiter auszulegen als in b2c-Verträgen (BaRoth/*J Becker* § 308 Nr 3 Rn 39); auch sind an die Angabe des konkreten Lösungsgrundes geringere Anforderungen zu stellen (Palandt/*Heinrichs* § 308 Rn 21). Zulässig sind daher handelsübliche Klauseln, deren Grenzen sich aus kaufmännischer Verkehrssitte ergeben (BaRoth/*J Becker* § 308 Nr 3 Rn 39; zu Selbstbelieferungsklauseln vgl BGH NJW 94, 1062; 85, 738 f; NJW-RR 92, 611; zum „Vorbehalt der Liefermöglichkeit" Münch WM 85, 363). 29

V. Rechtsfolgen. Beinhaltet eine Klausel mehrere Rücktrittsgründe, von denen lediglich einzelne unwirksam sind, tritt lediglich **Teilunwirksamkeit** ein, wenn die einzelnen Gründe inhaltlich voneinander trennbar u einzeln aus sich heraus verständlich sind (BGH NJW 85, 325; 85, 2272; vgl auch § 306 Rn 6). 30

31 **E. Änderungsvorbehalt (Nr 4).** Durch die Einschränkung der Möglichkeit, formularmäßig Änderungsvorbehalte zu vereinbaren, soll Störungen des Äquivalenzverhältnisses entgegengewirkt u Sekundäransprüche des Kunden wegen der ursprünglich geschuldeten Leistung gesichert werden (MüKo/*Basedow* § 308 Nr 4 Rn 1). Nr 4 erfasst alle Klauseln, in denen sich der Verwender das Recht vorbehält, die versprochene Leistung (auch Nebenleistung, W/H/L § 10 Nr 4 Rn 8) zu ändern oder von ihr abzuweichen (BaRoth/*J Becker* § 308 Nr 4 Rn 8). Dies gilt unabhängig davon, ob sie unmittelbar oder mittelbar – etwa durch den Ausschluss von Sekundäransprüchen, durch Irrtumsklauseln oder die Fiktion, die Abweichung gelte nicht als Mangel (Palandt/*Heinrichs* § 308 Rn 22) – zu Änderungen berechtigen (MüKo/*Basedow* § 308 Nr 4 Rn 4; vgl auch LG Dortmund *Bunte* V § 10 Nr 4 Rn 18).

32 **Einzelfälle** (Änderungsvorbehalt +, nein –): Ersetzungsbefugnisse (+ BGH WM 05, 2250; NJW 70, 992); Befugnis zur Erbringung von Teilleistungen (+ Stuttg NJW-RR 95, 117; *Stoffels* Rn 795); Toleranz- u Circa-Klauseln des Warenhandels (+ MüKo/*Basedow* § 308 Nr 4 Rn 5); Modellnachfolgeklauseln (+ Kobl ZIP 81, 511); Verlegung des Erfüllungsortes (+ Dortmund VuR 95, 140; Hamm NJW-RR 92, 445); Befugnis zur Änderung von AGB, die beiderseitige Leistungen betreffen (+ BGH NJW 99, 1865); Änderungsvorbehalt in einem Kreditvermittlungsvertrag bzgl Höhe u Laufzeit eines Darlehens (- LG Berlin ZIP 81, 1087 f).

33 **I. Zumutbarkeit.** Zumutbar ist der Änderungsvorbehalt, wenn das Interesse des Verwenders an der Änderung das Interesse des Kunden daran überwiegt, gerade die versprochene Leistung zu erhalten (MüKo/*Basedow* § 308 Nr 4 Rn 7). Es gilt ein **generalisierend typisierender Maßstab** (W/H/L § 10 Nr 4 Rn 14). Nach der Rspr muss die Änderungsklausel Voraussetzungen u Umfang möglicher Änderungen hinreichend konkretisieren u solche Änderungen ausschließen, die auf eine erhebliche Störung des Äquivalenzverhältnisses hinauslaufen würden (BGH NJW-RR 90, 1233; NJW 83, 1325). Die Beweislast für die Zumutbarkeit des Änderungsvorbehalts obliegt dem Verwender.

34 **Einzelfälle** (zumutbar +, nicht -): Wiedergabe des Wortlauts von Nr 4 (- Hburg NJW-RR 86, 1440); Änderung der Flugmodalitäten „nach pflichtgemäßem Ermessen unter Berücksichtigung der Interessen des Fluggasts" (- BGH NJW 83, 1325); Berechtigung, „notwendige" Reparaturarbeiten ohne Zustimmung des Kunden vorzunehmen (- BGH NJW 87, 2818); Zulässigkeit der Verlegung der Räume eines Sportcenters bei gleichzeitigem Ausschluss der Kündigungsmöglichkeit (- Hamm NJW-RR 92, 445); Recht der Bank, einen Teil der Darlehensvaluta einzubehalten (- Frankf VersR 90, 526); Zulässigkeit „unwesentlicher Abweichungen" bei Ergänzungsstücken im Möbelhandel (- Kobl NJW-RR 93, 1079); „handelsübliche Abweichungen in Struktur u Farbe gegenüber dem Ausstellungsstück" (+ BGH NJW 87, 1886); Berechtigung des Verwenders, „bei Modell- u Konstruktionsänderungen das Nachfolgemodell zu liefern" (- Kobl ZIP 81, 509).

35 **II. Verträge zwischen Unternehmern.** Nr 4 findet auch im unternehmerischen Geschäftsverkehr über §§ 307 II Nr 1, 310 I Anwendung (vgl BGH NJW 85, 626; 84, 1183; *Stoffels* Rn 802). Insbes muss die Klausel auch hier Änderungsgründe nennen u in ihren Voraussetzungen u Folgen erkennbar die Interessen des Vertragspartners angemessen berücksichtigen (BGH NJW 84, 1183). Abänderungsvorbehalte, die sich in den Grenzen handelsüblicher Mengen- u Qualitätstoleranzen halten, sind zulässig (Palandt/*Heinrichs* § 308 Rn 24).

36 **Einzelfälle** (zumutbar +, nicht -): Freie Abänderung von Rabatten u Boni (- BGH NJW 94, 1063); Recht einer Messegesellschaft, eine Platzzuweisung zu ändern (- Köln NJW-RR 90, 1232); Recht des Herstellers, das Gebiet des Vertragshändlers nachträglich unter bestimmten Voraussetzungen zu ändern (+/- vgl BGH NJW 84, 1182 f) bzw seine Gewährleistungsrechte gegenüber den Händlern bei Vorliegen unbestimmter Voraussetzungen zu ändern (- BGH NJW 85, 626 ff); Vorbehalt der Produktionseinstellung oder -umstellung (+ BGH NJW 85, 627 f).

37 **F. Fingierte Erklärungen (Nr 5).** Nr 5 will die Verwendergegenseite vor Abweichungen von dem Grundsatz, dass ihr Schweigen (nicht dagegen das des Verwenders) idR keine Willenserklärung darstellt (s § 148 Rn 3 f), schützen. Sie regelt insoweit allein die **Mindestvoraussetzungen**; weitere Schranken können sich aus § 307 ergeben (BGH NJW 90, 763 f; Ddorf NJW-RR 88, 886). Nr 5 gilt allein iRd Vertragsdurchführung (vgl BGH NJW 01, 299; W/H/L § 10 Nr 5 Rn 7) u für Erklärungen von materiell-rechtlicher Bedeutung (Palandt/*Heinrichs* § 308 Rn 25). Die Vorschrift ist auch dann anwendbar, wenn das Ergebnis eines bestimmten rechtsgeschäftlichen Handelns unwiderleglich vermutet wird (BaRoth/*J Becker* § 308 Nr 5 Rn 7). Sie gilt auch für sog Umdeutungsklauseln (vgl BGH NJW 92, 3161), nicht aber für ausdrückliche Willenserklärungen des Kunden (BGH NJW 01, 1243); Tatsachenfiktionen (*Stoffels* Rn 648; hier gilt § 309 Nr 12 b) u die VOB, wenn sie als Ganzes einbezogen wurde (vgl Nr 8 Hs 3).

38 **Einzelfälle** (Erklärungsfiktion +, nein -): Schweigen der Verwendergegenseite führt zur Vertragsverlängerung (+ BGH NJW 85, 617); Abnahme mit Ingebrauchnahme des Werkes (+ BGH NJW 84, 726); Umbuchungswunsch führt zu Reiserücktritt u Neuanmeldung (+ BGH NJW 92, 3161).

39 **I. Angemessene Erklärungsfrist (Nr 5 a).** Die Fristlänge muss in der Klausel **konkret** bezeichnet werden. Angemessen ist eine Erklärungsfrist nur dann, wenn die Verwendergegenseite für ihre Entscheidungsfindung nach den Umständen des Einzelfalls ausreichend Zeit hat, das Für u Wider abzuwägen (BaRoth/*J Becker* § 308

Nr 5 Rn 15). Je nach Bedeutung der Erklärung kann eine Mindestfrist von fünf bis sechs Wochen angemessen sein (BGH NJW 99, 1865; vgl Ziff 1 (2) AGB-Banken).

Einzelfälle (angemessen +, nicht -): 1 Monat für Einwendungen gegen Kontoabschlussrechnungen (+ Frankf WM 81, 912 f); 6 Wochen für die Geltendmachung von Einwänden gegen die Rechnung eines Mobilfunkanbieters (+ Köln VersR 97, 1110); 12 Wochen in einem Krankenhausaufnahmevertrag für das Abholen vergessener Sachen (+ BGH NJW 90, 761); 2 Wochen für die Umschuldung größerer Darlehen (- LG Dortmund NJW-RR 86, 1171). **40**

II. Hinweispflicht (Nr 5 b). Die Klausel muss klarstellen, dass die Erklärungsfiktion nur dann eintritt, wenn **41** der Verwender den erforderlichen Hinweis tatsächlich erteilt hat (BaRoth/*J Becker* § 308 Nr 5 Rn 18). Fehlt eine solche Klarstellung, ist die Klausel unwirksam. Aus den für das Verbot der geltungserhaltenden Reduktion maßgeblichen Überlegungen (s § 306 Rn 4) folgt, dass ein dennoch erteilter Hinweis weder zur Heilung der Klausel noch dazu führt, dass sich der Kunde nicht auf ihre Unwirksamkeit berufen kann (BaRoth/ *J Becker* § 308 Nr 5 Rn 19; letzteres offen gelassen von BGH NJW 85, 618).

III. Verträge zwischen Unternehmern. Nr 5 findet über § 307 im unternehmerischen Geschäftsverkehr **42** Berücksichtigung (BGHZ 101, 365; NJW 89, 2124); doch kann im b2b-Bereich die Hinweispflicht (Nr 5 b) entfallen (vgl *Stoffels* Rn 658). Unberührt bleiben die Grundsätze über das Schweigen auf ein kaufmännisches Bestätigungsschreiben.

G. Fiktion des Zugangs (Nr 6). Vor dem Hintergrund des allg Verbots formularmäßiger Beweislaständerungen zuungunsten der Verwendergegenseite (§ 309 Nr 12) statuiert Nr 6 einen „verdeckten Erlaubnistatbestand". Dieser gestattet es, den Zugang von Erklärungen des Verwenders ohne besondere Bedeutung – abweichend von der in § 130 niedergelegten Beweislastverteilung – zu fingieren. Der Begriff der Erklärung iSv Nr 5 erfasst nicht nur Willenserklärungen u geschäftsähnliche Erklärungen (W/H/L § 10 Nr 6 Rn 7) des Verwenders, sondern auch Erklärungen u Mitteilungen Dritter, aus deren Zugang der Verwender für sich günstige Rechtsfolgen ableiten will oder die dem Verwender zugerechnet werden (W/H/L § 10 Nr 6 Rn 6). Eine Zugangsfiktion liegt dabei unabhängig davon vor, ob die Klausel das „Ob" oder lediglich den Zeitpunkt des Zugangs fingiert (BaRoth/*J Becker* § 308 Nr 6 Rn 10). Wird auf den Zugang ganz verzichtet, ist die Klausel idR nach § 307 II Nr 1 unwirksam (MüKo/*Basedow* § 308 Nr 6 Rn 4). **43**

Einzelfälle (Zugangsfiktion +, nein –): Zugangsvermutungen (+ MüKo/*Basedow* § 308 Nr 6 Rn 3); Abbedingung des Zugangs, zB Erklärung soll mit Übergabe an die Post wirksam sein (+ LG Koblenz DNotZ 88, 496; aA § 307, LG München I NJW-RR 92, 244); Abgabefiktionen (– W/H/L § 10 Nr 6 Rn 12; aA Hburg VersR 81, 126); Abgabevermutungen (– Palandt/*Heinrichs* § 308 Rn 32); Empfangsbevollmächtigung (- BGH NJW 97, 3439; 89, 2383: iRv § 307 gelten die Grundsätze von Nr 6); Bestellung zum Empfangsboten (+ KG NJW-RR 92, 861); Zugangsersatz (zB Aushang) (– W/H/L § 10 Nr 6 Rn 12); Absendevermutungen (– MüKo/*Basedow* § 308 Nr 6 Rn 13). **44**

I. Erklärungen von besonderer Bedeutung. Erklärungen von besonderer Bedeutung sind alle Erklärungen **45** des Verwenders, die für den Vertragspartner mit nachteiligen Rechtsfolgen verbunden sind (Oldbg NJW 92, 1839; *Stoffels* Rn 668). Das Verbot greift damit sehr weit.

Einzelfälle (besondere Bedeutung +, nein –): Tagesauszüge der Banken (– BGH NJW 85, 2699); Rechnungsabschlüsse für Girokonten (+ BGH NJW 85, 2699; Oldbg NJW 92, 1839); Androhung des Pfandverkaufs (+ LG Stuttgart *Bunte* I Nr 6 Rn 56); Mahnungen (+ Stuttg BB 79, 909); Setzen einer Frist oder Nachfrist (+ U/ B/H § 10 Nr 6 Rn 7); Kündigungen u andere Gestaltungserklärungen (+ W/H/L § 10 Nr 6 Rn 8); Mitteilungen, Anzeigen (– Erman/*Roloff* § 308 Rn 53). **46**

II. Verträge zwischen Unternehmern. Nr 6 hat im Verkehr zwischen Unternehmern gem §§ 307 I, 310 I **47** indizielle Bedeutung. Auch dort ist also die Zugangsfiktion von Erklärungen von besonderer Bedeutung unwirksam (*Stoffels* Rn 671).

H. Abwicklung von Verträgen (Nr 7). Nr 7 verbietet unangemessen hohe Ansprüche des Verwenders für **48** den Fall der Rückabwicklung eines (tatsächlich bestehenden) Vertrages. Die Vorschrift gilt unabhängig davon, wie das Lösungsrecht bezeichnet wird (MüKo/*Basedow* § 308 Nr 7 Rn 4) u welche Seite es ausübt (Palandt/*Heinrichs* § 308 Rn 35). Nr 7 findet entsprechende Anwendung auf **Anfechtung** u **Widerruf** (W/H/L § 10 Nr 7 Rn 9) u ist auf alle Entgeltansprüche anzuwenden, die dem Verwender nach gesetzlichen oder vertraglichen Regeln bei vorzeitiger Beendigung des Vertrages zustehen (LG Köln NJW-RR 87, 1531; vgl auch BGH WM 92, 940). **Entgeltansprüche** in diesem Sinn sind Vergütungsansprüche für erbrachte Leistungen u Nutzungen (Köln NJW-RR 86, 1435); gesetzliche Aufwendungsersatzansprüche; Ansprüche aus § 649 (BGH NJW 85, 632), § 645 (BGH NJW 85, 633), § 628; nicht aber (wegen § 307 III 1) Aufwendungsersatzansprüche ohne gesetzliche Grundlage (Hburg NJW-RR 90, 910; MüKo/*Basedow* § 308 Nr 7 Rn 4; aA U/B/H § 10 Nr 7 Rn 6) sowie Schadens- u Wertminderungspauschalen iSv § 309 Nr 5, s § 309 Rn 27.

I. Unangemessenheit. Die Angemessenheit des Entgelts ist vor dem Hintergrund dessen zu beurteilen, was **49** nach dispositivem Recht typischerweise geschuldet würde (BGH ZIP 05, 493; NJW 91, 2764). Die Prüfung muss sich an den Vorgaben der gesetzlichen Anspruchsgrundlage orientieren (Palandt/*Heinrichs* § 308 Rn 37). In analoger Anwendung von § 309 Nr 5 b muss die Klausel der Verwendergegenseite ausdrücklich gestatten, nachzuweisen, dass der im konkreten Fall angemessene Betrag wesentlich niedriger ist, als der auf der Grundlage der Klausel pauschalierte Betrag (BGH NJW 85, 632; Palandt/*Heinrichs* § 308 Rn 38). Die Darlegungs- u Beweislast für die Unangemessenheit trägt die Verwendergegenseite (BGH NJW 91, 2764).

50 **Einzelfälle** (unangemessen +, nicht –): Anspruch auf volle Vergütung beim Werkvertrag (+ BGH NJW 85, 633); 7,5% der Gesamtauftragssumme als Vergütung beim Bauvertrag (– BGH ZIP 00, 1057; 10% +, BGH NJW 99, 3261); 3% Bearbeitungsgebühr bei Nichtabnahme des Darlehensbetrages beim Darlehensvertrag (+ BGH NJW 82, 2435); Anspruch des Dienstverpflichteten auf volle Vergütung bei vorzeitiger Beendigung des Dienstvertrages (+ BGH NJW 85, 633 f); völliger Ausschluss der Rückforderung der gezahlten Vergütung bei vorzeitiger Kündigung des Ehemaklervertrages (+ BGH NJW 83, 2817); pauschalierter Abzug iHv 40% nach § 649 für ersparte Aufwendungen bei Kündigung des Architektenvertrages durch den Bauherrn (+ BGH NJW 97, 260); pauschale Vergütungen für Einzelleistungen des Reiseveranstalters im Falle der Vertragsaufhebung ohne Berücksichtigung der Vorteile des Verwenders aufgrund der Vertragsauflösung (+ BGH NJW 85, 633); Anspruch des Inkassobüros auf die volle Vergütung für jeden Fall der Kündigung des Inkassovertrages (+ BGH ZIP 05, 493); Fälligkeit von Leasingraten u Abschlusszahlung im Leasingvertrag (+ BGH NJW 82, 1747); Handelsvertretervertrag (+ Kobl NJW 87, 74 f).

51 **II. Verträge zwischen Unternehmern.** Die Wertungen der Nr 7 gelten auch im unternehmerischen Geschäftsverkehr (BGH NJW 94, 1067).

52 **III. Rechtsfolgen.** Unangemessen hohe Abwicklungsvergütungen zugunsten des Verwenders führen zur Unwirksamkeit der Klausel. Hierdurch entstehende Lücken im Vertragstext sind im Wege der ergänzenden Vertragsauslegung zu schließen (BGH NJW 73, 1192; MüKo/*Basedow* § 308 Nr 7 Rn 12). Ist die Pauschale im Einzelfall für den Kunden günstiger als eine dem Gesetz entsprechende Anwendung, kann sich der Verwender auf die Unwirksamkeit der Klausel nicht berufen (BGH NJW-RR 98, 594).

53 **IV. Nichtverfügbarkeit der Leistung (Nr 8).** Nr 8 ergänzt Nr 3. Klauseln, nach denen der Verwender bei Nichtverfügbarkeit nicht leisten muss (in der Praxis häufig: Liefervorbehalte, Selbstbelieferungsvorbehalte u Vorratsklauseln), sind unwirksam, wenn sie nicht die Voraussetzungen beider Nrn erfüllen (LG Hamburg ZGS 04, 80). Der Verwender kann einen Verstoß gegen Nr 8 auch nicht dadurch heilen, dass er unverzüglich informiert u gestattet (MüKo/*Basedow* § 308 Nr 8 Rn 4). Entspricht die Klausel den Anforderungen von Nr 8 u kommt er seinen Pflichten nicht nach, ist die Klausel wirksam (in Betracht kommen Schadensersatzansprüche der Verwendergegenseite nach § 286).

54 Nr 8 entfaltet im **unternehmerischen Geschäftsverkehr** wegen der Handelsüblichkeit entsprechender Klauseln idR keine Indizwirkung (Erman/*Roloff* § 309 Rn 69; U/B/H § 10 Nr 8 Rn 8).

§ 309 Klauselverbote ohne Wertungsmöglichkeit

Auch soweit eine Abweichung von den gesetzlichen Vorschriften zulässig ist, ist in Allgemeinen Geschäftsbedingungen unwirksam

1. (Kurzfristige Preiserhöhungen)
   eine Bestimmung, welche die Erhöhung des Entgelts für Waren oder Leistungen vorsieht, die innerhalb von vier Monaten nach Vertragsschluss geliefert oder erbracht werden sollen; dies gilt nicht bei Waren oder Leistungen, die im Rahmen von Dauerschuldverhältnissen geliefert oder erbracht werden;

2. (Leistungsverweigerungsrechte)
   eine Bestimmung, durch die
   a) das Leistungsverweigerungsrecht, das dem Vertragspartner des Verwenders nach § 320 zusteht, ausgeschlossen oder eingeschränkt wird oder
   b) ein dem Vertragspartner des Verwenders zustehendes Zurückbehaltungsrecht, soweit es auf demselben Vertragsverhältnis beruht, ausgeschlossen oder eingeschränkt, insbesondere von der Anerkennung von Mängeln durch den Verwender abhängig gemacht wird;

3. (Aufrechnungsverbot)
   eine Bestimmung, durch die dem Vertragspartner des Verwenders die Befugnis genommen wird, mit einer unbestrittenen oder rechtskräftig festgestellten Forderung aufzurechnen;

4. (Mahnung, Fristsetzung)
   eine Bestimmung, durch die der Verwender von der gesetzlichen Obliegenheit freigestellt wird, den anderen Vertragsteil zu mahnen oder ihm eine Frist für die Leistung oder Nacherfüllung zu setzen;

5. (Pauschalierung von Schadensersatzansprüchen)
   die Vereinbarung eines pauschalierten Anspruchs des Verwenders auf Schadensersatz oder Ersatz einer Wertminderung, wenn

a) die Pauschale den in den geregelten Fällen nach dem gewöhnlichen Lauf der Dinge zu erwartenden Schaden oder die gewöhnlich eintretende Wertminderung übersteigt oder

b) dem anderen Vertragsteil nicht ausdrücklich der Nachweis gestattet wird, ein Schaden oder eine Wertminderung sei überhaupt nicht entstanden oder wesentlich niedriger als die Pauschale;

6. (Vertragsstrafe)

eine Bestimmung, durch die dem Verwender für den Fall der Nichtabnahme oder verspäteten Abnahme der Leistung, des Zahlungsverzugs oder für den Fall, dass der andere Vertragsteil sich vom Vertrag löst, Zahlung einer Vertragsstrafe versprochen wird;

7. (Haftungsausschluss bei Verletzung von Leben, Körper, Gesundheit und bei grobem Verschulden)

a) (Verletzung von Leben, Körper, Gesundheit)

ein Ausschluss oder eine Begrenzung der Haftung für Schäden aus der Verletzung des Lebens, des Körpers oder der Gesundheit, die auf einer fahrlässigen Pflichtverletzung des Verwenders oder einer vorsätzlichen oder fahrlässigen Pflichtverletzung eines gesetzlichen Vertreters oder Erfüllungsgehilfen des Verwenders beruhen;

b) (Grobes Verschulden)

ein Ausschluss oder eine Begrenzung der Haftung für sonstige Schäden, die auf einer grob fahrlässigen Pflichtverletzung des Verwenders oder auf einer vorsätzlichen oder grob fahrlässigen Pflichtverletzung eines gesetzlichen Vertreters oder Erfüllungsgehilfen des Verwenders beruhen;

die Buchstaben a und b gelten nicht für Haftungsbeschränkungen in den nach Maßgabe des Personenbeförderungsgesetzes genehmigten Beförderungsbedingungen und Tarifvorschriften der Straßenbahnen, Obusse und Kraftfahrzeuge im Linienverkehr, soweit sie nicht zum Nachteil des Fahrgastes von der Verordnung über die Allgemeinen Beförderungsbedingungen für den Straßenbahn- und Obusverkehr sowie den Linienverkehr mit Kraftfahrzeugen vom 27. Februar 1970 abweichen; Buchstabe b gilt nicht für Haftungsbeschränkungen für staatlich genehmigte Lotterie- oder Ausspielverträge;

8. (Sonstige Haftungsausschlüsse bei Pflichtverletzung)

a) (Ausschluss des Rechts, sich vom Vertrag zu lösen)

eine Bestimmung, die bei einer vom Verwender zu vertretenden, nicht in einem Mangel der Kaufsache oder des Werkes bestehenden Pflichtverletzung das Recht des anderen Vertragsteils, sich vom Vertrag zu lösen, ausschließt oder einschränkt; dies gilt nicht für die in der Nummer 7 bezeichneten Beförderungsbedingungen und Tarifvorschriften unter den dort genannten Voraussetzungen;

b) (Mängel)

eine Bestimmung, durch die bei Verträgen über Lieferungen neu hergestellter Sachen und über Werkleistungen

aa) (Ausschluss und Verweisung auf Dritte)

die Ansprüche gegen den Verwender wegen eines Mangels insgesamt oder bezüglich einzelner Teile ausgeschlossen, auf die Einräumung von Ansprüchen gegen Dritte beschränkt oder von der vorherigen gerichtlichen Inanspruchnahme Dritter abhängig gemacht werden;

bb) (Beschränkung auf Nacherfüllung)

die Ansprüche gegen den Verwender insgesamt oder bezüglich einzelner Teile auf ein Recht auf Nacherfüllung beschränkt werden, sofern dem anderen Vertragsteil nicht ausdrücklich das Recht vorbehalten wird, bei Fehlschlagen der Nacherfüllung zu mindern oder, wenn nicht eine Bauleistung Gegenstand der Mängelhaftung ist, nach seiner Wahl vom Vertrag zurückzutreten;

cc) (Aufwendungen bei Nacherfüllung)

die Verpflichtung des Verwenders ausgeschlossen oder beschränkt wird, die zum Zwecke der Nacherfüllung erforderlichen Aufwendungen, insbesondere Transport-, Wege-, Arbeits- und Materialkosten, zu tragen;

dd) (Vorenthalten der Nacherfüllung)

der Verwender die Nacherfüllung von der vorherigen Zahlung des vollständigen Entgelts oder eines unter Berücksichtigung des Mangels unverhältnismäßig hohen Teils des Entgelts abhängig macht;

ee) (Ausschlussfrist für Mängelanzeige)

der Verwender dem anderen Vertragsteil für die Anzeige nicht offensichtlicher Mängel eine Ausschlussfrist setzt, die kürzer ist als die nach dem Doppelbuchstaben ff zulässige Frist;

ff) (Erleichterung der Verjährung)

die Verjährung von Ansprüchen gegen den Verwender wegen eines Mangels in den Fällen des § 438 Abs. 1 Nr. 2 und des § 634a Abs. 1 Nr. 2 erleichtert oder in den sonstigen Fällen eine weniger als ein Jahr betragende Verjährungsfrist ab dem gesetzlichen Verjährungsbeginn erreicht wird; dies gilt nicht für Verträge, in die Teil B der Verdingungsordnung für Bauleistungen insgesamt einbezogen ist;

9. (Laufzeit bei Dauerschuldverhältnissen)

bei einem Vertragsverhältnis, das die regelmäßige Lieferung von Waren oder die regelmäßige Erbringung von Dienst- oder Werkleistungen durch den Verwender zum Gegenstand hat,

a) eine den anderen Vertragsteil länger als zwei Jahre bindende Laufzeit des Vertrags,

b) eine den anderen Vertragsteil bindende stillschweigende Verlängerung des Vertragsverhältnisses um jeweils mehr als ein Jahr oder

c) zu Lasten des anderen Vertragsteils eine längere Kündigungsfrist als drei Monate vor Ablauf der zunächst vorgesehenen oder stillschweigend verlängerten Vertragsdauer;

dies gilt nicht für Verträge über die Lieferung als zusammengehörig verkaufter Sachen, für Versicherungsverträge sowie für Verträge zwischen den Inhabern urheberrechtlicher Rechte und Ansprüche und Verwertungsgesellschaften im Sinne des Gesetzes über die Wahrnehmung von Urheberrechten und verwandten Schutzrechten;

10. (Wechsel des Vertragspartners)

eine Bestimmung, wonach bei Kauf-, Dienst- oder Werkverträgen ein Dritter anstelle des Verwenders in die sich aus dem Vertrag ergebenden Rechte und Pflichten eintritt oder eintreten kann, es sei denn, in der Bestimmung wird

a) der Dritte namentlich bezeichnet oder

b) dem anderen Vertragsteil das Recht eingeräumt, sich vom Vertrag zu lösen;

11. (Haftung des Abschlussvertreters)

eine Bestimmung, durch die der Verwender einem Vertreter, der den Vertrag für den anderen Vertragsteil abschließt,

a) ohne hierauf gerichtete ausdrückliche und gesonderte Erklärung eine eigene Haftung oder Einstandspflicht oder

b) im Falle vollmachtsloser Vertretung eine über § 179 hinausgehende Haftung

auferlegt;

12. (Beweislast)

eine Bestimmung, durch die der Verwender die Beweislast zum Nachteil des anderen Vertragsteils ändert, insbesondere indem er

a) diesem die Beweislast für Umstände auferlegt, die im Verantwortungsbereich des Verwenders liegen, oder

b) den anderen Vertragsteil bestimmte Tatsachen bestätigen lässt;

Buchstabe b gilt nicht für Empfangsbekenntnisse, die gesondert unterschrieben oder mit einer gesonderten qualifizierten elektronischen Signatur versehen sind;

13. (Form von Anzeigen und Erklärungen)

eine Bestimmung, durch die Anzeigen oder Erklärungen, die dem Verwender oder einem Dritten gegenüber abzugeben sind, an eine strengere Form als die Schriftform oder an besondere Zugangserfordernisse gebunden werden.

1 **A. Allgemeines.** § 309 ergänzt den Katalog des § 308, erfordert aber **keinen richterlichen Wertungsakt.** Die Mehrzahl der Verbote sind Konkretisierungen der in § 307 II enthaltenen Rechtsgedanken. Zur Bedeutung der Vorschrift im unternehmerischen Geschäftsverkehr vgl jeweils die Kommentierung der einzelnen Nrn sowie § 307 Rn 33 ff. Zur Prüfungsreihenfolge s § 307 Rn 3.

2 **B. Kurzfristige Preiserhöhungen (Nr 1).** Nr 1 beruht auf dem Gedanken, dass der Kunde auf den ausgehandelten Preis vertrauen können soll (**Preisklarheit bzw Preistransparenz**). Nr 1 ergänzt § 1 I, IV PAngV, soweit Waren u Dienstleistungen Letztverbrauchern angeboten werden. Nr 1 erfasst ausgenommen von Dauerschuldverhältnissen (s Rn 7) grds alle entgeltlichen Verträge (BaRoth/*J Becker* § 309 Nr 1 Rn 6).

3 **I. Entgelt für Waren oder Leistungen.** Das Entgelt, das in einem Sach- oder Geldbetrag bestehen kann, muss zumindest vorläufig ziffernmäßig festgesetzt sein. Bestimmbarkeit zB durch Hinweis auf taxmäßige oder übliche Vergütung reicht aus (Erman/*Roloff* § 309 Rn 2; U/B/H § 11 Nr 1 Rn 4; MüKo/*Basedow* § 309 Nr 1 Rn 15). Entgelt ist nur die vereinbarte Gegenleistung in gegenseitigen Verträgen, nicht dagegen der Aufwendungsersatz (MüKo/*Basedow* § 309 Nr 1 Rn 11).

Die Gegenleistung muss für Waren oder Leistungen geschuldet sein. Der Leistungsbegriff umfasst alle vertraglichen Leistungen. Auf Grundstücke kann Nr 1 analog Anwendung finden (BaRoth/*J Becker* § 309 Nr 1 Rn 6).

II. Preiserhöhungsklauseln. Nr 1 verbietet jede Form der direkten nachträglichen Entgelterhöhung (BGH NJW 80, 2134), sofern sie eine zukünftig zu erbringende Leistung betrifft (W/H/L § 11 Nr 1 Rn 4). Unwirksam sind danach **Änderungsvorbehalte**, die auf Kosten- oder Lohnerhöhungen im Bereich des Verwenders abstellen (BGH NJW 90, 116); Klauseln, wonach der Verwender berechtigt ist, das Entgelt nach dem späteren Tages- oder Listenpreis bei Lieferung zu berechnen (BGH NJW 85, 854; MüKo/*Basedow*, § 309 Nr 1 Rn 14); **Anpassungsklauseln**, bei denen der Eintritt der Preiserhöhung durch bestimmte Ereignisse oder Umstände „automatisch" ausgelöst wird (sog Gleit- u Spannungsklauseln; MüKo/*Basedow* § 309 Nr 1 Rn 12 f); Klauseln, die den Parteien bei Eintritt bestimmter Umstände eine **Neuverhandlungspflicht** auferlegen u notfalls eine Neufestsetzung des Entgelts durch Gerichte vorsehen (MüKo/*Basedow* § 309 Nr 1 Rn 13); **Umsatzsteuerklauseln**, die dem Verwender für diesen Fall die entsprechende Erhöhung der vereinbarten Brutto- bzw Inklusivpreise gestatten (BGH NJW 80, 2134).

III. Viermonatsfrist. Die Frist beginnt mit Zustandekommen des Vertrages, nicht bereits mit der Unterzeichnung eines Vertragsangebots (Frankfurt/M DB 81, 884). Die Vereinbarung eines festen Liefertermins ist nicht erforderlich. Nr 1 ist auch anwendbar, wenn keine Lieferfrist vereinbart u somit die Leistung sofort geschuldet ist (§ 271 I). Wann die Leistung tatsächlich erbracht wird, ist für die Wirksamkeit nach Nr 1 unerheblich (Palandt/*Heinrichs* § 309 Nr 4), kann aber nach Treu u Glauben zur Vertragsänderung durch Einwilligung des Kunden führen (BGH NJW 75, 1108 m Anm Bulla). Eine Erhöhungsklausel, die unterschiedslos für Verträge mit kürzeren u längeren Lieferfristen als vier Monate verwandt wird, ist insgesamt unwirksam (BGH NJW 85, 855).

IV. Dauerschuldverhältnisse. Vom Verbot der Nr 1 ausgenommen sind Dauerschuldverhältnisse, deren Gesamtliefermenge bei Vertragsschluss nicht feststeht (BaRoth/*J Becker* § 309 Nr 1 Rn 13). Das sind insbes Abonnementsverträge (BGH NJW 80, 2519), Darlehensverträge (Köln ZIP 99, 22), Dienstverträge, Sukzessivlieferungsverträge (BGH NJW-RR 86, 211), Wartungsverträge (BGH NJW-RR 88, 821), Wiederkehrschuldverhältnisse (BTDrs 7/5422, S 8) sowie sonstige Bezugsverträge (BGH NJW 85, 854). Miet- u Versicherungsverträge werden nur dann von Nr 1 erfasst, wenn sie auf Abwicklung in kurzer Zeit angelegt sind (Palandt/*Heinrichs* § 309 Rn 6).

V. Inhaltskontrolle nach § 307. Preiserhöhungsklauseln (zB Tagespreisklauseln im Kfz-Handel), die nach Nr 1 nicht zu beanstanden sind, können gegen § 307 verstoßen (BGH NJW 85, 2270; Führich NJW 00, 3676). Das gilt zB für Klauseln, die einseitig dem Verwender eine nicht kurzfristige Preiserhöhung erlauben. Nach § 307 unwirksam sind Klauseln, die das **Äquivalenzprinzip** nicht wahren (BGH NJW 85, 2270; 82, 332), die Preiserhöhung nach Grund u Umfang nicht transparent konkretisieren (BGH NJW 00, 652; 85, 855) u dem Kunden für den Fall hoher Preissteigerungen kein Lösungsrecht (Kündigung oder Rücktritt) einräumen (BGH NJW 98, 456). Insb bei **Verträgen mit Verbrauchern** sind an Ausgewogenheit u Klarheit der Klausel strenge Anforderungen zu stellen (Palandt/*Heinrichs* § 309 Rn 8). Zur Kasuistik s MüKo/*Basedow* § 309 Nr 1 Rn 22 f. Nachbewertungsklauseln sind dagegen nach § 307 III 1 der Inhaltskontrolle entzogen (BGH NJW 01, 2399).

VI. Verträge zwischen Unternehmern. Das starre Verbot der Nr 1 lässt sich auf den Geschäftsverkehr nicht übertragen, wenngleich die Überlegungen zur Angemessenheit von Preiserhöhungsklauseln iRv § 307 bedeutsam sind (MüKo/*Basedow* § 309 Nr 1 Rn 25). Im unternehmerischen Bereich sind Umsatzsteuergleitklauseln grds zulässig u Tagespreisklauseln nicht grds unwirksam (MüKo/*Basedow* § 309 Nr 1 Rn 25; U/B/H § 11 Nr 1 Rn 20). Bedenklich sind Änderungsvorbehalte in Vertriebsmittlerverträgen (BGH NJW 00, 520). Ein Lösungsrecht ist dem Vertragspartner nicht zwingend einzuräumen (BGH NJW 85, 427 f; 85, 853 ff).

C. Leistungsverweigerungsrechte (Nr 2). Nr 2 will das in §§ 320, 273 verankerte Gebot vertraglicher Abwicklungsgerechtigkeit gewährleisten (Frankfurt/M NJW 86, 1618) u sichert dem Kunden das mit dem Weigerungsrecht verbundene wirtschaftliche Druckmittel zur vollständigen Leistungserbringung durch den Verwender (BGH NJW 95, 1554). Von Nr 2 geschützt wird nur, was dem Kunden durch das dispositive Recht gewährt wird; darüber hinaus kann die Frage der Wirksamkeit der Klausel dahingestellt bleiben (insbs beim Teilleistungsrecht Stuttgart VuR 96, 277).

I. Schutz des Leistungsverweigerungsrechts (Nr 2 a). Nr 2 a untersagt jede Änderung oder Einschränkung des Leistungsverweigerungsrechts aus § 320, das dem Kunden gegenüber dem Verwender nach dispositivem Recht ohne die Klausel zustehen würde. Ein Kunde, der grundlos oder endgültig die Leistung verweigert, wird nicht geschützt (BGH NJW 68, 1873). Das Verbot der Nr 2a gilt auch bei der **Rückabwicklung** von Verträgen nach § 348 u in ähnlichen Fällen (BGH NJW 80, 1632). Nicht anwendbar ist Nr 2a bei einer gesetzlichen Vorleistungspflicht des Kunden, § 320 I 1 (hM; BGH NJW 85, 851).

1. Unzulässige Beschränkung des § 320. Unzulässig sind Beschränkungen, wenn das Leistungsverweigerungsrecht auf die Geltendmachung vom Verwender anerkannter oder rechtskräftig festgestellter Mängel

(BGH NJW 92, 2163) oder auf die voraussichtlichen Mangelbeseitigungskosten **begrenzt** wird (Palandt/*Heinrichs* § 309 Rn 12; U/B/H § 11 Nr 2 Rn 9). Gleiches gilt, wenn die Ausübung des Leistungsverweigerungsrechts von der schriftlichen **Anzeige** (Celle WuM 90, 111; Erman/*Roloff* § 309 Rn 20; aA U/B/H § 11 Nr 2 Rn 9) oder einem **Anerkenntnis** (Palandt/*Heinrichs* § 309 Rn 12; W/H/L § 11 Nr 2 Rn 8) abhängig gemacht wird. Unzulässig sind Klauseln, wonach zum Nachweis der gesicherten Finanzierung eine unwiderrufliche Zahlungsgarantie der Bank vorzulegen ist (BGH NJW 93, 3264), die Schecksperrung für den Fall der Fehllieferung untersagt ist (BGH NJW 85, 857) oder Abschlagzahlungen per unwiderruflicher Banklastschrift zu leisten sind (BGH NJW-RR 86, 959).

13 **2. Vorleistungspflicht.** Wegen seiner weiten Ausgestaltung muss das Verbot der Nr 2 a **restriktiv interpretiert** werden (MüKo/*Basedow* § 309 Nr 2 Rn 7, 11 f), so dass nicht jede Statuierung einer Vorleistungspflicht des Kunden unzulässig ist. Nur wenn die formularmäßige Vereinbarung der Vorleistungspflicht des Kunden einzig der Umgehung des Klauselverbots der Nr 2 a dient, ist Nr 2 u nicht § 307 Maßstab (BGH NJW 01, 294; 87, 1932). Vorleistungsklauseln sind zulässig, wenn sachlich berechtigte Gründe gegeben sind u überwiegende Belange des Kunden nicht entgegenstehen (BGH aaO). Das ist der Fall beim Kauf von Eintrittskarten (MüKo/*Basedow* § 309 Nr 2 Rn 11; Palandt/*Heinrichs* § 309 Rn 13), bei Briefmarkenauktionen (BGH NJW 85, 850), bei der Heiratsvermittlung (BGH NJW 83, 2819) u uU bei Erschließungskosten (Hamm NJW-RR 92, 22), aber nicht beim Kauf von Möbeln usw (BGH NJW 99, 2182).

14 Die Unzulässigkeit der Klausel ergibt sich auch aus **Umfang oder Zeitpunkt der Vorleistungspflicht.** Die Vorauszahlung des Kunden kann somit unzulässig sein beim Heimvertrag (Zweibrücken NJW-RR 98, 1753), Informationsdienstvertrag (LG Aachen NJW-RR 94, 60), Sport-/Fitnessclubvertrag (Ddorf MDR 99, 735; Hamm NJW-RR 92, 244), Wartungsvertrag (Münch OLGZ 91, 356) sowie bei der Schneebeseitigung (KG NJW-RR 94, 1266), Steuerberatung (MüKo/*Basedow* § 309 Nr 2 Rn 16) oder Telefonbucheintragung (BGH NJW-RR 03, 834). Bei Werkverträgen ist die Abschlagzahlung nach § 632 a zulässig, diese darf aber nicht in eine Vorleistungspflicht des Bestellers umgewandelt werden (BGH NJW 93, 3264; Zweibrücken NJW-RR 02, 274). Beim Reisevertrag gilt § 651 k.

15 **II. Schutz des Zurückbehaltungsrechts (Nr 2 b).** Nr 2 b schützt, anders als § 273, nur Ansprüche aus demselben Vertragsverhältnis, derentwegen dem Kunden die Zurückbehaltung seiner Leistung untersagt oder eingeschränkt werden soll. Erweitert eine Klausel dagegen das Zurückbehaltungsrecht des Verwenders, ist sie an § 307 zu messen, nicht an Nr 2 b (MüKo/*Heinrichs* § 309 Nr 2 Rn 19). Unzulässig sind Ausschlussklauseln beim Rücktritt vom Eigenheimbewerbervertrag (BGH NJW 75, 165). Gleiches gilt für die Klauseln „Kasse gegen Faktura" oder „Kasse gegen Dokumente" bei Nichtkaufleuten (RGZ 132, 306; BGHZ 14, 62) sowie „Zahlung ohne Garantienachweis" (LG Frankfurt/M NJW-RR 87, 1003) oder „Rechnungsbetrag sofort ohne Abzug zu bezahlen" (Köln VuR 96, 259; aA MüKo/*Basedow* § 309 Nr 2 Rn 20).

16 **III. Verträge zwischen Unternehmern.** Wegen des besonderen Sicherungsbedürfnisses des Verwenders u der Handelsbräuche (§ 310 I 2 Hs 2) lässt sich das Verbot der Nr 2 auf den unternehmerischen Geschäftsverkehr nicht übertragen (BGH NJW 70, 30; MüKo/*Basedow* § 309 Nr 2 Rn 21). Unzulässig ist es aber, die Geltendmachung der Leistungsverweigerungsrechte auch für unbestrittene oder rechtskräftig festgestellte Gegenansprüche auszuschließen (BGH NJW 92, 577; 85, 320).

17 **D. Aufrechnungsverbot (Nr 3).** Nach Nr 3 sind nicht nur ausdrückliche, sondern auch faktische Aufrechungsausschlüsse (zB Barzahlungs- u Nachnahmeklauseln) unwirksam (BGH NJW 98, 3119). Unwirksam sind Klauseln, die die Aufrechnung in den von Nr 3 genannten Fällen erschweren (Celle NJW-RR 98, 586) oder die Aufrechnungsbefugnis des Verwenders erweitern (W/H/L § 11 Nr 3 Rn 15). Sonstige Erschwerungen der Aufrechnungsbefugnis sind an § 307 zu messen, sofern sie nicht einem völligen Ausschluss gleichkommen (MüKo/*Basedow* § 309 Nr 3 Rn 6). Klauseln, wonach die gem § 215 zulässige Aufrechnung mit einer verjährten Forderung ausgeschlossen ist, verstoßen zwar nicht gegen Nr 3, aber gegen § 307 (Hamm NJW-RR 93, 1082; aA BaRoth/*J Becker* § 309 Nr 3 Rn 13). Nicht von Nr 3 erfasst, aber uU nach § 307 zu beanstanden ist es, wenn die Aufrechnung der schriftlichen Erklärung oder einer vorherigen Anzeige bedarf (BGH NJW 95, 254; Celle NJW-RR 98, 585). Das Erfordernis der öffentlichen Beglaubigung oder notariellen Beurkundung ist eine unzumutbare Erschwernis (W/H/L § 11 Nr 3 Rn 10). Zum formularmäßigen Ausschluss von § 770 II s § 307 Rn 24.

18 **I. Unbestrittene oder rechtskräftig festgestellte Forderung.** Unbestritten ist eine Forderung, wenn die Parteien **über Grund u Höhe einig** sind (BGH NJW 78, 2244). Bestreitet der Verwender die Gegenforderung als unsubstantiiert, ist das Aufrechnungsverbot der Nr 3 nicht anwendbar (BGH NJW 86, 1757). Das Bestreiten kann uU treuwidrig sein, wenn die Aufrechnungsforderung nicht bestreitbar ist (BGH WM 78, 620). Sonderfall der unbestrittenen ist die rechtskräftig festgestellte Forderung, die formell wie materiell in Rechtskraft erwachsen ist (W/H/L § 11 Nr 3 Rn 6).

19 **II. Rechtsfolgen.** Der Verstoß gegen Nr 3 führt zur Gesamtnichtigkeit der Klausel (BGH NJW 85, 319; NJW-RR 86, 1281). Gesetzliche Aufrechnungsverbote werden von der Unwirksamkeit der Klausel nicht beeinträchtigt (MüKo/*Basedow* § 309 Nr 3 Rn 9). Im Falle der Insolvenz des Kunden tritt das Aufrechnungs-

verbot im Wege der einschränkenden Auslegung zurück, wenn sonst die Durchsetzbarkeit der Gegenforderung endgültig vereitelt wird (BGH NJW 84, 357; 75, 442).

III. Wertungswiderspruch zu Nr 2. Bei konnexen Gegenansprüchen auf Geld ist die Leistungsverweigerung 20 als Aufrechnung zu werten, deren Ausschluss Nr 3 großzügiger als Nr 2 nur in begrenzten Fällen untersagt (BGH NJW 84, 129). Dies führt zu einer sachlich nicht gerechtfertigten Unterscheidung von Geld- u Sachleistungsforderung. Das Aufrechnungsverbot muss gem der Wertung in Nr 2 zumindest dann zurücktreten, wenn es sich um einen **konnexen Gegenanspruch** handelt, der auf einer zur Leistungsverweigerung berechtigenden Sachleistungsforderung basiert (Ddorf NJW-RR 97, 629; MüKo/*Basedow* § 309 Nr 2 Rn 4).

IV. Verträge zwischen Unternehmern. Die Wertung in Nr 3 ist auf den unternehmerischen Geschäftsverkehr 21 übertragbar (BGH NJW 94, 658; 84, 2405). Nach § 307 kann sich die Unangemessenheit solcher Klauseln insbes aus unzumutbaren Auswirkungen auf die Beleihungsfähigkeit der Forderungen des Vertragspartners ergeben (Stoffels Rn 855). Kontokorrentabreden (§ 355 I HGB) u die Skontration sind grds mit § 307 vereinbare Erweiterungen der Aufrechnungsbefugnis, da sie der Vereinfachung des Abrechnungsverkehrs dienen (W/H/L § 11 Nr 3 Rn 16 f).

E. Mahnung; Fristsetzung (Nr 4). Nr 4 soll die Warnfunktion von Mahnung u Fristsetzung erhalten 22 (MüKo/*Basedow* § 309 Nr 4 Rn 2). Das Verbot erfasst auch beiderseitige, konkludente oder mittelbare Befreiungen von der Obliegenheit (Schlesw NJW-RR 98, 57). Sind Mahnung oder Fristsetzung schon nach allg Regeln entbehrlich, kommt es auf die Wirksamkeit der Klausel nicht an (BGH NJW 95, 1490; 92, 1629). Allerdings dürfen diese Ausnahmen nicht erweitert werden (BGH NJW 95, 1490). Nicht an Nr 4, sondern an § 307 zu messen sind Klauseln, die dem Verwender eine Rechtsfolge gewähren, die das Gesetz sonst von Mahnung oder Fristsetzung abhängig macht (BGH NJW 88, 258; MüKo/*Basedow* § 309 Nr 4 Rn 10).

I. Obliegenheit der Mahnung. Nach Nr 4 unwirksam sind Klauseln, wonach der Verzug des Kunden (§ 286) 23 auch ohne Mahnung des Verwenders allein durch Überschreiten der Leistungsfrist eintritt (U/B/H § 11 Nr 4 Rn 5), zB die Klausel „Verzug 14 Tage nach Rechnungsdatum" (Stuttg NJW-RR 88, 788). Ebenfalls unzulässig, wonach der Kunde die Kosten für die verzugsbegründende Mahnung trägt (BGH NJW 85, 324), wonach er pauschalierte Verzugszinsen ohne vorherige Mahnung zahlt (Staud/*Blaschczok* (1997) § 246 Rn 180) oder bei Nicht- oder nicht rechtzeitiger Abnahme der Ware eine Lagergebühr zu begleichen hat (LG München I BB 79, 702; aA MüKo/*Basedow* § 309 Nr 4 Rn 5). Unzulässig sind ferner Klauseln, die dem Verwender ein Recht auf Lösung vom Vertrag ohne vorherige Mahnung zugestehen (BGH NJW 95, 1490; 83, 1322).

II. Obliegenheit der Fristsetzung. Nr 4 macht §§ 281, 323, 637, 651c III u 651e II klauselfest. Das gilt auch 24 für den Vorbehaltsverkäufer (Palandt/*Heinrichs* § 309 Rn 22). Nach Nr 4 sind Klauseln unwirksam, wonach dem Verwender bereits bei Nichtabnahme bestellter Ware oder unterlassener Benennung eines Abnahmetermins ein Anspruch auf Abstandszahlung oder Schadensersatz statt der Leistung zusteht (Frankf BB 84, 1967; LG Mannheim VuR 96, 58; anders BGH NJW 70, 31). Ferner sind Klauseln unwirksam, wonach der Verwender ein Rücktrittsrecht schon bei Verzug des Kunden oder bei Zweifeln an dessen Kreditwürdigkeit hat (Celle BB 84, 809; Hamm BB 83, 1304).

III. Unternehmerischer Geschäftsverkehr. Im unternehmerischen Geschäftsverkehr kann (arg § 353 HGB) 25 das Erfordernis der verzugsbegründenden Mahnung in Ausnahmefällen abdingbar sein (Köln NJW 91, 301; Karlsr NJW-RR 89, 331; str), bspw wenn der Schuldner bei Überschreitung des Zahlungsziels auch ohne Mahnung bankübliche Zinsen zu zahlen hat (BGH NJW-RR 91, 997; Karlsr NJW-RR 87, 498). Der formularmäßige Ausschluss der (Nach-)Fristsetzung ist im unternehmerischen Verkehr unwirksam (BGH NJW 90, 2067; 86, 843).

F. Pauschalierung von Schadensersatzansprüchen (Nr 5). Nr 5 dient dem Schutz des schadensersatzrecht- 26 lichen Bereicherungsverbots (BGH NJW 77, 382; 70, 32). Ist der Inhalt der Klausel nach Nr 5 nicht zu beanstanden, ist § 307 Prüfungsmaßstab (BGH NJW-RR 01, 343). Unter Nr 5 fallen Schadensersatzansprüche aller Art, insbes solche aus §§ 280, 281, 651 i (BGH NJW-RR 90, 115); insofern ist Nr 5 gegenüber § 308 Nr 7 spezieller, auch wenn der Anspruch durch Kündigung oder Rücktritt begründet wird (MüKo/*Basedow* § 309 Nr 5 Rn 4). Gleiches gilt für Nr 12 (BaRoth/*J Becker* § 309 Nr 5 Rn 12). Zur Abgrenzung von der Vertragsstrafe (Nr 6) s Vorbem vor §§ 249 bis 255 Rn 4.

I. Schadens- u Wertminderungspauschalierungen (Nr 5a). Nr 5a betrifft den Umfang der Schadenspau- 27 schale, setzt also die Existenz des Anspruchs (zB aus §§ 280, 281) u einen Schaden voraus (BGH ZIP 05, 800). Nicht erfasst werden Pauschalierungen der gem § 818 I herauszugebenden Nutzungen (BGH NJW 88, 258). Wertminderung meint solche Werteinbußen, die eine Sache während der Dauer ihrer Überlassung beim anderen Vertragsteil erlitten hat u die Gegenstand eines isoliert geltend gemachten Anspruchs sein können (BaRoth/*J Becker* § 309 Nr 5 Rn 23). Nr 5a ist (analog) anwendbar, wenn der Verwender als Einkäufer oder Besteller eine pauschalierte Wertminderung nach §§ 441, 638 geltend machen kann (Palandt/*Heinrichs* § 309 Rn 25; aA U/B/H § 11 Nr 5 Rn 12). Dagegen sind Wertminderungspauschalen in den Verkäufer-AGB an § 307 zu messen (MüKo/*Basedow* § 309 Nr 5 Rn 14).

28 Maßstab für Nr 5a ist der objektiv festzustellende **branchenübliche Durchschnittsschaden** bzw Bruttogewinn, vgl § 252 S 2 (BGH NJW 96, 1210; 84, 2094). Werden Schadensposten pauschaliert, die nach allg Regeln nicht ersatzfähig sind, ist die Klausel unwirksam (Palandt/*Heinrichs* § 309 Rn 26). Dem Verwender obliegt die Darlegungs- u Beweislast, dass der Umfang der Pauschale branchenüblich ist (BGH NJW 77, 382).

29 **Einzelfälle** (wirksam +, nicht –): Nichtabnahmeentschädigung iHv 2%, uU bis 4,5%, für den Nichtabruf eines bereitgestellten Kredits (+ BGH NJW 90, 981); Vorfälligkeitsentschädigung von jährlich 1% des fälligen Darlehensvertrags (– BGH NJW-RR 99, 842; NJW 98, 592); Verzugspauschalen bei Kreditverträgen, die Refinanzierungskosten u den entgangenen Gewinn umfassen (+ BGH NJW 95, 1954; 92, 110); Vergütung nach § 649 iHv mehr als 30% des vereinbarten Werklohns (– Stuttg NJW 81, 1106); Pauschale iHv 3% der Auftragssumme bei Submissionsabsprachen im Bauhandwerk (+ BGH NJW 96, 1210); Schadenspauschale iHv 50% der Restmiete beim Mietvertrag über eine Fernsprechnebenstellenanlage (+ BGH NJW-RR 88, 1490; KG MDR 97, 1019); Nichtabnahmeentschädigung iHv 15% des vereinbarten Kaufpreises im Neuwagengeschäft (+ BGH NJW 82, 2316; Naumburg NJW-RR 00, 721), im Gebrauchtwagengeschäft des Neuwagenhändlers (– Köln NJW-RR 93, 1405; LG Hamburg NJW-RR 97, 560); Pauschale iHv 100% des Tagesmietsatzes für reparaturbedingten Nutzungsausfall beim Kfz-Vermieter (– BGH BB 76, 571; Saarb NJW-RR 91, 313); Schadenspauschale iHv 30% im Möbelhandel (+ Hamm NJW-RR 87, 313); Stornopauschalen iHv 75% bei Reiseverträgen je nach Art der Reise u Zeitpunkt des Rücktritts (+ LG Hamburg NJW 98, 3281; Jauernig/*Schlechtriem* § 651 i Rn 3); Rückbuchungspauschale von 50 DM (– BGH NJW-RR 00, 720). Die angemessene Höhe von Mahnkosten wird uneinheitlich beurteilt (BGH NJW-RR 00, 720; Hamm NJW-RR 92, 242).

30 **II. Gegenbeweis (Nr 5b).** Nr 5b erfordert einen ausdrücklichen, unzweideutigen, für den rechtsunkundigen Durchschnittskunden ohne weiteres verständlichen Hinweis darauf, dass ihm der Nachweis offen steht, es sei im konkreten Einzelfall kein oder ein wesentlich geringerer Schaden (bzw Wertminderung) entstanden (BGH NJW 06, 1056, 1059; Palandt/*Heinrichs* § 309 Rn 30; MüKo/*Basedow* § 309 Nr 5 Rn 21 f). Demnach verstoßen starre Schönheitsreparaturfristen, die dem Mieter unabhängig vom tatsächlichen Zustand der Miträume Renovierungspflichten auferlegen, gegen Nr 5 (BGH NJW 04, 2587). Eine Ausschlussfrist von 8 Tagen für die Erbringung des Gegenbeweises ist unzulässig (BaRoth/*J Becker* § 309 Nr 5 Rn 36). Der Kunde trägt die Beweislast für die wesentliche Abweichung des Schadens von der Pauschale (Zweibrücken VuR 96, 305 m Anm Veit). Wesentlichkeit ist anzunehmen (je nach Höhe der Pauschale) bei Abweichungen von über 10% bzw 5% (W/H/L § 11 Nr 5 Rn 31). Zur analogen Anwendung iRv § 308 Nr 7 s § 308 Rn 49.

31 **III. Verträge zwischen Unternehmern.** Die in Nr 5 zum Ausdruck kommenden Gedanken sind im Verkehr zwischen Unternehmern über §§ 310 I, 307 grds zu berücksichtigen (BGH NJW-RR 00, 720). Anders als bei Nr 5b muss der Gegenbeweis nicht ausdrücklich offen gehalten werden. Er darf aber weder ausdrücklich noch konkludent ausgeschlossen sein (BGH NJW 94, 1068).

32 **G. Vertragsstrafe (Nr 6).** Nr 6 erklärt Klauseln für unwirksam, durch die der Verwender dem Kunden eine (un-)selbständige Vertragsstrafe iSd §§ 339 ff für den Fall der dort genannten Vertragsstörungen auferlegt. Klauseln, wonach allg bei „Nichteinhaltung des Vertrages" eine Vertragsstrafe zu zahlen ist, sind unwirksam (Hburg NJW-RR 88, 651). Nr 6 erfasst auch Klauseln, die die Vertragsstrafe als Abstand, Reueprovision oder Ähnliches bezeichnen (BGH NJW 82, 872; 79, 367). Nr 6 ist (entsprechend) anwendbar auf selbständige Strafversprechen (W/H/L § 11 Nr 6 Rn 6), Reugeld (W/H/L § 11 Nr 6 Rn 8) u Verfallklauseln (BGH NJW-RR 93, 464). Vorfälligkeitsklauseln u Garantieerklärungen sind an § 307 zu messen (BGH NJW 86, 46). Das Klauselverbot ist unabhängig von Höhe u Angemessenheit der Vertragsstrafe anwendbar (MüKo/*Basedow* § 309 Nr 6 Rn 9). Zur Abgrenzung von der Schadenspauschalierung (Nr 5) s Vorbem vor §§ 249 bis 255 Rn 4. Zu Vertragsstrafen in Arbeitsverträgen s § 310 Rn 21.

33 **I. Erfasste Vertragsstörungen. 1. Nichtabnahme; verspätete Abnahme.** Nimmt der Kunde die Leistung (gleich welcher Art) nicht oder verspätet ab, ist für Nr 6 unerheblich, ob die Abnahme der Leistung für den Kunden Haupt- oder Nebenpflicht bzw nur eine Obliegenheit darstellt (BGH NJW-RR 86, 212). Die Nichtabnahme muss aber der eigentliche Strafgrund sein (W/H/L § 11 Nr 6 Rn 12, 20). Die Gründe für die Nichtabnahme sind gleichgültig (Palandt/*Heinrichs* § 309 Rn 34).

34 **2. Zahlungsverzug.** Nr 6 erfasst nur den Zahlungsverzug. Eine Vertragsstrafe ist in diesen Fällen auch dann unzulässig, wenn die Klausel nicht ausdrücklich, sondern nur indirekt darauf abhebt oder statt auf Verzug auf Nichtzahlung abstellt (BGH NJW 94, 1533; Hburg NJW-RR 88, 651). Nach Nr 6 unwirksam sind Klauseln, wonach der Kunde eine Überziehungsprovision unabhängig von der Höhe u Dauer der Überziehung zu zahlen hat (BGH NJW 94, 1533). Nicht erfasst werden Klauseln über das „erhöhte Beförderungsentgelt" für Schwarzfahrer (U/B/H § 11 Nr 6 Rn 11).

35 **3. Vertragslösung.** Eine Lösung vom Vertrag liegt vor, wenn der Kunde ausdrücklich (zB durch Rücktritt, Kündigung oder Widerruf) oder konkludent (gleich ob berechtigt oder nicht) erklärt, dass er den Vertrag nicht zu erfüllen gedenkt (MüKo/*Basedow* § 309 Nr 6 Rn 12). Nr 6 greift auch, wenn die Vertragsverletzung derart ist, dass eine weitere Fortsetzung des Vertrages nach Lage des Falles sinnlos wird (MüKo/*Basedow* § 309 Nr 6 Rn 12).

4. Verwender als Zahlungsschuldner. Ist der Verwender Zahlungsschuldner u der Kunde Sachschuldner, 36
verbietet Nr 6 Strafklauseln nur dann, wenn sie dem Kunden die Zahlung der Vertragsstrafe für den Fall der
Lösung vom Vertrag oder der Nichtannahme des Entgelts androhen (Palandt/*Heinrichs* § 309 Rn 37).

II. Verträge zwischen Unternehmern. Vertragsstrafeklauseln sind im Verkehr zwischen Unternehmern grds 37
wirksam (hM; BGH NJW 76, 1887; MüKo/*Basedow* § 309 Nr 6 Rn 14), unterliegen aber der Inhaltskontrolle
gem § 307. Das Verschuldenserfordernis kann nur bei Vorliegen besonders gewichtiger Gründe durch AGB
abbedungen werden (BGH NJW 99, 2663), sonst wie auch im b2c-Verkehr nur durch Individualvereinbarung
(BGH NJW 98, 3488; 85, 57).

Einzelfälle (zulässig +; nicht –): Formularmäßige Minderung des Vorbehaltserfordernisses (§ 341 III) 38
(+ BGH NJW 79, 212); verschuldensunabhängige Vertragsstrafe entgegen § 339 (grds – BGH NJW 99, 2662);
Ausschluss der Anrechnung der Vertragsstrafe auf den Schadensersatz (§ 340) (– BGH NJW 85, 56; 75, 163);
Vertragsstrafe für den Fall der einvernehmlichen Vertragsaufhebung (– BGH NJW 85, 57); Vertragsstrafe für
geringfügige Vertragsverletzungen (– BGH NJW-RR 90, 1076); unbegrenzte Vertragsstrafenklausel in Handelsvertreterverträgen (– BGH NJW 97, 3234); Vertragsstrafe in Vertragshändlerverträgen bei Veräußerung
an nicht autorisierte Weiterveräußerer (+ Münch BB 97, 2399); 3000 DM Strafe für Verletzung eines Automatenaufstellungsvertrages (– Celle NJW-RR 88, 946); Klauseln im Baugewerbe, wonach ein bestimmter
Prozentsatz der Auftragssumme pro Kalender-/Arbeitstag der Terminüberschreitung ohne zeitliche Begrenzung zu zahlen ist (0,15 % +; 1,5 % – BGH NJW 83, 385; zur Höchstgrenze des Tagessatzes BGH BauR 02,
790; zur Obergrenze von 5 % BGHZ 153, 326); Strafgeldklauseln für die Beteiligung an Submissionskartellen
(+ BGH NJW 96, 1209); das 20fache Entgelt für vertragswidriges Nutzen u Zurückhalten von Adressenmaterial (– BGH NJW 93, 1786).

H. Haftungsausschluss bei Verletzung von Leben, Körper, Gesundheit u bei grobem Verschulden (Nr 7). 39
Nr 7 gilt grds für **alle Vertragstypen** (MüKo/*Basedow* § 309 Nr 7 Rn 8; W/H/L § 11 Nr 7 Rn 5) u erfasst **alle
Arten schuldhafter Pflichtverletzungen** (§ 241), aus denen Schadensersatzansprüche erwachsen können (zB
§§ 280 f, 536 a), seien es vertragliche oder vorvertragliche (BaRoth/*J Becker* § 309 Nr 7 Rn 4). Auch auf Schadensersatzansprüche aus unerlaubter Handlung findet Nr 7 Anwendung (BGH NJW 95, 1489; 87, 1931).
Zunächst ist jedoch durch (enge, § 305 c Rn 14 aE) Auslegung unter Berücksichtigung der Unklarheitenregel
(§ 305 c II) zu ermitteln, ob die Freizeichnungsklausel deliktische Ansprüche überhaupt erfasst (BGH NJW
92, 2016). Nr 7 a betrifft auch Ansprüche auf Schmerzensgeld (§ 253 II) (Palandt/*Heinrichs* § 309 Rn 42).

Zum Begriff des gesetzlichen Vertreters u des Erfüllungsgehilfen s § 278 Rn 7 ff. Verrichtungsgehilfen sind 40
keine Erfüllungsgehilfen iSv Nr 7 (BaRoth/*J Becker* § 309 Nr 7 Rn 10; aA W/H/L § 11 Nr 7 Rn 16). Nr 7
erfasst nur das eigene Auswahl- u Überwachungsverschulden des Verwenders. Gleiches gilt für den Substituten (BaRoth/J Becker § 309 Nr 7 Rn 11; sa § 664 I 2).

Zum Begriff des Vorsatzes u der (leichten/groben) Fahrlässigkeit s § 276. 41

I. Haftungsausschluss. Klauseln iSv Nr 7 können den **haftungsbegründenden** oder **haftungsausfüllenden** 42
Tatbestand betreffen. Dem Haftungsausschluss (einschließlich des Ausschlusses der Pflicht selbst) sind jegliche Arten der Haftungsbeschränkung, zB bzgl. Höhe, Umfang, Zeit (Ausschlussfristen, Verjährungsverkürzung; sa § 202 I, § 439 IV HGB) oder Art der Geltendmachung (Subsidiaritätsklausel) des Schadens, gleichgestellt (Ddorf NJW-RR 95, 440; MüKo/*Basedow* § 309 Nr 7 Rn 23). Es genügt, wenn die Klausel nach Sinn u
Zweck den Eindruck erweckt, die Haftung des Verwenders auszuschließen oder zu beschränken (BGH NJW
01, 751; 87, 2818).

Die Begriffe Leben, Körper u Gesundheit sind wie in § 823 auszulegen (s § 823 Rn 21 ff). Nr 7 erfasst jede 43
Art von Fahrlässigkeit. Für vorsätzliches Handeln des Verwenders s § 276 III. Ebenso werden Erfüllungsgehilfen jeder Art erfasst, gleich ob diese selbständig oder unselbständig tätig sind (BGH NJW 83, 1325). Zur
transportrechtlichen Leutehaftung s §§ 436, 461 I HGB.

Nr 7 b lässt zwar eine formularmäßige Haftungsfreizeichnung für leicht fahrlässige Pflichtverletzungen bei 44
sonstigen Schäden zu. Solche Klauseln können aber nach § 307 II Nr 2 unwirksam sein, wenn sie Kardinalpflichten betreffen, s § 307 Rn 29.

Einzelfälle (zulässig +, nicht –): Haftungsfreizeichnung im Krankenhausaufnahmevertrag für Verlust u 45
Beschädigung der von Patienten mitgebrachten Sachen (+ BGH NJW 90, 764); Klausel eines Paketbeförderungsdienstes, wonach sich der Kunde einverstanden erklärt, dass der Transportweg gänzlich unkontrolliert
bleibt (– Münch NJW-RR 04, 1064 f).

II. Ausnahmen. Durch die Ausnahme in Nr 7 soll die Regelung des § 14 ABB, wonach der Beförderungsun- 46
ternehmer für Sachschäden des Fahrgastes nur in beschränktem Umfang haftet, auch in Besonderen Beförderungsbedingungen (als AGB) wirksam sein (MüKo/*Basedow* § 309 Rn 13). Die Ausnahme von Nr 7 für Lotterie- u Ausspielverträge (§ 763) greift nur soweit, wie das Unternehmen u die Mitspieler gegen betrügerische
Manipulationen geschützt werden müssen (W/H/L § 23 Rn 224). Der Schutz beginnt bei Lotto u Toto mit
Einreichen des Spielscheins (BGH NJW 91, 1745).

47 **III. Verträge zwischen Unternehmern.** Die Verbote der Nr 7 (insbes Nr 7 b) sind auf den unternehmerischen Geschäftsverkehr gemäß §§ 310 I, 307 übertragbar (hM; BGH NJW 99, 1031). Dies gilt auch für das Verbot der Freizeichnung von leicht fahrlässigen Verletzungen von Kardinalpflichten (s § 307 Rn 29) durch den Verwender oder seine Erfüllungsgehilfen (BGH NJW 94, 1063). Wirksam sind derartige Klausel auch hier (s § 307 Rn 29) nur, wenn sie sich nicht auf vertragstypische, vorhersehbare, aus der Verletzung vertragswesentlicher Pflichten entstehende Schäden erstrecken (BGH NJW 93, 335; Arnold ZGS 04, 20). Branchentypische Freizeichnungen sind vom Verbot der Nr 7 b ausgenommen (Palandt/*Heinrichs* § 309 Rn 50).

48 **I. Sonstige Haftungsausschlüsse bei Pflichtverletzung (Nr 8).** Nr 8 a schützt gesetzliche Vertragslösungsrechte des Kunden im Fall von nicht mängelbedingten Pflichtverletzungen (§ 280) des Verwenders. Nr 8 b schützt (nur) kauf- u werkvertragliche Mangelgewährleistungsrechte des Kunden vor formularmäßigen Einschränkungen. Der Anwendungsbereich von Nr 8 b ist seit dem SMG **stark eingeschränkt**, s Rn 52. § 307 ist Prüfungsmaßstab, wenn sich der Verwender als Einkäufer besonders vorteilhafte Gewährleistungsrechte in seinen Bedingungen einräumt (MüKo/*Basedow* § 309 Nr 8 Rn 6; W/H/L § 9 Rn E 70 ff).

49 **I. Ausschluss des Lösungsrechts (Nr 8 a).** Nr 8 a gilt für **alle Verträge** (BGH NJW-RR 90, 157; Münch NJW-RR 89, 1499). Nr 8 a verbietet den formularmäßigen Ausschluss u jede Einschränkung der gesetzlichen (nicht: vertraglichen) Rücktritts-, Kündigungs- u Widerrufsrechte, die vom Verwender nach § 276 zu vertretende Pflichtverletzung als Lösungsgrund betreffen. Der Ausschluss muss nicht ausdrücklich erfolgen, sondern kann sich auch der Sache nach ergeben (BGH NJW-RR 03, 1059). Wird das Lösungsrecht für nicht zu vertretende Pflichtverletzungen ausgeschlossen, ist § 307 zu prüfen (Palandt/*Heinrichs* § 309 Rn 52). Für Kauf- u Werkverträge geht Nr 8 b vor (BTDrs 14/6857, S 53). Keine Anwendung findet Nr 8 a auf Beförderungsbedingungen u Tarifvorschriften (Nr 7, s Rn 46).

50 Unzulässige Einschränkungen iSv Nr 8 a sind Ausschlussfristen u Bedingungen (BGH NJW-RR 89, 625) sowie Abstandszahlungen (Palandt/*Heinrichs* § 309 Rn 52). Unwirksam sind ferner Klauseln, die den Maßstab des Vertretenmüssens verschärfen, indem sie nur grobe Fahrlässigkeit ausreichen lassen (BaRoth/*J Becker* § 309 Nr 8 Rn 13) oder das Lösungsrecht vom Vorliegen höherer Gewalt abhängig machen (W/H/L § 11 Nr 8 Rn 13). Unwirksam sind auch Klauseln, die eine zusätzliche Nachfrist oder Mahnung fordern (Stuttgt BB 79, 1468) oder die zweiwöchige Widerrufsfrist des § 355 I verkürzen (BaRoth/*J Becker* § 309 Nr 8 Rn 13). Aus Nr 13 folgt, dass es zulässig ist, für die Erklärung der Lösung Schriftform zu verlangen (BGH NJW-RR 89, 625).

51 Die Wertungen in Nr 8 a gelten grds auch im **unternehmerischen Verkehr** (BGH NJW-RR 03, 1060). In Verträgen zwischen Unternehmern ist der vollständige Ausschluss der Lösungsrechte auch bei leichter Fahrlässigkeit (BGH NJW-RR 93, 561) sowie der Ausschluss des Rücktrittsrechts unter gleichzeitiger Abbedingung der Schadensersatzansprüche des Kunden nicht mit §§ 307, 310 I vereinbar (MüKo/*Basedow* § 309 Nr 8 Rn 9). Unwirksam ist auch der formularmäßige Ausschluss des Rechts zur außerordentlichen Kündigung (BGH NJW 86, 3134). Eine geltungserhaltende Reduktion kommt nur in Ausnahmefällen (zB VOB/B, ADSp u AGNB) in Betracht (BGH NJW-RR 98, 1427; NJW 95, 3117).

52 **II. Beschränkung der Mängelgewährleistung (Nr 8 b).** Nr 8 b findet nur auf AGB in Lieferungs- u Werkleistungsverträgen über **neu hergestellte Sachen** Anwendung. Verträge über die Lieferung gebrauchter Sachen unterliegen der Inhaltskontrolle nach § 307 (BaRoth/*J Becker* § 309 Nr 8 Rn 23). Wegen §§ 475, 651 ist der Anwendungsbereich auf Verträge über neu hergestellte unbewegliche Sachen, Werkleistungen außerhalb von § 651 u Verträge zwischen Verbrauchern beschränkt (Palandt/*Heinrichs* § 309 Rn 53).

53 **Lieferung einer Sache** meint Besitzverschaffung zu Übereignungszwecken (BGH NJW 85, 1549). Der Sachbegriff in Nr 8 b entspricht dem gewährleistungsrechtlichen (vgl § 433 Rn 7). Erfasst werden Gegenstände jeder Art, also auch Sachgesamtheiten, Software u Know-how (BGH NJW 88, 408; Frankfurt/M DB 98, 2216), nicht jedoch Rechte u Forderungen. Eine Sache ist neu, solange sie noch nicht bestimmungsgemäß verwendet wurde (BGH WM 85, 1146; Frankf NJW-RR 01, 780). Neu hergestellt sind danach auch natürliche Produkte wie Wein, Tiere, Pflanzen (BGH NJW-RR 86, 52). Von Nr 8 b ausgenommen, aber an § 307 zu messen, sind Gewährleistungsausschlüsse bei gebrauchten Sachen (MüKo/*Basedow* § 309 Nr 8 Rn 11), allerdings kann eine mit gebrauchten Teilen hergestellte Sache neu sein (Erman/*Roloff* § 309 Rn 87). Unbebaute Grundstücke können nicht neu hergestellt sein (LG Ravensburg NJW-RR 92, 1277; Erman/*Roloff* § 309 Rn 88). Dagegen fallen Verträge über neu gebaute oder im Bau befindliche **Häuser** oder **Eigentumswohnungen** in den Anwendungsbereich der Nr 8 b, wenn nach Inhalt u Zweck des Vertrages u den sonstigen Umständen von der Veräußerung eines neu errichteten Hauses gesprochen werden kann (Oldbg NJW-RR 04, 1499). Auch eine vollständige Sanierung eines Altbaus kann eine Neuherstellung sein, wenn der Verkäufer Herstellungspflichten übernimmt (BGH NJW 88, 490). Liegt keine Neuherstellung vor, findet Nr 8 b aber ggf auf den Werkvertrag über die Renovierung Anwendung (Hamm NJW-RR 02, 415; Hburg BauR 97, 835).

54 Nr 8 b erfasst auch **Werkverträge**, die nicht auf die Herstellung neuer Sachen gerichtet sind (Hamm NJW-RR 02, 415), jedoch ist der Leistungsbegriff in Nr 8 b eng auszulegen (Erman/*Roloff* § 309 Rn 89). Er umfasst weder Gebrauchsüberlassungsverträge noch Finanzierungsleasingverträge, soweit sie durch die entgeltliche Gebrauchsgewährung auf Zeit charakterisiert sind (BGH ZIP 88, 977; NJW 85, 1549).

1. Ausschluss u Verweisung auf Dritte (Nr 8 b aa). Nr 8 b aa Var 1 verbietet den Ausschluss gesetzlicher 55
Gewährleistungsrechte nach §§ 437, 634. Mit Nr 8 b aa vereinbar ist die Beschränkung der Gewährleistung
auf Rücktritt unter Ausschluss der Minderung (BGH NJW-RR 90, 1141; Münch NJW 94, 1661), nicht aber
der umgekehrte Fall (MüKo/*Basedow* § 309 Nr 8 Rn 22). Ferner nicht mit Nr 8 b aa vereinbar sind Klauseln,
wonach sich der Verwender das Wahlrecht zwischen Rücktritt u Minderung entgegen § 437 selbst vorbehält
(U/B/H § 11 Nr 10 a Rn 16). Unwirksam sind Gewährleistungsausschlüsse bezüglich einzelner Teile der Vertragsleistung oder bestimmter Fehlerkategorien (BGH NJW 71, 1795 m Anm Giesen; Kobl NJW-RR 93,
1078), das Aufstellen zusätzlicher Voraussetzungen sowie ausschließender Bedingungen (BGH NJW-RR 90,
856; Hamm NJW-RR 00, 1224), das Freizeichnen für versteckte Mängel (U/B/H § 11 Nr 10 a Rn 14) sowie
der Vorbehalt eigener Rückgriffsansprüche des Verwenders (BGH NJW 76, 1934).

Nr 8 b aa Var 2 verbietet die (rechtlich oder faktisch) verdrängende Verweisung des Kunden auf Dritte, zu 56
denen dieser in keiner vertraglichen Beziehung steht. Zulässig ist es aber, dem Kunden ein Wahlrecht zwischen der Haftung eines Dritten oder derjenigen des Verwenders einzuräumen (W/H/L § 11 Nr 10 a Rn 28).
Die Vorschrift ist insbes anwendbar beim Operating-Leasing u Mietkauf (MüKo/*Basedow* § 309 Nr 8 Rn 25).

Unvereinbar mit Nr 8 b aa Var 3 sind bereits Klauseln, die beim Kunden nur den Eindruck erwecken, die 57
Eigenhaftung des Verwenders erfordere eine vorherige gerichtliche (nicht auch: außergerichtliche!) Inanspruchnahme des Dritten oder greife nur in Ausnahmefällen (BGH NJW 98, 904; 95, 1675). Subsidiaritätsklauseln sind unzulässig, wenn sie auf einen Dritten verweisen, der für den Sachmangel nicht verantwortlich
ist (BGH NJW 74, 1135). Bei (zulässiger) Verweisung auf außergerichtliche Inanspruchnahme ruht die
Eigenhaftung des Verwender erst, wenn er dem Kunden die Ansprüche an den Dritten abgetreten sowie die
erforderlichen Auskünfte u Dokumente an die Hand gegeben hat (MüKo/*Basedow* § 309 Nr 8 Rn 27). Sie lebt
wieder auf, wenn die Inanspruchnahme des Dritten unter Anwendung der im Verkehr erforderlichen Sorgfalt
erfolglos bleibt (BGH NJW-RR 91, 342; NJW 82, 169).

Auf den **unternehmerischen Geschäftsverkehr** ist das Verbot der Nr 8 b aa übertragbar (BGH NJW-RR 93, 58
561; NJW 91, 2632). Der Verwender kann seine Eigenhaftung nicht durch die Einräumung von Ansprüchen
gegen Dritte ersetzen, es sei denn, die Klausel sieht ausdrücklich eine subsidiäre Eigenhaftung des Verwenders
vor (Palandt/*Heinrichs* § 309 Rn 60). Der vollständige Ausschluss kommt allenfalls bei besonderen Verkehrssitten in Betracht (Kobl NJW-RR 88, 1306). Der Ausschluss des Rücktrittsrechts (BGH NJW 93, 2438) u die
Beschränkung der Haftung auf nachweislich schuldhaft verursachte Schäden unter Ausschluss verschuldensunabhängiger Gewährleistungspflichten (BGH NJW-RR 90, 856) sind unwirksam.

2. Beschränkung auf Nacherfüllung (Nr 8 b bb). Nach Nr 8 b bb erfordert die (partielle) Beschränkung der 59
Gewährleistungsrechte aus §§ 437 Nr 1, 634 Nr 1 auf Nacherfüllung oder Ersatzlieferung („ein Recht auf
Nacherfüllung") den ausdrücklichen Vorbehalt von Minderung u Rücktrittsrecht für den Fall des Fehlschlagens. Der Nacherfüllungsanspruch muss umfassend sein u darf keine Einschränkungen enthalten, die das
Gesetz nicht kennt (BGH NJW 80, 831; Frankfurt/M DB 98, 2216). Das Wahlrecht des Käufers zwischen
Mangelbeseitigung u Ersatzlieferung (§ 439 I) ist abdingbar (Palandt/*Heinrichs* § 309 Rn 61; aA BaRoth/
J Becker § 309 Nr 8 Rn 33). Schadensersatzansprüche können durch die Klausel nur im Hinblick auf Schadensersatz statt der Leistung (§ 281) abbedungen werden (BaRoth/*J Becker* § 309 Nr 8 Rn 35).

Für die Wirksamkeit der Klausel ist die für den Durchschnittskunden (s § 307 Rn 10) verständliche u eindeutige 60
Belehrung des Kunden erforderlich (BGH BB 90, 950). Verzichtet der Verwender auf die Wiedergabe des Wortlauts von Nr 8 b bb, sind alle Gründe des Fehlschlagens vollständig aufzuführen oder durch eine entsprechend
weite Formulierung abschließend zu umschreiben (BGH NJW 98, 679; 96, 2506).

Die Nacherfüllung ist **fehlgeschlagen** bei objektiver oder subjektiver Unmöglichkeit, Unzulänglichkeit, unbe- 61
rechtigter Verweigerung, ungebührlicher Verzögerung u bei Misslingen des zweiten Nachbesserungsversuchs
(§ 440 S 2) (BGH NJW 94, 1004). Die Nacherfüllung gilt ferner als fehlgeschlagen, wenn der Verwender sie
von der Unterzeichnung eines Reparaturvertrages abhängig macht (Köln NJW-RR 86, 151) oder wenn sie
erfolglos geblieben ist u weitere Erfüllungsversuche dem Kunden unzumutbar sind (BGH NJW 98, 677). Drei
Versuche können nur unter besonderen Umständen zumutbar sein (BGH NJW 98, 677). Die Beweislast für
das Fehlschlagen der Nachbesserung trägt der Kunde (BGH NJW-RR 90, 888; aA Karlsr BB 88, 1209).

Schlägt die Nacherfüllung fehl, leben Minderungs- u Rücktrittsrecht wieder auf. Bei Bauleistungen (§ 1 62
VOB/A) kann der Verwender nach Nr 8 b bb das Recht auf Rücktritt wegen der damit verbundenen Rückgewährproblematik ausschließen; dies gilt nicht für Leistungen von Bauträgern (BGH NJW 02, 511).

Die Rechtsgedanken der Nr 8 b bb gelten auch im **unternehmerischen Verkehr** (BGH NJW 98, 677; 93, 63
2438). Allerdings ist ein ausdrücklicher Hinweis auf den Vorbehalt von Minderung u Rücktritt entbehrlich
(BaRoth/*J Becker* § 309 Nr 8 Rn 37; W/H/L § 11 Nr 10 b Rn 38).

3. Aufwendungen bei Nacherfüllung (Nr 8 b cc). Nach Nr 8 b cc können die Kosten der Nacherfüllung 64
(§§ 439 II, 635 II) in AGB nicht auf den Kunden abgewälzt werden, sondern sind in voller Höhe u in vollem
Umfang vom Verkäufer/Werkunternehmer zu tragen (BGH BB 86, 761; NJW 81, 867). Gleiches gilt für
erhöhte Aufwendungen (Erman/*Roloff* § 309 Rn 106). Ausgenommen vom Verbot sind unverhältnismäßige
Aufwendungen (BGH NJW 91, 1606) u Aufwendungen, die nicht zum Zwecke der Nacherfüllung erforderlich sind (MüKo/*Basedow* § 309 Nr 8 Rn 52).

65 Auf **Verträge zwischen Unternehmern** sind die Rechtsgedanken der Nr 8 b cc übertragbar (BGH NJW 81, 1510). Beim Verbrauchsgüterkauf ist in § 478 für den Fall der Nacherfüllung ein unabdingbarer Rückgriffsanspruch gegen den Hersteller geregelt, der aber pauschaliert werden kann (*Matthes* NJW 02, 2507). Zulässig ist es, dem unternehmerischen Kunden verhältnismäßig unbedeutende Kostenarten (BGH NJW 81, 1510) oder die Kosten für erhöhte Aufwendungen aufzubürden (Erman/*Roloff* § 309 Rn 108).

66 **4. Vorenthalten der Nacherfüllung (Nr 8 b dd).** Nr 8 b dd verbietet es, die Nacherfüllung (§§ 437 Nr 1, 634 Nr 1) von der vorherigen Zahlung des Kunden abhängig zu machen, u verhindert so eine klauselartige Erweiterung der Leistungsverweigerungsrechte des Verwenders. Zulässig sind aber Klauseln, die formularmäßig die Zahlung des Kaufpreises bzw der Vergütung Zug-um-Zug gegen Vornahme der Nacherfüllung vorschreiben (W/H/L § 11 Nr 10 d Rn 5). Auf zusätzliche vertragliche Nacherfüllungspflichten findet die Inhaltskontrolle gemäß § 307 III keine Anwendung. Das Verbot klauselartiger Beschränkungen der Leistungsverweigerungsrechte des Kunden ist in Nr 2 geregelt (Erman/*Roloff* § 309 Rn 109).

67 Nach Nr 8 b dd verboten sind Klauseln, die zur Vorleistung des vollständigen Entgelts oder eines unter Berücksichtigung des Mangels unverhältnismäßig hohen, dh über den (aus der Sicht des Kunden zu beurteilenden u daher möglicherweise auf „Null" reduzierten) Wert der mangelhaften Leistung hinausgehenden (Palandt/*Heinrichs* § 309 Rn 68) Teils des Entgelts verpflichten. § 641 III kann einen weitergehenden Einbehalt rechtfertigen. Ist die Klausel danach unangemessen, bleibt sie dennoch in Höhe der verhältnismäßigen Vorleistung wirksam (BGH NJW 84, 727; MüKo/*Basedow* § 309 Nr 8 Rn 59). Im Übrigen gelten §§ 273, 323.

68 Das Verbot der Nr 8 b dd hat im **Verkehr zwischen Unternehmern** über § 307 grds Geltung (U/B/H § 11 Nr 10 d Rn 68). Nach § 307 sind deshalb Vorauszahlungsklauseln unwirksam, wenn der Verwender die eigene Verpflichtung zur Nacherfüllung nicht anerkennt (BGH DB 69, 2270).

69 **5. Ausschlussfrist für Mängelanzeige (Nr 8 b ee).** Ausschlussfristen für die Geltendmachung nicht offensichtlicher Mängel unterliegen den in Nr 8 b ee genannten Beschränkungen. **Offensichtlich** sind Mängel, die auch dem durchschnittlichen nichtkaufmännischen Kunden ohne besonderen Aufwand auffallen müssen (MüKo/*Basedow* § 309 Nr 8 Rn 63). Erkennbarkeit oder Sichtbarkeit genügen nicht (Stuttg BB 79, 908). Klauseln, die eine Ausschlussfrist (idR 2 Wochen entsprechend § 355, Palandt/*Heinrichs* § 309 Rn 71) für offensichtliche Mängel regeln, sind nach § 307 wirksam, wenn sie dem Kunden eine angemessene Prüfungs- u Überlegungszeit einräumen (BGH NJW 98, 3119). Klauseln, die sich unterschiedslos auf alle Mängel beziehen, sind unwirksam (BGH NJW 85, 858). Im Geltungsbereich spezialgesetzlicher Anzeigefristen (§ 651 g I) tritt Nr 8 b ee zurück (MüKo/*Basedow* § 309 Nr 8 Rn 62). Klauseln über Form u Inhalt der Mängelrüge unterliegen der Kontrolle nach § 307.

70 Im **unternehmerischen Geschäftsverkehr** findet Nr 8 b ee keine Anwendung. Die Verhältnismäßigkeit der Rügefrist ist an § 307 II Nr 1 iVm § 377 HGB zu messen (BGH NJW 92, 575; Palandt/*Heinrichs* § 309 Rn 73). Im Bauwesen ist der Verlust des Rechts zur Mängelrüge demnach grds nur dann gerechtfertigt, wenn der Auftraggeber Obliegenheiten nicht nachkommt, die zumutbar u zur redlichen Vertragsabwicklung geboten sind (BGH ZGS 05, 46).

71 **6. Erleichterung der Verjährung (Nr 8 b ff).** Nr 8 b ff schützt den Kunden vor der formularmäßig verkürzten Verjährung seiner gesetzlichen Gewährleistungsrechte. Bei Mängeln von Bauwerken, Baustoffen u Bauteilen sowie Werkleistungen darf die gesetzliche Mindestfrist von fünf Jahren (§§ 438 I Nr 2, 643 a I Nr 2) nicht verkürzt werden. In allen anderen Fällen darf die Verjährungsfrist ein Jahr nicht unterschreiten. Zum Verbrauchsgüterkauf s § 475 II. Beim Verkauf gebrauchter Sachen sind §§ 309 Nr 7, Nr 8, 307 Prüfungsmaßstab (Palandt/*Heinrichs* § 309 Rn 78).

72 Eine **Verkürzung** liegt in jeder Maßnahme, die die Verjährungsfrist unmittelbar oder mittelbar unter die gesetzliche Fristdauer senkt (BGH NJW 93, 2054). Hierzu zählt auch die Vorverlegung des Verjährungsbeginns (BGH NJW 92, 2759), die Modifizierung von Unterbrechungs- oder Hemmungsvorschriften (BGH NJW 92, 1236; 81, 867) oder die fälschliche Bezeichnung eines Bauvertrages als Kaufvertrag (BGH NJW 79, 2207).

73 Nr 8 b ff ist nicht auf Verträge über **Bauleistungen** anwendbar, die die VOB/B als Ganzes (s dazu § 307 Rn 5) einbeziehen (BGH NJW 02, 511; 87, 2373; Kiesel NJW 02, 2064).

74 Die Rechtsgedanken der Nr 8 b ff sind grds nicht auf den **unternehmerischen Verkehr** übertragbar, ausnahmsweise kann aber eine formularmäßige Verkürzung auch in Verträgen zwischen Unternehmern gemäß § 307 unwirksam sein (BGH NJW 99, 2434; 93, 2054).

75 **J. Laufzeit bei Dauerschuldverhältnissen (Nr 9).** Entgegen seiner zu weiten Überschrift erfasst Nr 9 **nicht alle Dauerschuldverhältnisse**, sondern nur Kauf-, Werk- u Dienstverträge, die auf regelmäßige Erbringung von Leistungen durch den Verwender gerichtet sind (Stoffels Rn 719). Der Umfang der Leistung u ihr zeitlicher Abstand können variieren (BGH NJW 93, 1133; KG NJW-RR 94, 1267). Die Leistung kann auch aus Einzelleistungen bestehen, die sich über einen längeren Zeitraum erstrecken, sofern die Gesamtmenge nicht festgelegt ist (Sukzessivlieferungsvertrag, BGH NJW 81, 679).

Nr 9 erfasst zunächst Verträge über die regelmäßige Lieferung von **Waren**. Gemeint sind Kaufverträge über den regelmäßigen Bezug von Lebensmitteln (zB *Bier* Frankf NJW-RR 88, 177, falls Kunde nicht Unternehmer, § 310 I), von Werbeaufklebern (BGH NJW 82, 2309), von Flüssiggas (U/B/H § 11 Nr 12 Rn 5; *Martinek* BB 89, 1284), von Zeitungen, Zeitschriften u Büchern, auch wenn der Kunde dazu zunächst Mitglied in einem „Club" werden muss (BaRoth/*J Becker* § 309 Nr 9 Rn 8). Auch Teillieferungsverträge sind erfasst (LG Saarbrücken NJW 88, 347; offengelassen in BGH NJW 93, 2053). Für Verträge der Elektrizitäts- u Gasversorgungsunternehmen gilt Nr 9 wegen § 310 II nicht (W/H/L § 11 Nr 12 Rn 5).

Verträge über die regelmäßige Erbringung von **Dienst- u Werkleistungen** umfassen Unterrichtsverträge aller Art (Frankf NJW-RR 87, 438; LG Wuppertal NJW-RR 89, 1524), Partner- u Ehevermittlungsverträge (MüKo/*Basedow* § 309 Nr 9 Rn 6), Steuerberatungsverträge, Betreuungs- oder Pflegeverträge (LG Lüneburg NJW-RR 01, 1637), Wartungsverträge (BGH NJW-RR 97, 942) u Verträge über Reinigungsleistungen (BaRoth/*J Becker* § 309 Nr 9 Rn 11), Verträge über das Aufstellen von Werbetafeln (LG Gießen NJW-RR 90, 566; LG Frankfurt/M NJW-RR 89, 177) u Franchise-Verträge (MüKo/*Basedow* § 309 Nr 9 Rn 8; aA Palandt/*Heinrichs* § 309 Rn 79; *Erdmann* BB 92, 795).

Keine Anwendung findet Nr 9 auf **Mietverträge, Pacht, Leasing** oder sonstige Gebrauchsüberlassungsverträge oder gemischte Verträge, bei denen das mietvertragliche Element überwiegt (BGH NJW 93, 1133). Bei Fitnessverträgen hängt die Anwendbarkeit der Nr 9 von der konkreten Ausgestaltung ab (BGH NJW 97, 739). Verwalterverträge fallen wegen § 26 I WEG (BGH NJW 02, 3240; aA KG NJW-RR 91, 274) u Fernunterrichtsverträge wegen des spezielleren § 5 I FernUSG nicht unter Nr 9 (BaRoth/*J Becker* § 309 Nr 9 Rn 9). Wegen § 310 IV 2 ist Nr 9 auch auf Arbeitsverträge nicht anwendbar (Stoffels Rn 724).

Ausdrücklich von Nr 9 ausgenommen sind Verträge über die Lieferung als zusammengehörig verkaufter Sachen (vgl § 505 I Nr 1; BGH NJW 93, 2052), Versicherungsverträge sowie Lizenz- u Know-how-Verträge zwischen urheberrechtlichen Verwertungsgesellschaften (BaRoth/*J Becker* § 309 Nr 9 Rn 14). Diese Vertragsarten werden an § 307 gemessen (BVerfG NJW 86, 243), ggf unter Berücksichtigung der Wertungen in Nr 9 (LG Frankfurt/M NJW-RR 89, 176; 89, 888).

I. Laufzeitklauseln (Nr 9 a). Klauseln, die die Erstlaufzeit auf mehr als zwei Jahre festlegen, verstoßen gegen Nr 9 a. Die Frist beginnt mit Vertragsabschluss u nach Ablauf einer vereinbarten Probezeit (BGH NJW 93, 326; 93, 1651). Es genügt, dass der Anschein einer längeren Bindung als zwei Jahre hervorgerufen wird (Frankf NJW-RR 89, 958). Bei Verträgen mit einer Laufzeit unter zwei Jahren kann die ordentliche Kündigung, nicht aber die Kündigung aus wichtigem Grund ausgeschlossen werden (BGH NJW-RR 90, 1075; NJW 86, 3134). Der Ausschluss des ordentlichen Kündigungsrechts bei einer Ausbildung, die mehr als zwei Jahre dauert, ist unwirksam (Frankf NJW-RR 87, 438). Bei Verträgen auf unbestimmte Zeit muss dem Kunden ein Kündigungsrecht zustehen, das ihn nicht länger als zwei Jahre an den Vertrag bindet (MüKo/*Basedow* § 309 Nr 9 Rn 13; aA Vertragsauflösung nach zwei Jahren ohne Zutun der Verwendergegenseite U/B/H § 11 Nr 12 Rn 9). Zweijährige oder kürzere Laufzeiten sind nicht generell zulässig, sondern sind der Inhaltskontrolle nach § 307 zu unterziehen (BGH NJW 93, 326; 87, 2012). Solche Klauseln sind nur wirksam bei Vorliegen triftiger Gründe unter Berücksichtigung der vertragstypischen Besonderheiten (MüKo/*Basedow* § 309 Nr 9 Rn 16). Nr 9 hat insoweit für die darin erfassten Verträge Indizwirkung (BGH NJW 87, 2012; BaRoth/*J Becker* § 309 Nr 9 Rn 18).

II. Verlängerungsklauseln (Nr 9 b). Die stillschweigende, automatisch eintretende oder von einer Erklärung des Verwenders abhängige (Palandt/*Heinrichs* § 309 Rn 85) Verlängerung des Vertragsverhältnisses um mehr als ein Jahr ist nach Nr 9 b unzulässig. Für die Angemessenheit von Vertragsverlängerungen unter einem Jahr ist § 307 Prüfungsmaßstab, wobei auf die finanzielle oder sonstige Belastung des Kunden abzustellen ist (MüKo/*Basedow* § 309 Nr 9 Rn 18). Danach sind bei Fitnessverträgen sechs Monate angemessen (BGH NJW 97, 739), bei EDV-Wartungsverträgen bis zu einem Jahr (Oldbg CR 92, 722), beim Abonnement einer Wochenzeitung ein Jahr (BGH NJW 87, 2012). Bei Partnervermittlungsverträgen sind sechs Monate schon unangemessen (Ddorf NJW-RR 95, 369).

III. Kündigungsfristklauseln (Nr 9 c). Nach Nr 9 c darf die dem Kunden formularmäßig auferlegte Kündigungsfrist nicht länger als drei Monate sein. Dabei kommt es lediglich auf den Zeitraum zwischen dem Ausspruch der Kündigung u dem sich aus der Kündigung ergebenden Vertragsende an (KG NJW-RR 03, 1062). Die Höchstfrist gilt gleichermaßen für Kündigungen zum Ende der Erstlaufzeit wie für solche zum Ende der verlängerten Laufzeit (BaRoth/*J Becker* § 309 Nr 9 Rn 23). Gleiches gilt, wenn der Kunde, anstatt zu kündigen, der Vertragsverlängerung widersprechen muss (vgl Anh zur KlauselRichtl 1 h; Palandt/*Heinrichs* § 309 Rn 86). Mit Nr 9 c unvereinbar ist auch eine dreimonatige Kündigungsfrist, die der Kunde nur an wenigen Terminen in Gang setzen kann (AG Hamburg NJW-RR 98, 1593; aA AG Gütersloh MDR 84, 404). Eine kürzere Kündigungsfrist ist gemäß § 307 zulässig, wenn ihre Dauer angemessen zur Laufzeit des Vertrages ist (MüKo/*Basedow* § 309 Nr 9 Rn 19). Die Kündigung aus wichtigem Grund (§ 314) ist als zwingendes Recht klauselfest, § 307 II 1 (BGH NJW 93, 1135). Bestimmungen über Form u Zugang der Kündigungserklärung sind an Nr 13 zu messen.

84 **IV. Rechtsfolgen.** Unzulässige Erstlaufzeitklauseln führen zum Wegfall der Befristung insgesamt u können nicht auf eine zulässige Höchstfrist reduziert werden (BGH NJW 00, 1113). Die Lücke ist gem § 306 II durch dispositives Gesetzesrecht (insbes §§ 649, 620 II, 621, 622) oder im Wege der ergänzenden Vertragsauslegung (s § 305 c Rn 21) zu schließen (BGH NJW 93, 330; Köln NJW-RR 97, 751). Ist jedoch eine ersatzlose Streichung der Befristung angemessen u interessengerecht, ist der Vertrag auf unbestimmte Zeit geschlossen u jederzeit kündbar (BGH NJW 00, 1114; 98, 450). Entsprechendes gilt für überlange Verlängerungsklauseln (BaRoth/*J Becker* § 309 Nr 9 Rn 29).

85 Unwirksame Kündigungsfristen sind idR vom Rest der Klausel abtrennbar mit der Folge, dass dem Kunden nur ein jederzeitiges Kündigungsrecht zum Ende der ggf verlängerten Laufzeit zusteht (BaRoth/*J Becker* § 309 Nr 9 Rn 31).

86 **V. Verträge zwischen Unternehmern.** Die Rechtsgedanken der Nr 9 sind nicht auf den unternehmerischen Geschäftsverkehr übertragbar (BGH NJW 03, 886; NJW-RR 97, 942; aA LG Bochum NJW-RR 02, 1713). Die Vereinbarkeit einer langfristigen Vertragsbindung mit § 307 ist (bei einer überindividuell-generalisierenden Betrachtungsweise) unter Abwägung der Investitionen des Verwenders (Amortisationsinteresse, BGH NJW 93, 1133) mit der Dispositionsfreiheit des Kunden zu beurteilen (BGH NJW 03, 1315; 00, 1110). Längere Laufzeiten als 10 Jahre verstoßen im Zweifel gegen § 307 (Palandt/*Heinrichs* § 309 Rn 89).

87 **K. Wechsel des Vertragspartners (Nr 10). I. Anwendungsbereich.** Nr 10 schützt vor Eintrittsklauseln, die dem Kunden einen neuen, ihm unbekannten Vertragspartner aufzwingen. Nr 10 gilt auch für Werklieferungs- u Geschäftsbesorgungsverträge (Saarb NJW-RR 99, 1397; U/B/H § 11 Nr 13 Rn 4). Nicht erfasst sind Darlehens-, Leasingverträge sowie andere Gebrauchsüberlassungsverträge u Verträge mietvertraglichen Charakters (arg § 566). Diese sind an § 305 c u § 307 zu messen (MüKo/*Basedow* § 309 Nr 10 Rn 5). Eintrittsklauseln in Verbraucherverträgen (§ 310 III) unterliegen unabhängig vom Vertragstyp der Kontrolle nach § 307 iVm dem Anh zur KlauselRichtl Nr 1 p (MüKo/*Basedow* § 309 Nr 10 Rn 3). Sie sind schon dann unwirksam, wenn die Vertragsübernahme möglicherweise eine Verringerung der Sicherheit für den Verbraucher bewirkt (Erman/*Roloff* § 309 Rn 138).

88 Nr 10 erfasst die Fälle der Vertragsübernahme, die eine Zustimmung oder Genehmigung des Kunden voraussetzt (BaRoth/*J Becker* § 309 Nr 10 Rn 6). Auf die befreiende Schuldübernahme (§§ 414, 415) ist Nr 10 analog anzuwenden (Erman/*Roloff* § 309 Rn 135). Keine Anwendung findet Nr 10 auf die vollständige oder teilweise Abtretung der Ansprüche (§ 398), die Erfüllungsübernahme, den Schuldbeitritt, die Schuldmitübernahme (Erman/*Roloff* § 309 Rn 135) oder den bloßen Einsatz eines Erfüllungsgehilfen (Palandt/*Heinrichs* § 309 Rn 91). Ferner nicht erfasst sind die Fälle der Gesamtrechtsnachfolge wie Erbschaft, Verschmelzung u Spaltung (BaRoth/*J Becker* § 309 Nr 10 Rn 7). AGB-Klauseln, die den Verwender nicht als Vertragspartner sondern zum Stellvertreter des Kunden erklären, fallen nicht unter Nr 10, können aber nach § 305 b unwirksam sein (BGH NJW 91, 1420; NJW-RR 90, 613).

89 **II. Ausnahmen.** Eine Eintrittsklausel hält der AGB-Prüfung nach Nr 10 a stand, wenn der eintretende Dritte im Vertrag vollständig durch Angabe von Name u Anschrift angegeben wird (BGH NJW 80, 2518). Nach § 305 c ist eine **deutliche Hervorhebung** der Klausel unerlässlich (BaRoth/*J Becker* § 309 Nr 10 Rn 1). Alternativ kann dem Kunden nach Nr 10 b ein Recht auf sofortige u voraussetzungslose Beendigung des Vertrages (Kündigungs- oder Rücktrittsrecht) für den Fall eingeräumt werden, dass der Dritte tatsächlich in den Vertrag eintritt (LG Köln NJW-RR 87, 885). Die Ausübung des Lösungsrechts darf weder erschwert noch mit Nachteilen verbunden sein (BGH NJW 85, 53).

90 **III. Verträge zwischen Unternehmern.** Die Wertung in Nr 10 ist auf den unternehmerischen Geschäftsverkehr übertragbar, wenn berechtigte Interessen des Kunden (zB an der Zuverlässigkeit u Solvenz seines Vertragspartners oder an der Vermeidung von Störungen der Vertragsdurchführung bei Partnerwechsel) das Interesse des Verwenders überwiegen (BGH NJW 85, 53). Ein auflösend bedingtes Lösungsrecht für den Fall, dass dieses Interesse des unternehmerischen Kunden nachträglich wegfällt, kann die Klausel wirksam machen (BaRoth/*J Becker* § 309 Nr 10 Rn 12). Identity-of-Carrier-Klauseln aus dem Seeschifffahrtsrecht sind an § 305 b zu messen (BGH NJW 91, 1420; NJW-RR 90, 613).

91 **L. Haftung des Abschlussvertreters (Nr 11).** Nr 11 a erklärt Klauseln für nichtig, die dem rechtsgeschäftlichen wie gesetzlichen Vertreter eine eigene Haftung oder Einstandspflicht auferlegen, sei es in Form einer gesamtschuldnerischen Haftung neben dem Vertretenen oder in Form einer subsidiären Haftung (BGH NJW 01, 3186). Derartige Klauseln werden häufig schon nach § 305 c I nicht Vertragsbestandteil (Palandt/*Heinrichs* § 309 Rn 94). Nr 11 b erfasst den Vertreter ohne Vertretungsmacht. Unterzeichnet der Vertreter den Vertrag zugleich im eigenen Namen als Vertragspartei mit, findet Nr 11 keine Anwendung; eine entsprechende AGB-Klausel kann aber an § 305 c I scheitern (BGH NJW 88, 1908). Fälle der mittelbaren Stellvertretung u des Handelns unter fremden Namen fallen nicht unter Nr 11 (Erman/*Roloff* § 309 Rn 140). Haftet der Vertreter aus cic (§ 311 III), ist Nr 11 nicht berührt.

I. Voraussetzungen. Die nach Nr 11a notwendige **unterschriebene Haftungserklärung** des Vertreters muss sich in Schrift u Aufbau erkennbar (klar u deutlich ins Auge fallend) vom Hauptvertrag absetzen (BGH NJW 02, 3464; vgl § 355 II 2). Eine besondere Urkunde (BGH NJW 01, 3186) oder eine getrennte Erklärung (BGH NJW 88, 2465) sind nicht erforderlich. Nr 11b verbietet jede formularmäßige Erweiterung der gesetzlichen Haftung des (rechtsgeschäftlichen oder gesetzlichen) Vertreters ohne Vertretungsmacht (§ 179) (vgl LG Nürnberg/Fürth NJW 62, 1513). Die Unwirksamkeit solcher Klauseln wird nicht dadurch behoben, dass sich der Verwender das Bestehen einer Vollmacht formularmäßig versichern lässt (U/B/H § 11 Nr 14 Rn 11). Eine Klausel, die Nr 11 entspricht, kann wegen Verstoßes gegen §§ 307 I, II oder § 307 I 2 unwirksam sein (BGH NJW 88, 2465).

II. Verträge zwischen Unternehmern. Nr 11 a ist als Ausprägung des § 305 b (Stoffels Rn 715), Nr 11 b wegen § 307 II 1 auf den unternehmerischen Geschäftsverkehr übertragbar (Palandt/*Heinrichs* § 309 Rn 98). Die formularmäßige Pflicht zur Mithaftung des Geschäftsführers bei Vertretung der GmbH fällt unmittelbar unter Nr 11 (vgl BGH NJW 88, 2465).

M. Beweislast (Nr 12). Nr 12 enthält das umfassende Verbot einer Änderung der sich aus Gesetz oder Richterrecht ergebenden (objektiven oder subjektiven) Beweislast zum Nachteil des Kunden (BGH NJW 88, 258). Es genügt allein die Möglichkeit, dass der Richter aufgrund der Klausel die Anforderungen an den Beweis erhöht (BGH NJW 90, 765). Auch Beweismittelbeschränkungen u Änderungen des Beweismaßes oder der Grundsätze des Anscheinsbeweises sind gemäß Nr 12 unzulässig (BGH NJW 88, 258; W/H/L § 11 Nr 15 Rn 4). Klauseln, welche die gesetzliche oder richterrechtliche Beweislastverteilung nur **wiederholen**, sind wegen § 307 III 1 wirksam (BGH NJW-RR 05, 1498).

Nicht vom Verbot der Nr 12 erfasst, aber an § 307 zu messen, sind vertragliche Abweichungen vom dispositiven Recht, die Änderungen der Beweislast mit sich bringen, wie bspw vorformulierte abstrakte oder deklaratorische Schuldanerkenntnisse (BGH NJW 03, 2388). Ebenfalls nur der Kontrolle nach § 307 unterliegen Zwangsvollstreckungsunterwerfungsklauseln (BGH NJW 02, 138; aA Münch BauR 00, 1760).

I. Regelbeispiele. Nach **Nr 12a** sind Klauseln in Lagerverträgen unwirksam, wonach der Einlagerer die Beschädigung des Lagerguts u das Verschulden des Lagerhalters beweisen muss (BGH NJW 73, 1192; 64, 1123).

Vorformulierte **Wissensbestätigungen**, in denen sich der Kunde mit gewissen Besonderheiten des Geschäfts vertraut erklärt, führen zwar nicht zur Beweislastumkehr, erschweren dem Kunden aber den Gegenbeweis u verstoßen somit gegen **Nr 12b** (BGH NJW 91, 1753). Nr 12b gilt für alle vorformulierten Bestätigungen rechtlich relevanter **Tatsachen**, welche die Beweislast umkehren oder faktisch nachteilig verschieben (BGH NJW 87, 1634). Der Tatsachenbegriff ist weit zu verstehen. Er umfasst sowohl Bestätigungen über tatsächliche Vorgänge oder Zustände als auch wertende Bestätigungen (BaRoth/*J Becker* § 309 Nr 12 Rn 8) wie zB die Bestätigung, dass die AGB dem Kunden **ausgehändigt**, von ihm gelesen u verstanden (BGH NJW 88, 2108) oder mit ihm individuell ausgehandelt wurden (BGH NJW 87, 1634). Unzulässig sind ferner Klauseln, wonach der Kunde bestätigt, dass der Verwender ihn über sein Widerrufsrecht als Verbraucher iSv § 355 belehrt hat (BGH NJW 93, 1133), dass er die maßgeblichen Verbraucherinformationen für Versicherungsnehmer (§ 10a VAG) erhalten hat (Köln VersR 00, 169), dass er keine eidesstattliche Versicherung abgegeben hat u solvent ist (LG Berlin VuR 98, 199), dass er die Sachen in einwandfreiem Zustand übernommen hat (Kobl NJW 95, 3392) oder dass alle Maßangaben in einer von Angestellten eines Möbelhauses angefertigten Skizze richtig sind (BGH NJW 86, 2574). Klauseln, in denen der Minderjährige erklärt, er handele mit Einverständnis der Eltern, sind unvereinbar mit Nr 12b (MüKo/*Basedow* § 309 Nr 12 Rn 17). In Fitnessverträgen sind Klauseln unwirksam, wonach der Kunde seine Gesundheit, Leistungsfähigkeit u umfassende Einweisung in das Trainingsprogramm bestätigt (BGH NJW-RR 89, 817). **Vollständigkeitsklauseln**, in denen bestätigt wird, dass „mündliche Nebenabreden nicht getroffen wurden", sind dagegen wirksam (BGH NJW 00, 207; 85, 2329).

II. Empfangsbekenntnisse (Nr 12 Hs 2). Gem Nr 12 Hs 2 sind vorformulierte Empfangsbekenntnisse (Wissenserklärung, § 368) vom Verbot der Nr 12b ausgenommen, sofern sie gesondert unterschrieben oder mit einer gesonderten qualifizierten Signatur versehen sind (U/B/H § 11 Nr 15 Rn 22). Danach ist keine besondere Urkunde erforderlich (MüKo/*Basedow* § 309 Nr 12 Rn 19). Jedoch muss sich die Erklärung klar vom eigentlichen Vertragstext absetzen u eindeutig den Bestätigungswillen des Kunden erkennen lassen (BGH NJW 88, 2108; 87, 2014). Zum Erfordernis der gesonderten Unterschrift BGH NJW 93, 2868; 87, 2012f. Enthält das Empfangsbekenntnis eine beweislaständernde Tatsachenbestätigung oder rechtliche Würdigungen, ist die Klausel nach Nr 12 unwirksam (Kobl NJW 95, 3392).

III. Verträge zwischen Unternehmern. Der Rechtsgedanke der Nr 12a ist mit Rücksicht auf die handelsrechtlichen Gewohnheiten u Gebräuche auf den unternehmerischen Geschäftsverkehr übertragbar (BGH NJW 06, 49). Für die Bestätigung rein tatsächlicher Vorgänge u Zustände iSv Nr 12b kann sich im Verkehr mit Unternehmen ein praktisches Bedürfnis ergeben (BaRoth/*J Becker* § 309 Nr 12 Rn 13). Wertende Bestätigungen sind aber auch im unternehmerischen Verkehr unzulässig (BGH NJW 87, 1634).

100 **N. Form von Anzeigen u Erklärungen (Nr 13).** Nr 13 betrifft vorformulierte Form- u Zugangsvorschriften für jegliche Anzeige u Erklärung, die der Kunde gegenüber dem Verwender (nicht aber umgekehrt) oder einem Dritten abzugeben hat. Dabei erfasst Nr 13 **alle rechtsgeschäftlichen, geschäftsähnlichen oder rein tatsächlichen Äußerungen**, die für die Rechtsentstehung, Rechtsausübung oder sonstige Rechtswahrnehmung von Bedeutung sind (BaRoth/*J Becker* § 309 Nr 13 Rn 2), nicht aber vertragliche (Neben-)Abreden (Stoffels Rn 673).

101 **I. Schriftform.** Nr 13 verbietet (nur) eine strengere Form als Schriftform (§§ 127, 126). Unzulässig sind neben Abreden, die notarielle Beurkundung (§ 128) oder öffentliche Beglaubigung (§ 129) vorschreiben, auch das Vorschreiben der elektronischen Form (§ 126 a), der Übermittlung per Fax oder per (eingeschriebenem) Brief (W/H/L § 11 Nr 16 Rn 7) sowie Klauseln, wonach eine weitere Urkunde oder das Benutzen bestimmter Formulare des Verwenders erforderlich ist (Schlesw NJW-RR 01, 818; Münch NJW-RR 87, 664). Zulässig ist das Vorschreiben der milderen Textform (§ 126 b) u das Erfordernis der eigenhändigen Unterschrift durch den Kunden (MüKo/*Basedow* § 309 Nr 13 Rn 4).

102 **II. Zugangserfordernis.** Nach Nr 13 sind besondere Zugangserfordernisse, die von §§ 130, 131 zum Nachteil des Kunden abweichen, unwirksam. Unzulässig sind daher Klauseln, die den Zugang nur per (eingeschriebenem) Brief (BGH NJW 85, 2587; Ddorf NJW-RR 92, 55) oder zu eingeschränkter Empfangszeit erlauben (Münch NJW-RR 87, 664). Im Falle der Benennung einer bestimmten Zugangsstelle sind Klauseln nicht zu beanstanden, wonach Versicherungsvermittler keine Empfangsvollmacht besitzen sollen (BGH NJW 99, 1635; 99, 2283).

103 **III. Verträge zwischen Unternehmern.** Nr 13 findet auf den unternehmerischen Geschäftsverkehr keine Anwendung. Hiergegen spricht das kaufmännische Bedürfnis nach Rechtsklarheit sowie effizienter u schneller Bearbeitung von Anzeigen u Erklärungen (hM; MüKo/*Basedow* § 309 Nr 13 Rn 6; BaRoth/*J Becker* § 309 Nr 13 Rn 11).

§ 310 Anwendungsbereich

(1) ¹§ 305 Abs. 2 und 3 und die §§ 308 und 309 finden keine Anwendung auf Allgemeine Geschäftsbedingungen, die gegenüber einem Unternehmer, einer juristischen Person des öffentlichen Rechts oder einem öffentlich-rechtlichen Sondervermögen verwendet werden. ²§ 307 Abs. 1 und 2 findet in den Fällen des Satzes 1 auch insoweit Anwendung, als dies zur Unwirksamkeit von in den §§ 308 und 309 genannten Vertragsbestimmungen führt; auf die im Handelsverkehr geltenden Gewohnheiten und Gebräuche ist angemessen Rücksicht zu nehmen.
(2) ¹Die §§ 308 und 309 finden keine Anwendung auf Verträge der Elektrizitäts-, Gas-, Fernwärme- und Wasserversorgungsunternehmen über die Versorgung von Sonderabnehmern mit elektrischer Energie, Gas, Fernwärme und Wasser aus dem Versorgungsnetz, soweit die Versorgungsbedingungen nicht zum Nachteil der Abnehmer von Verordnungen über Allgemeine Bedingungen für die Versorgung von Tarifkunden mit elektrischer Energie, Gas, Fernwärme und Wasser abweichen. ²Satz 1 gilt entsprechend für Verträge über die Entsorgung von Abwasser.
(3) Bei Verträgen zwischen einem Unternehmer und einem Verbraucher (Verbraucherverträge) finden die Vorschriften dieses Abschnitts mit folgenden Maßgaben Anwendung:
1. Allgemeine Geschäftsbedingungen gelten als vom Unternehmer gestellt, es sei denn, dass sie durch den Verbraucher in den Vertrag eingeführt wurden;
2. § 305 c Abs. 2 und die §§ 306 und 307 bis 309 dieses Gesetzes sowie Artikel 29 a des Einführungsgesetzes zum Bürgerlichen Gesetzbuche finden auf vorformulierte Vertragsbedingungen auch dann Anwendung, wenn diese nur zur einmaligen Verwendung bestimmt sind und soweit der Verbraucher auf Grund der Vorformulierung auf ihren Inhalt keinen Einfluss nehmen konnte;
3. bei der Beurteilung der unangemessenen Benachteiligung nach § 307 Abs. 1 und 2 sind auch die den Vertragsschluss begleitenden Umstände zu berücksichtigen.
(4) ¹Dieser Abschnitt findet keine Anwendung bei Verträgen auf dem Gebiet des Erb-, Familien- und Gesellschaftsrechts sowie auf Tarifverträge, Betriebs- und Dienstvereinbarungen. ²Bei der Anwendung auf Arbeitsverträge sind die im Arbeitsrecht geltenden Besonderheiten angemessen zu berücksichtigen; § 305 Abs. 2 und 3 ist nicht anzuwenden. ³Tarifverträge, Betriebs- und Dienstvereinbarungen stehen Rechtsvorschriften im Sinne von § 307 Abs. 3 gleich.

1 **A. Normzweck.** Die Vorschrift normiert zusammen mit § 305 den Anwendungsbereich des 2. Abschnitts (dazu Vor § 305 Rn 5). I und II schränken den persönlichen Anwendungsbereich ein, Abs 4 begrenzt den sachlichen. III erweitert den durch § 305 normierten (s § 305 Rn 1) Anwendungsbereich für Verbraucherverträge sowohl im Hinblick auf die Einbeziehungs- (Nr 1 u 2) als auch die Inhaltskontrolle (Nr 3).

B. Unternehmer; juristische Personen des öffentlichen Rechts (I). Es gilt der **Unternehmerbegriff** des § 14   2
(s § 14 Rn 6 ff). I betrifft auch Verträge zur **Vorbereitung** oder **Abwicklung** einer unternehmerischen Tätigkeit (BaRoth/*Schmidt* § 307 Rn 56; vgl auch BGH NJW 05, 1273). Auf die Unternehmereigenschaft des Verwenders kommt es im Gegensatz zu III nicht an (BGH NJW 81, 1509). Sie wird aber wegen der Weite des § 14 meist gegeben sein. Juristische Personen des öffentlichen Rechts sind Gebietskörperschaften, Rundfunkanstalten, Hochschulen, Sozialversicherungsträger, Religionsgemeinschaften, öffentlich-rechtliche Kammern, die BVS sowie Anstalten u Stiftungen des öffentlichen Rechts.
Diesen Vertragsparteien gegenüber findet § 305 II, III keine Anwendung (s § 305 Rn 35). Die Inhaltskontrolle   3
erfolgt allein nach § 307; s zum unternehmerischen Geschäftsverkehr § 307 Rn 33. Der Verweis auf die im Handelsverkehr geltenden Gewohnheiten u Gebräuche führt dazu, dass die Handelsgebräuchlichkeit einer von den §§ 308 f (zu deren Wirkung iRv § 307 s § 307 Rn 34) nicht erfassten Klausel deren Wirksamkeit indiziert, so dass dem Vertragspartner die Begründungslast dafür obliegt, dass ihn die Klausel gleichwohl unangemessen benachteiligt (MüKo/*Basedow* § 310 Rn 10).

C. Öffentliche Versorgungsunternehmen (II). II betrifft nur die Versorgung von Sonderabnehmern. Diese   4
fallen aber praktisch immer unter Abs 1, sodass schon aus diesem Grund die §§ 308 f nicht gelten. II ist daher praktisch bedeutungslos (Palandt/*Heinrichs* § 310 Rn 6). Zur Einschränkung der Kontrolldichte in diesen Fällen BGH NJW 04, 2161.

D. Verbraucherverträge (III). III ist eine Verbraucherschutznorm. Sie enthält die durch Umsetzung der   5
KlauselRichtl (s Vor § 305 Rn 3) für das deutsche AGB-Recht notwendigen Änderungen. Die Vorschrift ist daher richtlinienkonform auszulegen (s Einl Rn 35). Der persönliche Anwendungsbereich ist auf Verträge beschränkt, bei denen der Vertragspartner **Verbraucher** iSv § 13 (s § 13 Rn 8 ff) und, insoweit in Abweichung vom allg AGB-Recht (s Rn 2), der **Verwender Unternehmer** iSv § 14 (s § 14 Rn 6 ff) ist. Als Unternehmer gelten auch Einrichtungen der öffentlichen Hand, wenn sie privatrechtliche Verträge abschließen (U/B/H § 24a Rn 18; wohl auch BGH NJW 03, 890).
Der **sachliche Anwendungsbereich** erstreckt sich auf alle Arten von Verträgen (s § 305 Rn 2), nicht nur auf   6
solche über Waren oder Dienstleistungen, wie dies die Richtl vorsieht. Erfasst werden auch für den Verbraucher vorformulierte einseitige Erklärungen (s § 305 Rn 3) sowie alle Hinweise des Verwenders, die nach ihrem objektiven Wortlaut bei einem durchschnittlichen, rechtlich nicht vorgebildeten Kunden den Eindruck erwecken, es solle damit der Inhalt eines (vor-)vertraglichen Rechtsverhältnisses bestimmt werden (§ 305 Rn 4, weitergehend *Heinrichs* NJW 96, 2194). In Abgrenzung zu Abs 4 werden auch Konstellationen erfasst, in denen Gesellschaftsverträge allein zu Zwecken der privaten Vermögensanlage abgeschlossen werden (Frankf NJW-RR 04, 991; *Heinrichs* NJW 96, 2192). Zum zeitlichen u internationalen Anwendungsbereich Vor § 305 Rn 6 ff.

I. Fiktion des „Stellens" (Nr 1). Nr 1 führt dazu, dass als AGB auch solche Vertragsbedingungen gelten u   7
den Vorschriften des 2. Abschnitts unterliegen, die von niemandem gestellt wurden (BGH NJW 99, 2180; *Wille* VersR 95, 1416). Vertragsbedingungen, die von dritter Seite in den Vertrag eingeführt werden (**Drittbedingungen,** *Heinrichs* NJW 95, 157) gelten also nicht nur unter den bei § 305 Rn 8 erläuterten Voraussetzungen, sondern grds immer als AGB, dh auch dann, wenn sie von einer neutralen dritten Person stammen, die dem Verwender nicht zuzurechnen ist. Dies betrifft vor allem Vertragsformulare u von einem neutralen Notar eingeführte Vertragsklauseln. Die sonstigen Voraussetzungen des § 305 müssen vorliegen, die betreffende Klausel muss also für eine Vielzahl von Verträgen (§ 305 Rn 6) vorformuliert (s § 305 Rn 5) worden sein.
Nr 1 greift dagegen nicht ein, wenn die AGB vom Verbraucher selbst oder einer dritten Peson in dessen Auf-   8
trag in den Vertrag eingeführt wurden oder wenn sie im Einzelnen ausgehandelt wurden (s § 305 Rn 12). Die **Beweislast** hierfür trägt der Unternehmer. Die sonstigen Tatbestandsvoraussetzungen von Nr 1 muss der Verbraucher beweisen (*Heinrichs* NJW 96, 2191).

II. Vorformulierte Einmalbedingungen (Nr 2). Nr 2 erfasst vorformulierte (§ 305 Rn 5) Vertragsbedingun-   9
gen, die entgegen den unter § 305 Rn 6 erläuterten Grundsätzen nur zur einmaligen Verwendung bestimmt sind. Für das „Stellen" gilt Nr 1 (s Rn 7). Es kommt folglich nicht darauf an, durch wen die betreffende Klausel in den Vertrag einbezogen wurde (W/H/L § 24a Rn 35). Nr 2 erfasst daher auch notarielle Einzelverträge (MüKo/*Basedow* § 310 Rn 65). Der **Verbraucher muss beweisen,** dass es sich um vorformulierte Vertragsbedingungen handelt u dass er gerade aufgrund (Kausalität!) der Vorformulierung auf den Klauselinhalt keinen Einfluss nehmen konnte. Der Beweis des ersten Anscheins (erfahrungsgemäß bestehendes Unverständnis u Desinteresse des Verbrauchers gegenüber AGB) sowie die Tatsache, dass die Möglichkeit der Einflussnahme den strengen Anforderungen der Rspr an das Aushandeln iSv § 305 I 3 genügen muss (*Wackerbarth* AcP 200, 85), erleichtern dem Verbraucher diese Beweisführung erheblich.
Nr 2 erklärt § 305c II (Unklarheitenregel, s § 305c Rn 17), § 306 (Rechtsfolgen bei Nichteinbeziehung   10
u Unwirksamkeit, s § 306 Rn 13), die Vorschriften über die Inhaltskontrolle einschließlich des Transparenzgebotes (§§ 307-309) u Art 29a EGBGB für anwendbar. Die Aufzählung ist zwar abschließend (MüKo/*Basedow*

§ 310 Rn 69), im Wege richtlinienkonformer Auslegung ist jedoch auch das Überraschungsverbot des § 305c I auf Einmalklauseln anwendbar (*Heinrichs* NJW 96, 2190).

11 **III. Individualisierte Inhaltskontrolle (Nr 3).** Nr 3 modifiziert den für die Inhaltskontrolle geltenden überindividuell-generalisierenden Maßstab (§ 307 Rn 10). Bei der Inhaltskontrolle von AGB in Verbraucherverträgen nach § 307 u § 308 (§ 309 scheidet mangels Wertungsmöglichkeit aus) sind zusätzlich die den Vertragsschluss begleitenden individuellen Umstände zu berücksichtigen. Nr 3 führt so zu einer Kombination von **generalisierender** Inhaltskontrolle auf der ersten Prüfungsebene u **konkret-individueller** Umstandskontrolle auf der nachgeordneten zweiten Stufe (*Stoffels* Rn 479 ff). Die Prüfung auf der zweiten Stufe kann das auf der ersten Stufe gewonnene Ergebnis zugunsten oder zulasten des Verbrauchers beeinflussen (U/B/H § 9 Rn 180; *Bunte* DB 96, 1340; str, für eine teleologische Reduktion auf Umstände, die zugunsten des Verbrauchers wirken BaRoth/*J Becker* § 310 Rn 20). Dies gilt etwa für die vorhandene oder mangelnde Geschäftserfahrung des Verbrauchers oder die Erläuterung bzw Bagatellisierung des Klauselinhalts durch den Verwender (Palandt/*Heinrichs* § 310 Rn 21). Weitere Umstände folgen aus dem 16. Erwägungsgrund u Art 4 I der Richtl (MüKo/*Basedow* § 310 Rn 72).

12 Die Kombinationslösung gilt nicht für **Einmalbedingungen** (Rn 9), die naturgemäß nur auf der Grundlage konkret-individueller Umstände zu überprüfen sind (*Michalski* DB 99, 677). Im auf abstrakte Inhaltskontrolle angelegten Verbandsklageverfahren ist Nr 3 nicht anwendbar (BGH NJW 01, 2973; 99, 2182).

13 **E. Bereichsausnahmen (Abs 4). I. Erb-, Familien-, Gesellschaftsrecht (S 1). 1. Erb- u Familienrecht.** Die Freistellung erb- u familienrechtlicher Verträge von der Geltung des 2. Abschnitts beruht auf dem durch eine Vielzahl zwingender Vorschriften gewährleisteten gesetzlichen Schutz der Parteien sowie darauf, dass die auf den einfachen Austauschvertrag abzielenden AGB-Vorschriften für derartige Verträge nicht passen (BT-Drucks 7/3919, S 41).

14 Hieraus folgt zugleich die Grenze der Bereichsausnahme. Sie gilt nicht, wenn der **schuldrechtliche Charakter** des Vertrages das familien- bzw erbrechtliche Element **überwiegt**. Die Bereichsausnahme gilt daher nicht für Schenkungsverträge auf den Todesfall, wenn diese sich als Rechtsgeschäfte unter Lebenden darstellen (MüKo/*Basedow* Rn 79), u für Erbschaftskaufverträge nach § 2371 (W/H/L § 23 Rn 52; U/B/H § 23 Rn 14; aA BaRoth/*J Becker* § 310 Rn 26). Allein die Tatsache, dass Darlehens-, Schenkungs-, Dienst- oder Mietverträge zwischen Familienangehörigen abgeschlossen werden, lässt diese nicht unter die Bereichsausnahme fallen, es sei denn, sie regeln genuin erb- oder familienrechtliche Rechtspflichten (BaRoth/*J Becker* § 310 Rn 25). Auf AGB für Lebenspartnerschaftsverträge (§ 1 LPartG) ist Abs 4 analog anzuwenden (Palandt/*Heinrichs* § 310 Rn 49).

15 **2. Gesellschaftsrecht.** Die Bereichsausnahme beruht auf der Erwägung, dass Verträge auf dem Gebiet des Gesellschaftsrechts nicht auf dem Austausch von Leistungen, sondern auf die Begründung von mitgliedschaftsrechtlichen und/oder organisationsrechtlichen Strukturen zielen, für deren Kontrolle die §§ 305 ff nicht passen (BGH NJW 95, 192). Hieraus folgt, dass die Bereichsausnahme für alle Gesellschaftsformen gilt, also BGB-Gesellschaft (U/B/H § 23 Rn 21), stille Gesellschaft (BGH NJW 95, 192), OHG, KG, GmbH, AG, KGaA, Genossenschaft (BGH NJW 88, 1729), Verein (BGH NJW 98, 454), Partnergesellschaft u EWIV (MüKo/*Basedow* § 310 Rn 80), nicht dagegen für die Bruchteilsgemeinschaft (W/H/L § 23 Rn 76) u partiarische Rechtsverhältnisse (BGH NJW 95, 192).

16 Ähnlich wie oben (Rn 14) folgt aus dem Regelungszweck auch die Einschränkung der Bereichsausnahme. Sie gilt nicht für Verträge, die zwar im Zusammenhang mit einem gesellschaftsrechtlichen Rechtsverhältnis stehen, aber nicht die gemeinsame Zweckförderung, sondern die Regelung einer vertraglichen Austauschbeziehung zum Gegenstand haben (BGH NJW 93, 57). Dies gilt etwa für Depotstimmrechtsverträge (BT-Drucks 7/3919, S 41), Stimmrechtsbindungsverträge (Palandt/*Heinrichs* § 310 Rn 50), Genussrechtsbedingungen (BGHZ 119, 312), Anstellungsverträge mit einem Gesellschafter-Geschäftsführer (BaRoth/*J Becker* § 310 Rn 31) u sonstige Austauschverträge zwischen Gesellschaft u Gesellschafter (BGH NJW-RR 92, 379), auf das Versicherungsverhältnis bezogene Regelungen in AVB eines Versicherungsvereins auf Gegenseitigkeit (BGH NJW 98, 454), vertragliche Vereinbarungen zwischen einem Verein u ihm nicht angehörigen Dritten (BGH BB 72, 1073) sowie sonstige Klauseln in Satzungen oder Gesellschaftsverträgen, soweit sie im Kern nicht mitgliedschafts-, sondern vertragsrechtlicher Natur sind (BaRoth/*J Becker* § 310 Rn 31). S zum Erwerb einer gesellschaftsrechtlichen Beteiligung zum Zweck der privaten Vermögensanlage Rn 6; zur Inhaltskontrolle von Vereinssatzungen u Gesellschaftsverträgen von Publikums-KGs Vor § 305 Rn 14.

17 **II. Arbeitsrecht (S 2, 3). 1. Kollektivarbeitsrecht.** Verträge auf dem Gebiet des Kollektivarbeitsrechts (Tarifverträge, Betriebs- u Dienstvereinbarungen) sind nach S 1 von der Anwendung des 2. Abschnitts ausgenommen. Werden darin enthaltene Bestimmungen in einen Individualarbeitsvertrag aufgenommen, sind die entsprechenden Vertragsklauseln von deklaratorischer Natur, sodass nach S 3 iVm § 307 III (s § 307 Rn 37) keine Inhaltskontrolle stattfindet (*Lingemann* NZA 02, 189).

18 **2. Individualarbeitsrecht.** Ansonsten unterliegen nicht individuell ausgehandelte AGB in Individualarbeitsverträgen der Inhaltskontrolle, wobei – wie bei AGB die gegenüber Unternehmern verwendet werden (Rn 3)

– die Einbeziehungsvorschriften des § 305 II u III nicht anwendbar sind. Arbeitnehmer sind durch das NachwG (§ 611 Rn 51) ausreichend geschützt.

Arbeitsverträge sind Verträge zwischen Arbeitgebern u Arbeitnehmern, also Personen, die in weisungsgebundener persönlicher Abhängigkeit fremdbestimmte Arbeit für einen anderen verrichten (BAGE 18, 54; 11, 225). Dies gilt auch für **leitende Angestellte u arbeitnehmerähnliche Personen** (§ 5 I 2 ArbGG, BaRoth/ J Becker § 310 Rn 37). Keine Arbeitnehmer sind Organe juristischer Personen, Richter, Beamte, Soldaten (MüKo/Basedow § 310 Rn 97) u Personen, deren Mitarbeit nur auf familiärer Verbundenheit beruht (BGHZ 77, 161 ff). Der Inhaltskontrolle unterliegen alle Verträge zwischen Arbeitgeber u Arbeitnehmer, die keine Arbeitsverträge sind, wie etwa Darlehensverträge, Mietverträge über Werkswohnungen oder Kaufverträge (BAG NJW 94, 213). Dies muss entsprechend dem zum Gesellschaftsrecht Gesagten (Rn 16) auch dann gelten, wenn derartige Bestimmungen in einem Arbeitsvertrag enthalten sind. 19

Die Inhaltskontrolle nach §§ 305 ff tritt an die Stelle der von der Rspr entwickelten (BAG NJW 04, 1754) Billigkeitskontrolle von Arbeitsverträgen (zur Ähnlichkeit zwischen Billigkeits- u Inhaltskontrolle *Preis* ZIP 89, 885). Die Inhaltskontrolle gilt entsprechend dem Rechtsgedanken des Abs 3 Nr 2 u in Fortsetzung der bisherigen Kontrollpraxis des BAG (*Fastrich* S 165) auch für Einzelarbeitsverträge (Palandt/*Heinrichs* § 310 Rn 51; aA *Hromadka* NJW 02, 2523). 20

Nach S 2 sind die Besonderheiten des Arbeitsrechts bei der Inhaltskontrolle stets angemessen zu berücksichtigen. Dies gilt etwa bei **Vertragsstrafen** für den Fall der vorzeitigen Lösung des Arbeitnehmers vom Vertrag. Sie sind wegen der arbeitsvertraglichen Besonderheiten (§ 888 III ZPO steht Vollstreckung entgegen) trotz § 309 Nr 6 zulässig, so dass Klauselverbote ‚ohne' Wertungsmöglichkeit in § 309 im Arbeitsrecht zu solchen ‚mit' Wertungsmöglichkeit werden (BAG ZIP 04, 1277). 21

Abschnitt 3 Schuldverhältnisse aus Verträgen

Titel 1 Begründung, Inhalt und Beendigung

Untertitel 1 Begründung

§ 311 Rechtsgeschäftliche und rechtsgeschäftsähnliche Schuldverhältnisse

(1) Zur Begründung eines Schuldverhältnisses durch Rechtsgeschäft sowie zur Änderung des Inhalts eines Schuldverhältnisses ist ein Vertrag zwischen den Beteiligten erforderlich, soweit nicht das Gesetz ein anderes vorschreibt.

(2) Ein Schuldverhältnis mit Pflichten nach § 241 Abs. 2 entsteht auch durch

1. die Aufnahme von Vertragsverhandlungen,
2. die Anbahnung eines Vertrags, bei welcher der eine Teil im Hinblick auf eine etwaige rechtsgeschäftliche Beziehung dem anderen Teil die Möglichkeit zur Einwirkung auf seine Rechte, Rechtsgüter und Interessen gewährt oder ihm diese anvertraut, oder
3. ähnliche geschäftliche Kontakte.

(3) ¹Ein Schuldverhältnis mit Pflichten nach § 241 Abs. 2 kann auch zu Personen entstehen, die nicht selbst Vertragspartei werden sollen. ²Ein solches Schuldverhältnis entsteht insbesondere, wenn der Dritte in besonderem Maße Vertrauen für sich in Anspruch nimmt und dadurch die Vertragsverhandlungen oder den Vertragsschluss erheblich beeinflusst.

A. Entstehung und Funktion. § 311 I übernimmt wörtlich den § 305 aF; die Verschiebung beruht nur darauf, dass zuvor die Regelung der AGB (§§ 305 bis 310) untergebracht werden sollte. Dagegen enthalten II und III eine formal neue, aber in der Sache schon vorher entwickelte Teilregelung der cic (des Verschuldens bei Vertragsverhandlungen). Beide Gegenstände haben kaum miteinander zu tun: Beim Vertrag geht es in erster Linie um Leistungspflichten (§ 241 I), dagegen bei der cic um Schutzpflichten (§ 241 II). Die Verbindung beider Gegenstände in einer Vorschrift ist daher ein Fehlgriff. Auch das Verständnis der cic als „rechtsgeschäftsähnlich" trifft wenigstens teilweise nicht zu, weil es auch deliktsähnliche Anwendungen der cic gibt. In der Rechtsanwendung müssen also I einerseits und II und III andererseits streng voneinander getrennt werden. Zudem hätte die wichtige Generalnorm in I einen eigenen § verdient. 1

Wegen der Gleichheit mit § 305 aF kann für I die alte Rspr und Lit unbedenklich weiter verwendet werden. Aber auch II und III übernehmen weithin nur alte Rspr, die also weiter verwendbar bleibt. Doch sind bei II und III jetzt einige Klarstellungen zu beachten. 2

B. Abs 1. I. Die Notwendigkeit eines Vertrages. Der Wortlaut von I betont als Regel die Notwendigkeit eines Vertrages zur Begründung oder Inhaltsänderung eines nicht auf Gesetz beruhenden Schuldverhältnis- 3 ses. Das ist eine Folge der Privatautonomie: Niemand soll ohne seinen rechtsgeschäftlich erklärten Willen in ein solches Schuldverhältnis verwickelt werden. Das gilt ausnahmslos für Verpflichtungen. Aber auch bloß begünstigende Berechtigungen sollen idR nicht ohne Willen des Begünstigten begründet werden. Daher sind auch der Erlass (§ 397) und die Schenkung (§§ 516 ff) als Vertrag ausgestaltet.

4 Ausnahmsweise ohne Vertrag können begründet werden, eine Berechtigung aus (echtem) Vertrag zugunsten Dritter (§ 328 Rn 2 ff), Auslobung (§ 657 ff) und Vermächtnis (§§ 2147 ff). Doch könne die so erworbenen Ansprüche nach den §§ 334 und 2180 mit Rückwirkung ausgeschlagen werden; für die Auslobung wird Entsprechendes angenommen. Ohne vertragliche Mitwirkung des alten Schuldners tritt auch dessen Schuldbefreiung bei einer Schuldübernahme nach § 414 ein. Hier wird sogar eine nachträgliche Ausschlagung durch den befreiten Schuldner mit Recht überwiegend verneint (§ 414 Rn 2): Der Schuldner muss ja nach § 267 auch eine Befreiung durch die von ihm nicht veranlasste Leistung eines Dritten hinnehmen.

5 **II. Das Ausreichen eines Vertrages.** Über den Gesetzeswortlaut hinaus wird aber in I auch das Prinzip der im Schuldrecht herrschenden **Vertragsfreiheit** gefunden: Der Vertrag soll also für Entstehung oder Änderung eines Schuldverhältnisses nicht nur notwendig, sondern auch ausreichend sein. Diese Regel umfasst mehrere wichtige Einzelregeln, die freilich alle nicht ohne weittragende Ausnahme gelten.

6 **1. Die Abschlussfreiheit. a) Inhalt.** Jeder kann frei bestimmen, ob er überhaupt einen Vertrag schließen will. Diese Freiheit wird zwar faktisch durch viele Bedürfnisse eingeschränkt, die legal (also außer durch Delikt) nur durch Vertrag befriedigt werden können: etwa nach Unterkunft, Nahrung und Heizung oder allgemein nach Gelderwerb. Trotzdem bringt die Abschlussfreiheit weithin den Vorteil vielfacher Wahlmöglichkeiten; sie trägt daher zur Entfaltung der Persönlichkeit (Art. 2 Abs. 1 GG) bei.

7 **b) Kontrahierungszwang.** Den Gegensatz zur Abschlussfreiheit bildet der **Kontrahierungszwang**. Er kann vor allem auf Rechtsgeschäft oder auf Gesetz beruhen.

8 Der wichtigste **Kontrahierungszwang durch Rechtsgeschäft** liegt in der Einräumung einer **Option**: Diese berechtigt den anderen Teil, durch einseitige Willenserklärung einen Vertrag mit dem Optionsgeber zustande zu bringen. Dabei kann man die Verkaufsoption (Put-Option) und die Ankaufsoption (Call-Option) unterscheiden (Einzelh v § 145 Rn 34 ff). Doch ist dieses einseitige Gestaltungsrecht durch die Abschlussfreiheit des Optionsgebers insoweit gedeckt, als ja die Einräumung des Optionsrechts frei war.

9 Ähnlich liegt es beim **Vorkaufsrecht**: Dieses kann zwar einseitig ausgeübt werden, sobald der Verpflichtete einen Kaufvertrag mit einem Dritten abgeschlossen hat (§§ 463 ff, dort auch zu den Einzelheiten). Aber die Abschlussfreiheit besteht hier sowohl bei der Einräumung des Vorkaufsrechts wie auch beim Abschluss des Vertrages mit dem Dritten. Die erste Freiheit fehlt zwar beim gesetzlichen Vorkaufsrecht (etwa nach §§ 577, 2034 f); frei bleibt aber der Verkauf an einen Dritten.

10 Der **Kontrahierungszwang kraft Gesetzes** greift immer weiter um sich. Zunächst war er bei Versorgungsleistungen zum Ausgleich von Monopolstellungen auf der Anbieterseite gedacht (Eisenbahn § 453 HGB mit §§ 3, 9 EVO; Post § 8 PostG; Energieversorgung § 17 EnergieWiG, auch StromeinspeisungsG §§ 2, 3; Personenbeförderung § 22 PBefG; Güterverkehr §§ 13 a IV 3, 90 I 3 GüKG; Luftverkehr § 21 II LuftVG). Unabhängig von Versorgungsleistungen sind die §§ 48, 49 BRAO, § 15 PatG, § 5 PflVersG.

11 Dazu kommen allgemeine Regeln, die auf einen Kontrahierungszwang hinauslaufen. Die Allgemeinste ist § 826 iVm § 249 I (vgl § 826 Rn 25): Die Abschlussverweigerung kann eine sittenwidrige Schädigung darstellen, so dass der Verweigernde als Naturalrestitution den Abschluss schuldet. Eine entsprechende Situation kann sich ausnahmsweise auch durch weit fortgeschrittene Vertragsverhandlungen ergeben, die berechtigtes Vertrauen auf einen Abschluss erzeugen (vgl u. Rn 45 f). Ein indirekter Abschlusszwang findet sich in § 611 a II: Der die Einstellung verweigernde Arbeitgeber muss zwar nicht die Einstellung vollziehen, aber eine angemessene Geldentschädigung leisten (vgl 611 a Rn 2). In dieselbe Richtung soll jetzt das ADG zielen (u Rn 14 ff)

12 An **Einzelfällen** waren oder sind zweifelhaft: Die Tagespresse braucht Anzeigen politischen Inhalts nicht zu veröffentlichen (BVerfGE 42, 53, 62 = NJW 76, 1627). Anders wird man bei einer Monopolstellung für tendenzfreie Anzeigen zu entscheiden haben (Erman/*Armbrüster* vor § 145 Rn 29). Eine Sparkasse (BGH NJW 03, 1658) und die Postbank (BGH NJW 04, 1031) dürfen den Girovertrag mit einer politischen Partei nicht kündigen, weil diese verfassungsfeindliche Ziele verfolge. Zweifelhaft ist die Pflicht zur Eröffnung eines Girokontos auf Guthabenbasis für Arbeitslose (mit guten Gründen bejahend *Kohte* in FS Derleder, 05, 405 ff). Ein missliebiger Theaterkritiker darf jetzt (anders nach RGZ 133, 388) nicht vom Theaterbesuch ausgeschlossen werden.

13 **c) Wettbewerbsrecht.** Im **Wettbewerbsrecht** enthält § 20 GWB ein mehrfach geändertes Diskriminierungsverbot für marktbeherrschende oder marktstarke Unternehmen, das gleichfalls einen Abschlusszwang herbeiführt. Nach § 20 VI GWB kommt für Wirtschafts- und Berufsverbände auch ein Aufnahmezwang in Betracht.

14 **2. Insbesondere das ADG. a) Richtlinien.** Nach mehreren **EG-Richtlinien** (00/43 EG v 29. 6. 00, ABl EG Nr L 180/22 [auch in Beilage zu NJW 01, Heft 37]; 00/78 EG v.27. 11. 02, ABl EG Nr L 303/16; 02/73 EG v

23.9.02, AB. EG Nr L 269/15; 04/113/EG v 13.12.04, ABL EG Nr L 373/37) sollen bestimmte Diskriminierungen im Rechtsverkehr verboten werden. Hiervon hat für das allgemeine Zivilrecht vor allem Bedeutung die erstgenannte **Richtl v.29.6.00**, („Zur Anwendung des Gleichbehandlungsgrundsatzes ohne Unterschied **der Rasse oder der ethnischen Herkunft**"). Auch diese Richtl betrifft freilich überwiegend das Arbeitsrecht vgl § 616 a Rn 1 a. Behandelt werden soll hier nur der zivilrechtlich erhebliche Teil dieser Richtl (insoweit auch abgedruckt bei Palandt/*Heinrichs* nach § 319).b

b) **Entwicklung.** Die Richtl v 29.6.00 war nach ihrem Art16 bis zum 19.7.03 in nationales Recht umzusetzen. Hierzu gab es auch zunächst einen „**Vorläufigen Diskusssionsentwurf**" des BMJ v 29.11.01 (Text DB 02, 470f). Dort ist für das BGB ein Untertitel 5 „Verbotene Benachteiligungen" mit den §§ 319a bis 319e vorgeschlagen worden. Dieser Entwurf ging jedoch weit über das durch die Richtl Gebotene hinaus, vor allem weil er auch Benachteiligungen wegen der **Religion, oder Weltanschauung, einer Behinderung, des Alters und der „sexuellen Identität"** verbieten wollte (dazu etwa *Wiedemann/Thüssing* DB 02, 463 ff; *Adomeit* NJW 02, 1622; *Picker* JZ 02, 880; 03, 540). Diese Äußerungen waren weithin negativ. Auch die christlichen Kirchen haben eine Beeinträchtigung bei der Auswahl ihres Personals befürchtet. Daraufhin ist das BMJ auf eine **Umsetzung bloß der Richtl** eingeschwenkt. Doch hat die Regierungskoalition aus SPD und Grünen einen neuen, weitergehenden Entwurf erarbeitet (BTDrs 15/4538). Hieran hat der Ausschuss für Familie, Senioren, Frauen und Jugend einige Änderungen beschlossen (Stand 8.4.05). 15

Dieser Entwurf hat gegen die Stimmen der CDU/CSU den Bundestag durchlaufen und ist in den Bundesrat gelangt. Dort ist er von der Auflösung des Bundestags nach dem Misstrauensvotum gegen den Bundeskanzler Schröder eingeholt worden. Er ist jetzt **ganz neu zu beraten**. Welchen Inhalt er schließlich haben wird, ist ungewiss. Daher wird im folgenden (uR 18 ff) von den allgemein-zivilrechtlichen Teilen der Richtl v 29.6.00 ausgegangen. 16

c) **Derzeitige Rechtslage.** Das Fehlen der Umsetzung nimmt I der Richtl nicht jede Bedeutung. Vielmehr muss deren Inhalt trotz der Verzögerung schon bei der Gesetzesauslegung berücksichtigt werden (EuGH NJW 94, 2473; BGHZ 130, 50, 58). Darauf ist später (u Rn 25) zurückzukommen. 17

d) **Anwendungsbereich.** 18

Art. 1
Zweck

Zweck dieser Richtlinie ist die Schaffung eines Rahmens zur Bekämpfung der Diskriminierung aufgrund der Rasse oder der ethnischen Herkunft im Hinblick auf die Verwirklichung des Grundsatzes der Gleichbehandlung in den Mitgliedsstaaten.

Art. 2
Der Begriff „Diskriminierung"

(1) Im Sinne dieser Richtlinie bedeutet „Gleichbehandlungsgrundsatz", daß es keine unmittelbare oder mittelbare Diskriminierung aus Gründen der Rasse oder der ethnischen Herkunft geben darf.

(2) Im Sinne von Absatz 1
a) liegt eine unmittelbare Diskriminierung vor, wenn eine Person aufgrund ihrer Rasse oder ethnischen Herkunft in einer vergleichbaren Situation eine weniger günstige Behandlung als eine andere Person erfährt, erfahren hat oder erfahren würde;
b) liegt eine mittelbare Diskriminierung vor, wenn dem Anschein nach neutrale Vorschriften, Kriterien oder Verfahren Personen, die Rasse oder ethnischen Gruppe angehören, in besonderer Weise benachteiligen können, es sei denn, die betreffenden Vorschriften, Kriterien oder Verfahren sind durch ein rechtmäßiges Ziel sachlich gerechtfertigt, und die Mittel sind zur Erreichung dieses Ziels angemessen und erforderlich.

(3) Unerwünschte Verhaltensweisen, die im Zusammenhang mit der Rasse oder der ethnischen Herkunft einer Person stehen und bezwecken oder bewirken, daß die Würde der betreffenden Person verletzt und ein von Einschüchterungen, Anfeindungen, Erniedrigungen, Entwürdigungen und Beleidigungen gekennzeichnetes Umfeld geschaffen wird, sind Belästigungen, die als Diskriminierungen im Sinne von Absatz 1 gelten. In diesem Zusammenhang können die Mitglieder den Begriff „Belästigung" im Einklang mit den einzelstaatlichen Rechtsvorschriften und Gepflogenheiten definieren.

(4) Die Anweisung zur Diskriminierung einer Person aus Gründen der Rasse oder der ethnischen Herkunft gilt als Diskriminierung im Sinne von Absatz 1.

Art. 3
Geltungsbereich

(1) Im Rahmen der auf die Gemeinschaft übertragenen Zuständigkeiten gilt diese Richtlinie für alle Personen in öffentlichen und privaten Bereichen, einschließlich öffentlicher Stellen, in Bezug auf
a) bis g) ...
h) den Zugang zu und die Versorgung mit Gütern und Dienstleistungen, die der Öffentlichkeit zur Verfügung stehen, einschließlich von Wohnraum.

Art. 6
Mindestanforderungen

(1) Es bleibt den Mitgliedstaaten unbenommen, Vorschriften einzuführen oder beizubehalten, die im Hinblick auf die Wahrung des Gleichheitsgrundsatzes günstiger als die in dieser Richtlinie vorgesehenen Vorschriften sind.

(2) Die Umsetzung dieser Richtlinie darf keinesfalls als Rechtfertigung für eine Absenkung des von den Mitgliedstaaten bereits garantierten Schutzniveaus in bezug auf Diskriminierungen in den von der Richtlinie abgedeckten Bereichen benutzt werden.

19 Verboten ist nach Art 1 eine Diskriminierung wegen der Rasse oder ethnischen Herkunft. Dabei wird „Rasse" durch den Erwägungsgrund 6 selbst in Frage gestellt, nach dem die EU die Lehre von der Existenz verschiedener menschlicher Rassen zurückweist. **Ethnisch** bezeichnet die Abstammung aus einer Gruppe, deren Mitglieder eine gemeinsame Sprache, gleiche Lebensgewohnheiten, Geschichte und Kultur haben. Darunter fallen etwa auch Russlanddeutsche, nicht aber Bayern, Sachsen und Schwaben (so Palandt/*Heinrichs* Richtl Art 1 Rn 2), dürfte zu verneinen sein.

20 Die Diskriminierung besteht nach Art 2 in einer **Schlechterbehandlung**. Diese ist **unmittelbar** (II Lit a), wenn die Schlechterbehandlung ohne Umweg an die Rasse oder ethnische Herkunft geknüpft wird (zB „Farbige unerwünscht"). Dagegen ist sie **mittelbar** (II Lit b), wenn sie sich anscheinend neutraler Kriterien bedient, aber die Mitglieder einer Rasse oder Ethnie in besonderer Weise benachteiligen und dafür keine sachliche Rechtfertigung vorliegt. Das trifft zB auf Personen zu, „deren Muttersprache nicht Deutsch ist" Doch wäre es sachlich gerechtfertigt, für solche Personen besondere Sprachkurse anzubieten. Dass III außerdem noch Verhaltensweisen nennt, durch welche die Würde einer Person verletzt wird, ist nach deutschem Recht überflüssig: Hier versteht sich die Rechtswidrigkeit von selbst. Entsprechendes gilt für IV.

21 Das für das Zivilrecht wesentlich Anwendungskriterium findet sich in Art 3 II Lit h. Danach soll die Richtl gelten für „den Zugang zu oder die Versorgung mit **Gütern und Dienstleistungen, die der Öffentlichkeit zur Verfügung stehen,** einschließlich von Wohnraum". Daraus ergibt sich zunächst, daß familien- und erbrechtliche Geschäfte nicht erfaßt werden. Es wäre ja auch unerträglich und mit dem Erwägungsgrund 4 (Schutz von Privatsphäre und Familienleben) ganz unvereinbar, wenn Rechenschaft darüber verlangt würde, warum man eine bestimmte Person geheiratet oder zum Erben eingesetzt hat und eine andere nicht. Überhaupt wird man generell **personenrechtlich bestimmte Rechtsverhältnisse** (zB Anstellung als Pflegekraft, Wahl als Gesellschafter oder Untermieter) von der Anwendung der Richtl auszuschließen haben (Palandt/*Heinrichs* Richtl Art 2 Rn 6).

22 Der Öffentlichkeit zur Verfügung stehen müssen die Güter oder Dienstleistungen. Dies trifft dem Wortlaut nach etwa für öffentliche Parkanlagen oder Verkehrsmittel zu, paßt freilich kaum zu dem eigens genannten Wohnraum. Der 1. Entwurf des BMJ (vgl o.Rn 15) hatte in § 319a I Nr 1a darauf abgestellt, daß „**Verträge öffentlich angeboten** werden". Das ist erheblich weiter als die Formulierung der Richtl und führt zu vielen Zweifeln, eröffnet zudem Vermeidungsstrategien. Andererseits aber sind „Güter und Dienstleistungen" weit auszulegen und insbesondere letztere nicht beschränkt auf die Dienste nach den §§ 611 ff. *Heinrichs* bei Palandt Richtl Art 3 Rn 6 schlägt vor, dass „der Öffentlichkeit zur Verfügung stehen" wie folgt zu verstehen ist: Gemeint seien Angebote von Unternehmen, die mehrfach erbracht werden können, dagegen idR nicht von Privaten. Zweifelhaft ist die Rechtslage für (etwa durch Zeitungsanzeige) veröffentlichte private Angebote für einen nur einmal zur Verfügung stehenden Gegenstand: Hier dürfte der Ausschluss der Privatautonomie nicht gerechtfertigt sein.

23 e) **Beweislast.**

Art. 8
Beweislast

(1) Die Mitgliedstaaten ergreifen im Einklang mit ihrem nationalen Gerichtswesen die erforderlichen Maßnahmen, um zu gewährleisten, daß immer dann, wenn Personen die sich durch die Nichtanwendung des Gleichbehandlungsgrundsatzes für verletzt halten und bei einem Gericht oder einer anderen zuständigen Stelle Tatsachen glaubhaft machen, die das Vorliegen einer unmittelbaren oder mittelbaren Diskriminierung vermuten lassen, es dem Beklagten obliegt zu beweisen, daß keine Verletzung des Gleichbehandlungsgrundsatzes vorgelegen hat.

(2) Absatz 1 läßt das Recht der Mitgliedstaaten, eine für den Kläger günstigere Beweislastregelung vorzusehen, unberührt.

(3) Absatz 1 gilt nicht für Strafverfahren.

(4) Die Absätze 1, 2 und 3 gelten auch für Verfahren gemäß Art 7 Absatz 2 (betrifft Klagen von unterstützenden Organisationen).

(5) Die Mitgliedstaaten können davon absehen, Absatz 1 auf Verfahren anzuwenden, in denen die Ermittlung des Sachverhalts dem Gericht oder der zuständigen Stelle obliegt.

Es bedarf einer **haftungsbegründenden Kausalität** zwischen der Benachteiligung und dem diskriminierenden Merkmal; diese muss also das Ziel von jener sein. Ein solcher Zusammenhang betrifft eine innere Tatsache und ist daher nur schwer zu beweisen (aber auch zu widerlegen). Art 8 will dem abhelfen: Außerhalb einer Ermittlung durch das Gericht (für sie gilt V) soll es genügen, daß der Kläger Tatsachen glaubhaft macht, die eine unzulässige Diskriminierung vermuten lassen; dem Beklagten soll dann der Gegenbeweis obliegen (I). Dies wollte § 319 c des 1. Entwurfs und auch § 23 des Koalitionsentwurfs sinngemäß übernehmen. Allerdings entscheidet über die Erträglichkeit dieser Regelung die richterliche Handhabung insbesondere für den Indizwert der vom Kläger glaubhaft zu machenden Tatsachen wie für die Glaubhaftmachung selbst: Die Mißbrauchsgefahr ist hier riesengroß, weil auch der Gegenbeweis des Klägers schwierig sein wird.

f) **Rechtsfolge.** 24

Art. 15
Sanktionen

Die Mitgliedstaaten legen die Sanktionen fest, die bei einem Verstoß gegen die einzelstaatlichen Vorschriften zur Anwendung dieser Richtlinie zu verhängen sind, und treffen alle geeigneten Maßnahmen, um deren Durchsetzung zu gewährleisten. Die Sanktionen, die auch Schadensersatzleistungen an die Opfer umfassen können, müssen wirksam, verhältnismäßig und abschreckend sein. Die Mitgliedstaaten teilen der Kommission die Bestimmungen bis zum 19. Juli 2003 mit undmelden alle sie betreffenden Änderungen unverzüglich.

Der Art überläßt alle Einzelheiten der anzuordnenden Sanktionen dem nationalen (Gesetzgeber, nur sollen diese wirksam, verhältnismäßig und abschreckend sein. § 319 e des 1. Entwurfs hatte in erster Linie Unterlassungs- und Beseitigungsansprüche vorgesehen. Ausnahmsweise sollte es auch einen Zwang zum Vertragsabschluß oder zur Aufnahme in eine Vereinigung geben, ganz hilfsweise eine angemessene Geldentschädigung. § 22 des Koalitionsentwurfs will den Schadensersatzanspruch versagen, wenn der Benachteiligende die Pflichtverletzung nicht zu vertreten hat. Die oft wirksameren Maßnahmen des Verwaltungs- und des Ordnungswidrigkeitsrechts werden nicht erwähnt.

g) **Folgerungen bis zu einer deutschen Regelung.** Bis zum Inkrafttreten eines deutschen ADG muss die 25 nötige (o. Rn 17) Berücksichtigung der Richtl durch Gesetzesauslegung vor allem bei den guten Sitten ansetzen: Jede Diskriminierung aus den in Art 1 der Richtl genannten Gründen ist als Sittenverstoß zu bewerten, wenn sie den Zugang zu den der Öffentlichkeit zur Verfügung stehenden Leistungen behindert (Art 2 II Lit h der Richtl). Insoweit sind dann Rechtsgeschäfte nichtig, § 138. Wegen der Schäden droht bei Vorsatz eine Ersatzpflicht aus § 826; unabhängig davon können Unterlassung und Beseitigung verlangt werden. Bei der Auslegung von Verträgen ist eine Diskriminierung nach §§ 157, 242 möglichst zu vermeiden. Die Beweislastregel von Art 8 der Richtl ist wohl nicht umsetzbar (Palandt/*Heinrichs* Richtl Art 8 Rn 2). Doch mag das bei den §§ 286, 287 ZPO mögliche richterliche Ermessen einen gewissen Ausgleich bieten.

Dagegen ist eine **weitergehende Berücksichtigung** etwa des Koalitionsentwurfs (s.o.Rn 15) vor einer förmlichen 26 Umsetzung der Richtl **nicht zulässig**, also insbesondere eine Erstreckung auf weitere Diskriminierungsmerkmale.

h) **Bewertung.** In der Sache bedeuten die Richtl und mehr noch der Koalitionsentwurf für ein ADG (o. 27 Rn 15) einen schweren **Eingriff in die Privatautonomie.** Denn nach ihr gilt eine Willenserklärung, weil sie (fehlerfrei) gewollt ist; einer weiteren Begründung bedarf sie idR nicht. Ebendiese Freiheit wird durch die Richtl (vor allem in Art 8) abgeschafft; der Bürger wird ähnlich behandelt wie eine Behörde, die durch einen belastenden Verwaltungsakt in fremde Rechte eingreift (vgl ausführlich *Picker* in E Lorenz, Hsg, Karlsruher Forum 04 S 7 ff). Daher sollte wenigstens eine Ausweitung der missbilligten Motive unterbleiben. Diese lässt sich zB beim „Alter" ohnehin kaum durchführen, weil schon das BGB selbst in vielfacher Hinsicht und ohne jede Absicht zur Diskriminierung nach dem Alter unterscheidet. Auch geht die geplante Regelung für Schadensersatzansprüche wohl zu weit, wenn die Ersatzpflicht auf einer bloßen Vermutung beruhen soll. Auch könnte eine solche Regelung die Schaffung neuer Arbeitsplätze oder doch zumindest deren öffentliches Angebot verhindern: Welcher potentielle Arbeitgeber wird sich einem kostspieligen und riskanten Streit mit vielleicht zahlreichen abgewiesenen Bewerbern aussetzen wollen? Dies wäre viel bedrohlicher als der ohnehin schon lästige Streit um eine Kündigung; die Gefahr von Missbräuchen wäre riesig.

3. Die Inhaltsfreiheit. Außer der Abschlussfreiheit wird von § 311 I (ebenso wie von § 305 aF) für Schuld- 28 verträge in den (Grenzen von §§ 134, 138 auch die Inhaltsfreiheit gewährt.

Dazu gehört zunächst die **Typenfreiheit:** Die in den §§ 433 ff vorgesehenen Vertragstypen bedeuten keine 29 abschließende Regelung. Vielmehr können diese Typen miteinander kombiniert werden (**gemischter Vertrag**). Zudem können die Parteien auch ganz außerhalb solcher Typen Verträge schließen (**atypischer Vertrag**). Endlich können auch die vorhandenen Typen abgeändert werden.

In anderer Formulierung bedeutet das: Die Schuldrechtsnormen sind **idR abdingbar (dispositiv).** Freilich 30 finden sich in zunehmender Zahl Ausnahmen, vor allem **einseitig zwingendes Recht:** Von ihm kann nur zum Nachteil der als stärker vorgestellten Partei (Unternehmer, Wohnungsvermieter, Arbeitgeber, Versicherer) abgewichen werden. Zwingendes Recht wird oft ausdrücklich als solches bezeichnet (etwa §§ 276 III, 312 f,

475 I, II). Nicht selten ergibt sich der zwingende Charakter aber erst aus dem (meist auf Schutz gerichteten) Zweck (zB Übereilungsschutz bei Formvorschriften). Das Nähere gehört jeweils zu den einzelnen Normen.

31 Eine bedeutsame Unterart bilden die **gegenüber AGB beständigen Vorschriften,** von denen zu Lasten des Kunden also nur durch Individualvertrag wirksam abgewichen werden kann. Dies ist in den §§ 305 ff geregelt.

32 **4. Die Formfreiheit.** Endlich lässt sich aus § 311 I noch der Grundsatz der Formfreiheit herleiten. Denn die Vorschrift verlangt nur einen Vertrag, und die §§ 145 ff wissen nichts von einem gesetzlichen Formzwang. Doch gibt es hiervon **zahlreiche Ausnahmen,** die allgemein (zB § 311 b) oder bei einzelnen Vertragstypen (zB § 492 ff, 518) bestimmt sind. Eine allgemeine Regel, daß Formfehler durch Erfüllung geheilt werden (wie nach § 311 b I 2) , gibt es nicht.

33 **C. Abs 2 und 3. I. Einführung.** In II und III enthält § 311 eine Teilregelung für die cic (das Verschulden bei Vertragsverhandlungen). Nur eine Teilregelung bildet dies aus mehreren Gründen: (1) Die Vorschrift enthält nur Bestimmungen über die Verletzung gewisser Schutzpflichten (§ 241 II), die mit der Aufnahme von Vertragsverhandlungen im weitesten Sinn zusammenhängen, aber nicht auch über die Rechtsfolgen. Diese sind den §§ 280 ff zu entnehmen. (2) Insoweit enthält die Vorschrift nichts zu der umstrittenen Frage, ob der Schadensersatz auch die Aufhebung eines Vertrages oder die Minderung der Gegenleistung umfassen kann. Daher bleibt auch das zweifelhafte Verhältnis zu den §§ 123 f. ungeklärt (u Rn 61). (3) Die Vorschrift arbeitet mehrfach mit unbestimmten Rechtsbegriffen, etwa II Nr 2 Anbahnung, Nr 3 ähnliche geschäftliche Kontakte. (4) Die Vorschrift lässt das Konkurrenzverhältnis von § 311 II und III zu mehreren speziell geregelten Arten eines nicht regelgerechten Verhaltens bei Vertragsverhandlungen unbeachtet.

34 Diese Unbestimmtheiten sind gewollt: Die cic ist als allgemeines Rechtsinstitut von Rspr und Lit vorsichtig aus einzelnen Ansätzen im BGB (etwa § 307 aF) entwickelt worden. Der Gesetzgeber des SMG hat bloß den so erreichten Stand registrieren, aber nicht die Fortentwicklung abschneiden oder wesentliche Streitfragen entscheiden wollen. Für dies Entwicklung bildet § 311 II und III bloß einen weiten Rahmen (vgl etwa u. Rn 65 f zur Expertenhaftung).

35 **II. Fallgruppenbildung.** Die Erfahrung hat für die cic bisher **drei Fallgruppen** (teils mit Untergruppen) ergeben. Ansatzpunkt hierfür ist die Art der Verbindung des Schadens mit dem intendierten Vertrag. Die Schutzpflichten folgen dann aus dem Zweck der Vermeidung solcher Schäden. Der Schaden kann nämlich (1) unabhängig von einem Vertragsschluss sein, zB eine körperliche Verletzung des Käufers in Räumen des Verkäufers; (2) durch das Nichtzustandekommen eines wirksamen Vertrags entstanden sein, zB durch vergebliche Aufwendungen für den Abschluss des Vertrags oder dessen Ausführung; endlich (3) in der Belastung mit einem wirksamen nachteiligen Vertrag bestehen zB weil der Verkäufer den Käufer fahrlässig falsch über den Kaufgegenstand beraten hat. Diese Fallgruppenbildung liegt dem Folgenden zugrunde.

36 **III. Schäden unabhängig vom Vertragsschluss.** Der Vertragsschluss kann erfordern, dass der eine Teil sich selbst, seine Rechte, Rechtsgüter oder Interessen in den Gefahrenbereich des anderen Teils bringt. Das trifft zu für alle Ladengeschäfte einschließlich der Kaufhäuser, aber auch für andere Verträge, die unter Anwesenden abgeschlossen werden. Hier trifft den anderen Teil die Schutzpflicht, die Gefahren möglichst gering zu halten. Diese Schutzpflichten werden, da idR Schutzgüter von § 823 I betroffen sind, weithin mit den dort beheimateten Verkehrspflichten übereinstimmen (vgl § 823 Rn 104 ff). Vorteile von Ansprüchen aus cic bestehen dann hinsichtlich der Gehilfenhaftung (§ 278 statt § 831, so schon RGZ 78, 239 Umfallen einen Linoleumrolle durch Ungeschick des Gehilfen) und der Beweislast für das Verschulden (§ 280 I 2, vgl BGH NJW 62, 33, 34 Sturz wegen Bananenschale sowie § 280 Rn 21 ff); endlich war bis zum SMG die Verjährung bei der cic für den Gläubiger günstiger. Dem stand freilich bis zur Einführung es § 253 II anstelle von § 847 das Fehlen eines Schmerzensgeldanspruchs bei der cic gegenüber.

37 Nötig ist nach II 2 die **Anbahnung eines Vertrages.** Dieses setzt weniger voraus, als die „Aufnahme von Vertragsverhandlungen" des II Nr 1. Insbesondere genügt schon das Betreten eines Ladengeschäfts in Kaufabsicht (BGH NJW 62, 33). Offen gelassen hat BGHZ 66, 51, 54 f., ob es bei einem Selbstbedienungsladen bereits ausreicht, dass der Kunde zunächst nur einen Überblick über das Angebot oder einen Preisvergleich mit Konkurrenzunternehmen anstrebt. Dem entspricht die „etwaige rechtsgeschäftliche Beziehung" in II Nr 2. Dagegen soll es nach BGH aaO nicht genügen, dass jemand die Geschäftsräume für andere Zwecke aufsucht (zB Schutz vor Regen, Durchgang zu anderer Straße oder als Treffpunkt). Doch wird man Ausnahmen zulassen müssen: Die Dekorationen speziell in Kaufhäusern sollen häufig die Kauflust erst wecken und damit der Anbahnung von Vertragsschlüssen dienen. Ob auch der Ladendiebstahl eine cic bedeutet, lässt BGHZ 75, 230, 231 offen. Eine Verneinung liegt schon wegen der regelmäßigen Nutzlosigkeit einer weiteren Anspruchsgrundlage nahe.

38 Jedenfalls sollen nach BGHZ 66, 51, 56 ff auch Dritte in den durch die Vertragsanbahnung geschaffenen Schutzbereich einbezogen werden können, nämlich dort eine minderjährige ihre Mutter beim Einkauf begleitende Tochter ohne eigene Kaufabsicht. Das entspricht einer Fallgruppe des Vertrags mit **Schutzwirkung für Dritte** (vgl vor § 328 Rn 2 ff); eine solche Wirkung kann also auch der cic zukommen.

In Betracht kommt ein Schadensersatzanspruch aus cic endlich auch, wenn ein Kaufinteressent das Fahrzeug 39
des Verkaufswilligen bei einer **Probefahrt** schuldhaft beschädigt. Doch ist für diese Haftung BGH NJW 72,
1363 zu beachten: Ein Kfz-Händler kann von dem nur leicht fahrlässigen Kunden keinen Ersatz verlangen,
wenn die Beschädigung mit den einer Probefahrt eigentümlichen Gefahren zusammenhängt (dort: die dem
Fahrer unbekannten Eigenarten einer Servolenkung). Begründet wird das mit der Möglichkeit des Händlers,
eine Fahrzeugvollversicherung abzuschließen, während sich der Kunde gegen Schäden aus einer Probefahrt
kaum versichern könne. Zumindest hätte der Händler auf das Fehlen von Versicherungsschutz hinweisen
müssen (BGH aaO 1364). Auf einen nicht gewerblichen Verkäufer kann das aber nicht übertragen werden.
Auch die Rspr. zum stillschweigenden Haftungsausschluss bei Gefälligkeitsfahrten (vgl § 276 Rn 15) passt
wegen der geschäftlichen Veranlassung einer Probefahrt nicht.

Der **Schadensersatzanspruch** des Geschädigten aus § 280 I richtet sich in diesen Fällen (ebenso wie der häufig 40
konkurrierende Deliktsanspruch) idR auf Ersatz des vollen Körper- oder Sachschadens einschl der adäquaten
Folgeschäden, bei Körperschäden einschl. eines Schmerzensgeldes (§ 253 II). Doch kommt § 254 in Betracht,
wenn etwa der körperlich Verletzte selbst unachtsam war.

IV. Schäden aus dem Fehlen eines wirksamen Vertrages. Die Fallgruppe der Schäden aus dem Fehlen eines 41
wirksamen Vertrags oder aus dem enttäuschten Vertrauen auf einen wirksamen Vertrag lässt sich in zwei
Untergruppen teilen, die beide unter § 311 II Nr 1 fallen: Entweder hat der Geschädigte fälschlich einen (dauerhaft) wirksamen Vertrag angenommen. Oder er hat bei weit fortgeschrittenen Verhandlungen auf den
künftigen Vertragsschluss vertraut. Danach ist im Folgenden zu unterscheiden.

1. Anschein des Vorliegens eines wirksamen Vertrages. In dieser Untergruppe liegt der äußere Anschein 42
eines Vertragsschlusses vor, doch ist dieser wenigstens mit dem beabsichtigten Inhalt unwirksam. Als Grund
hierfür kommen alle Nichtigkeitsgründe in Betracht, etwa §§ 105, 125, 134, 138 usw Anerkannt ist die cic-Haftung hier seit RGZ 104, 265 (Weinsteinsäure). Auch § 306 III genügt. Sonderregeln für die Schadensersatzpflicht finden sich in §§ 122 (für die §§ 118, 119, 120) und 179 (für die Vertretung ohne Vertretungsmacht). Hier wird iS einer Erklärungshaftung auf das Verschuldenserfordernis verzichtet.

Das Problem dieser Untergruppe besteht darin, dass der Unwirksamkeitsgrund (anders als bei den § 122, 43
179) idR beide Parteien betrifft. So ist etwa die Einhaltung der Form von § 311 b I (häufigster Anwendungsfall!) Sache sowohl des Verkäufers wie auch des Käufers. Es müssen also Gründe vorliegen, derentwegen **die
Unwirksamkeit einer Partei besonders zuzurechnen** ist. Die Rspr hat hierzu keine einheitliche Formulierung
verwendet. So bedurfte in BGHZ 18, 248, 252 f. ein Vertrag einer devisenrechtlichen Genehmigung, weil eine
Partei Devisenausländer war, was die andere Partei nicht wusste. Hier hat der BGH mit einer Aufklärungspflicht argumentiert und deren schuldhafte Verletzung als cic bewertet, (ähnlich etwa BGHZ 142, 51, 60 ff).
Dagegen hat RGZ 104, 265, 268 das haftungsbegründende Verschulden in er mehrdeutigen Ausdrucksweise
einer Partei gefunden. Ganz abweichend versagt etwa BGHZ 92, 164, 172 dem Nichtigkeitsgrund § 125 überhaupt die Wirksamkeit, wenn das Ergebnis trotz eines Schadensersatzanspruchs aus cic nicht nur hart, sondern „schlechthin untragbar" wäre (s § 125 Rn 27 ff).

Zusammenfassend wird man sagen dürfen: Die Beachtung der Wirksamkeitserfordernisse eines Vertrags- 44
schlusses gehört idR zum Risikobereich beider Vertragsteile (so auch BGHZ 116, 251, 257 f für § 313 aF;
Palandt/*Heinrichs* Rn 41). Daher gibt es idR keine allgemeine Schutzpflicht mit dem Ziel, eine Unwirksamkeit des Vertrages zu vermeiden. Doch kommen folgende **Ausnahmen** in Betracht:
Wirksamkeitshindernisse aus persönlichen Verhältnisses einer Partei, die der anderen nicht bekannt sind: 45
Hier besteht eine Aufklärungspflicht und ggf eine Pflicht, das Hindernis zu beseitigen. Beispiele sind BGHZ
18, 248 (Devisenausländer), BGHZ 142, 51 (Pflicht einer Gemeinde, auf das Erfordernis einer Genehmigung
und deren Einzelheiten hinzuweisen).
Wirksamkeitshindernisse aus dem Verhalten einer Partei: Diese verwendet etwa sittenwidrige (BGHZ 99, 46
101, 107) Vertragsbedingungen; Gleiches muss bei Gesetzeswidrigkeit gelten. Oder eine Partei stellt der anderen AGB, deren Unzulässigkeit nach den § 307 ff wegen § 306 III zur Nichtigkeit führt (sonst bleibt nach § 306
II der Vertrag ohne die unzulässige Klausel wirksam, so dass keine Schaden für den Gegner entsteht). Auch
eine mehrdeutige und zum Dissens führende Ausdrucksweise (RGZ 104, 265) gehört hierher. weiter sind zu
nennen Fälle einer **Betreuungspflicht** für den anderen Teil, die zur Verhinderung unwirksamer Verträge verpflichtet. Diese kann auf Vertrag beruhen. Dann wird sie aber (zB bei einem Anwalt oder Notar) idR eine
Leistungspflicht darstellen, deren Verletzung schon nach § 280 I zum Schadensersatz verpflichtet. Als Schutzpflicht kommt sie bei Verträgen mit anderen Zielen in Betracht (zB Baubetreuung). Gesetzliche Schutzpflichten zur Vermeidung unwirksamer Verträge sind zB für gesetzliche Vertreter anzunehmen. Endlich können
sich solche Schutzpflichten aus vorangegangenem Tun ergeben, zB wenn der eine Teil den anderen durch eine
unrichtige Auskunft von der Einhaltung einer Form abgehalten hat.

Der **Inhalt des Schadensersatzes** dürfte analog § 122 I, 179 II auf das negative Interesse gehen, begrenzt durch 47
den Schadensersatz statt der Leistung. Denn die verletzte Schutzpflicht zielt nicht auf den Abschluss wirksamer Verträge, sondern auf den Schutz vor den Folgen eines enttäuschten Vertrauens auf die Vertragswirksamkeit. Die Begrenzung durch das positive Interesse ist deshalb sinnvoll, weil der Geschädigte nicht besser

zu stehen braucht, als er bei Vertragsabschluss stünde. Dass die Vertrauensgrundlage erkennbar brüchig war, ist nach § 254 zu berücksichtigen (etwa BGHZ 99, 101, 109).

48 **2. Das enttäuschte Vertrauen auf den Abschluss eines Vertrags. Ausgangspunkt:** In der zweiten Untergruppe von o Rn 41 weiß der andere Teil, dass der Vertrag noch nicht geschlossen ist, zB weil es noch an der Einhaltung einer Form fehlt. Er vertraut aber auf den erfolgreichen Abschluss der schon weit fortgeschrittenen Verhandlungen und macht Aufwendungen. Hier soll es uU Ersatzansprüche aus cic geben, gestützt auf einen unbegründeten Verhandlungsabbruch. Doch ist als Ausgangspunkt festzuhalten: Die Vertragsfreiheit umfasst in aller Regel das Recht, den in Aussicht genommenen Abschluss noch zu verweigern. Aufwand, den der andere Partner in Erwartung des Abschlusses macht, erfolgt daher auf eigene Gefahr (BGH NJW 96, 1884, 1885 mN). Andernfalls könnte ja auch jeder Verhandlungspartner den anderen durch Aufwand in eine Bindung zwingen.

49 Eine **Bindung an die Vertragsverhandlungen** besteht ausnahmsweise nur, wenn der Vertragsschluss nach den Verhandlungen zwischen den Parteien als sicher anzunehmen ist und im Vertrauen hierauf Aufwendungen gemacht worden sind (BGHZ 76, 343, 349; BGH NJW 96, 1884, 1885). Diese Bindung bedeutet aber keinen Kontrahierungszwang, sondern erzeugt nur eine Pflicht zum Ersatz der frustrierten Aufwendungen (u Rn 52). Zudem entfällt die Ersatzpflicht, wenn für den Verhandlungsabbruch ein triftiger Grund besteht. Hieran sind keine strengen Anforderungen zu stellen (Palandt/*Heinrichs* Rn 34). Zumal schon ein günstigeres Angebot von dritter Seite genügen (Palandt/*Heinrichs* aaO). Ein Widerruf des Verbrauchers, der ja sogar nach dem Vertragsschluss keiner Begründung bedarf (§ 355 I 2), kann nicht zu einer Ersatzpflicht führen (BGHZ 131, 1, 3).

50 Das Vertrauen in den Abschluss kann insbesondere begründet werden, indem der Abschluss als sicher hingestellt wird (BGH NJW – RR 89, 627) oder Vorleistungen des anderen Teils veranlasst werden (BGHZ 92, 164, 175 Planungskosten) oder wenn die Parteien mit der Ausführung des Vertrages beginnen (BGH LM § 276 [Fa] Nr 11).

51 **Gesetzliche Formvorschriften** hindern grundsätzlich eine formlose Bindung nach o Rn 49. Denn sie dienen vor allem dem Übereilungsschutz. Dieser Zweck wäre beeinträchtigt, wenn die Verhandlungen schon vor Erfüllung der Form Verpflichtungen (zum Aufwendungsersatz) begründen können. Davon geht auch der BGH aus. Er macht aber eine Ausnahme bei schwerwiegenden (idR vorsätzlichen) Verstößen gegen die Pflicht zu redlichem Verhalten, insbesondere auch bei Gefährdung der Existenz des anderen Teils (BGH NJW 96, 1884, 1885, weniger deutlich BGHZ 92, 164, 175 f).

52 **Rechtsfolge** ist in erster Linie eine Pflicht zum Ersatz der durch den Verhandlungsabbruch frustrierten Aufwendungen. Doch müssen diese nach der Entstehung des Vertrauenstatbestands gemacht worden sein (Palandt/*Heinrichs* Rn 34), weil sonst die haftungsbegründende Kausalität fehlt.

53 Darüber hinaus kann das **Vertrauensinteresse** aber auch entgangenen Gewinn umfassen, nämlich aus Geschäften, die der Geschädigte im Vertrauen auf die Wirksamkeit des ersten Geschäfts nicht abgeschlossen hat. Dieser Posten wird neben den Aufwendungen oft nicht erwähnt, auch er ist aber ersatzfähig (etwa BGH NJW 84, 866, 867). Dieser Schadensposten kommt ebenfalls bei bloßen Verzögerungen in Betracht (BGH aaO). Vereinzelt erwägt der BGH (etwa BGHZ 120, 281; BGH NJW 01, 2875) einen Anspruch auf das positive Interesse, nämlich wenn bei pflichtgemäßen Verhandlungsverhalten der Vertrag zustande gekommen wäre. Ein anspruchsminderndes Mitverschulden nach § 254 kommt vor allem in Betracht, wenn die Vertrauensgrundlage brüchig war oder die Aufwendungen unnötig hoch waren.

54 **3. Fehlverhalten bei öffentlichen Ausschreibungen.** Ein zum Verlust eines Vertragsschlusses führendes Fehlverhalten kommt schließlich auch bei Ausschreibungen in Betracht. Hier enthalten die §§ 97 ff GWB für öffentliche Auftraggeber umfangreiche Verhaltensregeln. Dort sieht § 126 GWB beim Verstoß gegen eine unternehmensschützende Vorschrift für den Verlust einer „echten Chance" (gibt es auch unechte?) auf den Zuschlag einen Ersatzanspruch vor. Umfassen soll dieser die Kosten der Vorbereitung des Angebots oder der Teilnahme an dem Vergabeverfahren. Nach S 2 sollen aber weiterreichende Ansprüche unberührt bleiben. Dazu gehören auch Ansprüche auf das positive Interesse (vgl die drei Entscheidungen in BGHZ 139, 259; 273; 280 mit Anm *Jebens* DB 99, 1741, einschränkend aber BGH NJW 04, 2165: Der ausgeschriebene Auftrag muss wirklich erteilt worden sein).

55 **V. Schäden aus der Belastung mit einem unerwünschten Vertrag. 1. Ausgangspunkt.** In der letzten Fallgruppe zu § 311 II entsteht der Schaden nicht aus der Unwirksamkeit eines Vertrages, sondern im Gegenteil gerade aus dessen Wirksamkeit. Die Belastung mit dem Vertrag bedeutet deshalb einen Schaden, weil dieser einer Partei unerwartete Nachteile bringt; die cic liegt hier darin, dass die andere Partei bei den Vertragsverhandlungen gegen eine Schutzpflicht zur Aufklärung verstoßen hat. Der Schadensersatzanspruch kann dann nach § 249 I in einer Aufhebung oder Änderung des Vertrags bestehen.

56 Für das Verhältnis Unternehmer – Verbraucher hat der neue Gesetzgeber das Problem weithin und noch über die cic-Fälle hinaus durch ein verbraucherschützendes Widerrufsrecht gelöst. Dahin gehört insbesondere der Schutz vor Überrumpelung durch das HWiG und jetzt durch die §§ 312 f. Anderseits besteht ohne die Beschränkung auf Verbraucherverträge seit alters die Möglichkeit der Anfechtung bei arglistiger Täu-

schung oder widerrechtlicher Drohung (§§ 123 f). Dazu kommt bei wichtigen Vertragstypen noch eine dritte Möglichkeit: Wenn zB bei einem Kauf das Fehlverhalten des Verkäufers in unrichtigen Angaben über den Kaufgegenstand besteht, bestimmen diese idR die Sollbeschaffenheit. Die Unrichtigkeit begründet dann einen Mangel (§§ 434 ff) und löst die Haftung nach den §§ 437 ff aus.
Diese speziellen Rechtsbehelfe sind idR zeitlich enger begrenzt, als die nach §§ 194, 199 verjährenden Schadensersatzansprüche aus cic (vgl §§ 355 II, 3 III 1; 124, 438). Daher ist fraglich, ob und inwieweit man diese Grenzen durch dasselbe Ziel verfolgender Ansprüche überschreiten darf. Die Rspr hierzu ist uneinheitlich: BGHZ 60, 319 (ebenso etwa BGHZ 114, 263, 266) hat Ansprüche aus cic durch die Sachmängelhaftung des Verkäufers für ausgeschlossen gehalten (vgl u. Rn 58). Für § 123 hat BGH NJW 98, 302 angenommen, diese schütze die Willensfreiheit, der Ersatzanspruch aus cic aber das Vermögen (ähnlich *Schubert* AcP 168, 68, 504). Doch kann dieser Anspruch auf Naturalrestitution nach § 249 I auch Nichtvermögensschäden erfassen, so dass die Unterscheidung nicht zutrifft. Die Frage nach der Verdrängung der cic durch den verbraucherschützenden Widerruf ist noch ungeklärt.
Trotz der nicht leicht zu nehmenden Zweifel wegen der Sonderregeln wird ein Anspruch aus cic auf Vertragsaufhebung aber grundsätzlich ganz überwiegend und insbesondere von der Rspr anerkannt (etwa *Canaris* AcP 200, 00, 273, 304). Nur das Mängelrecht soll solche Ansprüche ausschließen (u Rn 58 ff).

2. Die Pflichtverletzung. Die für den Anspruch nötige Verletzung einer Schutzpflicht besteht meist in einer 57 unrichtigen Information. Bloßes Verschweigen von Tatsachen genügt aber nur dann, wenn nach der Verkehrssitte oder Treu und Glauben (§ 242) mit einer Information zu rechnen war (vgl *U Huber* KF 01, 5 ff). Auch die Zahlung von Schmiergeldern (BGH NJW 01, 1065) oder Überrumpelung (Bambg NJW – RR 97, 694) bilden eine Pflichtverletzung.

3. Vorrang der Mängelhaftung. Ausnahmsweise sollen falsche Angaben jedoch nicht als cic behandelt wer- 58 den können, nämlich im Anwendungsbereich der **Mängelhaftung** bei **Kauf, Werkvertrag und Miete.** Denn hier können falsche Informationen durch den Verkäufer, Unternehmer oder Vermieter die Sollbeschaffenheit seiner Leistung bestimmen, so dass dann die §§ 434 ff, 633 ff, 536 ff wirksam werden. Diese Beschaffenheit wird regelmäßig schon in den Vertragsverhandlungen festgelegt. Daher muss die Mängelhaftung auch den Bereich der Vertragsverhandlungen abdecken; andernfalls wären insbesondere die §§ 438, 634 a weithin gegenstandslos. Dieser Ansicht folgt die ganz hM, aus der Rspr etwa BGHZ 60, 314; 114, 263, 266 (Kauf ab Gefahrübergang); BGH DB 76, 985 (Werkvertrag, gleichfalls ab Gefahrübergang), BGH NJW 97, 2813 (Miete, ab Übergabe der Mietsache).
Eine **Unterausnahme** wird allerdings für vorsätzlich falsche Informationen angenommen: etwa für den Kauf 59 BGH NJW 92, 2564; 95, 2159, 2160, für die Miete BGHZ 136, 102, 109. Der Geschädigte soll dann also aus cic das negative Interesse ohne Beschränkung auf das positive Interesse beanspruchen können. Dem ist vielfach mit guten Gründen widersprochen worden, die teils aus dem SMG abgeleitet worden sind (vgl Palandt/ *Heinrichs* Rn 26).
Der eben genannte Vorrang gilt freilich nur für Informationen über Umstände, die Mängelhaftung begrün- 60 den können. Diesen Informationen über die Beschaffenheit stehen Informationen über andere **wertbildende Merkmale** gegenüber, für welche die cic unbeschränkt anwendbar ist. Die Abgrenzung ist oft schwierig, vgl die Zusammenstellung bei Palandt/*Heinrichs* Rn 43 ff Doch bezieht sich diese Rspr fast allein auf das alte Recht vor dem SMG. Seitdem reicht nach § 434 die Mängelhaftung weiter. Daher muss sich auch der Ausschluss der cic erweitern.

4. Rechtsfolgen. Rechtsfolge eines Anspruchs ist in dieser Fallgruppe vor allem die Vertragsaufhebung, § 249 61 I. Statt dieser hat der BGH aber auch eine Minderung der Gegenleistung zugelassen. Das soll ohne Rücksicht darauf möglich sein, ob sich die Gegenpartei zu einem Vertragsschluss mit der geringeren Gegenleistung bereit gefunden hätte (so BGHZ 69, 53, 58 f.; BGH ZIP 99, 574, 577 und öfter). Das ist wegen des Fehlens von Kausalität angezweifelt worden (vgl *Tiedtke* JZ 89, 569; *S Lorenz* NJW 99, 1001, dagegen aber *Canaris,* AcP 200, 00, 273, 315, der mit den §§ 251 I, 441 III argumentiert). Dadurch wird zugleich ein Unterschied zu § 123 geschaffen, der eine solche Vertragsanpassung nicht ermöglicht.

IV. Vertretenmüssen. In allen eben genannten Fallgruppen muss der Verhandlungspartner seine Vertrags- 62 verletzung zu vertreten haben. Das betrifft nach § 276 I zunächst eigenes Verschulden. Dabei wird man eine für den intendierten Vertrag geltende Haftungsminderung idR auf das Verhandlungsverhältnis übertragen müssen (sehr str, vgl etwa BGHZ 93, 23 mit Lit bei *Medicus* BürgR Rn 209 a: Haftungsmilderung wenigstens auch für Schutzpflichten, die „im Zusammenhang mit den Vertragsgegenstand stehen", bejaht für die Auskunft über die Giftigkeit des geschenkten Viehfutters). Zudem muss der Verhandlungspartner nach § 278 für das Verschulden seiner Verhandlungsgehilfen einstehen. Dazu gehören auch Personen, die ohne Abschlussvollmacht mit Willen des Verhandlungspartners an den Verhandlungen mitgewirkt haben.

D. Abs 3. I. Ausgangspunkt. Das die Schutzpflicht (§ 241 II) begründende Schuldverhältnis besteht in der 63 Regel zwischen den Parteien des intendierten Vertrags (etwa BGHZ 159, 94, 102). Stellvertreter oder andere Verhandlungsgehilfen haften daher idR nicht aus cic, wohl aber u. U. aus Delikt. Doch soll nach BGHZ 114,

253, 272 ein Verhandlungsgehilfe durch persönliche Vertrauenswerbung mit besonderer Sachkunde (dort in Steuersachen) die Sorgfaltspflichten des Schuldners entsprechend verstärken können, so dass diesem ein Fehler des Gehilfen über § 278 zugerechnet wird. Denn die vom Verhandlungsgehilfen behauptete Sachkunde komme in ihrer werbenden Wirkung dem Schuldner selbst zugute.

Weitergehend hat die Rspr aber schon seit langem (etwa RGZ 120, 249, 252, BGHZ 14, 313, 318) auch eine **persönliche Haftung eines Dritten** angenommen, der zwar nicht selbst Vertragspartei werden sollte, aber auf die Vertragsverhandlungen maßgeblich Einfluss genommen hat. Als Grund für diese Haftung ist teils ein eigenes wirtschaftliches Interesse an dem Vertragsschluss genannt worden (etwa BGHZ 14, 313, 318), teils auch die Inanspruchnahme von Vertrauen für sich – den Dritten – selbst, wie es etwa der gesetzliche Vertreter (vgl *Ballerstedt*, AcP 151, 50/51, 501) oder eine besonders sachkundige Person tun kann. Solche Dritten sind oft (wenig aussagekräftig) als „Sachwalter" bezeichnet worden und ihre persönliche Verpflichtung als **Sachwalterhaftung**. Das SMG hat sie in § 311 III übernommen.

64 **II. Haftungsvoraussetzungen. 1. Das Regelbeispiel.** Wann eine Haftung des Dritten entsteht, ist in III 2 nur durch ein Regelbeispiel angedeutet. Dieses folgt aus der Begründung der cic-Haftung aus enttäuschtem Vertrauen. Danach muss der Dritte **Vertrauen für sich selbst** (und nicht für die künftige Vertragspartei) in Anspruch genommen haben. Nach BGH NJW 04, 2523, 2525 muss der Dritte dazu an den Vertragsverhandlungen selbst beteiligt oder in deren Rahmen mit einem Anspruch auf Vertrauen hervorgetreten sein. Dieses Vertrauen muss sich gerade auf die besondere Qualifikation des Dritten stützen (vgl u. Rn 65).

65 **In besonderem Maße** muss dieses Vertrauen in Anspruch genommen worden sein; nicht genügt das „normale Verhandlungsvertrauen" (BGH ZIP 03, 571, 573). Es muss also eine zusätzliche von ihm persönlich ausgehende Gewähr für die Seriosität und Erfüllung des Geschäfts geboten worden sein. (BGHZ 88, 67, 69; 126, 181, 189). Bloßes Überreden zum Abschluss einen Optionsgeschäfts unter Berufung auf die Erfahrung und das berufliche Wissen als ehemaliger Bankkaufmann und der Vergleich mit der Sicherheit einer ärztlichen Diagnose sollen nicht genügen. Gleichfalls nicht genügen soll das Auftreten als ausgewiesener Fachmann (BGH ZIP 93, 1785, 1787 „ausgewiesener Werbefachmann mit guten kaufmännischen Erfahrungen"). Die Erklärung des Dritten müssen sich geradezu „im Vorfeld einer Garantie" bewegen (BGH ZIP 03, 571, 573). Ausreichen lassen hat es BGHZ 87, 27, 31 dagegen, wenn die Kreditwürdigkeit nicht routinemäßig durch einen Angestellten bestätigt worden ist, sondern von einem Bruder des Kreditnehmers (zweifelhaft).

66 Diese Fallgruppe der cic umfasst also auch Fälle einer **Expertenhaftung**. Weitere solche Fälle finden sich traditionell beim Vertrag mit Schutzwirkung für Dritte: Dort wird gefragt, welche Dritten sich noch im Schutzbereich des Vertrags mit dem Experten befinden. Der sachliche Unterschied besteht wohl darin, dass beim Vertrag mit Schutzwirkung für Dritte der Dritte räumlich und oft auch zeitlich weit von den Vertragsverhandlungen entfernt ist. Der Gesetzgeber des SMG (BTDrs 14/6040 S 163) hat erwogen, künftig könnten auch diese Fälle nach III behandelt werden. Doch ist dies auf Widerstand gestoßen (etwa Palandt/*Heinrichs* Rn 60).

67 Durch das Vertrauen müssen die Vertragsverhandlungen oder der Vertragsschluss **erheblich beeinflusst** worden sein. Das geht („erheblich") über das allgemeine Erfordernis der Kausalität hinaus; es genügt zB nicht, dass das Eingreifen des Dritten sozusagen der letzte Tropfen war, der das Fass zum Überlaufen gebracht hat.

68 **2. Weitere Fallgruppen.** Die eben genannte Haftungsgrundlage ist in III 2 nur als Regelbeispiel formuliert. Daher bleibt Raum für andere Haftungsbegründungen. Dabei hat zeitweise das **Eigeninteresse** des Dritten an dem Geschäft eine Rolle gespielt (etwa BGHZ 87, 27, 33, obiter noch in BGHZ 159, 94, 102). Das verträgt sich aber nicht mit der Herleitung der der cic-Haftung aus enttäuschtem Vertrauen; die Erklärungen von selbst interessierten Personen verdienen eher Misstrauen als besonderes Vertrauen (so die hM seit BGHZ 126, 181, 186 ff). Darum ist auch das Eigeninteresse nicht als weiteres Regelbeispiel in III 2 aufgenommen worden.

69 Abweichendes gilt nur, wenn der Dritte das **Geschäft gleichsam als eigenes** behandelt hat. Ein solcher Fall findet sich schon in RGZ 120, 249: Jemand hat einen Verkauf zunächst im eigenen Namen und danach als Vertreter eines Dritten verhandelt. Jetzt geht es vor allem um Kraftfahrzeughändler, die einen in Zahlung genommenen Altwagen als Vertreter des Vorbesitzers verkaufen (zeitweise aus steuerlichen Gründen): Hier werden dem Händler (zumal, wenn er eine eigene Werkstatt betreibt) wesentliche eigene Prüfungspflichten zugeschrieben, deren Verletzung eine eigene cic darstellt (seit BGHZ 63, 382, 385 mit BGHZ 79, 281: Der Händler sei ein Quasi-Verkäufer).

70 **3. Verschulden.** Für das Verschulden des Dritten gilt das o Rn 62 Gesagte. Insbes kann auch der Dritte durch Hilfspersonen auftreten und dann über § 278 selbst verpflichtet werden.

71 **E. Randfragen zur cic. I. Verjährung.** Die Verjährung von Schadensersatzansprüchen aus cic richtet sich nach §§ 195, 199. Bei der Haftung wegen unrichtiger Angaben hat der BGH eine Angleichung dieser Frist an diejenige von § 124 abgelehnt: NJW 84, 2014, 2015.

72 **II. Beweislast.** Die Beweislast für die Voraussetzungen der cic liegt beim Geschädigten. Eine Ausnahme macht wegen § 280 I 2 nur der Nachweis des Verschuldens: Insoweit muss sich der Schädiger exkulpieren.

§ 311a Leistungshindernis bei Vertragsschluss

(1) Der Wirksamkeit eines Vertrags steht es nicht entgegen, dass der Schuldner nach § 275 Abs. 1 bis 3 nicht zu leisten braucht und das Leistungshindernis schon bei Vertragsschluss vorliegt.
(2) ¹Der Gläubiger kann nach seiner Wahl Schadensersatz statt der Leistung oder Ersatz seiner Aufwendungen in dem in § 284 bestimmten Umfang verlangen. ²Dies gilt nicht, wenn der Schuldner das Leistungshindernis bei Vertragsschluss nicht kannte und seine Unkenntnis auch nicht zu vertreten hat. § 281 Abs. 1 Satz 2 und 3 und Abs. 5 findet entsprechende Anwendung.

A. Funktion der Vorschrift. I. Altes und neues Recht. § 311a betrifft den Regelungsbereich der §§ 306 bis 309 aF Dabei ergeben sich die folgenden wesentlichen Unterschiede: § 306 aF hatte nur die **objektive**, also für jedermann bestehende **anfängliche Unmöglichkeit** der Leistung betroffen; in diesem Fall sollte der Vertrag nichtig sein. Dagegen erfasst § 311a I auch die subjektiven (gerade für den Schuldner bestehenden) Leistungshindernisse. 1

I bestimmt im Gegensatz zu § 306 aF die **Wirksamkeit** des auf die gestörte Leistung gerichteten Vertrags. 2
Dass die gestörte Primärleistung nicht erbracht zu werden braucht, ergibt sich jetzt aus § 275 (der sich ja nicht mehr auf die nachträgliche Unmöglichkeit beschränkt).

II bestimmt im Gegensatz zu § 307 aF eine **Ersatzpflicht des Schuldners** auf Schadensersatz statt der Leistung. Die Pflichtverletzung des Schuldners wird also in der Nichteinhaltung seines Leistungsversprechens gesehen (u Rn 8). Demgegenüber wurde § 307 aF als Fall der cic aufgefasst: Der Schuldner hatte nur das negative Interesse zu ersetzen, weil er den Vertrag nicht hätte abschließen sollen. 3

Bei § 307 II 1 aF musste der auf Schadensersatz klagende Gläubiger das Verschulden des Schuldners beweisen. Demgegenüber ergibt die Fassung des II 2 deutlich, dass sich jetzt der Schuldner entlasten muss. Das entspricht der Beweislastverteilung in § 280 I 2; die Haftung des Schuldners wird also bei objektiver Unmöglichkeit weiter verschärft. 4

Nach § 307 I 2 aF sollte die Ersatzpflicht des Schuldners ganz entfallen, wenn auch der Gläubiger die Unmöglichkeit gekannt hatte oder hätte kennen müssen. In II fehlt eine entsprechende Vorschrift. Es bleibt also bei der Anwendbarkeit des § 254. 5

§ 306 aF hatte die Vertragswirksamkeit verneint. Das passte nicht für objektiv unmögliche **Qualitätszusagen insbesondere des Verkäufers oder Werkunternehmers**, weil hier § 463 aF von einem wirksamen Kauf ausging. § 306 aF ist daher auf Qualitätszusagen auch dann nicht angewendet worden, wenn niemand die zugesagte Qualität hätte herstellen können. Dem gegenüber passt jetzt § 311a auch für solche Zusagen (ausführlich MüKo/*Ernst* Rn 76 ff; § 311a wird ja auch in den §§ 437 Nr 3 und 634 Nr 4 ausdrücklich genannt). 6

7. Vor allem **beendet § 311a die Unterscheidung** des alten Rechts zwischen anfänglicher objektiver Unmöglichkeit (Vertragsnichtigkeit; Haftung des Schuldners nur bei Verschulden auf das negative Interesse) und anfänglicher subjektiver Unmöglichkeit (nicht geregelt, aber nach hM Garantiehaftung des Schuldners auf das positive Interesse). 7

II. Eigene Anspruchsgrundlage?. II ist vom Gesetzgeber als eigene Grundlage für Ansprüche auf Schadensersatz statt der Leistung (neben § 280 I) aufgefasst worden, vgl §§ 437 Nr 3, 634 Nr 4. An der Richtigkeit dieser Annahme kann man zweifeln, weil die Haftung aus § 311a II derjenigen aus § 280 I weitgehend angeglichen ist. Nach Palandt/*Heinrichs* Rn 2 soll daher idR offen bleiben können, auf welche Norm der Anspruch gestützt wird. Doch besteht eine Besonderheit von II 2 hinsichtlich des Verschuldensbezugs: Während sich das Verschulden in 280 I auf die Pflichtverletzung bezieht, stellt II 2 auf die Kenntnis oder fahrlässige Unkenntnis des Schuldners von dem Leistungshindernis ab. Diese Unterschied bedeutet eine gewisse Eigenart des II 2, derentwegen man die Eigenständigkeit als Anspruchsgrundlage bejahen sollte. 8

B. Die Vertragswirksamkeit, I. I. Umfang. Nach I soll die Vertragswirksamkeit nur daran nicht scheitern, dass der Schuldner nach § 275 I bis III nicht zu leisten braucht. Andere Unwirksamkeitsgründe (etwa §§ 105, 116 bis 118, 125, 134, 138, 154) bleiben also unberührt. Soweit ein Anfechtungsgrund nach den §§ 119, 120, 123 vorliegt, kann der Vertrag auch angefochten werden (MüKo/*Ernst* Rn 24). Dann richtet sich die Ersatzpflicht nicht mehr nach II, sondern nach § 122 (was für den Schuldner günstiger, aber wegen des Fehlens eines Verschuldenserfordernisses bei § 122 auch ungünstiger sein kann). 9

Die anfängliche Unmöglichkeit der Leistung kann auch ein **Fehlen der Geschäftsgrundlage** bedeuten (§ 313 II). Dann will MüKo/*Ernst* Rn 23 dem Schuldner ein Wahlrecht zwischen der in § 313 I bestimmten Vertragsanpassung und § 311a geben. Ein Wahlrecht ergibt sich aber in den Fällen von § 275 II und III schon daraus, dass der Schuldner die Unmöglichkeit nicht geltend zu machen braucht und stattdessen Vertragsanpassung nach § 313 verlangen kann. Dagegen ist bei § 275 I ein Wahlrecht des Schuldners wohl abzulehnen. 10

§ 306 aF ist auch dazu verwendet worden, für **abergläubische oder sonstwie unseriöse Verträge** (zB auf Lieferung eines perpetuum mobile) den Rechtsschutz zu versagen. Der neue § 311a I scheint hierfür keine Handhabe zu bieten. Die Regierungsbegründung (BTDrs 14/6040 S 164) hat gemeint, solche Verträge würden häufig schon nach § 138 nichtig sein. Aber es kann objektiv an der Sittenwidrigkeit fehlen, ebenso an 11 dem zusätzlich nötigen subjektiven Element (s § 138 Rn 33 ff). Dann würde zwar § 275 I eine Pflicht zur Leistung (und § 326 I 1 zur Gegenleistung) ausschließen. Es bliebe aber der Anspruch nach II auf das positive Interesse, das sich in solchen Fällen kaum sinnvoll ermitteln lässt. MüKo/*Ernst* Rn 31 schlägt hier eine Reduktion auf das negative Interesse vor (ebenso Palandt/*Heinrichs* Rn 5, anders *Schwarze* Jura 02, 74). Der Ansicht von *Ernst* wird zu folgen sein.

12 **II. Voraussetzungen.** Der Schuldner darf nach § 275 I bis III **nicht zur Leistung verpflichtet** sein. Das erfordert bei 275 II und III, dass der Schuldner das Leistungshindernis mit dem Ziel der Befreiung geltend gemacht hat.

13 Das Hindernis muss „**bei Vertragsschluss**" vorgelegen haben. Dabei sind zwei Fragen zu unterscheiden: (1) Soll es wirklich auf den **Zeitpunkt des Vertragsschlusses** (idR auf den Zugang der Annahmeerklärung) ankommen oder (2)– wie eine Mindermeinung zu § 306 aF angenommen hat – auf das **Fälligwerden** der nach § 275 unmöglichen Leistung? Vorzuziehen ist die erste Alternative. Doch ist eine Ausnahme für die in § 308 aF geregelten Fälle anzunehmen, nämlich dass der Vertrag für den Fall des Möglichwerdens der zunächst für unmöglich gehaltenen Leistung geschlossen worden ist. Hier tritt Unmöglichkeit erst dann ein (mit der Folge aus II), wenn das Möglichwerden der Leistung erkennbar ausgeschlossen ist.

14 Fraglich kann weiter sein, **nach welcher Wissenslage** die Unmöglichkeit zu beurteilen ist. Hierfür wird man ebenso wie bei § 275 nicht den Vertragsschluss wählen dürfen. Denn es wäre sinnlos, eine nur scheinbar unmögliche Leistungspflicht zu verneinen. Daher bleibt nur ein späterer Zeitpunkt, beim gerichtlichen Streit derjenige der letzten mündlichen Verhandlung (ebenso MüKo/*Ernst* Rn 32). Haben sich die Parteien jedoch einmal auf die Annahme von Unmöglichkeit geeinigt, sollte es dabei sein Bewenden haben.

15 **C. Der Schadensersatzanspruch, II. I. Grund.** Nach II 1 wird Schadensersatz statt der (unmöglichen) Leistung geschuldet, also das **positive Interesse**. Stattdessen soll der Gläubiger aber auch **Aufwendungsersatz** nach § 284 verlangen können, also ein modifiziertes negatives Interesse (u Rn 21). Grund dafür ist die Nichterbringung der von Anfang an unmöglichen Leistung. Eine Garantiehaftung folgt hieraus aber entgegen *Sutschet* NJW 05, 1404 nicht (vgl *Canaris* FS Heldrich 05, 11, 28 ff).

16 Nach II 2 soll der Schuldner nicht haften, wenn er die **Unmöglichkeit kannte und seine Unkenntnis auch nicht zu vertreten hat.** Dafür wird es idR auf Fahrlässigkeit des Schuldners ankommen. Diese setzt die Verletzung einer Pflicht (oder Obliegenheit) voraus. Der Schuldner muss also nach § 242 unter bestimmten Umständen verpflichtet sein, vor Vertragsschluss zu prüfen, ob er die versprochene Leistung auch wirklich erbringen kann. Dass er dies getan hat, steht zu seiner Beweislast.

17 Wenn Kenntnis oder Kennenmüssen bei **Hilfspersonen des Schuldners** vorliegen, kommt eine Zurechnung an diesen nach §§ 166, 278 in Betracht. Dabei gelangt man zu der allgemeineren Frage, inwieweit Hilfspersonen in die Erfüllung von Schutzpflichten eingeschaltet sind (vgl § 278 Rn 15). Das ist wohl ziemlich weitgehend zu bejahen, da nach dem Sinn des § 278 die Arbeitsteilung beim Schuldner nicht zu Lasten des Gläubigers gehen soll. Daneben kommt aber auch ein eigenes Organisationsverschulden des Schuldners in Betracht: Dieser muss in gewissem Umfang dafür Vorsorge treffen, dass Hinderungsgründe rechtzeitig vor Vertragsschluss zu seiner Kenntnis gelangen. Auch kann ihm Aktenwissen zuzurechnen sein, also Wissen aus Datenträgern, die sich in seinem Organisationsbereich befinden (vgl § 166 Rn 12).

18 Welche Umstände das sind, lässt sich wie häufig bei Schutzpflichten nicht allgemein sagen. Erheblich ist regelmäßig der Wert des Vertragsgegenstandes und das erkennbare Interesse des Gläubigers an der Leistung. Auch bei verhältnismäßig geringwertigen Ersatzteilen kann der Schuldner zu sorgfältigen Erkundigungen über seine Lieferfähigkeit verpflichtet sein, wenn sie für den Betrieb des Gläubigers unentbehrlich sind.

19 Nicht mehr direkt um Kenntnis oder Kennenmüssen des Schuldners handelt es sich, wenn dieser **vor Vertragsschluss mit dem Vertragsgegenstand sorglos umgeht** und so die Unmöglichkeit selbst herbeiführt. Dies bedeutet keine Pflichtverletzung, solange er weder vertraglich zur Leistung noch (ausnahmsweise, vgl § 311 Rn 49) schon vorvertraglich zum Vertragsschluss verpflichtet ist. Aber sein eigenes Vorverhalten wird der Schuldner regelmäßig beim Vertragsschluss kennen oder wenigstens kennen müssen. Daher kann auch der sorglose Umgang mit dem Vertragsgegenstand die Ersatzpflicht nach II 2 auslösen. Eine verschuldensunabhängige Haftung analog § 122 (dafür *Canaris* JZ 01, 507, doch vgl jetzt FS Heldrich 05, 11, 28 ff) dürfte zu verneinen sein (Palandt/*Heinrichs* Rn 15).

20 **II. Umfang.** Regelmäßig geht der Schadensersatzanspruch aus II 1 auf **Schadensersatz statt der Leistung**. Dieser umfasst wie bei §§ 280, 281 außer dem Wert der Leistung auch alle Folgeschäden, die durch die Nichtleistung des Gläubigers entstehen, einschließlich des Betriebsausfallschadens Allerdings braucht der Gläubiger nach § 326 I wegen der Unmöglichkeit der Leistung die Gegenleistung nicht zu erbringen. Deren Wert muss also von dem Schadensersatz statt der Leistung abgezogen werden. Doch wird man dem Gläubiger das Recht zugestehen müssen, die Gegenleistung zu erbringen und dann entsprechend Surrogationstheorie den Schadensersatz statt der Leistung ungemindert zu fordern.

21 Anstelle des Schadensersatzes statt der Leistung kann der Gläubiger nach II 1 auch den in § 284 bestimmten **Aufwendungsersatz** verlangen. Dieser entspricht vor allem deshalb nicht genau dem negativen Interesse, weil er nicht den entgangenen Gewinn aus anderen Vertragsschlüssen umfasst, die der Gläubiger im Vertrauen auf

den Vertrag mit dem Schuldner versäumt hat. Daraus folgt die Frage, ob nicht aus cic das volle negative Interesse verlangt werden kann. Denn häufig wird in den Fällen von II 1 zugleich eine cic vorliegen. Die weitergehende Haftung wird zu bejahen sein (MüKo/*Ernst* Rn 21, aA Palandt/*Heinrichs* Rn 14: II verdränge als Sonderregelung den § 311 II und II). Denn es ist kein Grund ersichtlich, dessentwegen der Gläubiger bei dieser Fallgruppe der cic schlechter stehen sollte als sonst. Zumindest müsste aber der Vorrang des Mängelrechts bei der Verjährung berücksichtigt werden (vgl u Rn 25).

Für die **Teilunmöglichkeit** verweist I 3 auf § 281 I 2. Das bedeutet: Bei anfänglicher Teilunmöglichkeit kann 22 der Gläubiger Schadensersatz statt der ganzen Leistung nur verlangen, wenn er an der möglichen Teilleistung keine Interesse hat. Das entspricht der Problematik von § 281 I 2 (vgl dort Rn 23 ff). Der Schadensersatz (oder Aufwendungsersatz nach § 284) wegen des unmöglichen Teils kann dagegen ohne weiteres gefordert werden.

Ähnlich wirkt die Verweisung auf § 281 I 3 in II 3: Bei einer Schlechtleistung kann Schadensersatz statt der 23 ganzen Leistung bei einer unerheblichen Pflichtverletzung (vgl § 281 Rn 27) nicht gefordert werden. Hier zeigt sich, dass § 311 a auch für nicht behebbare Qualitätsmängel gedacht ist (vgl o Rn 6). Zweck des § 281 I 3 ist, das Schuldverhältnis soweit möglich zu retten. Dagegen kann Schadensersatz wegen des Mangels und seiner Folgen unbeschränkt gefordert werden.

Ergänzt werden die beiden Verweisungen in I 3 durch diejenige auf § 281 V: Soweit der Gläubiger bei Teil- 24 oder Schlechtleistung Schadensersatz statt der ganzen Leistung fordern kann, mag ja der Schuldner schon geleistet haben (nämlich den möglichen Teil oder in der minderen Qualität). Dann soll der Gläubiger diese Leistung (selbstverständlich) nicht behalten dürfen. Daher soll der Schuldner sie nach Rücktrittsrecht (§§ 346 bis 348) zurückfordern dürfen. Daher braucht er den Schadensersatz nur Zug um Zug gegen Rückgabe zu leisten, §§ 281 V, 348, 320, 322.

III. Verjährung. Der Schadensersatzanspruch aus II 2 verjährt idR nach §§ 195, 199. Soweit es um Fehler 25 der Kaufsache oder Werkleistung geht, haben jedoch die §§ 437 Nr 3, 438 oder 634 Nr 4, 634 a Vorrang.

D. Abdingbarkeit. § 311 a ist idR abdingbar. So kann I etwa dadurch abbedungen werden, dass die Möglich- 26 keit der Leistung zur Bedingung gemacht oder für den Fall der Unmöglichkeit ein Rücktrittsrecht vereinbart wird. Bei Verwendung von AGB durch den Schuldner der gestörten Leistung dürfte § 308 Nr 3 nicht entgegenstehen, weil die Unmöglichkeit wohl stets einen sachlich gerechtfertigten Grund darstellt. Doch ist dann § 308 Nr 8 zu beachten.

Auch der Schadensersatzanspruch nach II kann idR abbedungen werden. Nach § 276 III gilt das aber nicht, 27 wenn der die Leistung Versprechende deren Unmöglichkeit und seine Pflicht zur Offenbarung kennt. Verwendet der Versprechende AGB, so ist zusätzlich § 309 Nr 7 zu beachten.

§ 311 b Verträge über Grundstücke, das Vermögen und den Nachlass

(1) ¹Ein Vertrag, durch den sich der eine Teil verpflichtet, das Eigentum an einem Grundstück zu übertragen oder zu erwerben, bedarf der notariellen Beurkundung. ²Ein ohne Beachtung dieser Form geschlossener Vertrag wird seinem ganzen Inhalt nach gültig, wenn die Auflassung und die Eintragung in das Grundbuch erfolgen.
(2) Ein Vertrag, durch den sich der eine Teil verpflichtet, sein künftiges Vermögen oder einen Bruchteil seines künftigen Vermögens zu übertragen oder mit einem Nießbrauch zu belasten, ist nichtig.
(3) Ein Vertrag, durch den sich der eine Teil verpflichtet, sein gegenwärtiges Vermögen oder einen Bruchteil seines gegenwärtigen Vermögens zu übertragen oder mit einem Nießbrauch zu belasten, bedarf der notariellen Beurkundung.
(4) ¹Ein Vertrag über den Nachlass eines noch lebenden Dritten ist nichtig. ²Das Gleiche gilt von einem Vertrag über den Pflichtteil oder ein Vermächtnis aus dem Nachlass eines noch lebenden Dritten.
(5) ¹Absatz 4 gilt nicht für einen Vertrag, der unter künftigen gesetzlichen Erben über den gesetzlichen Erbteil oder den Pflichtteil eines von ihnen geschlossen wird. ²Ein solcher Vertrag bedarf der notariellen Beurkundung.

A. Entstehung. § 311 b stammt aus dem SMG. Er fasst die Form- und Nichtigkeitsvorschriften der §§ 310 1 bis 313 aF ohne sachliche Änderungen zusammen. Weitaus die größte Bedeutung hat § 311 b I (früher § 313).

B. Grundstücksgeschäfte, I. I. Anwendungsbereich, I 1. 1. Vertragsgegenstand. Der Vertrag muss eine 2 Verpflichtung zur Änderung des Eigentums (auch von Miteigentumsanteilen) an einem Grundstück enthalten, also zur Übertragung oder zum Erwerb von Eigentum an einem Grundstück verpflichten. Einem Grundstück stehen gleich das Wohnungseigentum (§ 4 III WEG) und das Erbbaurecht (§ 11 ErbbauRVO), auch das Sondereigentum an Gebäuden nach dem ZGB der DDR (Art 231 § 5 EGBGB). Nicht anwendbar ist I auf Verpflichtungen zur Belastung des Eigentums. Eine Ausnahme bildet hier das Vorkaufsrecht (BGH DNotZ 03, 426), weil dieses eine Verpflichtung zur Übereignung herbeiführen kann. Die Verpflichtung zur Übertragung eines Gesellschaftsanteils fällt idR nicht unter § 311 b I, selbst wenn das Gesellschaftsvermögen im Wesentlichen aus Grundstücken besteht (BGHZ 86, 367). Dagegen passt I für einen Gesellschaftsvertrag, der zur Einbringung eines Grundstücks verpflichtet. Ebenso fällt unter I die Verpflichtung zu einer Änderung der Eigentumsform, etwa zur Umwandlung von Gesamthandseigentum in Miteigentum nach Bruchteilen oder Alleineigentum (etwa bei einer Erbauseinandersetzung, RGZ 129, 122, 123).

3 Die bloße Verpflichtung zur **Abtretung eines Anspruchs auf Grundstücksübertragung** ist formfrei, weil sie nur die Person des Erwerbers ändert (BGHZ 57, 394, 397). Dagegen soll nach BGHZ 49, 197, 202 (obiter) für die Übertragung des Anwartschaftsrecht eines Auflassungsempfängers § 925 gelten; dann dürfte auf die entsprechende Verpflichtung auch § 311 b anzuwenden sein (vgl aber u. Rn 12).

4 Eine **Bedingung** ändert an der Formbedürftigkeit nichts (BGHZ 57, 394, 397). Vorverträge sind formbedürftig, wenn sie schon eine Partei (womöglich bedingt) verpflichten und nicht bloß Absichten erklären (BGHZ 82, 398, 403; 97, 147, 153). Formbedürftig ist auch die Einräumung einer Option auf den Erwerb von Grundstückseigentum, regelmäßig auch die Erklärung der Ausübung dieses Rechts (sie verpflichtet ja ebenso zum Erwerb wie die Annahme eines Verkaufsantrags). Doch kann die Auslegung des Vertrags über die Option ergeben, dass diese schon einen aufschiebend bedingten Kaufvertrag darstellt: Dann ist die den Bedingungseintritt bewirkende Ausübungserklärung formfrei (BGH NJW 91, 2698).

5 **2. Mittelbarer Zwang.** Nach einer verbreiteten Rspr soll schon ein bloß mittelbarer Zwang zur Veräußerung oder Erwerb von Grundstückeigentum für die Formbedürftigkeit genügen. Hierfür soll es nämlich ausreichen, dass für das Unterlassen von Veräußerung oder Erwerb wesentliche wirtschaftliche Nachteile vereinbart werden. Das gilt etwa für das Versprechen einer Vertragsstrafe (BGH NJW 70, 1915, 1916), ebenso für erhebliche Vergütungen, die einem Makler für den Fall des Nichtabschlusses versprochen werden. Hierzu gibt es eine umfangreiche Rspr. Danach soll I anwendbar sein, wenn die Zahlungspflicht „einen unangemessenen Druck in Richtung auf die Grundstücksveräußerung (oder den Erwerb) bedeutet"; dabei sei die Bezeichnung der geschuldeten Leistung bedeutungslos. (BGH NJW 80, 1622, 1623). Schon ein Betrag, der 10 bis 15 % der vereinbarten Provision übersteigt, soll zur Formbedürftigkeit führen (BGH aaO). Formbedürftig ist endlich die Vereinbarung einer Verfallklausel (BGH NJW 79, 307).

6 Doch soll ein Vertrag über den **Kauf eines Fertighauses** nicht schon deshalb der Form bedürfen, weil der Käufer für die Aufstellung irgendein Grundstück erwerben muss (BGHZ 76, 43). Anderseits soll der Vertrag über den Bau einer Doppelhaushälfte der Form bedürfen, wenn sich der Unternehmer zur Beschaffung des für den Bau benötigen Grundstücks verpflichtet (BGHZ 78, 346).

7 **3. Umfang des Formerfordernisses.** Der Beurkundung bedarf der Vertrag, also Antrag und Annahme. Dabei beschränkt sich das Formerfordernis nicht auf die das Grundstück betreffenden Abreden. Formbedürftig sind vielmehr alle Vereinbarungen, die nach dem erkennbaren und von der Gegenpartei hingenommen Willen auch nur einer Partei zusammen mit der Grundstücksübertragung gelten sollen (BGHZ 74, 340, 348). Anders gesagt sind formbedürftig alle Vertragsteile, die miteinander stehen und fallen sollen (BGHZ 101, 393, 396). Zu der von BGH NJW 00, 951, 952 zwei teils anders beurteilten einseitigen Abhängigkeit (der eine Vertrag soll nicht ohne den anderen, aber der andere ohne den einen gelten), vgl *Maier/Reimer* NJW 04, 3741. Der weiten Beurkundungspflicht können die Beteiligten auch nicht durch eine Verteilung auf mehrere Vertragsurkunden entgehen; diese mag allenfalls eine Vermutung gegen einen rechtlichen Zusammenhang begründen (BGHZ 101, 393, 396).

8 Für § 311 b I kommen **fast alle Vertragstypen** in Betracht, **ebenso untypische Verträge**, etwa über eine Erbauseinandersetzung. Insbesondere bei Bauherrenmodellen bildet idR der Treuhandvertrag eine rechtliche Einheit mit den Vereinbarungen über die Errichtung eines Bauwerks und dem Grundstückserwerb (BGHZ 101, 393, 397). Dabei kommt es nicht darauf an, ob die verschiedenen Parteien miteinander rechtlich verflochten sind (BGH aaO).

9 Auch hinsichtlich der **Einzelheiten** wird das Formerfordernis streng gehandhabt. So genügt die Angabe der Grundstücksgröße allein nicht (BGH NJW 69, 132), auch nicht die Versicherung, die Parteien seien über die Abgrenzung einig (BGH NJW 79, 1350). Doch kann bei einem noch nicht vermessenen Grundstück die Angabe von Merkmalen in der Natur (Gräben, Bäume, Hecken, sogar Pflöcke) genügen, wenn mit einer gewissen Bestandsdauer zu rechnen ist und diese Kennzeichen im Zeitpunkt der Beurkundung wirklich vorhanden sind (BGH NJW 89, 898). Soweit die Pflichten erst durch eine Teilungsplan oder ein Baubeschreibung konkretisiert werden, bedürfen auch diese der Beurkundung (BGH NJW 02, 1050, 1051). Die Textteile solcher Pläne müssen verlesen, die nicht verlesbaren Teile müssen den Beteiligten zur Durchsicht vorgelegt werden (BGHZ 138, 160, 162); vgl §§ 9 I 2, 13 I BeurkG.

10 **4. Spätere Vertragsänderungen.** Auch spätere Änderungen oder Ergänzungen des Vertrages unterliegen regelmäßig dem Formzwang. Die früher vertretene Ansicht, nur Verschärfungen der Übereignungspflicht seien formbedürftig, ist durch Aufnahme der Erwerbspflicht in § 313 aF (im Jahr 1973) überholt. Insbesondere gilt der Formzwang auch für unwesentliche Änderungen, wenn sie nicht die Veräußerungs- und Erwerbspflicht ganz unberührt lassen (BGHZ 66, 270, 272: Verlängerung einer Rücktrittsfrist). Sonst werden für formfrei gehalten im Wesentlichen nur Vereinbarungen zur Behebung von Abwicklungsschwierigkeiten,

die den Inhalt der beiderseitigen Pflichten nicht im Kern betreffen (BGH NJW 01, 1932, 1933 bei der Vereinbarung einer Frist für den Baubeginn und eines Rücktrittsrechts für den Gläubiger).

5. Vollmachten. Nach § 167 II ist eine Vollmacht zu einem formbedürftigen Geschäft idR formlos gültig. Das ist anders, wenn die Vollmacht einen Teil eines schon für sich betrachtet formbedürftigen Vertrages bildet (RGZ 94, 147, 150). UU ist aber eine Heilung des Mangels einer solchen Vollmacht nach I 2 möglich (vgl u Rn 15 ff), so BGH NJW 90, 1721, 1722, anders wohl BGHZ 93, 147, 150, vgl *Wolfsteiner* DNotZ 03, 626). § 167 II wird aber nicht angewendet auf eine unwiderrufliche Vollmacht (RGZ 110, 319, 320, BGH LM § 167 BGB Nr 18). Das gilt auch für eine zeitlich begrenzte Vollmacht und für die Verpflichtung zur Erteilung einer solchen Vollmacht: Schon hierdurch läuft der Vollmachtgeber oder Verpflichtete Gefahr, das Grundstück zu verlieren. Formbedürftig ist aber auch eine widerrufliche Vollmacht, wenn sie eine rechtliche oder tatsächliche Bindung des Vollmachtgebers zu Erwerb oder Veräußerung eines Grundstücks mit sich bringt (BGH NJW 75, 39). Dafür genügt aber nicht schon allemal, dass der Bevollmächtigte von der Beschränkung aus § 181 freigestellt ist (BGH NJW 79, 2306, 2307). 11

6. Vertragsaufhebung. Für die Aufhebung eines Grundstücksgeschäfts ist zu unterscheiden: Wenn der Vertrag schon durch Übereignung erfüllt ist, begründet die Aufhebung eine Pflicht zur Rückübereignung; der Aufhebungsvertrag ist daher formbedürftig (BGHZ 83, 395, 397, im Ergebnis idR auch BGHZ 127, 168, 173 f). Ist der Vertrag dagegen noch nicht erfüllt, kann er idR formfrei aufgehoben werden (BGHZ 83, 395, 398). Dazwischen soll der Fall liegen, dass der Erwerber schon durch Auflassung und Eintragung einer Auflassungsvormerkung eine Anwartschaft auf den Eigentumserwerb hat. Da diese ein dem vollen Eigentum ähnliches Recht sei, bedürfe es hier der Form (BGHZ aaO S 399). Doch wenn zunächst formlos das Anwartschaftsrecht aufgehoben werden kann, etwa durch formlose Aufhebung der Auflassung, soll das Formerfordernis entfallen (vgl BGH NJW 93, 3323, 3325). Das zeigt die Fragwürdigkeit der Folgerungen aus dem angeblichen Anwartschaftsrecht (vgl *Medicus* BürgR Rn 469 a). 12

7. Die falsa demonstratio und der Schwarzkauf. Fraglich ist die Erfüllung des Formerfordernisses, wenn der notarielle Vertrag das Grundstück unrichtig bezeichnet (insbesondere Parzellenverwechslung), die Parteien aber über das wirklich Gemeinte einig sind. Die Rspr bejaht hier die Wirksamkeit wenigstens dann, wenn das Beurkundete Anhaltspunkte für das Gemeinte ergibt (zB Größe und Bebauung des Grundstücks sind richtig angegeben, bloß die Parzelle ist falsch bezeichnet). Zudem sollen auch Anhaltspunkte außerhalb der Urkunde berücksichtigt werden. Das ist die sog **Andeutungstheorie**. Doch ist der BGH gerade bei § 311 b I noch einen Schritt weiter gegangen und hat auf eine solche Andeutung verzichtet (BGHZ 87, 150, 153 mit ausführlicher Begründung). 13

Diese Großzügigkeit gilt aber nur **für versehentliche Falschangaben**, nicht dagegen bei absichtlichen: Es wird etwa einverständlich der Kaufpreis zu niedrig angegeben, um Steuern und Gebühren zu sparen (sog **Schwarzkauf**). Hier ist das Beurkundete nichtig nach § 117 I, das Gewollte ebenfalls nichtig nach § 125. Diese Nichtigkeit kann jedoch nach § 311 b I 2 durch Auflassung und Eintragung des Erwerbers behoben werden; der Kauf gilt dann zu dem gewollten höheren Preis. 14

II. Das Wirksamwerden durch Erfüllung, I 2. Nach I 2 wird der formnichtige Vertrag seinem ganzen Inhalt nach gültig, wenn die Auflassung und die Eintragung in das Grundbuch erfolgen. Diese Heilung betrifft aber nur die Formnichtigkeit nach § 125, nicht anderer Unwirksamkeitsgründe wie Willenmängel oder das Fehlen einer Genehmigung. Beruht die Unwirksamkeit der Auflassung auf der Unwirksamkeit der in dem formnichtigen Grundstücksvertrag enthaltenen Vollmacht, wird diese nicht rückwirkend geheilt (vgl s.u. Rn 17). 15

Im Einzelnen muss sich die Auflassung **auf den ganzen Vertragsgegenstand** beziehen, also ggf auf alle dort genannten Grundstücke. Das gilt sogar dann, wenn es sich um mehrere Verträge handelt, selbst wenn die Verknüpfung nicht beurkundet ist (BGH NJW 00, 2017). Die Willensübereinstimmung bei den Parteien muss bis zur Auflassung fortbestehen (BGHZ 127, 129, 136 f), und zwar hinsichtlich des ganzen Vertragsinhalts. Dieser Fortbestand wird vermutet, wenn nicht eine Partei ihre Willensänderung erkennen lässt (BGHZ 54, 56, 63 f). Die nicht mehr einverstandene Partei kann dann die Auflassung nach § 812 zurückfordern, wenn nicht die §§ 814 f. eingreifen (RGZ 108, 329). Sie kann auch durch einstweilige Verfügung eine Erwerbsverbot erwirken; die Eintragung ist dann entsprechend §§ 136, 135 relativ unwirksam und genügt zur Heilung nicht; das Verbot soll sogar ein Eintragungshindernis begründen (RGZ 117, 287, 291 f). 16

Die Heilung **wirkt nicht zurück**. Daher bleibt eine davor eingetragene Auflassungsvormerkung wirkungslos (BGHZ 54, 56, 63) und ein Verzug ergreift nicht den früheren Zeitraum (BGH DB 79, 938). Wenig konsequent hat demgegenüber BGH NJW 82, 759, 761 (nicht in BGHZ 82, 398) den Verfall einer Vertragsstrafe schon für die Nichtleistung vor der Heilung angenommen. 17

Bei Verträgen, die **nicht direkt die Übertragung** von Grundstückseigentum zum Inhalt haben, wird § 311 b I 2 vielfach analog angewendet. So tritt die Heilung eines formnichtigen Vorvertrages schon mit dem förmlichen Abschluss des Hauptvertrages ein (BGHZ 82, 398, 403). Ähnlich soll bei einer Verpflichtung zum Verkauf an einen Dritten der Formmangel schon durch formgültigen Abschluss des Kaufvertrages mit diesem Dritten geheilt werden (BGH NJW 82, 759). 18

19 **C. Verträge über das Gesamtvermögen, II und III. I. Zweck der Regelung.** Die ohne sachliche Änderung aus den §§ 310, 311 aF übernommene Regelung erfasst Verpflichtungsverträge über das Vermögen im Ganzen (einheitliche Verfügungen über das Vermögen als Ganzes gibt es ohnehin nicht). Dabei wird unter „Vermögen" die Summe der Aktiva verstanden; eine Erstreckung auf die Schulden ändert aber nichts (vgl RGZ 69, 413, 420 zu § 311 aF).

20 Die Gefahren, denen II und III wehren wollen, unterscheiden sich je nachdem, ob es sich um das künftige oder das gegenwärtige Vermögen handelt: Das in II enthaltene Verbot von Geschäften über das künftige Vermögen soll verhindern, dass sich jemand seiner Vermögensfähigkeit begibt und dadurch den Antrieb zum Erwerb verliert (Mot II 186). Dass auch Bruchteile nicht sollen übertragen werden können, erklärt sich am ehesten aus dem spekulativen Charakter solcher Geschäfte: Das künftige Vermögen ist ja ungewiss. Ähnlich will III vor der Übereilung beim Eingehen einer besonders gefährlichen Verpflichtung schützen (Mot II 188). Da die Gefahr hier weniger schwer wiegt, wird aber nur notarielle Beurkundung und nicht Nichtigkeit vorgeschrieben.

21 **II. Das künftige Vermögen, II.** Die Verpflichtung muss hier das künftige Vermögen als solches (oder einen Bruchteil davon) erfassen. Es genügen nicht Verpflichtungen über einen Gegenstand, der praktisch das ganze Vermögen ausmacht (zB ein Grundstück), BGHZ 25, 1, 4. Schon gar nicht genügt die Eingehung von Verpflichtungen, die höher sind als der Wert des gegenwärtigen oder künftigen Vermögens (BGHZ 107, 92, 100; 103; BGH ZIP 91, 987, 989). Auch die Verpflichtung zur Abtretung aller künftiger Geschäftsforderungen fällt nicht unter II (ganz hM, abw RGZ 67, 166, 168). Anderseits scheitert II nicht daran, dass einige geringwertige Gegenstände ausgeschlossen sein sollen (RGZ 137, 324, 349 zu III). Auch eine Gegenleistung ändert an der Anwendbarkeit nichts.

22 Gegenstand der Verpflichtung müssen die Übertragung (des Eigentums) oder die Bestellung eines Nießbrauchs (vgl § 1085) sein. Es genügt auch die Verpflichtung zur Sicherungsübereignung.

23 Juristische Personen unterfallen dem Abtretungsverbot gleichfalls. Doch gelten für sie viele Spezialvorschriften, etwa für Vermögensübertragungen bei einer Umwandlung der Rechtsform oder bei einer Verschmelzung.

24 Rechtsfolge von II ist die Nichtigkeit der Verpflichtung. Wenn das Vermögen aber erst beim Tod des Verpflichteten übergehen soll, kommt nach § 140 die Umdeutung in einen Erbvertrag in Betracht (BGHZ 8, 23, 34).

25 **III. Das gegenwärtige Vermögen, III.** Für Verpflichtungen zur Übertragung des gegenwärtigen Vermögens oder zur Bestellung eines Nießbrauchs hieran gilt mit Ausnahme der Rechtsfolge entsprechendes wie für das künftige Vermögen, vgl daher o Rn 21 bis 23. Rechtsfolge ist bei III das Erfordernis der notariellen Beurkundung und bei deren Fehlen die Nichtigkeit nach § 125. Formbedürftig ist der ganze Vertrag. Bei einer Schenkung heilt der Vollzug nach § 518 II nur das Fehlen der Schenkungsform; dagegen bleibt die Nichtigkeit nach III mit § 125 bestehen.

26 **D. Verträge über den Nachlass eines lebenden Dritten, IV und V. I. Die Regel, V.** Regelmäßig sind Verträge über den Nachlass eines noch lebenden Dritten nichtig, V 1. Dem stehen gleich Verträge über den Pflichtteil oder ein Vermächtnis aus einem solchen Nachlass. Anstößig ist schon die in solchen Verträgen liegende Spekulation auf den Tod des Dritten. Vor allem aber soll verhindert werden, dass solche Verträge zu leichtsinniger Vermögensverschleuderung und zur Ausbeutung von Leichtsinn führen (Mot II 184; BGHZ 26, 320, 324 f.; 104, 279, 281). Betroffen ist etwa die Verpflichtung, eine erwartete Erbschaft anzunehmen, auszuschlagen oder auch zu übertragen; ebenso die Verpflichtung, keine Pflichtteilsansprüche geltend zu machen oder eine Testamentsanfechtung zu unterlassen. Dagegen sollen Verträge über die Anwartschaft eines Nacherben gültig sein (BGHZ 37, 319, 326). Nichtig soll dagegen ein Vertrag sein, in dem sich die Verpflichtung zur Leistung nach dem Nachlasswert richtet (BGHZ 26, 320, 324).

27 Anders als bei II und III soll sich die Nichtigkeit bei IV **auch auf die Vollzugsgeschäfte** (Verfügungen) erstrecken (BGHZ 37, 319, 324). Dagegen sind erbrechtliche Verträge mit dem Erblasser selbst wirksam, soweit das Erbrecht sie zulässt.

28 **II. Die Ausnahme, V.** Nach V ist ein sog **Erbschaftsvertrag**, nämlich ein Vertrag zwischen künftigen gesetzlichen Erben über den gesetzlichen Erbteil oder den Pflichtteil eines von ihnen nicht nichtig; er bedarf aber der notariellen Beurkundung. Das soll vorweggenommene Erbauseinandersetzungen möglich machen. Verträge über testamentarische Zuwendungen sind wirksam bis zur Höhe des gesetzlichen Erbteils (BGHZ 104, 279, 282 mit guten Gründen gegen RGZ 98, 330).

29 V betrifft aber **nur schuldrechtliche Verpflichtungen**. Deren Ausführung unterliegt dann den Regeln des Erbrechts (etwa § 2033 I Übertragung eines Erbanteils).

§ 311 c Erstreckung auf Zubehör

Verpflichtet sich jemand zur Veräußerung oder Belastung einer Sache, so erstreckt sich diese Verpflichtung im Zweifel auch auf das Zubehör der Sache.

Die abdingbare Vorschrift (vor dem SMG § 314) betrifft den Umfang der **schuldrechtlichen Verpflichtung** 1
zur Veräußerung oder Belastung einer Sache. § 311 c wird auf Miete und Pacht analog angewendet (BGH NJW 00, 354, 357). Er betrifft das im Zeitpunkt des Vertragsschlusses vorhandene Zubehör (BGH aaO). Auf das Eigentum an den Zubehörstücken kommt es nicht an. Bedeutung hat § 311 c vor allem bei § 311 b I, also beim Grundstücksverkauf. Hier bedarf die Verpflichtung hinsichtlich des Zubehörs nicht der Form von 311 I (BGH aaO). Für das Vermächtnis gilt entsprechendes nach § 2164. Das Zubehör bestimmt sich nach §§ 97, 98. Nicht dazu gehören aber etwa ein Recht auf die Lieferung von Zuckerrüben (BGHZ 111, 110, 116), jedenfalls beim Verkauf eines Teils der Anbaufläche, sowie der Anspruch auf Freistellung von Erschließungskosten (BGH NJW 93, 2232).

Der **Umfang der dinglichen Übertragung** regelt sich nach § 926. Hier spielt dann auch die Eigentumslage 2
eine Rolle. Der Übergang einer Marke bei der Übertragung eines Geschäftsbetriebs bestimmt sich nach § 27 II Markengesetz.

Untertitel 2   Besondere Vertriebsformen

Vorbemerkungen vor §§ 312 ff

Der durch das SMG eingefügte Untertitel 2 enthält vor allem das alte G über den Widerruf von Haustürge- 1
schäften und ähnlichen Geschäften v. 16.1.86 (HWiG) in den §§ 312, 312 a und das FernabsatzG v 27.6.00 in den §§ 312 b bis d. Beide Vorschriftengruppen wie auch § 312 e beruhen auf **EG-Richtlinien**. Sie enthalten ein wesentliches Stück des Verbraucherschutzes (außer § 312 e, der von „Kunden" statt von „Verbrauchern" spricht). Insbesondere auf die §§ 312 bis 312 d beziehen sich die §§ 13, 14 mit den Definitionen von „Verbrauchern" und „Unternehmern" sowie die §§ 355 bis 359 über Wirkungen und Fristen von Widerrufs- und Rückgaberechten. Diese Vorschriften sind also stets mit zu beachten.

Wegen der europarechtlichen Fundierung der Vorschriften gilt für sie die **Regel der richtlinienkonformen** 2
Auslegung (zu Einzelh BGHZ 150, 248, 253 ff). Soweit eine nationale Vorschrift über das durch die Richtlinie zum Schutz des Verbrauchers Gebotene hinausgeht, gilt diese Auslegungsregel freilich nicht direkt (BGHZ 150, 248, 260 f). Doch bringt eine „gespaltene Auslegung" erhebliche Nachteile. Daher kann die Auslegung einer der Richtlinie unterfallenden Vorschrift aus Gründen der Systemgerechtigkeit auch die Auslegung weiterer Vorschriften beeinflussen (BGHZ 150, 248, 258 f).

Beim Verbrauchsgüterkauf soll nach BGH NJW 05, 1045 mN ein Verbraucher durch die §§ 474 ff nicht 3
geschützt werden, wenn er **einen gewerblichen Verwendungszweck vorgetäuscht** hat. Ob man das für andere Regeln des Verbraucherschutzes gleichfalls anwenden kann, ist noch offen, aber wohl idR zu bejahen. Eine Sondervorschrift über die Erstreckung des Verbraucherschutzes auf **Existenzgründer** ist nicht verallgemeinerungsfähig (BGH ZIP 05, 622, 623).

§ 312 Widerrufsrecht bei Haustürgeschäften

(1) ¹Bei einem Vertrag zwischen einem Unternehmer und einem Verbraucher, der eine entgeltliche Leistung zum Gegenstand hat und zu dessen Abschluss der Verbraucher
1. durch mündliche Verhandlungen an seinem Arbeitsplatz oder im Bereich einer Privatwohnung,
2. anlässlich einer vom Unternehmer oder von einem Dritten zumindest auch im Interesse des Unternehmers durchgeführten Freizeitveranstaltung oder
3. im Anschluss an ein überraschendes Ansprechen in Verkehrsmitteln oder im Bereich öffentlich zugänglicher Verkehrsflächen

bestimmt worden ist (Haustürgeschäft), steht dem Verbraucher ein Widerrufsrecht gemäß § 355 zu. ²Dem Verbraucher kann anstelle des Widerrufsrechts ein Rückgaberecht nach § 356 eingeräumt werden, wenn zwischen dem Verbraucher und dem Unternehmer im Zusammenhang mit diesem oder einem späteren Geschäft auch eine ständige Verbindung aufrechterhalten werden soll.

(2) Die erforderliche Belehrung über das Widerrufs- oder Rückgaberecht muss auf die Rechtsfolgen des § 357 Abs. 1 und 3 hinweisen.

(3) Das Widerrufs- oder Rückgaberecht besteht unbeschadet anderer Vorschriften nicht bei Versicherungsverträgen oder wenn

1. im Fall von Absatz 1 Nr. 1 die mündlichen Verhandlungen, auf denen der Abschluss des Vertrags beruht, auf vorhergehende Bestellung des Verbrauchers geführt worden sind oder
2. die Leistung bei Abschluss der Verhandlungen sofort erbracht und bezahlt wird und das Entgelt 40 Euro nicht übersteigt oder
3. die Willenserklärung des Verbrauchers von einem Notar beurkundet worden ist.

1 **A. Funktion. I. Europarechtliche Grundlage.** Die §§ 312, 312a dienen der Umsetzung der Richtl 85/577/EWG des Rates vom 20.12.85 betreffend den Verbraucherschutz im Falle von außerhalb von Geschäftsräumen geschlossenen Verträgen (ABL EG Nr L 372 S 31). Diese ist freilich insofern enger als § 312, als sie nur auf den Ort des Vertragsschlusses oder eines bindenden Angebots durch den Verbraucher abstellt (Art 1 I, III, IV), während nach § 312 I 1 der Ort der Verhandlungen entscheidet (einschl. der Anbahnung, vgl u. Rn 9). Zur Problematik eines solchen Überschusses der nationalen Regelung gegenüber der Richtl vgl vor § 312 Rn 2.

2 **II. Schutzzweck.** Durch § 312 (ähnlich schon durch § 1 HWiG) soll der Verbraucher vor einer Überrumpelung geschützt werden (unabdingbar nach § 312f). Diese wird pauschalierend aus dem Ort der Verhandlungen gefolgert: an der Haustür, auf Freizeitveranstaltungen usw sind typischerweise eine gründliche Überlegung und auch ein Preisvergleich unmöglich. Soweit diese Situation dem anderen Teil (= Unternehmer) zuzurechen und ein Schaden eingetreten ist, liegt häufig zugleich eine cic vor. Das Widerrufsrecht ist aber für den Verbraucher in mehrfacher Hinsicht günstiger als ein Schadensersatzanspruch aus cic (zB entfällt eine Anspruchskürzung nach § 254). Im Ganzen hat sich die Sonderregelung als Schutz gegen aggressive Absatzmethoden bewährt, obwohl sie diese keineswegs beendet hat.

3 **B. Voraussetzungen. I. Beteiligte. 1. Persönliches Handeln.** § 312 behandelt den Vertrieb von Sachen oder Dienstleistungen, bei denen idR auf der Anbieterseite ein Unternehmer (§ 14) und auf der Abnehmerseite ein Verbraucher (§ 13) steht. Doch wird auch die umgekehrte Konstellation erfasst. Unanwendbar ist § 312 dagegen bei Geschäften zwischen Verbrauchern oder zwischen Unternehmern. Hier kommt aber cic nach § 312 II in der Form der Belastung mit einem unerwünschten (aufgedrängten) Vertrag in Betracht (vgl § 311 Rn 55 ff).

4 **2. Stellvertretung.** Bei Stellvertretung kommt es darauf an, in wessen Person die Überrumpelungssituation vorgelegen haben muss. a) Bei einer **Vertretung des Verbrauchers durch einen Verbraucher** ist zwischen der Vollmachtserteilung und dem vom Vertreter abgeschlossenen Geschäft zu trennen: Für dieses Geschäft entscheidet allein, ob der Vertreter sich in einer Haustürsituation befunden hat, also überrumpelt worden ist. Nur wenn das bejaht wird, kann der Verbraucher das Geschäft widerrufen. Andernfalls kommt nur ein Widerruf der Vollmacht in Betracht, wenn diese in einer Haustürsituation erteilt worden ist (ständige Rspr, etwa BGHZ 144, 223, 227; ZIP 05, 69, 75, vgl auch BVerfG NJW 04, 151, 152). Aber selbst wenn man die Vollmachtserteilung als Vertrag über eine entgeltliche Leistung iSv § 312 I 1 ansieht, bleibt § 172 zu beachten: Eine schriftlich erteilte Vollmacht, die dem Geschäftspartner vorgelegen hat, gilt nach den §§ 171, 173 gegenüber einem Redlichen fort. Und diese Redlichkeit ist zu vermuten: IdR braucht der Geschäftspartner nicht damit zu rechnen, die Vollmacht sei in einer Haustürsituation erteilt und dann widerrufen worden (BGHZ 144, 223, 230).

5 Wird ein **Verbraucher durch einen Unternehmer** vertreten, ist nach hM § 312 nicht anzuwenden (etwa Palandt/*Heinrichs* Rn 5). Denn dann fehlt es an dem situativen Ungleichgewicht zwischen Unternehmer und Verbraucher (s.o. Rn 3); ein Unternehmer lässt sich nicht so leicht überrumpeln.

6 Bei einem Vertragsschluss durch einen **Ehegatten** kommt es für den nach § 1357 Mitverpflichteten nur auf die Überrumpelungssituation bei dem Abschließenden an.

7 Bei einer **Stellvertretung des Unternehmers** ist gefragt worden, ob sich dieser die von ihm selbst geschaffene Haustürsituation zurechnen lassen muss. Das ist für seine Vertreter oder Vermittler bejaht worden, auch für Sammelbesteller oder Partyverkäufer. Bei Dritten sollen die zu § 123 II entwickelten Regeln (s dort Rn 25 ff) entsprechend gelten (BGH NJW 03, 424, 425; ZIP 05, 67, 68 f., beide XI. ZS). BGHZ 159, 280, 285. (II. ZS) ließ es für fahrlässige Unkenntnis genügen, dass die Umstände den Unternehmer zu Erkundigungen über das Auftreten des Dritten veranlassen mussten, enger insoweit der XI. ZS. Nach BGH NJW 05, 2545 (II. ZS) sollte es unerheblich sein, ob der Unternehmer die Rechtserheblichkeit der Haustürsituation erkennen konnte. Dem hat aber EuGH NJW 05, 3555 widersprochen: Die Richtl erfordere nur das objektive Vorliegen einer Haustürsituation. Dem hat sich der II. ZS angeschlossen (BGH NJW 06, 497). Die alte Rspr zu § 123 II ist damit überholt. Das dürfte auch gelten, soweit § 312 über die Richtl hinausgeht (vgl o Rn 1; anders *Hoffmann* ZIP 05, 1985, 1988).

8 Die vom Unternehmer veranlasste Mitwirkung von nahen Angehörigen des Verbrauchers fällt aber wohl auch weiter nicht unter 312, weil diese Vorschrift nicht den Schutz vor den Überredungskünsten von Angehörigen bezweckt (BGH NJW 96, 191, 192, nicht in BGHZ 131, 55, 57). Abweichendes soll nur gelten, wenn der Angehörige allgemein werbend für den Unternehmer tätig ist (BGHZ 133, 254, 258).

II. Orte der Überrumpelung. I 1 knüpft die rechtserhebliche Überrumpelung an bestimmte Orte der Verhandlung. Dafür genügt, dass der Verbraucher dort mit dem Ziel eines Vertragsschlusses angesprochen, also der Vertrag dort angebahnt wird (BGHZ 131, 385, 390f). Dieses Ansprechen braucht nur eine unter mehreren Ursachen für den späteren Vertragsschluss darzustellen (BGH aaO 392). Dass diese dann schließlich in den Geschäftsräumen eines Unternehmers stattfindet, ändert an der Anwendbarkeit von § 312 nichts (BGH aaO 391). Allerdings wird die Ursächlichkeit des ersten Ansprechens für einen späteren Vertragsschluss mit zunehmenden zeitlichen Abstand immer unwahrscheinlicher (BGH WM 03, 1370).

1. Arbeitsplatz, I 1 Nr 1 Alt 1. Es muss sich gerade um den Arbeitsplatz des Verbrauchers handeln („seinem"). Doch genügt jeder Ort im Betriebsgelände, zB auch die Kantine. Nur Vereinbarungen über den Arbeitsvertrag fallen nicht hierunter: Erstens bilden sie keine „Vertriebsform", und zweitens indiziert für solche Verhandlungen der Arbeitsplatz keine Überrumpelung (BAG NJW 04, 2401).

2. Privatwohnung, I 1 Nr 1 Alt 2. Hier braucht es sich nicht gerade um die Wohnung des Verbrauchers zu handeln („eine", BGH ZIP 05, 67, 68). Zur Wohnung gehört auch ihr Umfeld (Treppe, Garten). Entsprechend anwendbar ist die Vorschrift auch auf Zimmer in einem Seniorenheim oder ein Hotelzimmer. Sogar die Privatwohnung des Unternehmers genügt, wenn der Verbraucher sie nicht gerade zu Vertragsverhandlungen aufsucht (BGHZ 144, 133, 135f.: Dann ist die Situation des Verbrauchers nicht anders als beim Besuch des Geschäftslokals).

3. Freizeitveranstaltung, I 1 Nr 2. Veranstalter müssen nach dem Gesetzeswortlaut der Unternehmer selbst oder ein Dritter sein, der zumindest auch im Interesse des Unternehmers tätig wird. Hauptbsp. sind die sog Kaffeefahrten oder Fahrten zu einer Weinprobe, die ein Busunternehmer durchführt, der einem anderen Unternehmer Gelegenheit zum Verkauf gewährt. I 1 Nr 2 will den Verbraucher vor der Bindung an einen Vertrag schützen, der in einer Situation abgeschlossen worden ist, die vom Verbraucher als Freizeitveranstaltung aufgefasst wird. Dieser soll nicht durch das Freizeitangebot vom eigentlichen Zweck der Veranstaltung abgelenkt und unter Beeinträchtigung seiner rechtsgeschäftlichen Entschließungsfreiheit für den Verkauf gewogen gemacht werden. Ziel ist also der Schutz vor unüberlegten Geschäftsabschlüssen anlässlich einer solchen Veranstaltung (alle nach BGH NJW 90, 3265 f. im Anschluss an die Begründung zum HWiG, ähnlich BGH NJW 02, 3100, 3101). Maßgeblich sind die Ankündigung (häufig als „Einladung" bezeichnet) und der tatsächliche Ablauf, insbesondere, dass der Verbraucher sich dem Verkaufsteil der Veranstaltung nur schwer entziehen kann (BGH NJW 02, 3100, 3101). Dass in der Einladung auf ein verbundenes Kaufangebot hingewiesen wird, hindert die Anwendung von I 1 Nr 2 nicht. Doch ist die „Grüne Woche" (1999) in Berlin keine Freizeitveranstaltung iSv I 1 Nr 2, weil der angekündigte Schwerpunkt auf den ausgestellten Waren und nicht auf dem Unterhaltungsprogramm liegt (BGH NJW 02, 3100).

Der Vertrag muss **anlässlich der Veranstaltung** abgeschlossen worden sein. Es ist also ein Kausalzusammenhang nötig, der durch die örtliche und zeitliche Nähe zu der Veranstaltung indiziert wird.

4. Überraschendes Ansprechen in Verkehrsmitteln oder auf öffentliche zugänglichen Verkehrsflächen, I 1 Nr 3. Das Ansprechen muss nach der Art des Ortes nicht zu erwarten gewesen sein, daher zB keine Anwendung auf Wochenmärkte und Ähnliches, auch nicht auf das für Verkehrsmittel übliche Angebot (zB Bewirtung auf Schiffen).

III. Vertrag über entgeltliche Leistung. Nach I 1 am Anfang muss der in der Überrumpelungssituation abgeschlossene Vertrag eine „entgeltliche Leistung" zum Gegenstand haben. Darunter fallen alle gegenseitigen Verträge (vgl vor § 320 Rn 7), insbesondere Kauf (auch von Grundstücken), Reisevertrag, Werkvertrag und Miete, aber auch typenfremde, zB Leasing. Betroffen ist weiter der Vertrag über die Beteiligung an einer Anlage- oder Publikumsgesellschaft, auch über einen Treuhänder und zum Zweck der Steuerersparnis (BGHZ 133, 254, 261 f). Ausreichend ist endlich ein Sicherungsvertrag, wenn der Sicherungsgeber für sich oder einen Dritten daraus einen Vorteil erwartet.

Umstritten war die Einordnung der **Bürgschaft**. BGHZ 113, 287 hatte die Entgeltlichkeit verneint. EuGH NJW 98, 1295 hat insoweit entgegengesetzt entschieden. Doch hat er verlangt, nicht nur der Bürge, sondern auch der Hauptschuldner müsse Verbraucher sein und die Hauptschuld aus einer Haustürsituation stammen. Diese aus der Akzessorietät der Bürgschaft abgeleitete Lösung wird mit Recht ganz überwiegend missbilligt (vgl Palandt/*Heinrichs* Rn 8): Der Schutz des überrumpelten Bürgen darf nicht von einer Überrumpelung des Hauptschuldners abhängen. Anders als der EuGH entscheidet jetzt für eine Verpfändung auch der XI. ZS (BGH ZIP 06, 363), was auch für die Bürgschaft gelten müsste.

C. Ausnahmen, III. Die Aufzählung in Nr 1 bis 3 besteht „vorbehaltlich anderer Vorschriften". Es kann also weitere Ausnahmen geben, zB nach § 312 a.

I. Versicherungsverträge. Zum Begriff § 1 VVG; hier gibt es eine Sondervorschrift in § 8 IV und V VVG.

II. Vorhergehende Bestellung, III Nr 1. Danach soll die Haustürsituation nach I Nr 1 außer Betracht bleiben, wenn die für den Vertragsschluss kausalen mündlichen Verhandlungen auf eine vorhergehende Bestellung des Verbrauchers zurückgehen: Wenn der Verbraucher den Unternehmer selbst in seine Wohnung bestellt hat, fehlt idR die Überrumpelung. Der Verbraucher muss aber Zeit zur Vorbereitung haben und zuvor wissen, worum es sich handelt. Die Bestellung darf nicht durch den Unternehmer provoziert worden sein (BGHZ 109, 127, 131; 134): „Nur eine freie und Beeinflussungsmöglichkeiten durch die Gegenseite soweit wie möglich entzogene Entscheidung des Kunden rechtfertigt es, ihm die ... Widerrufsmöglichkeit zu versagen". Die Überrumpelungsgefahr bestehe auch bei einer unerbetenen, den Kunden unvorbereitet treffenden telefonischen Anfrage des Anbieters. Keine Bestellung sind auch die Kataloganforderung oder Mitteilung der Telefonnummer auf eine Werbewurfssendung, ebenso die Nachfrage auf eine Anzeige oder Werbekarte (Palandt/*Heinrichs* Rn 28).

20 **III. Beiderseits vollzogene Bargeschäfte, III Nr 2.** Hier darf das Entgelt einschließlich aller Nebenkosten 40 Euro nicht übersteigen; die Leistung muss sofort nach Vertragsabschluss erbracht worden sein.

21 **IV. Beurkundung durch einen Notar, III Nr 3.** Der Beurkundung bedarf nur die Willenserklärung des Verbrauchers. Nach MüKo/*Ulmer* Rn 85; Palandt/*Heinrichs* Rn 31 soll aber III Nr 3 nur bei Verträgen über Immobilien gelten, weil die EG-Richtl (vgl o Rn 1) in Art 32 Lit a nur insoweit eine Ausnahme vorsehe. BGH NJW 04, 154, 155 hat aber eine solche Reduktion wegen der Eindeutigkeit des Wortlauts von III Nr 3 abgelehnt.

22 Im Übrigen gibt es Bestrebungen, III Nr 3 teleologisch auf die Fälle zu beschränken, in denen die notarielle Beurkundung wirklichen Übereilungsschutz gewährt (vgl Palandt/*Heinrichs* aaO). Daran soll es insbesondere fehlen, wenn der Verbraucher die Beurkundung als bloße Formalie ansieht. Das Auftreten von „Mitternachtsnotaren" kann diese Auffassung fördern. Insgesamt liegt hier ein noch nicht bewältigtes Problem. Denn zu beachten ist andererseits auch das besondere Vertrauen, das der Rechtsverkehr notariellen Beurkundungen entgegenbringt.

23 **D. Rechtsfolgen, I.** Als Rechtsfolge aus dem Vorliegen eines Hautürgeschäfts und dem Nichtvorliegen von Ausnahmen bestimmt I 1 ein Widerrufsrecht des Verbrauchers; die Folgen ergeben sich aus den §§ 355, 357 ff. Nach I 2 kann dem Verbraucher statt des Widerrufs auch ein Rückgaberecht nach § 356 eingeräumt werden. Die nach § 355 II nötige Belehrung des Verbrauchers ist nach II durch den Hinweis auf die Rechtsfolgen von § 357 I und III zu ergänzen.

24 Daneben kommen Unterlassungsansprüche nach §§ 2 II Nr 1 und ggf auch 1, 3 UWG in Betracht. Diese Ansprüche können auch von Verbänden und ähnlichen Institutionen gelten gemacht werden; zudem ist eine kostenpflichtige Abmahnung des Unternehmers möglich.

§ 312a Verhältnis zu anderen Vorschriften

Steht dem Verbraucher zugleich nach Maßgabe anderer Vorschriften ein Widerrufs- oder Rückgaberecht nach § 355 oder § 356 dieses Gesetzes, nach § 126 des Investmentgesetzes zu, ist das Widerrufs- oder Rückgaberecht nach § 312 ausgeschlossen.

1 **A. Entwicklung.** § 5 II HWiG hatte die Anwendung des HWiG ausgeschlossen, wenn die Voraussetzungen eines anderen Verbraucherschutzgesetzes gegeben waren. Das umfasste nach zunächst hM auch den Fall, dass nach dem anderen Gesetz konkret kein Widerruf möglich war. EuGH NJW 02, 281 („Heininger") hatte das als Verstoß gegen die Richtl (vgl § 312 Rn 1) angesehen, und BGHZ 150, 248, 254 ff hat eine berichtigende richtlinienkonforme Auslegung für möglich erklärt. Daraufhin ist der durch das SMG eingeführte, dem § 5 II HWiG entsprechende § 312a durch G vom 23. 7. 02 zur Klarstellung in die jetzige Fassung geändert worden.

2 **B. Inhalt.** Nach dieser Neufassung ist das Widerrufs- oder Rückgaberecht aus § 312 nur dann ausgeschlossen, wenn dem Verbraucher aus anderen Vorschriften ein Widerrufs- oder Rückgaberecht wirklich zusteht. Damit wird das paradoxe Ergebnis vermieden, dass das Eingreifen eines weiteren Schutzgesetzes den Verbraucher u.U. schutzlos stellt.

§ 312b Fernabsatzverträge

(1) ¹Fernabsatzverträge sind Verträge über die Lieferung von Waren oder über die Erbringung von Dienstleistungen einschließlich Finanzdienstleistungen, die zwischen einem Unternehmer und einem Verbraucher unter ausschließlicher Verwendung von Fernkommunikationsmitteln abgeschlossen werden, es sei denn, dass der Vertragsschluss nicht im Rahmen eines für den Fernabsatz organisierten Vertriebs- oder Dienstleistungssystems erfolgt. ²Finanzdienstleistungen im Sinne des Satzes 1 sind Bankdienstleistungen sowie Dienstleistungen im Zusammenhang mit einer Kreditgewährung, Versicherung, Altersversorgung von Einzelpersonen, Geldanlage oder Zahlung.

(2) Fernkommunikationsmittel sind Kommunikationsmittel, die zur Anbahnung oder zum Abschluss eines Vertrags zwischen einem Verbraucher und einem Unternehmer ohne gleichzeitige körperliche Anwesenheit

der Vertragsparteien eingesetzt werden können, insbesondere Briefe, Kataloge, Telefonanrufe, Telekopien, E-Mails sowie Rundfunk, Tele- und Mediendienste.
(3) Die Vorschriften über Fernabsatzverträge finden keine Anwendung auf Verträge
1. über Fernunterricht (§ 1 des Fernunterrichtsschutzgesetzes),
2. über die Teilzeitnutzung von Wohngebäuden (§ 481),
3. über Versicherungen sowie deren Vermittlung,
4. über die Veräußerung von Grundstücken und grundstücksgleichen Rechten, die Begründung, Veräußerung und Aufhebung von dinglichen Rechten an Grundstücken und grundstücksgleichen Rechten sowie über die Errichtung von Bauwerken,
5. über die Lieferung von Lebensmitteln, Getränken oder sonstigen Haushaltsgegenständen des täglichen Bedarfs, die am Wohnsitz, am Aufenthaltsort oder am Arbeitsplatz eines Verbrauchers von Unternehmern im Rahmen häufiger und regelmäßiger Fahrten geliefert werden,
6. über die Erbringung von Dienstleistungen in den Bereichen Unterbringung, Beförderung, Lieferung von Speisen und Getränken sowie Freizeitgestaltung, wenn sich der Unternehmer bei Vertragsschluss verpflichtet, die Dienstleistungen zu einem bestimmten Zeitpunkt oder innerhalb eines genau angegebenen Zeitraums zu erbringen,
7. die geschlossen werden
   a) unter Verwendung von Warenautomaten oder automatisierten Geschäftsräumen oder
   b) mit Betreibern von Telekommunikationsmitteln auf Grund der Benutzung von öffentlichen Fernsprechern, soweit sie deren Benutzung zum Gegenstand haben.
(4) ¹Bei Vertragsverhältnissen, die eine erstmalige Vereinbarung mit daran anschließenden aufeinander folgenden Vorgängen oder eine daran anschließende Reihe getrennter, in einem zeitlichen Zusammenhang stehender Vorgänge der gleichen Art umfassen, finden die Vorschriften über Fernabsatzverträge nur Anwendung auf die erste Vereinbarung. ²Wenn derartige Vorgänge ohne eine solche Vereinbarung aufeinander folgen, gelten die Vorschriften über Informationspflichten des Unternehmers nur für den ersten Vorgang. ³Findet jedoch länger als ein Jahr kein Vorgang der gleichen Art mehr statt, so gilt der nächste Vorgang als der erste Vorgang einer neuen Reihe im Sinne von Satz 2.
(5) Weitergehende Vorschriften zum Schutz des Verbrauchers bleiben unberührt.

A. Funktion. 1. Europarechtliche Grundlagen. Die §§ 312 b bis d dienen der Umsetzung der Richtl 97/7/EG des Europäischen Parlaments und des Rates vom 20.5.97 über den Verbraucherschutz bei Vertragsabschlüssen im Fernabsatz (ABl EG Nr L 144 S 19). Ein weiteres deutsches G vom 7.2.04 hat dann zusätzlich die Finanzdienstleistungen berücksichtigt. Damit ist die Richtl 02/65/EG über den Fernabsatz von Finanzdienstleistungen v 23.9.02 umgesetzt worden (ABL EG 02 L 271 S 16). Das Übergangsrecht findet sich in Art 229 § 11 EG BGB. Einzelheiten zur Entstehung und Zielsetzung der Richtlinien finden sich bei *Schinkels* in Gebauer/Wiedemann, Zivilrecht unter europäischen Einfluss, 05, S 230 ff

2. Schutzzweck. Im Gegensatz zu § 312 reagiert 312 b nicht auf eine vom Unternehmer geschaffene Gefahr für den Verbraucher (Überrumpelung). Vielmehr kann das Verhalten des Unternehmers beim Fernabsatz untadelig und dieser vom Verbraucher selbst gewählt worden sein. Dass der Verbraucher trotzdem das Recht auf besondere Informationen (§ 312 c) und auf Widerruf oder Rückgabe (§ 312 d) haben soll, beruht auf einer Annahme der besonderen Gefährlichkeit des Fernabsatzes: Anbieter und Verbraucher begegnen sich nicht physisch und der Verbraucher kann die Ware oder Dienstleistung idR nicht vor Vertragsschluss in Augenschein nehmen (BTDrs 14/2658 S 15). Zudem entziehen sich die Informationen zu dem Geschäft häufig einer zuverlässigen Speicherung durch den Verbraucher. Zur Unabdingbarkeit vgl 312 f.

B. Voraussetzungen. I. Beteiligte. Es müssen sich wie bei § 312 (vgl dort Rn 3) ein Unternehmer und ein Verbraucher gegenüberstehen (I 1). Für die Stellvertretung gilt hier ebenso wie bei § 312, dass die situativen Erfordernisse bei dem handelnden Vertreter vorliegen müssen. Doch schließt analog 166 II ein persönlicher Kontakt des Vertretenen den § 312 b aus, wenn der Vertreter nach bestimmten Weisungen handelt (MüKo/*Wendehorst* Rn 60).

II. Eigenart des Vertragsschlusses. 1. Vertragsgegenstand, I 1. Der Gegenstand des Fernabsatzvertrages wird ganz allgemein angegeben als „die Lieferung von Waren oder die Erbringung von Dienstleistungen einschließlich Finanzdienstleistungen". Diese letzteren werden in I 2 definiert als Bankdienstleistungen und Dienstleistungen anlässlich einer Kreditgewährung, Versicherung, Altersversorgung von Einzelpersonen, Geldanlage oder Zahlung. Dabei beschränkt sich „Dienstleistung" nicht auf Dienstverträge iSv §§ 611 ff, sondern umfasst auch andere Vertragstypen (vgl BGHZ 123, 380, 385 zu Art 29 I EGBGB).

2. Die Art des Vertragsschlusses. Charakteristisch für den Fernabsatzvertrag ist also nicht sein Gegenstand, sondern die Art seines Abschlusses: Nach I 1 ist nötig die „ausschließliche Verwendung von Fernkommunika-

6 **Fernkommunikationsmittel** werden in II definiert. Es handelt sich danach nicht bloß um neuartige elektronische Mittel, sondern auch um die altvertrauten Briefe, Kataloge (Versandhandel!) und Telefonanrufe. Ihnen gemeinsam ist, dass sie „ohne gleichzeitige körperliche Anwesenheit der Vertragsparteien eingesetzt werden können". Zu unterscheiden ist wohl für die Einordnung von Boten, vgl *Schinkels* (o Rn 1), Rn 28 und BGH JZ 05, 357 mit Anm *Wendehorst*.

7 **Ausschließlich** muss die Verwendung dieser Fernkommunikationsmittel beim Vertragsschluss sein, I. Hieran knüpfen zwei bisher noch nicht höchstrichterlich entschiedene Zweifelsfragen (vgl MüKo/*Wendehorst* Rn 43).

8 Kann der **Vertragsschluss** eng im Sinne der §§ 145 ff verstanden werden, also beschränkt auf Antrag und Annahme, oder spielen auch persönlichen Kontakte der Parteien bei der bloßen Anbahnung des Vertrages (die II ausdrücklich nennt) eine Rolle? Zumindest wenn bei dieser Anbahnung schon das Vertragsobjekt offen gelegt worden ist (zB sogar Probefahrt mit dem zu verkaufenden Pkw), ist die Ausschließlichkeit der Verwendung von Fernkommunikationsmitteln zu verneinen, selbst wenn der eigentliche Vertragsschluss erst in einem Telefongespräch erfolgt. Denn es kann keinen Unterschied machen, ob der Vertrag gleich bei dem persönlichen Kontakt oder erst später durch Fernkommunikationsmittel geschlossen wird. Im zweiten Fall ist das Schutzbedürfnis des Kunden sogar eher geringer, weil er noch Zeit zur Überlegung hatte; ihn gerade dann durch die §§ 312 b ff zu schützen wäre sinnlos.

8 Eine entsprechende Frage entsteht auch bei persönlichen Kontakten der Parteien nach dem vorläufigen Vertragsschluss: Hindern diese noch die Annahme, der Vertrag sei „ausschließlich" durch Fernkommunikationsmittel geschlossen worden? ZBsp möge ein Reparaturvertrag telefonisch geschlossen und dann erst im persönlichen Kontakt geklärt werden, ob und wie und zu welchem Preis repariert werden kann. In solchen Fällen einer sukzessiven Konkretisierung des Vertrages wird man die Anwendbarkeit von § 312 b gleichfalls zu verneinen haben, wenn vor der endgültigen Festlegung ein persönlicher Kontakt stattgefunden hat. Bedeutung hat das etwa auf für Verträge mit einem Arzt oder Anwalt, bei denen regelmäßig die zu erbringende Leistung gleichfalls erst nach einem persönlichen Kontakt konkretisiert werden kann.

9 **Ein für den Fernabsatz organisiertes Vertriebs- oder Dienstleistungssystem** wird schließlich in I 1 für die Anwendung des § 312 b gefordert. Die Bedeutung dieses Tatbestandselements ist wenig klar. Nach dem RegE BTDrs 14/2658 S 30 muss der Unternehmer in seinem Betrieb die personellen, sachlichen und organisatorischen Voraussetzungen dafür geschaffen haben, regelmäßig Geschäfte im Fernabsatz durchzuführen. Die nur vereinzelte Durchführung genügt also nicht („System"): Es sollten nicht Unternehmer, die gewöhnlich in ihrem Ladenlokal abschließen, durch die hohen Anforderungen der §§ 312 b ff davon abgehalten werden, ausnahmsweise auf Bestellung zu liefern (HK-BGB/*Schulte-Nölke* Rn 6).

10 Zweifelhaft ist weiter, ob das geforderte System sich bloß auf den Vertragsschluss oder auch auf die Leistungserbringung beziehen muss: Ist § 312 b unanwendbar, wenn die durch Fernkommunikationsmittel vereinbarte Leistung im persönlichen Kontakt erbracht werden soll (Arzt, Anwalt, zu ihnen schon o Rn 8, aber etwa auch Friseur)? MüKo/*Wendehorst* Rn 51 neigen zur Bejahung: Die intendierten Geschäfte müssten sich „ihrem Gesamtbild nach als typische Distanzgeschäfte darstellen". Mir ist die Vereinbarkeit mit dem Gesetzestext zweifelhaft: Auch II spricht nur von Anbahnung und Abschluss, aber nicht auch von der Erfüllung des Vertrags.

11 **C. Ausnahmen, III.** § 312 b enthält in III eine lange Liste von auf verschiedenen Gründen beruhenden Ausnahmen. Es sind dies Nr 1 **Fernunterrichtsverträge** nach § 1 I FernUSG. Für die Abgrenzung von dem Direktunterricht kommt es darauf an, ob die wesentlichen Inhalte mit oder ohne persönlichen Kontakt vermittelt werden (zB durch Lernbriefe usw).

12 **Teilzeitnutzung von Wohngebäuden** (§ 481): Hier wird ein umfassender Schutz des Verbrauchers schon durch die § 482 ff gesichert.

13 **Versicherung** und deren Vermittlung: Hier gelten die §§ 8 IV und V, 48a ff VVG.

14 **Grundstücke und Grundstücksrechte**: Hier sind sowohl schuldrechtliche wie dingliche Geschäfte erfasst. Bei dem weiter genannten Verträgen über die Errichtung von Bauwerken geht es aber nicht um Verträge über Erneuerung, Umbau oder Erweiterung. Bei Fertighäusern muss außer der Lieferung auch die Errichtung geschuldet sein.

15 **Gegenstände des täglichen Bedarfs**, nämlich Lebensmittel, Getränke oder sonstige Haushaltsgegenstände des täglichen Bedarfs, die an den Verbraucher vom Unternehmer „im Rahmen häufiger und regelmäßiger Fahrten geliefert werden": Hier wird der Verbraucher schon durch die §§ 474 ff geschützt. Für Häufigkeit und Regelmäßigkeit soll es nicht auf das individuelle Bestellverhalten des Verbrauchers ankommen, sondern auf die Gestaltung des Angebots durch den Unternehmer. Heizöl soll nicht unter Nr 5 fallen, weil es nicht häufig geliefert zu werden pflegt (zweifelhaft).

16 **Unterbringung, Beförderung, Gastronomie, Freizeitgestaltung**: Hier muss sich der Unternehmer bei Vertragsschluss verpflichten, „die Dienstleistungen zu einem bestimmten Zeitpunkt oder innerhalb eines genau angegebenen Zeitraums zu erbringen". Beispiele sind die Bestellung eines Hotelzimmers, der „Kauf" einer Fahr- oder Theaterkarte, die Buchung eines Fluges oder einer Pauschalreise, auch die Anmietung einer Feri-

enwohnung für verhältnismäßig kurze Zeit (vgl MüKo/*Wendehorst* Rn 87). Die Aufzählung in Nr 6 ist teils willkürlich und führt zu nicht einleuchtenden Unterschieden. ZB ist das Fitnessstudio privilegiert („Freizeitgestaltung"), der Masseur dagegen nicht. Es muss sich zeigen, inwieweit hier durch (teils richtliniengebundene) Auslegung geholfen werden kann.

Automatenverträge: Hier wären die Informationspflichten nach § 312 c oder des Widerrufsrecht nach § 312 d nicht sinnvoll durchzuführen. Auch werden solche Verträge idR sofort erfüllt (RE BTDrs 14/2658 S 32). Der Ausschluss soll aber nicht greifen, wenn der Vertrag eine spätere Nutzung der technischen Einrichtung betrifft (zB „Kauf" von Telefonkarte, MüKo/*Wendehorst* Rn 90). 17

D. Mehrheit von Vereinbarungen, IV. Der erst durch das Gesetz vom 7.12.04 (vgl o Rn 1) angefügte IV schränkt die §§ 312 c, d in eigenartiger Weise ein: In S 1 geht es um eine erstmalige Vereinbarung mit daran anschließenden „Vorgängen", S 2 behandelt mehrere in einem zeitlichen Zusammenhang stehende Vorgänge der gleichen Art 1 n beiden Fällen sollen die §§ 312 c, d nur für die erste Vereinbarung oder den ersten Vorgang gelten. Diese Kette soll jedoch nach S 3 unterbrochen sein, wenn länger als ein Jahr kein Vorgang der gleichen Art mehr stattgefunden hat; dann soll der nächste Vorgang als der erste Vorgang einer neuen Reihe nach S 2 gelten. 18

Ziel dieser hoch abstrakt formulierten und daher sehr unanschaulichen Regelung ist vor allem, dass die Umständlichkeiten von § 312 c nicht ständig wiederholt werden müssen. Beispiele sind für S 1 der Giro- oder Depotvertrag, für S 2 aufeinander folgende gleichartige Getränkelieferungen. 19

E. Rechtsfolgen. Die Rechtsfolgen aus der Annahme eines Fernabsatzvertrages stehen nicht in § 312 b, sondern erst in §§ 312 c (Informationspflichten des Unternehmers) und 312 d (Widerrufs- oder Rückgaberecht des Verbrauchers). Beide Vorschriften sind dadurch miteinander verbunden, dass die Frist für Widerruf oder Rückgabe nach § 312 d II idR nicht vor der Erfüllung der Informationspflichten nach § 312 c II beginnt. Zu den Einzelheiten vgl dort. Der gleichfalls erst durch das Gesetz vom 7.12.04 angefügte V lässt weitergehende Verbraucherschutzrechte unberührt. Gemeint sind etwa Schutzrechte aus dem UWG, dem TeledienstG oder aus den §§ 10 ff AMG (Informationspflichten bei Arzneimitteln). 20

§ 312 c Unterrichtung des Verbrauchers bei Fernabsatzverträgen

(1) ¹Der Unternehmer hat dem Verbraucher rechtzeitig vor Abgabe von dessen Vertragserklärung in einer dem eingesetzten Fernkommunikationsmittel entsprechenden Weise klar und verständlich und unter Angabe des geschäftlichen Zwecks die Informationen zur Verfügung zu stellen, für die dies in der Rechtsverordnung nach Artikel 240 des Einführungsgesetzes zum Bürgerlichen Gesetzbuche bestimmt ist. ²Der Unternehmer hat bei von ihm veranlassten Telefongesprächen seine Identität und den geschäftlichen Zweck des Kontakts bereits zu Beginn eines jeden Gesprächs ausdrücklich offen zu legen.

(2) ¹Der Unternehmer hat dem Verbraucher ferner die Vertragsbestimmungen einschließlich der Allgemeinen Geschäftsbedingungen sowie die in der Rechtsverordnung nach Artikel 240 des Einführungsgesetzes zum Bürgerlichen Gesetzbuche bestimmten Informationen in dem dort bestimmten Umfang und der dort bestimmten Art und Weise in Textform mitzuteilen, und zwar

1. bei Finanzdienstleistungen rechtzeitig vor Abgabe von dessen Vertragserklärung oder, wenn auf Verlangen des Verbrauchers der Vertrag telefonisch oder unter Verwendung eines anderen Fernkommunikationsmittels geschlossen wird, das die Mitteilung in Textform vor Vertragsschluss nicht gestattet, unverzüglich nach Abschluss des Fernabsatzvertrags;
2. bei sonstigen Dienstleistungen und bei der Lieferung von Waren alsbald, spätestens bis zur vollständigen Erfüllung des Vertrags, bei Waren spätestens bis zur Lieferung an den Verbraucher.

²Eine Mitteilung nach Satz 1 Nr. 2 ist entbehrlich bei Dienstleistungen, die unmittelbar durch Einsatz von Fernkommunikationsmitteln erbracht werden, sofern diese Leistungen in einem Mal erfolgen und über den Betreiber der Fernkommunikationsmittel abgerechnet werden. ³Der Verbraucher muss sich in diesem Falle aber über die Anschrift der Niederlassung des Unternehmers informieren können, bei der er Beanstandungen vorbringen kann.

(3) Bei Finanzdienstleistungen kann der Verbraucher während der Laufzeit des Vertrags jederzeit vom Unternehmer verlangen, dass ihm dieser die Vertragsbestimmungen einschließlich der Allgemeinen Geschäftsbedingungen in einer Urkunde zur Verfügung stellt.

(4) Weitergehende Einschränkungen bei der Verwendung von Fernkommunikationsmitteln und weitergehende Informationspflichten auf Grund anderer Vorschriften bleiben unberührt.

A. Funktion. I. Europarechtliche Grundlagen. Vgl § 312 b Rn 1. 1

II. Schutzweck. Die Norm knüpft an bei § 312 b und bestimmt zusammen mit der BGB-InfoV die Informationenpflichten eines Unternehmers bei einem Fernabsatzgeschäft. Durch die Informationen soll der Verbraucher in die Lage versetzt werden, die angebotene Leistung zu beurteilen und über das Geschäft in Kenntnis aller Umstände zu entscheiden (Fernabsatzfinanzdienstleistungs-Richtl Erwägungsgrund Nr 21). 2

3 **B. Einzelheiten. I. Abs 1.** Zunächst muss der Unternehmer bei von ihm veranlassten Telefonaten ausdrücklich seine **eigene Identität** (nicht auch diejenige der anrufenden Person!) und den geschäftlichen Zweck des Kontakts offen legen, I 2. Dadurch wird es dem Verbraucher ermöglicht, über einen von ihm nicht gewünschten Gegenstand oder mit einer unerwünschten Person erst gar nicht weiter zu reden.

4 Für den Inhalt der weiteren Informationen verweist I 1 auf die Info-V nach Art 240 EGBGB. Diese Vorschriften sind u. Rn 17 abgedruckt. Allgemein bestimmt I 1 lediglich: Die Informationen müssten rechtzeitig vor Abgabe der Vertragserklärung des Verbrauchers mitgeteilt werden; sie müssten in einer dem eingesetzten Fernkommunikationsmittel entsprechenden Weise klar und verständlich sein (dazu gehört nach richtiger Ansicht von Palandt/*Heinrichs* Rn 2, dass sie in deutscher Sprache abgefasst sind, wenn sich nicht der Verbraucher einer anderen Sprache bedient hat; dann kann diese andere Sprache verwendet werden); Endlich muss der geschäftliche Zweck der Information offen gelegt werden. Daran fehlt es zB, wenn die Leistung fälschlich als zu erwartender Gewinn einer Verlosung dargestellt wird, vgl dazu § 661 a.

5 **II. Abs 2.** II 1 ergänzt die Pflichten von I noch durch eine **Mitteilungspflicht in Textform**, also nach § 126 b. Diese Mitteilung umfasst außer den Informationen nach I auch die Vertragsbestimmungen und die AGB. Hinsichtlich des Zeitpunkts der Mitteilungen unterscheidet II: Bei Finanzdienstleistungen rechtzeitig vor der Vertragserklärung des Verbrauchers oder, wenn dies nicht möglich ist, unverzüglich (§ 121 I 1) nach dem Vertragsschluss; bei sonstigen Dienstleistungen und bei Waren alsbald, spätestens bis zur vollständigen Vertragserfüllung, bei Waren spätestens bis zur Lieferung an den Verbraucher.

6 Nach II 2 ist die Mitteilung nach II 1 bei Dienstleistungen entbehrlich, die unmittelbar durch den Einsatz von Fernkommunikationsmitteln erbracht werden (also zB bei Telefondienstleistungen). Diese müssen aber „in einem Mal" erbracht und über den Betreiber abgerechnet werden. Wenigstens die Anschrift des Unternehmers muss der Verbraucher aber erfahren können.

7 **III. Abs 3. Bei Finanzdienstleistungen** soll der Verbraucher jederzeit (aber nach § 242 nur einmal) zusätzlich noch eine (nicht notwendig unterschriebene) Urkunde verlangen können, die den Vertragsinhalt einschließlich der AGB enthält.

8 **IV. Abs 4.** Nach IV sollen weitergehende Einschränkungen bei der Verwendung von Fernkommunikationsmitteln und weitergehende Informationspflichten aus anderen Vorschriften unberührt bleiben. Zu denken ist etwa wieder an das AMG.

9 **C. Rechtsfolgen.** Die Informationspflichten aus § 312 c und der BGB-InfoV (vgl u. Rn 17) sind überaus umfangreich: Palandt/*Heinrichs* Rn 8 zählt für Finanzdienstleistungen außer dem eigentlichen Vertragsinhalt noch 22 weitere eine Informationspflicht begründende Umstände! Zudem ist die Regelung ungewohnt (sie erfasst ja nach § 312 b II sogar gewöhnliche Briefe!) und bisweilen unklar (zB II 2). Dabei ist mit massenhafter Nichtbeachtung zu rechnen. Umso wichtiger sind die Rechtfolgen von Verstößen (dazu etwa *J Hoffmann* ZIP 05, 829 ff).

10 **I. Fristbeginn.** Die wichtigste Sanktion steht in § 312 d II: Die Frist für das dort in I bestimmte Widerrufsrecht des Verbrauchers beginnt nicht vor vollständiger Erfüllung der Informationspflichten von § 312 c II (einschließlich der Informationen nach der BGB-InfoV). Die weiter in § 312 d II genannten Erfordernisse (Eingang der zu liefernden Ware, Vertragsschluss) treten kumulativ neben die Informationspflichten, ersetzen diese also nicht. Auch die Sechsmonatsfrist von § 355 III schützt den Unternehmer nicht in allen Fällen. Wegen der erheblichen Nachteile für den Unternehmer aus einem Widerruf (s. § 357 Rn 6 ff) kommt aber dessen Unwirksamkeit nach § 242 in Betracht, wenn die fehlende Information für den Abschlusswillen offenbar keine Rolle gespielt hat.

11 **II. Culpa in contrahendo.** Das Unterbleiben einer gesetzlich geforderten Information kann auch eine cic bedeuten, deren Rechtsfolgen gehen in doppelter Hinsicht über diejenigen eines Widerrufs hinaus.

12 **1. Schadensersatzanspruch.** Der Schadensersatzanspruch aus cic umfasst mehr als bloß die Lösung vom Vertrag mit leicht modifizierten Rücktrittsfolgen (§ 355 ff). Denn das zu ersetzende negative Interesse (vgl § 311 Rn 53) umfasst auch die Nachteile, die dem Verbraucher durch das enttäuschte Vertrauen auf den Fortbestand des später widerrufenden Geschäfts entstanden sind (zB durch das Versäumen eines anderen Vertragsschlusses).

13 **2. Fristen.** Wenn der Informationsmangel nicht gerade das Widerrufsrecht selbst betrifft, erlischt dieses spätestens 6 Monate nach Vertragsschluss, § 355 III 1. Dagegen verjährt der Anspruch des Verbrauchers auf Vertragsaufhebung aus cic nach den §§ 195, 199, also jedenfalls wesentlich später. Auch insoweit könnte demnach ein Anspruch aus cic die Verbraucherrechte wesentlich erweitern.

14 **3. Einschränkungen.** Gegenüber diesen Folgen der Bejahung von cic sind aber folgende Einschränkungen zu beachten: a) Für einen Schadensersatzanspruch aus cic bedarf der **haftungsbegründenden Kausalität**. Diese fehlt, wenn die unterlassene Information für den Verbraucher so unwesentlich war, dass er den Vertrag auch bei vollständiger Information wie geschehen abgeschlossen hätte. In solchen Fällen bleibt nur der Widerruf.

Angesichts der Fülle der gesetzlich geforderten Informationen kann es vor allem bei kleineren Unternehmen 15
vereinzelt auch **am Verschulden fehlen**, wenn eine Information unterbleibt. Auch dann gibt es nur den
Widerruf.

Endlich ist auch die Ansicht nicht ganz abwegig, § 312 d II enthalte für Informationsfehler eine **abschlie-** 16
ßende, wenigstens die allgemeine cic ausschließende **Regelung**. Denn ein Verschulden wird sich bei § 312 c
nur schwer verneinen lassen (Ausn o Rn 15). Dann erscheint der Informationsfehler weitgehend als ein Spezialfall der cic, und dieser Spezialfall kann durch § 312 d II abschließend geregelt sein.

D. Die BGB-InfoV § 1. § 1 der Verordnung über Informations- und Nachweispflichten nach bürgerlichem 17
Recht lautet:

(1) Der Unternehmer muss dem Verbraucher gemäß § 312 c Abs. 1 des Bürgerlichen Gesetzbuchs folgende Informationen zu Verfügung stellen:
1. seine Identität, anzugeben ist auch das öffentliche Unternehmensregister, bei dem der Rechtsträger eingetragen ist, und die zugehörige Registernummer oder gleichwertige Kennung,
2. die Identität eines Vertreters des Unternehmers in dem Mitgliedstaat, in dem der Verbraucher seinen Wohnsitz hat, wenn es einen solchen Vertreter gibt, oder die Identität einer anderen gewerblich tätigen Person als
   dem Anbieter, wenn der Verbraucher mit dieser geschäftlich zu tun hat, und die Eigenschaft, in der diese Person gegenüber dem Verbraucher tätig wird,
3. die ladungsfähige Anschrift des Unternehmers und jede andere Anschrift, die für die Geschäftbeziehung zwischen diesem, seinem Vertreter oder einer anderen gewerblich tätigen Person gemäß Nummer 2 und dem
   Verbraucher maßgeblich ist, bei juristischen Personen, Personenvereinigungen oder –gruppen auch den
   Namen eines Vertretungsberechtigten,
4. wesentliche Merkmale der Ware oder Dienstleistung sowie darüber, wie der Vertrag zustande kommt,
5. die Mindestlaufzeit des Vertrags, wenn dieser eine dauernde oder regelmäßig wiederkehrende Leistung zum
   Inhalt hat,
6. einen Vorbehalt, eine in Qualität und Preis gleichwertige Leistung (Ware oder Dienstleistung) zu erbringen,
   und einen Vorbehalt, die versprochene Leistung im Fall ihrer Nichtverfügbarkeit nicht zu erbringen,
7. den Gesamtpreis der Ware oder Dienstleistung einschließlich aller damit verbundenen Preisbestandteile
   sowie alle über den Unternehmer abgeführten Steuern oder, wenn kein genauer Preis angegeben werden
   kann, über die Grundlage für seine Berechnung, die dem Verbraucher eine Überprüfung des Preises ermöglicht,
8. gegebenenfalls zusätzlich anfallende Liefer- und Versandkosten sowie einen Hinweis auf mögliche weitere
   Steuern oder Kosten, die nicht über den Unternehmer abgeführt oder von ihm in Rechnung gestellt werden,
9. Einzelheiten hinsichtlich der Zahlung und der Lieferung oder Erfüllung,
10. das Bestehen oder Nichtbestehen eines Widerrufs- oder Rückgaberechts sowie die Bedingungen, Einzelheiten
    der Ausübung, insbesondere Namen und Anschrift desjenigen, gegenüber dem der Widerruf zu erklären ist,
    und die Rechtsfolgen des Widerrufs oder der Rückgabe, einschließlich Informationen über den Betrag, den
    der Verbraucher im Falle des Widerrufs oder der Rückgabe gemäß § 357 Abs. 1 des Bürgerlichen Gesetzbuchs
    für die erbrachte Dienstleistung zu zahlen hat,
11. alle spezifischen, zusätzlichen Kosten, die der Verbraucher für die Benutzung des Fernkommunikationsmit-
    tels zu tragen hat, wenn solche zusätzlichen Kosten durch den Unternehmer in Rechnung gestellt werden,
    und
12. eine Befristung der Gültigkeitsdauer der zur Verfügung gestellten Informationen, beispielsweise die Gültig-
    keitsdauer befristeter Angebote, insbesondere hinsichtlich des Preises.

(2) Bei Fernabsatzverträgen oder Finanzdienstleistungen muss der Unternehmer dem Verbraucher gemäß § 312 c
Abs. 1 des Bürgerlichen Gesetzbuchs ferner folgende Informationen zur Verfügung stellen:
1. die Hauptgeschäftstätigkeit des Unternehmens und die für seine Zulassung zuständige Aufsichtsbehörde,
2. gegebenenfalls den Hinweis, dass sich die Finanzdienstleitung auf Finanzinstrumente bezieht, die wegen ihrer
   spezifischen Merkmale oder der durchzuführenden Vorgänge mit speziellen Risiken behaftet sind oder deren
   Preis Schwankungen auf dem Finanzmarkt unterliegt, auf die der Unternehmer keinen Einfluss hat, und dass
   in der Vergangenheit erwirtschaftete Erträge kein Indikator für künftige Erträge sind,
3. die vertraglichen Kündigungsbedingungen einschließlich etwaiger Vertragsstrafen,
4. die Mitgliedstaaten der Europäischen Union, deren Recht der Unternehmer der Aufnahme von Beziehungen
   vom Verbraucher vor Abschluss des Fernabsatzvertrags zugrunde legt,
5. eine Vertragsklausel über das auf den Fernabsatzvertrag anwendbare Recht oder über das zuständige Gericht,
6. die Sprachen, in welchen die Vertragsbedingungen und die in dieser Vorschrift genannten Vorabinformatio-
   nen mitgeteilt werden, sowie die Sprachen, in welchen sich der Unternehmer verpflichtet, mit Zustimmung
   des Verbrauchers die Kommunikation während der Laufzeit dieses Vertrags zu führen,
7. einen möglichen Zugang des Verbrauchers zu einem außergerichtlichen Beschwerde- und Rechtsbehelfsverfah-
   ren und gegebenenfalls die Voraussetzungen für diesen Zugang und
8. 8. das Bestehen eines Garantiefonds oder anderer Entschädigungsregelungen, die nicht unter die Richtlinie 94/
   19/EG des Europäischen Parlaments und des Rates vom 30. 5. 1994 über Einlagensicherungssysteme (ABL EG
   Nr L 135 S 5) und die Richtlinie 97/9/EG des Europäischen Parlaments und des Rates vom 3. 3. 1997 über Systeme für die Entschädigung der Anleger (ABL EG Nr L 84 S 22) fallen.

(3) Bei Telefongesprächen hat der Unternehmer dem Verbraucher gemäß § 312 c Abs. 1 des Bürgerlichen Gesetzbuchs nur Informationen nach Absatz 1 zur Verfügung zu stellen, wobei eine Angabe gemäß Absatz 1 Nr 3 nur

erforderlich ist, wenn der Verbraucher eine Vorauszahlung zu leisten hat. Satz 1 gilt nur, wenn der Unternehmer den Verbraucher darüber informiert hat, dass auf Wunsch weitere Informationen übermittelt werden können und welcher Art diese Informationen sind, und der Verbraucher ausdrücklich auf die Übermittlung der weiteren Informationen vor Abgabe seiner Vertragserklärung verzichtet hat.

(4) Der Unternehmer hat dem Verbraucher gemäß § 312 c Abs. 2 des Bürgerlichen Gesetzbuchs folgende Informationen in Textform mitzuteilen:
1. die in Absatz 1 genannten Informationen,
2. bei Finanzdienstleistungen auch die in Absatz 2 genannten Informationen,
3. bei der Lieferung von Waren und sonstigen Dienstleistungen ferner
a) die in Absatz 2 Nr 3 genannten Informationen bei Verträgen, die ein Dauerschuldverhältnis betreffen und für eine längere Zeit als ein Jahr oder für unbestimmte Zeit geschlossen sind, sowie
b) Informationen über Kundendienst und geltende Gewährleistungs- und Garantiebedingungen. Zur Erfüllung seiner Informationspflicht nach Absatz 1 Nr 10 über das Bestehen des Widerrufs- oder Rückgaberechts kann der Unternehmer das in § 14 für die Belehrung über das Widerrufs- oder Rückgaberecht bestimmte Muster verwenden. Soweit die Mitteilung nach Satz 1 durch Übermittlung der Vertragsbestimmungen einschließlich der Allgemeinen Geschäftsbedingungen erfolgt, sind die Informationen nach Absatz 1 Nr 3 und 10, Absatz 2 Nr 3 sowie Satz 1 Nr 3 Buchstabe b in einer hervorgehobenen und deutlich gestalteten Form mitzuteilen.

18 **E. Unterlassungsansprüche.** Unterlassungsansprüche gegen den Unternehmer, die auch von Verbänden und ähnlichen Institutionen geltend gemacht werden können, ergeben sich aus § 2 II Nr 1 UKlaG und bei Handeln im Wettbewerb aus den §§ 1, 3 UWG.

§ 312 d Widerrufs- und Rückgaberecht bei Fernabsatzverträgen

(1) ¹Dem Verbraucher steht bei einem Fernabsatzvertrag ein Widerrufsrecht nach § 355 zu. ²Anstelle des Widerrufsrechts kann dem Verbraucher bei Verträgen über die Lieferung von Waren ein Rückgaberecht nach § 356 eingeräumt werden.
(2) Die Widerrufsfrist beginnt abweichend von § 355 Abs. 2 Satz 1 nicht vor Erfüllung der Informationspflichten gemäß § 312 c Abs. 2, bei der Lieferung von Waren nicht vor dem Tage ihres Eingangs beim Empfänger, bei der wiederkehrenden Lieferung gleichartiger Waren nicht vor dem Tage des Eingangs der ersten Teillieferung und bei Dienstleistungen nicht vor dem Tage des Vertragsschlusses.
(3) Das Widerrufsrecht erlischt bei einer Dienstleistung auch in folgenden Fällen:
1. bei einer Finanzdienstleistung, wenn der Vertrag von beiden Seiten auf ausdrücklichen Wunsch des Verbrauchers vollständig erfüllt ist, bevor der Verbraucher sein Widerrufsrecht ausgeübt hat,
2. bei einer sonstigen Dienstleistung, wenn der Unternehmer mit der Ausführung der Dienstleistung mit ausdrücklicher Zustimmung des Verbrauchers vor Ende der Widerrufsfrist begonnen hat oder der Verbraucher diese selbst veranlasst hat.
(4) Das Widerrufsrecht besteht, soweit nicht ein anderes bestimmt ist, nicht bei Fernabsatzverträgen
1. zur Lieferung von Waren, die nach Kundenspezifikation angefertigt werden oder eindeutig auf die persönlichen Bedürfnisse zugeschnitten sind oder die auf Grund ihrer Beschaffenheit nicht für eine Rücksendung geeignet sind oder schnell verderben können oder deren Verfalldatum überschritten würde,
2. zur Lieferung von Audio- oder Videoaufzeichnungen oder von Software, sofern die gelieferten Datenträger vom Verbraucher entsiegelt worden sind,
3. zur Lieferung von Zeitungen, Zeitschriften und Illustrierten,
4. zur Erbringung von Wett- und Lotterie-Dienstleistungen,
5. die in der Form von Versteigerungen (§ 156) geschlossen werden oder
6. die die Lieferung von Waren oder die Erbringung von Finanzdienstleistungen zum Gegenstand haben, deren Preis auf dem Finanzmarkt Schwankungen unterliegt, auf die der Unternehmer keinen Einfluss hat und die innerhalb der Widerrufsfrist auftreten können, insbesondere Dienstleistungen im Zusammenhang mit Aktien, Anteilsscheinen, die von einer Kapitalanlagegesellschaft oder einer ausländischen Investmentgesellschaft ausgegeben werden, und anderen handelbaren Wertpapieren, Devisen, Derivaten oder Geldmarktinstrumenten.
(5) ¹Das Widerrufsrecht besteht ferner nicht bei Fernabsatzverträgen, bei denen dem Verbraucher bereits auf Grund der §§ 495, 499 bis 507 ein Widerrufs- oder Rückgaberecht nach § 355 oder § 356 zusteht. ²Bei solchen Verträgen gilt Absatz 2 entsprechend.
(6) Bei Fernabsatzverträgen über Finanzdienstleistungen hat der Verbraucher abweichend von § 357 Abs. 1 Wertersatz für die erbrachte Dienstleistung nach den Vorschriften über den gesetzlichen Rücktritt nur zu leisten, wenn er vor Abgabe seiner Vertragserklärung auf diese Rechtsfolge hingewiesen worden ist und wenn er ausdrücklich zugestimmt hat, dass der Unternehmer vor Ende der Widerrufsfrist mit der Ausführung der Dienstleistung beginnt.

A. Voraussetzungen. Es braucht kein Informationsfehler vorzuliegen, sondern es genügt des Vorliegen eines 1
Fernabsatzvertrages iSv § 312 b I. Denn nach der Auffassung der zugrunde liegenden EG-Richtl (vgl § 312 b
Rn 1) ist schon der Fernabsatz als solcher für den Verbraucher gefährlich, weil Vertragspartner und Vertragsgegenstand nicht körperlich präsent sind (vgl § 312 b Rn 2).

B. Das Widerrufs- oder Rückgaberecht. I. Grundsatz, Abs. I. Nach I 1 hat der Verbraucher eine Widerrufsrecht nach § 355; stattdessen kann ihm nach I 2 bei Verträgen über die Lieferung von Waren ein Rückgaberecht nach § 356 eingeräumt werden. Der beschränkte Anwendungsbereich für das Rückgaberecht folgt 2
notwendig daraus, dass nur bei körperlichen Sachen eine Rückgabe nach § 356 II in Betracht kommt.

II. Fristen, II und III. Die Frist für Widerruf ist allgemein in den § 355 II und III sowie 356 II geregelt. 3
Hiervon bestimmt jedoch II **Abweichungen für den Fristbeginn** bei Fernabsatzverträgen: (1) Dieser Beginn
ist bis zur Erfüllung der Informationspflichten von § 312 c II aufgeschoben (vgl dort Rn 10); (2) bei der Lieferung von Waren beginnt die Frist nicht vor dem Eingang beim Empfänger; bei der wiederkehrenden Lieferung gleichartiger Waren entscheidet die erste Teillieferung; (3) bei Dienstleistungen liegt der Fristbeginn
nicht vor dem Tag des Vertragsschlusses; vorher kann der Verbraucher also wohl einen ihn bindenden Antrag
widerrufen.
Andererseits hat III auch Gründe für ein **früheres Ende der Frist,** die letztlich auf das Verbot des Selbstwiderspruchs zurückgehen (vgl § 242 Rn 43 ff): Nach Nr 1 erlischt das Widerrufsrecht bei einer Finanzdienstleistung, wenn der Vertrag von beiden Seiten auf ausdrücklichem Wunsch des Verbrauchers vollständig erfüllt ist. 4
Eine Schlechtleistung wird nicht als vollständige Erfüllung angesehen; sie lässt also das Widerrufsrecht unberührt (Palandt/*Heinrichs* Rn 7). Dagegen steht ein Informationsfehler (vgl § 312 c) dem Erlöschen nicht entgegen.
Nach Nr 2 **erlischt das Widerrufsrecht** bei einer sonstigen Dienstleistung, wenn der Unternehmer deren Ausführung mit ausdrücklicher Zustimmung des Verbrauchers begonnen oder der Verbraucher diesen Beginn 5
selbst veranlasst hat. Auch hier steht ein Informationsfehler dem Erlöschen nicht entgegen. Doch kann der
Unternehmer nicht in seinen AGB das Einverständnis des Verbrauchers mit dem frühen Beginn der Ausführung vorweg zum Vertragsinhalt machen (Verstoß gegen den Sinn von § 308 Nr 5). Auch in Individualverträgen dürfte eine solche Bestimmung gegen § 312 f verstoßen.

III. Inhalt, VI. Für Finanzdienstleistungen enthält VI eine von den §§ 357 I, 346 II Nr 1 abweichende Regelung für die aus dem Widerruf idR folgende **Wertersatzpflicht des Verbrauchers:** Diese soll nur bestehen, 6
wenn er darauf vor Abgabe seiner Vertragserklärung hingewiesen worden ist und wenn er ausdrücklich zugestimmt hat, dass der Unternehmer vor Ablauf der Widerrufsfrist mit der Ausführung der Dienstleistung
beginnt. Damit soll verhindert werden, dass der Verbraucher im Ergebnis eine ihm vor den Widerruf aufgedrängte Dienstleistung vergüten muss. Palandt/*Heinrichs* Rn 16 verlangen wohl wegen dieses einsichtigen
Schutzzwecks einen individuellen und nicht unter vielen anderen Informationen versteckten Hinweis.

C. Ausschluss des Widerrufs- oder Rückgaberechts, IV und V. In IV und V enthält § 312 d eine umfangreiche Liste von Fallgruppen, in denen das Widerrufsrecht (und folglich auch das Rückgaberecht) ausgeschlossen ist (mit Beweislast des Unternehmers, BGHZ 154, 239, 246). Dafür sind sehr verschiedene 7
Gründe und teils nach Ausübung einer Lobby maßgeblich. Nach IV am Anfang darf aber „nichts
anderes bestimmt" sein. Dafür kommen etwa die §§ 495, 505 in Betracht. Im Einzelnen geht ist um **folgende Gruppen:**
IV Nr 1 nennt Waren, die sich anderswo nicht oder nur mit erheblichen Nachlässen absetzen lassen, weil 8
sie nach Kundenspezifikation angefertigt oder eindeutig auf die persönlichen Bedürfnisse zugeschnitten sind.
Das trifft nicht zu, wenn die Sache auf Bestellung des Verbrauchers aus vorgefertigten Standardbauteilen
zusammengefügt wird, die mit verhältnismäßig geringem Aufwand ohne Beeinträchtigung ihrer Substanzoder Funktionsfähigkeit wieder getrennt werden können (BGHZ 154, 239, 242 für ein Notebook; Trennungskosten von 5 % des Warenwertes seien unerheblich).
Weiter nennt **IV Nr 1 Waren, die sich nach ihrer Beschaffenheit nicht für eine Rücksendung eignen** (zB 9
Heizöl wegen der Vermischung mit Restmengen im Tank) oder schnell verderben können (zB bestimmte
Lebensmittel) oder deren Verfallsdatum überschritten würde. Doch darf dieses Verfallsdatum nicht willkürlich kurz festgesetzt worden sein.
IV Nr 2 nennt Audio-, Videoaufzeichnungen oder Software, wenn der Verbraucher die gelieferten Datenträger entsiegelt hat. Hier besteht die Gefahr, dass der Kunde sich ein Duplikat hergestellt hat. Nicht versiegelte 10
Datenträger fallen aber nicht unter diesen Ausschlusstatbestand.
IV Nr 3 nennt Zeitungen, Zeitschriften oder Illustrierten, nicht aber Kalender (Hburg NJW 04, 1114, 1115), 11
obwohl auch diese durch Veraltung an Wert verlieren.
IV Nr 4 erfasst Wett- und Lotteriedienstleistungen. Hier muss nach der Entscheidung oder Ausspielung ein 12
Widerruf schon nach dem Grundgedanken von Nr 1 weichen, weil Gegenstand des Geschäfts eine Chance
darstellt, die dann erloschen ist. Palandt/*Heinrichs* Rn 12 verlangt zudem einen nach staatlicher Genehmigung wegen § 763 wirksamen Vertrag.

13 IV Nr 5 nennt **Versteigerungen** (§ 156). Nach BGH NJW 05, 53, 54 fallen hierunter nicht Internet-Auktionen, die durch Antrag und Annahme nach §§ 145 ff und nicht durch Zuschlag nach § 156 zustande kommen (vgl BGHZ 149, 129, 133, weiter *Mankowski* JZ 05, 444 ff): Der die Internetauktion beendende Zeitablauf könne nicht mit der Willenserklärung „Zuschlag" gleichgesetzt werden. Auch komme eine erweiternde Auslegung der Nr 5 nicht in Betracht.

14 IV Nr 6 erfasst **Waren** (zB Edelmetalle und Rohstoffe) und Finanzdienstleistungen, **deren Preis auf dem Finanzmarkt Schwankungen unterliegt,** auf die der Unternehmer keinen Einfluss hat und die innerhalb der Widerrufsfrist auftreten können. Das Gesetz nennt als Beispiel Aktien, bestimmte Anteilsscheine, andere handelbare Wertpapiere, Devisen, Derivate und Geldmarktinstrumente. Der Verbraucher soll hier nicht zu Lasten des Unternehmers spekulieren, also einen ungünstigen Verlauf durch Widerruf auf den Unternehmer abschieben können. Bei einer Verletzung der Aufklärungspflichten des Unternehmers aus BGB oder WpHG soll der Verbraucher aber Schadensersatzansprüche aus § 280 I (ggf iVm § 311 a II) haben, Palandt/*Heinrichs* Rn 14.

15 V endlich schließt das Widerrufsrecht nach § 312 d aus, wenn der Verbraucher **bereits ein Widerrufs- oder Rückgaberecht nach den §§ 495, 499 bis 507 hat.** Doch soll auch dann entsprechend II Hs 1 die Frist für dieses Recht nicht vor Erfüllung der Informationspflichten nach § 312 c II beginnen.

§ 312 e Pflichten im elektronischen Geschäftsverkehr

(1) ¹Bedient sich ein Unternehmer zum Zwecke des Abschlusses eines Vertrags über die Lieferung von Waren oder über die Erbringung von Dienstleistungen eines Tele- oder Mediendienstes (Vertrag im elektronischen Geschäftsverkehr), hat er dem Kunden
1. angemessene, wirksame und zugängliche technische Mittel zur Verfügung zu stellen, mit deren Hilfe der Kunde Eingabefehler vor Abgabe seiner Bestellung erkennen und berichtigen kann,
2. die in der Rechtsverordnung nach Artikel 241 des Einführungsgesetzes zum Bürgerlichen Gesetzbuche bestimmten Informationen rechtzeitig vor Abgabe von dessen Bestellung klar und verständlich mitzuteilen,
3. den Zugang von dessen Bestellung unverzüglich auf elektronischem Wege zu bestätigen und
4. die Möglichkeit zu verschaffen, die Vertragsbestimmungen einschließlich der Allgemeinen Geschäftsbedingungen bei Vertragsschluss abzurufen und in wiedergabefähiger Form zu speichern.

²Bestellung und Empfangsbestätigung im Sinne von Satz 1 Nr. 3 gelten als zugegangen, wenn die Parteien, für die sie bestimmt sind, sie unter gewöhnlichen Umständen abrufen können.

(2) ¹Absatz 1 Satz 1 Nr. 1 bis 3 findet keine Anwendung, wenn der Vertrag ausschließlich durch individuelle Kommunikation geschlossen wird. ²Absatz 1 Satz 1 Nr. 1 bis 3 und Satz 2 findet keine Anwendung, wenn zwischen Vertragsparteien, die nicht Verbraucher sind, etwas anderes vereinbart wird.

(3) ¹Weitergehende Informationspflichten auf Grund anderer Vorschriften bleiben unberührt. ²Steht dem Kunden ein Widerrufsrecht gemäß § 355 zu, beginnt die Widerrufsfrist abweichend von § 355 Abs. 2 Satz 1 nicht vor Erfüllung der in Absatz 1 Satz 1 geregelten Pflichten.

1 **A. Funktion. I. Europarechtliche Grundlage.** Europarechtlich sind maßgeblich die Art 10, 11 und 18 der Richtl 00/31/EG des Europäischen Parlaments und des Rates vom 8. 6. 00 über bestimmte rechtliche Aspekte der Dienste der Informationsgesellschaft, insbesondere des elektronischen Geschäftsverkehrs im Binnenmarkt („Richtlinie über den elektronischen Geschäftsverkehr", ABL EG Nr L 178 S 1). Diese Richtl wird als gesetzestechnisch extrem schlecht beurteilt, ua wegen der überlangen Erwägungsgründe sowie zahlreicher Widersprüche und Unklarheiten (MüKo/*Wendehorst* Rn 5). Der nationale Gesetzgeber hätte hier mehr redaktionelle Sorgfalt anwenden und sich gesetzestechnisch nicht auf das Niveau der E-commerce-Richtl herab begeben sollen (MüKo/*Wendehorst* aaO) Da diese Sorgfalt unterblieben ist, finden sich einige Mängel der Richtl in § 312 e wieder.

2 **II. Schutzzweck.** § 312 e stellt dem Unternehmer **nicht den Verbraucher** gegenüber, **sondern den Kunden** (zB I 1). Die Vorschrift ist also im strengen Sinn kein Verbraucherschutzgesetz. Trotzdem wird sie in § 2 II Nr 2 UKlaG als „Verbraucherschutzgesetz im Sinne dieser Vorschrift" bezeichnet. Daran ist sachlich richtig, dass elektronische Geräte zunehmend auch im Verkehr mit Verbrauchern verwendet werden (schon weil diese immer häufiger geeignete Empfangsgeräte haben). Verbraucher sind aber im Umgang mit der Elektronik häufig weniger erfahren und daher den daraus drohenden Gefahren besonders ausgesetzt. Aus diesem Ungleichgewicht erklären sich viele Einzelheiten des § 312 e. Als weitere Zwecke werden genannt (Erwägungsgrund 7 der Richtl), das Vertrauen der Verbraucher in den elektronischen Geschäftsverkehr sowie (Erwägungsgrund 2) das Wirtschaftswachstum zu fördern. Solche vollmundigen Zielsetzungen wie auch das modische Schlagwort von der Informationsgesellschaft sind freilich juristisch fast ohne jeden Ertrag.

B. Anwendungsbereich. § 312e I definiert den **elektronischen Geschäftsverkehr:** Der Unternehmer muss 3 sich zum Vertragsschluss über die Lieferung von Waren oder die Erbringung von Dienstleistungen eines Tele- oder Mediendienstes bedienen. Dieser Begriff ist erheblich enger als die Fernkommunikationsmittel von § 312b, die zB auch Briefe und Telefonate umfassen (vgl § 312b Rn 6). § 312e definiert die Tele- oder Mediendienste nicht. In Erwägungsgrund 17 der Richtl vom 8.6.2000 (vgl o Rn 1) wird gesprochen von „Geräten für die elektronische Verarbeitung (einschließlich digitaler Kompression) und Speicherung von Daten", die Dienstleistungen auf individuellen Abruf eines Empfängers erbringen. Nach Erwägungsgrund 18 gehen die Tätigkeiten Online vonstatten; Offlinedienste seien nicht erfasst. Im Wesentlichen geht es wohl um Angebote und Bestellungen durch Computer im Internet.

Nicht erfasst werden sollen nach Anhang 5 Nr 2 – 1 und 2 der Richtl 98/34/EG Dienste, die zwar mit elektro- 4 nischen Geräten, aber in materieller Form erbracht werden, zB durch Geldausgabe- oder Fahrkartenautomaten. Dass insoweit ganz unpraktikable Abgrenzungsschwierigkeiten entstehen (vgl MüKo/*Wendehorst* Rn 32), ist angesichts der miserablen Gesetzeslage unvermeidlich.

C. Pflichten des Unternehmers. I. Bereitstellung von Korrekturmöglichkeiten, I 1 Nr 1. Fehlt es hieran, 5 soll der Unternehmer als Schadensersatz aus cic (§§ 280 I, 249 I) aus dem Eingabefehler keine Rechte herleiten dürfen (Palandt/*Heinrichs* Rn 5).

II. Informationspflichten, I 1 Nr 2 bis 4, III 1. I 1 Nr 2 bestimmt die Pflicht, die Informationen nach BGB- 6 InfoV vor Abgabe der Bestellung „klar und verständlich" mitzuteilen. Einschlägig ist **§ 3 dieser Vorschrift:** „Bei Verträgen im elektronischen Geschäftsverkehr muss der Unternehmer den Kunden gemäß § 312e I 1 Nr. 2 BGB informieren
1. über die einzelnen technischen Schritte, die zu einem Vertragsschluss führen,
2. darüber, ob der Vertragstext nach dem Vertragsschluss von dem Unternehmer gespeichert wird und ob er dem Kunden zugänglich ist,
3. darüber, wie er mit dem gemäß § 312e I 1 Nr 1 BGB zur Verfügung gestellten technischen Mitteln Eingabefehler vor Abgabe der Bestellung erkennen und berichtigen kann,
4. über die für den Vertragsschluss zur Verfügung stehenden Sprachen und
5. über sämtliche einschlägige Verhaltenscodices, denen sich der Unternehmer unterwirft, sowie die Möglichkeit eines elektronischen Zugangs zu diesen Regelwerken. – Dabei sind unter den Verhaltenscodices nur Bestimmungen zu verstehen, denen sich der Unternehmer freiwillig unterworfen hat, also nicht gesetzliche Vorschriften.

I 1 Nr 3: Der Unternehmer muss den **Zugang der Bestellung unverzüglich** auf elektronischen Weg **bestäti-** 7 **gen.** Für den Zugang dieser Erklärung gilt I 2: Es soll genügen, dass der Empfänger sie unter gewöhnlichen Umständen abrufen kann.

I 1 Nr 4: Der Unternehmer muss den Kunden die Möglichkeit verschaffen, die Vertragsbestimmungen ein- 8 schließlich der AGB bei Vertragsschluss abzurufen und in wiedergabefähiger Form zu speichern.

Nach III 1 bleiben weitergehende Vorschriften aufgrund anderer Vorschriften unberührt. Dahin gehören vor 9 allem die Pflichten beim Fernabsatz nach § 312c einschließlich § 1 der BGB-InfoV.

III. Ausnahmen. Nach II 1 findet I 1 Nr 1 bis 3 keine Anwendung bei einem Vertragsschluss „ausschließlich 10 durch individuelle Kommunikation". RegE BT-Drucks. 14/640 S 172 sieht nämlich hier keinen wesentlichen Unterschied zu einem Vertragsschluss durch Brief oder Telefon. Diese Ähnlichkeit dürfte auch bei der Begriffsbestimmung der „individuellen Kommunikation" helfen, über die es Streit und berechtigte Zweifel gibt: Soll der Begriff technisch-formal oder inhaltlich-materiell verstanden werden? Vgl MüKo/Wendhorst Rn 45, die sich (Rn 48) für eine Kombination („zweistufige Prüfung") entscheidet.

Der ganze I 1 mit Ausnahme von I 1 Nr 4 soll **nach II 2 abdingbar sein,** wenn Vertragsparteien, **die nicht Ver-** 11 **braucher sind,** etwas anderes vereinbaren. In diesem Fall unterliegt der Vertragsschluss (abgesehen von dem nicht abdingbaren I 1 Nr 4) den gewöhnlichen Regeln.

F. Rechtsfolgen. I. Widerrufsfrist. Ein Verstoß gegen die Unternehmerpflichten und überhaupt der elek- 12 tronische Geschäftsverkehr allein begründen kein Widerrufsrecht. Besteht ein solches aber nach anderen Vorschriften (zB § 312d), so beginnt die für den Widerruf nach § 355 II geltende Frist nicht vor Erfüllung in I 1 geregelten Pflichten (vgl o Rn 5ff). Die beim Fernabsatz für den Fristbeginn nach § 312d II geltenden weiteren Voraussetzungen treten dann noch hinzu.

II. Schadensersatzansprüche. Schadensersatzansprüche des Kunden können sich bei Verletzung einer 13 Pflicht des Unternehmers aus cic oder anderen Pflichtverletzungen ergeben (§§ 280 I, 311 II, 241 II). Ob diese nach § 249 I auch auf Vertragsaufhebung gerichtet werden können, hängt davon ab, ob die Pflichtverletzung für den Vertragsabschluss kausal geworden ist (vgl § 312c Rn 13).

III. Irrtumsanfechtung. Der fehlerhafte Gebrauch elektronischer Geräte kann dazu führen, dass der Kunde 14 etwas erklärt, was er nicht oder doch nicht mit diesem Inhalt erklären wollte. Dann kommt eine Irrtumsanfechtung nach § 119 I in Betracht. Allerdings scheint der Kunde dann nach § 122 ersatzpflichtig zu werden.

Doch verstieße ein solcher Anspruch des Unternehmers gegen § 242, wenn er selbst durch einen Informationsfehler zu dem Bedienungsfehler beigetragen hat (MüKo/*Wendehorst* Rn 120).

15 **IV. Weitere Rechtsfolgen.** Unabhängig von Individualansprüchen des Kunden kommen auch Unterlassungsansprüche in Betracht, zu denen Verbände und andere Institutionen berechtigt sind: § 2 II Nr 2 UKlaG und bei Handeln im Wettbewerb auch die §§ 1, 3 UWG. Dazu tritt die Möglichkeit zu einer kostenpflichtigen Abmahnung. MüKo/*Wendehorst* Rn 115 sieht hierin die vermutlich relevanteste Rechtsfolge.

§ 312f Abweichende Vereinbarungen

¹Von den Vorschriften dieses Untertitels darf, soweit nicht ein anderes bestimmt ist, nicht zum Nachteil des Verbrauchers oder Kunden abgewichen werden. ²Die Vorschriften dieses Untertitels finden, soweit nicht ein anderes bestimmt ist, auch Anwendung, wenn sie durch anderweitige Gestaltungen umgangen werden.

1 **A. S 1.** Nach S 1 sind die §§ 312 bis 312e zugunsten des Verbrauchers (oder Kunden) **einseitig zwingend.** Eine solche Anordnung findet sich im Verbraucherschutzrecht durchgehend (etwa §§ 475 I, 487, 506, 651m, 655e). Weitere Vorschriften, auf die in den §§ 312 bis 312e verwiesen wird, werden von dem halbzwingenden Charakter miterfasst. Das gilt vor allem für die §§ 357 ff, soweit sie den Verbraucher schützen sollen.
2 Der Schutzzweck steht nicht einer abweichenden Vereinbarung entgegen, sondern auch einem einseitigen Verzicht des Verbrauchers. Zweifelhaft ist, inwieweit der Verbraucher in einem Vergleich einen Teil seiner Rechte aufgeben kann. Wenn der Vergleich ernsthafte Zweifel beheben soll und einigermaßen angemessen ist, wird man das bejahen müssen. Palandt/*Heinrichs* Rn 1 weist mit Recht auf die Lösung für die gleichliegende Problematik im Arbeitsrecht hin (etwa BAG NJW 1977, 1213). Bei Teilnichtigkeit ist diese nach § 312f. S 1 entgegen § 139, aber mit § 306 auf den zu beanstandenden Vertragsteil zu beschränken.

3 **B. Satz 2.** Auch das Umgehungsverbot des S 2 gehört zum ständigen Repertoire des Verbraucherschutzes. Dabei versteht man unter einer Gesetzesumgehung ein Verhalten, dass zwar nicht gegen den Wortlaut des Gesetzes verstößt, wohl aber gegen seinen Sinn. Das Umgehungsverbot ist also unnötig für Verhaltensweisen, die schon durch Auslegung unter das Gesetz gebracht werden können. Da die Auslegung nach dem Zweck des Gesetzes heute sehr großzügig gehandhabt wird, kann man zweifeln, ob es einer Regel für die Gesetzesumgehung überhaupt noch bedarf (vgl *Flume* II § 17, 5). Einen Grenzfall hat gebildet zB BGH NJW 97, 1069: Veräußerung von Ferienwohnrechten im Genossenschaftsmodell als verdecktes Haustürgeschäft. Ein Vertragsschluss bei einem gemeinsamen Essen mit Geschäftspartnern verstößt aber nicht gegen den Sinn von § 312 I 1 Nr 2, BGH NJW – RR 97, 177.

Untertitel 3 Anpassung und Beendigung von Verträgen

§ 313 Störung der Geschäftsgrundlage

(1) Haben sich Umstände, die zur Grundlage des Vertrags geworden sind, nach Vertragsschluss schwerwiegend verändert und hätten die Parteien den Vertrag nicht oder mit anderem Inhalt geschlossen, wenn sie diese Veränderung vorausgesehen hätten, so kann Anpassung des Vertrags verlangt werden, soweit einem Teil unter Berücksichtigung aller Umstände des Einzelfalls, insbesondere der vertraglichen oder gesetzlichen Risikoverteilung, das Festhalten am unveränderten Vertrag nicht zugemutet werden kann.
(2) Einer Veränderung der Umstände steht es gleich, wenn wesentliche Vorstellungen, die zur Grundlage des Vertrags geworden sind, sich als falsch herausstellen.
(3) ¹Ist eine Anpassung des Vertrags nicht möglich oder einem Teil nicht zumutbar, so kann der benachteiligte Teil vom Vertrag zurücktreten. ²An die Stelle des Rücktrittsrechts tritt für Dauerschuldverhältnisse das Recht zur Kündigung.

1 **A. Herkunft.** § 313 stammt aus dem SMG (§ 313 aF über die Form von Grundstücksgeschäften bildet jetzt den § 311b I). Die Vorschrift versucht eine Kodifikation der in der Lit aus § 242 entwickelten und seit RGZ 103, 328, 332 (von 1922 betr die inflationäre Geldentwertung, zur weiteren Entwicklung vgl RGZ 147, 286, 289 ff) von der Rspr übernommenen Lehre. Eine sachliche Neuerung war durch § 313 nicht beabsichtigt (mit bloß einer wirklichen Ausnahme, vgl u Rn 19 sowie *Heinrichs*, FS Heldrich 05, 183, 187 ff) Nach wie vor gilt letztlich die Formulierung von *H Köhler*, Festgabe 50 Jahre BGH 00, 295, 296: „Die Stärke der Lehre von der Geschäftsgrundlage liegt in ihrer Schwäche, nämlich in ihrer Unbestimmtheit sowohl hinsichtlich des Tatbestandes als auch hinsichtlich der Rechtsfolgen". Daher ist die diese Schwäche konkretisierende alte Rspr idR noch verwendbar.

§ 313

B. Funktion. Die Berücksichtigung von Grundlagenstörungen wird häufig als Aufweichung der Vertragstreue (also der Regel pacta sunt servanda) verstanden (etwa BGH NJW 76, 565, 566; 77, 2262, 2263). Doch ist das weithin zweifelhaft (*Medicus* FS Flume I 78, 629 ff): Wenn die Parteien einen Umstand nicht oder nicht richtig bedacht haben, kann die Auslegung ergeben, dass dieser Umstand nur vom Wortlaut und nicht auch vom Willen erfasst wird. Dann durchbrechen die Regeln über die Geschäftsgrundlage den Vertrag nicht wirklich, sondern ergänzen ihn nur sinngerecht. 2

C. Anwendungsbereich. I. Beschränkung auf Verträge. Nach Stellung, Wortlaut und Sinn gilt § 313 nur für Verträge (die Bezeichnung als „Geschäfts-" grundlage ist insoweit ungenau). Doch muss es sich dabei nicht notwendig um Schuldverträge handeln. Für öffentlich-rechtliche Verträge gilt § 60 VwVfG. Unanwendbar ist § 313 dagegen auf einseitige Rechtsgeschäfte, etwa eine Anfechtung oder Kündigung, auch eine Verfügung von Todes wegen (BGHZ 37, 233, 241; NJW 93, 850). Hier hilft nur die ergänzende Auslegung (BGH aaO). Der Vertrag kann auch unentgeltlich sein (freilich passt dann die Fallgruppe der Äquivalenzstörung nicht, vgl u. Rn 26). Auch für nach dem Recht der DDR geschlossene Verträge passt § 313 (BGHZ 120, 10, 22; 128, 320, 321 f.). 3

II. Ausschluss durch Spezialvorschriften. Etwa die §§ 321, 437, 519, 527 f, 574 c I, 593, 650, 775, 779, 1301, 1277, 1279 BGB, 36 UrhG, 29 UStG schließen § 313 aus. Doch reicht dieser Ausschluss nur so weit wie die Spezialregelung selbst (etwa BGHZ 150, 102, 105 ff zu § 23 SchuldrAnpG betr ein Datschengrundstück; BGH NJW 00, 2497, 2498 zu § 779). Zum Verhältnis zwischen § 313 und § 314 bei Dauerschuldverhältnissen vgl § 314 Rn 18, zum Verhältnis zu § 275 II und III u. Rn 29. 4

III. Ausschluss durch Vereinbarung. § 313 ist weithin nicht direkt abdingbar, weil der zugrunde liegende § 242 als zwingend angesehen wird (§ 242 Rn 11). Doch kann vertraglich geregelt werden, dass eine Partei das Risiko bestimmter Veränderungen tragen soll; das ergibt schon der Hinweis auf die vertragliche Risikoverteilung in I (dazu u. Rn 16). Auch können die Parteien im Rahmen von § 138 Zumutbarkeitsgrenzen bestimmen (zB die Unerheblichkeit von Kostensteigerungen bis zu einem gewissen Betrag). 5

IV. Verhältnis zu § 812 I 2 Alt 2. Der Nichteintritt eines nach dem Inhalt des Rechtsgeschäfts bezweckten Erfolgs soll nach der Rspr vorrangig von § 313 erfasst werden: Der Anpassungsanspruch nach § 313 bedeute einen Vertragsanspruch, der Bereicherungsansprüche ausschließe (BGHZ 84, 1, 10 f.; 108, 147, 149). Doch werden sich die Anwendungsbereich beider Vorschriften idR ohnehin gegenseitig ausschließen: Was nach § 812 I 2 Alt 2 Inhalt des Rechtsgeschäfts geworden ist, kann schwerlich bloß Geschäftsgrundlage iSv § 313 sein (HK – BGB/*Schulze* Rn 11 mit u. Rn 8). 6

D. Anwendungsvoraussetzungen. I. Vertragsgrundlage. Die Umstände, die sich verändert haben, müssen nach I zur Grundlage des Vertrages geworden sein. Gleiches gilt nach II für die „wesentlichen Vorstellungen", die sich als falsch herausstellen. 7

Negativ bedeutet das, dass die wesentlichen Umstände **nicht Vertragsinhalt** geworden sein dürfen (etwa als Bedingung nach § 158). Denn dann enthält der Vertrag selbst die maßgebliche Regelung, und ein Rückgriff auf § 313 ist unnötig (BGH ZIP 91, 1599, 1600). Das gilt auch, wenn eine solche Regelung erst durch ergänzende Vertragsauslegung gewonnen werden kann (BGHZ 81, 135, 143 „Roggenklausel"). Allerdings sind die Grenzen fließend, wenn die Vertragsauslegung nur zu einem hypothetischen Parteiwillen führt (BGHZ 90, 69, 74 ff „Tagespreisklausel"). Zurückhaltend bleibt BGHZ 84, 361, 368 beim Scheitern einer Ehe: Hierfür werde bei der Heirat idR kein Wille gebildet, so dass statt einer Auslegung nur ein Wegfall der Geschäftsgrundlage in Betracht komme (u Rn 30 ff). Ein weiterer Vorrang des Vertrages ergibt sich nach I aus der vertraglichen Risikoverteilung (u Rn 16). 8

Positiv fordert § 313 für die Bejahung eines Umstandes als Geschäftsgrundlage: Dieser müsse für die Parteien so wichtig gewesen, dass sie **bei Kenntnis oder Voraussicht des Wegfalls oder des Fehlens den Vertrag nicht oder mit anderem Inhalt geschlossen hätten**. Zur Geschäftsgrundlage gehören also nur Umstände, die für Abschluss oder Inhalt des Vertrages **kausal geworden** sind. 9, 10

Allerdings begünstigt der in seiner Grundlage gestörte Vertrag oft eine Partei (zB eine Geldentwertung den Kreditnehmer oder den Mieter). Daher mag diese den ihr günstigen oder günstig gewordenen Vertrag durchaus wie geschehen haben schließen wollen. Ein solcher **einseitiger Wille** muss aber **unbeachtlich** sein. Das ergibt sich entweder schon daraus, dass für den Vertragsschluss die Übereinstimmung beider Parteien nötig ist. Vielfach wird aber auch darauf abgestellt, wie die begünstigte Partei sich redlicherweise verhalten hätte. Das hängt insbesondere davon ab, wie stark der unveränderte Vertrag die Gegenpartei benachteiligt. 11

II. Störung der Vertragsgrundlage. Diese besteht bei I in einer „schwerwiegenden Veränderung" nach Vertragsschluss und bei II darin, dass sich „wesentliche Vorstellungen" als falsch herausstellen. Die Zusätze „schwerwiegend" und „wesentlich" bedeuten, dass **nicht jede Veränderung genügt**. Vielmehr muss sie dazu führen, dass der benachteiligten Partei „das Festhalten am unveränderten Vertrag nicht zugemutet werden kann" (I aE). Die Rechtserheblichkeit der Störung wird also nach der **Zumutbarkeit ihrer Folgen** beurteilt. BGHZ 121, 378, 393 formuliert: Die Änderung müsse derart einschneidend sein, dass „ein Festhalten an der 12 ursprünglichen Regelung zu einem untragbaren, mit Recht und Gerechtigkeit nicht zu vereinbarenden Ergebnis führen würde". Eine drohende Existenzvernichtung ist dafür aber weder nötig noch allemal ausreichend (*Medicus* AT Rn 871).

13 Für die Zumutbarkeit spielt die **Vorhersehbarkeit der Störung** eine Rolle: Je eher diese zu bejahen ist, umso weniger lässt sich Unzumutbarkeit annehmen. Das gilt insbesondere für erkennbar riskante Geschäfte. So ist die Geschäftsgrundlage idR nicht gestört, wenn beim Kauf einer erst zum Patent angemeldeten Erfindung das Patent später nicht erteilt wird oder nachträglich wegfällt (BGHZ 83, 283, 288). Der Käufer von Bauerwartungsland muss idR (doch vgl BGHZ 74, 370) hinnehmen, dass die Bebauung nicht erlaubt wird (BGHZ 101, 143, 152). Auch die Erwartung des Bürgen, nicht in Anspruch genommen zu werden, wird durch § 313 nicht geschützt (BGHZ 104, 240, 242). Das gilt selbst dann, wenn der Grund für die Zahlungsunfähigkeit des Hauptschuldners unvorhersehbar war (BGH aaO). Wegen der bekannten Unbeständigkeit der Steuergesetzgebung kommt eine steuerliche Änderung nur dann als Grundlagenstörung in Betracht, wenn sich die beiderseitige Erwartung des Fortbestandes aus den Verhandlungen ergibt (BGH NJW 67, 1081).

14 **III. Insbesondere die vertragliche oder gesetzliche Risikoverteilung.** Diese wird in I ausdrücklich als „insbesondere" zu berücksichtigender Umstand erwähnt. Sie deckt sich teilweise mit den schon eben für die Vorhersehbarkeit genannten Beispielen. So kann man in dem Verkauf als bloßes „Bauerwartungsland" eine vertragliche Zuweisung des Risikos, die Erwartung werde sich nicht erfüllen, an den Käufer sehen. Zur Verwendung von MAC-Klauseln (material adverse change) in Unternehmenskaufverträgen vergleiche *Hasselbach/Wirtz* BB 05, 842 ff

15 **Gesetzliche Risikozuweisungen** finden sich etwa in § 537 I 1: Der Mieter trägt das Risiko, die (mangelfreie) Mietsache aus einem in seiner Person liegenden Grund nicht verwenden zu können. Auch die Vorschriften über die Gewährleistung schließen § 313 aus (BGHZ 89, 100, 103) und zwar selbst dann, wenn sie im Einzelfall keinen Anspruch begründen (BGH aaO 104). Viel allgemeiner regelt § 276 I 1 das Risiko aus der Übernahme einer Garantie- oder Beschaffungspflicht (vgl *Canaris* FS Wiegand, 05, 179 ff). Ähnlich werden auch dem Geldschuldner die Risiken bei der Beschaffung zugeteilt (dazu *Medicus* AcP 188, 88, 489 ff).

16 Danach kann ein Risiko von einer Vertragspartei auch bloß mit **Einschränkung auf bestimmte Gründe oder Beträge** übernommen werden. Dann kommt eine Störung der Geschäftsgrundlage nur aus anderen Gründen oder bei Überschreiten der Grenze in Betracht. So entscheidet BGHZ 129, 236, 253 f. bei der Vereinbarung einer festen Lizenzgebühr für den Vertrieb von Waren im Ostblock: Hier soll der Lizenznehmer nicht auch das Risiko tragen, dass dieser Markt durch politische Umwälzungen völlig wegbricht. Auch sonst schließt die in Festpreisvereinbarung- geschaffene Risikoverteilung die Berücksichtigung einer unbedachten Störung nicht allemal aus, vgl etwa BGH LM § 242 (Bb) BGB Nr 61.

17 **E. Besondere Ausschlussgründe. I. Selbstwiderspruch.** Auf eine Grundlagenstörung kann sich idR berufen, wer diese selbst vorsätzlich herbeigeführt hat (BGH ZIP 04, 2384, 2388); das wäre nach § 242 unzulässig (dort Rn 43 ff).

18 **II. Erfüllung.** Die Erfüllung der ggf beiderseitigen Verpflichtungen soll die nachträgliche Berufung auf Grundlagenstörungen idR ausschließen (BGHZ 131, 209, 216). Denn bei einem Austauschvertrag entspreche es den typischen Parteivorstellungen, dass spätestens nach Erbringung der Gegenleistung den Leistenden deren Schicksal künftig nichts mehr angehe und deshalb der Leistungsempfänger das Risiko aber auch die Chance der künftigen Weiterentwicklung trage. Diese Entscheidung dürfte jedoch mitgeprägt sein durch die Besonderheiten bei der deutschen Wiedervereinigung: Rechtssicherheit und Rechtsfrieden könnten durch die nachträgliche Berücksichtigung einer Grundlagenstörung weithin tiefgreifend gestört werden. Dagegen kann in anderen Fällen insbesondere das schon anfängliche Fehlen der Geschäftsgrundlage zumindest bei einer ungewöhnlichen Abweichung noch nach der Erfüllung berücksichtigt werden (BGHZ 113, 310, 314 f., auch BGH NJW 92, 2690).

19 **F. Rechtsfolgen. I. Anpassung des Vertrages.** Sie ist nach I die idR eintretende Rechtsfolge. Sie soll „verlangt werden können". Damit entscheidet der Gesetzgeber die alte Streitfrage, ob die Änderung von selbst eintritt oder erst verlangt werden muss, im zweiten Sinn. Es liegt also in der Hand der benachteiligten Partei, ob sie die Folgen der Grundlagenstörung geltend machen will (ebenso wie bei Rücktritt oder Kündigung nach III). Das passt auch zu § 275 II, III, der im gleichen Sinn mit einer Einrede arbeitet. Zugleich ermöglicht die Vertragsanpassung im Einzelfall sachgerechte Lösungen.

20 Der **Anspruch auf Vertragsanpassung** braucht aber nicht zuvor geltend gemacht zu werden, etwa durch eine Klage auf Zustimmung zu einer geforderten Vertragsänderung. Vielmehr soll unmittelbar auf die angepasste Leistung geklagt werden können (BTDrs 14/6040 S 176 und die ganz hM auch *Heinrichs* FS Heldrich 05, 182, 198). Das ist der **Anspruch aus der Anpassung**. Ob daneben der **Anspruch auf Anpassung** eigens eingeklagt werden kann, ist zweifelhaft. Nach *Heinrichs* aaO soll sich freilich der Kläger zunächst um eine Einigung mit dem Beklagten bemüht haben (aaO etwa MüKo/*G H Roth* Rn 93). Eine so zu erzielende Einigung der Parteien ist zwar wünschenswert, kann aber wohl idR schon mangels eines Rechtsschutzbedürfnisses nicht eingeklagt werden. § 313 gibt also wohl keinen einklagbaren Anspruch auf Neuverhandlungen (HK – BGB/*Schulze* Rn 26, im Ergebnis auch *Wiesner* JZ 04, 654, freilich mit einer unnötigen Unterscheidung).

Entsprechend wie der Kläger muss auch der durch die Grundlagenstörung benachteiligte Beklagte behandelt werden: Er muss sich durch Einrede wehren können, wenn von ihm etwas verlangt wird, was er nach der Anpassung nicht zu leisten bräuchte. Vgl MüKo/*G H Roth* Rn 87; *Wiesner* JZ 04, 655 f. 21

II. Möglichkeiten der Anpassung. Oft ist die Anpassung auf mehreren Wegen denkbar. So kann bei der Äquivalenzstörung (u Rn 26) entweder die Leistung vermindert oder die (entwertete) Gegenleistung erhöht werden; zudem kommen noch vermittelnde Lösungen in Betracht. Richtschnur hierfür wird idR der hypothetische Parteiwille sein: Als Vertragsinhalt gilt das, was die Parteien in Kenntnis der Wirklichkeit vereinbart haben würden. So kann im Bsp. eine Erhöhung der Gegenleistung ausscheiden, wenn der Käufer sie nicht aufbringen kann und daher auch nicht vereinbart hätte. 22

Daneben gibt es aber auch vereinzelt **Billigkeitsentscheidungen**, die auf eine Teilung des Risikos hinauslaufen, so etwa, wenn die VW-Sparer nach dem Zweiten Weltkrieg einen Wagen zwar nicht zu den vereinbarten, aber doch zu einem ermäßigten Preis sollten verlangen können (BGH NJW 52, 137 f. und in anderem Auszug JZ 52, 145 ff mit Anm *Kegel*). Auch die Rspr zur Anpassung von Versorgungsbezügen (vgl u. Rn 28) hat keineswegs einen vollen Ausgleich für den Kaufkraftverlust gewährt (vgl *Medicus* FS Flume I aaO 643 f). Hier wird die Vereinbarkeit mit einem hypothetischen Parteiwillen zweifelhaft; es überwiegt das Element einer richterlichen Gestaltung nach der Billigkeit. 23

III. Der Klageantrag. Angesichts der denkbaren Mannigfaltigkeit der Möglichkeiten einer Anpassung kann das Erfordernis eines bestimmten Klageantrags (§ 253 II Nr 2 ZPO) zu Schwierigkeiten führen. Diese mögen sich (auch wie schon bisher) häufig mit Hilfe von § 139 ZPO überwinden lassen (vgl *Heinrichs* FS Heldrich aaO 200 f). In Ausnahmefällen mag man aber an ähnliche Lockerungen des Bestimmtheitserfordernisses denken wie beim Schmerzensgeld (jetzt § 253 II, vgl dort Rn 22 sowie MüKo/*G H Roth* Rn 94 mit Fn 111). 24

IV. Rücktritt oder Kündigung. Rücktritt (oder nach § 314 die Kündigung) ist in III nachrangig vorgesehen, wenn eine Vertragsanpassung nicht möglich oder für einen Teil unzumutbar ist. Die Nachrangigkeit beruht darauf, dass die Auflösung des Vertrags gegenüber seiner Anpassung tiefer in die Privatautonomie eingreift. An eine Auflösung ist insbesondere dann zu denken, wenn der Vertrag bei Voraussicht oder Kenntnis der Grundlagenstörung überhaupt nicht und insbesondere auch nicht mit anderem Inhalt abgeschlossen worden wäre. Hier entspricht die Auflösung der o in Rn 22 betonten Maßgeblichkeit dem hypothetischen Parteiwillen.. 25

G. Einzelne Fallgruppen. I. Äquivalenzstörungen. Diese sind bei gegenseitigen Verträgen in den Grenzen des Zumutbaren unbeachtlich. Das gilt sowohl für eine Wertminderung des Entgelts (insbesondere durch **Geldwertschwund**, etwa BGHZ 86, 167, 186 f) wie auch für Kostensteigerungen bei der Leistungserbringung. Doch ist bei Dauerschuldverhältnissen § 314 zu beachten, nach dem die Bindung an den ungleichgewichtig gewordenen Vertrag wenigstens für die Zukunft uU leichter beendet werden kann. 26

Ausnahmsweise beachtlich sind dagegen Äquivalenzstörungen, bei denen das Gleichgewicht von Leistung und Gegenleistung so stark gestört ist, dass die Grenze des übernommenen Risikos überschritten und das Interesse der benachteiligten Partei auch nicht mehr annähernd gewahrt ist (so etwa BGHZ 77, 194, 198 f). Beim Erbbauzins soll dafür eine Geldentwertung von 60 % genügen (BGHZ 90, 227, 229; 119, 220, 222). Dazu passt freilich kaum BGH NJW 66, 105, wo für einen 1901 vereinbarten Förderzins eine Geldentwertung bis 1963 auf ein Drittel unbeachtlich bleiben soll. 27

Eher ist eine Grundlagenstörung bei einer Vereinbarung über **Ruhegelder oder Pensionen** bejaht worden, die also einem Versorgungszweck dienen: Hier hat BAG NJW 73, 959 ff eine Steigerung der Lebenshaltungskosten von 40 % genügen lassen und BGHZ 61, 31, 35 hat sich dem unter Aufgabe seiner früheren abweichenden Rspr angeschlossen. Später ist dieselbe Problematik durch § 16 des G zur Verbesserung der betrieblichen Altersversorgung vom 19.12.74 speziell geregelt worden. Entsprechend haben auch BGHZ 79, 184, 194 ff; 97, 52, 61 ff erlaubt, bei der Bemessung einer nach § 843 III geschuldeten Kapitalabfindung wegen Arbeitsunfähigkeit die voraussichtlich kommende Geldentwertung zu berücksichtigen. 28

Umgekehrt kann die Äquivalenz aber auch dadurch gestört sein, dass die Leistung nur mit einem **unvorhergesehenen Mehraufwand** oder großen Schwierigkeiten erbracht werden kann. Solche Fälle sind früher oft bei der wirtschaftlichen Unmöglichkeit untergebracht worden. Dorthin passen sie aber nicht mehr ohne weiteres, weil der neue § 275 II, III eine Abwägung mit dem Leistungsinteresse des Gläubigers fordert. Bejaht worden ist eine Grundlagenstörung etwa bei einer Steigerung der Herstellungskosten auf das 15-fache (RGZ 101, 79, 81) oder bei Eingriffen durch die staatliche Wirtschaftslenkung (*P Ulmer* AcP 175, 74, 167 ff, zu Änderungen der Gesetzgebung etwa BAG NJW 80, 1912, 1914 f einerseits und BGH WM 00, 1198 andererseits). 29

II. Scheitern einer Ehe. Zuwendungen zwischen den Ehegatten werden idR auf der Annahme des Fortbestehens der Ehe beruhen. Daher kommt eine Grundlagenstörung in Betracht, wenn sich diese Erwartung nicht erfüllt. Im **gesetzlichen Güterstand** (und analog nach § 6 I 1 LPartG) wird § 313 jedoch idR durch den Zugewinnausgleich verdrängt (BGHZ 65, 320, 324; 115, 132 ff). Doch kommen Ausnahmen in Betracht, wenn das Ergebnis des Zugewinnausgleichs „schlechthin unangemessen und (für den Zuwendenden) unannehmbar ist" (BGHZ 115, 132). Daran ist zu denken, wenn der Zuwendende gerade an der Rückgewähr des gegebenen Gegenstandes und nicht an bloßem Geldausgleich besonders interessiert ist (BGH aaO 138 f). 30

Auch ist ein den Zugewinnausgleich ergänzende Anspruch wegen Zuwendungen schon während der Verlöbniszeit möglich (BGHZ 115, 261, 265 f).

31 **Außerhalb des gesetzlichen Güterstandes** und des damit verbundenen Zugewinnausgleichs soll ein Ausgleich nach den Regeln der Geschäftsgrundlage stattfinden, wenn „bei Scheitern der Ehe die Früchte der geleisteten Arbeit in Gestalt einer messbaren Vermögensmehrung beim andern Partner noch vorhanden sind" (BGHZ 84, 361, 368, ähnlich BGHZ 127, 48, 50 f). Doch sind hier auch andere Konstruktionen angewendet worden, wie etwa die Annahme einer BGB-Innengesellschaft (BGH NJW 82, 170 ff, dazu krit. *K Schmidt* AcP 182, 481 ff) oder die analoge Anwendung der §§ 730 ff (BGHZ 84, 384 ff; NJW 86, 51 ff).

32 **Zuwendungen durch die Schwiegereltern** können gleichfalls auf der Erwartung der Fortdauer der Ehe beruhen (was der Anspruchsteller beweisen muss, BGH NJW 03, 510). Auch bei ihnen hat aber der güterrechtliche Ausgleich zwischen den Ehegatten Vorrang (BGHZ 129, 259, 263). Nur wenn dieser Ausgleich im Ergebnis „schlechthin unangemessen ist und für den Zuwendenden unzumutbar unbillig erscheint", soll der Zuwendende selbst einen Ausgleichsanspruch haben (BGH aaO 266 f).

33 **III. Gemeinsame Grundlagenirrtümer.** Solche Irrtümer sind bei o Rn 30 ff in Gestalt der Erwartung des Fortbestehens einer Ehe begegnet, doch kommen sie auch in anderen Zusammenhängen in Betracht. Dabei handelt es sich idR um bloße nach §§ 119 f unbeachtliche Motivirrtümer. Doch bewirkt die Subsumtion unter die engen Voraussetzungen des § 313 (schwerwiegend, Wesentlichkeit, Unzumutbarkeit), dass eine Wertungskonflikt mit dem Ausschluss von Motivirrtümern durch die §§ 119 f vermieden bleibt.

34 **Kalkulationsirrtümer** werden vom BGH (seit BGHZ 139, 177, 180 ff) als bloße Motivirrtümer angesehen. Das soll selbst dann gelten, wenn der Gegner den Irrtum erkannt hat (BGH aaO 182 ff). Doch soll dem Irrenden dann mit Rechtsbehelfen aus cic oder der Unzulässigkeit der Rechtsausübung geholfen werden können (BGH aaO 184). Dagegen wird die Annahme einer Grundlagenstörung nicht genannt. Das trifft zu: Die Kalkulation eines Angebotspreises ist idR allein Sache des Anbietenden. Das gilt auch, wenn sie dem Gegner mitgeteilt wird (sog offener Kalkulationsirrtum). Eine Ausnahme kommt nur bei einer gemeinsam erarbeiteten Kalkulation in Betracht.

35 Auch beim **gemeinsamen Irrtum über andere** Umstände ist zunächst zu fragen, ob dieser Gegenstand auch die nicht benachteiligte Partei „etwas angeht", also insbesondere auch aus ihrer Sphäre stammt. Das gilt vor allem für den von einer Partei verfolgten Zweck: Ist dieser nicht erreichbar (zB der Patient, für den das gekaufte Medikament bestimmt ist, stirbt oder wird von selbst wieder gesund) so bleibt § 313 unanwendbar (etwa BGHZ 74, 370, 374). Wird dagegen der Zweck zum Vertragsinhalt gemacht, so liegt Unmöglichkeit vor. In der Wirklichkeit dürfte es Fälle, in denen der Verwendungszweck Geschäftsgrundlage iSv § 313 ist, kaum geben.

36 Anerkannt ist aber die Möglichkeit eines rechtserheblichen Grundlagenirrtums bei einem beiderseitigen **Irrtum über die für den Vertrag maßgeblichen Rechtslage** (etwa BGHZ 25, 390, 392 f: Umstellungsverhältnis nach der Währungsreform, oder BGH NJW 05, 2069: Bestehen von Versicherungsschutz). Allerdings scheidet auch hier § 313 aus, wenn der Vertrag nach § 779 verbleibende Zweifel beheben sollte.

37 Dagegen ist die Anwendbarkeit von § 313 abzulehnen **beim beiderseitigen Irrtum über Eigenschaften, die nach § 119 II zur Anfechtung berechtigen** (bejahend aber etwa HK – BGB/*Schulze* Rn 6). Denn hier ist es sachgerecht, dass die durch den Irrtum benachteiligte Partei nach § 119 II (ggf mit der Folge aus § 122) anficht. Denn es war idR ihre Sache, den ihr nachteiligen Irrtum (zB darüber, dass der verkaufte Ring massiv Gold und nicht bloß vergoldet ist) zu vermeiden.

§ 314 Kündigung von Dauerschuldverhältnissen aus wichtigem Grund

(1) ¹Dauerschuldverhältnisse kann jeder Vertragsteil aus wichtigem Grund ohne Einhaltung einer Kündigungsfrist kündigen. ²Ein wichtiger Grund liegt vor, wenn dem kündigenden Teil unter Berücksichtigung aller Umstände des Einzelfalls und unter Abwägung der beiderseitigen Interessen die Fortsetzung des Vertragsverhältnisses bis zur vereinbarten Beendigung oder bis zum Ablauf einer Kündigungsfrist nicht zugemutet werden kann.

(2) ¹Besteht der wichtige Grund in der Verletzung einer Pflicht aus dem Vertrag, ist die Kündigung erst nach erfolglosem Ablauf einer zur Abhilfe bestimmten Frist oder nach erfolgloser Abmahnung zulässig. ²§ 323 Abs. 2 findet entsprechende Anwendung.

(3) Der Berechtigte kann nur innerhalb einer angemessenen Frist kündigen, nachdem er vom Kündigungsgrund Kenntnis erlangt hat.

(4) Die Berechtigung, Schadensersatz zu verlangen, wird durch die Kündigung nicht ausgeschlossen.

1 **A. Funktion.** Bei Dauerschuldverhältnissen (u Rn 4) wird der Umfang der (meist gegenseitigen) Leistungen vom Zeitablauf bestimmt; sie reichen daher in die Zukunft. Deren Entwicklung kann bei Vertragsschluss idR nur unsicher vorausgesehen werden; bei unveränderter Fortgeltung des Vertrages mag es also ein erhebliches Prognoserisiko geben. Dieses können die Parteien selbst durch Anpassungs- (ggf Neuverhandlungs-) Klau-

seln oder die Vereinbarung kurzfristiger Kündigungsmöglichkeiten abmildern. Andererseits leidet darunter aber die Verlässlichkeit des Vertrages, so dass solche Vereinbarungen häufig unterbleiben.

Um die Bindung an unzumutbar gewordene Dauerschuldverhältnisse erträglich zu machen, hat schon das BGB für Dienstvertrag (§ 626) und Gesellschaft (§ 723) eine fristlose Kündigung aus wichtigem Grund vorgesehen. Die Rspr hat das unter Berufung auf eine Analogie oder auf § 242 auf andere Dauerschuldverhältnisse erweitert. Diese Rspr sollte durch das SMG ohne sachliche Änderung übernommen werden (BTDrs 14/6040 S 177).

Nach dieser Zweckbestimmung ist § 314 wenigstens in seinem Kern unabdingbar, obwohl der Text das im Gegensatz zu den §§ 565 V, 723 III BGB, 89a I 2 HGB nicht sagt (etwa AnwK/*Krebs* Rn 28). Zulässig können aber Vereinbarungen sein, nach denen bestimmte Umstände stets einen wichtigen Grund bilden sollen (BGH NJW – RR 88, 381). Möglich muss es auch sein, einen wichtigen Grund speziell zu regeln (zB eine Erhöhung der Beschaffungspreise durch eine Anpassungsklausel) und damit insoweit § 314 auszuschalten.

B. Anwendungsbereich. I. Dauerschuldverhältnisse. Der Begriff Dauerschuldverhältnis stammt aus der Rechtslehre und ist gesetzlich erstmals in den §§ 10 Nr 3, 11 Nr 1 und 12 AGBG aufgenommen worden. Charakteristisch für ein Dauerschuldverhältnis ist: Während seiner Laufzeit entstehen für die Parteien fortlaufend neue Leistungs- und Schutzpflichten; der Gesamtumfang der zu erbringenden Leistung ist also zunächst unbestimmt und hängt von der zeitlichen Dauer ab. Hierzu gehören insbesondere Miete, Pacht, Leihe, Verwahrung, Gesellschaft, Versicherungsvertrag, Schiedsvertrag (BGHZ 51, 79, 82), bei unbestimmter Laufzeit auch Dienstvertrag (BGHZ 106, 341, 343), zudem Darlehen (vgl BGH NJW 01, 1136, 1137) und Bürgschaften auf unbestimmte Zeit (BGH NJW 86, 2308, 2309). Weiter kommen auch untypische Verträge als Dauerschuldverhältnisse in Betracht, insbesondere Bierbezugsverträge, Faktoring, Franchising, Leasing, Lizenzverträge, Unterrichtsverträge, Wartungs- und Pflegeverträge.

Ein Vertrag wird aber nicht allein dadurch zu einem Dauerschuldverhältnis, dass er über eine längere Zeit läuft. Das gilt insbesondere für **Raten- und Teillieferungsverträge**, weil hier der Leistungsumfang von vornherein feststeht, auch bei sukzessiver Lieferung (vgl BGHZ 81, 90, 91 für einen Strombezugsvertrag als Sonderkundenvertrag). Anders ist es dagegen bei einem Dauerlieferungsvertrag, nachdem ein im Umfang noch unbestimmter Bedarf gedeckt werden soll: Hier hängen der Bedarf und damit auch der Leistungsumfang von der Zeitdauer ab. Hierunter fallen insbesondere die Verträge über die Lieferung von Gas, Wasser, Elektrizität, Fernwärme oder elektronischen Leistungen (Telefon, usw).

Die eben genannten Bezugsverträge sind früher als **Wiederkehrschuldverhältnisse** bezeichnet worden. Dieser mit Rücksicht auf den alten § 17 KO gebildete Begriff ist aber aufzugeben: Die mit ihm verbundene Vorstellung, mit jeder Inanspruchnahme werde ein neues Schuldverhältnis begründet, ist lebensfremd. Zudem lässt sie unberücksichtigt, dass schon die ständige Lieferungsbereitschaft des einen Teils eine Leistung darstellt (MüKo/*Gaier* Rn 7).

II. Wichtiger Grund zu Kündigung. 1. Ausgangspunkt. Die Kündigung nach § 314 beruht nicht auf einer Vereinbarung, sondern auf Gesetz. Sie stellt daher eine außerordentliche Kündigung dar, so dass sie eines Grundes bedarf. den I als „**wichtiger Grund**" umschreibt: Dem kündigenden Teil muss die Fortsetzung des Vertrags bis zum Ablauf der vereinbarten Zeit oder der Frist für eine ordentliche Kündigung „unter Berücksichtigung aller Umstände des Einzelfalls und unter Abwägung der beiderseitigen Interessen" unzumutbar sein. Das ähnelt der Beschreibung in § 626 I. Auch in § 313 I verhält es sich ähnlich, wenn man zu den „Umständen" in § 314 I auch die Besonderheiten des jeweiligen Vertragstyps rechnet (s BTDrs 14/6040 S 178).

Ein **Vertretenmüssen** des Kündigungsgegners ist nicht erforderlich (BGH NJW 86, 3134, 3135). Andererseits stellt aber Verschulden einen Umstand dar, der bei der Interessenabwägung bedeutsam sein kann; das gilt für beide Vertragsteile (BGHZ 44, 271, 275). Umstände, die in den Risikobereich allein einer Partei fallen, müssen außer Betracht bleiben (vgl BGHZ 136, 161, 164 für die weitere Verwendbarkeit eines Darlehens). Gleiches gilt für Umstände, deren Berücksichtigung besonders (i. S einer Sicherheitsleistung) geregelt ist (BGHZ 150, 365, 369 ff).

2. Pflichtverletzungen. Insbesondere **Pflichtverletzungen** können einen wichtigen Grund darstellen. Das setzt § 314 II voraus: Dann sollen nach II 1 eine erfolglose Fristsetzung oder eine erfolglose Abmahnung Voraussetzung für die Kündigung sein. Die in II 2 bestimmte entsprechende Anwendung von 323 II bedeutet, dass in den dort genannten Fallgruppen Fristsetzung oder Abmahnung unnötig (weil nicht erfolgversprechend oder zumutbar) sind.

Überhaupt werden Pflichtverletzungen, die nach § 323 zum Rücktritt berechtigen, bei Dauerschuldverhältnissen regelmäßig einen Kündigungsgrund bilden. Denn was bei einem einfachen Schuldverhältnis zum Rücktritt berechtigt, muss bei einem in Vollzug gesetzten Dauerschuldverhältnis idR einen Grund zur Beendigung für die Zukunft bilden (MüKo/*Gaier* Rn 11). Entsprechend wie bei § 324 muss auch eine Schutzpflichtverletzung als wichtiger Grund genügen, wenn sie dem Gläubiger ein Festhalten am Vertrag unzumutbar macht (MüKo/*Gaier* aaO). So werden die Rücktrittsmöglichkeiten nach §§ 323 f und die außerordentliche Kündigung nach § 314 miteinander in Einklang gebracht.

11 Als Besonderheit für Dauerschuldverhältnisse bleibt aber zu bedenken, dass ein Mangel bei einer einzigen Teilleistung in Beziehung gesetzt werden muss zu dem uU viel umfassenderen Leistungsaustausch. Dadurch kann entsprechend § 323 V 2 die für die Teilleistung erhebliche Pflichtverletzung womöglich als für den ganzen Vertrag unerheblich erscheinen, so dass ein Kündigungsrecht entfällt. Anders verhält es sich aber, wenn eine Pflichtverletzung ein Indiz für die Gefahr einer Wiederholung bildet: Dann kann dem Gläubiger ein weiteres Festhalten am Vertrag unzumutbar und folglich ein Kündigungsrecht zu bejahen sein. Denn das bedeutet die irreparable Zerstörung des erforderlichen Vertrauensverhältnisses (etwa BGH NJW 00, 3491, 3492 zu § 723 I 2).

12 **3. Andere wichtige Gründe.** Andere wichtige Gründe hängen gleichfalls mit der erwähnten Zerstörung des Vertrauensverhältnisses zusammen. Dabei kommt auch eine **Verdachtskündigung** in Betracht, insbesondere bei dringendem Verdacht einer schweren Pflichtverletzung (etwa BGH NJW 95, 1110, 1111). Eine Betriebseinstellung zu Insolvenzvermeidung bildet aber idR keinen wichtigen Grund (BGH NJW 05, 1360). Für den Eintritt unvorhergesehener Umstände, insbesondere einer Störung des Äquivalenzverhältnisses, ist der Vorrang von § 313 (u Rn 18) zu beachten: Hier muss zunächst eine Anpassung des Vertrages an die veränderten Verhältnisse versucht werden.

13 **III. Fristsetzung oder Abmahnung.** Dazu § 314 II mit der Verweisung auf § 323 II; vgl o Rn 9. Hier gilt Entsprechendes wie bei § 323, vgl dort Rn 15 ff

14 **IV. Kündigungserklärung.** Die Kündigung ist einseitige, empfangsbedürftige Willenserklärung; sie kann auch durch konkludentes Verhalten erfolgen. Sie ist als Gestaltungsrecht bedingungsfeindlich. Eine Änderungskündigung kann nicht zu einer einseitigen Vertragsänderung führen, sondern lediglich den alten Vertrag beenden und den Antrag zu einem Neuabschluss enthalten. Gleiches gilt für eine sog **objektive Teilkündigung**, die auf einen Vertragsteil beschränkt ist. Dagegen soll eine **subjektive Teilkündigung** (Kündigung gegenüber einem von mehreren Vertragspartnern) möglich sein (MüKo/*Gaier* Rn 16).

15 Die Kündigung ist formlos möglich; auch soll sie keinen Grund anzugeben brauchen (MüKo/*Gaier* aaO). Doch wird sich der Grund regelmäßig aus der Nachfristsetzung oder Abmahnung (§ 314 II 1) ergeben. Wo das (etwa wegen II 2, 323 II) nicht zutrifft, kann aber doch die nach I 2 vorgeschriebene Interessenabwägung die Angabe eines Grundes wenigstens ratsam machen.

16 Nach III muss innerhalb einer angemessenen Frist seit Kenntnis von dem Kündigungsgrund gekündigt werden. Diese Angemessenheit bestimmt sich nicht starr (etwa analog § 626 II, vgl BGHZ 133, 331, 335 mN), sondern nach den Umständen. Wo zunächst eine rechtliche Klärung nötig ist, soll die Frist „grundsätzlich großzügig, dh in Monaten" bemessen werden (BGH aaO). Wenn erst die Beschlussfassung eines Gremiums (zB der Wohnungseigentümerversammlung) herbeigeführt werden muss, kann sich die Frist entsprechend verlängern (BGH NJW – RR 00, 676, 678). Doch darf durch die Verzögerung nicht der Eindruck eines Verzichts auf das Kündigungsrecht entstehen. Bei Handelsvertreterverträgen ist ein Abwarten von zwei Monaten idR schon zu lang (BGH WM 99, 1986, 1989).

17 **V. Konkurrenzen.** Die zahlreichen Sonderregelungen für eine außerordentliche Kündigung (etwa §§ 490, 543, 569, 626, 723 BGB, 89b, 133 HGB, 297 AktG) schließen den allgemeineren § 314 aus (BTDrs 14/6040 S 177; MüKo/*Gaier* Rn 9; Palandt/*Heinrichs* Rn 4).

18 § 313 über Störungen der Geschäftsgrundlage hat gegenüber § 314 Vorrang (BTDrs 14/6040 S 177; *v Haase* NJW 02, 2278, 2279; MüKo/*Gaier* Rn 12 aE). Denn er ermöglicht vor einer Auflösung des Vertrages dessen Anpassung an die wirklichen Verhältnisse. Doch bleibt bei Dauerschuldverhältnissen als subsidiäre Rechtsfolge bei § 313 III 2 statt des Rücktritts idR die Kündigung.

19 Soweit sich der wichtige Grund aus einer Pflichtverletzung ergibt (o Rn 9), liegt idR eine **Konkurrenz** mit §§ **323, 324, 326** vor. Hierbei geht idR § 314 als Sonderregelung für in Vollzug gesetzte Dauerschuldverhältnisse vor; statt des (auf gänzliche Rückabwicklung gerichteten) Rücktritts gibt es also die (nur für die Zukunft wirkende) Kündigung (BGHZ 50, 312, 315; NJW 02, 1870 mN; MüKo/*Gaier* Rn 3; Palandt/*Heinrichs* Rn 12). Doch kommt auch bei bereits vollzogenen Dauerschuldverhältnissen ein Rücktritt in Betracht, wenn eine vollständige Rückabwicklung möglich und nach der Interessenlage der Parteien sachgerecht ist (BGH NJW 02, 1870 mN). Gleiches gilt, wenn das berechtigte Interesse einer Partei die Rückgängigmachung bereits erbrachter Leistung fordert (BGH NJW 98, 2004, 2006).

20 **C. Rechtsfolgen. I. Kündigung.** Die fristlose Kündigung beseitigt das Rechtsverhältnis mit Wirkung für die Zukunft. Es brauchen also keine weiteren Leistungen mehr erbracht zu werden. Der Kündigungsberechtigte kann (aber muss nicht) dem anderen Teil eine Auslauffrist einräumen (BGH NJW 99, 946; MüKo/*Gaier* Rn 19). Die schon für die Zeit vor dem Wirksamwerden der Kündigung erbrachten Leistungen bleiben unberührt. Vorleistungen für die Zeit nach diesem Wirksamwerden sind zu erstatten. Dafür kann man analog § 628 I 3 Rücktrittsrechte anwenden; Bereicherungsrecht gilt dann nur, wenn der Gegner den Rücktrittsgrund nicht zu vertreten hat (MüKo/*Gaier* Rn 20).

II. Schadensersatzansprüche. Nach § 314 IV sollen Schadensersatzansprüche durch die Kündigung nicht 21 ausgeschlossen werden (vgl § 325). Das versteht sich für schon vor dem Wirksamwerden der Kündigung entstandene Ansprüche von selbst. In Betracht kommt aber auch ein auf Schadensersatz statt der Leistung gerichteter Anspruch aus der Vertragsauflösung. Voraussetzung dafür ist, dass der Kündigungsgegner den Kündigungsgrund zu vertreten hat. Allerdings ist dann im Wege der Vorteilsausgleichung anzurechnen, was der Gläubiger wegen der Kündigung spart, also insbesondere die nicht mehr zu erbringende Gegenleistung (BGHZ 94, 180, 194 mN). Doch kann dieser Auflösungsschaden nur bis zu dem Zeitpunkt verlangt werden, zu dem der Schuldner ordentlich hätte kündigen können oder der Vertrag ohnehin ausgelaufen wäre (BGHZ 122, 9, 14 f).

Über § 281 I 2 kann der Gläubiger nach einer Teilleistung, an der er kein Interesse hat, auch Schadensersatz 23 statt der ganzen Leistung verlangen. Dann wird also Schadensersatz auch wegen des schon erbrachten Teils der Leistung geschuldet, und diese ist nach Rücktrittsrecht zurückzugewähren, § 281 V. Bei Dauerschuldverhältnissen wird das freilich selten vorkommen.

D. Prozessuales. Die Beweislast für den Grund und die Rechtzeitigkeit der Kündigung trifft den Kündigen- 24 den. Beim Nachweis einer objektiven Pflichtverletzung soll aber das für die Wichtigkeit des Grundes etwa nötige Verschulden nach § 280 I 2 zu vermuten sein (BGHZ 150, 366, 372).

Die Kündigung bedarf idR **keiner Begründung** (o Rn 15). Im Prozess muss der Kündigende aber den Grund 25 vortragen. Dabei können weitere Gründe nachgeschoben werden, wenn sie bei der Kündigungserklärung schon vorgelegen haben; sonst können sie nur die Bewertung des früheren Verhaltens des Kündigungsgegners beeinflussen (MüKo/*Gaier* Rn 23).

Untertitel 4   Einseitige Leistungsbestimmungsrechte

Vorbemerkungen vor §§ 315 bis 319

Die durch das SMG unverändert gebliebenen §§ 315 bis 319 setzen voraus, dass einer Vertragspartei (§§ 315, 1 316) oder einem Dritten (§§ 317 bis 319) vertraglich ein Recht zur Leistungsbestimmung eingeräumt worden ist. Das liegt nicht schon dann vor, wenn Einzelheiten der geschuldeten Leistung im Vertrag nicht geregelt sind, vielmehr kommen dann vorrangig und in der Praxis wohl überwiegend die folgenden Möglichkeiten in Betracht.

Die Parteien verlassen sich hinsichtlich der von ihnen nicht geregelten Punkte auf die gesetzliche Regelung. 2 Das betrifft etwa Vorschriften über das Entgelt (wie §§ 612 II, 632 II, 653 II BGB, 354 II HGB), über Leistungszeit und -ort (§§ 269, 270) oder die Folgen von Leistungsstörungen. Dann gelten diese Vorschriften.

Lücken im Vertrag können oft durch (ergänzende) Auslegung geschlossen werden. So kann bei üblicherweise 3 entgeltlichen Alltagsgeschäften nach der Verkehrssitte davon ausgegangen werden, das Geschäft solle zu dem vom Anbieter auch sonst geforderten Preis gelten.

Möglich ist weiter, dass die Parteien einen für regelungsbedürftig gehaltenen Punkt versehentlich offen gelas- 4 sen haben. Dann ist , wenn ergänzende Auslegung nicht hilft, der Vertrag nach § 154 im Zweifel nicht geschlossen.

Wenn nur zwischen wenigen Alternativen zu wählen ist, wird regelmäßig eine Wahlschuld nach den §§ 262 f. 5 vorliegen.

Auf untergeordnete Modalitäten der Leistung sind die §§ 315 ff idR unanwendbar, wenn nicht der Vertrag das 6 Gegenteil ergibt (zB die Stunde der Leistung, (vgl MüKo/*Gottwald* § 315 Rn 25). Insoweit ist also der Schuldner frei.

Beim Bestimmungskauf nach § 375 HGB ist der Käufer zur Bestimmung nicht bloß berechtigt, sondern auch 7 verpflichtet.

§ 315 Bestimmung der Leistung durch eine Partei

(1) Soll die Leistung durch einen der Vertragschließenden bestimmt werden, so ist im Zweifel anzunehmen, dass die Bestimmung nach billigem Ermessen zu treffen ist.
(2) Die Bestimmung erfolgt durch Erklärung gegenüber dem anderen Teil.
(3) ¹Soll die Bestimmung nach billigem Ermessen erfolgen, so ist die getroffene Bestimmung für den anderen Teil nur verbindlich, wenn sie der Billigkeit entspricht. ²Entspricht sie nicht der Billigkeit, so wird die Bestimmung durch Urteil getroffen; das Gleiche gilt, wenn die Bestimmung verzögert wird.

A. Voraussetzung. Der Vertrag muss einer Partei das Recht einräumen, durch einseitige, zugangsbedürftige 1 (II mit § 130) Willenserklärung den Inhalt einer Vertragsleistung zu bestimmen. Diese Befugnis bildet ein

Gestaltungsrecht und unterliegt dem für solche Rechte geltenden Einschränkungen: Sie ist bedingungs- und befristungsfeindlich (§ 388 S 2 analog), damit der Erklärungsgegner keiner übermäßigen Ungewissheit ausgesetzt wird. Auch ist sie unwiderruflich.

2   B. **Hauptanwendungsbereich.** Hauptsächlich begegnet § 315 im **Arbeitsrecht**: Der Arbeitgeber kann (in den durch den Vertrag gezogenen Grenzen) kraft seines Direktionsrechts die vom Arbeitnehmer zu erbringende Leistung bestimmen (MüKo/*Gottwald* § 315 Rn 69 ff). Bei manchen höheren Diensten (zB von Ärzten) kann die Vergütung in gewissen Grenzen vom Dienstverpflichteten bestimmt werden. Unter § 315 gehören auch die **Zinsanpassungsklauseln** der Kreditinstitute (u Rn 16). Die Rspr (etwa BGH NJW 03, 1949, 1950 mN Stromtarife, NJW 03, 3131 Wasserversorgung, NJW 87, 1828 Gasversorgung) hat die Anwendung von § 315 III erweitert auf die **Tarife von Monopolbetrieben der Daseinsvorsorge** (dazu letztens *Ehricke* JZ 05, 599 mN, auch *Kunth/Tüngler* NJW 05, 1313, 1314 f); zur Fernwärmeversorgung jetzt ein Gutachten von *Büdenbender(05)*. Richtig ist, dass eine Preiskontrolle über § 315 mit anderen, wirtschaftsrechtlichen Prüfungsmöglichkeiten kollidieren kann (vgl BGHZ 163, 282 zu § 19 I, IV GWB). Nach BGH NJW 05, 1772 sollen für das Entgelt öffentlich-rechtliche Maßstäbe gelten. Sogar bei einer Auslobung kommt § 315 in Betracht, obwohl sie keinen Vertrag bildet (etwa beim Versprechen einer „angemessenen Belohnung"), RGZ 167, 225, 235.

3   C. **Der Ausübungsberechtigte.** Wer zur Ausübung berechtigt ist, muss sich aus der Vereinbarung von Rn 1 ergeben. Gelingt es auch durch Auslegung nicht, ist der Vertrag nach § 154 I im Zweifel unwirksam. Doch enthält hinsichtlich der Gegenleistung § 316 eine die Unwirksamkeit vermeidende Sondervorschrift.

4   D. **Form.** Die Bestimmung ist nach dem Gesetz formfrei möglich. Insbesondere passt § 311 b I schon deshalb nicht, weil die Ausübung des Bestimmungsrechts keinen Vertrag darstellt. Wohl aber kann der Vertrag, aus dem das Bestimmungsrecht erfolgt, einer Form bedürfen (MüKo/*Gottwald* Rn 33). Das gilt etwa, wenn einer der Beteiligten Gefahr läuft, durch die Bestimmung des anderen Teils ein Grundstück veräußern oder erwerben zu müssen.

5   E. **Begründung.** Die Bestimmung bedarf idR keiner Begründung. Doch kann im Streit um die Billigkeit der Bestimmung eine Begründung nachgeholt werden müssen.

6   F. **Die Kontrolle der Rechtsausübung.** Hinsichtlich des Billigkeitsspielraums bei der Rechtsausübung lassen sich drei Stufen unterscheiden.
Billiges Ermessen. Hierauf soll es nach I im Zweifel ankommen. Dieses eröffnet dem Bestimmenden einen gewissen Spielraum; möglich ist also nicht bloß eine „richtige" Entscheidung (BGHZ 41, 271, 280; NJW – RR 91, 1248, 1249). Aber sie muss doch die wesentlichen Umstände und insbesondere auch die Interessen des Bestimmungsgegners berücksichtigen. Etwa eine Preisbestimmung ist dann „billig", wenn sie im Rahmen des Üblichen liegt (BGH NJW-RR 92, 183, 184).

7   **Freies Ermessen:** Hier hat der Bestimmungsberechtigte mehr Spielraum. Das Ermessen soll dann nur durch die §§ 138, 242 begrenzt sein. Eine Ersetzung durch Urteil nach III 2 wird nicht zugelassen (etwa RGRK/*Ballhaus* R12, a. A. etwa MüKo/*Gottwald* Rn 31).

8   **Freies Belieben:** Hier soll die Bestimmung keinerlei Schranken unterliegen. Doch ist eine solche grenzlose Ermächtigung für unwirksam zu halten (anders als bei 319 II für die Bestimmung durch einen Dritten). Denn der Schuldner könnte sich von jeder Verpflichtung befreien; es fehlt dann also an einem durch die Leistungspflicht bestimmten Schuldverhältnis (§ 241 I). Dagegen könnte der Gläubiger die Verpflichtung ins Unermessliche steigern; das verstößt gegen § 138 I.

9   G. **Gerichtliche Kontrolle. I. Billiges Ermessen.** Soll die Bestimmung (wie nach I im Zweifel) billigem Ermessen entsprechen und tut sie das nicht, so ist sie nach III 1 für den anderen Teil unverbindlich. Nach hM (etwa BAGE 18, 54, 59; MüKo/*Gottwald* Rn 43) bedeutet die Unverbindlichkeit aber nicht automatisch die Unwirksamkeit. Vielmehr kann der Bestimmungsgegner nach III 2 eine abweichende gerichtliche Bestimmung herbeiführen können; erst das daraufhin ergehende Gestaltungsurteil soll die unbillige Bestimmung unwirksam machen. Für diese dem Gesetzeswortlaut eher fremde Ansicht spricht, dass sonst ein regelungsloser Zeitraum entstünde.

10 Doch wird diese Annahme einstweiliger Wirksamkeit wesentlich korrigiert: Der Beklagte soll sich gegen eine vom Klägerin unbillig bestimmte Forderung wehren können, ohne dass diese zunächst gerichtlich herabgesetzt worden wäre; das Gericht weist dann die Klage ab, soweit es nach III 2 selbst korrigiert hätte (BGH NJW 00, 2896); es gestaltet also inzident. Entsprechend kann der Kläger, dem gegenüber die Beklagte unbillig bestimmt hat, die für billig gehaltene Leistung einklagen. Auch hier gestaltet das Gericht inzident, indem es das von ihm für billig Gehaltene zuspricht (BGHZ 41, 271, 280). Daneben bleibt freilich die Möglichkeit für den Bestimmungsgegner, die gerichtliche Bestimmung unabhängig von einer Leistungsklage vorsorglich herbeizuführen.

11 II. **Verzögerung.** Wird die Bestimmung durch den Berechtigten verzögert, führt das nach III 2 am Ende gleichfalls zu einer gerichtlichen Entscheidungsbefugnis. Dabei erfordert die Verzögerung keinen Schuldnerverzug iSv § 286. Vielmehr genügt, dass die Bestimmung durch den Berechtigten nicht innerhalb einer objek-

tiv angemessenen Zeit erfolgt (BGHZ 74, 341, 345). Eine Mahnung durch den anderen Teil ist zwar unnötig, kann aber die für das Abwarten nötige Zeit abkürzen.

III. Der Inhalt der gerichtlichen Leistungsbestimmung. Inhaltlich entspricht die gerichtliche Bestimmung nach III 2 nicht dem, was der Bestimmungsberechtigte hätte tun können. Denn der diesem zustehende Ermessensspielraum (o Rn 6) wird dem Gericht weithin versagt. Vielmehr soll sich dieses „tunlich in der Mitte halten" (MüKo/*Gottwald* Rn 29, im Ergebnis auch BGHZ 94, 98, 104 für die Vergütung eines Immobilienmaklers). Nicht vor der gerichtlichen Bestimmung beginnt die Verjährung (BGH NJW 95, 1054, 1055).

IV. Beweislast. Die Beweislast liegt für die Einräumung eines Bestimmungsrechts bei demjenigen, der dieses in Anspruch nimmt. Zusätzlich beweisen muss er ggf, dass ihm mehr Spielraum eingeräumt worden ist als das in I im Zweifel gewährte billige Ermessen (s.o. Rn 7). Endlich muss er die Tatsachen beweisen, aus denen sich die Billigkeit seiner Bestimmung herleiten soll (BGHZ 115, 311, 322). Das gilt auch bei der Anwendung von § 315 III gegen Monopolunternehmern der Daseinsvorsorge (o Rn 2) für die Angemessenheit der Bestimmung „kraft Sachnähe". Abweichendes gilt dagegen für eine Rückforderungsklage (BGH NJW 03, 1449, 1450, vgl *Kunth/Tüngler* NJW 05, 1313). Misslingt der Beweis des Bestimmungsrechts, so sind die o. vor § 315 genannten Rechtsgestaltungen zu erwägen. Bei Misslingen des Beweises für ein freieres Ermessen gilt das Billigkeitserfordernis. Bleiben die für die Billigkeit maßgeblichen Tatsachen unbewiesen, so tritt die in III (vgl o Rn 9f) genannte Rechtsfolge ein.

H. Bestimmungsrecht und AGB. Für eine in AGB dem Verwender gewährtes Bestimmungsrecht gibt es drei Grenzen.

I. § 309. Für die Verwendung, die nicht gegenüber einem Unternehmer (vgl § 14), einer juristischen Person des öffentlichen Rechts oder einem öffentlich-rechtlichen Sondervermögen stattfindet (§ 310 I 1), gilt § 309 Nr 1. Unzulässig ist danach die Einräumung eines Bestimmungsrechts für die Erhöhung des Entgelts für Waren oder Dienstleistungen, die innerhalb von vier Monaten nach Vertragsschluss geliefert oder erbracht werden sollen. Ausnahmen gelten freilich für Dauerschuldverhältnisse (§ 309 Nr 1 aE) sowie für die § 310 II genannten Ver- und Entsorgungsverträge (die freilich meist ohnehin Dauerschuldverhältnisse darstellen).

§ 309 Nr 1 reicht erheblich über den Anwendungsbereich der §§ 315 f hinaus. Denn die AGB-widrigkeit erfasst auch Gleitklauseln, bei denen die Erhöhung des Entgelts derart festgelegt ist, dass es einer Bestimmung durch den Entgeltsgläubiger nicht bedarf und auch keine Raum für ein Ermessen bleibt (vgl § 309 Nr 1 Rn 5).

II. § 308. Gleichfalls nur für die Verwendung gegenüber einem Nichtunternehmer usw (vgl o Rn 14) gilt § 308 Nr 4. Danach soll ein Änderungsvorbehalt des Verwenders unzulässig sein, wenn er auch unter Berücksichtigung der Interessen des Verwenders für den anderen Vertragsteil unzumutbar ist. So kann bei langfristigen Sparverträgen dem Kreditinstitut im Passivgeschäft nicht etwa eine inhaltlich unbegrenzte Möglichkeit zur Zinsänderung eingeräumt werden (BGHZ 158, 149). Entsprechendes gilt für das Aktivgeschäft, also für die von dem Kreditinstitut zu fordern Zinsen: Eine Anpassung an die geänderten Refinanzierungsbedingungen muss sowohl nach oben wie auch nach unten vorgesehen sein. Maßgeblich müssen die Zinsen für vergleichbare Kredite sein; auch müssen die Kreditnehmer innerhalb des eigenen Hauses gleich behandelt werden (BGHZ 97, 212). Das Zins-Grundgefüge darf nicht zum Vorteil der Bank geändert werden (BGH ZIP 93, 1700). Endlich müssen die Änderungen für den Kunden nach Grund und Umfang voraussehbar sein (BGH ZIP 00, 16). Dieses letzte Erfordernis wäre jetzt auch mit dem Transparenzgebot von § 307 I 2 zu begründen.

III. § 307. Für die Verwendung der AGB gegenüber Jedermann und insbesondere auch gegenüber einem Unternehmer sowie für Dauerschuldverhältnisse gilt zusätzlich die Generalklausel in § 307. Dem steht § 307 III 1 selbst dann nicht entgegen, wenn sich das Bestimmungsrecht des AGB-Verwenders auf den Preis (etwa auf den Darlehenszins) bezieht: Zwar ist dessen Höhe der AGB-Kontrolle regelmäßig entzogen. Aber in den Anwendungsfällen des § 315 handelt es sich nicht darum, sondern zum die sehr wohl kontrollfähige Art seiner Festsetzung.

Eine unangemessene Benachteiligung iSv § 307 I 1 wird sich im Wesentlichen aus denselben Kriterien ergeben wie aus den o Rn 16 Genannten. Nur ist der Maßstab bei § 307 etwas weniger streng; etwa mag der Kreis der vergleichbaren Kredite ein wenig weiter gezogen werden. Damit ist der Spielraum für die Bestimmung hier etwas elastischer.

IV. Reihenfolge der Prüfung. Die verschiedenen Möglichkeiten zum Vorgehen gegen eine einseitige Leistungsbestimmung stehen in der folgenden Reihenfolge:

Zunächst ist zu prüfen, ob das in Anspruch genommene Bestimmungsrecht wirklich besteht. Das kann an der Unwirksamkeit der Vereinbarung (etwa nach § 138) oder auch daran scheitern, dass eine andere Gestaltung vorliegt wie o vor § 315 Rn 2 ff angegeben.

Bei Bejahung von (1) ist, wenn das Bestimmungsrecht dem Verwender von AGB zustehen soll, die Wirksamkeit nach den §§ 309 Nr 1, 308 Nr 4 und 307 zu prüfen. Der Unterschied zu (1) besteht darin, dass die Unwirksamkeit nach den §§ 307 ff den Vertrag nach § 306 I regelmäßig im Übrigen wirksam sein lässt (anderes als nach § 139). Die nach § 306 II dann eingreifenden gesetzlichen Vorschriften führen beim Wegfall von Änderungsvorbehalten zur Verbindlichkeit der unveränderten Leistung. Fehlt dagegen eine bestimmte Leistungsvereinbarung überhaupt, so ist der Vertrag in den Grenzen von § 306 III ohne die Leistung wirksam, wenn diese nicht die Gegenleistung darstellt (dann § 316) oder sonst einen unentbehrlichen Vertragsbestandteil bildet (zB die Höhe des zu gewährenden Darlehens).

21 Weiter ist die formal wirksame Ausübung des Bestimmungsrechts zu prüfen, also die Voraussetzungen von § 315 II.

22 Erst an letzter Stelle steht die gerichtliche Billigkeitskontrolle, die aber nicht vorweg angerufen werden muss (o. Rn 10).

§ 316 Bestimmung der Gegenleistung

Ist der Umfang der für eine Leistung versprochenen Gegenleistung nicht bestimmt, so steht die Bestimmung im Zweifel demjenigen Teil zu, welcher die Gegenleistung zu fordern hat.

1 **A. Funktion.** § 316 will die Nichtigkeit von Verträgen verhindern, die aus dem Fehlen einer Bestimmung über die Gegenleistung folgen müsste. Voraussetzung ist, dass die Gegenleistung weder durch gesetzliche Vorschriften (§§ 612 II, 632 II, 653 II) noch durch Vertragsauslegung bestimmt werden kann (BGHZ 94, 98, 101).

2 **B. Anwendungsbereich.** § 316 spricht von der Gegenleistung; das lässt an gegenseitige Verträge denken. Doch steht die Vorschrift nicht bei den §§ 320 ff Daher reicht der Anwendungsbereich weiter und erfasst zB auch den Maklervertrag (BGHZ 94, 98, 100). Doch soll für Immobilienmakler ein einseitiges Bestimmungsrecht gerade nicht dem Parteiwillen entsprechen (BGH aaO 102), weil der Kunde sich dann mit jeder Vergütung abfinden müsste, die gerade noch nicht unbillig ist. Hier soll daher das Gericht den angemessenen Betrag auf einen Mittelwert festlegen dürfen, ohne dass zuvor ein Beteiligter bestimmt hat (BGH aaO 104).

3 Analog soll § 316 gelten, wenn nicht der Umfang der Gegenleistung offen ist, sondern die Art oder Qualität (MüKo/*Gottwald* Rn 4). Ebenso soll die Vorschrift anwendbar sein, wenn die Parteien über die Höhe der Vergütung eine „spätere Einigung" treffen wollten (und diese misslingt, so MüKo/*Gottwald* Rn 5 mN, str).

4 **C. Rechtsfolgen.** Da § 316 nur eine Ergänzung des § 315 bildet, gelten die dort bestimmten Rechtsfolgen: Insbesondere ist im Zweifel nach der Billigkeit zu bestimmen (§ 315 I), und die Bestimmung unterliegt der gerichtlichen Kontrolle und ggf Ersetzung (§ 315 III).

§ 317 Bestimmung der Leistung durch einen Dritten

(1) Ist die Bestimmung der Leistung einem Dritten überlassen, so ist im Zweifel anzunehmen, dass sie nach billigem Ermessen zu treffen sei.
(2) Soll die Bestimmung durch mehrere Dritte erfolgen, so ist im Zweifel Übereinstimmung aller erforderlich; soll eine Summe bestimmt werden, so ist, wenn verschiedene Summen bestimmt werden, im Zweifel die Durchschnittssumme maßgebend.

A. Abgrenzung. Der zur Bestimmung der Leistung berechtige Dritte ist in zweifacher Hinsicht abzugrenzen.

1 **I. Schiedsrichter.** Der durch förmliche (§ 1031 ZPO) Schiedsvereinbarung (§ 1029 ZPO) bestellte Schiedsrichter soll einen Streit zwischen zwei Parteien anstelle des staatlichen Gerichts durch Schiedsspruch (§ 1054 ZPO) entscheiden. Dieser hat die Wirkung eines rechtskräftigen Urteils (§ 1055 ZPO). Nur aus eng begrenzten Gründen kann dessen gerichtliche Aufhebung verlangt werden (§ 1059 ZPO); sonst wird er für vollstreckbar erklärt (§ 1060 ZPO).

2 **II. Schiedsgutachter.** Auch der Schiedsgutachter wird privatrechtlich aufgrund einer Parteivereinbarung tätig. Er soll aber nicht einen Rechtsstreit entscheiden, sondern kraft seiner Sachkunde einzelne Tatbestandselemente einer Rechtsnorm feststellen (zB die Größe eines Grundstücks oder den Verkehrswert eines Kraftfahrzeugs). Diese Feststellung kann oft den Streit zwischen den Parteien erledigen, weil dann die Rechtsfolge klar ist. Zur Vollstreckung bedarf es aber noch eines Gerichtsverfahrens mit Urteil. In diesem Verfahren wird regelmäßig die Feststellung des Schiedsgutachters zugrunde gelegt. Doch ist sie analog § 319 I ausnahmsweise unverbindlich, wenn sie „offenbar unrichtig" ist (BGHZ 43, 374, 376). Die Unrichtigkeit muss sich einem sachkundigen Beobachter ggf nach gründlicher Prüfung sofort aufdrängen (BGH NJW 79, 1885). Haften soll der Gutachter aber nur bei groben Verstößen gegen anerkannte fachwissenschaftliche Regeln (BGHZ 43, 374, 377; RG JW 33, 217).

3 **III. Der Dritte nach § 317.** Der Dritte nach § 317 hat weder wie ein Schiedsrichter die Rechtslage zu erkennen, noch wie ein Schiedsgutachter eine Tatsache festzustellen. Vielmehr soll er die Rechtslage durch die

Bestimmung einer Leistung gestalten und zwar durch Erklärung gegenüber einem Vertragsschließenden, § 318 I. Häufig begegnet das bei einer Neufestsetzung des Erbauzinses, vgl § 9a ErbbRVO.

B. Das Bestimmungsrecht des Dritten. I. Entstehung. Das Bestimmungsrecht des Dritten ergibt sich aus einer **vertraglichen Ermächtigung** durch die Parteien, in deren Verhältnis die Leistung bestimmt werden soll. Doch scheidet das zuständige Gericht als Dritter aus, weil sein gesetzlicher Aufgabenbereich nicht der Parteidisposition unterliegt (BGH NJW 95, 1360, auch schon RGZ 139, 232, 237). Möglich ist aber eine Anpassungsklausel, der zufolge die Anpassung (eines Erbbauzinses) entsprechend §§ 315 III, 319 I 2 durch Urteil erfolgen soll (BGHZ 71, 276, 284; NJW aaO). 4

Die Person des oder der (vgl § 317 II) Dritten muss **bestimmt oder wenigstens bestimmbar** sein. Die Benennung kann auch einer Behörde übertragen werden (etwa dem Präsidenten des OLG). Dagegen soll nicht mehr § 317 anwendbar sein, sondern der strengere § 315, wenn der Dritte einer Partei erkennbar nahe steht, zB im Arbeitsrecht einem Arbeitgeberverband (BAG DB 88, 1273). Das ist richtig, weil sich das BGB den Dritten als neutral vorstellt (vgl § 319 II). 5

II. Ausübung. Nach I ist die Bestimmung durch den Dritten im Zweifel nach billigem Ermessen zu treffen. Da dieses u. U. mehrere „richtige" Entscheidungen zulässt (vgl § 315 Rn 6), können mehrere Bestimmungsberechtigte verschieden entscheiden. Dann soll nach II HS 1 im Zweifel Übereinstimmung nötig sein, also nicht Stimmenmehrheit genügen. Gelingt keine Einigung, entscheidet nach § 319 I 2 das Gericht. 6

Bei verschieden bestimmten Summen soll nach II HS 2 im Zweifel der Durchschnitt gelten. BGH NJW 64, 2401 nimmt jedoch den Fall aus, dass die bestimmten Summen so stark voneinander abweichen, dass entweder eine oder alle beide offenbar unbillig sein müssen: Dann ist die Bestimmung misslungen, so dass nach § 319 I 1 das Gericht zu entscheiden hat. 7

§ 318 Anfechtung der Bestimmung

(1) Die einem Dritten überlassene Bestimmung der Leistung erfolgt durch Erklärung gegenüber einem der Vertragschließenden.
(2) ¹Die Anfechtung der getroffenen Bestimmung wegen Irrtums, Drohung oder arglistiger Täuschung steht nur den Vertragschließenden zu; Anfechtungsgegner ist der andere Teil. ²Die Anfechtung muss unverzüglich erfolgen, nachdem der Anfechtungsberechtigte von dem Anfechtungsgrund Kenntnis erlangt hat. ³Sie ist ausgeschlossen, wenn 30 Jahre verstrichen sind, nachdem die Bestimmung getroffen worden ist.

A. Funktion. I entspricht für die Ausübung des Bestimmungsrechts im Wesentlichen dem § 315 II (dort Rn 4). Dagegen behandelt II eine Besonderheit, die sich durch die Einschaltung eines Dritten ergibt: Dieser wird von Mängeln seiner die Bestimmung enthaltenden Willenserklärung nicht selbst betroffen. Daher fehlt ihm auch ein eigenes Interesse an einer Anfechtung. Das will II ausgleichen. 1

B. Einzelheiten zu II. II lässt eine Anfechtung nach §§ 119, 120, 123 nur durch den (benachteiligten) Vertragsschließenden zu. Diese muss entgegen § 124 nicht in Jahresfrist, sondern unverzüglich nach der Entdeckung erfolgen. Dabei soll § 123 II unanwendbar sein (Palandt/*Heinrichs* Rn 2). Ist die Bestimmung zugleich nach § 319 I unverbindlich, soll die Partei die Wahl zwischen der Anfechtung und dem Vorgehen nach § 319 I haben (RG DR 43, 296). Bei mehreren Bestimmungsberechtigten genügt ein Anfechtungsgrund bei einem von ihnen (RG Seu ffA 97, 13). 2

§ 319 Unwirksamkeit der Bestimmung; Ersetzung

(1) ¹Soll der Dritte die Leistung nach billigem Ermessen bestimmen, so ist die getroffene Bestimmung für die Vertragschließenden nicht verbindlich, wenn sie offenbar unbillig ist. ²Die Bestimmung erfolgt in diesem Falle durch Urteil; das Gleiche gilt, wenn der Dritte die Bestimmung nicht treffen kann oder will oder wenn er sie verzögert.
(2) Soll der Dritte die Bestimmung nach freiem Belieben treffen, so ist der Vertrag unwirksam, wenn der Dritte die Bestimmung nicht treffen kann oder will oder wenn er sie verzögert.

A. Funktion. § 319 berücksichtigt, dass die Leistungsbestimmung durch einen nicht betroffenen Dritten weniger bedenklich ist als diejenige durch eine betroffene Vertragspartei selbst. Daher soll nach I 1 (anders als nach § 315 III 1) die Bestimmung nur dann unverbindlich sein, wenn sie offenbar unbillig ist. Auch soll dem Dritten ein Bestimmungsrecht nach freien Belieben eingeräumt werden können, II. 1

B. Einzelheiten. Offenbare Unbilligkeit liegt (wie beim Schiedsgutachten, vgl § 317 Rn 2) nur dann vor, wenn „die Leistungsbestimmung in grober Weise gegen Treu und Glauben verstößt und sich dies bei unbefangener sachkundiger Prüfung sofort aufdrängt" (BGH NJW 91, 2761). Es muss sich um eine erhebliche Abweichung von dem für richtig gehaltenen Ergebnis handeln. Eine Abweichung von ca. 18% erfüllt dieses Erfordernis nicht (BGH LM § 317 BGB Nr 8). 2

3   Eine offenbar unbillige Bestimmung kann nach I 2 durch Urteil ersetzt werden. Hierfür gilt Entsprechendes wie für § 315 III 2 (s dort Rn 9 ff).

4   Bei einer (gefährlichen) Ermächtigung zu einer **Leistungsbestimmung nach freien Belieben** (s § 315 Rn 8) kann diese nicht durch Urteil ersetzt werden, weil die Parteien sich hier gerade dem Dritten anvertrauen wollten. Doch kann auch diese Bestimmung nach § 134 oder 138 nichtig sein. Dann oder wenn die Bestimmung durch den Dritten unmöglich ist (zB der Dritte ist gestorben) oder verzögert wird (s § 315 Rn 11), ist nach § 139 im Zweifel der ganze Vertrag mit der nicht wirksam bestimmten Leistung unwirksam.

Titel 2   Gegenseitiger Vertrag

Vorbemerkungen vor §§ 320 ff

1   **I. Funktion der §§ 320 ff.** Am wichtigsten unter den seit § 311 behandelten vertraglichen Schuldverhältnissen sind diejenigen aus **gegenseitigen Verträgen** (u. Rn 3). Bei diesen verspricht jede Partei ihre Leistung, damit auch die andere Partei die Gegenleistung verspricht. Leistung und Gegenleistung stehen hier also in einem auch als Synallagma bezeichneten Zusammenhang.

2   Dieser Zusammenhang zeigt sich schon bei der **Entstehung der Verpflichtungen** daran, dass ohne die Verpflichtung zur Leistung auch diejenige zur Gegenleistung nicht entsteht. Denn die Unwirksamkeit des Versprechens der einen Partei macht den ganzen Vertrag und damit auch das Versprechen der anderen Parteien unwirksam. Die §§ 320 bis 326 tragen diesem Zusammenhang zudem beim weiteren Schicksal gegenseitigen Vertrages Rechnung nach der Maxime: Ohne Leistung keine Gegenleistung (Ausnahmen §§ 323 VI, 326 II). Technische Mittel zur Durchsetzung dieser Maxime sind Leistungsverweigerungsrechte (§ 320 bis 322) und die Auflösung des Vertrages idR durch Rücktritt (§§ 323, 324, 326 V). Alternativ kann die gestörte Leistung – und zwar unabhängig vom Vorliegen eines gegenseitigen Vertrages – auch surrogiert werden und zwar durch Schadensersatz statt der Leistung (§§ 280 I, III, 281 bis 283) oder Aufwendungsersatz (§ 284), endlich durch einen vom Schuldner erlangten Ersatz oder Ersatzanspruch (§ 285).

3   **II. Gegenseitige Verträge.** Gegenseitige Verträge sind unter den Typenverträgen des BGB Kauf, Tausch, Teilzeit-Wohnrechtsverträge, Miete, Pacht, Dienst- und Werkvertrag mit Reisevertrag, weiter die Geschäftsbesorgungsverträge nach §§ 675 I, 676c, 676d und 676f. Gegenseitige Verträge sind bei Entgeltlichkeit auch das Darlehen und die Verwahrung.

4   **Notwendig nicht gegenseitig** sind dagegen die Schenkung, die Leihe und der (echte) Auftrag, auch der der Mäklervertrag in seiner Ausgestaltung durch die §§ 652 ff: Danach ist der Mäkler nicht zum Tätigwerden verpflichtet; er erlangt seinen Lohnanspruch aber erst durch die Herbeiführung des Vermittlungserfolges. Doch ist hier eine andere vertragliche Gestaltung möglich und nicht selten, dann kann der Mäklervertrag gegenseitiger Vertrag sein (§ 652 Rn 4).

5   **Außerhalb der Typenverträge des BGB** sind gegenseitig die Typenverträge des HGB (Kommission, Spedition, Lager- und Frachtfrachtvertrag) weiter der Verlagsvertrag und nach richtiger Ansicht auch der Versicherungsvertrag (vgl MüKo/*Emmerich* Rn 28). Auch die nicht gesetzlich vertypten „modernen" Vertragsarten, wie Leasing, Fakturing, Franchising, Sponsoring, sind in aller Regel gegenseitig ebenso der Vertrag über zu entgeltendes Wettbewerbsverbot.

6   Die **Bürgschaft** kennt in ihrer gesetzlichen Ausgestaltung durch § 765 kein Entgelt; sie verpflichtet den Bürgen nur einseitig. Die Vereinbarung eines Entgelts zwischen dem Bürgen und dem Gläubiger kommt wohl auch kaum in vor. Dagegen wird ihr häufig ein entgeltlicher Vertrag zwischen dem Bürgen und dem Schuldner zugrunde liegen, der aber die Bürgschaft selbst nicht zu einem gegenseitigen Vertrag macht.

7   Beim **Vergleich** (§ 779) ist zweifelhaft, ob schon das nötige „gegenseitige Nachgeben" zum Vorliegen eine gegenseitigen Vertrages führt (vgl *Bork*, Der Vergleich, 88, 170 ff mN). Jedenfalls ist Gegenseitigkeit anzunehmen, wenn jede Partei ihre Leistung gerade wegen der Leistung der anderen verspricht (BGHZ 116, 319, 330 mN für einen Sanierungsvergleich).

8   Am heftigsten umstritten ist der Charakter als gegenseitiger Vertrag bei der **Gesellschaft**, § 705. Ausgleichend wird formuliert, auch Gesellschaftsverträge seien grundsätzlich gegenseitige Verträge; von Fall zu Fall könnten aber bei der Anwendung der §§ 320 bis 326 mit Rücksicht auf die Eigenart von Gesellschaftsverträgen Modifikationen erforderlich sein (so MüKo/*Emmerich* Rn 7). Das lässt aber den Umfang dieser Modifikationen im Dunkeln. So kommt MüKo/*Emmerich* aaO für § 320 bei mehr als zweigliedrigen Gesellschaften nur in Ausnahmefällen zur Anwendbarkeit (§ 320 Rn 21). Dagegen unterscheidet *K Schmidt* (GesR § 20 III 2, 3, 5) für die Einforderung der Beiträge zwischen organisierten und nicht organisierten Gesellschaften: Nur bei den Letzteren soll § 320 passen. Für andere Fragen soll zwischen dem Beitragsverhältnis (zwischen den Gesellschaftern und der Gesellschaft) und dem Verbandsverhältnis (dem Gesellschaftsverhältnis im Ganzen) unterschieden werden. Die Frage wird dadurch weiter kompliziert, dass die Rspr seit BGHZ 142, 315 eine Teilrechtsfähigkeit für (manche?) BGB-Gesellschaften anerkennt. Danach werden Rechtsbeziehungen der

Gesellschafter zueinander stark abgeschwächt; es dominiert das Verhältnis Gesellschafter – Gesellschaft, was zu noch stärkeren Modifikationen bei der Anwendbarkeit der §§ 320 ff führen würde. Die Frage nach der Gegenseitigkeit des Gesellschaftsvertrages kann in der Tat kaum im Ganzen beantwortet werden, sondern stets nur für einzelne Problemlagen (so unbequem das auch sein mag).

§ 320 Einrede des nicht erfüllten Vertrags

(1) ¹Wer aus einem gegenseitigen Vertrag verpflichtet ist, kann die ihm obliegende Leistung bis zur Bewirkung der Gegenleistung verweigern, es sei denn, dass er vorzuleisten verpflichtet ist. ²Hat die Leistung an mehrere zu erfolgen, so kann dem einzelnen der ihm gebührende Teil bis zur Bewirkung der ganzen Gegenleistung verweigert werden. Die Vorschrift des § 273 Abs. 3 findet keine Anwendung.
(2) Ist von der einen Seite teilweise geleistet worden, so kann die Gegenleistung insoweit nicht verweigert werden, als die Verweigerung nach den Umständen, insbesondere wegen verhältnismäßiger Geringfügigkeit des rückständigen Teils, gegen Treu und Glauben verstoßen würde.

A. Funktion. Entsprechend der Maxime „ohne Leistung keine Gegenleistung" (vor § 320 Rn 2) muss der (nicht vorleistungspflichtige, vgl u. Rn 3) Gläubiger schon vor dem Auftreten von Leistungsstörungen davor geschützt werden, die Leistung erbringen zu müssen, ohne die Gegenleistung zu erhalten. Der Gläubiger soll daher einredeweise eine Erfüllung Zug um Zug (§ 322) verlangen können (§ 320 ist durch das SMG nicht verändert). Dieses Leistungsverweigerungsrecht übt auf den Schuldner Druck aus, die Gegenleistung wenigstens anzubieten. Auch wird der Gläubiger vor dem Risiko aus einer (nicht geschuldeten) Vorleistung geschützt. 1

B. Voraussetzungen. I. Gegenseitigkeit der Forderungen. I 1 spricht von Leistung und Gegenleistung. Daraus folgt, dass hier die fraglichen, aus einem wirksamen gegenseitigen Vertrag stammenden Pflichten miteinander in einem synallagmatischen Zusammenhang stehen müssen (vgl § 323 Rn 2; RGZ 54, 123, 125). Bei andern Pflichten kann sich ein Leistungsverweigerungsrecht nur aus dem (schwächeren) § 273 ergeben (MüKo/*Emmerich* Rn 51; Soergel/*Wiedemann* Rn 32 ff; Palandt/*Heinrichs* Rn 4). Nicht unter § 320 fällt zB die Rückgabepflicht des Mieters aus § 546 (RGZ 108, 137, 138). Der Mieter kann also die Rückgabe nicht nach § 320 verweigern, weil er noch Forderungen aus dem Mietvertrag habe. 2

II. Keine Vorleistungspflicht. Nach Wortlaut und Sinn des § 320 wird ein Leistungsverweigerungsrecht des Gläubigers durch seine Pflicht zur Vorleistung ausgeschlossen. Eine solche Pflicht kann auf **Gesetz oder Vereinbarung** beruhen. Gesetzliche Vorschriften über Vorleistungspflichten sind etwa die §§ 556 b, 579, 581 II, 587 I, 614, 640, 641. Dabei hat der Werkunternehmer freilich nur insofern vorzuleisten, als er das Werk zunächst ohne Gegenleistung fertigstellen muss; die Vergütung kann er dann Zug um Zug gegen die Abnahme verlangen, § 641. Doch wird die Vorleistungspflicht jetzt durch § 632a abgeschwächt. Vorleistungspflichten aufgrund einer Vereinbarung liegen insbesondere in einer Kreditierung der Gegenleistung, zB bei Abzahlungsgeschäften. 3

Bei Vorleistungspflichten ist zu unterscheiden zwischen **beständigen und unbeständigen**. Bei letzteren sind für Leistung und Gegenleistung voneinander verschiedene feste Termine bestimmt. Nach Eintritt des früheren Termins ist der betroffene Schuldner zunächst vorleistungspflichtig; das endet aber, wenn auch der spätere Termin eingetreten ist. Danach gilt wieder § 320. Dagegen besteht bei der beständigen Vorleistungspflicht stets ein Abstand zwischen den Terminen (zB „Zahlung vier Wochen nach Lieferung"); hier gilt § 320 für die später zu erbringende Leistung ständig. 4

Für die Vereinbarung einer Vorleistungspflicht sind **im Handelsverkehr vielfach Klauseln** üblich, so etwa „Netto Kasse gegen Faktura"; danach muss sofort nach Eingang der Rechnung gezahlt werden, ebenso bei „Kassa gegen Konnossement" (RGZ 59, 23, 25). Häufig sind Vorleistungspflichten bei umfangreichen Werkverträgen, wo bestimmte Teile schon nach deren Fertigstellung bezahlt werden müssen (vgl jetzt § 632a). 5

Unwirksam wird eine Vorleistungspflicht nach § 321 (vgl dort). Darüber hinaus kommt § 242 in Betracht. So soll eine Vorleistung etwa unzumutbar sein, wenn der Empfänger die ihm obliegende Gegenleistung ernsthaft und endgültig verweigert (vgl BGHZ 50, 175, 177), etwa weil er die Vertragswirksamkeit leugnet (BGHZ 88, 240, 248 mN; MüKo/*Emmerich* Rn 27). Gleiches gilt, wenn er die Gegenleistung für unmöglich erklärt (BGHZ 11, 80 84 f). 6

Str ist dagegen, ob in solchen Fällen der Beklagte regelmäßig nach §§ 320, 322 zur Leistung Zug um Zug zu verurteilen (so MüKo/*Emmerich* Rn 29) oder ob die Klage abzuweisen ist (so bisw die Rspr: Es sei sinnlos, dem Kläger ein Recht zuzusprechen, dessen Ausübung er von vornherein abgelehnt habe, BGHZ 50, 175, 177 f). Wenigstens idR dürfte der ersten Ansicht zu folgen sein. Doch kann der zunächst Vorleistungspflichtige die Auflösung des Vertrages nach § 323 betreiben (eine Fristsetzung kann nach § 323 II 1 unnötig sein); vgl MüKo/*Emmerich* Rn 37 f. 7

III. Wirksamkeit der Gegenforderung. Die Forderung auf die Gegenleistung, derentwegen sich der Schuldner mit § 320 verteidigt, muss wirksam sein. **Verjährung** schadet aber nicht, wenn die beiden Ansprüche sich 8 einmal unverjährt gegenübergestanden haben, § 215. Ist zweifelhaft, ob der Gläubiger die ihm obliegenden Leistung erbringen kann, darf der Schuldner sich mit § 320 wehren und so den Gläubiger zum Nachweis seiner Leistungsfähigkeit zwingen (BGH WM 56, 314; MüKo/*Emmerich* Rn 35).

9 **IV. Kein Ausschlusstatbestand.** Ebenso wie bei der Frage nach der Vorleistungspflicht (u Rn 7) kommt § 242 auch für die Ausübung des Einrederechts in Betracht. Den Spezialfall der Unverhältnismäßigkeit nennt II: Bei einer Teilleistung kann die Gegenleistung insoweit verweigert werden, als ein Verstoß gegen Treu und Glauben vorläge, insbesondere wegen verhältnismäßiger Geringfügigkeit des noch rückständigen Teils. Hieraus ergibt sich umgekehrt als Regel, dass auch nach einer Teilleistung noch die ganze Gegenleistung verweigert werden kann (vgl MüKo/*Emmerich* Rn 51, 53). Aus dem Wortlaut von II („insoweit") folgt aber, dass bei Unzulässigkeit einer Verweigerung der ganzen Gegenleistung eine verhältnismäßige Teilverweigerung zulässig sein soll.

10 Ganz unzulässig ist nach § 242 die Einrede, wenn die Verweigerung der Gegenleistung dem Gläubiger **nicht wieder gutzumachenden Schaden** zufügen würde. Das kommt insbesondere bei Unterlassungspflichten in Betracht, wenn das Zuwiderhandeln (zB ein Geheimnisverrat) nicht wieder rückgängig gemacht werden kann (BGH WM 74, 369; BAG NJW 83, 2896, 2897: „§ 320 gewährt eine Zurückbehaltungsrecht, erlaubt es aber nicht, einen Anspruch unmöglich zu machen"). Vereinzelt ist auch auf die besondere Lästigkeit für den Gläubiger abgestellt worden (Frankf MDR 85, 502, 503). Dabei ist jedoch zu bedenken, dass die Leistungsverweigerung den anderen Teil zur Gegenleistung veranlassen soll und daher einen gewissen Druck ausüben muss.

11 Keinen Ausschlusstatbestand stellt es dagegen dar, wenn sich der Schuldner hinsichtlich der Gegenleistung in Gläubigerverzug befindet (BGH BB 95, 1209; MüKo/*Emmerich* Rn 36). Denn durch den Verzug wird das Synallagma nicht aufgehoben. Wenn das Urteil den Annahmeverzug feststellt, kann der Gläubiger aus dem Urteil ohne weiteres vollstrecken (§§ 726 II, 756, 765 ZPO). Gleichfalls keinen Ausschlusstatbestand bildet eine Sicherheitsleistung durch den Schuldner, I 3.

12 **C. Rechtsfolgen. I. Verurteilung nur nach § 322.** § 320 begründet eine Einrede, auf die sich der Schuldner zur Vermeidung eines unbeschränkten Urteils berufen muss (kann ... verweigern). Entsprechend verlangt § 322 I die Geltendmachung des Leistungsverweigerungsrechts (BGHZ 116, 244, 251). Die Einrede kann auch konkludent (etwa durch das Bestreiten des Erbringens der Gegenleistung) oder außerprozessual erhoben werden, doch muss das (gleich durch welche Partei) in den Prozess eingeführt worden sein (MüKo/ *Emmerich* Rn 57).

13 Unterlässt der Schuldner die Geltendmachung, so ist er ohne Einschränkung zu verurteilen. Er kann auch nicht nach § 813 kondizieren, weil dort eine dauernde Anrede verlangt wird.

14 **II. Der Ausschluss von Schuldnerverzug.** Während nach den §§ 320, 322 die Einrede erhoben werden muss, genügt schon ihre bloße Existenz für den Ausschluss von Schuldnerverzug beim Einredeberechtigten (etwa BGHZ 116, 244, 248 mN). Der andere Teil kann den Verzug nur dadurch herbeiführen, dass er seine Gegenleistung in einer Weise anbietet, die nach §§ 294, 295 Gläubigerverzug herbeiführt (BGH aaO, ausführlich *U Huber I* § 12 III 1). Ob der Schuldner sich wenigstens nachträglich auf § 320 berufen muss, ist str. (vgl *Huber I* § 12 III 1c). Eine Gegenansicht zur hM (etwa *Fikentscher* § 45 II 4c) lässt es genügen, dass der Schuldner zur Gegenleistung „bereit und imstande" ist. Aber allein hierdurch wird die Erbringung der Gegenleistung nicht ausreichend sichergestellt.

15 **III. Mehrheit von Gläubigern, I 2.** I 2 behandelt den Fall, dass bei einer Gläubigermehrheit jeder der Gläubiger einen Teil der Leistung verlangen kann (§ 420): Dann soll der Schuldner die Einrede aus I 1 gegenüber jedem bis zur Bewirkung der ganzen Gegenleistung haben; er soll sich also nicht auf eine Teilung der Gegenleistung einlassen müssen. In den Fällen von §§ 428, 432, also wenn ein Gläubiger oder alle Gläubiger nur die ganze Leistung verlangen können, tritt die Folge von I 2 ohnehin ein, wenn noch ein Teil der Gegenleistung aussteht (vorbehaltlich von II).

16 Bei Gesamtschuldnern folgt die Anwendbarkeit von I 1 schon bei Ausstehen noch eines Teils der Gegenleistung aus § 421 (MüKo/*Emmerich* Rn 42).

17 **IV. Wechsel oder Scheck.** Auch gegenüber der Inanspruchnahme aus einem Wechsel oder Scheck für die Leistung aus einem gegenseitigen Vertrag gilt idR I 1: Diese Inanspruchnahme muss sich im Rahmen des zwischen den Parteien vereinbarten Zwecks halten, wenn nicht aus den Umständen ein Verzicht des Begebers auf die Einrede folgt (BGHZ 57, 292, 300 f.; 85, 346, 348 f; MüKo/*Emmerich* Rn 43).

18 **D. Einzelne Anwendungsbereiche.** Beim Kauf sind frühere Streitfragen (zu ihnen MüKo/*Emmerich* Rn 5) durch das SMG überholt: Unzweifelhaft kann jetzt der Käufer auch nach Lieferung einer mangelhaften Sache noch den Kaufpreis nach § 320 verweigern, weil er nach §§ 437 Nr 1, 439 zunächst Nacherfüllung fordern kann.

19 Bei **Sukzessivlieferungsverträgen und Dauerlieferungsverträgen** handelt es sich auch bei verschiedenen Lieferungsteilen doch um Verpflichtungen aus demselben Vertrag. Daher kann jede Partei § 320 einwenden, selbst wenn der Leistungsrückstand des anderen Teils eine frühere Leistungseinheit oder Periode betrifft.

Bei der **Miete** ist zwar der Raummieter nach §§ 556 b I, 579 II vorleistungspflichtig. Doch bleibt es trotzdem bei § 320, wenn der Vermieter seine Überlassungspflicht nach § 535 I 2 nicht erfüllt (BGH NZM 98, 766; MüKo/*Emmerich* Rn 9). Gleiches gilt bei Mangelhaftigkeit der Mietsache wegen des Mängelbeseitigungsanspruchs aus § 535 I 2. Freilich wird § 320 hier nur benötigt, soweit nicht der Mietzins schon nach § 536 gemindert ist. 20

Bei **Dienstverträgen** kommt § 320 grundsätzlich für beide Vertragsparteien in Betracht. Doch kann die Leistungsverweigerung des Dienstverpflichteten nach § 242 unzulässig sein, wenn sie zur Unmöglichkeit führt (o Rn 10). Str ist dagegen, ob der Dienstberechtigte das Entgelt wegen bloßer Schlechtleistung zurückbehalten kann (vgl MüKo/*Emmerich* Rn 12). Das Problem liegt darin, dass diese Zurückbehaltung auf eine für den Dienstvertrag nicht vorgesehene Minderung hinauslaufen könnte (für Zurückbehaltung etwa MüKo/*Emmerich* Rn 12, dagegen BGH NJW 04, 2817; Palandt/*Heinrichs* Rn 9; *Ulrich* NJW 84, 585). 21

Bei **Arbeitsverträgen** soll eine Zurückbehaltung des Lohns wegen Schlechtleistung auch nach *Emmerich* aaO wegen der besonderen Schutzbedürftigkeit des Arbeitnehmers unzulässig sein. Diese Unterscheidung befriedigt aber kaum, weil auch Selbständige auf ihr Entgelt angewiesen sein können. 22

Bei **Werkverträgen** spielt § 320 insbesondere für den Bauvertrag eine große Rolle. Hierfür finden sich Sonderregeln außer in der VOB/B in den §§ 632 a (Abschlagszahlungen) und 641 III (nach der Abnahme kann nur ein „angemessener Teil der Vergütung" verweigert werden und zwar mindestens das Dreifache der Kosten für die Mängelbeseitigung), also im Gegensatz zu § 320 nicht der ganze Werklohn. Vgl dazu § 641 Rn 12. 23

§ 321 Unsicherheitseinrede

(1) ¹Wer aus einem gegenseitigen Vertrag vorzuleisten verpflichtet ist, kann die ihm obliegende Leistung verweigern, wenn nach Abschluss des Vertrags erkennbar wird, dass sein Anspruch auf die Gegenleistung durch mangelnde Leistungsfähigkeit des anderen Teils gefährdet wird. ²Das Leistungsverweigerungsrecht entfällt, wenn die Gegenleistung bewirkt oder Sicherheit für sie geleistet wird.
(2) ¹Der Vorleistungspflichtige kann eine angemessene Frist bestimmen, in welcher der andere Teil Zug um Zug gegen die Leistung nach seiner Wahl die Gegenleistung zu bewirken oder Sicherheit zu leisten hat. ²Nach erfolglosem Ablauf der Frist kann der Vorleistungspflichtige vom Vertrag zurücktreten. ³§ 323 findet entsprechende Anwendung.

A. Funktion. § 320 versagt für den Vorleistungspflichtigen (§ 320 Rn 3 f). Eine Vorleistungspflicht wird idR im Vertrauen darauf übernommen, der Anspruch auf die Gegenleistung werde nicht durch Zahlungsunfähigkeit des Schuldners gefährdet sein. Diese Annahme kann sich als unbegründet herausstellen. Dann will der (durch das SMG wesentlich veränderte) § 321 dem Vorleistungspflichtigen helfen. 1

B. Voraussetzungen. I. Vorleistungspflicht aus gegenseitigem Vertrag. Es muss sich wie bei § 320 um gegenseitige Forderungen aus einem gegenseitigen Vertrag handeln (vgl dort Rn 2) und es muss hinsichtlich einer solchen Forderung eine Vorleistungspflicht bestehen (vgl § 320 Rn 3 ff). Ob diese auf Gesetz oder Vereinbarung beruht, bleibt gleich. 2

II. Gefährdung des Anspruchs auf die Gegenleistung. Der Anspruch auf die Gegenleistung für die Vorleistungspflicht muss objektiv gefährdet sein, und zwar durch mangelnde Leistungsfähigkeit des anderen Teils, I 1. Worauf der Mangel der Leistungsfähigkeit beruht, bleibt gleich. So kommen neben schlechten Vermögensverhältnissen auch Leistungshindernisse aus Export- oder Importverboten, Kriegsereignissen, Zusammenbrüchen von Zulieferern sowie aus Krankheit des Schuldner oder seiner unentbehrlichen Mitarbeiter (BTDrs. 14/6040 S 179). 3

III. Erkennbarwerden der Gefährdung nach Vertragsabschluss. Diese Gefährdung darf erst nach dem Vertragsabschluss erkennbar geworden sein. Das erfasst sowohl die erst nach Vertragsabschluss eingetretene Gefährdung (sie allein war von § 321 aF erfasst, wie auch die schon vorhandene, aber noch nicht erkennbare). 4

Nach dem Zweck des § 321 entscheidet die Erkennbarkeit gerade für den Vorleistungspflichtigen. Andererseits bedeutet aber „Erkennbarkeit", dass es nicht auf das wirkliche Erkennen ankommt. Welche Mühe der Vorleistungspflichtige aufwenden muss, um ein Gefährdung seines Anspruchs zu bemerken, lässt sich nur nach den Umständen konkretisieren. Dazu gehören einerseits die Geschäftsgewandtheit des Vorleistungspflichtigen wie andererseits das geschäftliche Ansehen des anderen Teils (zB infolge staatlicher Aufsicht etwa bei einer Bank oder Versicherung). 5

IV. Kein Ausschlusstatbestand. Nach I 2 soll das **Leistungsverweigerungsrecht entfallen**, wenn die Gegenleistung bewirkt oder für sie Sicherheit geleistet wird. Das ist für das Bewirken der Gegenleistung selbstverständlich: Dann handelt es sich ja auch nicht mehr um eine Vorleistung. Für die Sicherheitsleistung gelten die §§ 232 ff; nach §§ 232 II, 239 genügt also (anders als nach § 273 III 2) auch die Stellung eines tauglichen Bürgen. 6

7 Ein **nachträglicher Wegfall der Anspruchgefährdung** lässt auch die Einrede nach I 1 entfallen (Palandt/*Heinrichs* Rn 7).

8 Endlich dürfte auch der gemeinsame **Grundgedanke der §§ 323 VI, 326 II** analog anzuwenden sein: I 1 scheidet aus, wenn der Vorleistungspflichtige für die Gefährdung seines Gegenanspruchs allein oder weit überwiegend verantwortlich ist (etwa dadurch, dass er die Leistungsunfähigkeit seines Gläubigers durch die Nichterfüllung einer anderen Verpflichtung selbst herbeigeführt hat). Darüber hinaus kommt in Betracht, dass die Gefährdung erst zu einem Zeitpunkt eingetreten ist, in dem sich der Vorleistungspflichtige im Schuldnerverzug befunden hat. Denn dann wäre die Gefährdung durch pflichtgemäßes Verhalten des Vorleistungspflichtigen vermieden worden (vgl MüKo/*Emmerich* Rn 18, Palandt/*Heinrichs* Rn 7).

9 **C. Rechtsfolgen. I. Unsicherheitseinrede.** Nach I 1 kann der Vorleistungspflichtige seine Pflicht durch die Erhebung der Einrede nach I 1 suspendieren, bis die Gegenleistung bewirkt oder Sicherheit für sie geleistet wird (I 2, vgl o Rn 6). Vorerst ist also der Vorleistungspflichtige auf die Einrede hin nur zur Leistung Zug um Zug gegen Bewirkung der Gegenleistung (§ 322 I) zu verurteilen. Für die Geltendmachung der Einrede gilt Gleiches wie nach § 320 Rn 12.

10 Leistet der Vorleistungspflichtige nicht termingerecht, so kann man zweifeln, ob hier ebenso wie bei § 320 (vgl dort Rn 14) der Eintritt von Schuldnerverzug schon durch das bloße Bestehen der Einrede aus § 321 I 1 ausgeschlossen ist. Die differenzierende Lösung von MüKo/*Emmerich* Rn 23 nach der zeitlichen Reihenfolge von Verzug des einen und Sichtbarwerden der Leistungsunfähigkeit des anderen Teils hat viel für sich; vgl auch *Huber* I §§ 13 II 5; 15 II 4.

11 Durch die Einrede nach I 1 entfällt die Vorleistungspflicht nicht völlig. Der Vorleistungspflichtige kann also nicht seinerseits auf Leistung Zug um Zug gegen die Gegenleistung klagen (außer nach § 322 II, vgl dort Rn 7). Wenn der Vorleistungspflichtige nicht seinerseits klagt (der ja ein Urteil nach § 322 erhalten kann, vgl o Rn 9), entsteht also ein Schwebezustand, um den vor dem SMG viel Streit bestanden hat (vgl *Huber* I § 15 I 4b; MüKo/*Emmerich* Rn 27 ff).

12 Das SGM hat durch eine neuen II diese Situation bereinigt: Auch der Vorleistungspflichtige soll den Schwebezustand auflösen können, indem er dem Gläubiger eine angemessene Frist für das Bewirken der Gegenleistung (Zug um Zug) oder für Sicherheitsleistung setzt. Nach erfolglosem Fristablauf soll der Vorleistungspflichtige zwar nicht seinerseits Leistung Zug um Zug verlangen können. Er soll aber zum Rücktritt vom Vertrag berechtigt sein. Das nach II 2 § 323 entsprechend anzuwenden ist, zielt vor allem auf § 321 II: In den dort bestimmten Fällen soll auch bei § 321 II die Fristsetzung unnötig sein.

13 **D. Konkurrenzen.** Der von I miterfasste Irrtum über die Leistungsfähigkeit des Vorleistungsgläubigers fällt idR unter § 119 II (wesentliche Eigenschaft). Daher dürfte dem Vorleistungspflichtigen das (freilich unverzüglich auszuübende, § 121 I) Anfechtungsrecht nach § 119 II zur Wahl stehen (BTDrs 14/6040 S 179). Dagegen dürfte § 321 als Spezialvorschrift den uU gleichfalls zutreffenden § 313 ausschließen (MüKo/*Emmerich* Rn 35).

§ 322 Verurteilung zur Leistung Zug-um-Zug

(1) Erhebt aus einem gegenseitigen Vertrag der eine Teil Klage auf die ihm geschuldete Leistung, so hat die Geltendmachung des dem anderen Teil zustehenden Rechts, die Leistung bis zur Bewirkung der Gegenleistung zu verweigern, nur die Wirkung, dass der andere Teil zur Erfüllung Zug um Zug zu verurteilen ist.
(2) Hat der klagende Teil vorzuleisten, so kann er, wenn der andere Teil im Verzug der Annahme ist, auf Leistung nach Empfang der Gegenleistung klagen.
(3) Auf die Zwangsvollstreckung findet die Vorschrift des § 274 Abs. 2 Anwendung.

1 **A. Funktion.** Der durch das SGM nicht geänderte § 322 will die aus § 320 I 1 folgende Leistungserbringung Zug um Zug bei der Verurteilung und in der Zwangsvollstreckung sichern (I). Zugleich erweitert II die Rechte eines Vorleistungspflichtigen gegenüber § 321.

2 **B. I.** Im Anschluss an § 320 I 1 verlangt I zunächst einen gegenseitigen Vertrag (vor § 320 Rn 3 ff). Ein Vertragspartner muss Klage auf die ihm zustehende Leistung erhoben haben und der andere muss ein Recht aus § 320 geltend machen (also die Einrede wirklich erheben, BGH NJW 99, 53). Dann wird die Klage nicht etwa abgewiesen. Vielmehr kommt es zu einem Urteil zur Leistung Zug um Zug.

3 Dieses muss weder vom Kläger noch vom Beklagten ausdrücklich beantragt worden sein. Vielmehr genügt seitens des Klägers ein uneingeschränkter Verurteilungsantrag, dem gegenüber sich das Zug-um-Zug-Urteil nicht als Aliud darstellt, sondern als Minus (BGHZ 117, 1, 3). Entsprechend kann der Beklagte uneingeschränkt Klagabweisung beantragen, wenn er eindeutig erkennen lässt, dass er die Leistung (auch) wegen des Ausbleibens der Gegenleistung verweigert. Dafür genügt schon die Behauptung, der Kläger könne oder wolle die von ihm geschuldete Gegenleistung nicht erbringen (BGH NJW 99, 53, 54; MüKo/*Emmerich* Rn 5 ff).

Klagt der Kläger nur einen Teil der beanspruchten Leistung ein, so wird idR die Zug um Zug zu erbringende 4
Gegenleistung gleichwohl nicht entsprechend geteilt (BGHZ 56, 312, 316). Eine Ausnahme kommt aber nach
§ 320 II in Betracht.

In Rechtskraft erwächst nur die Entscheidung über den erhobenen Anspruch, nicht auch über die Zug um 5
Zug zu erbringende Gegenleistung (BGHZ 117, 1, 2, vgl § 322 I ZPO). Folglich kann auch der Kläger noch
in einem neuen Prozess unter Verzicht auf die Zwangsvollstreckung aus dem ersten Urteil eine Verurteilung
zur Leistung schlechthin oder auf Zulassung der Zwangsvollstreckung ohne Gegenleistung erstreben (BGHZ
117, 1, 3 mN, zudem MüKo/*Emmerich* Rn 11).

Der Streitwert richtet sich idR allein nach der Höhe der eingeklagten Forderung; ein Abzug wegen der 6
Gegenforderung oder des durch sie geminderten Interesses des Klägers findet nicht statt. Umgekehrt erhöht
aber auch ein größerer Betrag der Gegenleistung den Streitwert nicht (BGH JZ 96, 636). Betrifft ein Rechtsmittel bloß die einredeweise erhobene Gegenforderung, so entscheidet deren Wert mit dem Wert der Klageforderung als Obergrenze (BGH NJW 82, 1048, 1049).

C. II. Bei einer Vorleistungspflicht kann der Pflichtige die Leistung nicht verlangen, sondern nur unter den 7
Voraussetzungen des § 321 I nach § 321 II vom Vertrag zurücktreten. Dadurch zerstört er aber seine Erfüllungsansprüche. Das kann er über II vermeiden, indem er den Vorleistungsgläubiger in Annahmeverzug
(§§ 293 ff) setzt: Dann kann er auf Leistung nach Empfang der Gegenleistung klagen. Klagt er unbeschränkt,
so ist er gleichwohl mit der genannten Einschränkung, die bloß ein Minus darstellt, zu verurteilen (BGHZ
117, 1, 3). Das gilt auch, wenn die Fertigstellung eines Werks nur deshalb scheitert, weil der Besteller die vom
Unternehmer angebotene Mängelbeseitigung nicht annimmt (BGHZ 149, 289, 292). Dieses Urteil wird in der
Zwangsvollstreckung wie ein Zug-um-Zug-Urteil behandelt (BGHZ aaO).

D. III. § 322 III verweist für die Zwangsvollstreckung auf § 274 II. Nach dieser Vorschrift kann der Gläubiger 8
aus einem Zug-um-Zug-Urteil ohne Bewirkung der ihm obliegenden Leistung vollstrecken, wenn der Schuldner sich in Annahmeverzug befindet (§ 293 ff). Andernfalls wird – außer bei Urteilen nach § 894 ZPO – nach
§ 726 II ZPO die Vollstreckungsklausel ohne weiteres erteilt. Nach § 756 ZPO darf jedoch der Gerichtsvollzieher die Zwangsvollstreckung nicht beginnen, bevor er den Schuldner durch ein Angebot der Leistung in
Annahmeverzug gesetzt hat. Unnötig ist das nur, wenn die Befriedigung oder der Annahmeverzug des
Schuldners durch öffentliche oder öffentlich beglaubigte Urkunden nachgewiesen sind und eine Abschrift
dieser Urkunde zugestellt wird. Entsprechendes gilt nach § 765 für die gerichtliche Anordnung von Vollstreckungsmaßnahmen.

Der Nachweis von Annahmeverzug des Schuldners kann aber auch dadurch geführt werden, dass dieser Verzug in dem Vollstreckungstitel oder einem anderem Urteil „liquide" (dh ohne die Notwendigkeit komplizierter rechtlicher Erwägungen) festgestellt wird (BGH NJW 82, 1048, 1049). Dieses Urteil wird dann wie ein 9
uneingeschränktes Urteil vollstreckt (MüKo/*Emmerich* Rn 20 mN).

Vorbemerkungen vor §§ 323 bis 326

A. Bedeutung der §§ 323–326. Die meisten primären Vertragsansprüche stammen aus gegenseitigen Verträ- 1
gen (vgl vor § 320 Rn 1). Für das Erlöschen oder die Undurchsetzbarkeit von Ansprüchen wegen Unmöglichkeit gilt § 275. Für ersetzende („Schadensersatz statt der Leistung") oder ergänzende Schadensersatzansprüche
gelten die §§ 280 ff, 276 ff Beim gegenseitigen Vertrag stellt sich aber noch eine weitere Frage: Kann der Gläubiger des gestörten Anspruchs sich von dem Vertrag lösen, also seine Pflicht zur Gegenleistung beenden?
Diese Frage behandeln mit nur einer kurzen Bemerkung zur Schadenersatzpflicht die §§ 323–326.

B. Wirkungen der Schuldrechtsmodernisierung. Das SMG hat den alten, in den §§ 323 bis 327 aF geregel- 2
ten Rechtszustand erheblich geändert. Dadurch ist dem Gläubiger die Lösung vom Vertrag teils erheblich
erleichtert worden. Außerdem hat die Neufassung der §§ 323 ff sich überwiegend auf den Rücktritt konzentriert und die Regelung von Schadensersatzansprüchen den §§ 280 ff überlassen. In Bezug auf den Rücktritt
bestehen die wichtigsten Änderungen im Folgenden:

Nach § 323 setzt das Rücktrittsrecht des Gläubigers **kein Vertretenmüssen des Schuldners** an der Pflichtver- 3
letzung mehr voraus. Dem gegenüber hatten die §§ 325, 326 aF eine vom Schuldner zu vertretene Unmöglichkeit oder Schuldnerverzug verlangt. Ohne ein Vertretenmüssen des Schuldners war nach § 323 aF eine
nach Bereicherungsrecht auszugleichenden Vertragslösung („Abstandnahme vom Vertrag") möglich.

Für Sachmängel beim Kauf oder für Werkmängel gab es eine Vertragslösung früher nur über die als 4
Anspruch konstruierte **Wandelung** (§§ 462, 634 aF). Diese Rechtsinstitut ist **abgeschafft** worden; auch die
mangelhafte Leistung fällt jetzt unter § 323.

Die früher in § 327 S 2 aF enthaltene Beschränkung der Rücktrittshaftung auf die Rechtsfolgen des Bereiche- 5
rungsrechts ist jetzt in § 346 eingearbeitet worden. Zugleich hat sich durch die geänderte Fassung des § 346
I die Verweisung von § 327 S 1 aF auf das Rücktrittsrecht erübrigt. **§ 327 aF konnte daher ganz wegfallen.**

Die **Verletzung von Schutzpflichten ist jetzt in § 324** besonders geregelt. 6

7 Die nach § 326 aF regelmäßig nötige Fristsetzung bedarf **jetzt nicht mehr** der Ergänzung durch eine **Ablehnungsandrohung**.
8 Den nach § 326 I 2 aF bei Fristablauf **von selbst eintretenden Ausschluss des Erfüllungsanspruchs** gibt es nicht mehr. Jetzt schafft der Fristablauf nach § 323 I 1 nur ein Rücktrittsrecht des Gläubigers.
9 Das früher nur von der Rspr praktizierte Rücktrittsrecht bei einem **erst drohenden Vertragsbruch** steht jetzt in § 323 IV.

§ 323* Rücktritt wegen nicht oder nicht vertragsgemäß erbrachter Leistung

(1) Erbringt bei einem gegenseitigen Vertrag der Schuldner eine fällige Leistung nicht oder nicht vertragsgemäß, so kann der Gläubiger, wenn er dem Schuldner erfolglos eine angemessene Frist zur Leistung oder Nacherfüllung bestimmt hat, vom Vertrag zurücktreten.
(2) Die Fristsetzung ist entbehrlich, wenn
1. der Schuldner die Leistung ernsthaft und endgültig verweigert,
2. der Schuldner die Leistung zu einem im Vertrag bestimmten Termin oder innerhalb einer bestimmten Frist nicht bewirkt und der Gläubiger im Vertrag den Fortbestand seines Leistungsinteresses an die Rechtzeitigkeit der Leistung gebunden hat oder
3. besondere Umstände vorliegen, die unter Abwägung der beiderseitigen Interessen den sofortigen Rücktritt rechtfertigen.
(3) Kommt nach der Art der Pflichtverletzung eine Fristsetzung nicht in Betracht, so tritt an deren Stelle eine Abmahnung.
(4) Der Gläubiger kann bereits vor dem Eintritt der Fälligkeit der Leistung zurücktreten, wenn offensichtlich ist, dass die Voraussetzungen des Rücktritts eintreten werden.
(5) Hat der Schuldner eine Teilleistung bewirkt, so kann der Gläubiger vom ganzen Vertrag nur zurücktreten, wenn er an der Teilleistung kein Interesse hat. Hat der Schuldner die Leistung nicht vertragsgemäß bewirkt, so kann der Gläubiger vom Vertrag nicht zurücktreten, wenn die Pflichtverletzung unerheblich ist.
(6) Der Rücktritt ist ausgeschlossen, wenn der Gläubiger für den Umstand, der ihn zum Rücktritt berechtigen würde, allein oder weit überwiegend verantwortlich ist oder wenn der vom Schuldner nicht zu vertretende Umstand zu einer Zeit eintritt, zu welcher der Gläubiger im Verzug der Annahme ist.

1 **A. Funktion.** Die § 320, 322 schützen beim gegenseitigen Vertrag den Gläubiger nur vorläufig: Dieser kann bei Nichtleistung durch den Schuldner die Gegenleistung verweigern, bleibt aber an den Vertrag gebunden. Daher muss er die Gegenleistung weiter bereithalten. Er kann sich auch nicht anderweitig eindecken, weil er damit rechnen muss, die Leistung des Schuldners doch noch zu erhalten. Dieser Schwebezustand mag den Gläubiger oft sehr belasten. Ihn zu beenden ermöglicht vor allem § 323.

2 **B. Voraussetzungen. I. Gegenseitiger Vertrag.** Die verletzte Pflicht muss aus einem gegenseitigen Vertrag stammen (vor § 320 Rn 3 ff). Für § 326 aF war angenommen worden, es müsse sich um eine Hauptpflicht handeln. Daher sollte die Verletzung einer nicht im Synallagma stehenden bloßen Nebenpflicht (das Schulbsp war idR die Abnahmepflicht des Käufers nach § 433 II; S BGH NJW 72, 99) dem Gläubiger kein Rücktrittsrecht gewähren. Diese Einschränkung ist nicht unverändert nach § 323 übernommen worden, kehrt aber dort doch weithin wieder.

3 Als Nebenpflichten sind Pflichten bezeichnet worden, an deren Erfüllung dem Gläubiger weniger dringend gelegen war. Das findet eine Parallele jetzt in V 1: Der Gläubiger kann beim Ausbleiben bloß eines Leistungsteils vom ganzen Vertrag nur dann zurücktreten, wenn er an der Teilleistung kein Interesse hat. Bei einer nicht vertragsgemäßen Leistung ist der Rücktritt wegen einer bloß unerheblichen Pflichtverletzung ausgeschlossen, V 2. Das Eine oder das Andere wird idR bei den früher sog Nebenpflichten vorliegen. Insoweit ist auch jetzt § 323 nicht unbeschränkt anwendbar. Freilich können die Parteien wie schon vor dem SMG bei einer untypischen Interessenlage Abweichendes vereinbaren und damit zur vollen Anwendbarkeit von § 323 gelangen (vgl MüKo/*Ernst* Rn 10 ff).

4 **II. Fälligkeit der Leistung.** Das Rücktrittsrecht aus § 323 bedeutet eine Reaktion auf eine **Pflichtverletzung** des Schuldners. Daran fehlt es idR vor Fälligkeit (§ 271).

5 In Anknüpfung an Art 62 CISG (übereinstimmend Art 7.3.3 UNIDROIT und Art 9.304 der Lando-Prinzipien) bestimmt IV jedoch (abdingbar) eine **Ausnahme von dem Fälligkeitserfordernis**: Der Gläubiger soll schon vor Eintritt der Fälligkeit zurücktreten können, „wenn offensichtlich ist, dass die Voraussetzungen des Rücktritts eintreten werden" (sog **vorweggenommener oder antizipierter Vertragsbruch**).

---

* Diese Vorschrift dient auch der Umsetzung der Richtlinie 1999/44/EG des Europäischen Parlaments und des Rates vom 25. Mai 1999 zu bestimmten Aspekten des Verbrauchsgüterkaufs und der Garantien für Verbrauchsgüter (ABl EG Nr L 171 S 12).

Dabei geht es vor allem um zwei Fallgruppen: (1) die Erfüllungsverweigerung oder Vertragsaufsage von II 6
Nr. 1, nämlich, wenn der Schuldner ernsthaft und endgültig erklärt, er werde nicht vertragsgemäß leisten
(insbesondere auch, weil er die Wirksamkeit des Vertrages leugnet). – (2) Vor allem beim Werkvertrag die
Fälle, in denen der Hersteller die Leistungsvorbereitungen derart verzögert, dass die rechtzeitige Leistung
nicht mehr zu erwarten ist. In diesen beiden und in ähnlichen Fallgruppen wäre es sinnlos, den Gläubiger
zunächst weiter an einen Vertrag zu binden, der mit hoher Wahrscheinlichkeit doch nicht erfüllt werden
wird. Die Gefährdung der Erfüllung wird hier zu einem eigenen Störungstatbestand (MüKo/*Ernst* Rn 132).
Voraussetzung für den Rücktritt vor Fälligkeit ist, dass der Rücktrittstatbestand „**offensichtlich**" später eintre- 7
ten wird. Danach muss eine Nicht- oder Schlechtleistung sicher zu erwarten sein (MüKo/*Ernst* Rn 134).
Palandt/*Heinrichs* Rn 23 verlangt – wohl ohne sachlichen Unterschied – eine „an Sicherheit grenzende Wahrscheinlichkeit". Das ist erhebllich mehr als die Erkennbarkeit einer Gefährdung bei § 321 I 1. Dieser Unterschied ist sinnvoll: Bei § 321 I 1 geht es nur eine Abmilderung der Vorleistungspflicht, bei IV dagegen um die
endgültige Vertragsbeendigung durch Rücktritt.
Die **Prognoseentscheidung** nach IV muss objektiv und nach den Verhältnissen zur Zeit des Rücktritts getrof- 8
fen werden. Fehlt dennoch die nötige Sicherheit, so geht das zu Lasten des Gläubigers; insbesondere ist sein
Rücktritt unwirksam.
Eine Fristsetzung oder vorherige Androhung des Rücktritts sind hier im Gesetz nicht vorgesehen. Doch liegt 9
es oft im Interesse des mit dem Prognoserisiko belasteten Gläubigers, vor dem Rücktritt mit dem Schuldner
Kontakt aufzunehmen, etwa mit der Frage, wie dieser die vertragsgemäße Erfüllung noch erreichen wolle (im
selben Sinn MüKo/*Ernst* Rn 135).
Rechtsfolge von IV ist ein Rücktrittsrecht (zur Kündigung bei Dauerschuldverhältnissen S § 314 Rn 19). Die- 10
ses kann vor Fälligkeit nicht weiter reichen als danach. Folglich müssen die beiden Grenzen von V (Interesse-
wegfall bei Teilleistung, vgl u. Rn 33) und Erheblichkeit der Pflichtverletzung bei Schlechtleistung (u Rn 37)
auch bei IV gelten (MüKo/*Ernst* Rn 141).
Schadensersatzpflichten kommen bei Vertretenmüssen (§ 280 I 2) für den Gläubiger wegen eines unberech- 11
tigten Rücktritts und für den Schuldner dann in Betracht, wenn dieser den drohenden Leistungsmangel und
damit den Rücktritt pflichtwidrig veranlasst hat.

III. Nicht- oder Schlechtleistung. Weitere Voraussetzung nach I ist, dass der Schuldner eine Leistung „nicht 12
oder nicht vertragsgemäß" erbringt. Das bezieht sich nur auf **Leistungspflichten** iSv § 241 I. Dagegen ist die
Verletzung von **Schutzpflichten** (§ 241 II) in § 324 abweichend geregelt. Zur früher bei § 326 aF getroffenen
Unterscheidung von Haupt- und Nebenpflichten vgl o Rn 2 f. Daraus folgt, dass die verletzte Pflicht häufig
im Gegenseitigkeitsverhältnis stehen wird (MüKo/*Ernst* Rn 13), aber nach hM (Palandt/*Heinrichs* Rn 10) keineswegs notwendig stehen muss.
Nichtleistung bezeichnet das gänzliche oder teilweise (V, vgl dazu u Rn 33) Ausbleiben der Leistung, so dass 13
keine Erfüllung (§ 362) eintritt. Wenn zur Erfüllung auch ein Erfolg gehört (zB Übereignung), ist auch dieser
nötig. Für die Unmöglichkeit finden sich Sonderregeln in § 326.
„**Nichtvertragsgemäß**" ist eine Leistung, die nicht den durch Vertrag oder ergänzendes Gesetzesrecht gestell- 14
ten Anforderungen entspricht. Dazu gehört insbesondere auch das Vorliegen von Sach- oder Rechtsmängeln
beim Kauf. Nicht vertragsgemäß ist an sich auch die verspätete Leistung. Aber wenn sie noch aussteht, handelt es sich um eine Nichtleistung. Hat der Gläubiger sie dagegen trotz der Verspätung angenommen, so
scheidet ein Rücktritt wohl idR (Verbot widersprüchlichen Verhaltens) aus.

IV. Fristsetzung und Ablauf. 1. Allgemeines. Nach I muss der Gläubiger, um das Rücktrittsrecht zu erhal- 15
ten idR dem Schuldner eine angemessene Frist zur Leistung oder Nacherfüllung bestimmt haben und diese
Frist muss erfolglos abgelaufen sein. Von diesem Erfordernis gibt es freilich nach I mehrere Ausnahmen.

2. Die Fristsetzung. Sie erfolgt durch empfangsbedürftige Willenserklärung des Gläubigers. Sie muss eine 16
eindeutige Aufforderung zur Leistung enthalten und dem Schuldner deutlich machen, dass er eine letzte
Chance erhält. Ein bloß höfliches Drängen auf Leistung genügt nicht. Statt einer Fristsetzung (nach Tagen,
Wochen, Monaten) genügt auch die Bestimmung eines Endtermins („Leistung bis zum 31.5.") mit angemes-
senem zeitlichem Abstand.
Was der Gläubiger im Einzelnen verlangt, braucht idR nicht angegeben zu werden, wenn der Schuldner keine 17
Zweifel haben kann. Soweit es sich nur um einen Teil oder die Vertragsgemäßheit der Leistung handelt, wird
man dagegen eine nähere Bestimmung durch den Gläubiger verlangen müssen (MüKo/*Ernst* Rn 61). Zuvielforderung schaden ebenso wie bei der Mahnung nach § 286 (vgl dort Rn 13).
Im Gegensatz zu § 326 I 1 aF braucht die Fristsetzung keine Ablehnungsandrohung mehr zu enthalten. Auf 18
dieses Erfordernis ist verzichtet worden, weil seine Erfüllung in der Praxis oft misslungen ist. Folgerichtig
schließt auch der erfolglose Fristablauf (anders als nach § 326 I 2 aF) den Erfüllungsanspruch noch nicht aus
(vgl u. Rn 43).

3. Angemessenheit der Frist. Die vom Gläubiger bestimmte Frist (dh ihre Dauer) muss angemessen sein. 19
Ein Verlangen nach sofortiger Leistung bedeutet mangels Dauer überhaupt keine Fristsetzung (MüKo/*Ernst*
Rn 68). Auch eine Aufforderung zu unverzüglicher Leistung dürfte nicht genügen (MüKo/*Ernst* aaO). Die

Frist muss nicht so reichlich bemessen sein, dass der Schuldner die noch nicht vorbereitete Leistung überhaupt erst beginnen und danach fristgemäß fertig stellen kann. Vielmehr soll dem Schuldner nur eine letzte Gelegenheit gewährt werden, die schon begonnene Erfüllung noch zu beenden (RGZ 89, 123, 125; BGH NJW 85, 320, 323; 855, 857; MüKo/*Ernst* Rn 71). Doch soll eine unangemessen kurze Frist idR die angemessene Frist in Lauf setzen (st Rspr etwa BGH NJW 85, 2640). Eine Ausnahme gilt aber, wenn der Gläubiger die Frist nur zum Schein gesetzt hat oder zu erkennen gibt, dass er die Leistung nach einer längeren, aber angemessenen Frist nicht mehr annehmen will (BGH aaO).

20 Bei der Fristbemessung sind aber nicht nur die Interessen des Schuldners zu berücksichtigen, sondern auch diejenigen des Gläubigers (MüKo/*Ernst* Rn 70, vgl auch II Nr 3). Ebenso spielt eine Rolle, dass der Schuldner für seine finanzielle Leistungsfähigkeit einzustehen hat (§ 276 Rn 29 ff); Schwierigkeiten bei der Kreditbeschaffung führen daher nicht zu einer Verlängerung (BGH NJW 85, 2640).

21 **4. Zeitpunkt der Fristsetzung.** Die Fristsetzung muss idR nach Fälligkeit erfolgen. Doch lässt die Praxis zu, die Fristsetzung mit einer Erklärung (zB Kündigung) zu verbinden, die erst die Fälligkeit herbeiführt (etwa BGH NJW – RR 90, 442, 444). Eine Fristsetzung vor Fälligkeit wird durch deren nachträglichen Eintritt nicht geheilt (BGH NJW 96, 1814).

22 Über das in I genannte Fälligkeitserfordernis hinaus muss der Anspruch bei der Fristsetzung auch sonst durchsetzbar sein (MüKo/*Ernst* Rn 47 f.; Palandt/*Heinrichs* Rn 11). Insbesondere gilt dies auch für § 320: Hat der Gläubiger eine geschuldete Vorleistung nicht erbracht oder muss er die Gegenleistung Zug um Zug leisten, so muss er sie in einer den Annahmeverzug begründenden Weise anbieten (BGHZ 116, 244, 249; MüKo/*Ernst* Rn 47; Palandt/*Heinrichs* Rn 15).

23 **5. Fruchtloser Fristablauf.** Fruchtlos ist die Frist abgelaufen (oder der Termin verstrichen), wenn der Schuldner die Leistung nicht vor dem Ablauf bewirkt hat. Das wird aber nicht als Herbeiführung des geschuldeten Leistungserfolgs verstanden. Vielmehr soll es nach der ganz hM genügen, dass der Schuldner die geschuldeten Leistungshandlungen vorgenommen hat (so schon BGHZ 12, 267, 269: für den Versendungskauf genüge das Absenden; weiter etwa *U Huber* II § 43 III 1a, Palandt/*Heinrichs* Rn 16). Ist zur Erfüllung eine Mitwirkung des Gläubigers nötig, so genügt ein den Annahmeverzug begründendes Angebot durch den Schuldner (*Huber* aaO).

24 Wenn die Nachfrist so formuliert ist, dass die Leistung bis zum Fristende beim Gläubiger eingetroffen sein soll, muss der Schuldner die Leistungshandlung so zeitig vornehmen, dass der Gläubiger bei normalem Ablauf die Leistung vor dem Fristende erhält (RGZ 68, 329, 333).

25 Str ist, ob der Schuldner die Frist nur durch eine in jeder Hinsicht vertragsgemäße Leistung wahren kann oder ob er bloß den gerügten Mangel beseitigt haben muss. Das Erste vertritt *Canaris* BB 01, 1816, das Zweite *Ernst* (MüKo 88 f, „Prinzip der Einzelbetrachtung"). Ich neige im Prinzip der ersten Ansicht zu, weil sonst durch immer neue Mängel immer neue Fristsetzungen nötig werden könnten.

26 **6. Abmahnung statt Fristsetzung, III.** Nach III soll eine Abmahnung genügen, wenn nach der Art der Pflichtverletzung eine Fristsetzung nicht in Betracht kommt (vgl § 281 III). Das betrifft den nicht mehr rückgängig zu machenden Verstoß gegen Unterlassungspflichten. Dabei bedeutet „Abmahnung" die ernsthafte Aufforderung, weitere Zuwiderhandlungen zu unterlassen. Einer solchen Abmahnung muss aber schon (wenigstens) eine Zuwiderhandlung vorausgegangen sein (Palandt/*Heinrichs* Rn 17). Als „gesetzgeberische Missgriff ohne Anwendungsbereich" wird man III kaum bezeichnen dürfen (so aber MüKo/*Ernst* Rn 79).

27 **V. Entbehrlichkeit der Fristsetzung, II. 1. Leistungsverweigerung, II Nr 1.** Dem Schuldner, der die vertragsgemäße Leistung ernsthaft und endgültig verweigert, braucht keine Frist gesetzt zu werden, da er sie doch nicht einhalten würde. Das ist die Erfüllungsverweigerung (vgl §§ 281 II Alt 1, 286 II Nr 3) oder bei § 323 Vertragsaufsage. Sie ist vor dem SMG als (gesetzlich nicht geregelte) positive Vertragsverletzung aufgefasst worden, steht jetzt aber sachgerecht in konkreteren Zusammenhängen. Auch der Gläubiger braucht bei II Nr 1 nicht mehr zur Erfüllung mitzuwirken (BGH NJW – RR 90, 444). Auf ein Vertretenmüssen des Schuldners kommt es nicht an (MüKo/*Ernst* Rn 105).

28 Wegen der weittragenden Rechtsfolgen sind bei II Nr 1 strenge Anforderungen zu stellen: Der Schuldner muss eindeutig zum Ausdruck bringen, er werde seinen Vertragspflichten nicht nachkommen (BGHZ 104, 6, 13); es muss sich gewissermaßen um das letzte Wort des Schuldners handeln (Palandt/*Heinrichs* Rn 18).

29 **2. Fixgeschäft, II Nr 2.** Nach § 361 aF sollte der Gläubiger ohne weiteres zum Rücktritt berechtigt sein, wenn die Leistung „genau zu einer fest bestimmten Zeit oder innerhalb einer fest bestimmten Frist" bewirkt werden sollte. Dieses „Fixgeschäft" kehrt jetzt mit etwas anderer Formulierung in II Nr 2 wieder. Danach muss die Leistung nicht bloß frist- oder termingebunden sein. Vielmehr muss zusätzlich der Gläubiger den Fortbestand seines Leistungsinteresses an die Rechtzeitigkeit der Leistung gebunden haben, so dass das Geschäft mit der zeitgerechten Leistung „stehen und fallen" soll, wobei sich jeder Zweifel gegen die Annahme eines Fixgeschäfts auswirkt (BGHZ 110, 88, 96 zu § 361 aF). Ausgedrückt wird das oft durch Klauseln wie fix, präzise, genau, prompt.

Von diesem „relativen" Fixgeschäft zu unterscheiden ist das sog „absolute": Dort führt die Nichteinhaltung 30
des Termin oder der Frist zur Unmöglichkeit. Beispiele sind Leistungen in einem Team, die Bestellung eines
Taxis zu einem bestimmten Flug, u. U. auch die Lieferung von Saisonware, die später unverkäuflich ist (Weihnachtsmänner, Osterhasen).

3. Besondere Umstände, II Nr 3. Anschließend an die konkreteren Tatbestände der Erfüllungsverweigerung 31
und des Fixgeschäfts bringt II Nr 3 noch eine Generalklausel, gekennzeichnet durch eine Abwägung der beiderseitigen Interessen (ähnlich §§ 281 II Alt 2, 286 II Nr 4). Als Anwendungsbsp. wird in der Begründung das
just-in-time-Geschäft genannt (BTDrs 14/6040 S 140). Doch ist dies wohl eher bei Nr 2 unterzubringen. In
der Lit dominiert meist der Hinweis auf ein Interesseverlust des Gläubigers wegen einer Leistungsverzögerung (früher § 326 II aF), etwa MüKo/*Ernst* Rn 123 ff; Palandt/*Heinrichs* Rn 22. Doch ist insoweit die Grenze
zum absoluten Fixgeschäft (u Rn 30) undeutlich.
Es ist aber auch an Fälle zu denken, in denen es **nicht um einen Interesseverlust** des Gläubigers geht, sondern 32
um sein Interesse an einer besonders schnellen Leistung. Wenn etwa ein Klempner zu einem Wasserrohrbruch gerufen wird, verliert seine Leistung ihren Nutzen nicht. Aber wenn diese Hilfe auch ohne Verschulden
erst später möglich ist, muss der Überschwemmte von dem Fristsetzungserfordernis befreit sein, wenn er sich
anderswo schneller Hilfe verschaffen kann. Allerdings liegen auch solche Fälle an der Grenze zum (hier relativen) Fixgeschäft.

VI. Beschränkungen und Ausschluss des Rücktrittsrechts (V und VI). 1. Teilleistungen, V 1. Wenn der 33
Schuldner nur eine Teilleistung bewirkt, richtet sich der Rücktritt wegen des nicht geleisteten Restes nach
§ 323 I – III. Demgegenüber behandelt V 1 die Frage, ob der Gläubiger vom ganzen Vertrag (also auch von
dem schon durch die Teilleistung erfüllten Teil) zurücktreten kann. Diese Problematik wird für den Schadensersatz statt der Leistung in § 281 I 2 geregelt. Ebenso wie dort lässt auch V 1 das Interesse des Gläubigers
an der Teilleistung entscheiden: Fehlt dieses, so ist ein Totalrücktritt möglich, andernfalls nur ein Teilrücktritt
(vgl die partial avoidance von Art 51 CISG). Das entspricht auch den Regelungen in den §§ 325 I 2, 326 I 3
aF
Bei einem **Teilrücktritt** ist der Leistungsteil, den der Gläubiger behält, anteilsmäßig zu vergüten. Ist die 34
Gegenleistung nicht teilbar, gilt Gleiches wie bei einer unteilbaren Leistung, nämlich das Recht zum Totalrücktritt (BGH NJW 2000, 1332, 1333 für die Zustimmung zur Löschung einer Auflassungsvormerkung).
Übrigens kann der Gläubiger idR auch dadurch zu einem Totalrücktritt kommen, dass er die ihm angebotene
Teilleistung nach § 266 zurückweist.
Dabei behandelt V 1 (im Gegensatz zu V 2) nur die **quantitative Teilleistung**. Die Schlechtleistung, also ein 35
qualitativer Mangel, wird nicht als Teilleistung angesehen (Celle ZGS 04, 74; MüKo/*Ernst* Rn 197; Palandt/
Heinrichs Rn 24). Andererseits gilt als Teilleistung auch, wenn von mehreren Pflichten aus einem Vertrag
nicht alle erfüllt werden, zB bei einem Grundstückskauf nur die Pflicht zur Übereignung, nicht aber auch
diejenige zur Übergabe (MüKo/*Ernst* Rn 226 ff).
Streitig ist beim Kauf die Abgrenzung zu § 434 III. Dort wird eine **Mankolieferung** einem Sachmangel gleich- 36
gestellt, also einem Qualitätsmangel, der unter § 323 V 2 fiele (MüKo/*Ernst* Rn 213 mit Streitstand). Zu folgen ist der von *Ernst* aaO Rn 216 angegebenen Lösung: § 434 III meint nur den Fall, dass die zu geringe
Menge als volle Leistung geliefert wird. Dagegen ist die Vorschrift unanwendbar, wenn die Parteien bei der
Lieferung darüber einig sind, dass diese nur einen Teil des Geschuldeten darstellt.

2. Unerheblicher qualitativer Mangel, V 2. Bei einer nicht vertragsgemäßen Leistung (was im Gegensatz zu 37
V 1 einen Qualitätsmangel meint) soll der Gläubiger wegen einer unerheblichen Pflichtverletzung nicht
zurücktreten können, V 2. Das findet für den Schadensersatz statt der Leistung eine Parallele in § 281 I 3.
Beides steht im Gegensatz zu § 459 I 2 aF, wonach eine unerhebliche Minderung des Wertes oder der Tauglichkeit nicht als Mangel in Betracht kommt, also dem Gläubiger keinerlei Rechte gewährt. Demgegenüber ist
die neue Regelung vorzugswürdig: Es ist sachlich gerechtfertigt, die besonders scharfen Sanktionen Rücktritt
und Totalschadensersatz statt der Leistung an strengere Voraussetzungen zu binden als etwa die Minderung
oder den Nacherfüllungsanspruch.
Für die Frage nach der **Unerheblichkeit** dürfen wegen der geänderten Bedeutung die strengen Maßstäbe von 38
§ 459 I 2 aF nicht übernommen werden (MüKo/*Ernst* Rn 243 gegen BTDrs 14/6040 S 231). Ob man freilich
mit *Ernst* aaO bei der „erheblichen Beeinträchtigung" von § 651 d Rat suchen soll, ist mir fraglich: Hier sind
in § 651 d III und IV die Kündigungsfolgen teils anders geregelt als nach allgemeinem Rücktrittsrecht. Eher
dürften die bei § 281 I 3 verwendeten Kriterien passen (vgl dort Rn 27).

3. Ausschluss wegen Verantwortlichkeit des Gläubigers, VI Alt 1. Ausgeschlossen sein soll der Rücktritt 39
weiter, wenn der Gläubiger für den Rücktrittsgrund „allein oder weit überwiegend verantwortlich ist". Diese
Formulierung (zum Begriff Verantwortlichkeit vgl § 326 Rn 13) kehrt in § 326 II 1 wieder. Sachlich entspricht
sie im Wesentlichen dem § 324 I 1 aF „Weit überwiegen" soll die Verantwortlichkeit des Gläubigers dann,
wenn bei Schadensersatzansprüchen die Abwägung nach § 254 zum Anspruchswegfall führen würde (BTDrs
14/6040 S 187, vgl § 254 Rn 38).

40 Allerdings kann vorrangig geprüft werden, ob in solchen Fällen **das Verhalten des Gläubigers** nicht schon den Rücktrittsgrund entfallen lässt. Das kommt insbesondere bei Verzug des Gläubigers mit der Gegenleistung oder bei deren Nichtangebot in Betracht: Dann ist der Eintritt von Schuldnerverzug mit der Leistung ohnehin ausgeschlossen (vgl § 320 Rn 14).

41 **4. Ausschluss wegen Unmöglichwerden im Annahmeverzug, VI Alt 2.** Endlich soll der Rücktritt wegen eines vom Schuldner nicht zu vertretenden Umstandes ausgeschlossen sein, der während eines Gläubigerverzugs (§§ 293 ff) eintritt. Das Schulbsp. ist der Bringschuldner, der den Gläubiger zur vereinbarten Zeit nicht antrifft und auf dem Heimweg durch einen nicht zu vertretenden Umstand (§ 300 I) den angebotenen Leistungsgegenstand einbüsst: Er soll die Gegenleistung verlangen dürfen, weil er sie ohne das Verhalten des Gläubiger durch Erfüllung verdient hätte (mit anderen Worten: Der Gläubiger trägt nicht nur die Leistungs-, sondern auch die Gegenleistungsgefahr). Damit übernimmt das neue Recht die Lösung von § 324 II aF; Gleiches steht in § 326 II 1 Alt 2, vgl dort Rn 16.

42 **C. Rechtsfolgen. I. Wahl des Rücktritts.** Für den vom Gläubiger erklärten Rücktritt gelten die Rechtsfolgen der §§ 346 ff (gesetzlicher Rücktritt). Im Gegensatz zum Recht vor dem SMG ist aber nach § 325 jetzt ein ergänzender Anspruch auf Schadensersatz nicht mehr ausgeschlossen (vgl dort). Ausgeschlossen sind dagegen Erfüllungsansprüche.

43 **II. Andere Rechtsbehelfe.** Der Gläubiger kann aber nach Ablauf der dem Schuldner gesetzten Frist (vgl o Rn 15 ff) auch zunächst von einem Rücktritt absehen und auf seinem Leistungsanspruch bestehen; hierin liegt kein Verzicht auf das Rücktrittsrecht (MüKo/*Ernst* Rn 270). Neben diesen treten dann Ansprüche auf Verzugs- und Begleitschäden sowie Verzugszinsen. Der so entstehende Schwebezustand kann für den Schuldner sehr belastend sein, weil er sich einerseits weiter um die Erbringung der Leistung bemühen und andererseits stets mit einem (jetzt fristlosen) Rücktritt rechnen muss (krit MüKo/*Ernst* Rn 147 mw Angaben zur Kritik). Auch § 350 nutzt dem Schuldner nichts, weil es sich um kein vertragliches Rücktrittsrecht handelt. Gegen eine Verzögerung des Rücktritts durch den Gläubiger hilft außer der Verwirkung am ehesten § 314 III analog, wenn noch Leistungen zu erbringen sind (MüKo/*Ernst* Rn 150, zust Palandt/*Heinrichs* Rn 33).

44 Wegen der Verjährung gilt § 218: Der Rücktritt kann als Gestaltungsrecht zwar nicht selbst verjähren. Er ist aber unwirksam wenn der das Rücktrittsrecht begründende Anspruch verjährt ist und der Schuldner sich hierauf beruft.

45 **D. Abweichungen durch AGB.** Die Nachgiebigkeit des § 323 gegenüber Individualvereinbarungen wird gegenüber AGB mehrfach eingeschränkt: Gegenüber Nichtunternehmern (vgl § 310 I) darf nach § 308 Nr 2 der Verwender sich keine unangemessen lange oder nicht hinreichend bestimmte Nachfrist vorbehalten. Auch darf nach § 309 Nr 4 sich der Verwender nicht von der Obliegenheit zur Fristsetzung freistellen; nach **Nr 8a** darf das Rücktrittsrecht gegen den Verwender unter bestimmten Voraussetzungen nicht ausgeschlossen oder eingeschränkt werden, ähnlich **Nr 8b bb**.

46 Allgemein geltende Einschränkungen folgen aus § 307 II. Hiernach müssen zu Lasten des Verwenders jedenfalls die Grundsätze erhalten bleiben, die auf der Gegenseitigkeit des Vertrags beruhen (vgl vor § 320 Rn 2, § 323 Rn 1). Andererseits kann es aber berechtigte Interessen des Verwenders geben, den § 323 an individuelle Bedürfnisse anzupassen. Danach können zulässig sein etwa die Ergänzung des Rücktritts durch die Notwendigkeit einer Ablehnungsandrohung oder durch eine angemessene Frist für die Ausübung des Rücktrittsrechts (MüKo/*Ernst* Rn 267 f).

47 **E. Prozessuales.** Der Gläubiger muss die Voraussetzungen des § 323 beweisen, zudem seine Fähigkeit und Bereitschaft zur Erbringung der Gegenleistung. Zur Beweislast des Schuldners steht dagegen, dass er trotz seiner Vorleistungspflicht nicht zu leisten braucht (vgl BGH NJW 65, 1276). Bei V 2 hat der Schuldner die Unerheblichkeit der Pflichtverletzung zu beweisen, ebenso die Voraussetzungen von VI für einen Ausschluss des Rücktrittsrechts.

48 Ergänzend zu beachten sind die §§ 255 I, 510 b ZPO. Die erste Vorschrift ermöglicht bei der Klage auf Primärleistung den Antrag auf eine Fristbestimmung durch Urteil; der Gläubiger entgeht so Zweifeln an der Angemessenheit einer von ihm selbst bestimmten Frist. Der nur für das amtsgerichtliche Verfahren geltende § 510 b ZPO sieht bei der Verurteilung zur Vornahme einer Handlung die Häufung mit einem bei Nichtleistung entstehenden Anspruch auf „Entschädigung" vor. Nach MüKo/*Ernst* Rn 274 wird man das auf die nach einem Rücktritt gegebenen Rückgabeansprüche erweitern können.

§ 324 Rücktritt wegen Verletzung einer Pflicht nach § 241 Abs. 2

Verletzt der Schuldner bei einem gegenseitigen Vertrag eine Pflicht nach § 241 Abs. 2, so kann der Gläubiger zurücktreten, wenn ihm ein Festhalten am Vertrag nicht mehr zuzumuten ist.

1 **A. Funktion.** § 323 beschränkt sich auf die Verletzung von Leistungspflichten, also solche, die eine Veränderung der Güterlage herbeiführen sollen (vgl § 241 Rn 15 ff). Daneben gibt es aber in Verträgen auch Schutz-

pflichten, durch die das Integritätsinteresse des Gläubigers gewahrt werden soll (vgl § 241 Rn 15). Eine Verletzung dieser Pflichten braucht das Leistungsinteresse des Gläubigers nicht zu beeinträchtigen, so dass § 323 unanwendbar ist. Er passt aber auch sachlich nicht: Eine Fristsetzung wäre bei der Verletzung von Schutzpflichten idR sinnlos, und der Gläubiger benötigt oft auch kein Rücktrittsrecht, wenn er die Leistung mangelfrei erhält. Daher stellt § 324 (viel enger) darauf ab, ob dem Gläubiger ein Festhalten am Vertrag nicht mehr zumutbar ist (vgl für Dauerschuldverhältnisse § 314 I 2). Für Schadensersatzansprüche findet sich eine entsprechende Vorschrift in § 282.

B. Anwendungsbereich. Das oben Rn 1 Gesagte ergibt Anhaltspunkte für den Anwendungsbereich von § 324: 2
Dieser deckt sich im Wesentlichen mit einem Teilbereich der inzwischen überholten positiven Vertragsverletzung, nämlich demjenigen neben der Schlechtleistung (die jetzt unter § 323 fällt, vgl dort Rn 14). Auch bei § 324 ist aber kein Vertretenmüssen nötig. Zum Kündigungsrecht bei Dauerschuldverhältnissen vgl § 314 Rn 19.
Ergiebiger ist das weitere Erfordernis der **Unzumutbarkeit eines Festhaltens am Vertrag**. Dieses folgt aus 3
einer Störung der Vertrauensgrundlage. Allerdings ist eine solche Grundlage bei einfachen Austauschverträgen weniger wichtig als bei Dauerschuldverhältnissen (vgl § 314). Doch können auch Austauschverträge länger laufen, etwa wenn die Leistung sehr umfangreich (zB ein Großbau) oder über längere Zeit in Teilen zu erbringen ist. Dann wiegt jede Beeinträchtigung der Vertrauensgrundlage schwerer.
Unzumutbarkeit setzt idR keine Abmahnung voraus (MüKo/*Ernst* Rn 8 gegen Palandt/*Heinrichs* Rn 4); § 314 4
II passt nicht entsprechend. Eher kann man Wiederholungsgefahr für nötig halten, doch liefert auch diese nur ein Indiz für die Unzumutbarkeit. Denn bei schweren Pflichtverletzungen kann das nötige Vertrauen auch bei Einmaligkeit zerstört sein. Jedenfalls aber mag eine Wiederholung Unzumutbarkeit auch dann begründen, wenn der erste Verstoß dafür nicht genügt hätte. Umgekehrt ist zu berücksichtigen, inwieweit das verletzte Integritätsinteresse des Gläubigers schon durch Schadensersatzansprüche ausgeglichen werden kann.
Mögliche Anwendungsfälle für § 324 sind etwa: Beleidigungen; Schädigungen von Körper oder Eigentum des 5
Gläubigers; Bestechungen oder Bestechungsversuche; Betrug, beim Anwaltsvertrag die Erregung des Verdachts strafbarer Handlungen (BGH NJW 95, 1954 f).
Wenn der Vertrag bei der Entstehung des Rücktrittsrechts schon teilweise abgewickelt ist, kommt ein nur auf 6
den übrigen Teil sich beziehender kündigungsähnlicher **Teilrücktritt** in Betracht (MüKo/*Ernst* Rn 12), weil nur insoweit die Vertrauensgrundlage noch nötig ist. Doch kann sich u. U. das Misstrauen auch auf die schon erbrachten Leistungen beziehen; dann umfasst der Rücktritt auch diese.
Eine **Mitverantwortlichkeit** oder einen **Annahmeverzug** des Gläubigers können analog § 323 VI berücksichtigt werden. 7

§ 325 Schadensersatz und Rücktritt

Das Recht, bei einem gegenseitigen Vertrag Schadensersatz zu verlangen, wird durch den Rücktritt nicht ausgeschlossen.

A. Funktion. Der Rücktritt schließt hinsichtlich der Primärleistung Erfüllungsansprüche aus. Es scheint 1
daher logisch nötig, dass auch Schadensersatzansprüche statt der Erfüllung ausgeschlossen sind (hiergegen aber *Gsell* JZ 04, 643 f). Dementsprechend hatten vor dem SMG Rücktritt und Schadensersatz wegen Nichterfüllung alternativ zur Wahl des Gläubigers gestanden (§§ 325 I 1, 326 I 2 aF). Das hat idR zu Schwierigkeiten geführt, weil die vorschnelle Wahl des Rücktritts den Weg zum Ersatz des positiven Interesses versperrt hat. Dem will § 325 abhelfen (BTDrs 14/6040 S 188). Eine ähnliche Kumulation von Rücktritt und Schadensersatz findet sich in Art 45 II, 61 II CISG, in den Lando-Principles Art8: 102 und in UNIDROIT Art7.3.5 II.
Die Problematik der Vorschrift besteht aber in der Frage, wie der Rücktritt den Inhalt des Schadensersatzanspruchs beeinflusst. Denn dass der Gläubiger sowohl die erbrachte Gegenleistung zurückverlangen wie auch 2
den vollen, nach der Surrogationsmethode berechneten Schadensersatz statt der Leistung soll verlangen können, wäre sachlich verfehlt und wird auch von § 325 nicht vorgeschrieben (MüKo/*Ernst* Rn 3).
B. Die Berechnung des Schadens nach Rücktritt. I. Der Schadensersatz statt der Leistung. Der Scha- 3
densersatz statt der Leistung (§ 280 III, 281 – 283, 311a II) ist richtigerweise nach der Differenzmethode zu berechnen (vgl § 281 Rn 31): Zu ersetzen ist nur die Differenz zwischen dem vollen Erfüllungsinteresse und dem Wert der wegen des Rücktritts nicht mehr zu erbringenden oder zurückzuerstattenden Gegenleistung (etwa *Gsell* JZ 04, 643, 645; MüKo/*Ernst* Rn 6; Palandt/*Heinrichs* Rn 2). Umgekehrt muss auch der Gläubiger die etwa schon erbrachte Leistung des Schuldners zurückgeben. Das bedeutet den Ersatz des Nettogewinns, den der Gläubiger aus dem Vertrag hätte ziehen können.
Fraglich ist allerdings, ob der Gläubiger diesen Differenzschaden mit einem Rückaustausch der gegenseitigen 4
Leistungen auch ohne den Rücktritt (also allein über die §§ 280 III, 281) erhalten kann. Das wird von vielen bejaht, etwa *Arnold* ZGS 03, 427, 429 f; Palandt/*Heinrichs* § 281 Rn 20; AnwK/*Dauner-Lieb* § 291 Rn 29. Dagegen hat aber MüKo/*Ernst* Rn 8 f. gewichtige und wohl überzeugende Gründe vorgebracht, in gleichem Sinn etwa *Gsell* JZ 04, 643, 647; BaRoth/*Grothe* Rn 5.

5 Fraglich ist weiter, ob bei einer Häufung von Rücktritt und Schadensersatz die Rücktrittsfolgen nach den Regeln des Schadensrechts (§ 249 I) korrigiert werden müssen (vgl *Gsell* aaO 647 f., MüKo/*Ernst* Rn 10): Kann der Gläubiger, der für seine Leistung nach § 346 II nur Wertersatz erhält, einen darüber hinausgehenden Schaden ersetzt verlangen? Und kann umgekehrt der Gläubiger nach den §§ 346 I, 347 I den Ersatz von Nutzungen verlangen, die er selbst nicht gezogen hätte, so dass er deren Ersatz nach § 249 I nicht fordern könnte? Die Lösung ist str. (vgl *Gsell* und *Ernst* aaO); ich neige für beide Fragen zur Bejahung einer schadensrechtlichen Korrektur.

6 **II. Andere Schadensposten.** Als weitere Schadensposten kommen in Betracht Verzögerungs- (§ 280 II, § 286) und Begleitschäden (§ 280 I). Dann sind die Verzögerungsschäden zu ersetzen, soweit sie bis zum Rücktritt entstanden waren; später entstandene nur bei Verzug mit den Pflichten aus dem Rücktritt und der Schadensersatzforderung. Die Begleitschäden laufen neben den übrigen Schadensposten her; ihre Ersatzfähigkeit bleibt daher unberührt (Palandt/*Heinrichs* Rn 3).

§ 326* Befreiung von der Gegenleistung und Rücktritt beim Ausschluss der Leistungspflicht

(1) ¹Braucht der Schuldner nach § 275 Abs. 1 bis 3 nicht zu leisten, entfällt der Anspruch auf die Gegenleistung; bei einer Teilleistung findet § 441 Abs. 3 entsprechende Anwendung. ²Satz 1 gilt nicht, wenn der Schuldner im Falle der nicht vertragsgemäßen Leistung die Nacherfüllung nach § 275 Abs. 1 bis 3 nicht zu erbringen braucht.
(2) ¹Ist der Gläubiger für den Umstand, auf Grund dessen der Schuldner nach § 275 Abs. 1 bis 3 nicht zu leisten braucht, allein oder weit überwiegend verantwortlich oder tritt dieser vom Schuldner nicht zu vertretende Umstand zu einer Zeit ein, zu welcher der Gläubiger im Verzug der Annahme ist, so behält der Schuldner den Anspruch auf die Gegenleistung. ²Er muss sich jedoch dasjenige anrechnen lassen, was er infolge der Befreiung von der Leistung erspart oder durch anderweitige Verwendung seiner Arbeitskraft erwirbt oder zu erwerben böswillig unterlässt.
(3) ¹Verlangt der Gläubiger nach § 285 Herausgabe des für den geschuldeten Gegenstand erlangten Ersatzes oder Abtretung des Ersatzanspruchs, so bleibt er zur Gegenleistung verpflichtet. ²Diese mindert sich jedoch nach Maßgabe des § 441 Abs. 3 insoweit, als der Wert des Ersatzes oder des Ersatzanspruchs hinter dem Wert der geschuldeten Leistung zurückbleibt.
(4) Soweit die nach dieser Vorschrift nicht geschuldete Gegenleistung bewirkt ist, kann das Geleistete nach den §§ 346 bis 348 zurückgefordert werden.
(5) Braucht der Schuldner nach § 275 Abs. 1 bis 3 nicht zu leisten, kann der Gläubiger zurücktreten; auf den Rücktritt findet § 323 mit der Maßgabe entsprechende Anwendung, dass die Fristsetzung entbehrlich ist.

1 **A. Funktion.** § 323 passt nicht für alle Fälle des Ausbleibens der Leistung, nämlich nicht für die **Unmöglichkeit**. Denn erstens ist dort die in § 323 vorgesehene Fristsetzung sinnlos: Die Leistung wird ja idR auch während des Fristablaufs nicht möglich. Und zweitens fehlt wegen § 275 der erst durch den Rücktritt des Gläubigers zu beendende Erfüllungsanspruch; der Gläubiger hat also nicht die für § 323 charakteristische Wahl zwischen Erfüllung und Rücktritt. Diesen Besonderheiten trägt § 326 Rechnung.
2 In der Formulierung bedeutet § 326 eine Neuerung durch das SMG. In der Sache finden sich dort aber viele Rechtsgedanken der §§ 323 bis 325 aF wieder. Insoweit bleibt dann auch die alte Rspr verwendbar.
3 **B. Die Regel für die Unmöglichkeit. I. Anwendungsbereich.** § 326 I 1 erfasst die Fälle der **Nichtleistung und (quantitativen) Teil-Nichtleistung** durch den Schuldner wegen Unmöglichkeit. Dagegen enthält I 2 eine Ausnahme für die Unmöglichkeit der Nacherfüllung bei einer nicht vertragsgemäßen Leistung; hier ergibt sich die Rechtsfolge aus V.
4 Die **Unmöglichkeit der Leistung** regelt sich nach § 275. Dass der Schuldner nicht zu leisten braucht, ergibt sich bei 275 I von selbst; bei 275 II und III tritt diese Folge erst ein, wenn der Schuldner sie einredeweise geltend macht (vgl dazu § 275 Rn 15).
5 § 323 I 1 unterscheidet für das Freiwerden des Gläubigers von der Pflicht zur Gegenleistung ebenso wie § 275 nicht nach der Art der Unmöglichkeit: Er umfasst die objektive und die subjektive, die ursprüngliche und die nachträgliche, die zu vertretende und die nicht zu vertretende Unmöglichkeit (anders insoweit § 325 aF).
6 Das Fehlen einer Sonderregelung für die vom Schuldner zu vertretende Unmöglichkeit wird von manchen (repräsentativ MüKo/*Ernst* Rn 13 ff) als sachlich verfehlt und daher korrekturbedürftig aufgefasst. Das führt

---

* Diese Vorschrift dient auch der Umsetzung der Richtlinie 1999/44/EG des Europäischen Parlaments und des Rates vom 25. Mai 1999 zu bestimmten Aspekten des Verbrauchsgüterkaufs und der Garantien für Verbrauchsgüter (ABl EG Nr L 171 S 12).

aber zu komplizierten Unterscheidungen (etwa *Ernst* Rn 26 f; 29; 94 ff) und zu einer im Gesetz nicht vorgesehenen Entscheidung des Gläubigers (*Ernst* aaO Rn 14). Das Vertretenmüssen hat nach dem Gesetz bei § 275 nur in II 2 Bedeutung, dagegen nicht bei §§ 323, 326. Vom Vertretenmüssen abhängige Rechtsfolgen sind daher beim Schadensersatz und nicht beim Rücktritt unterzubringen (vgl u. Rn 9).

II. Rechtsfolge. 1. Vollunmöglichkeit. § 326 I 1 Hs 1 lässt, wenn der Schuldner wegen der Unmöglichkeit nicht leistet, dessen Anspruch auf die Gegenleistung ohne weiteres entfallen (wenn nicht III wegen § 285 Abweichendes anordnet). Nach Spezialvorschriften gelten aber Ausnahmen, wenn der Gläubiger beim Eintritt der Unmöglichkeit bereits die **Gegenleistungsgefahr (Preisgefahr)** trägt. Das meint die Gefahr, die Gegenleistung auch dann erbringen zu müssen, wenn kein Anspruch auf die Leistung besteht. Die wichtigsten Vorschriften hierfür sind die §§ 326 II 1 Alt 2 (Annahmeverzug des Gläubigers, vgl u. Rn 16), 446, 447 (Kauf), 640, 644, 645 (Werkvertrag), 2380 BGB (Erbschaftskauf) und § 56 S 1 ZVG (Grundstückserwerb in der Zwangsversteigerung), außerdem beim Dienst- und Arbeitsvertrag. 7

Wenn die nach I 1 nicht geschuldete **Gegenleistung schon erbracht** worden ist, soll sie gem. IV nach den §§ 346 bis 348 zurückverlangt werden können. Diese Verweisung war notwendig, weil der Wegfall der Pflicht zur Gegenleistung nicht auf einem Rücktritt beruht, sondern kraft Gesetzes eintritt. 8

Die oben Rn 6 geschilderte Ansicht will die Fälle berücksichtigen, in denen dem Gläubiger daran gelegen ist, die von ihm geschuldete **Gegenleistung** wirklich zu erbringen, also sie **loszuwerden**. Soweit der Gläubiger ein Rücktrittsrecht hat, kann er dieses Ziel durch Nichterklärung des Rücktritts erreichen; dass er dann die Gegenleistung erbringen muss, ist bei der Vertretenmüssen des Schuldners durch die Schadensberechnung nach der Surrogations-Methode auszugleichen. Ich sehe keinen einleuchtenden Grund, warum das nicht auch bei I 1 möglich sein soll (ebenso Palandt/*Heinrichs* Rn 2 a). 9

2. Teilunmöglichkeit. Bei einer Teilleistung (wegen einer Teilunmöglichkeit) soll nach I 1 Hs 2 § 441 III entsprechend gelten. Die Gegenleistung ist also in dem Verhältnis herabzusetzen, in dem zur Zeit des Vertragsschlusses der Wert der ganzen Leistung zur vereinbarten Gegenleistung gestanden haben würde. Bsp: Wert der ganzen Leistung 120, vereinbarte Gegenleistung 90; es wird nur die Hälfte geliefert. Dann beträgt die Gegenleistung 45; das dem Gläubiger günstige Wertverhältnis bleibt also zu dem Teil erhalten, zu dem das Geschäft ausgeführt wird. 10

Das bisher Gesagte lässt aber unberücksichtigt, dass dem Gläubiger an dem möglichen Teil der Leistung nicht gelegen zu sein braucht, weil er die Leistung nur als Ganzes verwenden will. Nach § 323 V 1 besteht in solchen Fällen bei der **Teil-Nichtleistung ein Recht zum Totalrücktritt**. Das kann man bei § 326 I 1 Hs. 2 entsprechend anwenden (so MüKo/*Ernst* Rn 24). Im Ergebnis gleicht ihm die Annahme zu § 275, bei einem Gläubigerinteresse nur an der ganzen Leistung liege eine unteilbare Leistung mit der Folge vor, dass die Unmöglichkeit eines Teils eine Vollunmöglichkeit bedeute (so Palandt/*Heinrichs* §§ 326 Rn 5, 275 Rn 7). 11

3. Fortdauer der Pflicht zur Gegenleistung. In Abweichung von I 1 lässt II unter bestimmten Umständen den Anspruch des Schuldners der unmöglichen Leistung auf die Gegenleistung bestehen bleiben, so dass also der Gläubiger die Gegenleistungsgefahr tragen soll (vgl o Rn 7). Das entspricht weithin dem Ausschluss des Rücktritts nach § 323 VI. 12

Dabei geht es erstens um den Fall, dass **der Gläubiger** für den Unmöglichkeitsgrund allein oder weit **überwiegend verantwortlich** ist. § 324 I 1 aF hatte nicht von „Verantwortlichkeit" gesprochen, sondern vom Vertretenmüssen. Daran hatte sich die Frage geknüpft, was ein Gläubiger überhaupt zu vertreten hat (die §§ 276, 278 sprachen und sprechen nur von Schuldnern; sie passen daher allenfalls analog). 13

MüKo/*Ernst* Rn 55 stellt für die Verantwortung wesentlich auf eine notwendige Mitwirkung des Gläubigers an der Erfüllung ab, zB durch Annahme der ihm angebotenen Leistung: Für eine solche mangelnde Mitwirkung sei der Gläubiger auch ohne Verschulden verantwortlich. Indessen betrifft dies nur den in II 1 Alt 2 ohnehin geregelten Annahmeverzug. Zudem spricht II 1 Alt 1 von einem Umstand, der die Unmöglichkeit herbeigeführt hat: Etwa der Gläubiger hat die zu leistende Sache selbst zerstört oder den Schuldner so verletzt, dass er nicht leisten kann. In solchen Fällen wird man die analoge Anwendung der §§ 276, 278 kaum entbehren können. 14

Mit der „weit überwiegenden" Verantwortlichkeit meint II 1 Alt 1 ebenso wie § 323 VI 1 Alt 1 Fälle, in denen für Schadensersatzansprüche eine Abwägung nach § 254 zur gänzlichen Entlastung des Schuldners führen würde (vgl § 323 Rn 39). 15

Zweitens nennt II 1 in Alt 2 den Fall, dass der vom Schuldner nicht zu vertretende Umstand während eines **Annahmeverzugs** des Gläubigers eingetreten ist. Das entspricht § 323 VI Alt 2 (vgl § 323 Rn 41). 16

Anders als § 323 VI bestimmt § 326 II in S 2 eine **Anrechnung von Vorteilen**, die dem Schuldner durch die Befreiung von seiner Leistungspflicht (§ 275) entstanden sind oder die zu erwerben er böswillig unterlassen hat (entspr 324 I 2 aF). Bei § 323 ist eine solche Vorschrift unnötig, weil dort der Schuldner seine Leistung behält oder zurückhält (§§ 323 I, 346 I, II). Diese Anrechnung erfolgt, wenn es auf beiden Seiten um Geld geht, durch einen Abzug von dem Anspruch des Schuldners auf die Gegenleistung; andernfalls ist ein eigener Ausgleichsanspruch anzunehmen (MüKo/*Ernst* Rn 85). 17

18 II 2 spricht von **Ersparnissen** und vom **Erwerb aus der anderweitigen Verwendung der Arbeitskraft** des Schuldners. Die Ersparnisse betreffen etwa die Kosten der Anschaffung und Übermittlung der Leistung, der weitere Erwerb ist über die Verwendung der Arbeitskraft hinaus zu erweitern, zB durch anderweitigen Verkauf der nicht an den Gläubiger zu liefernden Leistung (BGH BB 58, 312). Das Unterlassen solchen Erwerbs ist böswillig schon dann, wenn der Schuldner in Kenntnis aller Umstände einen zumutbaren Erwerb ablehnt (BAGE 25, 344, 347 f).

19 **4. Rechtsfolgen bei Anspruch auf das Surrogat, III.** Nach § 285 I kann der Gläubiger anstelle der unmöglichen Leistung ein durch den Schuldner etwa erworbenes Surrogat verlangen. Tut er das, soll er nach III 1 zur Gegenleistung verpflichtet bleiben. Doch soll sich diese nach III 2 nach Maßgabe von § 441 III mindern, soweit der Wert des Surrogats hinter dem Wert der versprochenen Leistung zurückbleibt. Der Gläubiger hat also etwa nur 80% Gegenleistung zu erbringen, wenn das Surrogat nur 80 % der Leistung wert ist.

20 Wegen Art und Umfang der von § 285 erfassten Surrogate vgl dort Rn 4 ff.

21 **C. Die Ausnahme für die Nacherfüllung, V.** Nach V soll der Gläubiger ohne Fristsetzung zurücktreten können, wenn der Schuldner nach § 275 I–III nicht zu leisten braucht. Das ist nur sinnvoll, wenn die Leistungspflicht des Gläubigers nicht schon nach I 1 von selbst erloschen ist. Zur Kündigung statt des Rücktritts bei Dauerschuldverhältnissen vgl § 314 Rn 19.

22 **I. Funktion der Ausnahme.** Der Hauptanwendungsfall des Rücktrittsrechts nach V ergibt sich aus I 2: Danach gilt I 1 nicht, wenn der Schuldner bei nicht vertragsgemäßer Leistung **die Nacherfüllung nach § 275 I bis III nicht zu erbringen braucht**, also wenn die Nacherfüllung nach § 275 I nicht geschuldet wird oder der Schuldner sie nach II oder III mit Recht verweigert. Hier kann zumindest bei Kauf- und Werkvertrag der Gläubiger schon deshalb nicht automatisch von der Gegenleistungspflicht befreit sein, weil er damit auf die Rechtsfolgen des Rücktritts (der alten Wandlung) beschränkt wäre. Insbesondere die Wahl der Minderung (§§ 441, 638) wäre damit ausgeschlossen.

23 Als **weitere Anwendungsfälle** von V, die aber viel weniger wichtig sind, werden genannt (MüKo/*Ernst* Rn 103 f): Die Vorschrift eröffne bei Teilunmöglichkeit über I 1 Hs 2 hinaus die Möglichkeit eines Totalrücktritts (s.o. Rn 11); der Gläubiger könne die Frage nach der Anwendbarkeit von § 275 offenlassen und nach Fristsetzung gem. § 323 zurücktreten (aber braucht man dazu § 326 V wirklich?); der Gläubiger soll Zweifel beheben können, ob durch I 1 wirklich das Vertragsverhältnis im Ganzen erledigt sei (aber können solche Zweifel überhaupt ernsthaft entstehen?).

24 **II. Einzelheiten.** V bedeutet eine **Rechtsgrundverweisung auf § 323** (mit Ausnahme der dort regelmäßig geforderten Fristsetzung unter Abmahnung). Folglich ist der Rücktritt ausgeschlossen, soweit die Voraussetzungen von § 323 VI vorliegen (vgl § 323 Rn 39 ff). Auch kommt ein Totalrücktritt nur dann in Betracht, wenn ein Interesse des Gläubigers an der schon erhaltenen Teilleistung fehlt (§ 323 V 1, vgl § 323 Rn 35 f). Bei einer geringfügigen qualitativen Unmöglichkeit ist der Rücktritt ausgeschlossen (§ 323 V 2, vgl dort Rn 38).

25 **D. Abweichungen durch AGB.** § 326 ist grundsätzlich auch gegenüber AGB nachgiebig. Insbesondere kann die Gegenleistungsgefahr gegenüber den §§ 326 I, 446, 447 usw verschoben werden. Das geschieht im Handelsverkehr häufig durch Klauseln wie cif, fob, ab Werk oder frei Waggon. Doch kann nach § 307 II 1 nicht bestimmt werden, der Verwender dürfe entgegen § 326 I die Gegenleistung auch dann behalten, wenn er seine eigene Leistung nicht oder nur ganz geringfügig erbringt (BGH NJW 84, 2162, 2163). Auch darf sich der Verwender nur unter besonderen Voraussetzungen von seiner Leistungspflicht lösen, § 308 Nr 3. Das passt auch für die Vertragsauflösung, die sich nach § 326 I 1 von selbst vollzieht (MüKo/*Ernst* Rn 111). Gleiches gilt für § 309 Nr 8.

26 **E. Beweislast.** Wenn der **Gläubiger** nach § 326 zurücktreten will, muss er die Unmöglichkeit beweisen. Gelingt ihm das nicht, wird er nach §§ 320, 322 zur Leistung Zug um Zug verurteilt. Dieses Urteil kann aber nicht vollstreckt werden. Trotzdem ist der Weg über § 323 anzuraten.

27 Dagegen muss **der Schuldner** bei II 1 Alt 1 beweisen, dass die Unmöglichkeit vom Gläubiger verursacht worden ist. Dagegen war für § 324 I aF streitig, wer das Vertretenmüssen des Gläubigers beweisen muss (vgl BGHZ 116, 278, 288). Der BGH hat hier eine Analogie zu § 282 aF abgelehnt, also die Beweislast beim Schuldner gelassen. Dem wird im neuen Recht zu folgen sein, teils anders MüKo/*Ernst* Rn 118. Ebenso muss der Schuldner das Überwiegen der Verantwortlichkeit des Gläubigers beweisen. Bei II 1 Alt 2 hat der Schuldner den Eintritt des die Unmöglichkeit begründenden Umstandes während des Annahmeverzuges und auch ein Fehlen seines Vertretenmüssens zu beweisen (BGH WM 75, 917, 920).

§ 327

– *weggefallen* –

Titel 3 Versprechen der Leistung an einen Dritten

Vorbemerkungen vor §§ 328 bis 338

A. Einführung. Das Versprechen der Leistung an einen Dritten wird häufig, jetzt auch in der amtlichen 1
Überschrift des § 328, als „**Vertrag zugunsten Dritter**" bezeichnet. Das kann zu dem Eindruck verleiten, als
handele es sich um einen eigenen Vertragstyp. Doch wäre das unrichtig, wie schon die Stellung der §§ 328 ff
im Allgemeinen Schuldrecht zeigt. Vielmehr geht es um eine Variante, die prinzipiell bei allen Typenverträgen vorkommen kann: Die Leistung wird zwar dem Vertragspartner versprochen, sie soll aber an einen Dritten erbracht werden und ihm zugute kommen (MüKo/*Gottwald* § 328 Rn 4). Häufig soll dieser Dritte auch
einen eigenen Anspruch auf die Leistung haben (vgl § 328 II, sog echter Vertrag zugunsten Dritter). Doch ist
das nicht notwendig (sog unechter Vertrag zugunsten Dritter, vgl dazu § 328 Rn 11 ff). In beiden Fällen entsteht ein Drei-Personen-Verhältnis; das kann zu Schwierigkeiten bei der Rückabwicklung nach Bereicherungsrecht führen (vgl § 812 Rn 76 ff).

Neben dieser gesetzlich geregelten Konstellation ist durch ein auf den (oft nur hypothetischen) Parteiwillen 2
gestütztes Richterrecht (vgl etwa BGHZ 138, 257, 261) eine weitere getreten, die im Kern inzwischen zum
Gewohnheitsrecht verfestigt sein dürfte (vgl die Darstellung in BGHZ 133, 168, 170 ff): Ein Dritter soll zwar
nicht die Leistung erhalten, doch sollen ihm gegenüber die Schutzpflichten nach § 241 II bestehen; insbesondere soll sein Integritätsinteresse vor Schäden aus einer schlechten Leistung geschützt sein. Man spricht hier
von einem **Vertrag mit Schutzwirkung für Dritte**. Diese Rechtsfigur hat inzwischen namentlich bei der
Expertenhaftung große Bedeutung erlangt, insbesondere weil sie auch bei bloßen Vermögensverletzungen
schützt, die von § 823 I nicht erfasst werden.

Begrifflich bedeutet der Vertrag mit Schutzwirkung für Dritte einen **Einbruch in das Dogma vom Gläubiger-** 3
interesse (§ 249 Rn 90), ähnlich wie das auch für die Drittschadensliquidation zutrifft (§ 249 Rn 93 ff). Ein
Unterschied besteht aber darin, dass der Dritte selbst seinen eigenen Schaden geltend macht, nur leitet er seinen Ersatzanspruch aus einem fremden Vertrag (oder aus fremden Vertragsverhandlungen, vgl u. Rn 13) her.

Der Vertrag mit Schutzwirkung für Dritte kann die **Belastung des Schuldners vermehren** (zB wenn außer 4
dem Mieter selbst auch noch dessen in der Mietwohnung wohnende Angehörige ersatzberechtigt sein sollen).
Daher kann eine Drittschutzwirkung nur unter besonderen Voraussetzungen bejaht werden. Sie sollen hier
vorweg erörtert werden, weil die §§ 328 ff allenfalls ausnahmsweise für den Vertrag mit Schutzwirkung für
Dritte passen.

B. Der Vertrag mit Schutzwirkung für Dritte. I. Voraussetzungen. 1. Leistungsnähe des Dritten. Der 5
Dritte muss sich bestimmungsgemäß **in der Nähe (im Gefahrenbereich) der Leistung befinden** (BGHZ 70, 323,
329). Dabei wird bisweilen formuliert, der Dritte müsse den Gefahren aus der Leistung in gleicher Weise ausgesetzt sein wie der Gläubiger (etwa BGHZ 129, 136, 168, allgemeiner BGHZ 133, 168, 173; ZIP 06, 317, 322). Das
trifft aber in einigen Fallgruppen nicht zu. So kann ein vom Verkäufer bestelltes unrichtiges, weil einen zu
hohen Wert angebendes Gutachten für den Verkäufer sogar günstig sein; trotzdem sind spätere Käufer in den
Schutzbereich des Gutachtervertrages einbezogen worden (u Rn 7). Richtig ist wohl nur, dass der Dritte auch
statt des Gläubigers den Vertragsgefahren ausgesetzt sein kann (*Schlechtriem* FS Medicus, 99, 529 ff).

2. Einbeziehungsinteresse des Gläubigers. Insbesondere wenn man den Drittschutz mit der Vertragsausle- 6
gung begründet, muss man konsequenterweise ein Interesse des Gläubigers an der Einbeziehung des Dritten
in den vertraglichen Schutzbereich verlangen. Das hat der BGH zunächst mit der Formulierung getan, der
Gläubiger müsse „sozusagen für das Wohl und Wehe des Dritten mitverantwortlich" sein (etwa BGHZ 51,
91, 96). Diese Mitverantwortlichkeit ist gefolgert worden für nahe Angehörige aus der Unterhaltspflicht des
Versprechensempfängers und für Dienstverpflichtete aus § 618.

Aber auch dieses Erfordernis ist **nicht überall durchgehalten worden**. Denn insbesondere beim Vertrauen 7
eines Dritten auf eine berufliche (sachverständige) Auskunft soll dieser Dritte sogar dann geschützt werden
können, wenn seine Interessen denen des Gläubigers gegenläufig sind, so dass schon dem Gläubiger am Schutz
des Dritten nicht gelegen ist (etwa BGHZ 127, 378, 380 f). Hier lässt sich auch durch Vertragsauslegung nicht
mehr die Annahme begründen, der Gläubiger habe den Dritten begünstigen wollen. In solchen Fällen liegt
jetzt aber auch die Anwendung von § 313 III nahe: Der Gutachter hat, gestützt auf sein Fachwissen (und ggf
auch eine staatliche Anerkennung), in besonderem Maß Vertrauen in Anspruch genommen und dadurch den
Inhalt des Vertrags zwischen dem Gläubiger und dem Dritten erheblich beeinflusst (zB durch die unrichtig
hohe Wertangabe den von dem Dritten gebotenen Kaufpreis in die Höhe getrieben). Vgl u. Rn 21 und § 311
Rn 65.

3. Erkennbarkeit für den Schuldner. Dem Schuldner muss erkennbar gewesen sein, dass infolge eines Feh- 8
lers bei der Vertragserfüllung ein Dritter zu Schaden kommen kann (etwa BGHZ 75, 321, 323 mN). Denn er
muss das Risiko einer durch den Drittschutz eintretenden Haftungserweiterung abschätzen können um, ggf
auch durch einen entsprechenden Versicherungsschutz Vorsorge zu treffen (BGHZ 51, 91, 96; ZIP 04, 1814,

1817). Auf diese Erkennbarkeit kann man am ehesten verzichten, wenn der Schaden dem Dritten statt dem Gläubiger droht, so dass nur der Gläubiger und nicht der Umfang der Ersatzpflicht in Frage steht. Gleiches gilt nach BGHZ 159, 1, 9 f auch, wenn die Zahl der Dritten ungewiss ist, aber das Haftungsrisiko insgesamt (etwa durch den geschätzten Grundstückswert) beschränkt wird.

9 4. **Schutzbedürfnis des Dritten.** BGHZ 133, 168, 172 fordert zusätzlich ein Schutzbedürfnis des Dritten. Dieses sei im Allgemeinen zu verneinen, wenn dem Dritten – gleich gegen wen – eigene Vertragsansprüche zustehen, die zumindest einen gleichwertigen Inhalt haben wie die Ansprüche aus der Drittschutzwirkung. Daher hat BGHZ 70, 327, 330 eine Drittschutzwirkung des Hauptmietvertrages für den Untermieter verneint, weil dieser Ansprüche gleichen Inhalts gegen seinen Untervermieter habe. Auf die Leistungsfähigkeit des weiteren Schuldners soll es dabei nicht ankommen (BGH NJW 04, 3630, 3632). Ansprüche aus der vertraglichen Drittschutzwirkung wären so gewissermaßen subsidiär. Dagegen, aber kaum überzeugend *Schwarze*, AcP 203, 03, 348 ff.

10 5. **Die Person des Dritten.** Hinsichtlich der Person des zu schützenden Dritten ist die Rspr großzügig: Er kann bei Vertragsabschluss noch unbestimmt sein (zB wer als Käufer wegen des unrichtigen Wertgutachtens einen zu hohen Preis bewilligen wird, BGHZ 159, 1, 4 f mN); auch können sehr viele Personen in Betracht kommen (BGH aaO für ein Wertgutachten, mit dem unbestimmt viele Anleger geworben werden sollen).

11 **II. Rechtsfolgen. 1. Schadensersatzansprüche.** Der Dritte hat aus der zu seinen Gunsten bestehenden Schutzwirkung Schadensersatzansprüche gegen den Schuldner. Dabei muss er sich nach dem Rechtsgedanken der §§ 334, 846 ein Mitverschulden des Gläubigers anrechnen lassen (BGHZ 127, 378, 385 mN als Grundsatz, nicht als „unverrückbares Prinzip"). Ausnahmen soll es insbesondere aus der „Natur des Deckungsverhältnisses" geben. So soll der Käufer auf ein sachverständiges Wertgutachten trotz der Arglist des Verkäufers vertrauen dürfen (BGH aaO 385 f): Der Sachverständige hätte in seinem Gutachten deutlich machen müssen, dass er sich auf nicht selbst überprüfte Angaben des Verkäufers stützt.

12 **2. Verjährung.** Soweit Dritte in den Schutzbereich eines Vertrages einbezogen werden, müssen sie auch eine gegenüber dem Gläubiger geltende abgekürzte Verjährung gegen sich gelten lassen (BGHZ 61, 227, 233 f).

3. Erweiterungen. Die Drittschutzwirkung eines Vertrages ist vor allem in zwei Richtungen erweitert worden.

13 Schon die **Anbahnung von Vertragsverhandlungen** kann eine Schutzwirkung für Dritte entfalten, die durch diese Anbahnung in den Gefahrenbereich des Vertrages geraten. So hat BGHZ 66, 51 einer minderjährigen Tochter Ansprüche gewährt, die ohne eigene Kaufabsicht ihre Mutter in einen Selbstbedienungsladen begleitet und dort einen Unfall erlitten hatte.

14 Vereinzelt ist die Ersatzpflicht auf **Nichterfüllungsschäden** erstreckt worden: Im Fall von BGH JZ 66, 141 war durch die schuldhafte Untätigkeit eines vom Erblasser beauftragten Rechtsanwalts die Errichtung eines Testaments unterblieben (und dann durch den Tod des Erblassers unmöglich geworden): Der BGH hat demjenigen, der durch das Testament Erbe werden sollte, einen Ersatzanspruch gegen den Rechtsanwalt gewährt. Hier kann der Anspruch aus dem Anwaltsvertrag durch Auslegung abgeleitet werden (BGH aaO, ebenso *von Caemmerer*, FS Wieacker, 78, 311, 321 ff, vgl auch BGH JZ 85, 951, 952 m. Anm *H Honsell*).

15 4. **Einzelne Fallgruppen (Auswahl).** Der **Anwaltsvertrag** kann Schutzwirkung für Dritte entfalten, wenn sie von dem Gegenstand der Beratung oder des Verfahrens erkennbar betroffen sind und wenn sie dem Mandanten nahe stehen, insbesondere von ihm begünstigt werden sollen. Das betrifft etwa die Kinder, die durch Enterbung des Ehegatten begünstigt werden sollen. Verlangt wird hier aber, dass die zu schützende Personengruppe objektiv abgrenzbar ist (BGH NJW 95, 51, 52). Ebenso werden etwa die als Erben Vorgesehenen bei der Prüfung eines Testamentsentwurfs geschützt (BGH NJW 95, 2551, 2552).

16 Der **Arztvertrag** schützt das zu behandelnde Kind (BGHZ 89, 263, 266); hier kann sogar ein Vertrag auf Leistung an das Kind iSv § 328 bejaht werden. Geschützt werden aber auch die Eltern des zu behandelnden Kindes in den durch dessen Schaden gezogenen Grenzen (BGHZ 106, 153, 161). Ebenso geschützt wird auch der Ehegatte bei einem Vertrag über eine Sterilisation (BGHZ 76, 259, 261). Dagegen wird nicht geschützt der nicht eheliche Vater aus einem Arztvertrag der Mutter wegen des Ausbleibens einer Abtreibung (BGH NJW 02, 1489, 1491, freilich mit Einschränkungen).

17 Der **Bankvertrag** schützt bei einer unrichtigen Auskunft auch den Dritten, für den die Auskunft bestimmt war, die für ihn die Grundlage wesentlicher Vermögensdispositionen bilden sollte (BGH LM § 676 Nr 42). Ob sich bei einer Verletzung des Bankgeheimnisses auch die Muttergesellschaft im Schutzbereich eines Bankvertrages der Tochter befindet, ist zweifelhaft (Ja: München ZIP 03, 19, 24; Nein: *Canaris* ZIP 04, 1781 und jetzt BGH ZIP 06, 317,322).

18 **Mietverträge** über Wohnräume schützen auch die zur Hausgemeinschaft des Mieter gehörenden Personen, insbesondere Angehörige und Hauspersonal (BGHZ 61, 227, 233). Geschützt werden auch die dritten Eigentümer von Sachen, die sich berechtigterweise in den Miträumen befinden (BGHZ 49, 350, 354 f. für Geschäftsräume). Dagegen hat der Mieter keine Schutzpflicht gegenüber Mitmietern (BGH NJW 69, 41).

Reisevertrag nach § 651 a: Hier kann der Veranstalter die Verträge mit den Leistungsträgern (§ 651 a II) je nach Sachlage als Verträge nach § 328 (auf Leistung an den Reisenden) abschließen, so für den Chartervertrag mit Fluggesellschaften BGHZ 93, 271, 275. Wenigstens aber befindet sich der Reisende im Schutzbereich solcher Verträge. 19

Werkverträge: In dem Schutzbereich eines Bauvertrages sind Familienangehörige des Bestellers nur einbezogen, wenn sie gerade in dieser Eigenschaft mit der Bauleistung in Berührung kommen. Dagegen genügt es nicht, wenn sie das bloß als spätere Erwerber von Wohneigentum tun (BGH NJW 94, 2231). Bei Reparaturverträgen sind die Arbeitnehmer des Bestellers von den Schutzpflichten des Unternehmers erfasst (BGHZ 33, 247 mN; 55, 11, 18). Im Schutzbereich eines von der Polizei abgeschlossenen Abschleppvertrages befindet sich der Eigentümer des Fahrzeuges (BGH NJW 78, 2502). Keine Schutzwirkung für die durch Stromausfall Geschädigten soll der Vertrag der Stadt mit dem Bauunternehmer über Erdarbeiten entfalten (BGH NJW 77, 2208). 20

Eine Gruppe von zunehmender Bedeutung bilden die **Verträge über Gutachten.** Hier wird Drittschutz weithin bejaht, wenn das Gutachten ersichtlich für Dritte bestimmt ist, und der Gutachter in besonderem Maß für sich Vertrauen in Anspruch nimmt (vgl o Rn 7 und etwa BGHZ 127, 378; 145, 187, 197, ausführlich *Plötner,* Die Rechtsfigur des Vertrages mit Schutzwirkung für Dritte und die sog Expertenhaftung, 03, dazu *Schlechtriem* AcP 203, 03 855). Das erfüllt jetzt den Tatbestand von § 311 III 2, doch ist fraglich, ob die Gerichte von der alten Herleitung abweichen werden (*Palandt/Heinrichs* § 328 Rn 34, kritisch auch *Brors,* ZGS 05, 142). Dass das falsche Gutachten keine Pflichtverletzung gegenüber dem Besteller bedeutet, ändert an der Ersatzpflicht gegenüber dem Dritten nichts (BGHZ 127, 378); ein entgegenstehender Parteiwille sei sittenwidrig und daher unbeachtlich (BGHZ 159, 1, 5). Sogar bei Sachverständigen ohne besonders anerkannte Kompetenz kommt eine Drittwirkung des Gutachtens in Betracht (BGHZ, 159, 1, 5). 21

§ 328 Vertrag zugunsten Dritter

(1) Durch Vertrag kann eine Leistung an einen Dritten mit der Wirkung bedungen werden, dass der Dritte unmittelbar das Recht erwirbt, die Leistung zu fordern.
(2) In Ermangelung einer besonderen Bestimmung ist aus den Umständen, insbesondere aus dem Zwecke des Vertrags, zu entnehmen, ob der Dritte das Recht erwerben, ob das Recht des Dritten sofort oder nur unter gewissen Voraussetzungen entstehen und ob den Vertragschließenden die Befugnis vorbehalten sein soll, das Recht des Dritten ohne dessen Zustimmung aufzuheben oder zu ändern.

A. Funktion. §§ 328 ff regeln die Einbeziehung Dritter, die am Vertragsschluss nicht beteiligt sind, in das Leistungsgefüge von Verträgen (aller Art, vgl vor § 328 Rn 1). Dabei werden dem Dritten, soweit an ihn zu leisten ist, idR die Schutzpflichten nach § 241 II zugute kommen. Dagegen liegt ein Vertrag mit Schutzwirkung für Dritte vor (vgl vor § 328 Rn 2 ff), wenn gegenüber dem Dritten nur Schutzpflichten bestehen, also bloß sein Integritätsinteresse geschützt werden soll. 1

Die §§ 328 ff führen also zu einem **Drei-Personen-Verhältnis.** Die Beteiligten heißen Versprechender (= Schuldner), Versprechensempfänger und Dritter (vgl § 332). Dabei kann der Versprechensempfänger im Zweifel selbst die Leistung an den Dritten verlangen, § 335. Ob dieser Dritte einen eigenen Anspruch haben soll, folgt aus dem Versprechen; das Gesetz gibt aber in den §§ 328 II, 329, 330, 331 I Auslegungsregeln. Bei einem eigenen Anspruch des Dritten spricht man von einem echten, sonst von einem unechten Vertrag zugunsten Dritter. 2

Beim **echten Vertrag zugunsten Dritter** soll der Dritte sein Forderungsrecht „unmittelbar" erwerben, I. Das bedeutet „ohne eigenes Zutun", also ohne seine Mitwirkung an dem Vertrag und ohne Annahmeerklärung. Er braucht von dem Vertrag nicht einmal zu wissen. Die Vereinbarkeit mit dem Vertragsprinzip von § 311 I stellt das Zurückweisungsrecht des Dritten nach § 333 her. „Unmittelbar" bedeutet aber auch, dass das Recht originär bei dem Dritten entsteht, also ohne dass ein Durchgangserwerb eines zunächst beim Versprechensempfänger entstandenen Rechts stattfände. 3

B. Abgrenzungen. I. Stellvertretung. Auch bei der direkten Stellvertretung kann ein am Vertragsschluss Unbeteiligter vertragliche Leistungsansprüche erhalten. So können etwa die **Eltern einen Vertrag über die ärztliche Behandlung ihres Kindes** als Vertreter des Kindes oder im eigenen Namen auf Leistung an das Kind schließen. Für die erste Alternative ist Vertretungsmacht nötig; andererseits können dem Dritten aber auch Verpflichtungen auferlegt werden. Dies spricht für die Bejahung der zweiten Alternative: Der Arzt wird idR eine Eigenverpflichtung der Eltern wollen, und diese werden damit redlicherweise einverstanden sein, weil sie dem Kind die Behandlung als Unterhalt schulden. 4

Gleiches gilt auch bei anderen Verträgen der Eltern für das Kind über eine als Unterhalt geschuldete Leistung (zB Beförderung, Ferienaufenthalt usw). Anders liegt es dagegen bei Verträgen über die Verwaltung des Kindesvermögens. 5

6 **II. Abtretung.** Nur berechtigt werden kann der Dritte durch die Abtretung des von dem Versprechensempfänger zunächst selbst erworbenen Anspruchs (§ 398). Doch erwirbt der Dritte dann nicht unmittelbar; insbesondere muss er auch an der Abtretung mitwirken.

7 **III. Empfangsermächtigung.** Bei ihr kann der Versprechende nach § 362 II, 185 an den Dritten leisten, doch ist er dazu nicht verpflichtet. Einen Spezialfall einer solchen Ermächtigung bildet die Anweisung nach § 783. An einer den Anweisungsempfänger berechtigenden Annahme der Anweisung (§ 784 I) muss dieser mitwirken.

8 **IV. Verfügungen.** Sehr zweifelhaft ist, ob § 328 **auf Verfügungen erweitert** werden kann. **I. Sachenrechtliche Verfügungen zugunsten Dritter**, also zB eine Übereignung, scheitern für den Erwerb von Grundstücken schon an § 925 II. Denn das Zurückweisungsrecht des Dritten nach § 333 würde ähnlich wie eine Bedingung zu einer Ungewissheit führen, die § 925 II gerade verhindern soll (MüKo/*Gottwald* Rn 190).

9 Bei anderen sachenrechtlichen Verfügungen (zB Mobiliar-Übereignung, Bestellung von Grundpfandrechten) passt die Argumentation mit § 925 II zwar nicht. Auch mag man hier von einer „Leistung an den Dritten" sprechen. Aber § 328 I fährt fort, der Dritte solle das Recht erwerben, die Leistung zu fordern. Dahinter steht die Vorstellung, die Leistung müsse erst noch erbracht werden; das passt für Verfügungen gerade nicht. Die Rspr (etwa RGZ 148, 257, 262; BGHZ 41, 95, 96 mN) erkennt daher „dingliche Verträge zugunsten Dritter" nicht an. Demgegenüber ist die Lit teils großzügiger: So soll nach einer Mindermeinung (*Westermann* Sachenrecht § 3 II 4 mN) ein Mobiliarerwerb des Dritten nach den §§ 929 ff analog § 328 möglich sein, wenn der Dritte den Besitz oder ein ausreichendes Surrogat erlangt. Auch soll bei Grundstücken für den Dritten wenigstens ein Recht begründet werden können, aufgrund dessen „Leistungen aus dem Grundstück" zu erbringen sind (*Wolff/Raiser* Sachenrecht § 38 II 3; *Baur/Stürner* Sachenrecht § 5 II 2 b, wohlwollend auch MüKo/*Gottwald* Rn 190 mN). Danach kann für die dem Dritten zugewendete Forderung auch eine Hypothek bestellt werden. Freilich bedarf es dafür der Eintragung des Dritten als Gläubiger.

10 **Schuldrechtliche Verfügungen zugunsten Dritter** werden von der Rspr gleichfalls überwiegend abgelehnt. Das gilt für die Forderungsabtretung zugunsten Dritter und für andere unter § 413 fallende Übertragungen etwa von Mitgliedschaftsrechten (BGHZ 41, 95 f.; 68, 225, 231, anders MüKo/*Gottwald* Rn 183 mN). Das gilt weiter für einen Erlass zugunsten Dritter (BGHZ 126, 261, 266), doch wird ein Vertrag zugelassen, durch den der Gläubiger auf die Inanspruchnahme eines Dritten verzichtet (RGZ 127, 126, 128 f., BGHZ aaO). Hieraus kann dann der Dritte seine Inanspruchnahme abwehren (MüKo/*Gottwald* Rn 185 mit Rn 22) und wohl sogar den Vollzug des Erlasses fordern.

11 **V. Verträge.** Verträge zu **Lasten Dritter** mit der Folge, dass dieser ohne seine Mitwirkung verpflichtet wird, gibt es naturgemäß nicht (MüKo/*Gottwald* Rn 172 ff). Dagegen kann der Versprechende sich selbst verpflichten, die Leistung eines Dritten herbeizuführen (zB Dienstverschaffungsvertrag). Allein hieraus schuldet aber der Dritte dem Versprechensempfänger nichts.

12 **C. Die Rechtsstellung des Dritten. I. Echter und unechter Vertrag zugunsten Dritter.** Hinsichtlich der Rechtsstellung des Dritten unterscheiden sich der echte und der unechte Vertrag zugunsten Dritter (vgl schon vor § 328 Rn 1): Beim echten Vertrag zugunsten Dritter hat der Dritte, wie das I voraussetzt, einen eigenen Anspruch auf die Leistung. Dagegen kann beim unechten Vertrag zugunsten Dritter der Dritte die Leistung nicht verlangen; er ist also darauf angewiesen, dass der Versprechensempfänger dies tut.

13 Welche der beiden Gestaltungen vorliegen sollen, unterliegt primär der **Vereinbarung der Vertragsparteien**. Fehlt – wie häufig – eine solche Bestimmung, so verweist II auf die **Vertragsauslegung** nach den Umständen und insbesondere dem Zweck des Vertrages. Für eine Berechtigung des Dritten spricht namentlich eine beabsichtigte Versorgung oder andere Hilfe (vgl § 330 und MüKo/*Gottwald* Rn 32). Gleiches gilt für eine Leistung, die erst nach dem Tod des Versprechensempfängers erfolgen soll, so dass dieser sich nicht mehr selbst um die Durchsetzung des Anspruchs kümmern kann (vgl § 331 I). Dagegen wird bei der Erfüllungsübernahme (§ 415 III) im Zweifel ein eigener Anspruch des Gläubigers gegen den Übernehmer verneint (§ 329): Der Gläubiger kann den Anspruch ja idR nach § 415 I durch Genehmigung der mitgeteilten Übernahme erlangen.

14 **II. Die Person des Dritten.** Hinsichtlich der Person des Dritten ist die Rspr großzügig; jedenfalls genügt ein Nasciturus (vgl § 331 II). Darüber hinaus braucht der Dritte beim Abschluss des ihn berechtigenden Vertrages noch nicht einmal gezeugt zu sein (BGHZ 129, 297, 305 mN); auch erst noch zu gründende juristische Personen genügen. Zudem brauchen Namen und Zahl der Dritten zunächst nicht festzustehen. Entsprechend dem vor § 328 Rn 8 Gesagten wird man auch eine Vielzahl von Personen zulassen können, wenn sich dadurch das erkennbar geschuldete Ausmaß der Leistung nicht erhöht (vgl BGHZ 159, 1, 9 f). Allerdings müssen die erfassten Dritten spätestens bei Fälligkeit der Leistung bestimmbar sein (zB der „jeweilige Endabnehmer", BGHZ 75, 75, 78 f).

III. Fallgruppen der Drittberechtigung. Neben den in den §§ 330, 331 erwähnten Fällen kommt eine Drittberechtigung auch sonst häufig vor. Erwähnt seien die folgenden:

Der **Anwaltsvertrag**, der vom Haftpflichtversicherer für den Versicherungsnehmer abgeschlossen wird, berechtigt idR diesen. Dagegen kontrahiert der Rechtsschutzversicherer mit dem Anwalt nach § 16 II ARB namens des Versicherungsnehmers.

Im **Arbeitsrecht** berechtigen Verträgen des Arbeitgebers mit Betriebs- oder Unterstützungskassen zu Altersversorgung der Arbeitnehmer diese (und ggf auch deren Angehörige) direkt (BAG NJW 73, 936 Nr 12 Leitsatz f; BAGE 19, 100, 102 f). Auch ein Tarifvertrag kann in seinem schuldrechtlichen Teil Ansprüche der Tarifunterworfenen begründen (BAGE 6, 340). Aus einem Sozialplan können eigene Ansprüche auch der leitenden Angestellten folgen (BAG NJW 79, 1621, 1622 mN).

Bei **ärztlicher Behandlung** hat idR der Patient eigene Ansprüche gegen den Arzt, auch wenn der Patient den Vertrag nicht selbst geschlossen hat (BGHZ 89, 263, 266, auch 250, 253). Für den Kassenpatienten ergibt sich Gleiches aus § 76 IV SGB V; zu Einzelheiten ausführlich MüKo/*Gottwald* Rn 40 ff Bei einer heterologen Insemination bedeutet die entsprechende Vereinbarung zwischen Eheleuten regelmäßig zugleich ein Versprechen des Ehemanns zugunsten des Kindes, für dessen Unterhalt wie ein ehelicher Vater zu sorgen (BGHZ 129, 297, 303).

Bei **Banken und Sparkassen** berechtigt allein der Scheckvertrag zwischen Aussteller und Bank den Schecknehmer nicht (BGH NJW 74, 456 f). Auch der Überweisungsempfänger wird nicht schon durch den Überweisungsauftrag berechtigt, sondern erst durch die Gutschrift auf seinem Konto nach § 676 f.

Insbesondere die Anlage von Konten oder Sparbüchern auf den Namen eines Dritten kann schon diesen berechtigen. Maßgeblich ist der erkennbare und von der Bank konsentierte (BGH NJW 84, 480, 481) Wille des die Anlage beantragenden Kunden (BGH NJW 94, 931). Doch verlangt der BGH aaO, der Wille zur Berechtigung des Dritten müsse aus den schriftlichen Kontounterlagen hervorgehen, soweit mündliche Nebenabreden formnichtig sind. Gegen den sofortigen Anspruchserwerb des Dritten spricht es aber, dass der Anleger die Anlage dem Begünstigten nicht mitteilt oder sich die Verfügung und insbesondere auch den Besitz des Sparbuchs vorbehält (MüKo/*Gottwald* Rn 53 mN).

Beim **Kauf** kann eine **Herstellergarantie** zwischen dem Hersteller und dem Händler zugunsten des Endabnehmers vereinbart werden (BGHZ 75, 75, 78). Insbesondere bei der Ausstellung von für den Endabnehmer bestimmten Garantieurkunden kann aber eher ein Vertragsschluss direkt zwischen dem Hersteller und dem Endabnehmer angenommen werden.

Beim **Versicherungsvertrag** soll häufig (auch) ein Dritter Ansprüche haben. Das gilt bei der Versicherung für fremde Rechnung (§§ 35 a, 36 b, 74 ff VVG.). Doch weicht die Regelung hier teils vom BGB ab (vgl *Bayer* KF 98, 51, 52 ff). Häufig sind bei der Schadensversicherung Familien- oder Betriebsangehörige mitversichert. Zudem gibt es Versicherungen für wen es angeht. Zu Einzelheiten MüKo/*Gottwald* Rn 73 ff

Nicht zu Gunsten Dritter wirkt die Haftpflichtversicherung. Sie ersetzt idR nur das Haftungsinteresse des Versicherungsnehmers und nicht den Schaden des Drittgeschädigten. Bei der Kfz-Haftpflichtversicherung hat zwar der Dritten einen Direktanspruch gegen den Versicherer, § 3 Nr 1 PflVersiG. Doch besteht dieser Anspruch u. U. unabhängig von der Wirksamkeit des Versicherungsvertrages, § 158 c VVG.

Ebenfalls nicht unter § 328 fallen geschäftsplanmäßige Erklärungen des Versicherers (vgl § 13 VAG), zB über Einschränkungen des Rückgriffs gegen den Versicherten; hier fehlt schon eine Vertrag. Doch soll die Frage, ob der Versicherte sich auf solche Erklärungen berufen darf, analog § 328 I beantwortet werden (BGHZ 105, 140, 150 ff mN, str, vgl MüKo/*Gottwald* Rn 6).

IV. Umfang der Drittberechtigung. Nach II soll durch Auslegung auch festgestellt werden, ob das Recht des Dritten sofort oder nur unter gewissen Voraussetzungen entstehen soll. Das Recht kann also unter Bedingungen oder Befristungen begründet werden. Eine solche Bedingung kann etwa in der Übernahme einer Gegenleistungspflicht liegen.

Weiter soll die Auslegung nach II ergeben, ob den Vertragsschließenden das Recht vorbehalten sein soll, das Recht des Dritten ohne dessen Zustimmung aufzuheben oder zu ändern. Dabei kann es sich etwa um die Vereinbarung handeln, der Käufer solle die vom Verkäufer geschuldete Maklerprovision bezahlen. Doch mag dies eine Erfüllungsübernahme nach § 329 bedeuten, die durch eine Genehmigung nach § 415 I bindend geworden sein kann (BGH NJW 86, 1165, 1166). Jedenfalls zeigt § 328 II, dass beim echten Vertrag zu Gunsten Dritten das Recht des Dritten noch nicht sicher zu sein braucht.

§ 329 Auslegungsregel bei Erfüllungsübernahme

Verpflichtet sich in einem Vertrag der eine Teil zur Befriedigung eines Gläubigers des anderen Teils, ohne die Schuld zu übernehmen, so ist im Zweifel nicht anzunehmen, dass der Gläubiger unmittelbar das Recht erwerben soll, die Befriedigung von ihm zu fordern.

§ 329 enthält **zwei Aussagen**: Die erste ist trivial: Wenn derjenige, der einem Schuldner verspricht, dessen Gläubiger zu befriedigen, die Schuld nicht übernimmt, dann bleibt nur eine **Erfüllungsübernahme** denkbar. Ein gesetzlich angeordneter Fall findet sich in § 415 III bei der nicht genehmigten befreienden Schuldübernahme.

2 Die zweite Aussage ist angesichts von § 415 III konsequent: Im Zweifel soll der Gläubiger aus der Erfüllungsübernahme **keinen eigenen Anspruch haben**, so dass ein unechter Vertrag zu Gunsten Dritter vorliegt. Denn andernfalls erhielte der Gläubiger einen weiteren Schuldner, was auf eine (im Zweifel nicht gewollte) Schuldmitübernahme hinausliefe. Allerdings kann auch Abweichendes gewollt sein (sog berechtigende Erfüllungsübernahme); das ist nach der allgemeinen Auslegungsregel von § 328 II zu ermitteln (MüKo/*Gottwald* Rn 6).

3 Die Erfüllungsübernahme bedarf als solche keiner Form, auch nicht gegenüber einem Bürgen (BGH NJW 72, 576). Doch gilt für eine Erfüllungsübernahme durch abstraktes Schuldversprechen § 780 (RGZ 58, 200, 201) und bei schenkweiser Erteilung § 518 (MüKo/*Gottwald* Rn 2).

4 **Praktische Anwendungsfälle** der Erfüllungsübernahme sind etwa die Übernahme der Vergütung für einen von der anderen Partei beauftragten (und daher zu bezahlenden) Dienstleister. Gleiches gilt, wenn der Nachmieten dem ausziehenden Vormieter die Übernahme der von diesen geschuldeten Renovierung der Wohnung verspricht.

§ 330 Auslegungsregel bei Lebensversicherungs- oder Leibrentenvertrag

¹Wird in einem Lebensversicherungs- oder einem Leibrentenvertrag die Zahlung der Versicherungssumme oder der Leibrente an einen Dritten bedungen, so ist im Zweifel anzunehmen, dass der Dritte unmittelbar das Recht erwerben soll, die Leistung zu fordern. ²Das Gleiche gilt, wenn bei einer unentgeltlichen Zuwendung dem Bedachten eine Leistung an einen Dritten auferlegt oder bei einer Vermögens- oder Gutsübernahme von dem Übernehmer eine Leistung an einen Dritten zum Zwecke der Abfindung versprochen wird.

1 **A. Funktion.** § 330 vermutet für vier Fallgruppen einen eigenen Anspruch des Dritten (also einen echten Vertrag zu Gunsten Dritter, vgl § 328 Rn 12): (1) Die Lebensversicherung, die an einen Dritten ausgezahlt werden soll; (2) entsprechende Regelung für die Leibrente, § 759 ff; (3) dem Empfänger einer unentgeltlichen Zuwendung sind Leistungen an einen Dritten auferlegt; (4) der Übernehmer eines Vermögens (vgl § 311 b II und III) oder Landguts soll eine Abfindung an einen Dritten leisten.

2 In allen vier Fallgruppen geht es typischerweise um eine Versorgung des dritten Empfängers. Auch soll diese Versorgung oft erst nach dem Tod des Versprechensempfängers eintreten oder doch diesen Tod überdauern. Daher ist der Dritte hier auf einen eigenen Anspruch besonders angewiesen, zumal die Erben des Versprechensempfängers an der Versorgung des Dritten selbst nicht interessiert zu sein brauchen.

3 **B. Die Lebensversicherung.** Für die Lebensversicherung greifen mit großer Bedeutung ergänzend und teils auch abändernd die §§ 159 bis 178 VVG ein, deren Anwendungsbereich allerdings weit über § 330 hinausreicht.

4 **I. Anspruch des Dritten.** Der Anspruch auf die Versicherungssumme steht in der Regel dem Versicherungsnehmer zu und fällt nach dem Tod in dessen Nachlass. Anders liegt es, wenn (wie häufig) eine Dritter als Bezugsberechtigter benannt worden ist; das ist bei der Kapitallebensversicherung nach § 166 I 1 VVG im Zweifel auch nachträglich ohne Zustimmung des Versicherers möglich. Ebenso hat der Versicherungsnehmer im Zweifel die Befugnis, die Person des Begünstigten nachträglich zu ändern, § 166 I 2 VVG. Dann kann der Benannte nach Eintritt des Versicherungsfalls (vgl § 166 II VVG) die Auszahlung der Versicherungssumme fordern. Ist der Widerruf nach § 13 II ALB ausgeschlossen, so entsteht abweichend von § 331 I sofort eine eigenes Forderungsrecht des Bezugsberechtigten (BGH NJW 03, 2679).

5 Dieser Erwerb beruht nicht auf Erbrecht, **sondern auf Versicherungsrecht** (BGHZ 130, 373, 380 f; 156, 350, 353, zust *Petersen* AcP 204, 04, 832, 839 f). Das gilt selbst dann, wenn als bezugsberechtigt „die Erben" bestimmt sind (vgl § 167 II 1 VVG). Folglich bleibt die Bezugsberechtigung auch bei Ausschlagung der Erbschaft erhalten (§ 167 II 2 VVG). Eine Bezugsberechtigung „der Ehefrau" meint idR die Ehefrau im Zeitpunkt der Benennung; § 2077 ist nicht entsprechend anwendbar (BGH NJW 87, 3131, krit *Petersen* aaO 852 f). Doch kann der Versicherungsnehmer Abweichendes bestimmten, also insbesondere die „jeweilige Ehefrau" (BGH NJW 76, 290). Auch aus den Umständen kann sich ergeben, dass die hinterbliebene Ehefrau begünstigt sein soll, also die Ehefrau im Zeitpunkt des Todes des Versicherungsnehmers (BGHZ 130, 377, 380 f).

6 **II. Das schuldrechtliche Behaltendürfen.** Nach der Rspr (etwa BGHZ 128, 125; NJW 87, 3131 f) ist die Zuweisung durch die versicherungsvertragliche Bezugsberechtigung aber nicht endgültig. Vielmehr soll der Rechtsgrund für das Bezugsrecht (und den durch diese vermittelten Erwerb) entfallen können, wenn das Valutaverhältnis zwischen dem Versicherungsnehmer und dem Begünstigten gestört wird. Dafür kommt insbesondere ein Wegfall der Geschäftsgrundlage durch ein vorzeitiges Ende der Ehe in Betracht: Diese beseitigt u. U. die Grundlage für die ehebedingte Zuwendung, die in der Einräumung des Bezugsrechts gelegen hat. Dann sollen die Erben die Herausgabe der empfangenen Versicherungssumme verlangen können (vgl dazu kritisch MüKo/*Gottwald* Rn 8).

7 **III. Anfechtung wegen Gläubigerbenachteiligung.** Da der Bezugsberechtigte die Versicherungssumme außerhalb des Erbrechts erwirbt, geht diese an den Nachlassgläubigern und Pflichtteilsberechtigten vorbei.

Als Gegenstand einer hieraus folgenden Anfechtungsmöglichkeit hat bis vor kurzem die hM und insbesondere die Rspr (Angaben in BGHZ 156, 350, 354) nur die im Anfechtungszeitraum geleisteten Prämien angesehen, wenn dem Dritten das Bezugsrecht gleich bei Abschluss des Versicherungsvertrages (obschon nur widerruflich) zugewendet worden war. Mit dieser hM hat BGHZ 156, 350, 355 ff mit Recht gebrochen (dazu *Elfring* NJW 04, 483 ff): Nach den §§ 134 I, 143 InsO müsse der Dritte den erhaltenen Gegenstand an die Masse zurückgeben. Dies sei **die Versicherungssumme**, die ihm mittelbar vom Versicherungsnehmer zugewendet worden sei. Bei einer nur widerruflich erteilten Bezugsberechtigung habe der Begünstigte vor dem Eintritt des Versicherungsfalls noch keine gesicherte Position gehabt; sein Erwerb sei also erst durch den Tod des Versicherungsnehmers erfolgt. Bei Insolvenz des Begünstigten soll sogar eine Aussonderungsrecht nach § 47 InsO bestehen (BGHZ aaO 358). Diese Entscheidung vermindert in rechtspolitisch erwünschter Weise die Möglichkeit, mit Hilfe einer Lebensversicherung den Nachlass dauerhaft gering zu halten.

C. Die übrigen Anwendungsfälle des § 330. Die drei übrigen Anwendungsfälle des § 330 sind weniger kompliziert, weil sie nicht vom VVG berührt werden. Insoweit ist nur zu den unentgeltlichen Zuwendungen (S 2 Alt 1) zu bemerken, dass die Unentgeltlichkeit im Deckungsverhältnis (also zwischen Versprechendem und Versprechensempfänger) vorliegen muss. 8

Bei der **Vermögens- und Gutsübernahme** (S 2 Alt 2) kommt die Abfindung eines Dritten vor allem in Betracht, wenn dieser möglicher Miterbe ist, insbesondere weichende Geschwister des Erben. Bei der Übernahme eines Gewerbebetriebs hat schon RGJW 05, 717 die Vorschrift entsprechend angewendet. 9

§ 331 Leistung nach Todesfall

(1) Soll die Leistung an den Dritten nach dem Tode desjenigen erfolgen, welchem sie versprochen wird, so erwirbt der Dritte das Recht auf die Leistung im Zweifel mit dem Tode des Versprechensempfängers.
(2) Stirbt der Versprechensempfänger vor der Geburt des Dritten, so kann das Versprechen, an den Dritten zu leisten, nur dann noch aufgehoben oder geändert werden, wenn die Befugnis dazu vorbehalten worden ist.

A. Funktion und Problematik. Die wesentliche Bedeutung des § 331 liegt in I. Dieser stellt seinem Wortlaut nach nur eine Vermutung für den Zeitpunkt auf, zu dem der Dritte das ihm zugewendete Recht erwerben soll: Wird die Leistung erst nach dem Tod des Versprechensempfängers fällig, soll der Dritte seinen Anspruch auch erst mit diesem Tod erwerben. Er hat also vorher noch keine Rechtsstellung, die er seinerseits vererben könnte (MüKo/*Gottwald* Rn 1). 1

Viel wichtiger als diese Vermutung ist aber eine andere Folgerung, welche die hM und insbesondere eine st. Rspr aus I zieht: **Der Erwerb des Dritten vollziehe sich nach Schuldrecht, nicht nach Erbrecht.** Daher brauche bei schenkweiser Zuwendung die Form von § 2301 nicht eingehalten zu werden; der Anspruch bleibe außerhalb des Nachlasses (so etwa BGZ 41, 95, 96 mN; 157, 79, 82 ff; MüKo/*Gottwald* Rn 4; Palandt/*Heinrichs* Rn 1). 2

Gegen diese hM sprechen mehrere starke Gründe (vgl *Medicus* BürgR Rn 396 f). Denn sie höhlt die Formstrenge des Erbrechts aus und macht es möglich, Zuwendungen an eine andere Person durch mündliche Vereinbarung des Erblassers mit einem Dritten zu bewirken. Vor allem aber stört sie die Rangfolge der Nachlassverbindlichkeiten gemäß den §§ 39, 325 ff InsO: Der durch § 331 Begünstigte geht sogar den Pflichtteilsberechtigten vor, die sich erst über die §§ 2325, 2329 behelfen müssen. Endlich führt die Rückabwicklung über das Valutaverhältnis (u Rn 7) zu Zufallsergebnissen. 3

BGHZ 66, 8, 12 f sieht diese Bedenken allerdings und räumt auch ein, das Gesetz habe die Abgrenzung gegenüber § 2301 nicht eindeutig geregelt (vgl weiter BGHZ 98, 226, 232 f). Zwar nimmt der BGH für seine Lösung noch nicht den Rang von Gewohnheitsrecht in Anspruch. Aber er sieht in der Rspr einen „Vertrauenstatbestand", den zu beseitigen sich nur aus ganz schwerwiegenden Gründen rechtfertigen ließe" (aaO 13). Weil danach eine Änderung der Rspr kaum zu erwarten ist, lege ich sie „zähneknirschend" der folgenden Kommentierung zu Grunde. 4

B. Abs 1. I. Die Auslegungsregeln. Dass der Dritte im Zweifel den Anspruch erst mit dem Tod des Versprechensempfängers erwerben soll (vgl o Rn 1) setzt zunächst voraus, dass überhaupt ein echter Vertrag zugunsten Dritter beabsichtigt ist. Das muss nach § 328 II entschieden werden (vgl dort Rn 13). Dabei kann ggf die Auslegungsregel von § 330 helfen. Soweit I eingreift, hat der Dritte vor dem Tod nur eine rechtlich ungesicherte Chance. Insbesondere können die Vertragsparteien seine künftige Berechtigung wieder einschränken oder ganz aufheben (MüKo/*Gottwald* Rn 1); allerdings kann der Dritte dann Auskunft verlangen (BGH NJW 82, 1807, 1808). 5

II. Das schuldrechtliche Behaltendürfen. Ebenso wie bei § 330 (vgl dort Rn 6) bedarf der Erwerb des Anspruchs gegen den Versprechenden (und des daraufhin Erlangten) eines Rechtsgrundes. Bei unentgeltlicher Zuwendung ist also im Valutaverhältnis ein Schenkungsvertrag nötig. Das bereitet keine Schwierigkeit, 6 wenn eine entsprechende Einigung zwischen dem Versprechensempfänger und dem Dritten vor dem Tod stattgefunden hat. Ein Formmangel wird durch den Rechtserwerb des Dritten geheilt, § 518 II.

7 Schwierigkeiten entstehen dagegen, wenn eine lebzeitige Vereinbarung fehlt, etwa weil der Versprechensempfänger dem Begünstigten gegenüber geschwiegen hat. Hier kann man zwar in der späteren Mitteilung durch den Versprechenden einen durch Boten übermittelten Schenkungsantrag des Versprechensempfängers sehen (§ 130 II). Auf die Erklärung der Annahme könnte nach § 151 verzichtet worden sein. Aber bis zum Zugang des Schenkungsantrags könnte dieser durch die Erben widerrufen werden, § 130 I 2 (BGH NJW 75, 382, 383 f). Freilich ist den Erben ein solcher Widerruf nur möglich, wenn sie rechtzeitig von dem noch nicht zugegangenen Antrag erfahren. Das führt zu der o Rn 3 gerügten Zufälligkeit (vgl auch MüKo/*Gottwald* Rn 10).

8 **C. Abs 2.** II trägt dem Umstand Rechnung, dass dem noch nicht geborenen (auch nicht einmal gezeugten) Dritten die Rechtsfähigkeit fehlt. Er kann also zunächst entgegen I das Recht auf die Leistung nicht erwerben. Wie dieser Schwebezustand dogmatisch zu erfassen ist, muss zweifelhaft bleiben (vgl MüKo/*Gottwald* Rn 12). Jedenfalls aber schützt II die Erwerbsaussicht ebenso, wie wenn der Dritte schon geboren wäre. Nach §§ 1912, 1913 soll für die Zwischenzeit ein Pfleger bestellt werden (Staud/*Jagmann* 01, Rn 24). Sobald feststeht, dass der Dritte nicht geboren wird, gilt Gleiches wie bei einer Zurückweisung nach § 333 (vgl dort Rn 3).

§ 332 Änderung durch Verfügung von Todes wegen bei Vorbehalt

Hat sich der Versprechensempfänger die Befugnis vorbehalten, ohne Zustimmung des Versprechenden an die Stelle des in dem Vertrag bezeichneten Dritten einen anderen zu setzen, so kann dies im Zweifel auch in einer Verfügung von Todes wegen geschehen.

1 **A. Die Befugnis zu einseitiger Änderung.** § 332 stellt zunächst klar, dass es zu einer Änderung nicht (wie man nach § 328 II annehmen könnte) allemal einer Vereinbarung zwischen dem Versprechenden und dem Versprechensempfänger bedarf. Vielmehr kann vertraglich auch das Recht zu einseitiger Änderung vorbehalten werden. Dem entspricht § 166 I VVG.

2 **B. Die Ausübung der Befugnis.** Darüber hinaus erlaubt § 332 im Zweifel, eine solche Befugnis auch durch Verfügung von Todes wegen (Testament oder Erbvertrag) auszuüben, also durch eine nicht an den Versprechenden gerichtete und nicht zugangsbedürftige Willenserklärung. Dies kann der einzige Inhalt einer solchen Verfügung sein (MüKo/*Gottwald* Rn 2). Eine Leistung durch den Versprechenden in Unkenntnis eines derart bewirkten Wechsels kann analog § 407 befreien (BGH VersR 63, 917). Doch bringt § 13 II und IV ALB 86 wesentliche Änderungen.

3 Auch der Erwerb des durch Verfügung von Todes wegen bestimmten Dritten ist nach hM (vgl § 331 Rn 2 ff) ein **Erwerb durch Rechtsgeschäft unter Lebenden**, also außerhalb des Erbrechts. Bei einer schenkweisen Zuwendung muss daher zur bereicherungsrechtlichen Beständigkeit ein Schenkungsversprechen geschlossen werden. Hier entsteht dieselbe Problematik wie die bei § 331 Rn 6 f behandelte.

§ 333 Zurückweisung des Rechts durch den Dritten

Weist der Dritte das aus dem Vertrag erworbene Recht dem Versprechenden gegenüber zurück, so gilt das Recht als nicht erworben.

1 **A. Funktion.** § 333 korrigiert gemäß dem Vertragsprinzip (§ 311 Rn 3) den Umstand, dass der Dritte beim echten Vertrag zu Gunsten Dritten sein Forderungsrecht ohne seinen Willen („unmittelbar") erwirbt: Er soll das erworbene Recht zurückweisen können. Dazu bedarf es einer einseitigen empfangsbedürftigen Willenserklärung gegenüber dem Versprechenden (BGHZ 140, 84, 92). Doch lässt sich die Vorschrift auf den bargeldlosen Zahlungsverkehr nicht übertragen; hier ist vielmehr allein der Girovertrag maßgeblich (BGHZ 128, 135, 138 f).

2 Eine Frist für die Zurückweisung gibt es nicht. Doch erlischt das Recht durch ausdrücklichen oder konkludenten Verzicht des Dritten, insbesondere durch eine Annahme (RGZ 119, 1, 3). Ob die Zurückweisung schon vor dem Anfall erfolgen kann, ist str. (ja Erman/*Westermann* Rn 2).

3 **B. Rechtsfolgen.** Nach der Zurückweisung gilt das Recht als von Anfang an nicht erworben. Im Deckungsverhältnis zwischen dem Versprechenden und dem Versprechensempfänger kann das verschiedene, durch Auslegung zu ermittelnde Rechtsfolgen haben: (1) Der Versprechensempfänger selbst hat das Recht (so §§ 168, 180 VVG). – (2) Der Versprechensempfänger kann einen neuen Berechtigten bestimmen (so 166 I VVG). – (3) Die Zurückweisung macht die Leistung unmöglich mit den Folgen gemäß §§ 275 I, 326 I 1, ausnahmsweise auch II.

§ 334 Einwendungen des Schuldners gegenüber dem Dritten

Einwendungen aus dem Vertrag stehen dem Versprechenden auch gegenüber dem Dritten zu.

A. Funktion. Der Vertrag zwischen dem Versprechenden und dem Versprechensempfänger bildet die 1
Grundlage für die Leistung an den Dritten. Insbesondere ist dort entweder Unentgeltlichkeit vereinbart oder eine vom Versprechensempfänger zu erbringende Gegenleistung vorgesehen. Verteidigungsmöglichkeiten aus diesem Deckungsverhältnis sollen dem Versprechenden daher auch gegen den Dritten zustehen: Dass er Leistung an den Dritten versprochen hat, soll ihn im Übrigen nicht schlechter stellen.
Doch ist § 334 **abdingbar**. So soll er konkludent abbedungen sein bei gegenläufigen Interessen von Verspre- 2
chensempfänger und Drittem (MüKo/*Gottwald* Rn 2). Das kommt aber wohl nur beim Vertrag mit Schutzwirkung für Dritte in Betracht (vgl vor § 328 Rn 7, für den § 334 ohnehin nicht gilt). Nach BGHZ 93, 271, 275 f. soll die „Natur des Deckungsverhältnisses" ergeben können, dass die Fluggesellschaft dem Reisenden nicht entgegenhalten kann, der Reiseveranstalter habe den Flugpreis nicht bezahlt (§ 320). Doch dürfte diese nicht sehr überzeugende Entscheidung inzwischen durch § 651 k überholt sein.
Andere Einwendungsausschlüsse lassen sich besser begründen, so wenn ein Konnossement (BGHZ 98, 284, 3
286) oder bei der Sachversicherung ein Sicherungsschein ohne Einschränkung ausgestellt worden sind (vgl. MüKo/*Gottwald* Rn 2).

B. Einwendungen. „Einwendung" in § 334 meint im weitesten Sinn **jedes Leistungsverweigerungsrecht** aus 4
dem Deckungsverhältnis, sogar Einreden aus prozessualen Vereinbarungen (Palandt/*Heinrichs* Rn 3). Erfasst werden auch Mängel der Geschäftsgrundlage (BGHZ 54, 145, 156). Ausgeschlossen sind dagegen Einreden aus dem Valutaverhältnis zwischen dem Versprechensempfänger und dem Dritten (BGHZ 54, 145, 147; MüKo/*Gottwald* Rn 18). Doch kann dieses unter Umständen die Geschäftsgrundlage für das Deckungsverhältnis bilden.
Die Einwendung muss im Zeitpunkt des Rechtserwerbs durch den Dritten „im Keim angelegt" sein. Hier gilt 5
Gleiches wie bei dem funktionsähnlichen § 404 (vgl dort Rn 3 ff). Das betrifft bei einem gegenseitigen Vertrag im Deckungsverhältnis auch alle Einreden, die sich erst später aus der Entwicklung dieses Vertrages ergeben (zB Widerruf nach § 355, Rücktritt, Fristsetzung, Unsicherheitseinrede nach § 321, Mitverschulden, Verjährung).
Dagegen fallen erst später entstandene und auch noch nicht im Keim angelegte Einwendungen nicht unter 6
§ 334. Hier kommt in Betracht, ob die Vertragsparteien (oder eine von ihnen) sich ein Recht zur Aufhebung der Drittberechtigung vorbehalten haben (vgl § 328 II und dort Rn 26): Durch eine solche Aufhebung kann auch eine erst später entstandene Einwendung wirksam gemacht werden (Palandt/*Heinrichs* Rn 3).

§ 335 Forderungsrecht des Versprechensempfängers

Der Versprechensempfänger kann, sofern nicht ein anderer Wille der Vertragschließenden anzunehmen ist, die Leistung an den Dritten auch dann fordern, wenn diesem das Recht auf die Leistung zusteht.

Beim unechten Vertrag zu Gunsten Dritter (§ 328 Rn 12) muss der Versprechensempfänger die Leistung ver- 1
langen können, weil der Dritte es nicht kann; andernfalls würde überhaupt ein Gläubiger fehlen. Dagegen besteht diese Notwendigkeit beim echten Vertrag zu Gunsten Dritter nicht, weil dort dem Dritten ein Anspruch zusteht. Trotzdem vermutet § 335 auch beim echten Vertrag zu Gunsten Dritter ein Forderungsrecht auch des Versprechensempfängers.
Dieses Recht umfasst nach hM auch Sekundäransprüche auf Schadensersatz statt der Leistung und den Ersatz 2
von Verzögerungs- und Schlechterfüllungsschäden (BGH NJW 94, 502; Palandt/*Heinrichs* Rn 2). Davon zu unterscheiden ist die Frage, ob der Versprechensempfänger auch Leistung an sich wegen Schäden verlangen kann, die nur ihm selbst entstanden sind. Das ist idR zu verneinen. BGHZ 89, 263, 267 macht aber zutreffend eine Ausnahme für Schäden, die im Rahmen des dem Dritten zu ersetzenden Schadens liegen, den insgesamt zu leistenden Ersatz also nicht erweitern (konkret: die Eltern verlangen den Mehraufwand für Pflege und Versorgung ihres durch einen ärztlichen Behandlungsfehler geschädigten Kindes).
In den von § 335 erfassten Fällen stehen der Dritte und der Versprechensempfänger als Gläubiger nebenein- 3
ander. Diese Gläubigermehrheit passt weder unter § 428 noch unter § 432, weil die Leistung allein an den Dritten zu erbringen ist. Es handelt sich um eine Gläubigermehrheit eigener Art (MüKo/*Gottwald* Rn 1 mN). Dennoch wendet BGHZ 3, 385, 389 die §§ 429 III, 425 I analog an: Ein von einem Gläubiger erstrittenes Urteil soll nicht auch für oder gegen den anderen wirken (ebenso MüKo/*Gottwald* Rn 3; Palandt/ *Heinrichs* Rn 1, anders *K H Schwab* ZZP 77, 64, 124, 149).
Ob auch Gestaltungsrechte (zB Rücktritt) vom Versprechungsempfänger geltend gemacht werden können, ist 4
eine Frage der Auslegung. Jedenfalls zu bejahen ist das für die Anfechtung nach §§ 119 ff, weil sie sich auf Willensmängel des Versprechensempfängers gründet (Palandt/*Heinrichs* § 328 Rn 6).

Titel 4 Draufgabe, Vertragsstrafe

§ 336 Auslegung der Draufgabe

(1) Wird bei der Eingehung eines Vertrags etwas als Draufgabe gegeben, so gilt dies als Zeichen des Abschlusses des Vertrags.
(2) Die Draufgabe gilt im Zweifel nicht als Reugeld.

§ 337 Anrechnung oder Rückgabe der Draufgabe

(1) Die Draufgabe ist im Zweifel auf die von dem Geber geschuldete Leistung anzurechnen oder, wenn dies nicht geschehen kann, bei der Erfüllung des Vertrags zurückzugeben.
(2) Wird der Vertrag wieder aufgehoben, so ist die Draufgabe zurückzugeben.

§ 338 Draufgabe bei zu vertretender Unmöglichkeit der Leistung

Wird die von dem Geber geschuldete Leistung infolge eines Umstands, den er zu vertreten hat, unmöglich oder verschuldet der Geber die Wiederaufhebung des Vertrags, so ist der Empfänger berechtigt, die Draufgabe zu behalten. Verlangt der Empfänger Schadensersatz wegen Nichterfüllung, so ist die Draufgabe im Zweifel anzurechnen oder, wenn dies nicht geschehen kann, bei der Leistung des Schadensersatzes zurückzugeben.

1 **A. Einordnung.** Die Draufgabe war früher in der Landwirtschaft und bei der Anheuerung von Seeleuten verbreitet; heute **kommt sie kaum noch vor**. Ihr Name erweckt den Eindruck, als bedeute sie eine zusätzliche Leistung. Dem Gesetz liegt aber eine andere Auffassung zu Grunde: Sie soll **nur ein Zeichen für den Vertragsabschluss und** kein Reugeld (§ 353) darstellen (§ 336); sie ist auf die Leistung anzurechnen und bei Aufhebung des Vertrages zurückzugeben (§ 337). Behalten darf der Empfänger die Draufgabe bei einer vom Geber zu vertretenden Nichtdurchführung des Vertrages, selbst dann aber ggf nur unter Anrechnung auf einen Schadensersatzanspruch (§ 338). Insgesamt schützt diese Regelung den Geber.

2 Zu unterscheiden ist die Draufgabe von der bei Teilzahlungsgeschäften vielfach üblichen Anzahlung; Diese ist gleichsam nur die erste Rate der Gegenleistung.

3 **B. Einzelheiten.** Nach § 336 I gilt die Hingabe einer Draufgabe „als Zeichen des Abschlusses des Vertrags". Das meint aber nur eine widerlegliche Vermutung; der Vertragsschluss kann auch anders bewiesen werden. Es liegt auch keine Formabrede mit der Folge von § 126 vor.

4 Da die Draufgabe im Zweifel **nicht als Reugeld** gelten soll (§ 336 II), führt sie zu keinen Rücktrittsvorbehalt nach § 353; bei einem Rücktritt aus anderem Grund verfällt auch die Draufgabe nicht.

5 Nach § 337 bildet die Draufgabe im Zweifel keine zusätzlich geschuldete Leistung, sondern ein **Angeld**, das anzurechnen oder zurückzugeben ist.

6 Demgegenüber behandelt § 339 die einzige Fallgruppe, bei der dem Geber die **Draufgabe verloren gehen kann**: Dieser hat die Unmöglichkeit der Leistung (§ 275) zu vertreten oder er verschuldet die Wiederaufhebung des Vertrags, etwa indem er schuldhaft einen Rücktritt des anderen Teils veranlasst. Hier nähert sich die Draufgabe funktionell einer Vertragsstrafe, so dass § 343 analog angewendet werden kann (MüKo/*Gottwald* § 338 Rn 1). In Parallele zu § 340 II soll nach § 338 S 2 die Draufgabe auf den Schadensersatz statt der Leistung angerechnet werden oder zurückzugeben sein (hier tritt ja der Schadensersatz an die Stelle der Leistung).

Vorbemerkungen vor §§ 339 bis 354 (Vertragsstrafe)

1 **A. Funktion.** Die Vertragsstrafe verfolgt **zwei Ziele**: Sie soll den Schuldner zur ordnungsgemäßen Erbringung der versprochenen Leistung anhalten, und sie soll dem Gläubiger bei einer Zuwiderhandlung eine erleichterte Schadloshaltung ohne eine Schadensnachweis ermöglichen (so schon Mot bei Mugdan II 152, jetzt BGHZ 85, 305, 312 f. mN; 105, 24, 27). Dabei gelten die §§ 339 ff (Ausn § 343 II) für das unselbständige (akzessorische) Strafversprechen, das also eine primäre Leistungspflicht voraussetzt und deren Erfüllung sichern soll. Diese Primärpflicht kann auch eine gesetzliche sein (BGH NJW 93, 1786, 1787 für § 667). Häufigster Anwendungsfall für die Vertragsstrafe sind zu befürchtende Schwierigkeiten beim Schadensnachweis, etwa bei entgangenem Gewinn (vgl aber u. Rn 4).

2 Aus der **Akzessorietät** der unselbständigen Vertragsstrafe folgt, dass der Anspruch auf die (noch nicht verfallene Strafe) nur gemeinsam mit der Primärpflicht auf einen Dritten übergehen kann (*K Schmidt* FS Heinrichs 98, 529, 531). Auch lässt die Unwirksamkeit der Primärpflicht kein wirksames Strafversprechen zu. Fällt

dagegen die Primärpflicht etwa durch Kündung nur für die Zukunft weg, bleibt der Anspruch auf schon verfallene Strafen erhalten. Doch kann die Strafe später nicht mehr verwirkt werden (BGH NJW 62, 1340, 1341).

B. Abgrenzungen. I. Garantie. Die Vertragsstrafe soll ein künftiges Verhalten des Schuldners erzwingen. Dagegen liegt sie nicht vor, wenn eine Strafe für eine in der Vergangenheit vorgefallene Verfehlung versprochen wird (BGHZ 105, 24, 28: Beteiligung an früheren Kartellabsprachen). Hier handelt es sich um ein „Garantieversprechen oder eine ihm ähnliche Erklärung" (BGH aaO). 3

II. Schadenspauschalierung. Bei voraussehbaren Schwierigkeiten des Schadensnachweises wird oft vorsorglich die Zahlung einer bestimmten Summe als Pauschale vereinbart. Hierfür ist kennzeichnend, dass die Parteien sich an einer möglichst realistischen Schätzung des wirklich zu erwartenden Schadens orientieren (vgl § 309 Nr 5). Hier wird also nur der Schadensnachweis erleichtert und nicht unmittelbar – wie bei der Vertragsstrafe – ein zusätzlicher Druck auf den Schuldner beabsichtigt (BGHZ 49, 84, 89). 4

III. Verwirkungsklauseln. Kraft einer Verwirkungsklausel braucht der Schuldner nicht – wie bei der Vertragsstrafe – eine zusätzliche Leistung zu erbringen. Vielmehr verliert er eigene Rechte. Beim vereinbarten Verlust aller Rechte deutet § 354 das in einem Rücktrittsvorbehalt um. Für eine weniger weitgehende Sanktion gilt das nicht. Doch ist dann der Unterschied zur Vertragsstrafe nicht so gewichtig, dass eine (entsprechende) Anwendung der §§ 339 ff ausgeschlossen sein müsste (BGH NJW 60, 1568). Das gilt etwa für das Verschuldenserfordernis von § 339 (RGZ 95, 199, 203) und für die Minderungsbefugnis nach § 343 (BGH NJW 68, 1625). Dagegen sollen die §§ 339 ff für Vereinbarungen über eine vorzeitige Fälligkeit bei Zahlungsverzug nicht passen (BGH NJW 86, 46, 48). 5

IV. Strafen in Gemeinschaftsverhältnissen. Insbesondere bei Vereinsstrafen und Betriebsbußen ist die Rechtsnatur str. Die Problematik ergibt sich aus den Besonderheiten von Vereins- und Arbeitsrecht und ist dort zu erörtern, doch vgl MüKo/*Gottwald* vor § 339 Rn 44 f. 6

C. Ausschluss von Vertragsstrafen. Die Vertragsstrafe ist für den Versprechenden insofern gefährlich, als er regelmäßig davon ausgeht, es werde nicht zu einem Verfall kommen. Daher gibt es Beschränkungen: Nach § 555 kann sich der Wohnungsvermieter vom Mieter keine Vertragsstrafe versprechen lassen. § 344 erklärt Strafversprechen für unwirksam, wenn die Primärleistung selbst nicht wirksam versprochen werden kann (vgl § 1297 II und § 2302). Durch AGB kann nach § 309 Nr 6 ein Nichtunternehmer einem Unternehmer eine Vertragsstrafe nicht wirksam versprechen. Das gilt aber trotz § 310 IV 2 nicht für das Verhältnis Arbeitnehmer – Arbeitgeber, BAG ZIP 04, 1277. Für den Widerruf von Verbraucherverträgen schließt § 357 IV Vertragsstrafen aus, ähnlich § 723 III. Zu überhöhten Vertragsstrafen vgl § 343. 7

Kein Konflikt besteht dagegen zwischen der Vertragsstrafe und einem **Ordnungsgeld** nach § 890 ZPO. Insbesondere wird der Gläubiger durch den Verfall einer Vertragsstrafe nicht gehindert, die Festsetzung eines Ordnungsgeldes nach § 890 ZPO zu beantragen (BGHZ 138, 67, 70). Allerdings mag die früher eingetretene Sanktion bei der Bemessung der späteren mit berücksichtigt werden (BGH aaO 70 f, vgl zum Unterschied auch BGH NJW 94, 45, 46). 8

D. Vereinbarung der Vertragsstrafe. Die Vertragsstrafe wird (entgegen dem Wortlaut von § 339) nicht vom Schuldner einseitig versprochen, sondern mit dem Gläubiger vereinbart. Dafür genügen im Grundsatz auch AGB. Die Bestimmung der Höhe der Strafe kann dem Gläubiger oder einen Dritten (§ 315 ff) überlassen werden. Dann wird die Strafe nicht automatisch verwirkt, sondern sie muss erst verhängt werden (MüKo/*Gottwald* § 339 Rn 6). Gleiches gilt idR für Vereinsstrafen und Betriebsbußen (*Gottwald* aaO Rn 8). Dagegen soll die Festsetzung der Strafhöhe nicht dem Gericht überlassen werden können, weil die Parteien die Vervollständigung ihrer Vereinbarung nicht auf das Gericht abschieben dürfen (BGH BB 78, 12 mit krit. Anm *Lindacher* S 270; DB 81, 531; BAG NJW 81, 1799). Das ist aber str, vgl MüKo/*Gottwald* § 339 Rn 30. 9

Als Vertragsstrafe auszulegen sind auch sog „**Gebühren**" (insbesondere für die Bearbeitung, deren Höhe unabhängig von den wirklich entstandenen Kosten ist, *Gottwald* aaO). 10

§ 339 Verwirkung der Vertragsstrafe

¹Verspricht der Schuldner dem Gläubiger für den Fall, dass er seine Verbindlichkeit nicht oder nicht in gehöriger Weise erfüllt, die Zahlung einer Geldsumme als Strafe, so ist die Strafe verwirkt, wenn er in Verzug kommt. ²Besteht die geschuldete Leistung in einem Unterlassen, so tritt die Verwirkung mit der Zuwiderhandlung ein.

A. Die beiden Sätze des § 339. S 1 erfordert für den Verfall einer Vertragsstrafe, die für die Nichterfüllung oder nicht gehörige Erfüllung versprochen worden ist, den Verzug des Schuldners. Dieser setzt nach § 286 IV **Vertretenmüssen** (also idR ein Verschulden) voraus. Demgegenüber lässt S 2 bei einer Pflicht zum Unterlassen schon die Zuwiderhandlung genügen. Das erweckt den Eindruck, als sei hier ein Vertretenmüssen unnötig. 1

2 Über den Sinn dieser Unterscheidung ist lange gestritten worden. Durchgesetzt hat sich mit Recht seit BGH NJW 72, 1893 die Ansicht, bei Unterlassungspflichten sei für den Verfall der Strafe ein Vertretenmüssen nötig; das für § 339 maßgebliche Schutzbedürfnis des Schuldner sei hier nicht geringer als bei Handlungspflichten. Die Verschiedenheit der Gesetzesfassung erklärt sich daraus, dass bei Zuwiderhandlung gegen eine Unterlassungspflicht von einem „eigentlichen" Schuldnerverzug nicht gesprochen werden kann (sondern von Unmöglichkeit). Dieser heute fast allgemeinen Ansicht ist zu folgen.

3 **B. Einzelheiten. 1. Schuldnerverzug.** Dass S 1 den Verfall der Vertragsstrafe an Schuldnerverzug knüpft, ist irreführend. Vielmehr genügt auch Unmöglichkeit, obwohl diese den Verzug ausschließt (vgl § 286 Rn 8). Ebenso genügt eine Erfüllung in nicht gehöriger Weise, wenn die Strafvereinbarung auch diesen Fall umfasst. Ob eine Mahnung erforderlich ist, ergibt sich aus § 286 I bis III. Doch dürfte sie zusätzlich bei Unmöglichkeit und einem nicht behebbaren Erfüllungsmangel entbehrlich sein.

4 Zudem können die Parteien die **Verfallvoraussetzungen anders vereinbaren.** So können sie auf das Verschuldenserfordernis verzichten (BGH NJW 82, 759, 760); das Versprechen nähert sich dann einer Garantiezusage, doch bleiben die §§ 339 ff anwendbar (BGH aaO). Umgekehrt kann auch ein qualifiziertes Verschulden verlangt werden. Das ist im Zweifel anzunehmen, wenn ein „**Vertragsbruch**" des Arbeitnehmers vorausgesetzt wird (MüKo/*Gottwald* Rn 33; Palandt/*Heinrichs* Rn 3).

5 Die Auslegung des Strafversprechens kann auch ergeben, dass es **gleichwertige Verstöße** (etwa gegen Werbeverbote) mit umfasst (vgl BGHZ 5, 189, 193 zur Auslegung eines Unterlassungsurteils). Umgekehrt darf der Gläubiger die Vertragsstrafe nicht fordern, wenn er selbst zurechenbar den Verstoß des Schuldners veranlasst hat (BGH NJW 71, 1126, abgrenzend NJW 84, 919, 920). Ob bei beiderseitigem Mitverschulden § 254 angewendet werden kann, ist str (MüKo/*Gottwald* Rn 45 mN), aber eher zu verneinen. Zu einer „Verfallbereinigung" durch nachträgliche Leistung des Schuldners (vgl *Gottwald* aaO Rn 43; *Knütel* AcP 175, 75, 44 ff).

6 **2. Mehrheit von Verstößen.** Ein Strafversprechen kann so abgefasst sein, dass mehrfache Verstöße möglich sind, insbesondere bei Unterlassungspflichten („für jeden Fall der Zuwiderhandlung"). Dann wird fraglich, ob jeder einzelne Verstoß den Verfall der Vertragsstrafe auslösen soll, oder ob mehrere Verstöße zu einer Einheit zusammenzufassen sind. Hierfür hat BGHZ 33, 163, 168 die Regel entwickelt, mehrere Einzelakten seien dann zu einer rechtlichen Einheit zusammenzufassen und könnten die Strafe nur einmal auslösen, wenn sie eine sog **rechtliche Handlungseinheit** bildeten. Dieser Begriff sei nicht mit dem strafrechtlichen Fortsetzungszusammenhang identisch. Insbesondere verlange er keinen Gesamtvorsatz, sondern sei auch bei bloß fahrlässigen oder sogar schuldlos begangenen Pflichtverletzungen anwendbar.

7 Im Strafrecht ist zwar die Lehr von Fortsetzungszusammenhang im Jahr 1994 durch BGHSt 40, 138 aufgegeben worden (vgl *Tausch* NJW 97, 2656). Doch hat dies für das Zivilrecht keine Bedeutung, weil der Begriff dort einen eigenen, vom Strafrecht losgelösten Sinn erhalten hat, nämlich den einer Zusammenfassung hierfür geeigneter Einzelhandlungen ohne Rücksicht auf einen verbindenden Gesamtvorsatz auch bei nur fahrlässiger Begehung (BGHZ 120, 13, 16). Dies entspricht der hM auch in der Lit (etwa MüKo/*Gottwald* Rn 39, Erman/*Westermann* Rn 3, Palandt/*Heinrichs* Rn 6, anders Staud/*Rieble*, 01, Rn 114 ff). Wann eine solche rechtliche Handlungseinheit vorliegt, ist durch **Auslegung des Strafversprechens** zu ermitteln (BGHZ 146, 318, 322 ff).

8 Bei dieser Auslegung sei nicht davon auszugehen, dass die Parteien die Regeln über die Verhängung von Ordnungsmitteln bei der Unterlassungsvollstreckung nach § 890 ZPO angewendet sehen wollten (BGHZ 146, 318, 323). Doch sollen die Parteien im Allgemeinen durch die Unterlassungsverpflichtung nicht schlechter stehen als durch ein entsprechendes Urteil. Regelmäßig werde auch dann, wenn nicht ohnehin von einer natürlichen Handlungseinheit auszugehen sei, die Vertragsstrafe nicht durch jede einzelne Tat verwirkt sein sollen. Die ausnahmslose Verwirkung weiterer Vertragsstrafen für die Einzelakte werde also in aller Regel nicht gewollt sein (BGH aaO S 326). Daher hat der BGH aaO bei der mehrfachen Verwendung eines verbotenen Formulars eine Häufung der Strafen verneint.

9 Nach BGHZ 121, 13, 15 ff können die Parteien die **Berücksichtigung eines Fortsetzungszusammenhangs** grundsätzlich wirksam **ausschließen.** Doch kann die damit bewirkte Häufung von Einzelstrafen das Versprechen unwirksam machen, wenn sie nicht durch besondere Umstände zu rechtfertigen wäre (BGH aaO 19). Das gilt namentlich nach § 307 auch für AGB, weil die Lehre von der Handlungseinheit eine Rechtsvorschrift oder gesetzliche Regelung iSv § 307 II, III darstelle (BGH aaO S 18). Ein Ausschluss der „Einrede des Fortsetzungszusammenhangs" ist also gefährlich. Einen Fall der zulässigen Häufung von Strafen betrifft BGH NJW 93, 1786 (250 DM für jede von einem Handelsvertreter vertragswidrig zurückbehaltene Kundenanschrift).

§ 340 Strafversprechen bei Nichterfüllung

(1) ¹Hat der Schuldner die Strafe für den Fall versprochen, dass er seine Verbindlichkeit nicht erfüllt, so kann der Gläubiger die verwirkte Strafe statt der Erfüllung verlangen. ²Erklärt der Gläubiger dem Schuldner, dass er die Strafe verlange, so ist der Anspruch auf Erfüllung ausgeschlossen.

(2) ¹Steht dem Gläubiger ein Anspruch auf Schadensersatz wegen Nichterfüllung zu, so kann er die verwirkte Strafe als Mindestbetrag des Schadens verlangen. ²Die Geltendmachung eines weiteren Schadens ist nicht ausgeschlossen.

§ 341 Strafversprechen für nicht gehörige Erfüllung

(1) Hat der Schuldner die Strafe für den Fall versprochen, dass er seine Verbindlichkeit nicht in gehöriger Weise, insbesondere nicht zu der bestimmten Zeit, erfüllt, so kann der Gläubiger die verwirkte Strafe neben der Erfüllung verlangen.
(2) Steht dem Gläubiger ein Anspruch auf Schadensersatz wegen der nicht gehörigen Erfüllung zu, so findet die Vorschrift des § 340 Abs. 2 Anwendung.
(3) Nimmt der Gläubiger die Erfüllung an, so kann er die Strafe nur verlangen, wenn er sich das Recht dazu bei der Annahme vorbehält.

A. Funktion. Die §§ 340, 341 behandeln das Verhältnis zwischen den Ansprüchen auf Leistung, Schadensersatz und Vertragsstrafe. Dabei geht es um die Frage, ob diese Ansprüche gehäuft werden oder sich gegenseitig ausschließen. § 340 regelt die Strafe für Nichterfüllung und § 341 für nicht gehörige Erfüllung, und zwar mit teils verschiedenen Rechtsfolgen. 1

B. Die Unterscheidung. Im Prinzip bestimmt § 340 die Alternative zwischen Vertragsstrafe und Schadensersatz, § 341 dagegen die Häufung. Der Grund hierfür ist, dass der Schadensersatz in beiden Vorschriften eine verschiedene Funktion hat. In § 340 handelt es sich um Schadensersatz statt der Leistung; der Schadensersatz erfasst also die Leistung. Hier soll der Gläubiger nicht die Leistung und die Vertragsstrafe verlangen können. Dagegen geht es bei § 341 um den Ersatz von Schäden außerhalb des eigentlichen Leistungsinteresses, namentlich um Verzögerungs- und Begleitschäden. Der Ersatz solcher Schäden lässt das Leistungsinteresse unbefriedigt, so dass der Gläubiger die Leistung neben der Strafe weiter muss verlangen können. 2

C. Einzelheiten zu § 340. Nach I 1 hat der **Gläubiger ein Wahlrecht** iSv elektiver Konkurrenz (MüKo/*Gottwald* Rn 9, Palandt/*Heinrichs* Rn 4; vgl § 262 Rn 8) zwischen der Vertragsstrafe und der Erfüllung. Die Wahl erfolgt durch einseitiges Rechtsgeschäft. Nach S 2 ist der Gläubiger an die erklärte Wahl der (wirklich verfallenen, RGZ 77, 290, 292) Strafe gebunden und kann Erfüllung nicht mehr verlangen. Dagegen soll das Verlangen der Erfüllung den Anspruch auf die Strafe noch nicht ausschließen; hier tritt der Ausschluss erst durch die Annahme der Erfüllung ein (MüKo/*Gottwald* Rn 10). 4

Aus dem Wahlrecht des Gläubigers bei I ergibt sich eine Folgerung für die **Fälligkeit des Anspruchs** auf die Vertragsstrafe: Dieser entsteht zwar durch die Verwirkung nach § 339, wird aber erfüllbar und damit fällig erst durch die Wahl des Gläubigers. 5

Dagegen betrifft II den Fall, dass der Gläubiger statt des primären Leistungsanspruchs nur (noch) einen Anspruch auf Schadensersatz statt der Leistung hat (nach den §§ 280 III, 281 bis 283). Dann kann sich der Gläubiger jeden Schadensnachweis ersparen, indem er die Strafe verlangt. Dieses Verlangen schließt jedoch nach S 2 die Geltendmachung eines weiteren (dann aber nachzuweisenden) Schadens nicht aus. 6

Bei **gegenseitigen Verträgen** entfällt mit dem Erfüllungsanspruch (I 2) idR nach § 323 I auch der Anspruch auf die Gegenleistung. Doch kann die (geringe) Höhe der Vertragsstrafe zu dem Schluss führen, die Parteien hätten den Anspruch auf die Gegenleistung unberührt lassen wollen (MüKo/*Gottwald* Rn 13, Palandt/*Heinrichs* Rn 5). 7

§ 314 ist **idR abdingbar** (Ausnahmen § 75 c, § 75 d HGB zu Gunsten von Handlungsgehilfen). Doch kann wegen § 307 II Nr 1 durch AGB nicht entgegen II vereinbart werden, die Vertragsstrafe solle nicht auf den Schadensersatz statt der Leistung angerechnet werden (BGHZ 63, 256, 258, 260 und für Handelsvertreterverträge BGH NJW 92, 1096, 1097). 8

D. Einzelheiten zu § 341. I. Vorbehalt bei der Annahme. Nach I kann bei § 341 (anders als bei § 340 I) der Gläubiger die Strafe neben der Erfüllung verlangen (zum Grund o Rn 2). Doch muss sich der Gläubiger nach III die Strafe bei der Annahme der Leistung als Erfüllung vorbehalten. Tut er das nicht, so erlischt der Anspruch auf die Strafe. Diese Rechtsfolge tritt auch bei Rechtsunkenntnis des Gläubigers und ohne Rücksicht auf einen Verzichtswillen und ein Erklärungsbewusstsein ein (BGHZ 97, 224, 227). Daher ist auch eine Anfechtung nach § 119 nicht möglich (MüKo/*Gottwald* Rn 6). 9

Der Vorbehalt muss **bei der Annahme erklärt worden** sein. Dieses Erfordernis wird zu Lasten des Gläubigers streng gehandhabt (vgl BGHZ 33, 236, 237; 85, 305, 309, beide mN; NJW 97, 1982, 1983. Ein nach er Annahme erklärter Vorbehalt ist allemal unwirksam. Ein vor der Annahme erklärter soll gleichfalls selbst dann nicht wirken, wenn er bei der Annahme erkennbar fortwirkt, etwa weil der Gläubiger seinen Vertragsanspruch schon zur Aufrechnung verwendet hat (BGHZ 85, 240, 243). Dies wird freilich kritisiert, weil ein rechtsunkundiger Gläubiger die Notwendigkeit einer Wiederholung des Vorbehalts kaum kennen wird (MüKo/*Gottwald* Rn 7 f mN). Unnötig soll der Vorbehalt dagegen sein, wenn bei der Annahme der Anspruch auf die Strafe 10 schon rechtshängig war (BGHZ 62, 328, 329 f) oder wenn der Gläubiger den Mangel schon durch Ersatzvornahme nach § 637 beseitigt hat (BGH NJW 97, 1982, 1983). Bei einer fingierten Abnahme nach § 640 I muss der Vorbehalt innerhalb einer angemessenen Frist erklärt werden (MüKo/*Gottwald* Rn 13 zur VOB/B).

11 **Die Annahme i. S von III** ist die Hinnahme der Leistung als im Wesentlichen den vertraglichen Anforderungen entsprechend (wie bei der Abnahme nach § 640), BGH NJW 75, 1701 f). Danach fehlt es an einer Annahme, wenn die Leistung in wesentlichen Punkten als nicht vertragsgemäß gerügt wird; dann bedarf es auch keines Vorbehalts hinsichtlich der Vertragsstrafe. Doch ist ein solcher auch hier ratsam, weil die Grenzen der Wesentlichkeit oft zweifelhaft sind. Bei einer Leistung ohne Mitwirkung des Gläubigers muss dieser den Vorbehalt sofort (eher wohl: „unverzüglich") erklären, nachdem er von der Leistung Kenntnis erlangt hat (MüKo/*Gottwald* Rn 10). Dass der Gläubiger bei Zusendung durch die Post eine Annahme nur durch sofortige Rücksendung vermeiden könne (so MüKo/*Gottwald* aaO), ist aber nicht begründbar; zudem würde für III wenigstens ein unverzüglich übermittelter Vorbehalt genügen. Bei Teilleistungen gilt III idR für jeden Leistungsteil (BGHZ 82, 398, 402).

12 III kann individualvertraglich **abbedungen** werden (BGHZ 72, 174, 178; 82, 398, 402). Durch AGB kann immerhin vereinbart werden, dass der Vorbehalt noch bis zur Schlussabnahme geltend gemacht werden darf (BGHZ 72, 222, 226). Ein völliger Verzicht auf den Vorbehalt soll dagegen durch AGB nicht möglich sein (BGHZ 85, 305, 310 ff).

13 **II. Anrechnung auf Schadensersatzansprüche.** Wegen der Anrechnung der Vertragsstrafe auf Schadensersatzansprüche verweist § 341 II auf § 340 II. Es gilt also das o Rn 6 Gesagte.

§ 342 Andere als Geldstrafe

Wird als Strafe eine andere Leistung als die Zahlung einer Geldsumme versprochen, so finden die Vorschriften der §§ 339 bis 341 Anwendung; der Anspruch auf Schadensersatz ist ausgeschlossen, wenn der Gläubiger die Strafe verlangt.

1 Die §§ 339 bis 341 gehen davon aus, die Vertragsstrafe bestehe in Geld. Sie sollen aber nach § 342 S 1 auch bei anderen Strafleistungen anwendbar sein (die §§ 343 bis 345 gelten für sie ohnehin). Unanwendbar sollen nur die §§ 340 II, 341 II sein, weil eine Verrechnung des Schadensersatzes gegen eine nicht in Geld bestehende Strafleistung schwierig sein könnte. Doch ist das abdingbar (MüKo/*Gottwald* Rn 4).

§ 343 Herabsetzung der Strafe

(1) ¹Ist eine verwirkte Strafe unverhältnismäßig hoch, so kann sie auf Antrag des Schuldners durch Urteil auf den angemessenen Betrag herabgesetzt werden. ²Bei der Beurteilung der Angemessenheit ist jedes berechtigte Interesse des Gläubigers, nicht bloß das Vermögensinteresse, in Betracht zu ziehen. ³Nach der Entrichtung der Strafe ist die Herabsetzung ausgeschlossen.
(2) Das Gleiche gilt auch außer in den Fällen der §§ 339, 342, wenn jemand eine Strafe für den Fall verspricht, dass er eine Handlung vornimmt oder unterlässt.

1 **A. Funktionen des § 343 I.** Eine Vertragsstrafe wird typischerweise im Vertrauen darauf versprochen, es werde schon alles gut gehen. Dieser Gefahr wird (anders als bei der insoweit ähnlichen Bürgschaft) nicht durch eine Formvorschrift begegnet; das Versprechen wird nur von einer Formbedürftigkeit der zu sichernden Verbindlichkeit (zB nach § 311 b I) erfasst. Vielmehr hilft § 343 hier unabdingbar durch die richterliche Herabsetzung einer unverhältnismäßig hohen Strafe. Das läuft entgegen dem sonst im BGB Üblichen auf eine **geltungserhaltende Reduktion** hinaus.

2 Nach § 348 HGB gilt § 343 nicht für Strafversprechen, die ein **Kaufmann** im Betrieb seines Handelsgewerbes (vgl § 344 I HGB) abgegeben hat. Dabei entscheidet, ob der Versprechende im Zeitpunkt seines Versprechens und nicht beim Verfall der Strafe Kaufmann war (BGHZ 5, 133, 134). Der BGH hat aaO den § 348 HGB unter ganz besonderen Umständen auch auf Nichtkaufleute angewendet, nämlich auf Gesellschafter und Geschäftsführer einer GmbH. Das dürfte aber kaum verallgemeinerungsfähig sein (ebenso MüKo/*Gottwald* Rn 2). Doch kommen die allgemeinen Schutzmittel gegen überhöhte Vertragsstrafen (u Rn 13 ff) auch Kaufleuten zugute.

3 **B. Voraussetzungen für eine Herabsetzung. I. Verfall der Strafe.** Nach I 1 („Verwirkte Strafe") muss die Strafe bereits verfallen sein. Eine **vorsorgliche richterliche Herabsetzung** des noch nicht verfallenen Strafversprechens kommt also nicht in Betracht; auch eine Feststellungsklage ist unzulässig (RG JW 13, 604).

4 Die Strafe muss **noch verlangt werden können**. Daher scheidet eine Herabsetzung aus, wenn der Gläubiger den Strafanspruch nach § 341 III durch vorbehaltlose Annahme der Leistung verloren hat.

Ebenso ist nach I 3 die Herabsetzung ausgeschlossen, wenn und soweit die **Strafe entrichtet worden ist**. Maß- 5
geblich war die Erwägung, ein allzu großes Übermaß werde nicht bestanden haben, wenn der Schuldner gutwillig die ganze Strafe bezahlt habe (Prot. I 786). Daher wird eine Herabsetzung noch gestattet, wenn der Schuldner bei der Zahlung ausdrücklich die Herabsetzung vorbehalten hat (MüKo/*Gottwald* Rn 16; Palandt/*Heinrichs* Rn 6). Auch soll ein Beitreiben der Strafe aufgrund eines nur vorläufig vollstreckbaren Titels die Herabsetzung nicht hindern, ebenso wenig eine Zahlung zur Abwendung dieser Vollstreckung (MüKo/*Gottwald* Rn 16). Dagegen hindert ein rechtskräftiges Urteil die Herabsetzung.

Voraussetzung des Verfalls ist weiter, dass **überhaupt ein wirksames Strafversprechen** vorliegt, und dass die 6
Strafe auch sonst wirksam gefordert werden kann. Daran fehlt es insbesondere bei Eingreifen der §§ 125, 134, 138, 242 (u Rn 13 ff).

II. Unverhältnismäßige Höhe der Strafe. Schon bei der Entscheidung über die unverhältnismäßige Höhe 7
sind die in I 2 genannten Gesichtspunkte zu beachten. Maßgeblich ist also insbesondere **jedes berechtigte Interesse des Gläubigers**, nicht bloß das Vermögensinteresse am Unterbleiben der pönalisierten Pflichtverletzung. Die Regeln für die Bemessung eines nach § 890 ZPO festzusetzenden Ordnungsgeldes spielen dabei allenfalls eine beschränkte Rolle, weil dieses nicht auch dem Schadensersatz dient (BGH NJW 94, 45, 46). Der BGH aaO S 47 nennt als regelmäßig maßgeblich den Sanktionscharakter der Vertragsstrafe und deren Funktion, Zuwiderhandlungen zu verhindern. Dafür sollen erheblich sein Schwere und Ausmaß der Zuwiderhandlung, deren Gefährlichkeit für den Gläubiger, das Verschulden des Verletzers und ggf die Funktion der Strafe als pauschalierter Schadensersatz; das Interesse des Schuldners an einer Verletzung soll beseitigt werden. Bei Versprechen durch Arbeitnehmer soll auch die Höhe des monatlichen Bruttoentgelts zu berücksichtigen sein (MüKo/*Gottwald* Rn 17). In Betracht kommen soll weiter, dass der Schaden auch ohne die Pflichtverletzung des Schuldners eingetreten wäre (BGH NJW 74, 2089, 2091, fragl).

Problematisch sind unter dem Gesichtspunkt der unverhältnismäßigen Höhe insbesondere Strafversprechen, 8
die nach Tagen etwa einer Verspätung beim Bau oder **der (hohen) Zahl von Zuwiderhandlungen** bemessen sind. Hier kann durch die Häufung eine unverhältnismäßige Höhe erreicht werden (vgl zu § 307 u Rn 15).

Str. ist der für die Unverhältnismäßigkeit **maßgebliche Zeitpunkt** (Vereinbarung, Verwirkung, Geltend- 9
machung durch den Gläubiger und letzte mündliche Verhandlung, vgl MüKo/*Gottwald* Rn 18). Da sich die Herabsetzung nicht auf die versprochene Strafe bezieht, sondern auf die verwirkte, kommt am ehestens der Zeitpunkt der Verwirkung in Betracht.

C. Herabsetzung der Strafe. Die Herabsetzung der Strafe **muss vom Schuldner beantragt** werden; sie 10
erfolgt also nicht von Amts wegen. Der Antrag kann in einem eigenen Verfahren gestellt werden, wird aber wohl meist als Einrede gegen die Klage des Gläubigers auf die Zahlung der ungeminderten Strafe geltend gemacht. Dafür soll jede (auch unbezifferte) Äußerung genügen, die erkennen lässt, dass der Schuldner von der als unangemessen hoch eingeschätzten Vertragsstrafe befreit werden will (BGH NJW 68, 1626). Nach hM ist das kein Verteidigungsmittel, das wegen Verspätung präkludiert werden könnte (MüKo/*Gottwald* Rn 12).

Das Gericht **entscheidet durch Urteil**. Dabei wird idR in Höhe des Betrages, den das Gericht für unverhält- 11
nismäßig hält, die Klage des Gläubigers abgewiesen (**verdecktes Gestaltungsurteil**, MüKo/Gottwald Rn 1). Für die Entscheidung über die angemessene Höhe sind dieselben Umstände maßgeblich, die nach dem o Rn 7 ff Gesagten, die unverhältnismäßige Höhe ergeben. Diese Entscheidung hat der Tatrichter zu treffen; das Revisionsgericht prüft idR nur, ob der Tatrichter von falschen Rechtssätzen ausgegangen ist oder die Umstände des Falles unvollständig oder widerspruchsvoll gewürdigt hat (BAG NJW 71, 2007). Die Beweislast für die Umstände, aus denen sich die unangemessene Höhe ergeben soll, trägt der Schuldner.

„Herabsetzung" passt idR direkt also nur für eine Strafe in Geld. § 343 gilt aber auch für Strafversprechen 12
anderen Inhalts und insbesondere auch für Verfallklauseln (MüKo/*Gottwald* Rn 5). Wie hier die Strafe gemindert werden kann, muss sich aus den Umständen ergeben. Haben die Parteien selbst eine Abstufung von Strafen vereinbart, wird der Richter eine niedriger eingestufte Strafe wählen können (vgl MüKo/*Gottwald* Rn 6).

D. Andere Hilfsmittel. Neben § 343 I gibt es noch weitere Hilfsmittel gegen überhöhte Strafversprechen. 13
Dabei kommt allgemein ein Verstoß gegen § 138 I in Betracht. Dieser wird aber nicht allein wegen der Höhe der Strafe anzunehmen sein; insoweit geht § 343 I als Sondervorschrift vor. Vielmehr müssen weitere Umstände hinzukommen (RGZ 107, 298, 307) wie Knebelung etwa durch die Vielzahl strafbedrohter Verhaltensweisen oder Monopolmissbrauch.

Auch kann die Geltendmachung hoher Vertragsstrafen gegen **Treu und Glauben** verstoßen, vgl etwa BGH 14
NJW 98, 1144, 1147, wo der Gläubiger Verstöße gesammelt hatte, um so einen möglichst hohen, wirtschaftlich bedrohlichen Strafanspruch entstehen zu lassen. Denn „der Sinn der Vertragsstrafe ... besteht nicht darin, den Schuldner in wirtschaftliche Schwierigkeiten zu treiben, sondern ihm frühzeitig vor Augen zu führen, dass der Gläubiger auf der Einhaltung der Unterlassungsverpflichtung besteht" (BGH aaO).

Bei der **AGB-Verwendung** gegenüber gewöhnlichen, nicht von § 310 I erfassten Kunden sind Vertragsstrafen 15
für bestimmte Verhaltensweisen ganz unzulässig, § 309 Nr 6. Daneben kommt allgemein eine Unzulässigkeit nach § 307 in Betracht. Das gilt insbesondere für **Bauverträge**: Hier muss eine tageweise berechnete Strafe

wegen Leistungsverspätung regelmäßig durch eine Obergrenze beschränkt werden. Dabei sind sowohl der Tagessatz wie auch diese Grenze kontrollfähig (BGH NJW 00, 2106, 2107). Als Obergrenze sind bis zu BGH NJW 87, 380 0,1 % täglich, höchstens 10 % für zulässig gehalten worden. BGH NJW 00, 2106, 2107 billigt 5 % als Höchstgrenze, missbilligt aber einen Tagessatz von 0,5 %. BGHZ 153, 311 hält 10 % als Obergrenze für unzulässig, gewährt aber für Altverträge einen gewissen Vertrauensschutz.

16 E. **Das selbständige Strafversprechen, § 343 II.** Das selbständige Strafversprechen unterscheidet sich von der echten Vertragsstrafe durch das Fehlen einer Primärpflicht und also auch der Akzessorietät (vgl vor § 339 Rn 1): Die Strafe wird nicht für die Nicht- oder Schlechterfüllung einer Verbindlichkeit (also für eine Pflichtverletzung) versprochen, sondern für die (nicht geschuldete) Vornahme oder Unterlassung einer Handlung. Erheblich eingeschränkt wird diese Möglichkeit freilich durch den (anwendbaren, BGH NJW 80, 1622, 1623) § 344.

17 In der Praxis begegnet das selbständige Strafversprechen wohl vor allem im **Arbeitsrecht**. MüKo/*Gottwald* Rn 24 will dort arbeitsrechtliche Rückzahlungsklauseln bei Gratifikationen und ähnlichen Sonderleistungen des Arbeitgebers unterbringen, die bei einer baldigen Kündigung des Arbeitnehmers wirksam werden sollen. Einen Anwendungsfall können auch Verfallabreden bilden (zB für die Nichtannahme eines Verkaufsantrags, RGZ 95, 199). Dass es auch Zusagen im Bereich gesellschaftsrechtlicher Konventionen sichern soll (so MüKo/ *Gottwald* Rn 24), ist mir noch nie begegnet (zB eine Strafe für die Ablehnung einer Einladung): Hier wirken eher gesellschaftliche Sanktionen.

18 Geregelt wird für das selbständige Strafversprechen in II nur die Anwendbarkeit von I. Doch können uU für selbständige Strafversprechen auch andere Normen aus den §§ 339 ff entsprechend angewendet werden (so § 339, RGZ 95, 199).

§ 344 Unwirksames Strafversprechen

Erklärt das Gesetz das Versprechen einer Leistung für unwirksam, so ist auch die für den Fall der Nichterfüllung des Versprechens getroffene Vereinbarung einer Strafe unwirksam, selbst wenn die Parteien die Unwirksamkeit des Versprechens gekannt haben.

1 Die Vorschrift will verhindern, dass durch ein Strafversprechen indirekter Rechtszwang ausgeübt wird, wo ein unmittelbarer Erfüllungszwang ausgeschlossen ist. Deutlichstes Beispiel bildet § 1297 II: Die Eheschließung, zu der man sich nicht wirksam verpflichten kann, soll auch durch ein Strafversprechen nicht mittelbar erzwungen werden können. Das zeigt zugleich, dass es sich nicht um ein rechtswidriges (zB die Begehung einer Straftat) oder sonst wie unangemessenes Verhalten zu handeln braucht. Unwirksam sind etwa auch Strafversprechen, mit denen die Erfüllung einer Spiel- oder Wettschuld, eines formnichtigen Vertrages (BGH NJW 70, 1915) oder einer versprochenen Erbeinsetzung (§ 2302) gesichert werden sollen.

§ 345 Beweislast

Bestreitet der Schuldner die Verwirkung der Strafe, weil er seine Verbindlichkeit erfüllt habe, so hat er die Erfüllung zu beweisen, sofern nicht die geschuldete Leistung in einem Unterlassen besteht.

1 BGH NJW 69, 875 mN bezeichnet es als eine „allgemein anerkannte Beweislastregel, dass der Verpflichtete die Erfüllung einer ihm obliegenden Leistung, die in einem positiven Tun besteht, beweisen muss, und zwar auch dann, wenn sich an die Nichterfüllung oder die nicht rechtzeitige Erfüllung ungünstige Rechtsfolgen knüpfen, die der Gläubiger geltend macht". Dem entspricht § 345. Ebenso ergibt er, dass der Gläubiger die Zuwiderhandlung zu beweisen hat, wenn ein Unterlassen geschuldet ist.

2 Allemal zu beweisen hat der Gläubiger das Versprechen der Strafe und die objektiven Voraussetzungen des Verfalls nach § 339. Gleichfalls beweisen muss er bei § 340 II, § 341 II einen von ihm eingeklagten, über die Strafe hinausgehenden Schaden.

Titel 5   Rücktritt; Widerrufs- und Rückgaberecht bei Verbraucherverträgen

Vorbemerkungen vor §§ 346 ff

1 Der Rücktritt bedeutet die **Ausübung eines Gestaltungsrechts**: Dieses verwandelt den Inhalt eines Vertrages derart, daß dieser in ein Abwicklungsschuldverhältnis übergeht. Die §§ 346 ff regeln vor allem diese Rückabwicklung. Dagegen sagen sie nichts über den **Grund des Rücktritts**: Dieser kann auf Vereinbarung oder auf Gesetz beruhen. Wichtige gesetzliche Anwendungsfälle finden sich in den §§ 313 III 1, 323, 324, 326 V, beim

Kauf in Verbindung mit §§ 440, 437 Nr 2, beim Werkvertrag in Verbindung mit §§ 636, 634 Nr 3. Auf einzelne Vorschriften des Rücktrittsrechts wird etwa in den §§ 281 V, 283 S 2 verwiesen. **Zwingend** sind die §§ 346 ff nur, soweit das in der Vorschrift über den Rücktrittsgrund bestimmt ist, etwa in § 475; zudem in AGB nach § 309 Nr 2.

Vom Rücktritt eines auf Erfüllung gerichteten Vertrages durch Umwandlung in ein Rückgewährschuldverhältnis sind zu unterscheiden (1) die **Kündigung**, die bei Dauerschuldverhältnissen weithin den Rücktritt verdrängt; sie wirkt nur für die Zukunft und ist nicht allgemein geregelt; (2) die **Anfechtung** nach §§ 142 f.; sie vernichtet den Vertrag rückwirkend und führt zur Abwicklung nach Bereicherungsrecht; (3) der Eintritt einer **auflösenden Bedingung**, § 158 II; seine Folgen sind in den §§ 159 ff geregelt, wenn man nicht schon dem bedingten Geschäft eine Regelung entnehmen kann; (4) der **Widerruf einer Schenkung**, § 530, der nach § 531 II ins Bereicherungsrecht führt; (5) die Ausübung eines **Wiederkaufrechts** (s BGH NJW 02, 505), doch können hier u. U. die Vorschriften des Rücktrittsrechts entsprechend angewendet werden (BGH NJW 72, 1191); (6) die **Rückabwicklung** eines „schädlichen" Vertrages nach **Schadensersatzrecht**, insbesondere wegen cic (§ 311 II mit 249 I).   2

Der in den §§ 355 bis 361 geregelte **verbraucherschützende Widerruf** (und an seiner Stelle das **Rückgaberecht**, § 356) ähneln dem Rücktritt nach den §§ 346 ff, § 357 I 1. Diese Vorschriften beruhen weithin auf EG-Richtlinien und sind insoweit zugunsten des Verbrauchers zwingend. Die Widerrufsgründe sind anderswo geregelt, nämlich in den §§ 312 I, 312 d, 485, 495, dazu in § 4 FernUSG.   3

Insgesamt beruht die Fassung der §§ 346 bis 359 weitgehend auf dem SMG: Dieses hat vor allem einen Anspruch auf Wertersatz eingeführt (§ 346 II) und Gründe für das Erlöschen des Rücktrittsrechts abgeschafft (§§ 351 bis 353 a.F). Zudem sind Verweisungen auf die §§ 987 ff aufgelöst worden. Die alte Regelung für das Fixgeschäft (§ 361 a.F) findet sich jetzt etwas verändert in § 323 II Nr 2. Die neuen Vorschriften über den verbraucherschützenden Widerruf (§§ 355 ff) haben die kurzlebige Regelung in den §§ 361 a, b und in Sondergesetzen (HWiG, FernAbsG, VerbrKrG)) ersetzt. Hier ist die Formulierung durch den höheren Abstraktionsgrad (Abstellen auf den Verbrauchervertrag) vereinheitlicht, aber teils auch schwerer lesbar geworden.   4

Untertitel 1 Rücktritt

§ 346 Wirkungen des Rücktritts

(1) Hat sich eine Vertragspartei vertraglich den Rücktritt vorbehalten oder steht ihr ein gesetzliches Rücktrittsrecht zu, so sind im Fall des Rücktritts die empfangenen Leistungen zurückzugewähren und die gezogenen Nutzungen herauszugeben.

(2) ¹Statt der Rückgewähr oder Herausgabe hat der Schuldner Wertersatz zu leisten, soweit
1. die Rückgewähr oder die Herausgabe nach der Natur des Erlangten ausgeschlossen ist,
2. er den empfangenen Gegenstand verbraucht, veräußert, belastet, verarbeitet oder umgestaltet hat,
3. der empfangene Gegenstand sich verschlechtert hat oder untergegangen ist; jedoch bleibt die durch die bestimmungsgemäße Ingebrauchnahme entstandene Verschlechterung außer Betracht.

²Ist im Vertrag eine Gegenleistung bestimmt, ist sie bei der Berechnung des Wertersatzes zugrunde zu legen; ist Wertersatz für den Gebrauchsvorteil eines Darlehens zu leisten, kann nachgewiesen werden, dass der Wert des Gebrauchsvorteils niedriger war.

(3) ¹Die Pflicht zum Wertersatz entfällt,
1. wenn sich der zum Rücktritt berechtigende Mangel erst während der Verarbeitung oder Umgestaltung des Gegenstands gezeigt hat,
2. soweit der Gläubiger die Verschlechterung oder den Untergang zu vertreten hat oder der Schaden bei ihm gleichfalls eingetreten wäre,
3. wenn im Fall eines gesetzlichen Rücktrittsrechts die Verschlechterung oder der Untergang beim Berechtigten eingetreten ist, obwohl dieser diejenige Sorgfalt beobachtet hat, die er in eigenen Angelegenheiten anzuwenden pflegt.

²Eine verbleibende Bereicherung ist herauszugeben.

(4) Der Gläubiger kann wegen Verletzung einer Pflicht aus Absatz 1 nach Maßgabe der §§ 280 bis 283 Schadensersatz verlangen.

A. Anwendungsbereich. § 346 aF hatte sich auf den vertraglich vorbehalten Rücktritt beschränkt; die Anwendung auf den gesetzlichen Rücktritt musste daher eigens bestimmt werden (so in dem missglückten § 327 aF). Demgegenüber umfasst der neue § 346 I ausdrücklich beide Arten des Rücktritts. Nur einige Spezialvorschriften betreffen bloß den vertraglich vorbehaltenen (§ 350, 353) oder den gesetzlichen Rücktritt (§§ 346 III Nr 3, 347 I 2). Der maßgebliche Unterschied besteht darin, dass die Beteiligten idR mit einem vorbehaltenen Rücktritt rechnen können, mit einem gesetzlichen dagegen nicht.   1

2 **B. Rechtsfolgen. I. Erlöschen nicht erfüllter Pflichten.** Die nächstliegende Wirkung des Rücktritts wird als selbstverständlich in § 346 nicht eigens ausgesprochen: Die noch nicht erfüllten Primärleistungspflichten erlöschen, so dass Erfüllung nicht mehr verlangt werden kann. Schon entstandene Sekundäransprüche (zB auf Ersatz von Begleit- oder Verzugsschäden) bleiben dagegen bestehen. Für gegenseitige Verträge stellt § 325 jetzt zudem klar, dass nach dem Rücktritt auch noch Schadenersatz statt der Leistung verlangt werden kann (zur Abwicklung vgl dort).

3 **II. Rückgewähr der schon erbrachten Leistungen, § 346 I. 1. Rückgewähr.** Der Rücktritt verändert nur den Schuldvertrag und hat keine dingliche Wirkung hinsichtlich der schon erbrachten Leistungen. Wenn die Leistung in einer Übereignung bestanden hat, ist also neben der Rückgabe eine Rückübereignung nötig; für gezahltes Geld ist eine gleiche Summe zurückzuzahlen. BGHZ 87, 104, 109 f. bejaht für die alte Wandelung beim Kauf sogar eine Verpflichtung des Verkäufers zur Rücknahme des Leistungsgegenstandes.

4 **2. Herausgabe von Nutzungen.** Zugleich hat nach § 346 I der Rückgewährschuldner „die gezogenen Nutzungen (§§ 100, 99) herauszugeben". Diese Herausgabepflicht entspricht § 987 I, freilich ohne Beschränkung auf die nach Rechtshängigkeit gezogenen Nutzungen. Soweit Nutzungen nicht mehr vorhanden sind, kommt II 1 Nr 2 oder Nr 3 in Betracht.

5 **III. Wertersatz. a) Anwendungsbereich.** Statt der Rückgewähr oder Herausgabe kommt nach II 1 Wertersatz in drei Fallgruppen in Betracht:

1. **Die Natur des Verlangten** schließt eine Rückgewähr oder Herausgabe aus, Nr 1. Das trifft zB zu für Dienstleistungen, Unterlassungen oder manche Werkleistungen, auch für die bloße Nutzung einer Sache, vgl § 346 S 2 aF.
2. Der Empfänger hat den **Gegenstand verbraucht, veräußert**, belastet, verarbeitet oder umgestaltet, Nr 2. Bei Verschulden hatte das früher idR den Rücktritt ausgeschlossen, § 351 aF, nach § 352 aF auch ohne Verschulden. Der neue Text ergibt, dass der Rücktritt möglich bleibt und der Gläubiger mit dem Wertersatz vorlieb nehmen muss.
3. Der empfangene **Gegenstand hat sich verschlechtert oder ist untergegangen**, ohne dass dies durch den Empfänger veranlasst zu sein braucht. Dem stehen gleich andere Gründe für die Unmöglichkeit für die Herausgabe, etwa ein Verlust der Sache. Ausgenommen ist lediglich die Verschlechterung, die durch die bestimmungsgemäße Ingebrauchnahme (nicht den späteren Gebrauch) entstanden ist. Das kann zB bei Kleidung oder Möbeln den Wert erheblich mindern.

8 **b) Wertberechnung.** Auszugehen ist vom **objektiven Marktwert** und nicht vom Nutzen der Leistung gerade für den Gläubiger; insoweit bleibt der Wertersatz also unter dem Schadensersatz.

9 Eine **Sonderregelung** trifft II 2 Alt 1 für den Fall, dass die durch den Rücktritt beendete Vertrag eine **Gegenleistung bestimmt** hat: Diese soll bei der Ermittlung des Wertersatzes zugrunde gelegt werden (vgl § 346 S 2 aF a E). Bei einer minderwertigen Leistung soll die vereinbarte Gegenleistung entsprechend § 441 gemindert werden (Palandt/*Heinrichs* Rn 10). Beim vertraglichen Rücktritt will Palandt/*Heinrichs* aaO das vereinbarte Entgelt auch um den Gewinnanteil des Gläubigers kürzen; dagegen aber zutreffend die aaO Genannten.

10 Eine weitere Sonderregelung findet sich in II 2 für den **Gebrauchsvorteil eines Darlehens**: Wenn hier der vereinbarte Zins den marktüblichen überschreitet, soll der Schuldner diese Überschreitung nachweisen dürfen; er braucht dann nur die marktüblichen Zinsen zu bezahlen.

11 Häufig ist ein Wert nicht für die Nutzungen selbst vereinbart, sondern für den nutzbaren Gegenstand (zB ein Kraftfahrzeug). Dann ist der Nutzungswert nach § 287 ZPO zu schätzen, idR in Anlehnung an die zeitanteilige lineare Wertminderung. Das ergibt für Kraftfahrzeuge bei 1000 km 0,4 % bis 1 % des Anschaffungspreises, bei Nutzfahrzeugen 0,5 % (vgl Palandt/*Heinrichs* Rn 10).

12 **IV. Ausschluss des Wertersatzes, III 1.** Auch für den Ausschluss des Wertersatzes gibt es drei Fallgruppen.
1. Der zum Rücktritt berechtigende **Mangel hat sich erst während der Verarbeitung oder Umgestaltung gezeigt**, Nr 1 (vgl § 467 S 1 Hs 2 aF). Denn wenn sich der Mangel schon vorher gezeigt hätte, wäre der Empfänger wahrscheinlich schon vor der Verarbeitung zurückgetreten und hätte dann seine Pflicht nur durch die einfache Rückgabe des mangelhaften Gegenstandes erfüllen können. Soweit er durch die verarbeitete oder umgestaltete Sache bereichert ist, haftet er aber nach III 2 mit § 818.

13 2. **Der Gläubiger hat** die Verschlechterung oder den Untergang **zu vertreten** oder der Schaden wäre bei ihm gleichfalls eingetreten. „Zu vertreten" hat der Gläubiger nicht nur ein technisches Verschulden. Vielmehr genügt analog § 326 II, dass der Gläubiger allein oder weit überwiegend verantwortlich ist oder sich im Gläubigerverzug befindet (MüKo/*Gaier* Rn 53, Erman/*Bezzenberger* Rn 16). Insbesondere fällt hierunter, dass Verschlechterung oder Untergang auf einem zum Rücktritt berechtigenden Mangel beruhen.

14 Dass der **Schaden beim Gläubiger gleichfalls eingetreten** wäre (zB das Rennpferd wäre auch bei ihm gestorben; das Haus wäre jedenfalls durch den Blitz getroffen worden), berücksichtigt das Fehlen der Kausalität: Der Gläubiger hätte die Sache auch ohne die Leistung an den Schuldner verloren.

3. Den kritischsten Fall enthält die Nr 3: Die Pflicht zum Wertersatz entfällt, wenn beim gesetzlichen Rücktrittsrecht **Verschlechterung oder Untergang beim Berechtigten trotz Einhaltung der eigenüblichen Sorgfalt eingetreten** sind. Hier springt also mit dem Rücktritt die Sachgefahr auf den Rücktrittsgegner zurück, obwohl diese aus der Sphäre des Rücktrittsberechtigten stammt und vielleicht sogar auf dessen leichte Fahrlässigkeit zurückgeht. Diese Regelung ist vielfach auf Ablehnung gestoßen (vgl MüKo/*Gaier* Rn 56 ff, Erman/*Bezzenberger* Rn 19) wie schon die ähnliche nach § 350 aF 15

Zum Verständnis der Regelung ist zunächst die Begründung des Gesetzgebers zu bedenken: Das Rückspringen der Gefahr (beispielsweise) auf den Verkäufer sei sachgerecht, wenn der Käufer wegen einer Pflichtverletzung (Sachmangel) von dem Kauf zurücktrete. Denn hier dürfe der Verkäufer nicht darauf vertrauen, dass der Gefahrenübergang auf den Käufer (§ 446 S 1) endgültig sei. Das Dilemma, von zwei (womöglich) schuldlosen Beteiligten einem den Verlust auferlegen zu müssen, müsse entsprechend der hM im geltenden Recht zugunsten des Rücktrittsberechtigten gelöst werden (BTDrs 14/6040 S 196, ebenso schon Abschlussbericht S 188). 16

Dieser Standpunkt ist wohlüberlegt und vertretbar; ihn gänzlich und sogar entrüstet abzulehnen (etwa *D Kaiser* JZ 01, 1057; *Kohler* JZ 02, 682; 1127) übersieht das in der Tat vorliegende Dilemma. Freilich ergeben sich aus ihm zwei Beschränkungen gegenüber dem Wortlaut: Erstens ist die Belastung des Rücktrittsgegners nur da berechtigt, wo dieser den Rücktritt durch eine Pflichtverletzung (insbesondere durch mangelhafte Lieferung) veranlasst hat. Dagegen passt sie nicht für das subsidiäre Rücktrittsrecht nach § 313 III, wo an es an einer solchen Veranlassung fehlt (*Heinrichs* Liber Amicorum Eike Schmidt, 05, 178). 17

Zweitens ist die Haftungsbeschränkung auf die eigenübliche Sorgfalt des Rücktrittsberechtigten sinngemäß nur begründet, solange dieser sein Rücktrittsrecht noch nicht kennt (und erst recht noch nicht ausgeübt hat). Denn nur dann kann er annehmen, das ihm geleistete Gegenstand auf die Dauer behalten zu dürfen und nicht zurückgeben zu müssen (ebenso MüKo/*Gaier* Rn 59 mit Belegen). Weiß er das dagegen, so muss er den Gegenstand zur Vermeidung einer Schadensersatzpflicht mit aller Sorgfalt behandeln (vgl u Rn 32 ff). 18

Weitere Einschränkungen des III 1 Nr 3 lassen sich kaum rechtfertigen. Im Gegenteil ist die Vorschrift noch auf Fälle einer nicht durch Verschlechterung oder Untergang des Gegenstandes der Rückgabepflicht eingetretene Hindernisse zu erweitern, zB Verlust durch Diebstahl (etwa MüKo/*Gaier* Rn 57). In diesem Rahmen aber muss es dabei bleiben: Der Rücktritt wird nicht dadurch ausgeschlossen, dass der Berechtigte die empfangene Leistung nicht zurückgeben kann; auch tritt nach III 1 Nr 3 keine Wertersatzpflicht ein. Zur Problematik einer Schadensersatzpflicht vgl u Rn 22 ff 19

VI. Haftung nach Bereicherungsrecht, III 2. Auch soweit nach III 1 kein Wertersatz geschuldet wird, soll nach III 2 eine verbleibende Bereicherung herauszugeben sein. Das bedeutet eine Rechtsfolgeverweisung auf die §§ 818, 819. So ist etwa der verschlechterte Leistungsgegenstand herauszugeben, auch wenn nach III 1 Nr 3 keine Pflicht zum Wertersatz besteht. Die gezogenen Nutzungen fallen aber schon unter I am Ende; wegen der schuldhaft nicht gezogenen gilt § 347. 20

VII. Schadensersatzpflicht des Rückgewährschuldners, IV. Nach IV soll der Gläubiger „wegen der Verletzung einer Pflicht aus Abs. 1" Schadensersatz nach Maßgabe der §§ 280 bis 283 verlangen können. Das bedeutet eine Rechtsgrundverweisung insbesondere auf § 280 I. Zunächst muss also eine Pflichtverletzung des Rückgewährschuldners vorliegen. Hierzu gibt es einen Streit in der Lit mit erheblichen Auswirkungen für das Ergebnis. 21

1. Verletzung nach Entstehung der Rückgewährpflicht. Die erste Ansicht argumentiert mit dem Wortlaut von IV: Die „Pflichten aus Abs. 1" seien die Rückgewährpflichten, und diese entstünden erst mit der Erklärung des Rücktritts. Eine vorher erfolgte Beeinträchtigung des zurückzugewährenden Gegenstandes falle daher selbst bei Kenntnis des Rücktrittsgrundes nicht unter IV. So etwa *D Kaiser* JZ 01, 1063; *S Lorenz/Riehm*, Lehrbuch zum neuen Schuldrecht, 02, Rn 434; Erman/*Bezzenberger* Rn 34. 22

2. Verletzung nach Kenntnis oder Kennenmüssen des Rücktrittsgrundes. Die zweite Ansicht unterscheidet zwischen vertraglichem und gesetzlichem Rücktrittsrecht. Beim vertraglichen Rücktrittsrecht müsse jede Partei mit dessen Ausübung rechnen und daher mit dem empfangenen Leistungsgegenstand sorgsam umgehen. Dagegen entstehe beim gesetzlichen Rücktrittsrecht die Pflicht zur sorgsamen Behandlung erst, wenn die Partei den Rücktrittsgrund kenne oder kennen müsse. So etwa *M Schwab* Jus 02, 630, 636; *Huber/Faust*, Schuldrechtsmodernisierung (02) Kap 10 Rn 47. 23

3. Pflichtverletzung durch Verletzung der Rückgewährpflicht. Die dritte Ansicht stellt nicht primär auf eine Beeinträchtigung des Gegenstandes der Rückgewährpflicht ab. Vielmehr sieht sie die Pflichtverletzung darin, dass der Schuldner die Rückgewähr „nicht oder nicht wie geschuldet" (§ 281 I 1) leistet. Insoweit kommt es also nicht darauf an, wann der Grund für die Nicht- oder Schlechtleistung entstanden ist. Vielmehr spielt das erst für das Vertretenmüssen eine Rolle (u Rn 25). So etwa MüKo/*Gaier* Rn 61; Palandt/*Heinrichs* Rn 15, ausführlich *Heinrichs* (o Rn 17) 159, 166 ff mit Widerlegung des Einwandes eine Pflicht könne erst verletzt werden, wenn sie entstanden und fällig geworden sei. 24

25 Nach dieser Ansicht kommt der Zeitpunkt der Entstehung des Leistungshindernisses (also etwa der schlechten Behandlung des zurückzugewährenden Gegenstandes) erst über das (nach § 280 I 2 vermutete) Vertretenmüssen ins Spiel. Denn solange der Schuldner beim gesetzlichen Rücktritt den Rücktrittsgrund weder kennt noch kennen muss, braucht er mit einer Rückgewährpflicht nicht zu rechnen. Ihm fehlt daher ein Verschulden. Beim vereinbarten Rücktritt dagegen müsse mit einem Rücktritt (und daher auch mit einer Rückgewährpflicht) jederzeit gerechnet werden. Der Schuldner haftet daher bei Verschulden ohne Rücksicht auf den Zeitpunkt des Leistungshindernisses.

26 **4. Kritik.** Der Rückgewährgläubiger ist primär nur daran interessiert, den geleisteten Gegenstand nach dem Rücktritt unversehrt und pünktlich zurückzuerhalten. Hierdurch wird der Inhalt der Pflicht des Schuldners bestimmt. Daher ist es konsequent, mit der Ansicht von o Rn 24 die Pflichtverletzung bei der mangelhaften Rückgewähr zu suchen. Für die Verzögerung der Rückgewähr ist das nach §§ 346 IV, 280 I, II, 286 ohnehin unvermeidlich. Auch der Schadensersatz statt der Leistung nach § 280 III kann nur nach diesem Zeitpunkt bestimmt werden. Folglich muss, was sachgerecht ist, auch der Schuldner das Fehlen seines Verschuldens nach § 280 I 2 beweisen. Dass dieses untechnische Verschulden schon vor der Entstehung der Rückgabepflicht liegen kann, ist nichts Besonderes. Zu folgen ist also der dritten Ansicht von o Rn 24 f. Doch wird man für das Kennenmüssen des Rücktrittsgrundes eine Pflicht zu Nachforschungen nur ausnahmsweise annehmen können; sonst droht ein Wertungswiderspruch zu § 990 I.

27 **5. Das Gebrauchsrecht des Schuldners.** Für das Recht des Schuldners, den empfangenen Gegenstand zu gebrauchen und damit möglicherweise zu verschlechtern oder zu gefährden, ist zwischen dem vertraglichen und dem gesetzlichen Rücktrittsrecht zu unterscheiden.

28 **Beim vertraglichen Rücktrittsrecht** muss sich durch Auslegung des die Überlassung regelnden Vertrages ergeben, was der Schuldner tun darf. Insbesondere kann gerade die Erprobung der Sache sogar unter extremen Umständen Ertragszweck und damit erlaubt sein (zB bei einem Geländewagen). Wird die Sache dabei beeinträchtigt, so hat der Schuldner die daraus folgenden Mängel bei der Rückgabe nicht zu vertreten. Umgekehrt kann die Überlassung aber auch nur zur Ansicht erfolgt sein; dann mag schon die bloße Ingebrauchnahme ein Verschulden bedeuten.

29 **Beim gesetzlichen Rücktritt** wird der Überlassungsvertrag idR keine Beschränkung des erlaubten Gebrauchs enthalten (zB beim Kauf). Dann kommt bis zum Kennenmüssen des Empfängers von dem Rücktrittsgrund ein Verschulden nicht in Betracht (*Heinrichs*, o Rn 17, 175). Nach Kennenmüssen, aber vor dem Rücktritt kann er nach hM die Sache weiter benutzen, wenn auch mit Ausschluss einer besonderen Gefährdung. Nach *Heinrichs* aaO 179 ff soll dann aber die Haftungsmilderung von III 1 Nr 3 analog gelten. Das endet erst mit der Erklärung des Rücktritts: Dann hat der Schuldner nach § 280, 276 I jede Sorgfalt zu beachten. Sein Recht zum Weitergebrauch der Sache kann aber ausnahmsweise fortbestehen, etwa wenn die nach § 348 zu vollziehende Rückabwicklung durch den Rückgewährgläubiger verzögert wird (MüKo/*Gaier* Rn 67). Dann kann sogar eine Haftungsbeschränkung des Schuldners nach den §§ 298, 300 I eintreten.

30 **6. Inhalt der Schadensersatzpflicht.** § 346 IV verweist auf die §§ 280 bis 283. Das bedeutet: Ersatz eines Schadens aus der Verzögerung der Rückgewähr kann nur nach §§ 280 II, 286 verlangt werden. Für einen Schadensersatz „in Geld" statt der Rückgewähr sind die §§ 281 bis 283 maßgeblich; regelmäßig muss der Gläubiger also nach § 281 I 1 zunächst eine Frist setzen. Für eine Teilrückgewähr gilt § 281 I 2 und 3. Insbesondere kann also nach S 3 Schadensersatz statt der ganzen Leistung nur bei einer erheblichen Pflichtverletzung verlangt werden.

§ 347 Nutzungen und Verwendungen nach Rücktritt

(1) ¹Zieht der Schuldner Nutzungen entgegen den Regeln einer ordnungsmäßigen Wirtschaft nicht, obwohl ihm das möglich gewesen wäre, so ist er dem Gläubiger zum Wertersatz verpflichtet. ²Im Falle eines gesetzlichen Rücktrittsrechts hat der Berechtigte hinsichtlich der Nutzungen nur für diejenige Sorgfalt einzustehen, die er in eigenen Angelegenheiten anzuwenden pflegt.

(2) ¹Gibt der Schuldner den Gegenstand zurück, leistet er Wertersatz oder ist seine Wertersatzpflicht gemäß § 346 Abs. 3 Nr. 1 oder 2 ausgeschlossen, so sind ihm notwendige Verwendungen zu ersetzen. ²Andere Aufwendungen sind zu ersetzen, soweit der Gläubiger durch diese bereichert wird.

1 **A. Anwendungsbereich.** Die mehrdeutige Überschrift kann zu der Annahme verleiten, § 347 meine nur die nach der Rücktrittserklärung nicht gezogenen Nutzungen und entstandenen Verwendungen. Das täuscht aber: Zweck des § 347 ist die Ergänzung der in § 346 I am Ende bestimmten Herausgabepflicht hinsichtlich der wirklich gezogenen Nutzungen sowie des Ersatzes von Aufwendungen. Betroffen sind also insbesondere auch die Nutzungen und Aufwendungen vor der Rücktrittserklärung; diese bedeutet also nur die (selbstverständliche) Voraussetzung für die Ansprüche.

B. Nutzungen. I 1 ergänzt die in § 346 I angeordnete Herausgabepflicht des Rückgabeschuldners für die wirklich gezogenen Nutzungen: Zusätzlich soll eine Wertersatzpflicht für diejenigen Nutzungen gelten, die der Schuldner entgegen den Regeln einer ordnungsmäßigen Wirtschaft nicht gezogen hat, obwohl ihm das möglich gewesen wäre. Das ähnelt dem bis zum SMG kraft Verweisung (§ 347 S II aF) geltenden § 987 II. Dort wird allerdings Verschulden des Besitzers verlangt. Dieses beim Rücktritt ohnehin nur untechnisch zu verstehende Erfordernis wird in I 1 durch die Worte „obwohl ihm das möglich gewesen wäre" übernommen. Der sachliche Unterschied zum Verschulden dürfte gering sein. 2

Das Verschuldenserfordernis erscheint aber auch insofern in I 2, als dort für das gesetzliche Rücktrittsrecht auf die Nichtbeachtung der eigenüblichen Sorgfalt (doch vgl § 277) abgestellt wird. Das passt zu § 346 III 1 Nr 3 und ist ebenso wie dort zu verstehen (vgl § 346 Rn 18). 3

Wegen der **Nutzungen** vgl § 100 mit § 99, zu den **Regeln einer ordnungsmäßigen Wirtschaft** § 987 MüKo/*Medicus* § 987 Rn 1, 22 f. 4

C. Aufwendungen, insbesondere Verwendungen. I. Anspruchsumfang. Im Gegensatz zu § 347 S 2 aF, §§ 994 ff erweitert der neue II die Gegenansprüche des Rücktrittsschuldners: Die **notwendigen Verwendungen** (§ 994 Rn 2) sind ihm allemal zu ersetzen. Dabei sind Verwendungen sachbezogene Vermögensaufwendungen, die unmittelbar der Erhaltung, Wiederherstellung oder Verbesserung der Sache dienen (etwa BGHZ 131, 220, 222 f. mN). Notwendig sind sie, wenn sie zur Erhaltung oder ordnungsmäßigen Bewirtschaftung der Sache erforderlich sind und nicht bloß Sonderzwecken des Besitzers dienen (BGH aaO 223). Der Streit, ob und inwieweit auch sachändernde Verwendungen in Betracht kommen (zB eine Bebauung), hat bei § 347 II nur geringe Bedeutung. Denn selbst wenn man die Frage mit der Rspr (etwa BGHZ 41, 157, 160 f) verneint, bleibt immer noch der Ersatz von den Gläubiger bereichernden Aufwendungen nach II 2. 5

Aufwendungen sind idR alle freiwilligen Vermögensopfer für Interessen eines anderen (BGHZ 59, 328, 329 f. mN). Allerdings können in § 347 II 2 die „Interessen eines anderen" nicht subjektiv verstanden werden, weil Aufwendungen vor dem Rücktritt idR in eigenem Interesse gemacht werden. Daher muss genügen, dass die Aufwendungen letztlich dem Gläubiger zugute kommen. Das deckt sich mit dem Erfordernis einer Bereicherung des Gläubigers. 6

Dieses Erfordernis bedeutet eine Rechtsfolgeverweisung insbes auf § 818. Dabei kann sich das Problem der aufgedrängten Bereicherung stellen (vgl § 818 Rn 13), wenn die Vermögensmehrung dem Gläubiger unerwünscht ist. Vgl dazu etwa *Larenz/Canaris* § 72 IV 2, 3; *Medicus* BürgR Rn 899. 7

Aufwendungen können insbesondere auch Vermögensopfer sein, die keine Verwendungen auf bestimmte Sachen darstellen, zB Transportkosten oder Zölle. Doch wird ein Ersatzanspruch hier häufig daran scheitern, dass es an einer Bereicherung des Gläubigers fehlt. 8

II. Gläubiger. Als Gläubiger des Aufwendungsersatzes nennt II 1 ausdrücklich nur drei Personenkreise: 9
1. Wer nach § 346 I **den Gegenstand zurückgibt**,
2. wer nach § 346 II **Wertersatz leistet**,
3. wer **nach § 346 III Nr 1 und 2 keinen Wertersatz zu leisten braucht**. Dagegen hat der nach § 346 III Nr. 3 vom Wertersatz Befreite keinen Anspruch auf Aufwendungsersatz: Es sei unbillig, den Rücktrittsgegner mit notwendigen Verwendungen zu belasten, obwohl er aus Gründen außerhalb seines Risikobereichs weder Rückgabe seiner Leistung noch Wertersatz erhalte (Palandt/*Heinrichs* Rn 4). Andere wollen diese Ausnahme einschränken, weil sie keinen plausiblen Grund sehen (MüKo/*Gaier* Rn 15).

III. Geltendmachung. Ansprüche nach II werden nach dem Wortlaut erst mit der Leistung von Rückgabe oder Wertersatz fällig. Doch wird man auch auf sie § 348 anzuwenden haben, so dass Rückgabe oder Wertersatz analog §§ 320, 322 nur Zug um Zug gegen den Aufwendungsersatz zu leisten sind. 10

§ 348 Erfüllung Zug-um-Zug

¹Die sich aus dem Rücktritt ergebenden Verpflichtungen der Parteien sind Zug um Zug zu erfüllen. ²Die Vorschriften der §§ 320, 322 finden entsprechende Anwendung.

Die durch das SMG nicht geänderte Vorschrift will die Abwicklung der sich aus dem Rücktritt ergebenden Pflichten regeln. Dabei handelt es sich um Pflichten aller Art, nicht nur die um Rückgewähr von Leistung und Gegenleistung. Erfasst werden insbesondere auch die Pflichten aus den §§ 346 III 2, IV, 347: Stets sind die §§ 320, 322 entsprechend anwendbar. 1

Dagegen macht § 348 aus dem Rückgewährschuldverhältnis (vgl vor § 346 Rn 2) **keinen gegenseitigen Vertrag**. Insbesondere sind also die §§ 323 bis 326 unanwendbar. Daher kann zB bei Säumnis des einen Rückgewährschuldners der andere nach § 323 nicht vom Rücktritt zurücktreten (vgl BGH NJW 02, 506, 507). Die Folgen einer Leistungsstörung ergeben sich im Rücktrittsstadium vielmehr nur aus den §§ 346 II, IV mit 280 bis 283 sowie aus §§ 280, 286. 2

§ 349 Erklärung des Rücktritts

Der Rücktritt erfolgt durch Erklärung gegenüber dem anderen Teil.

1 Der Rücktritt bildet ein **Gestaltungsrecht** des Rücktrittsberechtigten. Dieser hat den Rücktritt durch einseitige, empfangsbedürftige Willenserklärung zu erklären. Sie wird mit dem Zugang an den Rücktrittsgegner wirksam (vgl §§ 130 ff). Die Umdeutung einer Rücktrittserklärung in ein Verlangen nach Schadenersatz (vgl BGH NJW 88, 2877) ist durch den neuen § 325 weithin unnötig geworden, weil der Rücktritt Schadensersatzansprüche nicht mehr ausschließt. Die Angabe des Rücktrittsgrundes ist unnötig, BGHZ 99, 182, 193; wird ein Grund angegeben, kann der Rücktritt trotzdem aus einem anderen Grund wirksam sein (BGH aaO).

2 Als Gestaltungserklärung ist der Rücktritt **unwiderruflich und bedingungsfeindlich** (vgl § 388 S 2 und BGHZ 32, 375, 383). Eine Ausnahme hiervon gilt aber, wenn die Bedingung keine für den Rücktrittsgegner unzumutbare Unklarheit schafft. Das kann zutreffen etwa für Rechtsbedingungen oder Bedingungen, deren Eintritt allein vom Willen des Rücktrittsgegners abhängt (BGHZ 97, 264).

§ 350 Erlöschen des Rücktrittsrechts nach Fristsetzung

¹Ist für die Ausübung des vertraglichen Rücktrittsrechts eine Frist nicht vereinbart, so kann dem Berechtigten von dem anderen Teil für die Ausübung eine angemessene Frist bestimmt werden. ²Das Rücktrittsrecht erlischt, wenn nicht der Rücktritt vor dem Ablauf der Frist erklärt wird.

1 **A. Vertragliche Rücktrittsrechte.** Schon wegen der Vertragsfreiheit kann für die Ausübung eines vertraglichen Rücktrittsrechts eine Frist vereinbart werden, und das ist zur Vermeidung langdauernder Unsicherheit idR auch zweckmäßig. Wenn eine solche Vereinbarung unterblieben ist, hilft aber § 350: Der Gegner kann dem Berechtigten eine angemessene Frist bestimmen, nach deren Ablauf das Rücktrittsrecht erlischt. Eine unangemessen kurze Frist setzt idR die angemessene längere in Lauf (vgl § 323 Rn 19).

2 **B. Gesetzliche Rücktrittsrechte.** Auf die wichtigeren gesetzlichen Rücktrittsrechte bezieht sich § 350 nicht. Das beruht auf einer bewussten Entscheidung des Gesetzgebers (BTDrs 14/6040 S 185) und bedeutet daher keine durch analoge Anwendung von § 350 zu füllende planwidrige Gesetzeslücke. Eine Abhilfe ist auch in den wichtigsten Fällen unnötig, nämlich bei denen der alten Wandlung: Dort hilft § 218 I nach **Verjährung des Nacherfüllungsanspruchs** dem Rücktrittsgegner, §§ 438 IV, 634 a IV. Ob in den übrigen Fällen § 264 II entsprechend angewendet werden kann (vgl Palandt/*Heinrichs* Rn 1 und nochmals *Heinrichs*, o Rn 17, S 159, 161) ist zweifelhaft.

3 **C. Verzicht, Verwirkung.** Unabhängig von § 350 kann auch auf ein vertragliches oder gesetzliches Rücktrittsrecht verzichtet werden. Ein solcher Verzicht ist auch konkludent möglich, etwa durch ein mit den Rücktrittsfolgen unvereinbares Verhalten. Weiter ist nach allgemeinen Regeln (vgl § 242 Rn 48 ff) eine Verwirkung möglich, insbesondere wenn beim Rücktrittsgegner ein Vertrauen auf die Nichtausübung des Rücktrittsrechts geweckt worden ist.

§ 351 Unteilbarkeit des Rücktrittsrechts

¹Sind bei einem Vertrag auf der einen oder der anderen Seite mehrere beteiligt, so kann das Rücktrittsrecht nur von allen und gegen alle ausgeübt werden. ²Erlischt das Rücktrittsrecht für einen der Berechtigten, so erlischt es auch für die übrigen.

1 **A. S 1.** § 351 (früher § 356 aF) bestimmt in S 1 (abdingbar) die Einheitlichkeit des Rücktrittsrechts, wenn bei einem Vertrag auf der einen oder der anderen Seite mehrere Personen beteiligt sind. Dabei genügt es, wenn das Rücktrittsrecht durch das Verhalten nur eines der Beteiligten geschaffen worden ist (BGH NJW 76, 1931, 1932). Gleich zu behandeln ist der Fall des Vertragsverbundes, nämlich wenn nach dem erkennbaren Willen auch nur eines Beteiligten mehrere Vereinbarungen nicht für sich allein gelten, sondern gemeinsam miteinander stehen und fallen sollen (BGH aaO). Doch muss bei mehreren Rücktrittsgegnern der Rücktritt gegenüber allen erklärt werden (BGHZ 97, 264, 266). Ob eine von mehreren Personen allein (mit Wirkung gegen die übrigen) zurücktreten kann, entscheidet sich nach dem Innenverhältnis (zB nicht bei Erbengemeinschaft, RGZ 151, 304, 312). Von einem Vergleich kann idR ein Einzelner allein zurücktreten (BGH NJW 92, 967, 971 unter Hinweis auf RGZ 153, 395, 398).

2 **B. S 2.** S. 2 will die Einheitlichkeit des Rücktrittsrechts auch hinsichtlich des Erlöschens wahren: Erlischt eines von mehreren selbständigen Rücktrittsrechten (zB durch Verzicht oder nach § 350), so erlöschen auch die übrigen.

C. Spezialvorschriften. Speziell bestimmt wird die Einheitlichkeit anderer Gestaltungsrechte in § 441 II, 461 S 1 (mit einer Abweichung in S 2), 472 S 1 (wieder Abweichung in S 2), 638 II.

§ 352 Aufrechnung nach Nichterfüllung

Der Rücktritt wegen Nichterfüllung einer Verbindlichkeit wird unwirksam, wenn der Schuldner sich von der Verbindlichkeit durch Aufrechnung befreien konnte und unverzüglich nach dem Rücktritt die Aufrechnung erklärt.

§ 352 (früher § 357) erweitert die Rückwirkung der Aufrechnung (§ 389). Diese Erweiterung ist nötig, weil durch den (zeitlich früheren) Rücktritt die nicht erfüllte Forderung bereits erloschen war, so dass eine Aufrechnung scheitern würde. § 352 macht sie möglich und beseitigt so rückwirkend den Rücktrittsgrund.

§ 353 Rücktritt gegen Reugeld

¹Ist der Rücktritt gegen Zahlung eines Reugelds vorbehalten, so ist der Rücktritt unwirksam, wenn das Reugeld nicht vor oder bei der Erklärung entrichtet wird und der andere Teil aus diesem Grunde die Erklärung unverzüglich zurückweist. ²Die Erklärung ist jedoch wirksam, wenn das Reugeld unverzüglich nach der Zurückweisung entrichtet wird.

§ 353 (früher § 359) erfasst den Fall, dass eine Partei zwar nach Belieben zurücktreten kann, zum Ausgleich aber ein „Reugeld" zahlen muss (keine Vertragsstrafe, weil von einer Pflichtverletzung unabhängig). Dann soll dieses Reugeld spätestens bei der Erklärung des Rücktritts entrichtet werden müssen; andernfalls kann der Gegner die Erklärung wegen der Nichtzahlung unverzüglich (§ 121 I 1) zurückweisen. Hierdurch wird der Rücktritt unwirksam. Das kann der Erklärende aber verhindern, indem er die Zahlung unverzüglich nachholt.

§ 354 Verwirkungsklausel

Ist ein Vertrag mit dem Vorbehalt geschlossen, dass der Schuldner seiner Rechte aus dem Vertrag verlustig sein soll, wenn er seine Verbindlichkeit nicht erfüllt, so ist der Gläubiger bei dem Eintritt dieses Falles zum Rücktritt von dem Vertrag berechtigt.

§ 354 (früher § 360) beabsichtigt einen Schuldnerschutz: Entgegen dem Wortlaut der Verwirkungs- (Verfall-)- Klausel soll der Gläubiger, der nicht (oder schlecht) erfüllten Verbindlichkeit nur ein Rücktrittsrecht haben. Doch ist das abdingbar (BGH NJW 72, 1893, 1894; für AGB gelten aber die §§ 308 Nr 3 und für Vertragsstrafen § 309 Nr 6). Eine Vertragsstrafe ist anzunehmen, wenn der Schuldner nicht alle Rechte verliert, sondern nur einzelne Rechtsnachteile erleiden soll.

Untertitel 2 Widerrufs- und Rückgaberecht bei Verbraucherverträgen

Vorbemerkungen vor §§ 355 bis 359 (Widerruf)

Vgl zunächst Rn 3 vor § 346.

Der in den §§ 355 ff geregelte **verbraucherschützende Widerruf** hat nichts mit zahlreichen anderen im BGB geregelten Widerrufsrechten zu tun, nämlich etwa § 130 I 2 (Willenserklärung), §§ 109, 168 S 3, 183 (Einwilligung oder Vollmacht), § 530 (Schenkung), § 658 (Auslobung), § 671 I (Auftrag), § 790 (Anweisung) und viele andere. Gemeinsam ist allen Fällen nur, dass eine Willenserklärung oder ein Rechtsgeschäft entkräftet werden soll.

Der Widerruf der §§ 355 ff bezieht sich auf **Verbraucherverträge**. Die gesetzliche Definition hierfür findet sich in § 310 III am Anfang: Verträge zwischen einem Unternehmer (§ 14) und einem Verbraucher (§ 13). Allerdings ist diese Bezeichnung nur für diejenigen Vertragstypen sinnvoll, für die bei Beteiligung eines Verbrauchers Sonderrecht gilt: also zB für den Verbrauchsgüterkauf (§ 474 ff), nicht aber für eine Verbrauchermiete. Denn bei der Miete wird der Schutz nicht an die Beteiligung eines Verbrauchers geknüpft, sondern schlechthin an die Rolle als Wohnungsmieter.

§ 355 Widerrufsrecht bei Verbraucherverträgen

(1) ¹Wird einem Verbraucher durch Gesetz ein Widerrufsrecht nach dieser Vorschrift eingeräumt, so ist er an seine auf den Abschluss des Vertrags gerichtete Willenserklärung nicht mehr gebunden, wenn er sie fristgerecht widerrufen hat. ²Der Widerruf muss keine Begründung enthalten und ist in Textform oder durch Rücksendung der Sache innerhalb von zwei Wochen gegenüber dem Unternehmer zu erklären; zur Fristwahrung genügt die rechtzeitige Absendung.

(2) ¹Die Frist beginnt mit dem Zeitpunkt, zu dem dem Verbraucher eine deutlich gestaltete Belehrung über sein Widerrufsrecht, die ihm entsprechend den Erfordernissen des eingesetzten Kommunikationsmittels seine Rechte deutlich macht, in Textform mitgeteilt worden ist, die auch Namen und Anschrift desjenigen, gegenüber dem der Widerruf zu erklären ist, und einen Hinweis auf den Fristbeginn und die Regelung des Absatzes 1 Satz 2 enthält. ²Wird die Belehrung nach Vertragsschluss mitgeteilt, beträgt die Frist abweichend von Absatz 1 Satz 2 einen Monat. ³Ist der Vertrag schriftlich abzuschließen, so beginnt die Frist nicht zu laufen, bevor dem Verbraucher auch eine Vertragsurkunde, der schriftliche Antrag des Verbrauchers oder eine Abschrift der Vertragsurkunde oder des Antrags zur Verfügung gestellt werden. Ist der Fristbeginn streitig, so trifft die Beweislast den Unternehmer.

(3) ¹Das Widerrufsrecht erlischt spätestens sechs Monate nach Vertragsschluss. ²Bei der Lieferung von Waren beginnt die Frist nicht vor dem Tag ihres Eingangs beim Empfänger. ³Abweichend von Satz 1 erlischt das Widerrufsrecht nicht, wenn der Verbraucher nicht ordnungsgemäß über sein Widerrufsrecht belehrt worden ist; bei Fernabsatzverträgen über Finanzdienstleistungen ferner nicht, wenn der Unternehmer seine Mitteilungspflichten gemäß § 312 c Abs. 2 Nr. 1 nicht ordnungsgemäß erfüllt hat.

1 **A. Der Widerruf. I. Wirkung.** Infolge eines fristgerechten (u Rn 5 ff) Widerrufs ist der Verbraucher „an seine auf den Abschluss des Vertrags gerichtete Willenserklärung nicht mehr gebunden", I 1. Damit geht das Gesetz entgegen der früher hM davon aus, der **Vertrag sei zunächst wirksam zustande gekommen**. Beide Parteien können also vorerst Erfüllung verlangen. Der Widerruf bedeutet dann ähnlich der Rücktrittserklärung (§ 349) eine **Gestaltungsrecht**, das die Wirksamkeit der Erklärung des Verbrauchers (und damit idR des durch diese begründeten Vertrages) beendet. Als Gestaltungsrecht ist der Widerruf ebenso wie die Erklärung des Rücktritts selbst unwiderruflich und bedingungsfeindlich (vgl § 349 Rn 2).

2 Das Widerrufsrecht will **den Verbraucher vor übereilten** oder in den Konsequenzen schwierig zu beurteilenden **Verträgen schützen**. Es bedarf daher im Gegensatz zum Rücktritt keiner weiteren Begründung, I 2. Beruft sich der Verbraucher aber auf einen Sachmangel oder auf Verzug, so kann unabhängig von den gewählten Worten auch ein Rücktritt nach den §§ 323, 326 V gemeint sein. Bedeutung hat das vor allem bei Versäumung von Form oder Frist nach I 2, aber etwa auch wegen § 357 III.

3 **II. Form.** Nach I 2 bedarf der Widerruf der „Textform" von § 126 b. Stattdessen genügt aber auch die Rücksendung der (gekauften) Sache. Das Wort „Widerruf" braucht nicht verwendet zu werden; es muss aber deutlich werden, dass der Verbraucher an dem Vertrag nicht mehr festhalten will.

4 **III. Berechtigter.** Zum Widerruf berechtigt ist in erster Linie der Verbraucher als Vertragspartner, auch wenn er beim Vertragsschluss vertreten worden ist. Bei § 1357 (oder § 8 II LPartG) soll auch der Mithaftende widerrufen können, auch vgl Palandt/*Heinrichs* Rn 3), sogar der nach § 179 I haftende vollmachtlose Vertreter (BGH NJW – RR 91, 1079).

5 **IV. Frist.** Die Dauer der Frist beträgt **idR zwei Wochen**, wobei die rechtzeitige Absendung genügt, I 2. Sie beginnt idR im Zeitpunkt der Mitteilung einer gesetzmäßigen Belehrung, II 1. Bei schriftlichem Vertragsschluss beginnt die Frist nicht, bevor der Verbraucher eine Vertragsurkunde oder etwas Ähnliches erhält, II 3. Bei Mitteilung der Belehrung erst nach dem Vertragsschluss beträgt die Frist **einen Monat**, II 2. Bei Streit über den Fristbeginn ist der Unternehmer beweisbelastet, II 4.

6 Diese an sich schon komplizierte Rechtslage wird durch III 1 noch unklarer: Nach III 1 und 2 sollte die Frist **spätestens nach sechs Monaten enden**, bei der Lieferung von Waren freilich erst beginnend mit deren Eingang beim Empfänger. EuGH NJW 02, 281 („Heininger") hatte bei Haustürgeschäften eine ähnliche Befristung des Widerrufsrechts jedoch für **richtlinienwidrig** erklärt, BGHZ 150, 248 hat dann einen Widerruf von Haustürgeschäften auch nach Ablauf der 6-Monats-Frist zugelassen.

7 Dem hat ein Gesetz vom 23.7.02 Rechnung getragen: Nach **dem neu angefügten III 3 soll** entgegen III 1 das Widerrufsrecht nicht erlöschen, wenn der Verbraucher nicht ordnungsgemäß über sein Widerrufsrecht belehrt worden ist. Gleiches soll jetzt für Fernabsatzverträge über Finanzdienstleistungen gelten, wenn der Unternehmer seine Mitteilungspflichten nach § 312 c II Nr 1 nicht ordnungsgemäß erfüllt hat.

8 Damit ist **der wesentliche Anwendungsbereich von III 1 so stark eingeengt**, dass III in seiner derzeitigen Fassung als Muster einer irreführenden Vorschrift gelten kann. Denn III 1 beschränkt sich auf weniger bedeutende Belehrungsfehler: Die Erfüllung der verletzten Informationspflicht muss zwar Voraussetzung für den Beginn der Widerrufsfrist sein; sonst wird III nicht benötigt. Ein Informationsfehler darf aber weder das Widerrufsrecht noch (bei Finanzdienstleistungen) die Anforderungen des § 312 c II Nr 1 betreffen. Dabei ist III 3 nicht bloß für Haustürgeschäfte anwendbar, für die der EuGH die Verletzung von Gemeinschaftsrecht gerügt hat, sondern für alle verbraucherschützenden Widerrufsrechte (Palandt/*Heinrichs* Rn 22).

B. Die Widerrufsbelehrung. I. Die gesetzlichen Vorgaben. Nach dem eben zu § 355 II, III Gesagten beginnt die Widerrufsfrist nicht vor Erteilung einer Widerrufsbelehrung. Für sie verlangt das Gesetz folgendes:

1. Inhalt. Die Belehrung muss nach II 1 ergeben (1) die Möglichkeit eines Widerrufs; (2) Namen und Anschrift dessen, dem gegenüber der Widerruf zu erklären ist; (3) den Fristbeginn (II 1 Belehrung, II 3 ggf Verschaffung einer schriftlichen Vertragsurkunde); (4) die Unnötigkeit einer Begründung (II 2); (5) die für den Widerruf nötige Form (Textform oder Rücksendung der Sache, I 2); (6) die Dauer der Frist (I 2 zwei Wochen, II 2 einen Monat); (7) das Genügen der rechtzeitigen Absendung (I 2).

Im Einzelnen ist anzumerken: Bei (2) soll die Angabe eines Postfachs nicht genügen, sondern die ladungsfähige Anschrift nötig sein, § 14 IV BGB-InfV. Bei (3) braucht das konkrete Datum nicht angegeben zu werden (das kennt der Unternehmer häufig auch gar nicht); „Fristbeginn ab heute" genügt aber schon wegen § 187 I nicht (BGHZ 126, 56, 62 zu § 1 b II 2 AbzG). Beim Kauf auf Probe muss die Belehrung zusätzlich ergeben, dass die Frist erst mit dem Ende der Billigungsfrist beginnt (BGH NJW – RR 04, 1058).

Zusätzlich verlangt II 1, die Belehrung müsse „deutlich gestaltet" sein. Das soll einen „unübersehbaren Hinweis" verlangen, etwa durch Sperrschrift, Fett- oder Farbdruck (BGH NJW 96, 1964, 1965 zu § 1 b II 2 AbzG). Auch darf die Belehrung keine ablenkenden oder verwirrenden Zusätze enthalten; zulässig sind nur erklärende Zusätze (BGH NJW 02, 3396, 3398). Schon aus allgemeinen Regeln ergibt sich, dass die Belehrung idR in deutscher Sprache abgefasst sein muss.

2. Form. Für die Form die Belehrung verlangt II 1 die den Erfordernissen des eingesetzten Kommunikationsmittels entsprechende Mitteilung in Textform (§ 126 b). Dabei meint „Mitteilung", dass der Verbraucher ein Exemplar zum dauerhaften Verbleib erhält (BGHZ 137, 115, 119 zu § 7 II 2 VerbrKrG). Denn nur hierdurch wird gesichert, dass der Verbraucher sich jederzeit über sein Recht informieren kann. Nach §§ 484, 492 ist bei Teilzeitwohnrechten und Verbraucherdarlehen zusätzlich die Aushändigung einer Vertragsurkunde nötig.

II. Das Muster des BMJ. Die eben genannten Erfordernisse an eine Widerrufsbelehrung sind so vielfältig, dass selbst ein Volljurist kaum wird sicher sein können, sie alle beachtet zu haben. Daher sieht § 14 I der BGB-InfV vor, dass die textförmliche Verwendung des Musters der Anlage 2 zu der InfV den Anforderungen genügen soll. Die Verwendung des Musters ist also dringend anzuraten. Einige Unzulänglichkeiten des Musters (vgl Palandt/*Heinrichs* BGB-InfoV § 14 Rn 5) dürften wegen EGBGB Art 245 unschädlich sein (Palandt/ *Heinrichs* aaO Rn 6).

Muster des BMJ für die Widerrufsbelehrung
Widerrufsbelehrung
Widerrufsrecht
Sie können Ihre Vertragserklärung innerhalb von [2 Wochen][1)] ohne Angabe von Gründen in Textform (zB Brief, Fax, E-Mail [oder durch Rücksendung der Sache][2)] widerrufen. Die Frist beginnt frühestens mit Erhalt dieser Belehrung. Zur Wahrung der Widerrufsfrist genügt die rechtzeitige Absendung des Widerrufs [oder der Sache][2)]. Der Widerruf ist zu richten an:[3)]
Widerrufsfolgen
Im Falle eines wirksamen Widerrufs sind die beiderseits empfangenen Leistungen zurückzugewähren [und ggf gezogene Nutzungen (z. B. Zinsen) herauszugeben][4)]. Können Sie uns die empfangene Leistung ganz oder teilweise nicht oder nur in verschlechtertem Zustand gewähren, müssen Sie uns insoweit ggf Wertersatz leisten.[5)] [Bei der Überlassung von Sachen gilt dies nicht, wenn die Verschlechterung der Sache ausschließlich auf deren Prüfung – wie sie Ihnen etwa im Ladengeschäft möglich gewesen wäre – zurückzuführen ist. Im Übrigen können Sie die Wertersatzpflicht vermeiden, indem Sie die Sache nicht wie ihr Eigentum in Gebrauch nehmen und alles unterlassen, was deren Wert beeinträchtigt. Paketversandfähige Sachen sind [auf unsere Kosten und Gefahr][6)] zurückzusenden. (Nicht paketversandfähige Sachen werden bei Ihnen abgeholt.][2)] Ver-

---

1) Wird die Belehrung erst nach Vertragsschluss mitgeteilt, lautet der Klammerzusatz „einen Monat".
2) Der Klammerzusatz kann bei Leistungen, die nicht in der Überlassung von Sachen bestehen, entfallen.
3) Einsetzen: Namen/Firma und ladungsfähige Anschrift des Widerrufsadressaten. Zusätzlich können angegeben werden Telefaxnummer, E-Mail-Adresse und/oder, wenn der Verbraucher eine Bestätigung seiner Widerrufserklärung an den Unternehmer erhält, auch eine Internet-Adresse.
4) Der Klammerzusatz entfällt bei Widerrufsrechten nach § 485 Abs. 1 BGB.
5) Bei Finanzdienstleistungen ist folgender Satz einzufügen:
„Dies kann dazu führen, dass Sie die vertraglichen Zahlungsverpflichtungen für den Zeitraum bis zum Widerruf gleichwohl erfüllen müssen."
6) Ist entsprechend § 357 Abs. 2 Satz 3 BGB eine Übernahme der Versandkosten durch den Verbraucher vereinbart worden, kann der Klammerzusatz weggelassen werden. Stattdessen ist an dieser Stelle in das Muster folgender Text aufzunehmen:
„Sie haben die Kosten der Rücksendung zu tragen, wenn die gelieferte Ware der bestellten entspricht und wenn der Bestellwert einen Betrag von 40 Euro nicht übersteigt oder wenn Sie bei einem höheren Bestellwert zum Zeitpunkt des Widerrufs noch nicht die Gegenleistung oder eine vertraglich vereinbarte Teilzahlung erbracht haben. Andernfalls ist die Rücksendung für Sie kostenfrei."

pflichtungen zur Erstattung von Zahlungen müssen Sie innerhalb von 30 Tagen nach Absendung Ihrer Widerrufserklärung erfüllen.
Besondere Hinweise[7]
Finanzierte Geschäfte[8]

_____

(Ort), (Datum), (Unterschrift des Verbrauchers)[9]

_____

7) Bei einem Widerrufsrecht gemäß § 312 d Abs. 1 BGB ist hier folgender Hinweis aufzunehmen:
„Ihr Widerrufsrecht erlischt vorzeitig, wenn Ihr Vertragspartner mit der Ausführung der Dienstleistung mit Ihrer ausdrücklichen Zustimmung vor Ende der Widerrufsfrist begonnen hat oder Sie diese selbst veranlasst haben (zB durch Download etc.)."
Gilt das Widerrufsrecht nach § 312 d Abs. 1 BGB für einen Fernabsatzvertrag über Finanzdienstleistungen, lautet der Hinweis wie folgt:
„Ihr Widerrufsrecht erlischt vorzeitig, wenn der Vertrag vollständig erfüllt ist und Sie dem ausdrücklich zugestimmt haben."
Bei eine Widerrufsrecht nach § 485 Abs. 1 BGB ist hier folgender Hinweis aufzunehmen: „Die Widerrufsfrist verlängert sich auf einen Monat, wenn Ihnen nicht bereits vor Vertragsschluss ein Prospekt über das Wohnungsobjekt ausgehändigt worden ist oder wenn der Prospekt nicht in der Sprache des Staates, dem Sie angehören oder indem Sie Ihren Wohnsitz haben, abgefasst ist. Ist der Prospekt in deutsch abgefasst, gilt dies, wenn Sie Bürger oder Bürgerin eines Mitgliedstaates der Europäischen Union oder eines Vertragsstaates des Abkommens über den Europäischen Wirtschaftsraum sind, nur, wenn Sie um einen Prospekt in der oder einer der Amtssprachen Ihres Heimatlandes gebeten und ihn nicht erhalten haben.
Bei Widerruf müssen Sie ggf auch die Kosten einer notariellen Beurkundung erstatten."
Sofern bei einem Widerrufsrecht nach § 495 Abs. 1 BGB eine Regelung einschlägig ist, nach der Widerruf bei nicht rechtzeitiger Rückzahlung des Darlehens als nicht erfolgt gilt, ist hier folgender Hinweis aufzunehmen:
„Ihr Widerruf gilt als nicht erfolgt, wenn Sie das empfangene Darlehen nicht binnen zwei Wochen entweder nach Erklärung des Widerrufs oder nach Auszahlung des Darlehens zurückzahlen."
Diese Rubrik entfällt, wenn keiner der vorgenannten Fälle einschlägig ist.

8) Die nachfolgenden Hinweise für finanzierte Geschäfte können entfallen, wenn ein verbundenes Geschäft nicht vorliegt. Wenn für das finanzierte Geschäft belehrt werden soll, lautet der Hinweis wie folgt:
„Haben Sie diesen Vertrag durch ein Darlehen finanziert und widerrufen Sie den finanzierten Vertrag, sind Sie auch an den Darlehensvertrag nicht mehr gebunden, wenn beide Verträge eine wirtschaftliche Einheit bilden. Dies ist insbesondere anzunehmen, wenn wir gleichzeitig Ihr Darlehensgeber sind oder wenn sich Ihr Darlehensgeber im Hinblick auf die Finanzierung unserer Mitwirkung bedient. Wenn uns das Darlehen bei Wirksamwerden des Widerrufs oder die Rückgabe bereits zugeflossen ist, können Sie sich wegen der Rückabwicklung nicht nur an uns, sondern auch an Ihren Darlehensgeber halten. Letzteres gilt nicht, wenn der vorliegende Vertrag den Erwerb von Wertpapieren, Devisen, Derivaten oder Edelmetallen zum Gegenstand hat."
Wenn für den Darlehensvertrag belehrt werden soll, lautet der Hinweis wie folgt:
„Widerrufen Sie diesen Darlehensvertrag, mit dem Sie Ihre Verpflichtungen aus einem anderen Vertrag finanzieren, so sind Sie auch an den anderen Vertrag nicht gebunden, wenn beide Verträge eine wirtschaftliche Einheit bilden. Dies ist insbesondere anzunehmen, wenn wir zugleich auch Ihr Vertragspartner im Rahmen des anderen Vertrags sind oder wenn sich Ihr Vertragspartner bei Vorbereitung oder Abschluss des Darlehensvertrags der Mitwirkung Ihres Vertragspartners bedienen. Können Sie auch den anderen Vertrag widerrufen, so müssen Sie den Widerruf gegenüber Ihrem diesbezüglichen Vertragspartner erklären.
Wird mit diesem Darlehensvertrag die Überlassung einer Sache finanziert, gilt Folgendes: Wenn Sie diese Sache im Falle des Widerrufs ganz oder teilweise nicht oder nur in verschlechtertem Zustand zurückgeben können, haben Sie dafür ggf Wertersatz zu leisten. Dies gilt nicht, wenn die Verschlechterung der Sache ausschließlich auf deren Prüfung – wie sie Ihnen etwa im Ladengeschäft möglich gewesen wäre – zurückzuführen ist. Im Übrigen können Sie die Wertersatzpflicht vermeiden, indem Sie die Sache nicht wie ihr Eigentum in Gebrauch nehmen und alles unterlassen, was deren Wert beeinträchtigt. Paketversandfähige Sachen sind [auf Kosten und Gefahr Ihres Vertragspartners] zurückzusenden. Nicht paketversandfähige Sachen werden bei Ihnen abgeholt. Wenn Ihrem Vertragspartner das Darlehen bei Wirksamwerden des Widerrufs oder der Rückgabe bereits zugeflossen ist, können Sie sich wegen der Rückabwicklung nicht nur an diesen, sondern auch an uns halten.
Bei einem finanzierten Erwerb eines Grundstücks oder eines grundstücksgleichen Rechts ist Satz 2 der vorstehenden Hinweise durch den folgenden Satz zu ersetzen:
„Dies ist nur anzunehmen, wenn die Vertragspartner in beiden Verträgen identisch sind oder wenn der Darlehensgeber über die Zurverfügungstellung von Darlehen hinausgeht und Ihr Grundstücksgeschäft durch Zusammenwirken mit dem Veräußerer fördert, indem er sich dessen Veräußerungsinteressen ganz oder teilweise zu Eigen macht, bei der Planung, Werbung oder Durchführung des Projekts Funktionen des Veräußerers übernimmt oder den Veräußerer einseitig begünstigt.

9) Ort, Datum und Unterschriftsleiste können entfallen. In diesem Fall sind diese Angaben entweder durch die Wörter „Ende der Widerrufsbelehrung" oder durch die Wörter Ihr(e) (einsetzen: Firma des Unternehmers) zu ersetzen.

§ 356 Rückgaberecht bei Verbraucherverträgen

(1) ¹Das Widerrufsrecht nach § 355 kann, soweit dies ausdrücklich durch Gesetz zugelassen ist, beim Vertragsschluss auf Grund eines Verkaufsprospekts im Vertrag durch ein uneingeschränktes Rückgaberecht ersetzt werden. ²Voraussetzung ist, dass
1. im Verkaufsprospekt eine deutlich gestaltete Belehrung über das Rückgaberecht enthalten ist,
2. der Verbraucher den Verkaufsprospekt in Abwesenheit des Unternehmers eingehend zur Kenntnis nehmen konnte und
3. dem Verbraucher das Rückgaberecht in Textform eingeräumt wird.

(2) ¹Das Rückgaberecht kann innerhalb der Widerrufsfrist, die jedoch nicht vor Erhalt der Sache beginnt, und nur durch Rücksendung der Sache oder, wenn die Sache nicht als Paket versandt werden kann, durch Rücknahmeverlangen ausgeübt werden. ²§ 355 Abs. 1 Satz 2 findet entsprechende Anwendung.

A. Funktion. Nach § 355 I 2 kann der Widerruf außer durch eine textförmige Willenserklärung auch durch „Rücksendung der Sache" erfolgen. § 356 behandelt als Ersatz für das Widerrufsrecht das Rückgaberecht mit gleicher Funktion. Dieses ist für den Unternehmer vorteilhaft, weil er idR die gelieferte Sache sogleich durch Paket zurück erhält, II 1. Nur wenn ein solcher Versand nicht möglich ist, genügt ein Rücknahmeverlangen, II 1. Soweit die Sache sich zum Postversand eignet, muss der Verbraucher diesen also vornehmen. Zweck des § 356 ist eine rationalisierte Rückabwicklung von Verträgen im Direktvertrieb (MüKo/*Ulmer* Rn 1 f). 1

B. Anwendungsbereich. Nach I 1 muss das Rückgaberecht „ausdrücklich durch Gesetz zugelassen" sein. Das findet sich für Haustürgeschäfte in § 312 I 2, wenn zwischen den Parteien eine ständige Verbindung aufrechterhalten werden soll, und für Fernabsatzverträge ohne solche Einschränkung in § 312 d I 2. 2

Außer dieser Zulassung bedarf es einer Ersetzung des Widerrufsrechts durch das Rückgaberecht beim Vertragsschluss **aufgrund eines Verkaufsprospektes im Vertrag**, I 1. Die Ersetzung kann also nicht einseitig vom Unternehmer angeordnet werden. Dabei versteht man unter Verkaufsprospekten vor allem Druckerzeugnisse (Kataloge, Werbeprospekte, bei entsprechendem Inhalt auch Zeitungsanzeigen), aber wohl auch sonstige Datenträger (CD-Rom oder Internetkataloge). Wesentlich sind der Informationsgehalt und die Dauerhaftigkeit des Datenträgers. 3

Weitere Voraussetzungen für das Rückgaberecht ergeben sich aus I 1 Nr 1 bis 3: (1) Über das Rückgaberecht muss **deutlich belehrt** werden, vgl dazu § 355 Rn 10, 11. (2) Der Verbraucher muss den Verkaufsprospekt in Abwesenheit des Unternehmers **eingehend zur Kenntnis nehmen können** (ob er das wirklich tut, bleibt gleich). (3) Die Einräumung des Rückgaberechts bedarf der **Textform** (§ 126 b). Hierzu ist ebenso wie zu § 355 (vgl dort Rn 13, 14) auf der Grundlage von § 14 II BGB-InfV als Anlage 3 ein amtliches Muster veröffentlicht worden, das unter Rn 7 abgedruckt ist. 4

Dogmatisch bedeuten die Nr 1 bis 3 die Voraussetzungen für eine **AGB-mäßige Vereinbarung** des Rückgaberechts. Ist diese unwirksam, so bleibt es nach § 306 bei dem Widerrufsrecht nach § 355. 5

C. Die Rückgabe. Soweit die Rückgabe durch Paket möglich ist, muss der Verbraucher diese Form auf Kosten und Gefahr des Unternehmers (§ 355 II 2) einhalten. Ein bloßes Rücknahmeverlangen ist dann unwirksam. Dieses ist dagegen möglich bei Untauglichkeit zum Versand als Paket, also bei schweren (über 20 kg) oder gefährlichen Sachen und bei sonstigen unkörperlichen Leistungen. Das Verlangen muss nach II 2 in Textform erklärt werden. Die Fristen entsprechen den Widerrufsfristen nach § 355 (vgl dort Rn 5 ff). 6

D. Das Muster des BMJ:. Rückgabebelehrung 7
Rückgaberecht
Sie können die erhaltene Ware ohne Angabe von Gründen innerhalb von [zwei Wochen]¹⁾ durch Rücksendung der Ware zurückgeben. Die Frist beginnt frühestens mit Erhalt der Ware und dieser Belehrung. Nur bei nicht paketversandfähiger Ware (zB bei sperrigen Gütern) können Sie die Rückgabe auch durch Rücknahmeverlangen in Textform, also zB per Brief, Fax oder E-Mail erklären. Zur Wahrung der Frist genügt die rechtzeitige Absendung der Ware oder des Rücknahmeverlangens. In jedem Fall erfolgt die Rücksendung auf unsere Kosten und Gefahr. Die Rücksendung oder das Rücknahmeverlangen hat zu erfolgen an: ²⁾
³⁾ ⁴⁾

---

1) Wird die Belehrung erst nach Vertragsschluss mitgeteilt, lautet der Klammerzusatz „einen Monat".
2) Einsetzen: Namen/Firma und ladungsfähige Anschrift des Rückgabeadressaten.
   Zusätzlich können angegeben werden Telefaxnummer, E-Mail-Adresse und/oder, wenn der Verbraucher eine Bestätigung seines Rückgabeverlangens an den Unternehmer erhält, auch eine Internet-Adresse.
3) Hier kann der Hinweis hinzugefügt werden:
   „Die Rückgabe paketfähiger Ware kann auch an (einsetzen: Namen/Firma und Telefonnummer einer Versandstelle) erfolgen, die die Ware bei Ihnen abholt."
4) Hier kann der Hinweis hinzugefügt werden:
   „Bei Rücknahmeverlangen wird die Ware bei Ihnen abgeholt."

Rückgabefolgen[4]
Im Falle einer wirksamen Rückgabe sind die beiderseits empfangenen Leistungen zurückgewähren und ggf gezogen Nutzungen (zB Gebrauchsvorteile) herauszugeben. Bei einer Verschlechterung der Ware kann Wertersatz verlangt werden. Dies gilt nicht, wenn die Verschlechterung der Ware ausschließlich auf deren Prüfung – wie sie Ihnen etwa im Ladengeschäft möglich gewesen wäre – zurückzuführen ist. Im Übrigen können Sie die Wertersatzpflicht vermeiden, indem Sie die Ware nicht wie ein Eigentümer in Gebrauch nehmen und alles unterlassen, was deren Wert beeinträchtigt.
Finanziertes Geschäft[5]

(Ort), (Datum), (Unterschrift des Verbrauchers)[6]

§ 357 Rechtsfolgen des Widerrufs und der Rückgabe

(1) ¹Auf das Widerrufs- und das Rückgaberecht finden, soweit nicht ein anderes bestimmt ist, die Vorschriften über den gesetzlichen Rücktritt entsprechende Anwendung. ²§ 286 Abs. 3 gilt für die Verpflichtung zur Erstattung von Zahlungen nach dieser Vorschrift entsprechend; die dort bestimmte Frist beginnt mit der Widerrufs- oder Rückgabeerklärung des Verbrauchers. ³Dabei beginnt die Frist im Hinblick auf eine Erstattungsverpflichtung des Verbrauchers mit Abgabe dieser Erklärung, im Hinblick auf eine Erstattungsverpflichtung des Unternehmers mit deren Zugang.
(2) ¹Der Verbraucher ist bei Ausübung des Widerrufsrechts zur Rücksendung verpflichtet, wenn die Sache durch Paket versandt werden kann. ²Kosten und Gefahr der Rücksendung trägt bei Widerruf und Rückgabe der Unternehmer. ³Wenn ein Widerrufsrecht nach § 312d Abs. 1 Satz 1 besteht, dürfen dem Verbraucher die regelmäßigen Kosten der Rücksendung vertraglich auferlegt werden, wenn der Preis der zurückzusendenden Sache einen Betrag von 40 Euro nicht übersteigt oder wenn bei einem höheren Preis der Sache der Verbraucher die Gegenleistung oder eine Teilzahlung zum Zeitpunkt des Widerrufs noch nicht erbracht hat, es sei denn, dass die gelieferte Ware nicht der bestellten entspricht.
(3) ¹Der Verbraucher hat abweichend von § 346 Abs. 2 Satz 1 Nr. 3 Wertersatz für eine durch die bestimmungsgemäße Ingebrauchnahme der Sache entstandene Verschlechterung zu leisten, wenn er spätestens bei Vertragsschluss in Textform auf diese Rechtsfolge und eine Möglichkeit hingewiesen worden ist, sie zu vermeiden. ²Dies gilt nicht, wenn die Verschlechterung ausschließlich auf die Prüfung der Sache zurückzuführen ist. ³§ 346 Abs. 3 Satz 1 Nr. 3 findet keine Anwendung, wenn der Verbraucher über sein Widerrufsrecht ordnungsgemäß belehrt worden ist oder hiervon anderweitig Kenntnis erlangt hat.
(4) Weitergehende Ansprüche bestehen nicht.

1 **A. Die Verweisung auf Rücktrittsrecht.** Die Verweisung auf das gesetzliche Rücktrittsrecht müsste außer den §§ 346 bis 348 auch die §§ 349, 351, 352 umfassen. Die amtliche Überschrift spricht aber bloß von den „Rechtsfolgen", die nur in den §§ 346 bis 348 geregelt sind. Hier verdient aber der Gesetzestext den Vorrang gegenüber der weniger überlegten Überschrift. Die §§ 349, 351, 352 bieten aber bei § 357 keine besonderen Schwierigkeiten. Wegen der §§ 346 bis 348 darf auf die Kommentierung dieser Vorschriften verwiesen werden. Zur erörtern bleiben hier also nur die in § 357 bestimmten Abweichungen.

2 § 357 setzt für die §§ 312 I 1 und 312d I 1 EG-Richtl um. Dagegen ist das Widerrufsrecht nach § 495 I (Verbraucherdarlehen) nicht von der EG vorgegeben; insoweit gibt es daher weder eine richtlinienkonforme Auslegung noch eine Zuständigkeit des EuGH. Allerdings ist str., ob die Wertersatzpflicht nach III für Fernabsatzverträge richtlinienkonform (Art 6 II der Fernabsatz-Richtl) geregelt ist. Vgl dazu MüKo/*Ulmer* Rn 4 f; die Konformität wird dort verneint. Dass § 357 zu Gunsten des Verbrauchers zwingend ist, ergibt sich jedenfalls aus IV. Zur Haftung des Erwerbers von „Schrott-Immobilien" s § 358 Rn 23.

3 **B. Sondervorschriften. I. Verzinsung von Geldschulden.** Nach I 2 soll § 286 III entsprechend anwendbar sein, soweit es sich um die Erstattung von Zahlungen (meist des Verbrauchers) handelt. Der Schuldnerverzug (und damit die Verzinsungspflicht nach § 288) tritt also bei Entgeltforderungen spätestens 30 Tage nach Fäl-

---

4) Hier kann der Hinweis hinzugefügt werden:
„Bei Rücknahmeverlangen wird die Ware bei Ihnen abgeholt."
5) Der nachfolgende Hinweis für finanzierte Geschäfte kann entfallen, wenn ein verbundenes Geschäft nicht vorliegt:
„Haben Sie diesen Vertrag durch ein Darlehen finanziert und machen Sie von Ihrem Rückgaberecht Gebrauch, sind Sie auch an den Darlehensvertrag nicht mehr gebunden, wenn beide Verträge eine wirtschaftliche Einheit bilden. Dies ist insbesondere anzunehmen, wenn wir gleichzeitig Ihr Darlehensgeber sind oder wenn sich Ihr Darlehensgeber im Hinblick auf die Finanzierung unserer Mitwirkung bedient. Wenn uns das Darlehen bei Wirksamwerden des Widerrufs oder der Rückgabe bereits zugeflossen ist, können Sie sich wegen der Rückabwicklung nicht nur an uns, sondern auch an Ihren Darlehensgeber halten."
6) Ort, Datum und Unterschriftsleiste können entfallen. In diesem Falle sind diese Angaben entweder durch die Wörter „Ende der Widerrufsbelehrung" oder durch die Wörter „Ihr(e) (einsetzen: Firma des Unternehmers)" zu ersetzen.

ligkeit der Rückzahlungspflicht ein. Dabei beginnt die Frist von 30 Tagen für den Verbraucher schon mit der Abgabe seiner Widerrufs- oder Rückgabeerklärung, die Frist für den Unternehmer erst mit dem Zugang der Erklärung des Verbrauchers, I 3.

II. Die Rückgabepflicht des Verbrauchers. Die Rückgabepflicht selbst folgt aus §§ 357 I 1, 346 I. Bei Eignung zum Versand als Paket bestimmt II 1 eine Pflicht des Verbrauchers zur Rücksendung (also Schickschuld), nach II 2 auf Kosten (unfrei) und Gefahr des Unternehmers. Bei Unmöglichkeit der Rücksendung durch Paket genügt analog § 356 II 1 ein Rücknahmeverlangen des Verbrauchers (also Holschuld). 4

Ausnahmsweise können bei einem Widerrufsrecht nach § 312 d I 1 nach II 3 die regelmäßigen Kosten der Rücksendung insbesondere bei einer Bestellung bis zu 40 Euro vertraglich dem Verbraucher auferlegt werden. Voraussetzung dafür ist freilich ein Widerrufsrecht; ein Rückgaberecht nach § 356 genügt nicht (MüKo/*Ulmer* Rn 15). Auch muss die gelieferte Sache der bestellten entsprochen haben. Daran fehlt es nicht nur bei einem Aliud, sondern auch bei einem Sachmangel (MüKo/*Ulmer* Rn 17). In diesen Fällen geht die Rücksendung auf Kosten des Unternehmers. 5

Für den Höchstbetrag von 40 Euro ist der Vertrag maßgeblich, dessen Inhalt idR durch die Bestellung des Verbrauchers bestimmt wird. Die Ausnahme in II 3 trifft also nicht zu, wenn der Unternehmer eine Bestellung über 40 Euro in Teilen mit einem geringeren Wert ausliefert. MüKo/Ulmer Rn 16 will eine Unterausnahme machen, wenn der Unternehmer „sachliche Gründe" für die Aufteilung hat. Doch ist das mit dem Gesetzeswortlaut und dem Sinn von II 3 schwerlich zu vereinbaren: Lieferschwierigkeiten des Unternehmers dürfen nicht zu Lasten des Verbrauchers gehen. Mangels Nachweisbarkeit dürfte auch der umgekehrte Fall keine Bedeutung haben, nämlich dass ein Verbraucher für mehr als 40 Euro bestellt, um einen Teil auf Kosten des Unternehmers wieder zurückzuschicken. Wenn das geschähe, wäre es allerdings Rechtsmissbrauch. 6

III. Die Wertersatzpflicht des Verbrauchers. 1. Die Regel. Eine Wertersatzpflicht des Verbrauchers folgt regelmäßig aus den §§ 357 I, 346 II und III. Sie betrifft vor allem nicht gegenständliche Leistungen (Dienste usw), aber auch den Nutzen aus der Überlassung von Sachen. Dabei ist die vertragliche Wertbestimmung nach § 346 II 2 anwendbar (MüKo/*Ulmer* Rn 20). Dagegen gilt für die durch den Gebrauch verursachte Wertminderung § 346 II 1 Nr 3. 7

2. Sondervorschriften. Umfassende Sondervorschriften finden sich für **Teilzeit-Wohnrechte** in § 485 V 1 und für **Fernunterricht** in § 4 III FernUSG: Hier wird eine Vergütungspflicht für die vom Unternehmer bis zum Widerruf erbrachten Leistungen entgegen § 346 II S 1 Nr 1 ausgeschlossen. 8

Einzelne Sondervorschriften für die übrigen Widerrufsfälle stehen in § 357 III. Dabei geht es in III 1 um eine Verschärfung der Haftung des Verbrauchers: Dieser soll entgegen § 346 II 1 Nr 3 Wertersatz auch für diejenige Verschlechterung leisten, die durch die bestimmungsgemäße Ingebrauchnahme der Sache entstanden ist. Verlangt wird dafür in III 1 freilich, dass der Verbraucher spätestens bei Vertragsschluss auf diese Ersatzpflicht hingewiesen worden ist; auch muss ihm eine Möglichkeit angegeben werden, wie er die Ersatzpflicht vermeiden kann. Ohne weiteres soll nach III 2 die Ersatzpflicht nicht Verschlechterungen betreffen, die ausschließlich auf die Prüfung der Sache zurückgehen. Andererseits soll nach III 3 die Haftungsmilderung nach § 346 III Nr 3 (eigenübliche Sorgfalt) für denjenigen Verbraucher nicht gelten, der über sein Widerrufsrecht ordnungsgemäß (§ 355 II) belehrt worden ist oder sonst davon Kenntnis erhalten hat. 9

Insgesamt ist III der wenig geglückte Versuch eines Ausgleichs der Interessen von Verbraucher und Unternehmer. Dabei geht es insbesondere um die Wertminderung der (ja vielleicht mangelfreien) Sache dadurch, dass sie womöglich nicht mehr „fabrikneu" an den Unternehmer zurückgelangt. Etwa bei Kraftfahrzeugen, Möbeln und Kleidungsstücken kann das einen erheblichen Verlust bedeuten. Vielfach wird die dem Verbraucher zugestandene Prüfung aber gar nicht möglich sein, ohne dass wenigstens die Originalverpackung geöffnet und dabei teilweise zerstört wird. 10

In dem amtlichen Muster der Widerrufsbelehrung (Anl 2 zu § 14 I BGB-InfoV, vgl § 355 Rn 14) heißt es dazu: „Bei der Überlassung von Sachen gilt dies (nämlich die Pflicht zum Wertersatz) nicht, wenn die Verschlechterung der Sache ausschließlich auf deren Prüfung – wie sie Ihnen etwa im Ladengeschäft möglich gewesen wäre – zurückzuführen ist. Im Übrigen können Sie die Wertersatzpflicht vermeiden, indem Sie die Sache nicht wie Ihr Eigentum in Gebrauch nehmen und alles unterlassen, was deren Wert beeinträchtigt." Gleiches steht auch in dem amtlichen Muster für die Rückgabebelehrung (vgl 356 Rn 7). 11

Diese Musterbelehrung ist aber keineswegs klar. Denn erstens passt sie nicht für Sachen, die nicht in einem Ladengeschäft gekauft zu werden pflegen (zB Gebrauchtwagen oder Pferde). Zweitens ist zudem die Bereitschaft der Geschäftsinhaber sehr verschieden, eine Prüfung durch Zerstörung der Verpackung oder dann zuzulassen, wenn sie Gebrauchsspuren hinterlässt. Fraglich ist, wer das Risiko zu tragen hat, wenn die danach unklaren Grenzen überschritten worden sind. Das muss wohl regelmäßig der Verbraucher sein. Denn von dem Unternehmer darf man schwerlich mehr Klarheit bei seiner Belehrung verlangen, als sie das BMJ aufbringen konnte. 12

Ist der Verbraucher nicht ordnungsgemäß auf sein Widerrufsrecht hingewiesen worden, so gilt III 1 nicht. Es bleibt dann also beim Ausschluss der Wertersatzpflicht für eine Ingebrauchnahme der Sache nach § 346 II 1 Nr 3. Außerdem ist dann regelmäßig auch die Haftungsmilderung nach § 346 III 1 Nr. 3 anwendbar; der Verbraucher haftet also in den Grenzen von § 277 nur für die eigenübliche Sorgfalt. 13

14 **IV. Der Ausschluss weitergehender Ansprüche, IV.** IV kann den Eindruck erwecken, als sollten zwingend alle weitergehenden Ansprüche ausgeschlossen sein. Das ist aber 1. zu verneinen, soweit es sich um Ansprüche des Verbrauchers gegen den Unternehmer handelt. Denn die kurzlebige Vorgängerregelung in § 361 a II 7 aF hatte sich nur auf Ansprüche gegen den Verbraucher bezogen und der Gesetzgeber hat insoweit anscheinend nichts ändern wollen (ebenso MüKo/Ulmer Rn 45; Palandt/*Heinrichs* Rn 16; Erman/*Sänger* Rn 21).

15 Weiter ist IV auf Ansprüche zu beschränken, die sich aus den in I 1 in Bezug genommenen §§ 346 ff ergeben. Daher sind insbesondere auch Schadensersatzansprüche gegen den Verbraucher nach §§ 346 IV, 280 bis 283 möglich (§ 346 Rn 21 ff). Und für Bereicherungsansprüche (etwa wegen Verwendungen) gilt § 346 III 2 (§ 346 Rn 20). Nur dürfen diese Ansprüche nicht zu Lasten des Verbrauchers verschärft werden, etwa durch die Vereinbarung von Vertragsstrafen oder eines das gesetzliche Maß übersteigenden Wertersatzes.

16 Nicht ausgeschlossen sind insbesondere auch Schadensersatzansprüche des Verbrauchers aus cic wegen unzureichender Belehrung über die Chancen und Risiken bei Einlagen als stiller Gesellschafter. Hier werden zwar grundsätzlich die Regeln über die fehlerhafte Gesellschaft (vgl § 705 Rn ###) angewendet. Doch kann der getäuschte Gesellschafter als Schadensersatz verlangen, so gestellt zu werden, als hätte er den Gesellschaftsvertrag nicht abgeschlossen. Dieser Anspruch richtet sich dann auch auf Rückgewähr der geleisteten Einlagen (BGH ZIP 04, 1706; NJW 05, 1784, 1786 ff).

§ 358 Verbundene Verträge

(1) Hat der Verbraucher seine auf den Abschluss eines Vertrags über die Lieferung einer Ware oder die Erbringung einer anderen Leistung durch einen Unternehmer gerichtete Willenserklärung wirksam widerrufen, so ist er auch an seine auf den Abschluss eines mit diesem Vertrag verbundenen Verbraucherdarlehensvertrags gerichtete Willenserklärung nicht mehr gebunden.

(2) ¹Hat der Verbraucher seine auf den Abschluss eines Verbraucherdarlehensvertrags gerichtete Willenserklärung wirksam widerrufen, so ist er auch an seine auf den Abschluss eines mit diesem Verbraucherdarlehensvertrag verbundenen Vertrags über die Lieferung einer Ware oder die Erbringung einer anderen Leistung gerichtete Willenserklärung nicht mehr gebunden. Kann der Verbraucher die auf den Abschluss des verbundenen Vertrags gerichtete Willenserklärung nach Maßgabe dieses Untertitels widerrufen, gilt allein Absatz 1 und sein Widerrufsrecht aus § 495 Abs. 1 ist ausgeschlossen. ²Erklärt der Verbraucher im Falle des Satzes 2 dennoch den Widerruf des Verbraucherdarlehensvertrags, gilt dies als Widerruf des verbundenen Vertrags gegenüber dem Unternehmer gemäß Absatz 1.

(3) ¹Ein Vertrag über die Lieferung einer Ware oder die Erbringung einer anderen Leistung und ein Verbraucherdarlehensvertrag sind verbunden, wenn das Darlehen ganz oder teilweise der Finanzierung des anderen Vertrags dient und beide Verträge eine wirtschaftliche Einheit bilden. ²Eine wirtschaftliche Einheit ist insbesondere anzunehmen, wenn der Unternehmer selbst die Gegenleistung des Verbrauchers finanziert, oder im Falle der Finanzierung durch einen Dritten, wenn sich der Darlehensgeber bei der Vorbereitung oder dem Abschluss des Verbraucherdarlehensvertrags der Mitwirkung des Unternehmers bedient. ³Bei einem finanzierten Erwerb eines Grundstücks oder eines grundstücksgleichen Rechts ist eine wirtschaftliche Einheit nur anzunehmen, wenn der Darlehensgeber selbst das Grundstück oder das grundstücksgleiche Recht verschafft oder wenn er über die Zurverfügungstellung von Darlehen hinaus den Erwerb des Grundstücks oder grundstücksgleichen Rechts durch Zusammenwirken mit dem Unternehmer fördert, indem er sich dessen Veräußerungsinteressen ganz oder teilweise zu Eigen macht, bei der Planung, Werbung oder Durchführung des Projekts Funktionen des Veräußerers übernimmt oder den Veräußerer einseitig begünstigt.

(4) ¹§ 357 gilt für den verbundenen Vertrag entsprechend. ²Im Falle des Absatzes 1 sind jedoch Ansprüche auf Zahlung von Zinsen und Kosten aus der Rückabwicklung des Verbraucherdarlehensvertrags gegen den Verbraucher ausgeschlossen. ³Der Darlehensgeber tritt im Verhältnis zum Verbraucher hinsichtlich der Rechtsfolgen des Widerrufs oder der Rückgabe in die Rechte und Pflichten des Unternehmers aus dem verbundenen Vertrag ein, wenn das Darlehen dem Unternehmer bei Wirksamwerden des Widerrufs oder der Rückgabe bereits zugeflossen ist.

(5) Die erforderliche Belehrung über das Widerrufs- oder Rückgaberecht muss auf die Rechtsfolgen nach den Absätzen 1 und 2 Satz 1 und 2 hinweisen.

1 **A. Funktion.** Häufig erreicht der Verbraucher sein Ziel nicht mit einem einzigen Vertrag. Vielmehr muss er **zwei Verträge schließen:** Einen Vertrag auf die letztlich erstrebte Leistung (meist Kauf- oder Werkvertrag, aber nach BGHZ 156, 46, 50 auch Erwerb einer Beteiligung an einer Anlagegesellschaft) und einen zweiten Vertrag zur Finanzierung der aus dem ersten Vertrag geschuldeten Gegenleistung. Dieser zweite Vertrag stellt idR ein Verbraucherdarlehen (§ 491 ff) dar und wird mit einem anderen Partner abgeschlossen. Diese Aufspaltung in zwei Verträge bringt dem Verbraucher Gefahren: Ihm nützt zB ein Widerruf des Darlehens (§ 495) wenig, wenn er nicht auch den Kauf lösen kann. Umgekehrt bringt ein Widerruf des Kaufs (zB nach § 312) kaum Nutzen, wenn der Verbraucher an das Darlehen gebunden bleibt. Dabei steht dem Widerruf ein vertragslösendes Rückgaberecht gleich (vgl V, wo beides aufgeführt wird).

Diese Problematik war **früher** in § 9 VerbrKrG, § 4 FernAbsG, § 4 Teilzeit-WohnRG geregelt. Insbesondere zu § 9 III VerbrKrG gibt es eine umfangreiche Rspr und Lit zu dem fremdfinanzierten „Strukturvertrieb" sog „Schrottimmobilien" mit Unterschieden zwischen dem II. und XI. ZS des BGH (vgl etwa BGH XI. ZS ZIP 04, 606; II. ZS ZIP 04, 1394, in der Lit etwa *Bungeroth* WM 04, 1505). Jetzt findet sich eine Regelung in den §§ 358, 359: § 358 I und II lässt den Widerruf eines Vertrages unter bestimmten Voraussetzungen auch gegen den anderen wirken (**Widerrufsdurchgriff**); § 359 lässt Einwendungen aus dem verbundenen Vertrag auch gegen das Darlehen zu (**Einwendungsdurchgriff**). Dieser idR für den Darlehensgeber gefährliche Durchgriff setzt (z. T. überschießend) um Art 6 V FernAbsRichtl, Art 11 II 1, Art 7 VerbrKrRichtl und Art 7 der Teilzeitnutzungs Richtl Insgesamt ist die Regelung in § 358 kompliziert und teils schwer zu verstehen. Zu Gunsten des Verbrauchers ist sie einseitig zwingend.

B. Verbundene Verträge. Voraussetzung für den Durchgriff ist das Vorliegen verbundener Verträge. Dieses Merkmal wird allgemein definiert in III 1 und 2 mit wichtigen Sonderregeln für den Erwerb von Immobilien in III 3.

I. Allgemein Regeln, III 1 und 2. Allgemein gelten zwei Voraussetzungen:

(1) **Zweck des Darlehens** muss es sein, ganz oder teilweise einen Vertrag des Verbrauchers (im Folgenden: „Beschaffungsvertrag") zu finanzieren, II 1. Dabei bleibt gleich, ob der Kredit direkt an den Partner des Beschaffungsvertrages ausbezahlt wird oder ob diese Zahlung über den Verbraucher läuft. Doch muss der Darlehensgeber den Finanzierungszweck kennen; die bloße Weiterleitung durch den Verbraucher allein genügt nicht. Beim Finanzierungsleasing (§ 500) liegt aber III 1 nicht vor, wenn der Leasingnehmer den Lieferanten selbst auswählt (*Canaris* ZIP 93, 401, 411). Gleiches gilt, wenn der Kauf des Leasingobjekts allein durch den Leasinggeber erfolgt (Palandt/*Heinrichs* Rn 11).

(2) Eine **wirtschaftliche Einheit** müssen die beiden Verträge bilden; III 1 mit 2. Das Gesetz bringt hier in 2 zwei **Regelbeispiele** („ insbesondere"): Der Unternehmer und der Kreditgeber müssen dem Verbraucher (für den Darlehensgeber erkennbar) gemeinsam als Vertragspartner gegenüberstehen (BGH NJW 92, 2560, 2562 mN). Denn nur dann kann es gerechtfertigt sein, den Verbraucher von den Nachteilen aus der Aufteilung in zwei Verträge zu entlasten. Dem entsprechen die Regelbeispiele von III 2: Der Unternehmer finanziert die Gegenleistung des Verbrauchers selbst oder der Darlehensgeber bedient sich für den Darlehensvertrag der Mitwirkung des Unternehmers. Ein Gegenbeweis zur Darlegung des Fehlens einer Geschäftsverbindung ist hier nicht möglich (BGHZ 156, 46, 51).

Andere Gestaltungen, die auf eine wirtschaftliche Einheit hindeuten, sind etwa: Der Verbraucher wird im Vertrag als „Käufer und Darlehensnehmer" bezeichnet und von der freien Verfügung über das Darlehen ausgeschlossen (BGH NJW 83, 2250, 2251). Gleiches gilt, wenn die Formulare vom Unternehmer und Kreditgeber einheitlich sind oder aufeinander Bezug nehmen (BGH NJW 87, 1698, 1700).

II. Sonderregeln für Immobiliengeschäfte, III 3. Anwendungsbereich ist sachlich der finanzierte Erwerb eines Grundstücks oder grundstücksgleichen Rechts. Das sind Wohnungseigentum (WEG § 4 III) und Miteigentumsanteile. Zeitlich ist von Bedeutung, dass III 3 aufgrund der Heininger-Entscheidung (EuGH NJW 02, 281) nachträglich eingefügt worden ist. Er gilt daher erst für Verträge, die nach dem 1. 8. 02 geschlossen worden sind. Für frühere Verträge gilt noch § 3 II Nr 2 VerbrKrG, der idR die Annahme einer Geschäftsverbindung ausschließt (str).

Inhaltlich verneint III 3 für finanzierte Immobiliengeschäfte idR das Vorliegen einer Geschäftsverbindung; III 1 und 2 werden also ausgeschlossen. Das entspricht der überwiegenden Gerichtspraxis (vgl BGH ZIP 05, 69, 73 mN). Sie wird damit begründet, dass hier die Verschiedenheit von Kauf und Darlehen auch dem Laien ohne weiteres erkennbar sei. Zudem gewähre § 311 I durch das Erfordernis der notariellen Beurkundung eine Information des Verbrauchers (BGH aaO).

Doch bringt § 358 III 3 **Ausnahmen.** Sie lassen sich unter dem Gesichtspunkt zusammenfassen, dass der Darlehensgeber über diese seine Rolle hinaustritt und insbesondere auch Aufgaben des Verkäufers wahrnimmt („rollenwidriges Verhalten", so MüKo/*Habersack* Rn 53).

Die **Rollenwidrigkeit** ist besonders deutlich, wenn der Darlehengeber selbst die Immobilie verschafft (Fall 1 von III 3). Dafür genügt, dass als Veräußerer eine Tochtergesellschaft des Darlehensgebers auftritt oder dieser den Veräußerer vertritt (Palandt/*Heinrichs* Rn 15). Dem soll gleichstehen, dass er über die Darlehensgewährung hinaus den Immobilienerwerb „im Zusammenwirken mit dem Unternehmer fördert, indem es sich dessen Veräußerungsinteressen ganz oder teilweise zu eigen macht, bei der Planung, Werbung oder Durchführung des Projekts Funktionen des Veräußerers übernimmt oder den Veräußerer einseitig begünstigt" (III 3 am Ende).

Diese Aufzählung des zu einer Geschäftsverbindung führenden rollenüberschreitenden Verhaltens ist **abschließend** (MüKo/*Habersack* Rn 54). Andere oder geringere Formen eines solchen Verhaltens genügen also nicht. Das gilt etwa, wenn der Darlehensgeber außer den Verbraucher auch den Unternehmer finanziert (BTDrs 14/9266 S 47). Auch die Überlassung von Darlehensformularen an den Vertreiber oder der Hinweis auf die Finanzierung durch den Darlehensgeber genügen nicht (MüKo/*Habersack* Rn 54).

12 Überdies verlangt III 3 ein **Zusammenwirken mit dem Unternehmer**. Bloß einseitige Handlungen eines der Beteiligten genügen also für die Annahme der Geschäftsverbindung nicht. Sie kommen aber als cic (§ 311 II) oder sogar als arglistige Täuschung (§ 123) in Betracht.

13 **C. Rechtsfolgen, I, II, IV. I. Widerruf des Beschaffungsvertrages, I, IV.** Nach I soll der Widerruf des Beschaffungsvertrages zB nach § 312, 355 auch den damit verbundenen Verbraucherdarlehensvertrag erfassen; das Darlehen ist gleichsam bestandsakzessorisch gegenüber dem Beschaffungsvertrag. Für die Rückabwicklung dieses widerrufenen Vertrages gilt § 357, direkt für diejenige des Darlehens entsprechend, IV 1. Dabei findet die Rückabwicklung idR für jedes Vertragsverhältnis getrennt zwischen den jeweiligen Vertragsparteien statt (Ausnahme u. Rn 15).

14 Nach IV 2 sollen gegen den Verbraucher **Ansprüche auf Zinsen und Kosten** aus der Rückabwicklung des Verbraucherdarlehens ausgeschlossen sein. Der Darlehensgeber steht also gegenüber den allgemeinen Regeln nicht nur dadurch schlechter, dass ihm gegenüber ein Widerruf nicht erklärt zu werden braucht. Vielmehr wird er durch IV 2 zusätzlich bei der Rückabwicklung benachteiligt.

15 IV 3 regelt die Rückabwicklung abweichend für den **Sonderfall, dass das Darlehen dem Unternehmer** bei Wirksamwerden des Widerrufs **bereits zugeflossen war:** Dann soll nicht etwa eine **Durchgriffskondiktion** des Darlehensgebers gegen den Unternehmer stattfinden (vgl MüKo/*Habersack* Rn 90). Vielmehr wird die Rückabwicklung auf das Verhältnis zwischen dem Darlehensgeber und dem Verbraucher konzentriert: **Im Verhältnis zum Verbraucher tritt der Darlehensgeber in die Rechte und Pflichten des Unternehmers** (also idR des Verkäufers) **ein**. Damit bleibt es dem Verbraucher erspart, den Nettobetrag dem Darlehensgeber erstatten und sich seinerseits an den Unternehmer halten zu müssen (MüKo/*Habersack* Rn 85). Stattdessen muss der Darlehensgeber dies tun. Er erhält dann (in der Rolle des Unternehmers) die finanzierte Leistung; Wertersatz schuldet der Verbraucher nach den §§ 357 I 1, 346 II und III, 357 III; Nutzungsersatz nach den §§ 357 I 1, 346 I, 347. Demgegenüber kann der Verbraucher Rückzahlung der dem Darlehensgeber erbrachten Tilgungs- und Zinszahlungen sowie einer an den Unternehmer geleisteten Anzahlung fordern. Auch das ist für den Darlehensgeber überaus ungünstig. Denn idR kann er die finanzierte Leistung nicht verwenden und zudem trägt er das Verschlechterungsrisiko im Umfang von §§ 357 II, 346 III 3. Vgl MüKo/*Habersack* Rn 87 mN Bedenklich ist weiter, dass der Kreditkäufer hier besser steht als jemand, der den Kaufpreis aus eigenen Mitteln bezahlt (vgl BGH ZIP 04, 606, 609).

16 Beim finanzierten **Beitritt zu einer Gesellschaft** erhält der Darlehensgeber idR zunächst bloß den Abfindungsanspruch des Verbrauchers gegen die Gesellschaft. Diese sowie ggf die Gesellschafter schulden die Rückzahlung des Darlehens Zug um Zug gegen Übertragung des Abfindungsanspruchs (MüKo/*Habersack* Rn 87 am Ende). Doch vgl für Schadensersatzansprüche o. § 357 Rn 12 und speziell zum Beitritt zu einem geschlossenen Immobilienfond BGH ZIP 05, 565 mN; kritisch Schlesw ZIP 05, 1127.

17 Der Eintritt des Darlehensgebers in die Pflichten des Unternehmers beschränkt sich bei IV 3 auf die Rückabwicklung. Dagegen müssen zB **Schadensersatzansprüche** wegen Mängeln der verkauften Sache nach wie vor gegen den Unternehmer (= Verkäufer) geltend gemacht werden (BTDrs 11/5462 S 24, vgl MüKo/*Habersack* Rn 88 mN). Eine Haftung des Darlehensgebers kommt insoweit (über § 278) nur in Betracht, soweit er selbst Verkäuferpflichten übernommen hat.

18 **II. Widerruf des Verbraucherdarlehens, II.** II behandelt den **Gegenfall von I:** Der Verbraucher widerruft nicht den Beschaffungsvertrag, sondern das Verbraucherdarlehen. Auch dann soll nach II 1 der verbundene (vgl o Rn 3 ff) Beschaffungsvertrag seine Verbindlichkeit verlieren. Allerdings soll nach II 2 der Widerruf des Verbraucherdarlehens gemäß § 495 I ausgeschlossen sein, wenn der Verbraucher den Beschaffungsvertrag nach I widerrufen kann; die Regelung von II wird also durch diejenige von I verdrängt. Doch wird dies durch II 3 abgeschwächt: Ein (nach II 2 ausgeschlossener) Widerruf des Verbraucherdarlehens gilt als Widerruf des Beschaffungsvertrages (mit der Folge, dass dann nach I auch das Verbraucherdarlehen nicht mehr bindet). Dabei bleibt unschädlich, dass der Widerruf des Darlehens nur gegenüber dem Darlehensgeber erklärt worden ist.

19 Str. ist, ob der Verbraucher den **Widerruf auf das Darlehen beschränken** kann, weil er an dem Beschaffungsvertrag festhalten will (nein MüKo/*Habersack* Rn 20, 22, ja Palandt/*Heinrichs* Rn 8). Ich möchte die Möglichkeit einer Beschränkung bejahen, weil sich der Schutz des Verbrauchers nicht gegen diesen selbst richten soll.

20 **D. Die Widerrufsbelehrung, V.** Nach V muss die Widerrufsbelehrung in jedem der verbundenen Verträge auf die Rechtsfolgen aus I und II 1 und 2 hinweisen. Der Verbraucher muss also (neben den in § 355 II 1 bis 3 genannten Umständen) erfahren, dass sein gegen den Beschaffungsvertrag gerichteter Widerruf auch die Bindung an das Darlehen beendet (I). Ebenso ist ihm mitzuteilen, dass die entsprechende Wirkung bei einem Widerruf des Darlehens eintritt (II 1), und dass bei Widerruflichkeit des Beschaffungsvertrages allein dieser zu widerrufen ist (II 2). Die amtlichen Muster für die Widerrufs- und die Rückgabebelehrung (vgl §§ 355 Rn 14, 356 Rn 7) enthalten entsprechende Formulierungen.

21 Voraussetzung für diese erweiterte Belehrungsobliegenheit ist, dass **wirklich verbundene Verträge vorliegen**. Das kann angesichts der komplizierten Regeln in III nicht selten zweifelhaft sein. Das **Risiko einer Falschbeurteilung** trägt diejenige Person, der die Belehrung obliegt. Das ist bei I der Unternehmer und bei II 1 der

Darlehensgeber (MüKo/*Habersack* Rn 71). Dabei darf die Belehrung nicht allgemein bleiben, etwa in dem Sinn, der Widerruf wirke auch für einen etwa verbundenen Vertrag. Denn damit würde die Last der Entscheidung darüber, ob eine Vertragsverbindung vorliegt, auf den Verbraucher abgeschoben, der die maßgeblichen Umstände kaum kennen kann.

Die **Rechtsfolge** einer Unvollständigkeit oder Unrichtigkeit der Belehrung ergibt sich aus § 355 III 3: Das Widerrufsrecht erlischt nicht durch Fristablauf. Das gilt insbesondere auch bei einer unbestimmten oder unvollständigen Belehrung über das Vorliegen und die Rechtsfolgen einer Vertragsverbindung. 22

E. Das EuGH-Urteil v 25.10.05. Im Zusammenhang mit den sog „Schrottimmobilien" (s § 357 Rn 2) hat EuGH ZIP 05, 1959, „Schulte", zu den Widerrufsfolgen entschieden: Es verstoße nicht gegen die Richtl 85/577/EWG v 20.12.85 (s § 312 Rn 1), bestimmte drittfinanzierte Kaufverträge über Immobilien von der Geschäftsverbindung auszunehmen. Daher könnten die Rechtsfolgen eines Widerrufs auf den Kreditvertrag beschränkt werden. Insbesondere sei regelmäßig auch nicht zu beanstanden, wenn ein Widerruf des Darlehensvertrages durch den Verbraucher für diesen ungünstige Rechtsfolgen habe. Das gelte aber nicht, wenn das Kreditinstitut eine geschuldete Belehrung über das Widerrufsrecht unterlassen habe und der belehrte Verbraucher die Risiken aus dem Geschäft hätte vermeiden können (Tz 99 ff des Urt). 23

Diese **dunkle Ausnahme** hat zu einer lebhaften Diskussion geführt (etwa *Hoffmann* ZIP 05, 1985; *Habersack* JZ 06, 91; *F Limbach* ZGS 06, 66; Palandt/*Heinrichs* § 358 mN). Am ehesten wird ein Schadensersatzanspruch des Verbrauchers gegen das Kreditinstitut aus cic (§ 311 II Nr 2) anzunehmen sein, der aber wohl nach dem EuGH kein Verschulden erfordern darf. Doch setzt dieser Anspruch voraus, dass der Schaden des Verbrauchers kausal auf dem Unterlassen der Belehrung (über das Widerrufsrecht, nicht über die Gefahren aus dem Immobilienkauf!) beruht. Danach ist die Wirkung der Ausnahme wohl eng begrenzt. Eine Korrektur schon rechtskräftig gegen den Verbraucher ergangener Urteile sollte allenfalls ausnahmsweise möglich sein (zu weit wohl *M Schwab* JZ 06, 170). 24

F. Unanwendbarkeit von § 358. Unanwendbar ist § 358 II, IV und V nach § 491 III Nr 1 bei Verbraucherdarlehensverträgen unter bestimmten weiteren Voraussetzungen, wenn sie gerichtlich protokolliert oder notariell beurkundet worden sind. Hier fehlt nämlich schon eine Möglichkeit zum Widerruf. Unanwendbarkeit gilt nach III Nr 2 zudem für Verbraucherdarlehen, mit denen präsumtiv spekulative Geschäfte finanziert werden sollen (Erwerb von Wertpapieren, Devisen, Derivaten oder Edelmetallen). Hier kann zwar nach § 495 das Darlehen widerrufen werden, doch schlägt dieser Widerruf nicht auf das finanzierende Geschäft durch: Der Verbraucher soll das aus diesem Geschäft folgende Risiko nicht mittelbar abwälzen dürfen. 25

§ 359 Einwendungen bei verbundenen Verträgen

¹Der Verbraucher kann die Rückzahlung des Darlehens verweigern, soweit Einwendungen aus dem verbundenen Vertrag ihn gegenüber dem Unternehmer, mit dem er den verbundenen Vertrag geschlossen hat, zur Verweigerung seiner Leistung berechtigen würden. ²Dies gilt nicht, wenn das finanzierte Entgelt 200 Euro nicht überschreitet, sowie bei Einwendungen, die auf einer zwischen diesem Unternehmer und dem Verbraucher nach Abschluss des Verbraucherdarlehensvertrags vereinbarten Vertragsänderung beruhen. ³Kann der Verbraucher Nacherfüllung verlangen, so kann er die Rückzahlung des Darlehens erst verweigern, wenn die Nacherfüllung fehlgeschlagen ist.

A. Funktion. § 358 (vgl dort Rn 1) regelt für verbundene Verträge nur die Wirkung von Widerruf und Rückgaberecht. Die Aufspaltung eines Geschäfts in einen Darlehens- und einen Beschaffungsvertrag kann aber auch in anderer Hinsicht den Verbraucher gefährden: Einwendungen aus dem Beschaffungsvertrag (insbesondere wegen Verletzung der Pflicht zur mangelfreien Übereignung) wirken ja nicht ohne weiteres gegenüber den Ansprüchen des Darlehensgebers. Dem will § 359 abhelfen. Vorläufer für den danach geregelten **Einwendungsdurchgriff** sind § 9 III VerbrKrG und die Rspr zu § 6 AbzG. 1

Durch § 359 umgesetzt wird Art 11 II 1 Lit a und b der VerbrKrRichtl. Dabei ist von der in Art 11 II 2 eingeräumten Gestaltungsfreiheit weiter Gebrauch gemacht worden (vgl MüKo/*Habersack* Rn 5): Der Verbraucher soll **so gestellt werden, als hätte er ein einziges Teilzahlungsgeschäft geschlossen**. Die Regelung ist entsprechend ihrem Schutzzweck zu Gunsten des Verbrauchers einseitig zwingend. 2

B. Voraussetzungen. I. Verbundener Vertrag. Nach S 1 muss ein Verbraucherdarlehen (das ergibt sich aus S 2) mit einem anderen Vertrag mit einem Unternehmer verbunden sein, also idR zur Finanzierung dieses Vertrages dienen. Die erforderlichen Einzelheiten für eine solche Verbindung ergeben sich aus § 358 III, vgl dort Rn 3 ff 3

II. Abgeleitetes Leistungsverweigerungsrecht gegenüber dem Unternehmer. Dem Verbraucher muss gegen seinen Partner aus dem andern Vertrag ein Leistungsverweigerungsrecht zustehen. Dieses kann **eine Einwendung oder eine Einrede** darstellen (der Wortlaut von S 1 ist ungenau, MüKo/*Habersack* Rn 37). Nicht genügt ein Gestaltungsrecht (zB auf Anfechtung), solange es nicht ausgeübt worden ist. 4

5 Insbesondere ist an folgende Leistungsverweigerungsrechte zu denken:
Mängelhaftung bei Kauf- und Werkvertrag: Hierfür ist zunächst S 3 zu beachten: Wenn der Verbraucher Nacherfüllung verlangen kann (nach §§ 439, 635), soll er diese (bzw deren Fehlschlagen) zunächst abwarten müssen; er kann also bei einem behebbaren Mangel die Einrede aus § 320 dem Darlehensgeber gegenüber zunächst nicht geltend machen (Begründung BTDrs 11/5462 S 24). Zum Fehlschlagen vgl § 440 S 2; gleichstehen müssen die Fälle von §§ 439 III und 440 I sowie § 635 III.

6 Kommt eine **Nachfüllung nicht (mehr) in Betracht**, so hat der Käufer/Besteller idR ein Wahlrecht nach § 437 oder § 634. Diese Wahl entscheidet dann, ob er die Gegenleistung überhaupt nicht mehr (bei Rücktritt) oder nur noch z. T. (bei Minderung) schuldet. Je nach dem bestimmt sich auch seine endgültige Position gegenüber dem Darlehensgeber. Vorläufig hat er wegen des Mangels die Einrede aus § 320.

7 Der verjährungsähnliche Ausschluss der Gewährleistungsrechte nach §§ 438, 634a, 218 lässt das Leistungsverweigerungsrecht nicht ohne weiteres entfallen. Denn nach §§ 438 IV 2, V, 634a IV 2, V bleibt der Käufer/Besteller zur Verweigerung der Kaufpreiszahlung insoweit berechtigt, als er durch Rücktritt oder Minderung dazu berechtigt wäre. Dieses Recht wirkt auch gegenüber dem Darlehensgeber (MüKo/*Habersack* Rn 39, aber str).

8 **Weitere Leistungsverweigerungsrechte des Verbrauchers** kommen bei sonstiger Nicht- oder Schlechtleistung des Unternehmers in Betracht, insbesondere nach den §§ 273, 320. Ob die bloße Möglichkeit zur Aufrechnung gegen den Unternehmer zur Leitungsverweigerung gegenüber dem Darlehensgeber genügen soll (die ja von der in § 273 verlangten Konnexität unabhängig ist), dürfte zu verneinen sein (vgl MüKo/*Habersack* Rn 41): Mag der Verbraucher doch die Aufrechnung erklären.

9 **III. Andere Verteidigungsmöglichkeiten gegenüber dem Darlehensgeber.** Der Verbraucher kann sich unabhängig von § 359 auch auf die **Einreden** berufen, die ihm hinsichtlich des Darlehensvertrages direkt zustehen (mangelnde Einigung, Nichtigkeit usw). Das ist selbstverständlich.

10 Bei Nichtzustandekommen des anderen Vertrages ist kraft einer auflösenden Bedingung auch das Darlehen unwirksam, wenn eine **Vertragsverbindung** von vorneherein gewollt war; ein Rückgriff auf die Lehre von der Geschäftsgrundlage ist daher unnötig (MüKo/*Habersack* Rn 30). War dagegen diese Verbindung nicht gewollt, so bleibt das Darlehen idR wirksam.

11 **Arglistige Täuschung oder widerrechtliche Drohung** (§ 123) können zugleich bei dem Darlehen wie auch bei dem anderen Vertrag vorliegen. Dann ist das Darlehen nach einer umfassenden Anfechtung schon wegen Fehleridentität nichtig. Beschränkt sich dagegen der Fehler (wie wohl häufig) auf den anderen Vertrag, so ist nur dieser anfechtbar; das wirkt dann nach § 359 auch gegenüber dem Darlehen. In Betracht kommt aber auch, dass der über den anderen Vertrag täuschende Unternehmer bezüglich des Darlehens nicht Dritter iSv § 123 II ist; dann kann auch das Darlehen nach § 123 angefochten werden (MüKo/*Habersack* Rn 33). Nur wenn § 359 nicht eingreift, muss die Anfechtung auch gegen den Darlehensgeber gerichtet werden.

12 **C. Ausnahmen, §§ 359, 491. Bagatellverträge:** Nach § 359 S 2 Alt 1 versagt der Einwendungsdurchgriff, wenn das finanzierte Entgelt 200 Euro nicht übersteigt (vgl § 491 II Nr 1). Doch kommt es in § 491 auf den Gesamtbetrag des auszuzahlenden Darlehens an, bei § 359 nur auf den durch das Darlehen finanzierten Teil. Bedeutung hat der Unterschied, wenn der insgesamt gewährte Kreditrahmen größer ist als der zur Finanzierung eines Einzelgeschäfts verwendete Anteil.

13 **Nachträglich vereinbarte Änderung** des anderen Vertrages (etwa auch dessen Aufhebung, MüKo/*Habersack* Rn 37) können nach § 359 S 2 Alt 2 dem Darlehensgeber nicht entgegengehalten werden. Das hat denselben Grund wie § 767 I 2: Die Partner des anderen Geschäfts sollen die Stellung des Darlehensgebers nicht verschlechtern können. Ist dagegen die Einwendung schon im Keim in dem anderen Vertrag angelegt, so fällt sie nicht S 2 Alt 2.

14 Bei **Identität von Darlehensgeber und Unternehmer** passt S 2 Alt 2 gleichfalls nicht. Wenn der Darlehensgeber selbst an einer Änderung des anderen Vertrages mitwirkt, muss er diese auch bei seinen Darlehensansprüchen gegen sich gelten lassen.

15 **Wertpapiergeschäfte und Ähnliches,** § 491 III Nr 2: Dort wird ausdrücklich die Unanwendbarkeit des § 359 bestimmt auf Darlehen, die der Finanzierung des Erwerbs von Wertpapieren, Devisen, Derivaten oder Edelmetallen dienen: Bei solchen Geschäften soll der Verbraucher einen Misserfolg nicht auf andere abwälzen können.

16 **Verträge nach § 491 II?** Dieser spricht von den „folgenden Vorschriften" und nicht – wie III 2 – ausdrücklich auch von § 359. Trotzdem folgern viele (etwa MüKo/*Habersack* Rn 13, Palandt/*Heinrichs* Rn 2) aus der Entstehungsgeschichte, § 491 II müsse auch für § 359 geltend. Doch spielt die Frage angesichts der Eigenart der in § 491 II genannten Darlehen wohl kaum eine Rolle.

17 **D. Rechtsfolge.** Rechtsfolge des § 359 ist ein Leistungsverweigerungsrecht des Verbrauchers gegenüber dem Darlehensgeber. Nicht eigens geregelt ist dagegen in § 359 eine Rückabwicklung für den Fall, dass der Verbraucher schon Leistungen auf das Darlehen erbracht hat, so dass ihm sein Leistungsverweigerungsrecht nichts mehr nützt. Diese Rückabwicklung erfolgt dann nach Bereicherungsrecht. Zu Einzelheiten vgl MüKo/*Habersack* Rn 55 ff; Palandt/*Heinrichs* Rn 5 ff und für einen Sonderfall *Seidel* JZ 05, 497 ff

E. Abschließende Regelung?. Der Einwendungsdurchgriff von § 359 beruht ua auf der alten, letztlich auf 18
§ 242 gestützten Rspr Auf diese kann aber bei Unanwendbarkeit des § 359 nicht zurückgegriffen werden; dieser bildet also eine abschließende Regelung (MüKo/*Habersack* Rn 20, Palandt/*Heinrichs* Rn 1, vgl BGH NJW 04, 1376, 1378). Dagegen bleiben Aufklärungspflichten des Darlehensgebers unberührt, soweit diese sich nicht auf das Aufspaltungsrisiko beziehen (das ja allein durch die §§ 358, 359 geregelt wird). Als Sanktion kommt dann ein Schadensersatzanspruch aus cic (§ 311 II) in Betracht.

F. Die Belehrung. Über die Widerrufsbelehrung enthält § 359 (im Gegensatz zu § 358 V) keine eigene Vorschrift. Auch das amtliche Muster des BMJ (vgl §§ 355 Rn 14; 356 Rn 7) weist nicht auf die Möglichkeit eines Einwendungsdurchgriffs hin. Man wird einen solchen Hinweis daher für unnötig halten dürfen; zumindest beeinflusst sein Fehlen den Beginn der Widerrufsfrist nicht. 19

§§ 360–361
– weggefallen –

Abschnitt 4 Erlöschen der Schuldverhältnisse

Titel 1 Erfüllung

§ 362 Erlöschen durch Leistung

(1) Das Schuldverhältnis erlischt, wenn die geschuldete Leistung an den Gläubiger bewirkt wird.
(2) Wird an einen Dritten zum Zwecke der Erfüllung geleistet, so findet die Vorschrift des § 185 Anwendung.

A. Grundlagen. I. Überblick und Normstruktur. Die Zivilrechtsordnung kennt unterschiedliche Tatbe- 1
stände des Erlöschens des Schuldverhältnisses. **Grundtatbestand** dieser Erlöschensfälle ist die in § 362 geregelte Erfüllung. Danach enthält diese Vorschrift die grdle Anordnung, dass das Schuldverhältnis erlischt, wenn die geschuldete Leistung bewirkt wird. Neben der Erfüllung kennt das Gesetz die erfüllungsähnlichen Fälle der Leistung an Erfüllungs statt und der Leistung erfüllungshalber. Ferner kann der Schuldner das Schuldverhältnis durch Erfüllungssurrogate zum Erlöschen bringen. Das Gesetz regelt als Erfüllungssurrogate namentlich die Aufrechnung (§§ 387–396) und die Hinterlegung unter Rücknahmeverzicht (§§ 372–386). Schließlich kann der Gläubiger dem Schuldner die Forderung erlassen (§ 397 I) oder deren Nichtbestehen durch ein negatives Schuldanerkenntnis vertraglich anerkennen (§ 397 II).

Nach dem Grundsatz der **Vertragsfreiheit** steht es den Parteien frei, **weitere Erlöschenstatbestände** für das 2
Schuldverhältnis zu vereinbaren. Dies kann etwa in Form einer Verrechnungsabrede (teilweise auch als Aufrechnungsvertrag bezeichnet) geschehen (BGHZ 94, 132; NJW-RR 03, 1358). Ebenso kann die „Hinterlegung", dh Einzahlung auf ein Notaranderkonto Erfüllungswirkung haben, wenn die Parteien dies ausnahmsweise verabreden (BGHZ 87, 156). Möglich ist auch die Variante, dass nicht schon die Zahlung auf das Notaranderkonto, aber auch nicht erst die Vornahme der Auszahlung an den Gläubiger, sondern der dazwischen liegende Zeitpunkt des Eintritts der Auszahlungsreife zur Erfüllung führt (BGH NJW 94, 1403). Auch durch Aufhebungsvertrag, der über den Erlassvertrag hinausgehend das Schuldverhältnis im weiteren Sinne betrifft, können die Parteien die Forderung zum Erlöschen bringen. Vereinigen sich Forderung und Verbindlichkeit in einer Person, so erlöschen die gegenseitigen Ansprüche durch Konfusion (Köln NJW-RR 92, 1337).

Grds ist es auch vorstellbar, dass die Parteien den Eintritt der **Erfüllungswirkung hinauszögern**. Auf eine sol- 3
che Wirkung können namentlich sog Tilgungsverrechnungsklauseln zielen, sofern sie – insbes bei Darlehensverträgen – der Zahlung erst mit Verzögerung Tilgungswirkung zukommen lassen (zur Begriffsbildung in Abgrenzung zur bloßen Zinsberechnung und zu AGB-rechtlichen Schranken BGH NJW 92, 1097). Der gänzliche Ausschluss des Erfüllungseintritts kann wegen seines perplexen (widersprüchlichen) Inhalts nicht wirksam vereinbart werden, weil die Forderung auf das Bewirken der Leistung gerichtet ist.

II. Anwendungsbereich. Die Vorschrift gilt im Schuldrecht und darüber hinaus für alle **auf Erbringung** 4
einer Leistung gerichtete Ansprüche, also Forderungen (§ 241 I). Dies umfasst sowohl Hauptpflichten als auch Nebenpflichten, soweit diese auf eine Leistung, zB Auskunft (Zweibr WM 98, 1776), gerichtet sind. Von Leistungspflichten zu unterscheiden sind Schutzpflichten, die zwar beachtet, aber nicht iSd § 362 erfüllt werden können.

B. Bewirken der geschuldeten Leistung. I. Geschuldete Leistung. Welche Leistung geschuldet wird, be- 5
stimmt sich nach dem Inhalt des Schuldverhältnisses (BGH LM § 305 BGB Nr 3). Die Leistung muss, mit anderen Worten, so erbracht werden, wie sie geschuldet ist (BGHZ 10, 391). Soweit der Inhalt der Leistung

durch das Gesetz bestimmt wird, ist die Rechtslage zum Zeitpunkt der Erfüllung unter Berücksichtigung der Grundsätze und Vorschriften des intertemporalen Privatrechts maßgebend (vgl BGHZ 10, 391). All dies gilt zunächst für die Leistung als solche; der Schuldner muss die richtige Leistung erbringen. Vereinbaren die Parteien als Erfüllung eine Hinterlegung bei einem Notar, so liegt eine Abweichung vor, wenn der Schuldner die Auskehrung an den Gläubiger von weiteren, im Vertrag nicht vorgesehenen Bedingungen abhängig macht (BGH NJW 97, 2104). Die Leistung muss ferner an den richtigen Gläubiger erfolgen. Im Falle der Mitgläubigerschaft (§ 432) ist an alle zu leisten (Saarbr OLGR 04, 316). Nichts anderes ist maßgebend für die **Leistungsmodalitäten**. Mangels anderer Vereinbarung sind für den Leistungsort die §§ 269, 270 maßgebend; die Leistungszeit bestimmt sich nach § 271.

6 **II. Bewirken der Leistung. 1. Grundlagen.** Die Vorschrift setzt das objektive Vorliegen der Leistung, die sog **reale Leistungsbewirkung**, voraus. Ein weiteres subjektives Merkmal muss nicht vorliegen. Insbes bedarf es keiner vertraglichen Vereinbarung, dass ein bestimmter Gegenstand oder eine bestimmte Handlung als Erfüllung dienen soll. Ebenso bedarf es nicht des Elements der finalen Zweckbestimmung der Erfüllungshandlung wie dies die Theorie von der „finalen Leistungsbewirkung" annimmt. Die erforderliche Zweckbestimmung ist, soweit der Rechtsverkehr auf sie angewiesen ist, zunächst schon im Leistungsbegriff selbst enthalten (hiervon ausgehend etwa BGH NJW 84, 721, wo es allerdings deshalb einer Abrede bedurfte, weil der Gläubiger zunächst eine Überweisung verlangte und erst bei Zahlung Bargeld akzeptierte). Außerdem sieht das Gesetz zugunsten des Schuldners wie des Gläubigers voluntative Elemente vor, die aber am grundsätzlichen Ausreichen der realen Leistungsbewirkung nichts ändern. So kann der Schuldner den Eintritt der Erfüllungswirkung durch eine Tilgungsbestimmung nach § 366 I final steuern. Das schließt die Befugnis ein, den Eintritt der Erfüllungswirkung einer Zahlung durch eine negative Zweck- oder Tilgungsbestimmung zu verhindern. Erklärt der Schuldner, die zur Erfüllung einer bestimmten Forderung geeignete Leistung solle nicht deren Erfüllung dienen, so bleibt diese bestehen (BGH WM 72, 1276). Demgegenüber kann der Gläubiger den Eintritt der Erfüllungswirkung beeinflussen, indem er sich iSv § 363 für oder gegen die Annahme einer Leistung als Erfüllung entscheidet.

7 **2. Leistung. a) Grundlagen.** Die Leistung muss objektiv erbracht worden sein. Regelmäßig umfasst der Leistungsbegriff sowohl die Leistungshandlung als auch den Leistungserfolg. Maßgebend für den Eintritt der Erfüllung ist der **Leistungserfolg**. Die Vornahme der Leistungshandlung genügt hingegen nicht ohne weiteres (BGHZ 87, 156; NJW 99, 210). So bedarf es beim Versendungskauf nicht nur der Übergabe an einen Spediteur, sondern der Übergabe durch die Transportperson an den Käufer (BGHZ 1, 4). Beschränkt sich die geschuldete Pflicht auf die Vornahme einer Handlung, so tritt mit der Handlung zugleich der Leistungserfolg ein. Soweit dies nach dem Inhalt des Schuldverhältnisses erforderlich ist (was regelmäßig der Fall sein wird), muss der Gläubiger über die Leistung (bei der Überweisung: über den Gutschriftbetrag) uneingeschränkt verfügen können und diese insbes auch behalten dürfen (BGH NJW 96, 1207; NJW 99, 210; DStR 05, 297). Das wird nicht dadurch ausgeschlossen, dass der Gläubiger dem Schuldner bei der Verschaffung von zur Erfüllung verwendeter Kreditmittel behilflich ist und dem Kreditgeber ggü haftet (BGHZ 97, 197: Akzeptantenwechselverfahren). Nimmt der Schuldner mehrere Handlungen vor, die jede für sich zur Erfüllung führen kann, so sind diese grds getrennt zu betrachten; Erfüllung tritt ein, wo der Leistungserfolg herbeigeführt wird (Stuttg ZIP 85, 238).

8 Zur Leistung verpflichtet und berechtigt ist der **Schuldner**. Die Zulässigkeit der Leistung eines Dritten richtet sich nach §§ 267, 268, 1150, 1249.

9 Grds ist an den **Gläubiger** zu leisten. Ihm steht die **Empfangszuständigkeit** zu. Sie fehlt, wenn dem Gläubiger die Verfügungsmacht über die Forderung entzogen ist (arg ex §§ 362 II, 185 und §§ 1813, 1812), etwa bei §§ 136, 2211; § 829 ZPO, § 23 ZVG, §§ 80, 82 InsO. Geschäftsunfähigen fehlt die Empfangszuständigkeit. Beschränkt Geschäftsfähigen ggü ist zwar nach § 107 eine Übereignung möglich; das Erlöschen der Forderung ist hingegen ein rechtlicher Nachteil, der in entspr Anwendung von § 107 eine Einwilligung (§ 182) voraussetzt. Erfüllungswirkung tritt ein, wenn die Leistung an den gesetzlichen Vertreter weitergeleitet oder der Empfang durch den Minderjährigen als Leistung an Erfüllungs statt genehmigt wird (zum Ganzen *Gernhuber* Erfüllung S 115 ff.; teilw str).

10 Eine Leistung an den Gläubiger liegt auch vor, wenn die Leistung an seine **Empfangs- oder Zahlstelle** erfolgt. Das kann etwa eine Bank oder ein mit **Empfangsvollmacht** ausgestatteter Vertreter sein. Die Erteilung einer Empfangsvollmacht bestimmt sich nach den für § 167 geltenden Grundsätzen. Eine Duldungs- oder Anscheinsvollmacht ist möglich (vgl Oldbg VersR 99, 884). Eine Leistung an Dritte liegt unter dieser Voraussetzung nicht vor (Saarbr OLGZ 88, 45; Frankf NJW 98, 387; Dresden MDR 00, 1306). Das Vorliegen einer Empfangsvollmacht entbindet den Schuldner allerdings nicht davon, eine Überweisung ggf auf ein ganz bestimmtes Gläubigerkonto vorzunehmen (Karlsr NJW 97, 1587). Die Zulässigkeit einer **Leistung an Dritte** bestimmt sich nach II. Über II hinaus kann sich die Befugnis zur Leistung an einen Dritten aus einem Anspruchsübergang ergeben. Neben der Abtretung kommt hierfür auch ein gesetzlicher Anspruchsübergang in Betracht. Das Gleiche hat die Rspr auch ohne ausdrücklich angeordneten zivilrechtlichen Anspruchsübergang in steuerrechtlichen Fällen angenommen. Es entfaltet daher Erfüllungswirkung ggü dem Werkunterneh-

mer, wenn der Besteller aufgrund einer ausnahmsweisen Inanspruchnahme durch das Finanzamt die Umsatzsteuer direkt an das Finanzamt abführt (BGH BB 01, 2024). Ebenso liegt es bei Abführung der Lohn- und Kirchensteuer durch den Arbeitgeber (BGH WM 66, 758).

b) Inhalt und Vornahme der Leistung. Geldschulden sind grds durch **Barzahlung** zu erfüllen. Eine Verkehrssitte, nach der eine Überweisung auf ein dem Schuldner bekanntes Girokonto Erfüllungswirkung entfaltet, besteht nicht. Die Parteien können aber vereinbaren, dass die Geldschuld (auch) durch **Überweisung** und die daraufhin erfolgende Gutschrift auf dem Gläubigerkonto getilgt wird (BGHZ 6, 121). Maßgebend ist also die Gutschrift (Hamm WM 77, 1238). Eine dahingehende Abrede unterliegt allgemeinen Regeln der Rechtsgeschäftslehre und kann daher auch stillschweigend getroffen werden. Ob der Überweisung Erfüllungswirkung zukommen soll, hängt davon ab, ob nur eine Ersetzungsbefugnis zugunsten des Schuldners vereinbart wurde (dann Leistung an Erfüllungs statt) oder ob der Schuldinhalt schon durch die Abrede geändert wird. Letzteres dürfte typisch sein (anders noch BGH NJW 53, 897); denn nach der Interessenlage werden die Vertragsparteien die bargeldlose Zahlung als risikoärmere Zahlungsform regelmäßig bevorzugen. Praktisch hat die Frage aber keine Bedeutung. Die bloße Eröffnung eines Girokontos begründet noch kein Einverständnis mit einer Erfüllung durch Überweisung (BGH NJW 53, 897). Ein Einverständnis liegt aber regelmäßig darin, dass der Gläubiger dem Schuldner auf seinen Geschäftsbriefen, Rechnungen, Mahnschreiben oder auf vergleichbaren Dokumenten eine Bankverbindung mit Kontonummer angibt. Teilt der Gläubiger dem Schuldner jedoch lediglich ein bestimmtes Girokonto mit, liegt darin grds nicht das Einverständnis mit der Überweisung auch auf ein anderes Konto des Gläubigers. Folglich hat die Überweisung auf ein anderes als das angegebene Konto grds keine Tilgungswirkung (BGHZ 98, 24; NJW-RR 04, 1281), sofern der Gläubiger diese Zahlung nicht nachträglich als Leistung an Erfüllungs statt iSd § 364 I genehmigt (Köln NJW-RR 91, 50). Das Gleiche gilt, wenn auf eine bestimmte Art von Konto (zB Privatkonto statt Geschäftskonto) zu zahlen ist und der Schuldner dies nicht beachtet (München OLGR 94, 253). Noch weniger ist das Konto eines Dritten geeignet. Das einmal erteilte Einverständnis ist grds bis zur Vornahme der Überweisung (Leistungshandlung) frei widerruflich (BGH NJW-RR 04, 1281). Ein solcher Widerruf kann auch in der Mitteilung einer bestimmten, nunmehr abweichenden Bankverbindung auf einer Rechnung liegen (BGH NJW-RR 04, 1281). Unterbleibt der Widerruf, ist das Konto aber aufgelöst, so tritt Erfüllung ein, sobald in der Bank eine Buchung vorgenommen wird, die einen von der Bank als berechtigt angesehenen Auszahlungsanspruch des Gläubigers ausweist (FG Hannover WM 95, 1020). Ausnahmsweise kann eine besondere Hinweispflicht des Gläubigers auf das neue Konto bestehen (Frankf NJW 98, 387). Die Berufung auf das Vorliegen einer Zahlung auf ein „falsches" Konto kann ferner treuwidrig sein, wenn der Gläubiger erkennen lässt, dass er die Zahlung als seinem Vermögen zugeflossen betrachtet (BGH NJW-RR 04, 1281). Ebenso wie die Überweisung auf ein nicht angegebenes Konto reicht eine nur vorläufige Gutschrift auf einem Konto nicht aus, solange die Bank den Überweisungsbetrag noch nicht freigegeben hat (BGHZ 145, 45). Bei einem Sparkonto wird ein Einverständnis des Schuldners typischerweise fehlen (Hamm NJW 87, 70) Erfolgt die Überweisung auf ein Konto des Schuldners, über das der Gläubiger lediglich mit verfügen kann, ist es eine Frage der Auslegung der Abreden, ob bereits mit der Gutschrift oder erst mit Auszahlung an den Gläubiger Erfüllung eintritt (BGH NJW 99, 210). Bucht eine Bank eine Darlehensschuld vom Girokonto eines Schuldners auf ein Darlehenskonto um, so kann eine Erfüllung oder eine bloße Umbuchung vorliegen. Maßgebend ist der Zweck des Vorgangs unter Berücksichtigung der Umstände (Kobl WM 90, 1063). Andere Formen der **bargeldlosen Zahlung** entfalten grds keine Erfüllungswirkung, sondern sind – vorbehaltlich abweichender Vereinbarung – eine Leistung erfüllungshalber (BGH NJW-RR 01, 1430: Schecks; BGHZ 96, 182: Wechsel; *Pfeiffer* NJW 97, 1036: Geldkarte). Die **Lastschrift** zielt als rückläufige Überweisung wie diese auf Erfüllung. Sie weist aber insofern Züge einer Leistung erfüllungshalber auf, als der Schuldner den Gläubiger auf die Einzugsermächtigung verweisen kann. Einzelheiten § 364 Rn 13.

Die Leistung vor der Entstehung des Anspruchs kann entweder die Funktion einer **Vorausleistung** (teilw a Vorschuss, § 669) oder einer Sicherheitsleistung haben. Die Vorausleistung bewirkt, dass der Anspruch im Moment seiner Entstehung (in derselben logischen Sekunde) infolge der Anrechnung bereits erlischt, sofern die Parteien dies vereinbart haben (BGHZ 85, 315; NJW 84, 974; NJW 86, 248). Die Vereinbarung einer Vorausleistung kann unwirksam sein, wenn sie mit der zwingenden Ausgestaltung des betreffenden Anspruchs unvereinbar ist (vgl BGH NJW 72, 477; NJW 87, 3181).

Bei **Leistung unter Vorbehalt** ist nach dem Inhalt des Vorbehalts zu differenzieren. Im Allgemeinen will der Schuldner bei Leistung „unter Vorbehalt" nur die Einordnung seiner Leistung als Anerkenntnis ausschließen und die Wirkung des § 814 vermeiden. Zudem kann er dem Gläubiger bei einer zu Unrecht erfolgten Zahlung die Möglichkeit nehmen, sich auf einen Wegfall der Bereicherung (§§ 818 III, IV, 820 I 2 analog) zu berufen (BGH NJW 89, 161). Ein solcher Vorbehalt steht der Ordnungsmäßigkeit der Erfüllung nicht entgegen (BGH NJW 84, 2826). Anders liegt es, wenn der Schuldner seinen Vorbehalt so formuliert, dass in einem späteren Rückforderungsstreit der Gläubiger die Beweislast für das Bestehen des Anspruchs tragen soll. Ein derartiger Fall ist namentlich dann anzunehmen, wenn ein Beklagter während eines Rechtsstreits zahlt, jedoch den Rechtsstreit unvermindert fortsetzt (BGHZ 139, 357), etwa weil es sich lediglich um eine Zahlung zur Abwendung der Zwangsvollstreckung aus einem vorläufig vollstreckbaren Urteil oder aus einem (rechtskräftigen) Vorbehaltsurteil handelt, das die Ausführung der Rechte im Nachverfahren vorbehält (BGHZ 86, 267; NJW 81, 2244). Eine Erfüllungswirkung tritt unter dieser Voraussetzung nicht ein, vielmehr bleibt die Erfüllungswirkung bis zur rechtskräftigen Entscheidung in der Schwebe (BGH NJW 90, 2756). Die Forderung erlischt, wenn der Titel in Rechtskraft erwächst (BGH WM 64, 1168; aA Köln NJW-RR 92, 237). Ebenso tritt Erfüllung ein, wenn der Schuldner den Schwebezustand beseitigt, indem er seinen Vorbehalt nicht aufrecht erhält und seine uneingeschränkte Erfüllungsbereitschaft erklärt (Frankf OLGR 94, 37).

14 Die Befriedigung im Wege der **Zwangsvollstreckung** ist zwar keine Erfüllung iSd § 362. Sie steht der Zahlung oder Übergabe der geschuldeten Sache aber gleich (§§ 815 III, 819, 897 ZPO) gleich und führt deshalb zum Erlöschen der Forderung. Auch außerhalb der Zwangsvollstreckung führt die Befriedigung aus einer vom Schuldner erlangten **Sicherheit** zum Erlöschen der Forderung (§ 1247), soweit sie nicht auf den Sicherungsgeber übergeht (§§ 1249, 268 III; 774, 1143, 1192).

15 **C. Erlöschen des Schuldverhältnisses. Sinn und Rechtsfolge** des § 362 liegen darin, dass die Forderung von selbst vollständig, vorbehalts- und bedingungslos erlischt, dh untergeht und vernichtet wird, der Schuldner damit also endgültig von seiner Schuld befreit wird, wenn die Leistung so, wie sie nach dem zur Zeit der Erfüllung geltenden Recht zu leisten war, bewirkt wurde.
Dem Wortlaut der Vorschrift nach erlischt das „Schuldverhältnis". Damit ist die einzelne **konkrete Forderung**, des Gläubigers bzw Schuld des Schuldners iSd § 241 gemeint, nicht aber das ihr zugrunde liegende Schuldverhältnis im weiteren Sinn, nämlich die Gesamtheit der schuldrechtlichen Beziehungen zwischen Gläubiger und Schuldner als „Bündel von Rechten und Pflichten" (BGHZ 10, 391). Kommen mehrere Forderungen in Betracht, bestimmt § 366, welche Forderung erlischt. Da das Schuldverhältnis im weiteren Sinne nicht erlischt, können auch im Anschluss an die Erfüllung der gegenseitigen Hauptpflichten nachwirkende Pflichten bestehen (BGH NJW 52, 867).

16 Die **Darlegungs- und Beweislast** für das Erlöschen eines Schuldverhältnisses durch Erfüllung als anspruchsvernichtende Tatsache trägt, wenn nicht im Fall des § 363 vorliegt, grds der Schuldner (BGH WM 75, 593). Das Gesetz kennt unterschiedliche Tatbestände des Erlöschens eines Schuldverhältnisses (Rn 1). Deshalb erfordert der Vortrag eines Erlöschens des Schuldverhältnisses mehr als nur die pauschale Erlöschensbehauptung (BGH NJW 97, 128).

17 **D. Leistung an einen Dritten.** Die Erfüllung bewirkt ein Erlöschen der Forderung. Ihre Vornahme steht deshalb der Verfügung über die Forderung gleich. II verweist deshalb folgerichtig auf den Maßstab des § 185, um die Erfüllungswirkung der an den Dritten erfolgten Leistung zu bestimmen. Die Zustimmung als Verfügungsgeschäft ist von der Wirksamkeit damit verbundener weiterer Geschäfte unabhängig (Ddorf VersR 71, 1176). Maßgebend ist damit, inwieweit der Gläubiger als der Berechtigte der Leistung an den Dritten zugestimmt hat. Andere Personen sind hierzu grds nicht befugt (BGH NJW 88, 2100). Dies kann im Wege der **vorherigen** Zustimmung, also einer **Einwilligung** gem § 185 I erfolgen. Sie wird bei der Darlehensvalutierung darin gesehen, dass die Valuta auf Veranlassung und im Interesse des Darlehensnehmers an einen Dritten ausbezahlt wurde (vgl BGH NJW-RR 97, 1460). Wirksam ist aber grds auch eine **nachträgliche Genehmigung** gem § 185 II (BGH NJW 02, 1417). Für die Zustimmung gelten allgemeine Grundsätze. Sie kann ausdrücklich, aber auch stillschweigend erfolgen (BGH NJW 02, 1417; vgl noch BGHZ 109, 171 zum Ausreichen eines potentiellen Erklärungsbewusstseins), sie im Wege der Auslegung aus den ausdrücklichen Parteibereden ergeben (BGH NJW 94, 2947) oder in einem verbreiteten Klauselwerk enthalten sein, zB § 16 Nr 6 VOB/B (vgl Schlesw ZIP 03, 1360). Die Genehmigung kann mit Bedingungen verbunden werden, ohne deren Verwirklichung die Wirkungen des II nicht eintreten (BGHZ 145, 45). Sonderregelungen, die § 362, insbes seinen Abs. II, verdrängen, enthalten die §§ 7 II, 8 II GmbHG (BGH NJW 86, 989).

§ 363 Beweislast bei Annahme als Erfüllung

Hat der Gläubiger eine ihm als Erfüllung angebotene Leistung als Erfüllung angenommen, so trifft ihn die Beweislast, wenn er die Leistung deshalb nicht als Erfüllung gelten lassen will, weil sie eine andere als die geschuldete Leistung oder weil sie unvollständig gewesen sei.

1 **A. Überblick.** Die wesentliche Wirkung des § 363 besteht darin, dass der Gläubiger die mangelnde Erfüllungseignung einer Leistung beweisen muss, nachdem er eine ihm als Erfüllung angebotene Leistung als solche angenommen hat, und diese anschließend nicht als Erfüllung gelten lassen will, weil sie eine andere als die geschuldete Leistung oder unvollständig gewesen sei (Saarbr OLGR 2002, 183–185). Die Vorschrift gilt über ihren Wortlaut hinaus nicht nur für die unvollständige und die andersartige, sondern auch für die **mangelhafte Leistung** (BGH JZ 64, 425).

2 **B. Annahme als Erfüllung. I. Erfüllung.** Der Anwendungsbereich der Vorschrift knüpft mit dem Merkmal der Erfüllung an § 362 an. Sie gilt für alle Forderungen, die iSd § 362 erfüllt werden können. Erfasst werden nicht nur einmalige Sach- oder Geldleistungen. Die Vorschrift ist auch auf die dauerhafte Gebrauchsüberlas-

sung iRe Miet-, Pacht-, Leasing- oder Leihvertrags anwendbar. Ihr Anwendungsbereich umfasst hier insbes die anfängliche Besitzüberlassung an den Gläubiger (BGH NJW 85, 2328: Miete; NJW 88, 204; NJW 89, 3222; NJW-RR 90, 1462: Leasing). Sie gilt ferner für unkörperliche Leistungen werk- oder dienstvertraglicher Art, zB Beratungsleistungen (BGH NJW 86, 2570). Im Falle der § 437 Nr 1, § 439 und § 634 Nr 1, § 635 kommt es darauf an, ob die zum Zwecke der Nacherfüllung angediente Leistung angenommen wurde (Hamm VersR 82, 171).

II. Annahme. Der Begriff der Annahme in § 363 ist gleichbedeutend mit demselben Merkmal in § 341 III und demjenigen der Abnahme in § 640 (BGH NJW 61, 115; RGZ 57, 337). Eine Annahme als Erfüllung setzt zweierlei voraus, nämlich erstens, soweit erforderlich, die körperliche Hinnahme der Leistung, etwa der Besitzübertragung, sowie zweitens die Billigung als im Wesentlichen ordnungsgemäße Erfüllung. Die Annahme ist kein Rechtsgeschäft; sie wird – weil sich ihre Wirkung auf eine Beweislastumkehr beschränkt – auch nicht als geschäftsähnliche Handlung qualifiziert (*Gernhuber* Erfüllung S 28).

Ob eine Leistung **als Erfüllung angenommen**, dh gebilligt, wird, ist eine Frage der Auslegung des Erklärungsverhaltens des Gläubigers. Entscheidend ist, dass der Gläubiger erkennen lässt, dass er die Leistung als solche entgegenzunehmen bereit ist (RGZ 59, 378). Häufig kommen als Verkörperung einer Annahme auch Quittungen, Empfangsbestätigungen, Übernahmebescheinigungen oder ähnliche Dokumente in Betracht. Hier kommt es darauf an, ob das Dokument über die Bestätigung des Empfangs hinaus auch die erforderliche Billigung zum Ausdruck bringt. Dies ist typischerweise dann der Fall, wenn der Gläubiger bestätigt, einen Gegenstand für eine bestimmte Schuld ordnungsgemäß erhalten zu haben. So hat die Rspr § 363 angewandt auf Übernahmebestätigungen bei Leasingverträgen (BGH NJW 88, 204; NJW 89, 3222; NJW-RR 90, 1462). Bescheinigt der Gläubiger den Empfang verpackter Ware, so liegt hierin keine Bestätigung, dass der Inhalt unbeschädigt ist (Naumbg OLGR 2005, 109). Die Annahme zur Prüfung des Leistungsgegenstands reicht nicht aus (Karlsr OLGZ 91, 370).

Eine bestimmte Form oder eine ausdrückliche Erklärung ist nicht erforderlich. Bei **Geldschulden** deutet der Verkehr die Entgegennahme eines geschuldeten Geldbetrages und dessen Nachzählen als Annahme der zur Schuldtilgung angebotenen Leistung als Erfüllung (BGH NJW 84, 721). Im Falle der Gebrauchsüberlassung wird meist der widerspruchsfreie Gebrauch ausreichen (BGH NJW 85, 2328). Bei Beratungsleistungen kann die Billigung des Beratungsgesprächs genügen (BGH NJW 86, 2570). Die bloße Bezahlung einer Sachleistung, zumal wenn sie mit deren Entgegennahme zeitlich nicht zusammenfällt, reicht nicht ohne weiteres als Annahme (Frankf OLGR 00, 329). Ausnahmsweise kann eine mangelnde Rüge oder Mahnung ausreichen (Zweibr FamRZ 84, 1089).

C. Umkehr der Beweislast. § 363 setzt im Zusammenwirken mit § 362 voraus, dass **bis zur Annahme einer Leistung** als Erfüllung grds der Schuldner beweisen muss, dass er durch seine Leistungshandlung eine mangelfreie Leistung angeboten oder erbracht hat (BGH NJW 86, 2570). Anders liegt es freilich, wenn die Gegenseite vorleistungspflichtig ist. Verweigert sie die Vorleistung, so muss sie die Mangelhaftigkeit der angebotenen Gegenleistung beweisen (BGH NJW 65, 1275).

Die **Rechtsfolge** des § 363 BGB besteht in der Umkehr der Beweislast für das Vorliegen einer ordnungsgemäßen Erfüllung. Sie steht im engen Zusammenhang zu der sonst bestehenden Beweislast des Schuldners für die ordnungsgemäße Leistung. Bei der Anwendung des § 363 sind daher die möglichen Wirkungen der Beweislast nach § 362 wertungssystematisch zu berücksichtigen (vgl BGH NJW 86, 2570). Grds aber ist festzuhalten: Wer nach der Annahme einer Leistung als Erfüllung Rechte geltend macht, muss die unzureichende Erfüllung beweisen. Das gilt über den Wortlaut hinaus auch im Falle der Schlechterfüllung (BGH JZ 64, 425). Behauptet der Gläubiger nachträglich die Unvollständigkeit der Leistung, so muss er das Fehlen bestimmter Leistungsteile beweisen. Ein allgemeiner Satz, dass negative Tatsachen nicht bewiesen werden müssen, wird jedenfalls solange nicht anerkannt, wie noch Aufklärungsmöglichkeiten bestehen (BGH NJW 89, 3222: fehlendes Computerhandbuch). Zudem können den Schuldner sekundäre Substantiierungslasten treffen: Um die anfängliche Beweisbelastung des Schuldners für die ordnungsgemäße Beratung nicht auszuhöhlen, muss der Inhalt des als Erfüllung gebilligten Beratungsgesprächs durch den Schuldner substantiiert dargelegt werden (BGH NJW 86, 2570).

Eine weitere Wirkung, insbes ein **materiell-rechtlicher Verzicht auf Einwendungen** gegen die Ordnungsgemäßheit ist damit nicht verbunden (BGH NJW 88, 204; vgl auch RGZ 57, 337); schon gar nicht bewirkt die bloße Billigung ein Erlöschen iSd § 362 (BGH NJW 96, 1207). Dem Gläubiger steht es frei, nachträglich die fehlende Erfüllungseignung einer Leistung zu behaupten, die er aber im Streitfall beweisen muss.

§ 363 gilt nur im Verhältnis zwischen Gläubiger und Schuldner. In **Dreipersonenverhältnissen** bleiben Dritte unberührt. Der Lieferant kann sich ggü dem Leasinggeber nicht auf die Übernahmebestätigung des Leasingnehmers berufen (BGH NJW 88, 204).

§ 364 Annahme an Erfüllungs statt

(1) Das Schuldverhältnis erlischt, wenn der Gläubiger eine andere als die geschuldete Leistung an Erfüllungs statt annimmt.
(2) Übernimmt der Schuldner zum Zwecke der Befriedigung des Gläubigers diesem gegenüber eine neue Verbindlichkeit, so ist im Zweifel nicht anzunehmen, dass er die Verbindlichkeit an Erfüllungs statt übernimmt.

1 **A. Leistung an Erfüllungs statt.** Die Leistung an Erfüllungs statt ist zulässig, wenn dies entweder mit der Gläubiger **vereinbart** wurde oder der Gläubiger ohne solche Vereinbarung statt der geschuldeten Leistung eine andere an deren Stelle **annimmt**. Die Vereinbarung kann, wie in I geregelt, bei der Erfüllung getroffen oder aber der Leistung vorausgehen und schon bei der Begründung der Schuld zustande kommen (BGHZ 89, 126). Wird die Vereinbarung vor der Erfüllung getroffen, so begründen die Parteien damit eine **Ersetzungsbefugnis** des Schuldners, also die Befugnis, anstelle der eigentlich Geschuldeten (oder eines Teils davon) einen anderen Gegenstand zu leisten (§ 262 Rn 7). Macht der Schuldner hiervon Gebrauch, so liegt eine Leistung an Erfüllungs statt und keine Erfüllung vor (BGHZ 46, 338; 89, 126). Ein praktisch häufiger Anwendungsfall ist die Inzahlungnahme eines Gebrauchtwagens als an die Stelle der Kaufpreiszahlung tretende Leistung an Erfüllungs statt (BGHZ 46, 338; 89, 126; aA Oldbg NJW-RR 95, 689). Außerhalb einer Vereinbarung braucht sich der Gläubiger auf eine Leistung an Erfüllungs statt nicht einzulassen.

2 Während bei der Ersetzungsbefugnis der **Rechtsnatur** nach klar ist, dass es sich um eine Vertragsergänzung in der Gestalt einer auf die Erfüllung bezogenen Hilfsabrede handelt (vgl BGH NJW 84, 329), ist die Rechtsnatur der Annahme als Leistung an Erfüllungs statt nicht abschließend geklärt. Zum Teil findet sich die These, es handele sich um einen Austauschvertrag, bei dem der Gläubiger gegen Hingabe der Leistung an Erfüllungs statt auf seine Forderung verzichte (BGH NJW 67, 553). Das erscheint konstruktiv freilich unnötig kompliziert. Zwischen der vorherigen und späteren Vereinbarung über die Zulässigkeit einer Leistung an Erfüllungs statt braucht nicht differenziert zu werden (BGH NJW 84, 329), so dass auch insoweit eine auf die Erfüllung bezogene Ergänzungsabrede anzunehmen ist.

3 Ob ein **Dritter** zur Vereinbarung einer Leistung an Erfüllungs statt befugt ist, hängt von der Reichweite seiner Vertretungsmacht ab. Auch der zum Forderungseinzug iRe Einzugsermächtigung Berechtigte bedarf einer Befugnis zu einer solchen Abrede. Maßgebend ist der Inhalt seiner Ermächtigung, wobei typischerweise zu prüfen ist, inwieweit eine solche Befugnis mit dem Zweck seiner Beschränkung auf eine bloße Einzugsermächtigung vereinbar ist. (BGH NJW 02, 1417).

4 Die Erfüllungswirkung des an Erfüllungs statt hingegebenen Gegenstands bestimmt sich bei etwaigen Leistungsstörungen in Bezug auf den Ersatzgegenstand nach allgemeinen Regeln und beseitigt die Erfüllungswirkung nicht ohne weiteres. Vielmehr haftet der Schuldner hierfür nach Leistungsstörungs-, Sach- und Rechtsmangelvorschriften, § 365 (dort Rn 7; Hamm NJW-RR 88, 266). Im Falle der **Rückabwicklung** des Vertrags infolge eines Rücktritts des Schuldners in seiner Eigenschaft als Sachleistungsgläubiger (§§ 323, 437 Nr 2) kann dieser grds nur den an Erfüllungs statt hingegebenen Gegenstand zurückverlangen (BGHZ 89, 126). Das schließt aber weitergehende Schadensersatzansprüche unter Einschluss des Anspruchs auf Schadensersatz statt der Leistung nicht aus (*Binder* NJW 03, 393). Der zufällige Untergang des Ersatz-Leistungsgegenstands entbindet den Schuldner nicht von der Vertragserfüllung. Scheitert deswegen die vereinbarte Inzahlungnahme eines Gebrauchtwagens, muss der Käufer den vollen Kaufpreis zahlen (BGH NJW 84, 329; *Binder* NJW 03, 393). Diese in der Rspr anerkannte Maßgabe bedarf allerdings dann der Einschränkung, wenn ein überhöhter Inzahlungnahmepreis vereinbart wurde, dem wirtschaftlich die Funktion eines Rabatts beim Neuwagenpreis zukommt.

5 **B. Leistung erfüllungshalber.** Die Leistung erfüllungshalber ist im Gesetz nicht geregelt. Ihre Zulässigkeit kann aber von den Parteien iRi Vertragsfreiheit zu jedem Zeitpunkt, bei Vertragsschluss oder nachträglich, **vereinbart** werden. Sie bewirkt, dass der Schuldner befugt ist, dem Gläubiger eine andere als die geschuldete Leistung anzudienen und der Gläubiger verpflichtet ist, zunächst aus diesem anderen Leistungsgegenstand Befriedigung zu suchen. Bei der Frage, welchen Gegenstand die Parteien als Leistung erfüllungshalber vorsehen, sind sie aufgrund ihrer Vertragsfreiheit frei. Es kann sich um Instrumente des bargeldlosen Zahlungsverkehrs oder bspw um eine erfüllungshalber erfolgende Abtretung (§ 398) handeln. Auch Instrumente, die in erster Linie als Sicherheit in Betracht kommen wie die Gestellung einer Bankgarantie, können eine Leistung erfüllungshalber sein (vgl Schlesw NJW-RR 97, 1415). Welche **Art der Berechtigung** an dem erfüllungshalber hingegebenen Gegenstand besteht, hängt von den Parteiabreden ab. Typischerweise wird eine fiduziarische Vollrechtsübertragung erforderlich sein. Für welche Forderungen die Leistung erfüllungshalber hingegeben wurde, ist im Zweifel durch Auslegung der Parteiabreden zu ermitteln. Dies kann sich auch aus der Art des erfüllungshalber hingegebenen Leistungsgegenstands ergeben (BGHZ 116, 278). Der Gläubiger braucht sich grds nicht auf eine Leistung erfüllungshalber einzulassen; er kann also zB die Annahme eines ihm angebotenen Schecks oder Wechsels verweigern (Frankf NJW 87, 455). Anders liegt es, wenn eine Verpflichtung hierzu begründet wurde. So liegt es beim Kreditkartenverfahren, weil sich die Akzeptanzstelle ggü dem Kartenherausgeber zur Annahme der Kartenzahlung iRe Vertrags zugunsten der Karteninhaber verpflichtet hat.

Die Hingabe dieses anderen Leistungsgegenstands begründet **keine Erfüllungswirkung**; die Schuld bleibt 6
zunächst bestehen. Der Gläubiger muss mit verkehrsüblicher Sorgfalt versuchen, aus dem hingegebenen
Gegenstand Befriedigung zu erlangen. In dem Zeitpunkt und in dem Maße, in dem der Gläubiger Befriedigung aus dem erfüllungshalber hingegebenen Leistungsgegenstand erlangt, tritt dann allerdings Erfüllungswirkung ein (BGHZ 44, 178; 131, 66). Die Hingabe des erfüllungshalber begebenen Leistungsgegenstands begründet regelmäßig zunächst eine dilatorische Einrede gegen die Hauptforderung (BGHZ 116, 278; NJW-RR 01, 1430). Auch die Aufrechnung mit ihr wird dadurch ausgeschlossen (Hburg WM 78, 338). Das Leistungsverweigerungsrecht entfällt, wenn der Gläubiger das zur Erlangung der Befriedigung aus dem erhaltenen Gegenstand nach verkehrsüblicher Sorgfalt Erforderliche erfolglos unternommen hat (BGH WM 69, 371). Der Gläubiger kann dann wieder das eigentlich Geschuldete Zug-um-Zug gegen Rückgabe des erfüllungshalber begebenen Gegenstands verlangen. Das Fehlschlagen der Befriedigung aus dem erfüllungshalber begebenen Gegenstand begründet nicht ohne weiteres den Verzug mit der Hauptforderung (BGHZ 96, 182). Allerdings kann die Auslegung auch ergeben, dass von vornherein keine Stundung gewollt ist, weil der Gläubiger keinen Anlass hat, auf die Rechte aus einem bereits vorliegenden oder drohenden Verzug zu verzichten. Dann ist mit der Hinnahme erfüllungshalber lediglich ein Ausschluss der Klagbarkeit oder Vollstreckbarkeit verbunden.

Erledigt sich der Anspruch, zu dessen Befriedigung eine Leistung erfüllungshalber hingegeben wurde, ander- 7
weitig, so ist es eine Frage der Vereinbarung, ob der Gegenstand ohne weiteres an den Schuldner zurückfällt,
ob es einer Rückübertragung bedarf, oder ob es einer anderen Form der Kompensation (etwa der Ausstellung
eines Gutschriftbelegs bei Kreditkartenzahlung) bedarf. Handelt es sich um einen übertragenen Leistungsgegenstand, so wird man im Zweifel vom Erfordernis einer Rückübertragung ausgehen müssen (BGH-Report
01, 613 zur Rückabtretung bei erfüllungshalber abgetretener Forderung).

Wer die **Kosten der Befriedigung** aus dem erfüllungshalber hingegebenen Gegenstand zu tragen hat, richtet 8
sich nach den Vereinbarungen, die erforderlichenfalls unter Berücksichtigung der Interessenlage auszulegen
sind. Hierfür ist häufig ausschlaggebend, in wessen Interesse die Hingabe erfüllungshalber erfolgt (BGH NJW
65, 1853).

C. Abgrenzung. Ob ein Leistungsgegenstand erfüllungshalber, an Erfüllungs statt oder als vereinbarte Erfül- 9
lung hingegeben wird, hängt von den Vereinbarungen der Parteien ab. Diese bedarf im Zweifel der Auslegung
(zB Karlsr NJW 03, 2322). Bei der Abgrenzung kommt es namentlich darauf an, ob die Forderung unmittelbar durch Hingabe des ersatzweise vorgesehenen Leistungsgegenstands erlöschen soll (dann Erfüllung oder
Leistung an Erfüllungs statt) oder ob erst die Befriedigung aus dem Gegenstand zum **Erlöschen** der Forderung führt; dann handelt es sich um eine Leistung erfüllungshalber (BGH-Report 01, 613). So liegt es etwa,
wenn aufgrund des Befriedigungserlöses eine Abrechnung zu erfolgen hat, nicht hingegen, wenn ein fester
Anrechnungsbetrag vereinbart wurde (vgl BGH NJW 84, 429).

In II sieht das Gesetz eine **Auslegungsregel** vor, die eingreift, wenn der Schuldner ggü dem Gläubiger eine 10
neue Verbindlichkeit übernimmt. Tatbestandlich setzt diese Vorschrift die Begründung einer neuen Verbindlichkeit voraus. Dabei kann es sich bspw um ein Schuldanerkenntnis oder Schuldversprechen oder um eine
wertpapierrechtliche Verbindlichkeit (Scheck oder Wechsel) handeln. Die neue Verbindlichkeit muss zwischen dem Gläubiger und dem Schuldner bestehen. Die Vorschrift greift also nicht ein, wenn eine Forderung
mit dem Ziel der Gläubigerbefriedigung abgetreten wird (Schlesw DZWIR 02, 256).

Anders liegt es im Falle der **Novation**. Hier wird keine zusätzliche Verbindlichkeit begründet, sondern die 11
bisherige durch eine neue ersetzt. Dies geschieht typischerweise an Erfüllungs statt. Allerdings erlischt die
bisherige Verbindlichkeit nur, wenn die neue wirksam begründet wird (Palandt/*Heinrichs* Rn 5).

D. Einzelne Konstellationen. I. Abtretung. Die Abtretung einer Forderung gegen einen Dritten wird meist 12
erfüllungshalber erfolgen (Schlesw DZWIR 02, 256). Das gilt auch bei Abtretung einer Grundschuld (Frankf
MDR 79, 313). Ein Gläubiger, dem eine Forderung erfüllungshalber abgetreten ist, hat zunächst aus der
neuen Forderung mit verkehrsüblicher Sorgfalt seine Befriedigung zu erreichen. Wenn sich diese Forderung
aus irgendwelchen Gründen als nicht einziehbar erweist, also der Versuch der Einziehung fehlschlägt, kann
der Gläubiger Zahlung Zug-um-Zug gegen Rückabtretung der erfüllungshalber an ihn abgetretenen Forderung verlangen (BGH WM 69, 371; vgl a Dresden MDR 02, 817; erstinstanzlich erfolglose Klage gegen Drittschuldner ausreichend). Auf eine Klage mit zweifelhaften Erfolgsaussichten gegen den Drittschuldner muss
sich der Gläubiger nicht einlassen (Dresden MDR 02, 817). Hierfür kann es ausreichen, wenn der Drittschuldner ernsthafte Einwendungen gegen die abgetretene Forderung erhebt (Nürnbg WM 76, 967).

II. Lastschrift. Bei Zahlung per Lastschrift wird dem Gläubiger die Befugnis eingeräumt, über die Buchpo- 13
sition des Kontoinhabers zu verfügen. Er muss versuchen, aus dieser Berechtigung heraus Befriedigung zu
erlangen. Insofern weist die Einräumung einer Einzugsermächtigung oder Abbuchungsbefugnis Züge einer
Leistung erfüllungshalber auf. Als „rückläufige Überweisung" zielt sie aber unmittelbar auf Erfüllung. Diese
tritt erst mit der **endgültigen Gutschrift** auf dem Konto des Gläubigers ein (LG Regensburg NJW-RR 92, 718;
vgl auch Schlesw WM 98, 2057). Sie liegt im Abbuchungsverfahren vor, wenn der Betrag dem Gläubigerkonto gutgeschrieben wurde und das Schuldnerkonto belastet wurde, weil alsdann kein Widerspruch gegen

die Abbuchung möglich ist (vgl BGH DB 78, 1826). Im verbreiteteren **Einzugsermächtigungsverfahren** kann sich die Endgültigkeit daraus ergeben, dass die Schuldnerbank das Einlösungsrisiko übernommen hat oder die hier geltende sechswöchige Widerrufsfrist verstrichen ist. Allerdings liegt ein Wille der Schuldnerbank zu einer solchen Risikoübernahme regelmäßig nicht vor (BGH NJW 79, 2143).

14 **III. Scheck.** Die Hingabe eines Schecks ist **grds als Leistung erfüllungshalber** einzuordnen (BGH 131, 66). Der Gläubiger ist verpflichtet zunächst aus dem Scheck vorzugehen. Die Begebung des Schecks begründet die Einrede der Scheckhingabe (BGH NJW 96, 1961). Sie entfällt, wenn Befriedigung aus dem Scheck nicht vertragsgemäß erlangt werden kann. Das ist insbes bei einer Nichteinlösung des Schecks bei Vorlage der Fall (zum Ganzen BGH NJW-RR 01, 1430). Will der Gläubiger dann das eigentlich Geschuldete verlangen, so besteht dieser Anspruch Zug um Zug gegen Rückgabe des Schecks. Der Gläubiger trägt insofern nach § 270 I die Verlustgefahr. Geht ihm der Scheck verloren, so kann dem Anspruch des Gläubigers eine dauernde Einrede entgegenstehen. Das ist insbes dann der Fall, wenn der Scheck durch die bezogene Bank mit Wirkung gegen den Aussteller eingelöst wurde (BGH NJW 00, 3344). Auf ein Verschulden des Gläubigers hinsichtlich des Scheckverlusts kommt es nicht an (BGH NJW 96, 1961).

15 **IV. Wechsel.** Auch der Wechsel wird regelmäßig erfüllungshalber begeben. Der Gläubiger, der einen Wechsel in Zahlung genommen hat, ist verpflichtet, seine Befriedigung zunächst aus diesem zu suchen. Demgemäß kann der Schuldner ggü der Kausalforderung die – der Stundung entspr – Einrede der Wechselhingabe erheben. Dieser Einwand entfällt erst, wenn der Versuch der Befriedigung aus dem Wechsel fehlschlägt. Dies ist, weil die Wechselschuld eine Holschuld ist, erst dann der Fall, wenn der Wechsel nach Verfall ohne Erfolg zur Zahlung vorgelegt wird (BGHZ 96, 182). Anders liegt es beim sog **Akzeptantenwechselverfahren**, bei dem der Schuldner einen vom Gläubiger ausgestellten Wechsel annimmt und sich durch Diskontierung Barmittel verschafft. Der Erfüllungswirkung der Barzahlung steht es nicht entgegen, dass der Gläubiger der diskontierenden Bank als Wechselschuldner haftet (BGHZ 97, 197).

16 **V. Zahlungskarten.** Die Zahlung mit **Kreditkarten** ist grds als Leistung erfüllungshalber zu qualifizieren. Der Zahlungsvorgang verschafft dem Gläubiger („Akzeptanzstelle") gegen den Kartenherausgeber, also die Bank oder das Kreditkartenunternehmen, einen eigenständigen, vom Rechtsverhältnis zum Schuldner unabhängigen Zahlungsanspruch, dessen Grundlage ein bedingtes abstraktes Schuldversprechen des Kartenherausgebers ist (BGHZ 150, 286; NJW-RR 05, 1570). Danach verspricht der Kartenherausgeber dem Akzeptanzunternehmen diejenigen Zahlungen zu leisten, denen eine formell ordnungsgemäße Kartenzahlung zugrunde liegt. Dem Schuldner steht daraufhin die Einrede der Kartenzahlung zu. Der Gläubiger muss versuchen, Befriedigung aus dem abstrakten Schuldversprechen zu erlangen. Nicht anders liegt es trotz der Anonymisierung bei der Geldkarte oder bei der Verwendung von sog Netzgeld, obschon diese Zahlungsvorgänge häufig anonym erfolgen. Denn auch hier verschafft der Schuldner lediglich einen Anspruch gegen einen Dritten, die herausgebende Bank (*Pfeiffer* NJW 97, 1036)..

17 Bei der **EC-Karte** ist zwischen dem Einsatz im POS-Verfahren (Point of sale) und im POZ-Verfahren zu unterscheiden. Im **POS-Verfahren** begründet der ordnungsgemäße Einsatz der EC-Karte am elektronischen Zahlungsterminal unter Verwendung der Geheimzahl ein Einzahlungsversprechen des Kreditinstituts ggü der Akzeptanzstelle. Dieses wird erfüllungshalber angenommen (*Häde* ZBB 94, 33, 41; *Harbecke* WM 94, Sonderbeil, 1 S 7; *Reiser* WM 89, Sonderbeil 3, S 15; *Graf Westphalen/Pfeiffer* Vertragsrecht und AGB-Klauselwerke, EC-Karten Rn 149). Beim **POZ-Verfahren** (Point of sale-Verfahren ohne Zahlungsgarantie) wird lediglich eine Einzugsermächtigung erteilt (*Graf v Westphalen/Pfeiffer* Vertragsrecht und AGB-Klauselwerke, EC-Karten Rn 156). Es gelten die allgemeinen Grundsätze bei Lastschriftverfahren.

§ 365 Gewährleistung bei Hingabe an Erfüllungs statt

Wird eine Sache, eine Forderung gegen einen Dritten oder ein anderes Recht an Erfüllungs statt gegeben, so hat der Schuldner wegen eines Mangels im Recht oder wegen eines Mangels der Sache in gleicher Weise wie ein Verkäufer Gewähr zu leisten.

1 **A. Überblick und Zweck.** Bei der Annahme einer Leistung an Erfüllungs statt wird eine andere als die geschuldete Leistung erbracht. § 365 ist zunächst die Wertung zu entnehmen, dass die **Erfüllungswirkung** des an Erfüllungs statt hingegebenen mangelhaften Gegenstands von etwaigen Leistungsstörungen in Bezug auf den Ersatzgegenstand grds unberührt bleibt. Allerdings muss der Schuldner wie ein Verkäufer Gewähr leisten. Nach der Schuldrechtsreform kennt das Gesetz jedenfalls begrifflich keine von der Nichterfüllung zu unterscheidende Gewährleistung mehr. § 365 ist deshalb nun als Verweis auf die Leistungsstörungs-, Sach- und Rechtsmangelhaftung des Verkäufers zu lesen (so schon Hamm NJW-RR 88, 266).

2 **B. Anwendungsbereich und Voraussetzungen.** Die Vorschrift gilt für Fälle der Leistung **an Erfüllungs statt**. Auf die Vereinbarung einer Leistung erfüllungshalber ist sie nicht, auch nicht analog anwendbar.

Sie setzt ferner voraus, dass es sich bei dem betreffenden **Leistungsgegenstand** um eine Sache, eine Forderung 3
oder ein anderes Recht handelt. Nur für solche ersatzweise gegebenen Leistungsgegenstände ist der Verweis
auf die Verkäuferhaftung sinnvoll. § 365 gilt nicht, wenn die Leistung in der Herstellung eines unkörperlichen
Werks oder in der Erbringung von Diensten besteht.
Auf die **Rechtsnatur der zu tilgenden Schuld** kommt es nicht an. Schließlich gilt die Vorschrift zwar grds nur 4
für den Rechts- oder Sachmangel. Für die gänzliche Nichterfüllung kann sie aber entspr gelten, soweit diese
darauf beruht, dass dem Gläubiger der an Erfüllungs statt verschaffte Gegenstand nicht rechtsmangelfrei verschafft werden konnte (vgl BAGE 22, 92; s noch Rn 5).

C. Verkäuferhaftung. Den Schuldner trifft die **allgemeine Verkäuferhaftung.** Das schließt nicht nur die 5
Haftung für Sach- und Rechtsmängel (§§ 437, 434, 435), sondern auch die sonstige Haftung für Pflichtverletzungen nach §§ 280 ff ein (*Binder* NJW 03, 393). Leistet der Schuldner indessen überhaupt nicht (§§ 281 I,
323 I), so fehlt es gänzlich an einer Leistung an Erfüllungs statt. Es bleibt bei den für die eigentlich geschuldete Leistung geltenden Pflichtverletzungsregeln (s aber noch Rn 4).
IRd Sachmangelhaftung ist im häufigen Fall der Inzahlungnahme von Gebrauchtwaren der für diese geltende 6
spezifische Fehlerbegriff zu beachten. Gebrauchte Waren sind trotz **verschleißbedingter Mängel** nicht fehlerhaft iSd § 434 I, wenn es sich um einen Verschleiß handelt, mit dem der Gläubiger nach Alter und allgemein
ersichtlichem Zustand rechnen musste (vgl AG Langen ZfSch 1995, 457).
Erklärt der Gläubiger wegen der Mangelhaftigkeit der hingegebenen Sache nach §§ 323, 437, 434, 365 den 7
Rücktritt, so erfasst dieses Gewährleistungsrecht im häufigen Fall der Inzahlungnahme eines Gebrauchtwagens (vgl auch § 364 Rn 5) beim Neuwagenkauf nur das Gebrauchtwagengeschäft. Die **Rückabwicklung**
beschränkt sich auf die Rückgängigmachung der mit der Hingabe des Altwagens eingetretenen Rechtsfolgen
(Celle OLGR 96, 182). Ist beim Kauf eines Kraftfahrzeugs der vom Käufer in Zahlung gegebene Gebrauchtwagen mangelhaft, so kann der Verkäufer grundsätzlich gegen Rückgabe des Gebrauchtwagens Zahlung des
Kaufpreises deshalb auch insoweit verlangen, als er durch die Inzahlungnahme des Fahrzeugs des Käufers
getilgt werden sollte (BGHZ 46, 338).

§ 366 Anrechnung der Leistung auf mehrere Forderungen

(1) Ist der Schuldner dem Gläubiger aus mehreren Schuldverhältnissen zu gleichartigen Leistungen verpflichtet und reicht das von ihm Geleistete nicht zur Tilgung sämtlicher Schulden aus, so wird diejenige
Schuld getilgt, welche er bei der Leistung bestimmt.
(2) Trifft der Schuldner keine Bestimmung, so wird zunächst die fällige Schuld, unter mehreren fälligen
Schulden diejenige, welche dem Gläubiger geringere Sicherheit bietet, unter mehreren gleich sicheren die
dem Schuldner lästigere, unter mehreren gleich lästigen die ältere Schuld und bei gleichem Alter jede
Schuld verhältnismäßig getilgt.

A. Allgemeines. I. Zweck. Die Vorschrift regelt den Fall, dass derselbe Gläubiger **verschiedene Forderun-** 1
gen, die auf eine gleichartige Leistung gerichtet sind, gegen denselben Schuldner hat. Sie ordnet an, welche
dieser Forderungen durch eine Leistung getilgt wird oder getilgt werden, wenn diese Leistung nicht zur Erfüllung sämtlicher Forderungen ausreicht. Vorrang hat dabei nach I die Bestimmung durch den Schuldner.
Trifft dieser keine, so greift die gesetzliche Regelung in II ein. Vor diesem Hintergrund stellt sich
I als Vergünstigung für den Schuldner dar, deren Grund seine freiwillige Leistung bildet (BGH 28. 6. 00, Az
XII ZR 55/98). Zugleich zieht § 366 I die praktische Konsequenz daraus, „dass das Zahlungsgeschäft vom
Schuldner ausgeht" (vgl RGZ 66, 54, 59).

II. Allgemeine Voraussetzungen. 1. Parteiidentität. Die Vorschrift setzt voraus, dass es sich um Forderun- 2
gen **desselben Gläubigers gegen denselben Schuldner,** also einer identischen natürlichen oder juristischen
Person oder Personenmehrheit gegen eine andere natürliche oder juristische Person oder Personenmehrheit
handelt. Der Erwerbsgrund ist gleichgültig. Die Vorschrift gilt auch, soweit die Gläubiger- oder Schuldnerstellung auf Abtretung oder Schuldbeitritt beruht.
Sind Dritte, insbes als **Sicherungsgeber,** von der Tilgungsverrechnung berührt, müssen sie das Ergebnis der 3
Anwendung des § 366 im Gläubiger-Schuldner-Verhältnis hinnehmen (BGH NJW 93, 2043).
Bei der **stillen Teilabtretung,** wie sie auch beim **verlängerten Eigentumsvorbehalt** vorliegt, wird die 4
ursprünglich einheitliche Forderung aufgespalten, ohne dass dies für den Schuldner erkennbar ist. Er kann
mit befreiender Wirkung an den Zessionar leisten (§ 407). Für die Verrechnung auf die Teilforderungen gilt
§ 366 (BGHZ 47, 168; NJW 91, 2629).

2. Mehrere Schuldverhältnisse. Der Begriff des Schuldverhältnisses in § 366 entspricht demjenigen der 5
§§ 362, 241. Gemeint ist die einzelne, **konkrete Forderung,** nicht das Schuldverhältnis im weiteren Sinne als
Gesamtheit („Bündel") von Rechten und Pflichten. Die Vorschrift gilt damit auch für die Frage, welchem von
mehreren beim Gläubiger geführten Konten eine Zahlung gutgeschrieben wird (BGH ZIP 82, 424). Bei der

Kfz-Versicherung handelt es sich um verschiedene Einzelversicherungen mit dementspr verschiedenen Forderungen – Haftpflicht und Kasko (BGH NJW 78, 1524).

6 Die Vorschrift gilt im Falle mehrerer unterschiedlicher **Hauptforderungen**. Für das Verhältnis der Hauptforderungen zu den Nebenforderungen auf Zinsen und Kosten ist § 367 maßgebend.

7 Wie bei § 362 erfasst der Anwendungsbereich auch Forderungen **außerhalb des Schuldrechts**. Die Vorschrift gilt etwa für die Frage, ob bei einer Sicherungsgrundschuld auf die Forderung oder auf die Grundschuld gezahlt wird (BGH NJW 97, 2046; Saarbr OLGR 05, 139) oder wenn eine Grundschuld mehrere Forderungen gegen verschiedene Schuldner sichert (BGH NJW-RR 89, 1036; NJW-RR 95, 1257; NJW 99, 2043). Sie ist auch auf öffentlich-rechtliche Forderungen entspr anwendbar, etwa auf die Zahlung von Sozialversicherungsforderungen. Das gilt auch dann, wenn die Zahlung durch einen Insolvenzverwalter erfolgt (BGH NJW 85, 3064). Im Steuerrecht gilt § 225 AO.

8 Ob eine Mehrheit von Forderungen vorliegt, ist nicht dogmatisch-konstruktiv, sondern nach der **Interessenlage** zu beurteilen. Deshalb kann die Vorschrift zumindest entspr auf in sich gegliederte Forderungen angewandt werden, wenn rechtlich eine einheitliche Schuld vorliegt und es um die Anrechnung auf unterschiedliche Teile derselben geht. Das ist bspw der Fall, wenn ein Teil einer ursprünglich einheitlichen Forderung durch Teilklage rechtliche Selbständigkeit erlangt hat (BGH NJW-RR 91, 169), oder im Verhältnis der einzelnen Mietzinsraten aus demselben Mietvertrag (BGH NJW 65, 1373; NJW 04, 2230, 2232). Auch im Verhältnis des gesicherten zum ungesicherten Teil einer Forderung gilt § 366. Wird bei einem Grundstückverkauf eine Schwarzgeldabrede getroffen, so findet § 366 auf das Verhältnis des beurkundeten (und hypothekarisch gesicherten) zum nicht beurkundeten Kaufpreisanteil Anwendung (BGH NJW 73, 1689). Ist der Schuldner eine GbR, deren Gesellschafter kraft Vereinbarung nicht als Gesamtschuldner, sondern nur anteilig haften, so ist nach § 366 II zu beurteilen, welche Gesellschafter von ihrer Haftung durch Zahlung der GbR frei werden (BGHZ 134, 2240; aA *K Schmidt* NJW 97, 21). Beim Kontokorrent fließen Zahlungen des Schuldners aufgrund der Kontokorrentabrede in den Saldo ein und dienen nicht zur Befriedigung bestimmter Einzelforderungen. Abweichende Abreden sind möglich (BGH NJW-RR 91, 562).

9 **3. Gleichartigkeit.** Der Begriff der Gleichartigkeit entspr § 387. Sie bezieht sich auf den Leistungsgegenstand, der bei **Gattungsschulden** derselben Gattung angehören muss. Der Hauptfall des § 366 sind Forderungen, die auf Geldzahlung gerichtet sind.

10 **4. Leistung des Schuldners.** Die Vorschrift erfasst dem Wortlaut nach die Erfüllung durch Leistung. § 366 gilt für alle Fälle, in denen dieselbe **objektiv** zur Tilgung verschiedener Forderungen geeignet ist. Darunter fallen etwa auch Abschlagszahlungen (Zweibr OLGR 05, 26). Das Merkmal der Leistung umfasst schon dem Wortlaut nach auch die Leistung an Erfüllungs statt und erfüllungshalber. Ebenso kann § 366 bei Erfüllungssurrogaten anwendbar sein (BGH-Report 04, 1140: Aufrechnung). § 366 I gilt aber nicht bei der Verwertung von Sicherheiten (BGH 28.6.00, Az XII ZR 55/98) oder in der Zwangsvollstreckung. Dort steht dem Schuldner kein Bestimmungsrecht zu (BGHZ 140, 391). Ein Forderungseinzug im Wege der Zwangsvollstreckung liegt allerdings nicht vor, soweit ein Drittschuldner im Anschluss an einen Pfändungs- und Überweisungsbeschluss die gepfändete Forderung freiwillig erfüllt (Ddorf ZMR 02, 605).

11 Dagegen enthält § 366 II einen auch für die **Sicherheitenverwertung** geltenden Rechtsgedanken. Sind mehrere Forderungen gesichert, kann der Gläubiger den Verwertungserlös zunächst auf diejenige Forderung verrechnen, welche die geringere Sicherheit bietet (BGH NJW 97, 2514). Auch auf die Verrechnung von Vollstreckungserlösen kann § 366 II dementspr herangezogen werden, soweit keine Spezialregeln einreifen (Karlsr NJW-RR 02, 1158; Köln WM 03, 1468).

12 **B. Bestimmung durch den Schuldner. I. Rechtsnatur.** Die Tilgungsbestimmung ist ihrem eigenen Erklärungsgehalt nach auf die Herbeiführung bestimmter Rechtsfolgen, nämlich die Zuordnung der Erfüllungswirkung zu einer bestimmten von mehreren Forderungen gerichtet. Deshalb ist sie richtigerweise als **Willenserklärung** zu qualifizieren. Die Regeln über Willenserklärungen sind anwendbar (BGHZ 106, 163). So ist bspw die Anfechtung der Tilgungsbestimmung wegen Irrtums nach § 119 möglich. Zumindest ergibt sich dies aus einer Einordnung der Tilgungsbestimmung als geschäftsähnliche Erklärung (vgl BGHZ 106, 163). Will der Schuldner eine bestimmte Forderung tilgen, ergibt sich aber aus dem objektiven Gehalt seiner Tilgungsbestimmung die Anrechnung auf eine andere Forderung, so begründet dies regelmäßig einen Inhalts- und keinen bloßen Motivirrtum (vgl BGHZ 106, 163). Auch die rechtsgeschäftliche Stellvertretung bei der Bestimmung nach Maßgabe des §§ 164 ff ist möglich.

13 Die Tilgungsbestimmung ergibt sich regelmäßig aus dem **Leistungszweck**. Die Bestimmung kann auch konkludent erfolgen. Welche Tilgungsbestimmung vorliegt, ist nach dem durch den Gläubiger erkannten wirklichen Willen zu bestimmen. Verkennt dieser den subjektiv verfolgten Leistungszweck, so kommt es auf den objektiven Empfängerhorizont an (Hburg OLGR 00, 464; Köln NJW-RR 02, 394). Es reicht aus, wenn der Gläubiger bei mehreren offenen Forderungen aus den Umständen ersehen kann, welche getilgt werden soll. Diese Erkennbarkeit kann sich bspw aus der betragsmäßigen Übereinstimmung einer Zahlung mit einer der offenen Forderungen (BGH WM 82, 1032; NJW 01, 3781) oder aus dem Kontext vorausgegangener Verhandlungen ergeben (BGH NJW-RR 91, 169). Jedenfalls ist § 366 II nicht anzuwenden, wenn dessen Anwendung

der Interessenlage der Parteien ganz offensichtlich widerspricht (BGH BB 71, 1433; Ddorf ZMR 00, 605). Bei der Deutung des Schuldnerverhaltens ist die **Interessenlage** von besonders großer Bedeutung (BGH NJW-RR 87, 1350; NJW-RR 95, 1257). Leistet bspw ein mit dem Schuldner identischer Eigentümer auf Grundschulden, die neben den persönlichen Verpflichtungen des Eigentümers auch noch eine Forderung gegen einen Dritten sichert, ist mit der Zahlung auf die Grundschulden regelmäßig konkludent der Wille erklärt, zunächst die eigenen Schulden und nicht vorrangig die Schuld des Dritten tilgen zu wollen (BGH NJW 99, 2043). Aus der Interessenlage kann sich auch ergeben, dass eine bestimmte Anrechnung einen Erfolg zugunsten des Schuldners herbeiführt, der sonst nicht erreicht wird (BGH NJW 78, 1524: Anrechnung auf diejenige Versicherungsprämie, die durch die Zahlung gedeckt wird). Sofern sich die Leistung keiner bestimmten Forderung zuordnen lässt oder keine Bestimmung vorliegt, greift II ein. Nur wenn auch unter Berücksichtigung von §§ 366, 367 offen bliebe, welche Forderung getilgt wird, ist eine Tilgungsbestimmung erforderlich, um überhaupt eine Erfüllungswirkung auszulösen (Frankf OLGR 97, 293; Kobl OLGR 02, 464). Das Vorliegen eines solchen Falles kann sich aus den Abreden der Parteien ergeben (BGHZ 51, 157). Bei Leistung eines Dritten gem § 267 steht diesem ein Bestimmungsrecht zu (Brandbg AgrarR 96, 126); anders liegt es, wenn es sich bei der Zahlung des Dritten um eine Leistung des Schuldners handelt (BGH NJW 97, 2046).

Ein Widerspruch des Gläubigers ist grds unbeachtlich (BGH NJW 83, 2773). Weigert sich der Gläubiger, die Leistung bestimmungsgemäß entgegenzunehmen, so begründet dies grds das Vorliegen von **Annahmeverzug** (§ 293). 14

II. Inhalt der Bestimmung. Der Schuldner ist bei der Bestimmung grds frei. Er kann eine vollständige oder teilweise Bestimmung treffen. Bei einer Akontozahlung kann er sich die spätere Bestimmung vorbehalten (Zweibr OLGR 05, 26). Hat der Schuldner eine Bestimmung getroffen und besteht die zu tilgende Schuld nicht, so kann das zwecks Erfüllung einer nicht bestehenden Verbindlichkeit Geleistete zurückgefordert werden, auch wenn eine andere Schuld in gleicher Höhe bestand, die der Leistende nicht tilgen wollte; der Gläubiger kann ggü dem Rückforderungsanspruch des Leistenden lediglich mit der ihm zustehenden Forderung aufrechnen, nicht aber eine andere Anrechnung verlangen (BGH NJW 00, 2896). 15

Der Schuldner kann eine **negative Bestimmung** treffen. Dies hat zur Konsequenz, dass eine Schuld nicht erlischt, obschon die Leistung zur Erfüllung einer Forderung geeignet ist (BGH WM 72, 1276). Welche andere Forderung sie alsdann tilgt, bestimmt sich nach II. 16

Eine **unzureichende Bestimmung** steht dem Fehlen einer Bestimmung nicht gleich. Eine unzureichende Bestimmung liegt vor, wenn der Schuldner zwar erklärt, dass die Tilgungswirkung von der gesetzlichen Reihenfolge nach § 362 II abweichen soll, aber nicht hinreichend erkennbar wird, welche Reihenfolge stattdessen gelten soll. In diesem Fall ist die Geltung der gesetzlichen Reihenfolge durch die Bestimmung des Schuldners gesperrt. Der Schuldner muss dann eine Zuordnung vornehmen, damit eine Erfüllungswirkung eintritt (BGH LM § 362 BGB Nr 7). 17

III. Zeitpunkt der Bestimmung. Die Tilgungsbestimmung muss „bei der Leistung" erfolgen (BGHZ 140, 391; NJW-RR 04, 405). Ist es wegen der fehlenden Bestimmung bereits zu einer Tilgung nach der gesetzliche Tilgungsreihenfolge des § 366 gekommen, so ist die Leistung „verbraucht" und das Bestimmungsrecht erloschen. Die Parteien können eine abweichende Regelung verabreden, auch indem sie dem Schuldner bei der Leistung eine spätere Bestimmung einverständlich vorbehalten. Hierfür reicht es, wenn sich der Schuldner die spätere Bestimmung einseitig vorbehält und der Gläubiger stillschweigend zustimmt (BGHZ 51, 157). Das kann auch durch Entgegennahme der Leistung geschehen (Frankfurt VersR 71, 186). Im Falle einer dem Schuldner unbekannten Aufspaltung einer ursprünglich einheitlichen Forderung, namentlich bei der verdeckten Teilabtretung, ist dem Schuldner die Möglichkeit einer nachträglichen Bestimmung einzuräumen (Hamm WM 02, 451). 18

IV. Bestimmung durch beide Parteien. Sind die Parteien sich bei der Leistung über die Anrechnung einig, so gilt ihr **übereinstimmender Wille**. Eine Anrechnungsabrede schließt das Bestimmungsrecht des Schuldners aus (BGHZ 91, 375; NJW-RR 95, 1257). Der Abschluss der Vereinbarung unterliegt allgemeinen Grundsätzen. Eine danach mögliche **stillschweigende Abrede** kann auch dadurch getroffen werden, dass der Schuldner eine Anrechnungserklärung des Gläubigers widerspruchslos hinnimmt (BGH NJW-RR 95, 1257). In AGB ist eine von § 366 II abweichende Bestimmung aber auch im Unternehmensverkehr nur wirksam, wenn sie die Reihenfolge der Tilgung in hinreichend bestimmter Weise festlegt (BGHZ 91, 375). 19

V. Ausnahmsweise Bestimmung durch den Gläubiger. Die Parteien können iRi schuldrechtlichen **Vertragsfreiheit** individualvertraglich ein Bestimmungsrecht des Gläubigers vereinbaren. Dies kann sich ausnahmsweise auch aus der Auslegung eines Vertrags ergeben. So kann es bei einem gerichtlichen Vergleich liegen, der mehrere Forderungen gegen den Schuldner erledigt und offen lässt, welche von diesen auch zugunsten anderer Gesamtschuldner getilgt werden sollen (BGH WM 78, 348). Auch die Vereinbarung eines unspezifisch dem Gläubiger zur Verfügung gestellten Vorschusses kann die stillschweigende Vereinbarung eines Bestimmungsrechts des Gläubigers enthalten (BGH ZIP 85, 996). 20

21 **C. Gesetzliche Tilgungsreihenfolge. I. Allgemeines.** Trifft der Schuldner keine Bestimmung und liegt auch keine Vereinbarung der Parteien vor, gilt die gesetzliche Tilgungsreihenfolge nach II. Sie enthält eine Leiter von Merkmalen, nach der die Tilgungswirkung zu bestimmen ist. Die Kriterien sind mithin der Reihe nach zu prüfen (vgl BGH WM 80, 744). Ein nachrangiges Kriterium kann, auch wenn es in besonderer Deutlichkeit vorliegt, das vorrangige nicht verdrängen.

22 § 366 II gilt allerdings nicht, soweit gesetzliche **Spezialregeln** bestehen (für die Abführung von Sozialbeiträgen § 2 BeitrZV, BGH NJW 98, 1484; ferner § 225 AO). Bei der Zwangshypothek bestimmt zwar der Gläubiger die Verteilung des Hypothekenbetrags auf mehrere Grundstücke (§ 867 II ZPO). Für die Tilgung bleibt es aber beim Bestimmungsrecht des Schuldners (BGH NJW 91, 2022). Insolvenzrechtlichen Bevorrechtigungen kommt ein Vorrang zu (BGH NJW 81, 761).

23 **II. Kriterien der Tilgungsreihenfolge.** Da der redliche Schuldner idR zunächst die fällige Forderung befriedigen wird, kommt es primär auf die **Fälligkeit** an, die nach dem Maßstab des § 271 zu ermitteln ist.

24 Sind bereits mehrere Forderungen fällig und reicht die Leistung nicht zur Befriedigung des Gläubigers aus, so verdient sein Tilgungsinteresse den Vorrang, zumal der Schuldner eine Tilgungsbestimmung hätte treffen können. Maßgebend ist daher, welche Forderung dem Gläubiger die geringere Sicherheit bietet. Dies ist wertend unter Berücksichtigung rechtlicher und wirtschaftlicher Kriterien zu entscheiden. Wann eine **höhere Sicherheit** besteht, ist nicht nach einem absoluten Maßstab, sondern durch einen Vergleich unter den Forderungen zu bestimmen. Maßgebend ist eine wirtschaftliche Betrachtung unter Berücksichtigung der hierfür maßgebenden rechtlichen Faktoren. Die höhere Sicherheit wird sich häufig aus dem Bestehen eines Sicherungsrechts ergeben. Ob die Sicherheit durch den Schuldner oder einen Dritten gestellt wurde, ist gleichgültig (BGH JZ 76, 64). Höhere Sicherheit besteht: bei Mithaftung einer weiteren Person (BGHZ 146, 37), bspw im Falle des Bestehens einer Bürgschaft (BGH NJW 84, 2455; NJW-RR 86, 518) oder der Mithaftung mehrerer Gesamtschuldner (BGH 23.10.90, XI ZR 16/90); wenn zwar alle Forderungen gesichert sind, aber für eine Forderung eine zusätzliche Sicherheit besteht (BGH NJW 97, 2514); bei Vorliegen eines Titels für die Forderung (BGH JZ 84, 151); bei einer erst später drohenden Verjährung oder sonstigen Ausschlussfrist (BGH BB 57, 767; MDR 76, 387; NJW 87, 181, 182); wenn kein Auflösungstatbestand im Raum steht (BGH MDR 76, 387). Bei Sozialversicherungsbeiträgen besteht oft die größere Sicherheit bei den vom Arbeitgeber abzuführenden Arbeitnehmeranteilen, weil der Arbeitgeber diese nur treuhänderisch einbehält und ihre Nichtabführung deshalb unter besonderer Strafdrohung steht (BGH WM 82, 1032; vgl a WM 80, 744).

25 Die **Lästigkeit** einzelner Forderungen für den Schuldner ist nach den mit der Nichterfüllung verbundenen Rechtsfolgen, insbes nach der Schwere der damit verbundenen Nachteile, zu beurteilen. Besonders nachteilig kann eine Vertragsstrafe oder die drohende Kündigung eines Dauerschuldverhältnisses sein (Jena RdL 98, 36). Grds käme zwar auch eine titulierte Forderung als die lästigere in Betracht (vgl BGH NJW 83, 2773). Allerdings kann die Titulierung schon zu Vorliegen einer höheren Sicherheit führen, so dass für eine Berücksichtigung bei der Lästigkeit kein Raum mehr ist (vgl vorstehende Rn). Größere Lästigkeit begründet aber die bereits vorliegende Rechtshängigkeit.

26 Für das **Alter** einer Schuld ist auf den Entstehungsgrund abzustellen, nicht auf die Fälligkeit oder den Zeitpunkt des Erwerbs durch Abtretung. Deshalb kommt den durch Aufspaltung einer ursprünglich einheitlichen Forderung entstandenen Forderungen grds der gleiche Rang zu (BGH NJW 91, 2629). Für die **verhältnismäßige Befriedigung** der Gläubiger ist die Höhe ihrer jeweiligen Forderung zueinander ins Verhältnis zu setzen (BGHZ 46, 242, 244; NJW 91, 2629), so dass jede Forderung zu einem gleichen prozentualen Anteil getilgt wird.

27 **D. Beweislast.** Die Beweislast für das Eingreifen des § 366 ergibt sich erst aus dem Zusammenwirken mit § 362. Hat der Schuldner iRs aus § 362 folgenden Beweislast für die Erfüllung die Befriedigung einer bestimmten Forderung schlüssig vorgetragen, so hat der Gläubiger zu beweisen, dass zwischen denselben Parteien mehrere gleichartige Forderungen vorliegen. Bei einem Streit darüber, ob eine Zahlung auf eine bestimmte Forderung anzurechnen ist, trägt also der **Gläubiger** die Darlegungs- und Beweislast dafür, dass ihm noch eine weitere Forderung zusteht. Erst alsdann muss der **Schuldner** seinerseits darlegen und beweisen, warum gerade die streitige Forderung getilgt sein soll (BGH NJW-RR 93, 1015; München OLGR 99, 59). Das gilt auch, wenn urspgl eine einheitliche Forderung vorlag, von der ein Teil durch Teilklage rechtliche Selbstständigkeit erlangt hat (BGH NJW-RR 91, 169).

§ 367 Anrechnung auf Zinsen und Kosten

(1) Hat der Schuldner außer der Hauptleistung Zinsen und Kosten zu entrichten, so wird eine zur Tilgung der ganzen Schuld nicht ausreichende Leistung zunächst auf die Kosten, dann auf die Zinsen und zuletzt auf die Hauptleistung angerechnet.

(2) Bestimmt der Schuldner eine andere Anrechnung, so kann der Gläubiger die Annahme der Leistung ablehnen.

A. Anwendungsbereich und Voraussetzungen. Während § 366 das Verhältnis mehrerer Hauptforderungen untereinander bestimmt, regelt § 367 das **Verhältnis von Hauptforderung, Zinsen und Kosten** im Falle der nicht zureichenden Tilgung. Abgesehen hiervon entspricht der Anwendungsbereich des § 367 demjenigen des § 366 (BGHZ 134, 224), namentlich des § 366 II. So gilt § 367 im öffentlichen Recht, insbes für Sozialversicherungsbeiträge (BGH BB 68, 953), und dem Rechtsgedanken nach auch für die Verwertung von Sicherheiten und in der Zwangsvollstreckung (BGH NJW 56, 1594). Insolvenzrechtlichen Verteilungsregeln kommt der Vorrang zu (BGH NJW 85, 3064), soweit sie reichen (BGH NJW 56, 1594). Wie § 366 ist § 367 innerhalb eines Kontokorrents nicht anwendbar, weil die Zahlungen aufgrund der Kontokorrentabrede als Einzelposten in den Saldo einfließen (BGHZ 77, 256). Für **Verbraucherdarlehen** gilt die zwingende Vorschrift des § 497 III. Danach gilt die abweichende Reihenfolge Kosten, Hauptforderung und Zinsen bei der Verrechnung. 1

§ 367 ist nur im Fall der **unzureichenden Leistung** anwendbar, wenn der gezahlte Betrag zur Tilgung der gesamten fälligen Schuld nicht ausreicht. Die Norm besagt dagegen nicht, dass eine Zahlung, die zur Deckung der fälligen Haupt- und Kostenschuld ausreicht, vorrangig auf bereits begründete, aber noch nicht fällige Kosten angerechnet werden soll (BGHZ 91, 55). 2

§ 367 ist nur anwendbar, wenn die geltend gemachten Kosten oder Zinsen wirklich beansprucht werden können. Erweist sich ein **Vertrag** im Rechtsstreit als **nichtig**, so können vertraglich vereinbarte Kosten nicht verlangt werden und eine – scheinbar – entgegen § 367 II erfolgte Tilgungsbestimmung ist als von Anfang an wirksam zu behandeln (BGH NJW 87, 830). 3

Bestehen **mehrere Forderungen**, können sowohl § 366 als auch § 367 anwendbar sein. § 366 hat Vorrang und bestimmt, auf welche der Forderungen die Zahlung anzurechnen ist. § 367 gilt innerhalb derjenigen bevorrechtigten Forderung, die nicht vollständig getilgt wird. Reicht die Zahlung nicht einmal zur vollständigen Tilgung einer einzigen Forderung, so ist innerhalb dieser Forderung § 367 maßgebend. Sonst kommt § 367 innerhalb derjenigen Forderung zur Anwendung, die nach vollständiger Tilgung aller vorrangigen Forderungen nur noch teilweise getilgt wird und der unter den verbleibenden Forderungen der beste Rang zukommt. 4

B. Tilgungsverrechnung. Im Anwendungsbereich des § 367 gilt die Reihenfolge Kosten, Zinsen, Hauptforderung. Unter **Zins** ist für die Überlassung des Kapitals verlangte gewinn- und umsatzunabhängige, aber von der Laufzeit bestimmte geldliche Vergütung zu verstehen (BGH NJW 79, 540). **Kosten** sind Aufwendungen, die dem Gläubiger aus der Durchsetzung der Forderung entstanden sind, sofern der Gläubiger deren Ersatz verlangen kann. 5

C. Abweichende Bestimmung. II schließt nur die einseitige Bestimmung durch den Schuldner aus. Die Vorschrift enthält aber dispositives Recht. Die Parteien können ein Bestimmungsrecht einer Partei auch hinsichtlich der Zinsen und Kosten oder einen von § 367 abweichenden Verrechnungsmodus durch **Vereinbarung** vorsehen (BGHZ 91, 55). Das kann auch stillschweigend geschehen. Die Vereinbarung eines unspezifisch dem Gläubiger zur Verfügung gestellten Vorschusses kann die stillschweigende Vereinbarung eines Bestimmungsrechts des Gläubigers auch hinsichtlich der Verrechnung auf Zinsen und Kosten enthalten (BGH ZIP 85, 996). Ein Ratenkreditvertrag, bei dem die Zinsen nach einem gleich bleibenden monatlichen Prozentsatz vom ursprünglichen Kreditbetrag berechnet und aus der Gesamtsumme von Kapital und Kosten gleiche Zahlungsraten gebildet werden, ist dahin auszulegen, dass auch jede Einzelrate einen dem Verhältnis der Gesamtbeträge entspr Teil der Kapital- und der Kostenschuld enthalten soll (BGHZ 91, 55). 6

§ 367 II gibt dem Gläubiger nur das Recht, die Teilleistung des Schuldners **abzulehnen**, ohne dadurch in Annahmeverzug zu geraten. Nimmt der Gläubiger an, so gilt die Bestimmung durch den Schuldner. Deshalb kann der Gläubiger nicht zunächst die Teilleistung anzunehmen und dann erst eine von der Bestimmung des Antragsgegners abweichende Anrechnung vornehmen (BGH NJW 83, 2773). Die Bestimmung des Schuldners muss aber, wie bei § 366, bei der Leistung erfolgen (vgl BGHZ 80, 269). 7

§ 368 Quittung

¹Der Gläubiger hat gegen Empfang der Leistung auf Verlangen ein schriftliches Empfangsbekenntnis (Quittung) zu erteilen. ²Hat der Schuldner ein rechtliches Interesse, dass die Quittung in anderer Form erteilt wird, so kann er die Erteilung in dieser Form verlangen.

A. Überblick und Zweck. Der Schuldner benötigt ein **Beweismittel**, um das Erlöschen der Schuld durch Erfüllung nachweisen zu können. § 368 gibt dem Schuldner einen echten **Anspruch** auf Erteilung einer Quittung oder eines Empfangsbekenntnisses. Allerdings handelt es sich um einen unselbständigen Anspruch, der nur dem Leistenden gegen den Gläubiger zusteht und der kein selbständiger Gegenstand des Rechtsverkehrs ist. 1

Der Anspruch auf Quittung ist ein **verhaltener Anspruch**, was bedeutet, dass er nur auf Verlangen des Schuldners zu erfüllen ist. Seine Befriedigung kann Zug-um-Zug gegen die Erbringung der Leistung verlangt werden. Dem Schuldner kann, auch wenn seine eigene Leistungspflicht nicht von einer Gegenleistung des Gläubigers abhängt, ein Zurückbehaltungsrecht aus § 273 zustehen, wenn sich der Gläubiger weigert, eine Quittung auszustellen (RGZ 82, 25, 27). 2

3 Eine selbständige **Klage** auf Erteilung der Quittung ist möglich. Das Vorliegen einer Erfüllung ist hierfür (nur) materiell-rechtlich vorgreiflich; seine Feststellung erwächst also nicht in Rechtskraft. Ggf muss der Schuldner negative Feststellungsklage erheben (vgl etwa Palandt/*Heinrichs* Rn 7).

4 **B. Quittung. I. Rechtsnatur und Wirkung.** Die Ausstellung einer Quittung ist keine Willenserklärung und keine geschäftsähnliche Erklärung, sondern ein **Realakt** (Frankf WM 90, 2036; Karlsr MDR 78, 667; LG Frankf WM 88, 1664).

5 Durch die Unterzeichnung einer Quittung schafft der Gläubiger ein **Beweismittel** gegen sich selbst. Eine Quittung enthält eine außergerichtliche Tatsachenbestätigung („Geständnis") hinsichtlich des Leistungsempfangs. Sie erbringt den vollen Beweis dafür, dass die in ihr enthaltene Erklärung tatsächlich abgegeben wurde, nicht hingegen für die quittierte Tatsache. Insofern wirkt sie aber als ein Indiz für die Wahrheit der zugestandenen Tatsache (BGH WM 79, 1157; NJW-RR 88, 881). Die Beweiskraft einer Quittung hängt jedoch von den Umständen des Einzelfalles ab. Je verlässlicher der Unterzeichner, desto verlässlicher die Quittung (Frankf WM 91, 725). Das gilt besonders, wenn Dritten ggü ein Beweis erbracht werden soll (Dresden ZInsO 00, 673). In jedem Fall unterliegt die Quittung der freien richterlichen Beweiswürdigung und kann durch jeden Gegenbeweis entkräftet werden (BGH WM 79, 1157; NJW-RR 88, 881). Das gilt auch für eine Quittung, die ein Geschäftsunfähiger ausgestellt hat (Karlsr MDR 78, 667). Macht der Gläubiger geltend, die Quittung sei nur zum Schein erteilt worden, so trägt er hierfür ebenso die Beweislast (Ddorf OLGR 01, 466).

6 Eine in Erwartung der künftigen Leistung erteilte Quittung bezeichnet man als **Vorausquittung**. Keine Vorausquittung liegt vor, wenn eine im Vorgriff auf einen späteren Vertrag erbrachte Leistung quittiert wird (München NJW-RR 93, 123). Das Vorliegen einer Vorausquittung muss der Schuldner beweisen (Ddorf OLGR 01, 466). Gelingt der Beweis, so entfaltet die Quittung grds nicht den Beweis für die Erbringung der Leistung (RGZ 108, 50, 56). Allerdings kann es ein Indiz für die nachträgliche Leistungserbringung sein, wenn der Gläubiger die Vorausquittung längere Zeit in den Händen des Schuldners lässt (RGZ 108, 50, 56f). Die Quittung selbst darf nicht zurückgehalten werden.

7 **II. Inhalt.** Eine Quittung oder ein **Empfangsbekenntnis** ist, unabhängig von der Form, jedes Dokument, welches den Empfang der Leistung bestätigt. Der Begriff der Quittung entspricht dem des Empfangsbekenntnisses in § 309 Nr 13 b (Kobl NJW 95, 3392). Empfangsbekenntnisse (Quittungen) können sowohl über den Empfang von Geldzahlungen als auch über denjenigen von Sachleistungen ausgestellt werden. Auf die Bezeichnung des Dokuments kommt es nicht an. Eine ordnungsgemäße Quittung muss erkennen lassen, für welche Forderung sie ausgestellt wird (RGZ 79, 191, 192). Die in Leasingverträgen üblicherweise vereinbarte Übernahmebestätigung stellt kein Schuldanerkenntnis (§ 781), sondern lediglich eine Quittung iSd § 368 dar (BGH NJW 88, 204; NJW 93, 1381). Gleiches gilt bei Mietverträgen allgemein (Ddorf ZMR 89, 300). Nach der Privatisierung der Deutschen Post ist ein Posteinlieferungsschein nicht mehr als öffentliche Urkunde iSd § 418 ZPO anzusehen. Es handelt sich bei einem Einlieferungsschein nur noch um eine Quittung gem § 368, deren Beweiswirkung sich nach § 416 ZPO beurteilt (Hamm OLGR 01, 9). Bestätigt der Gläubiger, einen rückzahlbaren Betrag erhalten zu haben (etwa beim Darlehen), so kann ein Schuldanerkenntnis vorliegen (BGH NJW 86, 2571).

8 Die Quittung unterscheidet sich von der Rechnung. **Rechnung** ist jedes Dokument, mit dem über eine Lieferung oder sonstige Leistung abgerechnet wird, gleichgültig, wie dieses Dokument im Geschäftsverkehr bezeichnet wird (vgl § 15 I UStG). Die Quittung kann auf der Rechnung erteilt werden, etwa durch einen Vermerk „Betrag erhalten".

9 **III. Adressat.** Adressat der Quittung ist der **Schuldner**. Welche Bedeutung eine Erklärung ggü Dritten hat, hängt von den Umständen ab. Die Versicherung des GmbH-Geschäftsführers ggü dem Notar bzw vor dem Registergericht als Letztempfänger, dass die Stammeinlagen vollständig erbracht sind, ist aber kein Leistungsnachweis, sondern eine bloße Angabe und hat deshalb nicht die Wirkung einer Quittung (Ddorf NZG 02, 577).

10 **IV. Zusätze.** Ein Zusatz oder Vorbehalt lässt die **Qualität eines Dokuments als Quittung** unberührt, solange der Erklärungswert des Dokuments nicht ihren auf den Empfang der Leistung bezogenen Bestätigungsgehalt nimmt. Ein Dokument, das einen generellen Prüfungsvorbehalt enthält, ist keine Quittung: Der Schuldner kann damit die Leistung nicht beweisen; der Gläubiger hat seiner Quittungspflicht nicht genügt.

11 Die Quittung kann aber diejenigen Zusätze oder Vorbehalte aufweisen, die sich aus der **Art der Leistung** oder dem **Inhalt des Schuldverhältnisses** ergeben. Nimmt der Gläubiger eine Leistung erfüllungshalber, zB eine Scheck- oder Kartenzahlung, entgegen, kann er dies auf der Quittung vermerken („Betrag per Scheck erhalten"). Er kann eine Zahlung unter Vorbehalt des Scheckeingangs quittieren.

12 Geht der Inhalt eines Dokuments über die Bescheinigung des Leistungsempfangs hinaus, so handelt es sich nicht mehr um eine bloße Quittung. Das bedeutet (wenn es keine zwei Unterschriften enthält) insbes, dass kein **gesondert geschriebenes Empfangsbekenntnis** iSd § 309 Nr 13 b vorliegt (Kobl NJW 95, 3392).

13 **V. Form.** Der Gläubiger hat die Quittung in **Schriftform** gem § 126 zu erteilen. Sie ist also vom Aussteller eigenhändig durch Namensunterschrift zu unterzeichnen. Die elektronische Form ist zulässig, da sie nicht ausgeschlossen ist (§§ 126 III, 126a). Durch ein gestempeltes oder mit einer faksimilierten Unterschrift verse-

henes Dokument genügt der Gläubiger seiner Quittungspflicht nicht (BGH NJW-RR 88, 881). Die Einhaltung der Schriftform ist im Übrigen aber nur von Bedeutung für die Vermutungswirkung des § 416 ZPO. Es gilt, wie auch sonst für ihre Bedeutung, dann auch für die Ausstellung der Grundsatz freier Beweiswürdigung. Das Fehlen der Unterschrift ist für die Beweiskraft unerheblich, wenn der Gläubiger nicht bestreitet, die Erklärung abgegeben zu haben (BGH NJW-RR 88, 881).

Die Quittung ist in anderer Form zu erteilen, wenn ein besonderes rechtliches Interesse hieran besteht. Dessen Vorliegen kann sich aus dem Gesetz ergeben. So liegt es nach § 1144 bei der Erteilung einer **löschungsfähigen Quittung**. Bei der löschungsfähigen Quittung handelt es sich um eine Quittung iSd § 368 in öffentlicher oder öffentlich beglaubigter Form. Sie bestätigt die Tilgung des darin bezeichneten Grundpfandrechts durch den Grundstückseigentümer. Mit einer löschungsfähigen Quittung kann der Eigentümer die Löschung des Grundpfandrechts oder die Berichtigung des Grundbuchs durch seine Eintragung als neuer Grundpfandgläubiger erreichen. Hiervon zu unterscheiden ist die bloße **Löschungsbewilligung**. Sie beschränkt sich inhaltlich auf die Erklärung des Gläubigers, er bewillige die Löschung eines bestimmten Grundpfandrechts. Sie ermöglicht damit zwar die Löschung dieses Rechts. Sie ist aber ggü einer löschungsfähigen Quittung sowohl ihrem Inhalt als auch ihrer rechtlichen Wirkung nach ein Minus und unterfällt nicht dem § 368 (BGHZ 114, 330). 14

Anspruch auf die Verwendung des von ihm **vorgedruckten Formulars** hat der Schuldner idR nicht. Der Gläubiger genügt seiner Quittungspflicht auch dann, wenn er einen eigenen Quittungstext verfasst, der dem vom Schuldner zu beanspruchenden Text inhaltlich entspricht (BGH NJW 93, 1381). Die Berufung auf eine Abweichung von dem vertraglich vereinbarten Wortlaut wird bei inhaltlicher Übereinstimmung oft rechtsmissbräuchlich sein (vgl BGH NJW 93, 1381). 15

§ 369 Kosten der Quittung

(1) Die Kosten der Quittung hat der Schuldner zu tragen und vorzuschießen, sofern nicht aus dem zwischen ihm und dem Gläubiger bestehenden Rechtsverhältnis sich ein anderes ergibt.
(2) Treten infolge einer Übertragung der Forderung oder im Wege der Erbfolge an die Stelle des ursprünglichen Gläubigers mehrere Gläubiger, so fallen die Mehrkosten den Gläubigern zur Last.

Der Schuldner kann, muss aber keine Quittung verlangen. Ihre Ausstellung dient seinen Beweisinteressen. Deshalb hat er die Kosten der Quittung zu tragen. Nach § 369 I beschränkt sich der Anspruch des Gläubigers für das Ausstellen einer Quittung auf Beglaubigungsgebühren, Übersendungskosten und ähnliche **Aufwendungen**. Ein zusätzliches Entgelt kann er hingegen nicht verlangen (BGHZ 114, 330; 124, 254). 1

Eine **abweichende Kostentragungspflicht** kann sich aus einer Vereinbarung oder einer gesetzlichen Regelung ergeben. Ein solcher Fall liegt vor, wenn der Gläubiger dem Schuldner sämtliche Aufwendungen aus dem Rechtsverhältnis zu erstatten hat (zB §§ 670, 693). Die Gläubigervermehrung aufgrund einer Übertragung oder Vererbung des Anspruchs geht nach II zu Lasten der Gläubigerseite. 2

§ 370 Leistung an den Überbringer der Quittung

Der Überbringer einer Quittung gilt als ermächtigt, die Leistung zu empfangen, sofern nicht die dem Leistenden bekannten Umstände der Annahme einer solchen Ermächtigung entgegenstehen.

A. Zweck und Überblick. Die Vorschrift regelt einen Fall der Haftung aus verursachtem **Rechtsschein** (BGHZ 40, 297). Trotz der Formulierung „gilt" liegt damit weder eine Fiktion noch eine widerlegliche Vermutung vor. Der Rechtsscheintatbestand ist zweiteilig ausgestaltet: Er setzt positiv voraus, dass der Leistungsempfänger Überbringer einer Quittung ist. Negativ wird § 370 ausgeschlossen durch Vorliegen von dem Leistenden bekannten Umständen, die zur Beseitigung des Rechtsscheins geeignet sind. 1

B. Schutz des Leistenden. Geschützt wird der Leistende. Das ist neben dem Schuldner auch ein iRd §§ 267, 268 leistender **Dritter**, wobei es dann auf dessen Kenntnis ankommt. Andere Personen, die mit Blick auf eine Quittung Vermögensdispositionen vornehmen, fallen nicht in den Schutzbereich der Vorschrift. Wird anderen Personen eine unrichtige oder unechte Quittung vorgelegt, so können Schadensersatzansprüche aus dem insoweit betroffenen Rechtsverhältnis oder aus § 826 eingreifen (Hamm BB 93, 680). 2

§ 370 verlangt, dass **die Leistung** erbracht wird. Die Vorschrift greift nicht im Falle der Aufrechnung. Zur Annahme einer Leistung an Erfüllungs statt wird im Schrifttum formuliert, § 370 greife nicht ein (Palandt/Heinrichs Rn 5; MüKo/Wenzel Rn 5). Richtigerweise ist allerdings zu differenzieren: § 370 berechtigt den Überbringer nicht, eine nicht vereinbarte Leistung an Erfüllungs statt anzunehmen (Staud/Olzen Rn 9). Ist dagegen eine Ersetzungsbefugnis des Schuldners (und damit die Möglichkeit einer Leistung an Erfüllungs statt) vereinbart und legt der Überbringer eine Quittung hierfür vor, ist er als zu deren Empfang ermächtigt anzusehen. 3

4 **C. Überbringer einer Quittung. I. Überbringer.** Positive Rechtsscheingrundlage ist das Überbringen einer Quittung. Überbringer ist derjenige, der dem Schuldner die Quittung vorlegen kann. Auf eine bereits von einer anderen Person übergebene oder später übersandte Quittung kann sich deshalb niemand berufen (Staud/*Olzen* Rn 5; vgl a RGZ 102, 344).

5 **II. Quittung.** Das Merkmal der Quittung ist einmal Bestandteil des Rechtsscheintatbestands. Es dient zugleich dazu, die **Zurechenbarkeit** des Rechtsscheins zu gewährleisten. Es muss sich um eine Quittung iSd § 368 handeln. Hierzu muss sie dem Schriftlichkeitserfordernis dieser Vorschrift genügen und echt sein, also durch den Gläubiger oder eine sonst berechtigte Person ausgestellt sein. Ein abredewidrig ausgefülltes Blankett reicht für die Zurechenbarkeit des Rechtsscheins aus (BGHZ 40, 297). Wer auf eine falsche oder verfälschte Quittung zahlt, wird hingegen nicht frei (RGZ 73, 347). Er kann aber gegen den Vertragspartner bei fahrlässiger Mitverursachung der Fälschung einen Ersatzanspruch aus § 280 I haben (RGZ 160, 310). Da der Zurechnungstatbestand in der Ausstellung der Quittung liegt, reicht auch eine gestohlene oder abhanden gekommene Quittung aus. Dies folgt auch im Umkehrschluss aus dem Erfordernis der Widerlegung des Rechtsscheins durch dem Leistenden bekannte Umstände.

6 Der Rechtsschein kann nicht durch **Anfechtung** beseitigt werden. Vorrang vor dem Rechtsschein haben die Regeln zum Schutz Geschäftsunfähiger und beschränkt **Geschäftsfähiger** nach den allgemein für Rechtsscheintatbeständen geltenden Grundsätzen (zu diesen BGH NJW 77, 622; ferner MüKo/*Wenzel* Rn 3).

7 **D. Widerlegung durch die Umstände.** Der durch das Überbringen der Quittung hervorgerufene Rechtsschein kann durch andere Umstände beseitigt werden. Die Vorschrift stellt auf **objektive** Umstände und deren **positive Kenntnis** durch den Schuldner ab. Das Kennenmüssen der Umstände genügt nicht. Hingegen kommt es bei Kenntnis der Umstände nicht darauf an, ob der Leistende den zutreffenden Schluss auf die mangelnde Berechtigung des Überbringers gezogen hat.

8 Gutgläubigkeit im Hinblick auf die Berechtigung wird nicht ausdrücklich verlangt. Allerdings kann die Vorschrift nach allgemeinen Rechtsscheingrundsätzen wegen mangelnder Schutzbedürftigkeit nicht eingreifen, wenn der Schuldner **bösgläubig** ist und positiv weiß, dass der Überbringer der Quittung nicht berechtigt ist, die Leistung entgegen zu nehmen. Zudem können die der positiven Kenntnis der fehlenden Berechtigung zugrunde liegenden Umstände der Annahme einer Ermächtigung zum Leistungsempfang entgegenstehen und damit auch schon nach dem Wortlaut der Vorschrift die Rechtsscheinwirkung entfallen lassen.

§ 371 Rückgabe des Schuldscheins

¹Ist über die Forderung ein Schuldschein ausgestellt worden, so kann der Schuldner neben der Quittung Rückgabe des Schuldscheins verlangen. ²Behauptet der Gläubiger, zur Rückgabe außerstande zu sein, so kann der Schuldner das öffentlich beglaubigte Anerkenntnis verlangen, dass die Schuld erloschen sei.

1 **A. Überblick und Zweck.** § 371 ergänzt § 368. Das Beweisinteresse des Schuldners ist nicht nur positiv darauf gerichtet, eine Quittung zu erhalten. Er hat ein ebenso berechtigtes Interesse, vom Gläubiger noch eine in dessen Hand befindliche **Schuldurkunde** für die Forderung zu erhalten, um negativ den Anschein des Weiterbestehens der Forderung zu beseitigen. Hierfür ist er auf einen schuldrechtlichen Anspruch angewiesen, da das Eigentum an dem Schuldschein nicht mit Erfüllung auf den Schuldner übergeht (München NJW-RR 98, 992).

2 Die Rückgabe kann „neben" der Ausstellung einer Quittung verlangt werden. Das bedeutet, dass für § 371 grds sämtliche **Voraussetzungen des § 368** vorliegen müssen. Ein Rückgabeanspruch besteht (zumindest aus § 812) auch dann, wenn das Schuldverhältnis nicht entstanden ist (vgl Frankf OLGR 00, 7). Voraussetzung für den Anspruch ist, dass die Schuld vollständig erloschen ist (Celle 2.12.04, Az 11 U 12/04).

3 **B. Schuldschein.** Ein Schuldschein iSd § 371 ist jede die **Schuldverpflichtung begründende oder auch nur bestätigende Urkunde**, die der Schuldner zum Beweis für das Bestehen der Schuld ausstellt (BGH WM 76, 974). Auf die Rechtsnatur der zugrunde liegenden Forderung kommt es nicht an. Der Schuldschein kann, muss aber keinesfalls ein abstraktes oder kausales Schuldanerkenntnis enthalten. Ein Grundsatz der sog Einheit des Schuldscheins, den das Reichsgericht für Schuldscheindarlehen iSd §§ 40, 30 des Gesetzes vom 16.7.25 über die Ablösung öffentlicher Anleihen aufgestellt hatte (vgl RGZ 116, 166, 173; 117, 59, 60), wird im Anwendungsbereich des BGB nicht anerkannt. Deshalb ist auch nicht notwendig, dass der Schuldschein den Inhalt der Schuldverpflichtung zumindest im Wesentlichen wiedergibt und somit schon für sich allein geeignet ist, den Beweis ihres wesentlichen Inhalts zu erbringen. So bedarf es bspw bei einem Darlehensschuldschein nicht zwingend einer Angabe über die Fälligkeit der Darlehensschuld oder über die Art der Rückzahlung des Darlehens. Erforderlich ist aber eine hinreichende Beweiseignung für die Schuld als solche. Beim Darlehen muss der Schuldschein daher wenigstens hinreichend deutlich erkennen lassen, dass sich sein Aussteller zum Empfang eines Darlehens bekennt (BGH WM 76, 974). Das ist dann der Fall, wenn die Darlehenssumme genannt und der Empfang des Darlehens durch den Darlehensnehmer quittiert wird. Die

Bezeichnung als Darlehensvereinbarung steht dann der Einordnung als Schuldschein nicht entgegen (Köln NJW-RR 97, 381). Urkunden über eine Sicherungsabtretung oder -übereignung sind zwar keine Schuldscheine, § 371 ist aber entspr anzuwenden, weil der Sicherungsgeber sonst die Vorlage bei Dritten befürchten müsste (für unmittelbare Anwendung AG Mönchengladbach NJW-RR 97, 997). Eine Bürgschaftsurkunde steht einem Schuldschein ebenfalls gleich (Ddorf NJW-RR 03, 668; Stuttg OLGR 01, 317).

Die Vorschrift wird analog auf die Herausgabe der **vollstreckbaren Ausfertigung** eines Titels angewandt, wenn die Zwangsvollstreckung aufgrund einer Vollstreckungsabwehrklage (§ 767 ZPO) für unzulässig erklärt wurde (BGHZ 127 146). Der Anspruch auf Titelherausgabe kann jedenfalls neben einer Vollstreckungsabwehrklage geltend gemacht werden (Celle 2.12.04 11 U 12/04). So lange die Zwangsvollstreckung aus dem Titel vollstreckungsrechtlich nicht für unzulässig erklärt wird, steht der Titel dem Gläubiger vollstreckungsrechtlich zu. Deshalb ist die erfolgreiche Vollstreckungsabwehrklage Voraussetzung für den Anspruch aus § 371 (offen lassend BGH NJW 94, 1161), wobei die Klagen verbunden geltend gemacht werden können. Die Herausgabe kann aber zudem dann beansprucht werden, wenn das Erlöschen der titulierten Forderung unstr ist (BGH NJW 94, 1161).   4

C. Rückgabeanspruch. Wie der Anspruch aus § 368, so ist auch derjenige aus § 371 ein **verhaltener Anspruch**, der nur bei Geltendmachung durch den Schuldner fällig wird. Es handelt sich um eine Nebenleistungspflicht des Gläubigers (Stuttg OLGR 01, 317).   5

Die **Anspruchsberechtigung** steht grds dem Schuldner zu. Bei der Bürgschaft kann der Schuldner nach deren Erledigung Rückgabe an den Bürgen, nicht an sich selbst verlangen, wobei hierfür zum Teil auf den Sicherungsvertrag, also die Kautionsabrede, zum Teil auf § 371 abgestellt wird (BGH NJW 89, 1482; Celle OLGR 02, 163; Ddorf NJW-RR 03, 668; Stuttg OLGR 01, 317).   6

Der Anspruch besteht gegen den Gläubiger. Hat ein **Dritter** den Schuldschein in Besitz, ohne Gläubiger zu sein, so kann von diesem die Herausgabe verlangt werden. Befindet sich der Schuldschein nur treuhänderisch in Verwahrung eines anderen, etwa des **Prozessbevollmächtigten**, so bleibt der Gläubiger zur Herausgabe verpflichtet (Köln AnwBl 80, 505; LG Darmstadt NJW-RR 99, 584; aA München MDR 05, 900). Erlischt die treuhänderische Bindung und behält der Dritte den Titel, so ist er als Besitzer nunmehr selbst zur Herausgabe verpflichtet (Naumbg AnwBl 01, 376). Grundlage des Anspruchs gegen den Dritten kann aber stets nicht § 371 (analog), sondern nur § 812 I 2, nicht aber § 371 (analog) sein (Staud/*Olzen* Rn 12; str, aA etwa Naumbg AnwBl 01, 376).   7

Der Anspruch besteht, wie bei § 368, **Zug um Zug** gegen die Erbringung der Leistung (Ddorf OLGR 05, 31). Eine Verknüpfung mit weiteren Forderungen besteht im Regelfall nicht. Allerdings enthält § 348 für das durch **Rücktritt** begründete Abwicklungsverhältnis eine die Herausgabepflicht aus § 371 modifizierende Spezialvorschrift. Im Falle des Rücktritts besteht der Anspruch des Schuldners damit nur Zug um Zug gegen die Erfüllung der eigenen Rückgewährpflicht des Schuldners (BGH NJW 94, 1161).   8

Eine besondere Vorschrift enthält Art 39 WG. Danach kann der Bezogene vom Inhaber gegen Zahlung die Aushändigung des quittierten **Wechsels** verlangen. Haben Ersteher und Grundschuldgläubiger nach § 91 II ZVG im Zwangsversteigerungstermin das **Bestehenbleiben der Grundschuld** vereinbart, so erlischt die Schuld nicht. Deshalb ist der Grundschuldgläubiger nicht zur Herausgabe des Vollstreckungstitels an den früheren persönlichen Schuldner verpflichtet. Der ehemalige persönliche Schuldner kann jedoch verlangen, dass der Grundschuldgläubiger erklärt, auf seine Inanspruchnahme des Schuldners aus der Urkunde zu verzichten (Köln WM 92, 622).   9

D. Anerkenntnisanspruch. Kann der Gläubiger die Urkunde nicht herausgeben, so kann der Schuldner eine Erklärung des Gläubigers verlangen, dass die Schuld erloschen ist. Die Erklärung muss in öffentlich beglaubigter Form abgegeben werden (§ 129).   10

Titel 2   Hinterlegung

§ 372   Voraussetzungen

¹Geld, Wertpapiere und sonstige Urkunden sowie Kostbarkeiten kann der Schuldner bei einer dazu bestimmten öffentlichen Stelle für den Gläubiger hinterlegen, wenn der Gläubiger im Verzug der Annahme ist. ²Das Gleiche gilt, wenn der Schuldner aus einem anderen in der Person des Gläubigers liegenden Grund oder infolge einer nicht auf Fahrlässigkeit beruhenden Ungewissheit über die Person des Gläubigers seine Verbindlichkeit nicht oder nicht mit Sicherheit erfüllen kann.

A. Grundlagen. I. Überblick und Zweck. Die Hinterlegung unter Rücknahmeverzicht (§§ 372, 378) ist ein Erfüllungssurrogat. Sie soll dem Schuldner ermöglichen, sich der Leistung durch Hinterlegung bei der hierfür zuständigen öffentlichen Stelle zu entledigen, wenn die Schuld aus vom Gläubiger zu verantwortenden Gründen oder wegen einer vom Schuldner unverschuldeten Unsicherheit über die Person des Gläubigers   1 nicht oder nicht sicher erfüllt werden kann. Insbes soll der Schuldner nicht aus von ihm nicht zu verantwortenden Gründen in die Lage geraten, zweimal leisten zu müssen (BGHZ 145, 352). Die §§ 372 ff regeln die materiellrechtliche Erfüllungswirkung der Hinterlegung, in verfahrensrechtlicher Hinsicht ist die HintO vom 10.3.37 maßgebend. § 372 regelt die Voraussetzungen, die zur Hinterlegung berechtigen, ohne den Schuldner hierzu zu verpflichten (BGHZ 145, 352). Die Vorschriften der §§ 372 ff sind materiell-rechtlicher Natur (BGH NJW 93, 55). Das Gebot von Treu und Glauben ist auf sie anwendbar und kann den Gläubiger ausnahmsweise verpflichten, eine Teilhinterlegung als Surrogat einer Teilerfüllung anzunehmen (BGH BB 62, 3).

2 Zur Hinterlegung befugt ist der **Schuldner**. Ein Dritter kann dann hinterlegen, wenn er auch zur Erfüllung berechtigt ist, etwa aufgrund des § 268 I iVm II (RGZ 120, 205, 211).

3 **II. Sonderfälle: Hinterlegung ohne Wirkung als Erfüllungssurrogat. 1. Hinterlegung als Erfüllung.** Nach dem Inhalt der Forderung kann der Schuldner zur Hinterlegung als Erfüllung verpflichtet sein. Dies kann vereinbart werden und ist **gesetzlich** ausnahmsweise in den § 432 I 2, § 660 II Hs 2, § 1077 II 2, § 1281 S 2 Hs 2, § 2039 S 2, § 2114 S 2 vorgesehen. Der Anspruch ist in diesen Fällen auf Hinterlegung gerichtet; der Schuldner ist zur Hinterlegung verpflichtet. Es handelt sich allerdings um einen verhaltenen Anspruch: Die Pflicht zur Hinterlegung besteht nur, wenn der Gläubiger sie verlangt (RGZ 52, 141, 144). Für die Erfüllung gilt alsdann § 362. Die §§ 372 ff können entspr angewandt werden (Celle 10.7.03, Az 5 U 45/03). Die Hinterlegung hat regelmäßig unter Rücknahmeverzicht zu erfolgen (Palandt/*Heinrichs* vor § 372 Rn 2).

4 **2. Hinterlegung als Sicherheit.** Diese unterliegt den §§ 232 ff. Verfahrensrechtlich gilt die HintO. Die §§ 372–386 finden auf die Hinterlegung als Sicherheit weder unmittelbar noch entspr Anwendung (BGH NJW-RR 05, 712). Die Umwandlung in eine Hinterlegung zur Erfüllung ist auf Antrag des Schuldners möglich. Für die Bestellung einer prozessualen Sicherheit sind die §§ 108 ff ZPO maßgebend.

5 **3. Hinterlegung an anderer Stelle. a) Hinterlegung beim Notar.** Auch die Übergabe von Geld an einen Notar (§ 54 a ff BeurkG) oder die Überweisung eines Geldbetrages auf ein **Notaranderkonto** („Hinterlegung beim Notar") zwecks Aufbewahrung oder Ablieferung an Dritte (§ 23 BNotO) ist keine Hinterlegung iSd §§ 372 ff und entfaltet nicht die in §§ 378, 379 genannten Wirkungen, wirkt also nicht als Erfüllungssurrogat (BGHZ 87, 156; NJW 64, 836). Die Parteien können aber ausnahmsweise vereinbaren, dass schon diese Zahlung die vertraglich geschuldete Erfüllung bewirkt und die Wirkungen des § 362 herbeiführt (BGHZ 87, 156). Die Vereinbarung kann auch besagen, dass nicht schon die Zahlung auf das Notaranderkonto, aber auch nicht erst die Vornahme der Auszahlung an den Gläubiger, sondern der dazwischen liegende Zeitpunkt des Eintritts der Auszahlungsreife zur Erfüllung führt (BGH NJW 94, 1403). Eine solche Vereinbarung kann sich auch aus der Auslegung des maßgebenden Vertrags unter Berücksichtigung der Interessenlage ergeben (BGH NJW 94, 1403; Hburg NJW 96, 1289; Stuttg ZIP 98, 1834). Dies kann jedoch nicht ohne weiteres unterstellt werden, auch dann nicht, wenn die Hinterlegung im Interesse beider Parteien erfolgt ist (dazu offen lassend BGH NJW 94, 1403; krit. *Reithmannn* NJW 96, 3327). Der öffentlich-rechtliche Anspruch des Berechtigten gegen den Notar auf Auszahlung des hinterlegten Betrags (BGH NJW 98, 2134) ist hierfür ebenfalls keine ausreichende Grundlage. Erfolgt die Hinterlegung allerdings im überwiegenden Interesse des Gläubigers, so kann eine stillschweigende Vereinbarung über den Erfüllungseintritt bei Auszahlungsreife vorliegen (BGH NJW 94, 1403; Stuttg ZIP 98, 1834; weitergehend *Reithmann* NJW 96, 3327). In jedem Fall erfüllt die Hinterlegung beim Notar die Leistungspflicht nur dann, wenn sie nicht mit Vorbehalten versehen ist, die eine Auskehrung an den Verkäufer von weiteren, nicht vereinbarten Voraussetzungen abhängig machen (BGH NJW 97, 2104). Eine zweckwidrige Auszahlung an den Gläubiger kann dem Eintritt der Erfüllungswirkung entgegenstehen (Hburg NJW 96, 1289). Bei einem Prätendentenstreit ist der Notar grds. gehalten, die Rechtslage zu klären (Hamm OLGZ 94, 115).

6 **b) Sonstiges. Nicht hinterlegungsgeeignete Sachen** kann der Schuldner bei Annahmeverzug öffentlich versteigern lassen (§ 383). Nach § 373 HGB kann der Verkäufer beim **Handelskauf** im Falle des Annahmeverzugs „die Ware", also jede Ware unabhängig von ihrer Hinterlegungseignung nach § 372, in einem öffentlichen Lagerhaus oder in sonst sicherer Weise hinterlegen.

7 **4. Hinterlegungsvereinbarung.** S hierzu Rn 21.

8 **B. Hinterlegungsgegenstand. I. Geld.** Unter das Merkmal Geld fallen alle gesetzlichen und gesetzlich zugelassenen Zahlungsmittel. Auch **ausländisches Geld** kann nach § 7 II HintO hinterlegt werden.

9 **II. Wertpapiere.** Wertpapiere sind Urkunden, durch die ein privates Recht in der Weise verbrieft ist, dass die Innehabung des Papiers Voraussetzung für die Ausübung des Rechts ist. Schuldscheine und andere Beweisurkunden sind ebenso wie bloße Legitimationspapiere (§ 808) dementspr keine Wertpapiere. Nur das Wertpapier selbst ist zur Hinterlegung geeignet, nicht das verbriefte Recht. Eine Hinterlegung girosammelverwahrter oder sonst nicht verbriefter Aktien ist ausgeschlossen (Celle NdsRpfl 03, 217; Hburg Rpfleger 03, 672).

10 **III. Sonstige Urkunden.** Unter einer Urkunde versteht man eine verkörperte Gedankenerklärung, die im Rechtsverkehr zum Beweis bestimmt und geeignet ist. Hierunter fallen zunächst die vom Wertpapierbegriff nicht erfassten Legitimationspapiere und Beweisurkunden, auch Vollmachtsurkunden (KG NJW 57, 754,

755) oder anwaltliche Handakten. Eine Urkunde liegt nicht vor, wenn ein beliebiger, zur Hinterlegung nicht geeigneter Gegenstand in einem Bankschließfach verwahrt wird und der Schuldner Mietvertrag und Schlüssel hinterlegen will (Frankf NJW-RR 88, 443).

IV. Kostbarkeiten. Kostbarkeiten sind bewegliche Sachen, deren Wert im Verhältnis zu ihrem Volumen oder Gewicht besonders hoch ist. Darunter fallen Gold, Edelsteine, Schmuck, Kunstwerke oder vergleichbare Gegenstände, nicht aber Videokassetten (Frankf NJW-RR 88, 443). 11

C. Hinterlegungsrecht. Als Erfüllungssurrogat wirkt die Hinterlegung nur, wenn sie als solche berechtigt erfolgt und eine **Hinterlegungsbefugnis** des Schuldners bestand. Hierzu müssen die in § 372 bestimmten Voraussetzungen objektiv vorliegen. Eine etwaige unrichtige Vorstellung des Schuldners, er sei aus irgendwelchen Gründen, die nicht den gesetzlichen Voraussetzungen in § 372 entsprechen, zur Hinterlegung berechtigt, kann den objektiven Mangel der gesetzlichen Voraussetzungen der Hinterlegungsbefugnis nicht ersetzen, gleichgültig, ob der Schuldner sich seine Meinung schuldlos oder schuldhaft gebildet hat (BGH NJW 53, 19; WM 85, 912). Auch eine formal wirksame Annahmeverfügung der Hinterlegungsstelle (§ 6 I HintO) ist kein Ersatz für die mangelnde Rechtmäßigkeit der Hinterlegung (BGH NJW-RR 89, 200). 12

I. Annahmeverzug. Es muss Annahmeverzug iSd §§ 293 ff vorliegen (BGH NJW 90, 761). 13

II. Prätendentenstreit. Ein zur Hinterlegung berechtigender Fall ist bei einer nicht vorwerfbaren (dh unverschuldeten) Ungewissheit des Schuldners über die Person des Gläubigers gegeben. Anlass für eine Ungewissheit wird es oft sein, dass mehrere Forderungsprätendenten die Leistung beanspruchen. Die Gläubiger müssen dieselbe Forderung beanspruchen. Verlangen mehrere Gläubiger aus verschiedenen Rechtsgründen vom Schuldner dieselbe Leistung, ist der Schuldner selbst dann nicht zur Hinterlegung berechtigt, wenn er sich schuldlos darüber im Unklaren ist, welcher der beiden Ansprüche begründet ist (BGH BB 55, 111; ZIP 81, 65; NJW 03, 1809). Ein Zweifel über die Grundforderung reicht nicht aus, um auch Zweifel hinsichtlich einer Scheckforderung zu begründen, selbst wenn Schuldner einen Scheck erfüllungshalber begeben hat (BGH ZIP 85, 208). 14

Als Prätendentenstreit kommt häufig in Betracht, dass die Prätendenten über das maßgebende Rangverhältnis zwischen einer Pfändung und einer Abtretung streiten (BGH NJW-RR 05, 712; vgl a RGZ 144, 391, 393). Ein solcher Streit alleine reicht allerdings nicht aus (BGH BB 60, 459; NJW 97, 1501). Es müssen vielmehr beim Schuldner **objektiv verständige Zweifel** über die Person des berechtigten Gläubigers vorliegen (BGHZ 7, 302). Diese Zweifel können rechtlicher oder tatsächlicher Art sein. Rechtliche Zweifel können auf eine schwer zu ermittelnden Rechtslage oder auf Auslegungszweifeln bei einem Rechtsgeschäft beruhen. Bei einer unklaren Abtretung schließt die Geltung einer Schutzvorschrift zugunsten eines redlichen Schuldners, etwa § 409, die Befugnis zur Hinterlegung nicht aus; denn diese begründet nur eine Erfüllungswirkung zugunsten des Schuldners, nicht aber die Pflicht, an eine Person mit unklarer Berechtigung zu leisten (BGHZ 145, 352; NJW 97, 1501; NJW-RR 04, 656). 15

Für die Beurteilung, an wen zur Herbeiführung der Erfüllungswirkung zu zahlen ist, kommt es nach Art 32 I Nr 4 EGBGB grds auf die Beurteilung durch das auf das Schuldverhältnis anwendbare Recht an (vgl BGHZ 7, 308). Allerdings ist es als sachliche Unsicherheit anzusehen, wenn der Schuldner die Inanspruchnahme vor einem Forum befürchten muss, dessen **IPR** das Schuldverhältnis abweichend anknüpft mit der Folge, dass ein anderer Gläubiger berechtigt ist. 16

Die Zweifel dürfen nicht auf **Fahrlässigkeit** beruhen. Deshalb ist der Schuldner zur Vermeidung eines Schuldvorwurfs zunächst gehalten, sich bei einer schwierigen oder unübersichtlichen Sach- oder Rechtslage zu erkundigen. Er hat die Sach- und Rechtslage mit verkehrsüblicher Sorgfalt zu überprüfen. Bleiben danach begründete Zweifel, so werden die Obliegenheiten des Schuldners durch Zumutbarkeitsgesichtspunkte begrenzt. Der Schuldner ist zur Hinterlegung berechtigt, wenn es dem Schuldner nach verständigem Ermessen nicht zugemutet werden kann, den Zweifel auf seine Gefahr hin auszuräumen (BGHZ 7, 308; NJW-RR 05, 712). Was vom Schuldner zu erwarten ist, hängt von den Umständen ab. Zu berücksichtigen sind zunächst die Kenntnisse und Möglichkeiten des Schuldners. Handelt es sich um ein Unternehmen mit einer eigenen Rechtsabteilung, so ist er in jedem Fall verpflichtet, diese einzuschalten (BGH NJW 03, 1809). Dementspr ist anzuerkennen, dass sich der Schuldner auf eingeholten Rechtsrat (wenn dieser die Rechtslage als unklar bezeichnet) prinzipiell verlassen darf. Ferner kommt es noch auf die Ursache der Unklarheit an. Für die Annahme einer begrenzten Klärungspflicht spricht es, wenn die Unsicherheit durch den Gläubiger, etwa durch eine unklare Abtretung (BGHZ 145, 352; NJW 97, 1501; NJW-RR 04, 656; NJW-RR 05, 712) oder unklare Vertragsdokumente aus der Gläubigersphäre (BGH NJW-RR 04, 656), verursacht wurde. Auch die Komplexität der zu beantwortenden Rechtsfragen kann von Bedeutung sein (BGH NJW 97, 1501). Zu berücksichtigen ist schließlich, dass dem Schuldner nicht die Erkenntnismöglichkeiten eines Gerichts zur Verfügung stehen (BGH NJW-RR 05, 712). Ein Notar muss die Rechtslage idR klären und ist daher allenfalls ausnahmsweise zur Hinterlegung befugt (Hamm DNotZ 83, 61). 17

Im Falle des **prozessualen Prätendentenstreits** sieht § 75 ZPO ein Hinterlegungsrecht vor. Ob dort ein eigenständiges, von den Voraussetzungen des § 372 unabhängiges Hinterlegungsrecht begründet oder nur ein möglicher Anwendungsfall des § 372 umschrieben wird, ist nach dem Wortlaut der Vorschrift unklar und 18 demgemäß umstr (offen lassend BGH NJW 97, 1501). Die prozessuale Sondersituation rechtfertigt indes eine Einordnung als selbständiges Hinterlegungsrecht.

19 Bei **Mehrfachpfändung** einer Geldforderung ordnet § 853 ZPO ein Recht – und auf Verlangen eines beitreibenden Gläubigers eine Pflicht – des Drittschuldners zur Hinterlegung an. Sie hat bei dem AG zu erfolgen, dessen Beschluss zuerst zugestellt wurde. Die Hinterlegung hat schuldbefreiende Wirkung nach § 378 ggü denjenigen Gläubigern, die in der Anzeige des Schuldners nach § 853 ZPO genannt wurden (Köln OLGR 98, 38). Beim Zusammentreffen von Abtretung und Pfändung gilt § 372.

20 **III. Weitere Gründe aus der Gläubigersphäre.** Hierunter fallen Geschäftsunfähigkeit (auch beschränkte Geschäftsfähigkeit, wenn ein Vertreter fehlt), ein unbekannter Aufenthalt oder Verschollenheit (Frankf NJW-RR 88, 681), sofern sie objektiv zu einer Unsicherheit über den möglichen Erfüllungserfolg führen.

21 **IV. Hinterlegungsvereinbarung.** Die §§ 372 ff enthalten, soweit sie materiellrechtlicher Natur sind, **dispositives Recht**. Diese Dispositionsbefugnis kommt auch in der in § 376 II Nr 2 geregelten Möglichkeit des Gläubigers zum Ausdruck, eine unberechtigte Hinterlegung anzunehmen und dadurch rechtmäßig werden zu lassen. Die Parteien können deshalb eine Hinterlegungsbefugnis des Schuldners vereinbaren (BGH NJW 93, 55).

22 **D. Hinterlegung für den Gläubiger.** Rechtsfolge des § 372 ist es, dass der **Schuldner zur Hinterlegung berechtigt** ist. Die Hinterlegung muss für den Gläubiger erfolgen. An der Wirksamkeit der Hinterlegung ändert sich nichts, wenn der Schuldner beim Prätendentenstreit für den Kreis der möglichen berechtigten Empfänger neben den in Betracht kommenden Gläubigern eine weitere Person benennt, die ersichtlich nicht (mehr) Gläubiger sein kann (BGH NJW-RR 05, 712). Ausreichend ist, dass der berechtigte Gläubiger auch unter den Benannten ist. Auch die spätere Benennung weiterer Gläubiger ist zulässig (BGH NJW 60, 1003). Zur Hinterlegung ist auch der Insolvenzverwalter zugunsten der um eine auf eine Forderung entfallende Quote streitenden Gläubiger berechtigt (BGH NJW 97, 1014).

23 Durch die Hinterlegung erlangt der vom Schuldner benannte Gläubiger ohne Rücksicht auf seine tatsächliche Berechtigung die Stellung eines Verfahrensbeteiligten. Die Hinterlegung ist kein **Anerkenntnis** und ändert die Beweislast für die Forderungsberechtigung jedenfalls nicht ohne weiteres (Dresden WiB 97, 200 – LS). Allerdings kann ein Anerkenntnis in der Hinterlegungsanzeige nach § 374 II liegen. Ist die Forderung zugunsten mehrerer Forderungsprätendenten hinterlegt, so steht dem wirklichen Rechtsinhaber gegen den anderen Prätendenten ein **Anspruch aus § 812 I 1 Fall 2** auf Einwilligung in die Auszahlung zu, denn letzterer hat durch das vom Schuldner gewählte Vorgehen auf Kosten des wahren Gläubigers rechtsgrundlos die Stellung eines Hinterlegungsbeteiligten erlangt (BGHZ 35, 165; 109, 240; WM 80, 1383). Ein Bereicherungsanspruch besteht auch dann, wenn – etwa wegen der rechtlichen Verschiedenheit der von beiden Prätendenten geltend gemachten Ansprüche – kein Hinterlegungsgrund gem § 372 S 2 vorliegt (BGH NJW 00, 291). Für das Bestehen dieses bereicherungsrechtlichen Anspruchs ist die Gläubigerstellung ggü dem hinterlegenden Schuldner und nicht das Innenverhältnis zwischen den Prätendenten maßgebend (BGH NJW-RR 97, 495; NJW 00, 291).

24 Dem Gläubiger steht gegen die Hinterlegungsstelle ein öffentlich-rechtlicher **Anspruch auf Herausgabe der Hinterlegungsmasse** zu, wobei die Herausgabe aufgrund einer Verfügung der Hinterlegungsstelle auf Antrag erfolgt (§ 12 HintO). Hierzu muss das Rücknahmerecht des Schuldners nach § 376 II ausgeschlossen und der Nachweis der Empfangsberechtigung nach Maßgabe der §§ 13 ff HintO erbracht sein. Für den Anspruch auf Hinterlegungszinsen bedarf es keines gesonderten Nachweises, soweit die Herausgabevoraussetzungen für die Hinterlegungsmasse selbst vorliegen (Köln OLGR 97, 289).

25 **E. Maßgaben nach der Hinterlegungsordnung.** Die verfahrensrechtliche und justizverwaltungsrechtliche Seite der Hinterlegung ist in der HintO vom 10. 3. 37 geregelt. Zweck des hiernach begründeten **öffentlich-rechtlichen Rechtsverhältnisses** (Rn 26) ist es, die Rechte aller Beteiligten, so wie sie bei der Hinterlegung bestanden oder nach den Bestimmungen des Hinterlegers zukünftig bestehen sollen, durch Einschaltung des Staates als Rechtswahrer zu sichern (BGHZ 95, 109, 114).

26 Zuständig für Hinterlegungsgeschäfte sind nach § 1 HintO die **Amtsgerichte** als Hinterlegungsstellen und die **Justizverwaltungskassen** als Hinterlegungskassen. § 5 HintO ordnet in Übereinstimmung mit § 372 an, dass zur Hinterlegung Geld, Wertpapiere, sonstige Urkunden sowie Kostbarkeiten angenommen werden. Durch die Hinterlegung wird eine öffentlich-rechtliche (justizverwaltungsrechtliche) Rechtsbeziehung zwischen der Hinterlegungsstelle und den Beteiligten des Hinterlegungsverfahrens (Schuldner und Gläubiger) begründet.

27 Hinsichtlich des zivilrechtlichen Schicksals des hinterlegten Gegenstands ist zu unterscheiden: **Gesetzliche und gesetzlich zugelassene Zahlungsmittel** gehen mit der Hinterlegung in Staatseigentum über (§ 7 I HintO). Andere Zahlungsmittel werden nach § 7 II HintO unverändert aufbewahrt. Sie können mit Zustimmung der Verfahrensbeteiligten in gesetzliche oder gesetzlich zugelassene Zahlungsmittel umgewechselt werden. Diese gehen dann in Staatseigentum über. Demgegenüber werden Wertpapiere, sonstige Urkunden sowie Kostbarkeiten unverändert aufbewahrt (§ 9 I). Die **Eigentumsverhältnisse** bleiben also bei diesen Gegenständen von der Hinterlegung unbeeinflusst. In Staatseigentum übergegangenes Geld wird nach Maßgabe des § 8 HintO **verzinst**. Die Zinsen werden nach Kalendermonaten berechnet. Ihr Lauf beginnt mit dem ersten Tag des auf

die Einzahlung folgenden Monats. Er endigt mit dem Ablauf des der Auszahlungsverfügung vorhergehenden Monats. Fällig werden die Zinsen mit Ablauf des Kalenderjahres oder, wenn das Geld vorher herausgegeben wird, mit der Herausgabe. Beträge unter 50 euro sowie Cent-Beträge werden nicht verzinst. Auch Zinseszinsen werden nicht berechnet. Bei Wertpapieren übernimmt die Hinterlegungsstelle iRd in § 10 HintO genannten Voraussetzungen und Grenzen eine **Geschäftsbesorgungsfunktion**, zu der die Einlösung fälliger oder der Umtausch und die Abstempelung aufgerufener Wertpapiere, die Einlösung fälliger Zins- und Gewinnanteilsscheine oder die Beschaffung von neuen Zins- und Gewinnanteilsscheinen sowie hierzu herausgegebenen Erneuerungsscheinen gehören. Die **Herausgabe** an einen Berechtigten bedarf in verfahrensrechtlicher Hinsicht einer Verfügung der Hinterlegungsstelle. Hierzu muss die Berechtigung des Empfängers nachgewiesen werden, und zwar entweder durch ein den Anforderungen der §§ 13, 14 HintO entspr Anerkenntnis oder die Vorlage einer rechtskräftigen Entscheidung mit Wirkung gegen die Beteiligten. Eine Aufrechnung ist der Hinterlegungsstelle aufgrund ihrer treuhänderischen Funktion nicht gestattet (BGHZ 95, 109, 114). In verfahrensrechtlicher Hinsicht ist ein Antrag des Empfängers notwendig. Der Hinterleger ist demgegenüber zur Rücknahme nach § 376 berechtigt.

§ 373 Zug-um-Zug-Leistung

Ist der Schuldner nur gegen eine Leistung des Gläubigers zu leisten verpflichtet, so kann er das Recht des Gläubigers zum Empfang der hinterlegten Sache von der Bewirkung der Gegenleistung abhängig machen.

Die Hinterlegung ist ihrem Zweck als Erfüllungssurrogat nach darauf ausgerichtet, die Parteien möglichst 1 nicht anders zu behandeln als im Falle der Erfüllung. § 373 dient diesem Ziel in den Fällen der **Zug-um-Zug Leistung** und soll eine Schlechterstellung des Schuldners verhindern. Der Schuldner kann daher den Hinterlegungsantrag mit der Bedingung versehen, dass die Empfangsberechtigung des Gläubigers nur besteht, wenn dieser die Gegenleistung bewirkt hat. Diese Wirkung des § 373 greift nicht schon kraft Gesetzes ein. Der Schuldner muss seinen Hinterlegungsantrag entspr fassen. Die Befugnis zur Beschränkung der Empfangsberechtigung ist als Minus im Rücknahmerecht des § 376 enthalten. Diese Befugnis besteht daher auch nachträglich, sofern das Rücknahmerecht nicht nach § 376 II erloschen ist.

§ 373 setzt voraus, dass der Schuldner nur gegen eine Leistung des Gläubigers seinerseits leisten muss. Dem 2 auf Sicherung des Zurückbehaltungsrechts entspr Zweck der Vorschrift erfasst sie neben den Fällen des § 320 auch die Fälle eines **Zurückbehaltungsrechts** des Schuldners nach § 273 oder nach § 369 HGB, auch wenn das Zurückbehaltungsrecht nur wegen einer Nebenleistungspflicht des Gläubigers besteht.

Andere Vorbehalte sind grds unzulässig. Die Hinterlegungsstelle weist den Hinterlegungsantrag zurück; 3 unterlässt sie dies, ist sie allerdings zu seiner Beachtung verpflichtet. Anderes wird für Bedingungen oder Vorbehalte angenommen, die dem Inhalt des Schuldverhältnisses entsprechen, und für den Vorbehalt des Bestehens der Forderung. Dieser Vorbehalt schließt allerdings, wie bei der Leistung unter Vorbehalt des Bestehens, die Erfüllungswirkung (§§ 378, 379) aus (Staud/*Olzen* Rn 3 f).

Das Hinterlegungsrecht des Schuldners ergibt sich bereits aus § 372. Die Hinterlegungsstelle braucht die 4 Berechtigung zur Beifügung einer Bedingung daher nicht nachzuprüfen. Die **unmittelbare Rechtsfolge** des § 373 besteht darin, dass der Schuldner zur Beifügung einer Bedingung bei der Hinterlegung berechtigt ist, ohne dass dies eine etwaige Erfüllungswirkung der Hinterlegung beeinträchtigt. Mittelbar bewirkt § 373, dass der Gläubiger die hinterlegte Sache oder Geldsumme nur unter der Bedingung der Erbringung der Gegenleistung erhält. Obschon der Gläubiger damit die Gegenleistung erbringen muss, bevor er die Leistung erhält, führt § 373 nicht etwa zu einer indirekten Vorleistungspflicht des Gläubigers. Der Schuldner hat die Leistungshandlung vollständig vorgenommen; der Gläubiger ist hinreichend durch seinen Auskehrungsanspruch gegen die Hinterlegungsstelle gesichert.

Die nach § 373 erforderliche Gegenleistung muss der Hinterlegungsstelle **nachgewiesen** werden. Maßgebend 5 sind §§ 13, 14 HintO. Dem Gläubiger kann nach Erbringung der Gegenleistung das Recht aus § 380 zustehen.

§ 374 Hinterlegungsort; Anzeigepflicht

(1) Die Hinterlegung hat bei der Hinterlegungsstelle des Leistungsorts zu erfolgen; hinterlegt der Schuldner bei einer anderen Stelle, so hat er dem Gläubiger den daraus entstehenden Schaden zu ersetzen.
(2) ¹Der Schuldner hat dem Gläubiger die Hinterlegung unverzüglich anzuzeigen; im Falle der Unterlassung ist er zum Schadensersatz verpflichtet. ²Die Anzeige darf unterbleiben, wenn sie untunlich ist.

A. Hinterlegung am Leistungsort. Der Leistungsort ist derjenige Ort, an dem der Schuldner die Leistungs- 1 handlung vornehmen muss, grds also der Wohnort des Schuldners (§ 269). Für qualifizierte Schickschulden, zu denen nach § 270 insbes **Geldschulden** zählen, liegt zwar der Leistungsort ebenfalls am Schuldnerwohnsitz. Doch muss der Schuldner das Geld auf seine Kosten und Gefahr dem Gläubiger übermitteln. Deshalb muss die das gesamte Hinterlegungsrecht prägende Wertung durchschlagen, dass die Hinterlegungsmöglichkeit keine Partei bevorzugen oder benachteiligen soll. Für qualifizierte Schickschulden ist also gegen den Wortlaut auf den Erfolgsort abzustellen (Staud/*Olzen* Rn 3; sehr str, aA MüKo/*Wenzel* Rn 1).

2 Die Hinterlegung an anderer Stelle ist wirksam und entfaltet insbes die Wirkungen der §§ 378, 379. Der Schuldner muss aber, soweit ein Schaden entsteht, **Schadensersatz** leisten. Der Anspruch erfasst insbes den erhöhten Aufwand des Gläubigers. Auf ein Verschulden des Schuldners kommt es nicht an.

3 **B. Anzeigepflicht.** Die Anzeige ist keine Wirksamkeitsvoraussetzung für die Hinterlegung. Sie kann formfrei erfolgen. Die Anzeige ist nicht auf Herbeiführung von Rechtsfolgen gerichtet und damit kein Rechtsgeschäft (aA JPKZ/*Habermeier* Rn 4; Staud/*Olzen* Rn 6). Sie stellt aber eine geschäftsähnliche Handlung dar. Sie kann ferner als Anerkenntnis iSd § 212 I Nr 1 zu werten sein. Bei mehreren Forderungsprätendenten ist eine Anzeige ggü allen erforderlich. Untunlich ist die Anzeige, wenn die Erfüllung der Anzeigepflicht unverhältnismäßige Schwierigkeiten bereitet, namentlich wenn die Anschrift des Gläubigers nicht zu ermitteln ist.

4 Die **Rechtsfolge** einer Verletzung der Anzeigepflicht liegt in der Begründung eines **Schadensersatzanspruchs** nach § 374 II 1 Hs 2. Die Erfüllungswirkung des § 378 bleibt von einer Verletzung unberührt (AG Worms DGVZ 97, 60).

§ 375 Rückwirkung bei Postübersendung

Ist die hinterlegte Sache der Hinterlegungsstelle durch die Post übersendet worden, so wirkt die Hinterlegung auf die Zeit der Aufgabe der Sache zur Post zurück.

1 Bei Übersendung an die Hinterlegungsstelle durch die Post wirkt die Hinterlegung auf den Zeitpunkt der Aufgabe zur Post zurück. Die **Rückwirkung** tritt nur ein, wenn die Hinterlegung tatsächlich erfolgt. Die Gefahr des zufälligen Untergangs trägt der Schuldner, soweit sich nicht aus dem Gesetz etwas anderes ergibt. Das Verzögerungsrisiko trägt nach § 375 der Gläubiger.

2 Die Vorschrift gilt dem Wortlaut nach für die Aufgabe zur **Post**. Daran ist im Bereich des Postmonopols festzuhalten. Sonst stehen andere Zustelldienste der Post gleich.

§ 376 Rücknahmerecht

(1) Der Schuldner hat das Recht, die hinterlegte Sache zurückzunehmen.
(2) Die Rücknahme ist ausgeschlossen:
1. wenn der Schuldner der Hinterlegungsstelle erklärt, dass er auf das Recht zur Rücknahme verzichte,
2. wenn der Gläubiger der Hinterlegungsstelle die Annahme erklärt,
3. wenn der Hinterlegungsstelle ein zwischen dem Gläubiger und dem Schuldner ergangenes rechtskräftiges Urteil vorgelegt wird, das die Hinterlegung für rechtmäßig erklärt.

1 **A. Rücknahmerecht.** Der Hinterleger kann die Hinterlegungsmasse jederzeit zurücknehmen, soweit das Rücknahmerecht nicht nach Abs 2 erloschen ist. Eines Nachweises seiner Empfangsberechtigung bedarf es dann grds nicht. Seiner Rechtsnatur nach ist das Rücknahmerecht ein **Gestaltungsrecht**, das durch Erklärung gegenüber der Hinterlegungsstelle ausgeübt wird. Das öffentlich-rechtliche Hinterlegungsverhältnis wird in ein Abwicklungsrechtsverhältnis umgestaltet und ein von den dinglichen Rechtsverhältnissen unabhängiger öffentlich-rechtlicher Herausgabeanspruch des Schuldners gegen die Hinterlegungsstelle begründet. Solange das Rücknahmerecht besteht, tritt die Erfüllungswirkung nach § 378 nicht ein. Der Schuldner kann aber das Leistungsverweigerungsrecht nach § 379 geltend machen. Die Rechtsfolgen der Rücknahme regelt § 379 III.

2 **B. Ausschluss der Rücknahme. I. Voraussetzungen. 1. Verzicht.** Der Verzicht ist eine empfangsbedürftige **Willenserklärung** des Schuldners ggü der Hinterlegungsstelle. Er ist unwirksam, wenn ein Verfügungsverbot nach §§ 135, 136 eingreift (München OLGR 97, 183).

3 **2. Annahme durch den Gläubiger.** Die Annahme ist eine empfangsbedürftige **Willenserklärung** des Gläubigers gegenüber der Hinterlegungsstelle. Bei mehreren Gläubigern reicht die Annahme durch einen von ihnen, weil die Empfangsberechtigung alsdann zwischen den Gläubigern zu klären ist und damit das Beteiligungsinteresse des Schuldners erlischt. Der Gläubiger kann auch im Falle einer unberechtigten Hinterlegung die Hinterlegung annehmen. Damit wird die Hinterlegung nachträglich mit einem Hinterlegungsgrund unterlegt und, falls es an diesem fehlte, rechtmäßig (BGH NJW 93, 55).

4 **3. Rechtskräftiges Urteil.** Das Urteil muss die Hinterlegung für rechtmäßig erklären. Dementspr kann es sich um ein Feststellungs- oder Zwischenfeststellungsurteil handeln. Auch eine inzidente Feststellung der Rechtmäßigkeit reicht aus, wenn der Schuldner mit der Einrede des § 379 ggü der Leistungsklage eines Gläubigers durchdringt. Da § 376 II nur das Ausscheiden des Schuldners aus dem Hinterlegungsverfahren im

Blick hat, reicht es aus, wenn die Hinterlegung im Verhältnis zu mindestens einem Gläubiger rechtmäßig und geeignet zur Herbeiführung der Erfüllungswirkung des § 378 ist. Deshalb ist ein Urteil in einem Verfahren zwischen einem Schuldner und einem von ggf mehreren Gläubigern erforderlich, aber auch ausreichend. Ein Urteil in einem Prätendentenstreit genügt nicht, weil der Schuldner hieran nicht beteiligt ist. Schuldner und Gläubiger können in diesem Fall nach Nr 1 oder Nr 2 vorgehen. Die Rechtmäßigkeit der Hinterlegung ist zu unterscheiden von der Empfangsberechtigung, für deren Nachweis der Empfänger eine gegen alle (verbleibenden) Beteiligten wirkende rechtskräftige Entscheidung benötigt (§ 13 II Nr 2 HintO).

II. Wirkungen des Ausschlusses. Durch den Ausschluss des Rücknahmerechts endet grds die **Verfahrensbeteiligung** des Schuldners. Sein Gestaltungsrecht nach § 376 I erlischt. Er scheidet aus dem Kreis der nach §§ 12 ff HintO Empfangsberechtigten aus. Allerdings bleibt der Schuldner auch nach einem Rücknahmeverzicht befugt, weitere Empfangsberechtigte zu benennen (BGH NJW 60, 1003). Außerdem kann der Schuldner die Einhaltung einer etwaigen Bedingung nach § 373 verlangen. Spätestens mit der Annahme der Hinterlegung erwirbt der Gläubiger mittelbaren Besitz an einem hinterlegten Gegenstand; die Hinterlegungsstelle ist Besitzmittler (RGZ 135, 271, 274). 5

§ 377 Unpfändbarkeit des Rücknahmerechts
(1) Das Recht zur Rücknahme ist der Pfändung nicht unterworfen.
(2) Wird über das Vermögen des Schuldners das Insolvenzverfahren eröffnet, so kann während des Insolvenzverfahrens das Recht zur Rücknahme auch nicht von dem Schuldner ausgeübt werden.

Das **Rücknahmerecht** ist als Gestaltungsrecht (§ 376 Rn 1) unpfändbar und damit nicht abtretbar (§§ 400, 413). Damit soll verhindert werden, dass Gläubiger die Erfüllungswirkung der Hinterlegung beeinträchtigen können, ohne dass die Voraussetzungen der Gläubigeranfechtung vorliegen. Vom Rücknahmerecht als Gestaltungsrecht zu unterscheiden ist der öffentlich-rechtliche Herausgabeanspruch. Dieser entsteht, wenn der Schuldner das Rücknahmerecht ausgeübt hat, und er ist der Pfändung unterworfen. Gleiches gilt für einen etwaigen Anspruch aus § 812 I, wenn der Gläubiger die Hinterlegungsmasse erlangt hat, ohne dass eine Forderung bestand. 1

Das Rücknahmerecht fällt als unpfändbares Recht **nicht in die Insolvenzmasse** (§ 36 InsO) und unterliegt nicht der Verwaltungsbefugnis des Insolvenzverwalters (§ 80 InsO). Deshalb ordnet § 377 II an, dass auch der Schuldner das Rücknahmerecht während des Insolvenzverfahrens nicht ausüben kann. Auf diese Weise wird sichergestellt, dass die hinterlegungsbeteiligten Gläubiger empfangsberechtigt bleiben. Das Recht zur Insolvenzanfechtung bleibt aber unberührt. Die Ausübungssperre des II gilt nur für die Ausübung des Rücknahmerechts. Ein Rücknahmeverzicht (§ 376 II Nr 1) bleibt hiervon unberührt, zumal er nur zu einer Verbesserung der Gläubigerrechtsstellung führt und im Verhältnis zu den Insolvenzgläubigern die Regeln der Insolvenzanfechtung maßgebend werden lässt. Ohnehin unberührt bleibt die Annahmebefugnis des Gläubigers nach § 376 II Nr 2. 2

§ 378 Wirkung der Hinterlegung bei ausgeschlossener Rücknahme
Ist die Rücknahme der hinterlegten Sache ausgeschlossen, so wird der Schuldner durch die Hinterlegung von seiner Verbindlichkeit in gleicher Weise befreit, wie wenn er zur Zeit der Hinterlegung an den Gläubiger geleistet hätte.

A. Überblick. Nach § 378 wirkt die berechtigte Hinterlegung als **Erfüllungssurrogat**, sobald die Rücknahme gem § 376 ausgeschlossen ist (BGH BB 62, 3). § 378 regelt (mit §§ 372, 376) die Voraussetzungen, aber auch weitere Rechtsfolgen dieser Wirkung. 1

B. Hinterlegung unter Rücknahmeausschluss. I. Hinterlegung. Es muss eine Hinterlegung iSd § 372 vorliegen. Die Hinterlegung auf einem Notaranderkonto ist keine Hinterlegung idS, s § 372 Rn 5. 2

Die Hinterlegung muss **rechtmäßig** erfolgen. Sie muss also die Hinterlegungsvoraussetzungen des § 372 erfüllen (BGH NJW-RR 05, 712). Es muss sich also um einen zur Hinterlegung geeigneten Gegenstand handeln. Ferner muss ein Hinterlegungsfall vorliegen. Die Hinterlegung muss schließlich für den Gläubiger erfolgen (zum Ganzen § 372 Rn 8 ff). 3

II. Rücknahmeausschluss. Die Wirkung als Erfüllungssurrogat tritt ein, wenn die Rücknahme nach § 376 II ausgeschlossen ist (BGH NJW-RR 05, 712). 4

C. Erfüllungswirkung. Die rechtmäßige Hinterlegung befreit den Schuldner **wie eine Erfüllung** von der Verbindlichkeit, sobald die Rücknahme ausgeschlossen ist (BGHZ 145, 352; NJW-RR 05, 712). Die Befreiung des Schuldners tritt „in gleicher Weise" wie bei einer Erfüllung ein. Sie tritt somit gegenüber demjenigen ein, der sich als der wahre Gläubiger herausstellt (BGH BB 62, 3), sofern dieser Empfangsberechtigter ist. Für die Erfüllung geltende Maßgaben, die sich etwa aus Treu und Glauben ergeben, gelten grds auch für die Erfül- 5 lungswirkung der Hinterlegung (BGH BB 62, 3). Die im Moment des Rücknahmeausschlusses herbeigeführte Erfüllung wirkt zurück auf den Zeitpunkt der Hinterlegung, im Falle des § 375 auf den Zeitpunkt der Aufgabe zur Post. Bei zulässiger nachträglicher Benennung des wahren Gläubigers tritt die Erfüllungswirkung im Zeitpunkt der Nachbenennung ein (BGH NJW-RR 89, 200). Die Hinterlegung entfaltet alle Wirkungen der Erfüllung, auch zugunsten etwaiger Sicherungsgeber. Die Beweislastumkehr des § 363 setzt über die Erfüllung hinaus deren Annahme durch den Gläubiger voraus. Hierfür bedarf es der Übergabe an den Gläubiger und der Billigung als Leistung.

§ 379 Wirkung der Hinterlegung bei nicht ausgeschlossener Rücknahme

(1) Ist die Rücknahme der hinterlegten Sache nicht ausgeschlossen, so kann der Schuldner den Gläubiger auf die hinterlegte Sache verweisen.
(2) Solange die Sache hinterlegt ist, trägt der Gläubiger die Gefahr und ist der Schuldner nicht verpflichtet, Zinsen zu zahlen oder Ersatz für nicht gezogene Nutzungen zu leisten.
(3) Nimmt der Schuldner die hinterlegte Sache zurück, so gilt die Hinterlegung als nicht erfolgt.

1 **A. Überblick und Zweck.** § 379 knüpft an § 378 an. Die Vorschrift regelt die Wirkung der rechtmäßigen Hinterlegung auf das Schuldverhältnis, solange noch das **Rücknahmerecht** (§ 376 I) besteht und nicht durch Ausschluss (§ 376 II) erloschen ist. Die Vorschrift setzt wie § 378 eine rechtmäßige Hinterlegung iSd § 372 voraus (RGZ 59, 14, 18).

2 **B. Leistungsverweigerungsrecht.** Das Recht des Schuldners zur Verweisung auf die Hinterlegungsmasse erfordert keine empfangsbedürftige Willenserklärung, sondern begründet eine **Einrede** (RGZ 59, 14, 17). Die Ausübung des Leistungsverweigerungsrechts enthält nicht notwendig einen Ausschluss des Rücknahmerechts; der Gläubiger kann die Hinterlegung jedoch annehmen (§ 376 II Nr 1 u 2).

3 **C. Gefahrtragung, Zins und Nutzungsersatz. I. Gefahrtragung des Gläubigers.** Die Gefahrtragung meint die **Gegenleistungsgefahr** (Preisgefahr); denn die Leistungsgefahr trägt der Gläubiger ohnehin nach § 275 (ggf mit 243 II) und im Falle des Annahmeverzugs nach § 300 II. Im letztgenannten Fall trägt der Gläubiger zugleich nach § 326 II stets die Gegenleistungsgefahr.

4 **II. Verzug, Verzinsung und Nutzungen.** Die nach § 379 begründete Einrede schließt bereits nach allgemeinen Grundsätzen den **Verzugseintritt** aus (vgl BGHZ 104, 6, 11). In Übereinstimmung hiermit ordnet § 379 II den Ausschluss einer Verzinsungspflicht sowie der Pflicht zur Vergütung eines Nutzungsersatzes an. Allerdings stehen dem Gläubiger im Hinblick auf die Rückwirkung einer späteren Erfüllungswirkung nach § 378 im Falle der Geldhinterlegung die Hinterlegungszinsen zu. Bei Annahmeverzug des Gläubigers ergibt sich das Nichtbestehen einer Pflicht zur Zahlung von Zinsen und Nutzungsvergütung schon aus §§ 301, 302.

5 **D. Rechtsfolgen der Rücknahme.** Im Falle der Rücknahme fallen sämtliche Wirkungen der Hinterlegung **rückwirkend** weg. Ergibt sich aus der Hinterlegungsanzeige nach § 374 II ein Anerkenntnis, so handelt es sich allerdings nicht um eine Wirkung der Hinterlegung, die wegfallen könnte. Das Merkmal der Rücknahme wird als Anknüpfung an § 376 II Nr 1 verstanden, so dass es auf die Ausübung des Rücknahmerechts und nicht auf die tatsächliche Herausgabe durch die Hinterlegungsstelle ankommt (Palandt/*Heinrichs* Rn 4; Staud/*Olzen* Rn 13).

§ 380 Nachweis der Empfangsberechtigung

Soweit nach den für die Hinterlegungsstelle geltenden Bestimmungen zum Nachweis der Empfangsberechtigung des Gläubigers eine diese Berechtigung anerkennende Erklärung des Schuldners erforderlich oder genügend ist, kann der Gläubiger von dem Schuldner die Abgabe der Erklärung unter denselben Voraussetzungen verlangen, unter denen er die Leistung zu fordern berechtigt sein würde, wenn die Hinterlegung nicht erfolgt wäre.

1 **A. Fallgestaltungen. I. Rücknahmerecht ausgeschlossen.** Nach § 13 I Nr 1 HintO kann der Gläubiger seine Empfangsberechtigung durch ein **Anerkenntnis** der anderen Beteiligten des Hinterlegungsverfahrens nachweisen. Allerdings endet die Verfahrensbeteiligung des Schuldners mit dem Ausschluss des Rücknahmerechts, also insbes mit einem Rücknahmeverzicht oder mit einer Annahme der Hinterlegungsmasse durch den Gläubiger (§ 376 II Nr 1 u 2). Ein Anerkenntnis ist dann weder erforderlich noch hinreichend, um die Herausgabe an den Gläubiger zu erreichen. Anders liegt es, wenn der Schuldner die Berechtigung des Gläubigers nachträglich bestreitet oder die Berechtigung sonst zweifelhaft geworden ist (RGZ 87, 375, 382).

2 **II. Rücknahmerecht besteht noch.** Solange das **Rücknahmerecht** noch besteht (§ 376 I), ist der Schuldner noch Verfahrensbeteiligter. § 381 gibt dem Gläubiger in diesem Fall einen Anspruch gegen den Schuldner auf

Erteilung einer seine Berechtigung anerkennenden Erklärung. In der Geltendmachung des Herausgabeanspruchs liegt allerdings idR zugleich die Annahme der Hinterlegung durch den Gläubiger, die das Rücknahmerecht zum Erlöschen bringt (§ 376 II Nr 2).

III. Abhängigkeit von einer Gegenleistung. In den Fällen der Abhängigkeit der Herausgabe von einer Gegenleistung (§ 373) muss der Gläubiger ggü der Hinterlegungsstelle den Nachweis führen, die Gegenleistung erbracht zu haben. Hauptsächlich für diesen Fall ist § 380 bedeutsam.

B. Voraussetzungen des Anerkenntnisanspruchs. Der Anspruch besteht unter denselben Voraussetzungen, unter denen – ohne Hinterlegung – ein **Leistungsanspruch** bestünde, in den Fällen der §§ 373, 320 also Zug-um-Zug gegen die Erbringung der Gegenleistung. Im Einzelnen hängt der Anspruch davon ab, dass erstens der Anspruchsteller Gläubiger ist, zweitens der Anspruch – die Hinterlegung weggedacht – vollwirksam, insbes einredefrei, ist und drittens ggf Bedingungen der Hinterlegungsstelle (insbes im Hinblick auf § 373) erbracht sind (RGZ 87, 374, 377). Die Klage ist auf Abgabe der Erklärung zu richten, dass der Schuldner die Empfangsberechtigung des Gläubigers anerkenne oder in die Herausgabe der Hinterlegungsmasse an den Gläubiger einwillige (RGZ 87, 374, 377 f).

§ 381 Kosten der Hinterlegung

Die Kosten der Hinterlegung fallen dem Gläubiger zur Last, sofern nicht der Schuldner die hinterlegte Sache zurücknimmt.

Die Vorschrift regelt die Kostentragungspflicht im Verhältnis der Parteien untereinander. Sie beruht auf der Erwägung, dass ein Hinterlegungsrecht in Fällen besteht, in denen sich ein Leistungshindernis aus der **Sphäre des Gläubigers** ergibt. Demgemäß gilt sie nur für die Hinterlegung, deren Rechtmäßigkeit sich aus dem Gesetz oder aus einer Vereinbarung oder Annahme des Gläubigers ergibt.

Im Falle der **Rücknahme** würde die Unanwendbarkeit des § 381 ohnehin aus § 379 III folgen. Bei **Annahmeverzug** des Gläubigers ergibt sich seine Kostentragungspflicht schon aus § 304. Die Kostentragungspflicht ggü der **Hinterlegungsstelle** und die Kosten der Hinterlegung bestimmen sich nach den maßgebenden Justizverwaltungskostengesetzen der Länder.

§ 382 Erlöschen des Gläubigerrechts

Das Recht des Gläubigers auf den hinterlegten Betrag erlischt mit dem Ablauf von 30 Jahren nach dem Empfang der Anzeige von der Hinterlegung, wenn nicht der Gläubiger sich vorher bei der Hinterlegungsstelle meldet; der Schuldner ist zur Rücknahme berechtigt, auch wenn er auf das Recht zur Rücknahme verzichtet hat.

Die Vorschrift betrifft den öffentlich-rechtlichen Herausgabeanspruch ggü der Hinterlegungsstelle. Sie sieht eine **materiell-rechtliche Ausschlussfrist** für den Gläubiger, keine bloße Verjährungsfrist vor. Die Verjährungsvorschriften sind nicht anwendbar. Die Regelung gilt entgegen dem Wortlaut „Betrag" als anwendbar auch auf die Hinterlegung von anderen Gegenständen als Geld (Soergel/*Zeiss* Rn 1).

Die **Frist** beginnt mit dem Empfang der Anzeige von der Hinterlegung an den Gläubiger, § 374 II. Ist die Anzeige nach dieser Vorschrift untunlich und ist sie deshalb unterblieben, so beginnt sie mit der Hinterlegung (arg ex § 19 II Nr 1 HintO). Unterbleibt die Anzeige irrtümlich oder wegen Schwierigkeiten infolge der Ungewissheit über die Person des Gläubigers, so kann der Schuldner den Fristlauf durch Nachholung der Anzeige auslösen (RGZ 87, 375, 381).

Zur Hinderung des Fristablaufs muss sich der Gläubiger bei der Hinterlegungsstelle „melden", also seine **Empfangsberechtigung anzeigen**, nicht jedoch begründen oder nachweisen.

Der **Herausgabeanspruch des Schuldners** lebt nach Hs 2 wieder auf, wenn die Frist verstrichen ist (RGZ 87, 375, 381). Ein Bereicherungsanspruch des Gläubigers gegen den Schuldner ist mit dem Zuweisungsgehalt der Vorschrift im Interesse endgültiger Rechtsklarheit nicht vereinbar. Der Schuldner muss nach § 19 I HintO innerhalb eines Zeitraums von insgesamt 31 Jahren nach Fristbeginn, also innerhalb eines weiteren Jahres, einen begründeten Antrag auf Rückgabe stellen. Anschließend verfällt die Hinterlegungsmasse nach § 23 HintO zugunsten des Staates.

§ 383 Versteigerung hinterlegungsunfähiger Sachen

(1) ¹Ist die geschuldete bewegliche Sache zur Hinterlegung nicht geeignet, so kann der Schuldner sie im Falle des Verzugs des Gläubigers am Leistungsort versteigern lassen und den Erlös hinterlegen. ²Das Gleiche gilt in den Fällen des § 372 Satz 2, wenn der Verderb der Sache zu besorgen oder die Aufbewahrung mit unverhältnismäßigen Kosten verbunden ist.

(2) Ist von der Versteigerung am Leistungsort ein angemessener Erfolg nicht zu erwarten, so ist die Sache an einem geeigneten anderen Orte zu versteigern.

(3) ¹Die Versteigerung hat durch einen für den Versteigerungsort bestellten Gerichtsvollzieher oder zu Versteigerungen befugten anderen Beamten oder öffentlich angestellten Versteigerer öffentlich zu erfolgen (öffentliche Versteigerung). ²Zeit und Ort der Versteigerung sind unter allgemeiner Bezeichnung der Sache öffentlich bekannt zu machen.

(4) Die Vorschriften der Absätze 1 bis 3 gelten nicht für eingetragene Schiffe und Schiffsbauwerke.

1 **A. Erweiterte Hinterlegungsmöglichkeit. I. Sinn und Zweck.** § 383 will dem Schuldner eine **erweiterte Möglichkeit der Hinterlegung** verschaffen, obwohl die als Leistung geschuldete Sache nach § 372 zur Hinterlegung nicht geeignet ist. Zu diesem Zweck werden dem Schuldner der **Selbsthilfeverkauf** im Wege der **öffentlichen Versteigerung** und die Hinterlegung des Gelderlöses gestattet. Da hierin eine erhebliche Beeinträchtigung des Gläubigers liegt, muss diese Regelung auf Fälle mangelnder Schutzbedürftigkeit des Gläubigers oder eines überwiegenden Veräußerungsinteresses des Schuldners beschränkt bleiben.

2 **II. Voraussetzungen.** Die Versteigerungsbefugnis besteht nur für bewegliche Sachen, nicht aber für eingetragene Schiffe und Schiffsbauwerke. Sie gilt nach § 383 I 1 im Falle des Annahmeverzugs des Gläubigers (§ 372 S 1, §§ 293 ff) und nach § 383 I 2 bei Unsicherheit über die Person des Gläubigers (§ 373 S 2) sowie dann, wenn der Verderb der Sache zu besorgen ist oder die Aufbewahrung mit unverhältnismäßigen Kosten für den Schuldner verbunden ist. Beim **Handelskauf** gilt im Falle des Annahmeverzugs des Gläubigers die erweiterte Selbsthilfeverkaufsmöglichkeit nach § 373 HGB.

3 Die Versteigerung hat am **Leistungsort** (vgl § 374 Rn 1 ff) zu erfolgen, es sei denn, dort ist ein angemessener Erfolg nicht zu erwarten. Angemessenheit des Erfolgs ist unter Zugrundelegung eines Vergleichs mit dem möglichen Erlös an anderen Orten zu bestimmen. Mithin kommt es auf die örtlichen Marktverhältnisse an. Eine mangelnde Erlöserwartung kann insbes bei Gegenständen bestehen, die am Leistungsort vielfach hergestellt oder gewonnen werden, für die aber dort keine nennenswerte Nachfrage besteht. Welcher andere Ort geeignet ist (§ 383 II), bestimmt sich nach der dort bestehenden Erlöserwartung. Kommen mehrere andere Orte in Betracht, so kann der Schuldner hieraus „einen geeigneten anderen" Ort wählen. Die Kosten des Transports sind bei der Geeignetheitsbeurteilung zu berücksichtigen.

4 **III. Rechtsfolgen.** Der Selbsthilfeverkauf ist **rechtmäßig**, wenn er den Voraussetzungen des § 383 entspricht. Werden diese verletzt, so bleibt der Selbsthilfeverkauf im Falle der Verletzung bloßer Ordnungsvorschriften, etwa einer Versteigerung an einem anderen als dem Leistungsort, rechtmäßig. Der Schuldner ist aber schadensersatzpflichtig (RGZ 96, 116; 110, 268) und trägt die Beweislast, dass am richtigen Ort kein höherer Erlös hätte erzielt werden können (RGZ 110, 268, 270). Nur bei Verletzung wesentlicher Vorschriften ist der Selbsthilfeverkauf **rechtswidrig** und führt nicht zum Freiwerden nach § 378, sondern allenfalls nach § 275 I.

5 Die Hinterlegung des Erlöses unter Rücknahmeverzicht (§§ 376 II Nr 1, 378) führt bei rechtmäßigem Selbsthilfeverkauf zum **Erlöschen der Verbindlichkeit** (Frankf NJW-RR 88, 443; AG Hamburg NJW 90, 125). Schon die rechtmäßige Ausführung der Versteigerung soll dazu führen, dass sich der Anspruch des Gläubigers an der Sache am Erlös fortsetzt (Palandt/*Heinrichs* Rn 6). Hierfür fehlt in § 383 aber eine ausdrückliche Grundlage. Die Wohltat des Freiwerdens von der Leistungspflicht setzt deshalb die Ausführung der Erlöshinterlegung voraus. Ein vorhergehendes Freiwerden ist nicht berechtigt, weil der Schuldner die Hinterlegung selbst jederzeit vornehmen kann. Nach § 242 ist der Schuldner aber befugt, den Erlös ohne Hinterlegung, jedoch mit Erfüllungswirkung gegen den Gläubiger zur Tilgung (im Wege der Aufrechung oder Zahlung) seiner eigenen Gegenforderung gegen den Gläubiger zu verwenden, wenn dieser mit der Erfüllung der Gegenleistungspflicht in Verzug ist (RGZ 64, 366, 374).

6 Die rechtswidrige Ausführung des Selbsthilfeverkaufs kann zum Unvermögen des Schuldners zur Leistung (§ 275 I Fall 1) führen (Köln NJW-RR 95, 52). Auch bei der Ausführung der Versteigerung gilt die beim Gläubigerverzug nach § 300 I geltende Begrenzung der Haftung auf Vorsatz und grobe Fahrlässigkeit (RGZ 57, 105, 107; Köln NJW-RR 95, 52), allerdings nur, soweit es um die Haftung für den Verlust des Liefergegenstandes geht, nicht für die Verletzung von Nebenpflichten (§ 300 Rn 3). Ein Anspruch des Gläubigers auf Schadensersatz statt der Leistung aus §§ 280 I u III, 283, 275 IV besteht nur im Falle eines groben Verschuldens bei der Ausführung der Versteigerung.

7 **B. Öffentliche Versteigerung.** § 383 III definiert die öffentliche Versteigerung, auch über § 383 hinaus. Merkmale der öffentlichen Versteigerung idS sind erstens die Ausführung der Versteigerung durch eine hierzu befugte, öffentlich bestellte Person (Gerichtsvollzieher, anderer befugter Beamter oder öffentlich bestellter Versteigerer) und die Öffentlichkeit der Versteigerung selbst. Öffentlich ist eine Versteigerung, die für jedermann zugänglich ist (BGH NJW 90, 899). Es gilt § 156. Auf § 383 III verweisen etwa §§ 445, 474 I 2, §§ 935 II (dazu BGH NJW 90, 899), 1219 I und 1235.

§ 384 Androhung der Versteigerung

(1) Die Versteigerung ist erst zulässig, nachdem sie dem Gläubiger angedroht worden ist; die Androhung darf unterbleiben, wenn die Sache dem Verderb ausgesetzt und mit dem Aufschub der Versteigerung Gefahr verbunden ist.
(2) Der Schuldner hat den Gläubiger von der Versteigerung unverzüglich zu benachrichtigen; im Falle der Unterlassung ist er zum Schadensersatz verpflichtet.
(3) Die Androhung und die Benachrichtigung dürfen unterbleiben, wenn sie untunlich sind.

Die **Androhung** soll dem Schuldner Gelegenheit geben, die Versteigerung noch zu verhindern und sich die Sache zu erhalten. Sie hat rechtzeitig zu erfolgen und ist eine **geschäftsähnliche, empfangsbedürftige Erklärung**, die den allgemeinen Regeln über Willenserklärungen unterliegt (RGZ 94, 140, 143 zur Auslegung und Empfangsvollmacht der Adressaten). Das Erfordernis der vorherigen Androhung gilt unabhängig von der Frage, durch wen die Versteigerung durchgeführt wird (vgl AG Schopfheim DGVZ 77, 79). Eine besondere Form schreibt das Gesetz nicht vor. Die Androhung ist Voraussetzung für die Rechtmäßigkeit des Selbsthilfeverkaufs. 1

Die **Benachrichtigung** von der erfolgten Versteigerung ist ein Realakt, keine geschäftsähnliche Handlung (Soergel/*Zeiss* Rn 2; aA Staud/*Olzen* Rn 4). Ihre Vornahme ist keine Voraussetzung für die Rechtmäßigkeit des Selbsthilfeverkaufs. Erfolgt sie nicht unverzüglich, ist der Schuldner vielmehr nach § 383 II Hs 2 zum Schadensersatz verpflichtet. 2

Androhung und Benachrichtigung sind **untunlich**, wenn sie mit unverhältnismäßigen Kosten, unzumutbaren Verzögerungen oder sonst unzumutbaren Schwierigkeiten verbunden sind, die dem Schuldner insbes wegen ihrer Unverhältnismäßigkeit nicht zuzumuten sind. 3

§ 385 Freihändiger Verkauf

Hat die Sache einen Börsen- oder Marktpreis, so kann der Schuldner den Verkauf aus freier Hand durch einen zu solchen Verkäufen öffentlich ermächtigten Handelsmakler oder durch eine zur öffentlichen Versteigerung befugte Person zum laufenden Preis bewirken.

Die Regelung greift, sofern die Sache einen Börsenpreis oder einen Marktpreis hat. Die Parteien können aber eine freihändige Verwertung auch **vereinbaren** (BGHZ 77, 139). Für das Bestehen eines Marktpreises ist es nicht ohne weiteres ausreichend, dass es sich um marktgängige Ware handelt. Vielmehr muss die Ware in so großem Umfang gehandelt werden, dass sich aus der Menge der geschlossenen Geschäfte auf einen bestimmten Marktpreis schließen lässt (RGZ 34, 117, 120). 1

Die Regelung des § 385, dass nur besonders qualifizierte Personen den Verkauf durchführen dürfen, soll sicherzustellen, dass im Gegensatz zur Versteigerung **nicht unter Preis verschleudert** und ein angemessener Erlös erzielt werden. Ein Verstoß gegen diese Vorschrift führt zur Rechtswidrigkeit des Selbsthilfeverkaufs. Dies vereitelt nicht nur die Erfüllungswirkung, sondern kann zudem einen Schadensersatzanspruch des Schuldners nach §§ 280 I, 283, 275 I und IV auslösen. Allerdings kommt dem Schuldner bei Annahmeverzug des Gläubigers die Haftungsbegrenzung auf grobes Verschulden nach § 300 I zugute, soweit es um den Ersatz für den Verlust oder teilweisen Verlust (Beschädigung) der Sache geht (Köln NJW-RR 95, 52). Die Veräußerung muss zum laufenden Preis, also zu dem am Ort und zur Zeit des Verkaufs geltenden Börsenpreis oder durchschnittlichen Marktpreis erfolgen. 2

§ 386 Kosten der Versteigerung

Die Kosten der Versteigerung oder des nach § 385 erfolgten Verkaufs fallen dem Gläubiger zur Last, sofern nicht der Schuldner den hinterlegten Erlös zurücknimmt.

Es handelt sich um eine **Parallelregelung zu § 381**, so dass dorthin zu verweisen ist. Zu den Kosten der Verwertung zählen auch das Honorar des eingeschalteten Maklers oder Versteigerers und ferner die bei einer Veräußerung auf die Lieferung entfallende **Umsatzsteuer** (vgl BGHZ 77, 139, 147). 1

Titel 3   Aufrechnung

§ 387 Voraussetzungen

Schulden zwei Personen einander Leistungen, die ihrem Gegenstand nach gleichartig sind, so kann jeder Teil seine Forderung gegen die Forderung des anderen Teils aufrechnen, sobald er die ihm gebührende Leistung fordern und die ihm obliegende Leistung bewirken kann.

§ 387 Voraussetzungen

1 **A. Aufrechnung als Erfüllungssurrogat. I. Grundlagen.** Die Aufrechnung ist ihrer Rechtsnatur nach ein **schuldrechtliches Gestaltungsgeschäft** und ihrer Wirkung nach ein **Erfüllungssurrogat**. Sie ist nach dem BGB dadurch gekennzeichnet, dass sie erstens ein materiell-rechtliches und (obschon die Ausübung im Prozess möglich ist) nicht nur – wie in anderen Rechtsordnungen – ein prozessuales Rechtsinstitut darstellt, dass sie zweitens keine Saldierung kraft Gesetzes vorsieht, sondern ein Rechtsgeschäft (die Aufrechnung) verlangt und drittens durch einseitige rechtsgestaltende Erklärung einer Partei erfolgt (§ 388), ohne einen Vertrag vorauszusetzen (zum Verrechnungsvertrag s Rn 4). Treten sich zwei gegenseitige, gleichartige Forderungen als erfüllbar ggü, so kann der Inhaber einer vollwirksamen Forderung mit dieser „Aufrechnungsforderung" die Forderung der anderen Seite („Hauptforderung") durch Aufrechnung ganz oder teilweise zum Erlöschen bringen. Dem **wirtschaftlichen Zweck** nach ist die Aufrechnung auf eine vereinfachte, abgekürzte Erfüllung gegenseitiger gleichartiger Ansprüche gerichtet. Sie dient dem Aufrechnenden damit zugleich als ein Mittel privater Forderungsdurchsetzung („Selbstexekution"), das mit dem staatlichen Gewaltmonopol vereinbar ist (vgl BGHZ 99, 36).

2 Die Aufrechnung ist auch im **öffentlichen Recht** und gegen eine öffentlich-rechtliche Forderung möglich (BGHZ 5, 352; BVerwG NJW 83, 776; BFH NVwZ 84, 199; BSGE 75, 283). Die Vorschriften des BGB gelten entspr, soweit sie nicht durch Besonderheiten oder Sondervorschriften des öffentlichen Rechts verdrängt werden; maßgebend ist im Zweifel das für die zu tilgende Forderung maßgebende Recht (BSG ZfS 68, 153; BVerwG NVwZ 84, 168). Erfolgt sie danach öffentlich-rechtlich, kann sie ähnlich wie ein öffentlich-rechtlicher Vertrag aus einer Position der Gleichordnung – als verwaltungsrechtliches Gestaltungsgeschäft durch Willenserklärung – heraus erklärt werden oder hoheitlich in einen Verwaltungsakt eingekleidet werden (BGH NJW-RR 04, 1432; BVerwG NJW 83, 776; BFHE 149, 482).

3 **II. Abgrenzung zu ähnlichen Instituten. 1. Unselbständige Rechnungsposten.** Eine Aufrechnung setzt voraus, dass sich zwei selbständige Forderungen ggü stehen. Einer Aufrechnung bedarf es dann nicht, wenn lediglich einzelne Abrechnungsposten innerhalb eines **einheitlichen Anspruchs** einander ggü stehen, wie dies etwa aufgrund der Saldotheorie bei der bereicherungsrechtlichen Rückabwicklung gegenseitiger Verträge der Fall ist. Kein bloßes Abrechnungsverhältnis liegt zB bei Zahlungsansprüchen des Lieferanten und demgegenüber geltend gemachten Schadensersatzansprüchen des Bestellers oder Käufers vor, sofern die Leistung als solche als (wenn auch mangelhafte) Erfüllung angenommen wurde (BGH NJW 05, 2771; Karlsr OLGR 04, 69; aA Köln OLGR 01, 71 zum Architektenvertrag).

4 **2. Verrechnungsabrede und Aufrechnungsvertrag.** Von der Aufrechnung zu unterscheiden ist die sog **Verrechnung**. Nach dem Grundsatz der Vertragsfreiheit steht es den Parteien frei, über die im Gesetz vorgesehenen Fälle des Erlöschens eines Schuldverhältnisses hinaus weitere Tatbestände zu vereinbaren („Erfüllungsersetzungsvertrag"). Hierunter fällt auch eine Verrechnungsabrede, teilweise auch als **Aufrechnungsvertrag** bezeichnet. Die Verrechnung führt regelmäßig nur zum Erlöschen der Forderung. Dies lässt, wenn nicht weitere Vereinbarungen hinzutreten, die sonstigen Modalitäten der Erfüllung unberührt (Jena OLGR 01, 515). Welche Modalitäten für die Verrechnung gelten, hängt von den Abreden der Parteien ab. Regelmäßig ist im Falle einer vereinbarten Verrechnung gewollt, dass einander ggü stehende Forderungen zu dem von den Parteien vereinbarten Zeitpunkt erlöschen, ohne dass es hierfür einer weiteren Erklärung einer Seite bedarf (BGHZ 94, 132; NJW-RR 03, 1358). Sind künftige Forderungen betroffen, so ist die Erlöschenswirkung aufschiebend bedingt (Jena OLGR 01, 515).

5 Für die Verrechnung kommt es auf die Voraussetzungen der Aufrechnung nicht an. Das Einverständnis der Parteien schafft die **rechtliche Grundlage** für das Erlöschen der zu verrechnenden Forderungen, auch wenn die Voraussetzungen des § 387 nicht vorliegen. Denkbar ist auch der vertraglich vereinbarte Verzicht auf einzelne Aufrechnungsvoraussetzungen, namentlich auf das Erfordernis der Gegenseitigkeit (BGH WM 77, 760). Entscheidend ist, dass an der Vereinbarung diejenigen Personen beteiligt sind, die über die zu tilgenden Forderungen verfügen können (BGHZ 94, 132). Allerdings hat die Rspr angenommen, dass Aufrechnungsverträge bei Nichtbestehen der Forderung einer Seite unwirksam sind (BGH NJW-RR 91, 744). Richtigerweise ist vom anfänglichen Fehlen einer objektiven Geschäftsgrundlage iSd § 313 II auszugehen.

6 Derartige Abreden kommen insbes in Form der sog **Konzernverrechnungsvereinbarungen** vor. Dies gilt sowohl für den Fall, dass ein konzernangehöriges Unternehmen zur Aufrechnung mit eigenen Forderungen auch gegen Forderungen des Vertragspartners anderer konzernangehöriger Unternehmen berechtigt sein soll, wie auch für den umgekehrten Fall, dass ein Konzernunternehmen befugt ist, eigene Verbindlichkeiten durch Verrechnung mit Forderungen anderer konzernangehöriger Unternehmen gegen denselben Vertragspartner zu tilgen (BGHZ 81, 15, 17; 94, 132; WM 66, 651, 652; NJW-RR 03, 1358). Insolvenzrechtliche Aufrechnungsschranken sind entspr heranzuziehen (BGHZ 81, 15).

7 **3. Kontokorrent.** Das Kontokorrent nach § 355 HGB bewirkt, dass die hiervon erfassten Einzelforderungen in eine laufende Rechnung eingestellt und dort verrechnet werden. Die Einzelforderungen werden hierdurch während der laufenden Rechnungsperiode „gelähmt". Sie können also grds nicht einzeln geltend gemacht und zur Aufrechnung genutzt werden. Alsdann fließen sie in das am Ende der Rechnungsperiode zu erteilende Saldoanerkenntnis ein. Eine Aufrechnungsmöglichkeit, die hinsichtlich einer Einzelforderung im Kon-

tokorrent ggü einer Forderung außerhalb des Kontokorrents bestand, bleibt aber als Sicherheit nach dem weiten Sicherheitsbegriff des § 356 HGB für die Saldoforderung erhalten (BGH BB 55, 715).

4. Zurückbehaltungsrecht. Soweit die Voraussetzungen einer Aufrechnung vorliegen, ist für ein Zurückbehaltungsrecht nach § 273 kein Raum. Die Ausübung eines Zurückbehaltungsrechts wird dann regelmäßig in eine Aufrechnungserklärung **umgedeutet** (BGH NJW 00, 278). 8

B. Voraussetzungen. Die Aufrechung setzt eine sog **Aufrechnungslage** voraus, zu der die Gegenseitigkeit der zur Aufrechnung stehenden Forderung, ihre Gleichartigkeit, die Vollwirksamkeit der Aufrechnungsforderung sowie die Erfüllbarkeit der Gegenforderung zählen. Maßgebend ist der Zeitpunkt der Aufrechnungserklärung (BAG NJW 68, 813). 9

I. Gegenseitigkeit. 1. Allgemeines. Gegenseitigkeit setzt voraus, dass sich eine Hauptforderung des Gläubigers gegen den Schuldner richtet und mit einer eigenen Forderung desselben Schuldners gegen denselben Gläubiger aufgerechnet wird. Ausnahmsweise wird das Gegenseitigkeitserfordernis **gesetzlich überbrückt**, etwa in § 35 b VVG (Köln VersR 97, 1265), nach zum Teil vertretener Auffassung auch in § 76 VVG (*Lorenz* VersR 97, 1266). Mit der Abtretung verliert der Zedent zwar seine Gläubigerstellung. Die Aufrechnung mit einer nunmehr gegen den Zessionar bestehenden Forderung ist ggü dem Zessionar unter den Voraussetzungen des § 406 weiterhin zulässig. Über § 406 hinaus kann eine Berufung auf den formalen Verlust der Gläubigerstellung treuwidrig sein, wenn die Abtretung iRe Treuhandverhältnisses oder als Inkassovollzession erfolgt (BGH NJW 58, 18). Generell gilt: der Schuldner darf mit seiner Forderung, die er gegen den Treugeber hat, ggü der des Treuhänders aufrechnen, wenn dessen Stellung im Treuhandverhältnis unselbständig ist und die Berufung auf die formelle Rechtslage Treu und Glauben widerspricht (BGH NJW 89, 2386, 2387). 10

2. Aufrechnungsforderung des Schuldners. Es muss sich um eine **eigene Forderung** des Schuldners handeln. § 267 ist nicht anwendbar, wie aus der Formulierung „leisten" und einem Umkehrschluss aus § 268 II folgt. Ein Aufrechnungsrecht des ablösungsberechtigten Dritten ist außer in § 268 II in §§ 1142 II, 1150, 1249 vorgesehen. Umgekehrt kann der Schuldner nicht mit der Forderung eines Dritten aufrechnen, auch wenn dieser eingewilligt hat (BGH NJW-RR 88, 1146, 1150). Der Nebenintervenient kann nicht mit einer Forderung der Hauptpartei aufrechnen (BGH WM 66, 277), ein Gesamtschuldner nicht mit der Forderung eines anderen Gesamtschuldners (§ 422 II). Der Bürge kann zwar ebenfalls nicht mit einer Forderung des Schuldners aufrechnen, aber nach § 770 II die Einrede der Aufrechenbarkeit erheben und seine eigene Verpflichtung als Bürge durch Aufrechnung tilgen (BGH NJW 57, 986; RGZ 53, 403, 404 f; 120, 146 f). Anders liegt es bei einem Pfandgläubiger an einer Forderung, dem ein Einziehungsrecht zusteht (RGZ 58, 105, 109; offen lassend aber RGZ 97, 36, 39). An der Inhaberschaft fehlt es, wenn die Forderung dem Schuldner nur in gesamthänderischer Verbundenheit mit anderen zusteht. Der Miterbe kann daher mit einer in den Nachlass fallenden Forderung nicht gegen einen gegen ihn persönlich bestehenden Anspruch aufrechnen (BGH NJW-RR 05, 375; in Betracht kommt ein Zurückbehaltungsrecht, BGH NJW 63, 244). Ebenso liegt es im Falle der Mitgläubigerschaft, wenn die Leistung nach § 432 nur an alle Mitgläubiger gemeinsam erbracht werden kann (BGH NJW 92, 435). Gegenseitigkeit ist dagegen zu bejahen, wenn eine Personenmehrheit zugleich Schuldner der Hauptforderung und Gläubiger der Aufrechnungsforderung ist. Die Aufrechnung mit zum Gesamtgut nach § 1416 zählenden Forderungen gegen Gesamtgutsverbindlichkeiten (§ 1437) ist möglich (BGHZ 58, 32). Mit der Abtretung verliert der Zedent die Forderung, auch bei der Sicherungsabtretung. Allerdings kann dem Zedenten ein Zurückbehaltungsrecht zustehen, sofern er zur Geltendmachung der Forderung (Leistung an den Zessionar) ermächtigt ist (BGH NJW 00, 278). 11

3. Hauptforderung des Gläubigers. Auch auf Gläubigerseite müssen die **Aktiv- und Passivberechtigten identisch** sein. Dafür reicht es aus, wenn sich die Forderung des Schuldners gegen einen von mehreren Gesamtschuldnern richtet (BGH NJW-RR 88, 1104), selbst wenn ein anderer bereits Klage erhoben hat (BGH NJW 79, 2038). Gegen eine Forderung mehrerer Mitgläubiger kann der Schuldner nicht mit einer Forderung gegen einen von ihnen aufrechnen (BGH NJW 69, 839), mit Forderungen ggü einem Verwalter nicht mit solchen ggü den Wohnungseigentümern (BayObLG MDR 80, 57). Bei der Wohnungseigentümergemeinschaft können die einzelnen Eigentümer nicht mit der ganzen Gemeinschaft zustehenden Mängelansprüchen gegen Forderungen aufrechnen, die gegen einzelne von ihnen bestehen (BGH NJW 92, 435). Im Falle des Nießbrauchs an einer Forderung kann der Schuldner nicht mit einer Forderung gegen den Nießbraucher aufrechnen (RGZ 103, 29). Ggü der Forderung einer GmbH kann nicht mit einer Forderung gegen die beherrschenden Gesellschafter aufgerechnet werden (BGHZ 26, 31). Ein aufrechnungsrechtlicher Durchgriff auf den Eigner einer Kapitalgesellschaft, den die Rspr in bestimmten Fällen der Kriegswirtschaft wegen missbräuchlicher Berufung auf die formale Selbständigkeit zugelassen hat (BGHZ 10, 205; 17, 19; BB 55, 303), ist regelmäßig ausgeschlossen. Für Personengesellschaften gilt § 719 II, für das Gesamtgut bei der Gütergemeinschaft § 1419 II, ggü der Erbengemeinschaft § 2040 II. 12

Keine eigene Rechtspersönlichkeit hat die **Insolvenzmasse**. Der Aufrechnung durch einen Insolvenzverwalter mit einer Masseforderung ist zunächst unzulässig; sie kann erst im Verteilungsverfahren gegen die Masse geltend gemacht werden (BGH NJW 87, 1691). Der Kommanditist kann jedenfalls mit einer Drittgläubigerfor- 13 derung grds auch gegen den Hafteinlageanspruch des Konkursverwalters aufrechnen, soweit ihn dies nicht im Insolvenzfall ungerechtfertigt vom Risiko des Hafteinlageverlusts befreit (BGHZ 58, 72).

14 **II. Gleichartigkeit.** Zwei Forderungen sind gleichartig, wenn Sie auf Leistungen gerichtet sind, die **derselben Gattung** angehören. Der Anspruchsgrund und die Rechtsnatur des Anspruchs sind gleichgültig, ebenso grds die Leistungsmodalitäten. Auch auf die Gleichwertigkeit kommt es nicht an; eine Insolvenzforderung und eine Masseforderung können gleichartig sein (BGHZ 100, 222). Danach sind gleichartig: Zahlungsansprüche des Privatrechts und des öffentlichen Rechts (BGHZ 5, 352; WM 65, 346) unabhängig von der Verfahrensart (streitige oder freiwillige Gerichtsbarkeit, BGHZ 78, 57; Nürnbg OLGZ 80, 46), der sachlichen Zuständigkeit (BGHZ 40, 338; NJW-RR 89, 173) und vom Rechtsweg, wobei im letztgenannten Fall eine Aussetzung geboten sein kann (BGHZ 16, 124; BB 59, 424); ein Zahlungsanspruch und ein auf Herausgabe von Geld gerichteter Anspruch sind gleichartig (BGHZ 71, 380, 382; NJW 93, 2041), nicht hingegen ein Zahlungsanspruch und ein Anspruch auf Duldung der Zwangsvollstreckung. Ebenso kommt es nicht auf die äußere Einkleidung des Anspruchs an, wenn das Ziel beider Ansprüche auf einen gleichartigen Gegenstand gerichtet ist. Demgemäß sind auch ein Anspruch auf Einwilligung in die Auszahlung eines hinterlegten Betrages und ein Zahlungsanspruch gleichartig (BGH NJW-RR 89, 173). Hingegen soll es zwischen einem Zahlungsanspruch einer Bank und dem Anspruch auf Gutschrift eines eingegangenen Betrags auf dem Kundenkonto (§§ 676f, 676g) an der Gleichartigkeit zwar fehlen, so dass erst mit der Kontogutschrift einer Überweisung Gleichartigkeit vorliege. Doch reicht es für die Aufrechnung aus, wenn der Auszahlungsanspruch aus der Gutschrift seinen Voraussetzungen nach gegeben ist, was bereits mit Entstehung des Anspruchs auf Gutschrift zu bejahen ist (BGH NJW 78, 699), zumal die Forderung des Kunden auch ohne Buchposition bestehen kann. Nicht gleichartig sind: der Zahlungsanspruch des Verkäufers und der Nacherfüllungsanspruch des Käufers (BGH NJW 96, 1056); ein Zahlungsanspruch und ein Anspruch auf Befreiung von einer Verbindlichkeit, weil der Befreiungsschuldners an den Drittgläubiger zahlen muss, womit nach § 270 zusätzliche Risiken und Schwierigkeiten verbunden sein können (BGHZ 25, 1; NJW 83, 2438). Hat sich ein Befreiungsanspruch infolge der – zulässigen – Abtretung an den Gläubiger dieser Verbindlichkeit in eine Geldforderung umgewandelt, so steht der Aufrechnung mit einer Geldforderung nicht entgegen, dass die beiden Forderungen im Zeitpunkt der Abtretung noch nicht gleichartig waren (BGHZ 12, 136).

15 **III. Vollwirksamkeit und Fälligkeit der Aufrechnungsforderung.** Die Forderung muss **voll wirksam** sein (BAG NJW 68, 813). Hierzu muss die Forderung zunächst bestehen. Die Aufrechnung mit einem prozessualen Kostenerstattungsanspruch ist möglich, wenn dieser der Höhe nach feststeht (BGH NJW 63, 714). Hängt die Entstehung des Anspruchs von der Ausübung eines Gestaltungsrechts ab, so muss dieses wirksam ausgeübt worden sein. Auf die Werthaltigkeit der Aufrechnungsforderung kommt es nicht an (BGHZ 100, 222). Hat der Schuldner sie bereits für eine andere Aufrechnung genutzt und dadurch objektiv verbraucht, so kann sie – auch wenn die Wirksamkeit dieser ersten Aufrechnung umstritten ist – nicht nochmals zur Aufrechnung genutzt werden (BGHR 03, 263). Ferner dürfen der Forderung keine Einwendungen entgegenstehen. Dazu gehört auch die mangelnde Klagbarkeit (BGH NJW 81, 1897). Außerdem muss die Forderung einredefrei (§ 390) und fällig sein. Die **Fälligkeit** bestimmt sich nach allgemeinen Grundsätzen, namentlich § 271. Ist die Forderung gestundet, so schließt dies auch die Aufrechnung mit ihr aus (BGHZ 137, 267).

16 Die **Beweisbarkeit** einer Forderung ist keine Voraussetzung der Aufrechnung. Ihr Bestehen kann inzident geklärt werden, wenn der Gläubiger der Hauptforderung diese geltend macht. Nur ausnahmsweise ist es treuwidrig, wenn der Schuldner mit einer Forderung die Aufrechnung erklärt, deren Feststellung langwierige Beweisaufnahmen erfordert, obschon er verpflichtet ist, für eine klare Abrechnung zu sorgen (BGHZ 54, 244, 248). Die Beweislast für das Bestehen, die Vollwirksamkeit und die Inhaberschaft der Forderung trifft im Grundsatz den Schuldner (BGHZ 137, 267), soweit sich nicht aus der gesetzlichen Ausgestaltung von Voraussetzungen und Einwendungen etwas anderes ergibt (BGH NJW 83, 2018).

17 **IV. Erfüllbarkeit der Hauptforderung.** Die Hauptforderung muss entstanden und erfüllbar sein. **Erfüllbarkeit** liegt vor, wenn der Schuldner leisten kann, so dass der Gläubiger die Annahme der Leistung nicht verweigern darf, ohne in Annahmeverzug zu geraten (BGHR 02, 925). Sie fällt nach § 271 I oft mit der Fälligkeit zusammen, kann jedoch früher eintreten (§ 271 II). Vollwirksamkeit und Fälligkeit der Hauptforderung sind demgegenüber nicht erforderlich (BGHZ 103, 362). Auch auflösend bedingte Forderungen sind erfüllbar. Tritt die auflösende Bedingung ein, kann dem Aufrechnenden ein Bereicherungsanspruch zustehen (BGH JZ 78, 348). Da es auf die Vollwirksamkeit nicht ankommt, kann auch gegen eine unvollkommene Verbindlichkeit aufgerechnet werden.

18 Die Erfüllbarkeit einer Forderung tritt nach § 271 II grds sofort ein. Etwas anderes kann sich aus dem aus Gesetz oder Vereinbarung folgenden Zweck des Schuldverhältnisses ergeben (BGHZ 123, 49: 6 Monate im Voraus bei nachehelichem Unterhalt). Aufschiebend bedingte oder befristete Forderungen sind noch nicht entstanden. Gegen sie kann nicht aufgerechnet werden (BGHZ 103, 362; BGHR 02, 925). Der Insolvenzverwalter darf eine Forderung, bis sie im Konkurs angemeldet, geprüft und zur Tabelle festgestellt ist, nicht befriedigen und kann jedenfalls bis zur Feststellung die ihm obliegende Leistung nicht bewirken (vgl BGHZ 100, 222).

C. Aufrechnungsausschluss und Aufrechnungsschranken. I. Gesetzliche Regelungen. Gesetzliche 19
Schranken der Aufrechnung oder einen Aufrechnungsausschluss enthalten ua: §§ 390–395, 556b II, 566d
S 2; § 890 HGB; § 66 I 2, § 114 II 2 Hs 2 AktG; § 19 II 1 GmbHG; §§ 22 V (RGZ 148, 225, 235), 105 GenG;
§ 59 II BNotO, § 43 RVG; § 26 VAG, § 31 AVBEltV (Schlesw MDR 99, 469); § 51 BRRG. Einen Ausschluss
bewirkt ferner das Verstreichen der Beschwerdefrist des § 156 III 1 KostO bei der notariellen Kostenforderung, sofern die Aufrechnungsforderung bereits vorher entstanden war (Ddorf OLGR 01, 27). Das Aufrechnungsverbot in § 96 InsO ist abschließend. Aus vorläufigen Maßnahmen des Insolvenzgerichts nach § 21 II InsO folgt daher auch im Zusammenwirken mit § 394 kein zusätzliches Aufrechnungsverbot (BGHZ 159, 392).

II. Vertraglicher Ausschluss. Ein vertraglicher Aufrechnungsausschluss ist möglich. Er kann sich aus dem 20
ausdrücklichen Wortlaut als **Barzahlungsklausel** oder dem stillschweigend Vereinbarten ergeben. Beispiele
bilden Klauseln wie „Kasse gegen Dokumente", „Kasse gegen Verladedokumente", „Kasse gegen Faktura",
„Netto Kasse gegen Rechnung und Verladepapiere", „cash against documents", „cash on delivery" oder das
Dokumentenakkreditiv (BGHZ 14, 61; 23, 131; 60, 262; NJW 76, 852; NJW 79, 1046; NJW 85, 550). Auch
sonst kann in einer Abrede über eine bestimmte Art und Weise der Leistung ein Aufrechnungsausschluss liegen, etwa wenn eine Sachleistung gegen Scheckübergabe vereinbart wird (Celle OLGR 94, 218). **Formularmäßige Aufrechnungsbeschränkungen** auf Fälle einer rechtskräftig festgestellten oder unbestrittenen Aufrechnungsforderung hat die Rspr iRd § 309 Nr 3, § 307 I innerhalb wie außerhalb des Unternehmensverkehrs
(§ 310 I) im Allgemeinen für wirksam gehalten (BGHZ 91, 375; 103, 185; NJW-RR 87, 883; NJW-RR 93, 519;
NJW-RR 99, 1335). Der Aufrechnungsausschluss für bestrittene oder nicht rechtskräftig festgestellte Ansprüche greift mangels Bestreitens nicht, wenn das Bestehen der Gegenforderung bereits bewiesen ist (BGH WM
77, 311) oder wenn der Aufrechnungsgegner nur eine bereits früher zur Gegenaufrechnung gestellte Forderung geltend macht, deren Bestehen aber nicht einmal schlüssig behauptet (BGH NJW 85, 1556). Den
Rechtsfolgen nach untersagt das vertragliche Aufrechnungsverbot nicht nur die Berufung auf die Aufrechnung, sondern begründet ihre Unwirksamkeit mit „dinglicher" Wirkung (BGH NJW 84, 357). Der Aufrechnungsausschluss schließt auch ein Zurückbehaltungsrecht aus, wenn dessen Ausübung denselben Effekt wie
eine Aufrechnung hätte (BGH WM 67, 988).

Die Berufung auf ein vertragliches Aufrechnungsverbot kann ihrerseits **treuwidrig** sein. Das ist etwa zu beja- 21
hen, wenn Haupt- und Gegenforderung in einem untrennbaren Zusammenhang stehen, weil sie rechtlich
und tatsächlich von denselben Voraussetzungen und Einwendungen abhängen (BGH WM 78, 620). Führt
das Aufrechnungsverbot dazu, dass der Schuldner seine Gegenforderungen wegen eines nachträglichen Vermögensverfalls (auch bereits vor einer Insolvenz) des Gläubigers später nicht mehr durchsetzen kann, wird
jener regelmäßig ungeachtet des Verbots aufrechnen können (BGH NJW 75, 442; NJW-RR 87, 883). Hierzu
kann ggf die Wiederholung einer bereits abgegebenen unwirksamen Aufrechnungserklärung erforderlich sein
(BGH NJW 84, 357). Auch eine Abtretung kann die Barzahlungsabrede nicht wieder Wirkung entfalten (BGH
WM 66, 218). Anders liegt es, wenn das Verbot gerade auch für den Fall der Insolvenz gelten sollte, die Vertragspartner also in Kauf nahmen, dass der Schuldner mit seinen Gegenforderungen ausfällt. Hingegen bleibt
ein Aufrechnungsverbot regelmäßig wirksam, wenn es als Mittel der Kreditsicherung dienen sollte (BGH
NJW-RR 89, 124). Treuwidrig kann die Berufung auf einen Aufrechnungsausschluss auch sein, wenn er
gegen die Aufrechnung aufgrund einer Forderung aus einer vorsätzlich begangenen unerlaubten Handlung
geltend gemacht wird (BGH WM 61, 1357; WM 76, 1332). Auch bei einem vorsätzlichen Vertragsbruch ist
das möglich, aber nicht ohne weiteres zu bejahen (BGH NJW 66, 1452).

Im Anwendungsbereich der ZPO hat der BGH die Auffassung vertreten, die Vereinbarung der **ausschl** 22
Zuständigkeit eines anderen Gerichts schließe die Aufrechnung aus (vgl BGH NJW 93, 2753). Demgegenüber
stellt der EuGH im Anwendungsbereich des Art 23 EuGVVO auf die Auslegung der Gerichtsstandsabrede ab
und nimmt kein grundsätzliches Aufrechnungsverbot an, wenn die Geltendmachung der Aufrechnung nach
dem maßgebenden Prozessrecht ein Verteidigungsmittel darstellt (EuGH Slg 95, I-2053). Diese Lösung verdient generell den Vorrang (*Pfeiffer* Handbuch der Handelsgeschäfte § 22 Rn 158). Im Falle einer **Schiedsabrede** kann mit der in die Zuständigkeit eines Schiedsgerichts fallenden Forderung nicht vor staatlichen
Gerichten aufgerechnet werden, wenn diese streitig ist (BGHZ 38, 254; Ddorf WM 83, 771). Ob im Schiedsverfahren mit einer schiedsverfahrensfremden Forderung aufgerechnet werden kann, bestimmt sich primär
nach der Schiedsabrede unter Einschluss der ggf geltenden institutionellen Schiedsordnung, alsdann nach
dem anwendbaren Schiedsverfahrensrecht. Nach den §§ 1025 ff ZPO dürfte wegen des Prinzips der Gleichwertigkeit des staatlichen und des schiedsrichterlichen Rechtsschutzes mehr für die Zulässigkeit der Aufrechnung sprechen.

III. Treu und Glauben. Der Schuldner ist zur Aufrechnung unter ihren gesetzlichen Voraussetzungen 23
befugt. Die Ausnutzung dieser Möglichkeit ist grds nicht treuwidrig. Eine besondere Ankündigung der bevorstehenden Aufrechnung ist nicht erforderlich (BGH NJW 53, 1479). Unabhängig von einem vertraglichen
Aufrechnungsausschluss kann jedoch eine an sich zulässige Aufrechnung im Einzelfall gegen Treu und Glauben verstoßen. Grundlage hierfür kann der besondere Inhalt des Schuldverhältnisses, die Natur der Rechtsbe-

ziehungen oder der Zweck der geschuldeten Leistung sein, sofern sie eine Erfüllung im Wege der Aufrechnung als mit Treu und Glauben unvereinbar erscheinen lassen (zB BGHZ 71, 380; 95, 109; NJW-RR 99, 1192). Das wird etwa angenommen, wenn die erhobene Forderung liquide ist, die Gegenforderung dagegen langwieriger Aufklärung bedarf, obwohl der Beklagte aufgrund des zwischen den Parteien bestehenden Rechtsverhältnisses verpflichtet gewesen wäre, für Klarheit der Abrechnungsverhältnisse zu sorgen (BGHZ 54, 244, 248) oder wenn nach den Umständen eines Vergleichsabschlusses ein Aufrechnungsvorbehalt zu erwarten gewesen wäre, der aber nicht erklärt wurde (BGHZ 120, 387; vgl a LM § 387 BGB Nr 63; Ddorf OLGR 05, 56; Köln OLGR 02, 387). Ein für bestimmte Konstellationen im Grundsatz anzuerkennendes Aufrechnungsverbot greift nicht ein, soweit der Aufrechnungsgegner hieran kein rechtlich schutzwürdiges Eigeninteresse hat, etwa weil das Aufrechnungsverbot unredlichen Zwecken dienen würde (BGH NJW 93, 2041).

24 **IV. Einzelne Rechtsverhältnisse. 1. Banken.** Eine Bank darf gegen Forderungen ihres Kunden nur mit Forderungen aufrechnen, die sie iRe **bankmäßigen Geschäftsverbindung** erworben hat (BGH NJW-RR 88, 173). Ob eine Bank mit der „Freigabe" einer Forderung nur auf ihr formularmäßiges Sicherungsrecht verzichtet oder auch die Aufrechnung ausgeschlossen wird, ist durch Auslegung zu ermitteln (BGH WM 83, 873). Zu Treuhandkonten s Rn 30.

25 In der Vereinbarung über die Gestellung eines befristeten unwiderruflichen **Dokumentenakkreditivs** liegt für dessen Laufzeit zugleich eine Barzahlungsabrede und damit ein vertraglicher Aufrechnungsausschluss zwischen Lieferant und Käufer/Besteller vor. Nach Verfall des Akkreditivs wirkt die Barzahlungsabrede fort, wenn die Gründe für die Nichtausnutzung des Akkreditivs zumindest überwiegend in den Verantwortungsbereich des Käufers oder Bestellers fallen (BGHZ 60, 262).

26 **2. Eheliches Güterrecht und Zugewinnausgleich.** Bei der Abwicklung vermögensrechtlicher Beziehungen zwischen früheren Ehegatten ist die Aufrechnung mit einem Zugewinnausgleichsanspruch trotz seiner Komplexität nicht durch Treu und Glauben grds ausgeschlossen, obwohl das Zugewinnausgleichsverfahren etwa langwierig und kompliziert sein kann. Für den Inhaber einer unbestrittenen, ebenfalls in der ehelichen Lebensgemeinschaft wurzelnden Forderung ist es im Interesse einer Gesamtbereinigung der gegenseitigen Ansprüche zumutbar, den Ausgang des Zugewinnausgleichsverfahrens abzuwarten (BGH NJW 00, 948; NJW 02, 1130).

27 **3. Miet- und Leasingverträge.** Der Vermieter verabredet ein Aufrechnungsverbot ggü seinem **Mietzinsanspruch**, um dessen zeitnahe Durchsetzbarkeit zu sichern. Hierauf kann er sich nach dem Ende des Mietverhältnisses regelmäßig nicht mehr berufen (BGH NJW-RR 00, 530). Ebenso liegt es hinsichtlich einer Klausel, die eine Vorankündigungsfrist für eine Aufrechnung bestimmt (BGH NJW-RR 88, 329; zur Wirksamkeit der Klausel Ddorf NZM 02, 953). Die **Kaution** dient der Sicherung des Vermieters, damit sich dieser wegen offener Forderungen aus dem Mietverhältnis nach dessen Beendigung durch Aufrechnung ggü dem Rückzahlungsanspruch des Mieters befriedigen kann. Trotz der treuhänderischen Bindung des Vermieters kann dieser auch nach Ablauf der Frist des § 548 ggü dem Rückzahlungsanspruch des Mieters aufrechnen (vgl a BGH NJW 85, 267).

28 Fließt beim **Leasing** eine Sachversicherungsleistung an den durch Sicherungsschein in den Versicherungsvertrag einbezogenen Leasinggeber, so kann der Leasingnehmer Auszahlung dieses Betrags an den mit der Reparatur des Leasinggegenstandes beauftragten Unternehmer verlangen. Gegen diesen Anspruch darf der Leasinggeber nicht mit dem Anspruch auf Zahlung offener Leasingraten aufrechnen (BGHZ 93, 391).

29 **4. Sicherungsgeschäfte.** Ein Sicherungsnehmer darf ggü dem Anspruch des Sicherungsgebers auf Auskehrung eines Mehrerlöses nicht mit anderen ungesicherten Forderungen aufrechnen, weil dies den Sicherungszweck entgegen der Sicherungsabrede einseitig erweitern würde (BGH NJW 94, 2885). Ebenso liegt es beim Rückforderungsanspruch des Bürgen im Falle der Bürgschaft auf erstes Anfordern, wenn sich die Anforderung als unberechtigt erwiesen hat (BGHZ 139, 325).

30 **5. Treuhandverhältnis.** Ein fremdnütziger Treuhänder darf gegen den Herausgabeanspruch des Treugebers aus §§ 667, 675 grds nicht mit Gegenforderungen aufrechnen, die ihren Grund nicht in dem Treuhandvertrag haben (BGHZ 14, 342; 95, 109, 113; WM 65, 1209; NJW 93, 2041, 2042; 94, 2885, 2886). Das gilt insbes für **Rechtsanwälte** hinsichtlich der von ihren Mandanten empfangenen Fremdgelder. Ist dem Anwalt allerdings nur ein Einziehungsauftrag erteilt, so begründet dies nicht ohne weiteres ein der Aufrechnung entgegenstehendes Treuhandverhältnis (BGHZ 71, 380, 383). Deshalb kann sich ein Rechtsanwalt wegen seiner Honoraransprüche durch Aufrechnung aus nicht zweckgebundenen Fremdgeldern befriedigen. Diese Befugnis besteht auch dann, wenn die Honoraransprüche nicht gerade den Auftrag betreffen, der zu dem Geldeingang geführt hat (BGH NJW 95, 1425, 1426; NJW 03, 140). Unzulässig ist die Aufrechnung mit Geldern, die der Anwalt zweckgebunden zur Auszahlung an Dritte entgegengenommen hat (§ 4 III BORA) oder die er nicht nur entgegennehmen, sondern treuhänderisch verwalten soll (vgl BGHZ 71, 380, 383). Um zweckgebundene Fremdgelder handelt es sich auch, wenn ein **Transportunternehmen** die Kaufpreiszahlung durch den Empfänger treuhänderisch für den Auftraggeber/Verkäufer entgegennimmt. Mit seinem Vergütungsanspruch darf der Transporteur nur ggü denjenigen Herausgabeansprüchen aufrechnen, die aus der Erledigung desselben Ver-

tragverhältnisses stammen, auf dem auch der Vergütungsanspruch beruht (BGH NJW-RR 99, 1192). Bei einem **Treuhandkonto** ist es der Bank (bei offener Treuhand) verwehrt, gegen Kontoforderungen mit Forderungen gegen den treuhänderischen Kontoinhaber aufzurechnen (BGH NJW 87, 3250). Bei der Insassen-Unfallversicherung hat der Versicherungsnehmer grds eine treuhänderähnliche Stellung zugunsten verletzter Mitfahrer und muss die ihm zugeflossene Versicherungsleistung in bar auskehren. Er darf allerdings mit einem Schadensersatzanspruch aufrechnen, der auf demselben Ereignis beruht wie die Versicherungsleistung (BGH NJW 73, 1368; VersR 74, 125). **Ausnahmen** sind anzuerkennen, wenn der Treugeber mit dem Treuhandverhältnis rechtlich missbilligte Zwecke verfolgt (BGH NJW 93, 2041: Schutz eines Verbrechensgewinns vor dem Gläubigerzugriff).

6. Vorschuss. Vorschussansprüche sollen vermeiden, dass eine Seite wirtschaftlich in Vorleistung treten muss. Damit ist die **Aufrechnung in beide Richtungen** meist vereinbar, denn sie führt nur zu einer abgekürzten Erfüllung beiderseitiger Ansprüche. Der Werkbesteller, dem ein Anspruch auf Vorschuss für die Kosten der Mängelbeseitigung zusteht, kann damit gegen die restliche Werklohnforderung aufrechnen, ohne dass der Vorschusszweck entgegensteht (BGHZ 54, 244, 247). Das gilt auch dann, wenn der Vorschussanspruch durch Abtretung erlangt wurde (BGH NJW-RR 89, 406). 31

7. Zwangsversteigerung. Die Eigenart des Zwangsversteigerungsverfahrens hindert den Ersteher nicht daran, gegen den berechtigten Gläubiger nach **Übertragung der Bargebotsforderung** (§ 118 ZVG) aufzurechnen (BGH NJW-RR 87, 950). 32

§ 388 Erklärung der Aufrechnung

¹Die Aufrechnung erfolgt durch Erklärung gegenüber dem anderen Teil. ²Die Erklärung ist unwirksam, wenn sie unter einer Bedingung oder einer Zeitbestimmung abgegeben wird.

A. Aufrechnungserklärung. I. Bedeutung. Nach § 388 wird die Aufrechnung durch die Aufrechnungserklärung bewirkt, nicht schon durch den Eintritt der Aufrechnungslage (BGHZ 155, 392). Die Aufrechnungserklärung ist deshalb immer dann erforderlich, wenn sich zwei selbständige Forderungen ggü stehen, die keinen bloßen Rechnungsposten innerhalb eines einheitlichen Anspruchs bilden (Karlsr OLGR 04, 69). 1

II. Rechtsnatur. Die Aufrechnungserklärung ist eine **empfangsbedürftige Willenserklärung**, die ggü dem Gläubiger abzugeben ist. Mit ihrer Rechtsnatur als **Gestaltungserklärung** ist ein Schwebezustand nicht vereinbar. Deshalb ist die Aufrechnungserklärung nach § 388 S 2 bedingungsfeindlich (Frankf NJW-RR 97, 526). Eine ohne die erforderliche behördliche Genehmigung erklärte Aufrechnung ist dementspr ebenfalls unwirksam (BGH NJW 54, 266). Ist die Aufrechnung danach unwirksam, so muss sie bei späterem Vorliegen der Voraussetzungen wiederholt werden (BGH NJW 84, 357). Die Erklärung unterliegt keinen bestimmten Formerfordernissen. 2

Zulässig ist allerdings die **Hilfsaufrechnung**, die für den Fall erklärt wird, dass die in erster Linie bestrittene Hauptforderung sich als bestehend erweisen sollte (RGZ 97, 269, 273). § 388 S 2 steht einer solchen Eventualaufrechnung nicht entgegen. Die Aufrechnungserklärung hängt hier nicht von einem zukünftigen ungewissen Ereignis, also einer echten Bedingung, sondern von einer bloßen Rechtsbedingung ab. 3

III. Auslegung. Die Aufrechnung kann auch **stillschweigend** erklärt werden (BGH NJW 84, 357), muss aber dem Erklärungsgehalt nach hinreichend deutlich zum Ausdruck kommen (BGHZ 26, 239; München NZG 05, 311). Hierfür kann die (verfehlte) Geltendmachung eines Zurückbehaltungsrechts ausreichen, wenn die Verbindlichkeiten gleichartig und fällig sind (BGH NJW 74, 367), weil dann die Ausübung des Zurückbehaltungsrechts dieselben Rechtswirkungen wie die Aufrechnung herbeiführt (RGZ 85, 108, 110 f). 4

Die Erklärung der Aufrechnung mit einer in Wahrheit nicht bestehenden Forderung gegen eine bestehende Forderung ist nicht ohne weiteres als die Verjährung unterbrechendes **Anerkenntnis** zu deuten. Maßgebend ist der sich in Würdigung der Gesamtumstände ergebende Erklärungsgehalt (BGHZ 58, 103; 107, 395). 5

B. Aufrechnung im Prozess. Die im Prozess erklärte Aufrechnung ist **materielles Rechtsgeschäft und prozessuale Geltendmachung eines Verteidigungsmittels** zugleich (BGH NJW 57, 591). Sie führt, wenn die Aufrechnung durchgreift, zur Klageabweisung (BGH NJW 53, 1589). Im Zweifel ist die im Prozess erklärte Aufrechnung eine bloße Hilfsaufrechnung. Das Gericht darf sie erst berücksichtigen, wenn es die Klageforderung nicht nur für schlüssig, sondern auch für begründet hält (RGZ 167, 257, 258). Die Aufrechnung kann auch in einer Rechtsmittelschrift erklärt werden, soweit dies prozessual zulässig ist (BGH NJW 84, 357). Bei der Prozessaufrechnung ist trotz der materiell-rechtlichen Rückwirkung der Aufrechnung nicht der Eintritt der Aufrechnungslage, sondern der Zeitpunkt der Aufrechnungserklärung als das **erledigende Ereignis** anzusehen (BGHZ 155, 392). 6

Die **Präklusionswirkung** des rechtskräftigen Urteils eines Vorprozesses steht der prozessualen Geltendmachung der Aufrechnung dann entgegen, wenn die Aufrechnungslage schon zu dem für die Rechtskraft des Vorprozesses maßgebenden Zeitpunkt bestand. Das ist bei einem Feststellungsurteil, das den Schuldner zum Ersatz künftiger Schäden verpflichtet, nicht der Fall (BGHZ 103, 362). Im Verfahren über die Vollstreckbarer- 7 klärung eines ausländischen Schiedsspruchs ist dementspr eine Aufrechnungserklärung des Schuldners dann eine beachtliche Einwendung, wenn die Gründe, auf denen sie beruht, erst nach dem Zeitpunkt entstanden sind, in dem sie im Verfahren spätestens hätten geltend gemacht werden müssen (BGH NJW-RR 97, 1289).

8 Wird die Prozessaufrechnung als **unzulässig** erachtet, etwa weil ein Aufrechnungsverbot eingreift, so liegt keine rechtskräftige Entscheidung über die Aufrechnungsforderung vor und diese kann erneut selbständig geltend gemacht werden (BGH NJW 01, 3616). Das gilt auch, wenn das Gericht die Aufrechnung zu Unrecht für unzulässig hält (BGH NJW 97, 743). Ist die Aufrechnung prozessual nicht zulässig, so bleibt die Aufrechnungserklärung wirkungslos, sei es, dass man eine durch die prozessuale Zulässung aufschiebend bedingte Aufrechnung annimmt, sei es, dass sich – was näher liegt – die prozessuale Unwirksamkeit der Erklärung nach § 139 auf das materiell-rechtliche Geschäft erstreckt (BGH NJW 94, 2769, 2770). Der Schuldner kann die Prozessaufrechnung auch zurücknehmen mit der Folge, dass die materiell-rechtliche Aufrechnungserklärung entfällt (BGH NJW-RR 91, 156, 157; Zweibr NJW-RR 04, 651). Die Forderung ist also nicht verbraucht und kann erneut zur Aufrechnung genutzt werden.

9 Infolge einer zulässigen Prozessaufrechnung kann es zu einer **rechtskräftigen Entscheidung** über die Aufrechnungsforderung kommen. Maßgebend sind prozessuale Grundsätze, namentlich gilt § 322 II ZPO. Entscheidend ist, ob das Urteil die Aufrechnungsforderung inzident aberkennt oder zuerkennt – im Überblick: Eine rechtskräftige Entscheidung über die Aufrechnungsforderung ergeht, wenn das Gericht die Klageforderung für begründet, aber die Aufrechnungsforderung für unbegründet erachtet (§ 322 II) oder wenn es die Klageforderung, aber auch die Aufrechnungsforderung für begründet erachtet. In jedem Fall ergeht eine rechtskräftige Entscheidung über die Höhe der Aufrechnungsforderung nur bis zur Höhe der Klageforderung (§ 322 II direkt bzw analog). Keine rechtskräftige Entscheidung über die Aufrechnungsforderung ergeht, wenn das Gericht die Klage wegen Unzulässigkeit oder wegen Unbegründetheit der Klageforderung abweist.

10 Ist bei einem Anspruch nur **Teilklage** erhoben, so kann der Beklagte gerade gegen den eingeklagten Teilanspruch die Aufrechnung erklären. Der Aufrechnungsgegner (Kläger) kann ihn nicht auf den nicht eingeklagten Teil verweisen (BGH NJW-RR 94, 120). Anders liegt es, wenn der Kläger selbst den nicht eingeklagten Teil bereits zur Aufrechnung gegen die Forderung des Beklagten benutzt und diese dadurch zum Erlöschen gebracht hat (BGHR 03, 263).

§ 389 Wirkung der Aufrechnung

Die Aufrechnung bewirkt, dass die Forderungen, soweit sie sich decken, als in dem Zeitpunkt erloschen gelten, in welchem sie zur Aufrechnung geeignet einander gegenübergetreten sind.

1 **A. Überblick.** § 389 enthält neben der Anordnung der **Erfüllungswirkung** vor allem eine Regelung des **Zeitpunkts** der Aufrechnungswirkung. Obschon die Aufrechnung gesetzlich als Gestaltungsgeschäft konzipiert ist (§ 388), wirkt die Aufrechnungserklärung auf den Zeitpunkt des Eintritts der Aufrechnungslage (§ 387) zurück. Ist die Aufrechnung erklärt, so ist der für das Erlöschen maßgebende Zeitpunkt derjenige, in dem sich beide Forderungen als gegenseitige, gleichartige, vollwirksame Forderungen ggü getreten sind. Das gilt gleichermaßen für die Hauptforderung wie für die Aufrechnungsforderung.

2 **B. Voraussetzungen. I. Allgemeines.** Die Voraussetzungen für die in § 389 geregelte Aufrechnungswirkung bestehen in einer Aufrechnungslage gem § 387 und dem Vorliegen einer Aufrechnungserklärung nach § 388. Da die Aufrechnung nicht kraft Gesetzes eintritt, sondern einer rechtsgestaltenden Erklärung bedarf, muss die Aufrechnung grds bis zur Aufrechnungserklärung fortbestehen. Dieses Prinzip wird allerdings durch eine Vielzahl von Einzelregelungen korrigiert, die auf den Eintritt der Aufrechnungslage abstellen (BGH NJW 51, 599).

3 **II. Deckung der Forderungen.** Die Aufrechnungswirkung greift ein, soweit sich die gegenseitigen Forderungen decken. Bleibt bei einer Geldforderung die Aufrechnungsforderung hinter der Hauptforderung zurück, erlischt diese nur in der Höhe der Aufrechnungsforderung und bleibt im Übrigen bestehen. Geht die Aufrechnungsforderung über die Hauptforderung hinaus, so erlischt die Hauptforderung vollständig. Die Aufrechnungsforderung wird nur in Höhe der Hauptforderung „verbraucht" und bleibt im Übrigen bestehen.

4 **C. Rechtsfolgen.** Die Aufrechnung bewirkt das **Erlöschen** der Aufrechnungsforderung wie der Hauptforderung. Eine **Gegenaufrechnung** des Gläubigers ggü der mit der Aufrechnung erloschenen Aufrechnungsforderung des Schuldners geht ins Leere (RGZ 143, 382, 388). Allerdings kann das Widerspruchsrecht nach § 396 eingreifen.

5 Die erklärte Aufrechnung wirkt auf den Zeitpunkt des **Eintritts der Aufrechnungslage** zurück. Auf die Rechtskraft des Urteils kommt es bei der Prozessaufrechnung nicht an (BGH NJW-RR 88, 1104). Ein etwa eingetretener Verzug und die Verzugswirkungen, namentlich eine Verzinsungspflicht, werden bei beiden Forderungen rückwirkend beendet (BGHZ 80, 269; NJW 81, 1729; NJW-RR 91, 568, 569). Bis zur erklärten Aufrechnung steht die Aufrechnungslage dem Verzugseintritt jedoch nicht entgegen. Die Rückforderung etwa

erbrachter Leistungen bestimmt sich nach Bereicherungsrecht. Sonstige Rechtsfolgen der Aufrechnungslage regeln §§ 215, 352, 406, 543 II 3, §§ 770 II, 1137 I, 1211 I 1, § 129 III HGB, § 94 InsO.

Im **öffentlichen Recht** hängt die Wirkung einer gegen die in einem VA festgesetzte Abgabe vom Inhalt der Festsetzung ab: Beschränkt sich der VA auf die Festsetzung der Abgabe, so bleibt diese Festsetzung von einer Aufrechnung unberührt; anders liegt es, wenn auch Zahlungsmodalitäten festgelegt werden (BVerwG NVwZ 84, 168).

D. Einschränkungen. Im Prozess wird die Rückwirkung von prozessrechtlichen Schranken überlagert. Erklärt der Beklagte nach Klagezustellung die Prozessaufrechnung mit einer bereits vor Klageerhebung vollwirksamen Aufrechnungsforderung, so ist trotz der materiell-rechtlichen Rückwirkung der Aufrechnung (§ 389) erst die Aufrechnungserklärung das erledigende Ereignis für eine bis dahin zulässige und begründete Klage (BGHZ 155, 392). Erhöht sich der Umfang einer Forderung, etwa bei einer nachträglichen Erhöhung eines Schadens, so kommt es grds auf den Zeitpunkt der Aufrechnungslage an (BGHZ 27, 123; einschränkend MüKo/*Schlüter* Rn 8 f). Ist jedoch nur eine Seite zur Aufrechnung befugt, kann ein Anwachsen ihrer Forderung bis zur Aufrechnung berücksichtigt werden.

§ 390 Keine Aufrechnung mit einredebehafteter Forderung

Eine Forderung, der eine Einrede entgegensteht, kann nicht aufgerechnet werden.

A. Überblick. § 390 ergänzt und konkretisiert das in § 387 enthaltene Prinzip, dass eine Forderung vollwirksam sein muss, um als Aufrechnungsforderung genutzt zu werden. Die als Aufrechnungsverbot ausgestaltete Regelung ordnet an, dass mit einer einredebehafteten Forderung nicht aufgerechnet werden kann. § 390 gilt für sämtliche Leistungsverweigerungsrechte des bürgerlichen Rechts, auch solche außerhalb des BGB (BGHR BRAGO § 18 I S 1 Aufrechnung 1; AnwBl 85, 257). § 390 greift ein, wenn der Forderung eine Einrede entgegensteht. Es kommt nicht darauf an, ob sie erhoben wurde (BGH NJW 01, 287; NJW-RR 03, 1421).

B. Dilatorische und peremptorische Einreden. Die Vorschrift gilt für Einreden des materiellen Rechts, nicht für prozessrechtlich begründete Einreden (RGZ 123, 348, 349). Das umfasst zunächst **peremptorische Einreden**, etwa § 615 S 2 (BGH NJW 01, 287). Die Regelung erfasst ferner **dilatorische Einreden**, zB die Einrede des nicht erfüllten Vertrags (BGH NJW-RR 03, 1421). Zu den möglichen Einreden gehört auch das Bestehen eines Zurückbehaltungsrechts iSd § 273. Sichert das Zurückbehaltungsrecht aber gerade die Forderung, gegen die nun aufgerechnet wird, steht es der Aufrechnung nicht entgegen (BGH NJW 90, 3210), ebenso nicht, wenn sich der Gläubiger hinsichtlich derjenigen Forderung, auf die er sein Zurückbehaltungsrecht stützt, in Annahmeverzug befindet (RGZ 94, 309). Richtet sich die Aufrechnung ausnahmsweise, etwa nach § 406, nicht gegen den Schuldner der Aufrechnungsforderung, kann der Aufrechnungsadressat sich auf dem Schuldner zustehende Einreden iRd § 390 berufen (BGHZ 35, 317; LM § 390 BGB Nr 1). Nach §§ 410, 390 ist eine ohne Vorlage einer Abtretungsurkunde erfolgte Aufrechnung durch den Zessionar unwirksam (BGHZ 26, 241).

Bei dilatorischen Einreden kann allerdings eine Aufrechnungslage noch entstehen, wenn die Einrede wegfällt. Die Ausnahme für **verjährte Forderungen**, wonach es ausreicht, wenn die Verjährung bei Entstehen der Aufrechnungslage noch nicht eingetreten war, findet sich seit der Schuldrechtsreform in § 215. Ist die Aufrechnungslage erst nach der Verjährung der Aufrechnungsforderung eingetreten, bleibt es bei der Regel des § 390.

§ 391 Aufrechnung bei Verschiedenheit der Leistungsorte

(1) ¹Die Aufrechnung wird nicht dadurch ausgeschlossen, dass für die Forderungen verschiedene Leistungs- oder Ablieferungsorte bestehen. ²Der aufrechnende Teil hat jedoch den Schaden zu ersetzen, den der andere Teil dadurch erleidet, dass er infolge der Aufrechnung die Leistung nicht an dem bestimmten Orte erhält oder bewirken kann.

(2) Ist vereinbart, dass die Leistung zu einer bestimmten Zeit an einem bestimmten Orte erfolgen soll, so ist im Zweifel anzunehmen, dass die Aufrechnung einer Forderung, für die ein anderer Leistungsort besteht, ausgeschlossen sein soll.

A. Aufrechnung trotz Verschiedenheit der Leistungs- oder Ablieferungsorte. Leistungs- und Ablieferungsort liegen dem vertraglichen Äquivalenzverhältnis zugrunde, das durch die Aufrechnung nicht verschoben werden soll. Auf der anderen Seite dient die Aufrechnung der Erleichterung des Rechtsverkehrs. § 391 I löst diesen Interessenkonflikt, indem trotz Verschiedenheit der Leistungsorte die Aufrechnung zugelassen wird, dem Gläubiger der Hauptforderung aber ein Schadensersatzanspruch zuerkannt wird, sofern ihm Schaden daraus erwächst, dass er die Leistung nicht an dem vorgesehenen Ort erhält oder seine Gegenleistung nicht am vorgesehenen Ort bewirken kann.

2   Der Leistungsort ist nach allgemeinen Grundsätzen zu bestimmen. Die Einbeziehung des Ablieferungsortes ist für die Schickschuld von Bedeutung. Sie trägt dem Umstand Rechnung, dass für das wirtschaftliche Äquivalenzverhältnis oft weniger das Transportrisiko als die Transportkosten ausschlaggebend sind. Verschiebungen des Äquivalenzverhältnisses können sich daher schon aus der Abweichung vom vereinbarten Ablieferungsort ergeben.

3   **B. Vereinbarter Leistungsort.** § 391 II setzt voraus, dass für die Hauptforderung ein anderer Leistungsort vereinbart ist als derjenige, der für die Aufrechnungsforderung maßgebend ist. Damit soll die Durchsetzbarkeit der vereinbarten Leistungsmodalitäten, zu denen auch der Leistungsort gehört, gewahrt werden. Die Vorschrift gilt allerdings nicht, soweit sich der Leistungsort aus dem Gesetz ergibt (BGH NJW 99, 1179).

§ 392 Aufrechnung gegen beschlagnahmte Forderung

Durch die Beschlagnahme einer Forderung wird die Aufrechnung einer dem Schuldner gegen den Gläubiger zustehenden Forderung nur dann ausgeschlossen, wenn der Schuldner seine Forderung nach der Beschlagnahme erworben hat oder wenn seine Forderung erst nach der Beschlagnahme und später als die in Beschlag genommene Forderung fällig geworden ist.

1   **A. Überblick.** Mit der Beschlagnahme einer Forderung geht das Interesse des Drittgläubigers einher, sich aus der Forderung zu befriedigen. Deshalb verbietet § 829 I 1 ZPO dem Schuldner einer beschlagnahmten Forderung die Erfüllung. Hingegen lässt § 392 dem Schuldner die Aufrechnungsmöglichkeit, soweit er **auf eine eingetretene Aufrechnungslage vertrauen** kann. Aus der Beschlagnahme erwächst dann nur in bestimmten Fällen einer nach dem Erwerbs- oder Entstehungsablauf mangelnden Schutzbedürftigkeit des Schuldners ein Aufrechnungsverbot.

2   **B. Geltung für die Aufrechnung.** Die Vorschrift gilt für eine **Aufrechnung** durch den Schuldner. Sie ist nicht anwendbar, wenn der Gläubiger durch einen Aufrechnungsvertrag (hierzu s § 387 Rn 4) schon vor der Beschlagnahme über eine Forderung selbst verfügt hat, selbst wenn die Aufrechnungsforderung erst nach der Beschlagnahme und nach Eintritt der Fälligkeit der beschlagnahmten Forderung ihrerseits fällig wurde (BGH NJW 68, 835). Anderes hat das BAG für Arbeitseinkommen nach dem Rechtsgedanken des § 850 h ZPO angenommen (BAG AP Nr 2 zu § 392 BGB). Hat der (Dritt-)Schuldner entgegen § 829 ZPO eine beschlagnahmte Forderung erfüllt, ist dies dem Pfändungsgläubiger ggü zwar unwirksam. Das Recht, unter den Voraussetzungen des § 392 aufzurechnen, bleibt hiervon unberührt (BGH NJW 72, 428).

3   **C. Alternative 1.** Nach § 392 Alt 1 ist der Schuldner ggü einer Beschlagnahme **nicht schutzbedürftig**, wenn er die Aufrechnungsforderung erst nach der Beschlagnahme erworben hat. In diesem Falle durfte er zu keinem Zeitpunkt auf die Möglichkeit einer Aufrechnung vertrauen. Für einen Erwerb reicht es aus, wenn die Aufrechnungsforderung dem Grunde nach entstanden ist (BGH NJW 80, 584). Bei Verletzung vertraglicher Pflichten hat es die Rspr ausreichen lassen, wenn der maßgebende Vertrag vor der Beschlagnahme geschlossen wurde und damit die Rechtsgrundlage für den späteren Schadensersatzanspruch geschaffen war (Ddorf NJW-RR 00, 231; Köln OLGZ 78, 320).

4   **D. Alternative 2.** Die Einschränkung der Aufrechnungsbefugnis in § 392 Alt 2 richtet sich gegen den Schuldner, der eine voll durchsetzbare Forderung bis zu dem Zeitpunkt nicht erfüllt hat, zu dem seine zur Aufrechnung gestellte Gegenforderung fällig wird. Ihm soll durch die **unberechtigte Verweigerung** der Zahlung kein Vorteil erwachsen. Alt 2 steht der Aufrechnung daher nur dann entgegen, wenn die Hauptforderung vollwirksam war, bevor die Aufrechnungsmöglichkeit entstanden ist (BGH NJW-RR 04, 525).

§ 393 Keine Aufrechnung gegen Forderung aus unerlaubter Handlung

Gegen eine Forderung aus einer vorsätzlich begangenen unerlaubten Handlung ist die Aufrechnung nicht zulässig.

1   **A. Zweck.** Die Vorschrift soll gewährleisten, dass das Opfer einer vorsätzlichen unerlaubten Handlung in angemessener Frist ohne Erörterung von Gegenansprüchen des Schädigers zu seinem Recht kommt (BGH NJW-RR 88, 173; RGZ 154, 334, 339). Daneben wird verhindert, dass der Schädiger ggü seinem zahlungsschwachen Schuldner sanktionslos Rache üben kann (dies als ausschl Zweck sehend und deshalb für einschränkende Auslegung *Deutsch* NJW 81, 735).

2   **B. Anwendungsbereich und Voraussetzungen.** § 393 gilt nur für die **Aufrechnung**, entbindet jedoch ggf nicht von der Notwendigkeit, einen Schaden durch Gegenüberstellung einzelner Schadensposten, namentlich bei einer gebotenen Vorteilsausgleichung, zu berechnen (BGH NJW 67, 2012). Die Vorschrift meint den Fall, dass die Hauptforderung auf einer vorsätzlich begangenen unerlaubten Handlung beruht. Die Nutzung einer

Forderung aus vorsätzlicher unerlaubter Handlung als Aufrechnungsforderung ist nicht ausgeschlossen. Bei einer juristischen Person steht das Handeln ihrer Organe ihrem eigenen gleich, so dass § 393 gilt, wenn die juristische Person für das vorsätzliche Deliktsverhalten eines Organs haftet (BayObLGZ 84, 269). Die Vorschrift stellt allein auf den **Entstehungsgrund der Forderung**, nicht auf die Person des Schuldners ab. Sie gilt deshalb auch für Fälle der Rechtsnachfolge und Mithaftung (zu §§ 25, 27 HGB RGZ 154, 334, 339).

Unerlaubte Handlungen sind die Deliktstatbestände des BGB und die außerhalb desselben geregelten außervertraglichen Haftungsvorschriften, soweit sie rechtssystematisch eine deliktsrechtliche Funktion haben (verneinend zu § 717 II ZPO RGZ 76, 406, 408). Die Vorschrift gilt auch bei Staatshaftungsansprüchen (BGH § 393 BGB LM Nr 6; BFHE 83, 607). Das Vorsatzerfordernis bezieht sich nicht auf den tatbestandlichen Haftungstatbestand, sondern auf das konkrete Verhalten des Schuldners. § 393 greift damit auch ohne Rücksicht darauf ein, ob es sich um eine Verschuldens- oder Gefährdungshaftung handelt. Zwischen unmittelbaren Schäden und Folgeschäden wird in § 393 nicht unterschieden, so dass auch letztere umfasst sind, soweit sie deliktisch zu ersetzen sind. Das schließt Kostenerstattungsansprüche aus einer wegen der unerlaubten Handlung erhobenen Unterlassungsklage ein (Köln NJW-RR 90, 929). 3

In **erweiternder teleologischer Auslegung** erfasst die Vorschrift auch Ansprüche aus anderen Anspruchsgrundlagen, soweit das anspruchsbegründende Verhalten des Schuldners zugleich die Voraussetzungen einer vorsätzlich begangenen unerlaubten Handlung erfüllt (BGH BB 54, 172; NJW 67, 2012; NJW 94, 252, 253; NJW 99, 714). Demgegenüber erstreckt sich § 393 nicht auf den Fall einer vorsätzlichen Vertragsverletzung, soweit nicht zugleich ein Delikt verwirklicht wird (BGH NJW 75, 1119, 1120). Die Anwendbarkeit ist dem Rechtsgedanken nach ferner dann zu bejahen, wenn ein gesetzlicher Anspruch an die Stelle eines sonst zu bejahenden Anspruchs aus vorsätzlich begangener unerlaubter Handlung getreten ist, so etwa beim Anspruch aus § 852 (BGH NJW 77, 529; ferner LM § 393 BGB Nr 6: zum BEG). 4

Eine **einschränkende Auslegung**, wonach die Aufrechnung zulässig ist, wenn auch die Aufrechnungsforderung auf einer vorsätzlichen unerlaubten Handlung beruht, hat im Gesetz keine ausreichende Stütze (RGZ 123, 6, 7; Celle NJW 81, 766; aA *Deutsch* NJW 81, 735). 5

Gegen strafrechtliche **Geldstrafen** ist eine Aufrechnung nicht zulässig; der Fiskus kann mit seinem Geldstrafenanspruch aufrechnen (Braunschw NJW 51, 247; AG Hannover NJW 75, 178). 6

C. Beweislast. Für das Eingreifen des Aufrechnungsverbots ist grds der Gläubiger beweispflichtig (BGH NJW 94, 252, 253). Soweit bei der Feststellung des Deliktstatbestands Beweiserleichterungen eingreifen, kommen ihm diese auch iRd § 393 zugute (BGH NJW 99, 714). 7

§ 394 Keine Aufrechnung gegen unpfändbare Forderung

¹Soweit eine Forderung der Pfändung nicht unterworfen ist, findet die Aufrechnung gegen die Forderung nicht statt. ²Gegen die aus Kranken-, Hilfs- oder Sterbekassen, insbesondere aus Knappschaftskassen und Kassen der Knappschaftsvereine, zu beziehenden Hebungen können jedoch geschuldete Beiträge aufgerechnet werden.

A. Überblick. Die Aufrechnung entfaltet die Wirkung einer privaten Selbstexekution. Folgerichtig ordnet § 394 ein Aufrechnungsverbot ggü unpfändbaren Forderungen an. Das gilt grds für alle Pfändungsverbote mit Ausnahme der in S 2 angesprochenen Aufrechnung mit Ansprüchen auf Zahlung von Beiträgen gegen an sich unpfändbare Ansprüche gegen Kranken-, Hilfs- oder Sterbekassen. Mit der Grundregel in S 1 soll vor allem **im öffentlichen Interesse** erreicht werden, dass der Gläubiger der unpfändbaren Forderung nicht den Sozialkassen und der Allgemeinheit zur Last fällt. Der Staat darf für die wirtschaftlichen Existenzvernichtung des Schuldners nicht die Hand reichen (RGZ 105, 105; 133, 249, 256). Die Vorschrift enthält deshalb zwingendes Recht (BGH NJW 99, 3264; RGZ 146, 398, 401) und gilt ihrer Zwecksetzung gem auch nur zugunsten des Schuldners, nicht nach einem Anspruchsübergang auf den Sozialleistungsträger (BGH NJW 61, 1966; LG Heilbronn NJW-RR 90, 197; aA für § 115 SGB X BAG EzA § 115 GewO Nr 5; AP Nr 1 zu § 115 SGB X). Über die sozialen Pfändungsschutzvorschriften hinaus bezieht sich die Bestimmung nach ihrem Wortlaut und Zweck damit zugleich auf andere Pfändungsverbote. Das sind insbes solche, die wegen des höchstpersönlichen Charakters einer Forderung erlassen sind oder die im allgemeinen Interesse liegen (BGHZ 130, 76). Letzteres gilt auch, soweit durch das Pfändungsverbot Forderungen haftungsrechtlich allein der Gesamtheit aller Gläubiger zur gemeinschaftlichen Befriedigung zugewiesen werden sollen. Die Aufrechnung soll – von den Fällen des Verstoßes gegen Treu und Glauben abgesehen – regelmäßig nicht in weitergehendem Umfange erlaubt sein als die Pfändung. Gegen bedingt pfändbare Forderungen kann grds nicht aufgerechnet werden (BGH NJW 60, 572, 573; Bambg FamRZ 96, 1487). Nach § 850 III ZPO lässt das Vollstreckungsgericht die Pfändung zu, wenn dies der Billigkeit entspricht. Liegt eine solche Entscheidung vor, greift auch § 394 nicht. 1

B. Geltung für Aufrechnung. § 394 gilt für die Aufrechnung. Aufgrund ihres zwingenden Charakters gilt die Vorschrift auch für **Aufrechnungs- oder Verrechnungsabreden** (BGH NJW 99, 3264). Anders liegt es, wenn die Vereinbarung nach Eintritt der Fälligkeit geschlossen wird (BAG NJW 77, 1168 einschränkend auch BGH 2

NJW-RR 03, 696), denn der Schuldner kann auch mit der geschützten Forderung aufrechnen. Weder eine Aufrechnung noch eine Verrechnungsvereinbarung liegt vor, soweit lediglich ein bereits gezahlter Vorschuss auf eine Forderung angerechnet wird (RGZ 133, 249, 252; s.a. BAG NJW 56, 926).

3 **C. Unpfändbarkeit. I. Vollstreckungs- und Insolvenzrecht.** Maßgebend für die Pfändbarkeit ist zunächst das **Vollstreckungsrecht.** Die Pfändungsverbote und -schranken des Zwangsvollstreckungsrechts wirken nach § 394 grds auch als Aufrechnungsverbote, zB: § 850 b I ZPO (BGHZ 35, 317; NJW 97, 1441; NJW-RR 02, 1513; auch § 1629 III mit § 850 ZPO, BGHZ 113, 90), § 850 i ZPO (BGH NJW-RR 02, 1513); §§ 851, 852 ZPO (BGHZ 94, 316; 130, 76).

4 Um im **Interesse der Gläubigergesamtheit** bestehende Pfändungsverbote handelt es sich auch, soweit durch das Pfändungsverbot Forderungen haftungsrechtlich allein der Gesamtheit aller Gläubiger zur gemeinschaftlichen Befriedigung zugewiesen werden sollen. Zu den im Interesse der Befriedigung der Gesamtheit aller Gläubiger erlassenen Aufrechnungsverboten zählen insbes solche des Insolvenzrechts: § 2 IV GesO (BGHZ 130, 76; 140, 170; 159, 388). Auch höchstpersönliche Ansprüche sind nicht übertragbar und damit unpfändbar (BVerwG NJW 97, 3256: Beihilfeanspruch).

5 Aus einem vom Insolvenzgericht gem § 21 II Nr 3 InsO angeordneten Vollstreckungsverbot folgt keine Unwirksamkeit der Aufrechnung nach § 394 (BGHZ 159, 388). Aus § 294 I InsO resultiert, auch im Zusammenwirken mit § 394, kein generelles Aufrechnungsverbot während der Wohlverhaltensperiode (BGH NJW 05, 2988).

6 **II. Pfändungsverbote des öffentlichen Rechts.** Beachtlich iRd § 394 sind auch Pfändungsverbote des öffentlichen Rechts, etwa § 55 SGB I (BGH NJW 88, 709). Der Schutz aus § 55 SGB I greift aber nicht, wenn die Zahlung auf ein Konto des **Ehegatten** des Empfängers überwiesen wird und die Bank gegen die Gutschrift aufrechnet (BGH NJW 88, 709) Eine besondere Vorschrift findet sich in § 51 SGB I.

7 **D. Schranken aus Treu und Glauben.** Die Berufung auf § 394 unterliegt der Schranke der unzulässigen Rechtsausübung. Eine Berufung auf das Aufrechnungsverbot des § 394 S 1 kann dann treuwidrig sein, wenn der Gläubiger der unpfändbaren Forderung iRe **einheitlichen Lebensverhältnisses**, vor allem eines Unterhalts-, Dienst- oder Arbeitsverhältnisses schadensersatzpflichtig geworden ist (BGHZ 30, 36; NJW-RR 90, 1499; ferner BGH WM 62, 1090, sowie BAGE 16, 228; NJW 60, 1589; AP Nr 8 zu § 394 BGB und §§ 51 II BRRG, 84 II BBG). Das wurde bspw bei Aufrechnung des Rückforderungsanspruchs wegen überzahlten Unterhalts ggü dem Unterhaltsanspruch angenommen (Hamm FamRZ 99, 436; NJW-RR 04, 437). Gegen eine an sich unpfändbare Unterhaltsforderung kann deshalb auch mit einer Schadensersatzforderung aus einer iRd Unterhaltsverhältnisses begangenen vorsätzlichen unerlaubten Handlung aufgerechnet werden. Dem Unterhaltsberechtigten muss jedoch das Existenzminimum verbleiben (BGHZ 123, 49; Karlsruhe NJW-RR 02, 1158). Liegt kein einheitliches Lebensverhältnis vor, so kann das Aufrechnungsverbot nicht überwunden werden (BGH NJW-RR 90, 1499). Ebenso reicht eine bloße Vertragsverletzung nicht aus, um die Berufung auf das Aufrechnungsverbot treuwidrig erscheinen zu lassen (BGHZ 30, 36). Auch ein Vertragsstrafeanspruch bricht das Aufrechnungsverbot nicht (Rostock NJW-RR 95, 173).

§ 395 Aufrechnung gegen Forderungen öffentlich-rechtlicher Körperschaften

Gegen eine Forderung des Bundes oder eines Landes sowie gegen eine Forderung einer Gemeinde oder eines anderen Kommunalverbands ist die Aufrechnung nur zulässig, wenn die Leistung an dieselbe Kasse zu erfolgen hat, aus der die Forderung des Aufrechnenden zu berichtigen ist.

1 Die Regelung schränkt die Aufrechnungsmöglichkeit des Schuldners ggü der öffentlichen Hand über das Gegenseitigkeitserfordernis des § 387 hinaus ein. Die Aufrechnung durch den öffentlichen Gläubiger wird nicht geregelt. Maßgebend sind dabei die Verhältnisse zum Zeitpunkt der Aufrechnungserklärung (RGZ 124, 155, 158 f). Die Regelung setzt die Aufrechenbarkeit gegen öffentlich-rechtliche Forderungen grds voraus (näher § 387 Rn 2); auch öffentliche und privatrechtliche Forderungen können unabhängig vom Rechtsweg gleichartig sein (§ 387 Rn 14). Selbst im Falle des Bestehens einer Aufrechnungsforderung gegen denselben Hoheitsträger, dem die Hauptforderung zusteht, kann der Schuldner aber nach § 394 nur im Falle einer **qualifizierten Gegenseitigkeit** aufrechnen. Hierzu muss sich die Aufrechnungsforderung gegen dieselbe Kasse richten, bei der auch die Hauptforderung zu begleichen ist. Auf die öffentlich-rechtliche oder privatrechtliche Rechtsnatur der Hauptforderung kommt es nicht an. Die Vorschrift dient der Verwaltungsvereinfachung im öffentlichen Interesse. Ist die ursprünglich bestehende Kasse weggefallen, kann nach Treu und Glauben eine erweiterte Aufrechnungsbefugnis in Betracht kommen (BGHZ 2, 300).

2 Der Begriff der **Kasse** iSd § 395 meint nicht die maßgebende juristische Person des öffentlichen Rechts, sondern ist im natürlichen Sprachsinne zu verstehen. Kasse ist danach jede Dienststelle, die selbständig Gelder verwaltet, also Einnahmen entgegennimmt und Ausgaben bewirkt und hierüber amtliche Bücher führt (RGZ 82, 232, 235).

3 Im **Steuerrecht** gilt die besondere Vorschrift des § 226 AO. Das Erfordernis der Kassenidentität ist nicht anwendbar (BFHE 157, 8).

§ 396 Mehrheit von Forderungen

(1) ¹Hat der eine oder der andere Teil mehrere zur Aufrechnung geeignete Forderungen, so kann der aufrechnende Teil die Forderungen bestimmen, die gegeneinander aufgerechnet werden sollen. ²Wird die Aufrechnung ohne eine solche Bestimmung erklärt oder widerspricht der andere Teil unverzüglich, so findet die Vorschrift des § 366 Abs. 2 entsprechende Anwendung.
(2) Schuldet der aufrechnende Teil dem anderen Teil außer der Hauptleistung Zinsen und Kosten, so findet die Vorschrift des § 367 entsprechende Anwendung.

A. Überblick. § 396 regelt die Forderungsmehrheit bei der Haupt- und bei der Aufrechnungsforderung. Die Vorschrift enthält für die Aufrechnung parallele Regelungen zu den **Erfüllungsvorschriften der §§ 366, 367**. Dabei trägt § 396 aber dem Umstand Rechnung, dass bei der Aufrechnung die Initiative zur Tilgung der Aufrechnungsforderung vom Schuldner (auch als Gläubiger der Aufrechnungsforderung) ausgeht. Das Bestimmungsrecht des § 366 I wird daher in § 396 I 2, Alt 2 zum Widerspruchsrecht des Gläubigers (auch als Schuldner der Aufrechnungsforderung). Folgerichtig besteht es nur, wenn auch der Gläubiger zur Aufrechnung befugt ist (Palandt/*Heinrichs* Rn 1). Die Ausübung des Widerspruchsrechts führt allerdings nicht dazu, dass der Gläubiger nun seinerseits bestimmen darf, welche Forderung als Aufrechnungsforderung herangezogen wird.

§ 396 I regelt das Verhältnis mehrerer Forderungen zueinander, § 396 II das Verhältnis zwischen einer Forderung und einer hieraus resultierenden Nebenforderung. Stehen dem Schuldner mehrere Hauptforderungen zu, mit denen Nebenforderungen einhergehen, so ist der **Anwendungsbereich beider Absätze** des § 396 berührt. In diesem Fall ist zunächst nach § 396 I zu ermitteln, welche Forderung zur Aufrechnung heranzuziehen ist. Ist diese Forderung ermittelt, so gilt im Verhältnis dieser Forderung zu den zugehörigen Nebenforderungen § 396 II. Insofern kann man von einem Vorrang von § 396 I sprechen. Die Vorschrift gilt nicht für Aufrechnungsvereinbarungen (RGZ 132, 118, 221).

B. Mehrere Forderungen. § 396 regelt dem Wortlaut nach sowohl den Fall des Bestehens mehrerer Hauptforderungen wie den Fall mehrerer Aufrechnungsforderungen. Die Vorschrift erfasst aber auch den Fall, dass mehrere Hauptforderungen und mehrere Aufrechnungsforderungen ggü stehen (BGH NJW 04, 2230, 2232). Wie § 366 gilt § 396 auch dann, wenn mehrere Einzelforderungen auf demselben Schuldverhältnis im weiteren Sinne beruhen (BGH NJW 04, 2230, 2232). Im Falle mehrerer möglicher Aufrechnungsforderungen hat zunächst der Schuldner ein **Wahlrecht**, welche er zur Aufrechnung nutzt. Eine vertragliche Beschränkung dieser Auswahlbefugnis des Schuldners ist möglich (hiervon ausgehend BGH NJW 84, 2455). Macht der Schuldner von seiner Auswahlbefugnis keinen Gebrauch oder widerspricht der Gläubiger unverzüglich (ohne schuldhaftes Zögern, § 121 I), so gilt sowohl im Verhältnis mehrerer Hauptforderungen untereinander als auch im Verhältnis mehrerer Aufrechnungsforderungen die gesetzliche Tilgungsreihenfolge nach der Kriterienleiter des § 366 II (Fälligkeit, geringere Sicherheit, Lästigkeit, Alter, verhältnismäßige Tilgung der verbleibenden Forderungen). So kommt bei mehreren Aufrechnungsforderungen die nach § 215 zulässige Aufrechnung mit einer verjährten Forderung vorrangig zum Zuge, weil sie die geringere Sicherheit bietet (BGH NJW 87, 181, 182). Entspr gilt bei mehreren Hauptforderungen.

Für die **Bestimmung durch den Schuldner** gilt nach Rechtsnatur und Voraussetzungen das Gleiche wie für eine Tilgungsbestimmung nach § 366 I (§ 366 Rn 13 ff).

Im Falle der Bestimmung durch den Schuldner steht dem Gläubiger ein **Widerspruchsrecht** zu. Der Widerspruch wird ausgeübt durch eine empfangsbedürftige Erklärung des Gläubigers. Der Rechtsnatur nach handelt es sich um eine Willenserklärung, namentlich eine Gestaltungserklärung, die unmittelbar auf die Rechtsfolge gerichtet ist, den Eintritt der Wirkung der Bestimmung durch den Schuldner zu verhindern. Der Widerspruch kann ausdrücklich oder stillschweigend erklärt werden. Es muss dem Schuldner ggü zum Ausdruck gebracht werden, dass der Gläubiger die durch den Schuldner erklärte Bestimmung nicht hinnimmt. Dies kann dadurch geschehen, dass der Gläubiger dem Schuldner eine Forderungsaufstellung übersendet, aus der sich der Widerspruch des Schuldners ersehen lässt. Nicht ausreichend ist eine solche Aufstellung allerdings dann, wenn für den Schuldner nicht ersichtlich ist, ob der Gläubiger nur die Bestimmung nicht hinnehmen will oder ob er die Aufrechnung gar nicht zur Kenntnis genommen bzw berücksichtigt hat. Der Widerspruch muss unverzüglich, also ohne schuldhaftes Zögern erfolgen.

C. Nebenforderungen. § 396 II regelt den Fall einer zur vollständigen Tilgung aller Haupt- und Nebenforderungen **unzureichenden Aufrechnung**, wenn Nebenforderungen bestehen. Diese werden entspr § 367 nach der Reihenfolge Kosten, Zinsen verrechnet. Reicht die Aufrechnungsforderung zur Deckung der Nebenforderungen nicht aus, so bleibt die Hauptforderung in vollem Umfang bestehen (BGHR ZPO § 4 I Hauptforderung 2). Auch hier kann der Schuldner eine abweichende Bestimmung treffen und die Aufrechnung primär gegen die Hauptforderung statt gegen die Nebenforderungen richten; der Gläubiger kann dem aber widersprechen. Für eine abweichende Bestimmung durch den Schuldner reicht es dabei nicht aus, wenn dieser die Aufrechnung pauschal gegen die Forderung richtet (BGH NJW 81, 1729). Widerspricht der Gläubiger, so besteht die Rechtsfolge nicht in der Unwirksamkeit der Aufrechnung, sondern in der Geltung der gesetzlichen Reglung in §§ 396 II, 367 (offen lassend BGH NJW 81, 1729). Anders liegt es nur dann, wenn der Schuldner eine unzulässige bedingte Aufrechnung unter dem Vorbehalt erklärt, dass der Gläubiger nicht widerspricht.

Titel 4 Erlass

§ 397 Erlassvertrag, negatives Schuldanerkenntnis

(1) Das Schuldverhältnis erlischt, wenn der Gläubiger dem Schuldner durch Vertrag die Schuld erlässt.
(2) Das Gleiche gilt, wenn der Gläubiger durch Vertrag mit dem Schuldner anerkennt, dass das Schuldverhältnis nicht bestehe.

1 **A. Grundlagen. I. Überblick.** § 397 regelt zwei Tatbestände, nämlich den Erlassvertrag in I und das negative Schuldanerkenntnis in II.
Entscheidend beim Erlass ist der Wille der Parteien, die betroffene Forderung zum Erlöschen zu bringen. Der Gläubiger muss **verzichten** wollen. Das ist nach allgemeinen Regeln (§§ 133, 157) zu ermitteln und kann sich daher auch aus dem Empfängerhorizont ergeben (München WM 94, 21).

2 Der Erlassvertrag ist ein **abstraktes Rechtsgeschäft**, mit dem die an einem Schuldverhältnis Beteiligten über dessen Inhalt verfügen. Der Erlassvertrag als Verfügungsgeschäft wird mithin typischerweise aufgrund eines anderen, für den Erlass kausalen Rechtsgeschäfts, abgeschlossen (BGH NJW 02, 429). Fehlt dieser Rechtsgrund, so kann der Erlass kondiziert und die Wiederbegründung des getilgten Schuldverhältnisses verlangt werden. Bei den kausalen Grundgeschäft wird es sich häufig um einen Vergleich (§ 779) oder eine Schenkung (§ 516) handeln (BGH NJW-RR 98, 590). Beim schenkweise erfolgten Erlass liegt im Abschluss des Erlassvertrags der Vollzug der Schenkung iSd § 518 II (Stuttg NJW 87, 782). Hierunter fällt auch der mit einer Versicherung geschlossene Abfindungsvergleich (BGH NJW 96, 3418). Auch auf eine zukünftige Verbindlichkeit kann durch Erlassvertrag verzichtet werden (BGH NJW-RR 93, 1111; aA RGZ 148, 257, 262; RGZ 124, 325, 326), wobei zum Teil statt eines Erlasses eine Vereinbarung über die Nichtentstehung der Forderung angenommen wird (Palandt/*Heinrichs* Rn 3). Der Erlass einer bereits erloschenen Forderung geht ins Leere und kann ggf in ein konstitutiv-kausales negatives Schuldanerkenntnis umgedeutet werden.

3 **Gegenstand** eines Verzichts nach § 397 I ist eine Forderung, also ein auf eine Leistung gerichteter Anspruch. Auch auf andere schuldrechtliche Rechte kann verzichtet werden, etwa auf Gestaltungsrechte oder das Vorkaufsrecht (BGH BB 63, 453; BB 66, 636).

4 Die **Beweislast** für den Erlass trägt der Schuldner (BGH NJW-RR 92, 1388). Nichts anderes gilt für das negative Schuldanerkenntnis.

5 **II. Abgrenzung von ähnlichen Erscheinungen. 1. Aufhebungsvertrag.** Durch den Erlass wird nicht das Schuldverhältnis als Ganzes (im weiteren Sinne) beseitigt, sondern lediglich eine Forderung, also ein Schuldverhältnis im engeren Sinne zum Erlöschen gebracht. Demgegenüber können die Parteien, namentlich – aber keineswegs nur – bei Dauerschuldverhältnissen, auch ein **Schuldverhältnis als Ganzes** vertraglich beseitigen. Eine solche Abrede wird idR als Aufhebungsvertrag bezeichnet.

6 **2. Aufhebung dinglicher Rechte.** Der Erlassvertrag bewirkt die Aufhebung von Forderungen, also von Ansprüchen, die auf eine Leistung gerichtet sind. Dingliche Rechte werden nach den hierfür geltenden Regeln aufgehoben; regelmäßig reicht eine einseitige Erklärung (§§ 875, 928, 959, 1064, 1255). Auch auf einen **Eigentumsvorbehalt** kann der Inhaber einseitig verzichten (BGH NJW 58, 1231). § 397 ist auf die den dinglichen Rechten zugrunde liegenden schuldrechtlichen Pflichten anwendbar (BGH NJW 02, 429; vgl auch JZ 57, 307).

7 **3. Pactum de non petendo.** Das Pactum de non petendo (Stillhaltevereinbarung) bewirkt – anders als der Erlass – kein Erlöschen des Schuldverhältnisses, sondern lediglich eine (idR) vorübergehende **Einrede**. Wird ein dauerndes Stillhalten vereinbart, so kann ein Erlass vorliegen.

8 **4. Prozessualer Verzicht.** Der auch im Prozess mögliche materiellrechtliche Verzicht ist vom prozessualen Verzicht zu unterscheiden. Dieser führt auf Antrag des Beklagten nach § 306 zum Verzichtsurteil; andere Fälle regeln die §§ 295, 346, 515 ZPO.

9 **B. Erlass. I. Beteiligte.** Der Erlassvertrag wird zwischen **Gläubiger und Schuldner** geschlossen. Auf den Erlass als Verfügungsgeschäft ist § 185 anwendbar, wenn ein Dritter verfügt. Ein Dritter kann mit dem Gläubiger iRd § 328 ein dauerndes Stillhalten zugunsten des Schuldners vereinbaren (BGH JZ 56, 119).

10 **II. Angebot und Annahme.** Der Erlass ist nach § 397 I kein einseitiges Rechtsgeschäft des Gläubigers, sondern kommt durch Vertrag zustande (BGH NJW 87, 3203). Auf Gestaltungsrechte kann einseitig verzichtet werden (BGH BB 63, 453); beim Vorkaufsrecht ist ein Vertrag erforderlich (BGH BB 66, 636; RGZ 110, 409, 418). Es gelten die Regeln der §§ 145 ff, so dass Angebot und Annahme erforderlich sind (BGH NJW-RR 02,

1613). Im Einzelfall kann der Zugang der Annahme gem § 151 entbehrlich sein. Das Vorliegen eines Erlassvertrags kann sich auch aus einem kaufmännischen Bestätigungsschreiben ergeben (vgl BGH NJW-RR 01, 1044). Da der Erlass auch in der Form eines **Teilerlasses** möglich ist, enthält die nachträgliche Erklärung des Gläubigers, nur eine geringere Vergütung zu beanspruchen, rechtlich das Angebot zum Abschluss eines Teilerlassvertrags (BGH NJW 87, 3203). Das gilt auch für bereits eingetretene Verzugsfolgen; eine einseitige Rücknahme der Mahnung reicht nicht (BGH NJW 87, 1546).

III. Entbehrlichkeit der Annahme. Der Erlass ist ein für den Schuldner günstiges Geschäft, so dass der Zugang der Annahme häufig nach § 151 entbehrlich sein wird. Eine allgemeine Regel oder Verkehrssitte, dass der Gläubiger beim Erlass stets auf den Zugang der Annahme seines Erlassangebots durch den Schuldner verzichtet, besteht aber nicht. Die Übersendung einer Unterwerfungserklärung, die den Verzicht auf die weitere Erhebung einer Behauptung enthält, enthält nur dann den Verzicht auf den Zugang der Annahmeerklärung, wenn die Unterwerfungserklärung nicht oder zumindest nicht in einem wesentlichen Punkt vom Unterlassungsbegehren des Anspruchstellers abweicht (BGH NJW-RR 02, 1613).

IV. Deutlichkeitserfordernis. 1. Allgemeines. Der Erlass enthält den Verzicht des Gläubigers auf eine Forderung. Umgekehrt setzt der Verzicht einen Erlassvertrag voraus. Ein solcher Verzicht setzt den Willen voraus, auf eine bestehende Forderung zu verzichten. Dieser Wille kann auch im Prozess erklärt werden (BGH NJW 79, 720). Er ist im Allgemeinen **nicht zu vermuten** (NJW 02, 1788). Wenn feststeht oder davon auszugehen ist, dass eine Forderung entstanden ist, verbietet dieser Umstand im Allgemeinen die Annahme, der Gläubiger habe sein Recht einfach wieder aufgegeben. Es bedarf daher einer unzweideutigen Bekundung des Verzichtswillens durch den Gläubiger; er muss deshalb mit hinreichender Deutlichkeit erklärt werden (BGH NJW 97, 3019; NJW 01, 2325). Ein stillschweigender Verzicht ist möglich (zB München NJW-RR 90, 20). Er wird aber nur ausnahmsweise („unter strengen Voraussetzungen") zu bejahen sein. Bei der Gefälligkeitsfahrt kann deshalb nicht ohne weiteres unterstellt werden, dass der verletzte Mitfahrer von vornherein auf seine Haftungsansprüche verzichtet (BGH VersR 66, 693). Insbes kann nicht unterstellt werden, dass der Gläubiger auf Forderungen verzichtet, die ihm unbekannt sind oder mit deren Bestehen er nicht einmal rechnet. Hier gelten nochmals gesteigerte Deutlichkeitsanforderungen (BGH NJW 84, 1346; NJW 94, 379). Bei Einbeziehung unbekannter Forderungen begründet die Fehlvorstellung über deren Bestehen keinen rechtlich erheblichen Willensmangel (Köln MDR 00, 140). Sogar im Falle einer eindeutig erscheinenden Erklärung des Gläubigers darf ein Verzicht indes nach alledem nicht bejaht werden, ohne dass bei der Feststellung des Verzichtswillens sämtliche auslegungsrelevanten Begleitumstände berücksichtigt worden sind (BGH WM 94, 267; NJW 02, 1044). Das gilt auch für einen bereits eingetretenen Verzug und etwaige Verzugsfolgen (BGH FamRZ 88, 478).

Bei der **verdeckten Teilklage** kann ein materiell-rechtlicher Verzicht auf Mehrforderung vorliegen. Das ist aber nicht ohne weiteres zu bejahen. Deshalb bedarf es im Regelfall keines ausdrücklichen Vorbehalts der Mehrforderung, um einen Erlass auszuschließen (BGH NJW 97, 3019). Ausnahmsweise kann es ausreichen, wenn der Gläubiger erklärt, er begnüge sich mit einer bestimmten Forderungshöhe (BGH NJW 79, 720).

Bei der **Bürgschaft** kann der Gläubiger dem Bürgen zwar dessen Schuld erlassen, aber gleichwohl Inhaber der Hauptforderung bleiben. Für den Forderungsübergang nach § 774 reicht es nicht aus, dass nach dem Willen von Gläubiger und Bürgen nur die Bürgschafts- und nicht auch die Hauptschuld erlassen wird, um die Forderung auf den Bürgen übergehen zu lassen. Vielmehr muss der Wille zum Übergang der Hauptforderung auf den Bürgen hinreichend deutlich werden (BGH NJW 90, 1301). Bei der Bürgschaft ergibt sich aus der Rücksendung der Bürgschaftsurkunde dann ein Verzicht, wenn der Rücksendung nach den Umständen ein entspr Erklärungsgehalt zukommt (Dresden BB 99, 497).

2. Erlassfalle. Als Erlassfalle bezeichnet man die **Übersendung eines geringwertigen Schecks**, verbunden mit der Erklärung, dass der Scheck vergleichsweise zur Erledigung eines noch offenen, weit über die Schecksumme hinausgehenden Betrags übersandt werde und dass man auf eine Annahmeerklärung hinsichtlich dieses Angebots zum Abschluss eines Erlassvertrags verzichte. Allerdings wird bei verständiger Würdigung eine Scheckeinlösung durch den Gläubiger allenfalls ausnahmsweise als Ausdruck eines Willens zum Verzicht auf die noch offene Forderung zu verstehen sein (BGH NJW 01, 2324).

V. Weitere Wirksamkeitserfordernisse. Der Vertragsschluss ist grds, dh vorbehaltlich des Eingreifens besonderer Vorschriften, **formfrei** wirksam (NJW 02, 429). In inhaltlicher Hinsicht können der Wirksamkeit eines Erlasses bindende Preisvorschriften entgegenstehen oder der Anspruch ist sonst **nicht verzichtbar** (BGH NJW-RR 01, 1044).

C. Negatives Schuldanerkenntnis. Das negative Schuldanerkenntnis setzt wie der Erlass einen Vertrag voraus. Inhaltlich ist wie beim positiven Schuldanerkenntnis zu **unterscheiden** zwischen der bloßen Begründung eines Beweismittels gegen den Anerkennenden, einem deklaratorischen und einem konstitutiv-abstrakten Schuldanerkenntnis (§ 781). Rechtssystematisch erhellt aus der abstrakten Rechtsnatur des Erlasses nach § 397 I, dass auch § 397 II nur das konstitutiv abstrakte negative Schuldanerkenntnis ausdrücklich meint. Die Bedeutung dieser vom positiven Anerkenntnis bekannten Unterscheidung ist jedoch beim negativen Anerkenntnis weitaus geringer, weil auch das abstrakte negative Schuldanerkenntnis nach § 397 II formfrei erteilt werden kann. Welche Wirkung im Einzelnen gewollt ist, muss durch Auslegung ermittelt werden. Soweit die Parteien einen bestehenden kausalen Schuldgrund konstitutiv beseitigen wollen (Gegenstück zum positiven konstitutiv-kausalen Schuldanerkenntnis), liegt ein Erlass nach § 397 I vor. Als abstraktes Rechtsgeschäft bedarf das negative Schuldanerkenntnis eines Rechtsgrundes. Dieser kann in einer Schenkung, einem Vergleich oder in einer auf das bestehende Rechtsverhältnis bezogenen Durchführungsabrede liegen.

18 Wie beim Erlass ist auch beim negativen Schuldanerkenntnis eine **stillschweigende Erteilung** möglich. Auch hier gelten aber die schon für den Erlass maßgebenden strengen Anforderungen an die Feststellung eines Verzichtswillens des Gläubigers (Ddorf ZIP 92, 1460). Eine stillschweigende Erteilung kann vorliegen, wenn bewusst eine Quittung trotz Bestehens einer Schuld erteilt wird (Ddorf ZIP 92, 1460), sofern sie nicht als Vorausquittung in Erwartung der künftigen Leistung erteilt wird. Auch anderen Erklärungen, etwa in einer Kontogutschrift (Ddorf ZIP 92, 1460) oder einem Übernahmeprotokoll bei Leasingverträgen im Hinblick auf Schäden (Celle DB 97, 2215), kann im Zusammenwirken mit weiteren Umständen ein entspr Erklärungsgehalt zukommen. Der Umfang der Verzichtswirkung ist im Zweifel durch Auslegung zu ermitteln (Ddorf BB 97, 2237: Ausgleichsklausel bei Aufhebungsvertrag mit GmbH-Geschäftsführer).

19 Die **Rechtswirkung** des negativen abstrakten Schuldanerkenntnisses besteht darin, dass bestehende Forderungen konstitutiv beseitigt werden. Das deklaratorische negative Schuldanerkenntnis bewirkt, dass der Gläubiger mit rechtlichen oder tatsächlichen Einwendungen gegen das Erlöschen der Forderung ausgeschlossen wird, die er bei Abgabe kannte, mit denen er rechnete oder rechnen musste (Ddorf NJW-RR 95, 1524 zur negativen Maklerprovisionsklausel).

20 Das negative abstrakte Schuldanerkenntnis kann **kondiziert** werden, wenn es trotz des Bestehens von Forderungen erteilt wurde. Allerdings ist es für den Ausschluss der Kondiktion des negativen Anerkenntnisses ausreichend, wenn die Forderung bei der Erteilung des Anerkenntnisses berücksichtigt wurde (§§ 518, 779, 814). Dies ist dann der Fall, wenn der Gläubiger das Bestehen der Forderung kannte. Es reicht aber auch aus, dass der Gläubiger das Bestehen der Forderung für möglich hielt (BGH WM 82, 671). Ist dies nicht der Fall, besteht ein Kondiktionsanspruch auch beim deklaratorischen negativen Schuldanerkenntnis (Ddorf NJW-RR 95, 1524, 1525). Ein Bereicherungsanspruch besteht, falls das Anerkenntnis aufgrund eines unwirksamen Kausalgeschäfts erteilt wurde (RGZ 108, 105, 107f).

21 Die **Entlastung** im Vereins- und Gesellschaftsrecht ist die durch das zuständige Organ beschlossene Billigung der Amtsführung eines anderen Organs, soweit sie für das billigende Organ ersichtlich ist. Sie erfolgt durch Beschluss nach Maßgabe von Gesetz und Satzung, also als Rechtsgeschäft in der Form des Gesamtakts. Eines Vertragsschlusses bedarf es daher nicht. Ob auf die Entlastung ein Anspruch besteht, richtet sich nach dem Rechtsverhältnis, in dem sie zu erteilen ist (BGHZ 94, 324; RGZ 115, 368, 371). Das Nichtbestehen von Ansprüchen kann die Entlastung begehrende Seite im Streitfall stattdessen durch negative Feststellungsklage klären lassen. Die Entlastung schließt dem Inhalt nach einen Verzicht auf Ersatzansprüche wegen der Amtsführung ein, soweit sie dem Organ aufgrund eines sorgfältigen Studiums der ihm vorliegende Berichte erkennbar sind oder von denen seine Mitglieder sonst Kenntnis haben (BGHZ 94, 324; NJW 59, 192; NJW 69, 131). Ausreichend ist es, wenn die zur Beschlussfassung erschienenen Organmitglieder Kenntnis haben (BGH NJW 59, 192). Das gilt auch zugunsten des Verwalters nach dem WEG (BayObLG NJW-RR 89, 840, 841). Typischerweise hat der Beschluss nicht zum Inhalt, dass auf Ersatzansprüche wegen strafbaren Verhaltens verzichtet wird (Celle NJW-RR 91, 979). Die Verzichtswirkung greift aber nur, soweit diese zulässiger Beschlussinhalt ist: nicht bei der AG (§ 120 II 2 AktG) und bei öffentlich-rechtlichen Körperschaften (BGHZ 106, 199 zu Rechtsanwaltskammern). Der Entlastungsbeschluss kann rechtsmissbräuchlich gefasst sein und ohne Wirkung bleiben, wenn die Voraussetzungen einer Entlastung ersichtlich nicht vorliegen (Hamm ZIP 93, 119). Soweit die Entlastung nicht durch Beschluss erfolgen kann, etwa im Verhältnis zwischen Vormund und Mündel, unterliegt sie § 397 II (RGZ 115, 368, 371).

Abschnitt 5 Übertragung einer Forderung

§ 398 Abtretung

¹Eine Forderung kann von dem Gläubiger durch Vertrag mit einem anderen auf diesen übertragen werden (Abtretung). ²Mit dem Abschluss des Vertrags tritt der neue Gläubiger an die Stelle des bisherigen Gläubigers.

1 **A. Bedeutung. I. Inhalt u Normzweck.** Die Vorschrift betrifft die **rechtsgeschäftliche Übertragung** einer Forderung. Sie ermöglicht die Auswechselung der Person des Gläubigers ohne Zustimmung des Schuldners. Die Forderung als relatives Recht wird damit zu einem Gegenstand des Rechtsverkehrs. Die Abtretung hat verfügende Wirkung (Verfügungsgeschäft): Der neue Gläubiger tritt gem § 398 S 2 an die Stelle des bisherigen Gläubigers.

II. Forderungsübergang kraft Gesetzes. Neben die Abtretung als rechtsgeschäftlich begründetem Forderungsübergang tritt die Übertragung kraft Gesetzes (cessio legis). Für diese verweist § 412 weitgehend auf die §§ 398 ff. Dem Forderungsübergang kraft Gesetzes wird derjenige kraft gerichtlicher Anordnung u Verwaltungsakt gleichgestellt (§ 412 Rn 4). 2

III. Öffentlich-rechtliche Forderungen. Auch öffentlich-rechtliche Ansprüche sind abtretbar (BSG NJW 59, 2087; BFH WM 73, 1007, 1008; BVerwG NJW 93, 1610; BGH ZIP 95, 1698). Die §§ 398 ff gelten jedoch – Ausnahme: § 411 – nicht unmittelbar. Vielmehr sind hier spezielle Vorschriften (zB § 46 AO; § 53 SGB I) zu beachten. Fehlen solche Spezialregelungen, so können die §§ 398 ff unter Beachtung der Besonderheiten der jeweils einschlägigen Rechtsmaterie entspr herangezogen werden (BVerwGE 28, 254, 258; 39, 273, 275), u zwar, sofern es sich um Forderungen landesrechtlichen Ursprungs handelt, als irreversibles Landesrecht (BVerwG NJW 93, 1610). Auch die Übertragung öffentlich-rechtlicher Forderungen an Private ist möglich (BGHZ 75, 23, 24; aA VG Ddorf NJW 81, 1283; *Stober* JuS 82, 740 ff). Mit dem Übergang der Forderung erhält diese privatrechtlichen Charakter (BGH aaO; *Walz* ZIP 90, 1405, 1410 ff). 3

B. Abtretungsvertrag. I. Grundlagen. Die Abtretung ist ein **Verfügungsvertrag** zwischen dem bisherigen Gläubiger (Zedent) u dem neuen Gläubiger (Zessionar). Da die Vereinbarung grds keiner Form bedarf, kann sie auch stillschweigend abgeschlossen werden (BGH MDR 67, 398; NJW 97, 729). Es gelten die allgemeinen Auslegungsregeln der §§ 133, 157. Bei sachlich zusammenhängenden Ansprüchen kann die Auslegung ergeben, dass sie, sofern sie nicht ohnehin gem § 401 automatisch übergehen, mit abgetreten werden sollen. Diese Annahme liegt insbes bei nicht akzessorischen Sicherungsrechten nahe (§ 401 Rn 3). So kann bei einer Sicherungszession in der Tilgung des gesicherten Anspruchs zugleich eine Rückabtretung liegen (BGH NJW 86, 977). Übernimmt der Grundstückskäufer eine Sicherungsgrundschuld, so liegt darin regelmäßig eine Abtretung des Rückgewähranspruchs (BGH NJW 91, 1821). Keine stillschweigende Abtretung liegt vor, wenn der Abtretende für sein Gegenüber erkennbar, lediglich eine von ihm irrig angenommene Legalzession bestätigen wollte (BGH LM Nr 20 zu § 398; MüKo/*Roth* § 398 Rn 14). In der Übergabe der einen Schadensfall betreffenden Unterlagen an den Versicherer, kann eine konkludente Übertragung der intrikaten Schadensersatzansprüche zu sehen sein (BGH NJW 97, 729). Die Abtretung von Gehaltsforderungen umfasst auch die Lohnsteuererstattungsansprüche (BFH AP Nr 4 zu § 398; anders bei der Abtretung an den vom Insolvenzgericht bestellten Treuhänder nach § 287 II InsO BGH WM 05, 1714; 06, 539). Im Zweifel erfasst die Abtretung einer Gesamtschuldforderung die Forderungen gegen sämtliche Gesamtschuldner (Hamm NJW-RR 98, 486). Wird das jeweilige Guthaben auf einem Bankkonto abgetreten, so erstreckt sich die Vereinbarung auch auf Beträge, die auf ein Festgeldkonto unter neuer Kontonummer umgebucht wurden (BGH NJW 99, 3776). Eine Abtretung kann auch im Wege von **AGB** erfolgen, doch sind dann die Schutzregeln der §§ 305 ff zu beachten (MüKo/*Roth* § 398 Rn 15). 4

II. Rechtsgrund. Von der Abtretung als Verfügung zu unterscheiden, ist das zugrunde liegende schuldrechtliche Geschäft. In der Praxis erfolgt allerdings die Abtretung oftmals stillschweigend zusammen mit dem Grundgeschäft (BGH NJW 69, 40). Als Kausalgeschäft kommen insbes Kauf, Schenkung, Geschäftsbesorgung u Sicherungsabrede in Betracht. Verfügungs- u Verpflichtungsgeschäft sind nach dem Abstraktionsprinzip in ihrer Wirksamkeit unabhängig voneinander. Etwas anderes gilt aber, wenn die Abtretung nach dem Willen der Parteien von der Gültigkeit des Grundgeschäfts abhängig gemacht werden soll. § 139 ist anzuwenden, wenn beide Geschäfte Teile einer einheitlichen Vereinbarung u auch in eine Vertragsurkunde aufgenommen worden sind (BAG NJW 67, 751; aA Hamm ZIP 88, 300, 301). Wird die Abtretung im Hinblick auf ein unwirksames Verpflichtungsgeschäft vorgenommen, so bestimmen sich die Rechtsfolgen nach Bereicherungsrecht. 5

Aus dem Grundgeschäft können sich über die §§ 402, 403 hinausgehende Nebenpflichten ergeben. Der Zedent hat nach § 242 alles zu unterlassen, was die Einziehung der Forderung durch den Zessionar behindern könnte. Für den Zessionar ergeben sich Pflichten zur Rücksichtnahme auf die Belange seines Vertragspartners vor allem bei der Sicherungszession. Auch die Haftung der Beteiligten richtet sich nach dem Grundgeschäft. Beruht die Abtretung beispielsweise auf einem Kaufvertrag, so muss der Zedent gem §§ 453, 433 ff für das Bestehen der Forderung (Verität), nicht aber für die Zahlungsfähigkeit des Schuldners (Bonität) einstehen (BGH NJW 05, 359, 361). 6

III. Parteien. Parteien des Abtretungsvertrages sind Zedent u Zessionar. Der Mitwirkung des Schuldners bedarf es nicht, er wird nach Maßgabe der §§ 404–410 geschützt. Legt er Wert auf einen bestimmten Gläubiger, so kann er nach § 399 Alt 2 ein Abtretungsverbot vereinbaren (§ 399 Rn 9 ff). Eine Abtretung zugunsten Dritter ist nach hM nicht möglich (§ 328 Rn 6). Zulässig ist aber eine Blankozession. Dabei wird der Name des Zessionars zunächst offen gelassen u der Empfänger der Abtretungsurkunde zur Bestimmung des Berechtigten ermächtigt. Über das Schicksal des Anspruchs in der Zwischenzeit besteht Streit. Die Qualifizierung als »subjektlose Forderung« (*Dölle* in FS M Wolff 1953, S 23, 27 ff) ist mit unserer Rechtsordnung nicht zu vereinbaren. Der Zessionar kann vor seiner Bestimmung nicht Forderungsinhaber sein, regelmäßig ist aber auch ein vorläufiger Verbleib beim Zedenten nicht gewollt, da dessen Gläubiger in der Schwebezeit nicht auf die 7

Forderung zugreifen sollen. Reichlich konstruiert erscheint es, den Empfänger der Urkunde als vollmachtlosen Vertreter des noch unbekannten Zessionars anzusehen, der mit seiner Bestimmung rückwirkend nach §§ 177, 184 I die Verfügung genehmigt (so aber Jauernig/*Stürner* § 398 Rn 6). Vielmehr entspricht es regelmäßig dem Parteiwillen, dass die Forderung zunächst treuhänderisch an den Empfänger der Urkunde abgetreten wird, der sie dann weiter überträgt. Für eine Rückwirkung der Verfügung zugunsten des Letzterwerbers ist kein Raum (MüKo/*Roth* § 398 Rn 31 f; Palandt/*Grüneberg* § 398 Rn 4). Bei formbedürftigen Abtretungen geht die Forderung mit ex nunc Wirkung unmittelbar auf die in der Urkunde benannte Person über (insoweit unstr, vgl BGHZ 22, 128, 132; Jauernig/*Stürner* § 398 Rn 6; MüKo/*Roth* § 398 Rn 32; Palandt/*Grüneberg* § 398 Rn 5).

Bei einer Abtretung an den Schuldner geht die Forderung grds durch Konfusion unter (Frankf WM 92, 569, 571); anders im Wertpapierrecht (Art 11 III WG) u bei der Sicherungsabtretung (Ddorf NJW-RR 99, 1406).

8 **IV. Form.** Der Abtretungsvertrag ist grds formfrei. Er bedarf insbes nicht der für das zugrunde liegende Kausalgeschäft o der zur Begründung der abzutretenden Forderung notwendigen Form (BGHZ 89, 41, 46; NJW 94, 1344, 1346). Alt- u Neugläubiger können jedoch im Kausalgeschäft eine bestimmte Form für die Zession vereinbaren (§ 125 S 2). Als Minus zu dem in § 399 Alt 2 anerkannten vollständigen Abtretungsverbot steht es ferner Schuldner u Altgläubiger frei, Formerfordernisse vorzusehen (BGH WM 79, 771, 773; MüKo/*Roth* § 398 Rn 34). Gesetzliche Ausnahmen vom Grundsatz der Formfreiheit gelten für Rückübertragungsansprüche in den neuen Bundesländern (§ 3 I 2 VermG), hypothekarisch gesicherte Forderungen (§ 1154) u Anweisungen (§ 792 I 2). Bei **Wertpapieren** ist wie folgt zu differenzieren: **Inhaberpapiere** werden allein nach sachenrechtlichen Grundsätzen übertragen, das Recht aus dem Papier folgt dem Recht am Papier. Eine Abtretung der Forderung ist daneben nicht möglich. Bei Orderpapieren (Wechsel, Scheck) kann außer durch Indossament auch die Übereignung des Papiers iVm einer Abtretung nach § 398 die Forderung übergehen lassen. Die Übergabe des Papiers ist unerlässlich (BGH NJW 79, 1704); lediglich beim präjudizierten Wechsel ist sie entbehrlich (BGHZ 104, 145, 150). Bei Rektapapieren wird die Forderung grds formlos abgetreten, der Übergabe der Urkunde bedarf es nicht. Deshalb können Sparguthaben auch ohne Herausgabe des Sparbuchs übertragen werden (BGH NJW 63, 1630, 1631), die Übergabe kann aber als konkludente Abtretung zu verstehen sein (BGH DB 72, 1226). Die Abtretung von Steuerrückerstattungsansprüchen muss nach § 46 AO bei der zuständigen Finanzbehörde unter Verwendung des amtlichen, von beiden Parteien zu unterschreibenden Vordrucks angezeigt werden (zur Verfassungsmäßigkeit der Regelung BVerfG NJW 83, 2435). Im Übrigen ist eine Anzeige an den Schuldner zwar zweckmäßig (vgl §§ 406, 407, 410 II), aber zur Wirksamkeit der Abtretung nicht erforderlich.

9 **V. Inhalt.** Der Abtretungsvertrag zielt auf die Übertragung der Gläubigerstellung. Allerdings kann die Abtretung aufschiebend o auflösend bedingt werden (BGHZ 4, 163; 20, 131, 132). Mit dem Charakter der Abtretung als Verfügungsgeschäft unvereinbar ist es, dem Zedenten das gläubigertypische Einziehungsrecht dauerhaft zu belassen (RG JW 38, 1329, 1330) o es dem Zessionar nur für den Fall zuzubilligen, dass gegen den Zedenten Vollstreckungsmaßnahmen eingeleitet werden (BGH LM Nr 9 zu § 398). Von der Rechtsprechung gebilligt wird jedoch die stille Zession (BGHZ 26, 185, 191 f; NJW 99, 2110, 2111). Der Zessionar erhält die volle Gläubigerstellung, ermächtigt aber den Zedenten zur Einziehung u verpflichtet sich, von der Gläubigerstellung nur im Sicherungsfall Gebrauch zu machen. Vereinbart werden kann auch eine **Globalzession**, dh die Übertragung sämtlicher Forderungen. Allerdings kann sich hier das Problem der Übersicherung stellen (vor § 1204 Rn 44).

10 **C. Die abzutretende Forderung. I. Bestehen der Forderung/Verfügungsbefugnis des Zedenten.** Eine wirksame Abtretung setzt das Bestehen der Forderung (zur Vorausabtretung s.u. Rn 13 f) u die Verfügungsbefugnis des Zedenten voraus. Bei **mehrfacher Abtretung** derselben Forderung gilt das Prioritätsprinzip. Wirksamkeit entfaltet allein die erste Abtretung, da der Zedent bei Vornahme der späteren Verfügungen nicht mehr Inhaber der Forderung ist (BGHZ 32, 361, 363; NJW 68, 1516, 1517). Der Schuldner wird nach § 408 geschützt. Der Erstzessionar kann die Abtretung an den Zweitzessionar gem § 185 genehmigen u ihr dadurch zur Wirksamkeit verhelfen (BGH NJW 90, 2678, 2680). Das Prioritätsprinzip wird durch § 392 II HGB durchbrochen. Tritt der Kommissionär Forderungen aus dem Kommissionsgeschäft an seinen Gläubiger ab, so ist dies im Verhältnis zum Kommittenten relativ unwirksam, so dass eine spätere Abtretung an ihn wirksam wird (BGHZ 104, 123, 126). Ein **gutgläubiger Erwerb** der Forderung ist mangels einer Rechtsscheinbasis grds ausgeschlossen. Eine begrenzte Ausnahme enthält § 405, ferner wird bei in Wertpapieren verbrieften Forderungen Gutglaubensschutz gewährt (Art 16 WG, Art 19 iVm Art 21 ScheckG).

11 **II. Abtretbarkeit.** Forderungen sind grds übertragbar. Ausnahmen können sich aus dem Inhalt des Schuldverhältnisses o einem vertraglichen Abtretungsausschluss (§ 399) o kraft Gesetzes ergeben (§§ 400, 473, 717). Forderungen sind auch übertragbar, wenn sie auf sog unvollkommenen Schuldverhältnissen beruhen o bereits verjährt sind (MüKo/*Roth* § 398 Rn 62). Die Rechtshängigkeit einer Forderung hindert deren Abtretbarkeit nicht (§ 265 I ZPO), umgekehrt hat die Abtretung keine Auswirkung auf den Prozess (§ 265 II 1 ZPO).

III. Teilabtretung. Die Abtretung einer Teilforderung ist zulässig, sofern die Forderung teilbar ist u die Parteien keinen Abtretungsausschluss vereinbart haben (BGHZ 23, 53 ff; krit MüKo/*Roth* § 398 Rn 65 f). Sie führt zum Entstehen von zwei selbstständigen Forderungen, die – wenn nicht etwas anderes vereinbart wird – gleichen Rang haben (BGHZ 46, 242, 243 f; NJW 91, 2629). Die Tilgungsbestimmung bei Teilzahlungen trifft der Schuldner, Minderung kann er nur anteilig geltend machen (BGHZ 46, 242, 244; NJW 83, 1902, 1903). Die Verjährung der Teilforderungen läuft getrennt (BGHZ 44, 382, 388). Die Teilabtretung ist nach § 242 ausgeschlossen, wenn der Schuldner durch sie unzumutbar beschwert würde. Dabei muss es sich jedoch um schwerwiegende Ausnahmefälle handeln. Allein der Mehraufwand, der einem Arbeitgeber durch die Teilzession von Lohnforderungen entsteht, genügt jedoch nicht (BGHZ 23, 53, 56). Unzumutbar ist die Teilabtretung während eines anhängigen Rechtsstreits über die Forderung (Ddorf MDR 81, 669; zweifelhaft wegen §§ 265, 325 ZPO). Unselbstständige Aktivposten einer saldierten Abrechnung können nicht abgetreten werden (BGH NJW 99, 417). Bei Anspruchskonkurrenz ist die auf einen Anspruch beschränkte Abtretung allenfalls mit Zustimmung des Schuldners zulässig, da sie zur Bildung einer Gesamtgläubigerschaft (§ 428) führen würde u der Schuldner Gefahr liefe, wegen desselben Sachverhalts von verschiedenen Gläubigern in Anspruch genommen zu werden (BGH NJW 99, 715, 716; gänzlich ablehnend MüKo/*Roth* § 398 Rn 90). Auch Gesamtgläubigerschaft an derselben Forderung kann ohne das Einverständnis des Schuldners vertraglich nicht begründet werden (BGHZ 64, 67, 69 ff).

12

IV. Künftige Forderungen. Auch die Abtretung künftiger Forderungen ist zulässig (allgM, vgl BGHZ 71, 75, 78; 108, 98, 105). Die Rechtsgrundlage für den Anspruch braucht noch nicht zu bestehen (BGH NJW 65, 2197), der Schuldner muss ebenfalls noch nicht feststehen (BAG NJW 67, 751). Es genügt vielmehr, dass das Entstehen der Forderung im Zeitpunkt der Abtretung möglich erscheint u sie hinreichend bestimmt o bestimmbar bezeichnet wird (s Rn 15 f). Entsteht die Forderung nicht, so geht die Abtretung ins Leere (BGH WM 73, 489). Gleiches gilt, wenn die Forderung wider Erwarten nicht dem Zedenten zufällt. Tritt ein Gesellschafter seinen Auseinandersetzungsanspruch im Voraus ab u überträgt er dann vor Entstehung des Anspruchs seine Gesellschafterstellung auf einen Dritten, so wird die Abtretung gegenstandslos (BGHZ 88, 205, 207 ff; 104, 351, 353). Dagegen lässt die Erbfolge in die Gesellschafterstellung die Vorausabtretung des Erblassers unberührt (BGH NJW 97, 3370, 3371). Die Zession einer künftigen Forderung kann erst mit deren Entstehung Wirksamkeit entfalten (BGHZ 30, 238, 240 f; 88, 205, 206; NJW 95, 1668, 1671). Die Willensübereinstimmung der Parteien muss zu diesem Zeitpunkt allerdings nicht mehr fortbestehen. Der Zessionar kann die künftige Forderung bereits weiter veräußern u vererben (BaRoth/*Rohe* § 398 Rn 43; MüKo/*Roth* § 398 Rn 79; Palandt/*Grüneberg* § 398 Rn 11). Spätere Verfügungen des Zedenten sind vorbehaltlich der §§ 406, 407 ohne Wirkung (Prioritätsprinzip, BGHZ 32, 361, 363; 104, 351, 353; NJW 05, 1192, 1193; kritisch *Neef* WM 05, 2365 ff mwN; zur Kollision von Globalzession u zeitlich nachfolgendem verlängerten EV s vor § 1273 Rn 21). Auch Pfändungen, die erst nach der Entstehung des Rechtsgrundes der Forderung zulässig sind (BGHZ 53, 29, 32), lassen die Stellung des Zedenten unberührt (BAG WM 80, 661, 662).

13

Umstritten ist, ob der Zedent zunächst für eine juristische Sekunde Inhaber der Forderung wird („Durchgangstheorie") o die Forderung sofort in der Person des Zessionars entsteht („Unmittelbarkeitstheorie"). Richtigerweise ist zu differenzieren: Ist der Rechtsgrund für die Forderung bereits vor der Vorausabtretung gelegt worden, so findet Direkterwerb statt (BGH NJW-RR 03, 1690, 1691), ansonsten kommt es zu einem Durchgangserwerb beim Zedenten (Palandt/*Grüneberg* § 398 Rn 12; Staud/*Busche* § 398 Rn 75; für den Fall der Abtretung durch einen Nichtberechtigten BFH NJW 96, 1079, 1080). In der erstgenannten Konstellation hat die zwischenzeitliche Eröffnung eines Insolvenzverfahrens über das Vermögen des Zedenten keine Auswirkung auf den Rechtserwerb des Zessionars, im zuletzt genannten Fall hat sie hingegen zur Folge, dass der Zessionar nicht geschützt wird u der Anspruch in die Masse fällt (§ 91 InsO).

14

V. Bestimmbarkeit der Forderung. Die abzutretende Forderung muss aufgrund der Parteivereinbarung hinreichend bestimmt o doch bestimmbar sein. Dabei genügt es, dass sie im Zeitpunkt ihrer Entstehung hinsichtlich Gegenstand, Umfang u Person des Schuldners individualisiert werden kann (BGHZ 7, 365, 367 ff; NJW 00, 276, 277; MüKo/*Roth* § 398 Rn 67). Bei der Auslegung der Erklärungen der Parteien sind auch außerhalb der Abtretungsurkunde liegende Umstände heranzuziehen (BGH NJW 00, 276, 277). Die Abtretung „der Ansprüche" eines Zedenten bezieht sich im Zweifel nur auf bestehende Forderungen. Die Annahme, dass auch künftige Forderungen mit einbezogen sein sollen, bedarf besonderer Anhaltspunkte (BGH NJW 95, 1668, 1669; NJW-RR 03, 1690, 1691). Kann unter mehreren in Betracht kommenden Forderungen die abgetretene Forderung nicht bestimmt werden, so ist die Abtretung nicht wirksam. Daran ändert sich nichts, wenn der Zedent zur Abtretung verpflichtet war u sich schadensersatzpflichtig gemacht hat (MüKo/*Roth* § 398 Rn 68).

15

Bei Abtretung einer **Forderungsmehrheit** ist hinreichende Bestimmbarkeit anzunehmen bei Übertragung aller Forderungen aus einem bestimmten Geschäftsbetrieb (RG JW 32, 3760, 3761), aller Forderungen aus einer bestimmten Art von Rechtsgeschäften (RGZ 155, 26, 30; BGH WM 61, 350; Stuttg NJW 64, 666), der Forderungen aus einem bestimmten Zeitraum, auch wenn einzelne Forderungen ausgenommen werden (BGH WM 66, 13, 14 f), sowie der Gewährleistungsansprüche gegen die „am Bau beteiligten Bauunterneh-

16

mer, Bauhandwerker und sonstige Dritte" (BGH NJW 78, 634). Hingegen fehlt es an der hinreichenden Bestimmbarkeit bei der Abtretung einer Mehrheit von Forderungen in Höhe eines Teilbetrags, wenn unklar ist, auf welche Forderungen o Teilforderungen sie sich bezieht (RGZ 98, 200, 201 ff; BGH WM 70, 848, 849). Ebenfalls unwirksam ist die Abtretung aller Forderungen bis zu einem Höchstbetrag, sofern nicht bestimmt ist, welche Forderungen jeweils „nachrücken" sollen (BGHZ 71, 75, 78 f). Die Abtretung nach der jeweiligen Höhe einer anderen Forderung ist nur dann zulässig, wenn nicht nur Zedent u Zessionar, sondern auch der Schuldner sich Gewissheit über den Umfang der Abtretung verschaffen kann (BGH NJW 65, 2197; 00, 276; Dresden NJW-RR 97, 1070, 1071 f). Als unproblematisch angesehen wird eine Gehaltsabtretung in Höhe der jeweils pfändbaren Bezüge (BAG AP Nr 3; WM 80, 661, 662). Zulässig ist auch die sog Mantelzession. Dabei verpflichtet sich der Zedent, dem Zessionar Forderungen in bestimmbarer o variabler Höhe abzutreten u diesem in bestimmten Intervallen die abgetretenen Forderungen genau aufzulisten. Die Abtretung wird erst mit der Übergabe der Listen wirksam, so dass dem Bestimmtheitserfordernis Genüge getan ist (LG Berlin WM 84, 224, 225). Allerdings ist der Zessionar bis zu diesem Zeitpunkt vor Abtretungen o Pfändungen nicht geschützt (Palandt/*Grüneberg* § 398 Rn 16; Staud/*Busche* § 398 Rn 57).

17 **D. Rechtsfolgen der Abtretung.** Rechtsfolge der Abtretung ist, dass der Zessionar in die Gläubigerstellung des Zedenten eintritt. Bereits zuvor begründete Einreden u Einwendungen des Schuldners muss er sich entgegenhalten lassen (vgl § 404 BGB). Für Neben- u Sicherungsrechte gilt § 401. Die Forderung bleibt inhaltlich identisch. Der Leistungsort ändert sich nicht, da § 269 auf die Verhältnisse zum Zeitpunkt der Entstehung des Schuldverhältnisses abstellt. Schiedsvereinbarungen (BGHZ 71, 162, 165 f; NJW 98, 371) u Gerichtsstandsklauseln (Köln VersR 92, 1152) gelten weiter, die Zuständigkeit der Arbeitsgerichte bleibt erhalten (BAG ZIP 93, 848), dagegen entfällt der Verbrauchergerichtsstand des Art 15 EuGVO (EuGH ZIP 93, 826 zu Art 13 EuGVÜ). Der Zessionar kann nunmehr mit der Forderung gegen eine Forderung des Schuldners aufrechnen (BGH ZIP 99, 446, 447).

18 Bei **Leistungsstörungen** stehen ihm die Ansprüche nach §§ 280 ff zu. Dies schließt die Befugnis zur Abgabe solcher Erklärungen ein, die wie die Fristsetzung nach §§ 281, 323 o die Mahnung nach § 286 Voraussetzung für die Geltendmachung solcher Ansprüche ist (vgl BGH NJW 85, 2640, 2641; 87, 2075; anders für die Sicherungsabtretung BGH NJW 02, 1568, 1569). Ein Verzugsschaden bemisst sich nunmehr grds nach der Person des Zessionars (BGHZ 128, 371, 376; NJW-RR 92, 219). Dies gilt auch dann, wenn der ihm entstandene Schaden höher ist als dies bei dem Zedenten mutmaßlich der Fall gewesen wäre (*Dörner* S 257 ff; *Hoffmann* WM 94, 1464, 1465; BaRoth/*Rohe* § 398 Rn 38; Staud/*Busche* § 398 Rn 82; aA Palandt/*Grüneberg* § 398 Rn 18 a). Allerdings kommt eine Schadensminderung gem § 254 II in Betracht, wenn der Zessionar es unterlassen hat, auf die Möglichkeit eines erhöhten Schadens hinzuweisen (*Dörner* S 259; *Hoffmann* WM 94, 1464, 1465 f; BaRoth/*Rohe* § 398 Rn 38; Staud/*Busche* § 398 Rn 82). Anders liegt es bei Inkassozession und – zumindest bis zum Eintritt der Verwertungsreife – auch bei der Sicherungszession. Wirtschaftlich ist hier allein der Zedent geschädigt. Deshalb muss bei der Ermittlung des Verzugsschadens auf seine Person abgestellt werden. Der Zessionar kann den entstandenen Schaden im Wege der Drittschadensliquidation geltend machen (BGHZ 128, 371, 376 ff).

19 Selbstständige **Gestaltungsrechte**, die das Schuldverhältnis insgesamt betreffen wie Anfechtung, Rücktritt, Widerruf o Kündigung, stehen nach wie vor dem Zedenten zu, sofern sie nicht mit übertragen worden sind (BGH NJW 85, 2640, 2641 f). Jedoch kann der Zedent diese Rechte nur im Einverständnis mit dem Zessionar ausüben (MüKo/*Roth* § 398 Rn 99; Palandt/*Grüneberg* § 398 Rn 18 b). Bei gegenseitigen Verträgen bleibt die synallagmatische Verbindung der Ansprüche erhalten. Die Einrede des nicht erfüllten Vertrages (§ 320) kann deshalb weiterhin der Zedent geltend machen (BGHZ 55, 354, 356; NJW 78, 634, 635).

20 **E. Sicherungsabtretung.** Zur Sicherungsabtretung s vor § 1273 Rn 7 f); zum verlängerten EV als Sonderfall der Sicherungsabtretung zugunsten von Warenlieferanten § 929 Rn 27).

21 **F. Inkassozession.** Der Zessionar erhält im Außenverhältnis die volle Rechtsstellung unter Einschluss der Prozessführungsbefugnis (BGH NJW 80, 991). Im Innenverhältnis ist er verpflichtet, die übertragene Forderung auf Rechnung des Zedenten einzuziehen u den Erlös an ihn abzuführen (§§ 675, 667). Der Zessionar genießt vermögensrechtlichen Schutz über § 771 ZPO u § 47 InsO. Die Eröffnung des Insolvenzverfahrens über das Vermögen des Zedenten beendet nach §§ 115, 116 das Treuhandverhältnis. Zur gewerbsmäßigen Einziehung fremder Forderungen bedarf es einer Erlaubnis nach § 1 RBerG. Das Fehlen der Erlaubnis führt zur Nichtigkeit der Abtretung gem § 134 (BGHZ 61, 317, 324).

22 **G. Einzugsermächtigung.** Anders als bei der Inkassozession bleibt der Auftraggeber Inhaber der Forderung, der Auftragnehmer wird gem § 185 ermächtigt, den Anspruch in eigenem Namen geltend zu machen (BGHZ 4, 153, 164; 82, 283, 288). Die Ermächtigung kann sich auf Leistung an den Auftraggeber o an den Auftragnehmer richten. Sie ist frei widerruflich, sofern nicht etwas anderes vereinbart worden ist o den Umständen zu entnehmen ist (BGHZ 82, 283, 290), u erlischt mit Eröffnung des Insolvenzverfahrens, nicht aber bereits beim Eintritt der Krise (BGHZ 144, 192, 198 ff). Zur gerichtlichen Geltendmachung (sog **gewillkürte Prozessstandschaft**) ist der Ermächtigte nur befugt, wenn er hieran ein schutzwürdiges Interesse hat (BGH NJW 80, 991). Es fehlt in der

Regel, wenn eine vermögenslose GmbH zur Einziehung ermächtigt wird (BGHZ 96, 151 ff; NJW 03, 2231). Das Urteil entfaltet Rechtskraft für u gegen den Auftraggeber (BGH NJW 57, 1635, 1636). Ist eine Forderung nicht abtretbar, so ist es eine Frage der Auslegung des gesetzlichen o vertraglichen Abtretungsverbots, ob es auch die Einzugsermächtigung erfassen soll (BGH NJW 69, 1110; 92, 1881, 1883).

Hauptanwendungsfälle der Einziehungsermächtigung sind das Einziehungsrecht des Zedenten iRd Sicherungsabtretung (vor § 1273 Rn 28–31) u des verlängerten EV (§ 929 Rn 27), die Ermächtigung des Bauträgers zur Verfolgung von Mängelansprüchen des Bauherrn (BGHZ 70, 389, 393 ff), des Verwalters bei Ansprüchen einer Wohnungseigentümergemeinschaft (BGHZ 74, 258, 267; 81, 35, 37), des Forderungsverkäufers zur Durchsetzung der abgetretenen Forderung (BGH NJW 79, 924) sowie des herrschenden Gesellschafters zur Einziehung von Ansprüchen der beherrschten Gesellschaft (BGH NJW 65, 1962). 23

H. Factoring. Das Factoring ist dadurch gekennzeichnet, dass der Gläubiger (Anschlusskunde) die Forderung gegen Entgelt auf den Factor überträgt, der sie seinerseits einzieht. Es dient dem Ziel, dem Kunden bereits vor Fälligkeit seiner Forderung Liquidität zu verschaffen. Das RBerG ist nicht anwendbar. 24

Beim **echten Factoring** übernimmt der Factor das Risiko der Uneinbringlichkeit (Delkredere-Risiko). Es handelt sich um einen Forderungskauf (BGHZ 69, 254, 257). Die Kollision mit einem verlängerten EV (§ 929 Rn 27) führt nicht zur Sittenwidrigkeit, da der Warenlieferant wirtschaftlich nicht schlechter steht, als hätte der Vorbehaltskäufer die Forderung selbst eingezogen (BGHZ 69, 254, 258 f). Wird der Vorbehaltskäufer zur Einziehung ermächtigt, so berechtigt ihn dies im Zweifel, die Forderung nochmals iRe echten Factoring-Geschäfts an den Factor abzutreten, sofern die Gewinnspanne das Sicherungsinteresse des Zessionars nicht beeinträchtigt (BGHZ 72, 15, 20 ff; 75, 391, 393 ff). 25

Im Falle eines **unechten Factorings** verbleibt das Delkredere-Risiko beim Anschlusskunden. Die Gutschrift für die Forderung erfolgt unter dem Vorbehalt der Erfüllung. Rechtlich ist dies als Kreditgeschäft einzuordnen (BGH NJW 78, 1520, 1521). Die Abtretung der Forderung erfolgt zur Sicherung des Kredits u zugleich erfüllungshalber (BGHZ 58, 364, 367). Die Kollision mit einem verlängerten EV führt nach der Vertragsbruchtheorie (§ 929 Rn 27, vor § 1273 Rn 21) grds zur Sittenwidrigkeit (BGHZ 82, 50, 64 ff). Ein einziehungsermächtigter Zedent kann nicht an den unechten Factor abtreten, da der Verbleib des Erlöses bei ihm nicht gewährleistet ist (BGHZ 82, 50, 60). 26

I. Vertragsübernahme. Das BGB regelt nur den Erwerb einzelner Forderungen (§§ 398 ff) u die Übernahme einzelner Schulden (§§ 414 ff), nicht aber den Eintritt in ein Vertragsverhältnis als Ganzes. Ein gesetzlicher Vertragsübergang ist in verschiedenen Vorschriften vorgesehen (§§ 566, 613 a; ferner § 69 VVG, § 20 I Nr 1 UmwG). Mittlerweile ist jedoch anerkannt, dass auch die Auswechselung einer Vertragspartei durch **einheitliches Rechtsgeschäft** zulässig ist. Praktische Bedeutung hat die Vertragsübernahme insbes beim Unternehmenskauf, bei dem sie den Eintritt des Erwerbers in bestehende Vertragsverhältnisse des Veräußerers ermöglicht. 27

Beispiele aus der Rechtsprechung für Vertragsübernahmen: Arbeitsvertrag (BAG NJW 73, 822), Bierbezugsvertrag (BGH NJW 98, 2286; NJW-RR 93, 562), Elektrizitätsversorgungsvertrag (BGH NJW 61, 453), Eintritt des Leasinggebers in den vom Leasingnehmer abgeschlossenen Kaufvertrag (BGHZ 96, 302 ff), Mietvertrag (BGH NJW 78, 2504; 98, 531; MDR 05, 920), Pachtvertrag (BGH LM Nr 16 zu § 581), Personengesellschaftsvertrag (BGHZ 44, 229 ff), Sukzessivlieferungsvertrag (BGH WM 73, 489). 28

Die Vertragsübernahme bedarf der Mitwirkung aller Beteiligten. Sie kann entweder durch dreiseitigen Vertrag (BGHZ 65, 49, 52 f; 142, 23, 30 f; NJW 99, 2664) o durch einen Vertrag zwischen zwei Beteiligten, der dann durch den Dritten genehmigt wird, herbeigeführt werden (BGHZ 72, 394, 398; MDR 05, 920). Die Zustimmung kann auch im Voraus erteilt werden (BGH DtZ 96, 56, 57), in AGB ist allerdings § 309 Nr 10 zu beachten; vgl zur unangemessenen Benachteiligung iSd § 307 (§ 9 AGBG aF) durch die Nachfolgeklausel in einem Bierlieferungsvertrag ferner BGH NJW 98, 2286. Fehlt die erforderliche Zustimmung des verbleibenden Vertragsteils, so kann die in der Vertragsübernahme enthaltene Abtretung dennoch wirksam sein (Ddorf NJW-RR 98, 1063, 1064). Die Vereinbarung über die Vertragsübernahme bedarf der für den zu übernehmenden Vertrag vorgesehenen Form (BGHZ 72, 394, 396 ff), die Zustimmung des nicht an der Vereinbarung Beteiligten ist allerdings formfrei möglich (BGH DtZ 96, 56, 57; NJW 03, 2158, 2160; MDR 05, 920). Verbraucherschützende Vorschriften gelten auch zugunsten des Übernehmers; u zwar nach Ansicht des BGH auch dann, wenn der Übernehmer selbst kein Verbraucher ist (BGHZ 129, 371, 376), obwohl sich der Gültigkeitsmangel in diesem Fall eigentlich erledigt hat (vgl MüKo/*Roth* § 398 Rn 193). Umgekehrt soll sich nach BGHZ 142, 23 ff der Übernehmer, der Verbraucher ist, bei der Vertragsübernahme auf Verbraucherschutzbestimmungen auch berufen können, wenn der übernommene Vertrag nicht in den Anwendungsbereich dieser Bestimmungen fällt. Die Anfechtung des Vertrages muss gegenüber allen Beteiligten erklärt werden (BGHZ 96, 302, 309; *Wagemann* AcP 205 (2005), 547, 572 f; aA *Dörner* NJW 86, 2916 ff). Im Falle der Arglistanfechtung nach § 123 muss die Täuschung beiden Erklärungsempfängern zuzurechnen sein. Hat nur einer getäuscht, so ist daher erforderlich, dass der andere die Täuschung kannte o seine Unkenntnis auf Fahrlässigkeit beruhte (BGH NJW 98, 531; aA MüKo/*Roth* § 398 Rn 194). Die Unwirksamkeit der Vertragsübernahme kann nur auf Mängel des Übernahmevertrages gestützt werden, nicht aber auf Mängel des Grundgeschäfts, da die Vertragsübernahme als Verfügung abstrakt ist (Palandt/*Grüneberg* § 398 Rn 39 a). 29

30 Die §§ 398 ff, 414 ff sind entspr anwendbar. Insbes stehen der verbleibenden Partei gem § 404 die gegen die ausgeschiedene Vertragspartei begründeten Einwendungen auch weiterhin zu, der Übernehmer kann sich seinerseits auf § 417 berufen. Die §§ 406–410 laufen dagegen weitgehend leer, da die verbleibende Vertragspartei in der Regel von der Übernahme Kenntnis erlangt. Bedeutung haben die genannten Vorschriften jedoch bei einer im Voraus erklärten Zustimmung (MüKo/*Roth* § 398 Rn 195; Palandt/*Grüneberg* § 398 Rn 39 a). § 418 ist ebenfalls anwendbar (Hamm NJW-RR 91, 48, 49 f).

31 **J. Vertragsbeitritt.** Beim Vertragsbeitritt wird nicht eine Partei ausgewechselt, vielmehr tritt die neue Partei an der Seite einer Altpartei in das Vertragsverhältnis ein (BGHZ 65, 49, 52 f). Der Beitretende wird regelmäßig Gesamtschuldner der sich aus dem Vertragsverhältnis ergebenden Verpflichtungen, die Form der Mitberechtigung hängt von dem Innenverhältnis der Mitgläubiger ab. Der Vertragsbeitritt bedarf der Mitwirkung aller Beteiligten, entweder durch dreiseitigen Vertrag o in Form einer zweiseitigen Vereinbarung unter Zustimmung des anderen Teils. Auch ansonsten gelten im Wesentlichen die gleichen Wirksamkeitsvoraussetzungen wie bei der Vertragsübernahme.

32 **K. Beweislast.** Der Zessionar trägt die Beweislast für die Abtretung, für Unwirksamkeitsgründe ist beweispflichtig, wer sich auf einen solchen beruft (BGH NJW 83, 2018). Hat der Zedent die Verfügungsbefugnis verloren, so muss der Zessionar nachweisen, dass die Abtretung vor diesem Zeitpunkt erfolgt ist (BGH NJW 86, 1925, 1926).

§ 399 Ausschluss der Abtretung bei Inhaltsänderung oder Vereinbarung

Eine Forderung kann nicht abgetreten werden, wenn die Leistung an einen anderen als den ursprünglichen Gläubiger nicht ohne Veränderung ihres Inhalts erfolgen kann oder wenn die Abtretung durch Vereinbarung mit dem Schuldner ausgeschlossen ist.

1 **A. Bedeutung.** § 399 statuiert zwei Ausnahmen vom Grundsatz der Übertragbarkeit von Forderungen. Der Schuldner ist nach der Norm vor einem Gläubigerwechsel geschützt, wenn durch den Forderungsübergang sich der Inhalt der Leistungspflicht ändern würde (§ 399 Alt 1) o er mit dem Gläubiger einen Abtretungsausschluss vereinbart hat (§ 399 Alt 2). Der Abtretungsausschluss wegen Inhaltsänderung erfasst Ansprüche, deren Identität durch die Person des Gläubigers bestimmt werden (personenbezogene Ansprüche) sowie rechtlich unselbstständige Neben- u Hilfsrechte. Beruht die Unabtretbarkeit der Forderung auf einer besonderen Zweckbindung, so kann die Abtretung gleichwohl zulässig sein, wenn der Zessionar den Leistungserfolg (zB Unterhalt des Zedenten) im Ergebnis sicherstellt. Die Möglichkeit eines pactum de non cecendo dient dem Interesse des Schuldners an einer klaren u übersichtlichen Vertragsabwicklung. Außerdem kann ihm daran gelegen sein, über die § 399 Alt 1 unterfallenden Konstellationen hinaus, die von ihm geschuldete Leistung an einen bestimmten Gläubiger zu erbringen.

2 § 399 ist nicht abschließend. So ergibt sich ein Ausschluss etwa aus § 134 iVm Verbotsgesetzen wie § 203 StGB (§ 134 Rn 35, 40), §§ 400, 473, 717 BGB. Im Einzelfall kann sich die Unzulässigkeit der Abtretung aus § 242 ergeben, wenn der Schuldner durch sie unzumutbar beschwert wird (vgl § 398 Rn 12).

3 Kraft der Verweisung des § 412 gilt § 399 auch für den gesetzlichen Forderungsübergang. Aus dem Zweck der die cessio legis anordnenden Vorschrift kann sich aber ergeben, dass sie auch unabtretbare Forderungen erfassen soll (BGHZ 141, 173, 176 f; BAG NJW 66, 1727; BFH NJW 05, 1308).

4 **B. Abtretungsausschluss wegen Inhaltsänderung (§ 399 Alt 1). I. Personenbezogene Ansprüche.** Als personenbezogene Ansprüche **nicht abtretbar** sind Ansprüche auf Ausführung eines Auftrags (§ 664 II), Beihilfe (BVerwG NJW 97, 3256 f; Ausnahme: Abtretung an den Gläubiger der beihilfefähigen Forderung, BAG DB 70, 1327), Berufsunfähigkeitsrente (KG VersR 03, 490; Oldbg NJW-RR 94, 479), Dienstleistung (§ 613 S 2), Erschließungsbeiträge (Hamm NJW-RR 92, 22), Freistellung von einer Verbindlichkeit – anders bei Abtretung an den Gläubiger der geschuldeten Leistung, in dessen Hand sich der Befreiungsanspruch dann in einen Zahlungsanspruch verwandelt (BGHZ 12, 136, 141; 23, 17, 22; 41, 203, 205; MüKo/*Roth* § 399 Rn 15), Gebrauchsüberlassung (BGH NJW 72, 2036; 03, 2987), Mietkaution (Ddorf ZMR 00, 211), Prozesskostenvorschuss gem § 1360 a IV – Ausnahme: Abtretung an Anwalt o Gerichtskasse (BGHZ 94, 316, 322), Rückzahlung wegen Bedürftigkeit des Schenkers (Köln NJW 00, 295) – anders, wenn der Zessionar dem Zedent eine gleichwertige Leistung zur Unterhaltssicherung gewährt (BGHZ 127, 354, 357), Schenkung, Unterhalt in Natur, soweit nicht ohnehin § 400 eingreift, Urlaub (BAG AP § 611 (Urlaubsrecht) Nr 7, 17, 42), vermögenswirksame Leistung (LAG Hamm DB 82, 1523, 1524), Vertragsschluss aus einem Vorvertrag, zweckgebundene Leistung des Treugebers an Treuhänder (BGH NJW 91, 2906).

5 Für **abtretbar** erklärt wurden Ansprüche auf Arbeitnehmersparzulage (BAG DB 76, 2116, 2117), Auslagenersatz des Beschuldigten im Strafverfahren (Kobl AnwBl 75, 100), Belegung von Wohnungen aus einem Werkförderungsvertrag jedenfalls an den Geschäftsnachfolger (BGH NJW 72, 2036), Darlehensvalutierung (RGZ 38, 308, 311; 77, 407, 408) – anders aber bei Zweckbindung, Eigentumsverschaffung (BGH NJW 94, 2947,

2948), Zahlung aus einer Garantie (BGHZ 90, 287, 291), Miete (BGH NJW 03, 2987), Minderung (BGHZ 95, 250, 253 ff), Nachbesserung (BGHZ 96, 146, 147 ff), Schadensersatz bei Schadensliquidation im Drittinteresse (Celle VersR 75, 838), Zahlung der Stammeinlage, sofern die Gesellschaft einen vollwertigen Erlös erhält (BGHZ 69, 274, 282; NJW 99, 2188, 2190), Aufstellen von Werbetafeln auf einem Golfplatz (BGH NJW-RR 94, 558), Urlaubsentgelt u Urlaubsabgeltung (BAG BB 01, 2378), Rücktrittsrecht (BGH NJW 73, 1793), Wiederkaufsrecht (BGH NJW-RR 91, 526, 527). Die Beteiligung an einer Gesellschaft kann nach §§ 398, 413 übertragen werden, bei Personengesellschaften bedarf es hierzu jedoch der Zustimmung sämtlicher Mitgesellschafter o der Zulassung im Gesellschaftsvertrag (BGHZ 13, 179 ff; § 719 Rn 6 f). Zur Abtretbarkeit von **Gestaltungsrechten** s § 413 Rn 6 ff.

II. Neben- u Hilfsrechte. Akzessorische Ansprüche u bloße Hilfsrechte zur Durchsetzung einer Forderung 6
können nicht selbstständig abgetreten werden, sie gehen gem § 401 mit dem Hauptanspruch über. Dies betrifft die Ansprüche aus Bürgschaft (BGHZ 115, 177, 180 f; ZIP 02, 886, 888) – anders, wenn die Hauptschuldnerin (GmbH) infolge Vermögenslosigkeit untergeht (BGHZ 82, 323, 326 ff), Hypothek (§ 1153 II), Pfandrecht (§ 1250 I), Vormerkung (BGH NJW 94, 2947), auf Auskunftserteilung, Rechnungslegung (RG JW 31, 525) u Quittung (Köln OLGZ 71, 151, 153). Abtretbar sind dagegen Ansprüche auf Zinsen u Vertragsstrafen, selbst wenn sie noch nicht fällig sind (RGZ 86, 218, 219; Palandt/*Grüneberg* § 399 Rn 7).
Folgeansprüche aus absoluten dinglichen Rechten wie etwa der Herausgabeanspruch nach § 985 sowie der 7
Grundbuchberichtigungsanspruch gem § 894 können nicht von diesen Rechten getrennt werden.
Ebenso wenig lassen sich Ansprüche auf **Unterlassung** von dem Gegenstand, auf den sie sich beziehen, lösen. 8
Handelt es sich um höchstpersönliche Rechtsgüter wie die Ehre, so sind sie nicht übertragbar, ansonsten nur zusammen mit dem geschützten Rechtsgut (Eigentum, Patent, Unternehmen).

C. Abtretungsausschluss durch eine Vereinbarung (§ 399 Alt 2). I. Vereinbarung. Die Parteien des 9
Schuldverhältnisses können vor, bei o nach Begründung der Forderung deren Unabtretbarkeit vereinbaren. Abtretungsverbote können auch in Tarifverträgen u Betriebsvereinbarungen enthalten sein (BAG AP § 399 Nr 1, 4, 8). Ob ein Abtretungsausschluss gemeint ist, muss mitunter durch Auslegung ermittelt werden, die Formulierung „Abtretungen an Dritte werden nicht anerkannt" deutet auf einen darauf gerichteten Parteiwillen (BGH WM 68, 195). Auch eine stillschweigende Abrede ist möglich. Sie liegt regelmäßig in der Einstellung von Forderungen in ein Kontokorrent (BGHZ 70, 86, 92 ff; NJW 02, 2865, 2866; aA – Unabtretbarkeit ergibt sich bereits aus § 399 Alt 1 – Staud/*Busche* § 399 Rn 55). Der Sicherungsabrede bei einer Grundschuld kann nicht ohne weiteres ein stillschweigendes Zessionsverbot entnommen werden (BGH NJW-RR 91, 305), es besteht auch nicht bei Lohnforderungen (BGHZ 23, 53, 54 f).
Von einem Abtretungsverbot ist bei einer vertraglich vereinbarten Verschwiegenheitspflicht auszugehen 10
(Ddorf NJW-RR 94, 438). Das Bankgeheimnis soll hingegen nach hM einer Abtretung nicht entgegenstehen (*Nobbe* WM 05, 1533 ff; Köln ZIP 05, 1773; LG Frankfurt/M ZIP 05, 115; LG Koblenz ZIP 05, 21; aA Frankf ZIP 04, 1449). Bereits aus § 203 StGB iVm § 134 folgt nach der Rspr (zur Kritik *Wagner* NJW 95, 1584 ff) wegen der Informationspflicht nach § 402 die Unwirksamkeit der Übertragung der Honorarforderungen von Ärzten u Zahnärzten (BGHZ 115, 123 ff), Rechtsanwälten (BGHZ 122, 115 ff, NJW 93, 2795), Rechtsbeiständen (LG München NJW-RR 94, 437) u Steuerberatern (BGH NJW 96, 2087), regelmäßig aber nicht von Tierärzten (Celle NJW 95, 786; aA LG Bochum NJW 93, 1535 f). Das Abtretungsverbot gilt nicht, wenn der Klient/Mandant zustimmt o dem Zessionar die Geheimnisse bereits rechtmäßig bekannt geworden waren. Die Abtretung unter Rechtsanwälten ist nach § 49 b IV 1 BRAO zulässig (*Frenzel* AnwBl 05, 121 ff; offen gelassen von BGH NJW 05, 507). Die Abtretung von Gehaltsforderungen eines GmbH-Geschäftsführers wird trotz § 85 GmbHG für zulässig erachtet, da hier typischerweise keine Betriebsgeheimnisse offenbart werden müssen (BGH ZIP 96, 1341), dies gilt auch für Tantiemen (BGH NJW 00, 1329).
Von § 399 als Minus zum vollständigen Ausschluss gedeckt ist es, die Abtretbarkeit an bestimmte Erforder- 11
nisse zu knüpfen, etwa der Einhaltung einer bestimmten Form der Abtretungserklärung, die Anzeige an den Schuldner o dessen Zustimmung (BGHZ 108, 172, 174 f; 112, 387 ff; NJW 97, 3434, 3435). Im letztgenannten Fall darf die Zustimmung nicht unbillig verweigert werden (BGH ZIP 00, 78, 79). § 399 greift nicht, wenn die Vereinbarung nach dem Willen der Parteien keine dingliche, sondern nur schuldrechtliche Wirkung haben soll (BGH NJW 82, 2768).

II. Grenzen. 1. § 354 a HGB. Der Gesetzgeber hat mit Wirkung zum 30. 7. 94 (BGBl I S 1682) durch die 12
Einführung von § 354 a HGB die Abtretung von Geldforderungen aus einem beiderseitigen Handelsgeschäft ungeachtet eines vertraglichen Abtretungsverbots für wirksam erklärt (S 1). Die Abrede hat lediglich die Wirkung, dass der Schuldner mit befreiender Wirkung an den bisherigen Gläubiger leisten kann (S 2). Die Vorschrift ist zwingend (S 3). Zustimmungsvorbehalte u andere Beschränkungen der Abtretbarkeit sind auch iRd § 354 a HGB einem vollständigen Abtretungsverbot gleichzustellen. Als Leistung iSd § 354 a S 2 HGB ist auch die Aufrechnung des Schuldners mit einer Forderung gegen den Zedenten anzusehen. Der Schuldner kann dabei die Aufrechnung nicht nur dem bisherigen Gläubiger gegenüber erklären, sondern auch dem neuen Gläubiger gegenüber. § 406 findet im Fall des § 354 a HGB keine Anwendung. Der Schuldner kann daher selbst dann mit einer Forderung gegen den bisherigen Gläubiger aufrechnen, wenn er diese in Kenntnis der

Abtretung erwirbt o wenn sie nach Kenntnis des Schuldners u später als die abgetretene Forderung fällig wird (BGH WM 05, 429). Das im Kontokorrent konkludent enthaltene Abtretungsverbot wird von § 354 a HGB nicht erfasst (BGH NJW 02, 2865, 2866).

13 **2. Allgemeine Grundsätze.** Gegen die Zulässigkeit von Vinkulierungsklauseln bestehen wegen des legitimen Interesses des Schuldners an einer vereinfachten Vertragsabwicklung in der Regel keine durchgreifenden Bedenken; dies gilt auch, wenn sie in den AGB enthalten sind (BGHZ 51, 113, 116 ff; 108, 172, 175; NJW-RR 04, 1100, 1102). Bei einer Kollision mit einem verlängerten Eigentumsvorbehalt kann das Abtretungsverbot jedoch zu einem Scheitern des Eigentumserwerbs führen u zu einer Haftung nach §§ 990, 823 (BGHZ 77, 274, 277 ff); seit dem Inkrafttreten des § 354 a HGB ist das Problem wesentlich entschärft (*K. Schmidt* NJW 99, 400 f). Wegen der weiten Verbreitung von Vinkulierungsklauseln sind sie jedenfalls in Einkaufsbedingungen nicht überraschend iSd § 305 c I (BGH NJW-RR 91, 763 zu § 3 AGBG aF). § 309 Nr 10 (Wechsel des Vertragspartners) greift nicht ein.

14 Unwirksam nach § 307 (= § 9 I AGBG aF) ist eine Klausel in Allgemeinen Reisebedingungen, dass die Abtretung nur vom Anmelder geltend zu machender Ansprüche aus dem Reisevertrag ausgeschlossen ist (BGHZ 108, 52, 54 ff). Ein Frachtführer kann den in § 67 VVG vorgesehenen gesetzlichen Übergang von gegen ihn gerichteten Schadensersatzansprüchen wegen Verlusts o Beschädigung der Güter auf den Transportversicherer nicht formularmäßig ausschließen (BGHZ 65, 364, 366 f); ebenso wenig die Forderungsabtretung an ihn (BGHZ 82, 162, 171 f).

15 Die Berufung auf ein wirksam vereinbartes Abtretungsverbot kann im Einzelfall treuwidrig sein. Tritt der nur subsidiär leistungspflichtige Reiseversicherer auf Grund einer Verpflichtung zur Vorleistung für Krankheits- u Rücktransportkosten in Vorlage, so kann sich der private Krankenversicherer ihm gegenüber nicht auf ein in der Krankenversicherungspolice enthaltenes Abtretungsverbot berufen (BGH NJW-RR 04, 1100). Dem Leasinggeber, der die zur Reparatur bestimmte Leistung des Kaskoversicherers bereits erhalten hat, ist es nach § 242 verwehrt, sich gegenüber der Abtretung des Entschädigungsanspruchs durch den Leasingnehmer an die Werkstatt auf ein Abtretungsverbot zu berufen (BGHZ 93, 391, 399 f). Zur AGB-Kontrolle von Tickets für Sportveranstaltungen *Ensthaler/Zech* NJW 05, 3389 ff; *Weller* NJW 05, 934 ff.

16 **D. Rechtsfolgen der Unabtretbarkeit.** Folge des Verstoßes ist die absolute Unwirksamkeit der Abtretung, dies gilt auch bei Verletzung eines vertraglichen Zessionsverbots iSd § 399 Alt 2 (BGHZ 40, 156, 160; 56, 228, 231; 108, 172, 176; 112, 387, 389 ff; aA *Canaris*, FS Serrick, 1992, S 9 ff; *E. Wagner*, Vertragliche Abtretungsverbote im System zivilrechtlicher Verfügungshindernisse, 1994, S 77 ff; 403 ff). Daher kann sich jedermann in den Grenzen des § 242 auf die Unwirksamkeit berufen. Die Forderung verbleibt im Vermögen des Zedenten u unterliegt dem Zugriff seiner Gläubiger. Abtretungsverbote sind insolvenzfest, sie gelten auch für den Verwalter (BGHZ 56, 228, 230 ff; NJW 97, 3434). Wird ein Abtretungsausschluss im Hinblick auf eine künftige Forderung vereinbart, so wird sie von einer vorherigen Abtretung (Globalzession, verlängerter Eigentumsvorbehalt) nicht erfasst, da die Forderung als von vornherein unabtretbar entsteht (BGHZ 27, 306, 309; aA *Henrichs* JZ 93, 225, 230).

17 Auf ein vertragliches Abtretungsverbot kann der Schuldner verzichten, allerdings nur mit Wirkung ex nunc (BGHZ 70, 299, 303; 102, 293, 301); eine Rückwirkung kommt auch dann nicht in Betracht, wenn die Abtretung nicht gänzlich ausgeschlossen, sondern von der Zustimmung des Schuldners abhängig sein soll (BGHZ 108, 172, 175 ff). Im Falle der Mehrfachabtretung kann der Schuldner aussuchen, welche Abtretung er genehmigt (Kobl WM 92, 73).

18 Die Unabtretbarkeit einer Forderung steht auch einer Sicherungszession o Verpfändung (§ 1274 II) entgegen, allerdings kann sich im Falle des § 399 Alt 2 aus der Parteiabsprache etwas anderes ergeben (MüKo/*Roth* § 399 Rn 48). Ein vertragliches Abtretungsverbot steht der Pfändung der Forderung nicht entgegen (§ 851 II ZPO). Im Einzelfall kommt eine Umdeutung (§ 140) einer unwirksamen Abtretung in eine Einzugsermächtigung in Betracht (Hamm NJW-RR 92, 22, 23). Jedoch darf dadurch der Zweck des Abtretungsverbots nicht umgangen werden (BGHZ 56, 228, 236; NJW 96, 3273, 3275; 97, 3434, 3437). Aus der Unabtretbarkeit der Forderung folgt nicht automatisch, dass diese nicht im Wege der Gesamtrechtsnachfolge (Vererbung, Umwandlung) übergehen kann, dies ist vielmehr selbstständig zu beurteilen (MüKo/*Roth* § 399 Rn 45). Die Wirkungen des § 399 werden durch § 405 eingeschränkt.

§ 400 Ausschluss bei unpfändbaren Forderungen

Eine Forderung kann nicht abgetreten werden, soweit sie der Pfändung nicht unterworfen ist.

1 **A. Allgemeines.** Die Vorschrift normiert neben § 399 ein weiteres Abtretungsverbot. Es beruht auf denselben sozialpolitischen Erwägungen wie § 394. Die als unpfändbar deklarierten Forderungen sollen dem Gläubiger unter allen Umständen erhalten bleiben, um zu verhindern, dass er u seine Familie der öffentlichen Fürsorge anheim fallen (BGHZ 125, 116, 122).

§ 400 enthält zwingendes Recht. Abtretungen u Verpfändungen unpfändbarer Forderungen sind gem § 134 nichtig (BGHZ 4, 153, 155; NJW 88, 819; BAG NJW 01, 1443). Die Vorschrift erfasst grds auch Einziehungsermächtigung, Inkassozession (BGHZ 4, 153, 165 ff) o Vereinbarungen über die Verwaltung des Einkommens (Celle OLGZ 71, 344, 345) sowie über § 1274 II auch Verpfändungen.

B. Unpfändbarkeit. Das Verbot bezieht sich auf die einzelgesetzlich normierten Pfändungsverbote, s dazu § 394 Rn 1, 6 u *Walker*, FS Musielak, 2004, S 654 ff. Besondere Bedeutung haben die §§ 850 ff ZPO. Das Vollstreckungsverbot des § 89 InsO begründet kein Abtretungshindernis iSd § 400 (BGHZ 125, 116, 123 f zu § 14 I KO; aA LAG Tübingen NJW 70, 349; zu § 2 IV GesO auch BGH ZIP 96, 2080). Steuererstattungsansprüche sind gem § 46 AO abtretbar u pfändbar.
Ist eine Forderung nur in bestimmter Höhe unpfändbar (§ 850 c ZPO), so ist der darüber hinausgehende Teil auch abtretbar. Soweit eine Forderung wegen bestimmter Ansprüche, zB gesetzlicher Unterhaltsansprüche (§ 850 d ZPO), für pfändbar erklärt wird, so ist iRd Zweckbindung auch eine Abtretung an den privilegierten Personenkreis zulässig. Verändern sich für die Pfändbarkeit maßgeblichen Tatsachen, so ist auf die Umstände zum Zeitpunkt der Fälligkeit abzustellen.
Über eine Änderung des pfändungsfreien Betrags (§ 850 f ZPO) entscheidet das Prozessgericht, nicht das Vollstreckungsgericht (BGH NJW-RR 03,1367; Köln NJW-RR 98, 1689); u zwar im Verfahren zwischen Zedent u Zessionar, nicht aber im Rechtsstreit zwischen Zedent u Schuldner (BAG NJW 91, 2038, 2039).

C. Einschränkungen. § 400 ist nach Sinn u Zweck unanwendbar, wenn der Zedent vom Zessionar eine seiner Forderung wirtschaftlich gleichwertige Leistung erhält (so auch § 53 II SGB I), sei es freiwillig (BGHZ 4, 153, 156 f) o aufgrund einer gesetzlichen Verpflichtung (BGHZ 13, 360, 367 ff; 59, 109, 115), sofern hierdurch diejenigen Bedürfnisse befriedigt werden, deren Sicherung die Unpfändbarkeitsregel dient.
Abgetreten werden können daher Rentenansprüche an den Arbeitgeber, sofern der Berechtigte vor der Zession den vollen Gegenwert erhalten hat o die Abtretung durch die jeweils termingemäß zu leistenden Zahlungen bedingt ist (BGHZ 13, 360, 367 ff; 21, 112, 120), Lohnforderungen an die Gewerkschaft, die Streikunterstützung zahlt (BAG NJW 80, 1642, 1652; LAG Mecklenburg-Vorpommern NZA-RR 97, 163), der Rückgewähranspruch nach § 528 I an den Sozialhilfeträger (BGHZ 127, 354 ff), der Anspruch auf ausstehende Unterhaltsleistungen an die Mutter, wenn diese das Kind betreut u versorgt (Bremen NJW-RR 02, 361) sowie Insolvenzausfallgeld an die vorfinanzierende Bank (BSG ZIP 95, 935, 936).
Ausgeschlossen ist hingegen die Abtretung des unpfändbaren Gehaltsanteils an den Vermieter (BAG NJW 01, 1443), von Unterhaltsansprüchen an den behandelnden Arzt (LG München II NJW 76, 1796; aA für den Fall einmaligen Unterhaltssonderbedarfs LG Frankenthal NJW-RR 89, 1352) u des Anspruchs auf Blindengeld zum Zwecke einer unzulässigen Anrechnung (BGH NJW 88, 819).

D. Gesetzlicher Forderungsübergang. Grds führt § 400 gem § 412 zur Unmöglichkeit eines Forderungsübergangs kraft Gesetzes. Dieser Grundsatz ist jedoch teleologisch auf die Fälle zu begrenzen, in denen es im Interesse des Gläubigerschutzes erforderlich ist. Dies ist nicht gegeben bei der cessio legis nach § 116 SGB X, §§ 93, 94 SGB XII, § 6 EFZG. Ist eine unpfändbare Forderung auf einen Dritten übergegangen, so ist ihre Verkehrsfähigkeit nicht mehr durch § 400 beschränkt (BGHZ 35, 317, 327; NJW 96, 3273, 3274).

§ 401 Übergang der Neben- und Vorzugsrechte

(1) Mit der abgetretenen Forderung gehen die Hypotheken, Schiffshypotheken oder Pfandrechte, die für sie bestehen, sowie die Rechte aus einer für sie bestellten Bürgschaft auf den neuen Gläubiger über.
(2) Ein mit der Forderung für den Fall der Zwangsvollstreckung oder des Insolvenzverfahrens verbundenes Vorzugsrecht kann auch der neue Gläubiger geltend machen.

A. Bedeutung. Die Vorschrift sorgt dafür, dass der Zessionar zusammen mit der Forderung die zugehörigen Neben- u Vorzugsrechte erhält. Die Parteien können von der Regelung abweichen u den Übergang ausschließen (Ausnahme: Hypothek, § 1153 II, RGZ 85, 363, 364) o erweitern. Auf den gesetzlichen Forderungsübergang ist § 401 anwendbar gem § 412. Im Falle der Überweisung durch gerichtliche Anordnung erfolgt der Übergang der Nebenrechte nach Maßgabe von §§ 830, 830 a, 835 ff ZPO. Bei Überweisung an Zahlung statt ist § 401 uneingeschränkt anwendbar, da diese die Wirkung einer Abtretung hat (Staud/*Busche* § 401 Rn 51).

B. Nebenrechte des I. Unter § 401 I fallen aufgrund ihrer **Akzessorietät** Hypothek, Schiffshypothek, vertragliches u gesetzliches Pfandrecht einschließlich des Pfändungspfandrechts (RGZ 67, 214, 220 f), Registerpfandrecht an Luftfahrzeugen (§ 98 II LuftfzRG) u Bürgschaften. Wird der Übergang des Pfandrechts ausgeschlossen, so erlischt dieses gem § 1250 II, auf die Bürgschaft ist die Vorschrift analog anzuwenden (RGZ 85, 363, 364; BGHZ 115, 177, 181 ff). § 401 gilt auch für die Bürgschaft auf erstes Anfordern, das Erklärungsrecht zur Fälligkeitsstellung geht hier mit auf den Zessionar über (BGH NJW 87, 2075; Köln NJW-RR 98, 1393, 1394). Ist eine Bürgschaft für alle Forderungen aus einer Geschäftsverbindung bestellt, so erstreckt sie sich nicht ohne weiteres auf die Forderungen des Zessionars aus seiner Geschäftsverbindung (BGHZ 26, 142, 147 f), etwas anderes gilt bei Gesamtrechtsnachfolge in die Rechtsstellung des Gläubigers (BGHZ 77, 167, 169 ff). Wird dem Zedenten eine Bürgschaft zu einem Zeitpunkt erteilt, in dem die zu sichernde Forderung bereits an den Zessionar abgetreten ist, so ist dieser aus der Bürgschaft berechtigt, sofern in der Abtretungsvereinbarung der Übergang künftiger Sicherheiten vorgesehen war (BGH NJW 02, 3461).

3 **C. Andere Neben- u Hilfsrechte. I. Analogie zu I.** Über die in § 401 I genannten Rechte hinaus gehen in analoger Anwendung der Vorschrift zusammen mit dem Hauptanspruch auch andere unselbständige Sicherungsrechte über wie die Vormerkung (BGHZ 25, 16, 23; NJW 94, 2947, 2948), der Anspruch auf Einräumung einer Sicherungshypothek nach § 648 (Dresden NJW-RR 00, 96), aus sichernder Schuldmitübernahme (BGH NJW 72, 437, 439; 00, 575), Erfüllungsübernahme (MüKo/*Roth* § 401 Rn 9), auf Auszahlung des auf ein Notaranderkonto eingezahlten Kaufpreises (BGHZ 138, 179, 184).

4 Anerkannt ist ferner, dass Hilfsrechte, die zur Durchsetzung der Forderung erforderlich sind, ebenfalls in entspr Anwendung des § 401 auf den Zessionar übergehen (BGHZ 138, 179, 184; NJW 73, 1793, 1794; 87, 2075). Dies gilt etwa für den Anspruch auf Auskunftserteilung u Rechnungslegung (Köln ZEV 00, 231; München VersR 85, 846; LG Itzehoe WM 88, 994); die Genehmigungsbefugnis im Hinblick auf den Anspruch nach § 816 I (BGH NJW 71, 1452), forderungsbezogene Gestaltungsrechte (s § 413 Rn 7) wie das Recht zur Setzung einer Nachfrist gem §§ 281, 323 (zu § 326 aF BGHZ 114, 360, 365 f; NJW 85, 2640, 2641; anders für die Sicherungsabtretung BGH NJW 02, 1568), das Wahlrecht u die Ersetzungsbefugnis des Gläubigers sowie das Recht zur Fälligkeitskündigung (BGH NJW 73, 1793, 1794). Bei mehrfacher Abtretung gehen die Ansprüche des Vorzessionars aus §§ 402, 403 mit über (MüKo/*Roth* § 401 Rn 13). Zu Schiedsklauseln u Gerichtsstandsvereinbarungen s § 398 Rn 17. Auf das kaufmännische Zurückbehaltungsrecht ist § 401 analog anzuwenden, wenn der Zedent dem Zessionar mit der Abtretung der Forderung gleichzeitig den Besitz an dem Gegenstand verschafft, ohne damit gegen seine Verpflichtungen gegenüber dem Schuldner zu verstoßen (Ebenroth/Boujong/Joost/*Stadler* HGB § 369 Rn 41).

5 **II. Kein automatischer Übergang.** Selbstständige Sicherungsrechte wie Rechte aus Sicherungsübereignung, Sicherungsabtretung (BGHZ 78, 137, 143), EV gem § 449 (BGHZ 42, 53, 56), Sicherungsgrundschuld (RGZ 135, 272, 274; BGH NJW 74, 100, 101), Sicherungsrentenschuld (Köln NJW 90, 3214) u Bankgarantie (BGH NJW 97, 461) gehen nicht automatisch über. Der Neugläubiger erhält aber regelmäßig nach dem Gedanken des § 401 BGB schuldrechtlichen Anspruch auf Übertragung der Sicherheit (BGHZ 42, 53, 56 f; 80, 228, 233; 110, 41, 43; NJW-RR 95, 589; aA MüKo/*Roth* § 401 Rn 14), der Zedent ist gegenüber dem Sicherungsgeber verpflichtet, die ihm durch den Sicherungsvertrag auferlegten Bedingungen weiterzugeben (BGH NJW 97, 461, 463). Für Mietsicherheiten gilt § 566 a.

6 Es gehen ebenfalls nicht automatisch über andere selbstständige Rechte aus demselben Schuldverhältnis wie bereits entstandene Schadensersatzansprüche, Zinsen, Vertragsstrafen, vertragsbezogene Gestaltungsrechte (s § 413 Rn 8) wie das Rücktritts- u Kündigungsrecht. In der Regel wird aber eine Abtretungsvereinbarung dahin auszulegen sein, dass sie Ansprüche auf künftige Zinsen (BGHZ 35, 172, 173 f) u Vertragsstrafensprüche (RG JW 07, 171) mit umfasst.

7 **D. Vorzugsrechte nach § 401 II.** Vorzugsrechte iSv II sind insbes die in § 804 II ZPO, §§ 49-51 InsO aufgeführten Rechte. Einordnung u Rangfolge einer Forderung im Insolvenzverfahren gelten auch für den Zessionar. Bei Überleitung einer Forderung gem §§ 93, 94 SGB XII (früher §§ 90, 91 BSHG) geht das Vorzugsrecht aus § 850 d ZPO mit über (BAG NJW 71, 2094; BGH NJW 86, 1688). Durchgriffsansprüche des Fiskus gegen gesetzliche Vertreter des Steuerschuldners nach §§ 34, 69 AO unterfallen nicht § 401 II (BGHZ 75, 23, 24 ff).

§ 402 Auskunftspflicht; Urkundenauslieferung

Der bisherige Gläubiger ist verpflichtet, dem neuen Gläubiger die zur Geltendmachung der Forderung nötige Auskunft zu erteilen und ihm die zum Beweis der Forderung dienenden Urkunden, soweit sie sich in seinem Besitz befinden, auszuliefern.

1 **A. Bedeutung.** Die Rechte aus §§ 402, 403 sollen den Zessionar in die Lage versetzen, die erworbene Forderung durchzusetzen. Der Zedent (bzw im Insolvenzfall der Verwalter, BGH NJW 00, 3777; Karlsr ZIP 90, 187; Köln ZIP 88, 1346) ist ihm gegenüber zur Auskunft (§ 402 Alt 1), Urkundenauslieferung (§ 402 Alt 2) u Beurkundung der Abtretung (§ 403) verpflichtet. Es handelt sich um Nebenpflichten, die ihre Grundlage nicht im Verfügungsgeschäft, sondern im Kausalgeschäft haben. Sie entfallen daher, wenn das Kausalgeschäft nichtig ist (MüKo/*Roth* § 402 Rn 2). Die Parteien können die Nebenpflichten erweitern, einschränken o ausschließen. Die Nebenpflichten sind klageweise durchsetzbar, ihre schuldhafte Verletzung kann eine Schadensersatzhaftung begründen (Hamm ZfIR 99, 826). § 402 gilt gem § 412 auch für den gesetzlichen Forderungsübergang, es entsteht, falls nicht schon ein anderweitiges Schuldverhältnis existiert, ein auf die Nebenpflichten beschränktes Schuldverhältnis (MüKo/*Roth* § 402 Rn 3).

B. Auskunft. Die Auskunftspflicht bezieht sich auf alle Umstände, die zur Geltendmachung der Forderung 2
von Bedeutung sind. Dazu gehören auch Hinweise zur Entkräftung von Einwendungen (MüKo/*Roth* § 402
Rn 5). Nach Ansicht des BGH (NJW 00, 3777, 3780) muss der Zedent im Regelfall (Ausnahme: Erfüllung)
nicht im Voraus mitteilen, welche Einwendungen der Schuldner ihm gegenüber bereits erhoben hat. Vielmehr genügt er seiner Auskunftspflicht, wenn er dann, wenn der Schuldner gegenüber dem Zessionar Einwendungen erhebt, die dieser aus eigenem Wissen nicht entkräften kann, auf gezielte Nachfrage mitteilt, was
er zur Entgegnung auf jene Einwendungen beitragen kann. Soweit dies zur Rechtsdurchsetzung notwendig
ist, hat der Zedent dem Zessionar auch Angaben über die persönlichen u geschäftlichen Verhältnisse des
Schuldners zu machen. Auch rechtserhebliche Tatsachen, von denen der Zedent erst nach der Abtretung
erfahren hat o die erst nach diesem Zeitpunkt eingetreten sind, unterliegen der Auskunftspflicht.

C. Auslieferung von Urkunden. § 402 Alt 2 bezieht sich auf alle Urkunden, die dem Beweis der Forderung 3
dienen. Dazu gehören auch Korrespondenz, Verträge, Leistungsverzeichnisse, Berechnungsunterlagen, Konstruktionszeichnungen, Pläne u Abnahmeprotokolle (so für Baumängelrechte BGH NJW-RR 89, 467; Hamm
MDR 76, 43). Die Vorschrift setzt voraus, dass der Zedent unmittelbaren o mittelbaren Besitz an den Urkunden hat, begründet also keine Pflicht, die Unterlagen bei Dritten zu beschaffen. § 402 Alt 2 begründet nur
eine Pflicht zur Besitzübertragung, nach § 242 ist darüber hinaus eine Pflicht zur Eigentumsverschaffung zu
bejahen, wenn keine berechtigten Interessen des Zedenten entgegenstehen. Wird nur ein Teil einer Forderung
abgetreten o hat die Urkunde noch einen zusätzlichen Inhalt, steht dem Zessionar ein Anspruch auf eine
beglaubigte Abschrift zu.

§ 403 Pflicht zur Beurkundung

¹Der bisherige Gläubiger hat dem neuen Gläubiger auf Verlangen eine öffentlich beglaubigte Urkunde über
die Abtretung auszustellen. ²Die Kosten hat der neue Gläubiger zu tragen und vorzuschießen.

Zweck der Vorschrift (s schon § 402 Rn 1) ist es, den Zedenten als neuen Gläubiger auszuweisen, u es ihm 1
insbes zu ermöglichen, den Anforderungen des § 410 I zu entsprechen. Der Anspruch besteht aber auch
dann, wenn der Zedent dem Schuldner die Abtretung nach § 409 I 1 schriftlich angezeigt hat. § 403 gilt auch
bei gesetzlichem Forderungsübergang, § 412 (RG HRR 32, 2141).
Die vom Zedenten auszustellende Urkunde muss die Forderung genau identifizieren u Zeugnis über den 2
Abtretungsvorgang geben. Öffentliche Beglaubigung erfolgt nach Maßgabe von § 129. Der Zedent hat wegen
der Kosten ein Zurückbehaltungsrecht nach § 273 (RG HRR 32, 2141). Hinsichtlich der Kostenfrage enthält
§ 1154 I 2 für die Abtretung einer hypothekarisch gesicherten Forderung eine von § 403 S 2 abweichende
Sonderregelung.

§ 404 Einwendungen des Schuldners

Der Schuldner kann dem neuen Gläubiger die Einwendungen entgegensetzen, die zur Zeit der Abtretung
der Forderung gegen den bisherigen Gläubiger begründet waren.

A. Bedeutung. Die Vorschrift bezweckt den Schutz der Interessen des Schuldners, da der Gläubigerwechsel 1
ohne seine Mitwirkung vollzogen wird. Sie ist zugleich Ausfluss des Grundsatzes, dass die Identität der abgetretenen Forderung erhalten bleibt (§ 398 Rn 17). § 404 betrifft nur die Einwendungen aus der Rechtsbeziehung zwischen Zedent u Schuldner. Einwendungen aus dem der Abtretung zugrunde liegenden Kausalgeschäft sind ausgeschlossen, sofern die Mängel nicht ausnahmsweise auf die Abtretung als Verfügungsgeschäft
durchschlagen (so für den Fall, dass Grundgeschäft u Lohnabtretung Teil einer einheitlichen Vereinbarung
sind BAG NJW 67, 751). Einwendungen gegen die Wirksamkeit der Abtretung kann der Schuldner uneingeschränkt geltend machen. Ebenso wenig schließt § 404 die Geltendmachung von eigenen Einwendungen des
Schuldners gegenüber dem Zessionar aus, etwa aus § 242 (BGH NJW 01, 1859, 1862). Die Gutgläubigkeit des
Zedenten wird nur im Ausnahmefall des § 405 geschützt. § 406 enthält eine Sonderregel für die Aufrechnung
gegenüber dem Zessionar. Auf den gesetzlichen Forderungsübergang findet § 404 über § 412 entsprechende
Anwendung.

B. Einwendungen. I. Begriff. Der Begriff der Einwendung iSv § 404 ist weit zu verstehen. Er umfasst 2
alle rechtshindernden u rechtsvernichtenden Einwendungen sowie peremptorische u dilatorische Einreden. Zu den rechtshindernden Einwendungen gehören die aus §§ 104, 125, 134, 138. Als rechtsvernichtende Einwendung zu nennen sind insbes Anfechtung, Erfüllung, Erlass, Aufrechnung – vgl aber
§ 406 –, Rücktritt (BGH NJW 86, 919), Widerruf, Ablauf einer Ausschlussfrist (BAG VersR 69, 337,
338; EzA § 4 TVG Ausschlussfristen Nr 164), Freihalteverpflichtung (BGH NJW 85, 1768, 1769), Erfordernis einer spezifischen Rechnungslegung (BAG DB 94, 2295, 2297), Haftungsausschluss (Braunschw

NJW-RR 03, 1187, 1188), gesellschaftliche Beschränkungen bei Ansprüchen unter Mitgesellschaftern (BGH NJW 83, 749). Der Einwand der unzulässigen Rechtsausübung kann gegenüber dem Zessionar entfallen, wenn die den Missbrauchsvorwurf begründenden Tatsachen nicht auch in seiner Person gegeben sind. Umgekehrt kann es sein, dass die Voraussetzungen des § 242 erstmals durch den Zessionar erfüllt werden (München NJW 70, 663, 664; BGHZ 151, 236, 243; NJW 01, 1859, 1862). § 404 umfasst darüber hinaus Einreden wie die Verjährung, Stundung, die Bereicherungseinrede nach § 821 sowie die Zurückbehaltungsrechte gem §§ 273, 320, 321. Auch prozessuale Einreden gehen dem Schuldner nicht verloren, so etwa aus Schiedsvereinbarungen (BGHZ 71, 162, 165 f; NJW 98, 371), Gerichtsstandsklauseln (Köln VersR 92, 1152) sowie Abreden, die Zwangsvollstreckung wegen der Forderungen nicht zu betreiben (Staud/*Busche* § 404 Rn 32). Die Rechtskraft eines Urteils wirkt gem § 325 ZPO für u gegen den Zessionar.

3 **II. Begründetheit im Zeitpunkt der Abtretung.** Einwendungen u Einreden müssen bereits zum Zeitpunkt der Abtretung begründet sein. Dafür genügt es, dass bei Abtretung ihr Rechtsgrund in dem Schuldverhältnis gelegt war, nicht erforderlich ist, dass schon alle Tatbestandsvoraussetzungen vorgelegen haben (BGHZ 25, 27, 29; 93, 71, 79; 04, NJW-RR 1347, 1348). Bei gegenseitigen Verträgen kann sich der Schuldner gegenüber dem Zessionar auch auf Einwendungen stützen, die sich aus der Weiterentwicklung des Schuldverhältnisses ergeben (BGH NJW 83, 1903, 1905; WM 89, 1009, 1010). Sie wirken sich auf die Forderung so aus, als wäre sie nicht abgetreten worden. Ein Anspruch auf Schadensersatz nach der Leistung kann nach der Differenzmethode unmittelbar mit der Forderung des Zessionars verrechnet u diesem als Einwendung entgegen gehalten werden (BGH NJW 58, 1915; 83, 1903, 1905). Will der Schuldner nach § 281 o § 323 vorgehen, so muss er die Frist dem Zedenten setzen. Bei der Abtretung von Ansprüchen aus einem Girovertrag kann die Bank dem Zessionar Lastschriften aus der Rückbelastung von Wechseln entgegen halten (München NJW-RR 92, 1136). Vereinbarungen zwischen Zedent u Schuldner, durch die das Schuldverhältnis zu Lasten des Zessionars verändert o aufgehoben wird, wirken jedoch nur unter den Voraussetzungen des § 407 I gegen den Zessionar.

4 Gestaltungsrechte des Schuldners bestehen weiter (BGH NJW 86, 919; NJW-RR 04, 1347, 1348). Sie können auch auf ein Verhalten des Zedenten nach der Abtretung gestützt werden u sind diesem gegenüber auszuüben (RGZ 86, 305, 310). Ist der Schuldner daran gehindert, die Erklärung gegenüber dem Zedenten abzugeben, weil dieser nicht mehr existiert o unerreichbar ist, so kann er analog § 770 I dem Zessionar das Bestehen des Gestaltungsrechts einredeweise entgegen halten (Brandbg NJW-RR 98, 1584, jurisPraxK/*Knerr* § 404 Rn 12; aA *Köhler* JZ 86, 516, 517 f).

5 Die Verjährungsfrist läuft ohne Rücksicht auf die Abtretung weiter. Kommt es für den Verjährungsbeginn auf subjektive Momente an (§ 199), ist vor dem Forderungsübergang auf die Person des Zedenten, danach auf die des Zessionars abzustellen (BGHZ 48, 181, 183; NJW 73, 702 f).

6 Das Zurückbehaltungsrecht nach § 273 wegen eines Anspruchs gegen den Zedenten kann der Schuldner gegenüber dem Zessionar geltend machen, wenn sein Gegenanspruch vor Abtretung bereits fällig war (BGHZ 19, 153, 162; NJW 91, 1821) o entspr § 406 dem Rechtsgrund nach bereits gegeben war u spätestens mit der abgetretenen Forderung im selben Zeitpunkt fällig wurde (BGHZ 58, 327, 331; 64, 122, 126; NJW-RR 94, 880). Die Einrede des § 320 entsteht mit Vertragsschluss u kann dem Zessionar unabhängig davon entgegen gehalten werden, ob die Umstände, die die Einrede bedeutsam werden lassen, vor o nach der Abtretung eingetreten sind (BGH NJW-RR 04, 1135, 1136).

7 **C. Abweichende Vereinbarungen.** § 404 ist dispositiv, anders für das Verbraucherdarlehen § 496. Der Schuldner kann vor o nach der Abtretung gegenüber dem Zessionar o dem Zedenten ganz o teilweise auf die Geltendmachung von Einwendungen verzichten (BGH BB 64, 1396; NJW 70, 321). Bei der Annahme eines Einwendungsausschlusses ist Zurückhaltung geboten. Durch die Erklärung, Kenntnis von der Abtretung erlangt zu haben, verzichtet der Schuldner idR nicht auf den Schutz des § 404 (BGH ZIP 02, 886, 887). In der „Anerkennung", „Bestätigung" o „Annahme" der Forderung bzw Abtretung liegt typischerweise ein Verzicht auf die ihm bekannten o zumindest erkennbaren Einwendungen, eine Erstreckung auf noch nicht erkennbare Einwendungen muss hingegen klar u deutlich zum Ausdruck kommen (BGH NJW 70, 321; 73, 2019; 83, 1903, 1904).

§ 405 Abtretung unter Urkundenvorlegung

Hat der Schuldner eine Urkunde über die Schuld ausgestellt, so kann er sich, wenn die Forderung unter Vorlegung der Urkunde abgetreten wird, dem neuen Gläubiger gegenüber nicht darauf berufen, dass die Eingehung oder Anerkennung des Schuldverhältnisses nur zum Schein erfolgt oder dass die Abtretung durch Vereinbarung mit dem ursprünglichen Gläubiger ausgeschlossen sei, es sei denn, dass der neue Gläubiger bei der Abtretung den Sachverhalt kannte oder kennen musste.

1 **A. Bedeutung.** Die Vorschrift statuiert eine eng begrenzte Ausnahme von dem Grundsatz, dass Forderungen nicht kraft guten Glaubens erworben werden können. Sie findet keine Anwendung auf den gesetzlichen Forderungsübergang, wohl aber auf die Verpfändung u die rechtsgeschäftliche Übertragung sonstiger Rechte

nach § 413 (so für die Abtretung eines übertragbaren Vertragsangebots RGZ 111, 46, 47). § 405 gilt auch für Neben- u Vorzugsrechte, sofern diese nach § 401 mit übergehen.

B. Voraussetzungen. I. Urkunde. Bei der Urkunde iSd § 405 muss es sich um eine schriftlich verkörperte Gedankenerklärung handeln, aus der sich die Identität der Forderung u die Legitimation des Zedenten ergibt. Sie muss zum Nachweis der Forderung bestimmt sein, ein Lagerschein genügt (BGH DB 75, 831). Voraussetzung ist ferner, dass der Schuldner sie ausgestellt u willentlich in den Verkehr gebracht hat. Bei abhanden gekommenen Urkunden greift § 405 nicht (*Weimar* MDR 68, 556, 557; MüKo/*Roth* § 405 Rn 6). 2

II. Vorlage der Urkunde. Der Zessionar muss die Urkunde im Original sinnlich wahrgenommen u sein Vertrauen auf sie gegründet haben. Erforderlich ist, dass die Vorlage in unmittelbarem zeitlichen Zusammenhang mit der Abtretung erfolgt. Eine spätere Vorlage ist unbeachtlich. Eine vorhergehende Vorlage wird man dann ausreichen lassen können, wenn die Urkunde u der auf sie gegründete Vertrauenstatbestand bei Abtretung unverändert fortbesteht (MüKo/*Roth* § 405 Rn 7; Staud/*Busche* § 405 Rn 11; aA RGZ 111, 46, 48). 3

III. Guter Glaube des Neugläubigers. Der Schutz des § 405 setzt Gutgläubigkeit des Zessionars voraus. Es gilt der Maßstab des § 122 II; bereits einfache Fahrlässigkeit schadet. 4

C. Wirkungen. Liegen die Voraussetzungen des § 405 vor, so kann sich der Schuldner nicht mehr darauf berufen, dass die Forderung auf einem Scheingeschäft (§ 117 I) beruht o ein vertraglicher Abtretungsausschluss iSd § 399 Alt 2 vorliegt. Ein Scheingeschäft iSd § 405 ist auch anzunehmen, wenn die Parteien bewusst eine rechtliche Konstruktion wählen, die von Anbeginn die Forderung nicht entstehen lässt, etwa durch Vorausabtretung an den Schuldner zum Zwecke der Konfusion (Frankf NJW-RR 92, 684). Den Abtretungsausschluss erfasst § 405 ohne Rücksicht darauf, ob er vor o nach Ausstellung der Urkunde vereinbart wurde (MüKo/*Roth* § 405 Rn 10). Die Forderung entsteht ohne Rücksicht auf die genannten Einwendungen in der Person des Zessionars. Er kann daher die Forderung nunmehr abtreten ohne Rücksicht auf die Gutgläubigkeit des Nächsterwerbers, dies soll aber nicht für den Rückerwerb durch den bösgläubigen Erstzedenten gelten (*Weimar* JR 73, 277, 278; Staud/*Busche* § 405 Rn 21; aA MüKo/*Roth* § 405 Rn 8). Bei mehrfacher Abtretung wird nur der Ersterwerber geschützt. Der Schuldner kann mit einer gegen den Neugläubiger gerichteten Forderung aufrechnen (RGZ 87, 420, 424). 5

§ 405 findet entspr Anwendung, wenn der Gläubiger zum Schein eine Abtretungsurkunde ausstellt u der Scheinzessionar weiter zediert (RGZ 115, 303, 308; 90, 273, 279; *Weimar* JR 73, 277, 279). Wird durch die Errichtung einer Urkunde über eine in Wirklichkeit nicht bestehende Forderung der Anschein der Kreditwürdigkeit erweckt, so lassen sich Schadensersatzansprüche auf Vertrag o Delikt, nicht aber auf § 405 stützen (BGHZ 12, 105, 109 f). 6

D. Beweislast. Der neue Gläubiger muss darlegen u ggf beweisen, dass der Schuldner eine Urkunde über die Schuld ausgestellt hat u ihm diese bei der Abtretung vorgelegt wurde. Der Schuldner trägt die Darlegungs- u Beweislast für eine etwaige Bösgläubigkeit des Zessionars. 7

§ 406 Aufrechnung gegenüber dem neuen Gläubiger

Der Schuldner kann eine ihm gegen den bisherigen Gläubiger zustehende Forderung auch dem neuen Gläubiger gegenüber aufrechnen, es sei denn, dass er bei dem Erwerb der Forderung von der Abtretung Kenntnis hatte oder dass die Forderung erst nach der Erlangung der Kenntnis und später als die abgetretene Forderung fällig geworden ist.

A. Bedeutung. Die Vorschrift dient wie § 404 u §§ 407 ff dem Schutz des Schuldners. In seinem Interesse durchbricht die unnötig kompliziert geratene Regelung (zur Kritik *Eidenmüller* AcP 204, 457, 484 ff) das Prinzip der Gegenseitigkeit der Forderungen iSd § 387. § 406 betrifft allein die Aufrechnung des Schuldners gegenüber dem Zessionar, die nach der Abtretung erklärt wird. Hat der Schuldner schon vor der Abtretung wirksam gegenüber dem Zedenten aufgerechnet, so kann er dies dem Zessionar nach § 404 entgegen halten (BGHZ 19, 153, 156; NJW 02, 2865). § 407 I ist einschlägig, wenn der Schuldner gegenüber dem Zedenten nach der Abtretung, aber ohne Kenntnis von ihr, aufrechnet (BGH NJW-RR 86, 536, 538). Hat der Schuldner eine Forderung gegen den Zessionar, so handelt es sich um eine ganz normale Aufrechnung ohne jede Besonderheit. Auf einen Aufrechnungsvertrag findet § 406 ebenfalls keine Anwendung, hier gelten § 404 bzw § 407. Macht der Schuldner bei einem gegenseitigen Vertrag Schadensersatz statt der Leistung im Wege der Verrechnung geltend, so ist nicht § 406, sondern § 404 heranzuziehen (BGH NJW 58, 1915; 83, 1903, 1905; § 404 Rn 3). 1

§ 406 ist dispositiv, sofern nicht wie in § 496 etwas anderes bestimmt ist. Im Falle eines vertraglichen Ausschlusses der Aufrechnungsbefugnis des Schuldners kann dieser auch gegenüber dem Zessionar nicht aufrechnen (BGH WM 75, 852). Umgekehrt ist die Aufrechnung möglich, selbst wenn an sich der Ausschlusstatbestand des § 406 Hs 2 vorliegt, sofern der Gläubiger der Hauptforderung sich damit (uU auch konkludent) 2 einverstanden erklärt hat (BFH BStBl 86, 506; FG Hannover EFG 03, 1433). § 406 gilt gem § 412 auch für gesetzlichen Forderungsübergang (BGHZ 35, 317, 325). Bei Zwangsvollstreckung in Forderungen ist § 392 die maßgebliche Norm. Im Falle des § 354a HGB findet § 406 keine Anwendung (BGH WM 05, 429).

3 **B. Regelungsinhalt. I. Aufrechnungsbefugnis.** § 406 erhält dem Schuldner die Aufrechnungsmöglichkeit, sofern die Aufrechnungslage schon bei der Abtretung bestand. Er kann sich darüber hinaus auch auf solche Umstände berufen, die später eingetreten sind u die ihm ohne die Abtretung das Recht zur Aufrechnung gegenüber dem früheren Gläubiger gegeben hätten (BGHZ 19, 153, 156 f; 58, 327, 329; NJW 03, 1182, 1183). § 406 Hs 2 schließt die Aufrechnung allerdings mit solchen Forderungen aus, die erst in Kenntnis des Schuldners von der Abtretung erworben worden sind (Alt 1) o die nach Kenntnis u später als die abgetretene Forderung fällig geworden sind (Alt 2). Die entscheidende Zäsur für die Aufrechnung ist die Kenntnis des Schuldners von der Abtretung u nicht die Abtretung selbst.

4 **II. Aufrechnungsausschluss wegen Kenntnis der Abtretung.** Der Kenntnis der Abtretung (§ 407 Rn 5 ff) steht die Kenntnis der Vorausabtretung gleich (BGHZ 66, 384, 386 f; NJW 02, 2865; aA Köln NJW-RR 01, 539). Der Erwerb der Gegenforderung ist bereits dann erfolgt, wenn der Rechtsgrund für sie gelegt ist, so dass etwa für Forderungen aus Vertrag auf den Zeitpunkt des Vertragsschlusses abzuheben ist (BGHZ 58, 327, 330; NJW 90, 2544). Mit einer Gegenforderung aus dem Vertragsverhältnis, auf welchem die abgetretene Hauptforderung beruht, kann der Schuldner gegenüber dem Zessionar aufrechnen, auch wenn er die Abtretung der Forderung aus dem Vertrag bei dessen Abschluss kannte (BGH NJW 96, 1056). Bei Gegenforderungen aus abgeleitetem Recht kommt es auf den Zeitpunkt des Forderungserwerbs seitens des Schuldners an (Hamm NJW-RR 89, 51). Die Aufrechnung wird nicht dadurch ausgeschlossen, dass Fälligkeit, Unbedingtheit u Gleichartigkeit der Forderung nicht schon bei Abtretung vorliegen (BGHZ 12, 136, 144 f; 19, 153, 158 f; 35, 317, 326).

5 **III. Aufrechnungsausschluss wegen nachfolgender Fälligkeit der Gegenforderung.** § 406 Hs 2 Alt 2 regelt den Fall, dass der Schuldner Kenntnis zwar erst nach Erwerb der Gegenforderung (sonst greift schon § 406 Hs 2 Alt 1), aber noch vor ihrer Fälligkeit erlangt. Die Aufrechnung ist dann nur möglich, wenn die Gegenforderung spätestens gleichzeitig mit der abgetretenen Hauptforderung fällig wird (BGHZ 19, 153, 160; BAG 67, 751, 752). Eine spätere Stundung der Forderung ist unerheblich (BFH BStBl II 05, 7 ff). Fälligkeit iSd § 406 ist zu verneinen, wenn der Forderung ein Zurückbehaltungsrecht entgegensteht (BGHZ 58, 327, 330 ff; NJW-RR 94, 880). Daher kann mit einer zur Zurückbehaltung berechtigenden Gegenforderung aufgerechnet werden, auch wenn diese erst später als die Hauptforderung fällig geworden ist (BGH NJW 96, 1056). Der Kommanditist kann gegen die abgetretene Einlageforderung mit seinem erst später fällig werdenden Erstattungsanspruch gem § 110 HGB gegen die KG aufrechnen (BGHZ 63, 338, 342 f). Gleichartigkeit der Forderungen muss spätestens in dem Zeitpunkt vorliegen, in dem die Hauptforderung fällig wird (BGHZ 19, 153, 159).

6 **IV. Berufung auf Gegenrechte des Zedenten.** Der Zessionar kann hinsichtlich des Gegenanspruchs alle Verteidigungsmöglichkeiten des Zedenten zur Geltung bringen, so zB die Dürftigkeitseinrede nach § 1990 (BGHZ 35, 317, 327 f), den Verlust des Einziehungsrechts nach § 171 II HGB (BFH BStBl II 84, 795) sowie ein vertragliches (BGH WM 75, 852) o gesetzliches Aufrechnungsverbot (BGHZ 95, 109, 117).

7 **V. Besonderheiten bei Teil- u Mehrfachabtretungen.** Bei Teilabtretungen kann der Schuldner wählen, gegen welche Teilforderung er aufrechnet. Im Falle der Mehrfachabtretung kann er auch mit einem Anspruch gegen den Zwischengläubiger aufrechnen (MüKo/*Roth* § 406 Rn 16). Der Ausschlusstatbestand des § 406 Hs 2 greift beim Rückerwerb einer Forderung nach einer Sicherungsabtretung. Dies gilt auch dann, wenn der Sicherungsfall eingetreten u die Abtretung offen gelegt worden war (BGH NJW 03, 1182).

8 **C. Beweislast.** Der Schuldner muss die ihn zur Aufrechnung berechtigenden Umstände beweisen, der Zessionar, dass einer der in § 406 Hs 2 genannten Ausschlussgründe vorliegt (Staud/*Busche* § 406 Rn 50). § 406 regelt nur die Beweislastverteilung zwischen dem Zessionar u dem Schuldner, nicht jedoch zwischen dem Zessionar u einem Dritten (Hamm NJW-RR 89, 51).

§ 407 Rechtshandlungen gegenüber dem bisherigen Gläubiger

(1) Der neue Gläubiger muss eine Leistung, die der Schuldner nach der Abtretung an den bisherigen Gläubiger bewirkt, sowie jedes Rechtsgeschäft, das nach der Abtretung zwischen dem Schuldner und dem bisherigen Gläubiger in Ansehung der Forderung vorgenommen wird, gegen sich gelten lassen, es sei denn, dass der Schuldner die Abtretung bei der Leistung oder der Vornahme des Rechtsgeschäfts kennt.
(2) Ist in einem nach der Abtretung zwischen dem Schuldner und dem bisherigen Gläubiger anhängig gewordenen Rechtsstreit ein rechtskräftiges Urteil über die Forderung ergangen, so muss der neue Gläubiger das Urteil gegen sich gelten lassen, es sei denn, dass der Schuldner die Abtretung bei dem Eintritt der Rechtshängigkeit gekannt hat.

A. Bedeutung. § 407 schützt den Schuldner, der in Unkenntnis der Abtretung Rechtshandlungen in Bezug 1
auf die Forderung vornimmt, in seinem Vertrauen darauf, dass der Altgläubiger nach wie vor Inhaber der
Forderung ist. Die Vorschrift gilt auch für den gesetzlichen Forderungsübergang (BGHZ 19, 177 ff; 131, 274,
285; BAG NJW 81, 1061; zu Besonderheiten s Rn 8). Auf den Wechsel der Bezugsberechtigung aus einem
Versicherungsvertrag ist § 407 entspr anwendbar (RGZ 154, 99, 109). Die Vorschrift gilt jedoch nicht für die
Hypothek (§ 1156 S 1) u die Sicherungsgrundschuld (BGH WM 76, 665), wohl aber für die Sicherungshypothek (§ 1185 II). Nicht heranzuziehen ist § 407 auf Ansprüche aus Wertpapieren, bei Spareinlagen zumindest
dann nicht, wenn die Bank nach ihren Sparbedingungen nur gegen Vorlage des Sparbuchs leisten durfte
(Ddorf NJW-RR 91, 1337; Hamm WM 84, 801). Die Klausel „Kasse gegen Dokumente" begründet keinen
über § 407 hinausgehenden Vertrauensschutz (BGHZ 135, 39, 46 ff). Im Anwendungsbereich von § 354 a
HGB wird § 407 verdrängt. Die Ansprüche des Zessionars gegen den Zedenten richten sich nach § 816 u dem
zugrunde liegenden Kausalverhältnis, ggf iVm § 280 I.

B. Leistung u Rechtsgeschäft. I. Leistung. Unter den Begriff der Leistung iSd § 407 I Alt 1 fallen grds alle 2
Formen der Erfüllung an den Gläubiger o seine Bank als Inkassostelle (BGHZ 72, 316, 318 f), auch Leistungen an Erfüllungs statt u erfüllungshalber, insbes Wechsel- u Scheckhingabe (BGHZ 102, 68, 71; NJW 79,
1704). Lässt der Schuldner den Scheck wirksam sperren, so liegt in der späteren Aufhebung der Sperre die
Leistung, auf die hinsichtlich des Zeitpunkts der Kenntnis des Schuldners von der Abtretung abzustellen ist
(BGH NJW 76, 1842). Als Leistung sind auch andere Vermögenszuwendungen wie die Verschaffung eines
Garantieanspruchs einzuordnen (Schlesw NJW-RR 97, 1415). Ein Dritter, der gem § 267 leistet, wird nicht
geschützt, wohl aber derjenige, der im Hinblick auf die eigene Haftung die Leistung erbringt, so der Ablösungsberechtigte nach § 268, der Bürge, persönlich haftende Gesellschafter o Erwerber nach § 25 I HGB
(MüKo/*Roth* § 407 Rn 9).

II. Rechtsgeschäfte. Erfasst werden einseitige u zweiseitige Rechtsgeschäfte in Ansehung der Forderung wie 3
Aufrechnung (Schlesw NJW-RR 04, 717) u Aufrechnungsvertrag (BGHZ 94, 132, 137), Erlass (Köln VersR
98, 1269), Hinterlegung, Kündigung (Ddorf WM 80, 94; zu Besonderheiten im Kündigungsschutzrecht BAG
NJW 81, 1059), negatives Schuldanerkenntnis (BGH NJW-RR 98, 1744), Stundung, Vergleich (RGZ 125, 408,
410), Vertragsaufhebung u -abänderung (BGHZ 111, 84, 91; Saarbr ZIP 01, 1318), auch forderungsbezogene
rechtsgeschäftsähnliche Handlungen wie die Mitteilung nach § 416 (RGZ 67, 412, 414) u § 25 II HGB (RGZ
67, 8) sowie das Gläubigerverzug auslösende Anbieten der Leistung (MüKo/*Roth* § 407 Rn 7). Dem Schutzzweck des § 407 I entspr werden für den Schuldner nachteilige Rechtshandlungen durch den Zedenten nicht
erfasst (BGHZ 52, 150, 153 f; 111, 84, 91), sie sind wegen fehlender Rechtsinhaberschaft des Handelnden
unwirksam (RGZ 125, 408, 409 f).

III. Wahlmöglichkeit des Schuldners. Der Schuldner kann sich auf die Rechtshandlung berufen, er muss 4
dies jedoch nicht, da die Vorschrift ausschließlich seinem Schutz dient (BGHZ 52, 150, 154; 102, 68, 71; 145,
352, 357; *Chiusi* AcP 202, 494, 502 ff; aA Dresden NJW-RR 96, 444; BaRoth/*Rohe* § 407 Rn 19; Staud/*Busche*
§ 407 Rn 8). Es steht ihm vielmehr frei, stattdessen die Leistung beim Zedenten zu kondizieren, etwa weil er
gegenüber dem insolvent gewordenen Zessionar nach Maßgabe der §§ 94 ff InsO aufrechnen möchte. Einen
Scheck kann er sperren lassen u an den Zessionar zahlen (BGHZ 102, 68, 72 ff). Eine einmal getroffene Wahl
bindet den Schuldner (MüKo/*Roth* § 407 Rn 11).

C. Kenntnis. I. Allgemeines. Dem Schuldner schadet nur positive Kenntnis; Kennenmüssen genügt nicht 5
(RGZ 135, 247, 251; BGHZ 135, 39, 42; NJW-RR 04, 1145, 1147). Ausreichend ist allerdings insoweit das
Wissen um die tatsächlichen Umstände, die den Forderungsübergang begründen, es muss die Person des Zessionars nicht umfassen (MüKo/*Roth* § 407 Rn 14). Auf eine unzutreffende rechtliche Würdigung kann sich
der Schuldner nicht berufen. Die bekannten Tatsachen müssen einen hinreichend sicheren Schluss auf die
Abtretung zulassen. Eine Pflicht des Schuldners, Verdachtsmomenten nachzugehen, besteht nicht (Oldbg
VersR 75, 415). Streiten sich Zedent u Zessionar über die Wirksamkeit der Abtretung u ist für den Schuldner
nicht offensichtlich, dass die von dem Zedenten erhobenen Einwendungen abwegig o schlechterdings unvernünftig sind, hat er keine Kenntnis von der Abtretung (BGH NJW-RR 04, 1145). Kenntnis der Vorausabtretung steht auch iRd § 407 der Kenntnis der Abtretung gleich (BGH NJW 82, 2371; Dresden WM 99, 2108).
Nimmt der Schuldner aus gutem Grund an, eine ihm bekannte Abtretung sei rückgängig gemacht worden,
so gilt § 407 ebenfalls (Frankf NJW-RR 88, 1270).

II. Benachrichtigung des Schuldners. Eine Abtretungsanzeige gem § 409 macht den Schuldner idR bös- 6
gläubig. Die Mitteilung „Wir nehmen am Factoring teil." genügt wohl nicht (Bremen NJW 87, 912). Hat der
Leasinggeber den Leasingnehmer bei Vertragsabschluss darauf hingewiesen, dass er „seine Forderungen ihm
gegenüber" an eine Bank abgetreten hat, so erfasst dies die monatlich fällig werdenden Leasingraten u einen
später mit Ausübung eines vereinbarten Andienungsrechts entstehenden Kaufpreisanspruch, verschafft aber
nicht Gewissheit über die Vorausabtretung einer Kaufpreisforderung, die nach Ablauf der Leasingzeit im
Wege freier Vereinbarung entsteht (Dresden WM 99, 2108). Die Mitteilung durch den Zessionar vermittelt
Kenntnis, wenn dieser vertrauenswürdig erscheint (BGHZ 102, 68, 74; NJW-RR 04, 1145, 1148). Erbittet der

Zessionar in der Abtretungsanzeige die schriftliche „Anerkennung" der Abtretung, so soll dies den Schuldner nicht bösgläubig machen, da aus dieser Formulierung der juristische Laie den Schluss ziehen darf, dass die Wirksamkeit der Zession von seiner Zustimmung abhängt (Rostock MDR 00, 444, zweifelhaft).

7 **III. Tatsächliche Kenntnis.** Da § 407 die tatsächliche Kenntnis **in der Person des Schuldners** voraussetzt, genügt der bloße Zugang einer Abtretungsmitteilung iSv § 130 grds nicht. Dieser hat aber zum einen Auswirkungen auf die Beweislastverteilung (s Rn 10). Zum anderen kann es dem Schuldner nach Treu u Glauben verwehrt sein, sich auf seine Unkenntnis zu berufen (BGHZ 135, 39, 43; NJW-RR 04, 1145, 1147). Das Wissen eines Angestellten muss sich der Schuldner analog § 166 nur dann zurechnen lassen, wenn dieser befugt war, ihn gerade bei der Erfüllung der abgetretenen Forderung zu vertreten (BGH NJW 60, 1805; 77, 581). Ein Organisationsverschulden kann dazu führen, dass die Berufung auf seine Unkenntnis treuwidrig u damit unbeachtlich ist, etwa wenn vor Abgabe an das elektronische Zahlungssystems die Identität von Rechnungssteller u Zahlungsempfänger nicht überprüft wird (BGH NJW 77, 581) o Abtretungsanzeigen an den für den Zahlungsverkehr zuständigen Mitarbeiter nicht zuverlässig weitergeleitet werden (BGHZ 135, 39, 44 ff). Durch die Eintragung der Veräußerung eines Handelsgeschäfts wird die tatsächliche Kenntnis von einem Forderungsübergang nicht ersetzt, da mit dem Inhaberwechsel nicht automatisch ein Gläubigerwechsel verbunden ist (MüKo/*Krebs* HGB § 15 Rn 68; aA Staud/*Busche* § 407 Rn 39; Staub/*Hüffer* HGB § 25 Rn 71).

8 **IV. Gesetzlicher Forderungsübergang.** Im Falle des gesetzlichen Forderungsübergangs werden an die Kenntnis des Schuldners nur maßvolle Anforderungen gestellt, um den Schutz der sozialen Leistungsträger nicht zu unterlaufen. Daher genügt das Wissen um die tatsächlichen Umstände, welche die Sozialversicherungspflicht begründen bzw die Inanspruchnahme der entsprechenden Leistungen nahe legen (BGHZ 127, 120, 128; 131, 274, 286; VersR 62, 515). Bei einem Forderungsübergang aufgrund von Gesetzesänderungen ist Kenntnis mit der Verkündung im Gesetzblatt gegeben (BGH NJW 84, 607). Reine Tatsachenkenntnis genügt nicht, wenn nach dem damaligen Stand der Rechtsprechung die Voraussetzungen für einen Forderungsübergang nicht gegeben waren (Celle VersR 77, 549). Für den Übergang von Lohnfortzahlungsansprüchen nach § 6 EFZG gelten strengere Anforderungen (dazu Kobl VersR 80, 971).

9 **V. Zeitpunkt.** Abzustellen ist bei einer Leistung auf die Vornahme der Leistungshandlung, nicht auf den Eintritt des Leistungserfolgs (BGHZ 105, 358, 360; NJW-RR 04, 1145, 1147 f). Der Schuldner, der zwischenzeitlich von der Abtretung erfährt, ist nicht verpflichtet, den Leistungserfolg zu verhindern, etwa einen Überweisungsauftrag zu stornieren (BGHZ 105, 358, 360 ff). Bei einem gegenüber dem bisherigen Gläubiger vorgenommenen Rechtsgeschäft ist auf den Zeitpunkt des Zustandekommens zu rekurrieren.

10 **VI. Beweislast.** Die Beweislast für die Kenntnis trägt nach der Formulierung des § 407 der Zessionar. Ist dem Schuldner eine Abtretungsanzeige zugegangen, so begründet dies aber die Vermutung, dass der Schuldner von ihr positive Kenntnis erlangt hat. Um diese zu entkräften, muss der Schuldner Umstände darlegen u beweisen, aus denen sich zumindest die ernsthafte Möglichkeit der Nichtkenntnis ergibt (BGHZ 135, 39, 43; NJW-RR 04, 1145, 1147).

11 **D. Rechtskräftiges Urteil. I. Abtretung vor Rechtshängigkeit.** § 407 II schützt den Schuldner, der im Zeitpunkt des Eintritts der Rechtshängigkeit iSv §§ 261, 253 I ZPO keine Kenntnis (Rn 5 ff) von der bereits erfolgten Abtretung hatte. Das rechtskräftige Urteil zwischen ihm u dem Zedent muss der Zessionar gegen sich gelten lassen. Die Rechtskrafterstreckung wirkt zuungunsten des Schuldners, nicht auch zugunsten des Zessionars (BGHZ 52, 150, 153 f; aA *Grunsky* JZ 69, 604 f). Das Urteil bindet den Zessionar allerdings nur in dem Umfang, in dem es nach § 322 I ZPO seinen Rechtsvorgänger bindet (BGHZ 35, 165, 168). Auch wirkt es nicht zu Lasten des Zessionars, soweit es das Bestehen einer Gegenforderung feststellt (BGH NJW 94, 252). § 407 II ist entspr auf ein Schiedsverfahren zwischen Zedent u Schuldner anzuwenden (BGHZ 64, 122, 128).

12 Hat der Schuldner vor Rechtshängigkeit bereits Kenntnis von der Abtretung o erfährt er von ihr im Prozess, so sollte er dem Zedenten die fehlende Aktivlegitimation entgegen halten. Denn § 767 II ZPO versperrt die nachträgliche Berufung auf den Forderungsübergang (BGHZ 86, 337, 340; 145, 352, 353 ff). Für eine Leistung an den Altgläubiger gilt § 407 II nicht, § 407 I scheitert an der mittlerweile erlangten Kenntnis. Dem im Prozess gegen den Zedenten unterlegenen Schuldner bleibt sonst nur die allerdings im Hinblick auf § 372 I 2 eingeschränkte Möglichkeit der Hinterlegung (BGHZ 86, 337, 340; 145, 352, 356; für Unbeachtlichkeit der Kenntnis bei Abtretung titulierter Ansprüche *Huffer* ZGS 05, 256 ff).

13 **II. Abtretung nach Rechtshängigkeit.** Wird die Forderung erst nach Eintritt der Rechtshängigkeit abgetreten, so ist § 407 II nicht anwendbar. Es gelten ausschließlich die §§ 265, 325 ZPO, dh der Kläger bleibt aktiv legitimiert, muss aber die Klage auf Leistung an den neuen Gläubiger umstellen (BGHZ 26, 31, 37; NJW 79, 924), das Urteil wirkt für u gegen den Zessionar.

§ 408 Mehrfache Abtretung

(1) Wird eine abgetretene Forderung von dem bisherigen Gläubiger nochmals an einen Dritten abgetreten, so findet, wenn der Schuldner an den Dritten leistet oder wenn zwischen dem Schuldner und dem Dritten ein Rechtsgeschäft vorgenommen oder ein Rechtsstreit anhängig wird, zugunsten des Schuldners die Vorschriften des § 407 dem früheren Erwerber gegenüber entsprechende Anwendung.

(2) Das Gleiche gilt, wenn die bereits abgetretene Forderung durch gerichtlichen Beschluss einem Dritten überwiesen wird oder wenn der bisherige Gläubiger dem Dritten gegenüber anerkennt, dass die bereits abgetretene Forderung kraft Gesetzes auf den Dritten übergegangen sei.

A. Bedeutung. Die Vorschrift erweitert den durch § 407 vermittelten Schuldnerschutz auf Rechtshandlungen des Schuldners gegenüber dem Zweitzessionar, der aufgrund des Prioritätsgrundsatzes die Forderung nicht mehr erwerben konnte. Die Rechtsfolge besteht wie bei § 407 darin, dass sich der wirkliche Neugläubiger so behandeln lassen muss, als wären die Rechtshandlungen im Verhältnis zwischen ihm u dem Schuldner vorgenommen worden. Auch hier tritt die Wirkung ausschließlich zugunsten des Schuldners u nach dessen Wahl ein (MüKo/*Roth* § 408 Rn 2; aA Staud/*Busche* § 408 Rn 8). Entspr § 406 hat der Schuldner die Möglichkeit, mit einer gegen den Scheingläubiger erworbenen Forderung aufzurechnen. 1

B. Zweitabtretung (I). Der Schuldner darf keine Kenntnis (§ 407 Rn 5 ff) von der wirksamen Erstabtretung haben. Die weitere Zession muss tatsächlich erfolgt sein. Der Ursprung der Kenntnis des Schuldners von ihr ist unerheblich (BGH WM 67, 88, 89). Entscheidend ist, dass er auf ihre Wirksamkeit vertraut hat (BaRoth/*Rohe* § 408 Rn 4; aA Staud/*Busche* § 408 Rn 9). Der Unkenntnis vom ersten Übertragungsakt wird aber die Unkenntnis von dessen zeitlicher Priorität nicht gleichgestellt (BGHZ 100, 36, 47 f; aA MüKo/*Roth* § 408 Rn 3). § 407 I gilt auch, wenn die Zweitabtretung unter der Bedingung erfolgte, dass keine erste Abtretung vorausgegangen ist (BGH NJW 89, 899). Ist der erste Forderungsübergang nicht auf rechtsgeschäftlicher Grundlage, sondern kraft Gesetzes erfolgt, kommt die Vorschrift über § 412 zum Zuge. Sie ist auch auf die Abtretung einer bereits gepfändeten Forderung anwendbar (BGHZ 100, 36, 47). Keine Anwendung findet I, wenn der zweite Übertragungsakt nicht auf Vertrag beruht, hierzu trifft II eine abschließende Regelung. 2

C. Fälle des II. Nach ausdrücklicher Anordnung des II Alt 1 gilt der Schutz des § 408 auch bei unwirksamer zweiter Forderungsübertragung durch gerichtliche Überweisung. Nicht anwendbar ist § 408 bei bloßer Pfändung o Zahlungsverbot (LG Hildesheim NJW 88, 1916). II Alt 2 betrifft den Fall, dass sich nach der ersten Abtretung der Tatbestand eines gesetzlichen Forderungsübergangs zugunsten eines Dritten verwirklicht. Nur wenn der Altgläubiger die Legalzession anerkannt hat, wird der Schuldner über § 408 geschützt. Einer besonderen Form bedarf ein solches Anerkenntnis nicht, es kann auch mündlich abgegeben werden (BGHZ 11, 298, 302). 3

§ 409 Abtretungsanzeige

(1) ¹Zeigt der Gläubiger dem Schuldner an, dass er die Forderung abgetreten habe, so muss er dem Schuldner gegenüber die angezeigte Abtretung gegen sich gelten lassen, auch wenn sie nicht erfolgt oder nicht wirksam ist. ²Der Anzeige steht es gleich, wenn der Gläubiger eine Urkunde über die Abtretung dem in der Urkunde bezeichneten neuen Gläubiger ausgestellt hat und dieser sie dem Schuldner vorlegt.

(2) Die Anzeige kann nur mit Zustimmung desjenigen zurückgenommen werden, welcher als der neue Gläubiger bezeichnet worden ist.

A. Bedeutung. Die Vorschrift schützt den Schuldner vor den Folgen einer unzutreffenden Information über einen in Wirklichkeit gar nicht erfolgten o unwirksamen Forderungsübergang. Der tatsächlich weiterhin berechtigte Gläubiger muss Rechtshandlungen des Schuldners gegenüber dem Scheinzessionar gegen sich gelten lassen. § 409 ist insofern das Gegenstück zu §§ 407, 408. Die Vorschrift gilt entspr für öffentlich-rechtliche Forderungen (BSG NJW 59, 2087; 60, 264; MDR 96, 293) u über § 412 auch für den gesetzlichen Forderungsübergang. 1

B. Information des Schuldners. Voraussetzung des Schutzes ist die Anzeige o Vorlage einer Abtretungsurkunde. Beide müssen von dem wahren Gläubiger stammen (BGHZ 100, 36, 46) u mit dessen Willen in den Verkehr gebracht worden sein. Die Anzeige ist rechtsgeschäftsähnliche Handlung, dh es finden die Vorschriften über Willenserklärungen grds entspr Anwendung (MüKo/*Roth* § 409 Rn 9). Zur Anzeige beim Schuldner kann der Altgläubiger einen Dritten (auch den Zessionar) als Boten o Vertreter einschalten, auch die Genehmigung einer bereits vorgenommenen Anzeige ist möglich (BFH NJW 95, 278). Eine besondere Form ist nicht vorgeschrieben, aber nur eine schriftliche Anzeige entfaltet die Wirkung nach § 410 II. Die Abtretungsurkunde nach I 2 bedarf hingegen der einfachen Schriftform. Die Vorlage einer Fotokopie reicht nicht (MüKo/*Roth* § 409 Rn 7; aA BSG MDR 96, 293; VG Düsseldorf VA 01, 171). Inhaltlich muss der vermeintliche Neugläubiger bezeichnet, die Anzeige an den Schuldner, die Urkunde an den Zessionar gerichtet sein. 2

3 **C. Rechtsfolge.** Der Schuldner kann die mitgeteilte Abtretung als wirksam behandeln, insbes mit befreiender Wirkung an den in der Anzeige bzw Urkunde bezeichneten Zessionar leisten (BGHZ 56, 339, 349) o diesem gegenüber aufrechnen (BGH NJW 78, 2025). Er kann sich aber auch auf die von ihm erkannte Unwirksamkeit der Abtretung berufen, Abtretungsanzeige o Urkundenvorlage wirken also nicht konstitutiv (BGHZ 64, 117, 119; 145, 352, 356; NJW-RR 04, 656). Das Wahlrecht besteht nach hM auch, wenn der Schuldner die Unwirksamkeit der Abtretung positiv kennt (BGHZ 29, 76, 82; aA Staud/*Busche* § 409 Rn 29). § 409 vermittelt keinen Schutz bei einem gesetzlichen Abtretungsverbot (BGHZ 56, 339, 345; BAG DB 87, 2314; Oldenbg NJW-RR 94, 474), wohl aber, wenn die Abtretung nach § 138 nichtig ist (BAG NJW 91, 2038). Der Anspruch des Altgläubigers besteht bis zur Leistung fort, der Schuldner kann aber die Leistung verweigern bis zur Vorlage der Zustimmungserklärung des Scheingläubigers nach II (BGH NJW 78, 2025). Kein Leistungsverweigerungsrecht besteht, wenn mit der Inanspruchnahme gem der Anzeige nicht mehr zu rechnen ist (BGHZ 56, 339, 349).

4 **D. Rücknahme nach II.** Die Rücknahme der Anzeige beseitigt ebenso wie der Widerruf der Urkunde die Wirkung des I ex nunc. Sie erfordert die Zustimmung des Scheinzessionars. Der Anspruch des Gläubigers darauf folgt aus § 812 o dem Grundverhältnis. Es besteht die Möglichkeit der einstweiligen Verfügung gem § 935 gegen die Gefahr des Anzeigenmissbrauchs.

5 **E. Beweislast.** Der Schuldner trägt die Beweislast, dass er über die vermeintliche Abtretung gem I informiert wurde, der Zedent dafür, dass die Anzeige bzw Urkunde widerrufen wurde u der Zessionar zugestimmt hat.

§ 410 Aushändigung der Abtretungsurkunde

(1) ¹Der Schuldner ist dem neuen Gläubiger gegenüber zur Leistung nur gegen Aushändigung einer von dem bisherigen Gläubiger über die Abtretung ausgestellten Urkunde verpflichtet. ²Eine Kündigung oder eine Mahnung des neuen Gläubigers ist unwirksam, wenn sie ohne Vorlegung einer solchen Urkunde erfolgt und der Schuldner sie aus diesem Grunde unverzüglich zurückweist.
(2) Diese Vorschriften finden keine Anwendung, wenn der bisherige Gläubiger dem Schuldner die Abtretung schriftlich angezeigt hat.

1 **A. Bedeutung.** Die Vorschrift soll dem Schuldner den Schutz des § 409 sichern u ihm ein Beweismittel an die Hand geben. Sie begründet keinen selbstständigen Anspruch auf Aushändigung einer Urkunde, sondern ein Leistungsverweigerungsrecht eigener Art (BGH NJW 69, 1110; 86, 977; Celle OLGR Celle 04, 445). Bei der cessio legis (§ 412) muss die Urkunde den Rechtsübergang erkennen lassen. Hat der Altgläubiger dem Schuldner die Abtretung schriftlich angezeigt, so entfällt nach II das Leistungsverweigerungsrecht.

2 **B. Urkunde.** Die Urkunde entbindet den Gläubiger nicht vom Nachweis seiner Anspruchsberechtigung, sie hat vielmehr eine quittungsähnliche Funktion (BGH NJW 93, 1468, 1469). Sie muss der Form des § 126 genügen, eine Fotokopie ist nicht ausreichend (LAG Düsseldorf MDR 95, 612; MüKo/*Roth* § 410 Rn 5; Palandt/*Grüneberg* § 410 Rn 2; aA BAG WM 68, 1047). Protokollabschrift einer protokollierten Abtretungserklärung ist ausreichend (BGH WM 69, 1416). Kann der Zessionar, etwa wegen des Todes des Zedenten, die Abtretungsurkunde nicht beibringen, so muss er sich auf andere Weise legitimieren, um eine doppelte Inanspruchnahme zu verhindern (BGH WM 69, 598, 600; 82, 706).

3 **C. Zurückweisung.** Die unverzügliche (§ 121) Zurückweisung nach I 2 macht die Erklärung des Zessionars ungültig. Sie muss erkennbar wegen fehlender Abtretungsurkunde erfolgen. Durch spätere Berufung auf § 410 können die Verzugsfolgen für die Zukunft ausgeschlossen werden (BGH NJW 69, 1110). Über die gesetzlichen Fälle Kündigung u Mahnung hinaus ist die Vorschrift entspr auch auf andere Gestaltungserklärungen anwendbar (BGHZ 26, 241, 247 f). Die Beweislast für die unverzügliche Zurückweisung liegt beim Schuldner, der Zessionar muss dies durch Nachweis der Vorlage o Anzeige entkräften.

§ 411 Gehaltsabtretung

¹Tritt eine Militärperson, ein Beamter, ein Geistlicher oder ein Lehrer an einer öffentlichen Unterrichtsanstalt den übertragbaren Teil des Diensteinkommens, des Wartegeldes oder des Ruhegehalts ab, so ist die auszahlende Kasse durch Aushändigung einer von dem bisherigen Gläubiger ausgestellten, öffentlichen oder amtlich beglaubigten Urkunde von der Abtretung zu benachrichtigen. ²Bis zur Benachrichtigung gilt die Abtretung als der Kasse nicht bekannt.

1 Die Vorschrift enthält eine besondere Schutzvorschrift zugunsten der öffentlichen Hand. Sie dient der Sicherung der Kassenbeamten gegen Fehlzahlungen u der Erleichterung einer geordneten Kassenführung. Die Kasse kann bis zum Zeitpunkt der Aushändigung einer öffentlich o amtlich beglaubigten Abtretungsurkunde die Leistung an den Zessionar ablehnen, Kündigung o Mahnung zurückweisen. Bis zu diesem Zeitpunkt gilt

sie als gutgläubig iSv §§ 406, 407. Die Aushändigung ist keine Wirksamkeitsvoraussetzung für die Abtretung (BGH NJW 54, 755). Es besteht ein Wahlrecht der Kasse, ob sie ohne Vorlage an den Zessionar leisten will. Die Vorschrift findet entspr Anwendung auf Angestellte u Arbeiter im öffentlichen Dienst (BAG DB 66, 1936). Wird die Kasse von einer unwirksamen Zweitabtretung benachrichtigt, so kann sie nur unter den Voraussetzungen des § 408 mit befreiender Wirkung an den Scheinzessionar leisten (BGHZ 11, 298, 302). § 412 nimmt für die Legalzession § 411 nicht in Bezug. 2

§ 412 Gesetzlicher Forderungsübergang

Auf die Übertragung einer Forderung kraft Gesetzes finden die Vorschriften der §§ 399 bis 404, 406 bis 410 entsprechende Anwendung.

A. Forderungsübergang kraft Gesetzes. I. Allgemeines. § 412 bezieht sich auf gesetzliche Vorschriften, die ausdrücklich anordnen, dass die Forderung unmittelbar übergehen soll (BGHZ 43, 1, 5). Dies kann auch durch die Formulierung geschehen, dass eine Person an die Stelle des Gläubigers tritt (vgl § 326 II InsO). Keine cessio legis ist gegeben, wenn im Gesetz lediglich die Verpflichtung zur Abtretung vorgesehen ist (zB §§ 255, 285). 1

II. Einzelfälle. Ansprüche nach §§ 268 III, 426 II, 774 I, 1143 I, 1150, 1249, 1607 II 2, 1608 S 3; § 326 II InsO, §§ 67, 118 VVG, § 116 SGB X (hier soll der Geschädigte zur Einziehung ermächtigt bleiben, BGHZ 131, 274, 283 f), § 94 I SGB XII, § 87 a BBG, § 52 BRRG, § 6 EFZG. 2

B. Entsprechende Anwendung der §§ 399–404, 406–410. § 412 verweist im Wesentlichen auf die Vorschriften für den rechtsgeschäftlich begründeten Forderungsübergang. Ausdrücklich ausgenommen wird § 398, da diese Vorschrift nur den Abtretungsvertrag betrifft; ferner § 405, der nur auf den rechtsgeschäftlichen Verkehr passt; schließlich § 411, bei dem eine cessio legis kaum denkbar ist (MüKo/*Roth* § 412 Rn 13). Bei der entspr Anwendung der in § 412 genannten Vorschriften ist der jeweilige Normzweck zu beachten. 3

C. Forderungsübergang in sonstigen Fällen. Der cessio legis gleichgestellt wird der Forderungsübergang durch gerichtliche Überweisung (BGH ZIP 03, 1771; Celle NZG 04, 613) o sonstigen Hoheitsakt (BAG NJW 71, 2094). Keine Anwendung findet § 412 im Falle der Universalsukzession nach § 1922 BGB; wohl aber bei der Gesamtrechtsnachfolge unter Lebenden, etwa nach § 1416 o § 20 UmwG (MüKo/*Roth* § 412 Rn 15 ff). 4

§ 413 Übertragung anderer Rechte

Die Vorschriften über die Übertragung von Forderungen finden auf die Übertragung anderer Rechte entsprechende Anwendung, soweit nicht das Gesetz ein anderes vorschreibt.

A. Bedeutung. Die Vorschrift sagt aus, dass andere Rechte als Forderungen grds übertragbar sind. Ausgenommen bleiben Rechte, die durch positive gesetzliche Anordnung o auf Grund ihres Wesensgehalts – wie beim allg Persönlichkeitsrecht – unübertragbar sind. § 413 ist mit seiner Verweisung auf die §§ 398 ff gegenüber spezialgesetzlichen Regelungen subsidiär. Die Schuldnerschutzvorschriften der §§ 407 ff kommen nur zum Zuge, wenn zu dem übertragenen Recht eine Person vergleichbar einem Schuldner verpflichtet ist (BGH NJW 93, 1468). 1

B. Übertragung anderer Rechte. I. Sachenrechte. Sachenrechte werden nach §§ 873, 925, 929 ff übertragen; der Übergang des Anwartschaftsrechts vollzieht sich nach denselben Regeln wie das Vollrecht (BGHZ 28, 16, 21; 49, 196, 202), insbes gilt nicht § 399 Alt 2, sondern § 137 (BGH NJW 70, 699). 2

II. Gewerbliche Schutzrechte u Urheberrecht. Gewerbliche Schutzrechte sind verkehrsfähig. § 413 wird verdrängt, soweit Sondervorschriften (§ 13 GebrMG, § 15 PatG, § 27 MarkenG) vorhanden sind. Das Urheberrecht kann nicht übertragen werden, wohl aber Nutzungsrechte an ihm (§ 29 UrhG). 3

III. Familien- u Erbrechte. Familienrechte sind unübertragbar, ebenso das Erbrecht als solches, die Verfügung eines Miterben über seinen Anteil ist in § 2033 geregelt. 4

IV. Mitgliedschaftsrechte. Mitgliedschaftsrechte an Vereinen sind nach der allerdings dispositiven (§ 40) Vorschrift des § 38 gdrs unübertragbar, Mitgliedschaftsrechte an Personengesellschaften sind übertragbar, wenn dies im Gesellschaftsvertrag zugelassen ist o alle Mitgesellschafter zustimmen (BGHZ 13, 179, 185 ff; 24, 106, 114; 44, 229, 231), für Anteile an Kapitalgesellschaften gelten die Spezialvorschriften der § 68 AktG, § 15 GmbHG. 5

V. Gestaltungsrechte. Selbstständige Gestaltungsrechte wie das Wiederkaufsrecht, das Aneignungsrecht, das Recht die Rückauflassung eines Grundstücks zu verlangen (BGHZ 154, 64, 69) unterfallen § 413, das Vorkaufsrecht (RGZ 148, 105, 112) sowie das Recht aus einem Vertragsangebot (RGZ 111, 46, 47) dann, wenn sie vertraglich übertragbar ausgestaltet worden sind. 6

7 Bei **unselbstständigen Gestaltungsrechten** ist zu unterscheiden: Hilfsrechte, die der Verwirklichung der Forderung dienen, wie das Recht zur Setzung einer Nachfrist gem §§ 281, 323, das Wahlrecht u die Ersetzungsbefugnis des Gläubigers sowie das Recht zur Fälligkeitskündigung sind nicht als solche abtretbar, sondern gehen ggf zusammen mit der Hauptforderung auf den neuen Gläubiger über (forderungsbezogene Gestaltungsrechte, § 401 Rn 4).

8 Hilfsrechte, die der Umgestaltung des gesamten Schuldverhältnisses dienen, können hingegen zusammen mit der Forderung auf den Zessionar übertragen werden, so das gesetzliche u vertragliche Rücktrittsrecht (BGH NJW 73, 1793, 1794; 85, 2640, 2641), das Recht zur Vertragskündigung (Naumbg NJW-RR 01, 423) u zum Widerruf. Inwieweit Rechte u Pflichten aus dem Vertragsverhältnis auf den Zessionar übergehen sollen, ist im Einzelfall durch Auslegung zu ermitteln. Ist eine Übertragung der vertragsbezogenen Gestaltungsrechte nicht feststellbar, so verbleiben sie beim Zedenten u können von ihm ausgeübt werden (BGH NJW 85, 2640, 2641 f). Diese Grundsätze gelten auch für das Anfechtungsrecht (Staud/*Busche* § 413 Rn 14; aA Palandt/*Grüneberg* § 413 Rn 10). Abtretbar sind auch das Recht auf Nachbesserung (BGHZ 96, 146 ff) u Minderung (BGHZ 95, 250 ff).

Abschnitt 6   Schuldübernahme

§ 414   Vertrag zwischen Gläubiger und Übernehmer

Eine Schuld kann von einem Dritten durch Vertrag mit dem Gläubiger in der Weise übernommen werden, dass der Dritte an die Stelle des bisherigen Schuldners tritt.

§ 415   Vertrag zwischen Schuldner und Übernehmer

(1) [1]Wird die Schuldübernahme von dem Dritten mit dem Schuldner vereinbart, so hängt ihre Wirksamkeit von der Genehmigung des Gläubigers ab. [2]Die Genehmigung kann erst erfolgen, wenn der Schuldner oder der Dritte dem Gläubiger die Schuldübernahme mitgeteilt hat. [3]Bis zur Genehmigung können die Parteien den Vertrag ändern oder aufheben.
(2) [1]Wird die Genehmigung verweigert, so gilt die Schuldübernahme als nicht erfolgt. [2]Fordert der Schuldner oder der Dritte den Gläubiger unter Bestimmung einer Frist zur Erklärung über die Genehmigung auf, so kann die Genehmigung nur bis zum Ablauf der Frist erklärt werden; wird sie nicht erklärt, so gilt sie als verweigert.
(3) [1]Solange nicht der Gläubiger die Genehmigung erteilt hat, ist im Zweifel der Übernehmer dem Schuldner gegenüber verpflichtet, den Gläubiger rechtzeitig zu befriedigen. [2]Das Gleiche gilt, wenn der Gläubiger die Genehmigung verweigert.

1 **A. Bedeutung.** Die §§ 414, 415 u die sie ergänzenden §§ 416-418 regeln die befreiende (privative) Schuldübernahme. Diese führt zur Auswechselung der Person des Schuldners unter Wahrung der Identität der Schuld. Sie ist das Gegenstück zur Abtretung, die den Wechsel des Gläubigers bewirkt. Übernommen werden können Verbindlichkeiten jeder Art, auch bedingte u künftige. Eine Ausnahme gilt für dingliche Ansprüche, bei denen wie im Fall des § 985 die Passivlegitimation durch die tatsächlichen Gegebenheiten bestimmt wird. Die Schuldübernahme bedarf stets der Mitwirkung des Gläubigers, denn der wirtschaftliche Wert seiner Forderung hängt maßgeblich von der Solvenz des Schuldners ab (BGH NJW-RR 01, 987, 988). Den **Übernahmevertrag** schließen entweder der Gläubiger u der Übernehmer (§ 414) o der Schuldner u der Übernehmer mit Zustimmung des Gläubigers (§ 415).

2 **B. Zustandekommen. I. Vertrag zwischen Gläubiger u Übernehmer.** Der Vertrag hat eine Doppelnatur: Zum einen handelt es sich um ein Verfügungsgeschäft über die Forderung, aufgrund der Neuverpflichtung des Übernehmers gegenüber dem Gläubiger aber zugleich um ein Verpflichtungsgeschäft. Der Mitwirkung des Schuldners bedarf es nicht. Ihm steht entgegen teilweise vertretener Auffassung (BaRoth/*Rohe* §§ 414, 415 Rn 5; Erman/*H.P. Westermann* § 414 Rn 1; Jauernig/*Stürner* §§ 414, 415 Rn 1) kein Zurückweisungsrecht analog § 333 zu (arg § 267 I; MüKo/*Möschel* § 414 Rn 6; Palandt/*Grüneberg* § 414 Rn 1).

3 **II. Vertrag zwischen Schuldner u Übernehmer mit Zustimmung des Gläubigers.** Gem § 415 kann die Schuldübernahme auch zwischen dem **Schuldner u Übernehmer** vereinbart werden. Ihre Wirksamkeit hängt dann von der Genehmigung des Gläubigers ab. Nach der herrschenden Verfügungstheorie liegt in dem Vertrag neben einer Verpflichtungserklärung des Übernehmers zugleich eine Verfügung von Nichtberechtigten iSd § 185.

4 Die Genehmigung setzt nach § 415 I 2 die **Mitteilung** der Schuldübernahme von einer der Vertragsparteien an den Gläubiger voraus. Eine anderweitige Kenntniserlangung genügt nicht. Die Mitteilung ist nicht fristo formgebunden (RG JW 29, 733) u kann auch konkludent erfolgen (RGZ 125, 101, 104); die übernommene

Schuld u die Person des Übernehmenden müssen jedoch aus der Erklärung eindeutig hervorgehen. Im Falle des § 53 ZVG genügt die Mitteilung, dass das Grundstück unter Fortbestand der Hypothek zugeschlagen wurde (RG JW 29, 733). Die Mitteilung eines Vertrages, dessen Gültigkeit gleichzeitig bestritten wird, ist nicht ausreichend (RGZ 119, 418, 421).

Die **Genehmigung** ist formfrei, u zwar auch dann, wenn der Übernahmevertrag ausnahmsweise formbedürftig ist. Sie kann auch konkludent erfolgen, etwa durch Klageerhebung gegen den Übernehmer (RGZ 107, 215, 216; BGH WM 75, 331), Aufrechnung (RG Recht 18, 982) o durch Fortsetzung der Bierabnahme nach Anzeige der Brauereiveräußerung (Nürnbg NJW 65, 1919). Der Wille zur Schuldnerentlassung muss aber stets klar hervortreten (RG JW 37, 1233; BGH WM 78, 351). Unzureichend ist reines Schweigen auf Anzeige der Schuldübernahme (BGH NJW 83, 678; ZIP 96, 845) o Annahme von Leistung des Übernehmers, die dieser nach § 267 erbringen könnte (BGH ZIP 96, 845; Köln OLGR 98, 421). Bei Kettenschuldübernahme genügt Genehmigung der Übernahme, aus der der Gläubiger Rechte herleiten will (RGZ 121, 315, 316). Bei seiner Entscheidung über die Genehmigung ist der Gläubiger regelmäßig frei (BGH NJW-RR 01, 987). 5

Durch die Genehmigung wird die Schuldübernahme gem § 184 **ex tunc wirksam** (RGZ 134, 185, 187; BGH NJW–RR 02, 191). 6

Bis zur Genehmigung können Schuldner u Übernehmer den Vertrag verändern o aufheben. Jeder der Vertragsparteien kann dem Gläubiger eine Frist für die Genehmigung setzen. Bei mehrfacher Fristsetzung ist die zuerst gesetzte maßgeblich. Wird die Genehmigung nicht rechtzeitig erteilt, so gilt sie als verweigert. Die Verweigerung der Genehmigung kann auch konkludent (durch Bestreiten der Wirksamkeit des Vertrages) erfolgen (BGH NJW 96, 926). Sie setzt nicht voraus, dass der Gläubiger eine Mitteilung nach § 415 I 2 erhalten hat (BGH aaO). Verweigerung macht die Schuldübernahme endgültig unwirksam, die abgelehnte Genehmigung kann nicht nachgeholt werden (RGZ 139, 118, 127). 7

Während des Schwebezustands bis zur Genehmigung u bei gescheiterter Genehmigung ist gem § 415 III **Erfüllungsübernahme** (§ 329) anzunehmen, anders jedoch bei abweichender Risikoverteilung (BGH NJW 91, 1822; ZIP 99, 1389, 1390) 8

Die Zustimmung kann auch in Form der **Einwilligung** erfolgen (RGZ 60, 415 f; BGH NJW-RR 96, 193; NJW 98, 1645; Köln NJW-RR 94, 210). Diese ist jedoch bis zum Abschluss des Übernahmevertrages widerruflich. Sie macht die Mitteilung nach § 415 I 2 entbehrlich (BGH NJW 98, 1645). Einwilligungsklauseln in AGB sind nur in den Grenzen des § 309 Nr 10 wirksam (MüKo/*Möschel* § 415 Rn 9). Eine generelle Vermutung, dass der Gläubiger, der mit einer Vorgründungsgesellschaft der Annahme, es handele sich um eine GmbH, kontrahiert, damit einverstanden ist, dass die persönliche Haftung der Gesellschafter mit Entstehung der GmbH entfällt, ist nicht gegeben (BGH NJW 98, 1645). 9

C. Form. Der Schuldübernahmevertrag bedarf nur dann einer besonderen Form, wenn spezielle Formvorschriften für die Begründung der übernommenen Verpflichtung gelten, die dem Schutz des Schuldners dienen (s.a. Rn 13). 10

D. Rechtsfolgen. Der Übernehmer tritt an die Stelle des bisherigen Schuldners, dieser wird von seinen Leistungspflichten frei. Die übernommene Verbindlichkeit bleibt inhaltlich unverändert. Möglich ist auch die Übernahme einer rechtshängigen Verpflichtung. Jedoch liegt keine Rechtsnachfolge iSd §§ 265, 325, 727 ZPO vor (BGHZ 61, 140 ff; NJW 98, 1645, 1646). Da der Gläubiger bei der Schuldübernahme mitwirken muss, bedarf er insoweit keines Schutzes. Empfehlenswert ist, dass er vom Übernehmer eine vollstreckbare Urkunde iSd § 794 I Nr 5 ZPO verlangt. Nicht generell, aber in besonderen Ausnahmefällen kann der Gläubiger verpflichtet sein, den im Innenverhältnis zwischen Alt- u Neuschuldner vereinbarten Zweck der Schuldübernahme zu beachten (BGH NJW-RR 90, 812). Der Ausgleich zwischen dem bisherigen Schuldner u dem Übernehmer richtet sich nach ihrer jeweiligen vertraglichen Vereinbarung bzw nach §§ 677 ff, 812 ff. 11

E. Schuldbeitritt (Schuldmitübernahme). Beim Schuldbeitritt tritt der Mitübernehmer zusätzlich neben den bisherigen Schuldner. Das Gesetz sieht dies in einer Reihe von Fällen vor (§§ 546 II, 604 IV, 2382; §§ 25, 28, 130 HGB; Art 28 WG). Darüber hinaus ist aber auch ein **rechtsgeschäftlicher** Schuldbeitritt gem § 311 I möglich. Er kommt zustande durch Vertrag des Übernehmenden mit dem Gläubiger o dem Schuldner. In letztgenanntem Fall bedarf es im Gegensatz zu § 415 keiner Genehmigung des Gläubigers, da lediglich ein weiterer Schuldner dazu kommt. Es handelt sich um einen echten Vertrag zugunsten Dritter iSd § 328 (BGHZ 42, 381, 384 f; 72, 246, 250). 12

Der Schuldbeitritt ist grds **formfrei** (stRspr, RGZ 59, 232, 233; BGH BauR 01, 626), sofern nicht für das Verpflichtungsgeschäft eine spezielle Formvorschrift eingreift, die dem Schutz des Schuldners bezweckt, wie etwa § 311 b, § 492 (BGHZ 133, 71 ff; 134, 94, 97 ff), § 518, § 4 I RVG (BGH NJW 91, 3095, 3098), nicht aber § 781 (BGHZ 121, 1 ff). Der Beitritt als öffentlich-rechtlicher Vertrag bedarf der Schriftform (VGH München NJW 90, 1006). Notwendig ist stets eine eindeutige Verpflichtungserklärung. Für den Schuldbeitritt naher Angehöriger gelten die für Bürgschaften entwickelten Grundsätze (§ 138 Rn 80–83, 133) in gleicher Weise (BGHZ 134, 42 ff; 146, 37 ff; Kobl JurBüro 04, 451). Klauseln in AGB, durch die der Beitretende die Haftung für alle bestehenden u künftigen Verbindlichkeiten übernimmt, verstoßen regelmäßig gegen §§ 305 c, 307 (BGH NJW 96, 249; zur AnlassRspr § 765 Rn 16 f, 20) 13

14 Die **Rechtsfolgen** des Beitritts ergeben sich aus den Regeln über die Gesamtschuldnerschaft (§§ 421 ff, RGZ 59, 232, 233; BGHZ 109, 314, 317). Der Beitretende hat alle Einwendungen, die zum Zeitpunkt des Beitritts begründet waren; § 417 I gilt entspr (BGHZ 85, 346, 349). Er kann Unwirksamkeit des Beitritts insbes wegen Widerrufs nach §§ 355, 495 geltend machen, das Widerrufsrecht als Verbraucher auch dann, wenn der Kreditnehmer selbst gewerblich tätig ist (BGHZ 133, 71 ff), für den Beginn der Widerrufsfrist ist der Zeitpunkt seiner Beitrittserklärung maßgeblich (BGHZ 133, 220 ff). Besteht die mitübernommene Verbindlichkeit nicht, so geht der Beitritt ins Leere (BGH NJW 87, 1698, 1699). Nach dem Beitritt entwickeln sich Schuldverhältnisse unabhängig voneinander, mit Ausnahme der gesamtwirkenden Tatsachen iSd §§ 422-424 (BGHZ 58, 251, 255; NJW 86, 252). Beim Übereinkommen zwischen Beitretendem u Schuldner gilt entgegen § 417 II die Einwendungserstreckung des § 334 (BGH WM 59, 16, 22; 73, 1289, 1291).

15 **F. Abgrenzungen. I. Schuldübernahme/Schuldbeitritt.** Bei Zweifeln, ob Schuldübernahme o Schuldbeitritt vorliegt, ist von letzterem auszugehen, da er den Gläubiger nicht belastet (BGH NJW 83, 678). Die Übernahme einer hypothekarisch gesicherten Schuld spricht dagegen für die alleinige Forthaftung des Erwerbers (RGZ 75, 338, 340).

16 **II. Bürgschaft.** Im Gegensatz zur Schuldübernahme u zum Schuldbeitritt haftet der Bürge akzessorisch nur für die fremde Schuld des Hauptschuldners. Die Gemeinsamkeit mit dem Schuldbeitritt ist darin zu sehen, dass sie dem Gläubiger eine zusätzliche Sicherheit gegen einen Mithaftenden verschafft. Bei der Abgrenzung ist zu prüfen, ob mit der Zusage eine selbstständige o nur eine angelehnte Schuld begründet werden sollte. Das eigene rechtliche o wirtschaftliche Interesse des sich verpflichtenden Vertragspartners ist ein gewichtiges Indiz für einen Schuldbeitritt, bei verbleibenden Zweifeln ist von Bürgschaft auszugehen (BGH NJW 86, 580). Eine wegen § 766 formnichtige Bürgschaft kann nicht in einen formfrei wirksamen Schuldbeitritt umgedeutet werden.

17 **III. Garantie.** Beim Garantieversprechen hat der Versprechende ohne Rücksicht darauf, ob überhaupt eine wirksame Hauptverbindlichkeit besteht, für den Eintritt des Leistungserfolgs einzustehen (BGH WM 82, 632). Zur Annahme eines derartigen Verpflichtungswillens bedarf es besonderer Anhaltspunkte (BGH NJW 87, 2076). Zur Auslegung von „Mietgarantien" des Sozialamts BVerwG NJW 94, 2968; OVG Berlin NJW 84, 2593; LG Berlin NJW-RR 01, 1090.

18 **IV. Erfüllungsübernahme.** Bei der Erfüllungsübernahme verpflichtet sich der Versprechende gegenüber dem Schuldner zur Befriedigung des Gläubigers, dieser erhält dadurch aber keinen eigenen Erfüllungsanspruch gegenüber dem Versprechenden. Im Zweifel enthalten Vereinbarungen zwischen Schuldner u Übernehmer lediglich eine Erfüllungsübernahme, keinen Schuldbeitritt, § 329. Die Bezeichnung als Erfüllungsübernahme schließt aber die Annahme eines Schuldbeitritts nicht aus (BGH NJW-RR 93, 307). Die nicht genehmigte Schuldübernahme ist regelmäßig als Erfüllungsübernahme gültig, § 415 III (Rn 8).

19 **V. Vertragsübernahme/Vertragsbeitritt.** s § 398 Rn 25 ff.

§ 416 Übernahme einer Hypothekenschuld

(1) ¹Übernimmt der Erwerber eines Grundstücks durch Vertrag mit dem Veräußerer eine Schuld des Veräußerers, für die eine Hypothek an dem Grundstück besteht, so kann der Gläubiger die Schuldübernahme nur genehmigen, wenn der Veräußerer sie ihm mitteilt. ²Sind seit dem Empfang der Mitteilung sechs Monate verstrichen, so gilt die Genehmigung als erteilt, wenn nicht der Gläubiger sie dem Veräußerer gegenüber vorher verweigert hat; die Vorschrift des § 415 Abs. 2 Satz 2 findet keine Anwendung.
(2) ¹Die Mitteilung des Veräußerers kann erst erfolgen, wenn der Erwerber als Eigentümer im Grundbuch eingetragen ist. ²Sie muss schriftlich geschehen und den Hinweis enthalten, dass der Übernehmer an die Stelle des bisherigen Schuldners tritt, wenn nicht der Gläubiger die Verweigerung innerhalb der sechs Monate erklärt.
(3) ¹Der Veräußerer hat auf Verlangen des Erwerbers dem Gläubiger die Schuldübernahme mitzuteilen. ²Sobald die Erteilung oder Verweigerung der Genehmigung feststeht, hat der Veräußerer den Erwerber zu benachrichtigen.

1 **A. Bedeutung.** Die Norm betrifft den bei Grundstückskaufverträgen häufigen Fall, dass der Käufer die hypothekarisch gesicherte Schuld des Verkäufers – idR in Anrechnung auf den Kaufpreis – übernimmt. Sie erleichtert u vereinfacht die nach § 415 notwendige Genehmigung u trägt dabei dem Umstand Rechnung, dass der Gläubiger normalerweise nichts gegen die Schuldübernahme einzuwenden hat, da ihm das Grundstück weiter als Haftungsgrundlage zur Verfügung steht. Zugleich soll ein Auseinanderfallen von dinglicher u persönlicher Haftung nach Möglichkeit verhindert werden (RGZ 128, 68, 71 f). Die Vorschrift schließt es trotz des missverständlichen Wortlauts in I 1 („nur") nicht aus, dass die Schuld auch nach Maßgabe der §§ 414, 415 übernommen werden kann, dh ohne Vorliegen der Voraussetzungen des § 416 (RGZ 63, 42, 50 f).

§ 416 setzt voraus, dass der Veräußerer zugleich der persönliche Schuldner ist (BGH LM Nr 1). Die Vorschrift gilt entspr für die Sicherungsgrundschuld (Braunschw MDR 62, 736). Auf die Schiffshypothek ist sie nicht anwendbar. Für den Grundstückserwerb im Wege der Zwangsversteigerung verweist § 53 ZVG auf § 416.

B. Mitteilung. Die Mitteilung nach § 416 muss vom Veräußerer ausgehen. Er kann sich aber vertreten lassen o aber eine Mitteilung durch Dritte genehmigen (RGZ 67, 412, 416). Die Erklärung bedarf der Schriftform u muss den Hinweis nach II 2 enthalten. Sie kann erst nach Eintragung des Erwerbers im Grundbuch erfolgen. Zumindest im Zeitpunkt des Eigentumserwerbs muss das Grundpfandrecht bestanden haben (RGZ 128, 68, 72). Es genügt jedoch, wenn das Recht zwar noch nicht eingetragen, aber bereits vorgemerkt ist (MüKo/*Möschel* § 416 Rn 4). Die Mitteilung muss dem Gläubiger zugehen. Erwirbt der Empfänger die Forderung erst später, so wird die Erklärung nachträglich wirksam (RG HRR 32 Nr 1294). Hat der Empfänger die Forderung bereits abgetreten, so gilt zugunsten des Veräußerers § 407.

C. Genehmigung. Im Unterschied zu § 415 gilt **Schweigen** nach Ablauf von 6 Monaten ab Empfang der Mitteilung als Genehmigung. Die Verweigerung der Genehmigung muss gegenüber dem Veräußerer eindeutig erklärt werden. Während des Schwebezustandes u bei Verweigerung gilt § 415 III. Eine vor der Mitteilung erklärte Verweigerung ist ohne Belang (RG HRR 28 Nr 2269).

D. Die Pflichten nach III. Der Erwerber hat das – abdingbare (BGH WM 71, 1248) – Recht, vom Veräußerer zu verlangen, dass dieser dem Gläubiger die Schuldübernahme mitteilt u so die 6-Monats-Frist in Gang setzt, ihn ferner über die Erteilung bzw Verweigerung der Genehmigung informiert. Die Verletzung dieser Pflichten ist geeignet, Schadensersatzansprüche auszulösen.

§ 417 Einwendungen des Übernehmers

(1) ¹Der Übernehmer kann dem Gläubiger die Einwendungen entgegensetzen, welche sich aus dem Rechtsverhältnis zwischen dem Gläubiger und dem bisherigen Schuldner ergeben. ²Eine dem bisherigen Schuldner zustehende Forderung kann er nicht aufrechnen.
(2) Aus dem der Schuldübernahme zugrunde liegenden Rechtsverhältnis zwischen dem Übernehmer und dem bisherigen Schuldner kann der Übernehmer dem Gläubiger gegenüber Einwendungen nicht herleiten.

A. Bedeutung. § 417 trägt dem Grundsatz Rechnung, dass die Identität der Forderung durch die Schuldübernahme nicht berührt wird (§§ 414, 415 Rn 1). Daher bleiben gegen diese begründete Einwendungen erhalten, allerdings hat der Schuldnerwechsel Auswirkungen auf die Aufrechnung (I). II verdeutlicht die Abstraktheit zwischen der Schuldübernahme u dem Grundgeschäft zwischen Übernehmer u bisherigem Schuldner.
Die Vorschrift gilt für alle Fälle der Schuldübernahme. Sie findet entspr Anwendung, wenn ein Dritter durch Begebung eines Schecks o Wechsels eine Leistung erfüllungshalber erbringt (BGHZ 85, 346, 349 f; NJW 86, 1872, 1873).

B. Einwendungen aus dem Verhältnis Gläubiger/Altschuldner (I). Der Übernehmer hat alle Einwendungen (s § 404 Rn 2), die zum Zeitpunkt der Übernahme begründet (s § 404 Rn 3) gewesen sind. Maßgeblicher Zeitpunkt ist der Vertragsschluss, u zwar wegen der Rückwirkung der Genehmigung auch iF des § 415 (Bremen OLGR 96, 356; MüKo/*Möschel* § 417 Rn 3). I 2 schließt die Aufrechnung mit Forderungen des Altschuldners aus, nicht hingegen das mit eigenen Forderungen des Übernehmers. § 770 entsprechende Einreden bestehen nicht. Von den Gestaltungsrechten gehen nur diejenigen über, die die übernommene Verbindlichkeit selbst betreffen, wie zB das Wahlrecht nach § 262; auf die Ausübung anderer, beim Altschuldner verbleibender Gestaltungsrechte kann der Übernehmende aus dem Grundverhältnis einen Anspruch haben.

C. Einwendungen aus dem Kausalvertrag (II). Die Schuldübernahme als Verfügungsgeschäft wird von Einwendungen aus dem Kausalgeschäft nicht berührt. Die beiden Rechtsgeschäfte können allerdings als Einheit nach § 139 verbunden werden (BGHZ 31, 321, 323); an die Annahme einer solchen Abrede sind jedoch strenge Anforderungen zu stellen. Die Anwendung der Regeln über den Wegfall der Geschäftsgrundlage scheidet in aller Regel aus (Hburg NJW 66, 985).

D. Einwendungen aus dem Übernahmevertrag. Da die wirksame Übernahme Voraussetzung für die Haftung ist, kann der Übernehmer alle Einwendungen geltend machen, welche die Gültigkeit des Übernahmevertrages betreffen. Bei der Anfechtung wegen arglistiger Täuschung durch den Schuldner ist dieser iF des § 414 Dritter gem § 123 II, es bedarf mithin der Bösgläubigkeit des Gläubigers. Bei § 415 ist der täuschende Schuldner hingegen selbst Erklärungsgegner, auf die Redlichkeit des Gläubigers kommt es daher nicht an (BGHZ 31, 321, 324 ff; MüKo/*Möschel* § 417 Rn 17, str).

§ 418 Erlöschen von Sicherungs- und Vorzugsrechten

(1) ¹Infolge der Schuldübernahme erlöschen die für die Forderung bestellten Bürgschaften und Pfandrechte. ²Besteht für die Forderung eine Hypothek oder eine Schiffshypothek, so tritt das Gleiche ein, wie wenn der Gläubiger auf die Hypothek oder die Schiffshypothek verzichtet. ³Diese Vorschriften finden keine Anwendung, wenn der Bürge oder derjenige, welchem der verhaftete Gegenstand zur Zeit der Schuldübernahme gehört, in diese einwilligt.

(2) Ein mit der Forderung für den Fall des Insolvenzverfahrens verbundenes Vorzugsrecht kann nicht im Insolvenzverfahren über das Vermögen des Übernehmers geltend gemacht werden.

1 **A. Bedeutung.** Die Vorschrift trägt dem Umstand Rechnung, dass bei der Entscheidung über die Stellung von Sicherheiten die Person des Schuldners maßgebliche Bedeutung hat. Die Schuldübernahme führt daher anders als die Abtretung (§ 401) dazu, dass Sicherheiten (s Rn 2) vorbehaltlich der Einwilligung des Sicherungsgebers frei werden. Gleiches gilt für die Vertragsübernahme (Hamm NJW-RR 91, 48); auf den Schuldbeitritt ist § 418 I nicht anwendbar, da der Altschuldner hier weiter verpflichtet bleibt (München GuT 04, 64). II dient dem Schutz der Gläubiger des Übernehmers im Insolvenzfall.

2 **B. Sicherungsrechte.** Für die Forderung bestellte Bürgschaften u Pfandrechte erlöschen. Besteht für die Forderung eine Hypothek o Schiffshypothek, fällt diese als Eigentümergrundschuld dem Grundstückseigentümer zu (I 2 iVm §§ 1168, 1177, 1179 a). Den in I genannten Rechten werden die Sicherungsgrundschuld (BGHZ 115, 241, 244; WM 66, 577, 579); Sicherungsübereignung (BGH NJW 92, 2286, 2288) u Sicherungszession gleichgestellt. Da nach dem Wortlaut Bestellung erforderlich ist, wird das gesetzliche Pfandrecht nicht erfasst.

3 Bei **Einwilligung** des Sicherungsgebers bleibt nach I 3 die Sicherheit erhalten. Eine Genehmigung genügt nicht, die Sicherheit muss dann neu bestellt werden. Die Einwilligung des Bürgen bedarf der Form des § 766 (Hamm NJW-RR 91, 48; aA RGZ 70, 411, 415 f; BaRoth/*Rohe* § 418 Rn 8). Bei der Übernahme einer durch eine Grundschuld gesicherten Schuld genügt die Einwilligung des Eigentümers des belasteten Grundstücks, das Einverständnis des Zessionars, an den der Anspruch auf Rückgewähr der Grundschuld sicherungshalber abgetreten wurde, ist nicht erforderlich (BGHZ 115, 241, 245 f).

4 **C. Vorzugsrechte (II).** II verdeutlicht, dass Rechte auf bevorzugte Befriedigung schuldnerspezifisch sind. Die praktische Relevanz ist jedoch nach der Insolvenzrechtsreform nur noch gering, da die Vorzugsrechte des § 61 KO nicht in die InsO übernommen worden sind.

§ 419

– weggefallen –

1 Die Vorschrift ordnete die Haftung des Übernehmers für Verbindlichkeiten des Veräußerers im Falle der Übertragung des Gesamtvermögens an. Durch die Insolvenzrechtsreform wurde sie zum 1.1.99 aufgehoben (Art 33 Nr 16 EGInsO). Auf Vermögensübernahmen vor diesem Zeitpunkt findet die Norm gem Art 223 a EGBGB weiter Anwendung. Der Schutz der Gläubiger vor dem Entzug der Haftungsgrundlage soll nunmehr durch ein verschärftes Anfechtungsrecht verwirklicht werden.

Abschnitt 7   Mehrheit von Schuldnern und Gläubigern

Vorbemerkungen vor §§ 420 bis 432

1 **A. Allgemeines.** Das BGB geht in § 241 S 1 von der Konstellation aus, dass sich jeweils nur eine Person auf Schuldner- und Gläubigerseite befindet. Das von diesem gesetzlichen Normaltyp abweichende Zusammentreffen mehrerer Schuldner oder Gläubiger ist in den §§ 420–432 geregelt, allerdings nicht umfassend.

2 **B. Mehrheit von Schuldnern. I. Teilschuld.** Ein Gläubiger hat mehrere Schuldner, die das einheitliche, aber teilbare Leistungsinteresse befriedigen sollen (§ 420 Alt 1). Er hat gegen jeden Schuldner Anspruch nur auf einen Teil der Leistung; praktisch ist das eher selten.

3 **II. Gesamtschuld.** Jeder der Schuldner ist zur ganzen Leistung verpflichtet, der Gläubiger kann sie nur einmal fordern (§§ 421–427, 431). Praktischer Regelfall, gilt aufgrund §§ 427, 840 auch bei teilbaren Leistungen. Bei Unterlassungspflichten liegen idR selbstständige Schuldverhältnisse vor, da das Gläubigerinteresse nicht befriedigt wird, wenn nur ein Einzelner erfüllt (KG 06, 154; Kobl WRP 1985, 45). Jedoch können mehrere Schuldner eine gesamtschuldnerische Haftung für eine Verletzung des Unterlassungsgebots durch einen von ihnen eingehen.

III. Gemeinschaftliche Schuld. Die Erfüllung der Schuld setzt aus tatsächlichen o rechtlichen Gründen 4
gemeinschaftliches Zusammenwirken aller Schuldner voraus, so etwa bei der Verpflichtung von Musikern zu
einem gemeinsamen Konzert (Palandt/*Grüneberg* Überbl v § 420 Rn 9) o der Pflicht zur Duldung eines Notweges (BGHZ 36, 187, 189). Die Pflicht zur Mitwirkung an der Gesamterfüllung muss gegen jeden einzelnen
Schuldner wie bei einer Teilschuld geltend gemacht werden. Diese haften nur für eigenes Verschulden (BAG
NJW 74, 2255).

Eine Sonderform der gemeinschaftlichen Schuld ist gegeben, wenn mehrere Personen von vornherein in ihrer 5
gesamthänderischen Verbundenheit schulden (**Gesamthandsschuld**). Dem Gläubiger steht hier zunächst das
gesamthänderisch gebundene Vermögen als Zugriffsobjekt zur Verfügung. Daneben haften die Gesamthänder
idR persönlich, u zwar als Gesamtschuldner, so § 1437 II für die Gütergemeinschaft, § 2058 für die Erbengemeinschaft, § 128 HGB unmittelbar bzw analog (BGHZ 146, 341, 358) für die Gesellschafter einer oHG o GbR.

C. Mehrheit von Gläubigern. I. Teilgläubigerschaft. Mehreren Gläubigern steht bei teilbaren Leistungen 6
nur ein Anspruch auf den auf ihn entfallenden Anteil zu (§ 420 Alt 2). Die Forderung des einzelnen Gläubigers ist rechtlich selbstständig. Die Teilgläubigerschaft ist das Gegenstück zur Teilschuldnerschaft u wie diese
praktisch selten.

II. Gesamtgläubigerschaft. Der Fall, dass jeder Gläubiger die gesamte Leistung fordern kann, der Schuldner 7
nur einmal zu leisten braucht, ist in den §§ 428–430 geregelt u stellt das Gegenstück zur Gesamtschuldnerschaft dar. Anders als diese hat sie jedoch kaum praktische Bedeutung. Keine Gesamtgläubigerschaft liegt vor,
wenn eine Forderung mit dem Recht eines Dritten belastet ist, so beim Nießbrauch (§ 1077) u Pfandrecht
(§ 1281). Eine Gläubigermehrheit sui generis besteht beim echten Vertrag zugunsten Dritter (§ 335).

III. Gemeinschaftliche Gläubigerschaft. Die Forderung steht mehreren gemeinsam zu in der Weise, dass 8
der Gläubiger nur Leistung an alle verlangen kann u der Schuldner nur an alle gemeinschaftlich leisten kann.
Die gemeinschaftliche Gläubigerschaft, auch **Mitgläubigerschaft** genannt, ist der praktisch wichtigste Fall der
Gläubigermehrheit. Geregelt für den Fall der unteilbaren Leistung in § 432. In diesen Zusammenhang gehören auch Ansprüche, die sich auf den Gegenstand einer Bruchteilsgemeinschaft (§§ 741 ff) beziehen, sowie
Gesamthandsforderungen (§§ 1415 ff; 2032 ff). Die GbR ist nach neuerer Doktrin selbst rechts- u parteifähig
(BGHZ 146, 341, 343 ff); zur oHG vgl § 124 I HGB.

D. Kumulation von Schuldner- u Gläubigermehrheit. Bei Personenmehrheiten auf beiden Seiten muss die 9
Form der Schuldner- u Gläubigerstellung nicht notwendig miteinander korrespondieren. So sind mehrere
Käufer o Mieter idR hinsichtlich der Zahlungspflicht Gesamtschuldner (§ 427), aber nur gemeinsam forderungsberechtigt (§ 432). Umgekehrt schulden mehrere Verkäufer/Vermieter idR gem §§ 427, 431 als Gesamtschuldner, bzgl der Kaufpreisforderung/Miete sind sie Mitgläubiger.

§ 420 Teilbare Leistung

*Schulden mehrere eine teilbare Leistung oder haben mehrere eine teilbare Leistung zu fordern, so ist im
Zweifel jeder Schuldner nur zu einem gleichen Anteil verpflichtet, jeder Gläubiger nur zu einem gleichen
Anteil berechtigt.*

A. Allgemeines. Die Norm stellt zwei Vermutungen bei teilbaren Leistungen auf: Die Teilung des Schuldverhältnisses sowie die Verpflichtung bzw Berechtigung nach Kopfteilen. Die praktische Bedeutung ist gering, 1
denn bei vertraglicher Begründung geht die Gesamtschuldvermutung des § 427 der Teilschuldvermutung vor;
bei deliktischer Haftung gelten §§ 830, 840. § 420 ist abdingbar.

B. Teilbare Leistung. Eine Leistung ist teilbar, wenn ohne Wertminderung u Beeinträchtigung des Leis- 2
tungszwecks Zerlegung in mehrere gleichartige Teile möglich ist. Im natürlichen Sinne teilbar sind vor allem
Geld u bestimmte Mengen vertretbarer Sachen. Gleichwohl kann die Leistung im Rechtssinne unteilbar sein,
wenn eine gemeinschaftliche Empfangszuständigkeit besteht, so bei Mietzinszahlungen an Miteigentümer
eines Grundstücks (BGH WM 1983, 604).

Teilschulden sind bspw die Entgeltverpflichtungen aus einem Bauvertrag, wenn Wohnungseigentümer Arbei- 3
ten gemeinsam vergeben (BGHZ 75, 26, 28 ff), bei Errichtung mehrerer Bauwerke auf einem Grundstück für
mehrere Bauherrn (BGHZ 76, 86, 90) – anders bei Auftragserteilung durch Bauherrengemeinschaft, wenn
kein Wohnungs- o Teileigentum gebildet werden soll (BGH NJW-RR 89, 465), aus einer Gruppenreise gegenüber dem Veranstalter (Frankf NJW 86, 1941 f), bei Sammelbestellung von Heizöl unter Angabe der Namen
der Besteller u der Abnahmemenge (LG Augsburg NJW-RR 04, 852), ferner die Verpflichtung zum Ausgleich
nach § 906 II 2 bei mehreren Störern (BGHZ 72, 289, 297) sowie die Verlustdeckungshaftung der Gesellschafter einer Vor-GmbH (BGHZ 134, 333 ff). Besonders angeordnet ist die Teilschuldnerschaft in § 1606 III für
die Unterhaltspflicht mehrerer gleich naher Verwandter, abw von § 420 haften sie nicht nach Kopfteilen, sondern nach Maßgabe ihrer Erwerbs- u Vermögensverhältnisse.

4 **Teilforderungen** sind etwa gegeben beim Bereicherungsanspruch von Ehegatten aus einem sittenwidrigen Ratenkreditvertrag (Hamm NJW-RR 88, 1004), bei dem in einer Summe ausgedrückten Unterhalt für mehrere Gläubiger (KG OLGZ 71, 386) sowie im Falle der Grundstücksteilung bei teilbaren Leistungen aus einer Reallast (§ 1109 I 1 Hs 1).

5 **C. Rechtliche Behandlung.** Die einzelnen Teilschulden bzw Teilforderungen bleiben trotz der Teilung in gewisser Hinsicht miteinander verbunden. Anfechtung, Rücktritt (§ 351) u Minderung (§ 441 II) können nur gemeinsam ausgeübt, das Zurückbehaltungsrecht (§ 320 I 2) nur einheitlich geltend gemacht werden. Im Prozess sind Teilschuldner u -gläubiger einfache Streitgenossen (§ 59 ZPO).

§ 421 Gesamtschuldner

¹Schulden mehrere eine Leistung in der Weise, dass jeder die ganze Leistung zu bewirken verpflichtet, der Gläubiger aber die Leistung nur einmal zu fordern berechtigt ist (Gesamtschuldner), so kann der Gläubiger die Leistung nach seinem Belieben von jedem der Schuldner ganz oder zu einem Teil fordern. ²Bis zur Bewirkung der ganzen Leistung bleiben sämtliche Schuldner verpflichtet.

1 **A. Bedeutung.** Die Vorschrift regelt die Befugnisse des Gläubigers einer Gesamtschuld gegen die Schuldner. Für den Gläubiger handelt es sich um die sicherste Form der Schuldnermehrheit, da er seine Forderung durchsetzen kann, solange nur ein Schuldner leistungsfähig ist, u er das Ausfallrisiko auf den leistenden Schuldner verlagern kann.

2 **B. Voraussetzungen. I. Schuldnermehrheit.** § 421 setzt zunächst voraus, dass sich der Anspruch des Gläubigers gegen mehrere Schuldner richtet, ob tatsächlich auch jeder die Leistung erbringen kann, ist unerheblich (BGH NJW 85, 2643, 2644). Keine Schuldnermehrheit bilden Haupt- u Subunternehmer, da der Besteller nur Ansprüche gegen den Hauptunternehmer hat (BGH NJW 81, 1779). Auch fehlt es an einer Schuldnermehrheit iSd § 421, wenn mehrere Personen eine identische Leistung an unterschiedliche, miteinander nicht verbundene Gläubiger zu erbringen haben (BGH NJW 94, 443).

3 **II. Einmaliges Forderungsrecht.** Nach § 421 darf der Gläubiger zwar von jedem Schuldner die Leistung verlangen, insgesamt aber nur einmal. Nicht erfasst ist also das mehrfache Forderungsrecht (Verpflichtungskumulation), also etwa der Fall, dass der Gläubiger zur Befriedigung des Bedarfs vorsorglich mit mehreren Lieferanten selbstständige Verträge abschließt.

4 **III. Pflicht zur gesamten Leistung.** In Abgrenzung zur Teilschuld ist der Schuldner nicht nur zu anteiliger Befriedigung verpflichtet, sondern schuldet die ganze Leistung. Bei unterschiedlichem Umfang der Verpflichtungen ist eine Gesamtschuld gegeben, soweit sich die Pflichten decken (RGZ 82, 436, 439 f; BGHZ 52, 39, 45).

5 **IV. Identität des Leistungsinteresses.** Ein Gesamtschuldverhältnis entsteht nur dann, wenn die Pflichten der Befriedigung demselben Leistungsinteresse dienen. Verlangt wird keine vollständige Übereinstimmung des Leistungsinhalts, ausreichend ist vielmehr eine besonders enge Verwandtschaft (BGHZ 43, 227, 233). Dass die Pflichten der Beteiligten auf **unterschiedlichen Rechtsgrundlagen** beruhen, schadet nicht (RGZ 77, 317, 323; 84, 415, 421; BGHZ 19, 114, 124; 52, 39, 44; 59, 97, 102; NJW 91, 1683, 1685; 92, 2817, 2818); auch nicht, dass der eine Schuldner aufgrund öffR u der andere aufgrund PrivR haftet (Frankf NJW-RR 97, 1087, 1088); eine Schuld bedingt o befristet ist o Nebenbestimmungen wie der Leistungsort abweichen (Schlesw NJW 52, 1019).

6 Ungleiches Leistungsinteresse besteht hingegen bei persönlicher Schuld u Grundschuld (BGHZ 105, 154 ff), den Ansprüchen des Bauherrn gegen Architekt u Bauunternehmer auf Errichtung des Bauwerks (BGHZ 39, 261, 264) sowie dem Anspruch des Kindes auf Betreuungsunterhalt gegen die Mutter u dem Schadensersatzanspruch wegen vermehrter Bedürfnisse gegen den Schädiger nach § 843 (BGHZ 159, 318, 320).

7 **V. Gleichstufigkeit.** Früher forderten Lit u Rspr als zusätzliches Merkmal einen inneren Zusammenhang der Haftungsgründe iS einer rechtlichen Zweckgemeinschaft (vgl BGHZ 13, 360, 365 f; 59, 97, 99 mwN). Es ist unterdessen wegen seiner Unbestimmtheit durch das Kriterium der Gleichstufigkeit ersetzt worden (BGHZ 106, 313, 319; 137, 76, 82; 159, 318, 319; (BaRoth/*Gehrlein* § 421 Rn 8; Palandt/*Grüneberg* § 421 Rn 6 f; für Verzicht auf zusätzliches Merkmal *Ehmann*, Die Gesamtschuld, 1972; Staud/*Noack* § 421 Rn 18 ff). Darin kommt zum Ausdruck, dass bei einer Gesamtschuld die beteiligten Schuldner eine Tilgungsgemeinschaft bilden. Daran fehlt es, wenn einer die Leistung endgültig erbringen u der andere aufgrund einer gesetzlichen o vertraglichen Verpflichtung vorläufig eintreten soll.

8 **C. Einzelfälle. I. Gesamtschuld kraft Gleichstufigkeit.** Gesamtschuldner sind: Architekt u Bauunternehmer bzgl der gemeinsam zu verantwortenden Baumängel (BGHZ 43, 227, 232 ff; 51, 275, 277; *Volze* DS 05, 128, 129), Architekt u Statiker (BGH VersR 71, 667), Bauunternehmer verschiedener Gewerke, deren fehlerhafte Leistungen zu Mängeln geführt haben, die nur einheitlich beseitigt werden können (BGHZ 155, 265,

267 ff), gem §§ 437 Nr 3, 281 schadensersatzpflichtiger Verkäufer u wegen Erstattung eines unrichtigen Gutachtens haftender Sachverständige (Palandt/*Grüneberg* § 421 Rn 10; aA Karlsruhe NJW-RR 98, 601), ersatzpflichtiger Verletzer u Arzt, dessen Behandlungsfehler zu einer Verschlechterung geführt hat (Braunschw OLGR 04, 464), aus Delikt haftender Architekt u nach § 906 II 2 ausgleichspflichtiger Nachbar (BGHZ 85, 375, 386), nach § 528 rückgewährpflichtige Beschenkte (BGHZ 137, 77, 82 ff), Berater, die nach- o nebeneinander bei der Bearbeitung einer Sache Pflichtverletzungen begangen haben (BGH NJW 94, 1211; 01, 3477), Dieb u der aus § 816 haftende Abnehmer u Weiterverkäufer (BGHZ 52, 39, 43 ff), BRep u Beschäftigungsstelle eines Zivildienstleistenden, wenn sie gemeinsam für dessen Fehlverhalten einzustehen haben (BGHZ 152, 380, 390), die Schuldner von Leibrente u Reallast (BGHZ 58, 191, 192), Schädiger u mitverantwortlicher aufsichtspflichtiger Elternteil bei Verletzung eines Kindes durch Unfall (BGHZ 73, 190, 193 f), Kaskoversicherer u Leasingnehmer, die für einen Schaden dem Leasinggeber haften (München OLGZ 83, 446), Mitglieder einer Wohnungseigentümergemeinschaft, die Beschlüsse zur ordnungsgemäßen Verwaltung verweigern (BGH NJW 05, 2061, 2067).

Keine Gesamtschuldnerschaft liegt vor in den Fällen des gesetzlichen Forderungsübergangs; wenn ein Ersatzpflichtiger nach § 255 Anspruch auf Abtretung der Ansprüche des Gläubigers gegen den anderen Schuldner hat; im Verhältnis Schuldner/Bürge; zwischen dem Ersatzpflichtigen u der subsidiär haftenden Körperschaft § 839 I 2 (BGHZ 61, 351, 356 ff; 91, 48, 51) sowie zwischen dem Schädiger u dem gem StrEG nachrangig entschädigungspflichtigen Land (BGHZ 106, 313, 319). **9**

II. Gesetzliche Anordnung der Gesamtschuldnerschaft. § 427 enthält für die gemeinschaftliche vertragliche Verpflichtung eine Auslegungsregel zugunsten der Gesamtschuldnerschaft. Gesetzlich angeordnet wird sie bei Unteilbarkeit der Leistung (§ 431), für die gemeinsame deliktische Verantwortlichkeit (§§ 830, 840); ferner in §§ 42 II 2, 53, 54 2, 86 1, 88 3, 89 II, 546 II (Celle NJW 53, 1474, 1475), 613 a II, 651 b II, 769, 1108 II, 1357 I 2, 1437 II 1, 1459 II 1, 1664 II, 2058, 2382, 2385, § 128 1 HGB (keine echte Gesamtschuldnerschaft, sondern nur fallweise analoge Anwendung der §§ 421 ff zwischen Gesellschaft u phG, BGHZ 146, 341, 358 f), § 8 I 1 PartGG, § 41 I 2, 46, 47 Nr 3, 48, 69 II, 93 II 1, 116, 117 I, II, III, 309 II, 317 III, 322 I AktG, § 9 a I, II, 16 III, 18 II, 31 VI, 43 II GmbHG, § 3 Nr 2 PflVG, § 59 I, 69 II VVG, § 5 1 ProdHaftG, § 100 IV 1 ZPO. **10**

D. Rechtsfolgen. I. Wahlrecht des Gläubigers. Der Gläubiger kann jeden Schuldner ganz o nur zum Teil in Anspruch nehmen, sog „Paschastellung" des Gläubigers. S 2 stellt klar, dass dies solange gilt, bis der Gläubiger vollständig befriedigt ist. **11**

Das freie Wahlrecht findet in krassen Fällen seine Grenze in § 242, zB wenn der Gläubiger eine dingliche Sicherheit aufgibt, die bei Inanspruchnahme des anderen Gesamtschuldners auf diesen übergegangen wäre (BGH NJW 83, 1423), nicht schon, wenn im Innenverhältnis der andere Gesamtschuldner allein haftet (BGH NJW 91, 1289). Der Arbeitnehmer muss sich wegen der wechselseitigen Treuepflicht bei gesamtschuldnerischer Verantwortlichkeit von Arbeitgeber u Dritten vorrangig an letzteren halten (BAG 18, 199), umgekehrt hat der Arbeitgeber den Arbeitnehmer nach Möglichkeit zu schonen. Behörden müssen die Auswahl nach pflichtgemäßem Ermessen treffen (BVerwG NJW 93, 1667, 1669; BFHE 207, 565 ff).

II. Prozessuales. Der Gläubiger kann die Gesamtschuldner einzeln o zusammen verklagen. Rechtshängigkeit der Klage gegen einen Gesamtschuldner hindert nicht Klageerhebung gegen den anderen, ebenso wenig die rechtskräftige Abweisung einer Klage gegen einen Gesamtschuldner; erst Erfüllung begründet materiellrechtliche Einwendung nach § 422. Ein einzeln verurteilter Gesamtschuldner kann aber nicht verlangen, dass sich die Beschränkung des § 422 im Tenor wieder findet (BGH NJW 90, 2615, 2616). Sofern der Gläubiger in getrennten Prozessen klagt, haftet ein Gesamtschuldner nur für die Kosten des gegen ihn gerichteten Rechtsstreits (BGHZ 155, 265, 270; NJW 71, 884; 90, 909). Gemeinsam verklagte Gesamtschuldner sind einfache Streitgenossen nach § 59 ZPO (BGH JZ 64, 722). Das Urteil gegen sie entfaltet im Innenverhältnis keine Rechtskraft (Ddorf NJW-RR 92, 922). Die Erfüllung durch einen verurteilten Gesamtschuldner lässt die Beschwer eines anderen am Verfahren beteiligten Gesamtschuldners nicht entfallen (BGH NJW 00, 1120). Auch in der Vollstreckung kann der Gläubiger gegen alle o nur einzelne Gesamtschuldner vorgehen; im Insolvenzverfahren gegen jeden Schuldner bis zur vollständigen Befriedigung den ganzen Betrag geltend machen (§ 43 InsO). **12**

§ 422 Wirkung der Erfüllung

(1) ¹Die Erfüllung durch einen Gesamtschuldner wirkt auch für die übrigen Schuldner. ²Das Gleiche gilt von der Leistung an Erfüllungs statt, der Hinterlegung und der Aufrechnung.
(2) Eine Forderung, die einem Gesamtschuldner zusteht, kann nicht von den übrigen Schuldner aufgerechnet werden.

A. Bedeutung. Die §§ 422–424 behandeln Tatsachen, die zugunsten aller Gesamtschuldner wirken (Gesamtwirkung), jeder kann sich auf sie gegenüber dem Gläubiger berufen. § 422 betrifft Erfüllung u Erfüllungssurrogate. Die Gesamtwirkung ergibt sich hier im Grunde schon aus der Definition der Gesamtschuld. Daher ist **1**

die Vorschrift auch nicht abdingbar. Gläubiger u leistender Gesamtschuldner können die Erfüllungswirkung nicht auf das zwischen ihnen bestehende Schuldverhältnis beschränken (BGH NJW 84, 1463). Auch eine Abrede, nach der sich der Leistende die Forderung gegen andere Gesamtschuldner abtreten lässt, ist unwirksam (BGHZ 17, 214, 222; NJW 63, 2067).

2 **B. Erfüllung und Erfüllungssurrogate.** Für die Erfüllungsleistung gelten die allgemeinen Grundsätze. Nicht ausreichend sind die Leistungen erfüllungshalber u Leistungen unter Vorbehalt. Als **Erfüllungssurrogate** werden hingegen die Leistung an Erfüllungs statt (§ 364), die Hinterlegung (§§ 372 ff) u die Aufrechnung (§ 387 ff) der Erfüllung gleichgestellt.

3 II stellt klar, dass wegen fehlender Gegenseitigkeit ein Gesamtschuldner nicht mit einer Forderung eines anderen Gesamtschuldners gegen die Forderung des Gläubigers **aufrechnen** kann. Dass ein Gesamtschuldner die Möglichkeit der Aufrechnung hat, gibt den übrigen kein Leistungsverweigerungsrecht. Als Ausnahme hiervon wird dem Miterben als Gesamtschuldner wegen eines Gegenanspruchs der Erbengemeinschaft eine Einrede analog § 770 II, § 129 III HGB zugebilligt (BGHZ 38, 122, 127 f).

4 **C. Rechtsfolgen.** Gesamtwirkung der Erfüllung bedeutet, dass der Gläubiger keinen der Gesamtschuldner mehr in Anspruch nehmen kann. Die Forderung erlischt jedoch nur, soweit der leistende Gesamtschuldner keinen Ausgleichsanspruch gegen die anderen Gesamtschuldner hat, ansonsten kommt es zu einem Forderungsübergang nach § 426 II (BGH NJW 91, 97).

§ 423 Wirkung des Erlasses

Ein zwischen dem Gläubiger und einem Gesamtschuldner vereinbarter Erlass wirkt auch für die übrigen Schuldner, wenn die Vertragschließenden das ganze Schuldverhältnis aufheben wollten.

1 **A. Bedeutung.** Die Norm befasst sich mit der Wirkung eines Erlassvertrages zwischen dem Gläubiger u einem Gesamtschuldner. Gesamtwirkung kommt ihm nur zu, wenn dies dem Parteiwillen entspricht. Eine solche Vereinbarung ist eine zulässige Verfügung zugunsten Dritter. Wann ein Gesamtaufhebungswille vorliegt bzw zu vermuten ist, regelt die Norm nicht.

2 **B. Gesamtwirkung.** Gesamtaufhebung ist zu bejahen beim Vergleich, der auf abschließende Regelung aller Ansprüche zwischen allen Beteiligten angelegt ist, im Zweifel auch dann, wenn kontrahierender Gesamtschuldner im Innenverhältnis voll einstehen muss (Köln NJW-RR 92, 1398; Hamm NJW-RR 98, 486, 487 f). Der Erlass des Geschädigten gegenüber dem Schädiger wirkt auch gegenüber der Haftpflichtversicherung (Köln VersR 69, 1027); ein Teilungsabkommen mit Regressverzicht des Fahrzeugversicherers gegenüber dem Haftpflichtversicherer kommt auch dem Schädiger zugute (BGH NJW-RR 93, 1111, 1113). Dagegen wirkt ein Verzicht gegenüber der Tochter nach Scheidung der Ehe nicht zugunsten des ehemaligen Schwiegersohns (Kobl NJW-RR 03, 73); ein zwischen Anleger u Anlageinitiator vereinbarter Abfindungsvergleich nicht zugunsten des Anlageberaters (Celle OLGR 02, 84).

3 **C. Einzelwirkung.** Einzelwirkung im Sinne eines *pactum de non petendo* tritt ein, wenn nur die Entlassung des Vertragspartners aus der Haftung bezweckt wird, die anderen Gesamtschuldner aber weiterhin in voller Höhe in Anspruch genommen werden sollen; bei Inanspruchnahme der anderen Gesamtschuldner durch den Gläubiger stehen diesen weiterhin Ausgleichsansprüche gegen den vertragsschließenden Gesamtschuldner zu (BGH NJW 86, 1097, 1098). Der BGH geht bei Fehlen besonderer Anhaltspunkte von Einzelwirkung aus (BGH NJW 00, 1942, 1943; NJW-RR 05, 34, 35 f).

4 **D. Beschränkte Gesamtwirkung.** Möglich ist auch, dass der vertragsschließende Gesamtschuldner **endgültig freigestellt** wird, der Gläubiger aber weiterhin Ansprüche gegen die übrigen Gesamtschuldner behält, allerdings gekürzt um die auf den Begünstigten im Innenverhältnis entfallende Quote; ein Regress gegen diesen scheidet aus (BGH NJW 00, 1942, 1943). Beschränkte Gesamtwirkung ist gewollt, wenn in einem Vergleich zwar nur die Schuld des Vertragspartners, diese aber insgesamt erledigt werden soll (Bremen NJW-RR 98, 1745; Köln NJW-RR 94, 1307; Oldbg VersR 92, 956); ferner bei einem Teilungsabkommen zwischen Sozialversicherungsträger u Haftpflichtversicherung (BGH MDR 77, 36; *Denck*, NJW 82, 2048, 2052 ff) o bei der Entlassung eines von zwei Mietern aus dem Mietvertrag bei gleichzeitiger Anmietung einer anderen Anlage desselben Vermieters (Oldbg MDR 00, 20).

5 **E. Besonderheiten bei Personengesellschaften.** Zwischen Gesellschaft u persönlich haftendem Gesellschafter besteht kein echtes Gesamtschuldverhältnis (s § 421 Rn 10). Aufgrund der Akzessorietät der Gesellschafterschuld ist ein Erlass gegenüber einer **Personengesellschaft** unter Fortbestehen der Gesellschafterschuld wirkungslos, es sei denn, der Gesellschafter stimmt zu (BGHZ 47, 376, 378 ff, WM 75, 974); umgekehrt ist ein Erlass gegenüber dem **Gesellschafter** bei Fortbestehen der Forderung gegen die Personengesellschaft aber möglich (BGH BB 71, 975).

§ 424 Wirkung des Gläubigerverzugs
Der Verzug des Gläubigers gegenüber einem Gesamtschuldner wirkt auch für die übrigen Schuldner.

Ebenso wie die Erfüllung wirkt der Gläubigerverzug iSv §§ 293 ff zugunsten aller Gesamtschuldner. Auch der im Innenverhältnis freizuhaltende Gesamtschuldner kann den Gläubiger in Verzug setzen, etwa wenn der Versicherer statt des Deliktstäters die Ersatzleistung anbietet (Staud/*Noack* § 424 Rn 4 f). 1

Mit Gesamtwirkung **aufgehoben** wird der Gläubigerverzug nur durch Bereiterklärung gegenüber demjenigen, der den Verzug begründet hat, gegenüber anderen Gesamtschuldnern hat die Erklärung der Annahmebereitschaft nur Einzelwirkung (Staud/*Noack* § 424 Rn 9, 11). 2

§ 425 Wirkung anderer Tatsachen
(1) Andere als die in den §§ 422 bis 424 bezeichneten Tatsachen wirken, soweit sich nicht aus dem Schuldverhältnis ein anderes ergibt, nur für und gegen den Gesamtschuldner, in dessen Person sie eintreten.
(2) Dies gilt insbesondere von der Kündigung, dem Verzug, dem Verschulden, von der Unmöglichkeit der Leistung in der Person eines Gesamtschuldners, von der Verjährung, deren Neubeginn, Hemmung und Ablaufhemmung, von der Vereinigung der Forderung mit der Schuld und von dem rechtskräftigen Urteil.

A. Bedeutung. Die Vorschrift postuliert den **Grundsatz der Einzelwirkung**, soweit keine der in §§ 422–424 benannten Tatsachen vorliegen o sich aus dem Schuldverhältnis nicht ausnahmsweise Gesamtwirkung ergibt. Die Aufzählung in II ist nur beispielhaft, keineswegs abschließend (Rn 10 ff). § 425 betrifft nur solche Tatsachen, die nach Begründung der Gesamtschuld eingetreten sind (BGH NJW 87, 2863, 2864). 1

B. Tatsachen des II. I. Kündigung. In II ist nur die **Fälligkeitskündigung** gemeint (Hamm NJW-RR 00, 714; München NJW-RR 96, 370; MüKo/*Bydlinski* § 425 Rn 4), formularmäßige Abbedingung der Einzelwirkung ist Verstoß gegen § 307 (zu § 9 AGBGB aF BGHZ 108, 98, 101). Die **Kündigung von Dauerschuldverhältnissen** muss dagegen gegenüber allen Gesamtschuldnern einheitlich erklärt werden, sie ist sonst unwirksam (Mietverhältnis: BGHZ 26, 102, 103; 96, 302, 310; Darlehen: BGH NJW 02, 2866; Hamm NJW-RR 00, 714; München NJW-RR 96, 370; Arbeitsverhältnis: BAG DB 72, 244; NJW 84, 1703, 1705; anders im Ansatz Staud/*Noack* § 425 Rn 11 ff). IdR genügt es, wenn der Kündigungsgrund in der Person eines Gesamtschuldners gegeben ist (Mietverhältnis: Ddorf NJW-RR 87, 1370, 1371; aber nach LG Darmstadt NJW 83, 52 uU Pflicht zum Neuabschluss mit vertragstreuem Mieter; Darlehen: München NJW-RR 96, 370). 2

II. Verzug. Nur derjenige Gesamtschuldner gerät in Verzug, bei dem Voraussetzungen des § 286 vorliegen; Mahnung gegenüber Kfz-Versicherer hat allerdings wegen § 10 IV AKB Gesamtwirkung zu Lasten des Versicherten (Nürnbg NJW 74, 1950 f). Verlangt der Gläubiger gegenüber einem der in Verzug befindlichen Gesamtschuldner Schadensersatz statt der Leistung, ändert dies an dem Inhalt der Schuld der anderen Gesamtschuldner nichts (RGZ 65, 26, 28 f; 140, 10, 18). Sind mehrere Gesamtschuldner in Verzug, wird aber nur einer verklagt, ist nur dieser zur Kostenerstattung verpflichtet (BGH NJW 90, 909 f). 3

III. Verschulden. Der Verschuldensvorwurf hat grds Einzelwirkung. Daher haftet bei einer pVV des Mietverhältnisses idR nur derjenige Mieter, der schuldhaft gehandelt hat (LG Berlin NJW-RR 02, 1452). Die Vereinbarung zwischen dem Gläubiger u den Gesamtschuldnern kann ausdrücklich o stillschweigend die Abrede enthalten, dass ein Gesamtschuldner für das Verschulden eines anderen Gesamtschuldners (u dessen Erfüllungsgehilfen) einzustehen hat, so gegenüber einem Besteller bei gemeinsamer Herstellung eines Werkes durch mehrere Unternehmer (BGH NJW 52, 217; Nürnbg NJW-RR 91, 28); gegenüber einem Gast bei gemeinsamen Betreiben einer Gaststätte (BGH VersR 69, 830, 831); bei Beschädigung eines gemieteten Kfz durch Mitmieter ohne Führerschein (BGHZ 65, 226, 228 f); wenn Schaden in der sog Gesamtsphäre der Mieter entstanden ist u dem Vermieter eine individuelle Zuordnung nicht möglich ist (so für die gemeinschaftliche Nutzung einer Waschmaschine Celle MDR 98, 896). Eine Personengesellschaft muss sich das Verhalten ihres geschäftsführenden Gesellschafters analog § 31 zurechnen lassen, ihre Gesellschafter haften als Gesamtschuldner, auch wenn sie selbst kein Schuldvorwurf trifft (BGHZ 154, 88, 93 ff; Kobl VersR 05, 655; *K Schmidt* NJW 05, 2801, 2804 ff; abw für die Partnerschaftsgesellschaft § 8 II PartGG). 4

Ein mitwirkendes Verschulden des **Geschädigten** (u seines Erfüllungsgehilfen) im Verhältnis zu einem von mehreren Gesamtschuldnern ist regelmäßig zugunsten aller Gesamtschuldner zu berücksichtigen (BGHZ 90, 86, 90 f). 5

IV. Unvermögen. Der Primäranspruch erlischt bei objektiver Unmöglichkeit gegenüber allen Gesamtschuldnern, Unvermögen befreit hingegen nur den jeweils betroffenen Schuldner (§ 275). Die Schadensersatzpflicht nach §§ 280, 283; 311 a II besteht nur gegenüber dem Schuldner, der die Unmöglichkeit zu vertreten hat. Bei zu vertretendem Unvermögen haftet der Betroffene auf Schadensersatz, die übrigen Schuldner weiterhin auf die Primärleistung. Der Rücktritt nach § 326 V kann gem § 351 nur mit Gesamtwirkung erklärt werden. 6

7 **V. Verjährung.** Der Eintritt der Verjährung sowie deren Hemmung, Ablaufhemmung sowie Neubeginn gestaltet sich nach den individuellen Verhältnissen der Gesamtschuldner verschieden. Dies gilt auch für die gesamtschuldnerische Haftung einer juristischen Person, ihrer Organe u Mitarbeiter (BGH NJW 01, 964 f). Einen Gleichlauf der Verjährungsfrist für die gesamtschuldnerische Haftung von Haftpflichtversicherer u Haftpflichtigem ordnet § 3 Nr 3 PflVG an.

8 **VI. Konfusion.** Der Gesamtschuldner, der die Forderung des Gläubigers erwirbt, muss seinen Ausgleichsbetrag (§ 426) abziehen, andere Gesamtschuldner haften nur pro rata (BAG NJW 86, 3104; Erman/*Ehmann* § 425 Rn 30; Palandt/*Grüneberg* § 425 Rn 7; differenzierend Staud/*Noack* § 425 Rn 67 ff).

9 **VII. Rechtskraft.** Die Rechtskraft eines Urteils beschränkt sich nach § 325 ZPO auf die Parteien. Daher kann der Gläubiger auch bei klageabweisendem Urteil gegen einen Gesamtschuldner den anderen verklagen. Einen Fall der gesetzlichen Rechtskrafterstreckung regelt § 3 Nr 8 PflVG. Nach § 129 HGB wirkt das Urteil gegen die Gesellschaft zu Ungunsten der aktiven Gesellschafter (BGHZ 54, 251, 255; 64, 155, 156 f; 78, 114, 120 f; NJW 80, 784, 785), aber nicht gegenüber ausgeschiedenen Korporationsmitgliedern (BGHZ 44, 229, 233); analoge Anwendung der Vorschrift auf Fälle echter Gesamtschuld ist abzulehnen (BGH NJW-RR 93, 1266, 1267).

10 **C. Weitere Tatsachen.** Die Abtretung der Forderung gegen nur einen Gesamtschuldner ist zulässig, aber idR nicht gewollt (RG JW 05, 428, Hamm NJW-RR 98, 486; Staud/*Noack* § 425 Rn 91 f). Der Zedent kann weiter die anderen Gesamtschuldner in Anspruch nehmen, der Zessionar nur den einen Gesamtschuldner; bei Erfüllung durch einen Gesamtschuldner erlischt die Forderung beim Zedenten u Zessionar. Einer Zustimmung der betroffenen Schuldner bedarf es nicht (Schlesw WM 98, 2057; Staud/*Noack* § 425 Rn 93; aA Hamm NJW-RR 98, 486; Nürnbg NZG 02, 874, 876; Palandt/*Grüneberg* § 425 Rn 9).

11 Eine **Änderungsvereinbarung** wirkt nur für u gegen den Gesamtschuldner, mit dem der Gläubiger die Vereinbarung getroffen hat (RGZ 102, 398, 399); ebenso hat ein Mieterhöhungsverlangen nach § 558 nur Einzelwirkung (BayObLG FamRZ 83, 701 f; Kobl NJW 84, 244 f).

12 Das Erlöschen eines Anspruchs durch Ablauf einer **Ausschlussfrist** hat lediglich Einzelwirkung (Karlsr VersR 78, 968, 969). Die rechtzeitige Geltendmachung von Ansprüchen gegenüber dem Arbeitgeber wirkt jedoch auch gegen Schuldmitübernehmer (BAG DB 72, 396) u persönlich haftendem Gesellschafter (BAG DB 85, 1536).

13 Im Falle der **Insolvenz** eines Gesamtschuldners hat das Fälligwerden der Forderung nach § 41 InsO lediglich Einzelwirkung (BGH NJW 00, 1408, 1409 zu § 65 I KO); ebenso die Erfüllungsablehnung nach § 103 InsO; diese wirkt aber in der Insolvenz der Personengesellschaft auch gegenüber dem persönlich haftenden Gesellschafter, selbst wenn dieser bereits ausgeschieden ist (BGHZ 48, 203, 207). Die Insolvenz eines Mieters berechtigt den Gläubiger nicht zur Kündigung gegenüber allen Mietern (BGHZ 26, 102, 104 ff; zw, vgl Erman/*Ehmann* § 425 Rn 8; MüKo/*Bydlinski* § 425 Rn 7); wohl aber den Insolvenzverwalter (Celle NJW 74, 2012; Ddorf NJW-RR 87, 1369; Jauernig/*Stürner* § 425 Rn 2), der Ersatzanspruch nach § 109 I 2 richtet sich aber dann nur gegen den insolventen Mieter (Celle NJW 74, 2012).

14 Der **Rücktritt** muss gem § 351 gegenüber allen Gesamtschuldnern erklärt werden, es genügt jedoch, dass die Voraussetzungen durch das Verhalten eines Beteiligten begründet werden (BGH NJW 76, 1931, 1932; Hamm WM 87, 105 f). Entsprechendes gilt bei **anderen Gestaltungsrechten** wie der Anfechtung (BGHZ 96, 302, 310); zur Kündigung s Rn 2.

15 Einzelwirkung haben schließlich bezüglich **Pfändung** (BGH NJW 1998, 2904), **Rechtshängigkeit** (Celle OLGZ 70, 357, 360) u **Verwirkung** (BGH NJW-RR 02, 478, 479).

§ 426 Ausgleichungspflicht, Forderungsübergang

(1) ¹Die Gesamtschuldner sind im Verhältnis zueinander zu gleichen Anteilen verpflichtet, soweit nicht ein anderes bestimmt ist. ²Kann von einem Gesamtschuldner der auf ihn entfallende Beitrag nicht erlangt werden, so ist der Ausfall von den übrigen zur Ausgleichung verpflichteten Schuldnern zu tragen.

(2) ¹Soweit ein Gesamtschuldner den Gläubiger befriedigt und von den übrigen Schuldnern Ausgleichung verlangen kann, geht die Forderung des Gläubigers gegen die übrigen Schuldner auf ihn über. ²Der Übergang kann nicht zum Nachteil des Gläubigers geltend gemacht werden.

1 **A. Bedeutung.** Die Norm betrifft das Innenverhältnis der Gesamtschuldner u soll gewährleisten, dass die Lasten gerecht verteilt werden. Sie stellt dem Gesamtschuldner, der über die auf ihn entfallende Quote hinaus Leistungen erbracht hat, zwei selbstständige Ansprüche zur Verfügung: Die Ausgleichsforderung nach I sowie die ursprüngliche Gläubigerforderung, die nach II im Wege der cessio legis auf den Leistenden übergeht. Zu dem gesetzlichen Ausgleichsverhältnis kommt häufig noch als weitere Anspruchsgrundlage ein zwischen den Gesamtschuldnern bestehendes vertragliches (zB Auftrag, Gesellschaft) o vertragsähnliches Rechtsverhältnis (etwa GoA) hinzu.

§ 426 setzt ein echtes Gesamtschuldverhältnis voraus. Bei mehreren gleichstufigen **Sicherungsgebern** gewährt 2
die Rspr Ausgleich nach § 242 entsprechend den Regeln über die Gesamtschuld, so insbes im Verhältnis
Bürge/Grundschuldbesteller (BGHZ 108, 179, 183 ff; NJW-RR 91, 170, 171; NJW 92, 3228; 01, 2327, 2330)
u Bürge/Verpfänder (BGH NJW-RR 91, 499).

Anwendbar ist § 426 auch bei mehreren kraft **öffentlichen Rechts** verpflichteten Gesamtschuldnern (BGHZ 3
9, 65, 66 ff: Amtspflichtverletzung; BVerwG NJW 93, 1667: Fehlbelegungsabgabe; BGH NJW 65, 1595, 1596:
Gewässerunterhaltspflicht; BGHZ 120, 50, 55 ff; BAG NJW 04, 3588: Steuerpflicht), nicht aber auf den Ausgleich zwischen mehreren polizeirechtlichen Störern (BGH NJW 81, 2457, 2458; Ddorf NVwZ 89, 993, 997;
aA Staud/*Noack* § 426 Rn 248).

B. Bestimmung der Beteiligungsquote. I. Grundregel: Verteilung nach Kopfteilen. Nach I 1 sind Ge- 4
samtschuldner einander zu gleichen Teilen verpflichtet, sofern nicht etwas anderes bestimmt ist. In der Praxis
überwiegen gesetzliche o vertragliche Abweichungen von der Pro-Kopf-Regel, deren Voraussetzungen jedoch
derjenige darlegen u beweisen muss, der sich auf sie beruft (RGZ 88, 122, 125; BGH NJW 88, 133; 00, 1944,
1945; Köln NJW-RR 96, 557).

Bsp für Verteilung nach Kopfteilen: Vorschusspflicht des Klägers u des Beklagten gegenüber dem Schiedsrich- 5
ter (BGHZ 55, 344, 349), Schuldner von Leibrente u Reallast (BGHZ 58, 191, 193 ff), nach § 528 rückgewährpflichtige Beschenkte (BGHZ 137, 77, 87), BRep u Beschäftigungsstelle eines Zivildienstleistenden, wenn sie
gemeinsam für dessen Fehlverhalten einzustehen haben (BGHZ 152, 380, 390 f).

II. Abweichende vertragliche Bestimmung. Eine anderweitige Bestimmung kann sich aus einer ausdrückli- 6
chen o konkludenten Vereinbarung ergeben. Sie kann unterschiedlich hohe Anteile, aber auch eine völlige
Freistellung einzelner Gesamtschuldner vorsehen.

Für ein **Darlehen** ist intern ausgleichspflichtig, wem der Betrag zufließt o sonst zugute kommt. Der Umfang 7
der Ausgleichspflicht bei mehreren **Mitbürgen** kann durch eine Rangvereinbarung mit dem Gläubiger (BGH
NJW 86, 3131, 3133: Ausfallbürgschaft), der Stellung zum Hauptschuldner (BGHZ 88, 185, 190) o iF der
Höchstbetragsbürgschaft nach dem Verhältnis der verschiedenen Höchstbeträge zueinander (BGHZ 137,
292 ff) bestimmt werden. Im Verhältnis zu seinem Arbeitgeber hat idR allein der Arbeitnehmer die Lohnsteuerschuld gegenüber dem Fiskus zu tragen, eine sog Nettolohnvereinbarung ist aber zulässig (BAG NJW 04,
3588). Bei Grundstückskaufverträgen ist davon auszugehen, dass die Parteien typischerweise den Erwerber
mit der Grunderwerbssteuer belasten wollen (Karlsr NJW-RR 89, 1237, 1238).

Unter **Gesellschaftern** bestimmt sich die Ausgleichsquote idR nach dem Beteiligungsverhältnis (RGZ 88, 122, 8
125; BGHZ 47, 157, 165; NJW-RR 89, 685). Der Ausgleichsberechtigte muss sich zunächst an die Gesellschaft
halten, erst wenn von dieser keine Befriedigung zu erlangen ist, kann er seine Mitgesellschafter pro rata in
Anspruch nehmen (BGHZ 37, 299, 303; 103, 72, 76).

Für die Zeit des Zusammenlebens in der **Ehe** wird der Ausgleich entsprechend dem jeweiligen Einkommen
(BGH NJW-RR 88, 966) vorgenommen, verdient nur ein Partner, kann er idR keinen Ausgleich verlangen
(BGHZ 87, 265, 269 f; NJW 00, 1944, 1945); dies gilt sogar für Belastungen für ein im Alleineigentum des
anderen stehendes Hausgrundstück (Oldbg NJW-RR 05, 1018). Auch Steuerschulden sind intern nach der
Höhe der jeweiligen Einkünfte zu verteilen (BGHZ 73, 29, 38; NJW 00, 1570).

Ab **Scheitern der Ehe** (endgültige Trennung, Scheidungsantrag) sowie nach dem Tod eines Partners besteht 9
für die nunmehr erbrachten Leistungen grds hälftiger Ausgleichsanspruch (BayObLG VersR 98, 1382), für die
bis dahin erbrachten Leistungen ändert sich nichts. Der Ausgleich nach § 426 geht dem Zugewinnausgleich
vor (BGHZ 87, 265, 273 f; NJW-RR 89, 66). Bei **Immobilien** richtet sich der Ausgleich grds nach dem Verhältnis der Miteigentumsanteile. Daran ändert sich nichts, wenn der gemeinsam aufgenommene Kredit auf
einen Ehegatten umgeschuldet wird (BGH NJW-RR 91, 578). Bewohnt der das Darlehen bedienende Ehegatte das Haus nach der Trennung allein, so hat er gem §§ 745 II, III entweder die Grundstückslasten zu
übernehmen o von seinem Ausgleichsanspruch eine Nutzungsvergütung abzuziehen (BGHZ 87, 265, 271 ff;
NJW-RR 86, 1196; Bremen FamRB 05, 162). Steht das Familienheim im **Alleineigentum** eines Ehegatten,
muss er trotz Mithaftung des anderen Ehegatten die Grundstückslasten im Innenverhältnis allein tragen
(BGH FamRZ 97, 487). Verbleibt ein Ehepartner in der früher gemeinsam genutzten **Mietwohnung**, kann er
keinen Ausgleich verlangen (München FamRZ 96, 291; Köln FamRZ 03, 1664 m Anm *Wever*), anders bis zum
Ablauf der ersten Kündigungsfrist, wenn er in eine billigere Wohnung umziehen möchte (Dresden MDR 02,
1318). Bei einem Hausratskredit ist grds ein hälftiger Ausgleich angemessen (Kobl NJW-RR 99, 1093).
Anders liegt es bei einem kreditfinanzierten Kfz, den ein Partner weiternutzt u/o veräußert (KG NJW-RR 99,
1093). Ebenfalls keinen Ausgleich kann der Ehepartner verlangen, wenn das Darlehen für sein Unternehmen
aufgenommen wurde (Hamm FamRZ 94, 960; aA Bremen NJW 00, 82), o allgemein keine Vermögensmehrung durch die Kreditaufnahme beim mithaftenden Ehegatten vorliegt (Hamm NJW-RR 93, 197). Wird die
alleinige Schuldentilgung durch einen getrennt lebenden o geschiedenen Ehepartner bei der Berechnung des
dem anderen zustehenden Unterhalt bereits berücksichtigt, so liegt die Annahme nahe, dass mit einer solchen Abrede von der Haftung zu gleichen Teilen abgewichen werden soll (BGH NJW 05, 2307).

10 Auch bei einer **nichtehelichen Lebensgemeinschaft** ist ein Ausgleich bei finanziellen Leistungen des erwerbstätigen Partners auf einen gemeinschaftlich aufgenommenen Kredit durch den Partner, der die Haushaltsführung übernommen hat, nicht sachgerecht (BGHZ 77, 55, 59). Für die nach der Trennung fälligen Raten besteht aber grds ein hälftiger Ausgleichsanspruch, auch wenn vorher die Raten allein von einem Partner getragen wurden (Kobl NJW-RR 98, 1227).

11 **III. Abweichende gesetzliche Bestimmung.** Ausdrückliche gesetzliche Regelungen enthalten §§ 840 II III, 841, 1833 II 2, § 46 S 2 BNotO, § 59 II VVG, § 3 Nr 9 PflVG.

12 Bei mehreren Schadensersatzpflichtigen kommt es **entsprechend** § 254 auf das Maß der Verursachung u des Verschuldens an (stRspr, BGHZ 17, 214, 222; 59, 97, 103); bei Straftaten sind auch die Höhe der jeweiligen Beuteanteile zu berücksichtigen (Hamm NJW 02, 1054). Die Abwägung kann auch dazu führen, dass der eine Gesamtschuldner gegenüber dem anderen von der Haftung frei ist. So unterliegt etwa derjenige, der lediglich eine Aufsichtspflicht verletzt, gegenüber dem unmittelbaren Täter idR keiner Ausgleichspflicht (BGH NJW 80, 2348; 05, 2309, 2310; Jena VersR 98, 990, 993). Dies gilt auch im Verhältnis zwischen dem bauaufsichtspflichtigen Architekten u dem Bauunternehmer, der ein Gerüst fehlerhaft errichtet (BGH NJW 71, 752, 753). Nach den Grds der betriebsbedingten (früher: gefahrgeneigten) Tätigkeit kann sich im Verhältnis zum Arbeitnehmer eine alleinige Verpflichtung des Arbeitgebers ergeben.

13 **IV. Haftungs- u Zurechnungseinheit.** Mehrere Gesamtschuldner können aus rechtlichen o tatsächlichen Gründen beim Ausgleich wie eine Person behandelt werden, sie haften den übrigen Gesamtschuldnern gesamtschuldnerisch (Rn 19) auf eine **gemeinsame Quote.** Unter ihnen findet kein Ausgleich nach § 426 statt, vielmehr kommt bei Zuvielleistung ein Bereicherungsanspruch nach § 812 in Betracht (BGH NJW 78, 2392, 2393).

14 **Beispiele:** Fahrer u Halter eines Kfz (BGH NJW 66, 1262; VersR 70, 63, 64); Geschäftsherr u Erfüllungs- bzw Verrichtungsgehilfe (BGHZ 6, 3, 27 f; NJW-RR 89, 918, 920); mehrere Schädiger, deren Verhalten sich in ein u demselben Ursachenbeitrag ausgewirkt hat (BGHZ 54, 283, 285; NJW 83, 623, 624; 96, 2023, 2024); Wohnungseigentümer im Verfahren nach WEG (BayObLG NJW-RR 01, 158); Streitgenossen für den an das Schiedsgericht zu zahlenden Vorschuss (BGHZ 55, 344, 349).

15 Auch der **Geschädigte** kann mit einem Schädiger eine Zurechnungseinheit bilden (BGHZ 61, 213, 218). Der in Anspruch genommene weitere Schuldner kann von dem innerhalb der Haftungseinheit stehenden Schuldner keinen Ausgleich nach § 426 verlangen, weil dessen Tatbeitrag bereits bei der Bemessung der vom Geschädigten zu tragenden Quote berücksichtigt wurde (BGH NJW 96, 2023, 2025). Wurde in einem Prozess mit dem Geschädigten die Quote zu hoch angesetzt, so kann er einen Bereicherungsanspruch nach § 812 gegen seinen Mitgesamtschuldner geltend machen (BGH NJW 78, 2392, 2393).

16 **C. Ausgleichsanspruch nach I. I. Rechtsnatur.** Der Anspruch nach I wurzelt im Gemeinschaftsverhältnis der Gesamtschuldner, ist daher **rechtlich selbstständig** u von der gem II übergegangenen Forderung des Gläubigers zu trennen. Er wird insbes nicht dadurch berührt, dass der Anspruch des Gläubigers verjährt (RGZ 69, 422, 426 ff; 146, 97, 101 f; ausnahmsweise anders zu Art 32 CMR BGH NJW-RR 90, 1508 f) o wegen des Ablaufs einer Ausschlussfrist erloschen ist (BGH NJW 81, 681). Der Ausgleichsanspruch unterliegt der regelmäßigen Verjährungsfrist nach § 195 (BGHZ 58, 216, 218) von drei Jahren. Er entsteht bereits mit der Begründung der Gesamtschuld, nicht erst mit der Befriedigung des Gläubigers (BGHZ 23, 361, 363; 35, 317, 325; 114, 117, 122).

17 **II. Mitwirkungsanspruch.** Mit der Fälligkeit der Gesamtschuld können die Gesamtschuldner wechselseitig voneinander verlangen, bei der Befriedigung des Gläubigers mitzuwirken (RGZ 79, 288, 290; BGH NJW 86, 978). Der Anspruch richtet sich auf Befreiung von dem Teil der Schuld, den der andere Gesamtschuldner im Innenverhältnis zu tragen hat (BGHZ 47, 157, 165; NJW 86, 3131, 3132). Er kann klageweise durchgesetzt u nach § 887 ZPO notfalls auch vollstreckt werden (BGH NJW 58, 497); auch einredeweise Geltendmachung nach § 273 ist möglich (Celle OLGZ 70, 357, 359). Bei schuldhafter Nichterfüllung macht sich der andere Gesamtschuldner schadensersatzpflichtig (RGZ 79, 288, 291; 92, 143, 151 f; BGHZ 155, 265, 271).

18 **III. Erstattungsanspruch.** Befriedigt ein Gesamtschuldner den Gläubiger, so wandelt sich der Mitwirkungsanspruch um in einen Anspruch auf Ausgleich des Geleisteten, u zwar in Höhe des Teils, den er mehr geleistet hat, als er gegenüber den anderen Gesamtschuldnern verpflichtet ist (BGH NJW 86, 1097; Hamm NJW 02, 1054), berechnet nach dem fälligen Teil der Gesamtschuld (München MDR 72, 239). Mitbürgen u andere gesamtschuldnerisch haftende Sicherungsgeber können Ausgleich auch dann verlangen, wenn sie weniger als den auf sie entfallenden Teil geleistet haben (BGHZ 23, 364; NJW 86, 3132), es sei denn, der Hauptschuldner fällt endgültig aus (BGH NJW 86, 1097, 1098; Köln NJW 95, 1685, 1686). Inhaltlich ist der Erstattungsanspruch idR auf Geldleistung gerichtet, was unproblematisch ist, wenn schon der Anspruch des Gläubigers Geldforderung war, ansonsten ist der Wert der Leistung zu beziffern (vgl BGHZ 43, 227, 234; NJW 99, 2962; Staud/*Noack* § 426 Rn 32). Der Ausgleich findet nur hinsichtlich der gemeinsamen Schuld statt (BGHZ 12, 213, 220; NJW 66, 1262, 1263). Prozesskosten aus einem Rechtsstreit mit dem Gläubiger gehören nicht dazu (BGHZ 155, 265, 270); anders bei vertraglicher Übernahme durch einen anderen Gesamtschuldner (BGH NJW 71, 884, 885).

Mehrere Ausgleichsverpflichtete haften dem Ausgleichsberechtigten ihrerseits nicht als Gesamtschuldner, 19
sondern nur pro rata (BGHZ 6, 3, 25; aA MüKo/*Bydlinski* § 426 Rn 30). Eine Ausgleichsgesamtschuld nimmt
die Rspr ausnahmsweise an, wenn der Gesamtschuldner im Innenverhältnis vollständig freigestellt ist (RGZ
87, 64, 67 f; 136, 275, 287 f; BGHZ 17, 214, 222; zu Unrecht: AnwK-BGB/*Völzmann-Stickelbrock* § 426 Rn 3;
jurisPK/*Rüßmann* § 426 Rn 23; Staud/*Noack* § 426 Rn 28 ff) sowie in den Fällen der Haftungseinheit (RGZ
136, 275, 287 f; BGHZ 61, 213, 220; NJW-RR 89, 918, 920).

IV. Ausfallregelung (I 2). Der Ausfall eines Gesamtschuldners muss von den übrigen entsprechend dem 20
Verteilungsmaßstab des Innenverhältnisses getragen werden. Die Zahlungsunfähigkeit wird idR schon durch
einen vergeblichen Vollstreckungsversuch nachgewiesen; dass es zur Eröffnung eines Insolvenzverfahrens
kommt, ist nicht erforderlich. Der zahlungsunfähige Gesamtschuldner wird durch I 2 nicht endgültig befreit.
Er bleibt den übrigen Gesamtschuldnern vielmehr in Höhe seiner Quote verpflichtet, uU macht er sich durch
die unterbliebene Leistung schadensersatzpflichtig.

D. Regelung des II: cessio legis. I. Forderungsübergang (1). Befriedigt ein Gesamtschuldner den Gläubi- 21
ger, so erlischt die Forderung nicht (BGH NJW 91, 97, 98), sondern geht nach § 426 II 1 im Umfang der Ausgleichspflicht nach I über; ein weiter gehender Forderungsübergang zu Lasten der übrigen Gesamtschuldner
kann nicht vereinbart werden (BGHZ 17, 214, 222). Die Hauptbedeutung der sog verstärkenden Legalzession
liegt in dem Übergang der dem Gläubiger bestellten Sicherheiten gem §§ 401, 412.

II. Beschränkung (2). Wenn die Forderung des Gläubigers nur teilweise befriedigt wurde u deshalb nur teil- 22
weise übergegangen ist, behält die restliche Forderung des Gläubigers den Vorrang vor der übergegangenen
(Teil-)Forderung des ausgleichsberechtigten Gesamtschuldners. § 426 II 2 schließt es aber nicht aus, dass der
Gesamtschuldner den Rechtsübergang zum Nachteil anderer selbstständiger Forderungen des Gläubigers geltend macht (BGH NJW 03, 1036). Ferner kann der Gläubiger den Vorrang regelmäßig nicht geltend machen,
wenn er einen Abfindungsvergleich mit dem Gesamtschuldner abgeschlossen u dieser die vereinbarte Summe
voll bezahlt hat (BGH aaO).

E. Gestörte Gesamtschuld. I. Vertragliche Haftungsfreistellung. Durch einen nach Entstehung der 23
Gesamtschuld vereinbarten Haftungsausschluss zwischen einem Gesamtschuldner u dem Gläubiger wird
das Ausgleichsverhältnis nicht berührt, es sei denn, es ist ausnahmsweise Gesamtwirkung o beschränkte Gesamtwirkung gewollt (BGHZ 58, 216, 218 f; NJW 00, 1942, 1943; § 423 Rn 2 ff).

Im Falle einer bereits **vor Entstehung der Gesamtschuld** vereinbarten Haftungsfreistellung wird die nach 24
außen nicht bestehende Gesamtschuld für das Innenverhältnis fingiert, der interne Ausgleichsanspruch bleibt
grds unberührt (BGHZ 12, 213, 217 ff; 58, 216, 219 ff; NJW 89, 2386, 2387). Auf die von der hL favorisierte
Lösung, den Anspruch des Gläubigers gegen den Zweitschädiger von vornherein um den Anteil des Begünstigten zu kürzen (*Larenz* I § 37 III; Medicus BR Rn 933 ff; BaRoth/*Gehrlein* § 426 Rn 12; MüKo/*Bydlinski*
§ 426 Rn 57), kann nur bei Vorliegen besonderer Anhaltspunkte für einen derartigen Parteiwillen zurückgegriffen werden.

II. Gesetzliche Haftungsprivilegierung. Bei gesetzlichen Haftungsprivilegierungen kommt es auf den 25
Zweck der jeweiligen Regelung an. Ist ein Arbeitsunfall durch einen von §§ 104, 105, 106 SGB VII (früher
§§ 636 f RVO) begünstigten Arbeitgeber o Arbeitskollegen u einen außenstehenden Zweitschädiger verursacht
¹so beschränkt sich der Anspruch des Geschädigten auf den Verantwortungsanteil des Zweitschädigers
(BGHZ 61, 51, 53 ff; 157, 9, 14 ff; NJW 05, 2309; 05, 3144; ebenso für den Fall der Inanspruchnahme einer
GbR, deren von der Haftung freigestellter Gesellschafter den Unfall verursacht hat BGHZ 155, 205, 212 ff).
Die Beschränkung der Haftung des Zweitschädigers beruht dabei auf dem Gedanken, dass einerseits die haftungsrechtliche Privilegierung nicht durch eine Heranziehung im Gesamtschuldnerausgleich unterlaufen
werden soll, es aber andererseits im Hinblick auf die Absicherung des Geschädigten durch eine gesetzliche
Unfallversicherung nicht gerechtfertigt wäre, den Zweitschädiger den Schaden allein tragen zu lassen. Eine
von dem privilegierten Schädiger zugunsten des Zweitschädigers eingegangene Freihaltungsverpflichtung
beeinflusst nicht dessen Außenhaftung (BGHZ 110, 114, 117 ff).

Die Anspruchskürzung greift auch bei einem **Schulunfall**, wenn die Haftung eines Mitschädigers nach § 106 26
SGB VII ausgeschlossen ist (BGH VRS 73, 20), sowie bei einem durch einen nach § 46 BeamtVG begünstigten Beamten u einen nicht privilegierten Schädiger verursachten **Dienstunfall** (BGHZ 94, 173, 176 ff). Wenn
ein Schaden durch einen nach § 67 II VVG o § 116 VI SGB X von der Haftung freigestellten **Angehörigen** u
eine außenstehende Person verursacht wurde, so beschränken sich die Regressansprüche des Versicherers bzw
Sozialversicherungsträgers gegen den Zweitschädiger auf dessen Verursachungsanteil (BGHZ 54, 256 ff; 73,
191, 195). Die Schadensersatzansprüche des **Arbeitgebers** gegen einen Dritten verringern sich aufgrund der
Besonderheiten des innerbetrieblichen Schadensausgleichs (§ 611 Rn 88) bei Mitverursachung durch den
eigenen Arbeitnehmer um dessen Haftungsquote (Karlsr OLGZ 69, 157), aber keine Kürzung zu Lasten eines
Dritten, dem Arbeitnehmer u Arbeitgeber haften (BGHZ 108, 305, 307 ff; NJW 94, 852).

Bei **bürgerlich-rechtlicher Haftungsbeschränkung** verneint der BGH zu § 1664 I einen Ausgleichsanspruch 27
des Zweitschädigers gegen die Eltern, die ohne Verletzung der eigenüblichen Sorgfalt o grobe Fahrlässigkeit

an der Schädigung mitgewirkt hatten, u belastet ihn voll (BGHZ 103, 344, 346 ff; 159, 318, 323). Dies dürfte auch auf die Privilegierungen der §§ 708, 1359 übertragbar sein. Entschärft wird die Problematik dadurch, dass die genannten Vorschriften auf Unfälle im Straßenverkehr nicht anwendbar sind (vgl zu § 708 BGHZ 46, 313 ff; zu § 1359 BGHZ 53, 352 ff; 61, 101, 104 f; 63, 51, 57 f; zu § 1664 I Hamm NJW 93, 542, 543).

§ 427 Gemeinschaftliche vertragliche Verpflichtung

Verpflichten sich mehrere durch Vertrag gemeinschaftlich zu einer teilbaren Leistung, so haften sie im Zweifel als Gesamtschuldner.

1 **A. Bedeutung.** Die Vorschrift enthält eine Auslegungsregel, die der Vermutung des § 420 für die Teilschuld vorgeht u damit den Anwendungsbereich der Gesamtschuld ganz erheblich ausweitet.

2 **B. Gemeinschaftliche vertragliche Verpflichtung.** § 427 setzt eine vertragliche Verpflichtung durch mehrere Personen voraus, die auf eine zwar teilbare (§ 420 Rn 2 ff), aber auf dasselbe Leistungsinteresse des Gläubigers gerichtet ist. Es ist nicht notwendig, dass ein einheitlicher Vertrag errichtet wird, sofern jeder Schuldner subjektiv mit der Verpflichtung des anderen rechnet (RGZ 70, 405, 410; BGH NJW 59, 2160, 2161). Entsprechende Anwendung findet § 427 auf einseitige Rechtsgeschäfte (Staud/*Noack* § 427 Rn 7) sowie über § 683 auch für Verpflichtungen aus GoA (BGH VersR 67, 55, 56; BayObLG NJW-RR 87, 1038, 1039; aA jurisPraxK/*Rüßmann* § 427 Rn 4; Staud/*Noack* § 427 Rn 8).

3 **C. Kasuistik.** Gesamtschuld: gemeinsame Aufnahme eines Darlehens (RGZ 71, 113, 117), Schiedsparteien gegenüber Schiedsgericht (BGHZ 55, 344, 347), mehrere durch Prozessvergleich verpflichtete Parteien (KG NJW-RR 88, 1406), mehrere Grundstückserwerber bzgl Verpflichtungen aus Mietvertrag gem § 566 (BGH NJW 73, 455), mehrere Mieter bzgl Rückgabepflicht nach § 546 (Ddorf NJW-RR 87, 1371), Verkauf verschiedener Sachen durch mehrere Eigentümer, sofern es sich um wirtschaftliche Einheit handelt, Ehegatten aus einem gem § 1357 für beide verbindlichen Vertrag, Verpflichtung aus einem „Oder-Konto" (Nürnbg ZIP 90, 1558, 1559; Köln WM 99, 1003), Sammelbestellung für Studierendenrat (Frankf NJW-RR 91, 283), Wohnungseigentümer, die sich neben der – teilrechtsfähigen – Eigentümergemeinschaft persönlich verpflichten (BGH NJW 05, 2061, 2067), Rückabwicklung von Verträgen aufgrund von Rücktritt o Minderung (Staud/*Noack* § 427 Rn 73).

4 Keine Gesamtschuld: Bereicherungsansprüche aus nichtigem Vertrag (Hamm NJW 81, 877, 878; *Medicus*, FS W Lorenz, 2001, S 229 ff; Staud/*Noack* § 427 Rn 74 f; aA RGZ 67, 260, 261 f), Klassenfahrt bei Bestellung durch Lehrer für Schüler (Frankf NJW 86, 1941 f), Verlustdeckungshaftung der Gesellschafter einer Vor-GmbH (BGHZ 134, 333 ff), Sammelbestellung von Heizöl unter Angabe der Namen der Besteller u der Abnahmemenge (LG Augsburg NJW-RR 04, 852; anders LG Konstanz NJW 87, 2521).

§ 428 Gesamtgläubiger

¹Sind mehrere eine Leistung in der Weise zu fordern berechtigt, dass jeder die ganze Leistung fordern kann, der Schuldner aber die Leistung nur einmal zu bewirken verpflichtet ist (Gesamtgläubiger), so kann der Schuldner nach seinem Belieben an jeden der Gläubiger leisten. ²Dies gilt auch dann, wenn einer der Gläubiger bereits Klage auf die Leistung erhoben hat.

1 **A. Bedeutung.** § 428 definiert die Gesamtgläubigerschaft als Gegenstück zur Gesamtschuldnerschaft (§ 421). Der Schuldner kann hier frei wählen, an welchen der mehreren Forderungsberechtigten er leistet. Die Quittung eines Gläubigers reicht zum Nachweis der Erfüllung (KG OLGZ 65, 92, 95). Da das Wahlrecht allein den Interessen des Schuldners dient, kann er darauf verzichten, zB für den Fall einer Beschlagnahme der Forderung bei einem der Gläubiger (BGH NJW 79, 2038, 2039). Zur Umwandlung einer Gesamtgläubigerforderung in eine Mitgläubigerforderung bedarf es neben der Mitwirkung des Schuldners der Zustimmung aller Gläubiger (BGH NJW 91, 420). Der einzelne Gläubiger kann über seine Forderung isoliert verfügen, sie insbes auf einen Dritten übertragen (BGHZ 29, 363, 364), Gestaltungsrechte müssen jedoch idR gemeinsam ausgeübt werden (BGHZ 59, 187 ff). Die Gesamtgläubigerschaft entsteht kraft Gesetz o rechtsgeschäftlicher Übereinkunft. Für ihr Vorliegen spricht keine Vermutung, sie ist vielmehr angesichts der mit ihr verbundenen Gläubigerrisiken die Ausnahme (BGH NJW 84, 1356, 1357).

2 **B. Vertragliche Gesamtgläubigerschaft.** Durch die Einrichtung eines Gemeinschaftskontos mit Einzelberechtigung (**Oder-Konto**), bei dem im Gegensatz zum Konto mit gemeinsamer Verfügungsberechtigung (Und-Konto) jeder Kontoinhaber verfügungsberechtigt ist, wird eine Gesamtgläubigerschaft begründet (BGHZ 93, 315, 320 f; 95, 185, 187). Abbedungen ist dabei allerdings das freie Wahlrecht des Schuldners, vielmehr muss die Bank an den Fordernden leisten (Dresden WM 01, 1148 f). Gesamtgläubiger sind ferner die Inhaber eines „Oder-Depots" (BGH NJW 97, 1434, 1435; Ddorf NJW-RR 98, 918, 919), Ehegatten, die

gemeinsam einen Bausparvertrag abgeschlossen haben (München NJW-RR 92, 498) o Rückzahlung einer Mietkaution für die gemeinsame Wohnung verlangen (AG Itzehoe FamRZ 91, 442), Absender u Empfänger hinsichtlich der Ansprüche gegen Frachtführer nach § 421 HGB (BGH NJW 99, 1110, 1112). Die Umwandlung einer Einzelforderung in eine Gesamtgläubigerforderung ist nur mit Zustimmung des Schuldners möglich (BGHZ 64, 67 ff).

Keine Gesamtgläubigerschaft ist bei Ansprüchen einer Rechtsanwaltssozietät (BGH NJW 96, 2859) o Forderungen eines Gläubigerpools (BGH NJW 91, 2629) gegeben, da hier nicht die Gesellschafter, sondern die GbR selbst Inhaber der Rechte ist; entsprechendes gilt für Ansprüche einer Wohnungseigentümergemeinschaft (vgl BGH NJW 05, 2061). 3

C. Gesetzliche Anordnung von Gesamtgläubigerschaft. Beispiele gesetzlich begründeter Gesamtgläubigerschaft sind §§ 525 II, 2151 III; § 117 SGB X; ferner die Mitberechtigung von Ehegatten nach § 1357 (str, vgl Staud/*Noack* § 428 Rn 63 ff), Anspruch auf Ersatz des Drittinteresses u der etwaige eigene Anspruch des tatsächlich Geschädigten (BGH NJW 85, 2411 f), Ausgleichsanspruch zwischen Mitbürgen (RGZ 117, 1, 5), Erstattungsanspruch mehrerer Kostengläubiger aus einem Kostenfestsetzungsbeschluss (BGH Rpfleger 85, 321), Bereicherungsanspruch von Gesamtschuldnern (Frankf OLGZ 82, 358), solange die zu kondizierende Leistung nicht einem Gesamtschuldner allein zugeordnet werden kann (BGH NJW 04, 1169, 1171), cessio legis auf mehrere gleichrangige, miteinander konkurrierende Dienstherren o Sozialversicherungsträger (BGHZ 106, 381, 388 f), persönliche Haftung des GmbH-Geschäftsführers bei Baugeldentfremdung gegenüber Insolvenzverwalter u geschädigtem Generalunternehmer (München NJW-RR 05, 390). 4

Keine Gesamtgläubigerschaft: Steuererstattungsanspruch bei Eheleuten (BFH NJW 90, 2491; LG Düsseldorf NJW-RR 86, 1333; LG Stuttgart NJW-RR 92, 646 f), Schadensersatzansprüche von Hinterbliebenen bei Tötung (BGH NJW 72, 1716, 1717), Unterhaltsansprüche mehrerer Berechtigter trotz Geltendmachung in einem Rechtsstreit (Naumb OLGR 05, 865 f). 5

D. Dingliche Gesamtberechtigung. Bei beschränkten dinglichen Rechten ist eine dingliche Gesamtberechtigung iSv § 428 möglich: Erbbaurecht (LG Bielefeld Rpfleger 85, 248; ablehnend Staud/*Noack* § 428 Rn 111), Grunddienstbarkeit (BayObLG NJW 66, 56; Rpfleger 02, 619), Grundschuld (BGH NJW 75, 445), Hypothek (BGHZ 29, 363, 364 ff), Nießbrauch (BGH NJW 81, 176; BFH NJW 86, 1634), Reallast (KG JW 32, 1564; BayObLG Rpfleger 75, 300), Wohnrecht (BGHZ 46, 253, 256 ff; NJW 96, 2153). Im Grundbuch ist die Rechtszuständigkeit nach § 47 GBO zu dokumentieren, etwa durch den Zusatz „als Gesamtberechtigte gem § 428" (BGH NJW 81, 176; BayObLG Rpfleger 96, 21). Zulässig ist auch eine Auflassungsvormerkung zugunsten von Gesamtgläubigern (BayObLGZ 63, 128; Köln Rpfleger 75, 19, 20). 6

E. Prozessuales. Der einzelne Gesamtgläubiger kann die Forderung in vollem Umfang einklagen u vollstrecken, die Klageerhebung ist neben rechtshängiger Klage eines anderen Gesamtgläubigers möglich. Auf das Wahlrecht des Schuldners haben jedoch, wie § 428 S 2 klarstellt, Klageerhebung u Vollstreckung keinen Einfluss. Die Klage wird durch Erfüllung an einen anderen Gläubiger unbegründet, was prozessual zur Erledigung der Hauptsache iSv § 91 a ZPO führt, im Zwangsvollstreckungsverfahren kann der Einwand der Erfüllung durch die Klage nach § 767 ZPO geltend gemacht werden. Erheben die Gesamtgläubiger gemeinsam Klage, so sind sie einfache Streitgenossen nach § 59 ZPO. 7

§ 429 Wirkung von Veränderungen

(1) Der Verzug eines Gesamtgläubigers wirkt auch gegen die übrigen Gläubiger.
(2) Vereinigen sich Forderung und Schuld in der Person eines Gesamtgläubigers, so erlöschen die Rechte der übrigen Gläubiger gegen den Schuldner.
(3) ¹Im Übrigen finden die Vorschriften der §§ 422, 423, 425 entsprechende Anwendung. ²Insbesondere bleiben, wenn ein Gesamtgläubiger seine Forderung auf einen anderen überträgt, die Rechte der übrigen Gläubiger unberührt.

A. Bedeutung. Die Vorschrift befasst sich mit der Wirkung von Tatsachen, die in der Person eines Gesamtgläubigers auftreten. Sie geht dabei vom Grundsatz der **Einzelwirkung** aus (§ 429 III 1 iVm § 425), forderungsverändernde Ereignisse haben nur dann Gesamtwirkung, wenn dies besonders angeordnet ist. 1

B. Gläubigerverzug (I). I korrespondiert mit der Regel des § 424. Da die Erfüllung Gesamtwirkung hat, muss auch die durch den Erfüllungsversuch begründete Annahmeverzug gegen alle Gläubiger wirken. 2

C. Konfusion (II). Anders als gem § 425 II für die Gesamtschuld angeordnet, führt das Zusammenfallen von Gläubiger- u Schuldnerstellung zum Erlöschen der Forderungen aller Gläubiger, da der Schuldner sonst gem § 428 Leistung an sich selbst wählen könnte. Den übrigen Gläubigern bleibt der Ausgleichsanspruch nach § 430. 3

4 **D. Sonstige rechtserhebliche Tatsachen (III).** Dass **Erfüllung** u Erfüllungssurrogate Gesamtwirkung haben, folgt schon aus dem Begriff der Gesamtgläubigerschaft. Ein **Erlass** der Forderung durch einen Gesamtgläubiger hat nur dann Gesamtwirkung, wenn dieser eine so weit reichende Verfügungsbefugnis zu Lasten der Übrigen besitzt, sie ergibt sich nicht bereits aus der Verweisung des § 429 III auf § 423 (BGH NJW 86, 1861, 1862; BayObLG Rpfl 75, 300 f; MüKo/*Bydlinski* § 429 Rn 5; aA Bremen OLGZ 87, 29, 30; Hburg MDR 03, 319; Erman/*Ehmann* § 429 Rn 4). Gemeint sein kann ein Verzicht des betreffenden Gesamtgläubigers, seine Forderung im Außenverhältnis einzuziehen, o weitergehend Erlass des Anteils, der ihm im Innenverhältnis zusteht (BGHZ 40, 108, 112 ff; NJW 86, 1861, 1862 f). Andere schuldverändernde Umstände haben grds nur Einzelwirkung, etwa Schuldnerverzug (Staud/*Noack* § 429 Rn 47 ff), Urteil (BGH NJW 84, 126, 127; 86, 1046, 1047); Verjährung (BGH NJW 85, 1151, 1552), Versäumung von Ausschlussfristen (BGH NJW 79, 2039).

5 Wenn ein Gesamtgläubiger seine Forderung an einen Dritten **abtritt**, lässt dies die Ansprüche der übrigen Gläubiger gem § 429 III 2 unberührt. Treten mehrere ihre Forderungen gemeinsam ab u ist einer von ihnen geschäftsunfähig, so sind die Verfügungen der übrigen Gesamtgläubiger gleichwohl wirksam (BGH NJW-RR 87, 1260). Auch die Pfändung der Forderung bei einem Gesamtgläubiger hat keinen Einfluss auf die Rechte der anderen, diesen steht daher auch kein Widerspruchsrecht zu (BGHR 03, 50; Stuttg OLGR 02, 77; aA Kobl NJW-RR 90, 1385, 1386).

§ 430 Ausgleichungspflicht der Gesamtgläubiger

Die Gesamtgläubiger sind im Verhältnis zueinander zu gleichen Anteilen berechtigt, soweit nicht ein anderes bestimmt ist.

1 **A. Bedeutung.** Die Vorschrift regelt als Gegenstück zu § 426 I den Ausgleich unter den Gesamtgläubigern. Eine Ausgleichspflicht besteht jedoch nur dann, wenn ein Gesamtgläubiger mehr erhalten hat, als ihm im Innenverhältnis zusteht, es sei denn, die Restforderung ist nicht durchsetzbar.

2 **B. Ausgleich nach Maßgabe der Anteile.** Die in § 430 vorgesehene Verteilung nach Köpfen ist eine bloße Hilfsregel, die nur dann gilt, wenn sich aus Gesetz oder Vertrag nichts anderes ergibt. Darlegungs- u beweispflichtig für Abweichungen von der Kopfteilvermutung ist derjenige, der sich darauf beruft (BGH NJW 90, 705).

3 Einen **Ausschluss** der Ausgleichspflicht sieht § 2151 III 3 vor, gem § 117 SGB X S 2 hat der Ausgleich zwischen mehreren Sozialversicherungsträgern nach dem Verhältnis der erbrachten Leistungen zu erfolgen.

4 Bei **Ehepartnern** ist regelmäßig von einem zumindest konkludenten Verzicht auf den Ausgleich auszugehen, dieser erfasst aber nicht Entnahmen vom gemeinschaftlichen Konto (**Oder-Konto**) zu familienfremden Zwecken (Ddorf NJW-RR 99, 1090; Saarbr BKR 03, 263) und nach der Trennung (BGH NJW 90, 705), dann vielmehr Ausgleich im Zweifel zur Hälfte (BGH NJW 90, 705; 00, 2347; Köln WM 00, 2485; Saarbr BKR 03, 263; für die nicht eheliche Lebensgemeinschaft Celle FamRZ 82, 63). Bei einem Oder-Depot besteht keine Vermutung für hälftiges Eigentum der Ehegatten (BGH NJW 97, 1434; Frankf NJW-RR 05, 87; Hamm NJW-RR 90, 708; Köln WM 00, 2485).

§ 431 Mehrere Schuldner einer unteilbaren Leistung

Schulden mehrere eine unteilbare Leistung, so haften sie als Gesamtschuldner.

1 Die Vorschrift ordnet bei Unteilbarkeit der Leistung (vgl § 420 Rn 2) ohne Rücksicht auf deren Rechtsgrund zwingend Gesamtschuld an. Können die Schuldner die Leistung jedoch nur gemeinsam erbringen, liegt gemeinschaftliche Schuld vor, für die eigene Regeln gelten (Vorbem §§ 420–432 Rn 4 f). Auch iF der Umwandlung in eine teilbare Schuld bleibt die einmal begründete Gesamtschuld bestehen (zB Schadensersatz in Geld, RGZ 67, 273, 275).

§ 432 Mehrere Gläubiger einer unteilbaren Leistung

(1) ¹Haben mehrere eine unteilbare Leistung zu fordern, so kann, sofern sie nicht Gesamtgläubiger sind, der Schuldner nur an alle gemeinschaftlich leisten und jeder Gläubiger nur die Leistung an alle fordern. ²Jeder Gläubiger kann verlangen, dass der Schuldner die geschuldete Sache für alle Gläubiger hinterlegt oder, wenn sie sich nicht zur Hinterlegung eignet, an einen gerichtlich zu bestellenden Verwahrer abliefert.
(2) Im Übrigen wirkt eine Tatsache, die nur in der Person eines der Gläubiger eintritt, nicht für und gegen die übrigen Gläubiger.

1 **A. Bedeutung.** Die Vorschrift regelt die Mitgläubigerschaft, die dadurch gekennzeichnet ist, dass jeder Gläubiger Leistung an alle gemeinschaftlich verlangen kann. Anwendbar ist § 432 bei aus tatsächlichen o rechtlichen Gründen unteilbaren Leistungen, sofern nicht ausnahmsweise (BGH NJW 96, 1407, 1409) Gesamtgläubigerschaft iSd § 428 vorliegt.

B. Formen der Mitgläubigerschaft. I. Bruchteilsgemeinschaft. Bei Bruchteilsgemeinschaften (§§ 741 ff) 2
erstreckt sich die anteilige Berechtigung auch auf die der Gemeinschaft erwachsenen Forderungen. Die
Zweckbindung begründet rechtliche Unteilbarkeit selbst dann, wenn bei natürlicher Betrachtung Teilung
möglich ist (BGH NJW 58, 1723; 92, 182, 183; 93, 727, 728; 01, 231, 233; anders *Hadding* FS E Wolf, 1985,
S 107, 120 ff). Im Außenverhältnis zum Schuldner gilt § 432 (BGHZ 106, 222, 226; 121, 22, 25), ausgeschlossen ist die Einzelbefugnis allerdings bei sog Und-Konten (Hburg NZG 00, 784, 785).
Beispiele: Gewährleistung bei mehreren Auftraggebern (BGHZ 94, 117, 119), Grundstücksübertragungsanspruch von Ehegatten (BayObLG OLGZ 92, 131, 136), gemeinschaftlicher Verkauf eines Grundstücks (BGH 3
NJW 98, 1482, 1483), Rückübertragungsanspruch bei einer Grundschuld (BGH NJW 86, 2108, 2110 f;
Bambg NJW-RR 97, 81), Forderung mehrerer Makler (Oldbg NJW-RR 99, 579), Mietzinsanspruch mehrerer
Miteigentümer (BGH NJW 58, 1723; NJW-RR 01, 369, 370) bzw mehrerer Mieter gegen Untermieter (BGH
NJW 69, 839), Anspruch auf Räumung u Herausgabe der Mietsache, wenn auf Vermieterseite Bruchteilsgemeinschaft besteht (Ddorf NJW-RR 98, 11), Schadensersatz bei Verletzung gemeinschaftlicher Rechte (BGH
NJW 84, 795, 796; Kobl NJW-RR 92, 706, 707).
Die Wohnungseigentümergemeinschaft ist nach neuerer Rsp (BGHZ 163, 154 ff; kritisch *Bork* ZIP 05, 4
1233 ff) als solche rechtsfähig u daher selbst Forderungsinhaberin, so dass § 432 schon deshalb nicht einschlägig ist (noch auf Vorrang des § 21 WEG abstellend BGHZ 121, 22, 25 ff).
II. Gesamthandsgemeinschaft. Mitgläubiger sind auch die Mitglieder einer Erbengemeinschaft u ehelichen 5
Gütergemeinschaft hinsichtlich der zum Gesamthandsvermögen gehörigen Forderungen. § 432 ist anwendbar, soweit nicht Sonderregeln (§ 2039, § 1422) greifen. Die Vorschrift greift nicht bei rechtsfähigen Gesamthandsgesellschaften einschließlich der GbR (BGHZ 146, 341, 343 ff), da hier nicht die Gesellschafter, sondern
die Gesellschaft selbst Gläubigerin ist.
III. Einfache gemeinschaftliche Berechtigung. Eine einfache Forderungsgemeinschaft liegt vor, wenn 6
Eigentümer u Besitzer durch unerlaubte Handlung geschädigt werden. Im Übrigen handelt es sich bei den im
Schrifttum genannten Fällen regelmäßig um eine Bruchteilsgemeinschaft o GbR (so wohl auch im Schulfall
der gemeinschaftlichen Bestellung eines Taxis).
C. Rechtsfolgen. I. Leistung an alle Gläubiger. Der einzelne Gläubiger kann Leistung nur an alle verlan- 7
gen. Der Schuldner kann nicht mit einer Forderung, die er nur gegen einen Mitgläubiger hat, aufrechnen
(BGH NJW 69, 839; 96, 1407, 1409). Die Leistung an nur einen Mitgläubiger ist keine Erfüllung, dies gilt
auch für Miterben (Kobl ZFE 05, 375); anders, wenn ein Mitgläubiger zum Empfang für alle ermächtigt o das
Leistungsinteresse aller Gläubiger erfüllt wird (Zweibr NJW-RR 97, 973). Der Ausgleich zwischen den Gläubigern richtet sich nach dem Innenverhältnis, hilfsweise nach §§ 741 ff (BGH NJW 82, 928).
II. Hinterlegung (I 2). Jeder Mitgläubiger kann auch nach I 2 Hinterlegung verlangen. Ist eine Erbenge- 8
meinschaft Teilhaberin einer Miteigentümergemeinschaft, so steht dieses Recht über § 2039 auch einem
Erben zu (BGH NJW 83, 2020). Hinterlegung unter Rücknahmeverzicht hat Erfüllungswirkung nach § 378.
III. Wirkung von Veränderungen (II). Tatsachen, die in der Person eines Gläubigers eintreten, haben grds 9
nur **Einzelwirkung**, etwa Erlass, Konfusion, Rechtskraft (RGZ 119, 163, 169; BGHZ 92, 351, 354), Verjährung
(BGH NJW 85, 1550, 1552), Arglist eines Gesamtgläubigers bzgl Einwendung unzulässiger Rechtsausübung
(BGHZ 44, 367, 369 ff).
Gesamtwirkung hat abgesehen von den in I genannten Ereignissen das Handeln eines Mitgläubigers immer 10
dann, wenn er kraft Gesetz o Rechtsgeschäft mit Wirkung für andere handeln kann (BGHZ 94, 117, 120 ff).
Lehnt ein Mitgläubiger die allen angebotene Leistung ab, so tritt dadurch idR auch zu Lasten der übrigen
Annahmeverzug ein (Staud/*Noack* § 432 Rn 50); umgekehrt genügt die Mahnung eines Gläubigers, um
zugunsten aller Schuldnerverzug zu begründen (Erman/*Ehmann* § 432 Rn 40; MüKo/*Bydlinski* § 432 Rn 10;
aA *Hadding* FS E Wolf, 1985, S 107, 128 f; Staud/*Noack* § 432 Rn 51).

Abschnitt 8   Einzelne Schuldverhältnisse

Titel 1   Kauf, Tausch

Vorbemerkungen vor §§ 433 ff Einführung in das Kaufrecht

A. Bedeutung des Kaufrechts. I. Anwendungsbereich. Die Schuldrechtsmodernisierung hat den Anwen- 1
dungsbereich des Kaufrechts erheblich ausgedehnt. Er umfasst wie bisher alle Verträge, die den Verkäufer nur
zur **Lieferung**, nicht auch zur Herstellung verpflichten; dies sind vor allem Verträge des Handels, teilweise der
Industrie, vor allem über Standardprodukte, und privater Verkäufer, vor allem über gebrauchte Güter. Die Neufassung von § 651 hat zusätzlich alle Verträge über die **Herstellung** und Lieferung **von beweglichen Sachen**

nahezu vollständig dem Kaufrecht überantwortet und damit aus dem Werkvertragsrecht herausgenommen. Die für § 651 aF bedeutenden zwei Differenzierungen zwischen vertretbaren und unvertretbaren Sachen sowie danach, ob der Unternehmer oder der Besteller das Material stellt, haben fast keine Bedeutung mehr: Wie § 651 S 2 e contrario zu entnehmen ist, gilt Kaufrecht unabhängig davon, ob gem dem Grundmodell des Kaufs der Unternehmer oder dem des Werkvertrags der Besteller das **Material stellt**. Verträge über die Herstellung und Lieferung **vertretbarer Sachen** unterliegen daher uneingeschränkt dem Kaufrecht. Für **unvertretbare Sachen** gilt dies gem § 651 S 3 mit der einzigen Einschränkung, dass „auch" die §§ 642 (Mitwirkung des Bestellers), 643 (Kündigung bei unterlassener Mitwirkung), 645 (Verantwortlichkeit des Bestellers), 649 (Kündigungsrecht des Bestellers) und 650 (Kostenanschlag) Anwendung finden; die Norm stellt zugleich klar, dass die werkvertragliche Kernregelung der Abnahme nicht übernommen ist, sondern statt ihrer die kaufrechtlichen Zäsuren der §§ 446 (Gefahrübergang) und 447 (Versendungskauf) entscheiden. Kaufrecht ist so **das Recht der entgeltlichen Absatzgeschäfte des BGB** geworden, für bewegliche Sachen unabhängig davon, ob neben der Lieferung auch die Herstellung geschuldet ist. Die Abgrenzungen zum Werkvertragsrecht im Detail ändern daran nichts (s Rn 18 f). Der Gesetzgeber wollte mit dieser Erweiterung der Agenda des Kaufrechts Art 1 IV Verbrauchsgüterkaufrichtl umsetzen (s Rn 5), der Verträge über die Herstellung von Verbrauchsgütern Kaufverträgen gleichstellt, und zugleich die unbefriedigenden Abgrenzungen des alten Rechts beseitigen (s BTDrs 14/6040, 267 f; Haas/Medicus/Rolland/Schäfer/Wendtland/*Haas* Kap 6 Rn 63–70).

2 **II. Erscheinungsformen.** Das gem Rn 1 in seinem Anwendungsbereich ausgedehnte Kaufrecht normiert folgende Absatzgeschäfte:

3 (1) **Der Verbrauchsgüterkauf,** dh gem § 474 (s dort Rn 3–8) der Kauf einer beweglichen Sache durch einen Verbraucher von einem Unternehmer, unterliegt neben den allgemeinen kaufrechtlichen Bestimmungen ergänzend den Sonderregeln der §§ 474–479, und zwar gem Rn 1 auch, wenn den Unternehmer eine Herstellungspflicht trifft.

4 (2) **Rechtsgeschäfte zwischen Verbrauchern** fallen uneingeschränkt in den Anwendungsbereich der allgemeinen Regeln des Kaufrechts, ohne dass für sie die Sonderregeln des Verbrauchsgüterkaufs gelten (s *Derleder* NJW 05, 2481).

5 (3) **Die Lieferbeziehungen zwischen Unternehmern** (B2B-business) haben durch die Schuldrechtsreform die größte Änderung erfahren: Sie waren gem § 651 aF zu einem erheblichen Teil vom Werkvertragsrecht dominiert, nämlich gem § 651 I 2 Hs 2 aF weitgehend für die Herstellung nicht vertretbarer Sachen sowie generell, wenn der Besteller das Material beizustellen hatte. Konsequenz war vor allem, dass die werkvertraglichen Bestimmungen zur Gewährleistung, Abnahme und Fälligkeit der Vergütung anwendbar waren. Da viele Produkte der **Investitionsgüterindustrie,** vor allem des **Anlagenbaus** (vgl *Joussen* insbes S 29), zB Maschinen, komplette Produktionsanlagen, nach Vorgaben oder den besonderen Einsatzzwecken des konkreten Bestellers gefertigt werden, sind sie nicht vertretbar und unterliegen damit überwiegend Werkvertragsrecht. Jetzt findet Kaufrecht Anwendung, wenn nicht die Anlage als unbewegliche Sache oder deren wesentlicher Bestandteil einzustufen ist; dann gilt nach wie vor Werkvertragsrecht (zur schwierigen Abgrenzung vgl *Konopka/Acker* BauR 04, 251, 252 ff; *Schuhmann* BauR 05, 293, 294 f). Dasselbe traf auf die **Zulieferindustrie** zu, soweit sie, wie zu einem erheblichen Teil, für den jeweiligen Endhersteller (OEM) individuell hergestellte Komponenten liefert, zB für einen Kraftfahrzeugtyp oder für eine Produktlinie von Haushaltsgeräten, die daher in vergleichbaren Produkten anderer Hersteller nicht eingesetzt werden können; auf derart nicht vertretbare Sachen war ebenfalls gem § 651 I 2 Hs 2 aF primär Werkvertragsrecht anwendbar. Gleichfalls galt Werkvertragsrecht, wenn der Zulieferer die Herstellung aus vom OEM beigestellten Material bewirken sollte, eine Kombination, die wegen des Wunsches der OEM nach Kontrolle der Grundstoffe nicht selten ist. Zulieferaufträge sind nunmehr allein vom Kaufrecht geregelt, wenn sie Herstellung und Lieferung einer Komponente – und nicht nur deren Bearbeitung (s Rn 22) – zum Gegenstand haben. Während daher bisher die Rechtspraxis der Liefergeschäfte für bewegliche Sachen zwischen Unternehmern auch stark werkvertraglich geprägt war, gilt nunmehr mit der einzigen Einschränkung des § 651 S 3 allein Kaufrecht.

6 **B. Die Reform des Kaufrechts. I. Grundlagen.** Das Kaufrecht ist ebenso **Ausgangspunkt wie Schwerpunkt der Schuldrechtsreform.** Deren Zweck ist explizit die Umsetzung der RICHTLINIE 1999/44/EG DES EUROPÄISCHEN PARLAMENTS UND DES RATES vom 25. 5. 99 zu bestimmten Aspekten des Verbrauchsgüterkaufs und der Garantien für Verbrauchsgüter (**Verbrauchsgüterkaufrichtlinie:** Amtsblatt der EG L 171/12). Der Gesetzgeber hat diesen europarechtlichen Zwang zum Anlass genommen, die ins Stocken geratene große Schuldrechtsreform wieder auf zu nehmen. Er hat dazu vor allem das Verjährungsrecht, das allgemeine Leistungsstörungsrecht und das Kaufrecht grundlegend überarbeitet (vgl nur Haas/Medicus/Rolland/Schäfer/Wendtland/*Rolland* Kap 1 Rn 1–4, 43). Dabei verfolgte er soweit wie möglich das Prinzip der **einheitlichen Reform des Kaufrechts,** indem die Vorgaben der Verbrauchsgüterkaufrichtlinien möglichst weitgehend für alle Kaufverträge übernommen wurden, mit der unmittelbar sichtbar werdenden Konsequenz eines ausgesprochen überschaubaren bloßen Verbraucherrechts in den §§ 474–479 (s § 474 Rn 1; *Pfeiffer* ZGS 02, 23, 26). Das novellierte Kaufrecht hat so eine **gespaltene Basis:** Bestimmungen, die vollständig außerhalb des Anwendungsbereichs der Verbrauchsgüterkaufrichtlinien liegen, wie die Sonderbestimmungen für den Grund-

stückskauf (zB §§ 436, 438, 448 II), sind reines nationales Recht und allein nach dessen Regeln anzuwenden. Bei allen übrigen Bestimmungen ist die Ausstrahlungswirkung der europarechtlichen Grundlage der Verbrauchsgüterkaufrichtl zu beachten, und zwar auch außerhalb von Verbrauchsgüterkäufen (zu den streitigen Grenzen s Rn 10–13). Zu den Grundlagen zählt auch das **UN-Kaufrecht** (CISG), und zwar „gleichsam doppelt" (Dauner-Lieb/Konzen/K. Schmidt/*Schlechtriem* S 71, 73, ferner 72, 82, 86): Der BGB-Gesetzgeber hat viele Regelungen am UN-Kaufrecht orientiert, auch zu dem Ziel, die Anwendung nationalen und internationalen Kaufrechts anzunähern (s nur BTDrs 14/6040, 86, 89 und passim). Die Verbrauchsgüterkaufrichtlinie ist ihrerseits ebenfalls vom UN-Kaufrecht beeinflusst (*Pfeiffer* ZGS 02, 23, 24 mwN), auch wenn der ihr eigene zwingende Charakter der Dispositivität eines internationalen Kaufrechts diametral entgegensteht.

II. Inhalte. Vor allem in folgenden Punkten ist das Kaufrecht neu gestaltet: (1) **Die Mangelfreiheit der Kaufsache** ist zur Hauptleistungspflicht des Verkäufers promoviert worden (§ 433 I 2, s dort Rn 5). (2) **Der subjektive Mangelbegriff** ist mit der Betonung der primären Maßgeblichkeit der von Verkäufer und Käufer getroffenen Beschaffenheitsvereinbarung deutlich verstärkt worden (§ 434 I, s dort Rn 3, 8). (3) **Die Einbeziehung öffentlicher Äußerungen** nicht nur des Verkäufers sondern vor allem **des Herstellers** in die Anforderungen an die Beschaffenheit der Kaufsache verstärkt den Schutz des Käufers vor irreführender Bewerbung (§ 434 I 3, s dort Rn 56 ff). (4) **Aliud und Minderlieferungen** stehen Mängeln gleich (§ 434 III). (5) **Sach- und Rechtsmängel** sind prinzipiell gleichgestellt (§ 433 I 2 iVm §§ 434, 435), unterscheiden sich aber partiell noch auf der Ebene der Verjährung (vgl § 438 I Nr 1 mit Nr 2 und 3, s dort Rn 14). (6) **Die Mängelrechte** sind weitgehend **in das allgemeine Leistungsstörungsrecht integriert** (§§ 437, 440). (7) **Das primäre Mängelrecht des Käufers** geht **auf Nacherfüllung** und impliziert ein neues entsprechendes **Recht des Verkäufers zur zweiten Andienung** (§ 439; s § 437 Rn 15). (8) **Die Wandelung** ist als Teil der Integration des Mängelrechts in das allgemeine Leistungsstörungsrecht durch **den Rücktritt ersetzt** (§ 437 Nr 2 Alt 1). (9) Sie ist damit wie die Minderung ein Gestaltungsrecht, kein Anspruch mehr (vgl § 441 Rn 6). (10) **Der Verkäufer haftet auf Schadens- und Aufwendungsersatz für alle Pflichtverletzungen und** vor allem auch für Schlechtlieferung nach den allgemeinen Vorschriften (§ 437 Nr 3; s §§ 433 Rn 26, 437 Rn 27 f). (11) **Garantien des Verkäufers und des Herstellers** sind erstmals gesetzlich geregelt (§§ 443, 477). (12) **Die Verjährungsfristen für Mängelrechte** sind teilweise **deutlich verlängert**, inbes beträgt die **allgemeine Verjährungsfrist nunmehr 2 Jahre ab Übergabe bzw Ablieferung** (§ 438 I Nr 3); für Rechtsmängel liegt hierin eine erhebliche Verkürzung. (13) Für den **Verbrauchsgüterkauf** sind in unmittelbarer Umsetzung der Richtlinien wesentliche Regelungen des allgemeinen Kaufrechts zugunsten des Verbrauchers für zwingend erklärt worden.

III. Bewertung. (1) Konzeption und Inhalt des neuen Kaufrechts stellen unter vielen Aspekten einen **großen Fortschritt** dar. Dies gilt vor allem für die Aufwertung der Mangelfreiheit zur Hauptleistungspflicht, der dadurch möglichen grundsätzlichen Integration des Mängelrechts in das allgemeine Leistungsstörungsrecht mit inbes der Umwandlung des kaufrechtlichen Sonderinstituts der Wandelung in den allgemeinen Rücktritt sowie die Gleichstellung der Schlechterfüllung mit einer Pflichtverletzung gem § 280; der Gesetzgeber hat hier in einem erheblichen Maße die Wertungen des Werkvertragsrechts und eingeschränkter des Gattungskaufs als neuen Grundsatz in das Kaufrecht aufgenommen (treffend *Canaris* Karlsruher Forum 02, 5, 54; zur Angleichung von Kauf- und Werkvertrag s auch § 433 Rn 4). Im Detail überzeugen die Einführung des Rechts zur zweiten Andienung als Bestandteil des Anspruchs auf Nacherfüllung (zum Streit um die Bewertung s § 437 Rn 15) und die Neuregelung der Verjährungsfristen mit vor allem der Verlängerung der allgemeinen Verjährungsfrist auf 2 Jahre.

(2) Es bleibt jedoch **erhebliche Kritik**. Sie richtet sich vor allem gegen das Ausmaß, mit dem das grundsätzlich zu begrüßende Prinzip der einheitlichen Reform umgesetzt ist: Warum auch im Rechtsverkehr zwischen Unternehmern zB der Käufer die Wahl zwischen Nachbesserung und Ersatzlieferung hat (§ 439 II, so dort Rn 19), öffentliche Äußerungen des Herstellers auch bei Fehlen einer Beschaffenheitsvereinbarung zu einem Mangel führen (§ 439 I 3) oder grundsätzlich nach dem zweiten Versuch die Nacherfüllung als fehlgeschlagen gilt (§ 440 S 2), ist schwer einzusehen. Der Gesetzgeber zeigt hier eine **beträchtliche Wirtschaftsferne**, indem er mit der beinahe vollständigen Übernahme der Verbraucherorientiertheit der Richtlinien in das Kaufrecht insgesamt ein in dieser Form nicht zu rechtfertigende und von der Richtlinien auch nicht gewollte generelle Käuferorientiertheit Gesetz hat werden lassen. Damit enthält das BGB zugleich keine Leitlinie dafür, wie die notwendige Differenzierung bei der AGB-Kontrolle stattfindet: Zählt zB das Wahlrecht des Käufers gem § 439 II zum gesetzlichen Leitgedanken, von dem eher nicht abgewichen werden kann, oder ist es eine so stark dem Verbraucherschutz verpflichtete Regelung, dass sie zwischen Unternehmern prinzipiell auch AGB-dispositiv ist? § 475 I kann die Antwort nicht direkt entnommen werden, da das Verbot auch individueller Abbedingung ggü Verbrauchern keine direkte Aussage erlaubt, ob die Norm im Verkehr zwischen Unternehmern formularmäßig dispositiv ist. Im Detail überzeugen nicht die verschiedenen Inkompatibilitäten mit der Richtlinie (s zB §§ 437 Rn 23; 439 Rn 30) und die letztendlich unvollständige Umsetzung der Gleichstellung des Aliud mit einem Mangel (s § 434 Rn 90, 92) sowie der Eliminierung des Gattungskaufs (s zur Differenzierung für die Nacherfüllung § 439 Rn 24 f). Vor allem ist die Regelung der Garantie in § 443 unbefriedigend und wird daher auch völlig unterschiedlich verstanden (s § 443 Rn 1, 7, 9–12).

10 **C. Das reformierte Kaufrecht im System des BGB. I. Auslegung. 1. Grundsätze.** Die gespaltene Basis des neuen Kaufrechts nur im nationalen oder auch im europäischen Recht zieht eine differenzierte Auslegung nach sich. Ausschl national dürfen nur die Bestimmungen interpretiert werden, die keinerlei Bezug zur Richtlinie haben. Dies sind allein die Regelungen, die nach ihrem Regelungsgegenstand ausschl nicht von der Richtlinie erfasste Sachverhalte normieren wie das obige Beispiel (Rn 5) der Spezialvorschriften für Grundstücksgeschäfte. Alle übrigen Bestimmungen müssen jedenfalls insoweit unter Beachtung der Richtlinie angewandt werden, als dass in jedem Einzelfall geprüft wird, ob eine richtlinienkonforme Auslegung geboten ist.

11 **2. Umfang der richtlinienkonformen Auslegung.** Zur Beurteilung von **Verbrauchsgüterkäufen** sind die die Richtlinien umsetzenden kaufrechtlichen Bestimmungen uneingeschränkt richtlinienkonform auszulegen. Zu den dafür bestehenden Anforderungen und Grenzen s Einleitung Rn 35 ...; *Faust*, S 42, 49–52. Die Schwierigkeit beginnt bei der Einbeziehung der Richtlinien in die Auslegung von Normen, die zwar die Richtl umsetzen oder jedenfalls auf deren Umsetzung Auswirkungen haben, im konkreten Einzelfall aber auf einen **nicht der Richtlinie unterliegenden Kauf zur Anwendung kommen**, zB bei der Anwendung von § 439 II auf ein reines Unternehmergeschäft oder ein Grundstücksgeschäft auch zwischen Unternehmer und Verbraucher. Eine solche **überschießende Umsetzung der Richtlinie**, dh deren Umsetzung in der Form, dass umsetzendes Recht auch auf andere Käufe als Verbrauchsgüterkäufe Anwendung findet, ist infolge des Konzepts der **einheitlichen Reform** und zusätzlich der Integration des Kaufrechts in das allgemeine Leistungsstörungsrecht der **Regelfall** im neuen Kaufrecht (vgl *Faust*, S 42, 54; *Pfeiffer* ZGS 02, 23, 26). Nach der hier vertretenen Auffassung sind die Regeln der richtlinienkonformen Auslegung im Kaufrecht wie folgt anzuwenden:

12 (1) Grundsätzlich ist das neue Kaufrecht **einheitlich auszulegen**. Die Entscheidung des Gesetzgebers für ein einheitliches Kaufrecht impliziert das Prinzip einer richtlinienkonformen Auslegung auch der überschießenden Umsetzung (BaRoth/*Faust* Rn 7; *ders*, S 42, 56 f; MüKo/*S Lorenz* vor § 474 Rn 4; *Pfeiffer* ZGS 02, 23, 26; Dauner-Lieb/Konzen/K Schmidt/*Roth*, 25, 35 f).

13 (2) Stärker als nach allgemeinen Regeln ist aber eine **differenzierte Auslegung** dann geboten, wenn die anzuwendende Norm und ihre richtlinienkonforme Auslegung primär dem Verbraucherschutz dienen und die Übernahme des damit notwendigerweise einhergehenden Käuferschutzes auf andere Kaufverträge nicht gerechtfertigt wäre (ähnl BaRoth/*Faust* Rn 7; *ders*, S 42, 56 f; *Pfeiffer* aaO; aA *Roth*, aaO). Dies resultiert aus der Basis sowohl des neuen Kaufrechts als auch der Verbrauchsgüterkaufrichtlinien im UN-Kaufrecht, die es gestattet und erfordert, bei der Anwendung des die Richtlinie umsetzenden Rechts außerhalb von Verbrauchsgüterkäufen die Anforderungen des kaufmännischen Geschäftsverkehrs zu berücksichtigen. Für sonst sachlich von der Richtlinie nicht geregelte Transaktionen, zB Kauf von Grundstücken oder Rechten, kann nichts anderes gelten. Dies ist die systematische Begründung für die gespaltene Auslegung in den Beispielen fehlender Richtlinienkompatibilität oben Rn 9. Ganz besonders gewinnt diese **Notwendigkeit einer geschäftsspezifischen Interpretation** bei der Anwendung von § 307 iVm § 310 I Bedeutung, als danach Abweichungen auch von Grundgedanken der gesetzlichen Regelung (§ 307 II Nr 1) gestattet sind, wenn der Grundgedanke primär Verbraucher schützend motiviert ist und die Besonderheiten des konkreten Geschäftsverkehrs eine andere Beurteilung rechtfertigen oder gar erfordern.

14 (3) Soweit auch für andere Vertragstypen anwendbare Normen wie die allgemeinen Rücktrittsregeln die Umsetzung der Richtlinie beeinflussen können, gelten die Rn 13 dargestellten Möglichkeiten einer gespaltenen Auslegung verstärkt.

15 **II. Kautelarjuristische Anwendung.** Wesentlich stärker als bisher macht das neue Kaufrecht im Geschäftsverkehr zwischen Unternehmern, aber auch sonst außerhalb eines Verbrauchsgüterkaufs eine vertragsindividuelle Gestaltung notwendig, jedenfalls empfehlenswert. Im Rahmen der §§ 474 ff gilt dies auch für den Verbrauchsgüterkauf. Die wesentlichen Gründe sind:

16 (1) Die Übernahme der Wertungen des Werkvertragsrechts in das Kaufrecht (s Rn 8) wird vielfach **reinen Händlerverträgen**, speziell über gebrauchte Sachen, nicht oder nur partiell gerecht.

17 (2) Der über den Primat der Beschaffenheitsvereinbarung verstärkte subjektive Mangelbegriff lässt im Regelfall eine **präzise Beschreibung der Anforderungen an die Kaufsache** angeraten sein (s *D. Schmidt* BB 05, 2763, 2766), und zwar auch bei einem Verbrauchsgüterkauf. Dies kann nach der Einzige Mittel für den Verkäufer sein, nicht gem § 434 I 3 an öffentlichen Äußerungen festgehalten zu werden (s §§ 434 Rn 68, 475 Rn 6).

18 (3) Da auch **Lieferverträge mit Herstellungsverpflichtung des Verkäufers**, speziell für nicht vertretbare Sachen, jetzt vom Kaufrecht regiert werden, stehen die werkvertraglichen Instrumentarien für die besondere Umsetzung von Herstellungspflichten, zB Abnahme, Selbstvornahme, nicht mehr von Gesetzes wegen zur Verfügung. Eine Regelung in Anpassung an die §§ 631 ff könnte die alte Rechtslage als interessengerecht wiederherstellen.

19 (4) Die **Abbedingung wesentlich vom Verbraucherschutz motivierter Bestimmungen**, zB des Wahlrechts des Käufers zwischen Nachbesserung und Ersatzlieferung (§ 439 II), dürfte außerhalb des Verbrauchsgüterkaufs ein normales Anliegen vertragsindividueller Gestaltung sein.

D. Abgrenzung zu anderen Vertragstypen. I. Werkvertrag. Aus Rn 1, 4 folgen die nachstehenden Kriterien der Abgrenzung, deren Bedeutung wegen der Angleichung beider Vertragstypen zurückgegangen ist, aber für diverse Fragen, Selbstvornahme, Fälligkeit der Vergütung, Abnahme, nach wie vor besteht: 20

(1) Soweit eine **unbewegliche Sache** oder deren Bestandteil herzustellen ist, findet Werkvertragsrecht Anwendung. Dies gilt im **Anlagenbau** für alle zu einem wesentlichen Bestandteil des Grundstücks werdenden Anlagen wie ein ganzes Kraftwerk im Unterschied zu einer Maschine (s Nachw Rn 4). Beim **Bauträgervertrag** wird das Grundstück nur geliefert, unterliegt also Kaufrecht, während das Bauvorhaben als dessen zukünftiger Bestand hergestellt wird, mithin werkvertraglich reguliert ist; es liegt also ein typengemischter Vertrag vor (s §436 Rn 3). Der Vertrag über den Erwerb eines Grundstücks mit einem darauf **schon errichteten neuen Bauvorhaben** hat nur noch dessen Lieferung zum Gegenstand und ist daher einheitlich nach Kaufrecht zu beurteilen (s §438 Rn 17). 21

(2) Bei **beweglichen Sachen** ist zwischen der Verpflichtung zu Herstellung und Lieferung, dann Kaufrecht, und zur Bearbeitung, dann Werkvertragsrecht, abzugrenzen. Der Maßstab dafür sollte §950 I entnommen werden, so dass Kaufrecht anzuwenden ist, wenn der Fertigungsprozess zur Schaffung einer neuen Sache führt, die dann gem §433 I 1 zu übergeben und zu übereignen ist (Staud/*Peters* §651 Rn 7). Die Geltung von Kaufrecht ist davon unabhängig, ob die Erfüllung der Lieferpflicht eine primär geistige Leistung erfordert, zB Konstruktion eines Prototyps (*Schuhmann* BauR 05, 293, 295; aA Staud/*Peters* Rn 6). 22

II. Tausch. S §480 Rn 2–6. 23

III. Kommissionsgeschäft. Es handelt sich um eine besondere **Geschäftsbesorgung**, die den Kommissionär verpflichtet, im eigenen Namen auf fremde Rechnung gegen eine Provision das Kommissionsgut zu kaufen oder zu verkaufen. Bei gewerblicher Ausübung gelten §383 ff HGB. Abzugrenzen ist das Kommissionsgeschäft vom Wiederverkauf (s §458 Rn 5 f) oder dem weitgehend ähnlichen Konditionsgeschäft (vgl Palandt/*Putzo* Rn 14, 21; BaRoth/*Faust* Rn 14). In beiden Fällen erwirbt der Käufer auf eigene Rechnung, federt aber das wirtschaftliche Risiko durch Vereinbarung eines Rückgaberechts in verschiedener Form, insbes der Remission ab. 24

IV. Lizenzvertrag. S die Nachw §453 Rn 14. 25

V. „Spielertransfer". Ungeachtet der gebräuchlichen Bezeichnung als „Spielerkauf" liegt ein **Vertrag sui generis** vor (s neuestens *Wertenbruch*, in: FS für Röhricht, 1297 ff). 26

E. Internationaler Kauf. Ohne besondere Vereinbarung gilt das BGB nach Maßgabe von Art 28 EGBGB und unter der Voraussetzung, dass das UN-Kaufrecht nicht anwendbar ist; für Verbraucherverträge gelten Art 29, 29 a EGBGB. Außerhalb des Verbrauchsgüterkaufs besteht die Freiheit, das BGB anstelle ausländischen Rechts oder, wie nach wie vor weit verbreitet, des UN-Kaufrechts zu vereinbaren. Sehr häufig werden in unterschiedlichem Umfang ergänzend internationale Handelsklauseln wie vor allem die **Incoterms** einbezogen (s *Lehr* VersR 00, 548; *Piltz* RIW 00, 485; *Wertenbruch* ZGS 05, 136). 27

Untertitel 1   Allgemeine Vorschriften

§433 Vertragstypische Pflichten beim Kaufvertrag

(1) ¹Durch den Kaufvertrag wird der Verkäufer einer Sache verpflichtet, dem Käufer die Sache zu übergeben und das Eigentum an der Sache zu verschaffen. ²Der Verkäufer hat dem Käufer die Sache frei von Sach- und Rechtsmängeln zu verschaffen.
(2) Der Käufer ist verpflichtet, dem Verkäufer den vereinbarten Kaufpreis zu zahlen und die gekaufte Sache abzunehmen.

A. Grundsätzliches. I. Bedeutung. Norm bestimmt Typus des Kaufvertrags durch Angabe der synallagmatischen Hauptleistungspflichten von Verkäufer und Käufer: Verkäufer hat unter Verschaffung des Eigentums den Kaufgegenstand mangelfrei zu übergeben (I) und Käufer hat den Kaufpreis zu zahlen (II). Sie ist damit zugleich Basis für die Bestimmung der Neben(leistungs)pflichten beider Parteien, von denen nur die Abnahme durch den Käufer ausdrücklich geregelt ist (II Alt 2). 1

II. Anwendungsbereich. Unmittelbar wird nur noch der Sachkauf geregelt (I 1); die Bestimmungen dazu (§§433–451) enthalten Sonderregeln für unbewegliche Sachen (zB §§436, 438, 448 II), die für den Schiffskauf entspr gelten (§452). §453 I ordnet die entspr Anwendung der Regeln zum Sachkauf „auf den Kauf von Rechten und sonstigen Gegenständen" an. Damit hat §433 die Bedeutung als **Zentralnorm** für das **gesamte Kaufrecht** behalten. 2

III. Schuldrechtsmodernisierung. §433 ist in zwei Punkten geändert worden: 3

4 **1. Rechtskauf.** Die Herausnahme des Rechtskaufs infolge der Streichung von I 2 aF wirkt sich wegen § 453 effektiv nicht aus (Rn 2).

5 **2. Mangelfreiheit als Hauptleistungspflicht des Verkäufers (I 2).** Die Begründung eines unmittelbaren Erfüllungsanspruchs des Käufers in Form einer Hauptleistungspflicht des Verkäufers stellt eine von der Verbrauchsgüterkaufrichtl (Art 2 I) vorgegebene grundlegende Umgestaltung des Systems des Kaufrechts dar (zur Rechtslage gem Erfüllungs- und Gewährleistungstheorie nach aF vgl Staud/*Honsell*, Bearb 1995, Vorbem Rn 7 ff zu §§ 459 ff). Damit werden über § 437 die Rechtsfolgen bei einer Verletzung dieser Hauptleistungspflicht insbes für Ansprüche auf Schadensersatz in das allgemeine Leistungsstörungsrecht integriert (s BT-Drs 14/6040, 208 f) und die Vertragstypen Kauf- und Werkvertrag strukturell angenähert (BTDrs 14/7052, 176; zur fehlenden Systematik der Schadensersatzhaftung beider Vertragstypen nach aF s BTDrs 14/6040, 87 f).

6 **IV. Abdingbarkeit.** Außerhalb des Verbrauchsgüterkaufs ist Bestimmung uneingeschränkt dispositiv. Zu starke Eingriffe in die Regelung der Hauptleistungspflichten können allerdings zur Konsequenz haben, dass Vertragstypus verlassen und so zweifelhaft wird, welche gesetzlichen Bestimmungen auf nicht geregelte Fragen zur Anwendung kommen. Bei Verbrauchsgüterkauf ist Norm zugunsten des Verbrauchers weitgehend ius cogens (§ 475 I 1; s dort Rn 5).

7 **B. Sachkauf. I. Begriff.** „Sache" verweist auf die Legaldefinition des § 90. Sie umfasst daher alle körperlichen Gegenstände, bewegliche wie unbewegliche (s Rn 2), feste wie flüssige oder gasförmige (s § 90); Sachen sind also auch Wasser und Gase. Auf Tiere finden gem § 90 a die Vorschriften über Sachen und damit über den Sachkauf entspr Anwendung.

8 **II. Einzelfälle. Wesentliche Bestandteile** teilen gem § 90 das rechtliche Schicksal der Sache und sind mitverkauft. Selbständiger Gegenstand eines Kaufvertrags können sie sein, wenn auf ihre künftige Trennung von der Sache, also auf ihre spätere Entstehung als selbständige Sache abgezielt wird (BGH NJW 00, 504 f für Verkauf einer Ausstellungshalle).

9 **Zubehör** ist gem der Auslegungsregel des § 311 c nur „im Zweifel" mitverkauft, kann daher uneingeschränkt separat veräußert werden.

10 **Natur und Funktion** der Sache sind unerheblich, so dass Sachkauf auch vorliegt, wenn die Sache weniger wegen ihrer Körperlichkeit als wegen ihres immateriellen Inhalts oder ihrer Verkörperung eines Wertes gekauft wird. Daher sind **Druckwerke** (BGHZ 70, 356, 358ff „Börsendienst" mwN und Einschränkung für den Einzelfall), **Datenträger** wie CD-ROM mit bloß reproduziertem Inhalt (Standardsoftware) (s § 453 Rn 20) und **Fremdwährungen**, die nicht als Zahlungsmittel dienen, sondern wie Sachen gekauft und bezahlt werden (*Füllbier* NJW 90, 2797, 2798 mwN), Sachen iSd Sachgüterkaufs.

11 Zu **Sachverbindungen** s § 453 Rn 23–25.

12 **Künftige Sachen** – noch abzubauende Rohstoffe (RG 92, 369, 370: Speziesschuld; Karlsr JZ 72, 120: beschränkte Gattungsschuld) oder zukünftige Ergebnisse landwirtschaftlicher Tätigkeit, zB Ernte auf dem Halm – können uneingeschränkt Gegenstand eines Sachkaufs sein. Regelungsbedürftig sind nur die Folgen für den Fall, dass die Sache nicht entsteht: Der Kauf kann durch die Entstehung aufschiebend bedingt sein, mit der Konsequenz, dass der Verkäufer das Preis-, nicht aber das Erfüllungsrisiko trägt (emptio rei speratae); der Verkäufer kann zur Entstehung der Sache verpflichtet sein, so dass ihn nach den Regeln des Werkvertragsrechts das Erfüllungsrisiko trifft (BGH NJW 91, 166 zu Tierzuchtvertrag; umgekehrt kann der Käufer das Risiko der Entstehung übernehmen, also ein Hoffnungskauf (emptio spei) vorliegen, wie beim Kauf der Ernte vom Halm.

13 **Lotterielose** verkörpern eine Gewinnchance als Kaufgegenstand (RG 77, 342, 344; BGH NJW 57, 1105; Frankf JW 35, 3054).

14 **Anteile an einer Sache** sind ein sonstiger Kaufgegenstand gem § 453 (§ 453 Rn 5, 15).

15 **Anwartschaftsrechte aus EV** unterliegen aufgrund ihrer Eigenschaften, wie Eigentum übertragen zu werden (BGHZ 56, 123, 126) und das Recht zum Besitz zu gewähren (Karlsr NJW 66, 885 f), den Regeln des Sachkaufs (Staud/*Beckmann* Rn 7).

16 **C. Pflichten des Verkäufers. I. Einleitung.** Die Übergabe (I 1 Alt 1), die Verschaffung des Eigentums (I 1 Alt 2) und die Freiheit der Sache von Sach- und Rechtsmängeln (I 2) sind die vom Verkäufer geschuldeten im synallagmatischen Verhältnis gem § 320 I stehenden Hauptleistungspflichten. Alle drei Hauptleistungspflichten sind vom Verkäufer kumulativ zu erfüllen. Fehlt es nur an der Erfüllung einer Hauptleistungspflicht, liegt insgesamt keine Erfüllung vor, nicht eine Teilerfüllung; dies gilt uneingeschränkt auch im Verhältnis zwischen Übergabe und Eigentumsverschaffung (BGH NJW-RR 99, 346, 347). Speziell im Handelsverkehr wird die Erfüllung der Hauptleistungspflichten häufig nur unter dem Vorbehalt der Selbstbelieferung zugesagt. Die Hauptleistungspflichten werden ergänzt durch gesetzlich nicht geregelte Neben(leistungs)pflichten.

17 **II. Übergabe. 1. Begriff.** „Übergabe" meint Einräumung des unmittelbaren Besitzes gem § 854 (Erman/*Grunewald* Rn 14). Terminus ist nicht identisch mit Ablieferung iSd § 438 II Alt 2 (§ 438 Rn 22) und § 377 HGB sowie der Auslieferung an die Transportperson iSd § 447 I (BGHZ 1, 4 LS 1, 6 f; § 447 Rn 13).

2. Ersatzformen. Andere Formen der Einräumung besitzartiger Positionen, die Begründung mittelbaren 18 Besitzes (§§ 868, 930) und die Abtretung von Herausgabeansprüchen gegen den unmittelbaren Besitzer (§ 931), ersetzen die Übergabe nur aufgrund Vereinbarung. Dies ist anzunehmen, wenn die Parteien den Fortbestand der Vermietung an einen Dritten oder die Anmietung durch den Verkäufer vereinbaren (Staud/*Beckmann* § 446 Rn 20). Dasselbe gilt für die Übergabe von handelsrechtlichen Traditionspapieren (zB Konnossement: § 650 HGB), die ungeachtet ihrer eigentumsrechtlichen Traditionswirkung die Verschaffung unmittelbaren Besitzes nur bei entspr Vereinbarung substituieren (Staud/*Beckmann* Rn 74 mit Klauselbeispielen; aA Jauernig/*Berger* Rn 20; Erman/*Grunewald* Rn 15 mwN).

3. Dritte. Auf Seiten des **Verkäufers** können Dritte als sog Geheißpersonen ohne weiteres die Übergabe vornehmen mit der seltenen Ausnahme einer höchstpersönlichen Leistungspflicht des Verkäufers. Auf Seiten des **Käufers** muss die Übergabe an ihn selbst oder den ihm gleichstehenden Besitzdiener (§ 855) stattfinden (AG Miesbach NJW-RR 05, 422, 423 nicht rechtskräftig: Übergabe an Nachbarn reicht nicht). Übergabe an einen sonstigen Dritten reicht nur bei Vereinbarung; praktisch bedeutsames Beispiel ist das **Streckengeschäft**, bei dem Hersteller als Verkäufer und Zwischen(Groß)händler als Käufer die Übergabe unmittelbar an den Kunden des Zwischenhändlers vereinbaren, der typisch Einzelhändler oder Endnutzer ist. 19

III. Verschaffung des Eigentums. 1. Begriff. Norm fordert Übereignung auf einem dafür zur Verfügung 20 stehenden Weg: §§ 929–931 oder unter Einsatz handelsrechtlicher Traditionspapiere.

2. Pflichtenstellung des Verkäufers. Es ist danach zu differenzieren, wann ggü dem Käufer Erfüllung eintritt und was der Verkäufer schuldet. 21

a) Erfüllung. Erst mit vollständigem Übergang unbelasteten Eigentums tritt Erfüllung ein, also bei einem 22 Grundstück mit Eintragung des Käufers im Grundbuch nach Löschung aller nicht übernommenen Belastungen (RG 85, 402 f). Bis dahin hat der Insolvenzverwalter noch das Wahlrecht gem § 103 InsO (jew zur KO BGHZ 58, 246, 248 ff; Ddorf WM 82, 491, 492; s insgesamt Staud/*Beckmann* Rn 80).

b) Leistungspflichten. Die Herbeiführung des Eigentumsübergangs gehört nicht zu den Leistungspflichten 23 des Verkäufers, sondern allein die Bewirkung von und Mitwirkung bei allen Maßnahmen, die dazu erforderlich sind (RG 113, 403, 405; 118, 100, 101 ff; BGH WM 71, 936 LS 1, 937; Palandt/*Putzo* Rn 18). Der Verkäufer muss zB alle Handlungen vornehmen, damit der Käufer im Grundbuch eingetragen wird und die wegzufertigenden Belastungen gelöscht werden. Er muss sich ebenso um die Erteilung öffentlich-rechtlicher Genehmigungen bemühen (RG JW 28, 2856; BGH NJW 69, 838 f). Diese Begrenzung ist geboten, weil der Verkäufer für die Bewirkung der finalen Erfüllung auf Mitwirkungshandlungen des Käufers – zB Entgegennahme der Auflassung – oder Dritter – zB Umschreibung durch das Grundbuchamt – angewiesen ist, für die er nicht einstandspflichtig sein kann (RG 118, 100, 101 ff).

3. Gutgläubiger Erwerb. Da es allein auf die rechtliche Wirksamkeit der Übereignung ankommt, reicht gut- 24 gläubiger Erwerb durch den Käufer aus (BGH WM 57, 637; BaRoth/*Faust* Rn 11 mwN). Dagegen genügt die Verschaffung bloßen **Bucheigentums** nicht, da es keine dauerhafte und absolute Eigentumsposition für den Käufer begründet, zB nicht bei Bestehen eines relativen Veräußerungsverbotes (§ 135) (RG 132, 145, 148 f; Palandt/*Putzo* Rn 19).

4. Dritte. Auf Seiten des Verkäufers können Dritte beliebig am Vorgang der Übereignung beteiligt sein, 25 indem dieser zB seinen Lieferanten beauftragt, ohne zwischengeschalteten Durchgangserwerb durch ihn selbst die Kaufsache unmittelbar an seinen Käufer zu übereignen. Beim **Streckengeschäft** erfolgt die Übereignung regelmäßig doppelt im Wege des Geheißerwerbs unmittelbar zwischen den jeweiligen Vertragspartnern (BGH NJW 82, 2371 f; 86, 1166 f; BaRoth/*Faust* Rn 11).

5. Urkunden. Als Teil der Hauptleistungspflicht des Verkäufers sind für die Eigentumslegitimation wichtige 26 Urkunden ebenfalls zu übereignen bzw zu übergeben (BGH NJW 53, 1347; 83, 2139; Oldbg NJW-RR 00, 507 jew zu Kraftfahrzeugbrief; KG NJW 65, 1605 f).

IV. Mangelfreiheit. 1. Bedeutung, Schuldrechtsmodernisierung. Die Einführung der Hauptleistungspflicht des Verkäufers (I 2), die Sache in vertragsgemäßer Beschaffenheit und so mangelfrei zu liefern, stellt eine der wichtigsten Regelungen des neuen Kaufrechts dar. Sie gibt dem Käufer jetzt generell eine Position, wie sie nach altem Recht nur für Rechtsmängel (§ 434 aF), eingeschränkt für Gattungskäufe (§ 480 aF) und im Werkvertragsrecht existierte. Die Funktion des Mängelrechts besteht nicht mehr nur aus Sicht des Käufers im Wesentlichen defensiv darin, ihn über Wandelung und Minderung davor zu schützen, den – vollen – Kaufpreis für eine mangelhafte Kaufsache zahlen zu müssen; positiv meint Mängelrecht heute, dass der Käufer die Lieferung einer mangelfreien Sache in den Grenzen des allgemeinen Leistungsstörungsrechts, also vor allem unter dem Vorbehalt der Möglichkeit (§ 275 I), auch gegen den Willen des Verkäufers durchsetzen kann. Der Gesetzgeber setzt damit für alle Kaufverträge die Vorgabe der **Verbrauchsgüterkaufrichtlinie** um (Art 2 I). Insgesamt soll das Prinzip der einheitlichen Reform auch zu einer Angleichung an das **UN-Kaufrecht** führen, das den Verkäufer verpflichtet, „Ware zu liefern, die in Menge, Qualität, und Art ... den Anfor- 27 derungen des Vertrages entspricht" (Art 35 I UN-Kaufrecht, vgl dazu vor § 433 Rn 6). Im UN-Kaufrecht führen Mängel der Ware unmittelbar zur Verletzung einer Vertragspflicht des Verkäufers (vgl Wirtz/Salger/Lorenz/*Salger* Art 45 Rn 2-8; Schlechtriem/Schwenzer/*Müller-Chen* Art 45 Rn 5), im neuen Kaufrecht zu einer Pflichtverletzung (§ 280; s BTDrs 14/6040, 92 auch zur nur äußerlich unterschiedlichen Terminologie; Palandt/*Heinrichs* § 280 Rn 2).

28 **2. Rechtsfolgen.** I 2 beschränkt sich auf die Qualifizierung als Hauptleistungspflicht. Die Definition der Tatbestandsvoraussetzungen des Mangels ist § 434 für den Sach-, § 435 für den Rechtsmangel überantwortet, die Rechtsfolgen gibt § 437 mit den dort in Verweis genommenen Bestimmungen des Kaufrechts und des allgemeinen Leistungsstörungsrechts vor.

29 **3. Zurückweisungsrecht des Käufers beim Angebot einer mangelhaften Kaufsache.** S § 437 Rn 22.

30 **V. Leistungsvorbehalte.** Im Handelsverkehr haben sich verschiedene Klauseln eingebürgert, mit denen sich der Verkäufer von den gesetzlichen Folgen für Nichterfüllung seiner Hauptleistungspflichten freizeichnen will. Sie sind innerhalb der allgemeinen Grenzen (als AGB § 308 Nr 1, 3 und 4 iVm § 310 I; generell § 138, 242 und §§ 19, 20 GWB) für Kaufleute grds beachtlich. Wichtigstes Beispiel sind Selbstbelieferungsvorbehalte wie „Richtige und rechtzeitige Selbstbelieferung vorbehalten" (zu weiteren Beispielen s Staud/*Beckmann* Rn 83–88 mwN):

31 **1. Kongruentes Deckungsgeschäft.** Der Verkäufer wird von der Leistungspflicht ausschl befreit, wenn er zur Sicherung der Selbstbelieferung ein kongruentes Deckungsgeschäft geschlossen hat (BGHZ 92, 396, 398 mwN; BGH NJW 95, 1959, 1960; kritisch zur Fortgeltung dieser Rspr mit Hinweis, dass sich Entfall der Leistungspflicht auch aus § 275 I ergeben kann, MüKo/*Westermann* Rn 58). Er muss erwarten können, dass „bei natürlichem reibungslosem Ablauf die Erfüllung des Verkaufskontrakts mit der aus dem Einkaufskontrakt erwarteten Ware möglich ist" (BGH WM 90, 107, 108). Dies wird im Einzelfall auch bejaht, wenn das Deckungsgeschäft seinerseits einem Selbstbelieferungsvorbehalt unterliegt (München NJW-RR 91, 874 f; s aber zu den generell hohen Anforderungen an die Kongruenz BGH WM 90, 107, 108; 92, 356, 357 f).

32 **2. Auflösende Bedingung.** Das Ausbleiben der Selbstbelieferung führt als auflösende Bedingung (§ 158 II) (BGHZ 24, 39, 40 f; Frankf NJW-RR 98, 1130 f; Staud/*Beckmann* Rn 86), nicht als Rücktrittsgrund (so alternativ Palandt/*Putzo* Rn 20) zur nachträglichen Unwirksamkeit der Lieferverpflichtung.

33 **VI. Neben(leistungs)pflichten. 1. Altes Schuldrecht.** Die Neben(leistungs)pflichten (hier: Nebenpflichten; s § 437 Rn 52) des Verkäufers dienten nach altem Schuldrecht dazu, ungeachtet der Beschränkung der Gewährleistungsrechte des Käufers auf Wandelung und Minderung Schadensersatzansprüche nach den Regeln der positiven Vertragsverletzung zu eröffnen. Sie bezogen sich sowohl auf Eigenschaften der Kaufsache (zB BGHZ 88, 130, 135 f „Kleber") als auch auf davon unabhängiges Fehlverhalten des Verkäufers wie das Einfüllen mangelfreien Benzins in den falschen Tank einer Tankstelle (BGHZ 107, 249 LS, 251). Von diesem Anknüpfungspunkt hing insbes die Verjährung ab: Ansprüche wegen „Schäden in unmittelbarem Zusammenhang mit einem Mangel oder einer die Verwendungsfähigkeit beeinflussenden Eigenschaft der Kaufsache" verjährten kaufrechtlich nach § 477 aF, alle Übrigen nach allgemeinen Regeln (BGHZ 107, 249, 252 mwN; NJW 05, 866, 867).

34 **2. Schuldrechtsmodernisierung.** Da die schadensersatzrechtlichen Konsequenzen der Verletzung der Hauptleistungspflicht des Verkäufers zu mangelfreier Lieferung jetzt in § 437 Nr 3 gesetzlich geregelt sind, betreffen die überkommenen Grundsätze zur Verletzung von Nebenpflichten des Verkäufers, soweit sie die Beschaffenheit der Kaufsache betreffen, jetzt die Ausfüllung dieser Haftungsordnung. Sie werden daher zusammen mit allen weiteren Nebenpflichten bei der Kommentierung von § 437 Nr 3 dargestellt (§ 437 Rn 52-64).

35 **D. Pflichten des Käufers. I. Einleitung.** Hauptleistungspflicht des Käufers im Gegenseitigkeitsverhältnis (§ 320 I) ist die Zahlung des Kaufpreises (II Alt 1). Die Pflicht zur Abnahme (II Alt 2) ist regelmäßig eine gesetzlich geregelte Nebenleistungspflicht, kann aber von den Parteien zur Hauptleistungspflicht erhoben werden. Ferner treffen den Käufer Nebenpflichten.

36 **II. Zahlung des Kaufpreises. 1. Kaufpreis.** Der Kaufpreis ist die Geldleistung des Käufers, das Entgelt für die Sachleistung des Verkäufers. Im Synallagma zwischen Sach- und Geldleistung liegt die Abgrenzung zum Tausch (§ 480) begründet, der durch den Austausch von Sachleistungen charakterisiert ist (§ 480 Rn 2). Der Kaufpreis kann neben EURO in jeder Währung vereinbart werden, sofern die Fremdwährung als Geld (§ 244) und nicht als Sachleistung geschuldet ist (s zu Devisen als Gegenstand eines Sachkaufs Rn 10); dann läge Tausch vor.

37 **2. Vereinbarung.** Der Kaufpreis muss bestimmt oder bestimmbar vereinbart sein. „Bestimmbarkeit" gestattet sowohl die Bezugnahme auf zum Zeitpunkt des Vertragsschlusses noch nicht festliegende Faktoren wie die Anknüpfung an den Wert von Bezugsgrößen als auch die Überantwortung der Festlegung an einen Dritten, insbes einen Sachverständigen (§ 317). „Im Zweifel" legt gem der Auslegungsregel des § 316 der Verkäufer

den nicht geregelten Kaufpreis fest (BaRoth/*Faust* Rn 27; dies gilt nicht, wenn nach dem Parteiwillen keiner Partei, BGHZ 94, 98, 101 ff; NJW-RR 92, 142 f; vgl NJW 78, 1371, 1373, oder dem Käufer, BGHZ 41, 271 LS, 274 ff, das Bestimmungsrecht zustehen soll).

3. Mehrwertsteuer. Die Rechtslage bei Fehlen eines ausdrücklichen Ausweises von Mehrwertsteuer (zur 38 entspr Verpflichtung des Verkäufers s § 437 Rn 61) ist str (vgl zur Privatisierung von Bergwerkseigentum durch die Treuhandanstalt BGH NJW-RR 00, 1652; NJW 01, 2464). Im Ausgangspunkt ist die Mehrwertsteuer „ein unselbständiger Bestandteil des vereinbarten bürgerlich-rechtlichen Entgelts" und daher bei Fehlen einer ausdrücklichen Regelung im Kaufpreis enthalten, und zwar auch ggü vorsteuerabzugsberechtigten Käufern (BGHZ 103, 284, 287 f; ebenso BGH NJW 02, 2312 mwN); ohne abw Regelung ist Kaufpreis daher der Brutto-Kaufpreis (dh inkl Mehrwertsteuer). Allerdings ist es im Einzelfall einer ergänzenden Vertragsauslegung zugänglich, ob die Parteien bei Fehlen einer ausdrücklichen Regelung den Kaufpreis wirklich brutto verstanden haben (BGH NJW 01, 2464, 2465; 02, 2312). Sie führt bei einem vorsteuerabzugsberechtigten Käufer dazu, dass er die Mehrwertsteuer zusätzlich zu zahlen hat, wenn beide Parteien übereinstimmend die Umsatzsteuerbarkeit nicht erkannt haben (BGH NJW-RR 00, 1652, 1653; NJW 01, 2464, 2465). Haben die Parteien irrtümlich die Umsatzsteuerbarkeit angenommen, reduziert sich bei einem nicht zum Abzug von Vorsteuer berechtigten Käufer der Kaufpreis um die Mehrwertsteuer (BGH NJW-RR 90, 1199, 1200). Ein einseitiger Irrtum nur des Verkäufers ist hingegen als Kalkulationsirrtum unbeachtlich (bes deutlich BGH NJW 01, 2464, 2465 mwN; ferner NJW-RR 00, 1652, 1653).

4. Skonto. Der so bezeichnete Preisnachlass unter der Voraussetzung der Zahlung innerhalb bestimmter 39 Frist bedarf idR der Vereinbarung; ein Handelsbrauch kann, wenn überhaupt (dagegen Palandt/*Heinrichs* § 157 Rn 16; BaRoth/*Faust* Rn 29), nur im Einzelfall angenommen werden (Staud/*Beckmann* Rn 125). Rechtstechnisch liegt ein aufschiebend bedingter Teilnachlass vor (**so** BGH NJW 98, 1302; Palandt/*Heinrichs* § 157 Rn 16; **aA** BGH NJW 83, 2944), für dessen Eintritt der Käufer beweispflichtig ist (BGH NJW 98, 1302) (zur davon zu unterscheidenden Beweislast für die Vereinbarung von Skonto s Rn 53). Zur Fristwahrung reicht die rechtzeitige Absendung des Geldes (BGH aaO; BaRoth/*Faust* Rn 29). Umstr ist die Auswirkung der Skontoabrede auf die Fälligkeit (s mwN Palandt/*Heinrichs* § 157 Rn 16).

5. Zahlungsform. Ohne abw Vereinbarung ist Käufer zur Barzahlung berechtigt und verpflichtet (BaRoth/ 40 *Faust* Rn 31; Staud/*Beckmann* Rn 124). Bei größeren Kaufpreisen liegt Vereinbarung unbarer Zahlung nahe (BaRoth/*Faust* aaO).

6. Fälligkeit. Gesetzlich ist der Kaufpreis sofort (§ 271 I), also bei Vertragsschluss (BGHZ 55, 340, 341), aber 41 nur Zug um Zug gegen Lieferung der Kaufsache zu zahlen (Palandt/*Putzo* Rn 41). Deshalb tritt Fälligkeit erst ein, nachdem der Käufer die Beschaffenheit der Ware prüfen konnte (RG 118, 288, 290; Staud/*Beckmann* Rn 143).

7. Fälligkeitsklauseln. Der kaufmännische Geschäftsverkehr hat eine Vielzahl von Fälligkeitsklauseln entwic- 42 ckelt. Beispiele sind: (1) **Ziel**: Zahlung innerhalb einer vereinbarten Frist, die üblicherweise mit Datum der Rechnung beginnt (Palandt/*Putzo* Rn 42), aber auch mit anderem Startdatum (zB Eingang der Rechnung) vereinbart werden kann (Staud/*Beckmann* Rn 148). Bei Vereinbarung Valuta zu einem bestimmten Datum in Kombination mit einem Zahlungsziel (zB Valuta 1.3., Ziel 30 Tage: Staud/*Beckmann* aaO) tritt Fälligkeit zum Valutadatum ein, Käufer darf aber Ziel ausschöpfen gegen Zahlung von kaufmännischen Fälligkeitszinsen (§ 353 HGB) (Palandt/*Putzo* Rn 42). (2) **Vorauskasse, Vorauszahlung**: Käufer ist vorleistungspflichtig (Staud/ *Beckmann* Rn 145), im Regelfall ohne Recht zur Aufrechnung. (3) **Kasse gegen Faktura oä**: Käufer ist vorleistungspflichtig (Palandt/*Putzo* Rn 42, Staud/*Beckmann* Rn 145) und nicht zur Aufrechnung befugt (BGHZ 23, 131 LS, 134 ff). Allerdings muss Ware versandfertig sein (RG 106, 299; Staud/*Beckmann* Rn 145). (4) **Kasse gegen Lieferschein**: Käufer ist unter Ausschluss der Aufrechnung vorleistungspflichtig, hat insbes nicht das Recht, erst nach Untersuchung der Kaufsache zu zahlen (BGH NJW 65, 1270 f; Palandt/*Putzo* Rn 42). (5) **Kasse gegen Dokumente**: Verkäufer ist vorleistungspflichtig für Vorlage der vereinbarten Dokumente (BGHZ 55, 340, 342; Staud/*Beckmann* Rn 146), zB Konnossement, Duplikat-Frachtbrief, Ladebrief; Käufer ist dann vorleistungspflichtig, indem er zur Einlösung der Dokumente zu zahlen hat, ohne Recht auf vorherige Untersuchung (BGHZ 41, 215, 220 f unter Aufgabe von RG JW 32, 586; Palandt/*Putzo* Rn 42; Staud/*Beckmann* Rn 146 mN weiterer Klauseln mit ähnlicher Wirkung; zu den Grenzen nach Treu und Glauben vgl BGHZ 41, 215, 221 f sowie die Nachw bei Staud/*Beckmann* aaO) und unter Ausschluss des Rechts zur Aufrechnung (BGHZ 14, 61, 62; Palandt/*Putzo* aaO). (6) **Dokumente gegen Akkreditiv**: Akkreditivbank hat gegen Vorlage der Dokumente zu zahlen (Palandt/*Putzo* Rn 42; Staud/*Beckmann* Rn 146). (7) **Lieferung gegen Nachnahme**: Bei Anlieferung und Vorlage des Nachnahmescheins wird Kaufpreis fällig (Palandt/*Putzo* Rn 42; Staud/*Beckmann* Rn 146).

III. Abnahme der Kaufsache. 1. Begriff. Bei beweglichen Sachen unter Einschluss von Tieren meint 43 Abnahme die Übernahme des Besitzes durch den Käufer, also den Akt, durch den der Verkäufer die Verpflichtung zur Übergabe erfüllt (I 1 Alt 1) und zugleich von der Kaufsache entlastet wird (RG 53, 161, 162;

BGH NJW 72, 99 mwN; Staud/*Beckmann* Rn 156). Bei Grundstücken schließt sie ein die Entgegennahme der Auflassung (BGHZ 58, 246 LS, 249 f; Palandt/*Putzo* Rn 43; der Sache nach Ddorf WM 82, 491, 492) und die Mitwirkung an der Grundbucheintragung (Staud/*Beckmann* Rn 163 mwN). Die kaufrechtliche Abnahme ist von der werkvertraglichen Abnahme (Rn 44) und dem kaufrechtlichen Abruf (Rn 50) zu unterscheiden.

44 **2. Rechtsnatur.** Der Inhalt der bloßen Besitzübernahme bedeutet, dass die Abnahme bei beweglichen Sachen einen reinen Realakt darstellt; bei Grundstücken treten die speziellen rechtsgeschäftlichen und verfahrensrechtlichen Erklärungen iRv Auflassung und Erklärungen an das Grundbuchamt hinzu. Die Abnahme beinhaltet anders als beim Werkvertrag (§ 640 I) keine Billigung der Kaufsache als vertragsgemäß (RG 171, 297, 300; BGH NJW 72, 99; BaRoth/*Faust* Rn 32).

45 **3. Nebenpflicht.** Da die Abnahme keine Gegenleistung des Käufers für die Lieferung der Kaufsache ist, ist sie idR nur als Nebenpflicht geschuldet (RG 53, 161, 163 ff; BGH NJW 72, 99; Palandt/*Putzo* Rn 44; Staud/*Beckmann* Rn 163). Sie wird aber zur Hauptleistungspflicht bei ausdrücklicher Vereinbarung der Parteien (BGH DB 75, 1406, 1407) oder wenn dies aus der Gesamtheit der vertraglichen Regelungen abzuleiten ist, vor allem wegen eines darin ausgedrückten erheblichen Interesses des Verkäufers an der Entlastung von der Kaufsache (RG 57, 106, 112; 92, 268, 270 f; BGH NJW 72, 99; Staud/*Beckmann* aaO); ein solches Interesse kommt vor allen Dingen bei Räumungsverkäufen, verderblichen Waren oder Kauf zum Abbruch in Betracht (Palandt/*Putzo* aaO).

46 **4. Voraussetzungen.** (1) Verkäufer muss zur Besitzübertragung in der Lage sein, dh die Kaufsache besitzen, (2) die Kaufsache muss dem Käufer angeboten werden und (3) grds vertragsgemäß sein (Palandt/*Putzo* Rn 45; Staud/*Beckmann* Rn 160; zur Problematik der Abnahmepflicht bei unerheblichen Mängeln s § 437 Rn 22).

47 **5. Nichterfüllung.** Auch als Nebenpflicht ist die Abnahme durch den Verkäufer selbständig einklagbar und kann zum Schuldnerverzug des Käufers führen (RG 57, 106, 109; BaRoth/*Faust* Rn 35; MüKo/*Westermann* Rn 78). Zwangsvollstreckung erfolgt wegen der Vertretbarkeit der Abnahme bei beweglichen Sachen nach § 887 ZPO, bei Grundstücken nach § 888 ZPO und zur Durchsetzung der Auflassung nach § 894 ZPO (BaRoth/*Faust* Rn 33).

48 **IV. Nebenpflichten.** Infolge der regulären einzigen auf Zahlung gerichteten Hauptleistungspflicht sind die Nebenpflichten des Käufers verglichen mit denen des Verkäufers von untergeordneter Bedeutung. Sie sind nicht in das Gegenseitigkeitsverhältnis einbezogen. Zu nennen sind:

49 **1. Aufklärungspflichten.** Der Käufer ist nur ausnahmsweise ohne ausdrückliche Vereinbarung zur Aufklärung über seine Absichten oder seine Verhältnisse verpflichtet (bejaht von BGH ZfIR 03, 783 zu Verpflichtung einer Gemeinde, über Änderung eines einem Grundstückskaufvertrag zugrunde liegenden Erwerbszwecks zu informieren). Im Einzelnen: Über die **Absicht des Wiederverkaufs** braucht der Käufer auch dann nicht zu informieren, wenn dem **Käufer** (Automobil-Vertragshändler) der Verkauf an Wiederverkäufer vertraglich untersagt ist (BGH NJW 92, 1222 mwN). Auf einen **Kalkulationsirrtum** oder eine Fehleinschätzung der preisbildenden Faktoren **des Verkäufers** braucht der Käufer nicht hinzuweisen (AG Coburg NJW 93, 938 f; Staud/*Beckmann* Rn 175 mit Darstellung von Ausnahmen und Rspr; aA Erman/*Grunewald* Rn 60). **Zweifel am Eigentum des Verkäufers** muss der Käufer im Einzelfall offenbaren (BGH NJW 60, 720 f; zu Recht kritisch MüKo/*Westermann* Rn 84). Bei **Kreditkäufen** ist „der Käufer idR nicht verpflichtet, dem Geschäftspartner seine Vermögenslage und Kreditwürdigkeit zu offenbaren (BGHZ 87, 27, 34). Eine Offenbarungspflicht besteht jedoch nach Treu und Glauben, wenn der Käufer „weiß oder wissen muss, dass die begründeten Verbindlichkeiten nicht erfüllt werden können (BGHZ aaO), auf ausdrückliche Fragen des Verkäufers (BGHZ aaO) sowie generell bei Bestehen eines besonderen Vertrauensverhältnisses oder einem ungewöhnlich großen oder risikoreichen Engagement des Verkäufers (vgl BGH NJW 74, 1505, 1506; Staud/*Beckmann* Rn 176 mwN). Auf für den **Verkäufer erkennbar bedeutsame Fragen** ist der Käufer regelmäßig verpflichtet, wahrheitsgemäß zu antworten und die Antwort bei Änderung der Verhältnisse von sich aus zu korrigieren (vgl BGH WM 91, 1731, 1733).

50 **2. Abruf.** Eine besondere von der Pflicht zur Abnahme (II Alt 2) zu unterscheidende Pflicht des Käufers, die Ware abzurufen, besteht nur aufgrund Vereinbarung (Palandt/*Putzo* Rn 50); sie resultiert nicht schon aus einer Verpflichtung des Verkäufers zur Lieferung in kontinuierlichen Zeitabständen (RG JW 16, 1188 f; MüKo/*Westermann* Rn 81). Regelmäßig liegt eine Nebenpflicht vor, da es auch im kaufmännischen Verkehr keine Vermutung für den Charakter als Hauptleistungspflicht gibt (BGH NJW 72, 99 mwN; MüKo/*Westermann* aaO). Bestimmung zur Hauptleistungspflicht ist aus vergleichbaren Gründen wie bei der Abnahme möglich (Rn 44; vgl MüKo/*Westermann* aaO). Speziell der Abruf iRd Spezifikationskaufs (§ 375 HGB) ist als Hauptleistung geschuldet (Palandt/*Putzo* Rn 50). Ein vereinbarter Abruf hat innerhalb der festgelegten oder angemessenen Frist stattzufinden und löst bei Nichterfüllung Schuldnerverzug sowie die sofortige Fälligkeit des Kaufpreises aus (Palandt/*Putzo* aaO).

3. Untersuchungs- und Abwicklungspflichten. Den Käufer trifft abseits von § 377 HGB keine Untersuchungspflicht, auch nicht iS einer Obliegenheit zur ungeschmälerten Wahrung seiner Rechte auf Schadensersatz (MüKo/*Westermann* Rn 85). Ausnahmen können sich aus Besonderheiten des Kaufvertrags ergeben: Beim **Distanzkauf** ist der Käufer verpflichtet, den festgestellten Transportschaden dem Verkäufer mitzuteilen und von der Transportperson aufnehmen zu lassen (BGH ZIP 87, 373, 375; Staud/*Beckmann* Rn 180). Ebenso hat der Käufer die Ware auf äußerlich feststellbare Mängel vor Verwendung zu prüfen (Ddorf NJW-RR 00, 1654, 1655; MüKo/*Westermann* Rn 85). 51

4. Aufbewahrungspflichten. Beanstandete Ware hat der Käufer auf Kosten des Verkäufers zu verwahren, bis der Verkäufer eine Verfügung treffen kann (Erman/*Grunewald* Rn 59; Staud/*Beckmann* Rn 181; beim Handelskauf s § 379 HGB). Zur Rücksendung ist der Käufer nicht verpflichtet (Palandt/*Putzo* Rn 55). 52

E. Beweislast. Der **Verkäufer** ist für den Abschluss des Kaufvertrags sowie für alle Regelungen darin beweispflichtig, auf die er sich beruft. Dies gilt insbes für die Höhe des Kaufpreises (BGH NJW 83, 2944). Da ein **Skonto** zu einem aufschiebend bedingten Teilnachlass führt (s Rn 39), fällt seine Vereinbarung in die Beweislast des Käufers, der sich damit auf den Teilnachlass des eigentlich höher vereinbarten Kaufpreises beruft (str: so MüKo/*Westermann* Rn 76; Staud/*Beckmann* Rn 125; aA BGH NJW 83, 2944 bei allerdings anderer dogmatischer Fundierung des Skonto; Palandt/*Putzo* Rn 56; Jauernig/*Berger* Rn 33) (zur Beweislast für den Eintritt von Skonto s Rn 39). 53

Der **Käufer** ist grds für die Zahlung des Kaufpreises in der Beweislast (Palandt/*Putzo* Rn 57, aA für Handkauf Rn 56; ebenso Jauernig/*Berger* Rn 33; aA für Nachnahme AG Berlin-Tiergarten NJW 98, 912). Angesichts der gesetzlichen sofortigen Fälligkeit des Kaufpreises (Rn 41) gilt dies auch für die Vereinbarung einer Stundung bei Vertragsschluss (str: so Palandt/*Putzo* Rn 57; BaRoth/*Faust* Rn 39; MüKo/*Westermann* Rn 74; aA RG 68, 305 f; jew für Abzahlungskauf BGH NJW 75, 206 LS, 207; LG Tübingen NJW 90, 1185 f). 54

§ 434 Sachmangel

(1) ¹Die Sache ist frei von Sachmängeln, wenn sie bei Gefahrübergang die vereinbarte Beschaffenheit hat. ²Soweit die Beschaffenheit nicht vereinbart ist, ist die Sache frei von Sachmängeln,
1. wenn sie sich für die nach dem Vertrag vorausgesetzte Verwendung eignet, sonst
2. wenn sie sich für die gewöhnliche Verwendung eignet und eine Beschaffenheit aufweist, die bei Sachen der gleichen Art üblich ist und die der Käufer nach der Art der Sache erwarten kann.

³Zu der Beschaffenheit nach Satz 2 Nr. 2 gehören auch Eigenschaften, die der Käufer nach den öffentlichen Äußerungen des Verkäufers, des Herstellers (§ 4 Abs. 1 und 2 des Produkthaftungsgesetzes) oder seines Gehilfen insbesondere in der Werbung oder bei der Kennzeichnung über bestimmte Eigenschaften der Sache erwarten kann, es sei denn, dass der Verkäufer die Äußerung nicht kannte und auch nicht kennen musste, dass sie im Zeitpunkt des Vertragsschlusses in gleichwertiger Weise berichtigt war oder dass sie die Kaufentscheidung nicht beeinflussen konnte.

(2) ¹Ein Sachmangel ist auch dann gegeben, wenn die vereinbarte Montage durch den Verkäufer oder dessen Erfüllungsgehilfen unsachgemäß durchgeführt worden ist. ²Ein Sachmangel liegt bei einer zur Montage bestimmten Sache ferner vor, wenn die Montageanleitung mangelhaft ist, es sei denn, die Sache ist fehlerfrei montiert worden.

(3) Einem Sachmangel steht es gleich, wenn der Verkäufer eine andere Sache oder eine zu geringe Menge liefert.

Inhaltsübersicht

	Rn		Rn
A. Grundsätzliches	1–5	II. Unsachgemäße Montage und fehlerhafte Montageanleitung (II)	12
I. Bedeutung	1	III. Falsch- und Minderlieferung (III)	13
II. Anwendungsbereich	2	C. Beschaffenheit	14–27
III. Schuldrechtsmodernisierung	3	I. Bedeutung	14
IV. Verbrauchsgüterkaufrichtlinie	4	II. Meinungsstand	15–18
V. Abdingbarkeit	5	III. Eigene Auffassung	19
B. Inhalt, System	6–13	IV. Begriff	20–27
I. Die allgemeine Definition des Mangels (I)	7–11	D. Die sieben Tatbestände von Sachmängeln	28–100
1. Negative Definition	7	I. Vorliegen der vereinbarten Beschaffenheit (I 1)	29–42
2. Dreistufigkeit	8	1. Bedeutung	29
3. Abweichungen zur Verbrauchsgüterkaufrichtlinie	9–11	2. Beschaffenheit	30
a) Definitionen statt Vermutungen	10	3. Vereinbarung	31–33
b) Hierarchie statt Kumulierung	11	a) Begriff	31

	Rn		Rn
b) Form	32	1. Bedeutung	71
c) Weitergehende Anforderungen	33	2. Verbrauchsgüterkaufrichtlinie	72
4. Probe oder Muster	34	3. Voraussetzung	73
5. Widersprüchliche Vereinbarungen	35	4. Begriff	74
6. Verhältnis zu I 2	36, 37	5. Mangel	75
7. Verbrauchsgüterkaufrichtlinie	38–40	6. Zeitpunkt	76
a) Beschreibungen durch den Verkäufer	39	V. Mangelhafte Montageanleitung (II 2)	77–86
		1. Bedeutung	77
b) Öffentliche Äußerungen von Verkäufer und Hersteller	40	2. Verbrauchsgüterkaufrichtlinie	78
		3. Voraussetzung	79
8. Mangel	41	4. Begriff	80
9. Zeitpunkt	42	5. Mangelhaftigkeit	81
II. Eignung für die nach dem Vertrag vorausgesetzte Verwendung (I 2 Nr 1)	43–48	6. Ausschlussgrund der fehlerfreien Montage	82
1. Bedeutung	43	7. Zeitpunkt	83
2. Verwendung	44	8. Rechtsfolgen	84
3. Vorausgesetzt	45, 46	9. Fehlen der Montageanleitung	85
a) Meinungsstand	45	10. Bedienungsanleitung	86
b) Begriff	46	VI. Lieferung einer anderen Sache (III Alt 1)	87–94
4. Mangel	47	1. Bedeutung	87
5. Zeitpunkt	48	2. Verbrauchsgüterkaufrichtlinie	88
III. Eignung zur gewöhnlichen Verwendung und Vorliegen einer üblichen Beschaffenheit, die der Käufer erwarten kann (I 2 Nr 2), unter Berücksichtigung öffentlicher Äußerungen von Verkäufer oder Hersteller (I 3)	49–70	3. UN-Kaufrecht	89
		4. Stückkauf	90
		5. Gattungskauf	91
		6. Rechtsfolgen	92–94
		a) Stückkauf	92
1. Bedeutung	49	b) Gattungskauf	93
2. Struktur	50	c) Verbrauchsgüterkauf	94
3. Gewöhnliche Verwendung	51	VII. Lieferung einer zu geringen Menge (III Alt 2)	95–100
4. Übliche Beschaffenheit	52–54	1. Bedeutung	95
a) Begriff	52	2. Anwendungsbereich	96
b) Kriterien	53	3. Verbrauchsgüterkaufrichtlinie	97
c) Normalbeschaffenheit	54	4. UN-Kaufrecht	98
5. Erwartungen des Käufers	55	5. Rechtsfolgen	99
6. Öffentliche Äußerungen von Verkäufer und Hersteller (I 3)	56–67	6. Zuviellieferung	100
a) Bedeutung	56	E. Beweislast	101–104
b) Anwendungsbereich	57	I. Verbrauchsgüterkauf	101
c) Äußerungen	58	II. Grundsatz	102–104
d) Verkäufer und Hersteller	59	1. Verkäufer	103
e) Öffentlich	60–62	2. Käufer	104
aa) Werbung	61	F. Beispiele aus der Rspr zu § 434	105–112
bb) Kennzeichnung	62	I. Grundstücke	105
f) Erwartungen des Käufers	63	II. Gebäude und Baumaterialien	106
g) Ausschlusstatbestände	64–67	III. Kraftfahrzeuge	107, 108
aa) Unkenntnis	65	1. Neuwagen	107
bb) Berichtigung in gleichwertiger Weise	66	2. Gebrauchtwagen	108
cc) Fehlen eines Einflusses	67	IV. EDV	109
7. Verbrauchsgüterkaufrichtlinie	68	V. Tiere	110
8. Mangel	69	VI. Sonstige Gegenstände	111
9. Zeitpunkt	70	VII. Kunstwerke	112
IV. Unsachgemäße Montage (II 1)	71–76		

1 **A. Grundsätzliches. I. Bedeutung.** Norm definiert den Sachmangel als die praktisch im Vordergrund stehende Tatbestandsvoraussetzung des Mängelrechts. Zusammen mit § 435 als dem Pendant für den Rechtsmangel legt sie abschließend fest, unter welchen Voraussetzungen dem Käufer Mängelrechte zur Verfügung stehen. Wegen § 433 I 2 reguliert sie damit die Anforderungen an eine Hauptleistungspflicht des Verkäufers. Die Mängelrechte selbst ergeben sich aus § 437 und den dort in Verweis genommenen Bestimmungen des Kaufrechts und des allgemeinen Leistungsstörungsrechts.

II. Anwendungsbereich. Die Definition des Sachmangels gilt primär für den Sachkauf. Rechte unterliegen 2
dem Recht des Sachmangels für die Sache, an der sie ein Recht zum Besitz gewähren (§ 453 III, s dort Rn 11);
auf sonstige Gegenstände iSd § 453 I ist § 434 anwendbar, soweit sie Sachmängel haben können (s § 453
Rn 9, 17, 32).

III. Schuldrechtsmodernisierung. Inhalt und Struktur der Definition des Sachmangels sind durch die 3
Schuldrechtsreform ggü § 459 aF grundlegend umgestaltet worden. Die wichtigsten Änderungen sind: (1) Die
schon bisher herrschende subjektive Fehlertheorie (vgl MüKo/*Westermann*, 3. Aufl 1995, § 459 Rn 11) ist
durch den expliziten Primat der Beschaffenheitsvereinbarung der Parteien (I 1) verstärkt worden. (2) Die
zugesicherte Eigenschaft (§ 459 II aF) gibt es nicht mehr (zu ihrem vermeintlichen Fortleben als Garantie
s § 443 Rn 7). (3) Die Voraussetzungen für einen Mangel bei Fehlen einer Beschaffenheitsvereinbarung sind
präziser definiert (I 2) und durch die Einbeziehung werblicher Äußerungen von Verkäufer oder Hersteller
erweitert worden (I 3). (4) Als besondere Formen des Mangels sind die unsachgemäße Montage durch den
Verkäufer (II 1) und die fehlerhafte Montageanleitung (II 2) eingeführt. (5) Dem Sachmangel stehen ausdrücklich die Lieferung eines Aliud (III Alt 1) und einer zu geringen Menge (III Alt 2) gleich. (6) Die De
Minimis-Klausel, dass eine nur unerhebliche Beeinträchtigung keinen Mangel darstellt (§ 459 I 2 aF), ist entfallen. Sie erscheint noch als Ausschlussgrund für den Rücktritt (§§ 281 I 3, 323 V 2).

IV. Verbrauchsgüterkaufrichtlinie. Die Anforderung, dass Waren vertragsgemäß zu sein haben, ist wesent- 4
liche ratio der Richtl (Erwägungsgrund 7). Die Definition des Mangels war daher dem Gesetzgeber für den
Verbrauchsgüterkauf durch Art 2 I, II und V Richtl vorgegeben. Zur erheblichen Abweichung von I zu Wortlaut und System der Richtl s Rn 9-11.

V. Abdingbarkeit. Außerhalb des Verbrauchsgüterkaufs können Parteien Beschaffenheit der Kaufsache und 5
Ausschluss der Einstandspflicht für Mängel frei vereinbaren. Beim Verbrauchsgüterkauf verbietet § 475 I jede
Beschränkung der Einstandspflicht. Prinzipiell kann durch entspr Gestaltung der Beschaffenheitsvereinbarung aber der Anwendungsbereich der Mängelrechte des Verbrauchers erheblich beeinflusst und faktisch
beschränkt werden (s auch zu den Grenzen Rn 68, § 475 Rn 6).

B. Inhalt, System. Die Beschreibung des Mangels leistet § 434 durch ein eigentümliches Nebeneinander der 6
abstrakten und hierarchischen Definition unbenannter Mängel (I), der positiven Festlegung zweier benannter
Mängel (II) und der Gleichstellung von zwei Lieferabweichungen mit Mängeln (III).

I. Die allgemeine Definition des Mangels (I). 1. Negative Definition. I definiert in Übernahme von Art 2 7
I, II der Verbrauchsgüterkaufrichtlinie den Mangel nicht positiv, sondern legt negativ fest, unter welchen
Voraussetzungen die Kaufsache vertragsgemäß ist. Der für die Rechtsfolgen des Mängelrechts entscheidende
Begriff der „mangelhaften" Sache (zB § 437) oder des „Mangels" (zB 438 I Nr 1) ist also nicht unmittelbar
definiert, sondern wird quasi gespiegelt durch die Beschreibung der vertragsgemäßen und so mangelfreien
Sache (zu Recht kritisch BaRoth/*Faust* § 434 Rn 7).

2. Dreistufigkeit. Die Mangelfreiheit der Kaufsache ist in I niedergelegt in folgender dreigliedriger Rangord- 8
nung: (1) I 1 erklärt primär die Übereinstimmung der Kaufsache mit der von den Parteien vereinbarten
Beschaffenheit für maßgeblich. Liegt sie vor, ist die Sache – insoweit – mangelfrei, fehlt sie, ist sie schon deshalb mangelhaft; in beiden Fällen ist ein Rückgriff auf die beiden nächsten Stufen verschlossen (zu Besonderheiten für den Verbrauchsgüterkauf s Rn 68). (2) Auf die Eignung für die nach dem Vertrag vorausgesetzte
Verwendung (I 2 Nr 1) kommt es beim Fehlen einer Beschaffenheitsvereinbarung in erster Linie an. Darin
liegt ein Verweis auf ein „halbsubjektives" Kriterium, weil maßgeblich eine Verwendung ist, die sich beide
Parteien vorgestellt haben. (3) Die Eignung für die gewöhnliche Verwendung und eine übliche und vom Käufer zu erwartende Beschaffenheit (I 2 Nr 2) bestimmen in der dritten und letzten Stufe die Mangelfreiheit der
Kaufsache. Damit ist kumulativ nach objektiven Kriterien zu prüfen, ob die Kaufsache nach ihrer Gebrauchstauglichkeit und ihrer Beschaffenheit vertragsgemäß ist. Dabei sind auch Eigenschaften der Kaufsache zu
berücksichtigen, die der Käufer nach öffentlichen Äußerungen des Verkäufers oder des Herstellers erwarten
durfte (I 3).

3. Abweichungen zur Verbrauchsgüterkaufrichtlinie. Die Richtl gibt keine Definition des Mangels oder 9
der Vertragsmäßigkeit als positives Gegenstück, sondern normiert in Art 2 I nur die Verpflichtung des Verkäufers, vertragsgemäße Güter zu liefern. Die dafür bestehenden konkreten Anforderungen beschreibt sie in
Art 2 II über vier Vermutungen für die Vertragsmäßigkeit der Güter, die nach Erwägungsgrund 8 kumulativ
zur Anwendung kommen (S 5) und nur „die meisten normalen Situationen" abdecken (S 1). Daraus ergeben
sich zwei Bedenken gegen die Richtlinienkonformität von I:

a) Definitionen statt Vermutungen. Das Konzept von I, die ausdrücklich und begriffsgemäß nicht abschlie- 10
ßenden Vermutungen der Richtl (Art 2 II iVm Erwägungsgrund 8 S 5) umzusetzen durch abschließende
Definitionen, ist trotz des erheblichen konstruktiven Unterschieds richtlinienkonform: Es führt nicht zu einer
Reduzierung des von der Richtl vorgeschriebenen Verbraucherschutzes, da wegen der Anknüpfung an die
Vertragsmäßigkeit – statt des Mangels als Anspruchsvoraussetzung für den Käufer – der Entfall der Mög-

lichkeit, die Vermutung zu widerlegen, nur für den Verkäufer, nicht den Käufer nachteilig ist (BTDrs 14/6040, 212; BaRoth/*Faust* Rn 7–10; Staud/*Matusche-Beckmann* Rn 37).

11 **b) Hierarchie statt Kumulierung.** Der Ersatz des kumulativen Charakters von Art 2 II der Richtl durch die Hierarchie von I ist dagegen nicht unproblematisch. **Prinzipiell** könnte die Rangordnung von I den Verbraucher deshalb schlechter stellen, weil wegen der von der Richtl vorgeschriebenen kumulativen Anwendung erst die Erfüllung aller **vier** Vermutungen die Vertragsmäßigkeit der Kaufsache indiziert, während sie nach dem Konzept von I schon bei der Erfüllung nur **einer** Voraussetzung endgültig gegeben ist. Dennoch ist I auch insoweit in Übereinstimmung mit der Richtl (aA *Hassemer* ZGS 02, 95, 96 f; *Pfeiffer* ZGS 02, 94 f; *Schinkels* ZGS 04, 226, 227). Die durch I vorgegebene Hierarchie ist, ausgedrückt durch die modalen Konjunktionen „soweit" in I 2 und „sonst" in I 2 Nr 1, eng begrenzt: Sie besteht jeweils nur bezogen auf die konkrete Eigenschaft der Kaufsache, für die die Beschaffenheit vereinbart oder der nach dem Vertrag vorausgesetzte Gebrauch gewährleistet ist; für diese Eigenschaft ist es tatsächlich nur schwer vorstellbar, dass sie angesichts der Mangelfreiheit gem I 1 oder I 2 Nr 1 die Kaufsache noch aufgrund einer nachgeordneten Definition der Vertragsmäßigkeit mangelhaft werden lässt. Die derart in der Natur der Sache liegende Alternativität der Definitionen von I dürfte auch der Grund sein, warum die Richtl im maßgeblichen Erwägungsgrund 8 (S 6) selbst konstatiert, dass ein Element der Vermutung außer Betracht bleibt, wenn es „aufgrund der Umstände des betreffenden Falls offenkundig unanwendbar" ist (fast deutlicher der englische Text: „inappropriate"). Verstärkt wird diese Argumentation dadurch, dass die Richtl anders als I ihre Vermutungen jeweils auf die Kaufsache insgesamt bezieht, am Beispiel der Beschreibung der Kaufsache durch den Verkäufer in Vermutung a) ausgedrückt durch die Konjunktion „wenn" – statt „soweit" – (im Englischen „if" – statt „to the extent that" –); die Richtl kann daher auch so verstanden werden, dass für die Kaufsache **insgesamt** stets alle vier Vermutungen nebeneinander zu prüfen sind, und sie somit keine Aussage zu dem Konzept von I trifft, für jeweils **einzelne** Eigenschaft eine an der Sachgerechtigkeit orientierte Hierarchie anzuordnen. Zum **Vorrang der Beschaffenheitsvereinbarung (I 1)**, insbes ggü den öffentlichen Äußerungen von Verkäufer oder Hersteller s Rn 68.

12 **II. Unsachgemäße Montage und fehlerhafte Montageanleitung (II).** Beide in ihrer Detailverliebtheit dem deutschen Privatrecht eher fremde Vorgaben einzelner Mängel aus Art 2 V der Verbrauchsgüterkaufrichtlinie (vgl Dauner-Lieb/Konzen/K Schmidt/*Roth*, 25, 27) berücksichtigen zwei unterschiedliche Ausprägungen der Anforderung an eine Kaufsache, dem Käufer ordnungsgemäß montiert zur Verfügung zu stehen. II 1 erklärt es zu einem Mangel, wenn der Verkäufer die Kaufsache unsachgemäß montiert hat. II 2 ordnet dasselbe an, wenn bei einer vertragsgemäß unmontiert übergebenen Kaufsache die mitgegebene Montageanleitung mangelhaft ist, was allerdings bei trotzdem fehlerfreier Montage nicht gilt.

13 **III. Falsch- und Minderlieferung (III).** Die Norm betritt für das BGB Neuland, indem sie in – für die Quantitätsabweichung nur partieller – Übereinstimmung mit dem UN-Kaufrecht (Schlechtriem/Schwenzer/*Schwenzer* Art 35 Rn 8 für die Minderlieferung, Rn 10 für das Aliud; Wirtz/Salger/Lorenz/*Salger* Art 35 Rn 6 für die Minderlieferung, Rn 7 für das Aliud jew auch zu Einschränkungen; vgl auch BGHZ 132, 290, 296 f „Kobaltsulfat") beide Abweichungen der Lieferung einem Sachmangel gleichstellt. Der Gesetzgeber wollte so die Rechtsfolgen in Übereinstimmung bringen (BTDrs 14/6040, 216).

14 **C. Beschaffenheit. I. Bedeutung.** Tatbestandsmerkmal hat für Dogmatik und Vertragsgestaltung die Funktion der **zentralen Kompetenznorm des Mängelrechts** (vgl Palandt/*Putzo* Rn 9; *Berger* JZ 04, 276, 277; *D. Schmidt* BB 05, 2763). Anforderungen außerhalb der Beschaffenheit führen, soweit nicht II oder III anwendbar sind, von Gesetzes wegen nicht zu Mängelrechten.

15 **II. Meinungsstand.** Verständnis des Begriffs „Beschaffenheit" ist infolge der ausdrücklichen Offenheit der Regierungsbegründung hochstr: „Insbes soll nicht entschieden werden, ob er nur Eigenschaften umfasst, die der Kaufsache unmittelbar physisch anhaften, oder ob auch Umstände heranzuziehen sind, die außerhalb der Sache selbst liegen" (BTDrs 14/6040, 213) (s ausf *D. Schmidt* BB 05, 2763 f). Vielfach wird daraus die weitere Orientierung an den Grundsätzen zu § 459 aF abgeleitet (zB Hamm NJW-RR 03, 1360; Palandt/*Putzo* Rn 11 f; BaRoth/*Faust* Rn 19; MüKo/*Westermann* Rn 5, 8; *Eidenmüller* ZGS 02, 290, 295). Deren Konsequenz ist die Übernahme der unklaren Abgrenzungen des alten Rechts (s die vorzügliche Analyse der Rspr bei BaRoth/*Faust* Rn 13–18; ferner *Grigoleit/Herresthal* JZ 03, 118, 122) in das neue Recht. Auf dieser Grundlage haben sich 3 Meinungen herausgebildet (s ausf *D. Schmidt* BB 05, 2763 f):

16 **(1) Enger Beschaffenheitsbegriff:** Das OLG Hamm beschränkt die Beschaffenheit auf Umstände, die der Sache „unmittelbar (physisch) auf eine gewisse Dauer anhaften" (NJW-RR 03, 1360; ZGS 05, 315, 316; ebenso *U. Huber* AcP 202, 179, 225–229; zu § 459 aF bereits *ders* in Soergel, 13. Aufl. 1991, § 459 Rn 40 f).

17 **(2) Mittlerer Beschaffenheitsbegriff:** Die hL hat zum Ausgangspunkt ein synoptisches Verständnis des Begriffs „Beschaffenheit", in dem der bisherige Anwendungsbereich von Fehler und Eigenschaft zusammenfließe (zB Palandt/*Putzo* Rn 10–12; Erman/*Grunewald* Rn 3; BaRoth/*Faust* Rn 20 f; MüKo/*Westermann* Rn 8; *Eidenmüller* ZGS 02, 290, 295; *Grigoleit/Herresthal* JZ 03, 118, 122; *Gruber* MDR 02, 433 f; *Häublein* NJW 03, 388, 389 f; *Kindl* WM 03, 409, 411; *Weitnauer* NJW 02, 2511, 2514; in die Richtung *Gronstedt/Jörgens* ZIP 02,

52, 55). Daran anschließend werden aber nahezu alle Streitfragen zu § 459 aF weiter kontrovers gesehen (s Nachw Rn 21–27).

(3) Weiter Beschaffenheitsbegriff: Das weite Verständnis will alle Differenzierungen des alten Rechts einebnen und zur Beschaffenheit jede von den Parteien vereinbarte Anforderung an die Kaufsache zählen (so Jauernig/*Berger* Rn 7; *ders* JZ 04, 276, 278 ff; *Reinicke/Tiedtke* Rn 300 ff; *Dauner-Lieb/Thiessen* ZIP 02, 108, 110; *v Gierke/Paschen* GmbH-Rdsch 02, 457, 462 f; *Mertens* AcP 203, 818, 834–839; *Roth* NJW 04, 330 f; *Schulze/Ebers* JuS 04, 462 f; *Triebel/Hölzle* BB 02, 521, 525; *Wolf/Kaiser* DB 02, 411, 412; *Weiler* ZGS 02, 249, 255; in die Richtung *Schaub* AcP 202, 757, 764 f; zu aF schon *Willemsen* AcP 182, 515, 544 f; **dagegen** ausdrücklich *Grigoleit/Herresthal* JZ 03, 118, 122).

III. Eigene Auffassung. „Beschaffenheit" ist iSd weiten Begriffs (Rn 18) zu verstehen. Nur dies wird dem Primat der Beschaffenheitsvereinbarung gem I gerecht: Die darin liegende Anerkennung des Vorrangs der privatautonomen Vereinbarung impliziert die Freiheit der inhaltlichen Festlegung der Beschaffenheit (*Triebel/Hölzle* BB 02, 521, 525; *Schulze/Ebers* JuS 04, 462 f). Die Offenheit der Regierungsbegründung steht dem nicht entgegen: Sie bezieht sich ausdrücklich auf eine Vorfassung des Gesetzes, in der es neben der Vereinbarung und Garantie der Beschaffenheit noch die mit der Zusicherung der Eigenschaft iSd § 459 II aF inhaltsgleiche „Garantie für das Vorhandensein einer Eigenschaft" gab (§§ 442 I 2 Alt 2, 444 Alt 2 RegE, s BTDrs 14/6040, 132, 236, 240). Mit der Aufgabe dieser Differenzierung (s BTDrs 14/6857, 28; 14/7052, 184, 197) ist die Grundlage entfallen, „Beschaffenheit" im Hinblick auf einen zweiten weiteren Begriff eng zu verstehen (s *D Schmidt* BB 05, 2763, 2764 f). Schließlich ist eine Übernahme der Grundsätze zu § 459 aF kaum in Übereinstimmung mit dem Zweck der Verbrauchsgüterkaufrichtlinie der Rechtsvereinheitlichung: Die formale Rechtsangleichung nützt dem ausländischen Verbraucher nichts, wenn jede Rechtsordnung abw festlegt, was überhaupt als Anforderung an die Kaufsache iSd Mängelrechts vereinbart werden kann (Jauernig/*Berger* Rn 7; *ders* JZ 04, 276, 278; *Häublein* NJW 03, 388, 390; offen AnwK/*Pfeiffer* Art 2 RL Rn 11). (Insgesamt s ausf *D. Schmidt* BB 05, 2763, 2764 f)

IV. Begriff. Als Gegenstand einer Vereinbarung gem I 1 ist Beschaffenheit jede von den Parteien festgelegte Anforderung an die Kaufsache, unabhängig von ihrem Anknüpfungspunkt: Eigenschaften, die Nutzung, die Verwendung usw. Vorübergehende, vergangene oder zukünftige Umstände gehören zur Beschaffenheit, soweit sie nach dem Willen der Parteien eine Anforderung an die Kaufsache darstellen. Vergangene Umstände beschreiben dann die vereinbarte Genese, zukünftige das vereinbarte Potenzial der Kaufsache. Zum Gefahrübergang müssen diese Genese bzw dieses Potential vorhanden sein. ISv I 2 Nr 2 ist Beschaffenheit jede Anforderung an die Kaufsache, die sie üblicherweise aufweist und die vom Käufer nach der Art der Kaufsache erwartet werden kann. Nicht zur Beschaffenheit sowohl gem I 1 als auch I 2 Nr 2 gehören daher – nur und immer – alle Anforderungen, die sich nicht auf die Kaufsache beziehen, sondern **ausschl** auf eine Partei, Dritte oder Umstände außerhalb von ihr. Eine Beschaffenheit verliert diesen Charakter nicht allein deshalb, weil sie nicht nur eine Anforderung an die Kaufsache, sondern **auch** an eine Partei, Dritte oder Umstände außerhalb der Kaufsache stellt. Daraus folgt für die einzelnen diskutierten Streitfragen (s ausf *D. Schmidt* BB 05, 2763, 2766 f):

Physische Eigenschaften bilden den Kern einer Beschaffenheitsvereinbarung.

Umweltbeziehungen der Kaufsache unter Einschluss ihrer rechtlichen Verhältnisse wie Bau- und Nutzungsbeschränkungen können uneingeschränkt Gegenstand der vereinbarten Beschaffenheit werden. Dazu gehören auch die Einsatzbedingungen von Kaufsachen (str: so BaRoth/*Faust* Rn 22; MüKo/*Westermann* Rn 9; Dauner-Lieb/Konzen/K Schmidt/ *Looschelders* S 395, 399; aA Palandt/*Putzo* Rn 85) und bei Gebrauchtwagen die Angabe des Baujahrs (Nürnbg NJW 05, 2019 LS, 2020).

Eigenschaften einer Partei, Dritter oder sonstiger Umstände außerhalb der Kaufsache können die Beschaffenheit bestimmen, wenn sie von den Parteien als Anforderung an die Kaufsache vereinbart werden. Beispiele sind die Solvenz von Mietern eines Hauses, die Qualifikation eines wichtigen Mitarbeiters eines erworbenen Unternehmens wie die Existenz oder Richtigkeit eines Sachverständigengutachtens über die Kaufsache (aA BaRoth/*Faust* Rn 23; MüKo/*Westermann* Rn 9).

Steuerrechtliche Konsequenzen unterliegen I, soweit sie an die Kaufsache und ihre Beschaffenheit anknüpfen, zB die Lage eines Grundstücks (Erman/*Grunewald* Rn 8 m Darst zu aF).

Dauerhaftigkeit ist in keiner der beiden diskutierten Varianten konstitutive Voraussetzung einer Beschaffenheit. Angaben zu kürzeren Zeiträumen wie einzelne Umsatz- oder Ertragsangaben bestimmen dann die Beschaffenheit, wenn sie von den Parteien als Charakteristikum der Kaufsache bestimmt werden (str: so *Gaul* ZHR 166 (2002), 35, 46–52; *Gruber* MDR 02, 433, 437; *Häublein* NJW 03, 388, 390; aA BaRoth/*Faust* Rn 25 f; *Eidenmüller* ZGS 02, 290, 295; *Grigoleit/Herresthal* JZ 03, 118, 125; *Jacques* BB 02, 417, 418). Die Angabe, ein Unternehmen habe im Jahr 2002 einen Umsatz von x erzielt, legt exakt diese Beschaffenheit fest. Derartige Angaben erfordern allerdings eine sorgfältige Prüfung, ob sie wirklich als Beschaffenheit vereinbart oder nicht nur vorbereitende Information sind (vgl *Gaul* ZHR 166 (2002), 35, 48). Es ist ebenso ohne Bedeutung, ob eine Beeinträchtigung der Beschaffenheit, insbes der Nutzung, nur vorübergehend ist (str: so BaRoth/ *Faust* Rn 24; *Eidenmüller* ZGS 02, 290, 295; **aA** Palandt/*Putzo* Rn 11; *Weitnauer* NJW 03, 2511, 2514).

26 **Vergangene Umstände** gehören ohne Besonderheit zur Beschaffenheit, wenn die Parteien dies vereinbaren. Die Parteien legen damit fest, mit welcher Genese die Kaufsache geschuldet ist. Dies gilt für beliebige frühere Ereignisse.

27 **Zukünftige Umstände und Entwicklungen** sind tauglicher Gegenstand einer Beschaffenheitsvereinbarung, solange sie auf die Kaufsache bezogen werden (str: so *Wolf/Kaiser* DB 02, 411, 414; aA Erman/*Grunewald* Rn 10 f; BaRoth/*Faust* Rn 25 f; MüKo/*Westermann* Rn 9). Sie beschreiben dann das von den Parteien vereinbarte Potenzial der Kaufsache. Auch hier stellt sich aber die Notwendigkeit, bloße Erwartungen des Käufers oder rechtlich unverbindliche Anpreisungen des Verkäufers von der Vereinbarung einer auf die Zukunft gerichteten Beschaffenheit zu unterscheiden. Die unterbleibende Realisierung des Potenzials führt nicht automatisch zu einem Mangel, sondern nur dann, wenn sie darauf zurückzuführen ist, dass das Potenzial zum Gefahrübergang nicht bestand; keinen Mangel stellt es dar, wenn das mit einem Potenzial notwendig verbundene negative Risiko der ungünstigen Entwicklung eintritt. Darüber entscheidet maßgeblich dessen Formulierung. „Sicheres zukünftiges Bauland" ist bei Fortdauer als Grünland eher mangelhaft als ein „Unternehmen mit der Perspektive von Ertragssteigerungen von 10 % pa": hier ist der Nachweis erforderlich, dass nach den Verhältnissen des Unternehmens derartige Ertragssteigerungen von vornherein nicht erwartet werden konnten.

28 **D. Die sieben Tatbestände von Sachmängeln.** Die Mangeltatbestände sind **kumulativ** zu prüfen; auch bei einer sehr umfänglichen Beschaffenheitsvereinbarung können sich Mängel aus dem Fehlen der üblichen Beschaffenheit (I 2 Nr 2), zB Versagen eines in der Beschaffenheitsvereinbarung nicht erwähnten Standardteils, oder aus den besonderen Tatbeständen von II und III ergeben, zB Montagefehler des Verkäufers.

29 **I. Vorliegen der vereinbarten Beschaffenheit (I 1). 1. Bedeutung.** Als Ausprägung des Grundsatzes der Privatautonomie (s Rn 19) bestimmt die Vereinbarung der Beschaffenheit erstrangig über die Anforderungen an die Kaufsache (zu den Grenzen Rn 47 f, 68). Die Parteien haben es damit in der Hand, über die Anwendbarkeit der weiteren Mangeltatbestände zu entscheiden.

30 **2. Beschaffenheit.** Zum hier begründeten weiten Begriff der Beschaffenheit s Rn 19–27.

31 **3. Vereinbarung. a) Begriff.** Parteien müssen sich über Anforderungen an die Kaufsache in Vertragsform einigen. Dies kann innerhalb oder außerhalb des Kaufvertrags geschehen, etwa bei Einigung auf eine Spezifikation zB als Bestandteil einer Qualitätssicherungsvereinbarung (*D. Schmidt* NJW 1991, 144, 147) oder als separate Erklärung (Datenblatt). Eine Beschaffenheitsvereinbarung kann viele Kriterien der Beschaffenheit regeln, zB Spezifikation, Datenblatt, es können aber auch zu einer Kaufsache mehrere Beschaffenheitsvereinbarungen geschlossen werden, zB getrennt für Hard- und Software bei EDV-Anlagen.

32 **b) Form.** Soweit der Kaufvertrag formbedürftig ist, bedarf die Vereinbarung derselben Form (Palandt/*Putzo* Rn 18). Das gilt auch für Genehmigungserfordernisse (zB § 1821 I Nr 4) (Palandt/*Putzo* Rn 19). Ansonsten ist Einigung in jeder Form möglich, auch konkludent (Palandt/*Putzo* Rn 17; Staud/*Matusche-Beckmann* Rn 55). Im Einzelfall kann eine Beschaffenheit auch aufgrund Handelsbrauchs vereinbart sein (Palandt/*Putzo* aaO; zu § 459 II aF BGH NJW 96, 836, 838 mwN). Immer muss Einigung festgestellt werden können: Der Auffangcharakter der Mangeltatbestände von I 2 schließt es aus, Einigung zB unter Rückgriff auf einseitige Vorstellungen des Käufers oder die Üblichkeit zu unterstellen (Ddorf NJW 05, 2235; BaRoth/*Faust* Rn 40).

33 **c) Weitergehende Anforderungen.** Über Rn 31 f hinaus bestehen keine Anforderungen. Erklärungen mit dem Inhalt der früheren Zusicherung (§ 459 II aF) oder einer Garantie sind nicht notwendig. Es reicht die Beschreibung der geschuldeten Beschaffenheit (Palandt/*Putzo* Rn 16).

34 **4. Probe oder Muster.** Es handelt sich aus zwei Gründen um einen bedeutenden Sonderfall: Der Wegfall von § 494 aF hat dem dort geregelten Kauf nach Probe oder Muster nicht die praktische Bedeutung genommen. Vor allem begründet die Übereinstimmung der Kaufsache mit einer vom Verkäufer vorgelegten Probe Vermutung a) für die Vertragsmäßigkeit gem Art 2 II der Verbrauchsgüterkaufrichtl. Konformität mit der Richtl ist ebenso gewahrt wie das praktische Problem bewältigt, da in der Festlegung von Anforderungen durch Verweis auf – regelmäßig ausgewählte – Eigenschaften der Probe oder des Musters durch die Parteien eine spezielle Form der Beschaffenheitsvereinbarung liegt (BTDrs 14/6040, 207 f; Erman/*Grunewald* Rn 16; BaRoth/*Faust* Rn 45 mwN).

35 **5. Widersprüchliche Vereinbarungen.** Ein Widerspruch innerhalb von Beschaffenheitsvereinbarungen, zB die Vereinbarung der Beschaffenheit als „Baugrundstück für ein Wohnhaus mit Garten", aber die weitere Vereinbarung einer Altlastenklasse, die Wohnnutzung ausschließt, ist nach allgemeinen Regeln zu lösen. Je nach Einzelfall, etwa Sachkunde der Beteiligten, gebührt der Angabe des Nutzungszwecks (zu aF Köln NJW 91, 2156) oder der konkreten mit dem Nutzungszweck unvereinbaren Eigenschaft der Vorrang (vgl zu beiden Alternativen MüKo/*Westermann* Rn 16; Haas/Medicus/Rolland/Schäfer/Wendtland/*Haas* Kap 5 Rn 104).

36 **6. Verhältnis zu I 2.** Der Vorrang der Beschaffenheitsvereinbarung gem I 1 wirft erhebliche Probleme im Verhältnis zu I 2 Nr 1 auf. Typischer Inhalt von Beschaffenheitsvereinbarungen ist die Regelung des Verwen-

dungszwecks, etwa die Beschreibung eines Grundstücks als Bauland (s Rn 35) oder des Einsatzzwecks einer Maschine. Dies sind auch die klassischen Beispiele für einen Verwendungszweck gem I 2 Nr 1 (s Rn 44). Damit ergibt sich die Notwendigkeit, den Anwendungsbereich von I 1 und I 2 Nr 1 deutlich detaillierter abzustimmen als es nach der gesetzlichen Anordnung des Vorrangs von I 1 zu erwarten wäre (ebenso BaRoth/*Faust* Rn 48; MüKo/*Westermann* Rn 14): Ausgangspunkt ist, dass eine vorausgesetzte Verwendung (I 2 Nr 1) nicht auf einer Vereinbarung, sondern auf einer Übereinstimmung der Parteien unterhalb der Vertragsebene (Rn 45 f) basiert. Daraus folgt:

Besteht zwischen der Beschaffenheitsvereinbarung und der vorausgesetzten Verwendung ein Widerspruch, 37 wie im Beispiel Rn 35, wenn die Nutzung als Wohngrundstück nur vorausgesetzt wird, hat die Beschaffenheitsvereinbarung nach der eindeutigen Regelung von I 1 Vorrang. Die Gegenmeinung, die Kaufsache müsste beiden Anforderungen genügen, weil es insoweit an einer Vereinbarung der Beschaffenheit fehle (BaRoth/ *Faust* Rn 48), verbiegt den Sachverhalt: Es liegt eine Vereinbarung vor, sie hat nur für die vorausgesetzte Nutzung andere Konsequenzen als vom Käufer vorgestellt. Eine Haftung des Verkäufers kommt daher allein bei Verletzung einer Nebenpflicht in Betracht (s § 437 Rn 53 ff).

7. Verbrauchsgüterkaufrichtlinie. Der uneingeschränkte Primat der Beschaffenheitsvereinbarung löst deshalb Zweifel an der Richtlinienkonformität aus, als Vermutung a) auf die vom Verkäufer gegebene Beschreibung und Vermutung d) auf öffentliche Äußerungen von Verkäufer oder Hersteller abstellt. 38

a) Beschreibungen durch den Verkäufer. Der Vorrang von Beschaffenheitsvereinbarungen ggü Beschreibungen des Verkäufers ist richtlinienkonform, da die Vereinbarung der Beschaffenheit wiedergibt, worauf sich Verkäufer und Käufer im Hinblick auf vorherige Beschreibungen durch den Verkäufer geeinigt haben (BTDrs 14/6040, 212; in die Richtung Staud/*Matusche-Beckmann* Rn 39; MüKo/*Westermann* Rn 6). Dies wird bestätigt von Erwägungsgrund 8 (S 2), dass die Vermutungen von Art 2 II die Vertragsfreiheit nicht einschränken. 39

b) Öffentliche Äußerungen von Verkäufer und Hersteller. S Rn 68. 40

8. Mangel. Jede Abweichung der tatsächlichen von der vereinbarten Beschaffenheit führt zu einem Mangel. Wegen des Wegfalls von § 459 I 2 aF kommt es auf die Erheblichkeit nicht an. Wenn zur Beschaffenheit der Kaufsache das Vertrauen in ihre Fehlerfreiheit gehört, kann auch der **Verdacht** eines Mangels einen Mangel begründen (LG Bonn NJW 04, 74: Feuchtigkeit eines Hauses; Palandt/*Putzo* Rn 58; BaRoth/*Faust* Rn 71; *Lorenz* NJW 04, 26; zu aF BGHZ 52, 51 LS, 53 ff „Hasenfleisch I"; BGH NJW 72, 1462 f „Hasenfleisch II": jew Salmonellenbefall; NJW-RR 03, 772 f: Hausschwamm). Dies gilt besonders bei zur Weiterveräußerung bestimmter Sachen. Der Mangel entfällt, wenn sich der Verdacht endgültig als unbegründet herausstellt (BGH NJW 72, 1462 f; 89, 218, 219 f „Glykolwein"). Ein nicht ausräumbarer Verdacht führt zu einem unbehebbaren Mangel (Palandt/*Putzo* aaO). 41

9. Zeitpunkt. Übereinstimmung der tatsächlichen mit der vereinbarten Beschaffenheit muss zum Gefahrübergang vorliegen, dh bei Übergabe (§ 446 S 1), beim Versendungskauf bei Auslieferung an die Transportperson (§ 447 I), spätestens bei Ablieferung (§ 438 II), ersatzweise für alle genannten Zeitpunkte bei Annahmeverzug des Käufers (§ 446 S 3) (Palandt/*Putzo* Rn 8). Es reicht aus, wenn die den Mangel begründenden Tatsachen zu diesem Zeitpunkt vorliegen, der Mangel selbst muss noch nicht hervorgetreten sein (Palandt/ *Putzo* Rn 8; BaRoth/*Faust* Rn 37; zu aF BGH NJW 72, 1462, 1463 mwN). 42

II. Eignung für die nach dem Vertrag vorausgesetzte Verwendung (I 2 Nr 1). 1. Bedeutung. Mangeltatbestand berücksichtigt ebenso wie I 2 Nr 2, dass viele Anforderungen an eine Kaufsache nicht ausdrücklich vereinbart werden; dann sind sie unter Heranziehung der vorausgesetzten Verwendung zu konkretisieren (BTDrs 14/6040, 213). Er meint dagegen nicht den Fall, dass die Parteien bewusst nicht die einzelnen Anforderungen, sondern nur den Verwendungszweck vereinbaren (aA BaRoth/*Faust* Rn 46): Dann ist der Verwendungszweck als Beschaffenheit gem I 1 vereinbart (s Rn 45). 43

2. Verwendung. Begriff erfasst jeden intendierten Gebrauch (vgl Beispiele bei Palandt/*Putzo* Rn 22). Er ist analog den Grundsätzen zum weiten Beschaffenheitsbegriff (s Rn 19-27) zu verstehen, also zB unter Berücksichtigung der Umweltbeziehungen der Kaufsache (MüKo/*Westermann* Rn 15). 44

3. Vorausgesetzt. a) Meinungsstand. Tatbestandsmerkmal entscheidet maßgeblich über die Abgrenzung zu I 1. Die ganz hL versteht „vorausgesetzt" iSv „vertraglich vereinbart" (Palandt/*Putzo* Rn 21; BaRoth/*Faust* Rn 50; Staud/*Matusche-Beckmann* Rn 61; *Reinicke/Tiedtke* 323; Haas/Medicus/Rolland/Schäfer/Wendtland/*Haas* Kap 5 Rn 101 f; offenbar MüKo/*Westermann* Rn 14), teilweise sogar mit der Verschärfung, dass eine ausdrückliche und nicht nur eine stillschweigende Einigung verlangt wird (Staud/*Matusche-Beckmann* aaO). Die Regierungsbegründung ist demgegenüber deutlich differenzierter: Es wird zwar offen gelassen, „ob es sich dabei um eine vertragliche Vereinbarung handelt oder ob es um Vorstellungen der Parteien im Vorfeld des Vertrags geht" (BTDrs 14/6040, 213). Anschließend wird aber ausdrücklich festgestellt, dass bei Zustimmung des Verkäufers zu einem „bestimmten vom Verbraucher angestrebten Zweck" „häufig eine vereinbarte Beschaffenheit der Kaufsache iSd § 434 I 1 RE anzunehmen sein wird". Daraus wird abgeleitet, dass auf I 2 Nr 1 in den Fällen „zurückgegriffen werden" kann, in denen zwar eine bestimmte Verwendung vorausgesetzt 45 wird, aber „von einer vertraglich vereinbarten Beschaffenheit nicht ausgegangen werden kann" (aaO). Nur dieses Verständnis von I 2 Nr 1 als eines Auffangtatbestands bei Fehlen einer Vereinbarung gem I 1 ist mit der gesetzlichen Systematik vereinbar: Die Meinung der Lit einer vertraglichen Grundlage von I 2 Nr 1 führt dazu, dass entweder auf solche Vereinbarungen I 1 und I 2 Nr 1 parallel zur Anwendung kommen oder aus I 1 alle Vereinbarungen zum Verwendungszweck der Kaufsache herausgenommen werden müssen. Beide Ergebnisse sind sinnlos. Dies gilt gerade für die Herausnahme der Verwendungsvereinbarungen aus I 1, da die Vereinbarung der Tauglichkeit zu einem bestimmten Nutzungszweck, zB als Bauland, der typische Gegenstand einer Beschaffenheitsvereinbarung ist: „Bauland" beschreibt dann die charakteristische Eigenschaft der Kaufsache. Auch der differenzierte Wortlaut „vereinbart" in I 1 und I 2 selbst zum Verweis auf I 1 (!) und „vorausgesetzt" in I 2 Nr 1 gestattet nur die hier vertretene Auffassung.

46 **b) Begriff.** „Vorausgesetzt" meint daher, dass beide Parteien gemeinsam einen bestimmten Verwendungszweck unterstellt, ihn aber nicht vertraglich vereinbart haben. Ratio legis ist, wie offenbar der Regierungsbegründung zugrunde liegend (s Zitate Rn 45), dass der Käufer davor geschützt werden soll, bei Übereinstimmung über den Verwendungszweck keine Beschaffenheitsvereinbarung getroffen zu haben. Praktisch wird I 2 Nr 1 in der Form vorkommen, dass der Käufer in die Verhandlungen eine bestimmte Nutzungsvorstellung einbringt, der Verkäufer diese zust zur Kenntnis nimmt (so auch das Konzept von Art 2 II lit b der Verbrauchsgüterkaufrichtlinie), beide dann aber bei Formulierung der Beschaffenheitsvereinbarung darauf nicht mehr zurückkommen. Dogmatisch wertet I 2 Nr 1 die **subjektive Geschäftsgrundlage** richtlinienkonform zur vertraglichen Tatbestandsvoraussetzung auf (ähnl *Schinkels* ZGS 04, 226, 228; zum vorausgesetzten Gebrauch in aF RG 131, 343, 351 f mwN; BGH BB 1961, 305; aA Soergel/*Huber*, 13. Aufl 1991, § 459 Rn 69).

47 **4. Mangel.** Die Grundsätze zur Beschaffenheitsvereinbarung (Rn 19-27) gelten entspr, nur dass es auf die Abweichung der tatsächlich möglichen von der vorausgesetzten Verwendung ankommt.

48 **5. Zeitpunkt.** Ausdrückliche Regelung fehlt. Maßstab des Gefahrübergangs in I 1 (s Rn 42) gilt entspr.

III. Eignung zur gewöhnlichen Verwendung und Vorliegen einer üblichen Beschaffenheit, die der Käufer erwarten kann (I 2 Nr 2), unter Berücksichtigung öffentlicher Äußerungen von Verkäufer oder Hersteller
49 **(I 3). 1. Bedeutung.** Es handelt sich um den letztrangigen Mangel- und Auffangtatbestand. Bedeutung ist erheblich, da viele Eigenschaften speziell von Gütern des täglichen Bedarfs nicht vereinbart (BTDrs 14/6040, 213) und auch nicht gem I 2 Nr 1 vorausgesetzt, sondern als selbstverständlich von den Parteien überhaupt nicht bedacht werden, zB dass Stühle beim Sitzen nicht umfallen, Butter nicht ranzig ist oder ein Reifen nicht die Luft verliert.

50 **2. Struktur.** Alle Voraussetzungen von I Nr 2 und I 3 gelten kumulativ (BaRoth/*Faust* Rn 53).

51 **3. Gewöhnliche Verwendung.** Zum Begriff „Verwendung" s Rn 44. Ihre Gewöhnlichkeit ist aus der Eigenart der Kaufsache unter Berücksichtigung des Erwartungshorizonts eines vernünftigen Durchschnittskäufers aus dem Verkehrskreis des Käufers zu bestimmen (BaRoth/*Faust* Rn 57; Staud/*Matusche-Beckmann* Rn 69). Es ist also je nach Zugehörigkeit des Käufers zu einer bestimmten vom Verkäufer adressierten Nutzergruppe zu differenzieren.

52 **4. Übliche Beschaffenheit. a) Begriff.** Es gilt der weite Beschaffenheitsbegriff von I 1 (s Rn 19–27), allerdings mit den Veränderungen, die sich aus der Orientierung an der Üblichkeit ergeben. Die Anknüpfung der Erwartungen des Käufers (s Rn 55) an die übliche Beschaffenheit dient der Anspruchsbeschränkung, indem die Haftung des Vorkäufers für nicht erkennbare subjektive Vorstellungen des Käufers ausgeschlossen wird (*Faust* S 42, 60 f unter Hinweis auf Wortlaut der Verbrauchsgüterkaufrichtl).

53 **b) Kriterien.** Die Kaufsache ist zu vergleichen mit Sachen der gleichen Art, dh Sachen auch anderer Hersteller derselben Kategorie (Vollkornbrot, Typklasse eines Autos: vgl Ddorf NJW 05, 2235 f), des vergleichbaren Standards, desselben Einsatzzwecks usw (Palandt/*Putzo* Rn 29); dazu gehört auch die Preisklasse (Staud/*Matusche-Beckmann* Rn 76). Bei gebrauchten Sachen sind zusätzlich die für gebrauchte Sachen der betreffenden Kategorie bedeutenden Kriterien der Abnutzung einzubeziehen, zB. bei PKW Laufleistung, Beschädigungen, Unfallfreiheit (Palandt/*Putzo* Rn 29; BaRoth/*Faust* Rn 66; vgl AG Offenbach NJW-RR 05, 423 f).

54 **c) Normalbeschaffenheit.** Der geforderte Abgleich der Kaufsache mit der Üblichkeit gibt I 2 Nr 2 die praktisch wichtige und unentbehrliche Funktion, eine Normalbeschaffenheit der Kaufsache zu gewährleisten (grundlegend *Grigoleit/Herresthal* JZ 03, 118, 123; 233, 235). Soweit nicht Abweichendes vereinbart (I 1) oder vorausgesetzt (I 2 Nr 1) ist, sorgt I 2 Nr 2 dafür, dass die Sache die Normalbeschaffenheit nicht unterschreitet. Dies gilt insbes für: rechtliche Konformität (vgl zum GPSG und zur Mindesthaltbarkeit BaRoth/*Faust* Rn 66, 67), Anforderungen im Hinblick auf das äußere Erscheinungsbild und Sauberkeit (vgl für Druckwerke BaRoth/*Faust* Rn 69), Verpackung und Etikettierung (BaRoth/*Faust* Rn 68), Vorhandensein und Qualität einer Bedienungsanleitung, Mitlieferung einer Montageanleitung (Palandt/*Putzo* Rn 29; BaRoth/*Faust* Rn 96; s Rn 87). I 2 Nr 2 zwingt so die Parteien, von der Regelungsfreiheit gem I 1 Gebrauch zu machen und Abweichungen von der Normalbeschaffenheit zu vereinbaren, zB Verkauf eines Kraftfahrzeugs mit ungewöhnlicher

Ausstattung ohne Betriebserlaubnis, weil der Käufer sich eine Einzelzulassung beschaffen will, oder eines Buches als Remittendum mit Gebrauchsspuren.

5. Erwartungen des Käufers. Maßstab ist der Erwartungshorizont eines vernünftigen Durchschnittskäufers (s Rn 51; München ZGS 05, 237; Palandt/*Putzo* Rn 30; BaRoth/*Faust* Rn 72). Darüber hinaus gehende Erwartungen muss der Käufer nach I 1 vereinbaren (Palandt/*Putzo* aaO).

6. Öffentliche Äußerungen von Verkäufer und Hersteller (I 3). a) Bedeutung. Öffentliche Produktdarstellungen durch den Verkäufer und den ihm insoweit zugerechneten Hersteller sollen Verwendbarkeit und Beschaffenheit über die Kriterien des I 2 Nr 2 hinaus erweitern. Sie wirken daher wie eine Beschaffenheitsvereinbarung (I 1). Zweck ist der Schutz des Käufers davor, auf die Äußerungen vertraut zu haben, dann aber mit der Normalbeschaffenheit gem I 2 Nr 2 abgespeist zu werden (Palandt/*Putzo* Rn 32).

b) Anwendungsbereich. Nach Struktur von I und eindeutigem Wortlaut gilt I 3 nur für den Mangeltatbestand von I 2 Nr 2 (Palandt/*Putzo* Rn 33; aA für II 2 BaRoth/*Faust* Rn 97). Insbes kommt I 3 nicht zur Anwendung auf alle Eigenschaften, für die die Beschaffenheit gem I 1 vereinbart ist (BaRoth/*Faust* Rn 75; Staud/*Matusche-Beckmann* Rn 80), unabhängig davon, ob in Übereinstimmung mit oder in Abweichung von öffentlichen Äußerungen (zur Richtlinienkonformität s Rn 68).

c) Äußerungen. Erforderlich sind *konkrete Beschreibungen der Beschaffenheit* der Ware, bloß reklamehafte Anpreisungen genügen nicht (BTDrs 14/6040, 80; *Bernreuther* MDR 03, 63, 64 mit umfänglichen Beispielen; *Boerner* ZIP 01, 2264, 2266; *Lehmann* DB 02, 1090, 1092). Dies resultiert schon aus der Funktion von I 3, dass die Äußerungen wie eine Beschaffenheitsvereinbarung die Anforderungen an die Kaufsache erweitern (Rn 56, 68). Daraus folgt auch, dass bloße Werbung über den Preis (*Bernreuther* MDR 03, 63, 67, 68) oder rechtliche Rahmenbedingungen des Erwerbs (Umtauschrecht: Palandt/*Putzo* Rn 31) unerheblich ist. Die Form der Äußerungen spielt keine Rolle (Palandt/*Putzo* Rn 34).

d) Verkäufer und Hersteller. Die Äußerungen müssen Verkäufer oder Hersteller sowie deren (s zur Bezugnahme auf beide *Grigoleit/Herresthal* JZ 03, 233, 237) Gehilfen zurechenbar sein. Das ist nur der Fall, wenn Dritte „bewusst zur Abgabe öffentlicher Erklärungen eingeschaltet sind" (*Grigoleit/Herresthal* aaO).

e) Öffentlich. Nur an einen nicht von vornherein individualisierten Personenkreis adressierte Äußerungen unter Einschluss von Äußerungen in für jedermann zugänglichen Veranstaltungen sind öffentlich (BaRoth/*Faust* Rn 81).

aa) Werbung. Zur Werbung gehören alle auf Kundengewinnung gerichteten Aktivitäten wie Spots, Anzeigen, Prospekte (München NJW-RR 05, 494), Verkaufsveranstaltungen, Internet pop ups (Palandt/*Putzo* Rn 35).

bb) Kennzeichnung. Mit „Kennzeichnung" ist die Kurzbeschreibung der Kaufsache anhand ihrer – ggf ausgewählten – Eigenschaften zB auf dem Produkt, in Beschreibungen oder Katalogen gemeint (Palandt/*Putzo* Rn 35).

f) Erwartungen des Käufers. S Rn 55. Gegenstand der Erwartungen des Käufers muss die in den öffentlichen Äußerungen dargestellte Qualität sein.

g) Ausschlusstatbestände. Die Beweislast für alle 3 aus Art 2 IV der Verbrauchsgüterkaufrichtlinie übernommenen Ausnahmen trägt der Verkäufer (BTDrs 14/6040, 214; Palandt/*Putzo* Rn 38; BaRoth/*Faust* Rn 84).

aa) Unkenntnis. Nach der Legaldefinition von § 122 II entlastet Unkenntnis nur, wenn sie nicht zu vertreten ist, dh auch nicht auf leichter Fahrlässigkeit beruht. Es kommt nach dem Wortlaut nur auf die Kenntnis der Äußerung, nicht auf deren Unrichtigkeit an. Aus I 3 Hs 2 Alt 2 ist zu schließen, dass maßgeblich der Zeitpunkt des Vertragsschlusses ist (s insges BaRoth/*Faust* Rn 85).

bb) Berichtigung in gleichwertiger Weise. Allein eine Berichtigung, die vergleichbar weit verbreitet wird wie die zu berichtigende öffentliche Äußerung, ist gleichwertig (BTDrs 14/7052, 196; 14/6857, 59; BaRoth/*Faust* Rn 86; *Weiler* WM 02, 1784, 1792). Damit ist noch nicht entschieden, ob die Berichtigung ausdrücklich die öffentliche Äußerung zu korrigieren hat (so Erman/*Grunewald* Rn 26; BaRoth/*Faust* Rn 86; MüKo/*Westermann* Rn 28; offenbar dahin tendierend BTDrs 14/6857, 59 mit dem Hinweis auf die Berichtigung von Pressemeldungen) oder ob eine jetzt richtige Darstellung ausreicht (so *Weiler* WM 02, 1784, 1792). Da es um eine sachlich zutreffende Information des Verbrauchers geht, genügt die zweite Alternative.

cc) Fehlen eines Einflusses. Die Ausnahme dürfte den Verkäufer angesichts der weiten und unklaren Fassung von I 3 kaum je effektiv entlasten (*Weiler* WM 02, 1784, 1792 f). Sie bezieht sich gleichfalls auf den Erwartungshorizont eines durchschnittlichen Käufers (MüKo/*Westermann* Rn 29; aA Erman/*Grunewald* Rn 28; BaRoth/*Faust* Rn 87 mwN). Da es darauf ankommt, dass die Äußerung den Käufer nicht beeinflussen konnte, muss der Einfluss prinzipiell, nicht nur iSd Kausalität für den konkreten Käufer ausgeschlossen sein (Palandt/*Putzo* Rn 39). Mangels einer Schutzbedürftigkeit des Käufers muss dem aber ein unstreitiges oder vom Verkäufer bewiesenes Fehlen einer Beeinflussung des konkreten Käufers gleichstehen (BaRoth/*Faust* Rn 87; *Weiler* WM 02, 1784, 1793).

68 **7. Verbrauchsgüterkaufrichtlinie.** Aus der Funktion von I 2 Nr 2 insbes unter Berücksichtigung der Einbeziehung der öffentlichen Äußerungen gem I 3, eine Normalbeschaffenheit zu gewährleisten (Rn 54), wird entgegen der Hierarchie von I gefordert, der Standard gem I 2 Nr 2 iVm I 3 müsse in jedem Fall, also ggf neben den Anforderungen gem I 1 bzw I 2 Nr 1 eingehalten werden (Pfeiffer ZGS 02, 94 f; für I 2 Nr 1 *Jorden/Lehmann* JZ 01, 952, 956). Dem ist nicht zu folgen: Die auch von der Richtl ausdrücklich anerkannte Vertragsfreiheit (Erwägungsgrund 8 S 2) gestattet es den Parteien, mit der Vereinbarung gem I 1 oder der subjektiven Willensübereinstimmung gem I 2 Nr 1 „ihren" Standard zu bestimmen, und das impliziert, den üblichen Standard nicht zu wählen (Staud/*Matusche-Beckmann* Rn 67; ähnl *Schulze/Ebers* JuS 04, 462, 466). Allerdings muss sich in der Beschaffenheitsvereinbarung der Wille auch des Verbrauchers ausreichend deutlich manifestieren, die Kaufsache solle nur die niedergelegte und nicht etwa eine früher vom Verkäufer vielleicht auch öffentlich gem I 3 angepriesene Beschaffenheit haben (vgl MüKo/*Lorenz* § 475 Rn 8 f; *ders* NJW 05, 1889, 1894; *Schulte-Nölke* ZGS 03, 184, 186 f.; *Schulze/Ebers* aaO; für den Bauträgervertrag *D. Schmidt* ZfIR 04, 405, 415). Im Einzelfall kommt auch eine unzulässige Umgehung gem § 475 I 2 in Betracht (s § 475 Rn 6, 8).

69 **8. Mangel.** Es gilt Rn 47 mit der Abweichung, dass abzustellen ist auf die Parameter gem Rn 53-55, insbes die Normalbeschaffenheit und bei I 3 auf Angaben in den öffentlichen Äußerungen (Bsp: München ZGS 05, 237: bei Auto Maßgeblichkeit der Angabe der Benzinsorte im Prospekt des Herstellers).

70 **9. Zeitpunkt.** S Rn 42.

71 **IV. Unsachgemäße Montage (II 1). 1. Bedeutung.** Norm hat große praktische Bedeutung, da viele Verbrauchs- und Investitionsgüter erst nach Montage durch den Verkäufer oder von diesem beauftragte Dritte für Käufer nutzbar sind. Sie bestätigt Einheitlichkeit des Kaufvertrags über Erwerb und Montage (zu aF BGH NJW 98, 3197, 3198; NJW-RR 04, 850).

72 **2. Verbrauchsgüterkaufrichtlinie.** II 1 setzt Art 2 V 1 um.

73 **3. Voraussetzung.** Montage muss als Verpflichtung des Verkäufers im Kaufvertrag vereinbart sein; dafür ist Umfang und Wertrelation zur Kaufsache unerheblich (Palandt/*Putzo* Rn 41; aA bei Übergewicht der Montageleistung MüKo/*Westermann* Rn 30 mwN; BaRoth/*Faust* Rn 90). Sie ist wegen § 433 I 2 Hauptleistungspflicht des Verkäufers.

74 **4. Begriff.** Montage umfasst alle Leistungen, die notwendig sind, dass der Käufer als Ergebnis eine gebrauchsfertige Kaufsache erhält: Neben klassischen Handwerkerleistungen gehören auch Leistungen wie Justieren, Stimmen eines Klaviers oder Installation der Software auf PC dazu (vgl BaRoth/*Faust* Rn 89).

75 **5. Mangel.** Jede unsachgemäße Vornahme der Montage führt zu einem Mangel. Es ist unerheblich, ob infolge der Montage die bis dato mangelfreie Kaufsache mangelhaft wird, zB Kurzschluss in Waschmaschine aufgrund unzureichender Befestigung des Wasserschlauches, oder ob nur die Montage mangelhaft ist, während die Kaufsache als solche mangelfrei bleibt, zB schiefe Befestigung eines Küchenschranks (Erman/*Grunewald* Rn 53; BaRoth/*Faust* Rn 92).

76 **6. Zeitpunkt.** Norm regelt Montagefehler vor und nach Gefahrübergang (wohl MüKo/*Westermann* Rn 31), mit der Einschränkung, dass Beschädigungen der Kaufsache durch Montagefehler vor Gefahrübergang Kaufsache selbst mangelhaft werden lassen (BaRoth/*Faust* Rn 92; Staud/*Matusche-Beckmann* Rn 96).

77 **V. Mangelhafte Montageanleitung (II 2). 1. Bedeutung.** Bestimmung berücksichtigt als sog IKEA-Klausel die zunehmende Bedeutung von Handelsformen, in denen die Produkte zur Selbstmontage verkauft werden.

78 **2. Verbrauchsgüterkaufrichtlinie.** Norm ist vorgegeben von Art 2 V 2.

79 **3. Voraussetzung.** Kaufsache muss zur Montage bestimmt sein. Das ist immer der Fall, wenn sie ohne Montage vom Käufer nicht vertragsgemäß genutzt werden kann. Es ist unerheblich, ob dem Käufer die Montage ausdrücklich übertragen ist (Palandt/*Putzo* Rn 46 f).

80 **4. Begriff.** Zur Montage s Rn 74. Anleitung umfasst jede Form von Darstellung, textliche Erläuterung, Schnittbogen, technische Pläne, EDV-mäßige Instruktion, die Vorgehen bei Montage erläutert.

81 **5. Mangelhaftigkeit.** Die Montageanleitung ist nicht nur mangelhaft, wenn sie technisch falsch ist, zB die elektrischen Pole verwechselt. Von größerer praktischer Relevanz ist ihre Mangelhaftigkeit, wenn sie für den erwarteten Käuferkreis nicht ausreichend verständlich oder vollständig ist. Abzustellen ist dabei auf den Durchschnittskäufer gem I 2 Nr 2 (s Rn 51, 55) (so Staud/*Matusche-Beckmann* Rn 103; aA: Maßstab ist der ganz überwiegende Teil der Käufer BaRoth/*Faust* Rn 97, 98; Palandt/*Putzo* Rn 49; s. umfassend *Brand* ZGS 03, 96, 97). Der hier vertretene Maßstab entspricht dem des I 2 Nr 2, ein Gleichlauf, der systematisch geboten ist, weil I 2 Nr 2 über die verwandten Fragen der Lieferung der Montageanleitung und der Lieferung und Qualität der Bedienungsanleitung (s Rn 54, 86) entscheidet.

82 **6. Ausschlussgrund der fehlerfreien Montage.** Die ein Unikat darstellende Regelung macht den Mangel bedeutungslos, wenn der Käufer oder ein Dritter (BaRoth/*Faust* Rn 101) die Montage trotz der Mangelhaftig-

keit der Montageanleitung fehlerfrei durchgeführt hat (kritisch zur gesetzlichen Konzeption MüKo/*Westermann* Rn 35; BaRoth/*Faust* Rn 102; zust *Büdenbender* DStR 02, 361, 362). Die Beweislast dafür trägt der Verkäufer (Palandt/*Putzo* Rn 51).

7. Zeitpunkt. S Rn 48. 83

8. Rechtsfolgen. Neben der normalen Nachbesserung der Lieferung einer mangelfreien Montageanleitung, 84 ggf in Form von Ergänzungen, ist der Verkäufer zum Neuaufbau der mangelhaft zusammengebauten Sache und zur Beseitigung der beim Aufbau verursachten Schäden verpflichtet (vgl MüKo/*Westermann* Rn 37).

9. Fehlen der Montageanleitung. Mangelhaftigkeit schließt Fehlen der Montageanleitung nicht ein (str: so 85 MüKo/*Westermann* Rn 33; *Brand* ZGS 03, 96, 97; aA Erman/*Grunewald* Rn 57 mwN). Der sehr spezielle Charakter verbietet arg a minore. Fehlen unterliegt vielmehr I, letztlich der Normalbeschaffenheit (I 2 Nr 2, s Rn 54).

10. Bedienungsanleitung. Die Spezialität der Norm, insbes der Entfall des Mangels bei fehlerfreier Mon- 86 tage, verbietet eine analoge Anwendung von II 2 auf Bedienungsanleitungen (str: so Palandt/*Putzo* Rn 48; BaRoth/*Faust* Rn 96; Staud/*Matusche-Beckmann* Rn 106; *Brand* ZGS 03, 96, 97; aA Erman/*Grunewald* Rn 58 mwN; *Büdenbender* DStR 02, 361. 362; *Spindler/Klöhn* VersR 03, 273, 277). Für Fehlen und Mängel einer Bedienungsanleitung gilt daher Rn 54.

VI. Lieferung einer anderen Sache (III Alt 1). 1. Bedeutung. Die Behandlung des Aliud hat praktische 87 Bedeutung vor allem beim Gattungskauf, bei dem sich Schlecht- und Falschlieferung oft kaum abgrenzen lassen (vgl nur BGH NJW 89, 218, 219 „Glykolwein"; BaRoth/*Faust* Rn 105 mw Bsp). Norm stellt Aliud-Lieferung nur Sachmangel gleich. Voraussetzung ist daher, dass Verkäufer mit Aliud-Lieferung erfüllen wollte (BTDrs 14/6040, 216; Palandt/*Putzo* Rn 52; *Lorenz* JuS 03, 36, 37 f; *Tiedtke/Schmitt* JZ 04, 1092, 1095).

2. Verbrauchsgüterkaufrichtlinie. Anwendbarkeit und mögliche Differenzierung nach Stück- und Gat- 88 tungskauf sind str (**für volle Anwendung** Staud/*Matusche-Beckmann* Rn 115 mwN; MüKo/*Lorenz* Vor § 474 Rn 12; AnwK/*Pfeiffer* Art 2 RL Rn 5; **dagegen** *Brors* JR 02, 133 mwN).

3. UN-Kaufrecht. Falschlieferung stellt wie Schlechtlieferung Vertragswidrigkeit dar (Schlechtriem/Schwen- 89 zer/*Schwenzer* Art 35 Rn 10; Witz/Salger/Lorenz/*Salger* Art 35 Rn 7).

4. Stückkauf. Nach dem Wortlaut und der Regierungsbegründung (BTDrs 14/6040, 216) regelt III Alt 1 90 auch den Stückkauf (Identitäts-Aliud oder -mangel) (str: so Palandt/*Putzo* Rn 52 a; Erman/*Grunewald* Rn 61; BaRoth/*Faust* Rn 107; *Musielak* NJW 03, 89, 90 mwN; *Tiedtke/Schmitt* JZ 04, 1092 f; aA *Canaris* Schuldrechtsmodernisierung S XXII; *Schulze* NJW 03, 1022 f). Dies gilt, um Abgrenzungsschwierigkeiten zu vermeiden, auch für das krasse Aliud, zB Fahrrad statt Auto (Palandt/*Putzo* aaO; BaRoth/*Faust* Rn 108; ebenso für das UN-Kaufrecht zB Witz/Salger/Lorenz/*Salger* Art 35 Rn 7). Die Genehmigungsfähigkeit iSd § 378 HGB aF spielt keine Rolle mehr (*Lettl* JuS 02, 866, 868).

5. Gattungskauf. Beim Gattungskauf (s § 243 Rn 11) entfällt jetzt Notwendigkeit der Differenzierung zwi- 91 schen Schlecht- und Falschlieferung.

6. Rechtsfolgen. a) Stückkauf. Der Nacherfüllungsanspruch richtet sich auf Lieferung der vereinbarten 92 Sache (Palandt/*Putzo* Rn 55; *Musielak* NJW 03, 89, 90; *Lorenz* JuS 03, 36, 38 f; so ist BTDrs 14/6040, 216, zu verstehen). Will Käufer höherwertiges Aliud behalten, muss er nicht den – eigentlich angemessenen – höheren Kaufpreis bezahlen (BaRoth/*Faust* Rn 110); der Verkäufer ist aber berechtigt, das Aliud zu kondizieren und das Zurückbehaltungsrecht des Käufers (§ 273) durch Lieferung der geschuldeten Kaufsache abzuwenden (str: so Palandt/*Putzo* Rn 57; *Lorenz* JuS 03, 36, 39: III Alt 1 gibt Käufer kein Recht zum Behalten; aA BaRoth/*Faust* Rn 110, auch zur Unmöglichkeit der Leistung der geschuldeten Sache; *Tiedtke/Schmitt* JZ 04, 1092, 1098 f).

b) Gattungskauf. Käufer steht Anspruch auf Nacherfüllung zu, gerichtet auf Lieferung gattungsgerechter 93 Kaufsachen mittlerer Art und Güte (§ 243 I). Genereller Haftungsausschluss schließt Haftung für Aliud nicht aus (AG Aachen NJW-RR 05, 1143 für ebay-Kauf).

c) Verbrauchsgüterkauf. Wegen des für III Alt 1 konstitutiven Erfüllungswillens des Verkäufers (Rn 87) fin- 94 det § 241 a (Lieferung unbestellter Sachen) keine Anwendung (so Staud/*Matusche-Beckmann* Rn 118; *Lorenz* JuS 03, 36, 40; *Tiedtke/Schmitt* JZ 04, 1092, 1099; aA *Kohler* AcP 204, 606, 609 ff; glossierend *ders* JZ 04, 348; *Wrase/Müller-Helle* NJW 02, 2537, 2538 f).

VII. Lieferung einer zu geringen Menge (III Alt 2). 1. Bedeutung. Speziell im Handelsverkehr spielen 95 Quantitätsabweichungen eine erhebliche Rolle.

2. Anwendungsbereich. Bestimmung erfasst nur Minder-, nicht Mehrlieferungen (angesichts des eindeuti- 96 gen Wortlauts hM: Palandt/*Putzo* Rn 53; MüKo/*Westermann* Rn 42; aA unter Verweis auf richtlinienkonforme Auslegung *Pfeiffer* ZGS 02, 138, 139 f). Minderlieferung ist ausschl die zu geringe Lieferung gleichartiger Sachen (Palandt/*Putzo* Rn 53; BaRoth/*Faust* Rn 112), dh von Sachen, die nach Stück oder Gewicht bestimmt werden. III Alt 2 ist daher nicht anwendbar, wenn von mehreren verschiedenen Kaufsachen nicht alle (Palandt/*Putzo* aaO; BaRoth/*Faust* aaO) oder von einer einheitlichen Kaufsache nur Teile (Palandt/*Putzo* aaO) geliefert werden. Minderlieferung darf nicht ausgewiesen sein (sog **verdeckte Mankolieferung**); für den umgekehrten Fall der offenen Mankolieferung, zB durch Ausweis in den Lieferpapieren, gelten die Regeln für eine Teillieferung (BaRoth/*Faust* Rn 113; Staud/*Matusche-Beckmann* Rn 122; **aA** *Windel* Jura 03, 793, 794; für Art 35 UN-Kaufrecht Schlechtriem/Schwenzer/*Schwenzer* Art 35 Rn 8). Auch umfasst ist der Fall der teilweisen Schlechterfüllung bei der Lieferung gleichartiger Sachen (BaRoth/*Faust* Rn 116; Staud/*Matusche-Beckmann* Rn 124).

97 **3. Verbrauchsgüterkaufrichtlinie.** Es ist str, ob Art 2 auch Minderlieferungen regelt (**dafür** MüKo/*Lorenz* Vor § 474 Rn 12; AnwK/*Pfeiffer* Art 2 Kauf-RL Rn 5; **dagegen** *Grigoleit/Riehm* ZGS 02, 117, 121 mit dem Argument, die detaillierte Richtl regele in Art 2 I, II nur die Beschaffenheit, so dass eine III Alt 2 vergleichbare Norm fehle; *Windel* Jura 03, 793, 797 f mwN).

98 **4. UN-Kaufrecht.** Minderlieferungen führen – wie Mehrlieferungen – zu einer Vertragswidrigkeit iSd Art 35 (Schlechtriem/Schwenzer/*Schwenzer* Art 35 Rn 8 mwN; Witz/Salger/Lorenz/*Salger* Art 35 Rn 6).

99 **5. Rechtsfolgen.** Es ist str, ob die Gleichstellung nicht nur im Mängelrecht der § 437 ff, sondern auch im allgemeinen Leistungsstörungsrecht, vor allem § 323 V, gilt (**dafür** Regierungsbegründung BTDrs 14/6040, 187, 222, 224; BaRoth/*Faust* Rn 115, da Wortlaut mit Maßgeblichkeit der nicht vertragsgemäßen Leistung keine Differenzierung vorsehe; **dagegen** *Canaris* ZRP 01, 329, 334 f; *Grigoleit/Riehm* ZGS 02, 115 ff; *Windel* Jura 03, 793, 796 f; **offen gelassen** Begründung Rechtsausschuss BTDrs 14/7052, 185). Interessengerechter und der einheitlichen Behandlung der Vertragstypen nach dem allgemeinen Leistungsstörungsrecht dienend ist die Begrenzung auf das Mängelrecht.

100 **6. Zuviellieferung.** Käufer braucht für das Maius keinen Kaufpreis zu zahlen, muss es aber nach Bereicherungsrecht zurückgeben (Palandt/*Putzo* Rn 53a; MüKo/*Westermann* Rn 43; *Lettl* JuS 02, 866, 870). Beim Verbrauchsgüterkauf scheidet Anwendung von § 241a auf das Maius aus, wenn Verkäufer Erfüllungswillen hatte (s Rn 94; vgl Staud/*Matusche-Beckmann* Rn 121).

101 **E. Beweislast. I. Verbrauchsgüterkauf.** Zur Beweislastumkehr für das Vorliegen eines Mangels bei Gefahrübergang s § 476 im Verhältnis zum Verbraucher und § 478 III beim Unternehmerregress.

102 **II. Grundsatz.** Maßgeblich ist wie nach altem Recht § 363 (Palandt/*Putzo* Rn 59; Staud/*Matusche-Beckmann* Rn 190-192 mit Darstellung der Rspr zum alten Recht).

103 **1. Verkäufer.** Bis zur Annahme der Kaufsache durch den Käufer, also gerade auch im Falle von deren Verweigerung, trägt der Verkäufer die Beweislast für die Erfüllung seiner Hauptleistungspflicht zur Lieferung einer mangelfreien Kaufsache (§ 433 I 2) (Palandt/*Putzo* Rn 59; Staud/*Matusche-Beckmann* Rn 191). Damit muss der Verkäufer auch den vereinbarten Maßstab der Mangelfreiheit beweisen, zB eine Beschaffenheitsvereinbarung (I 1). Eine prinzipielle Differenzierung danach, wie sich die von einer Partei behauptete Beschaffenheit zur üblichen Beschaffenheit verhält (so BaRoth/*Faust* Rn 118; MüKo/*Westermann* Rn 48), entspricht nicht der Fortgeltung der Beweislastverteilung gem § 363; sie berücksichtigt auch nicht, dass die vereinbarte zur üblichen Beschaffenheit häufig nicht im Verhältnis des Maius oder Minus, sondern des Aliud steht: Ein Wohngrundstück ist kein „schlechteres Gewerbegrundstück" und umgekehrt. Erst wenn der Käufer gegen den substantiierten Vortrag des Verkäufers eine abw Anforderung an die Kaufsache vorträgt, trägt er dafür die Beweislast. Im Falle des beiderseitigen non liquet gilt I 2 Nr 2 speziell mit der Normalbeschaffenheit (Rn 54).

104 **2. Käufer.** Nach Annahme der Kaufsache trifft Käufer die Beweislast (BGH NJW 04, 2299 LS, 2300; Palandt/*Putzo* Rn 59, Staud/*Matusche-Beckmann* Rn 190). Er muss beweisen, nach welchem Mangeltatbestand die Kaufsache mangelhaft ist.

F. Beispiele aus der Rspr zu § 434. Zur Rspr zu § 459 aF s die Kataloge bei Palandt/*Putzo* Rn 70-96, MüKo/*Westermann* Rn 49–68.

105 **I. Grundstücke. Mangel ja:** Verdacht auf Feuchtigkeit (LG Bonn NJW 04, 74 f nicht rechtskräftig – sehr weitgehend).

106 **II. Gebäude und Baumaterialien. Mangel ja:** Abplatzungen und Fehlpressungen von Fliesen 1. Wahl (Karlsr ZGS 04, 432 f)

107 **III. Kraftfahrzeuge. 1. Neuwagen. Mangel ja:** Fehlen von vereinbartem ABS und 2 Seitenairbags (Braunschw NJW 03, 1053); Verbrauch von Super plus statt gem Prospekt Normal oder Super (München ZGS 05, 237); nicht fabrikneu, da aktuelles Modell 50% größeren Tank hat (Köln MDR 05, 1048); PKW in Schwarz mit erheblicher Blaustichigkeit bei Vereinbarung von schwarz (Carbonschwarz) (LG Aachen NJW 05, 2236 ff - nicht rechtskräftig); Defekt eines Fensterhebers und Roststellen (LG Ellwangen NJW 03, 517);

Mangel offen gelassen: Fehlen eines bündigen Türabschlusses (bis 1,8 mm Versatz) (Ddorf NJW 05, 2235, 2236). **Mangel nein:** Importfahrzeug, da nicht die Beschaffenheit betreffend (Hamm NJW-RR 03, 1360 f – Entscheidung ist nach weitem Beschaffenheitsbegriff falsch); **unklar** Unterschreiten der Höchstgeschwindigkeit um 2,22 % (Ddorf NJW 05, 3504 f).

2. Gebrauchtwagen. Mangel ja: Verformung von Kotflügel und Stoßfänger bei Vorführwagen (BGH NJW 05, 3490, 3491); konstruktionsbedingte Verformung der Innenverkleidung (Saarbr Urt 22. 6. 05 Az 1U 567/04 – 167 S 4 – juris); Bruch der Ventilfeder bei 122.000 km Laufleistung und Alter 10,5 Jahre (Köln NJW-RR 04, 268 für hochwertiges Fahrzeug: Porsche 944 – sehr weitgehend); unzulässige Bereifung und div Defekte (Celle NJW 04, 3566); div Kleinmängel wie mangelhafter Reservereifen (Ddorf NJW-RR 04, 1060 f); deutlich zu geringe Angabe der Laufleistung im Kilometerzähler (Kobl NJW 04, 1670); Fehlen von Betriebserlaubnis infolge nicht typgerechten Austauschmotors (Bremen ZGS 05, 116 f); Kolbenfresser bei Laufleistung von 88.000 km bei Mittelklassefahrzeug (Frankf NJW-RR 05, 920 f); älteres Baujahr (Nürnbg ZGS 05, 239 f); nicht fachgerechte Reparatur eines eingeräumten Unfallschadens (Hamm NJW-RR 05, 1220, 1221); Fehlen von Alarmanlage und Seitenairbags (LG Kleve NJW-RR 05, 422); defekter Katalysator (AG Zeven DAR 03, 158); Kabelbrand (AG Marsberg ZGS 03, 119 – zweifelhaft); **Mangel nein:** Lagerzeit von 27 Monaten, wenn als „Lagerfahrzeug" verkauft (Braunschw NJW-RR 05, 1508 f); diverse Löcher in Karosserie und Aufbau bei sehr altem Wohnmobil mit hoher Laufleistung (LG Hanau NJW-RR 03, 1561 f); Ausfall des Katalysators bei 150.000 km Laufleistung und Alter 10 Jahre (AG Offenbach NJW-RR 05, 423); **Mangel offen gelassen:** defekter Turbolader bei über 8 Jahre alten PKW mit Laufleistung von 191.347 km (Stuttg ZGS 05, 156 f). 108

IV. EDV. Mangel offen gelassen: für diverse behauptete Mängel von Arztpraxis-Software (Köln ZGS 03, 392 f). 109

V. Tiere. Mangel ja: Bakterienerkrankung eines Hundes kurz nach Übergabe (BGH NJW 05, 3211 f mit Vorinstanz LG Bielefeld ZGS 05, 79); fehlende Zuchttauglichkeit eines Pferdes wegen Knochen- und Knorpelentzündung im Gelenkbereich (Ddorf ZGS 04, 271 f); Lahmheit der hinteren rechten Gliedmaße eines Pferdes (Hamm NJW-RR 05, 1369); Infektion eines Hundes mit Parvovirose (LG Essen NJW 04, 527); Hüftschaden eines Hundes (AG Kleve NJOZ 04, 3557); **Mangel nein:** zur Erkrankung des Käufers führende Sporeninfektion einer Katze wegen deren Häufigkeit (20 %; AG Zittau Urt 30. 3. 05 Az 5 C 389/04 – juris); **Mangel offen gelassen:** Fehlstellung des Sprunggelenks eines Hundes mit unklarer Ursache (BGH ZGS 05, 348 ff). 110

VI. Sonstige Gegenstände. Mangel ja: Riß in einem Teichbecken (BGH NJW 05, 283); Fehlen des Garantiescheins für über ebay gekaufte gebrauchte Rolex-Uhr (AG Bad Kissingen NJW 05, 2463); **Mangel nein:** div Verschleißmängel bei 10 Jahre alten Motorboot (Bremen NJOZ 04, 2069 f). 111

VII. Kunstwerke. Mangel nein: Andere Urheberschaft eines Bildes, wenn bei Verkauf in Bezug genommenes Gutachten Restzweifel ausdrückt: „meiner Meinung nach" (LG München I NJW-RR 05, 643 f). 112

§ 435 Rechtsmangel

¹Die Sache ist frei von Rechtsmängeln, wenn Dritte in Bezug auf die Sache keine oder nur die im Kaufvertrag übernommenen Rechte gegen den Käufer geltend machen können. ²Einem Rechtsmangel steht es gleich, wenn im Grundbuch ein Recht eingetragen ist, das nicht besteht.

A. Grundsätzliches. I. Bedeutung. Rechtsmängel treten primär bei Grundstücksgeschäften auf, bei Mobilien vor allem aufgrund Eigentumsvorbehalten und Immaterialgüterrechten. 1

II. Anwendungsbereich. Norm gilt für Sach- und über § 453 auch Rechtskauf. Sie regelt nicht Verkäufe im Wege der Zwangsvollstreckung (§§ 817, 825 ZPO) und nach dem ZVG. Die **Verschaffung des Eigentums** an der Kaufsache ist in § 433 I 1 verortet, sie unterliegt nicht § 435 (str: so Karlsr NJW 05, 989 ff; Palandt/*Putzo* Rn 8; BaRoth/*Faust* Rn 15; aA *Canaris* JZ 03, 831, 832; *Heerstraßen/Reinhard* BB 02, 1429, 1430; Scheuren-Brandes ZGS 05, 295 ff). 2

III. Schuldrechtsmodernisierung. Inhalt entspricht §§ 434, 435 iVm 440 aF, da sich Freiheit von Rechtsmängeln als Hauptleistungspflicht jetzt aus § 433 I 2 ergibt; S 2 gleicht § 435 aF (BaRoth/*Faust* Rn 1). Die Rechtsfolgen sind modifiziert, als Mängelrecht (§ 437 ff) zur Anwendung kommt, nicht mehr das allgemeine Leistungsstörungsrecht (über § 440 aF). Anliegen der Schuldrechtsreform ist die weitgehende Angleichung der Regeln für Sach- und Rechtsmängel (BTDrs 14/6040, 217). 3

IV. Verbrauchsgüterkaufrichtlinie. Die Einbeziehung von Rechtsmängeln ist str (**dagegen** BTDrs 14/6040, 80; AnwK/*Pfeiffer* Art 2 RL Rn 2; *Ernst/Gsell* ZIP 01, 1410, 1411; **dafür** *Rieger* VuR 99, 287). Gegen sie spricht entscheidend der e contrario-Schluss aus der besonderen Regelung von Rechtsmängeln in Art 41 UN-Kaufrecht, die zeigt, dass die zu Art 2 Richtl parallele Bestimmung des Art 35 UN-Kaufrecht Rechtsmängel nicht deckt (ähnl *Ernst/Gsell* aaO; zum UN-Kaufrecht s Schlechtriem/Schwenzer/*Schwenzer* Art 35 Rn 1). 4

V. UN-Kaufrecht. S Rn 4. 5

6 **VI. Zeitpunkt.** Der maßgebliche Zeitpunkt ist nicht ausdrücklich geregelt (MüKo/*Westermann* Rn 6). Entspr dem Ziel von § 435, dass der Käufer lastenfrei Eigentum erwirbt, entscheidet ausschl der Zeitpunkt des **Eigentumsübergangs**; die anderen gebräuchlichen Zäsuren wie der Gefahrübergang haben keine Bedeutung (Palandt/*Putzo* Rn 7; BaRoth/*Faust* Rn 5; zu aF BGHZ 113, 106, 113 mwN; BGH NJW-RR 03, 1318, 1319). Bei Verkauf unter EV kommt es also auf Eintritt der Bedingung an (Palandt/*Putzo* Rn 7; zu aF BGH NJW 61, 1252, 1253). Es genügt wie beim Sachmangel (§ 434 Rn 42), wenn die Grundlagen für das belastende Recht beim Eigentumsübergang bestanden, zB der rückwirkende Entfall einer Einfuhrbewilligung, die Ausübbarkeit des Rechts ist nicht erforderlich (BaRoth/*Faust* Rn 5; zu aF BGH NJW 04, 1802 f.).

7 **VII. Abgrenzung zu § 434.** Die früher ebenso wichtige wie schwierige Abgrenzung kann heute in vielen Fällen dahinstehen (Palandt/*Putzo* Rn 6 a). Sie ist aber wegen Rn 6 **strikt zu beachten**, wenn es auf den Zeitpunkt des Auftretens des Mangels bzw seiner Grundlagen ankommt.

8 **VIII. Abdingbarkeit.** Im Verbrauchsgüterkauf ist Norm zwingend (§ 475 I). Ansonsten ist sie uneingeschränkt dispositiv, wie S 1 Alt 2 bestätigt.

9 **B. Freiheit von Rechtsmängeln (S 1). I. Begriff des Rechtsmangels.** Voraussetzung ist die individuelle Belastung des erworbenen Eigentums mit einem Recht (s Rn 10). Jedermann treffende rechtliche Beschränkungen wie Nachbarrechte begründen keinen Rechtsmangel. Der ihnen zugrunde liegende Sachverhalt, zB ein Überbau, kann aber Sachmangel sein (BaRoth/*Faust* Rn 16 mwN; zu aF BGH NJW 81, 1362 f). Das gilt auch für jedermann treffende Verschlechterungen gem S 1 Alt 2 übernommener Rechte (zu aF Köln NJW-RR 92, 1099 f).

10 **II. Rechte.** Die Rechte müssen tatsächlich bestehen (BTDrs 14/6040, 217 unter Verweis auf § 442 aF; BaRoth/*Faust* Rn 8; aA Art 41 UN-Kaufrecht, s Schlechtriem/Schwenzer/*Schwenzer* Rn 9). Die Verteidigung gegen nicht bestehende Rechte fällt daher außerhalb von S 2 in die Verantwortung des Käufers (BaRoth/*Faust* Rn 8). S 1 gilt auch für ausländische Rechte (Palandt/*Putzo* Rn 8; zu aF BGH NJW 92, 362 f für mortgage nach US-Recht).

11 **1. Absolute Rechte.** Dazu gehören alle ggü jedem Dritten wirkenden Rechte iSd § 823 I.

12 **aa) Dingliche Rechte.** Erfasst sind alle im Grundbuch eingetragenen Rechte, zB Grunddienstbarkeit (BGH NJW-RR 93, 396), beschränkte persönliche Dienstbarkeit (BGH NJW 00, 803), Eigentumsübertragungsvormerkung (RG 149, 195, 197), Nacherbenvermerk (Palandt/*Putzo* Rn 8). Dingliche Rechte sind auch mit dinglicher Wirkung ausgestattete Nutzungsbindungen nach dem WEG (BGH NJW 04, 364) (Alle Urteile zu aF).

13 **bb) Sonstige Rechte.** Oberbegriff für Rechte wie Patente (zu aF BGH NJW 79, 713 f mwN), Markenrechte, Urheberrechte, Unterlassungsansprüche aus dem Persönlichkeitsrecht (zu aF BGHZ 110, 196, 199 f „Aufbügelmotive Boris Becker") (neben den Urteilen zu aF so Palandt/*Putzo* Rn 9; Erman/*Grunewald* Rn 6; MüKo/*Westermann* Rn 4, 8; aA: Sachmangel BaRoth/*Faust* Rn 11 ausdrücklich gegen die bisher ganz hM; *Bartsch* CR 05, 1 f). Die Gegenmeinung übersieht, dass die immateriellen Rechte primär aus der rechtlichen Entstehungsgeschichte resultieren: wer ist Erfinder oder Autor?

14 **2. Obligatorische Rechte.** Rechtsmangel liegt auch in obligatorischen Rechten, die Verfügungsbefugnis oder Besitz des Käufers beeinträchtigen, vor allem Nutzungsrechte aus Miete und Pacht (BaRoth/*Faust* Rn 14; jew zu aF BGH NJW 91, 2700 f: zu lange Dauer; 98, 534 f: Verlängerungsoption des Mieters).

15 **3. Öffentliche Rechte.** Einordnung öffentlicher Rechte als Rechts- oder Sachmangel ist nach wie vor schwierig. Im Grundsatz führen alle konkreten Befugnisse zu Eingriffen wie Beschlagnahme sowie die Substanz betreffende individuelle Beschränkungen zu Rechtsmängeln, alle auf allgemeinen Gründen beruhende Bindungen zu Sachmängeln, da sie vom Verkäufer nicht beseitigt werden können. **Beispiele:**

16 **Rechtsmängel:** Sozialbindung einer Wohnung (BGH NJW 00, 1256 mwN), Veräußerungspflichten (BGH NJW 83, 275), Haftung für Abgaben (RG 105, 390, 391), Beschlagnahme nach § 111 b StPO (BGH NJW 04, 1802 f; aA für Beschlagnahme nach § 94 StPO LG Bonn NJW 97, 1822; dazu aA BaRoth/*Faust* Rn 20 mwN) und Eingriffsbefugnisse der Baubehörden wegen baurechtswidriger Zustände (BaRoth/*Faust* Rn 19 mwN; aA BGHZ 98, 100, 104 f).

17 **Sachmängel:** bloße Baubeschränkungen (st Rspr zu aF, zB RG 131, 343, 348 f; BGH WM 79, 101, 102; aA für Bauverbot bei ErbbauR BGH NJW 86, 1605), Zweckentfremdungsverbot (Ddorf NJW-RR 96, 1353, 1354).

18 **Baulasten** werden unterschiedlich beurteilt: bei Nutzungsüberlassungspflicht Rechtsmangel (Hamm NJW-RR 89, 524 f), bei Bauverbot Sachmangel (BGH NJW 78, 1429 f; aA BaRoth/*Faust* Rn 19).
Insgesamt s zur unübersichtlichen Rechtslage Palandt/*Putzo* Rn 11–13; BaRoth/*Faust* Rn 18-20 (alle Urteile zu aF).

19 **III. Übernommene Rechte. Tatbestandsmerkmal** meint das Gegenteil des Wortlauts, nämlich die Übernahme der Belastungen, regelmäßig auf Grundlage der Übernahme der zugrunde liegenden Verpflichtungen (vgl BaRoth/*Faust* Rn 21). Übernahme kann in jeder Form stattfinden.

C. Freiheit von im Grundbuch nicht eingetragenen Rechten (S 2). Bestimmung umfasst wie S 1 (s Rn 12) 20
alle im Grundbuch eingetragenen Buchrechte einschl Vormerkungen und nicht bestehende Rechte (BaRoth/
Faust Rn 24 mwN). Im Übrigen gilt S 1 entspr.

D. Beweislast. Infolge Entfalls von § 442 aF mit dem Inhalt der alleinigen Beweislast des Käufers gilt 21
§ 363, so dass die Verteilung wie beim Sachmangel stattfindet (s § 434 Rn 103 f) mit der Abweichung, dass
beim Verbrauchsgüterkauf § 476 wegen seiner Beschränkung auf Sachmängel die Beweislastverteilung
nicht ändert.

§ 436 Öffentliche Lasten von Grundstücken

(1) Soweit nicht anders vereinbart, ist der Verkäufer eines Grundstücks verpflichtet, Erschließungsbeiträge und sonstige Anliegerbeiträge für die Maßnahmen zu tragen, die bis zum Tage des Vertragsschlusses bautechnisch begonnen sind, unabhängig vom Zeitpunkt des Entstehens der Beitragsschuld.
(2) Der Verkäufer eines Grundstücks haftet nicht für die Freiheit des Grundstücks von anderen öffentlichen Abgaben und von anderen öffentlichen Lasten, die zur Eintragung in das Grundbuch nicht geeignet sind.

A. Grundsätzliches. I. Schuldrechtsmodernisierung. II stimmt inhaltlich mit § 436 aF überein, I ist neu 1
und tritt als lex specialis anstelle von § 446 (BTDrs 14/6040, 218).

II. Verbrauchsgüterkaufrichtlinie. Verkauf von Grundstücken ist kein Regelungsgegenstand (Art 1 II lit b). 2

III. Anwendungsbereich. Norm gilt für alle Kaufverträge einschl des Bauträgervertrags, da die Liefe- 3
rung des Grundstücks Kaufrecht unterliegt (vgl *D. Schmidt* ZfIR 04, 405, 406 mwN; aA *Pauly* MDR 04,
16, 18).

IV. Abdingbarkeit. Norm ist gem I in Übereinstimmung mit der Praxis dispositiv. Die Anknüpfung an den 4
Baubeginn (s BTDrs 14/6040, 219; krit *Brambring* DNotZ 01, 590, 614) ist oft unangemessen oder zu kompliziert: **Käuferfreundlich** ist die bei Bauträgerverträgen/Kaufverträgen über neugebaute Immobilien (zur Anwendbarkeit von KaufR s § 438 Rn 17) und Baugrundstücke übliche Auferlegung der Kosten für die Ersterschließung auf den Verkäufer. **Verkäuferfreundlich** wird bei Verträgen über Altbauten und Bauerwartungsland häufig ein Maßstab vereinbart wie Entstehung, Abrechnung oder Fälligkeit der Beitragsschuld. Auch zur Vereinfachung wird häufig einer der eben genannten Maßstäbe gewählt (vgl MüKo/*Westermann* Rn 4).

V. Rechtsfolge. Die jew pflichtige Partei hat die andere freizustellen bzw direkt an den Gläubiger zu zahlen 5
(Palandt/*Putzo* Rn 5).

B. Erschließungs- und Anliegerbeiträge (I). I Begriff. Umfasst sind die Erschließungsbeiträge nach 6
§§ 127 ff BauGB und auf die Eigentümer von Grundstücken umgelegte Beiträge nach den Kommunalabgabengesetzen für die Kosten öffentlicher Einrichtungen.

II. Zeitpunkt. Der bautechnische Beginn, also der „erste Spatenstich" bildet die entscheidende Zäsur 7
(BaRoth/*Faust* Rn 6). Bloße Planungsarbeiten reichen nicht. „Vertragsschluss" meint bei Fehlen einer
abw Regelung die Wirksamkeit des Vertrags, also bei Genehmigung oder aufschiebender Bedingung die
Erteilung bzw den Eintritt (teilweise aA BaRoth/*Faust* Rn 6 iVm § 442 Rn 8; Staud/*Matusche-Beckmann*
Rn 9: nur wenn Käufer Wirksamkeit herbeiführt). Da Abgrenzung primär auf gerechte Kostenverteilung
abzielt (vgl BTDrs 14/6040, 219, und die Funktion von I, § 446 zu ersetzen, s Rn 1), sollte es immer
auf den Eintritt der Wirksamkeit ankommen, ab dem beide Parteien endgültig an den Vertrag gebunden sind.

C. Andere öffentliche Abgaben und Lasten (II). I. Zweck. Unanwendbarkeit von § 435 wird klargestellt 8
(Palandt/*Putzo* Rn 10).

II. Begriff. II meint alle von I nicht geregelten Abgaben und Lasten, insbes die Abgaben gem § 10 I 9
Nr 3 ZVG wie Grundsteuer, Schornsteinfegergebühren, Müllabfuhrgebühren (Palandt/*Putzo* Rn 11; aA für
Müllabfuhrgebühren Staud/*Matusche-Beckmann* Rn 15 mwN). Nicht umfasst sind die Rückstände der
soeben genannten Lasten (Staud/*Matusche-Beckmann* Rn 15; aA MüKo/*Westermann* Rn 5 mwN, Palandt/
Putzo aaO), die Räum- und Streupflicht, da vom Eigentümer persönlich zu erbringen (BaRoth/*Faust*
Rn 9; zu aF BGH NJW 1990, 111, 112; aA Palandt/*Putzo* aaO), die Grunderwerbsteuer, öffentlich-rechtliche Vorkaufsrechte, Baubeschränkungen (BTDrs 14/6040, 219; Palandt/*Putzo* aaO).

§ 437 Rechte des Käufers bei Mängeln

Ist die Sache mangelhaft, kann der Käufer, wenn die Voraussetzungen der folgenden Vorschriften vorliegen und soweit nicht ein anderes bestimmt ist,
1. nach § 439 Nacherfüllung verlangen,
2. nach den §§ 440, 323 und 326 Abs. 5 von dem Vertrag zurücktreten oder nach § 441 den Kaufpreis mindern und
3. nach den §§ 440, 280, 281, 283 und 311 a Schadensersatz oder nach § 284 Ersatz vergeblicher Aufwendungen verlangen.

Inhaltsübersicht

	Rn
A. Grundsätzliches	1–13
I. Bedeutung	1
II. Anwendungsbereich	2–9
1. Kaufverträge	2
2. Zeitpunkt	3, 4
a) Sachmängel	3
b) Rechtsmängel	4
3. Mängel	5, 6
a) Sach- und Rechtsmängel	5
b) Unbehebbare Mängel	6
4. Rechtsfolgen	7–9
a) Verzögerungsschaden	7
b) Kosten der Selbstvornahme	8
c) Stellvertretendes Commodum (§ 285)	9
III. Schuldrechtsmodernisierung	10
IV. Verbrauchsgüterkaufrichtlinie	11
V. UN-Kaufrecht	12
VI. Abdingbarkeit	13
B. Struktur, Inhalt	14–17
I. Vorrang der Nacherfüllung (Nr 1)	15
II. Rücktritt oder Minderung (Nr 2)	16
III. Schadensersatz oder Ersatz vergeblicher Aufwendungen (Nr 3)	17
C. Anspruch auf Nacherfüllung (Nr 1)	18
D. Rücktrittsrecht (Nr 2 Alt 1)	19–25
I. Voraussetzungen	20–24
1. Nicht vertragsgemäße Leistung (§ 323 I Alt 2)	20
2. Unerheblichkeit der Pflichtverletzung (§ 323 V 2)	21, 22
a) Begriff	21
b) Geltung für Zurückweisungsrecht	22
3. Setzung einer angemessenen Frist zur Nacherfüllung (§ 323 I)	23, 24
a) Verbrauchsgüterkaufrichtlinie	23
b) Anforderungen	24
II. Rechtsfolgen	25
E. Minderung (Nr 2 Alt 2)	26
F. Schadensersatz (Nr 3 Alt 1)	27–65
I. Einleitung	27
II. Systematisierung	28
III. Verletzung der Pflicht zu mangelfreier Lieferung (§ 433 I 2)	29–52
1. Behebbarer Mangel	29–35
a) Schadensersatz neben der Leistung	30–34
aa) Mangelschaden	30–33
bb) Mangelfolgeschaden	34
b) Schadensersatz statt der Leistung	35
2. Verzögerte oder mangelhafte Nacherfüllung	36–42
a) Verzögerte bzw unterlassene Nacherfüllung	37–39
aa) Schadensersatz neben der Leistung	37, 38
bb) Schadensersatz statt der Leistung	39
b) Mangelhafte Nacherfüllung	40–42
aa) Schadensersatz neben der Leistung	41
bb) Schadensersatz statt der Leistung	42
3. Unbehebbarer Mangel	43, 44
a) bei Vertragsschluss	43
b) nach Vertragsschluss	44
4. Verschulden des Verkäufers	45–52
a) Behebbarer Mangel	46–50
aa) Verursachung des Mangels	47–49
bb) Erkennbarkeit des Mangels	50
b) Nacherfüllung	51
c) Unbehebbarer Mangel	52
IV. Neben(leistungs)pflichten des Verkäufers	53–65
1. Begriff	53
2. Abgrenzung zur cic	54
3. Beratung, Auskunft, Einweisung, Instruktion	55–58
4. Weitere Beispiele	59–65
G. Aufwendungsersatz	66
H. Andere Rechtsbehelfe des Käufers	67–79
I. Allgemeines Leistungsstörungsrecht und Unmöglichkeit	67
II. Anfechtung	68–71
1. nach § 119 I	68
2. nach § 119 II	69, 70
a) des Käufers	69
b) des Verkäufers	70
3. nach § 123	71
III. cic	72–76
1. Meinungsstand	72–74
2. Eigene Auffassung	75, 76
IV. Selbständiger Beratungsvertrag	77
V. Geschäftsführung ohne Auftrag	78
VI. Deliktsrecht	79

§ 437 Rechte des Käufers bei Mängeln

A. Grundsätzliches. I. Bedeutung. Norm kommt eine zentrale „Brückenfunktion" zu (treffend BaRoth/ 1
Faust Rn 2): Sie macht die Mangeltatbestände der §§ 434 für Sach- und 435 für Rechtsmängel zu leges perfectae, indem sie die Rechte des Käufers aus Mängeln durch differenzierte Verweise auf kaufrechtliches und allgemeines Leistungsstörungsrecht regelt. Diese Verweise sind jeweils als Rechtsgrundverweisungen gestaltet (BaRoth/*Faust* Rn 1; MüKo/*Westermann* Rn 1 mwN). Auswahl und kaufrechtliche Prägung der Verweise geben § 437 zugleich eine eigenständige inhaltliche Bedeutung, die als Bildung eines kaufrechtlichen Gewährleistungsrechts zur Adaption des allgemeinen Leistungsstörungsrechts verstanden werden kann (ähnl MüKo/ *Westermann* Rn 1; differenziert *Canaris* Karlsruher Forum 02, 5, 70; aA *Lorenz* NJW 02, 2497; *ders* NJW 05, 1321, 1322 f).

II. Anwendungsbereich. 1. Kaufverträge. § 437 gilt für den Sach- und über § 453 den Rechtskauf. 2

2. Zeitpunkt. a) Sachmängel. Geltung beginnt zeitlich mit **Gefahrübergang** (str: so Palandt/*Putzo* § 433 3
Rn 21; MüKo/*Westermann* Rn 6; Haas/Medicus/Rolland/Schäfer/Wendtland/*Haas* Kap 5 Rn 145; aA § 363 gilt: BaRoth/*Faust* Rn 5 mwN). Beide Meinungen haben ihr Gutes (vgl die Würdigung bei MüKo/*Westermann* aaO). Entscheidend für die hier vertretene Auffassung spricht, dass der Gefahrübergang festlegt, wann die Sache mangelfrei zu sein hat (§ 434 Rn 42, 48, 70) und dieser Zeitpunkt mit dem Einsatzbeginn des Mängelrechts sachlich eng zusammenhängt: Der Gleichlauf sorgt dafür, dass ab dem Zeitpunkt, zu dem Mängel eine Pflichtverletzung darstellen, die lex specialis zur Verfügung steht. Zudem setzt für den Verbrauchsgüterkauf die Anknüpfung an den Gefahrübergang und damit die Übergabe – § 447 findet gem § 474 II keine Anwendung – die Tatbestandsvoraussetzung der Lieferung in Art 3 I Verbrauchsgüterkaufrichtl deutlich besser um als die Annahme als Erfüllung iSd § 363. Deren Inhalt der Billigung als im Wesentlichen ordnungsmäße Erfüllung durch den Käufer (§ 363 Rn 3) kann kaum noch als „Lieferung" verstanden werden. Vor Gefahrübergang gilt das allgemeine Leistungsstörungsrecht.

b) Rechtsmängel. Da Freiheit von Rechtsmängeln erst zum **Eigentumsübergang** geschuldet wird (§ 435 4
Rn 6), kommt es allein auf diesen Zeitpunkt an (Erman/*Grunewald* Rn 5; *Mertens* AcP 203, 818, 831 mit Fn 39). Vorher bestehen insoweit keine Erfüllungsansprüche.

3. Mängel. a) Sach- und Rechtsmängel. Norm erfasst Sach- und Rechtsmängel. 5

b) Unbehebbare Mängel. Ab Gefahrübergang unterliegen unbehebbare Mängel, die schon bei Vertrags- 6
schluss bestanden, § 437 und nicht mehr unmittelbar dem Recht der Unmöglichkeit, insbes § 311 a II (str: so Erman/*Grunewald* vor § 437 Rn 8; Staud/*Matusche-Beckmann* Rn 19; weitergehend: schon vor Gefahrübergang *Hofmann/Pammler* ZGS 04, 91, 95; aA Palandt/*Heinrichs* § 280 Rn 17; Jauernig/*Berger* Rn 18; MüKo/ *Westermann* Rn 22, s aber Rn 21). Systematisch spricht dafür, dass § 437 allgemein seinen Vorrang ggü dem allgemeinen Leistungsstörungsrecht beginnend mit Gefahrübergang anordnet, wenn auch großenteils in Form von „(Rück-)verweisen". Da diese Rückverweise § 311 a ausdrücklich einschließen, gilt § 311 a nicht direkt, sondern nur als einer von mehreren in Verweis genommenen Ansprüchen. Dies ist auch teleologisch angemessen, da dann dem Käufer alle Rechte des § 437 zustehen, inbes die verschuldensunabhängige Minderung.

4. Rechtsfolgen. a) Verzögerungsschaden. Die Abgrenzung zwischen der Haftung des Verkäufers für Män- 7
gel nach § 280 I über Nr 3 und den Verzugsregeln ist hochstreitig. Nach der hier vertretenen Auffassung regeln die Verzugsvorschriften die Haftung des Verkäufers für eine zu späte Nacherfüllung (s Rn 37 f).

b) Kosten der Selbstvornahme. Setzt der Käufer dem Verkäufer keine Frist zur Nacherfüllung und beseitigt 8
stattdessen den Mangel selbst, kann er dem Anspruch des Verkäufers auf Zahlung des Kaufpreises die Kosten der Selbstvornahme nicht als anrechnungsfähige ersparte Aufwendungen iSd § 326 II 2 entgegenhalten. Deren Erstattungsfähigkeit im Wege der Anrechnung ist mit dem Vorrang des Rechts des Verkäufers zur zweiten Andienung (s Rn 18) nicht vereinbar (str: **so** BGH NJW 05, 1348 LS, 1349 ff; AG Kempten MDR 03, 1406 f m zust Anm *Dötsch*; Erman/*Grunewald* Rn 3; **aA**: für direkte oder analoge Anwendbarkeit von § 326 II 2: BaRoth/*Faust* Rn 33; *Ebert* NJW 04, 1761, 1762 f; *Herresthal/Riehm* NJW 05, 1457, 1460; *Lorenz* NJW 05, 1321, 1322 mwN).

c) Stellvertretendes Commodum (§ 285). Es ist str, ob bei einem unbehebbaren Mangel neben den in Nr 3 9
geregelten Ansprüchen der Anspruch auf das Surrogat besteht (**dagegen** Palandt/*Putzo* Rn 4 c; zu aF offenbar BGHZ 129, 103 LS, 106; **dafür** *v. Olshausen* ZGS 02, 195, 196 ff).

III. Schuldrechtsmodernisierung. Das bisherige Gewährleistungsrecht der §§ 462, 463, 480 aF für Sach- 10
und §§ 440, 441 aF für Rechtsmängel ist grundlegend umgestaltet. Nachgeschaltet dem neuen kaufrechtlichen Rechtsbehelf der Nacherfüllung (Nr 1) bestehen die Rechte des Käufers jetzt im Rücktritt anstelle der bisherigen Wandelung und der im Wesentlichen unveränderten Minderung (Nr 2) sowie in Ansprüchen auf Schadens- und Aufwendungsersatz (Nr 3).

IV. Verbrauchsgüterkaufrichtlinie. Die Nrn 1 und 2 berühren das Herz der Richtl (s Erwägungsgründe 11
10 f), die mit Art 3 die Mitgliedstaaten verpflichtet, den Verbrauchern zur Sanktionierung von Mängeln

Rechte auf Nacherfüllung (II, III) sowie bei deren Fehlschlagen auf Minderung oder Vertragsauflösung (V, VI) zu gewähren. Nr 3 stellt eine richtlinienkonforme (Art 8 II) zusätzliche Berechtigung des Verbrauchers dar.

12 **V. UN-Kaufrecht.** Gewollt hat der Gesetzgeber das Gesamtsystem des § 437, also insbes die richtlinienexzessive Nr 3 auch in Anlehnung an das UN-Kaufrecht gestaltet (vgl BTDrs 14/6040, 86). Die doppelte Seite der Erstrangigkeit der Nacherfüllung, das Recht des Käufers auf Erhalt einer mangelfreien Ware (Art 46) und des Verkäufers zur zweiten Andienung (Art 48 „right to cure"; vgl Schlechtriem/Schwenzer/*Müller-Chen* Art 48 Rn 2), die nachrangigen Rechte zur Vertragsaufhebung (Art 49) und Minderung (Art 50) sowie vor allem die umfassende Schadensersatzpflicht für zu vertretende Mängel als Pflichtwidrigkeit – bzw Vertragsverletzung in der Sprache des UN-Kaufrechts (vgl § 433 Rn 27) – sind Eckdaten des kaufrechtlichen Leistungsstörungsrechts, in denen jetzt nationales und internationales Kaufrecht in Deutschland von einer ähnlichen Konzeption geprägt sind.

13 **VI. Abdingbarkeit.** Im Verbrauchsgüterkauf sind I und II zugunsten des Verbrauchers zwingend (§ 475 I). Sonst besteht freie Dispositivität, durch AGB in den Grenzen des § 310 I unter Berücksichtigung von § 309 Nrn 5, 8.

14 **B. Struktur, Inhalt.** Ordnung und Inhalt der zugunsten des Käufers begründeten Rechte sind § 437 nicht unmittelbar zu entnehmen.

15 **I. Vorrang der Nacherfüllung (Nr 1).** Die Abhängigkeit aller Rechte des Käufers auf Aufhebung der Leistungsbeziehung oder Minderung gem Nrn 2 und 3 davon, dass der Verkäufer vorher Gelegenheit zur Nacherfüllung erhielt, ist nicht unmittelbar in § 437 geregelt, sondern ergibt sich aus der Voraussetzung für diese Rechte, dass die Setzung einer Frist zur Nacherfüllung erfolglos blieb (vgl §§ 440, 281 I 1, 323 I, 284, 441 I; BGH NJW 05, 1348, 1350; 3211, 3212; Palandt/*Putzo* Rn 4; BaRoth/*Faust* § 439 Rn 2; *Boerner* ZIP 01, 2264, 2269). Der Verkäufer hat so ein Recht der **zweiten Andienung** (BTDrs 14/6040, 220 und die Vorgenannten). Darin liegt ein erheblicher Fortschritt des neuen Kaufrechts: Der Käufer hat jetzt ein Hauptleistungsrecht auf Lieferung einer mangelfreien Ware (§ 433 I 2, s § 433 Rn 27), der Verkäufer bei dessen Verletzung ein Recht auf eine zweite Chance erhalten (zust zur Konzeption des Gesetzes Ernst/Zimmermann/*Zimmer* S. 191, 200; kritisch *Dauner-Lieb* JZ 01, 8, 13; Dauner-Lieb/Konzen/K Schmidt/*Jacobs* S 371, 372; zur im Einzelfall begrenzten Spiegelbildlichkeit vgl BaRoth/*Faust* § 439 Rn 2). Gegenstand des Anspruchs auf Nacherfüllung ist die Lieferung einer mangelfreien Kaufsache alternativ über Nachbesserung oder Ersatzlieferung (§ 439).

16 **II. Rücktritt oder Minderung (Nr 2).** Beide Gestaltungsrechte können nur alternativ geltend gemacht werden, wie § 441 I für die Minderung deutlicher als Nr 2 zu entnehmen ist. Der Rücktritt ist mit kaufrechtlicher Anpassung über § 440 das Institut des allgemeinen Leistungsstörungsrechts, die Minderung entspricht im wesentlichen § 462 aF. Die Rechtsfolgen beider Alternativen sind markant gegensätzlich, da der Rücktritt auf Rückabwicklung, die Minderung auf Bestand der Leistungsbeziehung unter finanzieller Anpassung gerichtet ist.

17 **III. Schadensersatz oder Ersatz vergeblicher Aufwendungen (Nr 3).** In seiner Ausprägung als Schadensersatz statt der Leistung (§ 281) haben beide Alternativen die Gemeinsamkeit, dass sie den Leistungsanspruch des Käufers aufheben; als sog kleiner Schadensersatz kann der Käufer aber wählen, die gelieferte Sache zu behalten (vgl nur Palandt/*Heinrichs* § 281 Rn 46). Zueinander stehen sie nach dem Gesetzeswortlaut im Verhältnis der Alternativität (zu den Grenzen s BGH NJW 05, 2849; 2850; Palandt/*Heinrichs* § 284 Rn 4 mwN). Im Übrigen kann Schadensersatz im Grundsatz neben allen Ansprüchen einschl dem auf Nacherfüllung geltend gemacht werden. Prinzipiell sind alle dem Käufer durch die mangelhafte Lieferung entstandenen Schäden ersatzfähig, an der Sache selbst, an anderen Rechten und Rechtsgütern, am Vermögen, insbes also entgangener Gewinn und Nutzungsausfall, und für immaterielle Beeinträchtigungen gem § 253 II.

18 **C. Anspruch auf Nacherfüllung (Nr 1).** Es handelt sich um eine kaufrechtsinterne Rechtsgrundverweisung auf § 439. S daher Kommentierung dort.

19 **D. Rücktrittsrecht (Nr 2 Alt 1).** Verweisung richtet sich auf Voraussetzungen und Rechtsfolgen des Rücktrittsrechts des § 323 als Emanation des allgemeinen Leistungsstörungsrechts. Nachfolgend werden nur die kaufrechtlichen Besonderheiten behandelt; im Übrigen s Kommentierung von § 323.

20 **I. Voraussetzungen. 1. Nicht vertragsgemäße Leistung (§ 323 I Alt 2).** Die Schlechtleistung ist jetzt als selbständiger Rücktrittsgrund anerkannt (BTDrs 14/6040, 184). Ihre typische Ausprägung ist die Verletzung der Pflicht zu mangelfreier Lieferung (§ 433 I 2) (BaRoth/*Faust* Rn 12). Ein Verschulden des Verkäufers ist nicht erforderlich (Palandt/*Putzo* Rn 22; MüKo/*Westermann* Rn 9).

21 **2. Unerheblichkeit der Pflichtverletzung (§ 323 V 2). a) Begriff.** Der generell das Rücktrittsrecht wegen Schlechtleistung beherrschende Ausschlussgrund der Unerheblichkeit der Pflichtverletzung nimmt sachlich die De Minimis-Regelung des § 459 I 2 aF auf (s § 434 Rn 3). Für den **Verbrauchsgüterkauf** ist Grundlage Art 3 VI Verbrauchsgüterkaufrichtl, dass der Verbraucher „bei einer geringfügigen Vertragswidrigkeit" keine Vertragsauflösung beanspruchen kann. Darunter werden Pflichtverletzungen so geringen Ausmaßes verstan-

den, dass „das Leistungsinteresse des Gläubigers im Grunde nicht gestört ist" (BTDrs 14/6040, 140). Sie festzustellen erfordert eine „umfassende Interessenabwägung" (Palandt/*Heinrichs* § 281 Rn 48), in die die Auswirkungen auf Funktion, Beschaffenheit und Wert der Kaufsache sowie Möglichkeit und Aufwand einer Reparatur einzufließen haben (vgl Palandt/*Putzo* Rn 23; BaRoth/*Faust* Rn 26). Mehrere Mängel sind in ihrer Gesamtheit zu würdigen (ebda; ferner zu aF KG NJW-RR 1989, 972 f). **Beispiele:** Als **unerheblich** wurden angesehen ein Reparaturaufwand von 1 % („ohne Zweifel": BGH NJW 05, 3490, 3493), 2–3 % (Ddorf NJW-RR 04, 1060 LS, 1061) bzw 4,5 % (LG Kiel MDR 05, 384) bei einem Gebrauchtwagen; 5 % bei Neuwagen (Unterschreiten der Höchstgeschwindigkeit Ddorf NJW 05, 3504 f) oder 1,63 % des Kaufpreises beim Hausbockbefall eines Hauses (zu aF KG NJW-RR 89, 972 f). Demgegenüber sind **erheblich**: Mehrverbrauch eines Kraftfahrzeugs von 13 % im Drittelmix (zu aF BGHZ 132, 55, 62 mwBsp 60 f); zu altes Baujahr (Nürnbg ZGS 05, 239, 240 f); deutliche optische Beeinträchtigungen durch konstruktionsbedingte Verformungen der Innenverkleidung (Saarbr Urt 22. 6. 05 Az 1U 567/04 -167 S 5 – juris). Im Einzelfall können auch nicht beseitigbare Mängel unerheblich sein, wenn sie als „Bagatellen" nur die Optik geringfügig beeinträchtigen (Ddorf NJW 05, 2235, 2236).

b) Geltung für Zurückweisungsrecht. Ob aus § 323 V 2 zu entnehmen ist, dass der Käufer die ihm angebotene Kaufsache nicht zurückweisen darf, wenn sie nur unerheblich mangelhaft ist, mit der Konsequenz der Anwendbarkeit des § 437 statt § 320 und des allgemeinen Leistungsstörungsrechts, ist str (**dafür** Palandt/*Putzo* Rn 47; Jauernig/*Berger* Rn 29; *Lamprecht* ZIP 02, 1790; **dagegen** BaRoth/*Faust* Rn 14 f; Oetker/*Maultzsch* S 109 f). Die Gesamtabwägung spricht für einen Gleichlauf des Ausschlusses von Rücktritt und Zurückweisung, da ansonsten der unerhebliche Mangel systemwidrig die Konsequenzen einer völligen Nichtlieferung hätte, etwa für den Ersatz des Mangelschadens bis zur Beseitigung.

3. Setzung einer angemessenen Frist zur Nacherfüllung (§ 323 I). a) Verbrauchsgüterkaufrichtlinie. Es ist str, ob das Erfordernis der Fristsetzung richtlinienkonform ist (**dagegen** BaRoth/*Faust* Rn 17; *Lorenz* NJW 05, 1889, 1894; *Ernst/Gsell* ZIP 2000, 1410, 1418; **dafür** Henssler/Graf v. Westphalen/*Graf v. Westphalen* Rn 10). Art 3 V 2. Spiegelstr der Richtl sieht ein Verfahren der Fristsetzung nicht vor, da es allein darauf ankommt, ob der Verkäufer „innerhalb einer angemessenen Frist Abhilfe geschaffen hat" (deutlicher im Englischen: „within a reasonable time" und Französischen „dans un délai raisonnable"). Ungeachtet tiefer Verbundenheit mit dem überkommenen Fristenkonzept kann der Rechtfertigungsversuch der Regierungsbegründung (BT-Drs 14/6040, 222) nicht überzeugen: Dass es im Interesse eines Käufers liegen mag, eine Frist zu setzen, ändert nichts daran, dass in der Verpflichtung dazu eine spürbare formale Erschwernis der Rechtsausübung liegt. Das Erfordernis der Fristsetzung soll es ja gerade ausschließen, dass der Käufer nach der Mangelmeldung schlicht abwartet, was geschieht, eine Passivität, die ihm die Richtl gestattet. Gerade angesichts der – wenn auch zweifelhaften – Aufgabe der Richtl, den Rechtsverkehr zu vereinheitlichen, läuft es ihrem Anliegen zuwider, dass jetzt ein Mitgliedstaat eine in anderen Mitgliedstaaten unbekannte formale Hürde aufbaut. An der von *Faust* (s BaRoth, Rn 18; ebenso Palandt/*Putzo* § 439 Rn 7; *Lorenz* aaO) propagierten richtlinienkonformen Auslegung, dass der Verbraucher, nicht aber andere Käufer nach Ablauf der angemessenen Frist auch ohne eigene Fristsetzung zurücktreten darf, führt also leider kein Weg vorbei.

b) Anforderungen. Fristsetzung muss sich auf den konkreten Mangel beziehen (LG Hanau NJW-RR 03, 1561, 1562; Palandt/*Putzo* Rn 24).

II. Rechtsfolgen. Mit wirksam erklärtem Rücktritt hat der Käufer das Wahlrecht zwischen Rücktritt und Minderung verloren (AG Kamen ZGS 05, 200; Palandt/*Putzo* Rn 27; Erman/*Grunewald* § 438 Rn 21; *Boerner* ZIP 01, 2264, 2270; aA *Derleder* NJW 03, 998, 1003: wenn Verkäufer disponiert hat).

E. Minderung (Nr 2 Alt 2). Es handelt sich um eine kaufrechtsinterne Rechtsgrundverweisung auf § 441. S daher Kommentierung dort.

F. Schadensersatz (Nr 3 Alt 1). I. Einleitung. Die Anerkennung der Schlechtleistung als eine weitere Tatbestandsvoraussetzung für die Schadensersatzansprüche des allgemeinen Leistungsstörungsrechts ist eines der großen Anliegen der Schuldrechtsreform (§ 433 Rn 27). Der darin liegende Verzicht auf ein eigenständiges Haftungsrecht für den Kaufvertrag führt aber zugleich zu erheblichen Schwierigkeiten, da das allgemeine Leistungsstörungsrecht auf die Besonderheiten der Einstandspflicht für Mängel unter Berücksichtigung des Rechts des Verkäufers zur zweiten Andienung nicht zugeschnitten ist. Viele rechtliche Fragen sind daher äußerst str. Es kommt hinzu, dass die Haftung des Verkäufers für Mängel mit der für die Verletzung von Neben(leistungs)pflichten abzustimmen ist.

II. Systematisierung. Die mit Schadensersatz bewehrten Pflichten des Verkäufers lassen sich in folgender Matrix ordnen: (1) Primärer Anknüpfungspunkt ist die **Art der Pflichtverletzung**. Sie führt zur Untergliederung in Verletzungen der Hauptleistungspflicht des § 433 I 2 und von Nebenpflichten. Die Verletzung von § 433 I 2 ist zu differenzieren in die drei Fallgruppen der behebbaren Mängel, Pflichtverletzungen bei der Nacherfüllung und der unbehebbaren Mängel. (2) Für die **Rechtsfolgen** ist abzugrenzen zwischen Schadensersatz neben der Leistung, entweder gem § 280 I oder infolge Verzugs (§§ 280 II, 286), und Schadensersatz statt der Leistung gem § 281. (3) Die **Art des geltend gemachten Schadens** erfordert eine Differenzierung nach Mangel- und Mangelfolgeschäden. Beide Formen unterscheiden sich wie bisher darin, dass der **Mangelschaden** die Beeinträchtigung des Erfüllungsinteresses unter Einschluss von Minderwert, Nutzungsausfall und entgangenem Gewinn zum Gegenstand hat, während der **Mangelfolgeschaden** auf die Beeinträchtigung des Integritätsinteresses des Käufers, also dessen sonstiger Rechte und Rechtsgüter abzielt. Dabei kann hier dahinstehen, ob die Unterscheidung fortgilt (so Palandt/*Putzo* Rn 34 f; MüKo/*Westermann* Rn 33; *Boerner* ZIP 01, 2264, 2272). Die zugrunde liegende Differenzierung ist unverzichtbar, da anders die Ansprüche auf Schadensersatz neben und statt der Leistung nicht abgegrenzt werden können (vgl die wenig klare Linie der Regierungsbegründung BTDrs 14/6040, 133, 224 f, und die Abgrenzungen vermeintlich ohne Rekurs auf die Unterscheidung zB von BaRoth/*Faust* Rn 47, 51 ff, 54 ff, 60; Haas/Medicus/Rolland/Schäfer/Wendtland/*Haas* Kap 5 Rn 235, 248; *Lorenz* NJW 05, 1889, 1890 f).

29   III. **Verletzung der Pflicht zu mangelfreier Lieferung (§ 433 I 2). 1. Behebbarer Mangel.** Der Käufer kann durch einen Mangel schon geschädigt werden, bevor es überhaupt zur Nacherfüllung durch den Verkäufer kommen konnte. Beispiel ist die Lieferung einer Maschine mit einem behebbaren Softwarefehler, der zum Ausfall und zur Beschädigung der bearbeiteten Gussstücke führte.

30   a) **Schadensersatz neben der Leistung. aa) Mangelschaden.** Die Einordnung von Mangelschäden, die durch Nacherfüllung nicht mehr beseitigt werden können, wie Gewinn- und Nutzungsausfall (Betriebsausfallschaden) in der Zeit von Übergabe bis zum Erfolg der Nacherfüllung bzw einer zusätzlichen Verletzung der Pflicht des Verkäufers zur Nacherfüllung zählt zu den großen Streitpunkten zu Nr 3:

31   (1) **Meinungsstand.** In Übereinstimmung mit der – allerdings widersprüchlichen (s Rn 32) – Regierungsbegründung (BTDrs 14/6040, 225) wendet die wohl hL § 280 I unmittelbar an (BaRoth/*Faust* Rn 61; MüKo/ *Westermann* Rn 32; *Lorenz* NJW 02, 2497, 2501 Fn 32; *ders* NJW 05, 1889, 1891; *Canaris* ZIP 03, 321, 323 ff, 326 f; *Ebert* NJW 04, 1761, 1762; Haas/Medicus/Rolland/Schäfer/Wendtland/*Haas* Kap 5 Rn 246; *Medicus* JuS 03, 521, 528; *Schulze/Ebers* JuS 04, 462, 465 f; *Tiedtke/Schmitt* BB 05, 615, 619). Folge ist, dass der Käufer sofort mit Auftreten des Mangels Anspruch auf Liquidation des Erfüllungsinteresses hat, zB auf Ersatz entgangenen Gewinns. Eine starke Mindermeinung nimmt Verzug in Form der qualitativen Verzögerung an (Jauernig/*Berger* Rn 17; Staud/*Matusche-Beckmann* Rn 54; *Büdenbender* DStR 02, 316, 318; Dauner-Lieb/ Konzen/K Schmidt/*Dauner-Lieb* 17 f; *Grigoleit/Riehm* JuS 04, 745, 747 mwN; *Schur* ZGS 02, 243, 244; dagegen Dauner-Lieb/Konzen/K Schmidt/*Grunewald* 316). Von den Rechtsfolgen wird diese Auffassung teilweise der Anwendbarkeit von § 280 I gleichgestellt, indem die Mahnung gem § 286 II Nr 4 für entbehrlich erklärt wird (*Grigoleit/Riehm* aaO; ebenso Palandt/*Putzo* Rn 36; aA Mängelrüge ist Mahnung: *Büdenbender* aaO). Die Minder-Mindermeinung sieht gleichfalls die Verzugsregeln für maßgeblich an. Diese bewirkten aber wegen des Fehlens eines Verzuges infolge des Rechts des Verkäufers zur zweiten Andienung eine Sperrung von Schadensersatzansprüchen solange, bis der Verkäufer nicht mit der Nacherfüllung in Verzug gerate (*Oechsler* NJW 04, 1825, 1828). Im Beispiel der ausgefallenen Maschine (Rn 29) käme die hL zu einer sofortigen Ersetzbarkeit des Ausfallschadens; die Anwendung der Verzugsregeln führte bei den Stimmen, die wegen § 286 II 4 keine Mahnung verlangen, zu demselben Ergebnis, während die restlichen Autoren grds erst den Ausfall nach Mahnung für ersatzfähig halten; die dritte Auffassung gibt dem Käufer einen Anspruch erst ab erfolgloser oder verzögerter Nacherfüllung.

32   (2) **Eigene Auffassung.** Mit dem System der Regelung der Hauptleistungen des Verkäufers und des durch § 437 unter Verweis auf das allgemeine Leistungsstörungsrecht geschaffenen kaufrechtlichen Gewährleistungsrechts ist allein die Auffassung vereinbar, dass erst der Verzug des Verkäufers mit der Nacherfüllung Mangelschäden ersatzfähig macht. (a) Die Anwendbarkeit von § 280 I führt zu einer nicht zu rechtfertigenden **Ungleichbehandlung der Hauptleistungspflichten** des Verkäufers: Wer mangelhaft erfüllt, steht sich schlechter als der überhaupt nicht liefernde Verkäufer (*Schur* ZGS 02, 243, 244). Die Argumente dagegen, die Schlechtleistung stelle eine zur Nichterfüllung hinzukommende Pflichtverletzung dar (deutlich *Canaris* ZIP 03, 321, 326; ebenso BaRoth/*Faust* Rn 61; MüKo/*Westermann* Rn 32; *Ebert* NJW 04, 1761, 1762), die zudem für den Käufer gefährlicher und weniger leicht feststellbar sei als die bloße Nichterfüllung (*Canaris* aaO), werden der Eigenart der überhaupt nur diskutierten Mängel nicht gerecht: Entgangener Gewinn und entgangene Nutzungsvorteile sind für den Käufer nicht gefährlich und fallen bei Benutzung der Kaufsache ohne weiteres auf. Ob Ursache von Nutzungsausfall oder -beeinträchtigung die vollständige Nichtlieferung oder die Schlechtlieferung ist, spielt gleichfalls für den Käufer keine Rolle. Mangelfolgeschäden, für die diese Argumente wichtig sind, werden unstr über § 280 I abgewickelt (s Rn 34). Beide Schadensformen zeigen dafür, wie unangemessen die Privilegierung des nichtleistenden Verkäufers ist: Liefert der Verkäufer eine Maschine überhaupt nicht, haftet er erst nach Mahnung, liefert er sie mit 50 % Leistung, haftet er für die fehlenden 50 % sofort. (b) Auch die synoptische Analyse der gewährleistungsrechtlichen Verweise in Nr 3 auf das allgemeine Leistungsstörungsrecht bestätigt die hier vertretene Auffassung. Dies zeigt deutlich die **Widersprüchlichkeit der Regierungsbegründung**: Drei Absätze vor der von der hL herangezogenen Feststellung, der Betriebsausfallschaden infolge Lieferung einer mangelhaften Sache sei nach § 280 I ersatzbar, konstatiert sie, dass der Käufer „Ersatz des eigentlichen Mangelschadens ... nach § 281 RE grds erst nach erfolglosem Ablauf

einer Frist zur Nacherfüllung verlangen kann" (BTDrs 14/6040, 225). Zu den typischen Positionen des Mangelschadens gehört der Ausfall von Gewinn und Nutzung (vgl nur Palandt/*Heinrichs* § 281 Rn 24 ff). § 281 deckt zudem den Verzögerungsschaden, dh den Schaden in der Zeit bis zum Ablauf der Frist zur Nacherfüllung nicht ab; dieser ist nur nach den Regeln des Verzugs ersatzfähig (Palandt/*Heinrichs* § 281 Rn 17; MüKo/ *Ernst* § 281 Rn 110 ff; *Canaris* Karlsruher Forum 02, 5, 42). Die Regierungsbegründung gelangt also zum merkwürdigen Ergebnis, dass der auf den Mangelschaden zugeschnittene Schadensersatz statt der Leistung gem § 281 in jedem Fall erst nach Ablauf der Frist zur Nacherfüllung zur Erstattung führt, während der primär auf Mangelfolgeschäden abzielende § 280 I die Erstattung von Mangelschaden sofort gewähren soll, also noch vor der Phase der Nacherfüllung. Da diese Ungleichbehandlung von Schadensersatz neben und statt der Leistung nicht gewollt sein kann, ergibt sich auch aus dem § 437 Nr 3 zu entnehmenden System des Gewährleistungsrechts, dass der Verkäufer für Mangelschäden als Folge mangelhafter Lieferung erst nach einer weiteren Pflichtverletzung bei der Nacherfüllung haftet. (c) Das Recht der zweiten Andienung soll die auf Erfüllung gerichteten Ansprüche des Käufers auf Nacherfüllung beschränken. Damit ist ein sofortiger Anspruch auf Ersatz des Mangelschadens als Ausprägung des Erfüllungsinteresses des Käufers unvereinbar. Systematisch kohärent ist allein der Anspruch auf Ersatz des Mangelfolgeschadens zum Schutz des Integritätsinteresses des Käufers. (d) Dieses Ergebnis liegt auch im Interesse der Vermeidung von Streitigkeiten für eine regelmäßig überschaubare Übergangszeit, da sich ansonsten wie beim – gerade nicht vereinbarten – Fixgeschäft beide Parteien taggenau über die Abrechnung verständigen müssten.

(3) **Zeitliche Differenzierung.** Die Diskussion (s Rn 31) wird unausgesprochen am Beispiel sofort nach Lieferung sich auswirkender Mängel geführt. Nur dann kann überhaupt eine Anwendung der Verzugsregeln in Betracht kommen, die ausscheidet, wenn der Mangel zB erstmals 8 Monate nach Lieferung zu konkreten Schäden führt. Da die Sperrung von Schadensersatzansprüchen durch das Recht des Verkäufers zur zweiten Andienung auf der Systematik des Gewährleistungsrechts des § 437 basiert, ist sie unabhängig vom Zeitpunkt des Auftretens eines Mangels. Daraus folgt zugleich die Grenze: Immer dann, wenn der Verkäufer sein Recht zur zweiten Andienung verloren hat (§ 440), steht dem Käufer sofort ein Anspruch auf Ersatz seiner Mangelschäden zu. 33

bb) Mangelfolgeschaden. Die Anwendbarkeit von § 280 I auf Mangelfolgeschäden völlig unabhängig vom Lauf von Fristen zur Nacherfüllung ist ganz hM (Palandt/*Putzo* Rn 35; MüKo/*Westermann* Rn 34; *Medicus* JuS 03, 521, 528; teilweise aA wegen des Rechts zur zweiten Andienung *Oechsler* NJW 04, 1825, 1829 f). Der Anspruch auf Schadensersatz für die Gussstücke in Bsp Rn 29 folgt also aus § 280 I iVm Nr 3. 34

b) Schadensersatz statt der Leistung. Ein Anspruch auf Schadensersatz statt der Leistung besteht aufgrund eines behebbaren Mangels ausschl unter den Voraussetzungen der §§ 440, 281 I 1, dass die Nachbesserung fehlgeschlagen ist oder der Verkäufer ausnahmsweise kein Recht zur zweiten Andienung hat (vgl BaRoth/ *Faust* Rn 47; MüKo/*Westermann* Rn 26). S Kommentierung zu § 440. 35

2. Verzögerte oder mangelhafte Nacherfüllung. Schäden des Käufers in der Phase der Nacherfüllung können aus deren Verzögerung oder Unterlassung resultieren. Es kann aber auch die Nacherfüllung selbst zu Schäden führen. 36

a) Verzögerte bzw unterlassene Nacherfüllung. aa) Schadensersatz neben der Leistung. (1) Mangelschaden. Der Anspruch auf Nacherfüllung ist ein modifizierter Erfüllungsanspruch (§ 439 Rn 9). Damit führt eine Leistungsstörung aus verweigerter, verzögerter oder erfolgloser Nacherfüllung zu einem Verzug des Verkäufers mit einer – modifizierten – Hauptleistungspflicht. Mithin besteht für alle Mangelschäden als Folge der zu späten Nacherfüllung die Verzugshaftung gem §§ 280 II, 286 (Palandt/*Putzo* Rn 36; BaRoth/*Faust* Rn 63; *Ebert* NJW 04, 1761; Haas/Medicus/Rolland/Schäfer/Wendtland/*Haas* Kap 5 Rn 247; *Lorenz* NJW 05, 1889, 1891). Darunter fallen alle Mangelschäden wie entgangener Gewinn oder Nutzungsausfall, die nicht durch Nacherfüllung wieder beseitigt werden können. Mangelschäden wie der Minderwert oder die Kosten eines Deckungskaufs sind wegen ihrer Abhängigkeit vom endgültigen Ergebnis der Nacherfüllung nur nach den Regeln des Schadensersatzes statt der Leistung ersatzfähig (BaRoth/*Faust* Rn 63; *Tiedtke/Schmitt* BB 05, 615, 618 jew mit zutreffender Ausnahme für den Schaden aus dem fristbedingten Scheitern eines Weiterverkaufs). 37

(2) **Mangelfolgeschäden.** Da auch die Beeinträchtigung anderer Rechte und Rechtsgüter des Käufers infolge des nicht beseitigten Mangels Folge des Verzugs mit der Nacherfüllung ist, sind auch die Mangelfolgeschäden nach den Verzugsregeln ersatzfähig (BaRoth/*Faust* Rn 63; *Tiedtke/Schmitt* BB 05, 615, 618; offenbar aA: Anwendbarkeit von § 280 I Haas/Medicus/Rolland/Schäfer/Wendtland/*Haas* Kap 5 Rn 248). 38

bb) Schadensersatz statt der Leistung. S Rn 35. 39

b) Mangelhafte Nacherfüllung. Die Nacherfüllung selbst kann zu Schäden führen, indem sie zur „Verschlimmbesserung" führt, also die ersatzgelieferte oder nachgebesserte Sache neue Mängel aufweist, oder ihre Vornahme den Käufer schädigt, zB bei Schweißarbeiten zur Reparatur der gelieferten Maschine die Fabrikhalle des Käufers in Brand gesetzt wird. Dann gilt: 40

41 **aa) Schadensersatz neben der Leistung.** Mangel- und Mangelfolgeschäden sind gem Nr 3 iVm § 280 I zu erstatten. Für Mangelschäden gilt dies nicht, soweit sie wie der Minderwert vom endgültigen Ergebnis der Nacherfüllung abhängen (s Rn 37). (Vgl insgesamt *Schubel* DB 04, 119, 121 ff).

42 **bb) Schadensersatz statt der Leistung.** S Rn 35.

43 **3. Unbehebbarer Mangel. a) bei Vertragsschluss.** Es gilt § 437 insbes mit seinem Verweis auf § 311 a (s Rn 6).

44 **b) nach Vertragsschluss.** Wird der Mangel erst nach Vertragsschluss unbehebbar, zB weil der Verkäufer eine Spezieskaufsache irreparabel beschädigt, liegt ein Fall nachträglicher Unmöglichkeit vor, der dem Käufer Ansprüche auf Schadensersatz statt der Leistung eröffnet (Nr 3 iVm § 283) (BaRoth/*Faust* Rn 111 mit Bsp; MüKo/*Westermann* Rn 25; Haas/Medicus/Rolland/Schäfer/Wendtland/*Haas* Kap 5 Rn 250).

45 **4. Verschulden des Verkäufers.** Jede Schadensersatzhaftung des Verkäufers gem Nr 3 erfordert, dass der Verkäufer den Mangel zu vertreten hat (§§ 280 I 2, 311a II 1). „Vertreten muss der Verkäufer den Mangel nicht schon deshalb, weil in der mangelhaften Lieferung die Verletzung einer Vertragspflicht liegt. Zu einer Pflichtverletzung muss vielmehr Vertretenmüssen hinzukommen" (BTDrs 14/6040, 210; deutlich BGH ZGS 05, 348, 350; s auch MüKo/*Westermann* Rn 62). Anknüpfungspunkt sind die einzelnen Arten der Pflichtverletzung (s Rn 29-44).

46 **a) Behebbarer Mangel.** Zu vertreten ist die Lieferung einer Kaufsache mit einem behebbaren Mangel nur, wenn der Verkäufer entweder den Mangel verursacht hat oder kannte bzw hätte kennen müssen.

47 **aa) Verursachung des Mangels.** Der Verkäufer hat den Mangel zu vertreten, wenn er oder seine Erfüllungsgehilfen (§ 278 BGB) ihn schuldhaft verursacht haben; auf Kenntnis kommt es dann nicht an.

48 (1)Der **Hersteller** als Verkäufer haftet für alle zu vertretenden Mängel im von ihm verantworteten Herstellungsprozess, also insbes auch für Verschulden von Mitarbeitern (BaRoth/*Faust* Rn 80; *U. Huber,* in FS für Peter Ulmer, 1165, 1185; für Tierzüchter BGH ZGS 05, 348, 350). Für die Einbeziehung von Zulieferern sind die Grundsätze zum Werk(lieferungs)vertrag heranzuziehen (s mit ausf Darstellung der Rspr *U Huber* aaO, 1182 ff): Danach haftet der Hersteller für Zulieferer als Erfüllungsgehilfen, denen er den gesamten Herstellungsprozess überlässt (*U Huber* aaO, 1185; zu aF RG 108, 221. 223). Die Abgrenzung für Zulieferer von Vorprodukten ist str: Keine Erfüllungsgehilfen sind Zulieferer von Rohstoffen, ferner von solchen Vorprodukten, bei denen nach dem Inhalt der Lieferpflicht eine eigene Herstellung durch den Verkäufer nicht erwartet wird, zB Standardsoftware bei Kauf einer EDV-Anlage vom Hardware-Hersteller, Reifen, Batterie oder Navigationssystem bei Kauf eines Kraftfahrzeugs (ähnl zu § 631 ff BGH NJW 78, 1157; Palandt/*Sprau* § 631 Rn 17; zu aF mit unklarer Begrenzung BGHZ 48, 118, 120 f „TREVIRA"; insgesamt aA: umfassende Einstandspflicht BaRoth/*Faust* Rn 81; offen: Einstandspflicht „kommt in Frage" MüKo/*Westermann* Rn 437). Für funktional und nach der Verkehrsauffassung ununterscheidbar in die Herstellungsleistung des Verkäufers integrierte Vorprodukte ist der Zulieferer dagegen Erfüllungsgehilfe des Herstellers, zB Teig bei Brot vom Bäcker (im Gegensatz zum eingesetzten Mehl), bei Kraftfahrzeug Teile wie Bremse oder Radaufhängung. Soweit der Zulieferer kein Erfüllungsgehilfe des Herstellers ist, besteht eine Einstandspflicht nur für Verschulden bei Auswahl und Überwachung (MüKo/*Westermann* Rn 27).

49 (2) Der **Händler** haftet nur für selbstverursachte Mängel, zB infolge falscher Lagerung (MüKo/*Westermann* Rn 27). Der Hersteller ist nicht sein Erfüllungsgehilfe (ganz hM: BTDrs 14/6040, 210; Palandt/*Putzo* Rn 37; BaRoth/*Faust* Rn 79; *U. Huber* aaO 1187 f mit Darstellung der Rspr zu aF; *Schubel/Koch* DB 04, 119, 123). Für eigenes Verschulden kann er aber haften, wenn er bei der Auswahl des Herstellers unsorgfältig war, zB bei Kenntnis von dessen mangelhaften Produkten (MüKo/*Westermann* Rn 27).

50 **bb) Erkennbarkeit des Mangels.** Der Verkäufer hat bei Vertragsschluss erkannte oder erkennbare Mängel zu vertreten. Den Händler trifft eine Untersuchungspflicht dabei nur ausnahmsweise (BaRoth/*Faust* Rn 82; MüKo/*Westermann* Rn 28; zu aF BGH NJW 81, 1269, 1270): zB Ablieferungsinspektion beim Verkauf von Neuwagen (zu aF BGH NJW 69, 1708, 1710); Endinspektion beim Verkauf von Gebrauchtwagen durch Händler mit eigener Werkstatt (BTDrs 14/6040, 210) oder wenn sich Verdacht auf Mängel für Händler aufdrängt (vgl zu aF BGHZ 74, 383, 392). Erst nach Vertragsschluss, aber vor Lieferung erkannte Mängel führen nur dann zur Haftung, wenn die unterlassene Beseitigung zu vertreten ist (s Rn 51).

51 **b) Nacherfüllung.** Unabhängig von der Einstandspflicht für bei Vertragsschluss vorhandene Mängel kann auch ein Vertretenmüssen des Scheiterns der Nacherfüllung zur Haftung führen. Bei **Herstellern** ist dafür Voraussetzung, dass Nacherfüllung technisch möglich und nach dem Inhalt des Vertrages geschuldet ist, also zB bei beschränkter Gattungsschuld nur iR eigener Produktionsmöglichkeiten. **Händler** sind gem § 276 I nur verpflichtet, sich in ihren normalen Beschaffungswegen verfügbare Ware zu beschaffen oder eine ihnen mögliche Reparatur vorzunehmen (BaRoth/*Faust* Rn 98).

52 **c) Unbehebbarer Mangel.** Das Verschulden muss sich auf die Unbehebbarkeit beziehen (§ 311 a II 2 Alt 2). Dies wird bei Kenntnis oder verschuldeter Unkenntnis vom Mangel fast immer der Fall sein, weil daraus die weitere Pflicht zur vorherigen Klärung der Behebbarkeit folgt (BaRoth/*Faust* Rn 105; *Schur* ZGS 02, 243, 247).

IV. Neben(leistungs)pflichten des Verkäufers. 1. Begriff. Nebenleistungspflichten sind die vom Verkäufer 53 geschuldeten Leistungshandlungen, die nicht im Gegenseitigkeitsverhältnis des § 320 stehen, aber ebenfalls der Herbeiführung des Leistungserfolgs dienen (Palandt/*Heinrichs* § 241 Rn 5), zB Pflichten zur Herausgabe von Unterlagen über die Kaufsache. Nebenpflichten sind die auch als „Schutz-" oder „Verhaltenspflichten" bezeichneten Pflichten einer Vertragspartei zum Schutz der Rechte und Rechtsgüter der anderen Vertragspartei außerhalb des Leistungserfolgs (§ 241 II; Palandt/*Heinrichs* § 241 Rn 6 mwN), zB Verpackung der Kaufsache so, dass sie nicht andere Waren schädigt. Beide Kategorien kommen für den Kaufvertrag in Betracht. Im Folgenden wird nur von „**Nebenpflichten**" gesprochen.

2. Abgrenzung zur cic. Nebenpflichten des Verkäufers werden von Rspr und Lit häufig nicht danach 54 getrennt, ob sie die Zeit vor oder nach Vertragsschluss betreffen (vgl die Listen bei Palandt/*Putzo* § 433 Rn 22 ff; MüKo/*Westermann* § 433 Rn 62 ff; den Hinweis, dass der Zeitpunkt nicht auf inhaltliche Verschiedenheit hindeutet, von Staud/*Beckmann* § 433 Rn 92; abw Staud/*Beckmann* Rn 92 ff; BaRoth/*Faust* Rn 181 einerseits und § 433 Rn 18 ff andererseits). Damit können kaufrechtliche Nebenpflichten des Verkäufers simultan zu solchen mit cic bestehen (zu aF für Angaben zu Eigenschaften – cic – und Beratung – Nebenpflicht – BGHZ 88, 130, 134 f „Kleber"; BGH NJW 1997, 3227, 3228 „Irokoholz I"; aA Palandt/*Heinrichs* § 311 Rn 28, der entgegen dem klaren Wortlaut die Rspr der cic zuweist). Nachstehend wird zeitlich zugeordnet, soweit der grds Vorrang des Mängelrechts vor der cic (Rn 72-76) dies erfordert.

3. Beratung, Auskunft, Einweisung, Instruktion. Die informatorischen Pflichten des Verkäufers stehen 55 praktisch und im Hinblick auf das Verhältnis zur cic rechtlich im Vordergrund. Zur Verjährung s § 438 Rn 3.
(1) **Zur vorvertraglichen Beratung über die Beschaffenheit der Kaufsache** kann der Verkäufer unabhängig 56 vom Ausschluss der cic durch den Vorrang des Mängelrechts verpflichtet sein. Voraussetzung ist, dass eine besondere Beratungspflicht des Verkäufers besteht, die über allgemeine Sorgfaltspflichten einer Vertragspartei nach § 311 II hinausgeht (s Rn 74, 76). Dafür sind **Bsp:** Der Verkäufer tritt wie ein „Berater und Fachmann" ggü dem sachunkundigen Käufer auf (zu aF BGHZ 88, 130, 134 f „Kleber"; ebenso BGH WM 1977, 1027, 1028 „Pflanzenschutzmittel": „Netz von Beratungsstellen"); er erstellt für den Käufer individualisierte Berechnungen über die Rentabilität der Kaufsache (zu aF BGHZ 140, 111 LS, 115: „persönliches Berechnungsbeispiel"; BGH NJW 04, 64, 65); er rät dem Käufer, statt der bestellten eine andere Ware zu kaufen (zu aF Ddorf NJW 96, 498).
(2) **Auskunft über die Beschaffenheit der Kaufsache** schuldet der Verkäufer vorvertraglich zusätzlich zu 57 Rn 56 nur unter besonderen Voraussetzungen. Aufgrund **längerer Geschäftsverbindung** hat er auf für den Käufer wichtige **Änderung** der Beschaffenheit hinzuweisen, auch wenn diese nicht zur Mangelhaftigkeit führt (zu aF BGHZ 107, 331 LS, 336 f „Wellpappe"; 132, 175 LS, 177 „Bernina Bergleder"). Darüber hinaus bleiben die **Aufklärungspflichten** gem § 123 unberührt (s § 123 Rn 8–19). Nachvertraglich hat der Verkäufer dem Käufer für den Einsatz der Kaufsache wichtige Informationen zu geben (vgl Staud/*Beckmann* § 433 Rn 122).
(3) **Zur Einweisung und Instruktion** des Käufers kann der Verkäufer aufgrund seines sachkundigen Markt- 58 auftretens (Fachhändler) (zu aF BGHZ 47, 312, 315 f „Betonmischmaschine") oder der technischen Schwierigkeit eines Produkts (zu aF BGH NJW 84, 2938; Köln NJW 94, 1355; Dresden NJW-RR 98, 1351, 1352 jew zu EDV-Anlagen) verpflichtet sein.

4. Weitere Beispiele. Urkunden zu den rechtlichen Verhältnissen der Kaufsache hat der Verkäufer entspr 59 § 444 aF zu übergeben (vgl Palandt/*Putzo* § 433 Rn 26; MüKo/*Westermann* Rn 68; als Hauptleistungspflicht § 433 Rn 28).
Zur Untersuchung der Kaufsache s Rn 50. 60
Im kaufmännischen Verkehr ist eine Rechnung mit gesondertem Ausweis der Mehrwertsteuer auszustellen 61 (zu aF BGHZ 103, 284 LS, 286 f, 297).
Die Anforderungen an die Verpackung ergeben sich aus § 434 I 2 Nr 2 (s zur Normalbeschaffenheit § 434 62 Rn 54; zur Qualifizierung als Nebenpflicht: Palandt/*Putzo* § 433 Rn 35; so zu aF für Transportverpackung BGHZ 87, 88, 91 f; abw für Verpackung zum Schutz anderer Waren BGHZ 66, 208 LS, 211 f „Batterien"; dagegen § 438 Rn 3).
Der Schutz der Kaufsache obliegt dem Verkäufer bis Gefahrübergang, zB durch sorgfältige Lagerung (zu aF 63 BGH DB 72, 34). Dazu gehört nicht die Sachversicherung (zu aF BGH NJW 91, 1675, 1676; abw für den Einzelfall BTDrs 14/6040, 203; Staud/*Beckmann* § 433 Rn 108).
Die Anlieferung hat der Verkäufer sorgfältig vorzunehmen, zB Benzin für eine Tankstelle in den richtigen 64 Tank einzufüllen (zu aF BGHZ 107, 249 LS, 251: Normalbenzin in Tank für Superbenzin), den Abfüllvorgang bei Heizöl zu überwachen (zu aF BGH WM 83, 388, 389; 85, 921).
Ersatzteile und Serviceleistungen sind produktabhängig für eine angemessene Zeit vorzuhalten (Palandt/ 65 *Putzo* § 433 Rn 29; Staud/*Beckmann* § 433 Rn 121 mwN; zu aF LG Köln NJW-RR 99, 1285, 1286).

G. Aufwendungsersatz. Es handelt sich um eine Rechtsgrundverweisung auf § 284. S Kommentierung dort. 66

67 **H. Andere Rechtsbehelfe des Käufers. I. Allgemeines Leistungsstörungsrecht und Unmöglichkeit.** Beide Materien des allgemeinen Schuldrechts gelten bis zum Gefahrübergang bei Sachmängeln bzw Eigentumsübergang bei Rechtsmängeln (s Rn 3, 4 für das Leistungsstörungsrecht, Rn 6 für die Unmöglichkeit). Ab dann ist § 437 lex specialis (Palandt/*Putzo* Rn 48).

68 **II. Anfechtung. 1. nach § 119 I.** Die Anfechtung wegen Inhalts- und Erklärungsirrtums ist unabhängig von § 437 zulässig (BGH ZIP 05, 531, 532; Palandt/*Putzo* Rn 53; MüKo/*Westermann* Rn 55).

69 **2. nach § 119 II. a) des Käufers.** Der Irrtum über eine verkehrswesentliche Eigenschaft der Kaufsache ist typisch durch eine Abweichung der Kaufsache von der vereinbarten oder vorausgesetzten Beschaffenheit verursacht. Damit würde § 119 II einen großen Teil des Anwendungsbereichs des § 437 abdecken, so dass es nach wie vor bei der Verdrängung des Eigenschaftsirrtums durch das Mängelrecht bleiben muss (**hM** Palandt/ *Putzo* Rn 53; MüKo/*Westermann* Rn 53; Staud/*Matusche-Beckmann* Rn 20-24 m ausf Nachw; **aA** BaRoth/ *Faust* Rn 173). Dies gilt angesichts des weiten Beschaffenheitsbegriffs und der Einbeziehung des Aliud verstärkt (Staud/*Matusche-Beckmann* Rn 23). Daraus resultiert auch, dass die abschließende Geltung von § 437 unabhängig davon ist, ob die konkrete Eigenschaft Mängelrechte begründet (Palandt/*Putzo* Rn 53; für den Ausschluss von Mängelrechten Staud/*Matusche-Beckmann* Rn 29; **aA** zu aF BGH NJW 79, 160, 161, insoweit in BGHZ 72, 252 nicht abgedr). Der Ausbau des allgemeinen Leistungsstörungsrechts und dessen Verzahnung mit § 437 sprechen dafür, anders als bisher die Anfechtung gem § 119 II auch schon **vor Gefahrübergang** bzw Eigentumsübergang auszuschließen (Staud/*Matusche-Beckmann* Rn 25–27; dahin tendierend BT-Drs 14/6040, 210; **aA** Palandt/*Putzo* Rn 53; Erman/*Grunewald* vor § 437 Rn 22 f; MüKo/*Westermann* Rn 53 mwN).

70 **b) des Verkäufers.** Der Verkäufer ist zur Anfechtung gem § 119 II berechtigt, wenn er sich zugunsten des Käufers über wertbildende Eigenschaften geirrt hat. Die Anfechtung ist daher ausgeschlossen für alle Eigenschaften, die zu Mängelrechten des Käufers führen können (Staud/*Matusche-Beckmann* Rn 31; MüKo/*Westermann* Rn 55; zu aF BGH NJW 88, 2597f; generell RG 124, 115, 120 „Ming-Vasen"; differenzierend Erman/*Grunewald* vor § 437 Rn 25).

71 **3. nach § 123.** Der Vorwurf der arglistigen Täuschung oder Drohung wiegt so schwer, dass wie nach altem Recht die Anfechtung nach Wahl des Käufers statt der Ausübung der Rechte aus § 437 erklärt werden kann (ganz hM LG Gießen NJW-RR 05, 493; Palandt/*Putzo* Rn 54; Staud/*Matusche-Beckmann* Rn 41–48 m ausf Nachw).

72 **III. cic. 1. Meinungsstand.** Die Rechtslage ist in Fortführung der Diskussion zu §§ 459 ff aF nach wie vor umstr.

73 Ausgangspunkt ist die st Rspr zum alten Kaufrecht, dass ein auf Eigenschaften der Kaufsache bezogenes fahrlässiges Verschulden bei Vertragsschluss für Sachmängel außer Betracht bleibt (BGHZ 60, 319 LS, 321 ff; 88, 130, 134; 114, 263, 266); dabei kommt es nicht darauf an, ob tatsächlich eine Beschaffenheit vereinbart oder eine Eigenschaft zugesichert wurde (ausdr BGHZ 114, 263, 266). Parallelität der Ansprüche aus Gewährleistungsrecht und Mängelrecht bestand hingegen generell für Rechtsmängel (BGH NJW 85, 2697, 2698; 01, 2875 LS, 2876) und für Sachmängel bei Vorsatz (BGH NJW 92, 2564, 2565; 95, 2159, 2160) (s Darstellung und Nachw der Kritik bei Palandt/*Heinrichs* § 311 Rn 25–28; BaRoth/*Faust* Rn 177–179; *Schaub* AcP 202, 757, 776 f). Die Rspr anerkannte ferner von cic unabhängige Ansprüche aus Verletzung kaufvertraglicher Beratungspflichten (s Rn 26).

74 Nach **neuem Kaufrecht** entwickelt sich in der Lit eine starke Tendenz dahin, die Sperrwirkung des Mängelrechts auszudehnen auf Rechtsmängel und Vorsatz (Palandt/*Heinrichs* § 311 Rn 25–27; Staud/*Matusche-Beckmann* Rn 66 f; *Canaris* Karlsruher Forum 02, 87 f; *Mertens* AcP 203, 818, 826 ff; *Schaub* AcP 202, 757, 782 f; *Schulze/Ebers* JuS 04, 462, 463; *Weiler* ZGS 02, 249, 254 f). Speziell für Rechtsmängel wird darauf verwiesen, dass mit deren Einbeziehung in § 437 jeder Grund für eine Sonderbehandlung entfallen sei (Palandt/*Heinrichs* § 311 Rn 27; Staud/*Matusche-Beckmann* Rn 66; *Mertens* AcP 203, 818, 829 f). Eine Ausnahme für die Vorsatzhaftung sei auch nicht mehr begründet, da nach aF die Beschränkung auf Fahrlässigkeit ihren Grund darin hatte, eine Umgehung der auf Vorsatz beschränkten Sonderregelung des § 463 aF zur zugesicherten Eigenschaft zu verhindern (Staud/*Matusche-Beckmann* Rn 67; weitere Argumentation bei *Mertens* AcP 203, 818, 830 f; dazu **abl** *Derleder* NJW 04, 969, 974 f). Dies gelte auch, wenn für die fragliche Eigenschaft die Beschaffenheit nicht vereinbart sei (Palandt/*Heinrichs* § 311 Rn 25; offenbar *Schaub* AcP 202, 757, 782 f; **aA** *Grigoleit/Herresthal* JZ 03, 118, 126; *Mertens* AcP 203, 818, 839 f; *Weiler* ZGS 02, 249, 255 f). Der Vorrang wird aber auch weiter auf fahrlässiges Verhalten limitiert (Erman/*Grunewald* vor § 437 Rn 29; *Berger* JZ 04, 276, 282 f; *Wolf/Kaiser* DB 02, 411, 419). Die Möglichkeit selbständiger Beratungspflichten wird teils anerkannt (Palandt/*Heinrichs* § 311 Rn 28; MüKo/*Westermann* Rn 58, 60; Staud/*Matusche-Beckmann* Rn 71; *Berger* JZ 04, 276, 283 „in Ausnahmefällen"), teils ausdrücklich abgelehnt (*Mertens* AcP 203, 818, 849 ff; *Schaub* AcP 202, 757, 782 f; offenbar Palandt/*Putzo* Rn 51 b, s aber § 433 Rn 28). Die Gegenmeinung fordert eine generelle Konkurrenz von Mängelrecht und cic, insbes wegen der strukturellen Verschiedenheit der Tatbestandsvoraussetzungen (BaRoth/*Faust* Rn 181; *Häublein* NJW 03, 388, 391 ff).

2. Eigene Auffassung. (1) Die umfassende Anordnung einer verschuldensabhängigen Schadensersatzhaftung 75
des Verkäufers für Mängel durch die Schuldrechtsreform impliziert die Sperrwirkung des Mängelrechts für
die Regeln der cic. Dazu liegen die Vorwürfe nach §§ 437 Nr 3, 280 I dem Verschulden bei Vertragsschluss
viel zu nahe, etwa trotz Kenntnis eines Mangels den Kaufvertrag geschlossen zu haben (s Rn 50, 52); die an
die Art der Pflichtverletzung anknüpfende Systematisierung der Schadensersatzhaftung gem § 437 Nr 3
(s Rn 28) verbietet es, darüber noch ein weiteres Netz von Verhaltensanforderungen nach den Regeln der cic
zu ziehen. Da die Bedeutung des weiten Beschaffenheitsbegriffs darin liegt, primär auf die Entscheidung der
Parteien zur Beschaffenheit abzustellen, gilt dies unabhängig davon, ob für die betroffene Eigenschaft Mängelrecht zur Anwendung kommt: Die Entscheidung, nur eine bestimmte Beschaffenheit zu vereinbaren, beinhaltet die negative Entscheidung, mit abschließender Wirkung nicht mehr zu vereinbaren. Dies gilt für Sach-
und Rechtsmängel gleichermaßen. Wegen der nach wie vor bestehenden besonderen Regelungen für Vorsatz
(s §§ 438 III, 442 I 2, 444), und der Konkurrenz zwischen Mängelrecht und Anfechtung nach arglistiger Täuschung (s Rn 71), sprechen die besseren Gründe dafür, ein als arglistig einzustufendes vorsätzliches Verhalten
weiter wie bisher konkurrierend cic und Mängelrecht zu unterstellen.
(2) Mängelrecht und insbes Beschaffenheitsvereinbarungen als ihre Grundlage haben nur die Abweichung 76
der tatsächlichen von der vereinbarten Beschaffenheit zum Gegenstand. Sie erlauben damit keine Aussage
darüber, wie Pflichtverletzungen eines Verkäufers zu beurteilen sind, der dem Käufer nicht nur als solcher
ggü trat, sondern unter Übernahme einer **Beratungspflicht**, als „Berater und Fachmann" den Abschluss der
Beschaffenheitsvereinbarung beeinflusste (s Beispiele Rn 56). Auf konkrete kaufvertragliche Nebenpflichten,
die über die allgemeine Treuepflicht eines Vertragspartners gem § 311 c hinausgehen, wie der auf Beratung,
aber auch aus **langjähriger Geschäftsverbindung** (Rn 57) kann daher ein Anspruch wegen Verletzung einer
kaufvertraglichen Nebenpflicht nach wie vor gestützt werden.

IV. Selbständiger Beratungsvertrag. Die Grundsätze der separaten Haftung eines Verkäufers aus einem 77
neben dem Kaufvertrag geschlossenen selbständigen Beratungsvertrag gelten nach der Schuldrechtsreform
fort (vgl MüKo/*Emmerich* § 311 Rn 128 f; Staud/*Matusche-Beckmann* § 438 Rn 23; krit *Mertens* AcP 03, 818,
851 ff; *Schaub* AcP 02, 757, 784 ff). Einen solchen Vertrag nimmt der BGH an, wenn sich die Beratung durch
den Verkäufer „nach Inhalt, Umfang, Intensität und Bedeutung so sehr verselbständigt hat", dass sie „als Verpflichtung eigener Art neben dem Kaufvertrag steht"; dazu bedarf es „besonderer und außergewöhnlicher
Umstände" (zu aF BGH DB 04, 2472, 2473; ebenso BGH WM 85, 1167 f; NJW 1997, 3227, 3229; 1999,
3192 f). Konsequenz dieser stark einzelfallabhängigen zusätzlichen Vertragsgrundlage ist die Verjährung nach
§§ 195 ff, nicht nach § 438 (Staud/*Matusche-Beckmann* aaO; zu aF BGH aaO; BGH NJW 99, 1540, 1541).

V. Geschäftsführung ohne Auftrag. Wegen des abschließenden Charakters des Mängelrechts können 78
Ansprüche im Zusammenhang mit Mängeln, vor allem auf Ersatz des Aufwands für Mängelbeseitigung
durch den Käufer, nicht auf die Regeln der GoA gestützt werden (BGH NJW 05, 1348, 1350; 3211, 3212;
Palandt/*Putzo* Rn 58).

VI. Deliktsrecht. Die §§ 823 ff kommen uneingeschränkt neben dem Mängelrecht zur Anwendung (Palandt/ 79
Putzo Rn 56; Erman/*Grunewald* vor § 437 Rn 31); zur Verjährung s § 438 Rn 9. Davon ist zu unterscheiden,
ob die Grundsätze der Haftung für Weiterfresser- und Produktionsschäden nunmehr der Einschränkung
bedürfen (s BaRoth/*Faust* Rn 189 mwN; *Oetker/Maultzsch* S 141 f).

§ 438 Verjährung der Mängelansprüche

(1) Die in § 437 Nr. 1 und 3 bezeichneten Ansprüche verjähren
1. in 30 Jahren, wenn der Mangel
   a) in einem dinglichen Recht eines Dritten, auf Grund dessen Herausgabe der Kaufsache verlangt wer-
      den kann, oder
   b) in einem sonstigen Recht, das im Grundbuch eingetragen ist,
   besteht,
2. in fünf Jahren
   a) bei einem Bauwerk und
   b) bei einer Sache, die entsprechend ihrer üblichen Verwendungsweise für ein Bauwerk verwendet wor-
      den ist und dessen Mangelhaftigkeit verursacht hat, und
3. im Übrigen in zwei Jahren.

(2) Die Verjährung beginnt bei Grundstücken mit der Übergabe, im Übrigen mit der Ablieferung der Sache.

(3) ¹Abweichend von Absatz 1 Nr. 2 und 3 und Absatz 2 verjähren die Ansprüche in der regelmäßigen Verjährungsfrist, wenn der Verkäufer den Mangel arglistig verschwiegen hat. ²Im Falle des Absatzes 1 Nr. 2 tritt
die Verjährung jedoch nicht vor Ablauf der dort bestimmten Frist ein.

(4) ¹Für das in § 437 bezeichnete Rücktrittsrecht gilt § 218. ²Der Käufer kann trotz einer Unwirksamkeit des Rücktritts nach § 218 Abs. 1 die Zahlung des Kaufpreises insoweit verweigern, als er auf Grund des Rücktritts dazu berechtigt sein würde. ³Macht er von diesem Recht Gebrauch, kann der Verkäufer vom Vertrag zurücktreten.
(5) Auf das in § 437 bezeichnete Minderungsrecht finden § 218 und Absatz 4 Satz 2 entsprechende Anwendung.

1 **A. Grundsätzliches. I. Bedeutung.** Norm unterstellt Mängelrecht einem eigenständigen Verjährungsregime. Sie gilt über die gesetzliche Überschrift hinaus neben den mängelrechtlichen Ansprüchen (§ 437 Nr 1, 3) auch für die Gestaltungsrechte (§ 437 Nr 2). Ihr wesentlicher Inhalt besteht darin, die allgemeine Verjährung des § 195 mit ihrer 3-Jahres-Frist und der subjektiven Ausgestaltung durch den Beginn erst nach Kenntnis oder grobfahrlässiger Unkenntnis (§ 199 I Nr 2) durch eine 2-Jahres-Frist mit objektivem Beginn gem II als Regelverjährung zu ersetzen (vgl MüKo/*Westermann* Rn 1); darüber hinaus enthält sie bedeutsame kaufrechtsspezifische Verlängerungen der Verjährungsfrist auf 30 Jahre für bestimmte Rechtsmängel (I Nr 1) und auf 5 Jahre für bauwerksbezogene Mängel (I Nr 2).

2 **II. Anwendungsbereich.** Gesetzlich geregelt ist die Geltung für den Sach- und über § 453 entspr für den Rechtskauf (BTDrs 14/6040, 227) sowie für Sach- und Rechtsmängel (BTDrs 14/6040, 226). Praktisch wird die Weite des Anwendungsbereichs wesentlich durch 7 Streitfragen bestimmt:

3 **1. Kaufrechtliche Nebenpflichten.** Die Abgrenzung der Rspr zu § 477 aF gilt fort: Alle Nebenpflichten mit Wirkung auf die Beschaffenheit der Kaufsache unterliegen § 438, alle Übrigen der allgemeinen Verjährung (str: s mit Nachw der Rspr zu aF § 433 Rn 33; ebenso heute Staud/*Matusche-Beckmann* Rn 22 mwN; für Sachschäden *Mansel* NJW 02, 89, 95; aA wohl: keine Geltung für echte Nebenpflichten wie die auf Beratung Palandt/*Putzo* Rn 3; aA: Geltung für alle leistungsbezogenen Nebenpflichten *Müller/Hempel* AcP 205, 246, 255 ff). Es ist mit dem Zweck von § 438, für Verletzungen von Beschaffenheitsvereinbarungen objektiv definierte Verjährungsfristen mit kaufrechtsspezifischer Länge anzuordnen, nicht vereinbar, die vergleichbaren Fälle der Verletzung einer Nebenpflicht mit Auswirkung auf die Beschaffenheit der Kaufsache (s § 437 Rn 76), wie bei der Beratung des Käufers über die sinnvolle Beschaffenheit, einer abw Verjährung zu unterstellen. Der hier begründete weite Beschaffenheitsbegriff (§ 434 Rn 14–27) hat so zur Konsequenz, dass auf alle Pflichtverletzungen des Verkäufers mit Auswirkungen auf die Anforderungen an die Kaufsache § 438 als spezielles Verjährungsrecht zur Anwendung kommt. Verglichen mit der Rspr zu aF ist der Geltungsbereich von § 438 daher deutlich weiter zu ziehen: Soweit zB die Verpackung nicht ohnehin § 434 I 2 Nr 2 unterfällt (s § 437 Rn 62), gilt für sie § 438 auch dann, wenn sie ihre Funktion des Schutzes anderer Waren nicht erfüllt, da hierin ebenfalls eine geschuldete Beschaffenheit der Kaufsache liegt (aA Staud/*Matusche-Beckmann* Rn 24; zu aF BGHZ 66, 208 LS, 211 f „Batterien"). Die Bsp in § 437 Rn 56 f verjähren demgemäß alle nach § 438. Allgemeines Verjährungsrecht gilt nur für Nebenpflichten, die sich nicht auf die Beschaffenheit auswirken, sondern sonstiges Fehlverhalten des Verkäufers betreffen, zB fehlende Sorgfalt bei der Anlieferung (s § 437 Rn 64; ebenso BaRoth/*Faust* Rn 8; aA *Müller/Hempel* AcP 205, 246, 256 f und passim). Zum **selbständigen Beratungsvertrag** s § 437 Rn 77.

4 **2. Cic.** Soweit trotz der generellen Sperrwirkung des Mängelrechts die Regeln der cic überhaupt zur Anwendung kommen, gilt die Differenzierung gem Rn 3. Praktisch wird danach § 438 bei einer auf die Beschaffenheit der Kaufsache bezogenen cic nur über III gelten, da unterhalb arglistigen Verhaltens dem Mängelrecht der Vorrang gebührt (s § 437 Rn 72–76; konsequent aA wegen Annahme voller Konkurrenz von Mängelrecht und cic BaRoth/*Faust* Rn 8).

5 **3. Garantie.** S § 443 Rn 11 f.

6 **4. Mangel- und Mangelfolgeschaden.** Eine Beschränkung von § 438 auf Mangelschäden mit der Folge, dass für Mangelfolgeschäden die allgemeine Regelung der Verjährung gilt, widerspricht dem Wortlaut des Gesetzes und dem Willen des Gesetzgebers (str: so BaRoth/*Faust* Rn 9; MüKo/*Westermann* Rn 9 f; Staud/*Matusche-Beckmann* Rn 27, 66; *Arnold* ZGS 02, 438–440; vgl BTDrs 14/6040, dass Nr 3 auch für Schadensersatzansprüche gilt; aA: Abgrenzung nach Äquivalenz- und Integritätsinteresse *Spindler/Klöhn* VersR 03, 273, 278 f; *Wagner* JZ 02, 475, 478 f; *Canaris* Schuldrechtsmodernisierung S XXVIII: Herausnahme durch Rechtsfortbildung; *ders* ZRP 01, 329, 335; *Leenen* JZ 01, 552, 556). Sie wäre auch sachlich nicht gerechtfertigt. Die Privilegierung des Verkäufers für seine vertragliche Haftung ist gewollt und mit der besonderen Absatzfunktion des Kaufvertrags vereinbar. Der Schutz des Käufers wird über die von § 438 nicht tangierte Haftung des Verkäufers vor allem nach dem Deliktsrecht (s Rn 7, § 437 Rn 79) und dem ProdHaftG gewahrt, die dafür sorgt, dass der Abschluss eines Kaufvertrags den Verkäufer nicht vom allgemeinen Pflichtenstandard befreit.

7 **5. Ansprüche aus vollzogenem Mängelrecht.** Nach dem eindeutigen Wortlaut von IV und § 218 I verjähren Ansprüche aus vollzogenem Rücktritt und vollzogener Minderung nicht nach § 438 (Palandt/*Putzo* Rn 2, 20; BaRoth/*Faust* Rn 49; MüKo/*Westermann* Rn 4). Die Bedenken der Gegenmeinung (*Wagner* ZIP 02, 789, 790–792) einer systemfremden Addition der Fristen gem IV vor Ausübung und gem §§ 195 ff nach Ausübung wird

sachlich dadurch entkräftet, dass der Käufer mit Erklärung von Rücktritt und Minderung seinen Willen zur Umwandlung bzw Umgestaltung des Vertragsverhältnisses mit irreversibler Wirkung (s § 437 Rn 25) ausgedrückt hat.

6. Ansprüche aus mangelhafter Nacherfüllung. S § 439 Rn 17. 8

7. Konkurrierende Ansprüche. Ansprüche auf anderer Grundlage, insbes aus Delikt, verjähren nach deren 9 Regeln, nicht nach § 438 (hM: für Deliktsrecht Palandt/*Putzo* Rn 3; MüKo/*Westermann* Rn 5; Staud/*Matusche-Beckmann* Rn 33 f mit Darstellung abw Rspr zu aF; aA für Sachschäden *Mansel* NJW 02, 89, 95).

III. Schuldrechtsmodernisierung. Die Umgestaltung von § 477 aF war eines der zentralen Anliegen der 10 Reform. Folgende Änderungen sind besonders bedeutend: (1) Verlängerung der Regelverjährung von 6 Monaten auf zwei Jahre (I Nr 3); (2) Angleichung der Verjährungsfrist für Bauwerksmängel bei Kauf- und Werkvertrag durch Verlängerung auf 5 Jahre (I Nr 2 lit a) und Erstreckung dieser Frist auf zur Errichtung eines Bauwerks verwandte Sachen (I Nr 2 lit b); (3) Eingliederung der Haftung für Rechtsmängel in die mängelrechtliche Verjährung, bei dinglichen Herausgabeansprüchen und im Grundbuch eingetragenen Rechten mit besonderer Frist von 30 Jahren (I Nr 1).

IV. Verbrauchsgüterkaufrichtlinie. § 438 setzt Vorgabe von Art 5 I um, dass eine von einem Mitgliedsstaat 11 vorgesehene Verjährungsfrist nicht kürzer als 2 Jahre sein darf (s BaRoth/*Faust* Rn 5).

V. Abdingbarkeit. IRv § 202 ist § 438 dispositiv, mit weitgehender Beschränkung für Verbrauchsgüterkauf 12 (§ 475 II) und AGB (§ 309 Nr 8 lit b ff, ggf iVm § 310 I).

B. Verjährung der Mängelansprüche (I-III). I. System. In Umkehrung der Ordnung von I bildet Nr 3 mit 13 der Verjährungsfrist von 2 Jahren den Regelfall; Nr 1 und 2 sind Sonderregeln für bestimmte Mängel und III für arglistiges Verhalten des Verkäufers (MüKo/*Westermann* Rn 11). II legt generell den Beginn der Verjährungsfristen fest.

II. Verjährungsfrist 30 Jahre (I Nr 1). Norm gilt nach ihrem Wortlaut (lit a: „Kaufsache", lit b: Eintragung 14 im Grundbuch) nur für Sachkauf. Analoge Anwendung auf Rechtskauf ist für alle Rechtsmängel geboten, die analog Nr 1 zum Entzug der Nutzung führen; für die übrigen **Rechtsmängel** verbleibt es bei der generellen Entscheidung des Gesetzgebers, sie in der kaufrechtlichen Regelfrist von 2 Jahren (Nr 3) verjähren zu lassen (str: so BGH WM 05, 2337, 2343; BaRoth/*Faust* Rn 17 mwN; Staud/*Matusche-Beckmann* Rn 48; aA *Canaris*, Schuldrechtsmodernisierung, S. XXIX: in Analogie zu § 634a I Nr 3 Regelverjährung der §§ 195, 199).

1. Dingliche Herausgabeansprüche (lit a). Sachenrechte eines Dritten auf Herausgabe gewähren zB das 15 ErbbauR (§§ 985 BGB, 11 I 1 ErbbauV), der Nießbrauch (§ 1036 I), das Wohnungsrecht (§ 1036 I, 1093 I 2), das Dauerwohnrecht (§§ 985 BGB, 34 II WEG) oder das Pfandrecht an beweglichen Sachen (§§ 985, 1227). Nicht dazu gehört der auf das Eigentum eines Dritten gestützte Vindikationsanspruch, da die Lieferung des Eigentums § 433 I 1 und nicht § 435 unterliegt (§ 435 Rn 2; BaRoth/*Faust* Rn 14; MüKo/*Westermann* Rn 13; aA Palandt/*Putzo* Rn 6); Nr 1 lit a scheint ihn zwar zu umfassen, ist aber zur Vermeidung von Wertungswidersprüchen aber analog anzuwenden (jew aaO BaRoth/*Faust*; MüKo/*Westermann*). Anwendbarkeit ist zu beschränken auf gegen den Willen des Käufers durchsetzbare Eviktionsansprüche, so dass sie nicht gilt, wenn Ansprüche schon verjährt sind (str: so BaRoth/*Faust* Rn 13 unter Hinweis auf den insoweit offenen Wortlaut; MüKo/*Westermann* Rn 12; aA Staud/*Matusche-Beckmann* Rn 43 f).

2. Im Grundbuch eingetragene Rechte (lit b). Norm umfasst alle in Abt II und III des Grundbuchs eintra- 16 gungsfähige Rechte (Palandt/*Putzo* Rn 7; Staud/*Matusche-Beckmann* Rn 49) und berücksichtigt, dass deren Wirkung, zB bei zwangsweiser Durchsetzung, der fehlenden Eigentumsverschaffung vergleichbar ist (BTDrs 14/7052, 196). Sie ist zu beschränken auf die konstitutive Eintragung beschränkter dinglicher Rechte, etwa Dienstbarkeit, Vorkaufsrecht, Grundpfandrecht, so dass sie nicht gilt bei nur nachrichtlichen Eintragungen, wie Sanierungs- und Entwicklungsvermerk nach BauGB oder Zwangsversteigerungs- und Insolvenzvermerk.

III. Verjährungsfrist 5 Jahre (I Nr 2). 1. Mängel an Bauwerken (lit a). Norm bezweckt Gleichlauf von 17 Kauf- und Werkvertrag (§ 634a I Nr 2 und schon § 638 S 1 aF). Zum Begriff „Bauwerk" s daher § 634a Rn 4 (ebenso BTDrs 14/6040, 227 f; MüKo/*Westermann* Rn 17). Sie bestätigt die zunehmend vertretene Auffassung, dass Verträge über den Erwerb neu hergestellter Gebäude jetzt allein Kaufrecht und nicht mehr wie früher partiell dem Werkvertragsrecht unterliegen (Erman/*Grunewald* vor § 433 Rn 22, § 438 Rn 5; BaRoth/ *Faust* Rn 20; *D. Schmidt* ZfIR 04, 405, 407 mwN; in die Richtung Gegenäußerung der BReg BTDrs 14/6857, 59 f; offen BTDrs 14/6040, 229 f).

2. Mängel an Baumaterialien (lit b). Die für die Rechtspraxis sehr bedeutsame Vorschrift erweitert den 18 Geltungsbereich der 5-Jahres-Frist. Sie umfasst alle üblicherweise für ein Bauwerk verwendeten Sachen, also Baustoffe wie Zement, Ziegel, Bauholz, oder Bauteile wie Fenster, Türen, Rohre, Fertigbauelemente; nicht dazu gehören alle Sachen, mit deren Einsatz beim Bau Verkäufer objektiv nicht rechnen konnte (BTDrs 14/ 6040, 227; evtl weiter BaRoth/*Faust* Rn 24). Gleich stehen nicht übliche Baumaterialien, deren Einsatz vereinbart (§ 434 I 1) oder vorausgesetzt (§ 434 I 2 Nr 1) war (BaRoth/*Faust* Rn 24; MüKo/*Westermann* Rn 18; wohl aA Erman/*Grunewald* Rn 8). Weitere Voraussetzung ist, dass Sachen auch tatsächlich bei Errichtung des Bauwerks eingesetzt worden sind. Ein Mangel der Baumaterialien ist nur beachtlich, wenn er, ggf neben anderen Ursachen, zu einem Mangel des Bauwerks geführt hat; dies ist bei alleiniger Ursächlichkeit eines Einbaufehlers nicht der Fall (BTDrs 14/6040, 228; BaRoth/*Faust* Rn 27). Es kommt nicht darauf an, ob der Käufer, ein Bauunternehmer oder Handwerker (Palandt/*Putzo* Rn 10) Baumaterialien eingesetzt hat, ob dies bei einem eigenen oder fremden Bauvorhaben geschah (BaRoth/*Faust* Rn 25) oder ob ein Zwischenhändler Mängelrechte geltend macht (BTDrs 14/6040, 227; BaRoth/*Faust* Rn 25). Einsatz der Baumaterialien kann bei Neubau, aber auch bei Umbau oder Reparatur stattfinden, soweit am Bauwerk und nicht nur an Einrichtungsgegenständen vorgenommen (BaRoth/*Faust* Rn 25; MüKo/*Westermann* Rn 20 jew auch zur schwierigen Abgrenzung). Damit der Anwendungsbereich von lit b auch im Interesse der Berechenbarkeit für den Verkäufer begrenzt ist, muss der Einbau während des Laufes der 2-Jahres-Frist von Nr 3 stattfinden (str: so BaRoth/*Faust* Rn 26 mwN; Staud/*Matusche-Beckmann* Rn 39; *Mansel* NJW 02, 89, 94; aA Erman/*Grunewald* Rn 7; MüKo/*Westermann* Rn 21; Haas/Medicus/Rolland/Schäfer/Wendtland/*Haas* Kap 5 Rn 325).

19 **IV. Verjährungsfrist 2 Jahre (I Nr 3).** Norm statuiert als Auffangtatbestand die Regelverjährung, die immer zur Anwendung kommt, wenn I Nr 1 und 2 sowie III nicht einschlägig sind. Sie gilt damit grds für Rechtsmängel (Rn 14) und für den Unternehmenskauf (§ 453 Rn 33).

20 **V. Beginn der Verjährung (II).** Voraussetzung ist in jedem Fall der formwirksame Abschluss des Kaufvertrags (BaRoth/*Faust* Rn 34; Staud/*Matusche-Beckmann* Rn 51). In Übereinstimmung mit § 477 I 1 aF entscheidet bei Grundstücken die Übergabe, bei beweglichen Sachen die Ablieferung; dies gilt auch für Rechtsmängel trotz des sonst abw Zeitpunkts des Eigentumsübergangs (§ 435 Rn 6) (BTDrs 14/6040, 229; BaRoth/*Faust* Rn 29; Staud/*Matusche-Beckmann* Rn 55; offenbar aA Palandt/*Putzo* Rn 16). Bei **Rechten** bildet die Übertragung bzw bei deren Scheitern der Übertragungsakt die Zäsur (BTDrs 14/6040, 227; 14/6857, 62; BaRoth/*Faust* Rn 35; *Eidenmüller* NJW 02, 1625, 1626). Wenn das Recht zum Besitz einer Sache berechtigt, beginnt die Verjährung differenziert, dh bei Mängeln der Sache mit der Ablieferung, bei Mängeln des Rechts mit der Übertragung des Rechts (str: so BaRoth/*Faust* Rn 35; Staud/*Matusche-Beckmann* Rn 64; **aA**: II ist immer anwendbar: BTDrs 14/6040, 227); für die nur eingeschränkte Geltung von II spricht, dass § 453 III eine unmittelbare Anwendung der Mängelhaftung des Sachkaufs nur im Hinblick auf die Sache, nicht das Recht selbst anordnet. Beim **Unternehmenskauf** markiert der Betriebsübergang den Beginn (BTDrs 14/6040, 227; BaRoth/*Faust* Rn 35; *Eidenmüller* NJW 02, 1625, 1627).

21 **1. Übergabe von Grundstücken.** Wie in § 433 I 1 (s § 433 Rn 18 f) ist Übergabe allein die Verschaffung des Besitzes (§ 854), so dass Übergabesurrogate gem §§ 930, 931 nicht genügen (BaRoth/*Faust* Rn 29; zu aF BGH NJW 96, 586, 587 ff; Nachw der aA bei Staud/*Matusche-Beckmann* Rn 65).

22 **2. Ablieferung.** Der mit „Ablieferung" in § 377 HGB identische Begriff (BaRoth/*Faust* Rn 30; zu aF BGHZ 93, 338, 345) bedeutet: Verkäufer muss sich seines Besitzes so weit entäußert haben, dass der Käufer entweder selbst Besitz erlangt hat oder sich Besitz jederzeit durch einseitige Handlung verschaffen kann, ohne dass eine Mitwirkung des Verkäufers erforderlich ist (BaRoth/*Faust* Rn 30; zu aF BGHZ 93, 338, 345; BGH NJW 88, 2608 LS, 2609). Bei **Holschuld** ist daher abgeliefert, wenn Verkäufer Sache bei Dritten eingelagert hat, nicht aber, wenn er sie bei sich bereitstellt (BaRoth/*Faust* Rn 30; zu aF BGHZ 93, 338, 345 f). Bei **Bring- und Schickschuld** liegt Ablieferung mit Annahme durch den Käufer, im Übrigen auch vor, wenn der Käufer nicht angetroffen wurde und der Transport durch einen Dritten stattfand (BaRoth/*Faust* Rn 30; MüKo/*Westermann* Rn 26). Beim **Versendungskauf** muss Sache dem Käufer am Bestimmungsort zur Verfügung gestellt werden (Palandt/*Putzo* Rn 15). Bei komplexen Lieferverhältnissen kommt es regelmäßig auf Gesamtleistung an: (1) beim Erwerb einer **Mehrheit von Sachen** entscheidet die Lieferung der letzten Sache (Palandt/*Putzo* Rn 15; zu aF BGH NJW 94, 1720 LS, 1721 mwN; mit Einschränkung BaRoth/*Faust* Rn 32), (2) bei Kauf mit **Montageverpflichtung** die Erbringung der Montage (Palandt/*Putzo* Rn 15; BaRoth/*Faust* Rn 33; zu aF BGH NJW 61, 730 mwN) und (3) bei vereinbarter **Einweisung** deren vollständige Erbringung (Palandt/*Putzo* Rn 15; BaRoth/*Faust* Rn 33; zu aF Köln NJW-RR 95, 1457 LS, 1458). Bei vereinbarter **Zug um Zug-Lieferung** reicht Angebot der Besitzverschaffung gegen Erbringung der Zug um Zug-Leistungen, etwa Zahlung des Kaufpreises, aus, da Beginn der Verjährung nicht von Verzicht des Verkäufers auf sein Zurückbehaltungsrecht abhängig ist (str: so Erman/*Grunewald* Rn 14 mwN; BaRoth/*Faust* Rn 30 mwN; Staud/*Matusche-Beckmann* Rn 57; zu aF BGH NJW 88, 2608, 2609; aA MüKo/*Westermann* Rn 25; zu aF *Tiedtke* JZ 96, 549, 552).

23 **VI. Arglist des Verkäufers (III).** Verschweigt der Verkäufer den Mangel arglistig, ordnet III 1 im Verhältnis zu I Nr 2 und 3 die Geltung der allgemeinen Verjährung gem §§ 195, 199 an, und zwar für Länge wie Beginn (s Zitat von II in III 1 und BTDrs 14/6040, 230; 14/6857, 25 f, 59; 14/7052, 196). Die Arglist nimmt der Privilegierung des Verkäufers ihre Rechtfertigung. Gleich steht das arglistige Vorspiegeln der Mängelfreiheit, da es dem Käufer Anlass zu besonderem Vertrauen gibt (str: so MüKo/*Westermann* Rn 29; aA BaRoth/*Faust* Rn 38 mwN). Damit der Verkäufer sich durch III nicht verbessert, ordnet III 2 an, dass bei bauwerksbezogenen

Mängeln die Verjährungsfrist in keinem Fall vor dem sich aus I Nr 2 ergebenden Zeitpunkt abläuft. Zum arglistigen Verschweigen s § 123 Rn 8–19.

C. Die zeitliche Begrenzung für die Erklärung von Rücktritt und Minderung (IV, V). I. Inhalt. Die 24
Umwandlung der früheren Ansprüche auf Wandelung und Minderung (§ 462 aF) in die Gestaltungsrechte des Rücktritts und der Minderung (§ 437 Nr 2) erfordert eine Ersatzregelung für die entfallene Verjährung, da sich § 194 I nur auf Ansprüche, nicht auf Gestaltungsrechte bezieht (s BTDrs 14/6040, 226). Dazu ordnet § 218 I, deklaratorisch zitiert in IV 1, und V Alt 1 mit konstitutivem Verweis auf § 218 an, dass eine Erklärung des Rücktritts oder der Minderung unwirksam wird, wenn sich der Verkäufer zum Zeitpunkt der Erklärung berechtigterweise auf die Verjährung des Anspruchs auf (Nach-)Erfüllung beruft (zur Verweisungstechnik s MüKo/*Westermann* Rn 36 mwN). Zugleich ist in Erweiterung der früheren Wandelungs- und Minderungseinrede (§ 478 I 1 aF) dem Käufer das Recht eingeräumt, trotz Verjährung des Nacherfüllungsanspruchs bei Vorliegen der sonstigen Voraussetzungen für Rücktritt oder Minderung den noch nicht gezahlten Kaufpreis endgültig nicht zu zahlen (IV 2) oder zu mindern (V Alt 2); im ersten Fall steht dem Verkäufer ein Rücktrittsrecht zu (IV 3).

II. Rücktritt des Käufers. 1. Zeitliche Begrenzung (IV 1, § 218 I). Ein vom Käufer erklärter Rücktritt ist 25
mit ex-nunc Wirkung unwirksam, wenn (1) bei Möglichkeit der Nacherfüllung der Anspruch darauf verjährt ist oder bei Unmöglichkeit der Nacherfüllung ein fiktiver Anspruch darauf verjährt wäre und (2) sich der Verkäufer darauf beruft. Bis zur Grenze der Verwirkung ist diese Erklärung des Verkäufers nicht zeitabhängig (BaRoth/*Faust* Rn 48).

2. „Rücktrittseinrede" (IV 2, §§ 218 II, 214 II). Nach allgemeinem Verjährungsrecht wäre der Käufer bei 26
mangelhafter Lieferung gem § 215 bei Verjährung seines Anspruchs auf Nacherfüllung nur berechtigt, im Umfang eines ihm zustehenden Zurückbehaltungsrechts gem § 320 die Zahlung des Kaufpreises zu verweigern. IV 2 gewährt ihm das zusätzliche Recht, bei Vorliegen der Rücktrittsvoraussetzungen im Übrigen die Zahlung des Kaufpreises vollständig zu verweigern. Die Ausübung dieses Leistungsverweigerungsrechts ist anders als nach § 478 I 1 aF nicht mehr von einer vorherigen Mängelanzeige abhängig, so dass sie jetzt auch für Mängel eingesetzt werden kann, die der Käufer erst nach Eintritt der Verjährung bemerkt (zu Recht kritisch BaRoth/*Faust* Rn 51; *v. Olshausen* JZ 02, 386 f). Der Verweis auf § 214 II stellt klar, dass ein gezahlter Kaufpreis nicht zurückverlangt werden kann (Palandt/*Putzo* Rn 19). Im Interesse einer Konkordanz zwischen dem Recht des Verkäufers zur zweiten Andienung durch Nacherfüllung und der Rücktrittseinrede ist der Verkäufer berechtigt, die Ausübung durch rechtzeitige Nacherfüllung abzuwenden und so die Zahlung des Kaufpreises doch noch durchzusetzen (s auch zu den schwierigen Einzelheiten BaRoth/*Faust* Rn 53; MüKo/*Westermann* Rn 39).

3. Rücktrittsrecht des Verkäufers (IV 3). Damit der Verkäufer nicht gem IV 2 sowohl die Kaufsache als 27
auch den Anspruch auf den Kaufpreis verliert, kann er im Anschluss an die Erhebung des Leistungsverweigerungsrechts die Kaufsache zurückverlangen. Als Konsequenz ist er dann verpflichtet, schon erhaltene Teilbeträge des Kaufpreises zurückzuzahlen (BTDrs 14/6857, 26 f, 60; BaRoth/*Faust* Rn 55).

III. Minderung. Rn 25 und 26 gelten entspr, dh der Verkäufer kann gem § 218 I der Geltendmachung der 28
Minderung die Verjährung des Anspruchs auf Nacherfüllung entgegenhalten und der Käufer kann gem IV 2 in Höhe eines noch nicht gezahlten Kaufpreises im Umfang einer gerechtfertigten Minderung die Zahlung des Kaufpreises endgültig verweigern. Ein Verweis auf IV 3 ist entbehrlich, da die dort geregelte Gefahr für den Verkäufer, die Kaufsache ohne Erhalt eines Kaufpreises zu verlieren, bei der Minderung nicht besteht.

§ 439 Nacherfüllung

(1) Der Käufer kann als Nacherfüllung nach seiner Wahl die Beseitigung des Mangels oder die Lieferung einer mangelfreien Sache verlangen.
(2) Der Verkäufer hat die zum Zwecke der Nacherfüllung erforderlichen Aufwendungen, insbesondere Transport-, Wege-, Arbeits- und Materialkosten zu tragen.
(3) ¹Der Verkäufer kann die vom Käufer gewählte Art der Nacherfüllung unbeschadet des § 275 Abs. 2 und 3 verweigern, wenn sie nur mit unverhältnismäßigen Kosten möglich ist. ²Dabei sind insbesondere der Wert der Sache in mangelfreiem Zustand, die Bedeutung des Mangels und die Frage zu berücksichtigen, ob auf die andere Art der Nacherfüllung ohne erhebliche Nachteile für den Käufer zurückgegriffen werden könnte. ³Der Anspruch des Käufers beschränkt sich in diesem Fall auf die andere Art der Nacherfüllung; das Recht des Verkäufers, auch diese unter den Voraussetzungen des Satzes 1 zu verweigern, bleibt unberührt.
(4) Liefert der Verkäufer zum Zwecke der Nacherfüllung eine mangelfreie Sache, so kann er vom Käufer Rückgewähr der mangelhaften Sache nach Maßgabe der §§ 346 bis 348 verlangen.

1 **A. Grundsätzliches. I. Bedeutung.** Norm regelt das primäre Mängelrecht des Käufers auf Nacherfüllung durch den Verkäufer. Zugleich wird dem Verkäufer das zweite Andienungsrecht mit dem Inhalt gewährt, durch Vornahme der Nacherfüllung ein Vorgehen des Käufers gem § 437 Nr 2 und 3 zu verhindern (§ 437 Rn 17).

2 **II. Inhalt, System.** Die Verpflichtung des Verkäufers zur Nacherfüllung ist zu einem Wahlrecht des Käufers zwischen deren beiden Arten, der Nachbesserung und der Ersatzlieferung, ausgestaltet (I). Diese sind jeweils auf Kosten des Verkäufers zu erbringen (II). Der Anspruch des Käufers auf Nacherfüllung sowie das Wahlrecht stehen unter den Voraussetzungen, dass die Nacherfüllung insgesamt bzw die vom Käufer gewählte Art möglich und für den Verkäufer nicht mit unzumutbaren oder unverhältnismäßigen Kosten verbunden ist. Liegen die Voraussetzungen für die Nacherfüllung insgesamt nicht vor, entfällt der Anspruch des Käufers vollständig; fehlen sie nur für die vom Käufer gewählte Art, beschränkt sich der Anspruch des Käufers auf die andere Art der Nacherfüllung (III). Die durchgeführte Ersatzlieferung berechtigt den Verkäufer zur Rückforderung der gelieferten mangelhaften Sache (IV).

3 **III. Anwendungsbereich.** Norm gilt für Sach- und Rechtsmängel (BTDrs 14/6040, 231; BaRoth/*Faust* Rn 7). Auf den Rechtskauf findet sie über § 453 entspr Anwendung.

4 **IV. Schuldrechtsmodernisierung.** Da bisher nur für den Gattungskauf die Verpflichtung des Verkäufers zur Ersatzlieferung bestand (§ 480 I aF), ist § 439 durch die Schuldrechtsreform neu eingeführt.

5 **V. Verbrauchsgüterkaufrichtlinie.** Norm basiert auf den Vorgaben der Richtl, dass Verbraucher Anspruch auf Nacherfüllung hat (Art 3 II, III), ihm das Wahlrecht zwischen den beiden Arten der Nachbesserung und Ersatzlieferung zusteht (Art 3 III iVm Erwägungsgrund 10) und dass der Verkäufer aus der Pflicht zur Nacherfüllung nur unter den Vorgaben der Unmöglichkeit und der näher erläuterten Unverhältnismäßigkeit entlassen ist (Art 3 III). Die Nacherfüllung ist unentgeltlich zu erbringen (Art 3 II, III und IV).

6 **VI. UN-Kaufrecht.** Die Regelungen des UN-Kaufrecht zur Nacherfüllung sind zu sehr von den Besonderheiten des internationalen Handels geprägt als dass sie zum Vergleich herangezogen werden können.

7 **VII. Abdingbarkeit.** Norm ist zwingend für Verbrauchsgüterkauf. Dispositivität ist außerdem für AGB beschränkt durch § 309 Nr 8 lit b aa) und cc-ee), ggf iVm § 310 I. Ansonsten ist Abdingbarkeit gegeben. Dies gilt auch für die Übertragung des Wahlrechts (I) vom Käufer auf den Verkäufer im Kaufvertrag.

8 **B. Nacherfüllung (I). I. Begriff.** Als Nacherfüllung sind die beiden Arten der nachträglichen Erfüllung der Pflicht zu mangelfreier Lieferung (§ 433 I 2) definiert, die „Beseitigung des Mangels oder die Lieferung einer mangelfreien Sache".

9 **II. Rechtsnatur.** Der Anspruch auf Nacherfüllung ist ein **modifizierter Erfüllungsanspruch** (Palandt/*Putzo* Rn 1 f). Die Modifizierung liegt in der Subordination des originären Erfüllungsanspruchs unter das Mängelrecht, vor allem §§ 438, 439 (BaRoth/*Faust* Rn 6; *Oechsler* NJW 04, 1825 f).

10 **III. Voraussetzungen. 1. Zeitlich.** Wie Mängelrecht insgesamt (§ 437 Rn 3, 4) gilt § 439 für Sachmängel erst nach Gefahrübergang und für Rechtsmängel erst nach Eigentumsübergang auf den Käufer.

11 **2. Mangelhaftigkeit der Kaufsache.** Verkäufer muss gem § 434 für einen Sach- und gem § 435 für einen Rechtsmangel einzustehen haben.

12 **3. Fälligkeit, Erfüllbarkeit.** Der Anspruch auf Nacherfüllung wird fällig mit Aufforderung des Käufers zur Vornahme einer Art der Nacherfüllung (s Rn 21). Vorher kann er wegen des Wahlrechts des Käufers auch nicht erfüllt werden (BaRoth/*Faust* Rn 11; MüKo/*Westermann* Rn 6), wenn nicht der Käufer dem Verkäufer die Wahl überlässt (Rn 21).

13 **4. Kein Ausschluss.** Gelten für beide Arten der Nacherfüllung Ausschlussgründe, besteht der Anspruch auf Nacherfüllung insgesamt nicht (s III 3 Hs 2; BTDrs 14/6040, 232; Palandt/*Putzo* Rn 19). Ausschlussgründe sind Unmöglichkeit (§ 275 I; Palandt/*Putzo* Rn 15; *Bitter/Meidt* ZIP 01, 2114, 2119 f mit Beispiel des unbehebbaren Mangels bei einer individualisierten Speziesschuld; s Rn 23, 25), unzumutbarer Aufwand (§ 275 II) und unverhältnismäßige Kosten (III; s Rn 23–30).

14 **IV. Rechtsfolgen, Pflichtverletzungen. 1. Umfang.** Der Verkäufer ist – vorbehaltlich von III – zur vom Käufer gewählten Art der Nacherfüllung so verpflichtet, dass er damit seine Hauptleistungspflicht zur Lieferung einer mangelfreien Kaufsache (§ 433 I 2) erfüllt. Unterhalb der Schwelle des Wahlrechts des Käufers hat er die Entscheidung, wie die Nacherfüllung durchgeführt wird (MüKo/*Westermann* Rn 8; aA Dauner/Lieb/ Konzen/K Schmidt/*Jacobs* S 371, 377). Soweit sich der Zustand der Kaufsache nach Gefahr- bzw Eigentumsübergang verschlechtert hat, gehört zur Nacherfüllung auch die Beseitigung solcher Verschlechterungen sowohl des Mangels selbst als auch der Kaufsache im Übrigen, die aus dem beanstandeten Mangel resultieren (BaRoth/*Faust* Rn 15 mwN; Staud/*Matusche-Beckmann* Rn 11-16). Sie schließt daher nicht ein Schäden an anderen Sachen des Käufers, die nur über § 437 Nr 3 ersatzfähig sind (BaRoth/*Faust* Rn 17; Staud/*Matusche-Beckmann* Rn 20; zu § 634 aF BGHZ 96, 221, 225 f). Dies gilt auch für Veränderungen, insbes Verbesserungen

der Kaufsache durch den Käufer, da ihre Wiederherstellung über die Verpflichtung des Verkäufers zur nachträglichen vertragsgemäßen Lieferung hinausgeht und daher nur Gegenstand eines Schadensersatzanspruchs sein kann (str: so Staud/*Matusche-Beckmann* Rn 21 f mwN; aA BaRoth/*Faust* Rn 18-21; MüKo/*Westermann* Rn 18; zu § 633 aF BGHZ 96, 221, 225); dies gilt in vom Gesetzgeber gewollter Abweichung zu aF (so zu den „Vertragskosten" BTDrs 14/6040, 225) auch für Kosten, die durch Einbau der Kaufsache oä entstehen (str: so *Lorenz* ZGS 04, 408 ff; aA Karlsr ZGS 04, 432, 433 für verlegte Fliesen; Staud/*Matusche-Beckmann* Rn 22).

2. Verzögerte Nacherfüllung. Eine verzögerte oder unterlassene Nacherfüllung kann zum Fehlschlagen der Nacherfüllung (s § 440 Rn 9-12) und zur Haftung des Verkäufers auf Schadensersatz führen (s § 437 Rn 37-39). 15

3. Mangelhafte Nacherfüllung. a) Ansprüche des Käufers. Eine mangelhafte Nacherfüllung, unabhängig davon, ob der Mangel nicht beseitigt ist oder die nachgelieferte Kaufsache einen neuen Mangel aufweist, begründet einen neuen Anspruch des Käufers auf Nacherfüllung (Palandt/*Putzo* Rn 22 a; Staud/*Matusche-Beckmann* Rn 58; *Auktor* NJW 03, 120, 121). Die von der Gegenmeinung (Erman/*Grunewald* Rn 12) gesehene Gefahr von „endlosen Nacherfüllungsverlangen" besteht nicht, da der Verkäufer unter Inkaufnahme der Sanktionen gem § 437 Nr 2, 3 die Nacherfüllung verweigern kann. Beim Handelskauf ist eine erneute Mängelrüge gem § 377 HGB erforderlich (BaRoth/*Faust* Rn 59; Staud/*Matusche-Beckmann* Rn 58; zu aF BGHZ 143, 307, 313 f). Folge kann außerdem ein Fehlschlagen der Nacherfüllung (s § 440 Rn 9-12) und eine Haftung des Verkäufers auf Schadensersatz (s § 437 Rn 40-42) sein. 16

b) Verjährung. Die für den Anspruch auf erneute Nacherfüllung nach deren anfänglich mangelhafter Durchführung geltende Verjährungsfrist ist str. Richtigerweise steht die Durchführung der Nacherfüllung einer zur Hemmung der Verjährung führenden Verhandlung iSd § 203 S 1 gleich (BGH WM 05, 2337, 2340; *Wagner* ZIP 02, 789, 793 f; für analoge Anwendung von § 203: MüKo/*Westermann* § 438 Rn 41 mwN; *Auktor* NJW 03, 120, 122; Auktor/*Mönch* NJW 05, 1686, 1687 f). Entspr den Grundsätzen zur Abgrenzung von §§ 639 und 208 aF (Hemmung der Verjährung durch Mängelbeseitigung ggü Unterbrechung durch Anerkenntnis) liegt in der Nacherfüllung nur dann ein zum Neubeginn der Verjährung führendes Anerkenntnis iSd § 212 I Nr 1, wenn der Verkäufer zu erkennen gibt, dass er nicht zB nur aus Kulanz oder Kundenpflege handelt, sondern einem Anspruch auf Nacherfüllung nachkommen will (deutlich BGH WM 05, 2337, 2340; Auktor/*Mönch* NJW 05, 1686 ff; ähnlich MüKo/*Westermann* § 438 Rn 41). Gem dem Zweck des Anerkenntnisses läuft die Verjährungsfrist neu allein für den konkreten Mangel; für die Kaufsache insgesamt bleibt es bei der Hemmung. Abzulehnen ist die Auffassung (BaRoth/*Faust* § 438 Rn 59; Staud/*Matusche-Beckmann* Rn 58; offenbar Palandt/*Putzo* § 438 Rn 16 a), dass in der Vornahme der Nacherfüllung eine neue Ablieferung gem § 438 II Alt 2 liegt mit der Folge, dass die Verjährung in jedem Fall neu beginnt. Sie ist schon mit dem auf die erste Ablieferung beschränkten Wortlaut von § 438 II Alt 2 unvereinbar und führt außerdem zu einer dem BGB fremden durchgehenden Kettenverjährung (so *Auktor* NJW 03, 120, 121). 17

V. Erfüllungsort. Erfüllungsort ist der gegenwärtige **Belegenheitsort** der Sache (AG Menden NJW 04, 2171 f; Palandt/*Putzo* Rn 3 a; BaRoth/*Faust* Rn 13), und zwar auch dann, wenn ursprünglich eine Holschuld vorlag. Dies entspricht dem Willen des Gesetzgebers (vgl BTDrs 14/6040, 231) und wird von II indiziert, da II nicht mehr die Begrenzung von § 476 a S 2 BGB aF enthält, dass Kostensteigerungen infolge einer späteren Verbringung der Sache nicht vom Verkäufer zu tragen sind (Begründung str: so AG Menden NJW 04, 2171 f; Staud/*Matusche-Beckmann* Rn 9; aA BaRoth/*Faust* Rn 13). 18

C. Wahlrecht des Käufers (I) und sein Ausschluss (III). I. Notwendigkeit einer Gesamtbetrachtung. Der Gesetzgeber hat die Vorgabe der Verbrauchsgüterkaufrichtlinie, dass allein der Käufer zwischen beiden Arten der Nacherfüllung auswählt, für alle Kaufverträge übernommen (BTDrs 14/6040, 231 unter Auseinandersetzung mit dem anderen Standpunkt der Schuldrechtskommission). Die Entscheidung wird zu Recht kritisiert (BaRoth/*Faust* Rn 8). Sie ist schon wegen der größeren Sachnähe des Verkäufers nicht gerechtfertigt. Dogmatisch verstößt sie dagegen, dass es in die Verantwortung des Verkäufers als Schuldner fällt, wie er seiner Verpflichtung zu mangelfreier Lieferung im zweiten Anlauf nachkommt (vgl BaRoth/*Faust* aaO). Da ersichtlich auch bei der notwendigen Akzeptation des Gesetzes Korrekturen der Entscheidung des Käufers notwendig sind (s BTDrs 14/6040, 321), ist die Ausschlussregelung von III entgegen der Gesetzessystematik ein immanenter Bestandteil des Wahlrechts. 19

II. Wahlrecht (I). 1. Rechtsnatur. I gewährt dem Käufer die Wahl zwischen zwei verschiedenen Ansprüchen, so dass eine elektive Konkurrenz, nicht eine Wahlschuld vorliegt (str: so Palandt/*Putzo* Rn 5; BaRoth/*Faust* Rn 9; MüKo/*Westermann* Rn 4; ausf *Spickhoff* BB 03, 589, 590-592 mwN; aA Jauernig/*Berger* Rn 9; AnwK/*Büdenbender* Rn 1; *Schellhammer* MDR 02, 301). Deshalb hat Käufer ius variandi: Wahl ist nicht gem § 263 II bindend, so dass er bei Fehlschlagen einer Art der Nacherfüllung auf die andere umsteigen kann (str: so BaRoth/*Faust* Rn 9; *Spickhoff* BB 03, 589, 592; aA Erman/*Grunewald* Rn 6; MüKo/*Westermann* Rn 5). Nach Sinn und Zweck ist das ius variandi aber für eine angemessene Frist nach Ausübung suspendiert, damit der Verkäufer Zeit zur Erfüllung erhält (Verbot des venire contra factum proprium: MüKo/*Westermann* 20

Rn 4 f; *Spickhoff* BB 03, 589, 592 f; ähnl BaRoth/*Faust* Rn 10). Endgültig **erlischt** es erst mit Erfüllung, rechtskräftiger Verurteilung des Verkäufers zu einer Art der Nacherfüllung, Annahmeverzug des Käufers oder Vereinbarung der Parteien (vgl BaRoth/*Faust* Rn 10).

21 **2. Ausübung.** S. Rn 12. Aufforderung zur Vornahme einer Art der Nacherfüllung bedarf keiner Frist und Form (Palandt/*Putzo* Rn 6, 7). Sie muss den zu beseitigenden Mangel bezeichnen (Palandt/*Putzo* Rn 6; MüKo/*Westermann* Rn 4). Wegen ihrer Gestaltungswirkung ist Ausübung bedingungsfeindlich (Palandt/ *Putzo* Rn 6). Käufer kann in der Ausübungserklärung Verkäufer das Wahlrecht überlassen (Palandt/*Putzo* Rn 5; MüKo/*Westermann* Rn 4), was praktisch vielfach sinnvoll sein wird.

22 **III. Ausschluss (III).** Die vom Käufer gewählte Art der Nacherfüllung ist ausgeschlossen, wenn sie unmöglich ist oder der Verkäufer sie berechtigt verweigert.

23 **1. Unmöglichkeit (§ 275 I).** Bei der **Nachbesserung** kommt es nur darauf an, ob objektiv der Mangel beseitigt werden kann. Dies ist auch dann nicht der Fall, wenn die Beseitigung nur unter Herbeiführung anderer Mängel möglich ist (für Operation eines Hundes BGH ZGS 05, 348, 351). Bei der **Ersatzlieferung** ist nach Gattungs- und Stückkauf zu differenzieren:

24 **a) Gattungskauf.** Ersatzlieferung ist solange möglich, wie die Gattung entweder besteht oder hergestellt werden kann. Dabei sind die Besonderheiten der beschränkten Gattungsschuld/Vorratsschuld zu berücksichtigen (s § 243 Rn 8).

25 **b) Stückkauf.** Ersatzlieferung ist grds möglich (sehr str: **so** Braunschw NJW 03, 1053 f; LG Ellwangen NJW 03, 517; LG Münster DAR 04, 226, 227; Palandt/*Putzo* Rn 15; MüKo/*Westermann* Rn 11 f; *Bitter/Meidt* ZIP 01, 2114, 2119 f; *Canaris* JZ 03, 831 ff; nur für vertretbare Sachen: Staud/*Matusche-Beckmann* Rn 28-31; *Pammler* NJW 03, 1992 ff; **aA** *Ackermann* JZ 02, 378, 379 ff mit Ausnahme für Verbrauchsgüterkauf: 381; *ders* JZ 03, 1154 ff; *Gruber* JZ 05, 707 ff, bes 711; *Lorenz* JZ 01, 741, 743 Rn 12, 744; *Tiedtke/Schmitt* JuS 05, 583, 584 ff; mit Ausnahme für Identitäts-Aliud: BaRoth/*Faust* Rn 27 f; *ders* ZGS 04, 252, 253 ff; *P. Huber* NJW 02, 1004, 1006). Dafür sprechen der Wortlaut von I, der keine ansonsten nahe liegende Beschränkung auf den Gattungskauf enthält, sowie die Materialien (BTDrs 14/6040, 232) und Erwägungsgrund 16 der Verbrauchsgüterkaufrichtlinie: Beide sagen, dass bei gebrauchten Sachen „im Regelfall" und „zumeist" (die Materialien) bzw „im Allgemeinen" (die Richtl) ein Anspruch auf Ersatzlieferung nicht besteht, was zur doppelten Schlussfolgerung führt, dass er bei neuen oder neuwertigen regelmäßig und bei gebrauchten Sachen im Ausnahmefall gegeben ist (grundlegend *Canaris* JZ 03, 831, 833 f). Allerdings müssen Qualifizierungen erfüllt sein, um zu berücksichtigen, dass Ersatzlieferung beim Stückkauf den Verkäufer verpflichtet, eine andere als die geschuldete Sache zu liefern: (1) Die Sache muss ersetzbar sein, (2) der Kauf muss gattungsähnlich sein (LG Münster DAR 04, 226, 227), was insbes bei neuwertigen Kaufsachen (*Canaris* JZ 03, 831, 835; abgelehnt für Gebrauchtwagen Hamm NJW-RR 05, 1220, 1221) und vertretbaren Sachen (aA *Canaris* JZ 03, 831, 835, 838) in Betracht kommt, (3) die als Ersatz zu liefernde Sache muss erfüllungstauglich sein (LG Ellwangen NJW 03, 517; verneint für Ersatzlieferung eines Hundes wegen entstandener Bindung des Käufers BGH ZGS 05, 348, 351) und (4) der Verkäufer muss zur Beschaffung in der Lage sein (Braunschw NJW 03, 1053, 1054) (insgesamt ebenso Palandt/*Putzo* Rn 16 a; ähnl MüKo/*Westermann* Rn 11).

26 **2. Verweigerungsrecht des Verkäufers (III, § 275 II, III).** Der Verkäufer macht sein Recht, die Leistung zu verweigern, als formfreie empfangsbedürftige Einrede geltend. Daraus folgt, dass sich der Käufer darauf nicht berufen kann, so dass er dem Verkäufer in jedem Fall Gelegenheit zur Nacherfüllung geben muss (BTDrs 14/ 6040, 234; BaRoth/*Faust* Rn 35). Die Voraussetzungen sind:

27 **a) § 275 II, III.** Dem Verkäufer ist in III 1 ausdrücklich das Recht zur Verweigerung der Nacherfüllung gem § 275 II wegen unverhältnismäßigen Aufwands und gem § 275 III bei persönlicher Leistungserbringung wegen unzumutbaren Aufwands vorbehalten (zur Diskussion, ob der Kaufpreis die Obergrenze bildet, s *Ackermann* JZ 02, 378, 382 ff; *Canaris* JZ 04, 214 ff mwN).

28 **b) Unverhältnismäßige Kosten (III 1, 2).** Die kaufrechtsspezifische Unzumutbarkeitsregelung von III 1, 2 liegt unterhalb der Schwelle von § 275 II, III als zwei der Unmöglichkeit wertungsmäßig nahe kommenden Tatbeständen (str: so BTDrs 14/6040, 232; *Bitter/Meidt* ZIP 01, 2114, 2120; *P. Huber* NJW 02, 1004, 1007; aA MüKo/*Westermann* Rn 26). Damit ergibt sich vor dem Hintergrund der Verbrauchsgüterkaufrichtlinie die Notwendigkeit, zwischen relativer, dh auf die andere Art der Nacherfüllung bezogener, und absoluter, dh die Nacherfüllung insgesamt betreffende, Unverhältnismäßigkeit zu differenzieren (BaRoth/*Faust* Rn 37 f; generell empfohlen von *Bitter/Meidt* ZIP 01, 2114, 2121):

29 **aa) Absolute Unverhältnismäßigkeit.** Erwägungsgrund 11 und Art 3 III Richtl kennen als absoluten Verweigerungsgrund nur die Unmöglichkeit, während die Unverhältnismäßigkeit nur „verglichen mit der alternativen Abhilfemöglichkeit" zur Unzumutbarkeit für den Verkäufer führt (Art 3 III 2, von der Syntax noch deutlicher im Englischen). Da III schon wegen III 3 auch die absolute Unverhältnismäßigkeit einschließt, ist die Bestimmung richtlinienkonform so auszulegen, dass im Bereich des Verbrauchsgüterkaufs III ausschl die

relative Unverhältnismäßigkeit bestimmt (BaRoth/*Faust* Rn 37 f mwN; Staud/*Matusche-Beckmann* Rn 41); die absoluten Grenzen ergeben sich allein aus § 275 II, III, die wegen ihrer Nähe zur Unmöglichkeit richtlinienkonform die Nachbesserung insgesamt ausschließen können (ähnlich BaRoth/*Faust* Rn 50; großzügiger *Kirsten* ZGS 05, 66, 67 f). Außerhalb des Verbrauchsgüterkaufs ist III trotz des Grundsatzes der einheitlichen Auslegung als die vom Gesetzgeber gewollte Erleicherung zu § 275 II, III anzuwenden (aA BaRoth/*Faust* Rn 38; Staud/*Matusche-Beckmann* Rn 41); dafür spricht die ohnehin stark einzelfallbezogene Anwendung von III. Die systematische Auslegung führt dazu, dass die Unverhältnismäßigkeit primär vergleichbar der Minderung im Verhältnis zum Kaufpreis zu bestimmen ist (ähnlich für Nachbesserung *Ackermann* JZ 02, 378, 382, der allerdings Minderungsbetrag zu starr als Obergrenze sieht; aA Braunschw NJW 03, 1053, 1054; Karlsruhe ZGS 04, 232, 233; Palandt/*Putzo* Rn 16 a; *Kirsten* ZGS 05, 66, 69). Die weiteren Kriterien gem III 2 sind dann ergänzend heranzuziehen, da zB bei vom Käufer dringend benötigter Sache der dem Verkäufer zuzumutende Aufwand für Nacherfüllung höher ausfallen kann. Beispiel aus der Rspr: 4,7 % Aufwand bezogen auf Wert der mangelfreien Sache sind nicht unverhältnismäßig (Braunschw NJW 03, 1053, 1054 für Neuwagen).

bb) Relative Unverhältnismäßigkeit. Für die konkrete Abwägung ist Ausgangspunkt ein **Vergleich der Kosten beider Arten der Nacherfüllung** (BaRoth/*Faust* Rn 39). Bei welchem Grad der Abweichung die vom Käufer gewählte Art für den Verkäufer unzumutbar wird, läßt sich nicht an feste Prozentzahlen knüpfen, sondern hängt gem III 2 von diversen Umständen ab (Staud/*Matusche-Beckmann* Rn 43; relativ starre Berechnungsformel bei *Bitter/Meidt* ZIP 01, 2114, 2120 ff). Daraus folgt: Ersatzlieferung statt der gewünschten Nachbesserung wird der Käufer schon bei Kostendifferenzen von 5-10 % akzeptieren müssen, wenn er nicht konkrete Gründe hat, warum er gerade die gelieferte Sache mangelfrei behalten will, zB Haustier, Farbabweichungen bei Möbeln und Textilien, in Gesamtsystem integrierte EDV-Anlage. Bei der Ersetzung der gewünschten Ersatzlieferung durch eine Nachbesserung entscheiden die Kaufsache, Preis, Komplexität (vgl *P. Huber* NJW 02, 1004, 1007), die Art des Mangels, ob er normal und üblicherweise repariert wird, zB Glühbirne bei PKW, separates Einzelteil bei Computer wie Maus, sowie der sich im Mangel ausdrückende Gesamtzustand der Kaufsache (LG Münster DAR 04, 226, 228 „Zitronenauto"), wann Unzumutbarkeit für den Verkäufer eintritt: Bei Nachbesserungen, die – auch bei neuen Produkten – die Sache wertmäßig auch ideell nicht beeinträchtigen, wie normale Reparaturen, führen schon Differenzen von 5–10 % zur Unzumutbarkeit der Ersatzlieferung; bei Nachbesserungen, die zwar den Mangel vollständig beseitigen, der Kaufsache aber den minderen Status einer reparierten Sache geben, ist die Grenze bei ungefähr 20 % anzusetzen (LG Ellwangen NJW 03, 517 f für Rostreparatur (!) eines Neuwagens; LG Münster verneinte Unverhältnismäßigkeit bei 50 % Differenz im Falle eines Neuwagens mit Vielzahl von Mängeln DAR 04, 226, 228) (generell für 10 %, bei hohen Kosten aber auch geringere Differenz Erman/*Grunewald* Rn 8).

D. Unentgeltlichkeit für den Käufer (II). I. Übernahme aller Aufwendungen durch Verkäufer. II verpflichtet den Verkäufer, alle zur Nacherfüllung erforderlichen Aufwendungen zu tragen (Palandt/*Putzo* Rn 11); es gibt dazu nur Beispiele („insbes"). Dies gilt auch für Aufwendungen des Käufers, soweit der Käufer sie unter Beachtung des Rechts des Verkäufers auf zweite Andienung für erforderlich ansehen durfte, zB Kosten zur Klärung der Ursache (str: i Erg so Palandt/*Putzo* Rn 11; Staud/*Matusche-Beckmann* Rn 32; zu aF BGH NJW 91, 1604, 1607; NJW-RR 99, 813, 814; aA MüKo/*Westermann* Rn 15; Erman/*Grunewald* Rn 5, aber zust für Kosten zur Feststellung des Mangels), Abschleppkosten (Palandt/*Putzo* Rn 11; zu aF AG Dülmen NJW 87, 385). Nicht ersatzfähig sind die Kosten einer Selbstvornahme (§ 437 Rn 8). Begrenzung von § 476a S 2 aF ist entfallen, so dass Verkäufer jetzt auch durch spätere Verbringungen erhöhte Kosten tragen muss (s Rn 18). Keine Aufwendungen stellen dar Nutzungsausfall und Schäden an anderen Rechtsgütern des Käufers (BaRoth/*Faust* Rn 21).

II. Ersatz von Wertverbesserung durch Käufer. Da II den Käufer nur so stellen will, wie er ohne den Mangel stünde, hat der Käufer die Wertverbesserung nach den Grundsätzen des Abzugs „neu für alt" (str: so *Reinking* DAR 02, 15, 19; aA BaRoth/*Faust* Rn 23; MüKo/*Westermann* Rn 16, aber mit Einschränkung) und die Kostenersparnis für den vorzeitigen Austausch von Verschleißteilen (BaRoth/*Faust* Rn 23; *Reinking* aaO) zu ersetzen; Voraussetzung ist, dass er nicht gem IV Nutzungsersatz bei Ersatzlieferung zu leisten hat.

E. Rückgewähr der mangelhaften Kaufsache (IV). I. Pflicht des Käufers. Verpflichtung des Käufers ist Zug um Zug mit Lieferung der mangelfreien Sache zu erfüllen (IV iVm § 348; Palandt/*Putzo* Rn 23; aA *Jungmann* ZGS 04, 263, 264 ff: Verweisung auf § 348 ist gesetzgeberischer Fehler). Sie steht unter den drei Voraussetzungen, dass (1) neue Sache als Nacherfüllung (2) mangelfrei (3) geliefert wird. Eine „Rückforderungserklärung" des Verkäufers ist nicht erforderlich, da § 349 mit dem Erfordernis der Rücktrittserklärung in IV nicht erwähnt ist.

II. Nutzungen, Verwendungen (§§ 346, 347). Der Ersatz der Nutzungen entspricht dem Willen des Gesetzgebers (BTDrs 14/6040, 232 f) und ist gerechtfertigt, weil er den Ausgleich dafür darstellt, dass der Käufer trotz Nutzung eine neue Sache erhält (str: so BaRoth/*Faust* Rn 32; kritisch Palandt/*Putzo* Rn 25; aA Nürnbg NJW 05, 3000 f m abl Bespr *Fest* 2959; *Kohler* ZGS 04, 48 ff; *Rott* BB 04, 2478 ff; ausf *Wagner/Michal* ZGS 05, 368 ff). Der Verkäufer hat spiegelbildlich notwendige und ihn bereichernde nützliche Verwendungen des

Käufers zu ersetzen, da er selbst nicht verpflichtet ist, als Teil der Ersatzlieferung die neue Kaufsache mit ihnen auszustatten (Rn 14; insoweit aA konsequent zur aA Rn 14 BaRoth/*Faust* Rn 33; MüKo/*Westermann* Rn 18).

35 **III. Rücknahmepflicht des Verkäufers.** Wenn der Käufer ein berechtigtes Interesse an der Rücknahme hat, ist der Verkäufer verpflichtet, die Kaufsache nach den Grundsätzen des Rücktrittsrechts zurückzunehmen (Palandt/*Putzo* Rn 25; BaRoth/*Faust* Rn 31).

§ 440 Besondere Bestimmungen für Rücktritt und Schadensersatz

¹Außer in den Fällen des § 281 Abs. 2 und des § 323 Abs. 2 bedarf es der Fristsetzung auch dann nicht, wenn der Verkäufer beide Arten der Nacherfüllung gemäß § 439 Abs. 3 verweigert oder wenn die dem Käufer zustehende Art der Nacherfüllung fehlgeschlagen oder ihm unzumutbar ist. ²Eine Nachbesserung gilt nach dem erfolglosen zweiten Versuch als fehlgeschlagen, wenn sich nicht insbesondere aus der Art der Sache oder des Mangels oder den sonstigen Umständen etwas anderes ergibt.

1 **A. Grundsätzliches. I. Bedeutung.** Norm hat zwei Inhalte: S 1 erweitert die Tatbestände des allgemeinen Schuldrechts für die Zulässigkeit von Schadensersatz statt der Leistung (§ 281 II) und Rücktritt (§ 323 II) ohne vorherige Fristsetzung um drei kaufrechtsspezifische Voraussetzungen: Verweigerung, Fehlschlagen und Unzumutbarkeit der Nacherfüllung für den Käufer. Darin liegt die kaufrechtliche Limitation des Rechts des Verkäufers zur zweiten Andienung (§ 437 Rn 17; MüKo/*Westermann* Rn 1). S 2 enthält die Vermutung, dass die Nachbesserung nach dem erfolglosen zweiten Versuch fehlgeschlagen ist.

2 **II. Anwendungsbereich.** S § 439 Rn 3. § 440 gilt nicht für Ersatz vergeblicher Aufwendungen (§ 284; Palandt/*Putzo* Rn 3; Staud/*Matusche-Beckmann* Rn 2).

3 **III. Verbrauchsgüterkaufrichtlinie.** S 1 setzt Art 3 V um, dass der Verbraucher Minderung oder Vertragsauflösung verlangen kann, wenn ihm kein Anspruch auf Nacherfüllung zusteht (1. Spiegelstrich) oder „der Verkäufer nicht innerhalb einer angemessenen Frist Abhilfe geschaffen hat" (2. Spiegelstrich). Zum nicht berücksichtigten 3. Spiegelstrich, dass dies auch gilt, wenn die Nacherfüllung dem Käufer erhebliche Unannehmlichkeiten bereitete, s § 441 Rn 4.

4 **IV. Abdingbarkeit.** Norm ist für Verbrauchsgüterkauf zwingend (§ 475 I). Ansonsten ist sie dispositiv, so dass Erfordernis der Fristsetzung und erlaubte Nachbesserungsversuche abw vereinbart werden können.

5 **B. Entbehrlichkeit der Fristsetzung (S 1).** Neben den ausdrücklich aufgeführten Gründen ist die Fristsetzung auch bei Ausschluss der Leistungspflicht (Unmöglichkeit: § 275 I, Verweigerungsrechte: § 275 II, III) entbehrlich (§§ 283, 311 a II, 326 V). Die einzelnen Tatbestände von S 1 sind:

6 **I. Verweigerung der Nacherfüllung insgesamt (§ 439 III).** S § 439 Rn 13, 28–30. Berechtigte, zB gem § 439 III, und unberechtigte Verweigerung sind gleichermaßen erfasst (Erman/*Grunewald* Rn 2).

7 **II. Fehlschlagen der Nacherfüllung.** Siehe Rn 9–12.

8 **III. Unzumutbarkeit der Nacherfüllung für den Käufer.** Aus der Perspektive des Käufers ist zu bestimmen, ob die vom Käufer gewählte Art der Nacherfüllung verglichen mit der sofortigen Geltendmachung von Rücktritt, Minderung oder Schadensersatz statt der Leistung unzumutbar ist (BaRoth/*Faust* Rn 36). Die Käuferorientierung ändert nichts daran, dass bei der Bewertung die grds hohe Bedeutung des Rechts auf zweite Andienung durch den Verkäufer zu berücksichtigen ist. Kriterien können sein:
(1) Berechtigter Verlust des Vertrauens in die **Person des Verkäufers**, zB wegen vorangegangener Täuschung (Palandt/*Putzo* Rn 8; BaRoth/*Faust* Rn 37; im Einzelfall *Lorenz* NJW 04, 26 f).
(2) Die **Art des Mangels**, zB wenn sehr viele Mängel vorliegen (Palandt/*Putzo* Rn 8), Auslösung von Ekel, Verursachung erheblicher Schäden, zB schwerer Unfall durch Versagen der Bremsen (insgesamt BaRoth/*Faust* Rn 38).
(3) **Verzögerung** der Nutzung **durch Nacherfüllung**, wenn sie Wert der Kaufsache für Käufer erheblich reduziert (Palandt/*Putzo* Rn 8); Kriterium ist vorsichtig anzuwenden, da primär § 323 II Nr 2 (relatives Fixgeschäft) maßgeblich ist.
(4) Die begründete **Erwartung** eines objektiven Käufers, dass **Nacherfüllung erfolglos** bleibt; Kriterium erfordert hohe Hürde, da ansonsten Recht des Verkäufers zur Nacherfüllung leerläuft.
(5) **Sofortige Mängelbeseitigung** ist aufgrund **besonderer Umstände erforderlich**, zB Heilbehandlung eines Haustieres (LG Essen NJW 04, 527 f; Palandt/*Putzo* Rn 8; *Augenhofer* ZGS 04, 385, 389 ff; ebenso aufgrund § 281 II BGH NJW 05, 3211, 3212 f), Verhinderung von Gefahren wie Austausch eines undichten Rohres, das Nachbargrundstück überschwemmt.

9 **C. Fehlschlagen der Nachbesserung (S 2).** Norm begründet die gem Hs 2 widerlegliche Vermutung, dass Nachbesserung – nicht: Ersatzlieferung (s Rn 12) – mit dem zweiten erfolglosen Versuch fehlgeschlagen ist.

Sie gewährt so dem Verkäufer **zwei Versuche** (aA Jauernig/*Berger* Rn 4; Palandt/*Putzo* Rn 2; *Woitkewitsch* MDR 05, 1268 f). Allerdings führt dies nicht dazu, dass der Käufer eine doppelte Frist gem §§ 281 I 1, 323 I zu setzen hat, sondern dass innerhalb der Frist im Regelfall zwei Versuche gestattet sind; die Frist ist entspr zu bemessen (BTDrs 14/6040, 234; vgl auch *Bitter/Meidt* ZIP 01, 2114, 2117).

I. Fehlschlagen. Obwohl sich Gesetzgeber an § 11 Nr 10 lit b AGBG aF orientiert hat (BTDrs 14/6040, 233), ist Begriff gem dem Zweck von § 440 enger zu interpretieren (BaRoth/*Faust* Rn 30 f; MüKo/*Westermann* Rn 9; i Erg BTDrs 14/6040, 234; abw Palandt/*Putzo* Rn 7). Fehlschlagen liegt vor, wenn
(1) **Mangel** nach Ablauf angemessener Frist **nicht beseitigt** ist (MüKo/*Westermann* Rn 10) – Basistatbestand,
(2) vor Fristablauf nach der noch zur Verfügung stehenden **Zeit** in Relation zur noch zu leistenden Arbeit **Beseitigung unmöglich** ist (BaRoth/*Faust* Rn 32) – vorsichtig anzuwendender Ausnahmetatbestand,
(3) **erfolglose Versuche des Verkäufers** Beseitigung nicht mehr erwarten lassen – wegen der Nähe zur Unzumutbarkeit ebenfalls enger Ausnahmetatbestand,
(4) bei **Nachbesserung neue Mängel** entstehen (MüKo/*Westermann* Rn 10).

II. Vermutung. Stets ist nach zweimaliger Erfolglosigkeit der Nachbesserung zu prüfen, ob besondere Umstände gegen ein Fehlschlagen sprechen. Alt 1 stellt besonders auf sehr komplexe Kaufsachen ab, Alt 2 ermöglicht eine Berücksichtigung von Einzelfallumständen, etwa einer dem Käufer bekannten schwierigen Situation des Verkäufers, zB unverschuldete Störung der Produktionsanlagen.

III. Ersatzlieferung. S 2 definiert nur das Fehlschlagen der Nachbesserung, S 1 setzt aber voraus, dass die Nacherfüllung insgesamt und damit auch die Ersatzlieferung fehlschlagen kann. Die Kriterien in Rn 10 gelten entspr, nicht aber die Vermutung von S 2, so dass schon eine erstmals falsche Ersatzlieferung zu deren Fehlschlagen führen kann (aber nicht muss: BaRoth/*Faust* Rn 33; Staud/*Matusche-Beckmann* Rn 19 mwN). Zusätzliches Kriterium ist die Lieferung einer neuen Sache mit einem neuen Fehler.

§ 441 Minderung

(1) ¹Statt zurückzutreten, kann der Käufer den Kaufpreis durch Erklärung gegenüber dem Verkäufer mindern. ²Der Ausschlussgrund des § 323 Abs. 5 Satz 2 findet keine Anwendung.
(2) Sind auf der Seite des Käufers oder auf der Seite des Verkäufers mehrere beteiligt, so kann die Minderung nur von allen oder gegen alle erklärt werden.
(3) ¹Bei der Minderung ist der Kaufpreis in dem Verhältnis herabzusetzen, in welchem zur Zeit des Vertragsschlusses der Wert der Sache in mangelfreiem Zustand zu dem wirklichen Wert gestanden haben würde. ²Die Minderung ist, soweit erforderlich, durch Schätzung zu ermitteln.
(4) ¹Hat der Käufer mehr als den geminderten Kaufpreis gezahlt, so ist der Mehrbetrag vom Verkäufer zu erstatten. ²§ 346 Abs. 1 und § 347 Abs. 1 finden entsprechende Anwendung.

A. Grundsätzliches. I. Bedeutung. Minderung ist das zum Rücktritt alternative Mängelrecht des Käufers (I). Sie setzt daher regelmäßig voraus, dass Verkäufer geschuldete Nacherfüllung nicht erbrachte (§ 437 Rn 17).

II. Anwendungsbereich. Norm gilt für Sach- und Rechtsmängel (Palandt/*Putzo* Rn 1; BaRoth/*Faust* Rn 3), auch für die Kaufgegenstände des § 453.

III. Schuldrechtsmodernisierung. Bei Beibehalt der Berechnungsmethode wurde Minderung erheblich geändert. **Neu** sind: (1) Einbeziehung von Rechts- und (2) unwesentlichen Mängeln (I 2 iVm § 323 V 2 ggü § 459 I 2 aF), (3) die prinzipielle Notwendigkeit einer Fristsetzung wegen des Vorrangs der Nacherfüllung (Rn 1), (4) die Umwandlung von einem Anspruch (§ 462 aF) in ein Gestaltungsrecht (I 1) und (5) die erforderliche Erklärung durch bzw gegen alle Beteiligten bei mehreren Vertragspartnern (II ggü § 474 aF). Es **gelten fort:** (1) Relative Berechnung der Minderung (2) auf den Vertragsschluss (III und § 472 I aF), (3) bei mehreren Kaufsachen unter Ansatz des Gesamtpreises (folgt aus III trotz Aufhebung von § 472 II), (4) Rückzahlung eines überzahlten Kaufpreises nach Rücktrittsrecht (IV und § 467 S 1 aF, dazu s MüKo/*Westermann*, 3. Aufl. 1995, § 465 Rn 2, 9 f), sowie (5) die Alternativität von Minderung und Rücktritt bzw Wandelung.

IV. Verbrauchsgüterkaufrichtlinie. § 441 setzt Vorgabe von Art 3 V um, dass Verbraucher bei erfolgloser Nacherfüllung Recht auf Minderung hat, und zwar e-contrario Art 3 VI auch für geringfügige Vertragswidrigkeiten. Wenn Richtl eine Rechtsnatur als Anspruch und nicht als Gestaltungsrecht voraussetzt, liegt hierin keine Verletzung, da Gestaltungsrecht insgesamt die Ausübung für den Verbraucher erleichtert (BaRoth/*Faust* Rn 2; Staud/*Matusche-Beckmann* Rn 2). Fraglich ist, ob § 441 der Anforderung gem Art 3 V 3. Spiegelstrich genügt, dass der Verbraucher zum Rücktritt oder zur Minderung auch dann berechtigt ist, „wenn der Verkäufer nicht ohne erhebliche Unannehmlichkeiten für den Verbraucher Abhilfe geschaffen hat". In Übereinstimmung mit der Gesetzesbegründung (BTDrs 14/6040, 223) ist dies zu bejahen: Der zweite und dritte Spiegelstrich setzen gleichermaßen für die Alternativen der nicht rechtzeitigen (2. Spiegelstrich) und der für den

Käufer mit Unannehmlichkeiten verbundenen (3. Spiegelstrich) Nacherfüllung voraus, dass die Nacherfüllung nicht schon vor Erklärung von Rücktritt oder Minderung vollendet worden ist. Dies bestätigt der Gleichlauf des Wortlauts beider Alternativen. Für die zweite Alternative ist aber klar, dass trotz Verspätung kein Recht zum Rücktritt oder zur Minderung mehr besteht, wenn die Nacherfüllung durchgeführt worden ist (s allg zur Beendigung des Verzugs durch Leistungserbringung Palandt/*Heinrichs* § 286 Rn 33 mwN); dem Verbraucher stehen zusätzlich die Ansprüche auf Ersatz des Verzugsschadens zu (§ 437 Rn 37). Deutlicher wird diese Auslegung im englischen Text, da die Perfekt-Fassung beider Alternativen „has not completed" eine Fortdauer des fehlenden Abschlusses der Nacherfüllung bis zum Zeitpunkt der Ausübung von Rücktritt oder Minderung ausdrückt (Ergebnis str: **so** *Jud* JbJZivRWiss 01, 205, 219; **in die Richtung** *Westermann* JZ 01, 530, 537; **zweifelnd** *Hoffmann* ZRP 01, 347, 350; **aA** *Ernst/Gsell* ZIP 00, 1410, 1417; *Gsell* JZ 01, 65, 70; BaRoth/*Faust* Rn 32-34: richtlinienkonforme Auslegung für Verbrauchsgüterkauf mit Anerkennung eines verschuldensunabhängigen Entschädigungsanspruchs; **dagegen** MüKo/*Westermann* Rn 19).

5 **V. Abdingbarkeit.** Norm ist zwingend beim Verbrauchsgüterkauf (§ 475 I). Beim Fehlschlagen der Nacherfüllung kann Recht zu mindern nicht durch AGB ausgeschlossen werden (§ 309 Nr 8 lit b) bb) ggf iVm § 310 I). Im Übrigen kann Minderung ausgeschlossen oder abw gestaltet werden.

6 **B. Ausübung der Minderung (I, II). I. Rechtsnatur.** Minderung ist – wie ihre mängelrechtliche Alternative der Rücktritt – ein Gestaltungsrecht (BTDrs 14/6040, 234 f). Ihre Ausübung führt daher unmittelbar zur Umgestaltung des Schuldrechtsverhältnisses, nicht mehr wie gem § 462 aF erst nach Einverständnis des Verkäufers. Zugleich erlischt damit das Wahlrecht des Käufers zwischen Rücktritt und Minderung (MüKo/*Westermann* Rn 4 mwN; s auch Rn 9).

7 **II. Voraussetzungen. 1. Rücktrittsrecht (I 1).** Die Alternativität von Minderungs- und Rücktrittsrecht (I 1) impliziert, dass für beide dieselben Voraussetzungen gelten, dh außerhalb des Verbrauchsgüterkaufs Fristsetzung gem §§ 281 I 1, 323 I (s § 437 Rn 17, 23 f).

8 **2. Unerhebliche Pflichtverletzung (I 2).** Anders als der Rücktritt steht die Minderung auch bei unerheblichen Pflichtverletzungen zur Verfügung (BTDrs 14/6040, 235).

9 **3. Wahlrecht.** Das Wahlrecht des Käufers darf noch nicht infolge wirksam erklärten Rücktritts erloschen sein (s § 437 Rn 25).

10 **III. Erklärung. 1. Form.** Gestaltungsrecht wird durch Willenserklärung nach allgemeinen Regeln ausgeübt und unterliegt daher keiner besonderen Form. Erklärung ist bedingungsfeindlich (Palandt/*Putzo* Rn 9; BaRoth/*Faust* Rn 6).

11 **2. Inhalt.** Minderung muss erklärt, aber nicht beziffert werden (BaRoth/*Faust* Rn 7; i Erg MüKo/*Westermann* Rn 5). Wenn Käufer beziffert, ist er wegen der unmittelbaren Gestaltungswirkung daran gebunden (Palandt/*Putzo* Rn 18; **aA** erst nach Einverständnis des Verkäufers: Erman/*Grunewald* Rn 2; MüKo/*Westermann* Rn 5). Um dies zu vermeiden, kann Käufer für Höhe der Minderung auf III verweisen. In jedem Fall ist ebenso wie für die Nacherfüllung (§ 439 Rn 21) Angabe des konkreten Mangels notwendig.

12 **IV. Mehrere Beteiligte (II).** Erfordernis der **einheitlichen** Ausübung gilt für alle Beteiligungsformen (Gesamtschuldner oder -gläubiger, Teilschuldner oder -gläubiger). Es meint **nicht** die **gemeinsame** Ausübung bzw Entgegennahme, so dass Erklärungen auch nacheinander abgegeben bzw entgegen genommen werden können; Wirksamkeit tritt aber erst mit Abgabe bzw Entgegennahme durch den letzten Beteiligten ein (Palandt/*Putzo* Rn 11; Staud/*Matusche-Beckmann* Rn 7). Folge von II ist, dass Erlöschen des Minderungsrechts für einen Beteiligten ggü allen übrigen Beteiligten wirkt (§ 351 S 2 analog: BaRoth/*Faust* Rn 20; MüKo/*Westermann* Rn 6).

13 **V. Rechtsfolgen.** S. Rn 6.

14 **C. Berechnung der Minderung (III). I. Methode (III 1).** Zur Aufrechterhaltung des vertraglichen Äquivalenzverhältnisses ist die **proportionale** Wertminderung der mangelfreien Sache infolge des Mangels auf die Reduzierung des Kaufpreises zu übertragen. Diese Methode führt bei Übereinstimmung von Kaufpreis und Verkehrswert der Sache zu einer vollen Anrechnung des Mangels. Bei einem den Kaufpreis übersteigenden Verkehrswert wird der Mangel dagegen nur proportional, hingegen nicht in absoluten Zahlen in voller Höhe vom Kaufpreis abgesetzt, während umgekehrt bei einem den Kaufpreis unterschreitenden Verkehrswert der Abzug in absoluten Zahlen höher ausfällt (BaRoth/*Faust* Rn 12). Formelmäßig sind ggü zustellen (nach BaRoth/*Faust* Rn 12; ebenso MüKo/*Westermann* Rn 12):

$$\frac{\text{geminderter Kaufpreis}}{\text{ursprünglicher Kaufpreis}} = \frac{\text{wirklicher Wert}}{\text{Wert ohne Mangel}}$$

$$\text{geminderter Kaufpreis} = \frac{\text{wirklicher Wert} \times \text{ursprünglicher Kaufpreis}}{\text{Wert ohne Mangel}}$$

Kenntnis des Käufers § 442

1. Zeitpunkt. Maßgeblich ist prinzipiell der Zeitpunkt des Vertragsschlusses. Soweit Wertveränderungen 15
dem Verkäufer zuzurechnen sind, zB infolge weiterfressender Mängel, sind sie gleichfalls zu berücksichtigen
(str: so BaRoth/*Faust* Rn 12; MüKo/*Westermann* Rn 13; aA Palandt/*Putzo* Rn 13).

2. Wert. Der Wert ohne Mangel ist der **Verkehrswert**, den die Kaufsache mit der geschuldeten Beschaffen- 16
heit gehabt hätte. Der wirkliche Wert ist der Verkehrswert der Kaufsache in ihrem mangelhaften Zustand.
Der Abzug für den Mangel ist dabei nur ausnahmsweise mit der Höhe der Beseitigungskosten identisch
(BTDrs 14/6040, 235; Palandt/*Putzo* Rn 15; Staud/*Matusche-Beckmann* Rn 22 mwN; offenbar aA Erman/*Grunewald* Rn 4, s aber Rn 7; MüKo/*Westermann* Rn 12, s aber Rn 14). Dies folgt schon daraus, dass die Minderung subsidiär zur Nacherfüllung stattfindet und damit auch die Fälle regelt, in denen eine Mängelbeseitigung ausscheidet. Vielmehr ist der Verkehrswert der Sache in ihrem mangelhaften Zustand zu ermitteln. Bei
Wertlosigkeit der Kaufsache entfällt ein Kaufpreis, der Käufer hat dann aber die Sache auf Wunsch des Verkäufers herauszugeben (Palandt/*Putzo* Rn 16; Staud/*Matusche-Beckmann* Rn 25). Beim Verkauf mehrerer
Sachen ist vom **Gesamtkaufpreis** auszugehen (Palandt/*Putzo* Rn 2; BaRoth/*Faust* Rn 21 f).

3. Mitverschulden. § 254 gilt entspr (BTDrs 14/6040, 235; Palandt/*Putzo* Rn 17). 17

II. Schätzung (III 2). Da die Anwendung von § 287 ZPO Probleme bereitete (BTDrs 14/7052, 197; vgl zu aF 18
BGHZ 77, 320, 326 einerseits und BGH WM 71, 1382, 1383 andererseits), ist jetzt ausdrücklich geregelt, dass
die Minderung geschätzt werden kann.

D. Rückzahlung eines überzahlten Kaufpreises (IV). Norm verpflichtet den Verkäufer zur Rückzahlung 19
eines infolge Minderung überzahlten Kaufpreises auf vertraglicher Grundlage, unter Anwendung der §§ 346
I, 347 I für die Herausgabe von Nutzungen (vgl auch mit Kritik BaRoth/*Faust* Rn 17).

§ 442 Kenntnis des Käufers

(1) ¹Die Rechte des Käufers wegen eines Mangels sind ausgeschlossen, wenn er bei Vertragsschluss den
Mangel kennt. ²Ist dem Käufer ein Mangel infolge grober Fahrlässigkeit unbekannt geblieben, kann der
Käufer Rechte wegen dieses Mangels nur geltend machen, wenn der Verkäufer den Mangel arglistig verschwiegen oder eine Garantie für die Beschaffenheit der Sache übernommen hat.
(2) Ein im Grundbuch eingetragenes Recht hat der Verkäufer zu beseitigen, auch wenn es der Käufer kennt.

A. Grundsätzliches. I. Zweck. Sanktion des Ausschlusses aller Mängelrechte soll Käufer dazu zwingen, 1
Mängel, die ihm bekannt oder nur infolge grober Fahrlässigkeit unbekannt sind, dem Verkäufer mitzuteilen.
Damit soll im allgemeinen Interesse Streit über Mängel vermieden werden, deren vertragliche Regelung der
Käufer ohne weiteres hätte erreichen können (BaRoth/*Faust* Rn 2; zu aF *Köhler* JZ 89, 761, 762;). Auch liegt
hierin ein venire contra factum proprium des Käufers (MüKo/*Westermann* Rn 1; Staud/*Matusche-Beckmann*
Rn 1 mwN).

II. Anwendungsbereich. Norm gilt für Sach- und über § 453 Rechtskauf, sowie für Sach- und Rechtsmän- 2
gel. Sie regelt auch die Schadensersatzansprüche gem § 437 Nr 3 und alle Ansprüche aus der Verletzung von
Nebenpflichten, die sich auf die Beschaffenheit der Kaufsache auswirken (s § 438 Rn 3). Nicht anwendbar ist
§ 442 auf Mängel, zu deren Beseitigung sich der Verkäufer ausdrücklich verpflichtet hatte (Palandt/*Putzo*
Rn 9; Erman/*Grunewald* Rn 9).

III. Abschließender Charakter. § 442 regelt die Folgen der – möglichen – Kenntnis von Mängeln abschlie- 3
ßend, so dass insbes § 254 und das allgemeine Leistungsstörungsrecht deshalb nicht zur Anwendung gelangen
(Palandt/*Putzo* Rn 5; BaRoth/*Faust* Rn 33; Staud/*Matusche-Beckmann* Rn 45 mwN). Fahrlässige Unkenntnis
des Käufers kann daher nicht gem § 254 berücksichtigt werden (so zu aF BGH NJW 78, 2240; aA MüKo/*Westermann* Rn 15 mwN).

IV. Schuldrechtsmodernisierung. Für den Sachmangel enthält § 442 nur Anpassungen von § 460 aF an die 4
Schuldrechtsreform. Für den Rechtsmangel ordnet I 2 erstmals (s § 439 aF) die Nachteiligkeit grob fahrlässiger Unkenntnis des Käufers an (BTDrs 14/6040, 236; BaRoth/*Faust* Rn 1); ferner ist in II der Kreis der Rechte
erweitert (BTDrs 14/6040, 237). Entfallen ist die zeitlich nachlaufende Bestimmung von § 464 aF, dass der
Käufer die Mängelrechte auch verliert, wenn er sich bei Annahme der Kaufsache seine Rechte für ihm
bekannte Mängel nicht vorbehält (BTDrs 14/6040, 205: wegen Unvereinbarkeit mit der Verbrauchsgüterkaufrichtl und der geringen praktischen Bedeutung).

V. Verbrauchsgüterkaufrichtlinie. I 1 setzt den Ausschluss einer Vertragswidrigkeit gem Art 2 III Alt 1 5
Richtl für den Fall um, dass der Verbraucher bei Vertragsschluss Kenntnis von der Vertragswidrigkeit hatte
(BTDrs 14/6040, 236). Auch I 2 ist mit der Richtl vereinbar, da gem deren Art 2 III Alt 2 eine Vertragswidrigkeit gleichfalls nicht vorliegt, wenn der Verbraucher „vernünftigerweise nicht in Unkenntnis darüber sein
konnte"; dies ist bei grober Fahrlässigkeit gegeben (BTDrs aaO; BaRoth/*Faust* Rn 4).

6 **VI. Abdingbarkeit.** § 442 ist für Verbrauchsgüterkauf zugunsten des Käufers zwingend (§ 475 I), ansonsten dispositiv.

7 **B. Kenntnis des Käufers vom Mangel (I 1). I. Begriff.** Kenntnis meint positives Wissen des Käufers oder seines Vertreters (§ 166 I) über die Tatsachen, die den Mangel begründen. Dazu gehören auch alle tatsächlichen und rechtlichen Umstände, die den Umfang und die rechtliche Bedeutung des Mangels bestimmen (Palandt/*Putzo* Rn 7). Unkenntnis eines dieser Faktoren oder ein bloßer Verdacht schließt Kenntnis aus und führt allenfalls zur Anwendbarkeit von I 2 (Palandt/*Putzo* Rn 7; BaRoth/*Faust* Rn 16 f; zu aF BGH NJW 91, 2700 für Unkenntnis des Käufers über Dauer eines Pachtvertrags). Aus I 2 folgt im Gegenschluss, dass arglistiges Verschweigen des Mangels durch den Verkäufer unerheblich ist (BaRoth/*Faust* Rn 14; i Erg: Palandt/*Putzo* Rn 9; zu aF BGH NJW 78, 2240).

8 **II. Zeitpunkt.** Mit „Vertragsschluss" ist das Zustandekommen des Vertrags gemeint, zB die notarielle Beurkundung oder die Leistung der letzten Unterschrift (BaRoth/*Faust* Rn 7). Spätere Kenntnis ist unschädlich, etwa bei Grundstückskauf zwischen Beurkundung und Eintragung des Käufers, selbst wenn Heilung vorliegt (Palandt/*Putzo* Rn 8; Erman/*Grunewald* Rn 8; ausf zu aF *Köhler* JZ 89, 765-767 mwN; **abw** nur wenn Käufer Formnichtigkeit nicht kennt: MüKo/*Westermann* Rn 6; zu aF BGH NJW 89, 2050 f). Soweit Vertrag schwebend unwirksam ist, kommt es darauf an, ob von Seiten des **Käufers** noch ein Akt aussteht (BaRoth/*Faust* Rn 8; zu aF Köhler JZ 89, 761, 765): Es entscheidet daher der Zeitpunkt der Genehmigung der Erklärungen eines vollmachtlosen Vertreters durch den Käufer oder der Eintritts der aufschiebenden Bedingung, wenn diese von einer Handlung des Käufers abhängt, zB Beschaffung einer Finanzierung (insoweit **aA** Palandt/*Putzo* Rn 8: evtl Formulierungsfehler; Staud/*Matusche-Beckmann* Rn 17).

9 **C. Grob fahrlässige Unkenntnis des Mangels (I 2). I. Begriff.** Gem Rn 7 ist **Unkenntnis** jede nicht vollständige Kenntnis (Palandt/*Putzo* Rn 10). **Grob fahrlässig** ist sie, wenn der Käufer bei der Information über die Kaufsache die im Verkehr erforderliche Sorgfalt in besonders hohem Maße verletzt hat (s § 276 Rn 16 ff). Dies ist im Regelfall nicht gegeben, wenn sich der Käufer auf Informationen des Verkäufers verlassen hat (Palandt/*Putzo* Rn 11; Staud/*Matusche-Beckmann* Rn 24). Vor allem ist der Käufer nur **ausnahmsweise** zur **Untersuchung der Kaufsache** verpflichtet (Palandt/*Putzo* Rn 13; BaRoth/*Faust* Rn 20-22; zu aF keine Einsichtspflicht in Bau- und Grundakten bei Grundstückskauf über DM 3 Mio: BGH NJW-RR 88, 1290, 1291). Dies gilt auch für die Vornahme einer **due diligence** beim Unternehmenskauf (str: BaRoth/*Faust* Rn 20 mwN auch der aA; *Müller* NJW 04, 2196, 2197 f). Entgegen der teilweise zu weitgehenden Rspr zu aF (Beispiele bei BaRoth/*Faust* Rn 20) kann eine Untersuchungspflicht nur noch angenommen werden, wenn Indizien Anlass zu Misstrauen geben oder besondere Umstände vorliegen, zB Klärung der rechtlichen Voraussetzungen für ein Großbauvorhaben bei Grundstückskauf durch den sachkundigen Käufer (zu aF RG 131, 343, 354). Führt der Käufer eine Untersuchung durch, schadet ihm grob fahrlässiges Ignorieren der Erkenntnisse daraus (BaRoth/*Faust* Rn 22), nicht aber deren bloß unsorgfältige Vornahme (ausf *Müller* NJW 04, 2196, 2198 f). Dies gilt nicht, wenn Käufer aufgrund Vereinbarung zur Untersuchung der Kaufsache verpflichtet ist.

10 **II. Zeitpunkt.** Vertragsschluss wie bei I 1 (s Rn 8) (Palandt/*Putzo* Rn 12; MüKo/*Westermann* Rn 8).

11 **III. Ausschlussgründe. 1. Arglistiges Verschweigen (Alt 1).** Der Verkäufer muss für den konkreten Mangel eine Offenbarungspflicht haben (s *Gröschler* NJW 05, 1601 ff; § 123 Rn 8–19). Das arglistige Vorspiegeln der Mangelfreiheit steht dem arglistigen Verschweigen gleich, ohne dass es wegen des darin liegenden positiven Tuns auf eine Aufklärungspflicht ankommt (str: **so** Palandt/*Putzo* Rn 18; s § 438 Rn 23).

12 **2. Garantie (Alt 2).** S § 443 Rn 7 ff. Ungeachtet des, anders als bei § 444 Alt 2, nicht von „wenn" in „soweit" geänderten Wortlauts ist I 2 Alt 2 so zu lesen, dass die Garantie dem Käufer nur hilft, soweit sie gerade für den konkreten Mangel abgegeben wurde (MüKo/*Westermann* Rn 12 f; offenbar BaRoth/*Faust* Rn 26).

13 **C. Rechte im Grundbuch (II).** Norm gilt für Kaufverträge über Grundstücke und bewegliche Sachen, auf die sich Eintragung zB gem § 1120 erstreckt (Palandt/*Putzo* Rn 22; BaRoth/*Faust* Rn 27; zu aF RG 57, 1, 4; BGH WM 61, 482, 484 mwN). Sie umfasst **alle** in Abt. II und III eingetragenen Rechte einschl Vormerkungen (BTDrs 14/6040, 237; BaRoth/*Faust* Rn 27). Voraussetzung ist aber wie bei § 438 I Nr 1 lit b), dass Eintragung für Recht konstitutiv und nicht nur nachrichtlich erfolgt ist (s § 438 Rn 16). Entspr Anwendbarkeit auf Share-Deal (Verkauf einer Gesellschaft mit Grundstück als einzigem Vermögen) ist angesichts der Anknüpfung von II an die beim Share-Deal nicht gegebene Abwicklung eines Grundstückskaufvertrags abzulehnen (aA BaRoth/*Faust* Rn 27; MüKo/*Westermann* Rn 17; zu aF RG 120, 283, 288). Rechtsfolge ist Verpflichtung des Verkäufers, Recht zur Löschung zu bringen, ohne Rücksicht darauf, ob es Käufer bekannt ist.

14 **D. Beweislast.** Für Kenntnis und grob fahrlässige Unkenntnis des Käufers ist **Verkäufer**, für Vorliegen von Arglist und einer Garantie ist **Käufer** beweispflichtig (Palandt/*Putzo* Rn 6; BaRoth/*Faust* Rn 34).

§ 443 Beschaffenheits- und Haltbarkeitsgarantie

(1) Übernimmt der Verkäufer oder ein Dritter eine Garantie für die Beschaffenheit der Sache oder dafür, dass die Sache für eine bestimmte Dauer eine bestimmte Beschaffenheit behält (Haltbarkeitsgarantie), so stehen dem Käufer im Garantiefall unbeschadet der gesetzlichen Ansprüche die Rechte aus der Garantie zu den in der Garantieerklärung und der einschlägigen Werbung angegebenen Bedingungen gegenüber demjenigen zu, der die Garantie eingeräumt hat.

(2) Soweit eine Haltbarkeitsgarantie übernommen worden ist, wird vermutet, dass ein während ihrer Geltungsdauer auftretender Sachmangel die Rechte aus der Garantie begründet.

A. Grundsätzliches. I. Einleitung. Norm regelt erstmals das Institut der Garantie und legt zwei Typen fest, die Garantie für eine bestimmte Beschaffenheit der Sache und die Haltbarkeitsgarantie, dass die Sache eine bestimmte Beschaffenheit für eine bestimmte Dauer behält; für den Verbrauchsgüterkauf wird sie ergänzt durch § 477. „Garantie für die Beschaffenheit der Sache" wird zusätzlich in §§ 442 I 2 Alt 2, 444 Alt 2 und 445 Alt 2, „Garantie" in § 276 I 1 verwendet. Die **Regelung ist missglückt**, da sie wegen ihrer Orientierung an der Verbrauchsgüterkaufrichtl die Standards der Vertragspraxis bei der Gestaltung von Garantien ignoriert, vor allem die praktisch unverzichtbare Unterscheidung unselbständiger und selbständiger Garantien. Zudem wird das Verständnis durch eine verwickelte Gesetzgebungsgeschichte erschwert. 1

II. Bedeutung. Die praktische Bedeutung von Garantieerklärungen in und zusätzlich zu Kaufverträgen ist erheblich. „Hersteller-" und „Händlergarantien" sind ein verbreitetes Instrument, um das Vertrauen von Käufern in die Qualität von Waren zu erhöhen. Bei wirtschaftlich bedeutenden Verträgen, besonders Unternehmens- und Grundstückskaufverträgen, werden wesentliche Leistungspflichten des Verkäufers oft über Garantien geregelt. 2

III. Anwendungsbereich. Festgelegt wird der Anwendungsbereich durch die beiden von § 443 geregelten Typen der Garantie, für die Beschaffenheit der Sache und die Haltbarkeitsgarantie (Rn 1). Daraus folgt die Beschränkung auf Sachmängel und den Sachkauf sowie die Kaufgegenstände des § 453 III, zum Besitz einer Sache berechtigende Rechte (Palandt/*Putzo* Rn 5). Unabhängig von § 443 können Garantien auch für Rechtsmängel und beim Rechtskauf gegeben werden (Rn 13; BTDrs/14/7052, 184; BaRoth/*Faust* Rn 7). Kaufrechtsintern sind der Garantiebegriff in § 443 und §§ 442 I 2 Alt 2, 444 Alt 2 und 445 Alt 2 identisch (Rn 7). In seinem Anwendungsbereich deckt § 443 unselbständige und selbständige Garantien gleichermaßen ab (Rn 9). 3

IV. Schuldrechtsmodernisierung. Bestimmung ist durch die Schuldrechtsreform neu geschaffen worden. 4

V. Verbrauchsgüterkaufrichtlinie. Art 6 I normiert als Anforderung an die Garantie, den Garantiegeber „zu den in der Garantieerklärung und der einschlägigen Werbung angegebenen Bedingungen" zu binden. Inhaltlich ist die Garantie in Art 1 II lit e) definiert als Verpflichtung eines Verkäufers oder Herstellers, zugunsten des Verbrauchers Abhilfe zB durch Erstattung des Kaufpreises zu schaffen, wenn die Kaufsache nicht die nach der Garantieerklärung oder der Werbung versprochenen Eigenschaften hat. Während Art 6 I Richtl in I umgesetzt ist, hat der Gesetzgeber die weiteren Anforderungen in Art 6 II zu Gestaltung und Inhalt wegen ihrer rein Verbraucher schützenden Zielsetzung in § 477 geregelt (BTDrs 14/6040, 238). 5

VI. Abdingbarkeit. Norm ist bei Verbrauchsgüterkauf zwingend (§§ 475 I, 477), ansonsten dispositiv; dies gilt auch für II (str: so Staud/*Matusche-Beckmann* Rn 25 mwN). 6

B. Begriff, Formen und Abschluss der Garantie. I. Kaufrechtsinterner Garantiebegriff. Obwohl die §§ 442 I 2 Alt 2, 443 I Alt 2, 444 Alt 2 und 445 Alt 2 übereinstimmend auf eine „Garantie für die Beschaffenheit der Sache" abstellen, verwendet die hL einen zweigeteilten Garantiebegriff: Basierend auf § 276 I 1 lebe in §§ 442 I 2 Alt 2, 444 Alt 2 die zugesicherte Eigenschaft fort, während § 443 ein eigenständiger Garantiebegriff zugrunde liege (Erman/*Grunewald* Rn 2; Staud/*Matusche-Beckmann* Rn 5; Hilgard/*Kraayvanger* MDR 02, 678, 680; *Knott* NZG 02, 249, 255; *Muthers/Ulbrich* ZGS 04, 289, 290 ff; offenbar Ddorf ZGS 04, 271, 274; Hamm NJW-RR 05, 1220, 1221). Dazu wird die Regierungsbegründung herangezogen, derzufolge die in § 442 RegE geregelte Garantie „in der Sache … der Zusicherung einer Eigenschaft des bisherigen Rechts" entspricht (BTDrs 14/6040, 236; ebenso für § 444 RegE aaO 240; s § 434 Rn 19). Die Regierungsbegründung leitet fehl, da sie eine andere Formulierung der Garantie in §§ 442, 444 RegE erläutert, die die „Garantie für das Vorhandensein einer Eigenschaft" (BTDrs 14/6040, 20; s *D. Schmidt* BB 05, 2763, 2764 f). Diese stand damals tatsächlich im Gegensatz zur „Garantie für die Beschaffenheit der Sache" in § 443 I Alt 1 RegE. Im weiteren Verlauf hat der Gesetzgeber die zusicherungsartige Sonderregelung der Garantie für die §§ 442, 444 aufgegeben und in der Stellungnahme des Rechtsausschusses ausdrücklich festgelegt, deren bisherige Fassung sei „allerdings an die Formulierung des § 443 I BGB-BE anzupassen" (BTDrs 14/7052, 197). Damit hat sich der Gesetzgeber für einen **einheitlichen kaufrechtlichen Garantiebegriff** in den §§ 442 I 2 Alt 2, 443 I Alt 1, 444 Alt 2 und 445 Alt 2 entschieden, wie im Gesetz durch die vollständige sprachliche Identität in 4 aufeinanderfolgenden (!) Normen so deutlich wie möglich ausgedrückt ist (so i Erg Palandt/*Putzo* § 442 Rn 19; v. Gierke/ Paschen GmbH-Rdsch 02, 457, 459 ff; *Müller* NJW 02, 1026 f; Seibt/Raschke/*Reiche* NZG 02, 256, 259). Schon 7 gar keine Basis besteht damit für die Auffassung, in jeder der 4 Bestimmungen sei der Begriff „Garantie" unterschiedlich zu verstehen (BaRoth/*Faust* Rn 5, 27).

8 II. Selbständige und unselbständige Garantie. 1. Grundsatz. Garantien können eine höhere Verantwortlichkeit des Verkäufers oder eines Dritten als gesetzlich geregelt sei nur für einzelne Voraussetzungen, zB das Verschulden oder das Nichtauftreten von Mängeln für eine bestimmte Frist, statuieren; dann sind sie **unselbständig**, da sie auf Grundlage des Mängelrechts nur im Umfang der Garantieerklärung eine zusätzliche Einstandspflicht begründen. Die **selbständige** Garantie wird demggü unabhängig vom Kaufvertrag abgegeben und begründet daher eine Verpflichtung des Garantiegebers auf einer neuen Grundlage, auch wenn sie Gegenstände des Mängelrechts regelt (**so** *Hermanns* ZIP 02, 696, 698; *Knott* NZG 02, 249, 255; **abw** Palandt/*Putzo* Rn 4; Staud/*Matusche-Beckmann* Rn 12).

9 2. Anwendung von § 443. Der einheitliche Wortlaut der §§ 442 I 2 Alt 2, 443 I Alt 1, 444 Alt 2 und 445 Alt 2 einer „Garantie für die Beschaffenheit der Sache" lässt offen, wie sich das Gesetz zur Differenzierung der Garantien nach ihrer Selbständigkeit verhält. Tatsächlich werden alle vier denkbaren Auffassungen vertreten: (1) § 443 regelt unselbständige (so wohl BTDrs 14/6040, 237 f; ferner *Fischer* DStR 04, 276, 281; *Hammen* NJW 03, 2588; *Knott* NZG 02, 249, 255; in die Richtung *Seibt/Raschke/Reiche* NZG 02, 256, 259), oder (2) selbständige Garantien (*Brüggemeier* WM 02, 1376, 1381; *Hilgard/Kraayvanger* MDR 02, 678, 680), (3) beide Formen sind erfasst (Palandt/*Putzo* Rn 5; Staud/*Matusche-Beckmann* Rn 13; wohl MüKo/*Westermann* Rn 4) und (4) die Differenzierung ist obsolet geworden (BaRoth/*Faust* Rn 12; dahin tendierend Staud/*Matusche-Beckmann* Rn 12). Da die Unterscheidung praktisch unverzichtbar ist (Rn 10–12), der Anwendungsbereich von § 443 aber nach dem Willen des Gesetzgebers und zur Umsetzung der Verbrauchsgüterkaufrichtl nicht von der Selbständigkeit der Garantie abhängen kann, gilt § 443 für alle Garantien für die Beschaffenheit und die Haltbarkeit, unabhängig davon, ob sie selbständig oder unselbständig gegeben sind.

10 3. Fortbestand der Unterscheidung. Die Differenzierung zwischen unselbständigen und selbständigen Garantien ist für die Vertragsgestaltung unverzichtbar und gehört auch außerhalb des Kaufrechts zum festen Repertoire der Vertragsjuristen. Bei der üblichen ausdrücklichen Kennzeichnung bestehen auch keine besonderen Abgrenzungsschwierigkeiten (unrichtig daher deren Betonung von BaRoth/*Faust* Rn 12).

11 a) Selbständige Garantie. Die selbständige Garantie ist eine vom **Kaufvertrag unabhängige** ausschl auf der Garantieerklärung basierende Verpflichtung. Sie kann jeden beliebigen Inhalt im Geltungsbereich des § 443 – und außerhalb – haben. Beim Verbrauchsgüterkauf kommt sie zwingend neben dem Mängelrecht, ansonsten auch je nach Vereinbarung anstelle des Mängelrechts zur Anwendung. Die zweite Alternative ist typisch für Unternehmenskaufverträge (*Knott* NZG 02, 249, 255 mwN) und gelegentlich auch für komplexe Grundstückskaufverträge, in denen die Parteien ein maßgeschneidertes Mängelrecht auf Grundlage von Garantien vereinbaren. Konsequenz der Selbständigkeit ist, dass die Garantie nicht den Bestimmungen des Mängelrechts unterliegt und vor allem nicht gem § 438, sondern nach den **allgemeinen Vorschriften verjährt** (zu aF BGH WM 77, 365 LS, 366). Garantiegeber kann der Verkäufer oder ein Dritter, insbes der Hersteller sein.

12 b) Unselbständige Garantie. Die unselbständige Garantie hat ihre **Basis in einer Norm des Mängelrechts** und begründet unter einem bestimmten Aspekt eine verschärfte Einstandspflicht, vor allem in Form einer verschuldensunabhängigen Haftung und dass während einer bestimmten Frist kein Mangel auftreten wird. Sie unterliegt deshalb grds dem Mängelrecht (allgemein für Beschaffenheitsgarantie BaRoth/*Faust* Rn 28; MüKo/*Westermann* Rn 22), so dass sie gem **§ 438 verjährt** (aA Palandt/*Putzo* Rn 15, 23). Auch hier kann Garantiegeber neben dem Verkäufer ein Dritter sein, der insoweit erklärt, zusätzlich zum Verkäufer im Umfang der Garantie verschärft nach dem Kaufvertrag zu haften.

13 4. Erweiterung auf Rechtsmängel und Rechtskauf. Selbständige und unselbständige Garantien für Rechtsmängel und beim Rechtskauf können den Regeln der Garantie zu §§ 442 I 2 Alt 2, 443 I Alt 1, 444 Alt 2 beliebig unterstellt werden. Ohne ausdrückliche Regelung liegt eine analoge Anwendung nahe.

14 III. Abschluss der Garantie. Der Verkäufer kann beide Formen einer Garantie im Kaufvertrag abgeben, speziell die selbständige Garantie aber auch separat, zB in Form von Garantiekarte. Ein Dritter, zB der Hersteller oder Importeur, muss die Garantie separat abgeben, wofür eine einseitige Erklärung reicht (str: **so** *Gsell* JZ 01, 65, 74; **aA** BaRoth/*Faust* Rn 14 f mwN; MüKo/*Westermann* Rn 7). Bei Grundstückskaufvertrag gilt § 311 b auch für die Garantie (Palandt/*Putzo* Rn 12).

15 C. Garantie der Beschaffenheit (I Alt 1). I. Inhalt. Garantie muss zur Beschaffenheit der Sache (§ 434) gegeben werden. Infolge des weiten Beschaffenheitsbegriffs (§ 434 Rn 14-27) kann Garantie damit zu allen Anforderungen an die Kaufsache erklärt werden. Wort „Garantie" muss nicht gebraucht werden (Palandt/*Putzo* Rn 11; Staud/*Matusche-Beckmann* Rn 9); aus Formulierung muss aber klar sein, dass mehr als nur die Beschaffenheit gem § 434 I 1 vereinbart wird (s § 434 Rn 31-33). Garantie kann selbständig und unselbständig abgegeben werden (Rn 8, 11 f). In Abgrenzung zur Haltbarkeitsgarantie (I Alt 2, II) bezieht sich Garantie auf **Zeitpunkt des Gefahrübergangs** (deutlich BaRoth/*Faust* Rn 9; Palandt/*Putzo* Rn 13). Weiterer notwendiger Mindestinhalt ist bei Garantie des Verkäufers die Erklärung, **über die gesetzlichen Rechtsfolgen hinaus zu haften** (Staud/*Matusche-Beckmann* Rn 17); dies gilt nicht für Garantie eines Dritten (vgl ebda Rn 19). Typisches Beispiel ist die verschuldensunabhängige Einstandspflicht für eine bestimmte Beschaffenheit, zB für Leistungsdaten einer EDV-Anlage. Garantie kann aber auch anderen Inhalt haben, zB dem Käufer bei Mängeln besondere Rechte im Zusammenhang mit der Nacherfüllung zu geben, wie bei PKW-Mobilitätsgarantie (Stellung eines Ersatzwagens, Übernahme von Übernachtungskosten) (vgl Staud/*Matusche-Beckmann* Rn 17; auch BTDrs 14/6857, 61). Konkreter Inhalt kann nur durch **Auslegung** der Garantieerklärung festgestellt werden (BaRoth/*Faust* Rn 16), bei der Vorsicht mit der Annahme einer verschuldensunabhängigen Haftung geboten ist (BaRoth/*Faust* Rn 30, 35; aA Garantie immer verschuldensunabhängig: Palandt/*Putzo* Rn 9). Bsp: Die Klausel, dem Verkäufer sind keine Mängel bekannt, stellt keine Garantie-, sondern eine bloße Wissenserklärung dar (Hamm MDR 05, 500). Erklärung des gewerblichen Verkäufers eines Gebrauchtwagens, die Gesamtfahrleistung stimme mit dem Kilometerzähler überein, ist eine Garantie der Beschaffenheit (Kobl NJW 04, 1670 f; zust *Muthers/Ulbrich* ZGS 04, 289, 290 f); dasselbe gilt für die Beschreibung als unfallfrei (LG Karlsruhe NJW-RR 05, 1368). Verwendung des Worts „Garantie" indiziert auch bei Verbraucher als Verkäufer Annahme einer Garantie (Hamm NJW-RR 05, 1220, 1221). Zu weit geht es, in der bloßen Angabe von Daten oder Ausstattung eines Gebrauchtwagens durch privaten Verkäufer Garantie zu sehen (so aber LG Kleve NJW-RR 05, 422).

II. Rechtsfolge. Die in Alt 1 normierte Haftung „zu den in der Garantieerklärungen angegebenen Bedingungen" ist tautologisch, da ohne sie Tatbestand entfällt. Die Haftung gem Alt 2 „zu den in ... der einschlägigen Werbung angegebenen Bedingungen" hat als Rechtsfolge die Abgabe einer Garantie gem Rn 15 zur Voraussetzung und findet daher nur in der Konstellation Anwendung, dass Inhalt der Garantie hinter den Werbeaussagen zurückbleibt (BaRoth/*Faust* Rn 17 f; Staud/*Matusche-Beckmann* Rn 34; aA: Werbung ist selbst Garantieerklärung *Lehmann* DB 02, 1090, 1093; offenbar Palandt/*Putzo* Rn 19). Die ausgesprochen unklare Regelung (vgl BTDrs 14/6857, 28) ist beschränkt auf vom Garantiegeber veranlasste Werbung (BaRoth/*Faust* Rn 20; Staud/*Matusche-Beckmann* Rn 34; weiter Erman/*Grunewald* Rn 13; MüKo/*Westermann* Rn 13), bleibt also hinter § 434 I 3 zurück. Sie findet nur Anwendung, wenn garantierte und beworbene Beschaffenheit in einem sachlichen Zusammenhang stehen (MüKo/*Westermann* Rn 12): Garantie des Ersatzwagens nur bis maximal 1 Woche und Werbung mit freier Verfügbarkeit eines Ersatzwagens für jede Nacherfüllung haben diesen Zusammenhang, so dass Garantie im Umfang der Werbung gesetzlich erweitert ist. Anders bei Zusammentreffen dieser Ersatzwagengarantie mit garantiehafter Werbung, das Fahrzeug sei sparsamer als alle Wettbewerber; hier kann der Käufer Einbeziehung der Werbung in die Garantie nicht erwarten. Ansprüche aus Garantie können nach Wahl des Käufers neben den gesetzlichen Ansprüchen aus §§ 437 ff geltend gemacht werden.

D. Haltbarkeitsgarantie (I Alt 2, II). I. Inhalt. Die Haltbarkeitsgarantie regelt die frühere sog Garantiefrist, dh die Einstandspflicht des Verkäufers für Mängel, die nach Gefahrübergang innerhalb ihrer Dauer auftreten (MüKo/*Westermann* Rn 9). Sie impliziert keine weitergehende, insbes keine verschuldensunabhängige Haftung (deutlich MüKo/*Westermann* Rn 9). Deren zusätzliche Vereinbarung bedarf einer Beschaffenheitsgarantie. Im Übrigen s Rn 15.

II. Rechtsfolgen. S Rn 16. Die garantierte Frist ist nicht identisch mit der Verjährungsfrist, die erst mit Auftreten des Garantiefalls beginnt (vgl mwN Staud/*Matusche-Beckmann* Rn 42 ff).

III. Vermutung des Garantiefalls (II). Der Verkäufer trägt die Beweislast dafür, dass ein während der Dauer der Haltbarkeitsgarantie auftretender Sachmangel nicht unter die Garantie fällt, wie zB dass er vom Käufer durch unsorgfältigen Umgang mit der Kaufsache verursacht worden ist (vgl MüKo/*Westermann* Rn 23; Staud/*Matusche-Beckmann* Rn 48; zu aF BGH NJW 95, 516 LS 1, 517). Diese Auslegung ist durch die besondere Funktion der Haltbarkeitsgarantie bedingt, dem Käufer Gewähr für gleich bleibende Qualität zu bieten, so dass ihr das gegenteilige Verständnis von § 476 (s dort Rn 3) trotz vergleichbaren Wortlauts nicht entgegensteht (aA mit Betonung der Vergleichbarkeit von II und § 476 *Saenger/Veltmann* ZGS 05, 450 ff).

E. Beweislast. Käufer trägt Beweislast für Abgabe und Inhalt der Garantie und Eintreten des Garantiefalls (Palandt/*Putzo* Rn 24); bei Beschaffenheitsgarantie gehört dazu Beweis der Mangelhaftigkeit, da § 476 keine Anwendung findet (s § 477 Rn 8). **Verkäufer** trägt Beweislast gem II (s Rn 19).

§ 444 Haftungsausschluss

Auf eine Vereinbarung, durch welche die Rechte des Käufers wegen eines Mangels ausgeschlossen oder beschränkt werden, kann sich der Verkäufer nicht berufen, soweit er den Mangel arglistig verschwiegen oder eine Garantie für die Beschaffenheit der Sache übernommen hat.

1 **A. Grundsätzliches. I. Bedeutung.** Haftungsausschluss und -beschränkung werden begrenzt, indem Verkäufer Berufung darauf verboten wird, wenn er Mangel arglistig verschwiegen oder eine Garantie übernommen hat (BTDrs 14/6040, 240). Im Gegenschluss wird deren grds Zulässigkeit bestätigt (Palandt/*Putzo* Rn 1).

2 **II. Anwendungsbereich.** § 444 gilt für Sach- und Rechtskauf sowie Sach- und Rechtsmängel. Faktisch ist Anwendung dadurch beschränkt, dass Haftungsausschluss überhaupt zulässig sein muss (Rn 8).

3 **III. Schuldrechtsmodernisierung.** In § 444 sind aufgegangen §§ 443 für Rechtsmängel, 476 für Sachmängel, beide beschränkt auf Arglist des Verkäufers, und 11 Nr 11 AGBG mit dem Inhalt, dass Ansprüche aus zugesicherten Eigenschaften nicht durch AGB ausgeschlossen oder beschränkt werden können. Durch das FernAbsatzÄndG ist in Hs 2 die Konjunktion „wenn" durch „soweit" ersetzt worden. Dadurch sollte zur Beendigung einer umfänglichen Diskussion (vgl nur mwN *Faust* ZGS 02, 271 ff) klargestellt werden, dass § 444 der Abgabe einer von vornherein beschränkten Garantie, etwa nur bis zu einem Höchstbetrag zu haften, nicht entgegensteht.

4 **IV. Verbrauchsgüterkaufrichtlinie.** Inhalt der Norm ist nicht durch die Richtl vorgegeben.

5 **V. Abdingbarkeit.** Abweichende Regelung kann nur über Gestaltung der Tatbestände „Arglist" und „Garantie" erfolgen, zB durch Information über Mangel, dann keine Arglist, oder Beschränkung der Garantie.

6 **B. Haftungsausschluss, -beschränkung. I. Vereinbarung.** Haftungsausschluss muss als Bestandteil des Kaufvertrages vereinbart werden, was auch vor oder nach dessen Abschluss geschehen kann. Er kann ausdrücklich oder stillschweigend, zB durch Bezeichnung der Kaufsache als „Ramschware" (BaRoth/*Faust* Rn 4 mwN; zu aF RG SeuffA 87 Nr 39), getroffen werden. Vereinbarung eines Haftungsausschlusses ist davon zu unterscheiden, durch **Beschaffenheitsvereinbarung** (§ 434 I 1) abschließend geschuldete Beschaffenheit zu bestimmen: Soweit danach eine Beschaffenheit nicht geschuldet ist, liegt kein Ausschluss der Haftung vor, sondern es fehlt bereits am Mangel (vgl BaRoth/*Faust* Rn 5). § 434 I 1 wird so bei vertragstechnisch sorgfältiger Gestaltung für eine zurückgehende Bedeutung klassischer Haftungsausschlüsse sorgen.

7 **II. Zeitpunkt.** Ohne besondere Vereinbarung wirkt Haftungsausschluss ab Zeitpunkt seiner **Vereinbarung** (Palandt/*Putzo* Rn 6). Er wirkt daher nicht erst ab Gefahrübergang mit der Konsequenz, dass Käufer vorher Ware als mangelhaft zurückweisen kann (BaRoth/*Faust* Rn 9). Die Gegenmeinung (zu aF BGHZ 129, 103, 106; BGH NJW 97, 652) wird der Funktion des Haftungsausschlusses nicht gerecht, die Rechtsfolgen aus Mängeln abschließend zu regeln. Hingegen erfasst er nicht Mängel, die nach Vereinbarung bis Gefahrübergang entstehen, da dies mit der Funktion des Gefahrübergangs nicht vereinbar ist (Palandt/*Putzo* Rn 6; Staud/*Matusche-Beckmann* Rn 25; *Zimmermann/Bischoff* NJW 03, 2506 f auch zur vertraglichen Gestaltung; zu aF BGH NJW 03, 1316 f).

8 **III. Zulässigkeit.** Haftungsausschluss muss nach allgemeinen Regeln (zB §§ 475 – Verbrauchsgüterkauf, nur für Verjährung und Schadensersatz, 309 Nr 8 lit b; s *Tiedtke/Burgmann* NJW 05, 1153 ff – AGB, §§ 138, 242 – zB bei neuwertigen Sachen, vgl zu aF zu Kaufverträgen über neu errichtete Häuser/Wohnungen BGHZ 98, 100 LS, 107 f mwN) zulässig (vgl Darstellung bei BaRoth/*Faust* Rn 7 f) und darf nicht gem Hs 2 ausgeschlossen sein.

9 **IV. Umfang.** Regelung kann jeden Inhalt haben, zB für alle oder nur für einzelne Mängel zu gelten, die Ansprüche komplett auszuschließen oder beliebig zu beschränken, zB durch Haftungshöchstgrenze (Deckel, Cap), Mindestgrenze (Bagatell-Klausel, De Minimis) (s dazu *Hilgard* BB 04, 1233) oder besondere Voraussetzungen, zB Vorlage eines Sachverständigengutachtens.

10 **V. Klauselbeispiele.** Die Auslegung kann im Einzelfall zu anderen Ergebnissen führen.
(1) „**Wie besichtigt**" stipuliert Haftungsausschluss für alle Mängel, die bei einer ordnungsgemäßen Besichtigung ohne Zuziehung eines Sachverständigen festgestellt werden können (Palandt/*Putzo* Rn 16; umgekehrt Ddorf ZGS 04, 271, 272, wonach Klausel die geschuldete Beschaffenheit bestimmt – zweifelhaft; zu aF BGHZ 74, 204, 210; Köln NJW-RR 92, 50 mwN: auch für Undichtigkeiten und Rostschäden an Unterseite von Gebrauchtwagen; weiter zu aF: vollständiger Ausschluss iVm formularmäßigen Ausschluss BGH NJW 05, 3205 LS, 3207 f).

11 (2) „**Wie besichtigt unter Ausschluss jeder Gewährleistung**" schließt die Haftung für alle einschl verborgene Mängel aus (BaRoth/*Faust* Rn 4; Staud/*Matusche-Beckmann* Rn 18 mwN; zu aF BGH NJW 77, 1055).

12 (3) „**Wie besessen**" impliziert einen Ausschluss nur für erkennbare Mängel (zu aF RG JW 37, 2591).

13 (4) „**Wie die Sache steht und liegt**" bedeutet im Regelfall einen vollständigen Ausschluss der Mängelhaftung, auch für verborgene Mängel (Palandt/*Putzo* Rn 17; zu aF BGHZ 74, 204, 210; RG JW 33, 1387, 1388; SeuffA 87 Nr 39; für Klausel mit zusätzlichem Ausschluss jeder Haftung BGH BB 64, 906).

14 (5) Dieselbe Bedeutung hat „**unter Ausschluss jeder Gewährleistung**" (Palandt/*Putzo* Rn 18).

15 (6) „**Ohne Garantie**" schließt nicht die gesetzliche Haftung aus, sondern stellt nur klar, dass über sie hinausgehend nicht gehaftet wird, insbes nicht qua Garantie (§ 443) (Palandt/*Putzo* Rn 19; für weitergehendes Verständnis Staud/*Matusche-Beckmann* Rn 19 mwN; aA für Klausel: „nach EU-Recht keine Garantie" AG Kamen ZGS 05, 200: vollständiger Haftungsausschluss – Privatverkauf über Ebay: zweifelhaft).

C. **Arglistiges Verschweigen (Hs 2 Alt 1).** S § 442 Rn 11. 16

D. **Garantie (Hs 2 Alt 2).** S Kommentierung zu § 443, insbes Rn 15. 17

E. **Beweislast.** Der **Verkäufer** trägt die Beweislast für Vereinbarung und Inhalt von Haftungsausschluss und 18
-beschränkung, der **Käufer** für die Ausnahmetatbestände des arglistigen Verschweigens und der Garantie. Hat der Käufer die Arglist des Verkäufers nachgewiesen, trifft diesen die Beweislast für eine doch erfolgte Offenbarung des Mangels (Palandt/*Putzo* Rn 4).

§ 445 Haftungsbegrenzung bei öffentlichen Versteigerungen

Wird eine Sache auf Grund eines Pfandrechts in einer öffentlichen Versteigerung unter der Bezeichnung als Pfand verkauft, so stehen dem Käufer Rechte wegen eines Mangels nur zu, wenn der Verkäufer den Mangel arglistig verschwiegen oder eine Garantie für die Beschaffenheit der Sache übernommen hat.

A. **Grundsätzliches. I. Zweck.** Die im Regelfall zu einem Haftungsausschluss führende Haftungsbegren- 1
zung berücksichtigt die besondere Situation des Pfandgläubigers als Verkäufer und deren Erkennbarkeit für den Käufer durch den Verkauf der Sache „als Pfand" (BaRoth/*Faust* Rn 1; zu aF Hamm DB 85, 807, 808).

II. **Anwendungsbereich.** Norm gilt nur für Sachkauf, dort für Sach- und Rechtsmängel. Zum Verbrauchs- 2
güterkauf s § 474 Rn 11.

III. **Schuldrechtsmodernisierung.** Der erst auf Vorschlag des Bundesrats (BTDrs 14/6857, 31 zu Nr 103, 3
62 f) eingefügte § 445 nimmt § 461 aF auf, aber mit den Änderungen des Einschlusses von Rechtsmängeln und der Ausnahmen vom gesetzlichen Haftungsausschluss (Hs 2).

IV. **Verbrauchsgüterkaufrichtlinie.** Art 1 III gestattet eine Herausnahme ausschl von gebrauchten Gütern, 4
die in einer öffentlichen Versteigerung verkauft werden, an der der Verbraucher persönlich teilnehmen kann. Dies setzt § 474 II Alt 1, I 2 um (s dort Rn 11).

B. **Öffentliche Versteigerung als Pfand.** Der Begriff „öffentliche Versteigerung" wird in § 383 III legal defi- 5
niert. Es muss sich um eine Versteigerung gem der Verordnung über gewerbsmäßige Versteigerungen handeln (Fassung vom 1.6.1976, BGBl I, 1345). Dort ist die Möglichkeit der vorherigen Besichtigung vorgeschrieben. Sache muss ausdrücklich „als Pfand", dh gem § 1235 I verkauft werden. Ob tatsächlich Pfandrecht besteht, ist nicht relevant (Palandt/*Putzo* Rn 5; BaRoth/*Faust* Rn 5 mwN). Der Kaufvertrag kommt mit dem Pfandgläubiger als Verkäufer zustande. Für andere Fälle der öffentlichen Versteigerung, zB gem § 383, den freihändigen Pfandverkauf gem §§ 1235 II, 1221 (für beide BaRoth/*Faust* Rn 4) sowie Online-Versteigerungen mangels Möglichkeit persönlicher Teilnahme (*Cichon/Pighin* CR 03, 435, 438 f) gilt § 445 nicht.

C. **Rechtsfolgen. I. Haftungsausschluss.** § 445 schließt von Gesetzes wegen Einstandspflicht für Sach- und 6
Rechtsmängel aus.

II. **Ausnahmen (Hs 2).** Gehaftet wird nur in den aus §§ 442 I 2 Alt 1 und 444 Alt 2 bekannten Konstellatio- 7
nen, dass der Verkäufer den Mangel arglistig verschwiegen (s § 442 Rn 11; zur hM nach aF vgl Staud/*Beckmann* Rn 10 mwN) oder für ihn eine Garantie übernommen (s § 442 Rn 12) hat. Nach der Rspr zu aF wurde darüber hinaus die Treuwidrigkeit der Berufung auf den Haftungsausschluss wegen ungenügender Prüfungsmöglichkeit für den Käufer nur sehr restriktiv zugelassen (vgl BGHZ 96, 214, 218 ff gegen Hamm DB 85, 807 f). Dies gilt wegen der Ausnahmen in Hs 2 jetzt erst recht (BaRoth/*Faust* Rn 7).

D. **Beweislast.** Verkäufer ist für den Verkauf als Pfand in einer öffentlichen Versteigerung, Käufer für die 8
Voraussetzungen der Ausnahmen gem Hs 2 beweispflichtig (s § 444 Rn 18).

§ 446 Gefahr- und Lastenübergang

¹Mit der Übergabe der verkauften Sache geht die Gefahr des zufälligen Untergangs und der zufälligen Verschlechterung auf den Käufer über. ²Von der Übergabe an gebühren dem Käufer die Nutzungen und trägt er die Lasten der Sache. ³Der Übergabe steht es gleich, wenn der Käufer im Verzug der Annahme ist.

A. **Grundsätzliches. I. Zweck.** Auf der Zeitachse der Abwicklung eines Kaufvertrags wird der Übergang 1
von Wirkungen des Eigentums auf den Käufer durch § 446 vorverlegt: Zufallsgefahren (S 1) sowie Nutzungen und Lasten (S 2) treffen den Käufer schon mit Übergabe der Sache und als deren Surrogat mit Annahmeverzug (S 3). Damit wird der Übergang der **Preisgefahr** auf den Käufer von der Übereignung abgekoppelt.

II. **Bedeutung.** Norm hat erhebliche praktische Bedeutung: Übergaben vor Eigentumserwerb sind verbrei- 2
tet, zB Kauf unter EV (MüKo/*Westermann* Rn 1) und Grundstückskauf. Zudem legt § 446 die Zäsur für die Freiheit von Sachmängeln (§ 434 Rn 44, 50, 72, 78, 85) und die Geltung des Mängelrechts statt des allgemeinen Leistungsstörungsrechts (§ 437 Rn 3) fest.

3 **III. Anwendungsbereich.** § 446 gilt für den Sachkauf und den Kauf von Rechten, die gem § 453 III zum Besitz einer Sache berechtigen (S 1). Gleich stehen alle Kaufgegenstände des § 453, bei denen eine Übergabe von Sachen oder sachartigen Vermögenswerten stattfindet, zB Unternehmen (Palandt/*Putzo* Rn 2; zu aF BGHZ 138, 195 LS, 204 f), Software, Strom: Durchlaufen durch den Zähler entscheidet (Staud/*Beckmann* Rn 17 mwN). Anwendbar ist § 446 allein auf Sachmängel, da es für Rechtsmängel auf den Eigentumsübergang ankommt (§ 435 Rn 6; BaRoth/*Faust* Rn 5). Der Geltungsbereich wird durch vorrangiges Recht limitiert: § 447 I ist für den Versendungskauf lex specialis zu S 1, während S 2 anwendbar bleibt; bei Verbrauchsgüterkauf gilt § 447 nicht (§ 474 II Alt 2, s aber § 475 Rn 5), so dass § 446 maßgeblich ist. Für den Erbschaftskauf ordnet § 2380 die Maßgeblichkeit des Zeitpunkts des Vertragsschlusses im Vorrang zu S 1 und 2 an. Zu Käufen in der Zwangsversteigerung s § 56 ZVG. Zu den Besonderheiten bei Hinterlegung außerhalb von Annahmeverzug s §§ 378, 379. § 446 schließt Ansprüche des Käufers gem § 285 auf das stellvertretende commodum nicht aus (BaRoth/*Faust* Rn 17; MüKo/*Westermann* Rn 6).

4 **IV. Schuldrechtsmodernisierung.** S 1 und 2 stimmen mit § 446 aF überein. S 3 entspricht jedenfalls für Gefahrtragung § 324 II aF. Entfallen ist § 446 II aF, der bei Eintragung des Käufers als Eigentümer im Grundbuch oder Schiffs(bau)register vor Übergabe die Eintragung für maßgeblich erklärte. Die Konsequenz, dass Übergang erst mit Übergabe trotz vorheriger Eintragung stattfindet, kann im Einzelfall eine vertragliche Regelung erfordern (vgl zum Entfall von II aF BTDrs 14/6040, 203; MüKo/*Westermann* Rn 3).

5 **V. Verbrauchsgüterkaufrichtlinie.** Erwägungsgrund 14 gestattet den Mitgliedsstaaten, die gesetzlichen Regelungen zur Gefahrtragung unverändert zu belassen.

6 **VI. Abdingbarkeit.** Norm ist auch für Verbrauchsgüterkauf (s Rn 5 und § 475) dispositiv. Allerdings darf Abbedingung nicht gegen sonstiges zwingendes Recht verstoßen: ZB würde Vorziehen von S 1 auf Zeitpunkt des Vertragsschlusses zwingendes Recht des Verbrauchers auf Lieferung einer mangelfreien Kaufsache verletzen (MüKo/*Westermann* Rn 14; **abw**: Zeitpunkt vor Vertragsschluss BaRoth/*Faust* Rn 33).

7 **B. Zeitpunkt. I. Wirksamer Kaufvertrag.** Generelle Voraussetzung ist die Wirksamkeit des Kaufvertrags (Palandt/*Putzo* Rn 9; zu aF BGHZ 138, 195, 206). Daraus folgt:

8 (1) Bei Übergabe vor Eintritt einer **aufschiebenden Bedingung** ist zu unterstellen, dass im Falle des späteren Eintritts die Wirkungen rückbezogen auf die Übergabe vereinbart sind (§ 159), § 446 also gilt. Fällt die Bedingung endgültig aus, kommt § 446 mangels wirksamen Kaufvertrags nicht zur Anwendung (Palandt/*Putzo* Rn 11; zu aF BGH NJW 75, 776, 777 f).

9 (2) Der aufschiebenden Bedingung gleich steht die Erteilung einer **öffentlich-rechtlichen oder privatrechtlichen Genehmigung** (zur privatrechtlichen Genehmigung vgl § 184 I) (Palandt/*Putzo* Rn 12).

10 (3) Bei **auflösender Bedingung** ist § 446 anwendbar, wenn Bedingung ausbleibt. Bei Bedingungseintritt entfallen Wirkungen von § 446, so dass gezahlter Kaufpreis zurückzugewähren ist, während Ersatzansprüche wegen Untergangs oder Verschlechterung der Kaufsache mangels Verschulden des Käufers nicht bestehen (str: so Palandt/*Putzo* Rn 10; aA: § 446 ist zu berücksichtigen Staud/*Beckmann* Rn 14; ähnlich Erman/*Grunewald* Rn 4).

11 (4) Da die **Heilung** eines formunwirksamen Kaufvertrags nur ex nunc wirkt, löst eine vorher erfolgte Übergabe die Wirkungen des § 446 nicht aus (str: so MüKo/*Westermann* Rn 5 mwN; zu aF BGHZ 138, 195, 206 f; **aA** Erman/*Grunewald* Rn 4).

12 **II. Übergabe (S 1 und S 2).** Gemeint ist die Übergabe in Erfüllung der Hauptleistungspflicht von § 433 I 1 Alt 1, also zur Verschaffung des Besitzes, nicht zur Übereignung (Palandt/*Putzo* Rn 13; Erman/*Grunewald* Rn 5 f). S daher § 433 Rn 17-19. Ob die Einräumung mittelbaren Besitzes ausreicht, entscheiden deshalb die zu § 433 geltenden Grundsätze; dies gilt auch bei der Ausstellung von Legitimationspapieren, zB Orderlagerschein (§ 475 g HGB), die eine Übergabe nur aufgrund Vereinbarung ersetzen (s § 433 Rn 17 auch zu folg Nachw; ebenso für § 446 Erman/*Grunewald* Rn 5 mwN, mit allerdings aA für § 433; **aA** Staud/*Beckmann* Rn 21, zu § 433 aber wie hier). Es kommt daher nur auf die Erlangung der tatsächlichen Sachherrschaft durch den Käufer an, so dass die zusätzlichen Voraussetzungen für den Eigentumsübergang (s § 433 Rn 19-25) und die Ablieferung gem § 438 II Alt 2 (s § 438 Rn 22), zB die vorherige Durchführung einer Montage (Erman/*Grunewald* Rn 6), nicht gelten.

13 **III. Annahmeverzug.** S §§ 293-304.

14 **C. Rechtsfolgen. I. Gefahrübergang (S 1).** Geregelt ist die grds den Eigentümer treffende Gefahr, dass durch Dritte oder objektive Umstände, zB Naturkatastrophe, die Kaufsache untergehen oder sich verschlechtern, dh qualitativ beeinträchtigt werden kann. Realisierung der Gefahr muss durch Zufall stattfinden, also ohne dass Verkäufer oder Käufer ein Verschulden trifft; bei Annahmeverzug des Käufers kommt dem Verkäufer § 300 I zugute (MüKo/*Westermann* Rn 10). Entgegen „casum sentit dominus" geht diese Gefahr zu den Zeitpunkten gem Rn 12, 13 auf den Käufer schon vor Erlangung des Eigentums über. Folge ist die Übernahme der **Preisgefahr** durch den Käufer, so dass er trotz Untergangs oder Beschädigung der Sache den vollen Kaufpreis zahlen muss.

II. Nutzungen, Lasten (S 2). Übergang der Nutzungen (§ 100) und Lasten (§§ 103, 436) erfolgt von Gesetzes 15
wegen synchron zum Gefahrübergang (Rn 14), aber nur mit interner Wirkung für Verkäufer und Käufer
(Palandt/*Putzo* Rn 14; zu aF BGH NJW-RR 04, 656, 657).

D. Beweislast. Übergabe oder Annahmeverzug muss beweisen, wer Rechte aus § 446 herleitet, also zB Ver- 16
käufer, der trotz Untergang der Sache Kaufpreis, Käufer, der vor Übereignung Nutzungen fordert.

§ 447 Gefahrübergang beim Versendungskauf

(1) Versendet der Verkäufer auf Verlangen des Käufers die verkaufte Sache nach einem anderen Ort als dem Erfüllungsort, so geht die Gefahr auf den Käufer über, sobald der Verkäufer die Sache dem Spediteur, dem Frachtführer oder der sonst zur Ausführung der Versendung bestimmten Person oder Anstalt ausgeliefert hat.
(2) Hat der Käufer eine besondere Anweisung über die Art der Versendung erteilt und weicht der Verkäufer ohne dringenden Grund von der Anweisung ab, so ist der Verkäufer dem Käufer für den daraus entstehenden Schaden verantwortlich.

A. Grundsätzliches. I. Zweck. Durch § 447 soll dem Verkäufer das Risiko der Beförderung der Kaufsache an 1
einen anderen Ort als den Erfüllungsort, dh den Leistungsort gem § 269 (Palandt/*Putzo* Rn 2; BaRoth/*Faust*
Rn 5) abgenommen werden. Dem liegt zugrunde, dass die Lieferverpflichtung des Verkäufers gem § 269 I grds
eine Holschuld ist, weshalb der Transport zum Käufer in dessen Verantwortung fällt (vgl insgesamt RG 96, 258,
259; Kobl NJW 47/48, 477, 478; MüKo/*Westermann* Rn 1; *Wertenbruch* JuS 03, 625 f). § 447 regelt damit den
neben § 270 zweiten bedeutenden Anwendungsfall der **Schickschuld**, indem der Sitz des Verkäufers der Leistungsort ist, der Verkäufer aber verpflichtet ist, die Versendung zu besorgen, deren Risiko der Käufer trägt. Dieser
Zweck der Norm ist umstr, weshalb der Diskussionsentwurf des BMJ ihren Entfall vorsah (vgl Abdruck bei *Canaris*, Schuldrechtsmodernisierung, S. 66, 237 f). Während I für den Gefahrübergang zu § 446 S 1 lex specialis ist, gilt
für den Übergang von Nutzungen und Lasten § 446 S 2 (Staud/*Beckmann* Rn 5 mwN).

II. Bedeutung. Im Handelsverkehr ist der Versendungskauf der Regelfall (BGHZ 113, 106, 111 mwN; LG 2
Köln NJW-RR 89, 1457 f; BaRoth/*Faust* Rn 5).

III. Anwendungsbereich. Norm gilt wegen § 474 II Alt 2 **nicht** für **Verbrauchsgüterkauf** (s aber § 475 Rn 5). 3
Im Übrigen findet sie Anwendung auf den Kauf beweglicher Sachen und auf den Kauf von Rechten, der die
Übergabe von Sachen impliziert (Erman/*Grunewald* Rn 2; MüKo/*Westermann* Rn 3). Zum Versandhandels-
kauf s Rn 8, zum Versand durch den Verkäufer Rn 11, zum Platzkauf Rn 10.

IV. Schuldrechtsmodernisierung. § 447 aF wurde wörtlich übernommen. 4

V. Verbrauchsgüterkaufrichtlinie. S § 446 Rn 5. Der Ausschluss von § 447 in § 474 II Alt 2 ist eine die Richtl 5
überschießende Regelung des Gesetzgebers.

VI. UN-Kaufrecht. Art 67 I sieht Gefahrübergang auf Käufer bei Auslieferung an ersten Beförderer vor, 6
worauf sich Regierungsbegründung ausdrücklich beruft (BTDrs 14/6040, 240).

VII. Abdingbarkeit. Norm ist uneingeschränkt dispositiv. 7

B. Versendungskauf. I. Versendung nach einem anderen Ort als dem Erfüllungsort. Negativ wird damit 8
die **Bringschuld** ausgeschlossen, da bei ihr der Wohnsitz des Gläubigers und nicht gem § 269 I des Schuldners
der Erfüllungsort ist. Auch beim **Versandhandel** liegt ohne abw Vereinbarung keine Bringschuld vor, da aus
der Übernahme der Kosten der Versendung allein keine abw Vereinbarung des Erfüllungsorts resultiert (§ 269
III) (str: so BGH NJW 03, 3341, 3342 mwN; Palandt/*Putzo* Rn 5; aA Stuttg NJW-RR 99, 1576, 1577; LG
Schleswig NJW-RR 00, 868; *Borges* DB 04, 1815, 1818 mwN; *Jost/Fitzer/Mohn* BB 97, 1165 ff; differenziert
Erman/*Grunewald* Rn 4: keine Anwendung von I, wenn Verkäufer nur im Versandhandel anbietet).

Positiv wird festgelegt, dass die Versendung **vom Erfüllungsort** aus stattfinden muss. Eine Versendung von 9
einem dritten Ort steht dem Erfüllungsort nur gleich, wenn dies vereinbart ist (RG 111, 23, 24 f; BGHZ 113,
106, 110; Palandt/*Putzo* Rn 13; BaRoth/*Faust* Rn 18). Die Gegenansicht, bei fehlender Risikoerhöhung gelte
I auch für die Versendung von einem dritten Ort (Erman/*Grunewald* Rn 5; *Pallasch* BB 97, 1121, 1122 ff
mwN; wohl weitergehend LG Köln NJW-RR 97, 1457, 1458; *Wertenbruch* JuS 03, 625, 627 f), verkennt, dass
I ohne abw Vereinbarung dem Käufer nur das genau spezifizierte Risiko der Versendung vom Erfüllungsort
zum vereinbarten Bestimmungsort zuordnet. Eine abw Vereinbarung liegt regelmäßig in Klauseln wie „ab
Werk" oder „ab Lager" (Hambg MDR 47, 62, 63; Staud/*Beckmann* Rn 8). Die Anknüpfung an den Erfüllungsort bestimmt auch über den Verkauf **schon transportierter Ware.** Hier liegt ein Versendungskauf gleichfalls erst vor, wenn die Ware vom Erfüllungsort an den Käufer versandt wird; die bloße Umleitung der Ware
auf den Käufer reicht nur, wenn die Versendung vom laufenden Transport her vereinbart ist (str: so BaRoth/
Faust Rn 19; Staud/*Beckmann* Rn 13; aA: Umleitung entscheidet immer Erman/*Grunewald* Rn 9).

10 Die Maßgeblichkeit des Erfüllungsorts impliziert weiter, dass auch innerhalb derselben politischen Gemeinde mit der Wirkung des § 447 versandt werden kann (**Platzkauf**) (**hM**: Palandt/*Putzo* Rn 12; Erman/*Grunewald* Rn 6; Staud/*Beckmann* Rn 6 mwN; **aA** in die Richtung Jauernig/*Berger* Rn 6); Erfüllungsort ist die Lokalität des Verkäufers, nicht nur die Gemeinde, in der sie sich befindet. Allerdings wird beim Platzkauf vielfach eine Bringschuld vereinbart sein (BaRoth/*Faust* Rn 6).

11 Da es allein auf die Versendung ankommt, kann sie auch durch den **Verkäufer** oder **dessen Leute** stattfinden (str: so RG 96, 258, 259; BaRoth/*Faust* Rn 9; **abw** nur für eigene Leute, nicht für den Verkäufer selbst MüKo/*Westermann* Rn 17; **aA** *Wertenbruch* JuS 03, 625, 628 f.). Dadurch wird der Käufer nicht benachteiligt: Die ihm bei einem Transport durch Dritte zustehenden transportrechtlichen Ansprüche hat der Verkäufer zu erfüllen, da in der Selbstvornahme die konkludente Erklärung des Verkäufers liegt, wie eine unabhängige Transportperson für Schäden einzustehen (ebenso i Erg: Verkäufer steht Spediteur gleich BaRoth/*Faust* Rn 26; **aA** MüKo/*Westermann* Rn 17); mit diesen Ansprüchen kann der Käufer gegen den Kaufpreisanspruch des Verkäufers aufrechnen. Die weitere aA, dass I nicht gilt, der Verkäufer aber für Verschulden haftet (Palandt/*Putzo* Rn 12), missachtet, dass die Versendung nicht zu den Leistungspflichten des Verkäufers gehört. Die Vereinbarung einer Bringschuld ist aber naheliegend (BaRoth/*Faust* Rn 9).

12 **II. auf Verlangen des Käufers.** Die Voraussetzung sorgt dafür, dass der Käufer das Risiko nur trägt, wenn er den Verkäufer zur Versendung aufgefordert hat. Eigenmächtige Versendungen gehen also allein auf Risiko des Verkäufers (LG Köln NJW-RR 97, 1457, 1458; Palandt/*Putzo* Rn 9). Das Verlangen wird regelmäßig im Kaufvertrag enthalten sein, kann aber auch nachträglich erklärt werden (Erman/*Grunewald* Rn 4; *Wertenbruch* JuS 03, 625, 626 f).

13 **C. Gefahrübergang (I). I. Zeitpunkt.** Ebenso wie bei § 446 (Rn 7) muss **Kaufvertrag wirksam** sein. Anschließend entscheidet die Auslieferung, dh die **physische Übergabe** an die Transportperson zur Beförderung an den Käufer. Da es auf den Transport der Kaufsache ankommt, muss sie übergeben werden, die Übergabe der Transportpapiere reicht nicht (Palandt/*Putzo* Rn 14; MüKo/*Westermann* Rn 16). Bei Versand durch Bahn oder Post ist im Einzelfall zu prüfen (Staud/*Beckmann* Rn 12), ob Auslieferung erst mit Übergabe an Bahn oder Post als die Transportperson (bei Zwischentransport durch den Verkäufer Erman/*Grunewald* Rn 10; MüKo/*Westermann* Rn 17; offenbar LG Köln NJW-RR 89, 1457) oder schon an die Transportperson gegeben ist, die Kaufsache zu Bahn oder Post schafft (so RG 96, 258, 260; Palandt/*Putzo* Rn 12; Staud/*Beckmann* Rn 12); häufig erfolgt dieser Zwischentransport durch den Verkäufer.

14 **II. Rechtsfolge.** Grds s § 446 Rn 14. Es ist str, ob Übergang auf Transportrisiken beschränkt ist (RG 93, 330, 331 f; 106, 16, 17; Palandt/*Putzo* Rn 15; *Wertenbruch* JuS 03, 625, 631 f) oder umfassend die Preisgefahr auf den Käufer verlagert (BaRoth/*Faust* Rn 21; MüKo/*Westermann* Rn 20; Staud/*Beckmann* Rn 17). Zweck und Systematik des Gesetzes sprechen für die zweite Lösung: § 447 berücksichtigt, dass Transport dem Käufer obliegt; damit muss Verkäufer so gestellt werden, als ob er die Kaufsache dem Käufer übergeben hätte (BaRoth/*Faust* Rn 21; ähnlich Staud/*Beckmann* Rn 17). Systematisch ist I als umfassende lex specialis zu § 446 gestaltet, es ist nicht ersichtlich, dass der Vorrang auf Transportgefahren beschränkt sein soll (in der Tendenz RG 99, 56, 58). Gem I trägt der Käufer zB folgende Risiken: Fehler des Transporteurs und ungeklärter Verbleib (BGH NJW 65, 1324 f); Forderung des Transporteurs auf Erstattung zusätzlicher Versicherungsprämien (RG 99, 56, 58 f). Manche Risiken verbleiben trotzdem dem Verkäufer, und zwar nicht gem der aA wegen eines restriktiven Verständnisses von I, sondern nach §§ 434, 435 oder wegen der Verletzung einer kaufrechtlichen Nebenpflicht: Beschlagnahme als Rechtsmangel (BaRoth/*Faust* Rn 21; aA RG 106, 16, 17); unsachgemäße Verladung durch den Verkäufer als Verletzung einer Nebenpflicht (vgl § 437 Rn 64; aA BGH NJW 69, 1929, 1930); Rückruf durch den nicht bezahlten Lieferanten des Verkäufers als unterbliebene Verschaffung des Eigentums (aA RG 93, 330, 331 f).

15 **D. Abweichung von Anweisungen des Käufers (II).** Norm berührt Gefahrübergang gem I nicht, sondern ordnet nur die Selbstverständlichkeit an, dass der Verkäufer dem Käufer für die ungerechtfertigte Missachtung einer Versandanweisung schadensersatzpflichtig ist; Verschulden des Verkäufers ist Voraussetzung (Palandt/*Putzo* Rn 20; Staud/*Beckmann* Rn 40). Das damit anerkannte Recht des Käufers auf Erteilung solcher Anweisungen ist eine Folge der Zuordnung des Risikos der Versendung gem I (Staud/*Beckmann* Rn 40). Soweit entgegen § 448 Verkäufer die Kosten trägt, kann er Anweisungen, die zu erhöhten Kosten führen, bis zur Übernahme der Mehrkosten durch den Käufer ablehnen (BaRoth/*Faust* Rn 23). Dann hat er wie generell Käufer unverzüglich zu informieren, dass er Anweisung nicht umsetzen will (vgl MüKo/*Westermann* Rn 22). Der Schaden muss gerade durch die Missachtung der Anweisung verursacht worden sein.

16 **E. Beweislast.** Der **Verkäufer** trägt für I die Beweislast für die Auslieferung an die Transportperson, für II für Vorliegen eines dringenden Grundes und Fehlen des Verschuldens. Der **Käufer** muss für I beweisen, dass Gefahrrealisierung aus Pflichtverletzung des Verkäufers resultiert, für II die Vereinbarung einer Versendungsart und die Missachtung einer Anweisung sowie die Kausalität des Schadens.

§ 448 Kosten der Übergabe und vergleichbare Kosten

(1) Der Verkäufer trägt die Kosten der Übergabe der Sache, der Käufer die Kosten der Abnahme und der Versendung der Sache nach einem anderen Ort als dem Erfüllungsort.
(2) Der Käufer eines Grundstücks trägt die Kosten der Beurkundung des Kaufvertrags und der Auflassung, der Eintragung ins Grundbuch und der zu der Eintragung erforderlichen Erklärungen.

A. Grundsätzliches. I. Anwendungsbereich. Mobilien und Rechte gem § 453 III sind in I geregelt, Grundstücke grds in II, für Übergabe und Abnahme aber auch in I. Bestimmung gilt allein für das **Innenverhältnis** von Verkäufer und Käufer. 1

II. Schuldrechtsmodernisierung. § 448 entspricht inhaltlich zusammen mit §§ 452, 453 II den §§ 448, 449 aF (s BTDrs 14/6040, 241; BaRoth/*Faust* Rn 3). 2

III. Verbrauchsgüterkaufrichtlinie. Kosten sind in der Richtl nicht geregelt. 3

IV. Abdingbarkeit. Bestimmung ist auch ggü Verbrauchern dispositiv. Im Handelsverkehr ist Abbedingung insbes durch Handelsklausel üblich, zB frei Haus (s Staud/*Beckmann* Rn 29–38; zu den Incoterms vor § 433 Rn 27). 4

B. Übergabe (I Hs 1). Geregelt ist Übergabe von Mobilien und Immobilien. Umfasst sind: Kosten der Besitzverschaffung, bei Holschuld am Sitz des Verkäufers, bei Bringschuld am Sitz des Käufers einschl Transport, Kosten der Grenzüberschreitung, zB Zoll, und Kosten der Ablieferung, zB Einfüllen in Tank oder Silo des Käufers (MüKo/*Westermann* Rn 5), beim Versendungskauf einschl der Auslieferung an die Transportperson, aber ohne Kosten der Versendung selbst (Alt 2). I meint auch die Begleitkosten, zB Aussonderung der Ware aus einem größeren Bestand, Abwiegen, Auszählung (s § 448 I aF), Verpackung, bei Grundstücken Vermessung (BaRoth/*Faust* Rn 4 mwN; Staud/*Beckmann* Rn 20; teilweise aA MüKo/*Westermann* Rn 10). 5

C. Abnahme (I Hs 2 Alt 1). Es handelt sich um die Kosten für Maßnahmen auf Seiten des Käufers anlässlich der Übergabe, also zB der Untersuchung auf Richtigkeit, zB Nachmessen oder -zählen, und auf Mängelfreiheit. 6

D. Versendung (I Hs 2 Alt 2). Käufer muss analog Rn 5 alle Kosten des Transports tragen, also der Transportperson, der Transportverpackung (BaRoth/*Faust* Rn 6 mwN; aA Erman/*Grunewald* Rn 3), der Grenzüberschreitung und der Ablieferung bei sich. Dies gilt auch beim Transport durch den Verkäufer (BaRoth/*Faust* Rn 6). 7

E. Grundstückskauf (II). Sonderregelung gilt auch für Wohnungseigentum und ErbbauR. Sie umfasst neben den Beurkundungskosten Kosten von Erklärungen, zB Genehmigungen, begleitenden Verfahrenshandlungen, zB Eigentumsübertragungsvormerkung (str: so BaRoth/*Faust* Rn 8; zu § 449 aF Hamm NJW 65, 303, 304; aA Celle NJW 63, 909), Grunderwerbsteuer (Erman/*Grunewald* Rn 6; zu § 449 aF Brem DNotZ 75, 95, 96; aA II nicht anwendbar, aber Verkehrssitte, dass Käufer Kosten trägt: MüKo/*Westermann* Rn 11). Nicht dazu gehören Kosten der Voreintragung des Verkäufers (Erman/*Grunewald* Rn 6), die Verkäufer gem § 433 I 1 treffen, der Lastenfreimachung, die gem § 435 Verkäufer trägt, der notariellen Abwicklung der Kaufpreiszahlung (BaRoth/*Faust* Rn 9), deren Verteilung von vertraglicher Ausgangslage abhängig ist. 8

§ 449 Eigentumsvorbehalt

(1) Hat sich der Verkäufer einer beweglichen Sache das Eigentum bis zur Zahlung des Kaufpreises vorbehalten, so ist im Zweifel anzunehmen, dass das Eigentum unter der aufschiebenden Bedingung vollständiger Zahlung des Kaufpreises übertragen wird (Eigentumsvorbehalt).
(2) Auf Grund des Eigentumsvorbehalts kann der Verkäufer die Sache nur herausverlangen, wenn er vom Vertrag zurückgetreten ist.
(3) Die Vereinbarung eines Eigentumsvorbehalts ist nichtig, soweit der Eigentumsübergang davon abhängig gemacht wird, dass der Käufer Forderungen eines Dritten, insbesondere eines mit dem Verkäufer verbundenen Unternehmens, erfüllt.

A. Grundsätzliches. I. Bedeutung. Der Eigentumsvorbehalt (EV) ist die Basis der Binnenfinanzierung von Industrie und Handel in Form des **Warenkredits** (*Bülow* Rn 722; Staud/*Beckmann* Rn 1); außerdem wird er von Industrie und Handel zur eigenen **Verbraucherfinanzierung** eingesetzt (vgl §§ 499 ff, bes § 502 I Nr 6). Im Lieferverhältnis zwischen Hersteller und Handel, Zulieferer und Endhersteller sowie Hersteller bzw Handel und Verbraucher liegt seine Funktion darin, dass der Käufer unter Erhalt eines Anwartschaftsrechts die Kaufsache nutzen kann, der Verkäufer aber bis zur Zahlung des Kaufpreises Eigentümer bleibt. 8

II. Zweck. Es entspricht offenkundig der Konzeption des Gesetzes, dass der EV dem Schutz des Kaufpreisanspruchs des Verkäufers dient. Zwar kann der aus dem EV resultierende dingliche Herausgabeanspruch nur 2 bei Rückabwicklung des Kaufvertrags und damit erst geltend gemacht werden, wenn der Kaufpreisanspruch nicht mehr besteht: hierdurch wird aber auf den Käufer der entscheidende Druck zur Zahlung des Kaufpreises ausgeübt (zu aF BGHZ 70, 96, 98 f; zur Diskussion vgl Staud/*Beckmann* Rn 2). Die Gegenauffassung (BaRoth/*Faust* Rn 8 mwN), dass der EV stattdessen auf den Schutz des Käufers vor Zwischenverfügungen abzielt, da der Verkäufer schon wegen § 320 I nicht zur Vorleistung verpflichtet ist, ignoriert die dem Gesetz zugrunde liegende Wirtschaftspraxis. Ökonomisch ist der Warenkredit auf Basis des EV unentbehrlich, weil besonders Industrie und Handel die Kaufsache zur Nutzung bzw Weiterveräußerung und das Anwartschaftsrecht an ihr zur Finanzierung benötigen. I will dem Verkäufer den Verkauf unter diesen Bedingungen durch Anerkennung des EV ermöglichen.

3 **III. Anwendungsbereich.** § 449 gilt für alle beweglichen Sachen, einschl Zubehör von Grundstücken, aber nicht für deren wesentliche Bestandteile, da sie rechtlich zum Grundstück gehören (§ 93). Die Vertragsgestaltung kann eine § 449 vergleichbare Regelung für Rechte treffen, wie vor allem bei Wertpapieren und Beteiligungen an Unternehmen verbreitet, nicht aber wegen der Bedingungsfeindlichkeit der Auflassung (§ 925 II) für Grundstücke.

4 **IV. Schuldrechtsmodernisierung.** Norm entspricht bis auf 2 Änderungen § 455 aF: Abs 2 bestätigt entgegen dem Votum des Bundesrats (BTDrs 14/6857, 28 f; dagegen aaO, 62 jew zu Nr 98; BTDrs 14/7052, 197 f zu § 448) die Rspr des BGH zu aF, dass der Verkäufer die Kaufsache nur bei Rücktritt vom Kaufvertrag, nicht schon bei bloßem Verzug des Käufers herausverlangen kann (BGHZ 54, 214 LS, 216 ff; BTDrs 14/6040, 241). Außerdem wurde der letzte Hs von § 455 I aF gestrichen, der den Verkäufer berechtigte, bei Verzug des Käufers auch ohne Fristsetzung den Rücktritt zu erklären; diese Privilegierung wurde nicht mehr für angemessen angesehen und der Verkäufer damit auf die allgemeinen Ausnahmen vom Erfordernis der Fristsetzung (§ 323 II) verwiesen (BTDrs aaO).

5 **V. EU-Recht.** Die **Verbrauchsgüterkaufrichtlinie** regelt den EV nicht. Die formelhafte Bestimmung von Art 4 I in Verbindung mit Erwägungsgrund 21 in der **Zahlungsverzugsrichtlinie** löst keinen Regelungsbedarf aus (BaRoth/*Faust* Rn 5; *Habersack/Schürnbrand* JuS 02, 833, 834).

6 **VI. Abdingbarkeit.** Bis auf III ist § 449 dispositiv. Dies gilt auch für den Verbrauchsgüterkauf (e contrario § 475 I), soweit nicht §§ 499 ff gelten: § 503 II 4 ordnet zwingend an, dass bei Teilzahlungskäufen jede Rücknahme der Kaufsache durch den Verkäufer als Rücktritt gilt.

7 **B. Zustandekommen des EV (I). I. Sachenrechtliche Vereinbarung.** Gem I Hs 1 wird der EV sachenrechtlich begründet, indem der Verkäufer sich bei Erfüllung des Kaufvertrags durch Übereignung das Eigentum vorbehält und der Käufer die Kaufsache annimmt (Staud/*Beckmann* Rn 12). Nach der Auslegungsregel von I Hs 2 (BaRoth/*Faust* Rn 10, 13) liegt dann „im Zweifel" eine Übereignung unter der aufschiebenden Bedingung der vollständigen Zahlung des Kaufpreises vor. Für die rechtlichen Konsequenzen kommt es auch darauf an, wie sich der sachenrechtlich vereinbarte EV zur causa des Kaufvertrags verhält.

8 **II. Aufgrund vertraglicher Regelung.** Der Kaufvertrag kann individualvertraglich oder durch AGB (generell zulässig: BaRoth/*Faust* Rn 12 mwN; Staud/*Beckmann* Rn 13) ausdrücklich vorsehen, dass der Verkäufer berechtigt ist, sich das Eigentum vorzubehalten. Bei AGB sind die Formen vielfältig: VerkaufsAGB, Formularvertrag, Aufdruck auf Briefpapier und Auftragsformularen, Hinweis in Prospekten (s Palandt/*Putzo* Rn 10); sie können auch für spätere mündlich erteilte Aufträge Wirksamkeit erlangen, selbst wenn der EV nicht mehr ausdrücklich angesprochen wird (Köln WM 96, 214 LS, 215). Dann ist der sachenrechtliche vereinbarte EV vertragsrechtlich zulässig. Zugleich ist die Übereignung in Vollzug des Kaufvertrags regelmäßig als aufschiebend bedingt zu verstehen (Erman/*Grunewald* Rn 2, 5; MüKo/*Westermann* Rn 13; *Bonin* JuS 02, 438).

9 **III. Ohne vertragliche Regelung.** Zu unterscheiden sind der Verstoß gegen eine Verpflichtung zur unbedingten Übereignung und das Fehlen einer Regelung.

10 (1) Ein Vorbehalt des Eigentums durch den Verkäufer **entgegen einer Verpflichtung** zur unbedingten Übereignung wird **sachenrechtlich wirksam**, wenn er spätestens bei Übergabe ausreichend deutlich erklärt wird (BGHZ 64, 395, 397 mwN; BGH NJW 79, 213, 214; 2199, 2200); rechtzeitig ist also die Erklärung im Lieferschein, nicht in der nachträglich versandten Rechnung (BGHZ 64, 395, 398). Wegen der nachträglichen Abweichung von den Vertragsbedingungen muss die Erklärung ggü einer für die Entgegennahme solcher Erklärungen zuständigen Person auf Seiten des Käufers abgegeben werden (BGH NJW 79, 2199 LS, 2200; 82, 1749, 1750). Schuldrechtlich **verletzt** der Verkäufer hiermit seine **Pflicht zur Übereignung** aus § 433 I 1 Alt 2 mit der Konsequenz der Haftung nach allgemeinem Leistungsstörungsrecht, insbes wegen Verzugs (BaRoth/*Faust* Rn 15; Erman/*Grunewald* Rn 2; offenbar BGH NJW 82, 1749, 1750; **abw**: in Annahme durch Käufer liegt gleichzeitig Änderung des Kaufvertrags *Bonin* JuS 02, 438 f; nur ausnahmsweise Staud/*Beckmann* Rn 22 f).

11 (2) **Fehlen einer Regelung**, zB weil nur Zahlung des Kaufpreises nach Übergabe ohne Eingehen auf die Übereignung geregelt ist, impliziert keine stillschweigende Verpflichtung zur unbedingten Übereignung zeitgleich mit der Übergabe (str: **so**: BaRoth/*Faust* Rn 12; MüKo/*Westermann* Rn 15; *U. Huber* ZIP 87, 750, 757; **aA**

Erman/*Grunewald* Rn 5; s *Bonin* JuS 02, 438): Da nach § 320 I die gleichzeitige Leistungserbringung der Regelfall ist, erfasst die Verpflichtung zur Vorleistung nur die ausdrücklich geregelten Pflichten, hier also die Übergabe, nicht die Übereignung. Ein EV des Verkäufers wäre also vertragsgemäß.

IV. Kollision von AGB. Ein in VerkaufsAGB enthaltener EV wird nicht Vertragsbestandteil, wenn die EinkaufsAGB eine Abwehrklausel enthalten (BGH NJW 85, 1838, 1839 f; NJW-RR 86, 984, 985; vgl generell dazu, dass eine Abwehrklausel auch die EinkaufsAGB ergänzende Klauseln umfasst BGH NJW-RR 01, 484, 485 mwN). Allerdings wusste der Käufer anders als beim vertragswidrigen EV (Rn 10) von vornherein, dass der Verkäufer nur unter EV veräußern will. Deshalb wird der einfache EV immer dann wirksam, wenn der Käufer ihn bei Vertragsschluss kannte oder zumutbar hätte kennen können (str: so BGH NJW 82, 1749, 1750; 1751; Staud/*Beckmann* Rn 18; *U. Huber* ZIP 87, 750, 757; ebenso für unwirksame AGB BGHZ 104, 129, 137; 125, 83, 89 f; aA Erman/*Grunewald* Rn 3; *Bonin* JuS 02, 438, 440 f mwN). Demgegenüber werden der verlängerte und erweiterte EV nicht wirksam (BGH NJW-RR 86, 984, 985; Staud/*Beckmann* Rn 18); mangels Vereinbarung der Vorausabtretung erlangt die Ermächtigung zur Weiterveräußerung als Bestandteil des verlängerten EV keine Geltung, so dass der Käufer zur Weiterveräußerung nicht berechtigt ist (BGH NJW-RR 86, 1378 LS, 1379; Staud/*Beckmann* Rn 18).

C. Wirkungen des EV (I, II). I. Rechtsstellung des Verkäufers. 1. Eigentum (I). Der Sicherungscharakter des EV besteht darin, dass der Verkäufer bis zum Eintritt der Bedingung Eigentümer bleibt. Zur erneuten Veräußerung des Eigentums s. Rn 15. In der **Zwangsvollstreckung** gegen den Käufer ist das Eigentum ein die Veräußerung hinderndes Recht (§ 771 ZPO; BGHZ 54, 214, 218 f; MüKo/*Westermann* Rn 75 f). In der **Insolvenz** des Käufers begründet das Eigentum ein Aussonderungsrecht des Verkäufers (§ 47 InsO), wenn der Insolvenzverwalter die Erfüllung des Kaufvertrags ablehnt (§ 103 InsO; MüKo/*Westermann* Rn 78; zur KO BGHZ 54, 214, 218 f; 98, 160, 168 f; s aber Rn 30).

2. Herausgabeanspruch (II). II regelt nunmehr ausdrücklich, dass der Verkäufer wegen des Besitzrechts des Käufers (Rn 18) den Herausgabeanspruch aus Eigentum (§ 985) ausschl nach Rücktritt vom Kaufvertrag (§§ 323, 324) geltend machen kann (zur übereinstimmenden Rspr zu aF s Rn 4; *Schulze/Kienle* NJW 02, 2842 f; zum Rücktritt in der Insolvenz *M. Huber* NZI 04, 57 ff). Da Norm den Käufer mit Leitbildfunktion davor schützen will, ohne das Recht zur Nutzung noch zur Zahlung des Kaufpreises verpflichtet zu sein, kann sie durch AGB nicht abbedungen werden, und zwar auch nicht ggü Kaufleuten (Erman/*Grunewald* Rn 14; *Habersack/Schürnbrand* JuS 02, 833, 836 f; wohl Staud/*Beckmann* Rn 54 mwN). Aus §§ 216 II 2, 218 I 3 folgt die ausdrückliche Entscheidung des Gesetzgebers, dass in Übereinstimmung mit der hM zu § 455 aF (BGHZ 34, 191 LS, 194 ff mwN; 70, 96 LS, 98 ff) der Rücktritt mit der Konsequenz des Herausgabeanspruchs des Verkäufers nach II auch noch nach **Verjährung der Kaufpreisforderung** erklärt werden kann (Palandt/*Putzo* Rn 27; Staud/*Beckmann* Rn 33–35).

II. Rechtsstellung des Käufers. 1. Anwartschaftsrecht. a) Rechtsnatur. Da der Käufer nach der Auslegungsregel von I Hs 2 den Eigentumserwerb auf sich durch schlichte Zahlung ohne weitere Mitwirkungshandlungen des Verkäufers herbeiführen kann, steht ihm ein Anwartschaftsrecht zu (§ 158 I; allg Meinung: Erman/*Grunewald* Rn 27). Dieses ist ein wesensgleiches Minus, eine Vorstufe (BGHZ 28, 16, 21; 35, 85, 89; 75, 221, 225) zum Eigentum und steht daher einem dinglichen Recht gleich (s ausf auch zur Kritik MüKo/*Westermann* Rn 40-44; Staud/*Beckmann* Rn 60-63); es ist sonstiges Recht iSd § 823 I (BGHZ 55, 20, 25 f; BGH NJW 70, 699 mwN; 71, 799, 800). Ob darüber hinaus das Anwartschaftsrecht ein **absolutes** und damit auch ggü dem Eigentümer wirksames **Recht zum Besitz** gewährt, ist höchstsr (dafür Karlsr NJW 66, 885, 886; Palandt/*Bassenge* § 929 Rn 41; MüKo/*Westermann* Rn 48 f; dagegen BGHZ 10, 69, 72; *Medicus* BürgR Rn 465; ausf mwN *Zeranski* AcP 203, 693, 709 ff; offen BGHZ 54, 214, 217); es ist schon deshalb zu verneinen, weil es nicht für dieselbe Sache zwei Inhaber eines absoluten Besitzrechts geben kann – Verkäufer ist mittelbarer Besitzer (!) (s Rn 18). Das Anwartschaftsrecht macht die **erneute Veräußerung** durch den Verkäufer dem Käufer ggü relativ unwirksam (§ 161 I; BGHZ 55, 20, 26 f). Der gutgläubige Erwerb des Dritten (§§ 161 III, 934) scheitert daran, dass Käufer als Inhaber des Anwartschaftsrechts berechtigter unmittelbarer Besitzer ist (§ 936 III; BGHZ 45, 186, 190 mwN; Erman/*Grunewald* Rn 24 mwN; Staud/*Beckmann* Rn 64; *Medicus*, BürgR Rn 462; ausf mit abw Begründung *Zeranski* AcP 203, 693, 697 ff). In der **Insolvenz** des Verkäufers kann der Käufer aufgrund des Anwartschaftsrechts unter Ausschluss des Wahlrechts des Insolvenzverwalters (§ 103 InsO) endgültige Erfüllung gegen Restzahlung des Kaufpreises durchsetzen (§ 107 I InsO; Erman/*Grunewald* Rn 26; MüKo/*Westermann* Rn 77; Uhlenbruck/*Berscheid* § 107 Rn 5). Vor einer **Zwangsvollstreckung** gegen den Verkäufer ist der Käufer normalerweise durch seinen Besitz geschützt (§ 809 ZPO; Erman/*Grunewald* Rn 25; MüKo/*Westermann* Rn 46), ansonsten stellt das Anwartschaftsrecht, wenn sich die Sache ausnahmsweise beim Verkäufer oder bei einem herausgabebereiten Dritten befindet, ein die Veräußerung hinderndes Recht dar (§ 771 ZPO; BGHZ 55, 20, 27; BGH NJW 71, 799, 800; MüKo/*Westermann* Rn 46 mwN). Die Haftung von Zubehör für Grundpfandrechte umfasst auch Anwartschaftsrechte (§ 1120; BGHZ 35, 85, 89 ff); dasselbe gilt für das Vermieterpfandrecht (BGH NJW 65, 1475).

16 **b) Übertragung.** Das Anwartschaftsrecht kann wie Eigentum übertragen (BGHZ 28, 16, 21; 75, 221, 225), verpfändet (BGHZ 35, 85, 93; Staud/*Beckmann* Rn 80) und gepfändet (zu Einzelheiten, insbes zur notwendigen Doppelpfändung der Sache und des Anwartschaftsrechts s Erman/*Grunewald* Rn 35) werden. Erforderlich sind daher für die Übertragung Einigung und Übergabe oder ein Übergabesurrogat, und zwar auch bei Sicherungsübertragung (BGHZ 75, 221, 227; Staud/*Beckmann* Rn 70). Ein Übertragungsverbot im Kaufvertrag bezieht sich ohne ausdrückliche Regelung nur auf die Kaufsache, nicht auf das Anwartschaftsrecht (BGH NJW 70, 699; MüKo/*Westermann* Rn 57); bei Erstreckung auf dieses hat es nur schuldrechtliche Wirkung (§ 137; BGH aaO; Erman/*Grunewald* Rn 29). Nach Übertragung kann der Kaufvertrag von Verkäufer und Käufer nicht mehr ohne Zustimmung des Erwerbers aufgehoben oder geändert werden, weil über ein Recht aus dem Kaufvertrag vorab verfügt ist (Erman/*Grunewald* Rn 29 mwN; für die nachträgliche Erweiterung des Sicherungszwecks BGHZ 75, 221, 226 f; **abw** für Herausnahme aus der Zubehörhaftung des Anwartschaftsrechts durch Vertragsaufhebung BGHZ 92, 280 LS, 290 ff). Die Übertragung hindert Verkäufer und Käufer aber nicht in der Ausübung ihrer im Kaufvertrag angelegten Rechte, zB auf Anfechtung, Rücktritt, da insoweit der Erwerber in die Rechtsstellung des Käufers eintritt (BGHZ 75, 221, 225 f; MüKo/*Westermann* Rn 53, zu weit allerdings mit Einschluss der Aufhebung). Mit Eintritt der Bedingung erwirbt der Erwerber unmittelbar Eigentum vom Verkäufer (Direkterwerb), also ohne Durchgangserwerb des Käufers (BGHZ 20, 88 LS 1, 93 ff; 28, 16, 22; 35, 85, 87; MüKo/*Westermann* Rn 53 mwN). Der Erwerber kann den Eintritt der aufschiebenden Bedingung durch Zahlung an den Verkäufer herbeiführen (§ 267 I); ein Widerspruch des Käufers (§ 267 II) wäre unbeachtlich, weil sich der Käufer durch die Übertragung seiner Verfügungsmacht begeben hat (BGHZ 75, 221, 228 mwN; Erman/*Grunewald* Rn 30). Bei einer Zwangsvollstreckung gegen den Käufer steht dem Erwerber die Drittwiderspruchsklage zu (§ 771 ZPO; BGHZ 20, 88 LS 2, 101).

17 **c) Gutgläubiger Erwerb.** Der Käufer kann von einem Verkäufer, der nicht Eigentümer ist, nach allgemeinen Regeln das Eigentum und damit auch das Anwartschaftrecht als Vorstufe erwerben. Entscheidend ist Gutgläubigkeit bei Erwerb des Anwartschaftsrechts, also der Übergabe. Spätere Bösgläubigkeit bei Eintritt der aufschiebenden Bedingung ist unschädlich (BGHZ 10, 69, 72 ff; 30, 375, 377; Erman/*Grunewald* Rn 31; MüKo/*Westermann* Rn 63). Ein gutgläubiger Erwerb eines Anwartschaftsrechts von einem Veräußerer – als vermeintlichen Käufer – kommt allenfalls in Betracht, wenn ein bestehendes Anwartschaftsrecht nicht dem Veräußerer zusteht; es würde dann mit dem zwischen Verkäufer und dem wirklichen Käufer vereinbarten Inhalt erworben werden. Es ist abzulehnen, weil es letztendlich auf dem nicht durch die §§ 932 ff geschützten Vertrauen in die Rechtsstellung des Veräußerers aus dessen behaupteten Kaufvertrag mit dem Eigentümer beruht (str: so jew mwN auch der aA MüKo/*Westermann* Rn 64; Staud/*Beckmann* Rn 77). Ein gutgläubiger Erwerb eines nicht existenten Anwartschaftsrechts ist ausgeschlossen, weil es noch stärker allein auf dem Vertrauen in eine nicht gegebene kaufrechtliche Beziehung basiert (BGHZ 75, 221, 225; Erman/*Grunewald* Rn 32).

18 **2. Besitzrecht.** Der Kaufvertrag unter EV konstituiert ein Besitzmittlungsverhältnis (§ 868), so dass der Käufer ggü dem Verkäufer schuldrechtlich zum Besitz berechtigt ist (§ 986 I; BGHZ 54, 214, 216; s Rn 15 zum dinglichen Besitzrecht). Der Verkäufer ist also mittelbarer Eigen-, der Käufer unmittelbarer Fremdbesitzer (Palandt/*Putzo* Rn 9; s mwN auch der aA MüKo/*Westermann* Rn 55). Das Besitzrecht endet mit Erlöschen des Erfüllungsanspruchs des Käufers, zB durch Rücktritt des Verkäufers (BGHZ 54, 214, 216), also nicht schon durch bloß vertragswidriges Verhalten, zB Verzug des Käufers. Das Besitzmittlungsverhältnis beinhaltet **Obhutspflichten** des Käufers, der mit der Sache nur wie ein Verwahrer und Verwalter verfahren darf, sie zB pfleglich behandeln muss (BGH NJW 61, 1252, 1253; Erman/*Grunewald* Rn 15; Staud/*Beckmann* Rn 59). Daraus resultieren auch **Auskunftspflichten**, zB über den Aufenthaltsort der Sache (Erman/*Grunewald* Rn 15).

19 **3. Verfügungsrecht.** Der Käufer ist zur Veräußerung der Sache an einen Dritten nur mit Zustimmung des Verkäufers berechtigt (MüKo/*Westermann* Rn 27). Zur vom Verkäufer erteilten Veräußerungsbefugnis s Rn 23.

20 **D. Formen des EV (I, III). I. Einfacher EV.** Bei dem Grundfall des EV wird sich das Eigentum an der Kaufsache bis zur Zahlung des dafür vereinbarten Kaufpreises vorbehalten. Das Hauptproblem liegt darin, inwieweit eine Befugnis zur Weiterveräußerung gegeben ist (zur Notwendigkeit s Rn 19). Sie ist konkludent erteilt ggü gewerblichen Zwischenhändlern für Veräußerungen im ordentlichen Geschäftsgang (MüKo/*Westermann* Rn 59 mwN). Eine Verbrauchs- und Verarbeitungsermächtigung ist im Rahmen der üblichen Verwendung gegeben, also zB ggü privaten Verbrauchern oder Handwerkern (vgl Staud/*Beckmann* Rn 110 mwN).

21 **II. Verlängerter EV.** Alle Verlängerungsformen haben den Zweck, den Verkäufer zu sichern, wenn der Käufer den EV zB durch Veräußerung, Verarbeitung oder Vermischung zum Erlöschen bringt. Sie berücksichtigen, dass der Käufer häufig die Kaufsache anders nicht wirtschaftlich nutzen kann.

22 **1. Vorausabtretungsklausel.** Die klassische Form der Verlängerung gewährt die Ermächtigung zur Weiterveräußerung auf Grundlage einer Vorausabtretung der dadurch erworbenen Forderung des Käufers gegen seinen Abnehmer (s BGHZ 27, 306, 308 f). Die Vereinbarung kann unter Kaufleuten auch durch AGB erfolgen (BGHZ 98, 303, 307 f; Palandt/*Putzo* Rn 18).

(1) Die **Ermächtigung** deckt allein **Weiterveräußerungen iRd ordnungsmäßigen Geschäftsverkehrs** (Erman/ 23
Grunewald Rn 46; BaRoth/*Faust* Rn 26). Darunter fallen nicht Verkäufe zu Schleuderpreisen, unter Einkaufspreis (regelmäßig BGHZ 104, 129, 133; ähnl BGH LM § 455 BGB Nr 23) und wegen des darin liegenden Sicherungscharakters auch nicht als Sale and Lease back (BGHZ 104, 129, 132 ff) (s insgesamt Erman/*Grunewald* Rn 46). Ohne Deckung durch die Ermächtigung kann der Abnehmer des Käufers Eigentum nur gutgläubig nach den §§ 932 ff erwerben. Verstöße dagegen können auch zur Haftung der Organe des Käufers führen (Kobl WM 89, 535, 536).

(2) Mit der **Vorausabtretung** tritt der Käufer schon im Kaufvertrag mit dem Verkäufer die aus der Weiterveräußerung erworbenen Forderungen an diesen ab. Die notwendige Bestimmtheit oder Bestimmbarkeit ist 24
gegeben, wenn sie im Zeitpunkt der Weiterveräußerung vorliegt (BGHZ 70, 86, 89 f; wN auch der Kritik bei Staud/*Beckmann* Rn 102-106); dazu reicht es aus, wenn die durch Weiterveräußerung entstandenen Forderungen den Geschäftsunterlagen des Käufers entnommen werden können (BGHZ 70, 86, 90). Dies führt normalerweise nur in Kombination mit Verarbeitungsklauseln zu Schwierigkeiten (s Rn 28; BGHZ 79, 16, 20 ff mwN und Beispielen). Bei im Kontokorrent stehenden Forderungen muss die Vorausabtretung auf den Schlusssaldo bezogen werden (BGHZ 70, 86, 92 ff; Palandt/*Putzo* Rn 18). Solange die Geschäftsbeziehung zwischen Verkäufer und Käufer reibungslos läuft, wird die Vorausabtretung überwiegend still vereinbart und mit einem Einziehungsrecht des Käufers verbunden (BaRoth/*Faust* Rn 27 mwN). Die Einziehung kann der Käufer auch über **echtes Factoring** vornehmen, da die damit verbundene Übernahme der Delkredere-Haftung durch den Factor der normalen Zahlung durch den Abnehmer vergleichbar ist (BGHZ 72, 15 LS, 19 ff; 100, 353, 358 f; Erman/*Grunewald* Rn 56). Ein **unechtes Factoring** ist dagegen als Kreditgeschäft von der Einziehungsermächtigung nicht gedeckt (BGHZ 82, 50 LS, 58 ff mwN; Erman/*Grunewald* Rn 58; Erman/*Westermann* § 398 Rn 25 f).

(3) Konsequenz der Verbindung von Veräußerungsermächtigung und Vorausabtretung ist, dass der Käufer 25
bei Weiterveräußerung kein **Abtretungsverbot** vereinbaren darf (BGHZ 30, 176, 181; 40, 156, 162; 102, 293, 308; Erman/*Grunewald* Rn 48); gleich steht eine **Zustimmungspflicht** zugunsten des Abnehmers zu einer Abtretung der Forderung des Käufers gegen ihn (BGHZ 27, 306 LS, 309 f). Dies gilt auch im Geltungsbereich des § 354a HGB, da der Erwerber trotz der Unwirksamkeit des Abtretungsverbots noch zur Aufrechnung ggü dem Käufer berechtigt sein (§ 354 S 2 HGB) und sich damit der Verkäufer nur eingeschränkt auf die Realisierung der ihm vorausabgetretenen Forderung verlassen kann (BaRoth/*Faust* Rn 26; zu § 354a HGB s v. *Olshausen* ZIP 95, 1950 ff). Bei einer Weiterveräußerung entgegen diesen Grundsätzen erwirbt der Abnehmer des Käufers kein Eigentum. Erteilt der weitere Abnehmer trotz Abtretungsverbots die Zustimmung zur Abtretung an den Verkäufer, wirkt diese Zustimmung nur ex nunc; ein Eigentumserwerb rückwirkend auf den Zeitpunkt der Veräußerung kann also nicht erreicht werden (BGH NJW 88, 1210, 1211 mwN).

(4) Die vorausabgetretenen Forderungen begründen in der **Insolvenz** ein Absonderungsrecht (§ 51 InsO; 26
Erman/*Grunewald* Rn 50; *Uhlenbruck* § 51 Rn 19).

(5) Das Konzept des verlängerten EV kollidiert mit den verbreiteten **Globalzessionen** zugunsten von Banken, 27
Kreditversicherern usw. Diesen Konflikt zwischen Waren- und Geldkreditgebern löst der BGH so auf, dass Globalzessionen einen ausreichenden Sicherheitsfreibetrag für branchenübliche Vorausabtretungen in Verbindung mit verlängerten Eigentumsvorbehalten aufweisen müssen (BGHZ 98, 303, 314 ff; BGH NJW 99, 940). Anderenfalls sind sie wegen Sittenwidrigkeit nichtig. Die „Freigabe" muss dabei dingliche Wirkung haben, ein bloß schuldrechtlicher Freigabeanspruch des Käufers genügt nicht (BGH aaO; Erman/*Grunewald* Rn 55).

2. Verarbeitungsklausel. Der Eigentumserwerb durch den Hersteller gem § 950 kann zur Verlängerung ein- 28
gesetzt werden, indem der Käufer durch Vereinbarung einer Verarbeitungsklausel für den Verkäufer verarbeitet und dieser daher bei objektiver Betrachtung nach den wirtschaftlichen Verhältnissen Hersteller ist (BGHZ 20, 159 LS 1, 162 f; vgl auch 112, 243, 249 f; ausf mit Nachw der aA MüKo/*Füller* § 950 Rn 17, 25 Staud/*Beckmann* Rn 124 mwN). Zur Vermeidung einer Übersicherung wird regelmäßig der Eigentumserwerb auf Miteigentum unter Berücksichtigung von Miteigentumsquoten des Käufers selbst für die eigenen Beiträge und dritter Lieferanten vorgesehen (vgl dazu nur BGHZ 98, 303, 307 ff; MüKo/*Füller* aaO Rn 26 f). Kombiniert mit einer Vorausabtretungsklausel wird so erreicht, dass der Verkäufer anteilig auch die Forderungen aus der Veräußerung der neuen Sache erwirbt.

III. Erweiterter EV. Zwei Erscheinungsformen (zu weiteren s Erman/*Grunewald* Rn 61-66) sind besonders 29
bedeutsam, der Kontokorrentvorbehalt und der Konzern- oder Drittvorbehalt.

1. Kontokorrentvorbehalt. Der EV wird zu einem Kontokorrentvorbehalt, indem er so ausgedehnt wird, 30
dass er erst erlischt, wenn alle, auch **künftige Forderungen** aus der gesamten Geschäftsverbindung zwischen Verkäufer und Käufer erfüllt sind. Damit dient er einer umfassenden Sicherung des Verkäufers. Die Zulässigkeit ist im **kaufmännischen Verkehr** von der Rspr anerkannt, auch bei Vereinbarung durch AGB (BGHZ 42, 53, 58 f; 125, 83, 87; BGH NJW 78, 632; BaRoth/*Faust* Rn 34; zur Kritik s MüKo/*Westermann* Rn 82 mNachw; aA *Tiedtke* FS 50 Jahre BGH I, S 829 ff). Es besteht aber die von der Rspr allerdings kaum mit Leben gefüllte Grenze, dass die Erweiterung nicht dem Sinn eines Kaufvertrags zu stark widerspricht und so einen „Miß-

brauch der Vertragsfreiheit darstellt" (BGH NJW 78, 632; ferner BGH WM 71, 347, 348, insoweit in NJW 71, 799 nicht abgedr; s BaRoth/*Faust* Rn 34; „kaum je anzunehmen"). Der EV erlischt, wenn der Schuldsaldo aus der Geschäftsbeziehung einmal auf Null geht, selbst wenn später wieder neue Forderungen entstehen (BGH NJW 78, 632, 633; Erman/*Grunewald* Rn 63). Die früher vertretene Wirksamkeitsvoraussetzung einer ausdrücklichen Freigabeverpflichtung des Verkäufers (BGHZ 94, 105, 112; 124, 83, 87 f) ist nach dem Urteil des Großen Senats für Zivilsachen zur Sicherungsübereignung (BGHZ 137, 212 LS b, 219 ff, 222 ff) entfallen: es reicht die ohne ausdrückliche Vereinbarung geltende Verpflichtung zur Freigabe (Staud/*Beckmann* Rn 131; *Habersack/Schürnbrand* JuS 02, 833, 838; **abw** aber i Erg ähnlich *Berger* ZIP 04, 1073, 1079 ff; gegen ihn *Bülow* ZIP 04, 2420 ff). Die Einstellung der Forderungen in ein Kontokorrent gem § 355 HGB ist nicht erforderlich (BGH WM 69, 1072, 1073; Staud/*Beckmann* Rn 128; zu den Besonderheiten des dann echten Kontokorrentvorbehalts s Erman/*Grunewald* Rn 64 f). Ggü **Verbrauchern** muss ein erweiterter EV wegen der zusätzlichen Schwächung des Rechts des Käufers auf Übereignung gem § 307 II Nr 2 auf Forderungen beschränkt werden, die mit der konkreten Kaufsache zusammen hängen (Frankf NJW 81, 130; Kobl NJW-RR 89, 1459, 1460; LG Braunschweig ZIP 81, 876 ff; ähnl Erman/*Grunewald* Rn 63: sonst Verstoß gegen § 307 II Nr 1). Wenn die konkrete Kaufsache voll bezahlt worden ist, gewährt der erweiterte EV bei **Insolvenz** des Käufers wegen seiner dann Sicherungseigentum ähnlichen Funktion nur ein Absonderungsrecht (BaRoth/*Faust* Rn 35; zur KO BGHZ 98, 160, 169 ff; BGH NJW 71, 799 mwN); es entfällt dann auch das Wahlrecht des Insolvenzverwalters (jew aaO BGHZ; BaRoth/*Faust*).

31 **2. Konzernvorbehalt (III).** Der mit der Insolvenzrechtsreform 1994 eingeführte III erklärt jeden EV zur Besicherung der Forderungen Dritter, vor allem von Konzernunternehmen, für unwirksam, und zwar die sachenrechtliche Vereinbarung wie die schuldrechtliche Verpflichtung (Erman/*Grunewald* Rn 66; *Bülow* DB 99, 2196 f, *Habersack/Schürnbrand* JuS 02, 833, 838). „Soweit" in Hs 2 bedeutet, dass § 139 nicht gilt (str: so Erman/*Grunewald* Rn 66; *Habersack/Schürnbrand* JuS 02, 833, 838; aA *Bülow* DB 99, 2196, 2197). Daher beschränkt sich die Nichtigkeit auf die horizontale Erstreckung auf Dritte, so dass sowohl der Kaufvertrag (*Bülow* DB 99, 2196, 2197) als auch der EV ansonsten, dh auch mit von III nicht verbotenen Verlängerungen und Erweiterungen (MüKo/*Westermann* Rn 85; *Bülow* DB 99, 2196, 2197; *Habersack/Schürnbrand* JuS 02, 833, 838; *Tiedtke* FS 50 Jahre BGH I, S 829, 846; **abw** nur als einfacher EV: Erman/*Grunewald* Rn 66) bestehen bleiben. Es ist str, ob III analog anzuwenden ist auf die spiegelbildliche Situation des **umgekehrten Konzernvorbehalts**, dass der EV erst erlischt, wenn auf Seiten des Käufers Dritte, wiederum vor allem Konzernunternehmen, alle Forderungen des Verkäufers gegen sie beglichen haben (dafür *Leible/Sosnitza* JuS 01, 556, 558; *Habersack/Schürnbrand* JuS 02, 833, 838 f; i Erg: unwirksam trotz Unanwendbarkeit von III Erman/*Grunewald* Rn 60; nur für Formularverträge MüKo/*H.P Westermann* Rn 86; **dagegen** Palandt/*Putzo* Rn 22; Staud/*Beckmann* Rn 133; *Bülow* DB 99, 2196 mit Argument, dass Insolvenzmasse beim Verkäufer dadurch vergrößert wird). Die klare gesetzliche Regelung schließt die Analogie aus; bei Vereinbarung kommt im Einzelfall die Unwirksamkeit nach § 307 in Betracht.

32 **IV. Verlängerter und erweiterter EV.** Wie praktisch weit verbreitet, können verlängerter und erweiterter EV in Kombination vereinbart werden (BGHZ 26, 185, 190 ff; 94, 105, 111 f; Erman/*Grunewald* Rn 67).

33 **IV. Weitergeleiteter EV.** In der Praxis eher ungebräuchlich, besteht der weitergeleitete EV in der Verpflichtung des Käufers, Weiterveräußerungen unter Offenlegung des EV so vorzunehmen, dass der Verkäufer weiter Eigentümer bleibt. Er ist gem § 307 II Nr 2 unwirksam, weil mit dem Vertragszweck unvereinbar, wenn Käufer Wiederverkäufer ist (Palandt/*Putzo* Rn 16; zu AGBG BGH NJW 91, 2285, 2286; **abw** Stuttg BB 75, 1131; **dagegen** Erman/*Grunewald* Rn 68).

34 **E. Erlöschen des EV.** (1) Der EV erlischt mit vollständiger **Zahlung** oder sonstiger Erfüllung **des Kaufpreises**. Ohne abw Regelung ist diese Folge nicht von der Zahlung von Nebenforderungen wie Verzugszinsen, Versandkosten abhängig (str: so Erman/*Grunewald* Rn 39; aA MüKo/*Westermann* Rn 23; Staud/*Beckmann* Rn 31). (2) Bei **Entfall des Eigentums des Verkäufers**, zB durch gutgläubigen Erwerb eines Dritten, Verbindung, Vermischung, Verarbeitung endet der EV gleichfalls. (3) Da der EV nur vereinbart wird, weil der vom Käufer gewünschte Eigentumserwerb auf Wunsch des Verkäufers verschoben wird, erlischt er auch mit **einseitigem Verzicht des Verkäufers** (str: so BGH NJW 58, 1231 f; WM 83, 1190; Palandt/*Putzo* Rn 14; Staud/*Beckmann* Rn 43; aA Erman/*Grunewald* Rn 41).

§ 450 Ausgeschlossene Käufer bei bestimmten Verkäufen

(1) Bei einem Verkauf im Wege der Zwangsvollstreckung dürfen der mit der Vornahme oder Leitung des Verkaufs Beauftragte und die von ihm zugezogenen Gehilfen einschließlich des Protokollführers den zu verkaufenden Gegenstand weder für sich persönlich oder durch einen anderen noch als Vertreter eines anderen kaufen.
(2) Absatz 1 gilt auch bei einem Verkauf außerhalb der Zwangsvollstreckung, wenn der Auftrag zu dem Verkauf auf Grund einer gesetzlichen Vorschrift erteilt worden ist, die den Auftraggeber ermächtigt, den Gegenstand für Rechnung eines anderen verkaufen zu lassen, insbesondere in den Fällen des Pfandverkaufs und des in den §§ 383 und 385 zugelassenen Verkaufs, sowie bei einem Verkauf aus einer Insolvenzmasse.

A. Zweck, Schuldrechtsmodernisierung, Anwendungsbereich. (1) § 451, der §§ 456, 457 aF zusammenfasst, 1 soll die Unparteilichkeit der Verkäufe aufgrund Zwangsvollstreckung (I) und gesetzlicher Vorschriften gewährleisten (II). Der Einschluss des Protokollführers zeigt, dass es nicht nur darum geht, materielle Interessenkollisionen, sondern auch den bösen Schein der Parteilichkeit zu verhindern (MüKo/*Westermann* Rn 1, 4).
(2) Norm gilt für Verkäufe von Sachen, Rechten und sonstigen Gegenständen (§ 453). Die ausgeschlossenen 2 Personen dürfen weder unmittelbar noch mittelbar, qua Vertretung oder Treuhand, auf eigene Rechnung oder auf fremde Rechnung erwerben.

B. Verkauf im Wege der Zwangsvollstreckung (I). (1) Gemeint ist jeder Verkauf im Rahmen der Zwangs- 3 vollstreckung, unabhängig davon ob über Versteigerung oder freihändig und der Qualifizierung als privat- oder öffentlich-rechtlich (Erman/*Grunewald* Rn 2). Darunter fallen Verkäufe gem §§ 814 ff, 825, 844, 857, 866 ZPO, durch Zwangsversteigerung gem §§ 869 ZPO, 66 ff, 162, 171a ZVG.
(2) Ausgeschlossen sind Beauftragte und ihre Hilfspersonen, also zB Richter, Rechtspfleger, Gerichtsvollzie- 4 her. Aufgrund des Einschlusses von Protokollführer und Gehilfen gehören auch Hilfskräfte mit untergeordneten Aufgaben dazu (Palandt/*Putzo* Rn 5; MüKo/*Westermann* Rn 4; aA Erman/*Grunewald* Rn 3).

C. Verkäufe aufgrund gesetzlicher Vorschriften (II). (1) Geregelt sind nur Verkäufe in Ausübung gesetzli- 5 cher Befugnisse zum Verkauf auf fremde Rechnung. Dies sind vor allem: §§ 383, 385, 753, 966, 979, 983, 1219, 1221, 1228 ff, 1235, 1475 III, 1498, 2042, 2204 f BGB, 368, 371, 373, 376, 379, 388 f, 391, 397 f, 437 HGB, 148, 159, 165 f, 173 InsO, 23, 27 GmbHG, 179 III, 226 III 268 II, 272 II AktG. Andere Verkäufe sind auch dann nicht erfasst, wenn sie der Abwendung eines solchen Verkaufs dienen.
(2) Der ausgeschlossene **Personenkreis** umfasst vor allem den Versteigerer und entspr Rn 5 dessen Hilfsper- 6 sonen. Ebenfalls dazu gehört der **Insolvenzverwalter** (str: so Erman/*Grunewald* Rn 5; BaRoth/*Faust* Rn 5 mN der aA); über die Geltung von § 181 hinaus (s dazu MüKo/*Zimmermann* § 2205 Rn 82) sollte II auch auf den **Testamentsvollstrecker** angewandt werden. Nicht ausgeschlossen ist ein Kauf durch die materiell Beteiligten, vor allem von Gläubiger, Eigentümer und Schuldner (Palandt/*Putzo* Rn 7).

D. Rechtsfolgen. S § 451. 7

§ 451 Kauf durch ausgeschlossenen Käufer

(1) ¹Die Wirksamkeit eines dem § 450 zuwider erfolgten Kaufs und der Übertragung des gekauften Gegenstandes hängt von der Zustimmung der bei dem Verkauf als Schuldner, Eigentümer oder Gläubiger Beteiligten ab. ²Fordert der Käufer einen Beteiligten zur Erklärung über die Genehmigung auf, so findet § 177 Abs. 2 entsprechende Anwendung.
(2) Wird infolge der Verweigerung der Genehmigung ein neuer Verkauf vorgenommen, so hat der frühere Käufer für die Kosten des neuen Verkaufs sowie für einen Mindererlös aufzukommen.

A. Zweck; Schuldrechtsmodernisierung. § 451 ist in Übernahme von § 458 aF **lex specialis** zu § 134 mit 1 dem Zweck, anstelle von Nichtigkeit schwebende Unwirksamkeit des schuldrechtlichen und dinglichen Geschäfts eintreten zu lassen.

B. Zustimmung. Zum Eintritt der Wirksamkeit ist die Zustimmung (§§ 182-184) **aller Beteiligten** erforder- 2 lich (I 1), also zB von Eigentümer, Pfandgläubiger, Schuldner. Im Einzelfall können dies sehr viele Personen sein, zB bei Nachlasseinandersetzung. Zustimmung liegt erst vor, wenn Erklärung des letzten Beteiligten dem Käufer zugegangen ist. Käufer kann Schwebefrist nur nach § 177 II, nicht nach § 178 beenden, dessen entspr Geltung nicht vorgesehen ist (I 2; Palandt/*Putzo* Rn 3; MüKo/*Westermann* Rn 4; aA Erman/*Grunewald* Rn 3: bei Unkenntnis des Käufers). Mit Verweigerung der Zustimmung tritt Nichtigkeit ein (§ 134).

C. Kein Verschulden. Als Sanktion eigener Art ist Verschulden des Käufers nicht erforderlich (Staud/*Beck- 3 mann* Rn 2; aA Erman/*Grunewald* Rn 4 mit Hinweis, dass Verschulden meistens vorliegt; MüKo/*Westermann* Rn 5). § 451 ist nicht abschließend, da § 450 Schutzgesetz iSd § 823 II ist (Erman/*Grunewald* Rn 4) und ferner §§ 823 I, 839 gleichfalls kumulativ zur Anwendung kommen können.

§ 452 Schiffskauf

Die Vorschriften dieses Untertitels über den Kauf von Grundstücken finden auf den Kauf von eingetragenen Schiffen und Schiffsbauwerken entsprechende Anwendung.

A. Zweck, Schuldrechtsmodernisierung. § 452 setzt entspr §§ 435 II, 449 II aF um, dass SchReg für einge- 1 tragene Schiffe und Schiffsbauwerke (Docks, in Bau befindliche Schiffe) vergleichbare Bedeutung hat wie Grundbuch für Grundstücke. Deshalb sollen die für Grundstücke spezifischen kaufrechtlichen Bestimmungen auch für sie gelten. Daraus folgt, dass Norm für nicht eingetragene Schiffe nicht gilt.

2 **B. Inhalt.** Anwendbar sind §§ 435 S 2, 436, 438 I Nr 1, 442 II und 448 II. Sondervorschriften für Grundstücke außerhalb dieses Untertitels gelten nicht; zum Verbrauchsgüterkauf s § 474 Rn 7. Im Übrigen gelten die §§ 433 ff mit den Regelungen für den Sachkauf.

§ 453 Rechtskauf

(1) Die Vorschriften über den Kauf von Sachen finden auf den Kauf von Rechten und sonstigen Gegenständen entsprechende Anwendung.
(2) Der Verkäufer trägt die Kosten der Begründung und Übertragung des Rechts.
(3) Ist ein Recht verkauft, das zum Besitz einer Sache berechtigt, so ist der Verkäufer verpflichtet, dem Käufer die Sache frei von Sach- und Rechtsmängeln zu übergeben.

1 **A. Grundsätzliches. I. Bedeutung, Schuldrechtsmodernisierung.** Die durch die Schuldrechtsreform neu eingeführte Norm schreibt für alle Kaufgegenstände, die keine Sachen und Tiere sind, die entspr Anwendung der Vorschriften über den Sachkauf (§§ 433-451) vor. Sie nimmt damit die bisherigen Sonderregeln für den Rechtskauf (§§ 433 I 2, 435, 449) sowie die Rspr auf, dass Kaufrecht auch auf andere Kaufgegenstände als Sachen und Rechte wie Elektrizität, Know-how und Unternehmen anzuwenden ist (BTDrs 14/6040, 242). § 453 kommt damit eine **zentrale Bündelungsfunktion** zu.

2 **II. Anwendungsbereich.** Aus Rn 1 folgt ein letztendlich **unbegrenzter** Anwendungsbereich. Jedes Substrat, das keine Sache und heute oder in Zukunft Gegenstand eines Vertrags ist, demgemäß es gegen Entgelt endgültig in die Sphäre des Erwerbers übergehen soll, unterliegt ihm. Systematisch sind 2 Typen von Kaufgegenständen zu unterscheiden: (1) **Rechte** (Rn 5-15) mit dem Untertypus gem III, **Rechte, die zum Besitz einer Sache berechtigen** (Rn 11) und (2) **sonstige Gegenstände** (Rn 16 ff) mit den Untertypen der **unkörperlichen Kaufgegenstände** (Rn 18-22), der als **zusammengehörig verkauften Gegenstände** (Rn 23-25) und besonders der **Unternehmen** (Rn 26-35).

3 **III. Verbrauchsgüterkaufrichtlinie.** Die Richtl findet nur auf Sachen Anwendung, auch nicht auf Strom (Art 1 II lit b). Zur Anwendbarkeit auf Sachgesamtheiten s § 474 Rn 8.

4 **IV. Entsprechende Geltung der Vorschriften über den Sachkauf.** Der pauschale Verweis auf die Vorschriften zum Sachkauf (I) stellt das zentrale Problem der Anwendung von § 453 dar. Angesichts der Verschiedenheit der Kaufgegenstände ist für jede einzelne Kategorie von Rechten und sonstigen Gegenständen speziell zu prüfen, ob und mit welcher Modifikation die §§ 433 ff passen (vgl Staud/*Beckmann* Rn 6). **Grds gilt:** Übergabe und Verschaffung des Eigentums (§ 433 I 1) sind durch den entspr Übertragungstatbestand zu ersetzen, der jeweils zu einer vollständigen Entäußerung des Verkäufers führen muss. Rechtsmängel liegen vor, wenn analog § 435 der Kaufgegenstand trotz seiner Übertragung nicht vereinbarte und nicht übliche rechtliche Beschränkungen aufweist. Sachmängel entspr § 434 kommen in Betracht, wenn der Kaufgegenstand in seiner Beschaffenheit, zB eine Forderung in ihrer Verzinsung oder Software in ihrer Leistungsfähigkeit, nicht die geschuldeten Anforderungen erfüllt. Außerdem muss gem III bei einem Recht, das zum Besitz einer Sache berechtigt, die Sache rechts- und sachmängelfrei übergeben werden.

5 **B. Rechte. I. Begriff.** Recht ist die einem Einzelnen unmittelbar von der Rechtsordnung gewährte Befugnis mit dem Inhalt eines Anspruchs (§ 194 I), der Herrschaft über eine Sache oder immaterielle Güter, zB gewerbliche Schutzrechte, oder der Gestaltung eines Rechtsverhältnisses (Palandt/*Putzo* Rn 3). Es kann dinglich oder obligatorisch, bedingt oder befristet sein, schon jetzt oder erst in Zukunft existieren. Dazu gehören (vgl Staud/*Beckmann* Rn 3): (1) **Rechte an Sachen**, zB Pfandrecht, ErbbauR, Dienstbarkeit, (2) **gewerbliche Schutzrechte**, zB Patente, Marken, urheberrechtliche Nutzungsrechte, (3) **Anteile an Gesellschaften** und Gemeinschaften, (4) **Forderungen**, auch soweit sie in Wertpapieren verbrieft sind (s Rn 21), (5) **Kennzeichenrechte**, zB Firma, sowie (6) **öffentlich-rechtliche Rechte** aller Art, zB Steuererstattungsansprüche, Rechte aus Konzessionen; Umwelt-Emissionsrechte (*Wertenbruch* ZIP 05, 516 ff). Nicht umfasst sind höchstpersönliche Rechte, zB Namens-, Elternrecht, da sie prinzipiell nicht veräußerbar sind (vgl Palandt/*Putzo* Rn 4; abw BaRoth/*Faust* Rn 3); ferner nicht der Besitz, da er kein Recht darstellt (Palandt/*Putzo* Rn 4; BaRoth/*Faust* Rn 2).

6 **II. Pflichten des Verkäufers. 1. Verschaffung.** Entspr § 433 I 1 hat der Verkäufer dem Käufer die Inhaberschaft in der für das jeweilige Recht maßgeblichen Form so zu verschaffen, dass seine eigene Berechtigung endet und der Käufer das Recht ausüben kann (vgl Staud/*Beckmann* Rn 10-12). Je nach Art des Rechts sind die Formen divers: Forderungen sind abzutreten (§ 398), ebenso bei Fehlen einer besonderen Regelung sonstige Rechte (§ 413), ferner Patente (§ 30 III PatG). Für Grundstücksrechte gilt § 873 (Eintragung im Grundbuch), für Grundpfandrechte die besonderen Regeln der §§ 1154, 1192, sowie für Gesellschaftsanteile die spezialgesetzlichen Bestimmungen. Soweit der Verkäufer die Begründung eines Rechts schuldet, hat er das Recht mit dem Käufer als alleinigem Inhaber zur Entstehung zu bringen. Für die **Pflichtenstellung des Verkäufers**

Rechtskauf § 453

gelten die Grundsätze zum Sachkauf entspr (§ 433 Rn 21-26). Daraus resultieren § 433 Rn 22 entspr Mitwirkungspflichten des Verkäufers, zB bei Namensaktie an der Umschreibung im Aktienregister mitzuwirken (§ 67 I AktG) oder bei Patent die öffentlich beglaubigte Abtretungserklärung (§§ 403 BGB, 30 III 1 PatG) zu erteilen.

2. Übernahme der Kosten für Begründung und Übertragung (II). Die mit § 448 II aF inhaltsgleiche Vorschrift regelt nur die Kosten der Begründung und Übertragung des Rechts. Damit sind nicht erfasst die Kosten des schuldrechtlichen Kausalgeschäfts, des Kaufvertrags; sie sind bei Fehlen einer besonderen Regelung von den Parteien hälftig zu tragen (BaRoth/*Faust* Rn 14; Staud/*Beckmann* Rn 15). Bei Rechten an Grundstücken gilt für die Eintragungskosten § 448 II über den Verweis in I als die ggü II speziellere Regelung, so dass der Käufer kostenpflichtig ist (str: BTDrs 14/6040, 242; BaRoth/*Faust* Rn 6, 15 mwN auch der aA; MüKo/*Westermann* Rn 16). Bei Rechten gem III gilt für Kosten für die Übertragung der Sache § 448 I. 7

3. Mängelrecht. a) Rechtsmängel. Entspr 435 (dort Rn 2) gilt nicht das Mängelrecht, sondern das allgemeine Leistungsstörungsrecht, wenn der Verkäufer seiner Hauptleistungspflicht nicht nachkommen kann. Dazu gehören beim Rechtskauf die 3 Fälle der Veritätshaftung, dass (1) das Recht nicht besteht (Palandt/*Putzo* Rn 19; BaRoth/*Faust* Rn 12; *Eidenmüller* ZGS 02, 290, 292), (2) unübertragbar ist (BaRoth/*Faust* Rn 12) oder (3) einem Dritten gehört (str: so Palandt/*Putzo* Rn 20 a; BaRoth/*Faust* Rn 12; aA *Eidenmüller* ZGS 02, 290, 293; zu aF BGH WM 97, 1064, 1065). Die Verjährung tritt daher nach §§ 195 ff, nicht nach § 438 ein (str: so Erman/*Grunewald* Rn 8; aA § 438 I Nr 1 a gilt: *Heerstraßen/Reinhard* BB 02, 1429, 1432 ff; aA § 438 I Nr 3 gilt: *Wälzholz* DStR 02, 500, 503). Mängelrecht in Form der Rechtsmängelhaftung gelangt daher nur zur Anwendung, wenn am dem Käufer übertragenen Recht das Recht eines Dritten besteht, zB das ErbbauR mit einem Grundpfandrecht belastet oder die Forderung verpfändet ist, oder einem Dritten Einwendungen oder Einreden gegen das Recht zustehen, zB bei Forderungen der Schuldner Aufrechnung oder Verjährung erklären kann (so für Forfaitierung von Forderungen BGH ZIP 04, 2384 LS 1, 2387 „Flowtex"; dazu *Hey* JuS 05, 402 ff; ferner *Brink* WM 03, 1355, 1357). 8

b) Sachmängel. Den Grundsätzen des § 434 I, III sind alle Mängel eines Rechts zu unterstellen, die sich auf seine Beschaffenheit beziehen, die also nicht aus Rechten eines Dritten resultieren, sondern aus einem abw Inhalt (str: so BaRoth/*Faust* Rn 10; MüKo/*Westermann* Rn 14; *Eidenmüller* ZGS 02, 290, 291; unscharf *Brink* WM 03, 1355, 1358 f, der offenbar auch Veritätshaftung § 434 analog unterstellt; aA *Grigoleit/Herresthal* JZ 03, 118, 124 f; *Grunewald* NZG 03, 372, 373). Beispiele sind nicht vertragsgemäße Verzinsung von Forderung oder Grundpfandrecht oder ein technisch nicht umsetzbares Patent (aA Erman/*Grunewald* Rn 17 mwN). Zu Sachmängeln im Hinblick auf die mit dem Recht belastete Sache s Rn 13. Kein Mangel ist bei Fehlen einer vertraglichen Einstandspflicht eine ungenügende Leistungsfähigkeit (Bonität) des Schuldners (BGH ZIP 04, 2384, 2387 für Forfaitierung von Forderungen „Flowtex"; Palandt/*Putzo* Rn 21, 22; BaRoth/*Faust* Rn 20; *Eidenmüller* ZGS 02, 290, 293 f). 9

c) Rechtsfolgen. Ist Mängelrecht anwendbar, gilt § 437 entspr (*Eidenmüller* ZGS 02, 290, 292). 10

4. Rechte, die zum Besitz einer Sache berechtigen (III). Beispiele für Rechte, die zum Besitz einer Sache berechtigen, sind **ErbbauR** (§§ 1, 11 ErbbauV), **Nießbrauch** (§ 1036) und **dingliches Wohnrecht** (§§ 1093 I, 1036); III gilt nicht, wenn mit dem Kaufgegenstand ein Pfandrecht als Nebenrecht (§ 401) übertragen wird, da im Hinblick auf die Sache eine reine Sicherungsfunktion besteht (Staud/*Beckmann* Rn 16; *Eidenmüller* ZGS 02, 290, 291). Gleichfalls kein Fall von III ist der Verkauf einer Forderung auf eine Sachleistung, zB eines Anspruchs auf Auflassung, da sich der Käufer bewusst zum Erwerb nur der Forderung und nicht der Sache entschieden hat (BaRoth/*Faust* Rn 5; *Eidenmüller* ZGS 02, 290, 291). Ergänzend zu Rn 6–9 gelten: Zusätzlich zu Rn 6 schuldet der Verkäufer die Übergabe der Sache (Palandt/*Putzo* Rn 14). Ferner hat die Sache über Rn 8, 9 hinaus frei von Sach- und Rechtsmängeln zu sein; bei einer Verletzung dieser Pflicht gilt § 437. III ist nicht entspr anwendbar auf Verkauf von Gesellschaftsanteil einer reinen Grundstücksgesellschaft (Palandt/*Putzo* Rn 21 a; im Regelfall Erman/*Grunewald* Rn 15; teilweise aA *Eusani* ZfIR 04, 509, 514 ff). 11

5. Einzelfälle. (1) Forderungen. (a) Vertragsverhältnis zwischen **Kreditkartenunternehmen** und Vertragspartner des Handels ist kein Forderungskauf, sondern Schuldversprechen (§ 780; Palandt/*Putzo* Rn 4; zu aF BGHZ 150, 286, 290 ff; BGH NJW-RR 04, 481 f). (b) **Rechtsmängel** von Forderungen sind alle Rechte Dritter an der übertragenen Forderung unter Einschluss von Einwendungen und Einreden, die Dritte gegen die Realisierung geltend machen können, zB Aufrechnung (s Rn 8). (c) **Sachmängel** sind alle Abweichungen des Inhalts der Forderung von den geschuldeten Anforderungen (s Rn 9). Dazu gehören: Abweichungen in der Höhe, Verzinsung, Fälligkeit, bei Forderungen aus Dauerschuldverhältnissen in der Dauer; ferner in den Bedingungen der Realisierung, zB zusätzliche Voraussetzungen, kürzere Verjährung. 12

(2) Rechte an Sachen. Die entspr Geltung des **Sachmängelrechts** hat besondere Bedeutung. Soweit die Parteien schuldrechtlich Anforderungen an die mit dem Recht belastete Sache vereinbaren, zB Größe der mit dem Wohnrecht belasteten Wohnung, Erträge des mit dem Grundpfandrecht belasteten Miethauses, findet § 434 Anwendung (aA Erman/*Grunewald* Rn 12; *dies* NZG 03, 372, 373). 13

14 (3) **Gewerbliche Schutzrechte.** S *Bartenbach/Bartenbach* MDR 03, 1270 ff; zu **Patenten und Lizenzverträgen** s *Haedicke* GRUR 04, 123 ff.

15 (4) **Anteile an Gesellschaften und Gemeinschaften.** (a) **Rechtsmängel** liegen nicht nur in den typischen Rechten Dritter am Anteil, zB Pfandrecht, sondern in allen Rechten der Gesellschaft, Mitgesellschafter und Dritter, die aus einer anderen rechtlichen Situation resultieren als vereinbart, zB Insolvenz, Beschränkung des Stimmrechts, Rechte der Gesellschaft wegen nicht erbrachter Einlage (str: **so** *Wälzholz* DStR 02, 500, 501: offen, ob Rechts- oder Sachmangel; **aA** Erman/*Grunewald* Rn 9; *dies* NZG 03, 372, 373), geringere Einlage und deshalb geringere Rechte. (b) **Sachmängelhaftung** kommt in Betracht, wenn wirtschaftliche Bedingungen nicht erfüllt sind, zB geringere Mindestausschüttung als vereinbart. Zur besonderen Haftung, wenn Anteilsverkauf Unternehmensverkauf gleichsteht, s Rn 28, 30. Für die Gemeinschaft gelten Ausführungen entspr.

16 **C. Sonstige Gegenstände. I. Begriff.** Als Folge des umfassenden Geltungsbereichs von § 453 (Rn 1 f) sind sonstige Gegenstände alle Kaufgegenstände, die keine Sachen oder Rechte sind. Sie bestehen aus zwei Gruppen: Unkörperliche, funktional vielfach Sachen ähnliche Vermögenswerte, zB Strom, Software, Know-how, sowie alle Formen von Sachgesamtheiten, vor allem Unternehmen (BTDrs 14/6040, 242), aber auch sonst funktional zusammengehörige Sachen (vgl Staud/*Beckmann* Rn 19 f).

17 **II. Entsprechende Geltung der Vorschriften über den Sachkauf.** Entspr Rn 4 ist für jede Gruppe und jeden Vermögenswert individuell zu prüfen, welche Konsequenzen aus dem Grundsatz der entspr Geltung der §§ 433 ff resultieren. Dabei können für die Mängelhaftung die Grundsätze zum Forderungskauf herangezogen werden (Rn 8–10): Die Rechtsmängelhaftung greift außerhalb der Haftung für die Übertragung selbst für Rechte Dritter am übertragenen Kaufgegenstand ein. Die Sachmängelhaftung ist wegen der vgl mit Forderungen größeren Sachnähe dieser Kaufgegenstände deutlich unmittelbarer einschlägig und kommt immer zur Anwendung, wenn die Beschaffenheit des Kaufgegenstands entspr § 434 tangiert ist; dabei gilt auch § 434 II entspr, da zB bei Software die Installation oder bei Strom die Erstellung eines Anschlusses als Montagependant mangelhaft sein kann.

18 **III. Unkörperliche Kaufgegenstände.** Wichtige **Einzelfälle** sind:
(1) **Strom.** (a) Stromlieferverträge unterliegen in Aufnahme der Rspr zu aF (vgl BGHZ 23, 175, 177) über § 453 dem Recht des **Sachkaufs** (Palandt/*Putzo* Rn 6; Staud/*Beckmann* Rn 50; *Schöne* Energiewirtschaftliche Tagesfragen 04, 113 mwN). Die besonderen Bezugsbedingungen werden aber regelmäßig Vorrang haben. (b) Zu **Sachmängeln** bei Strom s *Schöne* aaO, 113 ff: vorstellbar, aber kaum praktisch; Situation dürfte bei Großverbrauchern und übernommenen Anschlussleistungen anders aussehen (s Rn 17).

19 (2) **Wärme.** Für Wärmelieferverträge gilt analog aF (BGH NJW 79, 1304, 1305) § 453 (Palandt/*Putzo* Rn 6; Staud/*Beckmann* Rn 52).

20 (3) **Software.** (a) Für den **Vertragstypus** des Erwerbs von Software sind 5 Konstellationen zu unterscheiden. Ihnen ist jeweils gemeinsam, dass es um die Überlassung für immer geht, da anderenfalls nur Miete oder Pacht in Frage kommt (zu aF BGHZ 102, 135, 143). (aa) Der Verkauf von **Standardsoftware auf Datenträger** unterliegt analog dem Verkauf eines Buchs (s § 433 Rn 9) dem Sachkauf, da aufgrund des standardmäßigen Inhalts ungeachtet des immaterialgüterrechtlichen Charakters an die Hardware Datenträger angeknüpft werden kann (Staud/*Beckmann* Rn 53; zu aF BGHZ 102, 135, 142ff). (bb) Der Verkauf von **Standardsoftware ohne Datenträger**, zB im Internet, ist der von § 453 geregelte Verkauf eines unkörperlichen, nämlich immateriellen Vermögenswerts (Staud/*Beckmann* Rn 53; so für (aa) und (bb) Palandt/*Putzo* § 433 Rn 9; Dauner-Lieb/Konzen/K. Schmidt/*Hoeren*, 515, 516 f mwN). (cc) Soweit **Standardsoftware** beim Erwerber zu **integrieren** ist, dh ohne nennenswerte Änderungen in ein System einzupflegen ist, liegt ein Kaufvertrag mit Montageverpflichtung vor (§ 434 II 1, s § 434 Rn 76; **abw:** mit werkvertraglicher Nebenpflicht: Staud/*Beckmann* Rn 53; wohl *Hoeren* aaO, 518 f; **abw:** Werkvertrag: Palandt/*Putzo* § 433 Rn 9; Hamm NJW-RR 92, 953). (dd) Für den Erwerber entwickelte **Individualsoftware** unterliegt dem Werkvertragsrecht (Palandt/*Putzo* § 433 Rn 9; Staud/*Beckmann* Rn 53 mwN; *Hoeren* aaO, 517; zu aF BGH NJW 87, 1259; NJW-RR 99, 347 f). Auch soweit sie auf Datenträger geliefert wird, steht die werkvertragliche Leistung der Erbringung einer geistigen Leistung nach Vorgaben des Bestellers so im Vordergrund, dass dahinter das kaufrechtliche Element der Lieferung auf Datenträger zurücktritt (Staud/*Beckmann* aaO); die Rechtslage ist nicht anders als bei der Erstellung eines Gutachtens, das regelmäßig auch auf dem Datenträger Papier geliefert und nicht bloß mündlich vorgetragen wird (zur Geltung der § 631 ff s mwN Palandt/*Sprau* § 631 Rn 24). (ee) Bei der **Anpassung von Standardsoftware** an die Bedürfnisse des Bestellers ist die Rechtslage wie bei (dd) (Palandt/*Putzo* § 433 Rn 9; Staud/*Beckmann* Rn 53). (b) Zu **Mängeln** ist zu erwähnen: (aa) Zu den verschiedenen **Fehlertypen** gem § 434 I inkl Fehlen der Dokumentation bei Standardsoftware s *Hoeren* aaO, 520 ff. (bb) Die **fehlerhafte Installation** unterliegt § 434 II 1, die **fehlerhafte Installationsanleitung** § 434 II 2 (*Hoeren* aaO 524), die **fehlende Installationsanleitung** § 434 I (§ 434 Rn 85). (cc) **Nacherfüllung** ist auch bei Standardsoftware von Bedeutung (aA Staud/*Beckmann* Rn 54; *Hoeren* aaO, 527); sie wird zB über Downloads vom Internet (Nachbesserung) oder der Lieferung von Upgrades (Ersatzlieferung) erbracht.

(4) Wertpapiere. (a) **Wertpapiere im engeren Sinne** sind wegen der Verkörperung des Rechts im Papier ein 21
sonstiger Kaufgegenstand (str: so Staud/*Beckmann* Rn 56; aA: primär Rechtskauf: Palandt/*Putzo* Rn 1, 10).
Da bei Wertpapieren im weiteren Sinne (**Rektapapiere**) der Rechtserwerb über die Abtretung der Forderung
stattfindet, ist ihr Erwerb ein Rechtskauf (Staud/*Beckmann* Rn 57). (b) **Rechtsmängel** sind zB die Unwirksamkeit der verbrieften Verpflichtung, Formungültigkeit oder Erklärung zum Aufgebot (§ 947 II ZPO)
(Staud/*Beckmann* Rn 56). (c) **Sachmängel** beziehen sich auf eine mangelhafte Beschaffenheit des Papiers, zB
Beschädigung (Staud/*Beckmann* Rn 56; MüKo/*Westermann* § 433 Rn 14), sowie auf die Rn 9 genannten Beispiele wie unzureichende Verzinsung.

(5) Als **sonstiger Vermögensgegenstand** können weiter verkauft werden zB **Know-how** (s mwN Staud/*Beckmann* Rn 47–49), **Internet-Domains**, **Werbeideen**. 22

IV. Sachverbindungen. Zu unterscheiden sind: 23

(1) **Zusammengehörende Gegenstände** wie Komponenten einer HiFi- oder Produktionsanlage, Hard- und 24
Software einer EDV-Anlage können eine **einheitliche Kaufsache** sein mit der Konsequenz, dass teilweise
Nicht- oder Schlechterfüllung dem Käufer auch Rechte im Hinblick auf die gesamte Kaufsache gewährt
(§ 323 I 5; MüKo/*Westermann* Rn 11; zu aF zum Erwerb von **Hard- und Software** BGH ZIP 87, 788, 792 f;
LG Aachen NJW-RR 86, 1246 f).

(2) **Sachgesamtheiten** werden vielfach als Einzelgegenstände behandelt: Bibliothek (Palandt/*Putzo* § 433 25
Rn 7) oder Hotel mit Zubehör (zu aF BGH NJW 92, 3224, 3225), so dass teilweise Nichterfüllung als Teillieferung angesehen wird, ohne zur Mangelhaftigkeit der gesamten Kaufsache zu führen. Die – im Einzelfall zu
prüfende – Vereinbarung der Beschaffenheit des Kaufgegenstands als eine aus näher definierten Teilen bestehende Sachgesamtheit (zur Maßgeblichkeit der Beschaffenheitsvereinbarung s § 434 Rn 8), die Unterstellung
der Minderlieferung unter das Mängelrecht (§ 434 III Alt 2) sowie der Entfall der Sonderregelung des § 469
S 2 aF zu den besonderen Voraussetzungen der Wandlung insgesamt, wenn bei zusammengehörigen Sachen
einzelne mangelhaft sind (auf § 469 S 2 aF berief sich BGH NJW 92, 3224, 3225), sprechen dafür, Sachgesamtheiten zur erforderlichen Differenzierung als sonstigen Gegenstand iSd § 453 zu behandeln (Staud/*Beckmann* Rn 58 ff). Für sie gilt daher Rn 24 entspr.

V. Unternehmenskauf. 1. Begriff. Kennzeichnend für einen Unternehmenskauf ist, dass „nicht nur einzelne Wirtschaftsgüter, sondern ein Inbegriff von Sachen, Rechten und sonstigen Vermögenswerten übertragen werden soll und der Erwerber dadurch in die Lage versetzt wird, das Unternehmen als solches weiterzuführen" (zu aF BGH NJW 02, 1042, 1043 mwN; zu nF Staud/*Beckmann* Rn 22). Rechtlich kann ein
Unternehmenskauf ein Asset oder Share Deal sein. 26

a) Asset Deal. Beim Asset Deal wird das Unternehmen in Form des Verkaufs seiner materiellen und 27
immateriellen Vermögenswerte verkauft. Die Notwendigkeit, schon wegen des sachenrechtlichen
Bestimmtheitsgebots die einzelnen Vermögenswerte im Kaufvertrag aufzuführen, zwingt dazu, „auf Grund
einer wirtschaftlichen Gesamtbetrachtung" festzustellen, ob Kaufsache nur diese Vermögenswerte oder das
Unternehmen insgesamt sind (zu aF BGH NJW 02, 1042, 1043 mwN; ferner BGH NJW 88, 1668, 1669 f;
90, 44, 45). Der Asset Deal ermöglicht auch die Veräußerung von Teilbetrieben, so dass er zur faktischen
Ausgliederung außerhalb des UmwG eingesetzt werden kann (vgl Staud/*Beckmann* Rn 23).

b) Share Deal. Der Anteilskauf ist ein Rechtskauf, bei dem sich die Rechts- und Sachmängelhaftung nur auf 28
den Anteil, nicht auf das zugrunde liegende Unternehmen bezieht. Im Grundsatz ist allerdings anerkannt,
dass er einem Unternehmenskauf gem Rn 27 gleichstehen kann. Die Voraussetzungen dafür sind hochstr. Die
Rspr vor allem des BGH zu aF bejaht einen Unternehmenskauf nur bei Veräußerung aller (RG 98, 289, 291 f;
BGHZ 138, 195, 204 f; BGH NJW 69, 184; WM 84, 936, 937) oder fast aller Anteile (BGH WM 70, 819, 820 f;
NJW 80, 2408, 2409; ebenso BaRoth/*Faust* Rn 32; in die Richtung MüKo/*Westermann* Rn 24: 95 % bei AG
wegen Möglichkeit zu Squeeze Out); nicht ausreichend sollen sein der Verkauf von 60 % (BGH NJW 80,
2408, 2409), 49 % (BGHZ 65, 246, 250) oder 40 % (BGH NJW 01, 2163. 2164). Entgegen dieser restriktiven
Meinung sollte die Gleichstellung ausgedehnt werden auf den Erwerb der satzungsändernden (Staud/*Beckmann* Rn 33; *Weitnauer* NJW 02, 2511, 2515; zu aF München DB 98, 1321) und darüber hinaus auf den
Erwerb der Mehrheit, die dem Käufer die unternehmerische Leitung ermöglicht (*Triebel/Hölzle* BB 02, 521,
524; *Thiessen* S 207–210), zB über Weisungsrecht oder die Besetzung der Geschäftsführungsorgane bzw der
Organe, die diese bestellen; bei GmbH und AG reicht daher jeweils die einfache Mehrheit, soweit nicht die
Satzung höhere Quoren vorsieht. Da entscheidend das Ergebnis des Mehrheitserwerbs ist, sind auch beim
Käufer vorhandene Anteile zu berücksichtigen (aA MüKo/*Westermann* Rn 24; zu aF Naumbg NJW-RR 95,
795, 796). Der Verkäufer wird damit nicht unbillig belastet, da er im Zweifel die Erlangung der Leitungsmacht durch den Käufer „einpreisen" wird.

2. Mängelrecht. Zu unterscheiden ist zwischen Mängeln einzelner Vermögensgegenstände und des Unternehmens insgesamt. 29

30 **a) Einzelne Vermögensgegenstände.** Die Zielrichtung von Asset und Share Deal auf die Veräußerung des Unternehmens führt zur Frage, wie sich Rechts- oder Sachmängel einzelner Vermögensgegenstände auswirken: Beim Asset Deal geht es darum, ob sie für sich betrachtet Mängelansprüche auslösen oder nur, wenn sie den Wert des Unternehmens als solchen beeinträchtigen. Beim Share Deal eröffnet dessen Gleichstellung mit einem Asset Deal erst die Möglichkeit, Mängel von Vermögensgegenständen des Unternehmens zu berücksichtigen. Da § 453 die bisherige getrennte Behandlung von Asset und Share Deal beendet hat, ist die Frage einheitlich nach dem **Grundsatz der Unternehmensbezogenheit** zu entscheiden (Palandt/*Putzo* Rn 7; Staud/ *Beckmann* Rn 25, 33; *Wolf/Kaiser* DB 02, 411 ff).

31 **aa) Sachmangel.** Ein Mangel des Unternehmens liegt in Sachmängeln einzelner Gegenstände erst, wenn dadurch das Unternehmen als solches mangelhaft wird (BaRoth/*Faust* Rn 27; diff *Thiessen* S 203 f; zu aF BGH NJW 69, 184; 79, 33). Str ist der Maßstab: Richtigerweise kommt es darauf an, ob das Gesamtunternehmen dadurch mehr als unerheblich im Wert gemindert wird (Erman/*Grunewald* § 434 Rn 44; BaRoth/*Faust* Rn 27; Staud/*Beckmann* Rn 26). Dabei ist darauf abzustellen, in welchem Umfang ein objektiver Käufer mit solchen Mängeln zu rechnen hat. Die strengere Rspr zu aF, dass die Mängel die wirtschaftliche Grundlage erschüttern müssen (BGH WM 70, 819, 821; in die Richtung BGH NJW 77, 33; etwas enger: Beeinträchtigung des Funktionierens des Betriebs RG 98, 289, 292), berücksichtigt nicht, dass das Unternehmen eine von mehreren Kaufsachen des § 453 ist und kein Grund ersichtlich ist, warum die Schwelle für die Mangelhaftigkeit derart über die §§ 434, 435 hinausgehen soll. Die Berücksichtigung jedes Einzelmangels ignoriert dagegen, dass Kaufsache das Unternehmen, nicht eine Menge von Einzelgegenständen ist.

32 **bb) Rechtsmangel.** Die vorstehenden Grundsätze gelten auch für Rechtsmängel einzelner Vermögenswerte des Unternehmens, die daher nur bei mehr als unerheblichen Auswirkungen auf das Unternehmen insgesamt zu einem Sachmangel des Unternehmens führen (BaRoth/*Faust* Rn 28; zu aF BGH NJW 69, 184; **abw** *Thiessen* S 219 f; **aA:** parallel Haftung für Sachmangel des Unternehmens und Rechtsmangel des Vermögenswerts BGH NJW 70, 556 f; WM 75, 1166; unklar BGH WM 84, 936, 938).

33 **b) das Unternehmen insgesamt. aa) Sachmangel.** Wesentliche Anforderungen an die Beschaffenheit hat die Rspr zu aF aus dem Anwendungsbereich des Fehlers (§ 459 I 1) und der zugesicherten Eigenschaft (§ 459 II) herausgenommen. Beispiele sind einzelne Umsatzdaten oder zukünftige Erträge (s § 434 Rn 25–27). Diese Restriktionen haben nach dem hier vertretenen weiten Beschaffenheitsbegriff keinen Bestand mehr. Alle auf das Unternehmen als solches bezogenen Anforderungen, auch an seine Vergangenheit, zB Umsätze in einem Vorjahr, Zukunft, zB zukünftige Erträge, oder über den Bestand von Verbindlichkeiten gehören zur Beschaffenheit und können daher gem § 434 I 1 vereinbart oder gem § 443 I garantiert werden (so auch Staud/*Beckmann* Rn 30 f; s § 434 Rn 14–27). Die bisherige Maßgeblichkeit der Regeln der cic ist wegen der Sperrwirkung des Mängelrechts für cic für Fahrlässigkeit des Verkäufers obsolet (s § 437 Rn 75).

34 **bb) Rechtsmangel.** Das Unternehmen selbst weist einen Rechtsmangel auf, wenn es als Einheit aus rechtlichen Gründen in der Fortführung behindert ist, zB wenn es verpfändet ist oder einer zu einem Rechtsmangel führenden öffentlich-rechtlichen Beschränkung unterliegt (BaRoth/*Faust* Rn 28; allgemein s § 435 Rn 15–18).

35 **c) Verjährung.** Zum Beginn s § 438 Rn 20. Da sich alle Sach- und Rechtsmängel einzelner Vermögenswerte rechtlich nur als Sachmängel des Kaufgegenstands Unternehmens auswirken, gilt für sie die kaufrechtliche Regelverjährung von 2 Jahren (§ 438 I Nr 3) (str: **so im Grundsatz** Erman/*Grunewald* Rn 24; MüKo/*Westermann* Rn 56; *Gaul* ZHR 166 (2002), 35, 66 f; *Wälzholz* DStR 02, 500, 503; *Wunderlich* WM 02, 981, 988; **aA:** analog § 634 a I Nr 3 Geltung der §§ 195 ff: *Canaris*, Schuldrechtsmodernisierung, S XXIX; **aA:** 5-Jahresfrist des § 438 I Nr 2 a) Haas/Medicus/Rolland/Schäfer/Wendtland/*Haas* Kap 5 Rn 554), und zwar auch für Mängel, die für sich betrachtet einer längeren Verjährungsfrist unterlägen, etwa gem den Sonderregeln für Gebäude (§ 438 I Nr 2) (*Thiessen* S 274-278; **aA** Erman/*Grunewald* Rn 24; teilweise MüKo/*Westermann* Rn 56). Rechtsmängel des Unternehmens insgesamt (Rn 31) unterliegen wie alle Rechtsmängel (§ 438 Rn 14, 19) ebenfalls dieser Verjährung.

36 **3. Einzelfälle.** (1) Beim Verkauf einer **freiberuflichen Praxis** (BTDrs 14/6040, 242) können die Daten von Patienten/Mandanten nur mit deren Einwilligung übertragen werden (BGHZ 116, 268 LS, 272 ff), auch bei Übergabe der Akten (BGH NJW 96, 2087, 2088).

37 (2) Den Verkäufer trifft von Gesetzes wegen ein **Wettbewerbsverbot**, dessen Grenzen sich danach bemessen, dass der Käufer den erworbenen Kundenstamm an sich binden kann (s mwN Staud/*Beckmann* Rn 37 ff; zu den Grenzen s Naumbg DB 05, 2297).

Untertitel 2 Besondere Arten des Kaufs

Kapitel 1 Kauf auf Probe

§ 454 Zustandekommen des Kaufvertrags

(1) ¹Bei einem Kauf auf Probe oder auf Besichtigung steht die Billigung des gekauften Gegenstandes im Belieben des Käufers. ²Der Kauf ist im Zweifel unter der aufschiebenden Bedingung der Billigung geschlossen.
(2) Der Verkäufer ist verpflichtet, dem Käufer die Untersuchung des Gegenstandes zu gestatten.

A. Grundsätzliches. I. Anwendungsbereich. § 454 gilt für alle Kaufverträge einschl Verbrauchsgüterkauf. 1

II. Schuldrechtsmodernisierung. Norm übernimmt § 495 aF. 2

III. Beweislast. Verkäufer trägt Beweislast für Abschluss des Kaufvertrags und Übergabe der Kaufsache 3 (Bambg NJW 87, 1644). Für Billigung obliegt nach allgemeinen Regeln Beweislast bei Vereinbarung als aufschiebender Bedingung Verkäufer (Bambg aaO; Erman/*Grunewald* Rn 7; Staud/*Mader* Rn 14), als auflösender Bedingung Käufer (wohl aA Zitate aaO).

B. Voraussetzungen (I). I. Bedingung. Nach Auslegungsregel von I 1 ist Billigung „im Zweifel" aufschie- 4 bende Bedingung (§ 158 I). Missbilligung als auflösende Bedingung (§ 158 II) kommt vor allem bei vorheriger Zahlung des Kaufpreises in Betracht (Palandt/*Putzo* Rn 8; **abw:** spricht gegen Kauf auf Probe Erman/*Grunewald* Rn 3).

II. Billigung. Die Billigung steht im freien Belieben des Käufers. Sie kann daher trotz Ordnungsmäßigkeit 5 der Kaufsache verweigert werden (RG 137, 297, 298; Erman/*Grunewald* Rn 4). § 162 gilt zu Lasten des Käufers nicht (Erman/*Grunewald* Rn 6; **abw** Staud/*Mader* Rn 25). Es handelt sich um Potestativbedingung als echte Bedingung iSd § 158 (Palandt/*Putzo* Rn 9). Abzugeben ist Billigung als Willenserklärung ggü dem Verkäufer (RG 137, 297, 299 f; LG Regensburg NJW 89, 398 f), die keiner Begründung bedarf.

III. Abgrenzung. Das Kernproblem von § 454 liegt in der Feststellung, wann die Parteien einen Kauf auf 6 Probe oder etwas anderes vereinbaren wollten, zB einen Erprobungskauf. Da der Kauf auf Probe angesichts der völligen Freiheit des Käufers zur Billigung auf eine einseitige Bindung des Verkäufers hinausläuft, ist bei seiner Annahme „Zurückhaltung geboten" (Erman/*Grunewald* Rn 3). Deshalb ist im Einzelfall zu prüfen, ob die Parteien den Käufer nicht stärker binden wollten. **Beispiele:**
(1) **Kauf auf Probe:** Katalogware im Versandhandel mit Rücksendungsrecht binnen 2 Wochen (BGH NJW- 7 RR 04, 1058; Bambg NJW 97, 1644); Rücksenderecht (Loseblattsammlung AG Delmenhorst NJW-RR 94, 823); „Testkoffer" (Köln NJW-RR 96, 499, 500); „unter Vorbehalt der Musterkonvenienz" (für Apfelwein RG 137, 297, 298 f); „auf Gutbefund der ersten Ladung" (Apfelsaftkonzentrat Hamm BB 95, 1925; Mischer, der für Käufer angepasst werden musste Ddorf BB 73, 1372); unter Vereinbarung, dass Käufer endgültigen Entschluss erst nach Besichtigung trifft (für Möbelgarnitur KG NJW 74, 1954; krit Erman/*Grunewald* Rn 3); Erstellung eines Ölgemäldes mit Bezahlung „nur bei Gefallen" (LG Regensburg NJW 89, 398 f);
(2) **Kauf unter „Ankaufsuntersuchung":** aufschiebend bedingter Kauf mit Bedingungseintritt, wenn nach 8 dem Untersuchungsergebnis Billigung durch Käufer erwartet werden kann (Pferdekauf Köln NJW-RR 95, 113 f); „Kauf auf Feldprobe", dass Maschine ordnungsgemäß ist und unter Betriebsbedingungen funktioniert (München NJW 68, 109; Schlesw NJW-RR 00, 1656 mit falscher Qualifizierung, dass besondere Form des Kaufs auf Probe vorliegt); Billigung einer EDV-Anlage für Eignung zur käuferspezifischen Adressenverwaltung (Celle CR 91, 219, 220);
(3) **Erprobungskauf:** Kauf unter der auflösenden Bedingung, dass Kaufsache für konkreten Zweck geeignet 9 ist (Maschinen BGH WM 70, 877, 878 unter Klarstellung, dass kein Kauf auf Probe vorliegt);
(4) **Kauf mit Umtauschvorbehalt:** Rücknahme mangelhafter gegen Lieferung mangelfreier Sache (Pferdekauf 10 Augsburg JW 29, 3315 f; s Palandt/*Putzo* Rn 4; Staud/*Mader* Rn 10): Kaufvertrag ist unbedingt geschlossen, Käufer hat nur Recht zum Umtausch unter geregelten Voraussetzungen;
(5) **bindendes Angebot** des Verkäufers verbunden mit **Besichtigungsrecht** des Käufers: (Holz RG 104, 275, 11 276 f mit unklarer Abgrenzung).

C. Rechtsfolgen (II). (1) Der **Untersuchungsanspruch** (II) ist eingeführt, weil Käufer bei aufschiebender 12 Bedingung kein Recht auf Zugang zur Kaufsache hätte. Er begründet selbständiges, auch klagbares Recht. Es verpflichtet Verkäufer zu Lieferung vertragsgemäßer Ware zur Untersuchung (str: **so** RG 93, 254, 255; Hamm BB 95, 1925; Palandt/*Putzo* Rn 11; **aA** Erman/*Grunewald* Rn 6; offenbar RG 94, 285, 287 f). Verkäufer kann dagegen nicht einwenden, Käufer hätte die Sache ohnehin nicht gebilligt (Hamm aaO 1926).
(2) Bei aufschiebender Bedingung tritt **Gefahrübergang** abw zu §§ 446, 447 erst mit Billigung ein (BGH 13 NJW-RR 04, 1058, 1059 mwN), ebenso Beginn der **Verjährungsfrist** (BaRoth/*Faust* Rn 8).

14 (3) **Kosten** der Besichtigung und Aufbewahrung trägt Käufer.
15 (4) Bei ausbleibender Billigung hat Verkäufer keinen Anspruch auf **Nutzungsvergütung** (Schlesw NJW-RR 00, 1656), soweit Nutzung vertragsgemäß ist.
16 (5) **Widerrufsrechte** (§ 355) bestehen neben Billigung, ab der die Frist für den Widerruf beginnt (zu § 312 d BGH NJW-RR 04, 1058 LS, 1059).
17 (6) Verletzungen der Pflicht des Käufers zur Aufbewahrung und Rückgabe unterliegen § 280 I (Palandt/*Putzo* Rn 13) mit Verjährung analog § 548 (BGH NJW 92, 2413, 2414 f; krit MüKo/*Westermann* Rn 7 mwN).

§ 455 Billigungsfrist

¹Die Billigung eines auf Probe oder auf Besichtigung gekauften Gegenstandes kann nur innerhalb der vereinbarten Frist und in Ermangelung einer solchen nur bis zum Ablauf einer dem Käufer von dem Verkäufer bestimmten angemessenen Frist erklärt werden. ²War die Sache dem Käufer zum Zwecke der Probe oder der Besichtigung übergeben, so gilt sein Schweigen als Billigung.

1 **A. Zweck, Schuldrechtsmodernisierung.** § 455 soll in Übernahme von § 496 aF Schwebezeit für den Verkäufer begrenzen, der durch Kauf auf Probe einseitig gebunden ist (s § 454 Rn 6; MüKo/*Westermann* Rn 1).
2 **B. Fristsetzung (S 1).** (1) Regelung gilt für Fristen zur Billigung (aufschiebende Bedingung) und Missbilligung (auflösende Bedingung) (§ 454 Rn 4; Palandt/*Putzo* Rn 1). Frist muss ausdrücklich oder konkludent für die Erklärung der Billigung gesetzt werden; konkludente Vereinbarung kann in Erprobungsfrist liegen (MüKo/*Westermann* Rn 1). Für verfristete Billigung gilt § 150 I, für Anträge auf Fristverlängerung § 150 II. Nach fruchtlosem Ablauf der Frist ist bei Billigung aufschiebende Bedingung endgültig ausgefallen, bei Missbilligung auflösende Bedingung endgültig eingetreten.
3 (2) S 1 Alt 1 enthält die Selbstverständlichkeit, dass der Käufer an eine **vereinbarte Frist** gebunden ist.
4 (3) Der eigentliche Regelungsinhalt liegt in S 2 Alt 2, dass der Verkäufer berechtigt ist, dem Käufer eine **angemessene Frist** zu setzen. Ist die gesetzte Frist unangemessen, gilt eine angemessene Frist (BaRoth/*Faust* Rn 2 unter Hinweis auf §§ 281, 323; MüKo/*Westermann* Rn 1). Angemessen ist Frist, die dem Käufer eine ausreichende Zeit zur Untersuchung der Kaufsache gewährt (MüKo/*Westermann* Rn 2).
5 **C. Billigungsfiktion (S 2).** Nach Übergabe der Sache gilt Schweigen des Käufers als Billigung mit der Konsequenz, dass aufschiebende Bedingung eintritt. Übergabe muss zur Erprobung, nicht zu anderen Zwecken wie Lagerung erfolgt sein (str: **so** MüKo/*Westermann* Rn 3; Staud/*Mader* Rn 7; **aA** Erman/*Grunewald* Rn 3). Zweck der Norm, Käufer bei in der Lieferung liegender Vorleistung des Verkäufers zu aktivem Tun anzuhalten, will er Wirksamkeit des Kaufvertrags verhindern, verbietet Anwendung auf die bloße Lieferung von Probe oder Muster (str: **so** RG 137, 297, 299 f; BaRoth/*Faust* Rn 3; MüKo/*Westermann* Rn 3; **aA** Palandt/*Putzo* Rn 2, der sich zu Unrecht auf RG aaO beruft). Fiktion tritt nicht ein, wenn Käufer vor Fristablauf um Fristverlängerung gebeten hat, da er damit kundgetan hat, nicht stillschweigend zustimmen zu wollen (str: **so** MüKo/*Westermann* Rn 4; **aA** BaRoth/*Faust* Rn 5; Staud/*Mader* Rn 6).

Kapitel 2 Wiederkauf

§ 456 Zustandekommen des Wiederkaufs

(1) ¹Hat sich der Verkäufer in dem Kaufvertrag das Recht des Wiederkaufs vorbehalten, so kommt der Wiederkauf mit der Erklärung des Verkäufers gegenüber dem Käufer, dass er das Wiederkaufsrecht ausübe, zustande. ²Die Erklärung bedarf nicht der für den Kaufvertrag bestimmten Form.
(2) Der Preis, zu welchem verkauft worden ist, gilt im Zweifel auch für den Wiederkauf.

1 **A. Grundsätzliches. I. Bedeutung.** Der Wiederkauf dient sehr verschiedenen Zwecken. Er kann pfandähnliche Funktion haben, ein Rücktrittsrecht ersetzen oder vor allem bei Grundstücksverkäufen der öffentlichen Hand Nutzungs- und Veräußerungsbeschränkungen sichern (zB BGH WM 78, 192; NJW 94, 3299; 01, 284).
2 **II. Anwendungsbereich.** Ein Wiederkauf kann für alle Kaufverträge über alle Kaufgegenstände vereinbart werden. Seine gewerbsmäßige Vereinbarung ist nach § 34 IV GewO als pfandleihartiges Geschäft verboten, so dass §§ 456 ff nur auf nicht gewerbsmäßige Wiederkäufe anwendbar sind (BGHZ 110, 183, 194 f; Palandt/*Putzo* Rn 2). Ein gesetzliches Wiederkaufsrecht enthalten §§ 20, 21 RSiedlG.
3 **III. Schuldrechtsmodernisierung.** § 456 stimmt wörtlich mit § 497 aF überein.
4 **IV. Begriff, Rechtsnatur.** Wiederkauf ist die Vereinbarung, dass der Verkäufer die Kaufsache durch entspr Erklärung zurückkauft. Der Streit um die vom Gesetzgeber nicht entschiedene Rechtsnatur (Motive II, 340) ist ohne praktische Auswirkungen (vgl BGH NJW 00, 1332; BaRoth/*Faust* Rn 4): Der Wiederkauf kommt entweder aufschiebend bedingt durch seine Ausübung bei seiner Vereinbarung (BGHZ 38, 369, 371 f) oder

über die Begründung eines Gestaltungsrechts (MüKo/*Westermann* Rn 4) oder in Form einer Kombination beider Auffassungen zustande, dass die aufschiebende Bedingung mit Ausübung eines Gestaltungsrechts eintritt (BGHZ 29, 107, 109 f; 58, 78, 81; BGH NJW 00, 1332, 01, 284, 285; Staud/*Mader* Vorbem zu Rn 7).

V. Abgrenzung. 1. Wiederverkauf. Der gesetzlich bewusst nicht geregelte (BGHZ 110, 183, 191; BGH 5 NJW 02, 506) Wiederverkauf betrifft die zum Wiederkauf umgekehrte Konstellation, dass der **Käufer** den Rückkauf durch den Verkäufer mit einseitiger Erklärung zustande bringen kann (vgl BGHZ 140, 218, 220; BGH NJW 84, 1568, 2569). Er wird vereinbart (1) iRv finanzierten (zB BGH NJW 84, 2568) und auf Leasing basierenden (zB BGHZ 110, 183) Käufen zur Überwälzung des Ausfallrisikos auf den Verkäufer oder (2) mit der Funktion eines Rückgaberechts des Käufers, wenn der Verkäufer das Absatzrisiko tragen soll (Remissionsrecht) (zB BGH NJW 02, 506; für Eigenhändlervertrag BGH NJW 72, 1191); zum Wiederverkauf bei Baubetreuung s BGH NJW 94, 1653. Der Wiederverkauf kommt analog I 1 durch Ausübungserklärung des Käufers zustande. Ansonsten ist wegen der umgekehrten Interessenlage das Recht des Wiederkaufs nur eingeschränkt anwendbar (vgl BGHZ 110, 183, 192 f m ausf Nachw; BGH NJW 72, 1191, 1192), so I 2 (RG 126, 308, 312 f), II (Palandt/*Putzo* Rn 13), § 457 I (RG 126, 308, 315 f), § 458 (BaRoth/*Faust* § 458 Rn 4; aA MüKo/*Westermann* § 458 Rn 3; Staud/*Mader* § 458 Rn 5), § 459 (wohl Erman/*Grunewald* Rn 6; aA BaRoth/*Faust* § 459 Rn 6) und §§ 460-462 (Erman/*Grunewald* Rn 6; BaRoth/*Faust* § 460 Rn 7, § 461 Rn 8, § 462 Rn 4; differenziert Staud/*Mader* Vorbem zu §§ 456 ff Rn 14), nicht aber § 457 II als nicht passende Haftungsprivilegierung (BGHZ 140, 218 LS b, 222; BGH NJW 72, 1191, 1192 f; BaRoth/*Faust* Rn 15; für S 2 BGHZ 110, 183, 192 f; aA Frankf NJW 98, 1329, 1331; *Vollkommer/Heinemann* JZ 00, 50, 52 f; für S 2 RG 126, 308, 315 f).

2. Rückkauf. Der Verkäufer ist wie beim Wiederverkauf zum Rückkauf verpflichtet, allerdings muss der 6 Rückkaufvertrag auf Forderung des Käufers noch separat geschlossen werden, I 1 gilt also nicht (BGHZ 140, 218 LS a, 220 f; abw Terminologie in BGH NJW-RR 91, 526: Ausübung durch Verkäufer).

B. Zustandekommen des Wiederkaufs (I). I. Vereinbarung. Der Wiederkauf kann separat zum Kaufver- 7 trag vereinbart werden (RG 126, 308, 311; BGH NJW 51, 517; 00, 1332). Dann gilt bei Grundstücken § 311 b I (BGH NJW 73, 37; ausf auch zur Heilung Erman/*Grunewald* Rn 7), auch für bloße Verlängerungen der Ausübungsfrist (BGH NJW 96, 452; **abw** für den Einzelfall NJW 73, 37 f). Er kann an weitere Bedingungen geknüpft werden, zB dass Käufer die Kaufsache an einen Dritten veräußert (BGH NJW 94, 3299). Das **Recht auf Wiederkauf** ist übertragbar (BGH NJW 03, 1858, 1859; NJW-RR 91, 526, 527) und damit (ver)pfändbar (Palandt/*Putzo* Rn 11) sowie vererblich (BaRoth/*Faust* Rn 10; Staud/*Mader* Rn 9); der davon zu unterscheidende bedingte Anspruch auf Rückauflassung (BayObLG NJW-RR 96, 1209, 1210) kann durch Vormerkung gesichert werden (§ 883 I 2; BGHZ 58, 78, 82; BGH NJW 94, 3299; BayObLG aaO).

II. Ausübung. Die formfreie (I 2; auch ggü § 311 b I: BGHZ 140, 218, 220 mwN; Palandt/*Putzo* Rn 10; 8 MüKo/*Westermann* Rn 10; aA Staud/*Mader* Rn 18 mwN; auch ggü gemeinderechtlichen Formerfordernissen: BGHZ 29, 107 LS 1, 111 f) Erklärung der Ausübung ist eine einseitige, empfangsbedürftige, unwiderrufliche (BGHZ 29, 107, 110) Willenserklärung, die mit Ausnahme von Rechtsbedingungen (Palandt/*Putzo* Rn 10; vgl RG 97, 269, 272 f) bedingungsfeindlich ist (str: **so** Palandt/*Putzo* Rn 10; BaRoth/*Faust* Rn 11; aA Erman/*Grunewald* Rn 10). Sie muss keine Erklärung zum Wiederkaufpreis enthalten (BGH NJW 51, 517; LM § 497 BGB Nr 2; MüKo/*Westermann* Rn 10). Nach I 1 steht Ausübung im Belieben des Verkäufers; sie kann, soweit nicht besondere Interessen des Käufers entgegenstehen, auf Teilleistung beschränkt werden (BGH WM 78, 192, 193; Ddorf NJW-RR 95, 522 f; kritisch Staud/*Mader* Rn 15). Mit Ausübung wird der Wiederkauf wirksam. Bedarf die Vereinbarung des Wiederkaufs der zB behördlichen Genehmigung, tritt die Wirksamkeit des Wiederkaufs rückwirkend auf den Zeitpunkt der Ausübung mit Erteilung der Genehmigung ein (BGH NJW 51, 517 f; für Ausübung von Vorkaufsrecht RG 108, 91, 94). Aufhebung oder sonstiges Ende des Wiederkaufs, zB durch Rücktritt, führt zum Wiederaufleben des Kaufvertrags (BGH NJW 00, 1332 f; Palandt/*Putzo* Rn 12).

C. Wiederkaufpreis (II). Da der Kaufpreis für den Wiederkauf nur „im Zweifel" gilt (Auslegungsregel), 9 kann der Wiederkaufpreis frei vereinbart werden (Palandt/*Putzo* Rn 13; BaRoth/*Faust* Rn 3); speziell bei pfandartiger Funktion werden regelmäßig die Nutzungsvorteile abgezinst. Angesichts der möglichen sehr langen Fristen für die Ausübung des Wiederkaufs (s § 462) kann Anpassung nach den Regeln des Wegfalls der Geschäftsgrundlage in Betracht kommen (Karlsr NJW-RR 92, 18, 20; Palandt/*Putzo* Rn 13).

§ 457 Haftung des Wiederverkäufers

(1) Der Wiederverkäufer ist verpflichtet, dem Wiederkäufer den gekauften Gegenstand nebst Zubehör herauszugeben.
(2) ¹Hat der Wiederverkäufer vor der Ausübung des Wiederkaufsrechts eine Verschlechterung, den Untergang oder eine aus einem anderen Grund eingetretene Unmöglichkeit der Herausgabe des gekauften Gegenstandes verschuldet oder den Gegenstand wesentlich verändert, so ist er für den daraus entstehenden Schaden verantwortlich. ²Ist der Gegenstand ohne Verschulden des Wiederverkäufers verschlechtert oder ist er nur unwesentlich verändert, so kann der Wiederkäufer Minderung des Kaufpreises nicht verlangen.

1 **A. Zweck, Schuldrechtsmodernisierung.** Norm enthält **abschließende Sonderregelung** für Wiederkauf, vor allem in II ggü §§ 434 ff. Sie ist wortgleich mit § 498 aF.

2 **B. Herausgabepflicht (I).** Ratio legis ist abschließende Konkretisierung der Pflicht aus § 433 I 1 als Rechtsfolge des Wiederkaufs. Da der „gekaufte Gegenstand" herauszugeben ist, gehört dazu auch vom Wiederverkäufer gekauftes Zubehör, das zwischenzeitlich diese Eigenschaft verloren hat (Erman/*Grunewald* Rn 2). Die Verpflichtung zur Lieferung von Zubehör bedeutet, dass zusätzlich alles später vom Wiederverkäufer hinzugefügte Zubehör herauszugeben ist (Palandt/*Putzo* Rn 2), allerdings nur vorbehaltlich § 459 (vgl BaRoth/*Faust* Rn 4). Erfüllung kann über § 931 geschehen, wenn sich aus Kaufvertrag Besitzrecht eines Dritten ergibt (vgl *Schulze-Schröder* NJW 03, 3031 ff; zu weit: „idR" Palandt/*Putzo* Rn 2; aA BGH NJW 03, 2607, 2608). Da nur herauszugeben ist, gilt Hauptleistungspflicht der Mängelfreiheit (§ 433 I 2) nicht (BaRoth/*Faust* Rn 3; MüKo/*Westermann* Rn 4). Herausgabe erfolgt Zug um Zug gegen Zahlung des Wiederkaufpreises. Nutzungen sind nicht herauszugeben.

3 **C. Haftung (II).** Die Haftungsbeschränkung von II gilt nur für die Zeit **bis zur Ausübung des Wiederkaufsrechts.** Sie schließt das Mängelrecht der §§ 434 ff aus (RG 126, 308, 313 f; Frankf NJW 88, 1329, 1331; Palandt/*Putzo* Rn 3). Danach gelten die allgemeinen Bestimmungen (Palandt/*Putzo* Rn 6; Erman/*Grunewald* Rn 3). Zur Anwendung auf Wiederverkauf und Rückkauf s § 456 Rn 5 f.

4 **I. auf Schadensersatz (II 1).** Im Falle der Verschlechterung und des Untergangs (§ 346 II 1 Nr 3) sowie aus anderem Grund eintretender Unmöglichkeit (§ 275), zB wegen Herausgabe an einen Dritten, haftet der Wiederverkäufer bei **Verschulden** auf Schadensersatz. Umfang richtet sich nach allgemeinen Regeln. Problematisch ist Voraussetzung des Verschuldens. Da Wiederverkäufer zur Nutzung berechtigt ist, liegt Verletzung der erforderlichen Sorgfalt nur bei nicht sachgemäßem Gebrauch vor (Palandt/*Putzo* Rn 5; BaRoth/*Faust* Rn 8 m Bsp); mit der Nutzung verbundene Folgen, wie zB Abnutzung, begründen also keinen Schadensersatzanspruch. Bei unverschuldetem(r) Untergang und Unmöglichkeit gelten §§ 275, 326 (Karlsr MDR 98, 93, 94; BaRoth/*Faust* Rn 12; Staud/*Mader* Rn 7). Für wesentliche Veränderung wird verschuldensunabhängig gehaftet (str: **so** RG 126, 308, 314; Palandt/*Putzo* Rn 4; Staud/*Mader* Rn 7; **aA** Erman/*Grunewald* Rn 7), was angemessen ist, da sie regelmäßig verschuldet sein dürfte.

5 **II. auf Minderung (II 2).** Bei Verschlechterung ohne Verschulden und einer nur unwesentlichen Veränderung ist Anspruch auf Minderung ausdrücklich ausgeschlossen. Daraus resultiert auch ein Ausschluss jeder sonstigen Haftung, insbes auf Schadensersatz (RG 126, 308, 314; BaRoth/*Faust* Rn 10).

§ 458 Beseitigung von Rechten Dritter

¹Hat der Wiederverkäufer vor der Ausübung des Wiederkaufsrechts über den gekauften Gegenstand verfügt, so ist er verpflichtet, die dadurch begründeten Rechte Dritter zu beseitigen. ²Einer Verfügung des Wiederverkäufers steht eine Verfügung gleich, die im Wege der Zwangsvollstreckung oder der Arrestvollziehung oder durch den Insolvenzverwalter erfolgt.

1 **A. Zweck, Schuldrechtsmodernisierung, Anwendungsbereich.** Norm regelt Verpflichtung des Wiederverkäufers zur Beseitigung von Belastungen. Sie übernimmt § 499 aF wörtlich. Zum Wiederverkauf und Rückkauf s § 456 Rn 5 f.

2 **B. Verfügungen.** Dazu gehören alle Verfügungen wie vor allem Belastungen durch den Wiederverkäufer, einschl Veräußerungen, für die § 457 II daher keine lex specialis ist (str: **so** BGH NJW 75, 205, 206; BaRoth/*Faust* Rn 2; Staud/*Mader* Rn 2; **aA** Palandt/*Putzo* Rn 2, der übersieht, dass die allgemeine Regelung der Unmöglichkeit in § 457 II kaum als abschließend für Weiterveräußerungen verstanden werden kann), sowie die Verfügungen gem S 2. Sie sind aufgrund der nur schuldrechtlichen Wirkung des Wiederkaufsrechts grds möglich (MüKo/*Westermann* Rn 1). Der Regelungszweck gebietet Ausdehnung auf alle Maßnahmen des Wiederverkäufers, die zu schuldrechtlichen Besitzrechten Dritter (BaRoth/*Faust* Rn 2; Staud/*Mader* Rn 2), zB Vermietung, oder öffentlich-rechtlichen Belastungen (Erman/*Grunewald* Rn 1; BaRoth/*Faust* aaO; im Grundsatz aA MüKo/*Westermann* Rn 1), zB Beschlagnahme, führen. Nicht umfasst sind alle ohne Zutun des Wiederverkäufers begründeten öffentlich-rechtlichen sowie alle schon zum Zeitpunkt des Kaufs bestehende Belastungen (BaRoth/*Faust* Rn 2; MüKo/*Westermann* Rn 1).

3 **C. Rechtsfolgen.** Der Beseitigungsanspruch entspricht dem aus § 435. Für die Haftung wegen unterlassener Beseitigung ist Verschulden in demselben Umfang wie nach § 437 erforderlich (str: **so** Erman/*Grunewald* Rn 2; BaRoth/*Faust* Rn 3; Staud/*Mader* Rn 2; **aA** MüKo/*Westermann* Rn 1). Ansprüche gegen Dritte bestehen nur bei Sicherung durch Vormerkung.

§ 459 Ersatz von Verwendungen

¹Der Wiederverkäufer kann für Verwendungen, die er auf den gekauften Gegenstand vor dem Wiederkauf gemacht hat, insoweit Ersatz verlangen, als der Wert des Gegenstandes durch die Verwendungen erhöht ist. ²Eine Einrichtung, mit der er die herauszugebende Sache versehen hat, kann er wegnehmen.

A. Zweck, Anwendungsbereich, Schuldrechtsmodernisierung. Norm regelt Recht des Wiederverkäufers auf Ersatz von Wertsteigerungen abschließend, so dass andere Ansprüche, zB nach §§ 812 ff, unanwendbar sind (Erman/*Grunewald* Rn 1). Sie gilt nur für Verwendungen und Einrichtungen, die vor Ausübung des Wiederkaufsrechts getätigt bzw angebracht wurden (Staud/*Mader* Rn 1; aA für Einrichtungen Palandt/*Putzo* Rn 2). Sie entspricht wörtlich § 500 aF. 1

B. Ersatz für Verwendungen (S 1). Der Begriff „Verwendungen" entspricht § 994, allerdings umfasst er Bebauung eines Grundstücks dann, wenn sie nach Kaufvertrag zu erwarten war (Erman/*Grunewald* Rn 2; Staud/*Mader* Rn 3 mwN; offen Hamm NJW 96, 2104, 2105). Dazu gehören auch wesentliche Verwendungen, da § 457 II 1 Sonderregel nur für Wertverschlechterungen ist (arg aus Rechtsfolge Schadensersatz; aA BaRoth/*Faust* Rn 4; Staud/*Mader* Rn 3), ferner Werterhöhungen aus Zubehör (Erman/*Grunewald* Rn 2; abw Wiederkäufer kann Entgegennahme von Zubehör ablehnen: MüKo/*Westermann* Rn 3). Die Werterhöhung ist objektiv zu bestimmen auf Grundlage eines Vergleichs zwischen Wert zum Zeitpunkt der Vereinbarung des Wiederkaufs und der Herausgabe (§ 457 I; Palandt/*Putzo* Rn 1; aA Anwendung der str Grundsätze zu § 996: BaRoth/*Faust* Rn 3). Verwendungen nur zur Erhaltung sind mangels Werterhöhung nicht zu ersetzen. § 460 Hs 2 schließt Geltung bei Schätzung des Wiederkaufpreises aus. 2

C. Wegnahmerecht (S 2). Recht zur Wegnahme besteht für alle Einrichtungen (§ 258) und Zubehör (Erman/*Grunewald* Rn 3; BaRoth/*Faust* Rn 5), auch soweit keine Werterhöhung vorliegt (BaRoth/*Faust* Rn 5). 3

§ 460 Wiederkauf zum Schätzungswert

Ist als Wiederkaufpreis der Schätzungswert vereinbart, den der gekaufte Gegenstand zur Zeit des Wiederkaufs hat, so ist der Wiederverkäufer für eine Verschlechterung, den Untergang oder die aus einem anderen Grund eingetretene Unmöglichkeit der Herausgabe des Gegenstandes nicht verantwortlich, der Wiederkäufer zum Ersatz von Verwendungen nicht verpflichtet.

A. Zweck, Schuldrechtsmodernisierung. Zweck ist Reduktion der beiderseitigen Ansprüche gem §§ 456 ff angesichts der Bestimmung des Wiederkaufpreises durch Schätzung. Norm gilt deshalb auch für alle anderen im Wege der aktuellen Bewertung ermittelten Wiederkaufpreise, zB bei Anknüpfung an Verkehrswert (Erman/*Grunewald* Rn 1; BaRoth/*Faust* Rn 2). Sie übernimmt § 501 aF wörtlich. 1

B. Inhalt. Norm schließt Ansprüche des Wiederverkäufers gem § 459 I 1(Verwendungsersatz) aus, belässt aber das Recht auf Wegnahme von Einrichtungen (BaRoth/*Faust* Rn 4). Die Formulierung der fehlenden Verantwortlichkeit des Wiederverkäufers für eine Verschlechterung usw bedeutet, dass nicht nur Schadensersatzansprüche gem § 457 II (abw gegen die allg Meinung und den klaren Wortlaut für Untergang MüKo/*Westermann* Rn 1; vgl für Staud/*Mader* Rn 1), sondern auch Beseitigungsansprüche gem § 458 präkludiert sind (str: so Erman/*Grunewald* Rn 1; aA BaRoth/*Faust* Rn 3; Staud/*Mader* Rn 1: aber ohne Sanktion des Schadensersatzes); dies gilt nach der ausdrücklichen Regelung nicht für alle Ansprüche wegen wesentlicher Veränderungen (Palandt/*Putzo* Rn 1; BaRoth/*Faust* Rn 4). Bei Arglist kann sich der Wiederverkäufer auf § 460 nicht berufen (BaRoth/*Faust* Rn 5). 2

§ 461 Mehrere Wiederkaufsberechtigte

¹Steht das Wiederkaufsrecht mehreren gemeinschaftlich zu, so kann es nur im Ganzen ausgeübt werden. ²Ist es für einen der Berechtigten erloschen oder übt einer von ihnen sein Recht nicht aus, so sind die übrigen berechtigt, das Wiederkaufsrecht im Ganzen auszuüben.

A. Zweck, Anwendungsbereich, Schuldrechtsmodernisierung. Norm soll verhindern, dass bei nur teilweiser Ausübung des Wiederkaufsrechts der Wiederverkäufer in eine Rechtsgemeinschaft mit den nur partiell ausübenden Wiederkäufern eintritt (BayObLG NJW-RR 86, 1209, 1210). Dieser Rechtsgedanke der Unteilbarkeit des Wiederkaufs gilt entspr bei **mehreren Wiederverkäufern** (str: so Erman/*Grunewald* Rn 4; BaRoth/*Faust* Rn 7 mwN; aA MüKo/*Westermann* Rn 3). § 461 ist wortgleich mit § 502 aF. 1

B. Gemeinschaftliche Berechtigung und Ausübung (S 1). Die Regelung gilt für alle Formen gemeinschaftlicher Berechtigung, zB Bruchteilsgemeinschaft (BayObLG NJW-RR 86, 1209, 1210), ohne dass es darauf 2 ankommt, ob sie schon bei Vereinbarung des Wiederkaufs bestand oder sich erst später gebildet hat (Palandt/ *Putzo* Rn 2; Staud/*Mader* Rn 2). Die früher vertretene Anwendung auf die Gesamthand ist aber jedenfalls für die BGB-Gesellschaft angesichts deren partieller Rechtsfähigkeit überholt (Erman/*Grunewald* Rn 3; BaRoth/ *Faust* Rn 2 mwN; aA Palandt/*Putzo* Rn 2; zweifelnd für die Gütergemeinschaft BayObLG NJW-RR 93, 472, 473). Die gemeinschaftliche Ausübung muss deutlich erklärt werden. Sie führt zur Mitgläubigerschaft (§ 432) und zur gesamtschuldnerischen Haftung für den Kaufpreis (§ 421) (BaRoth/*Faust* Rn 3).

3 **C. Anwachsung (S 2).** Die übrigen Berechtigten können anstelle des nicht interessierten den Erwerb im Ganzen durchführen.

§ 462 Ausschlussfrist

[1]Das Wiederkaufsrecht kann bei Grundstücken nur bis zum Ablauf von 30, bei anderen Gegenständen nur bis zum Ablauf von drei Jahren nach der Vereinbarung des Vorbehalts ausgeübt werden. [2]Ist für die Ausübung eine Frist bestimmt, so tritt diese an die Stelle der gesetzlichen Frist.

1 **A. Schuldrechtsmodernisierung.** Norm ist identisch mit § 503 aF.

2 **B. Gesetzliche Fristen (S 1).** Beide Fristen sind **Ausschlussfristen** (BGHZ 47, 387, 390; Palandt/*Putzo* Rn 1), so dass Bestimmungen über Hemmung und Neubeginn der Verjährung nicht gelten. Sie werden nach §§ 186 ff berechnet. Fristbeginn ist die Vereinbarung des Wiederkaufs (§ 456 Rn 7).

3 **C. Abdingbarkeit (S 2).** Norm erlaubt Verlängerungen wie Verkürzungen, letztere besonders bei Grundstückskäufen verbreitet (zur Problematik bei Einheimischenmodellen s Staud/*Mader* Rn 1). Für Verlängerungen bestehen die Grenzen des § 138 I. Sie sind am ehesten zulässig, wenn sie an gewisses Ereignis mit ungewissem Zeitpunkt anknüpfen, wie Tod oder bei juristischer Person Bestand des Käufers (Schlesw NJW-RR 99, 283 284). Abbedingung kann auch durch Vereinbarung eines anderen Anfangstermins geschehen (Hambg MDR 82, 668 f). Nicht gestattet sind wegen der zu langen Bindung unbefristete Wiederkaufsrechte (str: **so** Ddorf Rpfleger 86, 255, 256; Schlesw aaO; Palandt/*Putzo* Rn 4; aA BaRoth/*Faust* Rn 3). Zur nachträglichen Änderung der Frist s § 456 Rn 7.

Kapitel 3 Vorkauf

§ 463 Voraussetzungen der Ausübung

Wer in Ansehung eines Gegenstandes zum Vorkauf berechtigt ist, kann das Vorkaufsrecht ausüben, sobald der Verpflichtete mit einem Dritten einen Kaufvertrag über den Gegenstand geschlossen hat.

1 **A. Grundsätzliches. I. Begriff.** Das Vorkaufsrecht gewährt dem Berechtigten aufgrund Vereinbarung mit dem Verpflichteten das Recht, durch Erklärung ggü dem Verpflichteten im Falle des Verkaufs des belasteten Gegenstands einen Kaufvertrag mit denselben Bedingungen, wie sie der Verpflichtete mit dem Drittkäufer vereinbart hatte, zum Entstehen zu bringen.

2 **II. Bedeutung.** Vorkaufsrechte werden vor allem für Immobilien und Unternehmensbeteiligungen (s *Westermann* FS Wiedemann, 1349 ff), aber auch Mobilien mit Affektionsinteresse, zB Familienschmuck, Kunstwerke, vereinbart. Sie haben typisch zwei Funktionen (Erman/*Grunewald* Rn 1): Häufig steht im Vordergrund, den Erwerb durch einen Dritten zu verhindern, zB bei Familienunternehmen durch Familienfremde (vgl BGH NJW 87, 890) oder bei Grundstücken durch missliebige Nachbarn: Abwehrfunktion. Das Vorkaufsrecht wird aber auch dazu eingesetzt, bei einem derzeit nicht verkaufswilligen Eigentümer den späteren Kauf zu sichern, zB zur Arrondierung des eigenen Grundstücks: Erwerbsinteresse.

3 **III. Anwendungsbereich.** Ein Vorkaufsrecht kann für alle Kaufverträge über alle Kaufgegenstände vereinbart werden.

4 **IV. Schuldrechtsmodernisierung.** § 463 ist wortgleich mit § 504 aF.

5 **V. Rechtsnatur.** Vergleichbar zum Wiederkaufsrecht (§ 456 Rn 4) ist die Rechtsnatur str, ohne dass daraus praktische Konsequenzen resultieren (BaRoth/*Faust* Rn 9; krit zur Bedeutung des Streits Karlsr NJW-RR 90, 932, 935 „Burda/Springer"): Vertreten werden: (1) durch den Vorkaufsfall und die Ausübung des Vorkaufs doppelt aufschiebend bedingter Kaufvertrag (RG 72, 385; 137, 29, 33; BGHZ 32, 375, 377 f; BGH NJW 00, 1033), (2) Gestaltungsrecht des Berechtigten auf Zustandebringen eines Kaufvertrags im Vorkaufsfall (BGHZ 102, 237, 240; Palandt/*Putzo* Vorb v § 463 Rn 1) und (3) die Offertentheorie, dass im Vorkaufsrecht ein unwiderrufliches Angebot des Verpflichteten auf Abschluss eines Kaufvertrags liegt, das im Vorkaufsfall wirksam und dann durch

Ausübung angenommen wird (s mwN Staud/*Mader* Rn 28–31). Meinung (1) und (2) lassen sich kombinieren durch Qualifizierung der Ausübungserklärung als Gestaltungsrecht (vgl MüKo/*Westermann* Rn 7).

VI. Gesetzliche Vorkaufsrechte. Gesetzliche Vorkaufsrechte unterliegen ganz oder teilweise den §§ 463 ff: zB 6
Vorkaufsrecht des Miterben (§ 2034), des Mieters bei der Bildung von Wohnungseigentum (§ 577 bes I 3; s *Bundschuh* ZMR 01, 324; zu § 570 b aF s BGHZ 144, 357, 361 ff), der Gemeinden (§§ 24, 25 BauGB; ausf *Hueber* NotBZ 03, 445 ff, 04, 91 ff, 177 ff, 297 ff), des Arbeitnehmers (§ 27 ArbnErfG), ferner nach §§ 4 ReichssiedlG (zB BGH LM § 505 BGB Nr 2; LG Chemnitz AgrarR 00, 414), 20 VermG, 37 SchuldRAnpG.

VII. Vormiet-, Vorpachtrecht. Auf Vereinbarung mit Inhalt und Struktur eines Vorkaufsrechts für Miet- 7
und Pachtverträge sind die §§ 463 ff entspr anzuwenden, soweit dem nicht die Andersartigkeit dieser Vertragstypen entgegensteht (BGHZ 102, 237, 240; BaRoth/*Faust* Rn 7; vgl LG Heilbronn ZMR 01, 975; s § 466 Rn 1, 2; § 467 Rn 1, § 469 Rn 2).

VIII. Abdingbarkeit. Inhalt des Vorkaufsrechts kann weitgehend frei vereinbart werden. Dies gilt für die 8
Definition des Vorkaufsfalls ebenso wie für die Bedingungen des durch Ausübung mit dem Verpflichteten zustande kommenden Kaufvertrags, die auch noch nach Eintritt des Vorkaufsfalls abw vom Drittkaufvertrag gestaltet werden können (RG 104, 122, 123 zum limitierten Preis; BGH Rpfleger 71, 13). Das Vorkaufsrecht kann so Elemente der Alternativen gem Rn 9–14 aufnehmen.

B. Abgrenzung. Kautelarjuristisch sind dem Vorkaufsrecht und seinen Funktionen ähnlich: 9

I. Dingliches Vorkaufsrecht (§§ 1094–1104). Auf das dingliche Vorkaufsrecht finden die §§ 463 ff Anwen- 10
dung (§ 1098 I 1), nicht aber umgekehrt die §§ 1094 ff auf das schuldrechtliche. Die wesentlichen Unterschiede sind:
(1) Das dingliche Vorkaufsrecht wirkt als im Grundbuch einzutragende Belastung ggü jedermann, während beim schuldrechtlichen der obligatorische Anspruch des Berechtigten auf Eigentumsübertragung der Sicherung durch Vormerkung bedarf (Rn 18). (2) Nur das dingliche Vorkaufsrecht kann für mehrere oder alle Verkaufsfälle bestellt werden (§ 1097), während das schuldrechtliche bei Nichtausübung dem Drittkäufer ggü zwingend erlischt (Rn 31). (3) In Abbedingung von § 464 II kann beim schuldrechtlichen Vorkaufsrecht der Kaufpreis abw zum Drittkaufvertrag vereinbart werden (Rn 8), während beim dinglichen die vollständige Konkordanz zwischen Dritt- und Vorkaufskaufvertrag zwingend ist. (4) Anders als das dingliche (Palandt/*Bassenge* § 1097 Rn 1; § 1098 I 2) ist das schuldrechtliche Vorkaufsrecht nicht vollstreckungs- und insolvenzfest (§ 471).

II. Aufschiebend bedingter Kaufvertrag. Über Potestativ(Voluntativ)bedingung lässt sich der Kaufvertrag 11
selbst ähnlich wie ein Optionsrecht oder ein bindendes Verkaufsangebot gestalten. Praktisch werden Optionsrecht und Verkaufsangebot vorgezogen, da sie die fehlende Bindung des Käufers besser ausdrücken.

III. (Ankaufs)Optionsrecht. Beide meistens gleich verstandenen Konstruktionen haben ein breites Anwen- 12
dungsspektrum (vgl RG 154, 357 ff; BGH WM 66, 891; BayObLG DB 76, 334). Inhalt ist die Begründung eines Rechts des Käufers auf Abschluss eines Kaufvertrags unter bestimmten objektiven oder subjektiven Bedingungen, die frei gestaltet werden können. Dazu wird vor allem angeknüpft an Umstände in der Person des Berechtigten, zB Erlangung von Baugenehmigung, Finanzierung, wie des Verpflichteten, zB Erwerb des Kaufgrundstücks (!) oder eines Ersatzgrundstücks, Geschäftsaufgabe. Bei Optionsrechten im Interesse des Berechtigten wird gern eine **Optionsprämie** vereinbart, die verfällt, wenn der Berechtigte die Option nicht ausübt, und bei Erwerb meistens auf den Kaufpreis angerechnet wird. Optionsrecht kann durch Vormerkung gesichert werden (§ 883 I 2). Verbindung von Options- und Vorkaufsrecht ist verbreitet, dann reicht uU eine gemeinsame Vormerkung (BayObLG Rpfleger 03, 352 f – zweifelhaft). Wirksamkeit des Kaufvertrags kann durch der Ausübungserklärung beim Vorkaufsrecht vergleichbare Optionserklärung, die dann nicht mehr der Form des § 311 b I bedarf (für Ankaufsrecht in Form des Vorvertrags BGH JR 74, 513, 514), aber auch durch dessen separaten Abschluss eintreten.

IV. Bindendes Verkaufsangebot. Resultat des Optionsrechts kann auch über ein meistens mit fester Bin- 13
dungsfrist ausgestattetes unwiderrufliches Verkaufsangebot erreicht werden. Durch Abgabe im **Angebotsvertrag** lassen sich auch Verpflichtungen des Berechtigten, zB auf Zahlung der Kosten oder einer Optionsprämie, begründen. Sicherung durch Vormerkung ist möglich. Der Nachteil liegt in der komplizierten Abwicklung.

V. Vorhand. Als schwächste Form verglichen mit Vorkaufs- und Optionsrecht meint Vorhand die Verpflich- 14
tung des Eigentümers, **vor** Abschluss eines Drittkaufvertrags die Sache dem Berechtigten zum Kauf anzubieten, mit unterschiedlichen Rechtsfolgen: beschränkt auf Aufnahme von Verhandlungen oder vorkaufsrechtsähnlich mit Vorlage eines ausverhandelten Vertrags, in den einzusteigen Berechtigter fordern kann (vgl RG HRR 33 Nr 913).

VI. Eintrittsrecht. Im Unterschied zum Vorkaufsrecht wird das Eintrittsrecht im Kaufvertrag mit dem **Dritt-** 15
käufer vereinbart: es gewährt dem Berechtigten unter dort zu regelnden Bedingungen das Recht auf Übertragung der Rechtsstellung des Drittkäufers. Die eher seltene Konstruktion wird vor allem zugunsten von Familienangehörigen und Konzernunternehmen oder bei noch nicht feststehendem Enderwerber gewählt.

16 **C. Struktur.** Die Rechtsstellung von Berechtigtem und Verpflichtetem unterscheidet sich nach **3 Phasen:** (1) Der **Abschluss** des Vorkaufsrechtsvertrags resultiert allein in der Einräumung des Vorkaufsrechts, ohne weitergehende Bindung des Verpflichteten. (2) Mit dem **Vorkaufsfall** ist die Bindung konkretisiert auf das Recht des Berechtigten, zu den vom Verpflichteten mit dem Drittkäufer vereinbarten Bedingungen die Sache zu kaufen; daraus resultieren erhebliche Beschränkungen des Verpflichteten in nachträglichen Einwirkungen auf den mit dem Drittkäufer geschlossenen Kaufvertrag. (3) Mit **Ausübung** des Vorkaufsrechts steht der Berechtigte dem Verpflichteten primär als Käufer zu den mit dem Drittkäufer vereinbarten Bedingungen ggü. Die beiden ersten Phasen sind überwiegend in § 463, die dritte in § 464 geregelt.

17 **D. Vorkaufsvereinbarung. I. Begründung.** Das Vorkaufsrecht entsteht durch **Vertrag zwischen Verpflichtetem und Berechtigtem.** Es begründet daher **keine Rechtsbeziehungen zwischen Berechtigtem und Drittkäufer.** Die Vorkaufsvereinbarung bedarf der **Form des Rechtsgeschäfts**, also gelten zB §§ 311b I (RG 110, 327, 333; 148, 105, 108), 15 IV GmbHG (Erman/*Grunewald* Rn 7).

18 **II. Rechtsfolgen.** Der Vertrag gewährt dem Berechtigten das subjektive Recht auf Vorkauf im Vorkaufsfall (zur Übertragbarkeit s § 473). Der aus der Ausübung resultierende je nach Konstruktion (s Rn 5) künftige oder bedingte Anspruch auf Übereignung kann durch Vormerkung gesichert werden (§ 883 I 2; BGH NJW 00, 1033 mwN). Darüber hinaus ist der Verpflichtete in der 1. Phase nicht gebunden, er hat keine Obhutspflicht und kann insbes über den Gegenstand bis auf den Verkauf frei disponieren (BaRoth/*Faust* Rn 17), ihn zB belasten (BGH NJW 03, 3769; Erman/*Grunewald* Rn 20), und Kaufverhandlungen beliebig abbrechen oder gestalten, da der Berechtigte „keinen Anspruch auf Eintritt des Vorkaufsfalles hat" (BGHZ 110, 230, 233; BGH NJW 98, 2136, 2137). Die Grenze liegt allein in der treuwidrigen Aushöhlung des Vorkaufsrechts (s Rn 20).

19 **E. Vorkaufsfall. I. Einleitung.** Mit dem Vorkaufsfall als Beginn der 2. Phase des Vorkaufs (Rn 16) entsteht nach § 463 die Bindung des Verpflichteten, die Ausübung des Vorkaufs durch den Berechtigten hinzunehmen. Die folgenden Voraussetzungen für den Vorkaufsfall stehen unter dem Vorbehalt, dass jeweils durch Auslegung zu ermitteln ist, ob nicht ein anderes Ergebnis interessengerecht ist. Die Freiheit der Gestaltung kann dazu führen, dass zB eine großzügigere Ausdehnung auf andere Rechtsgeschäfte angezeigt ist als gem Rn 21.

20 **II. Abschluss des Kaufvertrags.** (1) Der Kaufvertrag muss **nach** Begründung des Vorkaufsrechts abgeschlossen worden sein; nachträgliche Genehmigung (für gesetzliches Vorkaufsrecht Rostock OLGR 98, 410 f; für dingliches Vorkaufsrecht BGH LM § 1098 Nr 4) oder Änderung (BGH LM § 305 Nr 10) eines vorher geschlossenen Vertrags reicht nicht. Dies gilt auch für gesetzliches Vorkaufsrecht (BGHZ 32, 383 LS, 385 ff). Nur so ist es dem Verpflichteten möglich, im Drittkaufvertrag die Konsequenzen des Vorkaufsrechts zu berücksichtigen (s § 464 Rn 8; Erman/*Grunewald* Rn 17).

21 (2) Wenig klar ist die Rspr dazu, welche **anderen Vertragstypen** als Kaufverträge das Vorkaufsrecht auslösen. Es reichen nicht aus Einbringung in eine Gesellschaft (Stuttg BB 01, 794 nur LS 7; Palandt/*Putzo* Rn 5; BaRoth/*Faust* Rn 22 mwN), Schenkung (BGH LM § 1098 Nr 3), auch gemischte Schenkung (RG 101, 99, 101; KG MDR 00, 147, 148; BaRoth/*Faust* Rn 22), Tausch (RG 88, 361, 364; BGH NJW 64, 540, 541; Brandenbg NotBZ 01, 466; ebenso für Ringtausch BGHZ 49, 7 LS, 8 ff; **abw** für Tausch gegen Güter mit Marktpreis wie Gold BaRoth/*Faust* Rn 21), wohl aber kaufähnliche (zB BGHZ 115, 335 LS a, 339 ff: Kaufangebot, das auf entgeltliche Übertragung hinauslief; BGH NJW 98, 2136 ff; BayVGH NJW 96, 2321: Überwiegen der Geld- ggü den vereinbarten Sachleistungen; abgelehnt für Dienstbarkeit zur Ausbeutung eines Steinbruchs auf 99 Jahre: BGH NJW 03, 3769 f) und Umgehungsgeschäfte (zB RG 171, 185, 190 ff; vgl BGHZ 110, 230, 233 ff) (zu weit Erman/*Grunewald* Rn 8, die im Zweifel alle Umsatzgeschäfte ausreichen lässt; wie hier BaRoth/*Faust* Rn 19 Fußn 20). Ein nicht zum Vorkauf führender Abschluss wird aber im Einzelfall darauf geprüft, ob er nicht auch im Hinblick auf § 465 (dort Rn 3) wegen sittenwidriger Vereitelung des Vorkaufsrechts nichtig ist (§ 138; RG 88, 361, 365 f; BGHZ 23, 293, 301 f; BGH NJW 64, 540, 541 mwN; LG Chemnitz AgrarR 00, 413, 414 f; abgelehnt zB von BGH WM 70, 321, 322; vgl ausf Staud/*Mader* Rn 18 ff).

22 (3) Kaufvertrag über **Teile der Kaufsache** führt zum Entstehen für diese Teile (BGH WM 84, 510, 511 für ideellen Grundstücksanteil); bei Ausübung besteht es für den Rest fort (Erman/*Grunewald* Rn 21; BaRoth/*Faust* Rn 23; s Rn 31).

23 (4) Es muss sich um einen ernst gemeinten Abschluss auf Seiten des Drittkäufers handeln, so dass Vorkaufsfall durch vom Berechtigten zum Ziel des Vorkaufs initiierten Kaufvertrag nicht ausgelöst wird (Erman/*Grunewald* Rn 16; Staud/*Mader* Rn 22).

24 (5) Der Kaufvertrag muss „mit einem **Dritten**" geschlossen sein; dazu gehören nicht Kaufverträge zwischen Miteigentümern (BGHZ 13, 133 LS 1, 137 ff; 48, 1 LS, 2 ff), Gesamthändern und Miterben (BGH LM § 1098 Nr 3; für gesetzliches Vorkaufsrecht WM 70, 321 f; **aA** Erman/*Grunewald* Rn 9) sowie zwischen Konzernunternehmen (BaRoth/*Faust* Rn 24).

25 **III. Wirksamkeit des Kaufvertrags.** (1) Der Kaufvertrag muss formgerecht und wirksam sein (BGH WM 60, 551, 552).

(2) Dazu gehört, dass für die Wirksamkeit erforderliche **Genehmigungen** erteilt sind (BGHZ 110, 232, 235; 26
BGH WM 91, 1811). Die Rspr gestattet aber dem Berechtigten, schon vor deren Erteilung die Ausübung zu
erklären (BGHZ 139, 29 LS, 30 ff; Brandenbg NotBZ 01, 466; OVG Magdeburg LKV 02, 187). Diese Erleichterung ändert aber nichts daran, dass es bis zur Erteilung der Genehmigung an einem wirksamen Kaufvertrag fehlt und daher der Vorkaufsfall noch nicht eingetreten ist. Deshalb ist der Verpflichtete berechtigt, bis
dahin den Kaufvertrag aufzuheben oder zu ändern (RG 98, 44, 50 f; 106, 320, 323 f; BGHZ 14, 1 LS 1, 5 f; 110,
230, 232; 139, 29, 32; Erman/*Grunewald* Rn 14; BaRoth/*Faust* Rn 26); auch stehen dem Berechtigten keine
Rechtsbehelfe gegen eine Versagung der Genehmigung zu (für GrundstVerkG BGH WM 91, 1811 f; krit
Erman/*Grunewald* Rn 14).
(3) Auch bei **aufschiebenden Bedingungen** erfordert der Vorkaufsfall deren Eintritt, auf den hin die Aus- 27
übung auch vorher erklärt werden kann (BGHZ 139, 29, 33; zu großzügigerer Gestaltung s RG SeuffA 78
Nr 14). Im Hinblick auf Aufhebung und Änderung des Kaufvertrags vor Eintritt ist die Rechtslage wie bei der
Genehmigung (Erman/*Grunewald* Rn 14). Damit ist es nicht vereinbar, den Berechtigten schon als Vertragspartner des Verpflichteten eines unter aufschiebender Bedingung stehenden Kaufvertrags anzusehen (so aber
RG 98, 44, 49; BGHZ aaO; BGH NJW 98, 2136, 2138).
(4) Bloße **Anfechtbarkeit** steht Vorkaufsfall nicht entgegen (RG SeuffA 78 Nr 14). Eine Anfechtung hindert 28
trotz ihrer Rückwirkung die Ausübung nicht, wenn sie vom Drittkäufer erklärt wird, da der Verpflichtete die
Entscheidung zur Veräußerung getroffen hatte (str: so Erman/*Grunewald* Rn 11; BaRoth/*Faust* Rn 28; aA RG
SeuffA 78 Nr 14; vgl diff BGH NJW 87, 890, 893).
(5) Von einer Partei geltend gemachte Störungen der **Geschäftsgrundlage** stehen dem Vorkaufsfall entgegen, 29
soweit sie sich auch im Vertrag mit dem Berechtigten auswirken (BGH NJW 87, 890, 893; Erman/*Grunewald* Rn 12; MüKo/*Westermann* Rn 15).

IV. Nachträgliche Akte. Der Vorkaufsfall wird nicht ungeschehen gemacht durch Erklärung des Rücktritts 30
vom Kaufvertrag vor Ausübung des Vorkaufs (BGHZ 67, 395 LS, 396 ff; Erman/*Grunewald* Rn 15). Gleiches
gilt für eine nachträgliche Aufhebung des Kaufvertrags (RG 98, 44, 50; 106, 320, 323 f; zur Rechtslage vor
Genehmigung s Rn 26; zu den Konsequenzen Rn 31). Auch haben nachträgliche Änderungen des Kaufvertrags keinen Einfluss auf den Inhalt des Vorkaufskaufvertrags (str: so Erman/*Grunewald* Rn 15; BaRoth/*Faust*
Rn 32; aA Palandt/*Putzo* Rn 7; für gesetzliches Vorkaufsrecht RG 118, 5, 7 f; BGH NJW 69, 1959 f); der
Berechtigte kann sich aber für die geänderte Fassung entscheiden (Erman/*Grunewald*; BaRoth/*Faust* jew
aaO).

F. Erlöschen des Vorkaufsrechts. I. Verbrauch. Der wichtigste Fall des Erlöschens ist der Verbrauch durch 31
Nichtausübung beim Vorkaufsfall. Ihm steht es nicht gleich, wenn bei einem Kaufvertrag mit aufschiebender
Bedingung auf den Eintritt ausgeübt wird und dieser dann nicht eintritt (str: so Erman/*Grunewald* Rn 13;
BaRoth/*Faust* Rn 27; MüKo/*Westermann* Rn 16; aA RG 98, 44, 49; offenbar BGHZ 139, 29, 33). Dasselbe gilt
für eine Ausübung im Hinblick auf die spätere Genehmigung (BaRoth-*Faust* Rn 26). Dagegen führt der Eintritt einer auflösenden Bedingung zum Verlust des Vorkaufsrechts, da der Berechtigte Käufer in einem wirksamen Vertrag geworden ist und dessen nachträgliches Erlöschen wie jede Vertragspartei hinnehmen muss
(str: so RG 98, 44. 49; Erman/*Grunewald* Rn 13; MüKo/*Westermann* Rn 16; aA Staud/*Mader* Rn 29 mwN).
Wird bei **Teilverkauf** Vorkaufsrecht nicht ausgeübt (s Rn 20) erlischt es vollständig, da Berechtigter Ausübung des Vorkaufsrechts nicht fordern kann, wenn er selbst das dem Gesetz entspr vollständige Ausübung
verhindert hat (aA Staud/*Mader* Rn 10; wohl Erman/*Grunewald* Rn 21).

II. Treuwidrigkeit. Verstoß gegen eine dem Drittkäufer gegebene Zusage, Vorkaufsrecht nicht auszuüben, 32
kann zum Erlöschen führen (BGHZ 37, 147 LS 1, 151 f; Palandt/*Putzo* Rn 9).

III. Erlassvertrag. Vorkaufsrecht erlischt durch Erlassvertrag (§ 397) zwischen Verpflichtetem und Berech- 33
tigtem (BGHZ 60, 275, 291; BGH LM § 504 Nr 7 f; WM 03, 385, 388; BaRoth/*Faust* Rn 15 auch zur aA, dass
einseitiger Verzicht ausreicht); bei Abschluss nach Ausübung handelt der Berechtigte als Käufer (insges
Palandt/*Putzo* Rn 8). Dieselbe Wirkung hat Vereinbarung zwischen Berechtigtem und Drittkäufer, da sie Entstehen der Befugnis zur Ausübung verhindert (BGH WM 66, 893, 895). Vor Ausübung kann Erlass auch bei
Grundstücken formfrei vereinbart werden (BGH aaO).

IV. Gesetzlicher Ausschluss. S §§ 466 S 2, 471, 472. 34

V. Beerbung des Verpflichteten durch den Berechtigten. Das Vorkaufsrecht entfällt mangels Unmöglich- 35
keit eines Vertragsschlusses wegen Identität von Verkäufer und Käufer bei Beerbung des Verpflichteten durch
den Berechtigten (str: so BGH NJW 00, 1033 f; aA Erman/*Grunewald* Rn 19; MüKo/*Westermann* Rn 30; v.
Olshausen NJW 00, 2872 f).

G. Beweislast. Der Berechtigte hat die Beweislast für die Voraussetzungen für Vereinbarung und Ausübbar- 36
keit eines Vorkaufsrechts (BGHZ 110, 230, 234; Palandt/*Putzo* Rn 4).

§ 464 Ausübung des Vorkaufsrechts

(1) ¹Die Ausübung des Vorkaufsrechts erfolgt durch Erklärung gegenüber dem Verpflichteten. ²Die Erklärung bedarf nicht der für den Kaufvertrag bestimmten Form.
(2) Mit der Ausübung des Vorkaufsrechts kommt der Kauf zwischen dem Berechtigten und dem Verpflichteten unter den Bestimmungen zustande, welche der Verpflichtete mit dem Dritten vereinbart hat.

1 **A. Schuldrechtsmodernisierung.** Der Wortlaut ist identisch mit § 505 aF.

2 **B. Ausübung (I). I. Rechtsnatur (I 1).** Die Ausübung erfolgt durch empfangsbedürftige Willenserklärung, die wegen ihres gestaltenden Charakters (§ 463 Rn 5) bedingungsfeindlich ist. Sie ist, auch bei Mitteilung des Vorkaufsfalls an den Berechtigten durch den Drittkäufer (§ 469 I 2; Palandt/*Putzo* Rn 1), immer dem Verpflichteten ggü abzugeben, was auch in Vertragsform geschehen kann. Wegen II begründet die Erklärung auch Pflichten für den Berechtigten, weshalb sie in demselben Umfang wie eine Verpflichtungserklärung genehmigungsbedürftig ist (BGHZ 32, 375, 377 f für GemO; Palandt/*Putzo* Rn 1); die Genehmigung muss vor Ablauf der Ausübungsfrist (§ 469 II) erteilt sein (BGHZ aaO LS a, 382 f; Palandt/*Putzo* Rn 1). Zur Ausübung vor Wirksamkeit des Kaufvertrags wegen aufschiebender Bedingung oder fehlender Genehmigung s § 463 Rn 26 f; das dort begründete Recht auf Aufhebung oder Änderung des Kaufvertrags durch den Verpflichteten besteht auch **nach** Ausübung bis zur Wirksamkeit des Kaufvertrags, da vorher der Vorkaufsfall nicht eintritt (s § 463 Rn 25-27; **aA** Erman/*Grunewald* Rn 2).

3 **II. Form (I 2).** Da schon die Vorkaufsvereinbarung die Form für das Rechtsgeschäft wahren muss (§ 463 Rn 17), ist die Ausübungserklärung nach dem eindeutigen Wortlaut von I 2 nicht formbedürftig (BGH WM 05, 2248, 2249; Frankf NJW-RR 99, 16, 17 mwN; München NJW-RR 99, 1314, 1315; Erman/*Grunewald* Rn 1 mwN); dies gilt auch für das gesetzliche Vorkaufsrecht (für § 570 b aF BGHZ 144, 357 LS, 360 ff mwN).

4 **III. Unwirksamkeit.** Die Erklärung kann wegen Treuwidrigkeit unwirksam sein, zB wenn Berechtigter offenkundig zur Vertragserfüllung außerstande ist (RG HRR 32, Nr 1208; Erman/*Grunewald* Rn 3) oder es ablehnt, den Vertragspflichten nachzukommen (RG aaO; BGH MDR 62, 974, insoweit in BGHZ 37, 1908 nicht abgedr; zum Vorpachtrecht BGHZ 102, 237, 240 f; **abl** zum Vormietrecht BGH LM § 505 BGB Nr 5; teilw abl BaRoth/*Faust* Rn 2; zur Abgrenzung vgl Karlsr NJW-RR 96, 916, 917). Zum Verstoß gegen eine Verpflichtung zur Nichtausübung s § 463 Rn 32.

5 **B. Wirkung (II). I. Zweck.** II dient allein dem Schutz des Verpflichteten und Berechtigten, nicht des Drittkäufers.

2 **II. Entstehung eines Kaufvertrags.** Die Ausübung begründet einen neuen Kaufvertrag **zwischen Verpflichtetem** als Verkäufer **und Berechtigtem** als – neuem – Käufer; ein Eintritt des Berechtigten in den Kaufvertrag mit dem Drittkäufer findet nicht statt (allg Meinung: s BGHZ 98, 188, 190 f). Sie begründet **keine** rechtlichen Beziehungen des Berechtigten zum **Drittkäufer** (RG 163, 142, 155).

7 **III. Inhalt des Kaufvertrags.** II ordnet **vollständige Konkordanz** zwischen den Bedingungen des Drittkaufvertrags und des durch Ausübung mit dem Berechtigten zustande gekommenen Kaufvertrags an. Verpflichteter und Berechtigter haben also dieselben Leistungen zu erbringen wie im Drittkaufvertrag vereinbart (zB BGHZ 77, 359, 362); dazu zählen Vorfälligkeitszinsen als Teil der Gegenleistung des Käufers (BGH NJW 95, 1827). Der Berechtigte kann keine Erleichterung von ihm belastenden Bestimmungen erwarten (zB bei Fälligkeit: BGH WM 73, 1403, 1404). Ein Ausschluss von Mängelrechten wegen Kenntnis des Drittkäufers (§ 442) gilt auch für den Berechtigten ggü (Nürnbg MDR 05, 437 f). Dazu bestehen folgende **Ausnahmen: (1)** Durch den Prozess der Ausübung **zeitlich überholte** Bestimmungen sind anzupassen (BGH NJW 83, 682; 95, 1827). **(2)** Nicht vertragstypische einen **Fremdkörper** bildende Bestimmungen wirken nicht ggü dem Berechtigten (BGHZ 77, 359 LS, 362; 131, 318, 321 f; Stuttg ZMR 98, 771, 772 f: langfristige Verpachtung an Drittkäufer; Erman/*Grunewald* Rn 7). Ausnahme ist restriktiv anzuwenden, da zur Vertragsfreiheit auch Vereinbarung atypischer Klauseln gehört. Vom Berechtigten zu übernehmen sind daher Kostenübernahmeklauseln (BGH NJW 94, 315. 316 f zu Vermessungskosten; auch zu den Grenzen BGH LM § 505 BGB Nr 2; bes zu Maklerkosten (BGHZ 131, 318, 322 ff; BGH MDR 63, 303, 304; **abw** für durch Ausübung des Vorkaufs nicht entstandene Kosten BGHZ 77, 359, 364 f). Auch gesellschaftsrechtliche Beschränkungen wie Stimmbindungen muss der Berechtigte idR gegen sich gelten lassen (BaRoth/*Faust* Rn 6; **aA** BGH NJW 87, 890, 892 f). **(3)** Bestimmungen nur zu dem Ziel, **die Ausübung zu vereiteln**, treffen den Berechtigten nicht (BGHZ 102, 237, 242 f; BGH WM 70, 1315, 1318 f). Zu (2) und (3) s auch § 465 Rn 3. Nach Ausübung kann der **Drittkaufvertrag** ohne Zustimmung des Berechtigten **nicht mehr geändert** werden (RG 118, 5, 7; BGH NJW 69, 1959 f; für die Zeit vorher s § 463 Rn 26).

8 **IV. Verhältnis Verpflichteter – Drittkäufer.** Der Drittkaufvertrag wird durch die Ausübung nicht berührt, so dass der Verpflichtete aus **zwei** Kaufverträgen verpflichtet ist. Daraus erwächst die Empfehlung, im Drittkaufvertrag Schutzbestimmungen für den Verpflichteten vorzusehen, zB Rücktrittsrecht oder auflösende Bedingung für den Fall der Ausübung des Vorkaufsrechts (s § 465 Rn 2). Es ist zweifelhaft, ob bloße Kenntnis des Drittkäufers vom Vorkaufsrecht schon die Vereinbarung einer auflösenden Bedingung impliziert (so Nürnbg MDR 84, 755; Erman/*Grunewald* Rn 9; aA Staud/*Mader* § 463 Rn 44).

§ 465 Unwirksame Vereinbarungen

Eine Vereinbarung des Verpflichteten mit dem Dritten, durch welche der Kauf von der Nichtausübung des Vorkaufsrechts abhängig gemacht oder dem Verpflichteten für den Fall der Ausübung des Vorkaufsrechts der Rücktritt vorbehalten wird, ist dem Vorkaufsberechtigten gegenüber unwirksam.

A. Zweck, Schuldrechtsmodernisierung. Die mit § 506 aF wortgleiche Norm will verhindern, dass der Berechtigte durch geschickte Gestaltung des Drittkaufvertrags den Berechtigten um sein Vorkaufsrecht bringt (RG 108, 226, 228). 1

B. Inhalt. Norm ordnet an, dass die im Verhältnis zum Drittkäufer empfehlenswerten Schutzklauseln für den Fall der Ausübung des Vorkaufsrechts, insbes die auflösende Bedingung und das Rücktrittsrecht (s § 464 Rn 8), dem Berechtigten ggü nicht wirken: **relative Unwirksamkeit** (Staud/*Mader* Rn 1). Im Verhältnis zum Drittkäufer bleiben sie daher gültig. Entspr gilt für Klauseln, die Gültigkeit des Kaufvertrags an Nichtbestehen des Vorkaufsrechts knüpfen (BGH NJW 87, 890, 893; Erman/*Grunewald* Rn 2; BaRoth/*Faust* Rn 2). 2

C. Ausdehnung. Der Rechtsgedanke des § 465 hat die Rspr zu Umgehungs- und Vereitelungsgeschäften beeinflusst (s §§ 463 Rn 21, 464 Rn 7). Er schließt es auch aus, in Ausübung des Vorkaufsrechts eine Störung der Geschäftsgrundlage zu sehen (str: so Erman/*Grunewald* Rn 3; Staud/*Mader* Rn 5; aA BGH NJW 87, 890, 893). Die Anwendung auf das Wiederkaufsrecht ist str (dafür Erman/*Grunewald* Rn 5; dagegen RG 108, 226, 228). 3

§ 466 Nebenleistungen

¹Hat sich der Dritte in dem Vertrag zu einer Nebenleistung verpflichtet, die der Vorkaufsberechtigte zu bewirken außerstande ist, so hat der Vorkaufsberechtigte statt der Nebenleistung ihren Wert zu entrichten. ²Lässt sich die Nebenleistung nicht in Geld schätzen, so ist die Ausübung des Vorkaufsrechts ausgeschlossen; die Vereinbarung der Nebenleistung kommt jedoch nicht in Betracht, wenn der Vertrag mit dem Dritten auch ohne sie geschlossen sein würde.

A. Abdingbarkeit, Anwendungsbereich, Schuldrechtsmodernisierung. Die im Wortlaut § 507 aF entspr Bestimmung ist dispositiv (Erman/*Grunewald* Rn 4). Die Anwendbarkeit auf das Vormiet-, -pachtrecht ist zweifelhaft (vgl RG 125, 123, 127; Staud/*Mader* Rn 5). 1

B. Schätzbare Nebenleistung (S 1). Drittkaufvertrag muss Käufer neben einer Hauptleistung in Geld zu einer wirtschaftlich weniger bedeutsamen Sach- oder Dienstleistung als **Nebenleistung** verpflichten. Nebenleistung darf daher der Geldleistung nicht gleich stehen (Erman/*Grunewald* Rn 1) oder sie übersteigen (zur Bierbezugspflicht bei Vorpachtvertrag s § 466 verneinend BGHZ 102, 237, 242; bejahend BaRoth/*Faust* Rn 2). Die weitere Voraussetzung, dass der Berechtigte außerstande ist, diese Nebenleistung zu bewirken, ist vor allem bei persönlichen oder eine besondere Qualifikation voraussetzenden Dienstleistungen gegeben, zB Altenpflege durch Verwandten (RG 121, 137, 140). Nebenleistung ist zum Zeitpunkt der Ausübung des Vorkaufsrechts zu bewerten (Palandt/*Putzo* Rn 2; aA Zeitpunkt der Erfüllung: Staud/*Mader* Rn 2). 2

C. Nicht schätzbare Nebenleistung (S 2). Die Ausnahme von S 1 liegt vor, wenn der Verpflichtete mit dem durch Bewertung festgestellten Geldbetrag keine wirklich gleichwertige Leistung erwerben kann, wie vor allem bei durch persönliche Verbundenheit geprägten Dienstleistungen: bejaht: Altenpflege durch Verwandten (RG 121, 147, 140); verneint: Pferdebetreuung (Hambg NJW-RR 92, 1496 obiter); nicht näher beschriebene Beratungsleistungen (München NJW-RR 99, 1314, 1316). Hs 2 enthält dazu die Ausnahme, dass in Übereinstimmung mit allgemeinen Grundsätzen (s §§ 463 Rn 21, 464 Rn 7, 465 Rn 3) eine für den Verpflichteten so unwesentliche Nebenleistung, dass er auch ohne sie den Vertrag geschlossen hätte, außer Betracht bleibt, zB Mitnutzungsrecht als Liegewiese bei großem Grundstückskauf (BayVGH NJW 96, 2321, 2322). Ggf ist bei Entfall der Nebenleistung der Kaufpreis anzupassen (Erman/*Grunewald* Rn 3; aA dann kein Vorkaufsrecht BaRoth/*Faust* Rn 5). Dasselbe gilt für Scheinabreden, die nur auf Vereitelung des Vorkaufsrechts abzielen (Hambg NJW-RR 92, 1496). 3

§ 467 Gesamtpreis

¹Hat der Dritte den Gegenstand, auf den sich das Vorkaufsrecht bezieht, mit anderen Gegenständen zu einem Gesamtpreis gekauft, so hat der Vorkaufsberechtigte einen verhältnismäßigen Teil des Gesamtpreises zu entrichten. ²Der Verpflichtete kann verlangen, dass der Vorkauf auf alle Sachen erstreckt wird, die nicht ohne Nachteil für ihn getrennt werden können.

A. Abdingbarkeit, Anwendungsbereich, Schuldrechtsmodernisierung. Die dispositive (RG 97, 282, 285; Palandt/*Putzo* Rn 1) Norm übernimmt wörtlich § 508 aF. Sie gilt entspr für Vormiet-, -pachtrecht (RG 123, 265, 270; MüKo/*Westermann* Rn 2). 1

2 **B. Verkauf zu Gesamtpreis (S 1).** Verkauf mehrerer Gegenstände liegt auch vor, wenn bei Vorkaufsrecht auf Teilfläche das gesamte Grundstück (RG HRR 35 Nr 724; analoge Anwendung: BayObLG NJW 67, 113; Karlsr NJW-RR 96, 916; nicht: bei Grundstücksverkauf, wenn Vorkaufsrecht unterliegende Eigentumswohnungen nicht existieren und nicht bestimmt genug bezeichnet sind: BayObLG NJW-RR 92, 1039, 1042) oder bei Vorkaufsrecht auf einzelne Aktien ein Paket (Erman/*Grunewald* Rn 1 mwN; Staud/*Mader* Rn 4) verkauft wird. Der Vorkaufspreis ergibt sich aus dem Verhältnis des Werts des dem Vorkaufsrecht unterliegenden Gegenstands zum Wert der zum Gesamtpreis verkauften Gegenstände (vgl Karlsr aaO 917). Im Drittkaufvertrag vereinbarte Einzelwerte haben ggü § 467 Vorrang, es sei denn sie sollen die Ausübung des Vorkaufsrechts vereiteln (BGH WM 05, 2248, 2249; ähnl Erman/*Grunewald* Rn 2: arg: Berechtigter ist generell an Preisvereinbarung gebunden; abw: objektiver Wert entscheidet Karlsr aaO).

3 **C. Erstreckung (S 2).** Für eine Trennung nur mit Nachteilen reicht es aus, wenn Wert der übrigen Gegenstände durch Vorkauf reduziert wird (Stuttg OLGR 99, 1; Erman/*Grunewald* Rn 3). S 2 gewährt Verpflichtetem – nicht: Drittkäufer (BayVGH NJW-RR 02, 228, 231) – nur eine Einrede, so dass Berechtigter darauf von Vorkauf absehen kann (RG 133, 76, 78 f; Palandt/*Putzo* Rn 4). Berechtigter kann Einrede auch durch Ausgleich finanzieller Nachteile abwenden (Erman/*Grunewald* Rn 3; BaRoth/*Faust* Rn 4). Sie besteht auch, wenn wirtschaftliche Einheit schon bei Begründung des Vorkaufsrechts bestand (Erman/*Grunewald* Rn 3; **aA** Palandt/*Putzo* Rn 4).

§ 468 Stundung des Kaufpreises

(1) Ist dem Dritten in dem Vertrag der Kaufpreis gestundet worden, so kann der Vorkaufsberechtigte die Stundung nur in Anspruch nehmen, wenn er für den gestundeten Betrag Sicherheit leistet.
(2) ¹Ist ein Grundstück Gegenstand des Vorkaufs, so bedarf es der Sicherheitsleistung insoweit nicht, als für den gestundeten Kaufpreis die Bestellung einer Hypothek an dem Grundstück vereinbart oder in Anrechnung auf den Kaufpreis eine Schuld, für die eine Hypothek an dem Grundstück besteht, übernommen worden ist. ²Entsprechendes gilt, wenn ein eingetragenes Schiff oder Schiffsbauwerk Gegenstand des Vorkaufs ist.

1 **A. Zweck, Schuldrechtsmodernisierung.** Die zu § 509 aF wortgleiche Norm berücksichtigt, dass Gewährung einer Stundung persönliches Vertrauen zugrunde liegt, das auf Berechtigten nicht ohne weiteres übertragbar ist (krit Erman/*Grunewald* Rn 1).

2 **B. Stundung (I).** Stundung bedeutet Fälligkeit des Kaufpreises erst nach Erfüllung des Verkäufers (RG 83, 179, 181; BaRoth/*Faust* Rn 2). Sie liegt daher nicht in Gewährung der Zeit, die für die Beschaffung des Kaufpreises erforderlich ist (RG aaO; Erman/*Grunewald* Rn 2) oder in dessen Zahlung per Überweisung oder Scheck. Sicherheitsleistung: §§ 232 ff.

3 **C. Hypothek (II).** Beleihungswert ist ohne Bedeutung (MüKo/*Westermann* Rn 3). Grundschuld steht gleich (§ 1192 I).

§ 469 Mitteilungspflicht, Ausübungsfrist

(1) ¹Der Verpflichtete hat dem Vorkaufsberechtigten den Inhalt des mit dem Dritten geschlossenen Vertrags unverzüglich mitzuteilen. ²Die Mitteilung des Verpflichteten wird durch die Mitteilung des Dritten ersetzt.
(2) ¹Das Vorkaufsrecht kann bei Grundstücken nur bis zum Ablauf von zwei Monaten, bei anderen Gegenständen nur bis zum Ablauf einer Woche nach dem Empfang der Mitteilung ausgeübt werden. ²Ist für die Ausübung eine Frist bestimmt, so tritt diese an die Stelle der gesetzlichen Frist.

1 **A. Zweck.** Die in der Praxis sehr bedeutende Bestimmung will nicht nur dem Berechtigten eine angemessene Überlegungszeit wahren (dazu BGH NJW 94, 315, 316). Vor allem bestimmt sie im Interesse **aller** Beteiligten verbindlich, bis wann Vorkauf ausgeübt werden muss, mithin ab wann für den **Drittkaufvertrag Abwicklungssicherheit** besteht (s insgesamt Erman/*Grunewald* Rn 1).

2 **B. Anwendungsbereich, Schuldrechtsmodernisierung.** Die auch für das Vormiet-, -pachtrecht (BGHZ 55, 71 LS 2, 75 f; BGH WM 03, 385, 388) geltende Norm hat denselben Wortlaut wie § 510 aF. Ausdehnung auf weitere ähnliche Rechte bedarf angesichts der Kürze der Fristen Prüfung im Einzelfall (vgl mwN RG 126, 123, 126 allg für Eintrittsrechte; Erman/*Grunewald* Rn 11).

3 **C. Mitteilung (I).** Der **gesamte Inhalt** des Kaufvertrags ist mitzuteilen, und zwar erkennbar zur Auslösung des Fristbeginns gem II (BGHZ 60, 275, 288), damit Berechtigter durch Kenntnis seiner Pflichten gem § 464 II Grundlage für Entscheidung über Ausübung hat (BGH WM 66, 891, 893; DNotZ 03, 431, 432; Erman/

Grunewald Rn 2). Dazu gehören auch Eintritt von **aufschiebenden Bedingungen** und Erteilung von **Genehmigungen** bzw deren Ausstehen; nicht aber der Teilungsgenehmigung, da sie für die Wirksamkeit des Kaufvertrags ohne Bedeutung ist (str: **so** BGH NJW 94, 315 f; Palandt/*Putzo* Rn 1; Erman/*Grunewald* Rn 2; **aA** Staud/*Mader* Rn 5). Empfehlenswert ist, da am sichersten, Zusendung von Vertragskopie, bei notariellen Verträgen Ausfertigung (vgl RG 108, 66, 67; BGH NJW 94, 315 f); gesetzlich reicht Mündlichkeit (BGH LM § 505 BGB Nr 3). **Vertragsänderungen** sind gleichfalls mitzuteilen (BGH NJW 73, 1365) bzw nach erfolgter Mitteilung nachzureichen (BGH NJW 94, 315). Ergänzend besteht Pflicht, die **Auskünfte** zu geben, die für Ausübung des Vorkaufs benötigt werden (RG 108, 66, 67 auch zum Einfluss auf Fristenlauf; Erman/*Grunewald* Rn 5; offen BGH NJW 94, 315, 316; zur Forderung auf Besichtigung s RG DR 41, 1461); sehr restriktiv zu handhabende Erweiterung. Verletzung der Pflicht zur unverzüglichen Mitteilung macht Verpflichteten schadensersatzpflichtig (BGH WM 03, 385, 388 f; 788, 790; Palandt/*Putzo* Rn 1; Staud/*Mader* Rn 2). Der Drittkäufer ist nur berechtigt, nicht verpflichtet, statt seiner die Mitteilung zu machen (I 2; RG 108, 66, 68).

D. Frist (II). Gesetzliche (II 1) und gewillkürte (II 2) Fristen beginnen vorbehaltlich anderer Vereinbarung immer erst nach Mitteilung des **wirksamen Kaufvertrags** (BGH WM 66, 891, 893; NJW 94, 315, 316), dh im Fall von **Genehmigungen** (BGHZ 23, 342, 348; BGH LM § 510 Nr 3 BGB) und **aufschiebenden Bedingungen** erst **nach** Mitteilung von deren Vorliegen bzw Eintritt, im Falle von **Änderungen** erst nach deren Mitteilung (s Nachw Rn 3; ferner Karlsr NJW-RR 96, 916). Vorherige Mitteilungen haben daher nur – häufig sinnvoll – den Zweck der vorläufigen Information, oft zu dem Ziel, gem § 463 Rn 26 eine möglichst frühe Entscheidung des Berechtigten herbeizuführen. Die Fristen sind nach §§ 186 ff zu berechnende **Ausschlussfristen** (BGHZ 32, 375 LS a, 382 f; BGH WM 66, 891, 893). Fristverlängerungen bedürfen der Form des § 311 b I (analog zum Wiederkauf, s § 456 Rn 7). Zur Genehmigung der Erklärung der Ausübung innerhalb der Fristen von II s § 464 Rn 2. 4

§ 470 Verkauf an gesetzlichen Erben

Das Vorkaufsrecht erstreckt sich im Zweifel nicht auf einen Verkauf, der mit Rücksicht auf ein künftiges Erbrecht an einen gesetzlichen Erben erfolgt.

A. Zweck, Schuldrechtsmodernisierung. § 470 ist in wörtlicher Übernahme von § 511 eine **Auslegungsregel**, die dem Erhalt des Familienvermögens dient (BGH NJW 87, 890, 891 f). 1

B. Verkauf an gesetzliche Erben. Privilegiert ist nur Verkauf an die gesetzlichen Erben zum Zeitpunkt des Verkaufs, unter Einschluss von deren nachberufenen Erben (zB § 1924 III), selbst wenn sie aktuell noch nicht gesetzliche Erben sind (s § 1924 II; Erman/*Grunewald* Rn 2; BaRoth/*Faust* 3). Testamentarisch oder vertraglich begründete Erbenstellung reicht nicht. Miterwerb durch Dritte, vor allem Ehegatten (RG JW 25, 2128), hebt Privilegierung nicht auf (Erman/*Grunewald* Rn 2). Vorwegnahme der Erbfolge braucht nur ein Motiv unter anderen zu sein (BGH NJW 87, 890, 891; Erman/*Grunewald* Rn 3). Rechtsfolge des privilegierten Verkaufs ist das Erlöschen des Vorkaufsrechts (MüKo/*Westermann* Rn 1; für das dingliche nur für einen Verkaufsfall bestelltes Vorkaufsrecht Stuttg DNotZ 98, 305, 307). 2

§ 471 Verkauf bei Zwangsvollstreckung oder Insolvenz

Das Vorkaufsrecht ist ausgeschlossen, wenn der Verkauf im Wege der Zwangsvollstreckung oder aus einer Insolvenzmasse erfolgt.

A. Zweck, Abdingbarkeit, Schuldrechtsmodernisierung. Die Privilegierung von Verkäufen im Wege der Zwangsvollstreckung oder durch den Insolvenzverwalter setzt das Prinzip um, dass schuldrechtliche Verschaffungsansprüche in diesen Verfahren ihre Wirkung verlieren, und dient so zugleich dem Gläubigerschutz (BGHZ 144, 194, 201). Aufgrund dieser ratio legis ist die zu § 512 wortgleiche Norm **zwingend** (allg Meinung: Palandt/*Putzo* Rn 4; Erman/*Grunewald* Rn 3). 1

B. Privilegierte Verkäufe. Im Wege der Zwangsvollstreckung erfolgen Verkäufe gem §§ 814, 821, 825 ZPO, 15 ff ZVG. Nicht dazu gehören Teilungsversteigerungen (§§ 180 ff ZVG; allg Meinung: BGHZ 13, 133, 136; 48, 1, 4), Zwangsversteigerungen auf Erbenantrag (§§ 175–179 ZVG; Palandt/*Putzo* Rn 3; *Stöber* NJW 88, 3121, 3122) und Verkäufe nach §§ 19, 53 ff WEG (Erman/*Grunewald* Rn 2); s § 463 Rn 24 aE dazu, dass bei Erwerb durch Miteigentümer Vorkaufsrecht nicht eingreift. Verkäufe durch den Insolvenzverwalter müssen aus der Insolvenzmasse stattfinden. Rechtsfolge ist das Erlöschen des Vorkaufsrechts (BGHZ 144, 194, 202; Staud/*Mader* Rn 8). 2

§ 472 Mehrere Vorkaufsberechtigte

¹Steht das Vorkaufsrecht mehreren gemeinschaftlich zu, so kann es nur im Ganzen ausgeübt werden. ²Ist es für einen der Berechtigten erloschen oder übt einer von ihnen sein Recht nicht aus, so sind die übrigen berechtigt, das Vorkaufsrecht im Ganzen auszuüben.

1 **A. Zweck, Anwendungsbereich, Schuldrechtsmodernisierung.** Analog zu § 461 für den Wiederkauf ordnet § 472 die **Unteilbarkeit des Vorkaufsrechts** an (BaRoth/*Faust* Rn 1). § 472, wortgleich mit § 513 aF, gilt entspr für **mehrere Verpflichtete** (Erman/*Grunewald* Rn 6).

2 **B. Gemeinschaftliche Berechtigung (S 1).** Der Inhalt, dass mehrere Berechtigte ein Vorkaufsrecht nur gemeinschaftlich ausüben können, begründet „eine besondere gesamthandsartige Berechtigung der Beteiligten an dem vereinbarten Vorkaufsrecht" (BGHZ 136, 327, 329 f mwN – mit sprachl Anpassung; Frankf NJW-RR 99, 17, 18 f). Deshalb läuft die Ausübungsfrist (§ 469 II) erst mit Mitteilung an den letzten Berechtigten (Erman/*Grunewald* Rn 2; BaRoth/*Faust* Rn 3). Damit ist Bruchteilseigentum am Vorkaufsrecht ausgeschlossen (Frankf aaO). Die Berechtigten sind Mitgläubiger (§ 432) auf die Leistung, Gesamtschuldner (§ 421) für den Kaufpreis und erwerben den Gegenstand im Zweifel in Bruchteilsgemeinschaft (BGHZ aaO 330 f). § 472 gilt nicht für Vorkaufsrechte von Gesamthandsgemeinschaften, für die deren Vertretungsregeln maßgeblich sind (Erman/*Grunewald* Rn 5; s § 461 Rn 2). Die Berechtigten müssen den gemeinschaftlichen Erwerb im Ganzen erklären (Erman/*Grunewald* Rn 1; BaRoth/*Faust* Rn 5 mit praktischen Hinweisen Rn 4). Beim Verkauf an einen Berechtigten sind die Übrigen in Höhe ihrer Quote vorkaufsberechtigt (Hamm ZMR 89, 374, 375).

3 **C. Anwachsung (S 2).** Das Recht zum Erwerb für den nicht teilnehmenden Berechtigten gilt auch, wenn dieser die von jedem Berechtigten separat zu wahrende Ausübungsfrist nicht einhält (RG HRR 32 Nr 451).

§ 473 Unübertragbarkeit

¹Das Vorkaufsrecht ist nicht übertragbar und geht nicht auf die Erben des Berechtigten über, sofern nicht ein anderes bestimmt ist. ²Ist das Recht auf eine bestimmte Zeit beschränkt, so ist es im Zweifel vererblich.

1 **A. Zweck, Schuldrechtsmodernisierung, Anwendungsbereich.** Die § 514 aF wörtlich entspr Norm will Verpflichteten vor einer Übertragung des Vorkaufsrechts auf ihm nicht genehme Dritte schützen (RG 155, 172, 178). Zudem erhöht Übertragung Gefahr der Ausübung (Erman/*Grunewald* Rn 1). Norm gilt nur für **Vorkaufsrecht selbst**; sie gilt nicht für die Ansprüche aus dem ausgeübten Vorkauf, die nach allg Regeln abtretbar sind (RG 163, 142, 153 f; Palandt/*Putzo* Rn 4). Deshalb verbietet § 473 auch keine Vereinbarung des Berechtigten mit einem Dritten, das Vorkaufsrecht nach dessen Weisung auszuüben (RG 155, 172, 177 f; BGH WM 63, 617, 619). Wegen der erheblichen Beschränkung des Berechtigten ist § 473 nur mit Vorsicht auf ähnliche Rechte anwendbar (großzügiger Erman/*Grunewald* Rn 5; für S 2 MüKo/*Westermann* Rn 2).

2 **B. Ausschluss der Übertragbarkeit und Vererblichkeit (S 1).** Norm ist nach ausdrücklicher Regelung **abdingbar**: Abweichende Regelung kann (1) durch – der Form des Rechtsgeschäfts (für § 311 b I RG 148, 105, 108) – unterliegenden Vertrag oder (2) qua – formfreier (§ 182 II) (RG 148, 105, 113; 163, 142, 155) – Zustimmung des Verpflichteten getroffen werden (Erman/*Grunewald* Rn 2). Sie begründet ein **absolutes Veräußerungsverbot**, da sie ohne abw Regelung dem Berechtigten die Verfügungsmacht nimmt (str: so Staud/*Mader* Rn 5; Erman/*Grunewald* Rn 2; aA § 135 gilt: RG 148, 105, 110 ff; 163, 142, 155; Palandt/*Putzo* Rn 2). Nicht darunter fallen Umwandlungen von juristischen Personen des Privatrechts (str: so Palandt/*Putzo* Rn 3 f; aA RG 123, 289, 294 f; KG DR 39, 1891, 1892 für Umwandlung nach AktG aF; Staud/*Mader* Rn 4; wohl MüKo/*Westermann* Rn 3), vor allem nach dem UmwG (str: so für Spaltungen und damit erst recht für Verschmelzungen Lutter/*Teichmann* § 132 UmwG Rn 46; aA Schmitt/Hörtnagl/Stratz/*Hörtnagl* § 132 UmwG Rn 32; für Verschmelzungen Widmann/Mayer/*Vossius* § 20 Rn 309), und des öffentlichen Rechts (str: so für Gemeinden RG 163, 142, 150 ff; wohl MüKo/*Westermann* Rn 3; aA Staud/*Mader* Rn 4), so dass das Vorkaufsrecht bestehen bleibt. Sie führen zu einer – bei der Spaltung partiellen – Gesamtrechtsnachfolge, die auch mangels Fehlens eines Pendants zu § 1061 nicht mit dem Tod vergleichbar ist.

3 **C. Befristetes Vorkaufsrecht (S 2).** Nach der Auslegungsregel von S 2 ist ein befristetes Recht „im Zweifel" vererblich – nicht aber übertragbar (KG DR 39, 1891; Palandt/*Putzo* Rn 4); Grund: Befristung mindert die Gefahr der zeitlich unangemessenen Ausdehnung des Vorkaufsrechts durch Erbfolge.

Untertitel 3 Verbrauchsgüterkauf

§ 474 Begriff des Verbrauchsgüterkaufs

(1) ¹Kauft ein Verbraucher von einem Unternehmer eine bewegliche Sache (Verbrauchsgüterkauf), gelten ergänzend die folgenden Vorschriften. ²Dies gilt nicht für gebrauchte Sachen, die in einer öffentlichen Versteigerung verkauft werden, an der der Verbraucher persönlich teilnehmen kann.
(2) Die §§ 445 und 447 finden auf die in diesem Untertitel geregelten Kaufverträge keine Anwendung.

A. Grundsätzliches. I. Zweck von Untertitel 3. Mit der Schuldrechtsmodernisierung wird die **Verbrauchsgüterkaufrichtlinie** auf zwei Wegen umgesetzt: (1) Ein wesentlicher Teil der Anforderungen wurde durch die Reform der allgemeinen Bestimmungen, speziell der §§ 280 ff, 323 ff, 346 ff, und des Untertitels 1 des Kaufrechts, der Allgemeinen Vorschriften, erfüllt. Der Gesetzgeber verfolgte so primär das **Prinzip des einheitlichen Kaufrechts** (s Vor §§ 433 ff Rn 5). Daher musste er diese Normen nur noch im Rahmen der Vorgaben der Richtl zu ius cogens erklären (§ 475). (2) Das **Sonderrecht der Verbraucher** in Untertitel 3 enthält deshalb mit den §§ 476–479 nur relativ wenige Bestimmungen, die der Gesetzgeber für zu verbraucherschützend ansah, um sie allgemein Gesetz werden zu lassen (BTDrs 14/6040, 242). Von ihnen sind materiell grundlegend nur die §§ 478, 479, die nicht an Verbraucher adressiert sind. In der beim Lesen erlebbaren rechtlichen Kargheit der § 474–477, speziell der Kernregelung des § 475 I, die schlicht eine lange Liste kaufrechtlicher Grundsatznormen zugunsten von Verbrauchern für zwingend erklärt, zeigt sich am deutlichsten, wie sehr das gesamte Kaufrecht, wird von der Dispositivität kein Gebrauch gemacht, materielles Verbraucher- und dh Käuferrecht geworden ist. Zur Bewertung s Vor §§ 433 ff Rn 7 f. 1

II. Zweck von § 474. Die Norm verfolgt 2 verschiedene Zwecke. I definiert den **Anwendungsbereich** des Sonderrechts der Verbraucher so, dass er mit der Verbrauchsgüterkaufrichtl übereinstimmt (I 1); dazu ergänzend wird die von der Richtl gestattete Ausnahme der öffentlichen Versteigerung gebrauchter Sachen transformiert (I 2). II enthält mit der Unanwendbarkeit der §§ 445, 447 **materielles Verbraucherschutzrecht**. 2

B. Verbrauchsgüterkauf (I). I. Legaldefinition (I 1 Hs 1). 4 Voraussetzungen konstituieren den Verbrauchsgüterkauf: (1) ein Unternehmer als Verkäufer schließt mit einem (2) Verbraucher als Käufer einen (3) Kaufvertrag über eine (4) bewegliche Sache. 3

1. Unternehmer. S Legaldefinition in § 14 I. Kaufrechtsspezifisch ist zu ergänzen: Der Verkauf muss zur unternehmerischen Tätigkeit gehören. Dazu ist nicht erforderlich, dass der Unternehmer professioneller Verkäufer ist (Brem NJOZ 04, 2059 f; BaRoth/*Faust* Rn 13; MüKo/*Lorenz* Rn 21; **abw** in der Tendenz *Brüggemeier* WM 02, 1376, 1385). Wohl aber muss der Kaufgegenstand aus der unternehmerischen Sphäre stammen, was nicht vorliegt, wenn Unternehmer, zB Freiberufler, überwiegend privat genutztes Fahrzeug veräußert, im Gegensatz zur überwiegend beruflichen Nutzung (LG Frankf NJW-RR 04, 1208; Palandt/*Putzo* Rn 5; MüKo/*Lorenz* Rn 25; Staud/*Matusche-Beckmann* Rn 5, 19). Unternehmer kann auch sein, wer viele Verkäufe vornimmt (PowerSeller bei Ebay LG Mainz BB 05, 2264 f nicht rechtskräftig). Zur privaten Nutzung gehört auch die Fahrt zur Arbeitsstätte – im Unterschied zur Fahrt zu dritten Orten, zB Lieferanten, Kunden –, da sie auch bei Verbrauchern anfällt (LG Frankf aaO). Verkauft ein Unternehmer im Auftrag und Namen eines Verbrauchers, ändert sich Charakter als Verkauf unter Privaten nicht, solange der Verkauf auf Rechnung des Verbrauchers stattfindet (BGH NJW 05, 1039 LS, 1040, in Bestätigung von Stuttg NJW-RR 04, 2169 f zum Agenturgeschäft bei Gebrauchtwagen; BaRoth/*Faust* Rn 7; MüKo/*Lorenz* Rn 19; vgl Erman/*Grunewald* § 475 Rn 7). Demgegenüber ist der Insolvenzverwalter immer Unternehmer, unabhängig davon, ob der Gemeinschuldner Verbraucher oder Unternehmer ist, da er in beruflicher Eigenschaft als Partei kraft Amtes, nicht als Vertreter des Gemeinschuldners handelt (aA Einordnung des Gemeinschuldners entscheidet: BTDrs 14/6857, 62 zu Nr 103; Palandt/*Putzo* Rn 5; MüKo/*Lorenz* Rn 20: ebenso für Testamentsvollstrecker und Nachlassverwalter). Ist der Unternehmer in demselben Vertrag Verkäufer und Käufer, zB bei Verkauf eines Neuwagens mit Inzahlungnahme eines Gebrauchtwagens, fällt nur der Verkauf des Neuwagens durch den Unternehmer unter I 1 (Erman/*Grunewald* Rn 1; BaRoth/*Faust* Rn 6). Str ist, ob der Unternehmerbegriff von § 13 abschließend ist (so MüKo/*Lorenz* Rn 22; offenbar Palandt/*Putzo* Rn 5) oder ob in richtlinienkonformer Erweiterung auch beruflich bedingte Verkäufe eines abhängig Beschäftigten erfasst sind, zB Verkauf von Schulbüchern durch Lehrer (so BaRoth/*Faust* Rn 12); der Streit scheint mehr eine gewisse Übersteigerung des Verbraucherschutzgedankens zu bestätigen (vgl MüKo/*Lorenz* Rn 22). 4

2. Verbraucher. S Legaldefinition in § 13 (zur Übereinstimmung s BTDrs 14/6040, 243). Kaufrechtsspezifisch gelten für den Kauf die Grundsätze zur Abgrenzung zwischen privater und beruflicher Nutzung in Rn 4 ergänzend. Der Begriff ist nach dem objektivierten Empfängerhorizont zu bestimmen, so dass die §§ 474 ff nicht für einen Verbraucher gelten, der sich ggü dem Verkäufer als Unternehmer ausgibt (BGH NJW 05, 1045 f; MüKo/*Lorenz* Rn 23). 5

6 3. **Kaufvertrag.** Die Voraussetzung „Kaufvertrag" nimmt vor allem Werkverträge aus dem Verbrauchsgüterkauf heraus. Da § 651 gerade in Umsetzung der Verbrauchsgüterkaufrichtl so geändert wurde, dass Kaufrecht anders als nach aF für alle Verträge über die Lieferung beweglicher Sachen gilt, kommt ihr für die Lieferung von Sachen keine effektiv einschränkende Bedeutung zu (s Vor § 433 Rn 1, 2). Wegen des Verweises auf das Kaufrecht in § 480 stehen **Tauschverträge** für die Leistung des Unternehmers einem Verbrauchsgüterkauf gleich (BaRoth/*Faust* Rn 6).

7 4. **Bewegliche Sache. a) Bewegliche.** In Übereinstimmung mit Art 1 II lit b) Verbrauchsgüterkaufrichtl sind **Immobilien** ausgenommen. Dies gilt wegen § 93 auch für deren wesentliche Bestandteile (Erman/*Grunewald* Rn 4). Str ist die Behandlung von mitverkauftem **Zubehör.** Aus systematischen und praktischen Erwägungen sind die § 474 ff ebenfalls nicht anwendbar (*Feller* MittBayNot 03, 82, 84 f mwN; **aA** BaRoth/*Faust* Rn 8; MüKo/*Lorenz* Rn 4; Staud/*Matusche-Beckmann* Rn 25). Im Zweifel ist Zubehör vom Grundstücksverkauf erfasst (§ 311 c) und teilt das rechtliche Schicksal der Sache (Palandt/*Heinrichs* § 97 Rn 1; Erman/*Michalski* § 97 Rn 15); daher wird es ohne Trennung von oder mit der Sache, die bei der Mitveräußerung gerade nicht stattfindet, wie das Grundstück behandelt, einschl der dinglichen Einbeziehung in die Übereignung des Grundstücks (§ 926 I) und die Haftung für Grundpfandrechte (§ 1120). Praktisch beinhaltet fast jeder Verkauf einer Wohnimmobilie Zubehör, zB Küche, einzelne Möbel, Zusatzgeräte zur Haustechnik (vgl Erman/*Michalski* § 94 Rn 9), das deshalb üblicherweise pauschal, dh ohne Auflistung im Vertrag, mitverkauft wird; zudem ist die Abgrenzung zu wesentlichen Bestandteilen zB für Einbauküchen str (s Palandt/*Heinrichs* § 93 Rn 5 sub „Einbauküche" mit gegenständlicher und regionaler Differenzierung), so dass separate Behandlung von Zubehör im Grundstückskaufvertrag praktisch kaum zu leisten ist; schließlich werden meistens Preis und Bedingungen von den Parteien einheitlich festgelegt. **Schiffe** sind verbraucherrechtlich bewegliche Sachen, da § 452 die Gleichstellung mit Immobilien nur für den 1., nicht den 3. Untertitel anordnet (Erman/*Grunewald* Rn 4; Staud/*Beckmann* § 452 Rn 1).

8 **b) Sache.** Es gilt grds der Sachbegriff des Kaufrechts (§ 433 Rn 6) mit Ausnahme von Immobilien (s Rn 6); die Sachen können neu oder gebraucht sein (arg I 2, § 475 II; Staud/*Matusche-Beckmann* Rn 23). Tiere gehören gleichfalls dazu (§ 433 Rn 6). Str ist, ob **Gas** und **Wasser,** wenn sie per Leitung und nicht in Behältnissen geliefert werden, entgegen Art II lit b) 2. und 3. Spiegelstrich Verbrauchsgüterkaufrichtl ebenfalls erfasst sind (dafür BTDrs 14/6857, 62 zu Nr 103, evtl abw BTDrs 14/6040, 243; Erman/*Grunewald* Rn 5; BaRoth/*Faust* Rn 11; MüKo/*Lorenz* Rn 10; dagegen Staud/*Matusche-Beckmann* Rn 31 ff: jedenfalls für Gas; Haas/Medicus/Rolland/Schäfer/Wendtland/*Haas* Kap 5 Rn 433; *Brüggemeier* WM 02, 1376, 1385). Da keine Sachen, sind **Strom** (BTDrs 14/6040, 243) und **Wärme** (aA Erman/*Grunewald* Rn 5) ausgenommen (s § 453 Rn 18 f); aufgrund der Spezialität der §§ 474 ff ist die analoge Anwendung nicht angemessen (str: so Staud/*Matusche-Beckmann* Rn 33; aA Erman/*Grunewald* Rn 4). Software unterliegt den §§ 474 ff, soweit Kaufrecht gilt, also für alle Formen von auch installierter **Standardsoftware** (s § 453 Rn 20; BaRoth/*Faust* Rn 9; Staud/*Matusche-Beckmann* Rn 34, 36), mithin nicht angepasste Standard- und Individualsoftware (insoweit aA MüKo/*Lorenz* Rn 10). Konsequenz der Voraussetzung „Sache" ist, dass die §§ 474 ff auf die Kaufgegenstände des § 453 wie Rechte, Forderungen grds keine Anwendung finden mit Ausnahme von Sachgesamtheiten (s § 453 Rn 23–25; Erman/*Grunewald* Rn 3; Staud/*Matusche-Beckmann* Rn 24).

9 II. **Ausnahme: Öffentliche Versteigerungen gebrauchter Sachen (I 2).** Zur öffentlichen Versteigerung s §§ 445 (Rn 5), 383 III. Die Möglichkeit persönlicher Teilnahme ist dort wie hier notwendig (Erman/*Grunewald* Rn 6). Abweichend zu § 445 spielt es keine Rolle, ob Sache als Pfand versteigert wird. Zur Gebrauchtheit s § 475 Rn 10.

10 III. **Rechtsfolge (I 1 Hs 2).** Die Anordnung der ergänzenden Geltung meint den **Vorrang der §§ 474 ff** ggü dem allgemeinen Kaufrecht. Daraus resultieren folgende Besonderheiten des Verbrauchsgüterkaufs:
(1) § 445 (mängelrechtliche Privilegierung von **Pfandversteigerungen**) gilt prinzipiell nicht (II Alt 1). Zu den Grenzen s Rn 11.
(2) § 447 gilt nicht (II Alt 2), so dass beim **Versendungskauf** für die Gefahrtragung § 446 maßgeblich ist (s Rn 12).
(3) Zwingend sind zugunsten des Verbrauchers §§ 433 (s aber § 475 Rn 5), 434, 435, 437, 439, 440, 441, 442 und 443 (§ 475 I), also die Bestimmungen zu den **essentialia negotii** und das **Mängelrecht** inklusive **Garantien,** mit Ausnahme der Regelungen zum Schadensersatz (§ 475 III).
(4) Zwingend ist § 438 für Erleichterungen der **Verjährung** mit den 2 Ausnahmen, dass Verkürzungen generell bis zu einer verbleibenden Verjährungsfrist von 2 Jahren und bei gebrauchten Sachen bis zu 1 Jahr gestattet sind (§ 475 II).
(5) Für einen binnen **6 Monaten nach Gefahrübergang** sich zeigenden **Mangel** wird vermutet, dass er schon zum Gefahrübergang bestand (§ 476).
(6) **Garantien** müssen formalen Anforderungen genügen und dürfen zwingend nur **neben den Mängelrechten** gelten (§ 477).
(7) Der **Regress des Händlers** gegen den Lieferanten und die Regresse in der Lieferantenkette sind zwingend mit besonderer Verjährung geregelt (§§ 477, 478).

C. Keine Geltung der §§ 445, 447 (II). I. § 445 (II Alt 1). Da I 2 die öffentliche Versteigerung gebrauchter 11
Sachen aus dem Verbrauchsgüterkauf herausnimmt, erlangt die Unanwendbarkeit der mängelrechtlichen Privilegierung des § 445 vor allem bei der Versteigerung neuer Sachen Bedeutung, daneben bei der praktisch wohl seltenen nicht öffentlichen Pfandversteigerung gebrauchter Sachen. Im Ergebnis bleibt § 445 also anwendbar für öffentliche Pfandversteigerung gebrauchter Sachen (BaRoth/*Faust* Rn 17, 19; Staud/*Matusche-Beckmann* Rn 50, 54; Staud/*Beckmann* § 445 Rn 6).

II. § 447 (II Alt 2). Richtlinienexzessiv richtet sich beim Versendungskauf als Konsequenz aus der Unan- 12
wendbarkeit von § 447 der Gefahrübergang nach § 446 (Palandt/*Putzo* Rn 12). Damit trägt Verkäufer das Risiko bis zur Übergabe gem § 446, dh idR der Verschaffung unmittelbaren Besitzes, an den Käufer oder seinen Besitzdiener (s §§ 446 Rn 12, 433 Rn 17-19). Der Übergabe steht der Annahmeverzug gleich (§ 446 S 3). II Alt 1 schließt nur die Verschiebung der Preisgefahr durch § 447 aus, er führt dagegen nicht zur Veränderung der Leistungsgefahr iS einer Bringschuld: Vom Verkäufer unverschuldeter Verlust der Ware auf dem Transport befreit den Verkäufer also von der Leistungspflicht, er verliert nur den Anspruch auf den Kaufpreis (MüKo/*Lorenz* Rn 34; Staud/*Matusche-Beckmann* Rn 62 mwN auch der aA; *Oetker/Maultzsch*, S 204; aA offenbar *Koch* WM 02, 2217, 2228). Zur Abdingbarkeit s § 475 Rn 5.

D. Beweislast. Wer sich auf eine der Vorschriften des 3. Untertitels beruft, trägt dafür die Beweislast: bei den 13
§§ 474-477 also idR der Verbraucher, bei den §§ 478, 479 idR der den Regress begehrende Händler oder in der Lieferantenkette der Anspruch stellende Lieferant (BaRoth/*Faust* Rn 22; Staud/*Matusche-Beckmann* Rn 74 ff mit Nachw auch der aA).

§ 475 Abweichende Vereinbarungen

(1) ¹Auf eine vor Mitteilung eines Mangels an den Unternehmer getroffene Vereinbarung, die zum Nachteil des Verbrauchers von den §§ 433 bis 435, 437, 439 bis 443 sowie von den Vorschriften dieses Untertitels abweicht, kann der Unternehmer sich nicht berufen. ²Die in Satz 1 bezeichneten Vorschriften finden auch Anwendung, wenn sie durch anderweitige Gestaltungen umgangen werden.
(2) Die Verjährung der in § 437 bezeichneten Ansprüche kann vor Mitteilung eines Mangels an den Unternehmer nicht durch Rechtsgeschäft erleichtert werden, wenn die Vereinbarung zu einer Verjährungsfrist ab dem gesetzlichen Verjährungsbeginn von weniger als zwei Jahren, bei gebrauchten Sachen von weniger als einem Jahr führt.
(3) Die Absätze 1 und 2 gelten unbeschadet der §§ 307 bis 309 nicht für den Ausschluss oder die Beschränkung des Anspruchs auf Schadensersatz.

A. Grundsätzliches. I. Bedeutung, Inhalt. § 475 ist der Kern des Sonderrechts der Verbraucher, indem die 1
kaufrechtliche Zentralnorm (§ 433) und alle auf Mobilien anwendbaren Normen des Mängelrechts (§§ 434-435, 437, 439-443) zugunsten des Verbrauchers für zwingend erklärt werden, soweit es nicht um Schadensersatzansprüche geht; dasselbe gilt für die Vorschriften des 3. Untertitels selbst. Für § 438 wird nur beschränkt eine Erleichterung der Verjährung zugelassen. **Rechtsfolge** eines Verstoßes ist nach der eindeutigen Formulierung, dass die Vorschrift, von der unzulässig abgewichen ist, und der Vertrag im Übrigen in vollem Umfang gelten (BTDrs 14/7052, 199; BaRoth/*Faust* Rn 12).

II. Verbrauchsgüterkaufrichtlinie. I setzt Art 7 I, II Art 5 und 7 der Richtl um. 2

B. Zeitpunkt. § 475 gilt nur für Vereinbarungen, die „**vor Mitteilung eines Mangels** an den Unternehmer" 3
getroffen werden. Die Mitteilung – Art 7 I Richtl: Unterrichtung – ist eine empfangsbedürftige (so zur Mängelanzeige/rüge iSd §§ 478 BGB aF, § 377 HGB BGHZ 101, 49 LS, 51 ff) geschäftsähnliche Handlung (Palandt/*Putzo* Rn 3; Erman/*Grunewald* Rn 2). Sie muss Tatsachen so bezeichnen, dass darin Beanstandung der Mangelhaftigkeit liegt; die Geltendmachung oder Ankündigung von Ansprüchen ist nicht erforderlich (Palandt/*Putzo* Rn 3; Staud/*Matusche-Beckmann* Rn 36). Eine Mitteilung schafft insgesamt und nicht nur für den konkreten Mangel Vertragsfreiheit; allein dann können Vertragspartner in Konsequenz eines Mangels Gesamtvereinbarung treffen (str: **so** Erman/*Grunewald* Rn 2; **aA** Palandt/*Putzo* Rn 3 a; BaRoth/*Faust* Rn 11; MüKo/*Lorenz* Rn 11; Staud/*Matusche-Beckmann* Rn 35).

C. Nachteilige Abweichungen (I 1). I. §§ 433–435, 437, 439–443 (Alt 1). Jede Abweichung ist nachteilig, 4
die die Rechtsstellung des Verbrauchers verglichen mit den von I 1 Alt 1 zugunsten des Verbrauchers für zwingend erklärten Normen verschlechtert. Dazu gehören reduzierte Rechtsfolgen – außerhalb von Schadensersatz (III) –, erhöhte materielle Anforderungen, zB beim Verschulden, zusätzliche formale Erfordernisse, zB Mängelrüge, -anzeige (vgl Erman/*Grunewald* Rn 3) sowie jede Handlung, die Verbraucher Durchsetzung seiner Rechte erschwert (Nürnbg NJW 05, 3000, 3002 für abw Bezeichnung von „Gefahrübergang" in Information). Die Reichweite der Regelung ist str:

5   **1. Beschränkung auf Mängelrecht.** § 433 und § 474 II Alt 2 mit dem Ausschluss von § 447 (zu I 1 Alt 2 s Rn 7) haben einen Regelungsgegenstand, der deutlich über das Mängelrecht hinausgeht: Die §§ 433, 447 sind auch Grundlage für Ansprüche des Käufers wegen Nichtlieferung und Verzug. Ausschl darauf bezogene, also Mängelrechte nicht beeinträchtigende Vereinbarungen sind daher nicht durch I 1 beschränkt (für Fälligkeitsregelungen Erman/*Grunewald* Rn 3). Dies folgt aus der ausschlen Regelung der Vertragswidrigkeit der Kaufsache in der Verbrauchsgüterkaufrichtl, eine Limitierung, die mit dem zeitlichen Kriterium der „Mitteilung eines Mangels" ausreichend deutlich in § 475 Eingang gefunden hat: Wird die Sache nicht oder mangelfrei nur zu spät geliefert, ist dieses Kriterium sinnlos. Für § 447 resultiert daraus, dass Vereinbarungen zu Transportkosten und -versicherung gestattet sind (str: **so** Erman/*Grunewald* Rn 8; **aA** *Koch* WM 02, 2217, 2228), da sie den Inhalt von § 474 II Alt 2, das transportbezogene Mängelrisiko den Käufer tragen zu lassen, nicht tangieren; sie brauchen auch nicht offengelegt zu werden (**aA** Erman/*Grunewald* Rn 8), da auch sonst der Verkäufer besonderen Aufwand zur Vermeidung oder Versicherung von Mängelansprüchen nicht mitteilen muss.

6   **2. Zulässigkeit von Beschaffenheitsvereinbarungen.** Der richtlinienkonforme Primat der Beschaffenheitsvereinbarung (§ 434 Rn 8, 11) hat zur Konsequenz, dass auch beim Verbrauchsgüterkauf die Parteien die Anforderungen an die Beschaffenheit „zurückschrauben" und damit mittelbar den Umfang der zwingenden Ansprüche des Verbrauchers reduzieren können (s § 434 Rn 68; für prinzipielle Zulässigkeit Palandt/*Putzo* Rn 3 a; jew auch zu den Grenzen Erman/*Grunewald* Rn 3; MüKo/*Lorenz* Rn 8 f; Staud/*Matusche-Beckmann* Rn 51 ff). Es bleibt allerdings die Anforderung, dass dies ausreichend deutlich zu geschehen hat (s Rn 8, § 434 Rn 68).

7   **II. Vorschriften des 3. Untertitels (Alt 2).** Darunter fallen nicht nur, wie unstr, die §§ 475-479, sondern auch § 474 II, so dass grds der Ausschluss der §§ 445, 447 nicht abdingbar ist (Erman/*Grunewald* Rn 5; Staud/*Matusche-Beckmann* Rn 8 f; Haas/Medicus/Rolland/Schäfer/Wendtlandt/*Haas* Kap 5 Rn 452; **aA** für § 447 BaRoth/*Faust* Rn 5; MüKo/*Lorenz* Rn 5: de facto aber wegen § 307 II Nr 1 ohne Bedeutung; *Canaris*, S XXXIV). Für § 447 gilt dies aber gem Rn 5 nicht, soweit die Vereinbarung ausschl andere als Mängelrisiken regelt.

8   **D. Umgehungen (I 2).** § § 312 f S 2. Beispiele könnten sein (vgl MüKo/*Lorenz* Rn 27 ff): Die Veräußerung von Sachen durch Unternehmer im Auftrag eines Verbrauchers könnte auch dazu eingesetzt werden, die Umgehung des Verbraucherrechts zu erreichen; iRv § 474 Rn 4 ist dies nicht der Fall (vgl neben den Nachw § 474 Rn 4 *Katzenmeier* NJW 04, 2632 f; MüKo/*Lorenz* Rn 29 f, 36; Staud/*Matusche-Beckmann* Rn 45 ff). Die Minimierung der Beschaffenheitsanforderungen in Widerspruch zum Vertragsinhalt und zur vorvertraglichen Darbietung kann im Einzelfall neben dem in § 434 Rn 68 Gesagten auch eine Umgehung iS von I 2 sein (s Nachw Rn 6; zB: Bastlerfahrzeug, das TÜV-fähig werden sollte: AG Marsberg ZGS 03, 119).

9   **E. Erleichterungen der Verjährung (II). I. Generell.** Erleichterung der Verjährung meint alle Vereinbarungen, die effektiv die Verjährungsfristen des § 438 verkürzen. Dazu gehören neben direkten Reduzierungen der Länge auch indirekte wie Vorverlegung des Beginns, zB Annahmeverzug, bei zu montierenden Sachen Anlieferung statt Montage (s § 438 Rn 22), Bindung an andere Parameter, zB Obergrenze für Benutzung: km-Stand, Benutzungsstunden, oder zusätzliche Voraussetzungen für Geltendmachung, zB spätestens 6 Monate nach Auftreten des Mangels (vgl Erman/*Grunewald* Rn 9). Solche Vereinbarungen sind für neue Sachen nur zulässig, wenn die verbleibende Frist wenigstens 2 Jahre beträgt. Die Bestimmung gilt unmittelbar nur für die Ansprüche gem § 437 Nr 1, denen die Gestaltungsrechte Minderung und Rücktritt (§ 437 Nr 2) aber nachlaufen (s § 438 Rn 24; MüKo/*Lorenz* Rn 17). Nicht erfasst sind die Schadensersatzansprüche gem § 437 Nr 3, da III ihren Ausschluss gestattet, zu dem die Erleichterung der Verjährung ein Minus ist, und auch auf II verweist (**so** MüKo/*Lorenz* Rn 17; Staud/*Matusche-Beckmann* Rn 72; **aA** Palandt/*Putzo* Rn 10). Da die Verjährungsfrist für Arglist (§ 438 III) wegen § 202 I nicht verkürzt werden kann, kommt für eine Verkürzung praktisch nur die **Fünfjahresfrist für Baumaterialien** (§ 438 I Nr 2 lit b) in Betracht. Für **neue Mobilien** sind **Verkürzungen** damit zu Lasten des Verbrauchers **nicht** möglich.

10   **II. Gebrauchte Sachen.** Von großer praktischer Bedeutung ist die Zulässigkeit einer Verkürzung bei gebrauchten Sachen auf 1 Jahr, da sie auch für Mobilien entspr weit verbreiteten Usancen, zB Gebrauchtwagenhandel, Tiere, Second Hand Shops, eine Halbierung der gesetzlichen Frist von 2 Jahren (§ 438 I Nr 3) erlaubt. Für die auch für § 474 I 2 und faktisch § 476 (s dort Rn 1, 7) wichtige Definition der Gebrauchtheit gilt: Ausgangspunkt ist die Festlegung der Parteien, ob die Kaufsache für neu ansehen (str: **so** BaRoth/*Faust* § 474 Rn 15; **aA** MüKo/*Lorenz* § 474 Rn 15; nur für § 475 II, nicht für § 474 I 2 Staud/*Matusche-Beckmann* Rn 79 f). Dies ist regelmäßig der Fall, wenn die Kaufsache noch nicht bestimmungsgemäß genutzt, zB das Auto noch nicht gefahren wurde (BaRoth/*Faust* aaO; als primäres Kriterium genannt von Erman/*Grunewald* § 474 Rn 7). Deshalb stehen normale Lagerzeiten, Kürzestnutzungen, zB Tageszulassungen bei Kraftfahrzeugen, Ausprobieren von Garderobe, der Neuheit nicht entgegen. Die Definition ist aber nicht abschließend: Auch nicht eingesetzte Sachen können nach der Parteivereinbarung gebraucht sein, zB Verkauf sehr lange gelagerter und damit nicht mehr neuwertiger Sachen wie an Grenze der üblichen Trinkbarkeit gelager-

ter Wein (i Erg, ohne auf Parteivereinbarung abzustellen MüKo/*Lorenz* § 474 Rn 14). Sonderfälle: **Kraftfahrzeuge** sind neu trotz Tageszulassung (BaRoth/*Faust* § 474 Rn 15; Staud/*Matusche-Beckmann* Rn 82 mwN), Zugehörigkeit zur Vorserie, sie sind gebraucht als Vorführwagen (Staud/*Matusche-Beckmann* Rn 82), bei so langer Standzeit, dass dadurch Mängel oder Wertminderung wegen Alters auftreten (so insgesamt: MüKo/*Lorenz* § 474 Rn 16 mwN); **Antiquitäten** sind grds gebraucht (str: so, ohne die folgende Einschränkung, Erman/*Grunewald* Rn 7; BaRoth/*Faust* § 474 Rn 15; MüKo/*Lorenz* § 474 Rn 16; aA: wegen des Werts spielt Kriterium „gebraucht" keine Rolle Haas/Medicus/Rolland/Schäfer/Wendtland/*Haas* Kap 5 Rn 434), außer sie werden als komplett restauriert verkauft; **Kunstwerke** sind gebraucht, außer sie wurden bisher nicht ausgestellt (Palandt/*Putzo* Rn 11; MüKo/*Lorenz* § 474 Rn 16); mangels Abgrenzungskriterien kann die Unterscheidung für **Tiere** entgegen der Regierungsbegründung (BTDrs 14/6040, 245) nicht aufrecht erhalten werden, so dass sie grds als „gebraucht" anzusehen sind (str: so Erman/*Grunewald* § 474 Rn 7; tendenziell BaRoth/*Faust* § 474 Rn 15; ähnl: ab Geburt gebraucht *Brückner/Böhme* MDR 02, 1406, 1408 f; aA: grds neu zu § 11 Nr 10 AGBG für lebende Forellen BGH-NJW RR 86, 52, 53; für 9 Wochen alten Welpen LG Aschaffenburg NJW 90, 915 f; ähnl *Westermann* ZGS 05, 342, 347) – sie macht auch keinen Sinn, da abgesehen von sehr alten Tieren das Mangelrisiko gerade bei sehr jungen Tieren häufig höher sein dürfte („Kinderkrankheiten") als bei Tieren im 1. Drittel der normalen Lebenszeit.

F. Schadensersatzansprüche (III). Verbraucherrechtlich können die von der Richtl (vgl Art 3 III, V) nicht geregelten Schadensersatzansprüche im Rahmen der §§ 307, 309 beliebig ausgeschlossen oder beschränkt werden. **Aufwendungsersatzansprüche** sind, obschon nicht ausdrücklich geregelt, gleich zu behandeln (Erman/*Grunewald* Rn 10, abw aber Rn 3; BaRoth/*Faust* Rn 17; MüKo/*Lorenz* Rn 14). Sie sind nicht Gegenstand der Verbrauchsgüterkaufrichtl und gem § 437 Nr 3 die Alternative zum Schadensersatz; zudem decken sie gem § 284 insbes als Konsequenz der Rentabilitätsvermutung schadensersatzartige Positionen ab (vgl Palandt/*Heinrichs* § 284 Rn 1 f, 5). 11

§ 476 Beweislastumkehr

Zeigt sich innerhalb von sechs Monaten seit Gefahrübergang ein Sachmangel, so wird vermutet, dass die Sache bereits bei Gefahrübergang mangelhaft war, es sei denn, diese Vermutung ist mit der Art der Sache oder des Mangels unvereinbar.

A. Zweck, Anwendungsbereich, Abdingbarkeit. Norm berücksichtigt, dass der Unternehmer die Mangelfreiheit bei Gefahrübergang besser überblicken kann als der Verbraucher, zumal er sie zu diesem Zeitpunkt schuldet (§ 434 I 1; BTDrs 14/6040, 245). Sie gilt nur bei Sachmängeln, auch bei gebrauchten Sachen (BGHZ 159, 215; BGH NJW 05, 3490, 3492; Celle NJW 04, 3566; Köln ZGS 04, 40; Stuttg ZGS 05, 36, 38; Palandt/*Putzo* Rn 3), bei Einbau der Sache durch einen Dritten (BGH NJW 05, 283 LS, 284: Teichbecken) und für den Unternehmerregress (§ 478 III); zu Garantien s § 477 Rn 8. Einführung einer Beweislastumkehr entspr § 476 durch AGB zugunsten von Unternehmer ist regelmäßig unwirksam (für 12-Monatsfrist BGH WM 05, 2337, 2341). § 476 ist nicht abdingbar (§ 475 I 1 Alt 2, s dort Rn 3). 1

B. Verbrauchsgüterkaufrichtlinie. Beweislastumkehr gem § 476 ist von Art 5 III gefordert. 2

C. Beweislastumkehr. I. Sachmangel. Die Vermutung wirkt nur zeitlich mit dem Inhalt, dass der aufgetretene Mangel schon bei Gefahrübergang vorlag; sie ändert daher nichts an der Beweislast des Käufers für die einen Mangel begründenden Tatsachen (str: BGHZ 159, 215 LS, 217 ff; BGH NJW 05, 3490, 3491 f; Stuttg ZGS 05, 26, 27; Palandt/*Putzo* Rn 5; *Reinking* DAR 02, 15, 23; in die Richtung Stuttg ZGS 05, 156; aA mit unterschiedlichem Ansatz Stuttg ZGS 05, 36, 38; MüKo/*Lorenz* Rn 4; *ders* NJW 04, 3020 ff; Looschelders/*Benzenberg* VersR 05, 233; *Roth* ZIP 04, 2025 ff; *Saenger/Veltmann* ZGS 05, 450 ff; *Graf v. Westphalen* ZGS 04, 341, 343; zur unterschiedl Rspr des OLG Stuttg s *Kieselstein* ZGS 05, 338 ff; diff *Gsell* JuS 05, 967 ff). Deshalb legte der BGH dem Käufer auf, zu beweisen, dass ein Motorschaden nicht auf eine „in der Beschaffenheit des Fahrzeugs begründete Ursache" und nicht auf einen Schaltfehler zurück zu führen ist. Die Gegenmeinung ist mit Wortlaut und Zweck des § 476 nicht vereinbar: Die Norm stellt in Übereinstimmung mit Art 5 III Verbrauchsgüterkaufrichtl jeweils darauf ab, dass sich in den ersten 6 Monaten ein Sachmangel (§ 476) oder eine Vertragswidrigkeit bzw ein lack of compliance (Richtl) zeigt. Damit genügt eine bloße Funktionsstörung unbekannter Ursache nicht, da dann Gesetz- und Richtliniengeber hätten formulieren müssen, dass bei Sichtbarwerden einer Funktionsstörung oder sonstigen Beeinträchtigung in den ersten 6 Monaten das Vorliegen eines Mangels bei Gefahrübergang vermutet wird. Es hätte also der Schluss von einer beliebigen Störung auf einen Mangel und nicht nur, wie geregelt, von einem später auftretenden zu einem schon bei Gefahrübergang vorhandenen Mangel gezogen werden müssen. Teleologisch verfolgt § 476 den Zweck, dem Käufer den Nachweis zu erleichtern, dass ein sich später zeigender Mangel anlagebedingt gem den Grundsätzen zu § 434 ist (s dort Rn 42; so Looschelders/*Benzenberg* VersR 05, 233 f, die aber zu Unrecht BGHZ 159, 215, anders verstehen; ähnl BGH NJW 05, 3490, 3492). Die Norm hat damit nicht den Zweck, entspr einer strict liability des Ver- 3 käufers dessen Haftung für jedes Versagen zu vermuten und so eine mängelunabhängige Nutzungsgarantie zu begründen. Zum abw Verständnis von § 443 II s dort Rn 19.

4 **II. Sich zeigen.** Der Mangel muss für den Käufer oder einen Dritten, von dem der Käufer davon erfuhr (ähnl Erman/*Grunewald* Rn 1), erkennbar geworden sein. Dafür ist es vorbehaltlich § 442 unschädlich, wenn Mangel bereits bei Gefahrübergang erkennbar war (Stuttg ZGS 05, 36, 37).

5 **III. Zeitraum.** Die 6-Monatsfrist ist nach §§ 187 I, 188 II zu berechnen (Palandt/*Putzo* Rn 6; MüKo/*Lorenz* Rn 13); § 193 ist nicht anwendbar (str: **so** Erman/*Grunewald* Rn 1; BaRoth/*Faust* Rn 6; Staud/*Matusche-Beckmann* Rn 21; **aA** Palandt/*Putzo* Rn 6), da es nicht auf das Erkennen, sondern auf die auch noch nachträglich feststellbare Erkennbarkeit innerhalb der Frist ankommt. Verweis auf den Gefahrübergang schließt wegen § 446 S 3 Annahmeverzug ein. Dies ist richtlinienkonform, da Erwägungsgrund 14 ausdrücklich die Vorschriften der Mitgliedsstaaten zum Annahmeverzug unberührt lässt (BTDrs 14/6040, 245; ausf BaRoth/*Faust* Rn 7; MüKo/*Lorenz* Rn 9). Beweispflichtig für Annahmeverzug ist der Verkäufer (Staud/*Matusche-Beckmann* Rn 18, 20). Es verstößt gegen § 475, wenn „Gefahrübergang" in Informationen des Verkäufers abw bezeichnet wird (für „Kauf" und „Erhalt" Nürnbg NJW 05, 3000, 3002). Frist beginnt bei Nacherfüllung für den konkreten Mangel neu, im Übrigen bleibt es bei dem alten Fristlauf, der nur für die Zeit der Nacherfüllung gehemmt wird (**aA** für Ersatzlieferung: vollständiger Neubeginn BaRoth/*Faust* Rn 8; MüKo/*Lorenz* Rn 12; *Reinking* ZGS 04, 130, 132).

6 **IV. Widerlegung.** (1) Unternehmer kann konkrete andere Verursachung beweisen, zB unsachgemäße Behandlung durch Käufer (Erman/*Grunewald* Rn 6 mit Differenzierung), Zufall, zB neues Gebäude wird durch Orkan beschädigt. (2) Alternativ kann der Nachweis der Mangelfreiheit hinsichtlich des vorgetragenen Mangels geführt werden, zB bei elektronischen Produkten durch Vorlage von Prüfprotokoll (abgelehnt, da konkreter Mangel nicht aufgeführt war: AG Potsdam ZGS 03, 120) (wie hier insgesamt: Palandt/*Putzo* Rn 8 f; *Roth* ZIP 04, 2025, 2026).

7 **D. Ausnahmen. I. Art der Sache.** Ausnahme gewinnt vor allem Bedeutung bei **gebrauchten** Sachen, bei denen abhängig von Alter und Benutzung mit Mängeln zu rechnen ist (BTDrs 14/6040, 245; BaRoth/*Faust* Rn 4; krit Erman/*Grunewald* Rn 5; MüKo/*Lorenz* Rn 16). Beispiele: Kfz: gebrauchsbedingt: LG Hanau NJW-RR 03, 1561 f: div Löcher im Boden bei Wohnmobil; nicht gebrauchsbedingt: Köln ZGS 04, 40: Dauerbruch einer Ventilfeder nach 122000 km und 10 Jahren bei hochwertigem Kfz; AG Marsberg ZGS 03, 119: Kabelbrand (zu Recht **abl** MüKo/*Lorenz* Rn 17); Motorboot: gebrauchsbedingt: Bremen NJOZ 04, 2059, 2060 f: Motorschaden bei 10 Jahre altem Boot. Sie liegt nahe ferner bei **verderblichen** Sachen (Erman/*Grunewald* Rn 5; BaRoth/*Faust* Rn 4) und Verschleißteilen (Staud/*Matusche-Beckmann* Rn 31).

8 **II. Art des Mangels.** Wichtigstes Beispiel sind **Erkrankungen von Tieren**, bei denen sich aus der Inkubationszeit ergibt, ob Mangel schon bei Gefahrübergang vorgelegen haben kann (BTDrs 14/6040, 245; s Erman/*Grunewald* Rn 7; BaRoth/*Faust* Rn 4; bejaht von LG Aurich ZGS 05, 40: „Weben" eines Pferdes wegen möglicher Verursachung nach Übergabe: Stallwechsel, Kastration; AG Herne ZGS 05, 199: vielfältige, auch plötzlich eintretende Ursachen für Erkrankung eines Ponys; Ausnahme verneint von LG Essen NJW 04, 527 für Erkrankung eines Hundes 4 Tage nach Übergabe; zust *Augenhofer* ZGS 04, 385 ff). Entspr gilt für technische Mängel, die entweder von Beginn an oder gar nicht vorliegen. Gleiches gilt für typische „auch dem fachlich nicht versierten Käufer" erkennbare Zufallsschäden, für deren Existenz schon bei Gefahrübergang keine Vermutung spricht (BGH NJW 05, 3490, 3492 f; Unfallschaden bei Kfz: Stuttg ZGS 05, 156, 158 obiter; Staud/*Matusche-Beckmann* Rn 35; **aA**, da nicht auf Erkennbarkeit abstellend: BaRoth/*Faust* Rn 4; MüKo/*Lorenz* Rn 17; ähnl Celle NJW 04, 3566). Bei Minderlieferungen wird Ausnahme regelmäßig gelten (BaRoth/*Faust* Rn 4; MüKo/*Lorenz* Rn 1 jew mit Unterausnahme zu geringer Befüllung einer Verpackung).

9 **E. Beweislast.** Der **Käufer** trägt die Beweislast für das Sichzeigen eines Mangels innerhalb von 6 Monaten nach Gefahrübergang, der **Verkäufer** für die Ausnahmen (Celle NJW 04, 3566; Palandt/*Putzo* Rn 9; Staud/*Matusche-Beckmann* Rn 26, abw für Verschleißteile Rn 32; *Graf v. Westphalen* ZGS 05, 101 ff, anders noch ZGS 04, 341, 342; *Westermann* ZGS 05, 342, 347; **aA** MüKo/*Lorenz* Rn 15, 22; *ders* NJW aaO).

§ 477 Sonderbestimmungen für Garantien

(1) ¹Eine Garantieerklärung (§ 443) muss einfach und verständlich abgefasst sein. ²Sie muss enthalten
1. den Hinweis auf die gesetzlichen Rechte des Verbrauchers sowie darauf, dass sie durch die Garantie nicht eingeschränkt werden, und
2. den Inhalt der Garantie und alle wesentlichen Angaben, die für die Geltendmachung der Garantie erforderlich sind, insbesondere die Dauer und den räumlichen Geltungsbereich des Garantieschutzes sowie Namen und Anschrift des Garantiegebers.

(2) Der Verbraucher kann verlangen, dass ihm die Garantieerklärung in Textform mitgeteilt wird.

(3) Die Wirksamkeit der Garantieverpflichtung wird nicht dadurch berührt, dass eine der vorstehenden Anforderungen nicht erfüllt wird.

A. Zweck, Anwendungsbereich, Abdingbarkeit. Norm soll Verbraucher vor unklaren und mangels Textform nicht nachweisbaren Garantien schützen. Sie gilt für alle Garantien iSd § 443, auch von Dritten, iRe Verbrauchsgüterkaufs. Sie ist nicht abdingbar (§ 475 I 1 Alt 2, s dort Rn 3). 1

B. Verbrauchsgüterkaufrichtlinie. § 477 setzt Art 6 II, III und V um. 2

C. Anforderungen (I). I. Einfache und verständliche Abfassung (I 1). Gefordert ist gemessen am Adressatenkreis einfache Sprache, zB kein „Fachchinesisch", keine Schachtelsätze. Verständlichkeit ist idR nur bei Erklärungen in Deutsch gewahrt, da bei Verbrauchern keine durchgehenden englischen Sprachkenntnisse erwartet werden können (Erman/*Grunewald* Rn 2; BaRoth/*Faust* Rn 5); Ausnahme zB bei Besuchern von Englisch-Kursen für Fortgeschrittene (weitergehend BTDrs 14/6040, 246; Palandt/*Putzo* Rn 6: zB bei Computern). 3

II. Hinweise (I 2 Nr 1). Der Hinweis auf die gesetzlichen Rechte des Käufers muss nur in der knappen Form des Gesetzes gegeben werden, deren kurze Beschreibung ist nicht gefordert (BaRoth/*Faust* Rn 7; MüKo/*Westermann* Rn 6; Staud/*Matusche-Beckmann* Rn 22; **abw** Erman/*Grunewald* Rn 3). Bei Garantie eines Dritten, zB Herstellers, EU-Importeurs, ist nach dem Wortlaut Hinweis auf die gesetzlichen Rechte gegen ihn, zB nach ProdHaftG und § 823, nicht nötig. Der weitere Hinweis, dass diese Rechte durch die Garantie nicht eingeschränkt werden, ist durch gesetzliche oder vergleichbare Formulierung erfüllt. 4

III. Inhalt und wesentliche Angaben (I 2 Nr 2). Wiedergabe des Inhalts bedeutet bei Garantie des Verkäufers die Erläuterung, in welchem Punkt er über das Gesetz hinausgehend haften will, zB ohne Verschulden oder durch Gewährung einer Mobilitätsgarantie bei Nacherfüllung. Bei Garantie eines Dritten sind alle Leistungspflichten anzugeben. Besondere formale Anforderungen, zB Einhaltung von Wartungsvorschriften, Verwendung eines bestimmten Formulars, Beschreibung des Mangels, sind deutlich wiederzugeben (Palandt/*Putzo* Rn 10; Staud/*Matusche-Beckmann* Rn 24). Angabe der Dauer muss so präzise sein, dass Verbraucher effektive Frist berechnen kann, also vor allem Beginn beinhalten (Palandt/*Putzo* Rn 11). Der räumliche Geltungsbereich ist anzugeben, wenn Limitierung gewollt ist. Angabe von Namen und Anschrift des Garantiegebers muss so genau sein, dass Verbraucher die Rechte aus der Garantie anmelden kann. 5

D. Textform (II). Garantie ist formfrei. II gibt Verbraucher Anspruch auf Übergabe in Textform und verweist so auf § 126 b. Wahlrecht steht dem Verkäufer zu (str: **so** Erman/*Grunewald* Rn 5; **aA** Palandt/*Putzo* Rn 13; BaRoth/*Faust* Rn 10; Staud/*Matusche-Beckmann* Rn 30). 6

E. Rechtsfolgen (III). Verletzungen von I, II ändern nichts an der Verbindlichkeit der Garantie. Verstöße können im Einzelfall Schadensersatzansprüche gegen den Garantiegeber sowie Ansprüche gem §§ 1, 3 UWG, 2 UKlaG begründen (vgl BTDrs 14/6040, 247). Eine unklare Abfassung kann außerdem nach dem Grundsatz der verbraucherfreundlichsten Auslegung zu einer vom Garantiegeber nicht gewollten faktischen Ausweitung der Garantie führen (MüKo/*Westermann* Rn 11 mwN). 7

F. Beweislast. Für Abgabe und Inhalt der Garantie sowie Vorliegen eines Garantiefalls ist Käufer beweispflichtig. § 476 findet keine Anwendung, da Inhalt der Garantie anders als die von § 476 geregelten gesetzlichen Rechte der freien Disposition des Verkäufers unterliegt (str: **so** BaRoth/*Faust* § 443 Rn 26; MüKo/*Westermann* § 443 Rn 23; **aA** Palandt/*Putzo* Rn 4). 8

§ 478 Rückgriff des Unternehmers

(1) Wenn der Unternehmer die verkaufte neu hergestellte Sache als Folge ihrer Mangelhaftigkeit zurücknehmen musste oder der Verbraucher den Kaufpreis gemindert hat, bedarf es für die in § 437 bezeichneten Rechte des Unternehmers gegen den Unternehmer, der ihm die Sache verkauft hatte (Lieferant), wegen des vom Verbraucher geltend gemachten Mangels einer sonst erforderlichen Fristsetzung nicht.
(2) Der Unternehmer kann beim Verkauf einer neu hergestellten Sache von seinem Lieferanten Ersatz der Aufwendungen verlangen, die der Unternehmer im Verhältnis zum Verbraucher nach § 439 Abs. 2 zu tragen hatte, wenn der vom Verbraucher geltend gemachte Mangel bereits beim Übergang der Gefahr auf den Unternehmer vorhanden war.
(3) In den Fällen der Absätze 1 und 2 findet § 476 mit der Maßgabe Anwendung, dass die Frist mit dem Übergang der Gefahr auf den Verbraucher beginnt.
(4) ¹Auf eine vor Mitteilung eines Mangels an den Lieferanten getroffene Vereinbarung, die zum Nachteil des Unternehmers von den §§ 433 bis 435, 437, 439 bis 443 sowie von den Absätzen 1 bis 3 und von § 479 abweicht, kann sich der Lieferant nicht berufen, wenn dem Rückgriffsgläubiger kein gleichwertiger Ausgleich eingeräumt wird. ²Satz 1 gilt unbeschadet des § 307 nicht für den Ausschluss oder die Beschränkung des Anspruchs auf Schadensersatz. ³Die in Satz 1 bezeichneten Vorschriften finden auch Anwendung, wenn sie durch anderweitige Gestaltungen umgangen werden.

(5) Die Absätze 1 bis 4 finden auf die Ansprüche des Lieferanten und der übrigen Käufer in der Lieferkette gegen die jeweiligen Verkäufer entsprechende Anwendung, wenn die Schuldner Unternehmer sind.
(6) § 377 des Handelsgesetzbuchs bleibt unberührt.

1 **A. Grundsätzliches. I. Zweck, Bedeutung.** Die §§ 478, 479 wollen Händler davor schützen, nach den zwingenden Regeln des Verbrauchsgüterkaufs dem Verbraucher für Mängel zu haften, ohne Regress gegen den Hersteller nehmen zu können (**Regressfalle**). Dazu berechtigen sie den Händler, die Ansprüche des Verbrauchers an seinen Lieferanten und über die Lieferantenkette (V) an den Hersteller durchzureichen (vgl MüKo/ *Lorenz* Rn 1). Ungeachtet des rechtstechnisch hohen und teilweise schwer nachvollziehbaren Aufwands dürfte dieser Unternehmerregress eher geringe Bedeutung entfalten. Er geht an den Marktverhältnissen vorbei, dass im Regelfall der Handel aufgrund seiner Einkaufsmacht, zB durch Drohung der Auslistung, Regressansprüche gegen Hersteller durchsetzen kann, selbst wenn sie verjährt sein mögen (abw BTDrs 14/6040, 249, wenn auf den „Schutz der meist schwächeren Händler" abgestellt wird); allenfalls sehr kleinen Händlern, die keiner Einkaufskooperation angehören, mag der Unternehmerregress einmal effektiv helfen (ähnl Dauner-Lieb/ Konzen/Schmidt/*Schmidt* S 427, 429 ff). Solche Händler werden aber umgekehrt zurückhaltend sein, sich mit einem zur Kulanz nicht willigen großen Lieferanten rechtlich „anzulegen". Diese Praxisferne wird davon bestätigt, dass bisher Rspr nicht veröffentlicht ist (BGH NJW 06, 47 entschied eine Verbandsklage gegen AGB, die ua Klauseln zur Ausdehnung der §§ 478 f enthielten) und die §§ 478, 479 nach anfänglicher kurzer Blüte in der anwaltlichen Beratungspraxis kaum noch eine Rolle spielen.

2 **II. Inhalt, System.** Der wenig geordnete § 478 gewährt in II einen eigenen Anspruch auf Aufwendungsersatz, während I und III nur die Erhebung von Ansprüchen des Mängelrechts erleichtern. IV normiert analog § 475 die Unabdingbarkeit des Mängelrechts inklusive der §§ 478, 479 selbst, V erweitert den Anwendungsbereich auf die Lieferantenkette bis zum Hersteller. VI bestimmt die unbeeinträchtigte Geltung von § 377 HGB. Ergänzend passt § 479 die Verjährungsfristen an die Besonderheiten des Unternehmerregresses an.

3 **III. Schuldrechtsmodernisierung.** § 478 ist vollständig neu durch die Schuldrechtsreform eingeführt worden.

4 **IV. Verbrauchsgüterkaufrichtlinie.** Anders als für das Rechtsverhältnis direkt zwischen Unternehmer und Verbraucher belässt Art 4 iVm Erwägungsgrund 9 Richtl dem nationalen Gesetzgeber für den Unternehmerregress viel Freiheit, weshalb schon str ist, inwieweit eine Umsetzung überhaupt geboten ist (dagegen MüKo/ *Lorenz* Rn 2; dafür Staud/*Matusche-Beckmann* Rn 10 f; Dauner-Lieb/Konzen/Schmidt/*Schmidt*, S 427, 429, 433). Die Richtl ist nur eine „Zielvorgabe", ohne für jeden Einzelfall einer Haftung des Händlers den sog **seitengleichen Regress** vorzuschreiben (MüKo/*Lorenz* aaO).

5 **B. Anwendungsbereich (I, V). I. Einführung.** Die Geltung der §§ 478, 479 ist in gegenständlicher und personaler Hinsicht begrenzt und durch die Einführung der Regresskette in V zugleich erheblich erweitert.

6 **II. Neu hergestellte Sachen (I Hs 1).** Tatbestandsmerkmal schließt im Gegensatz zum Verbrauchsgüterkauf allgemein für **gebrauchte** Sachen den Unternehmerregress aus (zur Abgrenzung s § 475 Rn 10). Diese Beschränkung ist mit der Richtl auch angesichts deren weiter Fassung (s Rn 4) – noch – konform, da deren Zweck, dass der Unternehmer die zwingenden Ansprüche des Verbrauchers an den Hersteller durchreichen kann, beim Verkauf gebrauchter Sachen nur eingeschränkt vorliegt (MüKo/*Lorenz* Rn 8 Fn 20; vgl BTDrs 14/ 6040, 248; abw wohl für I, nicht für II und § 479 BaRoth/*Faust* Rn 7; aA Ernst/Gsell ZIP 01, 1389, 1401; Dauner/Lieb/Konzen/Schmidt/*Roth*, S 25, 29; dahin tendierend *Canaris* Schuldrechtsmodernisierung S XXXII). Nicht nur kann die Verjährungsfrist auch beim Verbrauchsgüterkauf halbiert werden (§ 475 II); vor allem besteht durch die Vereinbarung einer Beschaffenheit, die den stattgefundenen Gebrauch berücksichtigt, weitere Gestaltungsfreiheit. Läge ein Verstoß gegen die Richtlinie vor, wäre wegen des klaren Wortlauts von I die Einbeziehung gebrauchter Sachen als richtlinienkonforme Auslegung ausgeschlossen (BaRoth/*Faust* Rn 7; *Tiedtke/Schmitt* ZIP 05, 681 f).

7 **III. Verbrauchsgüterkauf.** Das Gesetz eröffnet den Unternehmerregress nur für Letztverkäufe durch einen Händler an Verbraucher. Die generelle Einführung in AGB für alle Verkäufe eines Händlers verstößt gegen § 307 I 1 (BGH NJW 06, 47, 50 sub VII). Daraus resultieren 2 bedeutende Beschränkungen:

8 **1. Bewegliche Sachen.** Gem der Legaldefinition in § 474 I 1 gelten §§ 478, 479 nicht für Verkäufe von Immobilien (s § 474 Rn 7) und sonstigen Kaufgegenständen, die keine Sachen sind (s § 474 Rn 8).

9 **2. Anspruchsentstehung erst nach Abschluss des Verbrauchsgüterkaufs.** Da der Unternehmerregress Folgen einer Inanspruchnahme des Händlers als Letztverkäufer durch einen Verbraucher aus einem Verbrauchsgüterkauf ausgleichen soll, entstehen der Anspruch auf Aufwendungsersatz (II) und die Erleichterungen der allgemeinen Mängelrechte (I, III) erst nach dem Verkauf an den Verbraucher (str: **so** Palandt/*Putzo* Rn 3; BaRoth/*Faust* Rn 5; MüKo/*Lorenz* Rn 14, 27; aA analoge Anwendung: AnwK/*Büdenbender* Rn 49; mit Ausnahme von III *Tröger* AcP 204, 115, 121 f). Diese systematisch geforderte Zeitfolge ergibt sich auch aus dem Wortlaut von I und II, da es danach jeweils darauf ankommt, ob der Unternehmer die Sache zurücknehmen musste oder der Verbraucher den Kaufpreis gemindert hat (I) bzw der Unternehmer im Verhältnis zum Ver-

braucher Aufwendungen zu tragen hatte (II). Dies bedeutet, dass ein Händler für Mängel von zum Verkauf an Verbraucher gedachten Produkten auf die allgemeinen Regeln solange angewiesen ist, wie er sie nicht an einen Verbraucher verkauft hat; für **Lager- oder Vorratsware** gilt § 478 also **nicht**. Diese Differenzierung ist sachgerecht, da die §§ 478, 479 den Händler nicht allgemein mängelrechtlich privilegieren, sondern nur die Risiken aus der Regressfalle ausgleichen wollen (s Rn 1; krit BaRoth/*Faust* Rn 5; *Canaris* Schuldrechtsmodernisierung S XXXII f).

IV. Passivlegitimation nur von Lieferanten, nicht von Zulieferern (I Hs 2). Da der Lieferant im Verhältnis 10 zum Letztverkäufer legal definiert ist als der „Unternehmer, der ihm die Sache verkauft hatte (Lieferant)" (I Hs 2), muss das Lieferverhältnis zwischen dem Händler und dem Lieferanten die Kaufsache als solche zum Gegenstand gehabt haben. Damit scheiden alle Vertragsbeziehungen zwischen (Gesamt-) Herstellern (OEM) und Zulieferern aus, so dass der selbst verkaufende Hersteller bei Zulieferern nicht Regress nehmen kann und die Regresskette (V; s Rn 11) stets am Gesamthersteller endet (Palandt/*Putzo* Rn 3, 9, 15; Erman/*Grunewald* Rn 10; MüKo/*Lorenz* Rn 15, 26; aA *Tröger* AcP 204, 115, 133 f).

V. Lieferantenkette (V). Zweck von V ist, dem vom Letztverkäufer in Regress genommenen Lieferanten den 11 Regress gegen seinen Vorlieferanten und jedem weiteren Vorlieferanten den Regress gegen seinen Vorlieferanten zu eröffnen. Die Kette endet wegen der Nichteinbeziehung von Zulieferern (Rn 10) beim Hersteller. Sie ist außerdem auf **Regresse gegen Unternehmer** beschränkt, so dass sie mit jeder Einschaltung eines Nichtunternehmers aufhört. Hat also zB der Vorlieferant des Letztverkäufers die Sache seinerseits von einem Verbraucher erworben, ohne dass sie dadurch zu einer gebrauchten Sache geworden ist, geht die Regresskette zurück nur bis zu diesem Vorlieferanten; der Hersteller am Ende der Kette kann nicht mehr in Anspruch genommen werden (BaRoth/*Faust* Rn 6; *Jacobs* JZ 04, 225, 226; vgl BTDrs 14/6040, 249). Zugleich stellt V klar, dass der Verbraucher aus § 478 nicht unmittelbar gegen den Hersteller vorgehen kann (keine action directe: BTDrs 14/6040, 247; Palandt/*Putzo* Rn 1; Staud/*Matusche-Beckmann* Rn 12 f). Für die Kette gelten folgende intertemporale und internationale Regeln:

1. Übergangsrecht. Es ist höchstr – und nur schwer interessengerecht zu entscheiden –, ob die Übergangs- 12 regelung von Art 229 § 5 EGBGB für jedes Lieferverhältnis in der Regresskette maßgeblich ist (so MüKo/ *Lorenz* Rn 12) oder ob es allein auf den Abschluss des Verbrauchsgüterkaufs ankommt mit der Konsequenz, dass bei jedem Verbrauchsgüterkauf nach dem 1.1.02 uneingeschränkt gem § 478 Regress genommen werden kann, selbst wenn die Vorlieferverhältnisse vor dem 1.1.02 abgeschlossen wurden (so Palandt/*Putzo* Rn 5; Staud/*Matusche-Beckmann* Vorbem zu §§ 478 f Rn 24 f; *Heß* NJW 02, 253, 259 f; *Knoche* DB 02, 1699 ff). Mit der letzten Auffassung ist allein auf den Zeitpunkt des Verbrauchsgüterkaufs abzustellen, da dieser generell den Stichtag für die Anwendbarkeit des neuen Schuldrechts bildet und nur so vermieden werden kann, dass die Letztverkäufer die Konsequenzen aus der zwingenden Haftung in der Anfangszeit allein tragen.

2. Internationale Lieferverhältnisse. Die Regresskette gilt nur für vom deutschen Recht regierte Liefer- 13 hältnisse; dem stehen gleich Lieferverhältnisse, für die zwar ausländisches Recht vereinbart ist, bei denen aber wegen des Fehlens eines Anknüpfungspunkts zu dieser ausländischen Rechtsordnung eine Sonderanknüpfung an deutsches Recht gem Art 27 III EGBGB stattfindet (MüKo/*Lorenz* Rn 10, 47). Bei ausländischem Recht unterliegenden Verbrauchsgüterkäufen ist § 478 nicht anwendbar, da die Norm eine Inanspruchnahme des Letztverkäufers gem dem Mängelrecht des BGB voraussetzt (aA MüKo/*Lorenz* Rn 11).

C. Anspruch auf Aufwendungsersatz (II). I. Rechtsnatur. Es handelt sich um den einzigen unmittelbar 14 durch § 478 begründeten **selbständigen Anspruch** (vgl Erman/*Grunewald* Rn 12; BaRoth/*Faust* Rn 19). Er besteht unabhängig vom Anspruch auf Aufwendungsersatz gem §§ 284, 437 Nr 3 Alt 2 (Palandt/*Putzo* Rn 12).

II. Voraussetzungen. Die einzelnen Voraussetzungen sind wenig präzise formuliert (vgl treffend Palandt/ 15 *Putzo* Rn 12).

1. Mangelhaftigkeit in der Lieferantenkette. Die gesetzliche Formulierung, „der vom Verbraucher geltend 16 gemachte Mangel (sc.: musste) bereits beim Übergang der Gefahr auf den Unternehmer vorhanden" gewesen sein, meint, dass auch im konkreten Regressverhältnis ein Anspruch wegen eines Mangels bestehen muss. Daher dürfen zu Lasten des Regress suchenden Lieferanten Mängelrechte nicht ausgeschlossen sein, zB gem § 442 oder § 377 HGB (MüKo/*Lorenz* Rn 28; Staud/*Matusche-Beckmann* Rn 41). Zugleich wird damit ein Regress ausgeschlossen, wenn der Letztverkäufer die Beschaffenheit mit dem Verbraucher weitergehend vereinbart als mit seinem Lieferanten, zB wenn der Letztverkäufer eine vom Lieferanten ausdrücklich mit einem Mangel verkaufte Sache als mangelfrei weiterverkauft; dann handelt der Letztverkäufer insoweit auf eigenes Risiko (BaRoth/*Faust* Rn 9; Staud/*Matusche-Beckmann* Rn 41). Es muss sich zudem um **gesetzliche Mängelrechte** handeln, so dass Ansprüche allein aufgrund anfänglicher oder nachträglicher Erweiterung der Mängelrechte kein Regressrecht gewähren (vgl zu I Staud/*Matusche-Beckmann* Rn 13). Probleme bereitet das nachträgliche Entstehen der Mangelhaftigkeit, indem der **Hersteller** nach Abschluss aller oder einiger Lieferverhältnisse in der Regresskette, aber vor Abschluss des Verbrauchsgüterkaufs eine **öffent**-

liche Äußerung gem § 434 I 3 tätigt, die allein zur Entstehung der Mängelrechte des Verbrauchers führt. Insoweit ist die Voraussetzung der Mangelhaftigkeit unmittelbar im Verhältnis zwischen den Parteien des Regressverhältnisses aufzugeben, da sie nach Sinn und Zweck nur auf die tatsächliche Beschaffenheit der Sache und den Ausschluss von Mängelansprüchen aus Gründen in der Person des Regress Suchenden abstellt, nicht aber auf zu Mängeln führenden Handlungen des Herstellers oder eines Vorlieferanten in der Regresskette. Deren Ausgleich ist gerade Zweck der Regresskette (aA BaRoth/*Faust* Rn 12; Staud/*Matusche-Beckmann* Rn 42). Ebenso ist für eine vorher getätigte, dem Lieferanten aber nicht bekannte öffentliche Äußerung zu entscheiden (BaRoth/*Faust* Rn 10; *Tiedtke/Schmitt* ZIP 05, 681, 687). Die vom Gesetzgeber (BTDrs 14/6040, 248; ebenso BaRoth/*Faust* Rn 11; Staud/*Matusche-Beckmann* Rn 42) stattdessen diskutierten Schadensersatzansprüche gegen den Hersteller gem § 280 I helfen bei längeren Ketten nicht, da sie ein unmittelbares Regressverhältnis zwischen dem Regress begehrenden Lieferanten und dem Hersteller voraussetzen.

17 **2. Aufwendungen gem § 439 II.** Erfasst sind nur dem Letztverkäufer effektiv entstehende Kosten. Soweit vom Verbraucher geltend gemachte Kosten noch nicht erfüllt wurden, kann der Letztverkäufer Freistellung gem § 257 verlangen (str: so BaRoth/*Faust* Rn 21; aA MüKo/*Lorenz* Rn 27; Oetker/*Maultzsch* S 218); der Wortlaut von II, dass der Unternehmer Aufwendungen „zu tragen hatte", steht dem nicht entgegen, da damit nur die Deckungsgleichheit von Aufwendungen und Ansprüchen des Unternehmers gesichert, nicht aber ein dem BGB fremder Ausschluss der Freistellung normiert werden soll. Die Kosten müssen nach § 439 II geschuldet sein, dh es muss ein Mangel vorgelegen haben, zu dessen Beseitigung der Verbraucher ihren Ersatz verlangen konnte. Die Fehleinschätzung eines Mangels und des Umfangs der gem § 439 II geschuldeten Kostenerstattung geht zu Lasten des Letztverkäufers (str: so BaRoth/*Faust* Rn 9 Fußn 10; für I Erman/*Grunewald* Rn 3; teilweise aA MüKo/*Lorenz* Rn 31; in der Tendenz *Schubel* ZIP 02, 2061, 2065 ff). Daher kann auch kein Ersatz verlangt werden für aus Kulanz übernommene Kosten, da II nicht den Zweck hat, dem Letztverkäufer Kundenpflege auf Kosten des Herstellers zu ermöglichen (BTDrs 14/6040, 249; Erman/*Grunewald* Rn 12; MüKo/*Lorenz* Rn 27). Eigene Arbeitszeit ist nur erfasst, soweit sie unmittelbar der Mängelbeseitigung diente; allgemeine Verwaltungskosten, zB Handlingskosten, als Folge eines Mangels können nur als Schadensersatz gefordert werden (str: **so** in der Tendenz Dauner-Lieb/Konzen/Schmidt/*Schmidt* S 427, 436 f; aA Palandt/*Putzo* Rn 12; Erman/*Grunewald* Rn 12; *Marx* BB 02, 2566, 2568 ff; ausf *Tröger* ZGS 03, 296 ff). Dies ergibt sich schon daraus, dass § 439 II als Nachfolgevorschrift zu § 478 a aF auf solchen Aufwand nicht abzielt, sondern dessen Tragung als selbstverständlich unterstellt. Aufwand für Nacherfüllung, der gem § 439 III unverhältnismäßig ist, oder wegen Verjährung nicht hätte erbracht werden müssen, ist nicht ersatzfähig (MüKo/*Lorenz* Rn 27; Staud/*Matusche-Beckmann* Rn 43, 65-69). In der Regresskette sind die vom Lieferanten ausgeglichenen Kosten des nachfolgenden Unternehmers erstattungsfähig (BaRoth/*Faust* Rn 21; Staud/*Matusche-Beckmann* Rn 51).

18 **3. Kein Recht auf Nacherfüllung.** In der Regresskette besteht kein zweites Andienungsrecht des Herstellers auf Nacherfüllung, so dass der Letztverkäufer über die Eindeckung für die Nacherfüllung frei entscheidet (str: so Erman/*Grunewald* Rn 13; MüKo/*Lorenz* Rn 30; Staud/*Matusche-Beckmann* Rn 72-83; aA Oetker/*Maultzsch* S 218; für Ersatzlieferung Palandt/*Putzo* Rn 12; *Böhle* NJW 03, 3680 f); dies ergibt sich schon aus dem Ausschluss der Nachfrist in I, die das Recht auf zweite Andienung sichert. Allerdings gilt gem Rn 17 iVm § 254 II, dass nur notwendige Kosten ersatzfähig sind, so dass durch Fremdeindeckung entstehender zusätzlicher für den Letztverkäufer vermeidbarer Aufwand nicht gedeckt ist (Erman/*Grunewald* Rn 13; MüKo/*Lorenz* Rn 30; Staud/*Matusche-Beckmann* Rn 81).

19 **4. Kein Verschulden.** Der Anspruch aus II ist verschuldensunabhängig (BTDrs 14/6040, 248 f; Palandt/*Putzo* Rn 14; Erman/*Grunewald* Rn 12 mwN).

20 **D. Erleichterungen des Mängelrechts (I, III). I. Entfall der Nachfristsetzung (I).** Norm gewährt keinen eigenen Anspruch, sondern befreit Letztverkäufer für Anspruch aus § 437 Nr 2 oder 3 von der Setzung einer Nachfrist (BaRoth/*Faust* Rn 13). Neben den sich aus dem Anwendungsbereich ergebenden Voraussetzungen (Rn 5–13) setzt die Privilegierung von I voraus:

21 **1. Mängelrechte des Verbrauchers.** Grundvoraussetzung ist, dass der Letztverkäufer aufgrund von Mängelrechten des Verbrauchers alternativ die Kaufsache zurücknehmen oder den Kaufpreis mindern musste. Damit scheiden wie bei II alle Maßnahmen aus Kulanz (vgl Rn 17) und Rücknahmen infolge eines gesetzlichen Widerrufsrechts aus (BTDrs 14/6040, 248; Erman/*Grunewald* Rn 4). Da der Regress den Händler nur vor den zwingenden Folgen der §§ 437 ff schützen soll, muss Rücknahme oder Minderung für ihn unvermeidbar gewesen sein (s Wortlaut: „zurücknehmen musste"), so dass er ggf auf dem Recht der primären Nacherfüllung bestehen muss (str: so Staud/*Matusche-Beckmann* Rn 14, 18; AnwK/*Büdenbender* Rn 26 f, 31; aA Erman/*Grunewald* Rn 6; BaRoth/*Faust* Rn 14, 16; MüKo/*Lorenz* Rn 19). Im Übrigen gilt Rn 16 entspr.

22 **2. Rücknahme der Kaufsache.** Es genügt jede mängelrechtliche Rücknahme der Kaufsache durch den Letztverkäufer, unabhängig davon, ob sie auf (1) Rücktritt iVm §§ 440, 437 Nr 1 Alt 1, (2) Ersatzlieferung (§ 439

IV; str: so Palandt/*Putzo* Rn 10; BaRoth/*Faust* Rn 16; MüKo/*Lorenz* Rn 18; aA Anwkomm/*Büdenbender* Rn 23 ff; *ders,* in: Dauner-Lieb/Heidel/Lepa/Ring, § 8 Rn 87; *Tiedtke/Schmitt* ZIP 05, 681, 682) oder (3) Schadensersatz statt der Leistung (§§ 281, 280, 440, 437 Nr 3 Alt 1; Palandt/*Putzo* Rn 10; MüKo/*Lorenz* Rn 18) gestützt ist. Der Rücknahme entsprechen die mangelbedingte Zurückweisung der Kaufsache (Palandt/*Putzo* Rn 10; MüKo/*Lorenz* Rn 18) und der Rücktritt des Händlers als Reaktion auf die Erhebung der Rücktrittseinrede des Verbrauchers (§ 438 IV 3; MüKo/*Lorenz* Rn 18).

3. Minderung. Der Minderung des § 441 steht der kleine Schadensersatz neben der Leistung gem §§ 440, 23 280, 437 Nr 3 Alt 1 gleich (Palandt/*Putzo* Rn 10; BaRoth/*Faust* Rn 17 mwN; *Canaris* Schuldrechtsmodernisierung S XXXI), da er dem Ausgleich des mängelbedingten Minderwerts dient.

4. Mängelrechte des Unternehmers. Da I nur gesetzliche Mängelrechte erleichtert, setzt der Regress gem I, 24 ebenso wie der gem II (Rn 16), eine Mangelhaftigkeit in der Lieferantenkette voraus, dh dem konkret Regress begehrenden Unternehmer muss ein Mängelrecht gegen seinen Vorlieferanten zustehen (Palandt/*Putzo* Rn 10). Vom Umfang sind die Mängelrechte beim Regress nicht an die vom Verbraucher geltend gemachten Mängelrechte, also das **Regressinteresse** gebunden, so dass der Händler über I jeden Anspruch gem § 437 Nr 2 und 3 geltend machen kann, auch wenn ihm ggü der Verbraucher zB nur gemindert hat (str: so Palandt/*Putzo* Rn 11; MüKo/*Lorenz* Rn 22; Staud/*Matusche-Beckmann* Rn 35; *Tiedtke/Schmitt* ZIP 05, 681, 683 f; aA Oetker/*Maultzsch* 216 f; *Böhle* WM 04, 1616, 1618 ff).

II. Beweislastumkehr gem § 476 (III). Bestimmung findet im Anwendungsbereich des § 478 (s Rn 5–13) 25 unter Einschluss von V auf alle Ansprüche des Letztverkäufers und der vorgeschalteten Unternehmer im Bereich der Regresskette mit der zeitlichen Verschiebung Anwendung, dass es auf den Gefahrübergang beim Verbraucher ankommt. Sie bewirkt, dass der jeweils in Regress genommene Lieferant die Vermutung der Mangelhaftigkeit widerlegen muss (Palandt/*Putzo* Rn 17; Erman/*Grunewald* Rn 15). Die Ausnahmen in S 476 Hs 2 sind wie die 6-Monatsfrist nach dem Verhältnis zwischen dem Verbraucher und dem Letztverkäufer zu bestimmen (Palandt/*Putzo* Rn 17).

E. Nachteilige Abweichungen (IV). I. §§ 433–435, 437, 439–443, 478 I–III, 479 (IV 1). Analog zum Pendant des § 475 I 1 verbietet IV 1 jede Regelung, die die Rechtsstellung des Letztverkäufers oder des Regress suchenden Vorlieferanten verschlechtert (s § 475 Rn 4), wie zB Verkürzungen der Fristen von III und § 479 (Palandt/*Putzo* Rn 21). Regelungen außerhalb des Mängelrechts und in Beschaffenheitsvereinbarungen (MüKo/*Lorenz* Rn 39) sind nicht betroffen (vgl § 475 Rn 5, 6).

II. Zeitpunkt (IV 1 Hs 1). Für die Zäsur der Mitteilung eines Mangels gilt wie zu § 475 I 1 (dort Rn 3, auch 27 zur Mängelanzeige), dass mit der Anzeige eines Mangels Vereinbarungen insgesamt, also nicht nur beschränkt auf den konkreten Mangel, getroffen werden können.

III. Gleichwertiger Ausgleich (IV 1 Hs 2). Da auch IV 1 davon geleitet ist, dass § 478 nur eine Zielvorgabe 28 darstellt und nicht in jedem Einzelfall den seitengleichen Regress gewährleisten will, liegt ein gleichwertiger Ausgleich vor, wenn im Durchschnitt aller Regressfälle der Hersteller den Händlern im Vergleich zu den gesetzlichen Ansprüchen angemessene Leistungen gewährt. Es ist dann nicht entscheidend, ob im Einzelfall der Händler weniger als gem § 478 erhält. Auf dieser Basis können Schadensfälle zB über Pauschalen oder Rabatte abgewickelt werden (ähnl insgesamt BTDrs 14/6040, 249; Erman/*Grunewald* Rn 18; Staud/*Matusche-Beckmann* Rn 114 ff; deutlich restriktiver MüKo/*Lorenz* Rn 43 f).

IV. Schadensersatz (IV 2). Ebenfalls wie zu § 475 III (dort Rn 11) stehen die **Aufwendungsersatzansprüche** 29 gem § 284, 407 Nr 3 Alt 2, also wegen IV 1 Hs 1 nicht gem II, Schadensersatzansprüchen gleich (BaRoth/*Faust* Rn 27). Grund ist auch hier, dass die Verbrauchsgüterkaufrichtl (vgl Art 3 III, V) Schadensersatzansprüche nicht regelt.

V. Umgehungen (IV 3). S § 475 Rn 8. Bei ersichtlich an Verbrauchern adressierten Produkt verbietet IV 3, 30 dass der Lieferant Weiterveräußerungen an Verbraucher untersagt oder von seiner Zustimmung abhängig macht (str: so Erman/*Grunewald* Rn 19; MüKo/*Lorenz* Rn 48; aA Palandt/*Putzo* Rn 23). Bei anderen Produkten ist ein solches Verbot dagegen zulässig (Erman/*Grunewald* Rn 19). Gegen IV 3 verstößt auch die Vereinbarung des UN-Kaufrechts bei Fehlen jeden Auslandsbezugs (Erman/*Grunewald* Rn 19; ähnl MüKo/*Lorenz* Rn 47). Nicht von IV 3 erfasst sind die praktisch wichtigen Regeln, die den Händler verpflichten, Vorkehrungen für Nacherfüllungen zu treffen, zB ein Callcenter oder Spezialwerkzeuge vorzuhalten (Erman/*Grunewald* Rn 20).

F. Uneingeschränkte Geltung § 377 HGB (VI). Konsequenz der unbeeinträchtigten Geltung von § 377 HGB 31 ist, dass der Letztverkäufer und jeder Regress suchende Vorlieferant seine Mängelrechte inklusive der aus II verliert, wenn er § 377 HGB unterliegt und dessen Anforderungen nicht erfüllt hat (Erman/*Grunewald* Rn 22; MüKo/*Lorenz* Rn 52). Dies gilt auch für die Obliegenheit zur unverzüglichen Information gem § 377 III HGB, insbes wenn der Händler vom Verbraucher über den Mangel informiert wird (MüKo/*Lorenz* Rn 54). Die Norm ist richtlinienkonform, weil nicht zu erkennen ist, dass die Richtlinie die Geltung genereller Maßstäbe des Handelsrecht ausschließen wollte (i Erg MüKo/*Lorenz* Rn 52; Staud/*Matusche-Beckmann* Rn 153; Dauner-Lieb/Konzen/Schmidt/*Schmidt* S 427, 437 f).

32 **G. Beweislast.** Nach allgemeinen Regeln haben der Regress suchende Verkäufer den Verkauf an einen Verbraucher, die von diesem geltend gemachten I bzw II genügenden Rechte und den Mangel im Verhältnis zum Anspruchsgegner zum Zeitpunkt des Gefahrübergangs zu beweisen, wobei der letztgenannte Beweis gem § 476 entbehrlich werden kann.

§ 479 Verjährung von Rückgriffsansprüchen

(1) Die in § 478 Abs. 2 bestimmten Aufwendungsersatzansprüche verjähren in zwei Jahren ab Ablieferung der Sache.
(2) ¹Die Verjährung der in den §§ 437 und 478 Abs. 2 bestimmten Ansprüche des Unternehmers gegen seinen Lieferanten wegen des Mangels einer an einen Verbraucher verkauften neu hergestellten Sache tritt frühestens zwei Monate nach dem Zeitpunkt ein, in dem der Unternehmer die Ansprüche des Verbrauchers erfüllt hat. ²Diese Ablaufhemmung endet spätestens fünf Jahre nach dem Zeitpunkt, in dem der Lieferant die Sache dem Unternehmer abgeliefert hat.
(3) Die vorstehenden Absätze finden auf die Ansprüche des Lieferanten und der übrigen Käufer in der Lieferkette gegen die jeweiligen Verkäufer entsprechende Anwendung, wenn die Schuldner Unternehmer sind.

1 **A. Grundsätzliches. I. Zweck.** S § 478 Rn 1 f. Durch § 479 soll verhindert werden, dass die Mängelrechte als Grundlage des Regresses gem § 438 I Nr 3 schon verjährt sind, bevor sie angesichts der späten Geltendmachung von Mängelrechten durch den Verbraucher überhaupt geltend gemacht werden können (**Verjährungsfalle**; BTDrs 14/6040, 250; BaRoth/*Faust* Rn 1).

2 **II. Inhalt.** I enthält eine eigenständige Verjährungsregelung für den Aufwendungsersatzanspruch des § 478 II. II ordnet eine im Ergebnis auf eine maximal fünfjährige Verjährungsfrist hinauslaufende Ablaufhemmung für die Regressansprüche des Händlers an, die gem III auf alle Ansprüche in der Lieferantenkette (§ 478 V) erstreckt wird.

3 **III. Anwendungsbereich.** S § 478 Rn 5–13, 16 und 24. Zusammengefasst gilt § 479 für alle Ansprüche eines Unternehmers, die sich aus § 478 II ergeben bzw für die die Erleichterungen gem § 478 I, III geltend gemacht werden können, und zwar mit allen für diese Ansprüche bestehenden Voraussetzungen. Zur Verlängerung durch AGB über II hinaus, insbes auch beim Weiterverkauf an Unternehmer s BGH NJW 06, 47 f.

4 **IV. Abdingbarkeit.** S § 478 IV und dort Rn 26–30.

5 **B. Zweijährige Verjährungsfrist für Aufwendungsersatz gem § 478 II (I).** Norm gilt allein für Anspruch aus § 478 II; Aufwendungsersatzanspruch gem §§ 284, 437 Nr 3 Alt 2 verjährt gem § 438 (Palandt/*Putzo* Rn 4). Sie ist abschließend gedacht, so dass die Zweijahresfrist auch gilt, wenn anstelle von § 438 die besonderen Regelungen für Baustoffe (§ 438 I Nr 2 b) oder Arglist (§ 438 III) zur Anwendung kämen (str: so Erman/*Grunewald* Rn 1; BaRoth/*Faust* Rn 3; MüKo/*Lorenz* Rn 5; für Baustoffe, nicht aber für Arglist Staud/ *Matusche-Beckmann* Rn 2 f; aA Palandt/*Putzo* Rn 4; Haas/Medicus/Rolland/Schäfer/Wendtland/*Haas* Kap 5 Rn 496). Dies folgt aus dem eindeutigen Wortlaut und dem besonderen Charakter des Anspruchs auf Aufwendungsersatz. „Ablieferung" meint die **Ablieferung** iSd § 438 II Alt 2, und zwar **an den Letztverkäufer,** nicht an den Verbraucher (BTDrs 14/6040, 250; Palandt/*Putzo* Rn 4).

6 **C. Ablaufhemmung (II). I. bis 2 Monate nach Erfüllung der Ansprüche des Verbrauchers (II 1).** Ablaufhemmung setzt Verbrauchsgüterkauf und Leistung des Letztverkäufers aufgrund gesetzlicher Verpflichtung voraus. Sie findet daher keine Anwendung, wenn (1) Verbraucher keine Rechte geltend macht (Erman/*Grunewald* Rn 2; MüKo/*Lorenz* Rn 13; aA Tiedtke/*Schmitt* ZIP 05, 681, 685 f; wohl BaRoth/*Faust* Rn 8), (2) feststeht, dass der Verbraucher keine Rechte hat (Palandt/*Putzo* Rn 5) oder (3) Händler aus Kulanz (Erman/*Grunewald* Rn 2; MüKo/*Lorenz* Rn 14) bzw sonst ohne rechtliche Verpflichtung leistet; gleich steht die Erfüllung aufgrund wegen Arglist verlängerter Verjährung (BaRoth/*Faust* Rn 9; MüKo/*Lorenz* Rn 14). Bei Teilerfüllung entscheidet der letzte Erfüllungsakt (Erman/*Grunewald* Rn 2) bzw die Einigung zwischen Verbraucher und Händler, dass vollständig erfüllt ist (Erman/*Grunewald* Rn 2). Ungeachtet der schwierigen Vereinbarkeit mit dem Institut der Hemmung ist Bestimmung so zu lesen, dass Hemmung bis zum Ablauf der Fünfjahresfrist von II 2 eintreten kann, also auch wenn die zu hemmende Zweijahresfrist des § 438 I Nr 3 bzw § 478 II schon abgelaufen ist (sog Ladenhüterproblematik; str: so Erman/*Grunewald* Rn 2; MüKo/*Lorenz* Rn 11; Staud/ *Matusche-Beckmann* Rn 5; aA BaRoth/*Faust* Rn 6; Tiedtke/*Schmitt* ZIP 05, 681, 686).

7 **II. bis spätestens 5 Jahre nach Ablieferung (II 2).** Im Interesse der Rechtssicherheit soll der jeweils Verpflichtete nach 5 Jahren Verjährung einwenden können (vgl BTDrs 14/6040, 250). „Ablieferung" ist hier die Ablieferung iSd § 438 II Alt 2 bei dem Letztverkäufer (Palandt/*Putzo* Rn 7).

D. Lieferantenkette (III). Die Verjährungsfrist von I und die Ablaufhemmung gem II gelten gem III auch 8 für jede Anspruchserhebung innerhalb der Regresskette des § 478 V. Zäsur für die Berechnung der Ablaufhemmung sind analog II (Rn 6, 7) die **Ablieferung beim jeweils regressierenden Unternehmer** (str: **so** Palandt/*Putzo* Rn 8; 4; BaRoth/*Faust* Rn 7; MüKo/*Lorenz* Rn 6; aA Ablieferung beim Letztverkäufer: Haas/ Medicus/Rolland/Schäfer/Wendtland/*Haas* Kap 5 Rn 498) und die **Erfüllung bei dessen jeweiligen Vertragspartner** (Erman/*Grunewald* Rn 4: BaRoth/*Faust* Rn 7). Bestimmung führt zu erheblichen Gesamtverjährungen, die für den letzten Regress 5 Jahre seit Ablieferung der Kaufsache durch den Hersteller beim ersten Zwischenhändler betragen kann (vgl Staud/*Matusche-Beckmann* Rn 29; *Schubel* ZIP 02, 2061, 2070).

Untertitel 4   Tausch

§ 480 Tausch

Auf den Tausch finden die Vorschriften über den Kauf entsprechende Anwendung.

A. Bedeutung, Schuldrechtsmodernisierung. Norm entspricht wörtlich § 515 aF. Tauschgeschäfte haben 1 ungeachtet der allgemeinen Überzeugung von ihrer geringen Bedeutung (vgl BaRoth/*Gehrlein* Rn 1) in den letzten Jahren im internationalen Handel erheblich zugenommen (Barter-Geschäfte, s Rn 4). Sie sind die Reaktion auf die Schwierigkeit für viele öffentliche und private Einkäufer in wirtschaftlich schwächeren Regionen, in konvertibler Währung zu zahlen.

B. Begriff. Die Leistungsbeziehung beim Tausch liegt im Umsatz von Ware gegen Ware. Die parallele Ver- 2 einbarung von Geldbeträgen steht nicht entgegen, soweit die Parteien damit ihre Einschätzung des Transaktionswerts oder bei mehreren Tauschgegenständen auf einer Seite der Wertrelation ausdrücken. Auch Zuzahlung zum Ausgleich einer Wertdifferenz schließt Tauschcharakter nicht aus, wenn es beiden Parteien primär um die Erlangung der Sachleistung geht, wofür das Wertverhältnis zwischen Sach- und Geldleistung ein – nicht allein maßgebliches – Kriterium ist (vgl BayVGH NJW 96, 2321; Erman/*Grunewald* Rn 3).

C. Abgrenzung und besondere Formen. (1) Ein **Ringtausch** setzt vertragliche Beziehungen zwischen min- 3 destens drei Parteien voraus und hat den Zweck, Sachwerte über mehrere Parteien hinweg neu zu allozieren, zB indem eine Vertragspartei einen Gegenstand nur deshalb veräußert, weil sie von einem Dritten die sie eigentlich interessierende Sachleistung erhält (vgl BGHZ 49, 7, 9 ff; *Heermann* JZ 99, 183 ff). Die Tauschregeln gelten.
(2) **Tauschringe** oder Bartergeschäfte bewirken den Austausch der Sachleistungen über vom Barterer geführte 4 Verrechnungskonten, so dass sie wegen der letztendlichen Abwicklungen über Geldzahlungen als Gegenleistungen für die Sachleistungen als kaufähnliche Verträge einzustufen sind (vgl BGH NJW 99, 635 ff; *Heermann* JZ 99, 183, 185 ff).
(3) Die **Inzahlungnahme** vor allem von Gebrauchtwagen basiert rechtlich im Regelfall auf einer Ersetzungs- 5 befugnis des Käufers in einem Kaufvertrag, für einen Teil des Kaufpreises eine Sachleistung an Erfüllung statt zu erbringen (BGHZ 49, 338 LS 1, 340 f; 89, 126, 129; Ddorf NJW-RR 98, 1752), und zwar auch bei einem Leasing-Erwerb (BGH NJW 03, 505, 506). Diese Konstruktion berücksichtigt den meistens gegebenen Willen der Vertragsparteien, dass es dem Verkäufer primär um die Geldleistung des Käufers geht und der Käufer frei darin ist, ob er wirklich Inzahlungnahme wählt, zB nicht bei zwischenzeitlicher Zerstörung des Gebrauchtwagens. Die Alternative eines einheitlich gemischten Kauf- und Tauschvertrags kommt nur in Betracht, wenn dem Verkäufer auch die Sachleistung wichtig ist und der Käufer sich insoweit binden will (BGHZ 49, 338, 341; aA Meinung gilt generell: Oldenbg NJW-RR 95, 689; LG Wuppertal NJW-RR 97, 1416 f).
(4) Ein **Doppelkauf** liegt nur vor, wenn die Parteien jeweils sowohl verkaufen als auch kaufen wollen, also 6 jeder Verkäufer primär an der Geldleistung interessiert und sich jeder Käufer zu deren Erbringung verpflichten will.

D. Rechtsfolgen. Der pauschale Verweis auf das Kaufrecht bedeutet, dass jede Vertragspartei für ihre Sach- 7 leistung die Stellung eines Verkäufers hat und dem **Mängelrecht** unterliegt. Bei Rückabwicklung sind die beiderseitigen Sachleistungen zurück zu gewähren (Hamm NJW-RR 94, 882 f). Bei Minderung sind die objektiven Werte beider Sachleistungen in mangelfreiem Zustand ggü zustellen. Eine sich so ergebende Wertdifferenz gibt dann an, ob analog § 441 die Differenz zwischen mangelfreier und mangelhafte Sache in vollem Umfang auszugleichen oder nur relativ in dem Verhältnis, in dem der Wert der mangelhaften Sache bei Annahme ihrer Mangelfreiheit vom Wert der mangelfreien anderen Sache abweicht; so wird gem § 441 das von den Parteien vereinbarte Wertverhältnis beibehalten (vgl § 441 Rn 14–16; Palandt/*Putzo* Rn 8; BaRoth/*Gehrlein* Rn 7).

Titel 2 Teilzeit-Wohnrechteverträge

§ 481 Begriff des Teilzeit-Wohnrechtevertrags

(1) ¹Teilzeit-Wohnrechteverträge sind Verträge, durch die ein Unternehmer einem Verbraucher gegen Zahlung eines Gesamtpreises das Recht verschafft oder zu verschaffen verspricht, für die Dauer von mindestens drei Jahren ein Wohngebäude jeweils für einen bestimmten oder zu bestimmenden Zeitraum des Jahres zu Erholungs- oder Wohnzwecken zu nutzen. ²Das Recht kann ein dingliches oder anderes Recht sein und insbesondere auch durch eine Mitgliedschaft in einem Verein oder einen Anteil an einer Gesellschaft eingeräumt werden.
(2) Das Recht kann auch darin bestehen, die Nutzung eines Wohngebäudes jeweils aus einem Bestand von Wohngebäuden zu wählen.
(3) Einem Wohngebäude steht ein Teil eines Wohngebäudes gleich.

1 Teilzeitwohnrechtsverträge können in verschieden rechtlichen Gestaltungsformen auftreten (vgl Palandt/*Putzo* § 481 Rn 1 ff; *Drasdo* NJW-Spezial 05, 289 je mwN): Miteigentumsanteil, Wohnungseigentum, Dauerwohnrechte, Dauernutzungsrechte, Mietverträge, Mitgliedschaft in Vereinen oder Personengesellschaften, Erwerb von Anteilen an Kapitalgesellschaften, Treuhandmodelle.
2 § 481 gilt für Verträge über die Teilzeitnutzung von Wohngebäuden zwischen dem jeweiligen Veräußerer und dem jeweiligen Verbraucher. Nicht betroffen sind Verträge zwischen zwei Gewerbetreibenden und reine Privatgeschäfte zwischen Verbrauchern.
3 Zum Verbraucherbegriff s § 13, zum Unternehmerbegriff § 14.

§ 482 Prospektpflicht bei Teilzeit-Wohnrechteverträgen

(1) Wer als Unternehmer den Abschluss von Teilzeit-Wohnrechteverträgen anbietet, hat jedem Verbraucher, der Interesse bekundet, einen Prospekt auszuhändigen.
(2) Der in Absatz 1 bezeichnete Prospekt muss eine allgemeine Beschreibung des Wohngebäudes oder des Bestandes von Wohngebäuden sowie die in der Rechtsverordnung nach Artikel 242 des Einführungsgesetzes zum Bürgerlichen Gesetzbuche bestimmten Angaben enthalten.
(3) Der Unternehmer kann vor Vertragsschluss eine Änderung gegenüber den im Prospekt enthaltenen Angaben vornehmen, soweit dies auf Grund von Umständen erforderlich wird, auf die er keinen Einfluss nehmen konnte.
(4) In jeder Werbung für den Abschluss von Teilzeit-Wohnrechteverträgen ist anzugeben, dass der Prospekt erhältlich ist und wo er angefordert werden kann.

1 Die Prospektaushändigung hat ggü jedem Interesse bekundenden Verbraucher stattzufinden. Die Aushändigungspflicht besteht unabhängig von einem Verlangen des Interessenten (Palandt/*Putzo* § 482 Rn 2).
2 Aushändigung bedeutet tatsächliche Besitzverschaffung (Palandt/*Putzo* § 482 Rn 4). Die bloße Auslegung mit der Möglichkeit zur Kenntnisnahme reicht nicht (MieWo/*Kahlen* § 482 Rn 7).
3 Den notwendigen Inhalt des Prospektes regelt Abs 2 für die allgemeine Beschreibung und im Übrigen durch Verweisung auf § 2 BGB-InfoV.
4 Ein Verstoß gegen § 482 wird sanktioniert durch eine Verlängerung der Widerrufsfrist (§ 485 III) bzw einen Nichtbeginn der Widerrufsfrist (§ 485 IV).

§ 483 Vertrags- und Prospektsprache bei Teilzeit-Wohnrechteverträgen

(1) ¹Der Vertrag ist in der Amtssprache oder, wenn es dort mehrere Amtssprachen gibt, in der vom Verbraucher gewählten Amtssprache des Mitgliedstaats der Europäischen Union oder des Vertragsstaats des Abkommens über den Europäischen Wirtschaftsraum abzufassen, in dem der Verbraucher seinen Wohnsitz hat. ²Ist der Verbraucher Angehöriger eines anderen Mitgliedstaats, so kann er statt der Sprache seines Wohnsitzstaats auch die oder eine der Amtssprachen des Staats, dem er angehört, wählen. ³Die Sätze 1 und 2 gelten auch für den Prospekt.
(2) Ist der Vertrag vor einem deutschen Notar zu beurkunden, so gelten die §§ 5 und 16 des Beurkundungsgesetzes mit der Maßgabe, dass dem Verbraucher eine beglaubigte Übersetzung des Vertrags in der von ihm nach Absatz 1 gewählten Sprache auszuhändigen ist.
(3) Teilzeit-Wohnrechteverträge, die Absatz 1 Satz 1 und 2 oder Absatz 2 nicht entsprechen, sind nichtig.

1 Der Verbraucher soll davor geschützt werden, dass ihm Texte in einer ihm nicht verständlichen Sprache vorgelegt werden.

Soweit der Verstoß den Vertrag selbst betrifft, ist die Folge die Nichtigkeit. Wird das Sprachgebot hinsichtlich des Prospektes verletzt, verlängert sich die Widerrufsfrist nach Maßgabe des § 485 II.

§ 484 Schriftform bei Teilzeit-Wohnrechteverträgen

(1) ¹Der Teilzeit-Wohnrechtevertrag bedarf der schriftlichen Form, soweit nicht in anderen Vorschriften eine strengere Form vorgeschrieben ist. ²Der Abschluss des Vertrages in elektronischer Form ist ausgeschlossen. ³Die in dem in § 482 bezeichneten, dem Verbraucher ausgehändigten Prospekt enthaltenen Angaben werden Inhalt des Vertrags, soweit die Parteien nicht ausdrücklich und unter Hinweis auf die Abweichung vom Prospekt eine abweichende Vereinbarung treffen. ⁴Solche Änderungen müssen dem Verbraucher vor Abschluss des Vertrags mitgeteilt werden. ⁵Unbeschadet der Geltung der Prospektangaben nach Satz 3 muss die Vertragsurkunde die in der in § 482 Abs. 2 bezeichneten Rechtsverordnung bestimmten Angaben enthalten.
(2) ¹Der Unternehmer hat dem Verbraucher eine Vertragsurkunde oder Abschrift der Vertragsurkunde auszuhändigen. ²Er hat ihm ferner, wenn die Vertragssprache und die Sprache des Staates, in dem das Wohngebäude belegen ist, verschieden sind, eine beglaubigte Übersetzung des Vertrages in der oder einer zu den Amtssprachen der Europäischen Union oder des Übereinkommens über den Europäischen Wirtschaftsraum zählenden Sprache des Staates auszuhändigen, in dem das Wohngebäude belegen ist. ³Die Pflicht zur Aushändigung einer beglaubigten Übersetzung entfällt, wenn sich das Nutzungsrecht auf einen Bestand von Wohngebäuden bezieht, die in verschiedenen Staaten belegen sind.

Teilzeit-Wohnrechteverträge bedürfen der Schriftform (§ 126). Falls strengere Formvorschriften gelten, sind diese Vorschriften maßgebend. Die elektronische Form genügt nicht. Die Formvorschriften gelten auch für Vorverträge (Palandt/*Putzo* § 484 Rn 4). 1
Ein Verstoß gegen die Formvorschrift führt nach § 125 zur Nichtigkeit des Vertrages. 2

§ 485 Widerrufsrecht bei Teilzeit-Wohnrechteverträgen

(1) Dem Verbraucher steht bei einem Teilzeit-Wohnrechtevertrag ein Widerrufsrecht nach § 355 zu.
(2) Die erforderliche Belehrung über das Widerrufsrecht muss auch die Kosten angeben, die der Verbraucher im Falle des Widerrufs gemäß Absatz 5 Satz 2 zu erstatten hat.
(3) Ist dem Verbraucher der in § 482 bezeichnete Prospekt vor Vertragsschluss nicht oder nicht in der in § 483 Abs. 1 vorgeschriebenen Sprache ausgehändigt worden, so beträgt die Frist zur Ausübung des Widerrufsrechts abweichend von § 355 Abs. 1 Satz 2 einen Monat.
(4) Fehlt im Vertrag eine der Angaben, die in der in § 482 Abs. 2 bezeichneten Rechtsverordnung bestimmt werden, so beginnt die Frist zur Ausübung des Widerrufsrechts erst, wenn dem Verbraucher diese Angabe schriftlich mitgeteilt wird.
(5) ¹Eine Vergütung für geleistete Dienste sowie für die Überlassung der Nutzung von Wohngebäuden ist abweichend von § 357 Abs. 1 und 3 ausgeschlossen. ²Bedurfte der Vertrag der notariellen Beurkundung, so hat der Verbraucher dem Unternehmer die Kosten der Beurkundung zu erstatten, wenn dies im Vertrag ausdrücklich bestimmt ist. ³In den Fällen der Absätze 3 und 4 entfällt die Verpflichtung zur Erstattung von Kosten; der Verbraucher kann vom Unternehmer Ersatz der Kosten des Vertrages verlangen.

Nach Abs 1 gilt § 355. Die Abs 2 bis 5 enthalten hierzu Sonderregelungen. Das Widerrufsrecht besteht auch bei notariellen Verträgen (*Martinek* NJW 97, 1397). 1
Die Regelung des Abs 4 steht neben derjenigen des § 355 II 3. Die Frist beginnt erst zu laufen, wenn die Voraussetzungen beider Vorschriften erfüllt sind (Palandt/*Putzo* § 485 Rn 8). 2

§ 486 Anzahlungsverbot bei Teilzeit-Wohnrechteverträgen

¹Der Unternehmer darf Zahlungen des Verbrauchers vor Ablauf der Widerrufsfrist nicht fordern oder annehmen. ²Für den Verbraucher günstigere Vorschriften bleiben unberührt.

Zahlung bedeutet jede Erfüllungshandlung, insbes Barzahlungen, Überweisungen, Scheckübergabe, Buchungen im Lastschriftverfahren (MieWo/*Kahlen* § 486 Rn 1). Bei der Zahlung auf ein Treuhandkonto kommt es darauf an, ob der Unternehmer oder Verbraucher darüber verfügen kann. Eine Zahlung liegt noch nicht vor, wenn der Verbraucher die Auszahlung an den Unternehmer frei verhindern kann (Palandt/*Putzo* § 486 Rn 3). 1
§ 486 bewirkt keine Nichtigkeit des Zahlungsvorgangs (BGH NJW-RR 05, 780), sondern führt zu einem Schadensersatzanspruch gegen den Unternehmer nach §§ 311, 281 oder § 823 II (Palandt/*Putzo* § 486 Rn 7). 2
Die Vorschrift gilt nicht für die Provision eines Vermittlers (BGH NJW-RR 05, 780). 3
Für den Verbraucher günstigere Vorschriften bestehen derzeit nicht. 4

§ 487 Abweichende Vereinbarungen

¹Von den Vorschriften dieses Titels darf nicht zum Nachteil des Verbrauchers abgewichen werden. ²Die Vorschriften dieses Titels finden, soweit nicht ein anderes bestimmt ist, auch Anwendung, wenn sie durch anderweitige Gestaltungen umgangen werden.

1 Die Unabdingbarkeit betrifft alle Vorschriften des Untertitels (§ 481–487). Abweichungen sind nur zugunsten des Verbrauchers zulässig.
2 Ob eine Abweichung zu Gunsten oder zu Lasten des Verbrauchers vorliegt, ist nicht an Hand einer Gesamtabwägung, sondern nach der einzelnen Abweichung zu beurteilen (MieWo/*Kahlen* § 487 Rn 3).
3 Die Umgehung muss objektiv vorliegen. Auf eine Umgehungsabsicht kommt es nicht an.

Titel 3 Darlehensvertrag; Finanzierungshilfen und Ratenlieferungsverträge zwischen einem Unternehmer und einem Verbraucher

Untertitel 1 Darlehensvertrag

§ 488 Vertragstypische Pflichten beim Darlehensvertrag

(1) ¹Durch den Darlehensvertrag wird der Darlehensgeber verpflichtet, dem Darlehensnehmer einen Geldbetrag in der vereinbarten Höhe zur Verfügung zu stellen. ²Der Darlehensnehmer ist verpflichtet, einen geschuldeten Zins zu zahlen und bei Fälligkeit das zur Verfügung gestellte Darlehen zurückzuerstatten.
(2) Die vereinbarten Zinsen sind, soweit nicht ein anderes bestimmt ist, nach dem Ablauf je eines Jahres und, wenn das Darlehen vor dem Ablauf eines Jahres zurückzuerstatten ist, bei der Rückerstattung zu entrichten.
(3) ¹Ist für die Rückerstattung des Darlehens eine Zeit nicht bestimmt, so hängt die Fälligkeit davon ab, dass der Darlehensgeber oder der Darlehensnehmer kündigt. ²Die Kündigungsfrist beträgt drei Monate. ³Sind Zinsen nicht geschuldet, so ist der Darlehensnehmer auch ohne Kündigung zur Rückerstattung berechtigt.

1 **A. Allgemeines. I. Vertragstypische Pflichten.** Die Bestimmungen der §§ 488–490 gelten für Gelddarlehen, während das Sachdarlehen in den §§ 607–609 geregelt ist. Sondervorschriften finden sich in den §§ 491 ff für das Verbraucherdarlehen. Das Gelddarlehen beinhaltet das Recht zur zeitlich begrenzten Kapitalnutzung mit der Verpflichtung zur Rückerstattung zum vereinbarten Termin, spätestens nach Ablauf der Vertragsdauer. Es handelt sich um ein auf die Überlassung von Zahlungsmitteln (gleich welcher Währung) für einen unbestimmten oder bestimmten Zeitraum gerichtetes Dauerschuldverhältnis. Der Darlehensvertrag kommt formfrei durch übereinstimmende Willenserklärungen (§§ 145 ff) schon vor Auszahlung der Darlehensvaluta zustande, die eine bloße Erfüllungshandlung darstellt. § 488 I folgt somit endgültig der Lehre vom Konsensualvertrag (BTDrs 14/6040, 253). Diese Entwicklung hat sich schon unter der Geltung des früheren VerbrKrG abgezeichnet. Auch dort war der Abschlusstatbestand des Darlehensvertrags mit der (späteren) Hingabe des Darlehens nicht gleichzusetzen (§§ 1 II, 6 II 1 VerbrKrG); das bedeutete den Abschied von der früher herrschenden Realvertragstheorie. Im Hinblick darauf bedurfte das Vereinbarungsdarlehen (§ 607 II aF) keiner gesonderten Regelung mehr; die Umwandlung einer anderen Schuld in ein Darlehen wird nunmehr von § 311 I erfasst. Nach dem Gesetzeswortlaut ist das entgeltliche Darlehen der Regelfall. Der Darlehensgeber schuldet als synallagmatische Hauptpflicht das Verschaffen und Belassen des Geldes, der Darlehensnehmer die Abnahme der vereinbarten Geldsumme und die Zinszahlung, wobei die Verwendbarkeit des Darlehens allein in seinen Risikobereich fällt (NJW 91, 1817). Bei Nichtabnahme kann den Darlehensnehmer eine Entschädigungspflicht treffen (zur Berechnung des Nichterfüllungsschadens BGHZ 146, 5; § 490 Rn 5); eine Schadenspauschalierung in AGB ist grds zulässig (3 %, in Einzelfällen bis zu 4,5 % des Darlehensnennbetrags; BGH NJW 98, 683; 90, 981; NJW-RR 86, 467). Das unentgeltliche (zinslose) Darlehen ist demgegenüber ein zweiseitiger Vertrag, bei dem sich die Pflicht zur Darlehensgewährung und die zur Rückerstattung ggü stehen. Der Gewährung von Sicherheiten liegt regelmäßig ein Sicherungsvertrag (Zweckabrede) zugrunde, der selbständig neben den Darlehensvertrag tritt. Bei einer Mehrheit von Schuldnern kommt neben einer echten Mitdarlehensnehmerschaft eine einseitig verpflichtende Mithaftungsübernahme (Schuldbeitritt) in Betracht. Darlehensnehmer ist in aller Regel, wer für den Darlehensgeber erkennbar ein eigenes sachliches oder persönliches Interesse an der Kreditaufnahme hat sowie über die Auszahlung und Verwendung der Darlehensvaluta mitbestimmen darf; auf seitens der Bank einseitig gewählte Bezeichnungen im Vertrag kommt es dabei nicht an (BGHZ 146, 37, 41; NJW 05, 973; NJW-RR 04, 924; ZIP 02, 210; NJW 02, 2705).
2 Den Darlehensgeber trifft eine bloße Wertverschaffungspflicht (BTDrs 14/6040, 253), mit der er nach der Natur des Darlehens in Vorleistung zu treten hat. Er hat den Geldbetrag in bar, durch Überweisung, Kontogut-

schrift oder Einräumung eines Überziehungsrahmens zur Verfügung zu stellen; besondere Vereinbarungen darüber stehen den Parteien frei. Die Darlehensvaluta muss nicht notwendig an den Darlehensnehmer selbst fließen. Sie kann auf dessen Veranlassung an einen Dritten gezahlt werden (BGH NJW-RR 86, 140; § 494 Rn 5), der allerdings nicht im (Sicherungs-)Interesse des Darlehensgebers eingeschaltet sein darf. Der Darlehensgegenstand muss aus dem Vermögen des Darlehensgebers ausgeschieden und dem Vermögen des Darlehensnehmers endgültig zugeführt werden (BGH NJW-RR 97, 1460; 89, 947; NJW 78, 2294; WM 65, 496). Maßgeblich ist, inwieweit der Darlehensgeber den Dritten in der Verwendung der überwiesenen Valuta kontrollieren kann und dieser zur Weiterleitung des Geldes seiner Zustimmung bedarf (BGH NJW-RR 86, 140). Ein Darlehensempfang ist dann zu verneinen, wenn das Geld auf ein Treuhand- bzw Anderkonto des Notars geht und den Auszahlungsbetrag nicht als Vertreter des Darlehensnehmers, sondern als Treuhänder der Bank erhält (BGH ZIP 98, 1631; NJW 85, 1831; 86, 2947), denn dann ist die Darlehensvaluta dem Vermögen des Darlehensnehmers gerade noch nicht endgültig zugeflossen. Die Verpflichtung zur Zinszahlung (Rn 3) hängt vom Parteiwillen ab. Sie wird regelmäßig mit dem (endgültigen) Darlehensempfang beginnen, abw Abreden sind indes möglich und liegen vor allem für die Zeit nahe, in der die Darlehensvaluta zwar dem Vermögen des Darlehensnehmers noch nicht zugeflossen ist, sich aber bereits auf einem Notartreuhandkonto befindet, also vom Darlehensgeber nicht anderweitig genutzt werden kann (BGH NJW 85, 730 und 1831).

II. Zinsen. Der Darlehensnehmer hat beim entgeltlichen Darlehen (Rn 1) dem Darlehensnehmer Zinsen zu zahlen. Diese stellen die Vergütung für die Übertragung der Kapitalnutzungsmöglichkeit durch den Gläubiger dar (BGHZ 80, 153, 166; NJW 00, 2818; NJW-RR 89, 947). Ist keine andere Bestimmung erfolgt, tritt ihre Fälligkeit nach Ablauf je eines Jahres ein, bei kürzerer Laufzeit sind die Zinsen bei Rückerstattung des Darlehens zu entrichten. Die Zinspflicht beginnt im Zweifel mit dem Empfang des Darlehens (Rn 2). Ist kein bestimmter Zinssatz vereinbart, gilt der gesetzliche (§§ 246, 352 HGB). Die Zinspflicht besteht längstens bis zur Beendigung des Darlehensvertragsvertrags, weil dann das Kapitalnutzungsrecht (Rn 1; § 492 Rn 2) entfällt; danach können nur noch Verzugszinsen (§§ 288, 497 I) in Ansatz gebracht werden. Zinsen sind stets laufzeitabhängig und vom Entgelt für die Kapitalbeschaffung abzugrenzen (BGH NJW 79, 808; „Bearbeitungsgebühr"). Auch bei einem auf erste Sicht „zinslosen" Darlehen können Leistungsverpflichtungen des Darlehensnehmers bestehen, die sich bei näherem Betrachten als Zinsersatz darstellen. Typisches Beispiel ist das *Disagio* (Damnum). Es hat in der heutigen Zeit seine Funktion als Abgeltung des einmaligen Verwaltungsaufwands bei der Kreditbeschaffung weitgehend verloren und dient idR nur noch als Rechenfaktor für die Zinsbemessung während des Zinsfestschreibungszeitraums. Nominalzinshöhe und Disagio stehen häufig in einem wechselseitigen Abhängigkeitsverhältnis, wenn nämlich der Kunde die Wahl hat, ob er ein Darlehen entweder mit einem geringen Damnum, dafür aber mit einem höheren Zins, oder mit einem höheren Disagio, aber niedrigerem Zinssatz aufnehmen will (BGHZ 133, 355, 358; 111, 287, 289; NJW 00, 352 und 2818; 95, 2778; 94, 379; anders für zinsverbilligte Kredite aus öffentlichen Förderprogrammen BGH NJW 94, 47; 92, 2285). Wird ein vereinbartes Disagio bei Auszahlung des Darlehens einbehalten, verstößt die Verzinsung der gesamten Darlehenssumme unter Einschluss des Disagios nicht gegen das Zinseszinsverbot des § 248 I (BGH NJW 00, 352). Der Darlehensnehmer kann das unverbrauchte Disagio zurückfordern, wenn er wirksam kündigt, nicht aber wenn der Darlehensgeber wegen schuldhafter Vertragsverletzung kündigt oder der unkündbare Darlehensvertrag auf Wunsch des Darlehensnehmers aufgehoben wird (BGHZ 133, 355, 358; NJW 93, 3257). Der zeitanteiligen Berechnung des zu erstattenden Betrags ist idR nicht die gesamte Laufzeit des Darlehens zugrunde zu legen, sondern der Zeitraum, für den ein fester Zins vereinbart ist (BGH NJW 95, 2778). Zinscap-Abreden legen für die Verzinsung eine Obergrenze fest, die während der cap-Laufzeit nicht überschritten werden darf. Dafür zahlt der Darlehensnehmer einen Geldbetrag, meist erreicht er damit einen verringerten Nominalzins. Solche Abreden können einer Disagiovereinbarung gleichstehen (*Brutschke* VuR 96, 43, 46; vgl AG Schlesw WM 96, 630).

Unter **Bereitstellungs„zinsen"** ist die vom Darlehensgeber verlangte Vergütung für die Bereithaltung der versprochenen Darlehensmittel zu verstehen. Es handelt sich um eine Provision, die dem Darlehensgeber einen Ausgleich für die eingeschränkte Verfügbarkeit über das Kapital gibt, das dem Darlehensnehmer auf Abruf zur Verfügung zu stehen hat (BGH NJW-RR 86, 467). Ihrer Qualifikation als echte (akzessorische) Darlehenszinsen steht entgegen, dass es vor Auszahlung der Valuta an einer Kapitalschuld des Darlehensnehmers fehlt, aus der sie sich errechnen können (aA *Mülbert* AcP Bd 192, 447, 507); diese prinzipielle Abhängigkeit der Zinsschuld von der Kapitalschuld kann auch durch Parteivereinbarung nicht überwunden werden. Beim **Forward-Darlehen** schließen Darlehensgeber und Darlehensnehmer einen Vertrag über ein Darlehen, das erst später zur Auszahlung gelangen soll (Forward-Zeit, regelmäßig ein bis drei Jahre; *Rösler* WM 00, 1930), ohne dass der Darlehensgeber dafür Bereitstellungszinsen verlangt. Stattdessen werden eine Forward-Prämie oder ein (höherer) Forward-Zinssatz berechnet. Zum **Überziehungszins** § 493 Rn 8.

III. Rückerstattung. Ist für die Rückerstattung des Darlehens eine Zeit nicht bestimmt, so hängt die Fälligkeit nach der Regelung in III davon ab, dass Darlehensnehmer oder Darlehensgeber den Vertrag ganz oder teilweise (BGH NJW 99, 2269) kündigen. Vor Auszahlung der Darlehensvaluta kann keine ordentliche Kündigung erfolgen (arg § 490 I). Die Kündigungsfrist beträgt drei Monate; abw Parteivereinbarungen sind zulässig (Köln OLGR 99, 215). Daneben können Kündigungsrechte nach den §§ 489, 490 in Betracht kommen. Sind Zinsen nicht geschuldet, so ist der Darlehensnehmer auch ohne Kündigung zur Rückerstattung berechtigt. Bei ungenehmigter Kontoüberziehung (§ 493 Rn 7) liegt bereits kein Darlehensvertrag vor. Es ist daher eine jederzeitige Rückforderung möglich, ohne dass es einer Kündigung durch den Darlehensgeber bedürfte. Die Rückerstattungspflicht des Darlehensnehmers ist ebenfalls eine reine Wertverschaffungspflicht (Rn 2). Sie beschränkt sich auf den Nominalwert des gewährten Darlehens. Inflationsbedingte Wertverluste gehen zu Lasten des Darlehensgebers; die Zulässigkeit von Wertsicherungsklauseln beurteilt sich nach § 2 PaPkG.

6   **IV. Beweislast.** Den Abschluss des Darlehensvertragsvertrags hat nach allgemeinen Grundsätzen derjenige zu beweisen, der sich darauf beruft (Saarbr OLGR 03, 135; Kobl OLGR 99, 26). Den Darlehensgeber trifft zusätzlich die Beweislast für die Auszahlung der Darlehensvaluta. Hat der Darlehensgeber diesen Nachweis geführt, ist zu unterscheiden: Da der entgeltliche Darlehensvertrag nach dem Gesetz der Regelfall ist (Rn 1), muss er nicht zusätzlich die Verzinslichkeit beweisen (anders BaRoth/*Rohe* Rn 51; AnwK/*Reiff* Rn 5); es ist vielmehr Aufgabe des Darlehensnehmers, die von ihm behauptete Unverzinslichkeit des Darlehens zu belegen. Für die Zinshöhe ist der Darlehensgeber beweispflichtig, wenn er einen höheren Zins als den gesetzlichen geltend macht, für einen niedrigeren als den gesetzlichen hingegen der Darlehensnehmer. Die Fälligkeit des Rückerstattungsanspruchs bei Darlehen mit bestimmter Laufzeit (Rn 5) und die Fälligkeit seines Zinsanspruchs (Rn 3) muss wiederum der Darlehensgeber beweisen. Die Voraussetzungen einer erfolgreichen Kündigung hat die Partei nachzuweisen, die Rechtswirkungen daraus ableiten möchte.

7   **B. Besondere Erscheinungsformen des Darlehens.** Für den **Ratenkredit** ist typisch, dass der Darlehensbetrag (zzgl Zinsen, Einmalkosten und sonstigen laufzeitabhängigen Kosten) nicht durch eine einmalige Leistung zurückzuzahlen, sondern in periodischen (meist monatlichen) Raten abzutragen ist. Der Zinssatz bleibt über die gesamte Laufzeit fest. In Abweichung von § 367 ist ausdrücklich oder stillschweigend vereinbart, dass Kapital und Darlehenskosten mit jeder Rate zu gleichen Teilen getilgt werden. Im Allgemeinen sind die Raten gleich bleibend. Eine Sonderform ist der Blockratenkredit, bei dem eine der zu zahlenden Raten höher als die übrigen ist (Ballonrate). Eine solche Vereinbarung wird meist dann getroffen, wenn der Darlehensnehmer zum Zeitpunkt der Fälligkeit der Rate einen größeren Geldbetrag erwartet, aus dem die Verpflichtung erfüllt werden soll (zur möglichen Sittenwidrigkeit BGH NJW 89, 829; NJW-RR 88, 1512; Karlsr NJW-RR 87, 299; Köln ZIP 85, 22). Der Ratenkredit kann ganz oder teilweise der Finanzierung eines anderen VertragsVertrags dienen, bei der die Lieferung einer Ware oder die Erbringung einer anderen Leistung zum Gegenstand hat, und mit diesem eine wirtschaftliche Einheit bilden; in diesem Fall sind die §§ 358, 359 zu beachten. Fehlt es an einer wirtschaftlichen Einheit iSd § 358 III zwischen finanziertem und Finanzierungsgeschäft, liegt ein bloßes Anschaffungsdarlehen vor, bei dem die Kredithingabe zweckgebunden erfolgt, um dem Darlehensnehmer eine bestimmte Anschaffung zu ermöglichen. Hat der Vertrag zwischen einem Unternehmer (§ 14) und einem Verbraucher (§ 13) einen entgeltlichen Sach- oder Dienstleistungskredit zum Gegenstand, handelt es sich um einen Zahlungsaufschub (Teilzahlungsgeschäft; § 499 Rn 1, 5). Beim Kontokorrentratenkredit stellt der Darlehensgeber dem Darlehensnehmer einen bestimmten Kreditrahmen zur Verfügung, über den dieser ganz oder teilweise (revolvierend) verfügen kann. Rückzahlungen sind jederzeit möglich, haben aber regelmäßig wenigstens in Höhe einer bestimmten monatlichen Mindestrate zu erfolgen. Vgl noch Rn 9.

8   Beim **Annuitätendarlehen** hat der Darlehensnehmer über die Laufzeit des VertragsVertrags bis zur vollständigen Tilgung der Darlehenssumme eine jährlich gleich bleibende Leistung (Annuität) zu erbringen. Darauf zahlt er konstante (monatliche) Raten. Der Anteil von Zins und Tilgung an diesen Raten wird auf Grundlage der jeweils verbleibenden Restschuld berechnet, so dass im Laufe der Zeit der Zinsanteil allmählich abnimmt und der Tilgungsanteil entspr wächst. Verwendet der Darlehensgeber in seinen AGB nachschüssige Zinsberechnungsklauseln, werden die Zinsen nicht nach der tatsächlich bestehenden Kapitalschuld berechnet, sondern nach dem Stand des Kapitals zum Schluss des vorangegangenen Tilgungszeitraums. Solche belastenden Klauseln genügen dem Transparenzgebot (§ 307 I 2) nicht, wenn es Aufgabe des Kunden bleibt, zwischen Zinsberechnung und Tilgungsverrechnung einen inneren Zusammenhang herzustellen und zu erkennen, dass bereits getilgte Schuldbeträge weiter zu verzinsen sind (BGHZ 116, 1, 3; 112, 115, 116; 106, 42, 49; NJW 97, 1068; ZIP 95, 1171; 92, 105). Das Annuitätendarlehen ist vor allem bei grundpfandrechtlich gesicherten Krediten üblich (vgl § 20 II HypBankG; vgl ferner § 491 Ia 2). Verständigen sich Realkreditgeber und Darlehensnehmer auf eine **Abschnittsfinanzierung**, wird für die Dauer eines kongruenten Refinanzierungszeitraums eine Festzinsvereinbarung getroffen. Bei der echten Abschnittsfinanzierung ist das Ende der Zinsfestschreibungsperiode gleichbedeutend mit dem Ende der Laufzeit des Darlehens. Kommt es zu einer Anschlussvereinbarung, liegt ein eigenständiger Darlehensvertrag unter Begründung eines neuen Kapitalnutzungsrechts (Rn 1; § 492 Rn 2) vor. Demgegenüber wird dem Darlehensnehmer bei der unechten Abschnittsfinanzierung ein Kapitalnutzungsrecht für die gesamte Laufzeit des Kredits bis zu dessen Tilgung zugebilligt; lediglich die Konditionen dafür werden abschnittsweise einvernehmlich oder durch einseitiges Bestimmungsrecht des Darlehensgebers (Zinsanpassungsklausel; § 489 Rn 5) festgelegt.

9   Der **Krediteröffnungsvertrag (Kontokorrentkredit)** ist ein Rahmenvertrag, in dem die Darlehenskonditionen vorab festgelegt werden. Dem Darlehensnehmer wird eine Kreditlinie eingeräumt, über die er nach Bedarf

verfügen kann. Sie ist revolvierend nutzbar, so dass der Darlehensnehmer innerhalb des Limits den Kredit beliebig oft in Anspruch nehmen kann. Ruft er den Kredit ganz oder teilweise ab, tätigt er lediglich ein unselbständiges Ausführungsgeschäft (§ 492 Rn 2; § 493 Rn 1 ff; § 494 Rn 4; § 495 Rn 4). Eine Verpflichtung zur Erbringung einer (Mindest-)Rückzahlungsrate in periodischen Abständen besteht nicht. Die – meist variablen – Zinsen werden entspr der getroffenen Vereinbarung in monatlichen bis vierteljährlichen Zeitabschnitten gebucht und in ein Periodenkontokorrent eingestellt (vgl BGHZ 80, 172, 176; 50, 277, 280; BGH WM 72, 283, 284). Während der Periode sind die unter die Kontokorrentabrede fallenden Ansprüche beider Teile gebunden und von der eigenständigen Geltendmachung ausgeschlossen. Sie werden bei Abschluss der Periode unter Anrechnung etwaiger erbrachter Leistungen durch den Saldoanspruch ersetzt (Novation). Die Zinsen für die betreffende Periode werden kapitalisiert und nach ihrer Einstellung in das Kontokorrent in der folgenden Verrechnungsperiode einer weiteren Verzinsung unterstellt (§ 355 I HGB). Ein ausdrückliches Kontokorrentverbot enthält § 497 II 1 (dort Rn 7).

Der **Festkredit** ist langfristig ausgelegt. Er findet sich häufig in Kombination mit einer Kapitallebensversicherung oder einem Bausparvertrag, wobei die Darlehenssumme aus den Leistungen zurückgeführt werden soll, die aus dem Versicherungs- oder Bausparvertrag fließen. Der Festkredit wird während seiner Laufzeit nicht getilgt, sondern muss im Anschluss daran in einer Summe zurückgezahlt werden; bis dahin werden vom Darlehensgeber (meist monatlich) allein die Zinsen erhoben. Daneben hat der Darlehensnehmer die Prämien zu zahlen, die er aus dem Versicherungs- oder Bausparvertrag schuldet. Es kann ein Beratungsfehler der Bank vorliegen, wenn sie eine Kombination von Festkredit und als Tilgungsersatz dienender Lebensversicherung empfiehlt, diese aber für den Darlehensnehmer ungünstiger ist als ein marktübliches Tilgungsdarlehen (BGHZ 111, 117, 120; NJW 05, 983; 03, 2529; 89, 1667; 88, 1318). Vom Festkredit zu unterscheiden ist das **Policendarlehen**. Dort wird durch "Beleihung" einer Lebensversicherung eine entgeltliche Vorschussleistung auf die erwartete Versicherungssumme erbracht.

Beim **Akzeptkredit** zieht der Kunde als Aussteller auf seine Bank einen Wechsel, der von der Bank akzeptiert wird. Die Bank übernimmt damit die Verpflichtung, den Wechsel bei Fälligkeit einzulösen. Auf dieses Akzept kann der Aussteller (Darlehensnehmer) von dritter Seite Kredit erhalten. Die Bank kann den von ihr akzeptierten Wechsel selbst ankaufen (Eigendiskont) oder den effektiven Geldkredit durch Verkauf des Wechsels an eine dritte Bank (Fremddiskont) beschaffen. Der Akzeptkredit ist Haftungskredit (§ 491 Rn 4). **Effektenlombardkredite** dienen der Finanzierung von Wertpapierkäufen, wobei die Wertpapiere zur Besicherung des Kredits an den Darlehensgeber verpfändet werden. Auch der Warenlombardkredit wird als Geldkredit gegen Verpfändung, Sicherungsübereignung oder Sicherungszession gewährt.

§ 489 Ordentliches Kündigungsrecht des Darlehensnehmers

(1) Der Darlehensnehmer kann einen Darlehensvertrag, bei dem für einen bestimmten Zeitraum ein fester Zinssatz vereinbart ist, ganz oder teilweise kündigen,

1. wenn die Zinsbindung vor der für die Rückzahlung bestimmten Zeit endet und keine neue Vereinbarung über den Zinssatz getroffen ist, unter Einhaltung einer Kündigungsfrist von einem Monat frühestens für den Ablauf des Tages, an dem die Zinsbindung endet; ist eine Anpassung des Zinssatzes in bestimmten Zeiträumen bis zu einem Jahr vereinbart, so kann der Darlehensnehmer jeweils nur für den Ablauf des Tages, an dem die Zinsbindung endet, kündigen;
2. wenn das Darlehen einem Verbraucher gewährt und nicht durch ein Grund- oder Schiffspfandrecht gesichert ist, nach Ablauf von sechs Monaten nach dem vollständigen Empfang unter Einhaltung einer Kündigungsfrist von drei Monaten;
3. in jedem Fall nach Ablauf von zehn Jahren nach dem vollständigen Empfang unter Einhaltung einer Kündigungsfrist von sechs Monaten; wird nach dem Empfang des Darlehens eine neue Vereinbarung über die Zeit der Rückzahlung oder den Zinssatz getroffen, so tritt der Zeitpunkt dieser Vereinbarung an die Stelle des Zeitpunkts der Auszahlung.

(2) Der Darlehensnehmer kann einen Darlehensvertrag mit veränderlichem Zinssatz jederzeit unter Einhaltung einer Kündigungsfrist von drei Monaten kündigen.

(3) Eine Kündigung des Darlehensnehmers nach Absatz 1 oder Absatz 2 gilt als nicht erfolgt, wenn er den geschuldeten Betrag nicht binnen zwei Wochen nach Wirksamwerden der Kündigung zurückzahlt.

(4) ¹Das Kündigungsrecht des Darlehensnehmers nach den Absätzen 1 und 2 kann nicht durch Vertrag ausgeschlossen oder erschwert werden. ²Dies gilt nicht bei Darlehen an den Bund, ein Sondervermögen des Bundes, ein Land, eine Gemeinde, einen Gemeindeverband, die Europäischen Gemeinschaften oder ausländische Gebietskörperschaften.

A. Allgemeines. Die – § 609 a aF entspr – Vorschrift gesteht dem Darlehensnehmer über § 488 III hinaus weitere ordentliche Kündigungsrechte (I, II) zu. Diese sollen ihn vor überlanger Darlehensbindung schützen und Umschuldungen erleichtern. Die Kündigungsrechte sind zwingend ausgestaltet (IV 1). Vereinbarungen, die sie ganz oder teilweise ausschließen oder erschweren (zB Vertragsstrafe, Vorfälligkeitsentschädigung), sind unwirksam (§ 134). IV 2 macht davon für bestimmte Darlehensnehmer, die keines besonderen Schutzes bedürfen, eine Ausnahme. I und II finden neben der außerordentlichen Kündigung nach § 490 I und sonstigen Kündigungstatbeständen Anwendung. Die **Beweislast** für sämtliche Voraussetzungen seines Kündigungsrechts trägt der Darlehensnehmer, also ggf auch für seine Verbrauchereigenschaft (Rn 3). Vgl ferner § 504 Rn 2.

2 **B. Darlehen mit Festzinsvereinbarung (I).** Es muss ein Gelddarlehensvertrag (§ 488) vorliegen, der für einen bestimmten Zeitraum einen festen – nicht lediglich bestimmbaren – Zinssatz (§ 488 Rn 3) vorsieht. Hinzu treten die weiteren Voraussetzungen der Nr 1–3; allein dann kann der Darlehensnehmer das Darlehen ganz oder teilweise (§ 490 Rn 3) kündigen. In den Fällen der **Nr 1** endet die Zinsbindung vor der für die Rückzahlung des Darlehens bestimmten Zeit, ohne dass eine neue Vereinbarung über den Zinssatz getroffen wird (Hs 1). Für letztere ist ein einverständliches Zusammenwirken der Vertragsparteien erforderlich; die Ausübung eines einseitigen Bestimmungsrechts nach § 315 I genügt nicht. Unter Hs 2 fallen vor allem Rollover-Kredite, die an Referenzzinssätze gebunden sind. Die jeweiligen Zeiträume können innerhalb des vorgegebenen Jahresrahmens variieren; wird dieser jedoch überschritten, kann allein Hs 1 einschlägig werden. Die Kündigungsfrist von einem Monat ist für beide Konstellationen der Nr 1 zu beachten; die Auszahlung der Darlehensvaluta braucht der Darlehensnehmer nicht abzuwarten.

3 Nr 2 sieht vor, dass ein festverzinsliches Darlehen schon vor Ablauf der Zinsbindung gekündigt werden kann, wenn es einem Verbraucher (§ 491 Rn 4 ff) gewährt wurde und nicht grund- oder schiffspfandrechtlich gesichert ist. Es genügt, dass der Darlehensnehmer Verbraucher iSd § 13 ist. Die Person des Darlehensgebers ist für das Kündigungsrecht nicht maßgeblich; er kann ebenfalls Verbraucher oder auch Unternehmer (§ 14) sein. Zur Mischnutzung vgl § 491 Rn 4. Existenzgründer sind keine Verbraucher (§ 507 Rn 1). Das Darlehen muss zumindest zu seinem überwiegenden Teil dinglich besichert sein (§ 492 Rn 13). Die Bestellung der Sicherheit muss bei Abschluss des Darlehensvertragsvertrags oder später schuldrechtlich vereinbart werden, ohne dass es bereits des sachenrechtlichen Vollzugs bedarf (BTDrs 10/4741, 23 zu § 609a aF; Stuttg OLGR 99, 113; enger MüKo/*Berger* Rn 22). Anders als bei den Immobiliardarlehensverträgen (§ 491 Ia 2) kommt es nicht darauf an, ob das Darlehen zu Bedingungen zur Verfügung gestellt wird, die für grundpfandrechtlich abgesicherte Darlehensverträge üblich sind. Eine kurzfristige Freigabe der Sicherheit führt nicht dazu, dass dem Darlehensnehmer im Nachhinein das Kündigungsrecht eröffnet ist (Stuttg aaO). Die Kündigungsfrist führt zu einer faktischen Darlehenslaufzeit von neun Monaten; sie beginnt mit dem vollständigen Empfang des Darlehens (§ 494 Rn 5).

4 Nr 3 erfasst die langfristigen Darlehen und bringt zugleich die Grenze der rechtlich geschützten Zinserwartung des Darlehensgebers (10 ½ Jahre; § 490 Rn 5) zum Ausdruck. Bei Prolongationsvereinbarungen, die sich auf die Zeit der Rückzahlung oder den Zinssatz beziehen, tritt der Zeitpunkt der Vereinbarung an die Stelle des Zeitpunkts der Auszahlung. Räumt der Darlehensgeber dem Darlehensnehmer – etwa im Zuge einer Umschuldung – weitergehend ein neues Kapitalnutzungsrecht ein (§ 488 Rn 1; § 492 Rn 2), liegt ohnehin ein neuer Kreditvertrag vor, der hinsichtlich seiner Kündigungsvoraussetzungen selbständig zu beurteilen ist.

5 **C. Darlehen mit variablem Zinssatz (II).** Zu II gehören alle Darlehensverträge, bei deren Abschluss kein fester Zinssatz für einen bestimmten Zeitraum vereinbart wurde und bei denen deshalb jederzeit eine Änderung der Zinshöhe eintreten kann, etwa infolge von Zinsgleit- oder Zinsänderungsklauseln. Letztere entspringen dem Bedürfnis der Banken, ihre Darlehensbedingungen – insbes den Zinssatz – den wechselnden und bei Vertragsabschluss meist nicht überschaubaren künftigen Refinanzierungsmöglichkeiten anzupassen. Allerdings dürfen formularmäßige Klauseln, um einer Inhaltskontrolle nach § 307 standzuhalten, die Bank nicht nur zur Erhöhung des Zinssatzes berechtigen, sondern müssen sie bei sinkendem Zinsniveau auch zur Herabsetzung des dem Kunden berechneten Zinssatzes verpflichten (BGHZ 118, 126, 131; 97, 212, 217). Die Kündigungsfrist für Darlehen iSd II beträgt drei Monate; sie läuft vom Abschluss des Darlehensvertragsvertrags an („jederzeit"; aA BaRoth/*Rohe* Rn 23). Eine Teilkündigung ist ausgeschlossen. Den Parteien steht es jedoch frei, Abweichendes zu vereinbaren, weil hierin zugunsten des Darlehensnehmers eine Erleichterung in den Kündigungsvoraussetzungen liegt. Wird im Darlehensvertrag auf den Basiszinssatz Bezug genommen, liegt eine Zinsabrede vor, die bis zum jeweils nächstfolgenden 1. 1. oder 1. 7. fest ist, weil sich der Basiszinssatz nach dem Gesetz (§ 247 I) nur zu diesen Zeitpunkten ändern kann. Solche Zinsklauseln sind daher nicht unter II einzuordnen.

6 **D. Fiktion unterbliebener Kündigung (III).** III schützt die berechtigten Interessen des Darlehensgebers. Eine Kündigung nach I oder II gilt als nicht erfolgt, wenn der Darlehensnehmer den geschuldeten Betrag nicht binnen zweier Wochen nach Wirksamwerden der Kündigung zurückzahlt. Dadurch soll verhindert werden, dass er sich durch die Kündigung des Darlehens ohne gleichzeitige Rückführung der Restschuld in den Genuss eines gegenüber dem Vertragszins niedrigeren Verzugszinssatzes bringt. Der Darlehensnehmer muss das Darlehen bereits empfangen oder in Anspruch genommen haben (§ 494 Rn 5). Nur für diesen Fall wird die Rechtsbeständigkeit der Kündigung mit der Darlehensrückzahlung verknüpft; darin liegt ein weiteres gesetzliches Erfordernis für eine erfolgreiche Kündigung (Rechtsbedingung). Bis zum fruchtlosen Ablauf der zwei-

wöchigen Frist ist die Kündigung entspr dem Wortlaut des III schwebend wirksam. Kommt es nicht zur Rückführung, besteht der Darlehensvertrag unverändert fort. Der Darlehensgeber darf die Annahme des Kreditbetrags nicht ablehnen, anderenfalls die Rechtsbedingung in analoger Anwendung des § 162 II als nicht eingetreten gilt.

Der Darlehensnehmer hat den ihm tatsächlich zugeflossenen Nettodarlehensbetrag (vgl § 491 Rn 10) zurückzuführen. Hat er an den Darlehensgeber vor Ausübung des Kündigungsrechts bereits Zahlungen geleistet, sind diese mit ihrem Tilgungsanteil von seiner Rückzahlungsverpflichtung in Abzug zu bringen. Für die Rückzahlung steht eine zweiwöchige Frist zur Verfügung. Diese bemisst sich gem §§ 187 I, 188 II, 193 ab dem Zeitpunkt des Wirksamwerdens der Kündigung; insoweit kommt es auf deren Zugang an. Die Rückzahlungsverpflichtung ist als Geldschuld eine qualifizierte Schickschuld (§§ 270 IV, 269 I). Für die Rechtzeitigkeit der Leistung ist entscheidend, dass der Schuldner binnen der Frist das seinerseits Erforderliche getan hat (zB Erteilung eines Überweisungsauftrags, dessen Ausführung durch entspr Deckung auf dem Konto gesichert ist). Dass eine fristgerechte Rückzahlung erfolgt ist, hat im gegebenen Fall der Darlehensnehmer nachzuweisen.

Bei Mitschuldnern (§ 488 Rn 1) ist zu prüfen, ob im Falle einer erfolgreichen Kündigung auch die übrigen Kreditverhältnisse von der Unwirksamkeitsfolge betroffen wären (§ 139; vgl § 495 Rn 7). Ist dies zu bejahen, muss allein der kündigende Darlehensnehmer für eine fristgerechte Rückführung des Darlehensbetrags sorgen, nicht jedoch die anderen Darlehensnehmer, da diese nicht selbst gekündigt haben, sondern nur an den Folgen der Kündigung ihres Mitschuldners teilhaben. Haben die übrigen Kreditverhältnisse trotz des Ausscheidens eines der Darlehensnehmer Bestand, ist eine Rückführung des Darlehens für die Wirksamkeit der Kündigung nicht erforderlich. Denn zum einen ist der Darlehensgeber durch die Haftung der verbleibenden Kreditnehmer gesichert; zum anderen ergäben sich sonst unbillige Ergebnisse für den kündigenden Darlehensnehmer. Der zahlende Gesamtschuldner würde über § 426 II im Wege des gesetzlichen Forderungsübergangs vom Darlehensgeber einen noch nicht fälligen Anspruch gegen die anderen Darlehensnehmer erwerben. Denn diese wollen am Vertrag festhalten und sind zur vorzeitigen Rückführung deshalb gerade nicht verpflichtet; auch aus § 426 I folgt kein anderes Ergebnis. Der zahlende Gesamtschuldner müsste den regulären Verlauf der anderen Kreditverhältnisse abwarten, bis er gegen seine Mitschuldner Ansprüche geltend machen könnte.

§ 490 Außerordentliches Kündigungsrecht

(1) Wenn in den Vermögensverhältnissen des Darlehensnehmers oder in der Werthaltigkeit einer für das Darlehen gestellten Sicherheit eine wesentliche Verschlechterung eintritt oder einzutreten droht, durch die die Rückerstattung des Darlehens, auch unter Verwertung der Sicherheit, gefährdet wird, kann der Darlehensgeber den Darlehensvertrag vor Auszahlung des Darlehens im Zweifel stets, nach Auszahlung nur in der Regel fristlos kündigen.
(2) ¹Der Darlehensnehmer kann einen Darlehensvertrag, bei dem für einen bestimmten Zeitraum ein fester Zinssatz vereinbart und das Darlehen durch ein Grund- oder Schiffspfandrecht gesichert ist, unter Einhaltung der Fristen des § 489 Abs. 1 Nr. 2 vorzeitig kündigen, wenn seine berechtigten Interessen dies gebieten. ²Ein solches Interesse liegt insbesondere vor, wenn der Darlehensnehmer ein Bedürfnis nach einer anderweitigen Verwertung der zur Sicherung des Darlehens beliehenen Sache hat. ³Der Darlehensnehmer hat dem Darlehensgeber denjenigen Schaden zu ersetzen, der diesem aus der vorzeitigen Kündigung entsteht (Vorfälligkeitsentschädigung).
(3) Die Vorschriften der §§ 313 und 314 bleiben unberührt.

A. Allgemeines. Die Vorschrift gibt Darlehensgeber und Darlehensnehmer ein Recht zur außerordentlichen Kündigung. Der Darlehensgeber kann aus wichtigem Grund kündigen, wenn die Rückzahlung des Darlehens gefährdet ist oder sich eine solche Gefährdung abzeichnet (I); die Bestimmung ersetzt § 610 in seiner früheren Fassung. Der Darlehensnehmer hat demgegenüber bei einem Darlehensvertrag mit Festzinsvereinbarung und grund- oder schiffspfandrechtlicher Sicherung das Recht, das Dauerschuldverhältnis zu kündigen, wenn seine berechtigten Interessen dies gebieten (II); er muss dem Darlehensgeber aber denjenigen Schaden ersetzen, der diesem aus der vorzeitigen Kündigung entsteht. Der Gesetzgeber wollte mit dieser Regelung die höchstrichterliche Rspr zur Vorfälligkeitsentschädigung (Rn 5) kodifizieren, um auf diese Weise größere Rechtssicherheit und Rechtsklarheit zu erreichen (BTDrs 14/6040, 254). III schließlich stellt klar, dass die Vorschriften der §§ 313, 314 und die daraus abzuleitenden Kündigungsrechte unberührt bleiben. Auch sonstige ordentliche oder außerordentliche Kündigungsrechte (§§ 488 III, 489 I, 321) können neben denen aus I und II ausgeübt werden. Allerdings braucht der Darlehensnehmer keine Vorfälligkeitsentschädigung zu zahlen, wenn er den Vertrag zusätzlich nach §§ 313, 314 kündigen könnte (Karlsr OLGR 01, 330). Vgl ferner § 498 Rn 2.

2 **B. Außerordentliches Kündigungsrecht des Darlehensgebers (I).** Die außerordentliche Kündigung nach I setzt voraus, dass nach Vertragsschluss in den Vermögensverhältnissen des Darlehensnehmers oder in der Werthaltigkeit einer für das Darlehen gestellten (Dritt-)Sicherheit objektiv eine wesentliche Verschlechterung eingetreten ist oder mit einiger Wahrscheinlichkeit zu befürchten steht, dass diese eintreten wird und der Darlehensnehmer – auch unter Berücksichtigung der Sicherheiten – bei Fälligkeit nicht in der Lage sein wird, die Darlehensverbindlichkeit zu bedienen. Der Kündigungsgrund ist nicht gegeben, wenn sich nur die Vermögensverhältnisse des Darlehensnehmers verschlechtert haben, aber hinreichende (und werthaltige) Sicherheiten zur Verfügung stehen, um den Rückzahlungsanspruch zu unterlegen. Umgekehrt kann bei den Sicherheiten ein Wertverlust eingetreten, dennoch aber ein Kündigungsgrund zu verneinen sein, weil der Darlehensnehmer in der Lage ist, das Darlehen zu bedienen. Letzterer kann einer drohenden Kündigung zudem dadurch beggenen, dass er das Darlehen nachbesichert (vgl Oldbg OLGR 05, 63). Es besteht kein Grund zur außerordentlichen Kündigung, wenn die Umstände, die dafür herangezogen werden, bereits im Zeitpunkt des Vertragsschlusses vorgelegen haben (vgl BGH NJW 02, 3167). Die Vorschrift will nicht den Darlehensgeber schützen, der sich sehenden Auges auf bestimmte Risiken eingelassen hat (zB bei Sanierungskrediten); allenfalls können Anfechtungsrechte nach §§ 119, 123 oder ein Kündigungsrecht nach § 314 bestehen, sollte dem Darlehensgeber das von Anfang an bestehende Risiko nicht bekannt gewesen sein. I hat Leitbildfunktion iSd § 307 II Nr 1; in AGB aufgenommene Erleichterungen des Kündigungsrechts sind daher regelmäßig unwirksam. Bei Gesamtschuldnern genügt es, wenn der Kündigungsgrund in der Person eines von ihnen vorliegt (vgl § 498 Rn 6, 9).

3 Das Recht zur Kündigung besteht vor Auszahlung des Darlehens (§ 488 Rn 2) im Zweifel stets, wenn nicht die Parteien ausdrücklich oder stillschweigend etwas anderes vereinbart haben. Zeichnet sich bereits zu diesem frühen Zeitpunkt ab, dass der Darlehensgeber das Darlehen vom Darlehensnehmer höchstwahrscheinlich nicht zurückerhalten wird, kann von ihm eine Auszahlung des Darlehens nicht verlangt werden. Nach Auszahlung des Darlehens kann der Darlehensgeber nur idR fristlos kündigen. Es ist für den Einzelfall zu prüfen, ob ihm zugemutet werden kann, das Darlehen beim Darlehensnehmer zu belassen, wenn bspw ein Abtrag der Darlehensschuld durch angemessene Ratenzahlungen angeboten wird. Die Beweislast für die Voraussetzungen seines Kündigungsrechts trägt der Darlehensgeber, während der Darlehensnehmer den Nachweis zu erbringen hat, dass ausnahmsweise keine Berechtigung zur Kündigung besteht. Die Kündigung muss in angemessener Frist erfolgen (§ 498 Rn 9). Eine Teilkündigung – etwa durch Reduzierung der Kreditlinie – ist zulässig (BGH NJW 99, 2269).

4 **C. Außerordentliches Kündigungsrecht des Darlehensnehmers (II).** Die Regelung gilt für alle Darlehensverträge iSd § 488 und nicht nur für Verbraucherkredite, auch wenn in ihr auf die Frist des § 489 I Nr 2 (dort Rn 3) verwiesen wird. Es muss sich aber immer um einen grund- oder schiffspfandrechtlich gesicherten Darlehensvertrag mit festem Zinssatz für einen bestimmten Zeitraum handeln. Weiter müssen die berechtigten Interessen des Darlehensnehmers die vorzeitige Kündigung gebieten. Das ist dann zu bejahen, wenn er ein Bedürfnis nach einer anderweitigen Verwertung der zur Sicherung des Darlehens beliehenen Sache hat (II 2); dafür trägt der Darlehensnehmer die Beweislast. Allein das Vorliegen eines günstigeren Finanzierungsangebots ist kein Kündigungsgrund (LG München I WM 04, 626). Auch sonstige Gründe, die außerhalb der wirtschaftlichen Nutzung des belasteten Objekts liegen, reichen nicht aus (Köln OLGR 03, 336). Das Kündigungsrecht hat wiederum Leitbildcharakter (Rn 2); es kann nicht zum Nachteil des Darlehensnehmers in AGB ausgeschlossen oder in seinen Voraussetzungen verschärft werden. Die Kündigung hat unter Einhaltung der Fristen des § 489 I Nr 2 zu erfolgen; daraus ergibt sich für den Darlehensvertrag eine Mindestlaufzeit von neun Monaten.

5 Den Interessen des Darlehensgebers wird dadurch Rechnung getragen, dass der Darlehensnehmer ihm im Falle der Kündigung eine Vorfälligkeitsentschädigung zu zahlen hat. Darunter ist nach der Legaldefinition in II 3 der Schaden zu verstehen, der dem Darlehensgeber aus der Kündigung erwächst. Maßgeblich dafür ist der Zeitpunkt des Wirksamwerdens (Zugangs) der Kündigung. Zur Frage, wie die Nachteile, die der Darlehensgeber durch die vorzeitige Rückzahlung erleidet, im Einzelnen zu berechnen sind, verhält sich die Vorschrift nicht; der Gesetzgeber wollte dies bewusst der Rspr überlassen (BTDrs 14/6040, 255). Die Grundsätze zur Berechnung der Nichtabnahmeentschädigung (BGHZ 146, 5, 10 ff; § 488 Rn 1) gelten entspr. Anzusetzen ist bei der rechtlich geschützten Zinserwartung des Darlehensgebers. Diese betrifft die Zinsen, welche bis zur ordnungsgemäßen Vertragsbeendigung aufgelaufen wären. Der Darlehensgeber kann den Zinsmargenschaden geltend machen, also den entgangenen Nettogewinn aus dem vorzeitig abgelösten Darlehen, wobei eine Schadenspauschalierung nach § 252 statthaft ist. Wenn das vorzeitig zurückerhaltene Darlehenskapital für die Restlaufzeit des abgelösten Darlehens nur zu einem niedrigerem als dem Vertragszins wieder ausleihbar ist, liegt daneben ein Zinsverschlechterungsschaden vor. Er errechnet sich aus der Differenz zwischen Vertrags- und Wiederausleihzins, wobei eine Bank hierfür auf den Zinssatz einer laufzeitkongruenten Wiederanlage in sicheren Kapitalmarkttiteln abstellen kann, allerdings nur für den Zeitraum der rechtlich geschützten Zinserwartung (BGH NJW 91, 1817), also für maximal 10 ½ Jahre (§ 489 Rn 4). Es ist jeweils auf den Zeitpunkt der Vorfälligkeitsentschädigung in Höhe des aktiven Wiederanlagezinses abzuzinsen (BGHZ 136, 161, 166; NJW 98, 592; 97, 2878; NJW-RR 99, 842). Diese Grundsätze können, müssen aber nicht herangezogen wer-

den, wenn sich die Parteien einvernehmlich auf eine Aufhebung des Darlehensvertragsvertrags verständigt haben (BGH NJW 03, 2230). Kein Anspruch auf Vorfälligkeitsentschädigung besteht für den Darlehensgeber, wenn die Initiative für die vorzeitige Ablösung der Darlehensverbindlichkeit von ihm selbst ausgeht (Frankf OLGR 05, 630). Der Darlehensnehmer kann schließlich die Zustimmung zu einem bloßen Austausch der Sicherheit – bei sonst unverändert fortbestehendem Darlehensvertrag – beanspruchen, wenn dies dem Darlehensgeber mangels schutzwürdigen Eigeninteresses zumutbar ist, etwa weil die als Ersatz angebotene Grundschuld das Kreditrisiko ebenso gut abdeckt wie die vorhandene Sicherheit (BGHZ 158, 11). Ein Anspruch auf Vorfälligkeitsentschädigung steht dem Darlehensgeber weiter dann nicht zu, wenn der Darlehensnehmer bei ihm gleichzeitig einen Neukredit in übersteigender Höhe zu für den Darlehensgeber jedenfalls nicht schlechteren Konditionen aufnimmt (Zweibr OLGR 02, 432).

§ 491 Verbraucherdarlehensvertrag

(1) Für entgeltliche Darlehensverträge zwischen einem Unternehmer als Darlehensgeber und einem Verbraucher als Darlehensnehmer (Verbraucherdarlehensvertrag) gelten vorbehaltlich der Absätze 2 und 3 ergänzend die folgenden Vorschriften.

(2) Die folgenden Vorschriften finden keine Anwendung auf Verbraucherdarlehensverträge,
1. bei denen das auszuzahlende Darlehen (Nettodarlehensbetrag) 200 Euro nicht übersteigt,
2. die ein Arbeitgeber mit seinem Arbeitnehmer zu Zinsen abschließt, die unter den marktüblichen Sätzen liegen,
3. die im Rahmen der Förderung des Wohnungswesens und des Städtebaus auf Grund öffentlich-rechtlicher Bewilligungsbescheide oder auf Grund von Zuwendungen aus öffentlichen Haushalten unmittelbar zwischen der die Fördermittel vergebenden öffentlich-rechtlichen Anstalt und dem Darlehensnehmer zu Zinssätzen abgeschlossen werden, die unter den marktüblichen Sätzen liegen.

(3) Keine Anwendung finden ferner
1. § 358 Abs. 2, 4 und 5 und die §§ 492–495 auf Verbraucherdarlehensverträge, die in ein nach den Vorschriften der Zivilprozessordnung errichtetes gerichtliches Protokoll aufgenommen oder notariell beurkundet sind, wenn das Protokoll oder die notarielle Urkunde den Jahreszins, die bei Abschluss des Vertrags in Rechnung gestellten Kosten des Darlehens sowie die Voraussetzungen enthält, unter denen der Jahreszins oder die Kosten geändert werden können;
2. § 358 Abs. 2, 4 und 5 und § 359 auf Verbraucherdarlehensverträge, die der Finanzierung des Erwerbs von Wertpapieren, Devisen, Derivaten oder Edelmetallen dienen.

A. Einführung. Im Zuge des SchuldRModG (ergänzt durch Art 25 II OLGVertrÄndG) ist das seit dem 1.1.91 geltende VerbrKrG mit Wirkung zum 1.1.02 in das BGB integriert worden. Der Gesetzgeber hat dies zum Anlass genommen, den einheitlichen (Ober-)Begriff des „Kreditvertragsvertrags" mit seinen drei Erscheinungsformen Darlehen, Zahlungsaufschub und sonstiger Finanzierungshilfe (§ 1 II VerbrKrG) aufzugeben. Der Verbraucherdarlehensvertrag ist nunmehr mit dem allgemeinen Darlehensvertrag in einem Untertitel zusammengefasst. Die Vorschrift des § 488 bezieht sich allerdings nur noch auf Gelddarlehen, während Sachdarlehen in §§ 607 ff geregelt sind. Da der Gesetzgeber mit der Einfügung des VerbrKrG in das BGB den Verbraucherschutz nicht zurücknehmen wollte (BTDrs 14/6040, 253), ist von einem Redaktionsversehen auszugehen; auch das Sachdarlehen unterfällt somit den verbraucherkreditrechtlichen Bestimmungen (aA *Bülow* Rn 111 und NJW 02, 1145, 1146; *Mülbert* WM 02, 465). Zahlungsaufschub und sonstige Finanzierungshilfe sind Teil eines gesonderten Untertitels mit speziellen Vorschriften für Finanzierungsleasingverträge (§ 500) und Teilzahlungsgeschäfte (§§ 501, 502). Weitere Untertitel enthalten Bestimmungen für Ratenlieferungsverträge (§ 505, früher § 2 VerbrKrG), über die Anwendung des Verbraucherkreditrechts auf Existenzgründer (§ 507) sowie für das Unabdingbarkeitsgebot und das Umgehungsverbot (§ 506). Die Vorschriften über den Kreditvermittlungsvertrag (§ 1 II, §§ 15–17 VerbrKrG) sind jetzt beim Maklerrecht angesiedelt (§§ 655 a ff). Gänzlich aus dem unmittelbaren verbraucherkreditrechtlichen Regelungszusammenhang genommen sind die Vorschriften über verbundene Verträge (§§ 358, 359, vormals § 9 VerbrKrG). Übergangsvorschriften finden sich in Art 229 §§ 5, 9 I EGBGB (zur Beweislast BGHZ 113, 222, 225). Die verbraucherkreditrechtlichen Bestimmungen setzen privatrechtliches Handeln voraus. Jedoch enthält § 62 S 2 VwVfG für den öffentlich-rechtlichen Vertrag – zu dessen Abschluss es bei der Vergabe von Krediten durch die öffentliche Hand immer kann – eine Verweisung auf die Vorschriften des BGB; davon werden auch die §§ 491 ff erfasst (aA *Bülow* Rn 49).

Der sachliche Geltungsbereich des Verbraucherkreditrechts wird durch die Regelungen in II und III eingeschränkt (Rn 10 ff; vgl ferner § 499 I, III); die Beweislast für das Vorliegen eines Ausnahmetatbestands trägt der Darlehensgeber (LG Stuttg VuR 99, 157). Für den Verbraucherdarlehensvertrag als solchen enthält I 1 eine Legaldefinition. Er muss zwischen einem Unternehmer (Rn 3) und einem Verbraucher (Rn 4 ff) abgeschlossen und in jedem Fall entgeltlich sein; die Höhe des Entgelts, das der Verbraucher für die Einräumung des Kredits zu entrichten hat, spielt dabei keine Rolle. Lässt sich der Darlehensgeber lediglich den Aufwand honorieren, der mit der Prüfung der Kreditwürdigkeit des Darlehensnehmers verbunden ist, reicht das für die Annahme eines entgeltlichen Darlehens nicht aus. Auch eine Bearbeitungsgebühr, die zur Deckung der Kosten für die Ausgabe des Darlehens dient, ist keine Vergütung für die vorübergehende Kapitalnutzung. Damit der Darlehensgeber (entgeltliche) Zinsleistungen nicht als Gebühren verschleiern und den Vertrag auf diese Weise den §§ 491 ff entziehen kann, besteht eine von ihm zu widerlegende Vermutung, dass Kosten, die bei Abschluss eines Darlehensvertragsvertrags anfallen, solche sind, die in Verbindung mit der Darlehensgewährung – und nicht nur mit der Darlehensbeschaffung – stehen. Zum Zinsbegriff und zum Disagio § 488 Rn 3.

3 **B. Persönlicher Anwendungsbereich. I. Unternehmer.** Der Begriff des Unternehmers (§ 14) wird in I vorausgesetzt. Die Kreditgebereigenschaft ist nicht auf den Personenkreis beschränkt, der berufs- oder gewerbsmäßig Verbraucherkredite gewährt (so aber Ddorf NJW-RR 96, 759). Die selbständige berufliche oder gewerbliche Tätigkeit des Kreditgebers muss zudem weder hauptberuflich ausgeübt werden, noch ist es erforderlich, dass er regelmäßig Kredite vergibt (aA Ddorf aaO). Ebenso wenig muss auf Seiten des Darlehensgebers ein Handeln in Gewinnerzielungsabsicht vorliegen (BGHZ 155, 240, 245). Zugunsten des Verbrauchers wird beim Darlehensgeber der erforderliche Bezug zur gewerblichen oder selbständigen beruflichen Tätigkeit vermutet; ist er Kaufmann, folgt dies bereits aus §§ 343, 344 HGB. Kein "Kreditgeber" ist der Pfandleiher; auf ihn findet ausschl die PfandleiherVO als lex specialis Anwendung.

4 **II. Verbraucher. 1. Allgemeines.** Verbraucher (§ 13) ist jede natürliche Person (vgl BGH NJW 02, 133), die ein Rechtsgeschäft zu einem Zweck abschließt, der zum Zeitpunkt des Vertragsschlusses (BGHZ 128, 156, 162) weder ihrer gewerblichen noch ihrer selbständigen haupt- oder nebenberuflichen Tätigkeit zugerechnet werden kann; die Beweislast hierfür trägt der Verbraucher. Maßgeblich ist, wofür der Kredit aufgenommen werden soll oder welchen Zwecken der mit den Kreditmitteln finanzierte Gegenstand dient (Naumbg OLGR 98, 210). Wenn der Verbraucher dem Darlehensgeber einen privaten Verwendungszweck vortäuscht, kann es ihm versagt sein, sich auf die §§ 491 ff zu berufen (§ 242; BGH ZIP 05, 357). In Fällen sog **Mischnutzung** (zB PKW, der privaten und gewerblichen Fahrten dient) ist darauf abzustellen, auf welcher Nutzungsart das Schwergewicht liegt (Naumbg aaO: überwiegende Nutzung). Wird die zur Verfügung gestellte Kreditsumme für den Erwerb mehrerer Gegenstände eingesetzt, die teils der privaten, teils der gewerblichen Nutzung zugeführt werden, kann eine Aufspaltung des Kreditvertrags in Betracht kommen (vgl BGH NJW 84, 2292; 83, 2027). Wird der Verbraucherdarlehensvertrag unter Einschaltung eines rechtsgeschäftlichen oder gesetzlichen Vertreters abgeschlossen, muss der Vertretene die Voraussetzungen des § 13 erfüllen (vgl BGH NJW-RR 91, 1074). Bei Strohmanngeschäften kommt es auf die Person des Strohmanns an. Ist der Kredit für dessen gewerbliche Tätigkeit bestimmt, gelangen die §§ 491 ff nicht zur Anwendung (BGH NJW 02, 2030).

5 Ob der Kreditnehmer als unselbständiger Arbeitnehmer (oder arbeitnehmerähnliche Person; BAG NJW 98, 701) anzusehen oder ob eine selbständige berufliche Tätigkeit anzunehmen ist, beurteilt sich nach den Kriterien des § 84 I 2 HGB. Den Schutz der §§ 491 ff können dabei auch Scheinselbständige für sich beanspruchen. Organmitglieder juristischer Personen üben keine selbständige Tätigkeit aus (BGHZ 49, 30, 32). Die Geschäftsführung einer GmbH ist daher angestellte berufliche Tätigkeit (BGHZ 144, 370, 380; 133, 71, 78 und 220, 223; NJW 06, 431). Ebenso gehört die Verwaltung eigenen oder fremden Vermögens zum privaten Bereich, selbst wenn dieses eine beträchtliche Höhe erreicht hat und seine weitere Mehrung durch Anlagegeschäfte angestrebt wird (BGHZ 149, 80, 86; 74, 273, 276; 63, 32, 33; BFH DB 04, 410; BFHE GrS 178, 86). Entscheidend ist der Umfang der zur Vermögensverwaltung entfalteten Tätigkeit. Erfordert diese einen planmäßigen Geschäftsbetrieb – wie etwa eine büro- und geschäftsmäßige Organisation –, so wird von einer beruflich betriebenen Vermögensverwaltung auszugehen sein (BGHZ aaO und 119, 252, 256; München OLGR 99, 361). Ferner ist nach der Rspr das Halten – und damit erst recht der Erwerb – eines GmbH-Geschäftsanteils regelmäßig reine Vermögensverwaltung (BGHZ 133, 71, 78 und 220, 223; NJW-RR 00, 3496; NJW 97, 1443; aA für den Alleingesellschafter-Geschäftsführer einer GmbH Hburg OLGR 98, 413; ferner Oldbg WM 00, 1935).

6 **2. Sonderfälle (Mehrheit von Verbrauchern). Gesamtschuldnern** steht, sofern sie Verbraucher sind, jeweils ein eigenes Widerrufsrecht zu, unabhängig davon, ob der Kredit als solcher eine gewerbliche oder berufliche Zweckbestimmung hat (BGHZ 144, 370, 380; KG OLGR 95, 139, 140; Celle NJW-RR 97, 1144; Brandbg OLGR 95, 189; Stuttg NJW 94, 867). Wird das Widerrufsrecht durch einen der Gesamtschuldner ausgeübt, ist anhand der allgemeinen zivilrechtlichen Vorschriften zu beurteilen, ob das Verhältnis des Darlehensgebers zu den übrigen Darlehensnehmern weiterhin Bestand hat (subj Teilnichtigkeit). Beim **Schuldbeitritt** wird die Mithaftung für die Verpflichtungen des eigentlichen Kreditnehmers übernommen, ohne dessen Anspruch auf Auszahlung des Kredits zu erlangen (zur Abgrenzung zwischen echter Mitdarlehensnehmerschaft und einseitig verpflichtender Mithaftungsübernahme BGH NJW 05, 973). Der Schuldbeitritt ist daher selbst kein Kreditvertrag. Für den Verbraucher besteht aber ein vergleichbares Schutzbedürfnis, das eine entspr Anwendung der §§ 491 ff rechtfertigt. Dabei kommt es wiederum nicht darauf an, ob neben dem Beitretenden auch der Kreditnehmer Verbraucher ist, solange nur überhaupt der Verpflichtung aus einem Kreditvertrag beigetreten

wird und es sich bei der anderen Vertragspartei um einen Kreditgeber iSd § 14 handelt (BGHZ 155, 240, 243; 144, 370, 380; 134, 94, 97; 133, 71, 74 und 220, 222; NJW 06, 431; NJW-RR 00, 3496; NJW 97, 1442 und 1443 sowie 3169; vgl auch § 495 Rn 7). Die sicherungsweise Bestellung eines Grundpfandrechts und die damit verbundene Zweckabrede sollen hingegen die Voraussetzungen eines Kreditvertragsvertrags oder eines diesem gleichstehenden Geschäfts nicht erfüllen (BGH NJW 1997, 1442; aA *Bülow* Rn 126). Dasselbe wie für den Schuldbeitritt gilt für die auf einen Kreditvertrag gerichtete befreiende **Schuldübernahme** (§ 414) und die **Vertragsübernahme** (BGHZ 142, 23, 27; zum Bierlieferungsvertrag vgl BGHZ 129, 371). Wird die Schuldübernahme – wenn auch unter Mitwirkung des Gläubigers – zwischen altem und neuem Schuldner vollzogen (§ 415) und sind beide Verbraucher, wird der Schutz der §§ 491 ff nicht ausgelöst. Für den Gläubiger läge es daher nahe, auf eine Schuldübernahme im Verhältnis zwischen Altschuldner und Neuschuldner hinzuwirken, um sich seiner Kreditgeberstellung zu entziehen. Um dieses Ergebnis zu vermeiden, sind die Rechtsbeziehungen zwischen den Parteien so zu behandeln, als wäre ein Vertrag iSd § 414 geschlossen worden (Rechtsgedanke des § 506 S 2; *Ulmer/Timmann* FS Rowedder 503, 514).

Die Regelung des § 1357 führt zu einer gesetzlich angeordneten Haftungsgemeinschaft der **Eheleute** (§§ 421 ff; BGH NJW 91, 2958). Die Formerfordernisse (§ 492) sind im Außenverhältnis nur ggü dem Ehegatten zu wahren, der das Geschäft abschließt. Der mitverpflichtete Ehegatte nimmt jedoch an den Schutzwirkungen des Verbraucherkreditrechts teil; er kann insbes das Widerrufsrecht nach § 495 I ausüben (§ 1357 I 2). Dieses ist allerdings in seinen Voraussetzungen vom Bestand des Widerrufsrechts, wie es in der Person des handelnden Ehegatten besteht, abhängig. Daher beseitigt sowohl der Widerruf des handelnden als auch der des anderen Ehegatten die vertragliche Verpflichtung in ihrer Gesamtheit; die Frage nach einer subj Teilnichtigkeit (Rn 6) stellt sich nicht. 7

Die höchstrichterliche Rspr (BGHZ 149, 80, 83 ff) behandelt auch die **GbR**, die ein nichtkommerziellen Zwecken dienendes Darlehen aufnimmt, als mögliche Normadressatin des Verbraucherkreditrechts. Die Schutzwürdigkeit der Mitglieder einer Gruppe von Kreditnehmern bleibe davon unberührt, dass sie auf gesellschaftsvertraglicher Grundlage einen gemeinsamen Zweck verfolgten; die Anerkennung der beschränkten Rechtsfähigkeit der GbR (BGHZ 154, 88, 94; 146, 341, 343 ff; 142, 315, 318; 136, 254, 257 im Anschluss an BGHZ 116, 86, 88) mit der Folge, dass der Kreditvertrag unmittelbar mit der Gesellschaft und nicht mit den einzelnen Gesellschaftern zustande komme, die lediglich in entspr Anwendung des § 128 HGB für deren Verbindlichkeiten einzustehen hätten, stehe dem nicht entgegen. Denn nach wie vor haften die Gesellschafter in aller Regel unbeschränkt mit ihrem gesamten Vermögen und seien deshalb schutzbedürftig, gleich wie ihre Haftung rechtsdogmatisch erklärt werde (zur dogmatischen Kritik iE *Kessal-Wulf* GS Sonnenschein 671, 677 ff). 8

Die **Bürgschaft**, die ein Verbraucher für die Schuld eines Dritten übernimmt, erfüllt grds nicht die Merkmale eines entgeltlichen Kreditvertrags (Stuttg OLGR 98, 147 und NJW 97, 3450; Hburg OLGR 98, 413; Rostock OLGR 98, 365; Frankf OLGR 98, 147; Ddorf ZIP 97, 2005; Hamm WM 98, 171). Der BGH hat die – unmittelbare oder analoge – Anwendbarkeit der verbraucherkreditrechtlichen Bestimmungen bislang für solche Bürgschaften verneint, die der Sicherung von Krediten dienen, die vom Hauptschuldner außerhalb der Existenzgründungsphase aufgenommen wurden (BGHZ 138, 321, 327); es wird also nach der Art der gesicherten Schuld (Geschäftskredit oder Verbraucherkredit) und nicht nach dem Schutzbedürfnis des Mithaftenden (Rn 6) differenziert. Da nach der Rspr des EuGH (NJW 00, 1323) Bürgschaftsverträge, die zur Sicherung der Rückzahlung eines Kredits geschlossen werden, auch dann nicht in den Geltungsbereich der VerbrKr-RL fallen, wenn weder der Bürge noch der Kreditnehmer im Rahmen ihrer Erwerbstätigkeit gehandelt haben, ist damit zu rechnen, dass der BGH die Anwendbarkeit der §§ 491 ff auf Bürgschaftsverträge generell verneinen wird. Mithin ist – auch unter Berücksichtigung der Warnfunktion des § 766 – die Aufnahme von Pflichtangaben (§ 492 I 5) in die Bürgschaftsurkunde bzw die Beiheftung einer Abschrift der Kreditvertragsurkunde kein Wirksamkeitserfordernis für die Bürgschaft (BGHZ 138, 321, 329). 9

C. Ausnahmetatbestände. I. Vollausnahmen (II). 1. Bagatellkredite (Nr 1). II Nr 1 enthält eine auch für andere Bestimmungen des Gesetzes (§ 492 Rn 4) maßgebliche Legaldefinition für den Begriff des „Nettodarlehensbetrags". Dieser entspricht dem „auszuzahlenden Darlehen"; Vermittlerkosten oder Vermittlerprovisionen sind demnach nicht Teil des Nettodarlehensbetrags. Bei revolvierenden Krediten und eingeräumten Überziehungskrediten (§ 493 II) ist der Höchstbetrag des Kredits maßgeblich, über den der Verbraucher verfügen kann. Allein bei der geduldeten Kontoüberziehung (§ 493 II) ist die tatsächlich in Anspruch genommene Überziehung entscheidend. Beim Zahlungsaufschub entspricht der Nettodarlehensbetrag dem Betrag, den der Verbraucher – unter Hinwegdenken des Aufschubs – bei sofortiger Zahlung zu entrichten hätte, der ihm aber eben wegen des Aufschubs einstweilen als zusätzliche Liquidität zur Verfügung steht. 10

Versäumt es der Darlehensgeber, den Nettodarlehensbetrag oder (bei Zahlungsaufschubgeschäften) den Barzahlungspreis auszuweisen, ist der Verbraucherkreditvertrag gem § 494 I, 502 II nichtig. Vorfrage ist jedoch, ob der Vertrag überhaupt den Bestimmungen der §§ 491 ff unterfällt. Das lässt sich wegen der unterbliebenen und für II Nr 1 entscheidenden Angabe nicht ohne weiteres beurteilen. In diesem Fall muss der Darlehensgeber darlegen, dass es sich um ein Bagatellgeschäft handelt und die angeführten Vorschriften deshalb nicht zur Anwendung gelangen. Der bei Teilzahlungsgeschäften dann nachträglich zu ermittelnde Barzahlungspreis 11 steht regelmäßig dem Listenpreis und nicht dem (höheren) Teilzahlungspreis gleich. Der Nachweis eines noch unterhalb des Marktpreises liegenden, auf die konkreten Verhältnisse des Darlehensgebers bezogenen Barzahlungspreises ist zulässig. Dieselben Grundsätze gelten, wenn von der Angabe des Barzahlungspreises in statthafter Weise (§ 502 I 2) abgesehen worden ist.

12 Hingegen trägt der Verbraucher die Darlegungs- und Beweislast für etwaige Umgehungstatbestände (§ 506 S 2). Ein solcher kann vorliegen, wenn ein einheitlicher Kreditbedarf künstlich in mehrere Einzelverträge aufgespalten wird, die für sich betrachtet unter die Vollausnahme des II Nr 1 fallen. Werden die Einzelverträge zeitgleich oder wenigstens zeitnah abgeschlossen bzw sind sie hinsichtlich des Verwendungszwecks der Darlehenssumme auf denselben Finanzierungsgegenstand ausgerichtet, besteht eine tatsächliche Vermutung für eine in Wahrheit gegebene rechtliche und wirtschaftliche Einheit. Anders verhält es sich bei der späteren Aufstockung eines Darlehens durch einen selbständigen zweiten Kreditvertrag, die auf einem bei Abschluss des Erstvertrags noch nicht erkennbaren höheren Kreditbedarf des Darlehensnehmers beruht. Das rechtliche Schicksal des Erstvertrags bleibt unberührt, insbes wird seine Formbedürftigkeit nicht im Nachhinein dadurch ausgelöst, dass alter und neuer Kreditbetrag zusammen oberhalb der Bagatellgrenze liegen. Handelt es sich um eine unselbständige Aufstockung (ohne Einräumung eines selbständigen Kapitalnutzungsrechts; § 488 Rn 1; § 492 Rn 2), ist eine Vereinbarung darüber nicht formbedürftig, selbst wenn die aufgestockte neue Darlehenssumme 200 Euro übersteigt (aA *Bülow* Rn 165).

13 **2. Arbeitgeberdarlehen und Förderdarlehen (Nr 2, 3).** Die Einbeziehung der Arbeitgeberdarlehen in den Schutzbereich der §§ 491 ff hat der Gesetzgeber mit der Begründung abgelehnt, dass solche Darlehen nicht öffentlich angeboten und idR zu Vorzugskonditionen gewährt werden (BTDrs 11/5462, 19). Unter den Begriff des Arbeitgeberdarlehens fallen auch Kredite, die von Unterstützungskassen gewährt werden sowie Darlehen, die Angehörige (Ehegatten, Kinder) mit Rücksicht auf die Betriebszugehörigkeit des Arbeitnehmers oder ehemalige Arbeitnehmer erhalten (Pensionärsdarlehen). Die Vollausnahme setzt (Effektiv-)Zinsen voraus, „die unter den marktüblichen Sätzen liegen". Diese werden mit dem effektiven Jahreszins verglichen, den der Arbeitnehmer aufzubringen hätte, würde er sich das Darlehen bei einem Bankinstitut (etwa als Raten- oder Kontokorrentkredit) verschaffen. Der Ausnahmetatbestand ist erfüllt, wenn die untere Streubreite marktüblicher Zinsen (zu entnehmen den Monatsberichten der Deutschen Bundesbank bzw der Europäischen Zentralbank) nicht erreicht wird.

14 II 3 nimmt bestimmte Förderdarlehen im Bereich des Wohnungswesens und Städtebaus vom Verbraucherschutz aus; die analoge Anwendung auf andere Förderkredite kommt im Hinblick darauf nicht in Betracht, dass es sich um einen – grds eng auszulegenden – Ausnahmetatbestand handelt. Erforderlich ist, dass die öffentlich-rechtliche Anstalt den Kredit direkt an den Verbraucher vergibt. Schon die Zwischenschaltung einer Hausbank, die sich anschließend bei der öffentlich-rechtlichen Anstalt refinanziert (sog durchgeleiteter Kredit), genügt, um die Privilegierung auszuschließen (BGHZ 155, 240, 247), selbst wenn der Kredit von der Hausbank lediglich treuhänderisch verwaltet wird; anders liegt es nur, sollte die Hausbank stellvertretend handeln. Der Darlehensvertrag muss mit dem Verbraucher wiederum zu Zinssätzen abgeschlossen werden, die unter den marktüblichen Sätzen liegen (Rn 13).

15 **II. Bereichsausnahmen (III). 1. Gerichtlich protokollierte oder notariell beurkundete Verbraucherdarlehensverträge (Nr 1).** Nach den Vorstellungen des Gesetzgebers zwingt die Praktikabilität – vor allem bei der sofortigen Protokollierung von Vergleichen im Termin zur mündlichen Verhandlung – dazu, diese Vereinbarungen von den Vorschriften der §§ 492-495 und § 358 II, IV und V weitgehend auszunehmen. Der erforderliche Schutz des Verbrauchers im Übrigen werde durch die gerichtliche bzw notarielle Mitwirkung sichergestellt (BTDrs 11/5462, 18). Allerdings kann ein Umgehungstatbestand nach § 506 S 2 gegeben sein, wenn eine notarielle Beurkundung einzig dem Zweck dient, die Vertragserklärung nicht dem Widerrufsrecht des Verbrauchers zu unterstellen (vgl Stuttg OLGR 99, 231). Der Ausnahmetatbestand setzt ein „nach den Vorschriften der Zivilprozessordnung errichtetes gerichtliches Protokoll", in das der Darlehensvertrag aufzunehmen ist, oder eine entspr notarielle Beurkundung voraus; die formalen Anforderungen ergeben sich aus den §§ 159 ff ZPO und den Bestimmungen des Beurkundungsgesetzes. Da III Nr 1 nur die beiden genannten Formen der gerichtlichen oder notariellen Beurkundung aufführt, sind Anwaltsvergleich (§§ 796 a-c ZPO) und Schiedsvergleich (§ 794 I Nr 4 a) nicht privilegiert. Es ist jedoch nicht erforderlich, dass ein gerichtlich protokollierter Vergleich das Verfahren abschließt; es werden auch Zwischen- oder Teilvergleiche erfasst. III Nr 1 verlangt weiter die Ausweisung des Jahreszinses (Nominalzinses), der bei Abschluss des Vertrags in Rechnung gestellten Kosten des Darlehens (dazu zählen nicht die Gerichts- und Anwaltskosten oder die Kosten der notariellen Beurkundung; BTDrs 11/5462, 18) und der Bedingungen, unter denen die Jahreszinsen oder die Kosten geändert werden können. Auf welche Weise die notwendigen Angaben gemacht werden müssen, bestimmt sich nach den Anforderungen, wie sie für die jeweilige Pflichtangabe gelten (§ 492 I 5).

16 **2. Finanzierte Risikogeschäfte (Nr 2).** Der Ausnahmetatbestand beschränkt sich darauf, die Anwendbarkeit der Regelungen über verbundene Verträge (§§ 358 II, IV, V, 359) auf finanzierte Risikogeschäfte auszuschließen. Dem Gesetzgeber erschien es untragbar, dass es dem Darlehensnehmer sonst möglich sein könnte, bei Wertpapier-, Devisen-, Derivat- oder Edelmetallkäufen im Hinblick auf § 495 I deren Risiken auf den Darle-

hensgeber abzuwälzen. Die Verbundgeschäftsregelung auch in diesem Bereich hätte nämlich zur Folge, dass der Wertpapierkäufer durch Widerruf des Darlehensvertrags zugleich dem Wertpapiergeschäft die Wirksamkeit nehmen könnte (§ 358 II 1). Auf diesem Wege könnte er während der Widerrufsfrist kursrisikofrei zu Lasten des Kreditinstituts spekulieren (BTDrs 12/4526, 13). Den Verbraucherschutz hat der Gesetzgeber dadurch als gewahrt angesehen, dass der Käufer sich jederzeit zum Tageskurs von den gekauften Wertpapieren, Devisen oder Edelmetallen wieder trennen kann.

Unter den Wertpapierbegriff fallen neben den börsengängigen Wertpapieren des Kapitalmarkts (Effekten) 17 auch „Wertrechte" oder Bucheffekten (zB Bundesanleihen, Bundesschatzbriefe; aA *Bülow* Rn 223). Zum einen ist bei den Effekten die Bedeutung der urkundlichen Verkörperung von Wertpapieren weitgehend zurückgetreten, wie das rationalisierte und automatisierte Sammelverwahrungswesen zeigt. Zum anderen besteht zwischen Effekten und Wertrechten für das verbraucherkreditrechtliche Schutzbedürfnis wertungsmäßig kaum ein Unterschied. In jedem Fall ist der Wertpapierbegriff des § 2 I WpHG zugrunde zu legen. Keine Wertpapiere in dem dargestellten Sinne sind die an Wertpapierindizes geknüpften Rechte (Derivate; § 2 II WpHG). Bei ihnen geht es vornehmlich um Spekulationen auf einen einheimischen oder inländischen Aktienindex. Der Gesetzgeber hat unbeschadet dessen die Derivate in den Katalog des III Nr 2 aufgenommen (anders zuvor § 3 II Nr 4 VerbrKrG).

§ 492 Schriftform, Vertragsinhalt

(1) ¹Verbraucherdarlehensverträge sind, soweit nicht eine strengere Form vorgeschrieben ist, schriftlich abzuschließen. ²Der Abschluss des Vertrags in elektronischer Form ist ausgeschlossen. ³Der Schriftform ist genügt, wenn Antrag und Annahme durch die Vertragsparteien jeweils getrennt schriftlich erklärt werden. ⁴Die Erklärung des Darlehensgebers bedarf keiner Unterzeichnung, wenn sie mit Hilfe einer automatischen Einrichtung erstellt wird. ⁵Die vom Darlehensnehmer zu unterzeichnende Vertragserklärung muss angeben:
1. den Nettodarlehensbetrag, gegebenenfalls die Höchstgrenze des Darlehens,
2. den Gesamtbetrag aller vom Darlehensnehmer zur Tilgung des Darlehens sowie zur Zahlung der Zinsen und sonstigen Kosten zu entrichtenden Teilzahlungen, wenn der Gesamtbetrag bei Abschluss des Verbraucherdarlehensvertrags für die gesamte Laufzeit der Höhe nach feststeht, bei Darlehen mit veränderlichen Bedingungen, die in Teilzahlungen getilgt werden, einen Gesamtbetrag auf der Grundlage der bei Abschluss des Vertrags maßgeblichen Darlehensbedingungen,
3. die Art und Weise der Rückzahlung des Darlehens oder, wenn eine Vereinbarung hierüber nicht vorgesehen ist, die Regelung der Vertragsbeendigung,
4. den Zinssatz und alle sonstigen Kosten des Darlehens, die, soweit ihre Höhe bekannt ist, im Einzelnen zu bezeichnen, im Übrigen dem Grunde nach anzugeben sind, einschließlich etwaiger vom Darlehensnehmer zu tragender Vermittlungskosten,
5. den effektiven Jahreszins oder, wenn eine Änderung des Zinssatzes oder anderer preisbestimmender Faktoren vorbehalten ist, den anfänglichen effektiven Jahreszins; zusammen mit dem anfänglichen effektiven Jahreszins ist auch anzugeben, unter welchen Voraussetzungen preisbestimmende Faktoren geändert werden können und auf welchen Zeitraum Belastungen, die sich aus einer nicht vollständigen Auszahlung oder aus einem Zuschlag zu dem Darlehen ergeben, bei der Berechnung des effektiven Jahreszinses verrechnet werden,
6. die Kosten einer Restschuld- oder sonstigen Versicherung, die im Zusammenhang mit dem Verbraucherdarlehensvertrag abgeschlossen wird,
7. zu bestellende Sicherheiten.

(1a) ¹Abweichend von Absatz 1 Satz 5 Nr. 2 ist kein Gesamtbetrag anzugeben bei Darlehen, bei denen die Inanspruchnahme bis zu einer Höchstgrenze freigestellt ist, sowie bei Immobiliardarlehensverträgen. ²Immobiliardarlehensverträge sind Verbraucherdarlehensverträge, bei denen die Zurverfügungstellung des Darlehens von der Sicherung durch ein Grundpfandrecht abhängig gemacht wird und zu Bedingungen erfolgt, die für grundpfandrechtlich abgesicherte Darlehensverträge und deren Zwischenfinanzierung üblich sind; der Sicherung durch ein Grundpfandrecht steht es gleich, wenn von einer Sicherung gemäß § 7 Abs. 3 bis 5 des Gesetzes über Bausparkassen abgesehen wird.

(2) ¹Effektiver Jahreszins ist die in einem Prozentsatz des Nettodarlehensbetrags anzugebende Gesamtbelastung pro Jahr. ²Die Berechnung des effektiven und des anfänglichen effektiven Jahreszinses richtet sich nach § 6 der Verordnung zur Regelung der Preisangaben.

(3) Der Darlehensgeber hat dem Darlehensnehmer eine Abschrift der Vertragserklärungen zur Verfügung zu stellen.

(4) ¹Die Absätze 1 und 2 gelten auch für die Vollmacht, die ein Darlehensnehmer zum Abschluss eines Verbraucherdarlehensvertrags erteilt. ²Satz 1 gilt nicht für die Prozessvollmacht und eine Vollmacht, die notariell beurkundet ist.

1 **A. Allgemeines.** Voraussetzung für eine sachgerechte Vertragsentschließung ist die Möglichkeit des Darlehensnehmers, sich über die Vertragsbedingungen und die gesamte Kostenbelastung auf sicherer Grundlage zu informieren. Der Vertrag muss daher grds schriftlich abgeschlossen werden; auch hat die Urkunde bestimmte Angaben zu enthalten, die die Kostenbelastung in nachvollziehbarer Weise deutlich werden lässt (BTDrs 11/5462, 12). Verstöße führen zur Nichtigkeit des Verbraucherdarlehensvertrags (§ 494 I), die bei Vorliegen der Voraussetzungen des § 494 II, III geheilt werden kann. Textform (§ 126 b) ist für den Verbraucherdarlehensvertrag nicht vorgesehen; die elektronische Form (§ 126 a) in I 2 ausgeschlossen. Letzteres war mit Blick auf das Schriftlichkeitserfordernis in Art 4 I der VerbrKR-RL erforderlich; Art 1 III der Richtlinie über den E-Commerce lässt das Schutzniveau der VerbrKR-RL insoweit unberührt. Die Vertragserklärungen müssen der jeweils anderen Vertragspartei in der gebotenen Form zugehen; die Übermittlung per Telefax genügt nicht, jedoch kann die Anwendung des § 151 in Betracht kommen (BGH NJW 06, 681). Ergänzt werden die Regeln über die Schriftform und die Pflichtangaben um eine Legaldefinition des effektiven Jahreszinses (II) und des Immobiliardarlehensvertrags (Ia 2). Für Teilzahlungsgeschäfte (§ 499 II) gilt § 502. Beide Pflichtangabenkataloge schließen einander aus; § 492 I 5 ist Auffangtatbestand, der alle Kreditverträge erfasst, die nicht den Teilzahlungsgeschäften zuzurechnen sind. Der Darlehensgeber hat nicht zuletzt jedem Darlehensnehmer eine Abschrift der Vertragserklärungen zur Verfügung zu stellen. Verstöße insoweit bleiben folgenlos; ggf ist aber § 355 II 3 zu beachten. Statt der Abschrift kann dem Darlehensnehmer das Original belassen werden. Wird ein zunächst nichtiger Vertrag geheilt (§ 494 II, III), entsteht ein nachträglicher Anspruch auf Aushändigung einer Abschrift der Vertragserklärungen (aA *Bülow* Rn 63).

2 **B. Schriftform.** In Auflockerung des Gebots der Urkundeneinheit (§ 126 II) ist es ausreichend, wenn Antrag und Annahme durch die Vertragsparteien jeweils getrennt schriftlich erklärt werden (I 3). Die Erklärung des Darlehensgebers bedarf keiner Unterzeichnung, wenn sie mit Hilfe einer automatischen Einrichtung erstellt wird (I 4). Auch muss allein die vom Darlehensnehmer zu unterzeichnende Erklärung die Pflichtangaben enthalten (I 5). Eine Blankounterschrift des Darlehensnehmers genügt nach dem Schutzzweck des Gesetzes dem Schriftformerfordernis nicht (BGH NJW-RR 05, 1141); gegen eine solche des Darlehensgebers ist hingegen nichts einzuwenden. Der Formzwang erfasst alle Nebenabreden und nachträgliche Vertragsänderungen (BGH NJW 06, 681); AGB sind in die Urkunde selbst zu integrieren oder als deren Bestandteil (ergänzende Urkunde) beizufügen. Bei Rahmenverträgen sind allein das Grundgeschäft und nicht die späteren Ausführungsgeschäfte formbedürftig. Bei mehreren Darlehensschuldnern muss die Schriftform ggü jedem einzelnen von ihnen gewahrt werden; bei Verstößen kann subj Teilnichtigkeit eintreten. **Schuldbeitritt** oder Schuldübernahme, die durch einen Verbraucher erfolgen, unterliegen denselben Formerfordernissen – einschl der Pflichtangaben – wie der Verbraucherdarlehensvertrag selbst (BGH NJW 06, 431; NJW-RR 00, 3496; NJW 97, 1442 und 3169), gleich ob der Erstschuldner seinerseits die Darlehensnehmereigenschaft erfüllt (§ 491 Rn 6). Bei einer Vertragsübernahme muss die Übernahmeerklärung des Darlehensnehmers den Inhalt des zu übernehmenden Vertrags wiedergeben (BGHZ 142, 23, 28). Zur Bürgschaft § 491 Rn 9. Beinhalten Prolongationen über einen bloßen Fortführungsvertrag hinaus die Vereinbarung eines eigenständigen (neuen) Kapitalnutzungsrechts (§ 488 Rn 1), das im Ursprungsvertrag weder geregelt noch angelegt ist (BGH NJW 98, 602; NJW 95, 527), ist nicht nur die Schriftform zu beachten; auch die (ggf aktualisierten) Pflichtangaben sind zu wiederholen. Bei einer Konditionenanpassung im Rahmen einer sog Abschnittsfinanzierung wird dies nicht erforderlich (BGH NJW 98 aaO).

3 In Abkehr von der Rspr zu § 4 VerbrKrG (BGHZ 147, 262, 266; NJW-RR 04, 632; NJW 04, 2378) hat der Gesetzgeber in IV die Geltung der Formvorschriften auch für die – nach § 167 II grds formfreie – **Vollmacht** angeordnet, die ein Darlehensnehmer (Verbraucher) zum Abschluss eines Verbraucherdarlehensvertrags erteilt, es sei denn, es handelt sich um eine Prozessvollmacht oder eine notariell beurkundete Vollmacht. Eine nicht formgerecht erteilte Vollmacht ist unwirksam (§ 494 Rn 3). Die Regelung in IV ist gem §§ 500, 501 für Zahlungsaufschub, sonstige Finanzierungshilfe, Teilzahlungsleasing und Finanzierungsleasing nicht übernommen worden. Die Vollmacht beurteilt sich nach alter Rechtslage, wenn sie vor dem 1. 1. 02 erteilt wurde (Art 229 § 5 EGBGB), gleich wann von ihr Gebrauch gemacht wird (BGH NJW-RR 03, 1203). Bei Vertretung ohne Vertretungsmacht ist die Genehmigung formfrei (§§ 182 II 2, 177 I; § 494 Rn 3; vgl BGHZ 125, 218, 221; 138, 239, 242; aA *Bülow* Rn 72, 76; Ba*Roth/Möller/Wendehorst* Rn 33).

4 **C. Pflichtangaben (I 5). I. Nettodarlehensbetrag; Gesamtbetrag (Nr 1, 2).** Der Nettodarlehensbetrag (Nr 1) entspricht dem „auszuzahlenden Darlehensbetrag" (§ 491 II Nr 1; dort Rn 10). Im Gegensatz dazu steht der Bruttodarlehensbetrag (Nr 2) als Summe der zu entrichtenden Teilzahlungen. Zur Errechnung des NettodarlehensBetrags sind von diesem die gesamten Kosten des Darlehens (Bearbeitungsgebühren, Spesen, Vermittlungskosten, Disagio; Restschuldversicherung usw) in Abzug zu bringen. Bei revolvierenden Kreditformen genügt die Angabe der Höchstgrenze des Darlehens, die die mitkreditierten Einmalkosten einschließt. Sind einzelne Positionen bei Abschluss des Verbraucherdarlehensvertrags noch nicht bezifferbar, so ist ein „anfänglicher" Nettodarlehensbetrag unter Benennung der Einzelposten dem Grunde nach auszuweisen, mit dem Hinweis, dass und welche von ihnen Einfluss auf die Höhe des später auszuzahlenden Betrags haben können.

Nach der – auch für Festkredite geltenden (BGHZ 162, 20 = NJW 05, 985; BGHZ 159, 270, 273; 149, 302, 306; NJW-RR 05, 354 und 483) – Regel in Nr 2 Hs 1 ist der **Gesamtbetrag** anzugeben, wenn er bei Abschluss des Verbraucherdarlehensvertrags für die gesamte Laufzeit der Höhe nach gewiss ist. Ggf hat auch hier ein Hinweis zu erfolgen, falls noch weitere Kosten anfallen können, die den Gesamtbetrag zu Lasten des Darlehensnehmers nachträglich zu verändern geeignet sind (BTDrs 12/1836). Nach I a 1 ist bei Immobiliardarlehensverträgen (Rn 11) und bei Darlehen, bei denen die Inanspruchnahme bis zu einer Höchstgrenze freigestellt ist (Rahmenkredite, Kontokorrentratenkredite), überhaupt kein Gesamtbetrag anzugeben. Eine modifizierte Angabepflicht (Nr 2 Hs 2) besteht hingegen für Darlehen mit veränderlichen Bedingungen (zB variablen Zinskonditionen), die in Teilzahlungen getilgt werden; dazu gehören ua unechte Abschnittsfinanzierungen (BGHZ 159 aaO; NJW-RR 05, 354 und 483). Bei solchen Krediten ist der Gesamtbetrag auf Grundlage des bei Abschluss des Vertrags maßgeblichen Darlehensbedingungen anzugeben; ist die Gesamtlaufzeit offen, ist der als variabel vereinbarte Anfangszinssatz als fest vorauszusetzen, so dass die sich hieraus ergebende Gesamtlaufzeit des Darlehens fiktiv errechnet werden kann. Hs 2 hat insgesamt Auffangfunktion (BGHZ 159, 270, 274; 149, 302, 307; zur Berechnung des Gesamtbetrags nach der bis 30. 4. 93 gültigen Gesetzesfassung BGH NJW 05, 1190).

II. Rückzahlungsmodalitäten; Regelung der Vertragsbeendigung (Nr 3). Anzugeben sind Betrag, Anzahl (Karlsr WM 99, 222), zeitliche Abstände oder Zeitpunkte der Zahlungen, die der Darlehensnehmer zur Tilgung des Darlehens und zur Entrichtung der Zinsen und sonstigen Kosten vornehmen muss. Bei Festkrediten muss das Datum der Endfälligkeit angeführt werden, verbunden mit dem Hinweis, auf welche Art und Weise die Rückführung zu erfolgen hat (zB Tilgung aus Lebensversicherung oder Bausparvertrag). Die "Regelung der Vertragsbeendigung" bezieht sich demgegenüber auf die vertraglichen und gesetzlichen Kündigungs- und Rücktrittsrechte, die für den Darlehensgeber bei regulärem Vertragsverlauf bestehen.

III. Zinssatz und alle sonstigen Kosten des Darlehens; Kosten einer Restschuld – oder sonstigen Versicherung (Nr 4, 6). Auszuweisen ist der Nominalzinssatz (als Jahres- oder Monatszinssatz), der sich auf das jeweils zu verzinsende Kapital bezieht; der Darlehensgeber darf für ihn keine verschleiernden Bezeichnungen (zB Darlehensgebühr, Teilzahlungszuschlag, Teilzahlungsgebühr) verwenden. Bei Vereinbarung eines variablen Zinssatzes sind die Voraussetzungen, unter denen sich dieser ändern kann, anzugeben, verbunden mit dem Hinweis auf den bei Vertragsschluss aktuell geltenden Zinssatz (Stuttg OLGR 00, 98). Zu den sonstigen Kosten (Bearbeitungsgebühren, Abschlussgebühren, Kosten für die Sicherheitenbestellung, Provisionen, Vermittlungskosten, Bereitstellungszinsen) gehört – sofern laufzeitabhängig – die Disagio; sie ist als Vomhundertsatz auszudrücken. Zu den Vermittlungskosten zählt neben einer vom Darlehensnehmer an den Darlehensvermittler zu entrichtenden Courtage (Brandbg WM 00, 2191) das „packing", mit dem der Darlehensgeber seinerseits gezahlte Vergütungen auf den Darlehensnehmer umlegt (Frankf OLGR 99, 312). Ist der Darlehensvermittler indes allein auf Initiative des Darlehensnehmers eingeschaltet und ist dessen Tätigwerden dem Darlehensgeber vielleicht noch nicht einmal bekannt (Brandbg aaO; Karlsr WM 01, 356, 358), besteht keine Angabepflicht (zur Finanzierungsvermittlung iRe Steuersparmodells vgl BGH NJW-RR 04, 632; NJW 04, 154; ZIP 04, 209; NJW-RR 03, 1203). Die Kosten einer Restschuld- oder sonstigen Versicherung – zB Kapitallebensversicherung (BGHZ 162, 20 = NJW 05, 985), Risikolebensversicherung, Kaskoversicherung, Gebäudeversicherung – sind nach Nr 6 als fester Betrag auszuweisen, wenn sie mit sachlichem und zeitlichem Bezug zum Verbraucherdarlehensvertrag abgeschlossen werden. Steht die Prämie (zzgl Bearbeitungsgebühren und Provisionen, soweit diese dem Darlehensnehmer überbürdet werden) bei Vertragsschluss der Höhe nach noch nicht fest, sind in der Urkunde wenigstens die Berechnungsmethode und alle für die Berechnung maßgeblichen Umstände offen zu legen (BTDrs 11/5462, 19). Anzugeben sind nur die Kosten, die der Verbraucher bei planmäßiger Abwicklung des Darlehens zu tragen hat; eine Vorfälligkeitsentschädigung (§ 490 Rn 5) für den Fall der vorzeitigen Beendigung des Vertrags gehört nicht dazu (BGH NJW 98, 602).

IV. Effektiver Jahreszins (Nr 5 iVm II). Der effektive Jahreszins soll dem Darlehensnehmer die mit dem Darlehen einhergehende tatsächliche Gesamtbelastung vor Augen führen und ihm eine verlässliche Grundlage für Preis- und Konditionenvergleiche bieten (BTDrs 11/5462, 19). Er ist als Vomhundertsatz auszuweisen und ausdrücklich als solcher zu bezeichnen (unzulässig daher Begriffe wie „globaler Belastungssatz" oder „jährlicher Belastungssatz"). Leicht verständliche Abkürzungen sind jedoch erlaubt, wenn sie allgemein wie die ausgeschriebenen Begriffe verstanden werden („anfängl effekt Jahreszinssatz": BGH NJW-RR 89, 233; „anfängl eff Jahreszins"; Hburg WM 90, 416 gegen Ddorf DB 88, 2456). Die bloße Bezeichnung als „Effektivzinssatz" ohne zeitlichen Bezug (Jahreszins) ist indes nicht statthaft (BGH NJW 96, 1759 zur PAngV). Der „anfängliche" effektive Jahreszins wird auf Basis der bei Abschluss des Verbraucherdarlehensvertrags maßgeblichen Bedingungen ausgewiesen; zugleich ist dem Darlehensnehmer so präzise als möglich (LG Dortmund ZIP 01, 66) anzugeben, unter welchen Voraussetzungen der Zinssatz oder andere preisbestimmende Faktoren geändert werden können und auf welchen Zeitraum Belastungen, die sich aus einer nicht vollständigen Auszahlung oder aus einem Zuschlag zum Darlehensbetrag ergeben (zB Disagio), bei der Berechnung des effektiven Jahreszinses verrechnet werden.

II enthält neben einer Legaldefinition für den effektiven Jahreszins (S 1) eine dynamische Verweisung auf § 6 PAngV (S 2). In die Berechnung einzubeziehen sind danach neben dem Nominalzins auch Bearbeitungsgebühren, Disagio und Agio, Cap-Prämien, Forward-Prämien, Provisionen und sonstige Kreditvermittlungskosten, soweit sie vom Darlehensnehmer zu tragen sind; nicht hingegen Bereitstellungszinsen und Teilauszahlungsaufschläge, Kosten, die ihre Ursache in einem nicht planmäßigen Vertragsverlauf haben (Verzugszinsen, Mahnkosten), ferner Notariatskosten, Grundbuch- und Schätzungskosten, Kaskoversicherungen, Anzahlungen und andere Eigenleistungen, letztlich alle Kosten, die vom Darlehensnehmer unabhängig davon zu tragen sind, ob es sich um ein Bar- oder ein Kreditgeschäft handelt. Auch Prämien für eine Kapitallebensversicherung, die der Tilgung eines endfälligen Darlehens dienen soll, sind bei der Berechnung des effektiven Jahreszinses nicht zu berücksichtigen (BGHZ 162, 20 = NJW 05, 985).

10 **V. Zu bestellende Sicherheiten (Nr 7).** Aufzunehmen ist die (hinreichend konkretisierte) schuldrechtliche Verpflichtung, bestimmte Sicherheiten (noch) zu bestellen; der Bestellungsakt als solcher braucht in der Urkunde nicht enthalten zu sein (BTDrs 11/5462, 20; BGH NJW 02, 1199). Sind bei Abschluss des Verbraucherdarlehensvertrags Sicherheiten vorhanden, für die eine Sicherheitsabrede bereits besteht, ist es nicht erforderlich, im Verbraucherdarlehensvertrag eine erneute schuldrechtliche Verpflichtung zur Bestellung zu begründen. Ausreichend ist ein Hinweis auf den Fortbestand der Sicherheiten auch für die Verbindlichkeiten aus dem Verbraucherdarlehensvertrag (BTDrs aaO).

11 **D. Immobiliardarlehensverträge (Ia 2).** Immobiliardarlehensverträge sind nach der Legaldefinition in Ia 2 Verbraucherdarlehensverträge, bei denen die Zurverfügungstellung des Darlehens von der Sicherung durch ein Grundpfandrecht (Hypothek, Grundschuld oder Rentenschuld) abhängig gemacht wird und zu Bedingungen erfolgt, die für grundpfandrechtlich abgesicherte Darlehen und deren Zwischenfinanzierung üblich sind. Der Sicherung durch ein Grundpfandrecht steht es gleich, wenn von einer solchen Sicherung gem § 7 III-V des Gesetzes über Bausparkassen abgesehen wird (dazu Kobl OLGR 00, 23); es verbleibt indes auch hier bei dem Erfordernis, dass der Kredit zu für grundpfandrechtlich abgesicherte Kredite üblichen Bedingungen ausgereicht werden muss. Zwischenfinanzierung bedeutet die Bereitstellung kurz- oder mittelfristiger Gelder, deren Ablösung durch Mittel eines Realkredits vorgesehen ist; die Zwischenfinanzierung als solche muss nicht notwendig grundpfandrechtlich abgesichert sein. Die **Beweislast** für das Vorliegen eines Immobiliardarlehensvertrags trägt jeweils die Partei, für die dies günstig ist.

12 Auf den beabsichtigten Verwendungszweck des Realkredits kommt es nicht an. Ob er zu bei Abschluss des Vertrags für grundpfandrechtlich abgesicherte Darlehen üblichen Bedingungen vergeben wird, beurteilt sich nach dem Gesamtbild der Kreditbedingungen unter Berücksichtigung von Laufzeit, Zinsen und Tilgung (BGHZ 146, 5, 9; ZIP 04, 209; NJW 02, 3103; 00, 2352). Vergleichsmaßstab sind in erster Linie die in den Monatsberichten der Deutschen Bundesbank bzw Europäischen Zentralbank ausgewiesenen Zinssätze (BGH NJW-RR 99, 1274; Karlsr WM 01, 245, 251; Stuttg OLGR 00, 98). Allerdings ist nicht jedes Darlehen, das nicht innerhalb der Streubreite liegt oder den oberen Wert überschreitet, allein deswegen kein Realkredit mehr (BGH NJW 03, 2093; Köln WM 00, 2139, 2145; LG Stuttg WM 00, 1103); es ist dann zu prüfen, ob die Kreditvergabe mit den Kreditverträgen, wie sie für die Zinsstatistik in den Monatsberichten zur Grundlage genommen und ausgewertet werden, vergleichbar ist (BGH ZIP 04, 209; NJW 03, 2093; ZIP 99, 1483).

13 Maßgeblich ist die Vereinbarung einer grundpfandrechtlichen Absicherung im Kreditvertrag. Ob dabei der Darlehensnehmer oder ein Dritter Sicherungsgeber ist, ist ohne Belang (BGHZ 161, 15 = NJW 05, 664). Schließlich wird der Charakter als Realkredit nicht dadurch berührt, dass der Sicherungsgeber ein Grundpfandrecht nicht selbst bestellt, sondern ein bestehendes – etwa zuvor zur Sicherung der Zwischenfinanzierung bestelltes – übernimmt. Dieser Grundsatz gilt über finanzierte Grundstücksgeschäfte (BGHZ, XI. ZS aaO; NJW 05, 668; 05, 2985) hinaus auch für Kreditverträge zur Finanzierung von Beteiligungen an Immobilienfonds (richtig BGHZ aaO; *Mülbert/Hoger* WM 04, 2281, 2284 ff.; gegen BGH, II. ZS NJW 04, 2736 und WM 04, 1536; ZIP 05, 750; jeweils noch zu § 3 II Nr 2 VerbrKrG). Ebenso ist gleich, ob bereits der Abschluss des Darlehensvertrags oder erst die tatsächliche Gewährung des Kredits von der Sicherung durch das Grundpfandrecht abhängig gemacht werden (BGH NJW 02, 1199; Schlesw OLGR 02, 475). Es muss sich jedoch stets um eine dingliche Absicherung handeln; die sicherungsweise Abtretung des Anspruchs auf Rückgewähr einer nicht mehr valutierenden Grundschuld genügt nicht. Das (nominale) Darlehen muss zudem ganz überwiegend durch die dinglichen Sicherheiten abgedeckt sein. Ein erstrangiges Grundpfandrecht ist dafür nicht Voraussetzung (Stuttg OLGR 00, 98; Braunschw WM 98, 1223, bestätigt durch BGH 20.1.98, XI ZR 105/97; Hamm WM 98, 1230, bestätigt durch BGH 4.11.97, XI ZR 27/97); auch die Beleihungsgrenzen des § 11 II HypBG dürfen überschritten werden (BGHZ 146, 5, 9; ZIP 04, 209; NJW 03, 2093; 00, 2352). Indes kann die Besicherung mit einem nach den Erwartungen bei Vertragsschluss wertlosen, weil schlechtrangigen Grundpfandrecht zu einem unzulässigen Umgehungstatbestand nach § 506 S 2 führen (München WM 00, 130, 133). Die ausschließliche Absicherung allein durch Grundpfandrechte ist jedoch nicht erforderlich; es können daneben anderweitige Sicherheiten gestellt werden (BGH ZIP 04, 209; NJW 03, 2093; 02, 3103; Frankf WM 00, 2135, 2137; Karlsr WM 01, 245, 251).

§ 493 Überziehungskredit

(1) ¹Die Bestimmungen des § 492 gelten nicht für Verbraucherdarlehensverträge, bei denen ein Kreditinstitut einem Darlehensnehmer das Recht einräumt, sein laufendes Konto in bestimmter Höhe zu überziehen, wenn außer den Zinsen für das in Anspruch genommene Darlehen keine weiteren Kosten in Rechnung gestellt werden und die Zinsen nicht in kürzeren Perioden als drei Monaten belastet werden. ²Das Kreditinstitut hat den Darlehensnehmer vor der Inanspruchnahme eines solchen Darlehens zu unterrichten über
1. die Höchstgrenze des Darlehens,
2. den zum Zeitpunkt der Unterrichtung geltenden Jahreszins,
3. die Bedingungen, unter denen der Zinssatz geändert werden kann,
4. die Regelung der Vertragsbeendigung.

³Die Vertragsbedingungen nach Satz 2 Nr. 1 bis 4 sind dem Darlehensnehmer spätestens nach der ersten Inanspruchnahme des Darlehens zu bestätigen. ⁴Ferner ist der Darlehensnehmer während der Inanspruchnahme des Darlehens über jede Änderung des Jahreszinses zu unterrichten. ⁵Die Bestätigung nach Satz 3 und die Unterrichtung nach Satz 4 haben in Textform zu erfolgen; es genügt, wenn sie auf einem Kontoauszug erfolgen.

(2) Duldet das Kreditinstitut die Überziehung eines laufenden Kontos und wird das Konto länger als drei Monate überzogen, so hat das Kreditinstitut den Darlehensnehmer über den Jahreszins, die Kosten sowie die diesbezüglichen Änderungen zu unterrichten; dies kann in Form eines Ausdrucks auf einem Kontoauszug erfolgen.

A. Einführung. Der Überziehungskredit auf Gehalts- oder ähnlichen Konten ist eine verbreitete und besonders flexible Art der Kreditaufnahme. Der Gesetzgeber wollte Rücksicht auf das Massengeschäft mit Girokonten und Dispositionskrediten nehmen (BTDrs 11/5462, 20) und hat in § 493 (vormals § 5 VerbrKrG) Verbraucherdarlehensverträge, die einen solchen Kredit zum Gegenstand haben, von der Formvorschrift des § 492 und vom Sanktionensystem des § 494 freigestellt. Eine weitere Privilegierung enthält § 495 II (dort Rn 1). Erfasst werden Kontoüberziehungen, die der Darlehensnehmer (Verbraucher) mit einem **Kreditinstitut** (Banken, Sparkassen, Kreditgenossenschaften, Postbank) vereinbart hat (I) oder die er ohne vorherige Abrede bei diesem in Anspruch nimmt (II). Auf Unternehmerseite maßgeblich ist das tatsächliche Auftreten „wie ein Kreditinstitut", selbst wenn die Voraussetzungen des § 1 KWG nicht vorliegen; auch die VerbrKr-RL verwendet in diesem Zusammenhang neben dem Begriff des „Kreditinstituts" gleichberechtigt die Bezeichnungen „Geldinstitut" (Art 2 Ie) und „Finanzinstitut" (Art 6 I). Die **Beweislast** für das Vorliegen des für ihn günstigen Ausnahmetatbestands hat das Kreditinstitut. Es muss zudem im Streitfall nachweisen, seinen Informationspflichten ordnungsgemäß nachgekommen zu sein. 1

In der Vorschrift fehlt eine Legaldefinition des „laufenden Kontos". Es muss sich um ein Kontokorrentkonto (§ 355 I HGB) handeln, das für den allgemeinen Zahlungsverkehr des Kunden bestimmt ist; die Abwicklung eines Sonderzahlungsverkehrs (zB Baukonto) wird nicht erfasst. Die Parteien müssen das Konto grds als Habenkonto auffassen (nur ein solches kann man „überziehen"); auf ihm müssen regelmäßige Zahlungseingänge (zB Lohn, Gehalt, Rente, Pension, Unterhaltsleistungen) zu verzeichnen sein. Wird dem Darlehensnehmer schon zu Beginn der Geschäftsbeziehung eine Kreditlinie zugesagt, ist dies unschädlich, sofern für das betreffende Konto auch nur die Möglichkeit eines späteren Habensaldos besteht, die bei einem reinen Kreditkonto von vornherein ausgeschlossen wäre. 2

B. Die eingeräumte Überziehung (I). Das Kreditinstitut muss dem Darlehensnehmer das Recht einräumen, sein laufendes Konto in bestimmter (nicht nur bestimmbarer) Höhe zu überziehen. Dies dient dem Schutz des Darlehensnehmers, der sonst allzu leicht der Versuchung einer unbeschränkten Kreditinanspruchnahme erliegen könnte. Eine absolute Obergrenze für den auf diese Weise gewährten Überziehungskredit besteht nicht; entspr Vorstellungen des Gesetzgebers (BTDrs 11/5462, 20: kein Überschreiten des Zwei- oder Dreifachen der regelmäßigen monatlichen Einkünfte) haben in die endgültige Gesetzesfassung keinen Eingang gefunden. Hingegen gilt die Bagatellgrenze des § 491 II Nr 1. Der Überziehungskredit muss dem Darlehensnehmer zweckgebunden zur Verfügung gestellt werden. Außer Zinsen dürfen keine weiteren kreditbezogenen Kosten (Bearbeitungsgebühren, Umsatzprovisionen, Vermittlungsprovisionen, Versicherungskosten, Kosten für die Bestellung von Sicherheiten, nicht jedoch die Kontoführungsgebühr, mit der die Dienstleistung des Kreditinstituts für die allgemeine Abwicklung des Zahlungsverkehrs abgegolten wird) in Rechnung gestellt werden und Zinsen auch nur, soweit der Darlehensnehmer die Kreditlinie tatsächlich in Anspruch nimmt. Die Zinsen – dh alle laufzeitabhängigen Entgelte – dürfen nicht in kürzeren Perioden als in solchen von drei Monaten belastet werden. Dadurch wird soweit als möglich eine Angleichung des nach I 2 Nr 2 anzugebenden nominalen Jahreszinses an den effektiven Jahreszins angestrebt (BTDrs 11/5462, 20) und ein Gleichlauf mit § 6 IX PAngV erreicht. 3

Für die Bestätigung (I 3) und Unterrichtung (I 4) des Verbrauchers ist Textform (§ 126 b) vorgesehen. Ein Kontoauszug genügt (I 5), sofern die Informationen für den Kunden hinreichend erkennbar werden und 4 nicht zwischen anderen Mitteilungen oder Werbehinweisen "verschwinden". Das gilt erst recht für die Unterrichtung nach I 2, die nach dem Gesetz generell nicht formgebunden ist. Sie hat vor der Inanspruchnahme des Kredits zu geschehen, dh bevor der Darlehensnehmer über die ihm eingeräumte Kreditlinie tatsächlich verfügt. Die Bereitstellung der Informationen auf der Web-Site des Kreditinstituts genügt dazu nicht (aA *Bülow* Rn 33), es sei denn, dem Darlehensnehmer wird ein Hinweis erteilt, dass die entspr Informationen dort zu finden sind, und er hat die technischen Möglichkeiten, auf diese Zugriff zu nehmen. Die Bezugnahme auf Klauseln, die das Kreditinstitut in seine AGB aufgenommen hat, kann ausreichend sein, sofern letztere ihrerseits wirksam Vertragsbestandteil geworden sind. Die Unterrichtung braucht insgesamt nur einmal zu erfolgen, selbst wenn der Darlehensnehmer die Kreditlinie nach ihrer Rückführung nochmals in Anspruch nimmt (revolvierender Kredit). In der nachträglichen Erhöhung des Überziehungslimits ist ein Angebot auf Erweiterung der bestehenden vertraglichen Regelung zu sehen, das vom Darlehensnehmer (konkludent) angenommen werden kann, in seiner Reduzierung eine Teilkündigung, die dem Darlehensnehmer nach allgemeinen Regeln zugehen muss und die das Kreditinstitut nicht durch die Unterrichtung nach I 2 Nr 1 ersetzen kann. Mit dem zum Zeitpunkt der Unterrichtung geltenden Jahreszins (I 2 Nr 2) ist der Nominalzins gemeint; die Angabe eines Monatszinses genügt nicht. Der Darlehensnehmer ist schließlich über die Bedingungen zu unterrichten, unter denen der Zinssatz geändert werden kann (I 2 Nr 3). Die Unterrichtung des Darlehensnehmers über die Regelung der Vertragsbeendigung (I 2 Nr 4) entspricht ihrem Inhalt nach der Mindestangabe in § 492 I 5 Nr 3 (dort Rn 6).

5 Das Kreditinstitut braucht für die Bestätigung (I 3) die erste Inanspruchnahme des Kredits nicht abzuwarten. Es ist daher möglich, Unterrichtung und Bestätigung miteinander zu verbinden. Soweit das Kreditinstitut von der Möglichkeit in I 5 Hs 2 Gebrauch macht, darf es für die Bestätigung den nächsten reguläre Kontoauszug verwenden, der entspr den mit dem Kunden getroffenen Vereinbarungen zu erstellen ist. Dabei ist unerheblich, ob dieser Kontoauszug zuzusenden, in den Geschäftsräumen zur Abholung bereitzuhalten oder in einem Schließfach zu hinterlegen ist. Stellt das Kreditinstitut seinen Kunden einen Kontoauszugsdrucker zur Verfügung, genügt es, wenn der Kunde seinen Ausdruck zu einem von ihm gewählten Zeitpunkt selbst erstellt. Nur wenn er über einen längeren Zeitraum (etwa 6 Wochen) die für ihn bereitgehaltenen Auszüge nicht abholt oder abruft, hat die Bank dafür Sorge zu tragen, dass er die Bestätigung tatsächlich erhält. I 3 ist iVm I 2 Nr 2 so zu lesen, dass der im Moment der Bestätigung geltende Jahreszins anzugeben ist.

6 Der Darlehensnehmer ist nach I 4 während der Inanspruchnahme des Kredits über jede Änderung des Jahreszinses zu informieren, die sich seit dem Zeitpunkt der Bestätigung ergeben hat. Nach Art 6 II der VerbrKrRL muss die Unterrichtung „im Augenblick des Eintretens" der Änderung erfolgen. Will das Kreditinstitut per Kontoauszug unterrichten, muss es diesen daher ggf gesondert erstellen und für dessen unverzüglichen Zugang beim Darlehensnehmer unbeschadet der sonst getroffenen Vereinbarungen (Selbstabholung; Erstellung am Kontoauszugsdrucker; vgl Rn 5) Sorge tragen.

7 **C. Der geduldete Überziehungskredit (II).** Der geduldete Überziehungskredit steht wie der eingeräumte auf rechtsgeschäftlicher Grundlage (Köln WM 99, 1003). Er unterscheidet sich von letzterem dadurch, dass es an der vorherigen Vereinbarung eines Kreditrahmens fehlt. Der Darlehensnehmer belastet sein Konto (zB durch Barabhebungen, Scheckausstellungen, Lastschriften, Überweisungsaufträge) in einer Höhe, die dem Habenstand nicht mehr entspricht, obwohl zuvor kein die Verfügung deckendes Kreditlimit abgesprochen worden ist. Lässt sich das Kreditinstitut darauf ein, kommt es zum (konkludenten) Abschluss einer Überziehungsvereinbarung. Nicht unter II fallen Verfügungen über das Konto, die das Kreditinstitut nicht verhindern kann und bei denen es daher auf seine Bereitschaft zur Duldung nicht ankommt („Zwangskredite", wie etwa Barabhebungen mit der Bank- oder Sparkassenkarte bei Geldautomaten anderer Bankinstitute; Rückbelastungen von Schecks, deren Summe dem Darlehensnehmer bereits gutgeschrieben und ausbezahlt worden ist). In Abweichung zu I (Rn 3) können dem Darlehensnehmer neben den laufzeitabhängigen Zinsen weitere (kreditbezogene) Kosten in Rechnung gestellt werden; zudem wird darauf verzichtet, dass Zinsen (und Kosten) nicht in kürzeren Perioden als in solchen von drei Monaten belastet werden dürfen.

8 Die Unterrichtungspflichten des Kreditinstituts reduzieren sich darauf, den Darlehensnehmer, der sich den Kredit ja bereits verschafft hat, über den Jahreszins, die Kosten sowie die diesbezüglichen Änderungen zu informieren; dies kann auch hier in Form des Ausdrucks auf einem Kontoauszug erfolgen. Da die Informationspflichten Elemente der fortwährenden Unterrichtung nach I 4 und der Bestätigung nach I 3 miteinander vereinen, ist für sie – obwohl dies im Gesetzeswortlaut nicht zum Ausdruck kommt – Textform zu verlangen. Die Pflichten setzen erst ein, wenn das Konto länger als drei Monate überzogen ist. Die Überziehung kann der Höhe nach schwanken, muss aber durchgängig über mehr als drei Monate gegeben sein und in diesem Zeitraum die Bagatellgrenze des § 491 II Nr 1 überschreiten. Mehrere nachgeschaltete Überziehungsperioden werden nicht zusammengerechnet, sollte der Darlehensnehmer den Sollsaldo zwischenzeitlich vollständig ausgeglichen oder bis auf einen Betrag zurückgeführt haben, der 200 Euro nicht übersteigt.. Ist eine Überziehungsperiode durch entspr Kontoausgleich abgeschlossen und veranlasst der Darlehensnehmer eine weitere geduldete Kontoüberziehung über mehr als drei Monate, so setzen die Informationspflichten erneut ein; die früheren Unterrichtungen wirken nicht fort. Für geduldete Kontoüberziehungen typisch ist die Berechnung erhöhter Überziehungszinsen. Es handelt sich dabei um ein gesondertes Überziehungsentgelt, das auf den üblichen

Zins aufgeschlagen wird, aber ebenfalls den Charakter eines Vertragszinses hat (vgl BGHZ 154, 230; 118, 126). Ein Anspruch des Darlehensnehmers, dass das Kreditinstitut einen schon bestehenden, nach I eingeräumten Kreditrahmen dem tatsächlichen Kreditbedarf anpasst, damit die höheren Überziehungszinsen vermieden werden, besteht nicht (BGHZ 118, 126, 129; Hamm NJW 91, 706; LG Traunstein NJW-RR 92, 45).

§ 494 Rechtsfolgen von Formmängeln

(1) Der Verbraucherdarlehensvertrag und die auf den Abschluss eines solchen Vertrags vom Verbraucher erteilte Vollmacht sind nichtig, wenn die Schriftform insgesamt nicht eingehalten ist oder wenn eine der in § 492 Abs. 1 Satz 5 Nr. 1 bis 6 vorgeschriebenen Angaben fehlt.

(2) ¹Ungeachtet eines Mangels nach Absatz 1 wird der Verbraucherdarlehensvertrag gültig, soweit der Darlehensnehmer das Darlehen empfängt oder in Anspruch nimmt. ²Jedoch ermäßigt sich der dem Verbraucherdarlehensvertrag zugrunde gelegte Zinssatz (§ 492 Abs. 1 Satz 5 Nr. 4) auf den gesetzlichen Zinssatz, wenn seine Angabe, die Angabe des effektiven oder anfänglichen effektiven Jahreszinses (§ 492 Abs. 1 Satz 5 Nr. 5) oder die Angabe des Gesamtbetrages (§ 492 Abs. 1 Satz 5 Nr. 2, Abs. 1 a) fehlt. ³Nicht angegebene Kosten werden vom Darlehensnehmer nicht geschuldet. ⁴Vereinbarte Teilzahlungen sind unter Berücksichtigung der verminderten Zinsen oder Kosten neu zu berechnen. ⁵Ist nicht angegeben, unter welchen Voraussetzungen preisbestimmende Faktoren geändert werden können, so entfällt die Möglichkeit, diese zum Nachteil des Darlehensnehmers zu ändern. ⁶Sicherheiten können bei fehlenden Angaben hierüber nicht gefordert werden; dies gilt nicht, wenn der Nettodarlehensbetrag 50 000 Euro übersteigt.

(3) Ist der effektive oder der anfängliche effektive Jahreszins zu niedrig angegeben, so vermindert sich der dem Verbraucherdarlehensvertrag zugrunde gelegte Zinssatz um den Prozentsatz, um den der effektive oder anfängliche effektive Jahreszins zu niedrig angegeben ist.

A. Allgemeines. Die Regelung (vormals § 6 I, II, IV VerbrKrG) setzt einen Verstoß gegen § 492 voraus. Sie verdrängt innerhalb ihres Anwendungsbereichs die §§ 125, 139 (LG Hburg NJW-RR 94, 246). Rechtsfolge eines Formmangels ist grds die Gesamtnichtigkeit des Vertrags, gleich ob sie auf einer Verletzung der Schriftform oder auf dem Unterlassen einer Pflichtangabe beruht (BGH NJW 06, 681). Davon ausgenommen sind Pflichtangaben nach § 492 I 5 Nr 7 (II 6; Rn 12). Ist eine Pflichtangabe im Vertrag ausgewiesen, aber inhaltlich fehlerhaft, tritt keine Nichtigkeit ein (BGH ZIP 04, 209; ZIP 03, 2149; zum effektiven Jahreszins Rn 10). Der Verbraucher hat allenfalls einen Schadensersatzanspruch, hätte er bei richtiger Angabe das günstigere Angebot eines anderen Darlehensgebers angenommen. Auch die Nichtbeachtung des § 492 III bleibt folgenlos. Um einen „angemessenen Kompromiss" (BTDrs 11/5462, 21) zwischen den Interessen der Vertragsparteien herbeizuführen, hat der Gesetzgeber unter den Voraussetzungen des II 1 eine Heilung (ex nunc) des nichtigen Vertrags vorgesehen, zugleich aber die Ansprüche des Darlehensgebers auf Zinsen und Kosten in II 2–5 begrenzt. Für das Sanktionensystem ist zu differenzieren, welche der erforderlichen Pflichtangaben fehlt; bei mehreren Formverstößen kann eine Kumulation der Rechtsfolgen eintreten (BGH NJW 06, 681). 1

Die **Heilung** überwindet sämtliche Nichtigkeitsfolgen des I (unrichtig Brandbg OLGR 95, 189, 190l), nicht aber Wirksamkeitshindernisse anderer Art (Karlsr WM 00, 1996, 2006). Darauf, ob die Heilung in Kenntnis des Formmangels bewirkt worden ist, kommt es nicht an; ebenso wenig können die Wirkungen der Heilung wegen Irrtums angefochten werden. Verlangt der Verbraucher in – vom Darlehensgeber ggf zu beweisender – Kenntnis des Formmangels Erfüllung, muss der Darlehensgeber dem nachkommen (§ 242); allerdings bleiben dem Verbraucher dann die günstigen Rechtsfolgen des II 2-5 versagt. Das gleiche gilt, wenn die Parteien den nichtigen Vertrag gem § 141 I, II (in der nach § 492 vorgeschriebenen Form!) bestätigen. Das Widerrufsrecht des Darlehensnehmers (§ 495) bleibt unberührt; auch der noch nicht geheilte Vertrag kann bereits widerrufen werden (*Peters* DZWiR 94, 353, 354). Die Widerrufsfrist beginnt frühestens ab dem Moment der Heilung zu laufen. 2

Ist eine auf den Abschluss eines Verbraucherdarlehensvertrags gerichtete **Vollmacht** formunwirksam erteilt (§ 492 IV), kann keine Heilung eintreten (BTDrs 14/7052, 202). Vielmehr bedarf es zur Gültigkeit des Vertrags der nachträglichen Zustimmung des Darlehensnehmers. Eine solche Genehmigung des Vertretergeschäfts setzt – anders als die Heilung (Rn 2) – voraus, dass der Genehmigende die Unwirksamkeit der Vollmacht kennt oder zumindest mit ihr rechnet und in seinem Verhalten der Ausdruck des Willens zu sehen ist, das bisher als unverbindlich angesehene Rechtsgeschäft verbindlich zu machen (BGHZ 154, 283, 288; NJW 04, 59; 02, 2325; 97, 312). Die Genehmigung selbst ist nicht formbedürftig (§ 492 Rn 3; aA BaRoth/*Möller/Wendehorst* Rn 14; *Bülow* Rn 8); sie führt wiederum nicht zum Sanktionensystem gem II 2-5, das allein der Heilung vorbehalten ist (aA *Timmann* BB 03, Beil 6, 23, 30). 3

B. Heilungstatbestände. Ein Verbraucherdarlehensvertrag wird gültig, „soweit" das Darlehen empfangen oder der Kredit in Anspruch genommen wird; somit kommt eine teilweise Heilung im Falle einer nicht vollständigen Auszahlung oder nur eingeschränkten Inanspruchnahme des Kredits in Betracht. Bei Zahlungsaufschub und Finanzierungshilfe (§ 499 I) fallen Kreditabrede und Heilung notwendig zusammen, weil die Ver- 4 einbarung als solche von ihrem Vollzug zeitlich nicht getrennt werden kann (vgl auch BGH NJW 06, 681); das Sanktionensystem des II bleibt davon unberührt. Im Falle des Schuldbeitritts und anderer gesamtschuldnerischer Mitverpflichtung (§ 488 Rn 1; § 491 Rn 6; § 492 Rn 2) tritt nach der Rspr (BGHZ 155, 240, 248; 134, 94, 98; NJW-RR 00, 3496; NJW 97, 1442, 1443 u 3169) keine Heilung dadurch ein, dass der Darlehensnehmer, dessen Schuld beigetreten wird, das Darlehen empfängt oder in Anspruch nimmt, selbst wenn der Beitretende aus der Auszahlung des Darlehens an den Darlehensnehmer wenigstens mittelbare Vorteile erlangt (zw, iE Staud/*Kessal-Wulf* Rn 15 f). Es kann aber in Ausnahmefällen eine unzulässige Rechtsausübung gegeben sein, wenn eine Partei sich unter Berufung auf den Formmangel ihrer Verpflichtung entziehen will, obwohl sie längere Zeit aus dem nichtigen Vertrag Vorteile gezogen hat (BGHZ 144, 370, 385; 142, 23, 24; 121, 224, 233; NJW 97, 3169). Die auf einen Verbraucherdarlehensvertrag bezogene Schuld- oder Vertragsübernahme (§ 491 Rn 6), geht zunächst ins Leere, sofern sie auf ein formnichtiges Substrat gerichtet ist (*Bülow* ZIP 97, 400, 402). Kommt es indes später zur Heilung des Vertrags, konvalesziert auch die Übernahme (arg § 185 II 1 Alt 2).). Eine Heilung ist möglich, selbst wenn der Übernehmer die Verbrauchereigenschaft nicht erfüllt (aA *Bülow* aaO 404).

5 Ein Darlehensbetrag ist empfangen, wenn die Darlehensvaluta endgültig aus dem Vermögen des Darlehensgebers ausgeschieden und dem Vermögen des Darlehensnehmers zugeführt worden ist (BGH NJW-RR 97, 1460). Daran fehlt es, wenn sie auf ein Notartreuhandkonto oder auf das Konto eines sonstigen, im Sicherungsinteresse des Darlehensgebers eingeschalteten Dritten fließt (BGHZ 145, 44, 50; NJW 98, 3200; NJW-RR 86, 140; NJW 85, 1831; § 488 Rn 2). Barauszahlung ist indes nicht erforderlich (vgl BGHZ 131, 66, 74); auch die vereinbarungsgemäße Auszahlung an Dritte (BGHZ 152, 331, 336; Bremen 7. 9. 00, 5 U 23/00; LG Stuttg WM 01, 140; zur finanzierten Beteiligung an Immobilienfonds BGHZ 159, 294, 307; 152, 331, 336; WM 04, 1536; KG WM 05, 2218; abw Dresden BKR 05, 190, 192) oder die Verrechnung des Anspruchs auf Auszahlung der Darlehensvaluta mit anderweitigen Verbindlichkeiten des Darlehensnehmers ggü dem Darlehensgeber (BGH NJW 00, 2816) genügt. Bei Zahlung per Scheck (§ 364 II) bedarf es dessen Einlösung (BGHZ 131, 66, 74; 64, 340, 342; 44, 178, 179). Heilung durch „Inanspruchnahme des Darlehens" kommt insbes bei Rahmenkrediten in Betracht. Geheilt wird stets der Grundvertrag; die Ausführungsverträge bedürfen keiner Heilung, weil sie von vornherein nicht formbedürftig sind.

6 **C. Sanktionensystem. I. Ermäßigung auf den gesetzlichen Zinssatz (II 2).** Es ermäßigt sich der **nominale** Zinssatz iSd § 492 I 5 Nr 4 (BGH NJW 00, 2816) auf den gesetzlichen Zinssatz (§ 246), wenn seine Angabe, die Angabe des effektiven oder anfänglichen effektiven Jahreszinses oder die Angabe des Gesamtbetrags nach § 492 I 5 Nr 2, I a unterblieben ist. Erfasst wird auch – obwohl nicht ausdrücklich erwähnt – der anfängliche Gesamtbetrag (§ 492 Rn 5). Es genügt, dass nur eine der aufgeführten Angaben fehlt. Der gesetzliche Zinssatz des § 352 HGB (Existenzgründer) kann nicht herangezogen werden. Der Gesetzgeber wollte in alle Vorschriften, in denen auf den gesetzlichen Zinssatz verwiesen wird (vgl §§ 497 II 2, 504 S 2), den Klammerzusatz „(§ 246)" aufnehmen (BTDrs 14/6857, 34). Sachliche Gründe, weshalb dies in II 2 unterblieben ist, sind nicht ersichtlich (Redaktionsversehen). Haben die Parteien einen nominalen Zinssatz vereinbart, der unterhalb des gesetzlichen Zinses liegt, verbleibt es – weil für den Verbraucher günstig – bei diesem niedrigeren Vertragszins. Bei Darlehen mit laufzeitabhängigem Damnum ist eine Umrechnung auf die „100%-Konditionen" vorzunehmen. Eine Rechtsanwendung, die bei Vereinbarung eines den Zinsen zuzuordnenden Disagios nur den niedrigeren Nominalzins ermäßigte und dem Darlehensgeber damit die im Disagio liegende Zinsvorauszahlung beließe, wäre mit dem Zweck der Sanktionsvorschrift des II 2 unvereinbar (BGH NJW 00, 2816).

7 **II. Nicht angegebene Kosten (II 3).** Kosten, die der Darlehensgeber entgegen § 492 I 5 nicht angegeben hat, werden vom Verbraucher nicht geschuldet; dieses Sanktionensystem ist abschließend (München OLGR 96, 245). Kosten, die im Zusammenhang mit der Darlehensaufnahme an einen **Dritten** zu entrichten sind (Restschuldversicherung; Vermittlungskosten), bleiben von II 3 unberührt, sofern sie auf ein gesondertes Vertragsverhältnis zu diesem Dritten zurückzuführen sind. Der Darlehensnehmer hat jedenfalls für die Prämien einer Kapitallebensversicherung auch keinen Freistellungs- oder Erstattungsanspruch ggü dem Darlehensgeber, weil dies dazu führte, dass der Darlehensgeber den von ihm ausgereichten Kredit mit Hilfe der im Ergebnis dann von ihm anzusparenden Kapitallebensversicherung selbst tilgen müsste (BGHZ 162, 20 = NJW 05, 985).

8 **III. Anpassungsberechnung; Festschreibung der Konditionen (II 4, 5).** Vereinbarte Teilzahlungen hat der Darlehensgeber (Hburg OLGR 99, 48) auf Verlangen des Verbrauchers unter Berücksichtigung verminderter Zinsen oder Kosten (II 2–3) neu zu berechnen; bis zur Neuberechnung kann der Verbraucher die Zahlung weiterer Raten verweigern (§ 273; BGHZ 149, 302, 310). In der Vergangenheit überzahlte Zinsen kann er nach § 812 I zurückverlangen (BGHZ aaO; 149, 80, 89; NJW 00, 2818). Es bleibt ihm jedoch unbenommen, weiterhin Raten in bisheriger Höhe zu zahlen, um damit eine Verkürzung der Laufzeit des Darlehens zu erreichen.

9 Ist nicht angegeben, unter welchen Voraussetzungen preisbestimmende Faktoren (zB Zinsanpassungsklauseln) geändert werden können, entfällt die Möglichkeit, diese zum Nachteil des Darlehensnehmers zu ändern. Die Verpflichtung des Darlehensgebers, diese zugunsten des Verbrauchers zu ändern, bleibt bestehen;

jedoch darf er einen einmal abgesenkten Zinssatz später erneut bis auf den ursprünglichen höheren Vertragszins (oder auf den gesetzlichen Zinssatz, sollte kumulativ II 2 greifen) anheben (aA *Bülow* Rn 64).

IV. Unrichtige Angabe des (anfänglichen) effektiven Jahreszinses (III). Ist der (anfängliche) effektive Jahreszins zu niedrig angegeben, vermindert sich der dem Verbraucherdarlehensvertrag zugrunde gelegte nominale Jahreszins entspr. Trotz der zu niedrigen Ausweisung des Effektivzinses ist der Verbraucherdarlehensvertrag wirksam, der Darlehensgeber muss sich indes an seiner unrichtigen Angabe festhalten lassen. Entscheidend ist dabei, welchen Effektivzins er in der vom Darlehensnehmer zu unterzeichnenden Vertragserklärung ursprünglich ausgewiesen hat; hingegen ist unerheblich, ob sich die Kreditkonditionen als Folge des Sanktionensystems in II 2–5 modifiziert haben. Eine zu hohe Ausweisung des (anfänglichen) effektiven Jahreszinses ist in jedem Fall unschädlich. 10

Nach ganz hM entspricht die Kürzung des nominalen Jahreszinses der absoluten Differenz an Prozentpunkten zwischen dem richtigen und dem unrichtigen (weil zu niedrigen) effektiven Jahreszins (LG Stuttg NJW 93, 208; § 502 Rn 10). Eine Kürzung unterhalb des gesetzlichen Zinssatzes (§ 246) ist ausgeschlossen. Die Absenkung betrifft zudem allein den Nominalzins; alle anderen Kosten bleiben gleich. Die Veränderung des Nominalzinses und der sich daraus ergebende neue effektive Jahreszins können hinsichtlich der vereinbarten Teilzahlungen eine Anpassungsberechnung erforderlich machen; dann gilt II 4 entspr. 11

D. Fehlende Angaben über die Bestellung von Sicherheiten (II 6). Der Darlehensgeber kann bei fehlenden Angaben darüber Sicherheiten grds nicht fordern, wenn nicht der Nettodarlehensbetrag 50 000 Euro übersteigt. Sind die Sicherheiten bereits bestellt, kann der Darlehensgeber diese jedoch nicht zurückverlangen (Dresden ZIP 01, 1531; offen BGHZ 149, 302, 305), denn sie sichern mit Rechtsgrund eine (kraft Heilung) wirksame Verbindlichkeit aus einem Verbraucherdarlehensvertrag. Die Pflichtangabe nach § 492 I 5 Nr 7 soll dem Informationsbedürfnis des Darlehensnehmers Rechnung tragen; an einem solchen fehlt es, wenn ihm Art und Umfang der (bestellten) Sicherheiten bei Abschluss des Verbraucherdarlehensvertrags bekannt waren. 12

§ 495 Widerrufsrecht

(1) Dem Darlehensnehmer steht bei einem Verbraucherdarlehensvertrag ein Widerrufsrecht nach § 355 zu.
(2) Absatz 1 findet keine Anwendung auf die in § 493 Abs. 1 Satz 1 genannten Verbraucherdarlehensverträge, wenn der Darlehensnehmer nach dem Vertrag das Darlehen jederzeit ohne Einhaltung einer Kündigungsfrist und ohne zusätzliche Kosten zurückzahlen kann.

A. Allgemeines. I. Widerrufsrecht und Widerrufsbelehrung. Die Vorschrift räumt dem Darlehensnehmer ein Widerrufsrecht nach § 355 ein, soweit er Partei eines Verbraucherdarlehensvertrags (§ 491) ist; das bezieht Immobiliardarlehensverträge (§ 492 Ia 2) ein. Keine Anwendung findet die Bestimmung auf Überziehungskredite; über den Wortlaut von II hinaus können dies wegen der vergleichbaren Interessenlage sowohl eingeräumte (§ 493 I) als auch geduldete (§ 493 II) Überziehungen sein. Der Gesetzgeber wollte den Widerruf immer dann ausschließen, wenn wegen der jederzeitigen entschädigungsfreien Rückzahlungsmöglichkeit kein praktisches Bedürfnis dafür besteht, von der auf den Vertragsschluss gerichteten Willenserklärung wieder Abstand zu nehmen (BTDrs 11/5462, 22). Voraussetzung ist neben der jederzeitigen (ordentlichen) Kündbarkeit des Kredits ohne Einhaltung einer Kündigungsfrist, dass weder für den Kredit noch für die Kündigung zusätzliche Kosten (zB Ablöse, Vorfälligkeitsentschädigung) für den Darlehensnehmer anfallen. 1

Der Darlehensnehmer ist an seine Willenserklärung nicht mehr gebunden, wenn er sie fristgerecht widerruft. Die Ausübung des Widerrufsrechts hat rechtsgestaltenden Charakter. Bis zur Entscheidung über den Widerruf ist der Verbraucherdarlehensvertrag schwebend wirksam; es bestehen wechselseitige Erfüllungsansprüche. Hat der Verbraucher die Widerrufsfrist verstreichen lassen oder ist sein Widerrufsrecht sonst erloschen (§ 355 III 1), wird seine Willenserklärung ex nunc endgültig wirksam. Eine Anfechtung der gesetzlichen Rechtsfolgen, die mit der Nichtausübung des Widerrufs verbunden sind, ist ausgeschlossen. Hat der Darlehensgeber gegen den Darlehensnehmer bereits einen rechtskräftigen Zahlungstitel erwirkt, so ist ein erst anschließend erklärter Widerruf keine neue Tatsache iSd §§ 796 II, 767 II ZPO, die er der Vollstreckung im Wege der Vollstreckungsabwehrklage entgegensetzen könnte (BGH NJW 96, 57 gegen Stuttg NJW 94, 1225 und Karlsr NJW 90, 2474). Bei Gestaltungsrechten ist nicht der Zeitpunkt ihrer Ausübung maßgebend, sondern der Zeitpunkt, zu dem sie entstanden sind und hätten ausgeübt werden können, selbst wenn der Schuldner den zur Ausübung des jeweiligen Gestaltungsrechts berechtigenden Tatbestand nicht gekannt hat (BGHZ 125, 351, 353; 103, 362, 366; 100, 222, 225; 24, 97, 98; 34, 274, 279 zur Aufrechnung; BGHZ 42, 37, 39 zur Anfechtung). 2

Das Widerrufsrecht darf allein unter den Voraussetzungen des § 503 I (dort Rn 1) iVm § 356 durch ein Rückgaberecht ersetzt werden, nicht aber durch ein allgemeines Rücktrittsrecht oder jederzeitiges Kündigungsrecht (vgl BGH NJW 90, 3144; NJW-RR 1990, 1011). Es bleibt von den Vorschriften der §§ 494, 502 über Formnichtigkeit und Heilung unberührt (vgl BGHZ 118, 374, 380). Allerdings beginnt die Widerrufsfrist während noch andauernder Formnichtigkeit nicht zu laufen (§ 494 Rn 2). Zur Ausübung des Widerrufsrechts 3 braucht der Ausdruck „Widerruf" nicht verwendet zu werden (BGHZ 133, 71, 78; NJW 97, 2184; 96, 1964; 93, 128). So kann insbes in der „kommentarlosen" Rückzahlung des Darlehens ein Widerruf liegen (LG Hannover MDR 88, 583; *Teske* NJW 91, 2793, 2796). Eine Begründung für den Widerruf muss nicht gegeben werden (§ 355 I 2 Hs 1); auch die Motive des Verbrauchers für den Widerruf sind unerheblich (schlichte Vertragsreue; Köln OLGR 96, 257; Celle DAR 95, 404, 406). Eine Verwirkung des Widerrufsrechts kommt regelmäßig nicht in Betracht (BGH NJW 93, 128); gerade die Möglichkeit des Widerrufs auch nach längerer Zeit ist gesetzlich gewollte Folge einer unzureichenden oder gänzlich unterbliebenen Belehrung durch den Unternehmer (BGHZ 97, 127, 134; 97, 351, 359). Da selbst Rechtskundige eine Widerrufsbelehrung erhalten müssen, kann die Berufung auf die Rechtsfolgen einer fehlenden oder fehlerhaften Belehrung grds nicht treuwidrig sein (Ddorf WM 89, 1051; aA Kobl DNotZ 96, 128, 129).

4 Auf das Widerrufsrecht kann nicht verzichtet (Celle DAR 95, 404, 406), insbes die Mindestfrist des § 355 I 2 nicht abgekürzt werden (§ 506; aA *Fuchs* AcP Bd 196, 313, 355 ff; *Krämer* ZIP 97, 93, 97). Auch die Widerrufsbelehrung selbst ist einem Verzicht nicht zugänglich, selbst wenn dem Verbraucher eine längere als die gesetzlich vorgesehene oder eine über § 355 III 1 hinausgehende Widerrufsfrist eingeräumt wird. Erteilt der Unternehmer eine Widerrufsbelehrung, obwohl dies vom Gesetz nicht verlangt wird, etwa weil die andere Vertragspartei kein Verbraucher ist oder die Voraussetzungen eines entgeltlichen Kreditvertrags nicht gegeben sind, kann in dem „Widerrufsrecht" die Zubilligung eines vertraglichen Rücktrittsrechts liegen (BGH NJW 82, 2313). Bei Rahmenkreditverträgen und bei Krediteröffnungsverträgen ist die Widerrufsbelehrung bei Abschluss des Grundgeschäfts zu erteilen, denn allein dieses kann vom Verbraucher widerrufen werden. Auf die nachfolgenden Ausführungsgeschäfte bzw die jeweiligen konkreten Kreditschöpfungen erstreckt sich das Widerrufsrecht nicht (aA *Metz* NJW 91, 2804, 2812).

5 Die Widerrufsbelehrung ist nicht Bestandteil der Vertragserklärungen und unterliegt damit nicht dem strengen Formzwang des § 492 I; die Ordnungsgemäßheit ihrer äußeren und inhaltlichen Gestaltung beurteilt sich allein nach § 355 (vgl dort). Dass eine gänzlich fehlende oder nicht ordnungsgemäße Widerrufsbelehrung den Verbraucher tatsächlich davon abgehalten hat, den Widerruf überhaupt oder zu einem früheren Zeitpunkt zu erklären, braucht nicht festgestellt zu werden (Zweibr NJW 94, 203). Es ist zudem nicht erforderlich, dass die Belehrung während des gesamten Zeitraums, der für die Ausübung des Widerrufsrechts in Betracht kommt, als deutlich gestaltet (§ 355 II 1) vom Verbraucher wahrgenommen werden kann (BGH NJW-RR 03, 1481). Auch einen im Klagewege durchsetzbaren Anspruch auf Erhalt einer Widerrufsbelehrung hat der Verbraucher nicht. Die Bestimmung des § 492 III (dort Rn 1) findet insoweit keine Anwendung, ist aber in anderem Zusammenhang von Bedeutung. Nach § 355 II 3 beginnt die Widerrufsfrist nicht zu laufen, bevor dem Verbraucher eine Vertragsurkunde, der schriftliche Antrag des Verbrauchers oder eine Abschrift der Vertragsurkunde oder des Antrags zur Verfügung gestellt worden sind. Das bleibt hinter den Anforderungen aus § 492 III zurück, der in diesem Zusammenhang als vorrangig zu betrachten ist, weil der Verbraucher nach den Vorstellungen des Gesetzgebers, wie sie in § 492 III zum Ausdruck kommen, vor Erhalt einer Abschrift der Vertragserklärungen nicht über die Informationen verfügt, die ihm eine sachgerechte Beurteilung erlauben, ob er an seiner Willenserklärung festhalten möchte. Unabhängig davon, kann die Widerrufsfrist frühestens ab Abgabe der auf den Vertragsschluss gerichteten Willenserklärung des Verbrauchers zu laufen beginnen. Wird dem Verbraucher die Widerrufsbelehrung schon vor Abgabe der Willenserklärung ausgehändigt, ist sie um einen entspr Hinweis zu ergänzen.

6 **II. Sonderfälle.** Bei rechtsgeschäftlicher oder gesetzlicher **Vertretung** beantwortet sich die Frage, ob ein Widerrufsrecht besteht, nach den Verhältnissen des Vertretenen, der die Verbrauchereigenschaft erfüllen muss (BGH NJW-RR 91, 1074). Ein Vertreter ohne Vertretungsmacht darf das Widerrufsrecht anstelle des Vertretenen ausüben, um dadurch der Garantiehaftung nach § 179 zu begegnen, sofern in der Person des Vertretenen die Verbraucherkriterien erfüllt gewesen wären (BGH aaO). Haftet der Vertreter dem Unternehmer gem § 179 I auf Erfüllung, bestimmt sich der Umfang der Haftung nach dem, was der Vertretene geschuldet hätte, wäre der Vertrag mit ihm zustande gekommen. Genehmigt der Verbraucher den Vertrag, der vom vollmachtlosen Vertreter abgeschlossen worden ist, beginnt die Widerrufsfrist nicht bereits mit der Erklärung des Vertreters, sondern erst mit der Genehmigung durch den Verbraucher zu laufen (BGHZ 129, 371, 382).

7 Jedem Gesamtschuldner, der Verbraucher ist, steht ein eigenes (originäres) Widerrufsrecht zu, das er selbständig ggü dem Unternehmer auszuüben vermag und über das er entspr zu belehren ist (Kobl OLGR 98, 437). Im Falle des Widerrufs beurteilt sich das Schicksal der übrigen Kreditverhältnisse nach § 139 (subj Teilnichtigkeit; § 491 Rn 6). Im Falle der **Schuld- oder Vertragsübernahme** durch einen Verbraucher kann die Übernahme- oder Beitrittserklärung als solche widerrufen werden (BGHZ 129, 371, 379 sowie 109, 314, 317). Das gilt unabhängig davon, ob übernommene Schuld oder übernommener Vertrag den verbraucherdarlehensrechtlichen Vorschriften unterliegen. Ist der Beitritt auf eine erst künftig entstehende Verbindlichkeit bezogen, kann das Widerrufsrecht wegen Ablaufs der Widerrufsfrist erlöschen, noch bevor die Schuld, der beigetreten wird, entstanden ist (BGHZ 133, 220, 225). Darüber hinaus kann bei der Vertragsübernahme ein bestehendes Widerrufsrecht auf den Neuschuldner als Gestaltungsrecht übergehen, das er aus abgeleitetem Recht auszuüben berechtigt ist, selbst wenn er selbst nicht Verbraucher ist (BGH NJW 96, 2094). Für die Interessen des Darlehensgebers bedeutet dies keine Verschlechterung, weil er den Kreditvertrag ursprünglich

mit einem Verbraucher abgeschlossen hat und die Auswechslung der Vertragspartei zudem seiner Mitwirkung bedarf. Bei der Schuldübernahme und beim Schuldbeitritt ist für den Einzelfall zu prüfen, ob der Schuldner auch zur Ausübung bestehender Gestaltungsrechte befugt sein soll.

B. Rechtsfolgen des Widerrufs. Nach erfolgtem Widerruf erlöschen die beiderseitigen Leistungsansprüche; 8 es entsteht mit Wirkung ex nunc ein Rückabwicklungsverhältnis. Bereits entstandene Schadensersatzansprüche wegen Nichterfüllung entfallen (BGH NJW 90, 2068, 2069). Das gilt grds auch für deliktische Schadensersatzansprüche, soweit sie den Ersatz des Erfüllungsinteresses zum Gegenstand haben. Die für die Rückabwicklung einschlägigen Regelungen enthält § 357, der seinerseits auf die Vorschriften über den Rücktritt in den §§ 346 ff verweist. Die genannten Vorschriften werden über § 495 zum Bestandteil des Verbraucherdarlehensrechts, können daher – obwohl in § 506 nicht ausdrücklich aufgeführt – nicht zum Nachteil des Verbrauchers abbedungen werden. Sie erfassen die wechselseitigen Ansprüche von Darlehensgeber und Darlehensnehmer abschließend (aA *Mankowski* S 608: auf die Ansprüche gegen den Verbraucher bezogene teleologische Reduktion). Innerhalb ihres Anwendungsbereichs gehen sie den allgemeinen Bestimmungen vor (vgl BGHZ 131, 82, 87) vor, die §§ 812 ff können allenfalls hilfsweise herangezogen werden. Die sich für die Parteien danach ergebenden Rückgewährverpflichtungen sind Zug um Zug zu erfüllen (§§ 357 I, 348).

Im Falle des Widerrufs ist jeder Teil verpflichtet, dem anderen Teil die empfangenen Leistungen zurückzugewähren 9 (§§ 357 I 1, 346 I). Der Darlehensgeber hat die erhaltenen Sicherheiten zurückzugeben, sofern sie nicht auch zur Absicherung der Ansprüche aus dem Rückgewährschuldverhältnis bestimmt sind; regelmäßig sind solche Folgeansprüche in die Sicherungsvereinbarung einbezogen (BGH NJW 04, 158). Der Darlehensnehmer hat den Geldbetrag ab dem Zeitpunkt seines Empfangs bis zu dessen Rückzahlung zu verzinsen. Er kann nach § 346 II 2 den Nachweis führen, dass der Wert des Gebrauchsvorteils niedriger war. Das ist dann der Fall, wenn der vereinbarte Zins über dem marktüblichen liegt. Auf diese Weise wird verhindert, dass ein Widerruf wegen der damit verbundenen Verzinsungspflicht für den Verbraucher unattraktiv wird (*Mankowski* S 603, 605; *Schmidt-Räntsch* ZIP 02, 1100, 1103). Anspruch auf Bearbeitungsgebühren, Auslagenpauschalen, Abschlussgebühren, Disagio, Verwaltungskosten, Provisionen, Vermittlercourtage oder die Erstattung sonstiger Auslagen hat der Darlehensgeber nicht (Köln NJW-RR 95, 1008). Zudem ist die Grundlage für die Berechnung von Bereitstellungszinsen entfallen. Oberste Grenze für den Wertersatz ist stets das – ggf durch § 494 II modifizierte – auf die ursprünglich gedachte Vertragslaufzeit zu beziehende Erfüllungsinteresse (BGH NJW-RR 91, 1011; NJW 85, 1554), weil der Darlehensnehmer durch den Widerruf nicht besser gestellt sein darf, als er bei Vertragserfüllung gestanden hätte.

C. Beweisfragen. Der Darlehensgeber muss beweisen, dass und wann er die Widerrufsfrist durch Erteilung 10 einer ordnungsgemäßen Belehrung in Lauf gesetzt hat (§ 355 II 4; BTDrs 11/5462, 22). Lässt er sich vom Verbraucher zu diesem Zwecke eine Empfangsbestätigung unterzeichnen, die Bestandteil Allgemeiner Geschäftsbedingungen ist, kann dem wegen der damit verbundenen Beweislastumkehr § 309 Nr 12 b) entgegenstehen (BGHZ 100, 373, 381; NJW 87, 2012, 2013). Zulässig sind allein gesondert unterzeichnete Empfangsbekenntnisse, die keine sonstigen Erklärungen enthalten (BGH aaO; NJW 93, 2868). Die Beweislast dafür, dass der Widerruf fristgerecht abgesandt und dem Darlehensgeber zugegangen ist, trägt der Verbraucher. Geht der Widerruf auf dem Weg zum Empfänger verloren, muss der Verbraucher seine Erklärung beim ersten Anzeichen, dass kein Zugang erfolgen könnte, unverzüglich (§ 121 I) wiederholen. Es ist dann der Nachweis ausreichend, dass die erste Widerrufserklärung auf dem Weg zum richtigen Adressaten gebracht worden ist (Dresden ZIP 00, 362, 364). Nach erfolgtem Widerruf hat die Partei, die einen Anspruch aus dem Rückabwicklungsverhältnis herleitet, dessen Voraussetzungen darzulegen und zu beweisen.

§ 496 Einwendungsverzicht, Wechsel- und Scheckverbot

(1) Eine Vereinbarung, durch die der Darlehensnehmer auf das Recht verzichtet, Einwendungen, die ihm gegenüber dem Darlehensgeber zustehen, gemäß § 404 einem Abtretungsgläubiger entgegenzusetzen oder eine ihm gegen den Darlehensgeber zustehende Forderung gemäß § 406 auch dem Abtretungsgläubiger gegenüber aufzurechnen, ist unwirksam.
(2) ¹Der Darlehensnehmer darf nicht verpflichtet werden, für die Ansprüche des Darlehensgebers aus dem Verbraucherdarlehensvertrag eine Wechselverbindlichkeit einzugehen. ²Der Darlehensgeber darf vom Darlehensnehmer zur Sicherung seiner Ansprüche aus dem Verbraucherdarlehensvertrag einen Scheck nicht entgegennehmen. ³Der Darlehensnehmer kann vom Darlehensgeber jederzeit die Herausgabe eines Wechsels oder Schecks, der entgegen Satz 1 oder 2 begeben worden ist, verlangen. ⁴Der Darlehensgeber haftet für jeden Schaden, der dem Darlehensnehmer aus einer solchen Wechsel- oder Scheckbegebung entsteht.

A. Einführung. Die Vorschrift führt die Regelungen des § 10 I und II VerbrKrG fort. Sie ist außer für Ver- 1 braucherdarlehensverträge (einschl der Immobiliardarlehensverträge) auch für Zahlungsaufschübe, Finanzierungshilfen (§ 499 I) und Finanzierungsleasingverträge (§ 500), nicht aber für Ratenlieferungsverträge (§ 505) maßgeblich. Gibt der Darlehensnehmer innerhalb einer verbraucherkreditrechtlichen Beziehung ein **abstrak-**

tes Schuldversprechen bzw Schuldanerkenntnis iSd §§ 780, 781 ab oder unterwirft er sich durch notarielle Erklärung der Zwangsvollstreckung in sein gesamtes Vermögen (§ 794 I Nr 5 ZPO), soll § 496 weder direkt noch analog anwendbar sein (BGH NJW 05, 1576; MittBayNot 05, 300; Ddorf MittBayNot 05, 134; Hamm OLGR 04, 294; Schlesw 19.1.01, 1 U 110/99). Ein Verzicht des Bürgen ggü dem Gläubiger auf Einwendungen (§§ 768, 770) gegen die Hauptverbindlichkeit ist ebenso unwirksam wie ein durch den Hauptschuldner abgegebener Verzicht, weil sonst – wegen der Regressmöglichkeiten des Bürgen im Innenverhältnis – kein ausreichender Verbraucherschutz gewährleistet wäre (iE Staud/*Kessal-Wulf* Rn 5); das gilt ebenso für den Verzicht eines Garantiegebers oder sonstigen Mitschuldners, auch wenn diese selbst keine Verbraucher sind. Aus den gleichen Gründen wirkt das Wechsel- und Scheckverbot in II zu Gunsten des Dritten, sofern er nach seiner Inanspruchnahme durch den Gläubiger seinerseits im Innenverhältnis zum Darlehensnehmer Rückgriff nehmen könnte.

2 **B. Einwendungsverzicht (I).** I erklärt Vereinbarungen für unwirksam, durch die der Verbraucher auf Einwendungen und Aufrechnungsmöglichkeiten für den Fall der Abtretung verzichtet. Im Bereich des Verbraucherkreditrechts werden die §§ 404, 406 (nicht hingegen § 405) dadurch unabdingbar. Dabei ist gleich, ob der Darlehensnehmer die Vereinbarung mit dem Zedenten oder dem Zessionaren trifft. Die Bestimmung erfasst jeden (anfänglichen oder nachträglichen) Einwendungsverzicht, der Teil von AGB oder individualvertraglich ausgehandelt ist. Unerheblich ist, wie der Wechsel in der Person des Gläubigers herbeigeführt wird (rechtsgeschäftliche Abtretung oder gesetzlicher Forderungsübergang). Die Regeln des I sind auf § 407 entspr anwendbar. Der Verzicht muss nicht notwendig auf einer Vereinbarung beruhen; er kann ebenso Gegenstand einer einseitigen Erklärung des Darlehensnehmers sein, durch die dieser einzelne Gestaltungsrechte oder Einreden aufgibt oder eine Beweislastumkehr bewirkt, solange nur die Erklärung zu einer Einschränkung in den Verteidigungsmöglichkeiten des Darlehensnehmers führt oder ihm die Durchsetzung seiner Rechte in sonstiger Weise erschwert. Erfasst werden alle Einwendungen gegen die übernommene Forderung, die zur Zeit der Abtretung gegen den bisherigen Gläubiger begründet, dh ihrem Rechtsgrund nach im Schuldverhältnis angelegt waren. Das kann nicht nur der eigentliche Darlehensrückzahlungsanspruch oder kreditierte Anspruch aus dem Teilzahlungsgeschäft sein, sondern auch der Anspruch aus einem Abwicklungsverhältnis nach Widerruf (§ 495 I) oder Rücktritt (§ 503 II). Der Begriff der Einwendungen ist im weitesten Sinne zu verstehen und schließt die prozessualen Einreden ein.

3 **C. Das Wechsel- und Scheckverbot (II). I. Voraussetzungen.** Das Wechsel- und Scheckverbot ist Ausfluss der wertpapierrechtlichen Besonderheiten (Umkehr der Darlegungs- und Beweislast aufgrund der abstrakten Natur der Wertpapierverbindlichkeit, eingeschränkte Verteidigungsmöglichkeiten im Urkundprozess, Einwendungsausschluss ggü dem Zweiterwerber des Wertpapiers), durch die der Verbraucher Gefahr läuft, berechtigte Einwendungen nicht durchsetzen zu können. Da für das Wertpapierrecht die Einräumung von Zahlungsaufschüben typisch ist, besteht ein – vom Gesetzgeber ersichtlich nicht erkanntes – Spannungsverhältnis zwischen II und § 499 I. Letzterer eröffnet den Anwendungsbereich des Verbraucherkreditrechts überhaupt erst, wenn der Zahlungsaufschub über drei Monate hinausgeht. Dabei ist zu unterscheiden: Verständigen sich die Parteien auf eine Prolongation (Stundungs- oder Verlängerungswechsel), wird weiterhin die ursprüngliche Wechselschuld gestundet. Daher hat eine Zusammenrechnung der einzelnen Zahlungsaufschübe zu erfolgen, so dass sich die maßgebliche Frist nach deren Gesamtdauer bemisst, unabhängig davon, ob Erstwechsel und Prolongationswechsel für sich gesehen die dreimonatige Frist überschreiten (*Müller* WM 91, 1781, 1783). Beim sog **Drei-Monats- oder 90-Tage-Akzept** ist für die Fristgrenze des § 499 I nicht auf die wechselrechtliche Verfallzeit abzustellen, sondern auf die Stundung der schuldrechtlichen Grundforderung, die von der Verfallzeit des Wechsels abweichen kann. Ohnehin wird in diesen Fällen allgemein eine teleologische Reduktion des § 499 I befürwortet (MüKo/*Habersack* Rn 3; Erman/*Saenger* Rn 7; *Bülow* Rn 6; v Westphalen/Emmerich/v Rottenburg § 10 VerbrKrG Rn 22), weil für die Schutzbedürftigkeit des Darlehensnehmers iRd II – anders als bei § 499 I – Gesichtspunkte sprechen, die von der Laufzeit des Zahlungsaufschubs unabhängig sind.

4 Der Darlehensnehmer darf grds nicht verpflichtet werden, für Ansprüche des Darlehensgebers (zB auf Zahlung laufender oder rückständiger Raten, auf Ersatz des Verzugsschadens, aus einem Abwicklungsverhältnis nach Rücktritt oder Widerruf) Wechselverbindlichkeiten nach dem WG (als Aussteller, Bezogener, Indossant, Wechselbürge oder als Ehrenannehmer) einzugehen. Über den Wortlaut der Vorschrift hinaus greift das Verbot auch dann, wenn der Darlehensnehmer den Wechsel von sich aus anbietet oder ihm der Darlehensgeber eine Leistung erfüllungshalber durch die Hingabe eines Wechsels freistellt. Das Scheckverbot beschränkt sich hingegen darauf, dass der Darlehensgeber vom Darlehensnehmer zur Sicherung seiner Ansprüche aus dem Verbraucherdarlehensvertrag keinen Scheck entgegennehmen darf. Auf diese Weise soll die Funktion des Schecks als Teil des bargeldlosen Zahlungsverkehrs erhalten bleiben. Der Darlehensnehmer ist daher nicht gehindert, Schecks zur Begleichung bestehender Verbindlichkeiten aus dem Verbraucherdarlehensvertrag einzusetzen oder durch die Begebung von Schecks, für die ein Guthaben bei der bezogenen Bank nicht vorhanden ist, Kredit in Anspruch zu nehmen. Unzulässig ist jedoch ein vor Fälligkeit der zugrunde liegenden Schuld ausgestellter oder (wegen Art 29 ScheckG) vordatierter Scheck. Seit dem 1.7.91 ist das ScheckG in vollem Umfang auch auf Postschecks anwendbar.

II. Verstöße gegen das Wechsel- und Scheckverbot. Verbotswidrig begebene Wechsel und Schecks begründen grds eine wirksame wertpapierrechtliche Verbindlichkeit; andernfalls hätte sich der Gesetzgeber in Widerspruch zum Genfer Abkommen vom 7. 6. 30 über das Einheitliche Wechselgesetz und vom 19. 3. 31 über das Einheitliche Scheckgesetz gesetzt. Der Darlehensnehmer hat gegen den Darlehensgeber aber gem I 3 einen Anspruch auf Herausgabe des Wechsels oder Schecks, für dessen Voraussetzungen er die **Beweislast** trägt. Sollte der Darlehensgeber aus dem verbotswidrig begebenen Wertpapier Ansprüche geltend machen, kann der Verbraucher ihm eine aus I 3 abgeleitete Einrede entgegensetzen (München ZIP 04, 991). Mithaftende Dritte oder Bürgen können, auch wenn sie selbst keine Verbraucher sind, in Erweiterung des unmittelbaren Anwendungsbereichs der Vorschrift immer dann Herausgabe eines von ihnen begebenen Schecks oder Wechsels verlangen, wenn andernfalls im Hinblick auf die internen Ausgleichs- oder Regressansprüche gegen den Verbraucher die Gefahr bestünde, dass das Wechsel- und Scheckverbot zu dessen Lasten unterlaufen würde (vgl bereits Rn 1). 5

Hingegen ist die sich auf die Begebung des Wechsels oder Schecks beziehende Zweckvereinbarung ebenso nichtig wie jede andere Verpflichtung des Verbrauchers zur Eingehung einer wertpapierrechtlichen Verbindlichkeit (§ 134; *Müller* WM 91, 1781, 1786). Der Darlehensgeber hat daher keinen Anspruch auf die Bestellung einer anderen, vom Verbot des II nicht erfassten Sicherheit. Der Verbraucherdarlehensvertrag selbst bleibt in seinem Bestand unberührt, insbes kommt die Regelung des § 139 nicht zum Tragen (München ZIP 04, 991; *Reinicke/Tiedtke* ZIP 92, 217, 222; *Müller* WM 91, 1781, 1787). 6

Der Darlehensgeber haftet ferner nach II 4 in Form einer verschuldensunabhängigen Garantiehaftung für jeden Schaden, der dem Darlehensnehmer aus einer verbotswidrigen Wechsel- oder Scheckbegebung entsteht. Er hat diesem alle Nachteile zu ersetzen, zu denen es bei Hinwegdenken der Wertpapierbegebung nicht, nicht zu diesem Zeitpunkt oder nicht in dieser Höhe gekommen wäre. Ein Schaden kann beim Verbraucher insbes dadurch eintreten, dass er von einem Zweiterwerber des Wechsels oder Schecks in Anspruch genommen wird, ohne diesem ggü Einwendungen geltend machen zu können (Art 17 WG; 22 ScheckG). Mitschuldner können unabhängig voneinander Schadensersatz verlangen; das setzt allerdings voraus, dass ihre jeweilige Beziehung zum Darlehensgeber verbraucherdarlehensrechtlicher Natur ist. Der Schadensersatzanspruch beschränkt sich nicht nur auf die eigentliche Wechsel- oder Schecksumme, sondern umfasst auch Folgeschäden (zB Zinsen, Protest- und Benachrichtigungskosten; ferner Prozesskosten aus einem mit einem späteren Inhaber des Wertpapiers geführten Rechtsstreit). 7

§ 497 Behandlung der Verzugszinsen, Anrechnung von Teilleistungen

(1) ¹Soweit der Darlehensnehmer mit Zahlungen, die er auf Grund des Verbraucherdarlehensvertrags schuldet, in Verzug kommt, hat er den geschuldeten Betrag nach § 288 Abs. 1 zu verzinsen; dies gilt nicht für Immobiliardarlehensverträge. ²Bei diesen Verträgen beträgt der Verzugszinssatz für das Jahr zweieinhalb Prozentpunkte über dem Basiszinssatz. Im Einzelfall kann der Darlehensgeber einen höheren oder der Darlehensnehmer einen niedrigeren Schaden nachweisen.
(2) ¹Die nach Eintritt des Verzugs anfallenden Zinsen sind auf einem gesonderten Konto zu verbuchen und dürfen nicht in ein Kontokorrent mit dem geschuldeten Betrag oder anderen Forderungen des Darlehensgebers eingestellt werden. ²Hinsichtlich dieser Zinsen gilt § 289 Satz 2 mit der Maßgabe, dass der Darlehensgeber Schadensersatz nur bis zur Höhe des gesetzlichen Zinssatzes (§ 246) verlangen kann.
(3) ¹Zahlungen des Darlehensnehmers, die zur Tilgung der gesamten fälligen Schuld nicht ausreichen, werden abweichend von § 367 Abs. 1 zunächst auf die Kosten der Rechtsverfolgung, dann auf die übrigen geschuldeten Betrag (Absatz 1) und zuletzt auf die Zinsen (Absatz 2) angerechnet. ²Der Darlehensgeber darf Teilzahlungen nicht zurückweisen. ³Die Verjährung der Ansprüche auf Darlehensrückerstattung und Zinsen ist vom Eintritt des Verzugs nach Absatz 1 an bis zu ihrer Feststellung in einer in § 197 Abs. 1 Nr. 3 bis 5 bezeichneten Art gehemmt, jedoch nicht länger als zehn Jahre von ihrer Entstehung an. ⁴Auf die Ansprüche auf Zinsen findet § 197 Abs. 2 keine Anwendung. ⁵Die Sätze 1–4 finden keine Anwendung, soweit Zahlungen auf Vollstreckungstitel geleistet werden, deren Hauptforderung auf Zinsen lautet.
(4) Die Absätze 2 und 3 Satz 1, 2, 4 und 5 gelten nicht für Immobiliardarlehensverträge.

A. Anwendungsbereich. Die Vorschrift will einen angemessenen Interessenausgleich zwischen Darlehensgeber und säumigem Verbraucher schaffen und bestehende Rechtsunsicherheiten bei der Ermittlung des zulässigen Verzugszinses beseitigen. Sie entspricht in ihrem Kernbereich dem früheren § 11 VerbrKrG, geht aber über diesen hinaus, weil sie – entgegen der vormaligen Rechtslage (BGH ZIP 99, 1483) – Immobiliardarlehensverträge einbezieht. Der ursprünglich auf fünf vom Hundert über dem jeweiligen Diskontsatz der Deutschen Bundesbank festgelegte Verzugszins sollte nach den Vorstellungen des Gesetzgebers die gewöhnlich anfallenden Refinanzierungskosten (Bundesbankdiskont zuzüglich 3%) sowie den Bearbeitungsaufwand der Bank (weitere 2%) abdecken (BTDrs 11/5462, 25). Durch § 1 des Diskontsatz-Überleitungs-Gesetzes v 9. 6. 98 (BGBl I 1242) ist der Diskontsatz zum 1. 1. 99 durch den Basiszinssatz (§ 247) abgelöst worden. Wegen der Möglichkeit des Nachweises eines niedrigeren Schadens behält I ggü § 288 I eigenständige Bedeutung (*Fabis* 1

ZIP 00, 865, 870). Die Höhe des Zinssatzes ist vom Gesetzgeber bewusst variabel ausgestaltet; keineswegs wird er auf den im Zeitpunkt der letzten mündlichen Verhandlung geltenden Basiszinssatz festgeschrieben (dazu *Metz* VuR 92, 337, 341). Dadurch hat sich das früher diskutierte Problem der „Zukunftszinsen" (BGHZ 100, 211; Stuttg NJW-RR 88, 308; KG NJW 89, 305; Karlsr NJW 90, 1738) erledigt. Für Immobiliardarlehensverträge (§ 492 Ia 2) gilt ein Regelverzugszins von zweieinhalb Prozentpunkten über dem Basiszinssatz. Dem liegt die Annahme zugrunde, dass die durchschnittlichen Refinanzierungssätze bei Realkrediten entspr niedriger liegen (BTDrs 14/6040, 256). Nicht anwendbar auf Immobiliardarlehensverträge (IV) sind hingegen die Regelungen in II, III 1, 2, 4 und 5.

2 Die Möglichkeiten des I stehen jedem Darlehensgeber offen, der Partei eines Verbraucherkreditvertrags ist (zu eng daher BGH NJW 97, 3166; NJW 95, 954; 94, 3344; zutr Schlesw OLGR 98, 237). Die Bestimmung enthält die einzig zulässige abstrakte Berechnungsmethode für den Verzugsschaden (Zweibr ZIP 00, 2198). Von ihr kann allerdings nur der Darlehensgeber Gebrauch machen, nicht jedoch ein Darlehensnehmer, der seinerseits – etwa nach Anfechtung oder Widerruf – Ansprüche gegen die andere Vertragspartei hat. Unzulässig wäre es, eine Weitergeltung des Vertragszinses für den Verzugsfall zu vereinbaren, soweit dieser fünf Prozentpunkte über dem jeweiligen Basiszinssatz überschreitet (§ 506 S 1); ein solches Ergebnis kann – wegen § 506 S 2 – auch nicht durch den Abschluss eines neuen Verbraucherdarlehensvertrags erreicht werden.

3 **Kreditinstitute** dürfen darüber hinaus den pauschalierten Verzugsschaden, sofern er seine Grundlage in einem Kreditvertrag findet (Dresden WM 99, 952, 953), nicht nur ggü Verbrauchern, sondern auch ggü Gewerbetreibenden und Genossenschaften geltend machen (vgl BGH NJW 95, 1954; ZIP 98, 1063; Ddorf WM 96, 1810; München WM 94, 1028; Schlesw NJW-RR 93, 754); ferner hat der BGH (NJW 00, 658) die Zinsschadensregelung auf den Verzug des Bürgen (§ 491 Rn 9) analog angewandt. In allen Fällen beschränkt sich die entspr Heranziehung auf I und kann nicht auf die übrigen Bestimmungen in II und III ausgedehnt werden. Der gewerbliche Verzugsschuldner kann zudem der abstrakten Schadensberechnung nicht den Nachweis eines konkreten, niedrigeren Schadens entgegensetzen, wie dies I 3 zugunsten des Verbrauchers vorsieht (*Bülow* ZIP 96, 8, 10). Zu den vor dem 1.1.91 (Inkrafttreten des VerbrKrG) abgeschlossenen **Altverträgen** vgl BGHZ 115, 268, 274; 104, 337; NJW 92, 1620; Schlesw ZIP 02, 1575; ausf Staud/*Kessal-Wulf* Rn 5 ff.

4 **B. Abstrakte und konkrete Schadensberechnung (I).** Voraussetzung für I ist in jedem Fall, dass sich der Darlehensnehmer mit Zahlungen in Verzug befindet (§§ 286 ff), die er aufgrund eines Verbraucherdarlehensvertrags schuldet. Dafür ist nicht erforderlich, dass die Ansprüche des Darlehensgebers unmittelbar einem (wirksamen) Verbraucherdarlehensvertrag entstammen, solange nur der Abschlusstatbestand eines solchen Vertrags gegeben ist (Bsp: Bereicherungsansprüche bei Nichtigkeit; Rückabwicklung nach Widerruf oder Anfechtung; Dresden WM 99, 952). Bei einem Verzug des Kreditnehmers mit Einzelraten sind die geschuldeten Zahlungen gleichbedeutend mit der Summe der rückständigen Einzelbeträge nebst etwaiger Kosten der Rechtsverfolgung; in den Raten enthaltene Zinsanteile müssen nicht herausgerechnet werden (BGH NJW 93, 1260; 91, 1286). Bei Gesamtschuldnerschaft hat der Verzug grds Einzelwirkung (§ 425 II). Hat der Darlehensgeber seine Forderung an einen Dritten abgetreten, errechnet sich die Höhe des Verzugsschadens grds aus der Person des Zessionars (BGH NJW-RR 92, 219). Nach dem verbraucherdarlehensrechtlichen Schutzgedanken darf sich die Position des Darlehensnehmers dadurch jedoch nicht verschlechtern (offen gelassen in BGH NJW-RR 92 aaO), so dass der Höhe nach eine Begrenzung auf den Zedentenschaden besteht.

5 Der Darlehensgeber hat die Wahl zwischen abstrakter und konkreter Berechnungsmethode. Er muss hinreichend deutlich zum Ausdruck bringen, welche Art Verzugsschaden er geltend macht (zum Antrag auf Erlass eines Mahnbescheides AG Hagen NJW-RR 95, 320). Macht er den Verzugszins pauschaliert – also mit fünf Prozentpunkten über dem Basiszinssatz – geltend, scheidet der Ansatz weiterer konkreter Schadenspositionen aus, soweit diese zu den gewöhnlich anfallenden Refinanzierungskosten gehören oder den üblichen Bearbeitungsaufwand der Bank abdecken (Rn 1; zu bejahen für Mahn- und Detektivgebühren, LG Stuttg NJW 93, 208; zu verneinen für Kosten der Sicherheitenverwertung, Prozesskosten). Der Darlehensgeber darf auch „splitten", dh die Refinanzierungskosten (abstrakt) mit drei Prozentpunkten veranschlagen (Rn 1) und die Bearbeitungskosten konkret ausweisen.

6 Will der Darlehensnehmer den Nachweis eines niedrigeren Schadens erbringen, muss er diesen konkret berechnen; er darf der abstrakten Schadensberechnung des Darlehensgebers nicht seinerseits einen abstrakt ermittelten Schaden entgegenhalten. An die Substantiierungslast des Darlehensnehmers sind nur geringe Anforderungen zu stellen, weil er regelmäßig keine näheren Einblicke in die Verhältnisse des Darlehensgebers hat (*Zahn* DB 91, 81, 84; *Kohte* JZ 92, 524; krit *Ungewitter* JZ 94, 701, 706). Für die frühere Fassung der §§ 288 I BGB, 352 HGB (Existenzgründungsdarlehen), die Verzugszinssätze von lediglich vier vom Hundert bzw fünf vom Hundert vorsahen, war der Gegenbeweis des Darlehensnehmers dahin zu beschränken, dass auch bei Nachweis eines konkreten, niedrigeren Schadens dem Darlehensgeber wenigstens der gesetzliche Mindestverzugszins verbleiben musste. Das lässt sich für die Neufassung der genannten Vorschriften nicht aufrechterhalten, weil anderenfalls – wegen der Angleichung des allgemeinen und des spezialgesetzlich geregelten Verzugszinses – dem Verbraucher die Möglichkeit des Nachweises eines niedrigeren Schadens von vornherein genommen wäre.

C. Gesonderte Kontenführung; Kontokorrentverbot (II 1). Zinsen, die nach Eintritt des Verzugs anfallen 7
(also der Regelverzugszins nach I oder der im Einzelfall nachgewiesene Schaden, gleich ob prozentual ausgedrückt oder betragsmäßig errechnet), sind auf einem gesonderten Konto zu separieren. Sie dürfen nicht mit dem geschuldeten Betrag oder anderen Forderungen des Darlehensgebers in ein Kontokorrent eingestellt werden; auch das vom Darlehensgeber einzurichtende Sonderkonto selbst darf nicht im Kontokorrent geführt werden (aA Erman/*Saenger* Rn 25; *Bülow* Rn 59). Die durch das Sonderkonto entstehenden Gebühren sind bei abstrakter Schadensberechnung durch die im Regelverzugszins enthaltene Pauschale abgedeckt (Rn 1). Einen klageweise durchsetzbaren Anspruch auf die Einrichtung und Führung eines Sonderkontos hat der Verbraucher nicht; ein Zurückbehaltungsrecht (§ 273) scheitert daran, dass die gesetzliche Buchungsanordnung erst für die Zeit nach Eintritt des Verzugs gilt und ein dann geltend gemachtes Zurückbehaltungsrecht den bereits bestehenden Verzug nicht mehr beseitigen kann.

D. Verzugsschadensregelung (II 2). Die Bestimmung begrenzt das Recht des Gläubigers auf Ersatz des 8
durch den Verzug entstandenen Schadens. Sie knüpft unmittelbar an die Regelung des § 289 S 2, so dass die weiteren Voraussetzungen dieser Vorschrift gegeben sein müssen. Demnach muss der Darlehensgeber den Darlehensnehmer wegen der rückständigen Verzugszinsbeträge wiederum wirksam in Verzug gesetzt haben (BGH NJW 93, 1260; 95, 1546). Der sich aus II 2 ergebende Schadensersatzanspruch ist seinerseits auf einem gesonderten Unterkonto zu erfassen; jede weitere Verzinsung ist dem Darlehensgeber untersagt (*Reifner* NJW 92, 337, 343). Der Gläubiger kann Schadensersatz „bis zur" Höhe des gesetzlichen Zinssatzes (§ 246) verlangen (vgl BGH NJW 93, 1260). Anders als zur früheren Rechtslage (§ 11 II VerbrKrG) ist die Möglichkeit entfallen, Existenzgründer mit dem höheren Zins des § 352 HGB zu belasten (aA *Bülow* Rn 54).

E. Teilleistungen (III 1 und 2). Teilleistungen darf der Darlehensgeber – abw von § 266 – nicht zurückweisen. 9
Ob eine Zahlung ausreicht, die bestehenden Verbindlichkeiten abzudecken, beurteilt sich nach der Höhe der bei (teilweiser) Tilgung bestehenden fälligen Schuld, auch wenn sich der Darlehensnehmer insoweit noch nicht im Verzug befindet. Gibt es mehrere Verbindlichkeiten des Darlehensnehmers ggü dem Darlehensgeber, die jeweils selbständigen Schuldverhältnissen entstammen, bleibt für die Anrechnung von Leistungen, die zur Tilgung sämtlicher Schulden nicht ausreichen, § 366 maßgeblich.

Zahlungen des Darlehensnehmers, mit denen die gesamte fällige Schuld nicht getilgt wird, werden zunächst 10
auf die **Kosten der Rechtsverfolgung** angerechnet, also auf die Prozess-, Vollstreckungs- und Inkassokosten und sonstigen Aufwendungen zur Durchsetzung der Ansprüche des Darlehensgebers gegen den Darlehensnehmer (der eigene Bearbeitungsaufwand ist bereits Teil des pauschalen Regelverzugszinses oder der konkreten Schadensberechnung nach I). In Änderung der Tilgungsreihenfolge des § 367 erfolgt sodann eine Anrechnung auf den **übrigen geschuldeten Betrag**. Erst zum Schluss wird die geleistete Teilzahlung den **Zinsen** nach II 1 und anschließend denen nach II 2 gutgebracht. Mit dieser Änderung der Tilgungsanrechnung, die von den Grundsätzen des § 367 I abweicht, soll für den überschuldeten Verbraucher ein Anreiz geschaffen werden, weitere Zahlungen zu leisten und den „Schuldenberg" durch vorrangige Tilgung der Hauptforderung allmählich abzubauen.

F. Verjährungsprivileg (III 3–5). Für die Verjährung der Ansprüche auf Darlehensrückerstattung und auf 11
Zinsen gelten besondere Regelungen. Sie sind vom Eintritt des Verzugs nach I an bis zu ihrer Feststellung in einer in § 197 I Nr 3–5 bezeichneten Art kraft Gesetzes gehemmt, jedoch nicht länger als zehn Jahre von ihrer Entstehung an. „Zinsen" sind in diesem Zusammenhang die Verzugszinsen nach II 1 und II 2, mit „Darlehensrückerstattung" ist der Anspruch auf die Darlehensraten gemeint, ohne dass diese in (Vertrags-)Zins- und Kapitalanteile aufzuspalten wären. Daneben gelten unverändert die allgemeinen Regeln über die Verjährungshemmung (zB § 204 I Nr 1); dadurch kann die Verjährungshemmung im Ergebnis den Zeitraum von zehn Jahren überschreiten. Auf titulierte (Zukunfts-)Zinsen findet die Bestimmung des § 197 II keine Anwendung.

Auf Vollstreckungstitel, deren Hauptforderung auf Zinsen lautet (**isolierte Zinsurteile**), sind III 1–4 nicht 12
anwendbar; der Begriff der Zinsen in III 5 entspricht dabei dem aus III 1, I und II 1 und 2 (die Vertragszinsen sind bereits Bestandteil des geschuldeten Betrags). Der Gesetzgeber wollte auf diese Weise den Einklang zwischen materiellem Recht und Vollstreckungsrecht gewährleisten und den Gläubiger hindern, den Schuldner zu vollstreckungsabwendenden Zahlungen zu veranlassen, um diese sodann auf den (nicht titulierten) geschuldeten Betrag gem der Tilgungsreihenfolge des III 1 anzurechnen und anschließend erneut aus dem Zinstitel gegen den Schuldner vorzugehen (BTDrs 11/8274, 22). Die Bestimmung ist letztlich überflüssig, weil sich das angestrebte Ergebnis auch unter Beachtung allgemeiner vollstreckungsrechtlicher Grundsätze erreichen lässt (vgl *Münzberg* WM 91, 170, 172; *Braun* WM 91, 165, 168; *Braun/Raab-Gaudin* FLF 91, 244, 248). Für **gemischte Titel**, bei denen Zinsen als Hauptforderung neben anderen Hauptforderungen – etwa neben einem Teil des geschuldeten Betrags, aus denen sie sich nicht errechnen – tituliert sind, ist der Anwendungsbereich der Vorschrift teleologisch zu reduzieren. Die Verrechnung beigetriebener Leistungen erfolgt in entspr Anwendung von III 1 zunächst auf den geschuldeten Betrag und dann auf die Zinsen (*Münzberg* aaO 175). Um im Erkenntnisverfahren überhaupt einen isolierten Zinstitel, der im späteren Vollstreckungsverfahren zu einer von III 1 abw Tilgungsreihenfolge führt, erlangen zu können, muss der Darlehensgeber darlegen und

ggf beweisen, dass die nach III 1 vorrangig zu berücksichtigenden Kosten der Rechtsverfolgung und der übrige geschuldete Betrag – soweit fällig – ausgeglichen sind, mithin nur noch die Zinsen offen stehen.

§ 498 Gesamtfälligstellung bei Teilzahlungsdarlehen

(1) ¹Wegen Zahlungsverzugs des Darlehensnehmers kann der Darlehensgeber den Verbraucherdarlehensvertrag bei einem Darlehen, das in Teilzahlungen zu tilgen ist, nur kündigen, wenn

1. der Darlehensnehmer mit mindestens zwei aufeinander folgenden Teilzahlungen ganz oder teilweise und mindestens zehn Prozent, bei einer Laufzeit des Verbraucherdarlehensvertrags über drei Jahre mit fünf Prozent des Nennbetrags des Darlehens oder des Teilzahlungspreises in Verzug ist und
2. der Darlehensgeber dem Darlehensnehmer erfolglos eine zweiwöchige Frist zur Zahlung des rückständigen Betrags mit der Erklärung gesetzt hat, dass er bei Nichtzahlung innerhalb der Frist die gesamte Restschuld verlange.

²Der Darlehensgeber soll dem Darlehensnehmer spätestens mit der Fristsetzung ein Gespräch über die Möglichkeiten einer einverständlichen Regelung anbieten.

(2) Kündigt der Darlehensgeber den Verbraucherdarlehensvertrag, so vermindert sich die Restschuld um die Zinsen und sonstigen laufzeitabhängigen Kosten des Darlehens, die bei staffelmäßiger Berechnung auf die Zeit nach Wirksamwerden der Kündigung entfallen.

(3) Die Absätze 1 und 2 gelten nicht für Immobiliardarlehensverträge.

1 **A. Allgemeines.** Die Vorschrift (früher § 12 VerbrKrG) gilt für alle Teilzahlungsdarlehen, bei denen der Verbraucher aufgrund einer anfänglichen oder auch nachträglichen Teilzahlungsabrede seine Verpflichtungen ratenweise zu erfüllen hat. Für Finanzierungsleasingverträge ist ihre entspr Anwendung in § 500 vorgesehen (zum VerbrKrG: BGHZ 144, 370, 379; ZIP 05, 406; NJW 98, 1637). Vom Anwendungsbereich ausgenommen sind hingegen Immobiliardarlehensverträge (III) und Ratenlieferungsverträge (§ 505). Festkredite, die während ihrer Laufzeit nicht getilgt, sondern bei Endfälligkeit in einer Summe – etwa durch Leistung aus einer Lebensversicherung – zurückgeführt werden, können unter § 498 fallen, wenn der Darlehensnehmer als Ausgleich für die Zahlung der Nettodarlehenssumme während der Laufzeit des Darlehens statt Zinsen und Tilgung andere periodische Leistungen (Zinsen und Prämien) zu erbringen hat (vgl BGHZ 111, 117, 120; Celle OLGR 05, 76). Für den Begriff des Teilzahlungsdarlehens kommt es allein darauf an, ob überhaupt Teilzahlungen zu entrichten sind, ohne dass diese sämtlich kreditiert sein müssten, was insbes bei der Anzahlung regelmäßig nicht der Fall ist. Jedoch folgt aus I 1 Nr 1, dass mindestens drei Teilzahlungen (einschl Anzahlung) vereinbart worden sein müssen, denn nur dann kann überhaupt ein Verzug mit mindestens zwei (von mehreren) aufeinander folgenden Raten vorliegen, der den Darlehensgeber unter den weiteren im Gesetz genannten Voraussetzungen zu einer vorzeitigen Gesamtfälligstellung berechtigt. Eine gleich bleibende Höhe der Teilzahlungen oder ihre Fälligkeit in zeitlich gleichen Abständen ist nicht erforderlich. Bei Teilzahlungsgeschäften (§§ 499 II, 501) hat der Darlehensgeber ein Wahlrecht zwischen Kündigung nach § 498 I und Rücktritt nach § 503 II. Die formalisierten Voraussetzungen der Kündigung sind ausnahmslos einzuhalten; selbst bei beharrlicher, ernstlicher und endgültiger Erfüllungsverweigerung des Schuldners werden Fristsetzung und Kündigungsandrohung nicht überflüssig (Dresden OLGR 98, 425).

2 Andere ordentliche oder außerordentliche Kündigungsgründe, die sich nicht aus einem Zahlungsverzug des Verbrauchers ableiten, bleiben dem Darlehensgeber ungeschmälert erhalten (Karlsr WM 00, 1996, 2001; Hamm OLGR 98, 277). Auch eine Kündigung wegen wesentlicher Verschlechterung der Vermögenslage ist unabhängig von den Voraussetzungen des § 498 zulässig, wenn die Rückerstattung des Darlehens gefährdet ist (§ 490 I). Wegen § 506 S 1 darf aber durch vertragliche Abrede kein Kündigungstatbestand geschaffen oder eine Gesamtfälligstellung ermöglicht werden, die dem Darlehensgeber ggü der Vorschrift des § 498 Erleichterungen verschafft (Celle OLGR 95, 205 zum Leasingvertrag); daraus folgt insbes die Unzulässigkeit von Vorfälligkeitsklauseln.

3 Das **Gesprächsangebot** (I 2) über die Möglichkeiten einer einverständlichen Regelung ist keine tatbestandliche Voraussetzung der Kündigung. Grds sind die Parteien in der äußeren und inhaltlichen Gestaltung ihres Gesprächs frei. Nach den gesetzgeberischen Vorstellungen (BTDrs 11/5462, 27) soll allerdings der Versuch einer einverständlichen Regelung zwischen Parteien unternommen werden, die in persönlichem (zumindest fernmündlichem) Kontakt miteinander stehen („Gespräch"), also gerade keine schriftliche Auseinandersetzung genügen. Jede Partei kann sich anwaltlichen Beistands bedienen oder zu dem Gespräch einen Vertreter entsenden; eine höchstpersönliche Teilnahme ist nicht erforderlich.

4 **B. Kündigungsvoraussetzungen. I. Qualifizierter Verzug des Darlehensnehmers (I 1 Nr 1).** Damit der Darlehensgeber zur Kündigung berechtigt ist, muss der Darlehensnehmer zunächst mit mindestens zwei aufeinander folgenden Teilzahlungen ganz oder teilweise in Verzug (nicht lediglich in Rückstand) geraten sein. In der Teilzahlungsabrede liegt zugleich eine (konkludente) beiderseitige Verrechnungsabrede, derzufolge Zahlungen auf die jeweils älteste noch offene Rate erfolgen. Der Darlehensnehmer ist daher gehindert, durch ein-

seitig abw Tilgungsbestimmung die jeweils zweite offene Rate zu begleichen, um auf diese Weise die Kündigungsvoraussetzung zu umgehen. Davon ist nur dann eine Ausnahme zu machen, wenn der Verbraucher zur Abwendung der Zwangsvollstreckung auf eine konkrete, bereits titulierte Rate zahlt.

Bei einer Laufzeit des Verbraucherdarlehensvertrags bis zu drei Jahren ist ein Zahlungsverzug mit mindestens zehn Prozent des Nennbetrags des Kredits oder des Teilzahlungspreises (§ 502 I 1 Nr 2), bei einer Laufzeit von über drei Jahren ein solcher mit fünf Prozent erforderlich. Es sind sämtliche rückständigen Teilzahlungen in die Berechnung einzubeziehen, auch wenn sie nicht aufeinander folgen. Unter Nennbetrag ist der Nettodarlehensbetrag (§ 491 II Nr 1) zzgl der mitkreditierten laufzeitunabhängigen Einmalkosten zu verstehen (BTDrs 11/5462, 19). Beim Kontokorrentratenkredit ist entscheidend, welche Mindestraten der Verbraucher hätte erbringen müssen; bei Rahmenkrediten ist nicht auf den Höchstbetrag des Kredits, über den der Verbraucher verfügen könnte, sondern auf die tatsächliche Kreditausnutzung abzustellen. Bei Finanzierungsleasingverträgen ist maßgebliche Bezugsgröße die Summe der rückständigen Brutto-Leasingraten (BGHZ 147, 7, 16; NJW-RR 05, 1410; iE Staud/*Kessal-Wulf* Rn 15).

II. Zweiwöchige Nachfrist mit Kündigungsandrohung (I 1 Nr 2). Die zweiwöchige Nachfrist ist eine Mindestfrist. Setzt der Darlehensgeber eine zu kurze Nachfrist, ist diese insgesamt unwirksam, nicht etwa beginnt automatisch eine angemessene (zweiwöchige) Frist zu laufen (Naumbg 23. 4. 98, 4 U 1163/97). Nachfristsetzung und Kündigungsandrohung sind miteinander zu verbinden. Wird die Kündigungsandrohung nachgeholt, beginnt die Nachfrist erst mit dem Zugang dieser Erklärung. Für den Verbraucher muss zudem hinreichend deutlich werden, dass ihm die zweiwöchige Mindestfrist ab Zugang der Kündigungsandrohung verbleibt (Ddorf OLGR 97, 89). Das Setzen der Nachfrist vor Verzugseintritt ist regelmäßig unwirksam (BGH NJW 96, 1814 zu § 326 aF); indes können Mahnung und Nachfristsetzung miteinander verbunden werden (vgl BGH NJW-RR 90, 442 zu § 326 aF), nicht hingegen Nachfristsetzung mit (vorsorglicher) Kündigung für den Fall des fruchtlosen Fristablaufs. Wegen der mit I 1 Nr 2 einhergehenden Warnfunktion ist für die Fristsetzung mit Kündigungsandrohung Schriftlichkeit (wenn auch nicht Schriftform) erforderlich. Die Wiederholung des Gesetzeswortlauts ist ratsam, aber nicht zwingend geboten (BGH WM 97, 34 zu § 326 aF). Bei Gesamtschuldnern sind die Voraussetzungen von I 1 Nr 2 ggü jedem einzelnen Kreditnehmer, der die Verbrauchereigenschaft erfüllt, herbeizuführen (arg § 425 II; vgl noch Rn 9). Für die spätere Kündigung genügt es allerdings, dass der Kündigungsgrund in der Person nur eines Gesamtschuldners gegeben ist (BGHZ 144, 370, 379; Celle OLGR 97, 61).

Der Darlehensgeber muss den rückständigen Betrag, von dessen fristgerechter Bezahlung der Fortbestand des Kredits abhängen soll, genau beziffern; dieser setzt sich aus dem zusammen, was der Darlehensnehmer nach § 497 I und II schuldet (BGH NJW-RR 05, 1410). Zeitlicher Anknüpfungspunkt ist das Datum der Abgabe der die Kündigung androhenden Erklärung. Die für den Fall einer Gesamtfälligstellung nach II verminderte Restschuld braucht nicht angegeben zu werden (Celle OLGR 05, 277; aA Ddorf WM 95, 1530, 1532). Fehlerhafte Angaben – vor allem eine Zuvielforderung – haben die Unwirksamkeit der Kündigungsandrohung zur Folge. Dies wird selbst für einen nur geringfügig überhöhten rückständigen Betrag zu gelten haben, wobei es im Einzelfall gegen Treu und Glauben verstoßen kann, wenn sich der Schuldner auf Abweichungen im Bereich von Centbeträgen oder auf offensichtliche „Zahlendreher" beruft (BGH aaO).

C. Rechtsfolgen. Hat der Verbraucher innerhalb der ihm gesetzten Nachfrist den rückständigen Betrag gezahlt, entfallen die Kündigungsvoraussetzungen. Es genügt, dass die Leistungshandlung innerhalb der Frist vorgenommen wird; wenn der Leistungserfolg erst nach Fristende eintritt, ist dies unschädlich (vgl BGHZ 12, 267, 269). Auch bei Fristüberschreitung durch den Verbraucher ist eine Kündigung ausgeschlossen, wenn der Darlehensgeber noch vor dem Zugang seiner Kündigungserklärung befriedigt wird (Rechtsgedanke des § 543 II 2). Der Verbraucher muss jedoch den gesamten rückständigen Betrag ausgleichen, um dem Darlehensgeber die Möglichkeit zur Gesamtfälligstellung zu nehmen. Bloße Teilleistungen (die der Darlehensgeber wegen § 497 III 2 nicht ablehnen dürfte) genügen dazu nicht, selbst wenn der Verbraucher den Rückstand dadurch unter die Quote von fünf bzw zehn Prozent des Nennbetrags des Kredits oder des Teilzahlungspreises bringen sollte (BGH NJW-RR 05, 1410).

Der Darlehensgeber darf kündigen, wenn zu diesem Zeitpunkt alle Kündigungsvoraussetzungen des I 1 Nr 1 und 2 (noch) vorliegen. Bei Gesamtschuldnern ist ggü jedem von ihnen (nicht notwendig zeitgleich) eine Kündigung auszusprechen (BGH NJW 02, 2866; BGHZ 144, 370, 379). Eine Frist für die Ausübung des Kündigungsrechts ist in § 498 nicht bestimmt. Dem Darlehensgeber wird einerseits eine angemessene Überlegungsfrist zuzubilligen sein, andererseits darf beim Schuldner nicht länger als nötig Ungewissheit über die Fortführung der Kreditbeziehung bestehen. Daher ist die Kündigung binnen angemessener Frist zu erklären (vgl BGHZ 71, 206, 211; Karlsr OLGR 01, 330). Es spricht nichts dagegen, sich in insoweit an der gesetzlichen Frist des § 626 II für die außerordentliche Kündigung von Dienstverhältnissen zu orientieren. Bei wirksamer Kündigung gerät die Teilzahlungsabrede (ex nunc) in Wegfall; an ihre Stelle tritt der nach II zu berechnende Anspruch auf die Restschuld. Ein Rückabwicklungsverhältnis entsteht – anders als beim Rücktritt (§ 503 II) – nicht.

10 **D. Verminderung der Restschuld (II).** Die Bestimmung beruht auf dem Grundsatz, dass der Darlehensnehmer ab Wirksamwerden der Kündigung dem Darlehensgeber jedenfalls keinen vertraglichen Zins mehr schuldet. Es sind ihm daher nicht verbrauchte Darlehenskosten gutzuschreiben. Die Bruttorestschuld des Verbrauchers ist entspr zu bereinigen, dh um die im Voraus berechneten Kreditgebühren, die er aufgrund des Wirksamwerdens der Kündigung nicht (mehr) zu erbringen hat. Es sind alle laufzeitähnlichen Kreditkosten für die Zinsperiode nach Gesamtfälligstellung zu erfassen und zugunsten des Darlehensnehmers von der Restschuld abzuziehen, wobei ggf abw vom vertraglichen Ratenplan eine staffelmäßige Abrechnung der Zinsen vorzunehmen ist. Einmalige laufzeitunabhängige Leistungen des Verbrauchers sind nicht zu erstatten (BTDrs 11/5462, 28; zB Antrags- und Auskunftsgebühren, sonstige Bearbeitungsgebühren, Bereitstellungskosten, Kreditvermittlungskosten; Kosten einer Restschuldversicherung). Ein Disagio ist regelmäßig integraler Bestandteil der Zinskalkulation und gehört damit als vorweggenommener Zins zu den laufzeitabhängigen Posten (BGHZ 133, 355, 358; 111, 287, 289; NJW 00, 352; 98, 1062; anders für zinsverbilligte Kredite aus öffentlichen Förderprogrammen BGH NJW 94, 47; 92, 2285; § 488 Rn 3). Zu den laufzeitabhängigen und daher einzubeziehenden Kosten werden die der Vertragsabwicklung und -überwachung sowie Positionen, die das Vertragsrisiko abdecken sollen, gerechnet (Köln NJW-RR 93, 1016; Hamm NJW-RR 87, 1140, 1142). Zu den Finanzierungsleasingverträgen vgl BGHZ 144, 370; Staud/*Kessal-Wulf* Rn 31. Ist bei einem Teilzahlungsgeschäft der Barzahlungspreis nicht anzugeben (§ 502 I 2), hat die Rückrechnung in entspr Anwendung des § 504 S 2 auf Basis des gesetzlichen Zinssatzes zu erfolgen.

Untertitel 2 Finanzierungshilfen zwischen einem Unternehmer und einem Verbraucher

§ 499 Zahlungsaufschub, sonstige Finanzierungshilfe

(1) Die Vorschriften der §§ 358, 359 und 492 Abs. 1 bis 3 und der §§ 494 bis 498 finden vorbehaltlich der Absätze 2 und 3 entsprechende Anwendung auf Verträge, durch die ein Unternehmer einem Verbraucher einen entgeltlichen Zahlungsaufschub von mehr als drei Monaten oder eine sonstige entgeltliche Finanzierungshilfe gewährt.
(2) Für Finanzierungsleasingverträge und Verträge, die die Lieferung einer bestimmten Sache oder die Erbringung einer bestimmten anderen Leistung gegen Teilzahlungen zum Gegenstand haben (Teilzahlungsgeschäfte), gelten vorbehaltlich des Absatzes 3 die in den §§ 500 bis 504 geregelten Besonderheiten.
(3) Die Vorschriften dieses Untertitels finden in dem in § 491 Abs. 2 und 3 bestimmten Umfang keine Anwendung. Bei einem Teilzahlungsgeschäft tritt an die Stelle des in § 491 Abs. 2 Nr. 1 genannten Nettodarlehensbetrags der Barzahlungspreis.

1 **A. Allgemeines.** Der Gesetzgeber hat zwar den einheitlichen Begriff des „Kreditvertrags" (vormals § 1 II VerbrKrG) aufgegeben, dennoch aber in I wie bisher neben dem Verbraucherdarlehensvertrag auch den Zahlungsaufschub und die sonstige Finanzierungshilfe dem Schutzbereich des Verbraucherkreditrechts unterstellt. Die Ausnahmetatbestände des § 491 II, III sind anwendbar (§ 491 Rn 10 ff); bei Teilzahlungsgeschäften tritt gem III an die Stelle des in § 491 II Nr 1 genannten Nettodarlehensbetrags der Barzahlungspreis (§ 502 Rn 1). Besonderheiten gelten für das **Finanzierungsleasing** (§ 500) und für **Teilzahlungsgeschäfte** (§§ 501-504). In jedem Falle müssen Zahlungsaufschub und sonstige Finanzierungshilfe entgeltlichen Charakter haben; auf die Höhe der vom Verbraucher für die Kreditierung zu erbringenden Gegenleistung kommt es dabei nicht an (Dresden ZIP 00, 830; Köln ZIP 94, 776). Für Teilzahlungsgeschäfte enthält § 502 I 2 eine Entgeltlichkeitsvermutung, wenn der Unternehmer generell nur gegen Teilzahlungen Sachen liefert oder Leistungen erbringt. Darüber hinaus spricht bei Bewilligung von Ratenzahlungen generell der Beweis des ersten Anscheins für eine Entgeltlichkeit (Köln aaO; Karlsr WM 98, 2156; Nürnbg VuR 96, 62; Stuttg NJW-RR 94, 436; aA Dresden aaO).

2 **B. Zahlungsaufschub.** Regelmäßig handelt es sich um eine – bereits bei Vertragsschluss oder auch nachträglich vereinbarte – Stundung oder um ein pactum de non petendo (Stillhalteabkommen; vgl BGH NJW-RR 89, 1048). Beides muss der Gläubiger für mehr als drei Monate gewähren. Werden mehrere kurzfristige Stundungen hintereinander geschaltet („Kettenstundung"), ist die Gesamtdauer des Aufschubs maßgeblich (§ 506 S 2), es sei denn, die Verlängerung über drei Monate hinaus wird durch Umstände erforderlich, die bei der ersten Stundung noch nicht absehbar waren. Zum Drei-Monats-Akzept beim Wechsel vgl § 496 Rn 3. Keinen Zahlungsaufschub enthalten Dienstleistungsverträge, bei denen die Zahlung nach Leistung der Dienste entspr dem Ablauf des jeweiligen Zeitabschnitts zu erbringen ist (vgl § 614 S 2), oder das Angebot des Dienstleisters, anstelle der sonst vorgesehenen Ratenzahlung die Dienstleistung im Voraus auf einmal zu bezahlen, selbst wenn die Summe der Raten den Betrag der Vorauszahlung übersteigt (BGH NJW 96, 457; NJW-RR 96, 1266; Ddorf OLGR 97, 57; Dresden ZIP 00, 830; zur Prämienstaffelung bei Versicherungsverträgen Staud/*Kessal-Wulf* Rn 9).

Allein die Berechnung von Verzugszinsen (§ 497 I) führt noch nicht zur Entgeltlichkeit des Zahlungsaufschubs. 3
Das gleiche gilt für bloße Rechtsverfolgungskosten (Vergleichskosten, Inkassokosten, anwaltliche Honorarforderung; *Mümmler* JuR Büro 92,. 299; abw LG Rottweil NJW 94, 265), die dem Gläubiger nicht unmittelbar zugute kommen und daher kein Entgelt für die Gewährung der Stundung sind. Ohnehin müssen sich nach den Vorstellungen des Gesetzgebers (BTDrs 11/5462, 17) für den Verbraucher die laufzeitabhängigen Kreditkosten erhöhen. Verlangt der Unternehmer eine einmalige „Bearbeitungsgebühr", besteht eine Vermutung dafür, dass diese ein – wenn auch nicht offen ausgewiesenes – laufzeitabhängiges Entgelt für die Gewährung des Zahlungsaufschubs darstellt (vgl BGH WM 89, 1438). Kreditkartenunternehmen rechnen üblicherweise die unter Einsatz der Karte getätigten Umsätze in periodischen (meist monatlichen) Abständen ab. Entrichtet der Karteninhaber an die Kartenorganisation eine (Jahres-)Gebühr, liegt darin die Vergütung der Dienstleistung des Vertragsunternehmens, nicht aber ein Entgelt für den – systemimmanenten – Zahlungsaufschub (iE Staud/*Kessal-Wulf* Rn 14 ff).

C. Sonstige Finanzierungshilfe. Die sonstige Finanzierungshilfe hat Auffangfunktion und soll Kreditformen erfassen, die in ihrer Qualität dem Darlehen und dem Zahlungsaufschub gleichkommen. Denkbar ist dies allein bei Zahlungskrediten, nicht hingegen bei Haftungskrediten. Zu letzteren gehören Akzeptkredite (§ 488 Rn 11) oder Avalgeschäfte in Form von Bankbürgschaften und abstrakten Garantien, der Kreditauftrag nach § 778 und sonstige Kreditsicherungen (Köln OLGR 99, 90; ferner BTDrs 11/5462, 18; zur Bürgschaft § 491 Rn 9). Als reine Kaufgeschäfte und daher nicht als sonstige Finanzierungshilfen einzuordnen sind ferner Factoring und Forfaitierung. Der **Mietkauf** (BGH NJW 02, 133) ist sonstige Finanzierungshilfe (und nicht Zahlungsaufschub), weil die Kaufpreisforderung erst mit der tatsächlichen Ausübung der Option fällig wird, von der bei Vertragsschluss aber gerade noch offen ist, ob der Käufer von ihr Gebrauch macht (Naumbg OLGR 99, 270). 4

D. Teilzahlungsgeschäfte. Nach der Legaldefinition in II sind Teilzahlungsgeschäfte Verträge, die die Lieferung einer bestimmten Sache oder die Erbringung einer anderen Leistung gegen Teilzahlungen zum Gegenstand haben. Trotz des Gesetzeswortlauts („bestimmte" Sache) kommt es auf die Unterscheidung zwischen Stückschuld und Gattungsschuld (§ 243 I) in diesem Zusammenhang nicht an. „Geliefert" werden können allerdings nur bewegliche Sachen, so dass unbewegliche Sachen als Gegenstand von Teilzahlungsgeschäften ausscheiden. Auch wenn II von „Teilzahlungen" in der Mehrzahl spricht, ist die Vereinbarung von mindestens zwei Raten – unter Aussparung der Anzahlung – nicht erforderlich (anders als früher zum AbzG: BGHZ 70, 378). Es reicht jeder Zahlungsaufschub, selbst wenn er in der Stundung des gesamten, zu einem späteren Zeitpunkt zu erbringenden Entgelts besteht, solange nur die Lieferung der Sache oder die Erbringung der anderen Leistung zu einem ggü dem Barzahlungspreis erhöhten Teilzahlungspreis erfolgt (Kobl OLGR 04, 588). § 502 I 1 Nr 2 lässt lediglich den Schluss zu, dass der Teilzahlungspreis aus einer Anzahlung und weiteren Teilzahlungen bestehen kann, ohne dass er dies notwendig muss. Im Streitfall hat der Unternehmer den Nachweis zu erbringen, dass ein Bargeschäft ohne Teilzahlungsabrede getätigt wurde (so schon zum AbzG BGH NJW 75, 206). 5

Dienstleistungskredite (vgl bereits Rn 2) sind den Sachkrediten gleichgestellt. **Bsp:** kreditierte Ehe- und Partnerschaftsvermittlungsverträge (Dresden ZIP 00, 830; Nürnbg VuR 96, 62), Verträge über Pauschalreisen, Softwareverträge, Verträge über die Ausbildung zum Heilpraktiker (BGH NJW 96, 1457; Köln DB 95, 2466; Stuttg ZIP 93, 1466; LG Saarbr MDR 94, 1086; LG Göttingen NJW-RR 93, 181) oder zum Psychotherapeuten (AG Krefeld NJW-RR 95, 55), Werklieferungsverträge (LG Hburg ZIP 94, 290), Werkverträge Brandbg IBR 04, 551; IBR 04, 551: „Zum Werkvertrag über Fertighäuser vgl BGH EBE 06, 45"). Nicht zu den Teilzahlungsgeschäften zählen die Ansparkredite. Dort spart der Verbraucher das geschuldete Entgelt in Teilbeträgen an, bevor er die Gegenleistung erhält, gewährt also seinerseits dem Unternehmer ein Darlehen (vgl BGHZ 70, 378, 381; Dresden aaO). 6

§ 500 Finanzierungsleasingverträge

Auf Finanzierungsleasingverträge zwischen einem Unternehmer und einem Verbraucher finden lediglich die Vorschriften der §§ 358, 359, 492 Abs. 1 Satz 1 bis 4, § 492 Abs. 2 und 3 und § 495 Abs. 1 sowie der §§ 496 bis 498 entsprechende Anwendung.

A. Begriff. Finanzierungsleasingverträge sind sonstige entgeltliche Finanzierungshilfen (§ 499 Rn 1; BGH NJW 02, 133; 97, 3169; 96, 2033). Anders als für Teilzahlungsgeschäfte (als Sonderfall des Zahlungsaufschubs) hat der Gesetzgeber in § 499 II auf eine Legaldefinition verzichtet; der Begriff des Finanzierungsleasings hat erst durch Lit und Rspr rechtliche Konturen erhalten. Die Kreditfunktion liegt in der Beschaffung des Leasingguts und seiner Vorfinanzierung durch den Leasinggeber sowie der Möglichkeit für den Leasingnehmer, den Amortisationsanspruch ratenweise abzuzahlen (BGH NJW 96, 2033 und 2367). Dabei macht es keinen Unterschied, ob der Leasinggegenstand allein durch die Leasingraten oder teils durch diese, teils durch den Ausgleich des kalkulierten Restwerts amortisiert wird. 1

2 Dieses typische Finanzierungsmoment fehlt beim **Operating-Leasing** (BGHZ 111, 84, 95; 97, 65, 75; NJW 98, 1637), auf das die verbraucherdarlehensrechtlichen Vorschriften daher nicht anwendbar sind (*Scherer/Mayer* BB 98, 2169, 2171; *Reinicke/Tiedtke* ZIP 92, 217, 225; *Schmid-Burgk/Schölermann* BB 91, 566, 567; *Zahn* DB 91, 81, 85; aA *v Westphalen* ZIP 91, 639, 641). Bei **PKW-Leasingverträgen mit Kilometerabrechnung** ist maßgeblich, ob nach der vertraglichen Gestaltung Aufwand und Kosten des Leasinggebers zumindest ganz überwiegend durch die Zahlungen des Leasingnehmers amortisiert werden (BGH NJW 98, 1637; Kobl OLGR 98, 257; Hamm OLGR 96, 169). Für das **Nullleasing**, bei dem der Leasingnehmer die Sache zum Ende der Laufzeit zu einem vorher festgelegten Restwert unter Anrechnung geleisteter Sonderzahlungen erwerben kann, kommt es darauf an, ob besondere – der Kreditierung zuzuordnende – Leasingkosten entstehen, andernfalls es an der Entgeltlichkeit fehlt (*Scherer/Mayer* BB 98, 2169, 2172).

3 **B. Rechtsfolgen.** § 500 nennt ausdrücklich die Vorschriften, die auf das Finanzierungsleasing anwendbar sein sollen. Das sind: §§ 358, 359 (verbundene Verträge), § 492 I 1-4 (Schriftform), § 492 II (effektiver Jahreszins), § 492 III (Abschrift der Vertragserklärungen), § 495 I (Widerrufsrecht) und §§ 496-498 (Einwendungsverzicht, Wechsel- und Scheckverbot, Verzugsregelung, Gesamtfälligstellung). Die Bezugnahme auf § 492 II gibt wenig Sinn, weil eine entspr, in §§ 492 I 5 Nr 5, 502 I 1 Nr 4 geregelte Pflichtangabe vom Unternehmer von vornherein nicht verlangt wird. Die Regelung kann nur erheblich werden, wenn die Pflichtangabe freiwillig erfolgt. Ergänzt wird § 500 durch § 499 III 1, der die Ausnahmetatbestände des § 491 II und III in Bezug nimmt. Wegen der rechtlichen Nähe zu den Teilzahlungsgeschäften ist zusätzlich § 499 III 2 von Bedeutung. Wird ein Barzahlungspreis (§ 502 Rn 1) nicht genannt, ist für § 491 II Nr 1 auf den Anschaffungspreis abzustellen, den der Verbraucher bei eigenem Erwerb der Sache gegen Barzahlung hätte aufwenden müssen. Die Möglichkeit einer Heilung im Falle des Nichteinhaltens der Schriftform (§ 502 III 2) besteht nicht (BGHZ 142, 23, 24).

4 **C. Richtlinienkonforme Auslegung.** Die VerbrKr-RL findet nach ihrem Art 2 I b auf Mietverträge generell keine Anwendung, es sei denn, diese sehen vor, dass der Mieter letzten Endes Eigentum an der Mietsache erlangt. Ebenso wie für den früheren § 3 II Nr 1 VerbrKrG hat der Gesetzgeber in § 500 dieser Einschränkung nicht hinreichend Rechnung getragen. Es bedarf daher für Finanzierungsleasingverträge, die für den Fall der Vertragsbeendigung den Übergang des Eigentums auf den Leasingnehmer, eine Erwerbsoption (BGHZ 142, 23, 28) oder ein Andienrecht (MüKo/*Habersack* Rn 11; zum früheren AbzG vgl BGHZ 71, 196, 202; NJW-RR 90, 1205) vorsehen, der richtlinienkonformen Auslegung (BGH NJW 02, 133). Es sind alle in § 500 nicht genannten Bestimmungen analog anzuwenden, soweit sie in der VerbrKr-RL ihre Entsprechung haben (Art 4 II, Art 7 S 2, Art 8). Für die vom Unternehmer danach geschuldeten Pflichtangaben ist auf den Katalog des § 502 I 1 abzustellen (vgl BGH aaO; zum Barzahlungspreis bereits Rn 3 aE); Finanzierungsleasinggesellschaften, die ihren Kunden nicht die Alternative des Barkaufs anbieten, können sich auf § 502 I 2 berufen (BGH aaO). Die Nichtigkeitssanktion ergibt sich aus § 502 III 1 (iVm mit den dazugehörigen Heilungstatbeständen: BGH aaO). Die Rücknahme der Sache durch den Leasinggeber löst die Rücktrittsvermutung des § 503 II 4 aus. Hingegen ist die Anwendung des § 503 I nicht durch richtlinienkonforme Auslegung geboten; angesichts der Regelung in § 356 I, wonach die Ersetzung des Widerrufsrechts durch ein Rückgaberecht im Gesetz ausdrücklich zugelassen sein muss, bestehen gegen eine analoge Heranziehung der Vorschrift daher Bedenken (aA MüKo/*Habersack* Rn 13).

§ 501 Teilzahlungsgeschäfte

¹Auf Teilzahlungsgeschäfte zwischen einem Unternehmer und einem Verbraucher finden lediglich die Vorschriften der §§ 358, 359, 492 Abs. 1 Satz 1 bis 4, § 492 Abs. 2 und 3, § 495 Abs. 1 sowie der §§ 496 bis 498 entsprechende Anwendung. ²Im Übrigen gelten die folgenden Vorschriften.

1 Teilzahlungsgeschäfte (§ 499 II) sind ein Unterfall des Zahlungsaufschubs (§ 499 Rn 1, 5). Dieser muss entgeltlich gewährt werden. Dabei begründet allein der Umstand eines ratenweisen Abtrags des geschuldeten Entgelts die Vermutung, dass der zu zahlende Preis bzw die zu erbringende Vergütung einen Teilzahlungsaufschlag beinhalten. Den Beweis für die Unentgeltlichkeit hat in diesen Fällen der Unternehmer zu führen. § 501 S 1 beschränkt für Teilzahlungsgeschäfte die Anwendbarkeit der in § 499 I aufgeführten Vorschriften des Verbraucherdarlehensrechts und verweist zugleich auf eigene Bestimmungen (§§ 502-504). Danach gelten auch für Teilzahlungsgeschäfte die Regeln über verbundene Verträge (§§ 358, 359), über die Schriftform (§ 492 I 1-4), über die Berechnung des effektiven Jahreszinses (§ 492 II), über die Zurverfügungstellung einer Abschrift der Vertragserklärungen (§ 492 III), über das Widerrufsrecht (§ 495 I), über den Einwendungsverzicht, das Wechsel- und Scheckverbot (§ 496), über Verzugszinsen und die Anrechnung von Teilleistungen (§ 497) sowie über die Gesamtfälligstellung (§ 498; vgl dort Rn 10 aE). Pflichtangaben und Rechtsfolgen von Formmängeln sind hingegen § 502 zu entnehmen. An die Stelle der Pflichtangaben des § 492 I 5 treten bei Teilzahlungsgeschäften demnach die spezielleren des § 502 I. Nach § 503 bestimmen sich Rücktritt (II) und Rückgaberecht (I), nach § 504 die vorzeitige Rückzahlung der Verbindlichkeiten aus einem Teilzahlungsgeschäft. Die auf den Abschluss eines Teilzahlungsgeschäfts gerichtete Vollmacht ist formfrei (§ 492 Rn 3). Für verbundene Verträge ist der

Katalog des § 492 I 5 maßgeblich, weil das Kreditgeschäft in der Beziehung zwischen Darlehensgeber und Darlehensnehmer anzusiedeln ist, während im Verhältnis zwischen Verkäufer und Verbraucher ein reines Bargeschäft vorliegt.

§ 502 Erforderliche Angaben, Rechtsfolgen von Formmängeln bei Teilzahlungsgeschäften

(1) ¹Die vom Verbraucher zu unterzeichnende Vertragserklärung muss bei Teilzahlungsgeschäften angeben
1. den Barzahlungspreis,
2. den Teilzahlungspreis (Gesamtbetrag von Anzahlung und allen vom Verbraucher zu entrichtenden Teilzahlungen einschließlich Zinsen und sonstiger Kosten),
3. Betrag, Zahl und Fälligkeit der einzelnen Teilzahlungen,
4. den effektiven Jahreszins,
5. die Kosten einer Versicherung, die im Zusammenhang mit dem Teilzahlungsgeschäft abgeschlossen wird,
6. die Vereinbarung eines Eigentumsvorbehalts oder einer anderen zu bestellenden Sicherheit.

²Der Angabe eines Barzahlungspreises und eines effektiven Jahreszinses bedarf es nicht, wenn der Unternehmer nur gegen Teilzahlungen Sachen liefert oder Leistungen erbringt.
(2) Die Erfordernisse des Absatzes 1, des § 492 Abs. 1 Satz 1 bis 4 und des § 492 Abs. 3 gelten nicht für Teilzahlungsgeschäfte im Fernabsatz, wenn die in Absatz 1 Satz 1 Nr. 1 bis 5 bezeichneten Angaben mit Ausnahme des Betrags der einzelnen Teilzahlungen dem Verbraucher so rechtzeitig in Textform mitgeteilt sind, dass er die Angaben vor dem Abschluss des Vertrags eingehend zur Kenntnis nehmen kann.
(3) ¹Das Teilzahlungsgeschäft ist nichtig, wenn die Schriftform des § 492 Abs. 1 Satz 1 bis 4 nicht eingehalten ist oder wenn eine der im Absatz 1 Satz 1 Nr. 1 bis 5 vorgeschriebenen Angaben fehlt. ²Ungeachtet eines Mangels nach Satz 1 wird das Teilzahlungsgeschäft gültig, wenn dem Verbraucher die Sache übergeben oder die Leistung erbracht wird. ³Jedoch ist der Barzahlungspreis höchstens mit dem gesetzlichen Zinssatz zu verzinsen, wenn die Angabe des Teilzahlungspreises oder des effektiven Jahreszinses fehlt. ⁴Ist ein Barzahlungspreis nicht genannt, so gilt im Zweifel der Marktpreis als Barzahlungspreis. ⁵Die Bestellung von Sicherheiten kann bei fehlenden Angaben hierüber nicht gefordert werden. ⁶Ist der effektive oder anfängliche effektive Jahreszins zu niedrig angegeben, so vermindert sich der Teilzahlungspreis um den Prozentsatz, um den der effektive oder anfängliche effektive Jahreszins zu niedrig angegeben ist.

A. Pflichtangaben (I). I. Barzahlungspreis und Teilzahlungspreis (S 1 Nr 1, 2). Der Barzahlungspreis entspricht (die Anzahlung eingerechnet) dem Betrag, den der Verbraucher zu entrichten hätte, wenn das geschuldete Entgelt spätestens bei Übergabe der Sache in voller Höhe fällig wäre. Er schließt die Mehrwertsteuer ein, weil sie vom Verbraucher aufzubringen und Teil des von ihm zu finanzierenden Betrags ist (vgl BGHZ 103, 284, 287; 62, 42, 48; 60, 199, 203; NJW-RR 91, 1011). Skontoabzüge bleiben hingegen außer Betracht, weil erst vom späteren Zahlungsverhalten des Verbrauchers abhängt, ob sich der Kaufpreis entspr vermindert. Die Angabe eines Barzahlungspreises ist nach I 2 entbehrlich, wenn der Unternehmer die streitbefangene Sache nur auf Teilzahlungsbasis zu liefern pflegt oder aus anderer Ursache zur Angabe eines Barzahlungspreises von vornherein nicht in der Lage ist. Es ist seine Sache, diese Voraussetzungen iE darzulegen und ggf zu beweisen (s auch § 491 Rn 11; § 499 Rn 1). Gibt er dem Verbraucher einen fiktiv überhöhten Barzahlungspreis an, um die mit der Kreditierung verbundenen Belastungen – insbes den effektiven Jahreszins – geringer erscheinen zu lassen, liegt darin eine bloße Falschangabe, für die das Gesetz an sich keine Sanktion vorsieht. Schon zum AbzG wurde jedoch mit Recht vertreten, dass in diesem Fall der (niedrigere) Barzahlungspreis, wie ihn der Verkäufer üblicherweise fordert, zugrunde zu legen ist; lässt sich ein solcher nicht feststellen, so gilt in Anlehnung an III 4 der Marktpreis.

Teilzahlungspreis ist nach der Legaldefinition in Nr 2 der Gesamtbetrag von Anzahlung und allen vom Verbraucher zu entrichtenden Teilzahlungen einschl Zinsen und sonstiger Kosten (Gebühren, Spesen, Provisionen, Bearbeitungskosten, Restschuldversicherung); die Mehrwertsteuer ist auch hier hinzuzurechnen. Nimmt der Unternehmer eine andere Sache in Zahlung, so ist der anzurechnende Betrag in den Teilzahlungspreis einzubeziehen und die erfolgte Anrechnung entspr auszuweisen. Nicht zu den teilzahlungsbedingten Aufwendungen gehören Versand- oder Frachtkosten, ferner Säumniszuschläge, Mahnkosten, Verzugszinsen und sonstige Rechtsverfolgungskosten. Da Teilzahlungsgeschäfte idR nicht zu variablen Konditionen abgeschlossen werden, findet sich in Nr 2 keine Entsprechung zu § 492 I 5 Nr 2 Hs 2, Ia 1; ggf kann jedoch in analoger Anwendung dieser Vorschriften die Ausweisung eines „anfänglichen Teilzahlungspreises" auf Grundlage der bei Abschluss des Vertrags maßgeblichen Kreditbedingungen erforderlich werden (dazu iE § 492 Rn 5).

II. Weitere Pflichtangaben (S 1 Nr 3–6). Auf den Angabenkatalog des § 492 I 5 darf zurückgegriffen werden, sollte das Teilzahlungsgeschäft Besonderheiten aufweisen, die durch § 502 I nicht abgedeckt werden (vgl bereits Rn 2). Teilzahlungen (Nr 3) sind in einem festen Geldbetrag und nicht nur als Bruchteil des Teilzahlungspreises auszuweisen; ihre Fälligkeit kann auf einen nach dem Kalender bestimmten oder bestimmbaren Tag bezogen sein. In den Fällen des I 2 (Rn 1) darf von der Angabe des (anfänglichen; III 6) effektiven Jahreszinses (Nr 4) abgesehen werden. Im Übrigen berechnet er sich nach den Vorgaben der PAngV (§ 492 Rn 9). Zu seiner Ermittlung ist der Barzahlungspreis um die (nicht kreditierte) Anzahlung zu bereinigen unbeschadet des Umstandes, dass jene in § 6 III PAngV nicht aufgeführt ist. Nr 5 schließt die Kosten einer etwaigen Restschuldversicherung ein, auch wenn diese – weil bei Teilzahlungsgeschäften nicht üblich – als Pflichtangabe keine ausdrückliche Erwähnung findet. In Nr 6 ist der Eigentumsvorbehalt als die gebräuchliche Sicherung bei Warenkrediten hervorgehoben; es gelten die Erl zu § 492 I 5 Nr 7 (dort Rn 10) sinngemäß. Allerdings fehlt in III 5 eine § 494 II 6 entspr betragsmäßige Einschränkung, ohne dass dies auf einem Redaktionsversehen des Gesetzgebers beruht (aA *v Westphalen/Emmerich/v Rottenburg* § 6 VerbrKrG Rn 57). Der Unternehmer kann daher die Bestellung von Sicherheiten nicht fordern, falls er die Vorgabe aus I 1 Nr 6 nicht beachtet hat. Dennoch kann er sich einseitig das Eigentum an der Sache vorbehalten (§§ 449,158 I, 929 I), der Verbraucher nicht etwa unbedingte Übereignung verlangen (aA *Bülow* Rn 54; Ba*Roth/Möller/Wendehorst* Rn 22).

4 **B. Fernabsatzgeschäfte (II).** Die Bestimmung führt § 8 VerbrKrG (Versandhandel) fort. Teilzahlungsgeschäfte (§ 499 II), die als Distanzgeschäfte (§ 312 b) abgewickelt werden, sind nach Maßgabe des II privilegiert. Die Regeln über Teilzahlungsgeschäfte einerseits und Fernabsatzgeschäfte andererseits müssen im konkreten Fall tatsächlich einschlägig werden; insbes darf kein Ausnahmetatbestand (§§ 312b III, 499 III) gegeben sein. Als weitere Voraussetzung tritt hinzu, dass der Verbraucher die Pflichtangaben des I 1 Nr 1-5 in Textform (§ 126b) erhalten hat. Anzugeben sind Barzahlungspreis, Teilzahlungspreis, Zahl und Fälligkeit (nicht hingegen Betrag) der einzelnen Teilzahlungen, effektiver Jahreszins und die Kosten einer im Zusammenhang mit dem Teilzahlungsgeschäft abgeschlossenen Versicherung. Die Vereinbarung eines Eigentumsvorbehalts oder einer anderen zu bestellenden Sicherheit braucht nicht mitgeteilt zu werden. I 2 bleibt anwendbar; andernfalls wären Fernabsatzgeschäfte – entgegen der Intention des II – strengeren Anforderungen unterworfen, als sie für Teilzahlungsgeschäfte sonst gelten.

5 Es genügt, wenn die erforderlichen Pflichtangaben Teil einer invitatio ad offerendum (Verkaufsprospekt) sind. Eine besonders deutliche Gestaltung der Pflichtangaben wird vom Gesetz nicht verlangt. Dennoch muss der Unternehmer sie für den Verbraucher verständlich, lesbar und transparent gestalten; auf ihre inhaltliche Richtigkeit kommt es indes nicht an (vgl Rn 1, § 494 Rn 1). Die Pflichtangaben müssen dem Verbraucher ferner so rechtzeitig zur Verfügung stehen, dass er sie vor Abschluss des Vertrags eingehend zur Kenntnis nehmen kann. Letzteres beurteilt sich nach den jeweiligen Umständen des Einzelfalls; Mindestfristen lassen sich dafür nicht festlegen. Regelmäßig spricht aber bei einer Zeitspanne von etwa 24 Stunden zwischen dem Erhalt eines Verkaufsprospekts und der nachfolgenden Bestellung der erste Anschein dafür, dass der Verbraucher seine Entscheidung, die Ware zu kaufen oder die Leistung in Anspruch zu nehmen, nach reiflicher Überlegung getroffen hat.

6 Sind diese besonderen Voraussetzungen erfüllt, ist nach dem Gesetz der Unternehmer von den (weiteren) Erfordernissen des I sowie von § 492 I 1-4, § 492 III befreit. Da er zudem den Betrag der einzelnen Teilzahlungen nicht anzugeben braucht, darf er dem Verbraucher die Wahl einer bestimmten Anzahl von Raten (zB 3, 6, 12 oder 24 Monatsraten) überlassen, von der dann Höhe und Fälligkeitstermine der späteren Einzelrate abhängen. Dennoch ist der Teilzahlungspreis betragsmäßig genau (ggf alternativ) auszuweisen und in Bezug zu der jeweiligen Anzahl von Raten zu setzen. Nach dem klaren Gesetzeswortlaut ist es insbes nicht ausreichend, die Berechnung des Teilzahlungspreises allein der Methode nach anzugeben und dem Verbraucher durch Beispiele zu erläutern (aA *Münstermann/Hannes* Rn 417). Werden mehrere (nicht zusammengehörige) Waren oder Leistungen in einer Bestellung zusammengefasst, kann vom Verbraucher allerdings verlangt werden, einzelne Teilzahlungspreise zu addieren, um auf diese Weise zur Gesamtbelastung zu kommen. Werden Beträge aus neuen Käufen mit der Restschuld aus einem früheren Kauf zusammengefasst, muss dem Verbraucher deutlich werden, ob er auf diese Weise mehr bezahlen muss, als dies bei getrennter Abrechnung der Einkäufe der Fall wäre (BGH NJW-RR 89, 1306).

7 Die genannte Privilegierung dürfte richtlinienwidrig sein (*Hadding/Hopt/Reich* 29, 36; aA MüKo/*Habersack* Rn 2). Sie steht im Widerspruch zu Art 4 der – gem Art 13 II Fernabsatz-Richtlinie vorrangigen – VerbrKr-RL, wonach Verbraucherkreditverträge grds der Schriftform bedürfen und bestimmte Pflichtangaben ausweisen müssen, die in II nicht sämtlich berücksichtigt werden. Sie geht zudem über die Protokollerklärung Nr 7 des Rates und der Kommission der EG (Kommissionsvorschlag vom 12.12.86 – 8238/84 Consom 49 – COM 84/342 final) zu Art 4 der VerbrKr-RL hinaus, die sich allein auf „Versandgeschäfte" erstreckt, während II weiter gefasst ist (iE Staud/*Kessal-Wulf* Rn 25).

8 **C. Rechtsfolgen von Formmängeln (III). I. Nichtigkeit; Heilung.** Wird die Schriftform des § 492 I 1–4 nicht eingehalten oder eine der in I 1 Nr 1-5 vorgeschriebenen Angaben nicht gemacht, ist das Teilzahlungsgeschäft nach III 1 nichtig; fehlerhafte Angaben bleiben jedoch sanktionslos (§ 494 Rn 1). Die Nichtigkeit wird nach III 2 geheilt, wenn dem Verbraucher die Sache übergeben oder die Leistung erbracht wird; auf eine

gleichzeitige Eigentumserlangung kommt es nicht an. Für die Übergabe ist grds erforderlich, dass der Verbraucher unmittelbaren Besitz erhält. Die Übergabe kann durch die Abtretung des Herausgabeanspruchs (§ 931) ersetzt werden, nicht aber durch ein Besitzkonstitut (§§ 929, 930), das dem Verbraucher lediglich mittelbaren Besitz verschafft. Bei Werkverträgen tritt an die Stelle der Übergabe der Sache die Abnahme (§ 640 I); jedoch kann ein fruchtloser Fristablauf (§ 640 I 3) allein nicht zur Heilung führen. Ist nach der Beschaffenheit des Werkes eine Abnahme ausgeschlossen, kommt es auf seine Vollendung an (§ 646); das gilt für Dienstverträge entspr. Der Verbraucher muss zudem Kenntnis von der Vollendung haben. Anders als in § 494 II 1 (dort Rn 4) ist in III 2 eine teilweise Heilung nicht vorgesehen. Das Wirksamkeitshindernis ist nur behoben, „wenn" (und nicht „soweit") die Sache (vollständig) übergeben oder die Leistung (vollständig) erbracht ist. Dennoch kann in erweiternder Auslegung der Vorschrift eine partielle Heilung möglich sein, etwa wenn die gekauften Gegenstände oder die bestellten Leistungsteile ohne jeden Bezug zueinander stehen.

II. Sanktionen. Fehlt die Angabe des Teilzahlungspreises oder des effektiven Jahreszinses, ist nach III 3 der Barzahlungspreis höchstens mit dem gesetzlichen Zinssatz (§ 246) zu verzinsen (vgl § 494 Rn 6). Haben die Parteien einen nominalen Zins vereinbart, der noch unter dem gesetzlichen liegt, bleibt dieser maßgebend. Ist ein Barzahlungspreis nicht genannt, so gilt „im Zweifel" der Marktpreis als Barzahlungspreis (III 4). Darunter ist der am Erfüllungsort zur Erfüllungszeit für Waren einer bestimmten Gattung gezahlte Durchschnittspreis zu verstehen, der nach rein objektiven Kriterien zu bemessen ist und unabhängig von den konkreten Umständen des Einzelgeschäfts gilt (§ 453 aF; BGH NJW 79, 758). Jede Partei kann den Nachweis führen, dass tatsächlich ein vom Marktpreis abw Barzahlungspreis vereinbart worden ist (BGH aaO). Zur Sicherheitenbestellung vgl Rn 3 aE. 9

Ist der (anfängliche) effektive Jahreszins zu niedrig angegeben, vermindert sich der Teilzahlungspreis um den Prozentsatz, um den er zu niedrig angegeben ist (III 6). Es erfolgt eine Kürzung des Teilzahlungspreises in Höhe der absoluten Differenz zwischen dem unrichtig angegebenen und dem richtigen effektiven Jahreszins (Bsp: angegebener effektiver Jahreszins 8 %, richtig wären 10 % gewesen; der Teilzahlungspreis ist in diesem Fall um 2 % zu kürzen). Die untere Grenze der Kürzung bildet stets der mit dem gesetzlichen Zinssatz verzinste Barzahlungspreis (vgl III 3; aA *Bülow* Rn 57). Im Übrigen können die Sanktionen des § 494 II entspr Anwendung finden. Bsp: sonstige Kosten, die geschuldet werden, soweit sie in der Vertragserklärung aufgeführt sind (§ 494 II 3); Anpassungsberechnung (§ 494 II 4). 10

§ 503 Rückgaberecht, Rücktritt bei Teilzahlungsgeschäften

(1) Anstelle des dem Verbraucher gemäß § 495 Abs. 1 zustehenden Widerrufsrechts kann dem Verbraucher ein Rückgaberecht nach § 356 eingeräumt werden.
(2) ¹Der Unternehmer kann von einem Teilzahlungsgeschäft wegen Zahlungsverzugs des Verbrauchers nur unter den in § 498 Abs. 1 bezeichneten Voraussetzungen zurücktreten. ²Der Verbraucher hat dem Unternehmer auch die infolge des Vertrags gemachten Aufwendungen zu ersetzen. ³Bei der Bemessung der Vergütung von Nutzungen einer zurückzugewährenden Sache ist auf die inzwischen eingetretene Wertminderung Rücksicht zu nehmen. ⁴Nimmt der Unternehmer die auf Grund des Teilzahlungsgeschäfts gelieferte Sache wieder an sich, gilt dies als Ausübung des Rücktrittsrechts, es sei denn, der Unternehmer einigt sich mit dem Verbraucher, diesem den gewöhnlichen Verkaufswert der Sache im Zeitpunkt der Wegnahme zu vergüten. ⁵Satz 4 gilt entsprechend, wenn ein Vertrag über die Lieferung einer Sache mit einem Verbraucherdarlehensvertrag verbunden ist (§ 358 Abs. 2) und wenn der Darlehensgeber die Sache an sich nimmt; im Falle des Rücktritts bestimmt sich das Rechtsverhältnis zwischen dem Darlehensgeber und dem Verbraucher nach den Sätzen 2 und 3.

A. Rückgaberecht (I). Dem Unternehmer steht es bei Teilzahlungsgeschäften iSd § 499 II (dort Rn 5) frei, dem Verbraucher anstelle des gesetzlichen Widerrufsrechts (§ 495) ein besonderes vertragliches Rücktrittsrecht (Rückgaberecht) anzubieten. Das Widerrufsrecht kann aber nur dann wirksam durch ein Rückgaberecht ersetzt werden, wenn sämtliche Voraussetzungen des § 356 I erfüllt sind. Das Rückgaberecht muss insbes uneingeschränkt bestehen und darf für den Verbraucher im Falle seiner Ausübung nicht mit Erschwernissen verbunden sein (zB Anfall einer Bearbeitungsgebühr). Die Einräumung des Rückgaberechts ist Bestandteil der vertraglichen Einigung der Parteien; dabei hat das Schriftformerfordernis gem §§ 501 S 1, 492 I 1–4 Vorrang vor § 356 I 2 Nr 3. Beide Rechte – Rückgabe und Widerruf – können dem Verbraucher auch nebeneinander gewährt werden. Die Rechtsfolgen der Rückgabe bzw des Rücknahmeverlangens regelt § 357. 1

B. Rücktritt bei Teilzahlungsgeschäften (II). I. Allgemeines. II 1 gibt dem Unternehmer bei Teilzahlungsgeschäften (§ 499 Rn 5) für den Bereich des Zahlungsverzugs ein gesetzliches Rücktrittsrecht, das unter den Voraussetzungen des § 498 I ausgeübt werden kann. Zwischen Rücktritt und Kündigung besteht ein Wahlrecht, jedoch ist die gleichzeitige (alternative) Androhung von Kündigung und Rücktritt nicht statthaft. Hat der Unternehmer den Vertrag zunächst nur gekündigt, kann er – wegen der damit verbundenen weitergehenden Rechtswirkungen – nachfolgend zusätzlich die Voraussetzungen für einen Rücktritt schaffen (BGH NJW 2

02, 133), nicht aber umgekehrt nach erklärtem Rücktritt die Vertragsbeziehung kündigen. Zum Zeitpunkt des Rücktritts müssen alle Rücktrittsvoraussetzungen noch vollständig gegeben sein. Der Rücktritt muss nicht unmittelbar im Anschluss an den Ablauf der Nachfrist erklärt werden, auch ist die Regelung des § 350 nur auf das vertragliche Rücktrittsrecht anwendbar. Der Unternehmer muss sich dennoch binnen angemessener Zeit entschließen, ob er von seinem Rücktrittsrecht Gebrauch machen möchte. Bei mehreren Schuldnern, die Vertragspartei geworden sind, hat er die Besonderheiten des § 351 zu beachten (BGHZ 97, 264, 266); vgl auch § 498 Rn 6. Allerdings genügt es, wenn der Rücktrittsgrund nur in der Person eines Rücktrittsgegners gegeben ist (BGH NJW 76, 1931; Hamm WM 87, 105).

3 **II. Rücktrittsvermutung (II 4).** Nimmt der Unternehmer auf seine Veranlassung die aufgrund des Teilzahlungsgeschäfts gelieferte Sache wieder an sich, gilt dies grds als Ausübung des Rücktrittsrechts (unwiderlegliche Vermutung). Dadurch soll verhindert werden, dass der Verbraucher Besitz und Nutzung der Sache verliert, aber zur Entrichtung weiterer Raten verpflichtet bleibt (so schon zum AbzG RGZ 139, 205, 207; 146, 182, 189; BGHZ 15, 171, 173; NJW 02, 133). Die Bestimmung ersetzt nur die Rücktrittserklärung, macht jedoch den Rücktrittsgrund nicht entbehrlich (Köln OLGR 98, 1; Naumbg 23. 4. 98 ,4 U 1163/97; Oldbg NJW-RR 96, 564). Der Verbraucher kann die Rückabwicklung nicht durch einseitiges Handeln erzwingen (zB durch unaufgeforderte Rücksendung der Sache; BGHZ 45, 111, 113; Stuttg NJW-RR 02, 856; Ddorf WM 85, 1431). Die Rücktrittsvermutung findet zugunsten eines Verbrauchers, der lediglich neben dem Kreditnehmer als Gesamtschuldner mithaftet, jedoch selbst aus dem Kreditvertrag nicht berechtigt ist, keine Anwendung (BGH NJW 02, 133).

4 Es genügt, dass der Unternehmer mittelbaren Besitz an der Sache erlangt (BGH NJW 84, 2294) oder sich deren Sachwert zuführt, indem er auf ein Surrogat (§ 285) der Sache zurückgreift und ggü einem Dritten Schadensersatz- oder Wertersatzansprüche geltend macht. Die Wirkungen der einmal ausgelösten Rücktrittsvermutung können nicht durch nachträgliche Freigabe der Sache beseitigt werden (BGHZ 39, 97, 100). Der Rücktrittsvermutung steht weiter nicht entgegen, dass der Unternehmer lediglich einzelne Teile der Sache an sich nimmt (Köln ZIP 94, 1931), jedenfalls dann, wenn sich ihr Wert gerade in der Verbindung zu einer Sachgesamtheit verkörpert. Gibt der Verbraucher die Sache auf Zeit an den Unternehmer zurück, etwa zum Zwecke der Nachbesserung, wird die Rücktrittsvermutung nicht ausgelöst, solange der Unternehmer zur Rückgabe bereit ist oder sich bei Verweigerung der Herausgabe auf Gründe stützt, die nicht in Verbindung mit dem Zahlungsverzug des Verbrauchers stehen (zB Unternehmerpfandrecht).

5 **Bsp:** Außergerichtliches Herausgabeverlangen (BGH NJW 84, 2294; 79, 872) oder Herausgabeklage (BGH NJW 65, 2399); Geltendmachung des Aussonderungsrechts im Insolvenzverfahren (RGZ 96, 296, 297) sowie von Schadens- oder Wertersatzansprüchen gegen den Verbraucher (BGH NJW 65, 2399); Verwertung der Sache innerhalb oder außerhalb eines Zwangsvollstreckungsverfahrens (Karlsr NJW-RR 89, 179); Anschlusspfändung (§ 826 ZPO). Es ist nicht erforderlich, dass der Titel, aus dem vollstreckt wird, dem Kreditverhältnis zwischen Unternehmer und Verbraucher entstammt. Will der Unternehmer die Rücktrittsvermutung nicht auslösen, muss er demnach den Zugriff auf den kreditierten Gegenstand vermeiden. Nicht ausreichend ist demgegenüber eine auf Ausgleich rückständiger Raten gerichtete Zahlungsklage; eine Klage auf vorzugsweise Befriedigung (§ 805 ZPO) aus dem Erlös der durch einen Dritten gepfändeten Sache (BGH NJW 63, 1200; offen BGHZ 100, 95, 103); der Erwerb der Sache aus einer Zwangsvollstreckung, die von dritter Seite betrieben wird; die bloße Pfändung der Sache, solange der Gerichtsvollzieher sich gem § 808 II ZPO auf das Anlegen des Pfandsiegels beschränkt (BGH WM 62, 1263) oder die Sache nach § 808 I ZPO zur Vorbereitung einer späteren Verwertung vorläufig in Besitz nimmt (BGHZ 39, 97, 101; zw).

6 Kommt es zwischen Unternehmer und Verbraucher zu einer **Einigung über die Vergütung des gewöhnlichen Verkaufswerts** der Sache (§ 813 I 1 ZPO), ist die Rücktrittsvermutung außer Kraft gesetzt, selbst wenn die Einigung nach Wiederansichnahme der Sache erfolgt. Das Kündigungsrecht des Unternehmers nach § 498 I bleibt von II 4 unberührt. Es genügt, dass die Einigung dem Grunde nach getroffen wird; gegen eine Aufnahme in AGB bestehen in diesem Zusammenhang keine Bedenken (Oldbg NJW-RR 96, 564; Stuttg NJW-RR 96, 563). Die Parteien können die Bemessung der Vergütung einem Sachverständigen überlassen (§ 813 I 2 und 3 ZPO), dessen Entscheidung nach § 319 I überprüft werden kann. Ein einseitiges Leistungsbestimmungsrecht des Unternehmers (§ 315 I) ist indes unzulässig. Auch sind Vereinbarungen, die zur Anrechnung eines unterhalb des gewöhnlichen Verkaufswerts liegenden Betrags führen, nach § 506 S 1 unwirksam.

7 Maßgeblich ist der Verkehrswert der Sache zum Zeitpunkt ihrer Wegnahme, dh der Verkaufspreis (nicht der Händlereinkaufspreis), der bei freihändiger Veräußerung am Sitz des Verbrauchers normalerweise durchschnittlich zu erzielen wäre, wobei der Beschaffenheit und dem Zustand der Sache sowie den allgemeinen wirtschaftlichen und den besonderen örtlichen und zeitlichen Verhältnissen Rechnung zu tragen ist (Oldbg DAR 97, 203; Stuttg NJW-RR 96, 563). Erreicht der gewöhnliche Verkaufswert den zur Zeit der Wegnahme rückständigen Betrag nicht, gilt er als Teilleistung gem § 497 III 2. Einen Überschuss darf der Verbraucher nach bereicherungsrechtlichen Grundsätzen herausverlangen oder für künftige Raten verwenden, wobei ggf § 504 zu beachten ist.

C. Abwicklungsverhältnis zwischen Unternehmer und Verbraucher (II 2, 3). Bei wirksamem Rücktritt erlöschen die wechselseitigen Erfüllungsansprüche; an ihre Stelle treten die Ansprüche aus dem Abwicklungsverhältnis, vgl dazu § 495 Rn 8 f. Hat der Unternehmer seitens des Verbrauchers Sicherheiten erhalten, wird die Auslegung der Sicherungsabrede für den Regelfall ergeben, dass diese auch Folgeansprüche auf Rückgewähr, Schadensersatz, Wertersatz, Aufwendungsersatz und Nutzungsvergütung besichern sollen (BGHZ 114, 57, 72; 51, 69, 73; NJW 04, 158; 99, 1636). Erfüllungsort für die Pflicht zur Rückgabe der Sache ist der Ort, an dem sie sich vertragsgemäß befindet, also regelmäßig der Wohnsitz des Verbrauchers (BGHZ 87, 104, 110). Die Ansprüche des Unternehmers aus dem Abwicklungsverhältnis werden durch das Erfüllungsinteresse begrenzt (vgl BGH ZIP 91, 662; NJW 85, 1544; 67, 1807). Dieses bestimmt sich nach dem Teilzahlungspreis, der hinsichtlich der zum Zeitpunkt des Rücktritts noch nicht fälligen Raten abzuzinsen ist (vgl BGH ZIP 91, 662). Hinzu tritt der Ersatz solcher Aufwendungen, die bei vertragsgerechter Erfüllung nicht angefallen wären.

Für das Rückabwicklungsverhältnis gelten neben den Bestimmungen der §§ 346 ff (s dort) die Sonderregelungen in II 2 und 3 für Aufwendungsersatz und **Nutzungsvergütung.** Nach II 3 ist bei der Bemessung der Vergütung von Nutzungen einer zurückzugewährenden Sache auf die inzwischen eingetretene tatsächliche (konkrete) Wertminderung Rücksicht zu nehmen, wenn diese oberhalb oder unterhalb der Wertminderung liegt, die in die Kalkulation der üblichen (fiktiven) Nutzungsvergütung einbezogen worden ist. Eine Wertsteigerung der Sache kann den Anspruch auf Nutzungsvergütung entfallen lassen. Die Nutzungsvergütung will nur den Wertverlust ausgleichen, der durch den ordnungsgemäßen (vertragsgemäßen) Gebrauch der Sache eingetreten ist; darüber hinausgehende Beeinträchtigungen der Sache kann der Unternehmer als Schadensersatz nach § 346 IV geltend machen. Ist die Sache mit Mängeln behaftet und aus diesem Grund nur beschränkt nutzbar, ist die Nutzungsvergütung entspr zu reduzieren (BGH WM 72, 558, 560).

Der Verbraucher hat dem Unternehmer nach II 2 die (erforderlichen) **Aufwendungen** zu ersetzen, die ihm durch den Vertrag konkret entstanden sind (BGH WM 82, 873; WM 75, 739), dh die Kosten des Vertragsschlusses und der Vertragsdurchführung. Bsp: Porto-, Telefon- und Formularkosten, Restschuldversicherung, Sachschadensversicherung, Kosten für Verpackung, Versendung und Montage; Kosten der Rechtsverfolgung (sofern nicht schon nach § 497 I oder §§ 91 ff, 788 ZPO zu ersetzen). Ferner hat der Verbraucher – anders als nach § 357 II – die Kosten des Rücktransports zu tragen. Auszuscheiden sind hingegen Kosten, die auch bei Nichtzustandekommen des Vertrags angefallen wären (Miete für Geschäfts- oder Büroräume, Löhne und Gehälter, Werbung), die allein das „Ob" des Vertragsschlusses betreffen (Kreditauskünfte) oder im Rücktritt selbst ihre Ursache finden (BGHZ 47, 246, 248: Kosten der Verwertung der zurückgenommenen Sache). Handelsvertreterprovisionen sind wegen § 87 a II HGB vom Verbraucher nicht zu erstatten, da der Provisionsanspruch von der Ausführung des Geschäfts abhängig ist (BGH LM Nr 4 zu § 2 AbzG). Entgegenstehende Abreden zwischen Unternehmer und Handelsvertreter haben schon wegen § 506 keine Wirkung gegen den Verbraucher; auch besteht keine Ersatzpflicht, wenn der Unternehmer von seinem Recht, die Provision zurückzuverlangen, keinen Gebrauch macht (aA BGH aaO; Erman/*Saenger* Rn 28). An einen Darlehensvermittler gezahlte Provisionen dürfen vom Unternehmer unter den Voraussetzungen des § 655 c geltend gemacht werden (BGH NJW-RR 93, 248; 91, 820), denn für sie ist allein das Zustandekommen des Hauptvertrags Voraussetzung. Vom Unternehmer gezahlte Umsatzsteuern sind keine ersatzfähigen Aufwendungen, soweit er eine Berichtigung des Steuerbetrags erreichen kann (§ 17 II Nr 3 UStG). Insgesamt darf keine Aufwendung in Ansatz gebracht werden, die der Verbraucher bereits über die Nutzungsvergütung auszugleichen hat.

D. Verbundene Verträge (II 5). II 5 trägt den Besonderheiten beim verbundenen Geschäft Rechnung. Die Bestimmung bezieht sich auf Verträge iSd § 358 III; der Hinweis auf § 358 II im Gesetzestext ist ein Redaktionsversehen. Die Rücktrittsvermutung wird ausgelöst, wenn der Darlehensgeber, der am Kaufgeschäft nicht beteiligt ist, die von ihm finanzierte Sache an sich nimmt. Er rückt als Geldkreditgeber in die Rechte und Pflichten ein, wie sie beim „normalen" Teilzahlungsgeschäft der Unternehmer als Warenkreditgeber hätte. Die rechtliche Ausgangssituation bleibt dabei gleich. Der Darlehensgeber darf die Sache nur bei Vorliegen eines Zahlungsverzugs iSd § 498 I 1 Nr 1 und 2 an sich nehmen; allerdings sind die mit II 5 einhergehenden Rechtsfolgen weitergehend als die einer bloßen Kündigung (Gesamtfälligstellung) bei Teilzahlungsdarlehen. Das Kreditverhältnis wird nicht lediglich ex nunc beendet, sondern wandelt sich in ein Abwicklungsverhältnis. Der Darlehensgeber, der die Sache an sich nimmt und dem dadurch deren wirtschaftlicher Wert zufließt, hat dem Verbraucher die von diesem an ihn oder einen weiteren Darlehensgeber erbrachten Raten nebst der an den Unternehmer geleisteten Anzahlung (BGHZ 47, 241, 243; NJW 89, 163) zu erstatten, nicht hingegen die von ihm selbst an den Unternehmer ausgebrachte Darlehenssumme (BGH aaO; BGHZ 47, 241; 47 und 246 f; 57, 112, 115), von deren künftiger Rückführung der Verbraucher durch den Rücktritt befreit wird. Im Gegenzug hat der Verbraucher Nutzungs-, Aufwendungs- oder Schadensersatz zu leisten.

Für das Verhältnis zwischen Darlehensgeber und Unternehmer enthält das Gesetz keine ausdrückliche Regelung. Der Darlehensgeber kann eine Abtretung von Ansprüchen des Verbrauchers gegen den Unternehmer schon deshalb nicht verlangen, weil er im Verhältnis zum Verbraucher in eben diese Rechtsstellung des

Unternehmers einrückt (Konsumtion). Eine Anwendung des § 358 IV 3 in „doppelter Analogie" ist ausgeschlossen, weil es mangels vergleichbarer Interessenlage – die Regelung zielt auf den Schutz des Verbrauchers und nicht auf den der übrigen Beteiligten – an den Voraussetzungen hierfür fehlt (ausf Staud/*Kessal-Wulf* § 358 Rn 69); demnach kann der Darlehensgeber nach erfolgter Rückabwicklung nicht in die Stellung des Verbrauchers in dessen Verhältnis zum Unternehmer einrücken. Richtigerweise erfolgt ein bereicherungsrechtlicher Ausgleich; der Regelung des II 5 kommt insoweit eine nicht auf das Rechtsverhältnis zwischen Darlehensgeber und Verbraucher beschränkte Wirkung zu. Im Ergebnis sind die auf das Darlehens- und das Kaufverhältnis erbrachten Leistungen gleichermaßen rückabzuwickeln, wobei sich II 5 ggü dem Vorrang der Leistungsbeziehungen im Verhältnis zwischen Darlehensgeber und Verbraucher einerseits und zwischen Verbraucher und Unternehmer andererseits durchsetzt. Der Darlehensgeber kann vom Unternehmer nach § 812 I 1 Alt 2 daher den Nettokreditbetrag und eine etwaige Anzahlung zurückfordern; er selbst ist zur Herausgabe der erlangten Sache nebst etwaigem Nutzungs- oder Wertersatz verpflichtet (vgl ferner *Vollkommer* FS Merz 595, 606; zur Lösung über das Rechtsinstitut der Drittleistungskondiktion Staud/Kessal-Wulf aaO Rn 71).

§ 504 Vorzeitige Zahlung bei Teilzahlungsgeschäften

¹Erfüllt der Verbraucher vorzeitig seine Verbindlichkeiten aus dem Teilzahlungsgeschäft, so vermindert sich der Teilzahlungspreis um die Zinsen und sonstigen laufzeitabhängigen Kosten, die bei gestaffelter Berechnung auf die Zeit nach der vorzeitigen Erfüllung entfallen. ²Ist ein Barzahlungspreis gemäß § 502 Abs. 1 Satz 2 nicht anzugeben, so ist der gesetzliche Zinssatz (§ 246) zugrunde zu legen. ³Zinsen und sonstige laufzeitabhängige Kosten kann der Unternehmer jedoch für die ersten neun Monate der ursprünglich vorgesehenen Laufzeit auch dann verlangen, wenn der Verbraucher seine Verbindlichkeiten vor Ablauf dieses Zeitraums erfüllt.

1 **A. Allgemeines.** Nach Art 8 der VerbrKr-RL ist der Verbraucher berechtigt, seine Verbindlichkeiten aus einem Kreditvertrag vorzeitig zu erfüllen, wobei er dann gem den von den Mitgliedstaaten festgelegten Regelungen eine angemessene Ermäßigung der Gesamtkosten des Kredits verlangen kann. Der Gesetzgeber ging davon aus (BTDrs 11/5462, 27), dass diesen Vorgaben für Geldkredite durch § 489 genügt wird. Das erklärt, weshalb sich die Regelungen in § 504 auf Teilzahlungsgeschäfte beschränken. Um keine richtlinienwidrigen Lücken im Verbraucherschutz entstehen zu lassen, ist die Bestimmung zudem Auffangvorschrift für alle Kreditverträge iSd Art 1 II c) der Richtlinie, auch wenn sie keine Darlehensverträge gem § 489 oder Teilzahlungsgeschäfte gem § 499 II sind. In diesen Fällen vermindert sich statt des Teilzahlungspreises die Restschuld iSd § 498 II (dort Rn 10).

2 **B. Voraussetzungen.** Einer gesonderten Kündigung des Verbrauchers bedarf es – anders als bei § 489 – nicht. Er muss die von ihm noch geschuldete Leistung jedoch vollständig erbringen, um die Rechtswirkungen des § 504 auszulösen. Auf Verlangen hat der Unternehmer – als vertragliche Nebenpflicht – die noch ausstehende (abgezinste) Verbindlichkeit zu dem beabsichtigten Rückzahlungstermin zu errechnen und dem Verbraucher mitzuteilen. Das Recht zur vorzeitigen Erfüllung darf weder durch besondere Vereinbarung ausgeschlossen noch sonstigen Erschwernissen unterworfen werden (§ 506 S 1). Insbes verbieten sich Vorfälligkeitsentschädigungen jeglicher Art (BGH NJW-RR 90, 431, 138; WM 88, 1401 zu § 247 aF; Hamm WM 95, 191), selbst wenn damit eine gleichzeitige Verkürzung der Sperrfrist des Satzes 3 verbunden sein sollte (aA *Bülow* Rn 24; MüKo/*Habersack* Rn 16). Das folgt schon daraus, dass die im Gleichlauf mit § 489 I Nr 2 eingeführte Regelung, wonach der Unternehmer Zinsen und laufzeitabhängige Kosten auf jeden Fall für die ersten neun Monate der ursprünglich vorgesehenen Laufzeit verlangen kann, mit Art 8 der VerbrKr-RL generell nicht zu vereinbaren ist (*v Westphalen/Emmerich/v Rottenburg* § 14 VerbrKrG Rn 10; *Schmelz/Klute* ZIP 89, 1509, 1513).

3 **C. Rechtsfolgen.** Gem S 1 vermindert sich der Teilzahlungspreis um die Zinsen und sonstigen laufzeitabhängigen Kosten, die bei staffelmäßiger Berechnung auf die Zeit nach der vorzeitigen Erfüllung entfallen (vgl BGHZ 111, 287, 289, 292; 91, 55, 59); zur rechnerischen Ermittlung iE § 498 Rn 10. Laufzeitunabhängige Kosten bleiben außer Betracht (abw, aber gegen den Gesetzeswortlaut *Bülow* Rn 20). Ist ein Barzahlungspreis gem § 502 I 2 nicht anzugeben, ist der gesetzliche Zinssatz zugrunde zu legen. Nach der eindeutigen Regelung in S 2 ist dies auch für Existenzgründer (§ 507) immer der Zinssatz des § 246; auf § 352 HGB kann nicht zurückgegriffen werden (anders früher § 14 VerbrKrG).

Untertitel 3 Ratenlieferungsverträge zwischen einem Unternehmer und einem Verbraucher

§ 505 Ratenlieferungsverträge

(1) ¹Dem Verbraucher steht vorbehaltlich des Satzes 2 bei Verträgen mit einem Unternehmer, in denen die Willenserklärung des Verbrauchers auf den Abschluss eines Vertrags gerichtet ist, der
1. die Lieferung mehrerer als zusammengehörend verkaufter Sachen in Teilleistungen zum Gegenstand hat und bei dem das Entgelt für die Gesamtheit der Sachen in Teilzahlungen zu entrichten ist oder
2. die regelmäßige Lieferung von Sachen gleicher Art zum Gegenstand hat oder
3. die Verpflichtung zum wiederkehrenden Erwerb oder Bezug von Sachen zum Gegenstand hat, ein Widerrufsrecht gemäß § 355 zu.

²Dies gilt nicht in dem in § 491 Abs. 2 und 3 bestimmten Umfang. ³Dem in § 491 Abs. 2 Nr. 1 genannten Nettodarlehensbetrag entspricht die Summe aller vom Verbraucher bis zum frühestmöglichen Kündigungszeitpunkt zu entrichtenden Teilzahlungen.

(2) ¹Der Ratenlieferungsvertrag nach Absatz 1 bedarf der schriftlichen Form. ²Satz 1 gilt nicht, wenn dem Verbraucher die Möglichkeit verschafft wird, die Vertragsbestimmungen einschließlich der Allgemeinen Geschäftsbedingungen bei Vertragsschluss abzurufen und in wiedergabefähiger Form zu speichern. ³Der Unternehmer hat dem Verbraucher den Vertragsinhalt in Textform mitzuteilen.

A. Allgemeines. Die Bestimmung entspricht im Wesentlichen den früheren §§ 2 VerbrKrG, 1c AbzG. Sie bezweckt den Schutz des Verbrauchers vor übereilten (meist langfristigen) vertraglichen Bindungen und Belastungen, deren Tragweite er bei Abschluss des Vertrags mit dem Unternehmer möglicherweise nicht gleich erkennt oder nicht realistisch einschätzt, weil die von ihm insgesamt zu erbringende Gegenleistung nicht sofort fällig ist und sich ihm auch nicht in einer Gesamtsumme darstellt, sondern sich in Dauer und Höhe erst in Zukunft realisiert (BGHZ 78, 248, 251; NJW 90, 1046). Im Unterschied zu den Teilzahlungsgeschäften (§ 499 II) fehlt es an der alleinigen Vorleistung des Unternehmers unter Kreditierung der vom Verbraucher geschuldeten Gegenleistung. Die Regelung erweitert im Ergebnis den sachlichen Anwendungsbereich verbraucherdarlehensrechtlicher Vorschriften, ohne dass Ratenlieferungsverträge dadurch selbst zu Kreditverträgen werden. Ihre Voraussetzungen hat der Verbraucher zu **beweisen**, während der Unternehmer den Beweis für das Vorliegen eines Ausnahmetatbestands gem I 2 zu führen hat. Die Vorschrift ist abschließend gestaltet; ihre analoge Anwendung kommt grds nicht in Betracht (BGH NJW 03, 1932 im Anschluss an BGHZ 128, 156, 164).

Die Tatbestände des I 1 Nr 1–3 setzen die Lieferung bzw den Erwerb oder Bezug von **beweglichen Sachen** voraus (BGHZ 97, 127, 131). Daran fehlt es bei der Bestellung von Internet-Zeitschriften oder der Inanspruchnahme eines E-Mail-Service (aA *Bülow* Rn 37) und bei Verträgen über die regelmäßige Erbringung von Dienst- oder Werkleistungen gleicher Art oder über die Verpflichtung zur wiederkehrenden Abnahme bestimmter Dienst- oder Werkleistungen (BGHZ 87, 112, 115; NJW 03, 1932; zum Fertighausvertrag vgl BGH/EBE 06, 45). Auch **Strom** ist keine Sache iSd § 90. Für Versorgungsverträge mit Tarifkunden über **leitungsgebundene Energie** (Gas, Fernwärme) und leitungsgebundenes Wasser verneint die hM unter Berücksichtigung der Entstehungsgeschichte des vormaligen § 1 c AbzG (BRDrs 52/74, 5) ebenfalls eine Anwendbarkeit des § 505 (sehr zw; *Bülow* Rn 38; *Münstermann/Hannes* Rn 130; *Erman/Saenger* Rn 19; MüKo/*Habersack* Rn 23 verweist zu Recht auf das Energiewirtschaftsgesetz v 24. 4. 98 BGBl I S 730 und die dadurch bewirkte Öffnung des Markts; zur Lieferung von Flüssiggas in Leitungen oder Tanks BGH NJW-RR 88, 1322).

Das dem Verbraucher für Ratenlieferungsverträge in I 1 zugebilligte Widerrufsrecht hat nach I 2 in dem in § 491 II, III bestimmten Umfang keine Geltung. Aber auch die in II geregelten Formerfordernisse sind nur zu wahren, wenn der Ratenlieferungsvertrag nicht unter einen der in I 2 angeführten Ausnahmetatbestände fällt. Die pauschale und wenig durchdachte Verweisung auf § 491 II, III hat praktische Bedeutung nur für den Bagatelltatbestand des § 491 II Nr 1, wobei dem Nettodarlehensbetrag die Summe aller vom Verbraucher bis zum frühestmöglichen Zeitpunkt einer (ordentlichen) Kündigung zu entrichtenden Teilzahlungen und damit seiner Mindestverpflichtung aus dem Vertrag entspricht (vgl I 3). Diese Berechnungsweise ist für die bei Existenzgründern (§ 507) geltende Obergrenze von 50 000 Euro zu übernehmen (BTDrs 14/7052, 203).

B. Voraussetzungen. I. Verträge nach I 1 Nr 1. Für einen Ratenlieferungsvertrag nach I 1 Nr 1 müssen mehrere Sachen „als zusammengehörend verkauft" werden. Ob eine solche Sachgesamtheit anzunehmen ist, beurteilt sich vorrangig nach objektiven Kriterien und im Übrigen nach den Vorstellungen der Parteien, soweit sie Vertragsinhalt geworden sind (BGHZ 102, 135, 149; NJW-RR 89, 559; jeweils zu § 469 S 2 aF). Schon die Lieferung mehrerer Sachen in Teilleistungen als solche ist regelmäßig Indiz für eine tatsächliche und von den Parteien gewollte Zusammengehörigkeit, vor allem wenn der Unternehmer die Gegenstände üblicherweise nur zusammen verkauft. Es genügt jedoch nicht, dass lediglich eine Sache in der – der Gegenseite bekannten – Erwartung ge- oder verkauft wird, es werde später ein weiterer Kaufvertrag über eine oder mehrere andere Sachen zustande kommen. Jedoch darf der Unternehmer den Verbraucher nicht für jede Lieferung ein eigenes Vertragsformular unterzeichnen lassen, um dadurch den Tatbestand des I 1 Nr 1 auszuräumen (§ 506 S 2; Karlsr NJW-RR 93, 635, 636). Ferner muss der Unternehmer die von ihm geschuldete Sachgesamtheit in Teilleistungen liefern, der Verbraucher seinerseits das Entgelt für die Gesamtheit der Sachen in Teilleistungen zu entrichten haben. Beide Voraussetzungen müssen kumulativ gegeben sein. Die Teilleistungen – insbes die des Verbrauchers – brauchen aber weder die gleiche Höhe aufzuweisen, noch in zeitlich gleichen Abständen zu erbringen sein (BGHZ 78, 375, 380; Köln BauR 95, 709). **Bsp**: Lieferung von **Feuerlöschern** nebst Zubehör (Karlsr aaO); **Bausatzverträge** (BGHZ aaO 379; BGH/EBE 06, 45; Hamm OLGR 97, 25; Köln aaO), sofern sie nicht die Kriterien eines Werkvertrags erfüllen (Rn 2; BGHZ 87, 112); Lieferung von **Hardware** und **Software** bei Computern, Unterlagen für **Fernlehrkurse** (Sprachkurse; BGH NJW-RR 90, 1011); mehrbändige **Nachschlagewerke** (Lexika); ggf auch **Buchreihen** (BGH NJW 76, 1354).

5 **II. Verträge nach I 1 Nr 2.** Ein Ratenlieferungsvertrag ist weiter gegeben, wenn der Vertrag die „regelmäßige Lieferung von Sachen gleicher Art" zum Gegenstand hat, dh die (mehrmalige) Befriedigung eines regelmäßig neu entstehenden Bedürfnisses oder eines von Anfang an bestehenden, aber zeitlich gestreckt nachzukommenden Bedarfs (vgl BGHZ 67, 389, 395). Das erfasst grds alle Teillieferungs- und Sukzessivlieferungsverträge. Regelmäßigkeit bedeutet – unabhängig vom Umfang der einzelnen Lieferungen – die fortlaufende Leistung in bestimmten Zeitabschnitten oder innerhalb bestimmter Zeiträume (BGHZ 80, 357 f zu § 197 aF). Sie erfordert indes keine in zeitlicher Hinsicht von vornherein festgelegten oder stets gleich bemessenen Abstände (aA BGHZ aaO; offen BGHZ 78, 248, 249; *Bülow* Rn 34; MüKo/*Habersack* Rn 20), solange die einzelnen Lieferungen mit zeitlichem Bezug zueinander erfolgen. Die zu liefernden Sachen müssen zumindest in ihren wesentlichen Artmerkmalen gleichartig sein, etwa derselben Gattung angehören, auch wenn sich die Einzellieferungen in Qualität und Ausstattung voneinander unterscheiden und in verschiedener Zusammenstellung geliefert werden. Über den Gesetzeswortlaut hinaus ist im Hinblick auf den Schutzzweck der Norm (Rn 1) zudem ungeschriebene Voraussetzung, dass der Verbraucher seine Gegenleistung in **Teilleistungen** zu erbringen hat (BGH NJW 90, 1046, 1048; NJW-RR 90, 562).

6 **Bsp**: **Abonnementverträge** über Zeitungen und Zeitschriften (BGH NJW 87, 124; 90, 1046; 90, 3144; NJW-RR 90, 561 und 562), **Zwangsversteigerungskataloge** (LG München I MDR 99, 149; AG Oldbg MDR 91, 596) und Ergänzungslieferungen zum Grundwerk einer **Loseblattsammlung** (AG Frankf NJW-RR 94, 1400), nicht jedoch das einmonatige **Probeabonnement** und generell das im voraus bezahlte Abonnement (BGH NJW 90, 1046; NJW-RR 90, 562); **Aussteuersortimente** für Bett- und Haushaltswäsche (BGHZ 67, 389, 395); ein Vertrag über die Lieferung von 50 000 **Zündholzbriefchen** mit Werbeaufdruck an einen Gastwirt (aA Frankf NJW 89, 1082: I 1 Nr 3). Verträge über die Bereitstellung der Nutzungsmöglichkeit eines **Pay-TV** fallen nicht – auch nicht in analoger Anwendung – unter I 1 Nr 1 (BGH NJW 03, 1932).

7 **III. Verträge nach I 1 Nr 3.** Die Bestimmung erfasst – als Auffangtatbestand – Verträge, die die Verpflichtung zum wiederkehrenden, nicht notwendig regelmäßigen (BGHZ 97, 351, 357) Erwerb oder Bezug von Sachen zum Gegenstand haben. Das sind vor allem Grund- oder Rahmenverträge, die der Verbraucher mit einem bestimmten Unternehmer abschließt (BGH NJW 97, 933), nicht hingegen Wiederkehrschuldverhältnisse, bei denen gerade keine den Verbraucher langfristig bindende Rechtspflicht zum Abschluss einzelner (Ausführungs-)Verträge besteht. Der Verbraucher erbringt auch hier Teilleistungen, weil er das geschuldete Entgelt mit Blick auf den Abschluss der Einzelverträge zu entrichten hat. **Bsp**: Mitgliedschaft in einem **Buchclub**; **Franchiseverträge**, wobei es reicht, wenn die Eingehung der Bezugsverpflichtung der Existenzgründung (§ 507) dient, auch wenn ihr Verwendungszweck erst in künftiger gewerblicher Nutzung liegt (BGHZ 128, 156; 97, 351, 356; NJW 97, 2184); **Lizenzverträge** mit Abnahmeverpflichtung des Lizenznehmers (Hburg NJW-RR 87, 179); **Vertragshändlerverträge** und sonstige **Absatzmittlungsverträge**; **Bierlieferungs-** und sonstige **Getränkebezugsverträge** (BGHZ 129, 371; 119, 283; 109, 314; 97, 127; NJW 97, 933; WM 92, 951); Lieferung von **Flüssiggas** in Flaschen oder Tankwagen (BGH NJW-RR 88, 1322).

8 **C. Rechtsfolgen. I. Schriftform.** Ein Ratenlieferungsvertrag bedarf nach II 1 der schriftlichen Form. Bei Rahmenverträgen betrifft dies den Grundvertrag, während die jeweiligen Ausführungsgeschäfte formfrei bleiben. Die Formerleichterungen des § 492 I 3 und 4 finden keine Anwendung; jedoch genügt – abw von § 492 I 2 – die elektronische Form (§ 126 a). Will der Unternehmer von letzterer Gebrauch machen (und allein dann), entfällt das Schriftformerfordernis, wenn er – entspr § 312 e I Nr 4 – dem Verbraucher die Möglichkeit verschafft, die Vertragsbestimmungen einschl der AGB bei Vertragsschluss abzurufen und in wiedergabefähiger Form zu speichern (II 2). Pflichtangaben (§§ 492 I 5, 502 I 1) sind in jedem Fall entbehrlich. Die Regelung in II 3 (Mitteilung des Vertragsinhalts in Textform) bezieht sich auf alle Ratenlieferungsverträge und nicht nur auf diejenigen, die in elektronischer Form abgeschlossen worden sind. Wird die vorgeschriebene Form nicht gewahrt, ist der Vertrag nichtig (§ 125 S 1) und muss nach bereicherungsrechtlichen Regeln rückabgewickelt werden. Eine Heilung (§§ 494 II, 502 III) ist ausgeschlossen. Im Einzelfall kann die Berufung auf den Formmangel durch den Verbraucher aber gegen § 242 verstoßen, insbes wenn die beiderseitigen Leistun-

gen vollständig erbracht sind. Ebenso kann der Unternehmer treuwidrig handeln, wenn er ggü dem Verbraucher, der die Erfüllung des formnichtigen Vertrags verlangt und dessen Schutz § 505 allein dient, den Formmangel geltend macht.

II. Widerrufsrecht. I 1 räumt dem Verbraucher ein Widerrufsrecht ein, mit dem er sich von seiner auf den 9 Abschluss des Vertrags gerichteten Willenserklärung lösen kann. Dieses kann weder durch ein Rückgaberecht (§ 356; aA AnwK/*Reiff* Rn 18 f: Redaktionsversehen) noch dadurch ersetzt werden, dass der Verbraucher den Vertrag jederzeit ohne Angabe von Gründen kündigen kann (BGH NJW-RR 90, 1011; NJW 90, 3144). Erfüllt der Ratenlieferungsvertrag zugleich die Voraussetzungen eines Fernabsatzgeschäfts, geht das Widerrufsrecht nach § 505 vor (vgl § 312 d IV Nr 2, 3, V 1 und 2); dennoch sind für den Lauf der Widerrufsfrist die §§ 312 c II, 312 d II 1 zu beachten (Günstigkeitsprinzip; *Meinhof* NJW 02, 2273, 2275; BaRoth/*Möller/Wendehorst* Rn 15). Ist der Ratenlieferungsvertrag als Haustürgeschäft zustande gekommen, ist gem § 312 a das Widerrufsrecht des § 312 ausgeschlossen; es gilt allein § 505. Die Widerrufsfrist beginnt mit der erstmaligen Lieferung, dem erstmaligen Erwerb oder dem erstmaligen Bezug der Sache (§ 355 III 2; beachte ferner § 312 e III 2). Der Widerruf erstreckt sich grds auf den Vertrag in seiner Gesamtheit (Hamm OLGR 97, 25); die Erbringung von Teilleistungen vor Ausübung des Widerrufsrechts schadet nicht. Haben allerdings in den Fällen des I 1 Nr 2 die durch den Unternehmer erbrachten Leistungen für den Verbraucher auch ohne künftige Lieferungen einen eigenen Wert, wirkt sich der Widerruf nur für die Zukunft aus (AG Oldbg MDR 91, 596). Bei den Verträgen des I 1 Nr 3 erfasst der Widerruf den Rahmenvertrag. Für die Zukunft entfällt die Verpflichtung zum Abschluss weiterer Einzelverträge, während schon abgewickelte Einzelverträge Bestand behalten (BGH NJW 97, 933), sofern nicht Einzelverträge und Rahmenvertrag ein einheitliches Rechtsgeschäft bilden, das nach dem Willen der Parteien miteinander stehen und fallen soll (BGHZ 112, 288, 293; 97, 351; 50, 8, 13; NJW 83, 2026). Auch sonstige gemischte, zusammengesetzte, gekoppelte oder kombinierte Verträge werden nach § 139 beurteilt (BGHZ 128, 156, 165; NJW 97, 933 und 2184).

Untertitel 4 Unabdingbarkeit, Anwendung auf Existenzgründer

§ 506 Abweichende Vereinbarungen

¹Von den Vorschriften der §§ 491 bis 505 darf nicht zum Nachteil des Verbrauchers abgewichen werden.
²Diese Vorschriften finden auch Anwendung, wenn sie durch anderweitige Gestaltungen umgangen werden.

A. Allgemeines. Die Vorschrift enthält zwei Tatbestände: Das Unabdingbarkeitsgebot in S 1 und das Umge- 1 hungsverbot in S 2. Die verbraucherschützenden Regelungen der §§ 491 ff sind der Disposition der Parteien entzogen; zugleich soll Umgehungsversuchen durch Ausweichen auf andere Vertragsformen begegnet werden. Anders als noch § 18 VerbrKrG enthält § 506 für entspr Verstöße keine ausdrückliche Sanktion. Da jedoch für den Verbraucher ungünstige Abreden verhindert werden sollen, ist jede von den §§ 491 ff zu seinem Nachteil abw Vereinbarung unwirksam (§ 134). Es tritt Teilnichtigkeit ein; die entstandenen Lücken werden durch die einschlägigen gesetzlichen Bestimmungen aufgefüllt (BGH NJW 77, 1058). Durch eine Gesamtnichtigkeit mit bereicherungsrechtlicher Rückabwicklung des Vertrags wäre der Verbraucher im Ergebnis schlechter gestellt; zudem sind die in § 494 I, § 502 III enthaltenen Anordnungen einer Gesamtnichtigkeit ihrerseits als abschließend zu betrachten. Die **Beweislast** für die Voraussetzungen des § 506 trägt der Verbraucher.

B. Unabdingbarkeit (S 1). Die Regelung ist halbzwingend. Es sind nur Vereinbarungen unzulässig, die 2 zulasten des Verbrauchers getroffen werden, während der Unternehmer ohne weiteres Verpflichtungen eingehen kann, die über die verbraucherschützenden Vorgaben hinausgehen. Ob eine Abrede zum Nachteil des Verbrauchers von den gesetzlichen Bestimmungen abweicht, ist jeweils anhand der einzelnen Klausel zu prüfen. Eine Gesamtschau der vertraglichen Bedingungen findet nicht statt, insbes kann eine den Verbraucher belastende Regelung nicht an anderer Stelle durch eine ihn begünstigende Regelung ausgeglichen werden. Eröffnet das Gesetz dem Unternehmer Gestaltungsmöglichkeiten, wie zB in § 503 I, II 4, oder erleichtert es die Einhaltung von Formvorschriften (§ 502 II, § 493), sind die Voraussetzungen für die Privilegierung ihrerseits zwingend festgelegt. Schon nach dem eindeutigen Gesetzeswortlaut sind neben Vereinbarungen auch einseitige Erklärungen des Verbrauchers unzulässig, durch die er sich einer günstigen Rechtsposition begibt (*Fuchs* AcP Bd 196, 313, 355; aA *Krämer* ZIP 97, 93, 97). Jedoch bleibt es dem Verbraucher unbenommen, die Durchführung eines von ihm als formnichtig erkannten Vertrags zu verlangen (§ 494 Rn 2).

C. Umgehungsverbot (S 2). Das Gesetz verbietet „anderweitige Gestaltungen", die darauf angelegt sind, die 3 gesetzlichen Schutzvorschriften nicht zur Anwendung kommen zu lassen; das kann auch Sachverhalte mit prozessualem Einschlag betreffen (zB Verhinderung isolierter Zinstitel, § 497 Rn 12). S 2 erweitert allerdings nur den sachlichen, nicht hingegen den persönlichen Anwendungsbereich des Verbraucherkreditrechts (MüKo/*Habersack* Rn 14), selbst wenn im Einzelfall ein personenbezogenes Schutzbedürfnis wie bei einem

Verbraucher oder Existenzgründer gegeben sein sollte. Die Kreditaufnahme für private Zwecke über eine Einmann-GmbH fällt daher nicht unter § 506 (*Bülow* Rn 28). Eine Umgehungsabsicht ist nicht erforderlich (vgl BGHZ 110, 47). Ist ein Umgehungstatbestand gegeben, führt dies nicht zur Unwirksamkeit der betreffenden vertraglichen Vereinbarung; vielmehr ist diese nach den §§ 491-505 zu beurteilen. **Bsp:** Aufspaltung eines wirtschaftlich einheitlichen Kreditvorgangs in Bagatell-Kreditverhältnisse (§ 491 Rn 12), Hintereinanderschaltung mehrerer kurzfristiger Stundungen (§ 499 Rn 2).

§ 507 Anwendung auf Existenzgründer

Die §§ 491 bis 506 gelten auch für natürliche Personen, die sich ein Darlehen, einen Zahlungsaufschub oder eine sonstige Finanzierungshilfe für die Aufnahme einer gewerblichen oder selbständigen beruflichen Tätigkeit gewähren lassen oder zu diesem Zweck einen Ratenlieferungsvertrag schließen, es sei denn, der Nettodarlehensbetrag oder Barzahlungspreis übersteigt 50 000 Euro.

1 **A. Einführung.** Die Vorschrift erweitert den persönlichen Anwendungsbereich des Verbraucherkreditrechts, indem sie Existenzgründer, die sich von einem Unternehmer ein Darlehen (§ 491 I), einen Zahlungsaufschub, oder eine sonstige Finanzierungshilfe (§ 499 I) gewähren lassen oder mit diesem einen Ratenlieferungsvertrag abschließen (§ 505), in der rechtlichen Behandlung dem Verbraucher (§ 13) gleichstellt. Eine natürliche Person kann sich auf die §§ 491-506 berufen, auch wenn sie das Rechtsgeschäft zu einem Zwecke abschließt, der ihrer gewerblichen oder selbständigen beruflichen Tätigkeit zuzurechnen ist, sofern es um die Aufnahme und nicht bereits um die Ausübung dieser Tätigkeit geht. Die **Beweislast** dafür trägt der Existenzgründer. Hingegen muss der Unternehmer ggf beweisen, dass der Kredit 50 000 Euro übersteigt („es sei denn"; *Bülow* NJW 02, 1145, 1147) oder der Fortsetzung bzw Erweiterung einer bereits aufgenommenen gewerblichen oder selbständigen beruflichen Tätigkeit dient (Ddorf GuT 05, 53).

2 **B. Existenzgründungsphase.** Die Gründungsphase ist erst mit der tatsächlichen Aufnahme der gewerblichen oder selbständigen beruflichen Tätigkeit abgeschlossen (zB Geschäftseröffnung). Vorbereitende Handlungen (Einstellung von Arbeitnehmern, Anmietung von Räumlichkeiten; Kauf von Einrichtungsgegenständen) genügen dafür nicht. Ausreichend ist jedoch die nach außen hin signalisierte Bereitschaft, am Markt aufzutreten, etwa durch Werbung, durch Kundenbesuche oder die Versendung von Prospektmaterial. Umsätze müssen noch nicht gemacht worden sein. Auf die Erteilung einer öffentlich-rechtlichen Konzession oder die Eintragung in das Handelsregister kommt es gleichfalls nicht an. Maßgeblich für die Beurteilung ist der Zeitpunkt des Abschlusses des Kreditvertrags oder Ratenlieferungsvertrags (Ddorf OLGR 97, 185). Das hat insbes für das **Franchising** Bedeutung. Dort ist nicht auf den Moment der Erfüllung der eingegangenen künftigen Bezugsverpflichtung, sondern auf die Begründung dieser Verpflichtung abzustellen (BGHZ 128, 156, 162; § 505 Rn 7).

3 Nach höchstrichterlicher Rspr fallen zusätzliche und wiederholte Existenzgründungen ebenfalls unter § 507, so dass ein Kreditnehmer die verbraucherschützenden Normen mehrfach für sich in Anspruch nehmen kann, solange nur der Kredit nicht für eine konkret schon bestehende gewerbliche oder selbständige berufliche Tätigkeit bestimmt ist (BGHZ 128, 156, 163; NJW-RR 00, 719 u 1221), wie bspw beim Kauf zusätzlicher Geräte für ein bereits ausgeübtes Gewerbe (Ddorf NJW-RR 96, 759). Das lässt außer Acht, dass der Kreditnehmer durch die vorangegangene(n) Existenzgründung(en) bereits über geschäftliche Erfahrenheit verfügt. Das Gesetz will den Existenzgründer nicht vor den allgemeinen Risiken bewahren, die mit der neu angestrebten Tätigkeit verbunden sind, sondern betrachtet speziell die Kreditaufnahme oder den Abschluss des Ratenlieferungsvertrags als Risikofaktor (iE Staud/*Kessal-Wulf* Rn 9). Nach der Instanzrspr sollen die verbraucherkreditrechtlichen Bestimmungen sogar dann anzuwenden sein, wenn der Darlehensnehmer eine gleichartige Tätigkeit zwar schon ausgeübt, aber aus persönlichen (und nicht nur wirtschaftlichen) Gründen für einige Zeit wieder aufgegeben hat (Köln NJW-RR 95, 816; Celle NJW-RR 96, 119, wobei dem Kreditgeber die Beweislast für die Kontinuität zwischen der früher ausgeübten und jetzt wieder angestrebten Tätigkeit obliegen soll; Schlesw OLGR 98, 41; Dresden OLGR 98, 425). Keine neue Existenz ist jedenfalls anzunehmen, wenn lediglich die Umwandlung in eine andere Rechtsform erfolgt, wie dies bei der Überführung eines Einzelhandelsgeschäfts in eine GmbH der Fall wäre. Auch die bloße Erweiterung einer schon vorhandenen Existenz löst keinen Verbraucherschutz aus (BGH NJW-RR 00, 719; ZIP 00, 491), selbst wenn die bisherige gewerbliche oder selbständige berufliche Tätigkeit nur einen geringen Umfang gehabt hat.

4 **C. Betragsmäßige Obergrenze.** Nettodarlehensbetrag (§ 492 Rn 4) oder Barzahlungspreis (§ 502 Rn 1 f) dürfen die – auch für Ratenlieferungsverträge zu beachtende (§ 505 Rn 3) – Höchstbetragsgrenze von 50 000 Euro nicht übersteigen; es kommt auf die teilweise Kreditierung des Barzahlungspreises an. Für die Obergrenze kommt es für die Obergrenze auf den konkreten Kreditbedarf und nicht auf die Höhe des Entgelts für die Ware oder Leistung im Falle der Barzahlung an. Planen mehrere Existenzgründer ein gemeinsames Vorhaben und nimmt jeder von ihnen zu diesem Zweck einen Kredit auf oder deckt der Existenzgründer seinen Kreditbedarf bei verschiedenen Darlehensgebern, werden die Darlehenssummen nicht zusammengerechnet.

Im Übrigen ist zu unterscheiden: Werden zur Befriedigung eines einheitlichen Kreditbedarfs des Existenzgründers, der sich oberhalb der Grenze von 50 000 Euro bewegt, mit demselben Unternehmer mehrere Kreditverträge abgeschlossen, so wird jeder Vertrag rechtlich selbständig beurteilt, es sei denn, der Unternehmer kann nachweisen, dass der Existenzgründer sich unter Vorspiegelung falscher Tatsachen die Einzelkredite mit eben dem Ziel, jeweils unter der betragsmäßigen Obergrenze zu bleiben, verschafft hat. Von einer nachträglichen Aufstockung der Kreditsumme bleiben bereits abgeschlossene Kreditverträge unberührt, auch wenn die Grenze von 50 000 Euro in der Gesamtschau überschritten ist. Allein für den neuen Vertrag ist zu prüfen, ob er sich nach den §§ 491 ff beurteilt, obwohl eine Addition der einzelnen Darlehenssummen zu einem Kreditvolumen über 50 000 Euro führt (aA *Lwowski/Peters/Gössmann* S 67); allerdings wird zum Zeitpunkt der späteren Kreditgewährung die Existenzgründungsphase regelmäßig bereits abgeschlossen sein, so dass deshalb ein Verbraucherschutz nicht in Betracht kommt. Wird ein Großkredit von den Vertragsparteien einvernehmlich aufgespalten, um für die Einzelkredite unterhalb der Grenze von 50 000 Euro zu bleiben, kommt eine Zusammenrechnung ebenfalls nicht in Betracht (Brandbg WM 99, 2208, 2212), denn der Unternehmer darf dem Existenzgründer den Schutz des Verbraucherkreditrechts freiwillig gewähren. Die Zusammenfassung verschiedener Kreditverträge, zwischen denen kein wirtschaftlicher Zusammenhang besteht, ist hingegen unzulässig (§ 506 S 2); das gleiche gilt für eine geringfügige Überschreitung der Obergrenze, mit dem alleinigen Ziel, den Existenzgründer dadurch aus dem Anwendungsbereich der §§ 491 ff zu bringen.

§§ 508–515
– *weggefallen* –

Titel 4   Schenkung

§ 516   Begriff der Schenkung

(1) Eine Zuwendung, durch die jemand aus seinem Vermögen einen anderen bereichert, ist Schenkung, wenn beide Teile darüber einig sind, dass die Zuwendung unentgeltlich erfolgt.
(2) ¹Ist die Zuwendung ohne den Willen des anderen erfolgt, so kann ihn der Zuwendende unter Bestimmung einer angemessenen Frist zur Erklärung über die Annahme auffordern. ²Nach dem Ablauf der Frist gilt die Schenkung als angenommen, wenn nicht der andere sie vorher abgelehnt hat. ³Im Falle der Ablehnung kann die Herausgabe des Zugewendeten nach den Vorschriften über die Herausgabe einer ungerechtfertigten Bereicherung gefordert werden.

A. Allgemeines. Schenkung ist die vertragliche unentgeltliche Zuwendung. Das Verpflichtungsgeschäft kann der Erfüllung vorausgehen und ist dann formbedürftig (§ 518 I). Es kann mit ihr als Rechtsgrundabrede zusammenfallen (sog Handschenkung, I) oder ihr nachfolgen (II) und bedarf dann keiner Form. Das Schenkungsangebot kann auch noch nach dem Tod des Schenkers angenommen werden (§§ 130 II, 153), wenn es nicht vorher, evtl durch den Erben widerrufen worden ist (§ 130). Im Fall des II wird die Annahme fingiert. Die Schenkung kann auch durch Vertrag zugunsten Dritter erfolgen (BGHZ 46, 198).
Die Schenkung ist im Interesse Dritter Beschränkungen unterworfen (§§ 1425, 1641, 1804, 1908 i II, 1915 I, 2113 II, 2205) und unterliegt zusätzlicher Insolvenz- (§§ 134, 143 II InsO) und Gläubigeranfechtung (§§ 4, 11 AnfG).

B. Abgrenzung. Das Erfordernis der Weggabe der Substanz des Vermögens und nicht nur seines Gebrauchs oder seiner Nutzung (Rn 7) grenzt die Schenkung von der Leihe (§ 598) ab. Die Ausstattung gilt nicht als Schenkung, es sei denn, sie ist übermäßig (§ 1624). Das allein erbrechtlichen Regeln unterliegende Schenkungsversprechen von Todes wegen (§ 2301) ist durch das Überleben des Beschenkten bedingt; ist das Versprechen dagegen nur auf den Tod des Schenkers befristet (§ 163), also nur seine Fälligkeit hinausgeschoben, gilt Schenkungsrecht. Bei der Auslegung fällt ins Gewicht, dass erfahrungsgemäß eine Regelung gem § 2301 auch ohne ausdrückliche Überlebensbedingung gewollt ist (BGH NJW 87, 840). Ebenfalls den Schenkungsregeln unterliegt der Vertrag zu Gunsten Dritter, wenn nach dem Tod des Versprechensempfängers geleistet werden soll (§ 331); vgl dazu § 518 Rn 13.

C. Zuwendung aus dem Vermögen des Schenkers. I. Art. Die Zuwendung kann durch positives Tun oder, soweit § 517 nicht entgegensteht, durch Unterlassen, durch Rechtsgeschäft oder tatsächliches Handeln (zB § 946) erfolgen.

II. Gegenstand. Gegenstand der Zuwendung kann das Vermögen (§ 311 b III) oder jeder übertragbare Vermögensgegenstand sein. Darunter fallen auch die Bestellung einer Sicherheit für eine fremde Schuld (BGH MDR 55, 283); eine Gesellschaftsbeteiligung (BGH NJW 81, 1956; BGHZ 112, 40; vgl auch Rn 17); unter besonderen Umständen die Vereinbarung der Gütergemeinschaft (BGHZ 116, 178). Nach dem Maß an Konkretisierung des Verwendungszwecks bestimmt sich, ob bei Hingabe von Geld zum Erwerb eines Gegenstands dieser oder das Geld zugewandt ist (BGH NJW 72, 247; Hamm FamRZ 01, 546).

6 **III. Entreicherung und Bereicherung.** Die Zuwendung führt zur Entreicherung des Schenkers und Bereicherung des Beschenkten.
7 Entreicherung des Schenkers bedeutet Minderung, Bereicherung des Beschenkten Vermehrung der Vermögenssubstanz (BGH NJW 87, 2816). Deshalb sind die Überlassung des Gebrauchs einer Sache (BGH NJW 82, 820: Wohnung), selbst auf Lebenszeit (BGH NJW 82, 820 unter Aufgabe von BGH NJW 70, 941), sowie Arbeits- und Dienstleistungen (BGH NJW 87, 2816) keine Schenkung; zugewandt kann aber die ersparte Vergütung sein, wenn entweder bereits ein Vergütungsanspruch entstanden ist oder der Zuwender seine Arbeitskraft oder die Nutzung der Sache anderweitig gegen Vergütung einsetzen konnte, hierauf aber zu Gunsten des Bedachten verzichtete (BGH NJW 87, 2816). An einer Entreicherung fehlt es auch im Fall des § 517. Eine Sicherheitsleistung für eine fremde Schuld kann eine Vermögensverschiebung sein (BGH MDR 55, 283).
8 Ent- und Bereicherungsgegenstand müssen nicht identisch sein (BGH NJW 90, 2616). Es schadet also nicht, dass das Erworbene in dieser konkreten Gestalt noch nicht im Vermögen des Schenkers enthalten war (BGH NJW 90, 2616: Aufnahme als Kommanditist, vgl auch Rn 17; BGH NJW 72, 247: Geld zum Erwerb eines Grundstücks).
9 Nach hM sind bei Übertragung des Rechts aus einem Sparvertrag oder einer Lebensversicherung mangels Herkunft aus dem Vermögen des Schenkers nicht die Rechte aus dem Vertrag, sondern nur die aufgewandten Sparraten oder Prämien zugewandt (BGH NJW 65, 1913; 95, 3113; aA MüKo/*Kollhosser* Rn 58).
10 Der Annahme einer Schenkung steht die Widerruflichkeit als bloße Beschränkung der Zuwendung nicht entgegen (BGH NJW 75, 382; WM 76, 1130). Dasselbe gilt für den vorbehaltenen Anspruch auf Rückübertragung bei bestimmtem Verhalten des Empfängers (vgl BGH FamRZ 02, 1399).
11 Zuwendungen an Stiftungen, seien sie stiftungskapitalerhöhend oder an den zeitnahen Einsatz für Stiftungszwecke gebunden, sind Schenkungen; bei einer Bindung kommt eine Auflage in Betracht (MüKo/*Kollhosser* Rn 96).
12 **IV. Unentgeltlichkeit.** Die Zuwendung muss objektiv unentgeltlich sein. Objektive Unentgeltlichkeit kennzeichnet eine Zuwendung, die weder zur Erfüllung einer Leistungspflicht erfolgt noch von einer Gegenleistung abhängig ist; diese kann auch immateriell sein (BGH NJW-RR 90, 386; NJW 92, 238). Der Hinweis auf die Vorwegnahme der Erbfolge in einem Übergabevertrag besagt nichts über die Unentgeltlichkeit (BGH NJW 95, 1349). Der Begriff der Gegenleistung wird weit gefasst.
13 Verpflichtungen im Gegenseitigkeitsverhältnis (§ 320) schließen eine Schenkung aus. Zur Gegenleistung bei gemischter Schenkung Rn 24 ff.
14 Der Gegenseitigkeit der Pflichten steht ihre konditionale Verknüpfung gleich: Eine Zuwendung unter der Bedingung, dass der Zuwender ein – nicht geschuldetes – gleichwertiges Äquivalent, zB von einem Dritten, bekommt, ist nicht unentgeltlich (BGH NJW 51, 268; 82, 436). An dieser Verknüpfung fehlt es bei der Schenkung unter Auflage (§§ 525–527); vgl § 525 Rn 6. Der Ausgleich bei Nichteintritt der Bedingung erfolgt nach Bereicherungsregeln (§ 812 I 1 Alt 1).
15 Die eine Schenkung ausschließende kausale Verknüpfung wird durch eine tatsächliche Willensübereinstimmung über den mit der Zuwendung verfolgten Zweck herbeigeführt. Von der Schenkung unter Auflage (§§ 525–527) unterscheidet sie sich durch die fehlende Einklagbarkeit der zur Zweckerreichung erforderlichen Handlung (BGH NJW 84, 233). Missverständlich ist der hierfür gebrachte Begriff der Zweckschenkung. Denn diese ist, im Gegensatz zur kausalen Verknüpfung, Schenkung (BGH NJW 99, 1623). Die Rechtsfolgen bei Zweckverfehlung sind in beiden Fällen gleich (§ 812 I 2 Alt 2); nur bei anderweitigen Störungen wirkt sich die Eigenschaft als Schenkung aus (§§ 528 ff, 530 ff). Folgt man dieser keineswegs zwingenden Unterscheidung, bietet sich das Interesse des Schenkers an der Zweckerreichung als Kriterium an (MüKo/*Kollhosser* Rn 19). Je größer es ist, desto mehr spricht für eine kausale Verknüpfung. In der Praxis dominiert die Behandlung als kausale Verknüpfung (BGH NJW 92, 2566: Errichtung eines Gebäudes auf fremdem Grund bei erwarteter Übertragung des Grundeigentums; Hamm NJW-RR 93, 1412: Geldzuwendung in Erwartung späterer Betreuung; Köln FamRZ 01, 1608: Zahlungsversprechen zwecks Fortsetzung der nichtehelichen Gemeinschaft vgl aber auch Rn 20). Als kausale Verknüpfung genügt nicht die bloße Geschäftsgrundlage (BGH NJW 84, 233; iE auch BGH FamRZ 90, 600; 05, 337).
16 Von der Gegenleistung ist die bloße Minderung des Werts des Zugewendeten zu unterscheiden, zB vom Beschenkten übernommene dingliche Belastungen (BGH FamRZ 93, 785; NJW 89, 2122).
17 Die Übertragung eines Gesellschaftsanteils ohne Einlage kann unentgeltlich sein. Für den Kommanditanteil (BGH NJW 90, 2616), die Einräumung der Stellung eines stillen Gesellschafters (BGH NJW 53, 138) und die stille Beteiligung am Gesellschaftsanteil (BGH WM 67, 685) ist dies allgemeine Meinung. Entspr gilt aber auch, trotz Übernahme der persönlichen Haftung und der Pflicht zur Geschäftsführung, für den Anteil an einer OHG (MüKo/*Kollhosser* Rn 88; aA BGH NJW 90, 2616; differenzierend BGH NJW 81, 1956) und einer BGB-Gesellschaft (Frankf NJW-RR 96, 1123).

Die Unentgeltlichkeit kann auch bei Zuwendungen unter Ehegatten und an das Schwiegerkind vorliegen. Vgl dazu Rn 22, 23. **18**

V. Einigung über die Unentgeltlichkeit. Nicht jeder zweiseitige Vertrag, der dem einen Teil einen größeren **19** Vorteil als dem anderen bringt, ist Schenkung. Es genügt auch nicht, dass den Vertragschließenden das Fehlen einer Gegenleistung bekannt war (BGH WM 80, 1285). Erforderlich ist vielmehr eine Einigung über die Unentgeltlichkeit der Zuwendung. Die Vertragsfreiheit gibt dafür einen weiten Gestaltungsspielraum.

Die Parteien können einer für sich gesehen unentgeltlichen Leistung den Charakter der Unentgeltlichkeit **20** nehmen, indem sie einen rechtlichen Zusammenhang mit einer schon erbrachten Leistung des Empfängers herstellen, sei diese zunächst unentgeltlich oder entgeltlich gewesen; darin liegt ggf eine Änderung des der früheren Leistung zugrunde liegenden Vertrags (BGH NJW-RR 89, 706). Von dieser (zusätzlichen) Entlohnung ist die – rechtlich nicht geschuldete – belohnende Schenkung zu unterscheiden, bei der die Verknüpfung bloßes Motiv ist (BGH WM 70, 755; NJW 82, 436). Freiwillige Zusatzleistungen des Arbeitgebers sind idR Entlohnung (BGH ZIP 97, 247; München FamRZ 95, 1069).

Der Gestaltungsfreiheit sind Grenzen gesetzt, wo Interessen Dritter (Pflichtteilsberechtigter, Fiskus) beein- **21** trächtigt werden. Die verschleierte Schenkung ist Schenkung (§ 117 I, II; § 7 IV ErbStG; vgl BGH NJW 72, 1709; NJW-RR 89, 706).

Zuwendungen unter Ehegatten sind zwar objektiv unentgeltlich (BGH NJW 92, 564). An der Einigung über **22** die Unentgeltlichkeit fehlt es aber, wenn der Zuwendung die Vorstellung zugrunde liegt, die eheliche Lebensgemeinschaft habe Bestand, oder wenn sie sonst um der Ehe Willen und als Beitrag zur Vermehrung, Ausgestaltung, Erhaltung oder Sicherung der ehelichen Lebensgemeinschaft erbracht wird (BGH in st Rspr, zB FamRZ 90, 600). Der Ausgleich erfolgt beim Scheitern der Ehe nach den Regeln über den Wegfall der Geschäftsgrundlage (§ 313), im gesetzlichen Güterstand allerdings idR verdrängt durch den Zugewinnausgleich (BGH FamRZ 91, 1169). Im Außenverhältnis werden Zuwendungen wie bzw als Schenkungen behandelt (§ 134 InsO, § 4 AnfG; BGH NJW 92, 564 zur Behandlung im Erbrecht). Als Schenkung unter Ehegatten bleiben damit nur Zuwendungen übrig, die Ausdruck „echter Freigiebigkeit" unabhängig vom Fortbestand der Ehe sind.

Den unbenannten Zuwendungen unter Ehegatten sind Zuwendungen an das Schwiegerkind vergleichbar, **23** wenn sie, wie idR, der Ehegemeinschaft dienen und damit auch von deren Bestand abhängig sein sollen. Es gelten dieselben Grundsätze wie bei einer Zuwendung unter Ehegatten. Ihr Wert kann wegen Wegfalls der Geschäftsgrundlage zurückgefordert werden, wenn er nicht schon über den Zugewinnausgleich der Ehegatten ausgeglichen wird (BGH FamRZ 95, 1060).

Zuwendungen in einer nichtehelichen Lebensgemeinschaft fehlt dann eine Einigung über die Unentgeltlich- **24** keit, wenn sie, wie idR, Beiträge zur Verwirklichung der Lebensgemeinschaft sind. Nach Ansicht des BGH sind sie allenfalls nach gesellschaftsrechtlichen Grundsätzen anzugleichen (BGH NJW 92, 906; 97, 3371).

VI. Gemischte Schenkung. Der Parteiwille entscheidet auch darüber, ob eine Gegenleistung der Zuwendung **25** gleichwertig sein oder ob ihr Mehrwert unentgeltlich zugewendet werden soll (BGH NJW 72, 1709; 92, 2566). Dieser Befugnis sind Grenzen gesetzt, soweit die Interessen Dritter betroffen sind. Die Rspr hilft mit einer Beweiserleichterung; vgl dazu Rn 30. Maßgebend sind die Wertverhältnisse zum Zeitpunkt des Vollzugs des Vertrages. Ein entgeltliches Geschäft wird deshalb nicht durch eine spätere Wertsteigerung infolge der Wiedervereinigung zum teilweise unentgeltlichen (BGH NJW 02, 2469).

Insbes bei Grundstücksübertragungen in vorweggenommener Erbfolge ist die bloße Minderung des Werts des **26** Zugewendeten von der Gegenleistung zu unterscheiden. Ein Nießbrauch am übertragenen Grundstück mindert nur den Wert der Bereicherung (BGH FamRZ 93, 785), ebenso wie die Einräumung eines Wohnrechts (BGH NJW 98, 537; Oldbg FamRZ 99, 123; aA BGH WM 70, 391: Auflage; BGHZ 3, 206: Auflage oder gemischte Schenkung). Die Pflicht zur Zahlung eines Ausgleichs an andere Erbberechtigte kann Gegenleistung oder Auflage (§ 525) sein (BGH NJW 98, 537); idR dürfte eine Auflage vorliegen (Köln FamRZ 94, 1242).

Der Spaltung des Rechtsgeschäfts in einen entgeltlichen und unentgeltlichen Teil entspricht eine Trennung **27** der Rechtsfolgen nur dann, wenn die höherwertige Zuwendung real teilbar ist, zB bei überhöhtem Kaufpreis. Die Schenkungsvoraussetzungen und -wirkungen beschränken sich dann auf den Schenkungsteil. Andernfalls muss nach den Rechtsfragen differenziert werden; vgl § 518 Rn 6, § 528 Rn 11, § 531 Rn 5.

D. Beweislast. Eine gesetzliche Vermutung für den Schenkungscharakter von Leistungen unter nahen Ver- **28** wandten kennt das Gesetz nur in den Fällen der §§ 685 II, 1360b, 1620. Es besteht keine tatsächliche Vermutung, dass Empfänger der Zuwendung von Geld durch die Eltern eines Ehegatten nur dieser ist (Ddorf NJW-RR 94, 1411).

Macht der Beschenkte Rechte aus der Schenkung geltend, so muss er diese beweisen (BGH NJW 95, 1349). **29** Wird er in Anspruch genommen, ist die Einwendung der Schenkung zu widerlegen (BGH NJW 99, 2887); steht der Gläubiger außerhalb des Geschehens, so trifft den Beschenkten ggü der Bereicherungsklage nach den Grundsätzen der sekundären Beweislast die Obliegenheit zur Darlegung der für die Schenkung sprechenden Umstände (BGH NJW 99, 2887). Ggü der auf § 985 gestützten Herausgabeklage hilft dem Beschenkten die Vermutung des § 1006 I (BGH NJW 60, 1517).

30 Die Bezeichnung einer Zuwendung als unentgeltlich oder Schenkung ist ein Indiz gegen Entgeltlichkeit (vgl BGH NJW 99, 1623).
31 Diese Grundsätze gelten auch für die gemischte Schenkung (BGH NJW 81, 2458). Sind schutzwürdige Interessen Dritter betroffen, zB im Fall des § 2325, besteht eine tatsächliche Vermutung für eine gemischte Schenkung, wenn zwischen Leistung und Gegenleistung ein deutliches Missverhältnis besteht (BGH NJW 95, 1349; 02, 2469). Für eine Ausweitung dieses Grundsatzes auf Fälle, in denen es nur um die Beziehung der Vertragsparteien zueinander geht, besteht keine Notwendigkeit.

§ 517 Unterlassen eines Vermögenserwerbs

Eine Schenkung liegt nicht vor, wenn jemand zum Vorteil eines anderen einen Vermögenserwerb unterlässt oder auf ein angefallenes, noch nicht endgültig erworbenes Recht verzichtet oder eine Erbschaft oder ein Vermächtnis ausschlägt.

1 Die Vorschrift ergänzt entgegen dem Sprachgebrauch den Begriff der Zuwendung in § 516 durch eine Negativdefinition.

§ 518 Form des Schenkungsversprechens

(1) ¹Zur Gültigkeit eines Vertrags, durch den eine Leistung schenkweise versprochen wird, ist die notarielle Beurkundung des Versprechens erforderlich. ²Das Gleiche gilt, wenn ein Schuldversprechen oder ein Schuldanerkenntnis der in den §§ 780, 781 bezeichneten Art schenkweise erteilt wird, von dem Versprechen oder der Anerkennungserklärung.
(2) Der Mangel der Form wird durch die Bewirkung der versprochenen Leistung geheilt.

1 A. Formzwang (I). I 1 unterwirft das Schenkungsversprechen der notariellen Beurkundung. Ihr Fehlen führt zur Nichtigkeit (§ 125 I 1). Für Schenkungen von Todes wegen gilt die Spezialregelung des § 2301.
2 Nur das Schenkungsversprechen unterliegt dem Formzwang; die Annahme ist formfrei. Der Rechtsgrund (Schenkung) muss nicht mitbeurkundet werden.
3 Die Beurkundung hat die gesamte Schenkung einschl der Nebenpflichten des Schenkers zu umfassen. Sie erstreckt sich auf die Auflage (hM).
4 Spätere Änderungen sind formbedürftig, wenn sie eine Erweiterung des Schenkungsversprechens bedeuten.
5 I 2 dehnt den Formzwang auf abstrakte Schuldversprechen und -anerkenntnisse aus. Damit sind sie nicht nach II zur Heilung einer formlosen Verpflichtung geeignet. Gleichzustellen sind die ebenfalls abstrakten Forderungen auf Grund Wechselakzepts und der Hingabe eines Schecks (BGH NJW 75, 1881; 78, 2027 Nr 6).
6 Die gemischte Schenkung unterliegt dem Formzwang nur hinsichtlich des Schenkungsteils ohne Rücksicht auf die Wertverhältnisse. Bei Unteilbarkeit der Leistung ist das gesamte Leistungsversprechen formbedürftig (Staud/*Wimmer-Leonhardt* § 516 Rn 212).
7 B. Heilung durch Bewirkung der versprochenen Leistung (II). I. Allgemeines. „Bewirkt" ist die Leistung, wenn der Schenker alles getan hat, was von seiner Seite zum Erwerb des Gegenstands der Schenkung erforderlich ist (BGH NJW 70, 941); auf den Leistungserfolg kommt es nicht an (hM; aA MüKo/*Kollhosser* Rn 12). Es schadet nicht, wenn das Vollzugsgeschäft befristet oder bedingt abgeschlossen ist (BGH NJW-RR 89, 1282); namentlich genügt die Begründung eines Anwartschaftsrechts, das sich bei Eintritt der Bedingung zum Vollrecht entwickelt (BGH NJW 70, 941 und Stuttg NJW 87, 782: Tod des Schenkers). Die freie Verfügungsgewalt des Schenkers über ein Guthaben bis zu seinem Tod steht der Annahme eines Vollzugs nicht entgegen (BGH FamRZ 85, 693).
8 II. Vollständigkeit. Der Schenker muss die Leistung grds vollständig erbracht haben (MüKo/Kollhosser Rn 21; aA Palandt/*Weidenkaff* Rn 9). Ausgenommen sind Dauerschuldverhältnisse: Hier tritt Heilung ein, soweit bereits geleistet ist (BAG NJW 59, 1746).
9 III. Rechtliche Erfordernisse. Die Anforderungen an die Bewirkung der versprochenen Leistung richten sich nach materiellem Recht.
10 Bei Forderungen ist zwischen Begründung und Übertragung zu unterscheiden. Die Schenkung einer bestehenden Forderung wird durch Abtretungserklärung geheilt (BGH NJW 65, 1913: Bausparvertrag); bei einer Wechselforderung bedarf es zusätzlich noch der Besitzübergabe. Die Qualität als Abtretungserklärung oder bloßes Angebot zum Abschluss eines Schenkungsvertrags ist eine Frage der Auslegung (BGH NJW 65, 1913 zur Begünstigungserklärung ggü der Bausparkasse); die Übergabe eines Sparbriefs ist Indiz für die Forderungsabtretung. Bei Erteilung einer Einziehungs- oder Verfügungsermächtigung über ein Spar- oder Wertpapierkonto ist die Zuwendung erst mit der Auszahlung vollzogen. Wird dagegen die Forderung erst begründet, wird die darin liegende Schenkung entspr I 2 erst durch Erfüllung vollzogen: Durch Gutschrift auf dem Empfänger-Konto durch die Bank (BGH NJW 94, 931) oder mit Einlösen eines Schecks (BGH NJW 75, 1881).

Soll bei einem Vertrag zu Gunsten Dritter dieser den Anspruch gegen den Versprechenden gem §§ 328, 331 erst mit dem Tod des Versprechensempfängers erwerben (Sparbuch, Lebensversicherung), ist eine darin liegende unentgeltliche Zuwendung grds mit Vertragsschluss vollzogen; eine Bindung des Schenkers durch Erbvertrag oder wechselbezügliches gemeinschaftliches Testament steht nicht entgegen (BGH NJW 76, 749). Der Dritte erwirbt das Recht, vorbehaltlich eines Widerrufs des Schenkers ggü dem Versprechensempfänger, mit dem Tod des Schenkers, bei vereinbarter Unwiderruflichkeit (zB § 13 II ALB) dagegen sofort. 11

Die Zuwendung des Anteils an einer Personengesellschaft (vgl § 516 Rn 17) ist mit Abschluss des Gesellschaftsvertrags vollzogen; die bloße Einbuchung genügt nicht (BGH NJW 90, 2616 zum KG-Anteil; Frankf NJW-RR 96, 1123 zur BGB-Gesellschaft). Die stille Gesellschaft soll dagegen wie eine schuldrechtliche Forderung des Stillen behandelt werden, so dass Vollzug erst mit Erfüllung eintritt (BGH NJW 52, 1412; 53, 138; aA überzeugend MüKo/*Kollhosser* Rn 32, 33). 12

IV. Heilung nach Tod des Schenkers. Die für den Rechtsübergang noch erforderlichen Handlungen können, inbes bei Befristung der Schenkung auf den Tod des Schenkers (§ 516 Rn 3), auch noch nach dem Tod des Schenkers erfolgen, sei es auf Grund einer Vollmacht des Erblassers durch den Beschenkten (BGH NJW 86, 2107) oder einen Dritten, sei es durch den Erben des Schenkers (BGH NJW 87, 840). Anders als im Fall des § 2301 II bildet der Tod des Erblassers keine Zäsur. Voraussetzung ist aber, dass die Vollzugshandlung des Schenkers nicht vorher widerrufen worden ist (BGH NJW 87, 840). 13

§ 519 Einrede des Notbedarfs

(1) Der Schenker ist berechtigt, die Erfüllung eines schenkweise erteilten Versprechens zu verweigern, soweit er bei Berücksichtigung seiner sonstigen Verpflichtung außerstande ist, das Versprechen zu erfüllen, ohne dass sein angemessener Unterhalt oder die Erfüllung der ihm kraft Gesetzes obliegenden Unterhaltspflichten gefährdet wird.
(2) Treffen die Ansprüche mehrerer Beschenkten zusammen, so geht der früher entstandene Anspruch vor.

Die Vorschrift gibt dem Schenker eine anspruchshemmende Einrede gegen den Anspruch des Beschenkten auf Erfüllung des Schenkungsversprechens BGH NJW 05, 3638. Auf sie kann nicht im Voraus verzichtet werden. 1

Es genügt, dass ernstlich damit zu rechnen ist, der Beschenkte werde nicht bei Erfüllung des Anspruchs für die Zukunft nicht mehr genügend Mittel für seinen angemessenen Unterhalt und die Erfüllung seiner gesetzlichen Unterhaltspflicht haben (BGH NJW 01, 1207). Zur Angemessenheit des Unterhalts und zu den gesetzlichen Unterhaltspflichten vgl § 528 Rn 2. Anders als in den Fällen der §§ 528, 529 und in teilweiser Abweichung von den für den gesetzlichen Unterhaltsanspruch geltenden Regeln sind auch Drittschulden ohne weiteres zu berücksichtigen („bei Berücksichtigung seiner sonstigen Verpflichtungen"). 2

Die Ursache des drohenden Notbedarfs ist ohne Bedeutung; selbst mutwillige Herbeiführung schadet nicht (BGH NJW 01, 1207). 3

§ 520 Erlöschen eines Rentenversprechens

Verspricht der Schenker eine in wiederkehrenden Leistungen bestehende Unterstützung, so erlischt die Verbindlichkeit mit seinem Tode, sofern nicht aus dem Versprechen sich ein anderes ergibt.

Die Vorschrift stellt eine Auslegungsregel auf. Gegenteiliges ist zu beweisen. 1
Wiederkehrende Leistungen sind Renten (Leibrente, Unterhaltsrente), nicht Teilzahlungen eines Kapitalbetrags. 2
Die Verbindlichkeit erlischt, mit Ausnahme von Rückständen und vorbehaltlich anderweitiger Vereinbarung, mit dem Tod des Schenkers gem § 520 und des Beschenkten wegen Wegfalls des Unterstützungszwecks. 3

§ 521 Haftung des Schenkers

Der Schenker hat nur Vorsatz und grobe Fahrlässigkeit zu vertreten.

Die Uneigennützigkeit der Schenkung rechtfertigt ein Haftungsprivileg des Schuldners. Es kann eingeschränkt und in den Grenzen des § 276 III erweitert werden. Das Privileg erfasst auch die Haftung für Erfüllungsgehilfen (§ 278). 1

Die Beschränkung gilt für die Haftung bei Unmöglichkeit einschl der anfänglich subjektiven (§§ 275, 280, 283–285, 311a); für den Eintritt des Verzugs (§§ 280, 286) und während des Verzugs nach § 287 (MüKo/*Kollhosser* Rn 4; aA die hLit); für die Verletzung vorvertraglicher oder vertraglicher Schutzpflichten, die im Zusammenhang mit dem Gegenstand der Schenkung stehen (BGH NJW 85, 794; str). Die Haftungsmilderung schlägt auch auf deliktische Ansprüche durch (BGH NJW 85, 794) und schließt damit die Gefährdungs- 2 haftung aus (vgl BGH NJW 92, 2474 zu § 599). Für die Haftung für Rechts- und Sachmängel gelten die Sondervorschriften der §§ 523, 524.

§ 522 Keine Verzugszinsen
Zur Entrichtung von Verzugszinsen ist der Schenker nicht verpflichtet.

1 Die Vorschrift begrenzt die Rechtsfolgen des Schuldnerverzugs. Für dessen Voraussetzungen gilt die Haftungserleichterung des § 521. Erfasst sind Verzugszinsen nach § 288 I–III und § 352 HGB, nicht dagegen Prozesszinsen (§ 291), Zinsen gem § 290 und konkrete Zinsschäden gem §§ 280 II, 286 (MüKo/*Kollhosser* Rn 1).

§ 523 Haftung für Rechtsmängel
(1) Verschweigt der Schenker arglistig einen Mangel im Recht, so ist er verpflichtet, dem Beschenkten den daraus entstehenden Schaden zu ersetzen.
(2) ¹Hatte der Schenker die Leistung eines Gegenstandes versprochen, den er erst erwerben sollte, so kann der Beschenkte wegen eines Mangels im Recht Schadensersatz wegen Nichterfüllung verlangen, wenn der Mangel dem Schenker bei dem Erwerb der Sache bekannt gewesen oder infolge grober Fahrlässigkeit unbekannt geblieben ist. ²Die für die Haftung des Verkäufers für Rechtsmängel geltenden Vorschriften des §§ 433 Abs. 1 und der §§ 435, 436, 444, 452, 453 finden entsprechende Anwendung.

1 Der Begriff des Rechtsmangels entspricht demjenigen des Kaufrechts (§§ 435, 436). Die Haftungsbeschränkung gilt für Spezies- und Gattungsschulden. Zur Abdingbarkeit gilt das zu § 521 Rn 1 Gesagte. Maßgebender Zeitpunkt für das Vorliegen eines Rechtsmangels ist derjenige des Schenkungsvollzugs.
2 Die Haftung differiert je nach dem, ob der geschenkte Gegenstand sich schon im Vermögen des Schenkers befindet oder nicht. Beim Erwerb einer Speziessache wird mit Recht als weitere Haftungsvoraussetzung die Vermeidbarkeit (Behebbarkeit) des Mangels gefordert (MüKo/*Kollhosser* Rn 6).

§ 524 Haftung für Sachmängel
(1) Verschweigt der Schenker arglistig einen Fehler der verschenkten Sache, so ist er verpflichtet, dem Beschenkten den daraus entstehenden Schaden zu ersetzen.
(2) ¹Hatte der Schenker die Leistung einer nur der Gattung nach bestimmten Sache versprochen, die er erst erwerben sollte, so kann der Beschenkte, wenn die geleistete Sache fehlerhaft und der Mangel dem Schenker bei dem Erwerb der Sache bekannt gewesen oder infolge grober Fahrlässigkeit unbekannt geblieben ist, verlangen, dass ihm anstelle der fehlerhaften Sache eine fehlerfreie geliefert wird. ²Hat der Schenker den Fehler arglistig verschwiegen, so kann der Beschenkte statt der Lieferung einer fehlerfreien Sache Schadensersatz wegen Nichterfüllung verlangen. ³Auf diese Ansprüche finden die für die Gewährleistung wegen Fehler einer verkauften Sache geltenden Vorschriften entsprechende Anwendung.

1 Der Begriff des Fehlers ist derselbe wie im Kaufrecht (§ 434). Er muss, wie im Kaufrecht, der Sache zum Zeitpunkt des Gefahrübergangs, also des Vollzugs der Schenkung, anhaften. Zur Abdingbarkeit vgl § 521 Rn 1.

§ 525 Schenkung unter Auflage
(1) Wer eine Schenkung unter einer Auflage macht, kann die Vollziehung der Auflage verlangen, wenn er seinerseits geleistet hat.
(2) Liegt die Vollziehung der Auflage im öffentlichen Interesse, so kann nach dem Tode des Schenkers auch die zuständige Behörde die Vollziehung verlangen.

1 **A. Allgemeines.** Die Auflage ist die mit einer Schenkung verbundene Verpflichtung des Beschenkten zu einer Leistung. Als vertragliche Nebenabrede unterliegt auch sie dem Formerfordernis des § 518. Ihre Unwirksamkeit ergreift nach Maßgabe des § 139 den ganzen Vertrag. Zur schenkungsteuerlichen Behandlung vgl § 7 I Nr 2 ErbStG.
2 **B. Tatbestand und Abgrenzung.** Die auferlegte Leistung ist im weitesten Sinn zu verstehen. Sie kann in aktivem Tun oder Unterlassen, auch von nur immateriellem Wert, bestehen (BayObLG NJW 74, 1142). Begünstigt kann der Schenker, der Beschenkte oder ein Dritter sein.
3 Das Wertverhältnis von Schenkung und Auflage ist grds ohne Bedeutung. Es genügt, dass nach Einschätzung der Vertragsparteien dem Beschenkten ein, wenn auch nur immaterieller, Vorteil verbleibt (MüKo/*Kollhosser* Rn 2). Andernfalls kommt eine entgeltliche Geschäftsbesorgung oder ein Auftrag mit treuhänderischem Einschlag in Betracht (BGH NJW 04, 1382).

Der Beschenkte ist zur Vollziehung der Auflage verpflichtet. Hierdurch unterscheidet sich die Schenkung 4
unter Auflage von der Zweckschenkung (vgl § 516 Rn 15). Wesentliches Abgrenzungskriterium ist das überwiegende Interesse an der Leistung: Bei der Auflage ist es dasjenige des Schenkers oder des Dritten, bei der Zweckschenkung dasjenige des Beschenkten (Erman/*Hermann* Rn 6).

Die Verpflichtung besteht stets ggü dem Schenker (I) oder seinem Rechtsnachfolger, nach dem Tod des 5
Schenkers bei öffentlichem Interesse, wofür die Förderung des Gemeinwohls genügt, auch ggü der nach Landesrecht zuständigen Behörde (II); zusätzlich bei Begünstigung eines Dritten im Zweifel diesem ggü (§ 330 S 2). Das Rechtsverhältnis zum Schenker entscheidet, ob der Dritte die Leistung behalten darf; idR ist sie ihrerseits eine Schenkung (Müko/*Kollhosser* Rn 9).

Zwischen der Leistungspflicht des Schenkers und des Beschenkten besteht ein lockerer Zusammenhang. Die- 6
jenige des Beschenkten ist durch den Vollzug der Schenkung aufschiebend bedingt (I). Bei mangelbedingter Unzulänglichkeit der Schenkung hat der Beschenkte ein Leistungsverweigerungsrecht (§ 526). Der Schenker kann die Herausgabe des Geschenks bei Nichtvollziehung der Auflage verlangen (§ 527). Eine weitergehende Abhängigkeit besteht nicht. Die fehlende Gegenseitigkeit der Verpflichtungen hebt die Schenkung unter Auflage von den entgeltlichen Rechtsgeschäften ab. Die im Einzelfall schwierige Abgrenzung zur gemischten Schenkung hat sich daran zu orientieren, dass nach dem Willen der Parteien der unter einer Auflage Beschenkte nicht für die Zuwendung, sondern auf ihrer Grundlage und aus dem Wert der Zuwendung leisten soll (BGH NJW 82, 818), ohne dass die Mittel hierfür aus der Zuwendung stammen müssen (Staud/*Wimmer-Leonhardt* Rn 8).

C. Einzelfälle. Danach sind idR Schenkung unter Auflage: Die Zuwendung von Grundbesitz, entweder ver- 7
bunden mit der Verpflichtung zur Einräumung eines Wohnrechts, Nießbrauchs oder Leibgedinges zu Gunsten des Übergebers (BGHZ WM 70, 239; NJW 82, 818; 89, 2122; Köln FamRZ 94, 1242; aA BGH JZ 98, 906: Gemischte Schenkung; NJW 93, 1577: Bloße Minderung des Werts der Schenkung) oder (bei vorweggenommener Erbfolge) gegen Abfindung weichender Erben (Köln FamRZ 94, 1242; offen gelassen von BGH NJW 98, 537). Nur eine im Wert geminderte Schenkung ist dagegen die Zuwendung eines schon mit dem Nießbrauch belasteten Grundstücks (BGH NJW 89, 2122). – Die Zuwendung eines Spargutshabens, das mit anderen Personen zu teilen (Frankf WM 87, 1248) oder zur Alterssicherung des Beschenkten zu verwenden ist (Köln FamRZ 84, 64). – Die Schenkung von Geld an eine Kirchengemeinde und deren Pflicht zur Unterhaltung eines Grabes (RGZ 112, 210). Dagegen ist die Zuwendung von Geld durch den Betriebsinhaber an einen Verwandten, das dieser dem Unternehmer als Darlehen zur Verfügung stellen soll, richtiger Ansicht nach die schenkweise Zuwendung einer Darlehensrückzahlungsforderung (Hamm OLGZ 78, 422; MüKo/*Kollhosser* Rn 5; aA BayObLG NJW 74, 1142: Schenkung unter Auflage).

D. Beweislast. Der auf Leistung der Auflage klagende Schenker hat den Vollzug der Schenkung zu beweisen. 8

§ 526 Verweigerung der Vollziehung der Auflage

¹Soweit infolge eines Mangels im Recht oder eines Mangels der verschenkten Sache der Wert der Zuwendung die Höhe der zur Vollziehung der Auflage erforderlichen Aufwendungen nicht erreicht, ist der Beschenkte berechtigt, die Vollziehung der Auflage zu verweigern, bis der durch den Mangel entstandene Fehlbetrag ausgeglichen wird. ²Vollzieht der Beschenkte die Auflage ohne Kenntnis des Mangels, so kann er von dem Schenker Ersatz der durch die Vollziehung verursachten Aufwendungen insoweit verlangen, als sie infolge des Mangels den Wert der Zuwendung übersteigen.

Die Vollziehung der Auflage darf den Beschenkten nicht ärmer machen, als er ohne die Schenkung wäre (RGZ 1
112, 210). Übersteigt nach der maßgeblichen Einschätzung der Vertragschließenden der Wert der Auflage denjenigen der Zuwendung, fehlt es von vornherein an einer Schenkung (vgl § 525 Rn 3). § 526 gilt unabhängig davon, ob der Beschenkte Schadensersatzansprüche nach §§ 523, 524 hat. Die Regelung ist analog anwendbar, wenn der Beschenkte infolge eines anderen unvorhergesehenen und nicht abwendbaren Umstands die Auflage nicht ohne Verminderung seines Vermögens vollziehen kann (RGZ 112, 210: Inflation).

Die Einrede nach S 1 kann dem Schenker und, wenn dem Begünstigten ein Anspruch eingeräumt ist (vgl 2
§ 525 Rn 5), auch diesem entgegengesetzt werden. Kenntnis des Beschenkten vom Mangel, ggf grob fahrlässige Unkenntnis entspr § 442 zum Zeitpunkt des Schenkungsvertrags (aA hM: Vollzug der Schenkung), schließen die Einrede aus.

Die Voraussetzungen der Einrede nach S 1 hat der Beschenkte zu beweisen, die sie ausschließende Kenntnis 3
wie im Fall des § 442 der Schenker oder begünstigte Dritte (str, vgl *Baumgärtel/Laumen* §§ 525, 526 Rn 1). Im Fall des S 2 hat der Beschenkte seine Unkenntnis zu beweisen.

§ 527 Nichtvollziehung der Auflage

(1) Unterbleibt die Vollziehung der Auflage, so kann der Schenker die Herausgabe des Geschenkes unter den für das Rücktrittsrecht bei gegenseitigen Verträgen bestimmten Voraussetzungen nach den Vorschriften über die Herausgabe einer ungerechtfertigten Bereicherung insoweit fordern, als das Geschenk zur Vollziehung der Auflage hätte verwendet werden müssen.
(2) Der Anspruch ist ausgeschlossen, wenn ein Dritter berechtigt ist, die Vollziehung der Auflage zu verlangen.

1 Die Vorschrift gibt dem Schenker wahlweise anstelle des Erfüllungsanspruchs (§ 525 Rn 4) und neben einem Schadensersatzanspruch nach §§ 280, 281, 283 einen Anspruch auf Rückgewähr. Er ist ausgeschlossen, wenn der begünstigte Dritte einen eigenen Erfüllungsanspruch hat (II); ihm steht im Fall des § 525 II die zuständige Behörde gleich (hM).
2 Die Voraussetzungen des Herausgabeanspruchs richten sich nach den für das Rücktrittsrecht bei gegenseitigen Verträgen geltenden Regeln (§ 323). Inhalt und Umfang werden vom Bereicherungsrecht bestimmt (§§ 818 ff), freilich begrenzt auf das zur Vollziehung der Auflage Erforderliche. Wird hierfür nicht der gesamte Gegenstand benötigt, beschränkt sich der Anspruch deshalb bei teilbaren Gegenständen auf den entspr Teil, bei Unteilbarkeit gem § 818 II auf einen Wertersatzanspruch.

§ 528 Rückforderung wegen Verarmung des Schenkers

(1) ¹Soweit der Schenker nach der Vollziehung der Schenkung außerstande ist, seinen angemessenen Unterhalt zu bestreiten und die ihm seinen Verwandten, seinem Ehegatten, seinem Lebenspartner oder seinem früheren Ehegatten oder Lebenspartner gegenüber gesetzlich obliegende Unterhaltspflicht zu erfüllen, kann er von dem Beschenkten die Herausgabe des Geschenkes nach den Vorschriften über die Herausgabe einer ungerechtfertigten Bereicherung fordern. ²Der Beschenkte kann die Herausgabe durch Zahlung des für den Unterhalt erforderlichen Betrags abwenden. ³Auf die Verpflichtung des Beschenkten findet die Vorschrift des § 760 sowie die für die Unterhaltspflicht der Verwandten geltende Vorschrift des § 1613 und im Falle des Todes des Schenkers auch die Vorschrift des § 1615 entsprechende Anwendung.
(2) Unter mehreren Beschenkten haftet der früher Beschenkte nur insoweit, als der später Beschenkte nicht verpflichtet ist.

1 **A. Überblick.** Der Schenker soll seinen Unterhalt zunächst aus eigenem Vermögen bestreiten; er muss deshalb auch in der Lage sein, ein aus seinem Vermögen gegebenes Geschenk notfalls zurückzuverlangen. Der Beschenkte kann nicht einwenden, wegen eines Unterhaltsanspruchs gegen einen der in I Genannten fehle es an der Notlage (BGH NJW 91, 1824). Gesichtspunkte des Vertrauensschutzes führen gleichwohl zu Einschränkungen des Rückforderungsanspruchs: Durch nachrangige Haftung des früher Beschenkten (II), durch den Entreicherungseinwand (I 1 iVm § 818 III) und die 10-Jahresfrist des § 529 I. Für weiterreichende Einschränkungen besteht kein Bedürfnis (BGH FamRZ 01, 1137).

2 **B. Voraussetzungen des Anspruchs.** Der Schenker muss außerstande sein, seinen angemessenen Unterhalt zu bestreiten und zusätzlich die ihm gem §§ 1360 ff, 1569 ff, 1601 ff, 1615 l treffenden Unterhaltspflichten zu erfüllen; rein vertragliche Pflichten bleiben außer Betracht. Das Schenkungsrecht knüpft damit an das Unterhaltsrecht an: Für den Unterhaltsbedarf des Schenkers, seine Bedürftigkeit und seine Unterhaltspflichten gelten die für das Unterhaltsverhältnis zwischen Schenker und Beschenktem maßgebenden Regeln (BGH NJW 00, 3488; 03, 1384). Soweit keine unterhaltsrechtlichen Beziehungen zwischen diesen bestehen können, kann an die Rechtslage beim Elternunterhalt als der lockersten Form angeknüpft werden (BGH NJW 00, 3488 und 01, 1207 zu § 529 II).
3 Die Bedürftigkeit des Schenkers muss nicht gerade durch die Schenkung herbeigeführt worden sein; dass die Notlage nach I 1 „nach" Vollziehung der Schenkung eingetreten ist, bedeutet lediglich die zeitliche Abgrenzung der Vorschrift ggü § 519 (BGH FamRZ 05, 177).
4 Der Anspruch entsteht mit Eintritt der Notlage (BGH NJW 00, 728) und nicht schon, wenn diese droht (aA MüKo/*Kollhosser* Rn 6). Wird Sozialhilfe gewährt, so entscheidet der Zeitpunkt des zur Bewilligung führenden Antrags (BGH NJW 03, 2449).
5 Für die Bedürftigkeit des Schenkers gilt nur die Zeitschranke des § 529 I Alt 2. Tritt die Notlage erst nach dem Tod des Beschenkten ein, richtet sich der Rückgewähranspruch gegen dessen Erben (BGH NJW 91, 2558).
6 Der spätere Wegfall der Notlage lässt den Anspruch für die Zeit der Notlage nicht entfallen, wenn der Schuldner fremde Hilfe in Anspruch genommen hat; dementspr sind für den Rechtsübergang auf den Sozialhilfeträger nur die Verhältnisse des Schenkers im Zeitpunkt des Sozialhilfeantrags maßgebend (BGH NJW 03, 2449). Hat der Schenker sich verschuldet, kommt es darauf an, ob die Verbesserung der wirtschaftlichen Lage ihm die Beseitigung der Folgen der Notlage ermöglicht. Hat er sich eingeschränkt, entsteht kein Anspruch (MüKo/*Kollhosser* Rn 15).

C. Inhalt des Anspruchs. Der Beschenkte wird infolge der Verweisung auf das Bereicherungsrecht so behandelt, als sei der Rechtsgrund der Schenkung entfallen. Über die Rechtsfolgenverweisung in I 1 (BGH NJW 01, 1207) findet auf den Rückgewähranspruch das Bereicherungsrecht (§§ 818 ff) Anwendung. Das bedeutet:

Anstelle der Herausgabe des geschenkten Grundstücks wird Wertersatz gem § 818 II geschuldet, wenn ein Grundstück nach der Zuwendung bebaut oder ein bebautes Grundstück wesentlich umgestaltet wird und damit wirtschaftlich ein anderer Gegenstand geworden ist (BGH NJW 81, 2687; WM 87, 1533). Aufwendungen, die in ursächlichem Zusammenhang mit dem Erwerb stehen, sind gem § 818 III Zug um Zug gegen Übergabe des Grundstücks zu erstatten, ohne dass es der Erhebung einer Einrede bedarf (BGH NJW 80, 689); dazu gehören nicht Pflege- und Betreuungsleistungen (BGH NJW 98, 537).

Bei unentgeltlicher Weitergabe des Gegenstands der Zuwendung durch den Beschenkten haftet der Dritte nach § 822 auf Rückgewähr (BGHZ 106, 354); dagegen auf Wertersatz mit der Befreiungsmöglichkeit durch Herausgabe der Sache, wenn er vom Beschenkten ein Surrogat des Geschenks erhalten hat (BGH FamRZ 04, 691). Unentgeltlich iSd § 822 sind auch unbenannte Zuwendungen an den Ehegatten (BGH NJW 00, 134).

Der Anspruch geht auf Herausgabe des Geschenks, „soweit" der Schenker zur Bestreitung seines angemessenen Unterhalts den Gegenstand der Zuwendung benötigt. Er ist einerseits durch den Wert der Zuwendung und andererseits durch den Unterhaltsbedarf des Schenkers begrenzt (BGH NJW 98, 537). Ist der Notbedarf geringer als der Wert des Geschenks, kann nur ein zur Bedarfsdeckung erforderlicher Teil herausverlangt werden (Teilwertersatz); bei Unteilbarkeit des Schenkungsgegenstands richtet sich der Anspruch von vornherein auf Zahlung in Höhe des der Bedürftigkeit des Schenkers entspr Wertteils (BGH NJW 85, 2419; FamRZ 96, 483). Das bedeutet, dass bei wiederkehrendem Bedarf auch nur wiederkehrende Leistungen in der zur Deckung des (Rest-) Bedarfs erforderlichen Höhe bis zur Erschöpfung des Werts der Zuwendung verlangt werden können (BGH FamRZ 85, 778; BVerwG FamRZ 93, 184). Jedoch kann sich der Beschenkte durch Rückgabe des ganzen Geschenks von der Verpflichtung befreien (MüKo/*Kollhosser* Rn 7).

Bei gemischter Schenkung geht der Anspruch bei realer Teilbarkeit des Schenkungsgegenstands auf Herausgabe des Schenkungsteils. Bei Unteilbarkeit gelten nach hM (Palandt/*Wiedenkaff* § 516 Rn 16; Staud/*Wimmer-Leonhardt* Rn 39) dieselben Grundsätze wie für den Anspruch aus § 531 (vgl dort Rn 5). Richtiger erscheint, wie bei begrenzter Bedürftigkeit des Schenkers (vgl oben Rn 10), ein Anspruch auf Teilwertersatz (MüKo/*Kollhosser* § 516 Rn 37).

Zur Schenkung unter – vollzogener – Auflage gilt das zu § 531 Rn 4 Gesagte.

Durch Überleitung oder gesetzlichen Forderungsübergang auf den Sozialleistungsträger (Rn 4) verändert sich der Anspruch nicht (BGH FamRZ 85, 778). Dass das Geschenk, wäre es dem Schenker verblieben, Schonvermögen wäre, ist ohne Bedeutung (BGH FamRZ 05, 177).

Für die Abwendungsbefugnis (I 2) ist kein Raum, wenn der Rückgewähranspruch von vornherein auf Zahlung geht, weil Geld zugewandt wurde oder bei unteilbarer Zuwendung Zahlung des zum angemessenen Unterhalt Erforderlichen geschuldet ist (BGH NJW 96, 987). I 3 gilt nur für I 2, nicht für I 1 (BGH NJW 85, 2419).

D. Abtretbarkeit, Erlöschen. Die eingeschränkte Pfändbarkeit des Anspruchs nach § 852 II ZPO macht ihn nicht zu einem höchstpersönlichen (BGH NJW 95, 323).

Weder § 400 noch § 399 Alt 1 stehen einer Abtretung iRd Zwecksetzung des Anspruchs entgegen (MüKo/*Kollhosser* Rn 11). Deshalb ist die Abtretung des Anspruchs, auch an andere als die in I 1 genannten Unterhaltsgläubiger, zulässig, wenn der Abtretungsempfänger den vollen Gegenwert schon als Unterhalt für den bedürftig gewordenen Schenker geleistet hat und weiterhin leistet (BGH NJW 95, 323).

Die Befriedigung des Unterhaltsbedarfs durch Dritte führt nicht zum (teilweisen) Erlöschen des Anspruchs. Er ändert nur seinen Zweck (MüKo/*Kollhosser* Rn 17): Ist der Anspruch an den Dritten abgetreten oder von diesem an sich übergeleitet worden, dient er dessen Entschädigung; ist er dem Schenker verblieben, ermöglicht er ihm, die Leistung des Dritten zu vergüten oder den Anspruch an diesen abzutreten. Die Beerbung des Schenkers durch den Rückgewährschuldner führt nicht zum Erlöschen des Anspruchs (BGH NJW 95, 2287).

Der Tod des Schenkers führt grds zum Erlöschen des Anspruchs. Dabei verbleibt es, wenn der Schenker weder den Anspruch geltend gemacht noch die Hilfe Dritter in Anspruch genommen hat. Der Anspruch bleibt aber bestehen, wenn er vor dem Tod des Schenkers abgetreten oder auf den Sozialhilfeträger übergeleitet worden ist (BGH FamRZ 86, 1606; NJW 95, 323) oder wenn ein Dritter (Sozialhilfeträger oder Privater) den Unterhalt des Schuldners sichergestellt hatte (BGH NJW 95, 2287; FamRZ 01, 1137).

E. Mehrere Beschenkte. Gleichzeitig Beschenkte haften dem Schuldner, ohne Rücksicht auf die Gleichwertigkeit der Zuwendungen, gleichrangig nebeneinander in voller Höhe (BGH NJW 91, 1427) mit interner Ausgleichspflicht entspr § 426 I (BGH NJW 98, 537).

Zeitlich verschiedene Zuwendungen sind in umgekehrter Reihenfolge rückabzuwickeln (II; vgl näher BGH NJW 98, 537).

21 **F. Prozessuales.** Wird Teilwertersatz (Rn 10) durch wiederkehrende Leistung geschuldet, ist im Urteil anzugeben, bis zu welchem Betrag vollstreckt werden kann (BGH NJW 03, 1384).

22 Der Schenker ist darlegungs- und beweisbelastet für die Unentgeltlichkeit der Zuwendung (BGH NJW 95, 1349) und seine Notlage (BGH NJW-RR 03, 53); für diese ist die Gewährung von Sozialhilfe ein starkes Indiz (BGH NJW 96, 987). Der Beschenkte hat seine Entreicherung iSd § 818 III zu beweisen.

§ 529 Ausschluss des Rückforderungsanspruchs

(1) Der Anspruch auf Herausgabe des Geschenkes ist ausgeschlossen, wenn der Schenker seine Bedürftigkeit vorsätzlich oder durch grobe Fahrlässigkeit herbeigeführt hat oder wenn zur Zeit des Eintritts seiner Bedürftigkeit seit der Leistung des geschenkten Gegenstandes zehn Jahre verstrichen sind.

(2) Das Gleiche gilt, soweit der Beschenkte bei Berücksichtigung seiner sonstigen Verpflichtungen außerstande ist, das Geschenk herauszugeben, ohne dass sein standesmäßiger Unterhalt oder die Erfüllung der ihm kraft Gesetzes obliegenden Unterhaltspflichten gefährdet wird.

1 **A. Überblick.** Entgegen dem Wortlaut enthält die Vorschrift keine Einwendung, sondern eine Einrede (allgM). Sie kann, über den Wortlaut hinaus, nicht nur dem Anspruch auf Herausgabe der Zuwendung nach § 528 I 1, sondern auch dem aus der Ersetzungsbefugnis des § 528 I 2 resultierenden Unterhaltsanspruch entgegengesetzt werden.

2 § 529 beansprucht keine Ausschließlichkeit. Ein Leistungsverweigerungsrecht kann daneben auf § 242 gestützt werden. Umgekehrt kann auch die Geltendmachung der Einrede eine unzulässige Rechtsausübung sein (BGH NJW 01, 1207; 03, 2449).

3 **B. Ausschlussgründe.** Die Vorschrift schließt einen Rückforderungsanspruch in drei Fällen aus:

4 Bei vorsätzlicher oder grob fahrlässiger Herbeiführung der Bedürftigkeit des Schenkers (I Alt 1). Beispiele sind Verschwendung, Glücksspiel, unseriöse Spekulation (BGH NJW 03, 1384). Weitere Voraussetzung ist, dass der Schenker seine Bedürftigkeit nachträglich herbeigeführt hat und dies für den Beschenkten bei der Zuwendung nicht vorhersehbar war (BGH aaO).

5 Wenn die Bedürftigkeit des Schenkers später als zehn Jahre nach Leistung des geschenkten Gegenstandes eingetreten ist (I Alt 2). Dem Ausschluss des Anspruchs steht nicht entgegen, dass vor Ablauf der Frist Umstände eingetreten sind, aus denen sich früher oder später eine Erschöpfung des Vermögens voraussichtlich ergeben wird (BGH NJW 00, 728).

6 Soweit und so lange die Herausgabe der Zuwendung den standesgemäßen Unterhalt oder die Erfüllung gesetzlicher Unterhaltspflichten gefährden würde (II), vgl BGH NJW 05, 3638. Der „standesgemäße" Unterhalt entspricht dem angemessenen in §§ 519, 528 I (vgl hierzu § 528 Rn 2). Zum Einsatz von Vermögen vgl BGH NJW 86, 1926; Ddorf FamRZ 84, 887; Hamm FamRZ 93, 1436. Wie im Fall des § 519 (vgl dort Rn 2) und im Gegensatz zu § 528 I (vgl dort Rn 4) genügt es, dass ernstlich damit zu rechnen ist, der Beschenkte werde bei Erfüllung des Anspruchs in Zukunft nicht mehr genügend Mittel für seinen angemessen Unterhalt und die Erfüllung seiner gesetzlichen Unterhaltspflichten haben (BGH NJW 01, 1207).

7 Es ist grds ohne Bedeutung, wodurch die Vermögenslage entstanden ist, auf Grund derer die Erfüllung des Rückgewähranspruchs eine Notlage hervorrufen würde; auch selbstverschuldete Bedürftigkeit schadet nicht (BGH NJW 01, 1207). Ausnahmsweise kann die Berufung auf die drohende Notlage eine unzulässige Rechtsausübung sein (BGH NJW 01, 1207; 03, 2449).

§ 530 Widerruf der Schenkung

(1) Eine Schenkung kann widerrufen werden, wenn sich der Beschenkte durch eine schwere Verfehlung gegen den Schenker oder einen nahen Angehörigen des Schenkers groben Undanks schuldig macht.

(2) Dem Erben des Schenkers steht das Recht des Widerrufs nur zu, wenn der Beschenkte vorsätzlich und widerrechtlich den Schenker getötet oder am Widerruf gehindert hat.

1 **A. Überblick.** Die Vorschrift regelt einen Sonderfall des Wegfalls der Geschäftsgrundlage. § 313 ist daneben anwendbar, wenn der Sachverhalt außerhalb des Bereichs der Vorschrift liegt (BGH FamRZ 90, 600).

2 Die Vorschrift greift bei nur versprochenen wie bei schon vollzogenen Schenkungen, auch gemischten (BGH NJW 99, 1623), ein; zu Zuwendungen unter Ehegatten vgl § 516 Rn 22). Ausgenommen sind gem § 534 Pflicht- und Anstandsschenkungen.

3 Das Widerrufsrecht ist höchstpersönlich (BGH NJW 62, 955), deshalb weder abtretbar noch pfändbar und nur eingeschränkt nach Maßgabe des II vererblich. Hieraus folgt entgegen der hM (BGH NJW 62, 955; Palandt/*Weidenkaff* Rn 1) nicht, dass es weder von noch ggü juristischen Personen ausgeübt werden könnte (MüKo/*Kollhosser* Rn 9).

B. Voraussetzungen. Der Beschenkte muss sich durch eine schwere Verfehlung gegen den Beschenkten oder einen nahen Angehörigen groben Undanks schuldig gemacht haben. Erforderlich ist objektiv ein bestimmtes Maß an Schwere und subjektiv ein erkennbarer Mangel an Dankbarkeit. 4

Das Verhalten des Beschenkten ist nicht isoliert zu werten. Grober Undank setzt eine Gesamtschau voraus, inbes der Umstände der Schenkung (BGH NJW 99, 1623), des späteren Verhaltens von Schenker und Beschenktem (BGH NJW 84, 2089) und der wirtschaftlichen Lage des Beschenkten (BGH NJW 00, 3201). Ein enges Verwandtschaftsverhältnis zwischen beiden hat keine erhöhte Bedeutung (BGH NJW 78, 213). Ein unmittelbarer zeitlicher und sachlicher Zusammenhang zwischen Schenkung und Fehlverhalten ist nicht erforderlich (BGH NJW 82, 390). 5

Ist die schwere Verfehlung gegen einen nahen Angehörigen des Schenkers gerichtet, muss daraus grober Undank gerade ggü dem Schenker zu entnehmen sein (BGH NJW 99, 1623). Der Begriff des nahen Angehörigen ist weit zu fassen. Er umfasst auch Pflegekinder und -eltern sowie Lebensgefährten; die Nähe bestimmt sich nach den persönlichen Beziehungen im Einzelfall (Palandt/*Weidenkaff* Rn 2). Zum groben Undank des Schwiegerkindes durch Fehlverhalten ggü dem Kind, wenn die Zuwendung ausnahmsweise als Schenkung gilt (§ 516 Rn 22), vgl BGH NJW 99, 1623. 6

Die Verfehlung muss vom Beschenkten begangen sein. Bei Verfehlungen von Dritten von erheblichem Gewicht kommt ein schweres Fehlverhalten des Beschenkten als Unterlassung in Betracht, wenn er zu gegenläufigem Handeln sittlich verpflichtet war (BGH NJW 84, 2089; 92, 183). 7

C. Beispiele aus der Rspr. Grundloser Antrag auf Anordnung der Betreuung (BGH NJW 93, 1577; Ddorf FamRZ 99, 438); Anzeige oder Verdächtigung ggü dem Arbeitgeber (BGH NJW 91, 830); Bezichtigung des sexuellen Missbrauchs (Kobl NJW-RR 02, 630); Bezeichnung des Schenkers als geisteskrank (Hamm FamRZ 01, 545); das Verlangen nach sofortiger Räumung eines gewerblich genutzten Gebäudes (BGH FamRZ 93, 1297); die hartnäckige Weigerung, den vom Schenker vorbehaltenen Anspruch auf Zahlung einer Rente zu erfüllen (BGH NJW 00, 3201) oder ihm ein Grundpfandrecht zu bestellen (BGH FamRZ 93, 785); der Antrag auf Teilungsversteigerung bei geschenktem Miteigentumsanteil (Oldbg NJW-RR 98, 1); die Gründung eines Konkurrenzunternehmens durch den beschenkten Kommanditisten in derselben Stadt und Branche (BGH NJW 02, 1046); eheliche Verfehlungen (BGH NJW 82, 390; FamRZ 85, 351). Schwere Verfehlungen sind nicht: Die Lösung einer nichtehelichen Lebensgemeinschaft (BGH FamRZ 70, 19); das Bestreiten von Behauptungen iRe prozessualen Auseinandersetzung (Karlsr NJW 88, 3023). 8

§ 531 Widerrufserklärung

(1) Der Widerruf erfolgt durch die Erklärung gegenüber dem Beschenkten.
(2) Ist die Schenkung widerrufen, so kann die Herausgabe des Geschenks nach den Vorschriften über die Herausgabe einer ungerechtfertigten Bereicherung gefordert werden.

A. I. Der Widerruf ist eine einseitige empfangsbedürftige Willenserklärung des Schenkers oder seiner Erben (§ 530 II). Er kann auch durch Testament erfolgen. 1

B. II. Die Rechtsfolge des Widerrufs ist bei noch nicht vollzogener Schenkung das Erlöschen der Leistungspflicht, bei vollzogener ein Herausgabeanspruch nach Bereicherungsrecht wegen späteren Wegfalls des Rechtsgrundes. Er ist vormerkungsfähig (BGH NJW 02, 2461) und kann zusätzlich durch ein Verfügungsverbot gesichert werden (Köln NJW-RR 02, 1595). 2

Die Herausgabe eines zugewandten Grundstücks ist unmöglich (§ 818 II), wenn es nach der Schenkung bebaut worden ist; maßgeblich ist nicht, ob der Funktionszusammenhang gewahrt ist, sondern das Wertverhältnis zwischen Grundstück und Bebauung (BGH NJW 81, 2687). Die Bildung von Wohnungseigentum führt nicht zur Unmöglichkeit (BGH NJW-RR 01, 6). 3

Für Aufwendungen, auch infolge des Vollzugs einer Auflage (§ 525), vor Eintritt der verschärften Haftung nach §§ 818 IV, 819 gilt (BGH NJW 99, 1626): Führten sie zu einer unmittelbaren Vermögensminderung, sind sie, ohne Rücksicht auf eine durch sie verursachte Wertsteigerung, als Entreicherung iSd § 818 III anzusetzen. Aufwendungen ohne Vermögensminderung, zB die Arbeitskraft, und alle Aufwendungen vor Abschluss des Schenkungsvertrags rechtfertigen einen eigenständigen Verwendungsersatzanspruch nach § 812 I 1 Alt 2. In beiden Fällen ist die Herausgabe nur Zug um Zug gegen Erstattung geschuldet. 4

Bei gemischten Schenkungen geht der Anspruch bei Teilbarkeit des Schenkungsgegenstands auf Herausgabe des Schenkungsteils. Bei Unteilbarkeit kommt es darauf an, ob der entgeltliche oder unentgeltliche Charakter des Rechtsgeschäfts überwiegt, wobei der Wertvergleich einen Anhaltspunkt liefert. Dominiert der entgeltliche Teil, ist der die Gegenleistung übersteigende Mehrwert zu zahlen; andernfalls geht der Anspruch auf Herausgabe Zug um Zug gegen Rückgewähr der Gegenleistung (BGH NJW 59, 1363; 90, 2616, 2620). 5

Bei mehreren Schenkern kann der Widerrufende bei Unteilbarkeit der Zuwendung Herausgabe an alle verlangen (BGH MDR 63, 575). 6

Die verschärfte Haftung nach § 819 tritt mit Zugang des Widerrufs ein (BGH NJW 99, 1626). 7

§ 532 Ausschluss des Widerrufs

¹Der Widerruf ist ausgeschlossen, wenn der Schenker dem Beschenkten verziehen hat oder wenn seit dem Zeitpunkt, in welchem der Widerrufsberechtigte von dem Eintritt der Voraussetzungen seines Rechts Kenntnis erlangt hat, ein Jahr verstrichen ist. ²Nach dem Tode des Beschenkten ist der Widerruf nicht mehr zulässig.

1 Die Verzeihung ist ein tatsächliches Verhalten, mit dem zum Ausdruck gebracht wird, dass der Schenker die durch das Verhalten des Beschenkten hervorgerufene Kränkung nicht mehr als solche empfindet (BGH NJW 84, 2089). Ein bloßer Versöhnungsversuch genügt nicht (BGH NJW 99, 1626). Eine spätere Verschlechterung der Beziehungen beseitigt nicht die Rechtswirkungen der Verzeihung (BGH FamRZ 1961, 437). Die Verzeihung begründet eine Einrede.
2 Der Widerruf ist ferner nach Ablauf eines Jahres ab Kenntnis der ihn rechtfertigenden Gründe ausgeschlossen. Für jede Verfehlung läuft eine gesonderte Frist (BGHZ 31, 79, 81). Wegen Fristablaufs ausgeschlossene Widerrufsgründe können jedoch späteren ein besonderes Gewicht verleihen (BGH NJW 67, 1081). Der Fristablauf begründet eine Einwendung (hM).
3 Mit dem Tod des Beschenkten erlischt das Widerrufsrecht (S 2).

§ 533 Verzicht auf Widerrufsrecht

Auf das Widerrufsrecht kann erst verzichtet werden, wenn der Undank dem Widerrufsberechtigten bekannt geworden ist.

1 Auf das Widerrufsrecht kann erst nach seiner Entstehung, im Fall des § 530 II auch durch den Erben, durch einseitige empfangsbedürftige Willenserklärung verzichtet werden.

§ 534 Pflicht- und Anstandsschenkungen

Schenkungen, durch die einer sittlichen Pflicht oder einer auf den Anstand zu nehmenden Rücksicht entsprochen wird, unterliegen nicht der Rückforderung und dem Widerruf.

1 Die Vorschrift nimmt Pflicht- und Anstandsschenkungen von der Rückforderung nach § 528 und dem Widerruf nach § 530 aus. Im Übrigen bleibt es bei den Schenkungsregeln der §§ 516–527. Soweit die Schenkung dasjenige überschreitet, was sittliche Pflicht oder der Anstand gebieten, kann sie zurückgefordert oder widerrufen werden; bei Unteilbarkeit ist sie dann Zug um Zug gegen den Wert einer nach § 534 zulässigen Zuwendung herauszugeben (BGH MDR 63, 575).
2 Einer sittlichen Pflicht entspricht die Zuwendung nur, wenn sie „geradezu sittlich geboten ist" (BGH NJW 86, 1926). Dabei sind inbes Vermögen und Lebensstellung der Beteiligten und ihre persönlichen Beziehungen zu berücksichtigen (BGH MDR 63, 575). In die Bewertung ist auch eine sittliche Pflicht einzubeziehen, den Pflichtteil Verwandter durch die Zuwendung nicht völlig auszuhöhlen (BGH NJW 84, 2939). Sollen Pflegeleistungen belohnt werden, bedarf es besonderer Umstände (BGH NJW 86, 1926). Bei Diensten von Kindern muss das Ausbleiben einer Belohnung sittlich anstößig sein (BGH NJW 86, 1926). Unterhaltszahlungen an Verwandte oder den Partner einer nichtehelichen Lebensgemeinschaft können einer sittlichen Pflicht entsprechen (BGH NJW 84, 2939).
3 Anstandsschenkungen sind kleinere Zuwendungen wie gebräuchliche Gelegenheitsgaben oder übliche Geschenke unter nahen Verwandten (BGH NJW 81, 111) und Trinkgeld.

Titel 5 Mietvertrag, Pachtvertrag

Untertitel 1 Allgemeine Vorschriften für Mietverhältnisse

§ 535 Inhalt und Hauptpflichten des Mietvertrags

(1) ¹Durch den Mietvertrag wird der Vermieter verpflichtet, dem Mieter den Gebrauch der Mietsache während der Mietzeit zu gewähren. ²Der Vermieter hat die Mietsache dem Mieter in einem zum vertragsgemäßen Gebrauch geeigneten Zustand zu überlassen und sie während der Mietzeit in diesem Zustand zu erhalten. ³Er hat die auf der Mietsache ruhenden Lasten zu tragen.
(2) Der Mieter ist verpflichtet, dem Vermieter die vereinbarte Miete zu entrichten.

1 **A. Mietvertrag. I. Allgemeines. 1. Überblick.** Das Mietrecht des BGB gliedert sich in drei Teile: §§ 535–548 enthalten allgemeine Regelungen für Mietverhältnisse, beziehen sich also auf einen Vertrag für jede vorstellbare Mietsache (zB Wohnungen, Autos, Maschinen, Kopiergeräte, Stellplätze auf einem Campingplatz

oder Zeitschriften eines Lesezirkels; s dazu Rn 71); Die erste Bestimmung in § 535 fasst dabei Inhalt des Mietvertrages und Hauptpflichten der Mietvertragsparteien zusammen. §§ 549–577 a stellen im Folgenden **Sonderbestimmungen** für die Wohnraummiete auf. Die Regeln in §§ 578–580a beziehen sich hingegen auf Mietverhältnisse über andere Sachen; ausdrücklich erwähnt werden Grundstücke, die keine Wohnräume sind, Räume, die zum Aufenthalt von Menschen bestimmt sind, und eingetragene Schiffe. §§ 581–607 gehören nicht zum Mietrecht. Auch in ihnen sind aber Schuldverhältnisse auf Gebrauchsüberlassung geregelt, von denen die Miete abzugrenzen ist (s Rn 4 ff): In §§ 581–584b die Pacht, in §§ 585–597 die Landpacht, in §§ 598–606 die Leihe und in §§ 607–609 das Sachdarlehen.

2. Begriff des Mietvertrages. Unter einem Mietvertrag ist die zeitweilige Überlassung des Gebrauchs einer nicht notwendig beweglichen Sache (§ 90) gegen Entrichtung eines Entgelts (**Miete**, s Rn 113) zu verstehen (BGH ZMR 98, 141, 142; BGHZ 123, 166, 169 = MDR 93, 1062; Hburg WuM 03, 84). Für einen Mietvertrag ist vor allem die Gebrauchsüberlassung **prägend** (KG KGReport 05, 847, 848). Nach der gesetzgeberischen Anordnung ist die Miete ein allgemeiner (abstrakter) Gebrauchsüberlassungsvertrag, wobei das Wohnungsmietrecht praktisch die bedeutsamste Anwendung und besonders ausgestaltet ist (**soziales Mietrecht**). Die Miete ist die Grundform der entgeltlichen Gebrauchsüberlassung von Sachen. Mietverträge sind gegenseitige schuldrechtliche Verträge, durch die ein Dauerschuldverhältnis begründet wird (*Emmerich* NZM 98, 692). Für Mietverträge gelten grds die Vorschriften des Allgemeinen Teils des BGB und des Allgemeinen Schuldrechts.

3. Anwendungsbereich. § 535 ist auf alle Miet- und für Pachtverträge als Sonderform der Miete anzuwenden. § 535 kann entspr aber auch für **Untermietverträge** (BGHZ 81, 46, 50; s Rn 73 und § 540 Rn 2 ff) oder solche Verträge, durch die miet- und pachtvertragliche Verpflichtungen erst begründet werden sollen, gelten. Das sind zB **Mietvorverträge**. Ein Mietvorvertrag, der vor allem vom Rahmenvertrag, Vorverhandlungen und vom „letter of intent" abzugrenzen ist (*Lützenkirchen* MietRB 05, 329; *Michalski* ZMR 99, 141, 146 f), kommt durch die verbindliche Einigung zustande, einen seinem wesentlichen Inhalt nach bestimmten oder unter Berücksichtigung allgemeiner Auslegungsregeln sowie des dispositiven Rechts zumindest bestimmbaren Hauptvertrag zu schließen (BGH ZMR 94, 106, 107). Er muss dabei ein solches Maß an Bestimmtheit oder Bestimmbarkeit und Vollständigkeit enthalten, dass im Streitfall der Inhalt des Vertrages festgestellt werden kann, notfalls durch eine Vertragsergänzung (BGH ZMR 02, 895, 897; 93, 55, 56; *Michalski* ZMR 99, 141). Etwa zum wesentlichen Inhalt eines gewerblichen Mietvertrages gehört die Einigung über die Mietsache, die Mietdauer und die Miete. Die Ausgestaltung näherer Vertragsbedingungen kann den weiteren Verhandlungen, die zum Abschluss des Hauptvertrages führen sollen, vorbehalten bleiben (BGH ZMR 93, 55, 57). § 535 ist ferner auf **Mietbegründungsoptionsrechte** (der Berechtigte kann durch **einseitige Willenserklärung** einen im Zeitpunkt der Optionsabrede inhaltlich bereits feststehenden Mietvertrag entspr einseitig begründen, Köln ZMR 98, 283, 284; *Weber* JuS 90, 249, 250) und/oder **Anmietrechte** (Vorhand) anzuwenden (das Anmietrecht des Mietinteressenten verpflichtet den Vermieter, dem Mietinteressenten die Mietsache zur Miete anzubieten, bevor er es an einen anderen vermietet, ohne bei seinem Angebot an bestimmte Mietbedingungen gebunden zu sein; s dazu BGHZ 102, 384, 387 und Hburg ZMR 01, 889, 890). Außerdem ist § 535 auf Verträge über den Eintritt eines weiteren Mieters oder den Mieterwechsel, Verträge über einen Vermieterwechsel, Verlängerungsverträge, Verträge, die die Änderung des Inhalts eines bereits geschlossenen Miet- oder Pachtvertrags zum Gegenstand haben (BGH NJW 99, 1289) oder Verträge über die Fortsetzung eines bereits beendeten Mietverhältnisses (BGH NJW 98, 2664) anzuwenden. Wird ein Mietvertrag in der **Wohnung** eines Mieters abgeschlossen oder wird in einer solcher dort aufgehoben, abgeändert oder modifiziert, gilt § 312 (Kobl WuM 94, 257 = ZMR 94, 210; Köln WuM 00, 2139; LG Berlin GE 94, 1449), es sei denn, der Vermieter handelt nicht geschäftsmäßig (BayObLG DWW 93, 196). Auf Verträge über Gewerberäume ist § 312 aber **nicht** anzuwenden (BGH MDR 94, 1083).

4. Abgrenzung zu anderen Instituten. Der Mietvertrag ist von anderen Verträgen nach dem gesamten Inhalt der jeweiligen Vereinbarung und unabhängig von der durch die Parteien jeweilig gewählten Bezeichnung abzugrenzen (§§ 133, 157).

a) Pacht und Leihe. Beim Pachtvertrag (§ 581) können im Gegensatz zum Mietvertrag neben Sachen auch Rechte überlassen werden. Darüber hinaus gewährt der Pachtvertrag auch den Genuss von Früchten iSv § 99. Eine bloße Raumüberlassung genügt für die Annahme eines Pachtvertrages nicht; es müssen weitere Umstände hinzukommen. Hierbei reicht jedoch uU schon der Nachweis einer besonders günstigen Bezugsquelle für Inventar aus (BGH NJW-RR 91, 906). Werden Sachen zum Gebrauch, teilweise aber auch zum Fruchtgenuss überlassen, kommt es auf den Hauptzweck und -gegenstand an. Nach hM ist die Überlassung einer Sache zum Fruchtgenuss und damit Pacht nur gegeben, wenn die Sache schon im Zeitpunkt des Vertragsabschlusses nach ihrer Art oder Beschaffenheit oder nach ihrer Einrichtung oder Ausstattung geeignet ist, als unmittelbare Quelle für Erträge zu dienen. Die Sache muss also „per se fruchtbringend" sein und nach dem Vertrag zur entspr Nutzung überlassen werden. Werden in einem einheitlichen Vertrag Sachen teils zum Gebrauch, teils auch zur Fruchtziehung überlassen, kommt es darauf an, welches der **wesentliche** oder **maß-**

gebliche Vertragszweck ist. Die Überlassung von Grundstücken zur landwirtschaftlichen, forstlichen oder gärtnerischen Nutzung mit Wohngebäude ist deshalb zB Pacht, die Überlassung eines Wohnhauses mit Garten, selbst wenn dieser zu Nebenerwerbszwecken genutzt wird, Miete. Sind Räume eigens für einen bestimmten Betriebstyp geeignet und auch so eingerichtet (Kino, Gastwirtschaft), ist Pacht anzunehmen (BGH ZMR 69, 206). Von der **Leihe** (§ 598) unterscheidet sich ein Mietvertrag durch die Entgeltlichkeit (s dazu Rn 113). Wird ein Entgelt gezahlt, auch ein geringes, liegt stets Miete vor. Denn der Annahme eines Mietvertrages steht nicht entgegen, dass die Miete nicht wiederkehrend für bestimmte Zeitabschnitte der Gebrauchsdauer, sondern in einer einmaligen Zahlung zu entrichten ist. Unerheblich ist auch, dass das für die Gestattung der Inanspruchnahme zu zahlende Entgelt sehr niedrig festgesetzt ist (BGH ZMR 92, 291).

6 **b) Verwahrung.** Durch den Zweck (Überlassung des Gebrauchs) unterscheidet sich die Miete von der Verwahrung (§§ 688 ff) und dem handelsrechtlichen Lagergeschäft (§§ 416 ff HGB). Der Verwahrer hat die ihm übergebene bewegliche Sache zu verwahren, also in Obhut zu nehmen (zB Tiere, LG Ulm NJW-RR 04, 854); er darf sie nicht benutzen. Zur Unterscheidung ist zu fragen, ob das Schwergewicht des Vertrags auf der Obhutspflicht für die Sache (dann Verwahrung) oder auf der Überlassung von Raum oder Platz liegt, um Sachen unterzubringen oder abzustellen (Miete). Das Überlassen von Bankschließfächern und Kühlhauszellen soll danach Miete sein (BGH ZMR 53, 337; zw). Auch das Ein- oder Abstellen von Fahrzeugen in Großgaragen, Parkhäusern und auf bewachten Parkplätzen ist grds Miete (BFH NJW 92, 2782; Kobl NJW-RR 91, 1317). Wird aber eine Obhutspflicht vereinbart, kann eine Verwahrung vorliegen oder ein gemischter Vertrag aus Miet- und Verwahrungselementen (Karlsr OLGReport Karlsr 04, 473). Auf die Verpflichtung zur schadensfreien Rückgabe aus der Obhut finden auf jeden Fall die Regelungen des Verwahrrechtes Anwendung (BGH NJW 68, 1718, 1720; Köln NJW-RR 94, 25, 26). Für die Annahme einer Obhutsübernahme müssen über die bloße Zurverfügungstellung hinaus weitere Umstände erkennbar sein, die auf einen entspr Vertragswillen der Parteien schließen lassen (Karlsr OLGReport Karlsr 04, 473). Es ist aus der allgemeinen Verkehrsanschauung heraus zu beurteilen, ob der Betreiber den Kunden erkennbar vor rechtswidrigen Zugriffen Dritter schützen will (Hburg VersR 89, 1266, 1267). Entscheidend ist, ob die vom Betreiber getroffenen Maßnahmen für den durchschnittlichen Kunden den Eindruck erwecken, dass über die Regelung des technischen Ablaufs hinaus weitere Kontrollaufgaben wahrgenommen werden (Ddorf NJW-RR 01, 1607, 1608).

7 **c) Garagen.** Mietet ein Mieter zusätzlich zu einer Wohnung eine Garage oder einen Fahrzeugeinstellplatz, erstreckt sich der Schutz des sozialen Mietrechts auch auf die Garage. Der Mieter muss davor geschützt werden, dass eine Teilkündigung der Garage ihn veranlasst, auch die Wohnung aufzugeben. Eine Garage folgt daher grds, sowohl was eine Erhöhung der Garagenmiete – im Verfahren nach §§ 558 ff – anbelangt als auch was die Kündigung des Garagenmietvertrages betrifft, rechtlich den für die Wohnung geltenden Regelungen. Ist von den Parteien eine unabhängige Behandlung der Garage und der Wohnung gewollt, muss das im Garagenmietvertrag zum Ausdruck kommen (s AG Neukölln GE 00, 131). Der über ein Grundstück geschlossene einheitliche Mietvertrag wird durch die Veränderung der dinglichen Rechtslage, nämlich die Teilung des Grundstücks und die vom Eigentümer, der zugleich der Vermieter ist, vorgenommene Veräußerung von Teilen an verschiedene Erwerber nicht in mehrere Mietverhältnisse aufgespalten (BGH ZMR 06, 30, 31= GE 05, 1548). Vielmehr treten die Erwerber gem § 566 in den über eine einheitliche Mietsache geschlossenen einheitlichen Mietvertrag ein (BGH ZMR 06, 30, 31 = GE 05, 1548; BayObLG ZMR 91, 174, 176; *Börstinghaus* NZM 04, 481, 483; zw).

8 **d) Weitere Abgrenzungen.** Als schuldrechtliches Rechtsgeschäft sind Mietverträge ferner vom **dinglichen Nießbrauch** (§§ 1030 ff), von **Wohnungsrechten** (§ 1093) sowie von **Dauerwohn- und Dauernutzungsrechten** (§§ 31 ff WEG) zu unterscheiden. Diese Rechte sind dinglicher Natur und belasten ein Grundstück auf Grund der Eintragung im Grundbuch mit einem Gebrauchsrecht, das jeder Grundstückseigentümer gegen sich gelten lassen muss. Auch das Erbbaurecht (§ 1 ErbbaurechtsVO) ist ein Recht zum Besitz und Gebrauch, das dinglicher Natur ist; es gewährleistet zudem ein Sondereigentum an dem errichteten Gebäude. Ist der „nicht abgewohnte" Teil eines zur Errichtung eines Wohngebäudes zur Verfügung gestellte Betrag (**Baukostenzuschuss**) dem Zahlenden beim Auszug zu erstatten, kommt zwischen ihm und dem Zahlungsempfänger ein Mietvertrag zustande (BGH ZMR 03, 415). Eine Gebrauchsgewährung öffentlicher Anlagen gegen Gebühr ist grds ein Rechtsverhältnis öffentlicher Natur. Werden etwa Räume zugewiesen, kommunale Einrichtungen überlassen oder nutzt ein Parker öffentlichen Raum und bezahlt ein Entgelt an der Parkuhr, liegt ein **öffentlich-rechtliches Nutzungsverhältnis** vor (VGH BaWü ZMR 93, 239; AG Bad Bramstedt WuM 98, 415; s auch *Greiner* ZMR 95, 97 ff). Wer einem Mietvertrag auf der Mieterseite „mit allen Rechten und Pflichten" beitritt, nimmt hingegen selbst die Stellung eines Mieters ein (Ddorf ZMR 96, 436). Nutzt der **Mietinteressent** die ihm vor Abschluss des beabsichtigten Mietvertrages überlassenen Räume, ist idR ein **vorläufiges Mietverhältnis** zu Stande gekommen (Hburg WuM 03, 84; Karlsr WuM 91, 81). Wird eine technische Bühnenausstattung (Verstärker, Beleuchtung etc) zunächst nur vermietet und verpflichtet sich der Vermieter später auch zum Auf- und Abbau, liegt kein kombinierter Miet- und Dienstverschaffungsvertrag, sondern ein **Werkvertrag** vor (Kobl ZMR 04, 265, 266). Ein Vertrag, durch den ein Steinbruch gegen Entgelt zur Auffüllung mit Klärschlamm

überlassen wird, ist auch dann ein Mietvertrag und kein Werkvertrag, wenn die Verfüllung als Vertragspflicht ausgestaltet ist (BGHZ 86, 71, 76 = MDR 83, 396). Der **Automatenaufstellvertrag** in einer Gastwirtschaft ist Mietvertrag, str (Frankf NJW 64, 256; aA Kobl MDR 61, 231; offen gelassen von BGHZ 47, 202, 203).

e) Mischformen. aa) Leasing. Ein **Leasingvertrag** (to lease = vermieten, verpachten) liegt vor, wenn der Leasinggeber dem Leasingnehmer eine Sache oder Sachgesamtheit gegen ein in Raten gezahltes Entgelt zum Gebrauch überlässt, wobei die Gefahr und Haftung für Instandhaltung, Sachmängel, Untergang und Beschädigung der Sache allein den Leasingnehmer trifft (BGH NZM 98, 330). Der Leasinggeber überlässt dafür seine Ansprüche gegen Dritte (insbes gegen den Lieferanten) dem Leasingnehmer (BGH NJW 91, 1746). Der Leasingvertrag ist, jedenfalls in Form des Finanzierungsleasings, ein atypischer Mietvertrag (BGH NZM 04, 340, 342; NJW 90, 1113 mwN; *Schwemer* ZMR 00, 348; aA *Canaris* ZIP 93, 401, 404). Leasingverträge können auch unter der Bezeichnung „Fondsmodell" oder „Kooperationsmodell" auftreten oder mit sog „Betreibermodellen" verbunden sein. Die Bezeichnung ändert nichts an der Bewertung als Leasingvertrag. Im Unterschied zum reinen Mietverhältnis sind sich die Parteien des Leasingvertrages – ohne dass dies erklärt werden muss – darüber einig, dass die vereinbarten Leasingraten nicht nur Entgelt für die Gebrauchsüberlassung, sondern auch dazu bestimmt sind, den Kapitaleinsatz des Leasinggebers einschl des kalkulierten Gewinns zu tilgen (BGH MDR 98, 1284; MDR 95, 998). Die nähere Ausgestaltung von Leasingverträgen erfolgt häufig durch unterschiedliche allgemeine Geschäftsbedingungen, die an den §§ 305 ff und an §§ 134, 138 und 242 zu messen sind. Häufig enthält ein Leasingvertrag eine Kaufoption des Leasingnehmers oder ein Andienungsrecht des Leasinggebers, durch dessen Ausübung ein **Kaufvertrag** zu Stande kommt (BGH NJW 96, 923). Die Stellung des Leasingnehmers unterscheidet sich damit wesentlich von der des (langfristigen) Mieters: Während der Mieter die Mietsache ausschl zur Nutzung über einen bestimmten Zeitraum erhält, erlangt der Leasingnehmer von Anfang an eine mehr dem Eigentümer als dem Mieter vergleichbare Rechtsstellung (BGH NZM 04, 340, 342). Dennoch steht für den Leasingnehmer nicht das Eigentum an dem Investitionsgut im Vordergrund, sondern allein das Recht zu dessen Nutzung. Die monatlichen Leasingraten, die grds über die gesamte Vertragslaufzeit konstant sind, bieten für den Leasingnehmer eine klare Kalkulationsgrundlage, können aus den laufenden Erträgen, die aus der Nutzung des Investitionsgutes fließen, bezahlt werden, und sind bei Bezahlung in voller Höhe sofort **steuerlich absetzbar.**

Wesentliche Leasingformen sind das **Operatingleasing** (kurze Vertragsdauer und leichte Löslichkeit des Vertrages; s Celle OLGReport Celle 99, 149, 151), das in der Praxis im Vordergrund stehende **Finanzierungsleasing** (längere, feste Mietzeit, teils mit Verlängerungs- oder Kaufoption; s dazu § 500 Rn 1) und das **Herstellerleasing** (der Leasinggeber ist mit dem Lieferanten identisch, BGH MDR 93, 749; Karlsr OLGReport Karlsr 99, 68). Der Zweck des Finanzierungsleasings besteht darin, dem Leasingnehmer ein seinen Wünschen entspr, vom Leasinggeber zu beschaffendes Investitionsobjekt zur – befristeten – Nutzung gegen ein gänzlich oder überwiegend ratenweise zu entrichtendes Entgelt zu überlassen, so dass der Leasingnehmer die Anschaffung des Leasinggutes nicht aus eigenen Mitteln bezahlen muss (BGH MDR 85, 1018).

bb) Mietkauf. Im Gegensatz zum Leasingvertrag handelt es sich beim **Mietkaufvertrag** um einen gemischttypischen Vertrag, um eine Kombination aus miet- und kaufvertraglichen Elementen. Gegenstand des Vertrages ist die zunächst mietweise Überlassung der Mietsache verbunden mit der Einräumung des Rechts oder sogar der Pflicht, durch einseitige Erklärung die Sache unter Anrechnung der bis dahin gezahlten Mieten auf den Kaufpreis zu erwerben (BGH WuM 90, 1307). Anders als beim Leasingvertrag ist der käufliche Erwerb des Wirtschaftsgutes stets gewollt und Ziel des Rechtsgeschäfts (*Schlosser* MDR 03, 70, 71).

5. Wohn- und Gewerberäume. a) Allgemeines. Insbes für die Miete von **Wohn- und Gewerberäumen** gelten eine Reihe von Besonderheiten: Für Mietverhältnisse über Wohnraum gelten §§ 535–548 nur, soweit sich nicht aus den §§ 549–577a etwas anderes ergibt. Auf Mietverhältnisse über Räume, die keine Wohnräume sind, sind §§ 535–548 sowie §§ 550, 562 bis 562 d, 566–567b, 570 und § 552 I, § 554 I–IV und § 569 II entspr anzuwenden. Sind die Räume zum Aufenthalt von Menschen bestimmt, gilt außerdem § 569 I. Wohnräume dienen reinen Wohnzwecken, wozu generell die Führung des Haushalts, des Kochens, des Waschens, des Duschens (Badens), des Schlafens, des Beisammenseins und etwa bei Schriftstellern oder Lehrern die zusätzliche Berufausübung gehört (KK-Mietrecht/*Harsch* Rn 53). Unter einem Wohnraum ist der lichte (umbaute) Raum in einem Gebäude vom Boden bis zur Decke mit den vier oder mehr Wänden zu verstehen (Celle WE 92, 48). Geschäftsräume sind alle Räume, die zu anderen als Wohnzwecken (geschäftlichen Zwecken) angemietet werden (etwa Ladenräume, Lagerräume, Büros, Arztpraxen, Kanzleien, Garagen). Dazu zählt jede Tätigkeit, die auf Erwerb ausgerichtet ist (BGH WuM 85, 288; Köln WuM 96, 266).

Ob **Wohn- oder Gewerberaummiete** anzunehmen ist, ist elementar: Bei einem gewerblichen Mietverhältnis finden vor allem die mieterschützenden Vorschriften keine Anwendung; außerdem unterfallen Formularverträge über Gewerberaummietverhältnisse nur teilweise §§ 305 ff. Welches Recht anzuwenden ist, richtet sich danach, ob nach dem jeweils **vereinbarten Zweck** der Verträge die Mieträume zum Zweck des privaten Aufenthalts des Mieters selbst (oder seiner nächsten Angehörigen) überlassen werden (BGH ZMR 85, 228; ZMR 81, 332). Auch wenn der Mieter die Nutzungsart ändert, bleibt die bestimmte Nutzungsart für das

Mietverhältnis und seine Abwicklung bestimmend (Ddorf OLGReport Ddorf 04, 226, 227; Celle ZMR 99, 470). Kein Mietverhältnis über Wohnraum ist anzunehmen, wenn der Mieter Räume, die zwar zu Wohnzwecken geeignet und letztlich auch so genutzt werden, von vornherein nicht zum eigenen Wohnen, sondern zur Weitervermietung anmietet. Das gilt auch für den Fall, dass ein gemeinnütziger Verein, der satzungsgemäß keine eigenen wirtschaftlichen Interessen verfolgt, zum Wohnen geeignete Räume zum Zweck der Untervermietung an Dritte anmietet (BVerfG WuM 85, 335; Hburg ZMR 99, 108). Werden Räume ausschl zum Zweck der Weitervermietung angemietet, ist das Mietverhältnis zwischen Vermieter und Zwischenvermieter gewerblich (BGH ZMR 82, 340). Mieten Firmen oder Behörden Räume oder Gebäude zu Wohnzwecken für ihre Betriebsangehörigen an, handelt es sich um Wohnraummietverhältnisse (LG München I ZMR 74, 49; s auch BGH MDR 81, 752). Ein gewerbliches Mietverhältnis zwischen Eigentümer und Firma liegt aber vor, wenn die Firma an ihre Betriebsangehörigen weitervermietet (BayObLG WuM 95, 645). Der Mietvertrag mit einer Botschaft ist Gewerberaummiete (KG KGReport 05, 846).

14 **b) Mischmietverträge.** Ein Mischmietvertrag ist anzunehmen, wenn durch einen einheitlichen Vertrag Wohn- und gleichzeitig Geschäftsräume vermietet werden. Ein Mischmietvertrag kann auch dann vorliegen, wenn eine Wohnung zusammen mit einer Garage (s Rn 7) vermietet wird oder wenn ein Mieter einen Teil der Räume vereinbarungsgemäß selbst bewohnt und einen anderen Teil untervermietet (Stuttg NJW 86, 322). Für Mischmietverträge gelten entweder die Vorschriften über die Wohnraummiete oder die Vorschriften über die Geschäftsraummiete. Es findet immer nur das eine oder das andere Recht Anwendung; eine Aufspaltung, dass wegen der zu Wohnzwecken genutzten Räumlichkeiten Wohnraummietrecht und wegen der übrigen Räumlichkeiten Geschäftsraummietrecht anzuwenden wäre, ist nicht möglich (BGH ZMR 86, 278). Bei der Frage, ob das soziale Mietrecht auf Mischmietverträge anzuwenden ist, ist darauf abzustellen, ob die gewerbliche Nutzung oder diejenige zu Wohnzwecken überwiegt (BGH ZMR 86, 278; MDR 79, 394; 77, 745). Das Verhältnis der Wohnfläche zu der gewerblich genutzten Fläche ist ebenso von untergeordneter Bedeutung wie der jeweilige Mietwert (BGH ZMR 86, 278; Schlesw NJW 83, 49). Besteht die Mietsache aus einem kleinen Laden und einer großen Wohnung, ist das Mietverhältnis dennoch als Geschäftsraummietverhältnis zu bewerten, wenn der Mieter aus dem Betrieb des Ladens seinen Lebensunterhalt bestreitet (KG GE 95, 1205). Umgekehrt liegt Wohnraummiete vor, wenn die gewerbliche Tätigkeit des Mieters ggü dem Wohnen von untergeordneter Bedeutung ist. Ist ein ganzes Haus vermietet, das aus mehreren Wohnungen besteht, von denen der Mieter eine selbst bewohnt und die anderen untervermietet, hängt die Zuordnung davon ab, ob es dem Mieter in erster Linie darauf ankommt, für sich selbst eine Wohnung zu schaffen, oder ob die Anmietung mit anschließender Untervermietung zum Zwecke der Einkommenserzielung erfolgt (Stuttg NJW 86, 322). Überwiegt der Wohngebrauch, gilt insgesamt das Recht der Wohnraummiete und umgekehrt (*Sternel* I Rn 154). Bei der Gleichwertigkeit von Wohn- und Gewerbezwecken ist **Wohnraummiete** anzunehmen. Sind gewerbliche Räume und Wohnräume auf Grund eines einheitlichen Vertrags vermietet und steht es dem Mieter frei, ob und in welchem Umfang er die Räume zu Wohnzwecken nutzt, setzt die Anwendung von Wohnraummietrecht voraus, dass die Räume tatsächlich ganz oder überwiegend zu Wohnzwecken genutzt werden (Köln WuM 96, 266).

15 **6. Raummietverhältnis.** Der Begriff des Raummietverhältnisses nach § 580 a I umfasst alle Räume, die nicht Wohn- oder Geschäftsräume sind; Plätze sind keine Räume (BGH LM Nr 31 zu § 581). Im Hinblick auf den bauordnungsrechtlich definierten Begriff des Gebäudes als bauliche Anlage ergibt sich, dass der Raum mit dem Erdboden verbunden oder zumindest vom Verwendungszweck ortsfest sein muss, so dass bspw Wohn- und Gerätewagen oder Schiffsräume keine Räume sind. Zu **Wohncontainern** s Ddorf WuM 92, 111. Auf die Raummiete sind neben § 580 a I alle Vorschriften der Gewerberaummiete anwendbar.

16 **7. Allgemeine Geschäftsbedingungen.** Werden bei einem Mietvertrag, insbes bei der Wohnraummiete, allgemeine Geschäftsbedingungen genutzt, gelten §§ 305–310 (s dazu § 307 Rn 24). Auch im Mietrecht sind Geschäftsbedingungen nach ihrem objektiven Inhalt und typischen Sinn einheitlich so auszulegen, wie sie von verständigen und redlichen Vertragspartnern unter Abwägung der Interessen der normalerweise beteiligten Verkehrskreise verstanden werden, wobei die Verständnismöglichkeiten des durchschnittlichen Vertragspartners des Verwenders zu Grunde zu legen sind (BGH ZMR 05, 934, 935; 04, 662, 664 mwN). Nachträgliche mündliche Individualvereinbarungen haben auch vor Schriftformklauseln in Formularverträgen über langfristige Gewerberaummietverhältnisse Vorrang. Die Parteien sind nicht gehindert nach Abschluss des Mietvertrages die Schriftformklausel zu ändern (BGH ZMR 06, 104, 105).

17 **II. Abschluss. 1. Allgemeines.** Ein Mietvertrag kommt – wie jeder andere schuldrechtliche Vertrag auch – grds (s aber Rn 24) durch Angebot und Annahme zustande, §§ 145 ff. Ist eine der Parteien geschäftsunfähig, muss sie also vertreten werden (zB gemeinsam durch die Eltern oder einen Betreuer, LG Berlin ZMR 00, 297; ggf ist die **Genehmigung** des Vormundschaftsgerichts gem § 1822 Nr 5 erforderlich; s dazu *Lengler* in Schmid, Miete und Mietprozess, Teil 1 D Rn 44 ff). Der Mietvertrag beginnt an dem vertraglich bestimmten Tag. Zum Abschluss eines Mietvertrages ist eine **Einigung über alle wesentlichen Vertragsbedingungen** notwendig. Dazu gehören insbes die Mietsache sowie die Dauer und die Parteien des Mietverhältnisses (BGH NJW 02,

3389, 3391; 00, 354, 356). Ferner, dass die Mietsache gegen Entgelt zum Gebrauch überlassen werden soll. Die Mietsache muss individuell bestimmt oder zumindest bestimmbar sein (BGH ZMR 02, 905, 906). Eine Vertragspartei ist durch eine abstrakte Beschreibung hinreichend bestimmt, wenn ihre Ermittlung dadurch möglich ist. Im Übrigen ist die Mietsache nur dann hinreichend bezeichnet, wenn es dem Erwerber anhand des Mietvertrages möglich wäre festzustellen, welche Räume vermietet worden sind (BGH GE 06, 184). Der Hinweis auf ein bestimmtes Geschoss genügt nicht, wenn dort nicht alle Wohneinheiten vom Mietvertrag umfasst sind (Rostock OLGReport Rostock 05, 990, 991). Die Einigung über eine Miete in bestimmter Höhe ist **nicht notwendig** (BGH ZMR 92, 237, 238). Fehlt eine Regelung, muss kein unentgeltliches Geschäft, zB Leihe (§ 598), vorliegen (BGH ZMR 03, 415, 416). Wurde die Entgelthöhe offen gelassen, war gleichwohl aber eine Bindung gewollt, ist die Lücke entweder über eine ergänzende Vertragsauslegung oder über analoge Anwendung der §§ 612 II, 632 II zu schließen (BGH ZMR 03, 415, 416); dies führt zu einer angemessenen oder ortsüblichen Miete (BGH ZMR 02, 895, 897; 97, 501; 92, 237, 238), also einer Miete, die für vergleichbare Objekte bei einem Neuabschluss üblicherweise gefordert und gezahlt wird (BGH ZMR 92, 237, 239; 75, 300). Die angemessene Miete wird sich möglicherweise nicht mit einem einzigen Betrag, sondern nur als ein aus Höchst- und Mindestbetrag gebildeter **Rahmen** bestimmen lassen. Ergibt die Vertragsauslegung, dass die Miete gem §§ 315, 316 nach billigem Ermessen zu bestimmen ist, ist eine Bestimmung verbindlich, wenn sie sich innerhalb dieses Rahmens hält. Einigen sich die Parteien nicht über alle von ihnen als regelungsbedürftig angesehenen Punkte, wird kein Vertrag in Form eines entgeltlichen Nutzungsvertrags geschlossen (BGH NJW-RR 00, 382, 383). Angaben zur Größe der Wohnfläche sind nicht notwendig, um die Mietsache zu umreißen. Benennen die Parteien aber die Wohngröße, ist zu vermuten, dass sie diese **verbindlich** festlegen wollen (BGH GE 05, 1349, 1350). Soll das vermietete werden, ist keine Größe zu nennen oder klarzustellen, dass die Größenangabe unverbindlich ist. Weist eine gemietete Wohnung eine Wohnfläche auf, die erheblich unter der im Mietvertrag angegebenen Fläche liegt, kann dieser Umstand einen Mangel der Mietsache darstellen (BGH GE 05, 1120; ZMR 04, 500; 04, 495). Die vereinbarte Fläche ist Teil der vertraglich festgelegten **Sollbeschaffenheit** der Mietsache (s dazu Rn 84).

2. Vorvertragliche Aufklärungspflichten. a) Grundsätze. Dem Vermieter obliegt grds eine **vorvertragliche Aufklärungspflicht** ggü dem (künftigen) Mieter hinsichtlich derjenigen Umstände und Rechtsverhältnisse mit Bezug auf die Mietsache, die – für den Vermieter erkennbar – von besonderer Bedeutung für den Entschluss des Mieters zur Eingehung des Vertrages sind und deren Mitteilung nach Treu und Glauben erwartet werden kann (BGH ZMR 04, 653, 654; 00, 508, 513; s auch *Sternel* I Rn 254 ff). Bestehen und Umfang der Aufklärungspflicht richtet sich nach den Umständen des Einzelfalls, insbes nach der Person des Mieters und dessen für den Vermieter erkennbarer Geschäftserfahrenheit oder Unerfahrenheit (BGH ZMR 04, 653, 654; BGHZ 96, 302, 311). Ungefragt braucht ein Vermieter bei Vertragsschluss auch nicht über Mietverhältnisse mit früheren Mietern aufzuklären. Grds obliegt es dem Mieter, Erkundigungen einzuholen. Die Verpflichtung des Vermieters zur ungefragten Aufklärung über negative Umstände besteht nur in außergewöhnlichen Fallgestaltungen (Ddorf v 21. 6. 05 – 24 U 85/04). Der Vermieter ist auch nicht gehalten, dem Mieter das Vertragsrisiko abzunehmen und dessen Interessen wahrzunehmen: Der Mieter muss selbst prüfen und entscheiden, ob der beabsichtigte Vertrag für ihn von Vorteil ist oder nicht. Es ist seine Sache, sich umfassend zu informieren und zu klärungsbedürftigen Punkten in den Vertragsverhandlungen Fragen zu stellen. Unterlässt er dies, hat er keinen Anspruch auf Schadensersatz (BGH ZMR 04, 653, 654; NJW 87, 909, 910). Stellt der Mieter Fragen (s dazu auch Rn 28) oder macht der Vermieter von sich aus Aussagen in Bezug auf die Mietsache, müssen die Angaben aber richtig und vollständig sein (BGH ZMR 04, 653, 654; NJW-RR 97, 144).

b) Vorauszahlungen. Der Vermieter ist grds nicht verpflichtet, Vorauszahlungen auf die umlegbaren Nebenkosten so zu kalkulieren, dass sie etwa kostendeckend sind. Eine Pflichtverletzung des Vermieters im Zusammenhang mit der Vereinbarung von Vorauszahlungen bei Vertragsschluss ist aber zu bejahen, wenn **besondere** Umstände gegeben sind (BGH ZMR 04, 347, 348; Ddorf WuM 00, 591). Solche besonderen Umstände können etwa zu bejahen sein, wenn der Vermieter dem Mieter bei Vertragsschluss die Angemessenheit der Nebenkosten ausdrücklich zugesichert oder diese bewusst zu niedrig bemessen hat, um den Mieter über den Umfang der tatsächlichen Mietbelastung zu täuschen und ihn auf diese Weise zur Begründung eines Mietverhältnisses zu veranlassen (BGH ZMR 04, 347, 348; LG Frankf ZMR 79, 112).

III. Form. Eine Schriftform ist bei Mietverträgen nicht erforderlich. Allerdings kann sich aus anderen Vorschriften die Notwendigkeit ergeben, Mietverträge schriftlich abzusetzen oder notariell zu beurkunden, zB aus § 311 b. Nur für die Wohnraummiete und Gewerberaummiete folgt eine Besonderheit aus §§ 550, 578, wenn der Mietvertrag für längere Zeit als ein Jahr geschlossen werden soll (s § 550 Rn 2). Wird die Form nicht gewahrt, ist der Vertrag aber nicht nichtig, sondern gilt gem § 550 S 2 als auf unbestimmte Zeit geschlossen. Die Parteien können die Schriftform allerdings gem § 127 als Wirksamkeitsvoraussetzung für den Mietvertrag vereinbaren. Eine solche Abrede kann sich zB aus dem Austausch schriftlicher Vertragsentwürfe oder der Herstellung einer Vertragsurkunde, insbes wenn diese eine Schriftformklausel enthält, schlüssig ergeben. Nach § 154 II kommt der Mietvertrag in diesem Fall im Zweifel mit Erstellung und Unterzeichnung der Urkunde zustande.

21 Ein Mietvertrag kann auch **konkludent** (schlüssig) geschlossen werden (BGH GE 05, 1121, 1122 = ZMR 05, 781, 782; WuM 98, 767; Ddorf ZMR 06, 35); zu **Änderungen** des Mietvertrages s *Artz* ZMR 06, 165 ff). Das ist zB anzunehmen, wenn der Vermieter einer Person für längere Zeit Wohnraum überlässt und dafür Miete entgegen nimmt oder fordert (BVerfG ZMR 96, 120, 121; LG Berlin ZMR 01, 32, 33; LG Berlin GE 93, 267). Ein konkludenter Eintritt liegt auch dann vor, wenn der Ehegatte im eigenen Namen Willenserklärungen ggü der Hausverwaltung abgibt und den Schriftverkehr im eigenen Namen führt, die Wohnung jahrelang allein nutzt, Miete zahlt, Schönheitsreparaturen ausführt, die Kündigung des Mietverhältnisses erklärt und eine geleistete Mietkaution „zurückfordert" (BGH NZM 05, 659, 660). Ohne Bedeutung ist, ob der neue Mieter eine vertragliche Verpflichtung begründen wollte. Trotz fehlenden **Erklärungsbewusstseins** (s § 119 Rn 21) liegt eine Willenserklärung vor, wenn der Erklärende bei Anwendung der im Verkehr erforderlichen Sorgfalt hätte erkennen und vermeiden können, dass seine Äußerung nach Treu und Glauben und der Verkehrssitte als Willenserklärung aufgefasst werden durfte, und wenn der Empfänger sie auch tatsächlich so verstanden hat (BGH NZM 05, 659, 660; NJW 90, 454 mwN).

22 **IV. Bevollmächtigung und Vertretung.** Sowohl Vermieter als auch Mieter können beim Vertragsschluss vertreten sein (s bereits Rn 17). HM nach ist aber – außer bei Eheleuten (Ddorf ZMR 00, 210; Schlesw ZMR 93, 69; s Rn 60) – nur die **offene Stellvertretung** zulässig. Wird nicht deutlich, für wen der Vertreter handeln wollte, kommt gem § 164 II der Vertrag mit dem Vertreter zustande (KG MDR 98, 529; LG Berlin ZMR 87, 96). Für eine Kündigung, die in fremdem Namen erfolgt, ist nicht nur Bestehen, sondern auch Vorlage der Vollmacht an den Erklärungsempfänger sinnvoll. Legt der Bevollmächtigte die Vollmachtsurkunde mit der Erklärung nicht vor, kann sie der Empfänger nämlich unverzüglich gem § 174 S 1 zurückweisen (BGH NJW 02, 1194; LG Berlin WuM 86, 331). Erteilt werden kann die Vollmacht formlos.

23 **V. Zwang zum Vertragsabschluss. 1. Allgemeines.** Grds sind die mit dem Ziel eines Vertragsschlusses verhandelnden Parteien wegen des Grundsatzes der Vertragsfreiheit (Art 2 I GG, § 305) bis zum Vertragsschluss in ihrem Entscheidungsspielraum nicht eingeschränkt. Dies gilt selbst dann, wenn einer der Beteiligten in Erwartung des angestrebten Vertragsschlusses bereits Aufwendungen gemacht hat, die sich im Falle des Scheiterns der Verhandlungen als nutzlos erweisen (BGH NJW-RR 89, 627 mwN; Ddorf ZMR 00, 203). Ein Zwang zum Vertragsabschluss kann sich aber aus einem **Mietvorvertrag** (BGH ZMR 93, 55, 56; s Rn 3) oder einer **Nachfolgeklausel** (zum Nachmieter s Rn 64) ergeben. Die vom Vermieter in Vertragsverhandlungen erteilte, aber nicht eingehaltene Zusage kann eine Haftung aus § 311 II begründen (BGH WuM 67, 788). Einen **gesetzlichen Abschlusszwang** gibt es im Verfahren nach § 5 II HausratsV. Die Zuweisung einer genossenschaftlich gebundenen Wohnung an den Ehegatten, der nicht der Genossenschaft angehört, führt dabei nicht zu einer unverhältnismäßigen, die Sozialbindung überschreitenden Beschränkung des Eigentumsrechts (BVerfG ZMR 92, 18). § 5 II HausratsV ist aber nicht analog auf nichteheliche Lebensgemeinschaften (s Rn 61) anwendbar (Hamm WuM 05, 571 mwN; aA LG München I NJW-RR 91, 834).

24 In Ausnahmefällen kann sich aus § 826 ein Abschlusszwang ergeben. Dies ist anzunehmen, wenn der Vermieter eine **Monopolstellung** hat, eine Vermietung aber ohne sachlichen Grund ablehnt, obwohl der Mietinteressent auf die Mietsache angewiesen ist und sie anderweitig nicht oder nur unter unzumutbaren Erschwerungen erhalten kann (RGZ 133, 388, 392). Eine Anschluss- und Versorgungspflicht besteht in der Wasserversorgung ggü dem Grundstückseigentümer (BGH ZMR 03, 566, 568). Auf den Abschluss von Versorgungsverträgen unter gleichzeitiger Entlassung des Vermieters aus seinem Vertragsverhältnis hat der Mieter keinen Anspruch (s noch Rn 60). Der **marktbeherrschende Vermieter** ist nicht nur verpflichtet, den aktuellen Bedarf auf dem Wege der Ausschreibung zu ermitteln. Wenn er entspr Flächen vermietet, darf er den Marktzutritt für aktuelle und potenzielle Wettbewerber des Mieters nicht für einen längeren Zeitraum als fünf Jahre blockieren; zw. Er muss die Räumlichkeiten in entspr Abständen neu ausschreiben (BGH ZMR 03, 651, 653).

25 **2. Schadensersatz.** Eine Ersatzpflicht kann auf Grund der beiderseitigen Verpflichtung zur gegenseitigen Rücksichtnahme dann bestehen, wenn eine der Parteien die Verhandlungen **ohne triftigen Grund** abbricht, nachdem sie in zurechenbarer Weise bei dem anderen Teil Vertrauen auf das Zustandekommen des Vertrages geweckt hat, wenn also nach dessen Vorstellungen die Annahme gerechtfertigt war, es werde mit Sicherheit zum Abschluss kommen (BGH NJW-RR 89, 627 mwN; ZMR 77, 149; Ddorf ZMR 00, 203). Eine Haftung ist zu verneinen, wenn der „Mieter" mangels konkreter Einigung über den wesentlichen Inhalt der beabsichtigten vertraglichen Regelung noch mit einem Scheitern der Verhandlungen rechnen musste, so dass gleichwohl getätigte Aufwendungen seinem eigenen Risikobereich zuzuordnen sind (Ddorf NJW-RR 88, 988). Stellt jemand zB einen in Aussicht genommenen „Mieter" den Vertragsabschluss als sicher dar und gestattet er ihm schon die Bebauung, kann sich eine Schadensersatzpflicht ergeben, wenn der Vertrag zu wesentlich neuen Bedingungen später scheitert (LG München II ZMR 66, 328). Ein Vertrauensschutz ist aber noch nicht gegeben, wenn der Vermieter eine Vollmacht für einen Zeugen unterzeichnet, um beim Bauamt Einsicht in Akten zu nehmen oder Freihandskizzen gefertigt und dem Mieter vorgelegt werden oder wenn der Vermieter mitteilt, ein Mietvertrag werde unterzeichnet, wenn alle behördlichen Genehmigungen erteilt seien.

VI. Änderungen des Vertragsinhalts und Gestaltungsfreiheit. Grds kann ein Mietvertrag nur wieder vertraglich geändert werden. Bei einem Mietverhältnis über Räume und über Wohnräume gibt es aber Einschränkungen. So muss zB der Wohnraummieter ggf Maßnahmen zur Verbesserung der Mietsache dulden (§ 554) oder einer Erhöhung der Miete zustimmen (§§ 558 ff). Der Vermieter kann uU auch einseitig die Miete verändern (s § 557 Rn 8). Die privatautonome Gestaltungsfreiheit der Vertragsparteien wird im Übrigen vor allem für Wohnraummietverhältnisse durch eine größere Zahl zwingender Vorschriften in §§ 549 ff und durch §§ 305 ff begrenzt. 26

VII. Informationspflichten. 1. Grundsatz. Der Mieter braucht den Vermieter bei den Vertragsverhandlungen grds **nicht ungefragt** über seine Familien-, Eigentums- und Vermögensverhältnisse **aufzuklären** (*Horst/Fritsch* Teil 1 B. Rn 43; *Harsch* MietRB 04, 133; aA AG Gießen ZMR 01, 894; s auch *Sternel* I Rn 242). Anders verhält es sich ausnahmsweise, wenn der Mieter zB arbeitslos ist und die Miete von vornherein nur mit Hilfe des Sozialamts aufzubringen vermag (*AG Frankf* ZMR 88, 342) oder wenn er sich in der **Insolvenz** (s auch Rn 53) befindet (LG Bonn v 16.11.05 – 6 T 312/05; *Emmerich* NZM 98, 693, 695). 27

2. Fragen. Fragen nach dem Rauchverhalten des Mieters (LG Stuttg NJW-RR 92, 1360), seinem Familienstand und Einkommensverhältnissen sind unbedenklich (LG Landau ZMR 85, 127; LG Mannheim ZMR 90, 303; LG Köln ZMR 84, 278) und richtig zu beantworten. Umstritten ist hingegen, ob der Vermieter auch nach früheren Mietverträgen des Mieters oder nach der Anschrift des letzten Vermieters fragen darf. Richtiger Ansicht nach sind auch diese Fragen möglich. Unzulässig sind hingegen Fragen nach intimen Verhältnissen des Mieters (AG Nürnbg WuM 84, 295), nach der Religionszugehörigkeit, nach der Zugehörigkeit zu Vereinen und Parteien oder nach der Absicht, zu heiraten oder Kinder zu bekommen. Zulässig sind aber Fragen nach Alter, Geburtsjahr oder Familienstand. 28

3. Anfechtung. Eine arglistige Täuschung iSv § 123 I liegt in zwei Fällen vor: Bei der unrichtigen Beantwortung zulässiger Fragen (LG Mannheim ZMR 90, 303; LG München II WuM 87, 379). Und bei der unterlassenen Aufklärung des anderen Vertragsteils über für diesen wichtige Punkte entgegen einer **Aufklärungspflicht** (s Rn 18) in Kenntnis des Umstands, dass der andere bei zutreffender Information den Vertrag überhaupt nicht oder jedenfalls nicht so wie geschehen abgeschlossen hätte. Unrichtige Antworten des Mieters auf unzulässige Fragen geben dem Vermieter hingegen kein Anfechtungsrecht. 29

VIII. Hauptpflichten der Mietvertragsparteien. Gem § 535 I 1, 2 sind **Hauptpflichten** des Vermieters **Überlassung** (s Rn 68) und **Erhaltung** (s dazu Rn 83) der **Mietsache** (s Rn 71) in einem vertragsgemäßen Zustand. **Hauptpflicht** des Mieters ist nach § 535 II Zahlung der Miete (s Rn 113). Die Pflicht zur Tragung der Lasten, § 535 I 3, ist eine besonders benannte Nebenpflicht des Vermieters (s dazu Rn 96). Die Parteien können vereinbaren, dass den Vermieter weitere Pflichten treffen sollen, zB ein Frühstück anzubieten. Soweit es bei einem derart gemischten Vertrag um die Gebrauchsüberlassung geht, ist Mietrecht anwendbar (BGH NJW 63, 1449). 30

IX. Unbenannte Nebenpflichten der Vertragsparteien. Die jeweiligen Nebenpflichten richten sich nach dem Mietvertrag. Fehlt es an ausdrücklichen Regelungen, ist vor allem die Art der Mietsache maßgeblich. Neben den im Folgenden näher ausgeführten Nebenpflichten treffen den Vermieter etwa die Gewährleistung für Sach- und Rechtsmängel (§§ 536–536 d), die Pflicht, Aufwendungen des Mieters zu ersetzen (§ 536 a II, 539 I) und die Wegnahme von Einrichtungen zu dulden (§ 539 II). Für den Mieter sind vor allem die Anzeigepflicht von Mängeln (§ 536 c I 1), die Duldungspflicht ggü Modernisierungsmaßnahmen (§ 554 II) und die Schadensminderungspflicht (§ 536 c) und die Rückgabepflicht (§ 546) zu nennen. 31

1. Nebenpflichten des Vermieters. a) Schutzpflichten (Störungsschutz). Den Vermieter treffen für die Mietsache **Schutzpflichten**. Zu diesen Pflichten gehören vor allem die Verkehrspflichten (s Rn 34), die Gebrauchs- und Erhaltungspflicht (s Rn 83) sowie ggf ein Konkurrenzschutz (s Rn 35). Der Mieter genießt außerdem Schutz vor **Störungen Dritter** (etwa die bei Belästigung des Hausfriedens oder Immissionen, zB Gerüche oder Geräusche) und Schutz vor **Störung** von **Mitmietern**, die ihn in seinem vertragsgemäßen Mietgebrauch beeinträchtigen (KG NZM 03, 27 = GE 01, 1603; Ddorf ZMR 01, 706, 707; LG Berlin NZM 01, 207; AG Schöneberg GE 01, 211, 213). Der Mieter kann nach § 535 I 1 vom Vermieter eine von Dritten und von Mitmietern **ungestörte Gebrauchsgewährung** verlangen (BGH ZMR 04, 335, 336 mwN). Denn die dem Vermieter obliegende Verpflichtung, den Gebrauch der Mietsache zu gewähren, beschränkt sich nicht auf ein bloßes Dulden. Sie umfasst auch die Pflicht, notfalls **aktiv tätig** zu werden, um dem Mieter den vertragsgemäßen Gebrauch der Mietsache zu ermöglichen (BGHZ 19, 85, 93; Naumbg ZMR 00, 290, 291; Kobl ZMR 93, 68). Gegen durch Dritte verursachte Gebrauchsbeeinträchtigungen – die einen Mangel im Mietgebrauch darstellen – hat der Vermieter grds in den Umständen nach erforderlichem und zumutbarem Umfang **Schutzvorkehrungen** zu treffen; auf die Ausübung von eigenen Abwehrrechten, etwa auf Grund des Besitzrechtes, kann er den Mieter nicht verweisen (KG NZM 03, 27 = GE 01, 1603; *Sternel* II Rn 103). Eine Gewährleistungspflicht trifft den Vermieter aber nicht, wenn der Mieter für das Entstehen oder vertraglich für dessen Vermeidung selbst verantwortlich ist (BGHZ 38, 295). Zur Videoüberwachung s *Huff* JuS 05, 896. 32

33 Die Feststellung einer Störung zum vertragsgemäßen Gebrauch (s dazu Rn 39) ist häufig schwierig. ZB sind „normale Geräusche" hinzunehmen, Lärmbelästigungen innerhalb der ortsüblichen Ruhezeiten haben hingegen zu unterbleiben. Gegen Dritte hat der Mieter die Besitzstörungsklage (§§ 862, 865), Schadensersatzansprüche (§ 823), aber keinen nachbarrechtlichen Ausgleichsanspruch analog § 906 II (BGH ZMR 04, 335, 336). Weitere **allgemeine Schutzpflichten** sind der Schutz Dritter, die mit der Mietsache in Berührung kommen (s vor §§ 328 bis 338 Rn 5 ff), sowie Prüfungspflichten, zB der Gas- und Stromleitungen oder des Aufzuges. Die Wasser- und Abwasserrohre müssen aber nicht regelmäßig kontrolliert werden, sofern sich keine Unregelmäßigkeiten zeigen (AG Menden ZMR 99, 34; s weiter Rn 83 ff). Der Wohnraummieter hat insoweit die Pflicht, notwendige Instandsetzungs- und Modernisierungsarbeiten zu dulden, vgl zB § 554.

34 **b) Verkehrspflichten.** Den Vermieter treffen für die Mietsache (das sind bei Wohngebäuden neben dem Haus zB Balkontrennwände, Dach und Dachziegel, Fassade, Treppenhaus, Treppengeländer, Keller, Eingänge, tragende Wände, Fenster, Türen und Fahrstühle, Fußböden, Schächte, Heizungsanlagen, Garagen, Schuppen, Spielplätze, Beleuchtungen, gemeinschaftliche Flächen und ggf öffentliche Straßenflächen) grds die **Verkehrspflichten** (auch Verkehrssicherungspflichten genannt). Für die **Innenräume** treffen hingegen den Mieter die Verkehrspflichten. Unter einer Verkehrspflicht versteht man ua die allgemeine Rechtspflicht, im Verkehr eine Gefährdung anderer auszuschließen, die sich aus der bestimmungsgemäßen oder nicht ganz fern liegenden bestimmungswidrigen Benutzung einer Sache ergeben kann (s § 823 Rn 2 ff; *Elzer* MietRB 05, 219). Die Verkehrspflicht für ein Grundstück beruht nach hM überwiegend auf dem Gedanken, dass jeder, der einen Verkehr eröffnet und eine Gefahrenquelle schafft, notwendige Schutzvorkehrungen zu treffen hat, damit anderen kein Schaden daraus entsteht (BayObLG ZWE 01, 423; ZMR 00, 470, 471; Hamm ZMR 04, 511, 512). Diese allgemeine Rechtspflicht besteht neben den Verpflichtungen, die ihm vielfach gem Schutzgesetz zB durch Polizeiverordnungen über Beleuchtung, Streupflicht und dergleichen besonders auferlegt sind, und auch neben evtl vertraglichen Schutzpflichten (BGHZ 5, 378, 380). Im Falle der Zwangsverwaltung treffen die Verkehrspflichten nach §§ 152, 148 II ZVG den **Zwangsverwalter** (Hamm ZMR 04, 511, 512). Ist ein Grundstück gem § 1 V WEG **Gemeinschaftseigentum**, sind der Verband Wohnungseigentümergemeinschaft und die Eigentümer verkehrspflichtig (*Elzer* ZMR 06, 228, 229; aA München ZMR 06, 226, 227: **allein** der Verband); daneben ist ggf **auch** der Verwalter verpflichtet (*Demharter* ZWE 06, 44, 45; skeptisch *Elzer* ZMR 06, 228, 230). Zu den Verkehrspflichten gehören zB die Pflicht zum Schneeräumen, zur Beseitigung von Eis oder von nassen Blättern.

35 **c) Konkurrenzschutz; vertragsimmanenter Konkurrenzschutz.** Der Vermieter kann dem gewerblichen Mieter Konkurrenzschutz schulden. Ein **vertraglich geschuldeter Konkurrenzschutz** erstreckt sich im Zweifel auch auf ein Nachbargrundstück, wenn dieses dem Vermieter gehört (LG Chemnitz ZMR 02, 350; zu den Grenzen s Köln MietRB 05, 258). Unter Berücksichtigung der Umstände des Einzelfalls ist eine Konkurrenzschutzklausel iS eines umfassenden Konkurrenzschutzes zu werten. Das gilt bei Vermietungen zum Betrieb eines Supermarkts im Verhältnis zu im Einkaufszentrum befindlichen Einzelhandelsgeschäften jedenfalls dann, wenn die Artikel des Supermarkts das Angebot eines Fachgeschäftes ganz oder zu einem erheblichen Teil mit abdecken (Celle ZMR 92, 448, 449). Bei sachgerechter Auslegung einer Konkurrenzschutzklausel ist nicht auf das breit gefächerte Warenangebot des Supermarkts, sondern auf die Überschneidung der dort geführten Artikel mit dem Fachsortiment des Einzelhandelsgeschäfts abzustellen.

36 Auch ohne Bestehen besonderer vertraglicher Regelungen hat der Vermieter die Pflicht, den Mieter gegen Konkurrenz im selben Hause zu **schützen**, sofern der besondere geschäftliche Gebrauchszweck im Mietvertrag hervorgehoben oder dem Vermieter in sonstiger Weise bekannt ist (BGH ZMR 79, 311; 79, 171; 78, 210; Ddorf ZMR 02, 38, 39). Dieser sog **vertragsimmanente Konkurrenzschutz** ist ggü dem vertraglich zugesicherten Konkurrenzschutz insoweit eingegrenzt, als der Vermieter nicht gehalten ist, dem Mieter jeglichen unliebsamen Wettbewerb fern zu halten. Vielmehr ist abzuwägen, inwieweit Treu und Glauben unter Berücksichtigung der Belange der Parteien der Schutz vor Konkurrenz geboten ist, um dem Mieter den vertragsgemäßen Gebrauch der Mietsache auch weiterhin zu gewährleisten (BGH ZMR 85, 374; Hamm ZMR 97, 581, 582; KG MietRB 05, 66). Ein derartiger Schutz wurde von der Rspr vor allem für Einzelhandelsgeschäfte, aber auch für freie Berufe wie Ärzte oder Rechtsanwälte erwogen (BGH ZMR 89, 148; ZMR 78, 210; Köln ZMR 05, 861, 862). Ein vertragsimmanenter Konkurrenzschutzanspruch setzt voraus, dass ein bestimmter Geschäftszweck Vertragsgegenstand geworden und nach Treu und Glauben unter Berücksichtigung der berechtigten Belange beider Vertragspartner die Fernhaltung von Konkurrenz geboten erscheint. Im Zweifel ist **wettbewerbsfreundlich** zu entscheiden (Hamm ZMR 97, 581). Maßgebend ist darauf abzustellen, welchen Bestand der Mieter nach den bei Vertragsschluss erkennbaren Umständen erwarten konnte, wobei unter Berücksichtigung von Prioritätsgesichtspunkten Konkurrenzschutz idR nur der zuerst vorhandene im Verhältnis zu einem hinzukommenden Mieter beanspruchen kann. Der Mieter von Gewerbemieträumen in einem großen Einkaufszentrum hat ohne vertragliche Vereinbarung keinen Anspruch gegen den Vermieter auf Konkurrenzschutz innerhalb des Einkaufszentrums (KG MietRB 05, 66; Dresden MDR 98, 211).

37 **2. Nebenpflichten des Mieters. a) Vertragsgemäßer Gebrauch. aa) Gebrauchsrecht.** Von Gesetzes wegen hat der Mieter an der Mietsache ein **Gebrauchsrecht** (BGH ZMR 79, 238). Den Mieter trifft für die Mietsa-

che aber im Regelfall (s aber Rn 38) keine Abnahme- oder Gebrauchspflicht (Naumbg ZMR 00, 290; *Dittert/ Landvoigt* GE 05, 468). Der Mieter ist zum vertragsgemäßen Gebrauch der ihm vermieteten Sache also grds nur berechtigt, nicht verpflichtet; die Mietsache kann zB auch vor dem ursprünglich vorgesehenen Vertragsende zurückgegeben werden. Der Mieter kann die Mietsache ferner ganz oder teilweise unbenutzt lassen, auch wenn dies dem Interesse des Vermieters entgegenläuft; zur Zahlung der Miete bleibt er freilich verpflichtet (§ 537 I 1).

bb) Gebrauchs- und Betriebspflicht bei der Gewerberaummiete. Eine Gebrauchspflicht besteht bei der 38 Verpachtung **landwirtschaftlicher Grundstücke**, für die eine Bewirtschaftungspflicht des Pächters während der gesamten Pachtzeit besteht (§ 586 I 3). Eine Gebrauchs- und Betriebspflicht ist ausnahmsweise auch dann anzunehmen, wenn die Mietsache, zB ein gemietetes Reitpferd, durch Nichtgebrauch **offensichtlich** Schaden erleiden würde (s LG Hannover ZMR 93, 280). Eine Pflicht zum Betrieb seines Geschäfts in den Mieträumen besteht für den Mieter schließlich, wenn eine entspr – ausdrückliche oder zumindest konkludente (*Jendrek* NZM 00, 526, 527) – Vereinbarung getroffen wurde (BGH ZMR 93, 57, 58; 79, 238). Unter einer solchen **Betriebspflicht** (s dazu *Lützenkirchen* MietRB 06, 50 ff, auch zu einer Musterformulierung) idS ist die Verpflichtung des Mieters zu verstehen, die Mietsache während festgelegter Öffnungszeiten oder zumindest während bestimmbarer Zeiten geöffnet zu halten und entspr den vertraglichen Vereinbarungen zu nutzen (*Leo* MietRB 04, 21). Eine Betriebspflicht wird häufig in Gewerberaummietverträgen – auch formularmäßig (Rostock NZM 04, 460; *Leo* MietRB 04, 21) – vereinbart (BGH ZMR 93, 57, 61; Hburg ZMR 03, 254; Ddorf NZM 01, 131; *Hamann* ZMR 01, 581). In der bloßen Vereinbarung einer **Umsatzmiete** ist keine vereinbarte Betriebspflicht zu sehen (BGH NJW 79, 2351). Die Formularklausel in einem Gaststättenmietvertrag, die dem Mieter die Betriebspflicht während der gesamten Öffnungszeiten auferlegt, ist wirksam, auch wenn gleichzeitig der Konkurrenzschutz ausgeschlossen ist (BGH ZMR 93, 57, 58; KGReport 03, 315; Hburg GuT 03, 57; s aber auch Schleswig NZM 00, 1008). Eine Gebrauchs- oder Betriebspflicht kann sich bei Gewerberäumen im Übrigen auch nach Treu und Glauben (§ 242) aus besonderen Umständen ergeben (Köln NZM 02, 345; LG Lübeck NJW-RR 93, 78; LG Hannover ZMR 93, 280; *Michalski* ZMR 96, 527). Eine Betriebspflicht verpflichtet den Mieter, sein Geschäft während der gesamten Mietzeit iRd vertraglich vereinbarten Nutzungszwecks sowie der gesetzlichen und für die jeweilige Branche üblichen Öffnungszeiten mit einem entspr Waren- und/oder Dienstleistungsangebot für das Publikum offen zu halten und selbst und/oder mit Hilfe Dritter zu betreiben (*Hamann* ZMR 01, 581, 582). Vorübergehende Betriebseinstellungen, zB wegen Betriebsferien, Ruhetagen oder Inventuren sind zulässig. Haben die Parteien eine Betriebspflicht vereinbart, muss sich der Mieter im Falle seiner Verhinderung eines Dritten zu bedienen, auch wenn er den Betrieb aus gesundheitlichen Gründen nicht aufrechterhalten kann. Die Betriebspflicht entfällt auch dann nicht, wenn die Fortführung des Betriebes zur Folge hat, dass nur Verluste erwirtschaftet werden (Ddorf ZMR 04, 508). Die vertraglich vereinbarte Betriebspflicht soll aber mit **Ende** des Mietverhältnisses entfallen, selbst dann, wenn der Mieter trotz Beendigung des Vertrages das Objekt nicht räumt (Ddorf NZM 02, 131; ZMR 91, 181, 182; zw). Verstößt der Mieter gegen seine Gebrauchs- oder Betriebspflicht, kann der Vermieter neben Erfüllung Schadensersatz gem §§ 280 ff verlangen (Ddorf GuT 05, 56) oder nach § 543 II Nr 1 kündigen (BGH ZMR 93, 57, 61; Ddorf DWW 98, 85). Die Betriebspflicht ist mit einer Leistungsklage, ggf im Wege des einstweiligen Rechtsschutzes, durchzusetzen (Hburg GuT 03, 231 = WuM 03, 641; str).

cc) Vertragsgemäß. Der Mieter muss, soweit er die Mietsache nutzt, einen **vertragsgemäßen Gebrauch** ein- 39 halten (BGH ZMR 93, 263, 266; s für die Wohnraummiete §§ 541, 543 II Nr 1 und Nr 2), also einen Gebrauch, der entweder nach dem Mietvertrag oder den daneben geltenden gesetzlichen Regelungen (noch) zulässig ist. Die Grenzen, die ein Mieter bei der Nutzung der gemieteten Räume einzuhalten hat, ergeben sich aus dem **Vertragsverhältnis**, das häufig näher ausgestaltete Verhaltensregeln in Hausordnungen (s Rn 124) bereithält. Solche Regelungen werden auch zu Gunsten der jeweiligen Mitmieter getroffen und geben ihnen gem § 328 ein eigenes Recht, von den anderen Mietern die Einhaltung der Bestimmungen der Hausordnung zu verlangen (BGH ZMR 04, 335, 336). Eine Ausweitung des zulässigen Gebrauchs kann durch langjährige vertragswidrige Nutzung in Betracht kommen. Wird eine Wohnung vermietet, ergibt sich aus dem Vertragszweck, dass der Mieter grds nicht befugt ist, diese für gewerbliche Zwecke zu nutzen (LG Berlin NJW-RR 93, 907). Zum vertragsgemäßen Gebrauch gehört etwa, dass der Mieter Dübel setzen und Kacheln, insbes in Bädern und in der Küche, anbohren darf (BGH ZMR 93, 263, 266). Die **Grenze** für ein Gebrauchsrecht des Mieters ist das **verkehrsübliche Maß**. Soweit es der Vermieter etwa unterlassen hat, in einem Bad die Halterung für die üblichen Installationsgegenstände wie Spiegel, Konsole, Handtuchhalter anzubringen, ist der Mieter berechtigt, dies nachzuholen. Der Mieter überschreitet aber die Grenzen des ihm zustehenden vertragsgemäßen Gebrauchs bei Wohnraummiete und Standardmietverträgen, wenn er Dübellöcher in Wandfliesen bringt, die nicht durch die Notwendigkeit üblicher Befestigungsmöglichkeiten gerechtfertigt sind oder extrem stark raucht (AG Frankenberg ZMR 03, 848, 849; AG Cham ZMR 02, 761; AG Tuttlingen MDR 99, 992). Zu den Einzelheiten s § 543 Rn 13 f. Bei Vermietung eines Einfamilienhauses ist die Nutzung des Gartens auch ohne ausdrückliche Vereinbarung im Mietgebrauch eingeschlossen (Köln NJW-RR 94, 334); bei einem Mehrfamilienhaus muss dies im Zweifel vereinbart werden oder sich aus den Umständen ergeben (LG Aachen DWW 91, 22).

40 **b) Obhuts- und Sorgfaltspflichten. aa) Grundsatz.** Mieter treffen kraft Gesetzes mit Übergabe der Mietsache (nicht mit Unterzeichnung des Vertrages) **Obhuts- und Sorgfaltspflichten** (BGH ZMR 94, 63; RGZ 138, 192, 197; *Riecke* ZMR 04, 351; s für die Wohnraummiete § 543 II 1 Nr 2). Der Mieter darf die Mietsache durch Vernachlässigung der ihm obliegenden Sorgfalt nicht erheblich gefährden oder sie unbefugt einem Dritten überlassen. Eine Schädigung der Mietsache muss noch nicht eingetreten sein. Zur Obhut und Sorgfalt gehören allgemein die **pflegliche Behandlung** der Mietsache und die Beachtung der Bedienungsvorschriften. Die Mietsache ist sorgfältig zu behandeln, möglichst vor Beschädigungen zu schützen und nach Beendigung des Mietverhältnisses in ordnungsgemäßem Zustand zurückzugeben. Teil der Obhutspflicht können regelmäßige Kontrollen und kurzzeitige Handlungen sein (etwa heizen, reinigen oder lüften, *Dittert/Landvoigt* GE 05, 468, 472). Obhutspflichten verpflichten ferner dazu, Schäden oder notwendige Maßnahmen zum Schutz der Mietsache gegen eine nicht vorhergesehene Gefahr anzuzeigen, vgl § 536 c. Obhutspflichten bestehen auch bei Nichtnutzung der Wohnung, etwa wegen Urlaubs (LG Berlin ZMR 82, 86). Zur **Sorgfaltspflicht des Raummieters** gehört, die Räume vor eindringendem Regenwasser, Wasserinstallationen vor Frost zu schützen (LG Görlitz WuM 94, 669). Er muss ferner dafür sorgen, dass Fenster, Keller- und Dachluken rechtzeitig geschlossen werden, wenn anderenfalls die Mietsache Schaden nehmen kann. Im Einzelfall kann sich aus der Herrschaftsmacht des Mieters auch eine Pflicht zu positivem Tun ergeben: So ist er bei Betriebsstörungen jedenfalls zu den notwendigen **vorläufigen Sicherungsmaßnahmen**, ggf auch zu unaufschiebbaren Reparaturen als stillschweigend Beauftragter mit dem Recht des Aufwendungsersatzes verpflichtet, wenn sonst der Sache weiterer Schaden droht und der Vermieter die entspr Maßnahmen selbst nicht rechtzeitig treffen oder veranlassen kann. Steht fest, dass als Schadensursache nur eine solche aus dem Obhuts- und Gefahrenbereich des Schuldners in Betracht kommt, muss sich der Schuldner nicht nur hinsichtlich der subjektiven Seite, sondern auch hinsichtlich der objektiven Pflichtwidrigkeit entlasten (BGH ZMR 05, 521, 522; 96, 124, 128).

41 **bb) Verkehrspflichten.** Den Mieter trifft als besondere Obhutspflicht die **Verkehrspflicht** (s Rn 34), soweit er diese **übernommen hat**. Vermieter können ihre Verkehrspflichten vertraglich auf den Mieter übertragen (LG Kassel WuM 91, 580; *Hitpaß* ZMR 05, 9, 11 mwN). Übertragungsort ist in aller Regel der Mietvertrag. Für eine Übertragung bedarf es klarer und eindeutiger Absprachen, die zuverlässig sicherstellen, dass Gefahren ausgeschaltet sind (BGH ZMR 96, 477). Der Mietvertrag muss daher neben der Übertragung der Reinigungs- und Streupflicht auf den Mieter auch regeln, wann und wie der Mieter zu reinigen und zu streuen hat (*Hitpaß* ZMR 05, 9, 12). Wegen der dem Mieter drohenden Gefahren und gegen ihn gerichteten Ansprüche sollte die Übertragung nicht nur in der Hausordnung (s Rn 124) vereinbart, sondern im Vertragstext deutlich werden (Frankf WuM 02, 619; *Horst* MDR 01, 187). Für den Vermieter entfällt mit einer Übertragung aber nicht jede Haftung. Wird eine Verkehrspflicht übertragen, trifft ihn eine **Kontroll- und Überwachungspflicht**. Diese erstreckt sich darauf, ob der Dritte die vertraglich übernommenen Sicherungsmaßnahmen auch tatsächlich und sachgerecht ausführt (BGH ZMR 96, 477; ZMR 90, 174; Dresden WuM 96, 553). Dabei darf der Verkehrspflichtige darauf vertrauen, dass der Dritte den ihm übertragenen Aufgaben nachkommt (BayObLG ZMR 05, 137), solange nicht konkrete Anhaltspunkte bestehen, die dieses Vertrauen erschüttern.

42 **cc) Verstöße.** Bei einem Verstoß gegen Obhutspflichten kann ggf ein Schadensersatzanspruch bestehen oder das Recht zur Kündigung, s etwa § 543 I, II Nr 2.

43 **c) Wettbewerbsverbote.** Wettbewerbsbeschränkungen des Mieters zu Gunsten des Vermieters müssen **ausdrücklich** vereinbart werden. Sie sind zulässig, wenn sie örtlich, zeitlich und gegenständlich das notwendige Maß unter Berücksichtigung des schützenswerten Interesses des Vermieters nicht überschreiten (BGH NJW 97, 3089 = MDR 97, 953; Celle ZMR 00, 447).

44 **d) Duldung des Besichtigungs- und Betretungsrechts des Vermieters.** Der Vermieter kann häufig ungeachtet § 536 c nur durch eine Ansicht den Zustand einer Mietsache feststellen oder eine Vernachlässigung oder die Vergleichsmiete ermitteln. Der Mieter muss daher als Nebenpflicht ein Besichtigungs- und ggf ein Betretungsrechts des Vermieters dulden. Liegt eine an §§ 307, 138 I (s BVerfG ZMR 93, 405, 409) zu messende vertragliche Vereinbarung vor, ist sie für Umfang und Ausgestaltung maßgeblich. Aber auch ohne Vereinbarung muss der Mieter in bestimmten Fällen gestatten, dass die Mietsache besichtigt wird (LG Hburg WuM 94, 425; LG Stuttg ZMR 85, 273). Der Vermieter kann vom Mieter auch **ohne** besondere vertragliche Abrede gem § 241 I verlangen, unter bestimmten Voraussetzungen und aus besonderem Anlass (LG Stuttg ZMR 85, 273; AG Saarbr ZMR 05, 372, 373; AG Rheine WuM 03, 315) die Mieträume für eine Besichtigung zu betreten. Ein besonderer Anlass ist insbes gegeben, um zur Erfüllung der Verkehrspflichten (s Rn 34) Schäden oder Gefährdungen festzustellen oder die Mietsache zu überprüfen. Im Notfall, zB bei Sturm-, Wasser- oder Feuerschäden, kann der Vermieter in jedem Falle sofort Zugang verlangen und ihn notfalls eigenmächtig durchsetzen (*Korff* GE 86, 106). Geht es nur um die allgemeine Feststellung des Zustandes der Mietsache, muss der Mieter nach § 242 und unter Berücksichtigung der konkreten Umstände und der örtlichen Verhältnisse eine Besichtigung etwa alle 1–2 Jahre dulden (AG Saarbr ZMR 05, 372, 373; AG Rheine WuM 03, 315). Steht das Ende des Mietverhältnisses oder der Verkauf bevor, trifft den Mieter aus dem Mietvertrag

zB die Nebenpflicht, dem Vermieter in engem Rahmen und zu vertretbaren Zeiten die Besichtigung seiner Wohnung mit Kaufinteressenten zu ermöglichen (BVerfG ZMR 04, 566, 567). Das Besichtigungsrecht des Vermieters und das Recht des Mieters, in Ruhe gelassen zu werden, sind gegeneinander abzuwägen und in einen angemessenen Ausgleich zu bringen (BVerfG ZMR 04, 566).
In allen Fällen bedarf es einer rechtzeitigen Anmeldung. Was rechtzeitig ist, kann nur nach den Umständen des Einzelfalls entschieden werden. Tageszeit und Dauer der Besichtigungen sind so einzurichten, dass sie den Mieter möglichst wenig belasten, andererseits aber den Vermieter seine Interessen wahrnehmen lassen. Übliche Zeiten sind werktags (auch der Sonnabend ist Werktag, BGH ZMR 05, 695, 697), tagsüber, nicht zur Unzeit, etwa am frühen Morgen oder späten Abend (10.00–13.00 Uhr und 15.00–18.00 Uhr; AG Saarbr 05, 372, 373). Ist eine Zeit unüblich und liegt kein Notfall vor, kann der Mieter zB Handwerkern, die vom Vermieter beauftragt sind, den Zutritt zur Wohnung verwehren (AG Aachen WuM 86, 87). Dem Betretungsrecht steht spiegelbildlich die Verpflichtung ggü, bestimmte Räumlichkeiten ordnungsgemäß zu verschließen (s dazu *Jacoby* WE 00, 156 ff). Bei vermietetem **Sonder- oder Gemeinschaftseigentum** steht häufig dem WEG-Verwalter ein vereinbartes Betretungsrecht zu, zB für eine Schadensabwehr (s *Riecke/Vogel* ZMR 03, 89, 90). Unzulässig ist dabei eine Regelung, die dem Verwalter gestattet, ohne sachlichen Grund eine Wohnung zu betreten (Zweibr ZMR 01, 308). Ein Wohnungseigentümer kann ferner nach § 14 Nr. 4 WEG analog iVm dem Rücksichtnahmegebot (s dazu *Elzer* KK-WEG § 10 Rn 45) verpflichtet sein, einen auf Wartung/Kontrolle oder Notfälle beschränkten Zugang zu einem im Sondereigentum eines anderen Wohnungseigentümers stehenden Tankraum durch sein Sondereigentum zu **dulden** (Frankf OLGReport Frankf 05, 199, 201).
Betritt der Vermieter wiederholt ohne Einwilligung Mieträume, kann ihn der Mieter auf Unterlassung der Besitzstörung verklagen oder ein neues Türschloss einbauen. Der Vermieter muss bei einer Weigerung – auch bei vertraglicher Regelung – den Mieter auf Duldung der Besichtigung verklagen, sofern kein Notfall vorliegt (s Rn 44). In Eilfällen ist Antrag auf Erlass einer einstweiligen Verfügung gem § 935 ZPO möglich (*Hinz* NZM 05, 841, 848). Dem Vermieter und Eigentümer kann grds nicht verwehrt werden, ein vermietetes Haus zu fotografieren, um so den Zustand des Hauses festzuhalten (AG Hannover ZMR 01, 282).

e) Sonstige Pflichten. Im Übrigen muss der Mieter Erhaltungs- und ggf Modernisierungsmaßnahmen dulden, für den Wohnraummieter vgl § 554 (s § 554 Rn 4 ff). Der eine Modernisierung beabsichtigende Vermieter ist dabei nicht darauf beschränkt, die Wohnung nur auf den durchschnittlichen Standard des gegenwärtigen Wohnungsmarktes anzuheben; der Vermieter darf vielmehr bis zur Grenze einer unzulässigen Luxusmodernisierung die Attraktivität seiner Wohnungen auch durch eine überdurchschnittliche Ausstattung erhöhen und damit die Entwicklung auf dem Wohnungsmarkt vorantreiben, selbst wenn die Nachfrage nach solcher Ausstattung im Zeitpunkt der Vornahme der Maßnahme noch gering ist (BGH NJW 05, 2995).

3. Pflichtverstöße. a) Pflichtverstöße des Vermieters. Verletzt der Vermieter schuldhaft Schutzpflichten, kann der Mieter gem § 280 I Schadensersatz verlangen. Neben seinem Erfüllungsanspruch kann der Mieter außerdem die Miete gem § 536 I 1 mindern. Gegen Dritte kann der Mieter vor allem nach §§ 823, 862, 865 vorgehen oder ein Handeln vom Vermieter verlangen (BGH ZMR 04, 335, 336; München ZMR 92, 246, 247). Ein Anspruch analog § 906 ist aber nicht gegeben (BGH ZMR 04, 335, 336). Räumt der Vermieter nicht den Gebrauch der Mietsache ein, kann der Mieter nach §§ 280, 281 vorgehen. Die allgemeinen Rücktrittsvorschriften sind durch die mietrechtlichen Gewährleistungs- und Kündigungsvorschriften ab Übergabe der Mietsache ausgeschlossen (AG Bad Oeynhausen ZMR 05, 541, 542). An Stelle des Rücktrittsrechts tritt das Recht zur Kündigung, § 543 I, II Nr 1. Wird die Mietsache dauerhaft unbrauchbar, wird der Vermieter, aber auch der Mieter von seinen Pflichten frei (§§ 275 I, 326 I 1). Vor Überlassung der Mietsache gilt gem § 536 (zur Zeit der Überlassung) das allgemeine Leistungsstörungsrecht (*Gruber* WuM 02, 252). Die mietrechtlichen Schutz- und Gewährleistungsregeln sind grds erst anwendbar, wenn die Mietsache übergeben worden ist (BGH ZMR 97, 565, 566). Auch wenn der Vermieter von Anfang an nicht imstande ist, die Mietsache wie geschuldet zu gewähren, ist der Vertrag wirksam (§ 311 a). Den besonderen Gewährleistungsregeln der §§ 536 ff kommt kein Vorrang vor der allgemeinen Haftung zu (§ 311 a II Nr 1 iVm §§ 241 II, 280). Beide Regelungen stehen selbstständig nebeneinander. Bedeutung hat dies für die Aufklärungspflichten des Vermieters, etwa über die zu erwartenden Nebenkosten (s Rn 19).

b) Pflichtverstöße des Mieters. Überschreitet der Mieter den vertragsmäßigen Gebrauch, kann der Vermieter nach § 541 auf Unterlassung klagen (s § 541 Rn 7) oder für entstandene Schäden Schadensersatz nach §§ 241 II, 280 ff fordern. Werden Rechte des Vermieters durch einen vertragswidrigen Gebrauch der Sache in erheblichem Maße verletzt oder wird die Sache durch Vernachlässigung der Sorgfaltspflicht erheblich gefährdet, kann der Vermieter nach fruchtloser Abmahnung auch fristlos (§ 543 II 1 Nr 2; § 543 Rn 4 ff) oder ordentlich kündigen (§ 573 II Nr 1). Erfüllt der Mieter auf ihn übertragene Instandhaltungs- und Instandsetzungspflichten nicht, kann der Vermieter nach fruchtloser Mahnung oder Nachfristsetzung oder deren Entbehrlichkeit gem §§ 280 ff Schadensersatz verlangen. Bei einem laufenden Mietverhältnis gebührt dem Vermieter ein entspr Kostenvorschussanspruch (BGH NJW-RR 90, 1231; s auch LG Berlin NJW-RR 96, 523). Bei mangelhaft ausgeführten Schönheitsreparaturen haftet der Mieter auf Schadensersatz nach §§ 280 ff (LG Frankf NJW-RR 01, 372; *Emmerich* NZM 00, 1155, 1157) Der Anspruch auf Kostenabgeltung ist ein Erfüllungsanspruch (Celle NZM 01, 850). Hat der Vermieter für den Mieter Instandhaltungs- und Instandsetzungspflichten ausgeführt, kann ihm ein Bereicherungsanspruch zustehen (Kobl NJW-RR 00, 82).

50 **X. Doppelvermietung.** Hat ein Besitzer seine Sache vermietet, diese aber dem Mieter noch nicht überlassen, ist er nicht gehindert, einen weiteren Mietvertrag abzuschließen (**Doppelvermietung**; zur doppelten Gebrauchsüberlassung beim Leasing s Ddorf OLGReport Ddorf 04, 267). Beide Verträge sind gültig. Unabhängig davon, welcher Vertrag zuerst geschlossen worden ist, haben beide Gläubiger zunächst einen gleichwertigen Erfüllungsanspruch; das Prioritätsprinzip ist auf schuldrechtlicher Ebene nicht anwendbar. Wenn der Vermieter einem der Mieter den Besitz der Mietsache überlässt, wird dieser aber aus dem Mietvertrag zum Besitz berechtigt. Der andere Mieter kann allerdings dann keine Erfüllung mehr verlangen, wenn es dem Vermieter nicht (mehr) möglich ist, das Leistungshindernis zu beheben. Solange dies nicht auszuschließen ist, kann der andere Mieter Einräumung des Besitzes verlangen. Er muss sich nicht darauf verweisen lassen, Schadensersatz wegen Nichterfüllung zu verlangen (BGH ZMR 03, 647, 650; Köln ZMR 98, 696, 697; Frankf ZMR 97, 22; LG Berlin GE 91, 357, 358). Dass ihm die Erfüllung rechtlich oder tatsächlich nicht (mehr) möglich ist, hat im Prozess der Vermieter darzulegen und zu beweisen (BGH NJW 99, 2034, 2035). Ist eine Einwirkung endgültig ausgeschlossen, erlischt der Erfüllungsanspruch, § 275. Kommt ein kollusives Zusammenwirken zur Schädigung des ersten Mieters in Betracht, können Ansprüche aus § 826 gegeben sein. Wird der Mieter durch eine Doppelvermietung am Gebrauch der Mietsache gehindert, entfällt seine Pflicht zur Zahlung der Miete, ohne dass es der ausdrücklichen Geltendmachung eines Minderungsanspruchs bedarf (Zweibr OLGReport Zweibr 04, 617 = MietRB 05, 3). Zu weiteren Einzelheiten s *Derleder/Pellegrino* NZM 98, 550.

51 Ob zur Sicherung des Unterlassungsanspruches bei einer drohenden Doppelvermietung gegen den Vermieter eine einstweilige Verfügung gem § 935 ZPO zulässig ist, ist str, aber zu verneinen (Hamm OLGReport Hamm 04, 238; Schlesw MDR 00, 1428; KG MDR 99, 927; Frankf ZMR 97, 22; *Ulrici* ZMR 02, 881; aA Ddorf NJW-RR 91, 137; *Kluth/Grün* NZM 02, 473; *Wichert* ZMR 97, 16; s auch *Hinz* NZM 05, 841, 843).

52 **XI. Beendigung des Mietvertrages. 1. Allgemeines.** Das Mietverhältnis endet durch Zeitablauf, wenn es von vornherein befristet war; außerdem dann, wenn eine Partei kündigt oder vor Übergabe durch Rücktritt, § 346. Zieht ein Mieter aus, bleibt er dennoch Mieter und haftet für die Zahlung der Miete, für die Durchführung von Renovierungsarbeiten, schlechthin für die Vertragserfüllung (LG Mönchengladbach WuM 03, 204). Eine fristlose Kündigung kann nicht gem § 140 in ein Angebot zur Aufhebung des Mietvertrages umgedeutet werden (s auch BGH NJW 81, 43, 44). Auch die schlichte Entgegennahme von Schlüsseln kann nicht als Mietaufhebungsvertrag ausgelegt werden (LG Gera WuM 05, 647). Denn Schweigen gilt – auch im kaufmännischen Geschäftsverkehr – grds nicht als Zustimmung, sondern als Ablehnung. Nur ausnahmsweise kann es als Zustimmung gewertet werden, nämlich dann, wenn nach den Grundsätzen des redlichen Geschäftsverkehrs der Erklärungsempfänger eine konkrete Rechtspflicht zu widersprechen, jedenfalls zur Anmeldung von Vorbehalten hat, so dass der Erklärende bei deren Ausbleiben darauf vertrauen darf, sein Geschäftspartner sei mit seiner Offerte einverstanden.

53 **2. Insolvenz.** Gem § 108 I 1 InsO bestehen Miet- und Pachtverhältnisse über unbewegliche Sachen in der Insolvenz fort. Sie sind dem Wahlrecht des Insolvenzverwalters nach § 103 InsO entzogen, das diesem im Übrigen erlaubt, Vertragsverhältnisse durch einfache Erfüllungsablehnung zu beenden. Die Mietvertragsparteien können das Mietverhältnis auch nicht **wegen** der Insolvenz kündigen (*Horst/Fritsch* Teil 1 A. Rn 1). In der **Mieterinsolvenz** schränkt § 112 InsO die Rechte von Vermietern oder Verpächtern in der Weise ein, dass eine Kündigung wegen Zahlungsverzugs oder Verschlechterung der Vermögensverhältnisse „nach dem Antrag auf Eröffnung des Insolvenzverfahrens" ausgeschlossen wird (**Kündigungssperre**). § 112 InsO mutet dem Vermieter oder Verpächter einen (weiteren) Ausfall der Nutzungsentschädigung für bis zu zwei Monate zu. Die **nach** dem Eröffnungsantrag fällig werdenden Mieten müssen aus dem Schuldnervermögen aber wieder vertragsgerecht gezahlt werden, wenn die Nutzungsmöglichkeit für die Insolvenzmasse erhalten bleiben soll. Zu einer Bedienung der Miete ist jeder vorläufige Insolvenzverwalter iRs Verwaltungstätigkeit im Zweifel befugt, sogar wenn die Zahlungspflicht im Falle eines später eröffneten Insolvenzverfahrens nicht den Charakter einer Masseverbindlichkeit gem § 55 II InsO erlangt (BGH NZM 02, 859, 863). Kommt es nach dem Insolvenzantrag also **erneut** zu Zahlungsrückständen, kann der Vermieter entsprechend der vertraglichen oder allgemeinen gesetzlichen Regeln fristlos kündigen (BGH NZM 02, 859, 860). Dem Vermieter ist es verwehrt, einen Zahlungsrückstand für die Zeit nach der Antragstellung herbeizuführen, indem er **nach** dem Antrag eingehende Zahlungen mit Rückständen aus der Zeit **vor** der Antragstellung verrechnet (LG Neubrandenburg WuM 01, 551). Die auf dem mutmaßlichen vernünftigen Willen des Schuldners beruhende Tilgungsreihenfolge des § 366 II gilt nicht, wenn sie diesem erkennbar widerspricht (BGH NJW 01, 815). Nach Insolvenzeröffnung ist die Miete als Masseforderung aus der Masse zu zahlen (§§ 55 I Nr 2, 108 InsO). Der Insolvenzverwalter kann aber auch nach § 109 I InsO das Mietverhältnis in gesetzlicher Frist kündigen. Ist die Mietsache noch nicht übergeben, können nach § 109 II InsO beide Vertragsparteien vom Vertrag zurücktreten. **Lösungsklauseln** sind unwirksam (s auch Hamm NZM 02, 343).

Bei **Insolvenz des Vermieters** hat der Insolvenzverwalter die Vermieterleistung zu erbringen; die Miete ist an 54
ihn zu entrichten. Bei Veräußerung der Mietsache durch den Insolvenzverwalter und Eintritt des Erwerbers
in das Mietverhältnis bei Grundstücken und Räumen (§§ 566, 578) hat der Erwerber ein Sonderkündigungsrecht mit der gesetzlichen Frist zum ersten zulässigen Termin (§ 111 InsO). Das Sonderkündigungsrecht
dispensiert aber nur von einer verlängerten Kündigungsfrist oder gar dem Kündigungsausschluss durch die
Vereinbarung einer festen Vertragslaufzeit. Ein insbes mit Blick auf das Wohnraummietrecht erforderlicher
Kündigungsgrund wird dadurch nicht entbehrlich.

B. Vertragsparteien. I. Allgemeines. Ein Mietvertrag kommt zwischen denjenigen Personen zustande, die 55
miteinander vertragliche Beziehungen eingehen wollen. Der Vermieter braucht also **nicht Eigentümer** oder
alleiniger Eigentümer der Mietsache zu sein (BGH LM Nr 14 zu § 535 BGB; Zweibr ZMR 95, 119, 120; zB
Untermiete). Die Parteien eines Mietvertrages werden allein durch den zwischen ihnen geschlossenen Mietvertrag bestimmt. Ihre Beziehungen zur Mietsache, seien es Eigentums-, Besitz- oder sonstige Nutzungsrechte, sind unerheblich (KG MDR 98, 529). Um Zweifel zu vermeiden, sind die Vertragsparteien so genau
wie möglich zu bezeichnen. Anhaltspunkt dafür, wer Vertragspartei ist, ist zum einen, wer im „Kopf" des Vertrages aufgeführt ist, zum anderen, wer den Vertrag unterschrieben hat. Um den Vermieter zu bestimmen,
reicht im Übrigen **Bestimmbarkeit** (BGH GE 06, 184). Ist zu zweifeln, muss durch Auslegung gem §§ 133,
157 ermittelt werden, wer Vertragspartei sein soll. Sind im Kopf des Mietvertrags mehrere Personen aufgeführt, haben aber nicht alle unterzeichnet, so kommt der Mietvertrag nur mit den Unterzeichnern zustande.
Eine Ausnahme gilt, wenn der Unterzeichner zugleich für die übrigen im Kopf des Vertrags aufgeführten Personen gehandelt hat und handeln durfte (s noch Rn 66) oder ein konkludenter Vertragsschluss anzunehmen
ist (s Rn 21). Bei Vertragsschluss durch einen Makler oder Hausverwalter spricht eine Vermutung dafür, dass
diese Personen nur als Vertreter für einen anderen handeln (Brandbg ZMR 97, 598). Mieten Eltern eine
Wohnung für ihre Kinder, gilt die Vermutung, dass der Mietvertrag mit den Eltern zustande kommen soll.

1. Mehrheit von Vermietern. Ist auf Vermieterseite eine Personenmehrheit beteiligt (zB Ehegatten), haftet 56
jeder für die Pflichten aus dem Mietvertrag als Gesamtschuldner (§ 427). Mehrere Vermieter sind außerdem
Mitgläubiger nach § 432 (BGH ZMR 06, 30, 31; NJW 69, 839); die Miete kann daher nicht anteilmäßig, sondern nur an alle gefordert und eingezogen werden (BGH ZMR 06, 30, 31; München NZM 98, 474). Abtretung, Verpfändung oder Pfändung eines Teils der Miete ist auch bei Miteigentum nach Bruchteilen nicht
zulässig (BGH NJW 69, 839). Ein von einem Vertreter einer Erbengemeinschaft (§ 2032) abgeschlossener
Mietvertrag kann – weil diese nach heute hM **nicht rechtsfähig** ist – nicht mit der Erbengemeinschaft, sondern nur mit den einzelnen Miterben geschlossen werden (BGH ZMR 02, 907, 908).

Steht auf Vermieterseite eine **rechtsfähige Gesamthand** (GbR, OHG, KG, PartG), gelten die allgemeinen 57
Regeln über Vertretung und Haftung; ein Mitgliederwechsel hat keinen Einfluss auf den Mietvertrag (Ddorf
ZMR 03, 424, 426). Bei einer nichtrechtsfähigen Gesamthand (eheliche Gütergemeinschaft, Erbengemeinschaft) ist hingegen eine Gesamtgläubigerschaft oder Gesamtschuldnerschaft anzunehmen. Die **Wohnungseigentümergemeinschaft** wird jetzt als (teil-)rechtsfähig angesehen (BGH ZMR 05, 547). Wird Gemeinschaftseigentum vermietet, ist daher im Regelfall der Verband als Vermieter anzusehen (*Elzer* KK-WEG § 10 WEG
Rn 39). Ist künftiges Gemeinschaftseigentum bereits vor Entstehung des Verbandes vermietet worden, geht
der Mietvertrag mit der Entstehung analog § 566 auf den Verband Wohnungseigentümergemeinschaft über
(s dazu auch *Kinne/Schach/Bieber* Rn 15); ist hingegen künftiges Sondereigentum vermietet worden, wird der
entspr Wohnungseigentümer analog § 566 Vermieter (BayObLG ZMR 94, 154, 156; NJW 82, 451 = ZMR 82,
88). Werden Sonder- und Gemeinschaftseigentum zur Mietsache, ist der Sondereigentümer der „Eigentumswohnung" allein neuer Vermieter (BGH ZMR 99, 546, 549). Der vermietende Sondereigentümer schuldet
den anderen Wohnungseigentümern für die „Nutzung" des Gemeinschaftseigentums ein Entgelt. Auch wenn
ein Sondereigentum und ein Sondernutzungsrecht zur Mietsache werden, ist **allein** der jeweilige Sondereigentümer der Wohnung Vermieter (aA BGH ZMR 06, 30, 31 = NZM 05, 941). Das **Verhältnis mehrerer Vermieter** untereinander bestimmt sich grds nach den Vorschriften über die **Gemeinschaft**, §§ 741 ff (BGH ZMR
06, 30, 31; 99, 546, 547). Eine GbR ist hingegen anzunehmen, wenn ein Gesellschaftsvertrag iSv § 705
geschlossen wurde. Nimmt eine GbR als Außengesellschaft selbst am Rechtsverkehr teil (s dazu *Weitemeyer*
ZMR 04, 153), begründet sie eigene Rechte und Pflichten (BGH ZMR 01, 338, 339) und kann Vermieterin
sein (*Jacoby* ZMR 01, 409). Liegt eine Innengesellschaft vor und handeln die Gesellschafter im eigenen
Namen, sind die Gesellschafter und nicht die GbR berechtigt und verpflichtet. Die Abgrenzung ist im Einzelfall danach vorzunehmen, in wessen Namen für die Personenmehrheit gehandelt wird. Eine GbR wird als
Außengesellschaft Partei eines Mietvertrages, wenn die zur Vertretung berechtigten Gesellschafter den Mietvertrag im Namen der Gesellschaft abschließen. Die einzelnen Mitglieder der Personenmehrheit werden Partei des Mietvertrages, wenn sie selbst oder Vertreter in ihrem Namen den Vertrag abschließen. Welche dieser
Möglichkeiten gegeben ist, ist im Einzelfall dem Vertrag durch Auslegung zu entnehmen (*Jacoby* ZMR 01,
409, 410).

Willenserklärungen, zB Kündigungen oder Mieterhöhungserklärungen (s § 558 a Rn 4), müssen, wenn sich 58
aus dem Mietvertrag nichts anderes ergibt, von **allen Vermietern ggü allen Mitmietern** erklärt werden (BGH

ZMR 05, 522; 04, 492; 98, 17, 19). Die gegenseitige Bevollmächtigung der Mieter in einem formularmäßigen Wohnraummietvertrag zur **Entgegennahme** von Erklärungen ist wirksam (BGH ZMR 98, 17, 19). Die Erklärung muss aber an alle Mieter gerichtet sein (BGH GE 05, 1124). Soweit einem Mieter Nachteile daraus entstehen, dass die Mitmieter auf Grund einer Empfangsvollmacht Erklärungen auch mit Wirkung für ihn entgegennehmen, kann er sich hiergegen durch einen Widerruf der erteilten Vollmacht schützen. Grds ist eine Vollmacht frei widerruflich (§ 168 S 2). Auch wenn im Einzelfall etwas anderes anzunehmen ist, verbleibt jedenfalls das Recht zum Widerruf aus wichtigem Grund (BGH ZMR 85, 228). Klauseln, durch die sich Mieter gegenseitig zur Abgabe von Willenserklärungen bevollmächtigen, ohne den Kreis der in Betracht kommenden Erklärungen einzugrenzen, sind in Mietverträgen – auch über Gewerberaum – unwirksam (KG WuM 99, 964), es sei denn, sie nehmen auf Beendigung des Mietverhältnisses gerichtete Erklärungen wie die Kündigung und das Angebot eines Mietaufhebungsvertrages ausdrücklich aus (KG KGReport 04, 354, 355).

59 **2. Mehrheit von Mietern.** Ob mehrere Mieter Partei des Mietvertrages sind, ist eine Frage der Auslegung. Im Grundsatz muss sich der Wille, dass mehrere Mieter sein wollen, ausdrücklich aus dem Mietvertrag ergeben. Probleme ergeben sich, wenn Zahl oder Namen der im Rubrum des Vertrags bezeichneten Personen und die Personen, die ihn unterschrieben haben, auseinander fallen. Ist eine Person nur im „Kopf" des Mietvertrages aufgeführt, hat sie aber den Vertrag nicht unterschrieben, ist sie grds nicht Mieter (BGH NJW 94, 1649, 1650 = MDR 94, 579; LG Berlin GE 95, 1343; s aber Rn 60 für Ehegatten). Haben hingegen außer den als „Mietern" aufgeführten noch weitere Personen den Vertrag unterschrieben, liegt es nahe, dass diese sich als Mieter vertraglich binden wollten. Mehrere Mieter sind im Hinblick auf die Miete, nicht aber die Räumung grds Gesamtschuldner (§ 427). Auch als Gläubiger gehen ihre Ansprüche auf eine unteilbare Leistung (§ 432). Sofern vertraglich nichts anderes vereinbart ist, kann der einzelne Mieter den Vertrag nicht auflösen. Das Innenverhältnis unter den Mietern ist nach Gesellschaftsrecht zu beurteilen, wenn die Mietsache zu geschäftlichen Zwecken gemietet ist (LG Berlin GE 99, 1388). Bei Wohnraummietverhältnissen sind die durch Auslegung zu ermittelnden Vereinbarungen maßgebend. Im Zweifel gilt das Recht der Gemeinschaft (§§ 741 ff; *Lengler* Schmid, Miete und Mietprozess, Teil 1 C. II Rn 37; str). Für Ehegatten – außerhalb der Gütergemeinschaft – und Lebenspartner ist idR dasselbe anzunehmen. Die Mitglieder einer Wohngemeinschaft bilden regelmäßig eine GbR iSv §§ 705 ff, deren Zweck in der Beschaffung und Unterhaltung einer Unterkunft besteht (BGH ZMR 98, 17, 19).

60 **3. Insbes Eheleute.** Der Mietvertrag mit Ehegatten kann entweder mit einem oder mit beiden geschlossen werden. Ist im Kopf eines Mietvertrags nur **ein Ehegatte** aufgeführt und wird die Urkunde auch nur von diesem unterzeichnet, wird er allein Mieter (LG Berlin ZMR 88, 103 = GE 87, 1265). Sind **beide Eheleute** im Kopf aufgeführt, aber hat nur einer unterzeichnet, werden beide Mieter (Oldbg ZMR 91, 268; LG Berlin GE 95, 1553; *Kinne* GE 05, 1107, 1109). Ist im Kopf eines Mietvertrages nur ein Ehegatte aufgeführt, wird die Urkunde aber von **beiden unterzeichnet,** werden beide Mieter oder Vermieter (Ddorf ZMR 00, 210; LG Berlin GE 95, 567; *Lammel* WuM 05, 644; aA LG Berlin GE 03, 259; ZMR 98, 347; AG Charlottenburg ZMR 06, 129 = GE 05, 1497; s aber BGH NJW 94, 1649, 1650 = MDR 94, 579). Es kann ferner gerechtfertigt sein, den Inhalt des Vertrages dahingehend auszulegen, dass der eine Gatte den anderen zum Abschluss des Mietvertrages **bevollmächtigt** hat (Ddorf ZMR 00, 210; Schlesw ZMR 93, 69;Oldbg ZMR 91, 268; WuM 89, 362; LG Berlin GE 95, 15, 53; entspr gilt umgekehrt auch für die Vermieterseite, LG Heidelberg WuM 97, 547). Vorstellbar ist auch, dass ein Ehegatte dem Mietvertrag konkludent beitritt (BGH NZM 05, 659, 660; LG Berlin GE 01, 1603 = NZM 02, 119 s Rn 21). Bei formbedürftigen Mietverträgen über Gewerberäume und bei formbedürftigen Pachtverträgen ist die Schriftform nur gewahrt, wenn die Urkunde erkennen lässt, dass der unterschreibende Ehegatte zugleich im Namen des anderen tätig geworden ist (BGH NJW 94, 1650).

61 **4. Nichteheliche Gemeinschaften.** Für den **Vertragsschluss** einer nichtehelichen Lebensgemeinschaft gelten dieselben Regeln wie für Eheleute. Eine Vollmacht des einen für den anderen ist aber nicht anzunehmen (AG Osnabrück WuM 96, 754). Auch die Vorschriften der HausratsV (s Rn 23) sind nicht analog anwendbar (Hamm WuM 05, 571 mwN). Der Partner erwirbt ein eigenständiges Besitzrecht an der Wohnung mit der Folge, dass zur Zwangsräumung nicht nur ein Titel gegen den Mieter, sondern auch ein Titel gegen den Partner benötigt wird (Ddorf ZMR 98, 621; Köln WuM 97, 280; aA LG Berlin WuM 90, 38). Für das Innenverhältnis sind im Zweifel §§ 705 ff anzuwenden sein (München ZMR 94, 216; LG Berlin NJW-RR 99, 1387).

62 **II. Auswechslung der Vertragsparteien. 1. Aufhebungsvertrag.** Ein zwischen Vermieter und nur einem Mitmieter gem § 311 I geschlossener Aufhebungsvertrag bedarf zu seiner Wirksamkeit auch der Zustimmung des anderen Mieters (Ddorf NJW-RR 02, 1233; Kobl ZMR 84, 30; BayObLG WuM 83, 107, 108; offen gelassen von BGH ZMR 05, 522; ZMR 04, 492, 493; s aber BGH MDR 98, 394). Die Berufung auf dieses Zustimmungserfordernis kann allerdings nach § 242 eine **unzulässige Rechtsausübung** darstellen (BGH ZMR 05, 522; ZMR 04, 492, 493). Ebenso kann es rechtsmissbräuchlich sein, wenn der verbleibende Mieter sich auf die Unwirksamkeit zB einer Kündigungserklärung wegen Nichtabgabe ggü allen vertraglichen Mietern beruft (Frankf WuM 91, 103; LG Limburg WuM 93, 47). Eine schwere Erkrankung des Mieters rechtfertigt nicht dessen außerordentliche Kündigung (Ddorf MietRB 04, 232; MDR 01, 83). Bei einem Vermieterwechsel ist

hinsichtlich der Wertsteigerung, die das Objekt durch Investitionen des Mieters erfahren hat, nicht derjenige Bereicherungsschuldner, der im Zeitpunkt der Vornahme der Investitionen Vermieter war, sondern der neue Vermieter, der die Mietsache auf Grund einer vorzeitigen Beendigung des Mietverhältnisses zurückerhält (BGH ZMR 06, 185, 186).

2. Tod einer Vertragspartei. Stirbt der **Vermieter** oder veräußert er die Mietwohnung, wird der Mietvertrag mit seinen Erben (§§ 1922, 1967) oder mit dem Erwerber (§ 566 I) fortgesetzt (BGH NJW 78, 2504). Entspr gilt, wenn der Mieter stirbt. Allerdings ist beim Tode des Mieters gem § 580 sowohl der Erbe als auch der Vermieter berechtigt, das Mietverhältnis innerhalb eines Monats, nachdem sie vom Tod des Mieters Kenntnis erlangt haben, außerordentlich mit der gesetzlichen Frist zu kündigen. Besonderheiten gelten bei der **Wohnraummiete**. Der Ehegatte, der mit dem Mieter einen gemeinsamen Haushalt führt, tritt mit dem Tod des Mieters in das Mietverhältnis ein, § 563 I 1; dasselbe gilt für den Lebenspartner. Leben in dem gemeinsamen Haushalt Kinder des Mieters, treten diese mit dem Tod des Mieters in das Mietverhältnis ein, wenn nicht der Ehegatte eintritt. Der Eintritt des Lebenspartners bleibt vom Eintritt der Kinder des Mieters unberührt. Andere Familienangehörige, die mit dem Mieter einen gemeinsamen Haushalt führen, treten mit dem Tod des Mieters in das Mietverhältnis ein, wenn nicht der Ehegatte oder der Lebenspartner eintritt. Dasselbe gilt für Personen, die mit dem Mieter einen auf Dauer angelegten gemeinsamen Haushalt führen. Erklären eingetretene Personen innerhalb eines Monats, nachdem sie vom Tod des Mieters Kenntnis erlangt haben, dem Vermieter, dass sie das Mietverhältnis nicht fortsetzen wollen, gilt der Eintritt als nicht erfolgt. Für geschäftsunfähige oder in der Geschäftsfähigkeit beschränkte Personen gilt § 210 entspr. Sind mehrere Personen in das Mietverhältnis eingetreten, so kann jeder die Erklärung für sich abgeben. Für Einzelheiten s § 563 Rn 6 ff und *Sternel* ZMR 04, 713, 714 ff. 63

3. Ersatzmieter (Nachmieter). Grds besteht für den Vermieter keine Verpflichtung zur Entlassung des Mieters aus dem Mietvertrag. Es gibt keinen generellen Anspruch auf einen Aufhebungsvertrag, § 311 I (s auch Rn 62). Ob der Mieter ausnahmsweise einen **Ersatzmieter** (Nachmieter) stellen darf, ist daher danach zu beurteilen, ob es eine entspr Vereinbarung gibt oder eine Gestellung nach § 242 geboten ist. In beiden Fällen bleibt der Vermieter zwar in seiner Entscheidung frei, einen Vertragsschluss auch abzulehnen (München ZMR 95, 156, 157). Weigert er sich, ist analog § 162 von der Beendigung des Mietverhältnisses mit dem Vormieter zu dem Zeitpunkt auszugehen, zu dem der vorgeschlagene Nachmieter das Mietverhältnis übernommen hätte. Dafür, dass der Vermieter einen Ersatzmieter wider Treu und Glauben oder entgegen getroffener Vereinbarungen ablehnt, trägt der Mieter die Beweislast (BGH ZMR 03, 413, 414). Ist der Vermieter selbst mit dem Mietinteressenten in Verbindung getreten und hat mit diesem über die Anmietung der Wohnung verhandelt, kann er sich nicht darauf beschränken, die Eignung des Mietinteressenten zu bestreiten. Da er über bessere eigene Kenntnisse als der Vormieter in Bezug auf die maßgeblichen Umstände verfügt, ist er zu einem substantiierten Gegenvorbringen gehalten (BGH ZMR 03, 413, 414; NJW 99, 1404). 64

a) Nachmieterklausel. Mietvertragsparteien können eine Nachmieterklausel (zB „der Mieter ist berechtigt, die Rechte und Pflichten aus diesem Vertrag auf einen Nachmieter zu übertragen, sofern in der Person oder in dem Geschäftszweck des Nachmieters kein wichtiger Grund zur Ablehnung vorliegt") vereinbaren (zur Schriftform s BGH MDR 05, 618, 619 = ZMR 05, 434, 435). Zu unterscheiden sind echte und unechte Nachmieterklauseln. Im Gegensatz zur unechten Nachmieterklausel, bei der der Vermieter nicht verpflichtet ist, mit dem Nachfolger abzuschließen, ist der Vermieter bei einer echten Nachmieterklausel an den vom Mieter vorgeschlagenen Nachmieter gleichsam gebunden (*Kinne/Schach/Bieber* § 537 Rn 18). Der Mieter darf nur bei einer echten Nachmieterklausel einen 1. geeigneten, 2. abschlussbereiten, 3. gleichwertigen und 4. zumutbaren Ersatzmieter stellen (BGH ZMR 03, 413, 414; LG Hildesheim WuM 05, 572; *Kinne* GE 05, 1340). Ein Ersatzmieter ist dabei nur dann geeignet, wenn er den bestehenden Mietvertrag unverändert fortsetzen will. Der Vermieter ist nicht gehalten, zur Erleichterung einer Ersatzvermietung in andere, für ihn ungünstigere Bedingungen einzuwilligen. Insbs braucht er nicht eine niedrigere Miete zu akzeptieren (Ddorf ZMR 00, 295). 65

b) Keine Vereinbarungen. Ob der Mieter ohne Nachmieterklausel die vorzeitige Entlassung aus dem Vertragsverhältnis verlangen kann, ist eine Frage des Einzelfalles, bei der sämtliche Umstände sowie die beiderseitige Interessenlage der Vertragsparteien zu berücksichtigen sind. Haben die Parteien keine Nachmieterklausel vereinbart, kann der Mieter nach Treu und Glauben gem § 242 (München ZMR 95, 579; 95, 156, 157; LG Hildesheim ZMR 00, 679) in **Härtefällen** das Recht haben, einen Ersatzmieter zu stellen (BGH ZMR 03, 656, 658). Ein solcher Fall ist anzunehmen, wenn der Mieter ein dringendes und berechtigtes Interesse an der vorzeitigen Beendigung des Mietverhältnisses besitzt, das das Interesse des Vermieters am Fortbestand erheblich überragt (BGH ZMR 03, 413, 414; München NZM 03, 23, 24; 95, 579; *Pfeifer* MietRB 04, 233; Heile ZMR 90, 249). Ein berechtigtes Verlangen liegt nicht bei wirtschaftlichem Misserfolg des Mieters vor, insbs nicht, wenn die Möglichkeit zur Untervermietung (s § 540) besteht; es kann aber bei einer Erkrankung des Mieters an seniler Demenz vom Alzheimer-Typ anzunehmen sein (LG Hildesheim ZMR 00, 679). Ferner darf der Mieter den Fall nicht bewusst herbeigeführt haben. Zu den weiteren Voraussetzungen s Rn 65. 66

67 **4. Umwandlung.** Eine formwechselnde Umwandlung einer einen Mietvertrag abschließenden Kommanditgesellschaft auf eine rechtsfähige Außengesellschaft bürgerlichen Rechts (BGH ZMR 01, 338) und der Wechsel im Gesellschafterbestand haben keinen Einfluss auf den Fortbestand der mit der Gesellschaft bestehenden Rechtsverhältnisse. Sie berühren die Identität der Gesellschaft als solche nicht (Ddorf NJW-RR 03, 513; KG ZMR 01, 455).

68 **C. Überlassung der Mietsache. I. Überlassung. 1. Allgemeines.** Der Vermieter muss die Mietsache so bereitstellen, dass der Mieter in der Lage ist, von ihr den üblichen oder vertraglich bestimmten Gebrauch zu machen (Köln ZMR 97, 230, 232). Eine nicht vertragsgemäße Leistung braucht der Mieter nicht anzunehmen. Von „Bezugsfertigkeit" idS ist auszugehen, wenn die Mietsache soweit hergestellt ist, dass dem Mieter zugemutet werden kann, es zu beziehen oder sonst zu benutzen (*Sternel* II Rn 15). Bei Vermietung von Gewerbemietraum kommt es darauf an, ob die Außenanlagen (Park- und Ladezonen) oder das Gesamtobjekt zumindest soweit fertig gestellt sind, dass der Mieter die Mietsache vertragsgemäß nutzen kann. Dass noch kleinere Restarbeiten durchzuführen sind, ist für die Frage der Bezugsfertigkeit **nicht** ausschlaggebend (Ddorf ZMR 95, 466, 467; aA KG ZMR 05, 946, 947). Durch Überlassung der Mietsache muss dem Mieter der tatsächliche und **ungehinderte Gebrauch** eingeräumt werden. Was der Vermieter tun muss, um seiner Pflicht zur Gebrauchsüberlassung zu genügen, richtet sich nach Art und Umfang des Gebrauchs, der dem Mieter nach dem Vertrag gestattet ist (BGH ZMR 02, 905, 906). Nur wenn hiernach der Gebrauch der Mietsache notwendig deren Besitz voraussetzt, gehört zur Gebrauchsgewährung auch die Verschaffung des Besitzes (zB nicht bei einer Hauswand). Ist der vertragsgemäße Gebrauch nur ein beschränkter, richtet er sich zB nur auf eine gelegentliche, dem jeweiligen Bedarf angepasste Nutzung, entfällt damit noch nicht das für die Miete erforderliche Element der Gebrauchsgewährung (BGH ZMR 02, 905, 906; 89, 212). Bei nicht problemlosem Gebrauch muss der Mieter in die Benutzung eingewiesen werden. Die Gebrauchsgewährungspflicht **beginnt** mit dem vereinbarten Start des Mietverhältnisses. Nutzt ein Mieter die Sache **vorher**, richten sich die Rechte und Pflichten nach den dafür getroffenen Vereinbarungen, hilfsweise analog nach dem ab Beginn geltendem System (s auch *Lützenkirchen* MietRB 05, 329, 331); ggf gehört zur Gebrauchsgewährungspflicht auch die Pflicht, einer Mietermodernisierung zuzustimmen, die nur bei einer erheblichen Beeinträchtigung verweigert werden kann (LG Berlin GE 95, 429).

69 **2. Nebenleistungen.** Im Wohn- und Gewerbemietrecht schuldet der Vermieter als Nebenleistung regelmäßig die Beheizung der Mietsache, ferner ggf die Lieferung von Strom und Wasser sowie die Reinigung der Treppenhäuser (Köln ZMR 95, 308). Außerhalb der Heizperiode (15.9.–15.5. str; aA 30.10.–1.4.) ist dann zu heizen, wenn die Außentemperatur an drei aufeinander folgenden Tagen um 21.00 Uhr auf unter 12°C absinkt. Zum Aufenthalt von Personen bestimmte Räume sollten 20°C (KG NZM 02, 917; München NJW-RR 01, 729; LG Berlin ZMR 98, 634; AG Fürstenwalde GE 05, 1131), Bäder, Toiletten und Duschen 21°C und Flure 18°C haben, einzuhalten von 6.00 Uhr bis 23.00 Uhr; eine nächtliche Absenkung bis auf 18°C ist zulässig.

70 **3. Zurückbehaltungsrechte.** Der Vermieter ist berechtigt, ggü dem unredlichen Mieter die Versorgungsleistungen **nach Beendigung** des Mietverhältnisses einzustellen und diese gem § 273 I zurückzuhalten; noch sehr str. Ein genereller Ausschluss des Zurückbehaltungsrechts bei Dauerschuldverhältnissen oder Sukzessivlieferungsverträgen ist mit dem Gesetz nicht vereinbar (*Ulrici* ZMR 03, 895, 898; *Beuermann* GE 96, 1306 mwN). Etwa die Unterbrechung der Wasserversorgung (aber auch Gas, Wärme, Abfall und ggf Strom) durch den Vermieter – jedenfalls **nach wirksamer Beendigung** eines Gewerbemietverhältnisses wegen Verzugs des Mieters mit den Mietzahlungen und den Nebenkostenvorauszahlungen – ist **keine Besitzstörung** iSv § 858 (KG NZM 05, 65, 66; *Elzer* InfoM 05, 258; *Löfflad* MietRB 05, 3; aA Saarbr GuT 05, 218; LG Berlin WuM 03, 508, 509; zum Meinungsstand s *Scheidacker* NZM 05, 281 ff). Zum vermieteten Wohnungseigentum s BGH ZMR 05, 850 mit Anm *Elzer*). **Innerhalb des laufenden** Mietverhältnisses ist der Vermieter grds hingegen nicht berechtigt, die von ihm zu erbringenden Versorgungsleistungen einzustellen, wenn sich der Mieter mit der Zahlung der Miete im Verzug befindet (KG ZMR 05, 951, 952; Köln ZMR 05, 124 = MietRB 04, 318; Celle ZMR 05, 615; LG Dortmund v 12.5.05 – 11 S 34/05; *Steinmeyer* InfoM 05, 248; aA AG Bergheim ZMR 05, 53; *Keppeler* ZMR 05, 53). Liefert das Versorgungsunternehmen nicht, kann der Mieter seinerseits seine Vorauszahlungen einstellen (LG Frankf NZM 98, 714; LG Gera NZM 98, 715). Rechte gegen das Versorgungsunternehmen hat der Mieter regelmäßig nicht (LG Frankf/O NJW-RR 02, 803 mwN; *Ulrici* ZMR 03, 895, 898). Zu Problemen mit dem **einstweiligen Rechtsschutz** in diesem Zusammenhang s *Hinz* NZM 05, 841, 846.

71 **II. Mietsache. 1. Allgemeines.** Gem § 535 I 1 kann Gegenstand eines Mietvertrages nur eine Sache, ein körperlicher Gegenstand (§ 90), sein. Mietsache sind vor allem Wohnräume. Wegen der Bedeutung der Wohnraummiete gibt es deshalb eine Reihe von Sondervorschriften (§§ 549–577 a). Mietsache können aber auch Grundstücke (§ 578 I) und Räume, die keine Wohnräume (§ 578 II) sind, sämtliche beweglichen Sachen (auch Software, *Fritzsche* JuS 95, 497, 502), Schiffe (§ 578 a) und Flugzeuge (§ 97 LuftVerkG) sein. Rechte können keine Mietsache sein. Forderungen und Rechte kann man nur pachten, da man sie nicht gebrauchen, sondern nur nutzen kann. Als Mietsache kommen auch Teile von Sachen (etwa Hauswände zu Reklamezwe-

cken oder Stellplätze auf Grundstücken), Sachgesamtheiten, öffentliche Sachen (wenn die Nutzung über den Gemeingebrauch hinausgeht), vertretbare Sachen iSd § 91 oder Sachen, die nur der Gattung nach bestimmt sind, in Betracht. Schließlich können auch Tiere vermietet werden (Köln VersR 93, 116).

2. Mitvermietete Sachen. Gegenstand des Mietvertrages ist eigentlich die Mietsache, zB eine Wohnung oder eine Baumaschine. Neben der Mietsache selbst sind aber auch ihre **Bestandteile** und ihr **Zubehör** (§§ 311 c, 97) mitvermietet. Auch ohne weitere Absprache sind ferner sämtliche Grundstücks- und Gebäudeteile vermietet, die allgemein für die Benutzung durch den Mieter in Betracht kommen (LG Dortmund ZMR 60, 297). Das sind für die Wohnraum- und Gewerberaummiete etwa die Schlüssel oder eingebaute Geräte. Mitvermietet sind außerdem die Teile, die zum Gebrauch der Mieträume notwendig sind, ohne dass es hierüber einer besonderen Abrede bedürfte. Hierzu gehören etwa Treppen, Fahrstühle (LG Berlin ZMR 86, 89), Flure, Zugänge und Zufahrten, gemeinschaftliche Toiletten und andere Gemeinschaftsräume, Terrassen, soweit diese nicht einer bestimmten Wohnung zuzuordnen sind, Waschküchen, Böden und Hofräume oder ein Trockenplatz (AG Neuss ZMR 60, 297). Bei der Wohnraummiete gehört die Außenwand regelmäßig nicht zur Mietsache (Saarbr MDR 05, 1283, 1284). Bei der Gewerberaummiete wird die Benutzung der **höher** gelegenen Wandteile, auch durch den Mieter des betreffenden Stockwerks, vom Mietgebrauch nicht umfasst (Saarbr MDR 05, 1283, 1284; *Sternel* II Rn 176). Bei der Anbringung von Einrichtungen kommt es auch darauf an, ob das Gesamtbild des Hauses beeinträchtigt wird, zB durch Windfänge, Blumenkästen, Hinweisschilder. Der Mieter einer **Eigentumswohnung** ist berechtigt, neben dem von ihm gemieteten Wohnungseigentum (§ 1 II WEG) das Gemeinschaftseigentum zu nutzen, soweit daran keine seinen Gebrauch ausschließenden Sondernutzungsrechte begründet sind. Die Mietsache umfasst neben dem Sondereigentum immer auch das Recht zur **Mitbenutzung des Gemeinschaftseigentums** (BVerfG NJW 96, 2858; Ddorf ZMR 96, 96, 97; München NJW-RR 92, 1492, 1493). Das Gemeinschaftseigentum ist auch **ohne besondere Erwähnung** im Mietvertrag (zur Mitbenutzung) stets mitvermietet (BGH NJW 67, 154; Ddorf ZMR 96, 96, 97). Der vermietende Sondereigentümer darf hingegen nach Übertragung seines Mitgebrauchsrechts an einen Mieter das gemeinschaftliche Eigentum allerdings nicht auch noch selbst weiter gebrauchen, wenn durch die Doppelnutzung Rechte der anderen Eigentümer beeinträchtigt werden, zB bei ständiger Überfüllung einer privaten Sauna.

3. Untermiete. Auch für ein **Untermietverhältnis** (Untermiete) gelten die Hauptleistungspflichten des Vermieters (s Rn 30). Der untervermietende Vermieter muss also seinerseits seinem Mieter die Mietsache in einem zu dem vertragsgemäßen Gebrauch geeigneten Zustand überlassen und sie während der Mietzeit in diesem Zustand erhalten. Der entspr Erfüllungsanspruch des Untermieters wird durch die Gewährleistungsansprüche der §§ 537 ff nicht berührt. S im Übrigen zur Untermiete § 540 Rn 2 ff.

III. Vertragsgemäßer Gebrauch. 1. Allgemeines. Was unter einem **vertragsgemäßen Gebrauch** zu verstehen ist, müssen originär die Parteien festlegen. Sie dürfen innerhalb der Grenzen der Vertragsfreiheit individuell bestimmen, in welcher Weise der Mieter die Sache nutzen darf, auch im Blick auf bestimmte oder nicht vorhandene Eigenschaften. Gewähren des Gebrauchs bedeutet auch aktives Tun zur Sicherung des Mietgebrauchs (Saarbr NJW 93, 3077), zB der Anschluss an die Stromversorgung bei Wohn- und Gewerbemieträumen (BGH NJW-RR 93, 1159), das Überprüfen der Versorgungsleitungen (Ddorf ZMR 00, 377, 378), das Prüfen auf evtl Schäden oder Gefahrenquellen (*Derckx* WuM 05, 690, 693) oder das Abwehren von Störungen (LG Stendal NZM 05, 783; s dazu Rn 83). Die Art der Benutzung richtet sich im Wesentlichen nach der Verträglichkeit. Der Vermieter kann seine Überprüfungs- und Instandhaltungspflicht nicht im Wege eines Formularvertrages auf den Wohnraummieter (anders beim Gewerberaummieter, s Rn 90) abwälzen (BGH ZMR 92, 332, 33); übertragbar sind aber die Kosten. Ist kein vertragsgemäßer Gebrauch geregelt, ist es eine Frage der Auslegung, welcher Gebrauch noch zulässig ist. Sofern es sich um Maßnahmen handelt, die weder die Mietsache in seiner Substanz noch die Wohnanlage oder die Mitbewohner beeinträchtigen, kann der Mieter auch Modernisierungsmaßnahmen nach freiem Ermessen und ohne vorherige Absprache mit dem Vermieter ausführen (*Lange* ZMR 04, 881, 888).

a) Tierhaltung. Tierhaltung zählt **nicht** zum generell zulässigen Gebrauch einer Mietsache (LG Braunschw WuM 96, 291; aA KG WuM 05, 722; offen gelassen von LG Berlin WuM 98, 606). Ob das Halten von Tieren zulässig ist, ist daher nach dem Mietvertrag zu beantworten. Die Klausel „Tierhaltung in der Mietwohnung ist unzulässig mit Ausnahme von Kleintieren, wie zB Ziervögel und Zierfische", ist erlaubt (BGH NJW 93, 1061, 1062). Grds ist für eine Tierhaltung von der Zustimmungspflicht durch den Vermieter auszugehen (BGH NJW 91, 1062, 1062). Fehlt es an einer Regelung, ist die Tierhaltung grds vertragswidrig (Hamm DWW 81, 48; LG Karlsr DWW 02, 100; aA AG Wedding GE 02, 997). Im Einzelfall kommt es etwa auf die Art und die Zahl der aufzunehmenden Tiere, die Größe des Hauses und auf die Altersstruktur seiner Bewohner an. **Kleintiere** (Kleinvögel, Fische in Aquarien, Hamster, Mäuse, Meerschweinchen, Eidechsen), von denen nach Art, Anzahl und Unterbringung keine Schädigungen oder Störungen der Mietsache und der Mietmieter ausgehen, können im angemessenen Rahmen in der Mietwohnung ausnahmsweise **stets** gehalten werden (BGH NJW 93, 1061, 1062). Eine Tierhaltung kann durch Individualvereinbarung ausgeschlossen werden. Eine im Mietvertrag vorbehaltene Zustimmung des Vermieters steht in seinem Ermessen (LG Karlsr NZM 02, 246; LG Berlin NZM 99, 455). Maßgeblich ist, ob die Belange des Vermieters oder der Mitmieter berührt werden. Im Einzelfall kann das Interesse des Mieters an der Tierhaltung vorrangig sein (zB ein Blindenhund).

76 **b) Haushaltsgeräte; Beschränkung auf Vertragszweck.** Zum allgemein üblichen vertragsgemäßen Gebrauch der Mietsache gehört, dass der Mieter elektrische Haushaltsgeräte (zB Waschmaschinen, Geschirrspüler, Fernseher, Aquarien, Einbauküchen, mobile Duschkabinen) aufstellen und auch verwenden darf (BGH ZMR 04, 807, 809; Karlsr WuM 87, 325; AG Germersheim ZMR 96, 92). Die Beschränkung des Vertragszwecks auf einen **bestimmten Geschäftsbetrieb** ist zulässig (München ZMR 01, 347) und im **Gewerbemietrecht** häufig. Will der Mieter den erlaubten Gebrauch ändern, muss der Vermieter zustimmen. Handelt es sich um ein vermietetes **Teileigentum** gem § 1 III WEG, muss der Mieter die Zweckbestimmungen im engeren und weiteren Sinne (s dazu *Elzer* KK-WEG § 3 WEG Rn 7 ff) der Eigentümer beachten. Ein Mieter kann im Verhältnis zu den Mitgliedern einer Eigentümergemeinschaft nicht mehr Rechte besitzen als der vermietende Miteigentümer, weil er seine Rechtsstellung vom jeweiligen Miteigentümer ableitet (KG ZWE 01, 497 = NZM 01, 761; *Elzer* KK-WEG § 10 WEG Rn 64 ff). Soweit sich der Mieter im vertraglich Erlaubtem bewegt, hat zwar der Vermieter **keine Ansprüche**. Unterlassung können aber gem § 1004 die anderen Eigentümer (nicht der Verband, München ZMR 05, 733; *Briesemeister* ZWE 06, 15; *Demharter* NZM 06, 81, 82; *Böhringer* Rpfleger 06, 53, 54; aA München NZM 06, 106) verlangen (BGH ZMR 96, 147, 148 = NJW 96, 714; 95, 480, 481= NJW-RR 95, 715; Celle ZMR 04, 689, 690; Hamm ZMR 02, 622).

77 **c) Aufnahme von Dritten und Familienangehörigen. aa) Dritte.** Der Mieter ist gem § 540 I 1 ohne die Erlaubnis des Vermieters **nicht** berechtigt, den Gebrauch der Mietsache einem **Dritten** zu überlassen, insbes sie weiter zu vermieten (BGH ZMR 04, 100, 102). Dritter ist dabei jeder, der nicht Partei des Mietvertrages ist; hiervon ausgenommen sind nach dem Sinn und Zweck von § 540 I die Familie des Mieters wegen ihrer engen, unter dem ausdrücklichen Schutz der Verfassung (Art 6 GG) stehenden persönlichen Beziehung und – mit Rücksicht auf ihren nur kurzen Aufenthalt – Besucher des Mieters. Im Übrigen gilt jedoch, dass andere Personen als der Mieter unter den grds Erlaubnisvorbehalt des § 540 I fallen, unabhängig davon, ob der Mieter ihnen einen Teil der Wohnung zum selbstständigen Gebrauch überlässt, oder ob er ihnen lediglich den unselbstständigen Mitgebrauch gestattet. § 540 I gilt ferner für jede auf eine gewisse Dauer angelegte Gebrauchsüberlassung, auch wenn diese nur den unselbstständigen Mitgebrauch der Mietsache betrifft (BayObLG ZMR 98, 23, 24). Auch für die Aufnahme eines **Lebensgefährten** bedarf der Mieter einer Erlaubnis (LG Berlin GE 05, 1554, 1555). Auf die Erteilung hat er im Regelfall aber einen Anspruch (BGH ZMR 04, 100, 103 = GE 03, 1606). Entsteht für den Wohnraummieter nach Abschluss des Mietvertrags ein berechtigtes Interesse, einen Teil des Wohnraums einem Dritten zum Gebrauch zu überlassen, so kann er von dem Vermieter die Erlaubnis hierzu verlangen, § 553 I 1 (s § 553 Rn 3).

78 **bb) Familienangehörige.** Der Mieter bedarf für die Aufnahme von nächsten Familienangehörigen, von zum Haushalt gehörenden Bediensteten und von Personen, die er zu seiner Pflege benötigt, hingegen grds **keiner Erlaubnis** des Vermieters; diese Personen sind nicht Dritte iSd § 540 I (BGH NJW 91, 1750, 1751; BayObLG ZMR 98, 23, 24). Wo für Familienangehörige im Einzelnen die Grenze zu ziehen ist, ist nicht abschließend geklärt. Zum bevorrechtigten Personenkreis gehören unstrittig der Ehegatte und die gemeinsamen Kinder. IdR werden hierzu aber auch Stiefkinder des Mieters oder seines Ehepartners gezählt (Hamm WuM 97, 364), die Eltern (BayObLG ZMR 98, 23, 24) ebenso uU die Enkel (LG Wuppertal MDR 71, 49), nicht aber die Geschwister des Mieters (BayObLGZ 83, 285, 288) oder dessen Schwägerin. Hat der Mieter seine Ehefrau in die Wohnung aufgenommen, so darf auch deren noch nicht volljähriger Sohn ohne Erlaubnis des Vermieters in der Wohnung leben (AG Neukölln GE 91, 187). Wenn eine konkrete mietvertragliche Vereinbarung fehlt, kommt es auf die Umstände des Einzelfalls an, insbes auf die Art und den Zuschnitt der Wohnung sowie darauf, ob die Zahl der Personen überschritten wird, mit deren Aufnahme in die Wohnung der Vermieter bei Abschluss des Mietvertrages rechnen musste.

79 **d) Parabolantennen.** Ob der Mieter berechtigt ist, eine Parabolantenne zu installieren, ist eine Frage des Einzelfalls für die sich jede schematische Lösung verbietet. Sie ist auf Grund einer fallbezogenen Abwägung der beiderseits grundrechtlich geschützten Interessen zu beantworten (BVerfG ZMR 05, 932; ZMR 96, 534, 535; ZMR 95 197, 198; BGH GE 06, 112, 113 = ZMR 06, 195, 197; ZMR 04, 438, 439). Zu prüfen ist, ob die mit der Installation einer **festen Parabolantenne** verbundenen Nachteile des Vermieters schützenswerte Interessen des Mieters übersteigen. Hierbei ist das Grundrecht des deutschen oder ausländischen Mieters auf **Informationsfreiheit** (Art 5 I 2 Hs 2 GG) mit dem Eigentumsrecht (Art 14 I 1 GG) des Vermieters abzuwägen. Dies erfordert idR eine **fallbezogene Abwägung** der von dem eingeschränkten Grundrecht und dem grundrechtsbeschränkenden Gesetz geschützten Interessen (BVerfG ZMR 05, 932; BGH NZM 05, 335). Ein Vorrang des Informationsinteresses des Mieters vor den Eigentumsinteressen des Vermieters ergibt sich auch nicht aus dem Recht der Europäischen Gemeinschaften. Die Gerichte der Mitgliedsstaaten haben bei der Auslegung und Anwendung des Gemeinschaftsrechts den berechtigten Interessen auch des Eigentümers Rech-

nung zu tragen, so dass es – ebenso wie im nationalen Recht – einer Abwägung der vom Gemeinschaftsrecht geschützten Rechtspositionen unter Berücksichtigung der Umstände des Einzelfalls bedarf. Dass hierbei dem Wunsch des Mieters, weitere Hörfunk- oder Fernsehprogramme mittels einer Parabolantenne empfangen zu können, von vorneherein der Vorrang vor den Interessen des Eigentümers einzuräumen wäre, lässt sich dem Gemeinschaftsrecht nicht entnehmen (BGH GE 06, 112, 115). Der Vermieter muss die Zustimmung zur Errichtung regelmäßig erteilen, wenn er keinen Kabelanschluss bereitstellt (BVerfG ZMR 05, 932 mwN). Ist ein Kabelanschluss verfügbar, ist ggf ein sachbezogener Grund zur Versagung der Genehmigung einer Parabolantenne gegeben (Frankf ZMR 92, 435, 438; angesichts der technischen Entwicklung zweifelnd BGH ZMR 04, 438, 439). Ein besonderes Informationsinteresse kann selbst bei einem Kabelanschluss ausnahmsweise die Installation einer Parabolantenne rechtfertigen (BGH ZMR 04, 438, 439). Das trifft insbes, aber nicht nur auf Mieter mit ausländischer Staatsangehörigkeit zu, deren Heimatprogramme nicht oder nur in geringer Zahl in das deutsche Kabelnetz eingespeist werden. Sie sind idR daran interessiert, die Programme ihres Heimatlandes zu empfangen, um sich über das dortige Geschehen zu unterrichten und die kulturelle und sprachliche Verbindung aufrechterhalten zu können (BVerfGE 90, 27, 36). Wegen der damit verbundenen erheblichen Informationseinbußen reicht aber nicht die Möglichkeit des Empfangs terrestrisch ausgestrahlter Rundfunkprogramme über herkömmliche Antennenanlagen. Die grundlegende Bedeutung des Grundrechts auf Informationsfreiheit wird verkannt, wenn der ausländische Mieter auf einen **Kabelanschluss** verwiesen wird, der ihm gar keinen oder keinen ausreichenden Zugang zu seinen Heimatprogrammen verschafft (LG Düsseldorf NZM 05, 861, 862). Kann der ausländische Mieter fünf Heimatprogramme mittels von ihm zusätzlich anzuschaffenden Decodern über den hauseigenen Kabelanschluss empfangen und stört die geplante Parabolantenne am hierfür vorgesehenen Platz das Gesamtbild der Gebäudefassade, weil diese Seite Gehwege, Parkplätzen und Nachbarhäusern zugewandt ist, ist es aber nicht weiter zu beanstanden, wenn das Instanzgericht dem Eigentumsrecht des Vermieters aus Art 14 I 1 GG Vorrang einräumt (BGHGE 06, 112, 115; NZM 05, 335). Die Anbringung einer **mobilen Parabolantenne** zB an der Balkonbrüstung der gemieteten Wohnung ist ohne Zustimmung des Vermieters vertragswidrig, wenn der Vermieter nicht auf Grund einer aus § 242 BGB herzuleitenden Nebenpflicht verpflichtet ist, die Anbringung einer Parabolantenne durch den Mieter zu dulden (BGH GE 06, 112, 113 = ZMR 06, 195, 197). Der Vermieter muss die Anbringung einer Parabolantenne – abgesehen von weiteren Voraussetzungen – nur dulden, wenn die Antenne zur Vermeidung von Gefahren für Dritte und von möglichen Sachschäden fachgerecht installiert wird. **Mobile Parabolantennen** dürfen installiert werden, wenn hierdurch nicht die Substanz des Gebäudes beeinträchtigt wird (LG Berlin GE 05, 1126).

2. Verwendungsrisiko. Im Verhältnis zwischen Vermieter und Mieter trägt grds der Mieter das **Verwendungsrisiko** für die Mietsache (BGH NZM 06, 54, 56; BGH MDR 04, 1052; ZMR 00, 508, 511; Ddorf MDR 01, 83). Für eine Berücksichtigung von Störungen der Geschäftsgrundlage (§ 313) ist grds insoweit kein Raum, als es um Erwartungen und Umstände geht, die nach den vertraglichen Vereinbarungen in den Risikobereich einer der Parteien fallen sollen. Eine solche vertragliche Risikoverteilung oder Risikoübernahme schließt für den Betroffenen regelmäßig die Möglichkeit aus, sich bei Verwirklichung des Risikos auf den Wegfall der Geschäftsgrundlage zu berufen. Für eine Berücksichtigung von Störungen der Geschäftsgrundlage ist idR kein Raum, wenn es sich darum handelt, dass sich Erwartungen nicht erfüllt haben, die diesem Verantwortungsbereich zuzurechnen sind, und zwar selbst dann nicht, wenn diese Erwartungen beim Vertragsschluss vom Vermieter geteilt worden sind (BGH MDR 04, 1052; NJW 79, 1818). Die Risikoverteilung schließt grds für den Mieter die Möglichkeit aus, sich bei der Verwirklichung dieses Risikos auf den Wegfall der Geschäftsgrundlage zu berufen. Etwa die ungünstige Umsatz- und Gewinnentwicklung eines Geschäfts in einem Einkaufszentrum gehört zum Verwendungsrisiko des gewerblichen Mieters (Ddorf GuT 06, 25); ferner die Chance, mit der Mietsache Gewinne erzielen zu können. Erfüllt sich die Gewinnerwartung des Mieters nicht, so verwirklicht sich damit ein typisches Risiko des gewerblichen Mieters, das dieser nicht nachträglich auf den Vermieter verlagern kann. Etwas anderes gilt allenfalls in extremen Ausnahmefällen, in denen eine unvorhergesehene Entwicklung mit uU existenziell bedeutsamen Folgen eintritt (BGH MDR 04, 1052). Die Parteien können allerdings die Risikoverteilung vertraglich ändern und vereinbaren, dass der Vermieter das Geschäftsrisiko des Mieters – ganz oder zum Teil – übernimmt (BGH NZM 06, 54, 56). Ob das der Fall ist, ist durch Auslegung der Vereinbarungen zu ermitteln.

3. Veränderungen. Der Vermieter von Wohnräumen kann nach § 554 die Mietsache einseitig verändern (s § 554 Rn 2). Der Mieter von Wohnräumen kann hingegen unter bestimmten Voraussetzungen die Zustimmung zu baulichen Veränderungen oder sonstigen Einrichtungen verlangen, § 554 a I. Im Übrigen brauchen Vermieter und Mieter für eine Veränderung der Mietsache jeweils die Zustimmung des anderen.

4. Schadensersatz. Der Vermieter verletzt den Mietvertrag, wenn er das Mietverhältnis schuldhaft ohne Grund kündigt (BGH NJW 02, 730, 731 mwN) oder zurücktritt (*BGH* NJW 87, 831). Denn mit der wegen fehlender materieller Gründe unwirksamen Kündigung macht der Vermieter dem Mieter den **Gebrauch der Mietsache** streitig und verletzt damit Vertragspflichten. Geschieht das schuldhaft, wobei Fahrlässigkeit genügt, und erwächst dem Mieter daraus ein Schaden, ist der Vermieter gem §§ 241, 280 ersatzpflichtig. Das

Risiko, die Rechtslage falsch zu beurteilen, trägt der Vermieter, so dass er die Vertragsverletzung in aller Regel auch dann zu vertreten hat, wenn er sich über die Rechtslage geirrt hat (BGH NJW 02, 730, 731 mwN). Verletzt der Mieter den vertragsgemäßen Gebrauch (s Rn 74 ff), schuldet auch er wegen einer Pflichtverletzung Schadensersatz (§§ 241 II, 280 I).

83 **IV. Erhaltung eines geeigneten Zustandes.** Grds ist der **Vermieter** gem § 535 I 2 verpflichtet, die Mietsache auf seine Kosten (s aber Rn 90) in einem **gebrauchsfähigen Zustand** zur Verfügung zu stellen (BGH ZMR 05, 844, 845, 846; 89, 327, 331) und in eben diesem Zustand dauerhaft (BGH ZMR 03, 418) während der Mietzeit zu erhalten (BGH ZMR 05, 844, 846; 04, 807, 808; KG MDR 00, 447, 448). Die Bewahrung der Mietsache in einem gebrauchsfähigen Zustand ist vertragliche Gegenleistung zur Mietzahlung (BGH NJW 89, 2247; 85, 480). Die Erhaltungspflicht umfasst auch die Pflicht, notfalls **aktiv tätig** zu werden, um dem Mieter den vertragsgemäßen Gebrauch der Mietsache zu ermöglichen, zB Schutz gegen Störungen (s Rn 74). Dem Vermieter obliegt also die **Instandhaltung** und **Instandsetzung** der Mietsache. Unter den Kosten der Instandhaltung werden – vorbehaltlich abw Vereinbarungen der Parteien – in Anlehnung an § 28 I BV II die Kosten verstanden, die zur Erhaltung des bestimmungsgemäßen Gebrauchs aufgewendet werden müssen, um die durch Abnutzung, Alterung und Witterungseinwirkung entstehenden baulichen und sonstigen Mängel ordnungsgemäß zu beseitigen. Bei den Instandsetzungskosten handelt es sich idR um Kosten aus Reparatur und Wiederbeschaffung. Zur Wiederherstellung des ordnungsgemäßen Zustandes (BGH NZM 05, 863, 864; NJW-RR 04, 877).

84 **1. Umfang. a) Allgemeines.** Der Umfang der Gebrauchserhaltungspflicht richtet sich nach dem **Ist-Zustand** der Mietsache bei Vertragsschluss sowie danach, was die Parteien als **vertragsgemäß vereinbart** haben (LG Berlin GE 05, 739). Unter einem Mangel ist dabei die für den Mieter nachteilige Abweichung des tatsächlichen Zustandes der Mietsache von dem vertraglich geschuldeten Zustand zu verstehen (BGH NZM 06, 54, 55), wobei tatsächliche Umstände als auch rechtliche Verhältnisse in Bezug auf die Mietsache in Betracht kommen können (Rostock OLGReport Rostock 03, 259, 263). So können bestimmte äußere Einflüsse oder Umstände – etwa die Behinderung des Zugangs zu einem gemieteten Geschäftslokal – einen Fehler der Mietsache begründen. Um Ausuferungen des Mangelbegriffs zu vermeiden, ist allerdings stets eine unmittelbare Beeinträchtigung der Tauglichkeit oder eine unmittelbare Einwirkung auf die Gebrauchstauglichkeit der Mietsache erforderlich, wohingegen Umstände, die die Eignung der Mietsache zum vertragsgemäßen Gebrauch nicht **unmittelbar** berühren, nicht als Mängel zu qualifizieren sind (BGH NZM 06, 54, 55; BGH MDR 01, 22 = NJW 00, 1714, 1715). Zur Erhaltung ist der Vermieter verpflichtet, die Mietsache regelmäßig zu überprüfen (Hamm VersR 81, 1161), zu reinigen (zB Treppenhaus, Regenrinne, Mülltonne), ggf Geräte auf neue Bedingungen umzustellen (LG Aachen NJW 70, 1923) sowie diese zu reparieren. Die Überwachungspflicht findet nach Treu und Glauben dort ihre Grenze, wo die Kontrolle einen unzumutbaren Aufwand erfordert und keine Gewähr für eine dauerhafte Funktionstauglichkeit bietet (BGH ZMR 93, 151, 152; Köln GE 05, 362). Der Vermieter ist zB nicht verpflichtet, eine in der Erde liegende Wasserleitung auszugraben, um sich über den Erhaltungszustand der Rohre Gewissheit zu verschaffen (BGH ZMR 57, 305). Die Gebrauchserhaltungspflicht bezieht sich nicht nur auf die eigentlich gemieteten Räume, sondern auch auf die Teile, die iRd vertragsgemäßen Gebrauchs mitbenutzt werden können (zB Gemeinschaftseinrichtungen, BGH BB 66, 1286). Die Pflicht des Vermieters bezieht sich aber nicht auf die vom Mieter vorgenommenen Einbauten und auch nicht auf die Sachen, die der Mieter vom Vormieter vereinbarungsgemäß übernommen hat. Hat der Vormieter Sachen in der Wohnung belassen, der Mieter die Räume in diesem Zustand gemietet, gelten die Sachen als mitvermietet und werden von der Instandsetzungs- und Instandhaltungspflicht des Vermieters erfasst (*Kinne/Schach/Bieber* Rn 74).

85 Für die Beurteilung der Frage, ob eine Mietsache einen noch geeigneten Zustand zeigt oder bereits Mängel aufweist, ist in erster Linie die von den Mietvertragsparteien vereinbarte Beschaffenheit, nicht die Einhaltung bestimmter technischer Normen maßgebend (BGH ZMR 05, 198). Gibt es keine ausdrückliche vertragliche Vereinbarung, welcher Zustand geschuldet ist, wird der Zustand durch den vereinbarten Nutzungszweck bestimmt (BGH ZMR 04, 807, 808). Außerdem ist die Einhaltung der maßgeblichen technischen Normen geschuldet (BGH ZMR 05, 198). Dabei ist nach der Verkehrsanschauung grds der bei Anschaffung der Mietsache oder ihrer Errichtung geltende Maßstab anzulegen. Nimmt der Vermieter **bauliche Veränderungen** vor, die zu Lärmimmissionen führen können, kann der Mieter erwarten, dass Lärmschutzmaßnahmen getroffen werden, die den Anforderungen der zur Zeit des Umbaus geltenden DIN-Normen genügen (BGH ZMR 05, 198; für das WEG s München ZMR 05, 650; s auch *Beuermann* GE 05, 108, 110). Die Erhaltungspflicht deckt sich also mit dem vereinbarten Gebrauch: zu erhalten ist, was als Gebrauch geschuldet ist (s dazu Rn 68). Was im Einzelnen geschuldet ist, ist durch Auslegung des Vertrages zu ermitteln. Ist danach ein bestimmter Maßstab ausdrücklich vereinbart, ist die Mietsache mangelhaft, wenn dieser Gradmesser nicht erreicht ist. Liegt eine derartige Vereinbarung aber nicht vor, ist die Mietsache im Allgemeinen mangelhaft, wenn sie nicht den zur Zeit der Vermietung anerkannten Regeln der Technik als vertraglichem Mindeststandard entspricht. DIN-Normen sind keine Rechtsnormen, sondern private technische Regelungen mit Empfehlungscharakter (BGHZ 139, 16, 19). Sie können die anerkannten Regeln der Technik wiedergeben oder hinter diesen zurückbleiben.

Der Mieter einer Wohnung kann nach allgemeiner Verkehrsanschauung erwarten, dass die von ihm angemieteten Räume einen Wohnstandard aufweisen, der der üblichen Ausstattung vergleichbarer Wohnungen entspricht (BGH ZMR 04, 807, 808). Die Ausstattung von Alt- und Neubauten muss nicht identisch sein (BGH ZMR 04, 807, 808; 92, 234, 237). Insbes das Alter, die Ausstattung und die Art des Gebäudes, aber auch die Höhe der Miete und eine evtl Ortssitte sind zu berücksichtigen (KG WuM 84, 42; *Sternel* II Rn 13). Nicht alles, was bei Neubauten und im modernen Wohnungsbau zwischenzeitlich üblich ist, kann auch bei Altbauten als üblich angesehen oder zum Maßstab gemacht werden. Gewisse Unzulänglichkeiten einer Altbauwohnung, die allgemein verbreitet sind, hat ein Mieter hinzunehmen. Eine unrenovierte Wohnung in einem Altbau muss einem Mindeststandard genügen, der ein zeitgemäßes Wohnen ermöglicht und alle mit der Haushaltsführung üblicherweise verbundenen Tätigkeiten unter Einsatz technischer Hilfsmittel erlaubt (BGH ZMR 04, 807, 809; *Sternel* II Rn 14). Hierzu gehört die Bereitstellung einer Stromversorgung, die einen Betrieb der gewöhnlichen Haushaltsgeräte ermöglicht, oder dass das Badezimmer über eine Stromversorgung verfügt, die nicht nur eine Beleuchtung, sondern auch den Betrieb von kleineren elektrischen Geräten über eine Steckdose ermöglicht. Ein unter dem Mindeststandard liegender Zustand ist vertragsgemäß, wenn er eindeutig vereinbart ist und der Mieter sich mit ihm einverstanden erklärt hat (BGH NJW-RR 93, 522). 86

Der Vermieter, dem nur der **Nießbrauch** an der Mietsache zusteht, hat lediglich für die Erhaltung der Sache in ihrem **wirtschaftlichen Bestand** zu sorgen (§ 1041 S 1); Ausbesserungen und Erneuerungen obliegen ihm nur insoweit, als sie zu der gewöhnlichen Unterhaltung der Sache gehören (§ 1041 S 2). Zu der gewöhnlichen, dem Nießbraucher obliegenden Unterhaltung der Sache zählen solche Maßnahmen, die bei ordnungsgemäßer Bewirtschaftung regelmäßig, und zwar wiederkehrend innerhalb kürzerer Zeitabstände zu erwarten sind; dazu gehören insbes normale Verschleißreparaturen (BGH ZMR 05, 783; NJW-RR 03, 1290). Die Erneuerung der Elektroinstallation wird davon nicht umfasst. Im Insolvenzverfahren über das Vermögen des Vermieters begründet der Anspruch des Mieters auf Herstellung eines zum vertragsgemäßen Gebrauch geeigneten Zustands der Mietsache bei fortdauerndem Mietverhältnis eine **Masseschuld** (§§ 55 I Nr 2, 108 InsO). 87

b) **Opfergrenze.** Die Verpflichtung zum Erhalt eines geeigneten Zustandes endet gem § 275 dort, wo der dazu erforderliche Aufwand die **Opfergrenze** übersteigt (BGH ZMR 05, 935, 937; 91, 19, 20; Hburg NZM 02, 243; *Blank* ZWE 06, 38). Wann diese Zumutbarkeitsgrenze überschritten ist, muss von Fall zu Fall unter Berücksichtigung der beiderseitigen Parteiinteressen wertend ermittelt werden (BGH ZMR 05, 935, 937; RGZ 89, 203, 207; Karlsr WuM 95, 307). Es darf kein krasses Missverhältnis entstehen zwischen dem Reparaturaufwand einerseits und dem Nutzen der Reparatur für den Mieter sowie dem Wert der Mietsache und den aus ihm zu ziehenden Einnahmen andererseits. Zwar ist der Vermieter verpflichtet, die Mietsache in einem zur vertragsgemäßen Nutzung geeigneten Zustand zu erhalten. Er hat aber keine Verpflichtung, die ohne sein Verschulden **zerstörte Mietsache** wieder herzustellen. Die Wiederaufbaupflicht ist Ausfluss der Pflicht zur Gebrauchsüberlassung. Entfällt diese (§ 275), so besteht auch jene nicht (BGH ZMR 92, 140 mwN). 88

c) **Beendetes Mietverhältnis.** Ist das Mietverhältnis beendet, beschränken sich die Rechtsbeziehungen zwischen den Parteien nicht auf das Eigentümer-Besitzerverhältnis (§§ 987 ff) oder auf die Regelungen des Bereicherungsrechts (§§ 812 ff). Vielmehr besteht ein **schuldrechtliches Abwicklungsverhältnis** mit nachvertraglichen Rechten und Pflichten, welches sich inhaltlich am bisherigen Mietverhältnis ausrichtet (LG Aachen MDR 92, 578; *Sternel* IV Rn 655). Der wesentliche Unterschied zum bisherigen Mietverhältnis besteht darin, dass der Vermieter nur noch **im eingeschränkten Maße** verpflichtet ist, den Mietgebrauch zu gewähren. Allerdings hat er den Besitzstand des Mieters zu beachten. Ob auch die Versorgung mit Energie, Wasser und Heizung sicherzustellen ist, ist fraglich, im Einzelfall aber zu **verneinen** (s Rn 70). Zu den nachvertraglichen Pflichten des Vermieters gehört es jedenfalls, den Verkehr im und am vermieteten Objekt zu sichern. IRd Verkehrspflicht (s dazu Rn 34) ist er zur Instandhaltung und Instandsetzung der Mietsache verpflichtet (LG Aachen MDR 92, 578; LG Hamburg ZMR 86, 122). 89

2. **Kosten; Übertragung der Pflichten.** Der Vermieter muss die Mietsache gem § 535 I 2 **auf seine Kosten** erhalten. Die Parteien können aber etwas anderes vereinbaren. In einem Formularmietvertrag über Wohnraum können die **Kosten für Kleinreparaturen** auf den Mieter abgewälzt werden, wenn die Klausel gegenständlich auf Teile der Mietsache beschränkt ist, die häufig dem Zugriff des Mieters ausgesetzt sind, und die Klausel eine im Rahmen des Zumutbaren näher zu bestimmende Höchstgrenze (AG Ahrensburg ZMR 06, 128; AG Braunschw GE 05, 677 = ZMR 05, 717, 718; 75,00–25,00 EUR; maximal 8 % der Jahresnettomiete, Stuttgart WuM 88, 149) für den Fall enthält, dass innerhalb eines bestimmten Zeitraums, etwa binnen eines Jahres, mehrere Kleinreparaturen anfallen (BGH ZMR 92, 332, 333; 89, 327). Die Verpflichtung zur Instandhaltung und Instandsetzung kann bei der **Gewerberaummiete** hingegen formularmäßig auf den Mieter übertragen werden, soweit sie sich auf Schäden erstreckt, die dem Mietgebrauch oder der Risikosphäre des Mieters zuzuordnen sind (BGH ZMR 05, 844, 846; NJW-RR 87, 906). Eine zulässige Abweichung vom gesetzlichen Leitbild findet dort seine Grenze, wo dem Mieter die Erhaltungslast von gemeinsam mit anderen Mietern genutzten Flächen und Anlagen ohne Beschränkung der Höhe nach auferlegt wird (BGH ZMR 05, 844, 846). Denn damit würden dem Mieter auch Kosten übertragen, die nicht durch seinen Mietgebrauch veranlasst sind und die nicht in seinen Risikobereich fallen (KG NZM 03, 395; Naumbg NZM 90

00, 1183). Die Übertragung der Erhaltungslast gemeinschaftlich genutzter Flächen und Anlagen ist deshalb allenfalls dann wirksam, wenn sie in einem bestimmten und zumutbaren Rahmen erfolgt. In Lit und Rspr wird hierzu eine Kostenbegrenzung auf einen festen Prozentsatz der Jahresmiete vorgeschlagen (KG NZM 03, 395).

91 **3. Pflichtverletzungen. a) Vermieter.** Kommt der Vermieter seinen Erhaltungsverpflichtungen nicht nach und bleibt also die Ausstattung der Mietsache hinter dem vereinbarten oder vorausgesetzten Gebrauch zurück, hat der Mieter zur Erhaltung des vertragsgemäßen Zustands einen einklagbaren, nicht durch § 536 b beschränkten (BGH ZMR 04, 807, 809; 97, 505; NJW 82, 2242; Köln NJW-RR 93, 466) echten **Erfüllungsanspruch** (BGH ZMR 05, 844, 846; 04, 807, 808; *Rathjen* ZMR 99, 458 ff). Der Anspruch steht dem Mieter neben seinen Gewährleistungsrechten nach §§ 536 ff zu (BGH ZMR 03, 418; 97, 505). Außerdem **mindert** sich die Miete (§ 536). Ferner kann der Mieter **Schadensersatz** wegen Nichterfüllung verlangen (§ 536 a I), den Mangel gegen Aufwendungsersatz **selbst beseitigen** (§ 536 a II), **kündigen** (§ 543 II 1 Nr 1) und – bis zur Überlassung der Mietsache – gem §§ 323, 326 V **zurücktreten**. Schließlich kann der Mieter gem §§ 320, 556 b II 1 in Höhe des Druckzuschlages (dreifacher Minderungsbetrag) die Miete bis zur Beseitigung des Mangels **zurückbehalten** (BGH ZMR 03, 341, 342). Das Recht des Mieters, den Mangel selbst zu beseitigen und Aufwendungsersatz zu verlangen, setzt grds Verzug des Vermieters mit der Beseitigung des Mangels voraus, § 536 a II Nr 1. Befindet sich der Vermieter von Wohnraum mit der Beseitigung eines Mangels im Verzug, so wirkt im Fall der Grundstücksübereignung die einmal eingetretene Verzugslage nach dem Eigentumsübergang in der Person des Erwerbers fort (BGH ZMR 05, 354). Tritt der Schaden in diesem Fall nach dem Eigentumsübergang ein, so richten sich die Ansprüche des Mieters nicht gegen den Grundstücksveräußerer, sondern gegen den Grundstückserwerber. Der Mieter kann die genannten Rechte **verwirken** (BGH ZMR 06, 107, 108; ZMR 03, 341, 342/343). Die Instandhaltungspflicht des Vermieters besteht nicht nur ggü dem Mieter, sie kann sich aber auch zu Gunsten Dritter iRd allgemeinen Verkehrspflichten (s Rn 34) auswirken.

92 Etwas anderes gilt, wenn die umgehende Beseitigung des Mangels zur Erhaltung oder Wiederherstellung des Bestands der Mietsache notwendig ist, § 536 a II Nr 2. Zum Umfang des Aufwendungsersatzanspruches s § 536 a Rn 10. Kennt der Mieter bei Vertragsschluss Mietmängel, stehen ihm **keine Rechte** aus §§ 536 und 536 a zu, § 536 b S 2. Ist ihm der Mangel infolge grober Fahrlässigkeit unbekannt geblieben, so stehen ihm diese Rechte nur zu, wenn der Vermieter den Mangel arglistig verschwiegen hat. Nimmt der Mieter eine mangelhafte Sache an, obwohl er den Mangel kennt, so kann er die Rechte aus den §§ 536 und 536 a nur geltend machen, wenn er sich seine Rechte bei der Annahme vorbehält. Die Rechte aus § 535 bleiben aber bestehen (Köln MDR 93, 973; LG Berlin MM 94, 281). Für Pflichtverletzungen eines anderen Mieters, haftet der Vermieter nicht. Die Mieter untereinander sind **keine Erfüllungsgehilfen** der Pflichten des Vermieters (Köln GE 05, 362).

93 **b) Mieter.** Verstößt der Mieter gegen eine **vertraglich übernommene** Erhaltungspflicht (zB die Pflicht, Schönheitsreparaturen durchzuführen), hat der Vermieter neben dem Erfüllungsanspruch einen Schadensersatzanspruch nach §§ 280 ff und ggf das Recht auf Ersatzvornahme (LG Berlin NZM 04, 655). Bei Verzug des Mieters ist der Vermieter berechtigt, vom Mieter die Zahlung eines Vorschusses in Höhe erforderlicher Renovierungskosten zu fordern, ohne zuvor ein Leistungsurteil erstreiten und damit die Voraussetzungen für eine Ersatzvornahme im Wege der Zwangsvollstreckung (§ 887 ZPO) schaffen zu müssen. Der Vermieter wird dadurch so gestellt, als sei eine Ersatzvornahme vertraglich vereinbart worden (BGH MDR 91, 142 = GE 90, 1139). Dies hat zur Konsequenz, dass während des laufenden Mietverhältnisses kein Schadensersatz in Geld, sondern nur ein Vorschuss verlangt werden kann, der abzurechnen ist. Damit muss das erhaltene Geld auch tatsächlich der Wohnung des Mieters zu Gute kommen.

94 **4. Schönheitsreparaturen.** Das Gesetz enthält im Wohnraum- und Gewerberaummietrecht **keine Regelung** zu den Schönheitsreparaturen, das heißt den durch Abnutzung notwendig gewordenen Maler- und Tapezierarbeiten. Die Mietvertragsparteien haben es daher im Wesentlichen selbst in der Hand, iRd konkreten Vertragsverhandlung und -ausgestaltung zu regeln, wer von ihnen die Schönheitsreparaturen zu tragen hat. Sie können diesen Faktor ggf bei der Höhe der Miete berücksichtigen. Gibt es keine Regelung, muss der Vermieter die Schönheitsreparaturen ausführen (BGH ZMR 04, 736, 737). Der Vermieter kann Schönheitsreparaturen aber durch Vereinbarung – auch in Allgemeinen Geschäftsbedingungen – auf den Mieter übertragen (BGH ZMR 05, 518, 519; 04, 736, 737). Eine formularvertragliche Bestimmung, wonach der Mieter bei Ende des Mietverhältnisses je nach dem Zeitpunkt der letzten Schönheitsreparaturen während der Mietzeit einen prozentualen Anteil an Renovierungskosten auf Grund des Kostenvoranschlags eines vom Vermieter auszuwählenden Malerfachgeschäftes zu zahlen hat, ist jedenfalls dann wirksam, wenn es den Kostenvoranschlag nicht ausdrücklich für verbindlich erklärt, die für die Abgeltung maßgeblichen Fristen und Prozentsätze am Verhältnis zu den üblichen Renovierungsfristen ausrichtet und dem Mieter nicht untersagt, seiner anteiligen Zahlungsverpflichtung dadurch nachzukommen, dass er vor dem Ende des Mietverhältnisses Schönheitsreparaturen in Kosten sparender Eigenarbeit ausführt (BGH ZMR 05, 518, 519). Eine formularvertragliche Bestimmung, die den Mieter mit Renovierungsverpflichtungen belastet, die **über** den tatsächlichen Renovierungsbedarf hinausgehen, ist mit der gesetzlichen Regelung hingegen nicht vereinbar. Sie würde dem Mieter eine höhere Instandhaltungsverpflichtung auferlegen, als der Vermieter dem Mieter ohne vertragliche Abwälzung der Schönheitsreparaturen gem § 535 I 2 schulden würde (BGH ZMR 04, 736, 737). Die Kombination einer Endrenovierungsklausel mit einer solchen über turnusmäßig vorzunehmende Schönheitsreparaturen führt in Wohnraum- und Gewerberaummietrecht wegen des dabei auftretenden **Summierungseffekts** zur Unwirksamkeit beider Klauseln (BGH ZMR 05, 527; 03, 653; NZM 03, 755). Hat der Mieter von Wohnraum die Schönheitsreparaturen übernommen, wird der entspr Anspruch des Vermieters – sofern kein Fristenplan vereinbart ist – fällig, sobald aus der Sicht eines objektiven Betrachters Renovierungsbedarf besteht; darauf, ob bereits die Substanz der Wohnung gefährdet ist, kommt es nicht an (BGH ZMR 05, 524). Sieht der Mietvertrag vor, dass in besonderen Ausnahmefällen vereinbarte Fristen zur Durchführung von Schönheitsreparaturen nach billigem Ermessen vom Vermieter verlängert oder verkürzt werden können, liegt keine unangemessene Benachteiligung des Mieters vor. Das Ermessen des Vermieters, die Fristen zu verlängern, reduziert sich nach dem Maßstab der Billigkeit nämlich auf Null, soweit der Zustand der Wohnung eine Renovierung nicht erfordert (BGH ZMR 05, 768, 769). Gerät der Mieter während eines bestehenden Mietverhältnisses mit der Durchführung der Schönheitsreparaturen in Verzug, kann der Vermieter von ihm einen Vorschuss in Höhe der voraussichtlichen Renovierungskosten verlangen (BGHZ 111, 301). Zu den sich im Zusammenhang mit Schönheitsreparaturen stellenden Fragen s im Übrigen **ausführlich** § 538 Rn 3 ff.

5. Eigentumswohnungen. Bei einer vermieteten Eigentumswohnung ändert sich an der Instandhaltungs- und Instandsetzungspflicht des Vermieters nichts, auch wenn er wegen der Verwaltungszuständigkeit der Eigentümergemeinschaft (s § 21 I WEG) nur **begrenzte Einwirkungsmöglichkeiten** auf die Behebung von Mängeln des Gemeinschaftseigentums hat (Zweibr ZMR 95, 119, 120; KG ZMR 90, 336 = WuM 90, 376). Der Mieter einer Eigentumswohnung ist deshalb nicht daran gehindert, einen ihm ggü seinem Vermieter zustehenden Instandsetzungsanspruch gerichtlich durchzusetzen, auch wenn es hinsichtlich der Instandsetzung noch an einem Beschluss der Wohnungseigentümergemeinschaft nach §§ 21, 23 WEG fehlt (KG ZMR 90, 336). Grds steht dem Verlangen nicht entgegen, dass der Vermieter eine „Zustimmung" der anderen Wohnungseigentümer herbeiführen muss (BGH ZMR 05, 935, 937). Sind die erforderlichen Aufwendungen für die Beseitigung eines Mangels im Bereich des Gemeinschaftseigentums voraussichtlich unverhältnismäßig hoch und würden sie also die Opfergrenze (s Rn 88) für den Vermieter übersteigen, kann der Mieter vom Vermieter aber keine Beseitigung des Mangels verlangen (BGH ZMR 05, 935, 937; zw). Zu den Besonderheiten vermieteten Sonder- und Gemeinschaftseigentums s im Übrigen AnwK/*Riecke/Schmidt* Anhang zu §§ 535–580 a. 95

D. Auf der Mietsache ruhende Lasten. I. Allgemeines. Nach § 535 I 3 hat grds der Vermieter die auf der vermieteten Sache ruhenden Lasten (s § 103 Rn 1) zu tragen. Das sind sämtliche Lasten, die ihn als Eigentümer oder dinglich Berechtigten treffen. Die Verpflichtung des Vermieters betrifft also sowohl die öffentlich-rechtlichen Lasten, zB Grundsteuern (Hamm ZMR 86, 198), Schornsteinfegergebühren, Straßen- oder Wegereinigungskosten, Müllabfuhrgebühren, als auch die privatrechtlichen (zB eine Reallast gem §§ 1105 ff, aber auch die Zinsen aus einem durch Hypothek oder Grundschuld gesicherten Darlehen). **Persönliche Lasten**, zB Vermögenssteuern, Realsteuern, Gewerbesteuern oder eine Feuerversicherungsprämie, fallen hingegen nicht unter § 535 I 3. Der Vermieter kann die Lasten iSv § 535 I 3 auf den Mieter individuell übertragen (Celle MDR 83, 402). Eine solche Übertragung wirkt sich aber nur auf das **Innenverhältnis** der Parteien aus und ist eng auszulegen (s auch BGH ZMR 84, 337). Im Zweifel ist von § 535 I 3 auszugehen (Köln NJW-RR 91, 1234; Celle ZMR 90, 410). 96

II. Nebenkosten. 1. Allgemeines. a) Begriff. Was Nebenkosten sind, klärt das Gesetz nicht; auch eine klare Abgrenzung hat sich bislang nicht herausgebildet (Ddorf ZMR 94, 20; AG München NZM 99, 414). Der Begriff muss jedenfalls in einem weiten Sinne verstanden werden. Gemeint sind wohl alle Zahlungen, die der Mieter neben der Grundmiete erbringen muss (*Schmid* Mietnebenkosten Rn 1019). Die Nebenkosten umfassen damit vor allem die Betriebs- (s Rn 103) und Heizkosten (s Rn 105). 97

b) Tragung. Nebenkosten sind grds vollständig in der Miete enthalten (arg 556 I 1; *Schmid* Mietnebenkosten Rn 1100). Das Gesetz geht damit davon aus, dass der Vermieter die Nebenkosten zu tragen hat (BGH ZMR 04, 327, 328; LG Berlin ZMR 05, 957). Es ist zu erwarten, dass der Vermieter die für die Nebenkosten anfallenden Kosten in die Miete einkalkuliert. Kosten etwa für Energieverbrauch, Wasser- oder Wärmeversorgung muss der Mieter daher nur tragen, wenn er selbst Anschlussnehmer ist oder die Parteien eine Kostentragungspflicht vereinbart haben (LG Berlin ZMR 05, 957). Ein solcher Vertrag bedarf grds (anders ist es nur für die Heizkosten, s Rn 105) einer **ausdrücklichen** und inhaltlich **bestimmten** Vereinbarung (BGH ZMR 05, 844, 846). Die vereinbarte Mietstruktur (s Rn 114) muss erkennen lassen, dass der Mieter die Nebenkosten ganz oder anteilig neben der Grundmiete für die Überlassung der Mietsache tragen soll (BGH ZMR 70, 47; Ddorf ZMR 03, 109, 110; 00, 668). Die entspr, ggf auch schlüssige (BGH NJW-RR 04, 877 = GE 04, 810; ZMR 04, 341, 343; LG Landau ZMR 01, 458; s auch *Schmid* NZM 03, 55) Abrede muss die nach dem Willen der Parteien abrechnungsfähigen Nebenkosten inhaltlich konkretisieren oder zumindest eindeutig bestimmbar bezeichnen (Brandbg OLGReport Brandbg 99, 341; Celle OLGReport Celle 97, 63). Für **Untermietverhältnisse** (s § 540 Rn 2 f) gilt nichts anderes als für Hauptmietverhältnisse. 98

99 **aa) § 2 Nr 1–16 BetrKV.** Eine **pauschale Umlage** genügt hier nicht (Hburg NZM 02, 189; Jena NZM 02, 70; *Schmid* NZM 02, 483). Für eine Übertragung der Betriebskosten iSv § 2 Nr 1 – 16 BetrKV reicht es aber aus, wenn – auch in einem Formularmietvertrag – auf die BetrKV Bezug genommen wird (BGH ZMR 04, 430, 432; *Schmid* Mietnebenkosten Rn 2059). Bei der Gewerberaummiete reicht für die Übertragung eine Bezugnahme auf die Verwaltungskosten (Hburg ZMR 03, 180, 181). Eine Vereinbarung über die Umlegung zunächst nicht umgelegter Nebenkosten kann auch stillschweigend (durch schlüssiges Handeln) durch jahrelange Übung zu Stande kommen (BGH ZMR 04, 341, 343).

100 **bb) § 2 Nr 17 BetrKV (sonstige Betriebskosten).** Sonstige Betriebskosten iSv § 2 Nr 17 BetrKV (s dazu die Aufzählung von *Kinne* GE 05, 165, 166/167; ferner *Derckx* WuM 05, 690 ff), sind nur dann umlagefähig, wenn die Umlegung der im Einzelnen bestimmten Kosten mit dem Mieter jeweilig (BGH ZMR 03, 1061) vereinbart worden ist (BGH ZMR 04, 430, 432; *Kinne* GE 05, 165, 166; für Gewerberaummiete aA Celle ZMR 99, 238; LG Frankenthal NZM 99, 958). Denn dem Mieter muss deutlich gemacht werden, welche Betriebskosten auf ihn übergewälzt werden.

101 **cc) Heizkosten.** Nach § 2 HeizkostenV bedarf es für die Heizkosten **keiner Umlagevereinbarung**. Der Vermieter kann jederzeit **einseitig** den Heiz- und Warmwasserkostenanteil aus der Miete herausnehmen und den darauf entfallenen Mietanteil als Betriebskostenvorschuss auf die entspr Kosten verrechnen (BayObLG ZMR 88, 384; Hamm WuM ZMR 86, 436; s Rn 105).

102 **2. Umfang.** Was umgelegt werden kann – und wie bei mehreren Mietern zu verfahren ist (Maßstab) – bestimmt sich nach den jeweiligen **Vereinbarungen**. Ein Umlegungsmaßstab kann auch konkludent vereinbart werden. Die Schriftformklausel des Mietvertrags steht der Wirksamkeit einer solchen Vereinbarung nicht entgegen, wenn die Parteien die Geltung des mündlich Vereinbarten gewollt haben (BGH v 2. 11. 05 – VIII ZR 52/05). Einschränkungen ergeben sich für alle Raummietverhältnisse aus der HeizkostenV (für das WEG s *Elzer* KK-WEG § 10 WEG Rn 265), im Übrigen zB aus §§ 556, 556 a (s § 556 Rn 1), aus der BetrKV oder aus §§ 20–27 NMV 1970 (s im Einzelnen § 556 Rn 2). Bei Umlage verbrauchsunabhängiger Betriebskosten hat der Vermieter im Verhältnis zur Gesamtheit der Mieter im Regelfall den Kostenanteil zu tragen hat, der auf leerstehende Wohnungen entfällt (BGH ZMR 04, 20, 22).

103 **3. Betriebskosten.** Betriebskosten (Umlagen) sind die Kosten, die dem Eigentümer oder Erbbauberechtigten durch das Eigentum oder Erbbaurecht am Grundstück oder durch den bebstimmungsmäßigen Gebrauch des Gebäudes, der Nebengebäude, Anlagen, Einrichtungen und des Grundstücks laufend entstehen, § 1 BetrKV (s.a. *Schmid* Mietnebenkosten Rn 1021 ff). Sach- und Arbeitsleistungen des Eigentümers oder des Erbbauberechtigten dürfen mit dem Betrag angesetzt werden, der für eine gleichwertige Leistung eines Dritten, insbes eines Unternehmers, angesetzt werden könnte; die Umsatzsteuer des Dritten darf nicht angesetzt werden. Betriebskosten sind vom Mieter zu erstatten, sofern das **vereinbart** ist. Zu den Betriebskosten bei Mietverhältnissen über Wohnräume s umfassend 556 Rn 2 ff.

104 § 556 gilt **nicht** bei der Gewerberaummiete. Dort können deshalb in einem sehr viel weiteren Umfange Betriebskosten auf den Mieter umgelegt werden, zB Bewachungskosten oder die Kosten für Beschallungsanlagen oder Alarmanlagen.

105 **4. Heizkosten.** Sowohl der Gebäudeeigentümer als auch der Nutzer können jederzeit für die Zukunft die Beachtung der Vorschriften der HeizkostenV **verlangen** (LG Berlin ZMR 99, 556). Der Vermieter kann dabei einseitig vorgehen (Ddorf ZMR 03, 109, 110). Seine Bestimmung muss entspr § 315 der Billigkeit entsprechen (BGH ZMR 04, 343, 344; *Schmid* DWW 82, 226), wobei er die zwingenden Vorschriften der HeizkostenV zu beachten hat (BGH ZMR 04, 343, 344). Der Übergang zur verbrauchsabhängigen Abrechnung muss vor Beginn des Abrechnungszeitraumes angekündigt werden. Verlangt eine Partei trotz Vereinbarung einer Inklusivmiete die Anwendung gem der HeizkostenV, muss der Mietvertrag angepasst werden. Solange die Beachtung der HeizkostenV nicht verlangt wird, ist eine vertragliche Regelung anzuwenden (LG Berlin NZM 00, 333; str). Das hat zur Folge, dass auch ein Zustimmungsverlangen nach § 558 auf eine erhöhte Brutto-Warmmiete gerichtet werden kann (LG Berlin WuM 95, 192).

106 Für preisgebundenen Wohnraum gelten §§ 20, 22 NMV 1970, 10 WoBindG (LG Hamburg WuM 92, 196, 197). Vereinbarte Heiz- und Warmwasserkosten gehören zur Miete iSv § 543 II Nr 3 (LG Berlin NJW-RR 86, 236) und sind den Betriebskosten zuzurechnen. Es gelten daher § 556 und §§ 20 III, IV NMV 1970 (s § 556 Rn 1). Zahlt der Mieter geschuldete Heizkosten nicht, kann der Vermieter auf Zahlung klagen und ggf k kündigen. Werden mehrere Wohngebäude von Beginn des Mietverhältnisses an über eine Gemeinschaftsheizung versorgt, können diese Gebäude für die Heiz- und Warmwasserkostenabrechnung zu einer Abrechnungseinheit zusammengefasst werden, auch wenn als Mietsache im Mietvertrag nur eines der Gebäude bezeichnet wird (BGH ZMR 05, 937, 938).

107 Der Vermieter kann die gesamten Kosten, die ihm ein Wärmelieferant in Rechnung stellt, über die Betriebskostenabrechnung auf die Mieter umlegen. Will der Vermieter von Wohnraum während eines laufenden Mietverhältnisses den Betrieb einer vorhandenen Heizungsanlage auf einen Dritten übertragen („Wärmecontracting"; s dazu *Schmid* ZMR 02, 177 ff), bedarf es aber einer **Zustimmung** des Mieters, wenn eine aus-

drückliche Regelung hierfür im Mietvertrag fehlt (s AG Mitte GE 05, 1253, 1254) und dem Mieter dadurch zusätzliche Kosten auferlegt werden sollen (BGH NZM 05, 450 = GE 05, 664, 665; AG Ddorf ZMR 05, 959, 960; s auch BGH ZMR 03, 824, 826; *Bohlen/Hainz* ZMR 04, 469).

5. Abrechnung der Nebenkosten. a) Maßstab. Die Verteilung der Nebenkosten richtet sich nach dem Vertrag oder einseitigen Vermieterbestimmungen gem § 6 HeizkostenV und § 556 a II (BGH ZMR 04, 662, 663). Der Vorrang vertraglicher Vereinbarungen ist für Wohnraummietverhältnisse im preisfreien Wohnraum – unter dem Vorbehalt anderweitiger Vorschriften – in § 556 a I 1 ausdrücklich geregelt. Ein vertraglich vereinbarter Abrechnungsmaßstab schließt eine einseitige Bestimmung durch den Vermieter nach §§ 315, 316 aus (BGH ZMR 93, 263). Fehlt eine Vereinbarung, sind die Betriebskosten **bei Wohnraum** vorbehaltlich anderer Vorschriften nach dem Anteil der Wohnfläche oder nach einem Maßstab umzulegen, der dem erfassten Verbrauch oder der erfassten Verursachung Rechnung trägt (§ 556 a I). Für die Gewerberaummiete sowie für Nebenkosten, die nicht Betriebskosten sind, kann der Vermieter den Umlegungsmaßstab gem §§ 315, 316 nach billigem Ermessen bestimmen (BGH ZMR 04, 343, 344). Billigem Ermessen widerspricht es idR nicht, wenn der Vermieter bei der Abrechnung von Nebenkosten mehrere Gebäude zu einer Wirtschafts- oder Verwaltungseinheit zusammenfasst und aus den sich ergebenden Gesamtbeträgen nach Maßgabe der mietvertraglichen Vereinbarungen die auf den einzelnen Mieter entfallenden Anteile der Nebenkosten errechnet.

Die Abrechnung muss den allgemeinen Anforderungen des § 259 entsprechen, also eine geordnete Zusammenstellung der Einnahmen und Ausgaben enthalten (BGH ZMR 03, 334, 335). Die Einnahmen und Ausgaben sind zweckmäßig und übersichtlich in Abrechnungsposten aufzugliedern. Einzelangaben und -abrechnung müssen klar, übersichtlich und aus sich heraus verständlich sein. Abzustellen ist dabei auf die durchschnittliche Auffassungsgabe eines juristisch und betriebswirtschaftlich **nicht geschulten** Mieters (BGH GE 05, 1118, 1119). Soweit keine besonderen Abreden getroffen werden, sind in die Abrechnung bei Gebäuden mit mehreren Wohneinheiten regelmäßig folgende Mindestangaben aufzunehmen: 1. eine Zusammenstellung der Gesamtkosten, 2. die Angabe und Erläuterung der zu Grunde gelegten Verteilerschlüssel, 3. die Berechnung des Anteils des Mieters und 4. der Abzug der Vorauszahlungen des Mieters (BGH GE 05, 1118, 1119; ZMR 03, 334, 335; 82, 108). Hinsichtlich der Vorauszahlungen hat der Vermieter grds die vom Mieter im Abrechnungszeitraum tatsächlich geleisteten Vorauszahlungen in Abzug zu bringen. Denn der Mieter muss überprüfen können, welche von ihm erbrachten Leistungen der Vermieter bei der Berechnung seiner Saldoforderung berücksichtigt hat. Eine Abrechnung, in der lediglich die geschuldeten Vorschüsse aufgeführt sind, entspricht jedenfalls dann den Anforderungen an eine ordnungsgemäße Betriebskostenabrechnung, wenn zum Zeitpunkt der Erteilung der Abrechnung der Mieter für den Abrechnungszeitraum keinerlei Vorauszahlungen erbracht hat, die offenen Vorauszahlungsansprüche vom Vermieter bereits eingeklagt sind und auch noch keine Abrechnungsreife iSd § 20 III 4 NMV 1970 eingetreten ist (BGH ZMR 03, 334, 335).

b) Abrechnungsfristen. Über Nebenkostenvorauszahlungen ist jährlich abzurechnen. Abrechnungsfristen sieht das Gesetz für Betriebskosten bei Wohnraum in § 556 III und für preisgebundenen Wohnraum in § 20 III NMV 1970 vor. Eine Ausschlussfrist nennt nur § 556 III. Eine Ausschlussfrist für Einwendungen des Mieters gegen Betriebskostenabrechnungen besteht deshalb im preisgebundenen Wohnraum nicht (BGH ZMR 05, 937, 938; *Schmid* Mietnebenkosten Rn 3268; *ders* ZMR 02, 727, 731). Abrechnungsfristen können im gesetzlichen Rahmen **vertraglich** festgelegt werden, bei Gewerbemieträumen iRd § 307. Rechnet der Vermieter nicht innerhalb der Frist ab, ist der Mieter – vorbehaltlich abw Vereinbarungen – dazu berechtigt, die Zahlung weiterer Vorschüsse zu verweigern, § 273. Rechnet der Vermieter nicht fristgerecht über die Betriebskosten eines Abrechnungszeitraumes ab, so kann der Mieter, wenn das Mietverhältnis beendet ist, sogleich die vollständige Rückzahlung der geleisteten Abschlagszahlungen verlangen; er ist nicht gehalten, zuerst auf Erteilung der Abrechnung zu klagen. Dies muss jedenfalls dann gelten, wenn das Mietverhältnis beendet ist und der Mieter sich deshalb nicht mehr gem § 273 durch Einbehaltung der laufenden Abschlagszahlungen schadlos halten oder Druck ausüben kann (BGH MDR 05, 678). Hat der Mieter nach Ablauf einer Ausschlussfrist eine Betriebskostenabrechnung bezahlt, kann er das Geleistete aus dem Gesichtspunkt der ungerechtfertigten Bereicherung gem § 812 I 1 Alt zurückfordern (BGH GE 06, 246). § 214 II 1 steht seinem Bereicherungsanspruch nicht entgegen; diese Bestimmung ist nicht analog anwendbar (BGH GE 06, 246).

c) Fälligkeit. Eine Nebenkostennachforderung wird in dem Zeitpunkt fällig, in welchem die entspr Abrechnung des Vermieters dem Mieter zugeht (BGH ZMR 04, 568, 569; BGHZ 113, 188, 191).

d) Eigentümerwechsel und Zwangsverwaltung. Nach einem Eigentumswechsel ist nicht der Erwerber, sondern der Veräußerer ggü dem Mieter in Bezug auf der zum Zeitpunkt des Wechsels im Grundstückseigentum abgelaufenen Abrechnungsperiode zur Abrechnung der Betriebskosten verpflichtet und zur Erhebung etwaiger Nachzahlungen berechtigt; es kommt nicht darauf an, wann der Zahlungsanspruch fällig geworden ist (BGH ZMR 04, 250). Der Zwangsverwalter eines Grundstücks hat gem § 1123 II 1 und §§ 21, 148 I 1 ZVG die Betriebskosten für eine Mietsache auch für solche Abrechnungszeiträume abzurechnen, die vor seiner Bestellung liegen, sofern eine etwaige Nachforderung von der als Beschlagnahme geltenden Anordnung der Zwangsverwaltung erfasst wird (BGH ZMR 04, 568, 569).

113 **E. Vereinbarte Miete. I. Begriff.** Hauptpflicht des Mieters ist, während des Laufs des Mietvertrages gem § 535 II die **vereinbarte Miete** zu entrichten (behält der Miete die Mietsache **nach** Beendigung des Mietvertrages schuldet er – bis zum **Tag der Rückgabe**, s BGH IBR 06, 178 – gem § 546a eine **Nutzungsentschädigung**; diese erreicht wenigstens die Höhe der Miete, kann aber auch darüber liegen). Die Miete ist die **Gegenleistung** für die jeweilige Nutzungsüberlassung (BGH ZMR 04, 413, 415). Der Mieter zahlt seine ggf vereinbarten Raten nicht für die (erstmalige) frühere Überlassung, sondern während der Dauer der Mietzeit fortlaufend das Entgelt für die jeweilige aktuelle Nutzung. Miete iSv § 535 II ist dabei **jedes Entgelt**, das der Mieter zu erbringen hat, auch Sach- oder Dienstleistungen (zB Naturalien oder Hausmeisterdienste). Neben regelmäßig wiederkehrenden Zahlungen ist auch ein einmaliges Entgelt vorstellbar (BGH ZMR 98, 141, 142). Die Regelung in § 556b I enthält lediglich das gesetzliche Leitbild und ist also abdingbar (*Sternel* III Rn 113). Nach dem Grundsatz der Vertragsfreiheit können die Beteiligten deshalb nicht nur eine Vorauszahlung (für die Wohnraummiete s § 556b I) der Miete vereinbaren, sondern auch deren Entrichtung in einem **einmaligen Betrag** (BGH ZMR 98, 141, 142; NJW-RR 92, 780; 89, 589) oder eine gerade kostendeckende Höhe (BGH NZM 03, 372).

114 Das Gesetz geht von **keinem bestimmten Mietbegriff** aus (*Hinz* ZMR 01, 331, 334; aA *Schmid* Mietnebenkosten Rn 2000: Inklusivmiete als gesetzlicher Ausgangsfall). In der Praxis der Wohnungswirtschaft ist die von den Mietparteien vereinbarte Miete auch durchaus von unterschiedlicher Struktur: Sieht ein Wohnungsmietvertrag als Mietentgelt nur einen bestimmten Betrag (zuzüglich Heizungs-/Warmwasserkosten) vor, ist dieser Betrag im Regelfall als (Teil-) **Inklusivmiete** zu verstehen, mit der auch an sich umlagefähige Betriebskosten abgegolten sein sollen (BGH ZMR 04, 328, 329; Hamm ZMR 93, 112, 113). Häufiger sind Mieten, die nur die kalten Betriebskosten (**Bruttomieten**) oder auch gar keine Nebenkosten enthalten (**Nettomiete**). Eine vereinbarte Inklusivmiete ist für eine Mieterhöhung nicht in eine Grundmiete und einen Betriebskostenanteil aufzuteilen (BGH ZMR 04, 327, 328).

115 Die Einkünfte aus Vermietung und Verpachtung unterliegen grds nicht der Umsatzsteuerpflicht (§ 4 Nr 12a UStG). Nach § 9 I UStG hat der Vermieter aber die Möglichkeit, auf die Steuerbefreiung zu verzichten (**Umsatzsteueroption**). Ob der Vermieter optiert, kann er frei entscheiden; auch dann, wenn der Mieter hieran ein starkes Interesse hat (BGH ZMR 91, 170). Hat der Vermieter die Miete als „inklusive Umsatzsteuer" ausgewiesen, ist er zur Umsatzsteueroption verpflichtet (Hamm ZMR 03, 925). Der Mieter ist zur Zahlung der Umsatzsteuer verpflichtet, wenn dies ausdrücklich vereinbart wurde oder wenn der Vermieter sich die Berechnung der Mehrwertsteuer für den Fall der Option vorbehalten hat. Ist vereinbart, dass der Mieter die Umsatzsteuer zu tragen hat, fällt sie auch auf die **Nebenkosten** an, da sie als Nebenleistung das Schicksal der Hauptleistung teilen (Ddorf ZMR 00, 603; *Schmid* Mietnebenkosten Rn 1080; *Westphal* ZMR 98, 264). Sind die Parteien bei Vertragsabschluss zu Unrecht davon ausgegangen, die Umsätze des Mieters seien nicht umsatzsteueroptionsschädlich, kann eine Zahlung des Mieters über die Nettomiete hinaus geschuldet sein. Liegt hingegen ein einseitiger Kalkulationsirrtum des Vermieters vor, verbleibt es bei der Zahlung der Nettomiete (BGH ZMR 04, 812, 813). Hat der Vermieter entgegen seinen Angaben nicht zur Umsatzsteuer optiert, ist er dem Mieter zum Schadensersatz verpflichtet (Hamm ZMR 03, 925, 926). Der Vermieter kann die Option widerrufen, wenn der Mieter vertragswidrig die Umsatzsteuer zur Miete nicht zahlt (Hamm ZMR 97, 456).

116 **II. Miethöhe.** Die Miethöhe muss bestimmt oder bestimmbar sein (BGH NJW 02, 3016; s Rn 17). Zur **Erhöhung** der Miete bei preisfreien Wohnraummietverhältnissen hat der Gesetzgeber in §§ 557–560 Sonderregelungen geschaffen (s § 557 Rn 3). Regelungen zur Miethöhe im öffentlich geförderten Wohnungsbau finden sich nicht im BGB, sondern ergeben sich aus §§ 8ff WoBindG und §§ 3ff NMV 1970. Der Vermieter hat nach §§ 557–560 teilweise die Möglichkeit, einseitig die Miete zu erhöhen; teilweise besitzt er einen Zustimmungsanspruch (s § 557 Rn 8). Im übrigen Mietrecht ist eine Mieterhöhung eine Frage der Vereinbarung. Auch bei der **Gewerberaummiete** ist § 557 mangels Verweisung nicht anzuwenden. Ist nichts Abw vereinbart, sind die Vertragsparteien dort bis zur Grenze des Wegfalls der Geschäftsgrundlage an die vertraglich vereinbarte Miete gebunden. Zur **Wertsicherung** sind außerdem unterschiedliche Formen üblich (s dazu ausführlich *Elzer* Handbuch des Fachanwalts Miet- und Wohnungseigentumsrecht 14. Kapitel). Gängig sind Staffelmietvereinbarungen und Wertsicherungsklauseln (Gleit- und Spannungsklauseln sowie Leistungsvorbehalte). Daneben gibt es noch Preis- und Kostenelementeklauseln (Vereinbarungen, auf Grund derer sich die Miete im gleichen Maße ändern soll wie der Preis bestimmter Kostenelemente der Mietsache) und Umsatz- und Gewinnbeteiligungsklauseln.

117 **III. Grenzen.** Die zulässige Miete wird durch §§ 134, 138 (s § 138 Rn 54) sowie in der Wohnungsmiete durch §§ 5 WiStG, 291 StGB begrenzt. Weitere Grenzen ergeben sich aus den Vorschriften für den preisgebundenen Wohnungsbau (§ 8 II WoBindG) oder aus dem Wohnraumförderungsgesetz (WFG). Bei sog Nutzungsverträgen in den neuen Ländern über Erholungsgrundstücke (Datschengrundstücke) und Garagenflächen gilt die NutzungsentgeltVO und für Kleingärten (Schrebergärten) die Bestimmungen des BKleingG. Bei Gewerbemieträumen steht es den Vertragspartnern grds frei, auf welche Höhe sie sich einigen. Die Grenze bildet hier vor allem § 138.

1. § 138. Gegenseitige Verträge können als wucherähnliche Rechtsgeschäfte nach § 138 I sittenwidrig und daher nichtig sein, wenn zwischen Leistung und Gegenleistung objektiv ein auffälliges Missverhältnis besteht und eine verwerfliche Gesinnung des begünstigten Teils hervorgetreten ist, insbes wenn dieser die wirtschaftlich schwächere Lage des anderen Teils (dessen Unterlegenheit) bei der Festlegung der Vertragsbedingungen bewusst zu seinem Vorteil ausgenutzt oder sich zumindest leichtfertig der Erkenntnis verschlossen hat, dass sich der andere Teil nur auf Grund seiner schwächeren Lage auf die ihn beschwerenden Bedingungen eingelassen hat (BGH MDR 95, 998). Es sind **drei Stufen** zu prüfen (BGH NZM 01, 8109): Auf der **ersten Stufe** ist festzustellen, ob zwischen dem Wert des Miet- oder Pachtobjekts und der vereinbarten Miete oder Pacht ein auffälliges Missverhältnis besteht (*Riecke/Schmidt* Schmid Miete und Mietprozess Teil 3 C. Rn 386). Für die Berechnung ist in der Wohnraummiete die **ortsübliche Vergleichsmiete** Ausgangspunkt. Bei der Gewerberaummiete ist die jeweilige **Marktmiete** Ausgangspunkt (KG ZMR 01, 614). Während es sich bei der Marktmiete um diejenige Miete handelt, die zum jeweiligen Zeitpunkt konkret bei einer Vermietung zu erreichen ist, sind bei der Ermittlung der ortsüblichen Vergleichsmiete übliche Entgelte zu berücksichtigen, die in den letzten drei Jahren vereinbart oder geändert worden sind (s § 558 Rn 7). Die Höhe der ortsüblichen Vergleichsmiete/Marktmiete haben die Gerichte ggf durch Sachverständige festzustellen. Ertragswertorientierte Feststellungen („EOP-Methoden") sind nicht zulässig (BGH MDR 05, 26; NJW 02, 55). Maßgebender Zeitpunkt für die Beurteilung, ob ein auffälliges Missverhältnis iSd § 138 vorliegt, ist der Zeitpunkt des Vertragsschlusses (KG ZMR 01, 614). Sinkt die ortsübliche Marktmiete nach Vertragsabschluss ab, ist dies auf die Wirksamkeit der Miethöhevereinbarung grds ohne Einfluss (BGH ZMR 02, 654). Auf der **zweiten Stufe** ist zu ermitteln, ob zwischen der Ausgangsmiete und der vereinbarten Preis ein auffälliges Missverhältnis besteht. In der **Gewerberaummiete** liegt ein grobes Missverhältnis zwischen Leistung und Gegenleistung vor, wenn der Wert der Leistung knapp doppelt so hoch ist wie der Wert der Gegenleistung (BGH MDR 05, 26; 01, 683; KG ZMR 01, 614, 615). In der **Wohnraummiete** ist ein Missverhältnis hingegen schon bei einer Überschreitung von 50 % anzunehmen (BGH ZMR 97, 401; KG ZMR 01, 614, 615). Auf der **dritten Stufe** ist zu klären, ob weitere sittenwidrige Umstände hinzutreten, zB eine verwerfliche Gesinnung des durch den Vertrag objektiv Begünstigten (BGH MDR 05, 26; BGHZ 141, 257, 263 = NJW 99, 3187). Ein besonders auffälliges Missverhältnis zwischen Leistung und Gegenleistung legt **im Allgemeinen** den Schluss auf eine verwerfliche Gesinnung des Begünstigten nahe (BGH NJW 00, 2669, 2670). Besteht bei einem gewerblichen Miet- oder Pachtverhältnis ein auffälliges Missverhältnis zwischen der vereinbarten und der marktüblichen Miete oder Pacht, kann hieraus allein **noch nicht** auf eine verwerfliche Gesinnung des Begünstigten geschlossen werden. Vielmehr bedarf es angesichts der häufig auftretenden Bewertungsschwierigkeiten der Prüfung, ob dieses Missverhältnis für den Begünstigten subjektiv erkennbar war (BGH MDR 05, 26; NJW 02, 55). Bei dem in §§ 291 StGB, 138 II geregelten **Mietwucher** geht es um ein auffälliges Missverhältnis zwischen einer angemessenen Miete zur vereinbarten. Als unangemessen hoch werden hierbei Entgelte angesehen, die infolge der Ausnutzung eines geringeren Angebots an vergleichbaren Räumen die üblichen Entgelte nicht unwesentlich übersteigen, die in der Gemeinde oder in vergleichbaren Gemeinden für die Vermietung von Räumen vergleichbarer Art, Größe, Ausstattung, Beschaffenheit und Art und Lage oder damit verbundenen Nebenleistungen in den letzten drei Jahren entrichtet worden sind. Für die Einzelheiten s *Riecke/Schmidt* Miete und Mietprozess Teil 3 C. Rn 366 ff. Für einen Wohnraummietvertrag besteht – bezogen auf die Mietvereinbarung – nur eine Teilnichtigkeit. Denn es gilt die höchstzulässige Miete (LG Berlin GE 96, 979; *Döderlein* ZMR 03, 808, 810). Dies ist kein Verstoß gegen § 139. Die Nichtigkeit des gesamten Vertrages würde den beabsichtigten Mieterschutz in sein Gegenteil verkehren und dem Mieter sein Mietrecht nehmen (*Kohte* NJW 82, 2804). Ein Gewerberaummietvertrag ist hingegen insgesamt unwirksam (KG GE 02, 328; München ZMR 99, 109).

2. § 5 I, II WiStG. Die Vereinbarung einer Miete ist nichtig und der Mieter hat einen Rückforderungsanspruch aus ungerechtfertigter Bereicherung, soweit die vereinbarte Miete die ortsübliche Vergleichsmiete um mehr als 20 % übersteigt und der Vermieter diese Miete unter Ausnutzung eines geringen Angebots an vergleichbaren Wohnungen versprechen lässt, § 5 I, II WiStG iVm §§ 134, 812 (BGH ZMR 05, 530; 04, 410; BGHZ 89, 316, 319; s allgemein *Riecke* ZMR 05, 532 f). Normzweck ist der Schutz des Mietervermögens und die Förderung des allgemeinen Wohnungsmarktes durch Verhinderung von Wettbewerbsstörungen. Der Anwendungsbereich beschränkt sich auf freifinanzierte Mietverhältnisse. § 5 WiStG ist auch **nur auf Wohnraummietverhältnisse** anwendbar, hierzu zählen freilich auch Mischmietverhältnisse mit überwiegender Wohnraumnutzung (s Rn 7). Bei dem Tatbestandsmerkmal der Ausnutzung darf nicht allein auf das Verhalten des Vermieters und die objektive Lage auf dem maßgeblichen Wohnungsmarkt abgestellt werden (BGH ZMR 05, 530, 531; 04, 410). Angesichts der Vielgestaltigkeit der denkbaren Motivlage des Mieters für den Vertragsschluss muss sich dieses Merkmal auch auf die Person des Mieters beziehen; wer die geforderte Miete ohne weiteres aus nachvollziehbaren persönlichen Gründen zu zahlen bereit ist, wer mithin eine objektiv bestehende Ausweichmöglichkeit nicht wahrnimmt, wird nicht ausgenutzt. Ausnutzen bedeutet nach seinem Wortsinn das bewusste Zunutze machen einer für den anderen Teil ungünstigen Lage (BGH ZMR 05, 530, 531; Braunschw ZMR 00, 18); dazu gehört mindestens, dass der Vermieter erkennt und in Kauf nimmt, dass der Mieter sich in einer Zwangslage befindet, weil er aus nachvollziehbaren gewichtigen Gründen nicht auf eine preiswertere Wohnung ausweichen kann. Für die Frage, ob der Vermieter ein geringes Angebot an vergleichbaren Räumen ausgenutzt hat, ist auf das gesamte Gebiet der Gemeinde und nicht lediglich auf den Stadtteil abzustellen, in dem sich die Mietwohnung befindet (BGH ZMR 05, 530, 531). Das Tatbestandsmerkmal des geringen Angebots ist deshalb nicht erfüllt, wenn der Wohnungsmarkt für vergleichbare Wohnungen nur in dem betreffenden Stadtteil angespannt, im übrigen Stadtgebiet aber entspannt ist (BGH ZMR 05, 530, 531). Der Mieter hat darzulegen und ggf zu beweisen, welche Bemühungen bei der Wohnungssuche er bisher unternommen hat, weshalb diese erfolglos geblieben sind und dass er mangels einer Ausweichmöglichkeit nunmehr auf den Abschluss des für ihn ungünstigen Mietvertrages angewiesen war (BGH ZMR 04, 410, 411; LG Berlin GE 03, 189; GE 02, 1267).

121 **IV. Fälligkeit.** Die Verpflichtung des **Wohnraummieters** zur Zahlung der Miete ist gem § 556b I zu Beginn, spätestens zum dritten Werktag der einzelnen Zeitabschnitte zu erfüllen, nach denen sie bemessen ist. Gem § 579 II gilt diese Regelung auch für Mietverhältnisse über Räume, also insbes für Gewerbemieträume. Nach dem Sprachgebrauch des Gesetzes ist der Sonnabend als Werktag anzusehen (BGH ZMR 05, 695, 697). Von dieser gesetzlichen Regel dürfen die Parteien abweichen, da § 556b I abgeändert werden kann (Hamm ZMR 93, 217). Für Grundstücke, für im Schiffsregister eingetragene Schiffe und für **bewegliche Sachen** ist die Miete gem § 579 II **am Ende** des vereinbarten Zeitabschnittes zu entrichten, nachdem sie bemessen ist. Der Vermieter von **Gewerbemietraum** kann vereinbaren, dass die Miete zB für eine bestimmte Saison im Voraus zu zahlen ist (Ddorf ZMR 99, 388, 389). Für die **Verjährung** der Ansprüche des Vermieters auf Zahlung der Miete oder Pacht und der Nebenkosten sowie für Ansprüche des Mieters oder Pächters auf Erstattung vorausbezahlter oder zu viel gezahlter Miete, Pacht oder Nebenkosten gilt die dreijährige allgemeine Verjährungsfrist nach §§ 195, 199. Die Verjährung der Ersatzansprüche des Vermieters beginnt gem §§ 548 I 2, 200 auch dann mit dem Zeitpunkt, in dem er die Mietsache zurückerhält, wenn die Ansprüche erst zu einem späteren Zeitpunkt entstehen (BGH MDR 05, 439).

122 **V. Erfüllung.** Die Miete ist bar oder durch Überweisung zu entrichten. Was gilt, ist eine Frage der jeweiligen Vereinbarungen. Nach §§ 270 I, IV, 269 I ist die Absendung oder bei Banküberweisungen die ordnungsgemäße Veranlassung der Überweisung am Wohnsitz des Mieters ausschlaggebend. Bei der Mietzahlung handelt es sich um eine Schickschuld, die den Leistungsort grds am Wohnort des Schuldners belässt (LG Heilbronn ZMR 91, 388). Eine Einziehungsermächtigung braucht der Mieter, wenn er sich dazu vertraglich nicht verpflichtet hat, nicht zu erteilen (LG Braunschw WuM 79, 118). Die Klausel in einem Mietvertrag über Wohnraum „Der Mieter ist zur Erfüllung der Einzugsermächtigung verpflichtet" ist aber nicht wegen unangemessener Benachteiligung unwirksam (aA Brandbg WuM 05, 597).

123 **VI. Art.** Die Art der Miete kann grds **frei vereinbart** werden. Als Gegenleistung des Mieters für die Gebrauchsüberlassung kommen nicht nur Geld-, sondern auch beliebige sonstige Leistungen oder anderweitige Gebrauchsgewährungen in Betracht (BGH ZMR 02, 905, 906; 94, 457) zB der Einbau einer Breitbandanlage. Gegenleistung kann auch die Gebrauchsüberlassung eines Grundstücks sein (BGH ZMR 94, 457). Es können daher **alle Arten von Gegenleistung** vereinbart werden, ohne den Charakter des Vertrages als Mietvertrag zu verändern (BGH ZMR 89, 212). Etwa bei Werkdienstwohnungen wird häufig ein Teil der Miete mit der Arbeitsleistung entrichtet. Auch andere Tätigkeiten zu Gunsten des Vermieters, wie zB die Versorgung der Haustiere, Reinigungsarbeiten oder sonstige Haushalts- und Überwachungsdienste (Hamm ZMR 93, 217 = GE 93, 365; *Meist* ZMR 99, 801), können als Entgelt vereinbart werden.

124 **F. Hausordnung. I. Mietrecht.** Eine „Hausordnung" dient dazu, gesetzliche und im Mietvertrag festgelegte Pflichten näher zu konkretisieren und ein möglichst gedeihliches Zusammenleben im Haus und damit die Wahrung des Hausfriedens zu gewährleisten (s §§ 569 II, 578 II). Ihr Gegenstand ist etwa die Tierhaltung, die Benutzung von Waschküchen und Trockenräumen oder Zeiten für die Musikausübung. Eine Hausordnung wird durch **Vereinbarung** Vertragsbestandteil (BGH WuM 91, 381, 384). Zur Einbeziehung genügt deren Erwähnung (Bezugnahme) in einzelnen Paragrafen des Mietvertrages (Frankf WuM 88, 399) oder die Beifügung der Hausordnung **insgesamt** als Anlage des Mietvertrages. Die nachträgliche **Aushändigung** nach Vertragsabschluss hat keine Bindungswirkung. Das Gleiche gilt für den bloßen Aushang im Hausflur (KK-MietR/*Harsch* Rn 86). Die Klausel, wonach „die anliegende Hausordnung Bestandteil dieses Vertrages" ist, verstößt wegen unzulässiger Beweislastumkehr gegen § 309 Nr 12 (BGH WuM 91, 381). Ungewöhnliche Zusatzpflichten oder Einschränkungen des vertragsmäßigen Gebrauchs sind in formularvertraglichen Hausordnungen gem § 305 c unwirksam. Der Winterdienst als Verkehrspflicht (s Rn 34) kann in der Hausordnung formularmäßig auf den Mieter übertragen werden (Frankf WuM 88, 399).

125 Eine Hausordnung ist keine bloße „Richtlinie" für ein geordnetes Verhalten der Mieter untereinander: Die vereinbarte Hausordnung entfaltet Rechtswirkungen im Verhältnis Vermieter zu Mieter, aber auch der **Mieter untereinander** (München ZMR 92, 246; *Schmid* ZMR 99, 302 ff). Eine wirksam aufgestellte Hausordnung kann Wirkungen als **Vertrag zu Gunsten** der jeweils anderen Mieter des Hauses nach § 328 entfalten; diese können dann – auch ohne Vorliegen eines „nachbarlichen Gemeinschaftsverhältnisses" – die Einhaltung der Hausordnung nicht nur vom Vermieter, sondern auch von ihren Mitmietern verlangen (BGH ZMR 04, 335, 336; München ZMR 92, 246, 247).

Eine Hausordnung kann vom Vermieter geändert werden, wenn ihm dies im Vertrag **vorbehalten** worden ist; 126
ohne einen solchen Vorbehalt ist eine Änderung möglich, wenn es zur ordnungsgemäßen Verwaltung und
Bewirtschaftung des Hauses zwingend erforderlich ist (AG Hburg WuM 81, 183). Die Änderung muss dann
billigem Ermessen entsprechen (§ 315). Die in der Hausordnung festgelegte Pflicht zur regelmäßigen Reinigung des Treppenhauses kann der Vermieter nicht einseitig ändern. Auch eine Kostenübernahme durch den
Mieter scheidet aus (AG Ddorf WuM 86, 306). Ein Verstoß gegen die Hausordnung berechtigt zur Unterlassungsklage nach § 541 und ggf sogar zur Kündigung nach § 543.

II. WEG. Der Mieter ist an die zwischen den Eigentümern iSv § 21 V Nr 1 WEG getroffene Hausordnung 127
nicht vertraglich gebunden, str. Die Mietparteien können freilich eine vertragliche Bindung des Mieters an
die Hausordnung der Wohnungseigentümer vereinbaren (*Armbrüster* ZWE 04, 217, 223; *Schmid* WuM 87,
71). Str ist, ob eine solche Bindung nur individualvertraglich getroffen werden kann (zw) und ob nur eine
Bindung an eine bestehende Hausordnung (statische Verweisung; so *Bub* WE 89, 122, 124) oder auch an die
jeweilige Hausordnung (dynamische Verweisung; so *Armbrüster* ZWE 04, 217, 224) möglich ist. Fehlt es an
einer vertraglichen Bindung, kann zwar nicht der vermietende Sondereigentümer, wohl aber die anderen
Wohnungseigentümer bei einer Verletzung von § 14 Nr. 1 WEG den Mieter in Anspruch nehmen (KG ZMR
02, 269; ZMR 97, 315, 316). Ihr Unterlassungsanspruch folgt aus § 1004 I 2. Die Regelungen des WEG sprengen grundsätzlich jede mietvertragliche Regelung. Kein Wohnungseigentümer kann einem Mieter gegenüber
den anderen Wohnungseigentümern weitergehende Rechte einräumen, als sie ihm selbst zustehen oder zustehen könnten. Durch eine schuldrechtliche Vermietung können sachenrechtlich geschützte Eigentümerpositionen nicht eingeschränkt werden (*Elzer*, MietRB 06, Heft 3). Mieter besitzen außer §§ 858 ff keine originären
Rechte an der Mietsache, sondern leiten ihre Rechtsstellung in Bezug auf Gemeinschafts- oder Sondereigentum stets von einem Wohnungseigentümer ab. Dieser kann (und darf) durch einen Mietvertrag aber nur solche Rechte einräumen (weitergeben), die ihm selbst zukommen. Um andere, weitere Rechte geschützt abzugeben, fehlt dem vermietenden Sondereigentümer eine Rechtsmacht.

G. Prozessuales. I. Zuständigkeit. Für Streitigkeiten aus Mietverhältnissen über Räume (einschl der 128
Wohnräume) ist **örtlich** das Gericht ausschl zuständig, in dessen Bezirk sich die Räume befinden, § 29 a I
ZPO. Für Wohnräume iSv § 549 a II Nr 1–3 gelten §§ 12 ff, 29 a II ZPO. § 29 a ZPO gilt auch für Mietverhältnisse über Werkmietwohnungen; für Werkdienstwohnungen ist das ArbG zuständig (BAG NJW 00, 600).
Sachlich ist nach § 23 Nr 2 a GVG das Amtsgericht für Streitigkeiten über Wohnräume (einschl der Wohnräume iSv § 549 II, nicht Hotelzimmer und Ferienwohnungen) ausschl zuständig. Bei Streitigkeiten über
andere Räume richtet sich die Zuständigkeit auf Grund der allgemeinen Regelung in §§ 23 Nr 1, 71 GVG
nach dem Streitwert (das Landgericht ist damit ab 5.000,01 EUR zuständig). Die Zuständigkeit für Berufung
und Revision richten sich nach den allgemeinen Regeln. Zur Frage, wer zu klagen hat, s *Kinne* GE 05, 1107.

II. Einzelheiten. Eine **Saldoklage** (die addierte Miete mehrerer Monate) ist unschlüssig. Es ist nicht Aufgabe 129
der Gerichte herauszufinden, für welche Zeiträume sich im Einzelnen unter Berücksichtigung von Teilzahlungen und Gutschriften ein offener Restbetrag ergibt (KG GE 02, 796; AG Köln ZMR 97, 147). Ergibt sich
aus den Ausführungen zur Klageschrift in Verbindung mit einer der Klage beigefügten Saldoübersicht und in
Verbindung mit dem Zinsantrag mit hinreichender Deutlichkeit, welche Forderungen im Einzelnen Gegenstand der Zahlungsklage sind, bestehen aber auch gegen eine Saldoklage keine Bedenken (Ddorf ZMR 05,
943). Ansprüche auf Miete aus Wohnraummietverträgen (BGH ZMR 05, 773, 774 = MietRB 06, 4; LG Frankf
NJW-RR 00, 1464; AG Hannover ZMR 03, 271, 272; *Heim* ZMR 99, 372, 374) können ebenso wie solche für
Gewerberaum (BGH NJW 99, 1408) im **Urkundenprozess** geltend gemacht werden (zu den Einzelheiten
s *Krapf* MietRB 06, 15 ff). Der Vermieter kann iRe **Feststellungsklage** klären lassen, dass ein Mietverhältnis zu
den ursprünglich vereinbarten Bedingungen fortbesteht, wenn sich der Mieter auf eine Reduzierung der
Miete auf Grund einer Störung der Geschäftsgrundlage beruft (BGH NZM 02, 786). Bestreitet der Mieter
Betriebskostenpositionen im Prozess, ist dies nur beachtlich, wenn der Mieter zuvor die zugehörigen Belege
eingesehen hat und die Bedenken gegen die Richtigkeit der Abrechnung im Einzelnen spezifiziert darlegt
(Ddorf ZMR 03, 570; str). Für Forderungen einer GbR ist die Gesellschaft selbst materiell Rechtsinhaberin
und damit „richtige" Partei eines Rechtsstreits (BGHZ 146, 341, 348 = NJW 01, 1056), nicht aber die Gesellschafter als Streitgenossen. Haben die Gesellschafter einer GbR Klage erhoben ohne Hinweis auf ihre Stellung
als Gesellschafter, weil sie der Ansicht waren, die im Urteil BGHZ 146, 341, festgestellte Rechts- und Parteifähigkeit einer BGB-Gesellschaft hindere die Einzelgesellschafter nicht, im eigenen Namen Ansprüche der
Gesellschaft einzuklagen, ist das Rubrum dahin zu berichten, dass nicht die Gesellschafter der GbR als Klägerin aufzuführen sind, sondern die GbR selbst Klägerin ist (BGH GE 05, 1549 = NZM 05, 942).

III. Beweislast. Der Vermieter ist für den **vertragsgemäßen Zustand** der Mietsache bei Übergabe beweispflichtig. Macht der Mieter Schadensersatz wegen Verletzung vertraglicher Nebenpflichten geltend, obliegt 130
ihm die Beweislast dafür, dass der Vermieter eine ihm objektiv obliegende Pflicht verletzt hat. Ist eine **Schadensursache** zwischen den Vertragsparteien streitig, trägt der Vermieter die Beweislast dafür, dass sie dem
Obhutsbereich des Mieters entstammt. Sind sämtliche Ursachen, die in den Obhuts- und Verantwortungsbe-

reich des Vermieters fallen, ausgeräumt, trägt der Mieter die Beweislast dafür, dass er den Schadenseintritt nicht zu vertreten hat (BGH MDR 05, 325). Die Beweislast für den **Abschluss eines Mietvertrages** trägt grds der Vermieter (BGH NJW 98, 445, 446); anders ist es unter Kaufleuten (Ddorf ZMR 95, 534). Dafür, dass die **vereinbarte Miete** gem § 138 nichtig ist, trägt der Mieter die Beweislast (KG ZMR 01, 614, 615). Die Beweislast dafür, dass er einer **Anzeigepflicht** iSv § 536 c I 1 nachgekommen ist, trägt der Mieter (BGH NZM 02, 217). Dafür, dass der Vermieter einen **Ersatzmieter** wider Treu und Glauben oder entgegen getroffener Vereinbarungen ablehnt, trägt der Mieter die Beweislast (BGH ZMR 03, 413, 414). Dass ihm die Erfüllung (die Übergabe der Mietsache) rechtlich oder tatsächlich nicht (mehr) möglich ist, hat im Prozess der Vermieter darzulegen und zu beweisen (BGH NJW 99, 2034, 2035). Die Beweislast für die **rechtzeitige Gewährung des vertragsgemäßen Gebrauchs**, trägt vor Übergabe der Räume der Vermieter (Köln ZMR 97, 230, 232; offen gelassen in BGH NJW 85, 2329). Das gilt jedenfalls dann, wenn der Streit um den Umfang dessen geht, was als vertragsgerechte und anzubietende Leistung verabredet worden ist. Der Mieter hat darzulegen und ggf zu beweisen, welche Bemühungen bei der **Wohnungssuche** er bisher unternommen hat, weshalb diese erfolglos geblieben sind und dass er mangels einer Ausweichmöglichkeit nunmehr auf den Abschluss des für ihn ungünstigen Mietvertrages angewiesen war (BGH ZMR 04, 410, 411; LG Berlin GE 03, 189; 02, 1267).

§ 536 Mietminderung bei Sach- und Rechtsmängeln

(1) ¹Hat die Mietsache zur Zeit der Überlassung an den Mieter einen Mangel, der ihre Tauglichkeit zum vertragsgemäßen Gebrauch aufhebt, oder entsteht während der Mietzeit ein solcher Mangel, so ist der Mieter für die Zeit, in der die Tauglichkeit aufgehoben ist, von der Entrichtung der Miete befreit. ²Für die Zeit, während der die Tauglichkeit gemindert ist, hat er nur eine angemessen herabgesetzte Miete zu entrichten. ³Eine unerhebliche Minderung der Tauglichkeit bleibt außer Betracht.
(2) Absatz 1 Satz 1 und 2 gilt auch, wenn eine zugesicherte Eigenschaft fehlt oder später wegfällt.
(3) Wird dem Mieter der vertragsgemäße Gebrauch der Mietsache durch das Recht eines Dritten ganz oder zum Teil entzogen, so gelten die Absätze 1 und 2 entsprechend.
(4) Bei einem Mietverhältnis über Wohnraum ist eine zum Nachteil des Mieters abweichende Vereinbarung unwirksam.

1 **A. Grundsätzliches; Konkurrenzen.** § 536 wurde durch das MRRG eingefügt, ist seit 1.9.01 in Kraft und regelt die Mietminderung bei Sachmängeln, fehlenden zugesicherten Eigenschaften und Rechtsmängeln. Die Vorschrift entspricht § 537 I, II 1, III, § 541 jeweils aF. § 537 II 2 aF wurde gestrichen. Sachmängel sind in I geregelt, für Rechtsmängel ordnet III die entspr Anwendung von I und II an. Aus dem Gesetzeswortlaut in I 1 folgt, dass § 536 keinen Anspruch begründet, sondern die Mietminderung kraft Gesetzes eintritt (vgl Rn 21). § 536 ist daher gesetzessystematisch eine rechtsvernichtende Einwendung. Zu den Folgen einer unberechtigten Minderung siehe Rn 22.

2 Neben den Rechten aus §§ 536 ff kann der Mieter auch seinen Primäranspruch auf Erfüllung der Gebrauchsüberlassungs- und Instandhaltungspflicht aus § 535 I 2 geltend machen (BGH NJW 03, 2158). Dementsprechend wird auch das Zurückbehaltungsrecht aus **§ 320** nicht durch § 536 berührt (NJW 82, 874). Dieses ist erst in Höhe eines Druckzuschlages des 3-5fachen Minderungsbetrages durch § 242 begrenzt (BGH NJW-RR 03, 873) und besteht für den jeweiligen Zahlungszeitraum (Frankf NZM 00, 186).

3 Das **allgemeine Leistungsstörungsrecht** (§§ 280 ff, 323 ff) wird für den **Sachmangel** nach dem Gesetzeswortlaut in § 536 I 1 erst ab Überlassung der Mietsache von den §§ 536 ff als Sonderregelungen verdrängt (BGH ZMR 97, 565). Vor Überlassung gelten die allgemeinen Vorschriften (Palandt/*Weidenkaff* § 536 Rn 7; Staud/*Emmerich* § 536 Rn 9; aA MüKo/*Schilling* Vor § 536 Rn 10; *Timme* NZM 03, 703). Den Vermieter trifft dabei nach §§ 280, 311 II 2 keine Garantiehaftung für anfängliche behebbare bzw nicht behebbare Mängel. Str ist, ob der Vermieter nach § 122 analog haftet, wenn es ihm gelingt, die Verschuldensvermutung zu widerlegen (vgl *Gruber* WuM 02, 252). Bei **Unmöglichkeit** der Mängelbeseitigung war nach der Rspr zum alten Schuldrecht unklar, ob jedenfalls § 538 aF schon ab Vertragschluss galt (so wohl BGH NJW 85, 1025; dagegen BGH NJW 97, 2813). Die dies bejahende Entscheidung aus dem Jahre 1985 beruhte auf der Billigkeitserwägung, dass der Mieter bei Unmöglichkeit nicht auf das negative Interesse (§ 307 aF) beschränkt sein dürfe. Da das neue Schuldrecht hier nun auch einen Ersatz des positiven Interesses vorsieht (§ 311 a II), ist die etwaige frühere Rspr überholt. Im Ergebnis ist allerdings das allgemeine Leistungsstörungsrecht bei unbehebbaren Mängeln sogar unbegrenzt einschlägig, weil bei Unmöglichkeit kein Mangel vorliegt (vgl Rn 7). Beim **Rechtsmangel** spricht der Gesetzeswortlaut in III („wird ... entzogen") ebenfalls für eine Verdrängung der allgemeinen Unmöglichkeitsrechts erst ab Überlassung. Gleichwohl gingen die Mietrechtsnormen nach der Rspr zu § 541 aF schon ab Vertragsschluss vor (BGH NJW 96, 714). Da die Formulierung in III unverändert aus § 541 aF entnommen wurde, dürfte diese Rspr auch für das neue Recht fortgelten.

4 Die **Störung der Geschäftsgrundlage** ist, soweit sich diese auf einen Sachmangel bezieht, durch die §§ 536 ff abschließend geregelt; § 313 ist insoweit ab Überlassung der Mietsache und bei einem Rechtsmangels schon ab Vertragsschluss nicht anwendbar (BGH NJW 00, 1714). Nur bei nicht mangelbedingten Störungen ist ein

Rückgriff auf § 313 möglich (BGH aaO). Eine **Anfechtung** durch den Mieter gem § 119 II ist gänzlich ausgeschlossen, wenn sich das Eigenschaftseigentum auf einen Rechtsmangel bezieht – bei einem Sachmangel gilt der Ausschluss ab Überlassung (vgl Palandt/*Weidenkaff* § 536 Rn 12). Eine Anfechtung nach § 123 bleibt mangels Schutzwürdigkeit des Vermieters möglich. Umgekehrt ist eine Anfechtung durch den Vermiete stets möglich, da die §§ 536 ff hier keine Sonderregelung enthalten. Für die cic gelten die gleichen Grundsätze: Die §§ 311 II, 280 sind bei einer Pflichtverletzung, die zu einem Sachmangel geführt hat, nur vor Überlassung der Mietsache anwendbar (BGH NJW 80, 777), bei einem Rechtsmangel gar nicht. Eine uneingeschränkte Anwendbarkeit besteht dagegen, wenn der Vermieter vorsätzlich gehandelt hat und somit nicht schutzwürdig ist (BGH ZMR 97, 565) oder sich die Pflichtverletzung nicht auf einen Sachmangel bezieht. Einem **Mieterhöhungsverlangen** gem § 558 kann die Mietminderung nicht durch Zurückbehaltungsrecht entgegengehalten werden, da § 536 als Sonderregelung vorgeht (Frankf NJW 00, 2115).

B. Anwendungsbereich; Übergangsregelungen. Als Teil des allgemeinen Mietrechts ist § 536 auf alle Mietverhältnisse anwendbar, über § 581 II auch auf Pachtverhältnisse, wobei für das Inventar die Sonderregelungen in §§ 582 ff gelten. Bei Landpacht verweist § 586 II auf § 536. Eine Übergangsregelung existiert nicht. 5

C. Abweichende Vereinbarungen. Gem IV ist § 536 zugunsten des Wohnraummieters zwingend. Daher ist auch die Verknüpfung des Minderungsrechts mit einer Anzeigepflicht unzulässig (BGH NJW 95, 254). Die Abbedingung des Minderungsrechts ist strikt zu trennen von der **Abbedingung der Gebrauchsüberlassungs- bzw Instandhaltungspflicht gem § 535 I 2**. Die Übertragung von Schönheitsreparaturen auf den Mieter ist hiernach zwar zulässig; eine anderweitige formularmäßige Überwälzung der Instandhaltungspflicht auf den Wohnraummieter scheitert jedoch an § 307 II Nr 1 (BGH ZMR 92, 332). Gleiches gilt jedenfalls bei fehlender Betragsbegrenzung für eine formularmäßige Überbürdung bei **Gewerberaummiete** (BGH ZMR 05, 844; s auch Naumbg NJW-RR 00, 823). Wirksam sind dort dagegen formularmäßige Beschränkungen des § 536, ohne die Instandhaltungspflicht zu berühren – zB ein Haftungsausschluss für anfängliche Mängel (BGH NJW 02, 3232) oder für nicht zu vertretende Umweltmängel (Hburg ZMR 04, 432). Ein Ausschluss des Minderungsrechts betrifft im Zweifel nur dieses, wirkt sich aber auf die Instandhaltungspflicht gem § 535 I 2 nicht aus (BGH ZMR 93, 320; KG NJW-RR 02, 948). Im Ergebnis wird der Gewerberaummieter somit bezüglich der überzahlten Miete auf § 812 verwiesen (BGH aaO; KG NJW-RR 02, 948). 6

D. Tatbestand. I. Sachmangel gem § 536 I. Ein Mangel liegt nach dem Wortsinn in jeder für den Mieter nachteiligen Abweichung des tatsächlichen Ist-Zustandes der Mietsache von dem vertraglichen Soll-Zustand (BGH NJW 00, 1714). Der Soll-Zustand bemisst sich anhand des Mietzwecks und der für den konkreten Vertragsinhalt bedeutsamen Umstände (Bub/Treier/*Kraemer* III B, Rn 1328), sog subjektiver Mangelbegriff. Dabei kann sich zB aus einer besonders niedrigen Miete auch eine schlüssige Vereinbarung eines unterdurchschnittlichen Zustandes der Mietsache ergeben. Der Mangel muss nach dem Wortlaut in § 536 I 1 die Gebrauchstauglichkeit der Mietsache aufheben oder mindern. Insofern gilt ein objektiver Maßstab: Es kommt nicht darauf an, ob der Mieter die Mietsache entspr genutzt hätte, wenn sie mangelfrei gewesen wäre (BGH NJW 87, 432). Nach dem Gesetzeswortlaut ist weiterhin unbeachtlich, ob der Mangel vom Vermieter zu vertreten ist oder aus seiner Risikosphäre entstammt (vgl BayObLG NJW 87, 1950). Eine Duldungspflicht aus § 554 bei Instandhaltungs- oder Modernisierungsmaßnahmen beeinträchtigt das Minderungsrecht somit ebenfalls nicht. Der Mangel muss bereits erkennbar in Erscheinung getreten sein, nur ausnahmsweise genügt eine begründete Gefahrbesorgnis (Hamm NZM 03, 395 für Asbestbelastung). Resultiert der Mangel aus einem nicht- bzw **übervertragsgemäßen Gebrauch der Mietsache** durch den Mieter (§ 538), ist das Minderungsrecht gem § 242 ausgeschlossen (vgl Rn 20). Ist die Mängelbeseitigung unmöglich oder wirtschaftlich unzumutbar (Übersteigen der „Opfergrenze"), so handelt es sich nicht um einen Mangel, sondern **Unmöglichkeit** gem § 275 (BGH NJW 05, 3284; aA Erman/*Jendrek* § 536 Rn 23) mit der Folge, dass das allgemeine Leistungsstörungsrecht anzuwenden ist. Ein Mangel liegt ebenfalls nicht vor, wenn der Mieter die Pflicht zur Vornahme von Schönheitsreparaturen wirksam übernommen hat, da der Vermieter hierzu dann nicht (mehr) nach § 535 I 2 verpflichtet ist (Bub/Treier/*Kraemer* III B Rn 1179). 7

Maßgeblicher Standard für die Gebrauchstauglichkeit ist grds derjenige zum Zeitpunkt des Vertragsschlusses (Ddorf NZM 02, 737) bzw der Gebäudeerrichtung (BGH NJW 05, 218). Die Instandhaltungspflicht aus § 535 I 2 enthält ihrem Wortsinn zufolge keine Modernisierungspflicht. Der Vermieter hat die Mietsache daher nur iRd bei Vertragsschluss geltenden Standards zu erhalten (anders aber bei nachträglicher Änderung öffentlich-rechtlicher Vorschriften, die stets in die Gebrauchsüberlassungspflicht des Vermieters fallen (vgl Rn 12) und nachträglichen Rechten Dritter, vgl Rn 18). Geänderte Wohnstandards bzw technischer Fortschritt sind daher unerheblich. Nimmt der Vermieter allerdings bauliche Veränderungen vor, kann der Mieter erwarten, dass diese den Anforderungen der zum Zeitpunkt des Umbaus geltenden Standards genügen (BGH NJW 05, 218). Auch in Bezug auf Gesundheitsgefahren kommt es wegen § 242 auf die jeweiligen neuesten Standards an (BVerfG ZMR 99, 687 zur Beschaffenheit der Mietsache; BayObLG NJW-RR 99, 1533 zu Schadstoffbelastungen). Die Einhaltung von DIN-Normen schließt einen Mangel nicht zwingend aus (Celle ZMR 85, 10). 8

9 **1. Substanzmangel. Bsp bei Miträumen:** Unterschreitung der vereinbarten Mietfläche (um mehr als 10% BGH NJW 04, 1947 für Wohnraummiete; BGH NJW 05, 2152 für Gewerberaummiete; um 6% KG NJW-RR 05, 1681); Stockflecken durch Luftfeuchtigkeit, wenn diese nicht auf unzureichende Beheizung bzw Belüftung durch den Mieter zurückzuführen ist (Celle ZMR 85, 10); unzulängliche Isolierung (BGH WM 62, 271); ungenügende Beheizung (KG NZM 02, 917); fehlende Warmluftabfuhr mit der Folge zu hoher Raumtemperatur (Naumbg NJW-RR 04, 299; Rostock NJW-RR 01, 802); Mehrverbrauch wegen schadhafter Zentralheizungsanlage (Ddorf MDR 83, 229); Asbestbelastung (Hamm NZM 03, 395); Unbenutzbarkeit der Mieträume infolge Gebäudebrand (Ddorf NZM 02, 21); Ausfall der Lüftung in einem Restaurant (BGH NJW-RR 91, 779); Bleispuren in Wasserleitungsrohren (Köln NJW 92, 51), **nicht** bei funktionsunfähiger Brandschutzeinrichtung ohne Beeinträchtigung des Geschäftsverkehrs (KG ZMR 04, 297); **bei beweglichen Sachen:** KFZ in nicht verkehrssicherem Zustand (BGH DB 67, 118); Gebrauchsuntauglichkeit des Druckers einer EDV-Anlage (Hamm NJW-RR 93, 1527); wasserdurchlässiges Zelt (Hamm NJW-RR 95, 525).

10 **2. Umweltmangel.** Der Mangel kann als sog **Umweltmangel** auch in den tatsächlichen Umständen und rechtlichen Verhältnissen der Mietsache zur Umwelt liegen, eine mangelhafte Sachsubstanz nach dem Gesetzeswortlaut ist nicht erforderlich (BGH NJW 00, 1714). Dies muss aber zu einer unmittelbaren Beeinträchtigung der Gebrauchstauglichkeit der Mietsache führen, um eine Ausuferung der Mängelhaftung des Vermieters zu vermeiden (BGH aaO). Denn das Verwendungsrisiko trägt grds der Mieter. Immissionen wie Lärm oder Luftverschmutzung begründen einen Mangel, auch wenn den Eigentümer eine Duldungspflicht aus § 906 I trifft (BayObLG NJW 87, 1950), sofern sie nicht vertraglich vorausgesetzt sind (München NJW-RR 94, 654). Strahlungen von Stromleitungen und Funksendeanlagen begründen bei Überschreitung der Grenzwerte der 26. BImSchV nur dann einen Mangel, wenn eine konkrete Beeinträchtigung, mindestens aber eine Gefährdung des Mieters besteht – eine besondere Empfindlichkeit oder Furcht genügt nicht (vgl BVerfG NJW 02, 1638; BGH NJW 04, 1317).

11 Weitere **Bsp für Wohnraum:** Bodenverseuchungen in der Umgebung (Hamm ZMR 87, 267); Baulärm (KG NZM 00, 40; LG Hamburg WuM 01, 444) außerhalb der Mietwohnung, aber im Wohngebäude liegende Gefahrenquelle (BGH NJW 72, 944); Überschwemmung der Mieträume, auch bei unvorhersehbarer Naturkatastrophe (LG Leipzig NJW 03, 2177; aA BGH NJW 71, 424 ohne Begründung); bei Sprengstoffanschlägen gegen den im gleichen Haus untergebrachten Mietverwalter genügt die hinreichende Gefahrbesorgnis (Dresden NZM 02, 165); **nicht:** Kinderlärm im Treppenhaus (LG München NJW-RR 05, 598); das bloße Vorhandensein eines Bordells in Großstadtumgebung (LG Berlin NJW-RR 00, 601); Lichteinfall in Großstadtwohnung durch Leuchtreklame (LG Berlin NZM 04, 548); Einbruchsserie, die den Verlust des Versicherungsschutzes zur Folge hat (KG NZM 98, 437; vgl aber Naumbg NZM 98, 438).
Gewerberaum: erhebliche Beeinträchtigung des Zugangs eines Ladenlokals durch Baustelle über längeren Zeitraum mit der Folge geringeren Publikumsverkehrs (Dresden NJW-RR 99, 448; aA Ddorf NJW-RR 98, 1236; Hburg WuM 03, 146); Fehlen des vertraglich vereinbarten Geschäftsumfelds (BGH NJW-RR 04, 79); Verletzung von Wettbewerbsschutz durch Eröffnung einer weiteren Spielhalle in unmittelbarer Umgebung (Düsseldorf NZM 98, 307) oder durch Vermietung an Konkurrenzunternehmen (Ddorf ZMR 00, 451); **nicht:** enttäuschte Umsatzerwartungen als solche (BGH NJW 00, 1714) – vielmehr müssen besondere tatsächliche Umstände hinzutreten, die die Gebrauchstauglichkeit der Mietsache unmittelbar beeinträchtigen; ein geringerer umsatzträchtiger Publikumsverkehr als solcher bei gleich bleibenden Zugangsmöglichkeiten genügt ebenso wenig (BGH NJW 81, 2405; München ZMR 96, 256) – dass der Vermieter die Publikumsveränderung durch eine Änderung in der Geschäftsumgebung mitbewirkt hat, ist daher unbeachtlich (Dresden NJW-RR 01, 727; vgl aber München NZM 00, 189); unvollständige Vermietung eines Einkaufszentrums bzw Parkplatzmangel genügen ebenfalls nicht, solange der Zugang zu den Gewerberäumen nicht beeinträchtigt ist (BGH NJW 00, 1714). Dem Mieter ist daher zu empfehlen, die Mindestumsatzerwartung wenn möglich in Form eines Garantieversprechens in den Mietvertrag aufnehmen zu lassen (s Rn 16).

12 **3. Öffentlich-rechtliche Beschränkungen. Öffentlich-rechtliche Beschränkungen** können iRd rechtlichen Verhältnisse der Mietsache zur Umwelt einen Sachmangel begründen, wenn sie sich auf die Beschaffenheit, Benutzbarkeit oder Lage der Mietsache beziehen (BGH ZMR 94, 253; KG NJW-RR 00, 819; Rostock NZM 02, 701). Die Mietsache wird nachträglich mangelhaft, wenn sich die öffentlichen Bestimmungen im Laufe der Mietzeit ändern (vgl Rn 8; Erman/*Jendrek* § 536 Rn 15). Die behördliche Beschränkung muss grds bereits bestehen und darf nicht lediglich zu erwarten sein (Naumbg NZM 01, 100). Eine Ungewissheit genügt nur, wenn ein Rechtsbehelf eingelegt wurde (BGH MDR 71, 294), eine behördliche Zwangsmaßnahme angedroht ist (Ddorf ZMR 02, 739) oder andere Tatsachen die konkrete Gefahr einer gebrauchsbeeinträchtigenden behördlichen Verfügung begründen (KG GrundE 03, 185) Ein lediglich zeitweiliges Gebrauchshindernis wie etwa die durch einen Drittwiderspruch im Baugenehmigungsverfahren verzögerte Übergabe soll nicht genügen (BGH NJW 92, 3226). Zudem schließt eine behördliche Duldung den Mangel aus (München ZMR 96, 496; Nürnbg NZM 99, 419).

13 **Bsp:** KFZ-Stellplatznachweis für Gaststätte (München ZMR 95, 401); fehlende behördliche Genehmigungen für die vertragliche Nutzung (BGH ZMR 87, 257; BayObLG NJW-RR 86, 690; Köln ZMR 98,227) bzw Nut-

zungsänderung (Hburg NJW-RR 96, 1356 bloße Gefahr der behördlichen Nutzungsuntersagung genügt); die Nichteinhaltung von Brandschutzbestimmungen (Ddorf ZMR 02, 739), Schallschutzanforderungen (KG MDR 03, 622) oder Anforderungen der ArbStättVO, falls ein diesbezüglicher Gewerbebetrieb vereinbart war (Hamm NJW-RR 95, 143); drohender Widerruf der Gaststättenerlaubnis (Celle NJW-RR 00, 873); **nicht:** die bloße Beanstandung ohne Beschränkung der Genehmigung (Naumbg NZM 01, 100); die behördliche Beschränkung der Lautstärke auf das gesetzlich zulässige Maß (Kobl NJW-RR 02, 1522); Beschränkungen der Speisenkonzession (Oldenbg ZMR 92, 103).

4. Unerhebliche Minderung der Tauglichkeit gem § 536 I 3. Eine unerhebliche Minderung der Gebrauchstauglichkeit bleibt nach I 3 außer Betracht. Dies ist insbes der Fall, wenn der Mangel leicht erkennbar, schnell und mit geringen Kosten zu beseitigen ist (BGH ZMR 05, 101; WuM 04, 531). Hierunter fallen zB ein kurzzeitiger Heizungsausfall oder nur geringe Temperaturschwankungen (MüKo/*Schilling* § 536 Rn 5); Bleispuren im Trinkwasser, sofern die Grenzwerte der TrinkWV eingehalten werden (LG Frankfurt/M ZMR 90, 17). Dagegen begründen Unterschreitungen der vertraglichen Mietfläche um mehr als 10% stets eine erhebliche Tauglichkeitsminderung (BGH NJW 05, 2152). 14

5. Beweislast. Die **Beweislast** bemisst sich nach Verantwortungsbereichen: Der Vermieter muss beweisen, dass der Mangel nicht seinem Obhutsbereich entstammt. Sind sämtliche Ursachen, die in seinen Obhutsbereich fallen, ausgeräumt, trägt der Mieter die Beweislast dafür, dass der Schaden nicht auf übervertragsmäßigem Gebrauch der Mietsache (§ 538) beruht (BGH ZMR 05, 120). Dem Mieter obliegt ferner der Beweis der **Gebrauchsbeeinträchtigung** durch den Mangel (BGH NJW 00, 2344). Bei Unterschreitung der vertraglichen Mietfläche um mehr als 10% besteht jedoch eine tatsächliche Vermutung für die Gebrauchsbeeinträchtigung (BGH NJW 04, 1947). Ist die Flächenunterschreitung geringer, so trifft den Mieter weiterhin die Beweislast (so für 6% KG NJW-RR 05, 1681 – allerdings zu I 3). Den **Unerheblichkeitsbeweis** muss nach dem Gesetzesaufbau in I 3 der Vermieter führen (Celle ZMR 85, 10). Behauptet der Mieter, die Mietsache sei trotz eines Reparaturversuchs weiterhin mangelhaft, so trägt der Vermieter die Beweislast für den Erfolg seiner Mängelbeseitigungsmaßnahmen (BGH NJW 00, 2344). 15

II. Fehlen zugesicherter Eigenschaft gem § 536 II. Nach dem Wortlaut in II ist eine Minderung der Gebrauchstauglichkeit nicht erforderlich. Daher erklärt II nur I 1 und 2, nicht aber I 3 für anwendbar. Eine Differenzierung zwischen Sachmangel und zugesicherter Eigenschaft ist somit geboten, wenn die Beeinträchtigung der Gebrauchstauglichkeit bzw deren Erheblichkeit zweifelhaft ist. Die Bedeutung von II liegt folglich in einer Beweiserleichterung für den Mieter (MüKo/*Schilling* § 536 Rn 17). Unter den Begriff der **Eigenschaft** iSv II fällt zunächst die Sachsubstanz der Mietsache dar sowie jedes tatsächliche und rechtliche Verhältnis, das für ihre Brauchbarkeit oder ihren Wert von unmittelbarer Bedeutung ist, seinen Grund in ihrer Beschaffenheit hat, ihr für gewisse Dauer anhaftet und nicht nur durch Umstände außerhalb der Mietsache in Erscheinung tritt (BGH NJW 00, 1714). Im Ergebnis stellt folglich jeder Umstand, der einen Sachmangel begründen kann, auch eine Eigenschaft der Mietsache dar. Andererseits geht der Eigenschaftsbegriff aber auch nicht über denjenigen des Sachmangels hinaus (vgl BGH aaO). Eine Haftung des Vermieters für nicht zusicherungsfähige Eigenschaften ist dann nur ausnahmsweise über die Konstruktion eines eigenständigen Garantievertrages möglich (BGH NJWE-MietR 97, 150). Dem Mieter ist daher zu empfehlen, wenn möglich ein solches Garantieversprechen in den Mietvertrag aufnehmen zu lassen (vgl Rn 11). 16

Bsp: Die Grundstücksgröße (Palandt/*Weidenkaff* § 536 Rn 26), obgleich diese nicht mehr wie in § 537 II 2 aF ausdrücklich genannt ist; die Größe der Mietwohnung (LG Mönchengladbach ZMR 88, 178) bzw der Gewerberäume (Köln NZM 99, 73); Genehmigungsfähigkeit der Mieträume als Gaststätte (KG NJW-RR 00, 819); **nicht:** zukünftiger Umsatz (BGH NJWE-MietR 97, 150; offen gelassen Hburg NJW-RR 98, 1091); vollständige Vermietung eines Einkaufszentrums, Umfang der Parkplätze in der Umgebung (BGH NJW 00, 1714; NJW-RR 04, 1236). 17

Die **Zusicherung** von Eigenschaften wird in der Rspr nur selten bejaht. Eine solche liegt vor, wenn sich der Vermieter ausdrücklich bzw schlüssig verpflichtet, verschuldensunabhängig für das Vorhandensein einer Eigenschaft einstehen zu wollen. Hiervon abzugrenzen ist die bloße Beschaffenheitsangabe bzw Anpreisung ohne besonderen Verpflichtungswillen (vgl BGH NJW 00, 1714). Um eine Beschaffenheitsangabe soll es sich idR bei der im Mietvertrag angegebenen Mietfläche handeln, insbes bei „ca"-Zusatz (BGH NJW 05, 2152; allerdings begründet eine Flächenunterschreitung um mehr als 10% einen Mangel, vgl Rn 9). Eine Zusicherung ist dagegen anzunehmen, wenn der Mieter bei Vertragsschluss in erkennbar besonderem Maße auf eine bestimmte Angabe des Vermieters angewiesen war (Erman/*Jendrek* § 536 Rn 17). Dies gilt zB bei Vermietung ohne vorherige Besichtigung; bei Auflistung der Mietfläche unter der Überschrift „Miete" (MüKo/*Schilling* § 536 Rn 20; offen gelassen Köln WuM 99, 282). Werden Zusicherungen im Laufe der Mietzeit gemacht, gilt § 536 II entspr (Bub/Treier/*Kraemer* III B, Rn 1358). Der Mieter trägt die **Beweislast**, dass der Vermieter eine konkrete Eigenschaft zugesichert hat. 18

III. Rechtsmangel gem § 536 III. III erfasst nur private (dingliche oder schuldrechtliche) Rechte Dritter (BGH NJW 91, 3280). Zu öffentlich-rechtlichen Beschränkungen siehe Rn 12. Nach dem Gesetzeswortlaut 19 genügt das bloße Bestehen eines Rechts nicht – dieses muss vielmehr zur Störung des vertragsmäßigen Gebrauchs der Mietsache führen (BGH NJW-RR 99, 1239). Ausnahmsweise kann auch die Androhung der Rechtsausübung genügen, wenn dadurch der ungestörte Mietgebrauch nicht mehr gewährleistet ist (BGH NJW-RR 99, 845). Tatsächliche Gebrauchshindernisse wie zB die unterbliebene Räumung durch den Vormieter fallen nicht unter III (BGH NJW 83, 446; Ddorf NZM 99, 24). Dritte sind alle nicht am Mietverhältnis beteiligte Personen wie zB der nach § 546 II Rückgabe verlangende Eigentümer ggü dem Untermieter (BGH NJW 75, 1108) bzw die anderen Wohnungseigentümer (BGH NJW-RR 95, 715; Ddorf ZMR 01, 344). Unter Gebrauchsstörung fällt jede Beeinträchtigung des vertraglich vereinbarten Mietgebrauchs (Ddorf ZMR 99, 24). Eine solche ist vor allem bei einer Doppelvermietung für den Vertrag gegeben, den der Vermieter nicht erfüllt (Köln ZMR 98, 696). Die Miete ist hier auf Null gemindert. Der Mieter kann zudem wie sonst auch die Einräumung des Besitzes nach § 535 I 2 verlangen (BGH NJW 03, 2158), allerdings nicht durch einstweilige Verfügung (Hamm NJW-RR 04, 521). Die **Beweislast** für das Bestehen von privaten Rechten Dritter sowie die Störung des Mietgebrauchs durch deren Geltendmachung trägt der Mieter.

20 **E. Kein Ausschluss.** Das Minderungsrecht aus § 536 ist bei anfänglicher Kenntnis des Mieters über den konkreten Mangel bzw grob fahrlässiger Unkenntnis oder unterlassener Mängelanzeige kraft Gesetzes gem §§ 536b, 536c II ausgeschlossen. Zur Rechtslage bei nachträglicher Kenntnis s § 536b Rn 3. Das Minderungsrecht ist ferner gem § 242 ausgeschlossen, wenn der Mangel im Verantwortungsbereich des Mieters entstanden ist (BGH WM 63, 167; Staud/*Emmerich* § 536 Rn 63). Wirken Ursachen aus den Verantwortungsbereichen des Vermieters und des Mieters zusammen, gilt § 254 entspr (Bub/Treier/*Kraemer* III B, Rn 1369). Ein vertraglicher Ausschluss der Minderung ist bei Wohnraummiete gem § 536 IV unwirksam (vgl Rn 6). Bei Gewerberaummiete kann ein Aufrechnungsausschluss bzw ein Ausschluss mietvertraglicher Zurückbehaltungsrechte zwar auch das allgemeine Zurückbehaltungsrecht nach § 320 erfassen (BGH NJW-RR 03, 873) – das Minderungsrecht aus § 536 bleibt jedoch unberührt (Ddorf NJW-RR 99, 953). Ein vertraglicher Minderungsausschluss kann sich bei Gewerberaummiete auch daraus ergeben, dass der Mangel auf vom Mieter verlangten Änderungen der Mietsache beruht und der Mieter somit das Gebrauchsrisiko übernommen hat (Ddorf NJW-RR 93, 976; München ZMR 96, 434).

21 **F. Rechtsfolge: Mietminderung kraft Gesetzes.** Da die Mietminderung kraft Gesetzes erfolgt, begründet § 536 keinen Anspruch, sondern stellt eine rechtsvernichtende Einwendung dar (BGH NJW-RR 91, 779; NJW 95, 254). § 536 ist somit wie jede Einwendung von Amts wegen zu berücksichtigen (BGH ZMR 85, 403). Die Miete ist für die Zeit gemindert, in der die Gebrauchstauglichkeit beeinträchtigt ist. Hinsichtlich der zuviel gezahlten Miete hat der Mieter einen Bereicherungsanspruch aus § 812, mit dem er gegen die Mietforderungen in den folgenden Monaten aufrechnen kann (BGH NJW 95, 254), sofern nicht die §§ 536b, 536c, Verwirkung (vgl § 536b Rn 3) oder § 814 entgegenstehen.

22 Die Höhe der Minderung ist durch eine angemessene Herabsetzung der Bruttomiete (BGH NJW 05, 1713; aA Palandt/*Weidenkaff* § 536 Rn 33) proportional zur Minderung der Gebrauchstauglichkeit (Bub/Treier/*Kraemer* § 536 Rn 1366; Staud/*Emmerich* § 536 Rn 51 ff) zu ermitteln. Auch wenn die Minderung auf einer Flächenabweichung von mehr als 10 % beruht, ist die Bruttomiete die Bemessungsgrundlage (BGH NJW 05, 2773). Bei Gewerberäumen ist vor allem auf die Beeinträchtigung der Betriebsausübung abzustellen (Düsseldorf BB 89, 1934). IdR nimmt die Gerichtspraxis bei leichten Gebrauchsbeeinträchtigungen nur eine Minderung von 5–10 % an und bei mittleren Beeinträchtigungen eine Minderung zwischen 10–20 %. Eine darüber hinausgehende Kürzung kommt nur ausnahmsweise bei außergewöhnlich schweren und dauerhaften Mängeln in Betracht. Ist die Gebrauchstauglichkeit ganz aufgehoben, mindert sich die Miete auf Null (Staud/*Emmerich* § 536 Rn 54; nicht aber bereits bei Ausfall der Warmwasserversorgung BVerfG WuM 02, 480). Bei Vereinbarungen über die Minderungshöhe zwischen gewerblichen Parteien finden die Grundsätze des kaufmännischen Bestätigungsschreibens Anwendung (KG ZMR 05, 948).

23 Nimmt der Vermieter eine unberechtigte Minderung widerspruchslos hin, führt dies aus den unter § 536b Rn 3 genannten Gründen nicht sofort in spiegelbildlicher Anwendung des § 536b zu einer Herabsetzung der künftigen Miete (aA Ddorf NJW-RR 03, 1016; offen gelassen BGH NJW-RR 03, 727; WuM 04, 198). Allerdings tritt bei Hinnahme einer unberechtigten Minderung über längere Zeit Verwirkung ein (BGH NJW-RR 03, 727; Ddorf NJW-RR 03, 1016), wobei erst die gerichtliche Geltendmachung der Mietdifferenz den Vertrauenstatbestand zugunsten des Mieters beseitigen soll (Naumbg WuM 04, 91). Zur Möglichkeit der fristlosen Kündigung des Vermieters wegen Zahlungsverzugs bei unberechtigter Minderung s § 543 Rn 20.

24 **G. Weitere Ansprüche.** Neben der Mietminderung kann der Mieter unter den Voraussetzungen des § 536a Schadensersatz verlangen und nach § 543 das Mietverhältnis kündigen. Darüber hinaus kann der Mieter seinen Primäranspruch auf Mängelbeseitigung aus § 535 I 2 geltend machen bzw den Mietforderungen das Zurückbehaltungsrecht aus § 320 entgegenhalten (s Rn 2). Dieses erstreckt sich allerdings nicht auf die Mietkaution aufgrund ihrer besonderen Eigenart als Sicherungsmittel (Celle NJW-RR 98, 585; Ddorf ZMR 00, 452). Der Mieter kann den Mangel auch selbst beseitigen und unter den Voraussetzungen des § 536 II (Verzug bzw Notmaßnahme) Aufwendungsersatz verlangen. Hinsichtlich der zuviel gezahlten Miete hat der Mieter einen Bereicherungsanspruch aus § 812 (s Rn 21).

H. Prozessuales. Da die Minderung eine von Amts wegen zu berücksichtigende Einwendung darstellt, ist 25 diese auch bei Säumnis des Mieters zu berücksichtigen, wenn aus dem Vortrag des Vermieters eine mangelbedingte Gebrauchsbeeinträchtigung folgt. Die Höhe der Mietminderung fällt nicht in die Darlegungslast des Mieters (BGH ZMR 85, 403), sondern ist gerichtlich mit Hilfe von Sachverständigen oder Schätzungen nach § 287 ZPO (Staud/*Emmerich* § 536 Rn 57) zu klären. Verbleibende Zweifel gehen aber nach den allgemeinen Beweislastregeln zu Lasten des Mieters (Erman/*Jendrek* § 536 Rn 33). Der Mieter kann, aber muss nicht auf Rückzahlung der zuviel gezahlten Miete klagen. Er kann auch Feststellung begehren, dass er – auch für die Vergangenheit – nur die geminderte Miete schuldet, und mit seinem Rückzahlungsanspruch ggü künftigen Mieten aufrechnen (BGH aaO).

§ 536 a Schadens- und Aufwendungsersatzanspruch des Mieters wegen eines Mangels

(1) Ist ein Mangel im Sinne des § 536 bei Vertragsschluss vorhanden oder entsteht ein solcher Mangel später wegen eines Umstands, den der Vermieter zu vertreten hat, oder kommt der Vermieter mit der Beseitigung eines Mangels in Verzug, so kann der Mieter unbeschadet der Rechte aus § 536 Schadensersatz verlangen.
(2) Der Mieter kann den Mangel selbst beseitigen und Ersatz der erforderlichen Aufwendungen verlangen, wenn
1. der Vermieter mit der Beseitigung des Mangels in Verzug ist oder
2. die umgehende Beseitigung des Mangels zur Erhaltung oder Wiederherstellung des Bestands der Mietsache notwendig ist.

A. Grundsätzliches; Konkurrenzen. § 536 a wurde durch das MRRG eingefügt und ist seit 1.9.01 in Kraft. 1 Die Vorschrift regelt Schadens- und Aufwendungsersatzansprüche des Mieters bei Mängeln der Mietsache und entspricht §§ 538 I, II, 541, 547 I 1 jeweils aF. Ansprüche aus § 536 a können neben dem Minderungsrecht nach § 536 geltend gemacht werden. Bei Sachmängeln ist das allgemeine Leistungsstörungsrecht wegen der Verweisung in I auf § 536 erst ab Überlassung der Mietsache ausgeschlossen (BGH NJW 97, 2813). Zur Behandlung nicht behebbarer Mängel s § 536 Rn 3. Bei Rechtsmängeln gilt die Verdrängung der allgemeinen Regeln schon ab Vertragsschluss, vgl § 536 Rn 3. Für den Verzug mit der Mängelbeseitigung gelten § 536 a I Alt 3, II als Spezialnormen zum allgemeinen Leistungsstörungsrecht. Zum Verhältnis von Ansprüchen aus § 536 a zu Ansprüchen wegen Störung der Geschäftsgrundlage, Anfechtung und cic gilt das unter § 536 Rn 4 Gesagte. Zu Mängelbeseitigungsaufwendungen, die nicht von § 536 a erfasst sind, s § 539.

B. Anwendungsbereich. Als Teil des allgemeinen Mietrechts gilt § 536 für alle Mietverhältnisse, über § 581 2 II auch für Pachtverhältnisse. Für die Landpacht enthält § 590 b eine Sonderregelung. § 536 a II ist auch iR anderer Nutzungsverhältnisse, insbes bei Bauträgerverträgen anwendbar (BGH WM 1971, 726). Eine Übergangsregelung existiert nicht.

C. Abweichende Vereinbarungen. § 536 a ist grds abdingbar. Allerdings ist strikt zwischen den Ansprüchen 3 aus § 536 a und der **Gebrauchsüberlassungs- und Instandhaltungspflicht gem § 535 I 2** zu unterscheiden: Ein Ausschluss von Schadensersatzansprüchen nach § 536 a lässt die Pflichten aus § 535 I 2 unberührt; gleiches gilt für einen entspr Aufrechnungsausschluss (BGH NJW-RR 03, 72). Dem Mieter stehen seine Primäransprüche auf Gebrauchsüberlassung und Instandhaltung aus § 535 I 2 weiterhin zu. Die nachfolgenden Ausführungen gelten daher allein für die Ansprüche aus § 536 a: Bei **Wohnraummiete** ist gem § 556 b II ein vertraglicher Ausschluss der Aufrechnung oder von Zurückbehaltungsrechten wegen Ansprüchen aus § 536 a unwirksam. Zulässig ist die formularmäßige Abbedingung der verschuldensunabhängigen Haftung für anfängliche Sachmängel (BGH NJW-RR 91, 74), da die für Schadensersatzansprüche untypische Garantiehaftung gem § 536 I Alt 1 kein gesetzliches Leitbild iSv § 307 II Nr 1 darstellt. Allerdings ist nach § 307 jede formularmäßige Haftungsbeschränkung für nachträgliche Mängel unwirksam (BGH NJW 02, 673). Demgegenüber ist bei **Gewerberaummiete** auch ein formularmäßiger Haftungsausschluss für leicht fahrlässig herbeigeführte nachträgliche Mängel zulässig (Kobl NZM 00, 622) – weitergehende Beschränkungen scheitern jedoch an § 309 Nr 7 b. § 536 a II kann wegen § 307 II Nr 1 bei Wohn- und Gewerberaummiete nicht zum Nachteil des Mieters durch AGB beschränkt werden (Bub/Treier/*Bub* II Rn 523; Palandt/*Weidenkaff* § 536 a Rn 7). Ist eine Haftungsbeschränkung in zulässiger Weise vereinbart, so erstreckt sich diese auch auf deliktsrechtliche Ansprüche, die auf demselben Sachverhalt beruhen (Hamm BB 75, 1219; Frankf VersR 73, 425).

D. Tatbestand der Schadensersatzansprüche gem § 536 a I. Für **anfängliche Mängel** (s zu den einzelnen 4 Mängelbegriffen § 536 Rn 7-13), die bereits bei Vertragsschluss vorhanden sind, haftet der Vermieter nach der gesetzlichen Garantie gem § 536 I Alt 1 verschuldensunabhängig. Entscheidend ist der Zeitpunkt der formlosen Einigung, nicht derjenige einer etwaigen späteren schriftlichen Fixierung (vgl BGH NJW 68, 885) – zumal § 550 keine Wirksamkeitsvoraussetzung darstellt. Der Mangel muss bei Vertragsschluss noch nicht in

Erscheinung getreten sein – maßgeblich ist allein, dass die Mangelursache bereits von Beginn an vorhanden war (BGH NJW 72, 944; München ZMR 96, 322). Nach dem Normzweck gilt die Garantiehaftung aus § 536 I Alt 1 entspr, wenn die Mietsache bei Vertragsschluss noch nicht fertig gestellt ist und der Mangel sodann bei Übergabe bzw Fertigstellung vorliegt (BGHZ 9, 320; Naumbg ZMR 00, 381). Bei Abschluss eines eigenständigen Anschlussmietvertrages greift § 536 I Alt 1 bezogen auf den Anschlussvertrag erneut (Bub/Treier/*Kraemer* III B Rn 1382) – nicht jedoch bei bloßer Vertragsverlängerung aufgrund der Fiktion aus § 545, Ausübung einer einseitigen Option oder einem Mieterwechsel aufgrund Vertragsübernahme zu den Konditionen des bereits bestehenden Mietvertrages (BGH BB 59, 1115).

Bsp: Anfänglicher Baumangel, der später zur Folge hat, dass eingebrachte Sachen des Mieters beschädigt werden (BGH ZMR 94, 400); fehlende Genehmigungsfähigkeit, auch wenn die Genehmigung erst nach Vertragsschluss versagt wird (BGH NJW 77, 1285 nur bei Erkennbarkeit; München ZMR 95, 401); vertragswidrige Untervermietung aus der Perspektive des Untermieters; nicht aber die natürliche Verschlechterung eines ursprünglich mangelfreien baulichen Zustands (LG Hamburg WuM 99, 513).

5 Für **nachträgliche Mängel** haftet der Vermieter gem § 536 I Alt 2 nur, wenn er diese zu vertreten, also vorsätzlich oder fahrlässig (§ 276) herbeigeführt hat. Hierbei ist dem Vermieter das Verschulden seiner Erfüllungsgehilfen zuzurechnen – zB des Hausmeisters (Karlsr ZMR 91, 378) oder beauftragten Handwerkern und deren Hilfspersonen (Ddorf NZM 02, 21; Hamm ZMR 96, 199). Mieter anderer Wohnungen sind nicht ohne weiteres Erfüllungsgehilfen des Vermieters (BGH VersR 69, 754; vgl auch Düsseldorf ZMR 05, 449), sondern nur dann, wenn sie in dessen Pflichtenkreis (zB bei der Erfüllung von Streupflichten) tätig werden (Erman/*Jendrek* § 536 a Rn 8).

6 Für einen **Verzug mit der Mängelbeseitigung gem § 536 I Alt 3** müssen die allgemeinen Voraussetzungen des § 286 vorliegen. Hierzu ist grds eine auf die Mängelbeseitigung gerichtete Mahnung des Mieters erforderlich – die bloße Mängelanzeige nach § 536 c I 1 genügt nicht (Düsseldorf ZMR 93, 115). Die Mahnung kann aber ohne weiteres zusammen mit der Mängelanzeige erfolgen (Erman/*Jendrek* § 536 a Rn 9), da die Beseitigungspflicht des Vermieters bereits mit der Entstehung des Mangels und nicht erst mit der Anzeige fällig geworden ist (MüKo/*Schilling* § 536 a Rn 10). Unter den Voraussetzungen des § 286 II ist eine Mahnung entbehrlich – so zB bei einem nach Kalendertag vereinbarten (II Nr 1) Mängelbeseitigungstermin (vgl LG Berlin NJW-RR 00, 674) oder ernsthafter und endgültiger Beseitigungsverweigerung des Vermieters (II Nr 3). Verzug setzt Verschulden voraus (§ 286 IV), welches nicht vorliegen soll bei unzumutbaren Beseitigungskosten (vgl Hburg NZM 02, 343). Richtigerweise handelt es sich hierbei ebenso wie bei unbehebbaren Mängeln nicht um Verzug, sondern Unmöglichkeit (§ 275 II; s § 536 Rn 7). Bei Veräußerung von Wohnraum wirkt die ggü dem Veräußerer bestehende Verzugslage gem § 566 ggü dem Erwerber fort (BGH NJW 05, 1187).

7 Nach den allgemeinen Beweisverteilungsregeln trifft grds den Mieter die **Beweislast** für sämtliche Tatbestandsvoraussetzungen – die Mangelhaftigkeit der Mietsache, den Schaden sowie die Ursächlichkeit des Mangels für den Schaden (Hamm ZMR 97, 520). Hat der Mieter allerdings den Nachweis geführt, dass der Mangel aus dem Verantwortungsbereich des Vermieters entstammt, muss der Vermieter nach dem Rechtsgedanken des § 538 die fehlende Ursächlichkeit des Mangels für den Schaden beweisen (Hamm aaO; Saarbr NJW 93, 3077 Beweislastumkehr). Unter den gleichen Voraussetzungen muss der Vermieter bei nachträglichen Mängeln gem § 280 I 2 analog den Entlastungsbeweis hinsichtlich seines Verschuldens führen. Für den Anspruch bei Verzug mit der Mängelbeseitigung gem § 536 I Alt 3 folgt dies aus § 286 IV.

8 **E. Kein Ausschluss; Einwendungen und Einreden (Verjährung).** Bei anfänglicher Kenntnis des Mieters von dem konkreten Mangel bzw grob fahrlässiger Unkenntnis oder unterlassener Mängelanzeige sind Ansprüche aus § 536 a kraft Gesetzes gem §§ 536 b, 536 c II ausgeschlossen. Zu vertraglichen Ausschlüssen s Rn 3 sowie § 536 Rn 20. Der Mitverschuldenseinwand aus § 254 ist auch ggü dem Garantieanspruch aus § 536 I Alt 1 anwendbar (BGH NJW-RR 91, 970). Sämtliche Ansprüche aus § 536 a I unterliegen der dreijährigen Regelverjährung (§ 195).

9 **F. Rechtsfolge: Schadensersatz.** Da der Mietvertrag Schutzwirkung zugunsten der von Dritten eingebrachten Sachen bzw der körperlichen Unversehrtheit von sich regelmäßig in den Mieträumen aufhaltenden Dritten entfaltet, sind auch diese ersatzberechtigt (BGH NJW 68, 885). Nur gelegentliche Besucher sind jedoch mangels Erkennbarkeit nicht in den Schutzbereich des Mietvertrages einbezogen (Köln ZMR 01, 273). Nach dem Gesetzeswortlaut in § 536 I kann Schadensersatz neben der Mietminderung verlangt werden, allerdings ist der Minderungsbetrag anzurechnen. Auch kann der Mieter ggfs wegen desselben Mangels gem § 543 I kündigen. Der **Schadensersatzumfang** bemisst sich nach den §§ 249 ff und umfasst somit den Minderwert, gem § 252 den entgangenen Gewinn (BGH NZM 98, 666; Ddorf NZM 02, 21), Verdienstausfall (BGH NJW-RR 91, 970) sowie gem § 253 die Zahlung von Schmerzensgeld. Als vertraglicher Schadensersatzanspruch ist § 536 a auf den Ersatz des positiven Interesses gerichtet – der Mieter ist mithin so zu stellen, wie er stünde, wenn die Mietsache mangelfrei gewesen wäre. Ersatzfähige Positionen können aber auch Kündigungsfolgeschäden sein wie die höhere Miete einer Ersatzwohnung bis zu dem Zeitpunkt, zu dem eine ordentliche Kündigung möglich gewesen wäre, bzw die Kosten der einstweiligen anderen Unterbringung. Aufgrund der gesetzgeberischen Wertung in § 284 sind nunmehr unabhängig von der früheren Rentabilitätsvermutung

auch vergebliche sonstige Aufwendungen zu ersetzen (Palandt/*Weidenkaff* § 536 a Rn 14; MüKo/*Schilling* § 536 a Rn 15) – nach dem dortigen Wortlaut allerdings nur anstelle der übrigen Ersatzpositionen, sofern diese Schadensersatz statt der Leistung, also den Nichterfüllungsschaden gewähren (s BGH NJW 2005, 2848). Der Ersatz von Mängelbeseitigungsaufwendungen ist zudem in II an weitere Voraussetzungen geknüpft, so dass die dortige Regelung als abschließend zu werten ist. Demzufolge gewährt § 536 a I **keinen Ersatz der Aufwendungen zur Mängelbeseitigung an der Mietsache selbst** (Erman/*Jendrek* § 536 a Rn 20; wohl auch MüKo/*Schilling* § 536 a Rn 14). Zur Anwendbarkeit von § 254 s Rn 8.

G. Aufwendungsersatzanspruch gem § 536 a II. Voraussetzung des Aufwendungsersatzanspruchs ist gem II Nr 1 ebenso wie in I Alt 3, dass sich der Vermieter mit der Mängelbeseitigung in Verzug befindet. Es gilt somit das unter Rn 6 Gesagte. Gem II Nr 2 muss die umgehende Mängelbeseitigung zur Erhaltung oder Wiederherstellung des Bestands der Mietsache erforderlich sein. Erfasst sind daher nur solche Maßnahmen, die keinen Aufschub dulden (BTDrs 14/4553, 41), wie etwa die Reparatur eines undichten Dachs, eines Rohrbruchs oder einer ausgefallenen Heizung im Winter. Hierunter können auch notwendige bauliche Veränderungen fallen, da II Nr 2 keine diesbezügliche Differenzierung enthält (aA Palandt/*Weidenkaff* § 536 a Rn 16). Sind die Voraussetzungen von Nr 1 oder Nr 2 nicht erfüllt, ist str, ob der Mieter wenigstens nach § 539 iVm § 683 oder §§ 684, 812 die Erstattung seiner Aufwendungen verlangen kann (s bei § 539). Der Anspruch aus II unterliegt den gleichen gesetzlichen und vertraglichen Ausschlüssen wie I (vgl Rn 8 – für Unabdingbarkeit der Aufwendungsersatzansprüche aus II BaRoth/*Ehlert* § 536 a Rn 22; Bub/Treier/*Bub* II 523), aber der kurzen Verjährung gem § 548 II. Der Mieter trägt die **Beweislast** für sämtliche Voraussetzungen – das Vorliegen eines Mangels, Verzug mit der Mängelbeseitigung (Nr 1) bzw die Notwendigkeit der umgehenden Beseitigung (Nr 2) sowie die Erforderlichkeit seiner Aufwendungen zur Mängelbeseitigung. 10

Rechtsfolge ist ein Anspruch des Mieters auf Ersatz der zur Mängelbeseitigung erforderlichen Aufwendungen nebst Zinsen (§ 256). Das Minderungsrecht gem § 536 sowie anderweitiger Schadensersatz gem § 536 a I können nach der Gesetzessystematik uneingeschränkt parallel geltend gemacht werden, da § 536 a II eine Sonderregelung zu § 284 darstellt und somit der dortige Ausschluss von Schäden statt der Leistung hier nicht eingreift. Bei Beauftragung eines Dritten hat der Mieter zudem einen Anspruch auf Kostenfreihaltung gem § 257. Darüber hinaus soll aus § 242 sogar ein Anspruch auf Kostenvorschuss folgen (BGH NJW 85, 267; Ddorf NZM 00, 464). Hiergegen spricht freilich, dass in § 536 a eine § 637 III entspr Regelung fehlt. Ersatzfähig sind nur solche Aufwendungen, die der Mieter nach sorgfältiger und verständiger Prüfung sowie ggf nach fachmännischem Rat für erforderlich halten durfte (Brandbg ZMR 03, 909). Erweist sich die Ausführung sodann als mangelhaft, ist der Vermieter gleichwohl zum Aufwendungsersatz verpflichtet – Zug um Zug gegen Abtretung der Mängelansprüche ggü dem ausführenden Unternehmen (Brandbg aaO). Nach Beseitigung des Mangels, zu welcher der Mieter iRs Schadensminderungspflicht gem § 254 sogar verpflichtet sein kann (Ddorf WuM 03, 386), entfällt die Grundlage für eine Mietminderung nach § 536. 11

§ 536 b Kenntnis des Mieters vom Mangel bei Vertragsschluss oder Annahme

¹Kennt der Mieter bei Vertragsschluss den Mangel der Mietsache, so stehen ihm die Rechte aus den §§ 536 und 536 a nicht zu. ²Ist ihm der Mangel infolge grober Fahrlässigkeit unbekannt geblieben, so stehen ihm diese Rechte nur zu, wenn der Vermieter den Mangel arglistig verschwiegen hat. ³Nimmt der Mieter eine mangelhafte Sache an, obwohl er den Mangel kennt, so kann er die Rechte aus den §§ 536 und 536 a nur geltend machen, wenn er sich seine Rechte bei der Annahme vorbehält.

A. Grundsätzliches; Anwendungsbereich. § 536 a wurde durch das MRRG eingefügt, ist seit 1.9.01 in Kraft und regelt den Verlust bzw die Einschränkung der Mängelrechte des Mieters bei § 536, 536 a bei anfänglicher Kenntnis oder grob fahrlässiger Unkenntnis eines konkreten Mangels der Mietsache zum Zeitpunkt des Vertragsschlusses bzw der Überlassung der Mietsache (S 3). Die nachträgliche Kenntnis ist in § 536 c geregelt, s hierzu Rn 3. § 536 b entspricht für den Sachmangel § 539 aF und für den Rechtsmangel § 541 aF – allerdings mit der inhaltlichen Änderung, dass auch bei Rechtsmängeln nunmehr nicht nur S 1, sondern die gesamte Vorschrift Anwendung findet. Der **Gesetzeszweck** des § 536 b besteht in der Regelung der Folgen eines stillschweigenden Mängelverzichts (Schmidt/Futterer/*Eisenschmid* § 536 b Rn 1; ähnlich MüKo/*Schilling* § 536 b Rn 1). Als Teil der allgemeinen Mietrechtsbestimmungen gilt § 536 b grds für alle Mietverhältnisse, über § 581 II auch für Pachtverhältnisse. Eine Übergangsregelung existiert nicht. Nach dem Normzweck ist § 536 b bei Vertragsverlängerung durch Nachtragsvereinbarungen oder durch Option des Mieters **entspr anwendbar** (BGH NJW 70, 1740; Köln DWW 01, 274) – nicht aber bei Verlängerung durch Gesetzesfiktion gem § 545. Tritt ein neuer Mieter durch Vertragsübernahme in ein bestehendes Mietverhältnis ein, gilt § 536 b für diesen (Erman/*Jendrek* § 536 b Rn 10), wenn nicht der Mieterwechsel auf bloßer Gesellschaftsumwandlung beruht (vgl KG NZM 02, 562). Bei einer fristlosen Kündigung wegen Nichtgewährung des vertragsgemäßen Gebrauchs gem § 543 II Nr 1 ist § 536 b aufgrund der gesetzlichen Anordnung in § 543 IV entspr anwendbar. Das Recht zur außerordentlichen Kündigung wegen Gesundheitsgefährdung nach §§ 569, 578 II bleibt jedoch sowohl für den Wohnraum- als auch den Gewerberaummieter bestehen. 1

2   § 536 b berührt nach dem Gesetzeswortlaut ebenfalls **nicht den Erfüllungsanspruch aus** § 535 I 2; der Mieter kann hiernach also weiterhin Mängelbeseitigung verlangen (Staud/*Emmerich* § 536 b Rn 3). Daher bleibt auch die Einrede aus § **320** bestehen (BGH NJW-RR 03, 727; BayOblG NJW-RR 99,1241). Diese entfällt nur dann, wenn der Mieter seinerseits kein Interesse mehr an der Vertragserfüllung hat (vgl BGH NJW 1997, 2674). Bei **wesentlicher Verschlechterung** des Mangels leben die Mängelrechte des Mieters aus §§ 536, 536 a wieder auf (KG NZM 02, 69; Düsseldorf NZM 00, 464). Der Haftungsausschluss gem § 536 b erstreckt sich nicht auf Ansprüche aus Delikt (Bub/Treier/*Kraemer* III B Rn 1402), da diese im Vergleich zu den Mängelrechten aus §§ 536, 536 a an zusätzliche Voraussetzungen geknüpft sind und somit ein Leerlaufen von § 536 b nicht zu befürchten wäre.

3   Bei späterer Kenntnis des Mieters von einem Mangel nach Vertragsschluss ist § 536 b **nicht analog anwendbar**, wenn der Mieter die Miete dennoch vorbehaltlos weiterzahlt (BGH NJW 03, 2601für Wohnraummiete; BGH NJW 05, 1503 für Gewerberaummiete – entgegen der Rspr zu § 539 aF (BGH NJW-RR 03, 727 – auch nach neuem Recht Celle ZMR 02, 657; Ddorf NJW-RR 03, 153, 1016; Naumbg ZMR 03, 355; Stuttg NJW-RR 03, 1097). Nach dem Gesetzeswortlaut ist nämlich nur die anfängliche Mangelkenntnis bei Vertragsschluss (S 1) bzw bei Annahme der Mietsache (S 3), nicht aber die nachträgliche Kenntnis erfasst. Zudem bildet § 536 c eine für die nachträgliche Mangelkenntnis abschließende Regelung (BGH NJW 03, 2601). Der Mieter kann sich daher bei Kenntniserlangung von einem Mangel nach Vertragsschluss ggü der künftig fälligen Miete auch dann noch auf seine Rechte aus §§ 536, 536 a berufen, wenn er die Miete seitdem vorbehaltlos weitergezahlt hat. Die Grenze bildet erst die **Verwirkung** gem § 242. Wann das hierzu erforderliche Zeitmoment und das Umstandsmoment gegeben sind, bemisst sich nach den besonderen Umständen des Einzelfalls (BGH aaO). Die bereits vorbehaltlos geleistete Miete kann der Mieter freilich wegen § 814 nicht zurückfordern. Entdeckt der Mieter einen Mangel der Mietsache, ist ihm daher auch unter Geltung der neuen Rspr vorsorglich zu raten, unbeschadet der Mängelanzeigepflicht gem § 536 c die Mietzahlungen sofort unter Vorbehalt zu stellen. So ist sichergestellt, dass der Mieter nicht nur ggü künftigen Mieten die Rechte aus §§ 536, 536 a geltend machen, sondern auch die bereits gezahlten Mieten nach § 812 zurückfordern kann. Für Mängelvorbehalte, die bis zur Überlassung der Mietsache erklärt werden, gilt das unter Rn 7 Gesagte.

4   **B. Kenntnis des Mangels bei Vertragsschluss gem § 536 b S 1.** Wie aus dem Vergleich mit S 2 folgt, führt die Kenntnis des Mieters von einem konkreten Mangel der Mietsache bei Vertragsschluss nach S 1 auch dann zum Ausschluss der Rechte aus §§ 536, 536 a, wenn der Vermieter den Mangel arglistig verschwiegen hat (BGH NJW 72, 249). Für die Kenntnis des Mangels genügt wie immer beim Vorsatz die Kenntnis der tatsächlichen Umstände, aus denen sich der Mangel und die hieraus resultierende Gebrauchsbeeinträchtigung ergeben (München NJW-RR 94, 654). Dass sich die Störungen einer von Beginn an vorhandenen Mangelursache erst später auswirken, ist unbeachtlich (München aaO). Ebenso genügt hiernach, dass der Mieter mit dem Vorliegen eines bestimmten Mangels rechnet und das Risiko, dass dieser tatsächlich vorliegt, bewusst in Kauf nimmt (BGH NJW 79, 713). Nicht ausreichend ist die Kenntnis der tatsächlichen Umstände jedoch, sofern ein verständiger Mieter hieraus nicht zwingend auf einen Mangel schließen musste (BGH WM 62, 1379). Zudem leben die Mängelrechte aus §§ 536, 536 a nach dem Normzweck des § 536 b wieder auf, wenn sich der bekannte Mangel in unzumutbarer Weise verschlimmert (KG NJW-RR 02, 224). Bei **Rechtsmängeln** genügt die Kenntnis der zugrunde liegenden Tatsachen nicht. Für den Ausschluss der Mängelrechte nach § 536 b muss der Mieter vielmehr auch das Risiko kennen, dass der Dritte seine Rechte tatsächlich geltend machen wird (BGH NJW 96, 46). Das Fehlen einer zugesicherten Eigenschaft wird in § 536 II dem Sachmangel gleichgestellt, so dass § 536 b bei Kenntnis des Mieters von deren Fehlen ebenfalls ausschließend wirkt. Bei **Mietermehrheit** soll bezüglich der Einschränkung des Kündigungsrechts gem § 543 IV schon die Kenntnis eines Mieters vom Mangel ausreichen, weil nur alle zusammen kündigen können (BGH NJW 72, 249). Ansonsten wirkt die Kenntnis nur eines Mieters jedoch nicht zu Lasten der übrigen Mieter (§ 425). Hat der Vermieter dem Mieter bei Vertragsschluss auf Verlangen Abhilfe zugesagt, ist S 3 entspr anzuwenden – hierzu gilt das unter Rn 6 Gesagte (für Nichtanwendbarkeit des § 536 b insgesamt Hburg GrundE 1996, 49). Die Beweislast für die Kenntnis des Mieters vom Mangel trägt der Vermieter.

5   **C. Grob fahrlässige Unkenntnis des Mangels gem § 536 b S 2.** Bei grob fahrlässiger Unkenntnis des Mieters von einem Sach- oder Rechtsmangel bzw dem Fehlen einer zugesicherten Eigenschaft bestehen die Rechte aus §§ 536, 536 a nur bei arglistigem Verschweigen des Vermieters. **Grobe Fahrlässigkeit** liegt vor, wenn der Mieter unbeachtet gelassen hat, was jedem hätte einleuchten müssen (BGH NJW 80, 777) bzw schon bei oberflächlicher Betrachtung sofort aufgefallen wäre (Ddorf ZMR 94, 403). Allerdings ist grobe Fahrlässigkeit nur ausnahmsweise anzunehmen, da der Vermieter für den vertragsgemäßen Zustand der Mietsache verantwortlich ist und den Mieter daher keine besonderen Prüf- oder Erkundungspflichten treffen (BGH NJW 80, 777; München ZMR 95, 401). Auch gibt der bloße optische Eindruck bei der Besichtigung dem Mieter nicht die Möglichkeit, die Wohnfläche mit hinreichender Gewissheit zu schätzen (BGH NJW 04, 2230).

6   Liegt doch einmal grobe Fahrlässigkeit des Mieters vor, setzt andererseits ein **Verschweigen des Vermieters** zunächst eine Rechtspflicht zur Offenbarung des Mangels voraus. Grds ist der Mieter jedoch wie jede Vertragspartei zur eigenständigen Wahrung seiner Interessen verpflichtet. Eine Offenbarungspflicht besteht nur

ausnahmsweise gem § 242 für solche Mängel, die dem Vermieter bekannt, aber für den Mieter bei Vertragsschluss schwer erkennbar und von einiger Erheblichkeit sind. Arglist setzt sodann dem Wortsinn zufolge ein Schweigen des Vermieters in dem Wissen voraus, dass der Mieter den Mangel nicht bemerkt hat und den Vertrag bei Kenntnis des Mangels so nicht schließen würde. Nach dem Normzweck von § 536 b muss weiterhin das Gleiche gelten, wenn der Vermieter das Vorhandensein einer Eigenschaft arglistig vorgespiegelt hat (Erman/*Jendrek* § 536 b Rn 5; Palandt/*Weidenkaff* § 536 b Rn 6; Staud/*Emmerich* § 536 b Rn 12). Die **Beweislast** für die grob fahrlässige Unkenntnis obliegt dem Vermieter; der Mieter muss sodann ein arglistiges Verschweigen des Vermieters beweisen.

D. Annahme der Mietsache in Kenntnis des Mangels gem § 536 b S 3. Nimmt der Mieter die Mietsache in Kenntnis des Mangels an – wobei die Annahme der Überlassung iSv § 535 entspricht – so stehen ihm die Mängelrechte aus §§ 536, 536 a nur zu, wenn er sich seine Rechte bei der Annahme vorbehalten hat. Anderenfalls gilt das unter Rn 1-4 Gesagte. Der Vorbehalt ist eine einseitige empfangsbedürftige Willenserklärung, die wie jede andere Willenserklärung auch schlüssig erklärt werden kann. Nach dem Gesetzeszweck muss aber für den Vermieter unzweifelhaft erkennbar sein, dass der Mieter den Zustand der Mietsache nicht hinnehmen und auf seine Rechte nicht verzichten will. Die bloße Mängelanzeige (§ 536 c) genügt nicht. Der für den Vorbehalt beweisbelastete Mieter sollte den Vorbehalt seiner Rechte aus §§ 536 ff somit vorsorglich **schriftlich dokumentieren**, zB im Übergabeprotokoll. Der Vorbehalt muss spätestens bei Überlassung der Mietsache erklärt werden und muss sich auf einen konkreten Mangel beziehen. Nur so ist für den Vermieter der fehlende Verzichtswille des Mieters hinreichend erkennbar. Nach dem Gesetzeszweck ist ein Vorbehalt jedoch nicht erforderlich, wenn der Vermieter die Mangelfreiheit der Mietsache zugesagt hat (Bub/Treier/*Kraemer* III B 1412). Auch dies sollte sich der beweisbelastete Mieter vorsorglich schriftlich bestätigen lassen. 7

§ 536 c Während der Mietzeit auftretende Mängel; Mängelanzeige durch den Mieter

(1) ¹Zeigt sich im Laufe der Mietzeit ein Mangel der Mietsache oder wird eine Maßnahme zum Schutz der Mietsache gegen eine nicht vorhergesehene Gefahr erforderlich, so hat der Mieter dies dem Vermieter unverzüglich anzuzeigen. ²Das Gleiche gilt, wenn ein Dritter sich ein Recht an der Sache anmaßt.
(2) ¹Unterlässt der Mieter die Anzeige, so ist er dem Vermieter zum Ersatz des daraus entstehenden Schadens verpflichtet. ²Soweit der Vermieter infolge der Unterlassung der Anzeige nicht Abhilfe schaffen konnte, ist der Mieter nicht berechtigt,
1. die in § 536 bestimmten Rechte geltend zu machen,
2. nach § 536 a Abs. 1 Schadensersatz zu verlangen oder
3. ohne Bestimmung einer angemessenen Frist zur Abhilfe nach § 543 Abs. 3 Satz 1 zu kündigen.

A. Grundsätzliches; Anwendungsbereich. § 536 c wurde durch das MRRG eingefügt, ist seit 1.9.01 in Kraft und regelt die Mängelanzeigepflicht des Mieters. Die Vorschrift entspricht § 545 aF. Gesetzliche Folgen einer unterlassenen Mängelanzeige sind ein Schadensersatzanspruch des Vermieters (II 1) sowie Ausschlusstatbestände zum Nachteil des Mieters (II 2). Nach dem **Gesetzeszweck** ist § 536 c Ausfluss der den Mieter treffenden **Obhutspflicht** für die überlassene Mietsache (§ 241 II) mit dem Inhalt sicherzustellen dass diese nicht über den vertragsgemäßen Gebrauch iSv § 538 hinaus abgenutzt oder beschädigt wird (vgl BGH NJW 77, 1236; MüKo/*Schilling* § 536 c Rn 2). Der Mieter hat deshalb zB hinreichende Sicherungsmaßnahmen gegen Witterungseinflüsse bzw Eingriffe Dritter zu treffen (sorgfältiges Schließen von Fenstern und Türen). Bei Verletzung der Obhutspflicht schuldet der Mieter Schadensersatz gem §§ 280, 241 II. Da der Vermieter den Zustand der Mietsache, die sich während der Überlassungszeit im Verantwortungsbereich des Mieters befindet, nicht überblicken kann, folgt aus der Obhutpflicht auch eine Anzeigepflicht für auftretende Mängel, deren Folgen in § 536 c bestimmt sind. Nach dem Gesagten gilt § 536 c für die Dauer der Überlassung. 1
Als Teil der Vorschriften des allgemeinen Mietrechts gilt § 536 c für sämtliche Mietverhältnisse und über § 581 II auch für Pachtverhältnisse. Eine Übergangsregelung existiert nicht. 2

B. Mängelanzeigepflicht gem § 536 c I. Der Mieter ist verpflichtet, Sach- oder Rechtsmängel (I 2) unverzüglich nach Kenntniserlangung dem Vermieter ggü anzuzeigen. Gleiches gilt nach der offenen Gesetzesformulierung für in objektiv erkennbarer Weise in Erscheinung getretene Mängel, die dem Mieter infolge grober Fahrlässigkeit nicht bekannt sind (BGH NJW-RR 02, 515; NJW 77, 1236; Frankf NJW-RR 92, 396) und für Maßnahmen, die zum Schutz gegen für vor Vertragsschluss noch nicht vorhersehbare Gefahren bei jedermann erkennbar erforderlich werden. Die Anzeigepflicht umfasst auch unerhebliche Mängel, da § 536 c I im Unterschied zu § 536 I 3 keine Differenzierung enthält. Die **Anzeige** ist eine einseitige gem § 130 analog empfangsbedürftige Wissenserklärung. Da hieran keine unmittelbaren gesetzlichen Folgen geknüpft sind, sind die §§ 104 ff mangels Schutzbedürftigkeit des Erklärenden nicht entspr anzuwenden (Palandt/*Weidenkaff* § 536 c Rn 7). Die Anzeige kann daher auch von einem Geschäftsunfähigen abgegeben werden. Sie muss unverzüg- 3 lich, also **ohne schuldhaftes Zögern** (§ 121 I) erfolgen. Ein fahrlässiges Untätigbleiben seiner Gehilfen muss sich der Mieter gem § 278 zurechnen lassen (MüKo/*Schilling* § 536 c Rn 9). Eine formularmäßige Abbedingung des Verschuldenskriteriums ist unwirksam (offen gelassen BGH NJW 93, 1061). Für andere formularmäßige Erweiterungen der Anzeigepflicht gilt dies nur, wenn diese eine unangemessene Benachteiligung iSv § 307 I beinhalten (Bub/Treier/*Kraemer* III A Rn 979).

4 Nach dem Gesetzeszweck besteht **keine Anzeigepflicht**, wenn der Vermieter bzw sein Vertreter (§ 166), zB Hausverwaltung oder Hauswart, anderweitig von dem Mangel bzw der Gefahr Kenntnis erlangt (Hburg NJW-RR 91, 1296) oder infolge grober Fahrlässigkeit nicht erlangt hat (BGH NJW-RR 02, 515) oder sich kurzfristig von dem Zustand der Mietsache selbst Kenntnis verschaffen kann (vgl BGH NJW 63, 1449). Gleiches gilt, wenn die Beseitigung des Mangels bzw die Abwendung der Gefahr ohnehin unmöglich ist (BGH NJW-RR 99, 845). Wurde ein Mangel nur unzureichend beseitigt, lebt die Anzeigepflicht andererseits nach ihrem Sinn und Zweck wieder auf (Ddorf ZMR 91, 24; 87, 376). Die **Beweislast** für den Zeitpunkt, zu dem der Mangel bzw die Gefahr vorgelegen haben sowie die Kenntnis bzw grob fahrlässige Unkenntnis des Mieters trägt der Vermieter. Dem Mieter obliegt der Beweis für die Erfüllung seiner Anzeigepflicht durch rechtzeitige Absendung der Anzeige und deren Kenntnisnahme durch den Vermieter (vgl BGH NJW-RR 02, 515; aA Staud/*Emmerich* § 536 c Rn 24). Ebenso hat der Mieter eine anderweitig erlangte Kenntnis des Vermieters zu beweisen (Ddorf ZMR 87, 376).

5 **C. Rechtsfolgen unterlassener rechtzeitiger Anzeige gem § 536 c II.** Gem II 1 ist der Mieter zur Erstattung der Schäden verpflichtet, die der Vermieter bei rechtzeitiger Anzeige hätte abwenden oder jedenfalls vermindern können. Der vertragliche Ersatzanspruch ist auf das Erfüllungsinteresse, also auf Herstellung des Zustandes gerichtet, der bei rechtzeitiger Anzeige hätte erreicht werden können (BGH NJW 87, 1072). Der Anspruch unterliegt der kurzen Verjährung aus § 548 I sechs Monate ab Rückgabe der Mietsache. Gem II 2 sind ferner das Minderungsrecht nach § 536 (Nr 1), der Schadensersatzanspruch aus § 536 a I (Nr 2) und das Recht zur Kündigung aus wichtigem Grund ohne vorherige angemessene Abhilfefrist gem § 543 III 1 ausgeschlossen (Nr 3), sofern der Vermieter gerade aufgrund der nicht rechtzeitigen Anzeige eine ihm andernfalls möglich gewesene Abhilfe nicht schaffen konnte. Aufwendungsersatzansprüche aus § 536 a II bleiben dem Wortlaut in Nr 2 zufolge unberührt.

6 Der Vermieter trägt die **Beweislast**, dass eine Mängelbeseitigung ursprünglich möglich war und wegen der unterlassenen bzw verspäteten Mängelanzeige undurchführbar geworden ist (BGH NJW 87, 1072; Ddorf ZMR 03, 21). Die Ausschlusstatbestände in II erstrecken sich nicht auf gesetzliche Schadensersatzansprüche – insbes aus § 823 – (Erman/*Jendrek* § 536 c Rn 7), welche an strengere Voraussetzungen geknüpft sind als § 536 a (Schadensersatz auch für anfängliche Mängel nur bei schuldhafter Verursachung), so dass die Sanktion aus § 536 c II Nr 2 nicht leer läuft. Allerdings bewirkt die Verletzung der Anzeigepflicht dort eine Anspruchskürzung wegen Mitverschuldens nach § 254 (vgl BGH WM 69, 1481).

§ 536 d Vertraglicher Ausschluss von Rechten des Mieters wegen eines Mangels

Auf eine Vereinbarung, durch die die Rechte des Mieters wegen eines Mangels der Mietsache ausgeschlossen oder beschränkt werden, kann sich der Vermieter nicht berufen, wenn er den Mangel arglistig verschwiegen hat.

1 **A. Grundsätzliches; Anwendungsbereich.** § 536 d wurde durch das MRRG eingefügt, ist seit 1.9.01 in Kraft und regelt die Folgen eines vertraglichen Ausschlusses der Rechte des Mieters wegen Sach- oder Rechtsmängeln der Mietsache, deren Vorliegen der Vermieter arglistig verschwiegen hat. Die Vorschrift entspricht § 540 aF für den Sachmangel und § 541 aF für den Rechtsmangel. Als Teil der Vorschriften des allgemeinen Mietrechts gilt § 536 d für sämtliche Mietverhältnisse und über § 581 II auch für Pachtverhältnisse. Eine Übergangsregelung existiert nicht. Bei **Wohnraummiete** ist eine Abbedingung des Minderungsrechts gem § 536 IV ohnehin gar nicht (für Aufrechnungs- bzw Zurückbehaltungsrechte wegen überzahlter Miete gilt das Verbot aus § 556 b II) und von Schadensersatzansprüchen wegen Mängel der Mietwohnung nur in engen Grenzen möglich (s § 536 a Rn 3). Nach dem **Gesetzeszweck** ist § 536 d eine besondere Ausprägung der Grundsätze von Treu und Glauben gem § 242 und daher zwingendes Recht.

2 **B. Voraussetzung: Arglistiges Verschweigen des Vermieters.** Grds ist der Mieter wie jede Vertragspartei zur eigenständigen Wahrung seiner Interessen verpflichtet und hat die Mietsache von sich aus auf Mängel zu untersuchen. Eine Offenbarungspflicht des Vermieters besteht nur ausnahmsweise gem § 242 für solche Mängel, die dem Vermieter bekannt, aber für den Mieter bei Vertragsschluss schwer erkennbar und von einiger Erheblichkeit sind. Arglist setzt sodann dem Wortsinn zufolge ein Schweigen des Vermieters in dem Wissen voraus, dass der Mieter den Mangel nicht bemerkt hat und den Vertrag bei Kenntnis des Mangels nicht bzw nur zu anderen Konditionen schließen würde (vgl MüKo/*Schilling* § 536 d Rn 3). Die **Beweislast** für das Vorliegen einer Offenbarungspflicht und das arglistige Verhalten des Vermieters trägt nach den allgemeinen Beweisregeln der Mieter. Der Vermieter muss beweisen, dass er dem Mieter den Mangel mitgeteilt hat bzw

der Mangel dem Mieter bekannt oder hinreichend objektiv erkennbar war. Ausreichend ist auch der Beweis, dass der Mieter bei Kenntnis des Mangels den Vertrag zu den gleichen Bedingungen geschlossen hätte (BGH BB 69, 1412).

C. Rechtsfolge: Keine Berufung auf den Haftungsausschluss. Wie der Gesetzesformulierung zu entnehmen ist, führt § 536 d im Unterschied zu § 540 aF nicht zur Unwirksamkeit des vertraglichen Haftungsausschlusses in Bezug auf den verschwiegenen Mangel. Dem Vermieter ist vielmehr (nur) verwehrt, sich insofern auf den Haftungsausschluss zu berufen. § 139 findet daher keine Anwendung. Gesetzessystematisch handelt es sich bei § 536 d entspr dem Gesetzeszweck um eine von Amts wegen zu prüfende Einwendung. 3

§ 537 Entrichtung der Miete bei persönlicher Verhinderung des Mieters

(1) ¹Der Mieter wird von der Entrichtung der Miete nicht dadurch befreit, dass er durch einen in seiner Person liegenden Grund an der Ausübung seines Gebrauchsrechts gehindert wird. ²Der Vermieter muss sich jedoch den Wert der ersparten Aufwendungen sowie derjenigen Vorteile anrechnen lassen, die er aus einer anderweitigen Verwertung des Gebrauchs erlangt.
(2) Solange der Vermieter infolge der Überlassung des Gebrauchs an einen Dritten außerstande ist, dem Mieter den Gebrauch zu gewähren, ist der Mieter zur Entrichtung der Miete nicht verpflichtet.

A. Grundsätzliches. Die Vorschrift gilt für alle Mietverhältnisse. Es handelt sich bei § 537 insoweit um eine Spezialvorschrift zu den Vorschriften des Allgemeinen Teils. 1

B. Abs 1 S 1. I. Zweck. Nach § 537 I 1 wird darauf abgestellt, ob der Mieter durch einen in seiner Person liegenden Grund an der Ausübung seines Gebrauchsrechts gehindert wird. Sofern der Mieter vor Ablauf der Kündigungsfrist auszieht, ist er zur Entrichtung der Miete weiter verpflichtet, gleichgültig welche Partei gekündigt hat. Maßgeblich ist allein, ob der Mieter entweder vor oder nach Überlassung der Mietsache aus Gründen, die aus seiner Risikosphäre stammen, am Gebrauch gehindert wird. Gleiches gilt aber, wenn zwar kein Hinderungsgrund vorliegt, der Mieter aber den Gebrauch nicht ausüben will (BGH WuM 81, 57). Das Verwendungsrisiko trägt grds der Mieter (BGH NJW 97, 193). 2

II. Hinderung wegen eines in der Person des Mieters liegenden Grundes. Die Hindernisse müssen sich aus der Person des Mieters ergeben. Auf ein Vertretenmüssen kommt es dabei nicht an, sondern es ist auf die Risikosphäre abzustellen, aus der der Hinderungsgrund stammt (BGH NJW 63, 341). Maßgeblich ist allein, ob der Mieter entweder vor oder nach Überlassung der Mietsache aus Gründen, die aus seiner Risikosphäre stammen, am Gebrauch gehindert wird. Gleiches gilt aber, wenn zwar kein Hinderungsgrund vorliegt, der Mieter aber den Gebrauch nicht ausüben will (BGH WuM 81, 57). Das Verwendungsrisiko trägt grds der Mieter (BGH NJW 97, 193). 3

Bsp für Hinderungsgründe in der Person des Mieters sind (vgl MieWo/*Stangl* § 537 Rn 7): Krankheit und Tod des Mieters (Ddorf ZMR 01, 106), Tod eines Angehörigen (Weimar ZMR 71, 202), berufliche Versetzung des Mieters (Oldbg WuM 81, 125), Verbüßung einer Freiheitsstrafe, Einberufung zum Wehrdienst, Antritt einer längeren Reise (KG OLGE 8, 394), berufliche Veränderung (LG Gießen NJW-RR 95, 395), sowie behördliche Verbote, die ihren Grund in der Person des Mieters haben (Ddorf ZMR 92, 536); Versagung der Konzession oder Betriebsgenehmigung wegen der Person des Mieters (Hburg OLGE 16, 416, 417), auch das Risiko, aus Witterungsgründen keinen Gebrauch von der Sache machen zu können, liegt allein beim Mieter (LG Düsseldorf ZMR 90, 379). Für gebuchtes Hotelzimmer, muss der Mieter auch dann die Miete *entrichten*, wenn die Messe nicht stattfindet (Braunschw NJW 76, 570). Auch Maßnahmen nach dem GewSchG betreffen allein die Sphäre des Mieters (MüKo/*Schilling* § 537 Rn 5). 4

C. Abs 1 S 2. I. Zweck. Den Vermieter trifft grds keine Pflicht zur anderweitigen Verwertung der Sache während der Gebrauchshinderung des Mieters. Eine Schadensminderungspflicht des Vermieters besteht nicht, da § 254 an einen Schadensersatzanspruch anknüpft, nicht aber an einen Erfüllungsanspruch, der hier gegeben ist (BGH WuM 81, 57; Palandt/*Weidenkaff* § 537 Rn 7; aA LG Braunschw WuM 98, 220). 5

II. Ersparte Aufwendungen. Es ist auf die tatsächliche Ersparnis abzustellen, nicht auf dasjenige, was sich der Vermieter hätte ersparen können (LG Kassel WuM 89, 410). Dies betrifft insbesondere die verbrauchsabhängigen Betriebskosten, sofern der Vermieter diese zu tragen hat. Im Gegensatz dazu wird keine Ersparnis bei fixen Kosten, wie Grundsteuer, Versicherungsprämien eintreten. Auch ersparte Wartungs- und/oder Instandhaltungspflichten können zu einem anrechenbaren Vermögensvorteil führen, der nach § 287 ZPO schätzbar sein kann (Ddorf ZMR 85, 382). 6

III. Vorteile aus einer anderweitigen Verwertung des Gebrauchs. Die anderweitige Verwertung kann in einer Eigennutzung oder in einer vorläufigen Weitervermietung liegen. Der Vermieter muss aber stets in der Lage bleiben, dem Mieter den Gebrauch zu gewähren, da er ansonsten Gefahr läuft, nach Abs 2 den Anspruch auf die Miete zu verlieren (s hierzu unten Rn 14). Den Vermieter trifft grds keine Pflicht zur ander- 7 weitigen Verwertung der Sache während der Gebrauchshinderung des Mieters (BGH WuM 81, 57; Palandt/ *Weidenkaff* § 537 Rn 7; aA LG Braunschw WuM 98, 220).

8 **IV. Stellung eines Ersatzmieters. 1. Allgemeines.** Dabei ist zu unterscheiden, ob es bereits im Mietvertrag eine Ersatzmieterstellung vereinbart ist oder nicht.

9 **2. Vertraglich vereinbarte Ersatzmieterstellung.** Bedenken gegen eine Mietnachfolgeklausel bestehen sowohl im Wohn- als auch im Geschäftsraummietvertrag nicht, da diese grds zugunsten des Mieters sind. Man unterscheidet zwei Typen von Mietnachfolgeklauseln im Mietvertrag, die unechten Ersatzmieterklauseln und die echten Ersatzmieterklauseln.

10 Die **unechte** Ersatzmieterklausel gibt dem Mieter nur das Recht zum vorzeitigen Ausscheiden aus dem Mietverhältnis unter Stellung eines geeigneten Ersatzmieters. Es besteht keine Verpflichtung des Vermieters, mit dem Ersatzmieter einen Mietvertrag abzuschließen. Er ist lediglich verpflichtet, den Mieter bei Stellung eines geeigneten Ersatzmieters aus dem Vertrag unter Einhaltung einer festgelegten Kündigungsfrist zu entlassen. Kennzeichnend ist die fehlende Verpflichtung des Vermieters zum Abschluss eines Mietvertrages mit dem Ersatzmieter. Die **echte** Ersatzmieterklausel verpflichtet den Vermieter dazu, mit dem Ersatzmieter einen neuen Mietvertrag abzuschließen, sofern der Ersatzmieter zumutbar ist.

11 Dem Vermieter steht, auch wenn diesbezüglich eine vertragliche Vereinbarung fehlt, eine Überlegungsfrist zur Überprüfung der Geeignetheit des Ersatzmieters von zwei bis drei Monaten zu (LG Gießen WuM 97, 264, LG Saarbrücken WuM 95, 313). Keine Überlegungsfrist gilt, wenn der oder die Ersatzmieterinteressenten ohne Prüfung durch den Vermieter abgelehnt werden. Hier endet die Pflicht zur Entrichtung des Mietzinses im Zeitpunkt der Ablehnung (LG Oldburg WuM 97, 491).

12 **3. Fehlende Vereinbarung über Ersatzmieterstellung. a) Grundsätzliches.** Trotz fehlender Mietnachfolgeklausel kann ein Mieter die vorzeitige Entlassung aus dem Mietvertrag ausnahmsweise verlangen, sofern der Mieter ein berechtigtes Interesse an der vorzeitigen Vertragsentlassung darlegen kann und zumindest einen geeigneten Ersatzmieter benennt. Die Verweigerung der Entlassung des Mieters aus dem Mietverhältnis würde gegen Treu und Glauben verstoßen (Oldbg WuM 81, 125). Im Wohnraummietrecht wird dem Anspruch des Mieters auf Entlassung aus dem Mietvertrag wegen der kurzen gesetzlichen Kündigungsfristen des § 573 c I 1 nur noch geringere Bedeutung zukommen. Bedeutung wird der Anspruch noch aufgrund der Überleitungsvorschrift des Art 229 § 3 X EGBGB dort haben, sofern die für beide Parteien gleich gestaffelten Kündigungsfristen fortgelten und bei zwischen den Parteien geschlossenen Kündigungsausschlussvereinbarungen. Bei Geschäftsraummiete wird teilweise die Auffassung vertreten, dass diese Grundsätze auf vorzeitige Vertragsaufhebung nicht gelten, da der Mieter die Möglichkeit der Untervermietung hat (Naumbg WuM 02, 537, aA München NJW-RR 95, 93). Weshalb die Grundsätze bei Geschäftsraummiete nicht Anwendung finden sollen, ist nicht ganz einzusehen, weil auch im Wohnraummietrecht die Möglichkeit der Untervermietung besteht (MieWo/*Stangl* § 537 BGB Rn 22). An die Eignung des Nachmieters können höhere Anforderungen gestellt werden (Palandt/*Weidenkaff* § 537 Rn 10).

13 **b) Keine Ersatzmieterstellung möglich.** Die Stellung eines Ersatzmieters begründet ua in folgenden Fällen keine Verpflichtung zur Entlassung aus dem Mietverhältnis:

14 **aa) Kurze Restlaufzeit des Mietvertrages.** Der Vermieter muss einen Ersatzmieter nicht akzeptieren, wenn die verbleibende restliche Mietzeit nur noch verhältnismäßig kurz ist (Oldbg WuM 82, 124). Generell wird man sagen können, dass der Mieter jedenfalls keinen Anspruch auf Abkürzung der gesetzlichen Kündigungsfrist von drei Monaten hat (LG Flensburg WuM 76, 161; LG Berlin GE 95, 249). Diese Frist darf aber nicht schematisch angewandt werden, da es sich bei einer kurzen Restlaufzeit des Mietvertrages, letztlich nur um einen Gesichtspunkt bei der Interessenabwägung zwischen Vermieter und Mieter handelt (MieWo/*Stangl* § 573 BGB Rn 24).

15 **bb) Kein überwiegendes Interesse des Mieters.** Ein berechtigtes Interesse liegt nicht vor, »wenn der Mieter nur deshalb ausziehen will, weil er eine qualitativ bessere, billigere, verkehrsgünstigere oder aus ähnlichen Gründen, für ihn wirtschaftlich bessere geeignete Wohnung beziehen möchte« (Karlsr NJW 81, 1741). Wenn ein berechtigtes Interesse vorliegt, muss dieses Interesse des Mieters an der Aufhebung dasjenige des Vermieters am Bestand des Vertrages ganz erheblich überragen (Karlsr NJW 81, 1741). Zahlreiche Bsp bei MieWo/ *Stangl* § 537 Rn 26.

16 **cc) Nicht geeigneter Ersatzmieter.** Grds ist die Suche des Ersatzmieters Angelegenheit des Mieters, solange sich der Vermieter die Suche nicht ausdrücklich vorbehält. Sofern der Vermieter sich die Suche nach Nachmietinteressenten vorbehält, ist der Mieter bei Vorliegen des berechtigten Interesses vorzeitig aus dem Mietvertrag zu entlassen, da insoweit der Vermieter selbst die Verantwortung für die Suche übernommen hat. Eine Pflicht zur Suche gibt es für den Vermieter, solange vertragliche Vereinbarungen dies nicht vorsehen, nicht. Insofern kommt ein Mitverschulden des Vermieters analog § 254 nicht in Betracht (MieWo/*Stangl* § 537 Rn 29). Der Mieter muss zumindest einen Ersatzmieter benennen (LG Saarbrücken WuM 95, 313; aA AG Halle WuM 86, 314: mindestens drei). Für den Vermieter muss der Ersatzmieter bei einer »Würdigung

aller Umstände des Falles« zumutbar sein (BGH NZM 03, 277). Dies ist dann der Fall, wenn der Ersatzmieter in persönlicher und wirtschaftlicher Hinsicht die ordnungsgemäße Vertragserfüllung erwarten lässt. Es muss die Bereitschaft bestehen, für die restliche Laufzeit des Mietvertrages ohne Vorbehalte, in Vertrag zu den bisherigen Konditionen einzutreten (Frankf ZMR 70, 49). Einzelfälle bei MieWo/*Stangl* § 537 Rn 31 ff.

D. § 537 II: Überlassung der Mietsache an einen Dritten. Erforderlich ist insoweit, dass es sich um eine 17 Vermietung auf Dauer handelt, so dass der Vermieter nicht in der Lage ist, dem Mieter die Sache jederzeit zur Verfügung zu stellen. Eine Weitervermietung ist möglich mit Anspruch auf die Mietdifferenz, wenn der Mieter ohne Rücksicht auf den bestehenden Mietvertrag vorzeitig auszieht und die Miete nicht mehr entrichtet. (BGH NJW 93, 1645; Ddorf ZMR 91, 380; Kobl WuM 95, 154; KG GE 01, 1539; LG München WuM 96, 766). Einer Gebrauchsüberlassung an einen Dritten steht die Nutzung für eigene Zwecke des Vermieters gleich (MüKo/*Schilling* § 537 Rn 10).

E. Beweislast. Den Mieter trifft die Beweislast für alle Tatsachen, die ihn ganz oder teilweise von der Ent- 18 richtung der Miete befreien (MüKo/*Schilling* § 537 Rn 21). Der Vermieter hat zu beweisen, dass er erfüllungsbereit ist und den Gebrauch gewähren kann (Palandt/*Weidenkaff* § 537 Rn 2).

§ 538 Abnutzung der Mietsache durch vertragsgemäßen Gebrauch

Veränderungen oder Verschlechterungen der Mietsache, die durch den vertragsgemäßen Gebrauch herbeigeführt werden, hat der Mieter nicht zu vertreten.

A. Anwendungsbereich. § 538 gilt für alle Mietverhältnisse und regelt als Ausfluss der Gebrauchserhaltungs- 1 pflicht des Vermieters in erster Linie die Frage des Vertretenmüssens bei Entstehen von Schäden, dh insbes die Beweislastverteilung.
§ 538 erfasst Verschleißschäden und alle Veränderungen (Verschlechterungen und Verbesserungen). Wichtigster Anwendungsfall sind Schönheitsreparaturen (vgl *Langenberg*, Schönheitsreparaturen bei Wohnraum und Gewerberaum 2. Aufl 2004).

B. Abgrenzungsproblematik. Die Abgrenzung der vertragsgemäßen Abnutzung/ erlaubten Veränderung 2 von den Nebenpflichtverletzungen des Mieters durch vertragswidrigen Gebrauch oder dessen Verletzung von Obhutspflichten kann wie folgt vorgenommen werden:
Vertragsgemäßer Gebrauch lässt sich nicht generell bestimmen, sondern hängt vom Inhalt des konkreten Mietvertrages ab. Bei einer Vermietung von Kraftfahrzeugen ergibt sich der vertragsgemäße Gebrauch nicht nur aus den üblichen Vertragsformularbedingungen, sondern auch aus den Vorschriften der StVZO und StVO. Bei der Vermietung von Wohnraum konkretisiert im Regelfall die Haus- und Gartenordnung sowie die Verkehrsanschauung lückenhafte Regelungen im konkreten Mietvertrag. Übliche Gebrauchsspuren sind vom Mieter nur bei wirksamer Überwälzung der Schönheitsreparaturenverpflichtung überhaupt zu beseitigen.

C. Schönheitsreparaturen. Es gibt keine echte Legaldefinition, so dass zur Begriffsbestimmung – wenn im 3 Vertrag nichts anderes vereinbart ist – primär auf § 28 IV letzter Satz der II. BV zurückgegriffen wird, in dem es heißt: Schönheitsreparaturen umfassen nur das Tapezieren, Anstreichen oder Kalken der Wände und Decken, das Streichen der Fußböden, Heizkörper einschließlich Heizrohre, der Innentüren sowie der Fenster und Außentüren von innen.

I. Räumlicher Umfang. Die Verpflichtung betrifft weder gemeinschaftlich von allen Mietern genutzte 4 Gebäudeteile (Waschküche, Treppenhaus etc.) noch Kellerräume (LG Darmstadt WuM 1987, 315), Balkone und Garagen, es sei denn, dies wäre ausdrücklich und mit längeren Renovierungsintervallen vereinbart.

II. Überwälzung der laufenden Schönheitsreparaturenpflicht. Ausreichend und hinreichend bestimmt ist 5 nach BGH ZMR 05, 105 eine Klausel im Mietvertrag, die lautet: „Die Kosten der Schönheitsreparaturen trägt der Mieter". Die Klausel wird dahingehend ausgelegt, dass der Mieter mit der Renovierung belastet wird, er die Arbeiten aber auch selbst erbringen kann und darf (vgl auch *Häublein* ZMR 05, 94 ff). Für flexible Schönheitsreparaturenfristen – sog „Bedarfsklausel" – hat der BGH (NZM 04, 497) die Klauselwirksamkeit bejaht („... hat der Mieter alle bis dahin je nach Grad der Abnutzung oder Beschädigung erforderlichen Arbeiten auszuführen").
Der BGH (ZMR 05, 437) konstatiert, dass „eine mietvertragliche Formularklausel über Schönheitsreparatu- 6 ren, wonach der Mieter alle je nach Grad der Abnutzung oder Beschädigung erforderlichen Arbeiten unverzüglich auszuführen hat und die Schönheitsreparaturen im allgemeinen in nach Art der Räume gestaffelten Zeitabständen von drei, fünf und sieben Jahren erforderlich werden, nicht dahin auszulegen sei, dass die dem Mieter auferlegte Schönheitsreparaturenverpflichtung unabhängig vom Beginn des Mietverhältnisses an einen objektiv bestehenden Renovierungsbedarf anknüpft und ergo den Mieter nicht unangemessen benachteiligt."

7 Der Vermieter kann auch im laufenden Mietverhältnis den Anspruch durchsetzen. Nach BGH ZMR 05, 523 gilt: „Hat der Mieter von Wohnraum im Mietvertrag die Verpflichtung zur Durchführung der Schönheitsreparaturen übernommen, so wird der entspr Anspruch des Vermieters – sofern kein Fristenplan vereinbart ist – fällig, sobald aus der Sicht eines objektiven Betrachters Renovierungsbedarf besteht; darauf, ob bereits die Substanz der Wohnung gefährdet ist, kommt es nicht an."

8 **III. Unwirksamkeit von Formularklauseln wegen Verstoß gegen das Transparenzgebot.** Wegen des Verstoßes gegen das sog Transparenzgebot hat der BGH (ZMR 03, 653 und NZM 03, 755) die formularmäßige Überwälzung der Schönheitsreparaturen für unwirksam gehalten (vgl schon BGH ZMR 03, 653 und ZMR 98, 752). Nach Ansicht des BGH werden Regelungen, die sich insgesamt mit der Renovierungspflicht des Mieters befassen, werden als zusammengehörig betrachtet. Das gelte nicht nur dann, wenn gegen beide Klauseln, für sich gesehen nichts einzuwenden sei und sie nur in ihrer Gesamtwirkung zu einer unangemessenen Benachteiligung des Mieters führten. Eine unangemessene Benachteiligung einer Vertragspartei – und damit die Unwirksamkeit der Gesamtregelung – könne sich auch aus dem Zusammenwirken zweier Klauseln ergeben, wenn eine dieser Klauseln für sich gesehen unwirksam sei. Denn der Verwender einer aus zwei Teilen bestehenden Klausel, deren einer Teil nur Bestand haben kann, wenn der andere Teil unwirksam ist, könne sich wegen des Gebots der Transparenz vorformulierter Vertragsbedingungen nicht zu seinen Gunsten auf die Unwirksamkeit des anderen – ebenfalls von ihm gestellten – Klauselteils berufen.

9 In BGH ZMR 05, 518 wurde darauf hingewiesen, dass das Transparenzgebot nur iRd Möglichen besteht und dass es nicht zu einer Überforderung des Vermieters als AGB-Verwenders führen dürfe. Dies gelte insbes für die Formulierung von Schönheitsreparaturenklauseln. Nach LG Nürnberg-Fürth ZMR 05, 623 ist eine formularmäßige Schönheitsreparaturenklausel nur hinsichtlich solcher Tätigkeiten wegen „Summierungseffektes" unwirksam, die sich in einer beschränkten Endrenovierungsklausel wiederfinden. Wegen der dort nicht erwähnten Gewerke bleibt die Klausel wirksam, str.

10 Nach BGH NZM 03, 755 ist sowohl die Endrenovierungsklausel als auch die generelle Überbürdung der Schönheitsreparaturen unwirksam. Zur **Endrenovierungs**klausel wird verwiesen auf BGH ZMR 2003, 653. BGH ZMR 2005, 527) hat auch für **Gewerbe**objekte die Unwirksamkeit der Klauselkombination „laufende Schönheitsreparaturenverpflichtung und Endrenovierungspflicht" bejaht.

11 **IV. Starrer Fristenplan.** Ein Fristenplan mit zu kurzen Fristen führt zur Gesamtunwirksamkeit der Vertragsklausel (LG Berlin ZMR 03, 487).

Grds wird in der Rechtsprechung die Verkürzung der allgemein für zulässig gehaltenen Fristen von drei Jahren in Nassräumen, fünf Jahren in Trockenräumen und 7 Jahren in Nebenräumen für die Ausführung von Schönheitsreparaturen für unwirksam mit der Folge gehalten, dass auch die Klausel über die Verpflichtung zur Ausführung der Schönheitsreparaturen unwirksam ist (vgl *Riecke/Schütt*, Schönheitsreparaturen, S 33 f).

12 BGH ZMR 04, 736 hat die Unwirksamkeit einer Formularklausel bejaht, die einen starren Fristenplan enthielt. Die Klausel lautete auszugsweise: „Der Mieter ist ... verpflichtet Schönheitsreparaturen ... **mindestens aber in der nachstehenden Zeitfolge** fachgerecht auszuführen.." Der BGH folgt ausdrücklich der Auffassung Häubleins (ZMR 00, 139, 141) sowie des LG Marburg (ZMR 00, 539). Dieses hatte die formularmäßige Regelung, dass der Mieter die Türen und Fenster in Küche, Bad und Toilette alle 3 Jahre und in den übrigen Räumen alle 5 Jahre – unabhängig von deren Renovierungszustand – streichen muss, ist als unangemessene Benachteiligung des Mieters und damit als unwirksam angesehen, wenn es sich um eine absolut feststehende Fristen handelt. Das OLG Ddorf (ZMR 05, 187), das AG Esslingen (ZMR 05, 199) sowie die sonstige Instanzrechtsprechung haben sich dem angeschlossen.

13 Es ändert nichts, wenn die starren Fristen in einer separaten Klausel geregelt sind. BGH ZMR 05, 34 bejahte in einem solchen Fall einen inneren Zusammenhang der Klauseln und damit eine Klauselnichtigkeit. Die Klausel sah lediglich für den Fall stärkerer Abnutzung eine Verkürzung der Fristen vor und wurde als Konstituierung einer verbindlichen Renovierungsfrist angesehen.

14 Ist die Fristenklausel unwirksam, so sind sämtliche Klauseln über Schönheitsreparaturen unwirksam, soweit sie mit der Fristenklausel in innerem Zusammenhang stehen (vgl LG Hamburg NZM 04, 295, LG Berlin ZMR 98, 557; 99, 557; ZMR 98, 705; WuM 02, 668 f; LG Mannheim WuM 00, 485; LG Frankfurt/M NZM 04, 62).

Nach der Gegenansicht entfällt nur die Fristenregelung als solche, ohne dass die Überbürdung der Schönheitsreparaturen auf den Mieter davon berührt wird; die entstehende Regelungslücke soll durch einen Rückgriff auf angemessene Fristen zu schließen sein (*Häublein* ZMR 00, 139, 143; *Biemann/Rabe* ZMR 04,169).

15 **V. Halbwegs starrer Fristenplan.** Das LG Hamburg (ZMR 04, 196) verneinte das Vorliegen eines starren Fristenplans bei folgendem Klauselzusatz: „... Schönheitsreparaturen sind spätestens nach Ablauf folgender Zeiträume auszuführen ... Lässt in besonderen Ausnahmefällen der Zustand der Wohnung eine Verlängerung (dieser) Fristen zu oder erfordert der Grad der Abnutzung einer Verkürzung so ist (der Vermieter) auf Antrag (des Mieters) verpflichtet, im anderen Fall aber berechtigt nach billigem Ermessen die Fristen des Planes bzgl der Durchführung einzelner Schönheitsreparaturen zu verlängern oder zu verkürzen." BGH ZMR 05, 109 hat ebenso entschieden.

Scheidet bei mehreren Personen auf Mieterseite (Eheleute oder Wohngemeinschaft) einer oder mehrere Mieter aus dem Mietverhältnis im Wege dreiseitigen Vertrages aus, ist der Verbleibende alleinige Mieter auch für die in der bisherigen Mietzeit bereits abgelaufenen Zeiträume renovierungspflichtig und kann sich nicht darauf berufen, er habe mit Abschluss des neuen Mietvertrages eine unrenovierte Wohnung übernommen. Kommt es dagegen bei der Vermietung an eine Einzelperson zu einer Absprache zwischen Mieter und dem Rechtsvorgänger (Vormieter) dahingehend, dass der neue Mieter die Fristläufe zur Schönheitsreparaturenpflicht seines Vorgängers übernehme, wird dies vom AG Münster WuM 03, 562 als Vertrag zugunsten Dritter (des Vermieters) ausgelegt. Im konkreten Fall hatte sich die neue Mieterin gegenüber dem Vormieter verpflichtet, sich nicht darauf zu berufen, dass sie bei Einzug eine nicht oder unzureichend renovierte Wohnung übernommen habe. Das Gericht sah hierin eine Verpflichtung der neuen Mieterin in den Fristenplan des Vormieters einzutreten. 16

VII. Besonderheiten bei einer „Quotenklausel". Die Probleme, formularmäßig den Mieter zur Durchführung einer Endrenovierung bei Ablauf des Mietverhältnisses zu verpflichten, haben zur Entwicklung derartiger Klauseln geführt, die überwiegend als sog Abgeltungs- oder Quotenhaftungsklausel (Schmidt-Futterer/Langenberg, 8. Aufl, § 538 Rn 182 ff), oder Quotenschuldklausel (*Weyhe* S 277) bezeichnet werden. Gegenstand ist die Verpflichtung des Mieters zur Übernahme anteiliger Kosten bei Vertragsende, wenn die Durchführung von Schönheitsreparaturen nach dem (wirksam) vereinbarten (nicht starren) Fristenplan noch nicht fällig ist. Die Höhe der vom Mieter zu tragenden Kostenquote ist dabei nach dem Verhältnis der seit der letzten Durchführung von Schönheitsreparaturen bzw seit dem Mietvertragsbeginn verstrichenen Zeit zu den nach dem Fristenplan für die Durchführung von Schönheitsreparaturen üblichen Zeiträumen zu ermitteln. Ist eine derartige Klausel wirksam vereinbart worden, hat der Vermieter im Gegensatz zu Renovierungsklauseln, die lediglich an Fristenpläne anknüpfen, auch **vor** Ablauf der üblichen Renovierungsfristen einen Anspruch auf kostenmäßige Beteiligung des Mieters an den nächsten durchzuführenden Schönheitsreparaturen (BGH ZMR 88, 455 = NJW 88, 2790). Der BGH hat schon damals deutlich gemacht, dass eine derartige Klausel auch bei einer ursprünglich unrenoviert oder renovierungsbedürftig überlassenen Wohnung wirksam ist, sofern Ausgangspunkt für die Berechnung der üblichen Renovierungsfristen und der quotenmäßigen Kostenbeteiligung jeweils der Beginn des Mietverhältnisses, nicht aber ein davor liegender Zeitpunkt ist (vgl auch BGH ZMR 98, 752). 17

BGH ZMR 05, 518 hat die Wirksamkeit einer sog Quotenklausel bestätigt und festgestellt: „Formularvertraglich kann dem Mieter von Wohnraum auferlegt werden, die sich aus einem Kostenvoranschlag ergebenden Renovierungskosten zu tragen, wenn der Voranschlag nicht ausdrücklich für verbindlich erklärt wird, die Fristen und Prozentsätze an üblichen Renovierungsfristen ausgerichtet sind und es dem Mieter vorbehalten bleibt die Schönheitsreparaturen in kostensparender Eigenarbeit durchzuführen." Dieses Judikat verträgt sich allerdings nur schlecht mit BGH ZMR 04, 736, wonach starre Fristenpläne im Formularvertrag nicht wirksam vereinbart werden können (vgl auch BGH ZMR 04, 659 und *Häublein* ZMR 05, 94). Im Hinblick auf BGH ZMR 05, 109 ff wäre zu erwarten gewesen, dass zumindest die der Quotenklausel zugrunde liegenden „starren Fristen" schon in der Klausel (ausdrücklich) „aufgeweicht" sein müssten, und zwar analog zur fiktiven Verlängerung der vorgegebenen Fristen. Nach Auffassung des LG Nürnberg-Fürth (ZMR 05, 622) soll eine unzulässige Quoten- oder Abgeltungsklausel nicht die in einer anderen Klausel geregelte Pflicht zur Ausführung von Schönheitsreparaturen „infizieren". Sieht eine Quotenklausel allerdings vor, dass der Mieter bei vollständigem Ablauf der Frist 100 % der durch Kostenvoranschlag nachgewiesenen Kosten zu bezahlen hat, liegt ein Verstoß gegen § 309 Nr 4 vor, weil dadurch unzulässigerweise die Regelung der §§ 280 Abs 3, 281 und damit das Erfordernis der Nachfristsetzung umgangen wird. 18

Aus der Formulierung der Klausel muss deutlich hervorgehen, dass eine Verpflichtung zur quotenmäßigen Kostenbeteiligung nur dann und insoweit begründet wird, als bei Vertragsende nicht ohnehin die Durchführung von Schönheitsreparaturen geschuldet ist, zB weil eine Endrenovierung schon nach den vereinbarten Fristenplänen und dem Abnutzungsgrad der Wohnung fällig ist. 19
Für die Ermittlung der Quote sind sodann nur **volle** Jahre seit Ausführung der letzten Schönheitsreparaturen bzw Beginn des Mietverhältnisses zu berücksichtigen und in das Verhältnis zu den üblichen Renovierungsfristen zu setzen. Anknüpfungspunkt für die Berechnung von Renovierungsfristen muss stets der letzte Zeitpunkt der Durchführung von Renovierungsarbeiten des ausziehenden Mieters sein. Der vom Vermieter vorzulegende Kostenvoranschlag eines Handwerksbetriebs, anhand dessen die Höhe des Zahlungsanspruchs des Vermieters errechnet werden soll, darf weder ausdrücklich für verbindlich erklärt werden noch darf durch die Formulierung der Vertragsklausel über die Unverbindlichkeit dieses Kostenvoranschlags hinweggetäuscht werden. Schließlich darf dem Mieter nicht die Möglichkeit verwehrt werden, sich von der Zahlungsverpflichtung durch Selbstvornahme der (eigentlich noch nicht fälligen) Schönheitsreparaturen zu befreien. Nichtigkeit einer „starren Quotenklausel" bei Schönheitsreparaturenüberwälzung auf den Mieter.
Nach LG Hamburg ZMR 05, 791 ff mit Kausalvorschlag und Anm *Riecke* ist eine Quotenklausel, die zur Berechnung der Quote für die Abgeltung noch nicht fälliger Schönheitsreparaturen starre Fristen vorgibt, wegen unangemessener Benachteiligung des Mieters nichtig. So auch RG Mannheim NZM 06, 223.

20 **VIII. Nachträgliche Ersetzung als unwirksam erkannter Klauseln.** Für die nachträgliche Ersetzung einer unwirksamen Schönheitsreparaturklausel mit Hilfe einer Vereinbarung zwischen Mieter und Vermieter gelten – nach *Klimke* ZMR 05, 161 ff – folgende Regeln: a) Die formularmäßige Überwälzung der laufenden Schönheitsreparaturen ist nur wirksam, wenn der Vermieter den Mieter auf die Unwirksamkeit der bisherigen Regelung hinweist. Ohne einen solchen Hinweis ist die Überwälzung nach § 307 I 2 unwirksam. Wenn der Vermieter die Unwirksamkeit aktiv verschleiert, scheitert zudem schon die Einbeziehung der Änderungsklausel an § 305 c I b) Eine individualvertragliche Änderungsvereinbarung ist wirksam. Ein Anfechtungsrecht des Mieters bzw ein Anspruch auf Aufhebung der Änderung können nur bestehen, wenn der Vermieter aktiv über die Wirksamkeit der bisherigen Schönheitsreparaturregelung getäuscht hat.

21 **D. Vertragswidriger Gebrauch.** Werden durch vertragswidrigen Gebrauch des Mieters Schäden am Mietobjekt verursacht, ist der Mieter – unabhängig davon, ob ihm wirksam Schönheitsreparaturen überbürdet wurden – zum Schadensersatz verpflichtet, aus dem Gesichtspunkt der Pflichtverletzung bezogen auf die Obhutspflichten bzw wegen unerlaubter Handlung (§ 823).

22 Der Mieter überschreitet die Grenzen des ihm zustehenden vertragsgemäßen Gebrauchs bei Wohnraummiete und Standardmietverträgen idR in den nachfolgend genannten Fällen: – Anbringen einer übermäßigen Anzahl von Dübellöchern in Wandfliesen, die nicht durch die Notwendigkeit üblicher Befestigungsmöglichkeiten gerechtfertigt ist; – Anstrich der Wände mit ungewöhnlichen Farben wie schwarz, rot, pink, türkis oder lila verpflichtet bei Vertragsende zum Aufbringen eines neuen Anstrichs in den üblichen hellen Farben, dh es besteht eine Verpflichtung die Räumlichkeiten in einen zur Weitervermietung geeigneten Zustand insoweit zu versetzen; – Brandlöcher in Teppichböden, PVC-Belägen oder Parkett sowie starke Verunreinigungen und Beschädigungen durch Tierhaltung, Wasserflecken vom Blumengießen sowie Verfärbungen durch Ausschütten von Tinte, Lacken oä Substanzen; – Rauchverfärbungen von Wänden und Decken durch exzessives Rauchen in der Wohnung begründen nach einer im Vordringen befindlichen Auffassung bereits Schadensersatzansprüche gegen den Mieter aus § 280 I iVm § 241 II. Dem Mieter sei zwar gegen Entgelt ein „Freiraum für seine Lebensführung" zu gewähren, jedoch sei in der Lebensgestaltung Grenzen gesetzt, dort wo das Integritätsinteresse des Vermieters nachhaltig verletzt werde. Extrem starkes Rauchen ist wohl nicht mehr als vertragsgemäßer Gebrauch der Mietsache iSd § 538 anzusehen (vgl *Stangl*, ZMR 02, 734 sowie AG Cham; ZMR 02, 761, AG Tuttlingen, MDR 99, 992); – Substanzeingriffe in die vermieterseits gestellten Sanitäreinrichtungen begründen regelmäßig eine Schadensersatzpflicht des Mieters. Das gilt vor allem für Abplatzungen an Bade- oder Duschwannen sowie Beschädigungen von Wasch- oder Toilettenbecken als Folge durch Unachtsamkeit des Mieters hineingeworfener harter Gegenstände; – auch mangelhaft ausgeführte Malerarbeiten – unabhängig davon, ob als vermeintliche Erfüllung einer Schönheitsreparaturenpflicht durchgeführt – können eine Pflichtverletzung des Mieters darstellen, die zum Schadensersatz führt. Einen Grenzfall stellt das Kürzen von Türen dar, um Teppichboden oder Parkett verlegen zu können.

23 **E. Zurechnung von Fremdverschulden.** Der Mieter haftet gem § 278 auch für die Einhaltung des vertragsgemäßen Gebrauchs durch seine Erfüllungsgehilfen. Bei schuldhafter Beschädigung der Mietsache wird das Handeln des Erfüllungshilfen dem Mieter zugerechnet. Zu den Erfüllungsgehilfen zählen der Untermieter (§ 540 II) sowie die Familienangehörigen des Mieters, insbes dessen Mitarbeiter (vgl Staudinger-*Emmerich* § 538 Rn 6).
Außerdem werden unter diesem Begriff erfasst der vom Mieter beauftragte Spediteur und dessen Leute, die vom Mieter hinzugezogenen Lieferanten und Handwerker sowie Personen, die der Mieter als Baby- bzw Homesitter beauftragt hat.

24 **F. Schutz des Mieters bei Bestehen einer Gebäudefeuerversicherung.** Seit BGH ZMR 01, 175 soll sich aus einer ergänzenden Vertragsauslegung ein konkludenter Regressverzicht des Versicherers für all die Fälle ergeben, in denen der Wohnungsmieter einen Brandschaden durch einfache Fahrlässigkeit verursacht hat. Es wird davon ausgegangen, dass der Wohnungsmieter nicht in der Gebäudefeuerversicherung des Eigentümers mitversichert, sondern „Dritter" iSd § 67 I 1 VVG ist. Der BGH bejaht einen konkludenten Regressverzicht des Versicherers für solche Schadensverursachungen durch den Mieter (vgl auch *Armbrüster*, NJW 97, 177f). Der Regressverzicht für leichte Fahrlässigkeit hängt nicht davon ab, ob der Mieter im Einzelfall eine Haftpflichtversicherung abgeschlossen habe (vgl *Prölss*, Recht und Schaden, 1997, 221f). *Prölss* (ZMR 01, 157f) sieht bei Bestehen einer Haftpflichtversicherung auf Seiten des Mieters den Regressverzicht jedoch lediglich als „subsidiär" an. Ddorf (ZMR 01, 179) hat einen Regress des Versicherers für einen Brandschaden auf grob fahrlässige und vorsätzliche Pflichtverletzung des Mieters beschränkt (vgl BGH ZMR 96, 184; Ddorf, NJW-RR 98, 1155 sowie Staudinger-*Emmerich*, § 538 Rn 9).

25 Diese Haftungsbeschränkung zu Gunsten des Mieters erstreckt sich allerdings nicht auf dessen Besucher (vgl Hamm ZMR 01, 183). Sie gilt nur für den Mieter und solche Personen, die ihm nahe stehen. Hierunter versteht das OLG Hamm solche Personen, die mit der Mietsache in Berührung kommen sollen und bei denen der Vermieter davon ausgehen musste, dass der Mieter ihn ebenfalls den Schutz der Haftungsfreistellungsvereinbarung zu Gute kommen lassen wollte. Dies betrifft konkret vor allem Mitbewohner, in erster Linie also die Angehörigen, ferner solche Personen, bei denen nach ihrer Inanspruchnahme durch den Vermieter oder

seinen Sachversicherer ein Rückgriffs- oder Freistellungsanspruch gegen den Mieter in Betracht kommt, etwa aus arbeitsrechtlichen oä Gesichtspunkten (vgl *Armbrüster* ZMR 01, 185).

G. Beweislast. Der Vermieter muss den ordnungsmäßigen Zustand der Mietsache für den Zeitpunkt der Übergabe beweisen und dass die Schadensursache im Bereich der Einflusssphäre des Mieters gelegen hat (BGH NZM 00, 549). Dies bedeutet, dass der Vermieter alle anderen Ursache, die seiner eigenen Einflusssphäre unterliegen nachweislich ausschließen muss.
Erst wenn der Vermieter diese Beweise alle geführt hat, muss der Mieter um sich zu entlasten, beweisen, dass der Schaden während des vertragsgemäßen Gebrauchs eingetreten ist (vgl BGH NJW 02, 3234 f).

H. Abweichende Vereinbarungen. Die Regelung des § 538 enthält nicht die für das Mietrechtsreformgesetz typische Regelung im Schlussabsatz „eine zum Nachteil des Mieters abweichende Vereinbarung ist unwirksam", so dass insbes hinsichtlich Schönheits- und Kleinreparaturen auch in Formularverträgen abweichende Klauseln durchaus wirksam vereinbart werden können.
Dagegen ist eine totale Überbürdung der Instandhaltungspflicht die Belastung des Mieters mit Beseitigung sämtlicher Abnutzungsspuren weder formular- noch individualvertraglich im Wohnraummietrecht zulässig. Dies würde letztlich zu einer Umkehr der Beweislast führen, die an § 309 Nr 12 scheitert.

26

27

§ 539 Ersatz sonstiger Aufwendungen und Wegnahmerecht des Mieters

(1) Der Mieter kann vom Vermieter Aufwendungen auf die Mietsache, die der Vermieter ihm nicht nach § 536a Abs. 2 zu ersetzen hat, nach den Vorschriften über die Geschäftsführung ohne Auftrag ersetzt verlangen.
(2) Der Mieter ist berechtigt, eine Einrichtung wegzunehmen, mit der er die Mietsache versehen hat.

A. Anwendungsbereich. § 539 I regelt den sonstigen Aufwendungsersatzanspruch des Mieters, soweit dieser nicht bereits von § 536a II erfasst wird. Die Vorschrift erfasst nicht den Ersatz notwendiger Verwendungen. Insoweit ist § 536a II und die dort geregelten Voraussetzungen eines Ersatzanspruchs des Mieters für die Beseitigung vom Mängeln eine in sich abschließende Regelung.
Aufwendungsersatzansprüche können nur im direkten Verhältnis Mieter-Vermieter geltend gemacht werden, nicht aber im Verhältnis des Untermieters zum Hauptvermieter/Eigentümer. Auch für unberechtigte Mieter = Besitzer scheidet § 539 aus; es gelten dann lediglich die §§ 994 ff Bereicherungsrechtliche Ansprüche bestehen neben den Ansprüchen aus § 536a II, 539 I nicht (vgl BGH NZM 00, 566).

1

B. Voraussetzungen des Ersatzanspruchs. I. Sonstige Aufwendungen. Es ist kein „Auffangtatbestand" gegeben, es ist streng zwischen notwendigen Aufwendungen iSd § 536a II und „(sonstigen)" Aufwendungen iSd § 539 I zu unterscheiden (vgl *Sternel* II. Rn 612; *Lammel* § 539 Rn 9; aA *Langenberg* in Schmidt-Futterer § 539 Rn 10 ff). Bei Luxusaufwendungen scheidet idR eine Ersatzpflicht gem den §§ 539 I, 677 ff, 812 ff aus. Zu den sonstigen Aufwendungen werden insbes Aus- und Umbauten des Mieters gezählt, insbes der Einbau einer Heizung oder eines Bades (LG Düsseldorf WuM 02, 491). Die sonstigen Aufwendungen sind auch abzugrenzen gegenüber Einrichtungen, die als sog Scheinbestandteile iSd § 95 II BGB idR im Eigentum des Mieters bleiben. Hierzu zählen insbes neue Schlösser, Türen, Schilder, Lichtschalter, Steckdosen, Antennen, etc (vgl *Langenberg* in Schmidt-Futterer § 539 Rn 12).

2

II. Fremdgeschäftsführungswille des Mieters. Da § 539 I keine Rechtsfolgen sondern eine Rechtsgrundverweisung auf die §§ 677 ff enthält, muss auch der Fremdgeschäftsführungswille positiv festgestellt werden. Lediglich bei einem objektiv fremden Geschäft wird der Wille zur Fremdgeschäftsführung vermutet. Selbst bei einem sog „auch fremden Geschäft" ist ein Fremdgeschäftsführungswille zumindest indiziert auch wenn gleichzeitig vom Mieter eigene Interessen verfolgt werden.
Die Beseitigung von Mängeln der Mietsache schon unter § 536a II und wird deshalb von § 539 I nicht erfasst. Die typischen Mietermodernisierungen indizieren noch keinen Fremdgeschäftsführungswillen nur weil die Investition fremdes Eigentum betrifft. Ein Fremdgeschäftsführungswille kann sogar als ausgeschlossen betrachtet werden, wenn der Vermieter die Genehmigung zu Mietereinbauten nur mit der Maßgabe erteilt, dass bei Beendigung des Mietverhältnisses ein Rückbau zu erfolgen habe.
Wie sich aus § 678 ergibt, wird der subjektive Wille des Vermieters seinem objektiven Interesse bei Übernahme der Geschäftsführung ohne Auftrag durch den Mieter übergeordnet.
Dagegen ist bei der Ausführung durch den Mieter primär das objektive Interesse des Vermieters maßgebend, nicht jedoch dessen Wille (vgl § 677 „Mit Rücksicht auf ..."). Darf sich der Mieter als Geschäftsführer bei Widerspruch zwischen Interesse und Willen des Geschäftsherren/Vermieter nicht der weiteren Geschäftsführung enthalten, so soll er dem objektiven Interesse folgen. Nur die berechtigte Geschäftsführung ohne Auftrag begründet Ansprüche des Mieters aus den §§ 683, 670 iVm § 539.
Durch das Abstellen auf den subjektiven Willen des Vermieters soll verhindert werden, dass dieser „aufgedrängten Bereicherungen" vergüten muss. Deshalb sind an einer Bejahung der Voraussetzung des § 683 S 1 strenge Anforderungen zu stellen (BGH ZMR 99, 93).

3

4

5

6 **III. Anspruchsgegner.** Da ein begründeter Ersatzanspruch bereits mit der Vornahme der Aufwendung entsteht, ist Anspruchsgegner der in diesem Zeitpunkt aktuelle Vermieter, jedenfalls nicht ein späterer Erwerber des Grundstücks (§ 566).

7 **C. Höhe des Ersatzanspruchs.** Gem den §§ 683 S 1, 670 steht dem Mieter ein Anspruch in Höhe der Aufwendungen zu, die er nach den Umständen für erforderlich halten durfte. Hierbei kommt es wegen der Rechtsgrundverweisung auf die Vorschriften über die Geschäftsführung ohne Auftrag nicht darauf an, ob diese Aufwendungen auch zu einer entspr Vermögensmehrung auf Seiten des Vermieters geführt haben. Die Aufwendungen sind nicht quasi retrospektiv zu betrachten, sondern es ist zu beurteilen, ob der Mieter bei Tätigen der Aufwendungen unter Berücksichtigung der subjektiven Interessen des Vermieters die richtige Prognoseentscheidung getroffen hat.

8 **D. Bereicherungsansprüche des Mieters.** Gem den §§ 539 I, 684 S 1 kann der Vermieter auch bei Fehlen eines Aufwendungsersatzanspruchs auf Herausgabe der Bereicherung in Anspruch genommen werden (§§ 812, 818).
Für den Fall einer Verwendungskondition entschied der BGH (BGHZ 23, 61 ff), dass dem Vermieter/Verpächter durch eine analoge Anwendung des § 1001 S 2 geholfen werden könne, dh der Vermieter werde von der Verwenungskondition dadurch befreit, dass er dem Mieter das Produkt der unerwünschten Verwendung zum Abbruch/Entfernen überlasse. Eine andere Argumentation geht dahin, dass der Verwendungskondition einredeweise vom Vermieter entgegen gehalten werden könne, dass dieser einen Anspruch auf Beseitigung des Verwendungserfolges habe (§§ 82 I, 989, 990 iVm den §§ 249, 1004). Eine dritte Lösung bestimmt den Wert des Erlangten iSd § 818 II nach einem subjektiven Maßstab des bereicherten Vermieters. Danach wäre der Bereicherungsanspruch auf den Betrag begrenzt, der sich aus dem Zunutzemachen des Verwendungserfolgs durch den Vermieter ergibt. Nach *Langenberg* (*Schmidt-Futterer* § 539 Rn 48) ist bei nicht möglicher Herausgabe der Bereicherung Wertersatz in Höhe des objektiven Werts zu leisten.

9 **E. Sonderfall: Mieterinvestition und vorzeitige Vertragsbeendigung.** Ist der Mieter vertraglich zur Vornahme von Sanierungsmaßnahmen verpflichtet, die er aufgrund eines Langzeitmietvertrages „abwohnen" wollte und sollte kommt der Vermieter früher als vertraglich vorgesehenen, in den Besitz der noch nicht abgeschriebenen/abgewohnten Investitionen des Mieters. Realisiert der Vermieter iRd Neuvermietung eine erhöhte Miete oder unterlässt er dies böswillig, so besteht in Höhe der Differenzmiete zwischen Vermietung mit und ohne Mieterinvestition ein Bereicherungsanspruch (vgl BGH, ZMR 99, 93 ff).

10 **F. Das Wegnahmerecht, § 539 II.** Das Wegnahmerecht des Mieters wird in den §§ 539 II, 552, 578 II abschließend geregelt soweit es sich auf „Einrichtungen" bezieht.

11 **I. Einrichtungen.** Hierunter werden regelmäßig bewegliche Sachen subsumiert, die vom Mieter eingebracht und mit dem Mietobjekt im Nutzungsinteresse des Mieters verbunden werden.
Wenn dies lediglich zu einem vorübergehenden Zweck erfolgt, bleibt der Mieter trotz Verbindung mit einem Grundstück/Gebäude weiterhin Eigentümer (vgl § 95, Scheinbestandteil). Wurde dagegen ursprünglich bereits eine dauerhafte Verbindung vom Mieter geplant, handelt es sich nicht um eine Einrichtung, sondern um eine Aufwendung iSd § 539 I. Der Begriff „Versehen" in § 539 II bedeutet Verbindung von Einrichtung und Mietobjekt.
Typische Einrichtungen sind Heizanlagen, Einbauküchen, Rollläden sowie im Außenbereich gepflanzte Bäume und Sträucher.

12 **II. Inhalt und Ausübung des Wegnahmerechts.** Dem Mieter steht gegen den Vermieter gem §§ 539 II, 258 ein Recht auf Duldung der Wegnahme zu.
Auch wenn der Vermieter nach Mietvertragsende Besitz an der Mietereinrichtung erlangt, ist er verpflichtet die Wegnahme der Einrichtung zu gestatten; lediglich für die mit der Wegnahme verbundenen Schäden kann er eine Sicherheitsleistung verlangen und insoweit bis zur Gestellung der Sicherheit die Gestattung verweigern, ohne in Verzug zu geraten. Das Wegnahmerecht des Mieters wird als schuldrechtlicher Anspruch verstanden, der iRe Kaufvertrages zwischen Mieter und Nachmieter ausdrücklich oder konkludent auf den Nachmieter durch Abtretung übertragen werden kann.

13 **III. Abdingbarkeit.** Für Wohnraummietverhältnisse ist der entschädigungslose Ausschluss des Wegnahmerechts des Mieters gem § 552 II unwirksam.

§ 540 Gebrauchsüberlassung an Dritte

(1) Der Mieter ist ohne die Erlaubnis des Vermieters nicht berechtigt, den Gebrauch der Mietsache einem Dritten zu überlassen, insbesondere sie weiter zu vermieten. Verweigert der Vermieter die Erlaubnis, so kann der Mieter das Mietverhältnis außerordentlich mit der gesetzlichen Frist kündigen, sofern nicht in der Person des Dritten ein wichtiger Grund vorliegt.

(2) Überlässt der Mieter den Gebrauch einem Dritten, so hat er ein dem Dritten bei dem Gebrauch zur Last fallendes Verschulden zu vertreten, auch wenn der Vermieter die Erlaubnis zur Überlassung erteilt hat.

A. Anwendungsbereich und Normzweck. § 540 I regelt allgemein die Erlaubnis für jede Form des selbständigen (Mit-)Gebrauchs der Mietsache durch einen Dritten; Untervermietung ist nur einer von mehreren denkbaren Anlässen. § 540 I schützt den Vermieter vor aufgedrängten anderen Nutzern als dem Vertragspartner/Mieter (Hamm, NJW 1982, 2876). 1

B. Fallgruppen der Gebrauchsüberlassung an Dritte. I. Untermiete. § 540 I 1 zeigt, dass die Untermiete der wichtigste Fall der selbständigen Gebrauchsüberlassung – zumindest ein einzelner Raum muss zur alleinigen Benutzung überlassen worden sein – des Mietobjekts an einen Dritten ist. 2
Der Untermietvertrag ist ein normaler Mietvertrag iSd §§ 535 f. Seine Wirksamkeit zwischen den Vertragsparteien hängt nicht von der Genehmigung des Hauptvermieters/Eigentümers ab.
Die vom Untermieter zu zahlende Miete muss sich auch nicht mit der Miete des Hauptmieters decken. Stehen dem Untermieter nach seinem Vertrag mehr Rechte zu als dem Hauptmieter, kann der Hauptvermieter gegen den Untermieter Rechte aus § 1004 geltend machen, bei deren Durchsetzung wiederum dem Untermieter Minderungs- oder Schadensersatzansprüche gegenüber dem Hauptmieter zustehen; ggf kann er das Untermietverhältnis auch fristlos aus wichtigem Grund kündigen (§ 543 II Nr 1).
Ein Gleichlauf zwischen Untermietvertrag und Hauptmietvertrag kann auch nicht durch eine auflösende Bedingung erreicht werden, soweit die Regelung des § 572 II – insbes bei Wohnraummietverhältnissen – eine für den Mieter nachteilige Regelung dieses Inhalts verbietet. Im Gewerberaummietrecht (§ 578) wäre eine derartige Koppelung der Mietverhältnisse allerdings möglich. 3
Außerhalb des Anwendungsbereichs von § 565 stehen dem Untermieter bei kollusivem Zusammenwirken zur Aufhebung des Hauptmietvertrages zwischen Hauptvermieter und Hauptmieter allenfalls die Rechte aus § 242 (unzulässige Rechtsausübung) zur Seite.

II. Andere Formen der selbständigen Gebrauchsüberlassung. Hierzu zählen alle auf Dauer angelegten Überlassungen des Mietobjekts an einen Dritten oder zumindest die partielle Überlassung zum selbstständigen Mit- und Mietgebrauch. Rechtlich fällt unter die Gesamtüberlassung auch die echte Leihe, die über eine Gefälligkeit hinausgehen muss. 4
Erlaubnispflichtig ist insbes ein Wohnungstausch, die Übergabe angemieteter Gewerberäume an den Erwerber des Handelsgeschäfts, ebenso die Aufnahme eines Gesellschafters unter Fortführung des Betriebs als BGB-Gesellschaft (BGH ZMR 01, 702).

III. Unselbstständiger Mitgebrauch (Hamm NJW 82, 2876). Erfasst sind hierdurch die Fälle, in denen der Hauptmieter als Gebrauchsberechtigter neben dem neu hinzugekommenen Dritten gleichzeitig weiterhin das Mietobjekt nutzt. Als Dritte kommen hier nur Personen in Betracht, deren Gebrauchsrecht vertraglich abgesichert ist und die zB im Wohnraummietrecht innerhalb des Mietobjekts einen selbstständigen Haushalt führen können und wollen. 5

IV. 1. Sonderfall: Aufnahme von Angehörigen. Innerhalb der Grenzen bis zur Überlegung einer Wohnung ist der Mieter berechtigt, ohne Zustimmung des Vermieters nächste Angehörige und Bedienstete als Teil seines Haushalts in die Wohnung aufzunehmen. Dies fällt noch unter den vertragsgemäßen Gebrauch des Mietobjekts (vgl Staud/*Emmerich* § 540 Rn 3). 6
Zu diesem privilegierten Personenkreis zählen Ehegatten, Lebenspartner nach dem LPartG, Kinder einschließlich Stiefkinder zT auch Enkelkinder. Nach BayObLG ZMR 1998, 23 im Einzelfall auch Eltern (arg § 1601). Aufnahme sonstiger Verwandter, zB Bruder eines Mieters, ist genehmigungspflichtig (BayObLG ZMR 1984, 87). Nicht privilegiert sind Verlobte und lediglich sequenzielle Lebensabschnittsgefährten sowie Schwiegertöchter und Freund oder Freundin der Tochter.

V. 2. Sonderfall: Besucher und Mitarbeiter/Angestellte des Mieters. Der Mieter ist iR vertragsgemäßen Gebrauchs befugt, auch Besucher in der Mietwohnung nächtigen zu lassen. Schwierig ist insoweit bei längerem Aufenthalt die Abgrenzung vom Gast zum Mitbewohner (vgl *Lammel*, § 535 Rn 199). Den Besucherstatus verliert der Nutzer jedenfalls dann, wenn er seinen Lebensmittelpunkt vorübergehend in die Wohnung verlegt (Benutzungszeit von 4–6 Wochen) und dies zB nach außen dokumentiert durch Aufnahme von Erwerbstätigkeit von der Wohnung aus und selbstständige (Mit-)Nutzung der Wohnung, wie ein Mieter. Eingeschränkt wird das Besuchsrecht durch den Vertragszweck. Bei Wohnraummiete sind kommerzielle Kundenbesuche nicht vom Vertragszweck umfasst. 7
Sog Besitzdiener (§ 855) darf der Mieter ohne Genehmigung des Vermieters in die Wohnung aufnehmen, nämlich minderjährige Kinder, Angestellte bei der Gewerberaummiete sowie Haus- und Pflegepersonal bei der Wohnraummiete.

C. Vermietererlaubnis, § 540 I 1. I. Anspruch. Nur im Sonderfall des § 553 besteht ein Anspruch des Mieters auf eine Erlaubnis zur Gebrauchsüberlassung an Dritte, im Übrigen besteht bei verweigerter Zustimmung des Vermieters in sonstigen Bereichen der Miete lediglich ein Kündigungsrecht des Mieters. Lediglich 8 in Ausnahmefällen soll sich aus dem Grundsatz von Treu und Glauben (§ 242) ein Anspruch auf die Erteilung der Erlaubnis ergeben können. Allerdings kommt dem Umfang der Untervermietverweigerung wegen der Regelung des § 540 I 2 praktische Bedeutung zu. Der Vermieter darf etwa auf ein Verlangen zur generellen Untervermietung schweigen, ohne dass ihm dieses im Regelfall als generelle Verweigerung der erbetenen Erlaubnis zur Untervermietung ausgelegt werden kann (Kobl ZMR 01, 530 f). Insofern sind die in der Rechtsprechung verwendeten Formulierungen, dass der Mieter keinen generellen Anspruch auf Untervermietung der gesamten Wohnung habe (LG Berlin ZMR 02, 117 LS 1) missverständlich.

9 **II. Inhalt.** Da die Erlaubnis des Vermieters nicht generell für Untervermietung gefordert werden kann, wird sie auf eine konkrete vom Mieter vorher zu benennende Person des Dritten bezogen.
Im Ergebnis erweitert die vom Vermieter erteilte Erlaubnis die Rechte des Mieters zum Gebrauch der Mietsache. Die Erlaubnis kann inhaltlich auch unter Auflagen oder mit einer Befristung erteilt werden.

10 **III. Widerruflichkeit.** Für die vom Vermieter erteilte generelle Erlaubnis zur Untervermietung/Drittüberlassung kann der Vermieter sich den Widerruf vorbehalten. Dasselbe gilt für eine Einzelerlaubnis (aA *Lammel* § 540 Rn 22), da es letztlich Sache des Vermieters ist, inwieweit er die Vertragsrechte des Mieters erweitern möchte. Im Ernstfall kann eine frei widerrufliche Erlaubnis allerdings faktisch die Wirkung einer Verweigerung der Untervermieterlaubnis bedeuten.
Eine Formularklausel, die einen uneingeschränkten Widerrufsvorbehalt enthält, verstößt gegen § 307 II Nr 1 (BGH NJW 87, 1692).

11 **D. Kündigungsrecht des Mieters, § 540 I 2. I. Voraussetzungen (allgemein).** Bei Verweigerung der Erlaubnis kann der Mieter nach § 540 I 2 das Mietverhältnis außerordentlich mit gesetzlicher Frist kündigen, sofern nicht ein wichtiger Grund in der Person des Untermieters/Dritter gegeben ist.
Es gelten die Fristen der § 573 d II 2, 575 a III und 580 a IV. Der Wohnraummieter ist nicht verpflichtet seinen Anspruch aus § 553 auf Erteilung der Untervermieterlaubnis primär geltend zu machen und lediglich subsidiär sein Kündigungsrecht auszuüben.
Eine Verweigerung der Untervermieterlaubnis kann vom Vermieter ausdrücklich erklärt werden – auch auf eine zu weit gehende Frage des Mieters, zB nach einer generellen Untervermietungserlaubnis – oder sich aus dem „beredten Schweigen" des Vermieters auf eine zulässige auf eine bestimmte Person bezogene Anfrage des Mieters.
Zu den Voraussetzungen des § 540 I 2 gehört nicht ein erhebliches berechtigtes Interesse des Mieters an der Untervermietung (AG Hamburg-Blankenese GE 1987, 419).
Bei einer generellen Verweigerung der Untervermieterlaubnis ist der Mieter auch nicht mehr verpflichtet zur Erhaltung seines Kündigungsrechts einen konkreten Untermieter zu benennen, den der Vermieter nicht aus wichtigem Grund ablehnen könnte. Die Benennung derartiger Personen wäre bei einer derartig eindeutigen Vermietererklärung reiner Formalismus.

12 **II. „Wichtiger Grund" in der Person des Untermieters als Kündigungsausschluss, § 540 I 2 letzter HS.**
Ein derartiger wichtiger Grund wird u.a. bei drohender Überbelegung oder sonstiger Unzumutbarkeit der Drittüberlassung angenommen. Bei der hier notwendigen einzelfallbezogenen Interessenabwägung (Hamm NJW 82, 2876) ist ein wichtiger Grund nur dann anzunehmen, wenn die gesetzlich im Mietvertrag geschützten Interessen des Vermieters durch die Untervermietung so stark beeinträchtigt werden, dass auch unter Berücksichtigung aller Interessen des Mieters sich die Untervermietung als dem Vermieter schlechthin unzumutbar darstellt.
Der typische Fall ist, dass schon die Person des Dritten dem Vermieter als Nutzer nicht zugemutet werden kann. Der Vermieter in einer gehobenen Wohngegend ist nicht verpflichtet, einen mehrfach wegen Vermögensdelikten vorbestraften Untermieter in seinen Räumlichkeiten zu dulden.
Geplante vertrags- oder zweckbestimmungswidrige Nutzungen sind unzumutbar, nämlich geplanter Betrieb eines anstößigen, unehrenhaften oder gar schändlichen Gewerbes durch den Untermieter, Untervermietung gewerblich genutzter Räume als Wohnung oder zur Unterbringung von Asylanten, Untervermietung eines Supermarktes an Spielhallenbetreiber sowie die völlige Veränderung der Branche des in den Räumen betriebenen Geschäfts. Außerdem könne ein wichtiger Grund dann vorliegen, wenn der neue Untermieter eine Konkurrenz für den Vermieter selbst oder andere seiner Mieter darstellen (*Nassall* ZMR 83, 336).

13 Umstr ist, ob die bloße Zahlungsunfähigkeit des Untermieters bereits einen wichtigen Grund darstellt. Hiergegen wird angeführt, dass schließlich der Hauptmieter allein dem Vermieter gegenüber auf die Mietzahlung hafte (Staud/*Emmerich* § 540 Rn 23). Diese Argumentation ist dann nicht überzeugend, wenn vom Untermieter Schädigungen der Mietsache drohen, die auch die Vermögensverhältnisse des Hauptmieters übersteigen.

14 **E. Rechte des Vermieters. I. Schadensersatz- und Unterlassungsansprüche.** Dem Vermieter stehen grds Schadensersatzansprüche wegen erlaubnisloser Untervermietung aus § 280 I 1 bzw Unterlassungsansprüche aus § 541 neben dem Recht zur fristlosen Kündigung zur Seite. Die unbefugte Gebrauchsüberlassung führt zu einer Haftung des Mieters für eigenes Verschulden (Schmidt-Futterer/*Blank* § 540 Rn 73). Danach entfällt

eine Haftung des Mieters, wenn die Überlassung an den Dritten nicht kausal für die Entstehung des geltend gemachten Schadens geworden ist.
Der Schadensersatzanspruch des Vermieters richtet sich nach einhelliger Auffassung auch im Fall unberechtigter Untervermietung nicht auf Herausgabe des durch die Untervermietung erzielten – die Hauptmiete übersteigenden – Mehrerlöses (BGH, NJW 96, 838); nach aA (Staudinger-*Emmerich* § 540 Rn 31) ist in analoger Anwendung des § 816 I 1 der Mieter wie ein Nichtberechtigter, der über einen Vermögensgegenstand des Vermieters verfügt hat, zu behandeln.
Wegen des Unterlassungsanspruchs wird auf die Kommentierung zu § 541 verwiesen.

II. Kündigung des Vermieters. Die Gebrauchsüberlassung ohne Erlaubnis des Vermieters an einen Dritten stellt grds ein vertragswidriges zur fristlosen Kündigung berechtigendes Verhalten dar (AG Hamburg, ZMR 03, 42). 15
Im Wohnraummietrecht ist diese außerordentliche fristlose Kündigung aus wichtigem Grund (inhaltlich) in Bezug auf die Kerntatsachen zu begründen, sie muss nicht nur schriftlich (formgerecht) erklärt werden (§ 568 I).
Zum Wohnraummietrecht befand das AG Hamburg (ZMR 03, 42), dass der Anspruch auf Erteilung einer solchen Untervermietgenehmigung gerade nicht die Genehmigung selbst ersetze. Dies bedeutet, dass auch der Anspruch auf Erteilung der Untervermieterlaubnis das Recht zur außerordentlichen Kündigung nicht ausschließe. Dagegen hat das Amtsgericht Hamburg-Bergedorf (Hburg GE 84, 144) dem Vermieter das Recht zur fristlosen Kündigung abgesprochen, wenn dieser verpflichtet war, seine Zustimmung zur Untervermietung zu erteilen (arg § 242, Arglisteinrede).

F. Ansprüche des Untermieters. Der Hauptmieter haftet aus dem Untermietvertrag dem Untermieter für 16
alle Pflichten, die ihn gegenüber dem Untermieter als Vermieter eines „normalen Mietverhältnisses" treffen. Dies gilt insbes dann, wenn der Hauptmieter bestimmte Vertragspflichten nicht erfüllen kann, weil ihm entspr Rechte ggü dem Eigentümer/Vermieter nicht zustehen.
Im Extremfall besteht ein Schadensersatzanspruch anstatt der gesamten Leistung, wenn der Vermieter vom Untermieter erfolgreich die Herausgabe des Mietobjekts aus § 546 II oder § 985 verlangen kann.
Fehlt es an einer Untervermieterlaubnis steht dem Schadensersatzanspruch selbst eine positive Kenntnis des Untermieters nicht entgegen, da in einem derartigem Fall eine Garantie des Hauptmieters angenommen wird, dass er die Erlaubnis des Vermieters/Eigentümers (noch) beschaffen könne und beschaffen werde (BGH, NJW 96, 46).
Außerdem kann der Untermieter bei infolge fehlender Untermieterlaubnis nicht gesichertem (künftigem) Mietbesitz des Untermieters ggf eine außerordentliche fristlose Kündigung aus wichtigem Grund gem § 543 II Nr 1 erfolgreich aussprechen.

G. Haftung des Mieters für den Untermieter und andere Dritte, § 540 II. Nach dieser Vorschrift haftet der 17
Hauptmieter nach der Überlassung des Gebrauchs am Mietobjekt an einen Dritten/Untermieter für dessen Pflichtverletzungen im Zusammenhang mit dem Gebrauch der Mietsache.
So BGH (ZMR 91, 60 zur Pacht): Der Unterpächter einer Gaststätte, der beim Aufenthalt darin vorsätzlich eine Explosion herbeiführt, handele noch bei dem „Gebrauche" iSd § 540 II. Zurechenbares Verschulden des Untermieters als Erfüllungsgehilfen des Hauptmieters umfasst nicht nur Fahrlässigkeit, sondern auch Vorsatz. Der BGH stellt ausdrücklich fest, dass alles, was der Untermieter in den zum Gebrauch überlassenen Räumlichkeiten tut, noch zu ihrem Gebrauche zählt. Dies soll selbst dann gelten, wenn Ziel der Aktion die völlige Zerstörung des Mietobjekts ist.
Wird das Mietobjekt gar ohne die erforderliche Vermietererlaubnis dem Dritten überlassen, so liegt hierin bereits die haftungsbegründende Vertragsverletzung des Hauptmieters mit der Folge, dass es auf ein Verschulden des Dritten/Untermieters am Schadenseintritt nicht mehr ankommt, dieser letztlich schuldunfähig seien könnte (*Lammel*, § 541 Rn 33).

H. Mieter- und Vermieterwechsel. I. Mieterwechsel. Ein solcher ist iRd Vertragsfreiheit durch Abschluss 18
eines dreiseitigen Vertrages jederzeit möglich und unproblematisch. Auch die Aufhebung des alten Vertrages und der Abschluss eines neuen Vertrages sowie ein Schuldbeitritt des neuen Mieters (BGH ZMR 98, 75 zum Finanzierungsleasing) sind möglich.
Alter und neuer Mieter können auch mit Zustimmung des Vermieters einen Vertrag abschließen, wonach der neue Mieter an die Stelle des alten Mieters in den bereits bestehenden Mietvertrag eintritt (BGH NJW 79, 369, BGH NJW 98, 531).
Für unternehmensbezogene Verträge (vgl Staud/*Emmerich* § 540 Rn 50 ff) gilt folgendes:
Im Falle der Veräußerung des Geschäfts durch ein Einzelkaufmann kann der Erwerber den Mietvertrag nur mit Zustimmung des Vermieters eintreten, es sei denn es ist in einem sog. unternehmensbezogenen Mietvertrag konkludent oder ausdrücklich zum Ausdruck gebracht worden, dass der Vermieter mit dem jeweiligen Inhaber des Geschäfts kontrahieren wollte und quasi im Vorhinein seine Zustimmung erklärt hat.

Als zustimmungsbedürftig wird auch die Aufnahme eines Gesellschafters in das einzelkaufmännische Unternehmen sowie die Einbringung des Geschäfts in eine oHG oder KG angesehen (vgl *Weitemeyer* ZMR 04, 153 ff zur Beteiligung einer Gesellschaft als Mieter).

19 **Sonderfall: Wohngemeinschaften**
Ist hier nicht ein Mitglied der Wohngemeinschaft als Hauptmieter ggü dem Vermieter aufgetreten, werden grds alle Mietglieder der Wohngemeinschaft, die als BGB-Innengesellschaft verstanden wird, Mietpartei. Als Konsequenz hieraus bedarf jede Änderung im Mitgliederbestand der Mietergemeinschaft einer Änderung oder eines Neuabschlusses des Mietvertrages mit dem Vermieter.
Die Wohngemeinschaft verlassende Mitglieder sollen lediglich für die bis zu ihrem Ausscheiden begründeten Mietschulden forthaften bzw bis zu dem Zeitpunkt, zu dem der Vermieter sein Einverständnis zum Auszug erklärt hat.

20 **II. Vermieterwechsel.** Hier gelten die Ausführungen zum Mieterwechsel reziprok. Hinzu kommen jedoch zahlreiche Fallkonstellationen eines gesetzlichen Vermieterwechsels, wie sie insbes in den §§ 565 (gewerbliche Zwischenvermietung) und 566 (Veräußerung bricht nicht Miete) geregelt sind. Darüber hinaus kann ein Vermieterwechsel auch bei den sog Umwandlungsfällen eintreten, dh wenn ein Mietshaus in Wohnungs- und Teileigentums umgewandelt wird und eine Veräußerung an Dritte erfolgt, wobei sich die Aufteilung nicht zwingend mit den jeweiligen Regelungen des schuldrechtlichen Mietvertrages decken muss, so dass es zu verschiedenen Fallkonstellationen (vgl *Riecke* in Riecke/Schmid KK WEG Mietrechtliche Besonderheiten Rn 160 ff) kommen kann, die oft zu einer Personmehrheit auf Vermieterseite führen, was für beide Vertragsparteien bei Gestaltungserklärungen (insbes Kündigung) zu Problemen führt.

21 **I. Beweislast.** Der Mieter, der einen nach § 540 nicht gegebenen Anspruch auf Zustimmung zur Untervermietung behauptet, hat die entspr Vertragsklausel zu beweisen hat.
Beim Kündigungsrecht des Mieters nach § 540 I 2 muss dieser beweisen, dass und wann (Zugang beim Vermieter) die Erlaubnis erbeten wurde.
Verteidigt sich der Vermieter damit, dass er vor Ausspruch der Kündigung die Erlaubnis bereits erteilt habe, trifft ihn für seine Erklärung und den Zugang derselben die Beweislast.
Der Vermieter ist für das Vorliegen eines wichtigen Grundes der Person des Dritten/Untermieters beweispflichtig.

§ 541 Unterlassungsklage bei vertragswidrigem Gebrauch

Setzt der Mieter einen vertragswidrigen Gebrauch der Mietsache trotz einer Abmahnung des Vermieters fort, so kann dieser auf Unterlassung klagen.

1 **A. Normzweck.** Die Vorschrift dient im Wesentlichen nur der Klarstellung. Der Mieter wird durch diese Vorschrift und ihr Abmahnungserfordernis gegenüber dem Vorgehen des Vermieters bei nur einmaligen Vertragsverstößen des Mieters geschützt. Dieser vertragliche Schutz läuft allerdings leer, wenn der Vermieter zugleich die Eigentümerstellung hat und Ansprüche aus § 1004 ggf ohne vorherige Abmahnung erheben kann.

2 **B. Anwendungsbereich.** Die Vorschrift gilt für alle Mietverhältnisse und sanktioniert den vertragswidrigen Gebrauch von der gemieteten Sache.

3 **C. Voraussetzungen. I. Vertragswidriger Gebrauch.** Hierunter versteht man einen Gebrauch der weder nach dem Mietvertrag noch nach daneben geltenden gesetzlichen Regelungen zulässig ist. Zur Abgrenzung zwischen vertragsgemäßen und vertragswidrigen Gebrauch vgl § 535 Rn 39 ff. Die vertragswidrige Nutzung muss nicht vom Mieter in Person ausgehen, es reicht dass Erfüllungsgehilfen, dh Personen, die mit seinem Wissen und Wollen mit der Mietsache in Berührung kommen den vertragswidrigen Gebrauch in praktizieren (§ 278).
Der Unterlassungsanspruch setzt weder eine Beeinträchtigung der Mietsache, einer Gefährdung ihrer Rückgabe oder gar ein Verschulden des Mieters bzw seines Erfüllungsgehilfen voraus. Deshalb spricht *Lammel* (Mietrecht § 541 Rn 7), insoweit von einem Erfüllungsanspruch.

4 Klassische Fälle vertragswidrigen Gebrauchs sind etwa: das Lagern gefährlicher Stoffe in den Mieträumen (BGH ZMR 90, 328), vertragswidrige bauliche Veränderungen (BGH NJW 74, 263) sowie das Pflanzen von Bäumen im Garten die wegen der Naturschutzverordnung später nicht mehr gefällt werden dürfen (AG Hamburg-Blankenese ZMR 98, 569) oder bei Gewerbemietverhältnissen der Verstoß gegen eine Betriebspflicht (vgl *Eusani* ZMR 03, 474, 480). Hauptstreitpunkt ist die Parabolantenne (BGH ZMR 06, 195).

5 **II. Abmahnung.** Grds muss der Vermieter das als vertragswidrig anzusehende Verhalten durch eine Abmahnung monieren, ohne allerdings mit einer Unterlassungsklage drohen zu müssen. Bei der Abmahnung handelt es sich um eine zugangsbedürftige rechtsgeschäftsähnliche Handlung (§ 130). Das Gesetz sieht für die Abmahnung keine bestimmte Form vor, allerdings wird allgemein eine inhaltliche Konkretisierung in der

Gestalt verlangt, dass die Abmahnung Grundlage für eine Unterlassungsklage sein kann (*Lammel* § 541 Rn 9). Auf die Abmahnung kann ausnahmsweise verzichtet werden, wenn diese nur eine sinnlose Förmelei darstellt und der Mieter nachweisbar zum Ausdruck gebracht hat, dass er keinesfalls gewillt ist, dass als vertragswidriges Verhalten eingestufte Tun künftig einzustellen.
Auch bei einem Fehlverhalten des Mieters das die Vertrauensgrundlage zwischen den Vertragsparteien in schwerwiegender Weise erschüttert hat soll eine Abmahnung entbehrlich sein (BGH NJW-RR 00, 717).
Eine Abmahnung kann auch in einer früheren (ggf sogar unwirksamen) Kündigung liegen, wenn der Vermieter diese auf ein vertragswidriges Verhalten gestützt hat. Selbst wenn man für eine Kündigung (§ 543) eine Androhung der Rechtsfolgen bei Fortsetzung vertragswidrigen Verhaltens erwartet, gilt dies nicht für die Unterlassungsklage (LG Hamburg WuM 94, 536).

III. Fortsetzung des vertragswidrigen Gebrauchs durch den Mieter. Es ist notwendig, dass der Mieter das 6 vertragswidrige Verhalten oder den vertragswidrigen Zustand andauern lässt, dh nach Zugang der Abmahnung sein Verhalten nicht ändert. Soweit ein Dritter/Erfüllungsgehilfe den Vertragsverstoß begangen hat, ist der Mieter gehalten durch Unterbindung weiteren vertragswidrigen Gebrauchs nach Zugang der Abmahnung Abhilfe zu schaffen, will er eine Unterlassungsklage des Vermieters vermeiden.
Bei einer Personenmehrheit besteht – im Gegensatz zur Kündigung – keine Möglichkeit des Vermieters sämtliche Mieter auf Unterlassung zu verklagen. Ein Unterlassungsanspruch besteht hier nur gegenüber demjenigen Mitmieter und dessen Erfüllungsgehilfen, die für den vertragswidrigen Gebrauch nach Zugang der Abmahnung verantwortlich sind.

D. Gerichtliche Durchsetzung des Unterlassungsanspruchs. Der auf Unterlassung des vertragswidrigen 7 Gebrauchs oder Beseitigung des geschaffenen vertragswidrigen Zustandes gerichtete Anspruch ist regelmäßig im Wege der Unterlassungsklage (Vollstreckung nach § 890 ZPO) durchzusetzen. Es ist keine Wiederholungsgefahr notwendig, sondern lediglich die vom Vermieter nachzuweisende Fortsetzung des vertragswidrigen Gebrauchs durch den Mieter trotz Abmahnung.
Da es sich hier um einen Erfüllungsanspruch handelt, ist passiv legitimiert der Mieter auch wenn die Störung durch einen Erfüllungsgehilfen des Mieters erfolgte. Lediglich ausnahmsweise kann der Vermieter einen Unterlassungsanspruch auch im Wege einstweiliger Verfügung geltend machen, sofern er unverzüglich das vertragswidrige Verhalten abgemahnt hat oder die Abmahnung entbehrlich war und die Sache obendrein eilbedürftig ist.

§ 542 Ende des Mietverhältnisses

(1) Ist die Mietzeit nicht bestimmt, so kann jede Vertragspartei das Mietverhältnis nach den gesetzlichen Vorschriften kündigen.
(2) Ein Mietverhältnis, das auf bestimmte Zeit eingegangen ist, endet mit dem Ablauf dieser Zeit, sofern es nicht
1. in den gesetzlich zugelassenen Fällen außerordentlich gekündigt oder
2. verlängert wird.

A. Grundsätzliches. I. Entstehungsgeschichte. § 542 ist der Vorgängerregelung des § 564 aF nachgebildet 1 und enthält allgemeine Grundsätze über das Ende von Mietverhältnissen. Die Regelung in § 542 II soll verdeutlichen, dass auch Mietverhältnisse auf bestimmte Zeit außerordentlich (befristet oder fristlos) gekündigt werden können. Ob § 542 II auch das Recht zur ordentlichen Kündigung ausschließen will, scheint zweifelhaft und lässt sich allenfalls aus dem systematischen Zusammenhang mit § 542 I begründen (vgl *Häublein* ZMR 04, 1 ff).

II. Anwendungsbereich; Übergangsregelungen. § 542 gilt allgemein für alle Arten von Mietverhältnissen. 2 Die am 1.9.01 in Kraft getretene Neufassung des § 542 erfasst alle an diesem Tage bestehenden Mietverhältnisse uneingeschränkt (vgl *Staud/Emmerich* § 542 Rn 163).

B. Die Kündigung. I. Rechtsnatur. Ein (unbefristetes) Mietverhältnis kann von beiden Parteien gekündigt 3 werden. Das Wort »Kündigung« muss bei der Ausübung des Gestaltungsrechts nicht ausdrücklich verwendet werden (*Lammel* § 542 Rn 26).

1. Form der Kündigung. Die Kündigung kann formlos erfolgen. § 568 sieht für die Wohnraummiete 4 Schriftform vor. Eine konkludente Kündigung wurde zB vom LG Hburg (ZMR 04, 38) angenommen, wenn der Vermieter erst selbst unwirksam gekündigt hatte und der Mieter später die Rückgabe der Mietsache avisierte. Ist im Mietvertrag die Kündigung durch eingeschriebenen Brief vereinbart (vgl *Staud/Emmerich* § 542 Rn 86), so ist hierin die wirksame Vereinbarung der Schriftform für die Kündigungserklärung zu sehen, sowie die separate Vereinbarung einer als besonders sicher angesehenen Übersendungsart. Es kann jedoch nicht davon ausgegangen werden, dass bei Zugang der schriftlichen Kündigung per einfachen Brief die Kündigung als formunwirksam und damit als nichtig anzusehen wäre, da die Versendungsart nicht »besondere Wirksamkeitsvoraussetzung« sein sollte. Wegen § 309 Nr 13 kann die Kündigung nicht an eine strengere Form als die Schriftform oder an besondere Zugangserfordernisse gebunden werden kann (vgl Naumbg NZM 00, 90).

5 2. **Inhalt der Kündigungserklärung.** Die Erklärung muss für den Erklärungsempfänger unzweifelhaft klarmachen, dass vom Erklärenden eine Beendigung des Mietverhältnisses gewollt ist. Die Angabe eines Beendigungs- oder Kündigungstermins ist sinnvoll, aber nicht zwingende Voraussetzung für die Wirksamkeit einer Kündigung. In diesem Fall wird die Kündigung zum nächst zulässigen Termin wirksam (Frankf NJW-RR 90, 337).

6 Bei einer außerordentlichen Kündigung ist umstritten, ob die Voraussetzungen für deren Wirksamkeit im Zeitpunkt der Abgabe der Kündigungserklärung oder im Zeitpunkt des Zugangs derselben vorliegen müssen (vgl LG Köln WuM 92, 123 einerseits, sowie Staud/*Rolfs* § 542 Rn 67 andererseits).

7 Im Wohnraummietrecht ist das berechtigte Interesse iSd § 573 III bei der ordentlichen Kündigung ebenso anzugeben wie der Kündigungsgrund bei der außerordentlichen fristlosen Kündigung (vgl § 569 IV).

8 Die Vertragskündigung unter einer echten Bedingung ist nichtig. Allerdings kann unter einer Potestativbedingung (Hburg ZMR 01, 26) durchaus gekündigt werden. Entspr gilt für sog Rechtsbedingungen. Typischerweise geschieht dies, wenn unklar ist, ob überhaupt ein wirksamer Mietvertrag vorliegt. Dann kann für den Fall der Wirksamkeit des Vertrages gekündigt werden. Ebenso kann primär fristlos, hilfsweise ordentlich gekündigt werden; dasselbe gilt für eine ordentliche Kündigung verbunden mit einer auf § 573 a gestützten „erleichterten Kündigung". In gleicher Weise kann mit einer Kündigung ein bedingtes Mieterhöhungsverlangen für den Fall der Unwirksamkeit der Kündigung verbunden werden (aA LG Hamburg ZMR 05, 367 mit abl Anm *Riecke*).

9 3. **Ausübung des Kündigungsrechts. a) Durch den/die Vertragspartner.** Nur den Parteien des Mietvertrages selbst steht die Befugnis zur Kündigung originär zu. Durch Dritte ist sie nur auszuüben, wenn eine entspr rechtsgeschäftliche Vertretungsmacht oder Ausübungsermächtigung besteht.

10 Mit Übergang des Mietverhältnisses zB nach § 566 geht auch das unselbstständige Kündigungsrecht mit über. Die Kündigung muss bei Personenmehrheiten von allen Vermietern ggü allen Mietern und umgekehrt erklärt werden. Selbst wenn die Kündigungserklärung nach vorheriger Zustimmung nur durch einen Mitvermieter erfolgt, muss sich aus der Kündigungserklärung ergeben, dass diese Einwilligung bei Ausspruch der Kündigung bereits vorlag. Selbst dann kann der Kündigungsempfänger die Kündigung zurückweisen, wenn der Kündigende die Einwilligung nicht schriftlicher Form vorgelegt hat (vgl §§ 182 III, 111 S 2).

11 **b) Die Kündigung durch Dritte, insbesondere Vertreter.** Bei juristischen Personen sowie rechtsfähigen Handelsgesellschaften kann die Kündigung durch die vertretungsberechtigten Organe ausgesprochen werden. Bei der Kündigung durch einen Bevollmächtigten ist zu beachten, dass die Vollmacht grds nicht formbedürftig ist und sich etwa aus der Prokura oder Generalvollmacht des Kündigenden ergeben kann. Wenn dem Empfänger die Bevollmächtigung nicht seitens des Vertretenen bekannt gemacht geworden ist, kann er die Kündigung wegen Fehlens der Vollmachtsurkunde im Original noch unverzüglich zurückweisen und damit die Unwirksamkeit der Kündigung herbeiführen (§ 174).

12 Wird die Kündigung durch einen Rechtsanwalt erklärt, dem eine umfassende Prozessvollmacht erteilt wurde, gilt er als zur Abgabe von Kündigungserklärungen ermächtigt, auch wenn diese Erklärung nicht in einem prozessualen Schriftsatz, sondern außerhalb desselben erfolgte. Maßgeblich ist, dass die Kündigung in direktem Zusammenhang mit dem Prozessstoff steht.

13 Besonders umstritten ist im Mietrecht, ob durch eine allgemeine Hausverwaltervollmacht auch die Abgabe von Kündigungserklärungen gedeckt ist (vgl *Schmidt-Futterer/Blank* § 542 Rn 42).
Eine Empfangsvollmacht kann bereits formularmäßig im Mietvertrag wirksam vereinbart werden (vgl BGH ZMR 98, 17). Insoweit dürfte es für die Wirksamkeit der Vollmacht nicht nur auf den Willen des Vollmachtgebers ankommen, sondern auch darauf, ob der Vollmachtnehmer überhaupt ohne Verstoß gegen das Rechtsberatungsgesetz einen entspr Räumungsprozess führen kann (vgl für den Hausverwalter hierzu KG ZMR 03, 206 sowie für den WEG-Verwalter Nürnbg ZMR 04, 300).

14 **II. Die Umdeutung von Kündigungserklärungen.** Lediglich im Einzelfall kann die fristlose Kündigung des Mietverhältnisses in eine ordentliche Kündigung umgedeutet werden (vgl LG Berlin ZMR 00, 529, 530). Hierzu ist regelmäßig erforderlich, dass der Wille des Kündigenden ersichtlich wird, das Mietverhältnis in jedem Fall beenden zu wollen (vgl *Kinne/Schach* Miet- und Mietprozessrecht § 542 Rn 11, aA LG Hamburg WuM 90, 19).

15 Die Umdeutung einer unwirksamen ordentlichen befristeten Kündigung in eine außerordentliche fristlose Kündigung scheidet aus (vgl Köln ZMR 98, 91). Im Regelfall kann nämlich nicht von der weniger einschneidenden ordentlichen Kündigung auf den Willen des Erklärenden geschlossen werden, mit der »ultima ratio« einer fristlosen Kündigung das Mietverhältnis beenden zu wollen. Hier käme allenfalls eine Umdeutung in eine fristlose Kündigung mit einer Auslauffrist (vgl LG Hamburg ZMR 03, 683, 684) in Betracht, wobei die Auslauffrist mit der Frist für die ordentliche Kündigung identisch sein müsste.

III. Kündigungsarten. 1. Teilkündigung. Eine Teilkündigung in gegenständlicher oder personeller Hinsicht ist im Mietrecht grds unwirksam. Ausnahme: Vermieterkündigung von nicht zum Wohnen bestimmten Nebenräumen oder Grundstücksteilen, § 573 b.

Selbst wenn nur ein Mieter von mehreren durch sein Fehlverhalten Anlass zur fristlosen Kündigung gibt, muss beiden Mietern ggü die Kündigung ausgesprochen werden, auch wenn man den Vermieter für verpflichtet ansieht, dass Mietverhältnis mit dem nicht störenden Mieter allein fortzusetzen (vgl AG Hamburg ZMR 03, 581). Entspr gilt auch dann, wenn auf Vermieterseite durch die Bildung von Wohnungseigentum mehrere Sondereigentümer in die Stellung des Vermieters eingerückt sind. In diesem Fall muss von sämtlichen Vermietern durch eine einheitliche Kündigung das Mietverhältnis beendigt werden. Einzelne Kündigungserklärungen jedes Sondereigentümers wären unzulässige Teilkündigungen (vgl LG Hamburg WuM 97, 47).

2. Ordentliche Kündigung. Neuerdings wird vereinzelt die Ansicht vertreten, dass auch bestimmte Zeitmietverträge jedenfalls vom Mieter ordentlich kündbar seien (*Häublein* ZMR 04, 1 ff). Die Wirkung der ordentlichen Kündigung hängt vom Ablauf der vertraglichen oder gesetzlichen Kündigungsfristen ab, sowie im Wohnraummietrecht von den zusätzlichen Voraussetzungen wie sie in den §§ 573 ff normiert sind.

Der BGH (ZMR 04, 802) hat den Ausschluss der ordentlichen Kündigung innerhalb der ersten zwei Jahre nach Vertragsschluss für beide Seiten auch in einem Formularmietvertrag als nicht gegen § 307 verstoßend eingestuft. Damit hat die Abgrenzung zwischen Formularklausel und Individualvereinbarung für die ersten zwei Jahre der Vertragslaufzeit ihre Bedeutung jedenfalls vorerst verloren

„Erkauft" der Mieter konkret auf seine Wünsche abgestimmte Investitionen des Vermieters in die Mietwohnung gegen einen Verzicht auf die ordentliche Kündigung für zwei oder drei Jahre, liegt ausnahmsweise eine Individualvereinbarung vor. Zutreffend hat *Derleder* (NZM 04, 247) darauf hingewiesen, dass der BGH den im konkreten Fall zu beurteilenden 5-jährigen Kündigungsverzicht des Mieters, der handschriftlich in einem Formularmietvertrag eingebettet war, vorschnell als Individualvereinbarung von der klauselkontrollrechtlichen Würdigung ausgenommen habe. Schließlich bestimme § 310 III Nr 1 die grds Geltung des Klauselkontrollrechts bei Verträgen zwischen einem Wohnungsunternehmen als Vermieter und einem Verbraucher als Mieter, wenn nicht ausnahmsweise der Mieter als Verbraucher die maßgebliche Klausel selbst in den Vertrag eingeführt hatte.

Im Rahmen der individuellen Umstände ist nach Auffassung des LG Berlin (ZMR 99, 26 ff) auch zu berücksichtigen, wenn es sich zB beim Kündigungsausschluss um eine drucktechnisch deutlich und an prägnanter Stelle hervorgehobene Vertragsregelung handelt. Will das Wohnungsunternehmen das Verdikt der Unwirksamkeit vermeiden, muss die Regelung schon vor dem Hintergrund des Transparenzgebots deutlich (zB Fettdruck) und dort geregelt sein, wo die Laufzeit des Vertrages fixiert ist.

3. Außerordentliche Kündigung. Eine vorzeitige Vertragsauflösung durch außerordentliche Kündigung ist einmal durch die außerordentliche befristete Kündigung sowie durch außerordentliche fristlose Kündigung möglich.

§ 109 I InsO regelt einen derartigen Fall der außerordentlichen befristeten Kündigung (beachte für Wohnraummiete 109 S 2 InsO: An die Stelle der Kündigung tritt hier jetzt die Erklärung des Insolvenzverwalters, dass Ansprüche des Vermieters nicht mehr als Masseforderungen geltend gemacht werden können. Es kommt nicht zur Beendigung des Mietverhältnisses; dieses wird vielmehr wieder auf den Schuldner übergeleitet (vgl *Eckert* NZM 01, 260, *Pape* NZM 04, 401, 410). Zu den Problemen bei einer Mietermehrheit vgl *Steinicke* ZMR 01, 160.

Die außerordentliche befristete Kündigung ist insbes in folgenden Fällen im BGB-Mietrecht selbst geregelt:
- § 540 I, Mieterkündigungsrecht bei Verweigerung der Untervermieterlaubnis
- § 544 S 1, Kündigungsrecht bei Mietvertrag über mehr als 30 Jahre
- § 554 III 2, Mieterkündigungsrecht bei Erhaltungs- und Modernisierungsmaßnahmen
- § 561, Kündigungsrecht des Mieters bei Mieterhöhung
- § 563 IV, Kündigungsrecht des Vermieters nach Tod des Mieters
- § 563a II, Kündigungsrecht der verbleibenden Mieters bei Tod des Mietmieters
- §§ 564, 580, Kündigungsrecht der Erben und des Vermieters bei Tod des Mieters

Eine außerordentliche fristlose Kündigung ist insbes bei massiven Leistungsstörungen durch den anderen Vertragspartner vorgesehen. Voraussetzung ist ein »wichtiger Grund«, der einem Vertragspartner die Fortsetzung des Mietverhältnisses bis zum Ablauf der Kündigungsfrist nicht zumutbar erscheinen lässt.

Die Vorschrift des § 543 ist seine Sondernorm zur allgemeinen Regelung des neuen Schuldrechts in § 314. § 314 III ersetzt die 2-Wochen-Frist des § 626 II. Die Frist des § 314 III beginnt mit Vollendung des Kündigungstatbestandes und der entspr Kenntnis des Kündigenden. Außerdem ist zu beachten, dass die fristlose Kündigung oft erst nach fruchtlos abgelaufener Abhilfefrist (ggf mit Kündigungsandrohung) oder nach erfolgloser Abmahnung überhaupt zulässig ist (vgl § 543 II 1).

27 **IV. Kündigungswirkung.** Sind die gesetzlichen oder vertraglichen Kündigungserfordernisse gegeben, wird das Mietverhältnis bei der außerordentlichen fristlosen Kündigung sofort und bei der befristeten sowie ordentlichen Kündigung nach Ablauf der Kündigungsfrist beendet.

28 Ob die Tatbestandsvoraussetzungen für eine wirksame Kündigung gegeben sind, ist bezogen auf den Zeitpunkt der Absendung des Kündigungsschreibens zu beurteilen. Um Rechtswirksamkeit zu erlangen muss eine Willenserklärung nämlich »abgegeben« werden, dh es muss eine empfangsbedürftige Willenserklärung mit Willen des Kündigenden in den Rechtsverkehr gebracht worden sein. Dieser Zeitpunkt ist bei Abgabe einer schriftlichen Kündigungserklärung mit ihrer Aufgabe zu Post zu bejahen (vgl LG Köln ZMR 02, 126,127). Dies bedeutet, dass auch noch Sachverhalte Berücksichtigung finden können und dürfen, die nach Abfassung der Kündigungserklärung aber vor deren Versendung eingetreten sind.

29 **V. Kündigungswiderruf und Rücknahme der Kündigung. 1. Einseitiger Widerruf.** Ein einseitiger Widerruf der Kündigung (vgl § 130 I 2) kommt nur in Betracht, wenn dieser vorher oder gleichzeitig mit der Kündigungserklärung dem Kündigungsempfänger zugeht. Zu einem späteren Zeitpunkt können die durch die Gestaltungserklärung der Kündigung ausgelösten Rechtsfolgen nicht mehr einseitig vom Kündigenden beseitigt werden (BGH NJW 98, 2664).

30 Im Einzelfall kann im Widerruf einer Kündigungserklärung jedoch das Angebot liegen das Mietverhältnis unverändert fortzusetzen. Nimmt der Kündigungsempfänger dies Angebot an, werden die Kündigungswirkungen beseitigt. Bei einer Einigung vor Ablauf der Kündigungsfrist soll der gekündigte Vertrag in Kraft bleiben (BGH NJW 98, 2664).

31 **2. Einigung der Parteien.** Nach Beendigung des Mietverhältnisses durch die Kündigung – Hauptfall: fristlose Kündigung – soll eine Fortsetzung des wirksam beendeten ursprünglichen Mietvertragsverhältnisses ausscheiden. Allerdings kommt ein neues Mietverhältnis mit demselben Inhalt wie das frühere zustande (Ddorf ZMR 02, 46).

32 **C. Beendigung des Mietverhältnisses durch Zeitablauf, § 542 II. I. Mietverhältnis auf bestimmte Zeit.** Nach § 542 II Hs 1 endet ein Mietverhältnis, das auf bestimmte Zeit eingegangen ist, mit Ablauf dieser Zeit. Dh es bedarf keiner Mietaufhebungsvereinbarung und keiner Kündigungserklärung. Dies trifft insbes auf die vor dem 1.9.01 abgeschlossenen – heute nicht mehr möglichen – einfachen Zeitmietverträge und die heutigen qualifizierten Zeitmietverträge iSd § 575 zu.

33 Str ist, wie das Mietverhältnis auf Lebenszeit eines Vertragspartners einzuordnen ist. Die hM bejaht hier ein auf bestimmte Zeit eingegangenes Mietverhältnis (BayObLG WuM 93, 523, Staud/*Rolfs* § 542 Rn 112 sowie *Schmidt-Futterer/Blank* § 542 Rn 134).

34 **II. Außerordentliche Kündigung, § 542 II Nr 1.** Aus der Regelung des § 542 II Nr 1 wird deutlich, dass jedes befristetes Mietverhältnis zumindest außerordentlich gekündigt werden kann.

35 **III. Verlängerung befristeter Mietverträge, § 542 II Nr 2.** Eine solche Verlängerung kraft Vereinbarung kann bereits im ursprünglichen Mietvertrag vorgesehen sein. Dies gilt insbes für Optionsrecht und sog Verlängerungsklauseln. Macht die berechtigte Vertragspartei nicht fristgemäß von ihrem Optionsrecht Gebrauch, erlischt dieses und der Vertrag endet ohne Kündigung durch Zeitablauf des Ausgangsvertrages. Ist für die Optionsausübung keine Frist vereinbart, kann diese bis zum Ablauf der Mietzeit noch ausgeübt werden (AG Hamburg-Blankenese ZMR 86, 17).

36 **D. Beendigung bestehender Mietverhältnisse aufgrund anderer Gründe.** Hier kommt in erster Linie der formlos mögliche Mietaufhebungsvertrag in Betracht (vgl *Schmidt-Futterer/Blank* Anh zu § 542 Rn 1-35). Dessen Zulässigkeit folgt aus § 311 I und damit aus der Vertragsfreiheit. Entgegen der Auffassung von *Rolfs* (Staud § 542 Rn 131) kann eine unwirksame Kündigung grds nicht in eine Vertragsofferte zum Abschluss eines Mietaufhebungsvertrages umgedeutet werden (vgl LG Hamburg ZMR 02, 669; BGH ZMR 81, 84). Allerdings kann eine wiederholte Räumungsaufforderung ein konkludentes Angebot zum Abschluss eines Aufhebungsvertrages enthalten.

37 Nur außerhalb des Wohnraummietrechts ist eine Mietvertragsbeendigung auch durch auflösende Bedingungen möglich (vgl §§ 158 II, 572 II).

38 Vertragliche oder gesetzliche Rücktrittsrechte (vgl §§ 346 ff) kommen nur für die Zeit vor Überlassung des Mietobjekts in Betracht. Danach werden diese Regelungen durch die speziellen Auflösungstatbestände des Mietrechts, insbes die Kündigung aus wichtigem Grund gem § 543 verdrängt.

39 Eine Anfechtung wegen Irrtums (§ 119) ist lediglich bei einem noch nicht vollzogenen Mietverhältnis möglich, während die Anfechtung wegen arglistiger Täuschung (§ 123) immer zulässig sein soll.

40 Die bloße Unmöglichkeit der Vertragserfüllung führt nicht zu einer Beendigung des Mietverhältnisses. Bereits die Regelungen des § 311a zeigt, dass auch auf unmögliche Leistung gerichtete Verträge wirksam sind – lediglich die Primärleistungspflicht entfällt – und stattdessen Sekundäransprüche (insbes Schadensersatz) geltend gemacht werden können.

§ 543 Außerordentliche fristlose Kündigung aus wichtigem Grund

(1) ¹Jede Vertragspartei kann das Mietverhältnis aus wichtigem Grund außerordentlich fristlos kündigen. ²Ein wichtiger Grund liegt vor, wenn dem Kündigenden unter Berücksichtigung aller Umstände des Einzelfalls, insbesondere eines Verschuldens der Vertragsparteien, und unter Abwägung der beiderseitigen Interessen die Fortsetzung des Mietverhältnisses bis zum Ablauf der Kündigungsfrist oder bis zur sonstigen Beendigung des Mietverhältnisses nicht zugemutet werden kann.
(2) ¹Ein wichtiger Grund liegt insbesondere vor, wenn
1. dem Mieter der vertragsgemäße Gebrauch der Mietsache ganz oder zum Teil nicht rechtzeitig gewährt oder wieder entzogen wird,
2. der Mieter die Rechte des Vermieters dadurch in erheblichem Maße verletzt, dass er die Mietsache durch Vernachlässigung der ihm obliegenden Sorgfalt erheblich gefährdet oder sie unbefugt einem Dritten überlässt oder
3. der Mieter
   a) für zwei aufeinander folgende Termine mit der Entrichtung der Miete oder eines nicht unerheblichen Teils der Miete in Verzug ist oder
   b) in einem Zeitraum, der sich über mehr als zwei Termine erstreckt, mit der Entrichtung der Miete in Höhe eines Betrages in Verzug ist, der die Miete für zwei Monate erreicht.

²Im Falle des Satzes 1 Nr. 3 ist die Kündigung ausgeschlossen, wenn der Vermieter vorher befriedigt wird. ³Sie wird unwirksam, wenn sich der Mieter von seiner Schuld durch Aufrechnung befreien konnte und unverzüglich nach der Kündigung die Aufrechnung erklärt.
(3) ¹Besteht der wichtige Grund in der Verletzung einer Pflicht aus dem Mietvertrag, so ist die Kündigung erst nach erfolglosem Ablauf einer zur Abhilfe bestimmten angemessenen Frist oder nach erfolgloser Abmahnung zulässig. ²Dies gilt nicht, wenn
1. eine Frist oder Abmahnung offensichtlich keinen Erfolg verspricht,
2. die sofortige Kündigung aus besonderen Gründen unter Abwägung der beiderseitigen Interessen gerechtfertigt ist oder
3. der Mieter mit der Entrichtung der Miete im Sinne des Absatzes 2 Nr. 3 in Verzug ist.
(4) ¹Auf das dem Mieter nach Absatz 2 Nr. 1 zustehende Kündigungsrecht sind die §§ 536 b und 536 d entsprechend anzuwenden. ²Ist streitig, ob der Vermieter den Gebrauch der Mietsache rechtzeitig gewährt oder die Abhilfe vor Ablauf der hierzu bestimmten Frist bewirkt hat, so trifft ihn die Beweislast.

A. Grundsätzliches; Konkurrenzen. § 543 wurde durch das MRRG eingefügt, ist seit 1.9.01 in Kraft und regelt die außerordentliche fristlose Kündigung. Anknüpfungspunkte sind §§ 542, 544, 553, 554, 554 a jeweils aF und § 242. § 543 stellt für das Mietrecht eine **Sonderregelung** zum außerordentlichen Kündigungsrecht bei Dauerschuldverhältnissen nach § 314 dar. § 314 IV (Schadensersatz) und § 313 (Wegfall der Geschäftsgrundlage) bleiben mangels entspr Regelung in § 543 unberührt (BGH ZMR 00, 508; Dresden NJW 03, 1819). Anwendbar ist § 543 ab Beginn des Mietverhältnisses mit Unterzeichnung des Mietvertrages, also schon vor der Gebrauchsüberlassung (vgl II Nr 1 Alt 1). Soweit die Voraussetzungen des allgemeinen Leistungsstörungsrechts erfüllt sind, gelten die **Unmöglichkeits- und Verzugsregelungen** gleichrangig neben § 543 (für Unvermögen BGH NJW 83, 446; für Verzug LG Berlin ZMR 98, 229). Die besondere **Mängelgewährleistung** gem § 536 ff ist ebenfalls gleichrangig, so dass ein Mangel der Mietsache auch eine fristlose Kündigung begründen kann (BGH NJW-RR 04, 1236). Im Einzelfall kann dieselbe Pflichtverletzung neben § 543 zudem eine **ordentliche Kündigung** nach § 573 II Nr 1 rechtfertigen, die hilfsweise erklärt werden darf (für Zahlung innerhalb der Schonfrist nach Kündigung wegen Zahlungsverzuges BGH ZMR 05, 356). Bei Wohnraummiete wird § 543 durch § 569 ergänzt, bei Mietverhältnissen über Grundstücke und andere Räume durch § 578. Wegen der Änderung von IV durch das SchuldModG (Streichung des Verweises auf §§ 469–471 aF) ist eine **Teilkündigung** nunmehr unzulässig (Erman/*Jendrek* § 543 Rn 1; aA Palandt/*Weidenkaff* § 543 Rn 43 für entspr Anwendung des § 323 V 1). Ein **Verschulden** des Vertragspartners ist im Unterschied zu § 554 a aF nicht mehr zwingend erforderlich, bleibt aber als wichtiges Abwägungskriterium in I 2 sowie in II berücksichtigt.

B. Anwendungsbereich; Übergangsregelungen. Als Teil der allgemeinen Mietrechtsbestimmungen ist § 543 auf alle Mietverhältnisse anwendbar, über § 581 II auch auf Pachtverhältnisse (zur Landpacht vgl § 594 e). Für vor dem 1.9.01 zugegangene Kündigungen ist nach Art 229 § 3 Nr 1 EGBGB die bisherige Kündigungsvorschrift in § 554 II Nr 2 aF anzuwenden. Zur Übergangsregelung anlässlich der Änderung des § 543 IV 1 siehe Art 229 § 5 2 EGBGB.

C. Abweichende Vereinbarungen. Gem § 569 V ist § 543 nicht zum Nachteil des Wohnraummieters abdingbar (zur Zulässigkeit einer sog „Rechtzeitigkeitsklausel" siehe Rn 18).

Außerhalb der Wohnraummiete ist § 543 I stets für beide Seiten zwingend (vgl BGH NJW 92, 2628 zu § 554 a aF, wo freilich in 2 ausdrücklich ein Abbedingungsverbot enthalten war). Änderungen der II-IV sind in den Grenzen der §§ 138, 242 und 305 ff (bei formularmäßigen Abweichungen) zulässig. Die Vereinbarung eines vermieterseitigen Kündigungsrechts für den Fall eines Insolvenzverfahrens gegen den Mieter ist gem § 119 InsO unwirksam (Hamm NZM 02, 343). **Formularmäßige Erleichterungen** der in § 543 II Nr 3 normierten Voraussetzungen zum Nachteil des Mieters scheitern regelmäßig an § 307 – insbes die Herabsetzung des die Kündigung rechtfertigenden Mietrückstandes auf den Teil einer Rate (Ddorf ZMR 96, 436) bzw das Abstellen auf einen bloßen verschuldensunabhängigen Zahlungsrückstand statt auf den Zahlungsverzug (BGH NJW 89, 1673). Eine formularmäßige Kündigung bei wesentlicher Verschlechterung der Vermögensverhältnisse (§ 321) des Mieters ist nur wirksam, wenn als weitere Voraussetzung eine Gefährdung der Vermieteransprüche zugefügt wird (BGH NJW 91, 102). **Formularmäßige Erschwerungen** zum Nachteil des Vermieters können dagegen gemessen an § 307 zulässig sein, zB eine Zahlungsaufforderung als zusätzliche Kündigungsvoraussetzung (BGH NJW 87, 2506).

4   **D. Tatbestand. I. Der Kündigungsgrund nach § 543 I.** Nach der ähnlich wie in § 626 formulierten Generalklausel des § 543 I 1 kann jede Partei das Mietverhältnis aus wichtigem Grund kündigen. Wann ein **wichtiger Grund** vorliegt, ist in 2 näher ausgeführt. Hiernach kommt es darauf an, ob dem Kündigenden unter Berücksichtigung aller Umstände des Einzelfalls und unter Abwägung der beiderseitigen Interessen die Fortsetzung des Vertragsverhältnisses bis zum Ablauf der ordentlichen Kündigungsfrist bzw bis zum anderweitigen Vertragsende nicht zugemutet werden kann. Ein **Verschulden** ist nicht mehr zwingend erforderlich, aber ein gewichtiges Indiz. Das Fehlverhalten Dritter, die in den Pflichtenkreis einer Vertragspartei einbezogen sind, ist zurechenbar (Erman/*Jendrek* § 543 Rn 4; aA KG ZMR 98, 159 bei Zahlungsverzögerung durch das Sozialamt, da der Mieter insofern keine Einflussmöglichkeit habe). Aus der gesetzlichen Hervorhebung des Verschuldens in 2 folgt einerseits, dass eine fristlose Kündigung auch ohne Verschulden möglich ist (BGH ZMR 05, 183), allerdings in einem solchen Fall strenge Anforderungen an die Unzumutbarkeit der Fortsetzung des Mietverhältnisses zu stellen sind (Palandt/*Weidenkaff* § 543 Rn 33). Andersrum kann auch der Kündigende selbst die Zerrüttung des Vertragsverhältnisses verschuldet haben (aA wohl BGH ZMR 05, 120). Allerdings darf die Interessenabwägung unter Beachtung der gesetzlichen Vorgaben in 2 in einem solchen Fall nur bei Vorliegen einer extremen Ausnahmesituation zu seinen Gunsten ausfallen. Die Zerrüttung des Vertragsverhältnisses kann auch auf vor Beginn des Vertragsverhältnisses liegenden Umständen beruhen, zB Verschulden bei Vertragsschluss (Ddorf ZMR 95, 465). Die **Beweislast** für das Vorliegen des wichtigen Grundes nach I trifft den Kündigenden.

5   **Bsp:** Verstöße gegen die Hausordnung (Palandt/*Weidenkaff* § 543 Rn 39); Beleidigungen des Vertragspartners bzw seiner Angehörigen (LG Ddorf ZMR 81, 116; LG Köln WuM 93, 349); Tätlichkeiten ggü dem Vertragspartner bzw dessen Angehörigen (LG Köln WuM 81, 233); Leichtfertige Erstattung einer Strafanzeige ohne begründeten Anlass (BVerfG NZM 02, 61), anders dagegen bei objektiv eigenem Interesse an der Aufklärung des angezeigten Sachverhalts (LG Mannheim NJW-RR 00, 675).

6   **Für den Vermieter:** Ständige unpünktliche Zahlung der Miete bzw Betriebskosten (für Wohnraummiete BGH ZMR 88, 16; für Gewerberaummiete BGH NJW-RR 97, 203; Karlsr NJW-RR 03, 945); fortlaufende unberechtigte Mietkürzung unterhalb der eine Kündigung nach II Nr 3 rechtfertigenden Beträge – gem § 242 jedoch nicht, wenn der Vermieter diese über einen längeren Zeitraum widerspruchslos hingenommen hat (Köln ZMR 00, 459); Erklärung des Insolvenzverwalters, die Miete nicht an den Vermieter weiterzuleiten (BGH ZMR 05, 688); Nichtzahlung der Kaution (Celle NJW-RR 03, 155; München NJW-RR 00, 1251); Unberechtigte Nichtzahlung der Betriebskostennachforderung (Schmidt-Futterer/*Blank* § 543 Rn 158); Bauliche Veränderung entgegen rechtskräftigem Urteil (BVerfG NJW 96, 1736); Verstoß gegen vertragliche Betriebspflicht bei Gewerberaummiete (BGH ZMR 93, 57, Ddorf ZMR 97, 296), Betriebsstilllegung eines Supermarkts im Einkaufszentrum und Wiedereröffnung in unmittelbarer Umgebung (LG Hannover ZMR 93, 280); unberechtigtes Anzapfen einer Stromleitung (LG Köln NJW-RR 94, 909); Auskunftsverweigerung ggü berechtigtem Auskunftsverlangen (LG Hamburg WuM 01, 281); Heroinhandel im Hauseingang (AG Pinneberg NJW-RR 03, 944); unrichtige Selbstauskunft zu zulässiger Frage, die für den Vermieter von wesentlicher Bedeutung wie zB die Vortäuschung eines erheblich zu hohen Einkommens (LG Mannheim ZMR 90, 303- auch Anfechtung nach § 123 möglich) oder wiederholt unrichtige Umsatzangabe bei Umsatzpacht (Ddorf NZM 01, 1033); **nicht:** Wahrheitswidriges Bestreiten eines Abmahnungszugangs (LG Köln ZMR 96, 666); eine Vielzahl von Prozessen zwischen den Vertragsparteien als solche (Hamm NJW-RR 93, 16).

7   **Für den Mieter:** Bewusst unrichtige Angabe der Betriebskostenhöhe (LG Ddorf NZM 02, 604; LG Hburg ZMR 03, 683); unrichtige Nebenkostenabrechnungen (AG Kassel ZMR 69, 17); Gewissheit, dass die Erlaubnis zur Untervermietung nicht erteilt wird (BGH ZMR 60, 10- für Unterpächter); unberechtigte fristlose Kündigung des Vermieters (Ddorf NZM 02, 292), **nicht** aber, wenn der Mieter hierzu Anlass gegeben hatte (Ddorf ZMR 97, 596); ebenso wenig ist ausreichend der Vermögensverfall des Vermieters, selbst wenn die Eröffnung des **Insolvenzverfahrens** mangels Masse abgelehnt wird und die Handelsregisterlöschung der vermietenden Gesellschaft erfolgt ist, so lange sich dieser nicht in der Wertschätzung des Mietobjekts niedergeschlagen hat (BGH NJW-RR 02, 946; Ddorf ZMR 00, 173); auch nicht enttäuschte Erwartung bezüglich der

Gewinnerzielung in den Mieträumen (BGH NJW 00, 1714) oder schwere Erkrankung des Mieters (Ddorf NZM 01, 669), da beide Umstände in seinen Risikobereich fallen.

II. Die Kündigungsgründe nach § 543 II. Nach der gesetzgeberischen Intention soll die Prüfung der Unzumutbarkeit von I auch iRd Beispielstatbestände des II vorzunehmen sein (BTDrs 14/5663 S 82). Dies lässt sich jedoch weder der dortigen Ausformulierung („Ein wichtiger Grund liegt inbes vor, wenn") noch der Normensystematik entnehmen. Eine **Unzumutbarkeitsprüfung** ist daher nur dort möglich, wo die Beispiele in II unbestimmte Rechtsbegriffe („zum Teil", „erheblich") enthalten (vgl auch Palandt/*Weidenkaff* § 543 Rn 6; Erman/*Jendrek* § 543 Rn 10). Sind die Tatbestände des II oder des bei Wohnraummiete ergänzend anwendbaren § 569 nicht erfüllt, kann gleichwohl ein Kündigungsgrund nach I vorliegen (zB wiederholte verspätete Mietzahlung). 8

1. Nichtgewährung des vertragsgemäßen Gebrauchs gem § 543 II Nr 1. Der Mieter hat ein Recht zur fristlosen Kündigung, wenn ihm der vertragsgemäße Gebrauch der Mietsache ganz bzw teilweise nicht gewährt oder wieder entzogen wird. Ein vertragswidriger Gebrauch ist nicht geschützt. Die Nichtgewährung kann auf einem Sach- oder Rechtsmangel, dem Fehlen einer zugesicherten Eigenschaft, teilweiser Nichterfüllung oder sonstigen Ursachen beruhen – bspw (s auch § 536 Rn 7–13) die Unterschreitung der im Mietvertrag angegebenen Mietfläche um mehr als 10% (BGH NJW 05, 2153); bei Vermietung eines noch nicht errichteten Objekts ein nicht den beigefügten Bauantragsunterlagen entspr Zustand (Ddorf ZMR 01, 346); bei einem Leasingvertrag über Hard- und Software die unterbliebene Übergabe der Software (BGH NJW 88, 204); das Fehlen von Teilen der Hardware (BGH NJW 93, 122); eine Einbruchsserie, die den Verlust des Versicherungsschutzes zur Folge hat (Naumbg NZM 98, 438; vgl aber KG NZM 98, 437); die unberechtigte Verweigerung der Zustimmung zur Untervermietung im Einzelfall trotz allgemein erteilter Erlaubnis (BGH NJW 84, 1031; Ddorf WuM 95, 585); **nicht:** eine vom Hersteller vorprogrammierte periodische Sperre eines Computerprogramms zum Schutz vor unerlaubter Nutzung (BGH NJW 81, 2684). Es ist **kein Verschulden** des Vermieters erforderlich. Der Mieter kann jedoch nicht kündigen, wenn die Störung des vertragsgemäßen Gebrauchs selbst zu vertreten hat (vgl Rn 12). 9

Obwohl der heutige Gesetzeswortlaut im Unterschied zu § 542 II aF nicht mehr ausdrücklich bestimmt, dass es sich um eine **nicht unerhebliche Einschränkung des vertragsgemäßen Gebrauchs** handeln muss, ist dieses Erfordernis auch in § 242 weiterhin anzunehmen, um ein Missbrauch des Kündigungsrechts zu vermeiden (BGH NJW 05, 2152). Bei objektiv unerheblicher Einschränkung (zB gewisse Beschwerlichkeit der Erreichbarkeit bzw die Änderung der öffentlichen Nahverkehrsanbindung (LG Ddorf NJW-RR 03, 1594)) ist eine Kündigung nur ausnahmsweise bei Vorliegen eines besonderen Mieterinteresses gerechtfertigt – so, wenn ein bestimmter Gebrauch der Mietsache ausdrücklich vereinbart war (Bub/Treier/*Grapentin* IV Rn 147). 10

Zur **Abhilfefrist** und deren Entbehrlichkeit s Rn 24 f. Der bloße Beginn der Mangelbeseitigung am Tage des Fristablaufs schließt das Kündigungsrecht nicht aus (Ddorf ZMR 95, 351). Die **Beweislast** für den Mangel der Mietsache bemisst sich nach Verantwortungsbereichen: Der Vermieter muss beweisen, dass der Mangel nicht seinem Obhutsbereich entstammt. Sind sämtliche Ursachen, die in seinen Obhutsbereich fallen, ausgeräumt, trägt der Mieter die Beweislast dafür, dass der Schaden nicht auf übervertragsmäßigem Gebrauch (§ 538) der Mietsache beruht (BGH ZMR 05, 120). Der Mieter trägt ferner die Beweislast für die sonstige Nichtgewährung des Gebrauchs, die Fristsetzung bzw die Tatsachen, die eine Fristsetzung entbehrlich machen, das besondere Interesse an der Vertragsbeendigung bei objektiv nur unerheblicher Einschränkung des vertragsgemäßen Gebrauchs, bei Zerstörung der Mietsache während des Mietgebrauchs für sein fehlendes Verschulden (BGH NJW 98, 594). Der **Vermieter** muss beweisen die rechtzeitige Gebrauchsgewährung bzw die Abhilfe iRd eingeräumten Frist (IV 2) sowie ggf die Unerheblichkeit der Vorenthaltung (BGH NJW 76, 796). 11

Bei widerspruchsloser Hinnahme durch den Mieter und vorbehaltloser Mietzahlung über einen längeren Zeitraum kann gem § 242 **Verwirkung** eintreten (BGH NJW 00, 2663; Karlsr ZMR 01, 799); ebenso bei unangemessener Verzögerung der Kündigung nach Ablauf der Abhilfefrist (Saarbr MDR 99, 86 bei vier Monaten; LG Berlin NZM 02, 214 bei zwei Monaten); die Kündigung ist wegen **unzulässiger Rechtsausübung** gem § 242 ausgeschlossen, wenn der Mieter die rechtzeitige Fertigstellung der Mietsache verzögert (Ddorf ZMR 93, 522); ebenso, wenn der Mieter die fehlende Gebrauchsmöglichkeit verschuldet hat (BGH ZMR 05, 120; NJW 98, 594 bei gebrauchsbedingtem Brand) oder die Mietsache nicht gebrauchen will (Celle ZMR 02, 187). 12

2. Vertragsverletzungen durch den Mieter gem § 543 II Nr 2. Entgegen der Gesetzesbegründung (BTDrs 14/4553, 44) wird im Unterschied zu § 553 aF nicht mehr jede Vertragsverletzung durch den Mieter erfasst. Der Vermieter hat nur noch in den (nach altem Recht lediglich beispielhaft aufgeführten) beiden Fällen ein fristloses Kündigungsrecht, in denen der Mieter die Mietsache durch Vernachlässigung der ihm obliegenden Sorgfalt erheblich gefährdet oder diese unbefugt einem Dritten überlässt. Sonstige Pflichtverletzungen fallen nunmehr unter I. Die in II Nr 2 aufgeführten Fälle müssen eine **erhebliche Verletzung der Vermieterrechte** beinhalten. Die frühere Rspr, wonach es sich hierbei um gesetzlich geregelte Beispiele von erheblichen Verletzungen der Vermieterrechte handele (BGH NJW 85, 2527), ist nicht mehr anwendbar, da es sich bei den Konstellationen in II Nr 2 eben gerade nicht mehr um Beispiele eines Grundtatbestands, sondern um eigen- 13 ständige Tatbestandsvarianten handelt (Erman/*Jendrek* § 543 Rn 17; aA Palandt/*Weidenkaff* § 543 Rn 20). Ob eine erhebliche Verletzung der Vermieterrechte vorliegt, ist ausschl anhand des Einzelfalls zu beurteilen (BGH NJW 93, 2528; BVerfG ZMR 94, 10).

14 **a) Erhebliche Gefährdung der Mietsache.** Während der Zeit der Gebrauchsüberlassung ist der Mieter zur sorgfältigen Behandlung der Mietsache verpflichtet. Pflichtverletzungen, die zur Gefährdung führen, können sein zB nicht regelmäßige Lüftung der Miträume, Nichterfüllung der entgegen § 535 I 2 vertraglich übernommenen Instandhaltungspflicht; Herbeiführung einer Brandgefahr; im Ausnahmefall wohl auch Überbelegung (vgl BGH NJW 93, 2528; BVerfG ZMR 94, 10) oder übermäßige Tierhaltung (LG Karlsr NZM 01, 891); Unterlassene Heizung durch den Mieter oder Dritte (§ 278) trotz Frostgefahr. Bei **Mietermehrheit** ist die Gefährdung durch einen Mieter ausreichend (Ddorf NJW-RR 87, 1370). Nach dem Gesetzeswortlaut muss noch kein Schaden eingetreten sein, die Gefährdung genügt. Eine abstrakte Gefahr reicht aber nicht, der Schadenseintritt muss konkret drohen (Bub/Treier/*Grapentin* IV Rn 165). Die Gefahr muss ferner erheblich sein, wobei es sich im Hinblick auf die ebenfalls erforderliche erhebliche Verletzung der Vermieterrechte hier nur um eine Leerformel handelt.

15 **b) Unbefugte Gebrauchsüberlassung an Dritte.** S Kommentierung zu § 540. Eine Gebrauchsüberlassung liegt auch vor, wenn der Mieter nicht verhindert, dass der Untermieter seinerseits unbefugt weitervermietet (Hamm NJW-RR 92, 783). Familienangehörige sind nicht Dritte (BGH NJW 93, 2528).

16 Erklärt der Vermieter die Kündigung nicht innerhalb eines angemessenen Zeitraums, kann **Verwirkung** eintreten (bei mehr als sechs Monaten, München NJW-RR 02, 631). Hat der Mieter einen vertraglichen bzw bei Wohnraummiete gesetzlichen (§ 553) Anspruch auf Erteilung der Erlaubnis zur Untervermietung, diese aber nicht eingeholt, so sind die Tatbestandsvoraussetzungen der Kündigung erfüllt, dem Mieter steht jedoch der Einwand der **unzulässigen Rechtsausübung** nach § 242 zu (BayObLG NJW-RR 91, 461; Ddorf ZMR 03, 177; für fristloses Kündigungsrecht des Vermieters dagegen AG Hamburg ZMR 03, 42).

17 Zur **Abhilfefrist** und deren Entbehrlichkeit s Rn 24 f. Die **Beweislast** für sämtliche Tatbestandsvoraussetzungen trägt der Vermieter.

18 **3. Zahlungsverzug des Mieters gem § 543 II Nr 3.** Zur Miete gehören alle laufenden, also wiederkehrenden Nebenkosten (Frankf NJW-RR 89, 973; Naumbg WuM 1999, 160), zB Heiz- und Wasserkostenvorauszahlungen; nicht jedoch Einmalleistungen wie die Mietkaution (Bub/Treier/*Grapentin* IV Rn 175; MüKo/*Schilling* § 543 Rn 45) oder die Betriebskostennachzahlung (Palandt/*Weidenkaff* § 543 Rn 23). Maßgeblicher Zeitpunkt ist der Kündigungszugang. Die Mietrückstände dürfen nicht bereits verjährt sein (LG Berlin MDR 83, 843) bzw aus einer rückwirkend erhöhten Miete resultieren (LG Köln WuM 93, 191). Bei Gewerberaummiete ist eine „Rechtzeitigkeitsklausel" zulässig, wonach entgegen § 270 der Mieteingang auf dem Vermieterkonto maßgeblich ist. Bei Wohnraummiete ist die Zulässigkeit einer solchen Klausel str (dafür LG Berlin NJW-RR 93, 144; einschränkend LG Hamburg NZM 99, 1041). Mit dem in beiden Varianten des II Nr 3 verwendeten Begriff des Termins ist die vertragliche Fälligkeit gemeint. Die **Zahlung unter Vorbehalt** führt zur Erfüllung, so dass ein Mietrückstand nicht besteht (LG Frankfurt WuM 87, 318).

19 **a) für zwei aufeinander folgende Termine.** Wegen des eindeutigen Gesetzeswortlauts genügt ein einmaliger Mietrückstand auch dann nicht, wenn der Mieter erklärt, er könne künftig nicht mehr zahlen (aA Ddorf NJW-RR 91, 1353). Ob ein Rückstand mit einem **nicht unerheblichem Teil** der Miete vorliegt, ist anhand des Einzelfalls unter Berücksichtigung sämtlicher Umstände zu beurteilen. Bei Wohnraumiete ist nach § 569 III Nr 1 ein Rückstand von **mehr als einer Monatsmiete** erheblich, bei Mietverhältnissen über andere Räume gilt dies erst Recht (BGH ZMR 87, 289). Maßgeblich ist der Gesamtrückstand bezogen auf die Summe beider Termine; es sind nicht etwa die Rückstände für jeden einzelnen Termin anzusetzen (BGH NJW-RR 87, 903).

20 Erforderlich ist **Verzug** (§ 286). Die Einrede des nichterfüllten Vertrages (§ 320) beseitigt den Verzug ohne weiteres (BGH ZMR 97, 567). Zurückbehaltungsrechte (§ 273) müssen geltend gemacht werden (BGH WM 71, 1020), ebenso die Aufrechnung. Hinsichtlich des **Verschuldens** kann sich der Mieter entlasten (§ 286 IV). Zahlungsunfähigkeit ist wie immer unbeachtlich (§ 276); ebenso die fahrlässig irrige Annahme, zur Minderung berechtigt zu sein (nach abw richterlichem Hinweis LG Frankfurt NJW-RR 04, 1238; bei Zurückhaltung von überhöhtem Minderungsbetrag LG München NZM 00, 87; anders bei schwieriger Berechnung LG Hannover NJW-RR 95, 331). Ein Rechtsirrtum beseitigt die Fahrlässigkeit nicht (vgl BGH ZMR 87, 289, 291). Für das Verschulden von Erfüllungsgehilfen erfolgt die Zurechnung über § 278; Erfüllungsgehilfe ist auch das Sozialamt (LG Berlin NJW-RR 02, 10; aA LG Mainz WuM 03, 629) bzw der Rechtsanwalt des Mieters (Köln ZMR 98, 763). Gem §§ 286 IV, 270 ist ein Verschulden ausgeschlossen, wenn die rechtzeitig überwiesene Miete verspätet ankommt. Eine Mahnung ist entbehrlich, da die Fälligkeit der Miete kalendermäßig iSd § 286 II Nr 1 bestimmt ist.

21 Bei **Insolvenz** des Mieters ist ab dem Insolvenzantrag die Kündigung wegen davor eingetretener Mietrückstände gem § 112 InsO ausgeschlossen. Die Kündigung bleibt aber möglich wegen eines Rückstandes, der erst nach dem Insolvenzantrag entsteht.

b) in einem Zeitraum, der sich über mehr als zwei Termine erstreckt. Der Kündigungsgrund ist gegeben, 22
sobald der Gesamtrückstand zwei Monatsmieten erreicht. Die Dauer des Rückstandes ist unbeachtlich, dieser
muss also nicht etwa zwei Monate lang in Höhe von zwei Monatsmieten bestehen. II Nr 3 ist daher auch
erfüllt, wenn der Mieter die Miete monatlich nur um einen geringen Teilbetrag kürzt, der Zahlungsrückstand
sich in der Folgezeit aber zu einem Betrag von zwei Monatsmieten summiert (vgl BGH NJW 05, 2775). Entscheidend
ist, dass der Rückstand im Zeitpunkt des Kündigungszugangs besteht (LG Berlin ZMR 92, 24). Zu
Verzug und **Insolvenz** s Rn 20 f. Eine entspr Anwendung des Kündigungstatbestandes auf in kürzeren Zeitabschnitten
bemessene Mieten ist möglich; str ist, ob dies auch für Mieten gilt, die in längeren Zeiträumen zu
zahlen sind (dafür MüKo/*Schilling* § 543 Rn 48; Staud/*Emmerich* § 543 Rn 58; dagegen Erman/*Jendrek* § 543
Rn 24; Palandt/*Weidenkaff* § 543 Rn 25).

c) Heilung nach § 543 II 2 und 3. Gem II 2 ist die Kündigung ausgeschlossen, wenn der Mieter vor Zugang 23
der Kündigungserklärung vollständig befriedigt wird. Teilleistungen genügen auch dann nicht, wenn der
offene Restbetrag gering ist (BGH ZMR 71, 27). Nach Zugang der Kündigung wird diese gem II 3 unwirksam,
wenn zum Zeitpunkt des Kündigungszuganges eine Aufrechnungslage (§ 387) bestanden hat und der
Mieter unverzüglich (§ 121) die Aufrechnung erklärt (für eine Begrenzung auf zwei Wochen nach Kündigungszugang
Köln ZMR 98, 763). Aufgrund der Gesetzesformulierung „wird" gilt die Unwirksamkeit entgegen
§ 389 nicht rückwirkend, sondern nur ex nunc. Gerät der Mieter wieder in Verzug, lebt die Kündigung
nicht wieder auf, sondern muss erneut ausgesprochen werden. Bei Wohnraummiete gelten ergänzend die
Heilungsmöglichkeiten aus § 569 III. Allerdings kann auch bei Zahlung innerhalb der Schonfrist noch eine
ordentliche Kündigung nach § 573 II Nr 1 gerechtfertigt sein (BGH ZMR 05, 536). Anderseits kann **Verwirkung**
eintreten, wenn der Vermieter die Kündigung nicht binnen eines angemessenen Zeitraums erklärt (vgl
BGH NJW 05, 2775).

Eine **Abmahnung** ist nach § 543 III 2 Nr 3 entbehrlich – anders aber gem § 242, wenn der Vermieter einen 24
zur Kündigung berechtigenden Zahlungsrückstand des Mieters über längere Zeit hingenommen hat (BGH
ZMR 72, 306; Hamm ZMR 94, 560). Der Mieter muss sich in Bezug auf sein fehlendes Verschulden entlasten
(§ 286 IV), der Vermieter trägt die **Beweislast** für sämtliche übrigen Tatbestandsvoraussetzungen des II Nr 3
einschl des Zugangszeitpunkts der Kündigung. Die Heilungsumstände nach II 2 und 3 muss der Mieter
beweisen. Der Vermieter kann bei Zahlungsverzug sofort auf Räumung klagen, eine vorangehende Zahlungsklage
bezüglich der rückständigen Mieten ist nicht erforderlich.

III. Abhilfefrist und Abmahnung nach § 543 III. Mit Ausnahme der Kündigung wegen Zahlungsverzuges 25
gem II Nr 3 (zu dem im Einzelfall freilich auch dort bestehendem Abmahnungserfordernis s Rn 24) ist die
fristlose Kündigung erst nach erfolglosem Ablauf einer Abhilfefrist oder nach erfolgloser Abmahnung ggü
dem Mieter zulässig. Eine Abhilfefrist ist zu setzen, wenn die Pflichtverletzung bzw deren Folgen noch
andauern. Anderenfalls ist eine Abmahnung auszusprechen (Erman/*Jendrek* § 543 Rn 28). Die jeweils (formlose)
empfangsbedürftige Erklärung muss stets ggü dem Vertragspartner erfolgen, also bei vertragswidriger
Untervermietung iSd II Nr 2 Alt 2 ggü dem Hauptmieter. Bei **Mietermehrheit** ist die Abmahnung ggü sämtlichen
Mietern auszusprechen. Das beanstandete Verhalten ist jeweils genau anzugeben. Eine zu kurz bemessene
Abhilfefrist setzt eine angemessene Frist in Gang (BGH MDR 70, 1421), ohne dass eine erneute Erklärung
erforderlich ist. Eine **unwirksame Kündigung** kann gem § 140 in eine Abmahnung umgedeutet werden
(vgl Hamm NJW-RR 93, 1163, wohl auch München ZMR 96, 487). Die **Beweislast** für die gesetzte Abhilfefrist
bzw die Abmahnung trägt der Kündigende.

Gem 2 sind Abhilfefrist bzw Abmahnung **entbehrlich**, wenn (Nr 1) diese offensichtlich keinen Erfolg versprechen 26
– zB bei ernsthafter und endgültiger Abhilfeverweigerung (BGH NJW 76, 796; Ddorf ZMR 01, 346); bei
Unmöglichkeit; bei unzumutbaren Belastungen für den Mieter (Ddorf ZMR 91, 299); bei Ungeeignetheit der
Abmahnung, den anderen zu einem vertragsgemäßen Verhalten zu bewegen (vgl BGH NZM 04, 430) oder
(Nr 2) die sofortige Kündigung aus besonderen Gründen unter Abwägung der beiderseitigen Interessen
gerechtfertigt ist – zB wegen der Schwere der Pflichtverletzung. S für beide Varianten die Kommentierung zu
§ 281. Die Entbehrlichkeit ist unter Würdigung aller Umstände des Einzelfalls zu beurteilen. Die Beweislast
trägt der Vermieter (Ddorf ZMR 05, 187, 188).

Folgen einer **unberechtigten Abmahnung** sind weder eine Schadensersatzpflicht (Hamm NJW-RR 96, 1294) 27
noch ein Anspruch auf Widerruf (AG Luckenwalde WuM 00, 673) Auch wäre eine auf Feststellung der
Unwirksamkeit der Abmahnung gerichtete Klage mangels eines diesbezüglichen Rechtsschutzbedürfnisses
unzulässig (vgl AG Luckenwalde aaO).

IV. Ausschluss des Kündigungsrechts nach § 543 IV 1. Aufgrund der in IV 1 angeordneten entspr Anwendung 28
der §§ 536 b und 536 d auf das mieterseitige Kündigungsrecht wegen Vorenthaltung bzw Entziehung des
vertragsgemäßen Gebrauchs (II Nr 1) ist dieses bei Kenntnis des der Mietsache anhaftenden Mangels gem
§ 536 b oder bei nach § 536 d zulässiger Vereinbarung eines Haftungsausschlusses unter denselben Voraussetzungen
wie die dortigen Mängelrechte ausgeschlossen. Ein Haftungsausschluss entfaltet hiernach keine Wirkung
für arglistig verschwiegene Mängel. Verschlechtert sich der zunächst hingenommene Mangel, lebt das
nach § 536 b ausgeschlossene Kündigungsrecht wieder auf (KG NJW-RR 02, 224). Hat der Mieter die gebo-

tene Mängelanzeige unterlassen, muss er gem § 536 c II Nr 3 zunächst eine angemessene Abhilfefrist setzen, bevor er wegen des betreffenden Mangels kündigen kann.

29 **E. Rechtsfolge: Kündigungserklärung.** Für die Kündigungserklärung gilt bei Wohnraummiete die Schriftform (§ 568 I), der Kündigungsgrund ist genau zu bezeichnen (§ 569 IV). Bei Gewerberaummiete ist die Erklärung formlos und kann daher auch schlüssig erfolgen, zB durch Räumung und Zahlungseinstellung (Frankf ZMR 05, 617). Die Kündigungserklärung erlangt erst ab Zugang (ex nunc) Rechtswirkung. Fristsetzung bzw Abmahnung und Kündigung, für den Fall, dass Abhilfe unterbleibt, können gleichzeitig erklärt werden (Hburg NJW-RR 01, 153). Die Kündigung muss grds nicht binnen eines gewissen Zeitraums nach Ablauf der Abhilfefrist bzw der Abmahnung erfolgen, da § 626 II ebenso wenig wie § 314 III gilt. § 543 stellt insofern eine abschließende Sonderregelung dar (aA *Riecke* § 542 Rn 26). Allerdings kann bei zu langem Zuwarten **Verwirkung** eintreten, vgl Rn 12, 16. Ob die Voraussetzungen der Kündigung in ihrer Eigenschaft als empfangsbedürftige Willenserklärung bei Zugang (so Staud/*Rolfs* § 542 Rn 67) oder schon bei Abgabe vorliegen müssen (so LG Köln WuM 01, 195), ist str. Als Gestaltungsrecht kann die Kündigung nicht unter eine Bedingung iSd § 158, sondern nur unter eine Rechtsbedingung gestellt werden (aA sofern der Erklärungsempfänger den Bedingungseintritt selbst in der Hand hat, Hburg ZMR 01, 25). Eine **unwirksame fristlose Kündigung** kann gem § 140 in eine ordentliche Kündigung umgedeutet werden (BGH NJW 03, 3053). Eine **Umdeutung** in ein Angebot zur einvernehmlichen Aufhebung des Mietvertrages ist dagegen nicht möglich (BGH NJW 84, 1028; LG Hamburg ZMR 02, 669). Bei einverständlicher Rückgabe der Mietsache kommt allerdings eine stillschweigende Vertragsaufhebung in Betracht (Palandt/*Weidenkaff* § 543 Rn 56).

30 **F. Weitere Ansprüche.** Veranlasst ein Vertragspartner den anderen zur fristlosen Kündigung und kann er sich bezüglich seines Verschuldens nicht entlasten, ist er gem § 280 zum **Schadensersatz** des durch die Kündigung bis zur Dauer der vertraglichen Bindung, also bis zur nächstmöglichen ordentlichen Kündigung, entstandenen Schadens verpflichtet. Zu ersetzen sind zB nach § 284 nutzlose Aufwendungen (zum alten Recht BGH NJW 00, 2342 unter Rückgriff auf die Rentabilitätsvermutung); Mietausfall; Mietdifferenz; Renovierungskosten; Kosten für die notwendige Beauftragung eines Rechtsanwalts und die Nachmietersuche. Gem 253 II besteht zudem ein Anspruch auf Schmerzensgeld. Der Vermieter hat sich gem § 254 nachhaltig um die Weitervermietung zu bemühen (Ddorf ZMR 96, 324), erforderlichenfalls auch zu einer geringeren Miete (Schlesw WuM 00, 354). Die Beweislast für einen Verstoß gegen § 254 trägt jedoch der Mieter (BGH ZMR 05, 433). Ein **Unterlassungsanspruch**, also gerichtet auf vertragsgemäßes Verhalten, folgt aus dem Mietvertrag (zB Einhaltung der Hausordnung) oder aus Gesetz für den Vermieter iRd § 541, für den Mieter aus § 535 I 2.

31 **G. Prozessuales.** Nach abgewiesener Klage steht einer erneuten Kündigung der Einwand der Rechtskraft aus § 322 ZPO wegen solcher Gründe entgegen, die zum Zeitpunkt der letzten mündlichen Tatsachenverhandlung entstanden waren (aA BGH NJW 98, 374, sofern der weitere Kündigungsgrund dem Vermieter noch nicht bekannt war). Eine im Vorprozess festgestellte Mietzahlungspflicht ist für den Kündigungsprozess bindend (Kobl NJW-RR 05, 1174). Gegen den Wohnraummieter kann auch vor Ablauf der Schonfrist des § 569 III Nr 2 ein Versäumnisurteil ergehen (LG Hamburg NJW-RR 03, 1231; LG Köln NJW-RR 04, 87).

§ 544 Vertrag über mehr als 30 Jahre

¹Wird ein Mietvertrag für eine längere Zeit als 30 Jahre geschlossen, so kann jede Vertragspartei nach Überlassung der Mietsache das Mietverhältnis außerordentlich mit der gesetzlichen Frist kündigen. ²Die Kündigung ist unzulässig, wenn der Vertrag für die Lebenszeit des Vermieters oder des Mieters geschlossen worden ist.

1 **A. Grundsätzliches; Anwendungsbereich.** § 544 wurde durch das MRRG eingefügt, ist seit 1. 9. 01 in Kraft und entspricht inhaltlich § 567 aF; daher existiert keine Übergangsregelung (aA für Anwendung des § 567 aF für vor dem 1. 9. 01 zugegangene Kündigungen Hamm ZMR 02, 196). Die Vorschrift dient dem Ausschluss von Erbmiete bzw ähnlichen Vertragsverhältnissen (BGH ZMR 94, 457) zur Erhaltung der dem Mietvertrag immanenten zeitlichen Begrenzung und gilt für alle Mietverhältnisse sowie über § 581 II für Pacht, ferner entspr für miet- und pachtähnliche Verträge (Bub/Treier/*Grapentin* IV Rn 222). Wegen des vorstehenden Normzwecks ist § 544 **zwingendes Recht** (BGH NJW 04, 1523; Hamm NZM 99, 753 zu § 567 aF). § 544 gilt auch für Vorverträge (MüKo/*Schilling* § 544 Rn 2; Staud/*Emmerich* § 544 Rn 2).

2 **B. Tatbestand: Mietvertrag über mehr als 30 Jahre iSv § 544 S 1.** Unter 1 fällt auch ein Mietvertrag auf unbestimmte Zeit, wenn für eine bzw beide Parteien ein Kündigungsausschluss für längere Zeit als 30 Jahre vereinbart ist (Frankf NZM 99, 419; Hamm NZM 99, 753) sowie ein befristeter Vertrag, wenn das Ereignis möglicherweise erst nach Ablauf von 30 Jahren eintritt (Ddorf ZMR 02, 189; Hburg ZMR 98, 28; Hamm NZM 99, 753). Dies gilt jedoch nicht, wenn die Kündigung zwar durch wirtschaftliche Nachteile (zB Entschädigungspflicht) erschwert ist, rechtlich aber möglich bleibt (Erman/*Jendrek* § 544 Rn 3; aA Bub/Treier/ *Grapentin* IV Rn 223; MüKo/*Schilling* § 544 Rn 5). Ausnahmsweise kann hier allerdings eine Umgehung vor-

liegen. Kein Mietvertrag über mehr als 30 Jahre ist auch ein für einen kürzeren Zeitraum geschlossener Vertrag, der lediglich eine Option zur Verlängerung auf insgesamt mehr als 30 Jahre enthält (vgl Hamm NZM 02, 218; aA MüKo/*Schilling* § 544 Rn 4). Wird die 30-Jahres-Frist infolge einer Vertragsverlängerung überschritten, so beginnt die Frist erst dann und nicht schon ab dem ursprünglichen Vertragsschluss zu laufen (BGH NJW 04, 1523; Ddorf ZMR 02, 189; Hamm NZM 02, 218).

C. Rechtsfolge: Kündigung. Das Kündigungsrecht für beide Parteien besteht erstmals nach 30 Jahren. Ausweislich des nunmehr eindeutigen Gesetzeswortlauts ist Fristbeginn nicht schon der Vertragsschluss, sondern erst die Überlassung der Mietsache (Erman/*Jendrek* § 544 Rn 2; MüKo/*Schilling* § 544 Rn 7). Bei nachträglichem Abschluss eines neuen Mietvertrages oder eines Vertrages mit längerer Bindungsdauer als das ursprüngliche Vertragsverhältnis beginnt die Frist mit Wirksamwerden des späteren Vertrages zu laufen (BGH NJW 96, 2028; Hamm ZMR 02, 196). Geht die Kündigung vor Ablauf der 30 Jahresfrist zu, ist sie unwirksam (Hamm ZMR 97, 182 (184)). Andererseits muss die Kündigung nicht zum erstzulässigen Zeitpunkt erfolgen (BGH NJW-RR 92, 780). Bei **Wohnraummiete** muss bei Kündigung des Vermieters gem §§ 573 d I, 575 a I ein berechtigtes Interesse vorliegen (Palandt/*Weidenkaff* § 544 Rn 3). 3

D. Unzulässigkeit der Kündigung bei Vertrag für die Lebenszeit gem § 544 S 2. Bei einem Vertrag für die Lebenszeit einer Vertragspartei ist gem 2 die Kündigung nach 1 unzulässig. Hintergrund der gesetzlichen Ausnahme ist die Tatsache, dass es sich bei einem solchen Vertrag der Sache nach um einen befristeten Vertrag handelt, bei dem der Miete innewohnende zeitliche Begrenzung ohnehin sichergestellt ist und es nicht zur einer Erbmiete kommen kann (vgl MüKo/*Schilling* § 544 Rn 1). Nach dem Normzweck ist 2 nicht auf juristische Personen anwendbar (Palandt/*Weidenkaff* § 544 Rn 3). Ferner fällt daher auch unter 2 ein durch solche Umstände befristeter Vertrag, die nur zu Lebzeiten der Vertragspartei eintreten können – zB die persönliche Nutzung der Mietsache durch den Mieter (LG Stuttgart NJW-RR 92, 908). 4

§ 545 Stillschweigende Verlängerung des Mietverhältnisses

¹Setzt der Mieter nach Ablauf der Mietzeit den Gebrauch der Mietsache fort, so verlängert sich das Mietverhältnis auf unbestimmte Zeit, sofern nicht eine Vertragspartei ihren entgegenstehenden Willen innerhalb von zwei Wochen dem anderen Teil erklärt. ²Die Frist beginnt
1. für den Mieter mit der Fortsetzung des Gebrauchs,
2. für den Vermieter mit dem Zeitpunkt, in dem er von der Fortsetzung Kenntnis erhält.

A. Grundsätzliches; Anwendungsbereich. § 545 wurde durch das MRRG eingefügt, ist seit 1. 9. 01 in Kraft und entspricht im Wesentlichen § 568 aF. Eine Übergangsregelung existiert daher nicht. § 545 gilt für alle Mietverhältnisse und über § 581 II auch für Pachtverträge. Für Landpacht gilt als Sonderregelung § 594. Auf Leasingverträge ist § 545 entspr anwendbar (Köln MDR 93, 142; offen gelassen in BGH NJW-RR 04, 558). Sinn und Zweck des § 545 ist die Klarstellung der Rechtsverhältnisse in den Fällen, in denen der Mieter mit Kenntnis des Vermieters den Gebrauch der Mietsache nach Ablauf des Mietvertrages fortsetzt (zu § 568 aF BGH ZMR 91, 291; Bub/Treier/*Grapentin* IV Rn 39). Die Vertragsverlängerung folgt unmittelbar aus dem Gesetz. 1

B. Abweichende Vereinbarungen. § 545 ist abdingbar; dies kann auch im Wohnraummietrecht **formularmäßig** erfolgen (BGH NJW 91, 1750; einschränkend Schlesw NJW 95, 2858- bei bloßer Nennung der Vorschrift soll Verstoß gegen das Transparenzgebot (§ 307 I 2) vorliegen). Da § 545 nicht zum Leitbild des Mietvertrages gehört, kommt ein Verstoß gegen § 307 II Nr 1 nicht in Betracht (BGH NJW 91, 1750). Ob § 545 ausgeschlossen wurde, ist durch Auslegung des Mietvertrages zu ermitteln (Bub/Treier/*Grapentin* IV Rn 288). Bejahendenfalls kann freilich in dem weiteren Gebrauch der Mietsache dennoch eine stillschweigende Vertragsverlängerung zu erblicken sein (Oldbg DWW 01, 88; *Haase* ZMR 02, 557). 2

C. Tatbestand. I. Fortsetzung des Gebrauchs der Mietsache nach Ablauf der Mietzeit. Als Ende der Mietzeit gilt jede Art der Vertragsbeendigung. Mietverhältnisse auf unbestimmte Zeit enden bei ordentlicher Kündigung mit Ablauf der Kündigungsfrist, bei außerordentlicher Kündigung mit deren Zugang (hier ist häufig ein gleichzeitiger Widerspruch gegen die Vertragsverlängerung nach 2 anzunehmen, vgl Rn 8); Mietverhältnisse auf bestimmte Zeit mit Zeitablauf; bei sonstiger Beendigung endet das Mietverhältnis mit Eintritt des Ereignisses (zB Tod des Mieters bei Mietvertrag auf Lebenszeit) bzw durch Aufhebungsvertrag (aA wohl Palandt/*Weidenkaff* § 545 Rn 2), wobei auch im letzteren Fall häufig ein gleichzeitiger Widerspruch nach 2 anzunehmen ist, vgl Rn 8. S ferner die Kommentierung zu § 542. Str ist, ob § 545 gilt, wenn eine Partei geschäftsunfähig ist, da ihr die Erklärung des Widerspruchs als Willenserklärung nicht möglich ist (dagegen Palandt/*Weidenkaff* § 545 Rn 2). 3

Nach dem Gesetzeswortlaut ist die Fortsetzung desjenigen Gebrauchs maßgeblich, der nach Art und Umfang während der Dauer des Vertragsverhältnisses ausgeübt wurde. Die bloße Vorenthaltung der Mietsache iSd § 546 a genügt folglich nicht (Bub/Treier/*Grapentin* IV Rn 40). Das Zurücklassen von Gegenständen in den 4

Mieträumen bzw das Zurückhalten von Teilen der Mietsache ist also unbeachtlich (Bub/Treier/*Grapentin* IV Rn 40). Andererseits kommt es auch nicht darauf an, dass der nunmehr ausgeübte Gebrauch mietvertraglich erlaubt war (MüKo/*Schilling* § 545 Rn 6). Entscheidend ist, ob das Verhalten des Mieters nach objektiver Verkehrsanschauung noch als Mietgebrauch oder bereits als Abwicklung des Mietverhältnisses zu verstehen ist (MüKo/*Schilling* § 545 Rn 6).

5 **Bsp:** Fehlende Erklärung des Mieters über Aufgabe des mittelbaren Besitzes bei Untervermietung (BGH NJW-RR 86, 1020); unbeanstandeter Verbleib in der Mietwohnung und vorbehaltlose Mietzahlung über mehr als ein Jahr (Oldbg DWW 01, 88) nicht: Verbleib in den Mieträumen zwecks Durchführung der Endrenovierung; bei vom Vermieter zugestandener bzw gerichtlich nach §§ 721, 794a ZPO bewilligter Räumungsfrist oder bei Gewährung von Vollstreckungsschutz nach § 765a ZPO, da hier eine Verlängerung des Mietverhältnisses von Seiten des Vermieters eindeutig nicht gewollt ist und eine klarstellungsbedürftige Situation mithin nicht besteht (vgl Rn 1). Nach Ablauf der Räumungsfrist gilt § 545 ebenfalls nicht, da bei Fristablauf kein Mietverhältnis mehr bestanden hat und somit auch nicht fortgesetzt werden konnte (MüKo/*Schilling* § 545 Rn 6) – anders aber, wenn der Vermieter sodann die Nutzungsentschädigung wiederholt vorbehaltlos entgegen nimmt (vgl Ddorf NZM 02, 739; Hamm NJW 82, 341).

6 Die **Beweislast** für die Fortsetzung des Gebrauchs nach Ablauf der Mietzeit trifft diejenige Vertragspartei, die sich auf die Folgen des § 545 beruft (vgl BGH NZM 98, 779). Bei beweglichen Sachen spricht der äußere Anschein für die Gebrauchsfortsetzung (MüKo/*Schilling* § 545 Rn 6), daher muss hier für die Gebrauchsfortsetzung nur bewiesen werden, dass der Mieter die Mietsache nach Beendigung des Mietvertrages behalten hat.

7 **II. Keine Erklärung des entgegenstehenden Willens binnen zwei Wochen.** Die formlose empfangsbedürftige Erklärung des entgegenstehenden Willens, welche durch schlüssiges Verhalten erfolgen kann, muss binnen zwei Wochen dem Vertragspartner zugehen. Die rechtzeitige Erklärung ggü dem Gericht ist nicht ausreichend (LG Berlin NZM 01, 40; Stuttg NJW-RR 87, 788). Aus der Erklärung muss für den objektiven Empfänger erkennbar sein, dass eine Fortsetzung des Mietverhältnisses nicht gewollt ist. Str ist, ob bei Vermietermehrheit die Erklärung eines Vermieters genügt (dafür Rostock NZM 04, 423; Palandt/*Weidenkaff* § 545 Rn 8; dagegen *Pütz* WuM 04, 531).

8 **Fristbeginn** gem 2 Nr 1 ist für den Mieter die Fortsetzung des Gebrauchs, für den Vermieter nach 2 Nr 2 die positive Kenntnis hiervon. Bloßes Kennenmüssen genügt nicht (MüKo/*Schilling* § 545 Rn 15; Staud/*Emmerich* § 545 Rn 12). Nach dem Normzweck des § 545 kann die Erklärung schon vor Fristbeginn abgegeben werden, da dann eine klärungsbedürftige Situation über die Fortsetzung des Mietverhältnisses nicht mehr besteht, vgl Rn 1 (BGH ZMR 88, 18; Hburg NJW 81, 2258; Schlesw NJW 82, 449). Eine Wiederholung muss nicht erfolgen, wenn das Mietende in einen nicht nur losen zeitlichen Zusammenhang fällt (BayObLG NJW 81, 2759).

9 **Bsp:** Die fristlose Kündigung verbunden mit der Aufforderung zur Rückgabe bzw Räumung der Mietsache (BGH ZMR 88, 18; Hburg NJW 81, 2258; Schlesw NJW 82, 449) oder unter Bezeichnung (§ 569 IV) des außerordentlichen Kündigungsgrundes (BGH NJW-RR 88, 76), die Erhebung der Räumungsklage (Köln ZMR 96, 24) nur, wenn diese rechtzeitig zugestellt wird – § 167 ZPO gilt nicht (Stuttg NJW-RR 87, 788); die Erklärung, dass eine Fortsetzung des Mietverhältnisses nur zu einer höheren Miete in Betracht kommt (BGH NJW-RR 86, 1020) bzw dass die Mieträume anderweitig vermietet sind.

10 Die **Beweislast** für die Erklärung des entgegenstehenden Willens sowie den rechtzeitigen Zugang trifft diejenige Partei, die sich auf die Vertragsbeendigung beruft. Der Mieter muss die Behauptung beweisen, dass der Vermieter bereits zu einem früheren Zeitpunkt Kenntnis von der Gebrauchsfortsetzung nach Mietende gehabt habe (BGH NZM 98, 779).

11 **D. Rechtsfolge: Verlängerung des Mietverhältnisses auf unbestimmte Zeit.** Setzt der Mieter den Gebrauch der Mietsache nach Ablauf des Mietverhältnisses fort, ohne dass eine Vertragspartei innerhalb der Zwei-Wochen-Frist widerspricht, so verlängert es sich auf unbestimmte Zeit. Folglich gelten die diesbezüglichen Kündigungsfristen aus § 573c – unabhängig davon, ob diese zuvor abw vereinbart waren oder ein Mietverhältnis auf bestimmte Zeit bestand (Bub/Treier/*Grapentin* IV Rn 41; offen gelassen BGH NJW-RR 04, 558). Im Übrigen gilt der alte Mietvertrag unverändert fort. Wegen der Vertragskontinuität bestehen das Vermieterpfandrecht und sonstige Sicherheiten weiter.

12 **E. Kein Ausschluss durch Anfechtung bzw Dissens.** Eine Anfechtung der Vertragsverlängerung wegen Willensmängeln bzw eine Unwirksamkeit wegen Dissens gem § 154 kommt nicht in Betracht, da die Verlängerung des Mietverhältnisses nach § 545 kraft Gesetzes erfolgt (Palandt/*Weidenkaff* § 545 Rn 10).

§ 546 Rückgabepflicht des Mieters

(1) Der Mieter ist verpflichtet, die Mietsache nach Beendigung des Mietverhältnisses zurückzugeben.
(2) Hat der Mieter den Gebrauch der Mietsache einem Dritten überlassen, so kann der Vermieter die Sache nach Beendigung des Mietverhältnisses auch von dem Dritten zurückfordern.

A. Grundsätzliches; Konkurrenzen. § 546 wurde durch das MRRG eingefügt, ist seit 1.9.01 in Kraft und **1** gilt für alle Mietverhältnisse. Bei Pacht gilt zusätzlich § 582 a III bezüglich des Inventars. § 546 entspricht § 556 I, III aF; eine Übergangsregelung besteht deshalb nicht. Der frühere II für Wohnraummiete wurde in § 570 normiert. Die Rückgabepflicht des Mieters nach Beendigung des Mietverhältnisses in I steht nicht im Synallagma mit einer Vermieterpflicht (Erman/*Jendrek* § 546 Rn 2; MüKo/*Schilling* § 546 Rn 1). Der schuldrechtliche Rückgabeanspruch aus § 546 I setzt **keinen Besitz** des Mieters an der Mietsache voraus (BGH NJW 96, 515). Die Ansprüche aus § 546 gehen bei Veräußerung der Mietsache nach § 566 I auf den Erwerber über (Ddorf NZM 02, 739), sind der Abtretung zugänglich und bestehen neben dem sachenrechtlichen Herausgabeanspruch aus § 985 (BGH NJW 83, 112). Dies gilt auch, wenn Vermieter und Eigentümer nicht identisch sind; erhält der Vermieter zunächst die Mietsache, kann der Eigentümer diese vom Vermieter nach § 985 herausverlangen. Bei **Insolvenz** des Mieters unterliegt nur der dingliche Herausgabeanspruch der Aussonderung nach § 47 InsO; der Anspruch aus § 546, der **weitergehend als § 985** ua auch auf die Wegnahme von Einrichtungen und Beseitigung von Veränderungen gerichtet ist (vgl Rn 7 ff), ist lediglich Insolvenzforderung (BGH NJW 01, 2966).

B. Abweichende Vereinbarungen. Wird die Rückgabepflicht als solche abbedungen, handelt es sich wegen **2** des damit verbundenen Wegfalls der das Wesen der Miete prägenden zeitlichen Begrenzung der Gebrauchsüberlassung nicht um einen Mietvertrag. Abw Vereinbarungen über den Zeitpunkt, zu dem die Rückgabepflicht fällig sein soll, sind zulässig. Die Vereinbarung eines über § 229 hinausgehenden Selbsthilferechts des Vermieters bei Nichterfüllung der Rückgabepflicht ist unwirksam (vgl BGH NJW 77, 1818).

C. Rückgabeanspruch gegen den Mieter gem § 546 I. I. Tatbestand: Beendigung des Mietverhältnisses. **3** Tatbestandlich setzt I allein die Beendigung des Mietverhältnisses voraus. Erfasst ist jede Beendigung (s Kommentierung zu § 545 Rn 3) – zB durch Zeitablauf (§ 575), ordentliche Kündigung (§ 573), außerordentliche fristlose Kündigung (§ 543), Kündigung des Erstehers iRd Zwangsversteigerung (§ 57 a ZVG) oder Aufhebungsvertrag. Ferner darf keine Verlängerung des Mietverhältnisses nach § 545 eingetreten sein.
Die Mietsache ist ausweislich des Gesetzeswortlauts **nach Beendigung** des Mietverhältnisses zurückzugeben, **4** also bei Fehlen abw Vereinbarungen gem § 187 I analog am darauf folgenden Tag (MüKo/*Schilling* § 546 Rn 15; *Sternel* IV Rn 533; aA für sofortige Rückgabepflicht Erman/*Jendrek* § 546 Rn 10; Palandt/*Wiedenkaff* § 546 Rn 10; Staud/*Rolfs* § 546 Rn 25). Fällt die Beendigung des Mietverhältnisses auf einen Samstag, Sonntag oder Feiertag, beginnt die Rückgabepflicht nach § 193 analog am darauf folgenden Werktag. Zur **vorzeitigen Rückgabe** der Mietsache ist der Mieter nicht berechtigt, da die Rückgabepflicht vor ihrer Entstehung nicht erfüllbar ist (Ddorf VersR 89, 46; KG NZM 00, 92; aA Dresden NJW-RR 01, 79; Bub/Treier/*Scheuer* V A Rn 5, weil den Mieter keine Gebrauchspflicht treffe). Bei objektiver oder subjektiver **Unmöglichkeit** der Rückgabe erlischt die Rückgabepflicht gem § 275 (Erman/*Jendrek* § 546 a Rn 4; Staud/*Rolfs* § 546 a Rn 27).

II. Einwendungen und Einreden des Mieters. Zurückbehaltungsrechte des Mieters gem § 273 sind nach **5** § 570 bei Wohnraummiete und nach § 578 I bei der Miete anderer Räume sowie bei Grundstücksmiete ausgeschlossen. Ein Recht zum Besitz gem § 986 besteht mangels Anwendbarkeit der dinglichen Einwendung ggü dem schuldrechtlichen Rückgabeanspruch aus § 546 ebenfalls nicht (BGH NZM 98, 779). Der Rückgabeanspruch unterliegt der Regelverjährung nach §§ 195, 199. Für den darin enthaltenen Anspruch auf Beseitigung eingebrachter Gegenstände, Einrichtungen oder Bauten (vgl Rn 7) gilt indes die kurze **Verjährung** aus § 548 (Köln NZM 98, 767 mwN).

III. Rechtsfolge: Wiedereinräumung des unmittelbaren Besitzes. Der Rückgabeanspruch des Vermieters **6** gem I ist spiegelbildlich zu § 535 I 2 auf die Wiedereinräumung des unmittelbaren Besitzes gerichtet (BGH NJW 88, 2665). Die Rückgabe der Mietsache ist **Bringschuld** (Erman/*Jendrek* § 546 Rn 9; zweifelnd Palandt/*Weidenkaff* § 546 Rn 10). Bei **Nichterfüllung** der Rückgabepflicht kann der Vermieter Nutzungsentschädigung gem § 546 a sowie ggf weitergehende Schadensersatz- und Verzugsansprüche nach §§ 546 a II, 280, 281, 286 geltend machen. Bei Wohnraummieten gelten die Einschränkungen aus § 571. Die Zwangsräumung aufgrund eines vorläufig vollstreckbaren Urteils stellt noch keine Erfüllung dar (BGH NJW 04, 1736). Gleiches gilt bei Annahmeverzug des Vermieters, dieser berechtigt den Mieter aber zur Besitzaufgabe nach § 303 (Ddorf NZM 99, 1142). Bei **Schlechterfüllung** (s Rn 9) bestehen Ansprüche aus § 280; bei mietvertraglich übernommener Pflicht zur Durchführung von Schönheitsreparaturen gilt § 281. Für deren Verjährung gilt § 548 (s dortige Kommentierung).

IV. Insbes Räumung von Mieträumen und Grundstücken. Bei jeder Art von Raummiete gehört zur voll- **7** ständigen Wiedereinräumung des unmittelbaren (Allein)Besitzes die Rückgabe sämtlicher Schlüssel an den Vermieter oder einen Empfangsbevollmächtigten, zB Hausverwalter, Nachmieter (Hamm NZM 03, 26; KG GrundE 79, 608; zu Ausnahmen s Brandbg NZM 00, 463; Hburg ZMR 95, 18). Wegen des Bringschuldcharakters der Rückgabepflicht ist **Leistungsort** der Wohn- oder Geschäftssitz des Vermieters bzw des Hausverwalters (Ddorf NJW-RR 99, 735). Die bloße Besitzaufgabe des Mieters durch Auszug aus den Mieträumen genügt daher nicht (Hamm NZM 03, 26). Ebenso liegt eine **Nichterfüllung** der Rückgabepflicht vor, wenn der Mieter die Schlüssel zwar dem Vermieter übergibt, seine Sachen aber überwiegend in den Mieträumen zurücklässt (BGH NJW 88, 2665). Lässt der Mieter nur einzelne Gegenstände zurück, ist trotz § 266 jedenfalls dann eine (Schlecht)Erfüllung der Rückgabepflicht anzunehmen, wenn er den Besitz hieran aufgegeben hat (BGH NJW 88, 2665; München ZMR 96, 202, 204), womit im Zweifel auch die Eigentumsaufgabe nach § 959 verbunden ist (MüKo/*Schilling* § 546 Rn 9). Um Nichterfüllung handelt es sich auch, wenn der Mieter Bauwerke in nicht unerheblichem Umfang auf dem Mietgrundstück zurücklässt (für etwa 10 % der Grundstücksfläche KG GrundE 03, 46; Köln NZM 98, 767).

8 Vorstehendes gilt auch, wenn der Mieter nur **mittelbarer Besitzer** ist und den unmittelbaren Besitz der Miet-räume einem Dritten überlassen hat. Eine Abtretung seines Herausgabeanspruchs gegen den Dritten genügt ausweislich des Gesetzeswortlauts („zurückzugeben") nicht (BGH NJW 71, 2065; Ddorf NZM 03, 397). Im Übrigen hat der Vermieter ohnehin einen Direktanspruch gegen den Dritten gem II.

9 Mieträume bzw Grundstücke sind bei fehlender Vereinbarung im üblichen also **ursprünglichen Zustand** zurückzugeben (BGH NJW 02, 3234), vertragsgemäße Abnutzungen bzw Veränderungen iSd § 538 bleiben außer Betracht (Ddorf NZM 04, 584); Einrichtungen und eingebrachte Gegenstände sind zu entfernen. Eine ursprünglich erteilte Zustimmung zur Veränderung der Mietsache modifiziert die Rückgabepflicht nur ausnahmsweise, wenn aus den Umständen eine abw diesbezügliche Vereinbarung bzw ein entspr Verzicht des Vermieters zu entnehmen ist (Hburg ZMR 90, 341; KG GrundE 2003, 46; ähnlich Erman/*Jendrek* § 546 Rn 6). Die Rückgabe der Mieträume bzw Grundstücke in vertragswidrigem Zustand führt zu **Ersatzansprüchen aus §§ 280 ff** (kurze Verjährung nach § 548), ist aber für die Erfüllung selbst ohne Bedeutung, solange insgesamt eine Rückgabe iSd Rn 6 ff zu bejahen ist. Nimmt der Vermieter die Mietsache nicht an, gerät er in Annahmeverzug (Hamm NZM 03, 26).

10 Aus der nachvertraglichen Obhutspflicht folgt, dass Räume besenrein zurückzugeben sind (MüKo/*Schilling* § 546 Rn 11). Firmenschilder mit Hinweis auf die neue Anschrift dürfen für angemessene Zeit verbleiben (Ddorf NJW 88, 2545; Erman/*Jendrek* § 546 Rn 6). Trifft der Vermieter bei Rückgabe keine Feststellungen zum Zustand der Mietsache, kann er sich später nicht mehr auf wahrnehmbare Mängel berufen (BGH NJW 83, 446, 448; KG GrundE 03, 524). Für die Nicht- bzw Schlechterfüllung der Rückgabepflicht trifft den Vermieter die **Beweislast**. Zur Beweissicherung empfiehlt sich ein **Übergabeprotokoll**. Dieses hat die Wirkung eines deklaratorischen Schuldanerkenntnisses (LG Berlin ZMR 00, 535; LG Hburg NZM 99, 838). Gleiches soll nach den Grundsätzen des kaufmännischen Bestätigungsschreibens für das Schreiben einer Partei gelten, wenn die andere nach Zugang nicht rechtzeitig widerspricht (Ddorf NZM 04, 260).

11 **V. Mietermehrheit.** Mehrere Mieter haften für die Erfüllung der Rückgabepflicht als Gesamtschuldner (BGH NJW 96, 515). Dies gilt auch ggü demjenigen Mieter, der **vorzeitig ausgezogen** ist (BGH NJW 96, 515; Bub/Treier/*Scheuer* V A 22). Str ist freilich die Vorfrage, ob der Mietvertrag mit dem ausgezogenen Mieter durch dessen Kündigung vorzeitig beendet wurde (dafür Bub/Treier/*Kraemer* III A Rn 1028, wenn der Vermieter nicht sofort widerspricht; dagegen Schmidt-Futterer/*Blank* § 540 Rn 18 f mit ausführlicher Darstellung des Meinungsstreits).

12 **D. Rückgabeanspruch gegen Dritten gem § 546 II.** § 546 gewährt dem Vermieter gegen einen nicht am Mietvertrag beteiligten Dritten, dem der Mieter die Mietsache – zB durch Untervermietung – befugt oder unbefugt überlassen hat, einen schuldrechtlichen Direktanspruch gleichen Inhalts wie I (vgl BGH NJW 96, 515). Der Anspruch entsteht **nach Beendigung** des Hauptmietvertrages in rechtlicher Hinsicht; ein tatsächliches Ende genügt nicht (Hamm WuM 81, 40). Hauptmieter und Dritter schulden die Rückgabe durch den Dritten als Gesamtschuldner. Im Unterschied zu I setzt der Anspruch aus II nach dem Gesetzeswortlaut („überlassen") den **Besitz** an der Mietsache voraus. Der Anspruch erlischt daher, wenn der Dritte die Mietsache an den Hauptmieter zurückgibt (München NJW-RR 89, 524).

13 Der Herausgabeanspruch nach § 546 II hat seine **rechtliche Grundlage in dem Hauptmietverhältnis** (Bub/Treier/*Scheuer* V A Rn 28; Erman/*Jendrek* § 546 Rn 13). Hieraus folgt: Ein solches muss wirksam bestanden haben (sonst nur § 985, vgl Rn 1). Ferner sind Zurückbehaltungsrechte auch für den Dritten ausgeschlossen – nach § 570, wenn das Hauptmietverhältnis Wohnraummiete ist, nach § 578 bei der Miete von Grundstücken bzw anderen Räumen. Zudem kann sich auch der Dritte auf die Herausgabepflicht aufschiebende bzw ausschließende Vereinbarungen iRd Hauptmietvertrages berufen. Abreden zwischen dem Dritten und dem Mieter sind dagegen naturgemäß unbeachtlich. Der Kündigungsschutz aus § 574 a gilt nur, wenn es sich auch bei dem Hauptmietverhältnis um Wohnraummiete handelt (vgl BGH NJW 03, 3054). Bei Beendigung des Hauptmietverhältnisses durch Aufhebungsvertrag gegen Abfindungszahlung gilt zugunsten des Dritten § 285 analog, wenn der Untermietvertrag für einen längeren Zeitraum geschlossen war (MüKo/*Schilling* § 546 Rn 23). Bei **Nichterfüllung** ist § 546 a tatbestandlich nicht erfüllt, da zwischen dem Vermieter und dem Dritten kein Mietverhältnis bestanden hat; der Vermieter ist auf Schadensersatz- und Verzugsansprüche aus §§ 987 ff. beschränkt.

14 **E. Prozessuales.** Bei Nichterfüllung der Rückgabepflicht aus § 546 I ist die Erhebung einer Räumungsklage erforderlich, welche mit der Klage auf Zahlung der Mietrückstände verbunden werden kann. Die eigenmächtige Inbesitznahme der Mietsache durch den Vermieter scheitert am Selbsthilfeverbot des § 858. Eine entgegenstehende Vereinbarung ist unwirksam (Hamm ZMR 92, 152). Bei **Mietermehrheit** ist ein Titel gegen

sämtliche Mieter erforderlich, auch wirkt ein Titel gegen den Hauptmieter nicht gegenüber dem Untermieter (BGH NZM 03, 802); dies gilt in Ansehung von § 885 I ZPO auch bei Eheleuten, wenn nur ein Ehegatte Vertragspartei ist (BGH WuM 04, 555; Ddorf ZMR 98, 621; Frankf WuM 03, 640). Das Rechtsschutzbedürfnis besteht auch für eine Räumungsklage gegen einen bereits ausgezogenen Mieter (BGH NJW 96, 515; aA Schlesw NJW 82, 2672). Eine Unterwerfung unter die sofortige Zwangsvollstreckung ist nach § 794 I Nr 5 grds möglich, bei Wohnraummiete jedoch ausgeschlossen.

§ 546a Entschädigung des Vermieters bei verspäteter Rückgabe

(1) Gibt der Mieter die Mietsache nach Beendigung des Mietverhältnisses nicht zurück, so kann der Vermieter für die Dauer der Vorenthaltung als Entschädigung die vereinbarte Miete oder die Miete verlangen, die für vergleichbare Sachen ortsüblich ist.
(2) Die Geltendmachung eines weiteren Schadens ist nicht ausgeschlossen.

A. Grundsätzliches. § 546a wurde durch das MRRG eingefügt, ist seit 1.9.01 in Kraft und begründet zugunsten des Vermieters bei verspäteter Rückgabe der Mietsache einen Entschädigungsanspruch eigener Art mindestens in Höhe der vereinbarten Miete. Ist die ortsübliche Miete höher, kann der Vermieter diese verlangen. § 546a ist kein Schadensersatzanspruch, sondern ein vertraglicher Anspruch eigener Art. Der **Gesetzeszweck** besteht darin, den Mieter, der seiner Rückgabepflicht aus § 546 nicht nachkommt, nicht besser zu stellen als bei Fortdauer des Mietvertrages (BGH MDR 89, 808; Schmidt-Futterer/*Gather* § 546a Rn5). § 546a soll dem Vermieter die Verfolgung seiner Rechte erleichtern (BGH NJW-RR 04, 558, 560).

§ 546a entspricht im wesentlichen § 557 I aF mit dem Unterschied, dass die Entschädigungsnorm nun für alle Mietverhältnisse gilt. Eine Übergangsregelung existiert daher nicht. Die vormaligen II bis IV sind heute in § 571 kodifiziert. Bei Pacht greift § 584b. Bei **Untermiete** gelten mangels Mietverhältnisses zwischen Vermieter und Dritten die §§ 987 ff (Hburg NZM 99, 1052), ebenso bei Angehörigen des Mieters. Dagegen besteht der Anspruch aus § 546a im Verhältnis zwischen dem Hauptmieter und dem Dritten. Sind aber Haupt- und Untermietverhältnis gleichzeitig beendet worden, steht dem Hauptmieter mangels eigener Nutzungsberechtigung kein Anspruch aus § 546a zu (BGH NJW 96, 46). Ggü der einen Obdachlosen einweisenden Behörde folgt der Entschädigungsanspruch aus dem öffentlich-rechtlichen Nutzungsverhältnis (Staud/*Rolfs* § 546a Rn 21). **Konkurrenzen** zu anderen Vorschriften bestehen nicht (vgl Rn 13ff), da § 546a dem Vermieter die Rechtsverfolgung erleichtern soll und somit einen zusätzlichen Anspruch begründet.

B. Abweichende Vereinbarungen. § 546a ist abdingbar. Vertragliche Vereinbarungen zu Lasten des Mieters dürfen jedoch nicht von der Schutzvorschrift des § 571 abweichen. Formularmäßige Bestimmungen unterliegen der Inhaltskontrolle insbes durch §§ 309 Nr 5 und 7, 308 Nr 7 und 307 II Nr 1. Da die Vorenthaltung (s Rn 4) ein wesentliches Merkmal des § 546a darstellt, ist eine Klausel unwirksam, derzufolge bei jeder nicht rechtzeitigen Rückgabe Nutzungsentschädigung zu zahlen ist (für Leasingvertrag BGH NJW-RR 04, 558, 560).

C. Tatbestand des Entschädigungsanspruchs nach § 546a I. Voraussetzung ist nach dem Gesetzeswortlaut die Vorenthaltung der Mietsache nach Beendigung des Mietverhältnisses. Dem Begriff des **Vorenthaltens** ist immanent, dass die Rückgabe der Mietsache trotz bestehender Rückgabepflicht unterlassen wird und dieses dem Willen des Vermieters widerspricht (BGH NJW-RR 04, 558). Daher liegt kein Vorenthalten vor bei irriger Annahme des Vermieters, der Mietvertrag bestehe fort (BGH NJW-RR 04, 558; Ddorf ZMR 05, 705). Ebenso wenig bei Ablehnung der Rücknahme durch den Vermieter (Hamm NZM 03, 517) oder Überlassung eines Schlüssels an den Mieter zur Durchführung von Schönheitsreparaturen (Ddorf NJW-RR 04, 300; KG NJW-RR 01, 1452). Eine Schlechterfüllung der Rückgabepflicht aus § 546 genügt nicht (Ddorf ZMR 05, 705) -zB bei Zurücklassen einzelner Gegenstände in den Mieträumen (Ddorf WuM 02, 494). Bleibt aber der überwiegende Teil der Gegenstände in den Räumen, führt dies zur Nichterfüllung der Rückgabepflicht (Ddorf ZMR 04, 27). Zur Abgrenzung s § 546 Rn 7ff. Ob der Mietgebrauch fortgesetzt wird, ist unbeachtlich. Die Rückgabepflicht entsteht an dem auf die Beendigung des Mietverhältnisses folgenden Tag, wenn nicht § 545 eingreift. Ist dies ein Sonnabend, Sonntag oder Feiertag, so entsteht die Rückgabepflicht erst am darauf folgenden Werktag (*Pütz* WuM 02, 414, s § 546 Rn 4). Zu den Voraussetzungen, Inhalt und Erfüllung der Rückgabepflicht s § 546 Rn 3ff. Bei Raummiete sind sämtliche Schlüssel zurückzugeben (s § 546 Rn 7).

Nach dem eindeutigen Gesetzeswortlaut ist **kein Verschulden** des Mieters (BGH NJW 84, 1527) oder ein Schaden des Vermieters erforderlich. Eine Vorenthaltung der Mietsache liegt auch vor bei Gewährung von Vollstreckungsschutz gem § 765a ZPO oder einer Räumungsfrist nach §§ 721, 794a ZPO (Schmidt-Futterer/*Gather* § 546a Rn 17), da die Vorschriften lediglich prozessualer Natur sind und daher keine materiell-rechtliche Wirkung entfalten. Bei objektiver oder subjektiver **Unmöglichkeit** der Rückgabepflicht scheidet eine Vorenthaltung der Mietsache begrifflich und nach dem Gesetzeszweck (vgl Rn 1) aus (Schmidt-Futterer/*Gather* § 546a Rn 17) – der Vermieter hat lediglich Ersatzansprüche aus §§ 280, 283. Zum Ausschluss von Zurückbehaltungsrechten bei Raummiete s § 546 Rn 5. Zur Frage, ob ausnahmsweise dennoch ein Vorenthalten verneint werden kann, zurückhaltend BGH NJW 75, 1773.

6 Der Anspruch besteht **für die Dauer der Vorenthaltung**; er erlischt somit mit Rückgabe der Mietsache. Ob dies auch gilt, wenn die Rückgabe zur Unzeit erfolgt, ist str (dafür Köln ZMR 93, 77; Rostock NJW-RR 02, 1712; Bub/Treier/*Scheuer* V A Rn 75; dagegen Ddorf ZMR 03, 105; MüKo/*Schilling* § 546 a Rn 16). Begehrt der Vermieter Schadensersatz statt der Leistung nach § 281, so erlischt der Nutzungsentschädigungsanspruch bereits mit Fristablauf (§ 281 IV), also vor Rückgabe der Mietsache (KG GrundE 03, 46). Der Annahmeverzug des Vermieters beseitigt die Entschädigungspflicht nur, wenn darin eine Ablehnung der Rücknahme zum Ausdruck kommt (KG NJW-RR 01, 1452; weitergehend Ddorf ZMR 04, 27).

7 Den Vermieter trifft die **Beweislast** für die Beendigung des Mietverhältnisses, der Mieter muss die Rückgabe bzw deren Unmöglichkeit oder die Ablehnung der Rücknahme durch den Vermieter beweisen.

8 **D. Einwendungen und Einreden: Fälligkeit, Aufrechnung, Verjährung, § 242.** Die Fälligkeit richtet sich nach dem Mietvertrag, im Zweifel gelten die §§ 556 b I, 579 (vgl BGH NJW 74, 556). Ebenso wie für die allgemeinen Ersatzansprüche (Rn 13 ff) gilt für § 546 a die Regelverjährung aus §§ 195, 199 (Palandt/*Weidenkaff* § 546 a Rn 2). Ein Aufrechnungsverbot ggü der Mietforderung besteht fort (BGH NJW-RR 00, 530). Steht der Zeitwert der Mietsache außer Verhältnis zur Entschädigungshöhe, so greift der Einwand der unzulässigen Rechtsausübung aus § 242 (BGH ZMR 05, 609).

9 **E. Rechtsfolge: Vereinbarte bzw ortsübliche Miete als Entschädigung.** Für die Dauer der Vorenthaltung hat der Mieter die vereinbarte Miete einschl Nebenkosten zu den vertraglichen Bedingungen zu zahlen; ist die ortsübliche Miete höher, kann der Vermieter diese nach der gesetzlichen Regelungen verlangen. Bestand ein vertraglicher Anspruch auf **Mieterhöhung**, kann der Vermieter eine entspr Erhöhung der Entschädigung verlangen (vgl BGH MDR 73, 492). Eine vor Beendigung des Mietverhältnisses geminderte Miete wirkt auf die Entschädigung fort (BGH ZMR 90, 206). Ein nach Mietende auftretender Mangel führt indes nicht zur **Minderung**, da zu diesem Zeitpunkt die Erhaltungspflicht des Vermieters aus § 535 I 2 erloschen ist (vgl BGH ZMR 90, 206; Ddorf ZMR 01, 447).

10 Da § 546 a keinen Schadensersatz-, sondern einen vertraglichen Anspruch eigener Art gewährt, ist **§ 254 nicht anwendbar** (Schmidt-Futterer/*Gather* § 546 a Rn 44). Der Anspruch besteht nur ggü dem Mieter als Vertragspartner, nicht ggü Dritten zB dem Untermieter oder Angehörigen des Mieters. Eine unterlassene Herausgabeklage gegen den Untermieter nach § 546 II mindert den Entschädigungsanspruch gegen den Mieter nicht (BGH NJW 84, 1527). Bei **Mietermehrheit** besteht der Anspruch auch ggü einem bereits ausgezogenen Mieter, wenn der verbliebene Mieter die Mietsache nicht rechtzeitig zurückgibt (Bub/Treier/*Scheuer* V A Rn 62). Sind Ehegatten im Besitz der Mietsache und ist nur einer Vertragspartner, haftet dieser natürlich alleine (Erman/*Jendrek* § 546 a Rn 8).

11 Begehrt der Vermieter die **ortsübliche Miete**, so ist der Betrag maßgebend, der bei Beendigung in der Gemeinde bzw in der vergleichbaren Umgebung der Mietsache innerhalb der Gemeinde durchschnittlich vereinbart wird. Der Vermieter kann die ortsübliche Miete nicht nur für die Zukunft geltend machen, sondern bereits rückwirkend für die Zeit ab Beendigung des Mietverhältnisses (BGH NJW 99, 2808; MüKo/*Schilling* § 546 a Rn 12; Palandt/*Weidenkaff* § 546 a Rn 11; aA Bub/Treier/*Scheuer* V A Rn 107). Die Kappungsgrenze des § 558 III bleibt ebenso wie die übrigen Bestimmungen dieser Vorschrift außer Betracht (MüKo/*Schilling* § 546 a Rn 13). Die **Beweislast** für die Höhe der ortsüblichen Miete trifft den Vermieter; auf den Mietspiegel kann er sich dabei wegen des anderen Vergleichsmietenbegriffs nicht berufen.

12 **F. Prozessuales.** Unter den Voraussetzungen des § 259 ZPO kann auch eine erst künftig fällige Entschädigung zusammen mit der Räumungsklage verlangt werden, wenn die Kündigung wegen Zahlungsrückständen über mehrere Monate erklärt wurde (BGH NJW 03, 1395).

13 **G. Weitergehender Schadensersatz gem § 546 a II.** Bei Schlechterfüllung der Rückgabepflicht (vgl § 546 Rn 9) gilt § 280. Bei Nichterfüllung kann der Vermieter nach § 546 a II neben dem Entschädigungsanspruch aus I weitergehende Verzugsschäden unter den Voraussetzungen des § 286 bzw sonstige Schäden nach den §§ 280 ff geltend machen. Ein Verschulden des Mieters ist stets erforderlich. Bei **Mietermehrheit** haftet bei vorhandener Einwirkungsmöglichkeit auf die Mietsache jeder Mieter in Abweichung von § 425 für das Verschulden des Mitmieters (Ddorf NJW-RR 87, 911).

14 Bei **Wohnraummiete** sind die Einschränkungen des § 571 zu beachten. Grds kann der Vermieter die höhere Miete verlangen, die ein zur Anmietung bereiter Dritter gezahlt hätte bzw die Erstattung des Schadensersatzes wegen Nichterfüllung, den der Vermieter an den Nachmieter leisten musste (Ddorf MDR 90, 725). Bei Eigenbedarf sind die Mehrkosten und sonstigen Aufwendungen zu ersetzen (Palandt/*Weidenkaff* § 546 a Rn 17). Unter den Voraussetzungen des Schadensersatzes statt der Rückgabe nach § 281 ist auch ein **Zwangsverkauf** der Mietsache an den Mieter möglich (MüKo/*Schilling* § 546 a Rn 21).

15 Der Mieter muss sich hinsichtlich seines Verschuldens entlasten (§§ 280 I 2, 286 IV), die **Beweislast** für die übrigen Voraussetzungen, insbes für den kausalen Schaden trifft den Vermieter. Gelingt diesem der Nachweis eines Mietausfallschadens nicht, kommt nur ein Anspruch aus §§ 812 ff wegen **ungerechtfertigter Bereicherung** des Mieters in Betracht, der ebenfalls nicht durch § 546 a berührt wird, weil die Bestimmung die Rechte des Vermieters gerade erweitern soll (BGH NJW-RR 00, 382). Gleiches gilt für Ansprüche aus §§ 987 ff (BGH

NJW-RR 00, 382; aA Köln NZM 99, 710; MüKo/*Medicus* Vorbem 20 vor § 987). Auch § 571 steht Ansprüchen aus §§ 812 ff nicht entgegen, da diese nicht auf Schadensersatz gerichtet sind. Bei Weitervermietung vorenthaltener Räume durch den Mieter kann der Vermieter über § 816 II die vom Nachfolgemieter an den bisherigen Mieter geleistete Entschädigung herausverlangen, wenn er die Verfügung des Mieters über die Entschädigung genehmigt (BGH NJW 83, 446).

§ 547 Erstattung von im Voraus entrichteter Miete

(1) ¹Ist die Miete für die Zeit nach Beendigung des Mietverhältnisses im Voraus entrichtet worden, so hat der Vermieter sie zurückzuerstatten und ab Empfang zu verzinsen. ²Hat der Vermieter die Beendigung des Mietverhältnisses nicht zu vertreten, so hat er das Erlangte nach den Vorschriften über die Herausgabe einer ungerechtfertigten Bereicherung zurückzuerstatten.
(2) Bei einem Mietverhältnis über Wohnraum ist eine zum Nachteil des Mieters abweichende Vereinbarung unwirksam.

A. Grundsätzliches; Anwendungsbereich. § 547 wurde durch das MRRG eingefügt, ist seit 1.9.01 in Kraft und entspricht inhaltlich § 557 a aF. Eine Übergangsregelung existiert daher nicht. § 547 gilt für alle Mietverhältnisse und ist über § 581 II auf Pachtverträge anwendbar (BGH NJW 00, 2987). Sinn und Zweck des § 547 ist der Schutz des Mieters vor dem Verlust der im Voraus geleisteten Miete. Die Ansprüche aus § 547 sind wie jeder andere Anspruch abtretbar, zB an den Nachmieter. 1

B. Abweichende Vereinbarungen. Gem II sind abw Vereinbarungen zum Nachteil des Wohnraummieters unzulässig – so zB ein Ausschluss der Rückerstattungspflicht bei Zwangsversteigerung des Mietgrundstücks (BGH NJW 70, 93). Außerhalb der Wohnraummiete unterliegen formularmäßige Abweichungen der Inhaltskontrolle durch § 309, insbesondere Nr 6 und § 307. Eine Bestimmung, wonach der Rückerstattungsanspruch aus § 547 bei einer vom Mieter zu vertretenden Vertragsbeendigung entfällt, ist als Vertragsstrafeversprechen anzusehen mit der Folge, dass eine Herabsetzung der Vertragsstrafe in Betracht kommt, wenn der Mieter nicht Kaufmann ist (BGH WM 68, 799). Bei Wohnraummiete ist ein Vertragsstrafeversprechen zugunsten des Vermieters ohnehin nach § 555 unwirksam. 2

C. Rückerstattungsanspruch gem § 547 I 1. I. Tatbestand. 1. Beendigung des Mietverhältnisses. Unter § 547 fällt jede Beendigung des Mietverhältnisses; s hierzu die Aufzählung unter § 545 Rn 3. 3

2. Mietvorauszahlungen. Erfasst sind nach Mietende geleistete Mietvorauszahlungen, die nach dem Normzweck (vgl Rn 1) der vertraglichen Vereinbarung entspr müssen (Bub/Treier/*Scheuer* III A Rn 712 f), anderenfalls greift nur Bereicherungshaftung gem §§ 812 ff. Als Schutzbestimmung zugunsten des Mieters impliziert § 547 einen weiten Mietbegriff: zur Miete gehört hier jede Zahlung, die als Gegenleistung für die Gebrauchsüberlassung erfolgt (BGH NJW 00, 2987) – bspw Betriebskosten, abwohnbare Baukostenvorschüsse (BGH NJW 71, 1658; München ZMR 94, 15), Finanzierungskostenbeitrag bei Pachtverhältnis (München NJW-RR 93, 655); rückzahlbare Mieterdarlehen (BGH NJW 79, 1124); im Einzelfall Aufwendungsersatz (BGH NJW 70, 2289); Nachlass auf den Grundstückskaufpreis, durch den sich die Pacht für das anschließend durch den Verkäufer gepachtete Grundstück ermäßigt (BGH NJW 00, 2987); **nicht** dagegen ein Darlehen, das ohne hinreichenden Bezug zur Miete gewährt wurde. Verlorene Baukostenzuschüsse außerhalb der Wohnungsmiete sind nur nach den §§ 812 ff zurückzuerstatten (BGH NJW 78, 1483). Die **Beweislast** für die Beendigung des Mietverhältnisses und vereinbarungsgemäß geleistete Mietvorauszahlungen trägt der Mieter. 4

II. Einwendungen und Einreden: Fälligkeit, Verjährung. Der Anspruch ist fällig bei Beendigung des Mietverhältnisses (Palandt/*Weidenkaff* § 547 Rn 3). Die Fälligkeit betrifft den Anspruch insgesamt, nicht etwa ratenweise (Frankf ZMR 70, 181). Es gilt die dreijährige Regelverjährung ab Kenntnis gem §§ 195, 199, die kurze Verjährungsfrist aus § 548 greift nicht (Erman/*Jendrek* § 547 Rn 13). Dies gilt auch für Aufwendungsersatzansprüche, die lediglich nach dem Mietvertrag wie Mietvorauszahlungen behandelt werden sollen (BGH NJW 70, 2289). 5

III. Rechtsfolge: Rückerstattung der Miete zuzüglich Zinsen. Der Anspruch ist auf die Rückerstattung der im Voraus geleisteten Miete gerichtet; ob der Vermieter diese zwischenzeitlich verbraucht hat, ist hier im Gegensatz zu I 2 unerheblich. Die Höhe der ab Empfang der Vorauszahlungen zu leistenden Zinsen bemisst sich nach dem gesetzlichen Zinssatz aus § 246 (Erman/*Jendrek* § 547 Rn 4). Bei **Veräußerung der Mietsache** hat der Mieter, wenn die Vorauszahlung ggü dem Erwerber nicht gem §§ 566 b, 566 c wirksam ist, einen Ersatzanspruch gegen den (ursprünglichen) Vermieter. 6

D. Rückerstattungsanspruch gem §§ 547 I 2, 818 f. I. Tatbestand. Auch der Rückerstattungsanspruch aus I 2 ist vertraglicher Natur, bei der Verweisung auf das Bereicherungsrecht handelt es sich also um eine Rechtsfolgeverweisung (BGH NJW 70, 2289). Tatbestandlich ist neben der Beendigung des Mietverhältnisses und der im Voraus geleisteten Miete Voraussetzung, dass der Vermieter die Vertragsbeendigung nicht zu ver- 7 treten hat. Dies ist **bspw** der Fall bei Beendigung des Mietverhältnisses durch Eintritt einer auflösenden Bedingung; durch Zeitablauf, auch wenn der Vermieter eine Verlängerungsoption nicht ausgeübt hat (Bub/Treier/*Scheuer* V B Rn 331), da eine Option gerade keine Pflicht zur Vertragsverlängerung begründet; durch berechtigte außerordentliche Vermieterkündigung (Staud/*Rolfs* § 547 Rn 16); durch ordentliche Kündigung (Erman/*Jendrek* § 547 Rn 9); durch Kündigung des Erstehers iRd Zwangsversteigerung gem § 57 a ZVG (Erman/*Jendrek* § 547 Rn 9); nicht dagegen bei Vertragsbeendigung durch Aufhebungsvertrag (vgl auch Bub/Treier/*Scheuer* V B Rn 331, wonach auf die Umstände abzustellen ist, die zur Beendigung des Mietverhältnisses geführt haben). Die Beweislast für sein fehlendes Verschulden an der Beendigung des Mietverhältnisses trägt der Vermieter. Zu Fälligkeit und Verjährung s Rn 5.

8 **II. Rechtsfolge: Herausgabe der Bereicherung.** Gegenstand der herauszugebenden Bereicherung ist die noch nicht abgewohnte Mietvorauszahlung (Staud/*Rolfs* § 547 Rn 29 ff), wobei der Vermieter gem § 818 III einwenden kann, dass die Vorauszahlung wirtschaftlich nicht mehr in seinem Vermögen vorhanden ist (BGH NJW 70, 2289). Eine Verzinsungspflicht für die Zeit vor Vertragsbeendigung besteht nach § 818 I, wenn der Vermieter Nutzungen gezogen hat (Erman/*Jendrek* § 547 Rn 10). Nach Vertragsbeendigung hat der Mieter über § 818 I hinaus unter den Voraussetzungen der §§ 818 IV, 819 bei Rechtshängigkeit bzw Kenntnis der Rückerstattungspflicht sowie der §§ 280 II, 286 bei Verzug die Bereicherungssumme zu verzinsen.

§ 548 Verjährung der Ersatzansprüche und des Wegnahmerechts

(1) ¹Die Ersatzansprüche des Vermieters wegen Veränderungen oder Verschlechterungen der Mietsache verjähren in sechs Monaten. ²Die Verjährung beginnt mit dem Zeitpunkt, in dem er die Mietsache zurückerhält. ³Mit der Verjährung des Anspruchs des Vermieters auf Rückgabe der Mietsache verjähren auch seine Ersatzansprüche.
(2) Ansprüche des Mieters auf Ersatz von Aufwendungen oder auf Gestattung der Wegnahme einer Einrichtung verjähren in sechs Monaten nach der Beendigung des Mietverhältnisses.

1 **A. Allgemeines.** Der Verjährungsbeginn ist für die 6-monatige Verjährung abw von § 199 (ultimo-Prinzip). Nach § 548 I gilt die kurze Verjährungsfrist für Ersatzansprüche des Vermieters wegen Veränderungen oder Verschlechterungen der vermieteten Sache. Die Verjährung der Ansprüche des Mieters auf Ersatz von Aufwendungen oder auf Gestattung der Wegnahme einer Einrichtung regelt § 548 II.

2 Bereits mit dem MietRRefG wollte der Gesetzgeber alle (!) Vermieteransprüche wegen Veränderung oder Verschlechterung der Mietsache erfassen (BTDrs 14/4553 S 45): „Auch die Verjährung der Schadensersatzansprüche beginnt bereits mit der Rückgabe der Mietsache und nicht erst, wenn sich der Erfüllungsanspruch in einen Schadensersatzanspruch, idR nach Ablauf der nach § 326 BGB (aF) zu setzenden Nachfrist, umgewandelt hat. Dies entspricht dem Zweck der Verjährungsregelung, zeitnah zur Rückgabe der Mietsache eine möglichst schnelle Klarstellung über bestehende Ansprüche im Zusammenhang mit dem Zustand der Mietsache zu erreichen." Die Umsetzung dieser Absicht ist erst mit Inkrafttreten der Schuldrechtsreform erfolgt (vgl § 200; BGH WuM 05, 126); die neue Auffassung stützte sich auf den Charakter des § 548 als Spezialvorschrift.

3 Ein Zurückbehaltungsrecht kann auch auf eine verjährte Forderung gestützt werden (vgl § 215). Die Parteien können gem § 202 II durch Vereinbarung längere als die gesetzlichen Verjährungsfristen vereinbaren (vgl *Kandelhard* NJW 02, 3291, 3295). Dies ist sachgerecht bei langlebigen Vertragsbeziehungen, insbes Dauerschuldverhältnissen wie Miete und Pacht. Allerdings sind die Schranken der §§ 305 ff zu beachten.

4 **B. Anwendungsbereich, Normzweck.** Der Anwendungsbereich des § 548 (vgl *Kandelhard* NJW 02, 3291) wird grds weit ausgelegt, da es Zweck der Regelung ist, die Parteien zu einer raschen Auseinandersetzung des Mietverhältnisses nach dessen Beendigung zu veranlassen.

5 § 548 gilt aber hinsichtlich beider Vertragsparteien nicht nur für **vertragliche Ansprüche**, sondern auch für damit **konkurrierende Ansprüche** zB aus unerlaubter Handlung und Eigentum (BGH ZMR 97, 400, 401 mwN), aus ungerechtfertigter Bereicherung, Auftrag und Geschäftsführung ohne Auftrag (Lützenkirchen MDR 01, 9, 13, BGH NJW 93,2797, auch für **vorsätzliche** Schädigungen mit Ausnahme des § 826 BGB, vgl BGH NJW 01, 2253). Erforderlich ist lediglich, dass es sich auch bei diesen **Ersatzansprüchen des Vermieters** stets um solche wegen einer Veränderung oder Verschlechterung der Mietsache handelt, dass sie aus demselben Lebenssachverhalt hergeleitet werden (München ZMR 97, 178) und dass sie auf einem Zustand beruhen, der bereits vor Rückgabe der Sache entstanden ist oder vorhersehbar ist (Schlesw WuM 96, 220). Andere Ansprüche des Vermieters wie zB Erfüllungsansprüche, der Ersatz von Personenschäden oder der Ersatzanspruch wegen vollständiger Zerstörung der Mietsache werden nicht erfasst. Hier gelten die §§ 194 ff.

6 Bzgl der **Ersatzansprüche des Mieters** schließt § 548 II nur solche Aufwendungen ein, die das konkrete Mietobjekt betreffen. Sein Aufwendungsersatzanspruch nach § 536 a II und Ansprüche wegen sonstiger Vertragspflichtverletzungen des Vermieters werden erfasst.

7 Von § 548 umfasst sind auch Ansprüche, die mit den dort genannten Ansprüchen in Zusammenhang stehen, zB Ansprüche wegen Schäden, die nicht an der Mietsache selbst entstanden sind, aber in dem Schaden an der

Mietsache ihre Ursache haben oder Ansprüche auf Auskunft und Rechnungslegung hinsichtlich erhaltener Versicherungsleistungen (Ddorf ZMR 90, 273).

§ 548 umfasst insbes auch den Anspruch des Vermieters auf Durchführung der **Schönheitsreparaturen** bzw die Ersatzansprüche wegen unterlassener oder mangelhaft durchgeführter Schönheitsreparaturen (vgl *Riecke/ Schütt* S 73 ff, *Kandelhard* NJW 02,3292 und KG WuM 97, 32, 34). § 548 gilt auch für den Geldausgleichanspruch, der beim vermieterseitigen Umbau der Miethäuser an die Stelle des Schadenersatzanspruchs wegen unterlassener Schönheitsreparaturen tritt (LG Duisburg ZMR 97, 82); ebenso Ansprüche des Vermieters auf Ersatz von Mietausfall aufgrund vom Mieter verursachter Schäden an der Mietsache bzw aufgrund der Durchführung von Schönheitsreparaturen (BGH ZMR 98, 209); die Ansprüche auf Erstattung von Renovierungskosten sowie auf Ersatz der Kosten eines Schadensgutachtens. 8

Auch die Ersatzansprüche des Mieters wegen Veränderungen oder Verschlechterungen an einer vom Vermieter aufgrund **Vermieterpfandrechts** in Besitz genommenen Sache sowie die Ansprüche des Vermieters auf Ersatz der am Pfandobjekt vorgenommenen Verwendungen verjähren gem §§ 1226 S 2, 548 in sechs Monaten. 9

Über die Vertragsparteien hinaus greift § 548 zB ein: Für Ansprüche des Hauptvermieters gegen einen Untermieter (BGH NJW 97, 1983), jedenfalls soweit der Eigentümer die Untervermietung gestattet hat; für Ansprüche gegen Dritte, die in den Schutzbereich des Mietvertrages einbezogen sind; für Schadenersatzansprüche, die der Vermieter aus abgetretenem Recht des Eigentümers geltend macht; bei enger wirtschaftlicher Verflechtung von nichtvermietendem Eigentümer und Vermieter (BGH ZMR 92, 138); für einen Beseitigungsanspruch gegen den Mieter, wenn ein Dritter mit Gestattung des Vermieters das Grundstück genutzt hat (vgl BGH NJW 97, 1983, 1984 mwN); für einen Anspruch des Untermieters gegen den Hauptvermieter auf Verwendungsersatz (BGH NJW 86, 254). 10

§ 548 erfasst Ansprüche wegen Verschlechterungen oder Veränderungen, nicht aber wegen Zerstörung oder Totalverlust mitvermieteter Sachen oder von Zubehör (§ 97), auch wenn sie nicht im Eigentum des Vermieters stehen. Unanwendbar ist die Vorschrift bei Nichtrückgabe mitvermieteten Zubehörs oder bei Ungewissheit über dessen Verbleib (*Bub/Treier-Gramlich* VI Rn 19). 11

C. Beginn der Verjährung. I. Die Verjährung der Ersatzansprüche des Vermieters. Die Verjährung beginnt nach § 548 I 2 – auch wenn die vom Mieter zu vertretende Veränderung erst später erkennbar wurde (Frankf WuM 01, 397) – mit dem Zeitpunkt, in dem der Vermieter die Sache zurückerhält. Dieser Zeitpunkt ist nicht notwendig identisch mit dem der Rückgabe nach § 546 (Hamm ZMR 96, 372), wie schon der Wortlautunterschied zeigt. Deshalb kann Zurückerhalten auch eine Teilräumung unter Rückgabe nur eines einzigen Schlüssels sein, wenn dadurch der Nichtfortsetzungswille des Mieters zum Ausdruck kommt. Ein Zurückerhalten setzt voraus, dass der Vermieter – ohne Rücksicht auf das rechtliche Vertragsende – den Besitz der Sache oder zumindest den freien Zutritt zu ihr sowie die Möglichkeit erhält, eine Überprüfung auf Veränderungen und Verschlechterungen ungestört vorzunehmen (BGHZ 98, 59). Die Verjährung kann schon vor Entstehen und Fälligkeit des Anspruchs zu laufen beginnen (BGH WuM 05, 126, aA noch zu § 326 aF: KG ZMR 97, 132). Nunmehr findet sich in § 200 für den Beginn „anderer" Ansprüche die Regelung, dass nur dann die Anspruchsverjährung mit der Entstehung des Anspruchs beginnt, „soweit nicht ein anderer Verjährungsbeginn bestimmt ist". Letzteres ist bei § 548 BGB der Fall, da hier der Beginn der Verjährung an die Rückgabe der Mietsache geknüpft wird (vgl *Lützenkirchen* ZMR 02, 889, 890). *Langenberg* (WuM 02, 72) weist ergänzend darauf hin, dass die Ablaufhemmung in § 203 S 2 bereits ein ausreichendes Korrektiv darstelle und es der doppelten Verjährung nicht mehr bedürfe. 12

Bei einem einvernehmlichen Mieterwechsel beginnt die Verjährungsfrist mit dem Zeitpunkt des Mieterwechsels (BGH NJW 92, 687) auch wenn der Besitzübergang unmittelbar vom Vormieter auf den Nachmieter erfolgt (LG Hburg WuM 97, 372). Dementsprechend ist bei einem Vermieterwechsel nach § 566 BGB auf den Zeitpunkt des Eigentumsübergangs abzustellen. Kommt es ohne Rückgabe der Mietsache zum Neuabschluss eines Vertrages mit dem bisherigen Mieter, so beginnt die Verjährungsfrist nicht zu laufen (KG NZM 00, 383) 13

Umstritten ist, ob für die Verpflichtung zur Durchführung laufender Schönheitsreparaturen (vgl *Kinne* ZMR 03, 8 ff) eine Verjährung der Erfüllungsansprüche des Vermieters eintreten kann, wenn dieser um die Renovierungsbedürftigkeit der Wohnung wusste oder grob fahrlässig nicht wusste. Insoweit weist *Lützenkirchen* (ZMR 02, 889, 891) zutreffend darauf hin, dass § 548 I insoweit als Spezialregelung verstanden werden solle, wonach die Verjährung für Ansprüche wegen jeder Veränderung oder Verschlechterung der Mietsache erst mit der Rückgabe beginnt. 14

Die Verjährung der Ansprüche aus einer Quotenhaftungsklausel (vgl *Riecke/Schütt* S 112, 113) fallen auch unter § 548, obwohl es sich nicht um Schadensersatzansprüche wegen unterlassener Schönheitsreparaturen handelt (vgl *Lützenkirchen* WuM 02, 179, 189, LG Berlin NZM 02, 118). Für Schadensersatzansprüche, die auf **Ersatz von Mietausfall** gerichtet sind, ergibt sich aus dem sog **Grundsatz der Schadenseinheit**, dass die Verjährungsfrist einheitlich für alle voraussehbaren künftigen Mietausfälle beginnt, die aus der Verletzung der vertraglichen Instandsetzungspflicht folgen, ohne dass es auf den jeweiligen monatlichen Entstehungszeitpunkt der Mietausfälle ankommt (BGH ZMR 98, 208, 209). 15

16 **II. Die Verjährung der Ansprüche des Mieters.** Die Verjährung beginnt erst mit der rechtlichen, nicht faktischen Beendigung des Mietverhältnisses, dh im Fall der fristlosen Kündigung ab deren Wirksamkeit (Hamm WuM 96, 474) und zwar auch dann, wenn eine Räumungsfrist gewährt wird. Andererseits beginnt sie nicht zu laufen, wenn das Mietverhältnis, gleich aus welchem Grunde (zB §§ 574a, b, 545), rechtlich fortgesetzt wird. Eine analoge Anwendung von § 548 mit seiner kurzen Verjährungsfrist wird angenommen, wenn bei fortbestehendem Mietverhältnis der Vermieter auch nur einen abgegrenzten Teil der Mietsache zum Zwecke einer gründlichen Untersuchung und Reparatur übernimmt (Ddorf MDR 94, 57).

17 Der Anspruch des Mieters auf **Aufwendungsersatz** entsteht bereits mit der Vornahme der Handlung während des laufenden Mietverhältnisses, jedoch beginnt für ihn die Verjährungsfrist erst mit Beendigung des Mietverhältnisses (str; aA Bub/Treier/Gramlich VI Rn 52; vgl auch Celle NJW 62, 1918). Wenn der Mieter jedoch mit der Geltendmachung des Ersatzanspruchs bis zum Mietende wartet, kann der Anspruch verwirkt sein (vgl *Hinkelmann* PiG Band 65, S 247 ff).

18 Bei Veräußerung des vermietereigenen Grundstücks beginnt die Verjährungsfrist für Ansprüche gegen den bisherigen Vermieter mit dem Eigentumsübergang, jedoch frühestens mit der Kenntnis des Mieters hiervon. Die Ansprüche des Untermieters gegen den Hauptmieter wegen vereinbarungsgemäß erbrachter Aufwendungen verjähren ab dem Zeitpunkt der Beendigung des Untermietvertrages (BGH WuM 86, 17).

19 **III. Verhältnis zu den allgemeinen Vorschriften. 1. Aufrechnung trotz Verjährung.** Auch wenn die Ersatzansprüche des Vermieters bereits nach § 548 verjährt sind, kann er mit ihnen gegen Gegenansprüche des Mieters, zB auf Zurückerstattung der Kaution, **aufrechnen** (BGHZ 101, 244). Es genügt, dass sich die beiden Ansprüche in unverjährter Zeit aufrechenbar ggü gestanden haben (§ 215; vgl aber auch Ddorf ZMR 02, 658). Dies ist auch dann der Fall, wenn der Vermieter seinen Ersatzanspruch erst nach Ablauf der Verjährungsfrist erstmals beziffert (LG Berlin ZMR 98, 778). Der **Mietbürge** kann die Verjährung des Vermieteranspruchs nach § 548 dem Vermieter entgegenhalten, auch noch wenn er selbst bereits zuvor vom Vermieter aus der Bürgschaft in Anspruch genommen worden ist (BGH ZMR 99, 230; WuM 98, 224; *Riecke/Schütt* S 76). Denn die klageweise Inanspruchnahme des Bürgen unterbricht nicht die Verjährung der gesicherten Hauptforderung.

20 **2. Verjährung des Rückgabeanspruchs.** Mit der Verjährung des Anspruches des Vermieters auf Rückgabe der Mietsache verjähren auch seine Ersatzansprüche (§ 548 I 3). Diese Regelung entspricht dem allgemeinen Grundsatz, dass Nebenansprüche in ihrer Durchsetzbarkeit nicht weiter gehen können als der dazugehörige Hauptanspruch (vgl § 217).

21 **3. Neubeginn und Hemmung der Verjährung.** Der Neubeginn der Verjährung bestimmt sich nach § 212 BGB. Soweit der Mieter den Anspruch mittels deklaratorischen Anerkenntnisses anerkennt, läuft anschließend wiederum die Frist des § 548. Durch § 204 Nr 7 ist im Falle des selbständigen Beweisverfahrens eine Hemmung der Verjährung angeordnet. Darüber hinaus kommt § 203 zum Tragen, wenn zwischen den Parteien Verhandlungen über die Ansprüche geführt werden (vgl zB Kobl ZMR 99, 250), und zwar selbst dann, wenn die streitigen Ansprüche ausschl vertraglicher Natur sind (BGHZ 93, 64; str, aA insoweit zB AG Königs Wusterhausen ZMR 98, 442 und bzgl Verwendungsersatzes LG Nürnberg-Fürth ZMR 00, 228).

Untertitel 2   Mietverhältnisse über Wohnraum

Kapitel 1   Allgemeine Vorschriften

§ 549 Auf Wohnraummietverhältnisse anwendbare Vorschriften

(1) Für Mietverhältnisse über Wohnraum gelten die §§ 535 bis 548, soweit sich nicht aus den §§ 549 bis 577a etwas anderes ergibt.
(2) Die Vorschriften über die Mieterhöhung (§§ 557 bis 561) und über den Mieterschutz bei Beendigung des Mietverhältnisses sowie bei der Begründung von Wohnungseigentum (§ 568 Abs. 2, §§ 573, 573a, 573d Abs. 1, §§ 574 bis 575, 575a Abs. 1 und §§ 577, 577a) gelten nicht für Mietverhältnisse über
1. Wohnraum, der nur zum vorübergehenden Gebrauch vermietet ist,
2. Wohnraum, der Teil der vom Vermieter selbst bewohnten Wohnung ist und den der Vermieter überwiegend mit Einrichtungsgegenständen auszustatten hat, sofern der Wohnraum dem Mieter nicht zum dauernden Gebrauch mit seiner Familie oder mit Personen überlassen ist, mit denen er einen auf Dauer angelegten gemeinsamen Haushalt führt,
3. Wohnraum, den eine juristische Person des öffentlichen Rechts oder ein anerkannter privater Träger der Wohlfahrtspflege angemietet hat, um ihn Personen mit dringendem Wohnungsbedarf zu überlassen, wenn sie den Mieter bei Vertragsschluss auf die Zweckbestimmung des Wohnraums und die Ausnahme von den genannten Vorschriften hingewiesen hat.

(3) Für Wohnraum in einem Studenten- oder Jugendwohnheim gelten die §§ 557 bis 561 sowie die §§ 573, 573 a, 573 d Abs. 1 und §§ 575, 575 a Abs. 1, §§ 577, 577 a nicht.

A. Grundsätzliches; Übergangsregelung. § 549 wurde durch das MRRG eingefügt und ist seit 1.9.01 in Kraft. I ist neu, die II und III entsprechen – freilich mit einigen Änderungen – § 10 III MHG, §§ 564 b VII aF, 564 a III aF und 556 a VIII aF. Eine Übergangsregelung zur Kündigung von Ferienwohnungen enthält Art 229 § 3 II EGBGB bis 31.8.06. Im Übrigen sind alle Mietverhältnisse nunmehr nach § 549 zu beurteilen (Schmidt-Futterer/*Blank* § 549 Rn 3). I hat Klarstellungsfunktion, II und III normieren die Mietverhältnisse, in denen der Mieterschutz ggü Mieterhöhungen und bei Beendigung beschränkt bzw ausgeschlossen ist. Im Unterschied zu den Fällen in III ist bei den in II genannten Mietverhältnissen auch die Sozialklausel (§§ 574–574 c) ausgeschlossen. Die §§ 549–577 a gelten nicht nur für Wohnraum, sondern über §§ 578, 578 a I, III 2 und § 579 II auch in erheblichem Umfang für Mietverhältnisse über Grundstücke und andere Räume. Für Pachtverhältnisse sind die §§ 549–577 a über § 581 II ebenfalls anwendbar.

B. Wohnraummiete gem § 549 I. Nach I gelten die §§ 549–574 a für alle Wohnraummietverhältnisse, sofern nicht besondere Vorschriften, inbes die Ausnahmetatbestände der II und III greifen. Zur Wohnraummiete zählt auch das **Untermietverhältnis**. Mit Hilfe des Einwandes des Rechtsmissbrauchs nach § 242 kann sich der Untermieter auch ggü dem Vermieter trotz fehlender Vertragsbeziehung auf den Kündigungsschutz des sozialen Mietrechts berufen, es sei denn er hat gewusst, dass er nach dem Gesetz ggü diesem keinen Kündigungsschutz genießt (BGH WM 91, 902). Bei der **Zwischenmiete** zur gewerblichen Weitervermietung als Wohnraum gelten die §§ 549 ff im Verhältnis Vermieter und Zwischenmieter nicht. Der (End)Mieter hingegen kann sich dagegen auch hier ggü dem Vermieter auf den Kündigungsschutz des sozialen Mietrechts berufen (BVerfG NJW 91, 2272). Natürlich gelten die allgemeinen Mietrechtsbestimmungen der §§ 535–548 auch im Zwischenmietverhältnis. Umstände, die den (End)Mieter zur Minderung berechtigten, stellen idR auch im Zwischenmietverhältnis Mängel dar (BGH ZMR 05, 101). Ein **Mischmietverhältnis**, bei dem einzelne Räume zur gewerblichen Nutzung und andere Räume als Wohnraum vermietet sind, ist als Wohnraummiete anzusehen, wenn ein einheitlicher Mietvertrag vorliegt und nach dem Parteiwillen der Wohnzweck den Vertragsschwerpunkt bildet (BGH NJW-RR 86, 877). Auch bei einem Dauernutzungsvertrag mit einer Wohnungsgenossenschaft gelten die §§ 549 ff (BayObLG WuM 98, 274). Beim **Heimvertrag** kommt es, soweit nicht das HeimG eingreift, auf den Vertragsschwerpunkt an. Überwiegt wie regelmäßig der Wohnzweck ggü den sonstigen Heimleistungen, gelten die §§ 549 ff (BGH NJW 79, 1288). Bei der Beurteilung kommt es nicht auf die Höhe der jeweiligen Entgelte, sondern die tatsächliche konkrete Ausgestaltung der Vertragspflichten an (vgl Karlsr MDR 88, 316).

C. Ausnahmen vom Mieterschutz gem § 549 II. I. Vorübergehender Gebrauch iSd Nr 1. Der Vertragszweck zum Gebrauch nur für einen kurzen, absehbaren Zeitraum muss im Mietvertrag enthalten sein. Dies ist häufig bei Zweitwohnungen oder Ferienwohnungen der Fall. Ebenso bei Vermietung für die Zeit einer berufs- bzw reisebedingten Abwesenheit des Vermieters oder bei Mietverhältnissen mit Monteuren am Montageort. Ob der Gebrauch noch vorübergehend ist, bemisst sich nach dem Einzelfall; der Zeitraum kann auch ein Jahr übersteigen (Palandt/*Weidenkaff* § 549 Rn 15). Maßgeblich ist, ob nur ein **kurzzeitiger Sonderbedarf** iSd Nr 1 oder allgemeiner Wohnbedarf gedeckt werden soll (Frankf ZMR 91, 63). Im letzten Fall greift Nr 1 dem Gesetzeszweck nach nicht, die §§ 549 ff gelten uneingeschränkt. Eine Befristung im Mietvertrag ist lediglich Indiz (Schmidt-Futterer/*Blank* § 549 Rn 4). Da bei Mietverhältnissen mit Studenten oder Wohngemeinschaften zumeist allgemeiner Wohnbedarf gedeckt wird, fallen diese nicht unter Nr 1 (Schmidt-Futterer/*Blank* § 549 Rn 5).

II. Möblierter Wohnraum in Vermieterwohnung iSd Nr 2. Nach dem Gesetzeswortlaut muss der Wohnraum innerhalb der vom Vermieter in eigener Person genutzten Wohnung (Schmidt/Futter/*Blank* § 549 Rn 10) liegen und mit ihr in räumlichem Zusammenhang stehen. Dem Sinn und Zweck der Ausnahmebestimmung zufolge kann die Vermieterwohnung in einem Mehrfamilienhaus liegen (KG NJW 81, 2470) bzw muss keine Wohnung, sondern kann auch ein Einfamilienhaus sein. Nicht mehr als „Teil" der Vermieterwohnung anzusehen ist ein darin befindlicher abgetrennter Raum mit eigenem Zugang zum Treppenhaus (LG Dettmold NJW-RR 91, 77).

Der Wohnraum muss nach dem Mietvertrag mindestens überwiegend vom Vermieter zu möblieren sein. Entscheidend ist die Zahl und die Bedeutung der Gegenstände für die Lebensführung des Mieters im Verhältnis zur Gesamteinrichtung, wobei es für deren Umfang auf eine normale Lebensführung des Mieters ankommt (Staud/*Weitemeyer* § 549 Rn 30).

Ist nach dem Mietvertrag die Vermietung zum dauernden Gebrauch (vgl Rn 3) mit der **Familie** des Mieters bestimmt, greift Nr 2 nicht; die §§ 547 ff gelten uneingeschränkt. Der Familienbegriff bemisst sich nach den Vorschriften des BGB. Eine Familie liegt auch vor bei kinderlosem Ehepaar, Lebenspartner (§ 11 I LPartG) oder Mitnutzung durch Geschwister. Gleiches gilt, wenn die Vermietung zum dauernden Gebrauch mit Personen bestimmt ist, mit denen der Mieter einen **auf Dauer angelegten gemeinsamen**

Haushalt führt. Hierunter soll nach der Gesetzesbegründung eine Lebensgemeinschaft fallen, die auf Dauer angelegt ist, keine weiteren Bindungen gleicher Art zulässt sowie innere Bindungen aufweist, die ein gegenseitiges Einstehen füreinander begründen und über die bloße Wohn- und Wirtschaftsgemeinschaft hinausgehen. Auf geschlechtliche Beziehungen kommt es nicht an. Gemeint ist auch das dauerhafte Zusammenleben alter Menschen, die ihr gegenseitiges Einstehen füreinander zB durch Vollmachten zeigen (BTDrs 14/4553, 38). Ob die Voraussetzungen vorliegen, ist anhand von Indizien zu beurteilen, wobei der Mieter die Beweislast trägt. Schon der gemeinsame Haushalt stellt freilich ein Indiz für eine auf Dauer angelegte Lebensgemeinschaft dar (Schmidt-Futterer/*Blank* § 549 Rn 15).

7   **III. Weitervermietung für dringenden Wohnbedarf iSd Nr 3.** Die Ausnahmebestimmung erfasst Mietverhältnisse, in denen eine juristische Person des öffentlichen Rechts oder ein anerkannter privater Träger der Wohlfahrtspflege Wohnraum zwischengemietet hat und diesen an Personen mit dringendem Wohnungsbedarf untervermietet. Zu dem genannten Personenkreis gehören alle Personen, die Schwierigkeiten bei der Wohnungssuche haben (zB alte Menschen, Asylbewerber, Einkommensschwache, Haftentlassene, Kinderreiche, Obdachlose). Nach dem Gesetzeswortlaut muss im (End)Mietvertrag auf die Zweckbestimmung des Wohnraums und das Fehlen des Mieterschutzes im Untermietverhältnis hingewiesen werden. Anderenfalls greifen die §§ 549 ff uneingeschränkt.

8   **D. Ausnahmen bei Studenten- oder Jugendwohnheim gem § 549 III.** Für die Einordnung als Studenten- oder Jugendwohnheim sind die objektiven Gegebenheiten maßgeblich (vgl zu den Kriterien LG Konstanz WuM 95, 539). Der Ausnahmetatbestand ist restriktiv auszulegen (Schmidt-Futterer/*Blank* § 549 Rn 35). Die Aufnahme darf daher nicht zur Gewinnerzielung, sondern muss zu fremdnützigen Zwecken erfolgen. Indizien, aber nicht alleinentscheidend, sind die Art der Unterbringung und der Ausstattung bzw das Vorhandensein von Gemeinschaftseinrichtungen (Palandt/*Weidenkaff* § 549 Rn 20). Die Sozialklausel (§§ 574–574 c) ist bei den in III genannten Mietverhältnissen ausdrücklich nicht ausgeschlossen.

§ 550 Form des Mietvertrags

¹Wird der Mietvertrag für längere Zeit als ein Jahr nicht in schriftlicher Form geschlossen, so gilt er für unbestimmte Zeit. ²Die Kündigung ist jedoch frühestens zum Ablauf eines Jahres nach Überlassung des Wohnraums zulässig.

1   **A. Grundsätzliches.** § 550 steht im gesetzlichen Untertitel »Mietverhältnisse über Wohnraum« und erwähnt im S 2 den Wohnraum ausdrücklich. Die Regelung gilt jedoch über § 578 I auch für Mietverhältnisse über Grundstücke und über § 578 II 1, I auch für Mietverhältnisse über Räume, die keine Wohnräume sind (Schmid/*Harz* Miete und Mietprozess Kap 2 Rn 534), insbes auch für Mietverhältnisse über Geschäftsräume. Im Vordergrund steht nach der Rspr des BGH die Information des Grundstückserwerbers, der nach § 566 und den Vorschriften, die hierauf verweisen, in den Mietvertrag eintritt (BGH ZMR 98, 12 = MieWoE § 550 BGB Nr 1). Daneben hat auch die Formvorschrift des § 550 eine Klarstellungs-, Beweis- und Warnfunktion (vgl *Schlicht* ZMR 04, 238 mwN).Die für die Einhaltung der Schriftform maßgeblichen Tatsachen hat derjenige zu beweisen, der sich auf die feste Vertragsdauer bzw Unkündbarkeit beruft (Rostock NZM 02, 955).

2   **B. Laufzeit.** § 550 findet Anwendung, wenn die Mietvertragsdauer ein Jahr überschreitet, wobei der Beginn des Mietverhältnisses maßgeblich ist (Palandt/*Weidenkaff* § 550 Rn 6). Unter § 550 fallen auch Mietverhältnisse auf Lebenszeit und Mietverhältnisse, die eine so lange Kündigungsfrist vorsehen, dass sie nicht mindestens jährlich aufgelöst werden können (Palandt/*Weidenkaff* § 550 Rn 7). Entspr gilt für Mietverträge, bei denen das Kündigungsrecht einer oder beider Parteien für länger als ein Jahr ausgeschlossen ist (Köln ZMR 01, 963). Dasselbe muss auch dann gelten, wenn die Kombination von vereinbarter Kündigungsfrist und Ausschluss des Kündigungsrechts auf bestimmte Zeit dazu führt, dass der Zeitraum für die Beendigung eines Mietverhältnisses länger ist als ein Jahr (*Schmid* GE 02, 1040).

3   **C. Schriftform des § 126.** Nach überwiegender Auffassung (LG Berlin NZM 03, 284; Schmid/*Harz* Miete und Mietprozess Kap 2 Rn 530; Palandt/*Weidenkaff* § 550 Rn 8; *Sternel* ZMR 01, 937; für Erleichterungen ggü der bisherigen Formstrenge: *Ormanschick/Riecke* MDR 02, 248 mwN) ist die Schriftform des § 126 einzuhalten. Die schriftliche Form wird nach § 126 III durch die elektronische Form ersetzt. Ein Ausschluss dieser Ersatzmöglichkeit besteht bei § 550 nicht. Bei der elektronischen Form ist insbes zu beachten, dass der gesamte Vertrag den Formvorschriften des § 126 a entsprechen muss. Das schließt die Formwahrung aus, wenn der Vertrag als solcher der elektronischen Form entspricht, die Anlagen aber nur in Papierform vorliegen. Auch insoweit ist die Wahrung der elektronischen Form erforderlich (*Stellmann/Süss* NZM 01, 969 ff).

4   **D. Änderungen. I. Änderungsverträge.** Das Schriftformerfordernis gilt grds auch für Änderungsverträge (BGH NJW 99, 2517). Die Wirksamkeit der Änderung als solche wird zwar von der fehlenden Schriftform nicht berührt. Die Festlaufzeit des Vertrages geht aber verloren. Es tritt die Rechtsfolge des § 550 S 2 ein

(Ddorf DWW 03, 93). Bei einer Vermietung vom Reißbrett muss bei einer Änderung der Planung der vermieteten Räume ein formgültiger Änderungsvertrag geschlossen werden; ein bloßes Austauschen der Pläne genügt nicht (*Luckey* GE 04, 287). Ist die Änderungsurkunde formgültig, wird der Formmangel des ursprünglichen Vertrages geheilt (BGH NJW 00, 354).

II. Änderungen durch einseitige Erklärung. Das Schriftformerfordernis gilt jedoch nicht, wenn das Gesetz selbst für die Vertragsänderung andere Verfahren vorsieht (*Schmid* GE 02, 1040; aA *Ormanschick/Riecke* MDR 02, 248), wie für den Abrechnungsmaßstab für Betriebskosten in § 556a II 1, für die Änderung der Indexmiete in § 557b III 1, für die Veränderung der Betriebskosten in § 560 und für die Mieterhöhung in §§ 558a, 559b. Es handelt sich dabei um Sonderregelungen, die dem § 550 vorgehen, und zudem – abgesehen von der Mieterhöhung nach §§ 558 ff – um einseitige Erklärungen und nicht um Verträge.

E. Umfang des Formzwangs. I. Grundsätzliches. a) Die Urkunde muss grds das gesamte formbedürftige Rechtsgeschäft enthalten. b) Das Formerfordernis erstreckt sich auch auf alle Nebenabreden (Naumbg, WuM 00, 671). Die ganz hM (vgl zB Hamm, ZMR 98, 622; *Ormanschick/Riecke* MDR 02, 247; Schmid/*Harz* Miete und Mietprozess Kap 2 Rn 540 je mwN) lässt jedoch Ausnahmen für unwesentliche Nebenabreden zu. Schon allein im Hinblick auf die dadurch entstehenden Abgrenzungsschwierigkeiten ist dem nicht zuzustimmen (*Schmid* GE 02, 1041). c) Werden mehrere Regelungen zu einem rechtlich einheitlichen Geschäft zusammengefasst, so unterliegt das gesamte Rechtsgeschäft der Form (BGHZ 78, 349). Bestehen für die zusammengefassten Regelungen unterschiedliche Formvorschriften, zB Vorkaufsrecht in einem Mietvertrag, müssen diese gewahrt sein (BGH DWW 94, 283), wobei die notarielle Beurkundung die Schriftform nach § 126 IV ersetzt.

II. Einzelfragen. 1. Vertragsparteien. Die Bezeichnung der Vertragsparteien muss in einer Weise erfolgen, dass die Vertragsparteien anhand der Vertragsurkunde ermittelt werden können (BGH ZMR 02, 907). Die Urkunde muss von allen Vertragsparteien unterschrieben sein (BGH NZM 02, 950). Formbedürftig ist ein rechtsgeschäftlicher Mieter- oder Vermieterwechsel (BGH ZfIR 05, 408). Dabei muss die Eintrittsvereinbarung schriftlich geschlossen werden und auf den ursprünglichen Vertrag Bezug nehmen (BGH ZfIR 05, 408). Der Mieter- bzw Vermieterwechsel setzt die Zustimmung aller Mieter und Vermieter voraus. Wird der Vertrag von zwei Parteien schriftlich geschlossen und erfolgt die Zustimmung der dritten formfrei, so wird dadurch die Schriftform nicht in Frage gestellt (BGH GE 05, 791).

2. Vertretung. Unterschreibt ein Vertreter den Vertrag, muss hinreichend deutlich zum Ausdruck kommen, dass eine Vertretung vorliegt (BGH NZM 02, 950) und wer vertreten wird. Das bedeutet bei Personengesellschaften insbes, dass erkennbar sein muss, ob ein Gesellschafter einen anderen Gesellschafter oder die Gesellschaft vertritt oder nur für sich selbst handelt (*Luckey* GE 04, 286; *Schraufl* NZM 05, 444). Zweckmäßigerweise wird die Vertretung ausdrücklich klargestellt. Es genügt aber, wenn sich das Vertreterhandeln aus der Urkunde ergibt, zB wenn die Vertragspartei im Rubrum des Mietvertrages ausdrücklich genannt ist und nicht zweifelhaft ist, dass der Vertreter diese Partei alleine vertritt (BGH NZM 05, 502). Zumindest zweckmäßig ist es auch, anzugeben, worauf die Vertretungsmacht beruht (*Seekopp* ZfIR 05, 87).

3. Mietgegenstand. Das Mietobjekt ist hinreichend bestimmt, wenn es im Vertragstext genau bezeichnet ist. Das Fehlen eines Lageplanes ist dann unschädlich (BGH NZM 01, 43), auch wenn ein solcher im Text des Mietvertrages erwähnt dem Vertrag aber nicht beigefügt ist (BGH NZM 05, 502). Eine Reduzierung der Mietfläche ist formbedürftig (Ddorf GE 03, 251).

4. Miete. Aus dem Vertrag muss sich die Miethöhe ergeben (Rostock ZMR 01, 27). Vereinbarungen über eine Änderung der Miethöhe sind ebenfalls formbedürftig (Ddorf WE 04, 16; aA KG NZM 05, 457, wenn der Mietvertrag bereits eine Anpassungsklausel enthält). Formbedürftig ist auch die Vereinbarung über die Umlegung von Mietnebenkosten (LG Duisburg WuM 97, 671; *Schmid* Handbuch der Mietnebenkosten Rn 2079; eher großzügig BGH ZMR 99, 691 für das Fehlen der Anlage mit der Betriebskostenaufstellung). Auch eine einvernehmliche Erhöhung der Mietnebenkostenvorauszahlungen bedarf der Schriftform (KG bei *Bieber* GE 04, 404). Das gilt auch für eine Änderung der Mietstruktur, Umstellung von Brutto- auf Nettomiete (*Ormanschick/Riecke* MDR 02, 248). Einmalleistungen bei Vertragsschluss müssen nach dem Normzweck nicht schriftlich vereinbart werden (Schmid/*Harz* Miete und Mietprozess Kap 2 Rn 540). Dasselbe gilt für einen Mietnachlass, den der Vermieter oder sein Rechtsnachfolger jederzeit widerrufen können (BGH DWW 05, 233).

5. Mietdauer. Der Beginn des Mietverhältnisses muss sich aus der Urkunde ergeben (Rostock ZMR 01, 27). „Ab Übergabe" genügt nicht (Rostock NZM 04, 825; aA *Schede/Rösch* NZM 05, 448). Der Mangel wird jedoch geheilt, wenn im Mietvertrag auf ein Übergabeprotokoll verwiesen wird, das dann später auch tatsächlich errichtet wird (Dresden ZMR 05, 41).

6. Hausordnung. Die Hausordnung ist jedenfalls dann formbedürftig, wenn deren Nichteinhaltung ausdrücklich als Vertragsverletzung qualifiziert wird (Naumbg WuM 00, 671; aA *Wiek* 2001, 221). Nicht formbedürftig ist eine Hausordnung jedoch dann, wenn sie nur den kraft Gesetzes gegebenen Mietgebrauch konkretisiert (BGH ZMR 99, 691).

13 **7. Untervermietung.** Ein dauerndes uneingeschränktes Recht zur Untervermietung muss schriftlich vereinbart werden (Ddorf ZMR 02, 741). Dagegen sind Untervermietungsgenehmigungen im Einzelfall nicht formbedürftig (Schmid/Harz Miete und Mietprozess Kap 2 Rn 540).

14 **8. Mängelhaftung.** Vom Gesetz abw Regelungen über die Mängelhaftung sind grds formbedürftig. Formlos kann eine Einigung über die Behandlung eines bereits eingetretenen Mangels getroffen werden (BGH DWW 05, 233).

15 **9. Hinweise.** Nicht formbedürftig sind Vertragsbestandteile, denen kein eigener Erklärungswert zukommt (Hamm ZMR 98, 623), Ausführungen, die den Vertragsinhalt nur erläutern (BGH ZMR 99, 691), Beilagen, die nur als Anschauungsobjekt oder Orientierungsbehelf dienen (BGH NZM 01, 43), Vereinbarungen, die nur wiederholen, was schon von Gesetzes wegen gilt (BGH NJW 00, 354).

16 **F. Verstoß gegen Treu und Glauben. I. Grundsätzliches.** Dem Berufen auf die fehlende Form kann nur in Ausnahmefällen der Einwand des Rechtsmissbrauches entgegengehalten werden, wenn andernfalls das Ergebnis nicht nur hart, sondern schlechthin untragbar wäre (BGH NJW 84, 607). Beim Eintritt des Erwerbers in das Mietverhältnis geht die Arglisteinrede grds nicht mit über, sofern nicht Veräußerer und Erwerber kollusiv zusammenwirken (*Wiek* GuT 05, 53).

17 **II. Einzelfälle.** Der Einwand eines Verstoßes gegen Treu und Glauben ist begründet, wenn eine Partei die andere arglistig oder zumindest schuldhaft von der Beachtung der Formvorschrift abgehalten hat (BGH GE 91, 243). Hat eine Partei den Mietvertrag insbes das Rubrum vorformuliert, so kann sie sich auf Unklarheiten bei der Bezeichnung der Vertretungsverhältnisse nicht berufen (Köln GuT 05, 53 m Anm *Wiek*). Wird ein Mietvertrag nicht schriftlich abgeschlossen, so kann der Kündigung der Einwand von Treu und Glauben auch dann nicht entgegengehalten werden, wenn der Vermieter erhebliche Aufwendungen getätigt hat und die Parteien den Vertrag über einen längeren Zeitraum erfüllt haben (BGH NZM 04, 97). Es gilt grds als treuwidrig, wenn eine Partei unter Berufung auf § 550 das Mietverhältnis kündigt, obwohl die nicht formgerechte Änderung nur zu ihren Gunsten getroffen wurde (Ddorf ZMR 02, 510). Besteht ein Anspruch auf Nachholung der Schriftform, ist eine Kündigung, die auf § 550 gestützt wird, wegen Verstoßes gegen Treu und Glauben unwirksam (BGH NZM 05, 502). Treuwidrig handelt eine Partei auch, wenn sie den Mietvertrag unter Berufung auf einen Formmangel vor Ablauf der vereinbarten Mietzeit kündigen will, nachdem sie zuvor Kündigungsabsichten des Vertragspartners entgegengetreten ist (BGH ZMR 00, 590).

18 **G. Kündigungsmöglichkeit. I. Zeitpunkt.** Die Nichteinhaltung der Schriftform führt abw von § 125 S 1 nicht zur Nichtigkeit des Vertrages, sondern nur zu einer unbestimmten Laufzeit. § 550 S 2 nennt als frühesten Zeitpunkt für die Beendigung des Mietverhältnisses ein Jahr nach Überlassung des Wohnraums. Es kann also nicht erst nach einem Jahr gekündigt werden, sondern die Kündigungserklärung kann bereits so rechtzeitig abgegeben werden, dass das Mietverhältnis nach einem Jahr beendet wird (*Schmid* GE 02, 1040). Für den Beginn der Jahresfrist maßgeblich ist nicht der Zeitpunkt des Vertragsabschlusses, sondern derjenige der Überlassung der Mietsache, wobei es nicht auf die tatsächliche Überlassung, sondern auf den vertraglich bestimmten Zeitpunkt der Überlassung ankommt (*Ormanschick/Riecke* MDR 02, 247, 248; Schmid/*Harz* Miete und Mietprozess Kap 2 Rn 530).

19 **II. Gewillkürte Schriftform.** a) Die Parteien können auch rechtsgeschäftlich die Einhaltung der Schriftform vereinbaren. Schriftform kann für den Mietvertrag selbst, aber auch für Änderungen vereinbart werden. Auch in Allgemeinen Geschäftsbedingungen wird man bei Mietverträgen eine Schriftformklausel als wirksam ansehen können (*Gloyer* GE 05, 416; vgl auch Schmid/*Harz* Miete und Mietprozess Kap 2 Rn 567 ff). Was von der Schriftform umfasst sein soll, bestimmt sich nach dem Willen der Parteien. Das Schriftformerfordernis kann deshalb auch für Mietverhältnisse unter einem Jahr vereinbart werden und kann sich auch auf die Aufhebung des Mietvertrages und auf unwesentliche Nebenabreden erstrecken (*Schmid* DWW 85, 38).
b) Wenn die Vereinbarung hierzu keine ausdrückliche Regelung enthält, ist durch Auslegung zu ermitteln, ob nach dem Parteiwillen die vereinbarte Form Wirksamkeitsvoraussetzung sein soll oder nur Beweiszwecken dient (Naumbg ZMR 99, 708). Im Zweifel ist von einer Wirksamkeitsvoraussetzung auszugehen (Kobl VersR 95, 662). Soll die Einhaltung der Schriftform lediglich Beweiszwecken dienen, ist der Vertrag auch ohne Beachtung der Form wirksam. Es treten jedoch die Rechtsfolgen des § 550 ein.

§ 551 Begrenzung und Anlage von Mietsicherheiten

(1) Hat der Mieter dem Vermieter für die Erfüllung seiner Pflichten Sicherheit zu leisten, so darf diese vorbehaltlich des Absatzes 3 Satz 4 höchstens das Dreifache der auf einen Monat entfallenden Miete ohne die als Pauschale oder als Vorauszahlung ausgewiesenen Betriebskosten betragen.

(2) [1]Ist als Sicherheit eine Geldsumme bereitzustellen, so ist der Mieter zu drei gleichen monatlichen Teilzahlungen berechtigt. [2]Die erste Teilzahlung ist zu Beginn des Mietverhältnisses fällig.

(3) ¹Der Vermieter hat eine ihm als Sicherheit überlassene Geldsumme bei einem Kreditinstitut zu dem für Spareinlagen mit dreimonatiger Kündigungsfrist üblichen Zinssatz anzulegen. ²Die Vertragsparteien können eine andere Anlageform vereinbaren. ³In beiden Fällen muss die Anlage vom Vermögen des Vermieters getrennt erfolgen und stehen die Erträge dem Mieter zu. ⁴Sie erhöhen die Sicherheit. ⁵Bei Wohnraum in einem Studenten- oder Jugendwohnheim besteht für den Vermieter keine Pflicht, die Sicherheitsleistung zu verzinsen.

(4) Eine zum Nachteil des Mieters abweichende Vereinbarung ist unwirksam.

A. Allgemeines. I. Normzweck. Schadensersatzansprüche wegen vom Mieter verursachter Schäden sowie trotz Fristsetzung nicht durchgeführter Schönheitsreparaturen will § 551 sichern, wobei ein Ausgleich zwischen dem Sicherungsinteresse des Vermieters und dem Schutz des Mieter bezweckt ist (gesetzliche Begrenzung der Kautionshöhe). 1

II. Anwendungsbereich. Einschränkungen bei der Kaution betreffen Wohnraummiete, §§ 551 BGB, 9 V WoBindG. Im preisgebundenen Wohnraum können gem § 9 V WoBindG nicht Ansprüche des Vermieters gegen den Mieter wegen Mietrückständen gesichert werden. Die Kostenmiete enthält bereits das Mietausfallwagnis. Für nach WoFG geförderten Wohnraum gibt es keine vergleichbare Einschränkung. Im sozialen Wohnungsbau ist noch § 27 WoBindG zu beachten bei Bewilligung öffentlicher Mittel. Die Geschäftsraummiete kennt keine gesetzlichen Beschränkungen. 2

B. Tatbestandsvoraussetzungen. I. Sicherungsabrede. Die Kautionsverpflichtung des Mieters muss dem Grunde, der Art und der Höhe nach mit ihm vereinbart werden, da es keine gesetzliche Verpflichtung zur Erbringung einer Sicherheit gibt (Ausnahme: Mietereintritts gem § 563 b). Fehlt eine Festlegung der Art der Sicherheitsleistung, richtet sich diese nach § 232, wobei die Auswahl dem Mieter als Schuldner obliegt (LG Berlin ZMR 97, 421 f). Wie die Sicherheit im Mietvertrag bezeichnet ist, hat keine Bedeutung; durch Auslegung ist zu ermitteln, ob eine Kaution vorliegt. 3

II. Gesicherte Forderungen/Ansprüche des Vermieters. IdR wird die Kaution für alle Verpflichtungen des Mieters aus dem Mietverhältnis bestellt. Sie sichert sämtliche gegenwärtigen und zukünftigen Forderungen des Vermieters (inkl Kosten der Rechtsverfolgung, LG Heilbronn WuM 98, 20) gegen den Mieter. 4

Die durch eine Bank zu übernehmende Bürgschaft muss alle zu sichernden Forderungen durch genaue Bezeichnung in der Sicherungsabrede erfassen. Unklarheiten in der Bürgschaftsabrede gehen grds zu Lasten des Vermieters (BGHZ 76, 187), der sich aber auf § 305 c II berufen kann, wenn zur Bürgschaftsbestellung ein Formular des Bürgen benutzt wurde. Die Bürgschaft gilt grds nur für die Dauer der Mietzeit. Erfasst wird nicht die Miete für die Zeit einer Vertragsverlängerung oder einer später vereinbarten oder über § 545 bewirkten Vertragsfortsetzung.

Der Bürge haftet jedoch für Mieterhöhungen nach § 558 sowie für Nutzungsausfallentschädigung bei verspäteter Rückgabe nach § 546 a sowie für Nebenkosten.

III. Art der Mietsicherheit. 1. Barkaution. Zahlung einer bestimmten Geldsumme durch den Mieter, bar, durch Scheck, Überweisung oder Lastschrift. Entscheidend ist die faktische Überlassung des Geldbetrages an den Vermieter. 5

2. Bürgschaft. Bei der Bürgschaft erhält der Vermieter zunächst nur die Verpflichtungserklärung des Bürgen. Die Bürgschaft sollte schriftlich (§ 766) und auch unbedingt, unbefristet, unwiderruflich und selbstschuldnerisch sein.

Bei unbefristeten Mietverhältnissen und unbefristeten Bürgschaften beschränkt sich die Bürgenhaftung auf die bis zur Kündigung entstandene Hauptschuld. Wichtiger Grund für eine Bürgschaftskündigung kann auch eine erhebliche Verschlechterung der Vermögenslage des Mieters als Hauptschuldner sein (Ddorf ZMR 99, 393; Hburg ZMR 99, 630, 633). Allerdings verlangt die Rspr für die Kündigung eine angemessene Frist, damit sich Mieter/Hauptschuldner und Vermieter/Gläubiger auf die veränderte Lage einstellen können (BGH NJW 86, 252; Ddorf ZMR 99, 393). Die Kündigungsfrist gilt als angemessen, wenn sie mindestens den Kündigungszeitraum zzgl einer Abwicklungsfrist von sechs Monaten umfasst (vgl Ddorf ZMR 99, 393 und ZMR 00, 89). Bei Mietverhältnissen von bestimmter Dauer wird für die fest vereinbarte Mietzeit eine Kündigung des Bürgen für unzulässig erachtet.

Sonderformen: a) Mietausfallbürgschaft: Hier haftet der Bürge nur auf das, was der Gläubiger trotz Anwendung gehöriger Sorgfalt vom Schuldner nicht erlangen kann. b) Bürgschaft auf erstes Anfordern: Sie dient der besonders schnellen Durchsetzung der gesicherten Ansprüche. Der Bürge muss sofort an den Gläubiger zahlen. 6

3. Kautionskonto des Mieters. Hier wird vom Mieter unter eigenem Namen ein Sparkonto bei einem Kreditinstitut seiner Wahl mit Sperrvermerk zugunsten des Vermieters eröffnet. Der Mieter kann so künftig nur mit Zustimmung des Vermieters über das Guthaben verfügen, obwohl die Kaution weiter zum Vermögen des Mieters zählt. 7

8 **4. Forderungsabtretung.** Die Abtretung von Lohn- oder Gehaltsansprüchen ist allerdings in Formularmietverträgen wegen Verstoßes gegen § 307 unwirksam (LG Lübeck WuM 86, 14). In Betracht kommt die Abtretung von Forderungen aus einem etwaigen Untermietverhältnis oder die Abtretung des Anspruchs auf Auszahlung des Sparguthabens auf einem Kautionskonto des Mieters.

9 **5. Forderungsverpfändung.** Zur Verpfändung einer Forderung ist die Anzeige der Abtretung gegenüber dem Schuldner erforderlich (§ 1280). Andernfalls ist die Verpfändung unwirksam.

10 **IV. Höhe der Sicherheitsleistung.** Bei Mietverhältnissen über Wohnraum darf die Höhe der Sicherheit den Betrag von drei Monatsmieten – ohne Betriebskostenanteil, wenn als Pauschale oder Vorauszahlung geschuldet – im Zeitpunkt der Kautionsabrede nicht übersteigen (§ 551 I 1). Erhöht wird die Kaution lediglich durch die Zinsen.

Sind bei einer Inklusivmiete die Nebenkosten in der Miete einkalkuliert, ist der gesamte Mietbetrag zugrunde zu legen. Die Mitvermietung von Einrichtungsgegenständen führt nicht dazu, dass für diese Gegenstände eine weitere Sicherheit verlangt werden kann, wenn das Entgelt für die Überlassung in der Miete enthalten ist (LG Berlin WuM 92, 473).

Der Höchstbetrag gilt auch dann, wenn mehrere Arten von Sicherheitsleistung vereinbart sind (sog Kumulationsverbot, BGHZ 107, 236, 240).

Auch bei nachträglicher zusätzlicher Sicherheit (wegen Mieter-Umbaumaßnahmen) ist die Obergrenze des § 551 zu beachten. Für eine Parabolantenne muss der Mieter ggf eine gesonderte Sicherheit erbringen auch für die Kosten eines fachgerechten Rückbaus (Karlsr ZMR 93, 511). Behindertengerechter Umbauberechtigt nach § 554 a zu einer zusätzlichen Sicherheit. Ist eine zu hohe Sicherheit vereinbart, bleibt die Kautionsabrede in der gesetzlich zulässigen Höhe wirksam (BGH ZMR 03, 729 ff; Hburg ZMR 01, 887).

Ausnahmsweise darf die Höchstgrenze überschritten werden, wenn der Bürge unaufgefordert die Bürgschaft unter der Bedingung leistet, dass ein Mietvertrag zustande kommt und der Mieter hierdurch nicht erkennbar belastet wird (BGHZ 111, 361) oder wenn die Bürgschaft in Höhe eines Mietrückstandes eingegangen wird, um die Rücknahme der Kündigung durch den Vermieter zu erreichen (LG Kiel NJW-RR 91, 1291, 1292, str).

11 **V. Fälligkeit der Kaution.** Bei Wohnraummiete ist eine als Kaution geschuldete Geldsumme vom Mieter nur drei gleichen monatlichen Teilleistungen zu erbringen (§ 551 III 1). Dies gilt auch beim Kautionskonto des Mieters oder bei einer Hinterlegung von Geld. Das Recht zur Ratenzahlung soll auch bei Verpfändung eines Sparguthabens gelten. Die erste Rate ist zu Beginn des Mietverhältnisses, die weiteren Raten sind jeweils einen Monat später fällig.

Beginn des Mietverhältnisses ist der Zeitpunkt, zu dem nach dem Mietvertrag die Räume dem Mieter überlassen werden müssen (LG Mannheim ZMR 90, 18).

Die Vereinbarung einer früheren Zahlung oder höherer Raten oder kürzerer Zahlungszeiträume ist unwirksam (§ 551 III). Im Zweifel bleibt es bei der gesetzlichen Fälligkeitsregelung. Nach BGH ZMR 03, 729 ff; LG Leipzig ZMR 03, 576; LG Lüneburg MDR 99, 1315 ist von einer Teilbarkeit der Kautionsklausel und damit bloßer Teilnichtigkeit einer zu weit gehenden Fälligkeitsabrede auszugehen. Nach BGH WuM 81, 106; Celle ZMR 98, 265 besteht auch nach Beendigung des Mietverhältnisses noch ein Anspruch auf Leistung der vereinbarten, aber nicht geleisteten Kaution.

12 **C. Nichterbringung der Sicherheit durch den Mieter.** Der Mieter ist nicht befugt, gegen den Kautionsanspruch des Vermieters wegen behaupteter Mängel der Mietsache oä aufzurechnen (LG Hamburg WuM 91, 586) oder ein Zurückbehaltungsrecht auszuüben (Ddorf ZMR 98, 159 und GE 00, 602). Ein Zurückbehaltungsrecht an der Kaution darf der Mieter wegen des Sachbezuges nur als Druckmittel zur Durchsetzung seines Anspruchs auf ordnungsgemäße Kautionsanlage geltend machen.

13 **D. Anlage und Verzinsung der geleisteten Barkaution.** Der Vermieter von Wohnraum hat die Kaution von seinem eigenen Vermögen getrennt bei einem Kreditinstitut zu dem für Spareinlagen mit dreimonatiger Kündigungsfrist üblichen Zinssatz anzulegen. Die Zinsen stehen dem Mieter zu. Sie erhöhen die Sicherheit (§ 551 III).

Andere Anlageformen können vereinbart werden (§ 551 III 2). Dies soll eine gewinnbringende Anlage der Kaution ermöglichen. Riskante Anlageformen für das Kapital des Mieters können allerdings formularvertraglich wohl nicht wirksam vereinbart werden.

Die Zinsen stehen dem Mieter zu und erhöhen die Sicherheit (§ 551 III 4). Nicht nur wenn eine höherverzinsliche Anlage auf einer Vereinbarung mit dem Mieter (§ 551 III 2) beruht, stehen die Zinsen auch diesem zu (AG Duisburg WuM 96, 763), da der Vermieter nach Sinn und Zweck des § 551 keinen über den Sicherungszweck hinausgehenden finanziellen Vorteil erlangen soll.

14 **E. Verstoß gegen die Anlage- und Verzinsungspflicht. I. Anlageverstoß des Vermieters.** Der Mieter hat einen einklagbaren Anspruch auf Nachweis der gesetzeskonformen Anlage der Kaution (AG Neumünster WuM 96, 632; LG Düsseldorf WuM 93, 400).

Außerdem hat der Mieter ggf Schadensersatzansprüche wegen Vertragsverletzung bzw aus § 823 II iVm § 551, der insoweit Schutzgesetz ist. Soweit der Vermieter die Kaution überhaupt nicht oder zu einem zu niedrigen Zinssatz anlegt, muss er dem Mieter die entgangenen Zinsen bezahlen.
Die mangelnde Trennung vom eigenen Vermögen des Vermieters begründet ebenfalls einen Schadensersatzanspruch, der in diesem Fall auf Erstattung des Kautionsbetrages abzüglich der Gegenansprüche des Vermieters gerichtet ist (Frankf ZMR 90, 9).
Nach ganz überwiegender Ansicht hat der Mieter ein Zurückbehaltungsrecht für weitere Kautionsraten und auch für einen angemessenen Teil der Miete in Höhe der bereits gezahlten Kaution zzgl dem ungefähren Betrag der aufgelaufenen Zinsen, solange bis ihm die ordnungsgemäße Anlage der Kaution nachgewiesen ist.
Für den Geschäftsführer einer Vermietungs-GmbH hat das LG Hamburg (ZMR 02, 598) bei nicht insolvenzfester Anlage der Kaution eine persönliche Haftung bejaht.

II. Rechtswidriger Eigenverbrauch des Mieters. Der Mieter macht sich bei rechtswidrigem Zugriff auf die Kaution nach § 266 StGB strafbar (vgl BayObLG ZMR 98, 297: Mieter hat Sparbuch über die Kautionssumme im eigenen Namen angelegt, aber ohne Sperrvermerk. Sparbuch wurde dem Vermieter ausgehändigt; der Mieter erklärte jedoch später, er habe es verloren und leitete ein Aufgebotsverfahren ein, um so das Geld zurückzuerlangen).

15

F. Verwertung und Rückzahlung der Kaution. I. Die Kaution während des Mietverhältnisses. Der Mieter darf auf die Kaution nicht einseitig zugreifen, er kann sie weder zurückverlangen noch gegen Ansprüche des Vermieters aufrechnen. Es besteht nur ein durch das Vertragsende aufschiebend bedingter Rückzahlungsanspruch. Nach Kündigung darf der Mieter die Kaution nicht „abwohnen" (LG München I WuM 96, 541). Wenn der Vermieter in Vermögensverfall gerät ist der Mieter vor dem Zugriff der Gläubiger des Vermieters ausreichend geschützt, wenn die Kaution vom Vermögen des Vermieters gem der Verpflichtung des § 551 III gesondert angelegt ist. Selbst der Vermieter kann während des Mietverhältnisses nicht Geld für Ansprüche, die der Mieter bestreitet, aus der Kaution entnehmen und dann vom Mieter die Wiederauffüllung der Kaution verlangen (LG Mannheim WuM 96, 269), sondern er muss in diesem Fall zunächst die bestrittene Forderung gerichtlich geltend machen. Befriedigt sich der Vermieter zu Unrecht aus der Kaution, hat der Mieter einen Anspruch auf Wiederauffüllung bzw entspr Schadensersatz (LG Gießen ZMR 96, 611). Diese Grundsätze gelten auch im Bereich der Geschäftsraummiete (Celle ZMR 98, 265), obwohl § 578 nicht auf § 551 verweist.
Der Vermieter darf die Kaution für unbestrittene oder rechtskräftig festgestellte Ansprüche verwenden. Nach Ansicht des AG Wiesbaden (WuM 99, 397) hat der Vermieter überdies dann ein Verwertungsrecht, wenn sich die Vermögensverhältnisse des Mieters erheblich verschlechtert haben. Ist der Schadensersatzanspruch des Vermieters allerdings verjährt, so kann er sich nach Auffassung des OLG Düsseldorf (ZMR 02, 658 = WuM 02, 495) insoweit nicht mehr aus der Kaution befriedigen, und zwar trotz der Regelung in § 215.

16

II. Die Kaution nach Beendigung des Mietverhältnisses. 1. Allgemeines. Die Sicherheit ist zurückzugeben oder zu verwerten. Grds ist die Kaution zurückzugeben, wenn alle Ansprüche des Vermieters erfüllt oder verjährt sind. Der Vermieter kann gegen den Rückzahlungsanspruch mit Schadensersatzansprüchen aufrechnen, selbst falls diese bereits gem § 548 verjährt sind. Keine Aufrechnung jedoch für solche Ansprüche, die bei Beendigung der Mietzeit und damit bei Entstehung der Aufrechnungslage bereits verjährt waren (Ddorf ZMR 02, 658; kein Fall des § 215. Ausgeschlossen ist eine Aufrechnung mit Ansprüchen aus früheren Mietverhältnissen.
Sonderfall einer GbR als Vermieter: Hier kann der Anspruch vom Mieter gegen jeden einzelnen Gesellschafter geltend gemacht werden. Letztere können zwar nicht allein mit Forderungen der GbR aufrechnen, ihnen wird aber wegen solcher Forderungen ein Zurückbehaltungsrecht zugebilligt (LG Berlin ZMR 02, 425).
Der Mieter seinerseits darf auch nach Beendigung des Mietverhältnisses nicht mit der Rückzahlungsforderung aufrechnen, soweit noch andere Ansprüche des Vermieters bestehen können und die Abrechnung des Vermieters noch nicht fällig ist.
Die Abrechnungsfrist: Sie ist nicht gesetzlich bestimmt. Es werden Fristen zwischen drei und sechs Monaten gewährt, wobei in Anlehnung an die Frist des § 548 die Tendenz eher zu sechs Monaten geht (Hamm NJW-RR 92, 1036; ZMR 99, 762).
Der Rückzahlungsanspruch steht auch unter Berücksichtigung einer langen Abrechnungszeit unter der (aufschiebenden) Bedingung (vgl *Goetzmann* ZMR 02, 566 f), dass dem Vermieter keine zu sichernden Ansprüche mehr zustehen.

17

2. Kautionsabrechnung. a) Barkaution. Die Kautionsabrechnung gibt es nur bei der Barkaution. Bei Sicherheitsleistung durch ein Sparbuch hat der Mieter nur einen Anspruch auf Herausgabe des Sparbuchs bzw. Freigabeerklärung, nicht jedoch auf Auszahlung der Kautionssumme (LG Berlin ZMR 02, 349).
Gegenstand der Kautionsabrechnung sind einerseits der geleistete Kautionsbetrag sowie die Zinsen samt Zinseszinsen nach Abzug der bankseitig einbehaltenen Kapitalertragsteuer und des Solidaritätszuschlags sowie der Kontogebühren; gegenüberzustellen sind die Gegenansprüche des Vermieters.

18

Im Anschluss an die erfolgte Kautionsabrechnung ist das Guthaben unverzüglich an den Berechtigten/Mieter auszuzahlen. Hat das Sozialamt die Kaution nicht als Darlehen an den Mieter geleistet steht der Rückzahlungsanspruch dem Fiskus zu (LG Aachen NJW-RR 01, 224). Wird die Kaution nicht auf den Erwerber übertragen, muss der Veräußerer in angemessener Zeit abrechnen (Ddorf ZMR 02, 109).

Probleme wirft immer wieder die Frage auf, ob bzw. inwieweit der Vermieter Einbehalte für zu erwartende Nachzahlungen aus der Betriebskostenabrechnung machen darf (grundlegend *Goetzmann* ZMR 02, 566–572). Das AG Hamburg (WuM 97, 213) hat als Obergrenze des Einbehalts einen Betrag in Höhe von drei bis vier monatlichen Vorauszahlungsbeträgen festgesetzt, soweit vertraglich keine gesonderte Regelung getroffen wurde.

19 **b) Bürgschaft.** Ist als Mietsicherheit eine Bürgschaft geleistet worden, kann der Vermieter seine Forderungen sowohl gegen den Mieter als auch gegen den Bürgen geltend machen. Sind alle Forderungen des Vermieters ausgeglichen, ist die Bürgschaftsurkunde zurückzugeben (Hamm NJW-RR 92, 1036).

Der Bürge kann sich ebenso wie der Mieter auf die Verjährung der Forderungen berufen, für die er gebürgt hat: Der Vermieter kann zwar aufgrund der Regelung des § 215 gegenüber dem Mieter auch mit bereits verjährten Forderungen gegen den Kautionsrückzahlungsanspruch aufrechnen. Gegenüber dem Bürgen besteht jedoch idR keine Aufrechnungslage, sondern nur ein direkter Zahlungsanspruch. Soweit dieser erst nach Ablauf der Verjährungsfrist des § 548 geltend gemacht wird, kann sich der Bürge über § 768 auf die Verjährung der zu sichernden Forderung berufen; § 215 ist nicht analog anwendbar (BGH ZMR 98, 270 = WuM 98, 224). Noch weitergehend nimmt der BGH (NJW 98, 2972) inzwischen an, dass auch eine vor Verjährung eingeleitete Klage des Vermieters gegen den Bürgen nicht die Verjährung des gesicherten Hauptanspruchs unterbricht und der Bürge die Einrede sogar dann noch geltend machen kann, wenn er bereits vor Ablauf der Verjährungsfrist rechtskräftig zur Zahlung verurteilt worden ist, dann im Wege der Vollstreckungsgegenklage nach § 767 ZPO. Dies sei keine Durchbrechung der Rechtskraft, sondern nur eine Einschränkung der Vollstreckbarkeit (BGH ZMR 99, 230). Zahlt der Bürge allerdings in Unkenntnis der bereits eingetretenen Verjährung auf die Forderungen des Vermieters, ist eine Rückforderung nach § 813 I 2 ausgeschlossen.

20 **3. Insolvenz, Einzelzwangsvollstreckung und Zwangsverwaltung auf Vermieterseite.** Die Barkaution geht zunächst in das Vermögen des Vermieters über. Unterbleibt eine vorgeschriebene gesonderte Anlage, ist der Anspruch des Mieters auf Rückzahlung der Kaution und der Schadenersatzanspruch wegen Unterlassens der gesonderten Anlage im Fall der Vermieterinsolvenz eine einfache Insolvenzforderung nach § 38 InsO (Hburg ZMR 90, 103).

Der Insolvenzverwalter ist nicht verpflichtet, die gesonderte Anlage auf Kosten der Insolvenzmasse vorzunehmen. Veräußert nun der Insolvenzverwalter das Mietobjekt so haftet der Erwerber gegenüber dem Mieter auf Rückzahlung aus § 566 a.

War die Kaution wie vorgeschrieben vom Vermieter gesondert angelegt, hat der Mieter ein Aussonderungsrecht nach § 47 InsO (Ddorf NJW-RR 88, 782).

Soweit ein Gläubiger des Vermieters im Wege der Einzelzwangsvollstreckung auf das gesondert angelegte Kautionskonto zugreift, kann der Mieter Drittwiderspruchsklage nach § 771 ZPO erheben.

IRd Zwangsverwaltung ist Schuldner des Kautionsrückzahlungsanspruchs der Zwangsverwalter neben dem Schuldner (arg § 152 II ZVG).

21 **4. Insolvenz und Einzelzwangsvollstreckung auf Mieterseite.** Hat der Mieter als Mietsicherheit ein Kautionssparbuch mit Sperrvermerk zugunsten des Vermieters angelegt, hat dieser im Fall der Mieterinsolvenz ein Aussonderungsrecht nach § 47 InsO, soweit die Pfandrechtsbestellung oder Sicherungsabtretung nach außen erkennbar ist.

22 **G. Unabdingbarkeit.** Die Regelung des § 551 ist zwingend (vgl § 551 IV). Ob eine Kautionsvereinbarung vorliegt muss jeweils durch Auslegung nach Sinn und Zweck der zu beurteilenden (Formular-) Vertragsbestimmung erfolgen. Formulierungen wie »Zahlung für Abnutzung« (AG Aachen WuM 86, 336), oder „Festbetrages für die Tankfüllung der Heizung" bei gleichzeitiger festgelegter Verrechnung dieses Betrages bei Auszug (AG Büdingen WuM 94, 537) können im Einzelfall Kautionsabsprachen sein.

§ 552 Abwendung des Wegnahmerechts des Mieters

(1) Der Vermieter kann die Ausübung des Wegnahmerechts (§ 539 Abs. 2) durch Zahlung einer angemessenen Entschädigung abwenden, wenn nicht der Mieter ein berechtigtes Interesse an der Wegnahme hat.
(2) Eine Vereinbarung, durch die das Wegnahmerecht ausgeschlossen wird, ist nur wirksam, wenn ein angemessener Ausgleich vorgesehen ist.

1 **A. Grundsätzliches. I. Entstehungsgeschichte, Anwendungsbereich.** Die Norm übernimmt die besonderen Regelungen für das Wegnahmerecht des Mieters aus § 547a II und III aF (BTDrs 14/4553, S 49). Lediglich § 552 I gilt über § 578 II auch für gewerbliche Räume; im Übrigen gilt § 552 nur für Wohnraum (inkl solchem gem § 549 II und III).

II. Normzweck. § 552 soll § 539 II (Recht des Mieters, Einrichtungen wegzunehmen, mit denen er die Mietsache versehen hat) ergänzen und stellt eine Sonderregelung zB für die Abwicklung des Mietverhältnisses dar. 2

III. Regelungsgegenstand. Es besteht keine gesetzliche Anzeigepflicht des Mieters hinsichtlich eingebrachter Sachen und der späteren Wegnahmeabsicht. Der Vermieter muss durch Besichtigung oder gesonderte Vertragsvereinbarung zur Kenntnis über Mietereinbauten gelangen. Eine über die Anzeigepflicht hinausgehende Anbietpflicht des Mieters kann nicht vereinbart werden (arg Art 14 III GG, vgl *Lammel* § 552 Rn 6). 3

B. Regelungsgehalt. I. Tatbestandsvoraussetzungen des Abwendungsrechts. 1. Vom Mieter in die Räume eingebrachte Einrichtung. Dies sind bewegliche Sachen zB Waschbecken, Badewannen, Kücheneinrichtungen, Beleuchtungsanlagen, Wandschränke, Rollläden, Anpflanzungen im Garten, Steckdosenschalter und Antennen, die der Mieter mit dem Mietobjekt idR „zu einem vorübergehenden Zweck" verbunden hat und die ihrem wirtschaftlichen Zweck dienen sollen. Solche Einrichtungen werden Scheinbestandteile (vgl *Woitkewitsch* ZMR 04, 649) iSd § 95 II. Zur Herstellung eines erstmaligen vertragsgemäßen Zustandes notwendige Veränderungen der Mietsache gehören nicht zu den Einrichtungen. 4

2. Zahlung einer angemessenen Entschädigung. Analog § 951 wird oft auf den objektiven Verkehrswert abgestellt (BGH ZMR 99, 340, AG Köln WuM 98, 345). Die hL geht vom Zeitwert (bzw Wert, den die Sachen für den Vermieter haben) aus, berücksichtigt jedoch auch die Kosten des Mieters für die Wiederherstellung des ursprünglichen Zustands (str, Staud/*Emmerich* § 552 Rn 6 mwN, Schmidt-Futterer/*Langenberg* § 552 Rn 10). 5

3. Ausübung des Abwendungsrechts. Nach dem Gesetzeswortlaut ist das Abwendungsrecht „durch Zahlung" auszuüben, auch das tatsächliche Angebot der Zahlung wird als ausreichend angesehen (KG GE 01, 850). Befriedigung des Mieters durch Aufrechnung ist denkbar. Wenn keine Vereinbarung über die Höhe des von dem Vermieter zu erstattenden Wertes der Einrichtung bei Beendigung des Mietverhältnisses getroffen wurde, steht dem Mieter das gerichtlich überprüfbare Leistungsbestimmungsrecht zu (AG/LG Köln WuM 98, 345). Der Vermieter schuldet selbst dann eine Entschädigung, wenn er ohne Angebot einer Entschädigung vom Mieter verlangt, die Einrichtung zurückzulassen. Der Mieter seinerseits kann durch Nichtannahme der Entschädigung das Abwendungsrecht des Vermieters nicht vereiteln (§ 242). 6

4. Kein berechtigtes Mieterinteresse an der Wegnahme. Das Abwendungsrecht des Vermieters entfällt, wenn der Mieter nicht nur ein beliebiges, sondern ein berechtigtes Interesse (vernünftige und sachliche Gründe, Bsp: Unikat, Erbstück) an der Wegnahme seiner Einbauten hat (§ 552 I Hs 2). Ein beabsichtigter Verkauf der Einrichtungen an den Nachfolgemieter genügt nicht. 7

5. Abdingbarkeit des Wegnahmerechts, II. Wie § 547 a III aF sieht § 552 II nur für die Wohnraummiete vor, dass eine Vereinbarung, die das Wegnahmerecht des Mieters ausschließt, einen angemessen Ausgleich (idR Geldzahlung, aber uU auch Verzicht auf Schlussrenovierung, vorzeitige Entlassung aus einem langfristigen Mietvertrag, Verzicht auf Staffelmieterhöhung, Genehmigung der Hundehaltung, Gestattung der Untervermietung etc) vorsehen muss. IdR setzt Angemessenheit des Ausgleichs voraus, dass nach dem „Preisargument" das Entgegenkommen des Vermieters andernfalls „erkauft" hätte werden müssen. Formularklauseln, die das Wegnahmerecht des Mieters bei der Kündigung des Vertrages durch ihn als verfallen erklären, sind unwirksam, weil sie gegen § 309 Nr 6 verstoßen (BGH WuM 68, 796; *Kime/Schach/Bieler* 9552 Rn 6). 8

II. Rechtsfolgen der Ausübung des Abwendungsrechts. Die Mietereinbauten/Mietereinrichtungen werden oder bleiben endgültig Vermietereigentum bei gleichzeitigem Erlöschen des Wiederaneignungsrechts des Mieters. Ein begründeter Anspruch des Mieters auf Entschädigung verjährt innerhalb der kurzen Frist des § 548 (LG Mannheim WuM 86, 279). 9

C. Beweislast. Den Mieter trifft die Beweislast für das Einbringen der Einrichtungen und sein berechtigtes Interesse iSd § 552 I Hs 2 sowie eine von ihm behauptete Vereitelung der Wegnahme durch den Vermieter. Der Vermieter muss beweisen, dass der Mieter auf eine Entschädigung verzichtet hat (BGH ZMR 69, 340). 10

§ 553 Gestattung der Gebrauchsüberlassung an Dritte

(1) ¹Entsteht für den Mieter nach Abschluss des Mietvertrags ein berechtigtes Interesse, einen Teil des Wohnraums einem Dritten zum Gebrauch zu überlassen, so kann er von dem Vermieter die Erlaubnis hierzu verlangen. ²Dies gilt nicht, wenn in der Person des Dritten ein wichtiger Grund vorliegt, der Wohnraum übermäßig belegt würde oder dem Vermieter die Überlassung aus sonstigen Gründen nicht zugemutet werden kann.
(2) Ist dem Vermieter die Überlassung nur bei einer angemessenen Erhöhung der Miete zuzumuten, so kann er die Erlaubnis davon abhängig machen, dass der Mieter sich mit einer solchen Erhöhung einverstanden erklärt.
(3) Eine zum Nachteil des Mieters abweichende Vereinbarung ist unwirksam.

1 **A. Grundsätzliches. I. Entstehungsgeschichte.** Die Vorschrift ist zum 1. 9. 01 in Kraft getreten und entspricht § 549 II aF.

2 **II. Normzweck.** § 553 enthält bei Wohnraummiete eine Ausnahme von § 540 I 1 (Unzulässigkeit einer Gebrauchsüberlassung der Mietsache an Dritte), um den Bestandsschutz dem Mieter zu erhalten, der die Wohnung teilweise einen anderen überlassen möchte, BGH NJW 85, 130, 131. Gem MietRRG soll neben Ehe und Familie zukünftig auch der „auf Dauer angelegte gemeinsame Haushalt mietrechtlich besonders zu schützen" sein. Die Aufnahme eines Lebensgefährten (BGH NJW 04, 56 = ZMR 04, 100) bleibt eine erlaubnispflichtige Sondernutzung (*Hinz* JR 04, 379).

B. Regelungsgehalt. I. Anspruch auf Erlaubniserteilung, I 1. 1. Voraussetzungen. a) Berechtigtes Inte-
3 **resse eines/des Mieters.** Nach BGH (NJW 85, 130, 131) genügen auf Seiten des Mieters vernünftige nachvollziehbare Gründe für seinen Überlassungswunsch. Geschützt ist jedes rechtliche, persönliche, wirtschaftliche oder familiäre Interesse des Mieters von einigem Gewicht, das sich iRd Rechts- und Sozialordnung hält. Das Interesse kann sowohl auf eine Mitbenutzung der Wohnung durch den Dritten iRe Lebensgemeinschaft als auch auf eine Untervermietung gerichtet sein (*Sternel* PiG Bd 65, 121, 131 f). Bei Mietermehrheit genügt berechtigtes Interesse eines von ihnen. Humanitäre Absichten (zB Bürgerkriegsflüchtlinge aufzunehmen) sind noch nicht als berechtigtes Interesse anerkannt (AG Neukölln/LG Berlin WuM 94, 326 aA *Derleder* WuM 94, 305). Anerkannt ist der Wunsch auf Aufnahme nahestehender Personen (zB Lebensgefährte, Angehörige, soweit diese nur „Dritte" iSd §§ 540 I, 553 sind, Geschwister des Mieters, entferntere Verwandte, Eltern) sowie die Absicht, nach Beendigung einer Partner- oder Wohngemeinschaft (zB aus finanziellen Gründen) einen neuen Mitbewohner aufzunehmen (AG Köln WuM 95, 654). Ausreichend ist auch die Absicht einer Vereinsamung im Alter zu begegnen (AG Hamburg WuM 90, 500); ebenso die Bildung einer Wohngemeinschaft. Teilweise wird bereits die beabsichtigte Bildung einer Wohngemeinschaft (LG Berlin NJW-RR 92, 13) als ausreichend erachtet. Weitere Gründe: Verschlechterung der wirtschaftlichen Verhältnisse des Mieters, Verringerung des Raumbedarfs infolge des Todes/Auszugs von Familienmitgliedern oder nach der Trennung der Eheleute (LG Berlin ZMR 02, 49, 50), Aufnahme eines Untermieters, der das Kind des (berufstätigen) Mieters versorgen soll (LG Berlin ZMR 02, 49; AG Büdingen WuM 91, 585). Interesse des Mieters, während der Dauer seiner Abwesenheit eine Person zum „Einhüten" aufzunehmen (LG Lüneburg WuM 95, 704, 705; AG Köln WuM 95, 654).

4 **b) Teil des Wohnraums.** Die Erlaubnis zur Überlassung der gesamten Wohnung scheidet idR aus. Die Wohnung muss Mittelpunkt der Lebensbeziehungen des Mieters bleiben (LG Berlin ZMR 02, 49). Bei nur vorübergehender einmaliger Ortsabwesenheit kommt ausnahmsweise Anspruch auf Erlaubnis für zeitlich begrenzte Überlassung der gesamten Wohnung in Betracht, wenn dem Mieter nicht zugemutet werden kann, die Wohnung zu kündigen (LG Berlin MM 94, 323). Der Mieter muss erkennbar Rückkehrwillen dokumentieren (LG Berlin NJW-RR 94, 1289).

5 **c) Nach Abschluss des Mietvertrags entstanden.** Bereits bei Vertragsschluss gegebene Interessen scheiden aus; sonst könnte Mieter vertraglich festgelegte Grenzen des Mietgebrauchs sprengen (BGH NJW 85, 130). Zur Untermietvertragsgestaltung vgl *Lüth* NZM 04, 241.

6 **d) Dritter.** Dies ist jede Person, die nicht Mietvertragspartei oder naher Angehöriger (Ehepartner, Lebenspartner iSv § 1 I 1 LPartG, Kinder inkl Adoptivkinder, Stiefkinder, Pflegekinder) ist. Für die letzt genannten Personen bedarf der Mieter keiner Erlaubnis. Es muss lediglich die Gebrauchsüberlassung angezeigt werden. Ohne Erlaubnis des Vermieters dürfen Hilfs- und Pflegepersonen (Besitzdiener, § 855) in die Wohnung aufgenommen werden (Hamm NJW 82, 2876). Hier fehlt es uU schon an einer „Überlassung", da die Ausübung des Gebrauches allein den Interessen des Mieters dient (str, *Sternel* PiG Bd 65, 121, 132; *Hinz* WuM 04, 380, 385). Der Mieter muss einen konkreten Dritten benennen, da er keine generelle Erlaubnis beanspruchen kann (BayObLG ZMR 95, 301, 302; KG ZMR 92, 382). Dem Vermieter sind idR folgende Angaben zur Person des Dritten zu machen: Name, Geburtsdatum sowie die letzte Anschrift, evtl auch die berufliche Tätigkeit (LG Berlin, GE 02, 668; LG Berlin NJW-RR 92, 13), nicht aber Einkommensnachweis (LG Hamburg WuM 91, 585).

7 **2. Rechtsfolge.** Der Mieter hat bei Vorliegen aller og Voraussetzungen gegen den Vermieter einen Anspruch auf Erteilung der Erlaubnis zur Gebrauchsüberlassung des Wohnraums an den Dritten, und zwar unabhängig vom Ergebnis einer Interessenabwägung zwischen den Belangen des Mieters und denjenigen des Vermieters. Vermieterbelange werden nur unter dem Gesichtspunkt der Zumutbarkeit (I 2) berücksichtigt. Bei einer Mietermehrheit steht der Erlaubnisanspruch allen Mietern gemeinschaftlich zu (LG Berlin NJW-RR 92, 13).

8 **II. Ausschlussgründe, I 2.** Anspruch auf Erlaubniserteilung besteht nicht, wenn in der Person des Dritten ein wichtiger Grund vorliegt, der Wohnraum übermäßig belegt würde oder sonst dem Vermieter die Überlassung nicht zugemutet werden kann.

9 **1. Wichtiger Grund in der Person des Dritten.** Der Grund in der Person des Dritten muss so schwer wiegen, dass dem Vermieter eine Gebrauchsüberlassung an diesen nicht zugemutet werden kann (wie bei § 540

I 2). Bsp: berechtigte negative Prognose und konkreter Verdacht, dass Dritter die Mietsache beschädigen oder den Hausfrieden stören wird. Ungenügend sind persönliche Vorbehalte oder Antipathien des Vermieters gegen einen bestimmten Personenkreis. Insolvenz des Dritten ist nicht völlig ohne Bedeutung, obwohl zwischen diesem Nutzer und dem Vermieter keine vertraglichen Beziehungen bestehen; allerdings ist zu berücksichtigen, dass der Mieter nicht über § 278 für alle schadensstiftenden Handlungen des Untermieters haftet.

2. Übermäßige Belegung des Wohnraums. Hier ist eine Einzelfallbetrachtung geboten. Überbelegung ist nicht zu bejahen, wenn für jede erwachsene Person oder für je zwei Kinder bis zum 13. Lebensjahr ca. zwölf qm zur Verfügung stehen (AG Nürnberg WuM 91, 690). Nach den Länder-Wohnungsaufsichtsgesetzen müssen mindestens pro Person ein Raum und eine Nutzfläche von sechs bis neun qm vorhanden sein.

3. Unzumutbarkeit aus sonstigen Gründen. Hier kann der Vermieter geltend machen, durch die Gebrauchsüberlassung an den Dritten übermäßig belastet zu werden, insbes wenn das Hauptmietverhältnis kurze Zeit später ausläuft. Bei Mieträumen innerhalb der vom Vermieter selbst bewohnten Wohnung kann eine unzumutbare Belastung auftreten, wenn der Vermieter infolge der räumlichen Nähe ständig mit der vom ihm moralisch missbilligten Lebensweise konfrontiert wird (Hamm NJW 82, 2876).

III. Erhöhung der Miete, II. Der Vermieter kann Untermietzuschlag (Anhebung der Grundmiete und/oder der Betriebskosten) verlangen für die Erteilung der Erlaubnis, wenn ihm die Drittüberlassung anderenfalls nicht zuzumuten ist. Erhöhung der Miete setzt Änderungsvereinbarung (§ 311 I) voraus. Kein gesetzlicher Anspruch des Vermieters auf Zustimmung zur Mieterhöhung. Bei zu Unrecht (trotz erhöhter Abnutzung der Wohnung oder auch höherer Betriebskosten) verweigerter Zustimmung des Mieters zur Erhöhung kann Erlaubnis zur Gebrauchsüberlassung wegen Unzumutbarkeit „aus sonstigen Gründen" (I 2) verweigert werden. Die Erhöhungsvereinbarung in den Grenzen der §§ 138, 134 iVm §§ 291 StGB, 5 WiStG ist unabhängig von der ortsüblichen Vergleichsmiete (BayObLG WuM 86, 205). Für die Berechnung der Kappungsgrenze (§ 558 III) wird die nach II erfolgte Mieterhöhung nicht berücksichtigt.

Die verlangte Mieterhöhung muss angemessen sein. Will der Mieter zB einen Lebensgefährten in die Wohnung aufnehmen, so kann der Vermieter im Hinblick auf den zu erwartenden Mehrverbrauch lediglich eine Anhebung der Betriebskosten verlangen. Eine Erhöhung der Grundmiete soll regelmäßig nicht in Betracht kommen. Bei echter Untervermietung ist Erhöhung im Umfang von 20% der erzielten Untermiete angemessen (Schmidt-Futterer/*Blank* § 553 Rn 17). Für preisgebundenen Wohnraum gilt § 26 III NMV (2,50 € bei Benutzung durch eine Person, 5,00 € bei Benutzung durch zwei oder mehrere Personen). Die Erteilung der Erlaubnis darf nicht von sonstigen Bedingungen abhängig gemacht werden (LG Hamburg WuM 93, 737). Befristung der Erlaubnis ist möglich (LG Stuttgart WuM 92, 122).

IV. Abweichende Vereinbarungen, III. Abreden, die den Anspruch des Mieters auf Erteilung der Erlaubnis zur Drittüberlassung über die Voraussetzungen des I hinaus einschränken, sind unwirksam; dies gilt auch für die Vereinbarung eines Untermietzuschlags bereits im Mietvertrag, da sie zum Nachteil des Mieters die nach II erforderliche Zumutbarkeitsprüfung vorwegnimmt (AG Hamburg-Altona WuM 99, 600).

C. Beweislast. Der Mieter muss beweisen, dass nach Vertragsschluss ein berechtigtes Interesse an der Gebrauchsüberlassung bzw an der Untervermietung entstanden ist. Der Vermieter muss Unzumutbarkeitsgründe nach I 2 beweisen. Der Mieter muss auch beweisen, dass er die Räume weiterhin bewohnt. Die Drittüberlassung hat der Vermieter zu beweisen.

D. Verjährung. Der Anspruch des Mieters auf Erlaubniserteilung verjährt in drei Jahren (§§ 195, 199 I).

§ 554 Duldung von Erhaltungs- und Modernisierungsmaßnahmen

(1) Der Mieter hat Maßnahmen zu dulden, die zur Erhaltung der Mietsache erforderlich sind.
(2) ¹Maßnahmen zur Verbesserung der Mietsache, zur Einsparung von Energie oder Wasser oder zur Schaffung neuen Wohnraums hat der Mieter zu dulden. ²Dies gilt nicht, wenn die Maßnahme für ihn, seine Familie oder einen anderen Angehörigen seines Haushalts eine Härte bedeuten würde, die auch unter Würdigung der berechtigten Interessen des Vermieters und anderer Mieter in dem Gebäude nicht zu rechtfertigen ist. ³Dabei sind insbesondere die vorzunehmenden Arbeiten, die baulichen Folgen, vorausgegangene Aufwendungen des Mieters und die zu erwartende Mieterhöhung zu berücksichtigen. ⁴Die zu erwartende Mieterhöhung ist nicht als Härte anzusehen, wenn die Mietsache lediglich in einen Zustand versetzt wird, wie er allgemein üblich ist.
(3) ¹Bei Maßnahmen nach Absatz 2 Satz 1 hat der Vermieter dem Mieter spätestens drei Monate vor Beginn der Maßnahme deren Art sowie voraussichtlichen Umfang und Beginn, voraussichtliche Dauer und die zu erwartende Mieterhöhung in Textform mitzuteilen. ²Der Mieter ist berechtigt, bis zum Ablauf des Monats, der auf den Zugang der Mitteilung folgt, außerordentlich zum Ablauf des nächsten Monats zu kündigen. ³Diese Vorschriften gelten nicht bei Maßnahmen, die nur mit einer unerheblichen Einwirkung auf die vermieteten Räume verbunden sind und nur zu einer unerheblichen Mieterhöhung führen.

(4) ¹Aufwendungen, die der Mieter infolge einer Maßnahme nach Absatz 1 oder 2 Satz 1 machen musste, hat der Vermieter in angemessenem Umfang zu ersetzen. ²Auf Verlangen hat er Vorschuss zu leisten.
(5) Eine zum Nachteil des Mieters von den Absätzen 2 bis 4 abweichende Vereinbarung ist unwirksam.

1 **A. Grundsätzliches. I. Entstehungsgeschichte.** § 554 umfasst die §§ 541 a und 541 b aF und passt sie sprachlich § 559 („Maßnahmen" und „Mietsache"), § 536 a II und § 539 (Ersetzung des Begriffes „Verwendungen" durch „Aufwendungen") an. § 554 II bezieht sich auf alle Arten von Energieeinsparung. Bei den Härtegründen wurde der Personenkreis um die Haushaltsangehörigen erweitert. Durch die Dreimonatsfrist in § 554 III für die Modernisierungsankündigungen wurde ein Gleichlauf mit der Frist für das Sonderkündigungsrecht des Mieters (§ 561) erreicht (BTDrs14/4553 S 49/50).

2 **II. Normzweck.** § 554 I und § 554 II und III verfolgen unterschiedliche Zwecke. § 554 I löst mit der Duldungspflicht des Mieters für Erhaltungsmaßnahmen des Vermieters die Interessengegensätze, die sich aus der Erhaltungspflicht des Vermieters einerseits (§ 535 I 2) ergeben und andererseits aus dem Recht des Mieters auf Unterlassung von Maßnahmen, die den Mietgebrauch negativ beeinflussen. Der Gesetzgeber hat den Vermieterinteressen eindeutigen Vorrang eingeräumt, soweit es sich um rein „restaurierende" Instandsetzungen geht (AG Berlin-Charlottenburg GE 91, 255). § 554 II und III lösen den Konflikt zwischen dem Bestandsinteresse des Mieters und dem Verbesserungsinteresse des Vermieters. Weitere Duldungspflichten des Mieters ergeben sich aus § 4 II HeizkVO, § 7 II Heizanlagenverordnung bzw § 12 EnEV (Thermostatventile) den Vorschriften der Landesbauordnungen (zB für den Einbau von Kaltwasserzählern nach LBauO in Hamburg, § 45 IV nF, § 39 III aF und Mecklenburg-Vorpommern, § 40), sowie aus § 175 BauGB.

3 **III. Anwendungsbereich.** Für Wohnraum insgesamt und für Mietverhältnisse über Räume, die keine Wohnräume sind, gilt über § 578 II auch § 554 (mit Ausnahme des Abs 5).

B. Regelungsgehalt. I. Tatbestandsvoraussetzungen der Duldungspflichten. 1. bei Erhaltungsmaßnahmen, I. Hierunter versteht man Maßnahmen der Instandhaltung und Instandsetzung, insbes die Beseitigung
4 von Schäden durch Reparatur oder Neuanschaffung bzw Behebung baulicher Mängel. Nicht erfasst wird die modernisierende Instandsetzung, dh wenn über die Wiederherstellung des mangelfreien Zustandes der Mietwohnung hinausgehend eine technisch bessere modernere Lösung umgesetzt werden soll, die wirtschaftlich sinnvoll ist und sich innerhalb angemessener Zeit amortisiert. Ob eine Maßnahme wegen Gebrauchswerterhöhung als Modernisierungsmaßnahme einzustufen ist, bestimmt sich nach objektiven Kriterien. Keine Erhaltungsmaßnahme ist eine bloße Verschönerung des Mietobjekts; dasselbe gilt für den Austausch eines defekten Gasherds gegen einen Elektroherd statt eines gleichartigen Ersatzes (LG Berlin GE 97, 185). Die Maßnahme muss aus der Sicht eines durchschnittlichen sachkundigen Vermieters notwendig sein, nicht aber besonders dringlich, selbst vorbeugende Maßnahmen sind vom Mieter zu dulden. Die Duldungspflicht kann durch besondere Umstände auf Seiten des Mieters (Krankheit sowie kurzfristig bevorstehendes Mietvertragsende) eingeschränkt sein.

5 **2. bei Modernisierungsmaßnahmen, II. a) Modernisierungsrecht.** Grds besteht nur ein Modernisierungsrecht aber keine Modernisierungspflicht des Vermieters. Ausnahme: öffentlich-rechtliche Verpflichtungen, zB zum Einbau von Kaltwasserzählern in Bestandsimmobilien (vgl § 39 III aF Hburg BauO: per 1. 9. 04 und § 40 BauO von Mecklenburg-Vorpommern: per 31. 12. 03).

6 **b) Vorliegen einer Modernisierungsmaßnahme.** Nach § 559 I (Legaldefinition) ist als Modernisierung eine bauliche Maßnahme einzustufen, die den Gebrauchswert der Mietsache nachhaltig erhöht, die allgemeinen Wohnverhältnisse auf Dauer verbessert oder nachhaltig Einsparung von Energie oder Wasser bewirkt. Zur näheren Konkretisierung vgl den Modernisierungskatalog des (inzwischen aufgehobenen) § 4 I ModEnG vom 23. 8. 76 (BGBl I S 2429): Maßnahmen zur Verbesserung des Zuschnitts der Wohnung, Einbau eines Balkons, einer Zentralheizung, einer Gegensprechanlage sowie einer modernen Antenne in das Mietobjekt (LG München I WuM 89, 27), nachträgliche Installation einer Zentralheizung (LG Fulda WuM 92, 243), Einbau einer Gasetagenheizung mit Warmwasserversorgung ggü einer Beheizung mit Nachtstromspeicher (AG Hburg WuM 91, 30). Umstritten ist die Einordnung der Umrüstung von einer Ölzentralheizung auf eine Erdgasbefeuerung (Celle WuM 93, 89: allgemeinkundig, dass die Erdgasheizungen in ökologischer Hinsicht ggü der Ölheizung technisch fortschrittlich sind). Zu den baulichen Maßnahmen mit Modernisierungscharakter zählen insbes Energieeinsparungsmaßnahmen (§ 4 III ModEnG): Verbesserung der Wärmedämmung von Fenstern, Außentüren, Außenwänden, Dächern, Kellerdecken und obersten Geschossdecken sowie die Verminderung des Energieverlustes bzw Energieverbrauchs der Heizungs- und Warmwasseranlage.

7 Als Energiesparmaßnahme wird auch der Einbau von Thermostatventilen nach der HeizanlagenVO bzw EnEV angesehen, der Einbau moderner WC-Spülkästen mit Spartaste sowie die Installation von Warm- und Kaltwasserzählern, obwohl letztere nicht direkt zur Energieeinsparung führen, sondern lediglich Einfluss auf das Nutzerverhalten haben sollen.
Wenn bei 2/3 aller vergleichbaren Gebäude in der Region ein vergleichbarer, vom Vermieter angestrebter Standard noch nicht üblich ist, kann den noch nicht in Anlehnung an BGH ZMR 92, 234 zwingend von

einer von § 554 nicht gedeckten Luxusmodernisierung ausgegangen werden. Das Vorliegen einer Verbesserungsmaßnahme wird dann bejaht, wenn das Wohnmietobjekt angenehmer, bequemer, sicherer, gesünder oder weniger arbeitsaufwändig als zuvor wird. Ausbau-, Energie- und Wassereinsparmaßnahmen sind vom Mieter unabhängig davon zu dulden, ob eine Verbesserung des Wohnwerts mit ihnen verbunden ist oder sonstige objektive oder subjektive Vorteile. Der Vermieter muss die zu erwartende Energieeinsparung dem Mieter plausibel darlegen, nicht zwingend unter Vorlage einer Wärmebedarfsberechnung (BGH ZMR 02, 503 mit Anm *Schläger* ZMR 02, 580; BGH WuM 04, 154; *Hinz* WuM 04, 380,391 ff).

Auf nicht vom Vermieter zu vertretende Maßnahmen soll § 554 II „aus Mieterschutzgründen" (str) entspr anwendbar sein, ggf ergibt sich die Duldungspflicht aus § 242. Der Gesetzgeber wollte vermeiden, dass der Mieter in Härtefällen auch solchen Maßnahmen widersprechen kann. 8

c) Keine relevanten entgegenstehenden Mieterinteressen, II 2 und 3. Die exemplarisch („insbes") aufgeführten Härtegründe bedeuten, dass von ihrer Schwere her vergleichbare Gründe ebenfalls eine zu berücksichtigende Härte auf Mieterseite beinhalten. Härtegründe können dem Duldungsanspruch des Vermieters dauernd oder nur zeitlich befristet entgegenstehen. Nur in Extremfällen kann der Mieter zur Räumung einzelner Zimmer oder gar zum Ausweichen in ein Hotel gezwungen werden (LG Mannheim WuM 87, 272). Der Verlust von Fenster- oder Stellflächen oder für den Mieter negative Änderung des Grundrisses der Wohnung ist idR als eine Härte einzustufen. Bei der Abwägung ist zu beachten, dass der Mieter grds kein Recht hat, seine Investitionen während des Mietverhältnisses voll abwohnen zu dürfen. Härtegründe bei Mieterinvestitionen kann der Vermieter zB durch Übernahme einer Ausgleichszahlung kompensieren. Wenn nicht lediglich ein Zustand hergestellt wird, wie er „allgemein üblich" ist, kann eine Härte iS einer Unzumutbarkeit durch die zu erwartende Mieterhöhung angenommen werden, falls die Modernisierung objektiv nicht in einem angemessenen Verhältnis zu der zu erwartenden Mieterhöhung steht. Trotz fehlender Zumutbarkeit kann die Modernisierungsmaßnahme dann zu dulden sein, wenn die Räume lediglich in einen Zustand versetzt werden, wie er bei mindestens 2/3 der Gebäude gleichen Alters innerhalb der Region bereits angetroffen wird (BGH ZMR 92, 234). Hat der Mieter nach Zahlung der erhöhten Miete trotz Inanspruchnahme von Sozialleistungen lediglich noch sein Existenzminimum, ist Unzumutbarkeit gegeben (vgl auch LG Berlin NZM 99, 705). 9

d) Vermieterinteressen. Hierzu zählt die durch die angestrebte Modernisierung bewirkte wirtschaftliche Nutzung des Objekts (nicht Mieterhöhung gem § 559) in der Zukunft und eine objektive Verbesserung der Vermietungschancen. Berücksichtigt wird auch die im Vornahmezeitpunkt noch mögliche Inanspruchnahme öffentlicher Fördermittel oder günstiger Bankkredite. 10

II. Das Modernisierungsankündigungsverfahren, III. 1. Die Ankündigungspflicht des Vermieters. Die Maßnahme muss bekannt gegeben werden, indem deren voraussichtlicher Umfang und Beginn, voraussichtliche Dauer und die zu erwartende Mieterhöhung in Textform (oder schriftlich) mitgeteilt werden. Der Mieter kann nicht (mehr) verlangen, dass ihm bis ins kleinste Detail hinein die geplanten Maßnahmen, beschrieben werden. Der Mieter soll allerdings in die Lage versetzt werden, die Auswirkungen auf seine Wohnung einzuschätzen; deshalb genügt eine bloß stichwortartige Beschreibung der geplanten Modernisierungsarbeiten nicht. Es muss zumindest angegeben werden, wo Wanddurchbrüche geplant sind und evtl bisherige Stellplatzflächen beeinträchtigt werden, zB durch Verlegen von Rohren auf Putz. Der Begriff „voraussichtlich" bedeutet kein Ermessen, dem Vermieter soll lediglich ein gewisser Spielraum bei Auftreten unvorhergesehener Hindernisse eine modifizierte Bauplanung erleichtern. 11

2. Angabe des voraussichtlichen Baubeginns. Bei einem zB durch Handwerkerverschulden bedingten verspäteten Baubeginn soll der Vermieter nicht erneut ein Ankündigungsschreiben fertigen müssen, wenn noch ein zeitlicher Zusammenhang mit dem ursprünglich genannten Termin besteht. 12

3. Voraussichtliche Dauer der Modernisierungsmaßnahme. Der Vermieter muss möglichst präzise Angaben machen. Die Angabe von Kalenderwochen (AG Köln WuM 79, 212) genügt idR. Ankündigungswidrige kleinere Verzögerungen sind vom Mieter hinzunehmen. 13

4. Mitteilung der voraussichtlichen Mieterhöhung. Der Vermieter muss betragsmäßig die Mieterhöhung beziffern. Auch eine evtl Neueinführung von Betriebskosten ist anzugeben. 14

5. Form der Modernisierungsmitteilung/Modernisierungsankündigung. Es reicht Textform iSd § 126 b. 15

6. Die dreimonatige Ankündigungsfrist. Sie ist eine Mindestfrist; es muss die Ankündigung spätestens 3 Monate vor dem geplanten Beginn der Modernisierungsarbeiten dem Mieter zugehen. Bei längerer Ankündigungsfrist muss zumindest ein enger zeitlicher Zusammenhang zu der geplanten Modernisierungsmaßnahme noch bejaht werden können. 16

7. Entbehrlichkeit der Mitteilung bei Bagatellmaßnahmen. Die Mitteilungspflicht entfällt, wenn mit den Maßnahmen keine oder nur unerhebliche Einwirkungen auf die Mietsache verbunden sind und auch mit einer allenfalls unwesentlichen Mieterhöhung gerechnet werden muss, § 554 III 3. Unter die Bagatellmaßnahmen fallen: Auswechslung der Heizkörperventile (LG Berlin ZMR 86 444), der Einbau einer Klingelanlage 17

(AG Berlin-Charlottenburg GE 89, 683), der Anschluss der Wohnung an das Breitkabelnetz (AG Hamburg WuM 90, 498 ff). Von einer nur unerheblichen Mieterhöhung wird dann ausgegangen, wenn diese jedenfalls die 5% Marge (LG Berlin ZMR 86, 444 und NJW-RR 92, 144) unterschreitet.

18 **III. Sonderkündigungsrecht des Mieters, III 2.** Der Mieter ist – unabhängig von einer evtl Duldungspflicht – bis zum Ablauf des Monats, der auf den Zugang der Modernisierungsankündigung folgt, berechtigt, außerordentlich zum Ablauf des nächsten Monats zu kündigen.
Das Sonderkündigungsrecht gilt nicht bei sog Bagatellmaßnahmen (§ 554 II 3). Bei einer modernisierungsbedingten Mieterhöhung erwächst dem Mieter darüber hinaus das außerordentliche Kündigungsrecht des § 561.

19 **IV. Aufwendungsersatzanspruch des Mieters, IV.** Sowohl bei Erhaltungs- als auch bei Modernisierungsmaßnahmen steht dem Mieter bei Kausalität ein Anspruch auf Aufwendungsersatz zB für die Erneuerung und Änderung der Dekoration, Kosten für die Auslagerung wertvoller Möbel sowie der Reinigung der Räume etc zu, wenn diese erbracht werden, um Störungen im Mietgebrauch durch die Instandhaltungs- oder Modernisierungsmaßnahmen zu begegnen oder damit verbundene Nachteile abzuwenden. Vor Durchführung sowohl der Erhaltungs- als auch der Modernisierungsmaßnahmen kann der Mieter einen Vorschuss verlangen.

20 **V. Beweislast.** Der Vermieter muss alle positiven Voraussetzungen des Duldungsanspruchs beweisen. Der Mieter muss beweisen, dass die Modernisierung eine besondere Härte darstellt bzw unzumutbar ist. Ebenso ist er beweispflichtig für Aufwendungs- oder Schadensersatzansprüche bzw die Voraussetzung eines Zurückbehaltungsrechts wegen fehlender Vorschusszahlung des Vermieters.

21 **VI. Abdingbarkeit, V.** Eine zum Nachteil des Mieters von den Vorschriften über Modernisierungsmaßnahmen (§ 554 II–IV) abw Vereinbarung ist im Wohnraummietrecht unwirksam, während bei der sonstigen Raummiete insoweit abw Vereinbarungen zulässig bleiben (§ 578 II 1). Auch wenn die Duldungspflicht des Mieters ggü Erhaltungsmaßnahmen (§ 554 I) dispositiv ist, trifft dies nicht für den neuen Aufwendungsersatzanspruch des Mieters in derartigen Fällen zu (vgl § 554 IV iVm I).

22 **C. Prozessuales. I. Keine einstweilige Verfügung durch den Vermieter.** Im Regelfall muss der Vermieter den Duldungsanspruch im Klagewege durchsetzen. Ausnahme: Erlass einer einstweiligen Verfügung bei Auftreten eines Wasserrohrbruchs oder wenn der Mieter dem Schornsteinfeger den Zutritt zu Revisionsöffnungen untersagt oder weil dringend aus Sicherheitsgründen die Heizanlage repariert werden muss.

23 **II. Einstweilige Verfügung durch den Mieter.** Wenn vermieterseits Erhaltungs- oder Modernisierungsmaßnahmen in die Tat umgesetzt werden, die der Mieter nicht dulden will, kann er nicht auf die Unterlassungsklage verwiesen werden; er kann auch – Eilbedürftigkeit vorausgesetzt – den Erlass einer einstweiligen Verfügung beantragen. Die eV führt in diesen Fällen lediglich zu einem „Baustop" für eine vorübergehende Zeit von vorerst längstens 6 Monaten. Ob der Vorschussanspruch des Mieters aus § 554 IV 2 durch eV durchsetzbar ist, ist umstritten (AG Köln WuM 81, 95).

§ 554a Barrierefreiheit

(1) [1]Der Mieter kann vom Vermieter die Zustimmung zu baulichen Veränderungen oder sonstigen Einrichtungen verlangen, die für eine behindertengerechte Nutzung der Mietsache oder den Zugang zu ihr erforderlich sind, wenn er ein berechtigtes Interesse daran hat. [2]Der Vermieter kann seine Zustimmung verweigern, wenn sein Interesse an der unveränderten Erhaltung der Mietsache oder des Gebäudes das Interesse des Mieters an einer behindertengerechten Nutzung der Mietsache überwiegt. [3]Dabei sind auch die berechtigten Interessen anderer Mieter in dem Gebäude zu berücksichtigen.
(2) [1]Der Vermieter kann seine Zustimmung von der Leistung einer angemessenen zusätzlichen Sicherheit für die Wiederherstellung des ursprünglichen Zustandes abhängig machen. [2]§ 551 Abs. 3 und 4 gilt entsprechend.
(3) Eine zum Nachteil des Mieters von Absatz 1 abweichende Vereinbarung ist unwirksam.

1 **A. Grundsätzliches. I. Entstehungsgeschichte.** Der Rechtsausschuss wollte gestützt auf die sog Treppenlift-Entscheidung des BVerfG (ZMR 00, 435 = NZM 00, 539) für mehr Rechtsklarheit und Rechtssicherheit sorgen sowie die Verhandlungspositionen behinderter Menschen ggü dem Vermieter stärken und damit zugleich ein Signal setzen (BTDrs 14/5663, 78). Der Gesetzgeber hat jedenfalls die Ergebnisse der aktuellen Rspr (LG Duisburg ZMR 00, 464) verfestigt.

2 **II. Normzweck.** § 554 soll es dem Mieter ermöglichen, trotz einer Behinderung seiner selbst oder eines Haushaltsangehörigen die bisherige Wohnung weiter nutzen zu können. Der Gesetzgeber sah das Interesse trotz Behinderung die Wohnung beizubehalten, als grds anerkennenswert an. Die neue Norm sollte die Verhandlungsposition behinderter Mieter ggü ihrem Vermieter stärken. § 554a soll idR dann zur Geltung kommen, wenn das Mietverhältnis bereits seit längerer Zeit besteht und die von ihm begünstigten Personen durch Unfälle, Krankheit oder altersbedingte Behinderungen auf den geltend gemachten Umbau angewiesen sind.

III. Anwendungsbereich. § 554a regelt vom Mieter geplante Eingriffe in die Bausubstanz, die den vertrags- 3
gemäßen Gebrauch überschreiten.
Der Zustimmungsanspruch gem § 554a besteht für alle Mieter von jedwedem Wohnraum. Da in § 578 keine Verweisungsvorschrift existiert, scheidet eine ausdehnende Anwendung der Vorschrift auf andere Räume aus.
§ 554a erfasst auch den Fall einer bereits ursprünglich (erst recht später) bestehenden Notwendigkeit behin- 4
dertengerechten Umbaus. § 554a nennt als Anspruchsinhaber nur den Mieter; dessen berechtigte Interessen können sich auch aus persönlichen Umständen seines Haushaltsangehörigen ergeben. Trotzdem wird man den Mieter nicht für verpflichtet halten, unaufgefordert bei Vertragsabschluss etwa auf eine Behinderung eines Haushaltsangehörigen hinzuweisen; er darf gezielte Fragen des Vermieters zu diesem Themenbereich nur nicht falsch beantworten.

B. Regelungsgehalt. I. Tatbestandsvoraussetzungen. 1. Behinderung des Mieters selbst oder eines Haushaltsangehörigen. „Behindert" ist nicht im engen Sinne des Sozialrechts zu verstehen. Erfasst werden 5
sollen jede erhebliche und dauerhafte Einschränkung der Bewegungsfähigkeit (vgl BGG v 27.4.02, BGBl I 2002 S 1467). Nach § 3 BGG liegt eine derartige Behinderung vor, wenn die körperliche Funktion, geistige Fähigkeit oder seelische Gesundheit eines Menschen länger als 6 Monate von dem für das Lebensalter typischen Zustand (negativ) abweicht und daher seine Teilhabe am Leben in der Gesellschaft beeinträchtigt ist. Gem § 4 BGG sind barrierefrei solche baulichen und sonstigen Anlagen, verkehrsmitteltechnische Gebrauchsgegenstände etc, wenn sie für behinderte Menschen in der allgemein üblichen Weise ohne besondere Erschwernis und grds ohne fremde Hilfe zugänglich und nutzbar sind (*Braun* MDR 02, 862, 864 linke Spalte). § 554a erfasst nicht auch Besucher.

2. Geplante bauliche Veränderung oder sonstige Einrichtung. Bauliche Veränderungen bedeuten erhebli- 6
che Eingriffe in die bauliche Substanz des Mietobjekts, die ohne Zustimmung des Vermieters nicht zulässig sind. Typische Fälle: Umbau des Badezimmers durch Einbau behindertengerechter Duschen, Wannen und Toiletten, Verbreiterung von Türen, Neuverlegen von Leitungen sowie das Versetzen von Lichtschaltern sowie barrierefreier Zugang zur Wohnung selbst (Auffahrrampen, Treppenlift). Die „sonstigen Einrichtungen" stellen einen Auffangtatbestand dar (vgl *Mersson* ZMR 01, 956, 957). Str ist, ob der Begriff „Einrichtung" in § 554a wie in den §§ 539 II, 552 zu verstehen ist.

3. Erforderlichkeit der Schaffung von Barrierefreiheit. Der behinderten Person darf nicht das größtmögli- 7
che Opfer an Anstrengung abverlangt werden.
Maßnahmen sind erforderlich, wenn sie das Leben des Behinderten zumindest erleichtern und nicht purer Bequemlichkeit dienen. Die begehrte bauliche Veränderung muss eine Behinderung schmälern (LG Hamburg ZMR 04, 914). Der Mieter kann bei mehreren denkmöglichen baulichen Veränderungen die Barrierefreiheit herbeiführen, nur die Zustimmung zu dem aus Vermietersicht geringsten Eingriff verlangen (Wahlrecht, § 262).

4. Anspruchsberechtigter. Nur der Mieter selbst hat den Anspruch auf Zustimmung. Wer nicht selbst Partei 8
des Mietvertrages ist, kann jedenfalls nicht aus eigenem Recht Ansprüche auf Barrierefreiheit ggü dem Vermieter geltend machen.

5. Berechtigtes Interesse des Mieters, § 554a I 1. Die og Tatbestandsvoraussetzungen stellen keine doppel- 9
relevanten Merkmale in dem Sinne dar, dass sie zugleich für die Interessenabwägung mit heranzuziehen sind. Art, Dauer (Heilungschancen) und Schwere der Behinderung, Umfang und Erforderlichkeit der Maßnahme, Dauer der Bauzeit und Möglichkeiten des Rückbaus werden dennoch als allgemeine Abwägungskriterien angesehen (LG Duisburg ZMR 00, 363) sowie die restliche/voraussichtliche Dauer des Mietverhältnisses, Entwicklung des Gesundheitszustands des Mieters oder seines Haushaltsangehörigen sowie bisherige Dauer des Mietverhältnisses und dadurch bereits aufgebaute Bindungen an die Umgebung.

**II. Interessenabwägung mit den Vermieterinteressen, § 554a I 2, 3. 1. Interessen der Mitmieter, § 554a I
3.** Mitmieterinteressen werden auf Seiten des Vermieters relevant, wenn ein Treppenlift im Treppenhaus 10
gebaut werden soll, und hierdurch die Verkehrssicherheit des Treppenhauses beeinträchtigt ist, Umzüge erschwert sind und Fluchtwege verschmälert werden. Dies bedeutet etwa, dass der Treppenlift im Ruhezustand an dem am wenigstens störenden Punkt des Treppenhauses oder gar an einer Haltestelle im Keller geparkt werden muss. Unabhängig davon sind bauordnungsrechtliche Vorschriften zu beachten, sowie die TÜV-Abnahme. Bei der Gewichtung der Interessen der übrigen Mieter ist auch zu berücksichtigen, ob es sich um ein Mietobjekt mit oder ohne Fahrstuhl handelt. Ein ausreichend dimensionierter Fahrstuhl lässt ein geringfügig verengtes Treppenhaus leichter hinnehmbar erscheinen.
Es kann zu Differenzen mit Interessen eines anderen behinderten Mieters kommen. Wegen des Gleichbehandlungsgrundsatzes kann der Vermieter dann eine bauliche Veränderung verweigern, die einem anderen Mieter eine für ihn erforderliche Maßnahme zur Herstellung von Barrierefreiheit vereitelt.

2. Interessen des Vermieters, § 554a I 2. Eine berechtigte Zustimmungsverweigerung kann gestützt werden 11
auf: konkrete Gefährdung der Verkehrssicherheit, die nicht durch Zusage des Mieters kompensiert wird, er

werde eine Haftpflichtversicherung abschließen; wenn durch den Umbau das Mietobjekt für Nichtbehinderte nicht mehr oder weitgehend nicht mehr im bisherigen Umfang nutzbar ist.

12 IRd Verkehrspflicht kann der Vermieter sich darauf berufen, dass entweder die Statik des Hauses gewisse Arbeiten nicht zulässt; zu beachten ist auch, dass bei Einbau von Treppenliften die nach der jeweiligen Landesbauordnung notwendige Breite zwischen der Fahrschiene und dem festen Handlauf vorhanden sein muss. Muss der Handlauf bedingt durch den Einbau des Treppenliftes von der Wand auf die andere Seite umgesetzt werden, wird schnell auch in einem Zweiparteienhaus die Mindestbreite der Treppe (idR 80 cm) unterschritten. Der Vermieter kann sachgerechte Auflagen machen.

13 **III. Rechtsfolgen.** Liegen alle Tatbestandsvoraussetzungen für die Durchführung der Maßnahme vor, und fehlt es obendrein an „Verweigerungsgründen" auf Seiten des Vermieters, muss er durch Willenserklärung die Zustimmung erteilen, die ggf gerichtlich nach § 894 ZPO ersetzt werden kann. Der Begriff Zustimmung bezieht sich hier auf den vom Mieter selbst oder durch die Sozialbehörde zu finanzierenden Umbau zur Herstellung der Barrierefreiheit.

14 **IV. Leistung einer zusätzlichen Mietsicherheit, § 554a II.** Der Vermieter muss ggf seine Zustimmung von der Leistung einer über § 551 hinausgehenden Sicherheitsleistung abhängig machen, kraft Gesetzes entsteht der Anspruch nicht. Die Höhe der „zusätzlichen Sicherheit" muss sich an den voraussichtlichen Kosten für die Wiederherstellung des ursprünglichen Zustandes orientieren. Fehlt eine Regelung, darf der Mieter als Sicherheitsleistung nach seiner Wahl Barkaution, Abtretung von Sparbuchforderungen oder Bankbürgschaft anbieten (§ 262). Bei schlechten Vermögensverhältnissen des Mieters genügt eine vertragliche Übernahme der Rückbaukosten durch das Sozialamt. Hinsichtlich der zusätzlichen Sicherheitsleistungen ist der Mieter vorleistungspflichtig. Wenn der Vermieter sich bei prognostizierter Kostenentwicklung für den Rückbau verkalkuliert, kann er unter den Voraussetzungen des § 240 bei länger dauerndem Mietverhältnis einer Erhöhung der Sicherheitsleistung verlangen.

15 **V. Beweislast.** Der Mieter hat die og Tatbestandsvoraussetzungen zu beweisen, während der Vermieter für die Angemessenheit der Höhe der von ihm verlangten Sicherheitsleistungen die Beweislast trägt.

16 **VI. Unabdingbarkeit, § 554a III.** Formularvertragliche Vereinbarungen und sonstige dem Mieter nachteilige Regelungen sind im Mietvertrag nichtig. Lediglich möglich ist die vorab erteilte Zustimmung des Vermieters zu künftigen Baumaßnahmen.

17 **C. Besonderheiten bei vermietetem Wohnungseigentum.** Nach § 22 WEG genügt für die rechtmäßige Vornahme einer baulichen Veränderung des Gemeinschaftseigentums, dass alle hiervon nachteilig Betroffenen zugestimmt haben; bei Arbeiten im Treppenhaus bedingt dies naturgemäß die Zustimmung aller Wohnungseigentümer dieses Gebäudes. Auch ein bestandskräftiger „Zitterbeschluss" reicht hier aus. Insbes steht die Entscheidung des BGH ZMR 00, 771 nicht entgegen. Sind alle Tatbestandsvoraussetzungen einschl einer zugunsten des Mieters ausgegangenen Interessenabwägung für die Zustimmung zur Herstellung der Barrierefreiheit gegeben, kann sich der vermietende Wohnungseigentümer nicht erfolgreich darauf berufen, dass es ihm unmöglich sei, die Zustimmung zu erteilen. Lehnt die Gemeinschaft mehrheitlich ab, müsste dieser Negativbeschluss vom vermietenden Eigentümer allerdings zur Vermeidung seiner Bestandskraft binnen Monatsfrist (§ 23 WEG vorsorglich (vgl dazu Wenzel ZMR 05, 413 zum Negativbeschluss) gerichtlich angefochten werden (§ 43 WEG). Gleichzeitig wäre ein positiv formulierter Antrag auf Zustimmung der Gemeinschaft zu den mieterseits geplanten Maßnahmen zu stellen. Bejaht man eine Abtretbarkeit des Duldungs- oder Zustimmungsanspruchs des Eigentümers gegen die restliche Eigentümergemeinschaft, würde auch eine Abtretung desselben an den Mieter ausreichen. Eine Berücksichtigung der Interessen der Eigentümergemeinschaft iR bereits der Interessenabwägungen wird allgemein als unzulässig angesehen, da § 554a die Abwägung ausdrücklich nur auf die Berücksichtigung von Interessen anderer Mieter bezieht.

18 **D. Prozessuales.** Richtet sich der Anspruch gegen einen vermietenden Wohnungseigentümer, wird von *Drasdo* (WuM 02, 123, 129) empfohlen, den übrigen Wohnungseigentümern gem dem § 72 ff ZPO den Streit zu verkünden. Hat der vermietende Wohnungseigentümer dagegen bereits seinerseits trotz Verweigerung der Zustimmung ggü dem Mieter einen Rechtsstreit gegen seine Mitwohnungseigentümer angestrengt, wird empfohlen, die Mietstreitigkeit nach § 148 ZPO auszusetzen.
Die Eigentümergemeinschaft könnte – unabhängig vom Mietprozess – ihre Zustimmung auch vorbehaltlich der gerichtlichen Verpflichtung des vermietenden Wohnungseigentümers zur Zustimmung ggü dem Mieter erteilen, wenn bereits ein Mietrechtsstreit läuft.

§ 555 Unwirksamkeit einer Vertragsstrafe

Eine Vereinbarung, durch die sich der Vermieter eine Vertragsstrafe vom Mieter versprechen lässt, ist unwirksam.

1 **A. Grundsätzliches. I. Entstehungsgeschichte.** Das seit 1964 geltende Verbot von Vertragsstrafen im Wohnraummietrecht hat § 555 aus § 550 aF unverändert übernommen.

II. Normzweck. Der soziale Schutzzweck des § 555 soll den Wohnraummieter gegen eine Übervorteilung seitens des Vermieters schützen.

B. Regelungsgehalt. I. Anwendungsbereich. § 555 gilt nur für Wohnraummietverhältnisse und nur gegen Vertragsstrafenversprechen des Mieters. Str ist bei Mischmietverhältnissen, ob § 555 eingreift, wenn der Vertrag seinen Schwerpunkt im Wohnraummietrecht hat oder ob es darauf ankommt, ob die mit der Vertragsstrafe versehene Pflicht des Mieters dem gewerblichen oder dem Wohnraummietrecht zuzuordnen ist (vgl Staud/*Emmerich* § 555 Rn 2). § 555 ist analog anwendbar, wenn sich für den Mieter ein Dritter zur Zahlung einer Vertragsstrafe verpflichtet hat. Sonstige Vertragsstrafenversprechen in Formularklauseln sind an den §§ 309 Nr 5, 308 Nr 7 und § 307 bzw § 9 WoBindG zu messen.

II. Tatbestandsvoraussetzungen. 1. Vorliegen eines mieterseitigen Vertragsstrafeversprechens. Vertragsstrafe ist iSd §§ 339 ff zu verstehen, wonach der Schuldner eine Leistung für den Fall verspricht, dass er seine Verbindlichkeit nicht oder nicht in gehöriger Weise erfüllt. Vertragsstrafenversprechen wurden angenommen für eine Vereinbarung, dass der Mieter sich bei vorzeitiger Vertragsauflösung zur Zahlung eines Pauschalbetrages verpflichtet (AG Berlin-Charlottenburg GE 96, 869), dass bei Vertragsende auf Wunsch des Mieters mit Einverständnis des Vermieters der Mieter einen Festbetrag schuldet, Verpflichtung des Mieters bei Unterlassung der Schönheitsreparaturen oder bei einem Verstoß gegen ein Konkurrenzverbot vier Monatsmieten an den Vermieter zu zahlen (AG Köln MDR 71, 929), die Bestimmung, dass der Mieter beim Verstoß gegen die Anzeigepflicht des § 536 c sämtliche Reparaturkosten tragen muss (LG Stuttgart WuM 87, 254 ff), die Vereinbarungen überhöhter Pauschalen mit Strafcharakter bei Beschädigung der Mietsache (AG Frankfurt WuM 90, 195). Verwaltungspauschalen fallen nicht unter § 555 (*Kinne/Schach/Bieber* § 555 Rn 5).

2. Ähnliche Vereinbarungen zu Lasten des Mieters. Bei Verfallklauseln bezogen auf Mietkaution oder Mietvorauszahlungen wird eine analoge Anwendung des § 555 allgemein bejaht (BGH NJW 60, 1568; 68, 1625). Dasselbe gilt für Verzichte des Mieters auf Rückzahlung eines dem Vermieter gewährten Darlehens oder eines nicht abgewohnten Baukostenzuschusses. § 555 ist nicht analog auf Vorschriften über pauschalierten Schadensersatz anwendbar (Hburg ZMR 90, 270 = WuM 90, 244). *Lammel* (§ 555 Rn 12) hält solche Regelungen in Formularmietverträgen für zulässig, die für den Fall des Zahlungsverzugs des Mieters oder einer durch den Mieter verschuldeten fristlosen Kündigung des Vermieters pauschale Regelungen hinsichtlich des Schadensumfangs treffen. § 309 Nr 5 b ist insoweit zu beachten. Reugelder (§§ 336 II, 353) unterfallen § 555 ebenso wie selbständige Strafversprechen, weil damit ähnliche Zwecke wie mit der Vertragsstrafe verfolgt werden.

3. Abdingbarkeit. § 555 ist trotz fehlender ausdrücklicher Anordnung nicht abdingbar.

III. Rechtsfolgen. Gegen § 555 verstoßende Vertragsklauseln oder Absprachen sind unwirksam, ohne über § 139 den sonstigen Teil des Mietvertrags zu tangieren. Geleistete Zahlungen kann der Mieter nach § 812, dh über Bereicherungsrecht zurückfordern (Ausnahme: § 814).

Kapitel 2 Die Miete

Unterkapitel 1 Vereinbarungen über die Miete

§ 556 Vereinbarungen über Betriebskosten

(1) ¹Die Vertragsparteien können vereinbaren, dass der Mieter Betriebskosten im Sinne des § 19 Abs. 2 des Wohnraumförderungsgesetzes trägt. ²Bis zum Erlass der Verordnung nach § 19 Abs. 2 Satz 2 des Wohnraumförderungsgesetzes ist hinsichtlich der Betriebskosten nach Satz 1 § 27 der Zweiten Berechnungsverordnung anzuwenden.

(2) ¹Die Vertragsparteien können vorbehaltlich anderweitiger Vorschriften vereinbaren, dass Betriebskosten als Pauschale oder als Vorauszahlung ausgewiesen werden. ²Vorauszahlungen für Betriebskosten dürfen nur in angemessener Höhe vereinbart werden.

(3) ¹Über die Vorauszahlungen für Betriebskosten ist jährlich abzurechnen; dabei ist der Grundsatz der Wirtschaftlichkeit zu beachten. ²Die Abrechnung ist dem Mieter spätestens bis zum Ablauf des zwölften Monats nach Ende des Abrechnungszeitraums mitzuteilen. ³Nach Ablauf dieser Frist ist die Geltendmachung einer Nachforderung durch den Vermieter ausgeschlossen, es sei denn, der Vermieter hat die verspätete Geltendmachung nicht zu vertreten. ⁴Der Vermieter ist zu Teilabrechnungen nicht verpflichtet. ⁵Einwendungen gegen die Abrechnung hat der Mieter dem Vermieter spätestens bis zum Ablauf des zwölften Monats nach Zugang der Abrechnung mitzuteilen. ⁶Nach Ablauf dieser Frist kann der Mieter Einwendungen nicht mehr geltend machen, es sei denn, der Mieter hat die verspätete Geltendmachung nicht zu vertreten.

(4) Eine zum Nachteil des Mieters von Absatz 1, Absatz 2 Satz 2 oder Absatz 3 abweichende Vereinbarung ist unwirksam.

1 **A. Grundsätzliches. I. Anwendungsbereich.** § 556 gilt seiner systematischen Stellung nach für Wohnraummietverhältnisse. Dabei sind für preisgebundenen Wohnraum die Sonderschriften der §§ 20 ff NMV 1970 zu beachten. In der Verweisungsvorschrift des § 578 ist § 556 nicht erwähnt.

2 **II. Betriebskosten.** Umlegbar sind nach § 556 I bei Mietverhältnissen über nicht preisgebundenen Wohnraum nur die Betriebskosten iSd § 19 II WoFG iVm der BetrKV. Betriebskosten sind die Kosten, die dem Eigentümer (Erbbauberechtigten) durch das Eigentum am Grundstück (Erbbaurecht) oder durch den bestimmungsgemäßen Gebrauch des Gebäudes (oder der Wirtschaftseinheit), der Nebengebäude, Anlagen, Einrichtungen und des Grundstücks laufend entstehen (§ 19 II 1 WoFG; § 2 I 1 BetrKV, § 27 I 1 II. BV).

3 Die Regelungen sprechen nur die Kosten des Eigentümers und des Erbbauberechtigten an. Sie gelten aber auch für den Wohnungseigentümer und den Wohnungserbbauberechtigten. Ferner ist der Begriff auch für Mietverhältnisse von Bedeutung, bei denen der Vermieter nicht Eigentümer oder Erbbauberechtigter ist, zB bei der Untermiete, insbes bei der gewerblichen Zwischenvermietung. Bei Mietverhältnissen über Wohnraum ergibt sich dies aus der Verweisung des § 556 auf die BetrKV. Bei sonstigen Mietverhältnissen kann die Anwendung der BetrKV vereinbart werden; beschränkt sich die Umlegungsvereinbarung hierauf, können auch bei der Geschäftsraummiete nur solche Betriebskosten umgelegt werden, die auch für Wohnräume umlegungsfähig sind (*Celle* ZMR 99, 238).

4 Negativ grenzt § 1 II BetrKV die Betriebskosten ab von den Verwaltungskosten und der Instandhaltung und Instandsetzung. Auch Herstellungskosten iSd II. BV sind keine Betriebskosten (*Schmid* Handbuch der Mietnebenkosten Rn 1035). Auf eine Erwähnung der ebenfalls nicht umlegungsfähigen Kostenarten, wie zB Kapital- oder Finanzierungskosten, wurde in der BetrKV mangels Klarstellungsbedürfnisses verzichtet (BRDrs 568/03 S 29).

5 Die Betriebskosten sind einzeln aufgeführt in § 2 BetrKV (s hierzu zB *Schmid* Handbuch der Mietnebenkosten Rn 5000 ff; *Eisenschmid/Rips/Wall* § 2 BetrKV). Sehr problematisch ist, ob sich die BetrKV im Rahmen der Ermächtigungsgrundlage des § 19 II WoFG hält (*Schmid* WuM 02, 527; *Langenberg* ZMR 04, 47; *Derckx* NZM 05, 807; aA *Grundmann* NJW 03, 3745). Das gilt insbes für Erneuerungskosten und Verwaltungskosten, die § 1 II BetrKV zwar ausklammert, aber bei der verbrauchabhängigen Kostenverteilung doch als umlegungsfähig bezeichnet. Jedenfalls sind die einzelnen Vorschriften der BetrKV der Ermächtigungsnorm konform auszulegen (vgl für die »laufende Entstehung«: AG Reutlingen WuM 04, 95).

6 § 556 I 2 ist durch die am 1.1.04 in Kraft getretene BetrKV obsolet. Entgegen dem ungenauen Gesetzeswortlaut ist nicht auf den Erlass, sondern auf das Inkrafttreten der Verordnung abzustellen.

7 **III. Wirtschaftlichkeitsgrundsatz. 1. Allgemeines.** § 556 III 1 Hs 2, § 560 V, § 24 II 1 II. BV, § 20 I 2 NMV 1970 sind Ausdruck des auf § 242 beruhenden allgemeinen Rechtsgedankens, dass der Vermieter nicht auf Kosten des Mieters unangemessene Ausgaben tätigen darf. Der Wirtschaftlichkeitsgrundsatz gilt deshalb für alle Mietverhältnisse, insbes auch für die Geschäftsraummiete (*Schmid* GE 01, 1025, 1026; *Kinne* GE 03, 711).

8 **2. Beurteilung der Wirtschaftlichkeit.** Bei der Beurteilung der Wirtschaftlichkeit ist vom Standpunkt eines vernünftigen Vermieters auszugehen, der ein vertretbares Kosten-Nutzungsverhältnis im Auge behält (AG Köln WuM 99, 221). Das bedeutet, dass sich der Vermieter so verhalten muss, wie sich ein wirtschaftlich denkender Eigentümer verhalten würde, wenn die Möglichkeit der Kostenumlegung nicht bestünde (LG Dresden CuR 04, 65). Im Rahmen des Wirtschaftlichkeitsgebotes hat der Vermieter einen Entscheidungsspielraum, der teils als billiges Ermessen iSd § 315 (hM; Celle ZMR 99, 238, 240; AG Köln WuM 99, 291) teils als Beurteilungsspielraum (*Börstinghaus* MDR 00, 1345; MieWo/*Schmid* Erl vor § 556 Rn 15) eingeordnet wird. Da die Wirtschaftlichkeit objektiv zu beurteilen ist, kommt es auf die persönlichen Kenntnisse und Möglichkeiten des Vermieters nicht an (*Schmid* Handbuch der Mietnebenkosten Rn 1056 aA *v. Seldenek* NZM 02, 549).

9 Welche Maßnahmen erforderlich sind, hängt wesentlich vom Charakter des Mietobjekts ab, der sich aus der Lage, den baulichen Gegebenheiten, dem Repräsentationscharakter und dem Nutzungszweck ergibt (LG Hamburg ZMR 01, 970). Der Nutzungszweck bestimmt sich nach dem vertragsgemäßen Gebrauch und damit insbes auch nach dem jeweiligen Mietvertrag (*Kinne* GE 03, 712). Dem Vermieter steht es auch frei, Verbesserungen am Mietobjekt vorzunehmen (*Gärtner* GE 99, 1176, 1184). Begrenzt wird die Duldungspflicht lediglich durch § 554 (*Schmid* Handbuch der Mietnebenkosten Rn 1065).

10 Die Kosten für Maßnahmen, die nicht erforderlich oder sinnlos sind, können nicht auf die Mieter umgelegt werden. Das gilt insbes für Wartungsverträge über Einrichtungen und Anlagen, die keinem regelmäßigen Verschleiß unterliegen und von denen auch keine Gefahr ausgeht. zB Wartungsverträge für Herde (AG Lichtenberg WuM 98, 572) und für Klingel- und Gegensprechanlagen (AG Hamburg WuM 98, 308), wenn nicht im Einzelfall aufgrund besonderer Umstände ein Wartungsbedarf besteht. Kosten, die vom Vermieter dem Leistungserbringer nicht geschuldet werden, sind nicht umlegungsfähig (LG Chemnitz WuM 03, 217). Das gilt auch für Trinkgelder (LG Berlin GE 81, 235; aA LG Hamburg ZMR 60, 75). Nicht umlegungsfähig sind auch Zahlungen, die an einem Leistungserbringer trotz Verjährung erbracht werden (*Pfeifer* DWW 00, 16). Ebenfalls nicht umlegungsfähig sind Kosten, die wegen einer Säumnis des Vermieters entstehen, zB Säumniszuschläge, Mahngebühren (*v. Seldeneck* NZM 02, 550) und Verzugszinsen.

Eine schlechte Aufgabenerfüllung durch Angestellte oder Unternehmen reicht für sich alleine noch nicht aus, um die Höhe des gezahlten Entgelts nur teilweise als umlegungsfähig anzusehen (*Schmid* Handbuch der Mietnebenkosten Rn 1060; aA AG Offenbach WuM 80, 114; AG Frankf aM WuM 96, 778). Erst wenn der Vermieter kündigen oder Abzüge vom Entgelt machen kann, fehlt es an der Erforderlichkeit der Ausgaben. Unberührt bleibt die Minderung der Miete, wenn die schlechte Aufgabenerfüllung zu einer Gebrauchsbeeinträchtigung führt.

Nicht einer ordentlichen Geschäftsführung entspricht es, wenn sich der Vermieter auf unangemessene, marktunübliche überhöhte Entgeltvereinbarungen mit Dritten einlässt (Celle ZMR 99, 238, 240). Der Vermieter muss jedoch nicht unbedingt den billigsten Anbieter wählen (AG Dortmund NZM 04, 26; *Harz/ Schmid* ZMR 99, 594 mwN). Da im Rahmen der Wirtschaftlichkeit auch der Verwaltungsaufwand zu berücksichtigen ist (*Schmid* Handbuch der Mietnebenkosten Rn 1068; aA LG Neubrandenburg WuM 01, 130), kann vom Vermieter nicht verlangt werden, dass er alle denkbaren Anbieter zur Abgabe eines Angebotes auffordert (aA *Langenberg* WuM 01, 531). Auch eine Ausschreibung ist nicht erforderlich (*Gärtner* GE 99, 1188; aA *v. Seldeneck* Rn 2607). Gegen überhöhte Gebühren und Steuern muss der Vermieter mit Rechtsbehelfen vorgehen (LG Berlin GE 03, 121).

Sofern nicht abw vertragliche Regelungen bestehen, obliegt es der Organisationskompetenz des Vermieters, ob er selbst tätig wird oder die Aufgaben durch Angestellte oder selbstständige Unternehmer erledigen lässt (vgl zB *Weyhe* MDR 00, 737, 744). Besondere Gründe für einen Wechsel muss der Vermieter nicht darlegen (aA *Langenberg* WuM 01, 531).

3. Verstoß gegen den Wirtschaftlichkeitsgrundsatz. Dass Kosten, die über den wirtschaftlich vertretbaren Rahmen hinaus vom Vermieter verursacht werden, letztlich nicht den Mietern belastet werden können, ist im Ergebnis einhellige Meinung. Umstritten sind jedoch die Begründungen. Dabei wird jedenfalls außerhalb des preisgebundenen Wohnraums wohl überwiegend auf die Konstruktion einer positiven Vertragsverletzung (§ 241 II, § 280) durch den Vermieter zurückgegriffen (AG Wennigsen WuM 03, 90; AG Dortmund NZM 04, 2; *Langenberg* WuM 01, 531). Das kann zu Schwierigkeiten führen, wenn der Mietvertrag einen Aufrechnungsausschluss oder eine Haftungsbeschränkung enthält. Eine solche Konstruktion ist aber gar nicht erforderlich. Die Kostenumlegung ist von vornherein auf solche Aufwendungen begrenzt, die dem Gebot einer ordentlichen Wirtschaftsführung entsprechen. Der unwirtschaftliche Kostenanteil kann deshalb gar nicht berücksichtigt werden (*Schmid* Handbuch der Mietnebenkosten Rn 1076; für preisgebundenen Wohnraum ebenso: *v. Seldeneck* Betriebskosten im Mietrecht Rn 2644).

4. Darlegungs- und Beweislast. Die Darlegungs- und Beweislast für die Erforderlichkeit der Maßnahme und die Angemessenheit der Kosten trifft nach der hier vertretenen Auffassung (oben Rn 14) grds den Vermieter (AG Tübingen WuM 91, 122; AG Berlin-Mitte ZMR 02, 761). Geht man von einem Schadensersatzanspruch aus, ist es konsequent, dem Mieter die Beweislast für die den Schadensersatzanspruch begründenden Tatsachen aufzuerlegen. Dann wird vom Vermieter jedoch verlangt, dass er die Tatsachen darlegt, die der Mieter nicht kennt (LG Oldbg WuM 03, 566).

IV. Relative Unabdingbarkeit. Eine zum Nachteil des Mieters von § 556 I, II 2, III abw Vereinbarung ist unwirksam (§ 556 IV). Praktisch ist § 556 zur Gänze relativ unabdingbar. Dass eine von § 556 II 1 abw Regelung nicht zu treffen ist, ergibt sich aus der Natur der Sache.

V. Übergangsregelungen. § 556 III 2 bis 6 ist nicht anzuwenden auf Abrechnungszeiträume, die vor dem 1. 9. 01 beendet waren (Art 229 § 3 IX EGBGB).

B. Pauschalen. I. Zulässige Vereinbarungen. Die Pauschale ist eine Art der Betriebskostenumlegung. Die Pauschale dient nur der Tragung von Betriebskosten durch den Mieter. Andere Kosten des Vermieters dürfen deshalb in die Pauschale nicht einbezogen werden. Solche Kosten sind, auch wenn sie gesondert ausgewiesen und als Pauschale bezeichnet sind, keine Betriebskostenpauschale iSd Wohnraummietrechts. Dasselbe gilt für pauschale Entgelte des Mieters für besondere Zusatzleistungen des Vermieters (vgl LG Krefeld NZM 00, 1222 für betreutes Wohnen). Eine einheitliche Pauschale für Betriebskosten und Kosten, die Bestandteil der Grundmiete sind, verstößt in Formularmietverträgen gegen das Transparenzgebot des § 307 I 2 und führt zur Unwirksamkeit der Klausel. In Individualverträgen ist die Pauschale mangels anderer Auslegungsmöglichkeiten der Grundmiete zuzurechnen mit der Folge, dass eine Erhöhung nach § 560 ausgeschlossen ist (*Schmid* WuM 01, 424). Die Pauschale muss bei Wohnraummietverhältnissen ein Festbetrag sein. Variable Pauschalen, insbes ein Prozentsatz der Grundmiete oder eine Koppelung an einen bestimmten Index, können nicht wirksam vereinbart werden (*Schmid* WuM 01, 424).

Keine Regelung enthält das Gesetz darüber, in welcher Höhe eine Pauschale vereinbart werden darf. Die Pauschale soll nicht einerseits zu einer verdeckten höheren Miete führen, andererseits soll sie aber auch die voraussichtlichen Kosten decken. Mangels anderer Anhaltspunkte wird man deshalb die Vereinbarung von Betriebskostenpauschalen nur in angemessener Höhe als zulässig ansehen können. Dabei sind in Ermangelung anderer Anhaltspunkte dieselben Grundsätze anzuwenden, wie bei der Beurteilung der Angemessenheit von Vorauszahlungen (s.u. Rn 28 ff) auch wenn die Pauschalen in § 556 II 2 nicht erwähnt sind (*Schmid*

WuM 01, 424; aA *Horst* MDR 01, 724; *Lützenkirchen* OLGR Beilage zu 13/2001 S 8, der einen Sicherheitszuschlag für eventuelle Erhöhungen zulässt; *Langenberg* WuM 01, 530, der § 5 WiStG anwenden will).

20 **II. Inhalt der Vereinbarung.** Die Vereinbarung muss erkennen lassen, dass es sich um eine Pauschale handelt. Ist das nicht der Fall und ergibt die Auslegung auch nicht die Vereinbarung einer Nebenkostenumlegung mit Abrechnung, ist die Klausel in Formularmietverträgen wegen Verstoßes gegen das Transparenzgebotes des § 307 I 2 unwirksam. Bei Individualvereinbarungen ist die Vertragsauslegung im Einzelfall maßgebend. Aus der Vereinbarung muss sich ergeben, welche Nebenkosten von der Pauschale umfasst sind. Eine Vereinbarung, die auch unter Heranziehung aller Auslegungskriterien nicht erkennen lässt, welche Mietnebenkosten umfasst sind, ist wegen Unbestimmtheit unwirksam (ähnlich *Pfeilschifter* WuM 02, 77, der einen Verstoß gegen das Transparenzgebot des § 307 I 2 iVm § 310 III Nr 3 annimmt). Wird eine „Betriebskostenpauschale" vereinbart, so bezieht sich die Vereinbarung auf alle Betriebskosten, die in § 2 BetrKV genannt sind (*Schmid* Handbuch der Mietnebenkosten Rn 2059).

21 **C. Nebenkostenumlegung mit Vorauszahlungen und Abrechnung. I. Vereinbarung.** Die Umlegung der Betriebskosten mit Abrechnung muss vereinbart sein. Die umzulegenden Nebenkostenpositionen können im Mietvertrag einzeln aufgeführt werden. Umlegbar sind dann nur die genannten Kostenarten. Positionen, die in der Aufstellung nicht genannt sind, gelten als in der Miete enthalten und können nicht umgelegt werden (LG Köln WuM 85, 346). Es kann als gesicherte obergerichtliche Rspr (BGH WuM 04, 290) angesehen werden, dass die Bezugnahme auf § 2 BetrKV für eine wirksame Nebenkostenumlegungsvereinbarung ausreicht, und zwar auch in Formularmietverträgen und auch dann, wenn der Text des § 2 BetrKV dem Mietvertrag nicht beigefügt ist. Hieran hat sich auch durch die Aufnahme des Transparenzgebotes in § 307 I 2 nichts geändert (*Schmid* DWW 02, 119; aA *Pfeilschifter* WuM 02, 75). Da der BGH (WuM 04, 290) ausdrücklich darauf abstellt, dass in § 2 BetrKV die Nebenkosten im Einzelnen aufgeführt sind, erscheint es zweifelhaft, ob auch eine Verweisung auf § 19 II WoFG, § 556 (vgl hierzu *Lützenkirchen* OLGR Beilage zu 13/2001 S 8, *Langenberg* Betriebskostenrecht Rn b 33), § 27 II. BV oder schlicht die Verwendung des Begriffs »Betriebskosten« (vgl hierzu AG Berlin-Charlottenburg GE 03, 292; *Schmid* GE 03, 446) ausreicht. Eine Besonderheit besteht bei preisgebundenem Wohnraum im Hinblick auf die dort vorgesehene Bekanntgabepflicht (vgl MieWo/ *Schmid* § 20 NMV 1970 Rn 4 ff).

22 Die umzulegenden Nebenkosten müssen konkret angegeben oder zumindest eindeutig bestimmbar bezeichnet sein (*Lützenkirchen* WuM 01, 67 mwN). An die Bestimmtheit der Nebenkostenvereinbarung werden teilweise sehr strenge Anforderungen gestellt (vgl die Einzelfallaufstellung bei *Schmid* Handbuch der Mietnebenkosten Rn 3018 ff). Umlegungsvereinbarungen werden zu Lasten des Vermieters eng ausgelegt (LG Mannheim ZMR 94, 22). Genügen einzelne Regelungen dem Bestimmtheitsgebot nicht, hat dies auf die übrigen Vereinbarungen idR keinen Einfluss, da anzunehmen ist, dass der Vertrag auch ohne die unwirksamen Teile geschlossen worden wäre (vgl § 139; KG GE 04, 234).

23 **II. Neue Betriebskosten.** Die Maßnahme, die zum Entstehen der neuen Betriebskosten führt, muss nicht einer wirtschaftlichen oder praktischen Notwendigkeit entsprechen. Es besteht grds eine freie Entscheidungsbefugnis des Vermieters. Dieser muss sich lediglich an die Grundsätze einer ordnungsgemäßen Bewirtschaftung halten (BGH WuM 04, 290). Die Parteien können über die Umlegung neuer Betriebskosten eine Vereinbarung treffen. Es kann auch bereits im Mietvertrag die Umlegbarkeit neuer Betriebskosten vereinbart werden. Besteht keine Vereinbarung, will der BGH (WuM 04, 290) bei Entstehen neuer Betriebskosten § 560 I anwenden. Diese unbegründete Aussage ist nicht nachvollziehbar, da § 560 I nach seinem eindeutigen Wortlaut nur für eine Betriebskostenpauschale gilt (*Blümmel* GE 04, 585; *Langenberg* NZM 05, 52). Richtiger dogmatischer Ansatzpunkt ist die ergänzende Vertragsauslegung (Köln ZMR 95, 69; *Schmid* Handbuch der Mietnebenkosten Rn 3032). Ist die Betriebskostenumlegung in höchstzulässigem Umfang vereinbart, spricht dies dafür, dass auch die neuen Betriebskosten als umlegungsfähig vereinbart worden wären. Die Erwähnung nur einzelner Betriebskostenarten deutet daraufhin, dass auch künftig nur diese Positionen umlegungsfähig sein sollen (*Schmid* Handbuch der Mietnebenkosten Rn 3033).

24 **III. Rückwirkungsklauseln.** Angesichts der klaren gesetzlichen Trennung zwischen Betriebskostenpauschalen und Vorauszahlungen mit Abrechnungen ist § 560 II 2 nicht auf abzurechnende Betriebskosten anzuwenden, weshalb die Unabdingbarkeitsregelung des § 560 VI nicht gilt (*Schmid* Handbuch der Mietnebenkosten Rn 3037; aA zum früheren § 4 III MHG: BGH ZMR 93, 263). Bei abzurechnenden Betriebskosten können rückwirkende Erhöhungen aufgeteilt auf die Abrechnungszeiträume in die jeweiligen Abrechnungen einbezogen werden. Sind die Abrechnungen bereits erstellt, gelten die Grundsätze über die Änderung der Abrechnung. Da insoweit kein gesetzliches Nachforderungsverbot besteht, sind auch Klauseln wirksam, die in diesem Rahmen eine Umlegung rückwirkend erhöhter Betriebskosten zulassen (AG Köln NZM 01, 708; aA LG Limburg WuM 99, 219 ff).

Eine rückwirkende Umlegung ist nach dem Wirtschaftlichkeitsgrundsatz ausgeschlossen, wenn die Forderung gegen den Vermieter bereits verjährt war (*Pfeifer* DWW 00, 16).

IV. Änderung. Die Mietparteien können die Vereinbarung über die Mietnebenkostenumlegung einvernehmlich ändern und zwar auch dann, wenn damit eine Erhöhung der Gesamtmiete verbunden ist (vgl § 557 I). Die Änderungsvereinbarung kann auch stillschweigend geschlossen werden. Erforderlich ist jedoch ein echter Änderungsvertrag. Die bloße Zahlung nicht vereinbarter Betriebskosten durch den Mieter reicht hierfür nicht aus, wenn sie nicht mit dem Willen zu einer Vertragsänderung für die Zukunft verbunden ist (AG Hamburg ZMR 05, 370; *Schmid* NZM 03, 55; *Langenberg* NZM 05, 51; *Arzt* WuM 05, 215; aA in st Rspr der BGH seit NZM 00, 961).   25

V. Vorauszahlungen. 1. Vereinbarung. Eine gesetzliche Verpflichtung des Mieters zur Leistung von Vorauszahlungen besteht nicht (BGH NJW 04, 1102). Der Vermieter kann deshalb Vorauszahlungen nur verlangen, wenn dies vereinbart oder zulässigerweise einseitig bestimmt ist. Von der Erhebung von Vorauszahlungen kann auch abgesehen werden (LG Potsdam NZM 05, 303).   26

2. Fälligkeit. Ebenso wie die Nebenkosten als solche sind auch die Nebenkostenvorauszahlungen Bestandteil der Miete. Soweit nichts anderes vereinbart ist, sind deshalb die Nebenkostenvorauszahlungen zusammen mit der Grundmiete zu entrichten.   27

3. Angemessenheit. Die Vorauszahlungen müssen angemessen sein. Für Wohnraum ist dies ausdrücklich in § 556 II 2 und in § 20 III 1 NMV geregelt. Auf andere Mietverhältnisse sind diese Vorschriften entspr anzuwenden, da sie Ausdruck des allgemeinen Rechtsgedankens sind, dass Vorauszahlungen den Abrechnungsbetrag tunlichst nicht übersteigen sollen (*Schmid* GE 01, 1027). Angemessen sind die Vorauszahlungen, wenn die zu erwartenden Kosten ungefähr gedeckt werden. Die Angemessenheit wird nicht dadurch ausgeschlossen, dass gewisse Überzahlungen eintreten können, weil künftige Kosten nie genau kalkuliert werden können (BayObLG WuM 95, 694).   28

Die bloße Vereinbarung von Vorauszahlungen schafft für den Mieter keinen Vertrauenstatbestand dahin, dass die Vorauszahlungen in etwa die anfallenden Nebenkosten abdecken (BGH NJW 04, 1102). Etwas anderes hat allerdings dann zu gelten, wenn der Vermieter vor oder bei Abschluss des Mietvertrages im Mieter den Eindruck erweckt, dass die Vorauszahlungen die Kosten ungefähr decken, um dem Mieter ein besonders günstiges Angebot vorzutäuschen (BGH NJW 04, 1102). In diesem Fall kann dem Vermieter der Einwand der Arglist entgegengehalten werden. Für künftige Kostensteigerungen trifft den Vermieter eine Aufklärungspflicht allenfalls dann, wenn ihm die Kostensteigerung bekannt ist oder er damit rechnet (BGH WuM 91, 282, 283). Ein Verschulden bei Vertragsschluss liegt nicht bereits in der Vereinbarung von zu niedrigen Vorauszahlungen, sondern ist nur zu bejahen, wenn besondere Umstände hinzutreten, zB eine Täuschung oder eine Zusicherung (BGH NJW 04, 1102) oder eine ausdrückliche Bezeichnung der Vorschüsse als angemessen (AG Wismar ZMR 04, 200).   29

Sind die Vorauszahlungen von vorneherein unangemessen hoch, so ist die Vereinbarung unwirksam, soweit sie die angemessene Höhe überschreitet (*Kinne* GE 90, 1178; aA AG Hamburg WuM 88, 89, das dem Mieter lediglich einen Anspruch auf Herabsetzung zubilligt). In der angemessenen Höhe bleibt die Vereinbarung wirksam (BayObLG WuM 95, 694, 695).   30

VI. Abrechnung. 1. Abrechnungspflicht. Werden auf die Nebenkosten Vorauszahlungen geleistet, so ist hierüber abzurechnen (§ 556 III 1, § 20 III 2 NMV 1970). Bei der Vermietung von Nichtwohnraum folgt die Abrechnungspflicht aus dem allgemeinen Grundsatz, dass Vorauszahlungen nicht auf Dauer angelegt, sondern nur Vorleistungen auf die endgültige Schuld sind (*Schmid* GE 01, 1027). Die Grundsätze für die Abrechnung gelten entspr, wenn die Nebenkosten entspr dem Anfall umgelegt werden, ohne dass Vorauszahlungen vereinbart sind.   31

Der Abrechnungsanspruch besteht auch dann, wenn der Mieter – berechtigt oder unberechtigt – keine Vorauszahlungen geleistet hat (Köln ZMR 02, 660, 662).

2. Teilabrechnungen. Eine Teilabrechnung muss der Vermieter nicht erstellen (§ 556 III 4). Berechtigt ist der Vermieter zu Teilabrechnungen (*Langenberg* NZM 01, 787). Das gilt aber nur, wenn vertraglich nichts anderes vereinbart ist. Ein Ausschluss einer Teilabrechnung ist als stillschweigend vereinbart anzusehen, wenn ein einheitlicher Vorauszahlungsbetrag geleistet wird, da dem eine einheitliche Abrechnung entspricht (*Schmid* Handbuch der Mietnebenkosten Rn 3143).   32

Von einer Teilabrechnung zu unterscheiden sind verschiedene Abrechnungen (*Langenberg* NZM 01, 787). Häufigstes in der Praxis vorkommendes Beispiel ist die getrennte Abrechnung von Heiz-/Warmwasserkosten und den anderen Betriebskosten. Ob eine einheitliche Abrechnungspflicht besteht oder ob getrennte Abrechnungen zu erstellen sind, richtet sich nach den vertraglichen Vereinbarungen. Wenn keine ausdrückliche Regelung getroffen ist, ist eine Auslegung erforderlich. Dabei spricht es für eine getrennte Abrechnung, wenn verschiedene Abrechnungszeiträume vereinbart sind, zB Heizkosten nach der Heizperiode, andere Nebenkosten nach dem Kalenderjahr (*Langenberg* NZM 01, 787). Gegen eine getrennte Abrechnung spricht es, wenn ein einheitlicher Vorauszahlungsbetrag für alle umzulegenden Kosten vereinbart ist. Allein die Tatsache, dass im Mietvertrag einzelnen Kostenpositionen bestimmte Beträge zugeordnet sind, spricht weder für die eine noch für die andere Variante, zumal bei preisgebundenem Wohnraum eine solche Mitteilung vorgeschrieben   33 ist (*Schmid* Handbuch der Mietnebenkosten 3143c; aA *Langenberg* NZM 01, 878). Im Zweifel ist entspr dem in § 556 III 4 zum Ausdruck gekommenen Regelfall von einer einheitlichen Abrechnung auszugehen. Besteht keine Berechtigung des Vermieters zu getrennten Abrechnungen, werden aber gleichwohl solche erstellt, sind alle Abrechnungen als Einheit zu betrachten (Ddorf ZMR 04, 27). Über die geleisteten Vorauszahlungen ist insgesamt abzurechnen.

34   **3. Abrechnungsfrist. a) Jahresfrist.** § 20 III 4 NMV 1970, § 556 III 2 schreiben vor, dass die Abrechnung dem Mieter spätestens bis zum Ablauf des zwölften Monats nach dem Ende des Abrechnungszeitraumes zuzuleiten bzw mitzuteilen ist. Zuleiten bedeutet ebenso wie mitteilen, nicht Aufgabe zur Post, sondern Zugang beim Mieter (*Langenberg* NZM 01, 785; *Geldmacher* NZM 01, 921; aA AG Bremen WuM 95, 593). Die Zwölfmonatsfrist endet immer am Monatsende, auch wenn der Abrechnungszeitraum nicht an einem Monatsende endet. Auch bei der Geschäftsraummiete wird ein Zeitraum von einem Jahr nach Ablauf des Abrechnungszeitraumes für die Abrechnung als regelmäßig längste Frist für angemessen erachtet (Hburg ZMR 89, 19; Düsseldorf GuT 05, 53). Konsequent wird man auch hier eine längere Abrechnungsfrist zugestehen müssen, wenn der Vermieter die Verzögerung nicht zu vertreten hat (*Schmid* Handbuch der Mietnebenkosten Rn 3151). Eine Verlängerung der Abrechnungsfrist wirkt sich zum Nachteil des Mieters aus und ist deshalb nach § 556 IV, § 20 III 4 NMV 1970 bei Wohnraummietverhältnissen unwirksam. Bei der Geschäftsraummiete kann grds eine längere Abrechnungsfrist vereinbart werden. Bei der Verwendung von Formularmietverträgen ist hierfür allerdings im Hinblick auf § 307 ein triftiger Grund zu fordern (*Schmid* GE 01, 1027) und die Frist darf nicht unangemessen lang sein (*Langenberg* NZM 01, 785). Eine Abrechnungsfrist von mehr als zwei Jahren nach Ende des Abrechnungszeitraumes wird man nicht zugestehen können. Die Verkürzung der Frist ist zulässig (zweifelnd *Langenberg* NZM 01, 785).

35   **b) Nicht fristgerechte Abrechnung.** aa) Geltendmachung des Erfüllungsanspruches: Rechnet der Vermieter nicht innerhalb der zur Verfügung stehenden Zeit ab, kann der Mieter Klage auf Erteilung einer Abrechnung erheben. Dem Anspruch kann der Arglisteinwand entgegengehalten werden, wenn der Mieter keinerlei Vorauszahlungen geleistet hat (*Kretzer* ZMR 05, 91). bb) Ausschlussfrist für Nachforderungen: Die Frist der §§ 556 III 3, 20 III 4 NMV 1970 ist bei Wohnraummietverhältnissen für Nachforderungen des Vermieters eine Ausschlussfrist, es sei denn, der Vermieter hat die Geltendmachung erst nach Ablauf der Jahresfrist nicht zu vertreten. § 556 III 3 ist nicht anzuwenden auf Abrechnungszeiträume, die vor dem 1. 9. 01 beendet waren (Art 229 § 3 IX EGBGB). Um Nachforderungen iSd Gesetzes handelt es sich, wenn der Vermieter nach Fristablauf einen Betrag verlangt, der eine bereits erteilte Abrechnung oder, falls eine rechtzeitige Abrechnung nicht erstellt ist, die Summe der Vorauszahlungen des Mieters übersteigt (BGH GE 05, 543). Die Abrechnung, die innerhalb der Frist dem Mieter zugeht, muss formell ordnungsgemäß sein. Fehlt es hieran, tritt die Ausschlusswirkung ein, da es der Vermieter sonst in der Hand hätte, durch Vorlage eines beliebigen Abrechnungsschreibens den Folgen der Fristversäumung zu entgehen (vgl AG Köln WuM 01, 290; AG Leipzig WuM 04, 24). Materielle Fehler berühren die Fristwahrung als solche nicht (BGH NJW 05, 219 = ZMR 05, 121) und können innerhalb der Abrechnungsfrist zu Gunsten und zu Lasten des Mieters korrigiert werden, wenn die allgemeinen Voraussetzungen hierfür vorliegen. Aus der Korrektur kann sich auch eine (höhere) Nachzahlung ergeben (BGH NJW 05, 219 = ZMR 05, 121). Nach Fristablauf ist zwar eine Korrektur als solche möglich, kann aber wegen der Ausschlussfrist nicht zu (höheren) Nachforderungen führen (BGH NJW 05, 219 = ZMR 05, 121). Das gilt sowohl für die Einzelpositionen als auch für den Gesamtbetrag. Nach der gesetzlichen Interessenabwägung soll sich der Mieter darauf verlassen können, dass er nach Fristablauf nicht mehr mit (weiteren) Nachforderungen rechnen muss. Dem Interesse des Vermieters wird nur dann Vorrang eingeräumt, wenn er die Verspätung nicht zu vertreten hat. Besondere Probleme, die vielfach nur an Hand des Einzelfalles beurteilt werden können, bringt die Frage, in welchen Fällen der Vermieter die Geltendmachung erst nach Ablauf der Jahresfrist zu vertreten hat. Jedenfalls ist der Vermieter verpflichtet, alle zumutbaren Bemühungen zu unternehmen, um sich die für die Abrechnung erforderlichen Unterlagen rechtzeitig zu beschaffen, die Abrechnung fristgerecht zu erstellen und zu versenden. Hierzu gehört es auch, dass der Vermieter auf dritte Personen einwirkt, Rechnungen und Belege so rechtzeitig zu übersenden, dass der Vermieter seinerseits die Abrechnung rechtzeitig erstellen kann (*Gies* NZM 02, 515; AG Gronau DWW 88, 213, in den allgemeinen Ausführungen allerdings zu weitgehend). Nicht zu vertreten hat der Vermieter zB die späte Übersendung eines Grundsteuerbescheides (*Grundmann* NJW 01, 2500) oder von Rechnungen erst kurz vor oder nach Fristablauf (*Sternel* ZMR 01, 937, 940). Ferner wird man es dem Vermieter nicht anlasten können, wenn ein von seiner Seite nicht mutwilliger Rechtsstreit, dessen Ergebnis sich auf die Abrechnung auswirkt, nicht rechtzeitig entschieden wird, zB ein Streit mit einem Dritten über die Rechnungshöhe von Betriebskosten oder ein Rechtsstreit über die Höhe von umlegbaren Gebühren. Eine unvorhersehbare Verzögerung in der Postbeförderung hat der Vermieter nicht zu vertreten (AG Bonn WuM 95, 593). Ebenso wird man es dem Vermieter nicht anlasten können, wenn die Abrechnung auf dem Postweg verloren geht. Eine Nachforschungspflicht, ob der Mieter die Abrechnung erhalten hat, trifft den Vermieter nur in besonderen Fällen, zB wenn der Mieter längere Zeit nicht auf die Abrechnung reagiert und keine Nachzahlung leistet (vgl AG Duisburg-Ruhrort WuM 04, 203).Umstände, die in der Verwaltungssphäre des Vermieters liegen, wie EDV-Ausfall

oder hoher Krankenstand (vgl *Langenberg* NZM 01, 785), können die Verspätung nur entschuldigen, wenn die Ausfälle unvorhersehbar waren und mit zumutbaren Mitteln keine Abhilfe geschaffen werden kann (vgl AG Siegburg WuM 01, 245; aA *Sternel* ZMR 01, 940, der generell ein Vertretenmüssen annimmt). Rechenfehler hat der Vermieter idR zu vertreten (AG Mettmann NJW-RR 04, 1531). Zurechnen lassen muss sich der Vermieter ein Verschulden Dritter, die er gerade zum Zwecke der Erstellung heranzieht (§ 278), zB eine Verzögerung der Abrechnung durch den Wohnungsverwalter (AG Potsdam GE 03, 1084 = WE 04, 183) oder eine Messdienstfirma (*Sternel* ZMR 01, 940; aA *Langenberg* WuM 01, 527). Auf die Möglichkeit einer Teilabrechnung kann der Vermieter nicht verwiesen werden (*Schmid* Handbuch der Mietnebenkosten Rn 3161 a; aA *Sternel* ZMR 01, 940), da er hierzu nicht verpflichtet ist. cc) Verwirkung. Im Hinblick auf die Ausschlusstatbestände bei verspäteter Abrechnung hat die Verwirkung bei Wohnraummietverhältnissen nur noch in den Fällen Bedeutung, in denen der Vermieter die späte Abrechnung nicht zu vertreten hat. § 556 III 3 ist ein gesetzlich geregelter Unterfall der Verwirkung (LG Frankfurt/M NZM 02, 336; *Sternel* ZMR 01, 939) und schließt deshalb als spezielle Regelung den Rückgriff auf allgemeine Grundsätze aus. dd) Zurückbehaltungsrecht. Der Mieter hat ein Zurückbehaltungsrecht nach § 273 für weitere Nebenkostenvorauszahlungen, wenn die Abrechnung für einen vorangegangenen Zeitraum nicht rechtzeitig erfolgt ist (vgl zB BGH ZMR 94, 339; LG Berlin NZM 99, 616). Kein Zurückbehaltungsrecht besteht für in der Vergangenheit nicht geleistete Vorauszahlungen (Ddorf ZMR 01, 25). Ein Zurückbehaltungsrecht auch für die Grundmiete wird verneint, da zwischen Abrechnungspflicht und Verpflichtung zur Zahlung der Grundmiete weder Gegenseitigkeit iSd § 320 noch ein Zusammenhang iSd § 273 besteht (Ddorf ZMR 02, 37; aA *Lützenkirchen* WuM 03, 68). ee) Keine Nachforderungen von Rückständen. Nicht nur eine Einrede, sondern ein Ausschluss des Anspruches auf rückständige Vorauszahlungen wird angenommen, wenn der Vermieter nicht fristgerecht abgerechnet hat, obwohl ihm dies möglich gewesen wäre (BGH NZM 01, 234; Düsseldorf GuT 05, 53). Einschränkend Düsseldorf (ZMR 01, 25), das eine Treuwidrigkeit für den Fall verneint, dass der Vermieter verständliche Schwierigkeiten bei der Erstellung der Abrechnung hat. ff) Verzugszinsen. Das hat zur Folge, dass auch Verzugszinsen nur bis zum Ablauf der Abrechnungsfrist verlangt werden können (Ddorf DWW 00, 86). gg) Rückforderungsanspruch des Mieters. Jedenfalls bei beendetem Mietverhältnis kann der Mieter sogleich die vollständige Rückzahlung der geleisteten Abschlagszahlungen verlangen, ohne zuerst auf Erteilung einer Abrechnung klagen zu müssen (BGH GE 05, 543).

4. Abrechnungszeitraum. Nach § 556 III 1, für preisgebundenen Wohnraum § 20 III 2 NMV 1970 muss die Abrechnung jährlich erfolgen. Der Abrechnungszeitraum muss sich nicht mit dem Kalenderjahr decken. Längere Abrechnungszeiträume sind unzulässig und können auch vertraglich nicht vereinbart werden, da die genannten Vorschriften zwingend sind. Auch kürzere Abrechnungszeiträume können grds nicht gewählt werden (LG Berlin GE 91, 935; aA *Drasdo* NZM 04, 375). Im Einzelfall kann sich jedoch ein kürzerer Abrechnungszeitraum dadurch ergeben, dass die Wohnung erst während des festgelegten Abrechnungszeitraumes bezugsfertig wird (*Schmid* Handbuch der Mietnebenkosten Rn 3192). Bei Mietverhältnissen, die nicht über Wohnraum abgeschlossen sind, kann der Abrechnungszeitraum frei vereinbart werden (vgl Ddorf ZMR 98, 219). Der Vermieter ist nicht berechtigt, einen Abrechnungszeitraum in zwei Teilabrechnungszeiträume aufzuspalten (Ddorf DWW 02, 28).

5. Auf den Abrechnungszeitraum entfallende Kosten. In die Abrechnung einzustellen sind die auf den Abrechnungszeitraum entfallenden Kosten. Dabei kommt es nicht darauf an, wann der Vermieter bezahlt (Abflussprinzip), sondern darauf, welchem Abrechnungszeitraum die Kosten nach dem Grund ihrer Entstehung zuzuordnen sind (LG Hamburg ZMR 01, 971, 973; AG Leipzig WuM 02, 376; AG Nürnberg NZM 02, 859; *Eisenschmid* WuM 01, 215, 221; aA LG Wiesbaden NZM 02, 944), Leistungsprinzip. Fallen in einem Abrechnungszeitraum Kosten an, die sich auf mehrere Abrechnungszeiträume beziehen, zB Eichkosten, so sind sie auf die verschiedenen Abrechnungszeiträume aufzuteilen (AG Hagen DWW 90, 211 m Anm *Geldmacher* 91, 220; sehr str).

6. Anforderungen an die Abrechnung. a) **Grundsätzliches** aa) Nach den vom BGH (NJW 82, 573) zusammengefassten Grundsätzen muss die Nebenkostenabrechnung gem § 259 so abgefasst sein, dass sie auch ein juristisch und betriebswirtschaftlich nicht vorgebildeter Empfänger nachvollziehen und überprüfen kann. Notwendig ist eine geordnete Zusammenstellung mit einer zweckmäßigen und übersichtlichen Aufgliederung in Abrechnungsposten. Die einzelnen Positionen müssen so angegeben werden, dass eine rechnerische Nachvollziehbarkeit möglich ist (Nürnbg WuM 95, 308, 309). bb) Hierfür ist idR eine schriftliche Niederlegung, jedoch bei preisfreiem Wohnraum und Geschäftsraum nicht Schriftform iSd § 126 – insbes keine eigenhändige Unterschrift – erforderlich. Auch die Anforderungen an die Textform (§ 126 b) müssen nicht erfüllt sein (*Langenberg* WuM 03, 671). Eine nur mündliche Abrechnung ist für den Mieter in zumutbarer Weise nicht nachprüfbar (*Schmid* DWW 02, 258; aA *Lützenkirchen* DWW 02, 200). Für preisgebundenen Wohnraum s § 20 NMV 1970 iVm § 10 WoBindG. b) **Mindestinhalt.** Erforderlich sind im Regelfall folgende Mindestangaben: 1. Angabe der Gesamtkosten und ihre Zusammensetzung. Notwendig, aber auch ausreichend ist es, dass der Mieter aus der Abrechnung feststellen kann, welche Kosten Berücksichtigung gefunden haben (BGH NJW 82, 573). Hierzu gehört eine Spezifizierung nach den einzelnen Kostenpositionen (AG Aachen WuM 99, 305).

2. Mitteilung und Erläuterung des Umlegungsmaßstabes. Diese Angaben sind entbehrlich, wenn sie dem Mieter bereits bekannt sind, zB aus dem Mietvertrag oder aus vorangegangenen Abrechnungen (BGH NJW 82, 573). 3. Berechnung des Anteils des Mieters. 4. Angabe der Vorauszahlungen. Grds sind die tatsächlich gezahlten Beträge anzugeben, damit der Mieter überprüfen kann, welche Zahlungen der Vermieter berücksichtigt hat (ZMR 03, 334 m Anm *Schmid*). Der BGH hat jedoch eine Abrechnung nach Sollvorschüssen für den Fall zugelassen, dass der Mieter für den Abrechnungszeitraum keinerlei Vorauszahlungen erbracht hat, die offenen Vorauszahlungsansprüche vom Vermieter bereits eingeklagt sind und noch keine Abrechnungsreife eingetreten ist. 5. Feststellung des Gesamtergebnisses (LG Frankfurt/M ZMR 99, 764). c) **Einzelfragen.** aa) Eine Vorlage von Belegen, Erteilung von Fotokopien oder ein ausdrückliches Anerbieten zur Einsichtnahme in die Belege ist für die Ordnungsmäßigkeit der Abrechnung als solcher nicht erforderlich (Ddorf ZMR 01, 882). bb) Ist eine Aufteilung erforderlich zB bei einer Vorerfassung nach der HeizkostenV oder Trennung von Wohn- und Gewerberäumen muss auch die Aufteilung nachvollziehbar dargelegt werden (LG Berlin WuM 98, 440). Die Aufteilung ist bereits in der Abrechnung vorzunehmen und nicht erst anlässlich einer Belegeinsicht mitzuteilen (*Schmid* Handbuch der Mietnebenkosten Rn 3214; aA *Lützenkirchen* MDR 98, 136). cc) Eine Erläuterung der einzelnen Ansätze ist bei preisfreiem Wohnraum und Geschäftsraum grds nicht erforderlich, selbst wenn extreme Kostensteigerungen vorliegen (LG Berlin GE 03, 121; *Schmid* Handbuch der Mietnebenkosten Rn 3218; aA *Langenberg* NZM 01,794 sehr str). Erläuternde Hinweise, die bereits zur Darstellungspflicht gehören (vgl AG Dortmund NZM 04, 220), sind jedoch dann erforderlich, wenn die tabellarische Darstellung aus sich heraus nicht hinreichend verständlich ist (vgl KG NZM 98, 620). Das gilt insbes für aus sich heraus nicht verständliche Schlagworte wie Heizgradtage (AG Dortmund WuM 04, 148), »Mieter 1« oder »Gesamtzeitanteile« (AG Köln WuM 02, 285). Entspr gilt für nicht allgemein bekannte Abkürzungen, zB: Str Intern, Rgl. Hzg, Rgl. Hzg Übergabe, Str Hrt. Übergabe (LG Berlin GE 02, 1627), Kosten/UE (AG Dortmund WuM 04, 148). dd) Die Angabe der Rechnungsdaten der einzelnen Belege ist nicht erforderlich (KG ZMR 98, 627; nunmehr ganz hM). ee) Bei einer verbrauchsabhängigen Abrechnung wird die bloße Angabe der Gesamtkosten nicht für ausreichend erachtet; verlangt wird auch die Angabe der Verbrauchsmengen und der Einzelpreis pro Verbrauchseinheit (AG Bergisch-Gladbach Mietrechtliche Entscheidungen in Leitsätzen ZMR 95, Heft 6 S V). ff) Bestand das Mietverhältnis nicht während des gesamten Abrechnungszeitraumes, muss die Abrechnung die Aufteilung auf die anteilige Mietzeit erkennen lassen (LG Berlin NZM 01, 707).

39 **7. Fehler und mangelnde Ordnungsmäßigkeit.** a) Die Frage, ob eine Abrechnung »nur« falsch ist oder ob der Fehler dazu führt, dass die Abrechnung insgesamt nicht ordnungsgemäß ist, ist vor allem für die Erfüllung des Abrechnungsanspruches (LG Hamburg WuM 98, 727; Schmidt-Futterer/*Langenberg* § 556 Rn 279) und die Fälligkeit von Nach- und Rückzahlung von Bedeutung. Im Prozess muss bei fehlender Ordnungsmäßigkeit die Zahlungsklage bereits mangels Fälligkeit der Forderung abgewiesen werden; eine Klage auf Erteilung einer Abrechnung ist begründet. Andere Fehler führen dagegen nur zu einer Änderung des geforderten Betrages. Die Abgrenzung kann im Einzelfall schwierig sein und wird von der Rspr nicht immer einheitlich durchgeführt. b) Die formelle Ordnungsmäßigkeit fehlt zB in folgenden Fällen: Die Abrechnung ist nicht nachvollziehbar. Notwendige Erläuterungen fehlen. Die dargestellten Mindestinhalte fehlen. Eine Abrechnungsposition »Dienstleistungen« ist ohne weitere Erläuterungen nicht ausreichend (LG Berlin NZM 01, 707). Eine notwendige Vorauteilung ist nicht durchgeführt (LG Berlin DWW 97, 152, 153). Abrechnung nach dem Abflussprinzip, statt nach dem Leistungsprinzip (AG Leipzig WuM 02, 376). c) Nicht berührt wird die formelle Ordnungsmäßigkeit von Fehlern, die auf der Grundlage der erstellten Abrechnung korrigiert werden können. Hierzu zählen: Offensichtliche Schreib- und Rechenfehler. Die Aufnahme nicht umlegungsfähiger Positionen (LG Mannheim WuM 96, 630; LG Berlin ZMR 95, 353). Der Ansatz falscher Zahlen. Anwendung eines falschen Abrechnungsmaßstabs (BGH ZMR 05, 121). Die Angabe einer falschen Wohnfläche (LG Hamburg WuM 98, 727), insbes wenn die richtigen Maße der Abrechnung zugrunde liegen und sich der richtige Wert aus der Berechnung und anderen Umständen ohne weiteres feststellen lässt (LG Hamburg WuM 97, 180, 181).

40 **VII. Belegeinsicht – Fotokopien. 1. Belegeinsicht. a) Anspruchsinhalt.** Ein Belegeinsichtsrecht des Mieters ist ausdrücklich normiert in § 29 I NMV 1970 für preisgebundenen Wohnraum. Bei sonstigen Mietverhältnissen wird diese Vorschrift analog angewendet (vgl zB *Wiethaupt* DWW 76, 203; *Kleffmann* ZMR 84, 109); einschränkend LG Köln NZM 01, 617, das dem Mieter nur einen Anspruch gibt, von den Belegen in zumutbarer Weise Kenntnis zu nehmen. Einen Anspruch auf Übersendung der Originalbelege hat der Mieter nicht (AG Mönchengladbach DWW 03, 338). Das Einsichtsrecht erstreckt sich auf alle Unterlagen, auf denen die Abrechnung beruht (aA LG Frankfurt/M ZMR 99, 764 m abl Anm *Rau*, das unter Berufung auf § 259 I Einsicht nur bei auftretenden Zweifelsfragen gewähren will). Das Einsichtsrecht bezieht sich auf die beim Vermieter vorhandenen Unterlagen. Den Vermieter trifft grds keine Pflicht, sich bestimmte Unterlagen zur Einsicht für den Mieter erst zu beschaffen (*Schmid* ZMR 03, 15; aA AG Lübeck WuM 97, 197). Auch Kosten, die ohne förmliche Rechnung bezahlt werden, sind umlegbar. Erst recht gilt dies, wenn der Vermieter die Rechnung auf elektronischem Weg erhält (*Schmid* ZMR 03, 16). Etwas anderes gilt nur dann, wenn die Unterlagen überhaupt woanders bereitgehalten werden, zB bei einer externen Buchhaltung oder beim Verwalter nach dem

Wohnungseigentumsgesetz. Hier muss sich der Vermieter entweder die Unterlagen beschaffen oder dem Mieter die Einsicht ermöglichen (LG Frankfurt/M WuM 97, 52; AG Homburg ZMR 04, 593). Der Mieter hat das Recht, die vorhandenen Originalunterlagen einzusehen, muss sich also nicht auf Abschriften oder Kopien verweisen lassen (AG Hamburg WuM 91, 282). Der Vermieter ist aber nicht daran gehindert, die Originalbelege einzuscannen, dann zu vernichten und dem Mieter Ausdrucke zur Verfügung zu stellen (LG Hamburg WuM 04, 97; AG Mainz ZMR 99, 114 m zust Anm *Schmid*; *ders* Handbuch der Mietnebenkosten Rn 3294; *Schefler/ Petrick* NZM 03, 544; aA AG Hamburg WuM 02, 499; *Goch* WuM 01, 497, 498). Mehrere Mieter einer Wohnung können den Anspruch nur einmal und einheitlich geltend machen.

b) Ort der Belegeinsicht. aa) Die Belegeinsicht erfolgt in den Räumen des Vermieters oder der Hausverwaltung (BGH Urt v 8. 3. 06 –VIII ZR 78/05). Bei Eigentumswohnungen treten an die Stelle der Räume des Vermieters diejenigen des Verwalters nach dem WEG (KK-WEG/*Riecke* Mietrechtliche Besonderheiten Rn 136). Als dogmatischer Ansatzpunkt kann eine analoge Anwendung des § 811 herangezogen werden (vgl AG Bremen WuM 02, 32). bb) Gegen eine mietvertragliche Regelung über den Ort der Belegeinsicht ergeben sich auch aus § 307 keine durchgreifenden Bedenken (*Schmid* DWW 02, 118, 121; teilweise aA *Römer* WuM 96, 393; *Goch* WuM 01, 498). Eine unangemessene Benachteiligung wäre es jedoch, den Mieter auf die Räume der jeweiligen Hausverwaltung zu verweisen, da diese Verwaltungen und damit die Orte der Belegeinsicht wechseln können (vgl AG Wiesbaden WuM 00, 312). 41

2. Fotokopien. a) Anspruch des Mieters. Ein Recht auf die Erteilung von Fotokopien ist nur in § 29 II NMV 1970 normiert. Danach kann der Mieter anstelle der Einsicht in die Berechnungsunterlagen die Überlassung von Ablichtungen verlangen. Der BGH (Urt v 8. 3. 06 –VIII ZR 78/05) wendet diese Regelung auf preisfreien Wohnraum nicht entspr an. Dem folgend ist auch ein Anspruch des Gewerberaummieters grds nicht gegeben. Nur ausnahmsweise kann sich ein Anspruch auf die Übermittlung von Fotokopien aus Treu und Glauben (§ 242) ergeben, wenn dem Mieter die Einsichtnahme in die Abrechnungsunterlagen in den Räumen des Vermieters nicht zugemutet werden kann. Ein Anspruch auf die Überlassung von Kopien kann jedoch nachträglich begründet werden. 42

b) Kostenerstattung. § 29 II 1 NMV 1970 sieht für preisgebundenen Wohnraum vor, dass die Ablichtungen nur gegen Erstattung der Auslagen des Vermieters verlangt werden können. Diese Vorschrift ist auf andere Mietverhältnisse entspr anzuwenden, wenn ein Anspruch auf Überlassung von Kopien besteht (Rn 42). Für die Höhe der Kostenerstattung sind im Prinzip die Selbstkosten einschl der Vorhalte-, Wartungs- und Arbeitskosten maßgebend (AG Hamburg-Wandsbek WuM 01, 362). Der Vermieter kann seine Kosten konkret darlegen (AG Hamburg-Wandsbek WuM 01, 362), was allerdings häufig schwierig und mit Verwaltungsaufwand verbunden ist. Aus Vereinfachungsgründen ist eine Pauschalierung in entspr Anwendung von § 287 ZPO zuzulassen. Die Rspr gewährt pro Seite Beträge zwischen 0,05 € (AG Oldenburg WuM 93, 412; AG Pankow/Weißensee NZM 02, 655) und 0,50 € (AG Neubrandenburg WuM 94, 531; AG Oldenburg WuM 00, 232; AG Neuruppin WuM 00, 437; AG Bremen WuM 05, 129 m abl Anm *Derckx* WuM 05, 226). Letzterer Auffassung ist schon im Hinblick auf den Arbeitsaufwand zuzustimmen. Die Tendenz geht allerdings zu Beträgen im unteren oder mittleren Bereich der Spanne mit dem wohl häufigsten Betrag von 0,25 € (LG Berlin GE 02, 1563; AG Hamburg-Wandsbek WuM 01, 362; AG Brandenburg adH GE 03, 55). Das hierzu gebrachte Argument, auch die Gewährung von Belegeinsicht verursache einen Verwaltungsaufwand (AG Köln ZMR 99, 343), vermag nicht zu überzeugen, da das Kopieren einen zusätzlichen Aufwand erfordert. In entspr Anwendung von § 811 II 2 kann der Vermieter die Erteilung von Fotokopien von einem Kostenvorschuss abhängig machen (LG Duisburg WuM 02, 32; AG Oldenburg WuM 93, 412; AG Brandenburg adH GE 03, 55; aA Ddorf WE 02, 16, das eine Vorleistungspflicht des Vermieters annimmt). Wird eine vertragliche Regelung getroffen, sollte auch die Kostenerstattung geregelt werden. 43

VIII. Einwendungen. 1. Grundsätzliches. Der Zugang der Abrechnung hat zunächst keine konstitutive Wirkung. Ist die Abrechnung nicht formell ordnungsgemäß, verbleibt dem Mieter sein Anspruch auf Erstellung einer ordnungsgemäßen Abrechnung. Einwendungen gegen die materielle Richtigkeit der Abrechnung werden im Prozess über Nachforderungen oder Rückforderungen berücksichtigt. Voraussetzung für die Anwendung des § 556 III 5 ist, dass eine Umlegung von Betriebskosten mit Abrechnung überhaupt vereinbart ist. Werden keine gesondert zu zahlenden Betriebskosten oder eine Pauschale geschuldet, ist bereits der Anwendungsbereich des § 556 III nicht eröffnet (*Schmid* ZMR 02, 729). 44

2. Einwendungsausschluss. a) Voraussetzungen. aa) Nach § 556 III 5 hat der Mieter Einwendungen gegen die Abrechnung spätestens bis zum Ablauf des zwölften Monats nach Zugang der Abrechnung dem Vermieter mitzuteilen. Nach Ablauf dieser Frist kann der Mieter Einwendungen nicht mehr geltend machen, es sei denn, der Mieter hat die verspätete Geltendmachung nicht zu vertreten (§ 556 III 6). bb) Zur Fristwahrung ist es erforderlich, dass die Mitteilung innerhalb der Frist dem Vermieter zugeht. Dass die rechtzeitige Absendung genügt, ist im Gesetz nicht vorgesehen. cc) Auch eine nicht formell ordnungsgemäße Abrechnung setzt die Frist in Lauf (*Schmid* Handbuch der Mietnebenkosten Rn 3259; aA Langenberg Betriebskostenrecht Rn G 189; offen gelassen von Ddorf DWW 00, 128 für eine rechtsgeschäftliche Anerkenntnisklausel). 45

Das entspricht dem Gesetzeszweck, nach einer bestimmten Zeit Klarheit über die wechselseitigen Ansprüche zu schaffen (Bericht des Rechtsausschusses BTDrs 14/5663 S 170). dd) Die Mitteilung des Mieters bedarf keiner bestimmten Form. Eine solche kann wegen § 556 IV auch nicht vereinbart werden (*Schmid* ZMR 02, 730). ee) Eine Spezifizierung oder Begründung der Einwendungen schreibt das Gesetz nicht vor. Der Mieter muss also nicht darlegen, warum er die Abrechnung für falsch hält (*Schmid* ZMR 02, 730; aA *Langenberg* NZM 01, 787; *Lützenkirchen* NZM 02, 513). ff) Der Einwendungsausschluss tritt nicht ein, wenn der Mieter die verspätete Geltendmachung nicht zu vertreten hat. Wann dies der Fall ist, kann nur anhand des jeweiligen Einzelfalles, insbes der jeweiligen Abrechnung beurteilt werden. Grds wird man vom Mieter eine sorgfältige Überprüfung der Abrechnung auch durch Einsicht in die Abrechnungsbelege bzw Fotokopien derselben verlangen müssen (*Schmid* Handbuch der Mietnebenkosten Rn 3264; stark einschränkend *Sternel* ZMR 01, 940). Nicht zu vertreten hat der Mieter die Unterlassung von Einwendungen, wenn der Fehler für ihn nicht erkennbar ist oder wenn er vom Vermieter auf Nachfrage unrichtige Auskünfte erhält (*Schmid* ZMR 02, 731). Die Fristversäumung ist auch dann nicht zu vertreten, wenn der Vermieter eine Belegprüfung nicht rechtzeitig ermöglicht (*Lützenkirchen* NZM 02, 511; *Schmid* ZMR 02, 731). Das Verschulden seiner Erfüllungsgehilfen (zB Mieterverein oder Anwalt) hat der Mieter nach § 278 zu vertreten (*Schmid* ZMR 02, 730).

46 **b) Folgen.** aa) Nach Fristablauf kann der Mieter Einwendungen gegen die Abrechnung grds nicht mehr geltend machen. Das hat zur Folge, dass die Abrechnung als ordnungsgemäß und verbindlich gilt. War die Abrechnung formell nicht ordnungsgemäß erlischt der Anspruch auf Erteilung einer ordnungsmäßigen Abrechnung mit Ablauf der Einwendungsfrist. Der Saldo der Abrechnung ist für den Mieter verbindlich. Der Vermieter kann einen Abrechnungssaldo zu seinen Gunsten einfordern. Der Mieter ist mit einem (weitergehenden) Rückzahlungsanspruch ausgeschlossen (*Schmid* ZMR 02, 729; aA *Sternel* ZMR 01, 939; *Lützenkirchen* NZM 02, 512; offen gelassen von Ddorf ZMR 00, 379 für eine rechtsgeschäftliche Anerkenntnisklausel). bb) Der Einwendungsausschluss gilt auch dann, wenn Kosten umgelegt sind, die nach § 556 I nicht umgelegt werden dürften (*Sternel* ZMR 01, 939; *Schmid* ZMR 02, 729; aA *Langenberg* WuM 01, 529). Es kann nämlich durchaus streitig sein, welche Kosten unter den Katalog des § 2 BetrKV fallen. cc) Bei einer vertragswidrigen Umlegung ist zu differenzieren: Liegt überhaupt keine Vereinbarung über eine Umlegung im Wege der Abrechnung vor, ist der Anwendungsbereich des § 556 III 5 und 6 gar nicht eröffnet; eine Abrechnung hätte überhaupt nicht statt zu finden gehabt; der Mieter kann sich auf das Fehlen einer Abrechnungsvereinbarung unbefristet berufen (*Schmid* ZMR 02, 729). Besteht aber eine Abrechnungsvereinbarung und stellt der Vermieter Kostenpositionen ein, deren Umlegung nicht vereinbart ist, ist der Anwendungsbereich des § 556 III 5 und 6 eröffnet; es handelt sich um einen bloßen Abrechnungsfehler, der durch die Versäumung der Einwendungsfrist geheilt wird (*Sternel* ZMR 01, 739; *Schmid* ZMR 02, 730); aA *Lützenkirchen* NZM 02, 513). dd) Erhebt der Mieter Einwendungen nur gegen bestimmte Punkte einer Abrechnung, so ist es eine Frage des Einzelfalles, ob nach Fristablauf weitere Einwendungen geltend gemacht werden können (*Schmid* ZMR 02, 730; aA *Lützenkirchen* NZM 02, 513). Da eine Spezifizierung der Einwendungen nicht vorgeschrieben ist (oben Rn 45), wird man im Zweifel von einer Beanstandung insgesamt auszugehen haben. ee) Fehler bei der Anwendung der Abrechnungsmaßstäbe werden durch den Fristablauf ebenso geteilt wie das Unterlassen einer notwendigen Vorauftellung (*Schmid* ZMR 02, 730; aA *Lützenkirchen* NZM 02, 513).

47 **c) Preisgebundener Wohnraum.** Auf preisgebundenen Wohnraum kann § 556 III 5 und 6 nicht angewendet werden, da die Preisbindungsvorschrift des § 8 WoBindG Vorrang hat. Ein überhöhter Nachzahlungsbetrag übersteigt das preisrechtlich zulässige Entgelt. Ein Einwendungsausschluss würde dazu führen, dass das überhöhte Entgelt zu bezahlen ist und, falls bereits bezahlt ist, für den Rückforderungsanspruch die Verjährungsfrist des § 8 II 3 WoBindG unterlaufen würde (*Schmid* ZMR 02, 731; aA *Langenberg* NZM 01, 784).

48 **3. Schuldbestätigungsvertrag.** Die Parteien können nach Zugang der Abrechnung an die Mieter den Saldo als für beide Parteien verbindlich anerkennen. Einem solchen (negativen) deklaratorischen Schuldanerkenntnis stehen weder Preisbindungsvorschriften noch § 556 IV entgegen. Es handelt sich dabei nämlich nicht um eine Vereinbarung, die Einwendungen von vorneherein ausschließt, sondern um die Anerkennung einer konkreten Schuld (*Sternel* ZMR 01, 940; *Schmid* ZMR 02, 731; aA *Langenberg* NZM 01, 788). Eine solche Vereinbarung muss aber ausdrücklich getroffen werden oder sich aus bestimmten konkreten Umständen ergeben. Wenn nämlich dem Mieter eine gesetzliche Frist für das Erheben von Einwendungen gesetzt ist, kann nicht ein Zahlungsvorgang als stillschweigender Verzicht auf die volle Ausnutzung dieser Frist angesehen werden (*Sternel* ZMR 01, 940). Solange die Einwendungsfrist nicht abgelaufen ist, genießt der Vermieter auch keinen Vertrauensschutz (*Schmid* ZMR 02, 731; aA *Langenberg* WuM 01, 529). Ein Vorbehalt schließt die Annahme eines Schuldbestätigungsvertrages in jedem Fall aus (LG Berlin GE 04, 817).

49 **4. Vertragliche Einwendungsregelungen.** Bei Mietverhältnissen über Wohnraum sind vertragliche Vereinbarungen, nach denen der Mieter die Richtigkeit der Abrechnung anerkennt oder mit Einwendungen ausgeschlossen ist, wenn er nicht innerhalb einer bestimmten Frist widerspricht, unwirksam. Für preisfreien Wohnraum ergibt sich dies aus § 556 IV, für preisgebundenen Wohnraum aus den Preisbindungsvorschriften. Bei Geschäftsraummietverhältnissen können solche Anerkenntnisklauseln vereinbart werden. Ein Einwen-

dungsausschluss steht einer Genehmigungsfiktion gleich (KG ZMR 02, 955). Bei der Verwendung von Formularmietverträgen müssen die Wirksamkeitsvoraussetzungen nach § 308 Nr 5 iVm § 307 beachtet werden (vgl Ddorf ZMR 00, 452 ff m Anm *Schmid*).

IX. Nachzahlungen. 1. Fälligkeit. a) Grundsatz. Die Fälligkeit einer Nachzahlung setzt den Zugang einer formell ordnungsgemäßen Abrechnung voraus (BGH NJW 91, 836). Ist die Abrechnung formell ordnungsgemäß, weist aber inhaltliche Mängel auf, so wird dadurch die Fälligkeit des tatsächlich geschuldeten Betrages nicht berührt. Ohne Belang für die Fälligkeit ist die Einwendungsfrist des § 556 III 5 (Horst DWW 02, 15). Für preisgebundenen Wohnraum gilt über § 20 IV, § 4 VII und VIII NMV 1970 die Regelung des § 10 II WoBindG. Bei der Vermietung von Wohnungs- und Teileigentum hängt die Fälligkeit einer Nachforderung nicht davon ab, dass die Abrechnung nach § 28 WEG (bestandskräftig) beschlossen ist (*Riecke* WE 02, 221). **b) Überprüfungsfrist.** Die Fälligkeit wird entgegen der bisher hM nicht durch die Überprüfungsfrist für den Mieter hinausgeschoben (BGH Urt v 8.3.06 –VIII ZR 78/05). **c) Vertragliche Fälligkeitsregelungen.** Vertragliche Fälligkeitsregelungen sind grds möglich, aber an §§ 305 ff zu messen. 50

2. Verzug. Der Verzugseintritt richtet sich nach den allgemeinen Grundsätzen des § 286. Erforderlich ist deshalb grds eine Mahnung (§ 286 I). Im Mietvertrag kann jedoch eine angemessene Frist vereinbart werden, innerhalb derer der Mieter ab Zugang der Rechnung zu zahlen hat. Eine solche Vereinbarung kann auch in Formularmietverträgen getroffen werden (*Gruber* WuM 02, 252). Nach Fristablauf kommt der Mieter auch ohne Mahnung nach § 286 II Nr 2 in Verzug (*Gruber* WuM 02, 252). Der Mieter kommt jedoch nicht in Verzug, solange er die Nichtzahlung nicht zu vertreten hat (§ 286 IV). Da dem Mieter ein Überprüfungsrecht zusteht, hat er das Unterlassen der Nachzahlung nicht zu vertreten, solange er von diesem Recht unverschuldet keinen Gebrauch machen kann (AG Naumburg WuM 04, 690). 51

X. Rückzahlungen. 1. Rückzahlung aus einer Abrechnung. Es handelt sich um einen vertraglichen Anspruch, der bedingt ist durch den Ablauf des Abrechnungszeitraums (BGH NZM 05, 342). Rückzahlungen sind mit dem Zugang einer ordnungsgemäßen Abrechnung fällig (BGH NZM 05, 342). 52

2. Rückzahlung nicht geschuldeter Zahlungen. Nebenkosten, die bezahlt wurden, ohne dass eine Verpflichtung hierzu bestand, können aus ungerechtfertigter Bereicherung nach §§ 812 ff zurückverlangt werden. Zuviel gezahlte Vorauszahlungen können bis zur Abrechnung nach § 812 zurückverlangt werden. Sobald die Abrechnung zugegangen ist, sind die Vorauszahlungen zum Abrechnungsposten geworden und können nur noch innerhalb der Abrechnung berücksichtigt werden. Hat der Mieter eine Nachzahlung geleistet, obwohl der Vermieter die Ausschlussfrist von § 556 III 3 versäumt hat, so besteht ein Rückforderungsanspruch nach §§ 812 ff. Der Rückforderungsanspruch ist nicht in analoger Anwendung von § 214 II 1 ausgeschlossen, auch wenn die Einwendungsfrist des § 556 III 5 und 6 für den Mieter abgelaufen ist (BGH Urt v 18.1.06 –VIII ZR 94/05). 53

3. Vorbehaltszahlung. Will der Mieter, der die Nachzahlung unter Vorbehalt geleistet hat, einen Rückforderungsanspruch geltend machen, so verlangt das LG Köln (ZMR 01, 547) einen detaillierten Vortrag zur Höhe des Rückforderungsanspruches. Richtigerweise muss jedoch danach differenziert werden, ob der Mieter sich die Rückforderung für den Fall vorbehalten will, dass er die Unrichtigkeit der Abrechnung beweist (vgl BGH NJW 84, 2826) oder ob der Mieter unter der Bedingung des Bestehens der Forderung leistet und damit die Darlegungs- und Beweislast beim Vermieter verbleibt (vgl BGH NJW 99, 494). 54

XI. Untermiete. Im Verhältnis zwischen Haupt- und Untermieter gelten die nebenkostenrechtlichen Vorschriften in gleicher Weise wie zwischen Hauptmieter und Vermieter. Eine Bindung des Untermieters an die Abrechnung des Hauptvermieters besteht nicht. Eine solche Bindung kann bei Wohnraummietverhältnissen auch nicht vereinbart werden, da ansonsten das Einwendungsrecht des Mieters nach § 556 III 5 entgegen § 556 IV eingeschränkt würde. Bei Nichtwohnraummietverhältnissen ist eine entspr Vereinbarung grds möglich. Bei der Verwendung Allgemeiner Geschäftsbedingungen wird jedoch ein Verstoß gegen § 307 jedenfalls dann anzunehmen sein, wenn sich nicht der Untervermieter verpflichtet, die Abrechnung des Hauptvermieters zu überprüfen. Eine Einsicht in die Abrechnungsbelege hat der Untervermieter dem Untermieter beim Hauptvermieter zu ermöglichen. 55

§ 556a Abrechnungsmaßstab für Betriebskosten

(1) ¹Haben die Vertragsparteien nichts anderes vereinbart, sind die Betriebskosten vorbehaltlich anderweitiger Vorschriften nach dem Anteil der Wohnfläche umzulegen. ²Betriebskosten, die von einem erfassten Verbrauch oder einer erfassten Verursachung durch die Mieter abhängen, sind nach einem Maßstab umzulegen, der dem unterschiedlichen Verbrauch oder der unterschiedlichen Verursachung Rechnung trägt.
(2) ¹Haben die Vertragsparteien etwas anderes vereinbart, kann der Vermieter durch Erklärung in Textform bestimmen, dass die Betriebskosten zukünftig abweichend von der getroffenen Vereinbarung ganz oder teilweise nach einem Maßstab umgelegt werden dürfen, der dem erfassten unterschiedlichen Ver-

brauch oder der erfassten unterschiedlichen Verursachung Rechnung trägt. ²Die Erklärung ist nur vor Beginn eines Abrechnungszeitraums zulässig. ³Sind die Kosten bislang in der Miete enthalten, so ist diese entsprechend herabzusetzen.

(3) Eine zum Nachteil des Mieters von Absatz 2 abweichende Vereinbarung ist unwirksam.

1 **A. Grundsätzliches. I. Anwendungsbereich. 1. Wohnraum und andere Räume.** Die Vorschrift gilt entspr ihrer systematischen Stellung im Gesetz nur für Mietverhältnisse über Wohnraum. Für preisgebundenen Wohnraum haben die Sondervorschriften der §§ 20 ff NMV 1970 Vorrang. In der Verweisungsnorm des § 578 ist § 556 a nicht erwähnt. Auch eine analoge Anwendung auf Nichtwohnraummietverhältnisse scheidet aus (*Schmid* GE 2001, 1026).

2 **2. Abrechnung. Vorauszahlungen, Betriebskostenpauschalen.** Die Überschrift »Abrechnungsmaßstab« ist zu eng gefasst. Der Umlegungsmaßstab betrifft nicht nur die Abrechnung, sondern hat auch Bedeutung für Vorauszahlungen und Betriebskostenpauschalen. Bei der Beurteilung der Angemessenheit von Vorauszahlungen und Pauschalen sowie bei einer Erhöhung Senkung der Betriebskostenpauschale muss nämlich an Hand der Umlegungsmaßstäbe der auf das jeweilige Mietverhältnis entfallende Betrag ermittelt werden. Dass die Überschrift des § 556 a nur den »Abrechnungsmaßstab« nennt, schließt es nicht aus, dessen Grundsätze auch bei Pauschalen anzuwenden.

3 **3. HeizkostenV.** Sonderregelungen für die Verteilung von Heiz- und Warmwasserkosten enthält die HeizkostenV (s hierzu zB *Lammel*, HeizkostenV; *Pfeifer*, Betriebskosten bei Wohn- und Geschäftsraummiete S 50 ff; *Schmid*, Handbuch der Mietnebenkosten Rn 6000 ff).

4 **II. Leerstehende Räume.** Die auf den leer stehenden Raum entfallenden Kosten hat derjenige zu tragen, der über den Raum verfügen kann. Das ist bei unvermieteten Räumen der Vermieter, bei vermieteten Räumen, die der Mieter nicht nutzt, der Mieter. Für Kosten, die unabhängig von einer Nutzung der Räume entstehen, weitgehend unstreitig (BGH NJW 03, 2902 und ZMR 04, 343 = MDR 04, 681; sehr stark differenzierend *Langenberg* WuM 02, 589 ff). Diese Grundsätze gelten auch für Kosten, deren Entstehen zwar von einem Verbrauch abhängt, die aber nicht verursachungsbezogen abgerechnet werden (*Schmid* Handbuch der Mietnebenkosten Rn 4011; aA AG Zwickau ZMR 02, 205 m Anm *Maaß*; zu den Grundkosten bei der Heizkostenabrechnung s BGH ZMR 04, 343 = MDR 04, 681).

5 **B. Umlegungseinheit.** Außer für preisgebundenen Wohnraum (§ 2 II II BV) gibt es keine ausdrückliche Regelung über die Bildung einer Abrechnungseinheit. Grds ist deshalb nach der Verkehrsanschauung davon auszugehen, dass ein Gebäude auch eine Abrechnungseinheit bildet. Der teilweise (vgl zB LG Itzehoe ZMR 04, 198; AG Siegen WuM 96, 426; AG Köln WuM 97, 232; AG Rathenow WuM 01, 412, das immerhin zugunsten des Vermieters den Wirtschaftlichkeitsgrundsatz anerkennt) behauptete Grundsatz, dass der Vermieter zur Abrechnung nach kleinstmöglichen Einheiten verpflichtet sein soll, findet im Gesetz nicht nur keine Stütze, sondern widerspricht dem Wortlaut des § 2 II. BV.

6 Bei der Vermietung von Wohnungs- und Teileigentum ist Umlegungseinheit grds nicht die einzelne Mieteinheit sondern das gesamte Gebäude, bei Mehrhausanlagen die gesamte Wohnungseigentumsanlage (vgl BGH ZMR 82, 108; WuM 04, 103). Neben den in dieser Weise umzulegenden Beträgen können bei Vorliegen der allgemeinen Voraussetzungen die Kosten umgelegt werden, die gerade für die Mieteinheit entstehen, zB die Grundsteuer. Das setzt aber eine entspr Vereinbarung voraus (BGH WuM 04, 403).

7 Wenn keine abweichende vertragliche Vereinbarung besteht, kann der Vermieter mehrere Gebäude nach billigem Ermessen zu einer Abrechnungseinheit zusammenfassen (BGH GE 05, 119). Die Änderung einer einmal gebildeten Abrechnungseinheit ist bei preisfreiem Wohnraum und Geschäftsraum nur dann zulässig, wenn die Mieter zustimmen oder dem Vermieter eine solche Änderungsmöglichkeit vertraglich vorbehalten ist oder wenn zwingende Gründe eine Änderung erfordern (LG Itzehoe ZMR 04, 198).

8 **C. Festlegung der Abrechnungsmaßstäbe. I. Erstmalige Festlegung. 1. Gesetzliche Regelung.** Regelmäßiger Abrechnungsmaßstab ist nach § 556 a I 1 der Anteil der Wohnfläche. Dieser Umlegungsmaßstab kommt zur Anwendung, wenn die Parteien nichts anderes vereinbart haben, nicht die vorrangige Regelung des § 556 a I 2 eingreift und keine anderweitigen Vorschriften bestehen. Anderweitige Vorschriften enthalten die HeizkostenV und für preisgebundenen Wohnraum die NMV 1970.

9 Betriebskosten, die von einem erfassten Verbrauch oder einer erfassten Verursachung durch die Mieter abhängen, sind nach einem Maßstab umzulegen, der dem unterschiedlichen Verbrauch oder der unterschiedlichen Verursachung durch die Mieter Rechnung trägt (§ 556 a I 2). Diese Vorschrift hat als Sonderregelung Vorrang vor dem allgemeinen Grundsatz des Wohnflächenanteils (*Gather* DWW 01, 196). Auch wenn es nicht ausdrücklich erwähnt ist, haben wie bei § 556 a I 1 anderweitige Vorschriften Vorrang gegenüber § 556 a I 2. Ebenfalls nicht ausdrücklich erwähnt ist der Vorrang vertraglicher Regelungen. Der Vorrang ergibt sich jedoch daraus, dass in § 556 a III eine Abweichung von § 556 a I nicht ausgeschlossen wird und dass dem Vermieter in § 556 a II eine einseitige Abänderungsbefugnis vertraglicher Regelungen bei einer Verursachungserfassung eingeräumt wird. Voraussetzung ist eine tatsächliche Verbrauchs- oder Verursachungserfassung.

§ 556 a I 2 begründet keine Verpflichtung des Vermieters eine Verursachungserfassung durchzuführen. Der Abrechnungsmaßstab muss dem unterschiedlichen Verbrauch oder der unterschiedlichen Verursachung Rechnung tragen. Demzufolge ist es zulässig, aber nicht notwendig, dass sich die Kostenumlegung zu 100 % nach dem Verbrauch richtet. Möglich ist auch eine Kombination von Festkostenanteil und Verursachungsanteil. Der Regelung unterfällt nicht ein Umlegungsmaßstab, der ohne Verursachungserfassung dem unterschiedlichen Verbrauch Rechnung trägt, wie die Umlegung nach Personenzahl.

2. Vertrag. Vereinbarungen haben Vorrang vor den Regelungen des § 556 a I. Bei am 1. 9. 01 bestehenden Verträgen sind die praktizierten Umlegungsmaßstäbe Vertragsbestandteil (*Franke* ZMR 01, 955). Sie müssen deshalb nicht geändert werden (*Horst* MDR 01, 723). Die mietvertragliche Regelung kann sich auch darauf beschränken, dass dem Vermieter die Bestimmung der Verteilungsmaßstäbe überlassen wird (*Schmid*, Handbuch der Mietnebenkosten, Rn 4071 aA *Blank* NZM 04, 367).

3. Festlegung durch den Vermieter. Eine einseitige Festlegung durch den Vermieter ist möglich, wenn dies im Gesetz vorgesehen oder zulässigerweise vereinbart ist. Ferner besteht ein einseitiges Bestimmungsrecht des Vermieters auch dann, wenn sich der Umlegungsmaßstab weder aus dem Gesetz noch aus einer vertraglichen Vereinbarung ergibt (BGH MieWoE § 13 AGBG Nr 5; KG GE 04, 423). Zur Festlegung der Abrechnungsmaßstäbe nach der HeizkostenV s *Schmid*, Handbuch der Mietnebenkosten, Rn 6156 ff.

II. Änderung der Abrechnungsmaßstäbe. Der Vermieter kann einen einmal bestehenden Umlegungsmaßstab nicht beliebig ändern (LG Bautzen WuM 01, 288). Hierzu ist vielmehr eine besondere rechtliche Grundlage erforderlich, die sich aus Gesetz oder Vertrag ergeben kann. Gesetzliche Regelungen enthalten die HeizkostenV (vgl. *Schmid*, Handbuch der Mietnebenkosten, Rn 6179 ff) und § 556 a II (s.u. Rn 13 ff). Eine einvernehmliche Änderung ist möglich (§ 557 I). Eine Änderungsverpflichtung des Vermieters nach §§ 242, 315 wird angenommen, wenn der bisherige Maßstab grob unbillig ist (Ddorf WuM 03, 287) oder im Laufe der Zeit unbillig geworden ist (LG Düsseldorf WuM 96, 777), für einen Mieter zu nicht mehr hinnehmbaren Belastungen führt (LG Aachen WuM 91, 503 f., für den konkret entschiedenen Fall zweifelhaft) und ein Wechsel des Maßstabes möglich und zumutbar ist (LG Mannheim NZM 99, 365). Die Unbilligkeit muss evident sein und ein anderer Maßstab muss zu gerechteren Ergebnissen führen (LG Mannheim NZM 99, 365, 366).

III. Die Regelung des II. 1. Grundsätzliches. Die Regelung des § 556 a II geht aber über die bloße Möglichkeit der Änderung der Abrechnungsmaßstäbe hinaus. Entgegen der zu eng gefassten Überschrift ermöglicht § 556 a auch einen Eingriff in die Mietstruktur. Wie sich aus § 556 a II 3 ergibt, kann der Vermieter auch von einer (Teil-)Inklusivmiete zu einer verbrauchs- oder verursachungsbezogenen Abrechnung übergehen. Entsprechendes gilt für Pauschalen (*Schmid* Handbuch der Mietnebenkosten, Rn 2072).

Dem Vermieter ist durch § 556 a II nur ein Recht eingeräumt. Der Mieter hat keinen Anspruch darauf, dass der Vermieter von der Änderungsmöglichkeit Gebrauch macht (*Schmid*, Handbuch der Mietnebenkosten, Rn 2017; aA *Rips* WuM 01, 419, 421 für den Fall, dass Erfassungsmöglichkeiten vorhanden sind). Erst recht folgt aus § 556 a kein Anspruch des Mieters auf Einbau von Erfassungsgeräten (*Gather* DWW 01, 196; *Rips* WuM 01, 419, 420; *Sternel* ZMR 01, 937, 939). Auch ist der Mieter nicht berechtigt, selbst Messgeräte einzubauen und dann vom Vermieter für seine Wohnung eine verbrauchsabhängige Abrechnung zu verlangen (*Beuermann* GE 03, 364; aA AG Berlin-Tiergarten GE 03, 396).

Sehr zweifelhaft ist, ob sich der Mieter auf eine wirtschaftliche Unzweckmäßigkeit berufen kann, wenn eine verursachungsbezogene Abrechnung erheblich mehr kostet, als sie an erhoffter Einsparung bringt (vgl *Schläger* ZMR 94, 192). Einerseits enthält § 556 a II keine dem § 11 I Nr. 1 Buchst. a) HeizkostenV entspr Regelung. Andererseits ist aber der Wirtschaftlichkeitsgrundsatz zu beachten. Dem Wirtschaftlichkeitsgrundsatz ist der Vorrang einzuräumen, da der Vermieter hier anders als bei der HeizkostenV nach seinem Ermessen vorgehen kann. Der Vermieter handelt ermessensmissbräuchlich, wenn abzusehen ist, dass die den Mietern durch eine verbrauchsbezogene Abrechnung entstehenden Kosten außer jedem Verhältnis zu den möglichen Einsparungen stehen (*Schmid* WuM 01, 427).

2. Voraussetzungen und Durchführung. Der Vermieter gibt eine einseitige empfangsbedürftige Erklärung ab. Dem Mieter muss die Erklärung zugehen. Die Erklärung bedarf der Textform des § 126 b. Fehlt es hieran, ist sie nach § 125 unwirksam. Es muss eine Verbrauchs- oder Verursachungserfassung durchgeführt werden. Es genügt also nicht ein Umlegungsmaßstab, der lediglich dem unterschiedlichen Verbrauch Rechnung trägt, wie zB eine Verteilung nach Personenzahl. Es muss zumindest eine teilweise verbrauchs- oder verursachungsabhängige Abrechnung erfolgen. Nicht ausgeschlossen wird die Änderung dadurch, dass eine Kombination zwischen einem Festanteil und einem Verbrauchsanteil gewählt wird. Nicht nach § 556 a möglich ist der einseitige Übergang von einer Inklusivmiete zu einer Pauschale. Die Erklärung muss den Umfang der Vertragsänderung klar erkennen lassen (*Blank* WuM 93, 508). Insbesondere muss der künftige Umlegungsmaßstab so eindeutig dargestellt werden, dass der Mieter die Betriebskostenabrechnung nachprüfen kann (LG Hamburg ZMR 98, 36). Eine Begründungspflicht sieht das Gesetz nicht vor (vgl BGH GE 03, 1153). f) Sind die Kosten in der Miete enthalten, ist die Miete herabzusetzen (§ 556 a II 3).

17 **3. Folgen.** Mit dem Wirksamwerden der einseitigen Änderung wird die getroffene Regelung Vertragsbestandteil und steht damit einer entspr Vereinbarung gleich. Das hat insbes zur Folge, dass der Vermieter hinsichtlich der gleichen Position keine weitere einseitige Änderung auf Grund des § 556 a II vornehmen kann. Der Vermieter ist auch berechtigt, auf den voraussichtlichen Umlegungsbetrag Vorauszahlungen zu erheben (*Langenberg* NZM 01, 791). Das ist zwar nicht ausdrücklich geregelt, entspricht aber dem Grundsatz, dass die laufenden Aufwendungen, die bisher durch die Inklusivmiete gedeckt waren, auch weiterhin durch laufende Zahlungen gedeckt werden. Es entspricht ferner der Regelung des § 556 I 1, der die Ausweisung der Betriebskosten als Vorauszahlungen vorsieht (vgl *Schmid* Handbuch der Mietnebenkosten Rn 2034). c) Eine Rückwirkung ist ausgeschlossen. Die Erklärung des Vermieters muss vor Beginn eines Abrechnungszeitraumes abgegeben werden (§ 556 a II 2).

18 **D. Vorauftailungen. I. Abzug nicht umlegbarer Kosten.** Erbringt der Vermieter für umlegbare und nicht umlegbare Kosten eine einheitliche Zahlung muss vor der Kostenumlegung der Aufwand für die nicht umlegbaren Leistungen herausgerechnet werden.

19 **II. Vorauftailung auf Umlegungseinheiten.** Entstehen Kosten für mehrere Umlegungseinheiten einheitlich, müssen sie vor der Verteilung auf die einzelnen Mieter auf die Umlegungseinheiten aufgeteilt werden (LG Köln WuM 01, 496). Nach welchen Kriterien dies zu erfolgen hat, richtet sich nach der Art und Weise des einheitlichen Anfalls und den jeweiligen tatsächlichen Gegebenheiten. Erfolgt die Aufteilung nach dem Flächenverhältnis müssen für die Nachvollziehbarkeit der Abrechnung alle Flächen genannt werden (LG Köln WuM 01, 496).

20 **III. Aufteilung auf verschiedene Kostenpositionen.** Fallen einheitlich Kosten an, die mehrere Kostenpositionen betreffen, ist eine Vorauftailung aus Gründen der Übersichtlichkeit und Nachvollziehbarkeit der Abrechnung erforderlich. Sie ist insbesondere dann notwendig, wenn unterschiedliche Abrechnungsmaßstäbe bestehen oder eine Kostenposition nicht auf alle Mieter umlegbar ist. Die Aufteilung hat in der Weise zu erfolgen, dass die Gesamtkosten nach dem Verhältnis des Aufwandes der jeweiligen Kostenposition zugeordnet werden.

21 **IV. Aufteilung nach Wohnräumen und Geschäftsräumen.** Nach § 20 II 2 NMV 1970 sind Betriebskosten, die nicht für Wohnraum entstanden sind, grds vorweg abzuziehen. Bei preisfreiem Wohnraum ist – soweit die Parteien nichts anderes vereinbart haben – eine Vorauftailung jedenfalls dann nicht geboten, wenn die Gewerbeflächen hinsichtlich einzelner oder aller Betriebskostenarten nicht zu einer ins Gewicht fallenden Mehrbelastung der Wohnraummieter führen (BGH Urt v 8. 3. 06 – VIII ZR 78/05).

22 **E. Einzelne Abrechnungsmaßstäbe. I. Grundsätzliches.** Eine gesetzliche Beschränkung für die Wahl von Abrechnungsmaßstäben besteht bei Mietverhältnissen über preisfreiem Wohnraum und Gewerberaum nicht. Im Folgenden kann nur auf die wichtigsten Abrechnungsmaßstäbe eingegangen werden (vgl ausführlich *Schmid*, Handbuch der Mietnebenkosten Rn 4123 ff; *Schmidt-Futterer/Langenberg*, § 556 a Rn 5 ff).

23 **II. Wohn- und Nutzfläche. 1. Grundsätzliches.** Das Verhältnis der Wohn- und Nutzflächen ist als Regelmaßstab vorgesehen in § 556 a I 1, § 20 II 1 NMV 1970 und in § 7 I 2, § 8 I HeizkostenV für den verbrauchsunabhängigen Anteil. Man kann deshalb diesem Verteilungsmaßstab nicht den Einwand der Unbilligkeit entgegenhalten, auch wenn die Wohnungen innerhalb der Abrechnungseinheit unterschiedlich belegt sind (Hamm GE 84, 223; LG Wuppertal WuM 89, 520; aA LG Aachen WuM 93, 410; LG Düsseldorf WuM 94, 30). Auch wenn Gebühren personenzahlbezogen anfallen, ist der Vermieter nicht gezwungen, sie auch personenbezogen umzulegen. Grobe Unbilligkeit liegt selbst dann nicht vor, wenn eine Abrechnung nach Personenzahl für eine Mietpartei zu einer Halbierung der Belastung führen würde (aA *AG Lippstadt* WuM 95, 594 f.).

24 **2. Wohnflächenberechnung.** Bei preisgebundenem Wohnraum erfolgt die Berechnung der Wohnfläche zwingend (vgl § 2 NMV 1970) nach § 42 II. BV. Für nicht preisgebundene Mietverhältnisse gibt es keine gesetzliche Regelung für die Flächenberechnung zur Betriebskostenumlegung (vgl MieWo/*Schmid* § 1 WoFlV Rn 1 ff.). In Betracht kommt vor allem die Anwendung der Vorschriften der II. BV bzw. der WoFlV (BGH NZM 04, 454 = MieWoE § 536 2002 Nr. 2) für den Regelfall; *LG Paderborn* WuM 98, 289; *AG Bergheim* WuM 98, 36). Abl für Gewerberäume: *Schul/Wichert* ZMR 02, 633 [634]. Zur WoFlV s ausführlich Eisenschmid/Rips/Wall – *Eisenschmid*, Betriebskosten-Kommentar, Teil 4 und zu den Besonderheiten bei der Betriebskostenabrechnung *Schmid*, Handbuch der Mietnebenkosten, Rn 4134 a.

25 Ist keine bestimmte Berechnungsmethode vereinbart und lässt sich eine solche auch nicht aus den Umständen, insbes den Vertragsverhandlungen oder den ortsüblichen Gepflogenheiten entnehmen (vgl *Feuerlein* GE 02, 110; *Schul/Wichert* ZMR 02, 637), bestimmt der Vermieter die Berechnungsmethode einseitig. Dabei muss das billige Ermessen nach § 315 gewahrt werden (*Langenberg* NZM 01, 783 [791]).

26 **III. Personenzahl.** Für die Anwendung dieses Umlegungsmaßstabes wird meist angeführt, dass er gerechter ist, als eine Verteilung nach Wohnfläche, weil mehr Personen auch mehr Betriebskosten verursachen. Hier muss jedoch insbesondere auf den erheblichen Verwaltungsaufwand und die notwendige Differenzierung bei der Abrechnung hingewiesen werden. Der Vermieter muss stets die Anzahl der Bewohner überprüfen. Bei

jedem Ein- und Auszug verändert sich das Verhältnis der Kostentragung. Die Anwendung dieses Verteilungsmaßstabes kann deshalb vom Vermieter grds nicht verlangt werden (LG Mannheim NZM 99, 365; AG Siegburg WuM 95, 120; AG Köln ZMR 97, 30; aA AG Weimar WuM 97, 119).
Erfolgt die Verteilung nach der Anzahl der Bewohner, kommt es auf die tatsächliche Benutzung an, nicht auf die melderechtliche Registrierung (Hamm DWE 89, 167). Besucher werden nicht mitgezählt, auch wenn die Besuche »mehr oder weniger« häufig sind (AG Ahaus WuM 97, 232). Zu- oder Abschläge für Säuglinge, Hundehaltung, Autowaschen, Waschmaschinen (AG Bergisch Gladbach WuM 94, 549) oder sonstige Umstände, die mit den Bewohnern und ihren Lebensgewohnheiten zusammenhängen, sind nicht zu machen (vgl LG Mannheim NZM 99, 365 ff.). Die Heranziehung solcher Umstände kann aber vertraglich vereinbart werden (AG Hannover WuM 01, 469). 27

IV. Verbrauchs- und Verursachungserfassung. Bei einer verbrauchsabhängigen Abrechnung müssen in der Abrechnung der Gesamtverbrauch, der Einzelverbrauch und die dementsprechend umzulegenden Kosten enthalten sein (LG Kiel WuM 96, 631, 632), sofern nicht auf Grund der Verbrauchserfassung eine direkte Kostenzuordnung erfolgt. 28
Die Beweislast für die Richtigkeit der Verbrauchserfassung trifft den Vermieter (LG Berlin ZMR 97, 156). Da der Mieter zu einer Kontrolle nicht verpflichtet ist, kann er die Richtigkeit der festgestellten Werte im Prozess nach § 138 IV ZPO mit Nichtwissen bestreiten (*Schmid* ZMR 97, 452; aA LG Berlin ZMR 97, 145). Hat der Mieter oder mit dessen Einverständnis ein Dritter ein **Ableseprotokoll** unterschrieben, so ist dies idR ein so starkes Indiz für die Richtigkeit der Ablesung, dass faktisch der Nutzer beweisen muss, dass der Ablesewert falsch ist (Köln GE 86, 341, 345; LG Hannover ZMR 89, 97; *Schmid* ZMR 97, 453; aA *Gruber* NZM 00, 843). Die Unterschrift unter das Ableseprotokoll beinhaltet jedoch kein deklaratorisches Schuldanerkenntnis (*Schmid* ZMR 1997, 452; *Gruber* NZM 00, 843; aA LG Berlin ZMR 97, 156). Dem Mieter steht deshalb der Beweis für die Unrichtigkeit offen. 29
Bei Erfassungsmängeln ist eine verbrauchsabhängige Abrechnung häufig nicht möglich. Der Vermieter hat dann einen anderen Umlegungsmaßstab nach billigem Ermessen zu bestimmen. Dem einzelnen Mieter bleibt jedoch der – nur schwer zu führende – Nachweis offen, dass er bei korrekter Verbrauchserfassung weniger zu zahlen gehabt hätte. Auch haftet der Vermieter auf Schadensersatz, wenn er die Unmöglichkeit der verbrauchsabhängigen Abrechnung verschuldet hat (vgl *Schmid* NZM 98, 500). Bloße Verbrauchsschätzungen sind entgegen der wohl h. M. (AG Höhenschönhausen ZMR 03, 934) nicht zulässig (*Schmid* NZM 98, 500). § 9 a HeizkostenV ist nicht Ausdruck eines allgemeinen Rechtsgedankens, sondern enthält Ausnahmeregelungen, die auf die Verteilung anderer Kostenarten nicht analog angewendet werden können (*Schmid*, Handbuch der Mietnebenkosten, Rn 4155 a). 30

V. Miteigentumsanteile. Eine Verteilung nach Miteigentumsanteilen spielt vor allem bei der Vermietung von Wohnungs- und Teileigentum eine große Rolle, kann aber auch bei sonstigen Miteigentümergemeinschaften in Betracht kommen, wenn zwischen den Miteigentümern intern eine ähnliche Regelung wie beim Wohnungseigentum besteht. Eine Abrechnung nach Miteigentumsanteilen ist grds zulässig aber nicht notwendig. Sie muss vereinbart werden, da ansonsten § 556 a zur Anwendung kommt (BGH WuM 04, 403). 31

F. Teilweise Unabdingbarkeit. Von I kann durch Vertrag abgewichen werden. II ist nach III zugunsten des Mieters zwingend. 32

§ 556 b Fälligkeit der Miete, Aufrechnungs- und Zurückbehaltungsrecht

(1) Die Miete ist zu Beginn, spätestens bis zum dritten Werktag der einzelnen Zeitabschnitte zu entrichten, nach denen sie bemessen ist.
(2) ¹Der Mieter kann entgegen einer vertraglichen Bestimmung gegen eine Mietforderung mit einer Forderung auf Grund der §§ 536 a, 539 oder aus ungerechtfertigter Bereicherung wegen zu viel gezahlter Miete aufrechnen oder wegen einer solchen Forderung ein Zurückbehaltungsrecht ausüben, wenn er seine Absicht dem Vermieter mindestens einen Monat vor der Fälligkeit der Miete in Textform angezeigt hat. ²Eine zum Nachteil des Mieters abweichende Vereinbarung ist unwirksam.

A. Allgemeines. I. Anwendungsbereich des § 556 b I. Die Vorschrift des § 556 b I gilt für Wohnraum. Gem § 579 II ist die Regelung auf Mietverhältnisse über andere Räume entspr anwendbar, sodass Geschäftsraummietverhältnisse und Mietverhältnisse über sonstige Räume erfasst sind. Für Mietverhältnisse über Grundstücke, im Schiffsregister eingetragene Schiffe und für bewegliche Sachen gilt Endfälligkeit der Miete als Regelfall (§ 579 I). 1

II. Anwendungsbereich des § 556 b II. Die Regelungen des § 556 b II sind ausschließlich auf Wohnraummietverhältnisse anwendbar. 2

3 **III. Abdingbarkeit.** Die Vorschrift des § 556 b I ist auch für Wohnraummietverhältnisse nicht zwingend (MieWo/*Harz* § 556 b Rn 4). Die Vereinbarung von Rechtzeitigkeitsklauseln, wonach es für die Rechtzeitigkeit der Zahlung auf den Geldeingang beim Vermieter ankommt, ist wirksam (BGH ZMR 98, 612; München ZMR 96, 376). Im Gegensatz zur Wohnraummiete ist bei der gewerblichen Raummiete auch die Kombination einer Vorauszahlungsklausel mit Klauseln unbedenklich, die die Aufrechnungsbefugnis des Mieters einschränken oder ausschließen bzw das Zurückbehaltungsrecht des Mieters modifizieren.
4 **IV. Übergangsregelung.** Gem Art 229 § 3 I Nr 7 EGBGB ist auf Altverträge, dh solche Verträge, die am 1. 9. 01 bereits bestanden, weiterhin § 551 aF anzuwenden.
5 **B. Fälligkeit der Miete.** Nach § 556 b I ist der Mieter zu Beginn, spätestens bis zum 3. Werktag des jeweiligen Zeitabschnitts zur Zahlung der Miete verpflichtet. Im Hinblick auf die Zeitabschnitte kommt es auf die vertraglichen Vereinbarungen an. Es kann sich um Tage, Wochen, Monate, Vierteljahre, Halbjahre oder Jahre handeln. Die Miete ist dann gem § 556 b I jeweils zu Beginn der einzelnen vertraglich vereinbarten Zeitabschnitte zu zahlen, spätestens jeweils am 3. Werktag des einzelnen Zeitabschnitts (MieWo/*Harz* § 556 b Rn 6). Str ist, ob die Regelung nur die Verlagerung des Fälligkeitszeitpunkts beinhaltet, oder die Vorleistungspflicht des Vermieters als solche betrifft (zum Streit siehe MüKo/*Arzt* § 556 b Rn 7; Palandt/*Weidenkaff* § 556 b Rn 4).
6 Der Samstag ist Werktag (BGH NJW 05, 2154). Ist der dritte Werktag ein Samstag, findet § 193 Anwendung (*Meist* ZMR 99, 801).
7 § 556 b I enthält keine Bestimmungen zu Zahlungsort und zu Zahlungszeitpunkt, sodass es hier bei den Regelungen der §§ 269, 270 bleibt. Regelmäßig ist Miete Schickschuld (§ 270), so dass der Mieter nur die Transport, nicht die Verzögerungsgefahr trägt (Schmid/*Schauer* Miete und Mietprozess Kap 3 Rn 76). Wurde zwischen den Parteien Lastschriftverfahren vereinbart, liegt eine Holschuld vor. In diesen Fällen hat der Mieter das seinerseits Erforderliche zum Zeitpunkt der Fälligkeit getan, wenn auf seinem Konto Deckung vorhanden war. Die Einziehung ist Sache des Vermieters, der auch das Verzögerungsrisiko trägt. Bei Zahlung durch Scheck, soweit diese Zahlungsform vereinbart oder akzeptiert ist, kommt es bei Übersendung durch die Post auf den Zeitpunkt der Absendung an. Sofern die Parteien die Barzahlung der Miete vereinbart haben, handelt es sich um eine Bringschuld, dh der Mieter hat die Miete dem Vermieter am Wohnsitz oder Ort seiner Niederlassung auszuhändigen oder bei einem Geldinstitut, bei dem der Vermieter ein Konto unterhält, an Tag der Fälligkeit einzuzahlen. Bei dem wohl häufigsten Fall, dass die Miete durch Überweisung gezahlt werden soll, ist für die pünktliche Zahlung ausreichend, wenn der Überweisungsvertrag (§ 676 a) rechtzeitig geschlossen wurde und das Konto gedeckt war (vgl zum Ganzen MieWo/*Harz* § 556 b Rn 6).
8 **C. Aufrechnung und Zurückbehaltungsrecht.** II schränkt die Möglichkeit ein, das Aufrechnungs- und Zurückbehaltungsrecht vertraglich auszuschließen oder zu beschränken. Zu den Mietforderungen zählen auch die Mietnebenkosten (Staud/*Weitemeyer* § 556 b Rn 21). Die Geltendmachung der in § 556 b II genannten Rechte steht dem Mieter zu, wenn er seine Absicht dem Vermieter ggü mindestens einen Monat vor Fälligkeit der Miete in Textform angezeigt hat. Eine mündliche Anzeige ist unwirksam (§ 125 S 1). Die Monatsfrist ist gem §§ 187 I, 188 II u III zu berechnen und stellt eine Mindestfrist dar.
9 Sowohl das Recht zur Aufrechnung als auch die Ausübung des Zurückbehaltungsrechts stehen dem Mieter auch über die Dauer des Mietverhältnisses hinaus zu, während die Ankündigungsverpflichtung nach dem Ende des Mietverhältnisses entfällt (BGH ZMR 00, 364).

Unterkapitel 2   Regelungen über die Miethöhe

§ 557 Mieterhöhungen nach Vereinbarung oder Gesetz

(1) Während des Mietverhältnisses können die Parteien eine Erhöhung der Miete vereinbaren.
(2) Künftige Änderungen der Miethöhe können die Vertragsparteien als Staffelmiete nach § 557 a oder als Indexmiete nach § 557 b vereinbaren.
(3) Im Übrigen kann der Vermieter Mieterhöhungen nur nach Maßgabe der §§ 558 bis 560 verlangen, soweit nicht eine Erhöhung durch Vereinbarung ausgeschlossen ist oder sich der Ausschluss aus den Umständen ergibt.
(4) Eine zum Nachteil des Mieters abweichende Vereinbarung ist unwirksam.

1 **A. Allgemeines.** § 557 leitet das 2. Unterkapitel mit den Regelungen über die Miethöhe ein. Er fasst die Möglichkeiten zusammen, wie die **Vertragsparteien zusammen** (Änderungsvereinbarung) oder der **Vermieter einseitig** (vor allem nach §§ 559, 560) die Miete ändern können. Ist ein Mieterhöhungsverlangen vor dem 1. 9. 01 zugegangen, gilt § 2 MHG (Art 229 § 3 I Nr 2 EGBGB). Bedeutsam ist dies insbes für die Höhe der Kappungsgrenze.

I. Zweck. Die Vorschrift ist als **Grundnorm** für die Möglichkeiten einer Mieterhöhung in Wohnraummietverhältnissen zu verstehen. Durch § 557 I stellt das Gesetz klar, dass eine privatautonome vertragliche Änderung der Miethöhe frei von Zwängen **nur** während des laufenden Verhältnisses möglich ist. Alle anderen Änderungen sind gefesselt. Bereits künftige vertragliche Änderungen der Miete sind gem § 557 II bloß in Form von Staffel- oder Indexmieten (§§ 557 a, 557 b) zulässig. Kommt zwischen den Parteien keine Vereinbarung zustande, bestimmt § 557 III, dass ein Vermieter – soweit nicht etwas anderes vereinbart ist – **einseitige** Mieterhöhungen ausschl im gesetzlichen Mieterhöhungsverfahren nach §§ 558–560 durchsetzen kann. 2

II. Anwendungsbereich. §§ 557–561 gelten für bestehende befristete und unbefristete **Mietverträge über Wohnraum** oder gemischte Verträge, die zumindest ihren Schwerpunkt im Bereich der Wohnraummiete haben (BGH NJW-RR 86, 877; Ddorf NZM 02, 739; § 549 Rn 2). Wohnraummiete liegt vor, wenn Räumlichkeiten auf Grund eines Vertrages entgeltlich zum Zwecke des privaten Aufenthalts des Mieters oder Angehöriger überlassen werden. Für Mischmietverhältnisse ist zu fragen, wo der Schwerpunkt liegt. Ist eine Garage mitvermietet, kann eine Erhöhung nur einheitlich verlangt werden (LG Rottweil NZM 98, 432). Auf Mietverhältnisse über die in § 549 II, III genannten Wohnungen sind §§ 557–561 nicht anwendbar. Rechtsgrundlagen für eine Mieterhöhung im sozialen Wohnungsbau sind §§ 10 WoBindG, 4 VIII NVM 1970. 3

B. Vereinbarte Mietänderung. Vertragliche Mietänderungen sind für das **laufende** Mietverhältnis und für **künftig** geschuldete Mieten vorstellbar. 4

I. Erhöhung der gegenwärtigen Miete. Die Vertragsparteien können die gegenwärtige Miete **während** des Mietverhältnisses jederzeit **frei vereinbaren** und erhöhen oder ermäßigen (Blank/*Börstinghaus* Rn 7; *Artz* ZMR 06, 165, 167). Die Mieterhöhungsvereinbarung ist ein Vertrag iSv § 311 I, der durch Angebot und Annahme zustande kommt. Für ihn gelten daher etwa die Bestimmungen über Willenserklärungen (§§ 116–144) und die über Verträge (§§ 145–157). Im Regelfall ist der Vermieter darlegungs- und beweispflichtig (BGH NJW 98, 445, 446), dass ein Vertrag geschlossen worden ist; anders ist es ggf unter Kaufleuten (Ddorf ZMR 95, 534). Ein Antrag auf Mieterhöhung kann vom Mieter ausdrücklich, aber auch **schlüssig** angenommen werden, insbes durch Zahlung der erhöhten Miete (BGH ZMR 05, 848, 849; GE 05, 983; NJW-RR 00, 1463; Karlsr NJW-RR 03, 945; LG Berlin GE 04, 1593). Eine fortlaufende Zahlung ist **nicht** nötig (*Artz* WuM 05, 215, 217). Eine schlüssige Annahme ist nicht darin zu sehen, dass der Mieter einen „Befehl" des Vermieters annimmt und einen Dauerauftrag ändert (LG Mannheim WuM 04, 481). Ein **unwirksames** Mieterhöhungsverlangen nach §§ 558, 558 b enthält idR **zugleich** ein schlüssiges Angebot auf Abschluss eines Abänderungsvertrages. Hat sich der Vermieter unter Verstoß gegen § 557 IV eine einseitige Neufestsetzung der Miete vorbehalten und hat er in seinem Mieterhöhungsschreiben dieses Bestimmungsrecht ausüben wollen, liegt darin kein Angebot zum Abschluss einer Mieterhöhungsvereinbarung (BGH ZMR 05, 848, 849). Dem Mieter muss bei einem ausdrücklichen oder konkludenten Antrag bewusst sein, wie hoch die vereinbarte Miete ist und dass er durch die Zahlung einer Mieterhöhung zustimmt. Die Beteiligten haben sich nach den allgemeinen Regelungen für eine Mieterhöhung außerdem auf einen bestimmten Betrag zu verständigen (aA *Kinne/Schach* Rn 6). Die Erhöhung wirkt zum vereinbarten Termin. Ist keiner vereinbart worden, gilt § 271. Das Sonderkündigungsrecht nach § 561 ist bei einer einvernehmlichen Mietänderung ausgeschlossen (*Artz* ZMR 06, 165, 168). 5

II. Künftige Mietänderungen. Künftige Mieterhöhungen können die Vertragsparteien gem § 557 II vor Beginn, zu Beginn und während des Mietverhältnisses nur als Staffel- (§ 557 a) oder als Indexmiete (§ 557 b) vereinbaren. Meist, aber nicht nur (vgl § 557 b Rn 1 und § 560 Rn 2), ist eine Mieterhöhung Inhalt eines solches Vertrages. 6

III. Grenzen. Für eine Vereinbarung zur laufenden Miete sind die Mietvertragsparteien von den Beschränkungen der §§ 558–558b vollständig befreit. Die Veränderung der künftigen Miete ist nur in den Wegen des § 557 II möglich und im Übrigen gem § 557 IV, 134 nichtig. Die gesetzlichen Grenzen folgen in erster Linie aus einer Mietpreisüberhöhung iSv § 5 WiStG (BGH ZMR 04, 410, 411) und aus § 291 I 1 Nr 1 StGB (Wucher). Ist eine Staffelmiete teilnichtig, fallen die folgenden Staffelbeträge ggf weg (KG ZMR 01, 452; Hburg ZMR 00, 216). 7

C. An das Gesetz gebundene Mieterhöhungen. I. Allgemeines. Gem Art 14 GG ist der Vermieter berechtigt, die Miete im angemessenen Rahmen zur Erhaltung des Hausbesitzes zu erhöhen (BVerfG ZMR 80, 202). Das Gesetz verbietet in § 573 I 2 zwar eine Änderungskündigung, ermöglicht aber als verfassungsrechtlich erforderliches Korrelat **gesetzlich gebundene Mieterhöhungen**. Treffen die Vertragsparteien über die Miethöhe keine Vereinbarung, kann der Vermieter gem § 557 III Hs 1 Mieterhöhungen nach Maßgabe von §§ 558–560 verlangen. In Betracht kommen **drei**: Mieterhöhungen zur Anpassung der Miete an die ortsübliche Vergleichsmiete (§ 558 iVm §§ 558 a–558 e), wegen einer durchgeführten Modernisierung (§ 559) oder wegen gestiegener Betriebskosten (§ 560). Während § 558 insoweit einen Anspruch auf Zustimmung gibt, handelt es sich bei §§ 559, 560 um einseitige Gestaltungserklärungen (*Artz* WuM 05, 215, 217). 8

9 **II. Ausschluss.** Die Vertragsparteien sind berechtigt, Mieterhöhungen nach §§ 558–560 ganz oder teilweise („soweit"; zB können Erhöhungen nach § 559 ausgeschlossen werden), für eine bestimmte Dauer (BGH NJW 92, 2281) oder für bestimmte Mietteile auszuschließen (BayObLG NZM 99, 215, 216). Mieterhöhungen, nicht aber Mietsenkungen sind dann unwirksam. Unter krassen Umständen kann ein Ausschluss nach § 313 wieder entfallen.

10 **1. Ausdrücklicher Ausschluss.** Ausdrückliche Vereinbarungen sind sehr selten. Sie bedürfen gem § 557 III Hs 2 Alt 1 einer formfreien Vereinbarung, die im Mietvertrag selbst, aber auch an anderer Stelle geschlossen werden kann. Ausdrückliche Vereinbarungen sind zB vorstellbar, wenn eine Wohnung als öffentlich gefördert (Sozialwohnungen) bezeichnet wird (BGH WuM 04, 282) oder bei Werkförderungsverträgen mit Wohnungsbelegungsrechten für werksfremde Wohnungen als Verträge zu Gunsten Dritter (*Riecke* WuM 03, 663, 667). Der Rechtsnachfolger des Vermieters ist an eine Mieterhöhungsbegrenzung nur gebunden, wenn sie an ihn weitergegeben worden ist (BGH GE 04, 292, 293 zu Drittmitteln).

11 **2. Konkludenter Ausschluss.** Ein Ausschluss kann sich gem § 557 III Hs 2 Alt 2 auch aus den Umständen ergeben (BGH ZMR 04, 408, 409). Um zu ermitteln, ob ein konkludenter Ausschluss anzunehmen ist, bedarf es einer umfassenden Auslegung des gesamten Vertrages einschl der außerhalb des Vertrages liegenden Umstände (BGH ZMR 04, 408, 409). Für die Auslegung kommt es entscheidend auf die konkrete Ausgestaltung des Vertrages an. Ein Sperre kann sich etwa aus der ggf vereinbarten **Wohnungsgröße** (LG Berlin NZM 02, 947; LG Braunschw WuM 99, 205), aus **Verwaltungsvorschriften** (BayObLG NJW-RR 99, 1100), aus einer **Kostenmietklausel** (BayObLG WuM 98, 274), in der Bezeichnung der Wohnung als „öffentlich gefördert (Sozialwohnung) oder sonst preisgebunden" oder aus dem Umstand ergeben, dass der Mietvertrag auf **bestimmte Zeit** und mit fester Miete geschlossen worden ist (LG Stuttgart ZMR 94, 401, 402). Ob ein konkludenter Mieterhöhungsausschluss bereits dann anzunehmen ist, wenn die Parteien einen Zeitmietvertrag mit fester Miete geschlossen haben, ist hingegen unsicher. Ohne besondere Anhaltspunkte kann ein Zeitmietvertrag allein, anders als nach § 1 S 3 MHG, wohl nicht mehr als Ausdruck eines Ausschlusses angesehen werden (MüKo/*Artz* Rn 46). Umstritten ist ferner, ob eine unwirksame Index- oder Staffelmiete das Recht des Vermieters jedenfalls auf die von ihm in den Vertrag eingebrachte unwirksame Klausel beschränkt (LG Berlin GE 02, 468; LG Görlitz WuM 97, 682 für die Staffelmiete; LG Frankfurt/M WuM 98, 603 für die Indexmiete). Dies wird richtiger Weise abzulehnen sein.

12 **3. Rechtsfolge.** Ein Ausschluss gilt grds dauerhaft, bei befristeten Mietverträgen mit Verlängerungsklausel aber nur für die Zeit der ersten Befristung. Er erstreckt sich nicht auf einen Verlängerungszeitraum (Karlsr ZMR 86, 80, 81).

13 **D. Abdingbarkeit.** Die Vorschriften über die Mieterhöhung sind zum Nachteil des Mieters gem § 557 IV **nicht abdingbar**; nachteilige Bestimmungen sind für die Berechnung der Miethöhe nichtig (BGH ZMR 05, 848, 850; WuM 04, 29). Eine Regelung ist nachteilig, wenn der Vermieter durch sie eine günstigere Rechtsstellung erhält, als sie ihm in formeller oder materieller Hinsicht das Gesetz einräumt (Stuttg ZMR 89, 416, 417), zB die Vereinbarung eines **einseitigen** Mieterhöhungsrechts des Vermieters (BGH ZMR 05, 848, 850) oder einer größeren als der tatsächlichen **Wohnungsgröße** (LG Berlin WuM 04, 613). Hat der Mieter auf Grund einer unwirksamen Klausel Leistungen an den Vermieter erbracht, sind Rückforderungsansprüche nach §§ 812 ff möglich (BGH ZMR 04, 740). Ein Bereicherungsanspruch entfällt gem § 814, wenn der Mieter positiv wusste, nicht zur Zahlung in dieser Höhe oder unter diesen Voraussetzungen verpflichtet zu sein.

§ 557a Staffelmiete

(1) Die Miete kann für bestimmte Zeiträume in unterschiedlicher Höhe schriftlich vereinbart werden; in der Vereinbarung ist die jeweilige Miete oder die jeweilige Erhöhung in einem Geldbetrag auszuweisen (Staffelmiete).
(2) ¹Die Miete muss jeweils mindestens ein Jahr unverändert bleiben. ²Während der Laufzeit einer Staffelmiete ist eine Erhöhung nach den §§ 558 bis 559b ausgeschlossen.
(3) ¹Das Kündigungsrecht des Mieters kann für höchstens vier Jahre seit Abschluss der Staffelmietvereinbarung ausgeschlossen werden. ²Die Kündigung ist frühestens zum Ablauf dieses Zeitraums zulässig.
(4) Eine zum Nachteil des Mieters abweichende Vereinbarung ist unwirksam.

1 **A. Allgemeines. I. Zweck.** Die in § 557a I 1 legal definierte, auf unbeschränkte Zeit abschließbare Staffelmiete gestattet eine Veränderung der Miete jenseits der ortsüblichen Vergleichsmiete. Eine Staffelmiete soll den Mietvertragsparteien vor allem Kalkulationssicherheit verschaffen (BGH GE 06, 250, 251; NJW-RR 05, 236, 237 = ZMR 05, 112; WuM 05, 519, 520). Der Mieter kann die Entwicklung der Miete bis auf Veränderungen der Betriebskosten sicher abschätzen (BGH GE 06, 250, 251). Dem Vermieter werden Investitionsentscheidungen dadurch erleichtert, dass er mit den künftigen Steigerungen der Mieteinnahmen schon zu einem früheren Zeitpunkt sicher rechnen kann (BGH ZMR 04, 175, 176). § 557a ist nicht zum Nachteil des Mieters

abdingbar, § 557a IV. Unwirksam sind etwa Klauseln, die kürzere Staffeln als ein Jahr vorsehen, oder solche, die neben der Staffelmiete Mieterhöhungen nach §§ 558, 559 zulassen wollen.

II. Anwendungsbereich. Zum Anwendungsbereich und den Grenzen s § 557 Rn 3 und 7. Eine Ausdehnung der Vorschrift auf die gewerbliche Miete ist nicht geboten (BGH NJW-RR 05, 236, 237; für ein Mischmietverhältnis s LG Berlin GE 04, 425). Eine Staffelmietvereinbarung wird regelmäßig bereits bei Abschluss des Mietvertrages getroffen. Sie kann aber auch während der Mietzeit (BGH GE 06, 121, 125; *Mersson* ZMR 02, 732) sowohl in einem befristeten als auch in einem unbefristeten Vertrag vereinbart werden. Eine Staffelmiete kann wegen des Grundsatzes der Vertragsfreiheit im Übrigen auch noch während der Dauer einer Mietpreisbindung für den Zeitraum **nach** ihrem Ablauf vereinbart werden (BGH ZMR 04, 175, 176; LG Berlin NJW-RR 91, 1040). Für Staffelmieten, die **vor** dem 1.9.2001 vereinbart wurden, gilt noch § 10 II MHG (BGH ZMR 04, 735, 736). Verstieß eine Staffelmiete gegen § 10 II 2, kommt eine Heilung nicht in Betracht (LG Berlin GE 04, 625).

III. Ende der Staffelmietvereinbarung. Eine Staffelmiete endet mit Ablauf der letzten Staffel. Es gibt keine automatische Fortschreibung. Der Mietvertrag im Übrigen bleibt vom Ende der Vereinbarung unberührt. Nach ihrem Ablauf gilt die in der letzten Staffel vereinbarte Miete. Mieterhöhungen richten sich mit dem Ende wieder nach §§ 557–560.

B. Inhalt. I. Voraussetzungen. 1. Schriftlichkeit. Die Vereinbarung muss nach §§ 557a I Hs 1 schriftlich (§ 126) und für bestimmte Zeiträume (zB Anfang eines Monats) getroffen werden. Der Schriftform gleichwertig ist die elektronische Form (§ 126a). Die Textform (§ 126b) ist unzureichend.

2. Staffeln. § 557a I Hs 1 setzt voraus, dass die Miete für bestimmte Zeiträume in unterschiedlicher Höhe vereinbart wird. Hierfür ist es ausreichend, dass sich die Miete während des vereinbarten Zeitraums lediglich einmal erhöht (BGH GE 06, 121, 125 mwN). Die Parteien müssen also mindestens zwei Staffeln abmachen (*Kinne* ZMR 01, 868, 877). Gem § 557a I Hs 2 ist die für jede einzelne Staffel geltende Miete (Netto-, Teilinklusiv- oder Bruttokaltmiete) oder die jeweilige Erhöhung in einem Geldbetrag schriftlich auszuweisen; die bloße Angabe eines Erhöhungsprozentsatzes reicht nicht aus (*Kinne* ZMR 01, 868, 875). Jede Staffel muss nach § 557a II 1 mindestens ein Jahr betragen, kann aber länger sein oder wechseln (*Mersson* ZMR 02, 732).

II. Verstöße. 1. Nichtigkeit. Die Mindestzeit von einem Jahr je Staffel ist eine absolute Grenze. Die gesamte Vereinbarung ist nach hM nichtig, wenn eine Staffel kürzer ist, zB ein Tag fehlt (LG Berlin GE 04, 625; 01, 852; *Emmerich* NZM 01, 690, 691). Der Mieter kann in diesem Falle einen Anspruch aus §§ 812 ff haben (LG Kiel WuM 00, 308). Wird die Staffelmiete nicht formgerecht vereinbart, ist sie unwirksam. Die einmalige Herabsetzung einer Staffelmiete ohne Anpassung der folgenden Staffeln wegen der ursprünglich vereinbarten Erhöhungszeitpunkte und des Erhöhungsbetrages führt aber nicht zur Unwirksamkeit der Staffelmietvereinbarung (LG Berlin ZMR 04, 279). Auch die Kappungsgrenze des § 558 III gilt nicht.

2. Der Vertrag im Übrigen. Der Mietvertrag bleibt bei Nichtigkeit der Staffelmiete wirksam. Der Mieter schuldet die Miete, die bei Abschluss des Mietverhältnisses vereinbart worden ist. Mieterhöhungen richten sich nach §§ 557–560 (LG Berlin WuM 01, 612; ZMR 98, 230).

III. Kündigungsrecht. § 557a III 1 erlaubt ausnahmsweise einen **einseitigen** Kündigungsverzicht des Mieters (BGH GE 06, 250, 251). Ein einseitiger formularmäßig erklärter Kündigungsausschluss zu Lasten des Mieters von Wohnraum benachteiligt den Mieter nicht unangemessen (§ 307), wenn er **zusammen** mit § 557a zulässigen Staffelmiete vereinbart wird (fehlt es hieran, ist die Bestimmung unwirksam, *Wiek* WuM 05, 369; *Häublein* ZMR 04, 252, 25; *Hinz* WuM 04, 126, 128) und die Dauer des Kündigungsausschlusses nicht mehr als 4 Jahre beträgt (BGH GE 06, 250, 251; 121, 125; zum **beiderseitigen** Kündigungsverzicht s BGH ZMR 04, 802 = NJW 04, 3117). Die Frist berechnet sich mit Abschluss des Mietvertrages, nicht mit Bezug der Wohnung (BGH WuM 05, 519, 520; LG Berlin GE 05, 307; NZM 00, 1051). Eine Bestimmung, wonach der Mieter nach Ablauf von 4 Jahren nur zu einem einzigen Zeitpunkt kündigen kann, ist **nichtig** (BGH ZMR 04, 175, 176). Auch wenn das Kündigungsrecht für mehr als 4 Jahre ausgeschlossen wird, ist der Ausschluss insgesamt nichtig (BGH GE 06, 247, 248). Soweit die Rspr für § 10 II 6 MHG einen formularmäßigen Ausschluss des Kündigungsrechts von mehr als vier Jahren in einem Staffelmietvertrag lediglich als teilunwirksam ansah (BGH WuM 05, 519, 520; LG Berlin NZM 00, 1051), beruhte dies auf einem abweichenden Inhalt der Vorschrift, der Ausdruck eines entspr gesetzgeberischen Willens gewesen ist. Dieser gilt für § 557a III 1 nicht (BGH GE 06, 247, 248).

IV. Andere Mieterhöhungen. Neben den einzelnen Staffeln sind gem § 557a II 2 nur Mieterhöhungen nach § 560 wegen Betriebskostenerhöhungen (wenn dies vereinbart ist, § 560 I 1) sowie einvernehmliche Vertragsänderungen zulässig (BGH GE 06, 250, 251; LG Berlin ZMR 04, 270).

V. Wegfall der Geschäftsgrundlage und Verwirkung. Bei einer Staffelmiete besteht grds die Möglichkeit, dass die vereinbarte Miete im Laufe der Zeit erheblich von der Entwicklung der marktüblichen Miete abweicht. Der Mieter bleibt dennoch auch bei einem gravierenden Absinken des allgemeinen Mietniveaus in aller Regel an die vertraglich vereinbarten Staffelerhöhungen gebunden, es sei denn, die Parteien hätten eine abw Regelung getroffen (BGH NJW-RR 05, 236, 237 = ZMR 05, 112; ZMR 02, 654, 655). Wenn der Vermieter den Erhöhungsbetrag über einen längeren Zeitraum nicht geltend macht, kann hierin ein Verzicht (LG München I ZMR 03, 431) oder eine Verwirkung (KG ZMR 04, 577, 578) liegen.

11 **C. Wirkungen.** Die jeweilige Mieterhöhung tritt kraft Gesetzes und automatisch ein. Es bedarf keiner Erhöhungserklärung. Der Mieter gerät bei Nichtzahlung gem § 286 II in Verzug. Die Parteien können aber ohne Verstoß gegen § 557 a IV vereinbaren, dass zusätzlich zur Staffelvereinbarung die jeweilige Staffelerhöhung auch noch durch den Vermieter innerhalb einer bestimmten Frist angekündigt werden muss. Im Prozess muss der, der eine Staffelmiete behauptet, ihre Voraussetzungen darlegen und beweisen.

12 **D. Beweis.** Im Mietprozess muss der, der eine Staffelmiete behauptet, die Voraussetzungen des § 557 a darlegen und beweisen.

§ 557 b Indexmiete

(1) Die Vertragsparteien können schriftlich vereinbaren, dass die Miete durch den vom Statistischen Bundesamt ermittelten Preisindex für die Lebenshaltung aller privaten Haushalte in Deutschland bestimmt wird (Indexmiete).
(2) ¹Während der Geltung einer Indexmiete muss die Miete, von Erhöhungen nach den §§ 559 bis 560 abgesehen, jeweils mindestens ein Jahr unverändert bleiben. ²Eine Erhöhung nach § 559 kann nur verlangt werden, soweit der Vermieter bauliche Maßnahmen aufgrund von Umständen durchgeführt hat, die er nicht zu vertreten hat. ³Eine Erhöhung nach § 558 ist ausgeschlossen.
(3) ¹Eine Änderung der Miete nach Absatz 1 muss durch Erklärung in Textform geltend gemacht werden. ²Dabei sind die eingetretene Änderung des Preisindexes sowie die jeweilige Miete oder die Erhöhung in einem Geldbetrag anzugeben. ³Die geänderte Miete ist mit Beginn des übernächsten Monats nach dem Zugang der Erklärung zu entrichten.
(4) Eine zum Nachteil des Mieters abweichende Vereinbarung ist unwirksam.

1 **A. Allgemeines.** Die in § 557 b I 1 legal definierte, in der Praxis seltene Indexmiete ist neben der Staffelmiete die einzig zulässige antizipierte Mietpreisänderungsklausel. Eine Indexmiete ermöglicht es leicht und überschaubar die Miete zu erhöhen oder zu senken. Für ihre Ermittlung kann die geschuldete Miete zulässiger Weise **nur** an den vom Statistischen Bundesamt ermittelten **Preisindex** für die Lebenshaltung aller privaten Haushalte in Deutschland gekoppelt werden. In die Ermittlung mit einbezogen werden die durchschnittlichen Kosten für Mietwohnungen. Bereits dadurch ist ein Bezug zur Miethöhe hergestellt, für die die Gefahr einer divergierenden Entwicklung der Lebenshaltungskosten und der ortsüblichen Vergleichsmiete wesentlich verringert (AG Hamburg WuM 00, 494). Eine Indexmiete bewirkt im Regelfall eine Mieterhöhung (Hamm DWW 93, 321). Sie kann aber auch zu einer Mietsenkung führen.

2 Eine Mindestlaufzeit ist nicht vorgeschrieben. Die Indexmiete kann daher sowohl in einem befristeten als auch in einem unbefristeten Vertrag vereinbart werden. Mietpreisänderungsklauseln, die vor dem 1.9.01 vereinbart wurden, bleiben wirksam. Für sie gilt noch § 10a MHG in der jeweiligen Fassung. Wertsicherungsvereinbarungen, die wegen Unterschreitung der Mindestdauer nicht genehmigungsfähig waren, sind **nicht** am 1.9.01 wirksam geworden (Schmidt-Futterer/*Börstinghaus* Rn 5; *Langenberg* WuM 01, 523, 524; str). Zum **Anwendungsbereich** und zu den **Grenzen** s im Übrigen § 557 Rn 3 und 7.

3 **B. Voraussetzungen und Inhalt. I. Voraussetzungen.** Die Indexvereinbarung muss auch bei einem mündlichen Vertrag gem § 557 b I 1 schriftlich iSv § 126 erfolgen (*Mankowski* ZMR 02, 481, 484). Eine Erklärung in Textform reicht nicht. Die Vereinbarung kann zu Beginn, aber auch während des Laufs des Mietvertrages geschlossen werden (MüKo/*Artz* Rn 5).

4 **II. Inhalt.** Die Indexvereinbarung muss die geschuldete Miete für die gesamte Mietzeit oder für einen bestimmten Abschnitt an den vom Statistischen Bundesamt ermittelten Preisindex für die Lebenshaltung aller privaten Haushalte in Deutschland binden.

5 **C. Mietveränderung. I. Erklärung. 1. Textform.** Durch Vereinbarung einer Indexmiete wird die Miete nach § 557 III 1 **nicht automatisch** geändert. Die Änderung der Miete muss vielmehr durch Mieter oder Vermieter durch einseitige, empfangsbedürftige Erklärung in Textform (§ 126 b) geltend gemacht werden.

6 **2. Inhalt.** Die Erklärung muss gem § 557 b III 2 die Änderung des Preisindexes **und** die jeweilige Miete oder die Erhöhung in einem Geldbetrag angeben (*Weitemeyer* NZM 01, 563, 567; *Langenberg* WuM 01, 523, 524). Bei mehreren Mietern oder Vermietern ist die Erklärung von allen bzw ggü allen abzugeben (*Wieser* MDR 01, 977, 980). Die Parteien sind bei Änderung des Preisindexes nicht gezwungen, eine Erklärung abzugeben. Hat es der Vermieter über einen Zeitraum von fast vier Jahren unterlassen, eine indexbedingte Mieterhöhung geltend zu machen, kann der Erhöhungsanspruch verwirkt sein (Ddorf ZMR 02, 34, 35).

3. Stillhaltefrist. Die Erklärung wirkt gem § 557 b II 1 frühestens mit Wirkung zum Ablauf der einjährigen 7
Stillhaltefrist. Sie kann hM nach aber bereits vor Ablauf abgegeben werden. Maßgebend ist nicht der Zeitpunkt ihres Zugangs, sondern der Wirkungszeitpunkt (*Bub* NJW 93, 2900; aA *Blank* WuM 93, 510). Die Stillhaltefrist selbst berechnet sich ab dem Beginn des Mietverhältnisses oder ab dem Zeitpunkt der Wirkung der letzten Mieterhöhung.

4. Wirkung. Die geänderte Miete ist nach § 557 b III 3 mit Beginn des übernächsten Monats nach dem 8
Zugang der Erklärung zu entrichten.

II. Andere Mietänderungen. Neben einer Indexvereinbarung sind gem § 557 b II 2 **ausschl** Betriebskosten- 9
erhöhungen nach § 560 sowie Mieterhöhungen nach § 559 I Alt 4 wegen solcher baulicher Veränderungen
zulässig, die der Vermieter nicht zu vertreten hat. In Betracht kommen insoweit zB Maßnahmen auf Grund
der EnEV.

Zahlt der Mieter eine erhöhte Miete nicht freiwillig, muss der Vermieter klagen. Im Prozess muss der, der 10
eine Mietänderung behauptet (das kann bei einer Senkung auch der Mieter sein), sowohl die Indexmietvereinbarung als auch die Indexveränderung und die sonstigen Veränderungsvoraussetzungen darlegen und
beweisen.

D. Abdingbarkeit. Die Vorschrift ist nicht zum Nachteil des Mieters abdingbar, § 557 b IV. Eine Indexmiete 11
kann daher zB nicht mehr an einen anderen Preisindex gekoppelt werden. Ferner wäre eine Vereinbarung nichtig, die die Miete nur an Erhöhungen des Preisindexes bindet, Senkungen aber aussparen will, oder eine solche,
die die Miete an einen bestimmten, abstrakten Wert über dem Preisindex koppelt (*Grothe* NZM 02, 54).

§ 558 Mieterhöhung bis zur ortsüblichen Vergleichsmiete

(1) ¹Der Vermieter kann die Zustimmung zu einer Erhöhung der Miete bis zur ortsüblichen Vergleichsmiete verlangen, wenn die Miete in dem Zeitpunkt, zu dem die Erhöhung eintreten soll, seit 15 Monaten unverändert ist. ²Das Mieterhöhungsverlangen kann frühestens ein Jahr nach der letzten Mieterhöhung geltend gemacht werden. ³Erhöhungen nach den §§ 559 bis 560 werden nicht berücksichtigt.
(2) ¹Die ortsübliche Vergleichsmiete wird gebildet aus den üblichen Entgelten, die in der Gemeinde oder einer vergleichbaren Gemeinde für Wohnraum vergleichbarer Art, Größe, Ausstattung, Beschaffenheit und Lage in den letzten vier Jahren vereinbart oder, von Erhöhungen nach § 560 abgesehen, geändert worden sind. ²Ausgenommen ist Wohnraum, bei dem die Miethöhe durch Gesetz oder im Zusammenhang mit einer Förderzusage festgelegt worden ist.
(3) Bei Erhöhungen nach Absatz 1 darf sich die Miete innerhalb von drei Jahren, von Erhöhungen nach den §§ 559 bis 560 abgesehen, nicht um mehr als 20 vom Hundert erhöhen (Kappungsgrenze).
(4) ¹Die Kappungsgrenze gilt nicht,
1. wenn eine Verpflichtung des Mieters zur Ausgleichszahlung nach den Vorschriften über den Abbau der Fehlsubventionierung im Wohnungswesen wegen des Wegfalls der öffentlichen Bindung erloschen ist und
2. soweit die Erhöhung den Betrag der zuletzt zu entrichtenden Ausgleichszahlung nicht übersteigt.

²Der Vermieter kann vom Mieter frühestens vier Monate vor dem Wegfall der öffentlichen Bindung verlangen, ihm innerhalb eines Monats über die Verpflichtung zur Ausgleichszahlung und über deren Höhe Auskunft zu erteilen. ³Satz 1 gilt entsprechend, wenn die Verpflichtung des Mieters zur Leistung einer Ausgleichszahlung nach den §§ 34 bis 37 des Wohnraumförderungsgesetzes und den hierzu ergangenen landesrechtlichen Vorschriften wegen Wegfalls der Mietbindung erloschen ist.
(5) Von dem Jahresbetrag, der sich bei einer Erhöhung auf die ortsübliche Vergleichsmiete ergäbe, sind Drittmittel im Sinne des § 559 a abzuziehen, im Falle des § 559 a Abs. 1 mit 11 vom Hundert des Zuschusses.
(6) Eine zum Nachteil des Mieters abweichende Vereinbarung ist unwirksam.

A. Allgemeines. I. Zweck. Nach Art 14 GG muss der Gesetzgeber sicherstellen, dass der Vermieter sein 1
Eigentum wirtschaftlich verwerten und also ua die Miete erhöhen kann. Eine Mieterhöhung auch gegen den
Willen des Mieters ist **verfassungsrechtlich** geboten (BVerfG ZMR 80, 202). Das Gesetz verbietet in § 573 I 2
zwar eine Änderungskündigung, ermöglicht aber als Korrelat **gesetzlich gebundene Mieterhöhungen**. Um
Mieter nicht über Gebühr zu belasten, ist das Erhöhungsrecht des Vermieters allerdings gleich **zweifach gefesselt**: die Miete darf nach § 558 I nur bis zur ortsüblichen Vergleichsmiete (Rn 7) erhöht werden. Außerdem
darf eine Erhöhung nicht die Kappungsgrenze (Rn 17) überschreiten. Etwas anderes gilt nur dann, wenn die
Vermietung auch bei voller Ausschöpfung des gesetzlich vorgesehenen Mieterhöhungsrechts zu Verlusten
führen würde (BVerfGE 71, 239, 259; BGH ZMR 05, 184, 186). In diesem Falle kann der Vermieter auch jenseits von § 558 eine Anpassung nach § 313 verlangen. § 558 ist zum Nachteil des Mieters unabdingbar.

2 **II. Anwendbarkeit.** Zu Anwendungsbereich und Grenzen s § 557 Rn 3 f. Eine Erhöhung nach § 558 ist bei einer Staffel- oder Indexmiete gem §§ 557a II 2, 557 b II 3 unzulässig; Erhöhungen nach §§ 559 (Rn 23) und 560 sind möglich. Die Erhöhung einer Teilinklusivmiete wegen gestiegener Betriebskosten ist **nur** nach § 558 möglich (BGH ZMR 04, 341). Ist ein Mieterhöhungsverlangen vor dem 1. 9. 01 zugegangen, gilt noch § 2 MHG (Art 229 § 3 I Nr 2 EGBGB). Eine Mieterhöhung ist unzulässig, wenn die Parteien diese ausdrücklich oder konkludent ausgeschlossen haben (§ 557 Rn 10 ff).

3 **B. Voraussetzungen.** Das Gesetz nennt in § 558 **drei materielle Voraussetzungen**, unter denen dem Vermieter ggü dem Mieter ein Anspruch auf Zustimmung zur Erhöhung der Miete bis zur **ortsüblichen Vergleichsmiete** zusteht. Die Miete muss mindestens fünfzehn Monate unverändert geblieben sein, die verlangte Miete darf die ortsübliche Vergleichsmiete nicht übersteigen und die Miete darf innerhalb von drei Jahren nicht mehr als 20 % steigen. Miete iSd § 558 ist dabei als vom Mieter zu zahlender Betrag **ohne** zusätzlich vereinbarte Betriebskostenvorauszahlungen zu verstehen (BGH ZMR 04, 327). Die zu erhöhende Miete kann daher eine Netto-, eine Brutto- oder eine (Teil-)Inklusivmiete sein.

4 **C. Fristen. I. Allgemeines.** § 558 I 2 stellt klar, dass Mieterhöhungsverlangen bereits **ein Jahr** nach der letzten Mieterhöhung geltend gemacht werden können (**Sperrfrist**). Der Vermieter hat seinen nicht abtretbaren Anspruch auf Zustimmung zu einer Mieterhöhung bis zur Höhe der ortsüblichen Vergleichsmiete (Rn 7) aber erst, wenn diese zum Erhöhungszeitpunkt seit 15 Monaten unverändert ist (**Wartefrist**). Divergenzen zwischen beiden Fristen können auftreten, wenn die Miete nicht zu Beginn des Monats zu zahlen ist (Schmidt-Futterer/*Börstinghaus* Rn 14). Für den Beginn der Sperrfrist ist die letzte Mietvereinbarung maßgeblich (BayObLG NJW-RR 89, 1172). Tritt ein neuer oder ein weiterer Mieter in den Mietvertrag, beginnt die Frist neu zu laufen (LG Berlin GE 97, 185; *Hinz* NZM 04, 681, 682). Etwas anderes gilt im Falle der Gesamtrechtsfolge. Die Sperrfrist wird auch durch eine **Teilzustimmung** ausgelöst (LG Mannheim ZMR 94, 516), wenn die Miete tatsächlich vertraglich geändert wurde (LG Berlin WuM 97, 51). Stimmt der Mieter einem formell unwirksamen Mieterhöhungsverlangen teilweise zu, ist dies gem § 150 II als Ablehnung verbunden mit einem neuen Angebot zu bewerten. Die Jahressperrfrist wird also noch nicht ausgelöst (*Kinne* ZMR 01, 775, 777). Etwas anderes gilt, wenn der Vermieter das Angebot annimmt (LG Mannheim ZMR 94, 516, 517; Schmidt-Futterer/*Börstinghaus* Rn 34). Eine Mietsenkung löst die Jahressperrfrist nicht aus (AG Mitte MM 04, 126). Die Frist ist vom **Zugang** des Mieterhöhungsverlangens an rückwärts nach Maßgabe der §§ 188 I, II, 187 I, II und 193 zu berechnen (Oldbg WuM 82, 105).

5 **II. Erhöhungen nach §§ 559, 560.** Die Jahressperrfrist wird **nicht** durch Mieterhöhungen nach einer Modernisierung (§ 559) oder wegen Veränderungen von Betriebskosten (§ 560) ausgelöst. Dies gilt auch dann, wenn die Vertragsparteien die Miete einvernehmlich aus Anlass einer Betriebskostenerhöhung oder einer Modernisierung geändert haben (BGH WuM 04, 344).

6 **III. Verstoß.** Ein Erhöhungsverlangen, dass dem Mieter vor Ablauf der Sperrfrist zugeht, ist unwirksam (BGH ZMR 93, 453, 454), kann jedoch nach Ablauf gem § 558 b III 1 analog geheilt werden. Nichtigkeit ist ferner anzunehmen, wenn der Wirkungszeitpunkt im Erhöhungsverlangen (§ 558 I 1) falsch angegeben ist, str.

7 **D. Ortsübliche Vergleichsmiete.** § 558 II definiert den Begriff der **ortsüblichen Vergleichsmiete** (s dazu *Thomma* WuM 05, 496). Diese stellt die absolute Obergrenze für eine Mieterhöhung nach § 558 dar und entspricht den tatsächlich und üblicherweise gezahlten Mieten für vergleichbare Wohnungen. Besonders hohe oder niedrige Mieten sind unüblich (BVerfGE 53, 358). Die **Vergleichsmiete** ist kein genau bestimmter Betrag, sondern eine **Spanne** (BGH GE 05, 984; 05, 663; LG München I WuM 00, 361). Die bisherige Miete muss nicht **unterhalb** der Spanne liegen (BGH GE 05, 984). Wohnungen sind vergleichbar, wenn sie in **wesentlichen** Punkten übereinstimmen (AG Mainz WuM 72, 197); sie müssen also nur **ungefähr** vergleichbar sein (LG Berlin GE 04, 1396). Dabei genügt eine überwiegende Identität (Hburg MDR 74, 585). Mieten von Einfamilienhäusern sind zB mit denen von Wohnungen im Geschossbau nicht vergleichbar (AG Spandau MM 97, 242). Der Vermieter einer Doppelhaushälfte kann zur Begründung hingegen auf Entgelte für Einfamilienhäuser Bezug nehmen (LG Berlin GE 04, 1396). Existiert ein Mietspiegel nur für Etagenwohnungen, kann der Vermieter in freiwilliger Selbstbeschränkung dessen Werte als **Mindestmiete** für Ein- und Zweifamilienhäusern heranziehen (LG Hamburg ZMR 03, 492; LG Mönchengladbach ZMR 97, 600; aA LG Hamburg WuM 02, 698; AG Spandau MM 97, 242), jedenfalls dann, wenn der Oberwert des einschlägigen Rasterfeldes nicht überschritten wird (LG Hamburg ZMR 03, 491).

8 **I. Merkmale.** Die Vergleichbarkeit der Wohnungen richtet sich nach dem in § 558 II 1 abschließend aufgezählten **fünf wohnwertbildenden Merkmalen**. Weitere Merkmale sind unbeachtlich (Hamm WuM 83, 108; LG Aachen MDR 83, 492).

9 **1. Art.** Das Merkmal der **Art** bezieht sich auf die **Struktur** des Hauses (zB Einfamilien-, Doppel-, Reihen- oder Mehrfamilienhäuser) und die der Wohnung (etwa Maisonette- oder Dachgeschosswohnung).

2. Größe. Die Größe richtet sich nach der Fläche der Wohnung. Die mietvertraglich vereinbarte Wohnfläche ist nicht ausschlaggebend (LG Berlin GE 05, 619; WuM 04, 613). Für ein Erhöhungsverlangen und für die Vergleichbarkeit ist die tatsächliche, **geringere** oder **höhere Größe** einer Wohnung maßgeblich. Es gilt nicht die Abweichungsrechtsprechung (s BGH ZMR 04, 740). Für das Mieterhöhungsbegehren sind also zunächst anrechenbare Wohnflächen zu ermitteln (LG Berlin WuM 04, 613). Die Ermittlung kann nach der DIN 283, §§ 42–44 der II. BV oder nach der WoFlV erfolgen. Die Parteien können auch eine Vereinbarung über die Wohnfläche treffen (BGH ZMR 04, 501; LG Berlin GE 05, 619). **Unterschreitet** die vereinbarte Fläche die tatsächliche Fläche, ist dann aber auf die vereinbarte Fläche abzustellen (LG Berlin WuM 04, 613; LG Zweibrücken NZM 99, 71). 10

3. Ausstattung. Unter **Ausstattung** wird alles verstanden, was der Vermieter dem Mieter zur ständigen Nutzung zur Verfügung gestellt hat und für das der Mieter keine besondere Vergütung zu zahlen hat (Schmidt-Futterer/*Börstinghaus* Rn 75). Hierzu gehören zB Ein- und Vorrichtungen, An- und Einbauten, die Heizungsart, sanitäre Einrichtungen, Fußböden oder Nutzung von Garten, Terrasse oder Fahrradkeller. Vom Mieter auf seine Kosten vorgenommene Wohnwertverbesserungen bleiben **unberücksichtigt** (BayObLG NJW 81, 2259; LG Baden-Baden WuM 93, 358; str), selbst wenn der Vermieter die Kosten erstattet (AG Gelsenkirchen ZMR 87, 340; aA *Olivet* ZMR 79, 321). 11

4. Beschaffenheit und Lage. Unter **Beschaffenheit** sind Zuschnitt (etwa Bauweise und Raumaufteilung) und Zustand (zB Baualter, str, oder Instandhaltungsgrad) zu verstehen. Modernisierte Altbauten sind grds mit dem Jahr der ersten Bezugsfertigkeit anzusetzen. Sie können in eine andere Baualtersklasse eingestuft werden, wenn in Anlehnung an § 17 II WoBauG wesentlicher Bauaufwand betrieben wurde und die Wohnung durch die Modernisierung das Gepräge einer Neubauwohnung erhalten hat. Wesentlicher Bauaufwand wurde betrieben, wenn dieser ca 1/3 des für eine Neubauwohnung erforderlichen Aufwandes erreicht. Bei der Bestimmung des Instandhaltungsgrades sind **behebbare** Mängel nicht zu berücksichtigen (Stuttg NJW 81, 2365; LG Saarbrücken WuM 89, 578). Als **Lage** sind etwa die Lage in einem bestimmten Stadt- oder Ortsteil, in dem konkreten (str) Haus (zB Dach- oder Erdgeschoss), aber auch Verkehrslärm, Umweltbeeinträchtigungen oder die Umgebung zu berücksichtigen. 12

II. Gemeinde. Anhand der Wohnwertmerkmale bestimmte Vergleichswohnungen müssen sich in derselben oder in einer vergleichbaren Gemeinde befinden (Stuttg NJW 82, 945, 946 = ZMR 82, 215). Sonder- oder Teilmärkte (etwa für Studentenwohnungen oder für Wohnungen für Ausländer) sind nicht anzuerkennen. Der zu vergleichende Wohnraum kann auch von demselben Vermieter stammen (BVerfG ZMR 93, 362) oder im selben Haus liegen (Frankf WuM 84, 123) oder vom selben Mieter bewohnt werden (Karlsr WuM 84, 123). 13

III. Zeitraum. Als Vergleichsmieten können nur solche Entgelte genutzt werden, die in den letzten vier Jahren vereinbart oder von Erhöhungen nach § 560 abgesehen geändert worden sind. 14

IV. Ausgenommener Wohnraum. Bei Ermittlung der ortsüblichen Vergleichsmiete können außerdem nur Wohnungen herangezogen werden, deren Miete frei vereinbar ist, § 558 II 2. Ausgenommen ist ferner Wohnraum, bei dem die Miethöhe durch Gesetz oder im Zusammenhang mit einer Förderzusage festgelegt worden ist. Hierzu ist nach § 558 II 2 neben dem ersten und zweiten Förderweg auch sozialer Wohnungsbau des dritten Förderweges zu zählen, da seine Miete üblicherweise iRe Förderzusage unterhalb der Marktmiete festgelegt wird. 15

V. Berechnung. Die mit der Erhöhung verlangte Miete ist der gem § 558 II, III zu errechnenden ortsüblichen Vergleichsmiete ggü zu stellen. Maßgebender Zeitpunkt ist der Zugang des Verlangens, nicht das Wirksamwerden nach § 558 b I (BayObLG ZMR 93, 11, 12). 16

E. Kappungsgrenze. Der Vermieter kann eine Miete nicht bereits dann erhöhen, wenn die ortsübliche Vergleichsmiete höher ist, als die Vertragsmiete. Die von ihm verlangte Miete darf auch nicht die von Verfassung wegen nicht zu beanstandende (BVerfGE 71, 239, 259; BGH ZMR 05, 184, 186) **Kappungsgrenze** überschreiten. Begriff und Höhe sind in § 558 III geregelt. Ihr Sinn besteht darin, zum Schutz der Mieter einen zu raschen Anstieg solcher Mieten zu vermeiden, die bislang erheblich unter der ortsüblichen Vergleichsmiete lagen. Die Kappungsgrenze gilt für Mieterhöhungen nach § 558, auch beim Übergang vom preisgebundenen zum preisfreien Wohnraum (BGH WuM 04, 345, 348), nicht aber für Nutzungsentschädigungen nach § 546 a I und für Untermietzuschläge nach § 553 II. Gem § 558 III sind ferner Mieterhöhungen nach den §§ 559–560 ausgenommen. 17

I. Berechnung. 1. Mietbegriff. Der Berechnung der Kappungsgrenze ist § 558 III nicht die zuletzt geschuldete aktuelle Miete, sondern die drei Jahre **vor Wirksamwerden des Erhöhungsverlangens** (§ 558 b I) geltende Ausgangsmiete zu Grunde zu legen (BGH WuM 04, 348; Celle NJW-RR 96, 331). Der Begriff Miete ist entspr dem allgemeinen Sprachgebrauch als vom Mieter zu zahlender Betrag ohne zusätzlich vereinbarte Betriebskostenvorauszahlungen zu verstehen. Eine Inklusivmiete ist nicht in eine Grundmiete und einen Betriebskostenanteil aufzuteilen (BGH ZMR 04, 327). Trägt ein Erhöhungsverlangen der **vereinbarten Mietstruktur** keine Rechnung, ist es unwirksam (LG Köln WuM 92, 255). 18

19 **2. Mieterhöhungen.** Mieterhöhungen wegen gestiegener Kapitalkosten sind in die Kappungsgrenze miteinzuberechnen (BGH WuM 04, 348). Erhöhungen nach §§ 559, 560 bleiben hingegen gem § 558 III unberücksichtigt, sofern sie nicht älter als drei Jahre sind (LG Berlin ZMR 98, 348). Dazu sind die Kosten zunächst auszuklammern und nach Feststellung der Kappungsgrenze wieder hinzurechnen (Hamm ZMR 93, 161). Ausgeklammert bleiben auch solche Mieterhöhungen, die auf den in §§ 559, 560 genannten Gründen beruhen, jedoch nicht in dem dort vorgesehenen einseitigen Verfahren vom Vermieter geltend gemacht, sondern **einvernehmlich** von den Parteien vereinbart worden sind (BGH ZMR 04, 503).

20 **II. Ausnahmen.** § 558 IV enthält eine Ausnahme beim Übergang vom preisgebundenen zum preisfreien Wohnungsbau. Die Kappungsgrenze gilt nicht, wenn die Verpflichtung des Mieters zur Zahlung einer Fehlbelegungsabgabe nach den Vorschriften über den Abbau von Fehlbelegungen im Wohnungswesen mit der Aufhebung der Preisbindung wegfällt und die Mieterhöhung den Betrag der zuletzt zu zahlenden Abgabe **nicht** übersteigt. Oberste Grenze bildet auch hier die ortsübliche Vergleichsmiete. Die Regelung ist mit Wirkung ab 1.1.02 auf den Fall erstreckt worden, dass Mieter wegen des Wegfalls der Mietminderung von der Pflicht zur Leistung einer Ausgleichszahlung gem §§ 34–37 WoFG befreit sind.

21 Hat der Vermieter keine Kenntnis von der Höhe der zu zahlenden Abgabe, steht ihm ein Auskunftsanspruch zu; er kann vom Mieter frühestens vier Monate vor Wegfall der Bindung verlangen, innerhalb eines Monats über die Verpflichtung zur Ausgleichszahlung und über deren Höhe Auskunft zu erteilen. Die Verpflichtung des Mieters erstreckt sich auf die Auskunft. Belege muss er nicht vorlegen. Sofern dem Vermieter durch die unvollständige, falsche oder verspätete Auskunft ein Schaden entsteht, muss der Mieter diesen Schaden gem §§ 241 II, 280 I 1 ersetzen (*Kinne* ZMR 01, 775, 779). Kommt der Mieter seiner Auskunftspflicht nicht nach, kann auf Auskunft geklagt werden. **Alternativ** kann der Vermieter die Zahlung der höchstmöglichen Abgabe unterstellen (LG Köln ZMR 98, 783; aA *Börstinghaus* WuM 94, 417, 418).

22 **III. Verstoß.** Die Kappungsgrenze ist eine bloße Begründetheitsvoraussetzung für ein Erhöhungsverlangen (Celle ZMR 96, 194, 196). Im Streitfall ist sie als negative Voraussetzung ggf nachzuweisen. Wird die Kappungsgrenze überschritten, ist nicht das gesamte Mieterhöhungsverlangen unwirksam (Celle ZMR 96, 194, 196). Nur der die Kappungsgrenze übersteigende Betrag kann nicht verlangt werden.

23 **F. Drittmittel.** § 558 V bestimmt auch für die Erhöhung nach § 558 (gemeint ist der gesamte Jahresbetrag der ortsüblichen Vergleichsmiete) die **Anrechnung** von Drittmitteln (*Sadowski* GE 99, 1102). Wenn der Vermieter eine Modernisierung iSv § 559 vorgenommen hat, kann er nämlich **wählen** (*Heilmann* GE 05, 42, 43). Er kann die Miete durch einseitige Erklärung nach §§ 559, 559b oder nach § 558 auf Grundlage des modernisierten Zustandes erhöhen. In beiden Fällen sind zum Schutz des Mieters Drittmittel iSv § 559a (§ 559a Rn 2) zu berücksichtigen. Drittmittel sind nur dann nicht mehr abzuziehen, wenn der Förderzeitraum beendet ist. Bei unbegrenzter Laufzeit sind sie 12 Jahre anzurechnen (BGH ZMR 04, 421; 04, 655). Die Anrechnungspflicht trifft den Erwerber iSv § 566 (KG ZMR 00, 757). Drittmittel sind auch dann zu berücksichtigen, wenn es sich um Vermietung einer **bereits** modernisierten Wohnung handelt (KG GE 02, 259; LG Berlin GE 04, 298). Ihre Angabe ist entbehrlich, wenn ein Abzug keine Auswirkungen auf die verlangte Miete hat (LG Berlin GE 04, 298; str). Veräußert der Eigentümer die Mietwohnung, ohne die ggü einer Förderstelle eingegangene Verpflichtung dem Erwerber aufzuerlegen, ist der Erwerber an die sich aus der Fördermaßnahme ergebende Mieterhöhungsbegrenzung gebunden (aA BGH ZMR 98, 83).

24 Fehlt ein Abzug, ist das Mieterhöhungsverlangen unwirksam (LG Berlin GE 04, 297).

§ 558a Form und Begründung der Mieterhöhung

(1) Das Mieterhöhungsverlangen nach § 558 ist dem Mieter in Textform zu erklären und zu begründen.
(2) Zur Begründung kann insbesondere Bezug genommen werden auf
1. einen Mietspiegel (§§ 558c, 558d),
2. eine Auskunft aus einer Mietdatenbank (§ 558e),
3. ein mit Gründen versehenes Gutachten eines öffentlich bestellten und vereidigten Sachverständigen,
4. entsprechende Entgelte für einzelne vergleichbare Wohnungen; hierbei genügt die Benennung von drei Wohnungen.

(3) Enthält ein qualifizierter Mietspiegel (§ 558d Abs. 1), bei dem die Vorschrift des § 558d Abs. 2 eingehalten ist, Angaben für die Wohnung, so hat der Vermieter in seinem Mieterhöhungsverlangen diese Angaben auch dann mitzuteilen, wenn er die Mieterhöhung auf ein anderes Begründungsmittel nach Absatz 2 stützt.
(4) ¹Bei der Bezugnahme auf einen Mietspiegel, der Spannen enthält, reicht es aus, wenn die verlangte Miete innerhalb der Spanne liegt. ²Ist in dem Zeitpunkt, in dem der Vermieter seine Erklärung abgibt, kein Mietspiegel vorhanden, bei dem § 558c Abs. 3 oder § 558d Abs. 2 eingehalten ist, so kann auch ein anderer, insbesondere ein veralteter Mietspiegel oder ein Mietspiegel einer vergleichbaren Gemeinde verwendet werden.
(5) Eine zum Nachteil des Mieters abweichende Vereinbarung ist unwirksam.

A. Allgemeines. Inhalt des zum Nachteil des Mieters nicht abdingbaren § 558 a sind die **formalen Voraussetzungen** für ein Mieterhöhungsverlangen. Ist ein Mieterhöhungsverlangen vor dem 1. 9. 01 zugegangen, gilt noch § 2 MHG (Art 229 § 3 I Nr 2 EGBGB).

B. Erhöhungsverlangen. I. Allgemeines. Ein jederzeit zurücknehmbares, aber wirksam nicht vor Ablauf der Sperrfrist (§ 558 Rn 4) zu stellendes Mieterhöhungsverlangen ist eine einseitige **empfangsbedürftige** Willenserklärung des Vermieters auf Zustimmung zur Erhöhung der Miete. Das Mieterhöhungsverlangen ist ein an den Mieter gerichteter Antrag für eine Vertragsänderung iSv § 311 I (BayObLG NJW-RR 89, 1172). Es muss die **Aufforderung** enthalten, der Vertragsänderung zuzustimmen. Mit Zustimmung (§ 558 b Rn 3) wird der Mietvertrag teilweise (in Bezug auf die Höhe der geschuldeten Miete) geändert. Ein Mieterhöhungsverlangen kann auch in einem Schriftsatz enthalten sein. Eine Prozesserklärung muss aber eindeutig erkennen lassen, dass nicht nur eine Verfahrenshandlung erfolgt, sondern ggü dem beklagten Mieter eine materielle Mieterhöhungserklärung abgegeben wird. Das Verlangen hat eine **zweifache Bedeutung**: Mit seinem Zugang werden Überlegungs- (§ 558 b I) und Klagefrist (§ 558 b II 2) in Lauf gesetzt.

II. Inhalt. Das grds bedingungsfeindliche (LG Hamburg ZMR 05, 367, 368) Mieterhöhungsverlangen bezweckt ua, dem Mieter die Überprüfung der begehrten Mieterhöhung zu ermöglichen. Es muss deshalb die erhöhte Miete **in einem Betrag** (nicht den Erhöhungsbetrag) ausweisen (KG ZMR 97, 638, 640) und in sich widerspruchsfrei sein (BGH ZMR 04, 655). Es muss ferner so formuliert sein, dass der Mieter nur „ja" sagen muss (AG Pinneberg ZMR 04, 277). Eine Erklärung über Jahressperrfrist, Kappungsgrenze, den Zeitpunkt des Eintritts der Mieterhöhung nach § 558 b I oder der Überlegungsfrist ist **nicht** notwendig. Soweit Kürzungen nach § 558 V vorzunehmen sind, muss der Vermieter diese aber nachvollziehbar darlegen (BGH ZMR 04, 421, 422; 04, 655). Anderenfalls ist das Verlangen unwirksam.

III. Erklärung des Vermieters ggü dem Mieter. Der Erklärende muss Vermieter sein oder die Erklärung muss dem Vermieter zurechenbar sein (KG MDR 98, 529; LG Berlin GE 99, 777; ZMR 97, 358). Wird nicht **deutlich**, wer Vermieter ist, ist das Mieterhöhungsverlangen unwirksam (AG Charlottenburg GE 06, 61). Sind mehrere Personen Vermieter, müssen **alle** Personen die Erklärung abgeben (*Nies* NZM 98, 221, 222). Die Erklärung nur eines von mehreren Vermietern ist unwirksam und kann nicht geheilt werden (AG Stuttgart WuM 73, 105). Die Angabe weiterer Erklärender, die nicht Vermieter sind, macht ein Erhöhungsverlangen unwirksam (LG Berlin ZMR 99, 822). Erwirbt jemand eine Wohnung, kann er ein Mieterhöhungsverlangen erst abgeben, wenn er im Grundbuch eingetragen ist. Der Veräußerer kann hM nach den Erwerber aber ermächtigen, eine Mieterhöhung im eigenen Namen durchzuführen (LG Berlin GE 04, 483; *Kinne* ZMR 01, 775, 780). Erklärt noch der frühere Vermieter das Erhöhungsverlangen, wirkt es zu Gunsten des Erwerbers fort (LG Kassel WuM 96, 417).

Der Zustimmungsanspruch ist ggü **allen Mietern** geltend zu machen (BGH ZMR 04, 492). Bei mehrere Mietern sind wegen der Einheitlichkeit des Mietverhältnisses (und weil alle Mitmieter gemeinschaftlich die Mieterseite des bestehenden Mietverhältnisses bilden) ggü den Mietern abzugebende Erklärungen grds an alle Mitmieter zu richten und müssen allen zugehen (BGH ZMR 04, 492). Nur im Einzelfall kann die Zustimmung zB eines aus der Wohnung ausgezogenen Ehegatten nach Treu und Glauben (§ 242) entbehrlich sein. Die formularmäßige Klausel, dass eine Erhöhungserklärung, die ggü einem Mieter abgegeben wird, auch ggü den anderen wirksam ist (**Empfangsvollmacht**), ist zwar zulässig, wenn sie widerruflich ist (BGH ZMR 98, 17; für Eheleute s KG WuM 85, 12). Die Erklärung muss aber gleichwohl an alle Mieter adressiert sein. Eine Erhöhungserklärung kann auch von einem Vertreter abgegeben werden. Aus der Erklärung muss dann hervorgehen, dass sie in fremdem Namen abgegeben wird (LG Köln WuM 01, 287, 288). Eine verdeckte Stellvertretung ist unzulässig. Der Bevollmächtigte muss seine Vollmacht durch Vorlage einer Original-Vollmachtsurkunde nachweisen. Legt er sie nicht vor und weist der Mieter aus diesem Grunde das Erhöhungsbegehren unverzüglich zurück, ist die Erklärung nach § 174 S 1 unwirksam. Eine Zurückweisung ist gem § 174 S 2 ausgeschlossen, wenn der Mieter auf andere Weise, zB durch den Mietvertrag, von der Bevollmächtigung weiß.

IV. Textform. Das Mieterhöhungsverlangen ist nach § 558 a I in **Textform** (§ 126 b) zu erklären (dazu *Hinz* NZM 04, 681, 683). Dies gilt auch dann, wenn im Vertrag formularmäßig die Schriftform für Vertragsänderungen vereinbart ist (LG Berlin GE 05, 1431, 1432). Ein der Schriftform des § 126 entspr Erhöhungsverlangen wahrt die Textform. Nach dem Gesetz muss die Begründung, nicht aber etwaige Anlagen der Textform genügen (LG Potsdam WuM 04, 671). Bei langfristigen Zeitmietverträgen erstreckt sich die Schriftform des § 126 auch auf das Mieterhöhungsverlangen. Wird diese Form nicht gewahrt und das Verlangen nur in Textform erklärt, soll das Verlangen zwar wirksam, ein Zeitmietvertrag gem § 575 selbst aber fortan als Mietvertrag auf **unbestimmte** Zeit iSv § 550 gelten (LG Gießen ZMR 02, 272, 273; AnwK/*Riecke* § 550 Rn 39). Nach Sinn und Zweck des § 550, der einen potenziellen Grundstückserwerber iSv § 566 davor schützen soll, beim Eintritt in einen ihm nicht bekannten Vertrag an dessen Bedingungen länger als ein Jahr gebunden zu sein (BGH ZMR 05, 534, 535; NJW 54, 71), ist dies abzulehnen.

8 **C. Begründung.** Erhöhungsverlangen sind nachvollziehbar und verständlich zu **begründen.** Der Vermieter muss dem Mieter eröffnen, wie er die ortsübliche Vergleichsmiete im konkreten Fall berechnet hat (BVerfG NJW 87, 313). Die Begründung soll dem Mieter konkrete Hinweise auf die sachliche Berechtigung des Erhöhungsverlangens geben, damit er während des Laufs der **Zustimmungsfrist** nach § 558 b I (§ 558 b Rn 2) die Berechtigung der Mieterhöhung überprüfen und sich darüber schlüssig werden kann, ob er dem Erhöhungsverlangen zustimmt oder nicht (BGH ZMR 03, 406; LG Berlin GE 05, 307, 309). An die Begründung eines Mieterhöhungsverlangens dürfen aber keine Anforderungen gestellt werden, durch die die mit dem Mieterhöhungsverfahren verbundenen Schwierigkeiten einseitig zu Lasten des Vermieters gehen (BVerfG ZMR 93, 558). Stützt der Vermieter sein Verlangen auf einen **Mietspiegel,** muss er zur Begründung die vermietete Wohnung zutreffend in die entspr Kategorie des Mietspiegels (Mietspiegelfeld) einordnen, die dort vorgesehene Mietspanne richtig angeben und die erhöhte Miete angeben (BGH ZMR 04, 325; LG Köln WuM 94, 691). Eine falsche Angabe ist nur dann unschädlich, wenn der Mieter den Mangel unschwer erkennen und beheben kann (LG Berlin GE 05, 307, 309). Liegt die verlangte Miete oberhalb der im Mietspiegel ausgewiesenen Mietspanne, ist das Erhöhungsverlangen nur wegen des **Mehrbetrags** unbegründet (BGH ZMR 04, 325). Wegen der mitzuteilenden Angaben eines qualifizierten Mietspiegels s Rn 18.

9 Zur Begründung eines Erhöhungsverlangens kann ua auf eines der **vier** im Gesetz beispielhaft genannten **Begründungsmittel** Bezug genommen werden.

10 **I. Mietspiegel.** § 558 II Nr 1 nennt an erster Stelle zu Recht den (einfachen oder qualifizierten) Mietspiegel. Der Vorzug eines Mietspiegels als Begründungsmittel besteht vor allem darin, dass ordnungsgemäß aufgestellte Mietspiegel idR auf einer erheblich breiteren Tatsachenbasis beruhen, als sie ein gerichtlich bestellter Sachverständiger mit einem Kosten- und Zeitaufwand ermitteln könnte, der zum Streitwert des gerichtlichen Verfahrens in einem angemessenen Verhältnis stünde (AG Dortmund ZMR 03, 194). Die inhaltlichen Anforderungen an Mietspiegel regelt das Gesetz in §§ 558 c, 558 d. Soweit der Vermieter auf einen Mietspiegel Bezug nimmt, der den gesetzlichen Anforderungen entspricht, ist es unbeachtlich, ob die Tabellenwerte tatsächlich richtig sind, wie fachgerecht die statistische Auswertung erfolgte oder ob genügend Vergleichsmaterial vorlag.

11 Sofern ein Mietspiegel Mietspannen enthält, genügt es nach § 558 b IV 1, dass die verlangte Miete innerhalb der Spanne liegt (BGH GE 05, 984; 05, 663; ZMR 04, 325). Die **genaue** Miethöhe ist dann im Verfahren nach § 287 II ZPO zu **schätzen** (BGH GE 05, 663). Wird die Spanne durch das Mieterhöhungsverlangen überschritten, ist das Mieterhöhungsverlangen **nicht** unwirksam; es wird jedoch insoweit beschränkt, als es über den im Mietenspiegel ausgewiesenen Höchstbetrag hinausgeht (BGH ZMR 04, 325). Die Bezugnahme auf die entspr Mietwerttabelle des Mietspiegels kann genügen, wenn der Mieter die Einstufung seiner Wohnung erkennen kann. Der Vermieter muss danach dem Mieter alle Werte der Spanne angeben oder den Mietspiegel seinem Verlangen beifügen (LG Berlin GE 05, 1062, 1063). Wird das falsche Rasterfeld angegeben, ist das Verlangen formell unwirksam (LG Berlin GE 05, 1063). Der Vermieter darf bei der Einordnung für besondere Merkmale seiner Wohnung grds **keine Zuschläge** erheben. Etwas anderes gilt zB, wenn der Vermieter entgegen der üblichen Vertragsgestaltung die Kosten für die Schönheitsreparaturen übernommen hat (Frankf NZM 01, 418, 419; LG Hamburg ZMR 03, 491, 492), wenn die Wohnung teilgewerblich genutzt wird (LG Berlin ZMR 98, 165, 166) oder der Mietspiegel solche **Zuschläge** wie etwa in Berlin **ausdrücklich** vorsieht. Dem Verlangen sollte ein Exemplar des Mietspiegels beigefügt werden. Der Mietspiegel muss beigefügt werden, falls er nicht allgemein zugänglich ist (AG Köln NZM 05, 246).

12 Die zu erhöhende Miete muss dem Mietbegriff des Mietspiegels entsprechen. Entspricht die **vereinbarte Mietstruktur** nicht der des Mietspiegels, müssen die Werte des Spiegels angepasst werden (Stuttg WuM 83, 285). Zur Herstellung einer Vergleichbarkeit muss zB die vertraglich vereinbarte Bruttomiete in eine Nettomiete oder aber die im Mietspiegel aufgeführte Nettomiete in eine Bruttomiete **umgerechnet** werden (BGH GE 06, 46, 47). Die Vergleichbarkeit ist dadurch herzustellen, dass ein Zuschlag in Höhe der derzeit auf die Wohnung entfallenden Betriebskosten zu der im Mietspiegel ausgewiesenen ortsüblichen Nettokaltmiete hinzugerechnet wird, sofern sie den Rahmen des Üblichen nicht überschreiten (BGH GE 06, 46, 47; Hamm NJW-RR 93, 398; *Hannemann* NZM 98, 612, 613). **Umgekehrt** kann der Betriebskostenanteil aus der vereinbarten Bruttomiete herausgerechnet werden, um den in der Vertragsmiete enthaltenen Nettomietanteil dem (Netto-)Mietspiegelwert ggü zu stellen (BGH GE 06, 46, 47). Der im Mietspiegel enthaltenen Netto-Kaltmiete sind etwa die Betriebskosten hinzuzurechnen, die der Vermieter **aktuell,** also zum Zeitpunkt der Abgabe des Mieterhöhungsverlangens, im Außenverhältnis zu tragen hat (BGH GE 06, 46, 47; KG GE 05, 180; Hamm NJW 85, 2034; aA LG Berlin GE 02, 595; *Beuermann* NZM 98, 598). Der Anspruch des Vermieters auf Zustimmung zu einer Erhöhung der Bruttokaltmiete, den er mit einem Mietspiegel begründet, der den Nettomiete ausweist, ist anhand der zuletzt auf die Wohnung entfallenden Betriebskosten zu beurteilen (BGH GE 06, 46, 47). Enthält ein Mietspiegel keine vergleichbaren Wohnungen, kann ein Mieterhöhungsverlangen auch nicht auf ihn gestützt werden (LG Berlin GE 05, 675, 677). Interpolationen, Kombinationen verschiedener Felder und/oder Analogien sind unzulässig (*Kossmann* ZAP 04, 701, 721).

13 Nach § 558 a IV 2 darf ausnahmsweise auch ein **veralteter Mietspiegel** verwendet werden, **wenn** ein nach §§ 558 c III, 558 d II aktualisierter nicht vorliegt. Ein Zuschlag des Vermieters (nicht des Gerichts: Stuttg

WuM 94, 58) zu einem veralteten Mietspiegel ist unzulässig (Hburg ZMR 83, 136; LG München II WuM 98, 726). Ein unzulässiger Zuschlag macht das Mieterhöhungsverlangen aber nicht unwirksam. Die Mieterhöhung beschränkt sich aber auf den Betrag, der sich aus dem Mietspiegelrasterfeld ohne Zuschlag ergibt. Ein aus einer vergleichbaren Gemeinde herangezogener Mietspiegel ist im Zweifel ohne Einschränkungen anzuwenden (*Riecke* NZM 98, 561). Er ist aber **nur** anwendbar, wenn es in der maßgeblichen Gemeinde keinen Spiegel gibt.

II. Mietdatenbank. Weiteres Begründungsmittel ist die Auskunft aus einer Mietdatenbank iSv § 558 e. Die bloße Mitteilung eines Wertes aus dieser Datenbank genügt nicht. Es ist vielmehr eine Auskunft über mehrere konkrete Mietdaten erforderlich (Schmidt-Futterer/*Börstinghaus* Rn 72). 14

III. Sachverständigengutachten. Begründungsmittel kann auch das Gutachten eines **öffentlich bestellten und vereidigten** Sachverständigen sein, der sich mit der Bewertung von Mietpreisen beschäftigt (BGH NJW 82, 1701, 1702). Der Sachverständige hat sein Gutachten schriftlich zu begründen. Ausreichend ist, wenn in dem Gutachten in einer für den Mieter nachvollziehbaren und überprüfbaren Weise dargelegt wird, warum die nunmehr begehrte Miete der ortsüblichen Miete iSv § 558 II entspricht (BVerfG WuM 86, 239; LG Gießen WuM 94, 27, 28). **Exakte Angaben** über die für vergleichbar angesehene Objekte müssen nicht enthalten sein (LG Halle ZMR 02, 427). Das Gutachten muss erkennen lassen, dass dem Sachverständigen Vergleichswohnungen auf dem üblichen Wohnungsmarkt in ausreichender Zahl bekannt sind und er die zu beurteilende Wohnung in vergleichender Abwägung in das Mietpreisgefüge der Vergleichswohnungen eingeordnet hat. Umstritten ist, ob der Sachverständige die von ihm verwendeten Vergleichswohnungen völlig offen legen muss (s *Jansen* GE 05, 1046). Ein Gutachten ist dem Mieterhöhungsverlangen in vollem Wortlaut zumindest in Kopie beizufügen. Ein bloßer Hinweis auf das Ergebnis des Gutachtens genügt nicht, auch wenn dem Mieter die Einsichtnahme in das Gutachten angeboten wird (Braunschw WuM 82, 272). Der Fehler kann im Prozess gem § 558 b III durch Nachreichen des Gutachtens geheilt werden. Die Kosten des Gutachtens sind von dem Vermieter zu tragen (LG Köln WuM 97, 269). 15

IV. Vergleichswohnungen. Nach § 558 II Nr 4 können auch Vergleichswohnungen Begründungsmittel sein. Nach dem Gesetz genügen drei, es können aber auch mehr sein (BayObLG ZMR 92, 144). Das Mieterhöhungsverlangen ist nicht formell unwirksam, wenn dieses mit Vergleichswohnungen begründet wird, deren Miete unter derjenigen der Wohnung liegt, für die die Zustimmung zur Mieterhöhung begehrt wird (BayObLG WuM 84, 276). **Jede** benannte Wohnung muss aber die Erklärung stützen (Karlsr WuM 84, 21; LG Berlin GE 04, 482). Das Mieterhöhungsverlangen ist daher nur **bis zur niedrigsten einzelnen Vergleichsmiete** wirksam (Schmidt-Futterer/*Börstinghaus* Rn 143). Der zu vergleichende Wohnraum kann vom selben Vermieter stammen (BVerfG ZMR 93, 362; LG Berlin ZMR 01, 349, 350) oder/und im selben Haus liegen (Frankf WuM 84, 123). Die Namen von Mietern oder Vermietern zur Bezeichnung der Vergleichswohnungen müssen nicht mitgeteilt werden. Notwendig, aber auch ausreichend ist, dass durch die Mitteilungen im Erhöhungsschreiben (AG Köln WuM 94, 546) die Vergleichswohnungen vom Mieter **identifiziert** werden können. Die Vergleichswohnungen müssen so genau bezeichnet werden, dass der Mieter sie ohne nennenswerte Schwierigkeiten auffinden kann (BGH ZMR 03, 406, 407; AG Pinneberg ZMR 04, 583). Der Mieter muss die Möglichkeit haben, sich über die Vergleichswohnungen zu informieren und die behauptete Vergleichbarkeit nachzuprüfen. Dazu bedarf es wenigstens der vollständigen Anschrift und des Geschosses. Befinden sich in einem Mehrfamilienhaus mit mehreren Geschossen auf derselben Ebene mehr als eine Wohnung, sind für die Auffindbarkeit weitere Angaben erforderlich (BGH ZMR 03, 406, 407). Solche Angaben können die Beschreibung der genauen Lage der Wohnung im Geschoss, die Bezeichnung einer nach außen erkennbaren Wohnungsnummer oder der Name des Mieters sein. 16

Die aktuelle Miete der Vergleichswohnung ist entweder in Form der Quadratmetermiete mit Angabe der Gesamtgröße der Wohnung oder in Form des Gesamtmietpreises unter Angabe der Wohnungsgröße anzugeben. Die Miete muss in derselben Weise errechnet sein wie bei der betroffenen Wohnung. Über Art, Beschaffenheit, Lage und Ausstattung (AG Schöneberg WuM 86, 342) der Vergleichswohnungen müssen wenigstens stichwortartige Angaben gemacht werden (BGH ZMR 83, 69). Vergleichswohnungen müssen grds in derselben Gemeinde liegen. Unvergleichbar sind Neubauwohnungen ggü einer nicht grundlegend sanierten Altbauwohnung. Bezogen auf Ausstattung, Lage und Größe schadet nur offensichtliche Unvergleichbarkeit. Die Vergleichswohnungen und die Wohnung des Mieters müssen nur ungefähr vergleichbar sein (LG Berlin ZMR 01, 349, 350). Gewerblich vermietete Wohnungen scheiden ebenso aus wie zur Zeit des Erhöhungsverlangens nicht vermietete Wohnungen (LG Kiel WuM 77, 36). 17

V. Sonstige Begründungsmittel. Vermieter können Mieterhöhungsverlangen auch in anderer Weise begründen. Diese **Begründungsmittel** müssen aber denen im Gesetz gleichwertig sein. In Betracht kommen zB Mietpreisübersichten der Finanzämter, **Gerichtsgutachten** aus einem gerichtlichen Verfahren dritter Personen, wenn die zu beurteilenden Wohnungen vergleichbar sind (LG München WuM 86, 223), ggf Gemeindestatistiken oder Gemeindegutachten des Bauausschusses nach BauGB. 18

19 **D. Angaben eines qualifizierten Mietspiegels.** Enthält ein qualifizierter Mietspiegel (§ 558 d I), bei dem die Vorschrift des § 558 d II eingehalten ist, Angaben für die Wohnung, so **hat** der Vermieter in seinem Mieterhöhungsverlangen diese Angaben auch dann **mitzuteilen**, wenn er die Mieterhöhung auf ein **anderes Begründungsmittel** stützt. Die Mitteilung kann sich auf die Werte des konkreten Mietspiegelfeldes beschränken; unterbleibt die Angabe, ist das Mieterhöhungsverlangen unwirksam (LG München I WuM 02, 427 und WuM 02, 496, 497), kann aber ggf über § 558 b III geheilt werden (LG München I WuM 02, 427).

20 **E. Mängel des Zustimmungsverlangens.** Ein formell unwirksames Mieterhöhungsverlangen setzt weder die Zustimmungsfrist des § 558 b I 1 (§ 558 b Rn 2) noch die Klagefrist (§ 558 b Rn 7) in Lauf. Eine dennoch erhobene Zustimmungsklage ist als **unzulässig** abzuweisen. Zur Heilung ist grds ein neues Erhöhungsverlangen erforderlich. § 558 b III 1 ist eine Ausnahme, die nur gilt, wenn ein Verfahren rechtshängig ist (§ 558 b Rn 11).

§ 558 b Zustimmung zur Mieterhöhung

(1) Soweit der Mieter der Mieterhöhung zustimmt, schuldet er die erhöhte Miete mit Beginn des dritten Kalendermonats nach dem Zugang des Erhöhungsverlangens.
(2) ¹Soweit der Mieter der Mieterhöhung nicht bis zum Ablauf des zweiten Kalendermonats nach dem Zugang des Verlangens zustimmt, kann der Vermieter auf Erteilung der Zustimmung klagen. ²Die Klage muss innerhalb von drei weiteren Monaten erhoben werden.
(3) ¹Ist der Klage ein Erhöhungsverlangen vorausgegangen, das den Anforderungen des § 558 a nicht entspricht, so kann es der Vermieter im Rechtsstreit nachholen oder die Mängel des Erhöhungsverlangens beheben. ²Dem Mieter steht auch in diesem Fall die Zustimmungsfrist nach Absatz 2 Satz 1 zu.
(4) Eine zum Nachteil des Mieters abweichende Vereinbarung ist unwirksam.

1 **A. Allgemeines.** Durch § 558 b I soll dem Mieter zur Meidung überflüssiger Prozesse die Möglichkeit gegeben werden, die Berechtigung eines Mieterhöhungsverlangens in Ruhe angemessen zu überprüfen (BGH ZMR 04, 655). Die Vorschrift ist deshalb nicht zum Nachteil des Mieters abdingbar. Für Erhöhungsverlangen, die vor dem 1. 9. 01 zugegangen sind, gilt § 2 MHG (Art. 229 § 3 I Nr 2 EGBGB).

2 **B. Zustimmung. I. Zustimmungsfrist.** Mit Zugang eines formell und inhaltlich wirksamen Mieterhöhungsverlangens wird dem Mieter eine **zweimonatige Zustimmungsfrist** eingeräumt (zT Überlegungsfrist genannt). Er kann prüfen, ob er bereit ist, das Vertragsänderungsangebot des Vermieters anzunehmen. Bei der Berechnung der Frist gelten §§ 187 ff. Die Zustimmungsfrist beginnt mit Zugang des Mieterhöhungsverlangens; bei einer Personenmehrheit auf Seiten des Mieters mit Zugang beim Letzten. Die Zustimmungsfrist endet um 24.00 Uhr des letzten Tages des übernächsten Monats. Die Zustimmungsfrist beträgt mindestens immer zwei Monate, maximal einen Tag weniger als drei Monate (Bsp: Zugang 5. 1., Ablauf 31. 3.; Zugang 31. 7., Ablauf 30. 9.). Sie kann nicht verkürzt und wegen des formalen Charakters des Erhöhungsverfahrens auch nicht verlängert werden (LG München I WuM 94, 384; str). Ein **unwirksames** Mieterhöhungsverlangen löst die Frist nicht aus (LG Hamburg ZMR 05, 367, 368). Eine gleichwohl erhobene Klage ist unzulässig (Rn 7).

3 **II. Inhalt und Form der Zustimmung.** Die Zustimmung des Mieters zur Mieterhöhung ist eine einseitige und empfangsbedürftige Willenserklärung iSv § 130. Sie ist die grds **formfreie** (die Parteien können etwas anderes vereinbaren) Annahme des Änderungsangebotes des Vermieters (BayObLG NJW-RR 89, 1172). Die Mieterzustimmung heilt Mängel der Form und des Inhalts des Erhöhungsverlangens. Im Falle von § 550 sollte die Zustimmung schriftlich erteilt werden, da ansonsten nach hM ein befristeter zu einem unbefristeten Mietvertrag wird. Auf eine schriftliche Erteilung hat der Vermieter einen Anspruch (LG Wiesbaden WuM 00, 195).

4 Die Erklärung kann ausdrücklich, aber auch **schlüssig** erfolgen (BGH ZMR 05, 847, 848; 98, 83, 86). Das Schweigen des Mieters auf ein Erhöhungsverlangen ist aber weder Zustimmung noch Ablehnung. Bereits die einmalige und vorbehaltslose Zahlung einer erhöhten Miete kann aber als Zustimmung iSv § 558 b I **ausgelegt** werden. In der vorbehaltlosen Zahlung auf ein unwirksames Erhöhungsverlangen ist hingegen eine wirksame Vertragsänderung iSv § 557 I zu sehen (BGH ZMR 04, 341; NJW 98, 445, 446; LG Berlin GE 03, 807, 808; aA *Artz* WuM 05, 215, 218). Duldet der Mieter passiv, dass der Vermieter eine erhöhte Miete einzieht, kann darin freilich selbst bei mehrfacher Abbuchung kein Rechtsbindungswille hergeleitet werden (LG München WuM 96, 44). Die Zustimmung ist im Übrigen bedingungsfeindlich (AG Heilbronn ZMR 98, 171). Eine unter Bedingungen oder Vorbehalt erklärte Zustimmung ist daher nichtig. Die Zustimmung kann auf einen Teil der verlangten erhöhten Miete beschränkt werden (BayObLG NJW-RR 89, 1172). Eine zunächst erfolgte Ablehnung durch den Mieter steht der Wirksamkeit einer späteren Zustimmung nicht entgegen (LG Berlin ZMR 96, 267, 268). Abw von § 150 II ist die Zustimmung insoweit erteilt und keine Ablehnung. Hinsichtlich der restlichen Forderung kann erst nach Ablauf der Zustimmungsfrist Klage erhoben werden (*Kinne* ZMR 01, 775, 777). Die vom Vermieter akzeptierte Teilzustimmung des Mieters löst die Jahressperrfrist des § 558 I aus.

III. Mehrheit von Mietern. Bei einer Mehrheit von Mietern kann die nicht unter § 1357 fallende Zustimmung nur von allen abgegeben werden (KG ZMR 86, 117; LG Berlin GE 99, 573). Eine Formularklausel, die eine gegenseitige Bevollmächtigung für die Zustimmungserklärung vorsieht, verstößt gegen § 307 I 1.

IV. Erteilte Zustimmung. Stimmt der Mieter innerhalb der Zustimmungsfrist bedingungslos der erhöhten Miete zu (KG NZM 98, 68: die Zustimmung zum Erhöhungs**betrag** ist nicht ausreichend), schuldet er diese mit Beginn des dritten Kalendermonats nach dem Zugang des Erhöhungsverlangens. Bei der Berechnung der Frist gilt § 193. Beim Zugang des Mieterhöhungsverlangens am 5.1. wirkt die Mieterhöhung zB zum 1.4. Stimmt der Mieter **nach** Ablauf der Zustimmungsfrist zu – ggf nach einer zunächst verweigerten Zustimmung (KG ZMR 96, 267) oder im Prozess – oder wird seine Zustimmung mit materieller Rechtskraft eines Urteils nach § 894 I 1 ZPO fingiert, schuldet er die Miete rückwirkend (zu den Zinsen s Rn 11). Die Fälligkeit der geschuldeten erhöhten Miete richtet sich nicht nach § 558 b, sondern nach dem Mietvertrag oder subsidiär nach § 556 b I (*Beuermann* GE 95, 848, 849).

C. Klage auf Zustimmung. I. Frist. Stimmt der Mieter einem Mieterhöhungsverlangen nicht zu (schweigt er sich zB aus) und lehnt es damit iSv § 146 ab, muss der Vermieter auf Erteilung der Zustimmung klagen. Eine Klage ist wegen der gesamthänderischen Bindung mehrerer Mieter auch dann erforderlich, wenn vorprozessual nur einer der Mieter zugestimmt hat (AG Wiesbaden WuM 92, 135; aA LG Kiel WuM 89, 429). Die Zustimmungsklage kann gem § 558 I 2 **frühestens** nach Ablauf der Zustimmungsfrist und **spätestens** innerhalb von weiteren drei Monaten erhoben werden (Bsp: Zugang 5.1., Ablauf 30.6; Zugang 31.7, Ablauf 31.12). Überlegungs- und Klagefrist sind insoweit jeweils **besondere Sachurteilsvoraussetzungen** (BayObLG NZM 00, 488, 489; LG Berlin ZMR 05, 367, 368). Die Berechnung erfolgt nach §§ 187, 188. Versäumt der Vermieter die Klagefrist ist die Klage unzulässig und der Vermieter ist mit dem Mieterhöhungsverlangen ausgeschlossen (LG Frankenthal NJW 85, 273). Erhebt er vor Ablauf der Zustimmungsfrist Klage, ist die Klage (ggf zunächst) unzulässig, es sei denn, der Mieter hätte die Zustimmung **ausdrücklich** verweigert (KG WuM 81, 54). Läuft die Zustimmungsfrist während des Verfahrens ab, wird eine verfrühte Klage aber zulässig (BayObLG NJW 82, 1292). Ist der Zustimmungsklage kein wirksames Erhöhungsverlangen vorausgegangen, ist sie als unzulässig abzuweisen.

II. Klage. Die Zustimmungsklage ist eine **Leistungsklage** auf Abgabe einer Willenserklärung (§ 894 ZPO) und setzt ein **formell** wirksames Mieterhöhungsverlangen voraus (BGH ZMR 04, 655; BayObLG NJW-RR 00, 964, 965). Unbeachtlich ist, wenn die in einem Mieterhöhungsverlangen enthaltenen Angaben **nicht** zutreffen und es nicht rechtfertigen. Dies sind Fragen der Begründetheit des materiell-rechtlichen Erhöhungsanspruchs (KG KGReport 05, 171, 172) und machen die Klage nicht unzulässig. Wenn mehrere Personen Mieter sind, ist eine notwendige Streitgenossenschaft nach § 62 I Alt 2 ZPO gegeben, da diese ein Zustimmung nur gemeinschaftlich erteilen können (BGH ZMR 04, 492, 493; KG NJW-RR 86, 439, 440). Die nur gegen einen Streitgenossen erhobene Klage ist – als unzulässig – abzuweisen (BGH ZMR 04, 492, 493). Die Zustimmungsklage kann nicht mit einer Zahlungsklage auf die erhöhte Miete verbunden werden. Bei der Zahlungsklage würde es sich um eine Klage auf künftige Leistung handeln, die nur nach § 259 ZPO zulässig ist. Leistet der Mieter nach Verurteilung zur Zustimmung die erhöhte Miete nicht, muss daher eine gesonderte Zahlungsklage erhoben werden (aA LG Duisburg NZM 98, 764). Etwas anderes gilt, wenn der Mieter in erster Instanz verurteilt worden ist, der Mieterhöhung zuzustimmen, und diese Verurteilung vor der Berufungsverhandlung über die Zahlungsklage in Teilrechtskraft erwachsen ist (BGH ZMR 05, 697 = WuM 05, 458).

Die Klage ist an das nach § 29 a I ZPO iVm § 23 Nr 2 a GVG ausschließlich zuständige **Amtsgericht** zu richten. Der **Klageantrag** muss das betreffende Mietverhältnis, die neu erhöhte Miete, ggf den Erhöhungsbetrag, jedenfalls aber den Wirkungszeitpunkt enthalten. Der Antrag kann niedriger, nicht aber höher als die in dem Mieterhöhungsverlangen genannte neue Miete sein. Die Klage muss sämtliche in § 558 genannten Voraussetzungen darlegen und das vorprozessuale Mieterhöhungsverfahren schildern. Eine Standschaft ist zulässig (KG GE 97, 110). Die Prozessvollmacht des Anwalts umfasst die Befugnis zur Abgabe und Entgegennahme von Erhöhungsverlangen (BGH ZMR 03, 406). Der Gebührenstreitwert für die Mieterhöhungsklage bemisst sich nach § 41 V 1 GKG höchstens mit dem Jahresbetrag der geforderten Mieterhöhung. Der Rechtsmittelstreitwert berechnet sich analog § 9 ZPO (BVerfG NJW 96, 1531).

Das Gericht muss bei einem formell wirksamen Mieterhöhungsverlangen materiell-rechtlich prüfen, ob die konkret vom Vermieter geltend gemachte Mieterhöhung **berechtigt** ist (BGH GE 05, 663). Die Richter müssen dazu die **ortsübliche Vergleichsmiete** zum Tag des Zugangs des Mieterhöhungsverlangens feststellen (BayObLG NJW-RR 93, 202). Die Feststellung erfordert die Ermittlung der tatsächlich und üblicherweise gezahlten Miete für vergleichbare Wohnungen (BVerfGE 37, 132, 143; BGH GE 05, 663). Die ortsübliche Vergleichsmiete ist ein objektiver Maßstab, der einen repräsentativen Querschnitt der üblichen Entgelte darstellen soll (BVerfGE 53, 352, 358). Das Gericht ist zu seiner Ermittlung nicht an das vom Vermieter gewählte Begründungsmittel gebunden. Zur Bestimmung sind im Prozess vielmehr **alle Beweismittel** zugelassen. Besondere Bedeutung hat die Vermutungswirkung (§ 292 ZPO) nach § 558 d III. Soweit sich der Vermieter auf einen danach qualifizierten Mietspiegel beruft, erfolgt die Überprüfung anhand eines Vergleichs der in dem Mietspiegel ausgewiesenen Mietspanne mit der begehrten erhöhten Miete (BGH GE 05, 663; NJW 04, 1379). Das Gericht hat dazu die in § 558 II definierte ortsübliche Vergleichsmiete für die betreffende Wohnung festzustellen und die Wohnung innerhalb der Spanne **einzustufen**. Die konkrete ortsübliche Vergleichsmiete innerhalb der Mietspiegelspanne kann dabei durch **Schätzung gem § 287 II ZPO** ermittelt werden (BGH GE 05, 663). Es ist nicht zu beanstanden, wenn das Gericht den Sachverhalt nicht durch Einholung eines Sachverständigengutachtens vollständig aufklärt (§ 286 ZPO). Zur Beweislast bei Mietspiegeln s *Börstinghaus* NZM 02, 273. Dem Mieter steht an seiner Zustimmungserklärung wegen Mietmängeln kein Zurückbehaltungsrecht zu (Frankf ZMR 99, 703, 704).

11 Der Mieter gerät durch Rechtskraft des Zustimmungsurteils nicht rückwirkend mit der Zahlung der Erhöhung in Verzug (BGH ZMR 05, 699). Der Vermieter kann den Mieter aber durch Mahnung wegen der geschuldeten Zustimmung in Verzug setzen und ggf Schadensersatz verlangen.

12 **III. Heilung fehlerhafter Mieterhöhungsverlangen.** Soweit der Vermieter ein mangelhaftes Mieterhöhungsverlangen abgegeben hat, kann er nach § 558 b III bei einer rechtshängigen Klage bis zum Schluss der mündlichen Verhandlung und auch noch in der Berufungsinstanz einzelne Mängel dieses Verlangens beheben (§ 558 b III Alt 2). Als Mängel kommen alle Anforderungen des § 558 a in Betracht, also Mängel der Form oder des Inhaltes, der Begründung und der Beteiligung (§ 558 a Rn 3 ff). Eine Heilung ist nicht möglich, wenn der Vermieter die Klagefrist versäumt hat (LG Duisburg WuM 05, 457, 458; aA AG Pinneberg ZMR 02, 602). Der Vermieter kann die Klage ändern und ein neues Mieterhöhungsverlangen ausbringen (§ 558 b III Var 1). Hierin liegt eine Klageänderung gem §§ 263 ff ZPO (BGH ZMR 03, 406, 408; AG Charlottenburg GE 04, 693). Nachholung oder Nachbesserung können außergerichtlich oder durch Schriftsatz erfolgen. Dem Mieter muss in jedem Fall verdeutlicht werden, dass ein neues Mieterhöhungsverlangen gestellt wird.

13 Ist der Klage überhaupt kein Mieterhöhungsverlangen vorausgegangen oder ist bereits die Klagefrist verstrichen, ist § 558 b III unanwendbar (*Hinz* NZM 04, 681, 687).

14 Nach § 558 b II 1 wird mit dem Zugang der Nachholung oder Nachbesserung des Mieterhöhungsverlangens eine vollständig **neue** Zustimmungsfrist in Gang gesetzt (LG München I NJW-RR 04, 523; AG Charlottenburg GE 04, 693). Die Klage wird durch die Nachholung unzulässig und kann abgewiesen werden. Etwas anderes gilt, wenn der Mieter ausdrücklich erklärt, auch dem neuen Verlangen nicht zustimmen zu wollen (AG Charlottenburg GE 04, 693; s auch Rn 7).Das Gericht muss die neue Frist nicht berücksichtigen und den Termin zur mündlichen Verhandlung auf die Zeit nach Ablauf dieser Frist zu vertagen oder gar die mündliche Verhandlung wieder eröffnen (LG München I NJW-RR 04, 523, 524; AG Pinneberg ZMR 03, 583, 584; str). Prozessökonomischer ist freilich eine Vertagung nach § 227 I ZPO.

§ 558 c Mietspiegel

(1) Ein Mietspiegel ist eine Übersicht über die ortsübliche Vergleichsmiete, soweit die Übersicht von der Gemeinde oder von Interessenvertretern der Vermieter und der Mieter gemeinsam erstellt oder anerkannt worden ist.
(2) Mietspiegel können für das Gebiet einer Gemeinde oder mehrerer Gemeinden oder für Teile von Gemeinden erstellt werden.
(3) Mietspiegel sollen im Abstand von zwei Jahren der Marktentwicklung angepasst werden.
(4) ¹Gemeinden sollen Mietspiegel erstellen, wenn hierfür ein Bedürfnis besteht und dies mit einem vertretbaren Aufwand möglich ist. ²Die Mietspiegel und ihre Änderungen sollen veröffentlicht werden.
(5) Die Bundesregierung wird ermächtigt, durch Rechtsverordnung mit Zustimmung des Bundesrates Vorschriften über den näheren Inhalt und das Verfahren zur Aufstellung und Anpassung von Mietspiegeln zu erlassen.

1 **A. Zweck.** Mietspiegel sollen Mietern erleichtern, Mieterhöhungsverlangen zu überprüfen. Vermietern wird hingegen ermöglicht, mit diesem Begründungsmittel (§ 558 a II Nr 1) ihre Ansprüche auf eine Mieterhöhung leicht und einfach zu begründen sowie im Zustimmungsprozess darzulegen und zu beweisen (AG Dortmund ZMR 03, 194).

2 **B. Mietspiegel. I. Begriff.** Ein Mietspiegel iSv §§ 558 c, 558 d ist eine Übersicht über die ortsübliche Vergleichsmiete. Zur Erstellung eines Mietspiegels ist grds niemand verpflichtet, wenn auch die Aufstellung für die Gemeinden eine Aufgabe der öffentlichen Daseinsvorsorge ist (BVerwG NJW 96, 2046). Gemeinden sollen Mietspiegel nach § 558 c IV 1 erstellen, wenn hierfür ein Bedürfnis besteht und dies mit einem vertretbaren Aufwand möglich ist. Zur Aufstellung eines Mietspiegels berechtigt ist zwar jedermann. Das Gesetz nennt in § 558 c I ausdrücklich aber Gemeinden, die Interessenvertreter der Vermieter und die Mieter gemeinsam oder Dritte. Soweit ein Mietspiegel von Dritten erstellt wird, müssen ihn die Interessenvertreter (aber nicht alle: Hamm ZMR 91, 341; krit *Mersson* ZMR 02, 806, 807) oder eine Gemeinde allerdings **anerkennen**. Die Anerkennung ist eine ggü dem Dritten abzugebende **Willenserklärung** (*Mersson* ZMR 02, 806) und muss durch die vertretungsberechtigten Organe erfolgen (AG Dortmund ZMR 03, 194, 195).

II. Aufstellung. 1. Verfahren. Der Gesetzgeber hat bewusst darauf verzichtet, für die Erstellung eines Mietenspiegels ein bestimmtes Verfahren vorzuschreiben. Die Bundesregierung hat bislang von der in § 558 c V vorgesehenen Ermächtigung, durch Rechtsverordnung Vorschriften über den näheren Inhalt und das Verfahren zur Aufstellung und Anpassung von Mietspiegeln zu erlassen, keinen Gebrauch gemacht. Nach welchen Methoden Mietspiegel zu erstellen sind, ist damit weiterhin **umstritten**. Da sich in den letzten Jahren bei der Vermietung die Vereinbarung von Nettomieten durchgesetzt hat, sollten in einem Mietspiegel jedenfalls Nettomieten ausgewiesen werden. Zur Information und Vereinheitlichung der Erstellung von Mietspiegeln können im Übrigen die vom Bundesministerium für Verkehr, Bau und Wohnungswesen in 2002 herausgegebenen „Hinweise zur Erstellung von Mietspiegeln" dienen.

Ein einfacher Mietspiegel darf zwischen den Verbänden ausgehandelt werden; er muss auch nicht nach wissenschaftlichen Erstellungsmethoden zu Stande kommen. Mietspiegel und ihre Änderungen sollen nach § 558 c IV 2 veröffentlicht werden.

2. Umfang. § 558 c II regelt, für welche Gebiete Mietspiegel erstellt werden können. So können etwa Gemeinden oder Gemeindeteile, die stark im Einzugsgebiet einer größeren Gemeinde liegen und daher mit dieser zusammen einen einheitlichen Wohnungsmarkt bilden, in einen gemeinsamen Mietspiegel einbezogen werden.

3. Aktualisierung. Nach § 558 c III sollen Mietspiegel im Abstand von zwei Jahren aktualisiert werden. Eine Pflicht zur Aktualisierung besteht nicht. Für qualifizierte Mietspiegel gilt für Aktualisierung und Fortschreibungsmittel § 558 d II.

C. Prozess. Gegen die Verwendung von Mietspiegeln im Prozess bestehen keine, auch keine verfassungsrechtlichen Bedenken (BVerfG NJW 92, 1377). Auch wenn ein einfacher Mietspiegel (zu qualifizierten s § 558 d Rn 7) in der ZPO nicht als Beweismittel vorgesehen ist und ihm also keine Vermutungswirkung beigemessen werden kann, verstößt die Berücksichtigung seiner Werte nicht gegen das Grundrecht des Vermieters aus Art 14 I 1 GG. Seine Werte können vom Gericht im Wege freier Beweiswürdigung nach § 287 II ZPO (str) zur Schätzung der ortsüblichen Vergleichsmiete herangezogen werden (LG Berlin GE 03, 1020; AG Dortmund ZMR 03, 194). Ob es sich bei einem einfachen Mietspiegel insoweit um ein antizipiertes Sachverständigengutachten (Frankf NJW-RR 94, 1233; KG GE 94, 991, 995), einen normkonkretisierenden Verwaltungsakt (*Huber* ZMR 92, 469), eine amtliche Auskunft (LG München I WM 92, 25) oder um eine Übersicht handelt, die die in ihr ausgewiesenen Zahlen allgemeinkundig macht (KG NJW-RR 92, 80), kann stets offen bleiben.

§ 558 d Qualifizierter Mietspiegel

(1) Ein qualifizierter Mietspiegel ist ein Mietspiegel, der nach anerkannten wissenschaftlichen Grundsätzen erstellt und von der Gemeinde oder von Interessenvertretern der Vermieter und der Mieter anerkannt worden ist.
(2) ¹Der qualifizierte Mietspiegel ist im Abstand von zwei Jahren der Marktentwicklung anzupassen. ²Dabei kann eine Stichprobe oder die Entwicklung des vom Statistischen Bundesamt ermittelten Preisindexes für die Lebenshaltung aller privaten Haushalte in Deutschland zugrunde gelegt werden. ³Nach vier Jahren ist der qualifizierte Mietspiegel neu zu erstellen.
(3) Ist die Vorschrift des Absatzes 2 eingehalten, so wird vermutet, dass die im qualifizierten Mietspiegel bezeichneten Entgelte die ortsübliche Vergleichsmiete wiedergeben.

A. Allgemeines. Um den Aussagewert von Mietspiegeln zu erhöhen und ihre Beweiskraft zu verstärken, hat der Gesetzgeber als Begriff den in § 558 d I legal definierten **qualifizierten** Mietspiegel eingeführt. Nach Art 229 § 3 V EGBGB ist § 558 d auf einen vor dem 1. 9. 01 erstellten Mietspiegel anzuwenden, wenn er nach § 558 d I, II erstellt wurde und die Gemeinde ihn nach dem 1. 9. 01 als qualifizierten Mietspiegel veröffentlicht hat oder nachträglich so bezeichnet. Ist dem Mieter die Mieterhöhungserklärung **vor** Veröffentlichung zugegangen, gilt die Vermutungswirkung nicht (LG Berlin ZMR 04, 516).

B. Begriff. I. Voraussetzungen. Ein qualifizierter Mietspiegel setzt neben den Anforderungen, die an einen einfachen zu stellen sind (§ 558 c Rn 3 ff), weiter voraus, dass er nach anerkannten wissenschaftlich Grundsätzen erstellt, im Abstand von zwei Jahren der Marktentwicklung angepasst wurde, nach vier Jahren erneuert wird und eine Gemeinde oder die jeweiligen Interessenverbände der Mieter und Vermieter ihn anerkannt (§ 558 c Rn 2) haben. Durch diese Anforderungen soll eine besondere Gewähr für Richtigkeit und Aktualität der in einem qualifizierten Mietspiegel enthaltenen Werte geboten werden.

II. Wissenschaftliche Grundsätze. 1. Begriff. Was wissenschaftliche Grundsätze sind, ist unklar (*Sternel* ZMR 01, 937, 941). Das Gesetz sieht bewusst von einer Definition ab. Jedenfalls müssen wegen der Vermutungswirkung nach § 55 d III die angewendeten wissenschaftlichen Methoden dokumentiert und damit nachvollziehbar und überprüfbar sein (*Kinne* ZMR 01, 775, 782). Richtschnur für ein realistisches Abbild des Wohnungsmarktes können insbes die Tabellen- und die Regressionsmethode (dazu LG München I WuM 03, 97, 98) sein (krit *Langenberg* WuM 01, 523, 524). Ferner muss die Datenerhebung empirischen Grundsätzen genügen (*Börstinghaus/Börstinghaus* NZM 03, 377, 381). Außerdem müssen die Daten repräsentativ sein. Bloß **ausgehandelte** Mietspiegel sind daher **nicht** qualifiziert. Etwa die Mietspiegel von Berlin und München sind zurzeit qualifiziert.

4   **2. Beweislast.** Die Partei, die die Qualifizierung anzweifelt, muss einen Verstoß beweisen. Hierzu genügt es nicht, bloß eine angeblich zu niedrige Miete vorzutragen oder zu beanstanden, dass im Spiegel ein zu hoher Anteil an ehemals preisgebundenen Wohnungen berücksichtigt worden sei (LG Berlin GE 04, 1296).

5   **III. Verlust der Qualifizierung.** Ein qualifizierter Mietspiegel verliert seine besondere Wirkung, wenn er älter als vier Jahre ist oder nach über zwei Jahren, bezogen auf den Erhebungsstichtag (str), nicht an die Marktentwicklung angepasst wurde (MüKo/*Artz* Rn 4).

6   **IV. Überprüfung.** Mietspiegel sind vor den Verwaltungsgerichten (LG Berlin GE 04, 1296) dahin überprüfbar, ob sie qualifiziert sind (*Mersson* ZMR 02, 806, 809 mwN; *Börstinghaus* NZM 00, 1087, 1090), weil ihre Vermutungswirkung die Zivilgerichte bindet (aA VG Minden ZMR 04, 226, 227; NZM 04, 148: es handele sich um eine schlichtverwaltende Tätigkeit ohne bindende Außenwirkung).

7   **C. Wirkung und Beweislast.** Ein qualifizierter Mietspiegel hat **zwei Wirkungen**: Seine Angaben müssen zum einen gem § 558a III in einem Erhöhungsverlangen zwingend **mitgeteilt** werden (§ 558a Rn 18); anderenfalls ist das Verlangen unwirksam (LG München I NJW 02, 2885). Zum anderen wird für ihn im Prozess gem §§ 558d III, 292 ZPO **widerleglich vermutet**, dass die in ihnen bezeichneten Entgelte die ortsübliche Vergleichsmiete iSv § 558 II 1 wiedergeben. Die **Beweislast**, dass ein Mietspiegel iSv § 558d qualifiziert ist, trifft nach allgemeinen Grundsätzen den, der sich auf die Qualifizierung beruft (*Börstinghaus* NZM 02, 273; *Sternel* ZMR 01, 937, 941). Wer hingegen behauptet, dass ein qualifizierter Mietspiegel nicht die ortsübliche Vergleichsmiete wiedergibt, muss den Beweis des Gegenteils, zB durch ein Gutachten (LG Berlin GE 04, 1456), führen. Wo die ortsübliche Vergleichsmiete innerhalb einer Mietspiegelspanne liegt, vermutet § 558d III nicht (LG Berlin WuM 03, 499). Dies kann im Verfahren gem § 287 II ZPO **geschätzt** werden (BGH GE 05, 663). Die Einholung eines Sachverständigengutachtens ist nicht erforderlich (BGH GE 05, 663). Zur **Grundlage einer Schätzung** kann eine dem Mietspiegel beigefügte „Orientierungshilfe" genutzt werden (BGH GE 05, 663, 664).

§ 558e Mietdatenbank

Eine Mietdatenbank ist eine zur Ermittlung der ortsüblichen Vergleichsmiete fortlaufend geführte Sammlung von Mieten, die von der Gemeinde oder von Interessenvertretern der Vermieter und der Mieter gemeinsam geführt oder anerkannt wird und aus der Auskünfte gegeben werden, die für einzelne Wohnungen einen Schluss auf die ortsübliche Vergleichsmiete zulassen.

1   **A. Zweck.** § 558e ist eine reine Hilfsnorm. Sie definiert legal, was eine Mietdatenbank ist. Die Bedeutung einer Mietdatenbank folgt aus § 558a II Nr 2: Danach kann zur Begründung eines Mieterhöhungsverlangens auf die Auskunft aus einer Mietdatenbank Bezug genommen werden. Wie auch ein Mietspiegel, soll es eine Mietdatenbank dem Mieter erleichtern, das Mieterhöhungsverlangen zu überprüfen. Dem Vermieter soll hingegen ermöglicht werden, seinen Anspruch leicht zu begründen. Die Nennung im Gesetz soll zudem die Verbreitung von Mietdatenbaken fördern (BTDrs 14/4553 S 40). Mietdatenbanken existieren bislang nämlich nur vereinzelt (zB Hannover und Obernkirchen).

2   **B. Begriff.** Eine Mietdatenbank ist eine strukturiert aufgearbeitete, fortlaufend geführte und sich ständig ändernde Sammlung einzelner Mieten. Ihre Funktion besteht darin, Angaben zu Mietvereinbarungen und Mietänderungen bereitzustellen, aus denen für einzelne Wohnungen Erkenntnisse über ortsübliche **Vergleichsmieten** gewonnen werden können. Eine Mietdatenbank wird von einer Gemeinde oder gemeinsam von Interessenvertretern der Vermieter und der Mieter geführt. Möglich ist auch, dass ein Dritter die Mietdatenbank betreut, sofern sie von Vermieter- und Mieterrepräsentanten oder von einer Gemeinde anerkannt (§ 558c Rn 2) wird.

3   Der wesentliche Unterschied ggü einem Mietspiegel liegt in der fortlaufenden Erfassung von Daten. Damit ermöglicht eine Mietdatenbank grds eine hohe Aktualität.

4   **C. Inhalt.** Eine Mietdatenbank soll Auskünfte geben, die für einzelne Wohnungen einen Schluss auf die ortsübliche Vergleichsmiete zulassen. Bei Auswahl der Mietdaten sind die gesetzlichen Vorgaben zur Ermittlung der ortsüblichen Vergleichsmiete einzuhalten (*Kinne* ZMR 01, 775, 782). Die Mietdaten sind daher gem § 558 II 1 nach Art, Größe, Ausstattung, Beschaffenheit und Lage zu strukturieren und dürfen nicht älter als vier Jahre sein. Mieten nach § 558 I 2 und § 549 II, III dürfen nicht in die Sammlung aufgenommen werden. Wie viele Daten – bezogen auf die jeweilige Wohnungskategorie – zu sammeln sind, ob es sich um einen

repräsentativen Querschnitt aus den einzelnen Wohnungskategorien handeln muss, von wem die Daten stammen und wie diese Daten verarbeitet werden, ist ungeklärt (*Stöver* NZM 02, 279).

§ 559 Mieterhöhung bei Modernisierung

(1) Hat der Vermieter bauliche Maßnahmen durchgeführt, die den Gebrauchswert der Mietsache nachhaltig erhöhen, die allgemeinen Wohnverhältnisse auf Dauer verbessern oder nachhaltig Einsparungen von Energie oder Wasser bewirken (Modernisierung), oder hat er andere bauliche Maßnahmen auf Grund von Umständen durchgeführt, die er nicht zu vertreten hat, so kann er die jährliche Miete um 11 vom Hundert der für die Wohnung aufgewendeten Kosten erhöhen.
(2) Sind die baulichen Maßnahmen für mehrere Wohnungen durchgeführt worden, so sind die Kosten angemessen auf die einzelnen Wohnungen aufzuteilen.
(3) Eine zum Nachteil des Mieters abweichende Vereinbarung ist unwirksam.

A. Allgemeines. Hat der Vermieter Modernisierungsmaßnahmen oder Maßnahmen auf Grund von Umständen, die er nicht zu vertreten hat, durchgeführt, kann er nach § 559 I **einseitig** den Mietvertrag ändern und die jährliche Miete erhöhen. Dieses Mieterhöhungsrecht ist ein Fremdkörper, weil es sich an den entstandenen Kosten orientiert (*Honsel* AcP 186, 115, 167). Vermieter können durch es auch bei sinkenden Mieten über eine Modernisierung eine im Markt nicht durchsetzbare Mieterhöhung erreichen. Anreiz, die Modernisierungskosten gering zu halten, besteht kaum: Die Kosten können hM nach voll umgelegt werden. § 559 ist keine andere Mieterhöhungsmöglichkeiten ausschließende Spezialvorschrift. Die Parteien können wegen einer Modernisierung eine Mieterhöhung frei von gesetzlichen Fesseln nach § 557 I aushandeln (LG Leipzig ZMR 99, 767; *Heilmann* GE 05, 42, 43). Ein Vermieter, der Modernisierungsarbeiten vornimmt, hat außerdem ein **Wahlrecht**, wie er Modernisierungsmaßnahmen bei der Bestimmung der zukünftigen Miete berücksichtigen will (LG Berlin NZM 99, 457; s § 558 Rn 23). Eine Kumulierung ist aber nicht möglich (*Börstinghaus* NZM 99, 881, 885). Es gilt auch keine Kappungsgrenze (Karlsr NJW 84, 62) oder eine Wartefrist. Der Mieter kann wegen einer Mieterhöhung allerdings nach § 561 I 2 kündigen. 1

Zu Anwendungsbereich und Grenzen s § 557 Rn 3 f. Eine Mieterhöhung ist **nicht möglich**, wenn die Parteien diese ausdrücklich oder konkludent ausgeschlossen (§ 557 Rn 10 ff) oder eine Staffelmiete vereinbart haben, § 557 a II. Bei einer Indexmiete ist gem § 557 b II eine Erhöhung nur wegen solcher baulicher Änderungen zulässig, die der Vermieter nicht zu vertreten hat. Ist ein Mieterhöhungsverlangen vor dem 1.9.01 zugegangen, gilt noch § 3 MHG (Art 229 § 3 I Nr 2 EGBGB). 2

B. Modernisierung. Eine Mieterhöhung nach §§ 559, 559 b setzt eine Baumaßnahme durch den Vermieter voraus. Für eine Baumaßnahme ist kein Eingriff in die Bausubstanz erforderlich (LG Chemnitz NJW-RR 04, 373). Erforderlich, aber auch ausreichend ist eine Veränderung des vertragsgemäß gestellten baulichen Zustandes. Dem Mieter muss etwas zur Verfügung stehen, was er bisher nicht oder jedenfalls nicht in dieser Weise hatte. Die Maßnahme kann sich auf die Wohnung selbst, das Haus oder das Hausgrundstück beziehen. Sie muss zumindest wirtschaftlich in einem sachlichen Zusammenhang mit dem Mietgebrauch stehen (*Kinne* ZMR 03, 396), wobei von den Legaldefinitionen in §§ 3 und 4 ModEnG ausgegangen werden kann (Hamm ZMR 83, 416). 3

Der Vermieter selbst muss **Bauherr** sein (KG NJW-RR 98, 296; BayObLG NJW 81, 2259). Bauherr ist, wer eine Baumaßnahme im eigenen Namen und auf eigene Rechnung durchführt oder durchführen lässt (Hamm ZMR 83, 416). Eine Abwälzung der aufgewendeten Kosten auf den Mieter ist nur dann möglich, wenn der Vermieter die für die Baumaßnahme entstehenden Kosten tragen muss (§ 559 a I). ZB bauliche Maßnahmen, die eine öffentlich-rechtliche Körperschaft zur Verbesserung des Wohngrundstücks durchführt, begründen keinen Mieterhöhungsanspruch. Der nach § 566 I in das Mietverhältnis eintretende Erwerber kann aber die Miete nach einer Modernisierung erhöhen. Dies ist dann der Fall, wenn die Modernisierungsarbeiten vom Veräußerer veranlasst worden sind, mit ihrer Ausführung vor **Eigentumswechsel** begonnen worden ist und diese vor oder nach seinem Eintritt in das Mietverhältnis abgeschlossen sind (KG ZMR 00, 757, 759). Hat der Erwerber hingegen vor Eintragung eine Modernisierung durchgeführt, ist keine Mieterhöhung möglich (Schmidt-Futterer/*Börstinghaus* Rn 40). 4

I. Modernisierungszwecke. Das Gesetz nennt drei **Modernisierungszwecke**: Die Erhöhung des Gebrauchswerts, die Verbesserung der Wohnverhältnisse und die nachhaltige Einsparung von Energie oder Wasser. Die Zwecke sind nicht randscharf und überschneiden sich. Eine genaue Einordnung ist freilich auch entbehrlich. 5

1. Erhöhung des Gebrauchswerts. Ein Modernisierungszweck ist die **nachhaltige** Erhöhung des Gebrauchswertes der Mietsache. Das Wohnen muss bei objektiver Betrachtung zB angenehmer, sicherer oder gesünder werden (KG OLGZ 66, 149). Der Modernisierungszweck ist weit auszulegen. Maßgeblich ist ein objektiver Maßstab. Es kommen etwa bauliche Maßnahmen zum Zuschnitt der Wohnung, für Belichtung und Belüftung, für Schallschutz, für die sanitären Einrichtungen, die Beheizung und Kochmöglichkeiten, zu den Funk- 6 tionsabläufen in der Wohnung oder der Sicherheit vor Diebstahl und Gewalt in Betracht. Bsp sind der Einbau eines Aufzuges (LG Hamburg ZMR 02, 918, 919), das erstmalige Fliesen eines Bades oder einer Küche (LG Berlin GE 03, 122, 123), eine neue Haustür mit zusätzlichen Sicherungen oder einer Klingel-, Gegensprech- und Türöffnungsanlage.

7 **2. Verbesserung der Wohnverhältnisse.** Die Erhöhung des Gebrauchswertes der Mietsache geht oft mit der dauerhaften **Verbesserung der allgemeinen Wohnwertverhältnisse** einher. Auch diese ist aber ein **eigenständiger** Modernisierungszweck. Sie hat ihre Bedeutung vor allem bei den Außenmodernisierungen. Zu nennen sind etwa die Anlage und der Ausbau von nicht öffentlichen Gemeinschaftsanlagen wie Kinderspielplätzen, Grünanlagen, Trockenräumen, Fahrrad- oder Hobbykellern, Stellplätzen und anderen Verkehrsanlagen.

8 **3. Nachhaltige Einsparung von Energie oder Wasser.** Dritter Modernisierungszweck ist die nachhaltige **Einsparung** jeder Art **von Energie oder von Wasser.** Dies kann zB erreicht werden durch die Verbesserung der Wärmedämmung von Fenstern, Außentüren und -wänden, Dächern, Kellerdecken und obersten Geschossdecken. Die Maßnahmen zur Einsparung von Heizenergie und Wasser dienen in erster Linie einer ökologischen Zielsetzung (BGH ZMR 04, 407, 408). Sie brauchen keine Verbesserung des Wohnwertes für den Mieter zu bewirken; es reicht aus, wenn die erzielte Einsparung an Heizenergie wesentlich sowie von Dauer ist und damit der Allgemeinheit zu Gute kommt (BGH ZMR 04, 407, 408). Auch eine Mindesteinsparung ist nicht notwendig (BGH ZMR 02, 503). Als Maßnahme vorstellbar ist etwa der Einbau einer neuen Heizung (Celle WuM 93, 89; LG Berlin NJW-RR 01, 1590), von Thermostatventilen oder von Wärmeschutzglas, die Verklinkerung einer Hauswand, die Anbringung einer Wärmeisolierschicht (LG Berlin ZMR 98, 166; LG Paderborn WuM 93, 360) oder der Einbau eines Isolierglasfensters mit Lüftung (AG Rostock GE 96, 1251).

9 **II. Vom Vermieter nicht zu vertretende Maßnahmen.** Zu den vom Vermieter nicht zu vertretenden Maßnahmen gehören solche baulichen Veränderungen, die auf gesetzlichen Geboten oder Verboten oder behördlichen Anordnungen beruhen, die auch ein sorgfältiger Vermieter nicht vorsehen oder vermeiden konnte (*Scholz* WuM 95, 87, 88). Hierzu gehören etwa der Einbau von Öltanksicherungen oder die Umstellung von Stadt- auf Erdgas (LG Berlin GE 96, 131).

10 **C. Wirkung.** Der Vermieter kann nach einer Modernisierung die jährliche Miete gem § 559 I in Höhe von 11 % der aufgewendeten Kosten (§ 559 b Rn 2) unter Abzug der anzurechnenden Drittmittel (§ 559 a I Rn 2 ff) einseitig erhöhen, wenn der Mieter der Maßnahme zugestimmt oder sie geduldet hat (*Heilmann* GE 05, 42). Bis auf Bagatellemaßnahmen (§ 554 Rn 17) ist eine Erhöhung nicht durchsetzbar, wenn die Modernisierungserklärung nach § 559 b wesentliche Mängel aufweist oder völlig fehlt. Der Mieterhöhungsanspruch ist auch im preisfreien Wohnraum grds weder durch § 242 noch durch das Gebot der Wirtschaftlichkeit begrenzt (BGH ZMR 04, 424 für den preisgebundenen Wohnraum). Eine Grenze würde die Durchsetzung von Mieterhöhungen erschweren und den Anreiz für notwendige Modernisierungen senken. Etwa die Mieterhöhung wegen energieeinsparender Modernisierungsmaßnahmen wird nicht durch das Verhältnis zu der erzielten Heizkostenersparnis begrenzt. Ein Schutz ist ggf auf Ebene der Modernisierungsankündigung und Modernisierungsduldung nach § 554 zu suchen.

11 Sind die baulichen Maßnahmen für mehrere Wohnungen durchgeführt worden, sind die Kosten nach § 559 II angemessen iSv §§ 315, 316 auf die einzelnen Wohnungen aufzuteilen. Im Prozess muss der Vermieter eine Modernisierung beweisen.

12 **D. Abdingbarkeit.** Eine zum Nachteil des Mieters abw Vereinbarung ist unwirksam.

§ 559 a Anrechnung von Drittmitteln

(1) Kosten, die vom Mieter oder für diesen von einem Dritten übernommen oder die mit Zuschüssen aus öffentlichen Haushalten gedeckt werden, gehören nicht zu den aufgewendeten Kosten im Sinne des § 559.
(2) ¹Werden die Kosten für die baulichen Maßnahmen ganz oder teilweise durch zinsverbilligte oder zinslose Darlehen aus öffentlichen Haushalten gedeckt, so verringert sich der Erhöhungsbetrag nach § 559 um den Jahresbetrag der Zinsermäßigung. ²Dieser wird errechnet aus dem Unterschied zwischen dem ermäßigten Zinssatz und dem marktüblichen Zinssatz für den Ursprungsbetrag des Darlehens. ³Maßgebend ist der marktübliche Zinssatz für erstrangige Hypotheken zum Zeitpunkt der Beendigung der Maßnahmen. ⁴Werden Zuschüsse oder Darlehen zur Deckung von laufenden Aufwendungen gewährt, so verringert sich der Erhöhungsbetrag um den Jahresbetrag des Zuschusses oder Darlehens.
(3) ¹Ein Mieterdarlehen, eine Mietvorauszahlung oder eine von einem Dritten für den Mieter erbrachte Leistung für die baulichen Maßnahmen stehen einem Darlehen aus öffentlichen Haushalten gleich. ²Mittel der Finanzierungsinstitute des Bundes oder eines Landes gelten als Mittel aus öffentlichen Haushalten.
(4) Kann nicht festgestellt werden, in welcher Höhe Zuschüsse oder Darlehen für die einzelnen Wohnungen gewährt worden sind, so sind sie nach dem Verhältnis der für die einzelnen Wohnungen aufgewendeten Kosten aufzuteilen.
(5) Eine zum Nachteil des Mieters abweichende Vereinbarung ist unwirksam.

A. Allgemeines und Zweck. Um unbillige Vorteile des Vermieters zu verhindern, ordnet § 559a I an, dass **1** bestimmte Gelder nicht zu den aufgewendeten Kosten iSv § 559 gehören. Durch die Rechtsgrundverweisung in § 558 V (*Schach* GE 04, 278) hat die Bestimmung auch für eine Mieterhöhung bis zur ortsüblichen Vergleichsmiete Bedeutung. Ihr wesentlicher Anwendungsbereich sind aber §§ 559, 559b. Eine zum Nachteil des Mieters abw Vereinbarung ist unwirksam und gem § 134 nichtig (BGH WuM 04, 29).

B. Drittmittel. Hat der Vermieter Drittmittel erhalten, wird der nach § 559 I mögliche **Erhöhungsbetrag** **2** von Gesetzes wegen im Hinblick auf Drittmittel **gekappt**. Drittmittel idS sind gem § 559a I Kosten, die vom Mieter oder für diesen von einem Dritten übernommen oder die mit Zuschüssen aus öffentlichen Haushalten gedeckt werden. Der **Anrechnungszeitraum** beträgt 10–12 Jahre (§ 558 Rn 23).
Art und Weise der Anrechnung sind in § 559a II geregelt. Kann nicht festgestellt werden, in welcher Höhe **3** Zuschüsse oder Darlehen für einzelne Wohnungen gewährt worden sind, sind sie gem § 559a IV nach dem Verhältnis der für die einzelnen Wohnungen aufgewendeten Kosten aufzuteilen. Wenn die Förderung degressiv gestaltet ist, muss die Erhöhungserklärung die Verringerung der Drittmittel und die Steigerung des Jahreserhöhungsbetrages bezogen auf die maßgeblichen Zeitpunkte mitteilen (LG Berlin GE 99, 439).
§ 559a III bestimmt, dass Mieterdarlehen, Mietvorauszahlungen oder von Dritten für den Mieter erbrachte **4** Leistungen für die baulichen Maßnahmen Darlehen aus öffentlichen Haushalten **gleichstehen**, Mittel der Finanzierungsinstitute des Bundes oder eines Landes hingegen als Mittel aus öffentlichen Haushalten **gelten**.

C. Wirkung. Der Vermieter muss nach § 559a I alle aufgewendeten Kosten ermitteln und hiervon die Dritt- **5** mittel abziehen. Der verbleibende Kostenaufwand ist der Berechnung des Jahresbetrages der Erhöhung iSv § 559 I zu Grunde zu legen.

§ 559b Geltendmachung der Erhöhung, Wirkung der Erhöhungserklärung

(1) ¹Die Mieterhöhung nach § 559 ist dem Mieter in Textform zu erklären. ²Die Erklärung ist nur wirksam, wenn in ihr die Erhöhung auf Grund der entstandenen Kosten berechnet und entsprechend den Voraussetzungen der §§ 559 und 559a erläutert wird.
(2) ¹Der Mieter schuldet die erhöhte Miete mit Beginn des dritten Monats nach dem Zugang der Erklärung. ²Die Frist verlängert sich um sechs Monate, wenn der Vermieter dem Mieter die zu erwartende Erhöhung der Miete nicht nach § 554 Abs. 3 Satz 1 mitgeteilt hat oder wenn die tatsächliche Mieterhöhung mehr als 10 vom Hundert höher ist als die mitgeteilte.
(3) Eine zum Nachteil des Mieters abweichende Vereinbarung ist unwirksam.

A. Allgemeines. Der zum Nachteil des Mieters nicht abdingbare § 559b bestimmt die **Anforderungen** an **1** eine einseitige **Mieterhöhung** des Vermieters wegen einer Modernisierung iSv § 559 und den **Zeitpunkt**, wann der Mieter die erhöhte Miete schuldet.

B. Voraussetzungen. I. Mieterhöhungsverlangen. 1. Form und Zeitpunkt. Das Mieterhöhungsverlangen **2** ist eine an alle Mieter gerichtete empfangsbedürftige Willenserklärung (§ 558a Rn 2 ff), die den Mietvertrag iSv § 311 I ändert. Es ist gem § 559b I auch im Falle des § 550 I in Textform (§ 126b) geltend zu machen. Die Erklärung kann erst nach Abschluss der Arbeiten abgegeben werden (Hburg WuM 83, 13).

2. Inhalt. Im Verlangen muss die Mieterhöhung auf Grund der entstandenen Kosten **berechnet** und entspr den **3** Voraussetzungen der §§ 559, 559a **erläutert** werden. Die Berechnungs- und Erläuterungspflicht stellt neben dem Kündigungsrecht nach § 561 das Gegengewicht zu der einseitigen Befugnis des Vermieters dar, die Miete zu erhöhen (KG ZMR 00, 759). Berechnung und Erläuterung sollen es dem Mieter ermöglichen, die Mieterhöhung auf ihre Berechtigung zu überprüfen (BGH ZMR 02, 503). Für die Erläuterung genügt, wenn der Mieter den Grund der Mieterhöhung versteht (BGH ZMR 02, 503, 504). Der Vermieter muss darlegen, inwiefern die von ihm durchgeführten baulichen Maßnahmen einem der Modernisierungszwecke des § 559 I dienen. Soweit ein Mieter die Berechnung der Mieterhöhung nicht selbst überprüfen kann, muss er sich von sachkundigen Personen helfen lassen (BGH ZMR 04, 407, 408). Die Mitteilung, es seien keine Drittmittel geflossen, ist entbehrlich (*Schach* GE 04, 278, 284).
Für bauliche Maßnahmen zur Einsparung von Heizenergie sind neben einer schlagwortartigen Bezeichnung **4** der Maßnahme und einer Zuordnung zu den Positionen der Berechnung diejenigen Tatsachen darzulegen, anhand derer überschlägig beurteilt werden kann, ob die bauliche Anlage eine nachhaltige Einsparung von Heizenergie bewirkt (BGH 25.1.2006 – VIII ZR 47/05); die Vorlage einer **Wärmebedarfsberechnung** ist aber **nicht** erforderlich (BGH ZMR 04, 407; 02, 503, 505). Ausreichend, aber auch erforderlich für eine plausible Darlegung eines Energieeinspareffektes der durchgeführten Maßnahme ist deren gegenständliche Beschreibung oder die Angabe der alten und neuen Wärmedurchgangskoeffizienten (k- oder u-Wert) der renovierten Teile (BGH 25.1.2006 – VIII ZR 47/05).
Unter aufgewandten Kosten sind die Gesamtkosten (Baukosten und Baunebenkosten) unter Herausrechnung **5** von Instandsetzungskosten (LG Halle ZMR 03, 35, 36; offen gelassen von BGH ZMR 04, 424) zu verstehen.

In der Erläuterung sind die Kosten der einzelnen Maßnahmen, abzuziehende Drittmittel iSv § 559 a (KG NZM 02, 211), der Verteilerschlüssel, der Kostenanteil je Wohnung und ggf Kosten einzelner Gewerke (LG Berlin ZMR 01, 277, 278) zu nennen.

6 **3. Mängel der Mieterhöhung.** Entspricht eine Mieterhöhungserklärung nicht den Anforderungen des § 559 b I, ist sie **nichtig** (BGH 25. 1. 2006 – VIII ZR 47/05; LG Stralsund WuM 97, 271). Eine „Nachbesserung" im Prozess ist anders als bei einem Zustimmungsverlangen zur Erhöhung der Miete bis zur ortsüblichen Vergleichsmiete nach § 558 b III 1 (s § 558 b Rn 12 ff) nicht möglich (BGH 25. 1. 2006 – VIII ZR 47/05; LG Berlin ZMR 01, 188). Der Vermieter kann eine Mieterhöhung mit einer ausreichenden Erläuterung iSd § 559 b I jederzeit neu erklären (LG Berlin ZMR 01, 188, 189). Das setzt voraus, dass eine vollständig neue materiell-rechtliche Willenserklärung abgegeben wird. Die bloße Klageerhebung unter Hinweis auf die vorangegangene Mieterhöhungserklärung reicht nicht aus. Der Mieter kann eine unwirksame Mieterhöhung durch vorbehaltlose Zahlung der erhöhten Miete nicht annehmen (LG Berlin GE 03, 807, 808; *Artz* WuM 05, 215, 218; aA LG Leipzig ZMR 01, 548; 99, 767, 768). Hat der Mieter die erhöhte Miete dennoch gezahlt, kann er Mehrbeträge zurückfordern (LG Dresden WuM 98, 216, 217).

7 **II. Duldung.** Weitere, allerdings ungeschriebene Voraussetzung ist, dass der Mieter die Modernisierungsmaßnahme geduldet oder der Vermieter einen Duldungsanspruch nach § 554 II 1 hat (*Kinne* GE 94, 70; AG Tiergarten NZM 98, 478; aA LG Berlin GE 97, 1579).

8 **C. Wirkung.** Der Mieter schuldet die erhöhte Miete nach einer Modernisierung (§ 559 Rn 3 ff) grds mit Beginn **des dritten Monats** nach dem Zugang der Erhöhungserklärung (§ 559 b II 1) und Fertigstellung der Maßnahme (Hburg ZMR 83, 309). Der **Wirkungszeitpunkt** kann sich gem § 559 b II 2 in zwei Fällen um sechs Monate verlängern, gerechnet vom normalen Eintritt: Das ist einerseits der Fall, wenn der Vermieter dem Mieter die zu erwartende Erhöhung der Miete nicht ordnungsgemäß nach § 554 III 1 mitgeteilt hat. Diesem Mangel steht gleich, dass der Vermieter die Modernisierung nicht angekündigt hat oder die Erhöhungserklärung andere Mängel aufweist, der Mieter die Maßnahme aber duldet oder ihr sogar zustimmt (aA LG Berlin GE 96, 1549), andererseits, wenn die tatsächliche Mieterhöhung mehr als 10 % höher als die mitgeteilte ist.

8 Der Vermieter braucht die Miete nicht binnen einer bestimmten Frist nach Fertigstellung der Baumaßnahmen zu erhöhen. Wartet er mit der Erhöhungserklärung zu lange, kann der Modernisierungszuschlag aber verwirkt sein. Für die Voraussetzungen des Erhöhungsrechts trifft den Vermieter die Beweislast (LG Braunschweig WuM 90, 158).

§ 560 Veränderungen von Betriebskosten

(1) ¹Bei einer Betriebskostenpauschale ist der Vermieter berechtigt, Erhöhungen der Betriebskosten durch Erklärung in Textform anteilig auf den Mieter umzulegen, soweit dies im Mietvertrag vereinbart ist. ²Die Erklärung ist nur wirksam, wenn in ihr der Grund für die Umlage bezeichnet und erläutert wird.
(2) ¹Der Mieter schuldet den auf ihn entfallenden Teil der Umlage mit Beginn des auf die Erklärung folgenden übernächsten Monats. ²Soweit die Erklärung darauf beruht, dass sich die Betriebskosten rückwirkend erhöht haben, wirkt sie auf den Zeitpunkt der Erhöhung der Betriebskosten, höchstens jedoch den Beginn des der Erklärung vorausgehenden Kalenderjahres zurück, sofern der Vermieter die Erklärung innerhalb von drei Monaten nach Kenntnis von der Erhöhung abgibt.
(3) ¹Ermäßigen sich die Betriebskosten, so ist eine Betriebskostenpauschale vom Zeitpunkt der Ermäßigung an entsprechend herabzusetzen. ²Die Ermäßigung ist dem Mieter unverzüglich mitzuteilen.
(4) Sind Betriebskostenvorauszahlungen vereinbart worden, so kann jede Vertragspartei nach einer Abrechnung durch Erklärung in Textform eine Anpassung auf eine angemessene Höhe vornehmen.
(5) Bei Veränderungen von Betriebskosten ist der Grundsatz der Wirtschaftlichkeit zu beachten.
(6) Eine zum Nachteil des Mieters abweichende Vereinbarung ist unwirksam.

1 **A. Allgemeines. I. Anwendungsbereich.** § 560 steht unter der Überschrift »Mietverhältnisse über Wohnraum«. Die Regelung gilt deshalb nicht für sonstige Mietverhältnisse. Nach § 549 II und III gilt § 560 nicht für die dort genannten Mietverhältnisse. Ferner gilt § 560 nicht für preisgebundenen Wohnraum. Inklusivmieten können wegen gestiegener Betriebskosten im Anwendungsbereich des § 560 nicht gesondert erhöht werden. Zu Übergangsregelungen für Mietverträge, die vor dem 1. 9. 01 abgeschlossen wurden s Art 229 § 3 IV EGBGB. Entgegen der Auffassung des BGH (WuM 04, 290) ist § 560 I nicht anwendbar, wenn eine Betriebskostenumlegung mit Abrechnung vereinbart ist (*Schmid* Handbuch der Mietnebenkosten Rn 3033).

2 **II. Vertragliche Anpassung.** § 560 ist nicht anzuwenden, wenn die Parteien im konkreten Einzelfall eine Erhöhung oder Herabsetzung der Pauschale oder der Vorauszahlungen vereinbaren. § 560 VI steht dem nicht entgegen. Es handelt sich nämlich dann um eine Erhöhung der Miete iSd § 557 I (*Schmid* WuM 01, 425). Für eine Herabsetzung der Miete bestehen ohnehin keine gesetzlichen Beschränkungen.

III. Wirtschaftlichkeitsgrundsatz. S hierzu § 556 Rn 7 ff. 3

B. Pauschalen. I. Erhöhung der Betriebskostenpauschale nach § 560 I und II. 1. Erhöhung der Betriebskosten. Es muss eine Erhöhung der Betriebskosten eingetreten sein (§ 560 I 1). Die Erhöhung der Betriebskosten muss bereits erfolgt sein, die Erwartung einer Steigerung genügt nicht (*Kinne* ZMR 01, 873). Die Betriebskosten müssen sich insgesamt erhöht haben (LG Berlin MDR 81, 849). Das bedeutet, dass bei einer Erhöhung einzelner Kostenarten eventuelle Senkungen bei anderen Kostenpositionen in Abzug zu bringen sind (AG Berlin-Charlottenburg GE 90, 105). Der Anfall neuer Betriebskosten steht einer Erhöhung der bisherigen Betriebskosten gleich (vgl LG Frankfurt/M WuM 90, 271, 274), wenn die neuen Betriebskosten von der Vereinbarung über die pauschale Umlegung erfasst sind (*Kinne* ZMR 01, 873). 4

2. Vergleichszeitpunkt. Vergleichszeitpunkt ist der Zeitpunkt des Mietvertragsabschlusses, wenn die Betriebskostenpauschale seither unverändert geblieben ist (AG Berlin-Neukölln GE 91, 253). Wurde die Betriebskostenpauschale erhöht oder ermäßigt, gleichgültig, ob einseitig oder durch einvernehmliche Regelung, ist der Zeitpunkt der Wirksamkeit der Veränderung maßgebend (AG Köln WuM 87, 162). Unerheblich ist, wie lange der Vergleichszeitpunkt zurückliegt (*Kinne* ZMR 01, 868, 873). Der Vergleichszeitpunkt muss für jedes einzelne Mietverhältnis gesondert bestimmt werden und darf nicht vor Abschluss des Mietvertrages liegen (*Kinne* ZMR 01, 873). 5

3. Vereinbarung der Erhöhungsmöglichkeit. § 560 I 1 macht die Möglichkeit einer einseitigen Erhöhung der Betriebskostenpauschale von einer entspr Vereinbarung im Mietvertrag abhängig. Ist die Erhöhungsmöglichkeit nur für bestimmte Betriebskostenpositionen vereinbart, kommt es auf diese Positionen an (vgl *Stemel* ZMR 01, 943). Ohne Vereinbarung verbleibt es für die Dauer des Mietverhältnisses bei der ursprünglich vereinbarten Pauschale. Selbst bei erheblichen Kostensteigerungen ist nach dem eindeutigen Gesetzeswortlaut eine Erhöhung ohne vertragliche Grundlage nicht möglich. Da der Vermieter mit der Vereinbarung einer Pauschale ohne Erhöhungsmöglichkeit das Risiko der Kostensteigerung übernommen hat, helfen ihm auch die Grundsätze über die Veränderung der Geschäftsgrundlage in aller Regel nicht weiter (§ 313 I; *Schmid* Handbuch der Mietnebenkosten Rn 2093). Das Erfordernis der Vereinbarung einer Erhöhungsmöglichkeit gilt auch für Mietverhältnisse, die vor dem 1. 9. 01 eingegangen worden sind (Art 229 § 3 IV EGBGB). 6

4. Erhöhungsbetrag. Der Erhöhungsbetrag ist die Differenz zwischen den Betriebskosten zum Vergleichszeitpunkt (oben Rn 5) und zum Zeitpunkt der Abgabe der Erhöhungserklärung (AG Waiblingen WuM 88, 129). Bei einer zu niedrig angesetzten Pauschale kann also nicht auf den vollen an sich umlegungsfähigen Betrag erhöht werden. Der Vorteil eines zu geringen Ansatzes bleibt dem Mieter erhalten, führt aber auch nicht dazu, dass bei der Erhöhung ein Abschlag vom Differenzbetrag zu machen ist. War dagegen die Betriebskostenpauschale zu hoch, so bildet der Anteil des Mieters an den tatsächlich anfallenden Betriebskosten die Obergrenze für eine Erhöhung. 7

5. Durchführung der Erhöhung. a) Die Erhöhung erfolgt durch einseitige empfangsbedürftige Erklärung. b) Die Erhöhungserklärung bedarf der Textform (§ 126 b). Fehlt es hieran, ist die Erklärung nach § 125 unwirksam. c) Die Erhöhung muss anteilig, dh nach bestimmten Umlegungsmaßstäben, auf die Mieter umgelegt werden. Dabei sind, sofern nicht vertragliche Vereinbarungen bestehen, trotz des zu eng gefassten Begriffes »Abrechnungsmaßstab« die Grundsätze des § 556 a heranzuziehen, soweit sie sich nicht auf eine verbrauchs- oder verursachungsbezogene Abrechnung beziehen. d) Nach § 560 I 2 ist die Erklärung nur wirksam, wenn in ihr der Grund für die Umlage bezeichnet und erläutert wird. Zumindest stichwortartig ist anzugeben, worauf die Kostensteigerung beruht (LG Berlin ZMR 96, 144), zB Lohnerhöhung, gestiegene Gebühren oder erhöhter Verbrauch. Bei der Erhöhung unter Heranziehung neuer Kostenarten muss die Erhöhungserklärung hierzu einen Hinweis enthalten (LG Bayreuth WuM 89, 423). Die Umlegungsmaßstäbe müssen angegeben werden, sofern sie nicht bereits aus dem Mietvertrag oder aus früheren Umlegungen bekannt sind (vgl BGH NJW 82, 573; überzogen die Anforderungen von *Kinne* ZMR 01, 874). e) Inhaltliche Mängel, die zu einem falschen Erhöhungsbetrag führen, machen nicht die gesamte Erhöhungserklärung unwirksam. Die Erhöhung ist auf den richtigen Betrag zu reduzieren (LG Berlin ZMR 95, 353). 8

6. Folge der Erhöhungserklärung. a) Grds schuldet der Mieter die Erhöhung vom Beginn des der Erklärung folgenden übernächsten Monats an (§ 560 II 1). Maßgeblich ist also nicht der Zeitpunkt der Erhöhung der Betriebskosten, sondern der Zeitpunkt des Zugangs der Erhöhungserklärung. b) Eine Rückwirkung der Erhöhungserklärung ist nur unter besonderen Voraussetzungen gegeben (§ 560 II 2): – Die Betriebskosten müssen sich rückwirkend erhöht haben. Diese Rückwirkung muss bereits beim Vermieter bestehen, zB rückwirkende Erhöhung der Grundsteuer. Nicht ausreichend ist, dass der Vermieter nicht sofort bei der Betriebskostenerhöhung eine Erhöhungserklärung abgibt. – Der Vermieter muss die Erhöhungserklärung innerhalb von drei Monaten nach seiner Kenntnis von der Erhöhung abgeben. Maßgeblich ist die tatsächliche Kenntnis des Vermieters. Bei einem behördlichen Bescheid kommt es darauf an, wann die Erhöhung endgültig feststeht, und zwar auch dann, wenn gegen den Bescheid Rechtsmittel eingelegt sind (LG München I DWW 78, 99). Da das Gesetz auf die Abgabe der Erklärung und nicht auf den Zugang beim Mieter abstellt, genügt die rechtzeitige Absendung (*Schmid* Handbuch der Mietnebenkosten Rn 2110; str). – Die Rückwirkung ist 9 begrenzt auf den Beginn des der Erklärung vorausgehenden Kalenderjahres. Eine rückwirkende Erhöhung ist auch dann möglich, wenn zum Zeitpunkt des Zuganges der Erhöhungserklärung das Mietverhältnis bereits beendet ist (*Schmid* Handbuch der Mietnebenkosten Rn 2112; aA *Kinne* ZMR 01, 868, 875). Grundlage für die Erhöhung ist der Mietvertrag, der durch den Ablauf der Mietzeit nicht rückwirkend beseitigt wird.

10 **7. Kontrollrechte des Mieters.** Der Mieter kann die Berechtigung der Erhöhung der Pauschale durch Einsicht in die Belege bzw Anforderung von Fotokopien überprüfen (*Schmid* Handbuch der Mietnebenkosten Rn 2114).

11 **8. Keine Abweichung zum Nachteil des Mieters.** Eine zum Nachteil des Mieters abw Vereinbarung ist nach § 560 VI unwirksam. Vereinbarungen zugunsten des Mieters, zB ein späteres Wirksamwerden der Erhöhung sind zulässig.

12 **II. Herabsetzung der Pauschale nach § 560 III.** 1. § 560 III gilt nicht für ursprünglich zu hoch angesetzte Pauschalen, da diese insoweit nicht wirksam vereinbart sind, als sie die angemessene Höhe übersteigen (*Schmid* Handbuch der Mietnebenkosten Rn 3086; im Ergebnis ebenso *Langenberg* WuM 01, 530). 2. Maßgeblich ist hier der Zeitpunkt der tatsächlichen Ermäßigung der Betriebskosten, nicht derjenige der Mitteilung an den Mieter. 3. Die Betriebskosten müssen sich in ihrer Gesamtheit ermäßigt haben (AG Berlin-Charlottenburg GE 90, 105). Die Ermäßigung einzelner Betriebskostenpositionen kann deshalb durch eine Steigerung anderer Betriebskostenarten ausgeglichen sein. 4. Für den Vergleichzeitraum gilt dasselbe wie bei Betriebskostenerhöhungen (oben Rn 5). Sobald die Betriebskosten unter das Level des maßgeblichen Zeitpunktes absinken, muss zu diesem Zeitpunkt die Pauschale gesenkt werden, unabhängig davon, wann der Vermieter die entspr Erklärung abgibt. Die Senkung der Pauschale wird deshalb zumeist mit Rückwirkung zu versehen sein. Bereits geleistete Überzahlungen kann der Mieter aus ungerechtfertigter Bereicherung zurückverlangen. 5. Die Verpflichtung zur Herabsetzung hängt nicht davon ab, dass zuvor bereits eine Erhöhung der Betriebskostenpauschale erfolgt ist (*Stemel* ZMR 01, 943. *Schmid* WuM 01, 427). 6. Da der Mieter die Kostenentwicklung in aller Regel nicht überprüfen kann, hat er gegen den Vermieter einen Anspruch auf Auskunft verbunden mit dem Recht auf Belegeinsicht bzw Erteilung von Fotokopien (*Stemel* ZMR 01, 943). Bis zur Erteilung der Auskunft bzw bis zur Herabsetzung der Pauschale hat der Mieter ein Zurückbehaltungsrecht (vgl BayObLG MDR 96, 1114). 7. Nach § 560 V sind Vereinbarungen, die zum Nachteil des Mieters von den Regelungen des § 560 III abweichen, unwirksam. Abw Vereinbarungen zugunsten des Mieters sind möglich.

13 **III. Vertragliche Regelungen. 1. Einvernehmliche Veränderung der Höhe der Pauschale.** Die Parteien können die Höhe der Pauschale durch Vertragsänderung in gleicher Weise verändern, wie sie sie erstmals vereinbaren können.

14 **2. Vertragliche Änderungsvorbehalte.** a) Wohnraummietverhältnisse. Wegen des teilweise zwingenden Charakters der Erhöhungsregelung des § 560 kann in dessen Anwendungsbereich ein vertraglicher Änderungsvorbehalt zugunsten des Vermieters nicht wirksam vereinbart werden. Bei den in § 549 II und 3 genannten besonderen Mietverträgen sind Erhöhungsvereinbarungen zulässig (*Schmid* WuM 01, 424). Es gelten dieselben Einschränkungen wie bei den nachstehend zu behandelnden, praktisch bedeutsameren Vereinbarungen zur Geschäftsraummiete. b) Geschäftsraummietverhältnisse. Die Vorschriften über die Erhöhung und Herabsetzung der Pauschale sind auf die Geschäftsraummiete nicht analog anzuwenden (*Schmid* GE 01, 1028). Es besteht grds Vertragsfreiheit. Erhöhungsvereinbarungen sind zulässig. Das in § 560 vorgesehene Verfahren kann, aber muss nicht vereinbart werden. Ein dem § 560 nachgebildetes Verfahren steht bei der Verwendung von Formalmietverträgen im Einklang mit § 307, da der Geschäftsraummieter nach den Vorstellungen des Gesetzgebers nicht schutzwürdiger ist als der Wohnraummieter (*Schmid* WuM 01, 426). Mietvertraglich kann der Vermieter verpflichtet werden, die Pauschale herabzusetzen, wenn die Kosten gesunken sind.

15 **C. Vorauszahlungen. I. Erhöhung der Vorauszahlungen nach § 560 IV. 1. Voraussetzungen.** a) Es müssen **Betriebskostenvorauszahlungen vereinbart** sein. § 560 IV ermöglicht nicht die erstmalige Festlegung von Betriebskostenvorauszahlungen. b) Die Erhöhungsmöglichkeit als solche muss nicht vereinbart, darf aber **nicht vertraglich ausgeschlossen oder beschränkt** sein (§ 557 III). c) Die Erhöhung ist nur **nach einer Abrechnung** möglich. Die Abrechnung muss zumindest formell wirksam sein (AG Dortmund WuM 04, 148). Inhaltliche Fehler berühren das Erhöhungsrecht nicht, können aber bei der Prüfung der Angemessenheit zu berücksichtigen sein (*Schmid* Handbuch der Mietnebenkosten Rn 3256 ff). Nach dem Gesetzeswortlaut genügt jedwede vorangegangene Abrechnung. Es kann deshalb aus dem Gesetz nicht abgeleitet werden, dass eine Erhöhung nur möglich ist, wenn bereits für den letzten Abrechnungszeitraum abgerechnet ist (aA AG Hamburg-Bergedorf NZM 02, 435). Auch eine nach § 556 III 2 verspätete Abrechnung für eine frühere Abrechnungsperiode kann Grundlage einer Erhöhung sein (aA AG Hburg-Bergedorf ZMR 02, 675 m abl Anm *Schmid*). Da der Zugang einer Abrechnung Voraussetzung für das Erhöhungsrecht ist, gewährt § 560 IV nur ein einmaliges Erhöhungsrecht pro Abrechnung (*Derckx* NZM 04, 326). Weitere Erhöhungen sind erst wieder nach Zugang einer neuerlichen Abrechnung möglich, auch wenn zwischenzeitlich erhebliche Kosten-

steigerungen eingetreten sind. Eine **gleichzeitige Mitteilung der Erhöhungserklärung mit der Abrechnung** ist als zulässig anzusehen, da eine gesonderte Versendung einen Tag später eine unnötige Förmelei wäre (AG Dortmund WuM 04, 148, *Schmid* Handbuch der Mietnebenkosten Rn 3099). Nicht als Erhöhungsvoraussetzung festgeschrieben ist, dass sich die **Angemessenheit** der künftigen Vorauszahlungen gerade aus der Abrechnung ergibt. Es ist deshalb auch nicht Voraussetzung für die Erhöhung, dass die Abrechnung mit einer Nachzahlung endet (*Derckx* NZM 04, 325; aA LG Berlin NZM 04, 339; AG Hburg-Bergedorf NZM 02, 435 = ZMR 02, 675 m abl Anm *Schmid*). d) Da **eine zeitliche Begrenzung** nicht besteht, ist ein zeitlicher Zusammenhang mit dem Zugang der Abrechnung an den Mieter nicht erforderlich. Der Vermieter kann deshalb nach einer Abrechnung die weitere Kostenentwicklung abwarten. e) Anders als § 560 I 1 für die Erhöhung von Betriebskostenpauschalen macht § 560 IV die Erhöhungsmöglichkeit vom Wortlaut her nicht von einer **Erhöhung der Betriebskosten** abhängig. Gleichwohl wird man eine Erhöhung der Betriebskosten als Voraussetzung verlangen müssen (*Schmid* Handbuch der Mietnebenkosten Rn 3102; aA *Derckx* NZM 04, 325). Das ergibt sich aus der Überschrift »Veränderung von Betriebskosten«. Die Betriebskosten müssen sich insgesamt erhöht haben. Der Anfall neuer Betriebskosten steht einer Erhöhung der bisherigen Betriebskosten gleich, wenn die neuen Betriebskosten von der Vereinbarung über die Umlegung erfasst sind (vgl für dasselbe Problem bei der Betriebskostenpauschale oben Rn 4). Eine Erhöhung ist nicht möglich, wenn der Umlegung der Kosten entgegensteht, dass die kostenverursachende Maßnahme unwirtschaftlich ist (vgl § 560 V). Vergleichszeitpunkt für die Beurteilung der Erhöhung ist der Zeitpunkt des Mietvertragsabschlusses oder, wenn bereits eine Erhöhung stattgefunden hat, der Zeitpunkt der letzten Erhöhungserklärung. f) Das Erhöhungsrecht steht sowohl dem **Vermieter** als auch dem **Mieter** zu.

2. Durchführung der Erhöhung. a) Die Erhöhung erfolgt durch eine **einseitige empfangsbedürftige Willenserklärung**. b) Die Erhöhungserklärung bedarf der **Textform** des § 126 b Ein Verstoß gegen die Formvorschrift führt zur Unwirksamkeit der Erklärung (§ 125). c) Eine **Begründung** ist nicht vorgeschrieben. Sie lässt sich auch nicht aus allgemeinen Grundsätzen herleiten, da das Gesetz an anderer Stelle, insbes in § 560 I 2, Begründungen ausdrücklich vorschreibt, was aber hier gerade nicht geschehen ist (*Schmid* Handbuch der Mietnebenkosten Rn 3103; vgl auch BGH GE 03, 1152). 16

3. Wirkung. a) Die Erhöhungserklärung hat die Wirkung, dass die **neuen Vorauszahlungen an die Stelle der bisherigen Vorauszahlungen treten**, ohne dass es einer Zustimmung des Mieters bedarf. b) Die Erklärung wird wirksam, wenn sie **dem Mieter zugeht** (§ 130). c) Keine Regelung enthält das Gesetz darüber, **ab wann die erhöhten Vorauszahlungen geschuldet werden**. Da anders als in § 560 II 1 keine bestimmte Frist genannt ist, tritt die erhöhte Zahlungspflicht sofort ein (*Derckx* NZM 04, 325), dh bei der nächsten Fälligkeit einer Vorauszahlung ist der erhöhte Betrag geschuldet (*Schmid* Handbuch der Mietnebenkosten Rn 3106; aA AG Köln ZMR 04, 920, das § 560 II analog anwenden will). 17

4. Umfang der Erhöhung. Eine Erhöhung kann auf eine **angemessene Höhe** erfolgen. Maßgeblich ist also nicht der Erhöhungsbetrag, sondern der **Betrag der neuen Vorauszahlung**. Es können auch Kostensteigerungen berücksichtigt werden, die erst im laufenden Abrechnungszeitraum eingetreten oder für diesen mit Wahrscheinlichkeit zu erwarten sind (MüKo/*Schmid* § 560 Rn 37; aA *Derckx* NZM 04, 326). Das Vorliegen einer Abrechnung ist zwar Voraussetzung für eine Erhöhung. Damit wird aber nicht ausgeschlossen, dass die künftigen Vorauszahlungen höher sind als der Umlegungsbetrag der letzten Abrechnung. Ist der neue Betrag **unangemessen hoch**, bleibt die Erklärung als solche wirksam. Der Höhe nach wird jedoch nur der angemessene Betrag geschuldet (*Derckx* NZM 04, 325). 18

5. Keine Verpflichtung des Vermieters. Der Vermieter ist zu einer Erhöhung berechtigt, aber nicht verpflichtet. Der Mieter kann deshalb ggü einer Nachzahlung aus einer Abrechnung nicht einwenden, dass der Vermieter von einer Erhöhungsmöglichkeit keinen Gebrauch gemacht hat (*Schmid* Handbuch der Mietnebenkosten Rn 3113). 19

II. Vertragliche Regelungen zur Erhöhung – § 560 VI. 1. Die Parteien können jederzeit im Rahmen der Angemessenheit eine Erhöhung der Betriebskostenvorauszahlungen um einen bestimmten Betrag frei vereinbaren. 2. Generelle Regelungen, die sich auf künftige Erhöhungen der Betriebskostenvorauszahlungen beziehen, sind jedoch nach § 560 VI nur eingeschränkt zulässig. Zum Nachteil des Mieters kann von § 560 IV nicht abgewichen werden. Nicht möglich sind deshalb zB ein Absehen von der Textform, eine rückwirkende Erhöhung von Vorauszahlungen, eine Erhöhungsmöglichkeit ohne vorangegangene Abrechnung (*Derckx* NZM 04, 325) oder eine Erhöhung über die Angemessenheitsgrenze hinaus (*Schmid* Handbuch der Mietnebenkosten Rn 3115 a). Abweichungen zugunsten des Mieters sind möglich bis hin zum völligen Ausschluss des Erhöhungsrechts. 20

III. Herabsetzung der Vorauszahlungen nach § 560 IV 21
1. Erweisen sich Vorauszahlungen in Folge einer Veränderung der Betriebskosten als unangemessen hoch, können beide Parteien nach § 560 IV eine Anpassung in Form einer Herabsetzung vornehmen. Voraussetzungen und Folgen sind genauso geregelt wie bei einer einseitigen Erhöhung. Eine Verpflichtung des Vermieters zu einer Herabsetzung der Vorauszahlungen besteht anders als bei Pauschalen nach § 560 III nicht.

2. Das Herabsetzungsrecht des Mieters kann weder ausgeschlossen noch beschränkt oder erschwert werden (§ 560 VI). Die Erklärung des Mieters darf zB nicht an eine strengere Form als die Textform gebunden werden (Schriftform oder Einschreiben). Ebenso unwirksam wäre ein Hinausschieben des Wirksamkeitszeitpunktes.

22 **IV. Geschäftsraummiete und besondere Mietverhältnisse. 1. Erhöhung der Vorauszahlungen.** a) Für Geschäftsräume und für die in § 549 II und III genannten besonderen Mietverhältnisse bestehen keine gesetzlichen Regelungen über eine einseitige Erhöhung der Nebenkostenvorauszahlungen. b) Das hat zur Folge dass bei Fehlen einer vertraglichen Regelung eine einseitige Anpassung der Vorauszahlungen grds nicht möglich ist (*Schmid* Handbuch der Mietnebenkosten Rn 3123; *ders* DWW 02, 118, 120; aA *Schmidt-Futterer/Langenberg* Mietrecht § 546 Rn 182; *v. Seldeneck* Betriebskosten im Mietrecht Rn 3934). Nur in extremen Fällen können die Grundsätze des Fortfalls der Geschäftsgrundlage eingreifen, wenn sich die tatsächlichen Kosten von den Vorauszahlungen so weit entfernt haben, dass dem Vermieter die Vorfinanzierung nicht mehr zumutbar ist. c) Es kann jedoch ein einseitiges Erhöhungsrecht vertraglich vereinbart werden. Eine Bindung an die Regelungen des § 560 IV besteht nicht.

23 **2. Herabsetzung der Vorauszahlungen.** Auch hierfür bestehen keine gesetzlichen Regelungen. Fehlen vertragliche Regelungen, ist eine einseitige Herabsetzung nicht möglich. Werden die Vorauszahlungen durch ein deutliches Absinken der gesamten Nebenkosten unangemessen und für den Mieter unzumutbar hoch, hat der Mieter aus Treu und Glauben einen Anspruch auf Herabsetzung der Vorauszahlungen. Der Herabsetzungsanspruch muss ggf im Klagewege durchgesetzt werden. Bis zur Erfüllung des Herabsetzungsanspruches kann für den Mieter hinsichtlich künftiger Vorauszahlungen ein Zurückbehaltungsrecht nach § 273 in Betracht kommen (BayObLG MDR 96, 1114).

§ 561 Sonderkündigungsrecht des Mieters nach Mieterhöhung

(1) ¹Macht der Vermieter eine Mieterhöhung nach § 558 oder § 559 geltend, so kann der Mieter bis zum Ablauf des zweiten Monats nach dem Zugang der Erklärung des Vermieters das Mietverhältnis außerordentlich zum Ablauf des übernächsten Monats kündigen. ²Kündigt der Mieter, so tritt die Mieterhöhung nicht ein.
(2) Eine zum Nachteil des Mieters abweichende Vereinbarung ist unwirksam.

1 **A. Zweck und Anwendungsbereich.** Das zum Nachteil des Mieters nicht abdingbare Sonderkündigungsrecht des § 561 I 1 ist Mieterschutzvorschrift und Korrelat zum gesetzlich garantierten Recht des Vermieters auf Durchsetzung einer Mieterhöhung. Der Mieter hat nach dem Gesetz die Wahl, ob er nach einer Mieterhöhung gem § 558 oder § 559 das Mietverhältnis fortsetzen oder beenden will. Für Erhöhungsverlangen nach § 559 wird dem Mieter daneben ein weiteres Kündigungsrecht in § 554 III 2 eingeräumt. Neben § 561 kann der Mieter wahlweise nach §§ 542 I, 573c I 1 kündigen. § 561 ist auch auf Zeitmietverträge nach § 575 anwendbar; eben hier liegt seine Bedeutung. Zum Anwendungsbereich s § 557 Rn 3. Ist ein Mieterhöhungsverlangen vor dem 1.9.01 zugegangen, gilt noch § 9 I MHG (Art 229 § 3 I Nr 1 EGBGB).

2 **B. Voraussetzungen. I. Mieterhöhung nach § 558 oder § 559.** Einzige Voraussetzung ist der Zugang einer Mieterhöhungserklärung gem § 558 I 1 (§ 558a Rn 2) oder § 559 (§ 559b Rn 2). Eine Erklärung nach § 557b III oder § 560 I 1, IV ist hingegen bedeutungslos. Das Kündigungsrecht besteht hM nach auch dann, wenn das Erhöhungsverlangen unwirksam ist (LG Berlin GE 98, 43; str). Allerdings muss nach § 242 wenigstens eine dem äußeren Schein nach wirksame Erhöhungserklärung vorliegen. Erkennt der Mieter selbst und zweifelsfrei, dass ein Mieterhöhungsverlangen unwirksam erhoben wurde, kommt ihm kein Sonderkündigungsrecht zu (LG Berlin GE 98, 43, 44; AG Münsingen NZM 98, 305). Keine Mieterhöhung stellt ein an den Mieter gerichtetes Angebot auf einverständliche Vertragsänderung zur Miethöhe dar (unklar LG Gießen WuM 00, 423).

3 **II. Keine Zustimmung.** Das Sonderkündigungsrecht ist ausgeschlossen, wenn der Mieter der Mieterhöhung ausdrücklich oder konkludent zugestimmt hat.

4 **C. Kündigungsrecht.** Liegen die Voraussetzungen vor, kann der Mieter nach § 561 I 1 bis zum Ablauf des zweiten Monats nach dem Zugang der Erklärung des Vermieters (also nur innerhalb der Zustimmungsfrist, § 558b Rn 2) das Mietverhältnis außerordentlich zum Ablauf des übernächsten Monats kündigen. Der kompliziert formulierte § 561 I 1 nennt damit zwei Fristen: eine **Kündigungsfrist** bis wann die Kündigung nach einer Mieterhöhung gem §§ 558, 559 erklärt werden kann (zum Ablauf des zweiten Monats nach Zugang der Erklärung des Vermieters; also mindestens zwei Monate und ein Tag, längstens zwei Monate und 30 Tage) und eine **Wirkungsfrist** mit deren Ablauf die Kündigungswirkung eintritt (zum Ablauf des übernächsten Monats nach Zugang der Kündigung; also mindestens zwei Monate, längstens zwei Monate und 30 Tage). Für die Berechnung der Fristen gelten §§ 187 ff.

Die Kündigung ist schriftlich zu erklären (§§ 568, 126). Sie muss nicht begründet werden; § 569 IV gilt nicht.

D. Wirkung. Kündigt der Mieter, erhöht sich die Miete nicht. Zum anderen endet das Mietverhältnis zum Ablauf des übernächsten Monats nach Zugang der Kündigung.

Kapitel 3 Pfandrecht des Vermieters

§ 562 Umfang des Vermieterpfandrechts

(1) ¹Der Vermieter hat für seine Forderungen aus dem Mietverhältnis ein Pfandrecht an den eingebrachten Sachen des Mieters. ²Es erstreckt sich nicht auf die Sachen, die der Pfändung nicht unterliegen.

(2) Für künftige Entschädigungsforderungen und für die Miete für eine spätere Zeit als das laufende und das folgende Mietjahr kann das Pfandrecht nicht geltend gemacht werden.

A. Grundsätzliches. § 562 I regelt den **gegenständlichen** Umfang des Vermieterpfandrechts während § 562 II die Sicherungswirkung in **zeitlicher** Hinsicht begrenzt. Für das gesetzliche Vermieterpfandrecht gelten zum einen die speziellen Bestimmungen der §§ 562 ff. Zum anderen gelten über § 1257 die Bestimmungen der §§ 1204 ff bzgl rechtsgeschäftlich bestellter Pfandrechte entspr, allerdings mit einer Einschränkung. Die eingeschränkte Anwendbarkeit begründet sich daraus, dass die Regelungen nur gelten, soweit sie nicht den unmittelbaren Besitz des Pfandgläubigers am Pfandgegenstand voraussetzen. Damit sind insbes folgende Regelungen anwendbar: §§ 1222, 1227–1250 (ohne § 1232 S 1), 1252, 1255 und 1256.

Das gesetzliche Vermieterpfandrecht ist ein **besitzloses Pfandrecht**. Der Vermieter hat mittelbaren Besitz allenfalls an mitvermieteten Sachen. Praktische Bedeutung erlangt das Vermieterpfandrecht heute fast ausschl im Bereich der Geschäftsraummiete (*Lammel* § 562 Rn 2) und des Leasings, während es im Wohnraummietrecht infolge der Pfändungsverbote (§§ 811 ff ZPO; § 562 I 2), der Zunahme von Vorbehalts- und Sicherungseigentum sowie des Minderwerts gebrauchter Sachen seiner eigentlichen Funktion beraubt und durch die Kaution als vertraglich vereinbarte Sicherheit verdrängt wurde (*Spieker* ZMR 02, 327, 332).

Gegenstände, die dem Vermieterpfandrecht unterliegen, sind nicht mehr Gegenstand einer Zwangsräumung, wenn der Vermieter sein gesetzliches Pfandrecht geltend gemacht hat (AG Wedding ZMR 04, 760; BGH ZMR 06, 199 mit Anm *Körner*). Dem Wegnahmerecht des Mieters nach § 539 II geht das wirksam begründete Vermieterpfandrecht vor (BGH NJW 87, 2861).

B. Entstehen des Vermieterpfandrechts. I. Raum- und Grundstücksmiete. Das Entstehen des Vermieterpfandrechts setzt zunächst das Bestehen eines Mietvertrages über Wohnraum, ein Grundstück oder über Räume, die keine Wohnräume sind, voraus (§§ 562, 578). Daran fehlt es zB im Verhältnis zwischen Hauptvermieter und Untermieter, nicht aber im Verhältnis Untervermieter (Hauptmieter) zum Untermieter (Endmieter). Der Vermieter muss nicht Eigentümer sein, um das Pfandrecht wirksam ausüben zu können. Sachen, die erst während einer nachvertraglichen Weiternutzung in die Mieträume gelangen, werden vom Vermieterpfandrecht nicht erfasst.

II. Sachen. Das gesetzliche Erfordernis der Einbringung zeigt, dass es sich um körperliche Gegenstände (§ 90), dh bewegliche Sachen handeln muss. Sachen sind auch Geld und Inhaberpapiere sowie indossable Papiere (Wechsel und Scheck), nicht aber Forderungen und bloße Legitimationspapiere (Sparbücher und Kfz-Briefe), arg § 952.

Sachen ohne objektiven Vermögenswert unterfallen nicht dem Vermieterpfandrecht (persönliche Briefe, Familienfotos und andere Sachen von rein immateriellem Wert). Str ist, ob Sachen, die zwar einen materiellen aber kaum realisierbaren Wert haben, unter das Vermieterpfandrecht fallen (AG Köln WuM 89, 296).

III. Eigentum des Mieters. Das Vermieterpfandrecht erstreckt sich nur auf Sachen, die im Eigentum des Mieters stehen. Trotz der anerkannten Teilrechtsfähigkeit der BGB-Außengesellschaft (BGH ZMR 01, 338) werden eingebrachte Sachen der Gesellschafter als dem Pfandrecht unterliegend angesehen, während für die oHG und KG dies gerade nicht gilt (vgl Staud/*Emmerich* § 562 Rn 18). Bei **Miteigentum** unterliegt entspr § 1258 nur der Miteigentumsanteil dem Pfandrecht (Staud/*Emmerich* § 562 Rn 18). Bei **Gesamthandseigentum** entsteht ein Vermieterpfandrecht nur, wenn alle Gesamthänder Mieter sind oder der Mieter über das Gesamthandseigentum verfügungsberechtigt ist. Kein Pfandrecht kann hingegen am bloßen Gesamthandsanteil eines Mieters entstehen, da dieser ein bloßes Recht ist.

Sachen, die im **Eigentum Dritter** stehen, werden vom Pfandrecht nicht erfasst. Dies gilt auch, wenn ein vermögensloser Strohmann als Mieter vorgeschoben wird und ein fremder Dritter die Wohnung faktisch nutzt. Werden Sachen eines Dritten eingebracht, an denen ein **Anwartschaftsrecht** (aufschiebend bedingtes Eigentum, insbes beim Eigentumsvorbehalt) des Mieters besteht, so beschränkt sich das Vermieterpfandrecht zunächst auf das Anwartschaftsrecht. Erlangt der Mieter später durch die Zahlung des Kaufpreises das Volleigentum an der Sache, erstarkt das Pfandrecht zu einem Pfandrecht an der Sache selbst (BGH NJW 65, 1475).

9 Der praktische Vorteil des Pfandrechts an der Anwartschaft besteht darin, dass der Vermieter selbst, und zwar auch gegen den Willen des Mieters (§ 267 II), durch Restkaufpreiszahlung den Bedingungseintritt herbeiführen kann, um so das Pfandrecht an der Sache zu erlangen und diese mit Vorrecht ggü in der Zwischenzeit evtl begründeten Pfändungspfandrechten Dritter (KG GE 00, 675) verwerten zu können. Der Nachteil des Pfandrechts an der Anwartschaft ist seine Abhängigkeit vom Bestand des schuldrechtlichen Verpflichtungsgeschäfts. Fällt dieses weg, zB gem § 449, wird der Bedingungseintritt unmöglich und bringt das Anwartschaftsrecht zum Erlöschen. Bei Übertragung des Anwartschaftsrechts vom Mieter auf einen Dritten erwirbt dieser bei Bedingungseintritt originär Eigentum, aber belastet mit dem in der Zwischenzeit wirksam begründeten Vermieterpfandrecht (BGH NJW 92, 1156).

10 An Sachen des Mieters, die bereits **vor** der Einbringung an einen Dritten **sicherungsübereignet** waren, entsteht kein Vermieterpfandrecht. Auch wenn dem Vermieter die Sicherungsübereignung nicht bekannt war, scheidet ein gutgläubiger Erwerb des Pfandrechts aus.

11 Erfolgt die Sicherungsübereignung dagegen erst **nach** Einbringung der Sache, wird das Vermieterpfandrecht hiervon nicht berührt; das Eigentum wird nach dem Prioritätsgrundsatz belastet mit dem Vermieterpfandrecht erworben (BGH NJW 65, 1475, Ddorf ZMR 99, 474–481).

12 Umstritten ist bei **Raumsicherungsverträgen**, ob mit Einbringung der Sache ein **vorrangiges** Vermieterpfandrecht entsteht, ob das Sicherungseigentum Vorrang hat, oder ob beide Rechte gleichzeitig und gleichrangig nebeneinander mit Einbringung entstehen (Staud/*Emmerich* § 562 Rn 17). Hauptstreitpunkt: Sicherungsübereignung wird nach der zugrunde liegenden Sicherungsabrede vom Realakt der Einbringung abhängig gemacht, dh Besitzerlangung iSd §§ 929 S 1, 930 und Einbringung iSd § 562 I erfolgen zeitgleich. Das Vermieterpfandrecht hat Vorrang, um so dessen wirtschaftliche Aushöhlung zu verhindern und der vom Gesetz eingeräumten Vorzugsstellung des Inhabers eines gesetzlichen Pfandrechts Rechnung zu tragen (BGH NJW 92, 1156; KG GE 00, 675; Ddorf ZMR 99, 474; Schmidt-Futterer/*Gather* § 562 Rn 22; aA Bub/Treier/*v Martius* III Rn 857 mN).

13 Hat der Mieter nur auflösend bedingtes Eigentum, so geht analog § 161 II bei Bedingungseintritt das Pfandrecht unter (Staud/*Emmerich* § 562 Rn 15).

14 Wird eine eingebrachte Sache kraft Gesetzes Grundstückseigentum (§§ 946, 94), besteht kein Vermieterpfandrecht. Eine **Verbindung der Sache mit dem Grundstück** steht dem Entstehen des Pfandrechts nicht entgegen, solange der Mieter Eigentümer der Sache bleibt. Mieterseitig auf dem Mietgrundstück errichtete Scheinbestandteile (zB Garten- oder Wochenendhaus) fallen als bewegliche Sachen (§ 95 II) unter § 562 (bei anderen Sachen ist § 811 I Nr 1 Hs 2 ZPO, § 562 I 2 zu beachten).

15 Ein Vermieterpfandrecht entsteht auch dann nicht, wenn der Mieter wahrheitswidrig ggü dem Vermieter behauptet, die Sachen seien sein Eigentum; das gilt erst recht für unzutreffende formularvertraglich abgegebene Eigentumserklärungen.

16 **IV. Unpfändbare Sachen.** Nach der zwingenden Norm des § 562 I 2 erstreckt sich das Pfandrecht nicht auf die **Sachen, die der Pfändung nicht unterliegen** (*Spieker* ZMR 02, 327, 328 f). Das gilt für die nach §§ 811 I, 811c I ZPO unpfändbaren Sachen. Nach hM auch für Hausratsgegenstände des § 812 ZPO (vgl Staud/*Emmerich* § 562 Rn 22). Eine Austauschpfändung nach § 811a ZPO ist unzulässig.

17 Maßgeblicher Zeitpunkt für die Beurteilung der Unpfändbarkeit ist derjenige der Geltendmachung des Pfandrechts. Sachen können noch während der Mietzeit pfändbar werden.

18 Die Vereinbarung eines Zurückbehaltungsrechts zugunsten des Vermieters an unpfändbaren Sachen ist als **Umgehungsgeschäft** unwirksam; § 562 I 2 ist im öffentlichen wie privaten Interesse des Mieterschutzes unabdingbar. Allerdings kann ein rechtsgeschäftliches Pfandrecht gem § 1205 unter Übergabe der Sache an den Vermieter auch an unpfändbaren Sachen wirksam begründet werden.

19 Nimmt der Vermieter unpfändbare Sachen unter Berufung auf sein angebliches Vermieterpfandrecht an sich und verwertet sie, macht er sich ggü dem Mieter **schadenersatzpflichtig**. Dies gilt insbes, wenn der Vermieter ggü dem Gerichtsvollzieher iRd Räumungsauftrags beantragt – unter Hinweis auf sein vermeintliches Vermieterpfandrecht – unpfändbare Sachen des Mieters im Mietobjekt zurückzulassen. Dieses Verhalten wird als verbotene Eigenmacht des Vermieters gewertet. Der Mieter soll ggf im Wege einstweiliger Verfügung die Herausgabe erzwingen können (vgl *Schuschke* WuM 04, 137, 139; *ders* NZM 05, 684 zum „Berliner Modell"). Dies steht einer Einschränkung des Räumungsauftrags aber nicht entgegen (vgl BGH DGVZ 03, 88; AG Wedding ZMR 04, 760; BGH ZMR 06, 199; *Riecke* DGVZ 04, 147).

20 **V. Einbringung.** Einbringen bedeutet ein vom Mieter gewolltes **Hineinbringen in die Mieträume** zu Beginn oder während der Mietzeit. Entspr gilt, wenn sich die Sache bereits vor Beginn des Mietverhältnisses in den Mieträumen befand. Höchstpersönlich muss die Einbringung nicht erfolgen; es genügt ein Fremdhandeln unter Billigung des Mieters. Für die Entstehung des Vermieterpfandrechts ist es unerheblich, ob der Mieter das Entstehen des Pfandrechts bedacht hat, da das Einbringen ein bloßer Realakt (Staud/*Emmerich* § 562 Rn 10) ist. Daher setzt es auch keine Geschäftsfähigkeit voraus, solange die Fähigkeit zu willensgetragenem Handeln gegeben ist (*Sternel* MietR III Rn 263). Auch Sachen, die auf dem gemieteten Grundstück erst **erzeugt** werden, gelten als eingebracht (Palandt/*Weidenkaff* § 562 Rn 6).

Nicht eingebracht sind hingegen Sachen, die bloß **vorübergehend eingestellt** werden. Erforderlich ist grds ein 21
beabsichtigter Verbleib für die Dauer der Mietzeit oder zumindest für einen längeren Zeitraum. Die Abgrenzung zwischen einer gewollten Einbringung und einem bloß vorübergehenden Einstellen (Staud/*Emmerich* § 562 Rn 11; Ddorf ZMR 00, 510, 512, LG Neuruppin NZM 00, 962) kann im Einzelfall problematisch sein.

VI. Kein gutgläubiger Erwerb. Da es sich beim Vermieterpfandrecht um ein besitzloses gesetzliches Pfand- 22
recht handelt, ist der gute Glaube des Vermieters an das Eigentum des Mieters für die Entstehung des Pfandrechts ohne Bedeutung (arg §§ 1257, 1207). Ohne Besitz fehlt es an der Publizität, an die gutgläubiger Erwerb immer anknüpft. Daher finden die §§ 1204–1208 keine Anwendung (Ddorf ZMR 99, 474, 478).

VII. Ausschluss durch Vertrag; Abdingbarkeit. Das Entstehen des Vermieterpfandrechts kann durch Ver- 23
einbarung (auch nur hinsichtlich einzelner bestimmter Gegenstände) zwischen Vermieter und Mieter ausgeschlossen werden. Nur § 562 I 2 ist unabdingbar.

VIII. Rang des Vermieterpfandrechts. Gem § 1209 richtet sich der Rang nach dem Entstehungszeitpunkt. 24
Ein durch Ablösung eines Dritten (§§ 1249 f) übergegangenes Pfandrecht hat jedoch Nachrang ggü dem beim Vermieter verbliebenen Pfandrecht.

IX. Sorgfaltspflichten des Vermieters. Gem § 1215 hat der die Sache in Besitz nehmende Vermieter diese 25
sorgfältig zu verwahren (Ddorf ZMR 84, 383). Dies gilt insbes bei Inventarübernahme.

X. Lastenfreier Erwerb Dritter. Ein solcher ist zwar nach § 936 denkbar. Jedoch werden weitgehende 26
Erkundigungspflichten postuliert, so dass der Erwerber oft als grob fahrlässig handelnd angesehen wird (Staud/*Emmerich* § 562 Rn 21).

C. Gesicherte Forderungen. I. Grundsatz. Das Vermieterpfandrecht besteht nach § 562 I 1 für die **Forde-** 27
rungen des Vermieters aus dem Mietverhältnis (Ddorf ZMR 00, 518, 520 f.). Dies sind gem der einschränkenden Auslegung des BGH nur die Forderungen, die sich aus dem Wesen des Mietvertrages als entgeltlicher Gebrauchsüberlassung ergeben (BGHZ 60, 22). Für künftige Mietforderungen ist die Ausnahmeregelung des § 562 II zu beachten.

Hierzu zählen: die Mietforderung, Entschädigungs- und Schadenersatzforderungen aus Verletzung der 28
Rückgabepflicht sowie die Nutzungsentschädigung nach § 546 a (BGH MDR 72, 598: fällt idR unter § 562 II), Baukostenzuschuss, Schadensersatzansprüche wegen Verletzung von Vertragspflichten, insbes wegen Beschädigung der Mietsache und wegen Nichterfüllung der Anzeigepflicht des § 536 c II, Betriebskosten, auch Nachzahlungen aus der Betriebskostenabrechnung, Kosten der Kündigung und der Rechtsverfolgung (Prozesskosten, Zwangsvollstreckungskosten, Versteigerungskosten) gegen den Mieter sowie Kosten für Verwendungen des Vermieters auf die Sache gem § 1210 II oder § 1216, Vertragsstrafen. Bei Wohnraummiete ist ein Vertragsstrafeversprechen des Mieters unwirksam (§ 555).

Hierzu zählen nicht: Ansprüche außerhalb des Mietverhältnisses, zB für ein vom Vermieter dem Mieter zum 29
Umbau gewährtes Darlehen (BGHZ 60, 22, 25), die Kosten der Rechtsverfolgung gegen den Bürgen, die Zahlung der Mietkaution (str; vgl Kumulationsverbot in § 551), die Erzwingung der Abholung im Mietobjekt zurückgelassenen Gerümpels, ohne dass es um die Zahlung nicht bezahlter Miete geht (Frankf DGVZ 98, 121, 122).

Bei einem **Mieterwechsel** haften die eingebrachten Sachen des einen Mieters grds nicht für die Schulden des 30
anderen Mieters. Eine Mithaftung kann jedoch durch dreiseitigen Vertrag zwischen Vermieter, altem und neuem Mieter vereinbart werden (BGH NJW 95, 1350). Hat der Nachmieter Verbindlichkeiten des Vormieters als eigene aus dem Mietverhältnis begründete Schuld übernommen, sichert das Vermieterpfandrecht auch diese Forderung (BGH NJW 165, 1475).

II. Künftige Entschädigungs- und Mietforderungen. 1. Künftige Entschädigungsforderungen. Künftige 31
– bezogen auf den Zeitpunkt (Hamm NJW-RR 94, 656) der Geltendmachung des Vermieterpfandrechts – Entschädigungsforderungen sind insbes solche wegen Vorenthaltung der Mietsache nach § 546 a sowie der Mietausfall bei vorzeitiger Vertragsbeendigung (BGH MDR 72, 598). Der Wortlaut des § 562 II („nicht geltend gemacht werden") ist missverständlich: das Vermieterpfandrecht entsteht gar nicht (Staud/*Emmerich* § 562 Rn 29; aA *Lammel* § 562 Rn 39). § 562 II greift auch dann ein, wenn der künftige Anspruch bereits dem Grunde nach feststeht, der Höhe nach aber noch nicht beziffert werden kann. Das Vermieterpfandrecht kann nur **ausnahmsweise** für eine künftige – noch nicht fällige – Entschädigungsforderung geltend gemacht werden, wenn sie zum maßgeblichen Zeitpunkt nach Grund und Höhe entstanden ist (Hamm NJW-RR 94, 655).

2. Künftige Mietforderungen. Für die Miete für eine spätere Zeit als das laufende und das folgende Miet- 32
jahr (nicht Kalenderjahr!) – also allerhöchstens 24 Monate – kann das **Pfandrecht** nach § 562 II **ebenfalls nicht** geltend gemacht werden. Für die Feststellung der gesicherten Forderungen ist zeitlich wiederum die erste, nicht notwendig gerichtliche Geltendmachung des Vermieterpfandrechts maßgeblich.

33 **3. Abdingbarkeit.** § 562 II ist vertraglich abdingbar. Dies wird jedoch kritisiert, soweit es um eine Ausdehnung der Sicherheit geht, weil es sich insoweit um eine Mieterschutzvorschrift handelt (vgl *Schmid* Mietkaution und Vermieterpfandrecht Rn 3042). Eine Beschränkung der Haftung zugunsten des Mieters kann vereinbart werden.

34 **III. Insolvenz des Mieters.** Bei Insolvenz des Mieters hat der Vermieter ein Recht auf **abgesonderte Befriedigung** aus dem Erlös des Pfandobjekts nach § 50 I 1 InsO. § 562 a und § 562 b gelten für den Vermieter ggü dem Insolvenzverwalter nicht (Staud/*Emmerich* § 562 d Rn 4). Aufgrund der Einschränkung des § 50 II InsO kann das Vermieterpfandrecht für die Miete für eine frühere Zeit als die letzten zwölf Monate vor der Eröffnung des Insolvenzverfahrens sowie für den dem Vermieter infolge der Kündigung des Insolvenzverwalters entstehenden Entschädigungsanspruch nicht geltend gemacht werden. Die Verwertung erfolgt gem § 166 InsO durch den Insolvenzverwalter selbst, wenn dieser die Sache bereits im Besitz hat; das Absonderungsrecht des Vermieters bleibt hiervon unberührt (*Kues* WE 99, 4).

35 **IV. Rechtsnachfolge.** Gem § 566 geht bei einer Grundstücksveräußerung auch das Vermieterpfandrecht mit auf den Erwerber über. Falls der Veräußerer für existente Forderungen bereits ein Pfandrecht erworben hat bleibt dies gleichrangig mit demjenigen des Erwerbers bestehen. Bei einer Abtretung gelten die §§ 401, 1250 I 1 und 1257.

36 **D. Pfandverwertung.** Der Vermieter kann die dem Pfandrecht unterliegenden Sachen gem §§ 1257, 1228 II, 1231 vom Mieter **herausverlangen**, sie **in Besitz nehmen** und **verwerten**, sobald die gesicherte Forderung ganz oder zT fällig ist (sog Pfandreife), auch wenn der Mieter noch nicht ausgezogen ist. Ein besonderer Titel des Vermieters ist für die Pfandverwertung nicht erforderlich, aber denkbar (vgl § 1233 II). Die **Verwertung** richtet sich gem § 1257 nach den §§ 1228 ff.

37 **E. Haftung.** Der Vermieter haftet bei schuldhaft unbegründeter Ausübung des Pfandrechts primär aus den §§ 241, 280 ff.
Ein Vermieteranwalt handelt pflichtwidrig, wenn er seinen Mandanten bei fortbestehendem Mietverhältnis nicht davon abhält zur Durchsetzung des Vermieterpfandrechts Türschlösser auszutauschen (Kobl NZM 04, 39). Unabhängig vom Verschulden hat er die zu unrecht gezogenen Nutzungen herauszugeben (*Lammel* § 562 Rn 49).

38 **F. Beweislast.** Der Vermieter ist für das Bestehen seines Pfandrechts **beweispflichtig**. Die Tatsachen, aus denen sich die Unpfändbarkeit der Sache ergibt, muss hingegen der Mieter beweisen (Ddorf ZMR 99, 474, 478). Der Vermieter muss das Eigentum des Mieters **beweisen** (Ddorf DWW 87, 330). Dabei kann er sich allerdings auf die gesetzlichen Vermutungen der §§ 1362, 1006 berufen (str, Ddorf DWW 02, 169, wonach § 1006 nicht eingreift). Bestätigungen des Mieters in Formularmietverträgen, wonach die eingebrachten Sachen sein Alleineigentum seien, sind nach § 309 Nr 12 unwirksam; über § 307 gilt dies auch bei Gewerberaummiete (*Schreiber/Latinovic* NZM 00, 410, 411 f).

§ 562 a Erlöschen des Vermieterpfandrechts

¹Das Pfandrecht des Vermieters erlischt mit der Entfernung der Sachen von dem Grundstück, außer wenn diese ohne Wissen oder unter Widerspruch des Vermieters erfolgt. ²Der Vermieter kann nicht widersprechen, wenn sie den gewöhnlichen Lebensverhältnissen entspricht oder wenn die zurückbleibenden Sachen zur Sicherung des Vermieters offenbar ausreichen.

1 **A. Grundsatz: Erlöschen durch Entfernung vom Grundstück.** Das Vermieterpfandrecht erlischt nach § 562 a S 1 mit der Entfernung der Sachen vom Grundstück. Die gesetzliche Vorschrift ist unabdingbar.

2 Das Pfandrecht erlischt nach allgemeiner Ansicht auch bei einer nur vorübergehenden Entfernung und entsteht dann bei der Zurückschaffung erneut (vgl Karlsr WuM 71, 187; *Spieker* ZMR 02, 329; str).

3 **B. Ausnahmen.** Das Vermieterpfandrecht erlischt nicht, wenn die Sache ohne Wissen des Vermieters entfernt wurde. Wissen bedeutet die positive Kenntnis des Vermieters von der Entfernung. Grob fahrlässige Unkenntnis steht dem Wissen nicht gleich, da es im Gegensatz zum positiven Wissen nicht darauf schließen lässt, dass der Vermieter bewusst auf sein Pfandrecht verzichtet hat.

4 Das Pfandrecht erlischt ebenfalls nicht, wenn der Vermieter der Wegschaffung widerspricht (sog Sperrrecht). Der Widerspruch darf nicht nach § 562 a S 2 ausgeschlossen sein. Er muss unmittelbar vor oder während der Entfernung erklärt werden. Ein erst nach Beendigung der Entfernung erklärter Widerspruch ist wirkungslos; das Vermieterpfandrecht erlischt, soweit kein Fall der Unkenntnis gem § 562 a S 1 Hs 2 Alt 1 vorliegt (Staud/*Emmerich* § 562 a Rn 10 ff).

5 Unabhängig vom Widerspruch des Vermieters erlischt das Pfandrecht mit der Entfernung der Sache, wenn der Vermieter dieser Entfernung wegen einer Duldungspflicht nach § 562 a S 2 nicht widersprechen kann. Dies gilt auch unabhängig vom Wissen des Vermieters (mangelnde Kenntnis von der Entfernung), weil der Vermieter auch im Falle seiner Kenntnis nicht wirksam hätte widersprechen können.

C. Sonstige Erlöschensgründe. Das Vermieterpfandrecht erlischt insbes auch in folgenden Fällen: Aufhebung des Pfandrechts (§§ 1257, 1255, 305) durch Vertrag oder einseitigen Verzicht des Vermieters, gutgläubiger lastenfreier Erwerb eines Dritten unter den Voraussetzungen des § 936. Zu Lasten des Erwerbers wird allerdings regelmäßig von dessen grober Fahrlässigkeit ausgegangen, wenn er sich die Sachen auf dem Mietgrundstück übergeben lässt und Kenntnis vom Bestehen eines Mietvertrages hat, ohne sich bei dem Vermieter nach dessen Pfandrecht zu erkundigen (BGH WPM 65, 701, 704), lastenfreier Erwerb nach §§ 1257, 1242 durch rechtmäßige Veräußerung in Durchführung der Pfandverwertung, Wegfall der gesicherten Forderung (§§ 1257, 1252) durch Tilgung oä. Im Mietverhältnis muss hierfür feststehen, dass überhaupt keine Forderungen des Vermieters mehr entstehen können, da ansonsten das Vermieterpfandrecht auch bestimmte künftige Forderungen sichert (vgl Staud/*Emmerich* § 562 a Rn 2 mwN); Zusammentreffen von Pfandrecht und Eigentum (§§ 1257, 1256), zB bei Abtretung der gesicherten Forderung an den Sicherungseigentümer (BGHZ 27, 227, 233); Übertragung der Forderung unter Ausschluss des Pfandrechtsübergangs (§§ 1257, 1250 II), Verwertung durch einen dritten Gläubiger (§ 817 ZPO, § 1242 II 1). Sonderfall: Sicherheitsleistung des Mieters gem § 562 c S 1. 6

D. Ausschluss des Widerspruchsrechts. I. Entfernung der Sachen nach den gewöhnlichen Lebensverhältnissen. Das Widerspruchsrecht des Vermieters ist nach § 562 a S 2 in folgenden Fällen ausgeschlossen, dh es erlischt das Vermieterpfandrecht mit Entfernung unabhängig von einem Widerspruch und auch bei vermieterseitiger Unkenntnis (letzteres ist str, wie hier *Lammel* § 562 a Rn 22): Die Sachen werden den **gewöhnlichen Lebensverhältnissen** entspr aus den Mieträumen entfernt. Als Beispiele hierfür gelten die Mitnahme auf eine Reise, die Weggabe einer Sache zur Reparatur (vgl *Lammel* § 562 a Rn 24) oder die Fahrt mit dem Auto. Aber auch eine endgültige Entfernung kann den gewöhnlichen Lebensverhältnissen entsprechen, zB die Mitgabe von Sachen an ausziehende Kinder oder die Wegschaffung von Gegenständen anlässlich einer Trennung oder Scheidung (str; aA *Schmid* Mietkaution und Vermieterpfandrecht Rn 3057). 7

Nicht den üblichen Lebensverhältnissen entspricht die Wegschaffung aller wertvollen Gegenstände aus einer Wohnung oder die Versteigerung des gesamten Hausrats (Staud/*Emmerich* § 562 a Rn 17). In § 562 a, der unmittelbar nur für Wohnraummietverhältnisse gilt, fehlt der bisherige sich auf Gewerbemiete beziehende Satzteil „im regelmäßigen Geschäftsbetrieb des Mieters". Über § 578 wird dieser Bezug aber wieder hergestellt. Dem Ausschluss des Widerspruchsrechts liegt hier die Überlegung zugrunde, dass im laufenden Geschäftsbetrieb die Sachen vom Mieter alsbald durch neue Ware oder einen entspr anderen Gegenwert ersetzt werden, so dass der wirtschaftliche Wert der Sicherung des Vermieters gleich bleibt. Dementspr gilt dies zB für einen Warenverkauf in einem Laden, nicht aber für einen Totalausverkauf (Staud/*Emmerich* § 562 a Rn 18). Auch die Wegschaffung im Insolvenzverfahren fällt nicht hierunter, da der Geschäftsbetrieb ebenfalls nicht aufrechterhalten wird (vgl Schmidt-Futterer/*Lammel* § 562 a Rn 15 und Ddorf NZM 00, 336). 8

II. Ausreichende Sicherung des Vermieters. Die in den Mieträumen **verbleibenden Sachen reichen zur Sicherung offenbar aus.** Für die Wertermittlung ist nicht von dem objektiven Wert der verbleibenden Sachen auszugehen, sondern von dem zu erwartenden Versteigerungserlös. Sachen, bei denen das Eigentum des Mieters nicht feststeht, bleiben hierbei außer Betracht (Staud/*Emmerich* § 562 a Rn 20). Dass die verbleibenden Sachen zur Sicherung ausreichen, muss offenbar, dh für den Vermieter ohne nähere Untersuchung, ersichtlich sein. 9

Für die Prüfung der ausreichenden Sicherung ist nach dem Wortlaut des § 562 a S 2 nur auf die zurückbleibenden Sachen abzustellen. Eine evtl geleistete Kaution bleibt deshalb grds außer Betracht. In Ausnahmefällen wird man dem Widerspruchsrecht des Vermieters jedoch den Einwand der sittenwidrigen Übersicherung entgegenhalten können (vgl *Schmid* Mietkaution und Vermieterpfandrecht Rn 3061). Hat ein anderer Gläubiger des Mieters die dem Vermieterpfandrecht unterliegende Sache gepfändet, so kann auch dieser Dritte einredeweise geltend machen, dass die verbleibenden Sachen zur Sicherung des Vermieters gem § 562 a 2 offenbar ausreichen (BGHZ 27, 227). 10

III. Sonstige Gründe. Der Widerspruch des Vermieters ist überdies in folgenden Fällen **unbeachtlich:** (a) Der **Vermieter** befindet sich im **Annahmeverzug.** Er setzt sich zu seinem eigenen Verhalten in Widerspruch (vgl § 242), wenn er ihm ausreichend angebotene Leistungen nicht annimmt, andererseits aber einer Entfernung widerspricht. (b) Die Entfernung der Sachen erfolgt aufgrund hoheitlicher Anordnung durch den **Gerichtsvollzieher** (str) oder sie wird durch den **Insolvenzverwalter** über das Vermögen des Mieters verfügt, § 50 InsO. Der Vermieter ist hier auf die abgesonderte Befriedigung gem § 50 InsO beschränkt; die Verwertung darf nach § 166 InsO durch den Insolvenzverwalter erfolgen. 11

§ 562 b Selbsthilferecht, Herausgabeanspruch

(1) Der Vermieter darf die Entfernung der Sachen, die seinem Pfandrecht unterliegen, auch ohne Anrufen des Gerichts verhindern, soweit er berechtigt ist, der Entfernung zu widersprechen. Wenn der Mieter auszieht, darf der Vermieter diese Sachen in seinen Besitz nehmen.

(2) ¹Sind die Sachen ohne Wissen oder unter Widerspruch des Vermieters entfernt worden, so kann er die Herausgabe zum Zwecke der Zurückschaffung auf das Grundstück und, wenn der Mieter ausgezogen ist, die Überlassung des Besitzes verlangen. ²Das Pfandrecht erlischt mit dem Ablauf eines Monats, nachdem der Vermieter von der Entfernung der Sachen Kenntnis erlangt hat, wenn er diesen Anspruch nicht vorher gerichtlich geltend gemacht hat.

1 **A. Grundsätzliches.** Der Vermieter hat beim besitzlosen Vermieterpfandrecht nur unter den Voraussetzungen des § 562b I 2 iVm §§ 562, 562a S 2 bzw – was aus § 562b II 1 nicht hervorgeht – zum Zwecke der Pfandverwertung ein Recht, die Sache selbst in Besitz zu nehmen. Nimmt der Vermieter verfrüht eine Sache des Mieters in Besitz, kann er ggü einer Vindikation nicht § 986 einwenden. Wird die Sache unberechtigt vom Grundstück entfernt, kann der Vermieter vor Auszug des Mieters oder Verwertbarkeit Herausgabe nicht an sich, sondern nur an den Mieter verlangen. Vor Auszug kann der Vermieter Herausgabe an sich selbst nur dann verlangen, wenn er die Sache aufgrund einer fälligen Forderung (Pfandreife) der Verwertung zuführen will.

2 Der Vermieter hat jedoch einen Anspruch darauf, dass die Sachen im Mietobjekt verbleiben, da andernfalls ein Erlöschen des Vermieterpfandrechts droht. Der Vermieter kann gem § 562b I den Erhalt bzw gem § 562b II die Wiederherstellung seiner Sicherungssituation durchsetzen. Die unberechtigte Wegschaffung einer Pfandsache entgegen einem Widerspruch des Vermieters kann den Straftatbestand der Pfandkehr (§ 289 StGB) erfüllen, auch wenn der Vermieter idR gar keinen unmittelbaren Besitz an der Sache hat (BayObLG WuM 81, 165). Nach hM darf der Gerichtsvollzieher die betroffenen Sachen auch bei Streit um Pfandrecht oder Pfändbarkeit nicht vom Grundstück entfernen und hat es dem Schuldner zu überlassen, hiergegen auf dem Rechtsweg vorzugehen (AG Leverkusen DGVZ 96, 75; *Riecke* DGVZ 04, 147). Nach aA hat der Gerichtsvollzieher die unpfändbaren Sachen auszusondern und dem Gläubiger zu überlassen (AG Königswinter DGVZ 89, 174) bzw analog § 815 II ZPO zu hinterlegen (*H. Schneider* DGVZ 89, 148). Andere wenden § 811 ZPO analog an und halten den Gerichtsvollzieher zur Verwahrung verpflichtet, soweit die Grenzen der Unpfändbarkeit reichen (*Schilken* DGVZ 88, 58).

3 **B. Selbsthilferecht. I. Allgemeines.** § 562b I regelt ein speziell ausgestaltetes Selbsthilferecht, das weniger voraussetzt als die §§ 229 f, die daneben anwendbar bleiben (Celle ZMR 94, 163, 164) und nicht so weit wie das Selbsthilferecht nach § 859 I reicht, da gegen den Vermieter mangels unmittelbaren Besitzes keine verbotene Eigenmacht (§ 858 I) verübt werden kann. Voraussetzungen und Grenzen des Selbsthilferechts können durch Vertrag nicht erweitert werden (München WuM 89, 128, 132). Ebenso wenig kann die gesetzliche Ausschlussfrist des § 562b II 2 verlängert werden.

4 **II. Voraussetzungen.** An der nicht unpfändbaren Sache des Mieters muss **ein noch nicht erloschenes Vermieterpfandrecht entstanden** sein. Es muss eine **Entfernung** der Sache vom Mietobjekt vorliegen. Entfernung ist ein Realakt und bedeutet das rein tatsächliche Hinausschaffen des Pfandgegenstandes aus dem Mietobjekt. Nach hM (Karlsr WuM 71, 187) reicht auch eine nur **vorübergehende** Entfernung aus (Hamm MDR 81, 407, LG Neuruppin NZM 00, 962).

5 Auch die Wegschaffung durch den Gerichtsvollzieher bzw den Insolvenzverwalter ist eine Entfernung (str). Allerdings steht dem Vermieter hiergegen kein Selbsthilferecht zu, sondern er ist hiernach nur noch durch § 805 ZPO geschützt. Die bloße Pfändung der Sache ohne Wegschaffung (§ 808 II ZPO) stellt hingegen noch keine Entfernung dar.

6 Die Entfernung muss **gerade im Gange sein.** Das Selbsthilferecht besteht nur, solange die Entfernungshandlung andauert. Es kann nicht ausgeübt werden, bevor mit der Entfernung begonnen wird (Ddorf ZMR 83, 376). Eigenmächtige Maßnahmen zur vorsorglichen Verhinderung der Entfernung sind daher unzulässig (LG Hamburg ZMR 78, 20) und stellen ggfs verbotene Eigenmacht dar (Celle ZMR 94, 263 zum Aussperren durch Auswechseln der Schlösser). Die bloße Absicht des Mieters, die Sache zu entfernen, genügt nicht (Celle ZMR 94, 163, 164). Deshalb kann das Selbsthilferecht noch nicht ausgeübt werden, wenn der Mieter über den Verkauf eingebrachter Sachen erst verhandelt (LG Freiburg WuM 97, 113). Ist die Entfernung beendet, kann der Vermieter gleichfalls keine eigenmächtige Zurückschaffung mehr durchführen; es besteht kein Recht zur Nacheile (Palandt/*Weidenkaff* § 562b Rn 5). Dem Vermieter bleibt in diesem Fall stattdessen der Herausgabe- bzw Rückverschaffungsanspruch.

7 Der Vermieter muss berechtigt sein, der Entfernung zu widersprechen. Es darf also **kein Ausschluss des Widerspruchsrechts** nach § 562a S 2 vorliegen. Aus dem Grundsatz der Verhältnismäßigkeit folgt, dass der Vermieter zunächst **verbal der Wegschaffung widersprechen** oder beim Auszug des Mieters **Herausgabe an sich verlangen** muss, bevor er vom Selbsthilferecht Gebrauch macht.

8 **C. Inhalt des Selbsthilferechts. Wenn der Mieter im Mietobjekt bleibt,** darf das Selbsthilferecht gem § 562b I 1 nur ausgeübt werden, um die Entfernung zu verhindern und so den status quo der Sicherung zu erhalten. In eigenen Gewahrsam darf der Vermieter die Sache in diesem Fall nicht nehmen. Zur Absicherung der Möglichkeiten beim Selbsthilferecht vgl *Spieker* ZMR 02, 327,331.

9 **Wenn der Mieter auszieht,** darf der Vermieter die Sachen hingegen gem § 562b I 2 in seinen Besitz nehmen bzw sie bei einem Dritten einlagern. Hierfür genügt es, dass der Mieter mit dem Auszug beginnt (LG Ham-

burg WuM 77, 256). Der Vermieter muss in diesem Fall die Sachen gem § 1215 sorgfältig verwahren (§ 688), da anderenfalls dem Mieter Schadenersatzansprüche erwachsen können. Die Inbesitznahme ist keine verbotene Eigenmacht, wenn sie von § 562b I 2 gedeckt ist. Dann kann dem Vermieter ab Inbesitznahme auch ein Besitzschutz nach § 859 I bzw § 869 zur Seite stehen.

Bei Ausübung des Selbsthilferechts ist der Grundsatz der Verhältnismäßigkeit zu beachten. Der Vermieter darf niemals weiter gehen, als dies zur konkreten Gefahrenabwehr erforderlich ist. In Betracht kommt zB ein Versperren von Türen. Eine Gewaltanwendung gegen Personen wird nur in engen Grenzen und nur gegen den Mieter selbst, nicht aber gegen unbeteiligte Dritte für zulässig erachtet. Str ist, ob Gewaltanwendung ggü Dritten, dem Mieter bei der Entfernung helfenden Personen zulässig ist (verneinend Palandt/*Weidenkaff* § 562b Rn 6; bejahend Staud/*Emmerich* § 562b Rn 9).

Anstelle der Selbsthilferechtsausübung ist auch eine einstweilige Verfügung möglich, die dem Mieter die Entfernung der mit dem Pfandrecht belegten Sachen vom Grundstück durch ihn selbst oder durch Dritte untersagt (Celle NJW-RR 87, 447). Soweit der Vermieter die dem Pfandrecht unterliegenden Sachen mangels Kenntnis nicht konkret beschreiben kann, sind vor allem an die Bestimmtheit des Verbringungsverbots keine zu hohen Anforderungen zu stellen; einer Einzelaufzählung bedarf es nicht (Hamm MDR 00, 386).

D. Herausgabeanspruch. Scheitert die Ausübung des Selbsthilferechts so gewährt § 562b II 1 an seiner Stelle einen Herausgabeanspruch. Mit seiner Hilfe soll der der Entfernung vorangegangene Sicherungsumfang wieder hergestellt werden, denn erloschen ist das Vermieterpfandrecht trotz der Entfernung nicht (vgl § 562a S 1). Voraussetzung ist, dass die Sache **ohne Wissen** oder **unter Widerspruch** des Vermieters **entfernt** wurde. Der Anspruch richtet sich gem § 1257 iVm §§ 1227, 985 und 1004 **gegen jeden Besitzer der Sache**, also nicht nur gegen den Mieter, sondern auch gegen einen Dritten. Zur Vorbereitung des Herausgabeanspruchs steht dem Vermieter ein Auskunftsanspruch über den Sachverbleib zu. Das gesetzliche Pfandrecht eines neuen Vermieters ist nachrangig (§ 1209) und ein gutgläubiger Erwerb des Vorrangs (§ 1208) scheidet aus. Nicht zur Herausgabe verpflichtet ist allerdings der Insolvenzverwalter über das Vermögen des Mieters; hier besteht für den Vermieter lediglich ein Absonderungsrecht gem § 50 InsO. Nicht zur Herausgabe verpflichtet ist auch der gutgläubige lastenfreie Erwerber, da durch den gutgläubig lastenfreien Erwerb das Pfandrecht erlischt. Der veräußernde Mieter schuldet jedoch Herausgabe des Erlöses nach § 816 I 1.

Anspruchsziel: Ist der **Mieter nicht ausgezogen**, kann der Vermieter die Herausgabe nur zum Zweck der Zurückverschaffung in das Mietobjekt verlangen (§ 562b I 1). Die Zurückschaffung selbst ist Angelegenheit des Vermieters. Er ist dann wieder in gleicher Weise gesichert wie vor der Entfernung der Sache vom Grundstück.

Ist der **Mieter ausgezogen**, kann der Vermieter Herausgabe an sich selbst verlangen. Er erlangt damit ein Besitzrecht an der Sache und muss sie bis zur Verwertung gem § 1215 ordnungsgemäß verwahren (§ 688). Der Vermieter ist jedoch nicht berechtigt, die Sache zu nutzen, bspw sie einem neuen Mieter mitzuvermieten. Das Vermieterpfandrecht ist kein Nutzungspfandrecht. Eine unbefugte Nutzung begründet einen Anspruch des Mieters auf Herausgabe des Nutzungserlöses analog § 816 I 1 oder analog § 1214 (Frankf NJW-RR 96, 585).

E. Ausschlussfrist des § 562b II 2. Nach dem besonderen Erlöschensgrund in § 562b II 2 erlischt das Pfandrecht nach Ablauf eines Monats (Ausschlussfrist), nachdem der Vermieter von der Entfernung der Sachen Kenntnis erlangt hat bzw der Entfernung erfolglos widersprochen hat, wenn er nicht den Anspruch auf Herausgabe aus § 562b II 1 vorher **gerichtlich geltend gemacht** hat. Die Frist berechnet sich nach §§ 187 I, 188 II und kann weder unterbrochen oder gehemmt noch durch Vertrag verlängert werden. Sie beginnt und läuft insbes unabhängig davon, ob der Vermieter Kenntnis vom Verbleib der Sachen und ggf vom neuen Besitzer als Anspruchsgegner hat.

Zur Fristwahrung genügt **jede gerichtliche Maßnahme** im Zusammenhang mit dem Anspruch aus § 562b II 1, insbes neben der Klage auch der Antrag auf einstweilige Verfügung oder der Widerspruch gegen eine eV des Mieters auf Duldung der Wegschaffung. Nicht ausreichend ist hingegen der Klageabweisungsantrag ggü einer negativen Feststellungsklage (*Sternel* MietR III, 271). Die gerichtliche Geltendmachung muss sich gegen den Besitzer richten, der nicht (mehr) notwendig mit dem Mieter identisch ist.

Erlischt das Vermieterpfandrecht nach § 562b II 2 durch den **Ablauf der Ausschlussfrist**, so kann der Vermieter nicht mehr die Herausgabe zum Zwecke der Verwertung verlangen. Bereits in Besitz genommene Sachen muss er dem Mieter zurückgeben (§§ 985 f). Schadenersatzansprüche des Vermieters wegen rechtswidriger und schuldhafter Verletzung des Pfandrechts werden hiervon jedoch nicht berührt, bspw für den Fall, dass der Mieter die Sachen unberechtigt vom Grundstück entfernt oder einem dem Vermieter unbekannten Dritten überlässt, so dass eine Rückschaffung nicht mehr möglich ist. Hierbei wird dem Vermieter ggf wegen schuldhafter Fristversäumung ein Mitverschulden nach § 254 zugerechnet. Kritisch wird hiergegen eingewandt, dass die Ausschlussfrist damit faktisch leerläuft (vgl Staud/*Emmerich* § 562b Rn 21) und die Säumigkeit des Vermieters nicht durch einen Schadenersatzanspruch kompensiert werden dürfe (*Sternel* MietR III, 272). Dem steht jedoch entgegen, dass der Vermieter sonst gerade in den Fällen besonderer Verschleierungsaktivitäten des Mieters mangels Anspruchsgegners schutzlos bliebe. Beruht der Verlust des Pfandrechts ausschl auf der Säumigkeit des Vermieters, wird ein Schadenersatzanspruch schon dem Grunde nach nicht in Betracht kommen bzw kann durch § 254 ein angemessener Ausgleich gefunden werden. Der Mieter haftet dem Vermieter unabhängig vom Bestehen von Schadenersatzansprüchen jedenfalls gem §§ 812, 816 auf Herausgabe des Erlöses, soweit er eigenmächtig pfandrechtsunterworfene Gegenstände veräußert.

§ 562 c Abwendung des Pfandrechts durch Sicherheitsleistung

¹Der Mieter kann die Geltendmachung des Pfandrechts des Vermieters durch Sicherheitsleistung abwenden. ²Er kann jede einzelne Sache dadurch von dem Pfandrecht befreien, dass er in Höhe ihres Wertes Sicherheit leistet.

1 Nach § 562 c 1 kann der Mieter die Geltendmachung des **Vermieterpfandrechts generell** durch Sicherheitsleistung (§§ 232 ff; auch Hinterlegung gem §§ 372 ff iVm § 1 II HintO beim zuständigen Amtsgericht) abwenden. Die Höhe der Sicherheit richtet sich hierbei nach der Forderung des Vermieters, nicht nach dem Wert der eingebrachten Sachen, da diese Vorgabe gem § 562 c 2 nur für die Befreiung einzelner Gegenstände vom Pfandrecht gilt (str; Staud/*Emmerich* § 562 c Rn 4). Um die Wahrnehmung des Rechts aus § 562 c zu ermöglichen, ist der Vermieter zur Auskunft über die Höhe seiner Forderung verpflichtet (BGH WPM 71, 1086, 1088).

2 Der Mieter kann auch jeweils **einzelne Sachen** dadurch vom Pfandrecht befreien, dass er in der Höhe ihres Wertes Sicherheit leistet (§ 562 c S 2). Dies gilt wegen des insoweit eindeutigen Wortlauts auch dann, wenn die Sache geringwertiger ist als die vom Vermieterpfandrecht gesicherte Forderung.

3 Die beiden Rechte zur Sicherheitsleistung stehen neben dem Mieter analog § 268 auch **Dritten** zu, soweit sie durch die Pfandrechtsausübung in ihren Rechten beeinträchtigt sein können, wie zB der (Sicherungs)Eigentümer der eingebrachten Sachen oder nachrangige Pfändungspfandgläubiger.

4 § 562 c ist vertraglich nicht abdingbar.

§ 562 d Pfändung durch Dritte

Wird eine Sache, die dem Pfandrecht des Vermieters unterliegt, für einen anderen Gläubiger gepfändet, so kann diesem gegenüber das Pfandrecht nicht wegen der Miete für eine frühere Zeit als das letzte Jahr vor der Pfändung geltend gemacht werden.

1 **A. Grundsätzliches.** § 562 d enthält eine inhaltliche und zeitliche Beschränkung für die Geltendmachung des Vermieterpfandrechts.
Der für gesetzliche Pfandrechte – abgesehen von den Transportpfandrechten, insbes im Seehandelsrecht – geltende **Prioritätsgrundsatz** gilt auch hier (§ 1209).

2 **B. Besonderheiten nach Beginn der Zwangsvollstreckung.** Nur für den Fall, dass mit dem Vermieterpfandrecht ein nachträglich von einem Dritten begründetes Pfändungspfandrecht konkurriert, kommt es zu Besonderheiten beim besitzlosen Vermieterpfandrecht. Der Vermieter kann als Nichtbesitzer, nämlich der Pfändung und Inbesitznahme durch den Gerichtsvollzieher nicht widersprechen (vgl §§ 808 f ZPO).

3 **C. Geltendmachung des Vermieterpfandrechts nach hoheitlicher Pfändung. I. Vorzugsweise Befriedigung, § 805 ZPO. 1. Befriedigung aus dem Verwertungserlös.** Dem Vermieter steht gegen den Pfändungspfandgläubiger die Möglichkeit der Klage auf vorzugsweise Befriedigung für seine durch das Vermieterpfandrecht gesicherten Forderungen aus dem Verwertungserlös des Pfandobjektes zu.

4 **2. Besonderer Rechtsbehelf in der Zwangsvollstreckung.** Bei der Klage aus vorzugsweiser Befriedigung handelt es sich um einen speziellen Rechtsbehelf innerhalb der Zwangsvollstreckung. Zuständig ist gem § 805 II ZPO für Amtsgerichtsstreitwerte das Vollstreckungsgericht und für Landgerichtsstreitwerte dasjenige Landgericht, in dessen Bezirk das Vollstreckungsgericht (Amtsgericht) seinen Sitz hat. Soweit handelt es sich um ausschl Zuständigkeiten gem § 802 ZPO.

5 **3. Sonderfall: Insolvenz des Mieters.** In diesem Fall besteht ein Absonderungsrecht des Vermieters gem § 50 I InsO. Der Insolvenzverwalter kann das Pfandobjekt dennoch gem §§ 166 f InsO verwerten (*Lammel* § 562 d Rn 9).

6 **II. Gesetzliche Beschränkungen. 1. Forderungsgegenstand.** § 562 d bezieht sich lediglich auf Mieteforderungen. Andere Forderungen des Vermieters gegen den Mieter, auch wenn sie aus dem Mietverhältnis stammen, werden nicht erfasst.

7 **2. Zeitspanne.** Ausgeschlossen sind Mieteforderungen für einen Zeitraum, der mehr als 365 Tage vor der Pfändung liegt. Keine Rolle spielt, ob die Rückstände schon fällig sind (vgl § 805 I 2 ZPO). Für die Berechnung der Miete kommt es auf die vereinbarten Zeitabschnitte (zB Mietmonate) an. Diese müssen innerhalb des 365-Tage-Zeitraums liegen (*Lammel* § 562 d Rn 11).

3. Die Person des Dritten als Gläubiger. § 562 d betrifft den Dritten als Pfändungspfandgläubiger, dh weder 8
der Mieter selbst noch andere Vertrags-Pfandgläubiger können sich auf die Beschränkungen des Vermieterpfandrechts in § 562 d berufen.

III. Wirkung der Beschränkung. Die Beschränkung der Geltendmachung durch § 562 d führt nicht etwa 9
zum (teilweisen) Erlöschen des Pfandrechts. Verbleibt nach Befriedigung der vorrangigen Forderungen des
Vermieters sowie der Forderung des Pfändungspfandgläubigers ein Resterlös, so steht dieser auch über die
zeitliche Grenze des § 562 d hinaus dem Vermieter zu (*Lammel* § 562 d Rn 14).

IV. Ansprüche nach Beendigung der Zwangsvollstreckung. Bei schuldhafter – zumindest fahrlässiger – 10
Verletzung des Vermieterpfandrechts durch einen Drittgläubiger kommen Schadensersatzansprüche des Vermieters nach § 823 in Betracht, sonst allenfalls Bereicherungsansprüche (§ 812).

Kapitel 4 Wechsel der Vertragsparteien
§ 563 Eintrittsrecht bei Tod des Mieters

(1) ¹Der Ehegatte, der mit dem Mieter einen gemeinsamen Haushalt führt, tritt mit dem Tod des Mieters
in das Mietverhältnis ein. ²Dasselbe gilt für den Lebenspartner.
(2) ¹Leben in dem gemeinsamen Haushalt Kinder des Mieters, treten diese mit dem Tod des Mieters in das
Mietverhältnis ein, wenn nicht der Ehegatte eintritt. ²Der Eintritt des Lebenspartners bleibt vom Eintritt
der Kinder des Mieters unberührt. ³Andere Familienangehörige, die mit dem Mieter einen gemeinsamen
Haushalt führen, treten mit dem Tod des Mieters in das Mietverhältnis ein, wenn nicht der Ehegatte oder
der Lebenspartner eintritt. ⁴Dasselbe gilt für Personen, die mit dem Mieter einen auf Dauer angelegten
gemeinsamen Haushalt führen.
(3) ¹Erklären eingetretene Personen im Sinne des Absatzes 1 oder 2 innerhalb eines Monats, nachdem sie
vom Tod des Mieters Kenntnis erlangt haben, dem Vermieter, dass sie das Mietverhältnis nicht fortsetzen
wollen, gilt der Eintritt als nicht erfolgt. ²Für geschäftsunfähige oder in der Geschäftsfähigkeit beschränkte
Personen gilt § 210 entsprechend. ³Sind mehrere Personen in das Mietverhältnis eingetreten, so kann jeder
die Erklärung für sich abgeben.
(4) Der Vermieter kann das Mietverhältnis innerhalb eines Monats, nachdem er von dem endgültigen Eintritt in das Mietverhältnis Kenntnis erlangt hat, außerordentlich mit der gesetzlichen Frist kündigen, wenn
in der Person des Eingetretenen ein wichtiger Grund vorliegt.
(5) Eine abweichende Vereinbarung zum Nachteil des Mieters oder solcher Personen, die nach Absatz 1
oder 2 eintrittsberechtigt sind, ist unwirksam.

A. Grundsätzliches. Mit der Mietrechtsreform 2001 wurde das gesamte sog Eintrittsrecht umgestaltet. Der 1
1964 eingeführte § 569 a aF wurde durch die Vorschrift des § 563 ersetzt; in Kraft seit 1. 9. 01. Übergangsregelung Art 229 § 3 I Nr 5 EGBGB.

I. Normzweck. § 563 dient dem Schutz der mit dem Mieter verbundenen Hausgenossen (BGH ZMR 03, 819 2
= ZWE 04, 156 ff mit Anm *Schmidt*). Das Kündigungsrecht des Vermieters ggü dem Erben (§ 564) wird in
Form eines Bestandsschutzes zugunsten der Näherpersonen des Verstorbenen zurückgedrängt. Erfüllt wird der
Zweck durch eine sachlich begrenzte Sonderrechtsnachfolge kraft Gesetzes (aA *Wenzel* ZMR 93, 489; *Lammel*
§ 563 Rn 3: Sondererbfolge) für Ehegatten, Lebenspartner, Kinder oder sonstige Familien- und Haushaltsangehörigen des verstorbenen Mieters. In der Vorschrift verwirklicht sich der Rechtsgedanke der §§ 1932, 1969
auch für das Wohnraummietrecht (*Lammel* § 563 Rn 2).

II. Anwendungsbereich. Der Anwendungsbereich erfasst, aber beschränkt sich auch, auf alle Wohnraum- 3
mietverhältnisse, auch die in § 549 II, III genannten Arten von Wohnraum (bei Sozialwohnungen § 4 VII
WoBindG). Erfasst werden auch Werkswohnungen, sofern Mietrecht anwendbar ist sowie Genossenschaftswohnungen, wenn der Eintrittsberechtigte die Absicht hat, in die Genossenschaft einzutreten (LG Köln,
WuM 94, 23). Die Vorschrift gilt nicht für Pachtverhältnisse. Voraussetzung für die Anwendbarkeit der Norm
ist weiterhin, dass der Verstorbene alleiniger Mieter war (ansonsten § 563 a) und mit seinem Ehegatten,
Lebenspartner, seinen Kindern oder sonstigen Familien- und Haushaltsangehörigen in der Wohnung einen
gemeinsamen Haushalt geführt hat. Wird der Mietvertrag auf Lebenszeit abgeschlossen (§ 544 S 2) bleibt
§ 563 analog anwendbar (*Sternel* ZMR 04, 714 mwN).

III. Abdingbarkeit. Die Norm kann nicht zu Lasten der Eintrittsberechtigten abgedungen werden (§ 563 V). 4
Andere vertragliche Regelungen sind insofern unwirksam.

B. Tod des Mieters. Dem Tod des Mieters steht die Todeserklärung gleich, da sie Vermutungswirkung ent- 5
faltet (§ 9 VerschG). War der Verstorbene nicht alleiniger Mieter gilt generell § 563 a. Etwaige weitere im

Haushalt lebende Personen iSd § 563 sind daneben vom Eintritt ausgeschlossen (aA *Löhning* FamRZ 01, 891). Ausnahmsweise soll der Eintritt einer gem § 563 berechtigten Person dann gestattet bleiben, wenn ein das Mietverhältnis fortsetzender Mitmieter nicht zugleich Berechtigter gem § 563 ist (Karlsr NJW 90, 581; *Sternel* ZMR 04, 715).

6 **C. Eintritt des Partners, I.** I gilt neben dem Ehegatten auch für den eingetragenen Lebenspartner.

7 **I. Ehegatte, I 1.** Der Begriff des Ehegatten iSd Vorschrift richtet sich nach den Vorschriften des Eherechts. Die Eigenschaft als Ehegatte endet mit der Scheidung (§§ 1564 ff, §§ 606 ff, 622 ff ZPO) oder der Aufhebung der Ehe (§§ 1313 ff, §§ 606 ff, 631 ZPO). Entscheidender Zeitpunkt für § 563 ist die Rechtskraft des Urteils. Ein schwebendes Verfahren hindert ein Eintrittsrecht nicht, ebenso wenig ein Getrenntleben in der Mietwohnung. In derartigen Fällen kann es aber an der Voraussetzung des gemeinsamen Haushalts fehlen (s Rn 11). Der nichteheliche Lebensgefährte wird von IV erfasst.

8 **II. Lebenspartner, I 2.** Der eingetragene (§ 1 LPartG) Lebenspartner ist dem Ehegatten gleichgestellt. Die Eintrittsberechtigung besteht für den Lebenspartner bis zur Rechtskraft des Aufhebungsbeschlusses nach § 15 ff LPartG. Eine Konkurrenzsituation zwischen Ehegatten und Lebenspartner in Bezug auf das Eintrittsrecht kann nicht auftreten, da sich Lebenspartnerschaft und Ehe ausschließen.

9 **III. Gemeinsamer Haushalt.** Der Begriff setzt voraus, dass der Wohnraum für den Verstorbenen und den Ehegatten den gemeinsamen Lebensmittelpunkt gebildet hat (AG Berlin-Wedding MM 97, 243, Schmidt-Futterer/*Gather* § 563 Rn 15). Teilweise wird eine geistige, persönliche und tatsächliche Verbindung zum Zwecke des Zusammenlebens gefordert fordert (*Lammel* § 563 Rn 13). Im Vordergrund steht aber die häusliche, nicht die geistige Gemeinschaft (*Hinz* ZMR 02, 641). Es ist auf objektivierbare Umstände abzustellen, wie etwa die gemeinsame Verfügungsbefugnis über Einkommen und Vermögen. (*Sternel* ZMR 04, 715). Gegen eine gemeinsame Wohnung sprechen etwa ein Untermietvertrag oder eine eigene Wohnung des Berechtigten.

10 Eine längere Abwesenheit aus beruflichen oder gesundheitlichen Gründen ist unbeachtlich, solange der Wille und die Möglichkeit der Rückkehr gegeben sind (LG Kiel WuM 92, 692 bei Pflegebedürftigkeit). Gleiches gilt für die Verbüßung einer Haftstrafe (BGH NJW-RR 96, 1217; abl bei lebenslanger Freiheitsstrafe: *Lammel* § 563 Rn 17).

11 Bei Trennung der Ehegatten (§ 1566) ist zu differenzieren: Probeweise Trennung führt noch nicht zu einer Beendigung des gemeinsam geführten Haushalts. Leben die Ehegatten auf Dauer getrennt, liegt kein gemeinsamer Hausstand mehr vor. Spätestens mit Einleitung gerichtlicher Maßnahmen ist von einer endgültigen Trennung auszugehen, insbes aufgrund gerichtlicher Anordnungen (§ 1361 b, § 18 a HausratsV, § 2 GewSchG, § 64 b FGG). Dies gilt auch für das Getrenntleben als Voraussetzung für die Scheidung innerhalb der Wohnung (*Lammel* WohnraummietR § 563 Rn 17).

12 **D. Eintritt von Haushaltsangehörigen, II.** Sofern weder der Ehegatte noch ein Lebensgefährte in das Mietverhältnis eintreten, gilt § 563 II.

13 **I. Tod des Mieters.** Wie Rn 5.

14 **II. Kind, II 1.** Von § 563 II 1 sind Kinder iSd § 1591 f sowie die nach den §§ 1741 ff, 1767 ff angenommenen Kinder umfasst. Bei Pflegekindern und Stiefkindern str (bejahend Blank/Börstinghaus/*Blank* § 563 Rn 41 [Gesetzeszweck Schutz der Familie], aA Emmerich/Sonnenschein/*Rolfs* § 563 Rn 8, *Sternel* ZMR 04, 716 [Eintrittsberechtigung nach II 3]). Volljährigkeit steht Eintrittsrecht nicht entgegen. Hat der Mieter mit seinen Kindern und seinem Lebenspartner iSd LPartG einen gemeinsamen Haushalt geführt, so treten die Kinder des Mieters und der Lebenspartner gemeinsam das Mietverhältnis ein (§ 563 II 2). Leben frühere Kinder des Lebenspartners in der gemeinsamen Wohnung, so bestimmt sich deren Eintrittsrecht nach II 4. Voraussetzung ist lediglich das „Leben" in der gemeinsamen Wohnung, nicht das „Führen" eines gemeinsamen Haushaltes.

15 **III. Andere Familienangehörige, II 3.** Alle mit dem Mieter nach den §§ 1589 f verwandten oder verschwägerten Personen. Auch Pflegekinder (*Sternel* ZMR 04, 716).

16 **IV. Gemeinsamer Haushalt.** Wie Rn 9.

17 **V. Personen, die einen auf Dauer angelegten gemeinsamen Haushalt führen, II 4.** Notwendig ist eine besonders enge Bindung mit dem Mieter (LG München NZM 05, 336). Auf eine sexuelle Beziehung kommt es nicht an. Ob ein Eintrittsrecht gegeben ist, muss iRe Gesamtabwägung im Einzelfall festgestellt werden (BGH ZMR 93, 261). Indizien sind: Versorgung von Kindern oder Angehörigen, Verfügungsbefugnis über Einkommen und Vermögensgegenstände des Partners (BGH ZMR 93, 261), Verbringen von gemeinsamer Freizeit (Hamm NJW-RR 99, 1233).

18 Auf Dauer bedeutet, dass der gemeinsame Haushalt nach den Vorstellungen des Mieters und der anderen Person für einen langen Zeitraum bestehen sollte. Bereits bei der Gründung kann dies der Fall sein. Bloße Wohngemeinschaften sind idR nicht auf Dauer angelegt. Anders kann dies bei Lebensgemeinschaften älterer Menschen sein (BTDrs 14/4553, 61).

VI. Eintritt vorrangiger Angehöriger. Tritt der Ehegatte ein, so ist der Eintritt weiterer Personen ausgeschlossen. Der Eintritt des Lebenspartners schließt den Eintritt weiterer Personen, die nicht Kinder iSd § 563 II 1 sind, aus. Familienangehörige werden durch den Ehegatten und den Lebenspartner verdrängt (II 3). Sie sind aber zum Eintritt neben Kindern des Mieters und Haushaltsangehörigen berechtigt. Kein Eintritt liegt bei Ablehnung des Berechtigten vor. 19

VII. Eintritt von mehreren Angehörigen. Eintrittsberechtigte Lebenspartner und Kinder sowie andere eintrittsberechtigte Angehörige und Lebensgefährten treten gleichrangig in den Mietvertrag ein. Im Außenverhältnis treten sie als Gesamthandsgläubigerschaft iSd § 432 auf. Dementspr haften die Eintretenden dem Vermieter ggü als Gesamtschuldner. 20

E. Wirkung des Eintritts. Der Eintritt erfolgt automatisch kraft Gesetzes mit allen Rechten und Pflichten, unabhängig vom Wissen und Wollen. Kenntnis des Vermieters oder Eintretenden vom Tod des Mieters ist nicht notwendig. 21

Das Vorkaufsrecht bei Wohnungsumwandlung gem § 577 geht mit über (§ 577 IV). Gleiches gilt für den Kündigungsschutz bei umgewandelten Mietwohnungen gem § 577 a (BGH ZMR 03, 891). 22

Für bis zum Tode entstandene Verbindlichkeiten des Mieters (bspw für rückständige Mieten, Betriebskostennachzahlungen) haften nach § 563 b neben dem Erben die Eintretenden als Gesamtschuldner. Nicht davon erfasst sind Verbindlichkeiten aus Verträgen mit Dritten, zB Versorgungsverträge über Wasser, Wärme und Energie. Str ist, ob Forderungen des verstorbenen Mieters ggü dem Vermieter, wie zB Betriebskostenguthaben auf die Erben übergehen (so Schmidt-Futterer/*Gather* § 563 b Rn 11; aA Palandt/*Weidenkaff* § 563 b Rn 5). Für Ausgleichsanspruch aufgrund Mietvorauszahlung s § 563 b II. 23

F. Ablehnungsrecht, III. Den eingetretenen Personen steht nach III ein Ablehnungsrecht zu. Die Ablehnung muss dem Vermieter zugehen (§ 130 ff). Die Erklärung ist formlos wirksam. Jeder Eingetretene kann die Erklärung für sich abgeben (§ 563 III 3). Bei Geschäftsunfähigkeit oder beschränkter Geschäftsfähigkeit hat die Ablehnungserklärung durch den gesetzlichen Vertreter zu erfolgen. Bei Personenmehrheit auf Vermieterseite muss die Erklärung allen Vermietern zugehen. Die Ablehnungserklärung ist bedingungsfeindlich. 24

I. Frist. Die Frist beträgt einen Monat nach positiver Kenntniserlangung vom Tod des Mieters. Vermutungen oder Gerüchte reichen nicht aus. Es besteht keine Erkundigungspflicht (*Sternel* ZMR 04, 717). Bei einem verschollenen Mieter kommt es auf die Bestandskraft der Todeserklärung an. Für die Fristberechnung gelten die §§ 187 ff. Fristablauf ggü voll geschäftsfähigen Personen ist gem III 2 gehemmt (Verweis auf § 210). Bei Fristversäumnis kommt keine Wiedereinsetzung in Betracht. Teilweise wird die Auffassung vertreten, dass der Eingetretene analog § 1956 die Fristversäumnis anfechten kann (*Lammel* § 563 Rn 45, *Sternel* ZMR 04, 717). 25

II. Rechtsfolgen der Ablehnung des Eintritts. Bei fristgemäßer Ablehnung gilt der Eintritt in das Mietverhältnis rückwirkend als nicht erfolgt. Sofern niemand nach § 563 eintritt, gilt § 564. Zwischen Vermieter und der ablehnend eingetretenen Person ist das Rechtsverhältnis nach den §§ 812 ff abzuwickeln (Emmerich/Sonnenschein/*Rolfs* § 563 Rn 19). Für die zwischenzeitliche Nutzung haftet der Ablehnende den endgültig in den Mietvertrag Eintretenden nach §§ 2020, 2021. Für ersparte eigene Mietzahlungen gilt § 818 II (*Lammel* § 563 Rn 43). 26

G. Kündigungsrecht, IV. Der Vermieter hat bei dem Eintritt einer unerwünschten Person unter bestimmten Voraussetzungen (Rn 28) ein außerordentliches Kündigungsrecht. 27

I. Voraussetzungen. Der wichtige Grund in der Person des Eintretenden muss nicht das Gewicht der Unzumutbarkeit iSd § 543 I, wohl aber ein höheres als bei § 553 I 2 haben, da es dort nur um die Aufnahme eines weiteren Nutzers geht (*Hinz* ZMR 02, 642, *Lammel* WohnraummietR § 553 Rn 50; aA Palandt/*Weidenkaff* § 563 Rn 23). Ein Verschulden des Eingetretenen ist nicht erforderlich. 28

Bsp für einen wichtigen Grund sind: der Eintretende in eine Genossenschaftswohnung will nicht Mitglied der Genossenschaft werden, fehlende Wohnberechtigung für eine öffentlich geförderte Wohnung nach dem dritten Förderweg (*Sternel* ZMR 04, 718), persönliche Feindschaft zwischen Vermieter und Eintretendem (Emmerich/Sonnenschein/*Rolfs* § 563 Rn 22, *Hinz* ZMR 02, 643), unsittlicher Lebenswandel (*Lammel* § 563 Rn 50), Eingetretener ist nicht in der Lage, die Miete zu bezahlen (hM Emmerich/Sonnenschein/*Rolfs* § 563 Rn 22, Schmidt-Futterer/*Gather* § 563 Rn 46, einschränkend Herrlein/*Kandelhard* § 563 Rn 16, *Sternel* ZMR 04, 718), Störung des Hausfriedens durch bestimmte Nutzungsarten, zB Musiker (*Lammel* § 563 Rn 50) auch wenn der Eingetretene in der Vergangenheit negativ in Erscheinung getreten ist, bspw durch Störungen des Hausfriedens oder Beschädigungen der Mietsache (*Sternel* ZMR 04, 718). 29

Kein Kündigungsgrund ist gegeben bei: Unterbelegung einer Genossenschaftswohnung nach dem Eintritt eines Angehörigen/Ehegatten (Karlsr WuM 84, 43), Zugehörigkeit zu einer Randgruppe (*Sternel* ZMR 04, 718), persönlichen Eigenschaften, die nicht über die Wohnung hinaus dringen (*Lammel* § 563 Rn 50). 30

Bei Personenmehrheit der Eingetretenen reicht es, dass der wichtige Grund in einer Person zu finden ist (Blank/Börstinghaus/*Blank* § 563 Rn 60, Staud/*Rolfs* § 563 Rn 46; aA *Sternel* ZMR 04, 718). Das Mietverhält- 31 nis kann dann im Hinblick auf die Unteilbarkeit des Kündigungsrechts nicht nur ggü einem Eingetretenen gekündigt und mit einem anderen fortgesetzt werden. Möglich ist es aber, dass der Vermieter nach der Kündigung gem § 563 IV mit einem der Gekündigten einen neuen Mietvertrag abschließt.

32 Zusätzlich zu dem personenbezogenen wichtigen Grund muss für die Kündigung ein berechtigtes Interesse iSd § 573 d I vorliegen. Die Sozialklausel der §§ 574 ff, 549 II ist anzuwenden.

33 **II. Form, Frist.** Es gelten die allgemeinen Voraussetzungen (§§ 542, 573 d, 575 a III). Die Gründe der Kündigung sind offen zu legen (§§ 573 d I, 573 III 1). Sie bedarf der Schriftform (§ 568 I) und sollte auch die Belehrung über das Widerspruchsrecht nach der Sozialklausel enthalten.

34 Die Frist beträgt allgemein drei Monate mit einer Karenzzeit von drei Werktagen (§ 573 d II). Bei Wohnverhältnissen nach § 549 II 2 ist die Kündigung abw am 15. zum Ablauf dieses Monats zulässig. Die gestaffelten Fristen des § 573 c I gelten nicht.

35 Die Kündigung muss innerhalb eines Monats nach Kenntniserlangung des Vermieters ausgesprochen werden. Entscheidend für den Fristbeginn ist die Kenntniserlangung vom endgültigen Eintritt in das Mietverhältnis. Dies ist dann der Fall, wenn die berechtigten Personen ihr Ablehnungsrecht (III) verloren haben (*Sternel* ZMR 04, 717).

36 **H. Beweislast.** Die Voraussetzungen für das Eintrittsrecht in das Mietverhältnis muss derjenige beweisen, der sich auf dieses Recht beruft. Auch das Bestehen eines gemeinsamen auf Dauer angelegten Haushalts hat der Eintretende zu beweisen (BGH ZMR 93, 261). Für die Rechtzeitigkeit einer Ablehnungserklärung ist der Behauptende beweispflichtig. Macht umgekehrt der Vermieter geltend, dass ihm eine Ablehnungserklärung zugegangen sei, so trifft er für diese ihn günstige Tatsache die Beweislast. Die Voraussetzungen des Kündigungsrechts einschl der formellen Anforderungen hat der Vermieter zu beweisen.

§ 563 a Fortsetzung mit überlebenden Mietern

(1) Sind mehrere Personen im Sinne des § 563 gemeinsam Mieter, so wird das Mietverhältnis beim Tod eines Mieters mit den überlebenden Mietern fortgesetzt.
(2) Die überlebenden Mieter können das Mietverhältnis innerhalb eines Monats, nachdem sie vom Tod des Mieters Kenntnis erlangt haben, außerordentlich mit der gesetzlichen Frist kündigen.
(3) Eine abweichende Vereinbarung zum Nachteil der Mieter ist unwirksam.

1 **A. Grundsätzliches.** § 563 a ersetzt den § 569 b aF und ist in Kraft seit 1. 9. 01. Übergangsregelung Art 229 § 3 I Nr 5 EGBGB.

2 **I. Normzweck.** Er liegt in der Zurückdrängung des Kündigungsrechtes des Vermieters ggü dem Erben (§ 564) in Form eines Bestandsschutzes zugunsten der Nähepersonen des Verstorbenen unter Zurückdrängung der allg Erbfolge (BTDrs 14/4553, S 62).

3 **II. Anwendungsbereich.** S § 563 Rn 3.

4 **III. Abdingbarkeit.** Von der Regelung des § 563 a darf nicht zum Nachteil des Mieters abgewichen werden (III).

5 **B. Tod des Mieters.** S § 563 Rn 5.

6 **C. Mietfortsetzung mit überlebenden Mietern, I.** Das Mietverhältnis wird mit den überlebenden Mitmietern fortgesetzt, wenn diese Personen iSd § 563 sind und in einem gemeinsamen Haushalt wohnen.

7 **I. Mietvertrag.** § 563 a umfasst sowohl befristete, als auch unbefristete Mietverträge.

8 **II. Mitmieter.** Es muss mindestens eine gem § 563 eintrittsberechtigte Person Mitmieter sein. Die Mitmietereigenschaft muss zum Todeszeitpunkt des verstorbenen Mieters vorgelegen haben.

9 **III. Gemeinsamer Haushalt.** Die fortsetzenden Mieter mussten mit dem verstorbenen Mieter einen gemeinsamen Haushalt geführt (§ 563 I und II 3 und 4), bzw in diesem gelebt haben (§ 563 II 1). Dies ergibt sich aus der Formulierung „Personen iSd § 563". Zum Begriff „gemeinsamer Haushalt" s § 563 Rn 9.

10 **IV. Wirkung.** Der zur Fortsetzung gem § 563 a berechtigte überlebende Mitmieter setzt kraft Gesetzes den Mietvertrag mit dem Vermieter fort. Er verdrängt dabei die sonstigen Berechtigten nach § 563 und die Erben.

11 **D. Kündigungsrecht.** Dem überlebenden Mieter steht das Recht zur außerordentlichen Kündigung mit gesetzlicher Frist zu (II). Ein berechtigtes Interesse ist nicht erforderlich. Es gilt eine Überlegungsfrist von einem Monat ab Kenntnis vom Tod des Mieters. Gibt es mehrere überlebende Mitmieter müssen diese das Kündigungsrecht gemeinsam ausüben. Dies ergibt sich aus dem Grundsatz der Unteilbarkeit des Kündigungsrechts (Staud/*Rolfs* § 563 a Rn 13, *Sternel* ZMR 04, 719).

Die **Frist** beträgt allgemein drei Monate mit einer Karenzzeit von drei Werktagen (§ 573 d II). Bei Wohnverhältnissen nach § 549 II 2 ist die Kündigung abw am 15. zum Ablauf dieses Monats zulässig. Das Kündigungsrecht gem II gilt nur für Mietverträge auf bestimmte Zeit. Ansonsten gelten die allgemeinen Vorschriften (zB § 573 c). 12

Dem **Vermieter** steht iRd § 563 a II kein außerordentliches Kündigungsrecht zu. Dies ist sachgerecht, da der Vermieter im Gegensatz zu § 563 den Überlebenden als Vertragspartner bereits kennt und akzeptiert hat. 13

E. Verhältnis zu § 563. War der Verstorbene nicht alleiniger Mieter gilt generell § 563 a. Etwaige weitere im Haushalt lebende Personen iSd § 563 sind daneben vom Eintritt ausgeschlossen (aA *Löhning* FamRZ 01, 891). 14

§ 563 b Haftung bei Eintritt oder Fortsetzung

(1) ¹Die Personen, die nach § 563 in das Mietverhältnis eingetreten sind oder mit denen es nach § 563 a fortgesetzt wird, haften neben dem Erben für die bis zum Tod des Mieters entstandenen Verbindlichkeiten als Gesamtschuldner. ²Im Verhältnis zu diesen Personen haftet der Erbe allein, soweit nichts anderes bestimmt ist.

(2) Hat der Mieter die Miete für einen nach seinem Tod liegenden Zeitraum im Voraus entrichtet, sind die Personen, die nach § 563 in das Mietverhältnis eingetreten sind oder mit denen es nach § 563 a fortgesetzt wird, verpflichtet, dem Erben dasjenige herauszugeben, was sie infolge der Vorausentrichtung der Miete ersparen oder erlangen.

(3) Der Vermieter kann, falls der verstorbene Mieter keine Sicherheit geleistet hat, von den Personen, die nach § 563 in das Mietverhältnis eingetreten sind oder mit denen es nach § 563 a fortgesetzt wird, nach Maßgabe des § 551 eine Sicherheitsleistung verlangen.

A. Grundsätzliches. Geregelt werden die Rechtsbeziehungen zwischen den Erben des Mieters, den das Mietverhältnis fortsetzenden oder in dieses eintretenden Personen sowie dem Vermieter; früher §§ 569 a II 5, III, IV sowie § 569 b S 2 aF. Hierbei werden ausnahmsweise gleichgestellt die nicht ehelich Zusammenlebenden sowie nicht registrierten Lebenspartner mit den eingetragenen Lebenspartnern und Ehegatten, und zwar nur aufgrund der Sondervorschriften der §§ 563 ff. 1

Neu ist der in § 563 b III eingeführte Anspruch des Vermieters auf Leistung einer Mietsicherheit. Hiermit wollte der Gesetzgeber den durch Tod des Mieters und anschließenden Eintritt Dritter oder Fortsetzung des Vertrages mit Dritten geänderten Umständen in wirtschaftlicher Hinsicht im Interesse des Vermieters Rechnung tragen (BTDrs 14/4553 S 62). Die Vorschrift regelt einzelne Rechtsfolgen für den Eintritt oder die Fortsetzung des Mietverhältnisses insbes mit Nicht-(Mit-)Erben. 2

B. Zusätzliche Haftung des Eintretenden für „mietvertragsgebundene" Erblasserschulden/Altverbindlichkeiten (§ 563 b I). I. Gegenstand. Nach *Rolfs* (Staud § 563 b Rn 3) geht es in § 563 b I um die Haftung der Eintretenden für Erblasserschulden, während *Häublein* (MüKo § 563 b Rn 3) von mietvertraglichen Altverbindlichkeiten spricht. Der Begriff der „bis zum Tod des Mieters entstandenen Verbindlichkeiten" erfasst jedenfalls schon in zeitlicher Hinsicht nicht alle (erbrechtlich) denkbaren Erblasserschulden, die auch noch dann bejaht werden, wenn zwar wesentliche Tatbestandsvoraussetzungen noch der Sphäre des Erblassers zuzurechnen sind, die Verbindlichkeit jedoch erst in der Person des Erben entsteht (vgl AnwK/*Krug* § 1967 Rn 16). Auch in gegenständlicher Hinsicht werden nur Teile der Erblasserschulden erfasst, nämlich solche, die aus dem Mietverhältnis selbst stammen, dh unmittelbar auf dem Mietvertrag beruhen. 3

II. Gesamtschuldnerische Außenhaftung ggü dem Vermieter. Diese Haftung bezieht sich speziell auf Ansprüche des Vermieters wegen rückständiger Miete einschl Betriebskostenvorauszahlungen und mietrechtlicher Abrechnungsspitzen bei der Betriebskostenabrechnung, Schadensersatzansprüche wegen nicht durchgeführter Schönheitsreparaturen und sonstiger Pflichtverletzungen des verstorbenen Mieters. Der Vermieter erhält für diese mietvertragsgebundenen Erblasserschulden zugleich einen Vertragschuldner, wobei Erbe und Eintretender – sofern nichts anderes vereinbart ist – als Gesamtschuldner haften. 4

Diese Haftung bezieht sich allerdings nicht auf Verbindlichkeiten, die aus Verträgen mit Dritten, insbes Handwerkern, resultieren, auch wenn derartige Aufträge Beziehung zum Mietobjekt hatten. Der Anspruch des Vermieters gegen den Eintretenden entsteht bereits vor Ablauf der Ablehnungsfrist (1 Monat ab Kenntniserlangung) gem § 563 III 1. *Rolfs* bejaht allerdings im Einzelfall bei Inanspruchnahme des kraft Gesetzes Eintretenden eine auf § 242 zu stützende Einrede, wenn die Ablehnung des Vertragseintritts so gut wie sicher bevorsteht und der Vermieter den empfangenen Betrag alsbald nach § 812 I zurückzahlen müsste (vgl Staud/*Rolfs* § 563 b Rn 8). 5

III. Vorrangige Erbenhaftung; Innenverhältnis der Gesamtschuldner. Zahlt einer der Gesamtschuldner iRe derartigen Mietvertrages an den Vermieter so steht ihm bezogen auf jede einzelne (Monats-)Miete in Höhe einer etwaigen Überzahlung ein Ausgleichsanspruch zu. Es kann nicht etwa bei einem Zeitmietvertrag auf die Höhe des insgesamt geschuldeten Betrages des die Zahlung Leistenden abgestellt werden, sondern es 6 ist ähnlich wie bei Tilgung eines Kredits in Monatsraten ein Ausgleich schon nach Zeitabschnitten vorzunehmen (vgl MüKo/*Bydlinski* § 426 Rn 12). Dies bedeutet, dass immer nur auf den fälligen Teil der Schuld abzustellen ist. Abw von § 426 regelt § 563 b I 2 eine primäre Erbenhaftung.

7 Die ausdrücklich vom Gesetz vorgesehene „anderweitige Bestimmung" kann sich sowohl aus dem Mietvertrag als auch aus gesonderten Vereinbarungen mit den Eintretenden ergeben. Eine volle Ausgleichspflicht trifft den Erben nur, wenn auch der Erblasser als Mieter im Innenverhältnis allein für die Mietverbindlichkeiten aufzukommen hatte. Nach *Lützenkirchen* (Neue Mietrechtspraxis Rn 682) soll eine abw Vereinbarung auch durch letztwillige Verfügung des verstorbenen Mieters getroffen werden können. Dies dürfte jedoch nur dann Praxisrelevanz erlangen, wenn die Eintretenden zugleich Miterben sind.

8 **C. Ausgleichsanspruch des Erben bei Mietvorauszahlungen (§ 563 b II).** Da die mietvertragsgebundenen Erblasserschulden letztlich den Erben treffen und andererseits durch die Fortsetzung des Mietverhältnisses dessen Identität gewahrt bleibt, ist es konsequent, bei Mietvorauszahlungen (auch Mieterdarlehen und Baukostenzuschüsse) des Verstorbenen, die den Eintretenden im Außenverhältnis zum Vermieter entlasten, eine Herausgabe dieser „ersparten Aufwendungen" zugunsten des Erben anzuordnen. Die Ausgleichspflicht – im Gesetz als Herausgabepflicht formuliert – trifft alle in das Mietverhältnis kraft Gesetzes Eintretenden oder dieses Fortsetzenden.

9 Die Vorschrift korrespondiert in erster Linie mit der Norm des § 547, nämlich dem Anspruch des Eintretenden gegen den Vermieter auf Herausgabe nicht abgewohnter Mietvorauszahlungen. Der Anspruch des Erben aus § 563 b II wird nicht als Bereicherungsanspruch qualifiziert (vgl Staud/*Rolfs* § 563 b Rn 18), weshalb sich der Eingetretene ggü dem Erben auch nicht auf einen Wegfall der Bereicherung (vgl § 818 III) berufen kann, obwohl ausgerechnet § 547 I 2 auf Bereicherungsrecht verweist.

10 Der Anspruch des Erben auf Herausgabe entsteht zeitlich gestaffelt bei Fortbestehen des Mietverhältnisses mit jeder fälligen Mietrate in Höhe der beim Eintretenden realisierten Ersparnis. Die Herausgabe des Erlangten durch den Eintretenden wird hier zweckmäßigerweise durch Abtretung seiner Forderung ggü dem Vermieter gestützt auf § 547 ggü dem Erben erfüllt werden. Da Abtretungsgegenstand auch künftige Forderungen sein können, ist es nicht zwingend, dass der Ausgleichsanspruch des Erben hinsichtlich der Fälligkeit bis zur Beendigung des Mietverhältnisses hinaus geschoben wird (MüKo/*Häublein* § 563 b Rn 11).

11 **D. Anspruch auf Sicherheitsleistung (§ 563 b III).** Die Regelung kompensiert zugunsten des Vermieters evtl Nachteile, die mit dem Wechsel der Person des Mieters – insbes unter dem Gesichtspunkt der Solvenz – eingetreten sind. Auch bei einer mietvertraglich vereinbarten Sicherheitsleistung kann der Anspruch – möglicherweise neben § 563 b I – (auch) allein auf § 563 b III gestützt werden. Damit scheiden jedenfalls Probleme, die sich etwa um die Verwirkung des ursprünglich vereinbarten Kautionsanspruches ranken könnten, für die Fälle einer vertraglich vereinbarten Sicherheitsleistung ebenso aus wie ein Ergänzungsanspruch, falls die ursprüngliche mietrechtliche Vereinbarung zB nur eine Mietsicherheit in Höhe von einer Monatsnettomiete vorsah.

12 Der Anspruch nach § 563 b III richtet sich direkt auf Leistung einer Barkaution (vgl § 551 II) ggü dem in das Mietverhältnis Eintretenden. Zutreffend verweist *Häublein* (MüKo § 563 b Rn 16) auf die Inkonsequenz der bisher hM, die dem Vermieter lediglich einen vorgeschalteten Anspruch auf Abschluss einer Änderungsvereinbarung nach § 311 I zuspricht und bei fehlender Einigung über die Art der Sicherheitsleistung eine Vorgehensweise nach § 315 III befürwortet, obwohl diese Regelung lediglich den Fall eines einseitigen Leistungsbestimmungsrechts betrifft. § 563 b III findet keine Anwendung, wenn das Mietverhältnis gem § 564 mit den Erben fortgesetzt wird. Auch eine analoge Anwendung der Vorschrift komme nicht in Betracht, da es an einer Regelungslücke fehlt (*Hinz* ZMR 02, 645). Str ist, ob der Anspruch des Vermieters auf Kautionsleistung ggü dem Eintretenden bereits mit dem Tod des Mieters oder erst mit dem Ablauf der Ablehnungsfrist des Eintretenden gegeben ist. Auch hier wird man von einer sofortigen Fälligkeit ausgehen können, wobei dem kraft Gesetzes Eintretenden während der Überlegungs- bzw Kündigungsfrist im Einzelfall der Einwand aus § 242 zuzubilligen ist, wenn mit hoher Wahrscheinlichkeit zu erwarten ist, dass der Betreffende nicht endgültig in das Mietverhältnis eintritt.

13 Unklar ist das Zusammenspiel der Regelung in § 563 b I 2 „soweit nichts anderes bestimmt ist" und der Regelung des § 563 b III, wonach eine eigene Kautionsforderung des Vermieters ggü dem Eintretenden begründet wird. *Häublein* (MüKo § 563 b Rn 14) hat hier überzeugend herausgearbeitet, dass die Kaution im Ergebnis von den im III genannten Personen aufzubringen ist, denn diese und nicht den Erben komme die Kautionszahlung letztlich zu Gute (Rechtsgedanke des § 563 b II). *Häublein* hat auch für den Fall einer vom verstorbenen Mieter geleisteten Sicherheit einen Innenausgleich zugunsten des Erben über § 563 b II analog entwickelt (MüKo § 563 b Rn 15).

14 **E. Abdingbarkeit.** Aus § 563 b I 2 („soweit nichts anderes bestimmt ist") wird gefolgert, dass die Bestimmung dispositiven Charakter hat (vgl Staud/*Rolfs* § 563 b Rn 21).

15 **F. Übergangsvorschriften.** Gem Art 229 § 3 I Nr 5 EGBGB gilt noch altes Recht, wenn der Mieter vor dem 1.9.01 verstorben ist; ist der Mieter am 1.9.01 oder später gestorben, ist das neue Recht ohne Einschränkungen anwendbar.

§ 564 Fortsetzung des Mietverhältnisses mit dem Erben, außerordentliche Kündigung

¹Treten beim Tod des Mieters keine Personen im Sinne des § 563 in das Mietverhältnis ein oder wird es nicht mit ihnen nach § 563 a fortgesetzt, so wird es mit dem Erben fortgesetzt. ²In diesem Fall ist sowohl der Erbe als auch der Vermieter berechtigt, das Mietverhältnis innerhalb eines Monats außerordentlich mit der gesetzlichen Frist zu kündigen, nachdem sie vom Tod des Mieters und davon Kenntnis erlangt haben, dass ein Eintritt in das Mietverhältnis oder dessen Fortsetzung nicht erfolgt sind.

A. Grundsätzliches. § 564 übernimmt § 569 a VI und § 569 I, II aF. Gem § 564 S 1 geht das Eintrittsrecht nach § 563 und das Fortsetzungsrecht nach § 563 a einer Fortsetzung des Mietverhältnisses mit dem Erben vor (BTDrs 14/4553 S 62). § 564 S 2 gewährt beiden Vertragsparteien ein außerordentliches Kündigungsrecht. Es ist jetzt kein berechtigtes Interesse iSd § 573 erforderlich (§ 575 a I). 1

Mit dem Tod des Mieters tritt quasi eine Störung der Geschäftsgrundlage des Mietvertrages ein. § 564 S 2 trägt dieser gesetzlich vermuteten Geschäftsgrundlage durch das beiderseitige Kündigungsrecht Rechnung (*Lammel* § 564 Rn 4). 2
Den Erben des Mieters wird das Lösungsrecht zugestanden, um sie nicht langfristig an ein Mietobjekt zu binden, an dessen Nutzung kein Interesse besteht. Die wirtschaftliche Bedeutung der Vorschrift liegt für den Erben darin, dass er auf diese Weise auch Langzeitmietverhältnisse (*Häublein* ZMR 04, 1) mit den kurzen Kündigungsfristen des § 573 d beenden kann.

B. Der Erbe als Mieter (§ 564 S 1). Zwischen der natürlichen Person des Erblassers als Mieter und dem Vermieter muss ein Wohnraummietverhältnis bestanden haben, das allein durch den Tod des Mieters nicht beendet wird. Sind keine eintritts- oder fortsetzungsberechtigten Personen iSd §§ 563, 563 a vorhanden, erwirbt der Erbe gem den §§ 1922, 1967, 857 auch ohne die mehr klarstellende/deklaratorische Regelung des § 564 S 1 alle Rechte und Verpflichtungen aus dem Mietverhältnis, wie sie vorher in der Person des Mieters begründet waren. Dasselbe gilt für den Fall, dass die Eintritts- oder Fortsetzungsberechtigten von ihrem Recht zur Ablehnung des Eintritts wirksam – insbes fristgerecht gem § 563 III – Gebrauch gemacht haben. Die Gesamtrechtsnachfolge kommt nur subsidiär zum Tragen. 3

Sonderfall: Mietermehrheit. Vorbehaltlich abw Individualregulierungen (*Lammel* § 564 Rn 11) nimmt die wohl hM (Naumbg ZMR 01, 539 = NZM 02, 166 ff) einen Ausschluss des Kündigungsrechts auf Mieterseite an, wenn nur einer von mehreren (Mit-)Mietern verstirbt (unzulässige Teilkündigung). Eine Kündigung, die sowohl von dem/den Erben des verstorbenen Mitmieters als auch von den überlebenden Mietern ausgesprochen wird, ist möglich (vgl *Eckert* Kündigung des Mietverhältnisses mit mehreren Mietern GS Sonnenschein 03, 313 ff und MüKo/*Häublein* § 564 Rn 13 ff). Im Ergebnis ergibt sich aus § 564 S 2 kein Kündigungsrecht der Mitmieter, die dem Vermieter als Gesamtschuldner mit dem verstorbenen Mitmieter hafteten. Insoweit ist eine Vereinbarung erforderlich. Bei deren Fehlen kommt ein Kündigungsrecht ggf noch über § 313 in Betracht. 4

Das Kündigungsrecht des Vermieters ergibt sich bei einer Mietermehrheit ebenso wenig direkt aus § 564 S 2. Insoweit fordert *Häublein* (MüKo § 564 Rn 17 ff) zu Recht eine teleologische Reduktion der Norm, da hier nur in der Person eines Mitmieters der Kündigungsgrund gegeben sei und ansonsten Wertungswidersprüche zum Bestandsschutzgedanken des sozialen Mietrechts entstünden, da die Mitmieter im Gegensatz zum Mietererben Interesse am Fortbestand des Mietverhältnisses haben. Eine Fortsetzung des Mietverhältnisses mit den übrigen Mietern muss dem Vermieter allerdings zumutbar sein. Hier gilt Ähnliches wie bei der Zurechnung von Fehlverhalten eines Mitmieters und Fortsetzung des Mietverhältnisses mit den vertragstreuen Mietern (vgl AG Hamburg ZMR 03, 581). 5

C. Die Kündigung des Mietverhältnisses (§ 564 S 2). I. Kündigungsfrist. Die gesetzliche Kündigungsfrist (§ 573 d) beträgt drei Monate abzüglich der Karenzzeit von drei Werktagen. Lediglich für die in § 549 II Nr 2 genannten Wohnungen gilt eine kürzere Frist. Eine Besonderheit dieser außerordentlichen Kündigung mit gesetzlicher Frist ist die Überlegungsfrist von einem Monat nach Kenntnis vom Tod des Mieters und davon, dass weder ein Eintrittsberechtigter noch ein Fortsetzungsberechtigter das Mietverhältnis fortgesetzt haben. 6

Das Mietverhältnis kann im Einzelfall schon vor Lauf der Monatsfrist gekündigt werden. Diese Frist beginnt auf Seiten des Vermieters erst mit Kenntnis von dem Umstand, dass es nicht zu einem Eintritt oder einer Fortsetzung des Mietvertrages gekommen ist. Die Kündigungsfrist auf Seiten des Erben ist nicht von der Annahme der Erbschaft abhängig. Bereits der vorläufige Erbe kann die Kündigung erklären (vgl § 1959 II). Bei angeordneter Testamentsvollstreckung, die sich auf das Mietverhältnis erstreckt, kann lediglich der Testamentsvollstrecker – nicht der Erbe – kündigen, sobald er das Amt angenommen hat (§ 2202 I). Eine vor der Annahmeerklärung ausgesprochene Kündigung des Testamentsvollstreckers ist als einseitiges Rechtsgeschäft (§ 180 S 1) nichtig. Mit Anordnung der Nachlassverwaltung verliert der Erbe – und auch ein etwa bestellter Testamentsvollstrecker – die Verwaltungs- und Verfügungsbefugnis über die Nachlassgegenstände (§ 1984 I 7

1). Dies bedeutet, dass der Nachlassverwalter sowohl die Kündigung erklären kann, als auch der richtige Empfänger der Vermieterkündigung ist.

8 **II. Kündigungsform und Inhalt.** Hier ist die Regelung des § 568 zu beachten (Schriftform). Da auf die Kündigung des Vermieters ggü dem Erben des Mieters auch die Sozialklausel (§ 574) anwendbar sein soll, ist der Vermieter auch gehalten gem § 568 II auf die Möglichkeit, die Form und die Frist des Widerspruchs nach den §§ 574 ff rechtzeitig hinzuweisen. Bei einer Erbenmehrheit ist die Kündigung durch alle bzw ggü allen Mitgliedern dieser Mietererbengemeinschaft zu erklären.

9 Inkonsequent ist es, dass die Anwendung der Sozialklausel (574 ff) auf die außerordentliche Vermieterkündigung ggü dem Mietererben nicht ausgeschlossen wurde, da die gesamte Regelung gem § 564 gerade auf dem fehlenden mietrechtlichen Bestandschutz für den Mietererben beruht.

10 **D. Abdingbarkeit.** § 564 ist dispositiv. Die Fortsetzung des Mietverhältnisses mit dem Mietererben und auch dessen Kündigungsrecht einerseits sowie das Kündigungsrecht des Vermieters andererseits können vertraglich abw geregelt werden.
Die hM (Staud/*Rolfs* § 564 Rn 24) nimmt weiterhin an, dass es jedenfalls formularmäßig unzulässig ist, nur das Kündigungsrecht des Vertragsgegners abzubedingen. Das LG Frankfurt/M WuM 90, 82) zählt die Regelung sogar zum gesetzlichen Leitbild der Miete (Wertungsfrage, vgl Hburg NJW 84, 60).

11 **E. Übergangsvorschriften.** Gem Art 229, § 3 I Nr 5 EGBGB gilt altes Recht soweit der Tod des Mieters vor dem 1.9.01 eingetreten ist. Ab 1.9.01 gilt uneingeschränkt das neue Recht.

§ 565 Gewerbliche Weitervermietung

(1) ¹Soll der Mieter nach dem Mietvertrag den gemieteten Wohnraum gewerblich einem Dritten zu Wohnzwecken weitervermieten, so tritt der Vermieter bei der Beendigung des Mietverhältnisses in die Rechte und Pflichten aus dem Mietverhältnis zwischen dem Mieter und dem Dritten ein. ²Schließt der Vermieter erneut einen Mietvertrag zur gewerblichen Weitervermietung ab, so tritt der Mieter anstelle der bisherigen Vertragspartei in die Rechte und Pflichten aus dem Mietverhältnis mit dem Dritten ein.
(2) Die §§ 566a bis 566e gelten entsprechend.
(3) Eine zum Nachteil des Dritten abweichende Vereinbarung ist unwirksam.

1 **A. Grundsätzliches.** § 565 ersetzt § 549a aF; er gilt nur für die Wohnraummiete, wenn die Wohnung nicht direkt vom Eigentümer, sondern über und von einem Zwischenvermieter vermietet wird. Es existieren somit zwei selbständige Mietverträge (gewerbliches Hauptmietverhältnis zwischen dem Eigentümer/Hauptvermieter und dem Zwischen(ver)mieter, ein weiteres nicht gewerbliches Mietverhältnis zwischen letzterem und dem Endmieter).

2 Normzweck ist der Schutz des Dritten als Endmieter, dem aus der Einschaltung des gewerblichen Zwischenvermieters keine Rechtsnachteile entstehen sollen. Ähnlich wie bei der Rechtsnachfolge im Eigentum (vgl § 566) soll verhindert werden, dass der Endmieter gem § 546 II räumen muss auf Verlangen des Hauptvermieters. Der Endmieterschutz wird gem § 565 dadurch erreicht, dass dessen Mietvertrag bei Beendigung des Hauptmietverhältnissees entweder mit dem Hauptvermieter oder mit einem anderen Zwischenvermieter fortgesetzt wird.

3 **B. Besondere Voraussetzungen. I. Anmietung zur Weitervermietung als Wohnung.** Zweck des Hauptmietvertrages muss es – ggf nach einer konkludenten Änderung während der Vertragszeit – sein, die angemieteten Räume als Wohnraum weiter zu vermieten. Ausreichend ist es, wenn beide davon ausgehen, dass die Wohnung vom Mieter an Dritte weitervermietet werden soll. Maßgeblich sind die vertraglichen Vereinbarungen, nicht die tatsächlichen Verhältnisse. Unanwendbar ist § 565, wenn nach dem Hauptmietvertrag die Weitervermietung zu gewerblichen Zwecken erfolgen soll, die Vermietung jedoch vertragswidrig zu Wohnzwecken erfolgte.

4 **II. Gewerbliche Weitervermietung des (Zwischen-)Mieters.** Gewerbliches Handeln setzt eine geschäftsmäßige, auf Dauer gerichtete Tätigkeit in Gewinnerzielungsabsicht oder doch jedenfalls in eigenem wirtschaftlichen Interesse voraus (BGH NJW 96, 2862, BayObLG NJW-RR 96, 73). Nicht erforderlich ist tatsächliche Gewinnerzielung. Problematisch ist, wenn zwar geschäftsmäßig, jedoch primär aus gemeinnützigen, mildtätigen, karitativen und fürsorglichen Zwecken (vgl KG ZMR 04, 31) weitervermietet wird. Eine analoge Anwendung des § 565 wird abgelehnt (BGH ZMR 96, 537; BayObLG ZMR 95, 527; 95, 582; KG GE 96, 49, 51 f; aA LG Berlin GE 02, 1126; AG Frankfurt/M WuM 94, 276). Spätestens seit Inkrafttreten des Mietrechtsreformgesetzes fehlt es an der planwidrigen Regelungslücke, da der Gesetzgeber trotz der bekannten Rspr des BGH und des BayObLG an dem engen Wortlaut in § 565 ggü ursprünglichen Fassung in § 549 aF festgehalten hat. Auch über Art 3 GG ist keine erweiterte Anwendung des § 565 zu begründen (BGH ZMR 96, 537).

Wenn ein gemeinnütziger Verein den Wohnraum abredewidrig an eigene Mitarbeiter untervermietet (Bay- 5
ObLG ZMR 95, 582), greift § 565 nicht ein. Bestandsschutz zugunsten des Untermieters ist möglich, wenn
ein Arbeitgeber Wohnraum zur Versorgung seiner Arbeitnehmer anmietet und der Vermieter erheblichen
Einfluss auf die Gestaltung der Untermietverträge und die Auswahl der Endmieter behält (BayObLG ZMR
95, 585).

C. Rechtsfolgen. I. Eintritt des Vermieters. Nach § 565 I 1 tritt der Vermieter bei der Beendigung des 6
Mietverhältnisses in die Rechte und Pflichten nach dem Mietverhältnis zwischen dem Mieter und dem Dritten ein. Str ist, ob es zu einer vollständigen Vertragsübernahme oder aber zu einer Entstehung eines neuen
Mietvertrages kraft Gesetz kommt (für Vertragsübernahme: *Derleder/Barthels* JZ 97, 981, *Lammel* § 565
Rn 24, vgl aber Staud/*Emmerich* § 565 Rn 9). Bei vollständiger Vertragsübernahme kommt es nicht zu einer
Zäsur im Mietverhältnis, so dass der bestehende Mietvertrag fortbesteht, lediglich unter Austausch eines der
Vertragspartner. Nach der Gegenansicht entsteht ein neuer inhaltlich identischer Mietvertrag kraft Gesetz
zwischen dem Hauptvermieter und dem Untermieter.

Der Vermieterwechsel erfolgt kraft Gesetzes im Zeitpunkt der Beendigung des Hauptmietverhältnisses, wobei 7
eine besondere Mitteilung an den Endmieter/Dritten nicht erforderlich aber sinnvoll (arg § 407) ist. Es
besteht ein Auskunftsanspruch über die Untermietverhältnisse und die Person des Dritten. Treten beim Endmieter Zweifel auf, wer sein Vertragspartner ist, kann er die Miete beim Amtsgericht hinterlegen (§§ 372 ff).
Zusatzvereinbarungen, die mit der Nutzung der Wohnung nicht in Zusammenhang stehen, gehen nicht auf 8
den Vermieter über. Ansprüche des Mieters gegen den Dritten, die im Zeitpunkt der Beendigung des Hauptmietverhältnisses fällig sind, verbleiben beim Mieter.

II. Eintritt eines anderen (Zwischen-)Mieters. Wenn der (Haupt-)Vermieter erneut einen Mietvertrag zur 9
gewerblichen Weitervermietung abschließt, tritt der neue Mieter anstelle des bisherigen Mieters in die Rechte
und Pflichten aus dem Mietverhältnis mit dem Endmieter/Dritten ein (§ 565 I 2). Kommt es nicht zu einer
nahtlosen Fortsetzung zwischen dem alten und dem neuen (Zwischen-)Mieter tritt der Hauptvermieter
– eine vertragslose Zeit für den Endmieter gibt es nicht – in das Mietverhältnis ein.

III. Ausscheiden des (Zwischen-)Mieters. Mit der Beendigung des Hauptmietverhältnisses scheidet der 10
Mieter zeitgleich kraft Gesetzes als Vermieter aus dem Untermietverhältnis aus.

D. Entsprechende Anwendung der §§ 566 a–e. Gem § 565 II gelten die §§ 566 a–e analog. Damit ist eine 11
Regelung für die vom Untermieter an den Zwischenvermieter erbrachte Sicherheit (§ 566 a) getroffen. Entweder der Vermieter bzw der neue Zwischenvermieter treten in die durch die Mietsicherheit begründeten
Rechte und Pflichten ein. Die Wirksamkeit von Vorausverfügungen des ersten Mieters über die Miete für den
Zeitraum nach Eintritt regelt § 566 b. § 566 c schützt in den Fällen des § 565 den Dritten. Für Abänderungen
des Mietvertrages gilt § 566 c allerdings nicht; die Wirksamkeit von Rechtsgeschäften zwischen dem ersten
Mieter und dem Dritten einschl der Erfüllung, Stundung, Mieterlass regelt § 566 c, die Frage, unter welchen
Voraussetzungen der Dritte mit Forderungen gegen den ersten Mieter ggü dem Vermieter oder dem neuen
gewerblichen Mieter **aufrechnen** kann, regelt § 566 d. § 566 e stellt sicher, dass der Mieter die Zahlungen des
Dritten an den Vermieter auf jeden Fall gegen sich gelten lassen muss, wenn der Mieter ggü dem Dritten die
Beendigung des Hauptmietverhältnisses angezeigt hat.

E. Abweichende Vereinbarungen. Gem § 565 III kann vertraglich nichts zum Nachteil des Dritten abbedun- 12
gen werden. Vermieter und Mieter können insbes nicht den Bestandsschutz des Endmieters aushöhlen. Vereinbarte Bedingungen scheitern oft schon an § 572 II. Der Endmieter kann entscheiden, ob er sich auf die
Rechtsfolgen des § 565 beruft.

§ 566 Kauf bricht nicht Miete

(1) Wird der vermietete Wohnraum nach der Überlassung an den Mieter von dem Vermieter an einen
Dritten veräußert, so tritt der Erwerber anstelle des Vermieters in die sich während der Dauer seines Eigentums aus dem Mietverhältnis ergebenden Rechte und Pflichten ein.
(2) ¹Erfüllt der Erwerber die Pflichten nicht, so haftet der Vermieter für den von dem Erwerber zu ersetzenden Schaden wie ein Bürge, der auf die Einrede der Vorausklage verzichtet hat. ²Erlangt der Mieter von
dem Übergang des Eigentums durch Mitteilung des Vermieters Kenntnis, so wird der Vermieter von der
Haftung befreit, wenn nicht der Mieter das Mietverhältnis zum ersten Termin kündigt, zu dem die Kündigung zulässig ist.

A. Wechsel der Vertragspartei auf Vermieterseite. Der in § 566 normierte Grundsatz „Kauf bricht nicht 1
Miete" übernimmt unter dieser ungenauen vom Gesetzgeber als sprichwörtlich bezeichneten Überschrift
(richtig: Veräußerung bricht nicht den Mietvertrag) mit geringfügigen sprachlichen Änderungen die bisherige Regelung des § 571 aF. Es handelt sich hier um eine typische Mieterschutzbestimmung. Der Mieter soll

nicht den Mietbesitz durch Veräußerung verlieren. Ohne diese Regelung bestünde kein Recht zum Besitz ggü dem Erwerber. Mit Beendigung des Erwerbstatbestandes (idR Grundbucheintragung) tritt der Erwerber für die Dauer seines Eigentums an die Stelle des vormaligen Eigentümers und Vermieters.

2 **B. Anwendungsbereich des § 566.** § 566 gilt (vgl § 578) sowohl für Wohnraummietverhältnisse als auch für Mietverhältnisse über Grundstücke ua Räume. § 566 erstreckt sich sowohl auf bestehende Miet- oder Pachtverhältnisse als auch über genossenschaftliche Dauernutzungsverträge. Analog gilt die Regelung des § 566 für Erbbaurechte, Nießbrauch, Wohnungsrecht und Wohnungseigentum; zT auch für Unterhaltsvereinbarungen (vgl *Krenek* in Müller/Walther, § 566 Rn 14).

3 Dagegen findet die Vorschrift keine Anwendung auf gewerbliche Mietverhältnisse, die auf Gestattung eines Gewerbes in den Räumen eines anderen gerichtet ist. Dies hat der BGH (ZMR 02, 905 = NJW 02, 3322 f) für einen Breitbandkabelvertrag entschieden, bei dem der Grundstückseigentümer einem Unternehmen das ausschl Recht gewährte, auf dem Grundstück eine Breitbandkabelanlage zu errichten, zu unterhalten und mit den Wohnungsmietern Einzelanschlussverträge abzuschließen. § 566 gilt auch nicht für Untermietverträge bei einem Wechsel des Hauptmieters/Untervermieters (BGH NJW 89, 2053), nicht für Leihverträge und den Mietvorvertrag.

4 **C. Personenidentität von Veräußerer und Vermieter.** § 566 I setzt eine Veräußerung des vermieteten Wohnraums oder Grundstücks durch den vermietenden Eigentümer voraus. *Lammel* (§ 566 Rn 23) argumentiert gestützt auf die Gesetzesgeschichte des § 571 aF, dass es nicht auf eine Identität von Vermieter und Eigentümer bei der Anmietung ankomme, sondern lediglich bei der Veräußerung. Diese Auffassung hat sich bisher nicht durchgesetzt (LG Stendal GE 01, 925 m Anm *Luckey* GE 01, 909, *Börstinghaus* NZM 04, 482). So hat etwa das OLG Köln (ZMR 01, 967) für das Pachtrecht entschieden, dass kein Fall des § 566 vorliege, wenn ursprünglich (!) die Person des Eigentümers und die Person des Verpächters auseinander fielen.

5 **D. Sonderfälle.** Str ist, ob bei Vermietung durch einen von mehreren Miteigentümern § 566 eingreift (auch bei Zustimmung der übrigen Miteigentümer abl BGH NZM 04, 300; aA Karlsr NJW 81, 1278, LG Hamburg WuM 01, 281). In der Zustimmung müsste zugleich eine Bevollmächtigung zum Abschluss des Mietvertrages gelegen haben.

6 § 566 soll auch anwendbar sein, wenn ein Dritter als Sondereigentums- oder Hausverwalter zwar in eigenem Namen handelnd, aber mit Ermächtigung des Grundeigentümers den Mietvertrag abgeschlossen hat (Celle ZMR 00, 284).

7 Wird durch den Grundeigentümer/Vermieter zweier rechtlich selbstständiger Grundstücke mit einheitlichem Mietvertrag das Objekt vermietet, nebst anschließender Veräußerung an verschiedene Erwerber, so wird man wegen der Einheitlichkeit des Mietverhältnisses und vor dem Hintergrund des Mieterschutzes, ähnlich wie bei der Aufteilung in Wohnungseigentum von einer Gesamtvermieterstellung aller Erwerber ausgehen müssen.

8 **E. Veräußerung.** Der bloße Abschluss schuldrechtlicher Verträge (Kauf, Tausch oder Schenkung) ist für den Veräußerungstatbestand nicht ausreichend. Auflassung und Eintragung im Grundbuch (§§ 873, 925) sind nötig. Wegen der (Teil-)Rechtsfähigkeit der BGB-Außengesellschaft (*Jacoby* ZMR 01, 409) stellt der Eintritt eines neuen Gesellschafters in eine BGB-Gesellschaft keinen Veräußerungsfall dar (vgl *Weitemeyer* ZMR 04, 153 ff).

9 **F. Zwischenstadium zwischen schuldrechtlichem Vertrag und dinglicher Übereignung.** Der Erwerber kann in diesem Stadium noch keine Mieterhöhung verlangen und auch noch nicht aus eigenem Recht die Kündigung des Vertrages erklären. Lediglich die Mietansprüche kann der Veräußerer bereits vor der Umschreibung im Grundbuch wirksam an den Erwerber abtreten, nicht jedoch das Kündigungsrecht (LG Berlin ZMR 96, 325).

Allerdings soll es möglich sein, den Erwerber zur Ausübung des Kündigungsrechts im eigenen Namen sowie zur Erklärung einer Mieterhöhung zu ermächtigen.

10 Str ist, ob der Erwerber in sog Kündigungslagen eintritt. Für die Kündigungsgründe Eigenbedarf und Hinderung an einer angemessenen wirtschaftlichen Verwertung wird überwiegend davon ausgegangen, dass das Kündigungsrecht mit dem Eigentumsübergang erlischt.

11 **G. Überlassung vor Veräußerung.** Die §§ 566, 578 erfordern, dass das Mietobjekt vor der dinglichen Umschreibung bereits an den Mieter überlassen war. Die Überlassung kann durch Verschaffung des unmittelbaren Besitzes erfolgen oder durch die Überlassung des Mietobjekts an eine Person nach Anweisung des (Haupt-)Mieters. Bei Vermietung von Wohnraum reicht idR die Entgegennahme der Schlüssel aus.

12 **H. Eigentumswechsel als Zäsur im Mietverhältnis.** Der Vermieter tritt mit dem Eigentumswechsel in sämtliche mietvertraglichen Vereinbarungen – egal, ob sie ihm bekannt sind oder nicht – ein, und zwar nicht auf vertragstypische mietvertragliche Rechte und Pflichten beschränkt.

13 **I. Kündigung des Mieters.** Vor Eigentumsumschreibung kann der Mieter allein ggü dem ursprünglichen Eigentümer und Vermieter kündigen. Ggü dem Erwerber kann der Mieter kündigen, wenn der ursprüngliche

Vermieter bereits mit Kaufvertragsabschluss einen (in Wahrheit erst künftigen) Rechtsübergang ggü dem Mieter anzeigte; auch wenn noch kein Eigentumsübergang im Grundbuch erfolgte. Hier wird § 566 e I analog angewandt. Erfährt der Mieter von der tatsächlich erfolgten Veräußerung gar nichts und kündigt er das Mietverhältnis ggü dem ursprünglichen Vermieter, muss der neue Vermieter/Erwerber die ausgesprochene Kündigung gem § 242 gegen sich gelten lassen.

J. Kündigung des Vermieters. Hinsichtlich der Umwandlungsfälle wird auf die Kommentierung zu § 577 a 14 verwiesen. Soweit der ursprüngliche Vermieter vor Eigentumsübergang wirksam gekündigt hat, verliert diese Kündigung nur im Fall persönlicher Kündigungsgründe (insbes Eigenbedarf) ihre Wirkung mit Eigentumsübergang. Als Gegenausnahme wird hier wiederum der Fall angesehen, dass der Eigenbedarf trotz der Veräußerung fortbesteht.

K. Ansprüche/Forderungen des Vermieters. Bereits fällige vor Eigentumsumschreibung begründete An- 15 sprüche verbleiben beim bisherigen Vermieter und müssen ggf im notariellen Kaufvertrag durch Abtretung rechtsgeschäftlich auf den Erwerber übertragen werden. Hatte der ursprüngliche Vermieter den Vertrag wirksam mit einer Kündigungsfrist gekündigt, die bei Eigentumsübergang noch nicht abgelaufen war, so entsteht der Herausgabeanspruch (§ 546) in der Person des Erwerbers (BGH NJW 78, 2148),

L. Pflichten des Vermieters; Ansprüche des Mieters. Für Ansprüche des Mieters sind der Eigentumsüber- 16 gang und die Fälligkeit der Ansprüche maßgebend. Alle vor Eigentumsübergang bereits fälligen Ansprüche sind gegen den ursprünglichen Vermieter zu richten, während der Erwerber für die zeitlich später entstandenen und fälligen Ansprüche passivlegitimiert ist. Dies ist insbes bedeutsam bei Schadensersatzansprüchen des Mieters. Für die Garantiehaftung aus § 536 a I kommt es damit auf den Schadenseintritt an. Liegt dieser nach dem Eigentumserwerb haftet auch der Erwerber ohne Verschulden für anfängliche Mängel.
Zur Betriebskostenabrechnung gilt, dass bei einem Eigentumserwerb während der laufenden Abrechnungspe- 17 riode der Erwerber zur Abrechnung verpflichtet ist (Naumbg NZM 98, 806). Im Zusammenhang mit Übertragungen nach dem Vermögensgesetz hat der BGH (NZM 01, 158 = ZMR 01, 17; vgl auch LG Potsdam WuM 01, 289) entschieden, dass der Verfügungsberechtigte als früherer Eigentümer dem Mietern ggü bzgl der zu diesem Zeitpunkt abgelaufenen Abrechnungsperioden zur Abrechnung der Betriebskosten verpflichtet bleibt und zur Erhebung etwaiger Nachzahlungen berechtigt ist. Hinsichtlich der laufenden Abrechnungsperiode treffe die Abrechnungspflicht den Berechtigten/Erwerber.

M. Abdingbarkeit. § 566 ist nicht zwingend. Allerdings kann der Grundsatz »Veräußerung bricht nicht 18 Miete« kaum durch eine formularvertragliche Klausel ohne Verstoß gegen § 307 unterlaufen werden. Auch eine bloße Vereinbarung zwischen ursprünglichem Vermieter und Erwerber ist unwirksam. Zur Abbedingung der Rechtsfolgen bedarf es eines dreiseitigen Vertrages von Mieter, ursprünglichem Vermieter und Erwerber. Nach aA soll § 566 eine Vereinbarung zwischen Vermieter und Mieter zulassen, da § 566 nicht den Schutz des Erwerbers, sondern den Schutz des Mieters bezwecke.

N. Bürgenhaftung des Vermieters gem § 566 II. Zum Schutz des Mieters vor einem zahlungsunfähigen 19 Erwerber konstituiert § 566 II eine Bürgenhaftung des bisherigen Vermieters. Dieser kann durch die Mitteilung vom Eigentumsübergang jedoch schnell eine Haftungsbefreiung erreichen. Zu beachten ist bei der Haftungsbefreiung jedoch, dass bei einem Zeitmietvertrag die bürgenähnliche Haftung bis zum Ende der Mietzeit bestehen bleibt, denn ein zusätzliches Kündigungsrecht wird durch § 566 II 2 nicht begründet.

O. Besonderheiten bei Begründung von Wohnungseigentum. Nicht nur die Veräußerung vermieteten 20 Wohnungseigentums fällt unter § 566, sondern auch die sog Umwandlungsfälle, wobei dort mit einer teleologischen Reduktion der Norm in Einzelfällen dem Eintritt **aller** Wohnungseigentümer in die Stellung als Vermieter entgegengetreten wird. In den sog Umwandlungsfällen, dh wenn ein Mietshaus in Wohnungseigentum umgewandelt und das Wohnungseigentum an Dritte veräußert wird, ergeben sich erhebliche Rechtsprobleme für Vermieter und Mieter, da wegen des Grundsatzes der Einheitlichkeit des Mietverhältnisses eine Vermieterkündigung von sämtlichen Vermietern auszusprechen ist und eine Mieterkündigung ggü sämtlichen Vermietern erklärt werden muss (vgl BGH WuM 99, 390 m Anm *Riecke/Schütt* S 499, ZMR 99, 546; *Sternel* MDR 97, 315 ff; *Börstinghaus* NZM 04, 483 f).
Das Mietverhältnis besteht wegen der Regelung des § 566 auch bei der Umwandlung unverändert fort. Voraus- 21 setzung ist, dass Vermieter und Umwandelnder personenidentisch sind. § 566 gilt auch dann, wenn sämtliche Miteigentümer eines Grundstückes, die zugleich dessen Vermieter sind, das Eigentum an dem Grundstück durch Begründung von Wohnungseigentum (§ 8 WEG) teilen und sodann einem Miteigentümer durch Auflassung und Eintragung in das Wohnungsgrundbuch das alleinige Wohnungseigentum an einer bestimmten vermieteten Wohnung übertragen (BayObLG NJW 82, 451; *Börstinghaus* NZM 04, 483). Die „Veräußerung" wird hier darin gesehen, dass einem ehemaligen bloßen Miteigentümer durch Auflassung und Eintragung in das Wohnungsgrundbuch das alleinige Wohnungseigentum übertragen wurde. Hier tritt der Erwerber und bisherige Mitvermieter als Alleinvermieter an die Stelle der bisherigen Eigentümer- und Vermietergemeinschaft.

22 Im Übrigen richtet sich die Zusammensetzung der Vermietergemeinschaft nach dem jeweiligen Mietgegenstand laut Mietvertrag und der jeweils gültigen Teilungserklärung. **Fall 1:** Das Mietobjekt umfasst das neu geschaffene Sondereigentum an einer Wohnung sowie einen Kellerraum und/oder eine Garage, die im Sondereigentum stehen.
Hier sind Vermieter zumindest die Sondereigentümer an Keller bzw Garage und Wohnung, die nicht notwendig personenidentisch sein müssen.

23 **Fall 2:** Das Mietobjekt umfasst neben dem Sondereigentum auch das Recht zur Mitbenutzung von Gemeinschaftseigentum (Treppenhäuser, Hauseingangstüren und Zuwegung). In diesem Fall ist str, ob allein der/die Sondereigentümer Rechtsnachfolger auf Vermieterseite werden (*Happ* DWE 94, 126) oder die gesamte Eigentümergemeinschaft (*Beuermann* WuM 95, 7 Ziff. 21). Der Auffassung von *Beuermann* ist nicht zu folgen, auch wenn er zutreffend davon ausgeht, dass all diese Räume und Flächen auch ohne besondere Erwähnung im Mietvertrag (zur Mitbenutzung) mitvermietet sind (BGH NJW 67, 154). Das LG Hamburg (WuM 97, 47; 97, 176) hat zutreffend § 566 einschränkend dahin ausgelegt, dass dieser jedenfalls dann nicht greift, wenn Teile des Gemeinschaftseigentums nur zur bloßen Mitbenutzung überlassen werden. Würde in einer solchen Fallkonstellation die gesamte Eigentümergemeinschaft „notwendiger Vermieter", hätte dies für Vermieter und Mieter gleichermaßen belastende Wirkungen (*Sternel* MDR 97, 316). Eine rechtlich praktikable Lösung lässt sich nur durch die vom LG Hamburg vorgenommene teleologische Reduktion der Regelung des § 566 erreichen, indem man den Terminus „überlassen" auf die Einräumung von Alleinbesitz reduziert.

24 **Fall 3:** Mietgegenstand ist neben dem Sondereigentum auch Gemeinschaftseigentum, an dem zugunsten des Sondereigentums wirksam **Sondernutzungsrechte** begründet wurden. Dies ist der umstrittenste Fall (vgl *Greiner* ZMR 99, 366 sowie WE 00, 106). Das LG Hamburg (WuM 97, 47) und *Sternel* (MDR 97, 316) befürworten hier eine Analogie zu § 567 (sehr str). Die Rspr des BGH zum Schutz des Endmieters bei der gewerblichen Zwischenvermietung spricht ebenso wie die Neueinführung des § 565 gegen eine analoge Anwendung des § 566 (vgl *Riecke* WuM 97, 91).

25 **Fall 4:** Mietgegenstand ist neben dem Sondereigentum an der Wohnung auch ein Kellerraum, der im Gemeinschaftseigentum steht, ohne dass Sondernutzungsrechte bestehen. Hier wird nach BGH (WuM 99, 390 nebst krit Anm *Riecke/Schütt* S 499 ff = ZMR 99, 546) allein der Sondereigentümer der „Eigentumswohnung" neuer Vermieter (*Greiner* WE 00, 106). Der Mieter soll dem Herausgabeanspruch der Wohnungseigentümergemeinschaft (§ 985) sein Recht zum Besitz aus dem Mietvertrag gem § 986 entgegensetzen können. Diese Lösung erscheint fragwürdig, weil die restlichen Wohnungseigentümer nach BGH nicht über § 566 Mitvermieter werden sollen. Dann aber besteht auch kein schuldrechtlich den Eigentümer der Kellerräume bindendes relatives Besitzrecht des Mieters. Der Sondereigentümer der Wohnung und der Mieter sind in dieser Konstellation gerade nicht besitzberechtigt ggü der Eigentümergemeinschaft. Es fehlt die Besitzrechtsbrücke (vgl *Riecke/Schütt* WuM 99, 499).

26 **Fall 5:** Das Mietobjekt umfasst neben dem Sondereigentum „Wohnung" auch einen Balkon. Hier kommt der richtigen wohnungseigentumsrechtlichen Zuordnung des Balkons für die Bestimmung der Vermieterstellung entscheidende Bedeutung zu. Nach Auffassung des OLG Frankf (ZMR 97, 367) entsteht am „Luftraum Balkon" dann kein Sondereigentum, wenn die Fläche in dem Aufteilungsplan zwar ebenso umrandet ist wie das Sondereigentum der angrenzenden Wohnung jedoch nicht mit derselben Ziffer versehen wurde. Nach *Bärmann/Seuß-Schmidt* (Praxis des Wohnungseigentums A Rn 102) sind innerhalb der abgeschlossenen Wohnung alle Räume Sondereigentum; es können nicht einzelne Gemeinschaftseigentum bleiben. Dies müsse auch für einen zur Wohnung gehörenden Balkon gelten, der auch dann Sondereigentum sei, wenn er bei den Räumen (in der Teilungserklärung) nicht genannt ist. Mietgegenstand ist nur der Balkon(innen)raum. Dessen Zuordnung zum Sondereigentum liegt auf der Hand, da ein Mitgebrauchsrecht der Gemeinschaft wegen fehlenden Zugangs praktisch ausgeschlossen ist. Bei der Kündigung ist neben dem Ausspruch durch die richtigen Vermieter auch zu beachten, dass wegen der Einheitlichkeit des Mietverhältnisses die Erklärung der Vermieter sich nicht nur auf ihren jeweiligen Leistungsteil beziehen darf, sondern die Erklärung jeden Vermieters sich auf das gesamte Mietverhältnis beziehen muss. Anderenfalls lägen lediglich zwei unzulässige Teilkündigungen vor (vgl LG Hamburg WuM 97, 47). Soweit auf Grund der Inkongruenz von Teilungserklärung und Mietvertrag die Eigentümergemeinschaft die Kündigung miterklären muss, genügt hierzu ein zustimmender Beschluss der Wohnungseigentümergemeinschaft oder die Ausstellung entspr Vollmachten (LG Hamburg WuM 97, 47; Hburg WuM 96, 637).

§ 566 a Mietsicherheit

¹Hat der Mieter des veräußerten Wohnraums dem Vermieter für die Erfüllung seiner Pflichten Sicherheit geleistet, so tritt der Erwerber in die dadurch begründeten Rechte und Pflichten ein. ²Kann bei Beendigung des Mietverhältnisses der Mieter die Sicherheit von dem Erwerber nicht erlangen, so ist der Vermieter weiterhin zur Rückgewähr verpflichtet.

1 **A. Haftung des Erwerbers auf Kautionsrückzahlung.** Neu und für den Erwerber riskant ist dessen Haftung gem § 566 a (ggf iVm § 578) für die Rückgewähr der Mietkaution, die der Mieter an seinen Veräußerer/

Rechtsvorgänger gezahlt hat. Während der Erwerber gem § 566 kraft Gesetzes in die Vermieterstellung einrückt, bedarf es bei der Mietsicherheit zT eines gesonderten Übertragungsaktes. Die Haftung des Erwerbers auf Rückzahlung der Kaution besteht unabhängig davon, ob der Erwerber seinen Anspruch gegen den Verkäufer realisiert hat.

Anders ist der Fall zu entscheiden, wenn bereits dem Veräußerer nach berechtigtem Zugriff auf die Kaution (Hburg ZMR 97, 415) – der Mieter kann auch nicht durch einstweilige Verfügung einen Zugriff des Vermieters auf die Kaution wegen umstrittener Forderungen vereiteln (AG Bonn WE 02, 55) – ein Wiederauffüllungsanspruch zustand. Hier muss der Erwerber nur die restliche Kaution zurückgewähren. 2

Bei Leistung der Mietsicherheit an den Veräußerer kann der Erwerber je nach Art der Mietsicherheit folgende Ansprüche realisieren: a) bei Mietbürgschaft: nur der Erwerber kann noch Ansprüche aus der Bürgschaft erheben; b) bei Sicherungsübereignung: der Erwerber wird kraft Gesetzes Sicherungseigentümer (str); c) bei Verpfändung von Bankforderungen: der Erwerber wird kraft Gesetzes Pfandgläubiger und gem § 952 Eigentümer am Sparbuch; d) bei Barkaution: der Erwerber hat nur einen Anspruch auf Auszahlung des vom Mieter zur Verfügung gestellten Betrages. Nach OLG Ddorf (ZMR 97, 295; aM *Lammel* § 566 a Rn 10) erfolgt ein Forderungsübergang bei Anlage auf einem Treuhandkonto kraft Gesetzes. 3

Sonderfall: Rückzahlungsverpflichtung bei angeordneter Zwangsverwaltung: Noch schlechter ist die Stellung des Zwangsverwalters (BGH ZMR 04, 568). Dieser hat nämlich die Kaution in jedem Fall nach Beendigung des Mietverhältnisses und Abrechnungsreife zurück zu gewähren, auch wenn der Vermieter die Sicherheitsleistung nicht an ihn abgeführt hat (Hburg ZMR 02, 194, BGH ZMR 03, 903). Der Zwangsverwalter handelt zwar im eigenen Namen, aber für Rechnung des Schuldners/Vermieters. Hier fehlt es an einer „Erwerbssituation" (Hburg ZMR 90, 109). Nach Auffassung *Emmerichs* (Staud § 566 a Rn 5) soll der Mieter während der Zwangsverwaltung lediglich die Aushändigung der Mietsicherheit vom Vermieter an den Zwangsverwalter verlangen können. 4

B. Übergangsregelung bei der Erwerberhaftung. Die Neuregelung des § 566 a findet auf vermietete Wohnräume, die vor dem 1.9.01 veräußert wurden, allerdings keine Anwendung. Für diese Altfälle gilt weiterhin, dass zur Rückgewähr der Kaution nur der Erwerber verpflichtet ist, wenn sie ihm vom Veräußerer ausgehändigt wurde oder wenn er ggü dem Veräußerer die Verpflichtung zur Rückgewähr übernommen hat (§ 572 S 2 aF). Dieses Ergebnis leitet etwa das AG Lichtenberg (ZMR 02, 357) aus Art 170 EGBGB her, da das Mietrechtsreformgesetz keine eigene Überleitungsvorschrift enthält (vgl jetzt BGH ZMR 06, 31; aA *Franke* ZMR 01, 951). Das verfassungsrechtliche Verbot der echten Rückwirkung spricht gegen eine Anwendung des § 566 a auf abgeschlossene Sachverhalte. 5

C. Forthaftung des Veräußerers. Gem § 566 a S 2 besteht eine subsidiäre Haftung des Veräußerers; diese hat insbes im Fall der Insolvenz des Erwerbers Bedeutung. Nach OLG Ddorf (WuM 02, 556) haftet der Veräußerer nicht, wenn der Mieter es gebilligt oder gar verlangt hat, dass der Erwerber die Sicherheit vom Veräußerer übernimmt. Hierbei stützt sich das Gericht auf BGH NJW 99, 1857 = WuM 99, 397. *Emmerich* hält diese Rspr nicht mit der Neuregelung des § 566 a S 2 vereinbar (vgl Staud § 566 a Rn 16 aE). 6

D. Abdingbarkeit. Nach *Franken* (Mietverhältnisse in der Insolvenz Rn 498) kann ein Haftungsausschluss des Vermieters für den Fall der Veräußerung grds vereinbart werden, da § 566 a keine Unabdingbarkeitsklausel enthält (aA *Lammel* § 566 a Rn 4 für Wohnraum gestützt auf § 551 IV). Allerdings dürfte eine entspr Formularklausel im Wohnraummietvertrag gegen § 307 verstoßen. Interne Absprachen zwischen Erwerber und Veräußere binden den Mieter aber in keinem Falle. 7

E. Beweislast. Für sein Rückgewährverlangen muss der Mieter lediglich beweisen, dass er die Sicherheit an den Veräußerer oder den Erwerber geleistet hat. Die Voraussetzungen eines Wiederauffüllungsanspruchs hat der Vermieter zu beweisen. 8

Verlangt der Erwerber eine Sicherheitsleistung, muss er die Verpflichtung des Mieters aus dem Mietvertrag beweisen. Für die Erfüllung dieser Verpflichtung ggü dem Veräußerer ist der Mieter beweispflichtig.

§ 566 b Vorausverfügung über die Miete

(1) ¹Hat der Vermieter vor dem Übergang des Eigentums über die Miete verfügt, die auf die Zeit der Berechtigung des Erwerbers entfällt, so ist die Verfügung wirksam, soweit sie sich auf die Miete für den zur Zeit des Eigentumsübergangs laufenden Kalendermonat bezieht. ²Geht das Eigentum nach dem 15. Tag des Monats über, so ist die Verfügung auch wirksam, soweit sie sich auf die Miete für den folgenden Kalendermonat bezieht.
(2) Eine Verfügung über die Miete für eine spätere Zeit muss der Erwerber gegen sich gelten lassen, wenn er sie zur Zeit des Übergangs des Eigentums kennt.

A. Grundsätzliches. § 566 b gilt nicht nur für Wohnraum, sondern auch Geschäftsräume, Grundstücksmiete (§§ 549, 578 I) und Pacht (§ 581 II. § 566 b gilt analog bei Veräußerung oder Heimfall des Dauerwohn- oder 1

Dauernutzungsrechts (§§ 37 II, III, 31 III WEG), nach Erlöschen des Erbbaurechts (§ 30 I ErbbauVO), bei der gewerblichen Zwischenvermietung, wenn der Zwischenvermieter ausscheidet (§ 565 II). § 566 b I gilt bei Erlöschen des Nießbrauchs (§ 1056 I), bei der Zwangsversteigerung (§ 57 ZVG) sowie bei Eintritt der Nacherbfolge (§ 2135). § 566 b gilt beim Nießbrauch über § 567.

2 Normzweck ist der Schutz des Erwerbers beim Eigentümerwechsel durch nur in eingeschränktem Maße wirksame Verfügungen des Veräußeres bei periodischen Mietzahlungen (anders: „Einmalmiete", BGH NZM 98, 105).

3 **B. Vorausverfügungen. I. Begriff und Gegenstand.** Hierunter zählt man Rechtsgeschäfte wie Abtretung, Verpfändung, Aufrechnung des Vermieters gegen Ansprüche des Mieters, Annahme an Erfüllungsstatt und Stundung, die der Vermieter einseitig oder durch Vereinbarung mit einem Dritten trifft. Hierzu werden gerechnet: eine mit dem Mieter vereinbarte Mietsenkung sowie die vertragliche Verrechnung von Ansprüchen des Mieters mit künftigen Mietansprüchen des Veräußerers, sofern es sich um nachträgliche Rechtsgeschäfte handelt; § 566 b gilt nicht bei Vereinbarungen, die die Miete erst dem Grunde oder der Höhe nach einräumen.

4 Keine Verfügung über eine Mietforderung ist wohl die zwischen einer GbR als Mieterin und dem Veräußerer vereinbarte Haftungsbeschränkung auf das Gesellschaftsvermögen (BGH ZMR 03, 827, 829). Auch auf einen Baukostenzuschuss ist § 566 b nicht anwendbar (Ddorf ZMR 94, 505).

5 § 566 b erfordert, dass die Miete in periodischen Zeitabschnitten, idR monatlich, zu zahlen ist (BGHZ 37, 346, 352). Ansonsten muss auf die längeren Perioden umgerechnet werden (Hamm NJW-RR 89, 1421). § 566 b stellt auf den Eigentumswechsel ab, nicht auf den Kaufvertragsabschluss.

6 **II. Wirksamkeit.** Eine Vorausverfügung ist auch für die Zeit nach dem Eigentumsübergang gegen den Erwerber wirksam für den laufenden Kalendermonat, wenn der Eigentümerwechsel spätestens zum Ablauf des 15. Tages des Monats stattfindet (Alt 1) sowie für die Miete für den laufenden und den folgenden Monat, wenn der Eigentümerwechsel nach dem 15. Tag des Monats erfolgt (Alt 2).

7 **C. Kenntnis des Erwerbers.** Wirksamkeit für eine unbeschränkte Zeit ist gegeben, wenn der Erwerber die Verfügung zum Zeitpunkt des Eigentumsübergangs positiv kennt; kein bloßes Kennenmüssen.

8 **D. Zwangsvollstreckung, Insolvenz.** Bei der Zwangsversteigerung gilt § 566 b S 1 beim Eigentümerwechsel kraft Zuschlags nach § 57 ZVG analog in Fällen, in denen der Vermieter vor der Beschlagnahme (§ 57b I 1 ZVG) über den Mietanspruch verfügt. Für die Zwangsverwaltung gilt § 566 b nicht. Hier gelten die §§ 1124 und 1125 bei Beschlagnahme durch einen Grundschuld- oder Hypothekengläubiger. Betreibt ein sonstiger Gläubiger die Zwangsverwaltung gelten keine Einschränkungen. Der Zwangsverwalter hat die Verfügungen des Vermieters, die vor der Anordnung der Zwangsverwaltung erfolgt sind, voll gegen sich gelten zu lassen. In der Insolvenz des Vermieters gilt § 566 b nicht, sondern § 110 InsO.

9 **E. Abweichende Vereinbarungen.** § 566 b ist nicht zwingend, Vorausverfügungen, die in Rechte Dritter eingreifen, können aber nur mit dessen Zustimmung erfolgen. Dies gilt, wenn über § 566 b I 1 hinaus eine Verfügung ggü dem Erwerber gelten soll (BGH ZMR 97, 282). Soll dagegen § 566 b I eingeschränkt werden, so bedarf es dazu der Zustimmung des Dritten.

§ 566 c Vereinbarung zwischen Mieter und Vermieter über die Miete

[1]Ein Rechtsgeschäft, das zwischen dem Mieter und dem Vermieter über die Mietforderung vorgenommen wird, insbesondere die Entrichtung der Miete, ist dem Erwerber gegenüber wirksam, soweit es sich nicht auf die Miete für eine spätere Zeit als den Kalendermonat bezieht, in welchem der Mieter von dem Übergang des Eigentums Kenntnis erlangt. [2]Erlangt der Mieter die Kenntnis nach dem 15. Tag des Monats, so ist das Rechtsgeschäft auch wirksam, soweit es sich auf die Miete für den folgenden Kalendermonat bezieht. [3]Ein Rechtsgeschäft, das nach dem Übergang des Eigentums vorgenommen wird, ist jedoch unwirksam, wenn der Mieter bei der Vornahme des Rechtsgeschäfts von dem Übergang des Eigentums Kenntnis hat.

1 **A. Grundsätzliches.** Anwendungsbereich, Ausnahmen und Schutzzweck decken sich mit § 566 b.

2 **B. Vereinbarungen. I. Begriff.** Vereinbarungen gem § 566 c sind Rechtsgeschäfte zwischen Vermieter und Mieter über die Mietforderung. Dazu gehören insbes die Zahlung der Miete, die Stundung der Miete, Erlass der Miete und Aufrechnungsvertrag. § 566 c gilt nicht für Fälle der Vertragsänderung wie die dauerhafte Senkung der Miete (vgl BGH NZM 02, 291 noch zu § 574 aF).

3 **II. Wirksamkeit der Vereinbarung.** Die Wirksamkeit des Rechtsgeschäfts zwischen Vermieter und Mieter hängt davon ab, ab welchem Zeitpunkt der Mieter positive Kenntnis über den Eigentumswechsel erhält. Beim Rechtsgeschäft vor dem Eigentumsübergang ist es ggü dem Erwerber wirksam wegen der Miete für den laufenden Kalendermonat, in welchem der Mieter von dem Eigentumsübergang positive Kenntnis erlangt hat, bei Kenntnis nach dem 15. auch noch für den Folgemonat. Für einen unbegrenzten Zeitraum ist Wirksamkeit zu bejahen, wenn der Mieter vom Eigentumsübergang keinerlei Kenntnis erlangt.

Liegt das Rechtsgeschäft nach dem Eigentumsübergang, so ist es ggü dem Erwerber unwirksam, wenn der Mieter bei der Vornahme des Rechtsgeschäfts vom Eigentumsübergang positive Kenntnis hatte. Str ist, ob die bloße Veräußerungsmitteilung durch den Vermieter (LG Berlin WuM 92, 439: nein) oder die Anzeige des Eigentumsübergangs durch den Erwerber (LG Berlin GE 96, 927: nein) genügen (Staud/*Emmerich/Sonnenschein* § 566 c Rn 7: ausreichend, sofern nicht begründete Zweifel an der Richtigkeit der Mitteilung verbleiben). Mitteilungen vor dem Eigentumsübergang sind nicht ausreichend. 4

C. Zwangsvollstreckung, Insolvenz. Für die Zwangsversteigerung und Zwangsverwaltung sowie Insolvenz gelten die Ausführungen zu § 566 b analog. 5

D. Beweislast. Beruft sich der Erwerber wegen Kenntnis des Mieters von dem Eigentumsübergang auf die Unwirksamkeit eines Rechtsgeschäfts zwischen Mieter und Vermieter, so trifft ihn die Beweislast für die Kenntnis des Mieters von dem Eigentumsübergang (LG Berlin GE 96, 927). 6

§ 566 d Aufrechnung durch den Mieter

¹Soweit die Entrichtung der Miete an den Vermieter nach § 566 c dem Erwerber gegenüber wirksam ist, kann der Mieter gegen die Mietforderung des Erwerbers eine ihm gegen den Vermieter zustehende Forderung aufrechnen. ²Die Aufrechnung ist ausgeschlossen, wenn der Mieter die Gegenforderung erworben hat, nachdem er von dem Übergang des Eigentums Kenntnis erlangt hat, oder wenn die Gegenforderung erst nach der Erlangung der Kenntnis und später als die Miete fällig geworden ist.

A. Grundsätzliches. Der Anwendungsbereich deckt sich mit den §§ 566 b und 566 c. Normzweck ist es, die Erfüllung im Wege der Aufrechnung seitens des Mieters durch den Eigentümerwechsel auf den Erwerber nicht zu beschränken. § 566 d regelt wann der Mieter noch mit einer Forderung gegen den Veräußerer gegen die Mietforderung des Erwerbers aufrechnen kann. § 566 d ähnelt § 406. Entscheidend ist der Zeitpunkt der Aufrechnungslage und nicht der Aufrechnungserklärung. 1

B. Aufrechnung gegen Mieteforderung. Die Gegenforderungen des Mieters müssen nicht auf dem Mietverhältnis beruhen (LG Berlin WuM 92, 439). Dagegen muss es sich bei der Forderung, gegen der der Mieter aufrechnen möchte, um eine Mietforderung des Erwerbers aus dem Mietverhältnis handeln. § 566 d perpetuiert eine entstandene Aufrechnungslage. 2

Eine nach dem Eigentumsübergang vorgenommene Aufrechnung mit einer Forderung, die dem Mieter ggü dem Veräußerer (Vermieter) zusteht, ist nach § 566 d S 1 iVm § 566 c wirksam hinsichtlich der Miete für den laufenden Kalendermonat, in dem der Mieter vom Eigentumsübergang positive Kenntnis erlangte, wegen der Miete auch für den Folgemonat, wenn der Mieter vom Eigentumsübergang erst nach dem 15. des Monats Kenntnis erlangt hat, auf unbegrenzte Zeit, wenn der Mieter vom Eigentumsübergang keine Kenntnis erlangt. 3

Die Aufrechnung ist gem § 566 d S 2 ggü dem Erwerber unwirksam, wenn der Mieter die Gegenforderung erworben hat, nachdem er vom Eigentumsübergang Kenntnis erlangt oder wenn die Gegenforderung erst nach der Erlangung der Kenntnis und später als die Miete fällig geworden ist. Der Mieter bedarf, wenn seine Forderung nach der Mietforderung fällig wird, keines Schutzes, weil er ohnehin verpflichtet war, die Miete durch Zahlung zu erfüllen. Ihm geht keine Aufrechnungsmöglichkeit verloren. 4

C. Zwangsversteigerung, Insolvenz. Die Ausführungen zu § 566 b für Zwangsversteigerung, Zwangsverwaltung und Insolvenz des Vermieters gelten entspr. 5

§ 566 e Mitteilung des Eigentumsübergangs durch den Vermieter

(1) Teilt der Vermieter dem Mieter mit, dass er das Eigentum an dem vermieteten Wohnraum auf einen Dritten übertragen hat, so muss er in Ansehung der Mietforderung dem Mieter gegenüber die mitgeteilte Übertragung gegen sich gelten lassen, auch wenn sie nicht erfolgt oder nicht wirksam ist.
(2) Die Mitteilung kann nur mit Zustimmung desjenigen zurückgenommen werden, der als der neue Eigentümer bezeichnet worden ist.

A. Grundsätzliches. Der Anwendungsbereich deckt sich mit § 566 b. Normzweck ist es, den Mieter in seinem Vertrauen auf eine Mitteilung des Vermieters über den erfolgten Eigentumsübergang zu schützen. 1

Die §§ 892, 893 gelten neben § 566 e. Der Mieter kann im Falle eines Grundbucheintrags des Erwerbers ebenfalls mit befreiender Wirkung ggü dem Veräußerer zahlen (aA *Lammel* § 566 e Rn 13). 2

B. Mitteilung. Die Mitteilung ist bloße Rechtshandlung. Trotzdem finden auf sie analog die Vorschriften über Willenserklärungen Anwendung. Eine besondere Form ist für die Mitteilung nicht vorgesehen. Absender der Mitteilung muss der Vermieter sein. Die Mitteilung eines Dritten genügt, sofern dieser vom Vermieter bevollmächtigt war. Eine durch den Erwerber erfolgte Mitteilung genügt nicht, es sei denn, der Erwerber wurde vom Vermieter zur Mitteilung bevollmächtigt. 3

4 § 566 e I bewirkt, dass bei einer Mitteilung des Vermieters der Mieter den Erwerber hinsichtlich der Zahlung der Miete als einen neuen Gläubiger sehen darf, nicht muss. Kein aufgezwungener Mieterschutz. Der Mieter kann sich auf § 566 e sogar dann berufen, wenn ihm bekannt ist, dass tatsächlich das Eigentum nicht übergegangen ist, es sei denn, der Mieter handelt arglistig oder es liegt ein kollusives Zusammenwirken zwischen Mieter und Erwerber vor (Staud/*Emmerich* § 566 e Rn 4, aA *Lammel* § 566 e Rn 13).

5 Die Wirkung des § 566 e ist auf die Bezahlung der (Grund-)Miete und Betriebskosten beschränkt, egal, ob durch Geldleistung, Aufrechnung oder Vereinbarung eines Erlasses. Vertragsänderungen unterfallen nicht der Vorschrift (Staud/*Emmerich* § 566 e Rn 5). Eine analoge Anwendung des § 566 e findet aber im Falle der Kündigung statt, wenn der Mieter aufgrund der Mitteilung dem Erwerber ggü kündigt (LG Baden-Baden WuM 88, 402, 403, Schmidt-Futterer/*Gather* § 566 e Rn 8).

6 **C. Rücknahme.** Nach § 566 e II ist eine Rücknahme der Mitteilung möglich, wenn derjenige zustimmt, den der Vermieter in der Mitteilung als den neuen Eigentümer bezeichnet hat. Die Zustimmung ist eine einseitige empfangsbedürftige Willenserklärung. Dem Mieter steht ein Leistungsverweigerungsrecht zu, bis ein Nachweis der Zustimmung des angegebenen Erwerbers vorliegt.

7 **D. Beweislast.** Der Mieter hat die Beweislast für das Vorliegen einer wirksamen Mitteilung, falls er sich auf § 566 e I berufen will. Bestreitet der Mieter entgegen der Mitteilung des Vermieters den Eigentumserwerb durch den angegebenen Dritten, so trifft die Beweislast den Erwerber (LG Kaiserslautern WuM 85, 229). Die Rücknahme der Mitteilung nach § 566 e II einschl der Zustimmung des Erwerbers hat der Vermieter zu beweisen.

§ 567 Belastung des Wohnraums durch den Vermieter

¹Wird der vermietete Wohnraum nach der Überlassung an den Mieter von dem Vermieter mit dem Recht eines Dritten belastet, so sind die §§ 566 bis 566 e entsprechend anzuwenden, wenn durch die Ausübung des Rechts dem Mieter der vertragsgemäße Gebrauch entzogen wird. ²Wird der Mieter durch die Ausübung des Rechts in dem vertragsgemäßen Gebrauch beschränkt, so ist der Dritte dem Mieter gegenüber verpflichtet, die Ausübung zu unterlassen, soweit sie den vertragsgemäßen Gebrauch beeinträchtigen würde.

1 **A. Grundsätzliches.** § 567 – entspricht § 577 aF –, ergänzt § 566 und richtet sich gegen mögliche Schikanen des Vermieters. Gewollt ist der Schutz des Mieters bei nach Überlassung des Objekts entstandenen dinglichen Belastungen. Der Berechtigte eines Gebrauchsrechts soll die entspr Rechte des Mieters nicht beeinträchtigen können. „Belastung eines Wohnraums" ist untechnisch gemeint.

2 **B. Anwendungsbereich.** Die §§ 567 f sind anwendbar auf Wohnraum-, Gewerberaum- und Grundstücksmiete. Geregelt werden nur Grundstücksbelastungen mit dinglichen (nicht bloß schuldrechtlichen) Rechten. § 567 soll für Sondernutzungsrechte nach § 13 WEG analog gelten (LG Hamburg WuM 97, 47 und *Sternel* MDR 97, 316, sehr str). Der Mieter ist schutzbedürftig, falls der Sondernutzungsberechtigte nicht Mitvermieter ist.

3 **C. Tatbestandsvoraussetzungen.** Grundstücksbelastungen – Nießbrauch (§ 1030), Erbbaurecht, dingliches Wohnungsrecht (§ 1093), Dauerwohn- und Nutzungsrecht (§ 31 WEG) sowie Wohnungs- und Teilerbbaurechte (§ 30 WEG), Grunddienstbarkeit (§ 1018) und beschränkte persönliche Dienstbarkeiten (§ 1090) – zugunsten eines Dritten nach Mietvertragsschluss und Überlassung.

4 **D. Rechtsfolgen. I. Gebrauchsentziehende (dingliche) Belastungen, § 567 1.** Hier tritt der aus ihr Berechtigte anstelle des Vermieters in die Rechte und Pflichten desselben aus dem Mietverhältnis mit den aus § 566 bekannten Rechtsfolgen ein. Veräußert der vermietende Eigentümer das gesamte Mietobjekt unter Nießbrauchsvorbehalt bleibt er weiter Vermieter (LG Baden-Baden WuM 93, 357). Bei gebrauchsentziehenden dinglichen Rechten, die sich räumlich nur auf einen Teil des Mietvertrags beziehen, werden dagegen der ursprüngliche Eigentümer/Vermieter sowie der dinglich Berechtigte in Gemeinschaft neue Vermieter (AnwK/ *Riecke* § 567 Rn 10). Bis zum Erlöschen der dinglichen Belastung kommt es zu einer temporären aber totalen Verdrängung des ursprünglichen Eigentümers/Vermieters.

5 **II. Bestellung lediglich gebrauchsbeschränkender Rechte, § 567 S 2.** Hier verbleibt es beim ursprünglichen Vermieter/Eigentümer. Dem Mieter wird lediglich ein Unterlassungsanspruch gewährt. Bei gestaffelten oder nebeneinander bestehenden gegenständlich beschränkten nicht das gesamte Mietverhältnis umfassenden dinglichen Berechtigungen gilt § 567 S 2 analog.

6 **C. Beweislast.** Der Mieter muss die Voraussetzungen für den Eintritt voll beweisen, wenn er hieraus eigene Ansprüche herleiten will. Für den Unterlassungsanspruch nach § 567 S 2 muss der Mieter die Beeinträchtigung seiner vertragsgemäßen Rechte beweisen.

7 **D. Abdingbarkeit.** Nur unter Zustimmung des Mieters und durch Individualvereinbarung kann § 567 abgedungen werden (aA *Lammel* § 567 Rn 4); formularvertragliche Abweichungen scheitern an § 307 II Nr 1.

§ 567a Veräußerung oder Belastung vor der Überlassung des Wohnraums

Hat vor der Überlassung des vermieteten Wohnraums an den Mieter der Vermieter den Wohnraum an einen Dritten veräußert oder mit einem Recht belastet, durch dessen Ausübung der vertragsgemäße Gebrauch dem Mieter entzogen oder beschränkt wird, so gilt das Gleiche wie in den Fällen des § 566 Abs. 1 und des § 567, wenn der Erwerber dem Vermieter gegenüber die Erfüllung der sich aus dem Mietverhältnis ergebenden Pflichten übernommen hat.

A. Grundsätzliches. Die Vorschrift gilt für Wohnräume, Geschäftsräume und die Grundstücksmiete (§§ 549, 578) sowie für Pachtverhältnisse (§ 581 II). § 567a ergänzt den Mieterschutz der §§ 566 f, die beide voraussetzen, dass die Mietsache dem Mieter im Zeitpunkt des Eigentumsübergangs bzw Entstehung des dinglichen Rechts bereits überlassen war. Normzweck des § 567a ist es, diese Rechtsschutzlücke zu schließen. Die Rechtsfolgen der §§ 566 I, 567 gelten schon, wenn der Erwerber dem Vermieter ggü die Erfüllung der sich aus dem Mietverhältnis ergebenden Verpflichtungen übernommen hat. 1

§ 567a erfasst a) die Veräußerung des Mietvertrages, aber vor Überlassung an den Mieter, b) die Belastung der Mietsache mit Rechten iSd § 567 S 1 (Nießbrauch, Erbbaurecht, Dauerwohnrecht/Dauernutzungsrecht gem § 31 ff WEG sowie das dingliche Wohnrecht), c) nach Abschluss des Mietvertrags, aber vor Überlassung an den Mieter, die Belastung der Mietsache mit einer Dienstbarkeit. 2

B. Voraussetzungen. § 567a setzt einen Mietvertrag (Rn 1) voraus; er schiebt den Wirkungszeitpunkt der Rechtsfolgen der §§ 566, 567 zeitlich nach vorne; Rechtsübergang bzw die Bestellung eines dinglichen Rechts können vor der Überlassung der Mietsache an den Mieter erfolgt sein. 3

Veräußerung und Belastung mit einem Recht. § 567a hat lediglich eine ergänzende Funktion. Es gilt das zu den §§ 566, 567 Gesagte entspr Erfüllungsübernahme/Übernahme der Verpflichtungen: Zusätzlich muss der Erwerber dem Vermieter ggü die Verpflichtungen aus dem Mietverhältnis übernommen haben. Eine derartige Vereinbarung kann im notariellen Erwerbsvertrag bzw Vertrag über die Bestellung eines dinglichen Rechts an einem Grundstück geregelt werden, ist aber auch formlos möglich. Diese Erklärung kann vor, zugleich oder zeitlich nach dem Erwerbsvertrag getroffen werden. 4

C. Rechtsfolgen. Rechtsfolge ist, dass der Erwerber oder die sonstigen Berechtigten im Augenblick der Entstehung ihres dinglichen Rechts kraft Gesetzes in das Mietverhältnis eintreten, wie bei den §§ 566 f. Ohne entspr Verpflichtungserklärung kommt es nicht zum Vertragseintritt. Der Mieter muss sich dann an seinen bisherigen Vermieter halten, der Schadensersatzansprüchen ausgesetzt ist (§§ 536 III, 536a I). Der Mieter kann nach § 543 II Nr 1 auch kündigen. 5

§ 567b Weiterveräußerung oder Belastung durch Erwerber

¹Wird der vermietete Wohnraum von dem Erwerber weiterveräußert oder belastet, so sind § 566 Abs. 1 und die §§ 566a bis 567a entsprechend anzuwenden. ²Erfüllt der neue Erwerber die sich aus dem Mietverhältnis ergebenden Pflichten nicht, so haftet der Vermieter dem Mieter nach § 566 Abs. 2.

A. Grundsätzliches. Die Vorschrift gilt für Miet- und Pachtobjekte wie § 566. Normzweck ist es, den durch § 566 bewirkten Schutz bei Eigentümerwechsel zu gewährleisten, wenn die Immobilie von dem Erwerber weiter veräußert oder weiter belastet wird. Die Vorschrift hat eher deklaratorischen Charakter, ihre Rechtsfolge ergibt sich schon aus den §§ 566 f. 1

B. Weiterveräußerung/Belastung. Die Weiterveräußerung entspricht der Veräußerung gem § 566, zur Belastung vgl § 567. Rechtsfolge ist ein Vermieterwechsel, der Eintritt kraft Gesetz findet zwischen Ersterwerber und Zweiterwerber statt. 2

§ 567b S 2 regelt die Bürgenhaftung des ursprünglichen Vermieters nach § 566 II, wenn der Zweiterwerber seine Verpflichtungen aus dem Mietverhältnis nicht erfüllen sollte. Der Ersterwerber ist von der Haftung frei. 3

Kapitel 5   Beendigung des Mietverhältnisses

Unterkapitel 1   Allgemeine Vorschriften

§ 568 Form und Inhalt der Kündigung

(1) Die Kündigung des Mietverhältnisses bedarf der schriftlichen Form.
(2) Der Vermieter soll den Mieter auf die Möglichkeit, die Form und die Frist des Widerspruchs nach den §§ 574 bis 574b rechtzeitig hinweisen.

1 **A. Allgemeines.** Die durch § 568 I für eine Kündigung angeordnete Schriftform erfüllt in erster Linie eine Warnfunktion. Weitere Normzwecke sind Rechtsklarheit und Rechtssicherheit. § 568 I gilt für ordentliche und außerordentliche, auch vorzeitige Kündigungen von Mietverhältnissen über Wohnraum aller Art, und zwar durch Mieter und Vermieter sowie durch Dritte, zB Insolvenzverwalter; er gilt auch für Änderungskündigungen nach § 573 b. § 568 II gilt demgegenüber nur für Kündigungen des Vermieters und nur von Wohnraum, der dem Widerspruchsrecht des Mieters nach §§ 574 ff unterliegt.

2 **B. Einzelheiten. I. Form. 1. Schriftform.** Die Kündigung bedarf der Schriftform (§ 126). Eine Unterschrift auf einer lediglich beigefügten Vollmachtsurkunde reicht nicht aus. Die Unterschrift muss den räumlichen Text abschließen. Ausreichend ist aber, wenn sich erst aus dem Text unterhalb der Textleiste ergibt, in welcher Eigenschaft der Erklärende unterschrieben hat. An die Lesbarkeit des Namenszuges des Kündigenden sind keine zu strengen Anforderungen zu stellen (BGH NJW 87, 1334). Telegramme oder Telefaxe genügen nicht.

3 **2. Inhalt.** Der Empfänger muss aus der Kündigungserklärung den Willen zur einseitigen Beendigung des Mietverhältnisses zu einem bestimmten Zeitpunkt erkennen können. Die Angabe eines Datums oder der Kündigungsfrist oder des Kündigungstermins ist nicht nötig. Im Zweifel wird die Kündigung zum nächstmöglichen Termin wirksam.

4 **3. Prozessvollmacht.** Eine Prozessvollmacht berechtigt zur Abgabe einer Kündigungserklärung. Der Mieter ist daher nicht berechtigt, die im Räumungsantrag ausgesprochene Kündigung nach § 174 zurückzuweisen (KG KGReport 04, 157). Erforderlich ist allerdings, dass der Beglaubigungsvermerk vom Verfasser des Schriftsatzes, der die Kündigung enthält, eigenhändig unterzeichnet ist (Zweibr WuM 81, 178).

5 **4. Zugang.** Die Kündigung ist eine einseitige, empfangsbedürftige Willenserklärung. Sie wird also mit Zugang (§ 130) beim Empfänger wirksam.

6 **5. Mängel.** Verstößt eine Kündigung gegen § 126, ist sie nach § 125 S 1 nichtig, kann aber wiederholt werden. Eine formunwirksame Kündigung kann ggf in einen **Antrag** auf Aufhebung des Mietverhältnisses umgedeutet (§ 140) werden (BGH NJW 84, 1028, 1030). Zieht der Mieter aus, kann darin die Annahme eines solchen Antrags durch schlüssiges Verhalten liegen. So liegt es auch bei einer unwirksamen Kündigung durch den Mieter, wenn der Vermieter zB durch Neuvermietung zu erkennen gibt, dass er mit der Beendigung des Mietverhältnisses einverstanden ist. Beide Auslegungen setzen aber voraus, dass der Kündigungsempfänger das **Bewusstsein** hat, mit seinem Einverständnis eine rechtsgeschäftliche Willenserklärung abzugeben. Ein Formmangel kann nach § 242 ausnahmsweise unbeachtlich sein, wenn der Kündigungsempfänger in Kenntnis der Rechtslage den Kündigenden arglistig davon abgehalten hat, die Schriftform zu wahren, oder wenn er die mündlich ausgesprochene Kündigung schriftlich bestätigt hat, sich später aber auf den Formmangel beruft (BGHZ 138, 339, 348 = NJW 98, 2350).

7 **II. Kündigungsgründe.** Im Kündigungsschreiben sind die **Kündigungsgründe** anzugeben, soweit dies **vorgeschrieben** ist. Das Gesetz ordnet eine Angabe in § 573 III 1, in § 573a III, in §§ 573 d I, 575a I (jeweils iVm § 573 III 1) und nach §§ 543, 569 IV an. Eine vom Vermieter vorher bereits mündlich oder schriftlich mitgeteilte Begründung genügt nicht. Ausreichend ist hingegen, wenn in der Kündigung auf eine vorher dem Mieter zugegangene schriftliche Erklärung Bezug genommen wird. Dem Empfänger der Kündigung muss es jedenfalls ermöglicht werden, sich frühzeitig Klarheit über seine Rechtsstellung und die Aussichten einer Rechtsverteidigung zu verschaffen. Der Kündigungsgrund ist daher so zu bezeichnen, dass er erkannt und von anderen Sachverhalten oder Lebensvorgängen unterschieden werden kann. Eine vollständige Angabe der zu Grunde liegenden Tatsachen ist nicht erforderlich. Zur Ergänzung oder Ausfüllung des Kündigungsgrundes können Tatsachen nachgeschoben werden (str). Die Kündigung ist aber unwirksam, wenn sie auf Tatsachen gestützt wird, die zzt des Zugangs der Kündigungserklärung **noch nicht** vorgelegen haben.

8 Wird der Kündigungsgrund nicht angegeben, ist die Kündigung unwirksam. Vgl im Übrigen Rn 6.

9 **C. Hinweis auf Kündigungswiderspruch.** Der Vermieter muss auf die Möglichkeit des Kündigungswiderspruchs (§ 574) sowie dessen form- und fristgerechte (§ 574 b) Erhebung hinweisen. Die Hinweispflicht besteht für alle Mietverhältnisse, die den §§ 574 ff unterliegen. Für den Hinweis ist keine Form vorgeschrieben. Der Hinweis ist auch nicht Bestandteil der Kündigung, sollte aber in dieser enthalten sein. Jedenfalls muss ein zeitlicher Zusammenhang zwischen der Kündigung und der Hinweispflicht bestehen. Eine bereits im Mietvertrag erteilte Belehrung reicht daher nicht aus. Der Hinweis muss in vollständiger und verständlicher Form erteilt werden, wobei auch den Verständnisschwierigkeiten eines Mieters, insbes ausländischen Mietern, Rechnung zu tragen ist. Die Übermittlung des Gesetzestextes reicht aus (LG Rottweil ZMR 80, 183; aA AG Bergheim WuM 96, 415). Der Hinweis muss vollständig und rechtzeitig erteilt werden, dh er muss dem Mieter Gelegenheit geben, die Zwei-Monatsfrist des § 574 b II 1, innerhalb derer der Widerspruch erklärt werden muss, einzuhalten.

10 Wird der Hinweis nicht erteilt, bleibt die Kündigung wirksam. Es verlängert sich lediglich die Widerspruchsfrist für den Mieter: er kann den Widerspruch ohne Nachteil auch noch im 1. Termin des Räumungsrechts-

streits erklären (§ 574 b II 2). Eine vor Ablauf der Widerspruchsfrist erhobene Räumungsklage ist, wenn die Frist im Termin zur mündlichen Verhandlung noch nicht abgelaufen ist, als unzulässig abzuweisen.

D. Abdingbarkeit. § 568 I und II sind zwingendes Recht und können für Mietverhältnisse über Wohnraum sowie für die Mietverhältnisse in § 549 II vertraglich nicht ausgeschlossen werden. Auch eine Verschärfung des Formerfordernisses, zB durch eine besondere Art der Übermittlung der Kündigungserklärung (Einschreiben), kann nicht vereinbart werden. Sie besitzt ggf Beweisfunktion, ist aber nicht Voraussetzung der Wirksamkeit (BGH NZM 04, 258 = ZMR 04, 344). 11

E. Beweis. Der Kündigende muss beweisen, dass die Kündigung zugegangen ist. 12

§ 569 Außerordentliche fristlose Kündigung aus wichtigem Grund

(1) ¹Ein wichtiger Grund im Sinne des § 543 Abs. 1 liegt für den Mieter auch vor, wenn der gemietete Wohnraum so beschaffen ist, dass seine Benutzung mit einer erheblichen Gefährdung der Gesundheit verbunden ist. ²Dies gilt auch, wenn der Mieter die Gefahr bringende Beschaffenheit bei Vertragsschluss gekannt oder darauf verzichtet hat, die ihm wegen dieser Beschaffenheit zustehenden Rechte geltend zu machen.
(2) Ein wichtiger Grund im Sinne des § 543 Abs. 1 liegt ferner vor, wenn eine Vertragspartei den Hausfrieden nachhaltig stört, so dass dem Kündigenden unter Berücksichtigung aller Umstände des Einzelfalls, insbesondere eines Verschuldens der Vertragsparteien, und unter Abwägung der beiderseitigen Interessen die Fortsetzung des Mietverhältnisses bis zum Ablauf der Kündigungsfrist oder bis zur sonstigen Beendigung des Mietverhältnisses nicht zugemutet werden kann.
(3) Ergänzend zu § 543 Abs. 2 Satz 1 Nr. 3 gilt:
1. Im Falle des § 543 Abs. 2 Satz 1 Nr. 3 Buchstabe a ist der rückständige Teil der Miete nur dann als nicht unerheblich anzusehen, wenn er die Miete für einen Monat übersteigt. Dies gilt nicht, wenn der Wohnraum nur zum vorübergehenden Gebrauch vermietet ist.
2. Die Kündigung wird auch dann unwirksam, wenn der Vermieter spätestens bis zum Ablauf von zwei Monaten nach Eintritt der Rechtshängigkeit des Räumungsanspruchs hinsichtlich der fälligen Miete und der fälligen Entschädigung nach § 546 a Abs. 1 befriedigt wird oder sich eine öffentliche Stelle zur Befriedigung verpflichtet. Dies gilt nicht, wenn der Kündigung vor nicht länger als zwei Jahren bereits eine nach Satz 1 unwirksam gewordene Kündigung vorausgegangen ist.
3. Ist der Mieter rechtskräftig zur Zahlung einer erhöhten Miete nach den §§ 558 bis 560 verurteilt worden, so kann der Vermieter das Mietverhältnis wegen Zahlungsverzugs des Mieters nicht vor Ablauf von zwei Monaten nach rechtskräftiger Verurteilung kündigen, wenn nicht die Voraussetzungen der außerordentlichen fristlosen Kündigung schon wegen der bisher geschuldeten Miete erfüllt sind.
(4) Der zur Kündigung führende wichtige Grund ist in dem Kündigungsschreiben anzugeben.
(5) ¹Eine Vereinbarung, die zum Nachteil des Mieters von den Absätzen 1 bis 3 dieser Vorschrift oder von § 543 abweicht, ist unwirksam. ²Ferner ist eine Vereinbarung unwirksam, nach der der Vermieter berechtigt sein soll, aus anderen als den im Gesetz zugelassenen Gründen außerordentlich fristlos zu kündigen.

A. Allgemeines. § 569 ergänzt die Regelungen des § 543 über die außerordentliche fristlose Kündigung um einige Sonderbestimmungen für die Wohn- und Geschäftsraummiete. 1

B. Kündigung wegen Gesundheitsgefährdung. Der Mieter kann den Mietvertrag gem §§ 569 I 1, 543 fristlos kündigen, wenn der gemietete Wohnraum so beschaffen ist, dass seine Benutzung mit einer erheblichen Gefährdung der Gesundheit verbunden ist (daneben besteht ein Kündigungsrecht aus § 543 II Nr 1). Es handelt sich hier um eine aus sozialpolitischen Erwägungen zu Gunsten des Mieters aufgenommene Vorschrift (BGHZ 29, 289, 294). § 569 I 1 entspringt dem Bedürfnis der Fürsorge für die Gesundheit des Mieters und seiner Angehörigen (BGH ZMR 04, 338, 389). Seine praktische Bedeutung liegt nicht nur auf bürgerlich-rechtlichem Gebiet. Er ist auch als Stütze für polizeiliche Maßnahmen gedacht und soll dem Mieter eine Handhabe dafür bieten, die Instandhaltung der Wohnung beim Vermieter durchzusetzen (LG Berlin ZMR 02, 752, 753; *Franke* ZMR 99, 83, 87). Das Recht zur außerordentlichen fristlosen Kündigung wegen gesundheitsgefährdender Beschaffenheit der Mieträume steht grds auch dem (gewerblichen) Zwischenmieter im Verhältnis zum Hauptvermieter zu (BGH ZMR 04, 338, 389). 2

I. Betroffene Räume. Bei den betroffenen Räumen kann, muss es sich aber nicht um Wohnräume handeln. § 578 II 2 erklärt § 569 I auf Räume, die nicht Wohnräume sind, für anwendbar, falls sie zum Aufenthalt von Menschen bestimmt sind. Es kann sich daher auch um andere nach ihrer Zweckbestimmung zum Aufenthalt von Menschen bestimmte Räume handeln, zB Büroräume, Gaststätten oder Wartezimmer (Kobl NJW-RR 92, 1228). Ausreichend ist, dass sich bei vertragsgemäßem Gebrauch der Mieträume Menschen zumindest vorübergehend in den Räumen aufhalten. Der Aufenthalt von Menschen braucht nicht der einzige und nicht ein- 3 mal der vorherrschende Zweck zu sein. Ob die Räume tatsächlich zum Aufenthalt genutzt werden, ist nicht entscheidend (KG ZMR 04, 259). Ist nur ein Teil der Räume betroffen, kommt es darauf an, ob dadurch die Benutzbarkeit der Wohnung im Ganzen beeinträchtigt ist (LG Berlin GE 05, 57). Es kommt darauf an, welche Bedeutung die Räume für den Mieter haben (Celle MDR 64, 924). Die Kündigung wegen Gesundheitsgefährdung dringt auch nur dann durch, wenn diese auf einer dauernden Eigenschaft der Mieträume beruht (LG Berlin ZMR 02, 752).

4 **II. Erheblichkeit.** Eine Gesundheitsgefährdung muss **konkret drohen** und erheblich sein. Die Gesundheit muss zwar noch nicht geschädigt sein. Eine Schädigung muss aber zu befürchten sein und konkret drohen (KG ZMR 04, 259, 260; LG Lübeck ZMR 98, 433, 434; LG Saarbrücken WuM 91 91, 92); eine bloße Anscheinsgefahr genügt nicht. Es genügt aber, wenn der Mieter vernünftigerweise von dem Bestehen einer erheblichen Gefahr ausgehen kann, unabhängig davon, ob diese letztlich tatsächlich gegeben ist oder nicht. Die Kündigung ist daher selbst dann wirksam, wenn sich später die Unbegründetheit des Verdachts herausstellt (LG Lübeck ZMR 02, 431, 432). Eine Gesundheitsgefährdung ist **erheblich**, wenn die weitere Benutzung der Räume mit bedeutenden gesundheitlichen Gefahren verbunden ist. Wann eine Gesundheitsgefährdung idS als erheblich anzusehen ist, richtet sich nach **objektiven Maßstäben** (KG ZMR 04, 513, 514; LG Berlin NZM 99, 614), dh **ohne** Rücksicht auf den individuellen Zustand einzelner Mieter (LG Berlin ZMR 02, 752). Maßstab sind nicht besondere Empfindlichkeiten des jeweiligen Mieters, etwa Allergien, sondern der eines durchschnittlichen Menschen. Eine erhebliche Gefährdung besonderer Personenkreise, wie zB von Säuglingen, Kleinkindern oder alten Menschen genügt. Für die Beurteilung kommt es auf den gegenwärtigen Stand der medizinischen Erkenntnis an, unabhängig davon, ob dieser bei Vertragsschluss galt (BVerfG ZMR 98, 687). Das Wohlbefinden des Benutzers der Räume muss durch den Mangel deutlich und nachhaltig beeinträchtigt sein (Ddorf ZMR 02, 46, 47). Die Frage, mit welcher Wahrscheinlichkeit eine Beeinträchtigung der Gesundheit zu befürchten sein muss, hängt von der Schwere der in Rede stehenden Gesundheitsbeeinträchtigung ab. Besteht eine Lebensgefahr, etwa wegen eines Deckeneinsturzes, kann es ausreichen, wenn die Gefahr nicht mehr ausgeschlossen werden kann. Bei einer geringeren Wahrscheinlichkeit der Gefahrverwirklichung ist eine fristlose Kündigung begründet, wenn die zu erwartenden Gesundheitsbeeinträchtigungen im Falle der Gefahrverwirklichung erheblicher Art sind (AG Saarlouis WuM 90, 389). Bei einer Gesundheitsgefährdung durch starke Feuchtigkeit ist es für die Beurteilung der Erheblichkeit maßgebend, wie nachhaltig eine Gefährdung ist (KG ZMR 04, 513, 514). Droht lediglich eine leichte Erkältung, muss die Wahrscheinlichkeit, dass sich dieses Risiko verwirklicht, wesentlich größer sein als im Fall einer Lebensgefährdung. Prüfstein ist, ob die Wohnung für jeden Mieter hinnehmbar ist. Die Gesundheitsgefahr muss für **alle** Bewohner oder Benutzer oder einzelne Gruppen von ihnen erheblich sein. Das Gesetz stellt auf die Beschaffenheit der Räume und die abstrakte Gefährdung ab. Verschulden oder auch Verursachung durch den Vermieter sind **nicht** erforderlich (LG Lübeck ZMR 02, 431, 432).

5 Ursache für eine Gesundheitsgefährdung können ua Mängel im Zusammenhang mit dem baulichen Zustand der Räume sein wie Feuchtigkeit, überhöhte Schadstoffkonzentration, aber auch Baufälligkeit und Einsturzgefahr (KG ZMR 04, 259, 260; Kobl NJW-RR 92, 1228), verkehrsunsichere Fußböden und Treppen. Gesundheitsgefährdende Umstände liegen im Zweifel bei Verstößen gegen solche baupolizeilichen Vorschriften vor, die über die Sicherheit des Gebäudes hinaus dem gesundheitlichen Schutz von Menschen dienen sollen. **Bsp** für eine Gesundheitsgefährdung sind: Allergien, Feuchtigkeit, Gerüche, Temperaturmängel (Ddorf ZMR 98, 622), Lärm (BGHZ 29, 289), Rauchgase, rostiges Leitungswasser, Ungeziefer oder Tauben (s *Franke* ZMR 99, 83, 87). Ob Schwamm- und Schimmelpilzbildung in Mieträumen eine Gesundheitsgefährdung darstellen, wird in der Rspr nicht einheitlich beurteilt (bejahend LG München NJW-RR 91, 975, 976; LG Ddorf WuM 89, 13; AG Köln WuM 86, 94; verneinend KG KGReport 04, 81; AG Osnabrück WuM 84, 199; differenzierend LG Mannheim WuM 88, 360).

6 **III. Kündigungsschreiben.** Es ist schriftlich zu kündigen, § 568 S 1. Bei Wohnraummietverhältnissen ist ferner der Kündigungsgrund anzugeben, § 569 IV. Das Kündigungsrecht wird nicht dadurch ausgeschlossen, dass der Mieter die Gefahr bringende Beschaffenheit bei Vertragsschluss gekannt oder darauf verzichtet hat, die ihm wegen dieser Beschaffenheit zustehenden Rechte geltend zu machen. Eine ungebührliche Verzögerung der Kündigung (diskutiert werden Zeiträume von 2 Wochen bis 3 Monaten) soll aber zur Verwirkung des Kündigungsrechts führen können (LG Berlin GE 05, 57 mwN; MM 01, 244; GE 97, 553; LG Saarbrücken NZM 99, 44; zw). Vor einer Kündigung muss weder eine Abhilfefrist gesetzt (aA LG Stendal NZM 05, 783) noch die drohende Gesundheitsgefährdung nach § 536c angezeigt werden. § 569 verweist nicht auf § 543 III. Eine Abhilfefrist ist nach Treu und Glauben (§ 242) nur dann und **ausnahmsweise** erforderlich und zu setzen, wenn der Umstand, der die Gesundheitsgefahr verursacht, ohne weiteres behebbar ist (Ddorf ZMR 02, 512, 513; Kobl NJW-RR 92, 1228; LG Oldenburg ZMR 00, 100; LG Lübeck ZMR 98, 433, 434).

7 **IV. Wegfall des Kündigungsrechtes.** Das **Kündigungsrecht ist ausgeschlossen**, wenn es sich um eine vorübergehende, leicht behebbare Beeinträchtigung handelt und der Vermieter zur Behebung bereit ist (Kobl NJW-RR 92, 1228) oder wenn der Mieter eine Reparatur verhindert. Das **Kündigungsrecht ist auch ausgeschlossen, wenn der Mieter den gesundheitsgefährdenden Zustand gem §§ 276, 278 herbeigeführt hat** (BGH ZMR 04, 338, 389).

C. Störung des Hausfriedens. Nach § 569 II haben **beide Parteien** ein Recht zur fristlosen Kündigung, 8 wenn der jeweils andere Teil den Hausfrieden **nachhaltig** stört, so dass dem Kündigenden unter Berücksichtigung aller Umstände des Einzelfalls, insbes eines Verschuldens der Vertragsparteien, und unter Abwägung der beiderseitigen Interessen die Fortsetzung des Mietverhältnisses bis zum Ablauf der Kündigungsfrist oder bis zur sonstigen Beendigung des Mietverhältnisses nicht zugemutet werden kann.

Hausfrieden iSv § 569 II ist das Erfordernis gegenseitiger Rücksichtnahme, das das Zusammenleben mehrerer 9 Personen in einem Haus überhaupt erst erträglich macht (KG ZMR 04, 261, 262). Jede Vertragspartei muss sich so verhalten, dass die andere nicht mehr beeinträchtigt werden, als dies nach den konkreten Umständen unvermeidlich ist. Die Einzelheiten werden durch die vertraglichen Vereinbarungen und die Verkehrssitte bestimmt.

Einer **Störung** des Hausfriedens entspricht im Arbeitsrecht die schwerwiegende Störung der betrieblichen 10 Ordnung als verhaltensbedingter, aber nicht unbedingt verschuldensabhängiger Kündigungsgrund iSv § 626 (*Kraemer* NZM 02, 465). Auf ein **Verschulden** kommt es nicht an (BGH ZMR 05, 183, 184).; dieses ist lediglich bei der Zumutbarkeitserwägung zu berücksichtigen (KG ZMR 04, 261, 263). Jede Vertragspartei muss sich die Störungen des Hausfriedens zurechnen lassen, die durch sein Verhalten verursacht worden sind und die adäquat darauf zurückgehen. Dem Mieter sind daher Störungen des Untermieters oder des Mitbenutzers der Räume zuzurechnen. Eine Störung ist **nachhaltig**, wenn sie zu einem Dauerzustand wird. Es reicht aus, wenn sie häufiger vorkommt. Einzelne Störungen oder solche, die nur ganz vereinzelt auftreten, genügen für eine Kündigung nicht. **Bsp** für eine Störung des Hausfriedens sind: Straftaten (AG Pinneberg NZM 03, 553) wie Tätlichkeiten (LG Berlin GE 01, 1673), Beleidigungen (LG Stuttg WuM 97, 492) oder Stromdiebstahl, Lärmbelästigungen (LG Lichtenberg NZM 03, 153) oder Prostitution (AG Neustadt ZMR 98, 785).

Die **Unzumutbarkeit** ist anhand einer Interessenabwägung aus einer Gesamtschau nach objektiven Maßstäben 11 zu prüfen (Frankf ZMR 00, 753, 754). Es kommt maßgeblich auf die Folgen an, die die gestörte Partei bei der Fortsetzung des Mietverhältnisses treffen. Animositäten, Lästigkeiten oder eine unsubstanziiert behauptete Zerrüttung rechtfertigen keine Kündigung.

Die Kündigung ist erst nach erfolglosem Ablauf einer zur Abhilfe bestimmten Frist oder nach erfolgloser 12 Abmahnung zulässig; das gilt nicht, wenn eine Frist oder Abmahnung offensichtlich keinen Erfolg verspricht oder die sofortige Kündigung aus besonderen Gründen unter Abwägung der beiderseitigen Interessen gerechtfertigt ist (§ 543 III). Liegt zwischen der Vertragsverletzung und dem Ausspruch der Kündigung ein längerer Zeitraum, ist die Kündigung nach § 314 III ausgeschlossen.

D. Zahlungsverzug des Mieters. § 569 III enthält ergänzende Regelungen für die Kündigung wegen Zah- 13 lungsverzugs. Sie gelten nur für die Wohnraummiete und sind im Zusammenhang mit § 543 II 1 Nr 3 zu lesen.

I. § 569 III Nr 1 und 2. Kündigt der Vermieter wegen Zahlungsverzuges gem § 543 II 1 Nr 3 a, ist der rück- 14 ständige Teil **erheblich**, wenn er die vereinbarte Miete für einen Monat **übersteigt** (Miete + 0,01 €). Dies gilt nicht, wenn der Wohnraum iSv § 549 II Nr 1 nur zum vorübergehenden Gebrauch vermietet ist.

Die Kündigung wird **unwirksam**, wenn der Vermieter spätestens bis zum Ablauf von zwei Monaten (**Schon-** 15 **frist**) nach Eintritt der Rechtshängigkeit des Räumungsanspruchs (§ 261 I ZPO) hinsichtlich der fälligen Miete **und** der fälligen Entschädigung nach § 546 a I **befriedigt** wird (es kommt nach dem Wortlaut also auf den Leistungs**erfolg**, nicht auf die Leistungshandlung an, aA hM LG Oldenburg WuM 96, 471; LG Stuttgart WuM 95, 470) oder sich eine öffentliche Stelle zur **Befriedigung verpflichtet**. Bei mehreren Mietern beginnt die Schonfrist mit der Klagezustellung beim letzten Mieter (AG Hamburg WuM 85, 263). Die Berechnung der Zweimonatsfrist richtet sich nach § 188 II, wobei der erste Tag (Zustellung der Klage) nach § 187 I nicht mitgerechnet wird. Wird im Prozess gekündigt, rechnet die Schonfrist ab Zustellung des entspr Schriftsatzes.

Befriedigung ist die Erfüllung (auch durch Aufrechnung: LG Aachen WuM 89, 294) **sämtlicher** fälliger Mie- 16 ten und einer ggf fällig gewordenen Nutzungsentschädigung. Vom Mieter müssen also auch Rückstände ausgeglichen werden, auf die die Kündigung nicht gestützt war (LG Köln ZMR 02, 428), **nicht** aber andere Ansprüche, zB Nachzahlungen oder Schadensersatz. Als Befriedigung ist auch eine Zahlung „unter Vorbehalt" anzusehen, wenn der Mieter **nur** § 814 ausschließen will (BGH MDR 99, 86; Saarbr OLGReport 03, 433; LG München I WuM 87, 223). Leistet der Schuldner unter Vorbehalt, kann ein solcher Vorbehalt allerdings eine unterschiedliche Bedeutung haben: Im Allgemeinen will der Schuldner lediglich dem Verständnis seiner Leistung als Anerkenntnis entgegentreten und die Wirkung des § 814 ausschließen, sich also die Möglichkeit offen halten, das Geleistete gem § 812 zurückzufordern; ein Vorbehalt dieser Art stellt die Ordnungsmäßigkeit der Erfüllung nicht in Frage. Anders ist es, wenn der Schuldner in der Weise unter Vorbehalt leistet, dass den Leistungsempfänger für einen späteren Rückforderungsstreit die Beweislast für das Bestehen des Anspruchs treffen soll. Ein Vorbehalt dieser Art ist keine Erfüllung iSv § 362. Eine weitere außerordentliche Kündigung während des Laufes der Schonfrist geht ins Leere. Auf eine ordentliche Kündigung ist § 569 III Nr 2 nicht analog anwendbar (aA AG Pinneberg ZMR 03, 851, 852).

Öffentliche Stelle kann das Wohnungsamt, das Sozialamt, eine andere juristische Person des öffentlichen 17 Rechts sein. Auf ihre Zuständigkeit kommt es nicht an. Die Erklärung der Stelle muss dem Vermieter (Bay-

ObLG WuM 94, 568) oder dessen Prozessvertreter (LG Hamburg ZMR 96, 331) innerhalb der Schonfrist zugehen. Der Vermieter erwirbt durch die Verpflichtungserklärung einen unmittelbaren Anspruch, der neben dem Anspruch gegen den Mieter tritt. Die öffentliche Stelle darf an die Verpflichtungserklärung keine zusätzlichen Bedingungen knüpfen, wie die Rücknahme der Räumungsklage (LG Bielefeld WuM 94, 206) oder das Bestehen bleiben des Mietverhältnisses (LG Essen ZMR 96, 663). Eine derartige Verpflichtungserklärung ist unwirksam, es sei denn, der Vermieter ist damit einverstanden.

18 Ein **Versäumnisurteil** vor Ablauf der Schonfrist ist nach heute hM zulässig (LG Berlin GE 04, 1395; LG Hamburg WuM 03, 375; LG Kiel WuM 02, 149; *OŠullivan* ZMR 02, 250, 251). Das Gericht kann, muss bei seiner Terminierung aber nicht die Schonfrist berücksichtigen.

19 Ist die fristlose Kündigung wegen Zahlungsverzuges innerhalb der **Schonfrist** durch Zahlung der rückständigen Miete unwirksam geworden, lebt sie nicht dadurch wieder auf, dass der Mieter innerhalb dieser Frist erneut in Zahlungsverzug gerät und der Vermieter deswegen erneut kündigt (LG Berlin 00, 296).

20 Ist der Kündigung vor nicht länger als zwei Jahren bereits eine durch Zahlung in der Schonfrist unwirksam gewordene Kündigung vorausgegangen, greift § 569 III Nr 2 nicht. Dieser Ausschluss gilt auch dann, wenn die nachträgliche Befriedigung des Vermieters vor Beginn der Schonfrist erfolgt und deswegen keine Räumungsklage erhoben wurde (KG WuM 84, 93; LG Stuttgart ZMR 95, 470, 471; AG Blankenese ZMR 04, 271; aA LG Bremen WuM 97, 265; LG Berlin WuM 92, 607). Etwas anderes gilt, wenn der Vermieter, ohne dass er wegen der Rückstände befriedigt worden ist, von sich aus die erste Kündigung nicht weiter verfolgt (LG Berlin GE 91, 1039) oder ein Vergleich über Rückstände und Fortsetzung des Mietverhältnisses geschlossen wird (LG Bremen WuM 97, 265).

21 **II. § 569 III Nr 3.** § 569 III Nr 3 schränkt das Kündigungsrecht des Vermieters ein. **Er will dem Mieter ausreichend Gelegenheit geben, eine Kündigung nach § 543 II 1 Nr 3 zu vermeiden. Eine Kündigung nach §§ 573 II Nr 1, 543 I ist weiterhin möglich.** Ist der Mieter nach §§ 558–560 verurteilt worden, kann der Vermieter das Mietverhältnis wegen Zahlungsverzugs nicht vor Ablauf von zwei Monaten nach rechtskräftiger Verurteilung kündigen (berechnet vom Beginn des Eintritts der formellen Rechtskraft, § 705 ZPO), wenn nicht die Voraussetzungen der außerordentlichen fristlosen Kündigung schon wegen der bisher geschuldeten Miete erfüllt sind. § 569 III Nr 3 stellt daher eine – grds eng auszulegende – Ausnahmeregelung zum Schutze des Mieters dar (**Hamm ZMR 92, 109**).

22 Einzige Voraussetzung ist eine Verurteilung zur **Zustimmung** zur Mieterhöhung gem § 558 b II 1 oder zur Zahlung einer Mieterhöhung gem §§ 559 I, 560 I, IV. Bei einer anderen Mieterhöhung, zB einem Prozessvergleich (Hamm ZMR 92, 109; aA *Schmid* WuM 82, 199), ist § 569 III Nr 3 nicht anwendbar. Er ist auch nicht anwendbar, wenn der Mieter mit der Miete in voller Höhe und nicht lediglich hinsichtlich des streitigen Erhöhungsbetrages in Verzug ist (LG Berlin ZMR 97, 143, 144).

23 **E. Angabe des Kündigungsgrundes.** Der zur Kündigung führende wichtige Grund ist im Wohnraummietrecht gem § 569 IV im Kündigungsschreiben **anzugeben**. In einem Gewerbemietverhältnis bestehen hingegen keine besonderen Begründungsanforderungen für die Kündigung.

24 **I. Inhalt des Kündigungsschreibens.** Im Kündigungsschreiben ist der zur Kündigung führende wichtige Grund anzugeben. Durch den Begründungszwang soll der Kündigungsempfänger erkennen, auf welche Vorgänge oder auf welches Verhalten eine fristlose Kündigung gestützt ist und ob und ggf wie er sich verteidigen kann (BGH ZMR 04, 254, 255). An den Inhalt der Begründung dürfen keine zu hohen und übertrieben formalistische Anforderungen gestellt werden (BGH ZMR 04, 254, 255; LG Berlin NJW 03, 3063; LG Hamburg NJW 03, 3064). Bei einer auf § 569 I 1 gestützten Kündigung muss für den Vermieter erkennbar sein, dass der Mieter eine Erkrankung auf die Beschaffenheit der gemieteten Wohnung **zurückführt** (BGH WuM 05, 584). Wie weit die Begründungspflicht im Einzelnen reicht, ist aber unsicher (s AG Dortmund NJW-RR 03, 1095). Zu einer Rechtsbelehrung über die gesetzlichen Voraussetzungen der fristlosen Kündigung ist der Kündigende jedenfalls nicht verpflichtet. Die Bezeichnung einer genauen Vorschrift erübrigt sich, wenn keine Unklarheit bestehen kann (BGH ZMR 04, 254, 255). Bei einfachen und klaren Fallgestaltungen muss der Kündigende zur Begründung der fristlosen Kündigung auch nicht den genauen Zeitpunkt des Ende des Mietvertrages, etwa den betreffenden Kalendermonat und das Datum des Verzugseintritts sowie den konkreten Mietrückstand für einzelne Monate oder sonstige Berechnungszeiträume angeben (aA LG Hamburg NJW 03, 3064).

25 **II. Kündigung wegen Zahlungsverzuges.** Die Kündigung wegen Zahlungsverzuges muss gem § 569 IV begründet werden (AG Dortmund ZMR 04, 115, 116). Dies folgt schon daraus, dass der Begriff des „wichtigen Grundes" sowohl in § 569 wie auch in § 543 benutzt wird. Zur Begründung genügt aber regelmäßig, dass der Vermieter den Zahlungsverzug angibt und den Gesamtbetrag der rückständigen Miete beziffert.

26 **III. Fehlende Angaben.** Ohne Angabe des wichtigen Grundes im Kündigungsschreiben ist die Kündigung unwirksam und das Mietverhältnis nicht beendet (AG Dortmund ZMR 04, 115, 118). Eine Heilung ist nicht möglich. Der Kündigungsgrund kann geändert, aber nicht nachgeschoben werden. Erforderlich ist eine neue Kündigung (*Sternel* ZMR 02, 1, 4).

F. Abdingbarkeit. Eine Vereinbarung, die zum Nachteil des Mieters von § 569 I-III oder von § 543 abweicht, 27 ist unwirksam. Auch die Pflicht zur Begründung der fristlosen Kündigung gem § 569 IV kann nicht abbedungen werden. Dass IV im Gesetz nicht genannt ist, ist ein Redaktionsversehen (*Sternel* ZMR 02, 01, 04). Ferner ist eine Vereinbarung unwirksam, nach der der Vermieter berechtigt sein soll, aus anderen als den im Gesetz zugelassenen Gründen außerordentlich fristlos zu kündigen, § 569 IV 2 (s *Häublein* ZMR 05, 1, 8). Dies gilt auch für gewerbliche Räume. Der Mieter kann weder durch einen ausgehandelten Vertrag noch formularvertraglich auf seine Rechte verzichten.

G. Beweis. Die Voraussetzungen des § 569 I muss der Mieter beweisen. Der Vermieter muss Umstände 28 beweisen, aus denen sich ein Ausschluss des Kündigungsrechts ergibt. Die Beweislast für die Voraussetzungen des Kündigungsrechts nach § 543 I trägt der Vermieter, für die Zahlung der Rückstände innerhalb der Schonfrist der Mieter.

§ 570 Ausschluss des Zurückbehaltungsrechts
Dem Mieter steht kein Zurückbehaltungsrecht gegen den Rückgabeanspruch des Vermieters zu.

A. Zweck und Anwendungsbereich. Die Bestimmung ergänzt § 546. Ihr liegt die Vorstellung zu Grunde, 1 dass die durch das Zurückbehaltungsrecht gewährte Sicherheit außer Verhältnis zu den Ansprüchen des Mieters steht (BGH ZMR 03, 415, 416). Wäre der Mieter befugt, gegen den Herausgabeanspruch nach § 546 I ein Zurückbehaltungsrecht geltend zu machen, könnte beim Vermieter ein großer, im Vergleich zum Sicherungsbedürfnis des Mieters unverhältnismäßiger Schaden entstehen. Der Ausschluss des Zurückbehaltungsrechts gilt nur bei der Miete eines Grundstücks, einer Wohnung oder eines anderen Raumes oder einer Werkdienstwohnung.

B. Wirkung. § 570 schließt von Gesetzes wegen ein Zurückbehaltungsrecht des Mieters gegen den Rückga- 2 beanspruch aus § 546 a I aus. Auf einen Herausgabeanspruch aus §§ 985, 812 ist § 570 als eng auszulegende Sondervorschrift nicht anzuwenden (BGHZ 41, 341, 347). Konkurrieren Ansprüche, greift § 570, weil der vermietende Eigentümer nicht schlechter gestellt werden darf (BGH ZMR 98, 754). Für die Anwendung kommt es weder auf die Art der vertraglichen Ansprüche des Mieters noch auf deren Höhe an. Etwas anderes kann nach § 242 gelten (RGZ 160, 91; Köln NJW-RR 98, 1162). Die Parteien können außerdem vereinbaren, dass der Mieter ein Zurückbehaltungsrecht geltend machen kann (BGH ZMR 03, 415, 416).

§ 571 Weiterer Schadensersatz bei verspäteter Rückgabe von Wohnraum
(1) ¹Gibt der Mieter den gemieteten Wohnraum nach Beendigung des Mietverhältnisses nicht zurück, so kann der Vermieter einen weiteren Schaden im Sinne des § 546 a Abs. 2 nur geltend machen, wenn die Rückgabe infolge von Umständen unterblieben ist, die der Mieter zu vertreten hat. ²Der Schaden ist nur insoweit zu ersetzen, als die Billigkeit eine Schadloshaltung erfordert. ³Dies gilt nicht, wenn der Mieter gekündigt hat.
(2) Wird dem Mieter nach § 721 oder § 794 a der Zivilprozessordnung eine Räumungsfrist gewährt, so ist er für die Zeit von der Beendigung des Mietverhältnisses bis zum Ablauf der Räumungsfrist zum Ersatz eines weiteren Schadens nicht verpflichtet.
(3) Eine zum Nachteil des Mieters abweichende Vereinbarung ist unwirksam.

A. Allgemeines. Die nicht abdingbare Bestimmung gilt für die Wohnraummiete, s § 557 Rn 3, auch für die 1 in § 549 II, III aufgeführten Mietverhältnisse. § 571 schränkt aus sozialen Erwägungen den dem Vermieter in § 546 a II eingeräumten Schadensersatzanspruch für die Zeit nach Beendigung des Mietverhältnisses bis zur Rückgabe der Mietsache gem § 546 I ein und schließt ihn unter bestimmten Voraussetzungen sogar völlig aus. Der Mieter soll nicht davon abgehalten werden, soziale Gesichtspunkte geltend zu machen, die einer fristgerechten Räumung entgegenstehen können.

B. Voraussetzungen. Das Gesetz nennt als einzige Voraussetzung, dass der Mieter den gemieteten Wohn- 2 raum nach Beendigung des Mietverhältnisses nicht zurückgibt.

C. Wirkung. I. Ausschluss von Schadensersatz. Der Vermieter kann bei einer **eigenen** Kündigung einen 3 weiteren Schaden iSv § 546 a II nur geltend machen, wenn die Rückgabe infolge von Umständen unterblieben ist, die der Mieter zu vertreten hat, §§ 276, 278. Umstände sind nicht zu vertreten, wenn eine Härte iSd § 574 I vorliegt, weil der Mieter angemessenen Ersatzwohnraum nicht zu zumutbaren Bedingungen erlangen kann oder ein Zwischenumzug unzumutbar ist. Das Gleiche gilt, wenn die Rückgabe wegen einer Erkrankung unterbleibt oder wenn sich der Umzug aus Gründen verzögert, die eine gerichtliche Räumungsfrist gerechtfertigt hätten. Die nicht fristgerechte Räumung ist schließlich auch dann nicht verschuldet, wenn der Mieter den Ausgang eines Rechtsstreits über die Unzulässigkeit der Zwangsvollstreckung abwarten durfte.

4 **II. Billigkeit.** Der Schaden ist ausnahmsweise zu ersetzen, wenn die **Billigkeit** einen Ersatz erfordert. Solche Umstände können darin liegen, dass der Mieter in Kenntnis eines zukünftigen Eigenbedarfs des Vermieters ein befristetes Mietverhältnis eingeht (LG Siegen WuM 90, 208), hingegen nicht, wenn der Vermieter einen hohen Gewinn ersetzt haben will, der ihm aus einem gescheiterten Verkauf der Mietsache entgangen ist. Der Umfang des Ersatzes ist aufgrund einer Abwägung aller Umstände zu bestimmen. Das Ergebnis der Abwägung kann auch darin bestehen, dass ein Schadensersatzanspruch ganz ausgeschlossen ist (LG München II ZMR 87, 96).

5 **III. Gewährung einer Räumungsfrist.** Wird dem Mieter nach § 721 oder § 794 a ZPO eine gerichtliche Räumungsfrist gewährt, ist er für die Zeit von der Beendigung des Mietverhältnisses bis zum Ablauf der Räumungsfrist zum Ersatz eines weiteren Schadens nicht verpflichtet. Eine **vertragliche** oder **einseitig** eingeräumte Räumungsfrist ist hingegen ebenso wie Vollstreckungsschutz gem § 765 a ZPO oder einer einstweiligen Einstellung der Zwangsvollstreckung nach § 732 ZPO unbeachtlich.

6 Die Beschränkung bezieht sich nur auf die durch die Vorenthaltung verursachten Schäden; Ersatzpflichten aus anderen Gründen, zB wegen Beschädigung oder Verschlechterung der Mietsache während der Vorenthaltung, sind nicht erfasst. Wird die Bewilligung einer Räumungsfrist durch das Rechtsmittelgericht aufgehoben, gilt die Einschränkung bis zur Zustellung der Rechtsmittelentscheidung an den Mieter (LG Siegen WuM 90, 208). Der durch die Bestimmung angeordnete Schutz findet auch im Falle der Mieterkündigung oder der einvernehmlichen Aufhebung des Mietvertrages Anwendung: § 571 I 3 gilt hier nicht.

7 **D. Beweislast.** Der Mieter muss fehlendes Verschulden bei der verspäteten Rückgabe sowie die Umstände, die seine Schadensersatzpflicht aus Billigkeitsgründen einschränken oder ausschließen, beweisen.

§ 572 Vereinbartes Rücktrittsrecht; Mietverhältnis unter auflösender Bedingung

(1) Auf eine Vereinbarung, nach der der Vermieter berechtigt sein soll, nach Überlassung des Wohnraums an den Mieter vom Vertrag zurückzutreten, kann der Vermieter sich nicht berufen.

(2) Ferner kann der Vermieter sich nicht auf eine Vereinbarung berufen, nach der das Mietverhältnis zum Nachteil des Mieters auflösend bedingt ist.

1 **A. Anwendungsbereich und Zweck.** § 572 will verhindern, dass der Kündigungsschutz für Wohnraummieter durch Vereinbarung eines Rücktrittsrechts iSv §§ 346 ff zu Gunsten des Vermieters oder durch Vereinbarung einer auflösenden Bedingung umgangen wird.

2 Die nicht abdingbare Bestimmung gilt für Wohnraummiete, s § 557 Rn 3, nicht für Mietverhältnisse über Geschäftsraum, bei der Miete beweglicher Sachen und bei der Pacht. Für die Wohnraummiete gilt sie aber uneingeschränkt, also auch für die in § 549 II, III aufgeführten Mietverhältnisse. Die den Parteien durch § 572 I auferlegten Beschränkungen greifen dann, wenn die Wohnung dem Mieter **überlassen** worden ist. Eine Überlassung ist anzunehmen, wenn dem Mieter der Besitz der Mietsache iSv § 854 (Rn 3 ff) gegeben worden ist, zB durch Übergabe der Schlüssel. Vor Besitzübergang gelten die allgemeinen Vorschriften. Vermieter können sich noch auf nach § 565 a III aF zulässig vereinbarte auflösende Bedingungen weiterhin berufen (Müko/*Schilling* Rn 7; aA Schmidt-Futterer/*Blank* Rn 16).

3 **B. Vereinbartes Rücktrittsrecht.** Die Mietparteien können bestimmen, dass jeder zum Rücktritt vom Vertrag berechtigt sein soll. Entspr Regelungen sind wirksam. In Betracht kommt ein allein vom Willen des Vermieters oder von zusätzlichen Voraussetzungen abhängiges, hingegen kein gesetzliches Rücktrittsrecht.

4 Der **Vermieter** kann sich gem § 572 nach Überlassung aber nicht auf dieses Rücktrittsrecht berufen. Er kann den Vertrag nach Überlassung nur durch eine Kündigung nach §§ 573 ff beenden. Ein dennoch erklärter Rücktritt kann im Einzelfall in eine Kündigungserklärung umgedeutet werden. Dies liegt nahe, wenn die formellen und materiellen Voraussetzungen eines Kündigungstatbestandes vorliegen (*Blank*/Börstinghaus Rn 7) und die Rücktrittserklärung sämtliche Begründungserfordernisse enthält. Der **Mieter** ist hingegen auch nach Überlassung nicht gehindert, nach den vertraglich bestimmten Voraussetzungen zurückzutreten.

5 **C. Vereinbarte auflösende Bedingung.** Die Mietparteien können keine auflösende Bedingung iSv § 158 II bestimmen, die dem Mieter **nachteilig** ist. Eine Regelung, wonach zB dass das Mietverhältnis enden soll, wenn die Mitgliedschaft des Mieters in einer Genossenschaft (LG Berlin MM 92, 354; LG Lübeck ZMR 71, 135) bzw sein Dienst- oder Arbeitsverhältnis endet, ist nichtig (aA Staud/*Rolfs* Rn 8). Solche Mietverhältnisse sind wie Mietverträge **auf unbestimmte Zeit** zu behandeln. Bei einem anderen Verständnis wäre der Vertrag bei Eintritt der Bedingung beendet. Gewollt ist aber, dass der Vertrag im Übrigen wirksam bleibt (BT-Drucks 14/4553). Diese Wertung entspricht auch den Interessen der Parteien. Allerdings wird der Mieter nach dem Gesetz so behandelt, als sei die Bedingung wirksam. Er kann sich also auf die unwirksame Regelung berufen (aA Schmidt-Futterer/*Blank* Rn 15).

6 Umstritten ist, ob der Mietvertrag vor dem Eintritt der auflösenden Bedingung vom Vermieter ordentlich gekündigt werden kann (Schmidt-Futterer/*Blank* Rn 13). Dies ist zu bejahen.

Unterkapitel 2 Mietverhältnisse auf unbestimmte Zeit

§ 573 Ordentliche Kündigung des Vermieters

(1) ¹Der Vermieter kann nur kündigen, wenn er ein berechtigtes Interesse an der Beendigung des Mietverhältnisses hat. ²Die Kündigung zum Zwecke der Mieterhöhung ist ausgeschlossen.
(2) Ein berechtigtes Interesse des Vermieters an der Beendigung des Mietverhältnisses liegt insbesondere vor, wenn
1. der Mieter seine vertraglichen Pflichten schuldhaft nicht unerheblich verletzt hat,
2. der Vermieter die Räume als Wohnung für sich, seine Familienangehörigen oder Angehörige seines Haushalts benötigt oder
3. der Vermieter durch die Fortsetzung des Mietverhältnisses an einer angemessenen wirtschaftlichen Verwertung des Grundstücks gehindert und dadurch erhebliche Nachteile erleiden würde; die Möglichkeit, durch eine anderweitige Vermietung als Wohnraum eine höhere Miete zu erzielen, bleibt außer Betracht; der Vermieter kann sich auch nicht darauf berufen, dass er die Mieträume im Zusammenhang mit einer beabsichtigten oder nach Überlassung an den Mieter erfolgten Begründung von Wohnungseigentum veräußern will.
(3) ¹Die Gründe für ein berechtigtes Interesse des Vermieters sind in dem Kündigungsschreiben anzugeben. ²Andere Gründe werden nur berücksichtigt, soweit sie nachträglich entstanden sind.
(4) Eine zum Nachteil des Mieters abweichende Vereinbarung ist unwirksam.

A. Grundsätzliches. § 573 entspricht – ohne spezielle Überleitungsnorm – § 564b aF, nur die Teilkündigung nach § 564b II Nr 4 aF regelt jetzt § 573b, die erleichterte Kündigung nach § 564b IV aF der § 573a und die Besonderheiten bei Umwandlung in Wohnungseigentum nach § 564b II Nr 2 S 2-4, II Nr 3 S 4 aF der § 577a. Die Ausnahmen nach § 564b VII aF regelt weitgehend § 549.

§ 573 ist als eine der – zum Nachteil des Mieters nicht abdingbaren – zentralen Normen (Kernstück) des sozialen Mieterschutzes die grundlegende Kündigungsschutzvorschrift; sie bewirkt Bestandsschutz, dh schützt vor willkürlichen oder grundlosen Kündigungen des Vermieters. Durch das für die Vermieterkündigung notwendige berechtigte Interesse wird die Dispositionsfreiheit des Vermieters verfassungskonform (BVerfG ZMR 89, 210; NJW 93, 2035; WuM 93, 729) eingeschränkt (Sozialpflichtigkeit des Eigentums).

B. Anwendungsbereich der Vorschrift. § 573 gilt ausschließlich für die Vermieterkündigung von Haupt- und Untermietverhältnissen auf unbestimmte Zeit (§ 542) über Wohnraum (maßgeblich ist die Zweckbestimmung, Celle ZMR 99, 469), der nicht unter § 549 II, III fällt. Auch Dauernutzungsverträge von Genossenschaften fallen hierunter (*Börstinghaus* NZM 04, 818). Damit gilt die Norm nicht beim gestuften Mietverhältnis gem § 565 zwischen Eigentümer und Zwischenmieter. Bei Mischmietverhältnissen (MüKo/*Häublein* § 573 Rn 22) kommt es nach der Schwergewichtstheorie darauf an, welche Nutzungsart überwiegt (BGH NJW 77, 1394). Kriterium ist der anteilige Mietpreis, nur sekundär die anteilige Fläche.

Geschützt sind sowohl möblierte Wohnungen als auch Mietverhältnisse in Alten-, Lehrlings- und Studentenwohnheimen (anderes gilt in Pflegeheimen, da dort die Miete nicht überwiegt). Bei Werkdienstwohnungen gilt § 573 eingeschränkt über § 576b. Auch langfristig vermietete Zweit- und Ferienwohnungen sind geschützt, wenn sie nicht nur zum vorübergehenden Gebrauch gemietet wurden (MüKo/*Häublein* § 573 Rn 18).

Auch für die außerordentliche Kündigung mit gesetzlicher Frist ist § 573 anwendbar (§§ 573d I, 575a I). Anderes gilt für die außerordentliche fristlose Kündigung (§ 543); dort ist der Mieter bei Vorliegen der Kündigungsvoraussetzungen nicht schutzwürdig

C. Allgemeine Voraussetzungen der Vermieterkündigung. I. Form und Inhalt. Die Kündigung muss in schriftlicher Form erklärt werden, § 568 I. Eine formell ungenügende Kündigung kann nur im Einzelfall als ein Mietaufhebungsangebot ausgelegt oder in ein solches umgedeutet werden. Die Kündigung sollte nach § 568 II den Hinweis auf die Möglichkeit des Widerspruchs nach § 574 sowie auf dessen Form und Frist enthalten. Nach § 573 III werden als berechtigte Interessen nur die Gründe berücksichtigt, die in dem Kündigungsschreiben angegeben sind, es sei denn die Gründe sind nach dem Versenden des Kündigungsschreibens entstanden. Aus der Kündigungserklärung muss der Wille, das Mietverhältnis zu beenden/zu kündigen, klar zum Ausdruck kommen.

II. Berechtigtes Interesse, § 573 I 1. In § 573 II Nr 1–3 sind (vgl „insbes", § 573 II) nur Regelbeispiele für berechtigte Interessen aufgezählt.

Ein auf § 573 I gestütztes berechtigtes Interesse muss den Regelbeispielen zumindest entsprechen, dh vergleichbares Gewicht haben. Hierzu zählen ua – Abrisskündigung in der Ex-DDR (AG Halle ZMR 02, 600; BGH ZMR 04, 428) – Bedarf für eine Hilfs- und Pflegeperson, dh wenn die Pflegebedürftigkeit des Vermieters absehbar ist und der Vermieter die Dienste der Pflegeperson für seine Lebensführung in naher Zukunft benötigen wird (BayObLG WuM 82, 125; LG Lübeck ZMR 99, 830), – öffentlicher Raumbedarf, dh wenn konkrete öffentliche Aufgaben erfüllt werden sollen (BayObLG WuM 81, 32; LG Bad Kreuznach WuM 90, 298; LG Bochum WuM 89, 242), – Vermietung an einen Nichtberechtigten, dh wenn bzgl einer Sozialwohnung der Vermieter diese in eigener Unkenntnis an einen Nichtberechtigten vermietet hat und die zuständige Behörde die Kündigung dieses Mietverhältnisses verlangt (Hamm WuM 82, 244), – Betriebsbedarf für Arbeitnehmer kann ein berechtigtes Kündigungsinteresse sein. Er ist zu bejahen, wenn der Vermieter die Wohnung einem Arbeitnehmer mit konkretem Wohnbedarf überlassen will (LG Tübingen ZMR 87, 20; vgl auch Stuttg WuM 91, 330; Frankf ZMR 92, 443), – Betriebsbedarf für Hauswartwohnung, dh wenn ein Hauswart bisher noch nicht vorhanden war und ein starkes Interesse an der Einstellung vorliegt (LG Freiburg WuM 89, 245; LG Wiesbaden WuM 96, 543), – Betriebsbedarf für Genossenschaftswohnung (Stuttg WuM 91, 379).

8   In extremen Fällen kann auch Überbelegung der Mietwohnung infolge Familienzuwachses beim Mieter oder Zuzug (Hamm ZMR 83, 69; *Kinne* ZMR 01, 511, 514) ein solches berechtigtes Interesse sein.

9   **III. Ausschluss der Änderungskündigung, § 573 I 2.** § 573 I 2 entspricht dem aufgehobenen § 1 S 1 MHG. Die Gestaltungsmöglichkeit des Vermieters soll beschränkt werden. Die Mieterhöhung musste das überwiegende Motiv der Kündigung sein (LG Stuttg ZMR 79, 275), heute wird jede Änderung der Gegenleistung zugunsten des Vermieters hierunter subsumiert (AnwK/*Hinz* § 573 Rn 10). Das Mieterhöhungsbestreben ist auch nach § 573 II Nr 3 kein berechtigtes Interesse.

10   **D. Schuldhafte Pflichtverletzung als berechtigtes Interesse, § 573 II Nr 1. I. Die Verletzungshandlung.** Die Verletzungshandlung muss nicht das Maß der Pflichtverletzung erreichen, das zu einer außerordentlichen fristlosen Kündigung berechtigt, sind deren Voraussetzungen (§ 543) aber erfüllt, kann auch – hilfsweise – eine fristgemäße ordentliche Kündigung erklärt werden. Diese wird bei Zahlungsverzug und gleichzeitiger ständig unpünktlicher Mietezahlung (Oldenbg WuM 91, 467) auch nicht durch Nachzahlung des Mieters innerhalb der 2-monatigen Schonfrist unwirksam (BGH ZMR 05, 356 m Anm Schläger). Ist jedoch die Heilung einer fristlosen Kündigung nach §§ 543, 569 erfolgt, kann zeitlich später nicht auf denselben Zahlungsverzug eine ordentliche Kündigung nach § 573 II Nr 1 gestützt werden (LG Berlin GE 94, 399).

11   Bei einer Mehrheit, von Mietern von denen nur einer stört, ist eine Teilkündigung unzulässig und eine Gesamtkündigung berechtigt; der Mitmieter muss sich über § 278 das Verhalten des Störers zurechnen lassen. Der Vermieter kann jedoch nach § 242 seinerseits verpflichtet sein, dem vertragstreuen Mieter den Abschluss eines neuen Mietvertrages ggf zu den bisherigen Bedingungen anzubieten (LG Darmstadt ZMR 83, 308), wenn der Wegfall des zweiten Mieteschuldners zumutbar ist oder kompensiert wird.

12   **II. Abmahnungsnotwendigkeit.** Nach dem Gesetzeswortlaut ist eine Abmahnung nicht erforderlich. Die Fortsetzung eines an sich nicht erheblichen vertragswidrigen Verhaltens trotz erfolgter Abmahnung kann dieses Verhalten jedoch zu einem erheblichen machen (LG Hamburg WuM 77, 30, LG Köln WuM 90, 154). Im Einzelfall scheitern jedoch Kündigungen an der fehlenden Abmahnung (LG Lüneburg WuM 95, 706).

13   **III. Verschulden.** Der Mieter hat Vorsatz und Fahrlässigkeit nach § 276 zu vertreten. Er haftet für Erfüllungsgehilfen nach § 278. Nach einer Entscheidung des KG (ZMR 00, 822) soll immer eigenes Verschulden des Mieters erforderlich sein, die Zurechnung des Verschuldens eines Erfüllungsgehilfen ausgeschlossen. Wiederholtes bewusstes Dulden des Fehlverhaltens der Angehörigen stellt ein eigenes Verschulden dar. Verantwortungsfähigkeit auf Seiten des Mieters ist notwendig. Bei gravierendem Fehlverhalten und fehlender Schuldfähigkeit kommt eine Kündigung über § 573 I in Betracht (Kompensation fehlenden Verschuldens durch schwereren Vertragsverstoß).

14   **IV. Einzelfälle möglicher ordentlicher Kündigung.** Zahlungsverzug des Mieters (zB mit einer Monatsmiete) kann auch unterhalb der Werte von § 543 II 1 Nr 3 zur ordentlichen Kündigung berechtigen. Überbelegung der Wohnung (LG Köln WuM 81, 161). Für den Fall weiterer drei Kinder vgl Hamm ZMR 83, 66. Grds genügt eine erhebliche Überbelegung durch Zuzug von Kindern des Mieters allein nicht (BGH ZMR 93, 508).

15   Wiederholte Verletzung der Obhutspflicht (mehrfacher Wasserschaden) trotz Abmahnung (AG Achern DWW 74, 237; AG Köln WuM 80, 134). Wiederholte kurze Störung der Nachtruhe nach 23 Uhr (LG Mannheim NJW 76, 1407). Erhebliche Beeinträchtigung durch Tierhaltung (LG Mannheim WuM 74, 74; LG Berlin ZMR 99, 28), nicht zugelassene, die Interessen des Vermieters erheblich beeinträchtigende gewerbliche Nutzung der Wohnung (LG Stuttg WuM 92, 250).

16   Beleidigungen und andere Straftaten ggü dem Vermieter und seinen Angehörigen sowie ggü anderen Mietern können zur Kündigung berechtigen (AG Gießen ZMR 82, 240; LG Hamburg HbgGE 90, 305 mit Anm *Hauenschild* S 243, AG Nürnberg DWW 96, 87), Bei Streitigkeiten unter Mietern kann der Vermieter der Partei kündigen, von deren Auszug er sich am ehesten die Wiederherstellung des Hausfriedens verspricht (LG Duisburg WuM 75, 209, str).

17   **E. Eigenbedarf, § 573 II Nr 2. I. Allgemeines.** Eigenbedarf ist das zahlenmäßig am meisten geltend gemachte berechtigte Interesse des Vermieters. Rechtsstreite werden häufig wegen Schadensersatzes geführt

(*Börstinghaus* NZM 05, 775). Eigenbedarf bedeutet, dass der Vermieter alle – grds keine Teilkündigung (vgl aber Karlsr WuM 97, 202) möglich – Räume für sich, die zu seinem Haushalt gehörenden Personen oder seine Familienangehörigen benötigt. Nicht genügend ist der bloße Wunsch, im eigenen Haus zu wohnen. Es genügt ein vernünftiges, nachvollziehbares und billigenswertes Erlangungsinteresse (Bedarfslage und Wille zur Selbstnutzung, LG Gießen WuM 89, 384). Eine Interessenabwägung zwischen den Vermieter- und Mieteinteressen gibt es nicht (arg § 574, BVerfG NJW 89, 3007; BGH NJW 88, 904).

II. Privilegierter Personenkreis. Eigenbedarf kann der Vermieter für sich geltend machen, wenn er die Räume selbst beziehen oder teilweise als Büro nutzen will (LG Berlin WuM 89, 300). Eigenbedarf wird verneint, wenn die gekündigte Wohnung überwiegend zu geschäftlichen und nur gelegentlich zu Wohnzwecken genutzt werden soll (AG Osnabrück WuM 89, 300). Bei einer Vermietermehrheit genügt es, wenn der Eigenbedarf nur für einen von ihnen besteht (LG Karlsruhe WuM 82, 210; zum Untervermieter vgl LG Lüneburg DWW 99, 296). Juristische Personen können Eigenbedarf nicht geltend machen, möglicherweise aber Betriebsbedarf, zB für einen Geschäftsführer (LG Berlin GE 99, 506). 18

Ebenfalls privilegiert sind Familienangehörige und Haushaltsangehörige des Vermieters. Unter letztere fallen Personen, die auf Dauer dem Haushalt des Vermieters angehören, zB Lebenspartner des Vermieters, Pflegekinder oder Kinder des Lebenspartners. Sie müssen, wenn Eigenbedarf geltend gemacht wird, bereits im Haushalt des Vermieters leben. Zu Familienangehörigen zählen Ehegatten, Kinder (LG Stuttgart WuM 89, 249; LG Berlin GE 92, 101), Enkel (AG Köln WuM 89, 250), die Eltern, Großeltern sowie Geschwister und Bruder des Vermieters (BayObLG WuM 84, 14). 19

Bei weiter entfernten Verwandten oder Verschwägerten muss eine besondere Verantwortung für den Wohnbedarf dieser Personen aus sozialem Kontakt bestehen (*Sternel* IV 139), zB Schwiegermutter des Vermieters (LG Köln WuM 94, 541); Stiefkind des Vermieters (LG Hamburg WuM 97, 177); Cousine des Vermieters (Braunschw WuM 93, 731); Nichten und Neffen des Vermieters (AG Ludwigsburg WuM 90, 391). 20

III. Benötigen. Für das Merkmal des Benötigens reicht ein Wohnraumbedarf, ohne dass es auf die unzureichende Unterbringung der betreffenden Person ankommt (vgl BGH ZMR 88, 130 = WuM 88, 47; Hburg WuM 86, 51), es genügen für die Eigennutzungsabsicht des Vermieters vernünftige Gründe. Entgegenstehende Interessen des Mieters sind erst nach § 574 zu berücksichtigen (BVerfG NJW 89, 970). 21

Die subjektive Vermieterentscheidung über seinen Wohnbedarf ist grds zu achten (BVerfG NZM 99, 660), dh ist durch die Gerichte nicht unbeschränkt nachprüfbar. Zu prüfen sei gerichtlich (BVerfG NJW 89, 3007, ua ob der Nutzungswunsch missbräuchlich sei, ob weit überhöhter Wohnbedarf geltend gemacht wurde und ob die gekündigte Wohnung die Nutzungswünsche des Vermieters überhaupt erfüllen könne. Die Vorstellung des Gerichts darf nicht an die Stelle der Lebensplanung des Vermieters treten. 22

Nicht ausgeschlossen wird das berechtigte Interesse dadurch, dass der Vermieter die Räume nur für begrenzte Zeit nutzen will (BVerfG GE 94, 103). Ist allerdings nur eine Nutzung für wenige Monate beabsichtigt, liegen vernünftige Gründe für eine Kündigung auch dann nicht vor, wenn ein grds Bedarf bejaht wird, da dem Vermieter für diese kurze Zeitspanne im Allgemeinen andere Unterbringungsmöglichkeiten zur Verfügung stehen (BayObLG ZMR 92, 328). 23

Die Beanspruchung größeren Wohnraums aus beruflichen Gründen rechtfertigt die Eigenbedarfskündigung (LG München I WuM 89, 296, bei besserem Zuschnitt oder mehr Zimmern LG Landau i d Pfalz ZMR 92, 396), grds die Verbesserung der Wohnverhältnisse (LG Essen ZMR 94, 262). Auch längerfristiger Besuch der Kinder des Vermieters rechtfertigt Bedarf an größerer Wohnung (LG Hamburg WuM 94, 683). 24

Wenn der Selbstnutzungswunsch des Vermieters Umbaumaßnahmen voraussetzt, für die er eine Baugenehmigung braucht, ist es für Eigenbedarf (Benötigen) nicht unbedingt erforderlich, dass die Baugenehmigung bei Kündigungsausspruch vorliegt, die baurechtliche Genehmigungsfähigkeit muss gegeben sein (Frankf ZMR 92, 383). Wesentlich größere Nähe zum Arbeitsplatz nach einem Arbeitsplatzwechsel genügt (LG Stuttgart WuM 90, 106), ebenso Heirat des Vermieters, dessen Wohnraum als künftige Ehewohnung nicht ausreichend groß ist. 25

Ist dem Vermieter selbst gekündigt worden, ist ihm das Risiko eines Rechtsstreits mit dem Vermieter seiner bisherigen, ihm wirksam gekündigten Wohnung zur Vermeidung der Kündigung des Mieters nicht zuzumuten. Der Vermieter muss aber die Begründung der ihm erklärten Kündigung darlegen (LG München I WuM 96, 770). Trennung vom Ehepartner und Kindern, kann zu Eigenbedarf für diese führen, entspr gilt wenn ohne Trennung der Wunsch besteht, Frau und Kinder in einer anderen als der Ehewohnung unterzubringen (LG Berlin WuM 89, 301) oder der Vermieter in Trennungsabsicht die Wohnung verlassen will (LG Köln WuM 97, 48). 26

Auch die Lebensplanung eines Angehörigen, zu dessen Gunsten der Vermieter Eigenbedarf geltend macht, ist vom Gericht zu achten. Ob ein konkreter Nachwuchswunsch vorliegt, ist darüber hinaus nicht zu prüfen (BVerfG WuM 91, 145). Eigenbedarf wird bejaht, wenn eine Wohnung erworben wird, um wiederholten Räumungsklagen des bisherigen Vermieters aus dem Weg zu gehen (BVerfG NJW 94, 309; WuM 93, 729). 27

Eine unzulässige Vorratskündigung ist gegeben, wenn der Vermieter den Eigenbedarf vorsorglich an mehreren Wohnungen mit je einer Kündigung geltend macht (LG Köln WuM 91, 590). Die Kündigung bleibt wirksam, wenn sie wegen Eigenbedarfs eines Haushalts- oder Familienangehörigen erfolgt ist und dieser die Wohnung anschließend erwirbt (vgl Hamm WuM 92, 460). Hat der Eigentümer einem Angehörigen einen 28

Nießbrauch eingeräumt, kann er selbst auf Eigenbedarf klagen, muss aber Herausgabe an den Nießbraucher beantragen (LG Gießen WuM 94, 470).

29 **IV. Rechtsmissbrauch.** Der Vermieter handelt treuwidrig, der eine geeignete Wohnung besitzt, die leer steht oder bis zum Ablauf der Kündigungsfrist (vgl MüKo/*Häublein* § 573 Rn 74) frei wird, wenn er trotzdem dem Mieter einer anderen Wohnung kündigt oder sein Räumungsverlangen bei späterem Freiwerden der geeigneten Wohnung weiterverfolgt (BVerfG ZMR 91, 56). Etwas anderes gilt, falls die leer stehende Alternativwohnung zum Bezug durch einen Miteigentümer vorgesehen ist und ein vernünftiger und nachvollziehbarer Grund für das Festhalten des anderen Miteigentümers am Bezug gerade der gekündigten Wohnung gegeben ist (BVerfG NZM 01, 706).

30 Anbietpflicht: Rechtsmissbräuchlich ist es, wenn der Vermieter die freiwerdende Wohnung seines Bestandes im selben Haus (BGH ZMR 03, 664; LG Berlin ZMR 99, 826; aA zur Länge der Anbietpflicht LG Hamburg ZMR 05, 127) nicht dem Mieter zu angemessenen Bedingungen zum Tausch anbietet (LG Hamburg WuM 90, 302 und 92, 250; LG Berlin GE 94, 995; LG Wuppertal WuM 98, 599; LG Mannheim ZMR 96, 34: die höchstzulässige Miete nach § 5 WiStG darf verlangt werden; zur Unzumutbarkeit des Neuabschlusses vgl Karlsr ZMR 93, 159). Will der Vermieter die freiwerdende Wohnung nicht vermieten, sondern selbst nutzen, muss er sie dem Mieter nicht anbieten (BVerfG ZMR 94, 61; LG Berlin ZMR 99, 826).

31 **V. Selbst herbeigeführter oder vorhersehbarer bzw verschuldeter Eigenbedarf.** Steht dem Vermieter eine eigene leer stehende Wohnung zur Verfügung und vermietet er diese in Kenntnis eines Bedarfs, kann er sich später nicht erfolgreich auf Eigenbedarf aus diesem Grund berufen (vgl auch AnwK/*Hinz* § 573 Rn 51 ff). Nach LG Gießen (WuM 96, 416) ist Eigenbedarf durch Vermieter vorausschauend zu bedenken.
Sog „gekaufter Eigenbedarf" (BVerfG ZMR 94, 208) ist grds kein verschuldeter Eigenbedarf, es sei denn, dass treuwidrige Umstände hinzutreten (AnwK/*Hinz* § 573 Rn 37). Hat der Vermieter mehrere vergleichbare Wohnungen vermietet, so kann er nach eigenem Ermessen bestimmen, von welchem Mieter er die Räumung verlangen will (LG Landau i d Pfalz ZMR 92, 396). Ansonsten ist das Interesse gerade an der gekündigten Wohnung zu beweisen (LG Augsburg WuM 86, 318).

32 **VI. Wegfall des Kündigungsgrundes und vorgetäuschter Eigenbedarf.** Entfallen die den Eigenbedarf rechtfertigenden Gründe (AnwK/*Hinz* § 573 Rn 44), bevor die Kündigungsfrist abgelaufen ist (für diese Zäsur BGH ZMR 03, 664; ZMR 06, 119) und – nach weitergehender Ansicht auch noch bis der Mieter die Wohnung geräumt hat (LG Hamburg ZMR 05, 127) –, ist der Vermieter verpflichtet, den Mieter davon zu unterrichten und auf Verlangen das Mietverhältnis fortzusetzen. Ein Verstoß hiergegen stellt eine Pflichtverletzung nach den §§ 280 ff dar (Karlsr ZMR 82, 50; *Börstinghaus* NZM 05, 775; *Haase* ZMR 00, 653). Außerdem begründet die mietvertragliche Nebenpflicht, den Mieter vom Wegfall des Kündigungsgrundes zu unterrichten, eine strafrechtliche Garantenpflicht.

33 Bei besonderen Anhaltspunkten muss sich der Vermieter vergewissern, ob der Eigenbedarfsgrund des Angehörigen weiter besteht (LG Köln WuM 80, 48). Nach Beendigung des Mietverhältnisses bzw Räumung der Wohnung aufgrund eines Räumungsvergleichs hat der Mieter einen Auskunftsanspruch hinsichtlich des Eigenbedarfs, wenn der Vermieter anderweitig neu vermietet hat (LG München I WuM 86, 219; AG Wuppertal WuM 95, 185). Wird der Eigentumswunsch nicht realisiert, muss der Vermieter überzeugend darlegen, dass der Eigenbedarfsgrund erst nach dem Auszug des Mieters entfallen ist (BVerfG WuM 97, 361) zumindest aber nach Ablauf der Kündigungsfrist. Täuscht der Vermieter den zur Begründung eines Eigenbedarfs erforderlichen dauerhaften Wohnzweck an der Mietwohnung vor und nutzt er die Wohnung nach der Räumung des Mieters zu lediglich sporadischen Aufenthalt, so haftet der Vermieter auf Schadensersatz wegen Pflichtverletzung (LG Karlsr WuM 91, 272).

34 Darlegungs- und Beweislast: Ggü dem schlüssigen Schadensersatzanspruch des Mieters wegen vorgetäuschten Eigenbedarfs muss der Vermieter ihn entlastende Umstände darlegen (LG Saarbrücken WuM 89, 251, noch strenger LG Hamburg WuM 95, 175). Mitverschulden des Mieters kann bei evident unbegründeter Kündigung vorliegen (LG Mannheim WuM 95, 711). Bei Austausch der Eigenbedarfsperson fehlt es an der Kausalität für einen Schaden des Mieters (LG Münster WuM 95, 171).

35 In der Durchsetzung nicht vorliegender Kündigungsinteressen liegt objektiv ein Betrug. Dem Mieter stehen grds Schadensersatzansprüche aus § 823 II mit § 263 StGB zu. Zusätzlich kann Prozessbetrug vorliegen. (Zweibr WuM 83, 209). Schadensersatz kommt auch in Betracht, wenn der Vermieter eine Kündigung androht und der Mieter der Auflösung des Mietverhältnisses zustimmt (LG Saarbrücken WuM 86, 255). Auch ein Zurückziehen der vorgetäuschten Eigenbedarfskündigung schließt deren Kausalität für einen bereits entstandenen oder angelegten Schaden des Mieters nicht aus (LG Kassel WuM 87, 85).

36 § 573 ist Schutzgesetz iSv § 823 II; allerdings dann nicht anspruchsbegründend, wenn der Mieter einer unwirksamen Kündigung des Vermieters freiwillig Folge geleistet hat (Hamm WuM 84, 94). Anders verhält es sich aber, wenn der Mieter die Unwirksamkeit der nicht formgerecht begründeten Kündigung zwar erkannt hat, aufgrund der schlüssig mündlich vorgetragenen Eigenbedarfsgründe das Mietverhältnis einvernehmlich mit dem Vermieter beendet hat (BayObLG WuM 82, 203). Dem Mieter bleibt sein Schadensersatzanspruch dann voll erhalten (LG Mosbach WuM 92, 192).

Beim Räumungsvergleich gilt: Wenn der Vergleich das Bestehen des Eigenbedarfsgrundes mit umfasst, **37** kommt ein Schadensersatzanspruch nicht in Betracht (LG Berlin GE 95, 1551), anders im umgekehrten Fall (LG Berlin GE 96, 1487). Wird der Streit beigelegt, kommt es nicht darauf an, dass sich herausstellt, dass der Kündigungsgrund nicht bestanden hat (Frankf WuM 94, 500).

Typische Schadensposten: Umzugskosten im weitesten Sinne (LG Berlin GE 96, 1487), inkl Makler- und Inse- **38** ratskosten, Telefonummeldung (LG Karlsruhe DWW 95, 144), Umarbeiten von Vorhängen und Möbelstücken, Umbau einer Einbauküche (AG Bad Oldesloe WuM 95, 170); außerdem Kosten des Räumungsprozesses, wenn die Rechtslage nicht eindeutig ist (LG Berlin ZMR 88, 387), Gerichtskosten, Rechtsanwaltskosten bis zu Kosten eines erforderlichen Detektivs (AG Hamburg WuM 97, 990); des weiteren Kosten für die Renovierung der alten und ggf neuen Wohnung (AG Essen WuM 74, 197).

Umstritten ist oft die Position Differenzmiete (Mehrkosten für die Ersatzwohnung); dies setzt idR die Anmie- **39** tung einer Wohnung gleichen Wohnwerts, gleicher Ausstattung und gleicher Qualität wie die geräumte Wohnung voraus (LG Berlin WuM 88, 387). Der Schaden ist höchstens für vier Jahre zu ersetzen (LG Darmstadt WuM 95, 165, fraglich).

Auf den Schadensersatzanspruch wegen vorgetäuschten Eigenbedarfs sind die Leistungen des Vermieters anzurechnen, die er gem einer Vereinbarung in einem Mietaufhebungsvertrag an den Mieter zur Auflösung des Mietverhältnisses gezahlt hat (AG Hamburg-Harburg WuM 89, 391).

F. Hinderung angemessener wirtschaftlicher Verwertung. I. Begriff. „Wirtschaftliche Verwertung" ist die **40** Realisierung eines der Mietsache innewohnenden Wertes (BGH ZMR 04, 428) und basiert einerseits auf Verkauf, Vermietung, Bestellung eines Nießbrauchs oder Erbbaurechts, andererseits auf baulichen Maßnahmen wie Umbau, Modernisierung, Abriss eines Gebäudes, sofern Neubau geplant ist. Ist eine Zweckentfremdung von Wohnraum mit der Kündigung gewollt, müssen die Voraussetzungen für eine Zweckentfremdungsgenehmigung vorliegen (Hburg WuM 81, 155). Seit 1. 5. 04 kann auch in den neuen Bundesländern nach § 573 II Nr 3 gekündigt werden.

II. Einzelfälle. Ist ein schlechter Bauzustand eines Gebäudes durch vertragswidriges Vermieterverhalten **41** verursacht, scheidet eine Kündigung aus (LG Frankfurt/M WuM 95,441), entspr gilt für Erhaltungs- und Modernisierungsmaßnahmen (LG Köln WuM 89, 255). Fällt die Wohnung durch die Baumaßnahme weg, ist ein berechtigtes Interesse an der Beendigung des Mietverhältnisses denkbar (LG Hamburg WuM 1989, 393). Den Vermieter trifft eine Offenlegungsverpflichtung seiner wirtschaftlichen Kalkulation, die bereits im Kündigungsschreiben zu erfüllen ist (LG Arnsberg WuM 92, 21).

Der Abbruch eines Hauses kann die Kündigung nur begründen, wenn das Haus unrentabel ist und nur der **42** Abriss des Wohngebäudes ggü einer Sanierung bei Aufrechterhaltung des Mietverhältnisses wirtschaftlich dem Vermieter zumutbar ist (LG Berlin WuM 89, 254). Eine Vergleichsberechnung muss dies darlegen (LG Wiesbaden WuM 97, 496). Baupolizeiliche Abbruchgenehmigung (LG Berlin ZMR 91, 346), und ggf erforderliche Zweckentfremdungsgenehmigung müssen vorliegen (LG München II WuM 97, 115), nicht aber die Genehmigung für die Errichtung eines Neubaus (BayObLG ZMR 93, 560). Eine schon öffentlich-rechtlich nicht erlaubte Verwertung ist nie angemessen (AG Ddorf WuM 91, 168). Nach BVerfG (WuM 89, 118) verbietet Art 14 GG, beim beabsichtigten Verkauf eines Grundstücks eine Kündigung erst dann durchgreifen zu lassen, wenn der Eigentümer andernfalls in Existenznot gerät. Der Kündigungsschutz durch § 573 II Nr 3 darf sich nicht als faktisches Verkaufshindernis darstellen (BVerfG ZMR 92, 17). Der Erwerb in vermietetem Zustand steht als solcher nicht entgegen (Kobl WuM 89, 164).

Ein Nachteil kann darin bestehen, dass der Vermieter aus dem Verkaufserlös in vermietetem Zustand sons- **43** tige Verbindlichkeiten nicht ablösen könnte oder dass er erhebliche laufende Verbindlichkeiten nicht zum Wegfall bringen könnte (LG Freiburg WuM 91, 183). Rechtsmissbräuchlich ist die Kündigung aber, wenn die als Verkaufsgrund dienenden wirtschaftlichen Schwierigkeiten bereits bei Vertragsabschluss vorgelegen haben (LG Mannheim ZMR 95, 316).

Bei behauptetem zu erwartenden Mindererlös muss der Vermieter detailliert vortragen und zB Kaufangebote **44** von Interessenten nachweisen, die über das Grundstück in weiterhin vermietetem und in unvermietetem Zustand abgegeben worden sind (LG Hannover WuM 91, 189). Ein einmaliger Misserfolg der Verkaufsbemühungen in Form eines Zeitungsinserats lässt nicht den Schluss auf eine Unverkäuflichkeit des einzelnen Hauses zu (LG Frankfurt/M WuM 91, 182). Gewisse Preisabschläge hat der Vermieter beim Verkauf hinzunehmen (BVerfG WuM 89, 118; wohl ca 20% hinnehmbar). Vergleichsgröße ist der Marktpreis vermieteter Wohnungen, wenn der Vermieter die Wohnung vermietet erworben hat (LG Berlin WuM 95, 111).

Wenn der beim Verkauf der vermieteten Wohnung erzielte Preis über dem Wert der Wohnung im Zeitpunkt **45** ihres Erwerbs liegt, ist nach BVerfG (WuM 91, 663) eine angemessene wirtschaftliche Verwertung immer noch gegeben, ein Verstoß gegen Art 14 GG liegt nicht vor (LG Gießen WuM 94, 688). Zum Verkauf vgl LG Hamburg ZMR 91, 241 und *Emmerich* NZM 99, 638. Eine Kündigung ist nicht nur dann möglich, wenn der Vermieter zwingend (in entmietetem Zustand) verkaufen muss. Berücksichtigt wird auch, inwieweit der Kaufpreis für das Gebäude fremdfinanziert wurde und der mögliche Verkaufserlös zur Tilgung verwendet werden muss und ob das Mietobjekt seinerzeit wegen der Mietverhältnisse günstig erworben wurde.

46 **G. Angabe der Gründe im Kündigungsschreiben. I. Bei schuldhafter Pflichtverletzung.** Dargestellt werden muss die Verletzungshandlung (Art, Zahl und Dauer, vgl LG Hamburg WuM 77, 30) und der Zeitpunkt der Pflichtverletzung. Bei Zahlungsverzug wird es ausreichen eine Saldoliste vorzulegen (str, vgl AG Dortmund ZMR 04, 115) und auf diese Bezug zu nehmen, aus der die jeweiligen Rückstände sich ergeben. Auch wenn der Vermieter dem Mieter die Kündigungsgründe bereits zuvor mündlich oder schriftlich mitgeteilt oder in einem Vorprozess geltend gemacht hat, muss er diese in dem Kündigungsschreiben nochmals schriftlich angeben (BayObLG ZMR 81, 333).

47 **II. Bei Eigenbedarf.** Der Vermieter muss vernünftige, nachvollziehbare Gründe für die Geltendmachung des Eigenbedarfs bereits im Kündigungsschreiben darlegen (LG Hamburg WuM 88, 275). Der Mieter muss anhand des Schreibens die Erfolgsaussichten der Verteidigung gegen die Kündigung beurteilen können. Handelt es sich um den Eigenbedarf Verwandter, müssen die Art der Verwandtschaft und die bisherigen Wohnverhältnisse der Verwandten dargelegt werden (LG Bochum WuM 93, 540), außerdem der Name der Bedarfsperson (LG Berlin ZMR 99, 32; LG Oldenburg WuM 96, 220 mit Einschränkung für dritte Person neben der Bedarfsperson).

48 Die Kündigungsgründe sind konkret genug dargelegt, wenn der Vermieter in der Begründung einer erneuten Kündigung sich ausdrücklich auf die in dem Kündigungsschreiben genannten Gründe bezieht und seitdem keine Änderung eingetreten ist (BVerfG ZMR 92, 430). Der Kündigungsgrund muss unabhängig von vorhergehenden mündlichen Erklärungen aus dem Kündigungsschreiben zu entnehmen sein (LG Detmold WuM 90, 301), und zwar auch dann, wenn dem Mieter die Kündigungsgründe bekannt gewesen sind (LG Gießen WuM 90, 301). Weiteren Grundbesitz in der Kommune, der für ihn zur Nutzung in Betracht kommt, sollte der Vermieter im Kündigungsschreiben angeben (LG Bielefeld WuM 93, 539), auch wenn der BGH (ZMR 03, 664) die Anbietpflicht (Rn 30) auf Wohnungen im selben Objekt beschränkt.

49 **III. Bei wirtschaftlicher Verwertung.** Es besteht eine weitgehende Offenlegungsverpflichtung. Der Vermieter hat eine nachprüfbare Wirtschaftlichkeitsberechnung bereits im Kündigungsschreiben vorzulegen, er muss nicht nur darlegen, inwieweit die von ihm geplante wirtschaftliche Verwertung angemessen ist, sondern auch warum eine Fortsetzung des Mietverhältnisses diese hindert, ob und welche Überlegungen der Vermieter angestellt hat, das Mietverhältnis trotz der geplanten Maßnahmen zu erhalten und ob versucht worden ist, Art und Umfang der Maßnahmen so einzurichten, dass das Mietverhältnis erhalten werden kann. Hinsichtlich dem Vermieter entstehenden erheblichen Nachteile muss dargelegt werden, dass ein Nachteil in Form einer unzureichenden Rendite nicht vom Vermieter selbst zu verantworten ist und inwieweit in anderer Weise als durch Kündigung versucht worden ist, die Rendite zu erhöhen. Nach BVerfG (ZMR 98, 685) kann aber nicht verlangt werden, dass der Vermieter bereits im Kündigungsschreiben darlegt, dass die Gründe für den Verkauf nach Abschluss des Mietvertrages eingetreten sind.

50 Notwendig sind regelmäßig die Darlegung des Erlöses bei Verkauf in vermietetem und unvermietetem Zustand (LG Stuttgart ZMR 95, 259), Berechnung der bei bestehendem Mietverhältnis erwirtschafteten Rendite, Darlegung, ob die ungünstige Rendite durch niedrige Mieteinnahmen bedingt ist, die nach Mangelbeseitigung angehoben werden können, Darlegung von konkreten Verkaufsbemühungen des Vermieters (Benennung der Kaufinteressenten und ihrer Preisvorstellungen in vermietetem und unvermietetem Zustand; LG Bielefeld WuM 97, 267), mit dem Ergebnis, dass die Wohnung in vermietetem Zustand nicht zu einem angemessenen Preis zu veräußern ist. Bei einem Wirtschaftsunternehmen als Vermieter kann auch die Investition des Verkaufserlöses in ein betrieblich erforderliches Vorhaben die Kündigung wegen Verkaufs rechtfertigen (LG Hamburg WuM 91, 185).

51 **IV. Nachträglich entstandene Kündigungsgründe.** Nachträglich entstandene Kündigungsgründe sind von Kündigungsgründen zu unterscheiden, die einer bereits erfolgten Kündigung nachträglich zum Erfolg verhelfen sollen, aber bereits vor der Erklärung dieser Kündigung vorgelegen haben (Nachschieben von Kündigungsgründen). Der Vermieter hat zwar das Recht, die aufgeführten Kündigungsgründe nachträglich zu ergänzen und zu berichtigen, hierdurch darf aber nicht der bisherige Kündigungsgrund in einen anderen verwandelt oder ein völlig neuer Lebenssachverhalt vorgetragen werden. „Nachträglich entstanden" bedeutet nach Abgabe der Kündigungserklärung. Ein Kündigungsgrund wird nach § 573 III nur dann berücksichtigt, wenn er im Kündigungsschreiben angegeben ist.

52 Beinhalten die im ursprünglichen Kündigungsschreiben erwähnten Kündigungsgründe kein berechtigtes Interesse an der Beendigung des Mietverhältnisses, so ist die Kündigung unwirksam und kann auch durch das Nachschieben von Kündigungsgründen keine Wirksamkeit erlangen (LG Gießen WuM 84, 226; LG Aachen WuM 84, 227). Unter „nachträglich entstandenen Kündigungsgründen" versteht man sowohl solche Gründe, die objektiv nach dem Kündigungsausspruch eingetreten sind als auch solche, die dem Vermieter nach diesem Zeitpunkt erst zur Kenntnis gelangt sind, aber schon vorher vorgelegen haben. Nach der Kündigungserklärung entstandene Kündigungsgründe oder dem Vermieter ohne grobe Fahrlässigkeit vorher nicht bekannte Gründe können nach § 573 III eine Kündigung nachträglich dann rechtfertigen, wenn die ursprünglich angegebenen Kündigungsgründe ein berechtigtes Interesse dargestellt hatten und ihrerseits nachträglich weggefallen sind.

§ 573a Erleichterte Kündigung des Vermieters

(1) ¹Ein Mietverhältnis über eine Wohnung in einem vom Vermieter selbst bewohnten Gebäude mit nicht mehr als zwei Wohnungen kann der Vermieter auch kündigen, ohne dass es eines berechtigten Interesses im Sinne des § 573 bedarf. ²Die Kündigungsfrist verlängert sich in diesem Fall um drei Monate.
(2) Absatz 1 gilt entsprechend für Wohnraum innerhalb der vom Vermieter selbst bewohnten Wohnung, sofern der Wohnraum nicht nach § 549 Abs. 2 Nr. 2 vom Mieterschutz ausgenommen ist.
(3) In dem Kündigungsschreiben ist anzugeben, dass die Kündigung auf die Voraussetzungen des Absatzes 1 oder 2 gestützt wird.
(4) Eine zum Nachteil des Mieters abweichende Vereinbarung ist unwirksam.

A. Grundsätzliches. Die verfassungsrechtlich unbedenkliche (BVerfG WuM 94, 520) zulasten des Mieters nicht abdingbare Norm entspricht weitgehend § 546b IV aF, wobei die Sonderregelung für Dreifamilienhäuser, die bis 1.6.99 ausgebaut wurden, nicht übernommen wurde. Der Wegfall dieser Sonderregelung wird mit Vereinfachungsgründen gerechtfertigt. In Art 229 § 3 II EGBGB ist festgelegt, dass die bisherige Regelung des § 564b IV Nr 2 aF noch bis zum 31.8.06 anzuwenden ist. Für Mietverhältnisse, bei denen der Vermieter in seinem Wohn- und Lebensbereich in besonders engem räumlichen Kontakt mit dem Mieter steht und deshalb eine leichtere Auflösung eines zerrütteten Mietverhältnisses möglich sein soll, wird für die Kündigung nicht das Vorliegen eines berechtigten Interesses (§ 573 I, II) verlangt. 1

B. Anwendungsbereich. § 573a I erfasst ein Mietobjekt in einem Gebäude, das aus nur zwei Wohnungen (neben evtl weiteren gewerblich genutzten Räumen, MüKo/*Häublein* § 573a Rn 8 ff) besteht, deren eine der Mieter, die andere der Vermieter bewohnt. § 573a II betrifft Mietverhältnisse, bei denen der Mieter Wohnraum innerhalb der vom Vermieter selbst bewohnten Wohnung bewohnt, sofern der Vermieter diesen Wohnraum nicht ganz oder überwiegend mit Einrichtungsgegenständen auszustatten hat (dann gilt § 549 II Nr 2). Als Ausgleich dafür, dass die Kündigung ohne berechtigtes Interesse möglich ist, verlängert sich die jeweils maßgebliche Kündigungsfrist um drei Monate, § 573a I 2. Die Kündigung ist in dem Kündigungsschreiben als solche nach § 573a zu bezeichnen, § 573a III. 2

C. Voraussetzungen des Sonderkündigungsrechts. I. Ein Gebäude mit nicht mehr als zwei Wohnungen, § 573a I. Der Begriff „Wohnung" bedeutet mehr als nur Wohnraum und erfordert eine selbstständige, räumlich und wirtschaftlich abgeschlossene Wohneinheit, in der ein selbstständiger Haushalt geführt werden kann (KG JW 25, 1125). Eigene Küche oder Kochgelegenheit (LG Bonn WuM 92, 24), Wasserversorgung und Toilette sind erforderlich. Zwei Zimmer, von denen eines eine Wohnküche mit Küchenzeile darstellt, mit separater Toilette im Treppenhaus genügen (LG Köln ZMR 99, 560). Die Zahl der Zimmer ist nicht entscheidend. 3

Während bis zur MietRReform sich die Wohnung in einem vom Vermieter selbst bewohnten Wohngebäude befinden musste, genügt nunmehr die Belegenheit in einem Gebäude. Die Norm gilt jetzt auch, wenn in einem auch gewerblich genutzten Haus nur zwei Wohnungen bestehen, von denen eine vom Vermieter bewohnt wird. Es kommt nicht darauf an, dass die Gewerberäume vom Vermieter selbst genutzt werden. Das notwendig als nur ein (!) Gebäude (LG Köln WuM 03, 278) anzusehende Objekt darf nicht mehr als zwei Wohnungen aufweisen. Ob der Vermieter Eigentümer des Hauses ist oder selbst Mieter und die andere Wohnung untervermietet hat, ist nicht von Bedeutung. 4

Str ist, welcher Zeitpunkt für die Frage, ob sich in dem Gebäude nicht mehr als zwei Wohnungen befinden, maßgeblich ist. Nach OLG Hburg (ZMR 82, 282) war es derjenige der Begründung des Mietverhältnisses, während heute die hM (Staud/*Rolfs* § 573a Rn 10; LG Berlin GE 99, 507) auf den des Ausspruchs der Kündigung abstellt. Der Vermieter soll eine Veränderung des Bestandschutzes vornehmen dürfen in den Grenzen von Treu und Glauben (§ 242). Nach beiden Ansichten muss zum Zeitpunkt der Kündigungserklärung das Merkmal „nicht mehr als zwei Wohnungen" erfüllt sein. Es dürfen sich nicht mehr als zwei Wohnungen in dem Gebäude sein. Weitere vermietete Einzelzimmer, die den Begriff „Wohnung" nicht erfüllen, sind unschädlich. Der Charakter eines Zweifamilienhauses muss aber weiter gegeben sein. 5

Befinden sich in dem Gebäude drei Wohnungen, von denen der Vermieter zwei bewohnt oder nutzt von drei Wohnungen der Mieter zwei, so ist § 573a I nicht anwendbar. Mietet in einem Haus mit drei Wohnungen, von denen der Vermieter eine selbst bewohnt, der Mieter im Laufe des Mietverhältnisses die dritte Wohnung zum Zwecke der einheitlichen Nutzung mit der zunächst angemieteten Wohnung hinzu und verbindet er die beiden Wohnungen nach außen miteinander, so kann der Vermieter das Mietverhältnis nach § 573a I kündigen, auch wenn diese Umbauarbeiten mit vertretbarem Aufwand jederzeit wieder rückgängig gemacht werden können (Karlsr WuM 83, 253). Es muss sich um ein vom Vermieter selbst bewohntes Gebäude handeln. Der Wohnraum im Hause muss nicht die einzige Wohnung des Vermieters sein. Der Vermieter braucht sich auch nicht ständig (AG Hamburg-Blankenese WuM 92, 112: 5 Monate im Jahr genügen) in dem Gebäude aufhalten. Der Wohngebrauch des Vermieters muss aber derart sein, dass Beeinträchtigungen durch das nahe Zusammenleben mit dem Mieter auftreten können. 6

7 Die Vorschrift ist auch dann anwendbar, wenn der Vermieter die eine der beiden Wohnungen in dem Haus beim Abschluss des zu kündigenden Mietvertrages noch nicht bewohnt hat, sondern diese erst in der Folge bezogen hat (Kobl WuM 81, 204; BayObLG WuM 91, 249). Die Gegenansicht von *Sternel* (Kap IV Rn 243), dass der Vermieter durch Einzug in die zweite Wohnung den einmal begründeten Bestandsschutz des Mieters nicht beseitigen könne, ist abzulehnen wegen zu starker Einschränkung der Dispositionsfreiheit des Vermieters. Der Mieter muss beim Vorhandensein von nur zwei Wohnungen damit rechnen, dass der Vermieter eine davon beziehen könnte.

8 § 573 a erfordert nicht, dass der Vermieter und der Mieter im Zusammenhang mit der Benutzung ihrer Wohnungen in dem Wohngebäude eine Gelegenheit zum Zusammentreffen haben; insbes ist nicht erforderlich, dass ein gemeinsames Treppenhaus, ein gemeinsamer Hauseingang oder sonstige gemeinschaftlich zu nutzende Räume oder Flächen vorhanden sind (Saarbr ZMR 92, 492). Das OLG Saarbr stellt darauf ab, dass es dem Gesetzgeber darum ging, bei einer Zerrüttung des Mietverhältnisses dem Problem der Darlegungs- und Beweislast des Vermieters zu begegnen.

9 Bei einer Kündigung von Wohnraum nach § 573 a sind wohl nur die im Kündigungsschreiben angegebenen berechtigten Interessen des Vermieters zu berücksichtigen (Hamm ZMR 92, 243; str vgl *Kinne* ZMR 01, 599, 601). Wegen des engen räumlichen Zusammenlebens der Parteien kann der zur Sonderkündigung berechtigte Vermieter idR besser als andere Vermieter die voraussichtlichen Einwände des Mieters einschätzen, so dass es gerade für ihn nicht unzumutbar ist, seine entgegenstehenden Belange bereits in das Kündigungsschreiben aufzunehmen. Es besteht außerdem keine Notwendigkeit, ihn prozessual besser zu stellen als den nach § 573 kündigenden Vermieter, dem schon mit seiner Kündigung erfolglos bleibt, wenn er mit ihrer Erklärung entgegen der Bestimmung des § 573 III nicht die – zu dieser Zeit – vorhandenen berechtigten Interessen angegeben hat. Die Bestimmungen des § 573 a und § 574 III verfolgen allerdings verschiedene Zwecke: Während § 573 a dem Vermieter eine erleichterte Kündigungsmöglichkeit einräumt, bei der er in der Begründung der Kündigung insoweit lediglich angeben muss, dass die Kündigung auf diese Vorschrift und nicht auf § 573 I gestützt wird, verfolgt § 574 III den Zweck, dem Mieter beizeiten Gewissheit über die Erfolgsaussicht seines Fortsetzungsverlangens zu verschaffen.

10 **II. Wohnraum innerhalb der vom Vermieter selbst bewohnten Wohnung, § 573 a II.** Bei dem Einliegerwohnraum innerhalb der Vermieterwohnung ist es ohne Bedeutung, wenn es sich um ein Mehrfamilienhaus (KG NJW 81, 2470) handelt, es muss aber ein enger Zusammenhang zwischen den Wohnbereichen des Vermieters und des Mieters bestehen. Wenn ein Einzelraum, den der Mieter bewohnt, vom Treppenhaus separat zugänglich ist und der Mieter nicht darauf angewiesen ist, die Wohnung des Vermieters zu seiner normalen Haushaltsführung mit zu benützen, liegt Einliegerwohnraum iSd Vorschrift nicht vor. In einem Einfamilienhaus sind Einzelräume immer Teil der Vermieterwohnung.

11 § 573 a II ist nur (sonst § 549 II Nr 2) dann anwendbar, wenn es sich um Wohnraum handelt, der auch leer vermietet ist und nicht ganz oder überwiegend vom Vermieter vertragsmäßig einzurichten ist. Weiter kommt § 573 a immer zum Zuge, wenn der Wohnraum zum dauernden Gebrauch für eine Familie bestimmt ist.

12 **D. Kündigungserklärung und Kündigungsfrist. I. Das Kündigungsschreiben.** § 568 I und II sind anwendbar. Ein ausdrücklicher Hinweis auf das Kündigungsprivileg wird nicht ersetzt durch die Angabe der verlängerten Kündigungsfrist. Wegen § 573 a III muss klar auf eines der Privilegien nach § 573 a I oder II verwiesen werden, so dass für den Mieter deutlich wird: Es soll nicht aufgrund eines berechtigten Interesses gekündigt werden.

13 Dem Vermieter steht ein Wahlrecht zu, ob er unter den erleichterten Voraussetzungen des § 573 a mit verlängerter Kündigungsfrist oder unter Angabe eines berechtigten Interesses mit der gesetzlichen oder zulässigerweise vertraglich vereinbarten Kündigungsfrist kündigen will. Ist die Sonderkündigung unwirksam, weil das Formerfordernis nicht erfüllt ist, so kann sie, wenn ein berechtigtes Kündigungsinteresse angegeben ist, in eine ordentliche Kündigung nach § 573 umgedeutet werden.

14 Auch wenn die Kündigung nicht gleichzeitig auf § 573 a und § 573 gestützt werden darf, kann der Vermieter die Kündigung primär auf § 573 a, hilfsweise auf § 573 II Nr 1 stützen (Hburg NJW 83, 182). Der Grundsatz, dass die einmal getroffene Wahl nicht widerrufen werden kann, wird aber insoweit durchbrochen, als der Vermieter innerhalb laufender Kündigungsfrist, wenn der Mieter einer Kündigung nach § 573 widersprochen hat, nunmehr nach § 573 a kündigen kann (vgl MüKo/*Häublein* § 573 a Rn 15), wenn er in diesem Kündigungsschreiben zweifelsfrei zum Ausdruck bringt, dass die Kündigung nicht mehr auf berechtigte Interessen nach § 573 I gestützt wird (Karlsr NJW 82, 391).

15 **II. Kündigungsfrist.** Durch die Kündigung nach § 573 a wird die Kündigungsfrist, die sonst – vertraglich oder gesetzlich – bestehen würde, um drei Monate verlängert, § 573 a I 2. Diese Regelung gilt nicht bei einer außerordentlichen Kündigung gem § 573 d I mit gesetzlicher Frist (§ 573 d II 2).

§ 573 b Teilkündigung des Vermieters

(1) Der Vermieter kann nicht zum Wohnen bestimmte Nebenräume oder Teile eines Grundstücks ohne ein berechtigtes Interesse im Sinne des § 573 kündigen, wenn er die Kündigung auf diese Räume oder Grundstücksteile beschränkt und sie dazu verwenden will,
1. Wohnraum zum Zwecke der Vermietung zu schaffen oder
2. den neu zu schaffenden und den vorhandenen Wohnraum mit Nebenräumen oder Grundstücksteilen auszustatten.

(2) Die Kündigung ist spätestens am dritten Werktag eines Kalendermonats zum Ablauf des übernächsten Monats zulässig.
(3) Verzögert sich der Beginn der Bauarbeiten, so kann der Mieter eine Verlängerung des Mietverhältnisses um einen entsprechenden Zeitraum verlangen.
(4) Der Mieter kann eine angemessene Senkung der Miete verlangen.
(5) Eine zum Nachteil des Mieters abweichende Vereinbarung ist unwirksam.

A. Grundsätzliches. Die Norm entspricht § 564 II Nr 4 aF und ermöglicht ausnahmsweise die Teilkündigung eines einheitlichen Mietverhältnisses. Das Wohnungsangebot soll hierdurch erhöht werden iVm Erleichterungen im Bereich des öffentlichen Baurechts. Gedacht war insbes an den Ausbau von Dachgeschossen und Gebäudeaufstockungen. Die Vorschrift soll nicht für die Kündigung von Zeitmietverträgen (§ 575) gelten (MüKo/*Häublein* § 573 b Rn 4). Sie ist zulasten des Mieters insbes wegen der Mietherabsetzung nicht abdingbar.

B. Voraussetzungen. I. Gegenstand der Teilkündigung. Als Räume, die dem Teilkündigungsrecht nach § 573 b unterliegen, kommen in Betracht die nicht zum Wohnen – maßgeblich ist die Mietvertragsabrede, nicht das Öffentliche Baurecht – bestimmten Nebenräume eines Gebäudes oder Teile eines Grundstücks. Typischerweise fallen hierunter als Speicher, Vorratskeller, Fahrradkeller, Waschküche, Trockenraum genutzte Gebäudeteile, im Ausnahmefall auch eine Gartenfläche (LG Berlin GE 97, 859).

II. Verwertungsabsicht. 1. Der Vermieter muss bereits konkret (keine Vorratskündigung) beabsichtigen, die Nebenräume zu Wohnraum zum Zwecke der Vermietung auszubauen (keine gewerbliche Nutzung oder Eigennutzung des Vermieters, LG Stuttgart WuM 92, 24) oder die Nebenräume in anderer Weise zur Schaffung von Wohnraum zum Zwecke der Vermietung zu verwenden.
Soweit – auch unbebaute oder nur mit Nebengebäuden bebaute – Teile eines Grundstücks betroffen sind, muss der Vermieter diese zur Schaffung von Wohnraum verwenden wollen (Bsp: Erweiterung des Gebäudes). Nach § 17 II des II. WoBauG fällt hierunter „das Schaffen von Wohnraum durch Aufstockung des Gebäudes oder durch Anbau an das Gebäude" (vgl *Franke/Geldmacher* ZMR 93, 549).
2. Andererseits genügt es auch, wenn der Vermieter neu zu schaffenden und den vorhandenen Wohnraum mit Nebenräumen oder Grundstücksteilen ausstatten will, § 573 b I Nr 2 (nicht nur für einen Aufzugsschacht, AG München WuM 95, 112). Die geplante Verwendung als Wohnraum darf nicht aus baurechtlichen Gründen eine Nutzung als Wohnraum verbieten.
Eine analoge Anwendung des § 573 b kommt nicht in Betracht, wenn der Vermieter nach dem Ausbau der Nebenräume diese selbst bewohnen will und seine bisherige Wohnung dem Wohnungsmarkt zur Vermietung zuführt (MüKo/*Häublein* § 573 b Rn 10: Selbstnutzungsabsicht nicht geschützt).

III. Form der Kündigungserklärung. Es gilt § 568 I. Dass es sich um eine Teilkündigung handelt, muss in der Kündigungserklärung zum Ausdruck kommen. Die von der Teilkündigung erfassten Räumlichkeiten sind präzise zu beschreiben unter Mitteilung der konkreten Ausbaupläne (AG Hamburg WuM 94, 433; LG Berlin GE 97, 859). Ein Begründungszwang wird im Übrigen jetzt verneint (MüKo/*Häublein* § 573 b Rn 14).

IV. Kündigungsfrist. § 573 b II regelt einheitlich eine dreimonatige Kündigungsfrist in Abweichung von den Kündigungsfristen des § 573 c, die nicht eingehalten werden müssen. Aus § 573 b III folgt, dass die Kündigung so erfolgen muss, dass das Mietverhältnis über die Nebenräume mit dem voraussichtlichen Beginn der Bauarbeiten endet. Hiermit harmoniert das Recht des Mieters bei Verzögerung des Baubeginns eine Verlängerung des Mietverhältnisses um den Zeitraum bis zum tatsächlichen Baubeginn verlangen zu können.

C. Senkung der Miete, § 573 b IV. Nach der Teilräumung kann der Mieter eine Herabsetzung der Miete entspr dem Wertanteil der Nebenräume oder Flächen an der Gesamtwohnung verlangen (AG Hamburg WuM 93, 616). Es gibt keine Anpassungsautomatik. Als frühester Zeitpunkt der Herabsetzung kommt die Räumung nach Ablauf der Kündigungsfrist in Betracht.
Bedenken bestehen gegen eine rückwirkende Herabsetzung der Miete für die Zeit vor Zugang des Verlangens des Mieters. Mittelbar ergibt sich aus dem Gesetz, dass die Herabsetzung nur für die Zukunft verlangt werden kann, denn der Mieter hat nur einen Anspruch auf Abschluss eines Änderungsvertrages (sehr str, vgl AnwK/*Hinz* § 573 b Rn 16). Den Mieter trifft die Beweislast für den Umfang der Mietsenkung.

§ 573 c Fristen der ordentlichen Kündigung

(1) ¹Die Kündigung ist spätestens am dritten Werktag eines Kalendermonats zum Ablauf des übernächsten Monats zulässig. ²Die Kündigungsfrist für den Vermieter verlängert sich nach fünf und acht Jahren seit der Überlassung des Wohnraums um jeweils drei Monate.
(2) Bei Wohnraum, der nur zum vorübergehenden Gebrauch vermietet worden ist, kann eine kürzere Kündigungsfrist vereinbart werden.
(3) Bei Wohnraum nach § 549 Abs. 2 Nr. 2 ist die Kündigung spätestens am 15. eines Monats zum Ablauf dieses Monats zulässig.
(4) Eine zum Nachteil des Mieters von Absatz 1 oder 3 abweichende Vereinbarung ist unwirksam.

1 **A. Grundsätzliches.** Die Vorschrift ersetzt den bisherigen § 565 II, III für Wohnraummietverhältnisse. Seit 1. 9. 01 gibt es die asymmetrischen Kündigungsfristen. Hiermit soll die Mobilität des Mieters erhöht werden. Es seien Fälle zu berücksichtigen, in denen der Mieter gezwungen sei, seine Wohnung kurzfristig aufzugeben, weil er zB seinen Arbeitsplatz wechseln oder aus gesundheitlichen Gründen in ein Alters- oder Pflegeheim umziehen müsse. Sonst müsse der Mieter regelmäßig über mehrere Monate eine doppelte Miete zahlen, soweit der Vermieter nicht bereit sei, einen Aufhebungsvertrag zu schließen. Der für Altverträge relevante Streit um abw Regelungen in Formularverträgen ist durch Art 229 § 3 X S 2 EGBGB für die Zeit ab 1. 6. 05 vom Gesetzgeber geklärt. Für die Interimszeit vgl BGH ZMR 03, 655 m Anm *Börstinghaus*.

2 **B. Fristberechnung.** Die Berechnung der Kündigungsfristen erfolgt nach den §§ 187–193. Der Tag, an dem die Kündigungserklärung dem Empfänger nach § 130 zugehen muss, bestimmt sich inklusive der Karenztage nach § 573 c I. Das Mietverhältnis endet mit dem Ablauf der Kündigungsfrist. Zur Anwendbarkeit des § 193 ist seit BGH ZMR 05, 695 geklärt, dass bei der Berechnung der Karenzzeit (Zeit bis zum dritten Werktag des Monats, in der der Kündigungszugang noch erfolgen kann) ein in der Karenzzeit liegender Samstag mitzuzählen ist. Anderes gilt nur, wenn der letzte Tag der Karenzfrist auf einen Samstag fällt. Die Angabe eines falschen Beendigungstermins im Kündigungsschreiben hat nicht die völlige Wirkungslosigkeit der Kündigung zur Folge (LG Köln ZMR 92, 343). Die verspätete Kündigung ist zwar für den genannten Termin nichtig, kann aber zumindest gem § 140 in eine Kündigung zum nächstzulässigen Termin umgedeutet werden (Frankf NJW-RR 90, 377).

3 **C. Allgemeine Kündigungsfristen nach § 573 c I.** Es gilt jetzt eine asymmetrische Kündigungsfrist. Nach § 573 c I 1 beträgt die Kündigungsfrist für den Mieter drei Monate unabhängig von der Dauer der Überlassung des Wohnraums, während nach § 573 I 2 sich die Kündigungsfrist für den Vermieter nach fünf und acht Jahren seit der Überlassung des Wohnraums um jeweils drei Monate verlängert, dh bis auf maximal 9 Monate.

4 1. *Regelkündigungsfrist:* Nach § 573 c I 1 ist bei einem Mietverhältnis über Wohnraum die Kündigung spätestens am dritten Werktag eines Kalendermonats für den Ablauf des übernächsten Monats zulässig. Wird der Mietvertrag bereits vor Übergabe der Wohnung an den Mieter gekündigt, wird die Kündigungsfrist nicht erst ab Vollzug des Mietverhältnisses, sondern ab Zugang der Kündigungserklärung gerechnet (BGHZ 73, 350; 99, 54,60).

5 2. *Verlängerung der Kündigungsfrist:* Nur für den Vermieter verlängert sich die Kündigungsfrist. Unter Überlassung versteht man die willentliche Besitzverschaffung an der Mietsache, auch wenn sie vor Abschluss des Mietvertrages stattfand. Als Überlassungszeitraum zählt auch der Zeitraum, in dem der jetzige Mieter aufgrund eines Mietvertrages seines früheren Ehegatten die Wohnung berechtigt bewohnt hat (Stuttg WuM 84, 85). Für die Berechnung des Überlassungszeitraums ist es unerheblich, wenn die Parteien einen neuen Mietvertrag abschließen oder wenn während des Überlassungszeitraums Räume hinzugemietet oder abgegeben werden. Entspr gilt beim Eigentümerwechsel (arg § 566), selbst wenn mit dem neuen Eigentümer ein neuer Mietvertrag geschlossen wird. Aber: Wird eine Wohnung dem bisherigen Untermieter als Hauptmieter überlassen, soll die Besitzzeit als Untermieter nicht als Überlassungszeitraum angerechnet werden (AnwK/*Hinz* § 573 c Rn 9). Dies ist str, da die Gründe, die zu der gesetzlichen Regelung der Verlängerung der Kündigungsfrist geführt haben (Verwurzelung des Mieters bei längerer Nutzungszeit) auch bei der Untermiete gelten.

6 Beim Wohnungswechsel im selben Haus des Vermieters wird die Gesamtzeit der Überlassung von Wohnraum zugrunde gelegt (LG Bochum WuM 87, 322). Ansonsten ist maßgeblich die Zeit zwischen der Überlassung des Wohnraums und dem Zugang der Kündigungserklärung (*Sternel* ZMR 86, 181).

7 3. *Kündigungsfrist bei Wohnraum zum vorübergehenden Gebrauch:* Bei derartigen Mietverhältnissen gilt wie beim § 565 II 3 aF, dass die Kündigungsfrist vertraglich beliebig verkürzt werden darf. § 573 c IV erwähnt § 573 c II nicht.

8 4. *Kündigungsfrist bei möbliertem Wohnraum:* Hier muss der Mieter kürzere Kündigungsfristen hinnehmen.

Grund für die Regelung hier wie in § 549 II Nr 2 ist, dass der allein stehende Mieter mit meist geringerer Bindung an die Wohnung (arg Fremdmöblierung) nicht so schutzbedürftig ist, wie der Wohnungsmieter im Übrigen. Der Vermieter erhält wegen des ständigen unmittelbaren Kontakts mit dem Mieter stärkere Rechte. Die Kündigung ist spätestens am 15. eines Monats zum Ablauf dieses Monats zulässig. § 193 ist nicht anwendbar. Eine Verlängerung der Kündigungsfrist analog § 573 c I 2 scheidet aus.

D. Abweichende Vereinbarungen. § 573 c IV bestimmt, dass eine zum Nachteil des Mieters von § 573 c I 9
oder III abw Vereinbarung unwirksam ist. Nachteilig für den Mieter ist eine verkürzte Frist für den Vermieter sowie eine verlängerte Frist für den Mieter. Sowohl eine kürzere Frist zu Gunsten des Mieters ist zulässig (LG München I NZM 98, 153; KG WuM 98, 149 für Altverträge aus DDR-Zeiten) als auch eine längere zu Lasten des Vermieters. Ist in einem Wohnraummietvertrag für beide Parteien eine kürzere oder längere Kündigungsfrist als die gesetzliche Frist vereinbart, ist Teilunwirksamkeit hinsichtlich der für den Mieter unzulässig verlängerten, bzw für den Vermieter verkürzten Frist gegeben. Die Vereinbarung bestimmter Kündigungstermine (zum Quartalsende) oder Verlängerungsklauseln sind unwirksam.

§ 573 d Außerordentliche Kündigung mit gesetzlicher Frist

(1) Kann ein Mietverhältnis außerordentlich mit der gesetzlichen Frist gekündigt werden, so gelten mit Ausnahme der Kündigung gegenüber Erben des Mieters nach § 564 die §§ 573 und 573 a entsprechend.
(2) ¹Die Kündigung ist spätestens am dritten Werktag eines Kalendermonats zum Ablauf des übernächsten Monats zulässig, bei Wohnraum nach § 549 Abs. 2 Nr. 2 spätestens am 15. eines Monats zum Ablauf dieses Monats (gesetzliche Frist). ²§ 573 a Abs. 1 Satz 2 findet keine Anwendung.
(3) Eine zum Nachteil des Mieters abweichende Vereinbarung ist unwirksam.

A. Grundsätzliches. § 573 d I ist neu, § 573 d II präzisiert § 565 V aF. Die nicht zum Nachteil des Mieters 1
abdingbare Bestimmung gilt nur für Wohnraummietverhältnisse auf unbestimmte Zeit, nicht aber für Zeitmietverträge (§ 575). Dort gilt § 575 a. In den §§ 540 I 2, 544 S 1, 563 IV, 563 a II, 564, 580 sowie § 57 a ZVG sind solche außerordentlichen Kündigungen mit gesetzlicher Frist zugelassen. Nicht anwendbar ist § 573 d I auf Mietverhältnisse nach § 549 II Nr 1–3 und III (sog ungeschützte Mietverhältnisse).

B. Regelungsgehalt. Für die außerordentliche Kündigung iSv § 573 d I ist ein berechtigtes Interesse nach 2
§ 573 nötig. Sonst müssen die Voraussetzungen der erleichterten Kündigung für Einliegerwohnraum nach § 573 a vorliegen. Eine neue wichtige Ausnahme wird für die Kündigung des Vermieters ggü dem Erben des Mieters nach § 564 gemacht; dort ist ein berechtigtes Interesse nicht mehr erforderlich. Entspr regelt § 575 a den Fall, dass das Mietverhältnis mit dem verstorbenen Mieter auf bestimmte Zeit lief. Grund ist, dass der Erbe, der seinen Lebensmittelpunkt nicht in der Wohnung des verstorbenen Mieters hatte, im Hinblick auf den Verlust der Wohnung nicht schutzbedürftig ist. Die Sozialklausel gilt (arg § 574 I 2). Die §§ 574-574c sind bei der außerordentlichen befristeten Kündigung anwendbar (str, vgl Staud/*Rolfs* § 573 d Rn 9).
Nach § 573 d I 2 findet bei einer Kündigung des Vermieters ggü dem Erben zusätzlich die Verlängerung der 3
Kündigungsfrist um drei Monate nach § 573 a I 2 nicht statt. Die verlängerten Kündigungsfristen des § 573 c I 2 greifen nicht ein.

§ 574 Widerspruch des Mieters gegen die Kündigung

(1) ¹Der Mieter kann der Kündigung des Vermieters widersprechen und von ihm die Fortsetzung des Mietverhältnisses verlangen, wenn die Beendigung des Mietverhältnisses für den Mieter, seine Familie oder einen anderen Angehörigen seines Haushalts eine Härte bedeuten würde, die auch unter Würdigung der berechtigten Interessen des Vermieters nicht zu rechtfertigen ist. ²Dies gilt nicht, wenn ein Grund vorliegt, der den Vermieter zur außerordentlichen fristlosen Kündigung berechtigt.
(2) Eine Härte liegt auch vor, wenn angemessener Ersatzwohnraum zu zumutbaren Bedingungen nicht beschafft werden kann.
(3) Bei der Würdigung der berechtigten Interessen des Vermieters werden nur die in dem Kündigungsschreiben nach § 573 Abs. 3 angegebenen Gründe berücksichtigt, außer wenn die Gründe nachträglich entstanden sind.
(4) Eine zum Nachteil des Mieters abweichende Vereinbarung ist unwirksam.

A. Grundsätzliches. § 574 I entspricht § 556 a I und IV aF, § 574 II und III entsprechen § 556 a I 2 und 3 aF 1
und § 574 IV entspricht § 556 a VII aF. IRd Härteklausel muss es zu einer Abwägung der besonderen Belange des Mieters in Relation zum Kündigungsrecht des Vermieters kommen (BGH ZMR 05, 843). Die Sozialklausel gehört zum Bestandsschutz des Mieters. § 574 gilt für unbefristete Wohnraummietverträge (Ausnahme: § 575 a II).

2 **B. Kündigung durch den Vermieter.** Der Mieter kann sich primär nur bei formgerechter (§ 568) ordentlicher Kündigung des Mietverhältnisses durch den Vermieter gem §§ 573 ff auf die Sozialklausel berufen, aber auch bei einer außerordentlichen Kündigung mit gesetzlicher Frist, nicht jedoch, wenn nach § 543 aus wichtigem Grund gekündigt wurde. Es genügt, dass ein solcher Grund vorliegt; es muss nicht fristlos gekündigt worden sein, § 574 I 2. Ggü Kündigungen nach §§ 540 I 1, 544, 563 IV, 563 a II, 564 und § 57 a ZVG kann der Mieter nach § 574–574 c widersprechen. Zugunsten des Vermieters werden bei der Interessenabwägung diejenigen Gründe berücksichtigt, die im Kündigungsschreiben (§ 573 III) genannt sind, § 574 III. Der Vermieter soll (Obliegenheit) den Mieter rechtzeitig auf sein Widerspruchsrecht nach §§ 574–574 b hinweisen, § 568 II; bei Unterlassen beginnt die Zwei-Monats-Frist des § 574 b II 1 nicht zu laufen (§ 574 b II 2).

3 Bei gleichzeitiger Kündigung des Mieters und des Vermieters, ist der Fortsetzungsanspruch des Mieters idR ausgeschlossen, insbes wenn objektiv ein Grund vorliegt, der eine außerordentliche Kündigung des Mietverhältnisses durch den Vermieter rechtfertigt.

4 **C. Härte für den Mieter.** Der Widerspruch des Mieters ist nur dann **wirksam**, wenn die vertragsmäßige Beendigung des Mietverhältnisses für den Mieter, seine Familie oder einen anderen Angehörigen seines Haushalts eine nicht zu rechtfertigende Härte bedeutet (§ 574 I 1).

5 **I. Geschützter/berechtigter Personenkreis.** Privilegiert sind nach § 574 I 1 neben dem Mieter und seiner Familie auch die anderen „Angehörigen seines Haushaltes" (vgl § 554 II 2), dh Personen, die dauerhaft, dh nicht nur vorübergehend, im Haushalt des Mieters wohnen, wie Partner einer nichtehelichen Lebensgemeinschaft, Pflegekinder oder Kinder des Lebenspartners. Str ist, ob diese Personen als Untermieter noch privilegiert sind (vgl *Franke* ZMR 93, 93). Es genügt, wenn die Härte bei einem Familienmitglied des Mieters oder bei einer Mehrheit von Mietern bei einem dieser Mieter vorliegt, wobei die Fortsetzung des Mietverhältnisses dann für alle Mieter zu fordern ist

6 **II. Härte.** Die Beendigung des Mietverhältnisses stellt dann eine Härte für den Mieter dar, wenn ihm oder privilegierten Personen aus persönlichen und wirtschaftlichen Gründen die Beschaffung angemessenen Ersatzwohnraums zu zumutbaren Bedingungen nicht möglich ist.

7 **1. Beschaffung angemessenen Ersatzraums.** Die Beschaffung des Ersatzwohnraumes muss für den Mieter mehr als nur unbequem oder unangenehm sein, dh die mit einem Wohnungswechsel üblicherweise verbundenen Belastungen sind unbeachtlich. Die nicht vertraglich abgesicherte Aussage des Vermieters ein langfristiges Mietverhältnis eingehen zu wollen stellt keine Härte dar. Der Mieter ist nicht zu gravierenden Einschränkungen seines bisherigen Lebenszuschnitts verpflichtet. Dem Mieter wird die Zahlung einer höheren Miete für die neue Wohnung bis zur Grenze der ortsüblichen Miete zugemutet werden, wenn diese für den Mieter unter Berücksichtigung des gesamten Familieneinkommens tragbar ist (*Franke* ZMR 1993, 93; LG Bremen WuM 03, 333). Bei der Zumutbarkeit der Lage der Wohnung für den Mieter, seine Familie und die anderen Angehörigen seines Haushalts ist die jeweilige Entfernung zu Arbeitsplatz, Schule, Kindergarten etc zu berücksichtigen.

8 Eine Ersatzraumbeschaffungspflicht in Form nachhaltigen Bemühens trifft den Mieter grds sobald ihm die Kündigung der Wohnung zugegangen ist (Köln ZMR 04, 33; *Gather* DWW 95, 5). Ausnahme: der Mieter geht aus begründetem Anlass davon aus, dass der Vermieter kein berechtigtes Interesse an der Beendigung des Mietverhältnisses hat oder kann aufgrund besonderer Umstände (Härte) mit einer Fortsetzung des Mietverhältnisses rechnen. Zu erschwerten Umständen bei der Beschaffung von Ersatzraum vgl LG Bonn NJW-RR 90, 973. Der Mieter darf sich grds bei der Suche nicht auf seine bisherige Wohngegend beschränken (LG Hamburg ZMR 03, 265).

9 **2. Umzug unzumutbar.** Der Umzug kann dem Mieter auch nur zeitweilig unzumutbar sein. Dann kann nicht auf die Einräumung einer gerichtlichen Räumungsfrist gem § 721 ZPO verwiesen werden, auch wenn diese die Härte wesentlich abmildert. Der Vermieter hat während der Räumungsfrist nämlich nur eine eingeschränkte Erhaltungspflicht. Gerade bei älteren Mietern ist deren Verwurzelung in einem bestimmten Haus oder einer Wohngegend zu berücksichtigen (LG Hamburg DWW 91, 189); auf eine Unterbringung in einem Altenheim muss sich der Mieter nicht verweisen lassen (Karlsr NJW 70, 1746). Dem betagten Mieter ist auch dann ein Umzug nicht zuzumuten, wenn er aufgrund seines Alters oder weil er allein lebt, nicht mehr in der Lage ist, sich auf eine neue Wohnsituation einzustellen (AG Mühldorf ZMR 99, 562). Aber: Hohes Alter oder eine enge Beziehung zur Umgebung allein reichen für einen Härtefall nicht aus. Begründen einzelne Umstände für sich alleine genommen keine soziale Härte, können sie aber in ihrer Gesamtheit eine solche begründen (LG Essen ZMR 99, 713); so auch wenn zur Verwurzelung mit der Umgebung aufgrund langer Mietdauer und hohen Alter eine schwere Erkrankung hinzukommt und die mit dem Umzug verbundenen physischen und psychischen Belastungen einen erheblichen negativen Einfluss haben würden (BGH ZMR 05, 843).

10 Während der Schwangerschaft und einige Zeit nach der Entbindung stellt ein Umzug für die Mutter eine erhebliche Gesundheitsgefährdung dar, ebenso eine schwere Krankheit des Mieters oder eines Familienmitglieds. Entspr gilt für die Vorbereitung auf und das Ablegen einer Prüfung sowie für den Umzug, der einen

Schulwechsel vor Schulabschluss erforderlich macht. Auch ein doppelter Umzug in kurzer Zeit ist eine ungerechtfertigte Härte (*Gather* DWW 95, 5).
Kündigt der Vermieter das Mietverhältnis nach kurzer Mietzeit, ist dem Mieter ein Umzug nicht zumutbar, wenn er im berechtigten Vertrauen auf eine längere Vertragsdauer erhebliche noch nicht abgewohnte Aufwendungen erbracht hatte (LG Kiel WuM 92, 690). 11

3. Keine unzumutbare Härte. Hierzu zählen ua abgewohnte Instandsetzungsaufwendungen (LG Düsseldorf WuM 71, 98), die mit einem Umzug zwangsläufig verbundenen Nachteile (LG Berlin ZMR 89, 425), Mitgliedschaft in örtlichen Vereinen, ansässiger Freundes- und Bekanntenkreis (LG Mannheim DWW 93, 610), Einnahmequelle durch Untervermietung (BayObLG NJW 70, 1749), Schulwechsel des Kindes (LG Hburg NJW-RR 91, 1355). Auf Härten für den Untermieter kann sich der Hauptmieter nicht berufen. 12

D. Berechtigte Interessen des Vermieters. Ist das Fortsetzungsverlangen des Mieters schlüssig und begründet, hat die Klage des Mieters auf Fortsetzung des Mietverhältnisses nur Erfolg, wenn kein berechtigtes Interesse des Vermieters entgegensteht oder der Härtegrund des Mieters überwiegt., § 574 I 1, § 573 I, II. Der Vermieter hat ein berechtigtes Interesse an der Beendigung des Mietverhältnisses, wenn die Voraussetzungen des § 573, insbes Eigenbedarf gegeben sind. Ein berechtigtes Interesse an der Kündigung ist ebenfalls gegeben bei Erfüllung öffentlicher Interessen durch eine Gemeinde, die den Wohnraum anderweitig benötigt (BayObLG NJW 72, 685; *Kohler-Gehrig* ZMR 99, 672), bei unverschuldeten persönlichen Spannungen zwischen dem Vermieter und dem Mieter, insbes bei Streit mit dem Mieter oder einem seiner Familienangehörigen, Zerrüttung des Mietverhältnisses im vom Vermieter selbst bewohnten Zweifamilienhaus (AG Alsfeld NJW-RR 92, 339). 13

E. Interessenabwägung. Bestehen auf beiden Seiten gleich zu bewertende Interessen, kann gem Art 14 I 1 GG dem Eigenbedarfsanspruch des Vermieters als Eigentümer größeres Gewicht beigemessen werden (str, vgl MüKo/*Häublein* § 574 Rn 22); das Besitzschutzrecht des Mieters gem Art 14 I 1 GG ist bereits durch §§ 573 I, 574 I gewährleistet (vgl BVerfG ZMR 99, 531). Das Gericht darf bei der Interessenabwägung nicht in unzulässiger Weise in die Lebensplanung der Parteien eingreifen (vgl BVerfG NJW-RR 93, 1358). Interessen Dritter sind nur beachtlich, soweit es sich um Familienangehörige des Mieters handelt (LG Koblenz NJW-RR 91, 1165), die Dritten dessen Haushalt angehören oder gem § 576a I bei Werkwohnungen Interessen des Arbeitgebers zu beachten sind. 14

F. Ausgeschlossene Gründe. Nach § 574 III werden zu Gunsten des Vermieters nur diejenigen Gründe berücksichtigt, die der Vermieter im Kündigungsschreiben genannt hatte (§ 568 II, 573 III, Hamm WuM 92, 230), es sei denn, die Umstände, die ein berechtigtes Interesse des Vermieters an der Beendigung des Mietverhältnisses begründen, sind erst nach der Kündigung entstanden, dh tatsächlich eingetreten. Auf die tatsächliche Kenntnis oder auch schuldlose Unkenntnis des Vermieters von diesen Umständen kommt es nicht an. Bei späterer Kenntnis bedarf es insoweit einer erneuten Kündigung. Bei mehreren zusammenhängenden Umständen kommt es auf den letzten Teilschritt an. 15

G. Prozess, Beweislast. Der Mieter kann im Prozess bis zum Schluss der mündlichen Verhandlung alle für ihn günstigen Umstände vorbringen (LG Wiesbaden WuM 88, 269). Die Gründe für die Fortsetzung des Mietverhältnisses muss der Mieter durch Angabe konkreter Tatsachen darlegen (Hamm WuM 92, 230 mwN); er kann sich auch auf mehrere Gründe gleichzeitig berufen. Der Vermieter trägt die Beweislast dafür, dass die Kündigungsgründe, auf die er sich nachträglich beruft, auch erst nach Kündigung des Mietverhältnisses entstanden sind. 16

H. Kein Ausschluss. § 574 kann zum Nachteil des Mieters nicht abbedungen werden. 17

§ 574 a Fortsetzung des Mietverhältnisses nach Widerspruch

(1) ¹Im Falle des § 574 kann der Mieter verlangen, dass das Mietverhältnis so lange fortgesetzt wird, wie dies unter Berücksichtigung aller Umstände angemessen ist. ²Ist dem Vermieter nicht zuzumuten, das Mietverhältnis zu den bisherigen Vertragsbedingungen fortzusetzen, so kann der Mieter nur verlangen, dass es unter einer angemessenen Änderung der Bedingungen fortgesetzt wird.
(2) ¹Kommt keine Einigung zustande, so werden die Fortsetzung des Mietverhältnisses, deren Dauer sowie die Bedingungen, zu denen es fortgesetzt wird, durch Urteil bestimmt. ²Ist ungewiss, wann voraussichtlich die Umstände wegfallen, aufgrund derer die Beendigung des Mietverhältnisses eine Härte bedeutet, so kann bestimmt werden, dass das Mietverhältnis auf unbestimmte Zeit fortgesetzt wird.
(3) Eine zum Nachteil des Mieters abweichende Vereinbarung ist unwirksam.

A. Grundsätzliches. § 574 a entspricht § 556 II, III und VII aF und ist nicht abdingbarer Bestandteil der Sozialklausel; er regelt die Rechtsfolgen eines begründeten Mieter-Widerspruchs nach § 574. 1

B. Wirkung des Widerspruchs. Aufgrund des begründeten Widerspruchs des Mieters wird das Mietverhältnis trotz der Kündigung nicht beendet; der Widerspruch hat zwar keine rechtsgestaltende Wirkung, er 2 bewirkt nicht die Unwirksamkeit der Kündigung, sondern ist notwendig, wenn der Mieter mehr erreichen will als eine bloße Räumungsfrist. Der Widerspruch ist ein Angebot zum Abschluss einer vertraglichen Fortsetzungsvereinbarung (MüKo/*Häublein* § 574 a Rn 3).

3 In der Zeit bis zur Entscheidung über das Fortsetzungsbegehren des Mieters bzw Ablauf der Kündigungsfrist müssen beide Vertragsparteien weiterhin ihre Vertragspflichten erfüllen. Wird das Mietverhältnis weder durch Einigung (§ 574 a I) noch durch Urteil fortgesetzt, gilt es als zum Kündigungstermin beendet. Bei Fortsetzung des Mietverhältnisses wird kein neues Mietverhältnis begründet, sondern das ursprüngliche Mietverhältnis, ggf auf bestimmte oder unbestimmte Zeit oder/und zu veränderten Bedingungen, ohne rechtliche Unterbrechung fortgesetzt.

4 **C. Verlängerungsanspruch auf bestimmte Zeit.** Dies ist der Normalfall nach § 574 a sowohl für die einvernehmliche als auch die str Verlängerung. Das Mietverhältnis soll nur für den Zeitraum verlängert werden, für den (zunächst voraussichtlich) die härtebegründenden Umstände weiterbestehen. Bei der Prognose reicht die überwiegende Wahrscheinlichkeit, dass der Härtegrund in der Verlängerungszeit wegfällt.

5 Da es sich nur um eine Regelung für eine Übergangszeit handelt, ist das Mietverhältnis im allgemeinen nicht für die Dauer von mehr als drei Jahren zu verlängern; ein Mindestzeitraum ist nicht vorgeschrieben, wenige Monate sind selten, es sei denn es soll nur ein kurzfristiger doppelter Umzug des Mieters verhindert werden. Bei der Bemessung der Verlängerung bleibt eine mögliche Räumungsfrist (§ 721 ZPO) unberücksichtigt. Gem § 550 bedarf die Verlängerung des Mietverhältnisses über ein Jahr hinaus nach hM der Schriftform (vgl AnwK/*Hinz* § 574 a Rn 5). Während des Verlängerungszeitraums sind die ordentliche und außerordentliche befristete Kündigung des Mietverhältnisses für beide Seiten ausgeschlossen; das Mietverhältnis endet automatisch mit Zeitablauf. Allerdings gilt anschließend § 545.

6 **D. Verlängerungsanspruch auf unbestimmte Zeit.** Nur bei nicht zu beseitigender Ungewissheit über den Zeitpunkt des Wegfalls der Härte kommt eine Verlängerung des Mietverhältnisses ausnahmsweise (AnwK/*Hinz* § 574 a Rn 10) auf unbestimmte Zeit in Betracht. In dieser Zeit kann der Vermieter das Mietverhältnis jederzeit erneut kündigen, § 574 c II 1; der Mieter wiederum kann dieser erneuten Kündigung gem § 574 c II, 574 ff widersprechen. Haben sich die für die Fortsetzung des Mietverhältnisses maßgeblichen Umstände geändert, kann das Mietverhältnis nur fortgesetzt werden, wenn die erneute Kündigung ebenfalls eine Härte für den Mieter oder seine Familie bedeuten würde (§ 574 c II 2). Eine Verlängerung des Mietverhältnisses auf unbestimmte Zeit kommt insbes dann in Betracht, wenn Ersatzwohnraum strukturell bedingt fehlt (Stuttg NJW 69, 1070); der Mieter kann dann, sobald er passenden Ersatzraum gefunden hat, das Mietverhältnis seinerseits mit der gesetzlichen Frist kündigen. Hat der Mieter jedoch selbst den Wohnraumwechsel angestrebt, ohne dass ihm eine Ersatzwohnung zur Verfügung steht, ist eine Verlängerung des Mietverhältnisses auf unbestimmte Zeit nicht möglich (Karlsr NJW 70, 1746). Eine Verlängerung des Mietverhältnisses auf Lebenszeit des Mieters scheidet aus (LG Lübeck WuM 94, 22). Der Mieter hat daran mitzuwirken, dass sich das Krankheitsrisiko bei einem hierauf gestützten Fortsetzungsverlangen nicht erhöht, er muss darlegen, welcher ärztlicherseits empfohlener lebenserhaltender Maßnahme er sich unterziehen will oder bereits unterzieht (vgl BVerfG ZMR 04, 46 für die Zwangsvollstreckung).

7 **E. Änderung der Vertragsbedingungen.** Eine Änderung der bisherigen Vertragsbedingungen kann nur der Vermieter ausnahmsweise verlangen. Die Fortsetzung des Mietverhältnisses zu den bisherigen Bedingungen muss ihm unzumutbar sein. Es hat eine Abwägung der beiderseitigen Interessen zu erfolgen. Dabei wird nicht nur die vertragliche Miete mit der ortsüblichen Miete verglichen, sondern auch geprüft, ob unter Berücksichtigung der vertraglichen Pflichten und des Verhaltend der Parteien das vertragliche Gleichgewicht gestört ist. Im Einzelfall kann der Vermieter auch eine Räumung von Nebenräumen wie Garagen, Kellerabteilen etc fordern.

8 Jede einzelne Regelung des Mietvertrags kann primär durch Einigung der Mietvertragsparteien oder subsidiär durch Urteil geändert werden (vgl *Gather* DWW 95, 5) als Ergebnis der Interessenabwägung. Die Vertragsänderung ist angemessen, wenn eine Anpassung der Miete an die ortsübliche Vergleichsmiete vorgenommen wird. Die in §§ 558 ff geregelten Voraussetzungen an ein wirksames Mieterhöhungsverlangen müssen nicht eingehalten werden, da der Vermieter berechtigterweise das Mietverhältnis gekündigt hatte.

§ 574 b Form und Frist des Widerspruchs

(1) ¹Der Widerspruch des Mieters gegen die Kündigung ist schriftlich zu erklären. ²Auf Verlangen des Vermieters soll der Mieter über die Gründe des Widerspruchs unverzüglich Auskunft erteilen.

(2) ¹Der Vermieter kann die Fortsetzung des Mietverhältnisses ablehnen, wenn der Mieter ihm den Widerspruch nicht spätestens zwei Monate vor der Beendigung des Mietverhältnisses erklärt hat. ²Hat der Vermieter nicht rechtzeitig vor Ablauf der Widerspruchsfrist auf die Möglichkeit des Widerspruchs sowie auf dessen Form und Frist hingewiesen, so kann der Mieter den Widerspruch noch im ersten Termin des Räumungsrechtsstreits erklären.

(3) Eine zum Nachteil des Mieters abweichende Vereinbarung ist unwirksam.

A. Grundsätzliches. Die zulasten des Mieters nicht abdingbare (§ 574 b III) Norm entspricht § 556 a V, VI aF ohne inhaltliche Änderungen. Sie regelt die Formalien des mieterseitigen Kündigungswiderspruchs. Die Form erfüllt Beweisfunktion und soll leichtfertige Widersprüche verhindern, während die Frist dem Vermieter Klarheit verschaffen soll, ob der gekündigte Mieter räumen wird.

B. Form des Widerspruchs, § 574 b I. Der Kündigungswiderspruch ist eine einseitige empfangsbedürftige Willenserklärung, die in schriftlicher Form (§ 126) ggü dem Vermieter erklärt werden muss. Ein Telefax reicht nicht. Ein Formfehler führt nach § 125 zur Nichtigkeit des Widerspruchs (Karlsr NJW 73, 1001). Ein Handeln durch Stellvertreter ist zulässig. § 174 ist aber zu beachten. Bei Mietermehrheit müssen alle Mieter unterschreiben oder Vollmacht erteilt haben, wenn die übrigen für den Vermieter erkennbar auch in deren Namen Widerspruch geltend machten. Bei einer Vermietermehrheit muss das Schreiben an alle Vermieter gerichtet werden, selbst wenn diese einen Zustellbevollmächtigten benannt haben.

Der Mieter muss klar zum Ausdruck bringen, dass er eine Fortsetzung des Mietverhältnisses verlangt. Die Verwendung der Begriffe „Widerspruch" und/oder „Fortsetzungsverlangen ist nicht zwingend notwendig. Eine Begründung ist nicht Wirksamkeitsvoraussetzung.

C. Gründe des Widerspruchs, § 574 b I 2. Der Vermieter hat keinen Anspruch auf eine Begründung des Widerspruchs oder eine Auskunft über die Gründe des Mieters. Ein mittelbarer Zwang zur Begründung durch den Mieter ergibt sich allerdings aus der Kostennorm des § 93 b II ZPO.

D. Frist des Widerspruchs, § 574 b II. Es handelt sich nicht um eine materiell-rechtliche Ausschlussfrist. Der Widerspruch muss bis spätestens zwei Monate vor der Beendigung des Mietverhältnisses dem Vermieter ggü erklärt werden und zugegangen sein (§§ 130, 574 b II 1). Die Fristversäumnis ist nur auf Einrede des Vermieters zu berücksichtigen. Keine Wiedereinsetzung in den vorigen Stand bei Fristversäumnis. Nach Fristablauf eingetretene Härtegründe werden nicht mehr berücksichtigt.
Bei Fristversäumnis kann der Vermieter die Fortsetzung des Mietverhältnisses ablehnen.

Eine verbindliche Erklärung des Mieters, ob er Widerspruch erheben will, kann der Vermieter vor Ablauf der Frist nicht erzwingen. Eine Klage auf künftige Leistung nach § 259 ZPO wäre unzulässig. Eine Fristverlängerung bis zum ersten Termin im Räumungsverfahren tritt ein, wenn der Vermieter dem Mieter nicht inhaltlich zutreffend und rechtzeitig – nicht unbedingt schon in der Kündigung – vor Ablauf der Widerspruchsfrist den Hinweis nach § 568 II auf die Möglichkeit des Widerspruchs und auf dessen Form und Frist erteilt hat (§ 574 b II 2, LG Rottweil ZMR 80, 183).

Nach dem Hinweis des Vermieters muss dem Mieter genügend Zeit bleiben, über die Frage, ob er Widerspruch gegen die Kündigung erheben soll, rechtlichen Rat einzuholen, einen Widerspruch abzufassen und diesen dem Vermieter vor Fristablauf zugehen zu lassen. Erfolgt der Hinweis nicht rechtzeitig, so ändert ein nachträglicher Hinweis nichts am Recht des Mieters, den Widerspruch erst im ersten Termin vor Gericht zu erklären.

§ 574 c Weitere Fortsetzung des Mietverhältnisses bei unvorhergesehenen Umständen

(1) Ist auf Grund der §§ 574 bis 574 b durch Einigung oder Urteil bestimmt worden, dass das Mietverhältnis auf bestimmte Zeit fortgesetzt wird, so kann der Mieter dessen weitere Fortsetzung nur verlangen, wenn dies durch eine wesentliche Änderung der Umstände gerechtfertigt ist oder wenn Umstände nicht eingetreten sind, deren vorgesehener Eintritt für die Zeitdauer der Fortsetzung bestimmend gewesen war.
(2) ¹Kündigt der Vermieter ein Mietverhältnis, dessen Fortsetzung auf unbestimmte Zeit durch Urteil bestimmt worden ist, so kann der Mieter der Kündigung widersprechen und vom Vermieter verlangen, das Mietverhältnis auf unbestimmte Zeit fortzusetzen. ²Haben sich die Umstände verändert, die für die Fortsetzung bestimmend gewesen waren, so kann der Mieter eine Fortsetzung des Mietverhältnisses nur nach § 574 verlangen; unerhebliche Veränderungen bleiben außer Betracht.
(3) Eine zum Nachteil des Mieters abweichende Vereinbarung ist unwirksam.

A. Grundsätzliches. § 574 c entspricht weitgehend inhaltlich § 556 a VII aF. Durch die Neufassung der nicht zum Nachteil des Mieters abdingbaren Vorschrift ist klargestellt, dass bei einem Fortsetzungsbegehren nach § 574 c II die Schriftform zu wahren ist (AnwK/*Hinz* § 574 c Rn 9). Die Norm regelt, unter welchen Voraussetzungen der Mieter erneut die Vertragsfortsetzung geltend machen kann.

B. Weitere Fortsetzung des auf bestimmte Zeit verlängerten Mietverhältnisses, § 574 c I. Bei Ablauf des durch Einigung der Parteien (§ 574 a I) oder durch Urteil auf bestimmte Zeit (§ 574 a II) verlängerten Mietverhältnisses greift § 574 c I ein. Ist dagegen das Mietverhältnis aufgrund anderer Umstände fortgesetzt worden (zB nach § 545) ist § 574 direkt anwendbar. Voraussetzung für eine erneute Verlängerung des bereits einmal verlängerten Mietverhältnisses ist eine wesentliche Änderung derjenigen Umstände, die für dessen Verlängerung und die Dauer der Verlängerung bekannt waren; es genügt, wenn diese Umstände bei der Vereinbarung bzw Bewilligung der Verlängerung vorlagen, aber nicht ausdrücklich berücksichtigt wurden. Bei der erneuten Interessenabwägung sind die gesamten neuen Verhältnisse, auch die auf Seiten des Vermieters liegen, zu berücksichtigen. Es können einerseits neue Härtegründe auf Mieterseite aufgetreten oder die Dringlichkeit des Eigenbedarfs auf Vermieterseite weggefallen sein oder es blieben erwartete dem Mieter günstige Umstände aus.

3 Der Mieter kann sich auf die geänderten oder nicht eingetretenen Umstände nicht berufen, wenn er deren Eintritt bzw Ausbleiben treuwidrig herbeigeführt hat (§ 242), zB wenn er keine hinreichenden Anstrengungen zur Beseitigung des Härtegrundes unternommen hat, wie die Suche nach Ersatzwohnraum.

4 **C. Weitere Fortsetzung des Mietverhältnisses auf unbestimmte Zeit, § 574 c II.** (Nur) Bei einer Fortsetzung des Mietverhältnisses auf unbestimmte Zeit konnte vom Vermieter jederzeit erneut fristgemäß (§§ 573, 573 a) gekündigt werden. 1. Fall: Verlängerung des Mietverhältnisses durch Urteil auf unbestimmte Zeit. Hier kann der Mieter unter den erleichterten Voraussetzungen des § 574 c II die weitere Fortsetzung des Mietverhältnisses verlangen. Sind die Umstände, die für die Fortsetzung des Mietverhältnisses entscheidend waren, unverändert, nur unerheblich verändert oder kann der Vermieter eine wesentliche Veränderung dieser Umstände nicht beweisen, bleibt das Mietverhältnis weiter auf unbestimmte Zeit fortgesetzt. Eine neue Interessenabwägung findet nicht statt. Entscheidungserheblich sind dabei nur die Umstände, die für die Fortsetzung des Mietverhältnisses maßgeblich waren; der Mieter muss lediglich behaupten, die Umstände seien unverändert, die Beweislast für die Veränderung trägt der Vermieter. Das Mietverhältnis besteht unverändert weiter; eine Anpassung ist grds nicht möglich.

5 Liegen zugunsten des Vermieters erheblich veränderte Umstände (§ 574 c II 2) in seiner Sphäre oder der des Mieters (vgl *Pergande* NJW 68, 130) vor, findet eine völlig neue Interessenabwägung nach § 574 statt. Den Vermieter trifft die volle Darlegungs- und Beweislast.

6 2. Fall: Durch Einigung auf unbestimmte Zeit fortgesetztes Mietverhältnis. Hier muss sich der Mieter bei einer neuen Kündigung durch den Vermieter direkt auf § 574 berufen (erneuter ausdrücklicher Widerspruch des Mieters gegen die Kündigung); für Form und Frist des Widerspruchs gilt § 574 b, der Vermieter soll den Mieter erneut auf sein Widerspruchsrecht hinweisen. Die erleichterte Fortsetzung des Mietverhältnisses bei unveränderten Verhältnissen wie gem § 574 c II 1 scheidet aus.

Unterkapitel 3   Mietverhältnisse auf bestimmte Zeit

§ 575   Zeitmietvertrag

(1) ¹Ein Mietverhältnis kann auf bestimmte Zeit eingegangen werden, wenn der Vermieter nach Ablauf der Mietzeit
1. die Räume als Wohnung für sich, seine Familienangehörigen oder Angehörige seines Haushalts nutzen will,
2. in zulässiger Weise die Räume beseitigen oder so wesentlich verändern oder instand setzen will, dass die Maßnahmen durch eine Fortsetzung des Mietverhältnisses erheblich erschwert würden, oder
3. die Räume an einen zur Dienstleistung Verpflichteten vermieten will

und er dem Mieter den Grund der Befristung bei Vertragsschluss schriftlich mitteilt. ²Anderenfalls gilt das Mietverhältnis als auf unbestimmte Zeit abgeschlossen.
(2) ¹Der Mieter kann vom Vermieter frühestens vier Monate vor Ablauf der Befristung verlangen, dass dieser ihm binnen eines Monats mitteilt, ob der Befristungsgrund noch besteht. ²Erfolgt die Mitteilung später, so kann der Mieter eine Verlängerung des Mietverhältnisses um den Zeitraum der Verspätung verlangen.
(3) ¹Tritt der Grund der Befristung erst später ein, so kann der Mieter eine Verlängerung des Mietverhältnisses um einen entsprechenden Zeitraum verlangen. ²Entfällt der Grund, so kann der Mieter eine Verlängerung auf unbestimmte Zeit verlangen. ³Die Beweislast für den Eintritt des Befristungsgrundes und die Dauer der Verzögerung trifft den Vermieter.
(4) Eine zum Nachteil des Mieters abweichende Vereinbarung ist unwirksam.

1 **A. Der neue Zeitmietvertrag.** § 575 enthält nur noch den **qualifizierten** Zeitmietvertrag. Der einfache Zeitmietvertrag wurde abgeschafft, die Fortgeltung alter einfacher Zeitmietverträge allerdings belassen (Art 229 § 3 III EGBGB). Vermieter und Mieter sollen ab 1.9.01 von Beginn des Mietverhältnisses an Klarheit über Dauer und Ablauf der Mietzeit haben. Der einfache Zeitmietvertrag gem § 564 c I aF hatte sich in der Praxis als schwer handhabbar erwiesen und oft zu Rechtsstreitigkeiten geführt (*Hinz* WuM 00, 455, 458; *ders* NZM 01, 264, 273).

2 § 575 sieht vor, dass ein Mietverhältnis auf bestimmte Zeit nur dann eingegangen werden kann, wenn einer der in § 575 I Nr 1–3 genannten sachlichen Gründe/Qualifikationsgründe vorliegt. Der Abschluss von einfachen Zeitverträgen ist nur noch in den Fällen des § 549 II, III möglich. Eine Umdeutung eines unwirksamen

Zeitmietvertrags in einen beidseitigen Kündigungsausschluss kommt nicht in Betracht (AG Augsburg WuM 04, 541, *Lützenkirchen* ZMR 02, 769, 771).
Bei **Mischmietverhältnissen** dürfen einfache Zeitmietverträge dann abgeschlossen werden, wenn das Schwergewicht des Vertrags nicht auf dem Wohnen sondern auf der gewerblichen Nutzung liegt. Dies ist oft zu bejahen, selbst wenn die Bürofläche quadratmetermäßig geringer ist als die zur Wohnnutzung beanspruchte Fläche (BGH DWW 86, 266; *v. Mutius* ZMR 03, 621, 632). 3

B. Ausschluss des Kündigungsrechts. In der Begründung des Regierungsentwurfs (BTDrs 14/4553, S 69) heißt es: „Liegt bei Vertragsschluss kein Befristungsgrund auf Vermieterseite vor, so kann dem Interesse des Mieters an einer langfristigen Bindung des Mietverhältnisses vertraglich dadurch Rechnung getragen werden, dass die Parteien einen unbefristeten Mietvertrag schließen und für einen vertraglich festgelegten Zeitpunkt das ordentliche Kündigungsrecht beiderseits ausschließen. Damit wirkt sich auch für den Mieter der Wegfall des einfachen Zeitmietvertrages nicht nachteilig aus." 4
Ob die Parteien auf der Grundlage des neuen, seit dem 1.9.01 geltenden Mietrechts, wechselseitig befristete Ausschlüsse des ordentlichen Kündigungsrechts vereinbaren dürfen, gehörte zu den vorhersehbar und vermeidbar umstrittensten Fragen des neuen Mietrechts. Der BGH (ZMR 04, 251 m Anm *Häublein*) entschied, dass kein Verstoß gegen § 573 c IV bzw § 575 IV vorläge und dass ein vereinbarter Kündigungsverzicht nicht zu einer unzumutbaren Belastung des Mieters führe. 5
Von der Rspr (BGH ZMR 05, 443; LG Itzehoe WuM 03, 329) wird für die Höchstdauer des wechselseitigen Kündigungsausschlusses auf § 557 a III 1 verwiesen, der die Möglichkeit eröffnet, das Kündigungsrecht des Mieters bei einer Staffelmietvereinbarung für höchstens 4 Jahre auszuschließen. Im Formularvertrag wurde erst ein Jahr akzeptiert (BGH NZM 04, 734), dann zwei Jahre (BGH ZMR 04, 802, aA *Derleder* NZM 01, 649, 654). Die Dauer eines solchen Kündigungsausschlusses kann aber nicht mit 30 Jahren (vgl § 544 S 1) vereinbart werden. Beweispflichtig für den Ausschluss der ordentlichen Kündigung ist die Partei, die sich darauf beruft. Kündigt der Mieter binnen gesetzlicher Frist, während sich der Vermieter auf einen vereinbarten Kündigungsausschluss beruft, so muss letzterer den **Beweis** (vgl *Blank* ZMR 02, 797 ff) **führen**, dass der Mieter bei Vertragsschluss ein längerfristiges Bindungsinteresse bekundet hat und auf seine Initiative hin der Kündigungsausschluss vereinbart wurde. 6
Keinesfalls darf bei der Formulierung des Kündigungsausschlusses der Eindruck vermittelt werden, dass auch eine außerordentliche Kündigung hierunter fallen soll. Zum zulässigen einseitigen Kündigungsausschluss bei Staffelmiete vgl BGH ZMR 06, 262.

C. Der qualifizierte Zeitmietvertrag. I. Voraussetzungen. § 575 I lässt nur noch den qualifizierten Zeitmietvertrag zu. Die bisherige Höchstfrist von fünf Jahren (vgl § 564 c II Nr 1 aF) entfällt. Die Befristungsgründe entsprechen weitgehend der Vorgängerregelung des § 564 c II Nr 2 aF. Der qualifizierte Zeitmietvertrag setzt voraus: Absicht des Vermieters, die Wohnung nach Ablauf der Mietzeit zu einem der in § 575 I 2 bezeichneten Zwecke zu verwenden, nämlich Eigennutzung, wesentliche Veränderung (Abriss, Umbau, Instandsetzung), Vermietung an einen Dienstverpflichteten, schriftliche Mitteilung dieser Absicht an den Mieter bei Vertragsschluss und Fortbestehen des Verwendungsinteresses bei Vertragsende. 7

II. Befristungsgründe. 1. Eigennutzung (Nr 1). Der Vermieter muss die Absicht haben, die Räume als Wohnung für sich, seine Familienangehörigen oder Angehörige seines Haushalts nutzen zu wollen. Vom Wortlaut entspricht der Befristungsgrund weitgehend dem neuen Kündigungstatbestand § 573 II Nr 2. Es genügt im Falle des § 575 I Nr 1, dass der Vermieter das Objekt entspr „nutzen will", ein Benötigen wird nicht verlangt. Ausreichend ist der bloße Eigennutzungswunsch des Vermieters; auf ein berechtigtes Interesse in dem Sinne, dass der Vermieter vernünftige oder nachvollziehbare Gründe für die Eigennutzung vorzuweisen hat, kommt es nicht an. 8
Für eine iRd § 575 I Nr 1 wirksame Befristung ist es ausreichend, wenn der Vermieter die Räumlichkeiten als Zweitwohnung nutzen will (aA *Sternel* IV Rn 309) oder sogar nur als Wochenend- oder Ferienwohnung (Staud/*Rolfs* § 575 Rn 18). Der Gegenauffassung, die vorbringt, ein Ferienobjekt sei mit einer Wohnung, in welcher der Lebensmittelpunkt begründet wird, nicht vergleichbar, ist nicht zu folgen, weil eine Bewertung des Eigennutzinteresses in § 575, anders als bei § 573 II Nr 2, gerade nicht erforderlich ist. Der Eigennutzungswunsch des Vermieters kann sich ferner auf Familienangehörige sowie Angehörige seines Haushalts beziehen (vgl Staud/*Rolfs* § 575 Rn 9). 9

2. Modernisierung/Baumaßnahmen (Nr 2). Dieser Befristungsgrund ist mit dem in § 564 c II Nr 2 Buchst b aF identisch. Maßgebend ist, ob der Vermieter die Räume in zulässiger Weise beseitigen oder so wesentlich verändern oder instandsetzen will, dass die Maßnahmen durch eine Fortsetzung des Mietverhältnisses erheblich erschwert würden. Mit Beseitigung ist der vollständige Abriss des Gebäudes gemeint, gemeint sein kann aber – was freilich umstritten ist (vgl Staud/*Rolfs* § 575 Rn 21) – auch wenn die Mietsache nach Durchführung der Maßnahme nicht mehr in ihrer räumlichen Gestalt vorhanden ist, so etwa bei Aufteilung einer großen Wohnung in mehrere kleinere Appartements. Wesentliche Veränderung bedeutet jede Umgestaltung der Räumlichkeiten, bei welcher die Sachsubstanz erhalten bleibt (Schmidt-Futterer/*Blank* § 575 Rn 12). 10

11 Wesentliche Instandsetzung umfasst sämtliche Erhaltungsmaßnahmen iSd § 554, insbes die Behebung von baulichen, insbes durch Abnutzung, Alterung, Witterungseinflüsse oder -einwirkungen entstandener Mängel. Auf diesen Befristungsgrund kann sich nicht berufen, wer den instandsetzungsbedürftigen Zustand des Objekts selbst verursacht hat. Die in § 575 I 1 Nr 2 bezeichneten Maßnahmen müssen so weitreichend sein, dass sie durch eine Fortsetzung des Mietverhältnisses erheblich erschwert würden. Dies ist insbes bei Maßnahmen der Fall, die der Mieter iRe Modernisierung nach § 554 II 1 **nicht** zu dulden braucht.

12 **3. Betriebsbedarf bei Werkmietwohnungen (Nr 3).** Der Vermieter muss die Räume an einen zur Dienstleistung Verpflichteten vermieten wollen. Vorbild war hier § 564c II 1 Nr 2 Buchst c aF. Die Neuregelung lässt es zu, dass die Wohnung auch an einen Nicht-Werkangehörigen befristet/vorübergehend vermietet werden kann, wenn sie jedenfalls nach Fristablauf an einen Werkangehörigen vermietet werden soll (vgl BTDrs 14/4553, S 70).

13 **III. Schriftliche Mitteilung des Befristungsgrundes.** Gem § 575 I 1 Hs 2 muss der Vermieter dem Mieter den Grund der Befristung **schriftlich mitteilen**. Einen genauen Zeitpunkt hierfür nennt das Gesetz nicht. Erforderlich ist, dass die Mitteilung dem Mieter spätestens bei Vertragsschluss zugegangen ist. Nach überwiegender Auffassung genügt es, wenn die Mitteilung dem Mieter **im zeitlichen Zusammenhang vor Vertragsschluss** zugeht (Staud/*Rolfs* § 575 Rn 33). Verspätet und wirkungslos ist eine erst nach Abschluss des Vertrags erfolgte Mitteilung über einen Befristungsgrund; es ist dann von einem unbefristeten, ordentlich kündbaren Mietverhältnis auszugehen (*Lützenkirchen* ZMR 01, 772). Die Schriftform iSd § 126 ist für diese Mitteilung vorgeschrieben. An den Inhalt werden strenge Anforderungen gestellt. Der Vermieter hat in dem Schreiben einen konkreten Lebenssachverhalt darzulegen, der eine Unterscheidung von anderen Interessen und eine spätere Überprüfung ermöglicht (BTDrs 14/4553, S 70). Ungenügend ist zB die bloße Bezugnahme auf den Gesetzeswortlaut oder die formelhafte Wiederholung der Qualifikationsgründe. Hat der Vermieter mehrere Verwendungsabsichten, sind alle anzugeben (*Feuerlein* WuM 02, 371).

14 Eine Befristungsvereinbarung, die nicht den Anforderungen des § 575 I 1 entspricht oder das Fehlen eines gesetzlichen Qualifikationsgrundes führen aufgrund der Sonderregelung in § 575 I 2 zu einem auf unbestimmte Zeit abgeschlossenen Mietverhältnis. Bei dieser Vorschrift handelt es sich um einer gesetzliche Fiktion.

15 **IV. Auswechseln der Befristungsgründe.** Ein Auswechseln der Befristungsgründe ist nach hM unzulässig (Staud/*Rolfs* § 575 Rn 33). Allerdings soll es nach der amtlichen Begründung (BTDrs 14/4553, S 71) möglich sein, bei ursprünglich gegebenem dann weggefallenem und gleichbleibendem Befristungsgrund lediglich den Sachverhalt zu ändern (sehr str, *Lützenkirchen* ZMR 01, 769, 773; aA *Sternel* ZMR 02, 1, 4; *Derleder* ZMR 01, 649, 656).

16 **V. Auskunfts- und Fortsetzungsanspruch, § 575 II.** Der Mieter darf vom Vermieter frühestens 4 Monate vor Ablauf der wirksamen Befristung Auskunft verlangen, ob der Befristungsgrund noch fortbesteht. Der Vermieter hat die Auskunft – formlos (vgl *Nies* NZM 01, 176, 179) – binnen eines Monats nach Zugang des Auskunftsverlangens zu erteilen. Verlangt der Mieter weniger als einen Monat vor Ablauf der Befristung die Auskunft, dh muss diese erst nach Ablauf des Vertrages erteilt werden, scheidet eine Verlängerung auch bei nicht binnen Monatsfrist erteilter Auskunft aus, während sonst bei verspäteter Auskunftserteilung der Mieter gem § 575 II 2 eine Verlängerung des Mietverhältnisses um den Zeitraum der Verspätung verlangen kann.

17 Erteilt der Vermieter die Auskunft fristgemäß und besteht der Befristungsgrund weiterhin, so endet das Mietverhältnis zu dem vertraglich bestimmten Zeitpunkt. Anderenfalls gilt: Falls der Befristungsgrund später eintritt, kann der Mieter vom Vermieter eine Verlängerung des Mietverhältnisses um einen entspr Zeitraum verlangen. Entfällt gar der Befristungsgrund, ist der Mieter berechtigt, eine Verlängerung auf unbestimmte Zeit verlangen.

18 **VI. Darlegungs- und Beweislast, § 575 III 3.** Die Beweislast für den Eintritt des Befristungsgrundes sowie für die Dauer der Verzögerung liegt kraft Gesetzes beim Vermieter.

19 **VII. Das Fortsetzungsverlangen des Mieters, § 575 III.** Es besteht nunmehr unabhängig davon, ob der Vermieter die Verzögerung zu vertreten hat; es ist als Vertragsangebot (§ 145) zu bewerten, das darauf gerichtet ist, den befristeten Mietvertrag nach dem vereinbarten Endtermin um den Zeitraum der Verzögerung oder auf unbestimmte Zeit fortzusetzen (vgl Schmidt-Futterer/*Blank* § 575 Rn 49). Die **allgemeinen Grundsätze für empfangsbedürftige Willenserklärungen** einschl der Vertretungsregelungen gelten hier. Insbes findet auch § 174 Anwendung. Das Fortsetzungsverlangen bedarf keiner Begründung. Wenn der Mieter ein wirksames **Fortsetzungsverlangen** gestellt hat, dann entsteht zunächst ein Anspruch des Mieters auf Fortsetzung des Mietverhältnisses, dh der Mieter hat einen Anspruch gegen den Vermieter, dass dieser eine korrespondierende zustimmende Willenserklärung abgibt, womit die vertragliche Einigung zustande kommt. Eine konkludente Vertragsannahme (vgl *Artz* ZMR 06, 165) durch den Vermieter ist denkbar. Der Mieter muss das Fortsetzungsverlangen im Wege einer Leistungsklage (vgl Schmidt-Futterer/*Blank* § 575 Rn 57) auf Abgabe einer Willenserklärung – keine Feststellungsklage – geltend machen. Hat der Vermieter Räumungsklage erhoben,

so sollte der Mieter zur rechtzeitigen Durchsetzung seines Fortsetzungsanspruchs eine **Widerklage** erheben. Anderenfalls kann im Hinblick auf § 308 a ZPO, welcher eine Entscheidung ohne Antrag nur in den Fällen der §§ 574–574 b vorsieht, eine Fortsetzung des Mietverhältnisses nicht im selben Prozess verlangt werden.

D. Formularklauseln und AGB-Kontrolle. Nach der Streichung der früheren 5-Jahres-Begrenzung ist genau zu prüfen, ob und ggf inwieweit die formularmäßige Festsetzung langer – sogar 5 Jahre übersteigender – Laufzeiten zulässig ist (*Derleder* NZM 01, 649, 655). Da § 309 Nr 9 a auf Mietverträge nicht anwendbar ist, sind nicht schon wie bei Verträgen über die regelmäßige Erbringung von Dienst- und Werkleistungen Formularklauseln unwirksam, die den anderen Teil länger als 2 Jahre binden. Mietverträge unterliegen hinsichtlich der Laufzeit allerdings der Inhaltskontrolle nach § 307 (BGH NJW 95, 2710, 2711). Die Vereinbarung einer langen Mietzeit als solcher soll noch keine unangemessene Benachteiligung des Mieters iSd § 307 bedeuten (Schmidt-Futterer/*Blank* § 575 Rn 82 ff, *Lützenkirchen* ZMR 01, 769, 771; *Blank* ZMR 02, 797 ff, 801), denn das Gesetz habe die Höchstdauer für einen Mietvertrag auf 30 Jahre bzw auf Lebenszeit einer Partei festgelegt (§ 544). 20

Hinz (MietPrax Fach 1 Rn 371) verweist darauf, dass der BGH (NJW 94, 2693; 96, 1677) vorformulierte Laufzeiten von mindestens 10 Jahren in Hausrat- und Unfallversicherungsverträgen für unwirksam hält, weil dermaßen lange Laufzeiten in erheblicher Weise in die Dispositionsfreiheit des Versicherungsnehmers eingriffen. Dem Versicherungsnehmer werde die Möglichkeit genommen, sich während der Laufzeit durch Annahme günstigerer Angebote marktgerecht zu verhalten; auch könne er auf unvorhergesehene Änderungen seiner persönlichen und wirtschaftlichen Verhältnisse nicht mit einer Anpassung oder Beendigung des Versicherungsvertrags reagieren. Diese Erwägungen sollen auf einen langfristigen Zeitmietvertrag übertragbar sein. Die Bindung an eine Mietwohnung, welche den Lebensmittelpunkt des Mieters darstellt, sei für diesen wesentlich einschneidender, als die Bindung an einen Versicherungsvertrag. 21

Nach alledem dürfte bei einem Zeitmietvertrag eine formularmäßige Laufzeitbestimmung von länger als 5 Jahren durchaus schon problematisch sein (*Derleder* NZM 01, 649, 655; *Hinz* NZM 03, 659; vgl auch *Feuerlein* WuM 01, 371, aA *Blank* ZMR 02, 797 ff, 801). 22

E. Übergangsvorschriften. Für die am 1.9.01 bereits bestehenden Zeitmietverträge gilt gem Art 229 § 3 III EGBGB das bisherige Recht fort, dh für ein bestehendes Mietverhältnis auf bestimmte Zeit gilt § 564c aF iVm § 564b aF sowie die §§ 556a–c, 565a I und § 570 aF. Die Beendigung aus Gründen des Vertrauensschutzes bestehen gebliebener Zeitmietverträge richtet sich weiterhin nach altem Recht. Auch das Sonderkündigungsrecht gem § 570 aF für Militärpersonen, Beamte etc bei bestehenden Zeitmietverträgen gilt weiter. 23

Ob altes Recht auch dann gilt, wenn nur der Abschluss des Mietvertrags vor dem 1.9.01 erfolgt ist, jedoch die Überlassung der Mietsache vereinbarungsgemäß erst nach dem 31.8.01 erfolgen sollte und auch erfolgt ist, wird in der Überleitungsvorschrift nicht eindeutig zum Ausdruck gebracht (Staud/*Rolfs* § 575 Rn 75). Art 229 § 3 III EGBGB stellt auf ein am 1.9.01 bestehendes Mietverhältnis ab. Nach BGHZ 73, 350, 353 wird der Mietvertrag durch den Beginn des Mietverhältnisses vollzogen; beiden Begriffen kommt danach ein unterschiedlicher Bedeutungsgehalt zu. Dennoch wollte der Gesetzgeber mit Art 229 § 3 III EGBGB allein auf den Abschluss des Mietvertrags abstellen (vgl AG Nordhorn WuM 02, 310; *Stürzer* ZMR 01, 783). Erfolgte dieser vor dem 1.9.01 gilt altes, sonst neues Mietrecht. Nur so wird eine hinreichende Rechtssicherheit für die Vertragsparteien (AG Nordhorn WuM 02, 310) geschaffen, da der Vertragsabschluss sich idR einfach und schnell durch die Vertragsurkunden feststellen lässt. 24

In Altmietverträgen sind die befristeten Kündigungsausschlüsse auch nach In-Kraft-Treten des MietRRG zum 1.9.01 weiterhin wirksam. Das LG Itzehoe (WuM 03, 329 m Anm *Wiek*) leitet dies aus Art 229 § 3 X EGBGB her, wonach § 573c IV nicht anzuwenden ist, wenn Fristen für eine ordentliche Kündigung vor dem 1.9.01 wirksam (BGH ZMR 03, 655 m Anm *Börstinghaus*) durch Vertrag vereinbart worden sind. Wurde die Vereinbarung in einem Altmietvertrag vorgenommen, den ein **Nachmieter** nach dem 1.9.01 durch dreiseitiges Rechtsgeschäft übernommen hat, gilt dasselbe. Art 229 x S 2 EGBGB gilt lediglich für formularvertraglich geregelte Kündigungsfristen, nicht für Kündigungsausschlüsse. 25

§ 575a Außerordentliche Kündigung mit gesetzlicher Frist

(1) Kann ein Mietverhältnis, das auf bestimmte Zeit eingegangen ist, außerordentlich mit der gesetzlichen Frist gekündigt werden, so gelten mit Ausnahme der Kündigung gegenüber Erben des Mieters nach § 564 die §§ 573 und 573 a entsprechend.
(2) Die §§ 574 bis 574c gelten entsprechend mit der Maßgabe, dass die Fortsetzung des Mietverhältnisses höchstens bis zum vertraglich bestimmten Zeitpunkt der Beendigung verlangt werden kann.
(3) ¹Die Kündigung ist spätestens am dritten Werktag eines Kalendermonats zum Ablauf des übernächsten Monats zulässig, bei Wohnraum nach § 549 Abs. 2 Nr. 2 spätestens am 15. eines Monats zum Ablauf dieses Monats (gesetzliche Frist). ²§ 573a Abs. 1 Satz 2 findet keine Anwendung.
(4) Eine zum Nachteil des Mieters abweichende Vereinbarung ist unwirksam.

1 **A. Allgemeines.** Nach § 575 a I kann ein Mietverhältnis, das auf bestimmte Zeit eingegangen ist, außerordentlich mit gesetzlicher Frist gekündigt werden. Es gelten – abgesehen von der Kündigung ggü dem Erben des Mieters nach § 564 – gem § 575 a II die §§ 573 und 573 a entspr.

2 **B. Anwendungsbereich.** § 575 a I betrifft außerordentliche Kündigungen mit gesetzlicher Frist gem den §§ 540 I, 544, 554 III, 563 IV, 563 a II, 564, 580, 1056 II, 2135 sowie § 30 II ErbbRVO, §§ 109, 111 InsO und § 57 a ZVG.

3 **C. Anwendung der Sozialklausel.** § 575 a II bestimmt, dass die Kündigungsschutzbestimmungen nach der Sozialklausel gem §§ 574–574 b entspr gelten. Die Fortsetzung des Mietverhältnisses kann jedoch höchstens bis zum vertraglich bestimmten Beendigungszeitpunkt verlangt werden. Über diesen Zeitpunkt hinaus erhält der Zeitmietvertrag keinen Bestandsschutz (Staud/*Rolfs* § 575 a Rn 9). Diese zeitliche Begrenzung gilt auch für die gerichtlichen Räumungsfristen (vgl §§ 721 VII, 794 a V ZPO). Ob über § 765 a ZPO (*Hinz* MietPrax Fach 1 Rn 376) die Problematik der sozialen Verwurzelung älterer Menschen auf ihren Lebensmittelpunkt nach langer Vertragsdauer gelöst werden kann, erscheint fraglich (*Derleder* NZM 01, 649, 657).

4 **D. Kündigungsfristen/Kündigungstag, § 575 a III.** Für die außerordentliche Kündigung mit gesetzlicher Frist gilt wie in § 573 d eine 3-monatige Kündigungsfrist. Die 3-monatige Verlängerung bei der erleichterten Kündigung von Einliegerwohnraum (§ 573 a I 2) findet ausdrücklich keine Anwendung (§ 575 a III 2). Möblierter Wohnraum iSd § 549 II Nr 1 kann spätestens zum 15. eines Monats zum Ablauf dieses Monats gekündigt werden.

5 **E. Abdingbarkeit, § 575 a IV.** Auch § 575 a ist insoweit **zwingend**, dass zum Nachteil des Mieters abw Vereinbarungen unwirksam sind.

Unterkapitel 4 Werkwohnungen

§ 576 Fristen der ordentlichen Kündigung bei Werkmietwohnungen

(1) Ist Wohnraum mit Rücksicht auf das Bestehen eines Dienstverhältnisses vermietet, so kann der Vermieter nach Beendigung des Dienstverhältnisses abweichend von § 573 c Abs. 1 Satz 2 mit folgenden Fristen kündigen:
1. bei Wohnraum, der dem Mieter weniger als zehn Jahre überlassen war, spätestens am dritten Werktag eines Kalendermonats zum Ablauf des übernächsten Monats, wenn der Wohnraum für einen anderen zur Dienstleistung Verpflichteten benötigt wird;
2. spätestens am dritten Werktag eines Kalendermonats zum Ablauf dieses Monats, wenn das Dienstverhältnis seiner Art nach die Überlassung von Wohnraum erfordert hat, der in unmittelbarer Beziehung oder Nähe zur Arbeitsstätte steht, und der Wohnraum aus dem gleichen Grund für einen anderen zur Dienstleistung Verpflichteten benötigt wird.

(2) Eine zum Nachteil des Mieters abweichende Vereinbarung ist unwirksam.

1 **A. Werkmietwohnung. I. Begriff.** Unter Werkwohnung (vgl *Riecke* WuM 03, 663) versteht man Räumlichkeiten, die im Zusammenhang mit einem Dienstverhältnis überlassen wurden; vertragsbezogene Qualifikation, keine sachbezogene Eigenschaft der Wohnung. Es genügt als Mindesttatbestand, dass der Arbeitsvertrag Geschäftsgrundlage (§ 313) für den Abschluss des Mietvertrages geworden ist (Staud/*Rolfs* § 576 Rn 13).

2 Man unterscheidet gewöhnliche oder funktionsgebundene **Werkmiet**wohnungen sowie **Werkdienst**wohnungen (idR funktionsgebunden).

3 **II. Vertragskonstruktion.** Bei der Werkmietwohnung werden der Dienstvertrag und der Wohnraummietvertrag in zwei getrennten Verträgen abgeschlossen. Bei dem Mieter muss es sich um eine weisungsgebundene abhängige Person handeln, die personenidentisch mit dem Dienstverpflichteten aus dem Arbeitsvertrag ist. Die Kündigungserleichterung für Werkmietwohnungen kann der Vermieter nur dann in Anspruch nehmen, wenn er das Mietverhältnis in engem zeitlichen Zusammenhang mit der Beendigung des Arbeitsverhältnisses auch kündigt; sonst nur ordentliche Kündigung der Werkmietwohnung möglich, wenn Wohnbedarf für andere Betriebsangehörige als berechtigtes Interesse iSd § 573 II anerkannt wird. Ein besonders dringendes Interesse an der Unterbringung eines anderen AN der gekündigten Wohnung wird nicht (mehr) gefordert (LG Aachen WuM 85, 149, 150).

4 Das Vorliegen einer Werkmietwohnung ist zu verneinen, wenn der Mieter lediglich gegen geringe Pauschalvergütung Arbeiten übernimmt, deren Erledigung etwa vier bis sechs Stunden monatlich erfordern (LG Aachen MDR 91, 542).

Das Dienstverhältnis muss den Mieter/AN zu unselbstständiger abhängiger dauerhafter weisungsgebundener Arbeit verpflichten. Es ist auch nicht möglich, eine Beendigung des Mietverhältnisses im Mietvertrag für spätestens drei Monate nach Beendigung des Beschäftigungsverhältnisses zu vereinbaren (arg § 572 II; LG Düsseldorf WuM 85, 151).

III. Mitbestimmungsfragen. Das Mitbestimmungsrecht gem § 87 I Nr 9 BetrVerfG betrifft (nur) die echten Werkmietwohnungen (LG Aachen ZMR 84, 280). Dagegen besteht bei Werkdienstwohnungen kein Mitbestimmungsrecht. Auch die Umwandlung einer Werkmietwohnung in eine Werkdienstwohnung unterliegt nicht der Mitbestimmung (OVG Münster WuM 95, 600). Das LG Aachen (ZMR 84, 280) stellt ausdrücklich fest, als Vermieter einer Werkmietwohnung könne auch ein Wohnungseigentümer auftreten, demgegenüber ein Belegungsrecht aufgrund eines Werkförderungsvertrages bestehe.
Die Kündigung einer Werkmietwohnung **nach** Beendigung des Arbeitsverhältnisses bedarf nach Auffassung des LG Ulm (WuM 79, 244, 245) **nicht** der Zustimmung des Betriebsrates. Das BAG (AP Nr 7 zu § 87 BetrVerfG 1972) hat allerdings eine Mitbestimmungspflicht angenommen, wenn Wohnungen aus einem einheitlichen Bestand ohne feste Zuordnung sowohl an AN als auch an Personen vergeben werden, die nicht vom Betriebsrat repräsentiert werden. An der Eigenschaft einer Wohnung als Werkmietwohnung ändert sich auch durch den Verkauf/die Veräußerung der Wohnung nichts, wenn der Mieter auch für den neuen Eigentümer tätig bleibt (LG Köln ZMR 96, 666).
Durch Veräußerung des Mietgrundstücks kann das Mitbestimmungserfordernis allerdings unterlaufen werden.

IV. Werkförderungsvertrag und Wohnungsbelegungsrechte (werksfremder) Wohnungen. Während der Dauer eines Werkförderungsvertrages (Darlehen mit werkvertraglichen Elementen, kein Mietvertrag, BGH NJW 81, 1377) kann der vom Arbeitgeber personenverschiedene Vermieter nur mit Genehmigung des Arbeitgebers die Werkwohnung kündigen. Andererseits muss er die Wohnung grds kündigen, wenn der Arbeitgeber dies von ihm verlangt. Der typische Fall ist hier die Auflösung des Arbeitsverhältnisses und das Benötigen der Wohnung für einen anderen Beschäftigten. § 26 WoFG unterscheidet zwischen Belegungsrechten an den geförderten Wohnungen (unmittelbare Belegung), an diesen und anderen Wohnungen (verbundene Belegung) und nur an anderen Wohnungen (mittelbare Belegung).

V. Rechtsnachfolge bei Versterben des Arbeitnehmers. Verstirbt der Dienstverpflichtete, und treten insbes Familienangehörige nicht gem §§ 563 f in das Mietverhältnis ein, sondern es wird konkludent ein neues Mietverhältnis begründet, so kann der Vermieter nicht mehr mit den Berechtigungen des ursprünglichen Werkmietvertrages kündigen (AG Köln WuM 85, 154).

VI. Kündigung einer Werkmietwohnung; Formalien. Bei einer Kündigung einer Werkmietwohnung genügt nicht ein Hinweis auf § 576 (Celle WuM 85, 142, 143). Es ist erforderlich, dass gem § 573 III die Gründe für ein berechtigtes Interesse im Kündigungsschreiben durch einen konkreten Sachverhalt (Lebensvorgang) so dargelegt werden, dass er als Kündigungsgrund bezeichnet und als solcher identifiziert werden kann (LG Hamburg WuM 94, 208). Das LG Bochum (WuM 92, 438) verlangt einen zeitlich engen Zusammenhang zwischen Beendigung des Arbeitsverhältnisses und Kündigungserklärung.

VII. Keine Wartefrist bei nachträglicher Umwandlung. Selbst bei einer Kündigung wegen Betriebsbedarfs wird eine Analogiefähigkeit der Ausnahmevorschrift des § 577 a verneint, obwohl dieser Kündigungsgrund dem des Eigenbedarfs weitgehend entspricht.

VIII. Vermietung der Werkwohnung an Dritte. Bei Vermietung an Dritte und später entstehendem Bedarf ist str, ob die Kündigung des Mietverhältnisses darauf gestützt werden kann, dass die Wohnung einem neu anzustellenden AN zur Verfügung gestellt werden solle und mit dem Wohnungsangebot die Chancen auf einen günstigen Abschluss eines derartigen Dienstvertrages verbessert werden sollen oder einem bereits angestellten AN mit konkretem Wohnbedarf die Wohnung zur Verfügung gestellt werden solle (abl Stuttg WuM 91, 330; aA LG Berlin WuM 96, 145).

IX. Kündigung bei funktionsbezogener Vermietung. Anders ist die Rechtslage bei der Werkmietwohnung. Es genügt bereits der Hinweis, dass die Wohnung dringend für die Unterbringung eines aktiven Bediensteten benötigt wird (§ 576 I Nr 1). Bei formell wirksamer Angabe der materiell berechtigten Kündigungsgründe kann in einer derartigen Konstellation mit verkürzten Fristen das Mietverhältnis beendet werden (Stuttg WuM 86, 132 f). Nach OLG Stuttg (WuM 93, 338) gilt der Grundsatz, dass das Mietverhältnis mit einem Betriebsfremden zum Zwecke der Vermietung an einen AN des Vermieters nur unter besonderen Voraussetzungen gekündigt werden kann. Nach LG Köln (ZMR 96, 666 f) muss der potentielle neue Mieter nicht in der Kündigung genannt werden (strenger ist das LG Karlsruhe WuM 74, 243).

B. Werkdienstwohnung. Die arbeitsvertragliche Verpflichtung zum Bewohnen einer funktionsbezogenen Werkwohnung kann nicht selbstständig aufgekündigt werden (BAG WuM 90, 284). Werkdienstwohnungen sind idR Bestandteil des Arbeitsvertrages. § 576 I Nr 2 setzt voraus, dass der Wohnraum in unmittelbarer Beziehung oder Nähe zur Arbeitsstätte steht, so dass eine Überlassung nach der Art der Arbeitsleistung erforderlich ist (typischer Fall: Rufbereitschaft bei Wachpersonal, Sicherheitsdienst). Bei der Prüfung, ob eine funktionsgebundene Wohnung vorliegt, ist ein strenger Maßstab anzulegen (LG Kiel WuM 86, 218).

13 C. Rechtswegfragen. Nach OVG Münster (WuM 75, 154) zählt die Zuweisung einer Werkdienstwohnung zum Arbeitsrecht. Das ArbG Hannover (WuM 85, 156) sah in der Überlassung der Werkdienstwohnung einen geldwerten Vorteil, für den Lohnsteuer zu entrichten sei. Das LG Hannover (v 2.2.83 Az 11 S 405/82) hatte den Rechtsweg zu den ordentlichen Gerichten als nicht gegeben angesehen. Auch das BAG (ZMR 00, 361 m Anm *Baron* S 363, 364) bejaht für Streitigkeiten aus der Überlassung einer Werkdienstwohnung die Zuständigkeit der Arbeitsgerichte. Das BAG hält den Rechtsweg zu den Amtsgerichten bei einfachen und funktionsgebundenen Werkmietwohnungen für gegeben. Offen gelassen hat das BAG die Frage, ob die Arbeitsgerichte auch dann noch zuständig sein können, wenn das Arbeitsverhältnis wirksam beendet worden ist, der Wohnraum aber noch weiter genutzt wird. Zutreffend verweist *Julius* (WuM 00, 340 f) darauf, dass die Amtsgerichte bei Werkmietwohnungen über arbeitsgerichtliche Vorfragen entscheiden müssen, insbes inwieweit Maßnahmen des Arbeitgebers (zB wegen eines Verstoßes gegen die Mitbestimmung gem BetrVG) auch zivilrechtlich als unwirksam anzusehen sind.

§ 576a Besonderheiten des Widerspruchsrechts bei Werkmietwohnungen

(1) Bei der Anwendung der §§ 574 bis 574 c auf Werkmietwohnungen sind auch die Belange des Dienstberechtigten zu berücksichtigen.
(2) Die §§ 574 bis 574 c gelten nicht, wenn
1. der Vermieter nach § 576 Abs. 1 Nr. 2 gekündigt hat;
2. der Mieter das Dienstverhältnis gelöst hat, ohne dass ihm von dem Dienstberechtigten gesetzlich begründeter Anlass dazu gegeben war, oder der Mieter durch sein Verhalten dem Dienstberechtigten gesetzlich begründeten Anlass zur Auflösung des Dienstverhältnisses gegeben hat.
(3) Eine zum Nachteil des Mieters abweichende Vereinbarung ist unwirksam.

1 A. Überblick, Normzweck. § 576 a reduziert bei einer Werkmietwohnung den Mieterschutz, den die Sozialklausel der §§ 574 ff regelt. Damit sollen die überwiegenden Interessen des nicht notwendig mit dem Dienstberechtigten identischen Vermieters an der Neubelegung der Werkdienstwohnung ungeschmälert durch die Sozialklausel zur Geltung kommen.

2 B. Anwendungsbereich. Die Regelung des § 576 a gilt auch für ordentliche Kündigungen einer Werkmietwohnung während des laufenden Dienst- bzw Arbeitsverhältnisses, wenn das Mietverhältnis bereits länger als 10 Jahre (vgl § 576 I Nr 1) dauert, der Vermieter nach Tod des Mieters von seinem außerordentlichen Kündigungsrecht gem § 563 IV Gebrauch macht und bei Ablauf eines befristeten Altmietverhältnisses mit Fortdauer des Arbeitsverhältnisses. Keine Anwendung findet § 576 a bei qualifizierten Zeitmietverträgen (§ 575) und bei Wohnungen nach § 549 II.

3 C. Einschränkung der Sozialklausel, § 576 a I. Zur Interessenabwägung: Bei werks**eigenen** Mietwohnungen sind die Interessen des Kündigenden (Vermieter = Arbeitgeber), bei werks**fremden** Werkmietwohnungen sind Interessen des Vermieters und des personenverschiedenen belegungsberechtigten Arbeitgebers/Dienstberechtigten zu berücksichtigen.

4 D. Ausschluss der Sozialklausel, 576 a II. I. Funktionsgebundene Werkmietwohnung, § 576 a II Nr 1. Widerspruchsrecht ist nicht gegeben, wenn gestützt auf § 576 I Nr 2 mit verkürzter Frist das Mietverhältnis gekündigt und die Kündigung zugleich auf Betriebsbedarf des Dienstberechtigten gestützt wurde. Kündigt dagegen der Vermieter die funktionsgebundene Werkmietwohnung mit der ordentlichen Frist des § 573 c wird das Widerspruchsrecht des Mieters nicht beeinträchtigt, wobei ohne Bedeutung ist, ob der Vermieter auch über das Sonderkündigungsrecht in verkürzter Frist hätte kündigen können.

II. Vom Mieter zu vertretende Beendigung des Dienstverhältnisses, § 576 a II Nr 2

5 1. Alternative: Der Mieter kann sich nicht auf die Sozialklausel berufen, wenn er das Dienstverhältnis selbst grundlos aufgelöst oder zur Auflösung des Dienstverhältnisses begründeten Anlass gegeben hat. Der Gesetzgeber hat hier bewusst den weiten Begriff der „Auflösung" gewählt, sodass es nicht formell darauf ankommt, wer das Mietverhältnis gekündigt hat oder ob es einvernehmlich aufgelöst bzw aufgehoben wurde. Hat der Mieter das Dienstverhältnis aus wichtigem Grund gem § 626 fristlos gekündigt, kann er sich auch weiterhin auf Sozialklausel berufen, wenn der Vermieter rechtswidrig und schuldhaft gehandelt hat.

6 2. Alternative: Mieter kann sich auf die Härteklausel nicht stützen, wenn der Dienstberechtigte seinerseits das Mietverhältnis aus einem Grund aufgelöst hat, den wiederum der Mieter weitgehend allein zu vertreten hat. Ausreichend ist, dass minderschweres schuldhaftes Verhalten des Mieters gegeben ist, das die Kündigung als sozial gerechtfertigt erscheinen lässt. Abw Vereinbarungen zum Nachteil des Mieters, § 576 a III, sind unwirksam.

§ 576 b Entsprechende Geltung des Mietrechts bei Werkdienstwohnungen

(1) Ist Wohnraum im Rahmen eines Dienstverhältnisses überlassen, so gelten für die Beendigung des Rechtsverhältnisses hinsichtlich des Wohnraums die Vorschriften über Mietverhältnisse entsprechend, wenn der zur Dienstleistung Verpflichtete den Wohnraum überwiegend mit Einrichtungsgegenständen ausgestattet hat oder in dem Wohnraum mit seiner Familie oder Personen lebt, mit denen er einen auf Dauer angelegten gemeinsamen Haushalt führt.
(2) Eine zum Nachteil des Mieters abweichende Vereinbarung ist unwirksam.

A. Überblick, Normzweck. § 576 b enthält eine Sonderregelung für Werkdienstwohnungen, dh für idR funktionsgebundene Wohnungen; der formelle Unterschied zu § 576 I Nr 2 besteht darin, dass keine getrennten Verträge (Arbeits- und Mietvertrag) existieren. Mit Beendigung des Dienstverhältnisses soll nicht bereits das Recht zum Besitz an der Wohnung entfallen. 1

B. Voraussetzungen. I. Ausstattung mit Einrichtungsgegenständen, 1. Alternative. Dies wird bejaht, wenn der Dienstberechtigte nach Zahl und wirtschaftlicher Bedeutung mehr als die Hälfte der bei voller Möblierung benötigten Einrichtungsgegenstände gestellt hat. Verpflichtung zur Ausstattung ist nicht von Bedeutung. 2

II. Gemeinsame Haushaltsführung, 2. Alternative. Es kommt nicht darauf an, wer die Ausstattung vorgenommen oder finanziert hat. Der betroffene Personenkreis (vgl § 563) soll den sozialen Schutzbestimmungen des Mietrechts unterstellt werden. 3

C. Rechtsfolgen. Nach Beendigung des dienstvertraglichen Teils des Gesamtvertrages wird ein Fortbestand eines fiktiven Mietverhältnisses angenommen (Verselbstständigung des mietrechtlichen Elements des Dienstvertrages). Hinsichtlich dessen Beendigung findet Mietrecht Anwendung. Nicht geregelt ist, wie iE dieses gesetzliche Schuldverhältnis ausgestaltet sein soll. Das Nutzungsentgelt wird entweder nach den vom AN zu erbringenden Leistungen, die aufgrund seines Ausscheidens aus dem Arbeitsverhältnis nicht mehr erbracht werden können, berechnet (LG Hamburg WuM 91, 550) oder es wird die ortsübliche Miete geschuldet ab Wegfall des Dienstverhältnisses als Geschäftsgrundlage (*Lammel* § 576 b Rn 10). 4

D. Kündigung des Miet- oder Nutzungsverhältnisses. Eine Teilkündigung nur des mietvertraglichen Elements des Gesamtvertrages ist unzulässig (BAG WuM 90, 284). Bei einem Dienstverhältnis auf unbestimmte Zeit müssen sowohl das Dienstverhältnis als auch der mietrechtliche Teil des Gesamtvertrages durch gesonderte Kündigungserklärung beendet werden. Hierbei gelten die §§ 573 ff. Die Kündigung allein des Dienstvertrages stellt hier keine unzulässige Teilkündigung dar, da das gesetzliche Schuldverhältnis erst mit wirksamer Beendigung des Dienstvertrages entsteht und vorher ein einheitlicher Vertrag vorlag. 5

Kapitel 6 Besonderheiten bei der Bildung von Wohnungseigentum an vermieteten Wohnungen

§ 577 Vorkaufsrecht des Mieters

(1) ¹Werden vermietete Wohnräume, an denen nach der Überlassung an den Mieter Wohnungseigentum begründet worden ist oder begründet werden soll, an einen Dritten verkauft, so ist der Mieter zum Vorkauf berechtigt. ²Dies gilt nicht, wenn der Vermieter die Wohnräume an einen Familienangehörigen oder an einen Angehörigen seines Haushalts verkauft. ³Soweit sich nicht aus den nachfolgenden Absätzen etwas anderes ergibt, finden auf das Vorkaufsrecht die Vorschriften über den Vorkauf Anwendung.
(2) Die Mitteilung des Verkäufers oder des Dritten über den Inhalt des Kaufvertrags ist mit einer Unterrichtung des Mieters über sein Vorkaufsrecht zu verbinden.
(3) Die Ausübung des Vorkaufsrechts erfolgt durch schriftliche Erklärung des Mieters gegenüber dem Verkäufer.
(4) Stirbt der Mieter, so geht das Vorkaufsrecht auf diejenigen über, die in das Mietverhältnis nach § 563 Abs. 1 oder 2 eintreten.
(5) Eine zum Nachteil des Mieters abweichende Vereinbarung ist unwirksam.

A. Grundsätzliches. I. Entstehungsgeschichte. Mit Wirkung zum 1. 9. 93 wurde auch für den freifinanzierten Wohnungsbau durch das 4. MietRÄndG vom 21. 7. 93 (BGBl I 1993 S 1257) das Vorkaufsrecht eingeführt. Vorbild war die für öffentlich geförderten Wohnraum damals (bis 31. 12. 01) geltende Bestimmung des § 2 b WoBindG. (BTDrs 12/3254, S 340 , *Bundschuh* ZMR 01, 324 ff). Neu ist das Formerfordernis in § 577 III. Schon § 570 b aF sollte nicht alle Verkaufsfälle erfassen (*Langhein* DNotZ 93, 650, 652). 1

2 **II. Normzweck.** Die Neufassung des vormaligen § 570 b wurde bereits im Gesetzgebungsverfahren (BTDrs 12/3254, S 40) im Wesentlichen damit begründet, dass eine Ausweitung des Vorkaufsrechts zum Schutz auch der Mieter im freifinanzierten Wohnungsbau erforderlich sei (vgl *Flomm* Hbg GE 93, 321). Die Regelung sollte die Tendenz verstärken, dass der verkaufsbereite Vermieter die Eigentumswohnung in erster Linie seinem Mieter anbietet (*Voelskow* ZMR 97, 111). § 577 bezweckt, den Mieter bei einer – oft spekulativen – Umwandlung in Wohnungseigentum vor einer Verdrängung aus der Wohnung zu bewahren (*Nies* NZM 98, 179 f). Grund hierfür war die Beendigung des Streits zwischen dem BGH und dem BVerwG über die Anforderungen an die Abgeschlossenheitsbescheinigung durch den Beschl des *Gemeinsamen Senats der obersten Gerichtshöfe des Bundes* v 30. 6. 92 (NJW 92, 3290 = ZMR 93, 25) und der anschließende Antragsflut, die den Umwandlungsdruck speziell in größeren Ballungszentren widerspiegelte (*Börstinghaus/Meyer* NJW 93, 1353, 1356). § 577 ist als Pendant zu § 566 zu sehen. Gem § 577 hat der Mieter die Möglichkeit zwar nicht des Kaufvertragseintritts (§§ 464 II, 577 I 3; *Bub* NZM 00, 1093), wohl aber des Zustandebringens eines eigenen Kaufvertrages kraft Gesetzes zwischen ihm und dem Berechtigten. § 577 III soll den Mieter vor übereilten Entscheidungen schützen (*Einsele* GS Sonnenschein S 138).

3 **III. Anwendungsbereich und Regelungsgehalt.** Vom Anwendungsbereich ausgenommen sind die in § 549 II, III erwähnten Mietobjekte. § 577 regelt ein gesetzliches schuldrechtliches persönliches Vorkaufsrecht des Wohnraummieters. Für den Vermieter/Veräußerer entsteht eine Doppelverpflichtung, dem Erstkäufer ggü sollte für den Fall der Vorkaufsrechtsausübung eine auflösende Bedingung vereinbart werden. Gem § 577 I 3 gelten im Übrigen die §§ 463 ff analog, nicht aber die §§ 1094–1104 über das dingliche Vorkaufsrecht. § 577 II, III enthalten Sonderregelungen. § 577 IV enthält für Erben eine lex spec zu § 473 S 2. Personell ist das Vorkaufsrecht auf ein Hauptmietverhältnis beschränkt. Dem Untermieter steht auch dann kein Vorkaufsrecht zu, wenn der Hauptmieter es nicht ausüben will (vgl Staud/*Rolfs* § 577 Rn 12). Das Vorkaufsrecht wird von § 577 I 2 ausgeschlossen bei einem Verkauf an „Angehörige des Haushalts".

4 **B. Voraussetzung des Vorkaufsrechts. I. Zeitliche Grenzen, I 3.** Die Umwandlung muss nur nach der „Überlassung" (vgl Staud/*Rolfs* § 577 Rn 14) des Mietobjekts – die nicht zwingend mit dem Tag des Mietvertragsschlusses zusammenfallen muss – erfolgen, ansonsten ist der Zeitpunkt der Umwandlung selbst ohne Bedeutung (*Blank* WuM 93, 577). Die „Begründung des Wohnungseigentums" wird mit dem Tag angenommen, an dem die Eintragung der Aufteilung im Grundbuch erfolgt (*Bundschuh* ZMR 01, 324, 329).

5 Der Beginn der 2-Monatsfrist gem §§ 469 II, 577 I 3 setzt eine vollständige und wahrheitsgemäße Unterrichtung des/aller Mieter(s) voraus (§ 577 II), Mitteilung über den Drittkauf und über dessen Inhalt (§ 469 I) sowie Unterrichtung des Mieters über sein Vorkaufsrecht inkl evtl vorliegender Verwaltergenehmigung nach § 12 WEG (vgl Staud/*Rolfs* § 577 Rn 41). Die Zweimonatsfrist beginnt neu zu laufen, wenn der ursprüngliche Kaufvertrag mit dem Dritten geändert wird (*Blank* WuM 96, 329; Karlsr WuM 96, 325, 327 Ziff II. 1.). Änderungen des Erstkaufvertrages müssen dem Mieter mitgeteilt werden.

6 **II. Form, III.** § 577 III sieht – in Abw von der allgemeinen Verweisung in § 577 I 3 auf die §§ 463 ff – die Schriftform für die Ausübung des Vorkaufsrechts durch den Mieter vor. Zu den Besonderheiten im Zusammenhang mit dem früheren HausTWG (jetzt §§ 312 ff, 355 ff) vgl *J.-H. Schmidt* WE 01, 66. Die Ausübung des Vorkaufsrechts stellt eine empfangsbedürftige einseitige Willenserklärung des Berechtigten dar (*Sternel* Mietrecht aktuell Rna 60/61). Das Recht zur Auflassung des Wohnungseigentums kann durch Vormerkung gesichert werden (§ 883). Dies ist auch im Wege einstweiliger Verfügung realisierbar (LG Köln NJW-RR 95, 1354).

7 **III. Beteiligte Personen. 1. Vorkaufsverpflichteter.** Vorkaufsverpflichteter ist der Veräußerer/Verkäufer des Wohnungseigentums – Teileigentum genügt nicht –, der aber nicht mit dem Vermieter personenidentisch sein muss.

8 **2. Vorkaufsberechtigter.** Vorkaufsberechtigter ist nur der Endmieter, dem der Wohnraum zur tatsächlichen Nutzung überlassen ist. Str ist, ob die Kündigung des Mietverhältnisses – sei es durch den Vermieter oder Mieter – die Entstehung des Vorkaufsrechts verhindert (Schmidt-Futterer/*Blank* § 577 Rn 27). Das Vorkaufsrecht kann nur im Ganzen ausgeübt werden (§ 472), dh mehrere Mieter/Berechtigte – denen jeweils die Veräußerung mitgeteilt werden muss – müssen es gemeinsam ausüben und werden dann Miteigentümer. Das Vorkaufsrecht ist nicht übertragbar; aber nach Ausübung des Vorkaufsrechts können die sich daraus ergebenden Rechte entspr einer vorher getroffenen Vereinbarung an einen Dritten abgetreten werden (vgl BGH ZMR 00, 812). Nach *Flomm* (Hbg GE 93, 322) soll bei Nichtausübung durch einen Mitmieter aber der andere Mieter – nicht auf einen Bruchteil beschränkt, sondern insgesamt – das Vorkaufsrecht ausüben dürfen.

9 Gewerbliche Zwischenmieter scheiden als Vorkaufsberechtigte aus (BGH NJW 91, 1815). § 577 IV erweitert beim Tode des Mieters den Kreis der Berechtigten auf die Personen, die nach § 563 I, II das Mietverhältnis fortsetzen.

10 **IV. Die Umwandlungsabsicht.** Umwandlungsabsicht wird bejaht, wenn konkrete Maßnahmen vorliegen, die über das Beschaffen der reinen Abgeschlossenheitsbescheinigung hinausgehen. Es ist zumindest die Beurkundung bzw – was auch genügt (Kosten!) – Beglaubigung der Teilungserklärung oder Veräußerung einzelner Wohnungseigentums- bzw Wohnungserbbaurechte nach § 30 WEG mit der Aufteilungsverpflichtung Voraussetzung. Problematisch ist der Fall einer vor Überlassung der Wohnung an den Mieter bereits bestehenden Aufteilungsabsicht. Nach LG Oldenburg (WuM 97, 436) soll es darauf ankommen, ob der Mieter bei Anmietung Kenntnis von der Umwandlungsabsicht hatte. Nach wohl hM (*Schilling/Meyer* ZMR 94, 503 Ziff 4; *Blank* WuM 93, 573, 577) kann der Begriff „soll" in § 577 I 1 subjektiv, objektiv oder gemischt ausgelegt werden. Die Kenntnis des Mieters zum Zeitpunkt der Überlassung schließt idR das Vorkaufsrecht aus (vgl *Wirth* NZM 98, 390, str).

V. Ausübung beim ersten Verkaufsfall nach Umwandlung. Das Vorkaufsrecht gilt nur für den ersten Verkaufsfall nach der Umwandlung, für spätere Verkäufe greift es nicht ein (BGH MDR 99, 986 = NJW 99, 2044 zu § 2b WoBindG; AG Frankfurt/M NJW 95, 1034 = ZMR 95, 317; vgl auch LG Oldenburg WuM 97, 436). Kein Vorkaufsfall ist gegeben, wenn an sog Bedarfspersonen, § 577 I 2, veräußert wird oder wenn der Erwerb im Wege der Zwangsversteigerung (vgl BGH NJW 99, 2044, 2046) oder durch den Insolvenzverwalter erfolgt (§ 471). Rechtsmissbräuchlich ist die Ausübung des Vorkaufsrechts, wenn der Mieter ersichtlich nicht in der Lage ist, den Kaufvertrag zu erfüllen. 11

VI. Sonderfall: Einheitlicher Verkauf mehrerer Wohnungseigentumseinheiten. Zur Berechnung des für den einzelnen Mieter maßgeblichen Kaufpreises, wenn ein einheitlicher Kaufvertrag über mehrere Wohnungseigentumseinheiten zu einem Gesamtpreis abgeschlossen wurde, kommt eine Heranziehung der Regelung des § 467 in Betracht (*Schilling/Meyer* ZMR 94, 503 Ziff VII 2). Die Berechnung des anteiligen Kaufpreises erfolgt nach der Formel: Vorkaufspreis gleich Gesamtkaufpreis dividiert durch den Gesamtwert aller verkauften Wohnungseigentumsrechte multipliziert mit dem Wert des vom Vorkauf betroffenen Wohnungseigentums. § 467 hat nur dann keine Bedeutung für das Mietervorkaufsrecht, wenn das Gebäude als Ganzes zwecks Umwandlung „en bloc" veräußert wird (*Blank* WuM 96, 329). 12

13

VII. Maklercourtage und Vorkaufsrecht. Der vorkaufsberechtigte Mieter hat idR nicht nur den reinen Kaufpreis zu zahlen, sondern alle Leistungen zu erbringen, die dem Erstkäufer nach dem notariellen Kaufvertrag oblegen hätten (BGH MDR 96, 250; aA Celle NJW-RR 96, 629). Ist im Wege des Vertrages zugunsten Dritter im Kaufvertrag vereinbart, dass der Käufer sich ggü dem Veräußerer verpflichtet, die anfallende Maklerprovision zu zahlen, ist dies ein normaler wesensmäßig zum Kaufvertrag gehörender Bestandteil. Dies hat zur Folge, dass auch der Vorkaufsberechtigte bei Ausübung seines Rechts in diese Verpflichtung eintritt (Ddorf MDR 99, 800). 14

VIII. Abschreckungsvereinbarung. Hierunter fallen zB persönliche Beratungsleistungen (München ZMR 99, 549) und sonstige Fremdkörper (Stuttg ZMR 98, 771) im Kaufvertrag, die den Vorkaufsberechtigten von der Ausübung seines Rechtes abhalten sollen (LG Berlin MM 96, 30). Zu denken ist vor allem auch an die Beurkundung eines höheren Kaufpreises, um dem Mieter die Ausübung seines Vorkaufsrechts zu verleiden. In diesem Fall ist es ausnahmsweise unerheblich, dass der Erstkaufvertrag (der beurkundete als Scheingeschäft und der wirklich gewollte wegen Formmangels) unwirksam ist. Zwar setzt das Vorkaufsrecht grds einen wirksamen Erstkaufvertrag voraus. Hier ist dieser Einwand aber nach § 242 abgeschnitten. 15

IX. Kaufähnliche Verträge und Umgehungsversuche. Den Vorkaufsfall kann auch eine erbrechtliche Gestaltung auslösen, der zu Folge durch Vermächtnis eine Eigentumswohnung mit bedingtem Übereignungsanspruch nebst weiterer Abreden übertragen wird ohne dass es zeitnah zum dinglichen Eigentumsübergang kommen soll/muss (vgl BGH ZMR 98, 488). Der Vorkaufsberechtigte kann im Einzelfall durch einstweilige Verfügung nach wirksamen Ausüben des Rechts die Eintragung des Erwerbers verhindern, während sog Fremdkörper im Kaufvertrag den Vorkaufsberechtigten gem § 464 II nicht binden (*Riecke* Hburg GE 00, 36; *ders* WE 99, H 8, S 10). Die Vereinbarung eines Rücktrittsrechts insbes für den Fall der Ausübung des Vorkaufsrechts durch den Mieter kann den Eintritt des Vorkaufsfalles nicht verhindern (§ 465; BGHZ 67, 395). 16

C. Unterrichtungspflicht, Übereignung an den Dritterwerber und Schadensersatzansprüche des Mieters. Die Unterrichtungspflicht erfordert die Mitteilung des gesamten Inhalts des Kaufvertrages (§ 469). Außerdem muss der Mieter über sein Recht auf Ausübung des Vorkaufsrechts hingewiesen werden. Schadensersatzansprüche können sich bei einem schuldhaften Verstoß gegen die Unterrichtungspflicht, die ggü jedem Mieter besteht, aus Pflichtverletzung gem §§ 280 ff ergeben. Der Mieter kann jedoch über § 251 nur so gestellt werden, dass dessen jetzige Vermögenslage mit derjenigen verglichen wird, die bei Erwerb und Selbstnutzung der Eigentumswohnung gegeben wäre. Der Mieter kann nicht einen fiktiven Veräußerungsgewinn beanspruchen (AG Hamburg WuM 96, 477, 478). 17

Ignoriert der Veräußerer – trotz notarieller Belehrung – das nur schuldrechtliche Vorkaufsrecht des Mieters und übereignet an den Dritten, so ist der Mieter immer auf reine Schadensersatzansprüche aus den §§ 437 Nr 3, 280 I und III, 283 beschränkt (AG Charlottenburg NZM 99, 22; *Bub* NZM 00, 1092, 1094). Den Eigentumserwerb des Dritten kann er nicht rückgängig machen, sondern allenfalls im Vorwege durch rechtzeitig im Wege einstweiliger Verfügung erwirkter Vormerkung – nach Abschluss des Drittkaufs – vereiteln (München ZMR 99, 549; AG Frankfurt/M NJW 95, 1034 = Rpfleger 95, 350). 18

19 **D. Verzicht auf Vorkaufsrecht.** Auch ein Verzicht auf das Vorkaufsrecht ist wegen § 577 V im Vorwege zwischen Vermieter und Mieter nicht möglich. Erst zeitlich nach Eintritt des Vorkaufsfalles kommt überhaupt ein wirksamer Verzicht in Betracht, da dann die Unabdingbarkeit des § 577 V nicht mehr entgegensteht. Nach *Blank* (WuM 93, 580) soll dieses Verbot auch für den Erwerber/Kaufinteressenten gelten (vgl *Sternel* Mietrecht aktuell Rn 66). Str ist (*Schmidt-Futterer/Blank* § 577 Rn 70) noch, ob **nach** Beurkundung des Erwerbsvertrags und Eintritt des Vorkaufsfalles der Mieter formlos durch Erlassvertrag auf ein Vorkaufsrecht vor Ablauf der Überlegungsfrist verzichten kann (so *Lilie* WE 00, 84, 85).

§ 577 a Kündigungsbeschränkung bei Wohnungsumwandlung

(1) Ist an vermieteten Wohnräumen nach der Überlassung an den Mieter Wohnungseigentum begründet und das Wohnungseigentum veräußert worden, so kann sich ein Erwerber auf berechtigte Interessen im Sinne des § 573 Abs. 2 Nr. 2 oder 3 erst nach Ablauf von drei Jahren seit der Veräußerung berufen.

(2) ¹Die Frist nach Absatz 1 beträgt bis zu zehn Jahre, wenn die ausreichende Versorgung der Bevölkerung mit Mietwohnungen zu angemessenen Bedingungen in einer Gemeinde oder einem Teil einer Gemeinde besonders gefährdet ist und diese Gebiete nach Satz 2 bestimmt sind. ²Die Landesregierungen werden ermächtigt, diese Gebiete und die Frist nach Satz 1 durch Rechtsverordnung für die Dauer von jeweils höchstens zehn Jahren zu bestimmen.

(3) Eine zum Nachteil des Mieters abweichende Vereinbarung ist unwirksam.

1 **A. Grundsätzliches, Normzweck.** § 577 a ist hervorgegangen aus den ehemaligen Regelungen der § 564 b II Nr 2 S 2–4 und § 564 b II Nr 3 S 4 aF sowie dem Sozialklauselgesetz. § 577 a enthält Einschränkungen des Kündigungsrechts für einen Erwerber von Wohnungseigentum bezogen auf Eigenbedarfs- und Verwertungskündigungen. Seit Aufhebung des Art 232 § 2 II EGBGB ab 1.5.04 gilt auch bzgl der sog Verwertungskündigung einheitliches Recht im gesamten Bundesgebiet.

2 Mit § 577 a soll vereitelt werden, dass Mietwohnungen durch Umwandlung zum schnelllebigen Handelsobjekt werden. Zu Umwandlungsproblemen unter Beteiligung von BGB-Gesellschaften als Vermieter vgl *Weitemeyer* ZMR 04, 153 ff.

3 Die einfachen und verlängerten Kündigungssperren gem § 577 a bezwecken den Schutz des Mieters, der auch tatsächlich selbst die Mietsache nutzt. Für Umwandlungsfälle konstatiert *Hinz* (MietPrax Fach 1 Rn 529), dass durch den Verkauf „Eigenbedarf produziert" werde.

4 **B. Einfache Wartefrist, § 577 a I. I. Zeitliche Reihenfolge der tatbestandlichen Voraussetzungen.** Ein die Sperrfrist auslösender Umwandlungsfall liegt immer dann vor, wenn die sog Umwandlung nach Abschluss des Mietvertrages und nach Überlassung der Wohnräume an den Mieter erfolgt. Hierbei wird die Kündigungssperre stets und ausnahmslos ausgelöst, wenn von den drei Tatbestandselementen die Umwandlung zuletzt erfolgt. Insoweit ist nicht erforderlich, dass Vermieter und Umwandler personenidentisch sind. Dies gilt auch bei Aufteilung bestehenden Wohnungseigentums in neue Einheiten (LG Mönchengladbach ZMR 90, 460); die bloße Teilung des Grundstücks nach § 8 WEG für sich allein genügt nicht (AG Hamburg WuM 91, 349). Wegen weiterer Sonderfälle wird verwiesen auf Staud/*Rolfs* § 577 a Rn 11.

5 Erfolgt zuerst die Vermietung, anschließend die Umwandlung und daran anschließend erst die Überlassung, so liegt kein Fall des § 577 a vor.

6 Die Sperrfrist greift auch wenn die Überlassung zwar vor der Umwandlung, jedoch die Vermietung erst später erfolgt; dies wird aus der Schutzbedürftigkeit des noch nicht mit einem wirksamen Mietvertrag ausgestatteten Mieters, dem die Wohnung bereits überlassen ist, die anschließend umgewandelt wurde, geschlussfolgert. Dieses Ergebnis kann auch aus einem Mietvorvertrag hergeleitet werden (AG Winsen/Luhe ZMR 04, 123).

7 „Die Sperrfrist soll immer dann gelten, wenn der Bewohner auf Grund eines Mietvertrages besitzt und die Wohnung nach der Besitzerlangung umgewandelt worden ist." (so Schmidt-Futterer/*Blank* § 577 a Rn 8). Selbst bei Abschluss eines neuen Mietvertrages mit dem Erwerber gilt die Sperrfrist, es sei denn der Mieter hat bewusst die Mieterschutzrechte des § 577 a aufgegeben. Dies gilt auch in dem Fall, dass der Mieter, dem gekündigt wurde, zur Zeit der Begründung des Wohnungseigentums als Angehöriger in der Wohnung lebte und mit dem Tod des damaligen Mieters kraft Gesetzes in das Mietverhältnis eingetreten ist (vgl BGH ZMR 03, 819).

8 *Lammel* (§ 577 a Rn 7) ist bei einer dinglich über § 1010 abgesicherten Nutzungsregelung (vgl zur Umgehung des § 22 BauGB durch derartige Regelungen *Frind* ZMR 01, 429) der Auffassung, dass hier eine Umgehung des Gesetzes vorliege, dh dass alle Bindungen ohne die formale Begründung von Wohnungseigentum letztlich vorliegen (vgl Karlsr NJW 93, 405; LG Duisburg WuM 97, 266). *Rolfs* (Staud § 577 a Rn 11) will gar den Schutz des Mieters schon dann eingreifen lassen, wenn das Verfahren zur Begründung des Wohnungseigentums bereits vor Überlassung der Wohnung eingeleitet war.

9 **II. Ausnahmen.** Die Wartefrist greift nicht ein, wenn das Grundstück nach der Überlassung an den Mieter als Ganzes/en bloc an einen Miteigentümer oder die Gesamthandsgemeinschaft veräußert wird, die erst anschließend nach § 3 WEG Wohnungs- oder Teileigentum schafft (BGH ZMR 94, 554).

Der BGH (ZMR 94, 554) hat festgestellt, dass die Sperrfrist auch dann nicht eingreife, wenn der jeweilige Wohnungseigentümer anstelle der früheren Miteigentümergemeinschaft gem § 566 als Vermieter in das Mietverhältnis eingetreten sei. Die Sperrfristregelung sei nicht dazu gedacht, den Mieter vor einer unabhängig von der Umwandlung bestehenden Eigenbedarfslage zu schützen.

III. Rechtsfolge; Fristberechnung. 1. Rechtsfolge. Während der Sperrfrist nach § 577a I kann keine wirksame Kündigung gem den § 573 I Nr 2 oder/und 3 erfolgen (vgl Hamm NJW 81, 584).

2. Fristberechnung nach § 188 II. Die Dreijahresfrist beginnt mit der Eintragung des Erwerbers im Grundbuch. Da der Erwerber gem § 566 auch in befristete Zeitvermietverträge aus der Zeit vor dem 1.9.01 eintritt und nach neuem Recht ein einseitiger Kündigungsausschluss möglich ist, gilt die Sperrfrist des § 577a neben der vertraglichen Beschränkung der ordentlichen Kündigung. Die frühestens am Tag nach Ablauf der Sperrfrist wirksam zu erklärende Kündigung muss schriftlich und unter Berücksichtigung der asymmetrischen Kündigungsfristen des § 573 c erfolgen.

C. Verlängerte Wartefrist nach § 577a II. Bei einer besonderen Gefährdung für die ausreichende Versorgung der Bevölkerung in bestimmten Gemeinden mit Mietwohnungen zu angemessenen Bedingungen kann die Landesregierung durch Rechtsverordnung (vgl Übersicht in WuM 04, 455 und 521) für die Dauer von jeweils höchstens 10 Jahren eine verlängerte Wartefrist/Sperrfrist bestimmen. Hierbei hat der Zivilrichter lediglich zu prüfen, ob eine derartige Landesverordnung vorliegt. Eine Überprüfung der Verordnung selbst fällt allein in die Kompetenz der Verwaltungsgerichtsbarkeit (str; vgl *Lammel* § 577a Rn 18).

D. Analogiefähigkeit des § 577a. Die hM (vgl Staud/*Rolfs* § 577a Rn 19) hält es für nicht angebracht, die Vorschrift auf sonstige Gründe für ein berechtigtes Interesse analog anzuwenden. Dies wird damit begründet, dass ihr Zweck nicht über den Wortlaut hinaus reiche, und im Übrigen ergäbe sich dies auch aus der systematischen Stellung innerhalb des Gesetzes. Selbst der Fall des Betriebsbedarfs (aA Schmidt-Futterer/*Blank* § 577a Rn 16) sei nicht als dem Eigenbedarf im Grunde weitgehend entspr Sachverhaltskonstellation anzusehen, da er eine andere Zielrichtung aufweise.

E. Abweichende Regelungen. Gem § 577a III handelt es sich hier um eine zu Gunsten des Mieters zwingende Regelung.

F. Übergangsbestimmungen. Das neue Recht gilt dann nicht für Verwertungskündigungen, wenn die Veräußerung des vermieteten und umgewandelten Wohnungseigentums vor Inkrafttreten des Mietrechtsreformgesetzes erfolgte und die Wohnung nach altem Recht mangels Lage in einem Gefährdungsgebiet nicht einer Sperrfrist unterlag (vgl Müller/Walther/*Krenek* § 577a Rn 32).
Ein am 1.9.01 bereits verstrichener Teil einer einfachen oder erweiterten Sperrfrist wird auf die Frist nach § 577a angerechnet.

Untertitel 3 Mietverhältnisse über andere Sachen

§ 578 Mietverhältnisse über Grundstücke und Räume

(1) Auf Mietverhältnisse über Grundstücke sind die Vorschriften der §§ 550, 562 bis 562d, 566 bis 567b sowie 570 entsprechend anzuwenden.
(2) ¹Auf Mietverhältnisse über Räume, die keine Wohnräume sind, sind die in Absatz 1 genannten Vorschriften sowie § 552 Abs. 1, § 554 Abs. 1 bis 4 und § 569 Abs. 2 entsprechend anzuwenden. ²Sind die Räume zum Aufenthalt von Menschen bestimmt, so gilt außerdem § 569 Abs. 1 entsprechend.

A. Grundsätzliches. Für Mietverhältnisse über Grundstücke und Räume gelten die allgemeinen Vorschriften für Mietverhältnisse (§§ 535–548). Da der Gesetzgeber daran anschließend das Wohnraummietrecht einer eingehenden Regelung unterzogen hat, bedurfte es der Verweisungsvorschrift des § 578. Ergänzt wird das Mietrecht für Grundstücke und Räume durch §§ 579–580. Die entspr Anwendung hat zur Folge, dass die von § 578 in Bezug genommenen Vorschriften auch dann anzuwenden sind, wenn dort das Wort Wohnraum verwendet wird (Palandt/*Weidenkaff* § 578 Rn 1).

B. Bedeutung der nicht in Bezug genommenen Vorschriften. I. Entspr Anwendung und Heranziehung des Rechtsgedankens nicht genannter Vorschriften. Dass die entspr Anwendung mehrerer Vorschriften nicht vorgesehen ist, schließt eine analoge Anwendung oder die Heranziehung des Rechtsgedankens dieser Vorschriften nicht aus. Das ist dadurch gerechtfertigt, dass gerade die Geschäftsraummiete keine ihrer praktischen Bedeutung entspr Regelung erfahren hat (*Schmid* GE 01, 1025). Ob man dabei rechtstheoretisch eine Analogie trotz fehlender Verweisung vornimmt oder den Rechtsgedanken über § 242 heranzieht, macht in der Praxis keinen Unterschied.

3 Das gilt vor allem für Regelungen, die Ausdruck eines allgemeinen Rechtsgedankens sind. So wird wohl niemand auf die Idee kommen, es einem Gewerberaummieter zuzumuten, völlig überhöhte und unwirtschaftliche Betriebskosten zu bezahlen, weil § 556 III 1 Hs 2 und § 560 V in § 578 nicht erwähnt sind. Es ist für jede Einzelregelung zu untersuchen, ob die Vorschrift speziell wohnungsmietrechtlichen Charakter hat, was eine Analogie ausschließt oder ob es sich um eine allgemeine Regelung handelt, deren Anwendung auch bei Nichtwohnraummietverhältnissen zu sachgerechten Ergebnissen führt, was eine entspr Anwendung begründet (*Schmid* GE 01, 1026). Nicht entspr angewendet werden können Regelungen, nach denen abw Vereinbarungen zum Nachteil des Mieters nicht zulässig sind, da es sich dabei um Schutzvorschriften speziell zu Gunsten von Wohnraummietern handelt.

4 **II. Leitbildfunktion bei der Verwendung Allgemeiner Geschäftsbedingungen.** Den für Wohnraum geltenden Vorschriften kommt auch für Nichtwohnraummietverhältnisse eine gewisse Leitbildfunktion iSd § 307 II Nr 1 zu. Dabei ist zu berücksichtigen, dass der Wohnraummieter nach Auffassung des Gesetzgebers schutzbedürftiger ist als der Geschäftsraummieter. Was in einem Wohnraummietvertrag vereinbart werden kann, stellt deshalb in einem Geschäftsraummietvertrag idR keine unangemessene Benachteiligung des Mieters dar. Umgekehrt ist bei einer Heranziehung von Regelungen für Wohnraummietverhältnisse im Rahmen von § 307 II Nr 1 stets zu prüfen, ob die Regelung nicht gerade in den Besonderheiten des Wohnraummietrechts ihren Grund hat und deshalb für die Geschäftsraummiete keine Leitbildfunktion entwickeln kann.

5 **III. Auslegungshilfe.** Die für Wohnraummietverhältnisse geltenden Vorschriften können auch zur Auslegung vertraglicher Regelungen in Geschäftsraummietverträgen herangezogen werden (vgl Ddorf DWW 00, 194 ff).

§ 578 a Mietverhältnisse über eingetragene Schiffe

(1) Die Vorschriften der §§ 566, 566 a, 566 e bis 567 b gelten im Falle der Veräußerung oder Belastung eines im Schiffsregister eingetragenen Schiffs entsprechend.
(2) ¹Eine Verfügung, die der Vermieter vor dem Übergang des Eigentums über die Miete getroffen hat, die auf die Zeit der Berechtigung des Erwerbers entfällt, ist dem Erwerber gegenüber wirksam. ²Das Gleiche gilt für ein Rechtsgeschäft, das zwischen dem Mieter und dem Vermieter über die Mietforderung vorgenommen wird, insbesondere die Entrichtung der Miete; ein Rechtsgeschäft, das nach dem Übergang des Eigentums vorgenommen wird, ist jedoch unwirksam, wenn der Mieter bei der Vornahme des Rechtsgeschäfts von dem Übergang des Eigentums Kenntnis hat. ³§ 566 d gilt entsprechend.

1 Auf eingetragene Schiffe sind die Vorschriften, die für die Veräußerung von Wohnungen gelten, modifiziert anwendbar. Voraussetzung ist das Bestehen eines Mietverhältnisses.
2 Die Vorschrift ist nach § 98 LuftfzRG auf eingetragene Luftfahrzeuge entspr anwendbar.

§ 579 Fälligkeit der Miete

(1) ¹Die Miete für ein Grundstück, ein im Schiffsregister eingetragenes Schiff und für bewegliche Sachen ist am Ende der Mietzeit zu entrichten. ²Ist die Miete nach Zeitabschnitten bemessen, so ist sie nach Ablauf der einzelnen Zeitabschnitte zu entrichten. ³Die Miete für ein Grundstück ist, sofern sie nicht nach kürzeren Zeitabschnitten bemessen ist, jeweils nach Ablauf eines Kalendervierteljahres am ersten Werktag des folgenden Monats zu entrichten.
(2) Für Mietverhältnisse über Räume gilt § 556 b Abs. 1 entsprechend.

1 **A. Grundsätzliches.** § 579 I enthält eine Ausnahme von § 556 b I. Jedoch verbleibt es nach II für Mietverhältnisse über Räume bei der Regelung des § 556 b I. Die Regelung ist abdingbar. Eine Übergangsregelung für Mietverhältnisse, die am 1.9.01 bereits bestanden, enthält Art 229 § 3 I Nr 7 EGBGB (s hierzu Schmid/*Harz* KK-MietR § 579 b Rn 3 ff).

2 **B. Fälligkeit der Miete.** Zum Zeitabschnitt s bei § 556 b. Zum Werktag s bei § 193.

§ 580 Außerordentliche Kündigung bei Tod des Mieters

Stirbt der Mieter, so ist sowohl der Erbe als auch der Vermieter berechtigt, das Mietverhältnis innerhalb eines Monats, nachdem sie vom Tod des Mieters Kenntnis erlangt haben, außerordentlich mit der gesetzlichen Frist zu kündigen.

1 **A. Anwendungsbereich.** Die Vorschrift gilt für alle Mietverhältnisse mit Ausnahme der Mietverhältnisse über Wohnraum (s hierfür §§ 563 ff). Für Fälle, in denen der Mieter vor dem 1.9.01 verstarb, s Art 229 § 3 I Nr 5 EGBGB.

B. Kündigungsrecht. I. Voraussetzungen. Die Vorschrift gilt für den Tod einer natürlichen Person und ist 2
auf juristische Personen und Gesellschaften nicht anwendbar (Schmid/*Harz* KK-MietR § 580 Rn 4 ff). Zur
Lage beim Tod eines von mehreren Mietern s § 564.

II. Kündigungsberechtigte. Die Kündigung kann sowohl durch den Erben als auch durch den Vermieter 3
erfolgen. Die Kündigung kann auch vom Nachlasspfleger, Nachlassverwalter, Testamentsvollstrecker oder
Insolvenzverwalter ausgesprochen werden (Palandt/*Weidenkaff* § 580 Rn 7).

III. Ausübungsfrist. Die Ausübung des Kündigungsrechts ist befristet. Nach dem Gesetzeswortlaut ist für 4
den Fristbeginn nur die Kenntnis vom Tod des Mieters maßgebend. Nach dem Zweck der Vorschrift muss
jedoch auf Seiten des Erben auch die Kenntnis von der Erbenstellung (Ddorf ZMR 94, 114) und auf Seiten
des Vermieters die Kenntnis von der Person des Erben (Palandt/*Weidenkaff* § 580 Rn 8) hinzutreten.

IV. Kündigungsfrist. Sie ergibt sich aus § 580 a. 5

C. Abdingbarkeit. Die Vorschrift ist abdingbar (MüKo/*Artz* § 580 Rn 3). 6

§ 580 a Kündigungsfristen

(1) Bei einem Mietverhältnis über Grundstücke, über Räume, die keine Geschäftsräume sind, oder über im
Schiffsregister eingetragene Schiffe ist die ordentliche Kündigung zulässig,
1. wenn die Miete nach Tagen bemessen ist, an jedem Tag zum Ablauf des folgenden Tages;
2. wenn die Miete nach Wochen bemessen ist, spätestens am ersten Werktag einer Woche zum Ablauf des folgenden Sonnabends;
3. wenn die Miete nach Monaten oder längeren Zeitabschnitten bemessen ist, spätestens am dritten Werktag eines Kalendermonats zum Ablauf des übernächsten Monats, bei einem Mietverhältnis über gewerblich genutzte unbebaute Grundstücke oder im Schiffsregister eingetragene Schiffe jedoch nur zum Ablauf eines Kalendervierteljahres.

(2) Bei einem Mietverhältnis über Geschäftsräume ist die ordentliche Kündigung spätestens am dritten Werktag eines Kalendervierteljahres zum Ablauf des nächsten Kalendervierteljahres zulässig.

(3) Bei einem Mietverhältnis über bewegliche Sachen ist die ordentliche Kündigung zulässig,
1. wenn die Miete nach Tagen bemessen ist, an jedem Tag zum Ablauf des folgenden Tages;
2. wenn die Miete nach längeren Zeitabschnitten bemessen ist, spätestens am dritten Tag vor dem Tag, mit dessen Ablauf das Mietverhältnis enden soll.

(4) Absatz 1 Nr. 3, Absatz 2 und 3 Nr. 2 sind auch anzuwenden, wenn ein Mietverhältnis außerordentlich
mit der gesetzlichen Frist gekündigt werden kann.

A. Anwendungsbereich. § 580 a entspricht inhaltlich – und klarstellend BGH ZMR 02, 655 ff – dem § 565 1
I, Ia, IV und V aF. § 580 a legt für die Kündigung beider Vertragsparteien die gesetzlichen Kündigungsfristen
von Mietverhältnissen jeder Art fest, die auf unbestimmte oder (§ 580 a IV) bestimmte Dauer eingegangen
sind, soweit Vertragsgegenstand kein Wohnraum (vgl § 573 c) ist. § 580 a gilt für alle nach dem 31. 8. 01 zugehenden Kündigungen, Art 229 § 3 I Nr 1 EGBGB.

B. Fristberechnung. Kündigungsfrist ist der Mindestzeitraum zwischen Kündigungstag (Zugang der Kündigung) und Kündigungstermin. 2
Fehlt in der eindeutig auf baldige Vertragsbeendigung gerichteten Kündigungserklärung ein bestimmter Kündigungstermin gilt sie zum nächstzulässigen Termin. Dies gilt auch bei Angabe eines unrichtigen Kündigungstermins, zumindest bei einer verhältnismäßig geringfügigen Verschiebung (Frankf NJW-RR 90, 337).
Es gelten die §§ 187 ff. Zur Anwendbarkeit des § 193 ist seit BGH ZMR 05, 695 geklärt, dass bei der Berech- 3
nung der in § 580 a I Nr 3 und II genannten Karenzzeit (Zeit bis zum dritten Werktag des Monats, bis zu der
Kündigungszugang noch erfolgen kann) ein in der Karenzzeit liegender Samstag mitzuzählen ist. Anderes gilt
nur, wenn der letzte Tag der Karenzfrist auf einen Samstag fällt. Die früher hM, nach der ein innerhalb der
Karenzzeit liegender Samstag bei der Fristberechnung nicht berücksichtigt wurde (Schmidt-Futterer/*Blank*
§ 580 a Rn 12; MüKo/*Artz* § 580 a Rn 3; Staud/*Rolfs* § 580 Rn 25, 35), ist überholt.

C. Abweichende Vereinbarungen. § 580 a ist abdingbar (BGH ZMR 00, 593); es können längere und kürzere Fristen sowie andere Kündigungstage und -termine bestimmt werden. Für eine auf einen Schriftformmangel nach § 550 gestützte Kündigung gelten Vereinbarungen über eine längere als die gesetzliche 4
Kündigungsfrist nicht, weil die Parteien sonst den durch § 550 bezweckten Schutz durch eine mündliche
Vereinbarung umgehen könnten (BGH ZMR 00, 593).
Ein formularvertraglicher Ausschluss sowie die Verkürzung der Frist zu Lasten des Mieters sind allerdings 5
unzulässig (BGH ZMR 01, 784 = NJW 01, 3480; *Bub* NZM 98, 789). Ein Verstoß gegen wesentliche Grundgedanken des Mietrechts liegt nicht zwingend bereits in der Vereinbarung asymmetrischer Fristen, aber ein Ver-

stoß gegen § 307 ist anzunehmen, wenn sich der eine Vertragsteil bei einer für den anderen Teil festen Vertragslaufzeit von 30 oder mindestens 10 Jahren ein Kündigungsrecht von sechs Monaten vorbehalten hat (Hburg NJW-RR 92, 74 = ZMR 91, 476; Hamm ZMR 88, 386) oder aufgrund sonstiger grober Diskrepanzen der Vertragspartner einseitig unangemessen benachteiligt ist (BGH ZMR 01, 784).

6 **D. Einzelne Kündigungsfristen. I. Grundstücks- und Raummiete.** § 580 a I differenziert nach dem Vertragsgegenstand und der Bemessung der Miete.

7 **1. Vertragsgegenstand.** § 580 a I erfasst nicht bebaute Grundstücke, Grundstücks- und Gebäudeteile sowie Gebäude und Räume, letztere jedoch nur, wenn sie weder als Geschäftsräume (dann gilt § 580 a II) noch zu Wohnzwecken (dann gilt § 573 c) vermietet sind.

8 **Grundstücke** sind abgegrenzte, im Grundbuch unter einer bestimmten Nummer eingetragene Teile der Erdoberfläche; hierunter fallen auch Grundstücks- oder Gebäudeteile (zB Schaufenster und Dachflächen), soweit diese nicht zur Raummiete zählen.

9 Bebaute Grundstücke fallen, soweit das Bauwerk mitvermietet ist, gem § 580 a I idR unter den Begriff „Räume", wenn das Gebäude weder geschäftlich noch zu Wohnzwecken genutzt wird. Erfasst werden bei der Grundstücksmiete primär die nicht mit einem Geschäftshaus bebauten Grundstücke (Garten- und Waldstücke, Teiche sowie Lagerplätze).

10 Unter „Raum, der kein Geschäftsraum ist" (§ 580 a I) wird ein allseits mit Wand, Fußboden und Decke umfasster Teil eines Gebäudes, in dem sich ein Mensch aufhalten kann, verstanden (Staud/*Rolfs* § 580 a Rn 17), der weder geschäftlich noch zu Wohnzwecken vermietet ist. Nicht erforderlich ist, dass das Gebäudeteil vollständig abgeschlossen ist oder dass der gesamte Raum vermietet ist. Raummiete ist auch zu bejahen, wenn ein ganzes Gebäude vermietet ist (privat genutzte Garagen, Werkstätten, Lagerräume, gemeinnützigen Zwecken dienende Hallen). Keine Räume sind (Dach-)Terrassen oder Balkone sowie Innenräume beweglicher Sachen (zB in Wohnwagen, Schiffen oder Bürocontainern; hier gilt § 580 a II)I.

11 **2. Kündigungsfrist.** Sie ist abhängig von der Bemessung der Miete, dh den Zeiträumen, nach denen sich die Mietberechnung bestimmt; Absprachen über Zahlungs- und Fälligkeitsintervalle sind ohne Bedeutung. Bei einer nach Tagen bestimmten Miete kann nach § 580 a I Nr 1 an jedem Tag – auch einem Sams-, Sonn- oder Feiertag – zum Ablauf des folgenden Tages gekündigt werden; § 193 gilt nicht. Er setzt eine aus mehreren Tagen bestehende Frist voraus. Bei einer nach Wochen bemessenen Frist muss die Kündigung gem § 580 a I Nr 2 am ersten Werktag (Montag, es sei denn dieser ist Feiertag) einer Woche zugehen, um das Mietverhältnis am darauf folgenden Samstag zu beenden. Ansonsten muss die Kündigung nach § 580 a I Nr 3 am dritten Werktag eines Monats (Karenzzeit, so Rn3) zugehen, um das Mietverhältnis mit dem Ablauf des übernächsten Monats zu beenden.

12 Einen abw Kündigungstermin bestimmt § 580 a I Nr 3 für gewerblich genutzte unbebaute Grundstücke und im Register eingetragene Schiffe: Kündigung ist immer nur zum Ablauf eines Kalendervierteljahres zulässig.

13 **II. Geschäftsraummiete.** Unter § 580 a II fallen Räume, die zu geschäftlichen Zwecken vermietet sind, dh alle vom Mieter zu Erwerbszwecken angemieteten Räume, unabhängig davon, ob eine gewerbliche, freiberufliche oder sonstige berufliche, auch unselbstständige oder kaufmännische Tätigkeit ausgeübt wird. Dazu zählen durch Ärzte, Rechtsanwälte oder Steuerberater oder als angestellten Handelsvertreter angemietete Büroräume, Werkstätten und Lagerhallen.

14 Die Kündigungsfrist beträgt sechs Monate abzgl der Karenzzeit von 3 Werktagen. Die Kündigung kann nur zum Quartalsende, mithin zum 31. 3., 30. 6., 30. 9. und 31. 12. eines jeden Jahres erklärt werden. Die Bemessung der Miete ist für die Kündigungsfrist unerheblich.

15 **III. Miete beweglicher Sachen.** § 580 a II betrifft sämtliche beweglichen Sachen iSd § 90, die nicht Grundstücksbestandteil sind, dh auch Scheinbestandteile und Grundstückszubehör nach §§ 95, 97 sowie Luftfahrzeuge und Schiffe (wenn nicht im Register eingetragen) sowie die Innenräume beweglicher Sachen. § 580 a II gilt analog über § 90 a für die Miete von Tieren. Die Kündigungsfrist richtet sich nach der Bemessung der Miete, wie in § 580 a I. Ist die Miete nach längeren Zeitabschnitten bemessen, beträgt die Kündigungsfrist mindestens drei Tage.

16 **IV. Außerordentliche Kündigung.** § 580 a IV betrifft die gesetzlich geregelten Fälle, in denen ein Mietverhältnis außerordentlich unter Einhaltung der gesetzlichen Kündigungsfrist gekündigt werden kann, nämlich §§ 540, 544, 580, 1056 sowie §§ 109, 111 InsO, § 57 a ZVG. Ohne Bedeutung ist es gem § 572, wenn auflösende Bedingung noch nicht eingetreten ist. Dies ist wichtig für Mietverhältnis auf unbestimmte Zeit mit längerer als der gesetzlichen Kündigungsfrist.

17 § 580 a IV verweist auf I Nr 3, II und III Nr 2. Es gilt so die längste der in Bezug genommenen Kündigungsfristen. Die frühere Streitfrage zur gesetzlichen (Sonder-)Kündigungsfrist bei Geschäftsraummietverhältnissen (vgl BGH NJW 02, 2562) ist gegenstandslos geworden.

18 § 580 a IV ist nicht abdingbar, soweit die Vorschrift, aus der sich das außerordentliche Kündigungsrecht ergibt, zwingend ist.

Untertitel 4 Pachtvertrag

§ 581 Vertragstypische Pflichten beim Pachtvertrag

(1) ¹Durch den Pachtvertrag wird der Verpächter verpflichtet, dem Pächter den Gebrauch des verpachteten Gegenstands und den Genuss der Früchte, soweit sie nach den Regeln einer ordnungsmäßigen Wirtschaft als Ertrag anzusehen sind, während der Pachtzeit zu gewähren. ²Der Pächter ist verpflichtet, dem Verpächter die vereinbarte Pacht zu entrichten.
(2) Auf den Pachtvertrag mit Ausnahme des Landpachtvertrags sind, soweit sich nicht aus den §§ 582 bis 584 b etwas anderes ergibt, die Vorschriften über den Mietvertrag entsprechend anzuwenden.

A. Vertragstypische Pflichten des Verpächters, § 581 I 1. I. Gebrauchsgewährung. Ist bei Sachen ist ein typisches, aber kein unabdingbares Merkmal des Pachtvertrages über Sachen. 1

II. Die Fruchtziehung. Die Fruchtziehung bestimmt sich nach dem Pachtgegenstand iVm mit § 99 (Sachfrüchte, Rechtsfrüchte). Der Verpächter ist nur zur Gewährung der Fruchtziehung in den Grenzen ordnungsgemäßer Wirtschaft verpflichtet, er schuldet die Geeignetheit des Pachtobjektes zur Fruchtziehung – auch wenn diese ggf unwirtschaftlich ist. Greift der Verpächter allerdings in das unternehmerische Risiko ein, kann er ausnahmsweise gehalten sein, die Pacht zu senken (BGH MDR 77, 833: Kantine mit festen Preisen). Der dingliche Erwerb des Pächters an den Sachfrüchten erfolgt durch im Pachtvertrag antizipierte Aneignungsgestattung gem § 956. Der Pächter wird mit Trennung der Früchte Eigentümer. Das Pendant zur Aneignungsgestattung ist bei Rechtspacht die Einziehungsermächtigung. Hinzu kommen diverse Nebenpflichten (§ 241 II) wie Obhuts-, Verkehrs- und Fürsorgepflichten bis hin zum Schutz des Pächters vor Wettbewerb durch den Verpächter oder andere seiner Pächter. Insoweit gilt das zur gewerblichen Miete (§ 578) Gesagte entspr. Auch Verpachtung ist Nutzungsüberlassung auf Zeit (BGH MDR 03, 758). 2

B. Vertragstypische Pflichten des Pächters. I. Zahlungsverpflichtung. Die Pacht kann wie Miete als bestimmter Betrag geschuldet sein oder als Bruchteil des Umsatzes oder Ertrages des Pächters. 3

1. Höhe. Eine sittenwidrig überhöhte Pacht wird bei einem auffälligen Missverhältnis zwischen Leistung des Verpächters und vereinbarter Pacht bejaht, wenn dieses dem Verpächter erkennbar war (BGH ZMR 01, 788). Der Pächter trägt bei entspr Vereinbarung auch die anfallenden Nebenkosten. Eine erzwingbare Veränderung der Pachthöhe sieht das allgemeine Pachtrecht – im Gegensatz zu § 593 – nicht vor. 4

2. Kaution. Auch eine vor Übergabe fällige Pachtkaution (Ddorf ZMR 95, 465 zur Gewerbemiete) kann vereinbart werden. 5

3. Andersartige Gegenleistung. Nicht jede Gegenleistung kann aber als Pacht qualifiziert werden; dies gilt insbes bei gemischten Verträgen, in denen eine Dienst- oder Werkleistung geschuldet wird. 6

4. Fälligkeit. Die Fälligkeit der Pacht ergibt sich aus den §§ 579, 581 II; nur bei Raumpacht wird gem den §§ 556 b I, 579 II, 581 II die frühere Fälligkeit aus dem Wohnraummietrecht angenommen. 7

II. Betriebspflicht. Der Pächter ist im Regelfall nicht kraft Gesetzes zur Nutzung oder dem Betrieb des Pachtobjektes verpflichtet (nur bei Landpacht gilt § 586 I 3). Selbst die Vereinbarung einer Umsatzpacht soll keine Betriebspflicht begründen (BGH NJW 79, 2351; weitere Nachweise bei *Michalski* ZMR 96, 527). Dies lässt sich damit begründen, dass dem Verpächter analog § 162 I oder nach den Grundsätzen ergänzender Vertragsauslegung eine am bei ordnungsgemäßer Betriebsführung entstehenden Umsatz orientierte Pacht berechnet werden kann. Anderes dürfte jedoch bei Pachtverträgen in Einkaufszentren gelten (LG Hannover ZMR 93, 280; *Leo* ZMR 03, 389; *Eusani* ZMR 03, 480). Im Regelfall bedarf es einer entspr – auch konkludent möglichen (vgl BGH NJW 88, 703) – vertraglichen Vereinbarung (Ddorf ZMR 04, 508) zur Begründung der Betriebspflicht. Ausnahmen hiervon werden insbes bei der Unternehmenspacht anzuerkennen sein wegen der drohenden Vernichtung des „Goodwill" des Betriebes. 8

III. Grenzen der vertragsgemäßen Nutzung. Der Pächter muss bei der Fruchtziehung die Regeln einer ordnungsgemäßen Wirtschaft einhalten. Anderenfalls kann der Verpächter Unterlassung (§§ 581 II, 541) und ggf Schadensersatz verlangen oder kündigen (§§ 581 II, 543 III). 9

C. Umfang des anwendbaren Mietrechts, § 581 II. Es gelten – soweit nicht die §§ 582–584 b Sonderregelungen enthalten – die allgemeinen Vorschriften für Mietverhältnisse (§§ 535–548) sowie die Vorschriften für Mietverhältnisse über andere Sachen (als Wohnraum), nämlich die §§ 578–580 a; Normen des Wohnraummietrechts kommen teilweise über die Verweisungsnorm des § 578 zum Tragen. 10

I. Form. So gilt für die Form des Pachtvertrages nicht § 585 a, sondern § 550 über §§ 581 II, 578, wenn Pachtobjekt ein Grundstück oder Räume sind, während die Pachtkaution sich zwar nach mietrechtlichen Grundsätzen beurteilt, die speziell Wohnraummiete betreffende Fälligkeitsregel des § 551 jedoch nicht ein- 11 greift. Den Betriebspachtvertrag definiert § 292 I Nr 3 AktG, die Schriftform schreibt § 293 III AktG vor. Nach § 125 S 1 führt der Formverstoß, anders als bei § 550, zur Vertragsnichtigkeit. Gem den §§ 293 I, 295 I 1 AktG bedarf die Verpachtung einer Dreiviertel-Mehrheit der AG als Verpächter beim Beschluss der Hauptversammlung. Erst mit Eintragung in das Handelsregister nach § 294 II AktG wird der Vertrag wirksam.

12 **II. Unterpacht.** § 540 wird durch § 584a hinsichtlich des Pächterkündigungsrechts bei Verweigerung der Unterverpachterlaubnis ausgeschlossen (vgl § 589 für die Landpacht).

13 **III. Verpächterpfandrecht gem §§ 581 II, 562 ff, 578.** Es gilt für alle Pachtverträge, deren Gegenstand (auch) Grundstücke oder Räume sind. Analog § 562 a S 2 erlischt das Pfandrecht, wenn die Entfernung der Sache vom/aus dem Pachtgegenstand ordnungsgemäßer Wirtschaftsführung entspricht.

14 **IV. Kündigung des Pachtvertrages. 1. Außerordentliche fristlose Kündigung.** Die Voraussetzungen folgen aus den §§ 581 II, 543 und ggf § 569.

15 **2. Außerordentliche Kündigung mit gesetzlicher Frist.** Diese ist gem §§ 581 II, 544, 580 möglich.

16 **3. Ordentliche Kündigung.** Für die Rechts- und Grundstückspacht gilt § 584; im Übrigen gelten für bewegliche Sachen die §§ 580 a III, 581 II.

17 **V. Beendigung und Verlängerung des Pachtvertrages. 1. Pachtaufhebungsvertrag.** Er ist formlos möglich.

18 **2. Zeitablauf.** Nach §§ 581 II, 542 II endet ein auf bestimmte Zeit eingegangenes Pachtverhältnis durch Zeitablauf.

19 **3. Verlängerung.** Gem §§ 545, 581 II verlängert sich auch ein Pachtvertrag durch widerspruchslose Gebrauchsfortsetzung seitens des Pächters.

20 **VI. Rückgabe des Pachtobjektes.** Nur hinsichtlich des Inventars enthält § 582a III eine Sonderregelung; im Übrigen gelten die §§ 584 II, 546. Für den Fall der verspäteten Rückgabe verdrängt § 584 b den § 546 a. Der Rückgabeanspruch richtet sich nicht nur auf das Pachtobjekt, sondern erfasst bei der Betriebspacht auch für den Betrieb bedeutsame Forderungen (vgl Nürnbg, NJW-RR 97, 737 für Telefonnummer).

§ 582 Erhaltung des Inventars

(1) Wird ein Grundstück mit Inventar verpachtet, so obliegt dem Pächter die Erhaltung der einzelnen Inventarstücke.
(2) ¹Der Verpächter ist verpflichtet, Inventarstücke zu ersetzen, die infolge eines vom Pächter nicht zu vertretenden Umstands in Abgang kommen. ²Der Pächter hat jedoch den gewöhnlichen Abgang der zum Inventar gehörenden Tiere insoweit zu ersetzen, als dies einer ordnungsmäßigen Wirtschaft entspricht.

1 **A. Allgemeines. I. Normzweck.** Wegen der ggü dem Mietrecht anderen Interessenlage trifft die Erhaltungspflicht bzgl des Inventars den Pächter.

2 **II. Anwendungsbereich.** Die §§ 582–583 a gelten für jede Art von Grundstückspacht inkl Landpacht sowie analog für die Unternehmenspacht, jedenfalls soweit Inventar mitverpachtet ist.

3 **III. Begriff.** Inventar ist die Gesamtheit der im räumlichen Verhältnis zum Pachtgrundstück stehenden, zur zweckbestimmungsgemäßen Betriebsführung des Pachtgrundstückes dienenden beweglichen Sachen.

4 **B. Erhaltungspflicht.** § 582 I weicht von den §§ 581 II, 535 I 2 ab. Den Pächter trifft die Instandsetzungs- und Instandhaltungspflicht. Erforderlichenfalls sind von ihm Verschleißteile der Inventarstücke zu ersetzen/zu erneuern, wenn kein Fall des § 582 II gegeben ist.

5 **C. Ersatzpflicht.** Gem § 582 II 1 sind vom Verpächter „in Abgang gekommene" Inventarstücke zu ersetzen. Hierbei kommt es auf die wirtschaftliche Betrachtung bzw die Verkehrsanschauung der beteiligten Wirtschaftskreise an. Die Erneuerung wesentlicher Teile des Inventars fällt grds nicht unter die Erhaltungspflicht des Pächters (Bsp: Austauschmotor bei Fahrzeug im Gegensatz zu Bereifung und Bremsbelagwechsel). Gem § 582 II 2 trifft den Pächter die Verpflichtung aus dem natürlichen Wechsel im Tierbestand.

6 **D. Pflichtverletzung des Pächters.** In diesem Fall muss der Pächter bereits während der Pachtzeit Ersatz beschaffen, ggf unter Vorteilsanrechnung, wenn das Inventar auch ohne Pflichtverletzung des Pächters in absehbarer Zeit vom Verpächter nach § 582 II 1 zu ersetzen wäre.

7 **E. Eigentumslage.** Die vom Pächter angeschafften Ersatzstücke gehen mit Eingliederung entweder schon gem § 947 II, jedenfalls aber nach § 930 (Besitzkonstitut) in das Eigentum des Verpächters über.

8 **F. Abdingbarkeit.** Abdingbarkeit ist in vollem Umfange gegeben.

§ 582 a Inventarübernahme zum Schätzwert

(1) ¹Übernimmt der Pächter eines Grundstücks das Inventar zum Schätzwert mit der Verpflichtung, es bei Beendigung des Pachtverhältnisses zum Schätzwert zurückzugewähren, so trägt er die Gefahr des zufälligen Untergangs und der zufälligen Verschlechterung des Inventars. ²Innerhalb der Grenzen einer ordnungsmäßigen Wirtschaft kann er über die einzelnen Inventarstücke verfügen.
(2) ¹Der Pächter hat das Inventar in dem Zustand zu erhalten und in dem Umfang laufend zu ersetzen, der den Regeln einer ordnungsmäßigen Wirtschaft entspricht. ²Die von ihm angeschafften Stücke werden mit der Einverleibung in das Inventar Eigentum des Verpächters.
(3) ¹Bei Beendigung des Pachtverhältnisses hat der Pächter das vorhandene Inventar dem Verpächter zurückzugewähren. ²Der Verpächter kann die Übernahme derjenigen von dem Pächter angeschafften Inventarstücke ablehnen, welche nach den Regeln einer ordnungsmäßigen Wirtschaft für das Grundstück überflüssig oder zu wertvoll sind; mit der Ablehnung geht das Eigentum an den abgelehnten Stücken auf den Pächter über. ³Besteht zwischen dem Gesamtschätzwert des übernommenen und dem des zurückzugewährenden Inventars ein Unterschied, so ist dieser in Geld auszugleichen. ⁴Den Schätzwerten sind die Preise im Zeitpunkt der Beendigung des Pachtverhältnisses zugrunde zu legen.

A. Allgemeines. I. Normzweck. Der Verpächter soll bei Vertragsende einen funktionsfähigen Betrieb zurückerhalten. 1

II. Anwendungsbereich. Wie § 582. 2

B. Gefahrtragung, § 582 a I 1. Ab Besitzerhalt bis längstens zur tatsächlichen Rückgewähr des Inventars oder Annahmeverzug des Verpächters haftet der Pächter für unverschuldete zufällige Verschlechterung bzw sogar den Untergang des überlassenen Inventars. 3

C. Verfügungsbefugnis des Pächters, § 582 a I 2. Der Pächter hat eine gesetzliche Verfügungsbefugnis über fremdes Eigentum (idR des Verpächters) bis zum Vertragsende; dies gilt auch für eine evtl Prozessführung. Der Pächter kann so lange Inventargegenstände veräußern und neue anschaffen. 4

D. Erhaltungspflicht, § 582 a II. Über § 582 I hinaus ist hier vom Pächter nicht nur ein Ist-Zustand zu perpetuieren, sondern nach den Grundsätzen ordnungsmäßiger Wirtschaftsführung das Inventar in funktionsfähigem Zustand zu erhalten und ggf zu modernisieren, soweit nichts abw im Pachtvertrag vereinbart ist. 5

E. Rückgewähr durch den Pächter, § 582 a III 1. Hierbei handelt es sich um einen reinen Realakt, da der Verpächter – ggf durch Surrogation – bereits oder noch Eigentümer der einzelnen Inventarstücke ist. Die Bringschuld ist auf dem Pachtgrundstück zu erfüllen. Gem § 582 a III 2 besteht ein Ablehnungsrecht des Verpächters, wenn (noch) bei Vertragsende Inventarstücke als überflüssig oder zu teuer, gemessen am objektiven Maßstab ordnungsmäßiger Wirtschaftsführung, anzusehen sind. 6

F. Wertausgleich in Geld durch den Verpächter, § 582 a III 3. In Höhe der positiven Differenz zwischen dem Schätzwert des Inventars bei Vertragsende und Vertragsbeginn ist ein Wertausgleich in Geld vom Verpächter an den Pächter vorzunehmen. Bei Eigentumswechsel während der Pachtzeit (§§ 566, 581 II) gilt die Fälligkeitstheorie. Gem § 582 a III 4 sind für die Bestimmung auch des Anfangswertes die Preise bei Pachtende zugrunde zu legen, dh es hat eine Berechnung ähnlich der beim Zugewinnausgleich zu erfolgen. Es muss eine Umrechnung des Wertes bei Pachtbeginn auf den entspr Wert bei Pachtende vor dem Hintergrund der Veränderungen der Kaufkraft erfolgen. 7

G. Abdingbarkeit. Abdingbarkeit ist uneingeschränkt gegeben. Wird ein Vertrag mit Inventarübernahme zum Schätzwert geschlossen, gilt das Prinzip der dinglichen Surrogation nicht zwingend (wie hier MüKo/*Harke* § 582 a Rn 9; aA Soergel/*Heintzmann* § 582 a Rn 26). 8

§ 583 Pächterpfandrecht am Inventar

(1) Dem Pächter eines Grundstücks steht für die Forderungen gegen den Verpächter, die sich auf das mitgepachtete Inventar beziehen, ein Pfandrecht an den in seinen Besitz gelangten Inventarstücken zu.
(2) ¹Der Verpächter kann die Geltendmachung des Pfandrechts des Pächters durch Sicherheitsleistung abwenden. ²Er kann jedes einzelne Inventarstück dadurch von dem Pfandrecht befreien, dass er in Höhe des Wertes Sicherheit leistet.

A. Allgemeines. I. Normzweck. Der Pächter soll durch ein Besitzpfandrecht gesichert werden für evtl Forderungen ggü dem Verpächter. 1

II. Anwendungsbereich. Die Regelung gilt für Grundstücks- und Landpacht (vgl § 585 II). 2

B. Voraussetzung des Pächterpfandrechts. Es genügt das Bestehen einer Forderung des Pächters zB auf Kautionsrückzahlung, wegen Mängeln des Inventars oder ein Ergänzungsanspruch nach § 582 II; nicht erforderlich ist das Eigentum des Verpächters am überlassenen Inventar. 3

4   **C. Rechtsfolge.** S § 1257 iVm §§ 1210 f (Pfandrechtsverhältnis), 1233 f (Verwertung).

5   **D. Zurückbehaltungsrecht.** Neben dem Pfandrecht besteht auch ein Zurückbehaltungsrecht gem § 273 auf Seiten des Pächters am Inventar.

6   **E. Abwendungsrecht, § 583 II.** Hier gilt das zu § 562 c Gesagte entspr. Das Abwendungsrecht kann auch Dritten (weiteren Pfandgläubigern) zustehen. Es kann vom Berechtigten auf einzelne ausgewählte Inventarstücke beschränkt werden.

§ 583 a Verfügungsbeschränkungen bei Inventar

Vertragsbestimmungen, die den Pächter eines Betriebs verpflichten, nicht oder nicht ohne Einwilligung des Verpächters über Inventarstücke zu verfügen oder Inventar an den Verpächter zu veräußern, sind nur wirksam, wenn sich der Verpächter verpflichtet, das Inventar bei der Beendigung des Pachtverhältnisses zum Schätzwert zu erwerben.

1   **A. Allgemeines. I. Normzweck.** § 583 a will die Schlechterstellung des Pächters, der Inventar zu Eigentum hat, abmildern. Ist der Verpächter nicht bereit, das Inventar des Pächters bei Vertragsende zum Schätzwert zu übernehmen, kann der Pächter hierüber verfügen, zB iRe Kreditsicherung.

2   **II. Anwendungsbereich.** Nur bei Unternehmens- bzw (auch landwirtschaftlicher, § 585 II) Betriebspacht.

3   **B. Voraussetzungen.** § 583 a zählt die ohne Übernahmeverpflichtung unwirksamen Klauseln nicht abschließend auf (MüKo/*Harke* § 583 a Rn 2). Auf eine Umgehungsabsicht kommt es nicht an, wenn entspr Verfügungsbeschränkungen vereinbart werden.

4   **C. Rechtsfolgen bei fehlender oder unzureichender Schätzwertklausel.** Strittig ist, ob § 139 ausgeschlossen ist, dh der Pachtvertrag in jedem Fall im Übrigen ohne das Verfügungsverbot wirksam bleibt (vgl MüKo/ *Harke* § 583 a Rn 1).

5   **D. Abdingbarkeit.** § 583 a ist zugunsten des Pächters zwingend.

§ 584 Kündigungsfrist

(1) Ist bei dem Pachtverhältnis über ein Grundstück oder ein Recht die Pachtzeit nicht bestimmt, so ist die Kündigung nur für den Schluss eines Pachtjahres zulässig; sie hat spätestens am dritten Werktag des halben Jahres zu erfolgen, mit dessen Ablauf die Pacht enden soll.
(2) Dies gilt auch, wenn das Pachtverhältnis außerordentlich mit der gesetzlichen Frist gekündigt werden kann.

1   **A. Allgemeines. I. Normzweck.** Es soll der Tatsache Rechnung getragen werden, dass die Fruchtziehung sich nicht gleichmäßig über das Jahr verteilt.

2   **II. Anwendungsbereich.** § 584 legt die Kündigungsfrist für die Rechtspacht originär fest und ersetzt für die Grundstücks- und Raumpacht die Regelungen des Mietrechts in den §§ 580 a. § 580 a III gilt weiter für Pachtverhältnisse über bewegliche Sachen; § 594 a gilt für die Landpacht.

3   **B. Rechtsfolgen. I. Für die ordentliche Kündigung, § 584 I.** Eine Kündigung eines Grundstückspachtvertrages auf unbestimmte Zeit – dies gilt auch für die Fälle formunwirksamer Verträge nach § 550 – ist nur zum Ablauf des sich aus dem konkreten Vertrag ergebenden Pachtjahres möglich. Ist nichts ausdrücklich geregelt, ist idR der Pachtbeginn auch der Beginn des maßgeblichen Pachtjahres, wenn kein entgegenstehendes Gewohnheitsrecht existiert. Die Kündigungserklärung muss spätestens am 3. Werktag (Samstag ist Werktag, BGH ZMR 2005, 695) des halben Pachtjahres erfolgen, mit dessen Ablauf das Pachtverhältnis enden soll.

4   **II. Für außerordentliche Kündigungen mit gesetzlicher Frist, § 584 II.** Ein solches Recht zur außerordentlichen Kündigung mit gesetzlicher Frist ergibt sich aus den §§ 544, 580 (iVm §§ 584 a II, 1056 II, 2135; §§ 109, 111 InsO, 57 a und c ZVG). § 584 II gilt nicht für die außerordentliche fristlose Kündigung aus wichtigem Grund.

5   **C. Abdingbarkeit.** Abdingbarkeit ist vollen Umfangs gegeben.

§ 584 a Ausschluss bestimmter mietrechtlicher Kündigungsrechte

(1) Dem Pächter steht das in § 540 Abs. 1 bestimmte Kündigungsrecht nicht zu.
(2) Der Verpächter ist nicht berechtigt, das Pachtverhältnis nach § 580 zu kündigen.

1   **A. Allgemeines. I. Normzweck.** Der Pächter soll auch bei Verweigerung der Unterpachterlaubnis durch den Verpächter am Vertrag grds festgehalten werden.

II. Anwendungsbereich. § 584 a gilt für die Pacht von Grundstücken und Räumen sowie die Rechtspacht. 2
Für die Landpacht gilt § 589 (Nutzungsüberlassung an Dritte) sowie bei Tod des Pächters § 594 d.

B. Rechtsfolge. Dem Pächter steht kein Recht zur außerordentlichen Kündigung mit gesetzlicher Frist im 3
Falle des § 540 I zu. Der Verpächter kann sanktionslos dem Pächter die Überlassung des Pachtgegenstandes an Dritte untersagen, da letzterer hierzu gem den §§ 581 II, 540 mangels abw Vertragsregelung idR nicht berechtigt ist. Bei Tod des Pächters schließt § 584 a II das Kündigungsrecht des Verpächters aus. Das Pachtverhältnis wird von den Erben als Universalnachfolgern fortgesetzt. Ein Kündigungsrecht der Erben des Pächters ergibt sich aus den §§ 581 II, 580.

C. Abdingbarkeit. Abdingbarkeit ist gegeben. 4

§ 584 b Verspätete Rückgabe

¹Gibt der Pächter den gepachteten Gegenstand nach der Beendigung des Pachtverhältnisses nicht zurück, so kann der Verpächter für die Dauer der Vorenthaltung als Entschädigung die vereinbarte Pacht nach dem Verhältnis verlangen, in dem die Nutzungen, die der Pächter während dieser Zeit gezogen hat oder hätte ziehen können, zu den Nutzungen des ganzen Pachtjahrs stehen. ²Die Geltendmachung eines weiteren Schadens ist nicht ausgeschlossen.

A. Allgemeines. I. Normzweck. Dem Verpächter soll bei verspäteter Rückgabe ein verschuldensunabhängi- 1
ger Entschädigungsanspruch neben möglichen Schadensersatzansprüchen gewährt werden.

II. Anwendungsbereich. § 584 b gilt für Rechts- und Sachpacht, nicht jedoch für die Landpacht (vgl § 597). 2

B. Voraussetzungen. Beendigung des Pachtverhältnisses und vertragswidrig unterlassene Rückgabe des 3
Pachtobjektes durch den Pächter. Zur Vorenthaltung der Pachtsache gilt das zu § 546 a Gesagte entspr. Die Vorenthaltung setzt kein bewusstes zweckgerichtetes Verhalten des Pächters voraus, ebenso wenig dessen weitere Nutzung. Auf Seiten des Verpächters muss Rücknahmebereitschaft bestehen.

C. Rechtsfolgen. Dem Verpächter steht ein vertraglicher verschuldensunabhängiger Entschädigungsan- 4
spruch zu. Die Höhe der Entschädigung trägt den potentiellen oder tatsächlichen Nutzungsmöglichkeiten des Pächters Rechnung und berücksichtigt die ungleichmäßige Verteilung auf das gesamte Pachtjahr. Ob und welche Nutzungen der Verpächter hätte ziehen können, ist insoweit unerheblich.

D. Anspruchskonkurrenzen. Weitergehende Schadensersatzansprüche bleiben gem § 584 b S 2 ausdrücklich 5
unberührt. Auch Ansprüche aus den §§ 987 f können daneben bestehen, wenn der Verpächter zugleich Eigentümer ist. Auch Bereicherungsansprüche werden nicht ausgeschlossen.

Untertitel 5 Landpachtvertrag

§ 585 Begriff des Landpachtvertrags

(1) ¹Durch den Landpachtvertrag wird ein Grundstück mit den seiner Bewirtschaftung dienenden Wohn- oder Wirtschaftsgebäuden (Betrieb) oder ein Grundstück ohne solche Gebäude überwiegend zur Landwirtschaft verpachtet. ²Landwirtschaft sind die Bodenbewirtschaftung und die mit der Bodennutzung verbundene Tierhaltung, um pflanzliche oder tierische Erzeugnisse zu gewinnen, sowie die gartenbauliche Erzeugung.
(2) Für Landpachtverträge gelten § 581 Abs. 1 und die §§ 582 bis 583 a sowie die nachfolgenden besonderen Vorschriften.
(3) Die Vorschriften über Landpachtverträge gelten auch für Pachtverhältnisse über forstwirtschaftliche Grundstücke, wenn die Grundstücke zur Nutzung in einem überwiegend landwirtschaftlichen Betrieb verpachtet werden.

A. Normzweck. § 585 I 1 definiert den Begriff des Landpachtvertrages sowie des landwirtschaftlichen 1
Betriebes und regelt, auf welche Pachtverträge die §§ 585–597 zusätzlich neben den §§ 581 I und § 582–§ 583 a anzuwenden sind.

B. Landwirtschaft, § 585 I 2. Hierunter fallen insbes Ackerbau, Gartenbau (inkl Baumschulen), Viehhal- 2
tung, Obst- und Weinbau. Fischereipacht ist oft Rechtspacht (BGH NJW-RR 04, 1282).
Str ist die Einordnung der professionellen Imkerei (vgl MüKo/*Harke* § 585 Rn 4). Voraussetzung ist weiter die 3
Absicht, pflanzliche oder tierische Erzeugnisse zu gewinnen. So wird eine Abgrenzung zu Hobbylandwirtschaft und Kleingartenpacht (vgl *Harke* ZMR 04, 87) vorgenommen. Notwendig sind bei Landpacht eine

Gewinnerzielungsabsicht und die Vorstellung, diesen Gewinn zur mindestens teilweisen eigenen Lebensgrundlage zu machen.

4 Mit „überwiegend zur Landwirtschaft" wird in Abgrenzung zur rein gewerblichen Nutzung (zB Pacht zwecks Weiterverpachtung) auf die spezifische Nutzungsart abgestellt, nicht aber auf den vom Pächter verfolgten persönlichen Zweck. Bei Mischnutzung kommt es für die rechtliche Betrachtung auf den Schwerpunkt des Vertrages – beurteilt nach Fläche, Erträgen und Umsätzen – an.

5 **C. Betrieb, § 585 I 1.** Das Gesetz erwähnt nur die sächlichen Bestandteile. Zum Betrieb gehören zusätzlich noch der Faktor Mensch sowie Rechte, Verbindungen, Arbeitsgeräte etc. Der Begriff Grundstück ist hier untechnisch zu verstehen als real abgrenzbarer Teil eines Grundstückes im Rechtssinne (§§ 873 ff).

6 **D. Forstwirtschaftliche Grundstücke, § 585 III.** Hierunter fällt nur die Zupacht von (bewaldeten) Grundstücksflächen – nicht auch eines forstwirtschaftlichen Betriebes –, die iRd landwirtschaftlichen Betriebes genutzt werden sollen. Ein unmittelbarer Bezug zur landwirtschaftlichen Nutzung insgesamt ist nicht zwingend erforderlich.

§ 585 a Form des Landpachtvertrags

Wird der Landpachtvertrag für längere Zeit als zwei Jahre nicht in schriftlicher Form geschlossen, so gilt er für unbestimmte Zeit.

1 **A. Grundsätzliches.** § 585 a entspricht § 550 S 1, wobei die Mindestlaufzeit bei der Pacht auf zwei Jahre ggü der Miete erhöht ist.

2 **B. Normzweck.** Gewollt ist eine Anpassung an die bei formungültigen Verträgen geltende Kündigungsfrist des § 594 a. Eine dem § 550 S 2 entspr Regelung ist nicht notwendig. Durch die Umformulierung der Norm sollte mit dem Mietrechtsreformgesetz auch inhaltlich keine Änderung erfolgen (vgl aber *Ormanschick/Riecke* MDR 02, 247).

3 **C. Folgen des Formmangels.** Ein im Übrigen wirksamer Pachtvertrag läuft auf unbestimmte Zeit.

§ 585 b Beschreibung der Pachtsache

(1) ¹Der Verpächter und der Pächter sollen bei Beginn des Pachtverhältnisses gemeinsam eine Beschreibung der Pachtsache anfertigen, in der ihr Umfang sowie der Zustand, in dem sie sich bei der Überlassung befindet, festgestellt werden. ²Dies gilt für die Beendigung des Pachtverhältnisses entsprechend. ³Die Beschreibung soll mit der Angabe des Tages der Anfertigung versehen werden und ist von beiden Teilen zu unterschreiben.
(2) ¹Weigert sich ein Vertragsteil, bei der Anfertigung einer Beschreibung mitzuwirken, oder ergeben sich bei der Anfertigung Meinungsverschiedenheiten tatsächlicher Art, so kann jeder Vertragsteil verlangen, dass eine Beschreibung durch einen Sachverständigen angefertigt wird, es sei denn, dass seit der Überlassung der Pachtsache mehr als neun Monate oder seit der Beendigung des Pachtverhältnisses mehr als drei Monate verstrichen sind; der Sachverständige wird auf Antrag durch das Landwirtschaftsgericht ernannt. ²Die insoweit entstehenden Kosten trägt jeder Vertragsteil zur Hälfte.
(3) Ist eine Beschreibung der genannten Art angefertigt, so wird im Verhältnis der Vertragsteile zueinander vermutet, dass sie richtig ist.

1 **A. Normzweck.** Die Pachtbeschreibung (§ 585 b I 1) soll Jahre später möglichen Streit über den Zustand des Pachtobjekts bei Vertragsbeginn vermeiden. Entspr gilt für den vertraglich geschuldeten Zustand bei Vertragsende (§§ 585 b I 2, 596). Damit wird es auch leichter möglich sein, ua einen Ausgleichsanspruch nach § 591 zu berechnen.

2 **B. Grundsätzliches.** Wie der als Soll-Vorschrift formulierte § 585 b zeigt, ist die Pachtbeschreibung nicht zwingend geboten. Allerdings kann jeder Vertragspartner gem § 585 b II das Erstellen der Pachtbeschreibung durchsetzen.

3 **C. Gemeinsame Anfertigung und Form der Beschreibung; Richtigkeitsvermutung. I. Form.** Notwendig ist die Schriftform (§§ 585 b I 3 letzter Hs, 126, 126 a); sonst kommt es nicht gem § 585 b III zur Beweislastumkehr. Die Angabe des Datums ist nicht zwingend (Soll-Vorschrift).

4 **II. Inhalt.** Hier können auch Streitpunkte in Einzelbereichen oder einseitige Feststellungen eines Vertragspartners dokumentiert werden. Damit wird klargestellt, dass insoweit die Richtigkeitsvermutung (§ 585 b III) nicht greift.

D. Beschreibung durch Sachverständigen, § 585 b II. Innerhalb der durch Ausschlussfristen gebildeten Zeitfenster (9 Monate ab Beginn bzw 3 Monate nach Beendigung des Vertrages) besteht ein Anspruch auf Erstellung der Beschreibung durch einen vom Landwirtschaftsgericht zu ernennenden Sachverständigen. Voraussetzung ist eine faktische Weigerung des Vertragspartners oder Meinungsverschiedenheiten der Vertragsparteien über tatsächliche (nicht rechtliche) Punkte. 5

E. Abdingbarkeit. Nur § 585 c III ist zwingend. 6

§ 586 Vertragstypische Pflichten beim Landpachtvertrag

(1) ¹Der Verpächter hat die Pachtsache dem Pächter in einem zu der vertragsmäßigen Nutzung geeigneten Zustand zu überlassen und sie während der Pachtzeit in diesem Zustand zu erhalten. ²Der Pächter hat jedoch die gewöhnlichen Ausbesserungen der Pachtsache, insbesondere die der Wohn- und Wirtschaftsgebäude, der Wege, Gräben, Dränungen und Einfriedigungen, auf seine Kosten durchzuführen. ³Er ist zur ordnungsmäßigen Bewirtschaftung der Pachtsache verpflichtet.
(2) Für die Haftung des Verpächters für Sach- und Rechtsmängel der Pachtsache sowie für die Rechte und Pflichten des Pächters wegen solcher Mängel gelten die Vorschriften des § 536 Abs. 1 bis 3 und der §§ 536 a bis 536 d entsprechend.

A. Normzweck. Die Pflichten des Verpächters sind ggü Vermieterpflichten (§ 535 I 2) reduziert wegen der Bewirtschaftungspflicht des Pächters (§ 586 I 3; BGH NJW 89, 1222). 1

B. Regelungsgehalt; Abdingbarkeit. Der Regelungsgehalt hinsichtlich der Mängelrechte entspricht gem § 586 II den mietrechtlichen Vorschriften, wobei lediglich nicht auf deren Unabdingbarkeit (§ 536 IV) verwiesen wird. Bei der Erhaltenspflicht gilt die Besonderheit, dass gewöhnliche Ausbesserungen zu den Pflichten des Pächters gehören (§ 586 I 2); hierunter fallen nicht außergewöhnliche, sondern nur turnusmäßig anfallende Pflege- und Wartungsarbeiten, nicht aber modernisierende Instandsetzungen. 2

C. Sonstige Rechte. Minderung und Schadensersatz (BGH ZMR 93, 151) werden durch § 586 nicht berührt. 3

§ 586 a Lasten der Pachtsache

Der Verpächter hat die auf der Pachtsache ruhenden Lasten zu tragen.

Hier gilt das zu § 535 I 3 Gesagte entspr.

§ 587 Fälligkeit der Pacht; Entrichtung der Pacht bei persönlicher Verhinderung des Pächters

(1) ¹Die Pacht ist am Ende der Pachtzeit zu entrichten. ²Ist die Pacht nach Zeitabschnitten bemessen, so ist sie am ersten Werktag nach dem Ablauf der einzelnen Zeitabschnitte zu entrichten.
(2) ¹Der Pächter wird von der Entrichtung der Pacht nicht dadurch befreit, dass er durch einen in seiner Person liegenden Grund an der Ausübung des ihm zustehenden Nutzungsrechts verhindert ist. ²§ 537 Abs. 1 Satz 2 und Abs. 2 gilt entsprechend.

A. Grundsätzliches; Fälligkeit, § 587 I. Wie die gewöhnliche Pacht (§ 579) ist auch die Landpacht erst nach dem ersten Zeitabschnitt zur Zahlung fällig. Üblicherweise wird allerdings formularvertraglich eine Vorleistung des Landpächters – wie in § 556 b für den Mieter geregelt – vereinbart. 1

B. Persönliche Gründe für Nichtnutzung, § 587 II. Hier gilt dasselbe wie in § 537 im Mietrecht. Zusätzlich kann der berufsunfähige Pächter nach § 594 c ggf kündigen. 2

C. Abdingbarkeit. § 587 ist dispositiv. 3

§ 588 Maßnahmen zur Erhaltung oder Verbesserung

(1) Der Pächter hat Einwirkungen auf die Pachtsache zu dulden, die zu ihrer Erhaltung erforderlich sind.
(2) ¹Maßnahmen zur Verbesserung der Pachtsache hat der Pächter zu dulden, es sei denn, dass die Maßnahme für ihn eine Härte bedeuten würde, die auch unter Würdigung der berechtigten Interessen des Verpächters nicht zu rechtfertigen ist. ²Der Verpächter hat die dem Pächter durch die Maßnahme entstandenen Aufwendungen und entgangenen Erträge in einem den Umständen nach angemessenen Umfang zu ersetzen. ³Auf Verlangen hat der Verpächter Vorschuss zu leisten.

(3) Soweit der Pächter infolge von Maßnahmen nach Absatz 2 Satz 1 höhere Erträge erzielt oder bei ordnungsmäßiger Bewirtschaftung erzielen könnte, kann der Verpächter verlangen, dass der Pächter in eine angemessene Erhöhung der Pacht einwilligt, es sei denn, dass dem Pächter eine Erhöhung der Pacht nach den Verhältnissen des Betriebs nicht zugemutet werden kann.

(4) ¹Über Streitigkeiten nach den Absätzen 1 und 2 entscheidet auf Antrag das Landwirtschaftsgericht. ²Verweigert der Pächter in den Fällen des Absatzes 3 seine Einwilligung, so kann sie das Landwirtschaftsgericht auf Antrag des Verpächters ersetzen.

1 **A. Normzweck.** § 588 entspricht den §§ 581 II, 554, 559–559 b. Dem Verpächter sollen Erhaltungsmaßnehmen ermöglicht werden und bei Verbesserungsmaßnahmen eine höhere Pacht zufließen.

2 **B. Anwendungsbereich.** § 588 gilt nur für bereits in Vollzug gesetzte Pachtverhältnisse und nur soweit nicht eine Pflicht des Pächters aus § 586 I 2 besteht. Schonend durchgeführte Erhaltungsmaßnahmen muss der Pächter entschädigungslos hinnehmen.

3 **C. Verbesserungsmaßnahmen, § 588 II.** Hierunter fallen nicht nur Maßnahmen, die die Ertragsfähigkeit des Pachtobjekts nachhaltig steigern; dies folgt aus § 588 III, wonach gerade dieses Kriterium nur für die Pachterhöhung relevant ist. Die totale Umgestaltung des Pachtobjekts wird von § 588 II nicht erfasst.

4 **D. Interessenabwägung, § 588 II 1.** Hier wird – anders als bei § 554 II 3 – die mögliche Pachterhöhung nicht berücksichtigt (arg § 588 III). Grds muss der Pächter Verbesserungsmaßnahmen dulden. Eine nicht zu rechtfertigende Härte liegt vor bei nennenswerter Minderung der Ertragsfähigkeit des Pachtobjekts.

5 **E. Aufwendungsersatz, § 588 II 2.** Diesen kann der Pächter insbes für die Umquartierung des Viehs inkl Personalkosten verlangen, jedoch nur in angemessenem Umfang. Der Anspruch besteht neben einem evtl Minderungsrecht. Entgangene Gebrauchsvorteile werden nicht entschädigt.

6 **F. Vorschuss, § 588 II 3.** Einen Vorschuss für zu erwartende Aufwendungen kann der Pächter bereits vor Beginn der Verbesserungsmaßnahmen verlangen.

7 **G. Angemessene Pachterhöhung, § 588 III.** Hier wird im Gegensatz zu § 559 auf die Ertragssteigerung für den Pächter und nicht auf die Höhe der Investition des Verpächters abgestellt. Das Erhöhungsverlangen ist wie im Fall des § 558 auf Zustimmung gerichtet. Eine Überlegungsfrist ist nicht gesetzlich fixiert; sie wird mit 6 Monaten angenommen. Die Schriftform ist einzuhalten (§ 585 a).

8 **H. Abdingbarkeit.** Sie ist zu bejahen für die nicht das Verfahrensrecht (§ 588 IV) betreffenden Normteile.

§ 589 Nutzungsüberlassung an Dritte

(1) Der Pächter ist ohne Erlaubnis des Verpächters nicht berechtigt,
1. die Nutzung der Pachtsache einem Dritten zu überlassen, insbesondere die Sache weiter zu verpachten,
2. die Pachtsache ganz oder teilweise einem landwirtschaftlichen Zusammenschluss zum Zwecke der gemeinsamen Nutzung zu überlassen.

(2) Überlässt der Pächter die Nutzung der Pachtsache einem Dritten, so hat er ein Verschulden, dass dem Dritten bei der Nutzung zur Last fällt, zu vertreten, auch wenn der Verpächter die Erlaubnis zur Überlassung erteilt hat.

1 **A. Grundsätzliches.** Die Regelung entspricht den §§ 584 a I, 540. Seit Anerkennung der Rechtsfähigkeit der BGB-Außengesellschaft (BGH ZMR 01, 338) hat § 589 I Nr 1 an Bedeutung verloren. Die BGB-Gesellschaft, deren Mitglied der Landpächter ist, wird als solche immer Dritter sein. Im Erbfall auf Seiten des Pächters geht § 594 d vor.

2 **B. Anwendungsbereich.** § 589 I erfasst auch den sog Pflugtausch (Naumbg NJW-RR 00, 93), die Gründung einer BGB-Gesellschaft in Form einer Maschinengemeinschaft, Maschinengenossenschaften, Erzeugergenossenschaften etc. Die Abtretung der Rechte aus dem Landpachtvertrag fällt zwar nicht unter „Überlassung" gem § 589, bedarf aber wegen § 399 ebenfalls der Erlaubnis des Verpächters. Nicht erfasst wird eine Umwandlung der Pächters (BGH NJW 02, 2168).

3 **C. Rechtsfolge der Erlaubnisverweigerung.** Anders als in § 540 bei der Miete ist dem Landpächter auch bei Verweigerung der Erlaubnis kein Sonderkündigungsrecht eingeräumt worden.

4 **D. Verschuldenszurechnung.** Zu Lasten des Hauptpächters wird ihm Verschulden des Dritten im Zusammenhang mit der Nutzung des Pachtobjekts im weitesten Sinne zugerechnet. Eigenverschulden des Hauptpächters liegt vor, wenn er ohne Erlaubnis unterverpachtet hat.

5 **E. Abdingbarkeit.** § 589 ist dispositiv.

§ 590 Änderung der landwirtschaftlichen Bestimmung oder der bisherigen Nutzung

(1) Der Pächter darf die landwirtschaftliche Bestimmung der Pachtsache nur mit vorheriger Erlaubnis des Verpächters ändern.
(2) ¹Zur Änderung der bisherigen Nutzung der Pachtsache ist die vorherige Erlaubnis des Verpächters nur dann erforderlich, wenn durch die Änderung die Art der Nutzung über die Pachtzeit hinaus beeinflusst wird. ²Der Pächter darf Gebäude nur mit vorheriger Erlaubnis des Verpächters errichten. ³Verweigert der Verpächter die Erlaubnis, so kann sie auf Antrag des Pächters durch das Landwirtschaftsgericht ersetzt werden, soweit die Änderung zur Erhaltung oder nachhaltigen Verbesserung der Rentabilität des Betriebs geeignet erscheint und dem Verpächter bei Berücksichtigung seiner berechtigten Interessen zugemutet werden kann. ⁴Dies gilt nicht, wenn der Pachtvertrag gekündigt ist oder das Pachtverhältnis in weniger als drei Jahren endet. ⁵Das Landwirtschaftsgericht kann die Erlaubnis unter Bedingungen und Auflagen ersetzen, insbesondere eine Sicherheitsleistung anordnen sowie Art und Umfang der Sicherheit bestimmen. ⁶Ist die Veranlassung für die Sicherheitsleistung weggefallen, so entscheidet auf Antrag das Landwirtschaftsgericht über die Rückgabe der Sicherheit; § 109 der Zivilprozessordnung gilt entsprechend.
(3) Hat der Pächter das nach § 582a zum Schätzwert übernommene Inventar im Zusammenhang mit einer Änderung der Nutzung der Pachtsache wesentlich vermindert, so kann der Verpächter schon während der Pachtzeit einen Geldausgleich in entsprechender Anwendung des § 582a Abs. 3 verlangen, es sei denn, dass der Erlös der veräußerten Inventarstücke zu einer zur Höhe des Erlöses in angemessenem Verhältnis stehenden Verbesserung der Pachtsache nach § 591 verwendet worden ist.

A. Normzweck. § 590 will das Interesse des Pächters an der Anpassung (§ 590 II) des landwirtschaftlichen Betriebes an neue Markterfordernisse mit dem Interesse des Verpächters, nicht über § 590b die finanziellen Folgen der Umstrukturierung anteilig tragen zu müssen, ausgleichen. § 590 I macht eine nichtlandwirtschaftliche Nutzung allein von der auch gerichtlich nicht zu ersetzenden Zustimmung des Verpächters abhängig. 1

B. Anwendungsbereich. I. Umstellung. § 590 II ermöglicht die Umstellung oder Spezialisierung innerhalb der landwirtschaftlichen Nutzung, wobei eine vorherige Erlaubnis notwendig ist bei Beeinflussung der Nutzung des Pachtobjekts nach Vertragsende (§ 590 II 1) oder der Errichtung von Gebäuden (§ 590 II 2). Das Landwirtschaftsgericht kann eine solche Erlaubnis des Landverpächters ersetzen (§ 590 II 3–6). 2

II. Wesentliche Wertminderung des überlassenen Inventars. Gem § 590 III steht dem Verpächter analog § 582a III schon bei Eintritt einer mindestens 10%-igen (vgl BGH ZMR 04, 495 zum Mietrecht) Wertminderung ein Ausgleichsanspruch zu, und zwar nur bei einer nach vorheriger Erlaubnis zulässigen Änderung der landwirtschaftlichen Nutzung, dh nicht im Fall des § 590 I mangels Zustimmungsanspruch und auch nicht bei unzulässiger Nutzung, die zu Schadensersatzansprüchen führen kann. 3

C. Abdingbarkeit. § 590 ist dispositiv. 4

§ 590a Vertragswidriger Gebrauch

Macht der Pächter von der Pachtsache einen vertragswidrigen Gebrauch und setzt er den Gebrauch ungeachtet einer Abmahnung des Verpächters fort, so kann der Verpächter auf Unterlassung klagen.

§ 590a entspricht § 541; beide Normen dienen hier der Klarstellung, sind abdingbar (nur die Abmahnung kann nicht formularvertraglich ausgeschlossen werden, § 309 Nr 4) und hätten iRd Mietrechtsreformgesetzes auch gestrichen werden können. 1

§ 590b Notwendige Verwendungen

Der Verpächter ist verpflichtet, dem Pächter die notwendigen Verwendungen auf die Pachtsache zu ersetzen.

A. Grundsätzliches, Normzweck. Der im Mietrecht (§§ 536a II Nr 2, 539) und über § 581 II auch im Pachtrecht nicht mehr gebräuchliche Begriff der „Verwendungen" entspricht den §§ 994 ff. Soweit Maßnahmen unter § 582 oder § 586 I 2, 3 fallen, besteht jedoch kein Ersatzanspruch. Dem Landpächter sollen Aufwendungen ersetzt werden, die er stellvertretend für den rechtlich zu verpflichteten Landverpächter gemacht hat. Die Norm gilt nur für Landpachtverträge. 1

B. Fälligkeit und Verjährung. Der Anspruch ist mit Vornahme der Maßnahme fällig; Er verjährt gem § 591b I. 2

C. Abdingbarkeit. Sie ist grds zu bejahen, ein vollständiger Anspruchsausschluss ist formularvertraglich wegen § 307 nicht zulässig. 3

§ 591 Wertverbessernde Verwendungen

(1) Andere als notwendige Verwendungen, denen der Verpächter zugestimmt hat, hat er dem Pächter bei Beendigung des Pachtverhältnisses zu ersetzen, soweit die Verwendungen den Wert der Pachtsache über die Pachtzeit hinaus erhöhen (Mehrwert).

(2) ¹Weigert sich der Verpächter, den Verwendungen zuzustimmen, so kann die Zustimmung auf Antrag des Pächters durch das Landwirtschaftsgericht ersetzt werden, soweit die Verwendungen zur Erhaltung oder nachhaltigen Verbesserung der Rentabilität des Betriebs geeignet sind und dem Verpächter bei Berücksichtigung seiner berechtigten Interessen zugemutet werden können. ²Dies gilt nicht, wenn der Pachtvertrag gekündigt ist oder das Pachtverhältnis in weniger als drei Jahren endet. ³Das Landwirtschaftsgericht kann die Zustimmung unter Bedingungen und Auflagen ersetzen.

(3) ¹Das Landwirtschaftsgericht kann auf Antrag auch über den Mehrwert Bestimmungen treffen und ihn festsetzen. ²Es kann bestimmen, dass der Verpächter den Mehrwert nur in Teilbeträgen zu ersetzen hat, und kann Bedingungen für die Bewilligung solcher Teilzahlungen festsetzen. ³Ist dem Verpächter ein Ersatz des Mehrwerts bei Beendigung des Pachtverhältnisses auch in Teilbeträgen nicht zuzumuten, so kann der Verpächter nur verlangen, dass das Pachtverhältnis zu den bisherigen Bedingungen so lange fortgesetzt wird, bis der Mehrwert der Pachtsache abgegolten ist. ⁴Kommt keine Einigung zustande, so entscheidet auf Antrag das Landwirtschaftsgericht über eine Fortsetzung des Pachtverhältnisses.

1 **A. Normzweck, Abdingbarkeit.** Der abdingbare § 591 will dem Pächter, der nützliche Verwendungen gemacht hat, eine im Vergleich zum Mietrecht günstigere Position verschaffen.

2 **B. Voraussetzungen für Ersatz des Mehrwerts. I. Nützliche Verwendung.** Hierunter fallen nicht notwendig für die Pachtsache objektiv vorteilhafte Maßnahmen, die noch keine Luxusaufwendungen darstellen.

3 **II. Zustimmung des Verpächters.** Sie kann gem den §§ 585 ff vorher oder nachher erklärt oder ggf vom Landwirtschaftgericht ersetzt werden, wenn auf ein formloses Zustimmungsverlangen eine Ablehnung erfolgte. Dies erfordert eine positive Prognose im Bezug auf die Erhaltung oder die Verbesserung der Rentabilität. Zumutbarkeit für den Verpächter setzt auch die Berücksichtigung der Höhe des ausgleichspflichtigen Mehrwerts voraus.

4 **III. Kausalität.** Sie muss zwischen Verwendung und Mehrwert bestehen.

5 **IV. Höhe des Mehrwerts, § 591 III.** Erst nach Pachtende kann der Mehrwert vom Landwirtschaftsgericht im Beschlusswege tituliert werden, § 591 III 2. Während der Vertragslaufzeit kann das Gericht „bestimmen" nach welchen Grundsätzen später der Mehrwert festgesetzt werden soll. Je nach künftiger Nutzung sind Verkehrswert (bei Veräußerung) soder Ertragswert (bei erneuter Verpachtung oder Eigennutzung) ggü zustellen.

§ 591a Wegnahme von Einrichtungen

¹Der Pächter ist berechtigt, eine Einrichtung, mit der er die Sache versehen hat, wegzunehmen. ²Der Verpächter kann die Ausübung des Wegnahmerechts durch Zahlung einer angemessenen Entschädigung abwenden, es sei denn, dass der Pächter ein berechtigtes Interesse an der Wegnahme hat. ³Eine Vereinbarung, durch die das Wegnahmerecht des Pächters ausgeschlossen wird, ist nur wirksam, wenn ein angemessener Ausgleich vorgesehen ist.

1 **A. Normzweck und Anwendungsbereich.** Bei Landpacht gilt das Gleiche wie für den Mieter von Wohnraum (vgl §§ 539 II, 552) mit folgender Besonderheit: Einrichtungen in Erfüllung der Ausbesserungs- oder Betriebspflicht gem § 586 I 2, 3 und notwendige Verwendungen fallen nicht unter das Wegnahmerecht.

2 **B. Abdingbarkeit.** Eine Beschränkung des Wegnahmerechts ist als teilweiser Ausschluss nur gegen angemessenen Ausgleich möglich.

§ 591b Verjährung von Ersatzansprüchen

(1) Die Ersatzansprüche des Verpächters wegen Veränderung oder Verschlechterung der verpachteten Sache sowie die Ansprüche des Pächters auf Ersatz von Verwendungen oder auf Gestattung der Wegnahme einer Einrichtung verjähren in sechs Monaten.

(2) ¹Die Verjährung der Ersatzansprüche des Verpächters beginnt mit dem Zeitpunkt, in welchem er die Sache zurückerhält. ²Die Verjährung der Ansprüche des Pächters beginnt mit der Beendigung des Pachtverhältnisses.

(3) Mit der Verjährung des Anspruchs des Verpächters auf Rückgabe der Sache verjähren auch die Ersatzansprüche des Verpächters.

Änderung von Landpachtverträgen § 593

A. Normzweck. Entspr § 548 ist eine schnelle Abwicklung des beendeten Landpachtverhältnisses gewollt. 1

B. Anwendungsbereich für Ansprüche. I. Des Verpächters. Erfasst werden alle Ansprüche (auch deliktische, ohne § 826), wenn sie sich aus einer Verschlechterung der Pachtsache ergeben, selbst wenn der Anspruch erst nach Pachtende entstanden ist (BGH WuM 05, 126 zu § 548). Auch vom Pächter gem § 285 herauszugebende Ersatzansprüche (zB Milchaufgabevergütung) werden hier erfasst. Verjährungsbeginn ist der Zeitpunkt der Rückgabe des Pachtobjekts (§ 591 b II 1). 2

II. Des Pächters. Hier beginnt die Verjährung erst mit dem rechtlichen Ende des Pachtvertrages (§ 591 b II 2). 3

C. Abdingbarkeit. Die Verjährungsfrist kann in den Grenzen des § 202 II verlängert werden. 4

§ 592 Verpächterpfandrecht

¹Der Verpächter hat für seine Forderungen aus dem Pachtverhältnis ein Pfandrecht an den eingebrachten Sachen des Pächters sowie an den Früchten der Pachtsache. ²Für künftige Entschädigungsforderungen kann das Pfandrecht nicht geltend gemacht werden. ³Mit Ausnahme der in § 811 Abs. 1 Nr. 4 der Zivilprozessordnung genannten Sachen erstreckt sich das Pfandrecht nicht auf Sachen, die der Pfändung nicht unterworfen sind. ⁴Die Vorschriften der §§ 562 a bis 562 c gelten entsprechend.

A. Normzweck. Das Landverpächterpfandrecht ist nicht durch § 811 I Nr 4 ZPO gegenständlich und auch nicht in zeitlicher Hinsicht (dagegen § 562 II) auf bestimmte künftige Pacht beschränkt und soll vorrangig vor anderen Gläubigern den Landverpächter absichern. 1

B. Gegenstand des Pfandrechts. Hierunter fallen die Früchte auf dem Halm, Wirtschaftsfrüchte und nicht vorübergehend eingebrachte pächtereigene Sache. 2

C. Abdingbarkeit. Bis auf die nach § 592 S 3 eingeschränkte Pfändbarkeit ist § 592 dispositiv. 3

§ 593 Änderung von Landpachtverträgen

(1) ¹Haben sich nach Abschluss des Pachtvertrags die Verhältnisse, die für die Festsetzung der Vertragsleistungen maßgebend waren, nachhaltig so geändert, dass die gegenseitigen Verpflichtungen in ein grobes Missverhältnis zueinander geraten sind, so kann jeder Vertragsteil eine Änderung des Vertrags mit Ausnahme der Pachtdauer verlangen. ²Verbessert oder verschlechtert sich infolge der Bewirtschaftung der Pachtsache durch den Pächter deren Ertrag, so kann, soweit nichts anderes vereinbart ist, eine Änderung der Pacht nicht verlangt werden.
(2) ¹Eine Änderung kann frühestens zwei Jahre nach Beginn des Pachtverhältnisses oder nach dem Wirksamwerden der letzten Änderung der Vertragsleistungen verlangt werden. ²Dies gilt nicht, wenn verwüstende Naturereignisse, gegen die ein Versicherungsschutz nicht üblich ist, das Verhältnis der Vertragsleistungen grundlegend und nachhaltig verändert haben.
(3) Die Änderung kann nicht für eine frühere Zeit als für das Pachtjahr verlangt werden, in dem das Änderungsverlangen erklärt wird.
(4) Weigert sich ein Vertragsteil, in eine Änderung des Vertrags einzuwilligen, so kann der andere Teil die Entscheidung des Landwirtschaftsgerichts beantragen.
(5) ¹Auf das Recht, eine Änderung des Vertrags nach den Absätzen 1 bis 4 zu verlangen, kann nicht verzichtet werden. ²Eine Vereinbarung, dass einem Vertragsteil besondere Nachteile oder Vorteile erwachsen sollen, wenn er die Rechte nach den Absätzen 1 bis 4 ausübt oder nicht ausübt, ist unwirksam.

A. Normzweck, Abdingbarkeit. Der unabdingbare § 593 regelt bei nachvertraglichen Änderungen der Verhältnisse die landpachtrechtliche Risikoverteilung bezogen auf die Chancen der Fruchtziehung selbst (vgl MüKo/*Harke* § 593 Rn 1). Er will den Abschluss langfristiger Verträge erleichtern. 1

B. Voraussetzungen. Es muss eine sachliche nachvertragliche Änderung von für die Vertragsleistung maßgeblichen Umständen vorliegen; grobes Missverhältnis der gegenseitigen Leistungen ist mehr als Ungleichgewicht; der Ablauf von 2 Pachtjahren (§ 593 II 1) ist notwendig. Bloße Mängel am Pachtobjekt genügen nicht. Anfängliche unrichtige Vorstellung der Vertragsparteien fallen unter § 313, persönliche Umstände wiederum regeln die §§ 594 c und d. 2

C. Rechtsfolge. Es ergibt sich eine Vertragsanpassung aufgrund eines Änderungsverlangens. Nicht hiervon betroffen ist die Kündigungsfrist („mit Ausnahme der Pachtdauer", § 593 I 1). Die Anpassung kann nur für die Zukunft sowie das bei Ausbringen des Änderungsverlangens bereits laufende Pachtjahr verlangt werden. 3

D. Gerichtliches Verfahren, § 593 IV. Die Neufestsetzung der Vertragsbedingungen erfolgt durch das Landwirtschaftsgericht, wenn einem konkreten außergerichtlichen Verlangen nicht zugestimmt wurde. Weitere Voraussetzung ist gem § 9 LPachtVG, das der Anzeigepflicht für den Landpachtvertrag genügt wurde (nachholbar). 4

§ 593a Betriebsübergabe

¹Wird bei der Übergabe eines Betriebs im Wege der vorweggenommenen Erbfolge ein zugepachtetes Grundstück, das der Landwirtschaft dient, mit übergeben, so tritt der Übernehmer anstelle des Pächters in den Pachtvertrag ein. ²Der Verpächter ist von der Betriebsübergabe jedoch unverzüglich zu benachrichtigen. ³Ist die ordnungsmäßige Bewirtschaftung der Pachtsache durch den Übernehmer nicht gewährleistet, so ist der Verpächter berechtigt, das Pachtverhältnis außerordentlich mit der gesetzlichen Frist zu kündigen.

1 **A. Normzweck, Abdingbarkeit.** Die abdingbare Sondervorschrift des § 593a (BGH NJW-RR 02, 1205) soll für den Fall einer Hofübergabe die Einheit von Betrieb und zugepachteter Fläche sicherstellen; es kommt zum gesetzlichen Parteiwechsel; insoweit geht § 593a dem § 589 vor.

2 **B. Voraussetzungen.** Zupacht eines land- oder forstwirtschaftlichen Grundstückes nebst nicht nur teilweiser tatsächlicher Betriebsübergabe, die ihrerseits nicht zwingend eine Veräußerung erfordert; vorweggenommene Erbfolge, insbes in Form eines Übergabe- und Altenteilsvertrages.

3 **C. Rechtsfolge.** Der Nachfolger im Betrieb wird neuer Landpächter anstelle des bisherigen Pächters bzgl des zugepachteten Grundstücks nebst Inventar. Vor Übergabe entstandener Ansprüche bleiben vom Parteiwechsel unberührt. §§ 566 ff gelten nicht analog. § 593a sieht keine subsidiäre oder gesamtschuldnerische Haftung des ehemaligen Pächters vor.

4 **D. Benachrichtigungspflicht, § 593a S 2.** Die formlose Benachrichtigung ist keine Wirksamkeitsvoraussetzung sondern vertragliche Nebenpflicht und trifft Alt- und Neupächter. Das Unterlassen der unverzüglichen Benachrichtigung kann zu Schadensersatzansprüchen aus den §§ 280, 282, 241 II führen.

5 **E. Kündigungsrecht des Verpächters.** Ein solches besteht bei fehlender Eignung des neuen Pächters und muss im Zusammenhang der Übergabe/dem Übergang ausgeübt werden, auch wenn nicht die erstmögliche Kündigung wahrgenommen werden muss.

§ 593b Veräußerung oder Belastung des verpachteten Grundstücks

Wird das verpachtete Grundstück veräußert oder mit dem Recht eines Dritten belastet, so gelten die §§ 566 bis 567b entsprechend.

1 § 593b hat im Gegensatz zu § 566 eine korrekte amtliche Überschrift, da es auf die dingliche Veräußerung und nicht den schuldrechtlichen Vertrag ankommt. Die mietrechtlichen Grundsätze zu den §§ 566–567b gelten analog für die Landpacht.

§ 594 Ende und Verlängerung des Pachtverhältnisses

¹Das Pachtverhältnis endet mit dem Ablauf der Zeit, für die es eingegangen ist. ²Es verlängert sich bei Pachtverträgen, die auf mindestens drei Jahre geschlossen worden sind, auf unbestimmte Zeit, wenn auf die Anfrage eines Vertragsteils, ob der andere Teil zur Fortsetzung des Pachtverhältnisses bereit ist, dieser nicht binnen einer Frist von drei Monaten die Fortsetzung ablehnt. ³Die Anfrage und die Ablehnung bedürfen der schriftlichen Form. ⁴Die Anfrage ist ohne Wirkung, wenn in ihr nicht auf die Folge der Nichtbeachtung ausdrücklich hingewiesen wird und wenn sie nicht innerhalb des drittletzten Pachtjahrs gestellt wird.

1 **A. Normzweck, Abdingbarkeit.** Die abdingbaren Sätze 2–4 des § 594 sollen beide Vertragsparteien bei längerfristigen Landpachtverträgen rechtzeitige Disposition ermöglichen; vor verfrühten Anträgen schützt § 594 S 4 durch einen festen Erklärungszeitraum.

2 **B. Anfrage und Ablehnungsoption, § 594 S 2–4. I. Voraussetzungen. 1. Form.** § 594 S 3. Zwecks Beweissicherung ist für beide Erklärungen Schriftform vorgesehen.

3 **2. Befristeter Pachtvertrag.** Nur bei einem auf mindestens drei Jahre geschlossenen Vertrag besteht die Klärungsmöglichkeit durch Anfrage.

4 **3. Hinweis auf Rechtsfolgen.** Hinweis auf Rechtsfolgen und Erklärungszeitraum, § 594 S 4. Die Anfrage bleibt wirkungslos, die fehlende Fortsetzungsablehnung folgenlos, wenn der Anfragende nicht auf die Folgen eines Schweigens hinweist oder die Anfrage zu früh oder verspätet erfolgt.

5 **II. Rechtsfolge.** Rechtsfolge ist die Verlängerung durch Verschweigen, § 594 S 2. Bei wirksamer Anfrage und mehr als dreimonatigem Schweigen des Vertragspartners ab Zugang verlängert sich der Vertrag auf unbestimmte Zeit.

§ 594a Kündigungsfristen

(1) ¹Ist die Pachtzeit nicht bestimmt, so kann jeder Vertragsteil das Pachtverhältnis spätestens am dritten Werktag eines Pachtjahrs für den Schluss des nächsten Pachtjahrs kündigen. ²Im Zweifel gilt das Kalenderjahr als Pachtjahr. ³Die Vereinbarung einer kürzeren Frist bedarf der Schriftform.
(2) Für die Fälle, in denen das Pachtverhältnis außerordentlich mit der gesetzlichen Frist vorzeitig gekündigt werden kann, ist die Kündigung nur für den Schluss eines Pachtjahrs zulässig; sie hat spätestens am dritten Werktag des halben Jahres zu erfolgen, mit dessen Ablauf die Pacht enden soll.

Die ordentliche Kündigung nach § 594a I entspricht den §§ 584, 580a. Für die außerordentliche Kündigung mit gesetzlicher Frist (§ 594a II) – vgl insbes §§ 593a S 3, 594c – erfolgt eine Fristverkürzung. Die Regelung ist dispositiv. Teilkündigungen sind unzulässig (Dresden ZMR 03, 832). 1

§ 594b Vertrag über mehr als 30 Jahre

¹Wird ein Pachtvertrag für eine längere Zeit als 30 Jahre geschlossen, so kann nach 30 Jahren jeder Vertragsteil das Pachtverhältnis spätestens am dritten Werktag eines Pachtjahrs für den Schluss des nächsten Pachtjahrs kündigen. ²Die Kündigung ist nicht zulässig, wenn der Vertrag für die Lebenszeit des Verpächters oder des Pächters geschlossen ist.

Die Norm entspricht § 544. Es erfolgt keine Verkürzung der Kündigungsfrist nach § 594a II. Eine Erbpacht soll es im Gegensatz zur Lebenszeitpacht nicht geben. 1

§ 594c Kündigung bei Berufsunfähigkeit des Pächters

¹Ist der Pächter berufsunfähig im Sinne der Vorschriften der gesetzlichen Rentenversicherung geworden, so kann er das Pachtverhältnis außerordentlich mit der gesetzlichen Frist kündigen, wenn der Verpächter der Überlassung der Pachtsache zur Nutzung an einen Dritten, der eine ordnungsmäßige Bewirtschaftung gewährleistet, widerspricht. ²Eine abweichende Vereinbarung ist unwirksam.

Die zugunsten des Pächters zwingende Norm mit dynamischer Verweisung auf – zurzeit – § 240 II SGB VI will den berufsunfähig gewordenen Landpächter schützen. Dies ist nur möglich, wenn der Begriff der Berufsunfähigkeit auf die für die Landpacht erforderlichen Fähigkeiten (ohne Verweisungsmöglichkeit auf andere Berufe) bezogen wird. Den geeigneten Dritten muss der Kündigende besorgen; der Dritte wird nicht bereits Vertragspartner bei Zustimmung des Landverpächters (§ 589 I Nr 1). 1

§ 594d Tod des Pächters

(1) Stirbt der Pächter, so sind sowohl seine Erben als auch der Verpächter innerhalb eines Monats, nachdem sie vom Tod des Pächters Kenntnis erlangt haben, berechtigt, das Pachtverhältnis mit einer Frist von sechs Monaten zum Ende eines Kalendervierteljahrs zu kündigen.
(2) ¹Die Erben können der Kündigung des Verpächters widersprechen und die Fortsetzung des Pachtverhältnisses verlangen, wenn die ordnungsmäßige Bewirtschaftung der Pachtsache durch sie oder durch einen von ihnen beauftragten Miterben oder Dritten gewährleistet erscheint. ²Der Verpächter kann die Fortsetzung des Pachtverhältnisses ablehnen, wenn die Erben den Widerspruch nicht spätestens drei Monate vor Ablauf des Pachtverhältnisses erklärt und die Umstände mitgeteilt haben, nach denen die weitere ordnungsmäßige Bewirtschaftung der Pachtsache gewährleistet erscheint. ³Die Widerspruchserklärung und die Mitteilung bedürfen der schriftlichen Form. ⁴Kommt keine Einigung zustande, so entscheidet auf Antrag das Landwirtschaftsgericht.
(3) Gegenüber einer Kündigung des Verpächters nach Absatz 1 ist ein Fortsetzungsverlangen des Erben nach § 595 ausgeschlossen.

A. Normzweck. Im Gegensatz zum allgemeinen Pachtrecht (vgl § 584a II) erhält der Landverpächter (ähnlich wie in § 580 der Vermieter) ein an die Monatsfrist gebundenes Kündigungsrecht. Bei den Erben des Pächters wird eine Fortführungskompetenz (arg § 594 II 1) vom Gesetz nicht vermutet. 1

B. Monatsfristbeginn. Für den Landverpächter gilt die Kündigungsfrist mit Kenntnis des Erbrechts, das Voraussetzung für den Ausspruch der Kündigung ist. Die Kündigung muss wegen § 1959 II während des Laufs der Ausschlagungsfrist vor Ausschlagung ggü dem Scheinerben erklärt werden, sonst ggü dem wahren Erben. Für den jeweiligen Erben läuft die Kündigungsfrist ab Kenntnis vom Erbrecht. 2

3   **C. Fortsetzungsanspruch der Erben, § 594 d II, III.** Das notwendig schriftliche (§ 594 d II 3) und drei Monate vor Pachtende (§ 594 d II 2) zu erklärende Verlangen kann nach § 594 II 1 nur bei weiterer Bewirtschaftung durch Erben oder beauftragte Dritte gestellt werden; damit genügt eine Unterverpachtung (§ 589) nicht. Die Person, die vor Ort eingesetzt werden soll, ist von den Erben unter Angabe der beruflichen Qualifikation dem Verpächter anzuzeigen.

4   **D. Ablehnungsrecht des Verpächters, § 594 d II 2.** Dies ist insbes gegeben, bei nicht (ausreichend) begründetem oder verspätetem Fortsetzungsverlangen. Hat der Verpächter nicht bis einen Monat vor Pachtende positiv geantwortet, gilt dies als Ablehnung (arg § 594 S 2 und § 545); dh es kommt nicht zur automatischen Vertragsfortsetzung. Bei fehlender Einigung entscheidet das Landwirtschaftsgericht über das Fortsetzungsverlangen (§ 594 d II 4).

§ 594 e Außerordentliche fristlose Kündigung aus wichtigem Grund

(1) Die außerordentliche fristlose Kündigung des Pachtverhältnisses ist in entsprechender Anwendung der §§ 543, 569 Abs. 1 und 2 zulässig.
(2) ¹Abweichend von § 543 Abs. 2 Nr. 3 Buchstabe a und b liegt ein wichtiger Grund insbesondere vor, wenn der Pächter mit der Entrichtung der Pacht oder eines nicht unerheblichen Teils der Pacht länger als drei Monate in Verzug ist. ²Ist die Pacht nach Zeitabschnitten von weniger als einem Jahr bemessen, so ist die Kündigung erst zulässig, wenn der Pächter für zwei aufeinander folgende Termine mit der Entrichtung der Pacht oder eines nicht unerheblichen Teils der Pacht in Verzug ist.

1   **A. Verweisung aufs Mietrecht, § 594 e I.** Die – nicht zwingende (vgl § 569 V) auf alle Arten der Landpacht anwendbare (vgl Kobl NJW-RR 00, 278) – Verweisungsnorm bezieht sich nicht (nur) auf den Gebrauch, sondern auch auf die Nutzung mit Fruchtziehungsrecht bei gleichzeitiger Verpflichtung des Pächters zur ordnungsmäßigen Bewirtschaftung. Die Schonfristregelung des § 569 III Nr 2 gilt hier zwar nicht, jedoch kann der säumige Pächter mit Rückwirkung immerhin die Aufrechnung erklären (§§ 543 II 2, 3; 389).

2   **B. Besonderheit bei Zahlungsverzug, § 594 e II.** Im Landpachtrecht sind längere als monatliche Zahlungsintervalle üblich. Für jährliche Fälligkeit genügt ein Rückstand mit der Jahrespacht oder eines nicht unerheblichen Teils für drei Monate; bei kürzerer Fälligkeit genügt nur ein Rückstand mit mindestens zwei Pachtraten.

§ 594 f Schriftform der Kündigung

Die Kündigung bedarf der schriftlichen Form.

1   Die nicht abdingbare Formvorschrift entspricht § 568 und gilt für die – auch ohne Begründung wirksame (vgl § 573 III 1 und § 569 IV) – einseitig erklärte Kündigung; nicht für einen möglichen formlosen Aufhebungsvertrag.

§ 595 Fortsetzung des Pachtverhältnisses

(1) ¹Der Pächter kann vom Verpächter die Fortsetzung des Pachtverhältnisses verlangen, wenn
1. bei einem Betriebspachtverhältnis der Betrieb seine wirtschaftliche Lebensgrundlage bildet,
2. bei dem Pachtverhältnis über ein Grundstück der Pächter auf dieses Grundstück zur Aufrechterhaltung seines Betriebs, der seine wirtschaftliche Lebensgrundlage bildet, angewiesen ist
3. und die vertragsmäßige Beendigung des Pachtverhältnisses für den Pächter oder seine Familie eine Härte bedeuten würde, die auch unter Würdigung der berechtigten Interessen des Verpächters nicht zu rechtfertigen ist. ²Die Fortsetzung kann unter diesen Voraussetzungen wiederholt verlangt werden.
(2) ¹Im Falle des Absatzes 1 kann der Pächter verlangen, dass das Pachtverhältnis so lange fortgesetzt wird, wie dies unter Berücksichtigung aller Umstände angemessen ist. ²Ist dem Verpächter nicht zuzumuten, das Pachtverhältnis nach den bisher geltenden Vertragsbedingungen fortzusetzen, so kann der Pächter nur verlangen, dass es unter einer angemessenen Änderung der Bedingungen fortgesetzt wird.
(3) Der Pächter kann die Fortsetzung des Pachtverhältnisses nicht verlangen, wenn
1. er das Pachtverhältnis gekündigt hat,
2. der Verpächter zur außerordentlichen fristlosen Kündigung oder im Falle des § 593 a zur außerordentlichen Kündigung mit der gesetzlichen Frist berechtigt ist,
3. die Laufzeit des Vertrags bei einem Pachtverhältnis über einen Betrieb, der Zupachtung von Grundstücken, durch die ein Betrieb entsteht, oder bei einem Pachtverhältnis über Moor- und Ödland, das vom Pächter kultiviert worden ist, auf mindestens 18 Jahre, bei der Pacht anderer Grundstücke auf mindestens zwölf Jahre vereinbart ist,

4. der Verpächter die nur vorübergehend verpachtete Sache in eigene Nutzung nehmen oder zur Erfüllung gesetzlicher oder sonstiger öffentlicher Aufgaben verwenden will.
(4) ¹Die Erklärung des Pächters, mit der er die Fortsetzung des Pachtverhältnisses verlangt, bedarf der schriftlichen Form. ²Auf Verlangen des Verpächters soll der Pächter über die Gründe des Fortsetzungsverlangens unverzüglich Auskunft erteilen.
(5) ¹Der Verpächter kann die Fortsetzung des Pachtverhältnisses ablehnen, wenn der Pächter die Fortsetzung nicht mindestens ein Jahr vor Beendigung des Pachtverhältnisses vom Verpächter verlangt oder auf eine Anfrage des Verpächters nach § 594 die Fortsetzung abgelehnt hat. ²Ist eine zwölfmonatige oder kürzere Kündigungsfrist vereinbart, so genügt es, wenn das Verlangen innerhalb eines Monats nach Zugang der Kündigung erklärt wird.
(6) ¹Kommt keine Einigung zustande, so entscheidet auf Antrag das Landwirtschaftsgericht über eine Fortsetzung und über die Dauer des Pachtverhältnisses sowie über die Bedingungen, zu denen es fortgesetzt wird. ²Das Gericht kann die Fortsetzung des Pachtverhältnisses jedoch nur bis zu einem Zeitpunkt anordnen, der die in Absatz 3 Nr. 3 genannten Fristen, ausgehend vom Beginn des laufenden Pachtverhältnisses, nicht übersteigt. ³Die Fortsetzung kann auch auf einen Teil der Pachtsache beschränkt werden.
(7) ¹Der Pächter hat den Antrag auf gerichtliche Entscheidung spätestens neun Monate vor Beendigung des Pachtverhältnisses und im Falle einer zwölfmonatigen oder kürzeren Kündigungsfrist zwei Monate nach Zugang der Kündigung bei dem Landwirtschaftsgericht zu stellen. ²Das Gericht kann den Antrag nachträglich zulassen, wenn es zur Vermeidung einer unbilligen Härte geboten erscheint und der Pachtvertrag noch nicht abgelaufen ist.
(8) ¹Auf das Recht, die Verlängerung eines Pachtverhältnisses nach den Absätzen 1 bis 7 zu verlangen, kann nur verzichtet werden, wenn der Verzicht zur Beilegung eines Pachtstreits vor Gericht oder vor einer berufsständischen Pachtschlichtungsstelle erklärt wird. ²Eine Vereinbarung, dass einem Vertragsteil besondere Nachteile oder besondere Vorteile erwachsen sollen, wenn er die Rechte nach den Absätzen 1 bis 7 ausübt oder nicht ausübt, ist unwirksam.

A. Normzweck. § 595 ist eine nur den Landpächter schützende Sozialklausel (BGH ZMR 99, 378) und will (§ 595 VI 2) dennoch keine Erstarrung des Pachtmarktes zulassen.

B. Fortsetzungsanspruch, § 595 I und II. I. § 595 I Nr 1. Die Betriebspacht muss im Wesentlichen, dh nicht nur zum geringen Teil, die wirtschaftliche Lebensgrundlage/das Einkommen des Landpächters im Einzelfall sein.

II. § 595 I Nr 2. Bei der Zupacht muss der Pächter auf die Pachtfläche „zur Aufrechterhaltung des Betriebes angewiesen" sein, dh nach betriebswirtschaftlichen Grundsätzen muss der Wegfall der Pachtflächen wegen sinkender Rentabilität eine Weiterführung des landwirtschaftlichen Betriebs als nicht sinnvoll erscheinen lassen (BGH ZMR 99, 378).

III. Härtegründe auf Seiten des Landpächters. Eine Härte wird bejaht, wenn weder ein Ersatzbetrieb noch Ersatzgrundstücke am Markt zu pachten sind. Unter Härtegründe fallen nicht: Investitionen des Landpächters, die ggf als wertverbessernde Verwendungen (§ 591) vom Verpächter zu kompensieren sind sowie üblicherweise aus der Beendigung der Pacht resultierende wirtschaftliche Nachteile.

IV. Berechtigte Interessen des Landverpächters. Darunter fällt insbes die geplante Eigennutzung. Wie § 595 II 2 zeigt, fällt eine besonders niedrige Pacht nicht hierunter; insoweit wird der Fortsetzungsanspruch mit einer angemessenen Erhöhung der Pacht verbunden. § 595 I 2 („wiederholt") zeigt, dass vorangegangene Fortsetzungsverlangen kein Abwägungskriterium zugunsten des Landverpächters sind.

C. Ausschlusstatbestände, § 595 III. Hierzu zählen unabhängig von einer Abwägung im Einzelfall die eigene Kündigung des Landpächters (Nr 1); die bloße Berechtigung (nicht Ausspruch!) des Landverpächters zur außerordentlichen fristlosen Kündigung oder außerordentlichen Kündigung mit gesetzlicher Frist (Nr 2), die noch bestehen muss. Letzteres mag im Fall des § 593 a der Fall sein, bei anderen fristlosen Kündigungen ist hier § 314 III zu beachten.
Bei langen (12 bzw 18 Jahre) tatsächlichen/faktischen Pachtzeiten (Nr 3) kommt es nicht auf die ursprüngliche oder spätere Vertragsabsprache an (arg § 595 VI 2), sondern nur auf das Erreichen der Höchstdauer. Nur wenn beim Anpachten dem Landpächter der vorübergehende Charakter erkennbar war, rechtfertigt die beabsichtigte Eigennutzung des Verpächters den Ausschluss des Fortsetzungsverlangens (Nr 4). Dies wird schon objektiv für unbefristete Landpachtverträge verneint. Die geplante oder aktuell gewollte Eigennutzung – nicht notwendig in Form landwirtschaftlicher Bewirtschaftung; auch dann nicht zwingend in Person, sondern ggf durch Dienstleister/Verwalter – muss bei der Verpachtung allerdings im Gegensatz zum qualifizierten Zeitmietvertrag (§ 575) keinem Vertragspartner positiv bekannt gewesen sein; anderes wird für die Verwendung zur Erfüllung hoheitlicher Aufgaben angenommen, die in groben Zügen dem Landpächter bei Vertragsabschluss bekannt sein muss. Diese Verwendungsabsicht muss jedenfalls bei Vertragsende bestehen und dann hinreichend konkretisiert sein.

8 **D. Form und Frist, § 595 IV, V.** Das Fortsetzungsverlangen muss der Schriftform (§§ 126, 126 a) genügen. Die Soll-Vorschrift über die Begründung bedeutet, dass Gründe später auch in Textform oder formlos mitgeteilt werden können. Bei nicht fristgerechtem (§ 595 V) Verlangen hat der Verpächter ein Ablehnungsrecht. Eine Hinweispflicht des Verpächters besteht nicht (im Gegensatz zu § 568 II im Mietrecht). Die Ablehnung des Verpächters kann formlos erfolgen und ohne Begründung.

9 **E. Gerichtliches Verfahren, § 595 VI, VII.** Der Pächter kann – ohne § 253 ZPO beachten zu müssen – die Fortsetzung des Pachtverhältnisses beantragen; der Verpächter kann bei Untätigkeit des Pächters und Interesse an frühzeitiger Klärung negative Feststellungsklage erheben. Ggf hat das Gericht (§ 595 II 2) die Vertragskonditionen zu ändern.

10 **F. Unabdingbarkeit, § 595 VIII.** Nur vor Gericht oder einer berufsständischen Schlichtungsstelle kann auf die Rechte des Pächters aus § 595 wirksam verzichtet werden.

§ 595 a Vorzeitige Kündigung von Landpachtverträgen

(1) Soweit die Vertragsteile zur außerordentlichen Kündigung eines Landpachtverhältnisses mit der gesetzlichen Frist berechtigt sind, steht ihnen dieses Recht auch nach Verlängerung des Landpachtverhältnisses oder Änderung des Landpachtvertrags zu.
(2) ¹Auf Antrag eines Vertragsteils kann das Landwirtschaftsgericht Anordnungen über die Abwicklung eines vorzeitig beendeten oder eines teilweise beendeten Landpachtvertrags treffen. ²Wird die Verlängerung eines Landpachtvertrags auf einen Teil der Pachtsache beschränkt, kann das Landwirtschaftsgericht die Pacht für diesen Teil festsetzen.
(3) ¹Der Inhalt von Anordnungen des Landwirtschaftsgerichts gilt unter den Vertragsteilen als Vertragsinhalt. ²Über Streitigkeiten, die diesen Vertragsinhalt betreffen, entscheidet auf Antrag das Landwirtschaftsgericht.

1 § 595 a II 1 enthält – wenn nichts anderes vereinbart ist – die Möglichkeit von endgültigen rechtsgestaltenden Abwicklungsanordnungen durch das Landwirtschaftsgericht bei einem vorzeitig oder teilweise beendeten Landpachtvertrag. § 595 a II 2 regelt die gerichtliche Pachtfestsetzung bei Teilverlängerung; § 595 a I, III sind abdingbar.

§ 596 Rückgabe der Pachtsache

(1) Der Pächter ist verpflichtet, die Pachtsache nach Beendigung des Pachtverhältnisses in dem Zustand zurückzugeben, der einer bis zur Rückgabe fortgesetzten ordnungsmäßigen Bewirtschaftung entspricht.
(2) Dem Pächter steht wegen seiner Ansprüche gegen den Verpächter ein Zurückbehaltungsrecht am Grundstück nicht zu.
(3) Hat der Pächter die Nutzung der Pachtsache einem Dritten überlassen, so kann der Verpächter die Sache nach Beendigung des Pachtverhältnisses auch von dem Dritten zurückfordern.

1 **A. Normzweck, Inhalt.** § 596 II entspricht § 570; § 596 III entspricht § 546 II. § 596 I berücksichtigt § 586 I 3.

2 **B. Zeitpunkt der Rückgabe.** Der Pächter kann das Pachtobjekt nur gem § 271 II vor Pachtende zurückgeben und ggf den Verpächter in Annahmeverzug setzen, sofern die ordnungsgemäße Bewirtschaftung hierdurch nicht negativ tangiert wird.

3 **C. Umfang und Zustand bei Rückgabe. I. Sachen.** Der Pächter muss aufgrund seiner Betriebspflicht das Pachtobjekt so zurückgeben, als wenn er es weiterhin vertragsgemäß hätte nutzen können/wollen. Dies gilt unabhängig davon, in welchem Zustand ursprünglich das Objekt übernommen wurde.

4 **II. Rechte.** Die Milchquote gehört zur Pachtsache und geht ohne Abtretung mit der Rückgabe auf den Verpächter über (BGH NJW 91, 3279); bei Unmöglichkeit hat der Pächter den Ersatz gem § 285 herauszugeben. Eine Milchreferenzmenge darf nach Beendigung des Pachtverhältnisses nur dann zurückübertragen werden, wenn der Verpächter aktiver Milcherzeuger ist oder dies unmittelbar nach der Rückübertragung wird (BGH NJW-RR 04, 210).

5 Gesondert zu übertragen sind Lieferrechte (Celle, Agrarrecht 2002, 228); dies kann ggf durch Aufschieben bedingter Abtretung bereits im Pachtvertrag geregelt sein.

6 **D. Nicht ordnungsgemäße Rückgabe.** Sie führt gem § 281 zu Schadensersatzansprüchen bei Verschulden.

7 **E. Ausschluss des Zurückbehaltungsrechts, § 596 II.** Dieser Ausschluss bezieht sich nur auf das Grundstück, nicht zB auf Inventar (vgl § 583).

8 **F. Rückgabeanspruch gegen Dritte, § 596 III.** Hier gilt dasselbe wie bei § 546 II; nicht analog anwendbar ist § 565.

§ 596a Ersatzpflicht bei vorzeitigem Pachtende

(1) ¹Endet das Pachtverhältnis im Laufe eines Pachtjahrs, so hat der Verpächter dem Pächter den Wert der noch nicht getrennten, jedoch nach den Regeln einer ordnungsmäßigen Bewirtschaftung vor dem Ende des Pachtjahrs zu trennenden Früchte zu ersetzen. ²Dabei ist das Ernterisiko angemessen zu berücksichtigen.
(2) Lässt sich der in Absatz 1 bezeichnete Wert aus jahreszeitlich bedingten Gründen nicht feststellen, so hat der Verpächter dem Pächter die Aufwendungen auf diese Früchte insoweit zu ersetzen, als sie einer ordnungsmäßigen Bewirtschaftung entsprechen.
(3) ¹Absatz 1 gilt auch für das zum Einschlag vorgesehene, aber noch nicht eingeschlagene Holz. ²Hat der Pächter mehr Holz eingeschlagen, als bei ordnungsmäßiger Nutzung zulässig war, so hat er dem Verpächter den Wert der die normale Nutzung übersteigenden Holzmenge zu ersetzen. ³Die Geltendmachung eines weiteren Schadens ist nicht ausgeschlossen.

A. Vertragsende im Laufe eines Pachtjahres, § 596a I. Dies kommt zB durch Kündigung nach § 594 d, e in Betracht; Anspruchsvoraussetzung ist weiter, dass es noch zur sog Fruchtreife im selben Pachtjahr kommt. 1

B. Anspruchsumfang. Die sog Halmtaxe (vgl *Moser* Die Schwierigkeiten der Halmtaxe 1971) geht auf Wertersatz, hilfsweise Aufwendungserstattung. Bei der Berechnung werden ersatzlos nach § 596 b zurückzugebende Früchte nicht mitbewertet. Ein Abschlag erfolgt nach § 596 a I 2 wegen des Ernterisikos. 2

C. Holzeinschlag, § 596a III 1. Hier besteht kein Aufwendungsersatzanspruch (nur Verweisung auf § 596a I). 3

D. Übermäßiger Holzeinschlag, § 596a III 2. Dieser verschuldensunabhängige Anspruch besteht neben weitergehenden Ansprüchen aus § 280 (§ 596 III 3). 4

§ 596b Rücklassungspflicht

(1) Der Pächter eines Betriebs hat von den bei Beendigung des Pachtverhältnisses vorhandenen landwirtschaftlichen Erzeugnissen so viel zurückzulassen, wie zur Fortführung der Wirtschaft bis zur nächsten Ernte nötig ist, auch wenn er bei Beginn des Pachtverhältnisses solche Erzeugnisse nicht übernommen hat.
(2) Soweit der Pächter nach Absatz 1 Erzeugnisse in größerer Menge oder besserer Beschaffenheit zurückzulassen verpflichtet ist, als er bei Beginn des Pachtverhältnisses übernommen hat, kann er vom Verpächter Ersatz des Wertes verlangen.

A. Die Rücklassungspflicht gem § 596b I. Sie gilt nur für die Pacht eines landwirtschaftlichen Betriebes (§ 585 I 1) und bezieht sich nur auf vorhandene nicht notwendig bei der Bewirtschaftung entstandene Erzeugnisse (vgl § 98 Nr 2). 1

B. Wertersatzanspruch gem § 596b II. Ein solcher ergibt sich, wenn die Rücklassungspflicht vom Umfang her mehr umfasste, als bei Pachtbeginn vom Pächter übernommen wurde. 2

§ 597 Verspätete Rückgabe

¹Gibt der Pächter die Pachtsache nach Beendigung des Pachtverhältnisses nicht zurück, so kann der Verpächter für die Dauer der Vorenthaltung als Entschädigung die vereinbarte Pacht verlangen. ²Die Geltendmachung eines weiteren Schadens ist nicht ausgeschlossen.

Die Norm entspricht § 584b, der seinerseits § 546a verdrängt; es kann nicht statt der vereinbarten die ortsübliche Pacht verlangt werden (zur Pachtwertbestimmung vgl BGH NJW-RR 04, 1454). Str ist, ob bei nicht ordnungsgemäßem Zustand (vgl § 596 I) und Rücknahme Weigerung des Landverpächters der Entschädigungsanspruch besteht (vgl MüKo/*Harke* § 597 Rn 1). 1

Titel 6 Leihe

§ 598 Vertragstypische Pflichten bei der Leihe

Durch den Leihvertrag wird der Verleiher einer Sache verpflichtet, dem Entleiher den Gebrauch der Sache unentgeltlich zu gestatten.

A. Allgemeines. Der Leihvertrag begründet ein Dauerschuldverhältnis. Die Pflichten des Ver- und des Entleihers stehen nicht im Gegenseitigkeitsverhältnis. 1
Vertragsgegenstand sind Sachen (§ 90): Bewegliche wie unbewegliche, vertretbare (§ 91) und nicht vertretbare, idR nicht verbrauchbare (§ 92); ferner Sachgesamtheiten. Bsp vgl Rn 8. 2

3 Der Verleiher hat den Gebrauch der Sache unentgeltlich zu gestatten.
4 Zu den Pflichten des Entleihers vgl § 601 Rn 1.
5 **B. Abgrenzung.** Der Entleiher erhält, anders als der Verwahrer (§§ 688 ff), das Recht zur Benutzung der Sache iRd Vereinbarung, im Gegensatz zur Schenkung aber nicht ihre Vermögenssubstanz (§ 516 Rn 7). Er darf sie weder verbrauchen noch über sie verfügen. Auch eine langfristige Nutzungsüberlassung, zB auf Lebenszeit des Entleihers (BGH NJW 82, 820) oder über diejenige des Verleihers hinaus (BGH NJW 85, 1553), führt nicht zur Qualifizierung als Schenkung. Der Verleiher bleibt Halter eines Kraftfahrzeugs iSd § 7 StVG (BGH NJW 62, 1678).
6 Der beiderseitige Rechtsbindungswille hebt den Leihvertrag vom bloßen Gefälligkeitsverhältnis ab.
Da Gebrauchsüberlassungen oft nur konkludent, zB durch Überlassung der Benutzung, erfolgen, muss der Rechtsbindungswille aus den Umständen des Einzelfalls ermittelt werden. Kriterien sind der Wert einer anvertrauten Sache, die wirtschaftliche Bedeutung der Angelegenheit, das erkennbare Interesse des Begünstigten an der Erbringung der Leistung und die dem Leistenden erkennbare Gefahr, in welche jener durch eine fehlerhafte Leistung geraten kann (BGHZ 21, 102); ferner das erkennbare Interesse des Begünstigten, dass die Nutzungsdauer nicht beliebig verkürzt werden kann (BGH NJW 85, 313). Gefälligkeitsverhältnisse sind gekennzeichnet durch die kurze Dauer der Gebrauchsüberlassung, die wirtschaftliche Belanglosigkeit und die jederzeitige Rückforderungsmöglichkeit (Soergel/*Kummer* Vor § 598 Rn 3), wie sie für Geschäfte des täglichen Lebens und im rein gesellschaftlichen Verkehr typisch sind (BGHZ 21, 102).
7 Bsp für die Abgrenzung aus der Rspr: Überlassung einer Wohnung (BGHZ 12, 380; NJW 82, 820; NJW 85, 313; Hamm NJW-RR 96, 717: Leihe); Überlassung einer Gebirgsferienhütte an Sohn und dessen Verlobte (München NJW-RR 93, 215: Gefälligkeit); Benutzung eines Grundstücks als Zufahrt (Ddorf OLGZ 89, 118; Köln NJW-RR 92, 1497: Leihe); Abwasserleitung auf fremdem Grundstück (BGH NJW 94, 3156: Leihe); Überlassung eines Reitpferdes (BGH NJW 74, 234; 92, 2474; Schlesw VersR 97, 634: Gefälligkeit – Ddorf MDR 98, 409; LG Braunschweig VersR 99, 242: Leihe); Abstellen eines Kfz auf fremdem Grundstück (Köln OLGZ 72, 213: Gefälligkeit); Überlassung eines Wohnwagens (Frankf NJW-RR 98, 415: Leihe), eines Kfz (BGH NJW 79, 759; Hamm NJW-RR 93, 672 und 00, 1047: Leihe – BGH NJW 64, 1225: Bei Vorführwagen keine Leihe – BGH NJW 68, 1472; Köln NJW 96, 1288: Bei Probefahrt keine Leihe); eines Schleppers zum Bergen eines PkW (LG Paderborn ZfS 97, 447: Leihe); Gleisanschluss auf fremdem Grundstück (München WM 84, 1397: Leihe); Überlassung von Kunstgegenständen an Museum (Ddorf NJW 90, 2000; Celle NJW-RR 94, 1473: Leihe), von Bildmaterial zur Prüfung der Veröffentlichung (Celle NJW-RR 02, 259: keine Leihe).
8 Bedeutung hat die Unterscheidung zwischen Leihe und Gefälligkeit für die Haftung auf Schadensersatz. Der BGH lehnt bei Gefälligkeiten die Analogie zu § 599 ab (NJW 1992, 2474); vgl § 599 Rn 4. Richtiger erscheint die Annahme eines vertragsähnlichen Schuldverhältnisses mit der Folge, dass der Haftungsrahmen durch §§ 599 und 278 bestimmt wird und in dessen Schutzwirkung Dritte einbezogen sein können (MüKo/*Kollhosser* Rn 16; Soergel/*Kummer* Vor § 598 Rn 5 ff). Die Abgrenzung verliert damit an Gewicht.
9 Der einverständlichen Überlassung einer Sache iRv Vertragsverhandlungen liegt kein selbständiges Vertragsverhältnis iS einer Leihe zugrunde. Sie ist Teil des vorvertraglichen Schuldverhältnisses gem § 311 II. Das gilt insbes für die Überlassung eines Kfz für eine Probefahrt (BGH NJW 68, 1472; Köln NJW 96, 1288).
10 Ein vom Entleiher abgeleitetes unselbständiges Recht zum Mitgebrauch, etwa durch Angestellte oder Familienmitglieder, begründet keine Vertragsbeziehung zum Verleiher (Hamm FamRZ 02, 159).
11 **C. Gestattung des Gebrauchs.** Sie bedeutet Verschaffung der Nutzungsmöglichkeit. Sie erfolgt idR durch Überlassung des unmittelbaren Besitzes (§ 854). Besitzverschaffung ist jedoch kein konstitutives Element des Leihvertrags. Der Entleiher muss nur die nach dem Inhalt des Vertrags erforderliche Möglichkeit der Einwirkung auf die Sache erhalten (BGH ZIP 89, 375; NJW-RR 04, 1566: Leihe eines Flugzeugs mit Besatzung für Roll- und Bremsversuche). Wird über die Überlassung hinaus noch die Herstellung eines Werks oder die Leistung von Diensten geschuldet, ändert sich an der Qualifizierung als Leihe nichts, solange der Schwerpunkt des Vertrags auf der Überlassung der Sache liegt (BGH NJW-RR 04, 1566).
12 Der Verleiher hat sich ferner während der Zeit der Leihe jeglicher Störung des Besitzes oder der Nutzungsmöglichkeit zu enthalten. Zur Instandhaltung der Sache ist er nicht verpflichtet.
13 Unentgeltlichkeit bedeutet, dass objektiv keine Gegenleistung erbracht wird und die Parteien sich hierüber auch einig sind. Die Auslegung des Begriffs entspricht derjenigen im Recht der Schenkung (vgl § 516 Rn 12 ff). Anders als dort schließt ein auch nur geringes Entgelt die Leihe aus (BGH MDR 70, 1004 Nr 31); für die Annahme einer „gemischten Leihe" besteht kein Bedürfnis.
14 Der Verleiher muss nicht Eigentümer der Sache sein. Der Eigentumsverlust lässt den Leihvertrag unberührt; der neue Eigentümer tritt jedoch, anders bei Miete und Pacht (§§ 566, 581 II), nicht in die Rechte und Pflichten des Verleihers ein (BGH NJW 94, 3156).
15 Der Leihvertrag ist, unabhängig von der Dauer der Überlassung und dem Wert der Nutzung, formlos wirksam; § 550 ist nicht entspr anwendbar (BGH NJW 82, 820).

§ 599 Haftung des Verleihers
Der Verleiher hat nur Vorsatz und grobe Fahrlässigkeit zu vertreten.

A. Haftung des Verleihers. § 599 ist eine Parallelvorschrift zu § 521. Wegen der Gleichartigkeit der Interessen gelten die dort entwickelten Regeln (§ 521 Rn 2) auch hier, vgl BGH NJW 92, 2474; Köln NJW-RR 88, 157; Stuttg VersR 93, 192; Celle VersR 95, 547. 1
Entgegen der Auffassung des BGH (NJW 92, 2474) ist § 599 in seinem Anwendungsbereich auf Gefälligkeitsverhältnisse analog anzuwenden (§ 598 Rn 8). 2

B. Haftung des Entleihers. Haftungsmaßstab, auch für die Haftung nach § 278, ist § 276 I. 3
In den Fällen der Überlassung eines Kfz durch den Händler zur Probefahrt oder für die Dauer einer Reparatur gelangt die Rspr zu einer Beschränkung der Haftung auf Vorsatz und grobe Fahrlässigkeit entweder über die Annahme eines stillschweigenden Haftungsausschlusses (BGH NJW 79, 643; NJW 80, 1681) oder eines Mitverschuldens bei enttäuschtem Vertrauen auf eine Vollkaskoversicherung (BGH NJW 72, 1363; NJW 79, 759; Hamm NJW-RR 00, 1047). Das gilt unabhängig von der Qualifizierung der Überlassung als Leihe oder Gefälligkeit. 4

§ 600 Mängelhaftung
Verschweigt der Verleiher arglistig einen Mangel im Recht oder einen Fehler der verliehenen Sache, so ist er verpflichtet, dem Entleiher den daraus entstehenden Schaden zu ersetzen.

Die Vorschrift ist eine Sonderregelung ggü § 599 und eine Parallelvorschrift zu §§ 523 I, 524 I. Vgl dazu § 523 Rn 1, § 524 Rn 1. 1
Die Beschränkung der Haftung auf arglistiges Verschweigen gilt nicht für Mangelfolgeschäden. Haftungsmaßstab ist hier § 599 (Staud/*Reuter* Rn 3; aA MüKo/*Kollhosser* § 599 Rn 5 und Soergel/*Kummer* § 600 Rn 3: § 276). 2

§ 601 Verwendungsersatz
(1) Der Entleiher hat die gewöhnlichen Kosten der Erhaltung der geliehenen Sache, bei der Leihe eines Tieres insbesondere die Fütterungskosten, zu tragen.
(2) ¹Die Verpflichtung des Verleihers zum Ersatz anderer Verwendungen bestimmt sich nach den Vorschriften über die Geschäftsführung ohne Auftrag. ²Der Entleiher ist berechtigt, eine Einrichtung, mit der er die Sache versehen hat, wegzunehmen.

A. Obhuts- und Erhaltungspflicht. Der Entleiher hat eine Obhuts- und Erhaltungspflicht. Die gewöhnlichen Erhaltungskosten (Begriff vgl § 994 Rn 3) hat er zu tragen (I); auf die Notwendigkeit zusätzlicher Erhaltungsmaßnahmen hat er den Verleiher hinzuweisen (MüKo/*Kollhosser* Rn 4). 1
Den Verleiher trifft keine Erhaltungspflicht. 2

B. Verwendungen. Ersatz von Verwendungen (Begriff § 994 Rn 2, § 996 Rn 2) außerhalb dRd Abs 1 kann der Entleiher nach §§ 677 ff verlangen (II 1). § 685 kann dem Anspruch entgegenstehen (BGH NJW 85, 313; Hamm NJW-RR 98, 413). 3
Das aus II folgende Recht auf Ersatz von Verwendungen umgreift nicht grundlegende Umgestaltungen, wie die Bebauung eines Grundstücks oder auch nur seine Pflasterung (LG Gießen NJW-RR 95, 532). 4
Wegen seiner Ansprüche aus II hat der Entleiher ein Zurückbehaltungsrecht nach § 273 (RGZ 65, 270). 5

§ 602 Abnutzung der Sache
Veränderungen oder Verschlechterungen der geliehenen Sache, die durch den vertragsmäßigen Gebrauch herbeigeführt werden, hat der Entleiher nicht zu vertreten.

Die Regelung entspricht dem § 538. Vgl die Erläuterungen dort. 1
Die Beweislast dafür, dass der veränderte Zustand der Sache nur auf den vertragsmäßigen Gebrauch zurückzuführen ist, trifft den Entleiher (BGH NJW 76, 1315 zu § 548 aF). 2

§ 603 Vertragsmäßiger Gebrauch

¹Der Entleiher darf von der geliehenen Sache keinen anderen als den vertragsmäßigen Gebrauch machen. ²Er ist ohne die Erlaubnis des Verleihers nicht berechtigt, den Gebrauch der Sache einem Dritten zu überlassen.

1 Die Vorschrift regelt einen Fall der Obhutspflichtverletzung. Diese gibt dem Verleiher ein Kündigungsrecht (§ 605 Nr 2), einen Unterlassungsanspruch analog § 541, einen Schadensersatzanspruch gem §§ 276, 280 I und im Fall von S 2 einen Herausgabeanspruch gegen den Dritten (§ 604 IV).
2 Die Gebrauchsüberlassung ohne Erlaubnis (S 2) ist ein Unterfall des vertragswidrigen Gebrauchs. Das gilt auch für den unselbstständigen Gebrauch, etwa durch Angestellte oder Familienangehörige des Entleihers (Soergel/*Kummer* Rn 3).

§ 604 Rückgabepflicht

(1) Der Entleiher ist verpflichtet, die geliehene Sache nach dem Ablauf der für die Leihe bestimmten Zeit zurückzugeben.
(2) ¹Ist eine Zeit nicht bestimmt, so ist die Sache zurückzugeben, nachdem der Entleiher den sich aus dem Zwecke der Leihe ergebenden Gebrauch gemacht hat. ²Der Verleiher kann die Sache schon vorher zurückfordern, wenn so viel Zeit verstrichen ist, dass der Entleiher den Gebrauch hätte machen können.
(3) Ist die Dauer der Leihe weder bestimmt noch aus dem Zweck zu entnehmen, so kann der Verleiher die Sache jederzeit zurückfordern.
(4) Überlässt der Entleiher den Gebrauch der Sache einem Dritten, so kann der Verleiher sie nach der Beendigung der Leihe auch von dem Dritten zurückfordern.
(5) Die Verjährung des Anspruchs auf Rückgabe der Sache beginnt mit der Beendigung der Leihe.

1 Die Leihe endet entweder durch Zeitablauf (I), Gebrauchsbeendigung (II), Rückforderung der Sache, ohne dass es einer Kündigung bedarf (III, IV), oder durch Kündigung durch den Verleiher (§ 605). Die Rückforderung darf nicht zur Unzeit erfolgen (Köln NJW-RR 92, 1497). Der Entleiher darf die Sache, vorbehaltlich abw Vereinbarung, aber schon vorher zurückgeben (§ 271 II).
2 Der Entleiher hat dem Verleiher idR wieder den unmittelbaren Besitz auf eigene Kosten zu übertragen; ob erlaubt gezogene Früchte herauszugeben sind, richtet sich nach dem Inhalt des Leihvertrages, hilfsweise nach § 101 (MüKo/*Kollhosser* Rn 5; aA Staud/*Reuter* Rn 1: stets Herausgabe).
3 Neben dem Entleiher ist der Dritte, dem die Sache von jenem – befugt oder unbefugt – übertragen worden ist, aufgrund Herausgabeverlangens des Verleihers verpflichtet (IV).
4 Der Entleiher hat wegen seiner Gegenansprüche, insbes wegen Verwendungen (§ 601 II), ein Zurückbehaltungsrecht (vgl § 601 Rn 5).
5 Die dreijährige Verjährungsfrist für den Rückforderungsanspruch (§ 195) beginnt in Abweichung von § 199 mit Beendigung der Leihe (V).
6 Der Verleiher hat die Voraussetzungen der I–IV darzulegen und zu beweisen; im Fall des III hat er deshalb die Behauptung einer Leihezeit zu widerlegen (aA die hM, vgl LG Göttingen MDR 94, 248; MüKo/*Kollhosser* Rn 4).

§ 605 Kündigungsrecht

Der Verleiher kann die Leihe kündigen:
1. wenn er infolge eines nicht vorhergesehenen Umstandes der verliehenen Sache bedarf,
2. wenn der Entleiher einen vertragswidrigen Gebrauch von der Sache macht, insbesondere unbefugt den Gebrauch einem Dritten überlässt, oder die Sache durch Vernachlässigung der ihm obliegenden Sorgfalt erheblich gefährdet,
3. wenn der Entleiher stirbt.

1 **A. Allgemeines.** Die Vorschrift ist eine Ausprägung des Grundsatzes, dass ein Dauerschuldverhältnis aus wichtigem Grund gekündigt werden kann (§ 314 I). Sie ist nicht abschließend (BGH NJW 82, 820), was insbes bei Leihverträgen auf Lebenszeit des Entleihers von Bedeutung ist (Köln NJW-RR 94, 853; Frankf NJW-RR 98, 415). Zum Zug kommt sie in den Fällen des § 604 I und II.
2 Die Kündigung bedarf weder einer Form noch der Begründung. Sie ist grds fristlos möglich, darf aber nicht zur Unzeit erfolgen.
3 Die Kündigung ändert nichts an der Verpflichtung des Entleihers zur Tragung der Kosten der Rückgabe und begründet keine Schadensersatzpflicht des Verleihers.

B. Kündigungsgründe. Der Eigenbedarf (Nr 1) setzt ein nicht notwendig dringendes (BGH NJW 94, 3156) 4
Bedürfnis aufgrund eines nicht vorhergesehenen, wenn auch möglicherweise vorhersehbaren Umstandes
voraus. Auf die Belange des Entleihers ist Rücksicht zu nehmen, insbes wenn dieser sich auf eine lange Dauer
des Leihvertrags eingerichtet oder in die Leihsache investiert hat (Ddorf ZMR 01, 961); der Verleiher hat
seine Interessen aber nicht denjenigen des Entleihers unterzuordnen (BGH NJW 94, 3156). Die Notwendigkeit, ein Grundstück aus wirtschaftlichen Gründen zu veräußern, kann die Kündigung eines Wohnrechts auf
Lebenszeit rechtfertigen (Kobl NJW-RR 96, 843), dagegen noch nicht die Möglichkeit, ein Grundstück günstig zu veräußern (München WM 84, 1397).
Vertragswidriger Gebrauch (Nr 2) begründet ohne weiteres die Kündigung. Eine Abmahnung ist nicht erfor- 5
derlich.
Tod des Entleihers (Nr 3), nicht derjenige des Verleihers (ggf aber Nr 1). 6

§ 606 Kurze Verjährung

¹Die Ersatzansprüche des Verleihers wegen Veränderungen oder Verschlechterungen der verliehenen Sache
sowie die Ansprüche des Entleihers auf Ersatz von Verwendungen oder auf Gestattung der Wegnahme einer
Einrichtung verjähren in sechs Monaten. ²Die Vorschriften des §§ 548 Abs. 1 Satz 2 und 3, Abs. 2 finden entsprechende Anwendung.

A. Allgemeiner Rechtsgedanke. Der Zweck der Vorschrift, die Abwicklung beendeter Gebrauchsüberlas- 1
sungsverträge schnell sicherzustellen, rechtfertigt ihre Anwendung unabhängig davon, ob die Gebrauchsüberlassung auf Miete, Leihe oder einer ihren sachnahen Nebenabrede in einer Vereinbarung anderen Vertragstyps beruht (BGH NJW 02, 1336) und ob diese Vereinbarung unwirksam ist (BGH NJW 67, 980:
Minderjährigkeit).
Aus demselben Grund findet § 606 auf Ansprüche aus unerlaubter Handlung, cic oder pVV (BGH NJW 64, 2
545; NJW 02, 1336) sowie Geschäftsführung ohne Auftrag entspr Anwendung.
§ 606 gilt auch im Verhältnis des mit dem Verleiher nicht identischen Eigentümers zum gutgläubigen Entlei- 3
her (Stuttg NJW 74, 1712; vgl auch BGH NJW 70, 1736) und zu Gunsten der in den Schutzbereich des Vertrages einbezogenen Dritten (BGH NJW 68, 694).
B. Ersatzansprüche des Verleihers. Da der Verjährungsbeginn an den Rückerhalt der Sache anknüpft (S 2 4
iVm § 548 I 2, 3), darf diese nicht vernichtet sein; es muss, wenn auch nur im Zustand wirtschaftlichen Total-
schadens, noch Sachsubstanz vorhanden sein (BGH NJW 68, 694: Kleinbus; NJW 81, 2406: Gebäude; Oldbg
MDR 82, 493: PkW).
Die Verjährungsregelung ist nicht auf Ansprüche wegen Veränderung und Verschlechterung der Leihsache 5
selbst beschränkt. Erfasst werden auch Schäden an weiteren Sachen, wenn sie in innerem Zusammenhang
mit der Nutzung des Leihobjekts stehen (BGH NJW-RR 04, 759).
C. Verjährung. Zum Beginn (I 2 iVm § 548 I 2, 3) vgl zunächst § 548 Rn 12, 13. Wurde dem Entleiher kein 6
Besitz verschafft, beginnt die Verjährung der Ersatzansprüche des Verleihers, sobald der Entleiher den
Gebrauch der Sache beendet hat und der Verleiher davon erfährt (BGH NJW-RR 04, 1566).

Titel 7 Sachdarlehensvertrag

§ 607 Vertragstypische Pflichten beim Sachdarlehensvertrag

(1) ¹Durch den Sachdarlehensvertrag wird der Darlehensgeber verpflichtet, dem Darlehensnehmer eine
vereinbarte vertretbare Sache zu überlassen. ²Der Darlehensnehmer ist zur Zahlung eines Darlehensentgelts
und bei Fälligkeit zur Rückerstattung von Sachen gleicher Art, Güte und Menge verpflichtet.
(2) Die Vorschriften dieses Titels finden keine Anwendung auf die Überlassung von Geld.

Das Sachdarlehensrecht ist durch die Schuldrechtsreform mit Wirkung ab 1.1.02 aus dem allgemeinen Dar- 1
lehensrecht ausgegliedert worden. Seine praktische Bedeutung ist gering.
Der Sachdarlehensvertrag begründet ein Dauerschuldverhältnis, bei dem die Pflicht zur Überlassung des Dar- 2
lehensgegenstandes und die Pflicht zur Zahlung des Entgelts im Gegenseitigkeitsverhältnis stehen.
Vertragsgegenstand sind vertretbare Sachen (§§ 90, 91), in der Praxis vor allem Wertpapiere und Mehrweg- 3
verpackungen (Paletten, Container). Für Geld, auch ausländisches, gelten die §§ 488 ff (II).
Überlassung bedeutet Verschaffung des Eigentums, nicht nur des Besitzes. Bei Wertpapieren in Sammelver- 4
wahrung (§ 5 DepotG) genügt die Abtretung (§§ 398, 412).

5 Höhe und Art des Darlehensentgelts ergeben sich aus dem Vertrag, hilfsweise aus §§ 315 ff. Die Entgeltlichkeit kann abbedungen werden, zB stillschweigend bei Überlassung von Mehrwegverpackungen. Zur Fälligkeit vgl § 609.
6 Der Darlehensnehmer hat am Ende der Vertragslaufzeit (vgl § 608) Sachen gleicher Art, Güte und Menge zurückzuerstatten, dh Eigentum und Besitz zu verschaffen. Die Pflicht entspricht der Überlassungspflicht des Darlehensgebers (I 2). Wertänderungen können nur durch eine Wertsicherungsklausel berücksichtigt werden. Für Rechts- und Sachmängel haftet der Darlehensnehmer analog §§ 434 ff (Palandt/*Putzo* Rn 9).

§ 608 Kündigung

(1) Ist für die Rückerstattung der überlassenen Sache eine Zeit nicht bestimmt, hängt die Fälligkeit davon ab, dass der Darlehensgeber oder der Darlehensnehmer kündigt.
(2) Ein auf unbestimmte Zeit abgeschlossener Sachdarlehensvertrag kann, soweit nicht ein anderes vereinbart ist, jederzeit vom Darlehensgeber oder Darlehensnehmer ganz oder teilweise gekündigt werden.

1 Die Pflicht zur Rückerstattung (§ 607 Rn 6) wird fällig mit Ablauf der vereinbarten Überlassungszeit, mangels Laufzeitvereinbarung mit der Kündigung des Darlehensvertrags durch eine Vertragspartei (I).
2 Die (ganze oder teilweise) Kündigung bei unbestimmter Laufzeit ist mangels vertraglicher Regelung ohne weitere Voraussetzung jederzeit zulässig und sofort wirksam (II). Auch bei bestimmter Laufzeit ist die außerordentliche Kündigung möglich (§ 314).

§ 609 Entgelt

Ein Entgelt hat der Darlehensnehmer spätestens bei Rückerstattung der überlassenen Sache zu bezahlen.

1 Mangels Vereinbarung ist das Darlehensentgelt bei Rückerstattung fällig.

§ 610

– *weggefallen* –

Titel 8 Dienstvertrag

§ 611 Vertragstypische Pflichten beim Dienstvertrag

(1) Durch den Dienstvertrag wird derjenige, welcher Dienste zusagt, zur Leistung der versprochenen Dienste, der andere Teil zur Gewährung der vereinbarten Vergütung verpflichtet.
(2) Gegenstand des Dienstvertrags können Dienste jeder Art sein.

1 **A. Zweck der Regelung.** § 611 I regelt die Grundverpflichtung der Parteien des Dienstvertrags, also des Dienstverpflichteten zur Dienstleistung und des Dienstberechtigten zur Vergütungszahlung. § 611 II stellt lediglich klar, dass Gegenstand des Dienstvertrags Dienste jeder Art sein können. § 611 gilt nur für privatrechtliche Dienstverhältnisse, nicht hingegen für öffentlich-rechtliche.

2 **I. Grundlagen.** Für das Dienstverhältnis gelten neben den Vorschriften des **allgemeinen Teils** für Rechtsgeschäfte und Verträge und denen des **allgemeinen Schuldrechts** für vertragliche Schuldverhältnisse auch die Regelungen zu gegenseitigen Verträgen, §§ 320 ff (MüKo/*Müller-Glöge* § 611 Rn 7). Erhält der Dienstverpflichtete daher keine Vergütung über den Vorleistungszeitraum (dazu § 614 Rn 1–3) hinaus, so steht ihm ein Leistungsverweigerungsrecht zu (vgl ArbG Hannover EzA Nr 6 zu § 273). Verstößt der Dienstberechtigte, namentlich der Arbeitgeber, gegen Arbeitsschutzvorschriften oder vertragliche Rücksichtnahmepflichten, so steht dem Dienstverpflichteten ein Zurückbehaltungsrecht gem § 273 zu. Bei berechtigter Leistungsverweigerung oder Zurückbehaltung der Dienstleistung gerät der Dienstberechtigte in Annahmeverzug, § 298, und hat die Vergütung gem § 615 fortzuzahlen. Der Grundsatz des § 326 I „ohne Arbeit kein Lohn" ist durch zahlreiche Spezialvorschriften in erheblichem Umfang durchbrochen (namentlich §§ 615, 616, ferner im Arbeitsverhältnis EFZG und BUrlG sowie Freistellungsregelungen bspw für Betriebs- oder Personalräte gem BetrVG oder PersVG). Ebenso gilt § 326 II, wenn der Dienstberechtigte die Unmöglichkeit der Dienstleistung schuldhaft herbeiführt. Die Rücktrittsrechte der §§ 323–326 sind durch die Kündigungsmöglichkeiten nach §§ 621, 622, 626, 627 ersetzt.

Dienstverhältnisse sind regelmäßig Dauerschuldverhältnisse, die nicht durch Erfüllung enden, sondern durch Ablauf der vereinbarten Zeit oder Kündigung (§ 620). 3

Die **Dienstleistung** hat der zu ihr Verpflichtete im Zweifel in Person zu erbringen (§ 613 S 1), und zwar in der Art, die er bei angemessener Anspannung seiner geistigen und körperlichen Kräfte auf die Dauer ohne Gefährdung seiner Gesundheit zu leisten imstande ist (BAG AP Nr 27 zu § 123 GewO; NZA 04, 784). Er muss die von ihm übernommenen Aufgaben erfüllen können; andernfalls kommt eine Haftung wegen Übernahmeverschuldens in Betracht. Er hat die im Verkehr erforderliche Sorgfalt zu beachten, wobei für Arbeitnehmer Haftungserleichterungen gelten (dazu Rn 88–90). 4

II. Abgrenzung des Dienstverhältnisses zu anderen Rechtsverhältnissen. 1. Werkvertrag. In der Praxis bedeutsam ist die Abgrenzung zwischen Dienstvertrag und Werkvertrag (§§ 631–651). Während der Dienstverpflichtete zur **Dienstleistung als solcher** verpflichtet ist, schuldet der Werkunternehmer als Arbeitsergebnis deren **Erfolg** (BGH NJW 02, 3323). Daher sieht das Werkvertragsrecht im Gegensatz zum Dienstvertragsrecht (BGH NJW 02, 1571) eine verschuldensunabhängige Gewährleistung bei Mangelhaftigkeit der geschuldeten Leistung, inbes auch eine Minderung der vereinbarten Vergütung wegen qualitativer Schlechtleistung (§ 638 I 1) vor. 5

2. Gesellschaftsvertrag. Während beim Dienstvertrag der Dienstverpflichtete allein für die Zwecke des Dienstberechtigten tätig ist und von diesem auch vergütet wird, schließen sich beim Gesellschaftsvertrag die Gesellschafter zur **Erreichung eines gemeinsamen Zwecks** zusammen (§ 705). Durch eine Erfolgs- oder Gewinnbeteiligung (Tantieme) wird der Dienstvertrag noch nicht zum Gesellschaftsvertrag; nicht mehr Dienstverpflichteter, sondern Gesellschafter ist aber, wer an Gewinn und stillen Reserven des Unternehmens beteiligt ist, gesellschaftsrechtlichen Bestandsschutz genießt und die Mitsprache- und Informationsrechte eines Gesellschafters hat (vgl BAG NZA 91, 392; MüKo/*Müller-Glöge* § 611 Rn 28 Juris-PK, § 611 Rn 74). 6

3. Geschäftsbesorgungsvertrag. Gegenstand des Dienstvertrags kann gem § 675 eine Geschäftsbesorgung sein, wenn der Dienstverpflichtete eine ursprünglich dem Dienstberechtigten obliegende selbständige wirtschaftliche Tätigkeit wahrnimmt (BGH NJW-RR 04, 989). Dazu gehört insbes die Wahrnehmung bestimmter Vermögensinteressen, zB Prozessvertretung, Vermögensverwaltung, Baubetreuung (Palandt/*Weidenkaff* Einf § 611 Rn 24; vgl § 675 Rn 9 ff, 35 ff). Dann finden gem § 675 I die §§ 663, 665–670, 672, 674 und ggf 671 II aus dem Auftragsrecht Anwendung. Auch im Arbeitsverhältnis sind analog § 675 die §§ 666, 667, 669, 670 anwendbar (vgl BAG GS NJW 62, 411; NZA 86, 324). 7

4. Dienstverschaffungsvertrag. Während beim Dienstvertrag der Dienstverpflichtete sich zur Erbringung der Leistung verpflichtet, **verschafft** er beim Dienstverschaffungsvertrag dem Dienstberechtigten **die Dienste oder Arbeit eines Dritten** und haftet für dessen Eignung zur vorausgesetzten Dienst- oder Arbeitsleistung (BGH NJW 71, 1129). Typische Dienstverschaffungsverträge sind Ordens- bzw Schwesterngestellungsverträge (BAG AP Nr 10 zu § 611 – „Rotes Kreuz"), die Vermietung von Flugzeugen mit Bedienungs- oder Wartungspersonal (BAG AP Nr 9 zu § 10 AÜG), die Überlassung eines Schiffes mit Besatzung (RGZ 69, 127, 129), ferner Arbeitnehmerüberlassungsverträge (MüKo/*Müller-Glöge* § 611 Rn 38), für deren gewerbsmäßige Ausübung das Arbeitnehmerüberlassungsgesetz (AÜG) erheblich einschränkende Regelungen enthält (namentlich eine Erlaubnispflicht, § 1 I 1 AÜG), die die Praxis gelegentlich durch werkvertragliche Gestaltungen zu vermeiden sucht. 8

5. Auftrag. Der Auftrag ist anders als der Dienstvertrag immer **unentgeltlich**, bei Entgeltlichkeit handelt es sich oft um einen Geschäftsbesorgungsvertrag. Gleichwohl ist das Kriterium der Unentgeltlichkeit als Abgrenzungskriterium nur bedingt geeignet, kennt die Rechtsordnung doch durchaus unentgeltliche Verträge wie etwa Volontär- oder Praktikantenverträge, auf die primär dienst- und arbeitsvertragliche Vorschriften anzuwenden sind (MüKo/*Müller-Glöge* § 611 Rn 34). 9

6. Öffentlich-rechtliche Dienstverhältnisse. Beamte, Richter und Soldaten arbeiten in öffentlich-rechtlich begründeten und gestalteten Dienstverhältnissen, für die nicht das allgemeine Arbeitsrecht gilt, sondern Sondervorschriften (vgl BBG, BRRG, DRiG und SG). 10

7. Vereinsmitgliedschaft. Auch ein **Mitgliedsbeitrag** (§ 58 Nr 2) kann in der Leistung von Diensten, auch in persönlicher Abhängigkeit, bestehen. Im Unterschied zum Dienstvertrag ist Rechtsgrund der Beitragsleistung jedoch nicht ein schuldrechtlicher gegenseitiger Austauschvertrag, sondern die Vereinssatzung mit der Beitragsabrede (Juris-PK, Rn 76). Die Beitragsleistung dient dazu, den Vereinszweck zu fördern. Auch die Begründung vereinsrechtlicher Arbeitspflichten darf allerdings nicht gegen §§ 134, 138 verstoßen und damit zwingende arbeitsrechtliche Schutzbestimmungen umgehen (vgl BAG NZA 02, 1412, 1414 zu Scientology). 11

8. Gemischte Verträge. Typische Dienstvertragspflichten werden häufig in einem gemischten Vertrag **mit anderen Pflichten verbunden**, so namentlich beim Krankenhausaufnahmevertrag oder beim Vertrag über die Aufnahme in ein Alters- und Pflegeheim. Die Gewährleistungen richten sich grds danach, welchem Vertragstyp die jeweilige Leistung zuzuordnen ist (BGH NJW 02, 1336, 1337). 12

13 **9. Einzelfälle.** Der **Arztvertrag**, also der Behandlungsvertrag zwischen dem Arzt (BGHZ 76, 259, 261) bzw dem Zahnarzt (BGHZ 63, 306; OLG Zweibrücken NJW 83, 2094; aA *Jakobs* NJW 75, 1437) und dem Patienten, ist regelmäßig ein **Dienstvertrag**, auch wenn Gegenstand die Durchführung einer bestimmten Operation ist (vgl BGH NJW 80, 1452), selbst wenn es sich dabei um eine kosmetische handelt (Ddorf NJW-RR 03, 89 f; Köln MDR 88, 317; aA erwägend MüKo/*Müller-Glöge* § 611 Rn 79). Eine verschuldensunabhängige Gewährleistung gibt es damit nicht. Nur bei der technischen Anfertigung von Prothesen, Korsetts, Fußstützen oder bei Laborleistungen richtet sich die Gewährleistung nach Werkvertragsrecht (BGHZ 63, 306). Der Vertrag zwischen (Chef-)Arzt und Klinik ist regelmäßig ein Arbeitsvertrag, beim Belegarzt dagegen ein verkehrstypisch gemischter Vertrag (BGH NJW 72, 1128). Auch zwischen Kassenarzt und Patient besteht ein Dienstvertrag, obwohl sich der Vergütungsanspruch nicht gegen den Patienten oder die Krankenkasse, sondern – auf öffentlich-rechtlicher Grundlage – gegen die kassenärztliche Vereinigung oder eine Ersatzkasse richtet (BGH NJW 99, 2731, 2732; BGHZ 47, 75). Dies folgt aus § 76 IV SGB V, wonach der Kassenarzt dem Kassenpatienten zur Sorgfalt nach den Vorschriften des bürgerlichen Vertragsrechts verpflichtet ist (MüKo/*Müller-Glöge* § 611 Rn 84). Bei Überweisung an einen anderen Arzt kommt ein neuer Dienstvertrag mit diesem zustande (BGH NJW 99, 2731, 2732 f). Für die Behandlung eines bewusstlosen Patienten gilt GoA (§§ 677 ff, MüKo/*Müller-Glöge* § 611 Rn 87).

14 **Krankenhausverträge** gibt es in **drei** typischen Ausgestaltungen (*Palandt/Weidenkaff*, Einf. § 611, Rn 19): Der **totale Krankenhausaufnahme-Vertrag** ist ein gemischter Vertrag mit mietvertraglichen (Raumüberlassung) und werkvertraglichen (Verpflegung), vorherrschend aber dienstvertraglichen (ärztliche Behandlung, Krankenpflege) Elementen (OLG Brandenburg NJW-RR 03, 1383). Für Behandlungsfehler haftet vertraglich nur das Krankenhaus. Beim **gespaltenen Arzt-Krankenhausaufnahme-Vertrag** schließt der Patient mit dem Arzt einen Behandlungsvertrag und mit dem Krankenhaus einen Krankenhausvertrag ohne ärztliche Behandlung (BGH NJW 95, 1611, 1615). Typisch ist dies für die Belegarztbehandlung. Für Behandlungsfehler haftet nur der Arzt, nicht das Krankenhaus. Beim **totalen Krankenhausaufnahme-Vertrag mit Arztzusatzvertrag** schließt der Patient über den totalen Krankenhausaufnahmevertrag hinaus einen Vertrag mit dem Arzt über zusätzliche Leistungen. Bei Behandlungsfehlern haften Krankenhaus und Arzt als Gesamtschuldner. Der BGH nimmt daher zum Schutz des Patienten im Zweifel diesen Vertragstyp an und nicht einen gespaltenen Arzt-Krankenhaus-Vertrag (BGHZ 95, 63, 68; BGH NJW 98, 1778, 1779). Abweichungen in vorformulierten Vertragsbedingungen sind nur in engen Grenzen möglich (BGHZ 121, 107).

15 Der Vertrag zwischen Bauherrn und **Architekten** ist, auch wenn Gegenstand nur Bauleitung oder Bauaufsicht ist, **Werkvertrag** (BGHZ 82, 100). Nur wenn die Tätigkeit des Architekten rein überwachender oder beratender Natur ist und nicht die Bauführung umfasst, kommt ein Dienstvertrag in Betracht. Der **Beratervertrag** ist typischerweise ein freier Dienstvertrag. Die **Bewirtung** einer Veranstaltung ist regelmäßig ein freier Dienstvertrag, auch wenn wirtschaftliche Rahmenbedingungen vom Veranstalter vorgegeben werden (BAG NZA 02, 787). Auch wenn der **Detektiv** das Ergebnis seiner Tätigkeit zusammenfassen soll, handelt es sich im Schwerpunkt um einen Dienstvertrag (BGH NJW 90, 2549). Ob **Forschungs- und Entwicklungsleistungen** Gegenstand eines Dienst- oder eines Werkvertrags sind, richtet sich danach, ob der Eintritt des Erfolgs mit entsprechender verschuldensunabhängiger Haftung oder aber nur ein den Regeln der Wissenschaft und Technik entsprechendes Vorgehen (zur Abgrenzung vgl BGH NJW 02, 3323) geschuldet sein soll. Der **Rechtsanwaltsvertrag** ist regelmäßig Dienstvertrag (BGH NJW 65, 106). Nur wenn der Anwalt ausschl einen Vertrag zu entwerfen oder ein Rechtsgutachten zu erstatten hat, kommt ein Werkvertrag in Betracht (BGH NJW 65, 106). Auch der **Steuerberatungsvertrag** ist grds Dienstvertrag (BGH NJW 97, 516; NJW 92, 307, 308). Bei konkreten Einzelaufträgen wie etwa der Erstellung des Jahresabschlusses oder bestimmter Bilanzen kommt ein Werkvertrag in Betracht (BGH NJW 92, 307, 308; NJW-RR 88, 1264). Beim **Wirtschaftsprüfer** gelten die gleichen Grundsätze. Namentlich die Prüfung einzelner Jahresabschlüsse (BGH NJW 00, 1107) oder einzelner Strukturierungen (BGH NJW 01, 360) kann auch Gegenstand eines Werkvertrags sein.

B. Arbeitsverhältnis. I. Abgrenzung zum freien Dienstverhältnis, Definition Arbeitnehmer und Arbeit-
16 **geber.** Praktisch wohl bedeutsamstes Dienstverhältnis ist das Arbeitsverhältnis. Es ist zwar in seinen Grundlagen in den §§ 611–630 geregelt, wird jedoch durch zahlreiche Spezialgesetze (vgl ArbZG, ArbPlSchG, AÜG, BErzGG, BetrVG, EFZG, HAG, KSchG, MuSchG, TVG) bestimmt. Es handelt sich typischerweise um Arbeitnehmerschutzvorschriften. Wegen der erheblichen Auswirkungen dieser Spezialgesetze ist die Abgrenzung des Arbeitsverhältnisses vom freien Dienstverhältnis von großer Bedeutung.

17 **1. Abgrenzungskriterien. a) im Arbeitsrecht.** Selbständig ist, wer **im Wesentlichen frei seine Tätigkeit gestalten und seine Arbeitszeit bestimmen kann** (vgl § 84 I 2 HGB). Dies gilt allgemein für die Abgrenzung von freien Dienstverhältnissen und Arbeitsverhältnissen (BAG NZA 04, 39). Ob ein Arbeitsverhältnis oder ein freies Dienstverhältnis besteht, hängt davon ab, wie die Beteiligten ihre Zusammenarbeit tatsächlich ausgestalten. Der Grundsatz der Vertragsfreiheit gestattet es nicht, ein Beschäftigungsverhältnis, das aufgrund objektiver Würdigung der Einzelumstände als Arbeitsverhältnis zu beurteilen ist, als freies Dienstverhältnis zu vereinbaren (BAG NZA 98, 1165, 1166). Bei der objektiven Würdigung der Einzelumstände ist sowohl auf den Vertragswortlaut als auch auf die tatsächliche Durchführung des Vertragsverhältnisses abzustellen.

Widersprechen sich der Vertragswortlaut und die tatsächliche Durchführung des Vertrags, ist letztere maßgebend (BAG NZA 1998, 594; NZA 04, 39 f).

18 Lässt sich aufgrund des Vertrags und der praktischen Durchführung keine eindeutige Klärung herbeiführen, so entscheidet der im Vertrag niedergelegte Wille der Parteien (BSG BB 81, 1581). Für ein Arbeitsverhältnis sprechen die **Weisungsgebundenheit** hinsichtlich Ort, Zeit und Art der Tätigkeit (BAG NZA 94, 1132; NZA 04, 39), die **Eingliederung** in eine **Betriebsorganisation** (BAG NZA 00, 1102; NZA 02, 1232), die **Einrichtung eines Arbeitsplatzes** für den Dienstverpflichteten (BAG DB 76, 392; DB 84, 2203), eine die **ganze Arbeitskraft** des Dienstverpflichteten bindende Tätigkeit (BAG AP Nr 4 zu § 611 – „Lehrer, Dozenten"), die Pflicht, die **Leistung** grds **persönlich** zu erbringen (BAG DB 98, 624) oder die **Überwachung** des Dienstverpflichteten, soweit dies für ihn mit nachteiligen Konsequenzen verknüpft ist. Indizien für ein freies Dienstverhältnis sind die enge Bindung der **Vergütung** an den tatsächlichen Erfolg der Tätigkeit (BSG BB 82, 806; einschränkend BAG DB 97, 2437), ein eigenes **Unternehmerrisiko**, jedenfalls dann, wenn dem Risiko auch unternehmerische Chancen gegenüberstehen (BSG NZA 91, 907), die freie Entscheidung des Dienstverpflichteten über die Annahme von **Aufträgen** des Dienstherrn (BAG NZA 92, 835) oder über die Ausübung von Nebentätigkeiten (BAG AP Nr 4 zu § 611 – „Lehrer, Dozenten") sowie die Möglichkeit, sich nach Belieben von anderen Personen vertreten zu lassen (BAG DB 98, 624; NZA 02, 787). Ein Indiz kann auch die **Eigenart der jeweiligen Tätigkeit** sein, wobei allerdings manche Tätigkeiten sowohl abhängig als auch frei erbracht werden können. Bei untergeordneten, einfachen Arbeiten ist eher eine Eingliederung in die fremde Arbeitsorganisation anzunehmen als bei gehobenen Tätigkeiten (BAG DB 97, 2437; BFHE 144, 225; 169, 154).

19 Die Beweislast für das Vorliegen eines Arbeitsverhältnisses trägt im Kündigungsschutzprozess der Dienstnehmer (BAG NJW 04, 461). Die Berufung des Dienstverpflichteten auf eine Arbeitnehmereigenschaft kann gegen **Treu und Glauben** (§ 242) verstoßen, wenn er sich in freier und unbeeinflusster Weise für dieses Rechtsverhältnis entschieden hat und er nicht dazu bereit gewesen wäre, dieselbe Tätigkeit zu den Bedingungen eines Arbeitsverhältnisses mit der branchen- oder tarifüblichen Vergütung zu verrichten (vgl ArbG Passau BB 98, 1266).

20 **b) im Steuerrecht.** Wird steuerrechtlich ein Arbeitsverhältnis angenommen, begründet dies die Pflicht des Arbeitgebers zur Abführung von Lohnsteuer gem § 41 a I 1 EStG. Die Abgrenzung folgt hier den vorgenannten arbeitsrechtlichen Kriterien.

21 **c) im Sozialversicherungsrecht.** Nicht identisch, aber im Wesentlichen deckungsgleich mit dem Arbeitsverhältnis ist das **sozialversicherungsrechtliche Beschäftigungsverhältnis** gem § 7 I SGB IV, welches die Pflicht des Arbeitgebers zur Abführung der Sozialversicherungsbeiträge (Leistung des Arbeitgeberanteils und Einbehalt sowie Abführung des Arbeitnehmeranteils) zur Renten-, Arbeitslosen-, Kranken- und Pflegeversicherung begründet. Über die zum Arbeitsrecht genannten Kriterien hinaus berücksichtigt die Sozialgerichtsbarkeit insbes auch, ob der Dienstnehmer ein eigenes Unternehmerrisiko trägt, dem entsprechende unternehmerische Chancen gegenüberstehen (BSG NZA 91, 907). Für die Ich-AG gem § 421 l SGB III besteht unter den Voraussetzungen des § 7 IV SGB IV eine Vermutung für Selbständigkeit. Der Fremdgeschäftsführer einer GmbH wird – anders als der Vorstand einer Aktiengesellschaft – sozialversicherungsrechtlich grds wie ein Arbeitnehmer behandelt (s.u. Rn 32 f). Die Beteiligten können gem § 7 a SGB IV zur Klärung des sozialversicherungsrechtlichen Status ein Statusverfahren bei der Bundesversicherungsanstalt für Angestellte beantragen.

22 **2. Einzelfälle.** Die Arbeitnehmereigenschaft wurde insbes für folgende Rechtsverhältnisse **bejaht**: Assessor in einer Anwaltskanzlei (BAG BB 76, 139), Chefarzt (BAG NJW 61, 2085), Croupier einer Spielbank, der seine Vergütung aus dem Tronc erhält (BAG AP Nr 1 und 2 zu § 611 – „Croupier"), Fleischbeschau-Tierarzt, selbst wenn sich seine Vergütung aus Anteilen an Gebühren zusammensetzt (BAG AP Nr 3 zu § 611 – „Fleischbeschauer-Dienstverhältnis"), Fußballlizenzspieler (BAG BB 72, 619; NZA 93, 750; NJW 96, 2388; *Kelber* NZA 01, 11 mwN; differenzierend zum Vertragsamateur BAG NZA 91, 308) und andere Berufssportler (*Hilpert* RdA 97, 92), Kundenberater (BAG NZA 99, 205), Lehrkräfte an privaten Schulen (BAG NZA-RR 04, 9), Lehrkraft, sofern sie aufgrund eines Lehrauftrags an allgemein bildenden Schulen unter Einschluss von Abendgymnasien tätig wird (BAG BB 72, 659; NJW 82, 1475; NZA 93, 174; NZA 97, 600), Mitarbeiter des fremdsprachlichen Dienstes einer Rundfunkanstalt (BAG BB 76, 271), Rundfunksprecher, jedenfalls dann, wenn sie dort aufgrund von Dienstplänen ständig eingesetzt werden (BAG NZA 95, 21; NZA 95, 622), Orchestermusiker (BAG BB 76, 184, zu Einschränkungen siehe BAG SAE 76, 252), angestellte Prokuristen, auch wenn sie Mitgeschäftsführer des Komplementär-GmbH einer GmbH & Co. KG sind (BGH NJW 95, 3338), hauptamtliche Mitarbeiter eines Vereins (BAG NJW 96, 143 zu Scientology), auch wenn sie besondere Vertreter im Sinne des § 30 sind (BAG NZA 97, 959), Werkstudenten (anders allerdings BAG AP Nr 28 zu § 611 – „Haftung des Arbeitnehmers" in einem Fall, bei dem sich der Auftrag auf die Überführung einzelner Kraftfahrzeuge beschränkte), Zeitungsboten (BAG AP Nr 1 zu § 7 BetrVG 1972).

23 **Keine Arbeitnehmer sind:** Aushilfstaxifahrer (BAG NZA 92, 36), Berufssportler, soweit sie weisungsfrei unternehmerisch tätig sind (namentlich Tennisprofis, vgl *Hilpert* RdA 97, 92, 95), Bildberichterstatter einer Zeitung, jedenfalls dann, wenn sie die Übernahme einzelner Fototermine auch ablehnen können (BAG NZA

92, 835), Dozenten an Volkshochschulen, es sei denn, dass die von ihnen geführten Kurse zu allgemeinen Schulabschlüssen führen (BAG DB 77, 1323; BB 82, 991; NZA 96, 477), DRK-Schwestern (BAG MDR 96, 75), Gastregisseure im Nebenberuf (BAG AP Nr 23 zu § 611 – „Abhängigkeit"), Gesellschafter (zur Abgrenzung im Einzelnen von *Hoyningen-Huene* NJW 00, 3233), gesetzliche Vertreter juristischer Personen (vgl unten Rn 31, 33) unter Einschluss auch von Geschäftsführern von Betriebskrankenkassen (BAG NJW 96, 3293), Helfer im freiwilligen sozialen Jahr (BAG NZA 93, 334), Kommissionäre, sofern nicht besondere Einschränkungen zur freien Gestaltung der Tätigkeit und Arbeitszeit vereinbart werden (BAG AP Nr 115 zu § 611 – „Abhängigkeit"), Kurierdienstfahrer eines Transportunternehmens, soweit sie im Wesentlichen weisungsfrei tätig sind (BAG NJW 02, 2123) sowie Lehrbeauftragte an Universitäten und Fachhochschulen (BAG NZA 94, 381).

24 Bei vielen Rechtsverhältnissen kommt es auf die **einzelne Vertragsgestaltung** an. **Frachtführer** (BAG NZA 99, 374, 376) und **Handelsvertreter** (BAG NJW 04, 461, 462) sind Selbständige, es sei denn, sie werden über das gesetzlich Gebotene (vgl § 418 bzw § 86 HGB) hinaus eingeschränkt. Ein **Künstler** ist Selbständiger, wenn er auch iRe Engagements seine Arbeitszeit noch im Wesentlichen frei gestalten kann (BAG AP Nr 114 zu § 611 – „Abhängigkeit"). Nicht programmgestaltende Mitarbeit von **Rundfunk- und Fernsehmitarbeitern** wird regelmäßig als Arbeitsverhältnis angesehen (BAG NZA 98, 705); bei programmgestaltenden Tätigkeiten ist die Zuweisung von Arbeiten in Dienstplänen ein starkes Indiz für ein solches (BAG NZA 01, 551; NZA 98, 705, 706). Abhängig von der Ausgestaltung ist der Status auch bei **sozialer Arbeit** (BAG NZA 96, 33; NZA 98, 873, 875 f), **Versicherungsvertretern** (BAG NZA 00, 534, 1162), wobei auch die Einfirmenvertretung der selbständigen Tätigkeit nicht entgegenstehen muss (BAG NJW 03, 2627, 2628), **Rechtsanwälten** (LAG Düsseldorf NZA-RR 02, 567 f) oder **Gebührenbeauftragten von Rundfunkanstalten** (BAG AP Nr 104 zu § 611 – „Abhängigkeit").

25 **3. Folgen einer fälschlichen Einordnung als freies Dienstverhältnis.** Wird ein Arbeitsverhältnis **fälschlich als freies Dienstverhältnis** eingeordnet (**Scheinselbständigkeit**), so gelten für den Arbeitnehmer die besonderen Schutzvorschriften des **Arbeitsrechts**. **Sozialversicherungsrechtlich** sind vom Arbeitgeber Sozialversicherungsbeiträge für das laufende Jahr und die vorangegangenen vier Jahre, bei vorsätzlicher Umgehung der Sozialversicherungspflicht sogar für 30 Jahre, nachzuzahlen (§ 28 e SGB IV, zur Verjährung siehe § 25 SGB IV und BayLSG DB 02, 904). Die Nachzahlung umfasst die Arbeitgeber- und Arbeitnehmerbeiträge. Letztere können gem § 28 g SGB IV nur bei den nächsten drei Lohn- oder Gehaltszahlungen nachgeholt werden, im Übrigen fallen sie dem Arbeitgeber alleine zur Last. Nur iRd Anfrageverfahrens nach § 7 a SGB IV kann der Abzug nach Unanfechtbarkeit der Statusentscheidung noch nachgeholt werden (§ 7 a VI SGB IV). **Steuerlich** entsteht für den Arbeitgeber die Lohnsteuerhaftung über § 42 d III 3 EStG iVm § 44 II 1 AO. Soweit für Arbeitnehmer Anteile zur Sozialversicherung vom Arbeitgeber ohne Abzug nach § 28 g SGB IV abgeführt werden mussten, sind diese geldwerter Vorteil des Arbeitnehmers und unterliegen als solche der Einkommensteuer, so dass auch hier Lohnsteuernachzahlungen entstehen können. Vom Mitarbeiter in Rechnung gestellte Umsatzsteuer kann das Unternehmen nicht mehr gem § 15 I UStG abziehen (vgl aber EuGH DStRE 00, 1166).

26 **4. Prozessuales.** Mit der **Statusklage** kann der Dienstverpflichtete, solange das Vertragsverhältnis besteht, auf Feststellung des Bestehens eines Arbeitsverhältnisses klagen (BAG AP Nr 78 zu § 256 ZPO 1977). Ist es allerdings beendet, so besteht das besondere Feststellungsinteresse für eine Statusklage nur, wenn mit der Feststellung des Arbeitsverhältnisses zugleich feststeht, dass eigene Ansprüche des Beschäftigten gerade aus dem Arbeitsverhältnis zumindest dem Grund nach noch bestehen (BAG NZA 02, 760). Stellt das Gericht fest, dass es sich um ein Arbeitsverhältnis gehandelt hat, hat der Arbeitgeber Anspruch auf Rückzahlung der Differenz zwischen den gezahlten Honoraren und dem, was als Arbeitsentgelt hätte gezahlt werden müssen (BAG NZA 02, 1328).

27 **II. Grundbegriffe des Arbeitsrechts. 1. Arbeitnehmer, Arbeitgeber, arbeitnehmerähnliche Person.** Zu den Begriffen Arbeitnehmer und Arbeitgeber s.o. Rn 17 f, zu Einzelfällen vgl Rn 22–24.

28 **Arbeitnehmerähnliche Personen** sind zwar keine Arbeitnehmer, da sie nur wirtschaftlich, nicht aber auch persönlich abhängig sind, bedürfen jedoch aufgrund ihrer wirtschaftlichen Abhängigkeit eines ähnlichen sozialen Schutzes (vgl § 12 a I Nr 1 TVG). Zu ihnen gehören unter anderem Heimarbeiter, Hausgewerbetreibende und ihnen Gleichgestellte, für die spezialgesetzlich das HAG gilt, Einfirmenvertreter mit geringem Einkommen, ggf auch Künstler und Schriftsteller. Für arbeitnehmerähnliche Personen sind die Arbeitsgerichte zuständig (§ 5 I 2 ArbGG), das TVG ist analog anwendbar (§ 12 a I TVG), ebenso das BUrlG (§ 2 S 2 BUrlG, dazu BAG 15. 11. 05, AZ 9 AZR 626/04 PM 69/05), das BetrAVG nach Maßgabe von § 17 I 2 BetrAVG, das ArbSchG (§ 2 II Nr 3 ArbSchG) und das Beschäftigtenschutzgesetz (§ 1 II Nr 1 BeschSchG). Formularverträge unterliegen der AGB-Kontrolle (dazu unten Rn 56 ff). Nicht anwendbar sind jedoch weitere zentrale Arbeitnehmerschutzvorschriften, namentlich das KSchG.

29 **2. Arbeiter, Angestellter, leitender Angestellter.** Bei Arbeitnehmern ist die Unterscheidung zwischen **Arbeitern**, die eine überwiegend körperliche Tätigkeit ausüben, und zwar regelmäßig als ausführende Tätigkeit in der Produktion/Technik, und **Angestellten**, die überwiegend geistige, dh kaufmännische oder büromäßige

Tätigkeiten sowie in Produktion/Technik leitende Tätigkeiten ausüben, im Wesentlichen obsolet. Einige Tarifverträge knüpfen jedoch noch an diese Unterscheidung an.
Wichtiger ist die Unterscheidung von einfachen und leitenden Angestellten. Letztere sind im Gegensatz zu 30 Organmitgliedern zwar noch Arbeitnehmer, für die jedoch zahlreiche Sondervorschriften gelten. Dabei wird der Begriff des leitenden Angestellten abhängig vom Zweck der Sonderregelungen – § 14 KSchG oder § 5 BetrVG – unterschiedlich definiert (vgl dazu Tschöpe/*Leuchten*, 1 A Rn 80 ff).

3. Organmitglieder. Der Anstellungsvertrag eines Organmitglieds ist idR **Dienst- und nicht Arbeitsvertrag** 31 (BGH NJW 00, 1864; BAG NZA 99, 839), so dass für Rechtsstreitigkeiten daraus die ordentlichen Gerichte und nicht die Arbeitsgerichte zuständig sind. Dies gilt grds auch nach Abberufung aus der Organstellung (BAG NZA 99, 839; NZA 94, 905, 906). Wird allerdings ein leitender Angestellter ohne weitere Änderung seines alten Arbeitsvertrage in eine Organstellung berufen, so kann das Arbeitsverhältnis für die Dauer der Bestellung ruhen und mit der Abberufung als Organ erneut wirksam werden (BAG NZA 94, 905, 906; vgl auch BAG 24.11.05, AZ 2 AZR 614/04 PM 73/05; BGH NZA 03, 439, 440).

Auch wenn der **Geschäftsführer** einer GmbH grds nicht Arbeitnehmer im Sinne der arbeitsrechtlichen Vor- 32 schriften (§ 5 I 1 BetrVG, § 14 I Nr 1 KSchG) ist, schließt dies ein abhängiges Beschäftigungsverhältnis iSd **Sozialversicherungsrechtes** nicht aus. Ein Fremdgeschäftsführer, der nicht am Stammkapital der Gesellschaft beteiligt ist, gilt grds als abhängig Beschäftigter der GmbH und damit als sozialversicherungspflichtig, es sei denn, die Gesellschafter lassen ihm bei der Ausführung seiner Tätigkeit völlig freie Hand (BSG NJW-RR 02, 758). Die Gesellschaft hat für ihn daher auch Arbeitnehmeranteile zur Arbeitslosen-, Renten- und ggf Kranken- und Pflegeversicherung abzuführen. Auch der Alleingesellschafter-Geschäftsführer kann gem. § 2 I Nr 9 SGB VI rentenversicherungspflichtig sein (BSG DB 06, 616; dazu Müller, DB 06, 614). Im **Insolvenzfall** werden die Forderungen des Geschäftsführers grds wie die eines Arbeitnehmers behandelt (BGH NZA 03, 439), wenn dieser nicht über eine erhebliche Minderheitsbeteiligung (mindestens 10 Prozent) wesentlichen Einfluss auf die Entschließungen der Gesellschafter ausübt (BGH NZA 04, 157, 159).

Beim **Vorstand** der **Aktiengesellschaft** scheidet wegen der in § 76 AktG bestimmten eigenverantwortlichen 33 Leitung der Gesellschaft ein Arbeitsverhältnis grds aus. Auch eine Sozialversicherungspflicht in der gesetzlichen Rentenversicherung (§ 1 S 4 SGB VI), Arbeitslosenversicherung (§ 27 I Nr 5 SGB III) sowie Kranken- und Pflegeversicherung (BSG DB 2000, 329).

4. Betrieb, Unternehmen, Konzern. Betrieb ist die organisatorische Einheit, innerhalb der der Unternehmer 34 allein oder in Gemeinschaft mit seinen Mitarbeitern unter Einsatz sachlicher oder immaterieller Mittel bestimmte arbeitstechnische Zwecke fortgesetzt verfolgt, die sich nicht in der Befriedigung des Eigenbedarfs erschöpfen (BAG NZA 04, 618). Auch Nebenbetriebe und Betriebsteile können nach Maßgabe von § 4 BetrVG einen Betrieb darstellen. Mehrere Unternehmen können gem § 1 I 2 BetrVG arbeitsrechtlich einen gemeinsamen Betrieb bilden oder unterhalten, sofern sie sich ausdrücklich oder konkludent-rechtlich miteinander verbunden haben und ein einheitlicher Leitungsapparat in den zentralen personellen und sozialen Bereichen besteht (BAG NZA 98, 876; NZA 04, 375). Von den vielen Auswirkungen des Betriebsbegriffs sind besonders wichtig die betriebsweite Reichweite der Sozialauswahl bei der betriebsbedingten Kündigung gem § 1 III KSchG und die Erstreckung der Zuständigkeit des Betriebsrats gem § 1 I BetrVG auf den Betrieb. Zum Betriebsbegriff bei § 613a s dort Rn 3.

Unternehmen ist der Rechtsträger, der einen oder mehrere Betriebe unterhält, bei juristischen Personen des 35 Privatrechts daher die juristische Person, bei OHG und KG die Personengesellschaft; auch BGB-Gesellschaften und eingetragene Vereine sowie Partnerschaftsgesellschaften kommen in Betracht. Das Unternehmen ist der Vertragspartner des Arbeitnehmers, bei der betriebsbedingten Kündigung sind anderweitige Beschäftigungsmöglichkeiten durch freie Arbeitsplätze unternehmensweit zu prüfen, auch ein etwaiger Gesamtbetriebsrat gem § 47 BetrVG und ein Wirtschaftsausschuss gem § 106 BetrVG sind auf Unternehmensebene zu bilden. Der arbeitsrechtliche Gleichbehandlungsgrundsatz gilt unternehmensweit.

Der **Konzern** bestimmt sich auch im Arbeitsrecht nach § 18 I AktG (vgl §§ 8 I 2 BetrVG, 54 I BetrVG, 5 Mit- 36 BestG). Der Konzern scheidet mangels Rechtssubjektivität als Arbeitgeber aus, der Begriff spielt jedoch eine Rolle bei konzernweiten Versetzungsklauseln (vgl BAG NZA 99, 539 ff m Anm *Lingemann/von Steinau-Steinrück* DB 99, 2161), erlaubnisfreier konzerninterner Arbeitnehmerüberlassung gem § 1 III Nr 2 AÜG und der Zuständigkeit des Konzernbetriebsrats gem § 54 I 1 BetrVG. Konzerndimensionaler Kündigungsschutz besteht nicht, sofern nicht über konzernweite Versetzungsklauseln Abweichendes vereinbart ist (BAG NZA 99, 539; dazu krit *Feudner* DB 02, 1106) oder sich mehrere Konzernunternehmen miteinander zu einem Gemeinschaftsbetrieb iSv § 1 I 2 BetrVG zusammengeschlossen haben (BAG AP Nr 29 zu § 23 KSchG 1969; EzA Nr 25 zu § 23 KSchG).

III. Rechtsquellen des Arbeitsverhältnisses. 1. Internationales Recht. Die internationalen Vereinbarun- 37 gen des Arbeitsvölkerrechts binden unmittelbar nur die vertragschließenden Staaten. Nach Ratifikation der Vereinbarung ist durch Auslegung zu ermitteln, inwieweit auch unmittelbar subj Rechte der Bürger begründet werden, wie bspw durch die Europäische Konvention zum Schutz der Menschenrechte und Grundfreiheiten vom 4.11.50 (Art 11 und 14) oder die Europäische Sozialcharta vom 18.10.61 (Teil II = Art 1–19). Auch das **Primärrecht** der EU enthält vorwiegend Zielvorgaben für die Mitgliedstaaten, Kompetenzregeln und die institutionellen Vorschriften, vereinzelt aber auch subj Rechte, wie das Verbot der Diskriminierung wegen der Staatsangehörigkeit (Art 39 II EGV) und wegen des Geschlechts (Art 141 EGV) wohl auch wegen Alters (EuGH, BB 05, 2748 – Mangold/Helm; dazu Bauer/Arnold, NJW 06, 6; Annuß, BB 06, 325). Davon abgeleitet ist das **Sekundärrecht**, dessen wichtigste Instrumente **VO** und **Richtl** sind (Art 249 EGV). Während die VO unmittelbare Geltung zwischen den Arbeitsvertragsparteien entfaltet, bedarf die Richtl hierfür grds zunächst der Umsetzung durch die Mitgliedstaaten (vgl Art 249 EGV). Ausnahmen sind vor allem in zwei Fällen denkbar: Zum einen sind Richtlinien auch schon vor ihrer Umsetzung iRd Auslegung nationalen Rechts zu berücksichtigen (sog richtlinienkonforme Auslegung, vgl EuGH NJW 84, 2021, 2022), wobei – wie bei jeder Auslegung – die Wortlautgrenze gilt (BAG NZA 03, 742). Zum anderen kann sich der Bürger im Verhältnis zum Staat nach ungenutztem Ablauf der Umsetzungsfrist unter bestimmten Voraussetzungen auf die Richtl berufen. Im Arbeitsrecht können sich auf diesem Wege einerseits unmittelbare Wirkungen zwischen öffentlichen Arbeitgebern und Arbeitnehmern ergeben (EuGHE 87, 3969, 3986; EuGH NZA 03, 506; BAG NZA 03, 742), andererseits kommen Schadensersatzansprüche betroffener Bürger gegen den säumigen Mitgliedstaat für gesetzgeberisches Fehlverhalten in Betracht (EuGH NJW 96, 3141; 96, 1267; 92, 165).

38 **2. Grundgesetz.** Die Grundrechte des Grundgesetzes sind mit Ausnahme von Art 9 III 2 GG im Arbeitsverhältnis zwar **nicht unmittelbar** anwendbar, strahlen jedoch über Generalklauseln wie §§ 138, 242, 307, 315, 626 und § 1 KSchG in das Zivilrecht aus (BVerfG NZA 03, 959 f; MüKo/*Müller-Glöge* § 611 Rn 279). So wird die Beschäftigungspflicht aus Art 1 I und Art 2 I GG (BAG GS AP Nr 14 zu § 611 – „Beschäftigungspflicht"; vgl unten Rn 91 ff), der arbeitsrechtliche Gleichbehandlungsgrundsatz aus Art 3 I GG (MüKo/*Müller-Glöge* § 611 Rn 1121), die Unwirksamkeit einer Zölibatsklausel aus Art 6 I GG (BAG NJW 57, 1688), das Kündigungsverbot nach Maßgabe des Mutterschutzgesetzes aus Art 6 II GG (BAG AP Nr 2 zu § 58 HGB-DDR) und das Verbot der Schlechterbehandlung von Müttern nichtehelicher Kinder bei der Kindergeldregelung aus Art 6 V GG (BAG AP Nr 77 zu Art 3 GG) hergeleitet. Die Glaubens-, Gewissens- und Bekenntnisfreiheit (Art 4 GG) kann die Ablehnung einer Arbeitsaufgabe aus Gewissensgründen rechtfertigen (vgl *Leuze* RdA 93, 16) oder ein Recht auf Gebetspausen begründen (LAG Hamm NZA 02, 1090, 1091 f). Art 12 I GG führt zu Einschränkungen bei der Vereinbarung von Wettbewerbsverboten (BAG NZA 95, 72) und von Rückzahlungsklauseln (BAG AP Nr 25 zu Art 12 GG; zuletzt BAG AP Nr 18 zu § 611 – „Ausbildungsbeihilfe"). Umstritten ist die Frage der Grundrechtsbindung der Tarifvertragsparteien (dafür BAG NZA 98, 715, 716; NZA 02, 917, 918; Einzelheiten bei MüKo/*Müller-Glöge* § 611 Rn 280 f).

39 **3. Gesetzliche Vorschriften.** Spezielle gesetzliche Vorschriften für Arbeitsverhältnisse finden sich namentlich im KSchG, TzBfG, BetrVG, ArbZG, TVG, EFZG, MuSchG, BErzGG, AüG, HAG, ArbPlSchG, ADG, GewO, ferner innerhalb des BGB (§§ 611 a, 611 b, 612 III, 612 a, 613 a, 619 a, 622, 623). Daneben gelten die (allgemeinen) Vorschriften über den Dienstvertrag (§§ 611–630), die allerdings durch Spezialregelungen verdrängt werden können (vgl zB § 109 iVm § 6 II GewO als Spezialregelung zu § 630), ferner gelten der allgemeine Teil des BGB (§§ 1–240), des Schuldrechts (§§ 241–432) sowie die Regelungen über gegenseitige Verträge (§§ 320–326), vgl dazu oben Rn 2. Unterhalb des Gesetzesrechtes finden sich vereinzelt Rechtsverordnungen, namentlich zur Ausführung arbeitsschutzrechtlicher, tarifvertraglicher oder betriebsverfassungsrechtlicher bzw personalvertretungsrechtlicher Gesetze (zB Wahlordnung zu § 126 BetrVG, Verordnung zur Durchführung des Tarifvertragsgesetzes zu § 11 TVG sowie die Verordnungen zu § 18 ArbSchG wie die BildschirmarbeitsVO). Für den Arbeitsschutz bedeutsam sind insbes die Unfallverhütungsvorschriften der Berufsgenossenschaften.

40 **4. Tarifvertrag.** Tarifverträge sind **Vereinbarungen zwischen Gewerkschaften** einerseits sowie **Arbeitgebern oder Vereinigungen von Arbeitgebern** andererseits (§ 2 I TVG). Daran **gebunden** sind die Mitglieder der Tarifvertragsparteien und der Arbeitgeber, wenn er selbst Partei des Tarifvertrags ist (§ 3 I TVG), im Falle der Allgemeinverbindlicherklärung des Tarifvertrags auch nicht tarifgebundene Arbeitgeber und Arbeitnehmer im Geltungsbereich des Tarifvertrags (§ 5 IV TVG). Für die Auslegung des normativen Teils von Tarifverträgen gelten die Regeln der Gesetzesauslegung (BAG EzA Nr 2 zu § 4 TVG Stahlindustrie; NZA 00, 1300), wobei im Zweifel derjenigen Tarifauslegung der Vorzug zu geben ist, die zu einer vernünftigen, sachgerechten, zweckorientierten und praktisch brauchbaren Regelung führt (BAG EzA Nr 2 zu § 4 TVG Stahlindustrie; NZA 00, 1300). Demgegenüber gilt der schuldrechtliche Teil nur zwischen den Tarifvertragsparteien unmittelbar.

41 Die Arbeitsvertragsparteien können im Arbeitsvertrag auf einen Tarifvertrag Bezug nehmen (**Bezugnahmeklausel**). Die Bezugnahme ist **statisch**, wenn sie nur eine bestimmte Fassung eines bestimmten Tarifvertrags in Bezug nimmt, oder dynamisch, wenn sie auf die jeweils gültige Fassung des bestimmten Tarifvertrags verweist („**kleine dynamische Klausel**", BAG NZA 05, 478; BAG BB 06, 386). Ist der Arbeitgeber tarifgebunden, so dienen vor dem 1.1.02 vereinbarte (BAG 14.12.05, AZ 4AZR 536/04 – PM 77/05) dynamische Bezugnahmeklauseln regelmäßig dazu, nicht organisierte und organisierte Arbeitnehmer gleichzustellen (BAG NZA 03, 442; NZA 03, 1207 – „Gleichstellungsabrede"). Das bedeutet: Im Falle einer Beendigung der Tarifbindung durch Verbandsaustritt des Arbeitgebers oder Betriebsübergang gilt bei einer kleinen dynamischen Klausel

der vereinbarte Tarifvertrag wegen der Gleichstellungsfunktion dieser Klausel nur noch statisch weiter, der Arbeitnehmer nimmt also an Tarifentwicklungen nach Beendigung der Tarifbindung des Arbeitgebers nicht mehr teil (BAG NZA 03, 933). Ist der Arbeitgeber bei Vertragsschluss jedoch nicht an den im Arbeitsvertrag genannten Tarifvertrag gebunden, so ändert die Beendigung der – anderweitigen – Tarifbindung nichts an der weiteren dynamischen Anwendbarkeit des in Bezug genommenen Tarifvertrags. Dasselbe soll wohl gelten für **ab dem 1.1.02 vereinbarte kleine dynamische Bezugnahmeklauseln** (so wohl BAG 14.12.05, AZ 4 AZR 536/04 – PM 77/05). Nimmt die Klausel kein konkretes Tarifwerk in Bezug, sondern verweist sie nur auf die für den Betrieb des Arbeitgebers einschlägigen Tarifverträge in ihrer jeweils gültigen Fassung, so handelt es sich im Zweifel um eine **Tarifwechselklausel**. Ändert sich der für den Betrieb geltende Tarifvertrag infolge eines Betriebsübergangs, einer Änderung des Betriebszwecks, einer räumlichen Verlegung des Betriebs oder durch den Abschluss eines Haustarifvertrags mit einer anderen Gewerkschaft, so wird der dadurch einschlägige Tarifvertrag auch durch die Tarifwechselklausel in Bezug genommen (BAG NZA 03, 390; anders bei lediglich nachwirkende Tarifverträge aber BAG NZA 98, 40, 42). Fehlt demgegenüber die ausdrückliche Vereinbarung, dass nur der jeweils für den Arbeitgeber einschlägige Tarifvertrag gemeint ist, und wird stattdessen ein konkreter Tarifvertrag bezeichnet, so kann die Verweisung nicht als Tarifwechselklausel ausgelegt werden (BAG NZA 03, 390; dazu *Bauer/Haußmann* DB 03, 610; in diese Richtung auch schon BAG DB 01, 763; DB 01, 1837; dazu *Haußmann* DB 01, 1839), es sei denn, dass auch nach dem normativen Tarifwechsel dieselbe Gewerkschaft zuständig bleibt.

5. Betriebsvereinbarung. Betriebsvereinbarungen sind **Vereinbarungen zwischen Betriebsrat und Arbeitgeber** (§ 77 I BetrVG). Normative Regelungen in Betriebsvereinbarungen gelten unmittelbar und zwingend für die vom Betriebsrat vertretenen Arbeitsverhältnisse (§ 77 IV 1 BetrVG). Sie sind wie Tarifverträge nach den für Gesetze geltenden Grundsätzen auszulegen (BAGE 39, 102; BAG EzA Nr 67 zu § 77 BetrVG 1972). Das Gesetzesrecht hat **Vorrang** vor den Rechtsnormen in Tarifverträgen und Betriebsvereinbarungen, soweit das Gesetz nicht Abweichungen ausdrücklich zulässt – ggf nur für Tarifverträge (§ 622 IV 1; § 13 I 1, II, III BUrlG). Der Tarifvertrag wiederum geht der Betriebsvereinbarung vor. Für die in § 87 I BetrVG genannten Gegenstände der zwingenden Mitbestimmung des Betriebsrats gilt dies jedoch nur, soweit der Arbeitgeber an einen entspr Tarifvertrag gebunden ist. Außerhalb der Mitbestimmungsgegenstände von § 87 I BetrVG gilt dies iRv § 77 III BetrVG für Arbeitsentgelte und sonstige Arbeitsbedingungen auch dann, wenn diese „üblicherweise" durch Tarifvertrag geregelt werden, dh, wenn über sie ein Tarifvertrag abgeschlossen worden ist und der Betrieb des Arbeitgebers in den räumlichen, betrieblichen, fachlichen und persönlichen Geltungsbereich dieses Tarifvertrags fällt, gleich, ob der Arbeitgeber tarifgebunden ist oder nicht (BAG AP Nr 11 zu § 77 BetrVG 1972 – „Tarifvorbehalt"). Im Kollisionsfalle greift iRv § 77 III und § 87 BetrVG auch nicht das Günstigkeitsprinzip, sondern allein die Regelung des Tarifvertrags. Außerhalb der Sperrwirkung der §§ 77 III, 87 I BetrVG richtet sich das Verhältnis zwischen Tarifvertrag und Betriebsvereinbarung hingegen nach dem **Günstigkeitsprinzip** (§ 4 III TVG); zugunsten des Arbeitnehmers darf die Betriebsvereinbarung also auch günstigere Regelungen als der Tarifvertrag enthalten. Das Günstigkeitsprinzip bestimmt auch das Verhältnis zwischen Tarifvertrag und Einzelarbeitsvertrag (§ 4 III TVG) und zwischen Betriebsvereinbarung und Einzelarbeitsvertrag (BAG GS NZA 1990, 816), soweit nicht der Arbeitsvertrag ausdrücklich betriebsvereinbarungsoffen gestaltet ist (BAG AP Nr 252 zu § 611 – „Gratifikation" für die Gesamtzusage).

6. Arbeitsvertrag. Wesentliche Rechtsquelle im Arbeitsverhältnis ist naturgemäß der Arbeitsvertrag, der **allein zwischen dem Arbeitnehmer und dem Arbeitgeber geschlossen** wird und ausschl im Verhältnis zwischen den Parteien dieses Vertrags gilt. Er enthält typischerweise Regelungen zum Vertragsbeginn, Gegenstand der geschuldeten Tätigkeit, ggf mit Versetzungsklausel, zur Arbeitszeit, Vergütung, Gratifikationen (zB Weihnachts- und Urlaubsgeld, Jubiläumszuwendungen), Über- und Mehrarbeit, Abtretungsausschluss für Vergütung und Kostenregelung bei Gehaltspfändungen, Arbeitsverhinderung, Entgeltfortzahlung im Krankheitsfall, Urlaub, Verschwiegenheitspflicht, Wettbewerbsverbot, Diensterfindungen, Nebenbeschäftigung, Vertragsstrafen, Kündigungsfrist, Freistellung, Vorschüsse und Darlehen, Vertragsänderung und Salvatorische Klausel, ggf Ausschlussfristen (Verfallfristen) und Bezugnahme auf Tarifverträge. Anspruchsbegründende Ergänzungen des Arbeitsvertrags können sich auch aus einer Gesamtzusage, also einer einseitigen Erklärung des Arbeitgebers etwa über das Intranet an die Belegschaft, ergeben (BAG ZIP 03, 1858; AP Nr 252 zu § 611 – „Gratifikation"; vgl dazu auch ErfK/*Preis* § 611 Rn 259).

7. Betriebliche Übung. Betriebliche Übung ist die **regelmäßige Wiederholung** bestimmter Verhaltensweisen des Arbeitgebers, aus denen die Arbeitnehmer schließen können, dass ihnen die aufgrund dieser Verhaltensweisen gewährten Leistungen oder Vergünstigungen auch künftig auf Dauer gewährt werden sollen (st Rspr, vgl BAG NZA 02, 632; Rsprsübersicht bei *Bepler* RdA 04, 226). So begründet die **mindestens dreimalige vorbehaltlose Gewährung** einer Gratifikation einen Anspruch auch für die Zukunft. Das Verhalten des Arbeitgebers wird als konkludente Willenserklärung angesehen, die von den Arbeitnehmern durch schlüssiges Verhalten angenommen wird; einer Annahmeerklärung bedarf es nach § 151 nicht. Es kommt nicht auf den Verpflichtungswillen des Arbeitgebers an, sondern darauf, wie der Arbeitnehmer das Verhalten des Arbeitgebers nach Treu und Glauben unter Berücksichtigung aller Begleitumstände verstehen durfte (st

Rspr, BAG NZA 01, 49; AP Nr 59 zu § 242 – „Betriebliche Übung"; NZA 04, 1152). Entscheidend sind die Art, Dauer und Intensität der Leistungen sowie die Zahl der Anwendungsfälle im Verhältnis zur Belegschaftsstärke (BAG NZA 04, 1152).

45 Eine betriebliche Übung scheidet allerdings aus, wenn ein **fehlender Bindungswille** des Arbeitgebers für die Arbeitnehmer **erkennbar** war, wie bspw bei jährlichen Gehaltsanpassungen entsprechend der tariflichen Entwicklung durch einen nicht tarifgebundenen Arbeitgeber (BAG NZA 02, 632 ff), bei einer ausdrücklichen Erklärung, dass die Gewährung keinen Leistungsanspruch für die Zukunft begründet – dem genügen Formulierungen wie „freiwillig unter Ablehnung eines Rechtsanspruchs für die Zukunft" (BAG DB 75, 2089) oder „ohne Anerkennung einer Rechtspflicht", nicht aber die Bezeichnung als „freiwillige Sozialleistung des Unternehmens" (BAG DB 03, 286; vgl auch BAG NZA 05, 349, 352) – oder wenn der Arbeitgeber erkennbar annimmt, zur Leistung verpflichtet zu sein (BAG DB 82, 2521). Auch die Vereinbarung einer **doppelten Schriftformklausel** verhindert die Entstehung einer betrieblichen Übung (BAG NZA 03, 1145; Lingemann SAE 05, 40). Eine betriebliche Übung entsteht nicht, solange eine andere individual- oder kollektivrechtliche Anspruchsgrundlage für die Leistungsgewährung besteht (BAG NZA 05, 349, 352; NZA 02, 276).

46 Diese Grundsätze gelten nicht für Arbeitsverhältnisse des **öffentlichen Dienstes**. Der Arbeitnehmer muss hier auch im Falle der langjährigen Gewährung einer Vergünstigung davon ausgehen, dass der öffentlich-rechtliche Arbeitgeber, der anders als der private unter anderem durch Haushaltspläne gebunden ist, sich auf Dauer nur zur Erbringung solcher Leistungen verpflichten will, die ihm rechtlich vorgeschrieben sind (BAG AP Nr 59 und Nr 67 zu § 242 – „Betriebliche Übung"). Ein Arbeitnehmer, der in einem in privatrechtlicher Form organisierten Unternehmen, für das die **Tarifverträge des öffentlichen Dienstes** gelten, arbeitet, kann Rechte aus Nebenabreden, die auf eine betriebliche Übung zurückgehen, nur dann herleiten, wenn diese schriftlich niedergelegt wurden (BAG AP Nr 59 zu § 242 – „Betriebliche Übung").

47 Als **Gegenstand** einer betrieblichen Übung kommen nahezu alle Leistungen des Arbeitgebers, insbes Gratifikationen (BAG BB 63, 938), aber auch betriebliche Altersversorgung (so jetzt ausdrücklich geregelt in § 1 b I 4 BetrAVG; vgl auch BAG DB 86, 2189; NZA 03, 875) in Betracht. Auch die Bezugnahme auf tarifvertragliche Regelungen kann Gegenstand betrieblicher Übung sein (BAG NZA 99, 879; NZA 02, 1096).

48 Ein einseitiger und nicht wirksamer vorbehaltener **Widerruf** der betrieblichen Übung durch den Arbeitgeber ist **nicht wirksam** (BAG AP Nr 47 zu § 242 – „Betriebliche Übung"). Eine einmal entstandene betriebliche Übung kann nur durch Änderungskündigung (BAG NZA 97, 1007, 1009), einvernehmlich (BAG NZA 96, 1323) oder eine abändernde betriebliche Übung (BAG NZA 05, 349, 352; 99, 1162) beseitigt werden. Letztere entsteht, wenn der Arbeitnehmer einem der betrieblichen Übung widersprechenden Verhalten des Arbeitgebers seinerseits über einen Zeitraum von 3 Jahren nicht widerspricht (BAG NZA 05, 349, 352). Unerheblich ist, ob der Arbeitnehmer eine entsprechende Erklärung durch sein Schweigen abgeben wollte (BAG NZA 97, 1007, 1009). Zahlt der Arbeitgeber daher drei Jahre lang aufgrund betrieblicher Übung geschuldetes Weihnachtsgeld ausdrücklich unter einem Freiwilligkeitsvorbehalt, so ist die betriebliche Übung geändert, sofern der Arbeitnehmer dem nicht widerspricht (BAG NZA 05, 349, 352; 99, 1162). Haben jedoch einzelne Arbeitnehmer der Änderung widersprochen, so gilt für sie die ursprüngliche betriebliche Übung fort (BAG NZA 97, 1007, 1008 f).

49 **IV. Anbahnung und Formalien des Arbeitsvertrags. 1. Anbahnung des Arbeitsvertrags.** Zur Klärung der Eignung des Bewerbers dient das **Vorstellungsgespräch**. Veranlasst der Arbeitgeber das Gespräch, so trägt er gem §§ 670, 662 die verkehrsüblichen und erforderlichen Auslagen, nicht aber Zeitaufwand und Verdienstausfall (BAG DB 77, 1193; NZA 89, 468). Der Arbeitgeber kann die Kostenübernahme durch einen klaren Hinweis bei der Aufforderung zur Vorstellung ausschließen (ArbG Kempten BB 94, 1504; ErfK/*Müller-Glöge* § 629 Rn 27).

50 Zulässige Fragen muss der **Bewerber** wahrheitsgemäß beantworten, andernfalls kann der Arbeitgeber den Arbeitsvertrag wegen arglistiger Täuschung gem § 123 anfechten oder gem § 626 kündigen, wenn die wahrheitswidrige Antwort für die Einstellung kausal war und der Bewerber dies wissen oder erkennen musste (BAG NZA 94, 407; zu Einzelheiten *Bauer/Lingemann/Diller/Haußmann* Kap 1 und Kap 21). Nicht (mehr) zulässig ist die **Frage nach der Schwangerschaft** wegen § 611a (EuGH NZA 00, 255, 256 (Malburg); BAG BB 93, 433), auch dann, wenn die schwangere Bewerberin zur Vertretung einer schwangeren Arbeitnehmerin eingestellt wird (vgl EuGH DB 01, 2451 (Teledanmark) m Anm *Thüsing*; *Trümner* FA 03, 34 f). Gem § 81 II 1 SGB IX, der dem Arbeitgeber die Benachteiligung schwerbehinderter Arbeitnehmer verbietet, dürfte nunmehr auch die **Frage nach der Schwerbehinderung** unzulässig sein, es sei denn, dass das Fehlen der Schwerbehinderung eine wesentliche und entscheidende berufliche Anforderung für die Tätigkeit ist; die frühere Rspr des BAG, die Fragen nach der Schwerbehinderung uneingeschränkt zuließ (vgl nur DB 96, 580; DB 99, 852 f), ist damit wohl obsolet (zum Streitstand siehe *Bauer/Lingemann/Diller/Haußmann* S 7 Fn 2 und ErfK/*Rolfs* § 81 SGB IX Rn 6). **Einstellungsfragebögen** bedürfen der Zustimmung des Betriebsrats nach § 94 I BetrVG. Auch für die Einstellung als Beginn der Tätigkeit – nicht für den Abschluss des Arbeitsvertrags – ist die Zustimmung des Betriebsrats erforderlich (§ 99 I 1 BetrVG). Dabei sind dem Betriebsrat auch die Unterlagen abgelehnter Bewerber vorzulegen (BAG NZA 05, 827, 828).

Vertragstypische Pflichten beim Dienstvertrag § 611

2. Der Vertragschluss. Der **Arbeitsvertrag** ist grds **formfrei**, § 105 GewO. gem § 2 NachwG hat der Arbeitgeber jedoch spätestens einen Monat nach dem vereinbarten Beginn des Arbeitsverhältnisses die wesentlichen Vertragsbedingungen schriftlich niederzulegen, die Niederschrift zu unterzeichnen und dem Arbeitnehmer auszuhändigen. Die aufzunehmenden Punkte ergeben sich aus § 2 NachwG. Gem § 2 III NachwG können die Vorgaben zum Arbeitsentgelt, zur Arbeitszeit, zum Erholungsurlaub und zu den Kündigungsfristen allerdings auch durch Bezugnahme auf die einschlägigen Tarifverträge, Betriebs- und Dienstvereinbarungen und ähnliche Regelungen, die für das Arbeitsverhältnis gelten, ersetzt werden. Eine Verletzung der **Nachweispflicht** durch den Arbeitgeber berührt die Wirksamkeit des Arbeitsvertrags zwar nicht, sie kann jedoch zu Beweiserleichterungen bis hin zur Beweislastumkehr zu Gunsten des Arbeitnehmers (vgl *Hohmeister* BB 98, 587; LAG Köln LAGE Nr 4 zu § 2 NachwG) und zu Schadensersatzansprüchen des Arbeitnehmers (BAG NZA 02, 800) führen. Da der Arbeitsvertrag kein höchstpersönliches Rechtsgeschäft ist, kann er auch durch einen **Bevollmächtigten** geschlossen werden (Palandt/*Weidenkaff* § 611 Rn 4). 51

Soweit für Minderjährige als Arbeitgeber nicht § 112 I 1 und als Arbeitnehmer nicht § 113 I 1 gilt, ist für den Abschluss des Arbeitsvertrags die **Zustimmung** des gesetzlichen Vertreters notwendig. 52

3. Rechtsmängel des Vertrags. Auch für den Arbeitsvertrag gelten die §§ 134 und 138. Typische Anwendungsfälle von § 134 sind etwa Verstöße gegen europa- und verfassungsrechtliche Grundrechte (zB geschlechtsbezogene Ungleichbehandlung entgegen Art 141 EGV und Art 3 GG, BAG NZA 96, 653) oder nationale Verbotsgesetze (zB das Benachteiligungsverbot des § 4 TzBfG, BAG BB 97, 262) sowie das Nichtvorliegen öffentlich-rechtlicher Erlaubnisse (zB einer Arbeitserlaubnis, ErfK/*Preis* § 611 Rn 171). Ein Verstoß gegen ein öffentlich-rechtliches **Beschäftigungsverbot** (zB nach § 3 MuSchG) führt hingegen nicht zur Nichtigkeit des Arbeitsvertrags nach § 134, sondern nur zu einem Ruhen der vertraglichen Hauptpflichten; Nebenpflichten und Betriebszugehörigkeit bleiben aufrechterhalten (BAG AP Nr 13 zu § 611 – „Sachbezüge", Bl 490, 491 R ff; ErfK/*Schlachter* § 3 MuSchG Rn 2). Typische Fälle eines Verstoßes gegen § 138 sind auf **sittenwidrige Leistung** gerichtete Arbeitsverträge (BAG DB 76, 1680, 2479) oder die Überwälzung des **Betriebs- oder Wirtschaftsrisikos** auf den Arbeitnehmer durch Vereinbarung einer Verlustbeteiligung (BAG DB 91, 659), einer ausschl erfolgsorientierten Vergütung, wenn der Arbeitnehmer aus betrieblichen Gründen gar nicht in der Lage ist, den monatlichen Provisionsabschlag zu verdienen (LAG Berlin LAGE Nr 1 zu § 138; vgl auch LAG Hamm ZIP 90, 881) oder eine übermäßige Vertragsbindung für den Arbeitnehmer (LAG Hamm DB 89, 783). Wucher iSd § 138 II liegt allerdings noch nicht vor bei Unterschreitung des tarifmäßigen Lohns, sondern nur bei einem auffälligen Missverhältnis vom allgemeinen Lohnniveau für vergleichbare Tätigkeiten (BAG NZA 04, 971), das möglicherweise bei 2/3 der tariflichen Vergütung einsetzt (BGH BB 97, 2166 f zum **Wucher**straftatbestand des alten § 302 a I 1 Nr 3 StGB, heute § 291 I 1 Nr 3 StGB; LAG Berlin LAGE Nr 1 zu § 302 StGB; offen gelassen von BAG NZA 04, 971, 972 f). Theoretisch kann auch ein Tariflohn nach § 138 sittenwidrig sein, wenn es sich dabei um einen „Hungerlohn" handelt (BAG NZA 04, 971 Orientierungssatz 4). 54

Folge der **Nichtigkeit** einzelner Vertragsregelungen ist regelmäßig nicht die Nichtigkeit des gesamten Vertrags gem § 139. Wird von einer zwingenden gesetzlichen Regelung gem § 134 abgewichen, so gilt diese. Häufig hilft die Rspr auch mit einer ergänzenden Vertragsauslegung zu Gunsten des durch die Vertragsgestaltung benachteiligten Arbeitnehmers, etwa mit einer „Anpassung nach oben" bei Verstößen gegen den Gleichheitsgrundsatz (vgl BAG BB 92, 2431; NZA 96, 653, 655). Bei Willensmängeln oder arglistiger Täuschung kommt auch eine Anfechtung des Arbeitsvertrags in Betracht (dazu § 620 Rn 3 und oben Rn 50). Ein nichtiger oder angefochtener Vertrag ist vor Vollziehung des Arbeitsvertrags von vornherein nichtig (BAG DB 98, 2618). Nach Aufnahme der Tätigkeit besteht hingegen ein **faktisches Arbeitsverhältnis**, dh, der Arbeitnehmer behält für die Vergangenheit alle Ansprüche, die ihm auch aus einem fehlerfreien Arbeitsvertrag zugestanden hätten, das Arbeitsverhältnis kann jedoch mit Wirkung für die Zukunft ohne Einhaltung von Fristen durch einseitige Erklärung beseitigt werden (BAG NJW 84, 446). Allerdings scheidet ein faktisches Arbeitsverhältnis aus, wenn das Arbeitsverhältnis zwischenzeitlich außer Funktion gesetzt wurde, namentlich wegen einer Erkrankung des Arbeitnehmers. Dann wirkt etwa die Anfechtung auf den Zeitpunkt zurück, zu dem das Arbeitsverhältnis außer Funktion gesetzt wurde (BAG NZA 99, 584). 55

4. AGB-Kontrolle und Arbeitnehmer als Verbraucher. a) AGB-Kontrolle. Die AGB-Kontrolle gilt für seit dem 1.1.02 geschlossene Verträge und seit dem 1.1.03 auch für Altverträge (Art 229 § 5 EGBGB), für letztere allerdings mit der Maßgabe, dass den Interessen der Vertragspartner im Wege einer ergänzenden Vertragsauslegung Rechnung getragen wird (BAG AP Nr 1 zu § 308). 56

Bei der AGB-Kontrolle sind nach § 310 IV 2 die **Besonderheiten des Arbeitsrechts** – und zwar bei jeder Form von Arbeitsverhältnissen – zu berücksichtigen. Dabei ist unerheblich, ob die Norm ausschl auf Arbeitsverhältnisse Anwendung findet. Entscheidend ist allein, dass es sich um eine abweichende Regelung im Vergleich zu den Grundsätzen des bürgerlichen Rechts handelt. Dementsprechend hat das BAG trotz § 309 Nr 6 die Vereinbarung einer **Vertragsstrafe** für den Fall des Nichtantritts des Arbeitnehmers zur Arbeit als wirksam angesehen: Da eine Besonderheit des Arbeitsrechts ist, dass der Arbeitgeber wegen § 888 III ZPO die ihm geschuldete Arbeitsleistung nicht durchsetzen kann, besteht das Bedürfnis, ihm ein geeignetes Sanktionsinstrument an die Hand zu geben (BAG NZA 04, 727, 731 f; NZA 04, 1740). Nach § 310 IV 2 ist auch die Anwendung von § 305 II und III ausgeschlossen. 57

58 Ob **Versetzungsklauseln** Ort und Art der Tätigkeit, an den bzw auf die versetzt werden soll, und die Voraussetzungen für die Versetzung wiedergeben müssen, ist str (dafür *Schrader/Schubert* NZA-RR 05, 169, 176; aA Küttner/*Reinecke* Nr 439 Rn 3). Einseitige Leistungsbestimmungsrechte/**Widerrufsvorbehalte** bei der Vergütung sind nach § 308 Nr 4 nur zulässig, wenn der widerrufliche Anteil am Gesamtverdienst nicht mehr als 25 bis 30 % beträgt, der Tariflohn nicht unterschritten wird, die Kürzung angemessen ist und die Klausel den Widerrufsgrund (zB wirtschaftliche Gründe, Gründe der Leistung oder des Verhaltens des Arbeitnehmers) möglichst konkretisiert ausdrücklich nennt (BAG AP Nr 1 zu § 308). Beim Rücktrittsvorbehalt muss der Rücktrittsgrund mit hinreichender Deutlichkeit angegeben werden und ein sachlich gerechtfertigter Grund für seine Aufnahme in die Vereinbarung bestehen (BAG DB 05, 2823). **Vertragsstrafenabreden** für den Fall des Nichtantritts oder der vorzeitigen vertragswidrigen Kündigung sind zulässig. Eine Vertragsstrafe von einem Bruttomonatsgehalt begegnet dabei grds keinen Bedenken, sofern sie die Vergütung bis zum nächst zulässigen Beendigungszeitpunkt nicht überschreitet (BAG NZA 04, 727, 733 f). Einseitige **Ausschlussfristen** sind nach Maßgabe von § 307 unwirksam (BAGBB 06, 443), beidseitige Ausschlussfristen allerdings auch in Form zweistufiger Ausschlussfristen zulässig, wobei eine Mindestfrist von drei Monaten für die Geltendmachung vorzusehen ist (BAG AuA 05, 430; NZA 06, 149). Ob durch Formularvertrag ein Recht des Arbeitgebers, den Arbeitnehmer nach Ausspruch einer Kündigung bezahlt von der Arbeitsleistung **freizustellen**, wirksam begründet werden kann, ist nach wie vor str (ausf s.u. Rn 92).

59 Wird in einem Arbeitsvertrag auf den Tarifvertrag Bezug genommen (dazu s.o. Rn 41), so unterliegt die **Bezugnahmeklausel** selbst der **AGB-Kontrolle** gem § 310 IV 3 iVm § 307 III, wobei die Bezugnahme auf ein Tarifwerk als Ganzes wohl kontrollfrei zulässig sein dürfte, auch wenn es sich um einen branchenfremden Tarifvertrag handelt, die Bezugnahme auf einzelne Klauseln eines Tarifvertrags hingegen unterliegt der Billigkeitskontrolle (vgl *Thüsing/Lambrich* NZA 02, 1361, 1362). Auch bei Bezugnahme auf ein einschlägiges Tarifwerk als Ganzes wird jedoch nach Maßgabe von § 305 c II ausgelegt (so jetzt einschränkend zur Gleichstellungsabrede, oben Rn 41, BAG v. 14.12.05, 4 AZR 536/04, PM 77/05), ebenso die Vereinbarung der Vergütung (zur Auslegung als dynamische Verweisung BAG NZW 06, 202).

60 ZT wird aus § 310 IV 3 iVm § 307 III 1 eine Angemessenheitskontrolle der **Vergütungshöhe** in vorformulierten Arbeitsverträgen anhand von Tarifverträgen gefordert (vgl *Däubler* NZA 01, 1335; *Lakies* NZA-RR 02, 337). Eine solche „Preiskontrolle" lässt sich jedoch schon dem Wortlaut der genannten Vorschriften nicht entnehmen und verstößt gegen die negative Koalitionsfreiheit (vgl *Lingemann*, NZA 02, 189). Daneben sind eine Vielzahl von Klauseln str, zu denen noch keine höchstrichterliche Rspr vorliegt (Einzelheiten dazu bei *Schrader/Schubert* NZA-RR 05, 169 ff mwN).

61 **b) Der Arbeitnehmer als Verbraucher.** Der Arbeitnehmer ist **Verbraucher** iSv § 13. Daher findet die AGB-Kontrolle gem § 310 III auch dann statt, wenn die vom Arbeitgeber vorformulierte Regelung nur zur einmaligen Verwendung bestimmt war (BAG NZA 05, 1111, 1115 f).
Ein Widerrufsrecht gem §§ 312 I 1 Nr 1, 355 steht dem Arbeitnehmer aber trotz des Wortlauts von § 312 weder für den Abschluss noch für die Aufhebung des Arbeitsvertrags zu (BAG AP Nr 1 und Nr 2 zu § 312; AP Nr 27 zu § 620 – „Aufhebungsvertrag").

V. Rechte und Pflichten aus dem Arbeitsverhältnis. 1. Arbeitspflicht des Arbeitnehmers/Dienstverpflichte-
62 **ten.** Die Arbeitspflicht ist Hauptpflicht des Arbeitnehmers/Dienstverpflichteten, die gem § 613 S 1 im Zweifel persönlich zu leisten und nicht vererblich ist. Als Fixschuld ist sie regelmäßig nicht nachholbar.

63 **a) Art und Umfang der Arbeitspflicht.** Im Arbeitsverhältnis bestimmt der Arbeitgeber über das Weisungsrecht (§ 106 GewO), begrenzt durch die vertragliche Vereinbarung, die **Art** der Leistung, der Dienstnehmer bestimmt demgegenüber weisungsungebunden die Art der Erfüllung der vertraglich vereinbarten Leistung. Der **Umfang** der Arbeitsleistung richtet sich nach dem Vertrag; der Arbeitnehmer schuldet nur diejenige Arbeitsleistung, die er bei angemessener und damit auf Dauer ohne Gesundheitsgefährdung möglicher Ausschöpfung seiner Fähigkeiten und Kräfte nach seinem persönlichen und subj Leistungsvermögen erbringen kann (BAG NJW 04, 2545). Bleibt er dahinter allerdings deutlich zurück, kann dies eine personenbedingte Kündigung rechtfertigen (vgl § 620 Rn 71).

64 **b) Ort der Arbeitsleistung.** Der **Ort** der Arbeitsleistung wird grds durch die Vorgaben im Arbeitsvertrag bestimmt, § 2 I 2 Nr 4 NachwG. Haben sich die Parteien dort auf einen bestimmten Arbeitsort festgelegt, so kann dieser nur im Wege einer Vertragsänderung oder Änderungskündigung abgeändert werden. Findet sich im Arbeitsvertrag allerdings keine Regelung, so ist es dem Arbeitgeber nur sehr eingeschränkt möglich, den Arbeitnehmer an einen anderen Ort zu versetzen. Zulässig ist unter anderem der Einsatz einer Raumpflegerin an einem anderen Reinigungsort (LAG Berlin DB 88, 1228) oder die Versetzung eines Filialleiters in eine andere Filiale, nicht aber um mehr als 100 km vom alten Tätigkeitsort (BAG DB 73, 1304 f für eine Versetzung von Tübingen nach Freiburg; vgl. auch ErfK/*Ascheid* § 2 KSchG Rn 20, 21).

65 **c) Zeit der Arbeitsleistung.** Der zeitliche **Umfang** der Arbeitsleistung richtet sich nach dem Arbeitsvertrag, § 2 I 2 Nr 7 NachwG, wobei die Grenzen des ArbZG zu beachten sind. Die **Lage** der Arbeitszeit ist Kerngegenstand des Weisungsrechtes des Arbeitgebers; bei kollektiven Tatbeständen besteht allerdings ein Mitbe-

stimmungsrecht des Betriebsrats gem § 87 I Nr 2 BetrVG (vgl BAG AP Nr 111 zu § 87 BetrVG 1972 – „Arbeitszeit"). Eine Pflicht zur Leistung von Überstunden besteht nur bei vertraglicher Vereinbarung (zu formularvertraglichen Arbeitszeiterhöhungsklauseln vgl BAG NZA 06, 40), die Beweislast für Überstunden trägt im Vergütungsrechtsstreit der Arbeitnehmer (BAG NZA 94, 837). Mehrarbeit ist Arbeitsleistung über gesetzliche oder tarifliche Höchstarbeitszeiten hinaus. Pauschalabgeltung von Überstunden und/oder Mehrarbeit ist im Arbeitsvertrag in den Grenzen des § 307 zulässig (Formulierungsvorschläge bei *Kleinebrink*, ArbRB 06, 21, *Bauer/Lingemann/Diller/Haußmann* S 60f; *Preis*, Arbeitsvertrag, S 1080ff. Kurzarbeit ist demgegenüber die Herabsetzung der im Betrieb üblichen Arbeitszeit und bedarf, soweit nicht im Arbeitsvertrag ausdrücklich vorbehalten, der Vertragsänderung. Einseitig kann der Arbeitgeber Kurzarbeit einführen über eine Änderungskündigung oder nach § 19 KSchG mit Genehmigung der Bundesagentur für Arbeit; ein Mitbestimmungsrecht gem § 87 I Nr 3 BetrVG besteht in jedem Falle.

d) Weisungsrecht des Arbeitgebers. In den Grenzen von § 106 GewO kann der Arbeitgeber Inhalt, Ort und 66 Zeit der Arbeitsleistung nach billigem Ermessen näher bestimmen, soweit diese nicht durch den Arbeitsvertrag, Betriebsvereinbarung, anwendbaren Tarifvertrag oder gesetzliche Vorschriften festgelegt sind. Für das billige Ermessen gilt § 315. Das Direktionsrecht erweiternde Klauseln sind in den Grenzen der §§ 305 ff zulässig, einseitige Eingriffe des Arbeitgebers in das Synallagma aufgrund einseitiger Leistungsbestimmungsrechte im Arbeitsvertrag jedoch nur unter engen Voraussetzungen (vgl dazu BAG AP Nr 1 zu § 308).

e) Prozessuales. Die Erfüllung der Dienstpflicht kann zwar eingeklagt werden, vollstreckbar ist sie jedoch 67 nur bei vertretbaren Dienstleistungen, § 887 ZPO, ansonsten wegen § 888 III ZPO nicht. Ein etwaiger Vertragsstrafenanspruch (zur Vereinbarung in Formularverträgen s.o. Rn 57f) kann gem § 61 II ArbGG gemeinsam mit dem Anspruch auf Erbringung der Arbeitsleistung gerichtlich geltend gemacht und tituliert werden (vgl GK-ArbGG/*Schütz* § 61 Rn 36ff).

2. Vergütungspflicht des Arbeitgebers/Dienstberechtigten. Die Zahlung der Vergütung für die Arbeitsleis- 68 tung des Arbeitnehmers ist Hauptleistungspflicht des Arbeitgebers/Dienstberechtigten.

a) Anspruchsgrundlage der Vergütung. Der Anspruch ergibt sich meist aus der Vereinbarung im Arbeits- 69 vertrag oder aus Tarifvertrag. Fehlt eine Vereinbarung oder ist diese – etwa gem §§ 134, 138 – unwirksam, so ist gem § 612 II Alt 2 regelmäßig die übliche Vergütung geschuldet (zur Fälligkeit der Vergütung vgl § 614 Rn 1–3). Nebenpflicht zur Vergütungszahlung ist die Verpflichtung des Arbeitgebers, über die Vergütung schriftlich abzurechnen.

b) Ausgestaltung der Vergütung. Die häufigste Vergütungsform, die **Festvergütung** nach Zeitabschnitten 70 (Vergütung nach Stunden, Wochen, Monaten oder auch Jahren), ist unabhängig vom Erfolg der Tätigkeit innerhalb der Zeiträume geschuldet. Die **Akkordvergütung** bestimmt sich allein nach der erbrachten Leistung (berechnet nach Arbeitsmengeneinheiten, z.B Stückzahl, Gewicht) als Geldakkord oder als Zeitakkord nach festen Vorgabezeiten als Verrechnungsfaktor. Leistungsbezogen sind auch **Prämien**, die sich allerdings auch nach bestimmten zeitlichen Leistungen richten können, oder **Provisionen**. Neben der Grundvergütung kommen in Betracht übertarifliche Zulagen, Zuschläge, Tantiemen, Prämien, Gratifikationen wie etwa Weihnachts- und Urlaubsgeld sowie Jubiläumszuwendungen, Dienstwagen, Dienstwohnung, Arbeitgeberdarlehen, Zielvereinbarungen, Aktienoptionen (Mustervereinbarungen zu den einzelnen Bestandteilen bei *Schaub/Neef/Schrader*, § 20 Rn 31 ff.; *Bauer/Lingemann/Diller/Haußmann* Kap 12). Soweit nicht eine gesonderte Rechtsgrundlage besteht, können übertarifliche Leistungen als freiwillige Leistungen oder mit einem Widerrufsvorbehalt vereinbart werden. In letzterem Fall ist der Widerruf selbst an § 315, bei Formularverträgen auch die Wirksamkeit der Widerrufsklausel an § 308 Nr 4 zu messen (zu letzterem s.o. Rn 58). Auch ist der Arbeitgeber gem § 670 grds zum **Ersatz** derjenigen **Aufwendungen** verpflichtet, die der Arbeitnehmer zur Erfüllung des Arbeitsvertrags für erforderlich halten durfte und die nicht durch die Arbeitsvergütung abgegolten sind. Dies gilt sowohl für freiwillige Vermögensopfer (Auslagen) des Arbeitnehmers als auch für unfreiwillige Einbußen, also insbes Sach- und Vermögensschäden (typischerweise am Pkw), die der Arbeitnehmer bei der Erfüllung des Arbeitsvertrags erleidet (BAG AuR 96, 147). Zur Vergütung zählt auch die betriebliche Altersversorgung (vgl. §§ 1ff. BetrAVG).

Gemäß § 107 I GewO ist das Arbeitsentgelt grds in Euro zu berechnen und auszuzahlen, Sachbezüge sind nur 71 in den engen Grenzen des § 107 II GewO zulässig (**Truck-Verbot**). Sie müssen dem Interesse des Arbeitnehmers oder der Eigenart des Arbeitsverhältnisses nach einem objektiv abstrakten Maßstab entsprechen (vgl *Bauer/Opolny* DB 02, 1590, 1593; ErfK/*Preis* § 107 GewO Rn 4). Das ist nur der Fall, wenn er sie nach der Art nach sinnvoll nutzen oder verbrauchen kann, typische Anwendungsfälle sind Deputate, aber auch Aktien (*Bauer/Opolny* aaO; ErfK/*Preis* aaO). Waren auf Kredit darf dem Arbeitnehmer nicht überlassen, § 107 II 2 GewO, Waren unter Anrechnung auf die Vergütung nur, wenn die Anrechnung zu den durchschnittlichen Selbstkosten erfolgt, § 107 II 3 GewO. Bei einem Verstoß gegen § 107 II GewO erlischt der Anspruch auf die grds in Geld zu leistende Vergütung gem § 107 I GewO nicht (ErfK/*Preis* aaO Rn 7).

72 **c) Höhe der Vergütung.** Die Höhe der Vergütung richtet sich nach der Vereinbarung, sofern nicht zwingende gesetzliche oder kollektive Regelungen, namentlich in Tarifverträgen oder Betriebsvereinbarungen, für den Arbeitnehmer günstigere Regelungen vorsehen (s.o. Rn 42). Sittenwidrigkeit der Vereinbarung kommt erst in Betracht, wenn die Höhe zwei Drittel der Tarifvergütung unterschreitet (s.o. Rn 54).

73 **d) Vergütung ohne Arbeitsleistung.** Der Arbeitgeber kann in gesetzlich bestimmten Fällen **Vergütung ohne Arbeitsleistung** schulden. Wichtige Anwendungsfälle sind die Entgeltfortzahlung im Krankheitsfall (§§ 3 ff EFZG; dazu *Bauer/Röder/Lingemann* Kap 1 und 2) sowie an Feiertagen (§ 2 EFZG), die Gewährung von Urlaubsentgelt (§ 11 BUrlG) und die bezahlte Freistellung etwa von Betriebsräten (§§ 37 III, VII, 38 BetrVG, für teilzeitbeschäftigte Betriebsräte vgl BAG NZA 05, 937), nach den **Bildungsurlaubsgesetzen** der Länder oder nach tarifvertraglichen Freistellungsregelungen bspw für besondere familiäre Ereignisse.

74 **e) Abtretung von Entgeltforderungen.** Die Abtretung von Entgeltforderungen kann nach § 399 zwar wirksam ausgeschlossen werden mit der Folge, dass sie auch gegenüber dem Abtretungsempfänger (absolut) unwirksam ist. Dann ist auch eine Verpfändung unwirksam, § 1274 II. Eine Pfändung durch Gläubiger des Arbeitnehmers lässt sich dadurch jedoch nicht verhindern.

75 **f) Verlust von Vergütungsansprüchen.** Der grds bestehende **Vergütungsanspruch** kann **verloren gehen** durch den Ablauf wirksam vereinbarter Ausschlussklauseln (Ausschlussfristen für durch Tarifvertrag oder Betriebsvereinbarung begründete Rechte können nur durch Tarifvertrag oder Betriebsvereinbarung bestimmt werden, § 4 IV 3 TVG, § 77 IV 4 BetrVG), Verwirkung nach allgemeinen Grundsätzen (sie ist ausgeschlossen bei durch Tarifvertrag oder durch Betriebsvereinbarung begründeten Rechten, § 4 IV 2 TVG, § 77 IV 2 BetrVG), Verjährung nach § 195, Aufrechnung, die allerdings nur bis zur Höhe des Pfändungsfreibetrages zulässig ist (§ 394 iVm § 850 ff ZPO, zu weiteren Einschränkungen vgl Küttner/*Griese* Nr 65 Rn 6 ff). Ein Verzicht des Arbeitnehmers auf Vergütungsansprüche ist nicht uneingeschränkt zulässig. So sind die die gesetzlichen Verbote von § 12 EFZG und § 13 I BUrlG zu beachten (zur Zulässigkeit eines Verzichts in Aufhebungsverträgen vgl *Bauer/Röder/Lingemann* S 62). Ein Verzicht auf durch Tarifvertrag begründete Rechte ist nur in einem von den Tarifvertragsparteien gebilligten Vergleich möglich, § 4 IV 1 TVG. Dies gilt auch für einen Gerichtsvergleich. Um keinen Verzicht iSv § 4 IV 1 TVG handelt es sich, wenn eine Einigung über die tatsächlichen Voraussetzungen des tarifvertraglichen Anspruchs – etwa über die Anzahl der Überstunden – erzielt wird (MüKo/*Müller-Glöge* § 611 Rn 858). Bei Ansprüchen aufgrund Betriebsvereinbarung bedarf der Verzicht der Zustimmung des Betriebsrats, § 77 IV 2 BetrVG.

76 **g) Leistungsstörungen und Vergütung.** Für Leistungsstörungen ist zwischen Nicht- und Schlechtleistung des Arbeitnehmers zu unterscheiden:

77 Der Anspruch auf Vergütung besteht nur, wenn der Dienstverpflichtete die Dienstleistung erbringt oder der Dienstberechtigte gem § 615 S 1 im Annahmeverzug ist (vgl dazu § 615 Rn 4 ff). Bei **Nichtleistung**, kann der Dienstberechtigte, je nachdem, ob die Leistung nachholbar ist oder nicht, die Leistung gem §§ 326 I 1, 275 oder § 320 I 1 verweigern, in Arbeitsverhältnissen kann die Arbeitsleistung, da Fixschuld, regelmäßig nicht nachgeholt werden. An die Stelle des Rücktritts tritt allerdings die Kündigung, statt der §§ 323, 326 V gelten daher die §§ 620 ff, und zwar auch dann, wenn es zur Vertragsbeendigung bereits vor Dienst- bzw Arbeitsantritt kommt (MüKo/*Hesse* Vor § 620 Rn 124; Staud/*Neumann* Vor §§ 620 ff Rn 62; vgl auch § 620 Rn 3; § 626 Rn 1).

78 Eine Minderung der Vergütung in Fällen der **Schlechtleistung** sehen die §§ 611 ff nicht vor (BAG AP Nr 3 zu § 11 MuSchG 1968; AP Nr 71 zu § 611 – „Haftung des Arbeitnehmers"; OLG Frankfurt MDR 92, 347; ErfK/*Preis* § 611 Rn 845; Palandt/*Weidenkaff* § 611 Rn 16; aA MüKo/*Müller-Glöge* § 611 Rn 23; *Zöllner/Loritz* S 235 f). Allerdings kann der Arbeitgeber mit seinem Schadensersatzanspruch gem § 280 I bis zur Pfändungsfreigrenze (§§ 850a ff ZPO) aufrechnen (BAG AP Nr 3 zu § 11 MuSchG 1968; ErfK/*Preis* § 611 Rn 845), wobei der Arbeitnehmer beweistechnisch durch § 619a privilegiert ist (§ 619a Rn 3; ausf zur Haftung des Arbeitnehmers Rn 88–90).

79 **h) Prozessuales.** Wegen des grds Verbots der Vorwegnahme der Hauptsache kann Vergütungszahlung im Wege der **einstweiligen Verfügung** nur geltend gemacht werden, wenn der Arbeitnehmer glaubhaft machen kann, dass zum einen die Kündigung mit überwiegender Wahrscheinlichkeit unwirksam ist (Verfügungsanspruch) und dass er sich zum anderen in einer unverschuldeten finanziellen Notlage befindet (Verfügungsgrund); eine solche Notlage liegt nicht vor, wenn der Arbeitnehmer es unterlassen hat, rechtzeitig Leistungen bei der Bundesagentur für Arbeit zu beantragen (LAG Köln LAGE Nr 1 zu § 935 ZPO 2002).

80 **3. Nebenpflichten des Arbeitnehmers/Dienstverpflichteten. a) Treuepflicht.** Bedeutendste Nebenpflicht des Dienstverpflichteten ist die **Treuepflicht**. Der Dienstverpflichtete hat seine Verpflichtungen aus dem Arbeitsverhältnis so zu erfüllen, seine Rechte so wahrzunehmen und die im Zusammenhang mit dem Arbeitsverhältnis stehenden Interessen dergestalt zu wahren, wie dies von ihm nach Treu und Glauben billigerweise verlangt werden kann (Küttner/*Kreitner* Nr 406 Rn 1). Die Treuepflicht wirkt auch über die Dauer des Arbeitsverhältnisses hinaus. Ihr Umfang und ihre Intensität richten sich nach den Umständen des Einzel-

falles, im Zweifel steigen mit der Position auch die Anforderungen an die Treuepflicht. Schwerwiegende Verstöße gegen die Treuepflicht wie die Annahme von Schmiergeld können eine außerordentliche Kündigung rechtfertigen (BAG EzA Nr 7 zu § 626 – „Unkündbarkeit"; AP Nr 175 zu § 626), in minder schweren Fällen kann eine Abmahnung und im Wiederholungsfall eine ordentliche Kündigung sozial gerechtfertigt sein.

aa) Unterlassung von Wettbewerb und Nebentätigkeiten. Zu den Leistungstreuepflichten zählt namentlich die Pflicht des Arbeitnehmers zur **Unterlassung von Wettbewerb** (vgl § 110 GewO, vgl BAG DB 88, 451; BAG EzA Nr 155 zu § 626 nF) und von **Nebentätigkeiten**, soweit das Arbeitsverhältnis dadurch beeinträchtigt wird (BAG DB 71, 581). Der Arbeitnehmer darf daher zwar noch während des bestehenden Arbeitsverhältnisses einen Arbeitsvertrag bei einem Konkurrenzarbeitgeber unterzeichnen bzw den Aufbau eines eigenen Konkurrenzunternehmens durch formale oder organisatorische Maßnahmen wie etwa das Anmieten von Räumen oder die Anwerbung von Arbeitskräften – sofern er dabei keine Mitarbeiter des Arbeitgebers abwirbt – vorbereiten (BAG AP Nr 6 zu § 60 HGB, Bl 843, 845), nicht aber die Arbeit bei seinem neuen Arbeitgeber aufnehmen bzw bei Kunden des Arbeitgebers hinsichtlich der Möglichkeit späterer Geschäftsbedingungen „vorfühlen" (BAG DB 70, 1645 f) oder diese gar abwerben (BAG DB 71, 50). 81

bb) Verschwiegenheitspflicht. Als Ausfluss der Treuepflicht ist der Arbeitnehmer unabhängig von arbeitsvertraglichen und spezialgesetzlichen Regelungen (vgl §§ 17 I UWG, 79 BetrVG, 9 S 2 Nr 6 BBiG, 24 II ArbNErfG, 93 I 2, 116 AktG, 5 BDSG) zur **Verschwiegenheit** über Betriebs- und Geschäftsgeheimnisse verpflichtet (BAG BB 66, 1308; NZA 04, 427, 429; zum Begriff des Betriebs- und Geschäftsgeheimnisses vgl BAG NZA 88, 502, 503; ErfK/*Preis* § 611 Rn 873 ff). Die Verschwiegenheitspflicht umfasst darüber hinaus auch Tatsachen, die die Person des Arbeitgebers oder eines Arbeitskollegen in besonderem Maße berühren und die der Arbeitnehmer aufgrund seiner Tätigkeit im Betrieb erfahren hat (Küttner/*Kreitner* Nr 406 Rn 10). Auch nach Ende des Arbeitsverhältnisses kann der Arbeitnehmer wegen der Nachwirkung des Arbeitsvertrags (vgl BAG DB 82, 2247, 2248) zur Verschwiegenheit verpflichtet sein, allerdings – sieht man von besonderen Regelungen im Gesetz (§§ 17 II UWG, 79 I 2 BetrVG, 5 S 3 BDSG) oder im Tarifvertrag sowie von **wirksamen** vertraglichen Vereinbarungen (dazu sogleich) ab – wegen Art 12 I GG nur insoweit, als er dadurch in seiner weiteren beruflichen Tätigkeit nicht eingeschränkt wird (BAG NZA 88, 502, 503 f; MüKo/*Müller-Glöge* § 611 Rn 1093). Häufig werden in Arbeitsverträgen die Verschwiegenheitspflichten erweitert, was nur zulässig ist, wenn berechtigte betriebliche Interessen vorliegen (LAG Hamm DB 89, 783, 784). In der Praxis besonders relevant sind Ausweitungen der Verschwiegenheitspflicht nach Ende des Arbeitsverhältnisses (vgl BAG DB 82, 2247 f; NZA 88, 502 ff). Eine Vereinbarung, Verschwiegenheit über die Kundenliste des ehemaligen Arbeitnehmers zu wahren, hindert den Arbeitnehmer allerdings nicht daran, diese Kunden abzuwerben. Hier kann dem Arbeitgeber nur die Vereinbarung eines nachvertraglichen Wettbewerbsverbots helfen (BAG NZA 88, 502, 503 f). 82

Zunehmende Bedeutung gewinnen Probleme des „**Whistleblowing**", also der Anzeige von betrieblichen Missständen gegenüber Dritten. Hier muss der Arbeitnehmer wegen seiner Treuepflicht idR zunächst einen innerbetrieblichen Klärungsversuch unternehmen (BAG NZA 04, 427 ff und ErfK/*Preis* § 611 Rn 878 f; vgl auch LAG Köln MDR 04, 41 f; LAG Düsseldorf DB 02, 1612), es sei denn, er ist iRe gegen seinen Arbeitgeber geführten staatsanwaltlichen Ermittlungsverfahrens zur Aussage verpflichtet (BVerfG NZA 01, 888, 889 f; LAG Düsseldorf aaO). 83

cc) Sonstige Pflichten. IRd Treuepflicht hat der Arbeitnehmer ferner die **im Betrieb bestehende Ordnung** zu beachten (zB Rauchverbote) und Kontrollen zu deren Aufrechterhaltung hinzunehmen, soweit diese nicht heimlich und entwürdigend sind, Art 2 I iVm 1 I GG (zum Einsatz versteckter Videokameras BAG NZA 88, 92 f; NZA 03, 1193; vgl auch MüKo/*Müller-Glöge* § 611 Rn 1062, 1066), sich kollegial und kooperativ zu verhalten, wozu auch die Unterlassung von Mobbing zählt (*Müller-Glöge* aaO Rn 1064; zur Unterlassung sexuell belästigender Handlungen vgl § 2 III BSchG). 84

Weiterhin trifft den Arbeitnehmer die Pflicht zum sorgfältigen Umgang mit **Arbeitsmitteln**; er hat Unfallverhütungs- und Arbeitsschutzvorschriften zu beachten und Störungen und Schäden aus seinem Arbeitsbereich anzuzeigen, um dem Arbeitgeber die Einleitung der erforderlichen Maßnahmen zu ermöglichen (vgl auch § 16 I ArbSchG). Eine Pflicht zur Selbstbezichtigung besteht nicht (BGH DB 89, 1464), die Mitteilung von Pflichtverletzungen von Arbeitskollegen ist jedoch jedenfalls dann geboten, wenn Personen- oder erhebliche Sachschäden drohen (MüKo/*Müller-Glöge* § 611 Rn 1082; weiter wohl BAG DB 70, 1598). 85

Die Treuepflicht begründet auch die Verpflichtung eines arbeitsunfähig krankgeschriebenen Arbeitnehmers zum **gesundheitsfördernden Verhalten** (BAG NZA 94, 63). Dazu kann es auch gehören, sich bei begründetem Anlass auf Veranlassung des Arbeitgebers ärztlich untersuchen zu lassen (Küttner/*Kreitner* Nr 406 Rn 13). 86

Das **Verbot der Schmiergeldannahme** wird gleichfalls als Ausfluss der Treuepflicht angesehen (Küttner/*Kreitner* Nr 406 Rn 12). 87

b) Haftung des Arbeitnehmers. Auch die Haftung des Arbeitnehmers zählt zu den Nebenpflichten. Führt ein Pflichtverstoß des Arbeitnehmers zu einem Schaden, so hat der Arbeitgeber uU einen Anspruch auf Schadensersatz. Als Anspruchsgrundlagen kommen die §§ 823 ff, §§ 7, 18 StVG sowie vor allem § 280 I 1 in 88

Betracht. Die Haftungsrisiken stehen dabei häufig in keinem angemessenen Verhältnis zu dem Arbeitsentgelt, zumal der Arbeitgeber die Risikofaktoren innerhalb des Betriebs bestimmt, auf die der Arbeitnehmer keinen Einfluss hat (BAG NZA 03, 37, 39). Daher haftet der Arbeitnehmer iRd innerbetrieblichen Schadensausgleichs bei **leichtester Fahrlässigkeit** (bei geringfügigen und leicht entschuldbaren Pflichtverletzungen, die jedem Arbeitnehmer unterlaufen können) nicht, bei **mittlerer Fahrlässigkeit** anteilig und nur bei **grober Fahrlässigkeit** und **Vorsatz** unbeschränkt (BAG NZA 03, 37, 39). Selbst bei grober Fahrlässigkeit kann nach der Rspr unter Abwägung aller Umstände im Einzelfall eine Schadensteilung in Betracht kommen. Ist dies der Fall, geht das BAG zur Vermeidung einer existenziellen Bedrohung des Arbeitnehmers von einer fünfjährigen Schadenstilgungsdauer – eine Restschuldbefreiung nach dem Insolvenzrecht ist erst nach 6 Jahren möglich, § 287 II InsO – als Haftungsobergrenze aus (BAG NZA 03, 37, 41; NZA 98, 140, 141).

89 Eine weitere Haftungserleichterung besteht für den Arbeitnehmer darin, dass sich – abweichend von den Prinzipien, die sonst im Zivilrecht gelten – sein Verschulden nicht nur auf die Pflichtverletzung, sondern auch auf den Schaden beziehen muss (BAG NZA 03, 37, 40 f). Auch ist er beweisrechtlich durch § 619 a privilegiert (dazu § 619 a Rn 3). Ein Mitverschulden des Arbeitgebers (zB Organisationsmängel oder fehlerhafte Anweisungen) ist nach § 254 zu berücksichtigen.

90 Eine vertragliche Haftungsverschärfung hat vor § 138 bzw § 307 nur dann Bestand, wenn ihr ein finanzieller Risikoausgleich gegenübersteht (LAG Hessen DB 70, 888; ErfK/*Preis* § 619 a Rn 39). So kann bspw eine Ladenverwalterin wirksam nur zum Ausgleich eines Mankos bis zur Höhe der gewährten Mankovergütung verpflichtet werden (BAG NZA 99, 141, 144; NZA 00, 715, 716 f; vgl dazu auch § 619 a Rn 4).

91 **4. Nebenpflichten des Arbeitgebers/Dienstberechtigten. a) Beschäftigungspflicht.** Während des bestehenden Arbeitsverhältnisses hat der Arbeitnehmer wegen seines allgemeinen Persönlichkeitsrechts (Art 2 I iVm Art 1 GG) gegen den Arbeitgeber einen Anspruch auf Beschäftigung; einfachgesetzliche Grundlage hierfür sind die §§ 611, 613 iVm § 242 (BAG GS AP Nr 14 zu § 611 – „Beschäftigungspflicht"; zur mittelbaren Wirkung der Grundrechte s.o. Rn 38). Somit ist es dem Arbeitgeber grds verwehrt, den Arbeitnehmer **einseitig von seiner Arbeit freizustellen** (BAG AP Nr 6 zu § 1 BildungsurlaubsG NRW; SächsLAG 12. 6. 03, AZ 2 Sa 715/02), es sei denn, die Suspendierung hilft als milderes Mittel, eine sofortige fristlose Kündigung (§ 626) zu vermeiden (LAG Köln LAGE Nr 44 zu § 611 – „Beschäftigungspflicht") oder sie ist wegen überwiegender schutzwürdiger Interessen des Arbeitgebers geboten, wenn etwa im Falle einer Weiterbeschäftigung mit erheblichen Schäden zu rechnen ist (LAG Hamm LAGE Nr 36 zu § 611 – „Beschäftigungspflicht"; LAG München LAGE Nr 32 zu § 611 – „Beschäftigungspflicht"; ArbG Frankfurt DB 04, 934; ArbG Berlin 4. 2. 05, AZ 9 Ga 1155/05; zu weiteren Fallgruppen vgl Schaub/*Koch* § 110 Rn 10). Keine Beschäftigungspflicht besteht auch im Falle eines Teilstreiks (BAG BB 95, 410 f) oder einer rechtmäßigen Aussperrung (Jauernig/*Mansel* § 611 Rn 44).

92 Allerdings können die Vertragsparteien ein **Recht des Arbeitgebers zur Suspendierung des Arbeitnehmers vereinbaren**, wenn dafür ein sachlicher Grund – ein überwiegendes schutzwürdiges Interesse des Arbeitgebers ist hierfür nicht erforderlich, so dass etwa auch der vorausgegangene Ausspruch einer Kündigung einen solchen berechtigten Anlass darstellt – vorliegt und dieser Eingang in die Vereinbarung gefunden hat (LAG Hamburg LAGE Nr 37 zu § 611 – „Beschäftigungspflicht"; vgl auch Sächs LAG 12. 6. 03, AZ 2 Sa 715/02; ArbG Düsseldorf NZA 94, 559). Bei leitenden Angestellten dürfte sogar die Vereinbarung einer jederzeitigen Freistellungsmöglichkeit zulässig sein, sofern die Vergütung unangetastet bleibt (Küttner/*Kania* Nr 97 Rn 6). Ob in **Formulararbeitsverträgen** Freistellungsklauseln, nach denen der Arbeitnehmer pauschal für den Fall einer Kündigung bis zum Ende des Arbeitsverhältnisses freigestellt werden kann, nach § 307 unwirksam sind, ist str (für Unwirksamkeit ArbG Frankfurt DB 04, 934 f; ArbG Berlin 4. 2. 05, AZ 9 Ga 1155/05; *Fischer* NZA 04, 233, 234; restriktiv auch Schaub/*Koch* § 110 Rn 9; offen gelassen vom SächsLAG 12. 6. 03, AZ 2 Sa 715/02; für Wirksamkeit ArbG Stralsund NZA-RR 05, 23 f in einem obiter dictum). Tarifliche Suspendierungsregeln sind zumindest dann unbedenklich, wenn sie eigentlich zulässige ordentliche Kündigungen aus betrieblichen Gründen (§ 1 KSchG) in bezahlte Freistellungen umwandeln, selbst wenn dabei die Bezüge der Arbeitnehmer reduziert werden (BAG NZA 02, 1099).

93 Der Arbeitnehmer kann den Beschäftigungsanspruch durch einstweilige Verfügung nur dann durchsetzen, wenn er **dringend** auf die sofortige Weiterbeschäftigung **angewiesen** ist, da ihm sonst besondere Nachteile drohen (LAG Hamburg, LAG Hamm und LAG Köln LAGE Nr 37, Nr 41 und Nr 44 zu § 611 – „Beschäftigungspflicht"; aber auch LAG München LAGE Nr 32 zu § 611 – „Beschäftigungspflicht"). Ein rechtsmissbräuchliches Verhalten des Arbeitgebers stellt einen hinreichenden Verfügungsgrund dar (dazu ArbG Frankfurt DB 04, 934, 935).

94 Die Pflicht zur Vergütungszahlung bleibt – sieht man vom Teilstreik (BAG BB 95, 410 f), der Aussperrung (BAG AP Nr 7 zu Art 9 GG – „Arbeitskampf") oder anderen Ausnahmefällen (vgl dazu LAG Hessen NZA-RR 00, 633; LAG Bremen NZA-RR 00, 632) ab – von der Suspendierung unberührt (BAG BB 64, 1045). Die Parteien können jedoch die Anrechnung der Freistellung auf den Resturlaub vereinbaren (ErfK/*Preis* § 611 Rn 710). Nimmt der Arbeitnehmer während der Freistellung eine anderweitige Tätigkeit auf, so kann sein dabei erzielter Verdienst nur angerechnet werden, wenn dies vertraglich vereinbart wurde; § 615 S 2 soll nicht anwendbar sein (LAG Hamm LAGE Nr 49 zu § 615 mwN; ErfK/*Preis* § 611 Rn 710). Im Falle einer unberech-

tigten Suspendierung hingegen gerät der Arbeitgeber in Annahmeverzug, so dass dann § 615 S 2 direkt anzuwenden ist (LAG Hamm aaO; ErfK/*Preis* § 611 Rn 706, 710).

Nach Ausspruch einer Kündigung und Ablauf der Kündigungsfrist kommt ein **Weiter**beschäftigungsanspruch des Arbeitnehmers nur in Betracht, wenn er in erster Instanz mit seiner Kündigungsschutzklage obsiegt (allgemeiner Weiterbeschäftigungsanspruch, vgl BAG GS AP Nr 14 zu § 611 – „Beschäftigungspflicht") oder wenn nach Maßgabe von § 102 V BetrVG der Betriebsrat der Kündigung gem § 102 III BetrVG widersprochen hat. 95

b) Fürsorgepflicht. Besondere Ausformung der Fürsorgepflicht ist die **Schadensabwendungspflicht**. Sie verpflichtet den Arbeitgeber, Vorkehrungen zum Schutz des Lebens, der Gesundheit und der Persönlichkeit der Arbeitnehmer zu treffen (vgl dazu § 618 Rn 2 f) und iRd Zumutbaren Gegenstände des Arbeitnehmers vor Beschädigung zu schützen (BAG NZA 00, 1052). Selbstverständlich darf der Arbeitgeber auch selbst keine Rechtsgutsverletzungen vornehmen, wobei er sich das Verschulden seiner Erfüllungsgehilfen nach § 278 zurechnen lassen muss (BAG NZA 00, 1052, 1053). Soweit der Arbeitgeber Auskünfte erteilt, müssen diese richtig und vollständig sein (BAG NZA 03, 687; NZA 01, 206). Von sich aus unterrichten muss er jedoch nur bei besonderen Gefahrensituationen (BAG NZA 02, 1047; BAG NZA 85, 459), wobei die Interessen des Arbeitgebers und des Arbeitnehmers gegeneinander abzuwägen sind (BAG NZA 01, 206). In der Praxis spielt das insbes bei Aufhebungsverträgen auf Initiative und im Interesse des Arbeitgebers eine Rolle (BAG NZA 03, 687; NZA 02, 1047), wenn erhebliche Versorgungseinbußen aufgrund vom Arbeitgeber gesetzter Regelungen drohen (BAG NZA 01, 206). Kann der Arbeitnehmer das Problem allerdings erkennen und eingehende Beratung an anderer Stelle erlangen, so besteht keine Hinweis- und Auskunftspflicht des Arbeitgebers (BAG NZA 01, 206). Gesetzlich geregelt sind Auskunfts- und Unterrichtungspflichten ua in § 81 I 2, IV BetrVG (Unterrichtung über die Arbeitsaufgabe), § 82 II 1 BetrVG (Darlegung der Berechnung des Entgelts) und § 83 I 1 BetrVG (Einsicht in die Personalakten). Allgemein ist der Arbeitgeber jedoch weder zur Belehrung noch zur Beratung des Arbeitnehmers verpflichtet (BAG NZA 94, 281). Bei Verletzung von Nebenpflichten kann dem Arbeitnehmer ein **Zurückbehaltungsrecht** gem § 273 oder ein **Leistungsverweigerungsrecht** zustehen. Er hat grds auch einen Anspruch auf **Schadensersatz** gegen den Arbeitgeber, soweit dieser die zum Schaden führende Pflichtverletzung zu vertreten hat. Bei Personenschäden aus Arbeitsunfällen außerhalb des allgemeinen Verkehrs gelten im **Arbeitsrecht jedoch Besonderheiten**: gem § 104 SGB VII ist der Arbeitgeber über die Berufsgenossenschaften außer im Falle vorsätzlich verursachter Körperverletzung von der Haftung freigestellt, auch ein Schmerzensgeldanspruch besteht nicht (BVerfG NJW 73, 502). Statt dessen hat der Arbeitnehmer öffentlich-rechtliche Sozialversicherungsansprüche gegen die zuständige Berufsgenossenschaft, auch hier besteht kein Anspruch auf Schmerzensgeld. Mittelbar Geschädigte und Hinterbliebene haben abweichend von §§ 844, 845 keine Ansprüche gegen den Arbeitgeber, § 104 I SGB VII. Bei vorsätzlicher oder grob fahrlässiger Verursachung des Arbeitsunfalls können die Sozialversicherungsträger den Schädiger allerdings in Regress nehmen (§ 110 SGB VII). Regelmäßig begründet der Verstoß gegen Unfallverhütungsvorschriften den Regress (BGH NZA 84, 205; Ddorf DB 95, 155; Einzelh bei Küttner/*Reinecke* Nr 56 Rn 18). 96

VI. Besondere Arten von Arbeitsverhältnissen. 1. Ausbildungs- und Fortbildungsverhältnisse. Zur **Ausbildung** dienen Berufsbildungsverträge und Verträge mit Praktikanten, zur **Fortbildung** demgegenüber Verträge mit Arbeitnehmern. Wer einen anderen zur Berufsausbildung einstellt (Ausbildender), hat mit dem Auszubildenden einen Berufsausbildungsvertrag zu schließen (§ 3 I BBiG). Der wesentliche Inhalt des Vertrags ist schriftlich niederzulegen (§ 4 I BBiG). Die Pflichten des Auszubildenden ergeben sich aus § 9 BBiG. Nach Ablauf der Probezeit kann der Ausbilder das Berufsausbildungsverhältnis nur aus wichtigem Grund kündigen (§ 15 II BBiG). In der Kündigung sind die Kündigungsgründe schriftlich mitzuteilen (§ 15 III BBiG). Der Auszubildende selbst kann mit einer Kündigungsfrist von vier Wochen kündigen nach Maßgabe von § 15 II Nr 2 BBiG. Anders als die Ausbildung dient die **berufliche Fortbildung** dazu, die beruflichen Kenntnisse und Fertigkeiten zu erhalten, zu erweitern, der technischen Entwicklung anzupassen oder beruflich aufzusteigen (§ 1 I BBiG). Die §§ 3 ff BBiG gelten für den **Fortbildungsvertrag** nicht. Üblicherweise enthalten Fortbildungsverträge Rückzahlungsklauseln, deren Zulässigkeit Gegenstand umfangreicher Rspr ist (zuletzt BAG EzA § 611 BGB 2002 Ausbildungsbeihilfe Nr 8; für den Fall arbeitgeberseitiger Kündigung BAG NZA 04, 1035 ff; Überblick bei *Bauer/Lingemann/Diller/Haußmann* S 192 ff;). 97

2. Probe- und Aushilfsarbeitsverhältnis. Das Probearbeitsverhältnis dient der Erprobung und kann als befristetes Arbeitsverhältnis gem. §§ 14 ff TzBfG oder reguläres Arbeitsverhältnis mit kurzer Kündigungsfrist gem. § 622 gestaltet sein. 98

3. Leiharbeitsverhältnis. Leiharbeitnehmer werden **von ihrem Arbeitgeber als Verleiher einem Dritten als Entleiher zur Arbeitsleistung überlassen** (§ 1 I 1 AÜG). Insoweit besteht ein Arbeitsvertrag des Verleihers mit dem Arbeitnehmer und ein Arbeitnehmerüberlassungsvertrag zwischen dem Verleiher und dem Entleiher. Zur gewerbsmäßigen Arbeitnehmerüberlassung bedarf der Überlasser der Erlaubnis gem § 1 I 1 AÜG. Ausgenommen von der Erlaubnispflicht ist insbes die konzerninterne Arbeitnehmerüberlassung nach § 1 III Nr 2 AÜG. Hat der Verleiher nicht die nach § 1 AÜG erforderliche Erlaubnis, so entsteht kraft gesetzlicher Fiktion des § 10 99

I AÜG ein Arbeitsverhältnis zwischen Entleiher und Leiharbeitnehmer zu dem zwischen dem Entleiher und dem Verleiher für den Beginn der Tätigkeit vorgesehenen Zeitpunkt (BAGE 105, 59). Leiharbeitnehmer sind mit vergleichbaren Arbeitnehmern des Entleihers gleich zu behandeln (§§ 3 I Nr 3, 9 Nr 2, 10 IV AÜG), was zahlreiche Zweifelsfragen aufwirft (Überblick bei *Henssler/Willemsen/Kalb/Pods*, § 3 AÜG Rn 28 ff.; *Bauer/Lingemann/Diller/Haußmann* S 263 ff,). Für den Vertrag zwischen dem Leiharbeitnehmer und dem Verleiher gelten besondere formale Vorschriften (§ 11 I AÜG); vor Übernahme des Leiharbeitnehmers in den Entleiherbetrieb ist der Betriebsrat des Entleiherbetriebs nach § 99 BetrVG zu beteiligen (§ 14 III AÜG). Der Verleiher haftet aus dem Dienstverschaffungsvertrag dafür, dass der Arbeitnehmer für die vorgesehene Dienstleistung tauglich und geeignet ist, nicht aber für die ordnungsgemäße Dienstleistung selbst (vgl BGH NJW 71, 1129). Der Entleiher hat gegenüber dem Leiharbeitnehmer die Regelungen des Arbeitsschutzes einzuhalten, auch wenn – solange nicht die Fiktion des § 10 I AÜG greift – keine vertraglichen Beziehungen bestehen. Während beim Arbeitnehmerüberlassungsvertrag der Entleiher den Leiharbeitnehmer wie eine eigene Arbeitskraft einsetzt („Dienstverschaffungsvertrag", s.o. Rn 8), organisiert beim Dienst- oder Werkvertrag der Unternehmer die zur Erfüllung notwendigen Handlungen selbst (BAG BB 04, 669). Seine Arbeitnehmer sind daher nicht Leiharbeitnehmer, sondern Erfüllungsgehilfen des Unternehmers (BAG NZA 87, 128). Die Unterscheidung ist wichtig, da die Arbeitnehmerüberlassung, nicht aber der Dienst- oder Werkvertrag gem § 1 I AÜG erlaubnispflichtig ist.

100 **4. Mittelbare Arbeitsverhältnisse.** Ein mittelbares Arbeitsverhältnis liegt vor, wenn ein Mittelsmann, der selbst Arbeitnehmer eines Dritten, des mittelbaren Arbeitgebers, ist, im eigenen Namen Hilfskräfte einstellt, **die mit Wissen des Dritten unmittelbar für diesen Arbeitsleistungen erbringen** (st Rspr, BAGE 6, 232, 241; BAG NZA 02, 787, 788). Erforderlich ist auch, dass der mittelbare Arbeitgeber dem Mittelsmann **konkrete Weisungen zur Einstellung der Arbeitnehmer** erteilt und ein **Weisungsrecht gegenüber den vom Mittelsmann eingestellten Beschäftigten** ausübt (BAG NZA 02, 787, 788). Solche Fälle kommen in der Praxis nur selten vor. Denkbar ist etwa, dass ein Wissenschaftler iRe Forschungsprojekts mit einem wissenschaftlichen Mitarbeiter einen Arbeitsvertrag in eigenem Namen schließt (BAG AP Nr 1 zu § 25 HRG). Sofern die Begründung des mittelbaren Arbeitsverhältnisses nicht rechtsmissbräuchlich ist, haftet der mittelbare Arbeitgeber für alle Ansprüche des Arbeitnehmers aus dessen Arbeitsverhältnis mit dem Mittelsmann nur nachrangig (BAG BB 90, 1064; noch restriktiver – grds auch keine subsidiäre Haftung – BAG AP Nr 3 zu § 611 – „Mittelbares Arbeitsverhältnis"). In diesem Fall kann der Arbeitnehmer auch eine Kündigungsschutzklage nur gegen seinen Arbeitgeber, den Mittelsmann, richten (BAG BB 90, 1064), dieser wiederum nur gegen seinen, den mittelbaren, Arbeitgeber. Ein Rechtsschutzbedürfnis für eine Kündigungsschutzklage des Arbeitnehmers gegen den mittelbaren Arbeitgeber besteht nicht (BAG DB 57, 635). Auch zur Abführung der Lohnsteuer ist regelmäßig der Mittelsmann verpflichtet (Küttner/*Röller* Nr 312 Rn 21). Die sozialversicherungsrechtlichen Pflichten treffen immer den mittelbaren Arbeitgeber, jedoch ist zwischen dem Entgelt für den Mittelsmann und den Arbeitnehmer zu differenzieren (LSG Niedersachsen Breithaupt 61, 497).

101 Sofern der Mittelsmann nur Mittler des ihm gegenüber bestehenden Direktionsrechtes des mittelbaren Arbeitgebers gegenüber seinen eigenen Mitarbeitern ist, kommt auch eine Arbeitnehmerüberlassung (s.o. Rn 99) in Betracht (Küttner/*Röller* Nr 312 Rn 2).

102 **5. Gruppenarbeitsverhältnis.** Hier ist zwischen Eigen- und Betriebsgruppen zu unterscheiden: In einer **Eigengruppe** sind Arbeitnehmer zum Zweck eines gemeinsamen Vertragsabschlusses mit einem Arbeitgeber zusammengeschlossen (vgl zu einer Musikband *Heinze* NJW 85, 2112). Typischerweise handelt es sich hier um eine BGB-Gesellschaft (§ 705), so dass nur für alle Arbeitsverhältnisse gekündigt werden kann, auch wenn der Kündigungsgrund nur in einer Person verwirklicht ist (vgl LAG Sachsen-Anhalt NZA-RR 00, 528). Der Vergütungsanspruch steht idR nicht den einzelnen Gruppenmitgliedern, sondern der Gruppe zu (ErfK/*Preis* § 611 Rn 197). In der **Betriebsgruppe** sind demgegenüber mehrere Arbeitnehmer durch den Arbeitgeber zu gemeinschaftsbedingter Arbeit verbunden (typischer Fall: Akkordgruppe). Zwar bestimmt sich auch hier die Vergütung nach dem gemeinsamen Erfolg, im Übrigen bestehen jedoch einzelne Arbeitsverhältnisse und direkte Vergütungsansprüche der einzelnen Gruppenmitglieder, die auch nur für eigene Pflichtverletzungen haften (vgl BAG NJW 74, 2255; ErfK/*Preis* § 611 Rn 192 f).

103 **6. Job-Sharing.** Beim Job-Sharing (**Arbeitsplatzteilung**) vereinbart der Arbeitgeber mit zwei oder mehr Arbeitnehmern, dass diese sich die Arbeitszeit an einem Arbeitsplatz teilen (§ 13 I 1 TzBfG). Die Aufteilung der Arbeitszeit untereinander bestimmen dann die Job-Sharer. Fällt allerdings einer der Job-Sharer aus, so sind die anderen zu seiner Vertretung nur verpflichtet, wenn dies im Arbeitsvertrag ausdrücklich geregelt ist, ein dringendes betriebliches Erfordernis vorliegt und ihnen dies zumutbar ist (§ 13 I 3 TzBfG). Darüber hinaus kann dies nur für jeden Vertretungsfall gesondert vereinbart werden (§ 13 I 2 TzBfG; LAG München DB 93, 2599). Nach § 13 IV TzBfG kann durch Tarifvertrag auch zuungunsten des Arbeitnehmers von diesen Grundsätzen abgewichen werden.

104 **7. Abrufarbeit.** Bei der Abrufarbeit (auch KAPOVAZ) hat der Arbeitnehmer gem dem Arbeitsvertrag seine Arbeitsleistung entspr dem Arbeitsanfall zu erbringen (§ 12 I 1 TzBfG). Eine bestimmte Dauer der Arbeitszeit (pro Woche, Monat oder Jahr) muss festgelegt werden (§ 12 I 2 TzBfG), andernfalls gilt eine wöchentliche

Arbeitszeit von **10 Stunden** als vereinbart (§ 12 I 3 TzBfG). Der Arbeitgeber muss dem Arbeitnehmer die Lage der Arbeitszeit jeweils mindestens **vier Tage im Voraus mitteilen:** geschieht dies nicht, ist der Arbeitnehmer nicht zur Arbeitsleistung verpflichtet, hat aber Anspruch auf die Vergütung (§ 615 iVm § 12 II TzBfG). Zum Schutz des Arbeitnehmers gegen vielfache kurzfristige Inanspruchnahme muss der Arbeitgeber ihn jeweils für **mindestens drei aufeinander folgende Stunden** zur Arbeitsleistung in Anspruch nehmen, es sei denn, der Arbeitsvertrag enthält eine abweichende Regelung (§ 12 I 4 TzBfG).

8. Teilzeitarbeitsverhältnis. Teilzeitbeschäftigte sind Arbeitnehmer, deren regelmäßige **Wochenarbeitszeit kürzer ist als die regelmäßige Wochenarbeitszeit** vergleichbarer vollzeitbeschäftigter Arbeitnehmer (§ 2 I 1 TzBfG). Ohne ausdrückliche Vereinbarung ist das Weisungsrecht des Arbeitgebers zur Lage und Dauer der Arbeitszeit im Teilzeitverhältnis eingeschränkt, da der Teilzeitarbeitnehmer auch anderen Tätigkeiten nachgeht. Ein Genehmigungsvorbehalt im Arbeitsvertrag erstreckt sich allerdings auch auf Nebentätigkeiten (BAG NZA 97, 145). Zu beachten sind der Anspruch auf Teilzeit und das Diskriminierungsverbot gem §§ 4, 5 TzBfG gegenüber Teilzeitkräften (vgl dazu BAG DB 04, 319, 320). 105

C. Internationales Privatrecht. Das international anwendbare Recht richtet sich nach Art 27, 30, 34 EGBGB (vgl dazu die Kommentierungen zu diesen Normen). 106

§ 611 a Geschlechtsbezogene Benachteiligung

(1) ¹Der Arbeitgeber darf einen Arbeitnehmer bei einer Vereinbarung oder einer Maßnahme, insbesondere bei der Begründung des Arbeitsverhältnisses, beim beruflichen Aufstieg, bei einer Weisung oder einer Kündigung, nicht wegen seines Geschlechts benachteiligen. ²Eine unterschiedliche Behandlung wegen des Geschlechts ist jedoch zulässig, soweit eine Vereinbarung oder eine Maßnahme die Art der vom Arbeitnehmer auszuübenden Tätigkeit zum Gegenstand hat und ein bestimmtes Geschlecht unverzichtbare Voraussetzung für diese Tätigkeit ist. ³Wenn im Streitfall der Arbeitnehmer Tatsachen glaubhaft macht, die eine Benachteiligung wegen des Geschlechts vermuten lassen, trägt der Arbeitgeber die Beweislast dafür, dass nicht auf das Geschlecht bezogene, sachliche Gründe eine unterschiedliche Behandlung rechtfertigen oder das Geschlecht unverzichtbare Voraussetzung für die auszuübende Tätigkeit ist.
(2) Verstößt der Arbeitgeber gegen das in Absatz 1 geregelte Benachteiligungsverbot bei der Begründung eines Arbeitsverhältnisses, so kann der hierdurch benachteiligte Bewerber eine angemessene Entschädigung in Geld verlangen; ein Anspruch auf Begründung eines Arbeitsverhältnisses besteht nicht.
(3) ¹Wäre der Bewerber auch bei benachteiligungsfreier Auswahl nicht eingestellt worden, so hat der Arbeitgeber eine angemessene Entschädigung in Höhe von höchstens drei Monatsverdiensten zu leisten. ²Als Monatsverdienst gilt, was dem Bewerber bei regelmäßiger Arbeitszeit in dem Monat, in dem das Arbeitsverhältnis hätte begründet werden sollen, an Geld- und Sachbezügen zugestanden hätte.
(4) ¹Ein Anspruch nach den Absätzen 2 und 3 muss innerhalb einer Frist, die mit Zugang der Ablehnung der Bewerbung beginnt, schriftlich geltend gemacht werden. ²Die Länge der Frist bemisst sich nach einer für die Geltendmachung von Schadenersatzansprüchen im angestrebten Arbeitsverhältnis vorgesehenen Ausschlussfrist; sie beträgt mindestens zwei Monate. ³Ist eine solche Frist für das angestrebte Arbeitsverhältnis nicht bestimmt, so beträgt die Frist sechs Monate.
(5) Die Absätze 2 bis 4 gelten beim beruflichen Aufstieg entsprechend, wenn auf den Aufstieg kein Anspruch besteht.

§ 611 a gilt für Arbeits- und gem § 3 II BBiG auch für Ausbildungsverhältnisse. Die auf europarechtlichen Vorgaben beruhende **unabdingbare** Norm soll die Gleichberechtigung von Männern und Frauen im Erwerbsleben verwirklichen. 1
Verboten sind nach Abs I 1 **alle Vereinbarungen** und **Maßnahmen**, die einen Arbeitnehmer wegen seines **Geschlechts benachteiligen**, sei es nun bei der Begründung des Arbeitsverhältnisses, beim beruflichen Aufstieg, bei einer Weisung oder einer Kündigung – die gesetzliche Aufzählung ist nicht abschließend (MüKo/*Müller-Glöge* § 611 a Rn 7). Erfasst werden auch mittelbare Benachteiligungen (dazu EuGH EuZW 04, 724, 726 f; BAG AP Nr 22 zu § 611 a). Quotenregelungen, also „umgekehrte Diskriminierungen", sind nur innerhalb relativ enger Grenzen zulässig (vgl EuGH NZA 95, 1095 f; BAG NZA 03, 1036, 1038 f). Ansonsten ist eine unterschiedliche Behandlung von Männern und Frauen nach I 2 nur dann erlaubt, wenn das Geschlecht ausnahmsweise unverzichtbare Voraussetzung für die Tätigkeit ist, was bei Gleichstellungsbeauftragten nicht zutrifft (BAG AP Nr 16 zu § 611 a).
Vereinbarungen und Maßnahmen, die gegen I verstoßen, sind gem § 134 nichtig (LAG Köln NZA 95, 1105, 1106). Im Falle einer Diskriminierung bei der Begründung des Arbeitsverhältnisses oder beim beruflichen Aufstieg kann der abgelehnte **Bewerber** gem II, III, V für materielle und immaterielle Schäden **unabhängig vom Verschulden** des Arbeitgebers eine **angemessene Entschädigung** in Geld verlangen (MüKo/*Müller-Glöge* § 611 a Rn 61 f). Bewerber iSv II und III ist dabei nur, wer **objektiv** für die Stelle oder Aufstiegsposition geeignet ist und sich **subjektiv** ernsthaft bewirbt (BAG AP Nr 16 zu § 611 a; LAG Berlin NZA-RR 05, 124 f). Die 2

Besteignung des Bewerbers ist nicht Anspruchsvoraussetzung; es genügt, dass während des Einstellungs- bzw Besetzungsverfahrens das Geschlecht in einem Motivbündel eine Rolle gespielt hat (BVerfG NJW 94, 647 f; BAG NJW 04, 2112, 2115). Sie spielt aber eine Rolle bei der Anspruchshöhe, da III den Anspruch des Bewerbers, der auch bei benachteiligungsfreier Auswahl nicht eingestellt worden wäre, auf drei Monatsgehälter begrenzt. Hinsichtlich der Höhe der Entschädigung ist im Übrigen eine Anlehnung an § 628 II möglich (ErfK/*Schlachter* § 611 a Rn 37; zu den Kriterien vgl BAG NJW 04, 2112, 2116 sowie § 628 Rn 7). Auch ist anderweitiger Verdienst anzurechnen (*Schlachter* aaO). Der Anspruch ist innerhalb der **Frist** des IV geltend zu machen. Hinsichtlich der Darlegungs- und Beweislast gelten die allgemeinen Grundsätze, wonach der, der sich auf eine für ihn günstige Tatsache beruft, diese beweisen muss. Zugunsten des benachteiligten Arbeitnehmers weicht I 3 hiervon in einem Punkt ab: Kann der Arbeitnehmer Tatsachen glaubhaft machen, die eine Benachteiligung wegen des Geschlechts vermuten lassen, so muss der Arbeitgeber beweisen, dass ausschl sachliche Gründe für seine Besetzungsentscheidung eine Rolle gespielt haben. Glaubhaftmachung ist dabei nicht iSv § 294 ZPO zu verstehen, es genügt, dass Indizien vorgetragen werden, die auf eine Diskriminierung wegen des Geschlechts schließen lassen (BAG NJW 04, 2112, 2114 f). Hierfür ist eine gegen § 611 b verstoßende Arbeitsplatzausschreibung ausreichend (dazu § 611 b Rn 1).

§ 611 b Arbeitsplatzausschreibung

Der Arbeitgeber darf einen Arbeitsplatz weder öffentlich noch innerhalb des Betriebs nur für Männer oder nur für Frauen ausschreiben, es sei denn, dass ein Fall des § 611 a Abs. 1 Satz 2 vorliegt.

1 § 611 b ist eine öffentlich-rechtliche Schutzvorschrift, die nur für Arbeitsverhältnisse gilt. Ausschreibung einer Stelle meint jede Bekanntmachung. Schaltet der Arbeitgeber für die Arbeitsplatzausschreibung einen Dritten wie etwa die Bundesagentur für Arbeit oder ein Personalvermittlungsunternehmen ein, so muss er diesen überwachen und sich etwaige Pflichtverletzungen zurechnen lassen (BAG NJW 04, 2112, 2115). Rechtsfolgen für den Zuwiderhandlungsfall benennt die Vorschrift nicht, vielmehr ist § 611 a anzuwenden. Ein Verstoß gegen § 611 b ist aber ein gewichtiges Indiz für eine Benachteiligung wegen des Geschlechts, das die Darlegungs- und Beweislast des Arbeitgebers gem § 611 a I 3 begründet (BAG NJW 04, 2112, 2114 f; LAG Düsseldorf NZA-RR 02, 345 f; vgl § 611 a Rn 2).

§ 612 Vergütung

(1) Eine Vergütung gilt als stillschweigend vereinbart, wenn die Dienstleistung den Umständen nach nur gegen eine Vergütung zu erwarten ist.
(2) Ist die Höhe der Vergütung nicht bestimmt, so ist bei dem Bestehen einer Taxe die taxmäßige Vergütung, in Ermangelung einer Taxe die übliche Vergütung als vereinbart anzusehen.
(3) ¹Bei einem Arbeitsverhältnis darf für gleiche oder für gleichwertige Arbeit nicht wegen des Geschlechts des Arbeitnehmers eine geringere Vergütung vereinbart werden als bei einem Arbeitnehmer des anderen Geschlechts. ²Die Vereinbarung einer geringeren Vergütung wird nicht dadurch gerechtfertigt, dass wegen des Geschlechts des Arbeitnehmers besondere Schutzvorschriften gelten. ³§ 611 a Abs. 1 Satz 3 ist entsprechend anzuwenden.

1 **A. Zweck der Vorschrift.** I grenzt den Dienstvertrag von unentgeltlichen Auftrags- und Gefälligkeitsverhältnissen ab. Enthält der Vertrag keine Regelung, schließt II diese Lücke. III setzt den Gleichbehandlungsgrundsatz gem Art 3 II und III GG auch für die Vergütung um. § 612 erfasst alle Dienstverhältnisse, Sonderregelungen finden sich in §§ 87, 87 b I HGB für Handelsvertreter und in § 10 BBiG für Ausbildungsverhältnisse.

2 **B. Vergütungspflicht, I. I. Dienstleistungen.** Dienstleistungen sind alle Arten von Dienstleistungen, gleich, ob im freien oder abhängigen Dienstverhältnis, auch Geschäftsbesorgung. Die Dienstleistung muss vereinbart sein, andernfalls gilt GoA (§§ 677–687) oder Bereicherungsrecht (§§ 812–822). I greift nur, wenn die Parteien keine – auch keine konkludente – **wirksame** (BAG AP Nr 38 zu § 2 BeschFG 1985; AP Nr 2 zu § 138; LAG Bremen AiB 93, 834, 835; str, zum Streitstand vgl ErfK/*Preis* § 612 Rn 2 mwN) Vereinbarung über die Vergütung getroffen haben, die Vereinbarung oder die konkrete Dienstleistung von der getroffenen Vergütungsvereinbarung nicht erfasst ist (BAG NZA 02, 540; NJW 82, 2139) sowie in den Fällen der fehlgegangenen Vergütungserwartung (BAG NJW 78, 444; DB 63, 1433).

3 **II. Den Umständen nach nur gegen Vergütung zu erwerben.** Den Umständen nach nur gegen Vergütung zu erwarten ist die Dienstleistung, wenn objektiv für den Empfänger der Dienstleistung mit einer Entgeltlichkeit zu rechnen war. Verkehrssitte, Stellung der Beteiligten zueinander, Umfang und Dauer der Dienste können hierbei eine Rolle spielen. Typische Anwendungsfälle sind Dienstleistungen im Hauptberuf des Leistenden (BAG NJW 98, 1581), die Leistungen, für die keine Vergütungsregelung besteht (BAG NZA 02, 1328;

BAG 5.6.03, AZ 6 AZR 237/02) oder die Leistung höherwertigerer als der vereinbarten Dienste auf Veranlassung oder mit Billigung des Dienstberechtigten (BAG AP Nr 31 zu § 612). Schwierig ist die Abgrenzung bei Dienstleistungen im familiären Bereich, die auch auf § 1356 I 2 oder § 1619 beruhen können, oder bei Dienstleistungen zwischen Verlobten oder im Rahmen formloser nichtehelicher Lebensgemeinschaften. Der Beweis der Tatsachen gem I obliegt dem Dienstleistenden, der (Gegen-)Beweis für die etwaige Vereinbarung von Unentgeltlichkeit dem Dienstberechtigten. Ist nach I eine Vergütung geschuldet, kann der Dienstberechtigte nicht wegen Irrtums anfechten (MüKo/*Müller-Glöge* § 612 Rn 5). 4

C. Höhe der Vergütung, II. II bestimmt die **Höhe der Vergütung** und die Reihenfolge in Betracht kommender Vergütungsgrundlagen. 5
Taxen sind nach Bundes- oder Landesrecht festgelegte oder zugelassene Gebühren, die vor allem für freie Berufe wie etwa Rechtsanwälte (RVG), Steuerberater (StBGebV), Architekten (AIHonO) sowie für die Privatliquidation von Ärzten (GOÄ) und Zahnärzten (GOZ) feste Höchst- oder Mindestsätze enthalten. **Üblich** ist die Vergütung, die an dem betreffenden Ort in gleichen oder ähnlichen Gewerben oder Berufen für gleiche oder ähnliche Dienstleistungen unter Berücksichtigung der persönlichen Verhältnisse gewöhnlich gewährt wird, wobei es auf die Umstände des Einzelfalls ankommt (BGH NJW-RR 1990, 349). Voraussetzungen für die Üblichkeit sind allerdings gleiche Verhältnisse in zahlreichen Einzelfällen (BGH NJW 01, 151). Im Arbeitsverhältnis wird häufig der Tariflohn üblich sein (BAG NZA 95, 178; NZA 93, 1049), was indes Abweichungen von der tariflichen Vergütung nicht ausschließt (BAG NZA 95, 178). Auf jeden Fall kann nur die Höhe der Vergütung über II ergänzt werden, nicht aber sonstige Regelungen wie Verfallklauseln (BAG NZA 91, 247). Zuschläge für Überstunden sind nicht iSv II üblich; für selbständige Dienstleistungen und bei Organmitgliedern bedarf es der Feststellung im Einzelfall (vgl BGH NJW 01, 151). Lässt sich weder eine Taxe noch die übliche Vergütung ermitteln, so kann die Höhe einseitig durch den Dienstleistenden in den Grenzen von §§ 315 I, 316 (BGH NJW-RR 90, 349; Palandt/*Weidenkaff* § 612 Rn 10) bzw bei Unbilligkeit durch gerichtliches Urteil (§ 315 III; BGH aaO) bestimmt werden.

D. Geschlechtsbezogene Lohngleichheit, III. Schon nach § 611a I ist die Vereinbarung geringeren Lohns 6 aufgrund des Geschlechts verboten. III ist aber richtlinienkonform (vgl dazu § 611 Rn 37) dahingehend auszulegen, dass er dem diskriminierten Arbeitnehmer einen Anspruch auf höhere Vergütung gewähren soll, bis der Arbeitgeber ein diskriminierungsfreies Lohnsystem eingeführt hat (BAG NJW 93, 3091, 3095; Palandt/*Weidenkaff* § 612 Rn 11, 14). Die Vereinbarung einer geringeren Vergütung wird auch nicht dadurch gerechtfertigt, dass wegen des Geschlechts des Arbeitnehmers besondere Schutzvorschriften gelten (III 2). Im Streitfall greift zugunsten des Arbeitnehmers gem III 3 die Beweislastumkehr des § 611a I 3 (vgl dazu § 611a Rn 2).

§ 612a Maßregelungsverbot

Der Arbeitgeber darf einen Arbeitnehmer bei einer Vereinbarung oder einer Maßnahme nicht benachteiligen, weil der Arbeitnehmer in zulässiger Weise seine Rechte ausübt.

A. Zweck und Anwendungsbereich. § 612a will verhindern, dass Arbeitnehmer ihre Rechte nicht wahrneh- 1 men, weil sie befürchten müssen, deswegen benachteiligt zu werden. Die Vorschrift schützt Arbeitnehmer einschl der leitenden Angestellten, Auszubildende (§ 3 BBiG) und über eine entspr Anwendung auch arbeitnehmerähnliche Personen (ArbG Berlin PersR 01, 45; MüKo/*Müller-Glöge* § 612 Rn 4), nicht aber freie Dienstnehmer (*Müller-Glöge* aaO).

B. Voraussetzungen. § 612a erfasst nicht nur die Ausübung von **Rechten aus dem Arbeitsverhältnis**, son- 2 dern jede Form der Ausübung von **Rechten durch den Arbeitnehmer** und gewährleistet so einen umfassenden Schutz als allgemeines Diskriminierungsverbot (ErfK/*Preis* § 612a Rn 2; aA *Thüsing* NZA 94, 728, 730). Durch § 612a wird nur die Ausübung von **tatsächlich bestehenden Rechten in einer iRd Rechtsordnung zulässigen Weise** geschützt (ErfK/*Preis* § 612a Rn 5f). Fehleinschätzungen der Rechtslage fallen dem Arbeitnehmer auch dann zur Last, wenn ihm keine Fahrlässigkeit vorzuwerfen ist (MüKo/*Müller-Glöge* § 612a Rn 10). Der Arbeitnehmer übt seine Rechte etwa mit dem Ausspruch einer Kündigung (LAG Nürnberg LAGE Nr 2 zu § 612a), der Erhebung einer Kündigungsschutzklage (LAG Niedersachsen NZA-RR 03, 578), der Ablehnung verlängerter Arbeitszeiten (BAG NJW 03, 772) oder des Verzichts auf tarifliche Entgeltansprüche (BAG NJW 03, 3219), aber auch mit der Teilnahme an einem Streik (BAG NZA 00, 487) oder der Tätigkeit für eine Gewerkschaft (LAG Hamm NZA 88, 586) aus. Auch die Geltendmachung von Ansprüchen wie bspw auf tarifvertraglich begründetes Vorruhestandsgeld (BAG NZA 88, 18f), Weihnachtsgeld (LAG Hamm LAGE Nr 5 zu § 20 BetrVG 1972), Entgeltfortzahlung (BAG NJW 96, 1299) oder Vergütung für geleistete Überstunden (LAG Hamm LAGE Nr 5 zu § 20 BetrVG 1972) erfasst § 612a. Der Arbeitnehmer kann sich zur Ausübung seiner Rechte jedes **zulässigen** Mittels bedienen. Weil ein Klagerecht besteht, ist somit die Erhebung einer Klage selbst dann zulässig, wenn ihr kein Erfolg beschieden ist, sofern sie nicht mutwillig erhoben wurde (BAG NZA 96, 249, 251). **Vereinbarungen** sind vertragliche Abreden jeglicher Art einschl der kollektivrechtlichen wie etwa Betriebsvereinbarungen, Firmentarifverträge oder Sozialpläne (MüKo/*Müller-Glöge* § 612 a Rn 13). § 612 a erfasst nicht nur individualvertragliche Absprachen mit anderen Arbeitnehmern (zB Streikbruchprämie für nicht streikende Arbeitnehmer), sondern auch mit dem betroffenen Arbeitnehmer selbst (ErfK/*Preis* § 612 a Rn 9). Allerdings scheidet als Basis einer Maßregelung eine Vereinbarung aus, die bereits vor der Rechtsausübung getroffen wurde (*Thüsing* NZA 94, 728, 731; aA wohl ErfK/*Preis* § 612 a Rn 10), es sei denn, diese selbst enthält bereits Sanktionen für den Fall der Rechtsausübung oder Begünstigungen für den Fall der Nichtausübung (LAG Köln LAGE Nr 39 zu Art 9 GG – „Arbeitskampf"). **Maßnahmen** sind vom Willen des Arbeitgebers getragene einseitige Verhaltensweisen tatsächlicher, geschäftsähnlicher oder auch rechtsgeschäftlicher Art (MüKo/*Müller-Glöge* § 612 a Rn 13). Typischerweise handelt es sich dabei um Weisungen, Kündigungen oder die Gewährung von Leistungen. **Benachteiligung** ist die im Einzelfall bewirkte Schlechterstellung des betroffenen Arbeitnehmers; darunter fallen auch der Entzug bzw die Vorenthaltung von freiwilligen Zuwendungen und ähnlichen Vorteilen (BAG NJW 03, 772) oder die Unterlassung von Überstundenzuweisungen (BAG NJW 03, 3219). Auch streikbedingte Sonderzuwendungen, es sei denn, sie sollen nur besondere Erschwernisse nicht streikender Arbeitnehmer ausgleichen (BAG NZA 93, 39; NZA 93, 267; *Gaul* NJW 94, 1025), wozu die psychischen Belastungen durch Streikposten, Streikgassen und Kritik der streikenden Arbeitnehmer nicht gehören (BAG NZA 93, 267). Nicht nach § 612 a unzulässig sind Anwesenheitsprämien bzw Kürzung von Prämien wegen Abwesenheiten, sofern nicht die Fortzahlung des Arbeitsentgelts für Zeiten ohne Arbeitsleistung gesetzlich zwingend ist (BAG NZA 95, 1511). Die Rechtsausübung muss für die benachteiligende Maßnahme **kausal**, also nicht alleiniger, wohl aber tragender Bewegrund und damit wesentliches Motiv für die Maßregelung sein (BAG AP Nr 142 zu § 102 BetrVG 1972; SAE 04, 46, 50 f). Daher keine unzulässige Benachteiligung, wenn der Arbeitgeber für seine Maßnahme durch sachliche Gründe **bestimmt** war (zur Vorenthaltung von Vorteilen bei krankheitsbedingter Abwesenheit BAG NZA 1995, 266, 267; Kündigung BAG SAE 04, 46, 50 f; NZA 88, 18, 19). Dies ist nicht der Fall, wenn zwar ein sachlicher Grund für eine Benachteiligung vorlag, der Arbeitgeber sich bei seinem Verhalten jedoch von anderen Beweggründen wie etwa Rachsucht wegen einer zulässigen Rechtsverfolgung des Arbeitnehmers leiten ließ (zur Kündigung BAG SAE 04, 46, 50 f; NZA 88, 18, 19).

3   **C. Rechtsfolge.** Der Arbeitnehmer soll so gestellt werden, als sei die Benachteiligung nicht erfolgt (BAG NZA 02, 1389, 1391). Willenserklärungen des Arbeitgebers wie Kündigungen sind nach § 134 nichtig; die Nichtigkeit ist in der Frist von § 4 KSchG geltend zu machen (MüKo/*Müller-Glöge* § 612 a Rn 20). Tatsächliche Maßnahmen wie Arbeitszuweisungen sind rechtswidrig, brauchen also nicht befolgt zu werden bzw sind wieder aufzuheben (ErfK/*Preis* § 612 a Rn 23). Bei vorenthaltenen Leistungen wirkt § 612 a **anspruchsbegründend** (BAG NZA 01, 680, 683; NZA 02, 1389, 1391; ebenso iE MüKo/*Müller-Glöge* § 612 a Rn 22; ErfK/*Preis* § 612 a Rn 23), bei schuldhaftem Verhalten kommt Schadensersatz ua nach § 280 I oder § 823 II – § 612 a ist Schutzgesetz iSd Vorschrift – in Betracht (LAG Hamburg 19. 3. 02, AZ 3 Sa 76/00; ErfK/*Preis* § 612 a Rn 23), bei Wiederholungsgefahr ein Unterlassungsanspruch.

4   **D. Prozessuales.** Die Beweislast für die Benachteiligung und die Kausalität trägt der Arbeitnehmer (BAG RzK I 81 Nr 15; NZA 88, 18), Anscheinsbeweis kann ihm zugute kommen (BAG NZA 93, 39; LAG Kiel LAGE Nr 4 zu § 612 a). Eine entspr Anwendung von § 611 a I 3 scheidet mangels Regelungslücke aus (BAG AP Nr 3 zu § 14 KSchG 1969; LAG Hamm NZA 88, 586).

§ 613 Unübertragbarkeit

[1]Der zur Dienstleistung Verpflichtete hat die Dienste im Zweifel in Person zu leisten. [2]Der Anspruch auf die Dienste ist im Zweifel nicht übertragbar.

1   **A. Dienstleistung in Person, S 1. I. Zweck und Anwendungsbereich.** S 1 enthält eine Auslegungsregel, abweichende Vereinbarungen sind zulässig. Sie gilt für Arbeitsverhältnisse ebenso wie für freie Dienstverhältnisse, wobei allerdings die Erbringung durch den Arbeitnehmer persönlich bei Arbeitsverhältnissen typisch und die Zulässigkeit der Leistungserbringung durch Dritte ein starkes Indiz gegen Arbeitsverhältnisse ist (dazu § 611 Rn 18)

2   **II. Voraussetzungen.** Der Verpflichtete darf die Leistung im Zweifel nicht delegieren, auch der Arzt hat die medizinischen Kernaufgaben in Person zu leisten (LG Fulda MDR 88, 317; zu Arztverträgen s.o. § 611 Rn 13), nur ärztliche Hilfsdienste können auf Dritte übertragen werden. Bei Verträgen mit Rechtsanwälten in einer Sozietät oder Partnerschaftsgesellschaft sind regelmäßig alle Rechtsanwälte Vertragspartner des Mandanten (BGH NJW 81, 2741), sofern nicht eine Einzelmandatierung erfolgt; eine Delegation vom Rechtsanwalt auf Bürovorsteher ist für anwaltliche Kernaufgaben ausgeschlossen (BGH NJW 81, 2741).

3   **III. Rechtsfolgen.** Hat der Verpflichtete die Leistung in Person zu erbringen, so besteht bei Heranziehung Dritter **kein Anspruch auf** die vertragliche **Vergütung**, wohl aber können daraus nach allgemeinen Regeln

Schadensersatzansprüche entstehen. Bei eigener Verhinderung muss der Verpflichtete somit auch nicht für Vertretung sorgen. Da das Dienstverhältnis und damit die Dienstleistungspflicht mit dem **Tode** erlischt, besteht kein Eintrittsrecht der Erben in den Dienstvertrag (Schaub/*Linck* § 45 Rn 2). Sie können allerdings wegen der Erbenhaftung (§§ 1922, 1967) gehalten sein, einzelne Pflichten aus dem Dienstverhältnis zu erfüllen, zB dem Verstorbenen überlassenes Arbeitsmaterial herauszugeben (Schaub/*Linck* § 45 Rn 2). Vererblich sind bereits entstandene vermögensrechtliche Forderungen auf Vergütung (LAG Hamm NZA 87, 669), auch Ansprüche auf Abfindung aus einem Aufhebungsvertrag, es sei denn, der Arbeitnehmer stirbt vor dem vereinbarten Vertragsende (vgl BAG NZA 00, 1236; NZA 98, 643); für diesen Sonderfall kann allerdings die Vererblichkeit im Aufhebungsvertrag ausdrücklich vereinbart werden (BAG NZA 88, 466). Urlaubsabgeltungsansprüche (§ 7 IV BUrlG) sind hingegen nicht vererblich (BAG NZA 97, 879, 880). Hat aber der verstorbene Arbeitnehmer bereits zu Lebzeiten alle Voraussetzungen des § 7 IV BUrlG erfüllt, und ist der Arbeitgeber mit der Erfüllung des Abgeltungsanspruchs in Verzug geraten, so können die Erben **Schadensersatz** gem §§ 280 II, 286 geltend machen (BAG NZA 97, 879, 880; Schaub/*Linck* § 45 Rn 2).

B. Unübertragbarkeit der Dienste, S 2. Auch S 2 ist als Auslegungsregel gegenüber abw Vereinbarungen, also namentlich der Vereinbarung einer Dienstleistungspflicht auch gegenüber Dritten, offen. Trotz Unübertragbarkeit ist der Anspruch auf die Dienstleistung vererblich (BAG AP Nr 18 zu § 74 HGB, Bl 52, 54 f; Schaub/*Linck* § 45 Rn 8). Ist die Dienstleistung wie etwa bei Privatsekretären oder Krankenpflegern speziell an die Person des Dienstberechtigten gebunden, wird das Dienstverhältnis idR auflösend bedingt sein (ErfK/*Preis* § 613 Rn 11; vgl auch BAG aaO). Zwar genügt hierfür grds eine konkludente Vereinbarung; für den wichtigen Fall des Arbeitsverhältnisses ist jedoch wegen §§ 14 IV, 21 TzBfG eine schriftliche Fixierung der auflösenden Bedingung „Tod des Arbeitgebers" erforderlich (JurisPK § 613 Rn 24). Abgesehen von diesen Ausnahmefällen geht die Stellung als Dienstberechtigter auf die Erben über, die jedoch ein Recht zur ordentlichen Kündigung haben können. Ein außerordentliches Kündigungsrecht besteht selbst bei außergewöhnlichen finanziellen Belastungen durch das „geerbte" Dienstverhältnis nicht; die Erben sind durch die Möglichkeit der Erbausschlagung oder der Beschränkung der Haftung auf den Wert der Erbschaft hinreichend geschützt (BAG FA 05, 222; aA noch BAG NJW 58, 1013). Im Falle eines Betriebsübergangs gehen die Arbeitsverhältnisse ungeachtet des § 613 gem § 613 a auf den Betriebsübernehmer über, sofern die Arbeitnehmer nicht widersprechen (zu den Voraussetzungen des Betriebsübergangs und zum Widerspruchsrecht vgl § 613 a Rn 3 ff; 45 ff). 4

§ 613 a Rechte und Pflichten bei Betriebsübergang

(1) ¹Geht ein Betrieb oder Betriebsteil durch Rechtsgeschäft auf einen anderen Inhaber über, so tritt dieser in die Rechte und Pflichten aus den im Zeitpunkt des Übergangs bestehenden Arbeitsverhältnissen ein. ²Sind diese Rechte und Pflichten durch Rechtsnormen eines Tarifvertrags oder durch eine Betriebsvereinbarung geregelt, so werden sie Inhalt des Arbeitsverhältnisses zwischen dem neuen Inhaber und dem Arbeitnehmer und dürfen nicht vor Ablauf eines Jahres nach dem Zeitpunkt des Übergangs zum Nachteil des Arbeitnehmers geändert werden. ³Satz 2 gilt nicht, wenn die Rechte und Pflichten bei dem neuen Inhaber durch Rechtsnormen eines anderen Tarifvertrags oder durch eine andere Betriebsvereinbarung geregelt werden. ⁴Vor Ablauf der Frist nach Satz 2 können die Rechte und Pflichten geändert werden, wenn der Tarifvertrag oder die Betriebsvereinbarung nicht mehr gilt oder bei fehlender beiderseitiger Tarifgebundenheit im Geltungsbereich eines anderen Tarifvertrags dessen Anwendung zwischen dem neuen Inhaber und dem Arbeitnehmer vereinbart wird.
(2) ¹Der bisherige Arbeitgeber haftet neben dem neuen Inhaber für Verpflichtungen nach Abs. 1, soweit sie vor dem Zeitpunkt des Übergangs entstanden sind und vor Ablauf von einem Jahr nach diesem Zeitpunkt fällig werden, als Gesamtschuldner. ²Werden solche Verpflichtungen nach dem Zeitpunkt des Übergangs fällig, so haftet der bisherige Arbeitgeber für sie jedoch nur in dem Umfang, der dem im Zeitpunkt des Übergangs abgelaufenen Teil ihres Bemessungszeitraums entspricht.
(3) Abs. 2 gilt nicht, wenn eine juristische Person oder eine Personenhandelsgesellschaft durch Umwandlung erlischt.
(4) ¹Die Kündigung des Arbeitsverhältnisses eines Arbeitnehmers durch den bisherigen Arbeitgeber oder durch den neuen Inhaber wegen des Übergangs eines Betriebs oder eines Betriebsteils ist unwirksam. ²Das Recht zur Kündigung des Arbeitsverhältnisses aus anderen Gründen bleibt unberührt.
(5) Der bisherige Arbeitgeber oder der neue Inhaber hat die von einem Übergang betroffenen Arbeitnehmer vor dem Übergang in Textform zu unterrichten über:
1. den Zeitpunkt oder den geplanten Zeitpunkt des Übergangs,
2. den Grund für den Übergang,
3. die rechtlichen, wirtschaftlichen und sozialen Folgen des Übergangs für die Arbeitnehmer und
4. die hinsichtlich der Arbeitnehmer in Aussicht genommenen Maßnahmen.

(6) ¹Der Arbeitnehmer kann dem Übergang des Arbeitsverhältnisses innerhalb eines Monats nach Zugang der Unterrichtung nach Absatz 5 schriftlich widersprechen. ²Der Widerspruch kann gegenüber dem bisherigen Arbeitgeber oder dem neuen Inhaber erklärt werden.

1 **A. Zweck und Anwendungsbereich.** Die Vorschrift soll dem Arbeitnehmer trotz Wechsels des Betriebsinhabers den Arbeitsplatz erhalten, der Übergang des Betriebes soll keine Nachteile für den Arbeitnehmer mit sich bringen. Auch sollen Funktion und Fortbestand des Betriebes geschützt werden (Palandt/*Weidenkaff* § 613a Rn 1).

2 Vereinbarungen mit dem Arbeitnehmer, die zu seinen Lasten von den Rechtsfolgen des § 613a abweichen, sind nur bei Vorliegen eines sachlichen Grundes zulässig (BAG DB 88, 1653; *Müller-Glöge* NZA 99, 449). Sie sind nichtig, wenn sie auf die Umgehung der gesetzlich vorgesehenen Kontinuität zielen (zur Zulässigkeit von Ausscheidensvereinbarungen vgl BAG NZA 96, 207; 99, 262; 99, 422; 06, 145).

3 **I. Übergang des Betriebes und Betriebsteils (I). 1. Betrieb oder Betriebsteil.** Als Gegenstand des Betriebsinhaberwechsels iSv § 613a kommt nur ein **Betrieb** oder ein **Betriebsteil** in Betracht. Betrieb iSv § 613a ist eine **wirtschaftliche Einheit** mit einer bestimmten Organisationsstruktur (vgl EuGH NZA 97, 433 – Ayse Süzen; NZA 00, 587 – Allen; NZA 01, 249 – Liikenne; vgl *Baeck/Lingemann* NJW 97, 2492; BAG NZA 97, 1050; NZA 04, 845). Ein Betriebsteil ist demgegenüber eine selbständig abtrennbare organisatorische Einheit des Betriebs, in der innerhalb des betrieblichen Gesamtzwecks ein Teilzweck verfolgt wird (BAG EzA § 613a Nr 209; BAG DB 06, 454). Die bloße Fortführung einer bestimmten Tätigkeit beim Erwerber ist nur eine Funktionsnachfolge, die von § 613a nicht erfasst wird (BAG NZA 98, 251; NZA 99, 147; möglicherweise weitergehend EuGH NZA 03, 1385 – Krankenhauskantine; krit *Bauer* NZA 04, 14; *Willemsen/Annuß* DB 04, 134; bestätigend aber EuGH BB 06, 272 – Güney-Görres).

4 **2. Übergang auf einen anderen Inhaber.** Die wirtschaftliche Einheit **geht über**, wenn sie trotz des Inhaberwechsels ihre Identität wahrt. Entscheidend für die **Wahrung der Identität** sind eine Vielzahl von Kriterien, namentlich **Ähnlichkeit der betrieblichen Tätigkeit** vor und nach dem Übergang (einprägsam BAG NZA 98, 31: Inhaberwechsel mit Übergang gutbürgerliche/arabische Küche), bei **betriebsmittelarmen Betrieben** Übergang eines nach Zahl und Sachkunde **wesentlichen Teils der Belegschaft**, bei Nicht-Know-how-Trägern reichen allerdings 60 % im Zweifel noch nicht aus, hingegen kann bei Know-how-Trägern schon ein geringer Prozentsatz zum Betriebsübergang führen (vgl BAG NZA 98, 534; NZA 00, 1180; LAG Köln NZA-RR 00, 634).

5 Auch wenn der Erwerber beim Veräußerer bereits **vorhandene Betriebsmittel** nach dem Übergang nutzt, liegt nach bisher hM ein Betriebsübergang nahe, wenn er seine Leistung **mit** diesen Betriebsmitteln erbringt, also eigenwirtschaftlich, und nicht nur **an** diesen Betriebsmitteln, wie bspw bei der Bewachung eines Objektes (BAG NZA 99, 483); fehlende eigenwirtschaftliche Nutzung schließt einen Betriebsübergang jedoch nicht aus (EuGH BB 06, 272, Güney-Görres; ähnl schon EuGH NZA 03, 1385, 1386 – Krankenhauskantine, vgl oben Rn 3). Ein weiteres wichtiges Indiz für einen Betriebsübergang ist der **Übergang der Kundschaft** (LAG Düsseldorf NZA-RR 00, 353).

6 Die bloße **Möglichkeit der Fortführung** reicht allerdings nicht mehr aus, um einen Betriebsübergang anzunehmen; erforderlich ist vielmehr, dass der Erwerber die wirtschaftliche Einheit tatsächlich fortführt (BAG NZA 99, 310; NZA 03, 93, 94; EzA Nr 26 zu § 613a BGB 2002 – Maßschuhe/Massenschuhe) und nicht in die eigene Organisationsstruktur eingliedert (BAG NZA 04, 316, 317).

7 Eine **Unterbrechung des Betriebes** vor der Übernahme durch den neuen Inhaber schließt einen **Betriebsübergang aus**, wenn die Unterbrechung nicht nur vorübergehend ist, sondern eine Dauer erreicht, die zu einer Betriebsstilllegung führt (BAG NZA 97, 1050 – 9 Monate Betriebsunterbrechung bei einem Modefachgeschäft hindern den Betriebsübergang; LAG Köln NZA-RR 98, 290 – 3 Monate in einer Kindertagesstätte).

8 Die Rechtsfolgen des § 613a treten zu dem **Zeitpunkt** ein, zu dem der Veräußerer die Leitungsmacht einstellt und der Erwerber sie übernehmen kann (BAG NZA 97, 94).

9 **3. Übergang der Arbeitsverhältnisse.** Erfasst sind alle Arbeitsverhältnisse (vgl § 611 Rn 16 ff), auch von Auszubildenden, und Arbeitsverhältnisse ohne Kündigungsschutz (BAG NJW 03, 2473), Altersteilzeitverhältnisse selbst in der Freistellungsphase (LAG Düsseldorf NZA-RR 04, 288, 848), nicht aber Rentner (BAG NZA 88, 246) oder Dienstverhältnisse außerhalb des Arbeitsverhältnisses, namentlich von Organen juristischer Personen (BAG NJW 03, 2930, 2473).

10 Bei **Betriebsteilübergang** gehen diejenigen Arbeitsverhältnisse über, die dem übergehenden Betriebsteil zuzuordnen sind. Maßgeblich ist primär der Wille der Beteiligten (BAG DB 97, 2282), bei Uneinigkeit kommt es jedoch auf objektive Kriterien an, in Querschnittsbereichen (Rechnungswesen, Verwaltung, Personalabteilung) entscheidet der **Schwerpunkt der Tätigkeit** des jeweiligen Arbeitnehmers, bei freigestellten Betriebsratsmitgliedern der Schwerpunkt vor Beginn der Freistellung (BAG NZA 98, 189). Wird der Betrieb stillgelegt oder widerspricht der Arbeitnehmer gem VI einem Teilbetriebsübergang, so bedarf es einer ausdrücklichen oder konkludenten Zuordnungsentscheidung des Arbeitgebers, wenn das Arbeitsverhältnis von einem weiteren Teilbetriebsübergang erfasst werden soll (BAG NZA 04, 1406 unter II 2b der Gründe; DB 03, 1740, 1741).

In Fällen der Verschmelzung, Spaltung oder Vermögensübertragung können die Arbeitnehmer gem § 323 II 11
UmwG in den Grenzen grober Fehlerhaftigkeit in einem Interessenausgleich zugeordnet werden.

4. Durch Rechtsgeschäft. Nur ein Übergang durch **Rechtsgeschäft**, dh der einverständliche Wechsel der 12
Inhaberschaft, löst die Rechtsfolgen von § 613 a aus. Nicht dazu gehören öffentlich-rechtliche Funktionsnachfolge (BAG NZA 00, 371 (Notariat)); Ausgliederungen auf Personen des öffentlichen Rechts (BAG DB 02, 695) oder Übergang kraft Gesetzes (BAG, 02. 03. 06, AZ 8 AZR 124/05, PM 15/06) oder durch Erbfolge nach §§ 1922 ff. Hingegen kann eine Vergabeentscheidung einen Betriebsübergang begründen (EuGH NZA 01, 249 – Buslinien). Sicherungsübereignung begründet keinen Betriebsübergang, da sich die Nutzungsberechtigung des bisherigen Eigentümers nicht ändert (BAG BB 03, 1793). Bei bloßem Gesellschafterwechsel einer juristischen Person ändert sich der Arbeitgeber nicht, § 613 a gilt daher nicht. Übernahme des Betriebes durch den Insolvenzverwalter ist kein Betriebsübergang (zum Betriebsübergang in der Insolvenz vgl § 128 InsO, BAG NJW 03, 3506).

5. Eintritt des Erwerbers in Rechte und Pflichten aus dem Arbeitsverhältnis. Mit dem Wechsel der Ar- 13
beitgeberstellung wird der neue Arbeitgeber **Schuldner** aller Verbindlichkeiten aus dem Arbeitsverhältnis, auch wenn sie aus der Zeit vor dem Betriebsübergang stammen (vgl im Einzelnen Rn 26 ff). Dies gilt für alle Vergütungen, also auch Prämien, Versorgungsanwartschaften – auch unverfallbare – (BAG AP Nr 14 zu § 1 BetrAVG – „Betriebsveräußerung"; vgl jedoch zur Unterstützungskasse BAG AP Nr 15 zu § 613 a), Ansprüche aus einem Aktienoptionsplan, sofern diese nicht von Dritten gewährt werden (vgl Rn 28), auch Ansprüche aufgrund betrieblicher Übung (vgl dazu § 611 Rn 44 ff). Erhalten bleibt auch die Dauer der Betriebszugehörigkeit (zur betrieblichen Altersversorgung: BAG AP Nr 18 zu § 1 BetrAVG – „Betriebsveräußerung"). Der Gleichbehandlungsgrundsatz führt nicht zur Anpassung mit Ansprüchen anderer Arbeitnehmer beim Erwerber (BAG BB 06, 440)

Der Erwerber tritt in die Rechtsstellung des Veräußerers ein und wird damit auch **Gläubiger** aller entstande- 14
nen und fällig gewordenen Ansprüche aus und im Zusammenhang mit dem Arbeitsverhältnis (ErfK/*Preis* § 613 a Rn 79). Auch Gestaltungsrechte wie Kündigung und Anfechtung gehen über, auch wenn der Kündigungs- oder Anfechtungstatbestand vor dem Betriebsübergang lag, aber noch nachwirkt (*Preis* aaO), ebenso Wettbewerbsverbote.

Abweichungen zu Lasten des Arbeitnehmers sind grds unzulässig. Auch ein Aufhebungsvertrag ist daher nur 15
zulässig, wenn er auf das endgültige Ausscheiden des Arbeitnehmers aus dem Betrieb gerichtet ist und nicht auf ein neues Arbeitsverhältnis zum Betriebübernehmer mit schlechteren Konditionen, es sei denn, dass die mit einer solchen Vertragsgestaltung verbundenen Verschlechterungen der Arbeitsbedingungen sachlich berechtigt sind, wie bspw beim Wechsel in eine Beschäftigungs- und Qualifizierungsgesellschaft zur Vermeidung einer Insolvenz (BAG NZA 06, 145).

6. Auswirkungen auf Tarifverträge und Betriebsvereinbarungen (I 2–4). Soweit die Rechte und Pflichten im übernehmenden Betrieb durch **Tarifvertrag** oder **Betriebsvereinbarung** geregelt sind, gilt Folgendes:

a) **Tarifverträge.** Ist der Übernehmer nicht tarifgebunden, so gelten die im Zeitpunkt des Betriebsübergangs 16
gültigen (auch nachwirkenden, § 4 V TVG) Tarifverträge (BAG NZA 00, 435, 436) gem I 2 als Individualvereinbarung beim Erwerber fort („**Transformation**") und können vor Ablauf eines Jahres seit dem Zeitpunkt des Übergangs nicht zum Nachteil des Arbeitnehmers geändert werden, soweit nicht I 4 greift (dazu unten Rn 25). Spätere Änderungen der Tarifverträge durch die Tarifpartner wirken sich nicht mehr aus; die Transformation erfolgt also statisch (BAG NZA 00, 154; vgl auch Generalanwalt v 15. 11. 05, EuGH C-499/04).

Sofern allerdings Betriebserwerber, Betriebsveräußerer und Arbeitnehmer kongruent tarifgebunden sind, gilt 17
der bisherige Tarifvertrag beim Übernehmer normativ weiter („**Weitergeltung**", BAG NZA 01, 1318, 1320).

Für einen **Firmentarifvertrag** gilt das nur bei Gesamtrechtsnachfolge in ein Unternehmen, nicht aber aufgrund 18
von § 613 a (BAG NZA 01, 517; NZA 01, 513, 514; ErfK/*Preis* § 613 a Rn 109). **Allgemeinverbindliche Tarifverträge** gelten ohne Änderung des Betriebszwecks auch ohne Tarifbindung beim Übernehmer fort, vgl § 5 IV TVG.

Sind **Übernehmer und Arbeitnehmer** kongruent an einen anderen als den beim Veräußerer geltenden Tarif- 19
vertrag gebunden, so kommt es gem I 3 nicht zu einer Transformation, soweit die Rechte und Pflichten beim Erwerber durch die Rechtsnormen des anderen Tarifvertrages geregelt sind, sondern es gilt der Tarifvertrag des Erwerbers. Das gilt allerdings nur soweit Identität des Regelungsgegenstandes zwischen beiden Tarifverträgen besteht („**Ablösung**"). Unerheblich ist, ob dessen Regelungen für die Arbeitnehmer günstiger oder ungünstiger als die bisherigen sind. Die Identität ist durch Sachgruppenvergleich zu prüfen. Soweit keine Regelungsidentität besteht, wird gem I 2 transformiert (BAG AP Nr 108 zu § 613 a BGB).

In der Praxis wird häufig ein Tarifvertrag arbeitsvertraglich in Bezug genommen. Zu den Folgen verschiede- 20
ner Bezugnahmeklauseln siehe § 613 a vgl § 611 Rn 41.

b) **Betriebsvereinbarungen.** Entscheidend für die Fortgeltung von **Betriebsvereinbarungen** ist, ob die Iden- 21
tität des Betriebes oder Betriebsteils beim Erwerber im Wesentlichen erhalten bleibt (BAG NZA 03, 670). In diesem Fall gelten Betriebsvereinbarungen kollektivrechtlich weiter, Gesamtbetriebsvereinbarungen zumindest als Einzelbetriebsvereinbarung (BAG NZA 03, 670, 673 f).

22 Verliert der Betrieb oder Betriebsteil beim Übergang hingegen seine Identität und Eigenständigkeit, so gelten für die übergegangenen Arbeitnehmer die normativ im aufnehmenden Betrieb bestehenden Betriebsvereinbarungen. Bei **Regelungsidentität** lösen sie die bisher geltenden Betriebsvereinbarungen nach I 3 ab (BAG NZA 02, 41, 42). Soweit keine Regelungsidentität vorliegt, werden die bisherigen Regelungen nach I 2 transformiert (vgl oben Rn 19).

23 Bei Ablösung von **Versorgungszusagen** ist allerdings der bis zum Betriebsübergang erdiente Versorgungsbesitz zu wahren (BAG NZA 02, 520).

24 Ist der Übernehmer nicht tarifgebunden oder besteht keine Regelungsidentität zwischen den tariflichen Regelungen, so kommt auch eine (**Über-Kreuz-)Ablösung** in Betracht: Bisher beim Veräußerer anwendbare **Tarif**regelungen werden von kongruenten **Betriebs**vereinbarungen beim Erwerber abgelöst (*Schiefer/Progge* NJW 03, 3734; offen gelassen in BAG NZA 02, 41). Zu beachten ist allerdings der Tarifvorrang gem §§ 77 III, 87 I BetrVG.

25 c) **Ausnahme von der einjährigen Veränderungssperre nach I 4.** Nach I 4 ist eine Abweichung von der einjährigen Veränderungssperre gem S 2 möglich, wenn entweder die (transformierte) kollektivrechtliche Regelung (Tarifvertrag oder Betriebsvereinbarung) nicht mehr gilt (Hs 1) oder Erwerber und Arbeitnehmer zwar nicht kollektiv an den Tarifvertrag im Geltungsbereich des Erwerbers gebunden sind, dessen Anwendung jedoch vereinbaren (Hs 2), typischerweise durch eine Bezugnahmeklausel (*Meyer* NZA 03, 1126; vgl auch Rn 20 sowie § 611 Rn 41).

26 II. **Haftung des Veräußerers und des Erwerbers, II und III. Anspruchsgegner** des Arbeitnehmers ist mit dem Übergang der **Betriebserwerber**. Gem II haftet der Veräußerer jedoch als Gesamtschuldner für Verpflichtungen mit, die vor dem Zeitpunkt des Übergangs entstanden sind und bis zu einem Jahr nach diesem Zeitpunkt fällig werden. Daneben besteht ggf eine Haftung nach den §§ 133, 134 UmwG, §§ 25, 28 HGB. Bei Fälligkeit nach dem Zeitpunkt des Übergangs haftet der Erwerber gem II 2 pro rata temporis; dies betrifft typischerweise jahreszeitanteilige Leistungen wie Tantiemeansprüche und Gratifikationen.

27 Auch die **Versorgungsanwartschaften** des Arbeitnehmers gehen über, dh der Erwerber muss Versorgungszusagen unverändert fortführen oder, wenn dies unmöglich ist, dem Arbeitnehmer eine gleichwertige Versorgung verschaffen (BAG DB 02, 1279). Da Rentner nicht übergehen, bleibt nur der Veräußerer zu Rentenzahlungen, soweit sie zum Zeitpunkt des Betriebsübergangs bereits begonnen haben, verpflichtet.

28 Soweit **mit Dritten** Ansprüche aus Nebenabreden zum Arbeitsvertrag getroffen werden, richten sich diese auch nach dem Betriebsübergang nicht gegen den Erwerber, sondern unverändert gegen den Dritten (so zu Aktienoptionsplänen mit der Konzernmutter BAG AP Nr 243 zu § 613a m Anm *Lingemann*).

29 Gem III tritt keine gesamtschuldnerische Haftung ein, wenn der bisherige Arbeitgeber durch Umwandlung erlischt, weil seine Haftungsmasse dann vollständig bei dem durch Umwandlung entstandenen neuen Arbeitgeber liegt.

30 Bei Übergang des Betriebes **nach Eröffnung des Insolvenzverfahrens** haftet der Erwerber nicht für die Verbindlichkeiten, die vor Eröffnung des Verfahrens entstanden sind (BAG NZA 03, 318; DB 05, 2362); für Urlaubsansprüche soll § 613a aber anwendbar sein (BAG NZA 04, 43, 651; NJW 04, 1972). Übernimmt der Erwerber den Betrieb vor Eröffnung des Insolvenzverfahrens, so haftet er uneingeschränkt nach II (BAG aaO).

31 III. **Kündigungsverbot, IV. 1. Unwirksamkeit einer Kündigung „wegen" Betriebsübergangs.** Gem IV 1 ist die **Kündigung** des Arbeitsverhältnisses durch den bisherigen Arbeitgeber oder durch den neuen Inhaber **wegen des Übergangs eines Betriebs oder eines Betriebsteils unwirksam**. „Wegen" des Übergangs erfolgt die Kündigung, wenn wesentliches Motiv für die Kündigung der Betriebsübergang ist, es also keinen davon unabhängigen sachlichen Grund für die Kündigung gibt (BAG NZA 00, 371; NZA 00, 1180). Das Kündigungsverbot von IV gilt auch außerhalb der Grenzen des KSchG (vgl § 13 III KSchG) und damit auch in der Probezeit und in Kleinbetrieben (vgl § 620 Rn 51 f).

32 Gem IV 2 bleibt das Recht zur **Kündigung** des Arbeitsverhältnisses **aus anderen Gründen** unberührt. Verhaltens-, personen- oder betriebsbedingte Kündigungen können daher ausgesprochen werden. Zumindest im Insolvenzfall können betriebsbedingte Kündigungen des Veräußerers auch mit dem Sanierungskonzept des Erwerbers begründet werden (vgl BAG AP Nr 147 zu § 613a; NZA 03, 1027). Unklar ist, ob dies nur gilt, wenn das Konzept auch von dem Veräußerer hätte durchgeführt werden können (so noch BAG DB 83, 2690, 2691; anders BAG NZA 03, 1027).

33 Wird der nicht übergehende Betriebsteil stillgelegt, ist die Sozialauswahl auf den übergehenden Betriebsteil zu erstrecken (BAG NZA 05, 285). Maßgeblicher Beurteilungszeitpunkt ist der Zugang der Kündigung. Bei der **Kündigung wegen Betriebsstilllegung** ist es zwar ausreichend, wenn die Stilllegung **greifbare Formen angenommen** hat und die Prognose gerechtfertigt ist, dass mit Ablauf der Kündigungsfrist der Arbeitnehmer nicht mehr eingesetzt werden kann (BAG DB 91, 2442). Eine während der Kündigungsfrist von der Prognose abweichende Entwicklung kann aber ggf einen Wiedereinstellungsanspruch begründen (BAG NZA 99, 311, vgl § 620 Rn 97), anders bei Veräußerung in der Insolvenz (BAG AP Nr 4 zu § 611 – „Einstellungsanspruch").

2. Prozessuales. Die **Kündigungsschutzklage** gegen eine Kündigung „wegen" Betriebsübergangs kann der 34
Arbeitnehmer gegen den kündigenden Arbeitgeber richten (BAG DB 85, 1399; NZA 99, 706). Die rechtskräftige Entscheidung wirkt bei einem späteren Betriebsübergang dann auch gegen den Betriebserwerber, § 325 ZPO (BAG NZA 97, 937; aA ErfK/*Preis* § 613 a Rn 177; ArbRBGB/*Ascheid* § 613 a Rn 151 f); ansonsten muss ggf Titelumschreibung gem § 727, 731 ZPO beantragt werden (LAG Düsseldorf NZA-RR 96, 242; aA *Preis* aaO; *Ascheid* aaO). Eine Feststellungsklage, die ausschl auf das Kündigungsverbot in IV gestützt wird, soll nach dem Betriebsübergang grds gegen den Betriebserwerber zu richten sein, jedenfalls soll hier § 325 ZPO nicht gelten (BAG NZA 99, 648; NZA 99, 706; ErfK/*Preis* § 613 a Rn 177). Auch wenn die Klage erst nach dem – zwischenzeitlichen – Übergang des Betriebes erhoben wird, soll sie gegen den Betriebserwerber gerichtet werden müssen. Bei Unklarheiten sollte der Arbeitnehmer die **Klage vorsorglich gegen Veräußerer und Erwerber** gleichzeitig richten (Einzelheiten bei *Bauer/Lingemann/Diller/Haußmann* S 1005; ErfK/*Preis*, aaO.). Auch der Veräußerer kann als Beklagter einen **Auflösungsantrag** nach §§ 9, 10 KSchG stellen, wenn der Auflösungszeitpunkt vor dem Betriebsübergang liegt (BAG NZA 05, 1178, 1180).

IV. Unterrichtung der Arbeitnehmer, V. Nach V ist der bisherige oder der neue Betriebsinhaber verpflichtet, die vom Übergang betroffenen Arbeitnehmer **vor dem Übergang** in Textform zu unterrichten. Die Unterrichtung muss erfolgen über: 35
1. den **Zeitpunkt** oder den geplanten Zeitpunkt des Übergangs,
2. den **Grund** für den Übergang,
3. die rechtlichen, wirtschaftlichen und sozialen **Folgen** des Übergangs für die Arbeitnehmer und
4. die hinsichtlich der Arbeitnehmer **in Aussicht genommenen Maßnahmen**.

Den **Umfang** der Unterrichtung regelt das Gesetz nicht. Vor Geltung von V und VI genügte wohl eine Grundlagenunterrichtung; weitergehende Informationen musste der Arbeitnehmer selbst beschaffen (BAG NZA 94, 36
357, 358). Da die Gesetzesbegründung zur Widerspruchsfrist auf diese Entscheidung Bezug nimmt (BTDrs 14/7760, S 20), gilt das möglicherweise weiterhin (vgl *Meyer* AuA 02, 159, 162). Nicht Gegenstand der Unterrichtung sind vertrauliche Informationen, deren Offenbarung dem Unternehmen schaden könnte (*Bauer/von Steinau-Steinrück* ZIP 02, 457, 461; *Willemsen/Lemke* NJW 02, 1159, 1163; *Grobys* BB 02, 726, 728).

Der **Zeitpunkt** des Übergangs ist der Stichtag oder der geplante Zeitraum. 37
Grund für den Betriebsübergang ist die Art des Rechtsgrundes (Kauf, Miete, Pacht, Umwandlung; vgl *Willemsen/Lemke* NJW 02, 1159, 1162), die Motive für den Betriebsübergang müssen nicht mitgeteilt werden 38
(*Bauer/von Steinau-Steinrück* ZIP 02, 457, 462; *Worzalla* NZA 02, 353, 354; *Huke* FA 02, 263, 265).
Zu den **rechtlichen, wirtschaftlichen und sozialen Folgen** des Übergangs für die Arbeitnehmer zählen der 39
Eintritt in die Rechte und Pflichten aus dem Arbeitsverhältnis durch den Betriebserwerber, die Haftung des bisherigen und des neuen Betriebsinhabers nach II, ggf auch eine erweiterte Haftung nach den §§ 133, 134 UmwG, 25, 28 HGB, das Verbot der Kündigung wegen des Betriebsübergangs nach IV, die Folgen für Kollektivvereinbarungen nach I 2–4 und das Widerspruchsrecht des Arbeitnehmers nach VI sowie die für den Widerspruch gem VI 1 erforderliche Schriftform. Nach der Gesetzesbegründung (BTDrs 831/01, S 23 f) sind rechtliche, wirtschaftliche und soziale Folgen nur die Folgen aus I–IV (aA *Worzalla* NZA 02, 353, 355).
Hinsichtlich der Arbeitnehmer in Aussicht genommen sind alle geplanten **Maßnahmen** iSd §§ 92 ff BetrVG, 40
dh personelle Maßnahmen, Weiterbildungsmaßnahmen und Übriges, was die berufliche Entwicklung der Arbeitnehmer betrifft (*Meyer* AuA 02, 159, 161; *Huke* FA 02, 263, 267), allerdings nur, wenn es konkret absehbar ist (*Grobys* BB 02, 726, 728). Soweit der Betriebsübergang mit einer Betriebsänderung iSd §§ 111 ff BetrVG verbunden ist (vgl unten Rn 51), dürfte ein Verweis auf den Interessenausgleich und Sozialplan genügen.

Die Unterrichtung ist zu richten an **alle Arbeitnehmer**, deren Arbeitsverhältnisse übergehen, wenn sie dem 41
Betriebsübergang nicht widersprechen (vgl oben Rn 35 und unten Rn 45 ff). Sie muss nicht auf jeden Arbeitnehmer persönlich zugeschnitten sein (*Willemsen/Lemke* NJW 02, 1159, 1163, str) und ersetzt auch keine Rechtsberatung (*Bauer/von Steinau-Steinrück* ZIP 02, 457, 462; *Gaul/Otto* DB 02, 634, 635). **Textform** (§ 126 b) ist geregelt (§ 126 Rn 1 ff).

Umstritten ist, ob die Unterrichtung **wiederholt werden muss**, wenn sich die Gegenstände der Mitteilungspflicht im Zeitraum zwischen Unterrichtung und tatsächlichem Betriebsübergang ändern (dafür *Worzalla* 42
NZA 02, 353, 354, dagegen *Willemsen/Lemke* NJW 02, 1159, 1162 und 1164).
Die Unterrichtung der Arbeitnehmer ist kein klagbarer Anspruch. Bei **unwirksamer Unterrichtung** besteht 43
ein in den Grenzen der Verwirkung unbegrenztes Widerspruchsrecht, nach fünf Monaten ist das Widerspruchsrecht wohl noch nicht verwirkt (vgl BAG NZA 04, 791). Eine unvollständige oder falsche Unterrichtung begründet weder Schadensersatzansprüche (*Bauer/von Steinau-Steinrück* ZIP 02, 457, 459) noch ein Kündigungsverbot (BAG DB 05, 2472).
Gem V ist zu unterrichten „**vor dem Übergang**". Die Widerspruchsfrist soll aber auch bei Unterrichtung erst 44
nach dem Übergang zu laufen beginnen (BTDrs 14/7760, S 20). Die Unterrichtung kann also jederzeit nachgeholt werden (*Düwell* FA 02, 107, 108; *Meyer* AuA 02, 159, 162; *Willemsen/Lemke* NJW 02, 1159, 1160).

45 **V. Widerspruchsrecht des Arbeitnehmers, VI.** Innerhalb eines Monats nach Zugang der Unterrichtung nach V kann der Arbeitnehmer dem Übergang des Arbeitsverhältnisses gem VI schriftlich **widersprechen** (zur Rechtslage vor Einführung von VI bereits st Rspr, vgl BAG NZA 99, 258; EuGH NZA 99, 31 – Sanders).

46 Die Monatsfrist beginnt mit dem **Zugang** der Unterrichtung gem V, Adressat des Widerspruchsschreibens ist der bisherige oder neue Betriebsinhaber; **Schriftform** (§ 126) ist zwingend. Der Widerspruch ist auch wirksam, wenn kein sachlicher Grund für den Widerspruch besteht, das Fehlen eines sachlichen Grundes kann jedoch zu Nachteilen bei Sozialauswahl und Sozialplan führen (vgl sogleich Rn 47). Der Widerspruch kann **rechtsmissbräuchlich** sein, § 242, namentlich, wenn der Arbeitnehmer zuvor dem Betriebsübergang zugestimmt hatte (BAG NZA 84, 32, 33). Ein Massenwiderspruch hingegen muss nicht notwendig missbräuchlich sein (BAG NZA 05, 43). Der Widerspruch kann nicht widerrufen, mit einem Vorbehalt versehen oder vom Veräußerer und Arbeitnehmer aufgehoben werden (BAG NZA 04, 481).

47 Der widersprechende Arbeitnehmer bleibt zwar Arbeitnehmer des übertragenden Arbeitgebers. Infolge des Betriebsübergangs wird sein Arbeitsplatz dort aber in der Regel aber weggefallen sein, so dass ihm bei Vorliegen der weiteren Voraussetzungen **betriebsbedingt gekündigt** werden kann (BAG NZA 00, 764). Der bisherige Betriebsinhaber muss dem Arbeitnehmer im Fall eines bevorstehenden Teilbetriebsübergangs allerdings einen freien Arbeitsplatz in seinem Unternehmen anbieten, sobald er mit dem Widerspruch des Arbeitnehmers rechnen muss (BAG NZA 03, 605, 607). Auch bei Neueinstellungen in den verbleibenden Betriebsteilen kann er sich möglicherweise gem § 162 nicht auf den Wegfall der freien Stellen berufen (BAG NZA 03, 430, 431). Ein **Widerspruch ohne sachlichen Grund** kann bei einer Kündigung wegen Widerspruchs zum Ausschluss des Widersprechenden von der Sozialauswahl oder von Sozialplanabfindungen führen, zB, soweit der Sozialplan bei Ablehnung eines zumutbaren Arbeitsplatzes keine Ansprüche mehr gewährt (BAG NZA 05, 1263). Ein sachlicher Grund wäre der Wegfall der Sozialplanpflicht beim Erwerber (LAG Hamm NZA 95, 471; LAG Berlin NZA-RR 98, 63), nicht aber die Geltung eines ungünstigeren Tarifvertrags beim Erwerber (BAG NZA 98, 158).

48 **VI. Sonderregelungen im Umwandlungsrecht.** Gem § 324 UmwG ist § 613 a auch anzuwenden bei Verschmelzungen, Spaltungen oder Vermögensübertragungen. Daneben gibt es Sonderregelungen zu § 613 a im Umwandlungsrecht insbes in § 23 II UmwG (Zuordnung von Arbeitsverhältnissen im Interessenausgleich), § 21 a III BetrVG (Übergangsmandat des Betriebsrats, Vermutung für einen einheitlichen Betrieb bei einheitlicher Organisation), § 322 UmwG und § 323 I UmwG (kündigungsrechtliche Sicherung des übergehenden Arbeitsverhältnisses für zwei Jahre). Die Voraussetzungen des § 613 a sind auch im Zusammenhang mit einer Umwandlung selbständig zu prüfen (BAG NZA 00, 1115). Das Widerspruchsrecht gem VI besteht daher auch bei Umwandlung von Unternehmen, § 324 UmwG, bei Verschmelzungen und Aufspaltungen erlöschen allerdings die übertragenden Rechtsträger, § 20 I Nr 2 UmwG bzw § 131 I Nr 2 UmwG, so dass mangels Vertragspartner das Arbeitsverhältnis des widersprechenden Arbeitnehmers erlischt (*Bauer/Lingemann* NZA 94, 1057).

49 **VII. Auswirkungen auf das Betriebsratsamt.** Hat der aufnehmende Betrieb bereits einen **Betriebsrat**, so enden die Ämter des Betriebsrats im übergehenden Betrieb mit dem Betriebsübergang.

50 Hat der aufnehmende Betrieb noch keinen Betriebsrat, so hängen die Auswirkungen auf das Betriebsratsamt davon ab, ob der Betrieb insgesamt übergeht – dann besteht der Betriebsrat unverändert fort, oder nur ein Betriebsteil übergeht – dann enden die Ämter der übergehenden Betriebsratsmitglieder, allerdings besteht ein **Übergangsmandat** des Betriebsrats des Veräußerers, § 21 a I 1, III BetrVG. Werden mehrere Betriebe oder Betriebsteile mit Betriebsrat zu einem Betrieb zusammengefasst, so nimmt das Übergangsmandat des Betriebsrats des nach der Zahl der wahlberechtigten Arbeitnehmer größten Betriebs oder Betriebsteils wahr, § 21 a II, III BetrVG.

51 **VIII. Mitbestimmungsrechte des Betriebsrats.** Der Betriebsübergang alleine löst keine **Mitbestimmungsrechte** des Betriebsrats nach §§ 111, 112 BetrVG (Sozialplanpflicht und Interessenausgleich) aus. Insbes ein Betriebsteilübergang ist jedoch regelmäßig verbunden mit einer Betriebsspaltung und häufiger auch einer Zusammenlegung von Betrieben gem § 111 III Nr 3 BetrVG (vgl BAG NZA 00, 1069), die ihrerseits Mitbestimmungsrechte nach § 111 BetrVG auslösen. Oberhalb einer Bagatellausgliederung gilt dies bei einer Spaltung § 111 III 3 BetrVG auch dann, wenn der ausgegliederte Betriebsteil die Grenzen des § 17 KSchG nicht erreicht (BAG NZA 97, 898; dazu *Lingemann/Göpfert* NZA 97, 1325).

§ 614 Fälligkeit der Vergütung

¹Die Vergütung ist nach der Leistung der Dienste zu entrichten. ²Ist die Vergütung nach Zeitabschnitten bemessen, so ist sie nach dem Ablauf der einzelnen Zeitabschnitte zu entrichten.

1 Nach S 1 ist der Dienstverpflichtete grds vorleistungspflichtig; § 320 I 1 gilt für die Dauer der Vorleistungspflicht insoweit nicht (zur Anwendbarkeit der §§ 320 ff vgl § 611 Rn 2). Bei Insolvenz gleicht die Bundesagentur für Arbeit das Vorleistungsrisiko des Arbeitnehmers durch die Zahlung von Insolvenzgeld (§§ 183 ff SGB III) bis zur Dauer von drei Monaten aus.

Die Regelung gilt für Zeitvergütung ebenso wie für Akkordvergütung (dazu § 611 Rn 70). Sie erfasst neben 2
Arbeitsverhältnissen auch Dienst- und Geschäftsbesorgungsverträge, wobei letztere zum Teil zusätzlich eine
ordnungsgemäße Rechnungslegung voraussetzen (vgl BGH NJW-RR 88, 1264 f). § 614 wird häufig einzelvertraglich, durch Betriebsvereinbarung oder auch Tarifvertrag abbedungen. Dabei werden oft Vorschuss- und
Abschlagszahlungen vereinbart, im kaufmännischen Verkehr durch AGB (OLG Frankfurt NJW-RR 88,
1458 f). Besteht auf einem Arbeitszeitkonto ein negatives Guthaben, so stellt auch dies einen (Lohn-)Vorschuss des Arbeitgebers dar (BAG AP Nr 31 zu § 394). Gesetzliche Vorschussregelungen bestehen etwa in § 9
RVG (Rechtsanwälte), § 8 StBGebV (Steuerberater), § 87 a I 2 Hs 2 HGB (Handelsvertreter) und § 65 HGB
iVm § 87 a I 2 Hs 2 HGB (Handlungsgehilfen).

Typisch für **Arbeitsverhältnisse** ist die Vergütung nach Zeitabschnitten gem S 2. Die Fälle der Vergütung ohne 3
Arbeitsleistung (§ 611 Rn 73) sind Ausnahmen von S 1, die Fälligkeit richtet sich auch hier nach S 2, nur
Urlaubsentgelt ist vor Urlaubsantritt zu zahlen (§ 11 II BUrlG). Nichtzahlung am Ende des Zeitabschnittes löst
ohne weitere Mahnung Verzug aus, § 286 II Nr 1, und kann ein Recht zur außerordentlichen Kündigung des
Arbeitnehmers begründen, sofern der Arbeitnehmer den Arbeitgeber zuvor entsprechend abgemahnt hat (BAG
NZA 03, 816). Auch hat der Arbeitnehmer einen Anspruch auf Ersatz des Verzögerungsschadens gem §§ 280 II,
286 (BAG NZA-RR 99, 511).

§ 615 Vergütung bei Annahmeverzug und bei Betriebsrisiko

¹Kommt der Dienstberechtigte mit der Annahme der Dienste in Verzug, so kann der Verpflichtete für die
infolge des Verzugs nicht geleisteten Dienste die vereinbarte Vergütung verlangen, ohne zur Nachleistung
verpflichtet zu sein. ²Er muss sich jedoch den Wert desjenigen anrechnen lassen, was er infolge des Unterbleibens der Dienstleistung erspart oder durch anderweitige Verwendung seiner Dienste erwirbt oder zu
erwerben böswillig unterlässt. ³Die Sätze 1 und 2 gelten entsprechend in den Fällen, in denen der Arbeitgeber das Risiko des Arbeitsausfalls trägt.

A. Zweck und Anwendungsbereich. § 615 trägt der Tatsache Rechnung, dass der Dienstverpflichtete zur 1
Bestreitung seines Lebensunterhaltes regelmäßig auf die Vergütung angewiesen ist, die ausgefallenen Zeiten
nicht ohne weiteres nacharbeiten und auch seine Arbeitskraft idR nicht kurzfristig anderweitig verwerten
kann (vgl Palandt/*Weidenkaff* § 615 Rn 1). S 3 gilt nur für Arbeitsverhältnisse, S 1 und 2 auch für freie
Dienstverhältnisse, so zB für nicht eingehaltene Behandlungstermine beim Arzt (LG Konstanz NJW 94,
3015), Zahnarzt (AG Ludwigsburg NJW-RR 03, 1695) oder Krankengymnasten (AG Ludwigsburg NJW-RR
03, 1695) sowie für Beratungsverträge mit Rechtsanwälten (OLG München NJW-RR 94, 507).

§ 615 ist keine selbständige Anspruchsgrundlage, sondern sichert den Erhalt des Vergütungsanspruchs für die 2
Zeit des Annahmeverzugs (BAG AP Nr 99 zu § 615; AP Nr 11 zu § 611 – „Haftung des Arbeitgebers"; ErfK/
Preis § 615 Rn 1; Palandt/*Weidenkaff* § 615 Rn 3; aA Staud/*Richardi* § 615 Rn 8). Demnach richten sich die
Höhe der Vergütung, Zahlungsbedingungen, Fälligkeit (hier ist auch § 614 zu beachten), Verfall- und Verjährungsfristen usw nach den Regelungen des Dienst-/Arbeitsvertrags. § 254 gilt nicht (BGH NJW 67, 250).
§ 615 schließt gleichzeitigen Schuldnerverzug (§ 286) des Dienstberechtigten nicht aus, wenn er zur Annahme
der Dienste verpflichtet ist. Für den Schuldnerverzug gelten die allgemeinen Regeln (BAG NZA 03, 44, 48
mwN). S 1 und 2 sind **abdingbar** (BAG NZA 03, 973), der Arbeitgeber darf allerdings sein Arbeitsentgeltrisiko nicht generell auf den Arbeitnehmer verlagern (ErfK/*Preis* § 615 Rn 8). Formularvertragliche Abweichungen von § 615 sind nur in den Grenzen der §§ 305 ff zulässig (dazu § 611 Rn 56 ff), die Abdingbarkeit
von S 3 ist wegen §§ 307 II Nr 1, 310 IV 2 zweifelhaft (Palandt/*Weidenkaff* § 615 Rn 5; ErfK/*Preis* § 615
Rn 138).

B. Die einzelnen Regelungen. I. Annahmeverzug, S 1. Die Voraussetzungen des Annahmeverzugs des 3
Dienstberechtigten sind in den §§ 293–300 geregelt, während §§ 301–304 die für Dauerschuldverhältnisse
wenig praktischen allgemeinen und § 615 die nur für Dienstverhältnisse geltenden besonderen Rechtsfolgen
festlegt (ErfK/*Preis* § 615 Rn 16). Die Bezugnahme auf die §§ 293 ff in § 615 ist insofern unglücklich, als diese
Vorschriften nicht auf Dauerschuldverhältnisse zugeschnitten sind (BAG AP Nr 45 zu § 615; ErfK/*Preis* § 615
Rn 3).

1. Voraussetzungen des Annahmeverzugs. a) Erfüllbares Dienstverhältnis. Voraussetzung ist zunächst 4
ein wirksamer – auch faktischer – Dienst-/Arbeitsvertrag (zum faktischen Arbeitsverhältnis vgl § 611 Rn 55).
Erfüllbar ist das Dienstverhältnis, wenn der Dienstverpflichtete zur Dienstleistung verpflichtet und der
Dienstnehmer zur Annahme berechtigt ist (ErfK/*Preis* § 615 Rn 9). Daher besteht kein Annahmeverzug,
wenn der Dienstverpflichtete wirksam von seiner Dienstpflicht befreit ist, zB bei Urlaubsgewährung (BAG
NZA 01, 597), vertraglich vereinbarter Freistellung (BAG NZA 02, 1055) oder ruhendem Arbeitsverhältnis
(zB Elternzeit, LAG Hannover LAG Report 04, 168).

5 **b) Ordnungsgemäßes Angebot.** Der Dienstverpflichtete (Arbeitnehmer) muss idR seine Leistung anbieten, § 293, soweit dies nicht ausnahmsweise entbehrlich ist (§ 296). Grds ist ein tatsächliches Angebot (§ 294) erforderlich „in eigener Person, zur rechten Zeit, am rechten Ort und in der rechten Weise" (BAG MDR 94, 77).

6 Ein **wörtliches Angebot** genügt nur, wenn der Dienstberechtigte (Arbeitgeber) vorher erklärt hat, er werde die Leistung nicht annehmen, oder wenn er eine erforderliche Mitwirkungshandlung unterlässt (§ 295 S 1). Dem wörtlichen Angebot steht die Aufforderung an den Arbeitgeber, die Mitwirkungshandlung vorzunehmen, gleich (§ 295 S 2). Ein tatsächliches oder wörtliches Angebot ist auch im ungekündigten Arbeitsverhältnis – etwa bei Wiedereintritt der Leistungsfähigkeit oder -bereitschaft – erforderlich (BAG MDR 94, 77).

7 Der Ausspruch der **Kündigung** ist der **wichtigste Anwendungsfall der Ablehnungserklärung iSv** § 295 S 1 (s Rn 11).

8 **Freie Dienstnehmer** – zu diesen gehören auch die Organe juristischer Personen (vgl § 611 Rn 31) – müssen grds auch in diesem Fall ihre Dienste gem § 295 anbieten (BGH NJW-RR 97, 537, 538). Allerdings genügt es hierfür idR, dass der Dienstverpflichtete seinem Protest gegen die Kündigung erkennbar – zB durch Erhebung einer Gehaltsklage – Ausdruck verliehen hat (BGH aaO). Nur wenn eine Weiterbeschäftigung völlig ausgeschlossen ist, weil etwa die GmbH bereits einen neuen Geschäftsführer bestellt hat, ist ein Angebot gem § 296 entbehrlich (BGH NJW 01, 287, 288).

9 Im **gekündigten Arbeitsverhältnis** ist ein **Angebot** des Arbeitnehmers wegen § 296 S 1 grds **entbehrlich** (grundlegend BAG AP Nr 34 zu § 615 für die fristlose und AP Nr 35 zu § 615 für die ordentliche Kündigung; seitdem st Rspr, NJW 04, 316 mwN). Der Arbeitgeber ist nämlich nach unwirksamer Kündigung verpflichtet, dem Arbeitnehmer einen funktionsfähigen Arbeitsplatz zur Verfügung zu stellen und ihm konkrete Arbeit zuzuweisen (BAG AP Nr 34 zu § 615). War der Arbeitnehmer hingegen zum Zeitpunkt der Kündigung nach § 297 an der Erbringung seiner Arbeitsleistung gehindert (zu § 297 sogleich unten Rn 10), so hat er die Wiederherstellung seiner Leistungsfähigkeit bzw -bereitschaft dem Arbeitgeber in der Form des § 295 anzuzeigen. Hierfür genügt allerdings bereits die Erhebung einer Kündigungsschutzklage, so dass es dann keines gesonderten Angebots mehr bedarf (BAG NJW 92, 932, 933; 95, 2653), anders hingegen bei Anfechtung eines Auflösungsvertrags (BAG, 7. 12. 05, AZ 5AZR 19/05, PM 75/05).

10 **c) Leistungsfähigkeit und -willigkeit des Dienstverpflichteten.** Der Dienstverpflichtete muss ferner gem § 297 zur Erbringung seiner Leistung im Stande, also **leistungsfähig** und auch **leistungswillig** sein (BAG NZA 03, 1387, 1388; AP Nr 108 zu § 615), andernfalls liegt ein Fall der Unmöglichkeit (§ 275) vor, was Annahmeverzug ausschließt (BAG AP Nr 20 zu § 615; NZA 03, 1332, 1334). **Nicht leistungsfähig** ist der arbeitsunfähig erkrankte Dienstverpflichtete (BAG NZA 97, 27), der Kraftfahrer ohne Fahrerlaubnis (BAG AP Nr 2 zu § 297) oder auch der Arbeitnehmer, der aufgrund einer von ihm getroffenen Gewissensentscheidung die Leistung nicht erbringen kann (BAG AP Nr 1 zu § 611 – „Gewissensfreiheit"; ErfK/*Preis* § 615 Rn 45), sofern ihnen eine andere Aufgabe nicht zugewiesen werden kann (BAG AP Nr 2 zu § 297 für Kraftfahrer; BAG 4. 10. 05, 9 AZR 632/04 PM 64/05; NZA 92, 27 ff für Schwerbehinderte). Ein Dienstverpflichteter ist jedoch leistungsfähig, wenn sein Leistungsvermögen nur teilweise eingeschränkt ist und der Dienstberechtigte ihm eine **vertragsgemäße leidensgerechte Tätigkeit** zuweisen kann (BAG NZA 03, 1332, 1334). **Nicht leistungswillig** ist der Dienstverpflichtete, der das Arbeitsverhältnis aufgrund einer ordentlichen Kündigung für beendet hält und daher davon ausgeht, dem Arbeitgeber keine Leistungen mehr zu schulden (LAG Köln LAGE Nr 5 zu § 615), oder der vorträgt, dass das Arbeitsverhältnis so zerrüttet sei, dass es auf gar keinen Fall mehr fortgesetzt werden könne (BAG NZA 03, 1387 f) oder der trotz Abmahnung und rechtskräftiger Abweisung einer Feststellungsklage nicht willens ist, seine Arbeit an einem neuen Arbeitsort aufzunehmen (BAG AP Nr 108 zu § 615). Annahmeverzug liegt jedoch vor, wenn der Dienstberechtigte auf die Dienstleistung verzichtet oder der Dienstverpflichtete ein Leistungsverweigerungsrecht geltend gemacht hat (ErfK/*Preis* § 615 Rn 47). Der Leistungswille wird hingegen nicht ausgeschlossen, wenn der Arbeitnehmer Zweifel an seiner Arbeitsfähigkeit äußert (BAG AP Nr 27 zu § 615), oder nach einer fristlosen Kündigung wegen angeblicher völliger Unfähigkeit die weitere Tätigkeit im Betrieb als unzumutbar bezeichnet (LAG Nürnberg NZA 94, 270).

11 **d) Nichtannahme der Arbeitsleistung durch den Dienstberechtigten.** Annahmeverzug setzt weiter voraus, dass der Dienstberechtigte die Leistungen **nicht angenommen oder die Annahme rechtswidrig beschränkt** hat (BGH NJW 03, 3219). **Nichtannahme** ist jedes Verhalten, das den Erfüllungseintritt verhindert (ErfK/*Preis* § 615 Rn 55 mwN). Auf ein Verschulden des Dienstberechtigten, namentlich einen Irrtum über die tatsächliche oder rechtliche Lage, kommt es dabei nicht an (BAG AP Nr 27 zu § 615; BAG 4. 10. 05, AZ 9 AZR 632/04 PM 64/05). Typische Fälle **rechtswidriger Ablehnungserklärungen** sind rechtswidrige Aussperrung, rechtswidrige Kurzarbeit, rechtswidrige vorübergehende Stilllegung des Betriebes, unwirksame Änderungskündigung, unwirksame Arbeitsfreistellung, unwirksames Hausverbot und natürlich unwirksame Kündigung (oben Rn 7). Annahmeverzug wird auch dann begründet, wenn der Betriebsrat der Kündigung des Arbeitsverhältnisses nach § 102 III BetrVG frist- und ordnungsgemäß widersprochen und der Arbeitnehmer Kündigungsschutzklage erhoben hat (BAG NZA 03, 1191), es sei denn, der Arbeitgeber wurde durch einstweilige Verfügung gem § 102 V 2 BetrVG von der Pflicht zur Weiterbeschäftigung entbunden. Erklärt hingegen der Dienstverpflichtete die fristlose Kündigung, so gerät der Dienstberechtigte auch dann nicht in Annahmever-

zug, wenn sie sich letztendlich als rechtsunwirksam erweist (BGH NJW 00, 1329 f; vgl auch BAG NZA 98, 420). In Annahmeverzug gerät der Dienstberechtigte auch bei einer **unwirksamen Verlegung der Arbeitszeit** entgegen § 87 I Nr 2 BetrVG (BAG AP Nr 99 zu § 615).

e) **Unzumutbarkeit.** Ist dem Arbeitgeber die Annahme der Leistung unzumutbar, so gerät er nicht in Annahmeverzug, zB wenn im Falle der Weiterbeschäftigung eine Gefahr für wichtige Rechtsgüter des Arbeitgebers oder anderer Arbeitnehmer, die das Interesse des betroffenen Arbeitnehmers an der Fortzahlung seiner Vergütung überwiegen, droht (BAG NZA 88, 465; LAG Berlin NZA-RR 96, 283, 284), etwa wenn der Arbeitnehmer dem Arbeitgeber nach dem Leben trachtet oder der Erzieher einer Kindertagesstätte Kinder sexuell missbraucht (LAG Berlin NZA-RR 96, 283). In weniger schwerwiegenden Fällen kommt eine Freistellung bei Vergütungsfortzahlung in Betracht (vgl dazu § 611 Rn 91). 12

2. Ende des Annahmeverzugs. Der **Annahmeverzug endet** naturgemäß durch Annahme der Dienst-/ Arbeitsleistung als Erfüllung aus dem Dienst-/Arbeitsverhältnis, wobei nach Kündigung nicht eine befristete (Prozess-)Beschäftigung, sondern nur eine dauerhafte Weiterbeschäftigung zur Beendigung ausreichen soll (BAG AP Nr 39 und Nr 106 zu § 615; NJW 04, 316; dagegen *Gaul* EzA Nr 46 zu § 615; *Löwisch* DB 86, 2433). Allerdings wird der Arbeitnehmer idR gehalten sein, eine befristete Prozessbeschäftigung anzunehmen, wenn er die Folgen von S 2 vermeiden will (BAG NJW 04, 316; NJW 00, 2374; dazu sogleich unten Rn 20). Der Annahmeverzug endet auch mit Ende des Dienstverhältnisses, sei es durch Vereinbarung, Vergleich, Fristablauf, Auflösung durch Urteil gem § 9 KSchG, Erklärung des Arbeitnehmers gem § 12 S 1 KSchG oder Eintritt der Fiktion des § 7 KSchG. Wird es dem Dienstverpflichteten unmöglich, seine Leistung zu erbringen, weil er etwa eine Freiheitsstrafe zu verbüßen hat, so führt auch dies zum Ende des Annahmeverzugs (BAG AP Nr 20 zu § 615). Ein Betriebsübergang beendet den Annahmeverzug hingegen nicht, da sich der Erwerber auch tatsächliche Gegebenheiten zurechnen lassen muss (BAG AP Nr 49 zu § 615). 13

3. Der Annahmeverzugslohn. Der Dienstverpflichtete **behält seinen vertraglichen Anspruch auf die Vergütung**, ohne zur Nachleistung verpflichtet zu sein. Dieser umfasst die Bruttovergütung nach dem Lohnausfallprinzip (BAG AP Nr 99 zu § 615; Staud/*Richardi* § 615 Rn 120), vergleichbar der Entgeltfortzahlung im Krankheitsfall nach § 4 EFZG (BAG AP Nr 56 zu § 615), leistungsabhängige Vergütungen müssen ggf nach § 287 II ZPO geschätzt werden (BAG AP Nr 28 zu § 1 Feiertagslohnzahlungsgesetz), auch der Wert von vorenthaltenen Sachbezügen unter Einschluss des Dienstwagens ist zu ersetzen. Der Dienstverpflichtete kann nach §§ 288, 286 auch die Verzinsung der rückständigen Beträge verlangen, wenn sich der Dienstberechtigte im Schuldnerverzug befand (s.o. Rn 2), was – anders als beim originären Erfüllungsanspruch – gem § 286 IV ein Vertretenmüssen voraussetzt (BAG NZA 03, 44, 48). Nachträglicher Verzicht auf den Annahmeverzugslohn ist wirksam, da S 1 abdingbar ist (s.o. Rn 2). 14

II. Anrechnung anderweitigen Erwerbs, S 2. 1. Zweck und Anwendungsbereich. S 2 soll verhindern, dass der Arbeitnehmer aus dem Annahmeverzug mehr erhält als bei ordnungsgemäßer Abwicklung des Dienst-/Arbeitsverhältnisses (BAG NZA 91, 221, 223; AP Nr 52 zu § 615). „Anrechnung" iSv S 2 ist keine Aufrechnung, sondern eine **automatische Reduzierung des Anspruchs** aus S 1, so dass es einer besonderen Erklärung des Dienstberechtigten nicht bedarf (BAG AP Nr 52 zu § 615; NJW 04, 316) und auch die Pfändungsschutzvorschriften der §§ 850 ff ZPO nicht zu beachten sind (MüKo/*Henssler* § 615 Rn 63). S 2 gilt grds für alle **Dienstverhältnisse**; allerdings ist § 11 KSchG für Arbeitsverhältnisse lex specialis (Palandt/*Weidenkaff* § 615 Rn 18). Anders als von S 2 kann von § 11 KSchG nicht zum Nachteil des Arbeitnehmers abgewichen werden (ErfK/*Ascheid* § 11 KSchG Rn 3). 15

2. Umfang der Anrechnung. Nach S 2 sind – anders als nach § 11 KSchG – **ersparte Kosten** für Fahrten, Berufskleidung etc anzurechnen (str, vgl MüKo/*Henssler* § 615 Rn 65). 16

Anzurechnen ist vor allem aber **anderweitiger Erwerb**, bei böswilligem Unterlassen aufgrund hypothetischer Berechnung (BAG NJW 00, 2374; NJW 04, 316). Zu berücksichtigen sind nur die Einkünfte, für deren (mögliche) Erzielung der Wegfall der Dienstleistung kausal war, nicht aber Nebenverdienste, die der Dienstverpflichtete auch regulär neben der Arbeit hätte realisieren können (BAG NZA 91, 221, 223). Ausgangspunkt der Anrechnung ist die **Bruttovergütung** (KG DB 79, 170; MüKo/*Henssler* § 615 Rn 68), die um die für ihre Erzielung erforderlichen Aufwendungen des Dienstverpflichteten zu reduzieren ist (*Henssler* aaO). Zur anzurechnenden Vergütung gehören auch Forderungen, die erst nach Ende des Annahmeverzugs fällig werden, so sie denn bereits vorher erarbeitet wurden (BAG NZA 04, 1155, 1157 – **Prinzip der Gesamtberechnung**; aA ErfK/*Preis* § 615 Rn 96). 17

Öffentlich-rechtliche Leistungen sind gleichfalls anzurechnen; soweit Leistungen erbracht wurden, findet allerdings gem § 115 SGB X ein gesetzlicher Forderungsübergang auf den Leistungsträger statt, so dass es der §§ 615 S 2 und 11 Nr 3 KSchG insoweit nicht bedarf. Angerechnet werden Arbeitslosengelder (BAG NZA 03, 1332, 1335) nebst Beiträgen zur Sozialversicherung (BAG AP Nr 1 zu § 11 KSchG 1969; aA wohl BAG NZA 03, 1332, 1335), Altersruhegelder und Erwerbsunfähigkeitsrenten (LAG Köln NZA-RR 96, 286), nicht aber Berufsunfähigkeitsrenten (BAG NZA 03, 1332, 1335). 18

19 **3. Böswilliges Unterlassen.** Böswillig unterlassen iSv S 2, deckungsgleich mit § 11 Nr 2 KSchG (BAG NJW 04, 316), wird der Zwischenverdienst, wenn der Arbeitnehmer zumutbare Arbeit grundlos ablehnt oder vorsätzlich verhindert, dass ihm zumutbare Arbeiten angeboten werden, auch wenn er nicht beabsichtigt, seinen Arbeitgeber zu schädigen (BAG NJW 01, 243; 04, 316, 317). Maßgeblich sind alle Umstände nach Treu und Glauben (BAG AP Nr 39 zu § 615), namentlich Vergütungsform, Arbeitszeit, Anfall von Überstunden, Art und Umfang von Sozialleistungen, Gefährlichkeit der Arbeit und Ort der Tätigkeit (ErfK/*Preis* § 615 Rn 101; zu Einzelheiten von S 2 vgl *Bayreuther* NZA 03, 1365).

20 Beim bisherigen Arbeitgeber ist jedenfalls bei einer betriebs- oder personenbedingten Kündigung die vorläufige Weiterbeschäftigung (Prozessarbeitsverhältnis) regelmäßig zumutbar, demgegenüber bei einer verhaltensbedingten, namentlich außerordentlichen Kündigung, je nach Art und Schwere der Vorwürfe nicht, es sei denn, der Kündigungssachverhalt ist unstr oder der Arbeitnehmer hat einen Antrag auf Weiterbeschäftigung für die Dauer des Kündigungsschutzprozesses gestellt (BAG NJW 04, 316). Zur vorübergehenden Wiederaufnahme der Arbeit ist der Arbeitnehmer allerdings stets nur auf Aufforderung des Arbeitgebers verpflichtet. Daher gilt es nicht als böswillig, wenn der Arbeitnehmer von einem Weiterbeschäftigungsurteil keinen Gebrauch macht (BAG NJW 00, 2374).

21 Bei einem Verstoß des Arbeitnehmers gegen §§ 37 b, 122 SGB III kommt eine Anrechnung hypothetischen Verdienstes auf den Annahmeverzugslohn in Betracht (MüKo/*Henssler* § 615 Rn 75; Palandt/*Weidenkaff* § 615 Rn 20; *Tschöpe* DB 04, 434, 436; anders zur alten Rechtslage BAG NJW 01, 243). Der Arbeitnehmer muss nicht jede ihm angebotene und den oben genannten Anforderungen (Rn 19) genügende Stelle annehmen. So wird die Verweigerung einer Beschäftigung bei einem anderen Arbeitgeber, die die Rückkehr an den bisherigen Arbeitsplatz erschweren oder aber von einem Wettbewerbsverbot erfasst würde, regelmäßig nicht als böswillig angesehen (BAG AP Nr 2 zu § 615 – „Böswilligkeit"; ErfK/*Preis* § 615 Rn 106). Schlägt der Arbeitnehmer allerdings das Weiterbeschäftigungsangebot des Betriebserwerbers aus, so wird seine Böswilligkeit nicht schon durch einen wirksamen Widerspruch gegen den Übergang des Arbeitsverhältnisses gem § 613 a VI ausgeschlossen (BAG NJW 98, 3138, 3140).

22 **4. Prozessuales.** Der Dienstberechtigte (Arbeitgeber) trägt die **Darlegungs- und Beweislast** für die Anrechnungsvoraussetzungen nach S 2 (BAG BB 02, 1703). Bei Anhaltspunkten für eine anderweitige Erwerbstätigkeit des Dienstverpflichteten (BAG NJW 79, 285, 286) hat er gem § 74 c II HGB (analog) einen Anspruch auf Auskunft über die tatsächlichen Umstände, die seine Pflicht zur Zahlung von Annahmeverzugsvergütung zum Erlöschen bringen (BAG BB 02, 1703; NZA 00, 818, 820). Wird Auskunft nicht oder nur ungenügend erteilt, kann der Dienstberechtigte die Zahlung verweigern; macht er im laufenden Zahlungsprozess von seinem Leistungsverweigerungsrecht Gebrauch, so hat das Gericht die Klage des Dienstverpflichteten als zur Zeit unbegründet abzuweisen (BAG BB 02, 1703; NZA 00, 818, 820). Überzahlte Beträge kann der Dienstberechtigte auch dann noch nach § 812 herausverlangen, wenn über den Anspruch des Dienstverpflichteten aus Annahmeverzugslohn bereits rechtskräftig entschieden wurde, schließlich handelt es sich bei der Anrechnung nach S 2 um einen Abzug ipso iure (s.o. Rn 15), der – anders als die Aufrechnung (§ 322 II ZPO) – nicht von der Rechtskraft der Entscheidung erfasst wird (BAG AP Nr 52 zu § 615). Befindet sich der Dienstberechtigte noch im Annahmeverzug, kommt allenfalls ein eingeschränkter Auskunftsanspruch in Betracht, wobei wegen des von der Rspr angewandten Prinzips von der Gesamtberechnung (s.o. Rn 17) eine einfache Aufteilung in bereits abgeschlossene und in zukünftige Zeitabschnitte problematisch ist (vgl dazu BAG NZA 00, 818, 820).

23 **III. Betriebsrisikolehre, S 3.** S 3 wurde eingeführt durch das Schuldrechtsmodernisierungsgesetz. Soweit sich das Betriebsrisiko, also „Risiko des Arbeitsausfalls" (LAG Düsseldorf LAGE Nr 1 zu § 615 BGB 2002) – verwirklicht, muss der Arbeitgeber die Arbeitsvergütung fortzahlen, auch wenn er den Arbeitnehmer nicht beschäftigen kann. **Betriebsrisiko** ist das Risiko, den Arbeitnehmer aus betriebstechnischen Gründen nicht einsetzen zu können (BAG AP Nr 70 zu Art 9 GG – „Arbeitskampf"), **Wirtschaftsrisiko** ist demgegenüber das Verwendungsrisiko, also das Risiko, dass der Einsatz wegen Auftrags- oder Absatzmangels wirtschaftlich sinnlos wird (BAG aaO). Nur bei ersterem handelt es sich um eine Leistungsstörung (ErfK/*Preis* § 615 Rn 127 f). Das Wirtschaftsrisiko trägt der Arbeitgeber nach S 1, das Betriebsrisiko nach S 3. Jedenfalls das **Wirtschaftsrisiko** kann der Arbeitgeber durch Einführung von Kurzarbeit mildern (dazu § 611 Rn 65). Zum Betriebsrisiko des Arbeitgebers zählen ua Beeinträchtigungen durch die Unterbrechung der Versorgung mit Rohstoffen (RAG ARS 14, 363), Strom (BAG AP Nr 33 zu § 615 – „Betriebsrisiko"), Gas bzw Wasser, durch den Defekt einer Maschine (RAG ARS 8, 260) sowie durch Naturkatastrophen und extreme Witterungsverhältnisse (vgl dazu BAG AP Nr 31 zu § 615 – „Betriebsrisiko"). Auch die Einstellung des Betriebes wegen fehlender behördlicher Genehmigungen oder aufgrund behördlicher Verbote gehört zum Betriebsrisiko (BAG AP Nr 15 zu § 615 – „Betriebsrisiko"). **Nicht zum Betriebsrisiko** zählt das Wegerisiko des Arbeitnehmers, der daher für die Zeit des Arbeitsausfalls keine Vergütung nach § 615 beanspruchen kann (BAG DB 83, 395, 396).

24 Besonderheiten bestehen beim **Arbeitskampfrisiko**: Bei Teilstreik des Betriebes kann der Arbeitgeber den kampfbetroffenen Betrieb oder Betriebsteil stilllegen und auch die arbeitswilligen Arbeitnehmer ohne Vergütung freistellen (BAG NZA 94, 1097). Die Vergütungspflicht entfällt auch im Falle einer rechtmäßigen Aussperrung (BAG NZA 96, 212). Fernwirkungen eines Streiks gehören grds zum Betriebsrisiko, es sei denn, sie

sind geeignet, das Kräfteverhältnis der Tarifvertragsparteien zu beeinflussen (zB weil die für die betroffenen Betriebe zuständigen Verbände oder Gewerkschaften identisch oder organisatorisch verbunden sind, BAG NJW 81, 937; aA *Lieb* NZA 90, 289). Das Betriebsrisiko muss der Arbeitgeber jedoch nicht mehr tragen, wenn damit die Existenz des Betriebes gefährdet würde (BAG AP Nr 28 zu § 615 – „Betriebsrisiko"; LAG Kiel LAGE Nr 5 zu § 615 – „Betriebsrisiko"). Beim Wellenstreik tragen die streikenden Arbeitnehmer das Vergütungsrisiko nur, wenn dem Arbeitgeber eine darauf eingestellte Arbeitsplanung unmöglich oder unzumutbar ist (BAG NJW 97, 1801). Hat allerdings der Arbeitgeber die Arbeit an Fremdunternehmen ausgegeben und bleibt der erwartete Vollstreik aus, so trifft ihn das Betriebsrisiko (BAG NJW 99, 2388).

§ 616 Vorübergehende Verhinderung

¹Der zur Dienstleistung Verpflichtete wird des Anspruchs auf die Vergütung nicht dadurch verlustig, dass er für eine verhältnismäßig nicht erhebliche Zeit durch einen in seiner Person liegenden Grund ohne sein Verschulden an der Dienstleistung verhindert wird. ²Er muss sich jedoch den Betrag anrechnen lassen, welcher ihm für die Zeit der Verhinderung aus einer auf Grund gesetzlicher Verpflichtung bestehenden Kranken- oder Unfallversicherung zukommt.

A. Anwendungsbereich der Vorschrift. § 616 gilt für freie Dienstverhältnisse umfassend, für Arbeitsverhältnisse nur, soweit keine Sonderregelungen wie etwa für die Entgeltfortzahlung im Krankheitsfall (§§ 3 ff EFZG) und an Feiertagen (§ 2 EFZG) bestehen (vgl zu weiteren Sonderregeln § 611 Rn 73). Die Vorschrift kann abbedungen werden (BAG NJW 83, 1078; NZA 02, 47), formularmäßig jedoch nur nach Maßgabe der §§ 305 ff (vgl dazu § 611 Rn 56). § 616 ist Sonderregelung zu §§ 275, 326 I und II (vgl *Richardi* NZA 02, 1004, 1007). Hat der Dienstberechtigte die Verhinderung zu vertreten, kommen Schadensersatzansprüche des Dienstverpflichteten in Betracht (§ 280). 1

B. Voraussetzungen des Vergütungsanspruchs, S 1. Verhinderung meint sowohl die tatsächliche Unmöglichkeit als auch die Unzumutbarkeit der Erbringung der Dienstleistung (vgl § 275 III; BAG NJW 83, 1078 f; ErfK/*Dörner* § 616 Rn 4 mwN). Immer bedarf es jedoch einer Verhinderung speziell in der Person des Betroffenen. Dies können besondere familiäre Ereignisse, persönliche Unglücksfälle (BAG DB 83, 395, 396) oder die Wahrnehmung zwingender Termine bei Behörden und Gerichten (BAG NZA 02, 1105) sein. Ehrenämter in privaten Vereinen und Kandidaturen für öffentliche Ämter fallen nicht unter § 616 (vgl BAG NZA 96, 383; aA BAG DB 83, 395, 396). Sofern nicht bereits das EFZG eingreift, werden auch Arztbesuche von § 616 erfasst, soweit sie medizinisch notwendig oder aus zwingenden Gründen nur während der Arbeitszeit möglich waren (BAG NZA 84, 33). Häusliche Pflege naher Angehöriger gilt nur dann als persönliches Leistungshindernis, wenn eine anderweitige Versorgung nicht möglich ist (vgl BAG NJW 80, 903), bei Kindern gilt die Altersgrenze des § 45 SGB V. 2

Der Anspruch besteht nur, wenn die Verhinderung eine **nicht erhebliche Zeit** umfasst, bei längerer Zeit entfällt der Anspruch insgesamt (vgl BAG GS NJW 60, 741). Die Konturen einer „nicht erheblichen Zeit" sind unscharf; abzustellen ist auf alle Umstände des Einzelfalls, wobei ein wichtiges Kriterium die Dauer des Dienstverhältnisses ist (Staud/*Oetker* § 616 Rn 90–102). IdR ist Vergütung nur für wenige Tage geschuldet (BAG DB 77, 2332), nur in Ausnahmefällen auch für mehrere Wochen (BAG ZIP 95, 1280; aA ErfK/*Dörner* § 616 Rn 15). Bei jedem Verhinderungsfall, der auf einem neuen Grund beruht, entsteht der Anspruch nach § 616 neu (Staud/*Oetker* § 616 Rn 101). Zumindest bei krankheitsbedingten Verhinderungen ist als Obergrenze des Anspruchs § 3 EFZG zu beachten (so BAG DB 77, 2332 zur alten Rechtslage). 3

Hinsichtlich des fehlenden **Verschuldens** gelten dieselben Grundsätze wie bei der Entgeltfortzahlung im Krankheitsfall (vgl BAG NJW 84, 1704). Gemeint ist ein „Verschulden gegen sich selbst" iSe Obliegenheit (BAG EEK I/934). Es wird ua bejaht bei Unfällen infolge Alkoholmissbrauchs (BAG NZA 87, 452), unfallbedingter Verletzung infolge Nichtanlegens des Sicherheitsgurts (BAG NJW 82, 1013), Verstößen gegen Unfallverhütungsvorschriften oder bei Ausübung besonders gefährlicher Sportarten (BAG NJW 72, 1215) wie Kickboxen (vgl ArbG Hagen/Westfalen NZA 90, 311; weitere Bsp bei *Bauer/Röder/Lingemann* S 28). 4

C. Anrechnung öffentlicher Leistungen, S 2. S 2 ist in Krankheitsfällen wegen § 115 SGB X gegenstandslos, und außerhalb von Krankheitsfällen deswegen, weil keine öffentlichen Leistungen erbracht werden. 5

§ 617 Pflicht zur Krankenfürsorge

(1) ¹Ist bei einem dauernden Dienstverhältnis, welches die Erwerbstätigkeit des Verpflichteten vollständig oder hauptsächlich in Anspruch nimmt, der Verpflichtete in die häusliche Gemeinschaft aufgenommen, so hat der Dienstberechtigte ihm im Falle der Erkrankung die erforderliche Verpflegung und ärztliche Behandlung bis zur Dauer von sechs Wochen, jedoch nicht über die Beendigung des Dienstverhältnisses hinaus, zu gewähren, sofern nicht die Erkrankung von dem Verpflichteten vorsätzlich oder durch grobe

Fahrlässigkeit herbeigeführt worden ist. ²Die Verpflegung und ärztliche Behandlung kann durch Aufnahme des Verpflichteten in eine Krankenanstalt gewährt werden. ³Die Kosten können auf die für die Zeit der Erkrankung geschuldete Vergütung angerechnet werden. ⁴Wird das Dienstverhältnis wegen der Erkrankung von dem Dienstberechtigten nach § 626 gekündigt, so bleibt die dadurch herbeigeführte Beendigung des Dienstverhältnisses außer Betracht.
(2) Die Verpflichtung des Dienstberechtigten tritt nicht ein, wenn für die Verpflegung und ärztliche Behandlung durch eine Versicherung oder durch eine Einrichtung der öffentlichen Krankenpflege Vorsorge getroffen ist.

1 Die **praktische Bedeutung** von § 617 ist **gering**, weil die Aufnahme Dienstverpflichteter in die häusliche Gemeinschaft selten geworden ist und den Dienstberechtigten gem II nur eine subsidiäre Leistungspflicht trifft. Die Vorschrift gilt für Dienstverträge unter Einschluss von Arbeitsverträgen (vgl Palandt/*Weidenkaff* § 617 Rn 1). Sie begründet erhöhte Fürsorgepflichten des Dienstberechtigten bei häuslicher Gemeinschaft. **Dauernd** ist nicht nur das unbefristete, sondern auch das über einen längeren Zeitraum befristete Dienstverhältnis (vgl dazu § 627 Rn 1). Die **vollständige oder hauptsächliche Inanspruchnahme** des Dienstverpflichteten ist regelmäßig zeitlich zu bestimmen (ErfK/*Dörner* § 617 Rn 5), **Aufnahme in die häusliche Gemeinschaft** ist auch die Unterbringung und Verpflegung in einer vom Dienstberechtigten zur Verfügung gestellten Unterkunft (BAG AP Nr 1 zu § 618), **Erkrankung** entspricht der Arbeitsunfähigkeit iSv § 3 EFZG. Der **Verschuldensausschluss** ist wie bei § 616 der Ausschluss eines Verschuldens gegen sich selbst (vgl § 616 Rn 4). **Verpflegung** ist die Gewährung von Nahrung und Arzneimitteln; die Wahl des Arztes für die ärztliche Behandlung obliegt dem Dienstberechtigten. **Erfüllung** ist gem S 2 auch die Aufnahme des Verpflichteten in ein Krankenhaus. Wie bei § 8 EFZG wird die Leistungspflicht bis zur Dauer von sechs Wochen nicht durch eine zwischenzeitliche Kündigung berührt. Zwar tritt der Anspruch aus § 917 neben den auf Vergütung, jedoch ist die Anrechnungsregel von S 3 zu beachten.

§ 618 Pflicht zu Schutzmaßnahmen

(1) Der Dienstberechtigte hat Räume, Vorrichtungen oder Gerätschaften, die er zur Verrichtung der Dienste zu beschaffen hat, so einzurichten und zu unterhalten und Dienstleistungen, die unter seiner Anordnung oder seiner Leitung vorzunehmen sind, so zu regeln, dass der Verpflichtete gegen Gefahr für Leben und Gesundheit soweit geschützt ist, als die Natur der Dienstleistung es gestattet.
(2) Ist der Verpflichtete in die häusliche Gemeinschaft aufgenommen, so hat der Dienstberechtigte in Ansehung des Wohn- und Schlafraums, der Verpflegung sowie der Arbeits- und Erholungszeit diejenigen Einrichtungen und Anordnungen zu treffen, welche mit Rücksicht auf die Gesundheit, die Sittlichkeit und die Religion des Verpflichteten erforderlich sind.
(3) Erfüllt der Dienstberechtigte die ihm in Ansehung des Lebens und der Gesundheit des Verpflichteten obliegenden Verpflichtungen nicht, so finden auf seine Verpflichtung zum Schadensersatz die für unerlaubte Handlungen geltenden Vorschriften der §§ 842 bis 846 entsprechende Anwendung.

1 **A. Zweck und Anwendungsbereich.** Die Vorschrift enthält die allgemeine Pflicht zum Arbeitsschutz als Teil der Fürsorgepflicht des Dienstberechtigten (vgl § 611 Rn 96). Sie gilt für alle Dienstverträge, für Arbeitsverhältnisse jedoch nur, soweit nicht Sonderregelungen wie etwa §§ 62 HGB, 12 HAG, 80 SeemannsG, im Arbeitsstättengesetz oder in der Arbeitsstättenverordnung eingreifen. Bei vergleichbarer Interessenlage kommt eine analoge Anwendung von § 618 auf andere Vertragstypen wie etwa Auftragsverhältnisse oder Werkverträge in Betracht (BGHZ 16, 265, 270 f; vgl auch BGHZ 56, 269; OLG Stuttgart NJW 84, 1904). § 618 ist **grds nicht abdingbar** (§ 619); Ausnahmen können sich allenfalls bei einer analogen Anwendung auf andere Vertragstypen ergeben (BGHZ 56, 269).

2 **B. Schutzpflicht des Dienstberechtigten, I.** Die Schutzpflicht betrifft nicht nur den eigentlichen Arbeitsplatz (zB Schreibtisch, Maschine, PC) oder Arbeitsraum, sondern alle Räume, die der Dienstverpflichtete zur Erbringung seiner Dienstleistung zu betreten hat, also auch Flure, Zuwege, Treppen, Aufenthaltsräume, Kantinen, Nebenräume oder Toiletten. Sie besteht auch bei Arbeitsplätzen im Freien wie Baustellen (BGHZ 26, 371). Der Dienstberechtigte hat eine der Gesundheit zuträgliche Raumtemperatur, Belüftung und Beleuchtung zu gewährleisten (BGH VersR 74, 565) und auch dafür Sorge zu tragen, dass die Schadstoffbelastung das sonst in der Umwelt übliche Maß nicht übersteigt (BAG NZA 97, 86). Die für den Arbeitsschutz erforderlichen Aufwendungen wie etwa für Schutzbekleidung hat er zu tragen (BAG NZA 86, 324 f; vgl auch BB 98, 2527 f).

3 Der Dienstberechtigte ist verpflichtet, geeignete Maßnahmen zur weitgehenden Verminderung von Tabakrauch zu treffen (vgl BAG NZA 98, 1231; eingehend *Düwell* AiB 02, 400; *Lorenz* DB 03, 721; *Leßmann* Rauchverbote am Arbeitsplatz, 1991). Eine Veränderung der rechtlich zulässigen unternehmerischen Betätigung kann indes nicht verlangt werden, soweit die zugrunde liegende Entscheidung nicht offenbar unsachlich oder

willkürlich ist, so dass Flugbegleiter keinen Anspruch darauf haben, dass ihr Arbeitgeber ein Rauchverbot in Flugzeugen verhängt (BAG NJW 96, 3028).

C. Häusliche Gemeinschaft, II. Seinem Wortlaut nach erfasst II wie § 617 nur die häusliche Gemeinschaft. Die Rspr wendet die Vorschrift jedoch entspr auf vom Dienstberechtigten unterhaltene Gemeinschaftsunterkünfte an, auch wenn diese lediglich von Dienstverpflichteten bewohnt werden (BAG AP Nr 1 zu § 618; ausf Staud/*Oetker* § 618 Rn 236 ff mwN).

D. Ansprüche des Dienstverpflichteten. Der Dienstverpflichtete kann **Erfüllung** der Pflichten aus I und II verlangen (BAG NZA 97, 821; NZA 99, 33, 34). Ihm steht nach § 273 – nicht nach § 320 – (BAG NZA 97, 821, 822; NZA 99, 33, 34; zur Dogmatik vgl Staud/*Oetker* § 618 Rn 257) sowie nach speziellen Vorschriften (vgl nur §§ 22 S 1 Nr 3 ABBergV, 9 III ArbSchG) ein **Zurückbehaltungsrecht** zu, dessen Ausübung gem §§ 615 iVm, 298 bzw 295 den Vergütungsanspruch unberührt lässt. Auch kann er gem § 670 (analog) die **Erstattung seiner Aufwendungen** für den Arbeitsschutz (etwa spezielle Schutzbekleidung) verlangen (BAG NZA 86, 324 f; BB 98, 2527 f).

Gem III (Rechtsfolgenverweisung) kommen **vertragliche Schadensersatzansprüche** in Betracht. Anspruchsgrundlage ist § 280 I (Staud/*Oetker* § 618 Rn 284 f). § 278 ist anzuwenden (BGH ZIP 95, 1280). Die Bedeutung von III ist relativ gering, da im **Arbeitsrecht** für Personenschäden die **Haftungsprivilegierung von § 104 SGB VII** zugunsten des Arbeitgebers eingreift (dazu § 611 Rn 96). Für III relevante Schadensersatzansprüche bestehen danach nur, wenn der Dienstberechtigte einem Arbeitnehmer vorsätzlich bzw auf einem der in § 8 II Nr 1–4 SGB VII genannten Wege (§ 104 I SGB VII) oder aber einem freien Dienstnehmer, auf den § 104 SGB VII nicht anwendbar ist, Schaden an Gesundheit oder Leben zugefügt hat (zum Anwendungsbereich von § 104 SGB VII vgl Staud/*Oetker* § 618 Rn 324). Außerdem können **deliktische Schadensersatzansprüche** bestehen. Entgegen allgemeinen Beweislastregeln genügt es, wenn der Dienstverpflichtete einen objektiv ordnungswidrigen Zustand der Räume, Vorrichtungen oder Gerätschaften, der generell zur Herbeiführung des eingetretenen Schadens geeignet ist, nachweist; dem Dienstberechtigten obliegt dann der Gegenbeweis mangelnder Ursächlichkeit und mangelnden Verschuldens (BAG NZA 97, 86, 91).

§ 619 Unabdingbarkeit der Fürsorgepflichten

Die dem Dienstberechtigten nach den §§ 617, 618 obliegenden Verpflichtungen können nicht im Voraus durch Vertrag aufgehoben oder beschränkt werden.

Die Regelung gilt nur für die in §§ 617, 618 geregelten speziellen Ausformungen der Fürsorgepflicht, nicht aber für die allgemeine Fürsorgepflicht (BAG NJW 59, 1555, 1557; MüKo/*Lorenz* § 619 Rn 1; zur allgemeinen Fürsorgepflicht vgl § 611 Rn 96). Vereinbarungen, die §§ 617 oder 618 zu Lasten des Dienstverpflichteten abbedingen, sind gem § 134 nichtig, der Vertrag im Übrigen bleibt im Zweifel wirksam und wird ggf durch Gesetzesrecht ergänzt (Staud/*Oetker* § 619 Rn 23). Hat ein Verstoß des Dienstberechtigten bereits zu einem Schaden geführt, so kann der Dienstverpflichtete in den Grenzen von § 138 auf seine Schadensersatzansprüche durch Erlassvertrag (§ 397) oder durch Vergleich verzichten (ErfK/*Wank* § 619 Rn 2; Staud/*Oetker* § 619 Rn 21 f; aA MüKo/*Lorenz* § 619 Rn 12).

§ 619 a Beweislast bei Haftung des Arbeitnehmers

Abweichend von § 280 Abs. 1 hat der Arbeitnehmer dem Arbeitgeber Ersatz für den aus der Verletzung einer Pflicht aus dem Arbeitsverhältnis entstehenden Schaden nur zu leisten, wenn er die Pflichtverletzung zu vertreten hat.

Die Regelung gilt **nur für Arbeitsverhältnisse**. Darüber hinaus kommt eine **analoge Anwendung** auf sonstige Dienstverhältnisse, bei denen die Grundsätze der beschränkten Arbeitnehmerhaftung entsprechend angewendet werden, in Betracht; zu denken ist dabei vor allem an Berufsausbildungs- und Eingliederungsverhältnisse iSv § 229 SGB III (Staud/*Oetker* § 619 a Rn 4; Juris-PK, § 619 a Rn 1). Zweck der Regelung ist eine zu Lasten des Arbeitgebers von § 280 I 2 abweichende Beweislastverteilung bei der Arbeitnehmerhaftung. § 619 a greift allerdings nur dann ein, wenn die Schadensersatzverpflichtung des Arbeitnehmers auf § 280 I beruht; bei allen anderen Anspruchsgrundlagen bleibt es bei § 280 I 2 (Staud/*Oetker* § 619 a Rn 5).

Die **Beweislastregel** gilt sowohl für die Verletzung von Haupt- als auch von Nebenpflichten des Arbeitnehmers, nicht jedoch für Pflichtverletzungen des Arbeitgebers (Palandt/*Weidenkaff* § 619 a Rn 3 f; zu den Pflichten im Arbeitsverhältnis vgl § 611 Rn 62–96). Zu erwägen ist eine **teleologische Reduktion** in Fällen, in denen die Grundsätze der eingeschränkten Arbeitnehmerhaftung nicht eingreifen, die schadensstiftende Tätigkeit des Arbeitnehmers also nicht betrieblich veranlasst war (so ErfK/*Preis* § 619 a Rn 4; Staud/*Oetker* § 619 a Rn 5).

3 **Rechtsfolge** ist die Beweislast des Arbeitgebers für schuldhaftes Handeln des Arbeitnehmers. Wegen der Nähe des Arbeitnehmers zum schadensstiftenden Sachverhalt reicht es jedoch aus, wenn der Arbeitgeber zunächst Indizien vorträgt und ggf beweist, die auf ein Verschulden des Arbeitnehmers hinweisen. Wegen seiner Sachnähe muss der Arbeitnehmer sich dazu durch Vortrag derjenigen Tatsachen, die sein Verschulden ausschließen, substantiiert äußern (BAG NZA 99, 141, 144). Der alleinige Zugriff des Arbeitnehmers auf bestimmte Gegenstände ist ein Indiz für sein Verschulden (BGH NZA 99, 141, 144).

4 Die Stellung von § 619a hinter § 619 spricht dafür, dass die Regelung jedenfalls **in Grenzen abdingbar** ist. So sind Mankoabreden zulässig, bei denen der Arbeitnehmer auch ohne Verschuldensnachweis für Fehlbeträge haftet, sofern er als Einziger Zugriff auf Geld oder andere Wertgegenstände des Arbeitgebers hat und seine Haftung der Höhe nach die vom Arbeitgeber gewährten Ausgleichszahlungen nicht übersteigt (BAG NZA 99, 141, 144; NZA 00, 715, 716 f; vgl auch § 611 Rn 90).

§ 620 Beendigung des Dienstverhältnisses

(1) Das Dienstverhältnis endigt mit dem Ablauf der Zeit, für die es eingegangen ist.
(2) Ist die Dauer des Dienstverhältnisses weder bestimmt noch aus der Beschaffenheit oder dem Zwecke der Dienste zu entnehmen, so kann jeder Teil das Dienstverhältnis nach Maßgabe der §§ 621 bis 623 kündigen.
(3) Für Arbeitsverträge, die auf bestimmte Zeit abgeschlossen werden, gilt das Teilzeit- und Befristungsgesetz.

1 **I. Allgemeines.** Die §§ 620–627 regeln Voraussetzungen für die Beendigung von Dienst-/Arbeitsverhältnissen, §§ 628–630 Rechtsfolgen.

II. Beendigung von Dienstverhältnissen. Folgende Beendigungsgründe kommen in Betracht:

2 **1. Beendigungsgründe für Dienst-/Arbeitsverhältnisse.** Das Dienstverhältnis endet außer durch Kündigung auch durch Ablauf einer Befristung oder Eintritt einer auflösenden Bedingung oder Zweckerreichung, das Arbeitsverhältnis jedoch nur unter den engen Voraussetzungen des TzBfG, § 620 III (dazu Rn 9 ff). Das Recht des Arbeitgebers zur ordentlichen Kündigung wird durch §§ 1 ff KSchG weitgehend eingeschränkt (dazu Rn 31 ff) und kann auch vertraglich ausgeschlossen werden (BAG BB 2004, 2303).

3 Die allgemeinen Anfechtungsregeln der §§ **119, 123** sind anwendbar, entgegen § 142 wirkt die **Anfechtung** bei Dienst-(Arbeits-)verhältnissen jedoch nur ex nunc, soweit nicht das Dienst-(Arbeits-)verhältnis bereits außer Vollzug gesetzt wurde (dazu § 611 Rn 50, 55). **Ordentliche Kündigungen** sind an bestimmte Fristen gebunden (§ 620 II, 621, 622, vgl auch § 624), während **außerordentliche Kündigungen** fristlos (§§ 626, 627) oder auch mit sozialer Auslauffrist ausgesprochen werden können. Rücktrittsrechte gem §§ 323, 326 sind ausgeschlossen, selbst wenn es zur Vertragsbeendigung bereits vor Dienst- bzw Arbeitsantritt kommt (MüKo/*Hesse* Vor § 620 Rn 124; Staud/*Neumann* Vor §§ 620 ff Rn 62). Der Arbeitnehmer kann sich außer durch Kündigung durch **Verweigerungserklärung** gem §§ 12, 16 KSchG vom Arbeitsverhältnis lösen. Zum **Tod** des Dienstverpflichteten oder des Dienstberechtigten vgl § 613 Rn 3, 4.

4 Das **Insolvenzverfahren** des Dienstberechtigten gibt ein Sonderrecht des Insolvenzverwalters zur Kündigung (§ 113 InsO), nur Geschäftsbesorgungsverträge können automatisch enden (§ 116 InsO).

5 Das Erreichen einer bestimmten **Altersgrenze** beendet das Dienstverhältnis, sofern wirksam einzelvertraglich (BAG NZA 03, 1397, NZA 04, 96: Versorgungszusage) oder in kollektiven Regelungen vereinbart, § 41 SGB IV ist zu beachten.

6 Daneben endet das Dienst(Arbeits-)verhältnis durch schriftlichen (§ 623) **Aufhebungsvertrag** (dazu Bauer, Arbeitsrechtliche Aufhebungsverträge, 7. Aufl 2004) oder durch **Auflösung durch Urteil** nach §§ 9, 10 KSchG oder nach § 78a BBiG (BAG BB 95, 1418).

7 **2. Folgen der Beendigung.** Die Beendigung des Dienst-/Arbeitsverhältnisses führt zum Erlöschen der Hauptpflichten (vgl § 611 Rn 62 ff), nachwirkende Nebenpflichten (vgl § 611 Rn 80 ff) bleiben jedoch erhalten, Ansprüche auf Ruhestandsbezüge, soweit vereinbart, entstehen in der Regel erst mit Beendigung. Ferner werden originäre Pflichten ausgelöst wie die Pflicht zur Zeugniserteilung (§ 630), Rückgabe von Arbeitsmitteln, Herausgabe und Ausfüllung von Arbeitspapieren, Auslösung nachvertraglicher Wettbewerbsverbote, sofern wirksam vereinbart (vgl § 110 GewO iVm § 74 HGB).

8 **III. Beendigung durch Ablauf der Befristung. 1. Selbständige Dienstverträge.** Bei selbständigen Dienstverträgen ist eine Befristung unproblematisch wirksam, sie kann kalendarisch oder durch Zweckangabe erfolgen. Auch auflösende Bedingungen können wirksam vereinbart werden.

9 **2. Arbeitsverhältnisse.** Bei Arbeitsverhältnissen gelten die Einschränkungen des TzBfG (§ 620 III).

10 **a) Grundlagen.** Befristete Arbeitsverträge sind vor Ablauf einer vereinbarten Frist nicht ordentlich kündbar, es sei denn, die Parteien haben dies ausdrücklich vereinbart, § 15 III TzBfG, der Arbeitnehmer kann jedoch nach Ablauf von fünf Jahren kündigen, § 15 IV TzBfG. Die Befristung selbst ist nur wirksam, wenn sie vor Aufnahme der Tätigkeit (BAG NZA 05, 923, 924 f) schriftlich vereinbart wurde, § 14 IV TzBfG.

Bei der **kalendermäßigen Befristung** (§ 3 I iVm § 15 I TzBfG) ist der Endzeitpunkt kalendarisch bestimmt, 11
bei der **Zweckbefristung** (§ 3 I iVm § 15 II TzBfG), wird die Beendigung von einem Ereignis abhängig
gemacht, dessen Eintritt die Parteien als sicher, den Zeitpunkt jedoch als ungewiss ansehen (BAG BB 1987,
1257).
Bei der Zweckbefristung endet das Arbeitsverhältnis gem § 15 II TzBfG erst zwei Wochen nach Zugang der 12
schriftlichen Unterrichtung durch den Arbeitgeber über den Zeitpunkt der Zweckerreichung. Andernfalls
wird ein gesetzlich unbefristetes Arbeitsverhältnis fingiert, § 15 V TzBfG, Besonderheiten gelten bei § 21 III
BErzGG.
Materiell muss entweder ein **sachlicher Grund** für die Befristung vorliegen (§ 14 I TzBfG) oder die Befristung 13
gesetzlich zugelassen sein (§ 14 II, III TzBfG).
Die Einschränkungen des TzBfG gelten im Wesentlichen auch für **auflösend bedingte Arbeitsverträge** (§ 21 14
TzBfG). Ist die Befristung unwirksam, so besteht ein unbefristetes Arbeitsverhältnis, das nur nach Maßgabe
des KSchG gekündigt werden kann.

b) Befristung aufgrund gesetzlicher Regelungen. Die Befristung eines neu abgeschlossenen Arbeitsverhält- 15
nisses kann gem § 14 II TzBfG ist bis zur Dauer von **zwei Jahren** wirksam vereinbart werden, sofern mit demselben Arbeitgeber noch kein Arbeitsverhältnis bestanden hat. Bis zu dieser Gesamtdauer kann der befristete
Arbeitsvertrag höchstens dreimal verlängert werden.
Gem § 14 II a TzBfG ist in den **ersten vier Jahren** nach der Gründung eines Unternehmens die kalendermä- 16
ßige Befristung eines Arbeitsvertrags ohne Vorliegen eines sachlichen Grundes bis zur Dauer von vier Jahren
zulässig und bis zu dieser Gesamtdauer auch die mehrfache Verlängerung.
Die darüber hinaus erleichterte Altersbefristung (§ 14 III 1 und 4 TzBfG) ist wegen Art 5 I der Richtl 1999/ 17
70/EG und der Antidiskriminierungsrichtl 2000/78/EG unwirksam (EuGH BB 05, 2748 – Mangold/Helm; vgl
§ 611 Rn 37; krit *Bauer/Arnold*, NJW 06, 6). § 21 BErzGG erlaubt die befristete Einstellung einer Vertretung
für die Dauer der Beschäftigungsverbote nach dem MuschG und für die Dauer der Elternzeit, § 57 b II HRG
regelt besondere Befristungsmöglichkeiten im Hochschulbereich.

c) Befristung aufgrund eines sachlichen Grundes. Soweit nicht die vorgenannten gesetzlichen Regelungen 18
greifen, ist eine Befristung nur wirksam, wenn ein **sachlicher Grund** besteht, § 14 I 1 TzBfG. Bei mehreren
Befristungen ist nur die Wirksamkeit der letzten Befristung zu prüfen (BAG DB 1992, 1831; BAG NZA 04,
283). Maßgeblicher **Zeitpunkt** für die Wirksamkeit der Befristung ist der Abschluss des Arbeitsvertrags, entsteht also später ein sachlicher Grund für die Befristung, so wird sie dadurch nicht wirksam (BAG BB 85,
2729). § 14 I TzBfG nennt – nicht abschließend – folgende **Befristungsgründe**:
Der **betriebliche Bedarf an einer Arbeitsleistung** (§ 14 I 2 Nr 1 TzBfG) besteht nur **vorübergehend** bei pro- 19
jektbedingtem personellen Mehrbedarf infolge von Eilaufträgen, Inventur, Schlussverkaufsmesse, etc. Maßgeblich ist eine nachprüfbare Prognose bei Vertragsschluss über den Wegfall des Mehrbedarfs mit dem Auslaufen der Befristung.
Die Befristung **im Anschluss an eine Ausbildung oder ein Studium** (§ 14 I 2 Nr 2 TzBfG) soll eine dauerhafte 20
Übernahme in andere Beschäftigungsverhältnisse erleichtern.
Eine Befristung aufgrund **vorübergehenden Vertretungsbedarfs** (§ 14 I 2 Nr 3 TzBfG) ist wirksam, wenn der 21
Arbeitgeber bei Abschluss des befristeten Arbeitsvertrags den vorübergehenden Vertretungsbedarf belegbar
prognostizieren kann (BAG NZA 96, 878, 879), selbst wenn der Zeitpunkt des Ablaufs der Befristung nicht
mit dem Zeitpunkt der Wiederkehr der Stammkraft übereinstimmt (BAG DB 01, 1509; NZA 02, 665).
Die **Eigenart der Arbeitsleistung** (§ 14 I 2 Nr 4 TzBfG) rechtfertigt die Befristung typischerweise bei Verträ- 22
gen im Bereich des Rundfunks, der Künstler (vgl *Opolony* NZA 01, 1351) und (Nachwuchs-)Sportler.
Auch eine Befristung **zur Erprobung** (§ 14 I 2 Nr 5 TzBfG) ist sachlich gerechtfertigt, wobei hier Befristungen 23
von mehr als einem Jahr problematisch sein dürften (BAG AP Nr 163 zu § 620 – „Befristeter Arbeitsvertrag").
Gründe in der Person des Arbeitnehmers (§ 14 I 2 Nr 6 TzBfG) sind typischerweise der Wunsch des Arbeit- 24
nehmers, wirksam befristet eingestellt zu werden, sofern der Arbeitnehmer das Angebot des Arbeitgebers, ihn
unbefristet zu beschäftigen, abgelehnt und auf der Befristung bestanden hätte (BAG EZA Nr 146 zu § 620
BGB Nr 146).
Haushaltsrechtliche Gründe (§ 14 I 2 Nr 7 TzBfG) rechtfertigen die Befristung, wenn der öffentliche Arbeit- 25
geber im Zeitpunkt des Vertragsschlusses aufgrund konkreter Tatsachen die Prognose erstellen kann, dass für
die Beschäftigung des Arbeitnehmers Haushaltsmittel nur vorübergehend zur Verfügung stehen (NZA 2000,
591; BAG DB 02, 152).
Die Befristung in einem **gerichtlichen Vergleich** (§ 14 I 2 Nr 8 TzBfG) ist jedenfalls dann wirksam, wenn eine 26
frühere Befristung oder der Bestand des Arbeitsverhältnisses str war (BAG EZA Nr 113 zu § 620 Nr 113). Für
den außergerichtlichen Vergleich gilt dies nach der Neufassung des § 14 I 2 Nr 8 TzBfG wohl nicht (noch
offen gelassen in BAG EZA Nr 139 zu § 620 BGB Nr 139).

d) Befristung einzelner vertraglicher Bestimmungen. Die Wirksamkeit der Befristung einzelner vertragli- 27
cher Bestimmungen richtet sich nicht nach TzBfG, sondern nach Treu und Glauben (BAG NZA 06, 40).

28 **e) Prozessuales.** Der Arbeitnehmer kann gem § 17 TzBfG innerhalb von **drei Wochen** nach dem vereinbarten Ende des befristeten Arbeitsverhältnisses bzw der Erklärung des Arbeitgebers nach § 17 III TzBfG Klage auf Feststellung der Unwirksamkeit der Befristung erheben („**Entfristungsklage**"). Die Klagefrist gilt auch für Befristungen außerhalb des TzBfG, zB nach § 57 a ff HRG, 21 BErzGG und gem § 21 iVm § 17 TzBfG für auflösende Bedingungen sowie für Klagen gegen Altersgrenzen (BAG DB 03, 394). Sie beginnt bei mehreren aufeinander folgenden Befristungen mit Ablauf jeder Befristung für diese zu laufen (BAG DB 02, 536; BAG NZA 04, 283). Die Beweislast für die Wirksamkeit der Befristung trifft den Arbeitgeber (BAG AP Nr 165 zu § 620 – „befristeter Arbeitsvertrag").

29 **f) Beteiligung des Betriebsrats.** In Unternehmen mit idR. mehr als 20 wahlberechtigten Arbeitnehmern hat der Betriebsrat gem § 99 I BetrVG sowohl bei der Einstellung eines Arbeitnehmers auf der Grundlage eines befristeten Arbeitsverhältnisses als auch bei der Verlängerung oder Umwandlung eines befristeten Arbeitsverhältnisses in ein unbefristetes mitzubestimmen.

30 **g) Abdingbarkeit.** Die Regelungen des TzBfG sind mit Ausnahme der in § 22 I TzBfG genannten Ausnahmen **nicht zu Ungunsten des Arbeitnehmers** abdingbar. Jedoch kann die Höchstdauer der Befristung nach § 14 II 1 TzBfG ebenso wie die Anzahl der Verlängerungen abweichend von § 14 II 1 TzBfG durch Tarifvertrag festgelegt werden, die Regelung kann im Geltungsbereich eines solchen Tarifvertrags einzelvertraglich auch zwischen nicht tarifgebundenen Arbeitgebern und Arbeitnehmern vereinbart werden (§ 14 II 3 TzBfG).

31 **IV. Beendigung durch Kündigung. 1. Allgemeines.** Kündigung ist die einseitige empfangsbedürftige Willenserklärung zur Beendigung des Dienst-/Arbeitsverhältnisses.

32 Das **Dienstverhältnis** kann unproblematisch unter Beachtung der Fristen des § 622 und der Form des § 623 gekündigt werden, das nach § 620 I befristete Dienstverhältnis nur, wenn die ordentliche Kündigung im Vertrag ausdrücklich vorbehalten wurde. Für Kündigungen von **Arbeitsverhältnissen** gelten allerdings die nachstehenden Grundsätze, das Kündigungsrecht des Arbeitgebers ist also entgegen II durch das KSchG erheblich eingeschränkt.

33 **a) Arten der Kündigungen.** Die **ordentliche Kündigung** zielt auf die fristgerechte Beendigung des Dienst-/Arbeitsverhältnisses, die **außerordentliche Kündigung** gem § 626 I regelmäßig auf die fristlose Beendigung. Allerdings kann die außerordentliche Kündigung auch mit einer sozialen Auslauffrist ausgesprochen werden. Während die Beendigungskündigung auf die Beendigung des Dienst-/Arbeitsverhältnisses zielt, ist die **Änderungskündigung** auf eine Veränderung der Arbeitsbedingungen gerichtet (vgl Bauer/Lingemann/Diller/ Haußmann, Kap 20).

34 Wird die Kündigung ausgesprochen, weil von dritter Stelle auf den Kündigenden Druck ausgeübt wird, handelt es sich um eine **Druckkündigung**. Typischer Fall ist die Drohung von Arbeitnehmern gegenüber dem Arbeitgeber, ihrerseits zu kündigen, falls der Arbeitgeber nicht einem bestimmten Arbeitnehmer kündigt.

35 Der Ausspruch einer Kündigung unter einer **Bedingung** ist unwirksam (BAG DB 68, 1588), das gilt jedoch nicht bei einer reinen Rechtsbedingung, so dass hilfsweise für den Fall der Unwirksamkeit einer zuvor ausgesprochenen Kündigung erklärte Kündigungen wirksam sein können (typischerweise „hilfsweise" oder „vorsorgliche" Kündigung).

36 Unwirksam ist eine **Teilkündigung**, die nur auf die Beendigung einzelner Vereinbarungen des Dienst-/vertrags zielt (BAG NZA 97, 711). Anders als die Teilkündigung richtet sich die – zulässige – **Änderungskündigung** (Rn 33) auf die Beendigung des Vertrags insgesamt bei gleichzeitigem Angebot einer Fortsetzung zu geänderten Bedingungen.

37 In der Praxis häufig sind kollektivvertragliche, seltener auch einzelvertragliche Beschränkungen des ordentlichen Kündigungsrechtes. Zu Lasten des Arbeitgebers sind diese regelmäßig wirksam (Rn 2), zu Lasten des Arbeitnehmers, auch mittelbar über Rückzahlungsklauseln, nur in den engen Grenzen von § 242 bzw § 305 ff.

38 **b) Die Kündigungserklärung.** Der Wille zur Vertragsbeendigung muss sich aus der Kündigungserklärung **deutlich und zweifelsfrei** ergeben (vgl § 133; BAG NZA 92, 452; LAG Nürnberg NZA 95, 174). Bestehen Zweifel an der außerordentlichen oder ordentlichen Natur der Kündigung, bspw bei außerordentlicher Kündigung mit sozialer Auslauffrist, so muss auch die **außerordentliche Natur der Kündigung** im Kündigungsschreiben klar zum Ausdruck gebracht werden.

39 Keine Kündigung ist die **Nichtverlängerungsanzeige** bei Beendigung des befristeten Arbeitsverhältnisses. Soll gleichzeitig (insbes vorsorglich für den Fall der Unwirksamkeit der Befristung) gekündigt werden, so muss dies klar erklärt werden (vgl BAG AP Nr 28 zu § 620 – „befristeter Arbeitsvertrag").

40 **c) Die Form der Kündigung.** Die Kündigung von Dienstverhältnissen ist auch formfrei wirksam, demgegenüber bedarf gem § 623 die Beendigung von **Arbeitsverhältnissen** durch Kündigung oder Auflösungsvertrag sowie die Befristung zu ihrer Wirksamkeit der gesetzlichen **Schriftform (§ 126); die elektronische Form ist ausgeschlossen** (dazu § 623 Rn 1 ff).

41 Der **Kündigungsgrund** muss in der Kündigung nicht angegeben werden, Ausnahmen: § 15 III BBiG, § 9 III 2 MuSchG.

Der **Ablauf der Kündigungsfrist** muss im Kündigungsschreiben nicht nach Datum bezeichnet werden. Wird eine zu kurze Frist angegeben gilt die Kündigung zum nächstzulässigen Termin (BAG DB 85, 2255).

d) Der Zugang der Kündigung. Maßgeblicher Zeitpunkt für die Wirksamkeit ist der **Zugang** der Kündigung beim Adressaten (dazu § 130 Rn 1 ff; zur Zugangsvereitelung BAG NZA 06, 204)). Die Kündigung kann jederzeit zugestellt werden; auch zur **Unzeit**, zB am Heiligen Abend (vgl BAG NZA 86, 97). Ist die Kündigung einmal zugegangen, kann der Kündigende sie zwar nicht mehr einseitig zurücknehmen (BAG DB 81, 2438).

Allerdings enthält die **Zurücknahme** durch den Arbeitgeber stets das unbedingte Angebot, den Arbeitnehmer zu unveränderten Arbeitsbedingungen weiter zu beschäftigen. In der Annahme des Angebotes ist der Arbeitnehmer frei, die Ablehnung kann jedoch zum Verlust von Sozialplananprüchen führen, wenn bspw der Sozialplan Leistungen bei Weiterbeschäftigungsangeboten ausschließt.

Bei Zustellung trotz **Abwesenheit**, insbes Urlaubs, kann der Arbeitnehmer gem § 5 KSchG einen Antrag auf nachträgliche Zulassung innerhalb der dort geregelten engen Fristen stellen. Gleiches gilt, wenn eine Frau von ihrer Schwangerschaft aus einem nicht von ihr zu vertretenen Grund erst nach Ablauf der Frist des § 4 KSchG Kenntnis erlangt hat, § 5 I 2 KSchG. Die Beweislast für den Zugang der Kündigung trägt der Kündigende.

e) Kündigungsberechtigung. Die Kündigungsberechtigung des Dienstberechtigten bzw im Arbeitsverhältnis des Arbeitgebers richtet sich nach allgemeinen Regeln. Der Empfänger kann die Kündigung durch einen Bevollmächtigten nach § 174 S 2 **unverzüglich zurückweisen**, sofern mit der Kündigung keine Vollmachtsurkunde **im Original** vorgelegt wird (vgl § 174 Rn 3 ff, Zustimmung des Betriebsrats nach § 103 BetrVG muss aber nicht beigefügt werden, BAG NZA 04, 717). Jedoch wird die – formfrei wirksame (vgl § 167 II) – Erteilung einer **Außenvollmacht** (§ 167 I; vgl LAG Köln NZA 94, 419) regelmäßig angenommen bei Kündigung eines Arbeitsverhältnisses durch den Personalabteilungsleiter – nicht Personalsachbearbeiter (BAG BB 79, 166; BAG NZA 93, 307) und bei Prokuristen mit Einzelprokura, sofern diese im Handelsregister eingetragen und vom Registergericht bekannt gemacht ist (BAG NZA 92, 449). Die Kündigung eines GmbH-Geschäftsführers erfolgt wie die Abberufung nach § 38 I GmbHG durch die Gesellschafter nach Beschlussfassung (§ 46 Nr 5 GmbHG), beim Vorstand der AG ist zuständig der Aufsichtsrat (§ 84 III 1 AktG).

f) Kündigungsfrist. Die Grundkündigungsfrist richtet sich für freie Dienstverhältnisse nach § 621 (vgl § 621 Rn 1 ff), im Arbeitsverhältnis nach § 622 (§ 622 Rn 1 ff).

g) Betriebsratsanhörung, § 102 BetrVG, Betriebsratszustimmung, § 103 BetrVG. Gem § 102 I BetrVG hat der Arbeitgeber vor (BAG NZA 03, 961) jeder Kündigung gegenüber einem Arbeitnehmer den **Betriebsrat** (sofern ein solcher besteht) zu unterrichten und **anzuhören** (Einzelheiten und Formulierungsvorschläge bei *Bauer/Lingemann/Diller/Haußmann*, S 515 ff, 549 ff). **Bedenken** gegen eine ordentliche Kündigung muss der Betriebsrat unter Angabe der Gründe spätestens innerhalb einer Woche schriftlich mitteilen (§ 102 II 1 BetrVG); bei einer außerordentlichen Kündigung beträgt die Frist drei Tage (§ 102 II 3 BetrVG). Der Betriebsrat kann innerhalb dieser Frist auch **widersprechen** aus Gründen gem § 102 III Nr 1 bis 5 BetrVG, das hindert die Kündigung zwar nicht, kann jedoch besonderen Weiterbeschäftigungsanspruch gem § 102 V BetrVG begründen. Die **Kündigung eines Betriebsratsmitglieds** erfordert Zustimmung des Betriebsrats nach § 103 BetrVG; wird sie nicht erteilt, muss der Arbeitgeber sie im Wege des Zustimmungsersetzungsverfahrens ersetzen lassen, bevor er eine Kündigung ausspricht (§ 103 II BetrVG).

Für **leitende Angestellte** gilt die Unterrichtungspflicht nach § 105 BetrVG, sie ist nicht Wirksamkeitsvoraussetzung (BAG BB 76, 743). Wirksamkeitsvoraussetzung ist allerdings die Anhörung des Sprecherausschusses, soweit eingerichtet, § 31 II SprAG.

2. Anwendbarkeit des KSchG. Hat das Arbeitsverhältnis – nicht: Ausbildungsverhältnis, Organmitglieder (§ 14 I KSchG) – in demselben Betrieb oder Unternehmen zum Zeitpunkt des Zugangs (§ 130) der Kündigung einschl einer vorhergehenden Berufsausbildung (BAG NJW 04, 1405) ohne Unterbrechung **länger als sechs Monate** bestanden, so ist eine sozial ungerechtfertigte Kündigung unwirksam, § 1 I KSchG. Während dieser „Wartezeit" kommt gleichwohl Nichtigkeit der Kündigung nach allgemeinen Regeln in Betracht (dazu Rn 53; vgl BAG BB 01, 1683, 1685; BB 01, 1905).

Nach der „Kleinbetriebsklausel" (§ 23 I 2 KSchG) greift Kündigungsschutz nach dem KSchG auch nach Ablauf der Wartezeit nur, wenn in dem Betrieb oder der Verwaltung in der Regel **mehr als fünf Arbeitnehmer** beschäftigt werden (vgl BAG NZA 04, 479). Für Arbeitnehmer, die nach dem 1.1.04 eingestellt wurden, gilt stattdessen eine Mindestzahl von **zehn Arbeitnehmern**, § 23 I 3 KSchG, Teilzeitbeschäftigte werden anteilig berücksichtigt, gem § 23 I KSchG. Ggf. kann Bezugsgröße nicht Betrieb, sondern Unternehmen sein (vgl § 611 Rn 34–36, BVerfG NZA 98, 469, 470, vgl zum öffentlichen Dienst auch BAG DB 98, 2167). Das KSchG gilt für alle ordentlichen Kündigungen einschl Änderungskündigungen (§ 2 KSchG).

Unabhängig vom Eingreifen des Kündigungsschutzgesetzes kann eine Kündigung auch unwirksam sein nach §§ 105, 111, 125, 134, 138, 142, 242, 613a IV (vgl *Lettl*, NZA-RR 04, 57; zur Kündigung im Kleinbetrieb BAG BB 01, 1683; BAG NZA 02, 87, 89; BAG NZA 03, 717). § 242 erfordert in der Regel allerdings keine vergebliche Abmahnung vor der ordentlichen verhaltensbedingten Kündigung (BAG BB 01, 1902; anders § 314 II bei außerordentlicher Kündigung, *Kleinebrink* FA 02, 226, 227 f).

54 **3. Kündigungsgründe nach dem KSchG.** Im Anwendungsbereich von §§ 1, 2 KSchG ist eine Kündigung unwirksam, wenn sie sozial ungerechtfertigt, dh nicht durch Gründe im Verhalten (Rn 55 ff) oder der Person des Arbeitnehmers (Rn 64 ff) oder durch dringende betriebliche Erfordernisse (Rn 74 ff) bedingt ist.

55 **a) Verhaltensbedingte Kündigung. aa) Pflichtverletzung.** Die verhaltensbedingte Kündigung gem § 1 II 1 KSchG setzt **Pflichtverletzungen** des Arbeitnehmers voraus, die „an sich" geeignet sind, die Kündigung zu rechtfertigen (BAG DB 91, 1226; Kataloge bei *Bauer/Röder* S 105 ff; *Preis* DB 90, 634, 685; *Berkowsky* NZA-RR 01, 1 ff und 57 *Tschöpe* BB 02, 778).

56 Die Kündigung muss bei verständiger Würdigung in **Abwägung der Interessen** der Vertragspartner billigenswert und angemessen sein (BAG AP Nr 5 zu § 1 KSchG 1969 – „Verhaltensbedingte Kündigung"; zu einzelnen Kriterien der Abwägung *Tschöpe* BB 02, 778, 781). IRd abschließenden Interessenabwägung kommt es darauf an, ob unter Berücksichtigung der Gesamtumstände das Interesse des Arbeitgebers an der Kündigung das Interesse des Arbeitnehmers an der Fortsetzung des Arbeitsverhältnisses überwiegt (BAG DB 92, 1479). Dabei können neben der Schwere der Pflichtverletzung betriebliche Störungen und Sozialdaten des Arbeitnehmers eine Rolle spielen. Da die Kündigung **ultima ratio** ist, muss auch u. a. berücksichtigt werden, ob der Arbeitnehmer an einem anderen freien Arbeitsplatz im Unternehmen eingesetzt werden kann, auf den sich das Fehlverhalten nicht mehr auswirkt, insbes mit Wiederholungen zu rechnen ist (BAG NZA 97, 487). Bei Verstößen im Vertrauensbereich und bei Straftaten kann die Wiederholungsgefahr auch entbehrlich sein (BAG BB 89, 1427).

57 **bb) Abmahnung.** Grds setzt die verhaltensbedingte Kündigung eine **Abmahnung** und erneute vergleichbare Pflichtverletzung voraus (zur Kündigung aus wichtigem Grund § 314 II). Die Abmahnung verbraucht das Kündigungsrecht wegen der abgemahnten Pflichtverletzung und wirkt für eine gewisse Dauer (idR 2 Jahre, vgl *Hunold* NZA-RR 00, 169, 174).

58 Sie kann jedoch **entbehrlich** sein, wenn eine Abwägung der beiderseitigen Interessen die sofortige Kündigung rechtfertigt (§§ 314 II 2, 323 II Nr 3) oder der Arbeitnehmer nicht gewillt ist, sich vertragsgemäß zu verhalten (§§ 314 II 2, 323 II Nr 1). Sie ist insbes entbehrlich, wenn die Pflichtwidrigkeit des Handelns für den Arbeitnehmer ohne Weiteres erkennbar ist und eine Hinnahme dieses Verhaltens durch den Arbeitgeber von vornherein offensichtlich ausgeschlossen war (vgl BAG AP Nr 112 zu § 626; DB 99, 1121), oder wenn sie im Hinblick auf die Einsichts- oder Handlungsfähigkeit des Arbeitnehmers keinen Erfolg verspricht (BAG BB 94, 1857). Selbst bei Pflichtverletzungen im **Vertrauensbereich** soll eine Abmahnung erforderlich sein, wenn der Arbeitnehmer annehmen durfte, sein Verhalten sei nicht vertragswidrig bzw der Arbeitgeber werde es zumindest nicht als ein erhebliches, den Bestand des Arbeitsverhältnisses gefährdendes Verhalten ansehen (BAG NZA 97, 1281). Eine Abmahnung ist bei Diebstahl allerdings regelmäßig nicht erforderlich, auch wenn es um abgeschriebene Waren geht, die nach Meinung des Arbeitnehmers zur Entsorgung bestimmt sind (BAG NZA 04, 486).

59 Bei häufigen Abmahnungen wegen gleichartiger Pflichtverletzungen muss vor einer Kündigung eine besonders eindringliche, letzte Abmahnung ausgesprochen werden (BAG BB 02, 1269; vgl auch *Kammerer* BB 02, 1747 ff).

60 **Abmahnungsberechtigt** sind nur Mitarbeiter, die befugt sind, dem Arbeitnehmer verbindliche Weisungen zu Ort, Zeit sowie Art und Weise der geschuldeten Arbeitsleistung zu erteilen (BAG AP Nr 1 zu § 15 SchwbG 1986). Zur Vorbereitung einer Kündigung ist die Abmahnung nur geeignet, wenn sie zumindest enthält (1) die konkrete Mitteilung der Tatsachen, die die Pflichtwidrigkeit des Verhaltens begründen, (2) die Aufforderung, das pflichtwidrige Verhalten einzustellen bzw das pflichtwidrige Verhalten oder auch ein vergleichbares Verhalten nicht zu wiederholen, (3) die Erklärung, dass der Arbeitnehmer im Wiederholungsfalle mit einer Kündigung rechnen muss.

61 Eine frühere Kündigung gilt als Abmahnung, wenn der dortige Pflichtenverstoß für die Kündigung selbst noch nicht ausreichte. Die Rechtmäßigkeit einer Abmahnung ist auch im Kündigungsschutzprozess zu prüfen, soweit sie für die Wirksamkeit der Kündigung erheblich ist. Das Recht zur Abmahnung ist nicht fristgebunden, es gelten aber Verwirkungsgrundsätze.

62 **cc) Verdachtskündigung.** Der dringende Verdacht einer schweren Pflichtverletzung kann eine **Verdachtskündigung** rechtfertigen. Der Arbeitgeber muss jedoch alles Zumutbare zur Aufklärung des Sachverhaltes tun, insbes den Arbeitnehmer, **vor Ausspruch der Kündigung anhören** (BAG DB 86, 1726; zu den inhaltlichen Anforderungen BAG DB 03, 1336). Für die Anhörung gilt eine Regelfrist von einer Woche (BAG DB 72, 2119; DB 89, 282).

63 **dd) Leistungsbedingte Kündigung.** Eine leistungsbedingte Kündigung kann **verhaltensbedingt** begründet sein, wenn der Arbeitnehmer nicht unter angemessener Ausschöpfung seiner Leistungspflicht arbeitet. **Personenbedingt** wäre sie begründet, wenn bei einem über eine längere Zeit leistungsschwachen Arbeitnehmer auch für die Zukunft mit einer schweren Störung des Vertragsgleichgewichts zu rechnen ist; dabei darf ein milderes Mittel zur Wiederherstellung des Vertragsgleichgewichts nicht zur Verfügung stehen und dem

Schutz älterer, langjährig beschäftigter und erkrankter Arbeitnehmer muss ausreichend Rechnung getragen werden (BAG NZA 04, 784, vgl auch Rn 71).

b) Personenbedingte Kündigung. Häufigster Anwendungsfall der personenbedingten Kündigung (§ 1 II 1 KSchG) ist die Kündigung wegen Krankheit (vgl dazu *Bauer/Röder/Lingemann* S 93 ff; *Bauer/Röder* S 120–123; *Lepke* Kündigung bei Krankheit, 11. Aufl 2003). Sie ist sozial gerechtfertigt, wenn (1) eine negative Gesundheitsprognose vorliegt, also auch in Zukunft mit vergleichbaren Fehlzeiten zu rechnen ist, (2) durch zu erwartende künftige Fehlzeiten betriebliche Interessen erheblich beeinträchtigt werden und (3) die abschließende Interessenabwägung zu Lasten des Arbeitnehmers ausfällt.

aa) Häufige Kurzerkrankungen. (1) Erkrankungen in den vergangenen rund zwei bis drei Jahren mit Fehlzeiten von jeweils mehr als sechs Wochen rechtfertigen die **negative Gesundheitsprognose**, es sei denn, die Krankheiten seien ausgeheilt oder beruhten auf einmaligen Ereignissen wie einem Sportunfall. Maßgeblicher **Prognosezeitpunkt** ist der Zugang der Kündigung. Erfüllt sich die negative Gesundheitsprognose nicht, so bleibt die Kündigung wirksam; der Arbeitnehmer hat jedoch möglicherweise einen **Wiedereinstellungsanspruch** (unten Rn 97; vgl BAG EzA Nr 46 zu § 1 KSchG – „Krankheit"). Reichte die negative Gesundheitsprognose zum Zeitpunkt der Kündigung zur Wirksamkeit der Kündigung nicht aus, nehmen die Krankheitszeiten des Arbeitnehmers jedoch nach Ausspruch der Kündigung zu, so wird die ursprünglich unwirksame Kündigung dadurch nicht wirksam; der Arbeitgeber muss vielmehr eine neue Kündigung aussprechen (BAG EzA Nr 46 zu § 1 KSchG – „Krankheit").
Der Arbeitgeber muss die negative Gesundheitsprognose darlegen und der Arbeitnehmer dann konkret dartun, weshalb mit baldiger und endgültiger Genesung zu rechnen ist, und ggf die Ärzte von der Schweigepflicht entbinden. Dann ist es Sache des Arbeitgebers, die negative Gesundheitsprognose durch Vernehmung der Ärzte oder Sachverständigengutachten zu beweisen.
(2) Als **erhebliche Beeinträchtigung betrieblicher Interessen** kommen **unzumutbare wirtschaftliche Belastungen**, namentlich sechs Wochen Entgeltfortzahlung/Jahr in den vergangenen drei Jahren (vgl BAG NZA 94, 67) oder **Betriebsablaufstörungen** in Betracht, zB Stillstand von Produktionslinien, einzelnen Maschinen, ständig wechselnder Schichtplan, Produktionsausfälle, einzuarbeitendes Ersatzpersonal oder häufige Überstunden des verbleibenden Personals wegen unberechenbarer Kurzerkrankungen.
(3) Für die **Interessenabwägung** sind maßgeblich (BAG NZA 86, 359; NZA 90, 307): das Ausmaß der betrieblichen Beeinträchtigung, die wirtschaftliche Lage des Unternehmens, ein Verschulden des Arbeitnehmers bei Herbeiführung der Erkrankung, Verzögerung der Genesung, Sicherheitsrisiken im Betrieb, Überdurchschnittlichkeit der Ausfälle (BAG NZA 95, 1051), zugunsten des Arbeitnehmers insbes fortgeschrittenes Alter, lange ungestörte Betriebszugehörigkeit, erhebliche Unterhaltspflichten (vgl BAG BB 00, 1300 m Anm *Lingemann*, Unterhaltspflichten und Kündigung, BB 00, 1835), betriebliche Ursache für die Erkrankung (BAG NZA 91, 185).

bb) Lang anhaltende Erkrankung. Hier ist die **negative Gesundheitsprognose** begründet, wenn der Arbeitnehmer seit 1 ½ Jahren arbeitsunfähig und ein Ende der Erkrankung nicht absehbar ist (BAG NZA 93, 497, 498). Eine erhebliche **Beeinträchtigung betrieblicher Interessen** liegt idR aber nur dann vor, wenn 24 Monate nach Zugang der Kündigung mit einer günstigen Prognose für eine Genesung nicht gerechnet werden kann (BAG NZA 02, 1081, 1085).
Zur Interessenabwägung vgl oben Rn 68 (vgl BAG NJW 85, 2783).

cc) Krankheitsbedingte dauernde Leistungsunfähigkeit. Die dauerhafte negative Gesundheitsprognose führt zu einer **Störung im Austauschverhältnis** (BAG NZA 90, 727; NZA 93, 497), wenn zum Zeitpunkt der Kündigung die Wiederherstellung der Leistungsfähigkeit völlig ungewiss ist (BAG NZA 91, 185). Betriebsablaufstörungen sind nicht erforderlich (BAG NZA 90, 727). Auch eine **Interessenabwägung** ist idR **entbehrlich**, es sei denn, der Arbeitnehmer wäre aufgrund schwerwiegender persönlicher Umstände besonders schutzbedürftig (BAG NZA 90, 727).

dd) Dauernde Leistungsminderung. Die dauerhafte **Minderung der Leistungsfähigkeit** rechtfertigt die Kündigung, wenn die Minderung auf Dauer eintritt oder deren Ende jedenfalls nicht absehbar ist; auch kann eine durchschnittliche Leistung, die auf Dauer lediglich bei 66% der Normalleistung liegt, die Kündigung rechtfertigen (BAG NZA 92, 1073; BAG NZA 04, 784, 786, vgl auch Rn 63).

ee) Versetzung auf leidensgerechten Arbeitsplatz. Vor Ausspruch einer personenbedingten Kündigung muss Arbeitgeber auch prüfen, ob er den Arbeitnehmer auf einem **leidensgerechten Arbeitsplatz** im Betrieb oder Unternehmen weiterbeschäftigen kann, den er ggf sogar durch Ausübung seines Direktionsrechts freimachen muss (BAG BB 97, 894 f; krit *Lingemann* BB 98, 1106). Stimmt der Betriebsrat allerdings nach § 99 BetrVG der Versetzung nicht zu, ist ein Zustimmungsersetzungsverfahren nach § 99 II BetrVG nicht erforderlich (BAG BB 97, 894 f; anders iRd Beschäftigungsanspruchs schwerbehinderter Menschen gem § 81 IV 1 Nr 1 SGB IX, BAG NZA 03, 1215). Zur Interessenabwägung vgl Rn 68.

73 **ff) Suchterkrankungen.** Bei Suchterkrankungen mit medizinischem Krankheitswert gelten Maßstäbe der krankheitsbedingten Kündigung (BAG NZA 87, 811). Die negative Gesundheitsprognose wird bejaht, wenn der Arbeitnehmer trotz Suchterkrankung eine Entziehungskur verweigert (BAG NZA 87, 811) oder nach Entziehung rückfällig wird (LAG Hamm LAGE Nr 4 zu § 1 KSchG – „Personenbedingte Kündigung").

74 **c) Betriebsbedingte Kündigung.** „Betriebsbedingt" ist die Kündigung sozial gerechtfertigt, wenn sie durch dringende Erfordernisse bedingt ist, die einer Weiterbeschäftigung des Arbeitnehmers in diesem Betrieb entgegenstehen, § 1 II 1 KSchG. (Überblick bei *Spinner*, BB 06, 154)

75 **aa) Wegfall des bisherigen Arbeitsplatzes.** Der Arbeitsplatz kann wegfallen durch **außerbetriebliche Ursachen** (Auftragsrückgang, Rohstoffmangel, Liefersperren) oder infolge **innerbetrieblicher Ursachen, idR einer Unternehmerentscheidung** (sehr gut *Gilberg* NZA 03, 817), zB zur Stilllegung des Betriebes (BAG 29.9.05 – AZ 8 AZR 647/04 – PM 62/05), Einführung neuer Arbeits- bzw Produktionsmethoden, Aufgabe einzelner Produktionsbereiche, Fremdvergabe von Arbeiten; dauerhafte Personalreduzierung (BAG BB 97, 1950; LAG Köln BB 98, 1061; LAG Thüringen DB 99, 2474). Je näher die eigentliche Organisationsentscheidung an den Kündigungsentschluss rückt, umso mehr muss der Arbeitgeber durch Tatsachenvortrag verdeutlichen, dass das Beschäftigungsbedürfnis für den Arbeitnehmer entfallen ist (BAG DB 99, 1399; 1910). Die Umsetzung des Entschlusses muss zum Zeitpunkt der Kündigung greifbare Formen angenommen haben (BAG NZA 91, 891). Den Beschluss sollte in der GmbH die Gesellschafterversammlung treffen (§ 49 II GmbHG); auch ein Beschluss der Geschäftsführung kann jedoch ausreichen, wenn eine Prognose im Kündigungszeitpunkt ergibt, dass die Entscheidung zur Betriebsstilllegung tatsächlich planmäßig durchgeführt werden wird (BAG DB 01, 1782; NZA 98, 879).

76 Die **Unternehmerentscheidung** ist durch die Arbeitsgerichte **nur** darauf zu prüfen, ob sie tatsächlich vorliegt und ob sie nicht offenbar **unsachlich, unvernünftig oder willkürlich** ist (st Rspr vgl BAG BB 97, 1950; DB 06, 341).

77 **bb) Anderweitige Beschäftigungsmöglichkeit.** Eine betriebsbedingte Kündigung ist gleichwohl sozial nicht gerechtfertigt, wenn der Arbeitnehmer an einem anderen **freien** (!) Arbeitsplatz in demselben Betrieb oder in einem anderen Betrieb **des Unternehmens** (vgl § 611 Rn 35) weiterbeschäftigt werden kann (§ 1 II 2 Nr 1 b KSchG). Dies gilt unabhängig vom Widerspruch des Betriebsrats im Kündigungsschutzprozess. Die Zumutbarkeit einer Weiterbeschäftigungsmöglichkeit entfällt nur in Extremfällen, ansonsten kommt nur eine Änderungskündigung in Betracht (BAG BB 05, 2691, 2693; krit. *Bauer/Winzer*, BB 06, 266). Der Weiterbeschäftigungsanspruch geht nicht über das Unternehmen hinaus, ist also regelmäßig nicht konzernbezogen (BAG BB 94, 1084; anders bei Konzernversetzungsklausel BAG DB 99, 806; *Lingemann/von Steinau-Steinrück* DB 99, 2161, zum Konzernbegriff § 611 Rn 36). Bei mehreren freien Arbeitsplätzen ist eine Zuordnung wohl nach den Grundsätzen der umgekehrten Sozialauswahl erforderlich (vgl BAG BB 95, 930; NZA 03, 605).

78 **cc) Sozialauswahl.** Die Kündigung ist gem § 1 III 1. Hs 1 KSchG auch sozial nicht gerechtfertigt, wenn der Arbeitgeber bei der Auswahl des Arbeitnehmers die **Dauer der Betriebszugehörigkeit** – richtiger: Unternehmenszugehörigkeit – (Vereinbarung in Grenzen der Willkür zulässig, BAG NZA 06, 207), das **Lebensalter**, die **Unterhaltspflichten** und die **Schwerbehinderung** des Arbeitnehmers nicht oder nicht ausreichend berücksichtigt hat. Daher ist nicht zwingend derjenige Arbeitnehmer von der Kündigung betroffen, dessen Arbeitsplatz weggefallen ist, sondern ein anderer Arbeitnehmer, wenn er mit dem betroffenen Arbeitnehmer vergleichbar, aber nach den Grundsätzen der Sozialauswahl weniger sozial schutzbedürftig ist.

79 Nur solche Arbeitnehmer sind **vergleichbar**, auf deren Arbeitsplätze der vom Arbeitsplatzwegfall betroffene Arbeitnehmer kraft Direktionsrechtes, also ohne Änderung seines Arbeitsvertrags, versetzt werden kann, und deren Funktion er nach angemessener Einarbeitungszeit – „Faustregel": drei Monate – übernehmen kann. Für die Abgrenzung kommt es neben der Qualifikation entscheidend an auf **arbeitsplatzbezogene Merkmale**. Dazu zählen namentlich Berufsgruppe, Ausbildungsberuf, individuelle Kenntnisse, Fähigkeiten, Leistungsbereitschaft, Lernfähigkeit und Erfahrungen, ein bloßer Routinevorsprung des Arbeitsplatzinhabers steht der Austauschbarkeit nicht entgegen.

80 Die Sozialauswahl beschränkt sich auf den **Betrieb** (nicht Teilbetrieb, BAG NZA 05, 285, zum Betriebsbegriff § 611 Rn 34), selbst wenn der Arbeitsvertrag eine betriebsübergreifende Versetzungsklausel enthält (BAG, NZA 05, 1175; v 15.12.05, 6 AZR 199/05, PM 79/05), und die jeweilige **Hierarchieebene**.

81 **Sozialauswahl zwischen Vollzeit- und Teilzeitkräften** findet statt, wenn der Arbeitgeber die Anzahl der insgesamt geleisteten Arbeitsstunden abbauen will (BAG DB 99, 487; dazu *Bauer/Klein* BB 99, 1162; BAG NZA 00, 30), hingegen nicht bei einer konkretisierten Organisationsentscheidung, für bestimmte Arbeiten nur Vollzeitkräfte einzusetzen (BAG NZA 99, 431; BAG NZA 00, 30; EuGH NZA 00, 1155; BAG NZA 00, 30, 31).

82 In die **Sozialauswahl** sind **nicht** einzubeziehen Arbeitnehmer mit gesetzlichem Sonderkündigungsschutz; (zu Betriebsratsmitgliedern BAG NZA 05, 1307; str bei Arbeitnehmern, bei denen die ordentliche Kündigung von der Zustimmung der zuständigen Behörde abhängig ist, zB Schwerbehinderte § 85 SGB IX; Arbeitnehmer in Elternzeit, § 18 BErzGG, vgl KR/*Etzel* § 1 KSchG Rn 638; *Löwisch* § 1 Rn 322). Nicht abschließend geklärt ist die Einbeziehung von tarif- oder einzelvertraglich kündigungsgeschützten Arbeitnehmern (*Bauer/*

Röder S 156 f; BAG NZA 98, 771; LAG Sachsen NZA 02, 905). Schließlich sind mangels Kündigungsschutz nach dem KSchG Arbeitnehmer nicht einzubeziehen, die die sechsmonatige Wartefrist (Rn 51) nicht erfüllt haben. Sie sind gegenüber kündigungsgeschützten Arbeitnehmern stets vorrangig zu kündigen.

Kriterien für die **soziale Schutzbedürftigkeit** sind gem § 1 III 1 KSchG Dauer der Betriebszugehörigkeit, 83
Alter, Unterhaltspflichten und Schwerbehinderung des Arbeitnehmers, weitere Kriterien nach der Neufassung des § 1 III 1 KSchG wohl nicht (*Löwisch* NZA 03, 691; ErfK/*Ascheid* § 1 KSchG Rn 576).

Bei der **Gewichtung der Kriterien im Verhältnis zueinander** hat der Arbeitgeber gem § 1 III 1 KSchG einen 84
Wertungsspielraum, soziale Gesichtspunkte sind nur „ausreichend" zu berücksichtigen (BAG NZA 03, 791 gegen Priorität der Betriebszugehörigkeit; vgl auch *Lingemann* BB 00, 1835; Nachweise auch bei *Bauer/Röder* S 162 ff mit zahlreichen Beispielsfällen). Bei Massenentlassungen ist Absicherung durch Einschränkung des Prüfungsmaßstabes auf grobe Fehlerhaftigkeit in den Fällen des § 1 IV KSchG (dazu Rn 88) möglich, str ist, ob auch die Vergleichbarkeit der Arbeitnehmer regelbar ist (dagegen KR/*Etzel* § 1 KSchG Rn 698; dafür *Bauer/Röder* S 173; *Lingemann/Rolf*, NZA 05, 264). Jeder Arbeitnehmer, der schutzwürdiger ist als ein vergleichbarer nicht gekündigter Arbeitnehmer, kann sich auf die fehlerhafte Sozialauswahl berufen (BAG BB 85, 1263), eine nachträgliche Korrektur des Arbeitgebers durch Kündigung auch des weniger schutzbedürftigen Arbeitnehmers sollte aber zulässig sein (str, wie hier *Löwisch* § 1 KSchG Rn 367; ebenso bei Auswahlrichtlinie LAG Berlin, NZA-RR 05, 370).

In die soziale Auswahl sind gem § 1 III 2 KSchG nicht einzubeziehen Arbeitnehmer, deren **Weiterbeschäfti-** 85
gung insbes wegen ihrer Kenntnisse, Fähigkeiten und Leistungen oder zur Sicherung einer ausgewogenen Personalstruktur des Betriebes **im berechtigten betrieblichen Interesse** des Arbeitgebers liegt. Leistungen betrifft die qualitative und quantitative Umsetzung der Anforderungen im Betrieb, Fähigkeiten demgegenüber über die Ausbildung hinaus auch besondere Kenntnisse für die Umsetzung der betrieblichen Anforderungen.

Zur Sicherung einer **ausgewogenen Personalstruktur** kann der Arbeitgeber Altersgruppen (Zulässigkeit von 86
5-Jahres-Schritten, BAG BB 05, 2083, 2084; zu weiteren Gestaltungen *Röder/Krieger*, BB 05, 2578) innerhalb der zur Sozialauswahl anstehenden Arbeitnehmer bilden und diesen anteilmäßig kündigen (ErfK/*Ascheid* § 1 KSchG Rn 579; *von Hoyningen-Huene/Link* DB 97, 43).

Zum berechtigten betrieblichen Interesse zählt auch die Vermeidung von Ablaufstörungen bei einer Massen- 87
entlassung (BAG DB 03, 1909; DB 03, 1632). Bei der Herausnahme von Arbeitnehmern aus der Sozialauswahl nach § 1 III 2 KSchG muss der Arbeitgeber das **Interesse** des sozial schwächeren Arbeitnehmers gegen das betriebliche Interesse an der Herausnahme des Leistungsträgers **abwägen** (BAG AP Nr 56 zu § 1 KSchG 1969 Soziale Auswahl; *Lingemann/Rolf* NZA 05, 264).

Die erheblichen Arbeitgeberrisiken bei betriebsbedingten Kündigungen können vermindert werden, wenn 88
bei einer Kündigung aufgrund einer Betriebsänderung nach § 111 BetrVG die Arbeitnehmer, denen gekündigt werden soll, **in einem Interessenausgleich** zwischen Arbeitgeber und Betriebsrat **namentlich bezeichnet** sind; dann wird vermutet, dass die Kündigung durch dringende betriebliche Erfordernisse iSv § 1 II KSchG bedingt ist, § 1 V KSchG. Auch die soziale Auswahl kann dann nur auf grobe Fehlerhaftigkeit (dazu BAG v 17.11.05 – AZ 6 AZR 107/05 – PM 70/05) überprüft werden. Die Namensliste muss entweder mit dem Interessenausgleich mittels Heftmaschine fest verbunden sein (BAG AP Nr 94 zu § 1 KSchG 1969 – „Betriebsbedingte Kündigung"; EzA Nr 9 zu § 1 KSchG – „Interessenausgleich") oder von den Betriebsparteien gesondert unterschrieben werden und ausdrücklich Bezug auf den Interessenausgleich nehmen (BAG EzA Nr 10 zu § 1 KSchG – „Interessenausgleich").

dd) Darlegungs- und Beweislast. Der Arbeitgeber trägt die **Darlegungs- und Beweislast** für die inner- oder 89
außerbetrieblichen Gründe und den daraus resultierenden Wegfall des Arbeitsplatzes (oben Rn 75, 76). Wendet der Arbeitnehmer anderweitige Beschäftigungsmöglichkeiten im Unternehmen ein (oben Rn 77), so muss er dartun, wie er sich eine solche Weiterbeschäftigung vorstellt (BAG BB 94, 1084). Erst dann ist es Sache des Arbeitgebers, im Einzelnen darzulegen und zu beweisen, dass es einen entsprechenden freien Arbeitsplatz im Unternehmen nicht gibt. Formal trägt der Arbeitnehmer die Beweislast für eine Fehlerhaftigkeit der Sozialauswahl gem § 1 III 3 KSchG (oben Rn 78 ff). Zunächst muss jedoch der Arbeitgeber darlegen, welche Arbeitnehmer er in die Sozialauswahl einbezogen hat und welche Kriterien für die Sozialauswahl er wie gewichtet hat. Faktisch kommt die Beweislast des Arbeitnehmers daher nicht zum Tragen. Der Arbeitgeber trägt die Beweislast für die Voraussetzungen der Herausnahme einzelner Arbeitnehmer aus der Sozialauswahl gem § 1 III 2 KSchG (oben Rn 85–87, BAG EzA Nr 35 zu § 1 KSchG – „Betriebsbedingte Kündigung").

ee) Abfindungsangebot, § 1 a KSchG. Weist der Arbeitgeber darauf hin, dass die Kündigung auf dringende 90
betriebliche Erfordernisse gestützt ist, und der Arbeitnehmer bei Verstreichenlassen der Klagefrist des § 4 S 1 KSchG eine **Abfindung gem § 1 a II KSchG** beanspruchen kann, so entsteht der Abfindungsanspruch mit Verstreichenlassen der Klagefrist. Die Höhe der Abfindung beträgt gem § 1 a II KSchG 0,5 Monatsverdienste (nach § 10 III KSchG) für jedes Jahr des Bestehens des Arbeitsverhältnisses; ein Zeitraum von mehr als sechs Monaten wird auf ein volles Jahr aufgerundet.

91 **6. Sonderkündigungsschutz. Schwerbehinderten** Menschen kann nur nach Zustimmung des Integrationsamtes gekündigt werden, § 85 SGB IX (zu Ausnahmen vgl § 73 II Nr 2–7 SGB IX). Bei der außerordentlichen Kündigung gelten die Fristen des § 91 II SGB IX für die Antragstellung, für den Kündigungsausspruch §§ 88 III, 91 V SGB IX, zur Mindestkündigungsfrist bei der ordentlichen Kündigung § 86 SGB IX.

92 Für **werdende Mütter** besteht Sonderkündigungsschutz nach § 9 I MuSchuG, eine zulässige Kündigung bedarf gem § 9 III 2 MuSchuG der Schriftform und der schriftlichen Begründung (zum zweigleisigen Verfahren behördliche Zustimmung/Kündigungsschutz BAG NZA 03, 1329).

93 Auch während der **Elternzeit** besteht Sonderkündigungsschutz, § 18 BErzGG, Kündigungen sind nur mit behördlicher Zustimmung wirksam, § 18 I 2–4 BErzGG.

94 **Auszubildenden** kann nach Ablauf der Probezeit nur aus wichtigem Grund gekündigt werden, § 15 II BBiG, Kündigung und Kündigungsgründe müssen schriftlich mitgeteilt werden, § 15 BBiG.

95 **Betriebsratsmitgliedern** sowie Mitgliedern einer Jugend- und Auszubildendenvertretung, einer Bordvertretung oder eines Seebetriebsrats kann nur (mit Zustimmung des Betriebsrats gem § 103 BetrVG bzw der Ersetzung dieser Zustimmung durch gerichtliche Entscheidung, oben Rn 49) aus wichtigem Grund **außerordentlich** gekündigt (auch änderungsgekündigt, BAG NZA 05, 156) werden, § 15 I 1 KSchG. Gleiches gilt für einen Zeitraum von einem Jahr (bzw sechs Monaten bei einem Mitglied der Bordvertretung) nach Beendigung der Amtszeit, § 15 I 2 KSchG. Vgl für Mitglieder des Wahlvorstands und für Wahlbewerber § 15 III KSchG sowie für Wahlinitiatoren § 15 IIIa KSchG. Während der Schutzzeiten ist nur eine außerordentliche Kündigung zulässig.
Wird der Betrieb oder eine Betriebsabteilung **stillgelegt**, so sind allerdings nach Maßgabe von 15 IV und V KSchG **ordentliche** Kündigungen möglich (BAG DB 01, 1729).

96 **7. Interessenausgleich und Sozialplan.** Die Kündigung kann auf einer **Betriebsänderung** iSv §§ 111 ff BetrVG beruhen. Zwar verlangt § 113 III BetrVG zur Vermeidung von Nachteilsausgleichsansprüchen und ggf einstweiligen Verfügungen auf Unterlassung der Kündigung den Versuch eines Interessenausgleichs zwischen Arbeitgeber und Betriebsrat bis hin zur Einigungsstelle, auch kann gem § 112 I iVm IV und V BetrVG der Betriebsrat (Ausnahmen § 112 a BetrVG) einen Sozialplan erzwingen. Der Versuch des Interessenausgleichs und der Abschluss des Sozialplans sind jedoch nicht Wirksamkeitsvoraussetzungen für die Kündigung.

97 **8. Wiedereinstellungsanspruch.** Hat der Arbeitgeber eine nach § 1 KSchG wirksame Kündigung ausgesprochen, stellt sich jedoch noch während der Kündigungsfrist (BAG BB 01, 573) heraus, dass die der Kündigung zugrunde liegende **Prognose fehlerhaft** gewesen ist und die Kündigung bei richtiger Prognose unwirksam gewesen wäre (BAG BB 01, 573, 574), so kann dem Arbeitnehmer ein Wiedereinstellungsanspruch zustehen. Das kommt insbes in Betracht bei einer krankheitsbedingten Kündigung (BAG NZA 01, 1135), einer Verdachtskündigung (BAG NZA 97, 1340, 1343) oder einer Kündigung wegen Betriebsstilllegung und nachfolgendem Betriebsübergang (§ 613 a Rn 33). Kein Wiedereinstellungsanspruch besteht demgegenüber im Anschluss an eine Befristung, auch wenn aufgrund neuer Umstände entgegen dem ursprünglichen Befristungsgrund eine Möglichkeit zur Weiterbeschäftigung besteht (BAG NZA 02, 896, 898).

98 Der Weiterbeschäftigung können **berechtigte Interessen des Arbeitgebers** entgegenstehen, etwa wenn der Arbeitsplatz bereits anderweitig wieder besetzt ist (BAG BB 01, 573, 574). Bei mehreren Arbeitnehmern sind die sozialen Belange bei einer Auswahlentscheidung zu berücksichtigen (BAG NZA 00, 531, 533). Der Anspruch muss unverzüglich, spätestens innerhalb von drei Wochen nach Kenntniserlangung von den anspruchsbegründenden Tatsachen geltend gemacht werden (BAG NZA 99, 311, 313 f).

99 **9. Hinweis nach §§ 2, 37 b SGB III.** Nach § 2 II Nr 3 SGB III „soll" der Arbeitgeber über die Verpflichtung unverzüglicher Meldung beim Arbeitsamt (§ 37 b SGB III) informieren. Die Verletzung der Vorschrift führt jedoch nicht zu einem Schadenersatzanspruch des Arbeitnehmers (BAG, NZA 05, 1406).

100 **10. Kündigungsschutzklage.** Der Arbeitnehmer muss innerhalb von drei Wochen nach Zugang der schriftlichen Kündigung Kündigungsschutzklage erheben, § 4 I KSchG, sofern er geltend machen will, dass die Kündigung sozial ungerechtfertigt oder aus anderen Gründen unwirksam ist. Die **Drei-Wochen-Frist gilt für alle Einwände** gegen die Wirksamkeit der Kündigung, auch nicht ordnungsgemäße Betriebsratsanhörung oder Kündigung „wegen" Betriebsübergangs entgegen § 613 a IV; nicht aber fehlende Schriftform, auch nicht für die Rüge der Nichteinhaltung der Kündigungsfrist (BAG v 15. 12. 05 – AZ 2 AZR 148/05, PM 81/05).

101 Auch die materielle Unwirksamkeit einer **außerordentlichen Kündigung** kann nur innerhalb der Drei-Wochen-Frist geltend gemacht werden, § 13 I S 2 KSchG.

102 **11. Auflösungsantrag.** Arbeitnehmer oder Arbeitgeber können nach Maßgabe von §§ 9, 10 KSchG einen Antrag auf **Auflösung des Arbeitsverhältnisses gegen Abfindung** stellen, bei der außerordentlichen Kündigung allerdings nur der Arbeitnehmer, § 13 I 3 KSchG.

§ 621 Kündigungsfristen bei Dienstverhältnissen

Bei einem Dienstverhältnis, das kein Arbeitsverhältnis im Sinne des § 622 ist, ist die Kündigung zulässig,
1. wenn die Vergütung nach Tagen bemessen ist, an jedem Tag für den Ablauf des folgenden Tages;
2. wenn die Vergütung nach Wochen bemessen ist, spätestens am ersten Werktag einer Woche für den Ablauf des folgenden Sonnabends;
3. wenn die Vergütung nach Monaten bemessen ist, spätestens am 15. eines Monats für den Schluss des Kalendermonats;
4. wenn die Vergütung nach Vierteljahren oder längeren Zeitabschnitten bemessen ist, unter Einhaltung einer Kündigungsfrist von sechs Wochen für den Schluss eines Kalendervierteljahres;
5. wenn die Vergütung nicht nach Zeitabschnitten bemessen ist, jederzeit; bei einem die Erwerbstätigkeit des Verpflichteten vollständig oder hauptsächlich in Anspruch nehmenden Dienstverhältnis ist jedoch eine Kündigungsfrist von zwei Wochen einzuhalten.

Zweck der Regelung ist es, dem Gekündigten eine Frist zu gewähren, um sich auf das Ende des Dienstvertrags einzustellen. § 621 gilt nur für **freie Dienstverhältnisse**, also solche, die **keine Arbeitsverhältnisse** sind (zur Abgrenzung vgl § 611 Rn 17 f; 22–24). Eine Ausnahme besteht jedoch für Organmitglieder **ohne beherrschende Gesellschafterstellung**, für die – obwohl idR keine Arbeitnehmer (vgl § 611 Rn 31, 33) – § 622 I in entsprechender Anwendung gilt (BGH NJW 84, 2528; ausf ErfK/*Müller-Glöge* § 621 Rn 5 f). § 621 ist **abdingbar**, in Formularverträgen nur nach Maßgabe der §§ 305 ff (vgl BGHZ 120, 108, 113 ff zum alten § 9 AGBG = § 307; ErfK/*Müller-Glöge* § 621 Rn 17 zu § 309 Nr 9). 1

Nach dem klaren Wortlaut kommt es für die Kündigungsfrist darauf an, nach welchen **Zeitabschnitten** die „Vergütung „bemessen" ist, also ermittelt wird, nicht darauf, wie sie gezahlt wird. Auch wenn daher eine Jahresvergütung in zwölf gleichen monatlichen Teilbeträgen gezahlt wird, gilt Nr 4, bei Tageslohn, auch wenn er wöchentlich gezahlt wird, Nr 1. 2
Wird die Vergütung **nicht nach Zeitabschnitten** bemessen, so gilt gem Nr 5 keine Kündigungsfrist. Nimmt das Dienstverhältnis die Erwerbstätigkeit des Verpflichteten allerdings vollständig oder hauptsächlich, also mehr als zur Hälfte, in Anspruch, so beträgt die Kündigungsfrist zwei Wochen. Auf die Dauer der Dienstzeit kommt es dabei nicht an. Auch ein Rentner, der nur wenige Stunden am Tag allein für einen Dienstberechtigten tätig ist, wird vollständig in Anspruch genommen (ErfK/*Müller-Glöge* § 621 Rn 13). Für die Berechnung der Frist gelten die allgemeinen Regeln der §§ 186 ff mit Ausnahme von § 193 (BGH NJW 05, 1354; LAG Köln NZA-RR 02, 355 f). Sofern vertraglich nicht ausdrücklich ausgeschlossen, kann auch vor Dienstantritt wirksam gekündigt werden.

§ 622 Kündigungsfristen bei Arbeitsverhältnissen

(1) Das Arbeitsverhältnis eines Arbeiters oder eines Angestellten (Arbeitnehmer) kann mit einer Frist von vier Wochen zum Fünfzehnten oder zum Ende eines Kalendermonats gekündigt werden.
(2) ¹Für eine Kündigung durch den Arbeitgeber beträgt die Kündigungsfrist, wenn das Arbeitsverhältnis in dem Betrieb oder Unternehmen
1. zwei Jahre bestanden hat, einen Monat zum Ende eines Kalendermonats,
2. fünf Jahre bestanden hat, zwei Monate zum Ende eines Kalendermonats,
3. acht Jahre bestanden hat, drei Monate zum Ende eines Kalendermonats,
4. zehn Jahre bestanden hat, vier Monate zum Ende eines Kalendermonats,
5. zwölf Jahre bestanden hat, fünf Monate zum Ende eines Kalendermonats,
6. 15 Jahre bestanden hat, sechs Monate zum Ende eines Kalendermonats,
7. 20 Jahre bestanden hat, sieben Monate zum Ende eines Kalendermonats.

²Bei der Berechnung der Beschäftigungsdauer werden Zeiten, die vor der Vollendung des 25. Lebensjahres des Arbeitnehmers liegen, nicht berücksichtigt.
(3) Während einer vereinbarten Probezeit, längstens für die Dauer von sechs Monaten, kann das Arbeitsverhältnis mit einer Frist von zwei Wochen gekündigt werden.
(4) ¹Von den Absätzen 1 bis 3 abweichende Regelungen können durch Tarifvertrag vereinbart werden. ²Im Geltungsbereich eines solchen Tarifvertrags gelten die abweichenden tarifvertraglichen Bestimmungen zwischen nicht tarifgebundenen Arbeitgebern und Arbeitnehmern, wenn ihre Anwendung zwischen ihnen vereinbart ist.
(5) ¹Einzelvertraglich kann eine kürzere als die in Absatz 1 genannte Kündigungsfrist nur vereinbart werden,
1. wenn ein Arbeitnehmer zur vorübergehenden Aushilfe eingestellt ist; dies gilt nicht, wenn das Arbeitsverhältnis über die Zeit von drei Monaten hinaus fortgesetzt wird;

2. wenn der Arbeitgeber in der Regel nicht mehr als 20 Arbeitnehmer ausschließlich der zu ihrer Berufsbildung Beschäftigten beschäftigt und die Kündigungsfrist vier Wochen nicht unterschreitet.
²Bei der Feststellung der Zahl der beschäftigten Arbeitnehmer sind teilzeitbeschäftigte Arbeitnehmer mit einer regelmäßigen wöchentlichen Arbeitszeit von nicht mehr als 20 Stunden mit 0,5 und nicht mehr als 30 Stunden mit 0,75 zu berücksichtigen. ³Die einzelvertragliche Vereinbarung längerer als der in den Absätzen 1 bis 3 genannten Kündigungsfristen bleibt hiervon unberührt.
(6) Für die Kündigung des Arbeitsverhältnisses durch den Arbeitnehmer darf keine längere Frist vereinbart werden als für die Kündigung durch den Arbeitgeber.

1 **A. Zweck und Anwendungsbereich.** Zweck der Vorschrift ist es, dem Arbeitnehmer eine Frist einzuräumen, um einen neuen Arbeitsplatz zu finden, und dem Arbeitgeber Planungssicherheit zu geben. § 622 gilt für alle **Arbeitsverhältnisse** unter Einschluss der von Teilzeitbeschäftigten, geringfügig Beschäftigten und Leiharbeitnehmern, ferner analog für Organmitglieder, soweit diese keine beherrschende Gesellschafterstellung haben (vgl § 621 Rn 1). Nicht nur auf unbestimmte Zeit eingegangene Beschäftigungsverhältnisse, sondern auch solche, bei denen trotz Befristung die ordentliche Kündigung im Vertrag vorbehalten wurde, werden erfasst. Die Vorschrift gilt gleichermaßen für Beendigungs- und Änderungskündigungen (BAG NZA 94, 751), nicht aber für außerordentliche Kündigungen. Ist allerdings bei einem tariflich unkündbaren Arbeitnehmer eine soziale Auslauffrist einzuhalten, so entspricht sie der Kündigungsfrist gem § 622 (BAG NZA 85, 559; NZA 95, 1157). Zu beachten sind zahlreiche Sonderregelungen wie etwa in §§ 15 BBiG, 63, 78 II SeemannsG, 29 HAG sowie 113 InsO (diese Vorschrift gilt nicht für den „starken" vorläufigen Insolvenzverwalter nach § 22 I InsO, BAG DB 05, 1691). § 622 ist nur nach Maßgabe von IV bis VI abdingbar.

2 **B. Kündigungsfristen, I und II.** Soweit keine wirksame anderweitige einzel- oder tarifvertragliche Regelung (vgl III–VI) besteht, gilt die **Grundkündigungsfrist** des I von 4 Wochen zum 15. oder zum Ende des Kalendermonats, wobei im Falle einer Kündigung durch den Arbeitgeber noch die Zweijahresfrist in II Nr 1 zu beachten ist. II sieht für die **Arbeitgeberkündigung** eine Verlängerung der Kündigungsfrist, gestaffelt nach der Bestandsdauer des Arbeitsverhältnisses, vor. Zum Bestand des Arbeitsverhältnisses iSv II zählt auch eine unmittelbar vorhergehende Ausbildung beim selben Arbeitgeber (BAG NJW 00, 1355). Arbeitgeber ist das Unternehmen, nicht der Betrieb, in dem der Arbeitnehmer beschäftigt ist. Betriebsübergang nach § 613 a berührt den Bestand des Arbeitsverhältnisses nicht (BAG NZA 04, 319). Unschädlich ist Ausfall der Arbeitsleistung durch Krankheit oder Streik, solange das Arbeitsverhältnis rechtlich besteht. Eine rechtliche Unterbrechung des Arbeitsverhältnisses schadet grds, es sei denn, es besteht ein enger Zusammenhang zwischen dem früheren und dem späteren Arbeitsverhältnis (BAG NZA 04, 319; SAE 04, 46, 47; eingehend ErfK/*Müller-Glöge* § 622 Rn 20). Berücksichtigt werden nur Zeiten ab Vollendung des 25. Lebensjahres des Arbeitnehmers. Maßgeblicher Zeitpunkt für die Bestimmung der Zeiträume nach II ist der Zugang der Kündigungserklärung gem § 130 und nicht der in ihr genannte Kündigungstermin (ErfK/*Müller-Glöge* § 622 Rn 19; Palandt/*Weidenkaff* § 622 Rn 16).

3 Für die **Fristberechnung** gelten die allgemeinen Regeln der §§ 186 ff mit Ausnahme von § 193 (BGH NJW 05, 1354; LAG Köln NZA-RR 02, 355 f). Das Fristende kann daher auch auf einen **Samstag, Sonntag** oder **Feiertag** fallen. Eine Kündigungserklärung mit einer zu kurzen Frist ist nicht unwirksam, sondern gilt als Kündigung zum nächsten zulässigen Kündigungstermin (BAG NZA 86, 229). Für die Rüge der zu kurzen Kündigungsfrist gilt die Dreiwochenfrist des § 4 KSchG nicht (BAG v 15.12.05, 2 AZR 148/05, PM 81/05). Dem Kündigenden ist es selbstverständlich stets unbenommen, mit längeren Fristen zu kündigen.

4 **C. Probezeit, III.** III soll den Abschluss von **unbefristeten Probearbeitsverhältnissen** fördern, indem er sowohl dem Arbeitgeber als auch dem Arbeitnehmer in der Anfangsphase die Möglichkeit einer kurzfristigen Kündigung einräumt. Danach kann das Arbeitsverhältnis für einen Zeitraum von bis zu **sechs Monaten** innerhalb von **zwei Wochen** gekündigt werden, ohne dass bestimmte Kündigungstermine einzuhalten sind. Dies setzt voraus, dass die Probezeit entweder tarif- oder arbeitsvertraglich vereinbart wurde, wobei die Vereinbarung die genauen Kündigungsmodalitäten wie etwa die Zweiwochenfrist nicht enthalten muss (MüKo/*Hesse* § 622 Rn 31). Soll III hingegen iRe **befristeten Probearbeitsverhältnisses** (vgl dazu § 611 Rn 98) angewendet werden, sind die Modalitäten der Kündigung ausdrücklich gem § 15 III TzBfG in die Befristungsvereinbarung aufzunehmen. Soweit die Parteien eine den Zeitraum von 6 Monaten übersteigende Probezeit vereinbaren, ist dies unschädlich, allerdings gilt nach Ablauf von 6 Monaten die allgemeine Kündigungsfrist nach I und II (MüKo/*Hesse* § 622 Rn 31). Entscheidend für den Beginn der Sechsmonatsfrist ist der von den Parteien vereinbarte Tag der Arbeitsaufnahme, nicht aber der des Abschlusses des Arbeitsvertrags (BAG NJW 03, 1828, 1829). III gilt auch für eine Kündigungserklärung, die erst am letzten Tag der Probezeit zugeht (§ 130), auch wenn sie das Arbeitsverhältnis erst nach Ablauf der Sechsmonatsfrist beendet (vgl allgemein BAG NJW 66, 1478; s.a. MüKo/*Hesse* § 622 Rn 32, es gilt jedoch das Willkürverbot). Die **Beweislast** für die Dauer der vereinbarten Probezeit trägt derjenige, der sich auf die verkürzte Kündigungsfrist beruft.

5 **D. Abweichende Vereinbarungen, IV–VI.** Durch **tarifvertragliche Regelungen** können nach **IV 1** gesetzliche Kündigungsfristen verkürzt (oder verlängert) werden, was auch durch Änderung der Anzahl der Kündi-

gungstermine geschehen kann. Eine Differenzierung innerhalb der Arbeitnehmerschaft ist dabei wegen Art 3 I GG nur zulässig, wenn dafür ein sachlicher Grund – zu denken ist hier etwa an unterschiedliche Qualifikationen oder Tätigkeiten in einem Produktionssektor, der eine erhöhte personalwirtschaftliche Flexibilität erfordert – besteht (BVerfG NZA 90, 721). Die bloße Differenzierung zwischen Arbeitern und Angestellten ist daher regelmäßig sachwidrig (vgl BAG NZA 05, 1418; ErfK/*Müller-Glöge* § 622 Rn 66). Im sachlichen, räumlichen und persönlichen Geltungsbereich eines Tarifvertrags können nach **IV 2 nicht tarifgebundene** Arbeitgeber und Arbeitnehmer die Anwendung der tarifvertraglichen Kündigungsfristen vereinbaren.

Abweichende **individualvertragliche** Vereinbarungen sind – abgesehen von IV 2 – nur unter den engen Voraussetzungen von V zulässig. Bei Aushilfskräften sind gem V 1 Nr 1 **Verkürzungen** der Grundkündigungsfrist bis hin zur Vereinbarung der fristlosen Kündigungsmöglichkeit möglich (BAG NZA 87, 60). Dem Wortlaut von V 1 Nr 2 nach kann in Kleinunternehmen mit nicht mehr als 20 Arbeitnehmern hingegen lediglich ein Verzicht auf die Kündigungstermine, nicht jedoch eine Verkürzung der Grundkündigungsfrist des I vereinbart werden. Damit wäre die Vorschrift weitgehend überflüssig. Erwogen wird daher eine Verkürzungsmöglichkeit bei „verständiger Auslegung der Vorschrift" (Staud/*Preis* § 622 Rn 48). Für den Schwellenwert kommt es auf das Unternehmen (Arbeitgeber), nicht den Betrieb an (zum Begriff § 611 Rn 34 ff). Ruhende Arbeitsverhältnisse werden nicht, Teilzeitbeschäftigte nach Maßgabe von V 2 berücksichtigt. Entscheidend ist die Personalstärke des Unternehmens im Allgemeinen, nicht speziell zum Kündigungstermin (vgl BAG NZA 87, 587). 6

Die **Vereinbarung längerer Fristen** oder **weniger Kündigungstermine** ist gem **V 3** grds zulässig (BAG BB 02, 623, 624). Eine unbegrenzte Bindung des Arbeitnehmers kommt aber schon wegen dessen Berufswahlfreiheit aus Art 12 GG nicht in Betracht. Eine Bindung von einem Jahr dürfte idR unproblematisch sein (BAG AP Nr 7 zu § 611 – „Treuepflicht"; vgl auch BAG AP Nr 37 zu § 256 ZPO 1977 für eine Kündigungsfrist von 6 Monaten kombiniert mit einem einzigen Kündigungstermin pro Jahr), wobei es freilich stets auf die Umstände des Einzelfalls ankommt. Auf jeden Fall kann der Arbeitnehmer wegen §§ 15 IV TzBfG, 624 nicht länger als fünfeinhalb Jahre gebunden werden (Staud/*Preis* § 622 Rn 50). Eine der Wertung des Art 12 GG widersprechende Kündigungsvereinbarung ist nach § 138 nichtig (MüKo/*Hesse* § 622 Rn 89). 7

Ist eine individualvertragliche Kündigungsbestimmung nach §§ 134, 138 nichtig, so ist die Lücke durch ergänzende Vertragsauslegung, ggf durch Gesetz (BAG AP Nr 13 zu § 622), zu schließen (MüKo/*Hesse* § 622 Rn 89, 98 ff). 8

Soweit **individual- oder tarifvertraglich** von den gesetzlichen Kündigungsfristen gem IV und V abgewichen werden kann, ist **VI** zu beachten. Danach darf die Arbeitnehmerkündigung nicht an längere Fristen gebunden werden als die Arbeitgeberkündigung. Unzulässig ist es auch, den Arbeitnehmer auf weniger Kündigungstermine zu beschränken als den Arbeitgeber (BAG NJW 72, 1070). Eine Schlechterstellung des Arbeitgebers ist jedoch zulässig. Im Falle einer Verletzung von VI gelten die für den Arbeitnehmer vereinbarten längeren Kündigungsfristen auch für den Arbeitgeber, wobei die dogmatische Begründung str ist (MüKo/*Hesse* § 622 Rn 107 mwN). Der Wertung von VI widerspricht es auch, allein das Kündigungsrecht des Arbeitnehmers durch Vereinbarungen, die für den Fall der Kündigung Sanktionen wie etwa Vertragsstrafen (BAG AP Nr 12 zu § 622) oder den Verfall bereits verdienten Arbeitsentgelts (BAG AP Nr 6 zu § 87 a HGB) vorsehen, faktisch zu erschweren. Vereinbarungen über faktische Kündigungserschwernisse sind nichtig, so dass der Arbeitnehmer ungehindert von seinem Kündigungsrecht Gebrauch machen kann (BAG AP Nr 12 zu § 622; MüKo/*Hesse* § 622 Rn 108). 9

§ 623 Schriftform der Kündigung

Die Beendigung von Arbeitsverhältnissen durch Kündigung oder Auflösungsvertrag bedürfen zu ihrer Wirksamkeit der Schriftform; die elektronische Form ist ausgeschlossen.

A. Zweck und Anwendungsbereich. Das konstitutive Schriftformerfordernis soll der Rechtssicherheit, der Erleichterung der Beweisführung im Prozess und dem Schutz vor Übereilung (Warnfunktion) dienen (BAG NZA 05, 635, 636; NZA 05, 162). § 623 gilt nur für Arbeitsverhältnisse, nicht hingegen für arbeitnehmerähnliche Personen (Palandt/*Weidenkaff* § 623 Rn 2). Die Vorschrift ist auf Kündigungen, die ab dem 1. 5. 00 zugegangen sind, und Aufhebungsverträge, die ab dem 1. 5. 00 zustande gekommen sind, anzuwenden (BAG AP Nr 16 zu § 125); sie gilt jedoch nicht für die Aufhebung der Kündigung bzw des Auflösungsvertrags (Juris-PK § 623 Rn 27). Geringere Formerfordernisse dürfen zwar nicht vereinbart werden, weitergehende Anforderungen – zB das Erfordernis der schriftlichen Begründung einer Arbeitgeberkündigung – sind jedoch zulässig. Zu beachten sind Sonderregelungen wie etwa §§ 15 III BBiG, 9 III 2 MuSchG und §§ 62 I, 64 II, 68a, 78 II, III SeemannsG. 1

B. Beendigung des Arbeitsverhältnisses. § 623 gilt für jede **Kündigung**, also die des Arbeitgebers und die des Arbeitnehmers, die ordentliche und die außerordentliche, und letztere mit oder ohne Auslauffrist; auch auf die Gründe für die Kündigung kommt es nicht an. Die Änderungskündigung bedarf wie das ihr zugrunde liegende Änderungsangebot der Schriftform, wobei es ausreichend ist, wenn sich die wesentlichen 2

Inhalte des Angebots in der Kündigung wiederfinden (BAG NZA 05, 635 f mwN; LAG Köln LAGE Nr 2 a zu § 623 BGB 2002). Auch für die Lossagung des Arbeitnehmers gem § 12 KSchG gilt die Vorschrift, da erst sie das alte Arbeitsverhältnis beendet (ErfK/*Müller-Glöge* § 623 Rn 9; Staud/*Oetker* § 623 Rn 28). Keine Kündigung iSv § 623 ist die Teilkündigung, die Nichtverlängerungsmitteilung des Arbeitgebers bei befristeten Arbeitsverhältnissen, es sei denn, dass sich ohne die Mitteilung das Vertragsverhältnis automatisch verlängern würde (Staud/*Oetker* § 623 Rn 22 f; aA ErfK/*Müller-Glöge* § 623 Rn 8), der Widerspruch des Arbeitgebers gem § 625 bzw § 15 V TzBfG, eine Abmahnung, eine Anfechtung des Arbeitsverhältnisses oder eine einseitige Lossagung von einem fehlerhaften (faktischen) Arbeitsverhältnis (vgl § 611 Rn 55), wenn der Nichtigkeitsgrund von Anfang an bestand (ErfK/*Müller-Glöge* § 623 Rn 11; Staud/*Oetker* § 623 Rn 26 mwN).

3 **Auflösungsvertrag** iSv § 623 meint jede vertragliche Vereinbarung, die das Arbeitsverhältnis einvernehmlich beendet. Der Schriftform bedarf auch ein Arbeitgebertausch iRe dreiseitig vereinbarten Vertragspartnerwechsels (LAG Köln 6.3.03, AZ 4 Ta 404/02), nicht aber die dreiseitig vereinbarte Rücknahme des Widerspruchs gegen den Betriebsübergang gem § 613 a VI, da dieser zwar zum Austausch der Arbeitgeber führt, das Arbeitsverhältnis als solches jedoch unberührt lässt (LAG Hamm 15.1.04, AZ 16 Sa 391/03). Keine Auflösungsverträge sind Ausgleichsquittungen, soweit diese nicht gleichzeitig die Beendigung enthalten (LAG Düsseldorf DB 05, 1463, 1464), Änderungsverträge, es sei denn, durch die Änderung wird das alte Arbeitsverhältnis abgelöst, wie etwa bei der Umwandlung in ein freies Mitarbeiterverhältnis (LAG Berlin NZA-RR 03, 516) oder der Begründung einer Organstellung (Staud/*Oetker* § 623 Rn 34, 38 f), der einseitige Verzicht des Arbeitnehmers auf Erhebung einer Kündigungsschutzklage nach Erhalt der Kündigung (LAG Hamm NZA-RR 04, 242, 243) oder Abwicklungsverträge, es sei denn, diese selbst lösen wegen der Unwirksamkeit der zugrunde liegenden Kündigung das Arbeitsverhältnis auf (LAG Hamm 25.10.01, AZ 8 Sa 956/01; ErfK/*Müller-Glöge* § 623 Rn 14; Staud/*Oetker* § 623 Rn 35 f).

4 **C. Das Schriftformerfordernis.** Die gesetzliche Schriftform ist einzuhalten (vgl §§ 126 ff), d. h. die Urkunde muss vom Aussteller oder einem Bevollmächtigten eigenhändig unterzeichnet werden, § 126 I, bei einem Vertrag von beiden Parteien auf derselben Urkunde, § 126 II. Telegramm und Telefax genügen nicht (BGH NJW 99, 1126); wegen § 623 Hs 2 ist auch die elektronische Form (§ 126 a) ausgeschlossen. Die Vollmachtserteilung selbst bedarf zwar nicht der Schriftform (§ 167 II), jedoch muss die Bevollmächtigung auf der unterzeichneten Urkunde zum Ausdruck kommen (BAG NZA 05, 865 f). Eine durch gerichtlichen Vergleich vereinbarte Aufhebung muss den Anforderungen von § 127 a genügen. Auch die Kündigung kann in einem solchen Vergleich formwirksam erklärt werden (*Gotthardt/Preis* NZA 00, 348, 352). Im Übrigen wird auf die Kommentierung zu §§ 126 ff verwiesen.

5 **D. Rechtsfolgen eines Verstoßes.** Wird die Schriftform des § 623 nicht eingehalten, sind Kündigung oder Auflösungsvertrag **unheilbar** nichtig, § 125 S 1 (BAG NZA 05, 162 f). Auch werden besondere Kündigungserklärungsfristen (vgl § 626 II, ferner § 88 III SGB IX) durch die erste unwirksame Kündigung nicht gehemmt. Es bedarf daher einer neuen form- und ggf fristgerechten Kündigung (BAG AP Nr 71 zu § 1 KSchG 1969). Die vor Einführung der Schriftform häufige Umdeutung einer unwirksamen Kündigung in ein Angebot auf Abschluss eines Auflösungsvertrags scheidet nunmehr aus, da dieser gem § 623 jetzt selbst der Schriftform bedarf (ErfK/*Müller-Glöge* § 623 Rn 25). Die Umdeutung in eine – nicht der Schriftform unterliegende – Anfechtung ist allerdings möglich (*Müller-Glöge* aaO).

6 Für die Rüge der Formunwirksamkeit gilt zwar die Dreiwochenfrist des § 4 KSchG nicht, da seit dem 1.1.04 nur die „schriftliche" Kündigung die Frist auslöst (LAG Mecklenburg-Vorpommern 7.6.05, AZ 3 Sa 17/05; ErfK/*Müller-Glöge* § 623 Rn 24). Allerdings kann bei längerem Zuwarten das Recht, sich auf den Formmangel zu berufen, verwirkt sein (BAG AP Nr 6 zu § 242 – „Prozessverwirkung"; LAG Mecklenburg-Vorpommern aaO;). Die Berufung auf die Formnichtigkeit kann treuwidrig sein, wenn sie zu einem schlechthin untragbaren Ergebnis führt (LAG Hamm AR-Blattei ES 915 Nr 21) oder wenn der Gekündigte sich dadurch in Widerspruch zu seinem eigenen früheren Verhalten setzt (vgl BAG NZA 05, 162, 163; NZA 98, 420).

§ 624 Kündigungsfrist bei Verträgen über mehr als fünf Jahre

¹Ist das Dienstverhältnis für die Lebenszeit einer Person oder für längere Zeit als fünf Jahre eingegangen, so kann es von dem Verpflichteten nach dem Ablauf von fünf Jahren gekündigt werden. ²Die Kündigungsfrist beträgt sechs Monate.

1 Die Vorschrift gilt nur für freie Dienstverhältnisse, für gemischte Verträge nur, wenn das dienstvertragliche Element überwiegt (vgl BGH NJW-RR 93, 1460; Staud/*Preis* § 624 Rn 5; Juris-PK, § 624 Rn 3). Für Arbeitsverhältnisse ist der inhaltlich identische § 15 IV TzBfG lex specialis. § 624 schützt den Dienstverpflichteten – nicht den Dienstberechtigten – vor einer Bindung über fünf Jahre hinaus. § 624 ist nicht verletzt, wenn sich das Dienstverhältnis automatisch nach Ablauf von 5 Jahren verlängert (BAG NZA 92, 543). S 1 ist zwingend, die Frist des S 2 kann jedoch verkürzt – nicht verlängert – werden (Jauernig/*Mansel* § 624 Rn 3).

§ 625 Stillschweigende Verlängerung

Wird das Dienstverhältnis nach dem Ablauf der Dienstzeit von dem Verpflichteten mit Wissen des anderen Teils fortgesetzt, so gilt es als auf unbestimmte Zeit verlängert, sofern nicht der andere Teil unverzüglich widerspricht.

Die Regelung ist auf alle freien Dienstverhältnisse anzuwenden, auf Anstellungsverträge von Organen juristischer Personen jedoch nur mit der Maßgabe, dass gleichzeitig die Organbestellung verlängert wird (OLG Karlsruhe WM 96, 161, 168; ErfK/*Müller-Glöge* § 625 Rn 5). § 625 gilt auch für alle unbedingt und unbefristet geschlossenen Arbeitsverhältnisse, die etwa durch Aufhebung, Anfechtung oder Kündigung – nicht durch Änderungskündigung – beendet werden (BAG NZA 04, 255, 256), nicht jedoch für befristete und auflösend bedingte, für die die §§ 15 V, 21 TzBfG gelten. Für die Weiterbeschäftigung eines Auszubildenden nach Abschluss seiner Berufsausbildung ist § 17 BBiG lex specialis. § 625 kann abbedungen werden (BAG AP Nr 5 zu § 625), durch Formularvertrag aber nur nach Maßgabe der §§ 305 ff (dazu Staud/*Preis* § 625 Rn 40). Die §§ 15 V, 21 TzBfG sind hingegen zwingendes Recht (§ 22 TzBfG). 1

§ 625 setzt zunächst den **Ablauf** der Dienstzeit voraus. Dies meint nicht nur den Vertragsablauf, sondern jede Beendigung des Dienstverhältnisses, also auch durch Kündigung, Aufhebung oder Anfechtung (BAG NJW 04, 1126 f). Die Änderung einzelner Vertragsbedingungen ist keine Beendigung (BAG NJW 04, 1126 f). Weiterhin erforderlich ist die **bewusste Fortsetzung** der Tätigkeit durch den Dienstverpflichteten unmittelbar nach Ablauf des Dienstverhältnisses (BAG NZA 02, 780; 99, 482) mit **Wissen des Dienstberechtigten**. Schließt die Fortführung der Dienste erst an Freizeit in Form von Urlaub oder Überstundenausgleich an, die nach Beendigung des Dienstverhältnisses gewährt werden, greift § 625 mangels unmittelbaren Anschlusses nicht (BAG NJW 99, 1654). Weiterhin darf der Dienstberechtigte der Fortsetzung **nicht unverzüglich** iSv § 121 widersprochen haben (vgl dazu BAG NJW 01, 532), wobei es auch genügt, wenn er beantragt, die Weiterbeschäftigungsklage des Dienstverpflichteten abzuweisen (LAG Köln NZA-RR 96, 202). Für die Beweislastverteilung hinsichtlich der Voraussetzungen des § 625 gelten die allgemeinen Grundsätze (vgl dazu Staud/*Preis* § 625 Rn 41). 2

Rechtsfolge des § 625 ist die Fortsetzung des Dienst-/Arbeitsverhältnisses auf unbestimmte Zeit zu den bisherigen Konditionen (LAG Berlin LAGE Nr 2 zu § 625; LAG Hamm LAGE Nr 5 zu § 625; ErfK/*Müller-Glöge* § 625 Rn 18). Auch die vertraglichen Kündigungsfristen bleiben grds bestehen; haben sie jedoch aufgrund der unbefristeten Fortsetzung des Vertrags ihre ursprüngliche Bedeutung verloren, so werden sie durch die gesetzlichen Vorschriften ersetzt (BAG NZA 89, 595, 596; aA wohl LAG Hamm LAGE Nr 5 zu § 625). 3

§ 626 Fristlose Kündigung aus wichtigem Grund

(1) Das Dienstverhältnis kann von jedem Vertragsteil aus wichtigem Grund ohne Einhaltung einer Kündigungsfrist gekündigt werden, wenn Tatsachen vorliegen, auf Grund derer dem Kündigenden unter Berücksichtigung aller Umstände des Einzelfalles und unter Abwägung der Interessen beider Vertragsteile die Fortsetzung des Dienstverhältnisses bis zum Ablauf der Kündigungsfrist oder bis zu der vereinbarten Beendigung des Dienstverhältnisses nicht zugemutet werden kann.
(2) ¹Die Kündigung kann nur innerhalb von zwei Wochen erfolgen. ²Die Frist beginnt mit dem Zeitpunkt, in dem der Kündigungsberechtigte von den für die Kündigung maßgebenden Tatsachen Kenntnis erlangt. ³Der Kündigende muss dem anderen Teil auf Verlangen den Kündigungsgrund unverzüglich schriftlich mitteilen.

A. Zweck und Anwendungsbereich der Vorschrift. I konkretisiert für das Dienst-/Arbeitsverhältnis den Grundsatz des § 314, wonach jedes Dauerschuldverhältnis aus wichtigem Grund ohne Einhaltung einer Kündigungsfrist gekündigt werden kann. II soll verhindern, dass der Kündigungsberechtigte sich mit dem Kündigungsgrund aufspart und dadurch den möglichen Kündigungsempfänger unter Druck setzt (BAG NZA 97, 1158, 1159 f). § 626 schließt die Rücktrittsrechte gem §§ 323, 326 aus, und zwar auch dann, wenn es zur Vertragsbeendigung bereits vor Dienst- bzw Arbeitsantritt kommt (vgl MüKo/*Henssler* § 626 Rn 43; Palandt/*Weidenkaff* § 626 Rn 3; Staud/*Preis* § 626 Rn 13). Die Vorschrift gilt für alle Dienst-/Arbeitsverhältnisse, gleich, ob befristet oder nicht, wobei zum Teil Einschränkungen aufgrund gesetzlicher Anhörungs- und Zustimmungserfordernisse bestehen (dazu unten Rn 17–19). Sonderregelungen finden sich in §§ 15 BBiG, § 627, 89 a HGB – auch diese Vorschrift schließt II aus (BGH NJW 87, 57; *Börner/Hubert* BB 89, 1633, str) – sowie §§ 64–68, 78 I, III SeemannsG. § 626 ist zwar grds **nicht abdingbar**, zumutbare Beschränkungen können jedoch unter Umständen wirksam sein (ErfK/*Müller-Glöge* § 626 Rn 241 mwN). Während in Arbeitsverhältnissen Abweichungen zu Lasten des Arbeitnehmers regelmäßig unzulässig sind (sehr restriktiv BAG AP Nr 180 zu § 626 mwN), können für freie Dienstnehmer weitergehende außerordentliche Kündigungsgründe vereinbart werden (vgl BGHZ 91, 217). 1

2 **B. Voraussetzungen der außerordentlichen Kündigung.** Für die außerordentliche Kündigung durch den Dienstberechtigten/Arbeitgeber und den Dienstverpflichteten/Arbeitnehmer gelten dieselben Grundsätze (ErfK/*Müller-Glöge* § 626 Rn 193).

3 **I. Wichtiger Grund. 1. Allgemeine Anforderungen.** IRe zweistufigen Prüfung (LAG Rheinland-Pfalz NZA-RR 05, 303, 304 f) ist zunächst in einem ersten Schritt zu prüfen, ob der Sachverhalt **an sich** geeignet ist, einen wichtigen Grund darzustellen. Ist dies der Fall, so kommt es in einem zweiten Schritt darauf an, ob bei Berücksichtigung der **besonderen Umstände des Einzelfalls** und der Abwägung der Interessen beider Vertragsteile die konkrete Kündigung gerechtfertigt und somit verhältnismäßig ist (BGH DB 05, 1849, 1850; BAG NZA 04, 486). Wesentlicher Aspekt ist dabei regelmäßig die Prognose, ob zum Zeitpunkt des Kündigungszugangs damit zu rechnen war, dass sich die Gründe (ohne den Ausspruch der Kündigung) zukünftig konkret nachteilig auf das Arbeitsverhältnis auswirken werden (BAG NZA 95, 777; NZA 97, 487), ob also Wiederholungsgefahr besteht. Diese ist bei schwerwiegenden Verstößen in der Vergangenheit regelmäßig indiziert. Bei schwerwiegenden Pflichtverletzungen ist allerdings eine fristlose Kündigung auch dann zulässig, wenn während der ordentlichen Kündigungsfristen keine Wiederholungsgefahr besteht, wie etwa beim Abfackeln des Betriebs oder der Ermordung des Vorgesetzten (dazu LAG Düsseldorf LAGE Nr 85 zu § 1 KSchG – „Verhaltensbedingte Kündigung"). Bei verhaltensbedingten Kündigungen fließen in die Interessenabwägung ua die Dauer der Betriebszugehörigkeit ohne Pflichtverletzungen (BAG NZA 96, 81, 82), das Alter (BAG NZA 00, 1332) und die Unterhaltspflichten des Arbeitnehmers – letztere haben allerdings nur eine marginale Bedeutung – (BAG AP Nr 191 und 171 zu § 626; NZA 99, 587, 589 f; LAG Düsseldorf LAGE Nr 85 zu § 1 KSchG – „Verhaltensbedingte Kündigung"), Art und Schwere der Pflichtverletzung und des entstandenen Schadens (BAG NZA 00, 421), Auswirkungen des Fehlverhaltens auf andere Arbeitnehmer im Betrieb (BAG NZA 04, 486) und ggf auch die besondere Struktur des Arbeitgebers (zB religiöse Vorgaben beim kirchlichen Arbeitgeber (BAG NZA 98, 143) ein.

4 Der wichtige Grund erfordert **keine subj Komponente.** Daher muss selbst bei einer verhaltensbedingten Kündigung die Pflichtverletzung nicht zwingend schuldhaft sein (BAG NZA 04, 784, 786; NZA 99, 863). Auch muss sich der Kündigende der Unzumutbarkeit nicht bewusst gewesen sein, seine subj Wertung ist also nicht maßgeblich (BAG AP Nr 1 zu § 626 – „Nachschieben von Kündigungsgründen").

5 Nach dem **Verhältnismäßigkeitsprinzip** darf die außerordentliche Kündigung nur das unausweichlich letzte – also das mildeste geeignete – Mittel zur Beseitigung der Störung sein, wobei insbes die Fortsetzung des Dienst-/Arbeitsverhältnisses bis zum ordentlichen Beendigungszeitpunkt unzumutbar sein muss (BAG NZA 04, 486; NZA 94, 74). Dem Subsidiaritätsgedanken ist in ganz besonderer Weise bei schuldlosen Pflichtverletzungen, Verdachts- und Druckkündigungen (dazu unten Rn 9 f) sowie bei Entlassungsverlangen des Betriebsrats gem § 104 S 1 BetrVG (vgl dazu ErfK/*Müller-Glöge* § 626 Rn 222 f) Rechnung zu tragen. Hier sind als mildere Mittel auch eine Versetzung oder eine Änderungskündigung zu erwägen. Eine Freistellung unter Fortzahlung der Bezüge als milderes Mittel ist jedoch nicht geboten (BAG NZA 01, 837, 839 f; BAG NZA 99, 587; aA LAG Düsseldorf LAGE Nr 120 zu § 626; allgemein zur Freistellung vgl § 611 Rn 1 f).

6 **Maßgeblicher Zeitpunkt** für das Vorliegen des wichtigen Grundes ist der Ausspruch der Kündigung. Gründe, die bereits zu diesem Zeitpunkt vorlagen, dem Kündigenden aber erst später bekannt wurden, können ungeachtet von II 1 nachgeschoben werden (BGH DB 05, 1849, 1850; NZA 04, 173, 175; BAG NZA 97, 1158, 1159 f). Auf Gründe, die erst nach Ausspruch der Kündigung auftraten, kann nur eine erneute Kündigung – ggf auch unter erneuter Verwendung der alten Kündigungsgründe – (BAG AP Nr 1 zu § 67 HGB; vgl auch BAG NZA 04, 919, 921) oder aber im Anwendungsbereich des KSchG ein Auflösungsantrag nach § 13 iVm § 9 KSchG (zu den Voraussetzungen vgl BAG NZA 03, 261) gestützt werden. Soweit die Mitarbeitervertretung zu beteiligen ist (dazu unten Rn 18 f), ist diese zu nachgeschobenen Kündigungsgründen gesondert anzuhören (BAG NZA 86, 674; NZA 97, 1158, 1160); ein Nachschieben scheidet allerdings aus, wenn dem Arbeitgeber die Kündigungsgründe bereits zum Zeitpunkt der ersten Anhörung bekannt waren (ErfK/*Müller-Glöge* § 626 Rn 79). Bei der Kündigung von Organmitgliedern – Geschäftsführer, Vorstand – bedarf das Nachschieben von Kündigungsgründen eines Beschlusses des für die Kündigung zuständigen Organs – Gesellschafterversammlung, Aufsichtsrat, ggf Insolvenzverwalter (BGH DB 05, 1849, 1850; NZA 04, 173, 175).

7 **2. Beispielsfälle für wichtige Gründe. a) Kündigung durch den Dienstberechtigten.** Arbeitsleistung: Beharrliche Verweigerung der Arbeitsleistung (BAG NZA 97, 487), nicht jedoch die bloße Schlechtleistung (LAG Kiel RzK I 6a Nr 208; LAG Düsseldorf LAGE Nr 2 zu § 626), die aber zur ordentlichen Kündigung berechtigen kann (BAG NZA 04, 784, 786; NZA 92, 1028), Nichtbefolgen von Weisungen des Arbeitgebers (BAG NJW 02, 698), wobei je nach Ausmaß eine Abmahnung erforderlich sein kann, Trunkenheit unterhalb der Fahrverbotsgrenze bei einem Berufskraftfahrer (LAG Nürnberg NZA-RR 03, 301), Entzug der Fahrerlaubnis bei einem als Kraftfahrer eingestellten Arbeitnehmer (BAG NJW 79, 332), auch bei Schuldlosigkeit (BAG NZA 99, 863), unentschuldigtes Fernbleiben (BAG DB 93, 2534), Unmöglichkeit wegen Verbüßung einer Freiheitsstrafe, soweit kein Freigängerstatus besteht, an dessen Erlangung mitzuwirken der Arbeitgeber aufgrund seiner Fürsorgepflicht gehalten sein kann (BAG NZA 95, 777), Verstoß eines Zeitungsredakteurs gegen das Gebot der Loyalität zur Tendenz der Zeitschrift (LAG Halle NZA-RR 03, 244), vorzeitiges Verlassen

des Arbeitsplatzes (LAG Hamm BB 73, 141); **Arbeitszeit:** Auslösen der Stechuhr für abwesende Arbeitskollegen (LAG Düsseldorf NJW 78, 774), Gleitzeitmanipulation (BAG NZA 00, 27), unkorrekte Arbeitszeiterfassung (BAG NZA 03, 1193), Unpünktlichkeit bei gleichzeitiger Störung des Betriebsablaufs oder Betriebsfriedens (BAG NZA 02, 968; NJW 89, 546); **Betriebsbedingte Gründe:** nach Betriebsrisikolehre (vgl dazu § 615 Rn 23) ist grds nur ordentliche Kündigung möglich, nur falls diese ausgeschlossen ist, kommt unter **strengen Voraussetzungen** eine außerordentliche Kündigung mit sozialer Auslauffrist in Betracht (dazu ausf BAG DB 05, 56, 59; AP Nr 180 zu § 626; NZA 03, 44); **Betriebsrat:** Amtspflichtverletzungen von Betriebsratsmitgliedern sind regelmäßig nur nach § 23 BetrVG sanktioniert, können jedoch gleichzeitig Grund für fristlose Kündigung sein („doppelrelevante Tatsachen", BAG NZA 94, 74); **Email- und Telefonnutzung:** Private Internetnutzung mit pornographischem Inhalt (BAG NZA 06, 98; ArbG Hannover NJW 01, 3500; vgl aber auch LAG Rheinland-Pfalz NZA-RR 05, 303), Privattelefonate mit erheblichen Kosten für den Arbeitgeber (Überseetelefonate), vor allem auch dann, wenn der Verdacht zunächst auf Unschuldige gelenkt wird (BAG NJW 04, 2612), nicht aber privater Emailverkehr, selbst in unangemessenem Umfang oder entgegen ausdrücklichem Verbots des Arbeitgebers, es sei denn, er ist rechtsextremen Inhalts (BAG NZA 04, 501, 506); **Krankheit:** Erkrankungen – auch längerfristige – idR nicht, es sei denn, die ordentliche Kündigung ist ausgeschlossen (vgl dazu oben bei den betriebsbedingten Gründen; BAG NZA 04, 1118), Verletzung von Mitteilungs- und Nachweispflichten gem § 5 EFZG begründet nach vorheriger Abmahnung regelmäßig nur eine ordentliche Kündigung, Verstoß gegen Pflicht zu gesundheitsförderndem Verhalten (LAG BaWü BB 70, 534); **Nebentätigkeit:** Unerlaubte Nebentätigkeit, bei der zusätzlich Kosten des Arbeitgebers entstehen (LAG Hamm NZA-RR 99, 126), oder bei Arbeitsunfähigkeit, zumindest nach einschlägiger Abmahnung (LAG Nürnberg LAGE Nr 1 zu § 626 BGB 2002 – „Unkündbarkeit"), Verstoß gegen Wettbewerbsverbot (BAG NJW 88, 438; NZA 91, 518); **Organmitglieder:** Unberechtigte Amtsniederlegung (OLG Celle NZG 04, 475), Insolvenzverschleppung (BGH DB 05, 1849, 1850 f); **Streik:** Kein Kündigungsgrund ist die Teilnahme an einem rechtmäßigen Streik, wohl aber die an einem rechtswidrigen (BAG GS NJW 71, 1668), es sei denn, der Arbeitnehmer hielt den Streik nicht vorwerfbar für rechtswidrig (BAG NJW 84, 1371); **Strafbare Handlungen:** Annahme von Schmiergeldern (BAG EzA Nr 7 zu § 626 – „Unkündbarkeit"; NJW 96, 1556), Diebstahl gegen Arbeitgeber oder Dritte (BAG NZA 97, 1340, 1342 f; NJW 85, 1854), auch bei geringwertigen Sachen (BAG NJW 00, 1969; NZA 04, 486), Hehlerei mit Produkten eines Geschäftspartners des Arbeitgebers auf dessen Betriebsgelände (BAG NZA 04, 919, 921), Betrug von Kunden (BAG NZA 01, 837, 838), Vortäuschen von Arbeitsunfähigkeit (LAG Hamm NZA-RR 04, 292), Spesenbetrug, nicht aber offene Abrechnung nicht erstattungsfähiger Spesen (BGH NJW 03, 431), Straftaten gegen Freiheit, Gesundheit (vgl BAG NJW 00, 1282; NJW 95, 3005), sexuelle Integrität (LAG Niedersachsen NZA-RR 04, 19) oder Ehre (BGH NJW 00, 1638; LAG Düsseldorf LAGE Nr 85 zu § 1 KSchG – „Verhaltensbedingte Kündigung") gegen den Dienstberechtigten und andere Mitarbeiter, Verletzung der Verschwiegenheitspflicht als Arbeitnehmervertreter im Aufsichtsrat (BAG DB 74, 1067), Verrat von Betriebsgeheimnissen (§ 17 UWG); **Urlaub:** Eigenmächtiger Urlaubsantritt (BAG NZA 00, 1332; NZA 94, 548; vgl aber LAG Hamm NZA-RR 99, 76), Überschreitung des Urlaubs (LAG Düsseldorf NZA 85, 779), Androhung einer Erkrankung für den Fall der Urlaubsablehnung (BAG NZA 04, 564; NJW 93, 1544); **Vertragsanbahnung:** Vorlage falscher Zeugnisse, soweit sie im Zeitpunkt der Kündigung noch relevant sind (BAG NJW 70, 1565); **Whistleblowing:** Leichtfertig oder gar wissentlich falsche Angaben in Strafanzeige gegen Arbeitgeber (dazu näher bei § 611 Rn 83).

b) **Kündigung durch den Dienstverpflichteten. Arbeitssicherheit:** Gesundheitsgefährdung, insbes auch aufgrund von Fürsorgepflichtverletzungen, Verstöße gegen Arbeitssicherheitsvorschriften; **Beschäftigungspflicht, Umsetzung:** schuldhafte Verletzung, etwa bei unberechtigter Suspendierung (BAG AP Nr 4 zu § 611 – „Beschäftigungspflicht", nicht aber eine Umsetzung innerhalb des Weisungsrechts (LAG Niedersachsen LAGE Nr 5 zu § 315 BGB) oder bei Gebietsverkaufsbeauftragten Entzug eines Teils des Verkaufsgebiets (BAG NJW 02, 1593, 1595); **Straftaten:** Tätlichkeiten, Ehrverletzungen, auch sexuelle Belästigungen (LAG Niedersachsen NZA-RR 04, 19); **Vergütungszahlung:** wiederholte Nichtzahlung der Vergütung trotz Abmahnung (BAG NJW 02, 1593, 1595). 8

c) **Verdachtskündigung.** Wichtiger Grund kann auch der **Verdacht** einer schwerwiegenden Verfehlung, typischerweise einer Straftat, sein. Dies setzt voraus, dass starke Verdachtsmomente, die auf objektiven, zum Zeitpunkt der Kündigung bestehenden Tatsachen beruhen, bestehen und dass das für die Fortsetzung des Dienstverhältnisses unerlässliche Vertrauen zerstört ist (BAG NZA 04, 919, 920; AP Nr 37 und Nr 24 zu § 626 – „Verdacht strafbarer Handlung"). Der Dienstberechtigte ist verpflichtet, alles Zumutbare zur Aufklärung des Sachverhalts zu tun, vor allem auch den Dienstverpflichteten innerhalb einer Woche (!) **anzuhören** (dazu unten Rn 13). Die Erfüllung der Aufklärungspflichten ist Wirksamkeitsvoraussetzung, wobei allerdings nur eine schuldhafte Verletzung der Anhörungspflicht zur Unwirksamkeit der außerordentlichen Kündigung führt (BAG AP Nr 37 zu § 626 – „Verdacht strafbarer Handlung"; NZA 96, 81, 83; LAG Düsseldorf NZA-RR 99, 640 f; vgl auch LAG Hamm 7.6.05, AZ 19 (9) Sa 232/05). Wird der Verdacht **endgültig** ausgeräumt – die Einstellung des Ermittlungsverfahrens durch die Staatsanwaltschaft genügt nicht –, kann ein Anspruch auf Wiedereinstellung bestehen (BAG NZA 97, 1340, 1343; BAGE 16, 72). 9

10 **d) Druckkündigung.** Verlangen Mitarbeiter die Entlassung eines bestimmten Dienstverpflichteten unter der Drohung, andernfalls ihre eigenen Dienstverhältnisse zu beenden oder in einen Massenstreik zu treten, und drohen dem Dienstberechtigten schwere Schäden, so kann er – sofern ihm keine milderen gleich geeigneten Mittel zur Verfügung stehen (dazu oben Rn 5) – ausnahmsweise die außerordentliche Kündigung aussprechen (BAG AP Nr 12 und 13 zu § 626 – „Druckkündigung"). Die Anhörung des betroffenen Dienstverpflichteten ist – anders als bei der Verdachtskündigung – keine Wirksamkeitsvoraussetzung (BAG AP Nr 12 zu § 626 – „Druckkündigung").

11 **II. Kündigungserklärung.** Die Kündigung, die idR fristlos erfolgt, bedarf der Schriftform des § 623 (vgl dazu § 623 Rn 4). Wird sie mit einer Auslauffrist erklärt, bedarf es aber der eindeutigen Erklärung des Kündigenden, dass es sich (gleichwohl) um eine außerordentliche Kündigung handelt (BAG AP Nr 50 zu § 1 KSchG; AP Nr 31 zu § 626). Ist die ordentliche Kündigung tarifvertraglich oder gesetzlich ausgeschlossen, so kann die außerordentliche Kündigung nur mit sozialer Auslauffrist erklärt werden (BAG DB 05, 56, 59; AP Nr 180 und Nr 150 zu § 626), sofern die Kündigung auf betriebs- oder personenbedingten Gründen beruht.

12 **III. Kündigungserklärungsfrist.** Gem II 1 kann die Kündigung nur innerhalb von zwei Wochen ab Kenntnis der für sie maßgebenden Tatsachen erklärt werden. Hierbei handelt es sich um einen gesetzlich begründeten **Verwirkungstatbestand** (BAG NZA 00, 381, 383), so dass das Versäumen der Frist zur Unwirksamkeit der Klage führt. Auch eine Wiedereinsetzung ist ausgeschlossen.

13 Die Zweiwochenfrist beginnt gem II 2, sobald der Kündigungsberechtigte eine möglichst sichere und vollständige **positive Kenntnis** – grob fahrlässige Unkenntnis genügt nicht – aller kündigungsrelevanten Tatsachen hat (BAG NZA 03, 1055; LAG Hamm 7.6.05, AZ 19 (9) Sa 232/05; zu den für eine Verdachtskündigung erforderlichen Tatsachen s.o. Rn 9). Dies ist ungeachtet beabsichtigter weiterer Nachforschungen bei einem Geständnis des Kündigungsgegners grds immer der Fall (BAG NZA 03, 1055; BGH NJW 76, 797). Soweit Ermittlungen erforderlich sind, hat der Kündigungsberechtigte diese mit der **gebotenen Eile** durchzuführen (BAG NZA 03, 1055; LAG Hamm 7.6.05, AZ 19 (9) Sa 232/05), wobei die **Anhörung** des Kündigungsgegners – sie hat iRe Verdachtskündigung stets zu erfolgen (s.o. Rn 9) – idR innerhalb einer Woche durchgeführt werden muss (BAG NJW 89, 733, 734). Bei Straftaten kann der Kündigende allerdings – unabhängig von einem Geständnis im Ermittlungsverfahren – die rechtskräftige Verurteilung abwarten; da für eine Verdachtskündigung die Frist des II 1 jedoch viel eher – nämlich mit der Kenntnis der den Anfangsverdacht begründenden Tatsachen – anläuft, kann sie während des laufenden Strafverfahrens wohl nicht (mehr) ausgesprochen werden, es sei denn, dass neue Tatsachen den Verdacht erhärten (BAG NJW 85, 3094; vgl auch NZA 00, 381, 383). Bei Dauerzuständen wie etwa eigenmächtigem Fernbleiben (BAG BB 98, 1213), andauernder krankheitsbedingter Arbeitsunfähigkeit (BAG NJW 97, 1656), dauerhaftem Wegfall des Arbeitsplatzes (BAG DB 98, 1035), autoritärem Führungsstil (BAG AP Nr 13 zu § 626 – „Druckkündigung") oder Insolvenzverschleppung (BGH DB 05, 1849, 1850) beginnt die Frist nicht vor Beendigung des Dauerzustandes (BGH DB 05, 1849, 1850; BAG DB 98, 1035).

14 Bei **juristischen Personen** kommt es auf die Kenntnis des zuständigen gesetzlichen Vertreters oder des von diesem Bevollmächtigten an. Das Wissen eines nicht kündigungsberechtigten Dritten kann nur dann zugerechnet werden, wenn zum einen seine Stellung im Betrieb den Umständen nach erwarten lässt, dass er den Kündigungsberechtigten über den Kündigungssachverhalt unterrichtet und zum anderen – zusätzlich – die verspätet erlangte Kenntnis des Kündigungsberechtigten darauf beruht, dass die Organisation des Betriebes zu einer Verzögerung des Fristbeginns geführt hat, obwohl eine andere Organisation sachgemäß und zumutbar gewesen wäre (BAG NZA 94, 1086). Da zur Kündigung des Anstellungsvertrags eines Geschäftsführers bzw Vorstands nur die Gesellschafterversammlung bzw der Aufsichtsrat berechtigt ist, kommt es hier grds auf die Kenntnis des gesamten Kollegialorgans an. Die Kenntnis eines Mitglieds wird aber dann zugerechnet, wenn dieses seine Kollegen nicht mit aller zumutbaren Beschleunigung informierte, obwohl ihm das möglich war (BGH NJW-RR 90, 1330, 1332; aA BGH NJW-RR 02, 173, 174).

15 Die Frist des II 1 berechnet sich nach den §§ 187, 188. Die Fristen für die Unterrichtung oder Zustimmung vom Betriebsrat/Personalrat (dazu unten Rn 18 f) hemmen die Zweiwochenfrist nicht. Hier ist also äußerste Eile geboten. Notwendige und mit der gebotenen Eile durchgeführte Ermittlungen (dazu oben Rn 13) hemmen hingegen die Frist (BAG NJW 94, 1675). Die Frist wird gewahrt durch Zugang der Kündigung gem § 130 vor Fristablauf. Bei Ausspruch der Kündigung durch Bevollmächtigte ist wegen § 174 Beifügung der Originalvollmacht dringend anzuraten, da Nachreichen innerhalb der Frist von II 1 regelmäßig nicht gelingen wird. Auch Genehmigungen nach §§ 177, 180 müssen innerhalb der Frist erklärt werden (LAG Nürnberg ZTR 04, 492, nach dem Schutzzweck von II zweifelhaft).

16 **IV. Angabe des Kündigungsgrundes, II 3.** Die außerordentliche Kündigung bedarf – sieht man einmal von §§ 15 III BBiG, 9 III 2 MuSchG ab – für ihre Wirksamkeit nicht der Angabe des Kündigungsgrundes (BGH NZA 04, 173, 175). Dem Gekündigten sind aber auf Verlangen die Kündigungsgründe schriftlich (§ 126 I) mitzuteilen; ein Verstoß gegen II 3 kann Schadensersatzansprüche begründen.

V. Beteiligung Dritter. Bei der außerordentlichen Kündigung bestehen **behördliche Zustimmungserfordernisse** für Arbeitnehmer in Elternzeit (§ 18 BErzGG), während des Mutterschutzes (§ 9 MuSchG) sowie für Schwerbehinderte (§§ 85, 91 SGB IX; vgl dazu auch § 620 Rn 91 ff). 17

Daneben besteht die **Pflicht zur Anhörung** des Betriebsrats (§ 102 I BetrVG), bei leitenden Angestellten des Sprecherausschusses (§ 31 II SprAuG), ferner im öffentlichen Dienst des Personalrats (§ 79 III BPersVG; zur Unterrichtung vgl auch § 620 Rn 49 f). Dabei muss zwingend mitgeteilt werden, dass eine außerordentliche Kündigung beabsichtigt ist (BAG NZA 92, 416 f). Der Arbeitgeber muss weiterhin die **für ihn maßgeblichen Tatsachen** (Grundsatz der subj Determinierung), die den Kündigungsgrund ausmachen, angeben (dazu BAG AP Nr 142 zu § 102 BetrVG 1972; EzA Nr 7 zu § 626 – „Unkündbarkeit"). Versäumt er dies, so ist seine Kündigung unwirksam (BAG AP Nr 142 zu § 102 BetrVG 1972); auch ein späteres Nachschieben von Kündigungsgründen ist wegen Ablaufs der Frist gem II idR nicht mehr möglich. Für die Mitarbeitervertretungen gilt eine dreitägige Äußerungsfrist (§§ 102 II 3 BetrVG, 31 II 4 Hs 2 SprAuG, 79 III 3 BPersVG). Äußert sich die Mitarbeitervertretung vor Ablauf der Frist abschließend, kann die Kündigung ausgesprochen werden, gleich, ob die Äußerung eine Zustimmung enthält (vgl LAG Niedersachsen NZA-RR 03, 76), einen Widerspruch oder eine Ablehnung, oder nur abschließend besagt, die Mitarbeitervertretung wolle sich nicht weiter äußern (BAG NZA 88, 137). 18

In den Fällen der §§ 103 I BetrVG, 15 KSchG und §§ 47 I, 108 BPersVG darf die Kündigung erst **nach ausdrücklicher Zustimmung des Betriebs- bzw Personalrats** erklärt werden (BAG NJW 78, 661; vgl dazu auch § 620 Rn 95; zu den Ausnahmen für Tendenzbetriebe vgl BAG NZA 04, 501). Wird diese verweigert, so kann der Arbeitgeber sie gerichtlich ersetzen lassen (§§ 103 II BetrVG, 47 I 2, 108 I 2 BPersVG). Die Rechtskraft der Entscheidung über die Zustimmungsersetzung erstreckt sich jedoch nicht auf das Vorliegen eines wichtigen Grundes, entfaltet also keine Bindungswirkung in einem späteren Kündigungsschutzprozess (BAG NJW 03, 1204). 19

C. Umdeutung und Auslegung. Eine unwirksame außerordentliche Kündigung kann **in eine wirksame ordentliche Kündigung umgedeutet** werden (BAG NJW 02, 2972), soweit dies, wie regelmäßig, dem für den Adressaten erkennbaren Willen des Kündigenden entspricht, sich in jedem Falle von dem Vertragsverhältnis zu lösen (BAG NJW 02, 2972). Ein besonderer Antrag des Kündigenden oder die ausdrückliche Berufung auf die Umdeutung ist nicht erforderlich (BAG NJW 02, 2972; NZA 04, 486). Wurde die Mitarbeitervertretung allerdings nur zu der außerordentlichen Kündigung angehört, so scheidet wegen §§ 102 I 3 BetrVG, 31 II 3 SprAuG, 79 IV BPersVG eine Umdeutung aus. Der Arbeitgeber sollte daher bei einer außerordentlichen Kündigung die Mitarbeitervertretung stets auch zu einer hilfsweisen ordentlichen Kündigung anhören, wobei für die außerordentliche Kündigung die Dreitagesfrist der §§ 102 II 3 BetrVG, 31 II 4 Hs 2 SprAuG, 79 III 3 BPersVG gilt, für die ordentliche Kündigung hingegen die Wochenfrist der §§ 102 II 1 BetrVG und 31 II 4 Hs 1 SprAuG (das BPersVG sieht hier keine Frist vor). Für die Umdeutung in ein Angebot auf Abschluss eines Aufhebungsvertrags ist seit der Einführung der Schriftform durch § 623 kein Raum mehr (vgl § 623 Rn 5). 20

D. Prozessuales. Im Geltungsbereich des KSchG muss die Unwirksamkeit der außerordentlichen Kündigung innerhalb von **drei Wochen** nach Zugang der Kündigungserklärung geltend gemacht werden (§§ 4, 13 I, 23 I KSchG). Soweit das KSchG nicht gilt, sind die Grenzen der Verwirkung zu beachten; unter Umständen kann das Klagerecht schon nach 10 Wochen verwirkt sein (so LAG Mecklenburg-Vorpommern 7. 6. 05, AZ 3 Sa 17/05; vgl auch LAG Hamm 27. 4. 04, AZ 19 Sa 90/04). 21

Für die **Beweislastverteilung** gelten die allgemeinen Grundsätze. Der Kündigende hat alle Voraussetzungen des § 626 darzulegen und zu beweisen (BGH NJW 03, 431, 432), namentlich das Vorliegen eines wichtigen Grundes (BGH NJW 03, 431) einschl der Interessenabwägung (BAG NJW 79, 332), den Zugang der Kündigung und die Wahrung der Zweiwochenfrist gem II 1 (BGH NJW-RR 90, 1330, 1331). Trägt der Gekündigte hinreichend substantiiert Gründe vor, die sein Verhalten rechtfertigen, so obliegt es dem Kündigenden, diesen Vortrag zu widerlegen, also das Gegenteil zu beweisen (BGH NJW 03, 431, 432; NJW-RR 95, 669, 670 f; BAG NJW 88, 438, 439; LAG Köln 21. 4. 04, AZ 8 (13) Sa 136/03). 22

§ 627 Fristlose Kündigung bei Vertrauensstellung

(1) Bei einem Dienstverhältnis, das kein Arbeitsverhältnis im Sinne des § 622 ist, ist die Kündigung auch ohne die im § 626 bezeichnete Voraussetzung zulässig, wenn der zur Dienstleistung Verpflichtete, ohne in einem dauernden Dienstverhältnis mit festen Bezügen zu stehen, Dienste höherer Art zu leisten hat, die auf Grund besonderen Vertrauens übertragen zu werden pflegen.

(2) ¹Der Verpflichtete darf nur in der Art kündigen, dass sich der Dienstberechtigte die Dienste anderweit beschaffen kann, es sei denn, dass ein wichtiger Grund für die unzeitige Kündigung vorliegt. ²Kündigt er ohne solchen Grund zur Unzeit, so hat er dem Dienstberechtigten den daraus entstehenden Schaden zu ersetzen.

§ 627 erweitert das Recht zur fristlosen Kündigung in besonderen Vertrauensverhältnissen. Die Regelung gilt nicht für Arbeitsverhältnisse und **nicht für dauernde Dienstverhältnisse** mit festen Bezügen. Bei einer Dienstpflicht von einem Jahr (BGHZ 90, 280, 282; BGH NJW 67, 1416) – nicht aber 5 Monaten (Celle 1

NZBau 04, 684, 685) – oder ständigen oder langfristigen Aufgaben, bei denen die Vertragspartner von der Möglichkeit und Zweckmäßigkeit einer Verlängerung ausgegangen sind (BGH NJW 84, 1531; DB 93, 529), scheidet § 627 daher aus; dasselbe gilt, wenn der Dienstverpflichtete von vornherein mit festgelegten Bezügen, die der Höhe nach nicht schwanken sollen, rechnen konnte (BGH DB 93, 2281). **Dienste höherer Art** sind solche, die nach ihrer Art ein überdurchschnittliches Maß an Fachkenntnis, Kunstfertigkeit oder wissenschaftlicher Bildung, eine hohe geistige Phantasie oder Flexibilität voraussetzen und damit eine herausgehobene Stellung verleihen. Dies sind typischerweise Tätigkeiten der freien Berufe wie etwa die des Arztes, Rechtsanwalts (BGH NJW 02, 2774, 2775; Celle NZBau 04, 684) oder Steuerberaters bzw -bevollmächtigten (BGH NJW-RR 93, 374; Celle NZBau 04, 684), aber auch Dienstleistungen, die den persönlichen Lebensbereich betreffen, wie zB die Partnerschaftsvermittlung (BGH DB 99, 141, 142; weitere Beispiele bei MüKo/*Henssler* § 627 Rn 14 ff). Zusätzlich müssen die Dienste aus **besonderem Vertrauen** (BGH NJW-RR 04, 989) in die Sachkompetenz und in die Person – gemeint sind nur natürliche, nicht aber juristische Personen (str, wie hier KG NJW-RR 03, 1062, 1063 ff; MüKo/*Henssler* § 627 Rn 19 mwN; aA OLG Celle NZBau 04, 684 f) – getragen sein (KG aaO; *Henssler* aaO).

2 **Rechtsfolge** ist das Recht beider Vertragsparteien zur jederzeitigen fristlosen Kündigung. Der Dienstverpflichtete darf jedoch nicht zur Unzeit kündigen, wenn also der Dienstberechtigte nicht in der Lage ist, sich die Dienste anderweitig zu beschaffen, es sei denn, es besteht ein wichtiger Grund (II 1). Der Begriff des wichtigen Grundes in II 1 ist nicht mit dem in § 626 identisch (MüKo/*Henssler* § 627 Rn 26). Eine Kündigung zur Unzeit ohne wichtigen Grund entgegen II 1 bleibt aber wirksam, verpflichtet jedoch gem II 2 zur Zahlung von Schadensersatz (BGH NJW 02, 2774, 2775), allerdings nur bis zur Höhe des negativen Interesses, also des Vertrauensschadens (ErfK/*Müller-Glöge* § 627 Rn 11).

3 Das Kündigungsrecht nach § 627 ist **abdingbar**, allerdings wegen § 307 idR nur durch Individual-, nicht jedoch durch Formularvertrag (BGH WM 05, 1667; DB 99, 141). Die Erklärungen der Parteien müssen dafür eindeutig und bestimmt sein, was konkludente Absprachen nicht unbedingt ausschließt (BGH DB 99, 141, 143; OLG Ddorf BB 87, 2187). Eine feste Vertragslaufzeit stellt aber noch keine wirksame Abbedingung dar (BGH NJW-RR 91, 439, 440).

4 Die **Darlegungs- und Beweislast** für I trägt der Kündigende. Fordert der Dienstberechtigte Schadensersatz gem II 2, so hat er die Tatsachen für die „Unzeit", der Dienstverpflichtete die für den „wichtigen Grund" zu beweisen.

§ 628 Teilvergütung und Schadensersatz bei fristloser Kündigung

(1) ¹Wird nach dem Beginn der Dienstleistung das Dienstverhältnis auf Grund des § 626 oder des § 627 gekündigt, so kann der Verpflichtete einen seinen bisherigen Leistungen entsprechenden Teil der Vergütung verlangen. ²Kündigt er, ohne durch vertragswidriges Verhalten des anderen Teiles dazu veranlasst zu sein, oder veranlasst er durch sein vertragswidriges Verhalten die Kündigung des anderen Teiles, so steht ihm ein Anspruch auf die Vergütung insoweit nicht zu, als seine bisherigen Leistungen infolge der Kündigung für den anderen Teil kein Interesse haben. ³Ist die Vergütung für eine spätere Zeit im Voraus entrichtet, so hat der Verpflichtete sie nach Maßgabe des § 346 oder, wenn die Kündigung wegen eines Umstands erfolgt, den er nicht zu vertreten hat, nach den Vorschriften über die Herausgabe einer ungerechtfertigten Bereicherung zurückzuerstatten.
(2) Wird die Kündigung durch vertragswidriges Verhalten des anderen Teiles veranlasst, so ist dieser zum Ersatz des durch die Aufhebung des Dienstverhältnisses entstehenden Schadens verpflichtet.

1 **I. Zweck und Anwendungsbereich.** I bestimmt die Vergütung des Dienstverpflichteten bei außerordentlicher Kündigung, II verhindert, dass der Vertragsteil, der die fristlose Kündigung verursacht hat, Vorteile daraus zieht (vgl BAG NZA 89, 31). § 628 gilt seinem Wortlaut nach nur für außerordentliche Kündigungen (§§ 626, 627) nach Beginn der Dienstleistung. Grds erfolgt schon wegen § 612 keine analoge Anwendung auf andere Beendigungstatbestände (BGH NJW 94, 1069, 1070; ErfK/*Müller-Glöge* § 628 Rn 21). Besteht aber ein wichtiger Grund iSv § 626 I, so kann § 628 entsprechend angewendet werden; entscheidend ist nämlich nicht die Form, sondern der Anlass der Vertragsauflösung (so für II BAG AP Nr 16 und Nr 14 zu § 628; Nr 8 zu § 4 KSchG 1969; für I 2 ErfK/*Müller-Glöge* § 628 Rn 19 f; dies erwägend BAG AP Nr 2 zu § 628 – „Teilvergütung"). Entgegen ihres Wortlauts gilt die Vorschrift schon bei Vertragsbeendigung vor Dienstantritt (ErfK/*Müller-Glöge* § 628 Rn 1). Sie ist auf alle Dienstverhältnisse einschl der Arbeitsverhältnisse anzuwenden, jedoch bestehen Sonderregelungen in §§ 16 BBiG, 89a II HGB und §§ 66, 70 SeemannsG. § 628 ist grds sowohl durch Individual- als auch durch Formularvertrag – hier ist besonders § 307 und bei Pauschalierung des Schadensersatzes auch § 309 Nr 5 zu beachten – abdingbar (MüKo/*Henssler* § 628 Rn 72), im Arbeitsrecht allerdings nur unter der Maßgabe, dass vor Beendigung des Arbeitsverhältnisses wegen des Rechtsgedankens von § 622 VI eine Abweichung einseitig zu Ungunsten des Arbeitnehmers ausgeschlossen ist (*Henssler* aaO) und dass zwingende Vorgaben wie etwa die des MuSchG, des EFZG oder des BUrlG nicht umgangen werden (ErfK/*Müller-Glöge* § 628 Rn 116).

II. Teilvergütung, I 1.
Der nach § 614 grds vorleistungspflichtige Dienstverpflichtete kann vom Dienstberechtigten die Vergütung seiner bisherigen Leistungen verlangen; bei einer Pauschalvergütung ist der Anteil der Pauschale im Verhältnis zu den bereits erbrachten Leistungen zu bestimmen (BGH NJW 87, 315).

III. Herabsetzung der Teilvergütung, I 2.
I 2 bezieht sich nur auf den Teilvergütungsanspruch nach I 1 (BGH NJW 97, 188, 189). Die Vorschrift greift zum einen ein, wenn der **Dienstverpflichtete kündigt**, ohne dazu durch vertragswidriges Verhalten des Dienstberechtigten veranlasst worden zu sein (Alt 1), selbst wenn er zu seiner Kündigung durch eigene gravierende persönliche Probleme bestimmt wurde (dazu ErfK/*Müller-Glöge* § 628 Rn 23 f), und zum anderen, wenn der **Dienstberechtigte kündigt**, weil er dazu durch vertragswidriges Verhalten des Dienstverpflichteten veranlasst wurde (Alt 2). **Veranlassen** meint adäquate Kausalität (BGH NJW 63, 2068). Das vertragswidrige Verhalten der jeweiligen Partei oder ihrer Erfüllungsgehilfen muss **schuldhaft** (§§ 276, 278) gewesen sein, was etwa beim Ausspruch einer fahrlässig für wirksam gehaltenen außerordentlichen Kündigung (BAG AP Nr 2 zu § 276 – „Vertragsverletzung") der Fall ist. Haben sich beide Seiten in schuldhafter Weise vertragswidrig verhalten, so wird der Teilvergütungsanspruch gem I 1 des Dienstverpflichteten entsprechend seinem Verschuldensanteil nach § 254 (analog) gekürzt (ErfK/*Müller-Glöge* § 628 Rn 27). Ansonsten ist eine Anspruchskürzung nur möglich, wenn das **Interesse** an der bisherigen Leistung gerade infolge der Kündigung **weggefallen ist** (BAG AP Nr 2 zu § 628 – „Teilvergütung"), die erbrachten Dienstleistungen für den Dienstberechtigten also ganz oder teilweise nutzlos sind (ErfK/*Müller-Glöge* § 628 Rn 32).

IV. Vorausgezahlte Vergütung, I 3.
I 3 – eine eigene Anspruchsgrundlage (MüKo/*Henssler* § 628 Rn 22) – trifft hinsichtlich der Ausgestaltung der Rückgewährpflicht eine verschuldensabhängige Regelung: Hat der Dienstverpflichtete die Kündigung zu vertreten, so muss er gem I 3 Alt 1 iVm § 346 II die Vergütung ungeachtet einer etwaigen Entreicherung zurückgewähren, hat er sie hingegen nicht zu vertreten, so kann er sich gem I 3 Alt 2 iVm § 818 III auf seine Entreicherung berufen.

V. Schadensersatz wegen Auflösungsverschuldens, II.
II gilt sowohl bei einer Kündigung des Dienstverpflichteten als auch bei einer des Dienstberechtigten.

Der Schadensersatzanspruch setzt zunächst voraus, dass das Dienstverhältnis **wirksam beendet** wurde (BAG AP Nr 14 zu § 628), was nicht unbedingt eine außerordentliche Kündigung erfordert (vgl oben Rn 1). Die Beendigung muss allerdings in der Zweiwochenfrist des § 626 II erfolgen (BAG AP Nr 14 und 13 zu § 628; zum Fristbeginn vgl § 626 Rn 12 ff). Das **Auflösungsverschulden** desjenigen, der die Kündigung des anderen Teiles durch vertragswidriges Verhalten veranlasst hat, muss das Gewicht eines wichtigen Grundes gem § 626 I haben (BAG AP Nr 16 und Nr 13 zu § 628). Besteht für beide Parteien ein Recht zur fristlosen Kündigung, so kann der Kündigende keinen Schadensersatz nach § 628 II verlangen (BGH NJW 66, 347 f; MüKo/*Henssler* § 628 Rn 51). **Veranlassung** iSv II meint den unmittelbaren Zusammenhang (adäquate Kausalität) zwischen dem vertragswidrigen Verhalten und der Beendigung (BAG AP Nr 14 zu § 628).

Als **Rechtsfolge** kann der Vertragspartner seine „Verfrühungsschäden" ersetzt verlangen, also die Schäden, die durch die verfrühte Beendigung **adäquat kausal** verursacht wurden und die nicht entstanden wären, wenn der Dienstvertrag erst zum nächstzulässigen Beendigungsdatum aufgrund ordentlicher Kündigung beendet worden wäre (= **Erfüllungsinteresse**, BAG AP Nr 18, Nr 14 und Nr 13 zu § 628; aA – keine Beschränkung auf Verfrühungsschäden – LAG BaWü 27. 7. 00, AZ 19 Sa 44/99). Bei unterschiedlichen Kündigungsfristen ist jeweils die Kündigungsfrist des anderen Teils maßgeblich (vgl OLG Karlsruhe NJW-RR 04, 191). Mögliche Schadenspositionen bei Dienstberechtigten sind Mehrausgaben für eine Ersatzkraft, Überstundenzuschläge für die Zeit, in der der Dienstverpflichtete ersetzt werden muss, allerdings jeweils unter Abzug ersparter Vergütung, und ggf Anspruch auf Ersatz von Schäden, die Lieferanten für kausal verursachte Lieferengpässe zu erstatten hat. Auf Seiten des Dienstverpflichteten sind typische Schadensersatzpositionen Vergütungsansprüche einschl aller Nebenleistungen unter Einschluss der Tantieme (Palandt/*Weidenkaff* § 628 Rn 8), ggf zusätzliche Aufwendungen für einen neuen Arbeitsplatz (BAG NZA 97, 648, 649) und möglicherweise auch ein Anspruch auf Abfindung nach Maßgabe von §§ 9, 10 KSchG (BAG AP Nr 18 und 13 zu § 628). Dabei muss sich der Dienstverpflichtete anderweitigen Verdienst sowie als Ausfluss der allgemeinen Schadensminderungspflicht (§ 254) auch unterlassenen anderweitigen Erwerb – anders als bei § 615 S 2 ist die Böswilligkeit des Unterlassens hier keine Voraussetzung – anrechnen lassen (BAG AP Nr 4 zu § 628; MüKo/*Henssler* § 628 Rn 68).

VI. Darlegungs- und Beweislast.
I: Die Voraussetzungen des Teilvergütungsanspruchs gem S 1 hat der Dienstverpflichtete zu beweisen, die der Einwendung nach S 2 der Dienstberechtigte (BGH NJW 97, 188, 189), dem allerdings hinsichtlich des Verschuldensnachweises die Beweislastregel des § 280 I 2 (analog) und hinsichtlich der Höhe der für ihn verwertbaren Leistungen die Schätzungsmöglichkeit des § 287 ZPO zugute kommt (ErfK/*Müller-Glöge* § 628 Rn 121). Begehrt der Dienstberechtigte die Rückgewähr im Voraus entrichteter Vergütung gem S 3, so hat er die Vorschusszahlung und – soweit er die für ihn günstigere Rechtsfolge nach Alt 1 iVm § 346 anstrebt – das Vertretenmüssen des Dienstverpflichteten hinsichtlich der außerordentlichen Kündigung darzulegen und zu beweisen (ErfK/*Müller-Glöge* § 628 Rn 122; aA – Dienstverpflichteter haftet nach Alt 1 iVm § 346, sofern er sich nicht exkulpieren kann – Staud/*Preis* § 628 Rn 65).

9 **II:** Die Beweislast für das schuldhaft vertragswidrige Verhalten des anderen Teils und die doppelte Kausalität für den Schaden trägt der Anspruchsteller, wobei ihm hinsichtlich der Höhe des Schadens die Beweiserleichterungen der §§ 287 ZPO, 252 zugute kommen (BGH NJW 98, 748; NJW 72, 14 37). Soweit eine den Anspruch ausschließende Gegenkündigungsmöglichkeit besteht, so hat der Anspruchsgegner diese nachzuweisen (MüKo/*Henssler* § 628 Rn 74).

§ 629 Freizeit zur Stellungssuche

Nach der Kündigung eines dauernden Dienstverhältnisses hat der Dienstberechtigte dem Verpflichteten auf Verlangen angemessene Zeit zum Aufsuchen eines anderen Dienstverhältnisses zu gewähren.

1 Die Norm ist anwendbar auf alle Dienst- und Arbeitsverhältnisse, gem § 3 II BBiG auch auf Ausbildungsverhältnisse (Staud/*Preis* § 629 Rn 6 mwN), nicht jedoch auf Aushilfs- und Probearbeitsverhältnisse (ErfK/*Müller-Glöge* § 629 Rn 4 f). Sie ist unabdingbar (Staud/*Preis* § 629 Rn 4).

2 § 629 gibt dem Dienstverpflichteten einen Anspruch auf **angemessene** Freizeit (§ 315) zur Stellensuche, damit er bereits unmittelbar nach Beendigung des Dienstverhältnisses eine neue Stelle antreten kann. Der Anspruch setzt voraus, dass einem **dauernden** Dienstverhältnis (vgl § 627 Rn 1) die **Beendigung** – entgegen des Wortlauts von § 629 während der ordentlichen Kündigungsfrist nicht notwendigerweise durch Kündigung (dazu Staud/*Preis* § 629 Rn 11) – bevorsteht. Das **Verlangen** des Dienstverpflichteten auf Freizeitgewährung muss Grund, Datum und voraussichtliche Dauer der Freistellung enthalten und rechtzeitig gestellt sein. Während der Freistellung besteht der Vergütungsanspruch gem § 616, so denn nichts anderes vereinbart wurde (BAG NJW 57, 1292; *Sibben* DB 03, 826; zur Abdingbarkeit von § 616 vgl dort Rn 1).

3 Verweigert der Dienstberechtigte die Freistellung, so kann der Dienstverpflichtete den Erlass einer einstweiligen Verfügung beantragen. Auch kann er im Falle der **unberechtigten Verweigerung** sein Zurückbehaltungsrecht nach § 273 dergestalt ausüben, dass er für die fragliche Zeit einfach von der Arbeit fernbleibt (LAG Düsseldorf DB 67, 1227, 1228; Staud/*Preis* § 629 Rn 20; aA – Fernbleiben nur **vor** der begehrten Freistellung – ErfK/*Müller-Glöge* § 629 Rn 22; Palandt/*Weidenkaff* § 629 Rn 2).

§ 630 Pflicht zur Zeugniserteilung

¹Bei der Beendigung eines dauernden Dienstverhältnisses kann der Verpflichtete von dem anderen Teil ein schriftliches Zeugnis über das Dienstverhältnis und dessen Dauer fordern. ²Das Zeugnis ist auf Verlangen auf die Leistungen und die Führung im Dienst zu erstrecken. ³Die Erteilung des Zeugnisses in elektronischer Form ist ausgeschlossen. Wenn der Verpflichtete ein Arbeitnehmer ist, findet § 109 der Gewerbeordnung Anwendung.

1 Die Vorschrift gibt dem Dienstverpflichteten im Falle der **Beendigung** eines **dauernden** (dazu § 627 Rn 1) Dienstverhältnisses – seit dem 1. 1. 03 nicht mehr eines Arbeitsverhältnisses, vgl S 4 – einen Zeugnisanspruch, vor Beendigung ggf einen Anspruch auf ein Zwischenzeugnis. Keinen Anspruch haben Dienstleister, die freiberuflich und weisungsfrei tätig sind, da sie sich mit ihren Leistungen und nicht mit einem Zeugnis empfehlen (ErfK/*Müller-Glöge* § 630, Rn 2). Anspruchsberechtigt sind danach ua die Organmitglieder juristischer Personen, sofern sie an der Gesellschaft nicht maßgeblich beteiligt sind (BGH NJW 68, 396) und arbeitnehmerähnliche Personen (vgl § 5 I 2 ArbGG) wie Heimarbeiter, Einfirmenhandelsvertreter gem § 92 a HGB und kleine Handelsvertreter gem § 84 II HGB.

2 Für das Zeugnis sieht S 1 die Schriftform (§ 126) vor; wegen S 3 ist die elektronische Form (§ 126 a) ausgeschlossen. Es muss zumindest von einem ranghöheren Vorgesetzten unterschrieben werden (BAG 4. 10. 05, AZ 9 AZR 507/04 PM 63/05). Der Dienstberechtigte hat grds nur ein einfaches (S 1), auf Verlangen aber auch ein qualifiziertes (S 2) Zeugnis auszustellen (Formulierungen und Beispiele für Arbeitsverhältnisse bei *Bauer/Lingemann/Diller/Haußmann* Kap 24). Sofern keine Anhaltspunkte für eine Abweichung nach oben oder unten bestehen, muss der Dienstberechtigte eine **befriedigende Leistung** („zu unserer vollen Zufriedenheit") bescheinigen (BAG NJW 04, 2770, 2772). Ist der Dienstverpflichtete mit seiner Beurteilung nicht einverstanden, so kann er die Berichtigung des Zeugnisses verlangen, wobei nicht beanstandete Teile grds nicht zu seinem Nachteil abgeändert werden dürfen (BAG DB 05, 2360, 2361). Im Streitfall hat der Dienstverpflichtete die Tatsachen für eine bessere und der Dienstberechtigte die für eine schlechtere Beurteilung der Leistung als „befriedigend" darzulegen und zu beweisen (BAG NJW 04, 2770, 2772). Die Ansprüche auf Zeugniserteilung und -berichtigung werden nach § 888 – nicht nach § 894 – vollstreckt.

Titel 9   Werkvertrag und ähnliche Verträge

Untertitel 1   Werkvertrag

Einführung

A. Inhalt des Werkvertrages. Der Werkvertrag ist ein entgeltlicher, gegenseitiger Vertrag, bei dem sich der 1
Unternehmer (in der VOB/B: Auftragnehmer) verpflichtet, das versprochene Werk für den Besteller (in der VOB/B: Auftraggeber) gegen Zahlung einer Vergütung herzustellen. Möglicher Inhalt der Werkleistung (in § 631 II wird ungenau der Ausdruck „Gegenstand" verwendet) kann nach § 631 II sowohl die Herstellung oder Veränderung einer Sache, als auch ein anderer durch Arbeit oder Dienstleistung herbeizuführender Erfolg sein. Beispiele: Arbeiten an einem Bauwerk, Reparatur-/Wartungsarbeiten, Planungs- und Überwachungsleistungen. Die vertragstypische Leistungspflicht des Unternehmers besteht somit in der Herbeiführung eines bestimmten Arbeitsergebnisses, dh **Erfolges** durch Schaffung des vereinbarten Werkes selbst (BGH BauR 83, 266 = NJW 83, 1489) oder Leistung eines erfolgsbezogenen Beitrages zu seiner Verwirklichung, zB Durchführung von Untersuchungen (BGH BauR 02, 315 = NJW 02, 3323). Zu beachten ist, dass die EG in ihren Richtlinien nur von Dienstverträgen spricht. Die deutsche Trennung zwischen Werk-, Dienst-, Arbeits-, Geschäftsbesorgungsverträgen etc, wird nicht vorgenommen.

Vom Grundsatz her für den Werkerfolg unbeachtlich ist der mit dem Werk verfolgte (wirtschaftliche) Zweck; 2
anderes kann jedoch vereinbart werden. Maßgeblich ist bspw allein die mangelfreie Errichtung eines Gebäudes – nicht seine Vermietbarkeit, die fachgerechte Operation – nicht die Heilung. Werk kann dabei sowohl ein körperliches Arbeitsergebnis sein (zB Errichtung eines Gebäudes, Herstellung einer Sache oder ihre Veränderung), als auch ein unkörperliches (zB Konzert; Erstellung eines Forschungsberichts, BGH BauR 02, 315; eines Computerprogramms; ärztliche Untersuchung oder Operation). Ungeachtet der Bindung des Herstellers an gewisse Weisungen des Bestellers im Einzelfall (§ 645) ist dessen wirtschaftliche Unabhängigkeit charakteristisch für den Werkvertrag. Der Werkunternehmer erbringt seine Leistung eigenverantwortlich unter Einsatz seiner Fachkunde oder eigener Arbeitsmittel, trägt das unternehmerische Risiko für den Werkerfolg. Der Dienstverpflichtete wird dagegen typischerweise in wirtschaftlich abhängiger Stellung tätig (BGH NJW-RR 03, 773). Maßgeblich für das Vorliegen eines Werkvertrags ist jedoch weder die Vereinbarung eines Erfolgshonorars (BGH MDR 95, 573), noch die sozialversicherungsrechtliche Selbständigkeit.

B. Rechtsgrundlagen. I. Allgemeines. Die §§ 631 ff gelten für sämtliche Werkverträge, auch wenn deren 3
wirtschaftliche Zielsetzungen gerade hinsichtlich der Abnahme und Mängelhaftung zT erheblich abweichen. Neben den Sondervorschriften im BGB (Reisevertragsrecht § 651 a ff oder Geschäftsbesorgungsvertrag § 675) und in anderen Gesetzen (zB § 407 ff HGB für handelsrechtliche Frachtgeschäfte) finden häufig speziellere Regelungen in Form von AGB Anwendung (zB VOB/B). Die Wirksamkeit von AGB ist an der Inhaltskontrolle gem §§ 307 ff zu messen (dies gilt jedoch nicht für die Leistungsbeschreibung zB eines Bauvertrages, BGH IBR 05, 357; nach *Thode* ist jedoch ein Verstoß gegen das Transparenzgebot § 307 I 2, III 2 möglich, ZNotP 04, 131 ff = IBR 05, 21). Regelungen zur Anwendung des Werkvertragsrechts bei Auslandsbezug finden sich in Art 27–29 EGBGB (**Internationales Privatrecht**). Der Werkvertrag kann Verbrauchervertrag iSd Art 29 EGBGB sein (BGH NJW 94, 262).

II. Schuldrechtsmodernisierung. Neben dem Kaufrecht wurde auch im Werkvertragsrecht durch das 4
Schuldrechtsmodernisierungsgesetz das frühere Gewährleistungsrecht (§§ 633–637 aF) an die Gesetzessystematik des neuen Leistungsstörungsrechts angepasst (seit 1. 1. 02 heißt es Mängelrechte statt Gewährleistung; die VOB/B hat mit der Fassung 2002 nachgezogen) und die Verjährung neu geregelt. §§ 632 III, 633–638 u 651 wurden vollständig neu gefasst. § 639 aF wurde gestrichen. Europarechtliche Vorgaben, insbes die Verbrauchsgüterkaufrichtlinie (ABl EG Nr L 171 S 12) wurden umgesetzt. Dies kommt insbes in der Neufassung des § 651 zum Ausdruck. Die dort angesprochenen Verträge über die Lieferung herzustellender oder zu erzeugender beweglicher Sachen werden nunmehr insgesamt dem Kaufrecht unterstellt (zu den Ausnahmen § 651 Rn 1 ff). Neben redaktionellen Änderungen wurde die Vergütungsfrage für den Kostenvoranschlag ausdrücklich geregelt (§ 632 III: Im Zweifel keine Vergütung). Sofern die neu gefassten Vorschriften des Werkvertragsrechts auf den Vorgaben Europäischer Richtlinien, insbes der Verbrauchsgüterkaufrichtlinie beruhen und deren Umsetzung in nationales Recht darstellen, müssen sie im Lichte des Wortlauts und des Zwecks der Richtlinien ausgelegt werden (BGHZ 138, 55). Zu Recht wird von einer ungenügenden bis fehlerhaften Umsetzung der Verbrauchsgüterkaufrichtlinie gesprochen (*Thode* NZBau 02, 297, 303 ff zum Mangelbegriff).

Hinsichtlich des **zeitlichen** Anwendungsbereichs gilt das neu gefasste Werkvertragsrecht auch für vor dem 5
1. 1. 02 abgeschlossene Werkverträge (Art 229 § 5 EGBGB), seit 1. 1. 03 auch für vor dem 1. 1. 02 abgeschlossene Dauerschuldverhältnisse (keine Dauerschuldeigenschaft des Bauvertrags, BGH BauR 03, 533; aA *Anker/Zacher* BauR 02, 1772, die diese zumindest in der Erfüllungsphase annehmen). Besonderheiten bzgl des Übergangs der Verjährungsvorschriften sind in Art 229 § 6 EGBGB geregelt.

6 **III. Forderungssicherungsgesetz.** Ziel des geplanten Forderungssicherungsgesetzes (FoSiG, BTDrs 15/3594) soll die Hebung der Zahlungsmoral sein. Kernstück der geplanten Änderungen ist eine vorläufige Zahlungsanordnung (Entwurf des § 302 a ZPO). Sie soll es den Gerichten ermöglichen, frühzeitig einen vollstreckungsfähigen Titel zu schaffen. Dazu ist beabsichtigt, die Fertigstellungsmitteilung des § 641 a durch die vorläufige Zahlungsanordnung und eine Gutachterbescheinigung (für die Nacherfüllung bei Mängeln, Entwurf des § 756 I a ZPO) zu ersetzen. Durch diese Bescheinigung soll der Unternehmer die Erbringung einer abnahmereifen Leistung (Nacherfüllung) beweisen können.

7 Auch soll dem Unternehmer in Angleichung an die Regelung in § 16 Nr 1 VOB/B die Geltendmachung von Abschlagszahlungen und die Durchsetzung seiner Vergütungsansprüche erleichtert werden; ebenso vorgesehen ist eine Erweiterung des Anwendungsbereiches der Bauhandwerkersicherung und der Durchgriffsfälligkeit (§ 641 II). Das Zurückbehaltungsrecht des Bestellers bei Mängeln soll „im Regelfall" auf die zweifache Höhe der Mangelbeseitigungskosten beschränkt werden (§ 641 III), der Vergütungsanspruch des Unternehmers bei Kündigung des Bestellers um eine Entschädigungsvermutung erweitert werden (§ 649). Änderungen soll auch das Gesetz über die Sicherung von Baufordungen (GSB) erfahren (insbes Ausweitung dessen Anwendungsbereiches auch auf Umbaumaßnahmen und des Begriffs des Baugelds).

8 **IV. Vergabe-, Vertrags- bzw Verdingungsordnungen.** Sie regeln die Vergabe und Durchführung von Aufträgen der öffentlichen Hand für Bauleistungen mittels der VOB, für Leistungen in der VOL, für freiberufliche Leistungen in der VOF. Die durch die Schuldrechtsmodernisierung notwendigen Änderungen und Angleichungen erfolgten in der VOB 2002 (BAnZ Nr 202 v. 29. 10. 02), VOF 2002 (BAnZ Nr 203 v. 30. 10. 02) und VOL 2002 (BAnZ Nr 216 a v 20. 11. 02). Obwohl sie im Bundesanzeiger veröffentlicht werden, stellen zumindest die Teile B und C keine Rechtsnormen dar. Aufgrund der Verweisung der gem §§ 97 VI, 127 GWB erlassenen Vergabeverordnung (in §§ 4–6 VgV) auf die die Vergabe von Aufträgen regelnden Teile A der VOB/VOL sowie die VOF wird diesen nunmehr Rechtsnormqualität zumindest oberhalb der EG-Schwellenwerte zugesprochen (*Quack* BauR 04, 1492 spricht der VOB/A Rechtsverordnungscharakter zu; der BGH Rechtssatzqualität, BGHZ 139, 259, 266). Unterhalb der Schwellenwerte verbleibt es beim Rang einer Verwaltungsvorschrift mit rein innerdienstlicher Wirkung (BGH IBR 96, 487–489).

9 **1. Teil A.** Teil A der VOB und der VOL betreffen die Vergabe von Aufträgen durch die öffentliche Hand – ebenso die VOF. Sie regeln wie und mit welchem Inhalt ein Vertrag geschlossen werden kann (dh Vergabeverfahren und Vergabebedingungen) nicht aber die Vertragsbedingungen (die VOB/A enthält kein Bauvertragsrecht, so *Quack* BauR 04, 1492). Im Zuge der Umsetzung verschiedener EG-Richtlinien gelten für diese Aufträge besondere Vorschriften, insbes die §§ 97 ff GWB (Vergabe- und Nachprüfungsverfahren) und die Vergabeverordnung (v 9. 1. 01 BGBl I S 110); nach § 97 VII GWB besteht ein gerichtlich nachprüfbarer Anspruch des einzelnen Bewerbers (Bieters) auf Einhaltung der Vergabevorschriften (I/K/*Müller-Wrede* § 97 GWB Rn 35 ff; zu den Anforderungen bzgl der Antragsbefugnis im Nachprüfungsverfahren Beschluss des BVerfG BauR 04, 1837. Danach genügt ein durch die Teilnahme an der Vergabe indiziertes Interesse am Auftrag und die Rüge der Nichtbeachtung von Vergabeverfahrensvorschriften). **Unterhalb der Schwellenwerte** soll eine gerichtliche Nachprüfung auf dem Verwaltungsgerichtsweg gem § 40 I VwGO möglich sein (OVG Rheinland-Pfalz IBR 05, 386; aA Saarbr NZBau 03, 462, VG Leipzig ZIP 05, 1936 = IBR – nur online 06, 1050; VG Gelsenkirchen IBR 04, 710, die einen Rechtsschutz unterhalb der Schwellenwerte ablehnen; das LG Mannheim hingegen verweist aufgrund der fehlenden Anwendbarkeit von § 104 II GWB auf die Zuständigkeit der ordentlichen Gerichtsbarkeit, IBR 05, 506; zu dieser Problematik liegt dem BVerfG eine Verfassungsbeschwerde AZ I BVR 1160/03 vor; s.a. *Pietzcker* NJW 05, 2881 ff). Bei Verletzung des durch das Vergabeverfahren entstehenden Vertrauensverhältnisses kann ein Schadensersatzanspruch des Bieters gegeben sein (BGHZ 49, 79; 60, 223; auch § 126 GWB). Dieser umfasst den Vertrauensschaden (negatives Interesse), ausnahmsweise auch den entgangenen Gewinn (positives Interesse), falls dem übergangenen Bieter der ausgeschriebene Vertrag hätte erteilt werden müssen (zB aufgrund Ausschlusses der anderen Bieter) und dieser auch tatsächlich an einen anderen Bieter erteilt wurde (so BGH BauR 04, 1503 für den Fall der zu Unrecht erfolgten Aufhebung einer Vergabe; Naumbg ZfBR 05, 210). Ob ein wirksam ausgeschlossener Bieter die Aufhebung des Vergabeverfahrens verlangen kann, wird vom OLG Jena auch für den Fall abgelehnt, dass alle übrigen Bieter aus denselben Gründen auszuschließen sind (Jena IBR 05, 444 mit Vorlagebeschluss zum BGH aufgrund abweichender Rspr des OLG Düsseldorf IBR – nur online 2005, 1046; s.a. *Müller-Wrede/Schade* IBR 05, 627). Zum Anspruch des Bieters auf Verlängerung der Ausführungsfrist und Preisanpassung Jena BauR 05, 1367.

10 **2. Teil B.** Teil B der VOB und der VOL enthalten Vertragsbedingungen, die auf die Besonderheiten der zu erbringenden Leistung abgestimmt sind und einen ausgewogenen Ausgleich der Beteiligteninteressen darstellen sollen (BGHZ 86, 135 zur VOB/B). Die VOB/B ist weder Rechtsnorm noch Ausfluss einer Verkehrssitte oder eines Handelsbrauchs, sondern AGB. Wegen damit verbundener AGB-Anfälligkeit ist zu erwägen, die VOB/B als Verordnung auszuweisen, alternativ/bzw zusätzlich ein eigenes BGB-Bauvertragsrecht zu schaffen (so Entwurf II des Arbeitskreises Schuldrechtsmodernisierungsgesetz des Instituts für Baurecht Freiburg v 2. 2. 02, www.ifbf.de/arbeitskreise.html). Eine **Einbeziehung in den Vertrag** erfolgt unter den Voraussetzungen des § 305 II und III (Ausnahme bei Verwendung ggü Unternehmern oder der öffentlichen Hand § 310 I).

Die Geltung muss von den Vertragsparteien vereinbart werden. Verbrauchern muss Gelegenheit zur vollständigen Kenntnisnahme des VOB-Textes gegeben werden, notfalls durch Aushändigung des Textes (Celle BauR 00, 579). Ggü im Baurecht bewanderten Vertragspartnern soll ein bloßer Hinweis auf ihre Geltung genügen (BGH NJW 99, 3261), so auch wenn der Auftraggeber durch einen Architekten vertreten/beraten wird. Vertragsinhalt wird, sofern die Vertragsparteien keine andere Vereinbarung getroffen, oder die von der Rspr (Köln BauR 05, 765) als unklar eingestufte Formulierung „in der jeweils gültigen Fassung" verwendet haben, die im Zeitpunkt des Vertragsschlusses veröffentlichte aktuelle Fassung (auch nachträgliche Parteivereinbarung ist möglich BGH NJW 99, 3261). Umstr ist dabei, ob der Zeitpunkt der „Veröffentlichung" mit dem Tag des Abdrucks im Bundesanzeiger, bereits früher (so Köln IBR 05, 128 mit Anm *Putzier*) oder später (Verbindlichkeitserklärung) vorliegt. Hinsichtlich eines Fassungswechsels während der Vertragsverhandlungen ist auf die allgemeinen Regeln zum Vertragsschluss abzustellen (Kobl NJW-RR 99, 748).

11 Die VOB/B bezieht sich grds nur auf Bauleistungen, so dass die in einem Generalunternehmervertrag zusätzlich übernommenen Architekten- und Ingenieurleistungen nicht erfasst sein sollen (BGH NJW 88, 142). Str ist, ob die VOB/B weiterhin eine **Privilegierung** genießt, dh keiner isolierten Inhaltskontrolle nach §§ 307 ff unterliegt, sofern sie „als Ganzes" vereinbart wird (§ 23 II Nr 5 AGBG aF). Da eine solche Vereinbarung der VOB/B „als Ganzes", dh ohne jegliche Abänderung in der Praxis so gut wie nie vorliegt, wurde eine Privilegierung von der Rspr auch noch bei Änderungen angenommen, die nicht in den Kernbereich der VOB/B eingegriffen haben (das OLG Ddorf IBR 04, 120 hat bei vom Auftraggeber gestellten Vertragsklauseln, die § 2 Nr 5, 6, 8, § 8, § 12, § 16 Nr 3 I oder § 17 Nr 4, 5 VOB/B zum Nachteil des Auftragnehmers modifizieren, einen Eingriff in den ‚Kerngehalt' der VOB/B angenommen.). Diese sog „Kernbereich"-Rechtsprechung wurde vom BGH 2004 aufgegeben, weshalb nur noch bei Vereinbarung ohne Abweichungen eine Privilegierung in Frage kommt (BGH NJW 04, 1597 = BauR 04, 668). Ob diese Privilegierung nach den Änderungen durch die Schuldrechtsreform, wonach die VOB/B nur noch als Einzelprivilegierung in § 309 Nr 8 b ff und § 308 Nr 5 erwähnt wird, fortbesteht, ist derzeit offen (I/K/*Vygen* Einl Rn 26 ff; krit insbes in Verbraucherverträgen; aA LG Berlin IBR 06, 77 – nicht rechtskräftig). Allerdings scheint sich die Meinung derjenigen, die eine Privilegierung künftig ablehnen, durchzusetzen. Der Streit wird in der Praxis überschätzt, da eine Anwendung des „reinen" VOB/B-Vertrages so gut wie nicht erfolgt – auch die öffentliche Hand ändert die VOB/B regelmäßig.

12 **3. Teil C.** Teil C der VOB betrifft allgemeine Bestimmungen für die Ausführung und Abrechnung von Bauleistungen. Bedeutung kommt ihr bei der Frage zu, ob ein Werk mangelhaft erstellt wurde. Die Nichtbeachtung seiner nach DIN-Normen geordneten Regeln lässt regelmäßig den Schluss auf nicht vertragsgem (Mindeststandard) oder nicht den anerkannten Regeln der Baukunst entsprechender Herstellung zu. Die DIN-Normen tragen die widerlegbare Vermutung in sich, dass sie die Regeln der Technik darstellen – allerdings sind sie oftmals überholt, da ihr „Update" zu lange dauert (Bsp Schallschutznorm). Teil C ist in Teilen (insbes die Teile 1, 4 und 5) als AGB ausgestaltet (BGH NJW-RR 04, 1248) und wird Vertragsbestandteil, wenn die VOB/B dem Vertrag zu Grunde liegt (§ 1 Nr 1 S 2 VOB/B) oder die Vertragspartner die Geltung vereinbaren. Wie bei der VOB/B ist eine Zurverfügungstellung an den Vertragspartner zur Einbeziehung notwendig (BGH NJW 94, 2547).

13 **C. Abgrenzung zu anderen Vertragsarten.** Die Abgrenzung zu anderen Vertragsarten ist aufgrund der Besonderheiten des Werkvertragsrechts im Bereich der Mängelhaftung, Mitwirkungspflichten, Sicherungsrechte, Kündigung und Verjährung bedeutsam. Sie erfolgt hauptsächlich anhand des unter Rn 1 genannten Kriteriums, des Werkerfolgs. Hierfür ist der Vertrag unter Berücksichtigung des mit der vereinbarten Leistung verfolgten wirtschaftlichen Zwecks auszulegen (§§ 133, 157). Die rechtliche Einordnung eines konkreten Vertrags erfolgt maßgeblich nicht anhand der von den Parteien gewählten Bezeichnung, sondern der gesamten Umstände, in die der Vertragsschluss eingebettet ist (BGH NJW 02, 3323) sowie des tatsächlichen Geschäftsinhalts (BGHZ 75, 299). Für einen Werkvertrag sprechen die verschuldensunabhängige Haftung des Werkunternehmers und das Tragen der Vergütungsgefahr durch den tätig werdenden Vertragspartner. Unerheblich ist, ob das Werk durch einen Dritten hergestellt wird (**Werkverschaffungsvertrag**). Zu gemischten Verträgen, einem Vertrag dem Hauptleistungspflichten verschiedener Vertragstypen zu Grunde liegen, s § 311 Rn 29 ff.

14 **1. Kaufvertrag.** Beim Kaufvertrag stellt die Übereignung des fertigen Gegenstandes und nicht die Herstellung geschuldetes Hauptziel des Vertrages dar. Im Gegensatz zum Werkvertrag fehlt die Werkschöpfung des Bestellers (BGHZ 87, 112). Zur Abgrenzung Werkvertrag und Werklieferungsvertrag/Kaufvertrag s § 651 Rn 2. Bei einem Grundstückskaufvertrag iVm einem darauf zu erstellenden Werk (Haus, Eigentumswohnung, etc) kommen idR die Grundsätze für gemischte Verträge zum Zuge, wobei insbes die Anwendbarkeit des Mangelrechts (§ 633) zu beachten ist.

15 **2. Dienstvertrag.** Die Abgrenzung zum Dienstvertrag kann gerade bei freiberuflicher Tätigkeit schwierig sein. Sie erfolgt anhand des Kriteriums, ob ein Erfolg geschuldet wird. Beim Dienstvertrag ist das bloße Tätigwerden, die Arbeitsleistung als solche, beim Werkvertrag das Erreichen des versprochenen Arbeitsergebnisses/Werkerfolgs gem Rn 1 charakteristisch (zB Rechtsanwalt: Prozessvertretung=Dienstvertrag, Entwurf von AGB = Werkvertrag). Eine andauernde Tätigkeit spricht für das Vorliegen eines Dienstvertrages (BGH NJW 02, 595) – anders bei langfristigem Beratervertrag – ein fester und abgrenzbarer Leistungsgegenstand für einen Werkvertrag.

16 Dienstverschaffungsvertrag und Arbeitnehmerüberlassungsvertrag sind nicht auf einen Erfolg gerichtet, sondern auf die Überlassung geeigneter Arbeitskräfte, die der Vertragspartner des Unternehmers nach seinen eigenen betrieblichen Erfordernissen einsetzt und denen ggü er weisungsbefugt ist (BGH NJW-RR 03, 773; Naumbg BauR 05, 447 für die Beauftragung von Schweißerarbeiten durch in die Arbeitsorganisation des Auftraggebers eingegliederte Arbeitnehmer; BAG BB 04, 669).

17 **3. Miet- und Leihvertrag.** Geschuldet wird die Gebrauchsüberlassung einer Sache. Diese kann auch unselbständiger Teil einer werkvertraglichen Leistungspflicht sein (zB beim Beförderungsvertrag), wobei dann nur Werkvertragsrecht Anwendung findet, oder aber bei besonderer Bedeutung nach dem Willen der Parteien auch einen gemischten Vertrag darstellen (Sitzplatz in der Oper). Die Überlassung von Geräten mit Bedienungspersonal stellt nur dann (auch) einen Werkvertrag dar, wenn der Überlassende einen bestimmten Erfolg schuldet, zB funktionsfähiger Aufbau einer Bühnenbeleuchtung (Kobl ZMR 04, 265) oder die Oberaufsicht bei der zu verrichtenden Arbeit hat, zB Kraneinsatz (BGH NJW-RR 96, 1203; Celle NJW-RR 97, 469; München MDR 97, 1007), unentgeltliche Überlassung eines Kfz zu Transportzwecken (BGH VersR 70, 934). Ansonsten liegt ein Mietvertrag mit Dienstverschaffung vor (§ 535).

18 **4. Reisevertrag.** Dieser hat eine Gesamtheit von Reiseleistungen zum Gegenstand (§ 651 a). Ursprünglich als Werkvertrag behandelt, wurde er mit dem Reisevertragsgesetz (v 4.5.79) eigenständiger Vertragstyp, geregelt in §§ 651 a ff. Die §§ 631 ff gelten bei einer Gesamtheit von Reiseleistungen nur subsidiär, finden jedoch bei Erbringung von lediglich einzelnen Reiseleistungen Anwendung (s § 651 a Rn 3 ff).

19 **5. Maklervertrag.** Beim Maklervertrag ist nur das Makeln selbst, jedoch kein Erfolg geschuldet (§ 652).

20 **6. Auftrag.** Ist im Gegensatz zum Werkvertrag unentgeltlich. Nur das Bemühen wird geschuldet, nicht der Erfolg.

21 **7. Geschäftsbesorgungsvertrag.** Kann auch Gegenstand eines Werkvertrags sein (§ 675). Ist abhängig von der Art der Tätigkeit Werk- oder Dienstvertrag, aber ungeachtet der Entgeltlichkeit dem Auftragsrecht angenähert (zB Baubetreuungsverträge).

22 **8. Garantievertrag.** Auch der Garant hat zwar für einen Erfolg einzustehen. Im Gegensatz zum Werkvertrag ist jedoch keine Wertschöpfung in Form einer Arbeitsleistung oder Werkerstellung beinhaltet.

23 **9. Verwahrungsvertrag.** Im Gegensatz zum Verwahrungsvertrag (§ 688) stellt die Verwahrung einer Sache im Werkvertrag lediglich eine Nebenpflicht dar (Übergabe von zu reparierendem Kfz, Brem VersR 69, 524).

24 **10. Abgrenzung im Einzelfall.** Werkverträge sind nach Vertragstypen (alphabetisch): **Abbruchvertrag** (BGH WM 74, 391) bei übernommener Entrümpelung ggf gemischter Kauf-/Werkvertrag (Celle VersR 53, 309). **Abfallverwertung** und -entsorgung, aber §§ 407 ff HGB (Schlesw NJW-RR 00, 896; zu Viehdung: Oldbg NJW-RR 99, 1575). **Abschleppvertrag** (LG Frankfurt VersR 02, 1260). **Anlagenvertrag** nur bei Errichtung auf bestellereigenem Grundstück, sonst § 651. **Anzeigenvertrag** Abnahme vgl § 646. **Architektenvertrag** (BGHZ 31, 227); auch selbständige Teilleistungen (BGHZ 45, 376); Genehmigungsplanung (BGH NJW 03, 287); Bauführung (BGH NJW 82, 438); jedoch Beratung eines Bauherrn über Mängelbeseitigung eventuell Dienstvertrag (Hamm NJW-RR 95, 401). **Arztvertrag** idR Dienstvertrag, nur wenn Erfolg geschuldet Werkvertrag (zB bei Untersuchungen für anderen Arzt, Ddorf MDR 85, 289). **Aufführung** Theater, Konzert; ggü Besucher Werkvertrag mit mietrechtlichem Einschlag bzgl Sitzplatz (AG Herne NJW 98, 3651); bei fremdem Urheberrecht gemischter urheberrechtlicher Nutzungsvertrag zum Unternehmer der Aufführung mit Pacht-, Werk-, Gesellschafts-, Verlagsvertragselementen (BGHZ 13, 115); Vertrag zw Veranstalter (Konzertagentur) u Künstler ist Werkvertrag sofern eine bestimmte Wertschöpfung in Form einer Aufführung geschuldet wird (München NJW-RR 05, 616), wird nur Mitwirkung geschuldet idR DienstV (MüKoMüller-*Glöge* § 611 Rn 103; ausnahmsweise bei Regie auch WerkV, KG MDR 99, 538). **Auskunftsvertrag**, wenn Erfolg in Form von Informationsbeschaffung geschuldet (München BB 80, 717). **Auswertung** und Herstellung eines Werbefilms (BGH MDR 66, 496). **Autowäsche** (Ddorf NJW-RR 94, 962; BGH NJW 05, 422). **Bankvertrag** Geschäftsbesorgungsvertrag s § 675.

25 **Baubetreuungsvertrag** ist seiner Rechtsnatur nach idR ein Geschäftsbesorgungsvertrag mit Werkvertragscharakter (BGH NJW 94, 2825). **Bauträgervertrag** zwischen Bauträger und Erwerber des Objekts soll ein Vertrag eigener Art darstellen, der neben werk- u kaufvertraglichen Elemente uU auch Bestandteile aus Auftrags- und Geschäftsbesorgungsrecht enthält (BGHZ 92, 123; Kobl NJW-RR 03, 1173); im Einzelnen s *Reski* Der Bauträgervertrag vor und nach der Schuldrechtsmodernisierung, 2005. Der Bauträger ist selbst Bauherr und Vertragspartner der Bauunternehmers; er baut auf dem eigenen oder einem von ihm zu beschaffenden Grundstück (BGHZ 145, 265); der Bauträger ist nicht wie der Architekt Sachwalter des Käufers (LG Siegen IBR 06, 96). **Bauvertrag** ist Werkvertrag auch wenn der Bauunternehmer alle Stoffe liefert; jedoch bei geschuldeter

Grundeigentumsübertragung gemischter Kauf-(Grundstück)/Werkvertrag (Bauwerk); bei fertig gestellten Bauwerken (Neubau oder Modernisierung) ebenfalls Werkvertragsrecht (BGH BauR 05, 542; *Derleder* NZBau 04, 237; aA Palandt/*Sprau* vor § 633 Rn 4 mwN), auch bzgl der Altbausubstanz, sofern die Sanierung nach Umfang und Bedeutung einer Neuherstellung gleichkommt (so bei „Sanierung bis auf die Grundmauern", BGH BauR 05, 542). **Beförderungsleistungen,** aber teilweise speziellere Vorschriften bei Landfrachtverträgen (§§ 407 ff, 664 ff HGB, ADSp); daneben BinnSchG, HaftPflG, GüKG, PersBefG; PostG (nicht bei privaten Beförderungsunternehmen, s Köln MDR 05, 93); bei Bahnbeförderung EVO (zum beschränkten Ersatz von Verspätungsschäden § 17 EVO nF, *Schulz/Gaedtke* RRa 05, 908); Beförderung mit Luftfahrzeug (BGH NJW 74, 852; s.a.VO (EG) Nr 261/2004 ABl 2004 L 46 u die durch VO (EG) 889/2002 L 140 geänderte VO (EG) 2027/97 ABl 1997 L 258; LuftVG mit Montrealer Übereinkommen, v 6. 4. 04 BGBl II 458; *Boettge* VersR 05, 908); mit Binnenschiff (BGH NJW 59, 1366); mit Kfz (RGZ 62, 119). **Beratervertrag** meist Dienstvertragscharakter (Dresden NJW-RR 00, 652) kann aber bei Unternehmensberatung auch Werkvertrag sein (Ddorf NJW-RR 97, 1005). **Bergungsvertrag** ist im Zweifel Dienstvertrag (§§ 740 ff HGB). **Bestattungsvertrag** gemischter Vertrag, aber überwiegend Werkvertrag (AG Heidelberg NJW-RR 01, 1132). **Bewachungsvertrag** idR Dienstvertrag (BGH NJW 00, 648); vgl § 34 a GewO und BewachungsVO. **Bodenaushub** (Ddorf NJW-RR 99, 1432). **Buchführung** auch gemischter Vertrag möglich (BGH NJW 02, 1571). **Charter** wohl Werkvertrag, von der Ausgestaltung abhängig. **Consulting** vgl Beratervertrag. **EDV, Software** Programmierleistungen und individuell hergestellte Software idR Werkvertrag (BGH NJW 87, 1259; Karlsruhe CR 03, 95); auch Anpassung von Standardsoftware (Hamm NJW-RR 00, 1224); Programmübertragung auf anderes Betriebssystem (BGH CR 02, 1994); nicht dauerhafter/endgültiger Erwerb von Standardsoftware (ist Kauf, BGHZ 102, 135; auch zusammengefasste Programme, Brandenburg NJW-RR 99, 850); str, ob die Erstellung von Steuerungs-, Regelungs- und Überwachungssoftware der Errichtung eines Bauwerks zugerechnet wird (Folge: fünfjährige Verjährungsfrist für Mängelrechte; bejahend BGH BauR 97, 640; abl Ddorf BauR 03, 1938); Rspr-Übersicht *Junker* NJW 04, 3162; 05, 2829.

Fernsehbeitrag Produktion mit vereinbarten Thema einschließl Buch u Regie (LG Mainz NJW-RR 05, 854) **Fertighausvertrag** inklusive Errichtungsverpflichtung. **Friseur** bei Vertrag über Haarfärbung, auch bei Haarschnitt. **Filmentwicklung** Saarbr NJW-RR 03, 122. **Forschungs- und Entwicklungsvertrag** abhängig vom vereinbarten Ziel Werk- oder Dienstvertrag (BGH NJW 02, 3323). **Gerüstbau** Aufbau ist nach Werk-, Überlassung nach Mietvertragsrecht zu beurteilen, Schwerpunkt bei Werkvertrag möglich (Köln BauR 00, 1874). **Gutachten** sowohl bei Beauftragung durch Private als auch durch Schiedsgerichte ist Werkvertrag (BGHZ 127, 378; BGH NJW 02, 749), begrenzte Haftung für Gerichtgutachter. **Ingenieurleistungen** falls Ergebnis geschuldet Werkvertrag, so zB Vermessung (BGHZ 58, 225); bei freier Mitarbeit Dienstvertrag (BGH NJW 95, 2629). **Kommissionsvertrag** wohl Dienstvertrag (str). **Krankenhaus** Regelfall des direkten Vertrags des Patienten mit dem Krankenhausträger ist gemischter Vertrag, wobei mit eingeschlossener ärztlicher Behandlung das Dienstvertragelement überwiegt (Brandbg NJW-RR 03, 1383); bei Belegarztvertrag oder zusätzlichem Vertrag über ärztliche Behandlung getrennte Dienstverträge (BGH NJW 98, 1778). **Kunstwerke** Portrait, Fotographie. **Lieferung mit Montageverpflichtung,** wenn Montage geringfügig grds Kaufrecht § 434 II, wenn Montageverpflichtung umfangreicher über § 651 Anwendung des KaufR; entsteht durch die Montage eine Bauwerksleistung – fest verbunden mit einem Grundstück – Werkvertrag mit fünfjähriger Verjährungsfrist nach § 634 a I Nr 2; wird eine Sache „nur gekauft", die entspr ihrer üblichen Verwendungsweise für ein Bauwerk verwendet wird, Verjährung der Mangelansprüche über § 438 I Nr 2 b.

Löschen, Entladen zB Schiffsladung; LKW-Fracht. **Mobilfunk** s Telekommunikation. **Partnerschaftsservice/-vermittlung** überwiegend Dienstvertrag (Karlsr NJW 85, 2035). **Piercing. Postdienstleistungen** bzgl Beförderung. **Projektsteuerungsvertrag** Auslegungsfrage bzgl. Erfolgsorientiertheit (BGH NJW 99, 3118). **Promotionsvertrag** Dienstvertrag, sofern auf Beratung und Betreuung gerichtet (Köln MDR 99, 3129). **Rechtsberatung** nur bei geschuldetem Erfolg (zB Vertragsgestaltung, Entwurf von AGB), sonst idR Dienstvertrag. **Reinigung** von Gebäuden oder Geschäftsräumen, sofern AN Person des Ausführenden und Art der Ausführung bestimmt und dem AG keine Einzelweisungsbefugnis zusteht (so Hburg MDR 72, 866, jedoch soll Kündigung bei längerfristigen Reinigungsverträgen nach Dienstvertragsrecht erfolgen). **Reparatur,** auch bei Lieferung benötigter Ersatzteile (Karlsr NJW-RR 92, 1014); Verjährung § 634 a I Nr 1; s.a. § 651. **Sachverständiger** s Gutachten. **Schiedsrichtervertrag** der Vertrag zwischen Parteien und Schiedsrichter wird zT als Vertrag eigener Art (BGH LM § 1025 ZPO Nr 5), bei Unentgeltlichkeit als Auftrag angesehen; die Haftung im Schiedsrichtervertrag bestimmt sich zwar nach den allgemeinen schuldrechtlichen Vorschriften, jedoch ist eine Haftungsbeschränkung wie beim staatlichen Richter (§ 839 II) als stillschweigend vereinbart anzunehmen (BGHZ 42, 313). **Schleppvertrag** BGH NJW 58, 1629. **Schornsteinfeger** BGH VersR 54, 404.

Software vgl EDV. **Sonderfachleute,** dh mit speziellen Planungs- oder Überwachungsaufgaben betraute Ingenieure Werkvertrag, so Tragwerksplaner (BGHZ 58, 85). **Sportveranstaltung** s Aufführung; zur Manipulation durch Schiedsrichter *Schwab* NJW 05, 938. **Steuerberater** Geschäftsbesorgungsvertrag mit Dienstvertragscharakter (BGH VersR 80, 264), so bei laufender Tätigkeit (BGHZ 54, 106); Werkvertrag bei Einzelleistung wie Beantwortung spezieller Fragestellung oder Anfertigung des Jahresabschlusses möglich (BGH NJW 02, 1571; 02, 1107). **Strom-, Wärmelieferung** Kaufvertrag (BGHZ 59, 303). **Tätowierung** (AG Heidelberg NJW-RR 03,

19). **Telekommunikationsdienste** Leitungsfreischaltung ist idR Dienstvertrag (für Mobilfunkvertrag BGH NJW 02, 361; Sonderregelung in TKG, TKV); Access-Provider-Vertrag ist schwerpunktmäßig DienstV (BGH NJW 05, 2076); bei Mehrwertdiensten (0190, 0900 Nummern) zusätzliches Vertragsverhältnis mit dem Diensteanbieter (TDG findet Anwendung; BGH NJW 04, 1590 auch zur Beweislast; s.a. AG Trier NJW-RR 05, 921; AG Bremen NJW-RR 05, 1287); bei speziellen Online-Diensten wie Download Werkvertrag aber auch Kaufvertrag möglich. **Tierzuchtvertrag** BGH NJW 91, 166. **TÜV-Abnahme** Werkvertrag bei Verpflichtung zur Herbeiführung (BGH NJW 72, 46). **Verlagsvertrag** wird durch das Verlagsgesetz geregelt. **Vermessung** vgl Ingenieurleistungen. **Wartung** Werkvertrag (Frankf WRP 83, 626; Ddorf NJW-RR 88, 441) nach Ausgestaltung auch Dienstvertrag möglich (BGH NJW-RR 97, 942, Telefonanlage). **Werbung** kann Werkvertrag sein, sofern bestimmter Arbeitserfolg in Form eines individualisierbaren Werks wie Design eines Firmenlogos geschaffen wird (Ddorf NJW-RR 91, 120; Aushängen von Plakaten, BGH NJW 84, 2406) **Wirtschaftsprüfer** Geschäftsbesorgungsvertrag § 675 (Saarbr BB 78, 1434), s.a.Steuerberater. **Zahnarzt** idR Dienstvertrag; Werkvertrag hingegen ist die technische Anfertigung von Zahnprothesen (BGHZ 63, 309). **Zahntechniker** WerkV (Frankf NJW-RR 05, 701; Kobl NJW-RR 95, 567).

§ 631 Vertragstypische Pflichten beim Werkvertrag

(1) Durch den Werkvertrag wird der Unternehmer zur Herstellung des versprochenen Werkes, der Besteller zur Entrichtung der vereinbarten Vergütung verpflichtet.
(2) Gegenstand des Werkvertrags kann sowohl die Herstellung oder Veränderung einer Sache als auch ein anderer durch Arbeit oder Dienstleistung herbeizuführender Erfolg sein.

1 **A. Begriff und Inhalt des Werkvertrages.** Zum Begriff und zur Abgrenzung Einf zu § 631 Rn 1 ff. Der Inhalt des Werkvertrags bestimmt sich nach den vertraglichen Vereinbarungen. Die Abgrenzung des geschuldeten Leistungsumfangs von nicht geschuldeten zusätzlichen Leistungen erfolgt anhand der Leistungsbeschreibung (BGH NJW 02, 265) und ggf durch Vertragsauslegung (§§ 133, 157), auch unter Berücksichtigung der Regeln der Technik (Ddorf NJW-RR 97, 1378). Änderungen des Vertragsinhalts, insbes Zusatzleistungen, müssen vereinbart werden, es sei denn, es erfolgt eine Vertragsanpassung über § 313, oder es wurde die VOB/B in den Vertrag einbezogen (zusätzliche und geänderte Leistungen § 1 Nr 3 u 4 VOB/B). Für eine Änderung genügt nicht allein das Wollen einer Leistung und deren schlichte Entgegennahme nicht (BGH NJW 97, 1982), insbes wenn der geschuldete Leistungsumfang unter den Parteien str ist (zB Beseitigung von behaupteten Mängeln, Celle BauR 03, 265). Zur Frage, ob Mängelbeseitigung oder „neuer" Vertrag vgl Celle BauR 03, 265 u Karlsruhe BauR 03, 1241.

2 **B. Wirksamer Vertrag. I. Allgemeines.** Der Vertragschluss erfolgt durch Einigung nach den allgemeinen Regeln der §§ 104 ff (kein Vertragsschluss, wenn durch die Auftragserteilung einseitig eine neue Bauzeit festgelegt wird, BGH BauR 05, 857). Ebenso bei Stellvertretung §§ 164 ff, problematisch ist hierbei die Vollmacht des Architekten oder Baubetreuers (vgl § 167 Rn 26). Jedoch ist lediglich eine Einigung über Art und Umfang der Leistung notwendig (Kobl NJW-RR 02, 890). Eine fehlende Einigung über die Vergütung führt nicht zur Vertragsunwirksamkeit, vielmehr greift § 632 (Ddorf NZBau 02, 279). Bei der **öffentlichen Vergabe** erfolgt die Annahme des Angebots durch den Zuschlag (zB § 28 VOB/A). Bedeutsam insbes bei Architektenleistungen ist die Abgrenzung zu unentgeltlichen Vor- und Akquisitionsleistungen (§ 632 Rn 3).

3 **II. Form.** Der Werkvertrag ist grds **formfrei**, die Parteien können jedoch anderes bestimmen. Gemischte oder zusammengesetzte Verträge, bei denen Teile formbedürftig sind (zB nach § 311 b) unterliegen insgesamt dem Formzwang, soweit ein einheitlicher Vertrag vorliegt. So Verpflichtung zur Errichtung eines Gebäudes auf zu übertragendem Grundstück (BGH NJW 81, 274; Beurkundungspflicht erstreckt sich dabei auf sämtliche Vertragsbestandteile, auch die Baubeschreibung, BGH BauR 05, 866). § 4 HOAI ist Preisrecht für Architekten- und Ingenieurleistungen und regelt nur die Vergütung (bei fehlender Schriftform lediglich Mindestsatz abrechenbar). Schriftformklauseln sind nicht per se nach § 307 unzulässig. Unwirksam sind jedoch Schriftformklauseln, die dazu dienen, insbes nach Vertragsschluss getroffene mündliche Individualabreden auszuschließen (BGH NJW 04, 502; IBR 06, 52). IRd Stellvertretung bedarf die Vollmacht des abschlussberechtigten Vertreters keiner Form (§ 167 II). **Rechtsfolge** der Formunrichtigkeit ist die Nichtigkeit (§ 125, bei Teilbarkeit § 139 Hs 2). Es besteht die Möglichkeit der Heilung des Formfehlers durch Auflassung (§ 311 b I 2). Bei Vertragsschlüssen mit Kirchen und Kommunen ist zwischen gesetzlichen Form- und Vertretungsregeln zu unterscheiden. Bei Kirchen liegen gem EGBGB bundesrechtliche Formvorschriften iSd § 125 vor. Bei Kommunen finden sich in den jeweiligen Landesregelungen materielle Vertretungsregeln iSd §§ 164 ff (§ 54 GemO-BW, § 64 I GO-NRW, § 63 GO-Niedersachsen). Sie dienen dem Schutz der öffentlich-rechtlichen Körperschaften und ihrer Mitglieder (BGH BauR 04, 495). Bei nicht ordnungsgemäßer Vertretung der Kommune ist zunächst von schwebender Unwirksamkeit des Vertrags auszugehen (§§ 177 ff), eine Genehmigung ist möglich (BGH NJW 72, 940); ggf Vergütungsansprüche aus § 2 Nr 8 II VOB/B (instruktiv BGH BauR 04, 495 zur Frage „mutmaßlicher Wille") oder §§ 677, 812 ff (BGH BauR 04, 495) sowie Schadensersatz nach § 311 (BGHZ 157, 168).

III. Widerrufsrecht des Bestellers. Bei Verbraucherverträgen hat der Besteller die gesetzlichen Widerrufsrechte (s für Haustürgeschäfte § 312; für Fernabsatzgeschäfte § 312 b; für Darlehen/Zahlungsaufschub/Teilzahlungsgeschäfte §§ 495, 499 I, 501). Bei Bauverträgen kommen insbes § 312 b III Nr 4, § 491 II Nr 3 iVm § 499 III Bedeutung zu. 4

IV. Unwirksamkeit. 1. § 134. Die Unwirksamkeit des Werkvertrages kann sich aus einem Verstoß gegen gesetzliche Verbote iSd § 134 ergeben. Insbes sind die gewerbeordnungsrechtlichen Vorschriften zu beachten. Demnach ist der Werkvertrag nichtig, wenn beide Seiten gegen das Gesetz zur Bekämpfung verbotener **Schwarzarbeit** verstoßen (BGHZ 85, 39; 111, 308, 311, BGH NJW 90, 2542). Eine Nichtigkeit ist nicht anzunehmen, wenn keine Anhaltspunkte dafür vorliegen, dass dem Besteller ein solcher Verstoß bewusst ist oder er ihn bewusst zu seinem Vorteil ausgenutzt hat (Ddorf NJW-RR 05, 852). Bei einseitigem Verstoß muss die andere Partei diesen kennen und bewusst zu ihrem Vorteil ausnutzen (BGH NJW 85, 2403; BGHZ 89, 39; Ddorf NJW-RR 98, 1710), ansonsten ist der Vertrag wirksam (bei Submissionsbetrug nur Vergütungsvereinbarung unwirksam, München NJW-RR 02, 886). Unwirksamkeit hingegen idR bei Verstoß gegen das RBerG (Dresden NZBau 00, 250) oder das StBerG (BGH NJW-RR 05, 1290). Allein die fehlende Eintragung eines Bauhandwerkers in der Handwerksrolle lässt die Wirksamkeit des Vertrages nicht entfallen (BGH NJW 85, 2403). Gleiches gilt für die Vereinbarung der Abrechnung ohne Rechnung, dh ohne MwSt (BGH NJW 83, 1844; NJW RR 01, 380). 5

Auch das **Koppelungsverbot** in Art 10 § 3 MRVerbG stellt ein gesetzliches Verbot iSd § 134 dar. Danach kann der Erwerb eines Grundstückes nicht von der Beauftragung eines bestimmten Architekten oder Ingenieurs für den Entwurf (BGH NJW 82, 2189), die Planung und die Ausführung eines Bauwerkes auf dem Grundstück abhängig gemacht werden (KG BauR 04, 385). Unerheblich ist, ob diese Verpflichtung ausdrücklich oder durch schlüssiges Verhalten (BGH DB 79, 935) eingegangen werden soll. Die Vorschrift soll den Wettbewerb von Ingenieuren und Architekten vor beeinträchtigenden Bindungen schützen. Insofern ist sie weit auszulegen und umfasst jede Verpflichtung des Erwerbers zur Inanspruchnahme von Ingenieur- und Architektenleistung oder zur Zahlung einer Abstandssumme für die Nichtinanspruchnahme solcher Leistungen (BGHZ 70, 262). Ausreichend ist, dass ohne entsprechende Beauftragung der Grundstückserwerb rechtlich oder tatsächlich unmöglich gemacht werden soll (BGH BauR 98, 579), dh ein tatsächlicher (zB wirtschaftlicher) Zusammenwirken der Verträge besteht (Bambg BauR 03, 1756). Dabei ist unerheblich, ob die Verträge durch verschiedene Personen (Architekt ist nicht Grundstücksverkäufer) oder zeitlich nacheinander geschlossen werden (KG BauR 86, 598), oder von wem die Initiative zur Koppelung ausgeht (zB Dritte wie Makler, BGH BauR 98, 579). Auch ein Zusammenwirken von Veräußerer und Architekt ist nicht erforderlich (BGHZ 64, 173). Nach dem KG liegt hingegen keine Koppelung vor, wenn der Veräußerer des Grundstücks den Architekten bereits rechtsverbindlich beauftragt hat, das Honorar ein Kalkulationsposten für den Kaufpreis darstellt und der Erwerb nicht von der Übernahme der Planung abhängig gemacht wird oder wenn eine Bauträgergesellschaft das beplante Grundstück erwirbt (KG BauR 04, 385). 6

Der Begünstigte muss nicht Architekt sein, die sachliche Erbringung von Architektenleistungen genügt (Hamm BB 82, 764). Ein Verstoß liegt auch vor, wenn der Käufer sich ggü dem Veräußerer verpflichtet, einen vorhandenen Architektenvertrag (BGH NJW-RR 92, 1372; anders NJW 86, 1811) oder eine Architektenleistung (zB Pläne, BGH 71, 33) zu übernehmen. Dies gilt auch bei berechtigtem Interesse wegen vorangehender Vorratsteilung für Wohnungseigentum und einheitlicher Errichtung der Anlage, oder wenn der Architekt das Grundstück vorweg veräußert und das Bauwerk zu einem Festpreis auf eigene Rechnung und eigenes Risiko errichtet (BGH WM 91, 22). Ebenso, wenn eine Gemeinde als Eigentümerin eines Baugebietes iRe Architektenwettbewerbs den Preisträgern bestimmte Grundstücke zuordnet und interessierte Bauwillige zur Klärung der Bebauungsmöglichkeiten zum zugewiesenen Architekten geschickt werden, um diesen mit der Anfertigung eines Entwurfes zu beauftragen (BGH NJW 82, 2189). 7

Rechtsfolge des Verstoßes gegen das Koppelungsverbot ist die Unwirksamkeit des aufgrund der Koppelung abgeschlossenen Architektenvertrags, wohl auch des mit dem Nachweis eines Baugrundstücks gekoppelten Architekten**vor**vertrages (Palandt/*Sprau* § 631 Rn 2). Der nichtige Architektenvertrag kann gem § 141 nachträglich bestätigt werden. Die Verpflichtung zum Grundstückserwerb bleibt grds wirksam, kann aber im Einzelfall gem § 139 unwirksam sein (BGHZ 71, 33). Die **Beweislast** für den Zusammenhang zwischen der Architektenleistung und dem Grundstückserwerb trägt derjenige, der die Unwirksamkeit des Vertrages behauptet (BGH NJW 00, 2354). 8

2. § 138. Ob ein Vertrag sittenwidrig (§ 138) ist, richtet sich nach den allgemeinen Grundsätzen (s hierzu iE § 138). Sittenwidrigkeit ist insbes anzunehmen bei Korruption (zB Schmiergeldabreden). Die Zahlung von Bestechungsgeldern, die für einen der Geschäftsherrn zu einer nachteiligen Vertragsgestaltung führt, zieht die Nichtigkeit des Vertrages nach sich (BGH NJW 01, 1065). Auch eine überhöhte Vergütung kann sittenwidrig sein (KG NJW-RR 95, 1422; AG Montabaur NJW-RR 98, 632), zB wenn die Vergütung den Wert der Leistung um das ungefähr Doppelte übersteigt (BGH NJW 04, 2671). Gleiches gilt für eine zu geringe Vergütung. Die Vermutung einer verwerflichen Gesinnung setzt nicht voraus, dass der Begünstigte das besonders grobe Missverhältnis kannte (BGH 146, 298). 9

10 **3. Rechtsfolgen der Nichtigkeit des Werkvertrages.** Ist der Werkvertrag nichtig, so bestehen daraus keine vertraglichen Erfüllungsansprüche und Mängelrechte. Jedoch existieren Ersatzansprüche des Unternehmers für Leistungen auf Grund des unwirksamen Vertrages aus GoA, soweit die Leistung nicht wie bei Schwarzarbeit (BGHZ 111, 308) gegen ein gesetzliches Verbot verstößt (BGH NJW 93, 3196); im Übrigen aus §§ 812 ff, soweit der Besteller Aufwendungen erspart hat (BGH NJW-RR 02, 1176; *Eidenmüller* JZ 96, 889 für Bauleistungen) und § 817 nicht entgegensteht. Dabei hat der Besteller dem Unternehmer den Wert des ohne Rechtsgrund Erlangten abzüglich evtl Wertminderung infolge aufgetretener Mängel zu erstatten (BGHZ 111, 308, 314; Ddorf BauR 93, 124).

11 **V. Beendigung.** § 649 S 1 gewährt dem **Besteller** ein allgemeines jederzeitiges Kündigungsrecht. Ein Kündigungsrecht des Bestellers besteht auch bei Überschreitung des Kostenvoranschlags (vgl § 650). Ansonsten Vertragslösungsrecht iRd Mängelhaftung (Rücktritt iRd § 634, großer Schadensersatz). Eine Beendigung kann auch nach den allgemeinen Vorschriften erfolgen (§§ 362 ff), ebenso durch Vereinbarung einer Vertragsaufhebung. Der **Unternehmer** hat neben den allgemeinen Vertragslösungsrechten bei Verzug des Bestellers mit Mitwirkungshandlungen ein Kündigungsrecht gem § 643, sowie nach § 648 a V (iVm § 643) bei Nichterbringung der geforderten Sicherheit durch den Besteller. Abweichendes kann sich aufgrund der Sondervorschriften der **Insolvenzordnung** ergeben: Nach § 103 InsO steht dem Insolvenzverwalter ein Wahlrecht zu, ob erfüllt werden soll, das allerdings bei VOB/B-Verträgen durch § 8 Nr 2 VOB/B überlagert wird (str, so aber BGH BauR 86, 91 entschieden zu § 17 KO). Bei Ablehnung der Erfüllung durch den Insolvenzverwalter Abrechnungsverhältnis (BGH NJW 01, 3704; jedoch keine Umgehung von Aufrechnungsverboten durch Verrechnung möglich BGH BauR 05, 1477). Zu Handlungsmöglichkeiten der Parteien in der Insolvenz s *Schmitz* BauR 05, 169; *Huber* NZBau 05, 177).

12 **C. Vertragsparteien. I. Besteller und Unternehmer.** Die Werkvertragsparteien werden als Unternehmer und Besteller (Auftraggeber/Auftragnehmer in der VOB/B) bezeichnet. Parteien sein können alle natürlichen und juristischen Personen sowie rechtsfähige Personengesellschaften, unabhängig von der Kaufmannseigenschaft (§§ 1 ff HGB) oder einer gewerblichen Tätigkeit. Der Unternehmerbegriff des Werkvertrages ist historisch gewachsen und nicht mit dem Unternehmerbegriff des § 14 gleichzusetzen. Ein Unternehmer iSd §§ 631 ff kann auch ein Verbraucher nach § 13 sein. Bei einem Vertrag zugunsten Dritter ist ein Dritter Begünstigter nach § 328 (zB Eigentümer). Besteller ist, wem ggü sich der Unternehmer zur Erbringung einer Leistung verpflichtet hat. Gibt es mehrere Besteller so sind diese im Hinblick auf die geschuldete Werkleistung Gesamtgläubiger (§ 428) und bzgl der Verpflichtung, den Werklohn zu leisten, Gesamtschuldner § 421.

13 **II. Beteiligung mehrerer Unternehmer.** Bei umfangreicheren Projekten (insbes Bauwerken) sind oftmals mehrere Unternehmer beteiligt. Dies kann vertraglich auf unterschiedliche Arten geregelt werden, wobei auch Mischformen denkbar sind:

14 **1. Parallele Beauftragung mehrerer Unternehmer.** Der Besteller beauftragt unabhängig nebeneinander verschiedene Unternehmer mit voneinander abgegrenzten Arbeiten (Gewerken). Dabei beurteilen sich die Verpflichtungen des einzelnen Unternehmers nach seinem jeweiligen Vertrag. Auch wenn ein Gewerk auf dem eines anderen Unternehmers aufbaut (**Vor-/Nachunternehmer**), ist aufgrund fehlender Leistungsidentität keine Gesamtschuld der Unternehmer gegeben (MüKo/*Busche* § 631 Rn 40; *Zerr* NZBau 02, 241). Zu beachten sind aber die Überprüfungspflicht bzgl der Vorleistungen (§ 4 Nr 3 VOB/B – auch in BGB-Werkverträgen) und ggf Informationspflichten. Bei Abnahme erst nach Gesamtfertigstellung bestehen zwischen den Unternehmern keine Vertragsbeziehungen (BGH NJW 70, 38). Der einzelne Unternehmer ist kein Erfüllungsgehilfe anderer Unternehmer im Verhältnis zum Besteller oder des Bestellers in dessen Verhältnis zu anderen Unternehmern (Hamm NJW-RR 98, 163). Dem Besteller sowie anderen Unternehmern ist ein Verschulden eines Unternehmers daher nicht zuzurechnen (BGHZ 143, 32), es sei denn, er hat eine Pflicht des Bestellers übernommen (Abgrenzung zur bloßen Übernahme einer Obliegenheit), so zB bei Übernahme der Planung und Koordinierung der Arbeiten durch den Architekten (BGHZ 95, 128). Fragen der gesamtschuldnerischen Haftung stellen sich iR einer erforderlichen Mangelbeseitigung, bspw, wenn der Mangel auf verschiedene Leistungen (Vor-/Nachunternehmer, Architekt, sonstige Sonderfachleute) beruht (BGH BauR 03, 1379); zur Gesamtschuld zwischen Bauunternehmer und Architekt (BGH BauR 01, 630). Gesamtschuld auch, wenn der Mangel wirtschaftlich sinnvoll nur in einem Sanierungsvorgang beseitigt werden kann (Frankf BauR 04, 1669; Stuttg IBR 05, 312).

15 **2. Gemeinschaftliche Verpflichtung mehrerer Unternehmer.** Verpflichten sich mehrere Unternehmer gemeinschaftlich zur arbeitsteiligen Erbringung einer einheitlichen Werkleistung durch Abgabe eines gemeinschaftlichen Angebots (Bietergemeinschaft), liegt idR eine Arbeitsgemeinschaft (**ARGE**) vor. Diese verkörpert aufgrund des zeitlich durch die Werkerstellung begrenzten Gesellschaftszwecks regelmäßig eine GbR iSd §§ 705 ff (BGHZ 23, 307; andere Gesellschaftsformen, zB OHG bei mehreren bzw längerfristigen Objekten denkbar). Erforderlich ist eine Vereinbarung über die internen Rechtsbeziehungen (BGH WM 74, 754). Vertragspartner wird als Hauptunternehmer die ARGE, die einzelnen Unternehmer stehen zu ihr in einem Subunternehmerverhältnis. Der GbR kommt soweit sie durch die Teilnahme am Rechtsverkehr eigene Rechte

und Pflichten begründet Rechts- und Parteifähigkeit somit Geschäftsfähigkeit zu (BGH NJW 01, 1056 ff, hierzu zu beachten BGH BauR 05, 1462 für Wohnungseigentümergemeinschaft).

3. Haupt- und Subunternehmer. Der Hauptunternehmer verpflichtet sich als Vertragspartner des Bestellers zur Erstellung des Gesamtwerkes. Es wird hierbei auch vom **Generalunternehmer** und **Generalübernehmer** gesprochen, bei zusätzlicher Übernahme der Planungsleistung auch vom Totalunternehmer und -übernehmer. Die Begriffe werden uneinheitlich verwendet. Die Bauwirtschaft spricht vom Generalunternehmer, wenn dieser alle Bauleistungen zu erbringen hat, vom Generalübernehmer, wenn zusätzlich die Planungsleistungen erbracht werden. Einheitlich ist jedoch die Befugnis zur Vergabe der erforderlichen Werkleistungen in eigenem Namen und auf eigene Rechnung an Subunternehmer. Während der Generalunternehmer zumindest Teilleistungen selbst erbringt, ist für den Generalübernehmer charakteristisch, dass er sämtliche Leistungen an **Subunternehmer** vergibt, dh selbst keine Leistungen ausführt und mangels dafür eingerichteten Betriebs auch nicht ausführen könnte (BGH NJW 78, 1054). Das Werkvertragsverhältnis zwischen Subunternehmer und Hauptunternehmer ist grds unabhängig vom Vertrag zwischen letzterem und dem Besteller und stellt idR kein Vertrag zugunsten des Bestellers als Dritten dar (Hamm BauR 04, 864). 16

Die Subunternehmer werden grds auch bei direkter Abrechnung ggü dem Besteller – meist aus steuerlichen Gründen – nicht Vertragpartner des Bestellers (BGH WM 74, 197), es sei denn es erfolgt eine gesonderte Beauftragung durch den Besteller – sog **Nebenunternehmervertrag** (zB bei Zusatzleistungen – Schlesw NJW-RR 98, 1551). Den Subunternehmern kommt Erfüllungsgehilfeneigenschaft nach § 278 zu, dh ihr Verschulden wird dem Hauptunternehmer in dessen Vertragsverhältnis zum Besteller zugerechnet. Der Besteller hingegen ist idR nicht Erfüllungsgehilfe des Hauptunternehmers ggü dem Subunternehmer (Ddorf BauR 01, 264; Stuttg BauR 97, 850), jedoch muss sich der Hauptunternehmer das Planungsverschulden des Bestellers über § 278 zurechnen lassen (Frankf BauR 99, 49). Bei **Generalplanerverträgen** liegen ebenfalls Dreiecksverhältnisse vor. Der Besteller beauftragt analog dem Generalunternehmer einen Generalplaner, der wiederum Subplanerverträge schließt. Zu beachten ist hier insbes die versicherungsrechtliche Komponente für den Generalplaner. 17

D. Vertragspflichten des Unternehmers. Der Werkvertrag ist ein gegenseitiger Vertrag. Die Pflichten des Unternehmers lassen sich in Hauptleistungs- sowie Neben(leistungs)pflichten trennen. 18

I. Hauptpflichten. Zu der Vergütungspflicht des Bestellers als Hauptpflicht steht im Synallagma die Hauptpflicht des Unternehmers der rechtzeitigen mangelfreien Herstellung und Verschaffung des versprochenen Werks §§ 631 I, 633. Der Unternehmer kann hieraus jedoch kein Recht auf Herstellung herleiten, da der Besteller bis zur Vollendung des Werkes jederzeit kündigen kann (§ 649). Der Werkerfolg ist Maßstab für die Erfolgshaftung des Unternehmers. Das BGB-Werkvertragsrecht kennt grds keine persönliche Leistungsverpflichtung, es sei denn für die Leistungsverpflichtung besteht ein höchstpersönlicher Einschlag (BGHZ 89, 369). Dieser kann sich schon aus der Natur des geschuldeten Werks ergeben (Gesangsdarbietung, Portrait) oder durch die Notwendigkeit besonderer Fähigkeiten oder Vertrauenswürdigkeit auf Seiten des Unternehmers bedingt sein. Die Einbeziehung von Gehilfen oder Subunternehmern ist deshalb möglich, es sei denn Abweichendes wird vereinbart, so in § 4 Nr 8 VOB/B. Bei künstlerischen Leistungen hat der Unternehmer eine weitgehende Gestaltungsfreiheit, die seiner künstlerischen Eigenart entspricht und ihm erlaubt, seine individuelle Schöpferkraft und seinen Schöpferwillen zum Ausdruck zu bringen (BGHZ 19, 382). Abhängig von der Art des Werks ist der Unternehmer auch zur Eigentums- und Besitzübertragung verpflichtet. Die Leistungspflicht kann nach § 275 ausgeschlossen sein. 19

1. Leistungs-/Erfüllungsort. Der Leistungsort bestimmt sich nach § 269. Erfüllungsort wird häufig der Ort sein, an dem das Werk nach dem Vertrag herzustellen ist. Holt dagegen der Unternehmer die Sache beim Besteller ab, um sie in seiner Werkstatt zu bearbeiten, dann ist grds auch die Wohnung des Bestellers der Erfüllungsort (Staud/*Peters* § 631 Rn 48). Für den Bauvertrag wird ein gemeinsamer Erfüllungsort für Werkerstellung und Vergütung am Ort des Bauwerkes angenommen (BGH NJW 86, 935). Beim Architektenvertrag bei Übernahme von Planungsleistungen und der Objektüberwachung am Bauvorhaben des Bestellers (BGH BauR 01, 979). 20

2. Fälligkeit. Für die **Fälligkeit** der Werkleistung sind vertraglich vereinbarte Termine oder Fristen maßgeblich (BGH NJW 00, 1403). Ansonsten tritt Fälligkeit nach Ablauf einer den Umständen angemessenen Frist ein. Hierbei ist zu beachten, dass der Unternehmer im Zweifel mit der Herstellung alsbald zu beginnen und sie in angemessener Frist zügig zu beenden hat (BGH BauR 04, 331; § 271). Der Werkunternehmer trägt die Beweislast dafür, dass die angemessene Herstellungsfrist noch nicht abgelaufen ist (BGH BauR 04, 331). Wenn nichts anderes vereinbart ist, kommt es auf den Zeitpunkt für die Ablieferung des Gesamtwerkes an (BGH NJW-RR 97, 1376). Je nach der Art des Werkes und den getroffenen Vereinbarungen kann Fixleistung (§ 323; Ddorf NJW-RR 02, 633), Herstellung in selbstständigen Teilabschnitten (BGHZ 1, 234) oder erst nach Eintreten bestimmter Umstände, zB Freigabe durch den Besteller (München NJW-RR 00, 204) geschuldet sein. 21

22 **3. Erfüllung.** Die Erfüllung der Verpflichtung zur Werkerstellung und -verschaffung erfolgt mit Abnahme des Werkes (§ 640). Neben der Pflicht zur Herstellung besteht je nach Art des Werkes die Verpflichtung zur Ablieferung des Werkes, dh der Unternehmer ist verpflichtet Besitz- und Eigentum zu übertragen (s § 633 I). Da die Vergütung im Gegensatz zur Herstellungspflicht gem § 641 erst mit Abnahme fällig wird, ist der Unternehmer vorleistungspflichtig. Die rechtzeitige Erfüllung kann durch ein Vertragsstrafeversprechen des Unternehmers bzw durch Erfüllungsbürgschaften abgesichert werden. Die Leistungspflicht kann nach § 275 ausgeschlossen sein (s § 635 III).

23 **II. Nebenpflichten.** Den Nebenpflichten kommt im Werkvertragsrecht aufgrund der häufig bestehenden Unwägbarkeiten bei der Vertragsabwicklung eine besondere Bedeutung zu. Dies auch vor dem Hintergrund, dass die Erreichung des Werkerfolgs – insbes bei Bauverträgen – eine längerfristige kooperative Zusammenarbeit der Vertragsparteien voraussetzt (BGHZ 143, 89). Die Vertragsparteien sind verpflichtet, alles zu tun, was den Werkerfolg herbeiführt und alles zu unterlassen, was diesen verhindern oder gefährden könnte (BGH NJW-RR 95, 1241; einschränkend BGH NJW 00, 2102). Nebenpflichten können sich aus der Natur des Werkvertrages, bzw aus dem Grundsatz von Treu und Glauben (§ 242) ergeben oder vertraglich vereinbart sein. Dabei ist zwischen leistungsbezogenen und nichtleistungsbezogenen Nebenpflichten zu unterscheiden.

24 **1. Leistungsbezogene Nebenpflichten.** Leistungsbezogene Nebenpflichten berühren das Leistungsinteresse des Bestellers. Beziehen sie sich auf die mangelfreie Herstellung des Werks, können sie zu Hauptleistungspflichten des Unternehmers werden (BGH NJW 00, 280, Karlsr NJW-RR 03, 963). Leistungsbezogene Pflichten können sein die **Beratungs-, Prüfungs-** (BGH NJW 00, 280; Prüfung vom Besteller gelieferter Sachen; jedoch ggf keine eigene Prüfungspflicht des Unternehmers, wenn Architekt des Bauherrn nach eigener Prüfung Leistungen eines Vorunternehmers freigibt, Frankf BauR 03, 1727; auch keine Vorort-Prüfung von Vorleistungen vor Angebotsabgabe, BauR 05, 602), **Aufklärungs-, Überwachungs-, Informations-, Hinweispflichten** (BGH BauR 05, 1016: Hinweis des Unternehmers auf vertragswidrige Planung des Architekten; BGHReport 03, 1053: Hinweis auf Frostgefahr bei verlegten Rohren). Anlass zur Aufklärung und Beratung des Bestellers hat der Unternehmer immer dann, wenn sich konkrete Anhaltspunkte für eine Gefährdung der Vertragsdurchführung ergeben (BGH NJW-RR 87, 664; Zweibr NJW-RR 03, 1600). Der Umfang der Beratungs- und Prüfungspflicht bestimmt sich nach der vertraglich übernommenen Verpflichtung (BGH NJW 00, 2102). Dabei ist auch der Beratungsbedarf des Bestellers zu beachten (unter Berücksichtigung ihm zurechenbarer Kenntnis seiner Fachleute). Ebenso der Kenntnisstand des Unternehmers. Der Besteller kann hierbei beim Unternehmer das für die Erstellung des Werks erforderliche Fachwissen voraussetzen (BGH NJW-RR 96, 789). Aufklärungs-, Prüfungs- und Beratungspflichten beschränken sich auf das beauftragte Werk und damit zusammenhängender Umstände (für den Fall der Kfz-Reparatur: Ddorf NJW-RR 99, 1210), sofern nicht erkennbare Sicherheitsmängel vorliegen (Zweibr NJW-RR 00, 1554). Der Unternehmer hat vor Abgabe eines Angebots eine Erkundigungspflicht, wenn er Lücken oder Fehler des Leistungsverzeichnisses erkennt (BGH NJW-RR 87, 1306; BGH NJW 66, 398; Unzulässigkeit des Nachprüfungsantrags iR v Vergabeverfahren bei unterlassener Rüge erkannter Lücken oder Fehler § 107 III GWB). Der Unternehmer muss den Besteller über die mit der Verwendung bisher nicht erprobter Baustoffe verbundenen Gefahren hinweisen (BGH WM 02, 2254). Baut seine Leistung auf einer Vorleistung eines anderen Unternehmers auf, hat er diese zu prüfen und Erkundigungen über deren Geeignetheit für sein Werk einzuholen, bei Mängeln auf diese hinzuweisen (Fliesenlegerarbeiten auf für Nassräume ungeeignetem Estrich, Kobl IBR 05, 13). Bei Divergenzen zwischen Produktempfehlungen des Herstellers und DIN-Normen muss der Unternehmer beim Hersteller rückfragen oder auf den Einbau ggf verzichten (BGH IBR 05, 141).

25 Unabhängig davon, ob man die Pflichten des Architekten im Zusammenhang mit den Kostenermittlungen als Haupt- oder leistungsbezogene Nebenpflichten ansieht, geht der BGH (BauR 05, 400) davon aus, dass eine nicht zutreffende Information des Auftraggebers/Bauherrn über die voraussichtlichen **Baukosten** die Verletzung einer Aufklärungspflicht darstellt. Dies ungeachtet dessen, dass der Architekt verschiedene Kostenermittlungen vorzulegen hat. Bereits iRd Grundlagenermittlung ist er gehalten für seinen Auftraggeber den wirtschaftlichen Rahmen des Bauvorhabens abzustecken (bereits BGH BauR 91, 366f), diesen hinsichtlich der Kosten aufzuklären und zu beraten (BGH NJW-RR 05, 318). Wird eine Kostenvorgabe nicht eingehalten, liegt ein mangelhaftes Architektenwerk vor. Es gelten die werkvertraglichen Mängelrechte. Diese Problematik ist davon zu trennen, dass der Architekt einzelne Kostenermittlungen bzw Einzelleistungen (Grundleistungen des § 15 HOAI) als gesonderte Teilerfolge schuldet. Werden solche geschuldeten Teilerfolge nicht erbracht, erfolgen Honorarkürzungen (BGH BauR 04, 1640 = NJW 04, 2588 u BauR 05, 400). Eine Überwachungspflicht des Architekten wurde selbst bei Eigenleistungen des Auftraggebers angenommen (Ddorf BauR 04, 1834). § 650 II enthält die gesetzlich geregelte (Neben-)pflicht des Unternehmers eine erwartete Überschreitung der veranschlagten Kosten unverzüglich dem Besteller anzuzeigen.

26 Weitere Nebenpflichten können sein, die Überlassung von **Bedienungs- und Gebrauchsanleitungen**, das hergestellte Werk zur Abnahme zu bringen, die Verwahrung des Werks bis zur Abholung, die Herausgabe von Versicherungsleistungen (Dresden NJW-RR 98, 373). Zweifelhaft ist, ob die Überlassung von Plänen (Bauplänen, Genehmigungspläne, Bewehrungspläne), statischen Berechnungen oder Nachweisen (zB zum Schall-

schutz) eine Nebenpflicht des Architekten oder Bauunternehmers darstellt (bej zum Kauf Hamm NJW-RR 00, 867, Köln MDR 83, 225f, die § 444 weit auslegen; abl München BauR 92, 95; Karlsr NJW 75, 694). Darüber hinaus sind insbes bei Werkverträgen mit Geschäftsbesorgungscharakter Nebenpflichten zur Auskunft und Rechnungslegung gegeben (BGHZ 41, 318). Zusätzlich können nachvertragliche Aufklärungs- und Betreuungspflichten bestehen (Architekt BGH NJW-RR 01, 383; Bauunternehmer BGH NJW 83, 876).

2. Nichtleistungsbezogene Nebenpflichten/Schutzpflichten. Die Fürsorgepflichten nach § 241 II betreffen den Schutz des Bestellers (zB bei Beförderungsverträgen, aber auch Bau- und Architektenverträgen), seines Eigentums und Vermögens sowie uU den Schutz dritter Personen (§ 311 III). Der Kreis dritter Personen umfasst Familienangehörige (BGH BB 94, 1455), Mitarbeiter und Betriebsangehörige (BGH NJW 89, 2115; BGH VersR 74, 889) sowie Nachunternehmer des Unternehmers. Auch können sich aus dem Vertrag Erweiterungen ergeben (BGH WM 72, 138), insbes nachvertragliche Sorgfaltspflichten des Unternehmers (Zweibr NJW-RR 03, 1600). Aufgrund der **Obhutpflicht** hat der Unternehmer die zu bearbeitenden Sachen des Bestellers vor Schaden oder Verlust zu bewahren (BGH NJW 83, 113). Er hat die ihm zumutbaren Sicherungsvorkehrungen zu treffen (BGH NJW 83, 113; 05, 422; Köln BauR 99, 768). Die Obhutspflicht kann nach § 241 II auch bzgl bestellereigener Sachen bestehen, die nicht selbst Gegenstand des herzustellenden Werks sind (BGH VersR 76, 166). Hierbei ist jeweils eine gerade bei zusammengesetzten Sachen uU schwierige Abgrenzung zur Hauptpflicht der mangelfreien Werkerstellung notwendig. So dürfte beim Notschutz gegen eindringendes Regenwasser iRv Bauarbeiten, die das Abdecken des Daches erfordern, eine Obhutspflicht zu bejahen sein (Celle NJW-RR 03, 15); nicht hingegen der ausschließlich mit der Abdeckung und Entsorgung eines alten Hausdaches beauftragte Unternehmer, der diese Arbeiten bei gutem Wetter ausführt und dahin informiert wurde, dass am nächsten Tag der Zimmermann einen neuen Dachstuhl errichten soll (Ddorf BauR 01, 1760).

3. Sicherheiten des AN. Der AN hat Sicherheiten (Anzahlungs-, Erfüllungs- o Gewährleistungsbürgschaft) nur bei besonderer Vereinbarung zu stellen (s.a. *Thode* ZfBR 02, 4). Eine derartige Verpflichtung soll keinen Verstoß gegen § 307 darstellen (BGH NJW-RR 04, 814), sofern nicht die Stellung einer Bürgschaft auf erstes Anfordern in Bauverträgen auferlegt wird (zu Vertragserfüllungsbürgschaft BGH NJW 02, 2388; bei Verträgen vor 1.1.03 Auslegung als Anspruch auf einfache selbstschuldnerische Bürgschaft entgegen des Verbots der geltungserhaltenden Reduktion (BGH NJW 02, 3098; ZIP 04, 1004; Ddorf BauR 04, 1319; auch zugunsten der öffentlichen Hand, BGH NJW-RR 04, 880).

III. Rechtsfolgen von Verletzungen. Störungen der Herstellungspflicht als **Hauptpflicht** richten sich nach §§ 280 ff (Schadensersatz), §§ 323 ff (Rücktritt und Wegfall der Vergütungspflicht), Kündigung aus wichtigem Grund, Erfüllungsanspruch § 241 (sofern nicht Unmöglichkeit § 275); bei Mängeln Mängelrechte aus §§ 634 ff. Bei schuldhaften **Nebenleistungsverletzungen** ist der Unternehmer zum Schadensersatz wegen Vertragsverletzung (früher positive Vertragsverletzung) gem § 280 I verpflichtet. Bei der Verletzung von Schutzpflichten/nichtleistungsbezogenen Nebenpflichten darüber hinaus Schadensersatz nach §§ 282, 280 und Rücktritt nach § 324. Zurechnung von Verschulden von **Erfüllungsgehilfen** über § 278 (auf Seiten des Bestellers der Architekt bzgl der Pläne, nicht aber der Bauüberwachung). Erfüllungsgehilfen sind dabei nur in den Pflichtenkreis des Unternehmers unmittelbar einbezogene, mit der Herstellung selbst befasste Personen. Dazu zählen im Wesentlichen Arbeitnehmer des Unternehmers, nicht aber Lieferanten von Materialien (BGH NJW 78, 1157), aber str (vgl Karlsruhe IBR 02, 306; Nürnberg BauR 03, 1779) – dabei ist immer zu unterscheiden zwischen verschuldensunabhängiger Mangelhaftung und verschuldensabhängiger Schadensersatzverpflichtung. Eine Haftungsbeschränkung oder ein Haftungsausschluss für Haupt- und Nebenpflichten ist in den Grenzen des § 138 und bei AGB der §§ 307 ff möglich – bzgl Mängelrechten § 639. Die **Verjährung** richtet sich nach §§ 195, 199, 218; bei Mängeln Verjährung der Ansprüche und Rechte nach §§ 634 a, 218.

E. Vertragspflichten des Bestellers. I. Hauptpflichten. Hauptpflichten des Bestellers sind die Leistung des Werklohns (Vergütung § 631 I, 632) und die Abnahme des Werks (§ 640). Daneben die Handwerkersicherung (§ 648). Die Mitwirkung des Bestellers an der Herstellung des Werks (§ 642; wohl bloße Obliegenheit) kann als Hauptpflicht vereinbart werden.

II. Nebenpflichten. Die den Besteller betreffenden Aufklärungs-, Schutz- und Obhutspflichten sind zumeist nichtleistungsbezogen (§ 241 II). Ausnahme: Wenn der Unternehmer nicht selbst plant, hat der Besteller die Pflicht der Zurverfügungstellung der Planung, insoweit ist sein Architekt sein Erfüllungsgehilfe. Dem Besteller obliegt jedoch keine Pflicht den Unternehmer zu überwachen (BGH NJW 73, 518) oder dessen Eignung, Befähigung und Ausstattung ohne besonderen Anlass zu überprüfen (BGH NJW 93, 1191). Die Mitwirkung des Bestellers an der Herstellung des Werks kann Nebenpflicht sein (wohl idR bloße Obliegenheit § 642, Vertragsauslegung). Der Besteller hat den Unternehmer insbes auf ihm bekannte, für den Unternehmer jedoch schwer erkennbare Gefahren für die Werkerstellung hinzuweisen (Stuttg NJW-RR 97, 1241) und die Realisierung der Gefahren zu verhindern (BGH NJW 00, 280). Im Verhältnis zwischen Nachunternehmer und Besteller ist der von diesem eingeschaltete Vorunternehmer nicht Erfüllungsgehilfe (BGH BauR 00, 722 = NJW 00, 1336).

32 **III. Rechtsfolgen von Verletzungen.** Die Rechtsfolgen einer Verletzung der Pflichten sind Schadensersatz gem §§ 280 ff und Rücktritt gem §§ 323 ff. Bei der Verletzung von Schutzpflichten/nichtleistungsbezogenen Nebenpflichten ist Schadensersatz statt der Leistung über §§ 282, 280 und Rücktritt nach § 324 möglich. Dabei erfolgt die Zurechnung von Verschulden von Erfüllungsgehilfen über § 278. Erfüllungsgehilfen sind idS nur in den Pflichtenkreis des Bestellers unmittelbar einbezogene Personen. Eine Haftungsbeschränkung oder ein Haftungsausschluss für Haupt- und Nebenpflichten ist in den Grenzen des § 138 und bei AGB der §§ 307 ff möglich. Die **Verjährung** richtet sich nach §§ 195, 199, 218.

33 **F. VOB/B.** Nach § 1 Nr 3 besteht ein Recht des Bestellers Änderungen der Leistung (wobei § 1 Nr 3 als einseitiges Leistungsbestimmungsrecht bei isolierter Inhaltskontrolle nach § 307 unwirksam sein dürfte) bzw nach § 1 Nr 4 die Ausführung zusätzlicher Leistungen, die für die Werkerstellung notwendig sind anzuordnen (auch bei isolierter Inhaltskontrolle wohl wirksam, da nach dem Gebot von Treue und Glauben entspr auch im BGB-Werkvertrag anwendbar, BGH BauR 96, 378, aA Minckwitz BrBP 05, 170 ff)

§ 632 Vergütung

(1) Eine Vergütung gilt als stillschweigend vereinbart, wenn die Herstellung des Werkes den Umständen nach nur gegen eine Vergütung zu erwarten ist.
(2) Ist die Höhe der Vergütung nicht bestimmt, so ist bei dem Bestehen einer Taxe die taxmäßige Vergütung, in Ermangelung einer Taxe die übliche Vergütung als vereinbart anzusehen.
(3) Ein Kostenanschlag ist im Zweifel nicht zu vergüten.

1 **A. Allgemeines. I. Regelung.** Ist in einem Werkvertrag keine Vereinbarung bzgl des „Ob" der Vergütung getroffen worden, wird gem I eine stillschweigende Einigung über die Entgeltlichkeit vermutet. Die Rechtsfolge des § 632 tritt an die Stelle der Vertragslücke. Allerdings ersetzt § 632 nicht die zuvor erforderliche Prüfung, ob überhaupt eine vertragliche Bindung vorliegt. II enthält eine Auslegungsregel bzgl der Höhe der Vergütung für den Fall, dass diese nicht vertraglich geregelt wurde. Dabei wird auf die taxmäßige oder übliche Vergütung abgestellt. III wurde durch das SMG (BTDrs 14/6040 S 259) eingeführt und regelt, dass der Kostenanschlag im Zweifel nicht zu vergüten ist.

2 **II. Zweck.** Zweck des § 632 ist die Abgrenzung des entgeltlichen Werkvertrages vom Gefälligkeitsverhältnis und unentgeltlichen Auftrag. Auch werden mit I u II Dissensfolgen aufgrund vertraglicher Lücken bzgl der Regelung der Vergütung vermieden – eine fehlende Preisangabe oder unterschiedliche Vorstellungen der Parteien zur Vergütungsfrage hindern nicht den Vertragsschluss (kein Einigungsmangel). Die Rechtsfolge des § 632 tritt kraft Gesetzes ein. Auf einen entsprechenden Willen des Bestellers kommt es nicht an (BGH NJW-RR 96, 952). Auch eine Anfechtung nach §§ 119 ff scheidet insoweit aus.

3 **III. Vertragsschluss notwendige Voraussetzung.** Die Anwendung des § 632 setzt das Vorliegen eines Werkvertrages voraus (BGHZ 136, 33). Mit Ausnahme der Vergütungsfrage muss eine wirksame Einigung der Parteien im Übrigen vorliegen. Die Vermutung in I umfasst gerade nicht das Zustandekommen eines Vertrages (BGH NJW 99, 3554). In Abgrenzung zum Gefälligkeitsverhältnis muss ein Rechtsbindungswille der Vertragsparteien gegeben sein. Dieser wird bei Vertragsdurchführung durch die Parteien ungeachtet eines Einigungsmangels vermutet (BGH NJW 02, 817). Problematisch ist, wann der Bereich der unentgeltlichen Vorleistung oder **Akquisition**, dh der werbenden Tätigkeit endet (letzterer weit ausdehnend Hamm BauR 90, 636; Celle IBR 03, 201; Ddorf IBR 03, 29). Besondere Bedeutung hat diese Abgrenzung bei Architektenverträgen. Sie ist jeweils anhand der Umstände des Einzelfalls vorzunehmen (Kobl IBR 05, 428). Nicht mehr im vergütungsfreien akquisitorischen Bereich anzusiedeln ist es, wenn sich der Bauherr die Planungsleistungen iR einer Bauvoranfrage (BGH IBR 00, 331) oder einer Genehmigung mit Ausnahmen von Festsetzungen des Bebbauungsplans (Stuttg BauR 05, 1202) nutzbar macht. Gleiches gilt, wenn der Bauherr die vom Architekten erbetenen Planungsleistungen zur Einschätzung der Baukosten verwendet (Stuttg BauR 05, 1202). Fehlt eine Vergütungsvereinbarung und bestehen Zweifel daran, dass die Werkerstellung nur gegen Vergütung zu erwarten war, ist kein Vergütungsanspruch gegeben. Der Architekt trägt diesbzgl die Darlegungs- und Beweislast (BGH NJW-RR 05, 19).

4 Die Erstellung des **Angebots** und **Vorarbeiten** sind bei fehlendem Vertragsschluss grds nicht zu vergüten
5 (BGH NJW 82, 766) – es sei denn Abweichendes wurde vereinbart (Hburg MDR 85, 321). Einigen sich die Parteien auf die Erbringung **zusätzlicher oder geänderter Leistungen** ohne hierfür eine Vergütung zu bestimmen, ergibt sich diese grds über § 632, es sei denn die Parteien haben anderes vertraglich vereinbart (Bsp: Vereinbarung der VOB/B. Aufgrund der Regelungen in § 2 VOB/B findet § 632 keine Anwendung). AGB, wonach die Vergütung von zusätzlichen Leistungen von einem schriftlichen Auftrag abhängig gemacht wird, sind idR unwirksam (§ 307, BGH BauR 05, 94). Verlangt der Unternehmer Vergütung für die Mehrleistungen muss er zum einen das entspr Leistungsverlangen des Bestellers beweisen, zum anderen dass die Mehrleistungen nicht zum ursprünglichen Leistungsumfang gehören (BGH NJW 02, 740; NJW-RR 96, 952). Abhängig

ist dies auch von der gewählten Vertragsart (zB Detail-/Globalpauschalierung, GMP-Vertrag etc). bei Architekten-/Ingenieurleistungen ist das zwingende Preisrecht der HOAI zu beachten, zB Vergütungspflicht von Besonderen Leistungen über § 5 HOAI, dabei Problem der wiederholenden Grundleistungen (§§ 20 ff HOAI). § 632 findet ebenfalls keine Anwendung, wenn Verpflichtungen aus einem wirksamen Vertrag aufgrund einer **aufschiebenden oder auflösenden Bedingung** (§ 158) noch nicht eintreten (Beispiele für solche Bedingungen: Erwerb des Baugrundstücks, Finanzierung, Erteilung öffentlich-rechtlicher Genehmigungen). Die Beweislast für einen unbedingten Vertragsschluss trägt derjenige, der aus dem Vertrag Rechte herleiten will (BGH NJW 85, 497). **6**

Das Zustandekommen eines Vertrages hat der Unternehmer zu **beweisen** (BGH NJW 99, 3554; NJW 97, 3017), ebenso die Vereinbarung einer bestimmten Vergütung (Ddorf NJW-RR 02, 163). Sofern sich die Vergütung nach bestimmten Regeln berechnet (HOAI), hat er die anspruchsbegründenden Elemente darzulegen und zu beweisen (BGH NJW-RR 02, 159). Der Nachweis von Änderungs- oder Zusatzvereinbarungen nach Vertragsschluss obliegt der Vertragspartei, die sich hierauf beruft (BGH BauR 03, 1383); so die nachträgliche Vereinbarung eines Pauschalpreises (Frankf NJW-RR 97, 276). **7**

B. Vergütungsanspruch. I. Entstehung, Fälligkeit. Der Vergütungsanspruch **entsteht** zwar mit Vertragsschluss, wird aber gem § 641 I grds erst mit der Abnahme **fällig**, es sei denn, anderes wurde vereinbart (zu den Ausnahmen, vgl § 641 Rn 5). Bei endgültiger Verweigerung der Vertragserfüllung durch den Besteller (da er der Ansicht ist, es sei kein Vertrag zustande gekommen) sieht die Rspr die Abrechnung über § 649 vor (BGH IBR 05, 243). **8**

II. Art und Umfang. Art und Umfang der Vergütung richten sich zunächst nach dem vereinbarten, danach nach bestehenden Taxen, wobei diese für die Vereinbarungen Rahmen vorgeben können (so Höchst-/Mindestsätze der HOAI im dortigen § 4), mangels beidem nach der Üblichkeit (Rn 19 ff). Auch eine Vergütung in Form einer Sachleistung kann vereinbart werden (BGH WM 74, 391: Überlassung demontierter Halle). Der Unternehmer trägt die **Darlegungs- und Beweislast** für den Grund und die Höhe seiner Werklohnforderung (BGH BauR 95, 1991). §§ 272, 813 II finden Anwendung (BGH NJW 02, 2640), dh Zwischenzinsen können verlangt werden. Die Vergütung umfasst die üblicherweise zur Werkerstellung anfallenden Nebenleistungen (Fahrtkosten, Sicherungsmaßnahmen), es sei denn, Abweichendes wurde vereinbart. Zur Teilvergütung nach Kündigung (s § 649 Rn 9 f). Der Vergütungsanspruch **verjährt** nach den allgemeinen Regelungen in §§ 195, 199; über § 242 ist auch Verwirkung möglich (BGH BauR 03, 379). In der Praxis übliche Vergütungsformen sind der Pauschalpreis (wobei es den Pauschalpreis nicht gibt; zu konkretisieren ist, was pauschaliert wurde; Teile der Leistung mit oder ohne Funktionalität; Komplettheit etc), Einheitspreis, Stundenlohn, Selbstkostenpreis (Selbstkosten plus Gewinnzuschlag). Maßgeblich ist hierbei, was die Parteien konkret vereinbaren wollten (*Quack* ZfBR 05, 107). **9**

1. Einheitspreis. Beim Einheitspreisvertrag (Regelpreistyp der VOB/B, § 2 Nr 2 VOB/B) sind die mittels Aufmaß bestimmten Massen der einzelnen Leistungspositionen des Leistungsverzeichnisses zu den jeweiligen vertraglichen Einheitspreisen abzurechnen (BGH NJW 96, 1282; Brandbg BauR 03, 542). Das Risiko der Erhöhung der tatsächlich ausgeführten ggü den im Angebot aufgeführten Massen trägt der Besteller (im VOB/B-Vertrag uU Preisanpassung über § 2 Nr 3). Die Verpflichtung des Bestellers am Aufmaß mitzuwirken ergibt sich bei VOB/B-Verträgen aus § 14 Nr 2, sonst kann sie aus § 242 abgeleitet werden. Eine in einem Einheitspreisvertrag enthaltene Regelung, wonach die Auftragssumme limitiert sei, dürfte als überraschende Klausel unwirksam sein (§ 305 c, BGH BauR 05, 94 = NJW-RR 05, 246 noch zu § 3 AGBG). **10**

2. Pauschalpreis. Beim **Pauschalpreisvertrag** (§ 2 Nr 7 VOB/B) ist eine pauschale Vergütung für die vertraglich zu erbringende Leistung festgelegt. Dabei ist zwischen einer Leistungsbestimmung durch Detailbeschreibung (Detail-Pauschalvertrag) und durch das Leistungsziel (Globalpauschalvertrag) zu differenzieren. Änderungen der zur Erreichung des vereinbarten Leistungsziels notwendigen Massen gehen zu Lasten des Unternehmers. Lediglich bei die Geschäftsgrundlage betreffenden **Änderungen** ist eine Anpassung der Vergütung an die tatsächlich ausgeführten Massen durchzuführen (§ 313; Frankf NJW-RR 86, 572 nimmt dies bei erheblicher Abweichung vom vereinbarten Leistungsumfang an). Die vom OLG München angedeutete starre Grenze von 20 % ist abzulehnen (München NJW-RR 87, 598). Es muss immer eine Einzelfallprüfung geben (BGH BauR 95, 842 = NJW-RR 95, 1360). Änderungen des vereinbarten Leistungsinhalts in Form von vertraglich nicht vorgesehenen, nachträglichen oder zusätzlichen Leistungen sind im Regelfall gesondert zu vergüten (BGH NJW-RR 02, 740). Die Differenzierung hat mittels Vertragsauslegung zu erfolgen (Köln NJW-RR 97, 150). Hierbei sind die jeweils von den Parteien übernommenen Vollständigkeitsrisiken zu beachten (*Roquette/Paul* BauR 04, 736). Anspruchsgrundlagen können neben vertraglichen, ua solche aus GoA, § 812, § 2 Nr 5, 6 u 8 VOB/B sein. **11**

3. Festpreis. Vereinbaren die Vertragsparteien einen **Festpreis**, ist durch Auslegung zu ermitteln, was darunter zu verstehen ist, da jeder vereinbarte Preis (auch Einheitspreis) einen Festpreisteil enthält (zB ein Ausschluss der Weitergabe von Materialpreis- oder Masseerhöhungen oder eine selbständige Garantie, BGH BauR 74, 347). **12**

13 **III. Abtretung.** Eine Zahlung der Vergütung durch Dritte ist möglich (§ 267). Auch kann der Anspruch ganz oder teilweise **abgetreten** werden (§ 398), nicht aber einzelne Positionen der Schlussrechnung (BGH NJW 99, 417). Grenze hierfür ist die Sittenwidrigkeit § 138, so bei Übersicherung (Hamm WM 02, 451) und Abtretung zur Vermeidung der Aufrechnung mit Mangelansprüchen (Ddorf NJW-RR 01, 1025). Die Beschränkung der Abtretbarkeit des Werklohnanspruches soll auch in AGB nicht als unzulässig anzusehen sein (BGHZ 51, 113), jedenfalls bei Zustimmungsvorbehalt des Bestellers (BGH NJW-RR 00, 1220). Jedoch ist § 354 a HGB zu beachten.

14 **IV. Mehrwertsteuer, Bauabzugsteuer.** Grds schließt der vereinbarte Preis die Umsatzsteuer ein, für eine abweichende Vereinbarung ist der Unternehmer beweispflichtig (BGH NJW 01, 2464). Ist bei einer Bauleistung (nicht Planungsleistungen des Architekten, BGH IBR 05, 549) der Besteller als Leistungsempfänger Unternehmer iSd § 2 UstG oder juristische Person des öffentlichen Rechts, ist er gem § 48 EStG zu Abzug und Abführung der Bauabzugsteuer iHv 15 % des Bruttowerklohnes verpflichtet, es sei denn eine Freistellungsbescheinigung iSd § 48 b EStG liegt vor (bei Abtretung der Werklohnforderung ist eine entspr Bescheinigung des Leistenden erforderlich, BGH IBR 05, 411). Nimmt ein Leistungsempfänger den Steuerabzug vor und führt den Abzugsbetrag an das Finanzamt ab, tritt hinsichtlich der Werklohnforderung entsprechend Erfüllungswirkung ein (im Zeitpunkt der Zahlung; Anmeldung allein ist nicht ausreichend, München BauR 05, 1188; auch iF der Abtretung BGH NJW-RR 05, 1261). Dies gilt nicht, wenn für den Leistungsempfänger im Zeitpunkt der Zahlung eindeutig erkennbar war, dass eine Verpflichtung zum Steuerabzug nicht bestand (BGH IBR 05, 411).

15 **C. Stillschweigende Vergütungsvereinbarung (I). I. Keine Vertragliche Regelung der Vergütung.** Wird in einem Werkvertrag eine Vergütungsvereinbarung getroffen oder ist die Vergütung aus dem Vertrag bestimmbar, findet § 632 keine Anwendung (so bei Vereinbarung eines Stundenlohns, BGH NJW 02, 1107, BGHZ 132, 229), der Besteller schuldet dann die vereinbarte Vergütung. Eine Vergütung ist nicht vereinbart, wenn die Vertragsparteien die Frage der Vergütung weder positiv noch negativ geregelt haben (BGH ZfBR 95, 16; Köln NJW-RR 02, 1425), oder wenn eine Vergütungsvereinbarung nicht festgestellt werden kann und durchgreifende Zweifel bestehen, dass die Herstellung des Werks nur gegen eine Vergütung zu erwarten war (BGH
16 NZBau 05, 19). Der Besteller, der eine bestimmte Vergütungsabrede behauptet, hat diese Vereinbarung nach Ort, Zeit und Höhe der Vergütung substantiiert darzulegen (qualifizierte **Darlegungslast** BGH NJW 96, 952). Wenn es dem Unternehmer nicht gelingt, die geltend gemachten Umstände zu widerlegen, liegt insoweit die Beweislast bei ihm (BGHZ 80, 257; Bambg IBR 04, 302). Anderes gilt aufgrund des zwingenden Preisrechts der HOAI im Architektenvertrag (BGH NJW-RR 02, 1597, Beweislast für unter den Mindestsätzen liegendes Pauschalhonorar beim Besteller).

17 **II. Werkleistung nur gegen Vergütung zu erwarten.** Nach I gilt eine Vergütungspflicht als stillschweigend vereinbart, wenn nach den Umständen des Falles die Werkleistung nur gegen Vergütung zu erwarten ist. Hierfür muss von Seiten dessen, für den geleistet wird, ohne Rücksicht auf dessen persönliche Meinung –"verobjektiviert"- die Entgeltlichkeit zu erwarten sein. Maßgebend hierfür sind ua die Verkehrssitte, Stellung der Vertragsparteien zueinander sowie Umfang, Dauer und Wert der Werkleistung (Köln NJW-RR 94, 1239; nicht jedoch der Umstand, dass eine Vergütungsvereinbarung fehlt, BGH NJW-RR 05, 19). Dabei ist von dem Erfahrungssatz auszugehen, dass Architekten üblicherweise entgeltlich tätig werden (BGH IBR 00, 331). Dies gilt nicht nur für umfangreiche Tätigkeiten, sondern auch für begrenzte Aufgaben, insbes, wenn diese mit erheblichen Haftungsrisiken verbunden sind (BGH BauR 87, 454). Dieser Erfahrungssatz findet jedoch keine Anwendung, wenn der Unternehmer aufgrund freundschaftlicher, nachbarschaftlicher oder verwandtschaftlicher Beziehungen vertraglich tätig wird (*Kniffka* ibr-online Kommentar Stand 3. 1. 06, § 632 Rn 17). Sofern keine Vergütungsvereinbarung festgestellt werden kann und durchgreifende Zweifel bestehen, dass die Herstellung des Werks nur gegen eine Vergütung zu erwarten war, besteht kein Vergütungsanspruch
18 (BGH IBR 04, 480 = NZBau 04, 498). Umstände, nach denen Leistung nur gegen Vergütung zu erwarten ist, hat der Unternehmer zu **beweisen** (BGH NJW 97, 3017); dass gleichwohl unentgeltlich geleistet werden sollte, der Besteller (BGH NJW 87, 2742; Saarbr NZBau 02, 576).

19 **D. Keine Vergütungshöhe bestimmt (II).** Haben die Parteien keine Vergütungshöhe bestimmt oder gilt nach I eine Vergütung als stillschweigend vereinbart, ist zur Bestimmung der Höhe zunächst auf die Taxe, danach auf die übliche Vergütung abzustellen. Eine fehlende Bestimmung der Vergütungshöhe liegt vor, wenn der Vertrag weder einen konkreten Vergütungsbetrag noch Maßstäbe für eine Berechnung der Vergütung beinhaltet (BGH NJW 00, 1107) und diese nicht durch ergänzende Vertragsauslegung ermittelt werden
20 kann. Macht der Unternehmer die Vergütung nach II geltend, hat er zu **beweisen**, dass die vom Besteller detailliert behauptete Vergütungsvereinbarung nicht besteht (BGH NJW-RR 96, 952; Bambg BauR 04, 883; auch schlüssig behauptete Pauschalpreisvereinbarung BGHZ 80, 257). Ein schriftlicher Vertrag trägt die Vermutung der Vollständigkeit und Richtigkeit in sich, diese hat der Besteller zu entkräften (Bambg BauR 04, 883). Da dieser Negativbeweis ansonsten kaum gelingen dürfte, sind an die Beweisführung keine zu strengen

Anforderungen zu stelle#. Ausreichend ist der Beweis der Unrichtigkeit der substantiierten Darlegung des Bestellers zu Ort, Zeit und Höhe der Vereinbarung (BGH NJW-RR 96, 952).

I. Taxe. Eine Taxe ist ein hoheitlicher nach Bundes- oder Landesrecht bestimmter Preis. Beispiele hierfür sind die Gebührenordnungen für Rechtsanwälte (RVG), Steuerberater, Ärzte und Zahnärzte. Die **HOAI** stellt öffentliches Preisrecht für Architekten- und Ingenieurleistungen dar, wenn das geschuldete Werk nach seinem Gesamtbild durch die in ihr beschriebenen Leistungsbilder geprägt wird. Die HOAI findet unabhängig von der schuldrechtlichen Einordnung des Vertrages Anwendung (BGH NJW-RR 00, 1333), auch für Nicht-Architekten oder -Ingenieure (BGHZ 136, 1). Sie gilt jedoch nicht für Komplettleistungen wie Bauträgerverträge (Köln NJW-RR 00, 611) oder lediglich beratende Tätigkeiten (Nürnbg NJW-RR 03, 961). Die HOAI gibt lediglich den Rahmen für die Höhe der Vergütung (und damit für Vergütungsvereinbarungen, BGH NJW-RR 05, 669) durch **Mindest- und Höchstsätze** vor, regelt jedoch weder das „Ob" eines Vergütungsanspruchs noch sonstige Umstände, nach denen Leistung nur gegen Vergütung zu erwarten ist (BGH NJW 97, 3017). Wird keine schriftliche Honorarvereinbarung getroffen, gelten nach § 4 IV HOAI die Mindestsätze. Folge der Mindestsatzunterschreitung ist – sofern kein Ausnahmefall vorliegt (bejaht bei Angemessenheit, BGH BauR 97, 677 oder persönlichen/sozialen Gründen, Köln NJW-RR 99, 1109) – die Unwirksamkeit der Honorarvereinbarung, dh der Architekt kann den Mindestsatz verlangen. Fraglich ist, ob nationale Mindestsatzregelungen (HOAI, RVG) mit der **europäischen Dienstleistungsfreiheit** in Art 49 EG-Vertrag zu vereinbaren sind (vgl Schlussanträge des Generalanwalt beim EuGH in Vorabentscheidungsersuchen Rs C 94/04, IBR 06, 150). Bei Vereinbarung eines unter den Mindestsätzen liegenden Pauschalhonorars und schutzwürdigem Vertrauen des Bauherrn hierauf (hat vertraut, durfte vertrauen und hat sich darauf bei der Vermarktung des Bauobjekts eingerichtet, dh kann nicht beim Käufer nachfordern, BGH BauR 98, 815), soll das spätere Verlangen der Mindestsätze hingegen treuwidrig sein (§ 242; BGH BauR 97, 677; Dresden IBR 05, 496). Kein schutzwürdiges Vertrauen und damit kein Mindestsatz hingegen bei einem Generalplaner der sowohl mit dem Bauherrn als auch seinem Subplaner Abrechnung unter den Mindestsätzen vereinbart hat, da er als Architekt um die Mindestsätze wußte (Koblenz IBR 06, 35). Bzgl der Unterschreitung der Mindestsätze ist der Beschluss des BVerfG v 26.9.05 zu beachten. Danach soll eine „grundrechtsgeleitete Interpretation" des § 4 II HOAI zum Ergebnis führen, dass das Verbot der Unterschreitung der Mindestsätze grds nicht für die Vergütung von Wettbewerbsbeiträgen gilt (BVerfG NJW 06, 495). Das Schriftformerfordernis des § 31 II HOAI an eine Vergütungsvereinbarung für Architektenleistungen ist von der Ermächtigungsgrundlage nicht gedeckt und deshalb unwirksam (BGHZ 134, 239). Fordert der Architekt nach Kündigung des Vertrages Honorar für erbrachte Leistungen, hat er diese in der Schlussrechnung im Einzelnen darzulegen, wie auch das auf der Grundlage der Honorarvereinbarung ermittelte anteilige Honorar (BGH NJW-RR 05, 749). Zur vom BGH „wieder entdeckten" Anwendung von Tabellen der Abrechnung und Minderung (Steinfort-, Siemon-Tabelle) vgl BGH BauR 2004, 1640, abl dagegen *Schramm/Schenker* IBR-Online 18.8.05. Bei Kündigung des Architektenvertrags soll der Architekt den auf der Grundlage der Honorarvereinbarung ermittelten Anteil eines Pauschalhonorars auch dann verlangen können, wenn dieses unter den Mindestsätzen liegt (BGH NJW-RR 05, 749); bei Bauzeitverlängerung eine Erhöhung jedoch nur bei transparenten Vereinbarungen (BGH NJW-RR 05, 322).

II. Übliche Vergütung. Eine übliche Vergütung gem II ist die Vergütung, die zur Zeit des Vertragsschlusses nach allgemeiner Auffassung der beteiligten Kreise am Ort der Werkleistung für Leistungen gleicher Art, Güte und Umfang gewährt wird (BGH BauR 01, 249). Sie setzt voraus, dass derartige Leistungen in zahlreichen Einzelfällen erbracht wird (BGH NJW 01, 151). Sie braucht den Beteiligten nicht bekannt zu sein (Palandt/*Sprau* § 632 Rn 15). Dies gilt auch für die Abrechnung nach Kündigung gem § 649 S 2 (BGH NZBau 00, 73).

III. Angemessene Vergütung. Lässt sich die übliche Vergütung nicht oder nur innerhalb einer üblichen Spanne feststellen, ist letztlich vom Gericht die **angemessene Vergütung** zu bestimmen (BGH NJW-RR 00, 1560). Es hat in diesem Fall innerhalb der üblichen Spanne vom Mittelwert auszugehen und besondere Umstände des Einzelfalls nach oben oder unten zu berücksichtigen (Ddorf NJW-RR 02, 163).

IV. Bestimmung durch den Unternehmer §§ 315, 316. Eine Bestimmung der Vergütung durch den Unternehmer nach §§ 315, 316 kommt nur in Betracht, wenn sie dem Willen des Bestellers nicht widerspricht und die Vergütungshöhe nicht gem II feststellbar ist (BGH NJW 02, 817); Bsp Rahmengebühr des Rechtsanwalts nach § 14 RVG.

E. Kostenvoranschlag (III). Die Regelung in § 632 III konkretisiert I und entspricht der früheren Rspr (BGH NJW 82, 765; BauR 79, 509). Danach ist der Kostenvoranschlag im Zweifel nicht zu vergüten. Eine Vergütungspflicht ist nur gegeben, wenn der Unternehmer nachweist, dass eine Erstellung des Angebots oder Kostenvoranschlags gegen Vergütung beauftragt wurde. Der erforderliche Aufwand der Angebots-/Anschlagserstellung ist für das Vorliegen einer Vergütungspflicht unerheblich (BGH NJW 79, 2202). Entscheidend für das Vorliegen einer Beauftragung sind die Umstände des Einzelfalles (Ddorf NZBau 03, 442). Das Ausfüllen eines Angebotblanketts allein lässt nicht auf einen Vergütungswillen der Parteien schließen (Palandt/*Sprau*

§ 632 Rn 10). Wird ein Architekt zur Erbringung von Leistungen aufgefordert und werden dessen Vorentwürfe verwertet, muss der Auffordernde idR mit einer Vergütungspflicht rechnen (Celle BauR 04, 361). Dies gilt insbes, wenn die Leistung des Architekten iRd späteren Hauptauftrags vergütet werden sollte (BGHZ 136, 33) oder der Besteller Anpassungen verlangt (Stendal NJW-RR 00, 230). Verlangt der Besteller iR einer Ausschreibung die Ausarbeitung von Entwürfen, Plänen und Zeichnungen uä, sieht § 20 Nr 2 VOB/A eine festzusetzende angemessene Entschädigung für die Bieter vor. Kostenvoranschläge dienen dazu, die Höhe der voraussichtlichen Kosten unter Wirtschaftlichkeitserwägungen abschätzen und Konkurrenzangebote vergleichen zu können. Der Aufwand für die Erstellung des Kostenanschlags zählt nach der berechtigten Erwartung des Publikums zu den Gemeinkosten des Unternehmers (RegEntw zum SMRG S 613). **AGB** des Unternehmers, die die Verpflichtung zur Vergütung eines Kostenvoranschlags beinhalten, dürften als überraschende Klausel (§ 305 c) und aufgrund unangemessener Benachteiligung des Bestellers (§ 307) unwirksam sein (so schon zur alten Rechtslage BGH NJW 82, 765).

27 **F. Regelung der Vergütung in § 2 VOB/B.** Gem § 2 Nr 1 sind mit der vereinbarten Vergütung die gesamten vertraglichen Leistungen abgegolten. Sofern nichts Abweichendes vereinbart wurde, ist gem § 2 **Nr 2** vom Regelpreistyp des Einheitspreisvertrags auszugehen (anders das BGB: dort Regeltyp wohl der Pauschalvertrag, str im BGB-Bauvertrag). § 2 **Nr 3** ermöglicht eine Anpassung der Einheitspreise bei Über- oder Unterschreitungen der Mengenansätze. § 2 **Nr 4** sieht eine Herabsetzung bei Eigenleistungen des Bestellers vor. § 2 **Nr 5** gibt dem Unternehmer einen Anspruch auf Vereinbarung eines neuen Preises bei Änderungen des Bauentwurfs oder Anordnungen des Bestellers, § 2 **Nr 6** auf gesonderte Vergütung für zusätzliche, nicht im vertraglichen Leistungsumfang enthaltene Leistungen. § 2 **Nr 7** regelt Änderungen bei Pauschalpreisvereinbarunggesonderte Vergütung für zusätzliche oder geänderte Leistungen und Anpassung des Pauschalpreises bei

28 Unzumutbarkeit (keine starre Prozentgrenze, BGH NJW-RR 96, 401). Gem § 2 **Nr 8** besteht bei auftragslos oder im Rahmen eigenmächtiger Vertragsabweichungen erbrachten Leistungen kein Vergütungsanspruch, es sei denn, es erfolgt eine nachträgliche (auch konkludente, BGH NJW 02, 895) Anerkennung durch den Besteller, die Leistung war notwendig für die Vertragserfüllung oder es liegt ein Fall der GoA vor (im Wege des Ersatzanspruches). § 2 **Nr 9** regelt die Vergütung für zusätzlich verlangte Unterlagen und Berechnungen. Gem § 2 **Nr 10** sind Stundenlohnarbeiten nur bei ausdrücklicher vorheriger Vereinbarung zu vergüten (zusätzlich ist § 15 VOB/B zu beachten, zur Abzeichnung von Stundenlohnzetteln BGH NJW-RR 04, 92).

§ 632 a Abschlagszahlungen

¹Der Unternehmer kann von dem Besteller für in sich abgeschlossene Teile des Werkes Abschlagszahlungen für die erbrachten vertragsmäßigen Leistungen verlangen. ²Dies gilt auch für erforderliche Stoffe oder Bauteile, die eigens angefertigt oder angeliefert sind. ³Der Anspruch besteht nur, wenn dem Besteller Eigentum an den Teilen des Werkes, an den Stoffen oder Bauteilen übertragen oder Sicherheit hierfür geleistet wird.

1 **A. Allgemeines.** Das Recht auf Abschlagszahlungen wurde durch das Gesetz zur Beschleunigung fälliger Zahlungen v 30. 3. 00 in das BGB eingefügt (BGBl I 330; BTDrs 14/1246 S 1). § 632 a ist auf alle seit 1. 5. 00 abgeschlossenen Werkverträge anzuwenden (Art 229 § 1 II, 1 EGBGB – **zeitlicher Anwendungsbereich**). Bei vor dem 1. 5. 00 abgeschlossenen Werkverträgen konnte der Unternehmer – wenn keine Abschlagszahlungen vertraglich vereinbart waren (meist vereinbart durch Einbeziehung der VOB/B) – nur ausnahmsweise Abschlagszahlungen fordern. Dieses Ausnahmerecht wurde aus dem Grundsatz von Treu und Glauben abge-

2 leitet (BGH BauR 87, 694). **Sachlich** erfasst § 632 a sämtliche Werkverträge einschließlich der Vertragsänderungen (Zusatzaufträge).

3 **I. Zweck.** Zweck des § 632 a ist die Entlastung des vorleistungspflichtigen Unternehmers und Ausgleich der mit der Vorfinanzierung verbundenen wirtschaftlichen Nachteile (BGH NJW 85, 1840). Ohne Abschlagszahlungen trifft den Unternehmer das Vorleistungsrisiko in voller Höhe der Werkleistung. Abschlagszahlungen sind in Abgrenzung zu **Vorauszahlungen**, die nicht unter § 632 a fallen, Zahlungen auf bereits erbrachte Teilleistungen (zB entsprechend dem Baufortschritt). Vorauszahlungen sind als Vorleistung auf den Anspruch aus § 632 a anzurechnen, iR der Schlussrechnung sind sie wie Abschlagszahlungen auszugleichen.

4 **II. Begriff.** Abschlagszahlungen stellen keine abschließende Vergütung des Teilgewerks dar, sondern von einer Abnahme unabhängige Anzahlungen für das Gesamtwerk (BGH NJW 99, 2113). Sie sind ihrer Natur nach vorläufige Zahlungen auf der Grundlage vorläufiger Berechnung (BGH IBR 04, 361). Daraus resultiert die Pflicht des Unternehmers die Bauleistung nach deren Fertigstellung endgültig abzurechnen (zur Frage der Fälligkeitsvoraussetzung § 641 Rn 3). Aufgrund ihres vorläufigen Charakters sind Abschlagszahlungen grds auch nicht als (Teil-)Abnahme der Werkleistung zu werten. Der Anspruch auf Abschlagszahlung erlischt in dem Zeitpunkt, in dem der Unternehmer seine Leistung vollständig erbracht hat und damit seine Schlussabrechnung geltend machen kann (Hamm NJW-RR 99, 528) oder die Schlussrechnung bereits vorliegt (BGH BauR 85, 1840; Hamm BauR 99, 776). Eine Klage auf Abschlagszahlung soll auch nach Fertigstellung der

Leistung zulässig sein, vorausgesetzt es handelt sich um ein unbestrittenes Guthaben iSd § 16 Nr 3 I 3 VOB/B (offen gelassen von BGH BauR 85, 1840). Der Anspruch auf Abschlagszahlung wird vom Gesamtvergütungsanspruch ebenfalls verdrängt, wenn der Unternehmer die **Erfüllung endgültig verweigert** (Ddorf NJW-RR 00, 231), wenn der **Vertrag gekündigt** wird (BGH NJW-RR 87, 724; Ddorf 92, 1373), oder wenn das Werk **durch einen Dritten endgültig fertig** gestellt wird (Nürnbg NZBau 00, 509). Der Abzahlungsanspruch wird bei Vorliegen der Anspruchsvoraussetzungen unmittelbar in voller Höhe **fällig**. Einer Abnahme oder einer prüfbaren Abschlagsrechnung (anders § 16 Nr 1 VOB/B) bedarf es nicht (*Heinze* NZBau 01, 233). Gleichwohl muss der Unternehmer die zu vergütenden Leistungen bezeichnen. Der Anspruch unterliegt der dreijährigen Regel**verjährung** der §§ 195, 199.

III. FoSiG. Aufgrund der Voraussetzungen in S 1 (abgeschlossene Teile des Werkes) und S 3 (Sicherheitsleistung) wurde die mit der Einführung der Regelung bezweckte Entlastung der vorleistungspflichtigen Werkunternehmer nicht erreicht (BGH NJW 85, 1840). Das soll durch das geplante FoSiG nachgeholt werden. Abschlagszahlungen sollen künftig für alle Leistungen gefordert werden können, die der Unternehmer dem Besteller in nicht mehr entziehbarer Weise zur Verfügung stellt. Unwesentliche Mängel sollen die Geltendmachung von Abschlagszahlungen nicht verhindern, es besteht jedoch insoweit ein Leistungsverweigerungsrecht des Bestellers gem § 641 III. Bauträger sollen Zahlungen nur bei Erfüllung der Voraussetzungen der Verordnung über Abschlagszahlungen bei Bauträgerverträgen erhalten (v 23. 5. 01, BGBl 981). Bei Bauverträgen mit Verbrauchern soll eine Sicherheitsleistung des Unternehmers notwendig bleiben. 5

IV. Abweichende Vereinbarungen. Von der Regelung in § 632 a kann grds sowohl zugunsten des Bestellers (zB Ausschluss von Abschlagszahlungen oder Zahlung nur gegen Stellung einer Vertragserfüllungsbürgschaft) als auch zugunsten des Unternehmers (Abschlagszahlungen ohne die Voraussetzungen des § 632 a) abgewichen werden. Die Grenze bilden § 138, bei AGB zudem §§ 307 ff, wobei § 632 a eine gewisse Leitbildfunktion zukommt. Zu Abschlagszahlungen im Bauträgervertrag vgl Rn 17. 6

B. Voraussetzungen des Abschlagszahlungsanspruchs. Voraussetzung für den Anspruch auf Abschlagszahlungen ist, sofern die Vertragsparteien nichts Abweichendes vereinbart haben, die vertragsgemäße Erbringung einer Teilleistung durch den Unternehmer. Diese kann aus einem in sich abgeschlossenen Teil des vertraglich geschuldeten Werks oder für die Werkerstellung notwendiger, eigens angefertigter Stoffe oder Bauteile bestehen. 7

I. Abgeschlossene Teile des Werkes (1). Die Terminologie ist den Regelungen der §§ 12 Nr 2, 16 Nr 4 VOB/B entlehnt. Dort ist der Begriff eng zu verstehen, in dem Sinne, dass eine Teilleistung im Hinblick auf eine Teilabnahme nur vorliegt, wenn sie für sich genommen gebrauchstauglich ist (*Motzke* NZBau 00, 489). Mangels des Kriteriums der Abnahme bei § 632 a kann dieses enge Verständnis der VOB/B nicht übertragen werden. Ein abgeschlossener Teil des Werkes soll vorliegen, wenn die Leistung für den Besteller in sich werthaltig ist (BTDrs 14/1246 S 6). Dies sei der Fall, wenn der Besteller die Leistung eigenständig nutzen kann, insbes, wenn Funktionsfähigkeit gegeben ist (zB bei Softwareentwicklung ein selbständig verwertbares Teilprogramm; bei Malerarbeiten: Anstrich bei einem von mehreren Gebäuden) oder wenn die Restleistungen im Geschäftsverkehr häufig gesondert als Teilleistungen vergeben werden (Gewerke, zB Rohbau). Dabei muss die Teilleistung jeweils selbständig bewertbar bzw abrechenbar sein im Sinne einer Bezifferbarkeit des Leistungsumfangs (*MüKo/Busche* § 632 a Rn 4). 8

II. Stoffe oder Bauteile (2). Die Teilleistung kann auch in der Anlieferung oder Anfertigung von Stoffen oder Bauteilen bestehen. Erforderlich iSd S 2 ist, dass es sich um objektbezogene, eigens für das vertraglich vereinbarte Werk bestimmte Leistungen handelt. Eine Abgeschlossenheit der Teilleistung ist nicht erforderlich (*Motzke* NZBau 00, 489), da anderenfalls S 2 zumeist leer laufen würde. 9

III. Vertragsgemäßheit der Leistung. § 632 a S 1 setzt eine vertragsmäßige, dh sach- und rechtsmängelfreie Leistungserbringung voraus. Das Erfordernis einer vollständigen Mangelfreiheit (so BTDrs 14/1246, S 6) dürfte gerade bei komplexeren Werken kaum vorliegen und wird zT als zu weitgehend abgelehnt (*MüKo/Busche* § 632 a Rn 6 mwN). Vor dem Hintergrund des Zwecks des § 632 a wird danach als ausreichend angesehen, wenn die Leistung im Wesentlichen vertragsmäßig iSd § 640 I 2 erbracht wurde (*MüKo/Busche* § 632 a Rn 6). Ein Rückgriff auf die Leistungsverweigerungsrechte aus §§ 320, 641 III und damit entsprechende Einbehalte wären entbehrlich (so MüKo/*Busche* § 632 a Rn 6, für nicht im Wesentlichen vertragsgemäße Leistungen; aA *Motzke* NZBau 00, 489). Hierfür spricht, dass eine direkte Anwendung der Leistungsverweigerungsrechte aus § 320 (aufgrund Vorleistungspflicht des Unternehmers; LG München IBR 03, 05) und § 641 III (Wortlaut: nur nach Abnahme) auf den Abzahlungsanspruch nicht möglich ist. Auch könnten Mängel letztlich iRd Schlussrechnung Berücksichtigung finden. Da damit im Fall der Mangelhaftigkeit der Wert der erlangten Leistung hinter der im Wege der Abschlagszahlung zu leistenden Vergütung zurückbliebe, ist dies jedoch abzulehnen, § 641 III finden daher entsprechend Anwendung (s.a. BGH NJW 81, NJW 79, 650=BauR 79 159 für § 16 Nr 1 VOB/B). 10

11 **IV. Eigentumsübertragung (3).** Der Anspruch setzt voraus, dass dem Besteller Eigentum an den Teilen des Werkes, an den Stoffen oder Bauteilen übertragen oder Sicherheit hierfür geleistet wird. Abschlagszahlungen dürfen nach § 632 a nur für in sich abgeschlossene Teile des Werks gefordert werden. Dies kann auch im Wege des gesetzlichen Eigentumsübergangs (§§ 946 ff) erfolgen (*Kniffka* ZfBR 00, 227), da die Absicherung des Bestellers gewährleistet ist. Bei immateriellen Werken, die nicht in Plänen oder Zeichnungen verkörpert sind, genügt nach dem Sinn und Zweck der Vorschrift eine Gestattung der Nutzung des Werks durch den Unternehmer. Problematisch sind die Fälle der Subunternehmerleistung, da das Eigentum nicht auf den Auftraggeber des Subunternehmers (Hauptunternehmer), sondern auf dessen Auftraggeber übergeht.

12 **V. Sicherheitsleistung.** Erfolgt keine Eigentumsübertragung an den Besteller hat der Unternehmer insoweit Sicherheit nach den allgemeinen Regeln der §§ 232 ff zu leisten. Über die Art der Besicherung entscheidet hierbei der Unternehmer. Der Regelfall ist eine Sicherheit durch Bankbürgschaft gem § 232 II. Eine Hinterlegung von Geld gem § 232 I, Fall 1 ist mit dem Sinn und Zweck des § 632 a kaum zu vereinbaren. Die Höhe der Sicherheitsleistung bemisst sich nach der Höhe der Abschlagszahlung. Bei teilweiser Eigentumsübertragung ist deren Anteil an der Abschlagszahlung nicht zu berücksichtigen. Dementspr ist bei nachträglichem Eigentumserwerb eine gegebene Sicherheit zurückzugeben (ebenso bei Fälligkeit des gesamten Werkslohns, Palandt/*Sprau* § 632 a Rn 5). Bei Bauträgerverträgen kann Sicherheit auch durch Bewilligung und Eintragung einer Auflassungsvormerkung gestellt werden (da auch Eigentumsverschaffung geschuldet wird, *Schmucke/Ullmann* NJW 02, 1073; aA *Pause* NZBau 01, 181).

13 **C. Höhe der Abschlagszahlung.** Die Abschlagszahlung umfasst die für die Teilleistung vereinbarte Vergütung einschließlich Umsatzsteuer. Beim Einheitspreisvertrag ist die Höhe durch Ansatz der in der Teilleistung erbrachten Massen anhand der Einheitspreise zu bestimmen, beim Pauschalpreisvertrag ist der Wert der Teilleistung in Relation zur Gesamtvergütung zu setzen. Überzahlungen (zB aufgrund von Mängeln der Leistung) sind spätestens iRd Schlussrechnung auszugleichen, zuvor muss dem Auftraggeber ein Zurückbehaltungsrecht an den nächsten Abschlagszahlungen zustehen. Der Besteller kann insoweit einen vertraglichen Rückzahlungsanspruch geltend machen (BGH NJW-RR 05, 129; Bereicherungsrecht findet keine Anwendung). Dieser hilft dem Besteller aber oftmals nicht (wenn der Auftragnehmer insolvent wird). Dem Besteller obliegt die Darlegungslast (BGHZ 140, 365). Der Anspruch auf Abschlagszahlung ist nach den allgemeinen Vorschriften zu **verzinsen** (§ 641 IV, der eine Abnahme voraussetzt, findet keine Anwendung).

14 **D. Prozessuales/Beweislast.** Der Anspruch auf Abschlagszahlung kann für den Fall, dass die Voraussetzungen des Schlusszahlungsanspruches strittig sind, neben diesem hilfsweise geltend gemacht werden (BGH NJW 00, 2818). Ein Übergang vom Anspruch auf Abschlagszahlung auf den aus Schlusszahlung stellt ein Fall der Klageumstellung nach § 264 ZPO dar und damit keine Klageänderung (modifizierte Form des einheitlichen Werklohnanspruches BGH Urt v 11.11.04, AZ VII ZR 128/03; BGH IBR 06, 119; anders noch BGH NJW 99, 713). Er ist daher auch in der Berufungsinstanz zulässig (BGH IBR 06, 119). Die **Beweislast** für die anspruchsbegründenden Tatsachen liegt beim Unternehmer (Ddorf NJW-RR 00, 312), für etwaige Einwendungen beim Besteller.

15 **E. Besonderheiten im Baurecht. I. VOB/B.** Gem § 16 Nr 1 setzt ein Anspruch auf Abschlagszahlungen entsprechend den tatsächlich erbrachten Teilleistungen bzw für Bauteile und Stoffe deren prüffähige Abrechnung voraus. Eine Sicherheitsleistung ist lediglich bei Stoffen und Bauteilen Anspruchsvoraussetzung, sofern eine Übereignung nicht erfolgt. Fälligkeit ist 18 Tage nach Einreichung der entsprechenden Rechnungen gegeben. Leistet der Besteller nicht, hat der Unternehmer gem § 9 Nr 1, 2 nach Ablauf einer angemessenen Frist mit Kündigungsandrohung, ein Kündigungsrecht (Celle NJW 00, 234). **§ 16 Nr 2** regelt den Fall der Vorauszahlung.

16 **II. HOAI.** Gem § 8 II haben Architekten und Ingenieure mit der Vorlage einer prüffähigen Rechnung in angemessenen Abständen Anspruch auf Abschlagszahlung für nachgewiesene Teilleistungen (Stuttg NJW-RR 98, 1392; Celle NJW-RR 00, 899).

17 **III. Bauträgervertrag (MaBV).** Die Vorschriften der Makler- und Bauträgerverordnung (MaBV) zum gestaffelten Anspruch auf Abschlagszahlungen in § 3 I, II und § 7 sind aufgrund ihres öffentlich-rechtlichen Charakters zivilrechtlich nicht bindend. Abweichend von § 632 a besteht ein Anspruch nur, wenn der Eigentumserwerb durch Vormerkung oder die Rückzahlung des Kaufpreises durch Bürgschaft gesichert ist. gem § 12 haben zu Lasten des Erwerbers von § 3 II abweichende Abschlagszahlungsvereinbarungen die Nichtigkeit der Vereinbarung zur Folge (BGH NJW 01, 818). Es gelten dann die Regelungen der Verordnung über Abschlagszahlungen bei Bauträgerverträgen (BGBl I 01, S 981 v. 23.5.01) als zivilrechtliche Ersatzordnung (*Ullmann* NJW 02, 107; vor deren In-Kraft-Treten waren die BGB-Regelungen anzuwenden, BGH NJW 01, 818).

§ 633 Sach- und Rechtsmangel

(1) Der Unternehmer hat dem Besteller das Werk frei von Sach- und Rechtsmängeln zu verschaffen.
(2) ¹Das Werk ist frei von Sachmängeln, wenn es die vereinbarte Beschaffenheit hat. ²Soweit die Beschaffenheit nicht vereinbart ist, ist das Werk frei von Sachmängeln,
1. wenn es sich für die nach dem Vertrag vorausgesetzte, sonst
2. für die gewöhnliche Verwendung eignet und eine Beschaffenheit aufweist, die bei Werken der gleichen Art üblich ist und die der Besteller nach der Art des Werkes erwarten kann.
³Einem Sachmangel steht es gleich, wenn der Unternehmer ein anderes als das bestellte Werk oder das Werk in zu geringer Menge herstellt.
(3) Das Werk ist frei von Rechtsmängeln, wenn Dritte in Bezug auf das Werk keine oder nur die im Vertrag übernommenen Rechte gegen den Besteller geltend machen können.

A. Allgemeines zum werkvertraglichen Mangelrecht. I. Änderungen des Mangelrechts durch die Schuldrechtsreform. Mit der Neufassung der werkvertraglichen Mängelhaftung iRd Schuldrechtsreform wurde die 1 durch die EG-Verbrauchsgüterkaufrichtlinie notwendige Annäherung zwischen Kaufrecht und Werkvertragsrecht vollzogen. Der richtlinienkonformen Auslegung kommt auch bei den Mängelrechten des Werkvertrags Bedeutung zu (*Thode* NZBau 02, 297, 300). Die Übereinstimmung zum Kaufrecht zeigt sich sowohl beim Mangelbegriff (teilweise noch Abweichung des § 633 II 2 von § 434 I 2), als auch bei den Mängelrechten. Auch die Verjährungsregelungen des Werk- und des Kaufvertrages wurden angeglichen (Ziel des Gesetzgebers BTDrs 14/6040 S 260). Die Haftung des Verkäufers für öffentliche Äußerungen im Kaufrecht (§ 434 I 3) fin- 2 det im Werkvertrag aufgrund dessen geringerer Individualbezogenheit kein Pendant (jedoch sind in diesem Fall stillschweigende Beschaffenheitsvereinbarungen möglich, wenn sie dem Besteller für den Unternehmer erkennbar von Bedeutung sind (*Pause* NZBau 02, 648). Rechtsmängel werden wie Sachmängel behandelt, ebenso die Herstellung eines anderen Werks oder einer zu geringen Menge. Eine Unterscheidung in Fehler und zugesicherte Eigenschaft besteht nicht mehr, die Zusicherung ist Teil der Beschaffenheitsvereinbarung und löst dementspr die Mangelfolgen aus (aber Abgrenzung zur Garantie § 781 Rn 2 f; vor § 765 Rn 56 f). Die Voraussetzung der Wert- oder Tauglichkeitsminderung besteht nicht mehr. Da sich der Mangelbegriff im Ergebnis kaum geändert hat, kann die bisherige Rspr hierzu weiterhin herangezogen werden (Palandt/*Sprau* § 633 Rn 1).

II. Anwendungsbereich. 1. Sachlich. Sofern keine spezialgesetzliche Regelung vorliegt, findet das werk- 3 vertragliche Mangelrecht für alle Werkverträge Anwendung. Dies gilt auch für den Geschäftsbesorgungsvertrag (§ 675). Bei gemischten Verträgen sind die §§ 633 ff grds auf solche Leistungen anwendbar, die Werkcharakter besitzen. Der Sonderfall der Lieferung herzustellender oder zu erzeugender beweglicher Sachen unterfällt dem kaufrechtlichen Mangelrecht (§ 651). Ebenso die mit dem Kauf zusammenhängenden Nebenleistungen (so kleine Änderungen; Montage, BGH NJW 98, 3197; Köln VersR 00, 501; Reparaturen an gebrauchten Sachen, Hamm NJW-RR 01, 1309). Werkvertragliches Mangelrecht beim Erwerb von sanierten Altbauten u bereits fertiggestellten Werken (s vor § 631 Rn 25). Beim Bauträgervertrag richten sich die Mängel des Grundstücks nach Kaufrecht, Mängel am durch den Veräußerer errichteten Bauwerk nach Werkvertragsrecht (BGH NJW 73, 1235).

2. Zeitlich. Die §§ 633 ff gelten grds für alle ab dem 1.1.02 abgeschlossenen Verträge, für alle vor dem 4 1.1.02 begründeten Dauerschuldverhältnisse seit dem 1.1.03, Art 229 EGBGB § 5 S 1 u 2. Für Verträge, die am 1.1.02 bestanden, gilt gem Art 229 EGBGB § 6 Abweichendes für die Verjährung von Mängelansprüchen.

3. Abgrenzung zum allgemeinen Leistungsstörungsrecht. a) Allgemeines. Auch wenn die Mängelrechte 5 nunmehr in das allgemeine Leistungsstörungsrecht eingebettet sind (Unterfall der Nichterfüllung), stellen sie weiterhin vom Grundsatz her abschließende Sonderregelungen dar. Dies zeigt sich vor allem daran, dass die Regeln des allgemeinen Leistungsstörungsrechts teilweise modifiziert werden. So hat der Besteller neben Rücktritt und Schadensersatz das Recht zur Minderung und Selbstvornahme. Die Nacherfüllung stellt das primäre Mangelrecht dar. Die Geltendmachung der übrigen Mängelrechte setzt – von Ausnahmen abgesehen – das Ausbleiben oder Fehlschlagen der Nacherfüllung des Unternehmers voraus. Zudem unterliegen sämtliche Mängelrechte der in § 634a geregelten Verjährung. Die Abgrenzung ist daher erforderlich. Sie wird im Allgemeinen anhand der zeitlichen Zäsur vorgenommen, die wie bereits vor der Schuldrechtsmodernisierung im Übergang vom ursprünglichen Erfüllungsanspruch auf den Nacherfüllungsanspruch durch den Gefahrübergang – dh idR mit der Abnahme – gesehen wird. Zur Frage der Anwendbarkeit der Mängelrechte 6 bereits vor diesem Zeitpunkt, instruktiv *Drossart* in BrBp 03, 356, wonach vor dem Hintergrund der Rechtsklarheit und Rechtssicherheit bis zur Abnahme grds nur das allgemeine Leistungsstörungsrecht Anwendung finden soll (aA *Vorwerk* BauR 03, 1, 8 ff); für die Selbstvornahme soll es der vorherigen Abnahme bedürfen. **Bis zur Abnahme** (oder den Fällen deren Entbehrlichkeit § 640 Rn 1, insbes aufgrund Fristsetzung nach § 640 I 3) hat der Besteller einen auf Verschaffung eines mangelfreien Werkes gerichteten Erfüllungsanspruch (§§ 631, 633 I). Dies gilt nicht, wenn der Besteller hierauf verzichtet und sich auf die Rechte aus § 634 beschränkt (BGH NJW 99, 2046). Bei nicht nur unwesentlichen Mängeln kann der Besteller die Abnahme verweigern (§ 640) und Herstellung eines mangelfreien Werkes verlangen (BGH NJW 92, 1078). Er ist daher nicht auf die Abnahme und anschließende Geltendmachung der Mängelrechte gem § 634 angewiesen (BGH NJW-RR 88, 310 zur alten Rechtslage). Seine Rechte hinsichtlich der Leistungsstörung sollen sich insoweit auf Schadens- und Aufwendungsersatz unmittelbar aus §§ 280 ff, 311 a, 284 sowie Rücktritt aus §§ 323 ff beschränken. Der Unternehmer kann seine Verpflichtung nach seiner Wahl durch Neuerstellung oder Mangelbeseitigung erfüllen. Grenze des Verpflichtung des Unternehmers ist die Unmöglichkeit (§ 275 I) oder die berechtigte Nacherfüllungsverweigerung nach § 275 II. **Ausnahmsweise** sind die §§ 634 ff auch vor Abnahme anwendbar, wenn sich nach der Herstellung des Werkes der Erfüllungsanspruch auf ein konkretes Werk beschränkt, vorausgesetzt die Gefahr ist ohne Abnahme auf den Besteller übergegangen. Dies ist der Fall bei Annahmeverzug des Bestellers gem § 644 I 2 oder bei Rücktritt aufgrund der Verweisung in § 634 Nr 3 auf § 323 IV (BGH NJW 00, 133). Des Weiteren auch bei Mängeln, bei denen offensichtlich ist, dass der Unternehmer diese nicht wird beseitigen können (*Drossart* BrBp 03, 356). **Ab Abnahme** sollen dem Besteller grds nur noch die Rechte aus § 634 zustehen (Palandt/*Sprau* vor § 633 Rn 8).

7

8 **b) Besondere Abgrenzungsfragen.** Wegen des abschließenden Charakters des werkvertraglichen Mangelrechts ist eine **Anfechtung wegen Eigenschaftsirrtum** (§ 119 II) weiterhin ausgeschlossen, soweit sich der Irrtum auf ein dem Bereich der Mängelhaftung unterfallendes Merkmal des Werks bezieht. Ebenso ist § 313 für solche **Störungen der Geschäftsgrundlage** nicht anwendbar, die einen Mangel begründen können. Eine Anfechtung nach § 119 I und § 123 ist hingegen möglich. Ansprüche aus **Geschäftsführung ohne Auftrag** und **ungerechtfertigter Bereicherung** sind soweit sie im Zusammenhang mit Mängeln stehen (Karlsr BauR 03, 1241) und soweit ein wirksamer Werkvertrag vorliegt (Hburg BauR 03, 253) durch die Sondervorschriften der §§ 633 ff ausgeschlossen (BGH NJW 68, 43; WM 78, 953), ebenso durch § 13 Nr 5 VOB/B (BGH NJW 66, 39; WM 78, 953). Dies gilt auch für die Beseitigung eines Mangels eines anderen Unternehmers (BGH NJW-RR 04, 956; Hamm NJW-RR 98, 163).

9

10 Ansprüche aus **unerlaubter Handlung** (§§ 823 ff) bestehen neben den §§ 634 ff nicht, wenn der Schaden sich mit dem Mangelunwert der vertraglichen Leistung deckt (BGH IBR 05, 220). Allein die Herstellung einer mangelhaften Sache stellt keine Eigentumsverletzung dar, da der Besteller nie mangelfreies Eigentum hatte (BGH NJW 01, 1346). Auch ein mangelhaft errichtetes Bauwerk ohne Veränderung der bereits vorhandenen Substanz stellt keine Beeinträchtigung des Eigentums des Bestellers dar (BGHZ 96, 221), kann aber ggf Deliktsansprüche eines Dritten auslösen (BGH NJW-RR 90, 726). Anders hingegen, wenn sich der Mangel auf andere, zunächst unversehrte Teile des Werks erstreckt (sog weiterfressende Mängel § 823 Rn 39 ff) oder auf andere Gegenstände des Bestellers auswirkt und diese beschädigt werden (BGHZ 96, 221; Beispiel späterer Motorschaden aufgrund falsch oder nicht durchgeführtem Ölwechsel, BGHZ 98, 45).

11 **B. Verschaffung eines mangelfreien Werkes (I).** § 633 führt zwar in Angleichung an § 433 I 2 die „Verschaffung" des mangelfreien Werkes an. Eine Eigentumsverschaffung ist damit jedoch nicht verbunden, zumal das Werk auch in Leistungen an Gegenständen Dritter bestehen kann (s.o. Reparatur einer gemieteten Sache). Maßgeblicher Zeitpunkt für die Erbringung dieser Hauptpflicht des Unternehmers ist der Gefahrübergang (wichtig für die Abgrenzung zu späteren Verschleiß- und Abnutzungserscheinungen; § 644), dh idR die Abnahme (§ 640, zu den Ausnahmen, in denen keine Abnahme erforderlich ist s dort Rn 1). Dieser Zeitpunkt ist relevant sowohl für die Bestimmung des Istzustands (keine Mängelrechte bei erfolgter Mangelbeseitigung) als auch des Sollzustandes (maßgeblich hierfür sind die vertraglichen Vereinbarungen, Mindeststandard Regeln der Technik). Ausnahmsweise können spätere (auch nach Abnahme) wissenschaftliche und technische Erkenntnisse Berücksichtigung finden (so wenn sich Änderungen einer DIN abzeichnen, BGHZ 139, 16; bei neuen Fachregeln, Nürnbg IBR 05, 586). Bei abschnittsweiser, separater Beauftragung des Unternehmers ist die Mangelhaftigkeit für jede Stufe der Beauftragung getrennt zu beurteilen (BGHZ 136, 342). Der Unternehmer schuldet beim Werkvertrag einen Erfolg iS eines mangelfreien Werkes (Mängelhaftung ist Erfolgshaftung). Er haftet verschuldensunabhängig für die Mangelfreiheit seiner Leistung (früher primäre Gewährleistungsrechte; BGH IBR 06, 16). Hingegegen setzt Schadensersatzhaftung Verschulden voraus. Ausnahmen hiervon bilden die Fälle der Verantwortlichkeit des Bestellers nach § 645 (dh bei Anweisungen des Bestellers oder Lieferung von Stoffen durch den Besteller, bei Bauverträgen ist § 13 Nr. 3 VOB/B zu beachten), der Missachtung von Hinweisen des Unternehmers, sowie der ungeeigneten Vorarbeiten von Vorunternehmern des Bestellers, sofern der Unternehmer seiner Prüfungs- und Hinweispflicht nachgekommen ist (Celle NJW-RR 02, 594). Ist der Unternehmer dieser Pflicht nicht nachgekommen, verbleibt es bei seiner vertraglichen Haftung. War der Verursachungsgrund für beide Vertragsparteien nicht erkennbar, stellt die Rspr zwischenzeitlich auf eine Sphärentheorie ab und kommt damit zu einer erweiterten Anwendung des § 645 (s dort).

12

13 **C. Mangelbegriff (II).** Ein Sachmangel ist jede Abweichung der Istbeschaffenheit von der Sollbeschaffenheit. Diese Definition gilt auch für nicht in einer Sache verkörperte Werke – zB Planungsleistungen. Damit ist ein Werk auch mangelhaft, wenn es „besser" ist als vereinbart (BGH NJW 02, 3543). Die Beschaffenheit eines Werks leitet sich her aus den dem Werk anhaftenden Eigenschaften einschließlich der äußeren Umstände, denen das Werk zwangsläufig unterliegt. Ausschlaggebend sind daneben auch Faktoren, die für die Verwen-

dung des Werks relevant sein können. **Istbeschaffenheit** ist der tatsächliche Zustand des Werks im maßgeblichen Zeitpunkt (Rn 5 f). Die **Sollbeschaffenheit** bestimmt sich zunächst nach der Beschaffenheitsvereinbarung (Rn 14) und dem Willen der Parteien bei Vertragsschluss. Nur soweit eine solche nicht vorliegt, soll auf die Gebrauchstauglichkeit des Werkes zur vorausgesetzten Verwendung (Rn 17) und hilfsweise auf die gewöhnliche Verwendung des Werkes (Rn 19) abzustellen sein. Zur Frage der in § 633 nicht zutreffend umgesetzten Verbrauchsgüterkaufrichtlinie der EG vgl *Thode* NZBau 02, 297, 300. Im Ergebnis wird man die 3 Stufen des Sachmangelbegriffs des § 633 kumulativ zu verstehen haben – insbes weil praktisch nie eine umfassende Beschaffenheitsvereinbarung vorliegt – dort wo sie nicht gegeben ist, muss man auf die anderen beiden Stufen übergehen, wobei die anerkannten Regeln der Technik immer als Mindeststandard anzusehen sind (unabhängig davon, welchen der drei Merkmale man diese zuordnet).

I. Vereinbarte Beschaffenheit (II 1). Die Beschaffenheit des Werkes können die Parteien ausdrücklich im Vertrag regeln (auch durch Bestätigungsschreiben, Dresden BauR 03, 882) oder stillschweigend festlegen (BGH NJW-RR 02, 1533). Sie bedarf bei formbedürftigen Verträgen deren Form (§ 311 b) und kann erfolgen durch detaillierte Beschreibung des Werks in einem Leistungsverzeichnis, aber auch funktional nach der erwarteten Leistung bzw der Art der Ausführung. Die vereinbarte Beschaffenheit ist ggf durch Auslegung des Vertrages als sinnvolles Ganzes zu ermitteln (BGH BauR 99, 897 = NJW 99, 2432 u BauR 03, 388 = NJW 03, 743). Dabei wird die speziellere Beschreibung der allgemeinen vorgehen, zB Detailbeschreibungen ggü Plänen (BGH NJW 03, 743). Auch die konkreten Verhältnisse des Werkes sind zu berücksichtigen (BGH NJW 02, 1954), zB Zugrundelegung eines noch zu konkretisierenden Prototypen (BGH NJW 02, 1870) oder unternehmerseitiger Planung (BGH NJW 01, 1642). Erfolgt der Vertragsschluss durch öffentliche Ausschreibung, ist iRd Auslegung der Wortlaut der Ausschreibung aus der Sicht eines objektiven fachkundigen Empfängers zugrunde zu legen (BGH BauR 03, 743; 03, 536; § 9 Nr 1 VOB/A-konforme Auslegung, dh kein ungewöhnliches Wagnis für den Unternehmer BGH BauR 97, 466). Wird die Beschaffenheit sowohl durch Funktion als auch Ausführungsart beschrieben, bestimmt sich die geschuldete Qualität des Werkes danach, was durch die vereinbarte Ausführungsart üblicherweise erreicht werden kann (BGHZ 139, 16). Ein Mangel liegt auch vor, wenn das Werk technisch mangelfrei ist und funktionsfähig ist, aber nicht den vertraglichen Vorgaben entspricht. Auch wenn durch die vereinbarte Ausführungsart kein funktionstüchtiges und zweckentsprechendes Werk erstellt werden kann, schuldet der Unternehmer dieses (Rostock BauR 05, 441: dichter Keller; dichtes Dach, BGH BauR 00, 411). Anders, wenn AN seiner Hinweispflicht (§ 4 Nr 3 VOB/B) nachgekommen ist – problematisch, wenn für AN nicht erkennbar, dass mit festgelegter Beschaffenheit Werkerfolg nicht erzielt werden kann – hier Frage, ob AN gleichwohl haftet: Ja, wenn man die verschuldensunabhängige Erfolgshaftung uneingeschränkt annimmt. Nein, wenn man für AN-Haftung Erkennbarkeit fordert. Bei beiden Lösungen kann der Unternehmer ggf Mehrkosten geltend machen bzw finden die Kosten als Sowieso-Kosten iRd Mangelbeseitigung Berücksichtigung (BGHZ 139, 244; BGH NJW-RR 00, 465). In der Zustimmung des Bestellers zur Ausführung gem Muster ist nicht zugleich ein Verzicht auf die Gebrauchstauglichkeit des bemusterten Bauteils zu verstehen (Frankf IBR 05, 421).

Sofern nichts anderes vereinbart wurde, ist der Unternehmer zur Beachtung der **anerkannten Regeln der Technik** verpflichtet. Diese finden sich ua in den Fachregeln bzw Regeln des Handwerks (Ddorf NJW-RR 99, 1657), DIN-Normen (VOB/C), VDE-Bestimmungen, europäischen Normen oder Unfallverhütungsvorschriften. Das Werk muss letztlich unter Beachtung der vorausgesetzten bzw üblichen Verwendung (Rn 18 f) diesen Regeln entsprechen. Ist dies nicht der Fall, liegt auch ohne Schadenseintritt ein Mangel vor (Stichwort „Mangel ohne Schaden", Ddorf NJW-RR 96, 146). So bei Architektenplanungen, die ohne ausreichende Baulanduntersuchungen bzgl der Wasserhaltigkeit des Baugrundes ausgeführt wurden, auch wenn noch kein Wasser eingedrungen ist (Köln NJW-RR 05, 1042). Abweichende vertragliche Vereinbarungen zugunsten des Unternehmers hat dieser ggf zu **beweisen** (Hamm NJW-RR 95, 17), zB wenn der Besteller ungeachtet des Hinweises des Unternehmers neue und unerprobte Techniken oder Materialen einsetzt (Brandbg ZfBR 01, 112). Maßgeblich sind die Regeln im Zeitpunkt der Abnahme (Ausnahme: Begründete Zweifel an der Aktualität der Bestimmungen – BGHZ 139, 16 zum Schallschutz – oder deren allgemeiner Akzeptanz – Hamm NJW-RR 98, 668).

II. Verwendungseignung (II 2). Liegt keine Beschaffenheitsvereinbarung vor, kommt es auf die Verwendungseignung, dh Gebrauchstauglichkeit oder Funktionstüchtigkeit des Werkes an (BGH NJW 97, 1772). Diese bestimmt sich nach der vertraglich vorausgesetzten oder der gewöhnlichen Verwendung des Werkes.

1. Vertraglich vorausgesetzten Verwendung (II 2 Nr 1). Der **vertraglich vorausgesetzten Verwendung** (II 2 Nr 1) liegt die bei Vertragsschluss vom Besteller beabsichtigte und dem Unternehmer bekannte Funktion des Werkes zugrunde (ggf Hinweispflicht des Unternehmers, Ddorf NJW-RR 99, 173). Das Werk muss diesem Zweck entsprechen, in diesem Sinn funktionstüchtig und geeignet sein (BGHZ 139, 244). Eignet sich das Werk nicht für die vertraglich vorausgesetzte Verwendung, ist das Werk – auch bei Beachtung der anerkannten Regeln der Technik – mangelhaft (BGH NJW 03, 200; bspw vorausgesetzte Verkehrstüchtigkeit eines PKW nach Reparatur durch Kfz-Werkstatt). Dies ist insbes der Fall, wenn der gewöhnliche Gebrauchs- und Ertragswert des Werks eingeschränkt ist (sog technischer Minderwert, BGH ZfBR 95, 129), das Werk das

Risiko einer geringeren Haltbarkeit und Nutzungsdauer oder erhöhte Betriebs-/Instandhaltungskosten aufweist (BGH NJW 03, 1188; NJW-RR 05, 607) oder wenn die Verkäuflichkeit des Werks beeinträchtigt ist (sog merkantiler Minderwert, BGH NJW 86, 428).

19 **2. Gewöhnliche Verwendungseignung (II 2 Nr 2).** Hilfsweise/alternativ („sonst") bestimmt sich die Verwendungseignung nach der **gewöhnlichen Verwendung** (II 2 Nr 2), dh der nach Art des Werks üblichen Verwendung. Das Werk ist in diesem Fall nur frei von Sachmängeln, wenn es sich für die gewöhnliche Verwendung eignet und eine Beschaffenheit aufweist, die bei Werken der gleichen Art üblich ist und die der Besteller nach der Art des Werkes erwarten kann, dh dem durch die Verkehrssitte ausgedrückten hypothetischen Parteiwillen entspricht.

20 **III. Anderes Werk, zu geringe Menge (II 3).** Ein mangelhaftes Werk liegt auch vor, wenn das Werk nicht nur hinsichtlich seiner Ausführung, sondern auch seiner Art nicht dem geschuldeten entspricht, oder das Werk in zu geringer Menge hergestellt wird. Dieser der Regelung in § 434 III entsprechenden Vorschrift kommt im Werkvertragsrecht jedoch wenig Bedeutung zu. Grund hierfür ist, dass die Neuerstellung auch nicht vertretbarer beweglicher Sachen, bei der diese Fallkonstellationen üblicherweise auftreten, gem § 651 dem Kaufrecht unterfallen. Denkbarer Anwendungsfall stellt die Verwendung nicht vereinbarter Materialien dar. Ein **anderes Werk** (II 3 Alt 1; Falschleistung, aliud) ist gegeben, wenn ausgehend vom Vertragszweck die Werkleistung nach ihrer Art und Bestimmung nicht der vertraglichen entspricht. Die Herstellung einer **zu geringen Menge** (II 3 Alt 2) ist von einer nicht unter II 3 fallenden Teilleistung (§ 281 I 2, 323 V) abzugrenzen (zB lediglich das Dach einer Reihenhaushälfte wird gedeckt). Eine zu geringe Menge liegt vor, wenn die Leistung als vollständige Erfüllung erbracht werden soll (Palandt/*Sprau* § 633 Rn 8).

21 **D. Rechtsmängel (III).** Gem III werden Rechtsmängel den Sachmängeln auf der Rechtsfolgenseite gleichgestellt, der Besteller kann die Mängelrechte des § 634 geltend machen. Rechtsmängel können vorliegen bzgl des Eigentums bei vom Unternehmer zu beschaffenden Zutaten, bei geistigem Eigentum, Urheberrechten (zB bei Planungsleistungen von Architekten), Patent- und sonstigen gewerblichen Schutzrechten, sowie bei Gemeinschaftsverhältnissen (Wohnungseigentum) und öffentlich-rechtlichen Beschränkungen. Umstr ist, ob auch die Verschaffung des Eigentums am Werk zu den Rechtsmängeln zu zählen ist (so insbes für den Erwerb vom Bauträger *Thode* NZBau 02, 297, 303; aA Palandt/*Putzo* § 435 Rn 8, da gesonderte Vertragspflicht).

22 **E. Beispiele für Mängel. I. Bauwerke.** Mangel bei beschränkter Nutzbarkeit aufgrund zu geringer Deckenhöhe (BGH ZfBR 89, 58) oder einschränkender Bodenunebenheit (BGH NJW-RR 99, 381); undichtem Keller (Schlesw BauR 00, 1060); Kunstharzputz statt vereinbartem mineralischen Kratzputz (aufgrund kürzerer Haltbarkeit, Hamm IBR 05, 250); erkennbaren Höhendifferenzen bei saniertem Dach (Brandbg IBR 05, 195). Ungeeignetheit der Werkleistung als Grundlage für Nachunternehmerleistungen (Köln NJW-RR 94, 1045). Ist bei einer der geltenden DIN entsprechenden Bauwerksabdichtung durch Bitumendickbeschichtung keine sach- und fachgerechte Ausführung entsprechend den Herstelleranweisung erfolgt, liegt ein Mangel unabhängig davon vor, ob ein Schaden eingetreten ist (Köln NJW-RR 05, 1042). Hinter den Anforderungen der DIN 4109 zurückbleibender Schallschutz bei einer Eigentumswohnung (Karlsr IBR 05, 685; Saarbr IBR 03, 127; uU weitergehender Schallschutz nach den Regeln der Technik geschuldet, BGH IBR 98, 376). Schadstoffausdünstungen bei einem Bauwerk (Oldbg NJW-RR 99, 241; wobei eine gewisse Konzentration erforderlich sein
23 dürfte, Bambg NJW-RR 00, 97), Lösungsmittelgeruch (Köln MDR 03, 618). Mangel auch bei kleinerer als vereinbarter Wohnfläche (BGH NJW 04, 2156; zur Berechnung bei Dachschrägen, BGHZ 146, 250). Seit 1.1.02 stellt jede Abweichung von einer Beschaffenheitsvereinbarung über die Wohnfläche (auch 0,1 %) einen Mangel dar, bei fehlender Vereinbarung im Fall der Funktionsminderung (bei 10 % geringerer Wohnfläche, als im Verkaufsprospekt angegeben, BGH NJW 97, 2874; anders wohl bei ungefährer Angabe und 7,69 % Abweichung, Nürnbg NJW-RR 01, 82). Ebenso bei neben Wohnungsterrasse (Ddorf NJW-RR 01,
24 523). Auch **öffentlich-rechtliche Beschränkungen** können einen Mangel darstellen, so wenn aufgrund diesen ein rentabler Betrieb eines Cafés/Ladens nicht möglich ist (BGH NJW 01, 3476), dadurch eine ordnungsrechtliche Haftung oder sonstiger Inanspruchnahme droht (Karlsr VersR 98, 1127), bei der Verpflichtung des Unternehmers zum Nachweis der baurechtlichen Unbedenklichkeit bis zu diesem Nachweis (BGH NJW 81, 112). Nicht hingegen die fehlende Bebaubarkeit eines Grundstücks (da Risikosphäre des Bestellers Ddorf NJW-RR 00, 310; abw Vereinbarung der Risikotragung ist jedoch möglich).

25 **II. Architekten-/Ingenieursleistungen.** Ein Mangel der Architektenleistung ist gegeben, wenn die vereinbarte Kostenobergrenze für das zu realisierende Bauprojekt überschritten wird (BGH NJW-RR 03, 397), ebenso bei nicht genehmigungsfähiger Planung, der Einreichung eines unvollständigen Bauantrages (jeweils Saarbr IBR 05, 25) oder wenn zwar die Baugenehmigung, nicht aber die notwendigen weiteren Genehmigungen erteilt werden (Ddorf IBR 05, 555). Ebenfalls wenn der vertraglich vereinbarte Schallschutz mit der Planung nicht erreicht werden kann (Hamm IBR 05, 101); bei fehlender oder nicht der vertraglich geschuldeten Sorgfalt entspr Baugrundprüfung (Brandbg IBR 05, 102); bei Planung und Beaufsichtigung des Umbaus eines 100 Jahre alten Hauses, wenn der Architekt das Vorhandensein und die Wirksamkeit der Isolierung nicht untersucht und entspr Abdichtungsmaßnahmen angeraten und sichergestellt hat (BGH NZBau 05,

406). Mangel auch bei Vorgabe eines objektiv untauglichen Baustoffes zur Dachabdichtung (Hamm IBR 05, 33). Die Mangelhaftigkeit einer nicht genehmigungsfähigen Planung entfällt auch nicht, wenn die Genehmigungsbehörde den rechtswidrigen Zustand duldet (Ddorf IBR 05, 608).

III. Sonstige. Ein Konstruktionsfehler bei einer Maschine stellt auch dann einen Mangel dar, wenn sich dieser erst durch Hinzutreten weiterer Umstände auswirkt (BGH NJW-RR 05, 608). Bei Softwareerstellung ist, sofern keine näheren Bestimmungen zum vorausgesetzten Gebrauch und den dazu notwendigen Softwareleistungen getroffen wurden, unter Berücksichtigung des vertraglichen Zwecks eine Lösung entspr dem Stand der Technik bei mittlerem Ausführungsstandard geschuldet (BGH NJW-RR 04, 782). Tauglichkeitsmindernde Softwarefehler sind ein Mangel (BGHZ 102, 135), nicht jedoch systembedingte Gegebenheiten oder Eigenarten (Köln NJW-RR 95, 1460). 26

F. VOB/B. Die Regeln der VOB/C werden bei Vereinbarung der Geltung der VOB/B gem § 1 I 2 zum Vertragsbestandteil und können die Leistungspflicht des Unternehmers in technischer Hinsicht konkretisieren. Hierzu zählt nach § 4 Nr 2 auch die Einhaltung der anerkannten Regeln der Technik. gem § 4 Nr 7 hat der Auftragnehmer Leistungen, die schon während der Ausführung als mangelhaft oder vertragswidrig erkannt werden, auf eigene Kosten durch mangelfreie zu ersetzen (nach Abnahme § 13). Hat der Auftragnehmer den Mangel oder die Vertragswidrigkeit zu vertreten, hat er auch den daraus entstehenden Schaden zu ersetzen. Kommt der Auftragnehmer der Pflicht zur Beseitigung des Mangels nicht nach, kann ihm der Auftraggeber eine angemessene Frist zur Beseitigung des Mangels setzen und erklären, dass er ihm nach fruchtlosem Ablauf der Frist den Auftrag entziehe (§ 8 Nr 3). 27

§ 634 Rechte des Bestellers bei Mängeln

Ist das Werk mangelhaft, kann der Besteller, wenn die Voraussetzungen der folgenden Vorschriften vorliegen und soweit nicht ein anderes bestimmt ist,
1. nach § 635 Nacherfüllung verlangen,
2. nach § 637 den Mangel selbst beseitigen und Ersatz der erforderlichen Aufwendungen verlangen,
3. nach den §§ 636, 323 und 326 Abs. 5 von dem Vertrag zurücktreten oder nach § 638 die Vergütung mindern und
4. nach den §§ 636, 280, 281, 283 und 311 a Schadensersatz oder nach § 284 Ersatz vergeblicher Aufwendungen verlangen.

A. Allgemeines. 1. Aufbau und Schuldrechtsmodernisierung. § 634 wurde durch das SMG eingefügt und fasst in übersichtlicher Form die Rechte des Bestellers bei Mängeln des Werks zusammen. Die Einzelheiten der einzelnen Mängelrechte werden in weiteren Vorschriften geregelt, zB §§ 635 bis 638, 323, 280 ff. Dies entspricht dem Aufbau des § 437 im Kaufrecht. Die Vorschrift des § 634 verweist bzgl der Rechtsfolgen insbes für den Rücktritt (§§ 634 Nr 3, 636), den Schadensersatz (§§ 634 Nr 4, 636) und den Ersatz vergeblicher Aufwendungen (§ 634 Nr 4), weitgehend auf die Vorschriften des allgemeinen Schuldrechts. Spezifische Regelungen für das Werkvertragsrecht finden sich für den Nacherfüllungsanspruch (§§ 634 Nr 1, 635), der als Vorbild für die entsprechende kaufvertragliche Regelung in §§ 437, 439 gedient hat und das Selbstvornahmerecht (§§ 634 Nr 2, 637). Daneben steht dem Besteller die auch bei anderen Vertragstypen bekannte Minderung zu (§§ 634 Nr 3, 638). Die Mängelrechte sind zT als Anspruch (Nacherfüllung Nr 1, Aufwendungsersatz/Vorschuss Nr 2, Schadens-/Aufwendungsersatz Nr 3), als Gestaltungsrecht (Rücktritt/Minderung Nr 2) oder als Befugnis (Selbstvornahme Nr 2) ausgestaltet. 1

2. Rangverhältnis der einzelnen Mängelrechte. Die einzelnen Mängelrechte stehen entgegen dem Wortlaut/Aufbau der Vorschrift in einem **Stufenverhältnis.** Der Besteller muss dem Unternehmer Gelegenheit zur Nacherfüllung („2. Andienung") geben. Er hat daher zunächst nur den Nacherfüllungsanspruch nach § 635. Erst wenn eine dem Unternehmer gesetzte Nachfrist fruchtlos abgelaufen ist oder diese entbehrlich ist (§§ 636, 637 II 2, 281 II und 323 II), kann er die übrigen Mängelrechte ausüben. Im Anschluss kommt dem Besteller ein Wahlrecht bzgl der Mängelrechte zu (zur zeitlichen Grenze *Derleder* NJW 03, 998 u 2777). Bis zur dessen Ausübung bleibt der Nacherfüllungsanspruch bestehen. Der Besteller kann auch nach Fristablauf dem Unternehmer die Nacherfüllung gestatten, ist hierzu aber nicht verpflichtet (BGH NJW 03, 1526 = BauR 03, 693; aA Hamm BauR 05, 765; Ausnahme, sofern der Besteller weiterhin auf Nacherfüllung besteht, oder nach § 242, Celle NJW 05, 2094). Sofern in diesem Fall der Unternehmer die Nacherfüllung anbietet, muss der Besteller sein Wahlrecht in angemessener Zeit ausüben (BGH NJW 02, 669). Die Geltendmachung der Mängelrechte kann eine **unzulässige Rechtsausübung** darstellen (so wenn der Besteller den Mangel selbst herbeiführt, BGHZ 127, 378) oder **die Beseitigung verhindert** (so bei Baustellenverbot, BGH NJW-RR 04, 92; 04, 1461). 2

Im **Einzelnen:** Neben einem Aufwendungsersatz kann der Besteller einen konkurrierenden Schadensersatzanspruch geltend machen. Gem § 281 IV geht ein Nacherfüllungsanspruch mit dem Verlangen nach Schadenser- 3 satz unter. Dies muss auch für den Aufwendungsersatz nach der Selbstbeseitigung eines Mangels gelten. Anders verhält es sich beim Vorschussanspruch. Dieser ist nur vorläufig, zum Zeitpunkt der Forderung ist noch nicht klar, ob eine Mängelbeseitigung stattfindet oder nicht. Man wird eine Gestaltungswirkung zu diesem Zeitpunkt ablehnen müssen (*Derleder* NJW 03, 998, 1003). Dem Gläubiger stehen somit alle Rechte des § 634 weiterhin zu. Ist eine Selbstbeseitigung des Mangels durchgeführt, ist ein Rücktritt zwangsläufig ausgeschlossen. Neben dem dann geltend zu machenden Aufwendungsersatzanspruch bleiben die Schadensersatzansprüche aus § 634 Nr 4 bestehen. Gleiches gilt für die Minderung. Verbleibt nach der Selbstvornahme ein unbehebbarer Minderwert steht dem Besteller das entsprechende Recht zusätzlich zu. § 325 ermöglicht die Geltendmachung des Schadensersatzes neben dem Rücktritt. Angesprochen sind sowohl der große wie der kleine Schadensersatz. Bei letzteren entfällt allerdings der sich aus einem Rücktritt ergebende Rückgewährsanspruch. Str ist, ob § 325 analog auf den Schadensersatzanspruch nach einer Minderungserklärung angewendet werden kann (vgl *Vorwerk* BauR 03, 1 u *Derleder* NJW 03, 998, 1002). Nicht möglich sein kann dagegen ein Wechsel vom Rücktritt zur Minderung, ebenso umgekehrt. Str ist auch, ob ein Übergang vom Rücktritt zum Schadensersatz möglich ist (*Derleder* NJW 03, 998, 999f). Dies wird sowohl für den großen als auch den kleinen Schadensersatzanspruch von *Derleder* bejaht (NJW 03, 998, 1001).

4 **3. Abweichende Vereinbarungen.** Abweichende Vereinbarungen von der Regelung in § 634 sind zugunsten des Unternehmers oder des Bestellers in den Grenzen des § 138, bei AGB zusätzlich der §§ 307 ff zulässig. Jedoch ist für Einschränkungen und Ausschluss von Mängelrechten § 639 zu beachten. Bei Abgabe einer Garantie ist deren Inhalt durch Auslegung zu bestimmen (bloße Beschaffenheitsvereinbarung oder unselbständige bzw selbständige Garantie vgl § 781 Rn 2 f; vor § 765 Rn 56 f). Nach der in Frage zu stellenden Rspr des BGH hat die Garantie regelmäßig die Bedeutung, dass alle während der Garantiefrist auftretenden Mängel Gewährleistungsansprüche auslösen können und die Verjährungsfrist erst mit der Entdeckung des Mangels beginne (dh Zeitpunkt des Verjährungsfristbeginn wird hinausgeschoben); jedoch soll dadurch keine Verlängerung der Verjährungsfrist eintreten (BGH BauR 79, 427, 431; Hamm IBR 05, 531). Auch ist ein Verzicht auf bestehende Mängelrechte möglich (dieser liegt jedoch beim Einverständnis des Bestellers mit einer bestimmten Art der Nacherfüllung noch nicht vor, BGH NJW 02, 748).

5 **B. Nacherfüllungsanspruch (Nr 1; § 635).** Der Nacherfüllungsanspruch stellt einen modifizierten Erfüllungsanspruch dar (BGH NJW 99, 1105 zur früheren Rechtslage). Er beschränkt sich mit der Abnahme auf das als Erfüllung angenommene Werk. Der Unternehmer kann allein entscheiden, ob er die Mängel beseitigen oder das Werk neu herstellen will (§ 635), es sei denn, eine Mängelbeseitigung ist auf andere Weise nicht möglich und der Unternehmer kann diese nicht wegen Unverhältnismäßigkeit verweigern (BGHZ 96, 111; BTDrs 14/6040). Aufgrund des Nacherfüllungsanspruchs kann der Besteller ggü dem Vergütungsanspruch des Unternehmers ein Zurückbehaltungsrecht geltend machen (§ 641 III). Ein Nacherfüllungsanspruch entfällt, wenn die Voraussetzungen der §§ 275, 635 III vorliegen. Er erlischt mit Ausübung der Gestaltungsrechte Rücktritt oder Minderung, sowie mit Verlangen von Schadensersatz statt der Leistung. Das bloße Angebot einer Minderung im Rahmen später gescheiterter Vergleichsgespräche hat nicht den Verlust des Nacherfüllungsanspruches zur Folge (BGH BauR 04, 670).

6 **C. Selbstvornahme (Nr 2; § 637).** Nach erfolgloser Fristsetzung (oder sofern diese entbehrlich ist, § 637 II 1 iVm § 323 II oder § 637 II 2) kann der Besteller den Mangel auf Kosten des Unternehmers beseitigen lassen und Kostenvorschuss hierfür verlangen. Gestattet der Besteller dem Unternehmer gleichwohl die Nacherfüllung, besteht der Anspruch aus § 637 neben dem Nacherfüllungsanspruch (der Besteller kann jedoch nicht beides gleichzeitig verlangen). Der Besteller kann daneben Ersatz für nicht von der Selbstvornahme erfasste Schäden nach § 280 oder bei Vorliegen der Voraussetzungen des § 286 Verzugsschaden ersetzt verlangen. Dies gilt an sich nicht für durch Nacherfüllung beseitigbare Schäden, sofern eine Fristsetzung unterblieb (BGH NJW-RR 88, 208), ist ist allerdings, ob der Besteller über § 640 II dem Unternehmer sein Nachbesserungsrecht nehmen und direkt zum Schadensersatz übergehen kann. Nach Ansicht des BGH (BauR 84, 634) beinhalten die Regelungen zur Gewährleistung (heute Mängelrechte) ggü GoA und Bereicherungsrecht eine abschließende Regelung. Bei Fehlschlagen der Selbstvornahme kann der Besteller unter den entspr Voraussetzungen mindern oder Schadensersatz verlangen – diese Rechte leben wieder auf. Rücktritt ist bei Aufwendungsersatz ausgeschlossen (*Derleder* NJW 03, 998).

7 **D. Rücktritt und Minderung (Nr 3; §§ 636, 638).** Das Wahlrecht des Bestellers bzgl der bestehenden Mängelrechte erlischt mit der Geltendmachung der Gestaltungsrechte Rücktritt oder Minderung. Die Ausübung ist für den Besteller bindend. Die bloße Erhebung der Mängeleinrede im Vergütungsprozess stellt noch keine solche Ausübung des Gestaltungsrechts dar (BGH NJW 91, 2630 zum alten Recht; für eine Versagung des Nacherfüllungsanspruchs in diesem Fall *Kohler* BauR 03, 1804). Durch den **Rücktritt** entsteht ein Abrechnungs- und Rückabwicklungsverhältnis (iE vgl § 636 Rn 6). Der Besteller kann jedoch daneben Schadensersatz (§ 325) verlangen. Durch die **Minderung** wird der Vergütungsanspruch herabgesetzt (Einzelheiten § 638 Rn 3 ff). Eine Geltendmachung von Schadensersatz statt der Leistung oder Aufwendungsersatz neben der Minderung für in ihrem Rahmen geltend gemachte Mängel soll nicht möglich sein. Dies wird damit begrün-

det, dass mit der Minderung der Nacherfüllungsanspruch erloschen ist und eine dem § 325 entspr Regelung nicht besteht (*Vorwerk* BauR 03, 1; aA *Derleder* NJW 03, 998, der § 325 analog anwenden will).

E. Schadensersatz (Nr 4; § 636). Eine mangelhafte Werkerstellung stellt eine Pflichtverletzung des Unternehmers dar, die bei Vorliegen von Verschulden eine Schadensersatzpflicht nach § 280 I 1 auslöst. Dabei wird ein Verschulden des Unternehmers nach § 280 I 2 vermutet. Der Anspruch umfasst die durch den Mangel verursachten Schäden (BGH NJW-RR 03, 878). Für **Schadensersatz statt der Leistung** müssen zusätzlich die Voraussetzungen der §§ 281, 283 vorliegen (§ 280 III, bei anfänglichen Leistungshindernissen greift § 311 a). Er erfasst die sog Mangelschäden, dh in der Sache selbst liegende Schäden, die bei einer erfolgreichen Nacherfüllung nicht entstanden wären und tritt an die Stelle des Erfüllungsanspruchs. Durch die Geltendmachung des Schadensersatzes statt der Leistung erlöschen sämtliche anderen Mängelrechte (§ 281 IV). In Abgrenzung zum Schadensersatz statt der Leistung fallen unter § 280 **sonstige Schäden**, die durch die Nacherfüllung nicht erfasst werden und auch durch eine erfolgreiche Nacherfüllung nicht beseitigt werden können, sowie Mangelfolgeschäden an anderen Rechtsgütern des Bestellers (§ 280 Rn 36 ff; ggf Schmerzensgeld über § 253 II). Einer Fristsetzung bedarf es nicht, da diese keinen Sinn hätte. Bsp hierfür sind der Nutzungsausfall; entgangener Gewinn; Gutachter- und Rechtsverfolgungskosten (BGH NJW 03, 3766; NJW-RR 03, 1285); nicht mehr behebbare Bauwerksschäden aufgrund mangelhafter Architektenleistung (BGH NJW 02, 3543), Hotelkosten während der Mängelbeseitigung (BGH NJW-RR 03, 878). Bei den Nebenleistungspflichten ist zu unterscheiden zwischen nichtleistungsbezogenen §§ 282, 241 II, 280 (s § 631 Rn 27) und nicht mit Mängeln zusammenhängenden Nebenpflichten, die der Regelverjährung gem §§ 195, 199 unterliegen und leistungsbezogenen Nebenpflichten § 280 (s § 631 Rn 24 ff), die Nr 4 (dh § 634 a) unterfallen. **Verzögerungsschäden**, die durch Mängel bedingt sind (zB Zeitraum der Nacherfüllung) bedürfen nicht der ansonsten für Verzögerungsschäden notwendigen Voraussetzungen der §§ 280 II, 286 (insbes des Verzugs). Sie werden über § 280 I geregelt. Der Anspruch aus § 280 kann neben den sonstigen Mängelrechten des § 634 geltend gemacht werden. 9

F. Aufwendungsersatzanspruch (Nr 4; § 636). Der Aufwendungsersatzanspruch tritt an die Stelle des Anspruchs auf Schadensersatz statt der Leistung, weshalb dessen Voraussetzungen vorliegen müssen (§ 284 „anstelle"; § 636 Rn 7). Auch ist eine parallele Anwendung damit ausgeschlossen. Vergebliche Aufwendungen sind bspw Werbe-/Anzeigekosten für den Verkauf nicht/oder nicht mangelfrei erstelltes Wohnungseigentum, Kredit-/Darlehenskosten. 10

G. Berechtigte und Verpflichtete. I. Berechtigte/Besteller. 1. Mehrere Berechtigte. Die Mängelrechte aus § 634 können vom Besteller bzw seinem Rechtsnachfolger geltend gemacht werden. Bei einer Personenmehrheit auf Bestellerseite sind dabei die im Außenverhältnis wirksamen Regelungen (Vertretungsmacht) zu beachten. Bei Miteigentum ist § 744 II heranzuziehen (Ddorf NZBau 00, 381). Die Gestaltungsrechte Rücktritt und Minderung können nur von allen Bestellern gemeinsam bzw aufgrund von Vertretungsmacht/Vollmacht für die Gemeinschaft ausgeübt werden. 11

2. Wohnungseigentumsgemeinschaft. Besonderheiten bestehen dadurch, dass die jeweiligen Ersterwerber von Wohnungseigentum Besteller aufgrund jeweils getrennter Verträge sind. Zweiterwerber können werkvertragliche Mängelrechte nur aus abgeleitetem Recht geltend machen (Abtretung oder Bevollmächtigung, BGH NJW 97, 2173). Mängelrechte, die lediglich das **Sondereigentum** betreffen, kann jeder Erwerber selbst geltend machen. Beim **Gemeinschaftseigentum** ist zu differenzieren: Jeder Erwerber kann bzgl des Gemeinschaftseigentums den ursprünglichen Erfüllungsanspruch (BGHZ 114, 383), die Mängelbeseitigung (in Form der Nacherfüllung, Ersatz der Selbstvornahmekosten oder Kostenvorschuss nach §§ 635, 637, BGHZ 68, 372) und ein Zurückbehaltungsrecht (§ 641 III) geltend machen. Das Verlangen des Vorschusses gem § 637 an sich selbst setzt jedoch eine Ermächtigung durch die Eigentümergemeinschaft voraus (Stuttg BauR 05, 490; Dresden IBR 05, 157). Dies ist auch bereits vor Eintragung als Eigentümer möglich (Stuttg BauR 03, 1394). Der Erwerber kann Rückabwicklung seines Vertrages (Rücktritt, Schadensersatz statt der Leistung) nach Fristsetzung geltend machen, da hierdurch die Rechte der anderen Gemeinschaftseigentümer nicht berührt werden, sondern vielmehr der Veräußerer wieder an die Stelle des Erwerbers tritt (BGHZ 74, 259). Dies gilt auch nach Wohnungseigentümerbeschluss, der die Zahlung eines Geldbetrags durch den Unternehmer an die Gemeinschaft zur Abgeltung der Mängel vorsieht (Brandbg IBR 05, 20). **Nur gemeinschaftlich** geltend gemacht werden können Minderung und kleiner Schadensersatz (BGH NJW-RR 04, 949; Frankf IBR 05, 91). Dies gilt ausnahmsweise nicht, wenn durch die Durchsetzung der Interessen der Gemeinschaft und des Unternehmers an einer übersichtlichen Haftungslage nicht berührt werden (so bei endgültiger Verweigerung der Nachbesserung, BGH NJW 02, 140; oder der Minderung bei nicht behebbarem Mangel, BGHZ 110, 258). 12

II. Mehrere Verpflichtete/Unternehmer. Grds richtet sich ein Mangelanspruch nur gegen den Vertragspartner, in dessen Leistungsbereich der Mangel fällt. Sind mehrere Unternehmer jeweils aufgrund selbständiger Werkverträge tätig, bestehen auch die Mängelansprüche selbständig nebeneinander (BGH NJW-RR 04, 165) und müssen jeweils durch den Besteller nachgewiesen werden (BGH BauR 75, 130). Eine gesamtschuldnerische Mängelhaftung kommt jedoch in Betracht, wenn ein Unternehmer bzgl der mangelhaften Leistung eines anderen Unternehmers seiner Prüfungs-, Hinweis- oder Kontrollpflicht nicht nachkommt (bei Architekten: 13

Aufsichtspflicht, bspw bei gefahrenträchtigen Schlüsselgewerken wie Estrichlegearbeiten, Nürnbg IBR 05, 313), oder wenn die Mangelursachen von beiden Unternehmer gesetzt werden und eine Nachbesserung wirtschaftlich sinnvoll nur einheitlich vorgenommen werden kann (BGH NJW 03, 2980; Stuttg IBR 05, 312; Frankf IBR 05, 473) sowie bei Schadensersatz in Geld, wenn die Verursachungsbeiträge nicht bestimmt werden können (BGH ZfBR 95, 83). Dies gilt auch wenn Bauunternehmer und Architekt/Sonderfachmann die Beseitigung desselben Schadens schulden und die Leistung des einen dem anderen zu Gute kommen kann (BGH NJW-RR 01, 380), dh insbes, wenn beide auf Schadensersatz in Geld haften (BGH VersR 71, 667). Der Ausgleich im Innenverhältnis richtet sich nach §§ 426, 254, dh nach Verursachungsanteilen (Celle IBR 05, 251). So wurde trotz Aufsichtspflichtverletzung des Architekten im Innenverhältnis eine alleinige Unternehmerhaftung bejaht (Koblenz IBR 05, 221 mit der Begründung, dass der Besteller dem Unternehmer ggü nicht zur Aufsicht verpflichtet sei); ebenso beim planenden Architekten ggü Objektüberwacher (Frankf BauR 04, 1329). Krit hierzu *Kniffka* (BauR 05, 274, 277), da somit faktisch Haftungsfreiheit für den Bauaufsichtspflichtigen bestehe.

14 **H. Prozessuales und Beweislast.** Eine Feststellungsklage über das Bestehen der Mängelhaftung hinsichtlich bestimmter bestrittener Mängel ist möglich (BGH NJW 02, 681). Die Geltendmachung verschiedener Mängelrechte stellt verschiedene Streitgegenstände dar (Dresden NJW-RR 00, 1337). Beim Übergang von der Vorschussklage (§ 637 III) auf eine Schadensersatzklage handelt es sich um eine Klageänderung (BGH NJW-RR 98, 1006; aA Brandbg NJW-RR 01, 386). Der Besteller trägt die **Beweislast** für sämtliche Voraussetzungen der
15 von ihm geltend gemachten Mängelansprüche (so zum Vorliegen eines Mangels, BGH NJW 02, 223; der Fristsetzung oder deren Entbehrlichkeit; der Ursächlichkeit des Mangels für etwaige Schäden, BGH BGHReport 05, 739). Hinsichtlich des Vorliegens eines Mangels genügt in Bauprozessen für die Darlegung die hinreichend genaue Bezeichnung der Mangelsymptome (sog **Symptom**-Rspr, BGH NJW-RR 02, 743). Dies gilt auch im Architektenprozess (BGH NJW 02, 2708). Bei Vorschussprozessen sind geringere Anforderungen zu stellen (BGH NJW-RR 01, 739), ebenso wenn Beweiserleichterungen vorliegen (BGH NJW 02, 2708). Abweichendes gilt, sofern der Unternehmer die Sicherung der Beweisgrundlagen übernimmt (BGHZ 133, 155) oder der Mangel zB durch Nachbesserungsversuche anerkannt wurde (BGH NJW-RR 98, 1268). IRd Einwendung von Mängeln im Vergütungsprozess hat der Besteller den Mangel, vor Abnahme ggf die Unvollständigkeit des Werkes darzutun (BGHZ 136, 342; NJW-RR 00, 309). Die Beweislast für die Mangelhaftigkeit des Werks nach der Abnahme trägt der Besteller, es sei denn diese Mängel wurden vorbehalten (BGH NJW-RR 97, 339; § 640 II); vor Abnahme oder deren Verweigerung hingegen der Unternehmer für die Abnahmefähigkeit (BGH NJW-RR 99, 347). Einwendungen gegen Mängelrechte hat der Unternehmer zu beweisen. Bei allem ist zu beachten, dass die Symptomtheorie nur den Nachweis des Vorliegens eines Mangels erleichtert, nicht dagegen die Verantwortungszuordnung. Insoweit dürfte zu trennen sein zwischen vertragswidrigem Leistungshandeln und vertragswidrigem Leistungserfolg (hierzu Hburg BauR 05, 1339; BauR 01, 1749), zusammenfassend *Putzier* BauR 04, 1060. Haben sowohl Verursachungsbeiträge des Bestellers als auch des Unternehmers zu einem Mangel geführt, muss nach Abnahme der Besteller beweisen, dass keine in seinen Verantwortungsbereich fallende Ursache auch nur mitursächlich für den Schaden war (Hburg BauR 05, 1339).

16 **I. VOB/B.** Ein Rücktritt ist bei VOB/B-Bauverträgen zugunsten der Kündigung ausgeschlossen (I/K/*Wirth* § 13 VOB/B Rn 4). Frage ist, ob die VOB/B insoweit tatsächlich eine konkludente Abbedingung des Rücktrittsrechts enthält (so *Kratzenberg* NZBau 02, 177, 183) und ob diese vom gesetzlichen Leitbild abweichende Regelung einer AGB-rechtlichen Überprüfung standhält (bej Heiermann/*Riedl*/Husam VOB/B-Kommentar 10. Aufl, Einf zu §§ 8 u 9 Rn 1 b) – in der Praxis wird die Auswirkungen wohl gering, da das Rücktrittsrecht im Baubereich kaum eine Rolle spielt; anders OLG Bremen (Urt v 7.9.05, Az 1 U 32/05), Rücktrittsrecht nach drei erfolglosen Nacherfüllungsversuchen – mit Anspruch des Bestellers auf Rückbau. Eine rückwirkende Vertragsauflösung wird fast regelmäßig in eine Kündigung umgedeutet werden müssen (Grund: Verhinderung der Zerstörung geschaffener Bauwerte). § 13 regelt die Mängelrechte nach Abnahme abschließend (vor Abnahme: Anspruch des Bestellers aus § 4 Nr 7 S 1 auf Ersetzung mangelhafter oder vertragswidriger Leistungen und Schadensersatzanspruch aus § 4 Nr 7 S 2), wobei die Haftung nach § 634 tlw eingeschränkt wird (§ 13 Nr 7 III). Die Minderung ist an die besonderen Voraussetzungen des § 13 Nr 6 geknüpft.

§ 634a Verjährung der Mängelansprüche

(1) Die in § 634 Nr. 1, 2 und 4 bezeichneten Ansprüche verjähren
1. vorbehaltlich der Nummer 2 in zwei Jahren bei einem Werk, dessen Erfolg in der Herstellung, Wartung oder Veränderung einer Sache oder in der Erbringung von Planungs- oder Überwachungsleistungen hierfür besteht,
2. in fünf Jahren bei einem Bauwerk und einem Werk, dessen Erfolg in der Erbringung von Planungs- oder Überwachungsleistungen hierfür besteht, und
3. im Übrigen in der regelmäßigen Verjährungsfrist.

(2) Die Verjährung beginnt in den Fällen des Absatzes 1 Nr. 1 und 2 mit der Abnahme.
(3) Abweichend von Absatz 1 Nr. 1 und 2 und Absatz 2 verjähren die Ansprüche in der regelmäßigen Verjährungsfrist, wenn der Unternehmer den Mangel arglistig verschwiegen hat. Im Falle des Absatzes 1 Nr. 2 tritt die Verjährung jedoch nicht vor Ablauf der dort bestimmten Frist ein.
(4) ¹Für das in § 634 bezeichnete Rücktrittsrecht gilt § 218. ²Der Besteller kann trotz einer Unwirksamkeit des Rücktritts nach § 218 Abs. 1 die Zahlung der Vergütung insoweit verweigern, als er auf Grund des Rücktritts dazu berechtigt sein würde. ³Macht er von diesem Recht Gebrauch, kann der Unternehmer vom Vertrag zurücktreten.
(5) Auf das in § 634 bezeichnete Minderungsrecht finden § 218 und Absatz 4 Satz 2 entsprechende Anwendung.

A. Allgemeines. Die Verjährung der Mängelansprüche wurde durch das SMG neu gefasst und stimmt weitgehend mit den kaufrechtlichen Bestimmungen überein. Abweichungen zur früheren Rechtslage gelten für Mangelfolgeschäden, geänderten Fristen (früher 6 Monate/1 Jahr/5 Jahre, heute 2 bis 30 Jahre), ein anderer Fristbeginn (bisher stets Abnahme, nunmehr zT mit Kenntnis oder Kennen-müssen und zum Jahresultimo) und eine geänderte Ausgestaltung von Rücktritt und Minderung als Gestaltungsrechte. Die Neuregelung ist zeitlich auch auf unverjährte Mängelansprüche aus vor dem 1.1.02 abgeschlossenen Verträgen anwendbar. Jedoch ist hinsichtlich Fristbeginn, Hemmung und zT auch der früheren Unterbrechung Art 229 EGBGB § 6 zu beachten. Die Bestimmung bezweckt die Schaffung von Rechtsfrieden durch kurze Verjährungsfristen, damit der Vermeidung von Beweisschwierigkeiten sowie unwirtschaftlicher Rückstellungen des Unternehmers. Sie **umfasst** sämtliche werkvertraglichen Mängelansprüche mit Ausnahme der nichtleistungsbezogenen Nebenpflichtverletzung gem §§ 280, 241 II u Verzug (hier gilt die regelmäßige Verjährung nach §§ 195, 199), bei Rücktritt u Minderung nur das Gestaltungsrecht selbst (IV u V). **Nicht erfasst** werden die aus der Ausübung von Minderung oder Rücktritt resultierenden Ansprüche (§§ 346, 323, 638 IV), auch nicht Rückgewähransprüche aus §§ 635 IV, 281 V. Ebenso wenig findet § 634a auf Ansprüche des Unternehmers Anwendung (zB Vergütungsansprüche; Gestaltungsrecht nach IV 3), diese verjähren nach den allgemeinen Vorschriften (§§ 195, 199). Daneben nicht mit Mängeln zusammenhängende Ansprüche des Bestellers (so Schadensersatzansprüche wegen Obhutspflichtverletzung) und konkurrierende Rechte des Bestellers aufgrund anderer Rechtsgrundlagen als §§ 633 ff (so §§ 823 ff, Produkthaftungsgesetz, Vergleich über Mangelhaftung, selbständige Garantie). Die Vorschrift unterscheidet hinsichtlich Frist und Verjährungsbeginn nach der Art des Werkes (I Nr 1–3, wobei Nr 2 Vorrang vor I Nr 1 genießt, Nr 1 wiederum vor Nr 3). Die Abgrenzung soll nicht nach sachenrechtlicher Zuordnung erfolgen, sondern vielmehr anhand des mit der Werkerstellung typischerweise übernommenen Risikos (BGH NJW 99, 2434). Ansonsten gäbe es Probleme bei Bauten auf Erbpachtgrundstücken – dafür würde Kaufrecht gelten. Beim Zusammentreffen von Arbeiten mit unterschiedlichen Verjährungsfristen in einem einheitlichen Vertrag ist – wenn keine Trennung möglich oder vereinbart ist – regelmäßig die Längere maßgeblich (Ddorf NJW-RR 00, 1336).

B. Arbeiten an einer Sache (I Nr 1). Der Begriff der Sache entspricht § 90 und umfasst Grundstücke und bewegliche Sachen (gem § 90a auch Tiere). Nicht hierunter fallen daher Leistungen am lebenden Menschen. Ebenso wenig Grundstücksarbeiten, die einem Bauwerk (Nr 2) zuzuordnen sind. Bei beweglichen Sachen ist zwischen Herstellung (kaufrechtliche Verjährung, § 651) und sonstigen Arbeiten daran (Reparatur, Wartung; Nr 1) zu differenzieren. **Planungs- und Überwachungsleistungen**, die sich durch Arbeiten an einer Sache verkörpern (BGH NJW 99, 2434) unterfallen ebenfalls der Nr 1. Die Verjährungs**frist** beträgt 2 Jahre und **beginnt** gem II mit der Abnahme (§ 640; auch bei berechtigter endgültiger Verweigerung der Abnahme BGH NJW-RR 98, 1027; NJW 00, 133). Die bloße Beseitigung von bei der Abnahme vorbehaltenen Mängeln setzt den Lauf der Gewährleistungsfrist nicht in Gang, es bedarf einer ausdrücklichen Abnahme nach Mängelbeseitigung (Saarbr IBR 04, 419).

C. Arbeiten an einem Bauwerk (I Nr 2). Bauwerk ist ein durch Verwendung von Arbeit und Material iVm dem Erdboden hergestellte unbewegliche Sache (BGH NJW 57, 60). Dabei ist es auch ausreichend, wenn das Bauwerk wegen seiner Größe und seines Gewichts nur mit größerem Aufwand vom Grundstück getrennt werden kann (BGH NJW-RR 03, 3140). Der Begriff ist aufgrund des bei der Auslegung zu berücksichtigenden Normzwecks weiter als der des Gebäudes in §§ 93 ff (BGH NJW-RR 02, 664) und umfasst Hoch- und Tiefbau. Es muss jedoch eine Grundstücksbezogenheit vorliegen (nicht bei einer Yacht, BGH NJW-RR 98, 1027), wobei eine sachenrechtliche Zuordnung zum Grundstück jedoch ebenso wenig Voraussetzung ist (BGH NJW 92, 1445) wie die Eigentümerstellung des Bestellers (BGH NJW-RR 91, 1367). Die Erstellung eines Gebäudes sowie einzelner nach der Zweckbestimmung hierfür wesentlicher Teile unterfallen I Nr 2 (BGHZ 19, 319; Bsp: Einbau von Aufzügen, Zentralheizungen oder Kachelöfen, Kobl NJW-RR 95, 655), nicht aber der Abriss eines Gebäudes (BGH NJW-RR 04, 1163). **Reparatur- Erneuerungs- und Umbauarbeiten** an bestehenden Bauwerken sind nur unter Nr 2 zu subsumieren, wenn sie auch bei Neuerrichtung zu den Bauwerksarbeiten zu zählen wären, mit dem Bauwerk fest verbunden werden und nach Art und Umfang für die Konstruktion, Erhaltung und Nutzbarkeit des Bauwerks von wesentlicher Bedeutung sind (BGH NJW 78,

1522; so Dachreparatur BGHZ 19, 319; nachträgliches Verlegen eines Teppichbodens durch Verkleben, BGH NJW 91, 2486; Einbau einer Decke, Köln NJW-RR 89, 209). ZT wird vorgeschlagen für die Abgrenzung darauf abzustellen, ob ein Mangel infolge eines bauspezifischen Risikos spät erkennbar ist (zB durch nachfolgende Arbeiten verdeckt wird, vgl *Fischer* BauR 05, 1073 ff). Unter I Nr 2 fallen auch im Zusammenhang mit einem Bauwerk stehende **Grundstücksarbeiten**. Bsp sind die Einbringung einer Kiestragschicht (BGH NJW-RR 93, 592) oder Hofpflasterung aus Verbundsteinen auf Schotterbett (Köln NJW-RR 93, 593), nicht aber die Schotterung eines Waldwegs (Köln ZfBR 00, 554) oder die Garten- und Landschaftsgestaltung (Aufstellen eines Gartenbrunnens, Ddorf NJW-RR 99, 1182). **Technische Anlagen** können selbst Bauwerk sein, wenn sie ortsfest (dauerhaft mit dem Erdboden verbunden) sind und typische Bauwerksrisiken aufweisen. Bsp sind: Müllpressen (BGH NJW-RR 02, 664); Gleisanlagen der Bahn (BGH NJW 97, 1982); eingemauerter Erdtank (Hamm NJW-RR 96, 919; nicht bei bloßem Eingraben, BGH NJW 86, 1927). Unter **Planungs- und Überwachungsleistungen** fallen typischerweise die Leistungen der Architekten iRd Planung und Objektüberwachung (sofern sie sich an Bauwerken verkörpern, sonst Nr 1, BGH NJW 99, 2434), sowie für die Planung erforderliche Berechnungen (Statik, BGHZ 48,257; 58, 85 zum früheren Recht) und Untersuchungen (Baugrundgut-

6 achten, BGHZ 72, 257 zum früheren Recht). Die Verjährungsfrist beträgt 5 Jahre und **beginnt** gem II mit der Abnahme. Bei Architektenverträgen, die auch die Objektbetreuung beinhalten (Leistungsphase 9), ist für den Beginn nicht auf die Abnahme des Bauwerks abzustellen, vielmehr auf vollständige Erbringung der Betreuungsleistung bis zum Abschluss des Gewährleistungszeitraums (BGH NJW-RR 00, 1468; Ddorf NZBau 04, 454). Macht der Architekt geltend, die Verjährung habe mit Abnahme (Leistungsphase 8) begonnen, hat er die fehlende Beauftragung der Objektbetreuung (Leistungsphase 9) zu beweisen (Ddorf IBR 05, 498). Beginn auch bei Kündigung des Vertrags durch den Bauherrn oder Architekten (BGH NJW 71, 1840; Hamm IBR 91, 442 = OLGR 01, 4). Die Verjährung eines Honoraranspruchs beginnt spätestens zwei Monate nach Erteilung der Schlussrechnung, wenn der Auftraggeber deren fehlende Prüfbarkeit nicht zuvor gerügt hat (BGH BauR 04, 384; Dresden BauR 05, 1500 u 1683).

7 **D. Sonstige Werkleistungen (I Nr 3).** I Nr 3 stellt einen Auffangtatbestand dar. Hierunter fallen sämtliche nicht von Nr 1 oder Nr 2 erfassten Werkleistungen, dh Leistungen an Personen (Tätowierung, Operationen, Friseur) sowie unkörperliche Leistungen (Auskunft, Beratung, Gutachten soweit sie nicht Planungs- und Überwachungsleistungen an Sachen oder Bauwerken darstellen; auch Beförderung, Individual-Softwareerstellung). Die Verjährungsfrist der Mangelansprüche beträgt 3 Jahre und **beginnt** am Ende des Jahres der Anspruchentstehung und Kenntnis bzw grob fahrlässiger Unkenntnis des Mangels und der Person des Schuldners (§ 199 I), spätestens jedoch 10 Jahre nach deren Entstehung (§ 199 IV). Abweichend gilt für Schadensersatzansprüche, die auf die Verletzung des Lebens, Körpers, der Gesundheit oder Freiheit beruhen, die Frist 30 Jahre ab Pflichtverletzung (§ 199 II). Für sonstige Schadensersatzansprüche gilt § 199 III (dh 10 bzw 30 Jahre).

8 **E. Arglistiges Verschweigen des Mangels.** Arglistiges Verschweigen durch den Unternehmer ist gegeben, wenn dieser ungeachtet seiner Kenntnis von einem Mangel diesen dem Besteller nicht offenbart, obgleich ihm bewusst ist, dass der Mangel für den Besteller erhebliche Bedeutung hat und damit zu rechen ist, dass dieser bei Kenntnis die Abnahme verweigern würde (München IBR 05, 316). Dabei dürfte ausreichen, wenn der Unternehmer Kenntnis von einem wenigstens konkret möglichen Mangel hat (BGH IBR 05, 526). Dazu bedarf es einer Offenbarungspflicht des Unternehmers bzgl des Mangels nach Treu und Glauben. Diese besteht ausnahmsweise nicht über solche Umstände, die der Unternehmer zwar kennt, von denen Unerheblichkeit für den Besteller er aber berechtigterweise ausgehen durfte (BGH IBR 05, 526). Weitere subjektive Elemente (Schädigungsabsicht, ein bewusstes Inkaufnehmen der Folgen der vertragswidrigen Ausführung oder Streben nach eigenem Vorteil) auf Seiten des Unternehmers sind nicht Voraussetzung (BGH NJW 02, 2776). Der Unternehmer muss sich die Kenntnis nur der Erfüllungsgehilfen zurechnen lassen, die bei der Abnahme des Werks mitgewirkt haben (§ 278, zB Bauleiter Karlsr BauR 79, 335; aA § 166 Erm/*Schwenker* § 639 Rn 4), nicht jedes an der Werkerstellung beteiligten Arbeiters (BGH LM § 463 Nr 13). Dies ist in Frage zu stellen; warum nicht jede an der Werkerstellung beteiligte Person, schließlich setzt der Unternehmer sie ein und kann sie überwachen (Gedanke der Sphärentheorie). **Maßgeblicher Zeitpunkt** ist spätestens die Abnahme bzw die Vollendung des Werks (BGHZ 62, 63). Arglistigem Verschweigen steht bei arbeitsteiliger Bauwerkerstellung ein **Organisationsverschulden** des Unternehmers gleich. Dieses ist anzunehmen, wenn er aufgrund mangelnder organisatorischer Voraussetzungen die Mangelfreiheit des Werks nicht sachgerecht beurteilen kann und Mängel dadurch unentdeckt bleiben (BGHZ 117, 318; BauR 05, 550 = NJW 05, 893; Hamm BauR 02, 1706). Zur **Frist** und zu deren **Beginn** gelten die §§ 195, 199 (jedoch Ablaufhemmung nach III 2).

9 **F. Rücktritt und Minderung.** Aufgrund des Gestaltungsrechtscharakters sind I–III ausdrücklich nicht auf Rücktritt und Minderung anwendbar (I verweist nur auf § 634 Nr 1, 2 und 4), weshalb der Besteller auch noch nach Eintritt der Verjährung der übrigen Mängelrechte zurücktreten oder mindern könnte. Der **Rücktritt** wird jedoch gem IV iVm § 218 unwirksam, wenn sich der Unternehmer auf die Einrede der Verjährung beruft. Dies gilt unabhängig davon, ob ein Nacherfüllungsanspruch bestand, verjährt ist oder gem §§ 275,

635 III ausgeschlossen war (§ 218 I 2). Der Ausnahme in §§ 218 I 3, 216 II 2 bei vorbehaltenem Eigentum kommt beim Werkvertrag keine Bedeutung zu. Der Besteller kann bei Unwirksamkeit des Rücktritts nach § 218 I gem IV 2 eine **Mängeleinrede** ggü dem Vergütungsanspruch des Unternehmers geltend machen und soweit er hierzu aufgrund des Rücktritts berechtigt wäre. Im Unterschied zu § 641 III ist dieses Leistungsverweigerungsrecht unabhängig vom Bestehen eines Nacherfüllungsanspruches, jedoch müssen die Voraussetzungen des Rücktritts vor Eintritt der Verjährung vorgelegen haben. Dem Unternehmer steht in diesem Fall gem IV 3 seinerseits ein Rücktrittsrecht zu (dies gilt mangels entspr Verweisung auf IV 3 nicht für die Minderung). Bereits geleistete Zahlungen (Vorschüsse, Abschlagszahlungen) kann der Besteller nicht zurückfordern (§ 218 II, 214 II). Für die **Minderung** verweist V auf § 218 und IV 2. Diesbzgl gilt das zum Rücktritt Ausgeführte. Dem Vergütungsanspruch des Unternehmers kann nur eine Mangeleinrede in Höhe des Minderungsbetrags entgegengehalten werden.

G. Abweichende Vereinbarungen und Sonderregelungen. IRd § 202 sind individualvertraglich **abweichende Vereinbarungen** zum Fristbeginn (BGH NJW-RR 04, 954), zur Frist selbst (Verlängerung oder Verkürzung) und zur Hemmung möglich. Dies kann im Wege einer unselbständigen Garantie erfolgen (zur Auslegung deren Inhalts BGHZ 75, 75). In AGB des Unternehmers sind § 309 Nr 7 a, b und § 309 Nr 8 b ff (auch bei nur mittelbaren Verkürzungen) zu beachten (eine Ausnahme kann bestehen bei Vereinbarung der VOB/B insgesamt). Eine Fristverlängerung dürfte bei Bauwerken nur bei Vorliegen eines besonderen Interesses des Bestellers zulässig sein (BGHZ 132, 383; Flachdach 10 Jahre + 1 Monat in AGB). Bei Unwirksamkeit einer Vereinbarung gilt die gesetzliche Regelung (BGH NJW 88, 1259; § 306 II). § 634 a vorgehende **Sonderregelungen** finden sich in § 439 HGB, § 32 CMR (1 Jahr) für handelsrechtliche Beförderungsverträge. Gem § 13 Nr 4 VOB/B beträgt bei Bauwerken die Frist 4 Jahre, für Arbeiten an einem Grundstück und bestimmte Teile von Feuerungsanlagen 2 Jahre (uU 1 Jahr), ebenso bei wartungsbedürftigen Anlagen, sofern die Wartung nicht dem Unternehmer übertragen worden ist, jeweils beginnend mit der Abnahme (bei abgeschlossenen Teilleistungen mit der Teilabnahme § 12 Nr 2) oder mit Kündigung des Werkvertrages (BGH NJW 03, 1450). Für den Mangelbeseitigungsanspruch beginnt mit schriftlichem Abhilfeverlangen des Bestellers eine eigene Frist von 2 Jahren zu laufen (§ 13 Nr 5 VOB/B; nach BGH NJW-RR 05, 605 für sämtliche Mängelansprüche aus § 13), selbiges gilt für die Mangelbeseitigungsleistung mit deren Abnahme (beide Fristen enden jedoch nicht vor der in § 13 Nr 4 genannten). Bei mehrfacher Mängelrüge wird diese Frist bei VOB/B-Verträgen nicht nochmals gewährt, sondern lediglich einmal (BGH IBR 04, 66). Auf Werkmängel beruhende Schadensersatzansprüche nach § 13 Nr 7 unterfallen § 13 Nr 4 (Ausnahme: Versicherbare Schäden Nr 7 IV). Dies gilt auch für bereits vor Abnahme erkannte Mängel (§ 4 Nr 7, BGH NJW 03, 1450). Im Falle der Kündigung gilt dies für die bereits erbrachten Leistungen erst nach deren Abnahme (BGH BauR 03, 689). Für mangelunabhängige Schadensersatzansprüche aus § 280 und vor Abnahme entstandene Ansprüche gilt die allgemeine Verjährungsregelung.

H. Fristberechnung. Die Fristen berechnen sich nach §§ 187 I, 188 II Hs 1. Für **Hemmung** (zB bei einverständlicher Untersuchung auf Mängel), **Ablaufhemmung** und **Neubeginn** (früher Unterbrechung) gelten die allgemeinen Vorschriften (§§ 203 ff). Die Geltendmachung von Mängelrechten hemmt die Verjährung aller Rechte aus der behaupteten Mangelerscheinung (nicht nur hinsichtlich des geltend gemachten und im vollen Umfang des jeweiligen Rechts, BGH NJW-RR 05, 1037). Ein Antrag des Unternehmers auf Durchführung des selbständigen Beweisverfahrens mit dem Ziel der Feststellung der Abwesenheit von Mängeln bewirkt keine Verjährungshemmung des Werklohnanspruches nach § 204 I Nr 7 (Saarbr IBR 05, 677). Die Klage auf Vorschuss hat verjährungsunterbrechende Wirkung auch für spätere Erhöhungen der Mangelbeseitigungskosten, sofern sie denselben Mangel betreffen (BGH IBR 05, 364).

I. Beweislast. Der Unternehmer hat die Voraussetzungen der Verjährung zu beweisen. Hierbei ist eine kürzere Verjährungsfrist nur anzunehmen, wenn die Voraussetzungen der längeren auszuschließen sind (BGH NJW-RR 03, 1320). Der Besteller hat die Vereinbarung einer Fristverlängerung zu beweisen, ebenso arglistiges Verschweigen (BGH WM 75, 525). Hierbei ist der Nachweis rechtzeitiger Kenntnis vom Mangel auf Seiten des Unternehmers oder dessen Organisationsverschulden ausreichend.

§ 635 Nacherfüllung

(1) Verlangt der Besteller Nacherfüllung, so kann der Unternehmer nach seiner Wahl den Mangel beseitigen oder ein neues Werk herstellen.
(2) Der Unternehmer hat die zum Zwecke der Nacherfüllung erforderlichen Aufwendungen, insbesondere Transport-, Wege-, Arbeits- und Materialkosten zu tragen.
(3) Der Unternehmer kann die Nacherfüllung unbeschadet des § 275 Abs. 2 und 3 verweigern, wenn sie nur mit unverhältnismäßigen Kosten möglich ist.
(4) Stellt der Unternehmer ein neues Werk her, so kann er vom Besteller Rückgewähr des mangelhaften Werkes nach Maßgabe der §§ 346 bis 348 verlangen.

1 **A. Allgemeines.** Die Vorschrift ist durch Art 1 I Nr 38 SMG vollständig neu gefasst worden (dazu BTDrs 14/6040 S 264, 14/7052 S 205), lediglich III entspricht mit inhaltlichen Änderungen dem bisherigen § 633 II 3 (zur zeitlichen Geltung der Neuregelung § 633 Rn 4). Der Nacherfüllungsanspruch ergibt sich aus § 634 Nr 1 iVm der Verpflichtung des Unternehmers zur Verschaffung eines mangelfreien Werkes (§ 633 I). Zum Verhältnis des Nacherfüllungsanspruches zu den allgemeinen schuldrechtlichen Rechten, Anspruchsberechtigte und Verpflichtete, Beweislast vgl § 633 Rn 5 ff und § 634 Rn 5, 11 ff. Bei vorzeitiger Vertragsbeendigung (insbes durch Kündigung gem § 643, § 649), die den Anspruch auf Beseitigung von Mängeln an dem bereits erstellten Teilwerks unberührt lässt (BGH NJW 88, 140, Hamm NJW-RR 95, 724), kann ein Nacherfüllungsanspruch ausnahmsweise schon vor Abnahme des Werkes gegeben sein.

2 **B. Voraussetzungen.** Voraussetzungen des Anspruchs sind ein wirksamer Werkvertrag (§ 631 Rn 2 ff), das Vorliegen eines Mangels (§ 633 Rn 13 ff) sowie ein **Nacherfüllungsverlangen** durch den Besteller. Dieses Nacherfüllungsverlangen muss als geschäftsähnliche Handlung (BGH BauR 02, 945) erkennen lassen, dass Abhilfe erwartet wird (BGH WM 78, 953) und den Mangel so konkret benennen, dass dieser nach Art und Ort mit Hilfe von Zeugen und Sachverständigen feststellbar ist (BGH WM 80, 951). Hierfür genügt es, wenn der Besteller die Mangelsymptome, dh Mangelerscheinungen an bestimmten Stellen, hinreichend genau bezeichnet (BGH NJW-RR 01, 380) und sie bei Beteiligung mehrerer Unternehmer einem zuordnet, nicht hingegen nur eine allgemeine pauschale Angabe zum Erscheinungsbild und der Schadensörtlichkeit (Köln IBR 05, 15). Zu beachten ist aber, dass nach Abnahme der Besteller auch in Anbetracht der Symptomrechtsprechung das vertragswidrige Leistungshandeln des Unternehmers aufzeigen muss (Hburg BauR 05, 1339; BauR 01, 1749; zusammenfassend *Putzier* BauR 04, 1060). Der Besteller ist nicht verpflichtet sich zur Ursache, zum Ausschluss anderer Ursachen und zur Verantwortlichkeit des Unternehmers zu äußern, jedoch schadet eine unrichtige Ursachenvermutung nicht (BGH NJW-RR 03, 1239). Durch das Verlangen werden sämtliche auf das angezeigte Erscheinungsbild zurückgehende Mängel in vollem Umfang an allen Stellen ihrer Ausbreitung erfasst (BGH NJW-RR 97, 1376). Der Umfang der Nacherfüllungspflicht muss nicht bezeichnet werden (ergibt sich erst auf Grund der Prüfung BGH NJW 87, 381). Kein Anspruch besteht, sofern dieser ausgeschlossen (Rn 6 f), oder durch Ausübung anderer Mängelrechte erloschen ist (§ 634 Rn 3) sowie bei bestehenden Verweigerungsrechten des Unternehmers (Rn 8).

3 **C. Inhalt des Anspruchs. I. Grundsatz.** Nacherfüllung ist die endgültige Herstellung eines vertragsgemäßen mangelfreien Werkes. Diese kann durch Nachbesserung (Beseitigung vorhandener Mängel) oder durch Neuherstellung (Herstellung eines neuen vertragsgemäßen Werkes) erfolgen. Dem Unternehmer steht insoweit ein Wahlrecht zu, er kann insbes von einer Form der Nacherfüllung zur anderen übergehen. Auch die Art und Weise der Nachbesserung bestimmt grds der Unternehmer (Arg I, BGH BauR 04, 380). Ein ungeeigneter Nachbesserungsvorschlag des Bestellers lässt daher den Nacherfüllungsanspruch nicht entfallen (BGH NJW-RR 98, 233), ebenso nicht die Erfüllung von technischen Vorgaben in einem zwischen den Beteiligten ergangenen, zur Mängelbeseitigung verpflichtenden Urteil (Hamm NJW 03, 3568). Der Besteller kann eine bestimmte Art nur verlangen, wenn der Mangel lediglich so beseitigt werden kann (BGH NJW-RR 97, 1106). Bei mangelhafter Nacherfüllung kann der Besteller die Rechte gem §§ 636–638 unmittelbar geltend machen, wenn die Nacherfüllung fehlgeschlagen ist oder ihm weitere Nacherfüllungsbemühungen nicht zumutbar sind. Anderenfalls nur nach Fristsetzung (§ 636, § 637 II 2). Außerdem kann eine schuldhafte Verletzung der Nacherfüllungspflicht zu Schadensersatzansprüchen des Bestellers gem § 280 I, II, § 286 führen.

4 **II. Umfang.** Der Anspruch umfasst den gesamten für die Beseitigung des Mangels notwendigen Aufwand (BGH NJW 63, 805; Bambg BauR 05, 1219 = IBR 05, 1284 nur online). Der Unternehmer trägt daher die mit der Nachbesserung am ursprünglichen Abnahmeort (BGHZ 113, 251) verbundenen Kosten einschl aller Nebenkosten, zB Transport-, Wege-, Arbeits-, Materialkosten (BGH NJW 79, 2095; nach Karlruhe IBR 04, 621 zu § 439 auch die Kosten des Aus- und Wiedereinbaus, letzteres abl Köln IBR 06, 140). Reisekosten an einen anderen als den Abnahmeort nur, wenn die Sache ihrer Natur nach zum Ortswechsel bestimmt war (dh nicht bei bloßer Veräußerung BGHZ 113, 251). Erfasst werden iRd Mangelfindung notwendige Gutachter- und Rechtsanwaltskosten (BGHZ 113, 251) und die zur Wiederherstellung des früheren Zustands notwendigen Aufwendungen (Schäden an sonstigem Eigentum des Bestellers BGH NJW 63, 805). Der Unternehmer trägt das sog Prognoserisiko bei fehlgeschlagenen Nachbesserungsversuchen und muss daher auch die Kosten erfolgloser oder sich später als unverhältnismäßig teuer herausstellenden Versuche tragen (Bambg BauR 05, 533; Karlsr IBR 05, 81; Celle BauR 04, 1018). Das Ergebnis der Mangelbeseitigung muss der geschuldeten Werkleistung entspr, der Bauherr muss keine Billiglösung akzeptieren (Hamm IBR 05, 474), so ggf Gesamtaustausch eines Bodenbelags bei Farbabweichungen/Schattierungen bei punktueller Nachbesserung (Frankf IBR 05, 366). Auch Nachtarbeit für die Mangelbeseitigung ohne entspr Vergütungszuschläge sowie die Übergabe eines Bauzeitenplanes kann geschuldet sein (Kobl IBR 05, 368). Ausgenommen sind die Kosten, die eine erkennbar fehlerhafte Vorleistung eines anderen Unternehmers betreffen (München NJW-RR 88, 20). Allerdings muss der Unternehmer gerade dann haften, wenn er dies erkennen konnte.

III. Einschränkungen. Kosten für vom Unternehmer nach der vertraglichen Vereinbarung nicht geschuldete, aber für ein funktionstüchtiges Werk erforderliche und daher erbrachte Leistungen sind vom Besteller zu tragen (Sowieso-Kosten; BGHZ 90, 344). Gleiches kann für iRd Mangelbeseitigung anfallende Mehrkosten einer für den Besteller vorteilhafteren aber teureren Ausführung gelten (BGH NJW 02, 141) – anders, wenn der Unternehmer hierfür verantwortlich ist (Sphäre). Zur Bestimmung dieser Kosten ist der Preisstand bei Auftragsvergabe maßgebend (Nürnbg BauR 01, 961). Eine Einschränkung ist auch bei Mitverursachung des Mangels durch den Besteller oder seinen Erfüllungsgehilfen (Architekt bei Planungsfehler BGH NJW 02, 141) gem § 254 vorzunehmen (direkt oder analog, wenn kein Verschulden, sondern nur Sphärenzuordnung vorliegt). Der Besteller ist entspr seines Verschuldensanteils an den Nachbesserungskosten zu beteiligen (BGH NJW 99, 416). In beiden Fällen der Einschränkung kann der Unternehmer entspr Sicherheitsleistung durch den Besteller verlangen und die Mangelbeseitigung hiervon abhängig machen (keine Vorauszahlung BGHZ 90, 344). Prozessual erfolgt dieses durch doppelte Zug-um-Zug-Verurteilung (BGHZ 90, 354).

D. Einwendungen. I. Unmöglichkeit der Mangelbeseitigung. Der Nacherfüllungsanspruch (wie auch der primäre Erfüllungsanspruch sowie das Recht auf Vorschuss oder Selbstvornahme, BGH NJW 01, 435) ist ausgeschlossen, wenn die Mangelbeseitigung objektiv (keine technischen oder rechtlichen Maßnahmen gegeben oder nur unter wesentlicher Veränderung der Grundsubstanz oder Konzeption des Werks möglich BGH NJW 01, 1642) oder subjektiv (Unternehmer hierzu nicht mehr in der Lage) unmöglich ist (§ 275 I). Keine rechtliche Unmöglichkeit bei Eröffnung des Insolvenzverfahrens über das Vermögen eines Generalunternehmers (Ddorf IBR 05, 324, nicht rechtskräftig). Objektive Unmöglichkeit ist insbes bei Werken gegeben, bei denen eine Nacherfüllung aufgrund ihrer Natur ausscheidet, so bei Zeitgebundenheit (Taxifahrt zu einem Termin oder zeitgebundener Verwendbarkeit wie Wahlkampfwerbung) oder nicht mehr beseitigbaren Planungs- oder Überwachungsfehlern (BGH NZBau 03, 38; anders bei Generalunternehmer Ddorf NZBau 03, 445 oder sofern Beseitigung im Wege des Dispenses möglich ist, Hamm MDR 78, 226). Die Einwendung ist von Amts wegen zu beachten. Dem Besteller verbleiben jedoch Schadensersatz (§§ 311 a, 280 ff), Minderung (§ 638) oder Rücktritt (§ 326 V).

II. Vorbehaltslose Abnahme. Der Nacherfüllungsanspruch ist auch bei vorbehaltsloser Abnahme in Kenntnis des Mangels (§ 640 II) ausgeschlossen. Aufgrund der Neufassung von § 651 findet die Rügepflicht nach § 377 HGB beim Werkvertrag keine Anwendung mehr.

E. Einreden. I. Recht zur Nacherfüllungsverweigerung. Der Unternehmer kann die Nacherfüllung bei unverhältnismäßigem Aufwand (§ 275 II), Unzumutbarkeit (§ 275 III) oder unverhältnismäßigen Kosten (III) verweigern. Diese Einrede kann, muss der Unternehmer jedoch nicht geltend machen. **Unverhältnismäßigkeit** ist gegeben, wenn der Mangelbeseitigungsaufwand in keinem Verhältnis zum mit der Nacherfüllung erzielbaren Beseitigungserfolg steht (BGHZ 59, 365; Hamm IBR 04, 21), dh einem objektiv betrachtet geringen Interesse des Bauherrn an der Mangelbeseitigung steht ein erheblicher Aufwand entgegen (BGH BauR 02, 613; Köln IBR 05, 584), wobei alle Umstände des Einzelfalles zu berücksichtigen sind (BGH NJW-RR 97, 1106; BauR 02, 613). So auch ein Verschulden des Unternehmers (BGH NJW 95, 1836; IBR 06, 85) oder die Erheblichkeit des Mangels (OLG Schleswig IBR 06, 86). Unerheblich ist dabei das Preis-Leistungs-Verhältnis und das Verhältnis des Nachbesserungsaufwands zu den Vertragspreisen (BGH IBR 06, 85). Ungeachtet eines erheblichen Aufwands keine Unverhältnismäßigkeit bei einem objektiv berechtigten Interesse des Bestellers an einem mangelfreien Werk (BGH IBR 06, 85; 97, 12). Entscheidend muss entgegen des missverständlichen Wortlauts des § 635 III und des weiter gehenden Wortlauts des § 275 II immer der Anspruch des Bestellers auf ein funktionierendes Werk sein, daher keine Unverhältnismäßigkeit bei Beeinträchtigung der Funktionalität (idS BGH NJW 96, 3269; Hamm BauR 04, 1459 u IBR 04, 415; Köln IBR 03, 242). Ebenso, wenn eine noch nicht verwirklichte Gefahr für das Werk besteht (Celle BauR 05, 443). Bei § 275 III genügt im Unterschied bereits die Unverhältnismäßigkeit des Wertes des Werks (entspricht dem Werklohn abzüglich des objektiven Wertverlusts durch den Mangel, insbes bei fehlender Funktionstüchtigkeit, BGH NJW 96, 3269) in Relation zu den Nacherfüllungskosten. Der Anwendungsbereich von § 275 II ist somit lediglich bei im Verhältnis zum Gesamtwert des Werks kleineren Mängeln eröffnet. Der subjektive Wert des Werks für den Besteller, dessen Interesse an der Nacherfüllung oder etwaiges Verschulden des Unternehmers bleiben unberücksichtigt. Eine Unzumutbarkeit kann auch darin liegen, dass eine erfolgreiche und vollständige Mangelbeseitigung vom Unternehmer nicht geschuldete Vorarbeiten voraussetzt und der Besteller jegliche Zahlung von Sowieso-Kosten ablehnt (München BauR 03, 720).

II. Folgen. Der Unternehmer wird von seiner Nacherfüllungspflicht frei. Die Rechte des Bestellers aus § 641 III und § 637 bestehen nicht mehr. Der Besteller kann (ohne Fristsetzungserfordernis) vom Vertrag zurücktreten (§ 326 V), mindern (§ 638 I 1) oder Schadensersatz (§§ 281, 280, 284, 636) verlangen. Rücktritt und Schadensersatz statt der Leistung scheiden bei unerheblichen Mängeln aus (§§ 323 V 2, 281 I 3).

F. Rückgewähr bei Neuherstellung (IV). Sofern der Besteller Neuherstellung verlangt, ist er zur Rückgabe des bereits überlassenen Werks gem des vertraglichen Rückgewährschuldverhältnisses (§§ 346–348; ggf Wertersatz) verpflichtet.

11 G. VOB/B. Gem § 13 Nr 5 I kann der Besteller schriftlich Nachbesserung verlangen. Der Nachbesserungsanspruch ist gem § 13 Nr 6 ausgeschlossen, wenn die Mängelbeseitigung unmöglich, unzumutbar ist oder einen unverhältnismäßig hohen Aufwand erfordert. Er kann nur noch Minderung verlangen.

§ 636 Besondere Bestimmungen für Rücktritt und Schadensersatz

Außer in den Fällen der §§ 281 Abs. 2 und 323 Abs. 2 bedarf es der Fristsetzung auch dann nicht, wenn der Unternehmer die Nacherfüllung gemäß § 635 Abs. 3 verweigert oder wenn die Nacherfüllung fehlgeschlagen oder dem Besteller unzumutbar ist.

1 **A. Allgemeines.** Die durch das SMG neu eingefügte Vorschrift entspricht weitgehend der kaufrechtlichen in § 440. Sie regelt ergänzend zu §§ 281 II und 323 II die Entbehrlichkeit einer nach § 323 I (Rücktritt) und § 281 I (Schadensersatz statt der Leistung) notwendigen Fristsetzung zur Nacherfüllung. Eine Ablehnungsandrohung ist nicht mehr erforderlich. Aufgrund des Verweises in § 634 Nr 3 und 4 auf das allgemeine Leistungsstörungsrecht kann der Besteller nach § 323 I nur zurücktreten und nach § 281 I 1 Schadensersatz statt der Leistung verlangen, wenn dem Unternehmer unter Fristsetzung Gelegenheit zur Nacherfüllung gegeben wurde. Rücktritt und Schadensersatz statt der Leistung sind ohne erneute Fristsetzung nicht möglich, wenn der Besteller nach Ablauf der gesetzten Nacherfüllungsfrist weiterhin Erfüllung der vertraglichen Leistungspflicht verlangt (Celle IBR 05, 365).

2 **B. Rücktritt. I. Voraussetzungen.** § 634 verweist für die Voraussetzungen und Folgen des Rücktritts auf § 636, § 323 und § 326 V. Voraussetzung des Rücktritts sind neben einem Mangel des Werks (§ 633) und der Fälligkeit der Werkleistung (§ 323 I; Ausnahme § 323 IV bei Offensichtlichkeit des Eintritts der Rücktrittsvoraussetzungen) die erfolglose Fristsetzung zur Nacherfüllung (Rn 9) oder deren Entbehrlichkeit (Rn 10).

3 **II. Ausschluss des Rücktritts. 1. Unerheblicher Mangel.** Der Rücktritt ist ausgeschlossen, wenn der Mangel nicht erheblich ist (§ 323 V 2). Dem Besteller verbleiben die anderen Mängelrechte (mit Ausnahme des gem § 281 I 1 in diesem Fall ebenso ausgeschlossenen Schadensersatz statt der Leistung). Zur Bestimmung der Unerheblichkeit kann auf das Kriterium des unwesentlichen Mangels in § 640 I 2 (dort Rn 4) verwiesen werden. Da die Parteien die Erheblichkeit vertraglich bestimmen können, wird diese bei Verstoß gegen eine Beschaffenheitsvereinbarung widerlegbar indiziert (Palandt/*Sprau* § 636 Rn 6).

4 **2. Überwiegend Mangelverursachung durch den Besteller.** Rücktritt kann der Besteller nicht verlangen, wenn er den Mangel allein oder weit überwiegend selbst verursacht hat (§ 323 VI Fall 1), zB durch Anweisungen oder von ihm gelieferte Stoffe, auf die der Mangel zurückzuführen ist. Hat der Unternehmer seinerseits den Mangel durch Unterlassen eines entspr Hinweises oder Überprüfung des Materials verursacht, sind die Verursachungsanteile abzuwägen.

5 **3. Sonstige Ausschlussgründe.** Der Rücktritt ist auch ausgeschlossen, wenn der Mangel während des Annahmeverzugs des Bestellers eintritt und vom Unternehmer nicht zu vertreten ist (§ 323 VI Fall 2). Daneben bei Teilleistung (§ 633 II 2), wenn diese für den Besteller nach wie vor von Interesse ist (§ 323 V 1) und bei vorbehaltloser Abnahme des Werks in Kenntnis des Mangels (§ 640 II). Verschlechterung oder Untergang des Werks schließen den Rücktritt nicht aus, dieser kann jedoch gegen § 242 verstoßen, wenn das Werk in Kenntnis des Mangels weiter gebraucht wird (BGH WM 91, 367 es sei denn sachliche Rechtfertigung).

6 **III. Rechtsfolgen.** Macht der Besteller sein Gestaltungsrecht durch Erklärung geltend (§ 349) wird das Vertragsverhältnis in ein Rückgewährschuldverhältnis umgestaltet, dessen Folgen sich nach den allgemeinen Vorschriften der §§ 346 ff richten. Danach müssen die empfangenen Leistungen zurückgewährt werden. Ist dies nicht möglich, ist Wertersatz zu leisten (§ 346 II). Dies gilt nicht in den Fällen des § 346 III 1 (Haftung nur nach Bereicherungsgrundsätzen), dh wenn Verschlechterung oder Untergang des Werks auf dem Mangel beruhen. Der Rücktritt ist unwirksam (keine Verjährung, da Gestaltungsrecht § 218), sofern der Unternehmer zu Recht die Verjährung einwendet. Die Ansprüche aus dem Rückgewährschuldverhältnis unterliegen der regelmäßigen Verjährung.

7 **C. Schadensersatz. I. Voraussetzungen.** § 634 verweist auf §§ 280, 281, 283, 311 a. Schadensersatz statt der Leistung ist im Gegensatz zum Schadensersatz aus § 280 (für den keine werkvertraglichen Besonderheiten gelten) gem § 280 III nur bei Hinzutreten einer Nachfrist gem § 281 I oder deren Entbehrlichkeit gegeben. Keine Nachfrist für den Schadensersatz bei Ausschluss der Leistungspflicht gem § 283, da diese zwecklos wäre (Unmöglichkeit § 275 I-III). Schadensersatz nach §§ 280, 281, 283 setzt ein Vertretenmüssen (§ 280 I 2 iVm §§ 276 f oder Zurechnung § 278) sowie einen auf den Mangel zurückzuführenden Schaden (§ 280 I 1) voraus. Kein Schadensersatz daher, wenn der Unternehmer den Mangel nicht zu vertreten hat, dh sich exkulpieren kann (s § 280 Rn 16 ff; nicht bei Übernahme des Risikos oder einer Garantie durch den Unternehmer). Daneben bedarf es bei § 281 einer Nachfristsetzung (Rn 9), es sei denn, sie ist entbehrlich (Rn 10). § 311 a gibt einen Schadensersatzanspruch, wenn der erhebliche (§§ 281 I 3, 311a II 3) Mangel auf ein bei Vertrags-

schluss bestehendes Leistungshindernis zurückzuführen ist und der Schaden auf diesem beruht (§ 280 I 1). Kein Anspruch nach § 311a besteht, wenn der Unternehmer das Leistungshindernis nicht kannte und diese Unkenntnis nicht zu vertreten hat (§ 311a Rn 16 ff). Vorbehaltlose Abnahme schließt Schadensersatz nicht aus (§ 634 Nr 4 wird in § 640 II nicht genannt). Hat der Besteller nach wie vor ein Interesse an einer bewirkten Teilleistung, ist Schadensersatz nach §§ 281, 283 und § 311a ausgeschlossen (§ 281 I 2, § 283 S 2, § 311a II 3).

II. Folgen. Der Besteller erhält Ersatz des ihm durch den Mangel entstandenen Schadens in Form des positiven Interesses, er ist so zu stellen, wie wenn ordnungsgemäß erfüllt worden wäre. Dieser kann bestehen im durch den Mangel selbst verursachten Schaden (kleiner Schadensersatz § 280 I 1) einschließlich des mit der Mängelbeseitigung bedingten Verzögerungsschadens, oder im Schadensersatz statt der Leistung (großer Schadensersatz nach § 281), jedoch nur bei erheblichem Mangel (Rückforderung des Werks oder Wertersatz für Unternehmer über §§ 281 V, 283 S 2, 311a II 3 iVm 346 ff). Das Mitverschulden des Bestellers ist gem § 254 mit zu berücksichtigen (so muss sich der Besteller bspw um einen Ersatzunternehmer bemühen, München NJW-RR 05, 616). Der Besteller kann alternativ Ersatz der vergeblichen Aufwendungen verlangen (§ 284 Rn 1ff), so bei Verträgen mit lediglich ideellem oder konsumptiven Charakter (Palandt/*Sprau* § 636 Rn 13). Der Schadensersatzanspruch ist auf den zur Mangelbeseitigung notwendigen Betrag gerichtet und nicht auf den Ersatz der objektiven Minderung des Verkehrswertes des Werks begrenzt (BGH NJW-RR 05, 1039). Großer Schadensersatz bei Unterschreitung der Luftschalldämmwerte bei Doppelhaushälften (Ddorf BauR 04, 1668). Bei der Berechnung anhand der Differenzmethode entsteht ein Abrechnungsverhältnis, der Werklohnanspruch entfällt (Kobl NZBau 02, 453). 8

D. Erfolglose Nachfristsetzung. Der Unternehmer muss dem Besteller eine angemessene Nachfrist zur Nacherfüllung gesetzt haben (zur Angemessenheit § 323 Rn 19 ff), wobei eine zu kurz bemessene Frist in eine ausreichende umgedeutet wird (BGH WM 86, 1255). Diese Rspr ist zu überdenken, da der Unternehmer in diesen Fällen nicht weiß, ab wann er nicht mehr nacherfüllen darf; widerspricht er unangemessen und unbegründet, wird der Besteller reagieren müssen, ansonsten sollte keine Umdeutung eintreten. Hier können auf beiden Seiten Nebenpflichtverletzungen vorliegen. Die Fristsetzung muss eine konkrete Aufforderung zur Leistung, Mangelbezeichnung und eine bestimmte Zeitspanne oder einen Termin beinhalten (nicht ausreichend lediglich Formulierung „unverzüglich"). Ihr kommt eine Warnfunktion für den Unternehmer zu (auch im Fall der Kündigung des Vertrages aufgrund von Mängeln an der bereits fertig gestellten Teilleistung, BGH NJW-RR 88, 208; Hamm NJW-RR 95, 724). Sie kann entspr § 634 I 2 aF bei eindeutig erkennbaren Mängeln bereits vor dem vertraglichen Ablieferungszeitpunkt gesetzt werden (jedoch nicht zuvor enden). Daneben muss Erfolglosigkeit der Nacherfüllung vorliegen, dh eine fristgerechte Mangelbeseitigung erfolgte nicht. Dies ist nicht der Fall, wenn der Unternehmer die Nacherfüllung in Annahmeverzug begründender Weise angeboten hat (Ddorf NJW-RR 98, 1030). Ist die Erfolglosigkeit bereits zuvor eindeutig erkennbar, liegt ein Fehlschlagen der Nacherfüllung vor (BGH NJW-RR 03, 13). 9

E. Entbehrlichkeit der Fristsetzung. I. Nach §§ 281 II, 323 II. Eine Fristsetzung ist entbehrlich, wenn eine ernsthafte und endgültige Erfüllungsverweigerung des Unternehmers vorliegt (§ 323 II Nr 1, § 281 II), zB ernsthafte und endgültige Verweigerung der Mängelbeseitigung (BGH NJW 03, 580; auch durch schlüssiges Verhalten, BGH NJW 02, 1571; nicht ausreichend bloße Erwägungen zur Mangelursache durch Unternehmer). Daneben auch bei unberechtigtem Berufen auf Leistungsverweigerungsrechte aus §§ 275, 635 III, 648a durch den Unternehmer (München NJW-RR 03, 1602). Entbehrlichkeit ist auch gegeben bei Wegfall des Leistungsinteresses des Bestellers wegen Verzögerung der Leistung (Fixgeschäft; Rücktritt § 323 II Nr 2) bzw Vorliegen besonderer Umstände, die bei Interessenabwägung die sofortige Geltendmachung des Schadensersatzanspruches/Rücktritts rechtfertigen (§ 281 II Fall 2; § 323 II Nr 3) sowie bei Entfallen des Nacherfüllungsanspruches gem § 275 I–III (§ 326 V, § 283). 10

II. Nach § 636. 1. Unverhältnismäßige Kosten § 635 III. Die Entbehrlichkeit der Fristsetzung setzt die Geltendmachung des Verweigerungsrechts aus § 635 III durch den Unternehmer voraus, das bloße Vorliegen der objektiven Voraussetzungen genügt nicht. Eine Unverhältnismäßigkeit der Kosten ist nur dann zu bejahen, wenn der Bedarf des Bestellers nach Funktionalität zurücktreten kann. 11

2. Fehlschlagen der Nacherfüllung. Ein Fehlschlagen der Nacherfüllung liegt vor, wenn der Mangel auch bei (ggf mehrfacher) Nacherfüllung nicht beseitigt wurde (BGH NJW-RR 98, 1268 zum alten Recht). Die Vermutungsregel aus § 440 S 2, wonach dem Verkäufer grds zwei Nachbesserungsversuche bleiben, kann zwar nicht direkt auf das Werkvertragsrecht übertragen werden, bietet aber einen Anhaltspunkt. Ein Fehlschlagen kann aber auch schon im ersten erfolglosen Nachbesserungsversuch vorliegen (Bremen IBR 05, 673). 12

3. Unzumutbarkeit der Nacherfüllung. Unzumutbar die Nacherfüllung für den Besteller, wenn aus seiner Sicht aufgrund objektiver Umstände das Vertrauen auf ordnungsgemäße Mangelbeseitigung nachhaltig erschüttert ist (BGH BauR 75, 137; BGH 50, 160 zum früheren Recht), so wenn diese aufgrund des Mangels nicht mehr in ordnungsgemäßer Weise oder innerhalb angemessener Frist (Werner/*Pastor* Rn 1657 f) zu 13 erwarten ist, bei schwerwiegendem Verstoß gegen die Vertragspflichten durch den Unternehmer oder sofern die Besorgnis besteht, dass sich der Unternehmer seiner Nacherfüllungspflicht zu entziehen sucht (BGH BauR 82, 496). Daneben bei unzumutbaren Auswirkungen der Nacherfüllung, zB wenn diese zu einer Betriebsstörung im Betrieb des Bestellers führt (BGH NJW 02, 1571) oder die rechtzeitige Geschäftseröffnung verzögert. Auch bei besonderer Eilbedürftigkeit kann Unzumutbarkeit zu bejahen sein (so bei einem Rohrbruch, Ddorf NJW-RR 93, 477 zum alten Recht; Heizungsausfall im Winter).

14 **F. Beweislast.** Der Besteller hat die Setzung einer angemessenen Nachfrist, deren fruchtlosen Ablauf und bei Berufen auf deren Entbehrlichkeit die hierfür erforderlichen Voraussetzungen zu beweisen (Müko/*Busche* § 637 Rn 33). Der Unternehmer hat zu beweisen, dass er den Mangel innerhalb der Frist behoben hat, sofern er dies behauptet (BGH NJW-RR 98, 1268).

§ 637 Selbstvornahme

(1) Der Besteller kann wegen eines Mangels des Werkes nach erfolglosem Ablauf einer von ihm zur Nacherfüllung bestimmten angemessenen Frist den Mangel selbst beseitigen und Ersatz der erforderlichen Aufwendungen verlangen, wenn nicht der Unternehmer die Nacherfüllung zu Recht verweigert.
(2) ¹§ 323 Abs. 2 findet entsprechende Anwendung. ²Der Bestimmung einer Frist bedarf es auch dann nicht, wenn die Nacherfüllung fehlgeschlagen oder dem Besteller unzumutbar ist.
(3) Der Besteller kann von dem Unternehmer für die zur Beseitigung des Mangels erforderlichen Aufwendungen Vorschuss verlangen.

1 **A. Schuldrechtsmodernisierung.** Die Vorschrift des § 637 wurde vollständig neu gefasst und tritt an die Stelle des § 633 III aF. Das Recht zur Selbstvornahme setzt nunmehr keinen Verzug des Unternehmers mit der Mängelbeseitigung voraus, sondern den Ablauf der vom Besteller gesetzten Frist zur Nacherfüllung. Ein Hinweis des Bestellers auf die Möglichkeit der Selbstvornahme ist nicht notwendig. Das Selbstvornahmerecht kann wie der Nacherfüllungsanspruch schon vor Abnahme Anwendung finden (§ 633 Rn 6).

2 **B. Voraussetzungen der Selbstvornahme.** Gem I muss neben einem Mangel des Werkes ein erfolgloser Ablauf der zur Nacherfüllung gesetzten Frist vorliegen. Die Fristsetzung kann jedoch aus den in § 637 II 1 (Verweis auf § 323 II Nr 1–3) und 2 (Fehlschlagen oder Unzumutbarkeit für den Besteller) genannten Gründen entbehrlich sein (vgl § 636 Rn 10). Eine erneute Aufforderung zur Nacherfüllung mit Fristsetzung ist Voraussetzung der Selbstvornahme, wenn die Parteien nach einer erfolgten Fristsetzung eine Vereinbarung
3 über die Nachbesserung getroffen hatten (Köln IBR 05, 15). Ein mit der Selbstvornahme verbundener Aufwendungsersatzanspruch ist ausgeschlossen, wenn der Unternehmer die Nacherfüllung zu Recht verweigert (§§ 637 I Hs 2, 275 II, III und 635 III) oder wenn diese objektiv oder subjektiv unmöglich ist (§ 275 I). Der Unternehmer muss sich jedoch hierzu auf sein Leistungsverweigerungsrecht berufen.

4 **C. Rechtsfolgen.** Der Besteller kann die für die Mängelbeseitigung notwendigen Arbeiten selbst vornehmen oder durch Dritte vornehmen lassen und vom Unternehmer Aufwendungsersatz bzw eine Vorschuss für die zur Mängelbeseitigung erforderlichen Aufwendungen verlangen. Das Recht des Unternehmers zur Nacherfüllung entfällt, der Besteller kann diese dennoch gestatten (Köln NJW-RR 01, 1386 zum alten Recht; jedoch unter Ersatz des Verzögerungsschadens über § 280 I, sofern der Unternehmer diesen zu vertreten hat; bei Gestattung muss der Besteller geeignete Beseitigungsmaßnahmen akzeptieren, BGH NJW-RR 04, 303). Fehlt es an den Voraussetzungen für das Selbstvornahmerecht und lässt der Besteller die Mangelbeseitigung dennoch von einem Dritten vornehmen, steht ihm kein Aufwendungsersatz oder Vorschuss zu (BGH IBR 05, 249 zum Kaufrecht; Köln NJW-RR 01, 1386) – auch nicht aus GoA, Bereicherungs- oder Deliktsrecht (MüKo/*Busche* § 637 Rn 7). Beseitigt der Besteller die Mängel ohne dem Unternehmer Gelegenheit zur Nacherfüllung zu geben, hat der Unternehmer Anspruch auf die vertragliche Vergütung abzüglich ersparter Aufwendungen/anderweitigen Verdienstes gem § 649 (BGH IBR 05, 77; Kobl IBR 05, 16; str). Entfallen die Voraussetzungen nachträglich, sind nur bereits geleistete Aufwendungen zu ersetzen (Palandt/*Sprau* § 637 Rn 6).

5 **I. Aufwendungsersatzanspruch. 1. Allgemeines.** Hat der Besteller berechtigt (Rn 2 f) den Mangel selbst beseitigt oder durch Dritte beseitigen lassen, kann er die hierfür erforderlichen Aufwendungen erstattet verlangen. Im Gegensatz zum Auftragsrecht kann auch die eigene Arbeitsleistung des Bestellers iRd Aufwendungsersatzanspruchs geltend gemacht werden, da sonst entgegen § 637 I der Besteller die Mangelbeseitigungskosten tragen müsste (BGH NJW 73, 46). Der Anspruch ist abtretbar (§ 398). Zur Frage der Aufrechnung mit Vergütungsansprüchen vgl § 387.

6 **2. Umfang. a) Erforderliche Aufwendungen.** Aufwendungen sind alle freiwilligen Vermögensopfer des Bestellers. Der Anspruch umfasst nur die für die Mängelbeseitigung objektiv **erforderlichen** Aufwendungen. Hierzu zählen alle finanziellen Einsätze, die sich als notwendig erweisen, um die Mängelbeseitigung über-

haupt zu ermöglichen und deren Spuren zu beseitigen (BGH NJW 73, 46). So die Beseitigung von durch die Nachbesserung am Eigentum des Bestellers entstandenen Schäden (Karlsr BauR 05, 1485). Unnötig hohe Aufwendungen sind jedoch zu vermeiden (BGH NJW-RR 91, 789), der Aufwand ist in Grenzen zu halten (Ddorf BauR 74, 61). Die Bestimmung der Angemessenheit erfolgt dabei nicht anhand eines mittleren Marktpreises (MüKo/*Busche* § 637 Rn 10), sondern an dem, was ein vernünftig und wirtschaftlich handelnder Besteller aufgrund sachkundiger Beratung im konkreten Einzelfall für geeignet halten durfte (BGH WM 03, 1441). Dabei ist auf den Zeitpunkt der geschuldeten Vertragserfüllung abzustellen (BGH ZfBR 95, 197). Neben den Aufwendungen für die eigene Arbeitsleistung und die Kosten durch Einsatz eines Dritten, sind auch die Kosten für eine sachkundige Beratung, der Auffindung der Schadensursache (BGH NJW 91, 1604) sowie die Überwachung der Mängelbeseitigung (BGH NJW-RR 91, 789) zu ersetzen. Anwalts- und Gutachterkosten, die nicht im Zusammenhang mit dem Auffinden der Schadensursache oder Beratung im Hinblick auf die Mängelbeseitigung stehen, können lediglich im Wege des Schadensersatzanspruches geltend gemacht werden (BGH NW-RR 99, 813, 814). Ein Gelingen der Selbstvornahme ist nicht Voraussetzung des Ersatzanspruchs (BGH NJW-RR 89, 86; beim Einsatz von Drittunternehmen kann der Besteller jedoch zur Abtretung von Schadensersatzansprüchen gegen das Drittunternehmen verpflichtet sein). 7

b) Arbeitsleistung des Bestellers. Bei der Bestimmung der Vergütung der eigenen Arbeitsleistung bietet der Lohn eines in beruflicher Abhängigkeit Tätigen (abzüglich des Unternehmerzuschlags) einen Anhaltspunkt (BGH NJW 73, 46). Ist der Besteller selbst Gewerbetreibender (so regelmäßig im Verhältnis Haupt-/Subunternehmer) sind die aufgewendeten eigenen Betriebsmittel einschl anteiliger Gemeinkosten maßgeblich (KG VersR 79, 233; nicht der Gewinn). Ggf kann eine Schätzung (§ 287 ZPO) vorzunehmen sein. 8

c) Einsatz von Drittunternehmen. Der Einsatz von Drittunternehmen für die Mangelbeseitigung dürfte zumeist zu höheren Kosten führen, als dies bei Mängelbeseitigung durch den Unternehmer der Fall ist. Diese können sogar in doppelter oder gar dreifacher Höhe erforderlich sein (MüKo/*Busche* § 637 Rn 11). Für die Erforderlichkeit der durch das Drittunternehmen abgerechneten Kosten spricht der erste Anschein (Dresden NZBau 00, 333, 336). Gegenteiliges hat der Unternehmer zu beweisen (BGH NJW-RR 92, 1300). Dem Besteller ist aufgrund Abwägung der Interessen (schnelle und zuverlässige Mängelbeseitigung auf Seiten des Bestellers ggü möglichst geringem Mängelbeseitigungsaufwand auf Seiten des Unternehmers) nicht zuzumuten mehrere Angebote einzuholen oder gar eine Ausschreibung durchzuführen. 9

3. Kürzungen des Aufwendungsersatzanspruches. Trägt der Besteller ein **Mitverschulden** an den Mängelbeseitigungskosten, insbes, wenn die Mangelverursachung auf seine Anweisungen oder Maßnahmen sowie Verletzung der Prüfungs- und Mitteilungsverpflichtung zurückzuführen sind, ist sein Anspruch entspr zu kürzen (MüKo/*Busche* § 637 Rn 14). Auch **Sowieso-Kosten** (Kosten die bei ordnungsgemäßer Vertragserfüllung zur mangelfreien Werkerstellung ebenfalls angefallen wären und die nach dem Vertrag der Besteller zu tragen hätte) sind abzuziehen. Dies gilt auch, wenn diese erst nach Rechtskraft einer Verurteilung des Unternehmers zur Kostentragung bekannt werden (BGH BauR 88, 468). Ebenfalls Herabsetzung des Anspruchs, wenn durch die Mangelbeseitigung ein Mehrwert entstand (anders wenn aufgedrängt), jedoch kein Abzug Neu für Alt für die wegen erfolgloser Nachbesserung bis zur Selbstvornahme verstrichene Zeit (Karlsr BauR 02, 93) – es sei denn Besteller hat verspätet gerügt. 10

II. Vorschuss (§ 637 III). 1. Allgemeines. Der Vorschussanspruch ist auf Zahlung eines Geldbetrages gerichtet, den der Besteller nur zur Nachbesserung verwenden darf (Ausnahme: der Hauptunternehmer kann den vom Subunternehmer gezahlten Vorschuss zu einer die Nachbesserungskosten nicht übersteigenden Vergleichsregelung mit dem Bauherrn verwenden). Neben dem Recht des Bestellers zur Selbstvornahme ist die **Absicht** des Bestellers zur Mangelbeseitigung Voraussetzung des Anspruchs. Diese wird grds unterstellt. Sie fehlt jedoch, wenn der Besteller ersichtlich den Mangel nicht fristgerecht beseitigen kann (BGH NJW 77, 1336 f) oder will (Nürnbg NJW-RR 03, 1601) sowie, wenn feststeht, dass der Besteller andere Mängelrechte wie Minderung oder Schadensersatz gelten machen will (BGH NJW 67, 1366 f; Celle BauR 01, 1753). Die Beweislast hierfür trägt der Unternehmer (BGH NJW 67, 1366 f). In diesem Fall ist ein bereits bezahlter Vorschuss zurückzuzahlen (Kobl OLGR 00, 157). 11

Ein Vorschussanspruch ist **ausgeschlossen** (aA MüKo/*Busche* § 637 Rn 20), sofern der Besteller den zur Mangelbeseitigung erforderlichen Geldbetrag auf andere Weise erlangen kann, so im Wege der Aufrechnung gegen den Vergütungsanspruch (BGH NJW 00, 1403), der Geltendmachung eines Zurückbehaltungsrechts (Oldbg BauR 94, 371), im Falle ausreichender Sicherheitsleistung oder ausreichendem Einbehalt durch den Besteller (BGHZ 67, 388; BGH BauR 84, 406; Hamm NJW-RR 96, 1046) oder bei Möglichkeit des Bestellers zum Einbehalt (I/K/*Wirth* § 13 Nr 5 VOB/B Rn 198 mit Verweis auf Oldbg BauR 94, 371). Reicht ein gezahlter Vorschuss nicht aus, ist auch ein wiederholter Vorschussanspruch möglich (BGH NJW 67, 1366 f; München NJW-RR 94, 785; einschr Kobl OLGR 00, 158; auch nach Auftragsentziehung gem §§ 4 Nr 7, 8 Nr 3 VOB/B, BGH NJW-RR 89, 849). Der Besteller kann gegen den Werklohnanspruch aufrechnen (BGH NJW-RR 89, 406), es sei denn der Unternehmer leistet erfolgreich Nacherfüllung (Nürnbg NJW-RR 02, 1239). Die Aufrechnungsbefugnis des Unternehmers kann in AGB nicht wirksam ausgeschlossen werden (LG München 12

NJW-RR 90, 30). Der Vorschussanspruch verjährt nach § 634a (BGH DB 87, 2092 zum alten Recht). Der Anspruch erlischt mit Entfallen des Nacherfüllungsanspruchs oder des Selbstvornahmerechts.

13 **2. Umfang.** Die Vorschusspflicht des Bestellers umfasst alle iRd Nachbesserung mutmaßlich (BGH BauR 99, 631) erforderlichen Kosten, die sich durch Gutachten oder eingeholte Angebote ermitteln lassen. Die Höhe kann bei Vorliegen greifbarer Anhaltspunkte geschätzt werden (BGH NJW-RR 04, 1023). Eingeschlossen sind auch Kosten für Vor- und Nacharbeiten, selbst wenn hierdurch zugleich Mängel eines Nachfolgeunternehmers beseitigt werden (Karlsr IBR 05, 252). Daneben sog Regiekosten (Köln ZfBR 00, 105, 112), nicht jedoch der merkantile Minderwert (BGH NJW-RR 97, 339; lediglich iR v Schadensersatz). Bei Vorschussverlangen vor Abnahme bemisst sich die Höhe nach der Differenz zwischen Mängelbeseitigungskosten und nicht fälligem Werklohn (Oldbg BauR 94, 371). Der Vorschuss ist unter den Voraussetzungen des § 286 zu verzinsen, das erfolglose Verstreichen der Nacherfüllungsfrist allein genügt hierfür nicht (BGH NJW 80, 1955).

14 **3. Abrechnung.** Die Vorschusszahlung ist ihrer Natur nach nicht endgültig. Der Besteller hat nach durchgeführter Mängelbeseitigung deren Kosten ggü dem Unternehmer abzurechnen (BGH NJW-RR 89, 405, 406; Braunschw BauR 03, 1234). Hierzu sind die Abrechnungsregeln des Auftragsrechts (§§ 667, 670; Anspruch auf Auskunft und Rechnungslegung, §§ 666, 259) entspr heranzuziehen. Ein Anspruch auf Abrechnung für den Unternehmer besteht nicht, wenn dem Besteller in gleicher Höhe ein Schadensersatzanspruch zusteht (BGHZ 99, 81; BGH WM 89, 648). Auf den Vorschuss bezahlte Verzugs- und Prozesszinsen bleiben außer Betracht, soweit nicht der bezahlte Vorschuss die tatsächlichen Mängelbeseitigungskosten übersteigt (BGH NJW 85, 2325). Zuviel bezahlter Vorschuss ist vom Besteller zurückzugewähren (entsprechend § 667). Macht der Unternehmer geltend noch nicht zur Abrechnung in der Lage zu sein, hat er dies zu beweisen (BGH NJW 90, 1475). Ein Rückforderungsanspruch des Unternehmers soll auch bestehen, wenn der Besteller den Mangel nicht in angemessener Zeit beseitigen lässt, wobei Angemessenheit eine Einzelfallbetrachtung erfordert (Müko/*Busche* § 637 Rn 22; für eine Frist von einem halben bis äußerstenfalls einem Jahr I/K/*Wirth* § 13 Nr 5 VOB/B Rn 192 mit Verweis auf Köln BauR 88, 483; jedenfalls Frist bis zur Rechtskraft der Verurteilung des Unternehmers, Celle NJW-RR 94, 1174). Die Klage auf Vorschuss hat verjährungsunterbrechende Wirkung auch für spätere Erhöhungen der Mangelbeseitigungskosten, sofern sie denselben Mangel betreffen (BGH IBR 05, 364).

15 **D. VOB/B.** Gem § 13 Nr 5 II kommt dem Besteller wie bei § 637 (auch bzgl Aufwendungsersatz, Vorschuss) ein Selbstvornahmerecht nach Setzung einer angemessenen Frist zu, welches aber abzugrenzen ist vom Recht zur Mängelbeseitigung nach § 4 Nr 7 für sich bereits während der Ausführung zeigende Mängel. Letzteres besteht außer bei Erfüllungsverweigerung erst nach Entziehung des Auftrags nach § 8 Nr 3 (BGH NJW-RR 02, 160).

16 **E. Beweislast.** Für alle Voraussetzungen des Selbstvornahmerechts sowie des Aufwendungsersatz- oder Vorschussanspruches trägt der Besteller die Beweislast. Der Unternehmer trägt die Darlegungs- und Beweislast dafür, dass der Besteller iRd Selbstvornahme übermäßige Leistungen ausführen lies (BGH NJW-RR 92, 1300).

§ 638 Minderung

(1) ¹Statt zurückzutreten, kann der Besteller die Vergütung durch Erklärung gegenüber dem Unternehmer mindern. ²Der Ausschlussgrund des § 323 Abs. 5 Satz 2 findet keine Anwendung.
(2) Sind auf der Seite des Bestellers oder auf der Seite des Unternehmers mehrere beteiligt, so kann die Minderung nur von allen oder gegen alle erklärt werden.
(3) ¹Bei der Minderung ist die Vergütung in dem Verhältnis herabzusetzen, in welchem zur Zeit des Vertragsschlusses der Wert des Werkes in mangelfreiem Zustand zu dem wirklichen Wert gestanden haben würde. ²Die Minderung ist, soweit erforderlich, durch Schätzung zu ermitteln.
(4) ¹Hat der Besteller mehr als die geminderte Vergütung gezahlt, so ist der Mehrbetrag vom Unternehmer zu erstatten. ²§ 346 Abs. 1 und § 347 Abs. 1 finden entsprechende Anwendung.

1 **A. Allgemeines.** § 638 wurde durch die Schuldrechtsmodernisierung neu gefasst. Die Minderung ist nicht mehr als Anspruch des Bestellers, sondern als Gestaltungsrecht geregelt. Auch werden nunmehr Rechtsmängel erfasst. Beibehalten wurde die Berechnungsformel aus §§ 634 II 3, 472 aF, wobei nunmehr für die Einsatzfaktoren der Minderungsformel gem III, 2 Schätzungen zulässig sind. Zum zeitlichen Anwendungsbereich der Neuregelung vgl § 633 Rn 4, zum Verhältnis zu den allg Vorschriften § 633 Rn 5 ff, zu anderen Mängelrechten § 634 Rn 2 ff. Die Minderung stellt begrifflich die Herabsetzung der Vergütung des Unternehmers um einen der mangelbedingten Wertminderung entspr Betrag dar (III). Neu ist der Zeitpunkt auf den für die Minderung abgestellt wird: Zeit des Vertragsschlusses, bisher Zeitpunkt der Abnahme (s Rn 5). Die Minderung bezieht sich auf die Vergütung, die Wertminderung auf das Objekt.

B. Voraussetzungen. Der Besteller kann die Minderung erklären „statt zurückzutreten". Daher müssen die Rücktrittsvoraussetzungen (§ 636 Rn 2) gegeben sein. Dabei ist auch ein unerheblicher Mangel ausreichend (§ 323 V 2 ist gem I, 2 nicht anwendbar). Die Minderung muss durch eine empfangsbedürftige einseitige **Erklärung** des Bestellers ggü dem Unternehmer erfolgen (I 1). Diese Erklärung ist rechtsgestaltend, damit unwiderruflich und bedingungsfeindlich. Sie muss den oder die Mängel, derentwegen gemindert wird und den Umfang der Minderung beinhalten (es gelten insoweit die inhaltlichen Anforderungen für das Nacherfüllungsverlangen § 635 Rn 2). Bei Personenmehrheit auf Besteller- oder Unternehmerseite kann die Minderung nur einheitlich abgegeben werden (II). Dies setzt jedoch keine „gleichzeitige" Abgabe voraus, jedoch tritt die Wirksamkeit erst mit Abgabe der letzten der erforderlichen Erklärungen ein (MüKo/*Busche* § 638 Rn 6). Das Recht zur Minderung entfällt, wenn der Besteller wirksam den Rücktritt vom Vertrag erklärt oder Schadensersatz statt der Leistung verlangt.

C. Berechnung der Minderung (III). Die verminderte Vergütung steht im selben Verhältnis zum vollen Werklohn wie der Verkehrswert der mangelhaften Leistungen zu demjenigen einer mangelfreien Leistung (dh verminderte Vergütung x/vollen Werklohn = mangelhafter Verkehrswert/mangelfreien; vgl § 441 Rn 14 ff). Der Wert der Sache im mangelfreien Zustand ist objektiv zu bestimmen, auf den subjektiven Wert für den Besteller kommt es nicht an (Staud/*Peters* § 634 Rn 61). Dabei kann, muss der Verkehrswert jedoch nicht der vereinbarten Vergütung entsprechen, so wird in Rezessionsphasen die Vergütung häufig unter dem Wert der Leistung liegen und umgekehrt bei Konjunkturphasen (Müko/*Busche* § 638 Rn 10). Soweit der Mangel behebbar ist, kann sich der Minderwert nach den Mangelbeseitigungskosten bestimmen (BGH NJW 96, 3001 zum früheren Recht). Dies gilt jedoch nicht, bei auffälligem Missverhältnis zum Gesamtwert (BTDrs 14/6040 S 267) oder berechtigter Verweigerung der Nacherfüllung durch den Unternehmer bei Unmöglichkeit oder Unverhältnismäßigkeit (BGH NJW 03, 1188) sowie bei erheblichen Preisänderungen ggü dem Zeitpunkt des Vertragsschlusses. In diesen Fällen ist eine Schätzung der Minderung möglich (III 2, § 287 ZPO). Der Minderwert der mangelhaften Leistung wird durch den technischen Minderwert (mangelbedingte Nachteile beim Gebrauch und der Nutzung des Werks), aber auch durch den merkantilen Minderwert (mangelbedingte Wertbeeinträchtigung des Werks auf dem Markt) bestimmt (BGH NJW 03, 1188 ff). Hat eine mangelhafte Architektenleistung zu einem Mangel am Bauwerk geführt, ist bei der Berechnung der Minderung der Wert des mangelhaften Architektenwerks (nicht des Bauwerks) im Verhältnis zum mangelfreien heranzuziehen (BGH NJW 72, 821). Trifft den Besteller an der Mangelverursachung ein **Mitverschulden**, ist dieses bei der Bestimmung der geminderten Vergütung in entspr Anwendung des § 254 zu berücksichtigen (BTDrs 14/6040, 235). Der Minderungsbetrag ist dann um den Betrag zu kürzen, der der Verursachungsquote des Bestellers entspricht (BGH NJW 66, 39).

Bei der Berechnung ist nach dem neuen Wortlaut der Vorschrift der Wert im **Zeitpunkt** des Vertragsschlusses maßgeblich (entgegen der früher zT auf den Zeitpunkt der Abnahme abstellenden Rechtsprechung – BGHZ 58, 181). Es ist deshalb zwischen der tatsächlichen Wertminderung im Zeitpunkt der Wertminderung und dem Minderungsbetrag zu unterscheiden (MüKo/*Busche* § 634 Rn 29, 31). Da die Minderung die ganze Vergütung betrifft, ist der Minderungsbetrag nicht von einem eingeklagten Teilbetrag, sondern dem letztrangigen Teil der Vergütungsforderung abzurechnen (BGH NJW 71, 1080). Bei teilweiser Abtretung kann der Besteller die Minderung ggü der Teilforderung im Verhältnis ihrer Höhe einwenden (BGHZ 46, 242).

D. Rechtsfolgen. Macht der Besteller die Minderung geltend, behält er das mangelhafte Werk und hat dieses auch abzunehmen (§ 640). Die Vergütung ist im Zeitpunkt des Zugangs der Minderungserklärung herabzusetzen. Dabei findet nur die Wertminderung der geltend gemachten Mängel Beachtung, spätere Mängel kann der Besteller erneut als Minderung geltend machen. Zuviel gezahlte Vergütung (Überzahlung) ist über den vertraglichen **Rückabwicklungsanspruch** in IV, 1 zurückforderbar, auf den gem IV 2 die Vorschriften der §§ 346 I, 347 I entspr Anwendung finden. Ist das Werk vollständig wertlos, kann der Werklohn ebenfalls vollständig entfallen. Die Minderung kommt dann dem Rücktritt gleich (BGH NJW 65, 152; auch bei nach § 639 zulässigen vertraglichem Ausschluss des Rücktritts möglich), das Werk ist in diesem Fall dem Unternehmer wie beim Rücktritt herauszugeben.

E. VOB/B. Gem § 13 Nr 6 ist das Minderungsrecht abweichend von § 634 beschränkt auf die Fälle, dass der Unternehmer die Mängelbeseitigung wegen Unmöglichkeit, Unzumutbarkeit, unverhältnismäßigen Kosten verweigert, sowie wenn die Beseitigung dem Besteller unzumutbar ist. An die Unzumutbarkeit auf Unternehmerseite ist ein strenger Maßstab anzulegen – vorrangig ist immer das Recht des Bestellers auf ein „funktionierendes" Werk (I/K/*Wirth* § 13 Nr 6 VOB/B Rn 21). Auf Seiten des Bestellers muss die Erfüllung seinen Lebensbereich in außergewöhnlicher Weise einschränken. Eine lediglich dilettantische Ausführung genügt hierfür nicht (Kobl NJW-RR 02, 669). Gem § 309 Nr 8 b bb dürfte diese von § 638 abw Regelung unabhängig von der Frage der Privilegierung der VOB/B (Einf zu § 631 Rn 11) wirksam sein.

§ 639 Haftungsausschluss

Auf eine Vereinbarung, durch welche die Rechte des Bestellers wegen eines Mangels ausgeschlossen oder beschränkt werden, kann sich der Unternehmer nicht berufen, soweit er den Mangel arglistig verschwiegen oder eine Garantie für die Beschaffenheit des Werkes übernommen hat.

1 **A. Allgemeines.** Die der kaufrechtlichen Vorschrift in § 444 entspr Regelung übernimmt mit gewissen Änderungen den § 637 aF sowie § 11 Nr 11 AGBG, wonach ein formularmäßiger Ausschluss für zugesicherte Eigenschaften unwirksam war. Sie bezieht sich jedoch auf alle Mängelrechte und nicht nur auf Schadensersatz und individualvertragliche Ausschlüsse. Eine vertragliche Einschränkung der Mängelrechte aus § 634 (bzgl des Inhalts oder der Ausübung) kann grds sowohl individualvertraglich (auch konkludent) als auch in AGB erfolgen. Die Vorschrift bringt die der Privatautonomie entspr prinzipielle Dispositivität der Mängelrechte in § 634 zum Ausdruck, setzt zum Schutz des Bestellers hierfür jedoch verbindliche Grenzen. Bzgl dieser Gren-
2 zen ist eine Abbedingbarkeit nicht gegeben. Der Ausschluss der Mängelrechte ist abzugrenzen von der Vereinbarung einer bereits das Vorliegen eines Mangels ausschließenden minderen Beschaffenheit (nicht bei Verletzung einer Aufklärungspflicht durch den Unternehmer). Der **Umfang** der Einschränkung bestimmt sich nach der Vereinbarung und wird häufig im Wege der Auslegung zu ermitteln sein (§§ 133, 157). Dabei ist insbes auch das Interesse der Parteien maßgeblich (BGH NJW 82, 1700). So muss der allgemein gehaltene „Gewährleistungsausschluss" in einem Bestätigungsschreiben zwar nicht eine vorangegangene Beschaffenheitsgarantie erfassen (BGHZ 93, 338 für Eigenschaftszusicherung), evtl aber Mangelfolgeschäden, welche nunmehr Teil der Mängelhaftung sind. Diesbezügliche Formularklauseln sind eng auszulegen. Auch wird die Haftung für nicht mangelbedingte Schäden nicht von einer Haftungsbeschränkung für Bauwerkschäden in einem Architektenvertrag umfasst (BGH BB 77, 516). Ebenso wird die deliktische Haftung grds nicht mit ausgeschlossen, es sei denn anderes ergibt sich ausdrücklich oder hinreichend deutlich aus der Vereinbarung (BGH WM 79, 435). Grenze der Ausschlussmöglichkeit bilden neben den §§ 138, 242 das arglistige Verschweigen eines Mangels (§ 639 Alt 1; Rn 5) oder die Übernahme einer Beschaffenheitsgarantie durch den Unternehmer (§ 639 Alt 2; Rn 6), bei AGB zusätzlich die §§ 305 ff (Rn 3 f). Die Beweislast für eine haftungsausschließende Vereinbarung trägt der Unternehmer.

3 **B. Formularmäßige Haftungsausschlüsse.** Formularmäßige Haftungsausschlüsse unterliegen über § 639 hinaus der Inhaltskontrolle nach §§ 307 ff. Insbes kommt eine Unwirksamkeit gem § 309 Nr 8 b aa (Ausschluss und Verweisung auf Ansprüche gegen Dritte), § 309 Nr 8 b bb (Beschränkung auf Nacherfüllung) und § 309 Nr 12 (Beweislast) in Betracht. So können Bauträger weder in AGB noch in Individualvereinbarungen mit **Verbrauchern** bzgl ihrer Mängelhaftung den Besteller auf abgetretene Rechte gegen andere Unternehmer beschränken (§ 309 Nr 8 b, aa) oder deren erfolglose Inanspruchnahme als Voraussetzung für die eigene Haftung vorsehen (BGH BauR 02, 1296). Die Rspr hat bei einem Erwerb eines Grundstück mit darauf zu errichtendem Bauwerk eine formularvertragliche Unterstellung des gesamten Vertrags unter das kaufrechtliche Mangelrecht für unwirksam betrachtet (BGH NJW 81, 2344 zum früheren Recht). Ebenso über § 242 ein individualvertraglicher Ausschluss der Sachmängelhaftung für den Erwerb neu errichteter Bauwerke (auch Eigentumswohnungen) bei fehlender ausführlicher Belehrung und Beratung über die Folgen durch den Notar (BGH NJW 89, 2748; 05, 1115, 1117). Durch die Ausdehnung der Anwendung der Inhaltskontrolle der §§ 307 ff auch auf notarielle Verträge zwischen Unternehmer und Verbraucher über § 310 III dürfte diese Entscheidung nunmehr lediglich für Verträge zwischen Unternehmern relevant sein (Litzenburger NJW 02,
4 1244). Auch bei Verwendung von **Ausschlussklauseln ggü Unternehmern** (dh gem § 310 I keine Anwendung von § 309) ist gem § 307 eine vollständige Freizeichnung von der Haftung für die Verletzung von Kardinalpflichten (dh für die Vertragsdurchführung notwendige Pflichten auf deren Erfüllung der andere Teil vertraut und vertrauen darf) nicht zulässig (BGH NJW-RR 93, 560). Dem Besteller muss mindestens ein unbedingter, verschuldensunabhängiger Nacherfüllungsanspruch (der sämtliche Nebenkosten abdeckt; BGH NJW 81, 1510), sowie für dessen Verzögerung, Unterlassen, Unmöglichkeit oder Misslingen ein Rücktrittsrecht bzw Schadensersatzanspruch verbleiben (BGH NJW 02, 511; NJW-RR 93, 560). Bei Bauleistungen ist gem § 309 Nr 8 b bb eine Beschränkung auf Nacherfüllung unter Ausschluss des Rücktritts zulässig (dies gilt nicht für Bauträgerleistungen, BGH NJW 02, 511), vorausgesetzt, dass bei Fehlschlagen der Nacherfüllung weitere Rechte bestehen. Die Vereinbarung, dass ein Vertrag nur aus wichtigem Grund gekündigt werden kann, schließt Rücktritt, nicht aber Minderung aus (BGH DB 72, 431 zur Wandelung). Das Zurückbehaltungsrechts wegen eines Mangels (§ 641 III) kann individualvertraglich zwar ausgeschlossen werden. Der Unternehmer kann sich hierauf jedoch nicht berufen, wenn der Gegenanspruch des Bestellers unbestritten oder bewiesen ist und die Höhe des Zurückbehaltungsrechts in angemessenen Verhältnis zur Bedeutung des Mangels steht, dessen Beseitigung möglich, zumutbar und gefordert ist (BGH WM 78, 790). Nimmt der Unternehmer in besonderem Maße Vertrauen des Bestellers in seine Fachkenntnis in Anspruch, kann auch die Haftung für Mangelfolgeschäden nicht ausgeschlossen werden (BGH BB 85, 884).

5 **C. Unwirksamkeit für arglistiges Verschweigen (Alt 1).** Der Unternehmer kann sich auf einen Haftungsausschluss nicht berufen, wenn er den Mangel arglistig verschwiegen hat (zu den Voraussetzungen vgl § 634a

Rn 8). § 639 umfasst sämtliche einschlägige Vereinbarungen unabhängig vom Zeitpunkt ihres Zustandekommens, dh auch einen nach Abnahme erklärten Verzicht auf Mängelrechte (Staud/*Peters* § 639 Rn 7). In diesem Fall ist der maßgebliche Zeitpunkt für die Erheblichkeit arglistigen Verschweigens (dh die fehlende Offenbarung des Mangels) die Abgabe der Erklärung, ansonsten grds spätestens der Zeitpunkt der Abnahme (BGH NJW 74, 553; ersatzweise der Vollendung des Werks). Arglistiges Verschweigen von Mängeln soll lediglich zur Nichtigkeit der Ausschlussvereinbarung für die verschwiegenen Mängelrechte führen, nicht auch hinsichtlich anderer Mängel (RGZ 62, 122).

D. Beschaffenheitsgarantie (Alt 2). Der Begriff der Garantie ist vom Gesetzgeber nicht definiert worden. 6
Umfang und Inhalt einer Garantie muss daher anhand der Vereinbarung der Parteien durch Auslegung ermittelt werden. Es ist zwischen der unselbständigen und der selbständigen Garantie zu unterscheiden. Aus dem Regelungskontext des § 639 zu § 634 ergibt sich, dass der Gesetzgeber unter Garantie in § 639 die unselbständige Garantie versteht (MüKo/*Busche* § 639 Rn 9; *Schuhmann* NZBau 03, 602). Die Übernahme unselbständige Beschaffenheitsgarantie soll die früheren Fälle einer zugesicherten Eigenschaft mit einschließen (Palandt/*Sprau* § 639 Rn 5). Deren formularmäßiger Ausschluss war bereits nach früherem Recht nicht zulässig (BGH NJW-RR 96, 783). Der Haftungsausschluss für einen garantierten Erfolg iRe selbständigen Garantie soll aufgrund der damit erfolgten eigenständigen Regelung von Umfang und Folgen denkbar sein (Palandt/ *Sprau* § 639 Rn 5).

E. VOB/B. Gem § 13 Nr 3 haftet der Unternehmer nicht für auf die Leistungsbeschreibung oder Anordnung 7
des Bestellers zurückzuführende Mängel, wenn er die ihm obliegende Bedenkenanmeldung iS von § 4 Nr 3 vorgenommen hat.

§ 640 Abnahme

(1) ¹Der Besteller ist verpflichtet, das vertragsmäßig hergestellte Werk abzunehmen, sofern nicht nach der Beschaffenheit des Werkes die Abnahme ausgeschlossen ist. ²Wegen unwesentlicher Mängel kann die Abnahme nicht verweigert werden. ³Der Abnahme steht es gleich, wenn der Besteller das Werk nicht innerhalb einer ihm vom Unternehmer bestimmten angemessenen Frist abnimmt, obwohl er dazu verpflichtet ist.
(2) Nimmt der Besteller ein mangelhaftes Werk gemäß Absatz 1 Satz 1 ab, obschon er den Mangel kennt, so stehen ihm die in § 634 Nr. 1 bis 3 bezeichneten Rechte nur zu, wenn er sich seine Rechte wegen des Mangels bei der Abnahme vorbehält.

A. Allgemeines. Seit der Neufassung von Abs I 2 und 3 und Änderung von Abs II zum 1. 5. 00 (Gesetz zur 1
Beschleunigung fälliger Geldzahlungen vom 30. 3. 00) ist auch im BGB-Werkvertragsrecht nicht nur die rechtsgeschäftliche Abnahme, sondern auch durch die ihr gleichgestellte Abnahmefiktion in I 3 und § 641a möglich. Ist eine Abnahme aufgrund der Natur des Werks ausgeschlossen, tritt an deren Stelle die Vollendung des Werks (§ 646). Dies ist insbes anzunehmen, wenn eine Abnahme nach der Verkehrssitte unüblich oder sinnlos ist, so bei Beförderung (Ddorf NJW-RR 94, 1122; BGH 89, 160), Theateraufführung oder Konzert.

B. Wirkungen der Abnahme. Mit der Abnahme wird der allgemeine Erfüllungsanspruch auf die Mängelbe- 2
seitigung beschränkt (das Erfüllungsstadium endet, *Thode* ZfBR 99, 116). Es tritt der Gefahrübergang (§§ 644, 645), die Fälligkeit der Vergütung (§ 641) und der Beginn des Laufs der Verjährungsfrist (§ 634a II) ein, daneben Verzinsungspflicht, § 641 IV (dort Rn 17). Die Beweislast für die Mangelfreiheit des Werks trägt bis zur Abnahme der Unternehmer. Mit der Abnahme hat der Besteller das Vorliegen von Mängeln (mit Ausnahme der vorbehaltenen) zu beweisen. Die Abnahmewirkungen treten grds auch mit den Abnahmefiktionen § 640 I 3 und § 641a ein. Aufgrund der fehlenden Erklärung (Annahmewillen) durch den Besteller ergeben sich jedoch Unterschiede hinsichtlich des Vorbehalts von Mängeln (II) und der Vertragsstrafe (§ 341 III; s Rn 14) sowie der Beweislast für Mängel (*Peters* NZBau 00, 168, 171). Zeitpunkt des Eintritts der Wirkungen ist bei der rechtsgeschäftlichen Abnahme deren Erklärung (ausdrücklich oder stillschweigend), in den Fällen des § 646 die Werkvollendung, bei Abnahmefiktion das Vorliegen der gesetzlichen Voraussetzungen (Ausnahme § 641a V 2). Bei vorzeitiger Vertragsbeendigung gelten § 645 und § 649.

C. Abnahmepflicht, unwesentliche Mängel. Die Abnahme ist eine Hauptleistungspflicht des Bestellers 3
(daher findet § 320 Anwendung). Dies resultiert aus den mit ihr verbundenen einschneidenden Wirkungen auf die Vertragspflichten. Voraussetzung für die Abnahmepflicht sind zum einen die **Abnahmefähigkeit**, dh ein Abnahme darf nicht nach Beschaffenheit des Werkes ausgeschlossen sein (I 1 Hs 2) und zum anderen die **Abnahmereife** des Werks, dh ein vollständiges, im Wesentlichen vertragsgemäß und mangelfrei (höchstens mit **unwesentlichen Mängeln**) erstelltes Werk. Dabei ist auf den Zeitpunkt des Abnahmetermins abzustellen (BGH NJW 92, 2481; Erreichung der Abnahmereife durch Selbstvornahme gem § 637 I reicht aus). Bei wesentlichen Mängeln kann der Besteller die Abnahme verweigern (insbes bei nicht behebbaren Mängeln, Hamm BauR 04, 1459), unwesentliche berühren die Abnahmepflicht hingegen nicht mehr (anders noch das

bis 1.5.00 geltende Recht). Eine Vollständigkeit liegt erst vor, wenn die wesentlichen Unterlagen ausgehändigt sind (zB vereinbarte Dokumentation, BGH NJW-RR 93, 1461), bei Anpassung oder Herstellung von Software insbes das Benutzerhandbuch (BGH BauR 04, 337).

4 **Unwesentlich** ist ein Mangel, wenn es dem Besteller zumutbar ist, die Leistung als im Wesentlichen vertragsgemäße Erfüllung anzunehmen und sich mit den Mängelrechten nach § 634 zu begnügen (es verbleiben die Mängelrechte aus § 634 und das Leistungsverweigerungsrecht, nicht hingegen Rücktritt und Schadensersatz statt der Leistung). Die Frage ob abzunehmen ist, wird unter Berücksichtigung der Art und des Umfangs des Mangels sowie seiner konkreten Auswirkungen nach den Umständen des Einzelfalls vorzunehmen sein (BGH NJW 92, 2481). Auch eventuelles Verschulden findet Berücksichtigung. Maßgebende Kriterien sind v.a. die Auswirkungen des Mangels (BGH BauR 92, 627 = NJW 92, 2481) und zwar im Hinblick auf die Zweckbestimmung der jeweils in Auftrag gegebenen Leistung, insbes ihrer ungehinderten Gebrauchstauglichkeit. Ein Mangel mit relativ geringfügigen Mangelbeseitigungskosten ist ein zur Abnahmeverweigerung berechtigender wesentlicher Mangel, wenn er sicherheitsrelevant ist, dh von ihm ein erhebliches Gefahrenpotential ausgeht (BGH IBR 05, 420; so bei fehlender Absturzsicherung im Wert v 2.000 € bei Auftragssumme von 1,5 Mio € Hamm IBR 05, 420). Ebenso bei wesentlichen Funktionsmängeln (BGH NJW-RR 04, 782). Dies gilt auch bei mehreren für sich unwesentlichen Mängeln, die zusammen wesentlich sind. Wesentlicher Mangel daher, wenn ein rollstuhlgerechter Aufzug geschuldet wird, dieser aber die Mindestmaße nach DIN nicht aufweist (Hamm BauR 04, 1459. Ebenso wenn 16 % des verlegten Fliesenmaterials farblich unzulässige Abweichungen aufweisen (LG Amberg BauR 82, 498 = NJW 82, 1540). Anders bei nur geringfügigen optischen Beeinträchtigungen (Hamm NJW-RR 03, 965). Noch ausstehende kleinere, die Gebrauchsfähigkeit nicht beeinträchti-
5 gende Restarbeiten von untergeordneter Bedeutung berühren die Abnahmereife nicht. Bei **Verzug mit der Abnahme** gelten hinsichtlich des Gefahrübergangs § 644 I 2 sowie die allgemeinen Vorschriften. Der Unternehmer kann die Abnahmewirkung jedoch durch Fristsetzung zur Abnahme herbeiführen (§ 640 I 3). Ein Anspruch auf Teilabnahme hat der Unternehmer nur bei entsprechender vertraglicher Vereinbarung (BGHZ 125, 111; so bei Vereinbarung der VOB/B). Der Unternehmer kann ggf Abschlagszahlung verlangen (§ 632 a). Mit der Teilabnahme wird der Werklohn für die teilabgenommene Leistung fällig und der Lauf der Verjährungsfrist der Mangelansprüche für das teilabgenommene Werk beginnt (Brandbg BauR 05, 152).

6 **D. Rechtsgeschäftliche Abnahme. I. Ausdrückliche Abnahme. 1. Grundsatz.** Abnahme bedeutet die körperliche Hinnahme des Werks in Form der Besitzübertragung verbunden mit der Anerkennung des Werks als in der Hauptsache vertragsgemäße Leistung (Billigung; BGHZ 48, 257, 262; BGH NJW 93, 1972). Letztere genügt, wenn eine körperliche Hinnahme aufgrund der Beschaffenheit des Werks ausgeschlossen ist (so bei Arbeiten an einem im Besitz des Bestellers befindlichen Gegenstand) und das Werk vollendet wurde, dh nach Erbringung der wesentlichen vertraglich geschuldeten Leistungen (BGHZ 125, 111). Für die Abnahmeerklärung gelten die Vorschriften für Rechtsgeschäfte entspr, ungeachtet der umstrittenen Rechtsnatur der Abnahme (*Thode* ZfBR 99, 116). Die fehlende Abnahmereife (Rn 3) hindert die ausdrückliche Abnahme nicht, diese kann vielmehr unter Vorbehalt auch umfangreicher Mängel erklärt werden (II; Brandbg BauR 03, 1054). Es müssen jedoch gewichtige Umstände vorliegen, welche die Annahme rechtfertigen, der Auftrag-
7 geber habe das Werk als vertragsgemäße Erfüllung anerkannt (BGH BauR 04, 337). Auch Architekten- und Ingenieurleistungen bedürfen der Abnahme (BGH NJW 00, 133; ebenso Bauaufsichtstätigkeit BGH VersR 72, 640), wobei diese meist durch Billigung des geistigen Werks erfolgt (Architektenentwurf BGH NJW 99, 2113). Leistungen des Architekten iRd Objektbetreuung (Leistungsphase 9 gem § 15 HOAI) sind erst nach Ablauf der Verjährungsfrist der Mängelrechte des Bauherrn vollständig erbracht (Köln NJW-RR 92, 1173). Nicht ausreichend ist die Abnahme des Gesamtbauwerks ggü dem Bauherrn (BGH DB 74, 40). Keine Abnahme stellt das Unterschreiben eines Abnahmeprotokolls dar, welches eine Formulierung enthält, wonach die Abnahme mit der Mangelbeseitigung erteilt wird; es bedarf einer ausdrücklichen Abnahme nach Mangelbeseitigung (BGH IBR 05, 419). Ohne das Hinzutreten weiterer Umstände auch keine Abnahme durch einen handschriftlichen Bestätigungsvermerk des Bestellers auf einer Stundenlohnabrechnung (BGH BauR 04, 1291).

8 **2. Abweichende Vereinbarungen.** In den Grenzen der AGB-Inhaltskontrolle (§§ 307 ff) sind Vereinbarungen über Zeitpunkt und Form der Abnahme sowie der Abnahmereife zulässig (BGHZ 131, 392). So soll die Ausstellung einer Abnahmebescheinigung als Abnahmevoraussetzung zulässig sein (Kobl NJW-RR 02, 807). Haben die Beteiligten eine vereinbarte förmliche Abnahme nicht durchgeführt, kann das Bestehen auf ihrer Durchführung treuwidrig sein (§ 242; BGH NJW 90, 43). In diesen Fällen ist oftmals von einem konkludenten Verzicht auszugehen (Karlsr BauR 04, 518 u Ddorf IBR 03, 669). Eine vollständige Abbedingung von I 3 wird gegen § 307 verstoßen und unzulässig sein (*Kniffka* ZfBR 00, 227, 231). Grds ist es nach der Rspr auch in AGB möglich das Erfordernis eines Vorbehalts der Vertragsstrafe bei Abnahme abzubedingen (BGH BauR 00, 1758; Frankfurt IBR-nur online 05, 1276).

9 **3. Abnahme durch Dritte.** Die Abnahme hat durch den Besteller zu erfolgen, Abnahme **durch Dritte** setzt eine entsprechende Ermächtigung voraus (Vollmacht § 164; BGH NJW-RR 00, 164). Dies gilt bei rechtsge-

schäftlicher Abnahme auch für den Architekten des Bestellers, ebenso den Leasingnehmer (Abnahme im Verhältnis Leasinggeber – Unternehmer; Köln VersR 00, 501). Ausnahmsweise muss der Besteller eine Abnahme durch Dritte gegen sich gelten lassen (BGH NJW-RR 93, 1461), so bei Abnahme durch den Auftraggeber im Haupt-/Subunternehmerverhältnis (Köln NJW-RR 97, 756; Naumb MDR 01, 1289). Ebenso bei Vorliegen einer Duldungs- oder Anscheinsvollmacht (s. BGH BauR 99, 1300). Bei Wohnungseigentumsgemeinschaften ist jeder Erwerber als Besteller zur Abnahme seines Sondereigentums berechtigt, sowie zu seinem Anteil am Gemeinschaftseigentum (BGH NJW 85, 1551), wobei diese mit der Abnahme des Sondereigentums als erfolgt angesehen wird (Hamm NJW-RR 96, 1301). Abweichende Vereinbarungen sind möglich, insbes die Bevollmächtigung eines Verwalters (BayObLG IBR 01, 425 = NZM 01, 539).

II. Stillschweigende Abnahme. 1. Grundsatz. Bei der stillschweigenden Abnahme erklärt der Besteller diese nicht ausdrücklich, sondern durch schlüssiges Verhalten (konkludent). Hierin liegt der Unterschied zur Abnahmefiktion, die keinerlei Erklärung voraussetzt. Eine stillschweigende Abnahme ist gegeben, wenn der Unternehmer aus dem Verhalten des Bestellers (von dem jener Kenntnis nehmen kann – Frage ist, ob Kenntnis Dritter genügt) nach Treu und Glauben mit Rücksicht auf die Verkehrssitte (§§ 133, 157) auf die Billigung der Leistung als im Wesentlichen vertragsgemäß schließen darf (BGH NJW 74, 95). Voraussetzung hierfür ist die allgemeine Abnahmereife (Rn 3; BGH BauR 04, 670) und somit die Vollständigkeit der Leistung (BGH BauR 04, 337). Noch ausstehende kleinere, die Gebrauchsfähigkeit nicht beeinträchtigende Restarbeiten von untergeordneter Bedeutung schaden nicht (wohl aber wesentliche Funktionsmängel, BGH NJW-RR 04, 782). 10

2. Einzelfälle. Stillschweigende Abnahme wird insbes angenommen, wenn der Besteller den Werklohn zahlt (Hamm BauR 03, 106), das fertige Werk weiterveräußert (BGH NJW-RR 96, 883) oder eine Ausführungsbestätigung nach Besichtigung des Werks unterzeichnet (Ddorf BauR 98, 126). Ebenso kann der Einzug und die Nutzung eines erstellten Gebäudes oder Wohnung ein die stillschweigende Abnahme rechtfertigendes Verhalten des Bestellers nahe legen (BGH NJW-RR 99, 1246, 1247; BauR 04, 337). Die bloße erste feststellbare Nutzung des Werks durch den Besteller allein genügt jedoch nicht. Erforderlich ist neben einer rügelosen Nutzung eine gewisse von den Umständen des Einzelfalls abhängige Nutzungsdauer im normalen Gebrauch (BGH NJW 85, 731; Kobl NJW-RR 97, 782; Hamm BauR 01, 1914; bei Software produktiver Einsatz, München NJW 91, 2158). So bei der Reparatur eines PKW einige Tage oder 50 km Nutzung (Ddorf NJW 95, 782). Auch bei nichtkörperlichen Werken (zB Gutachten) ist eine angemessene Prüfungszeit erforderlich (BGH WM 92, 1579). Bei objektiver Unvollständigkeit soll eine schlüssige Abnahme zwar nicht generell ausgeschlossen sein, es müssen dann aber besondere Umstände zur bloßen Nutzung hinzutreten (BGH BauR 04, 337). Bei fehlender Abnahmereife wird sie auch bei längerer Nutzung abzulehnen sein (BGH BauR 04, 670). 11

3. Ausschluss der stillschweigenden Abnahme. Eine stillschweigende Abnahme ist **ausgeschlossen**, wenn sich aus dem sonstigen Verhalten des Bestellers erkennen lässt, dass er das Werk gerade nicht als vertragsgemäß anerkennt. So bei Rüge von zur Abnahmeverweigerung berechtigenden Mängeln (BGH NJW-RR 99, 1246), Nachfristsetzung mit Ablehnungsandrohung (BGHZ 132, 96) oder endgültiger Zurückweisung des Werks als mangelhaft (BGH NJW-RR 96, 883). Die Vereinbarung der förmlichen Abnahme, sofern die Parteien hierauf durch schlüssiges Verhalten eindeutig verzichtet haben (BGHZ 146, 250/252) oder ein Berufen hierauf treuwidrig ist (Jena BauR 05, 1522 = IBR 05, 527) sowie ein schriftliches Abnahmeverlangen (Köln MDR 02, 877) schließen eine stillschweigende Abnahme hingegen nicht aus. 12

E. Fiktive Abnahme. Bei Unterlassen der Abnahme eines abnahmefähigen Werks (sonst § 646) trotz Fristsetzung nach I 3 treten die gesetzlichen Wirkungen der rechtsgeschäftlichen Abnahme kraft Gesetzes ein. Gleiches gilt im Falle der Fertigstellungsbescheinigung (§ 641 a). Voraussetzungen für eine Abnahmefiktion nach I 3 sind zunächst die Setzung einer angemessenen Frist zur Abnahme durch den Unternehmer und die Abnahmepflicht des Bestellers, dh insbes die Abnahmereife (Rn 3). Von einer **angemessenen Frist** ist auszugehen, wenn der Besteller in ihr das Werk nach seiner konkreten Beschaffenheit unter gewöhnlichen Verhältnissen abnehmen kann (bei Bauwerken werden entsprechend zu § 12 Nr 5 VOB/B 12 Werktage als angemessen betrachtet). Wird die gesetzte Frist zu kurz bemessen, gilt idR die angemessene. § 640 enthält keine den §§ 281 II, 323 II entspr Regelung für die Entbehrlichkeit einer Fristsetzung. Daher ist str, ob eine Fristsetzung bei Verweigerung der Abnahme durch den Besteller entbehrlich sein soll (*Henkel* MDR 03, 913). Dies ist abzulehnen, da die Fiktion des I 3 weit in die Rechte des Bestellers eingreift. Einer bestimmten **Form** bedarf es nicht. Unerheblich ist, ob der Besteller den fruchtlosen Fristablauf zu vertreten hat. Auch in Anbetracht der Möglichkeit des Unternehmers die Abnahmewirkung durch Fristsetzung im Wege der Fiktion herbeizuführen, dürfte die bisherige Rspr (BGHZ 132, 96) aufrecht zu erhalten sein, wonach die Möglichkeit besteht, auf Abnahme zu klagen – mit anschließender Zwangsvollstreckung nach § 888 ZPO. Es gibt gerade Fälle, bei denen der Unternehmer ein Interesse hat, den konkreten Abnahmezeitpunkt festzustellen. Eine Leistungsklage auf Vergütung oder Feststellungsklage (mit bestimmtem Datum) auf wirksame Abnahme ist möglich. 13

F. Mangelvorbehalt (II). Nimmt der Besteller das Werk in Kenntnis von Mängeln rechtsgeschäftlich ab (I 1, auch stillschweigend) und erklärt diesbzgl keinen Vorbehalt, ist die Geltendmachung der Mängelrechte aus § 634 Nr 1–3 – nicht jedoch Nr 4 (dh Schadensersatz in Geld, ggf einschließlich der Mangelbeseitigungskos- 14 ten, BGHZ 127, 378, 384 zur alten Rechtslage) – sowie die Einrede aus § 641 III für diese Mängel ausgeschlossen (II; im Gegensatz zur entspr kaufrechtlichen Regelung in § 442, bei der sämtliche Mängelrechte ausgeschlossen sind). Fortgesetzter Gebrauch des Werks kann aber als Verzicht zu werten sein (es sei denn, dieser ist aufgrund einer Schadensminimierungspflicht des Bestellers gem § 254 II geboten). Eine fiktive Abnahme (Rn 13) genügt nicht für den Ausschluss der Mängelrechte aufgrund vorbehaltsloser Abnahme nach II (Celle BauR 04, 381; anderes gilt für den VOB/B-Vertrag Rn 15). Die Kenntnis muss sich auf den konkreten Mangel beziehen (vgl § 442), bloßes Kennenmüssen wie im Kaufrecht genügt nicht. Abnahme und Kenntnis hat der Unternehmer zu **beweisen** (zu offenkundigen Mängeln, Dresden BauR 02, 1274), den Vorbehalt bei Abnahme der Besteller.

15   **G. VOB/B.** Die Abnahme ist in der VOB/B in § 12 zT abw von § 640 geregelt. Nach **Nr 1** hat der Besteller auf Verlangen des Unternehmers nach Fertigstellung des Werks binnen 12 Werktagen abzunehmen. **Nr 2** gibt dem Unternehmer das Recht auf Teilabnahme abgeschlossener Teilleistungen, **Nr 3** entspricht § 640 I 2 (Abnahmeverweigerung wegen wesentlicher Mängel). **Nr 4** regelt die Durchführung insbes der förmlichen Abnahme (auf Verlangen eines Teils). Ein Berufen auf diese nach jahrelanger Nutzung des Bauwerks kann treuwidrig sein (Jena BauR 05, 1522 = IBR 05, 527). **Nr 5** enthält neben § 640 I 3 für den Fall, dass keine Abnahme verlangt wurde Abnahmefiktionen mit Ablauf von 12 Werktagen nach schriftlicher Mitteilung der Fertigstellung (I) oder mit Ablauf von 6 Werktagen ab Beginn der Nutzung (II). Eine Abnahmereife ist nach dem Wortlaut der VOB/B nicht erforderlich. Diese Fristen sind auch für die Vorbehalte wegen bekannten Mängeln und Vertragsstrafen maßgeblich. Die Regelung des Gefahrübergangs in **Nr 6** entspricht § 640. Auch im VOB/B-Vertrag führt die vorbehaltlose Abnahme des Werks zum Ausschluss der Rechte gem § 640 II (Köln NJW-RR 93, 211; Rn 14), eine konkludente Abnahme ist möglich.

§ 641 Fälligkeit der Vergütung

(1) ¹Die Vergütung ist bei der Abnahme des Werkes zu entrichten. ²Ist das Werk in Teilen abzunehmen und die Vergütung für die einzelnen Teile bestimmt, so ist die Vergütung für jeden Teil bei dessen Abnahme zu entrichten.
(2) ¹Die Vergütung des Unternehmers für ein Werk, dessen Herstellung der Besteller einem Dritten versprochen hat, wird spätestens fällig, wenn und soweit der Besteller von dem Dritten für das versprochene Werk wegen dessen Herstellung seine Vergütung oder Teile davon erhalten hat. ²Hat der Besteller dem Dritten wegen möglicher Mängel des Werkes Sicherheit geleistet, gilt dies nur, wenn der Unternehmer dem Besteller Sicherheit in entsprechender Höhe leistet.
(3) Kann der Besteller die Beseitigung eines Mangels verlangen, so kann er nach der Abnahme die Zahlung eines angemessenen Teils der Vergütung verweigern, mindestens in Höhe des Dreifachen der für die Beseitigung des Mangels erforderlichen Kosten.
(4) Eine in Geld festgesetzte Vergütung hat der Besteller von der Abnahme des Werkes an zu verzinsen, sofern nicht die Vergütung gestundet ist.

1   **A. Allgemeines.** II (sog Durchgriffsfälligkeit) und III (sog Druckzuschlag) wurden durch das Gesetz zur Beschleunigung fälliger Zahlungen v 30. 3. 00 (BGBl I 330) eingefügt. III entsprach weitgehend der Rechtslage und den von der Rspr zu diesem Zeitpunkt entwickelten Grundsätzen und dürfte daher im Gegensatz zu II (Art 229 EGBGB § 1 II 1) auch vor dem 1. 5. 00 abgeschlossene Verträge anwendbar sein (Art 229 EGBGB § 1 II 2; BGH NJW 04, 502, 505). Durch das geplante **FoSiG** soll der Druckzuschlag in II auf „idR das Doppelte" der Mängelbeseitigungskosten reduziert und die Durchgriffsfälligkeit der Subunternehmerforderung erweitert werden. Neben die Fälligkeit, die eintritt, wenn der Bauherr an den Hauptunternehmer gezahlt hat, sollen weitere Alternativen treten, die als Voraussetzung für die Fälligkeit gelten sollen – zum einen die Abnahme seitens des Bauherrn ggü dem Hauptunternehmer; zum anderen das Verstreichen einer Frist zur Auskunft über Bezahlung oder Abnahme durch den Bauherrn, die der Subunternehmer dem Hauptunter-
2   nehmer gesetzt hat. Nach I 1 ist die Vergütung bei Abnahme zu entrichten. Der Unternehmer hat daher das Werk zuerst herzustellen und kann, sofern nichts anderes vereinbart wurde, erst mit Abnahme die Vergütung beanspruchen. Es ist somit zumindest aus wirtschaftlicher Sicht von einer **Vorleistungspflicht** des Unternehmers auszugehen (kritisch zur Vorleistungspflichtigkeit Sienz BauR 04, 10). Abweichend hiervon wird der Werklohn fällig, wenn die Voraussetzungen des Abs II vorliegen (Rn 6), eine (rechtsgeschäftliche) Abnahme ausscheidet (§ 646) oder Fälligkeit auch ohne Abnahme eintritt (Rn 5). Als Ausnahme von S 1 erhält der Unternehmer gem I 2 nach **Teilabnahme** eine Teilvergütung, sofern diese vereinbart wurde. Die Beweislast
3   für die Voraussetzungen in I 2 trägt derjenige, der sich darauf beruft. Fraglich dürfte sein, ob entspr der Regelung in § 16 Nr 3 S 1 VOB/B auch beim BGB-Werkvertrag eine **Schlussrechnung/Abrechnung** Voraussetzung für die Fälligkeit ist. Hinsichtlich der Fälligkeit iSd Verjährungsvorschrift wurde dies vom BGH verneint (BGH BauR 81, 199; BauR 79, 62; ebenso Frankf NJW-RR 00, 755), wobei dieses auf die Vergütungsfälligkeit übertragbar sein dürfte (so Werner/*Pastor* Rn 1369 unter Bezug auf BGH BauR 02, 938, 939 mwN). Demzu-

folge scheide auch eine Prüffähigkeit als Voraussetzung aus (Frankf NJW-RR 00, 755; zur Prüffähigkeit s.a. Rn 14). Begründet wird dies zum einen damit, dass § 641 nur die Abnahme als Fälligkeitsvoraussetzung nennt und zum anderen es nicht im Belieben des Unternehmers stehen dürfe, durch Rechnungsstellung den Fälligkeitszeitpunkt und damit den Verjährungsbeginn zu manipulieren (BGH BauR 81, 199; Frankf NJW-RR 00, 755). Dies dürfte jedoch nicht zutreffend sein, sofern eine entspr Schlussrechnungspflicht vereinbart worden ist (Celle MDR 98, 1476). Dies kann auch stillschweigend erfolgen (Frankf NJW-RR 05, 169f; Bambg OLGR 03, 132). Bei umfangreichen Werken dürfte eine solche Vereinbarung in der Vereinbarung von Abschlagszahlungen aufgrund der Tatsache anzunehmen sein, dass der Besteller letztlich ohne eine Rechnungslegung die Höhe der (Rest-)vergütung nicht schlüssig darlegen kann (Ddorf BauR 97, 1052; Hamm 97, 656). Bei Vereinbarung von Voraus- oder Abschlagszahlungen hat der BGH aufgrund deren vorläufigen Charakters eine vertragliche Abrechnungspflicht des Unternehmers angenommen (BGH BauR 02, 938).

B. Fälligkeit bei Abnahme (I 1). Fälligkeit ist nach I 1 gegeben, wenn eine rechtsgeschäftliche Abnahme erfolgt (§ 640 Rn 6 ff) oder eine ihr kraft Gesetzes gleichgestellte Abnahmefiktion gem § 640 I 3 oder § 641 eintritt (wobei Abnahmereife jeweils Voraussetzung ist). Bei **berechtigter Abnahmeverweigerung** ist keine Fälligkeit gegeben (auch keine teilweise Fälligkeit, Karlsr MDR 67, 669). Dies gilt auch bei längerer Nutzung des Werks durch den Besteller (BGH NJW-RR 04, 591). Der Unternehmer kann jedoch auf Zahlung Zug um Zug klagen, wenn der Besteller mit der Annahme der Mängelbeseitigung in Verzug ist (§ 322 II, BGH NJW 02, 1262). Bei **unberechtigter Abnahmeverweigerung** (dh vorliegender Abnahmepflicht § 640 Rn 3, zB bei Mangelfreiheit des Werks, Nichtannahme eines Beseitigungsangebots oder missbräuchlicher Abnahmeverweigerung aufgrund unbedeutender Mängel, BGH NJW 96, 1280) hat der Unternehmer nach neuem Recht die Möglichkeit durch Fristsetzung zur Abnahme die Fälligkeit herbeizuführen. Ob der Unternehmer wie beim bis zum 1. 5. 00 geltenden Recht sofort auf Zahlung des Werklohns klagen kann ohne eine vorherige Fristsetzung durchzuführen, ist umstritten (*Henkel* MDR 03, 913, 916 mwN). Dagegen spricht der Zweck der Neuregelung (ausdrückliche Klarstellung der Rechtslage der Parteien, BTDrs 14/1246 S 7). Jedenfalls dürfte eine Fristsetzung als unnötige Förmelei entbehrlich sein, wenn die Fälligkeitsvoraussetzungen der bis 1. 5. 00 geltenden Rechtslage erfüllt sind, da mit der Gesetzesänderung eine Besserstellung der Rechtslage des Unternehmers und keine Verschlechterung erreicht werden sollte (BGH NJW 03, 200).

C. Fälligkeit ohne Abnahme. Fälligkeit kann in folgenden Fällen auch ohne Abnahme nach I 1 eintreten. So mit der Vollendung in den Fällen in denen Abnahme nach der Beschaffenheit des Werks ausgeschlossen ist (§ 646; für Beförderungsleistungen BGH NJW-RR 89, 160). Fraglich, wenn der Erfüllungsanspruch des Bestellers (einschl Nacherfüllungsanspruch § 635) entfällt, so zB bei **vorzeitiger Vertragsbeendigung** (BGH BauR 03, 689). In diesem Fall soll ein bei Abrechnung der Leistung des Unternehmers verbleibender Anspruch aus §§ 631, 645, 649 oder 650 fällig werden (BGHZ 142, 278). Einer Abnahme der erbrachten Teilleistungen soll es hierfür nicht bedürfen (BGH NJW 93, 1972; BauR 87, 95; Hamm BauR 03, 1746; Köln NJW-RR 99, 853 für den Fall der Kündigung) – str, ob die Entscheidung des BGH (BauR 03, 689 = NJW 03, 1450) hieran etwas geändert hat (so deutet der BGH im Urt. v. 22. 9. 05, WM 05, 2143 = ZIP 05, 1972 an, dass diese Rspr der Überprüfung bedarf; zur Problematik vgl *Acker/Roskosny* BauR 03, 1279 u *Schmitz* IBR 04, 53; *Thode* ZfBR 99, 116, 120). Dies muss zwangsläufig zur Durchbrechung des Grundsatzes führen, dass nur in sich abgeschlossene Teile (teil-)abnahmefähig sind. Gleichwohl ist der vom BGH angedeutete Lösungsweg zu befürworten. Fälligkeit ohne Abnahme auch, wenn die Nacherfüllung ausgeschlossen oder durch Geltendmachung von anderen Mängelrechten erloschen ist (zur Minderung BGH NJW 02, 3019; zum Schadensersatz BGH NJW 03, 288). Des Weiteren wird die Fälligkeit des Vergütungsanspruchs ohne Abnahme bejaht, wenn der Besteller die Mitwirkung an der Werkerstellung (BGH NJW-RR 86, 211), der Vertragserfüllung oder der Mängelbeseitigung **grundlos und endgültig verweigert** (BGH NJW 90, 3008; Köln NJW-RR 96, 624). Ebenso bei endgültiger Zurückweisung des Werks als mangelhaft (BGH NJW-RR 96, 883). Der Unternehmer ist dann nicht auf seine Rechte aus §§ 642, 643, 645 beschränkt (BGHZ 50, 175). Die Verweigerung der Sicherheitsleistung nach § 648a dürfte aufgrund der dort eindeutigen und abschließenden Regelung der Folgen nicht ausreichen (BGH NJW 05, 1650). Fälligkeit ohne Abnahme soll auch im Fall des Abnahmeschuldnerverzugs gegeben sein (I/K/*Oppler* § 12 Nr 1 VOB/B Rn 20 mwN). Als Schadensersatz wird der Unternehmer so gestellt, wie wenn der Besteller abgenommen hätte.

D. Durchgriffsfälligkeit (II). I. Allgemeines. Zweck der Vorschrift ist es dem tatsächlichen Leistungserbringer (Unternehmer) einen fälligen Vergütungsanspruch auch ohne Abnahme für den Fall zu verschaffen, dass derjenige, der das Werk letztlich erhält (Dritte) dieses bezahlt hat. Widersprüchliches Verhalten des Bestellers ggü seinem Unternehmer soll ausgeschlossen werden, so zB die Geltendmachung eines Leistungsverweigerungsrechts wegen vom Dritten nicht gerügter Mängel (BTDrs 14/1246 S 7). Durch II wird jedoch nur auf die Voraussetzung der Abnahme verzichtet, nicht aber auf sonstige Fälligkeitsvoraussetzungen (zB Schlussrechnung, *Kniffka* ZfBR 00, 227, 231; aA *Stapenhorst* DB 00, 909).

II. Voraussetzungen. II erfasst **gestufte Vertragsverhältnisse** bei Leistungsidentität wie sie typischerweise bei Haupt-/Subunternehmervertragsverhältnissen zu finden sind, bei dem sich ersterer ggü dem Dritten (eigentlicher Bauherr) zur Herstellung eines Werks verpflichtet, hierfür jedoch einen Subunternehmer vertraglich verpflichtet. Dies trifft auch auf die Konstellation des Unternehmers zum Bauträger zu, nicht zum Baubetreuer, da dieser im Namen des Bauherrn (Dritten) abschließt. Abschlagszahlungen werden von II nicht erfasst, da insoweit § 632a eine selbständige Regelung auch für Subunternehmerverträge enthält (*Kniffka* ZfBR 00, 227, 231; Palandt/*Sprau* § 641 Rn 7; aA *Peters* NZBau 00, 169, 172). Die **Vergütungsleistung des Dritten** an den Besteller (Hauptunternehmer) muss dem Werk des Unternehmers zuordenbar sein. Sofern der Besteller an den Dritten **Sicherheit** wegen mögliche Mängel des Werks geleistet hat, besteht eine Durchgriffsfälligkeit nur, wenn auch der Unternehmer dem Besteller Sicherheit in entsprechender Höhe leistet (II 2, „soweit").

8 **III. Wirkung.** Die Fälligkeit der Vergütung des Unternehmers tritt bei Zahlung durch den Dritten nur in dem Maße („soweit") ein, in dem der Besteller für das Werk oder Teile davon Zahlungen des Dritten erhalten hat. Behält der Dritte bspw aufgrund Mängeln Teile der Vergütung ein (§ 641 III), kann auch der Besteller ggü dem Unternehmer sein Leistungsverweigerungsrecht wegen dieser Mängel geltend machen. Dies gilt auch, wenn die vom Dritten geleisteten Beträge die vom Besteller an den Unternehmer insgesamt zu zahlende Vergütung übersteigt, weil dieser meist einen Preisaufschlag (Gewinn) mit dem Dritten vereinbart haben wird. Macht der Dritte sein Leistungsverweigerungsrecht nicht geltend, kann der Besteller dies nach dem Zweck von II ebenfalls nicht (Palandt/*Sprau* § 641 Rn 8; aA Nürnbg NJW-RR 03, 1526), eine Aufrechnung mit eigenen Ansprüchen ist jedoch möglich (*Kniffka* ZfBR 00, 227, 231). Zur Durchsetzung seines Anspruchs muss dem Unternehmer ein **Auskunftsanspruch** gegen den Besteller hinsichtlich der geleisteten Vergütungen zukommen (*Kiesel* NJW 00, 1673, 1678).

9 **E. Einbehalt wegen Mängeln (III). I. Grundsatz.** Bei Mangelhaftigkeit des Werks entfällt der Vergütungsanspruch des Unternehmers oder dessen Fälligkeit nicht (BGH NJW 79, 650 = BauR 79, 159). Der Besteller kann jedoch nach Abnahme und Werklohnfälligkeit dem Vergütungsanspruch des Unternehmers das Leistungsverweigerungsrecht nach §§ 641 III, 320 entgegen halten (das Zurückbehaltungsrecht nach § 273 wird nach Ansicht von *Kohler* BauR 03, 1804 insoweit verdrängt). Da § 641 III aus § 320 resultiert, sind, soweit III nichts anderes bestimmt, die zu § 320 entwickelten Grundsätze heranzuziehen (damit wohl auch Anwendung auf vor dem 1.5.00 geschlossene Verträge, MüKo/*Busche* § 641 Rn 31). Abw vertragliche Regelungen sind zulässig (in AGB iRd §§ 307 ff). Ein uneingeschränkter Ausschluss des Zurückbehaltungsrechts in AGB ist jedoch unwirksam (BGH IBR 05, 310). Der **Annahmeverzug** des Bestellers mit der Entgegennahme der Nachbesserung schließt dessen Leistungsverweigerungsrecht zwar nicht aus, dieses besteht jedoch nur in Höhe der Mangelbeseitigungskosten, dh kein Druckzuschlag (BGH NJW-RR 02, 1025 = BauR 2002, 1403; Celle IBR 05, 143 = BauR 05, 600; BauR 04, 884). Der Besteller bleibt auch Berechtigter des Leistungsverweigerungsrechts, wenn er die Mängelrechte einem Dritten übertragen hat (Bauträger ggü Erwerber des Bauwerks, BGH BauR 78, 136). Bei einer Leistungskette iSd II soll der Besteller bei Mängeln nach dem Zweck der Durchgriffsfälligkeit das Leistungsverweigerungsrecht nur dann geltend machen können, wenn sein Besteller (Dritter) wegen dieser Mängel ebenfalls Vergütungszahlungen verweigert. Zahlt der Dritte vorbehaltlos, soll kein Leistungsverweigerungsrecht des Bestellers bestehen (*Kniffka* ZfBR 00, 227, 232; Palandt/*Sprau* § 641 Rn 8; MüKo/*Busche* § 651 Rn 27; aA Nürnbg NJW-RR 03, 1526).

10 **II. Voraussetzungen.** Neben einem Mangel des Werks (§ 633 Rn 13 ff) muss ein **Nacherfüllungsanspruch** des Bestellers gegeben sein (§ 635). Ist dieser ausgeschlossen, erloschen, unmöglich oder entfällt aufgrund berechtigter Nacherfüllungsverweigerung (§ 635 Rn 8) bzw vorbehaltsloser Abnahme § 640 II, besteht kein Leistungsverweigerungsrecht (BGH NJW 04, 502, 506; es soll insoweit eine Abrechnung stattfinden s.a. BGH BauR 03, 88). Str ist, ob dies auch bei Verjährung des Nacherfüllungsanspruchs gilt (§ 634a; bei MüKo/Busche § 641 Rn 32; abl Palandt/Sprau § 641 Rn 11). Ebenfalls kein Ausschluss des Leistungsverweigerungsrechts bei Annahmeverzug des Bestellers hinsichtlich der Mängelbeseitigung (Hamm NJW-RR 96, 86) oder Ablehnung der Nacherfüllung durch den Besteller (MüKo/*Busche* § 641 Rn 33). Das Leistungsverweigerungsrecht besteht nur nach Abnahme oder Eintritt einer Abnahmefiktion (§ 640 I 3). Mangels Fälligkeit des Vergütungsanspruchs vor Abnahme aufgrund der Vorleistungspflicht des Unternehmers bedarf es keines Leistungsverweigerungsrechts vor Abnahme (daher Abweisung einer Vergütungsklage bei Einwendung von Mängeln vor Abnahme). Anders hingegen bei fälligen Abschlagszahlungen (§ 632a) für die bei Mängeln der Teilleistung die Grundsätze wie nach Abnahme gelten sollen (dh entgegen dem Wortlaut des § 641 III „nach Abnahme"; BGH NJW 79, 650 = BauR 79 159 für § 16 Nr 1 VOB/B; BGH NJW 81, 2801). Die Vereinbarung eines **Sicherheitseinbehalts** hindert den Besteller nicht an der Geltendmachung seines Leistungsverweigerungsrechts (zur Verweigerung von Abschlagszahlungen BGH NJW 81, 2801). Der Einbehalt kann aber für die Bestimmung der Höhe der Leistungsverweigerung von Belang sein (so bei erheblichem Einbehalt; s Rn 11).

11 **III. Höhe.** Gem III darf der Besteller „mindestens" das Dreifache der für die Beseitigung erforderlichen Kosten zurückbehalten (sog Druckzuschlag). Der Gesetzgeber setzt das Dreifache somit im Unterschied zur früheren Rspr („idR" das Dreifache, BGH NJW 92, 1633) als untere Grenze fest. Ein geringerer Betrag dürfte danach nur in Ausnahmefällen anzusetzen sein (§ 242), so bei Annahmeverzug des Bestellers mit der Nacher-

füllung (dann nur einfacher Einbehalt in Höhe der Nachbesserungskosten, BGH NJW-RR 02, 1025=BauR 02, 1403, Celle IBR 05, 143=BauR 05, 600; BauR 04, 884). Auch ein vereinbarter Sicherungseinbehalt kann für die Höhe von Belang sein (so bei erheblichem Einbehalt, BGH NJW 81, 2801); jedoch soll der Besteller hinsichtlich der Leistungsverweigerung nicht auf den den Sicherheitseinbehalt übersteigenden Betrag beschränkt sein (BGH NJW 81, 2801; 82, 2494; 79, 650). Vielmehr kann er neben dem Einbehalt einen als Druckmittel erforderlichen erheblichen Betrag zurückbehalten (BGH NJW 81, 2801). Ein höherer Betrag hingegen kann im Einzelfall sehr wohl gerechtfertigt sein (Vierfache, BGHZ 26, 337). So bei mehreren fehlgeschlagenen Nachbesserungsversuchen (sogar das 21-fache, Oldbg NJW-RR 96, 817). Die erforderlichen Kosten sind zu schätzen.

IV. Rechtsfolgen. Die Wirkungen des Leistungsverweigerungsrechts entsprechen § 320. Gem III darf der Besteller „mindestens" das Dreifache der für die Beseitigung erforderlichen Kosten zurückbehalten. Soweit das Leistungsverweigerungsrecht besteht, kommt der Besteller mit der Vergütungszahlung nicht in Verzug (zu § 320 BGH NJW 66, 200; damit insoweit kein Anspruch des Unternehmers auf Verzugszinsen). Im Vergütungsprozess erfolgt bei Geltendmachung der Einrede gem § 322 I eine Verurteilung Zug um Zug gegen Behebung der vor dem Hintergrund der Vollstreckung bestimmt zu bezeichnenden Mängel (BGH NJW 58, 706). Macht der Unternehmer nur einen Vergütungsteil geltend, kann an sich nur die Zahlung des letzten Vergütungsteils verweigert werden (aber Ermessensspielraum des Gerichts, BGHZ 56, 312). Hat der Unternehmer einen Vorschussanspruch (§ 637 III), erfolgt eine doppelte Zug-um-Zug-Verurteilung, ebenso bei einem Leistungsverweigerungsrecht des Unternehmers aus § 648 a (Brandbg NJW-RR 02, 1316). 12

F. Abweichende Vereinbarungen. I. Grundsatz. Abweichende individualvertragliche Vereinbarungen sind auch zu II in den allgemeinen Grenzen der §§ 134, 138, 242 zulässig (aA *Peters* NZBau 00, 169, 172). Geschieht dies in Allgemeinen Geschäftsbedingungen sind die Regelungen der §§ 305 ff maßgeblich (BGH NZBau 02, 25 zur sofortigen Zwangsvollstreckung aus einem Bauträgervertrag ohne Fälligkeitsnachweis, § 307). Eine vollständige Abbedingung von II in AGB dürfte gegen § 307 verstoßen und damit unzulässig sein (*Kniffka* ZfBR 00, 227, 232). Vereinbarte (Teil-)Leistungen des Bestellers vor Abnahme sind als Vorauszahlungen oder Abschlagszahlungen zu werten. Zulässig sein dürften Vereinbarungen, die die Fälligkeit hinausschieben (Fälligkeitsklauseln; Übernahmeerklärung des Leasingnehmers) oder von weiteren Voraussetzungen abhängig machen (zB dem Vorliegen einer prüffähigen Schlussrechnung wie bei § 16 Nr 3 VOB/B oder § 8 I HOAI, BGH NJW-RR 04, 445, bei Einheitspreisvertrag auch stillschweigend, Frankf NJW-RR 05, 169; der Freistellungsbescheinigung gem § 48 b EStG; der Bezugsfertigkeit, Hamm BauR 04, 690; Palandt/*Sprau* § 641 Rn 9). Die Vereinbarung „Zahlung erst bei Beseitigung festgestellter Mängel" oder „nach Vollendung" (zB Zahlung nach „vollständiger Fertigstellung", „tadelloser Inbetriebsetzung", Ddorf BauR 03, 93 u Hamm MDR 01, 1404; BGH BauR 00, 881), oder Formulierungen wie „nach Abnahme" sind gleichbedeutend mit „bei Abnahme" in I anzusehen. Im Subunternehmervertrag kann die Fälligkeit jedenfalls für den Fall der Insolvenz des Hauptauftraggebers nicht von dessen Zahlung an den Hauptunternehmer abhängig gemacht werden (Ddorf NJW-RR 99, 1323). 13

II. Einzelne Vereinbarungen. 1. Prüffähige Rechnung. Die vereinbarte Voraussetzung des Vorliegens einer **prüffähigen Rechnung** gilt auch im Falle vorzeitiger Vertragsbeendigung oder endgültiger Leistungsverweigerung des Bestellers (BGH NJW-RR 00, 386 für § 8 HOAI; BGH NJW 00, 3716 für VOB/B). Die Prüffähigkeit ist dabei kein Selbstzweck, sondern soll dem Besteller die Beurteilung der Richtigkeit der einzelnen Ansätze ermöglichen (BGH NJW-RR 99, 1541). Die aus dem Informations- und Kontrollinteresse des Bestellers entspringenden Anforderungen hierfür sind an den Umständen des jeweiligen Einzelfalls (BGH NJW 98, 3123) unter Berücksichtigung der Sachkenntnis des Bestellers (BGH NJW 00, 206 und 2587) und seiner Hilfspersonen (BGH NJW 01, 521) zu messen. Der Einwand der fehlenden Prüffähigkeit ist unberechtigt, wenn eine inhaltliche Prüfung durch den Besteller tatsächlich erfolgte (BGH NJW 02, 676). Ebenso, wenn die Richtigkeit des Ergebnisses (BGHZ 136, 342) oder der Anfall der einschlägigen Kosten vom Besteller nicht bestritten werden (BGH NJW 02, 808), die Prüfung möglich ist, da der Besteller auf andere Weise Kenntnis von den erforderlichen fehlenden Angaben erhalten hat (BGH NJW-RR 04, 445; so durch Prozessvortrag des Unternehmers, *Reck* NZBau 04, 128), oder der Besteller den Einwand ohne eigenes Verschulden nicht in angemessener Frist nach Erhalt der Rechnung erhebt (BGH NJW-RR 04, 445). Dies wird angenommen, wenn der Auftraggeber bei Vereinbarung der VOB/B die fehlende Prüffähigkeit nicht binnen zwei Monaten nach Zugang der Schlussrechnung einwendet (BGH NJW-RR 05, 167). Der Werklohn wird dann auch fällig, wenn die Rechnung objektiv nicht prüfbar ist, jedoch findet eine Sachprüfung statt, ob die Forderung berechtigt ist (BGH NJW-RR 05, 167; NJW-RR 04, 445). 14

2. Sicherheitseinbehalt. Eine abweichende Fälligkeitsvereinbarung zumindest für einen Vergütungsrest stellt auch der Sicherheitseinbehalt dar. Die dogmatische Einordnung der zugrunde liegenden Sicherungsabrede als Stundung oder Teilerlass ist str (*Hildebrandt* ZfIR 03, 221). Wird dem Unternehmer in Form eines Wahlrechts (iS eines vertraglichen Gestaltungsrechts, BGH NJW-RR 01, 307) die Möglichkeit der Ablösung des Einbehalt durch Gewährleistungsbürgschaft eines Dritten (meist einer Bank) eingeräumt, wird mit deren 15

Stellung die Restvergütung fällig und ist mit Annahme der Bürgschaft auszuzahlen. Dies gilt nur soweit noch keine – iRd Sicherungsabrede rechtmäßige – Verwertung des Einbehalts durch den Besteller nach Eintritt des Sicherungsfalls erfolgte (BGH NJW 01, 3629; anders noch BGH NJW 97, 2958). Aufrechnung oder Zurückbehaltungsrechte können vom Besteller erst nach Eintritt des Sicherungsfalls und nur aus vom Sicherungszweck abgedeckten Ansprüchen geltend gemacht werden (dh sofern nichts anderes vereinbart wurde nur aus Mängelansprüchen, BGH NJW 01, 3629; verneinend für den Nacherfüllungsanspruch BGH BauR 02, 1543). Der Eintritt des Sicherungsfalls ist bei fehlender Vereinbarung im Wege der Auslegung zu ermitteln, wobei meist auf den Zeitpunkt der Entstehung einer Geldforderung abzustellen sein dürfte (Palandt/*Sprau* § 641 Rn 9 b). Tritt der Sicherungsfall vor Stellung der Bürgschaft ein, kann der Besteller diese unter Auszahlung des Einbehalts annehmen oder den Einbehalt verwerten. Sofern sich der Besteller nicht unverzüglich erklärt, verbleibt es bei der Auszahlungspflicht. Gleiches gilt für den Eintritt des Sicherungsfalls nach Bürgschaftsstellung (Ausnahme bei rechtsmissbräuchlichem Handeln des Unternehmers, so bei Bürgschaftsangebot bewusst kurz vor Eintritt des Sicherungsfalls). Eine unberechtigte Annahmer der Bürgschaft ohne Auszahlung des Einbehalts stellt eine zu Schadensersatz führende Verletzung der Sicherungsabrede durch den Besteller dar (§ 280; BGH NJW-RR 00, 1259).

16 Vereinbarungen zum Sicherheitseinbehalt in AGB sind nach § 307 unwirksam, wenn dadurch die Fälligkeit eines erheblichen Teils des Werklohns ohne angemessenen Ausgleich für unverhältnismäßig lange Zeit hinausgeschoben wird (BGHZ 136, 27), oder wenn sie unklar sind (BGH NJW 00, 1863). Dabei ist auch ein Rückgriff auf § 17 VOB/B ausgeschlossen (BGH NJW 02, 894). Eine Umdeutung eines unwirksamen Verlangens einer Bürgschaft auf erstes Anfordern ist nicht möglich (BGH NJW-RR 05, 458 anders als bei der Erfüllungsbürgschaft). Dies soll auch bei öffentlichen Auftraggebern gelten (BGH NJW-RR 05, 458). Der Besteller hat die Bürgschaft im Fall der Unwirksamkeit aufgrund der Sicherungsabrede oder zumindest über § 812 I 1 (BGH NJW-RR 02, 1311; Celle NZBau 01, 93) herauszugeben, ein Zurückbehaltungsrecht besteht nicht (BGH NJW 01, 1857). An entspr Vereinbarungen zum Sicherheitseinbehalt bleibt im Falle der Insolvenz des Unternehmers auch der Insolvenzverwalter gebunden (BGH NJW 99, 1261).

17 **G. Verzinsung IV.** Nach IV ist die fällige Vergütung, auch die Teilvergütung, nicht jedoch die Abschlagszahlung vom Zeitpunkt der Abnahme an zu verzinsen. Hierbei genügt auch eine fiktive Abnahme. Keine Zinspflicht besteht bei fehlender Fälligkeit der Vergütung (zB aufgrund abweichender Fälligkeitsvereinbarung, deren Stundung, § 205 Rn 2) oder bei entgegenstehendem Zurückbehaltungs- oder Leistungsverweigerungsrecht des Bestellers (Ddorf NJW 71, 2310). Der Zinssatz bestimmt sich nach § 246 bzw bei Handelsgeschäften nach § 352 HGB. Ein höherer Verzögerungsschaden, insbes der Verzugszins aus § 288 kann bei Vorliegen der Verzugsvoraussetzungen (insbes Verschulden § 286 IV) anstelle IV verlangt werden. Abw Vereinbarungen sollen zulässig sein (Ddorf BauR 04, 514).

18 **H. Beweislast.** Bei einer Vergütungsklage des **Unternehmers** hat dieser die Abnahme bzw das Vorliegen der Voraussetzungen einer Abnahmefiktion zu beweisen. Im Falle des § 640 I 3 ist dies die Abnahmereife (§ 640 Rn 3; Mangelfreiheit oder das Vorliegen nur unwesentlicher Mängel) und die Fristsetzung. Str ist, ob sich dies nach Ablauf eines gewissen Zeitraums ändert. Bzgl des Leistungsverweigerungsrechts (III) hat der **Besteller** die Mangelhaftigkeit des Werks sowie die Voraussetzungen für ein das Dreifache der Mangelbeseitigungskosten überschreitendes Leistungsverweigerungsrecht zu beweisen. Zweifelhaft ist, ob dies auch für die Höhe der Aufwendungen gilt (*Biebelheimer* NZBau 04, 124).

19 **I. Sonderregelungen. 1. VOB.** Gem § 16 Nr 3 wird der Vergütungsanspruch/Schlusszahlung alsbald nach Prüfung und Feststellung der Schlussrechung, spätestens 2 Monate nach deren Zugang fällig (zur Prüffähigkeit § 14 Nr 1). Bei Verzögerung der Prüfung hat der Unternehmer Anspruch auf Abschlagszahlung hinsichtlich des unbestrittenen Teils der Vergütung, sofern dieser die bisherigen Abschlagszahlungen übersteigt (BGH NJW 97, 1444). Die Schlussrechnung ist wie die Abnahme Fälligkeitsvoraussetzung, nicht hingegen ein gemeinsames Aufmaß (BGH NJW-RR 99, 1180 str). Auch bei vorzeitiger Vertragsbeendigung bedarf es einer prüffähigen Schlussrechnung (BGH NJW 87, 382; zur Frage des Erfordernis einer Abnahme s Rn 5). Dies gilt auch bei Pauschalpreisverträgen (BGHZ 105, 290). Die Schlussrechnung kann nach fruchtloser Fristsetzung gem § 14 Nr 4 auch durch den Besteller erstellt werden (BGH NJW 02, 676). Eine Verwirkung der Einwendungen gegen die Schlussrechnung allein durch Ablauf der Prüffrist soll nicht bestehen (BGH NJW 01, 1649). Bei VOB/B-Verträgen wird der Werklohn auch dann fällig, wenn die Rechnung objektiv prüfbar ist und nicht binnen zwei Monaten Einwendungen gegen deren Prüfbarkeit erhoben werden (BGH BauR 04, 1937 = NJW-RR 05, 167; wobei eine Sachprüfung bzgl der Berechtigung der Forderung stattfindet).

20 **2. HOAI.** Für die Fälligkeit des Honoraranspruchs setzt die Sonderregelung in § 8 I HOAI lediglich die vertragsgemäße Leistungserbringung (Abnahmereife § 640 Rn 3 f; BGH BauR 94, 1276) und Zugang einer prüffähigen Schlussrechnung voraus, abweichend von § 641 BGB hingegen nicht die Abnahme (BGH BauR 86, 596; 94, 392; aA *Thode* ZfBR 99, 116; nach BGH BauR 81, 582 soll § 8 noch zwingendes Preisrecht und von der gesetzlichen Ermächtigungsgrundlage in Art 10 §§ 1 u 2 MRVG gedeckt sein; aA Thode/Wirth/Kuffer/*Leitzke* Praxishandbuch Architektenrecht, 2004, § 28 Rn 26). Nicht behebbare Mängel sollen die Fälligkeit nicht beeinträchtigen (Frankf BauR 00, 435).

§ 641a Fertigstellungsbescheinigung

(1) ¹Der Abnahme steht es gleich, wenn dem Unternehmer von einem Gutachter eine Bescheinigung darüber erteilt wird, dass
1. das versprochene Werk, im Falle des § 641 Abs. 1 Satz 2 auch ein Teil desselben, hergestellt ist und
2. das Werk frei von Mängeln ist, die der Besteller gegenüber dem Gutachter behauptet hat oder die für den Gutachter bei einer Besichtigung feststellbar sind,

(Fertigstellungsbescheinigung). ²Das gilt nicht, wenn das Verfahren nach den Absätzen 2 bis 4 nicht eingehalten worden ist oder wenn die Voraussetzungen des § 640 Abs. 1 Satz 1 und 2 nicht gegeben waren; im Streitfall hat dies der Besteller zu beweisen. ³§ 640 Abs. 2 ist nicht anzuwenden. ⁴Es wird vermutet, dass ein Aufmaß oder eine Stundenlohnabrechnung, die der Unternehmer seiner Rechnung zugrundelegt, zutreffen, wenn der Gutachter dies in der Fertigstellungsbescheinigung bestätigt.

(2) ¹Gutachter kann sein
1. ein Sachverständiger, auf den sich Unternehmer und Besteller verständigt haben, oder
2. ein auf Antrag des Unternehmers durch eine Industrie- und Handelskammer, eine Handwerkskammer, eine Architektenkammer oder eine Ingenieurkammer bestimmter öffentlich bestellter und vereidigter Sachverständiger.

²Der Gutachter wird vom Unternehmer beauftragt. ³Er ist diesem und dem Besteller des zu begutachtenden Werkes gegenüber verpflichtet, die Bescheinigung unparteiisch und nach bestem Wissen und Gewissen zu erteilen.

(3) ¹Der Gutachter muss mindestens einen Besichtigungstermin abhalten; eine Einladung hierzu unter Angabe des Anlasses muss dem Besteller mindestens zwei Wochen vorher zugehen. ²Ob das Werk frei von Mängeln ist, beurteilt der Gutachter nach einem schriftlichen Vertrag, den ihm der Unternehmer vorzulegen hat. ³Änderungen dieses Vertrags sind dabei nur zu berücksichtigen, wenn sie schriftlich vereinbart sind oder von den Vertragsteilen übereinstimmend gegenüber dem Gutachter vorgebracht werden. ⁴Wenn der Vertrag entsprechende Angaben nicht enthält, sind die allgemein anerkannten Regeln der Technik zugrunde zu legen. ⁵Vom Besteller geltend gemachte Mängel bleiben bei der Erteilung der Bescheinigung unberücksichtigt, wenn sie nach Abschluss der Besichtigung vorgebracht werden.

(4) ¹Der Besteller ist verpflichtet, eine Untersuchung des Werkes oder von Teilen desselben durch den Gutachter zu gestatten. ²Verweigert er die Untersuchung, wird vermutet, dass das zu untersuchende Werk vertragsgemäß hergestellt worden ist; die Bescheinigung nach Absatz 1 ist zu erteilen.

(5) ¹Dem Besteller ist vom Gutachter eine Abschrift der Bescheinigung zu erteilen. ²In Ansehung von Fristen, Zinsen und Gefahrübergang treten die Wirkungen der Bescheinigung erst mit ihrem Zugang beim Besteller ein.

A. Allgemeines. Diese mit dem Gesetz zur Beschleunigung fälliger Zahlungen v 30. 3. 00 (BGBl I 330; BT-Drs 14/1246 S 1) in das BGB eingefügte Vorschrift soll durch das geplante FoSiG ersatzlos gestrichen werden. Die Zwecke der Regelung (Beschleunigung der Durchsetzung des Vergütungsanspruchs des Unternehmers, Schaffung einer Bewertungsgrundlage für die Parteien bei Mängeln), wurde nicht erreicht. Zeitlich ist eine Anwendung der Vorschrift nur auf nach dem 1. 5. 00 geschlossene Werkverträge möglich (Art 229 EGBGB § 1 II 1). Sachlich erfasst sie sämtliche Werkverträge, nicht jedoch Werklieferverträge gem § 651 (kein Verweis auf § 641a in § 651 S 3; Ausnahme: echte Werklieferungsverträge gem § 651 aF). Die Vorschrift ist grds abdingbar (*Kniffka* ZfBR 00, 227, 236), der Besteller kann insbes bei Vereinbarung der VOB/B eine förmliche Abnahme verlangen (§ 12 Nr 4 VOB/B; *Schneider* MDR 01, 192). Zwar findet die Vorschrift auch auf den Architektenvertrag Anwendung, hat dort aber kaum Auswirkungen, da gem § 8 HOAI keine Abnahme sondern ledliglich Abnahmefähigkeit Fälligkeitsvoraussetzung des Architektenhonorars ist (BGH BauR 86, 596; 94, 392 zur Wirksamkeit von § 8 HOAI s § 641 Rn 20). 1

B. Fertigstellungsbescheinigung. I. Wesen. Die Fertigstellungsbescheinigung soll die Abnahmereife bescheinigen, ggf die Abrechnung bestätigen (I 4). Sie stellt damit eine Privaturkunde iSd § 416 ZPO dar (aA *Kirberger* BauR 01, 492, 502; keine Schiedsgutachtenqualität, *Seewald* ZfBR 00, 219, 221), welche dem Unternehmer zusammen mit dem schriftlichen Werkvertrag die Möglichkeit eröffnet, die Vergütung im Wege des Urkundsprozesses einzuklagen (§§ 592 ff ZPO). Im Urkundsprozess ergangene Urteile sind ohne Sicherheitsleistung des Unternehmers vorläufig vollstreckbar (§ 708 Nr 4 ZPO); will der Besteller seinerseits die Vollstreckung abwehren muss er Sicherheit leisten (§ 711 ZPO). Bei einem zu unrecht ergangenen Vorbehaltsurteil besteht die Gefahr der Schadensersatzpflicht ggü dem Besteller (§ 600 II ZPO). Bei Einheitspreisverträgen (§ 632 Rn 10) kann der Unternehmer gem I 4 den für den Urkundsprozess erforderlichen Urkundennachweis über die tatsächliche Leistungserbringung führen. Zudem kann eine vom Unternehmer vorgelegte Abrechnung hinsichtlich des Aufmaßes und der angesetzten Arbeitsstunden vom Gutachter bestätigt werden (Abrechnungsbestätigung, I 4). Die Abnahme darf nicht bereits nach der Beschaffenheit des Werks ausgeschlossen sein (§ 646; Verweis in I 2 auf § 640 I 1). Die Bescheinigung muss zumindest die Bestätigung der Abnahmereife iSd Vollendung des Werkes beinhalten sowie das Fehlen von behaupteten oder optisch feststellbaren Mängeln (I 1; *Jäger/Palm* BB 00, 1102, 1104). 2

3 **II. Mangelfreiheit des Werks (I).** I 1 Nr 1 u 2 verlangen für die Fertigstellungsbescheinigung, dass das Werk hergestellt (bei Teilabnahme, § 641 I 2, der entspr Teils des Werks) und frei von behaupteten oder für den Gutachter bei der Besichtigung erkennbaren Mängeln ist. In I 2 wird auf die Voraussetzungen in § 640 I 1 u 2 verwiesen. Eine Bescheinigung scheidet daher jedenfalls bei Vorliegen wesentlicher Mängel des Werks (s § 640 Rn 4) aus. Fraglich ist jedoch, ob die in I 1 Nr 1 verlangte Herstellung die **vollständige Mangelfreiheit** des Werks voraussetzt. Die Notwendigkeit der vollständigen Mangelfreiheit wird mit dem Zweck der Fertigstellungsbescheinigung, der Vermutung in IV 2 sowie dem Verweis in I 2 auf § 640 I 1 begründet. Auch wird auf die Schwierigkeiten des Bestellers verwiesen, nach Erteilung der Bescheinigung Gegenrechte aufgrund von Mängeln geltend zu machen (Erman/*Schwenker* § 641 a Rn 5). Wenig überzeugend ist hingegen das Wortlautargument. Zwar muss nach I Nr 2 das Werk „frei von Mängeln" sein, jedoch nur von solchen, die der Besteller behauptet oder den optisch feststellbar sind. Dagegen wird vertreten, dass eine Erteilung auch bei unwesentlichen Mängeln möglich sein soll, die im Erteilungsverfahren festgestellt werden. Es wird nur auf die allg Abnahmereife abgestellt (*Stapenhorst* DB 00, 909, 913; *Motzke* NZBau 00, 489, 500). Ebenso Palandt/*Sprau* § 641 a Rn 5 mit dem Argument, dass iRd Schuldrechtsreform eine Klarstellung abgelehnt worden sei (u Verweis auf BTDrs 14/6857 S 68). Gleiches gilt für das Vorliegen der **Vollständigkeit der Werkerstellung** (bei Vertragskündigung gem § 649 auch Teilwerkerstellung; für die Notwendigkeit der vollständigen Werkerstellung *Kniffka* ZfBR 00, 227, 233; aA *Jaeger/Palm* BB 00, 1102, 1103, die vertreten, dass unwesentliche Restarbeiten nicht schaden sollen).

4 **III. Prüfung durch den Gutachter. 1. Prüfungsumfang.** Gem I 1 Nr 2 zu berücksichtigen hat der Gutachter bei der Besichtigung feststellbare Mängel. Eine Bestimmung über die Intensität der Besichtigung enthält I 1 Nr 2 nicht. Aus dem Wortlaut „Besichtigung" wird darauf geschlossen, dass damit nur eine optische Prüfung hingegen keine Untersuchung umfasst ist. Daher sind feststellbare Mängel nur solche, die bei der für vergleichbare Werke üblichen Besichtigung nach III 1 erkennbar sind (so defekte Fliesen oder Malerarbeiten, nicht jedoch überdeckte Gewerke). ZT wird entgegen des Gesetzeswortlauts eine weitergehende Überprüfung, Messung oder Funktionsprüfung für Leistungen gefordert, die erfahrungsgem eine Gefahrenquelle darstellen oder besonders mangelanfällig sind (*Seewald* ZfBR 00, 219, 223). Der Gutachter hat jedoch Anzeichen
5 für Mängel, die sich bei der Sichtprüfung zeigen, nachzugehen (*Motzke* NZBau 00, 489, 496). Dieses Minus bei der Begutachtung kann der Besteller dadurch ausgleichen, dass er ggü dem Gutachter Mängel behauptet. Diese lediglich behaupteten Mängel hat der Gutachter zu berücksichtigen. Dies gilt jedoch nur bei ggü dem Gutachter vorgetragenen Mängeln, nicht wenn die Behauptung lediglich ggü dem Unternehmer erfolgt. Auch müssen die Mängel spätestens bis zum Abschluss der Besichtigung, dh nach dem Ende des letzten Besichtigungstermins vorgetragen werden, spätere Mangelbehauptungen, hat der Gutachter gem III 5 unberücksichtigt zu lassen. Behaupteten Mängeln soll der Gutachter auch dann durch eingehendere Prüfung mit den üblichen Methoden nachgehen müssen, wenn sie nicht ohne weiteres erkennbar sind (Palandt/*Sprau* § 641 a Rn 5). Sofern er das Vorliegen der behaupteten Mängel nicht ausschließen kann, soll er eine uneingeschränkte Fertigstellungsbescheinigung nicht erteilen dürfen (*Peters* NZBau 00, 169, 173). Die Mängel müssen jeweils aus dem Leistungsbereich des Unternehmers stammen, was bei Tätigkeit mehrerer Unternehmer zu Abgrenzungsschwierigkeiten führen kann (s.a. *Motzke* NZBau 00, 489, 499).

6 Fraglich ist, ob der Gutachter auch erkennbare oder gerügte **Rechtsmängel** zu berücksichtigen hat. Dies wird mit dem Argument der Gleichstellung von Sach- und Rechtsmängeln in § 633 I nF bejaht (nach *Sienz* liegt darin ein Versehen des Gesetzgebers, in Verträge am Bau S 94). Dagegen spricht aber, dass ein technischer Sachverständiger die rechtliche Kompetenz für eine Prüfung auf Rechtsmängel nicht besitzt (*Thode* NZBau 02, 297, 303). Eine Beschränkung des Prüfungsauftrags auf Sachmängel erscheint aufgrund der dann auch bei erheblichen Rechtsmängeln eintretenden Abnahmefiktion bedenklich (*Kniffka* IBR-online-Kommentar § 641 Rn 7).

7 **2. Prüfungsmaßstab schriftliche Beschaffenheitsvereinbarung (III 2).** Vorrangiger **Prüfungsmaßstab** stellt die vertraglich geschuldete Beschaffenheit des Werks dar (§ 633; Sollbeschaffenheit). Bei deren Bestimmung ist gem III 2 nur ein schriftlicher Vertrag zu berücksichtigen (daher keine Anwendung von § 641 a auf mündliche Verträge; zur Schriftform s. §§ 126 II, 126a). Dieser ist somit Voraussetzung für die Erteilung einer Fertigstellungsbescheinigung. Auch Willenserklärungen in Urkundenform sollen soweit sie unstr sind genügen (Palandt/*Sprau* § 641 a Rn 6). Vertragsänderungen (Vereinbarung zusätzlicher oder abweichender Leistungen) finden gem III 3 nur Berücksichtigung bei schriftlicher Vereinbarung oder wenn sie von beiden Parteien übereinstimmend ggü dem Gutachter vorgebracht werden (wohl aber keine Anwendung der §§ 126, 126a auf die Abänderung, Ermann/*Schwenker* § 641 a Rn 10). Ist der Vertrag zwar nach dem übereinstimmenden Vorbringen geändert worden, der geänderte Leistungsumfang jedoch str, dürfte die Erteilung einer Fertigstellungsbescheinigung ausscheiden. Hinsichtlich der Werkbeschaffenheit hat der Gutachter gem III 4 die allgemein anerkannten Regeln der Technik als Maßstab zu berücksichtigen (so auch bereits unstr bei § 633, III 4 kommt daher lediglich Klarstellunsfunktion zu). Diese bestimmen den Mindeststandard der gewöhnlichen Verwendung (§ 633 II 2 Nr 1) und der üblichen Beschaffenheit (§ 633 II 2 Nr 2).

3. Gutachter (II). a) Person (II 1). Eine wirksame Bescheinigung kann nur von einem Sachverständigen 8
erstellt werden, der entweder nach II 1 Nr 1 einverständlich von beiden Parteien gewählt wurde, oder (auf
Antrag des Unternehmers) der von einer gem II 1 Nr 2 aufgezählten öffentlich-rechtlichen Körperschaft als
Sachverständiger öffentlich bestellt und vereidigt wurde. Unter der Verständigung auf einen Sachverständigen
(Nr 1) ist die erklärte Einigung von Besteller und Unternehmer über die Person des Gutachters zu verstehen.
Die Benennung des Gutachters kann bereits im Werkvertrag erfolgen, in AGB dürfte eine solche Regelung als
überraschende Klausel unwirksam sein (§ 305 c I; evtl auch Verstoß gegen § 307 s. hierzu BaRoth/*Voit* § 641 a
Rn 3; *Kniffka* ZfBR 00, 227, 235). Im Fall der II 1 Nr 2 bedarf es einer öffentlichen Bestellung und Vereidi- 9
gung des Gutachters (§ 36 GewO; zuständig hierfür sind nach § 91 I Nr 8 HandwO und dem jeweiligen Landesrecht die Handwerkskammern). Der zu bestimmende Sachverständiger muss für das Sachgebiet bestellt
sein, in welches das zu begutachtende Werk fällt. Bei der Verständigung der Parteien auf einen Gutachter
wird nach dem Wortlaut von II 1 Nr 1 im Unterschied zu II 1 Nr 2 keine spezielle Qualifikation des Gutachters
verlangt, weshalb davon auszugehen ist, dass es bei Verständigung keiner öffentlichen Bestellung und Vereidi-
gung des Gutachters bedarf. Die Bestimmung nach II 1 Nr 2 kann durch jede Industrie und Handelskammer
(§ 1 IHKG), Handwerkskammer (§ 90 HandwO) sowie die nach Landesrecht gebildeten Architekten- oder
Ingenieurkammern erfolgen. Eine spezielle sachliche oder örtliche Zuständigkeit setzt II 1 Nr 2 nicht voraus.
Der Unternehmer kann sich daher an jede der im Gesetz genannten Stellen wenden (BTDrs 14/1246 S 9).
Jedoch düfte diesen das Recht zur Ablehnung einer Bestimmung für den Fall einzuräumen sein, dass sie keinen geeigneten Gutachter benennen können (zB wenn das zu begutachtende Werk nach seiner Art nicht in
ihren Zuständigkeitsbereich fällt).

b) Unparteilichkeit (II 3), Befangenheit. Der Gutachter – auch der nicht öffentlich bestellte – ist gem II 3 10
zur unparteiischen Erteilung der Fertigstellungsbescheinigung ggü beiden Parteien verpflichtet (s.a. § 36 I 2
GewO). Verletzt der Gutachter diese auch ggü dem Besteller bestehende Pflicht schuldhaft, haftet er nach
nach § 280 (*Seewald* ZfBR 00, 219, 225). Eine vertragliche Haftungserleichterung für den Gutachter ist ggü
dem Besteller nicht wirksam. § 334 soll stillschweigend abbedungen sein (BGH NJW 98, 1059). Fraglich ist,
ob der Gutachter wegen der Besorgnis der Befangenheit abgelehnt werden kann. Ein Recht des Bestellers, den
bestimmten Gutachter wegen Befangenheit abzulehnen, sieht das Gesetz nicht vor (*Kniffka* ZfBR 00, 227,
235; für ein Ablehnungsrecht ggü der benennden Körperschaft BaRoth/*Voit* § 641 a Rn 7). Zwar soll die
Befangenheit einen Verfahrensfehler iS I 2 darstellen (Staud/*Peters* § 641 a Rn 20), dieser dürfte im Urkunds-
verfahren jedoch schwerlich geltend gemacht werden können.

4. Auftrag (II 2). Der Auftrag zur Erstellung der Fertigstellungsbestätigung ist durch den Unternehmer zu 11
erteilen (II 2). Eine Abrechnungsbestätigung soll nur bei entspr Beauftragung zu erstellen sein (aA *Seewald*
ZfBR 00, 219, 224), die auch konkludent durch Übersendung von Abrechnungsunterlagen erfolgen kann. Die
Beauftragung mit der Erstellung der Bescheinigung stellt einen Werkvertrag zwischen Gutachter und Unternehmer dar. Der Unternehmer kann daher Mängelrechte nach §§ 633 ff bei Fehlern des Gutachters geltend
machen. Jedoch soll eine Haftung für unrichtige Gutachten nur bei offenbarer Unrichtigkeit bestehen (*Seewald* ZfBR 00, 219, 225; aA *Stapenhorst* DB 00, 909, 913). Der Schuldner des Vergütungsanspruchs des Gutachters ist grds der Unternehmer (jedoch ggf Erstattungspflicht des Bestellers bei unberechtigter Mängel-
behauptung, §§ 280 II, 286, oder Verzug).

IV. Wirkungen. Die Wirkungen der Bescheinigung stehen gem I 1 denen der Abnahme gleich (iE s § 640 12
Rn 2), insbes wird der Werklohn fällig. Jedoch tritt gem I 3 kein Gewährleistungsausschluss nach § 640 II für
nicht vorbehaltene Mängel ein. Die Einleitung des Verfahrens wirkt verjährungshemmend (§ 204 I Nr 8).
Zeitpunkt des Eintritts der Wirkungen ist grds die Erteilung (Ermann/*Schwenker* § 641 a Rn 16; aA *Peters*
NZBau 00, 219, 224; insoweit wohl Fälligkeitsnachweis iSv § 726 ZPO, Schwerin NJW-RR 05, 747). Gem V
2 ist hinsichtlich Fristen (insbes Verjährung, § 634 a II), Zinsen und Gefahrübergang (§ 645) der Zeitpunkt
des Zugangs der Bescheinigung beim Besteller maßgebend. Bei einer Bescheinigung für einen Teil des Werks
wird die Vergütung nur hinsichtlich des darauf entfallenden Anteils fällig. Hat der Gutachter zu Unrecht das
Vorhandensein wesentlicher Mängel verneint, ist der Besteller auf den Gegenbeweis fehlender Abnahmereife
angewiesen. Diesen wird er im Urkundsprozess wohl nur mit einem Gutachten eines Sachverständigen aus
einem selbständigen Beweisverfahren führen können (*Kniffka* ZfBR 00, 229, 236; §§ 493, 485 ff ZPO), wohl
nicht hingegen mit einem Privatgutachten, auch wenn dieses von einem öffentlich bestellten und vereidigten
Sacherverständigen stammt (daher Berücksichtigung erst im Nachverfahren; aA mit Arg der Waffengleichheit
BaRoth/*Voit* § 641 a Rn 34).

C. Erteilungsverfahren, (II–IV). I. Ablauf. Die Einleitung des Verfahrens erfolgt durch den Unternehmer 13
mittels Erteilung des Gutachterauftrags an den Gutachter. Der zu beauftragende Gutachter muss entweder
zuvor einverständlich durch die Parteien oder durch die öffentlich-rechtliche Körperschaft nach II 1 Nr 2
bestimmt worden sein. Zur Einleitung bedarf es der Übergabe des schriftlichen Werkvertrags (einschl etwaiger Änderungen, Rn 7) durch den Unternehmer an den Gutachter (III 2, 3), für eine Bestätigung von Aufmaß und Arbeitszeit nach I 4 zudem der Vorlage einer entsprechenden Abrechnung. Der Gutachter muss

mindestens einen Besichtigungstermin abhalten (III 1). Er hat die Parteien hierzu unter Einhaltung einer zweiwöchigen Frist und unter Angabe des Anlasses zu laden (III 1 Hs 2; aus Beweisgründen wird dies idR durch Einschreiben mit Rückschein erfolgen). Einer Übersendung einer Kopie des dem Gutachter vorgelegten Vertrags bedarf es nach dem Gesetzeswortlaut nicht, der Besteller kann daher die vorgelegten Vertragsunterlagen nicht auf Echtheit oder Vollständigkeit überprüfen.

14 Bei der im Folgenden duchzuführenden Besichtigung ist die Anwesenheit beider Parteien gestattet und erwünscht (arg III 1; anderenfalls wäre die Einladung sinnlos). Daher sind angemessene Terminverlegungswünsche auch des Bestellers zu berücksichtigen (BTDrs 14/1246 S 10). Der Besteller hat bis zum Abschluss der letzten Besichtigung Gelegenheit Mängelbehauptungen vorzubringen. Dem Unternehmer ist Gelegenheit zu geben festgestellte oder vom Besteller vorgetragenen Mängel, die die Erteilung der Bescheinigung hindern, zu beseitigen (Arg: Zweck des Erteilungsverfahrens). Nach der Beseitigung ist ggf ein weiterer Besichtigungstermin durchzuführen (III 1: „mindestens ein Besichtigungstermin"). Bei Vorliegen der Voraussetzungen (Rn 3 ff), stellt der Gutachter die Fertigstellungsbescheinigung aus. Diese ist dem Unternehmer zu übergeben, der Besteller erhält vom Gutachter eine Abschrift (V 1; wohl Wirksamkeitsvoraussetzung für die Bescheinigung, da V 1 in I 2 nicht genannt wird).

15 **II. Gestattung der Untersuchung.** Der Besteller hat nach dem Wortlaut von IV die Untersuchung des Werks oder Teilen von diesem zu gestatten. Verweigert der Besteller die Besichtigung und Untersuchung des Werks wird dessen Mangelfreiheit vermutet (IV; Rn 13) und eine Fertigstellungsbescheinigung ist zu erteilen (IV 2 aE). Aufgrund dieser Rechtsfolge wird die Gestattung entgegen dem Gesetzeswortlaut nicht als Vertragspflicht, sondern als bloße Mitwirkungshandlung in Form einer Obliegenheit nach § 642 angesehen (Erman/ *Schwenker* § 641 a Rn 14) und soll damit nicht erzwingbar sein. Die Gestattung umfasst bei beweglichen Sachen deren Übergabe, bei Bauwerken die Gewährung von Zutritt zu Grundstücken und Gebäuden (bei im Eigentum Dritter stehenden nur nach den allgemeinen sachenrechtlichen Grundsätzen). Des weiteren auch die Duldung von erforderlichen und zumutbaren Prüfungshandlungen am Werk selbst (so die Entnahme von Stichproben, Funktionsprüfungen oä).

16 **III. Verfahrensfehler.** Bei Fehlern des Verfahren nach II-IV treten nach I 2 die Wirkungen der Bescheinigung nicht ein. Verfahrensfehler sind zB die nicht ordnungsgemäße Bestimmung des Gutachters, fehlender Beauftragung durch den Unternehmer, keine Durchführung eines Besichtigungstermins oder nicht fristgerechte Einladung des Bestellers hierzu, Zugrundelegung eines unzutreffenden Prüfungsmaßstabs oder die fehlende Berücksichtigung sämtlicher vom Besteller rechtzeitig (Rn 5) behaupteten Mängel.

17 **D. Abrechnungsbestätigung (I 4).** Nach I 4 wird die Richtigkeit der Abrechung zugrundegelegter Stundenlohnabrechnungen oder Aufmaßen vermutet, wenn sie vom Gutachter in seiner Fertigstellungsbescheinigung bestätigt werden. Eine Abrechnungsbestätigung setzt neben einer wirksam erteilten Fertigstellungsbescheinigung die Vorlage einer prüfbaren Abrechnung durch den Unternehmer voraus. Der Prüfungsmaßstab entspricht Rn 7 (für eine strengere Prüfung *Seewald* ZfBR 00, 219, 224). Mangels Überprüfbarkeit für den Gutachter dürfte es hinsichtlich der Stundenlohnabrechnung nur auf die Angemessenheit der angesetzten Stunden ankommen, nicht auf deren tatsächlichen Anfall (*Kniffka* ZfBR 00, 227, 234). Bei verweigerter Besichtigung des Werks tritt im anders als bei der Fertigstellungsbescheinigung keine Vermutungswirkung nach IV 2 ein.

18 **E. Beweislast.** Die Beweislast für die Bestimmung des Gutachters und das Vorliegen der Fertigstellungsbescheinigung mit dem gebotenen Inhalt trägt der Unternehmer, der Besteller für Verfahrensfehler des Gutachters und die materielle Unrichtigkeit der Bescheinigung (I 2 Hs 2; s.a. BTDrs 14/2752 S 12, zB bei Vorliegen wesentlicher Mängel). Die Vertragsmäßigkeit des Werks wird vermutet, wenn der Besteller dem Gutachter die gem IV 1 zu duldende Untersuchung des Werks (Rn 15) nicht gestattet. Der Besteller kann jedoch hinsichtlich der Abnahmewirkung den Beweis fehlender Abnahmereife führen (I 2; s.a. Rn 12). Lehnt der Besteller nur einzelne Untersuchungshandlungen ab, gilt diese Vermutung nur für die Aspekte der Vertragsmäßigkeit, deren Überprüfung durch die Weigerung vereitelt wird.

§ 642 Mitwirkung des Bestellers

(1) Ist bei der Herstellung des Werkes eine Handlung des Bestellers erforderlich, so kann der Unternehmer, wenn der Besteller durch das Unterlassen der Handlung in Verzug der Annahme kommt, eine angemessene Entschädigung verlangen.
(2) Die Höhe der Entschädigung bestimmt sich einerseits nach der Dauer des Verzugs und der Höhe der vereinbarten Vergütung, andererseits nach demjenigen, was der Unternehmer infolge des Verzugs an Aufwendungen erspart oder durch anderweitige Verwendung seiner Arbeitskraft erwerben kann.

1 **A. Mitwirkung. I. Regelungsgegenstand.** Aufgrund des individuellen Charakters des Werkes, das idR speziell für den Besteller hergestellt und an dessen Bedürfnisse angepasst wird, ist der Unternehmer bei der Erstellung häufig auf die Mitwirkung des Bestellers angewiesen. Die Art und Weise der Mitwirkung des

Bestellers wird von § 642 nicht iE geregelt, diese richtet sich nach den Vereinbarungen der Parteien, sonst nach der Beschaffenheit des herzustellenden Werkes. Bei der Mitwirkung handelt es sich um Handlungen oder Unterlassen des Bestellers, von denen der Beginn oder die Durchführung der Herstellung des Werks abhängig ist (Ddorf NJW-RR 00, 466). Diese Mitwirkungspflicht des Bestellers kann sowohl eine Vertragspflicht (in Form einer vertraglichen Neben- oder Hauptpflicht), als auch eine nicht einklagbare Obliegenheit darstellen. Was im Einzelfall gewollt ist, hängt von der Vereinbarung der Parteien ab und ist ggf im Wege der Auslegung zu ermitteln (§§ 133, 157). Entscheidend ist hierbei, ob es den Parteien auf eine selbständige Einklagbarkeit der Mitwirkungshandlung des Bestellers angekommen ist (MüKo/*Busche* § 642 Rn 2). Ist eine Haftung des Bestellers für die Erbringung der Mitwirkungen von den Parteien gewollt, dürfte idR eine vertragliche Nebenleistungspflicht gegeben sein; bei besonderer Bedeutung der Mitwirkungshandlung im Einzelfall auch Hauptleistungspflicht (zB bei Pilotprojekten; auch konkludent). Eine Verpflichtung ist die Mitwirkung des Bestellers jedenfalls insoweit, als durch ihre Verweigerung der Vertragszweck nicht gefährdet werden darf (BGHZ 11, 80). Deren Verletzung kann die Rechtsfolgen des allgemeinen Leistungsstörungsrechts nach sich ziehen (Schadensersatzansprüche §§ 280 ff; Rücktritt §§ 323 ff; diese sind durch §§ 642 ff nicht ausgeschlossen).

Aufgrund der Bezugnahme in § 642 I auf den Annahmeverzug ist davon auszugehen, dass unter Mitwirkungshandlungen iSd § 642 nur solche zu subsumieren sind, die eine **Obliegenheit** des Bestellers darstellen (BGHZ 11, 80; 50, 175). Deren Unterlassen zieht rechtliche Folgen nach sich: Ein Schuldnerverzug des Unternehmers wird ausgeschlossen (BGH NJW 96, 1745), es kann unter den Voraussetzungen des §§ 293 ff Annahmeverzug auf Seiten des Bestellers vorliegen, mit der Folge eines Entschädigungsanspruches nach I (Rn 7 f) und eines Kündigungsrechts des Unternehmers nach § 643. Für ein wörtliches Angebot nach § 295 genügt uU das Bereithalten der Arbeitnehmer auf der Baustelle bei erkennbarer Leistungsbereitschaft (BGH NJW 03, 1601). Die Mitwirkung kann der Besteller auch durch Dritte (zB andere Unternehmer) erbringen, es sei denn es handelt sich um höchstpersönliche Handlungen. Die Verhinderung von Eingriffen unbeteiligter Dritter und nicht beherrschbaren äußeren Einflüssen fällt hingegen grds nicht in die Mitwirkungssphäre des Bestellers, es sei denn, er hat dieses vertraglich übernommen (zB Übernahme besonderer Vorbeuge-/Vorsichtsmaßnahmen; Staud/*Peters* § 642 Rn 10, 34 ff).

II. Einzelne Mitwirkungspflichten. Die Mitwirkungspflicht kann bestehen in **persönlicher Anwesenheit**/im persönlichen Erscheinen des Bestellers, sofern dieses für die Werkerstellung notwendig ist (zB bei einer Untersuchung/Operation, Portraiterstellung, Anprobe von Kleidungsstücken). Bei Verträgen über die Erstellung von Individual-**Software** oder **EDV-Systemlösungen** umfasst die Mitwirkungspflicht des Bestellers die Stellung einer möglichst eindeutigen Leistungsbeschreibung (Köln NJW-RR 93, 1529; NJW 96, 1067) und eines Pflichtenheftes (BGH NJW 01, 1718, 1720), ebenso die Bereitstellung des für die Softwareentwicklung notwendigen Materials (BGH CR 89, 102). Der vereinbarte **rechtzeitige Abruf** der bestellten Werkleistung stellt keine Mitwirkung „bei der", sondern „zur" Herstellung des Werkes dar und damit eine selbständige einklagbare Nebenpflicht des Bestellers (bei Verzug ist Ersatz des Verzögerungsschadens gem §§ 280, 286 möglich, BGH BauR 76, 207; §§ 642, 643 finden allenfalls analog Anwendung, BGH NJW 72, 99). Bei einem **Bauvertrag** sind die Vertragsparteien iRd Ausführung zur Kooperation verpflichtet, dh zur erforderlichen Mitwirkung und gegenseitigen Information (Ddorf NZBau 00, 427; s.a. *Fuchs* NZBau 04, 65 und *Schwarze* BauR 04, 895; ebenso beim Anlagenbauvertrag, *Schuhmann* BauR 03, 162). Diese kann insbes bestehen in der Übergabe der Pläne und Unterlagen (BGH NJW 87, 644) sowie der Beschreibung des Werks/Planungsvorgaben für den Architekten (*Dähne* BauR 99, 289; *Meurer* BauR 04, 895). Daneben im Bereitstellen des Grundstücks bzw Gebäudes dergestalt, dass es für die Leistung des Unternehmers aufnahmebereit ist; hierfür ist es erforderlich, dass für Arbeiten eines nachfolgenden Unternehmers die notwendigen Leistungen eines Vorunternehmers (Baugrubenaushub, Rohbau) zur Verfügung gestellt werden (BGHZ 143, 22, 41). Dazu zählen auch die Beibringung der erforderlichen Baugenehmigung (Hamm BauR 03, 1042) und das Gestatten des Betretens des Grundstücks/Gebäudes. So liegt bei Erteilung eines Baustellenverweises durch den Besteller eine Verletzung der Mitwirkungspflicht vor (Ddorf NJW-RR 00, 466). Beauftragt der Besteller parallel mehrere Unternehmer mit der Herstellung eines Werks, hat er deren Einsatz zu koordinieren (Hamm NJW-RR 99, 319; Köln BauR 90, 729; ggf durch Architekten als Dritten). Die Mangelfreiheit der Vorleistung des Vorunternehmers schuldet der Besteller grds nicht. Der Vorunternehmer ist daher auch nicht Erfüllungsgehilfe des Bauherrn. Vielmehr ist der Nachunternehmer verpflichtet die Arbeit des Vorunternehmers zu prüfen, sofern vertraglich nichts anderes vereinbart wurde oder sich aus den Umständen ergibt (Hburg NJW-RR 00, 1617). Bei durch Vorunternehmer verursachten Verzögerungen kommt der Bauherr lediglich seiner Obliegenheit nicht nach, das Grundstück in geeigneter Weise zur Verfügung zu stellen, mit den unter Rn 2 genannten Folgen. Daher steht ihm kein Schadensersatzanspruch nach § 6 Nr 6 VOB/B zu. Der BGH hat die jahrzehntelange Diskussion, wie dem Nachunternehmer zu helfen ist, im Jahr 1999 durch einen Entschädigungsanspruch nach § 642 gelöst (BGH BauR 00, 722).

Der Besteller hat auch die zur reibungslosen Ausführung notwendigen Entscheidungen rechtzeitig zu treffen, die einzelnen Gewerke und eingesetzten Unternehmer zu koordinieren (so zB bei nebeneinander beauftragten Unternehmern; Köln BauR 90, 729; Hamm NJW-RR 99, 319), Hinweise zu geben (BGH DB 77, 624) und auf Anfragen und Hinweise des Unternehmers zu reagieren. Der Architekt ist hinsichtlich der Planung (Hamm NZBau 01, 691) und Koordinierung Erfüllungsgehilfe des Bauherrn/Bestellers im Verhältnis zu anderen Unternehmern (BGH NJW 02, 3543). Das Verschulden des Architekten findet iRd Mitverschuldens des Bestellers gem § 254 Berücksichtigung. Dies gilt auch im Verhältnis Hauptunternehmer zum Subunternehmer (BGH NJW 87, 644). Ebenso uU beim Tragwerksplaner (Frankf BauR 87, 322). Jedoch darf der Bauherr bei Beauftragung von Architekten und Sonderfachleuten darauf vertrauen, dass sie in der gebotenen Weise zusammenarbeiten. Diese sind keine Erfüllungsgehilfen des Bauherrn ggü anderen Architekten und Sonderfachleuten (BGH NJW-RR 03, 1454; NJW-RR 02, 1531; NJW-RR 89, 86). Kein Erfüllungsgehilfe ist der Architekt aber hinsichtlich der Bauaufsicht (BGH NJW-RR 02, 1175). Zur Frage, ob er gleichwohl im gesamtschuldnerischen Haftungsverbund steht vgl *Kniffka* IBR-online Kommentar § 634 Rn 119 ff.

6 **III. Rechtsfolgen.** Kommt der Besteller der Mitwirkung nicht nach, ist Verzug des Unternehmers ausgeschlossen (BGH NJW 96, 1745). Erklärt der Unternehmer in diesem Fall seine Leistungsbereitschaft und fordert den Besteller zur Mitwirkung auf, gerät der Besteller in Annahmeverzug gem §§ 293 ff (Stuttg BauR 73, 385). Dem Unternehmer steht ein Entschädigungsanspruch zu (Rn 7). Die Mitwirkung stellt zwar grds nur eine Obliegenheit dar (BGHZ 50, 175; es sei den anderes wurde vereinbart), gleichwohl wird zT bei schuldhaft unterbliebener oder verzögerter Mitwirkungshandlung ein Schadensersatzanspruch nach § 280 bzw § 286 von der Rspr bej (BGHZ 11, 80, 83; BGH VersR 60, 693; BB 63, 160). So insbes bei Gefährdung des Vertragszwecks durch das Unterlassen der Mitwirkung (BGHZ 11, 80).

7 **B. Entschädigungsanspruch. I. Voraussetzungen (I).** Der Besteller muss seine Mitwirkungspflicht nach Rn 3 ff verletzt haben. Dadurch muss sich der Besteller im Annahmeverzug befinden. Diese Voraussetzungen sowie die Dauer des Verzuges (Ddorf NJW-RR 96, 1507) und die vereinbarte Vergütung hat der Unternehmer darzulegen, daneben zu den Einsparungen vorzutragen.

8 **II. Umfang (II).** Der Anspruch geht über den Aufwendungsersatzanspruch in § 304 hinaus. Er beinhaltet den Ersatz der Kosten für die Bereithaltung von Arbeitskraft, Gerätschaften und sonstigem Kapital. Auch der Aufwand für die Umdisponierung ist zu ersetzen, dh auch durch den Verzug verursachter Verwaltungsmehraufwand. Nicht ersatzfähig sind entgangener Gewinn und Wagniskosten (BGHZ 143, 32, 40; str aA Celle NJW-RR 00, 234) sowie Überstundenzuschläge wegen später Mehrarbeit (Köln NJW-RR 04, 818). Die Höhe bestimmt sich nach den Umständen des Einzelfalls, maßgeblich sind insbes die Verzugsdauer, Vergütungshöhe, andererseits die Ersparnis von Aufwendungen, oder anderweitiger Erwerb (Gedanke der Vorteilsausgleichung). Zur Schadensdarlegung vgl Hamm BauR 04, 1304. Die Rechte nach den allgemeinen Vorschriften werden nicht eingeschränkt: Wird das Werk noch hergestellt, besteht der Entschädigungsanspruch neben dem Vergütungsanspruch; bei Kündigung des Bestellers für die Verzugszeit vor Kündigung auch neben dem Anspruch auf Teilvergütung für das bisher geleistete (§ 645 I 2), auf weitergehenden Schadensersatz (§ 645 II) oder auf Vergütung gem § 649; bei Schadensersatz aus § 280 neben diesem, zB Ansprüche aus § 6 Nr 6 VOB/B (BGH NJW 04, 2373); auch neben dem Anspruch aus § 326 II (*Maxem* BauR 03, 952). Verjährung nach den allgemeinen Regeln §§ 195, 199.

9 **C. VOB/B.** In § 4 findet sich eine Regelung der Zuständigkeitsverteilung zwischen den Vertragsparteien bei Bauausführung (so hat der Besteller nach § 4 Nr 1 I die öffentlich-rechtlichen Genehmigungen zu beschaffen). Der Unternehmer hat nach § 4 Nr 3 die Pflicht schriftlich und unverzüglich auf Bedenken gegen die vorgesehene Art der Ausführung (auch wegen der Sicherung gegen Unfallgefahren), gegen die Güte der vom Auftraggeber gelieferten Stoffe/Bauteile oder gegen die Leistungen anderer Unternehmer hinzuweisen (Hauptpflicht I/K/*Oppler* § 4 Nr 3 VOB/B Rn 4; Folge: § 13 Nr 3). Er hat auch Behinderungen schriftlich anzuzeigen (§ 6 Nr 1; grds Voraussetzung für den Anspruch auf Behinderungsschaden nach § 6 Nr 6, Ausnahme bei Offenkundigkeit der hindernden Umstände und deren Wirkung, BGH BauR 02, 1249 = NJW 02, 2716). Nach § 6 Nr 6 haftet der Besteller auf Schadensersatz, wenn er die „hindernden Umstände", dh auch die unterbliebene Mitwirkung zu vertreten hat. § 642 findet daneben Anwendung (BGH MDR 00, 578). Bei unterlassener Mitwirkung steht dem Unternehmer gem § 9 Nr 1 und 2 ein Kündigungsrecht zu (§ 643).

§ 643 Kündigung bei unterlassener Mitwirkung

¹Der Unternehmer ist im Falle des § 642 berechtigt, dem Besteller zur Nachholung der Handlung eine angemessene Frist mit der Erklärung zu bestimmen, dass er den Vertrag kündige, wenn die Handlung nicht bis zum Ablauf der Frist vorgenommen werde. ²Der Vertrag gilt als aufgehoben, wenn nicht die Nachholung bis zum Ablauf der Frist erfolgt.

1 **A. Allgemeines.** Die Regelung gibt dem Unternehmer bei Unterlassen der gebotenen Mitwirkung durch den Besteller nach § 642 zusätzlich zum dort geregelten Entschädigungsanspruch die Möglichkeit, das Vertragsverhältnis durch Kündigung zu beenden. Die Regelung trägt dem Interesse des Unternehmers Rechnung, dass ihm mit der Entschädigung allein nicht immer gedient ist (insbes wenn durch die Ungewissheit des

Fortgangs der Werkerstellung bei fehlender Mitwirkungshandlung eine nicht mit Entschädigung auszugleichende Belastung durch Vorhalten von Arbeitskräften und Material entsteht) und dass der Unternehmer die Mitwirkung nicht auf dem Klageweg erzwingen kann. Eine vertragliche Beschränkung des Rechts auf Kündigung dürfte bis zur Grenze des Sittenverstoßes zulässig sein (so zB Vereinbarung, dass nur aus wichtigem Grund gekündigt werden darf). Dies gilt auch in AGB (MüKo/*Busche* § 643 Rn 9); jedoch sind §§ 307 ff zu beachten.

B. Vertragsaufhebung. I. Voraussetzungen. Voraussetzung des Rechts zur Vertragsbeendigung ist zunächst Annahmeverzug auf Seiten des Bestellers aufgrund unterlassener Mitwirkungshandlung (§ 642). Im Gegensatz zum Entschädigungsanspruch in § 642 bedarf es der Setzung einer angemessenen Frist zur Nachholung der Mitwirkung verbunden mit der Erklärung der Vertragskündigung. Diese kann nur durch einen bevollmächtigten Vertreter erfolgen (eine Genehmigung einer Fristsetzung durch einen vollmachtslosen Vertreter nach Fristablauf ist nicht möglich BGH MDR 03, 263). Die Angemessenheit der Frist muss unter Berücksichtigung der Interessen der Parteien sowie der Möglichkeit der Nachholung im Einzelfall bestimmt werden. An die Stelle einer zu kurz bemessenen Frist tritt die angemessene (MüKo/*Busche* § 643 Rn 2). Diese hM ist zu überdenken. Folgt man ihr, ist für beide Parteien nicht konkret erkennbar, wann die Wirkungen des Fristablaufes eintreten sollen (bspw Rechtsverlust für den Auftraggeber). Dem Unternehmer ist es insoweit zuzumuten eine angemessene Frist zu setzen. Bei ernsthafter und endgültiger Verweigerung oder Unmöglichkeit der Nachholung der Mitwirkungshandlung kann die Fristsetzung entbehrlich sein (Soergel/*Teichmann* § 643 Rn 5). Zusätzlich muss dem Besteller die Kündigung angedroht werden. Dabei muss das Wort „kündigen" nicht verwendet werden, es genügt, wenn der Besteller mit genügender Klarheit erkennen kann, dass der Unternehmer nach Fristablauf keinerlei Leistungen mehr erbringen wird. Eine bloße Ankündigung, bei Fristablauf über die Kündigung entscheiden zu wollen, genügt nicht (BaRoth/*Voit* § 643 Rn 4). Es ist umstr, ob die Kündigungsandrohung aufgrund ihrer rechtsgestaltenden Wirkung unwiderruflich sein soll (Müko/*Busche* § 643 Rn 5; RGZ 53, 161, 167) oder vor Fristablauf einseitig rücknahmefähig (Palandt/*Sprau* § 643 Rn 2; Staud/*Peters* § 643 Rn 15). Von der Schwere der unterlassenen Mitwirkung soll das Kündigungsrecht in Abweichung zur Regelung in § 9 Nr 1 a VOB/B nicht abhängig sein (Müko/*Busche* § 643 Rn 6; aA Staud/*Peters* § 643 Rn 7).

II. Rechtsfolgen. Die Vertragsaufhebung tritt nach fruchtlosem Ablauf der Frist ein („gilt als aufgehoben"). Einer erklärten Kündigung bedarf es nicht. Eine teilweise nachgeholte Mitwirkung reicht nicht, die geforderte Mitwirkung muss bis Fristende vollständig erbracht worden sein (es besteht jedoch die Grenze der Unbeachtlichkeit nach § 242). Das Vertragsverhältnis wird für die Zukunft aufgehoben. Die Rechtsfolgen ergeben sich sowohl aus § 642 (Rn 6) als auch § 645 I 1 u 2. Der Besteller hat den der geleisteten Arbeit entspr Teil der Vergütung und Ersatz der in der Vergütung nicht inbegriffenen Auslagen zu bezahlen (BGH NJW 00, 1257; Ddorf BauR 01, 434, 435). Der Entschädigungsanspruch nach § 642 besteht bis zum Zeitpunkt der Vertragsaufhebung neben dem Kündigungsrecht Palandt/*Sprau* § 643 Rn 2).

C. VOB/B. Gem § 9 Nr 1, 2 hat der Unternehmer ein Kündigungsrecht, wenn der Besteller eine ihm obliegende Mitwirkungshandlung nach § 642 unterlässt und der Unternehmer dadurch seine Leistung nicht erbringen kann. Dies gilt auch für den Fall dass der Besteller eine fällige Zahlung (auch Abschlagszahlung Celle NJW-RR 00, 234) nicht leistet oder sonst in Schuldnerverzug gerät. Voraussetzung ist die fruchtlose Setzung einer angemessenen Frist unter Kündigungsandrohung. Der Vertrag gilt nach deren Ablauf nicht wie bei § 643 als aufgehoben, vielmehr bedarf es einer schriftlichen Kündigungserklärung (§ 9 II 1; BGH NJW 73, 1463). Nach **Nr 3 S 1** kann der Unternehmer für die bisherigen Leistungen entspr § 645 I 2 Vergütung verlangen, Nr 3 S 2 verweist für den zusätzlichen Entschädigungsanspruch jedoch auf § 642, weitergehende Ansprüche des Unternehmers bleiben unberührt (BGH WM 97, 628, 629 = NJW 97, 403). Bei dreimonatiger Unterbrechung gibt **§ 6 Nr 7** beiden Parteien ein Kündigungsrecht. Dieses scheidet aus, wenn zuvor eine Kündigung nach § 9 ausgesprochen worden ist.

§ 644 Gefahrtragung

(1) ¹Der Unternehmer trägt die Gefahr bis zur Abnahme des Werkes. ²Kommt der Besteller in Verzug der Annahme, so geht die Gefahr auf ihn über. ³Für den zufälligen Untergang und eine zufällige Verschlechterung des von dem Besteller gelieferten Stoffes ist der Unternehmer nicht verantwortlich.
(2) Versendet der Unternehmer das Werk auf Verlangen des Bestellers nach einem anderen Ort als dem Erfüllungsort, so findet die für den Kauf geltende Vorschrift des § 447 entsprechende Anwendung.

A. Allgemeines. Die Vorschrift regelt die werkvertragliche Risikoverteilung. Durch den Untergang des für die Herstellung des Werkes vorgesehenen Stoffes oder des begonnenen, teilweise oder ganz fertig gestellten Werkes, dessen Verschlechterung oder seiner Unausführbarkeit kann eine Leistungsstörung eintreten. Hierbei ist zu unterscheiden zwischen der Leistungsgefahr, dh ob die Verpflichtung des Unternehmers zur (Neu-)-

Herstellung bestehen bleibt, und der Vergütungsgefahr, dh ob der Unternehmer bereits seine Vergütung verlangen kann. Die §§ 644, 645 finden nur auf die Vergütungsgefahr Anwendung. § 644 bestimmt die Gefahrtragung, insbes den Zeitpunkt des Übergangs der Vergütungsgefahr und regelt nur die Fälle der beiderseits nicht zu vertretenden, dh zufälligen Vertragsstörung (MüKo/*Busche* § 644 Rn 1). Bei Vertretenmüssen durch eine der Parteien finden die allgemeinen Vorschriften Anwendung (vgl § 645 II). Die Regelung in § 644 knüpft zwar an §§ 320 I 1 und 326 I 1 Hs 1 an, modifiziert diese für die Zwecke des Werkvertrags, so dass § 644 und die darauf aufbauende Vorschrift des § 645 den allgemeinen Vorschriften vorgeht (BGH NJW 97, 3018 zur früheren Rechtslage). In Abweichung zum Kaufvertrag (dort reicht die Übergabe der Kaufsache nach § 446 S 1 für den Gefahrübergang aus) bedarf es im Werkvertragsrecht nach I 1 der Abnahme, wobei diese bei fruchtloser Fristsetzung fingiert wird (§ 640 I 3). Aufgrund des engen Zusammenhangs der Vorschriften der §§ 644 und 645 werden diese gemeinsam kommentiert. Für die Tragung der Vergütungsgefahr und den Gefahrübergang wird daher auf § 645 Rn 2 ff verwiesen.

3 **B. Leistungsgefahr.** Bei Eintritt einer Leistungsstörung in Form des Untergang des für die Herstellung des Werkes vorgesehenen Stoffes oder des begonnenen, teilweise oder ganz fertig gestellten Werkes, dessen Verschlechterung oder der Unausführbarkeit (Bsp das Werk wird durch den Unternehmer oder Dritte beschädigt oder zerstört), gelten bzgl der Leistungsgefahr die allg Grundsätze des Werkvertragsrechts. Danach verbleibt es grds bei der Verpflichtung des Unternehmers zur Herstellung des vollständigen mängelfreien Werks (§§ 631 I, 633 I). Jedoch können dem Unternehmer evtl Ersatzansprüche zustehen. Die Verpflichtung ist Ausfluss der Erfolgsbezogenheit des Werkvertrages. Dies gilt nicht, wenn keine Herstellungsverpflichtung mehr vorliegt, so bei unmöglicher Leistungserbringung, bei Unvermögen des Unternehmers hierzu (§ 275 I) sowie berechtigter Verweigerung der Leistung durch den Unternehmer nach § 275 II, III oder § 635 III. Der Übergang der Leistungsgefahr erfolgt mit Abnahme des Werkes (§ 640), sofern diese nach der Beschaffenheit des Werks ausscheidet durch dessen Vollendung (§ 646). Bei Übersendung des Werkes auf Verlangen des Bestellers mit dieser. Bei nach diesem Zeitpunkt eintretenden Störungen entfällt die Leistungspflicht des Unternehmers. Befindet sich der Besteller **zuvor** im Annahmeverzug (§§ 293 ff) mildert sich der Haftungsmaßstab für den Unternehmer. Er haftet nicht mehr für den zufälligen Untergang des Werks und hat nur Vorsatz und grobe Fahrlässigkeit zu vertreten (§ 300). Die Haftungsmilderung soll sich auch auf Obhutspflichtverletzungen erstrecken können (Saarbr NJW-RR 02, 528).

4 **C. Sachgefahr.** Nach I 3 trägt der Besteller das Risiko des zufälligen Untergangs der vom Besteller gelieferten Stoffe. Jedoch besteht eine Pflicht des Unternehmers diese ordnungsgemäß zu verwahren (Frankfurt VersR 82, 555; str, ob Versicherungspflicht hierfür besteht, abl Frankfurt NJW-RR 86, 107, aber zumindest Hinweispflicht des Unternehmers auf fehlende Versicherung). Der Unternehmer hat zu beweisen, dass er keine dementsprechende Pflicht verletzt hat. Beruhen Verschlechterung oder Untergang auf einer vom Unternehmer zu vertretenden Pflichtverletzung (zB Versicherungspflicht), haftet er dem Besteller auf Schadensersatz gem § 280.

§ 645 Verantwortlichkeit des Bestellers

(1) ¹Ist das Werk vor der Abnahme infolge eines Mangels des von dem Besteller gelieferten Stoffes oder infolge einer von dem Besteller für die Ausführung erteilten Anweisung untergegangen, verschlechtert oder unausführbar geworden, ohne dass ein Umstand mitgewirkt hat, den der Unternehmer zu vertreten hat, so kann der Unternehmer einen der geleisteten Arbeit entsprechenden Teil der Vergütung und Ersatz der in der Vergütung nicht inbegriffenen Auslagen verlangen. ²Das Gleiche gilt, wenn der Vertrag in Gemäßheit des § 643 aufgehoben wird.
(2) Eine weitergehende Haftung des Bestellers wegen Verschuldens bleibt unberührt.

1 **A. Allgemeines.** Die Vorschrift bezieht sich wie § 644 nur auf die Vergütungsgefahr (s § 644 Rn 1). Die Verwirklichung der in § 645 I 1 genannten Risiken kann auch zu einem Mangel führen; dann gelten vorrangig die §§ 633 ff.

2 **B. Vergütungsgefahr.** Den für die Vergütung des Unternehmers im Grundsatz maßgeblichen §§ 320 ff (vgl insbes § 326) gehen die Regelungen in §§ 644, 645 vor (BGHZ 136, 303 zum früheren Recht für § 645 I). Sie regeln die Frage, inwieweit der Unternehmer vergeblich geleistete Arbeit vergütet bekommt.

3 **I. Grundsatz.** Der Unternehmer trägt die Vergütungsgefahr bis zur Abnahme. Wird die Ausführung des Werkes unmöglich, verschlechtert sich oder geht unter (Bsp: angefangenes Portrait wird zerstört), hat der Unternehmer keinen Anspruch auf Vergütung bereits geleisteter Arbeit und Aufwendungen. Dies resultiert aus dem Unternehmerrisiko und der Erfolgsbezogenheit des Werkvertrages. Die Regelung entspricht § 326 I 1. Dabei ist unerheblich, ob das Werk vor Abnahme zufällig oder durch einen Dritten zerstört oder verschlechtert wird (*Stuttmann* BauR 01, 1487). Hat bei teilweisem Untergang der Werkteil für den Besteller einen Wert ist fraglich, ob er dafür wie bei §§ 326 I 1 Hs 2, 441 III eine Teilvergütung zu zahlen hat (aA

Ermann/*Schwenker* § 644 Rn 3, Umkehrschluss zu I 1). Im Falle der Anordnung einer Unterbrechung durch den Besteller trägt dieser die Gefahr für hierdurch an bereits ausgeführten, aber noch nicht abgenommenen Werkleistungen entstehenden Schäden (Ddorf IBR 05, 477).

II. Übergang der Vergütungsgefahr. 1. Grundsatz. Der Besteller trägt die Vergütungsgefahr **ab Abnahme** (in den Fällen des § 646 ab der Vollendung) des Werks. Beruhen Verschlechterung oder Untergang auf einem Mangel des Werkes, gelten die Mängelrechte der §§ 633 ff. **Vor der Abnahme** trägt grds der Unternehmer die Vergütungsgefahr, dh er erhält keine Vergütung bei zufälligem Untergang des Werks (ihm obliegt idR der Schutz des Werks, BGHZ 83, 197). Ausnahmen von dieser Regel und damit Tragung der Vergütungsgefahr vor Abnahme durch den Besteller sind gegeben: Gem § 644 I 2, wenn der Besteller sich in Annahmeverzug befindet (§§ 293 ff; Gegenausnahme: es liegt ein Verschulden des Unternehmers vor, § 287 S 2 und § 300 I), ferner bei Versendung des Werks auf Verlangen des Bestellers, soweit das Werk bei Auslieferung zum Transport vertragsgemäß war (§ 644 II vgl § 447; Beweislast hierfür beim Unternehmer), sowie in den Fällen des § 645 (Rn 5 ff).

2. Vom Besteller gelieferter Stoff oder Anweisung. Gem § 645 I trägt der Besteller die Vergütungsgefahr vor Abnahme, wenn das Leistungshindernis auf einem Mangel des von ihm gelieferten Stoffes oder auf seinen Anweisungen beruht. Diese Gefahrenverteilung rührt daher, dass in diesen Fällen die objektive Verantwortlichkeit für die Leistungsstörung beim Besteller liegt. Sie ergibt sich aus der von ihm herbeigeführten Risikolage. Die Regelung gilt sowohl für den Fall, dass die Herstellung noch nachholbar ist, als auch wenn durch das Leistungshindernis die (Neu)Herstellung unmöglich wurde (BGHZ 60, 14). Der missverständliche Begriff „Stoff" umfasst dabei alle Gegenstände, aber auch Grundstücke aus denen, bzw auf denen oder mit deren Hilfe das Werk hergestellt werden soll. So der Baugrund (Naumbg NZBau 05, 107), die Baugrube (*Englert* NZBau 00, 113), bereits vorhandene Bausubstanz (BGH NJW-RR 05, 669), der Müllkörper einer Deponie bei durch biologischen Abbau des Mülls auftretendem Setzungsrisiko („Systemrisiko" – str, vgl München BauR 04, 680) sowie die bauplanungsrechtliche Zulässigkeit. Eine **Anweisung** des Bestellers liegt nur vor, wenn dieser einseitig das Risiko für eine von ihm gewünschte Art und Weise der Ausführung übernimmt. Dies ist insbes gegeben, wenn er ungeachtet der vom Unternehmer geäußerten Bedenken auf der Durchführung seiner Anweisung beharrt. Keine Anweisungen sind bereits im Vertrag enthaltene Angaben des Bestellers und es erfolgt keine Risikoverlagerung auf ihn (BGH NJW 80, 2189; zur Abgrenzung BGHZ 83, 197, 202f). Werden auf Anordnung des Bestellers generell geeignete Baustoffe verwendet, tritt aber dennoch im Einzelfall ein durch diesen Baustoff bedingter Fehler ein (sog Ausreißer), erfolgt ebenfalls keine Risikoverlagerung, es bleibt bei der Verantwortlichkeit des Unternehmers (BGHZ 132, 189). Dies gilt umso mehr, wenn der Unternehmer die Verschlechterung oder den Untergang des Werkes zu vertreten hat (I 1 Hs 1; §§ 276 ff), so insbes die Verletzung von Nebenpflichten (§ 631 Rn 23 ff), etwa bei fehlender Überprüfung der vom Besteller gelieferten Stoffe auf deren Eignung oder fehlender Anzeige von Bedenken gegen dessen Anweisung oder die Eignung der vom Besteller überlassenen Stoffe (Kobl NJW-RR 96, 919) bzw Informationen (Celle CR 91, 610).

3. Gefahrtragung im Fall des § 643 (I 2). I 2 stellt eine Folgeregelung zum Kündigungsrecht in § 643 dar, das ebenfalls auf einem Leistungshindernis (die unterlassene Mitwirkung) aus dem Verantwortungsbereich des Bestellers beruht. Danach findet die Gefahrtragungsregelung nach I 1 auch Anwendung, wenn der Vertrag aufgrund unterlassener Mitwirkung als aufgehoben gilt (§ 643).

4. Anwendung des § 645 I auf vergleichbare Fälle. Bei mit den in § 645 I geregelten Fällen vergleichbaren Risikolagen wird eine analoge Anwendung der Gefahrtragungsregelung in § 645 vorgenommen (BGHZ 137, 35). Diese wurde bspw bejaht, als die Unmöglichkeit der Herstellung auf den zufälligen Untergang des Stoffes zurückzuführen war (zB das frei zu schleppende Schiff sinkt; das zu renovierende Bauwerk brennt nieder), bevor er in die Sphäre des Unternehmers übergegangen ist; geht der Stoff in der Sphäre des Unternehmers unter (zB nach Lieferung an diesen) gelten § 644 I 1 u 3. Ferner bej im Falle zufälliger Zweckerreichung (frei zu schleppendes Schiff kommt durch einsetzende Flut von selbst noch vor Eintreffen des Schleppunternehmers frei). Eine analoge Anwendung wird auch in Fällen vorgenommen, in denen die Leistung des Unternehmers aufgrund Umständen untergeht oder unmöglich wird, die in der Person des Bestellers liegen oder auf Handlungen des Bestellers zurückgehen, auch wenn diesen kein Verschulden trifft (BGHZ 136, 303; 137, 35; s.a. § 326 II). So, wenn die für die Leistung erforderliche Impfung des Bestellers wegen dessen körperlichen Zustand nicht durchgeführt werden kann (BGHZ 60, 14); bei Handlungen des Bestellers, die den Eintritt der für den Untergang des Werkes ursächlichen Gefahr erst ermöglicht haben, zB Niederbrennen einer noch nicht übergebenen Scheune durch eingelagertes Heu des Bestellers (BGHZ 40, 71); Überflutung des Bauwerks, weil der Besteller den von ihm übernommenen Hochwasserschutz vorzeitig beseitigt hat (BGHZ 137, 35); Brand des hierfür anfälligen Bauwerks durch vom Besteller in Auftrag gegebene Schweißarbeiten eines Dritten (Köln OLGZ 75, 323). Weiter kommt eine entspr Anwendung in Betracht, wenn die Vertragserfüllung wegen der politischen Verhältnisse am Herstellungsort im Ausland unterbleibt (BGHZ 83, 197); oder wenn der Besteller (Generalunternehmer) dem Bauunternehmer aus in der Person des Bauherrn liegendem Grund das Baugrundstück nicht zur Verfügung stellen kann (München NJW-RR 92, 348).

10 Nach der **Sphärentheorie** soll der Besteller vor Abnahme alle Leistungshindernisse aus seinem Gefahrenbereich zu tragen haben, auch wenn ein den in § 645 I geregelten Fällen vergleichbarer Fall nicht vorliegt. Eine so weitgehende Risikoverlagerung auf den Besteller dürfte mit der grdsen Risikoverteilung des Werkvertrags unvereinbar sein (Hamm BauR 80, 576, München ZfBR 92, 33). Dies auch vor dem Hintergrund der nunmehr gesetzlichen Regelung der Geschäftsgrundlage in § 313. Eine solche Haftungsverlagerung ist auch nicht erforderlich, da sich der Unternehmer von bestimmten Risiken freizeichnen kann. Auch erhält der Besteller für den zufälligen Untergang seines Stoffes in der Sphäre des Unternehmers keinen Ersatz. Daher keine Anwendung, also kein Vergütungsanspruch des Unternehmers, wenn der teilweise hergestellte Bau ohne besondere Risikolage durch Auslösung eines Brandes durch andere Bauhandwerker untergeht (BGHZ 78, 352).

11 **C. Sonstige Ansprüche des Unternehmers.** Der Unternehmer hat gegen den Besteller einen Ersatzanspruch gem §§ 280 ff, wenn Verschlechterung oder Untergang des Werks auf einem Verschulden des Bestellers beruhen. Vor- und Folgeunternehmen sind idR keine Erfüllungsgehilfen, dh deren Verschulden ist nicht zuzurechnen (§ 642 Rn 4; § 278). Diese Ansprüche werden durch § 645 I nicht ausgeschlossen, § 645 II. Daneben hat der Unternehmer uU Ansprüche aus § 823 ggf auch gegen Dritte. Hat der Unternehmer wie regelmäßig kein Eigentum am Werk oder das Eigentum an verarbeiteten Materialien durch Verbindung verloren, kommt uU ein Anspruch wegen Besitzverletzung in Betracht (§ 823 Rn 65 f). Außerdem kann der Besteller den Schaden des Unternehmers beim Dritten liquidieren (Celle BauR 02, 635). Der Unternehmer kann von ihm gem § 285 oder aus vertraglichen Nebenpflichten Abtretung des Ersatzanspruches verlangen (Ddorf NJW-RR 96, 591); die erneute Werkleistung kann er von der Abtretung abhängig machen, oder er kann gegen volle Vergütung (§ 631) erneut leisten und dann Abtretung fordern (BGH NJW 70, 38/41) – auch § 326 II ist neben § 645 I anwendbar (BaRoth/*Voit* § 645 Rn 35).

12 **D. Höhe der Vergütung.** Die Höhe der Vergütung richtet sich im Fall des § 644 nach § 632, dh der Unternehmer hat Anspruch auf volle Vergütung. Im Fall des § 645 I oder seiner entspr Anwendung (Rn 8) hat der Besteller anteilig Vergütung zu leisten. Sie ist nach den Grundsätzen für erbrachte Leistungen bei gekündigten Werkvertrag (§ 649) zu berechnen (BGH NJW 99, 2036). Zudem findet eine Erstattung von nicht in der anteiligen Vergütung enthaltenen, durch das Werk verursachte Aufwendungen jeder Art für das konkrete Werk statt (zB beschaffte Materialien, Transporte, Genehmigungsgebühren; BGHZ 137, 35). Dies gilt nicht, sofern die Aufwendungen lediglich auf das Schadensereignis zurückzuführen sind. Abnahme erbrachter Teilleistungen ist für die Fälligkeit nicht erforderlich (BGH WM 82, 586, Ddorf BauR 78, 404). Für Anwendungen von § 245 iFv I 2 Hamm BauR 03, 1042.

13 **E. Sonderregelungen.** Abweichend von § 644 wird in § 7 **VOB/B** die Verteilung nur der Vergütungsgefahr für den Unternehmer teilweise günstiger geregelt; § 645 I 1 bleibt unberührt (BGHZ 136, 303; 137, 35). Bei Beschädigung oder Zerstörung der Bauleistung vor Abnahme durch vom Unternehmer nicht zu vertretende unabwendbare Umstände besteht Anspruch auf Vergütung für die ausgeführten Teile der Leistung (BGHZ 61, 144); im Übrigen besteht keine gegenseitige Ersatzpflicht. § 12 Nr 6 wiederholt die Regel des § 644, dass mit der Abnahme die Vergütungsgefahr auf den Besteller übergeht, falls sie nicht schon zuvor gem § 7 übergegangen ist.

§ 646 Vollendung statt Abnahme

Ist nach der Beschaffenheit des Werkes die Abnahme ausgeschlossen, so tritt in den Fällen des § 634a Abs. 2 und der §§ 641, 644 und 645 an die Stelle der Abnahme die Vollendung des Werkes.

Durch die Schuldrechtsreform wurde die Vorschrift lediglich hinsichtlich der Verweisung zum Verjährungsbeginn aktualisiert (vormals § 638 aF, nunmehr § 634a II). Die Fälle, in denen eine Abnahme nach der Beschaffenheit ausgeschlossen ist, entsprechen den unter § 640 I Hs 2 dargestellten (dort Rn 1). Dies ist insbes anzunehmen, wenn eine Abnahme nach der Verkehrssitte unüblich oder sinnlos ist, so bei Beförderung (Ddorf NJW-RR 94, 1122; BGHZ 89, 160), Theateraufführung, Konzert, Anzeigenvertrag (Werbung). In diesen Fällen tritt die vollständige Fertigstellung des Werks an die Stelle der Abnahme. Die Mangelfreiheit ist hierfür nicht erforderlich. Die Wirkung entspricht aufgrund der Verweisung auf §§ 634a II, 641, 644, 645 weitgehend der Abnahme. Jedoch enthält § 646 keine dem § 640 II entspr Regelung, oder einen Verweis hierauf (§ 640 II wird nicht erwähnt). Ein entspr Ausschluss von nicht vorbehaltenen Mängeln und ein Übergang der Beweislast für Mängel auf den Besteller erfolgt daher bei § 646 nicht. Dies ist auch interessensgerecht, weil im Falle der Vollendung eine der Abnahme vergleichbare Billigung des Werks fehlt. Jedoch kann ein Verzicht auf Mängelrechte uU durch schlüssiges Verhalten gegeben sein.

§ 647 Unternehmerpfandrecht

Der Unternehmer hat für seine Forderungen aus dem Vertrag ein Pfandrecht an den von ihm hergestellten oder ausgebesserten beweglichen Sachen des Bestellers, wenn sie bei der Herstellung oder zum Zwecke der Ausbesserung in seinen Besitz gelangt sind.

A. Allgemeines. §§ 647–648a dienen der Sicherung des Unternehmers hinsichtlich seiner Geldforderungen aus dem Werkvertrag. Sie gelten nicht für den Lieferungsvertrag gem § 651. Die Sicherung ist ein Ausgleich dafür, dass der Unternehmer das Risiko für das Gelingen des Werkes trägt und deshalb mit der Herstellung vorleistungspflichtig ist (§ 641 Rn 2). Abw Vereinbarungen sind zulässig, für AGB ist § 307 zu beachten (näher Staud/*Peters* Rn 21 f). Neben dem gesetzlichen können die Parteien durch Individualvereinbarung oder AGB ein vertragliches Pfandrecht des Unternehmers begründen (BGH BB 77, 1417). 1

B. Unternehmerpfandrecht. I. Werkvertragsforderungen. Es besteht für alle vertraglichen Forderungen aus dem konkreten Werkvertrag. Das sind in erster Linie Vergütungsansprüche aus §§ 631, 649, aber auch Entschädigungsansprüche aus § 642, Aufwendungsersatzansprüche aus § 645 I, Schadensersatzansprüche aus § 645 II oder nach allg Leistungsstörungsrecht (§§ 280 ff). Nicht hingegen außervertragliche Ansprüche (§§ 812, 823 ff). 2

II. Bewegliche Sache des Bestellers. Das Pfandrecht besteht an den beweglichen Sachen des Bestellers, an denen der Unternehmer zum Zwecke der Herstellung oder Bearbeitung mindestens mittelbaren Besitz erlangt hat. Dazu zählen auch unpfändbare Sachen. Das gesetzliche Pfandrecht erstreckt sich bei Reparatur eines Kfz auch auf den übergebenen Kfz-Brief (Köln MDR 77, 51). Ein **gutgläubiger Erwerb** des Pfandrechts an bestellerfremden Sachen, dh Sachen die Dritten gehören, die bei der Besteller dem Unternehmer übergeben hat, ist str (über 1257, 1207 analog; abl BGHZ 87, 274; zum Streitstand Ermann/*Schwenker* § 647 Rn 4 f). Nach der Rspr des BGH soll das Pfandrecht auch dann nicht entstehen, wenn der Eigentümer dem Reparaturauftrag des Bestellers zustimmt (BGHZ 34, 122, Köln NJW 68, 304 – auch dies wird str gesehen, da der Unternehmer in diesem Fall schützenswert ist). Ein vertragliches durch einen Nichtberechtigten bestelltes Pfandrecht kann nach § 185 oder § 1207 wirksam sein (BGHZ 68, 323; zweifelnd *Müller* VersR 81, 499), erstreckt sich aber nur auf die Forderung aus der jeweiligen Reparatur, nicht auf früher entstandene Forderungen (BGH NJW 83, 2140). Sofern der Besteller dem Unternehmer eine unter Eigentumsvorbehalt (§ 449) stehende Sache übergibt, entsteht das Unternehmerpfandrecht am Eigentumsanwartschaftsrecht des Bestellers (BGH NJW 65, 1475 für das Vermieterpfandrecht). Es geht allerdings mit Erlöschen des Anwartschaftsrechts bei Rücktritt des Vorbehaltsverkäufers unter. 3

III. Anwendung der Regeln über das Vertragspfandrecht. Insbes bzgl der Verwertung und dem Erlöschen des entstandenen Pfandrechts gelten die Regeln über das Vertragspfandrecht (§ 1257). Das Pfandrecht erlischt danach durch die Rückgabe der Sache (§ 1253). Es lebt auch dann nicht wieder auf, wenn der Unternehmer auf Grund eines erneuten Reparaturauftrages wieder in den Besitz der Sache gelangt (BGHZ 51, 250). 4

C. Zurückbehaltungsrecht, Verwendungsersatzanspruch. Verlangt bei bestellerfremden Sachen der Eigentümer Herausgabe nach § 985 kommt ggü dem offenen Vergütungsanspruch des Unternehmers ein Zurückbehaltungsrecht gem § 273 II aufgrund Verwendungsrsatzansprüchen aus §§ 994 ff in Betracht (kein gesetzliches Pfandrecht Rn 3). Ein Herausgabeanspruch des Eigentümers gegen den Unternehmer setzt voraus eine Vindikationslage besteht auch nicht, solange der Besteller (zB Vorbehaltskäufer) seinerseits ggü dem Eigentümer zum Besitz berechtigt ist (§ 986 I 1), daher hat der Unternehmer auch keinen Verwendungsersatzanspruch nach § 994 (BGHZ 27, 317). Endet das Besitzrecht ggü dem Eigentümer (zB Rücktritt des Verkäufers vom Vorbehaltskauf), wird der Unternehmer unrechtmäßiger Besitzer und der Unternehmer hat ggü dem Eigentümer einen Verwendungsersatzanspruch aus § 994 und damit das Zurückbehaltungsrecht aus § 1000. Fraglich ist, ob dies auch für diejenigen Verwendungen gilt, die er zu einem Zeitpunkt auf die Sache gemacht hat, in dem er noch zum Besitz berechtigt war (so BGHZ 34, 122, 132; Köln NJW 68, 304). Das Zurückbehaltungsrecht erlischt mit der Herausgabe der Sache und lebt auch bei späterer Wiedererlangung des Besitzes nicht wieder auf (BGHZ 51, 250). 5

§ 648 Sicherungshypothek des Bauunternehmers

(1) ¹Der Unternehmer eines Bauwerks oder eines einzelnen Teiles eines Bauwerks kann für seine Forderungen aus dem Vertrag die Einräumung einer Sicherungshypothek an dem Baugrundstück des Bestellers verlangen. ²Ist das Werk noch nicht vollendet, so kann er die Einräumung der Sicherungshypothek für einen der geleisteten Arbeit entsprechenden Teil der Vergütung und für die in der Vergütung nicht inbegriffenen Auslagen verlangen.
(2) ¹Der Inhaber einer Schiffswerft kann für seine Forderungen aus dem Bau oder der Ausbesserung eines Schiffes die Einräumung einer Schiffshypothek an dem Schiffsbauwerk oder dem Schiff des Bestellers verlangen; Abs. 1 Satz 2 gilt sinngemäß. ²§ 647 findet keine Anwendung.

1 **A. Allgemeines.** Die Rechtfertigung des § 648 liegt in der grds Vorleistungspflicht des Bestellers (Vergütung erst bei Abnahme fällig) und dem durch die Bauleistung entstehenden Mehrwert des Grundstücks (BGHZ 68, 180). Jedoch ist der Anspruch des Unternehmers nicht streng an einen solchen Mehrwert des Grundstücks gebunden (BGHZ 144, 138, 142). Die Vorschrift gewährt keine Hypothek kraft Gesetzes, sondern nur den schuldrechtlichen Anspruch auf ihre Bestellung, und zwar erst nach Baubeginn und im Umfang der geleisteten Arbeit. Der Anspruch ist durch Individualvereinbarung abdingbar, wobei ein Ausschluss in AGB ohne Einräumung einer anderen Sicherheit unwirksam sein dürfte (BGHZ 91, 139, Karlsr NJW-RR 97, 658). Der Anspruch ist nicht selbstständig abtretbar. Er geht aber mit Abtretung der zu sichernden Forderung (Rn 4) über (§ 401). Dem Unternehmer steht kein Anspruch auf Einräumung einer Sicherungshypothek zu, soweit er Sicherheit gem § 648a I, II erlangt hat (§ 648a IV). Bloßes Sicherungsverlangen (Ddorf NJW-RR 04, 18) oder eine Finanzierungsbestätigung der Bank (Naumbg NJW-RR 04, 743) dürfte hingegen nicht ausreichen. Nachteil der Sicherheit ist, dass diese sich im Hinblick auf vorrangige Grundpfandrechte (insbes der das Bauwerk finanzierenden Kreditinstitute) oft als nutzlos für den Unternehmer erweist. Anderes gilt wohl im Bauträgerbereich, dort hat der Bauträger dem Erwerber ein lastenfreies Vertragsobjekt zu verschaffen.

2 **B. Berechtigte.** Berechtigt ist nur ein Bauwerkunternehmer (zum Bauwerksbegriff s § 634a Rn 4f). Auch Abbrucharbeiten können insbes dann, wenn sie im Zusammenhang mit weiteren für die Bauerrichtung notwendigen Arbeiten erbracht werden, gem § 648 sicherungsfähig sein (München IBR 04, 678). Ob Gerüstbau unter § 648 fällt, ist str (bej Köln BauR 00, 1874). Für das Merkmal des Unternehmereigenschaft ist die technische oder wirtschaftliche Beteiligung an der Bauausführung nicht entscheidend, sondern die rechtliche Beziehung zum Besteller (BGH LM § 648 Nr 1). Darunter fallen alle Personen, die durch Werkvertrag (§ 651 genügt nicht) dem Besteller ggü zur Herstellung des Baus oder eines Teils davon verpflichtet sind; nicht hingegen Subunternehmer oder bloße Lieferanten. Anspruchsvoraussetzung ist die Vollendung oder zumindest Erbringung von Leistungsteilen (vgl I 2) des geschuldeten Werks, das häufig nicht mit dem ganzen Bauwerk
3 identisch ist (zB bei Einbau der Fenster). Bauwerkunternehmer ist auch der **Architekt** (BGHZ 51, 190), auch der lediglich planende Architekt. Voraussetzung ist, dass die Werkleistung des Architekten in eine so enge Beziehung zum Grundstück getreten ist, dass sich hierdurch dessen Wert vergrößert hat (Ddorf NJW-RR 00, 166). Es besteht deshalb kein Anspruch auf eine Sicherungshypothek, sofern der Bau (noch) nicht begonnen worden ist (Ddorf NJW-RR 00, 166, Dresden NJW-RR 96, 920) oder soweit der Architekt lediglich Vergütung für wiederholte Leistungen verlangen kann (zB für nicht ausgeführten zweiten Entwurf), für Finanzberatung oder für Geldbeschaffung (München NJW 73, 289). Anderes kann uU bei unberechtigter Kündigung des Bestellers gelten (Hamm NJW-RR 00, 971). Das für den Architekten ausgeführte gilt auch für den Tragwerksplaner, wenn er unmittelbar mit dem Besteller und Grundstückseigentümer einen Werkvertrag hat (Frankf OLGZ 79, 437), sowie den Baubetreuer, soweit er werkvertraglich Leistungen erbringt und nicht lediglich aufgrund Geschäftsbesorgungsvertrages eine kaufmännische-finanzielle Tätigkeit auszuüben hat (Stuttg BB 62, 543; Frankf BauR 88, 343). Der Bauträger baut idR nicht auf dem Grundstück des Bestellers, es fehlt daher regelmäßig die notwendige Identität zwischen Besteller und Eigentümer. Mit **Abtretung, Verpfändung** oder Pfändung der Unternehmerforderung geht der Anspruch auf Einräumung bzw die bestellte Hypothek gem § 401 über. Im Erbfall sind als Berechtigte die Erben im Grundbuch einzutragen, nicht der Nachlassverwalter (Hamm DB 88, 1693).

4 **C. Pfandgegenstand, Verpflichtete. I. Grundstück des Bestellers.** Pfandgegenstand ist das **Baugrundstück des Bestellers.** Der Begriff des Baugrundstücks umfasst dabei das ganze Grundstück wie es bei Beginn der Arbeiten im Grundbuch ausgewiesen ist, nicht nur den zu bebauenden Teil (Hamm BauR 00, 1527). Nicht erfasst werden hingegen andere, vom Bauwerk nicht betroffene Grundstücke des Bestellers sowie fremde Grundstücke (s.a. *Litzka* BauR 04, 1214). Wird durch den Unternehmer ein **einheitliches Bauwerk** auf mehreren Grundstücken desselben Bestellers errichtet, sichert jedes Grundstück den vollen Werklohn, wobei es auf die Höhe der dem Besteller für das Bauwerk erbrachten Leistung, nicht auf den dem einzelnen Grundstück zugeflossenen Wert ankommt (BGH IBR 01, 321, 322; Köln IBR 03, 300). Dies gilt auch, wenn der Unternehmer zwar verschiedene Bauwerke errichtet, aber vertraglich einen einheitlichen Werkerfolg schuldet (BGHZ 144, 138; so zB bei Errichtung von vier Doppelhaushälften als Bestandteil einer Wohnungseigentü-
5 mergemeinschaft, Köln IBR 03, 300; die Grenze bildet allenfalls § 242). Wird hingegen auf verschiedenen Grundstücken jeweils ein Bauwerk auf Grundlage verschiedener Verträge erstellt, kann der Unternehmer eine Sicherungshypothek nur an dem jeweils betroffenen Grundstück entspr jeweiliger Werklohnforderung verlangen. Pfändungsgegenstand kann auch ein Erbbaurecht des Bestellers sein (Palandt/*Sprau* § 648 Rn 3). Eine Vereinbarung zwischen Eigentümer und Erbbauberechtigtem (Besteller) nach § 5 II ErbbRVO steht der Eintragung einer Vormerkung auf Grund einer einstweiligen Verfügung nicht entgegen (Köln NJW 68, 505). Bildet der Eigentümer später Wohnungseigentum, so kann der Bauunternehmer hinsichtlich der im Eigentum des Bestellers verbliebenen Eigentumswohnungen eine Gesamthypothek in voller Höhe seiner Forderung verlangen, nicht nur eine Hypothek in Höhe des Betrags, der dem auf die einzelne Wohnung entfallenden Leistungsanteil entspricht (Frankf BauR 95, 737; Hamm NJW-RR 99, 383). Auch kann der Unternehmer Eintragung einer Gesamthypothek (§ 1132 I) verlangen, wenn der Besteller nach Entstehung des Sicherungs-

anspruchs das Grundstück in mehrere selbstständige, in seinem Eigentum verbleibende Grundstück oder Miteigentumsanteile aufteilt (Ddorf BauR 83, 376; Frankf OLGZ 85, 193). § 648 kann der Bauhandwerker auch gegen öffentliche Besteller (juristische Personen des öffentlichen Rechts) geltend machen (LG Ravensburg IBR 05, 17).

II. Bestellerfremdes Grundstück. Nach dem Gesetzeswortlaut kann Pfandgegenstand nur das bestellereigene Grundstück sein. Es muss daher vom Grundsatz her Identität zwischen Besteller und Grundstückseigentümer vorliegen. Der Unternehmer kann Einräumung einer Sicherungshypothek verlangen, wenn Besteller und Grundstückseigentümer im Zeitpunkt der Geltendmachung des Anspruchs unter formaler Betrachtung rechtlich dieselbe Person sind (Hamm BauR 99, 407). Eine Übereinstimmung nach wirtschaftlicher Betrachtungsweise genügt idR nicht (Frankf MDR 01, 1405; Celle NJW-RR 03, 236), wohl auch nicht der Beitritt des Grundstückseigentümers zur Werklohnverpflichtung des Bestellers (Dresden NJW-RR 00, 1412). Die Rspr hat **Ausnahmen** zu diesem Grundsatz entwickelt. Diese werden aus dem Gebot von Treu und Glauben (§ 242) für Einzelfälle hergeleitet, bei denen sich unter rein formaler Beurteilung ein für den Unternehmer untragbares Ergebnis ergeben hätte (BGHZ 102, 95). Das Bestehen der Möglichkeit über § 648 a Sicherheit zu erlangen soll hierbei unberücksichtigt bleiben (KG NJW-RR 99, 1247; einschränkend Celle NJW-RR 00, 387). So wurde bspw § 648 auf ein bestellerfremdes Grundstück angewendet, wenn der Grundstückseigentümer die tatsächlichen Vorteile aus der Werkleistung des Unternehmers zieht, selbst jedoch nicht Besteller ist (Frankf BauR 01, 129) oder die beherrschende Position innehat (BGH BauR 88, 88; Celle BauR 01, 834: GmbH-Geschäftsführer; ähnlich Naumbg NJW-RR 00, 311; einschränkend Schlesw BauR 00, 1377). So auch wenn der Besteller als juristische Person vom Eigentümer gesellschaftsrechtlich und wirtschaftlich weitgehend beherrscht wird und letzterer die tatsächlichen Vorteile aus der Werkleistung zieht (Celle IBR 05, 483; IBR 05, 87). Bei Eheleuten soll dies nur bei Vorliegen besonderer Umstände gelten, die bloße Kenntnis vom abgeschlossenen Bauvertrag und dessen Billigung durch den Eigentümer genüge ebenso wenig wie der Umstand der späteren Mitnutzung des Bauwerks (Celle NJW-RR 05, 460). Keine Identität soll notwendig sein, wenn der zahlungsunfähige Mieter als Besteller für Reparaturarbeiten vor vorgeschoben wurde (Ddorf NJW-RR 93, 851). Keinen Anspruch auf Sicherung hat der Unternehmer, wenn der Baubetreuer die Verträge im eigenen Namen abschließt, aber nicht Grundstückseigentümer ist. Wird das Bauwerk zT auch auf fremdem Grund errichtet, so ist die Hypothek auf dem Grundstück des Bestellers in voller Höhe einzuräumen, falls die Vergütung für das Bauwerk einheitlich zu berechnen ist (Frankf NJW-RR 94, 1432). Mit der Veräußerung des Grundstücks erlischt der Sicherungsanspruch, wenn keine Vormerkung eingetragen war (Ddorf BauR 77, 361).

D. Sicherbare Forderungen. Sicherbar sind alle vertraglichen Forderungen des Unternehmers aus dem konkreten Werkvertrag gegen den Besteller. Dies sind neben den Vergütungsansprüchen aus §§ 631 (wobei umstritten ist, ob dies auch für Restvergütungsansprüche gem § 649 S 2 gilt, bej Ddorf NJW-RR 04, 18; Staud/*Peters* § 648 Rn 25 f; abl Jena IBR 98, 521), Entschädigungsansprüche aus § 642, Aufwendungsersatzansprüche (§ 645 I), Schadensersatzansprüche (BGH NJW 88, 255; aus § 645 II bzw §§ 280 ff). Nicht erfasst werden außervertragliche Ansprüche (bereicherungs-/deliktsrechtliche Ansprüche §§ 812, 823 ff). Umfasst werden auch die Kosten der Erwirkung der Hypothek oder Vormerkung (MüKo/*Soergel* § 648 Rn 15). Die Fälligkeit der Forderung ist aufgrund des Sicherungszwecks des § 648 nicht erforderlich, ein vereinbarter Sicherungseinbehalt ist daher nicht abzuziehen (BGH NJW-RR 00, 387). § 641 III findet keine Anwendung (Stuttg OLGR 05, 223).

E. Höhe, Umfang der Sicherheit (I 2). Der Umfang des sicherbaren Anspruches ist gem I 2 auf den Teil des Anspruchs beschränkt, der dem Teil der Vergütung des jeweiligen Baufortschritts entspricht (BGHZ 68, 180). Daher hat der Unternehmer bei Mängeln des Werkes insoweit keinen Sicherungsanspruch, als der Besteller Mängelrechte geltend machen kann (BGHZ 68, 180, Hamm NJW-RR 00, 971; Bremen NJW-RR 99, 963). Dies gilt selbst dann, wenn ein Leistungsverweigerungsrecht des Unternehmers hinsichtlich der Mängelbeseitigung besteht (Celle BauR 03, 133). Nicht sicherbar sind erloschene Forderungen und Forderungen, denen eine dauernde Einrede entgegensteht. Eine eingetragene Hypothek bzw Vormerkung sichert nur Forderungen, auf die sich die bei Eintragung in Bezug genommene Eintragungsbewilligung bzw Entscheidung bezieht (BGH NJW 01, 3701: Abschlags- ggü Schlusszahlung).

F. Verfahren, Durchsetzung. Die Bestellung der Bauhandwerkersicherungshypothek erfolgt durch dingliche Einigung oder rechtskräftiges Urteil (§ 894 ZPO) und Eintragung (§ 873). Ein vertraglicher Ausschluss soll bei Arglist oder Vermögensverschlechterung nicht entgegenstehen (Palandt/*Sprau* § 648 Rn 5). Die Bauhandwerkersicherungshypothek stellt eine gesetzliche Sicherungshypothek dar (§§ 1184, 1185), ist daher streng akzessorisch und auf die tatsächliche Höhe der gesicherten Forderung beschränkt (Rn 8 f). § 866 III ZPO gilt nicht, weil es sich nicht um Zwangsvollstreckung wegen Geldforderung, sondern um Anspruch auf Abgabe einer Willenserklärung handelt, auch nicht § 867 II ZPO (Frankf NJW-RR 95, 1359). Wegen der Geldforderung ist bei Gefährdung Arrestantrag möglich. Löschung der Hypothek, Zug um Zug gegen Zahlung. Die Sicherung des Anspruchs auf Bestellung der Hypothek kann durch Eintragung einer Vormerkung auf Grund einstweiliger Verfügung (Hamm BauR 99, 407; s aber Ddorf NJW-RR 00, 825) oder Bewilligung (§ 885 I; *Siegburg* BauR 90, 290) erfolgen. Dies ist aber nur zu Gunsten des wahren Inhabers der zu sichernden Forderung möglich (Dresden NJW-RR 00, 96). Bei einstweiliger Verfügung müssen zur Eintragung sowohl die Eintragungsvoraussetzungen der GBO wie die Vollzugserfordernisse der ZPO vorliegen (Ddorf Rpfleger 78, 216). Eine eingetragene Vormerkung kann nur auf Grund Bewilligung oder eines sie ersetzenden Urteils in eine Hypothek umgeschrieben werden. Ein Sicherungsbedürfnis für den Erlass einer einstweiligen Verfügung auf Eintragung einer Bauhandwerkersicherungshypothek soll fehlen, wenn der Unternehmer die einstweilige Verfügung mehr als 1 1/2 Jahre nach Erstellung der Schlussrechnung beantragt (Hamm BauR 04, 380), oder zwischen der Fertigstellung der Bauarbeiten und der Erstellung der Schlussrechnung 21 Monate und zwischen letzterer und dem Antrag auf einstweilige Verfügung noch einmal 9 Monate vergangen waren (Celle BauR 03, 1439). Der Erlass setzt keine Glaubhaftmachung der Gefährdung des zu sichernden Anspruchs voraus. Diese wird grds vermutet, jedoch darf ein Gegenbeweis geführt werden (Frankf IBR 03, 1091). Die Bestimmung des Wertes der Leistungen des Unternehmers können im einstweiligen Verfahren auch anhand des vertraglichen Zahlungsplans bestimmt werden, wobei das Leistungsverweigerungsrecht

12 nach § 641 III nicht zu berücksichtigen ist (Stuttg IBR 05, 150). Der Unternehmer kann die Höhe der Forderung im Verfügungsverfahren durch Vorlage einer prüffähigen Schlussrechnung einschließlich Vertrags- und Abrechnungsunterlagen sowie eidesstattlicher Versicherung ihrer Richtigkeit glaubhaft machen; Entkräftung durch Gegenrechnung des Bestellers unter eidesstattlicher Versicherung ihrer Richtigkeit ist Frage der konkreten Beweiswürdigung (Stuttg JMR 05, 150). Bei Erlass der Verfügung hat der Bauherr die Kosten des Verfügungsverfahrens unabhängig davon zu tragen, ob er die Eintragungsbewilligung zuvor abgelehnt hat oder damit in Verzug gekommen sein müsste (Köln NJW-RR 97, 1242; aA Hamm NJW 76, 1459), außer wenn er die Eintragung einer Sicherungshypothek angeboten hat (Stuttg BauR 95, 116).

13 **G. Sondervorschriften.** Durch das Bauforderungsgesetz (GSB) wird der Empfänger von Baugeld öffentlich-rechtlich zur Verwendung dieses Baugelds nur zur Befriedigung der am Bau beteiligten Unternehmer verpflichtet (§ 1). Daneben enthält es die Verpflichtung zur Führung eines Baubuchs (§ 2). Das GSB hat Schutzgesetzcharakter. Daher können bei Verfehlungen gegen das GSB gegen den Empfänger von Baugeld Schadensersatzansprüche nach § 823 II geltend gemacht werden. Der Entwurf des FoSiG erstreckt den Anwendungsbereich des Gesetzes auch auf Umbauten und präzisiert die Voraussetzungen. Die Pflicht zur Führung eines Baubuches soll, unter Beibehaltung der bisherigen Beweislastverteilung, entfallen. Die **VOB/B** regelt lediglich die Sicherheit zu Gunsten des Bestellers/Auftraggebers (§ 17 VOB/B), nicht die Sicherheit zu Gunsten des Unternehmers.

14 **H. Prozessuales.** Umstritten ist, ob sich der Streitwert einer Klage erhöht, wenn neben der Hauptsacheforderung die Eintragung einer Bauhandwerkersicherungshypothek für diese Forderung beantragt wird (bej Nürnbg MDR 03, 1382; abl München, IBR 00, 296). Nicht die Werklohnklage, sondern ausschließlich die sog Hypothekenklage soll als Hauptsacheklage im Sinne von § 926 ZPO im einstweiligen Verfügungsverfahren auf Eintragung einer Vormerkung zur Sicherung des Anspruchs auf Eintragung einer Bauhandwerkersicherungshypothek nach § 648 anzusehen sein (Celle BauR 04, 696; NJW-RR 03, 1529). Die Geltendmachung der Vormerkung im Wege der einstweiligen Verfügung bei Bestreiten der Vergütungsansprüche setzt keine vorherige Abmahnung durch den Unternehmer voraus, hieraus entstehende Kosten gehen zu Lasten des Bestellers (Karlsr IBR 03, 29).

§ 648a Bauhandwerkersicherung

(1) ¹Der Unternehmer eines Bauwerks, einer Außenanlage oder eines Teils davon kann vom Besteller Sicherheit für die von ihm zu erbringenden Vorleistungen einschließlich dazugehöriger Nebenforderungen in der Weise verlangen, dass er dem Besteller zur Leistung der Sicherheit eine angemessene Frist mit der Erklärung bestimmt, dass er nach dem Ablauf der Frist seine Leistung verweigere. ²Sicherheit kann bis zur Höhe des voraussichtlichen Vergütungsanspruchs, wie er sich aus dem Vertrag oder einem nachträglichen Zusatzauftrag ergibt, sowie wegen Nebenforderungen verlangt werden; die Nebenforderungen sind mit 10 vom Hundert des zu sichernden Vergütungsanspruchs anzusetzen. ³Sie ist auch dann als ausreichend anzusehen, wenn sich der Sicherungsgeber das Recht vorbehält, sein Versprechen im Falle einer wesentlichen Verschlechterung der Vermögensverhältnisse des Bestellers mit Wirkung für Vergütungsansprüche aus Bauleistungen zu widerrufen, die der Unternehmer bei Zugang der Widerrufserklärung noch nicht erbracht hat.

(2) ¹Die Sicherheit kann auch durch eine Garantie oder ein sonstiges Zahlungsversprechen eines im Geltungsbereich dieses Gesetzes zum Geschäftsbetrieb befugten Kreditinstituts oder Kreditversicherers geleistet werden. ²Das Kreditinstitut oder der Kreditversicherer darf Zahlungen an den Unternehmer nur leisten, soweit der Besteller den Vergütungsanspruch des Unternehmers anerkennt oder durch vorläufig vollstreckbares Urteil zur Zahlung der Vergütung verurteilt worden ist und die Voraussetzungen vorliegen, unter denen die Zwangsvollstreckung begonnen werden darf.

(3) ¹Der Unternehmer hat dem Besteller die üblichen Kosten der Sicherheitsleistung bis zu einem Höchstsatz von 2 vom Hundert für das Jahr zu erstatten. ²Dies gilt nicht, soweit eine Sicherheit wegen Einwendungen des Bestellers gegen den Vergütungsanspruch des Unternehmers aufrechterhalten werden muss und die Einwendungen sich als unbegründet erweisen.
(4) Soweit der Unternehmer für seinen Vergütungsanspruch eine Sicherheit nach den Absätzen 1 oder 2 erlangt hat, ist der Anspruch auf Einräumung einer Sicherungshypothek nach § 648 Abs. 1 ausgeschlossen.
(5) ¹Leistet der Besteller die Sicherheit nicht fristgemäß, so bestimmen sich die Rechte des Unternehmers nach den §§ 643 und 645 Abs. 1. ²Gilt der Vertrag danach als aufgehoben, kann der Unternehmer auch Ersatz des Schadensverlangen, den er dadurch erleidet, dass er auf die Gültigkeit des Vertrags vertraut hat. ³Dasselbe gilt, wenn der Besteller in zeitlichem Zusammenhang mit dem Sicherheitsverlangen gemäß Absatz 1 kündigt, es sei denn, die Kündigung ist nicht erfolgt, um der Stellung der Sicherheit zu entgehen. ⁴Es wird vermutet, dass der Schaden 5 Prozent der Vergütung beträgt.
(6) Die Vorschriften der Absätze 1 bis 5 finden keine Anwendung, wenn der Besteller
1. eine juristische Person des öffentlichen Rechts oder ein öffentlich-rechtliches Sondervermögen ist oder
2. eine natürliche Person ist und die Bauarbeiten zur Herstellung oder Instandsetzung eines Einfamilienhauses mit oder ohne Einliegerwohnung ausführen lässt; dies gilt nicht bei Betreuung des Bauvorhabens durch einen zur Verfügung über die Finanzierungsmittel des Bestellers ermächtigten Baubetreuer.
(7) Eine von den Vorschriften der Absätze 1 bis 5 abweichende Vereinbarung ist unwirksam.

A. Allgemeines. Durch das geplante FoSiG soll die Vorschrift in ihrem Anwendungsbereich erweitert werden. So soll der Anspruch auf Sicherheit auf die gesamte noch nicht bezahlte Vergütung einschl Nebenforderungen und Zusatzaufträge erstreckt werden. Aufrechenbare Gegenansprüche des Bestellers sollen im Grundsatz außer Betracht bleiben. Eine Ankündigung der Leistungsverweigerung soll nicht mehr erforderlich sein. Wird die Sicherheit nicht fristgem geleistet, soll dem Unternehmen nach dem künftigen V ein Wahlrecht zwischen der Leistungsverweigerung und dem Recht zur Kündigung zustehen (mit den Folgen des § 649 nF). 1

I. Zweck. Die Bauhandwerkssicherungshypothek kann dem Unternehmer nur unzureichende Sicherheit bieten. Dies resultiert zum einen aus der gem § 648 I 1 grds erforderlichen Identität von Besteller und Grundstückseigentümer (zu den Ausnahmen § 648 Rn 7). Zum anderen dürften die sichernden Baugrundstücke häufig durch Sicherheiten für das Bauwerk finanzierende Kreditinstitute vorrangig belastet sein. Auch erhält der Unternehmer Sicherheit nur entspr dem Baufortschritt. Durch § 648 a soll dem Unternehmer eine einfache und flexible Möglichkeit zur Erlangung einer Sicherheit für seine Vorleistungen an die Hand gegeben werden, die ihm Zugriff auf die zum Bauen bestimmten Finanzmittel des Bestellers bietet – unabhängig davon, ob dieser Eigentümer des Baugrundstücks ist (s.a. BGH NJW 04, 1524). Dem Bauhandwerker wird ein Leistungsverweigerungsrecht eingeräumt, wenn der Besteller seinem Sicherungsverlangen nicht innerhalb angemessener Frist nachkommt. 2

II. Anwendungsbereich. 1. Zeitlich. Auf vor dem 1.5.00 abgeschlossene Verträge findet V 3 Anwendung, nicht jedoch die Änderungen in I 1 und 2 sowie V 4 (Art 229 EGBGB § 1 II). 3

2. Sachlich. § 648 a gilt zwar generell für Werkverträge, nach dem Wortlaut von I 1 kann aber nur ein Unternehmer eines Bauwerks, einer Außenanlage oder eines Teils davon Sicherheit verlangen (Rn 10). Auf Bauträgerverträge soll § 648 a keine Anwendung finden (*Pause* NZBau 02, 648, 650). In VI wird der persönliche Anwendungsbereich, dh der Kreis der § 648 a unterfallenden Besteller eingeschränkt. Nach VI Nr 1 findet § 648 a keine Anwendung auf juristische Personen des öffentlichen Rechts und öffentlichrechtliche Sondervermögen. Begründung: Hier besteht kein Insolvenzrisiko, das abgesichert werden müsste. Ob sich diese Ausnahme auch auf die von diesen beauftragten privaten Bauträger erstreckt, ist umstritten (*Groth/Rosendahl* BauR 03, 26). Gem VI Nr 2 gilt § 648 a nicht für natürliche Personen, die die Bauarbeiten einschließlich der Außenanlagen zur Herstellung oder Instandsetzung eines Einfamilienhauses (nicht mehrere, LG Bonn NJW-RR 98, 530) mit oder ohne Einliegerwohnung ausführen lassen. Anwendbar ist § 648 a, falls ein Baubetreuer zur Verfügung über die Finanzmittel des Bestellers ermächtigt (VI Nr 2 aE). Begründet wird diese Ausnahme damit, dass solche privaten Bauvorhaben idR solide finanziert sind und daneben eine ausreichende Sicherheit für den Unternehmer darin besteht, dass der Besteller mit seinem Privatvermögen – außer im Falle der Privatinsolvenz – unbegrenzt haftet (BTDrs 12/1836 S 11 und 12/4526 S 11). 4

III. Ausschluss der Sicherungshypothek nach § 648 (IV), Übersicherung. Soweit der Unternehmer Sicherheit gem I, II erlangt hat, schließt dies gem IV den Anspruch auf eine Sicherungshypothek gem § 648 aus. Jedoch gilt dies nicht für einen noch ungesicherten Restvergütungsanspruch, für diesen kann Sicherheit verlangt werden. Der Unternehmer hat keinen Anspruch auf eine über den in § 648 a I 2 (Rn 14) geregelten Umfang hinausgehende Sicherheitsleistung, dh eine Übersicherung. Daher entfällt sein Recht auf Sicherheitsleistung, wenn die zu sichernde Forderung bereits durch eine den Anforderungen des I 1 entspr Sicherungshypothek besichert ist (Palandt/*Sprau* § 648 a Rn 3, wonach dies gem §§ 238 I, 1807 I Nr 1 deren Mündelsicherheit voraussetzen soll). 5

6 **IV. Unabdingbarkeit (VII).** Abweichungen von den Regelungen in I–V sind nach dem Wortlaut von VII nicht zulässig. Umstritten ist, ob dies nur für Abweichungen zu Lasten des Unternehmers gilt, dh über I–V hinausgehende für den Unternehmer günstigere Regelungen möglich sind (so *Schmitz* Anm zu BGH BauR 02, 796, 799 mit Verweis auf die Gesetzesmaterialien, wonach allein eine Besserstellung des Unternehmers beabsichtigt war; vgl BTDrs 12/1836 S 1, 5 f). Ein iRd Vertragsschlusses erklärter Verzicht auf die Rechte aus § 648 a ist unwirksam (BGHZ 146, 24, 28). Keine Umgehung wurde vom LG München I (IBR 05, 201– nicht rechtskräftig) gesehen, als der Besteller die Klausel einbrachte, dass der Unternehmer bei „Ziehen" des § 648 a Abschlagszahlungen nur noch nach § 632 a fordern könne. Sofern die geleistete Sicherheit nicht den Anforderungen gem Rn 16 ff entspricht, soll dies die Rechte des Unternehmers nicht schmälern (Oldbg MDR 99, 89). Vereinbarte Sicherheiten werden durch § 648 a nicht berührt, soweit sie nicht auf Verlangen gem I 1 gegeben werden (BGH NJW 02, 1198).

7 **B. Wesen der Sicherheitsleistung, I 1.** § 648 a gewährt nach seinem Wortlaut („in der Weise") dem Werkunternehmer keinen durchsetzbaren Anspruch auf eine Sicherheitsleistung (BGHZ 146, 24, 28), sondern insbes ein Leistungsverweigerungsrecht hinsichtlich der von ihm zu erbringenden Vorleistungen (Rn 12). Die Sicherheitsleistung soll lediglich eine (Mitwirkungs-)Obliegenheit des Bestellers darstellen (Palandt/*Sprau* § 642 Rn 2; aA *Hofmann/Koppmann* BauR 94, 305, die von einer Mitwirkungspflicht ausgehen). Das Verlangen ist nicht an eine bestimmte Form gebunden. Sicherheitsleistung kann auch bei einer Teilbebauftragung verlangt werden (I 1).

8 **I. Voraussetzungen.** Voraussetzung ist neben der **Vorleistungspflicht** des Unternehmers ein an den Besteller gerichtetes **Sicherheitsverlangen**. Dieses muss die geforderte Höhe der Sicherheitsleistung beinhalten (Dresden BauR 02, 1274). Daneben bedarf es einer angemessenen Fristsetzung und gleichzeitiger Erklärung des Unternehmers, dass er nach ergebnislosem Fristablauf seine Leistung verweigere. Der Unternehmer kann noch bis zur Vertragsbeendigung Sicherheit verlangen (*Leinemann/Sterner* BauR 00, 1414), dh auch **nach der Abnahme**, wenn der Besteller noch Erfüllung des Vertrags in Form von Mängelbeseitigung fordert (BGH IBR 05, 85). Nach fruchtlosem Ablauf der unter Verweigerungsandrohung gesetzten Nachfrist für die Sicherheitsleistung bestimmen sich die Rechte des Unternehmers nach §§ 648 a V 1, 643, 645, dh der Vertrag gilt als aufgehoben, verbunden mit Anspruch auf den Vertrauensschaden bzw Vergütung für geleistete Arbeit abzüglich des mangelbedingten Minderwerts (BGH IBR 05, 85). Die Verknüpfung des Sicherheitsverlangens mit der Leistung von Abschlagszahlungen nach § 632 a in AGB des Bestellers soll nicht gegen VII verstoßen (LG München I IBR 05, 201 – nicht rechtskräftig). Die Angemessenheit der Frist hängt vom Einzelfall ab (BGH IBR 05, 369 = NJW 05, 1939). Für die Fristsetzung gilt sinngem § 281. **Angemessen** zur Leistung der Sicherheit ist eine Frist, wenn sie es dem sich in normalen finanziellen Verhältnissen befindlichen Besteller ermöglicht die Sicherheit ohne schuldhaftes Zögern zu beschaffen (BGH IBR 05, 369 = NJW 05 1939). Dabei wurden idR 7–10 Tage als angemessen erachtet (amtl Begründung, BTDrs 12/1836 S 9), bei unerwartetem Verlangen auch mehr (Naumbg BauR 03, 556). Die angekündigte Verweigerung der Leistung bei Nichtgewährung der verlangten Sicherheit nach Fristablauf muss erkennbar und eindeutig aus der Erklärung hervorgehen. Eine Wiederholung des Gesetzeswortlauts ist zwar anzuraten, jedoch nicht erforderlich. Bei zu hohem Sicherungsverlangen, das

9 aber nicht unverhältnismäßig ist (Hamm NJW-RR 04, 377), hat der Besteller im Grundsatz innerhalb der Frist Sicherheit in angemessener Höhe gleichwohl anzubieten (BGHZ 146, 24, 35). Entgegen dem Wortlaut des Gesetzes wird vertreten, dass auch die eigene Vertragstreue des Unternehmers eine notwendige Voraussetzung darstellen soll (so *Brechtelsbauer* BauR 99, 1371).

10 **II. Berechtigter.** Sicherheitsleistung kann nach dem Wortlaut des I 1 zum einen der **Unternehmer eines Bauwerks** verlangen. Zum Begriff des Bauunternehmers ist auf die Ausführungen zu § 648 (dort Rn 2) zu verweisen (für eine weite Auslegung des Begriffs *Schulze-Hagen* BauR 00, 28). Sicherheit kann aber auch der planende Architekt verlangen, wobei abzulehnen ist, dass sich die Planungsleistungen bereits in einem konkreten Planungserfolg am Grundstück verkörpert haben muss (aA Dresden IBR 96, 432; Frankf IBR 95, 377; zutreffend Ddorf IBR 05, 28=BauR 05, 416). Zum anderen der **Unternehmer einer Außenanlage.** Dies umfasst Werke, denen grundstücksbezogene Leistungen wie Erd-, Pflanz-, Rasen-, Saatarbeiten, sowie entwässerungs- und vegetationstechnische Arbeiten durch Unternehmen des Garten-, Landschaft- und Sportplatzbaues zugrunde liegen (BTDrs 12/4526 S 10). Hintergrund ist, dass auch diese zur Wertsteigerung des Grundstückes beitragen. Unternehmer einer Außenanlage ist nicht, wer lediglich Rodungsarbeiten und sonstige zur Freimachung des Baugrundstücks notwendigen Arbeiten ausführt (BGH NJW-RR 05, 750). Sicherheit steht im Gegensatz zur Sicherungshypothek nach § 648 auch dem Subunternehmer zu. Dies begründet sich damit, dass der Besteller anders als bei § 648 mit dem Grundstückseigentümer nicht identisch sein muss. Auch der durch Nachunternehmervertrag verpflichtete Gesellschafter einer Dach-ARGE kann ungeachtet seiner Gesellschafterstellung von dieser Sicherheit verlangen (KG BauR 05, 440; *Diehr* ZfBR 04, 3). Kein Unternehmer iSd I 1 stellt hingegen der Baustofflieferant dar.

11 **III. Adressat des Verlangens.** Adressat des Verlangens ist der Werkvertragpartner, dh derjenige, der nach dem Vertrag als Besteller anzusehen ist. Im Verhältnis zum Subunternehmer wird dies der Hauptunterneh-

mer sein. Die Bestimmung des Adressaten erfolgt daher unabhängig von der Eigentümerstellung am Baugrundstück. Besteller und Sicherungsgeber müssen nicht personengleich sein (I 3; so ist beim in der Praxis häufigen Fall der Sicherheitsleistung durch Bürgschaft das bürgende Kreditinstitut Sicherungsgeber).

C. Sicherbare Ansprüche. I. Gegenstand der Sicherung (I 1). Der **Vergütungsanspruch** des Unternehmers 12 für von ihm zu erbringende Vorleistungen, einschl zugehöriger **Nebenforderungen** (Rn 15) soll abgesichert werden. Der wirtschaftlich zu verstehende Begriff der Vorleistungen umfasst alle vertraglich geschuldeten Werkleistungen, daher zB nicht Schadensersatzansprüche (Palandt/*Sprau* § 648 a Rn 9). Nach I 2 ausdrücklich auch die Vergütung für erteilte **Zusatzaufträge** (so bei veränderten oder zusätzlichen Leistungen; Karlsr NJW 97, 263; I/K/*Joussen* Anhang 2 4. Abschnitt Rn 149; Werner/Pastor Rn 329 mwN; abzugrenzen von der Frage, ob diese von einer nach § 648 a bereits erteilten Bürgschaft vor dem Hintergrund der Unzulässigkeit von nachträglichen Erweiterungen der Hauptschuld gesichert sind s BGH IBR 06, 22; Brandenburg IBR 05, 588; München BauR 04, 1316; entspr Formulierungsvorschlag bei *Koppmann* IBR 05, 682). Abzulehnen ist die Ansicht des OLG Ddorf, wonach zusätzliche oder geänderte Leistungen nicht hinzuzählen sei, die lediglich dem Grunde nach beauftragt wurden, jedoch keine Vereinbarung über deren Vergütung erfolgte (Ddorf IBR 05, 321). Dies widerspricht dem Ziel des § 648 a. Andernfalls könnte der Besteller dieses unabdingbare Recht des Unternehmers durch Blockieren einer Einigung über die Vergütung umgehen. Ebenfalls abgesichert werden können bereits erbrachte, nach dem Vertrag vergütungspflichtige und noch nicht bezahlte Leistungen (BGHZ 146, 24, 31). Auch der **Mangelbeseitigungsanspruch** des Bestellers nach Abnahme oder Kündigung 13 soll sicherbar sein, sofern dieser insoweit noch Vertragserfüllung verlangt (BGH NJW 04, 1525, NJW-RR 04, 740). Dies soll jedenfalls bis zum Entfallen der Nacherfüllungsansprüche gelten (Hamm NJW-RR 03, 520). Dies wird damit begründet, dass auch in diesem Fall der Unternehmer wegen des Leistungsverweigerungsrechts gem § 641 III wirtschaftlich zur Vorleistung verpflichtet ist (str, vgl Köln BauR 03, 904). Das Leistungsverweigerungsrecht des Bestellers auch ggü dem Abschlagszahlungsanspruch bleibt bestehen (BGH NJW-RR 05, 609; 05, 457). Wird vom Besteller keine Sicherheit gestellt, kann der Unternehmer nach V iVm § 643 S 1 vorgehen (vgl Rn 19). Nach fruchtlosem Fristablauf oder bei endgültiger Verweigerung der Sicherheit auch aufgrund Erklärung ohne Fristsetzung wird der Unternehmer von der Pflicht zur Mangelbeseitigung frei (BGH NJW 04, 1525), dh der Nacherfüllungsanspruch des Bestellers entfällt. Dem Unternehmer steht dann der Anspruch auf eine um den mangelbedingten Minderwert gekürzte Vergütung und der Anspruch auf Ersatz des Vertrauensschadens aufgrund sinngem Anwendung der §§ 645 I 1 und 648a V zu (BGH NJW 04, 1525). Damit lehnt der BGH frühere auf einem Leistungsverweigerungsrecht des Unternehmers basierende Lösungen ab (NJW 04, 1525, NJW-RR 04, 740, NZBau 04, 261; krit *Thierau* NZBau 04, 311, *Steingröver* NJW 04, 2490; s.a. *Valerius* BauR 05, 23).

II. Höhe, I 2. Der Unternehmer kann Sicherheitsleistungen „bis zur Höhe des voraussichtlichen Vergü- 14 tungsanspruch" verlangen, dh auch teilweise und erst im Verlauf der Arbeit, wenn er dies, auch mit Rücksicht auf die Kosten der Sicherheitsleistung, für angebracht hält. Bei Pauschalpreisvereinbarung ergibt sich die Höhe direkt aus dem Vertrag. Bei Vereinbarung von Einheitspreisen (§ 632 Rn 10) ist sie anhand des Leistungsverzeichnisses und einer evtl Angebotssumme zu schätzen (Karlsr NJW 97, 263), ebenso bei Vergütung nach Stundenlohn. Mängel, die noch beseitigt werden können, mindern die Höhe nicht, wohl aber wirksame Minderung und Aufrechnung mit liquidem Gegenanspruch (BGHZ 146, 24, 32). Tatsächlich geleistete Voraus- und Abschlagszahlungen (§ 632 a) sind abzuziehen, da insoweit keine Vorleistungen mehr vorliegen (BGHZ 146, 24, 32); eine bereits geleistete Sicherheit ist insoweit freizugeben. Eine (höhere) Sicherheitsleistung für dem Grunde nach beauftragte, geänderte Leistungen bei noch ausstehender Preisvereinbarung ist entgegen OLG Ddorf zu bej (IBR 05, 321).

III. Nebenforderungen. Auch für Nebenforderungen (Zinsen oä) kann der Unternehmer bei ab 1. 5. 00 15 geschlossenen Verträgen Sicherheitsleistung verlangen. Dies gilt aber nur soweit sie dem Grunde nach tatsächlich bestehen (BTDrs 14/1246 S 10). Hat der Unternehmer deren Bestehen nachgewiesen, wird ihre Höhe mit 10 % des zu sichernden Vergütungsanspruches (Rn 12) pauschaliert. Die gesamte Höhe der zu erbringenden Sicherheit berechnet sich aus dem Vergütungsanspruch zzgl dieser Pauschale.

D. Sicherheitsleistung (II). In II 1 werden als mögliche Sicherheiten die Garantie oder ein sonstiges Zah- 16 lungsversprechen eines Kreditinstituts oder -versicherers exemplarisch benannt („auch"). Daneben ist auf die in §§ 232 ff genannten Arten von Sicherheiten zu verweisen (insbes Bürgschaft). Voraussetzung für die Sicherheiten soll sein, dass diese sich auf eine Vergütungsforderung beziehen. Eine Prozessbürgschaft soll als Sicherheit daher nicht genügen (Hamm NJW-RR 03, 520). Daneben müssen sie einen unmittelbaren Zahlungsanspruch gegen den Sicherungsgeber gewähren (BGHZ 146, 24, 34; zur Konzernbürgschaft *Horsch/Hänsel* BauR 03, 462; zur Abtretung einer Sicherungsgrundschuld *Leineweber* BauR 00, 159ff) und hinsichtlich erbrachter Leistungen insolvenzfest sein (zur Insolvenzanfechtung bei Bürgschaft *Mundt* NZBau 03, 527). Bzgl der Sicherungsart kommt dem Besteller ein Wahlrecht gem § 262 zu. Zu unterscheiden ist zwischen dem, was der Unternehmer nach I 2, 3 verlangen kann und dem tatsächlichen Inhalt der gegebenen Sicherheit (zB Umfang und Höhe einer Bürgschaft, § 765; München BauR 04, 1316). Eine befristete Sicherheit genügt dem Siche-

17 rungsinteresse des Unternehmers idR nicht, weil Risiken für den Unternehmer praktisch nicht ausgeschlossen werden können (s.a. Frankf BauR 03, 412; *Buscher* BauR 01, 159). Ist ein Dritter Sicherungsgeber (zB ein Kreditinstitut bei Bürgschaft), kann er sich in Anlehnung an § 490 I ggü dem Unternehmer den Widerruf seines Versprechens für den Fall vorbehalten, dass sich die Vermögensverhältnisse des Bestellers nach Abschluss des Bauvertrages wesentlich verschlechtern (**Widerrufsvorbehalt, I 3;** wie § 321 Rn 2 ff). Der Widerruf bezieht sich nur auf die Vergütung für im Zeitpunkt des Zugangs der Widerrufserklärung noch nicht erbrachte Bauleistungen (s.a. BGHZ 146, 24, 35). Die Beweislast für diesen Zeitpunkt liegt beim Sicherungsgeber, für die bis dahin erbrachten Leistungen beim Unternehmer. Dieser hat dann ein sofortiges Leistungs-

18 verweigerungsrecht hinsichtlich der noch ausstehenden Bauleistungen gem § 321. Kreditinstitute/-versicherer dürfen nur unter den Voraussetzungen des II 2 an den Unternehmer leisten. Dies soll den Besteller davor schützen, dass der Sicherungsgeber ungeachtet bestehender Mängel oder nicht erbrachter Leistungen bezahlt. Dadurch würde der Besteller praktisch sein Zurückbehaltungsrecht verlieren. Außerdem soll der Sicherungsgeber vor Auseinandersetzungen mit dem Unternehmer bewahrt werden. Bei Verurteilung des Bestellers zur Zahlung gegen Sicherheitsleistung liegen die Voraussetzungen der Zwangsvollstreckung vor, wenn der Unternehmer die Sicherheit geleistet, bei Verurteilung Zug um Zug (Mängelbeseitigung), wenn er die Gegenleistung bewirkt hat (Palandt/*Sprau* § 648 a Rn 14). Erweisen sich die Einwendungen des Bestellers als unbegründet, trägt er Kostennachteile gem III 2.

19 **E. Kostenerstattung, III.** Vor dem Hintergrund, dass die Sicherheit im Interesse des Unternehmers und aufgrund seines Verlangens zu leisten ist, hat dieser letztlich die bei deren Erbringung anfallenden Kosten zu tragen. Der Besteller kann die im Rahmen seines Vertragsverhältnisses zum Sicherungsgeber (Sicherungsvertrag) anfallenden üblichen Sicherungskosten gem III vom Unternehmer erstattet verlangen (dies soll entgegen VII abdingbar sein, *Leinemann/Klaft* NJW 95, 2521). Die üblichen Kosten sind gem III 1 auf den Höchstsatz von 2% per annum begrenzt. Soweit eine Sicherheit wegen unbegründeten Einwendungen des Bestellers gegen den Vergütungsanspruch des Unternehmers länger aufrecht erhalten werden muss, sind die hieraus entstehenden Kosten gem III 2 nicht zu ersetzen.

20 **F. Unzureichende Sicherheitsleistung, V.** Wird in der gesetzten angemessenen Frist (Rn 9) keine nach Art, Inhalt und Höhe hinreichende Sicherheit geleistet, bestimmen sich die Rechte des Unternehmers abschließend nach den §§ 643 und 645 I (V 1; Rn 21 f; BGH NJW 05, 1650). Aufgrund seines Leistungsverweigerungsrechts muss er die Arbeit weder beginnen noch fortsetzen, auch keine Mängel beseitigen (daher auch kein Verzug Ddorf BauR 05, 572). Der Besteller wiederum verliert auch bei Nichtstellung der Sicherheit nicht sein Leistungsverweigerungsrecht wegen Mängeln (BGH BauR 05, 749 = NJW-RR 05, 609; auch ggü Abschlagszahlungen, BGH IBR 05, 146 = NJW-RR 05, 457). Bei teilweiser Sicherheitsleistung ist § 320 II anzuwenden.

I. Aufhebung des Vertrags nach erfolgloser Nachfristsetzung (V 1 iVm § 643). 1. Nachfristsetzung gem V 1
21 **iVm § 643 S 1.** Der Unternehmer kann muss aber nicht (arg: Formulierung von V 1 und § 643 S 1; Dresden BauR 02, 1274; aA *Sturmberg* BauR 95, 169) bei Ablauf der nach I 1 gesetzten Frist eine zweite Frist (Nachfrist) zur Sicherheitsleistung, verbunden mit Kündigungsandrohung setzen (V 1 iVm § 643 S 1). Die Nachfristsetzung soll auch noch nach Abnahme zulässig sein (vgl Rn 8). Nach deren Ablauf gilt der Vertrag als aufgehoben (V 1 iVm § 643 S 2). Einer zusätzlichen Kündigung bedarf es nicht (auch nicht bei VOB-Verträgen, *Hammacher* BauR 97, 429). Die Nachfristsetzung kann entbehrlich sein, wenn der Besteller die Sicherheit endgültig verweigert (s.a. BGH NJW 04, 1525, 1527). Setzt der Unternehmer keine Nachfrist nach § 643 und ist diese auch nicht entbehrlich, bleibt der Vertrag bestehen. Der Besteller befindet sich wegen der nicht geleisteten Sicherheit in Annahmeverzug – nicht erbrachte Mitwirkung. Will er einen möglichen Schwebezustand beenden, kann er gem § 649 kündigen. Sieht man die Sicherheitsleistung als Mitwirkungspflicht, kann ihre Verweigerung zu Schadensersatzansprüchen aus § 280 führen (Rn 6).

22 **2. Rechtsfolgen der Aufhebung. a) Vergütungsanspruch.** Gilt der Vertrag nach § 643 S 1 iVm V 1 als aufgehoben, kann der Unternehmer Ansprüche auf anteilige Vergütung entspr den bis zur Vertragsaufhebung erbrachten Leistungen geltend machen (§ 645 Rn 12). Diese sind bei Mängeln der bis dahin erbrachten Leistung ggf um den mangelbedingten Minderwert zu reduzieren (BGH BauR 04, 1453), der bei möglicher und zumutbarer Mangelbeseitigung den hierfür erforderlichen Kosten entspricht (BGH NJW-RR 05, 389). Alternativ wird man dem Unternehmer im Regelfall das Recht auf Nacherfüllung einräumen müssen. Unabhängig davon kann er Ersatz der Auslagen verlangen, soweit diese nicht in der Teilvergütung bereits enthalten sind.

23 **b) Ersatz des Vertrauensschadens (V 2).** Gem V 2 kann der Unternehmer den Schaden ersetzt verlangen, der ihm dadurch entsteht, dass er auf die Gültigkeit des Vertrages vertraut hat (sog Vertrauensschaden oder negatives Interesse; zum Begriff § 249 Rn 17 ff; auch für vor dem 1. 5. 00 geschlossene Verträge). Darunter fällt insbes der bei einem anderen Vertrag mögliche Gewinn, den der Unternehmer nicht erzielen kann, weil er im Hinblick auf diesen Bauvertrag die Übernahme des anderen Bauvertrages abgelehnt hat (nicht aber der Gewinn aus diesem Bauvertrag). Bzgl der Höhe des Schadens trifft V 4 für ab dem 1. 5. 00 geschlossene Verträge eine Vermutung mit 5% der Auftragssumme (Zweifel an dieser Schadensvermutung äußert *Kniffka*

ZfBR 00, 227, 237). Dadurch soll dem Unternehmer die uU schwierig zu erbringende Darlegung des Schadens erleichtert werden (BTDrs 14/1246 S 10). Dem Unternehmer ist es jedoch unbenommen einen höheren Schaden nachzuweisen. Der Besteller seinerseits kann einen niedrigeren Schaden belegen. Bemessungsgrundlage für die gesetzliche Vermutung des Schadens von 5 % der Vergütung soll nur die Restvergütung sein, dh der Teil der Vergütung, den der Unternehmer aufgrund der vorzeitigen Vertragsbeendigung nicht mehr erhält (*Stickler* in NzBau 05, 322). Eine Aufrechnung des Bestellers mit Schadensersatzansprüchen wegen der Mängel soll nach dem LG Göttingen (BauR 01, 1114) hiergegen nicht möglich sein.

II. Kündigung des Bestellers (V 3). Für die Folgen der Kündigung nach Sicherheitsverlangen gem V 3 wird durch die unklare Formulierung („dasselbe") auf den Ersatz des Vertrauensschadens in V 2 verweisen. Im Unterschied zum jederzeitigen Kündigungsrecht in § 649, bei dem der Unternehmer im Ergebnis regelmäßig seinen Vergütungsanspruch abzgl der ersparten Aufwendungen (dh letztlich den Gewinn) erhält, sollen dem Unternehmer die bei einer Abrechnung nach § 649 gerade bei Pauschalverträgen bestehenden Schwierigkeiten nicht aufgebürdet und dem Unternehmer diese Abrechnung erleichtert werden (BTDrs 14/2752 S 14). V 3 wird daher so zu verstehen sein, dass die Vorschrift dem Unternehmer bei Kündigung des Bestellers alternativ zur immer möglichen Abrechnung gem § 649 auch die Möglichkeit der Abrechnung gem V 1 und 2 („dasselbe") eröffnet. Bei Kündigung wegen des Sicherheitsverlangens (wird bei zeitlichem Zusammenhang von Verlangen und Kündigung widerleglich vermutet), soll bei einem nach 1.5.00 geschlossenen Vertrag auch die Schadenspauschalierung gem V 4 möglich sein (BGH NJW 05, 1650). 24

§ 649 Kündigungsrecht des Bestellers

¹Der Besteller kann bis zur Vollendung des Werkes jederzeit den Vertrag kündigen. ²Kündigt der Besteller, so ist der Unternehmer berechtigt, die vereinbarte Vergütung zu verlangen; er muss sich jedoch dasjenige anrechnen lassen, was er infolge der Aufhebung des Vertrags an Aufwendungen erspart oder durch anderweitige Verwendung seiner Arbeitskraft erwirbt oder zu erwerben böswillig unterlässt.

A. Kündigungsrecht (S 1). Gem S 1 hat der Besteller ein jederzeitiges Kündigungsrecht. Dieses kann er ohne Fristsetzung und ohne Angabe von Gründen geltend machen. Das Kündigungsrecht besteht ab Vertragsschluss (Brandbg NJW-RR 98, 1746) bis zur Vollendung des Werks (S 1; § 646), auch wenn nur noch die Beseitigung behebbarer Mängel aussteht (wobei in diesem Fall uU die volle Vergütung geschuldet sein kann, Dresden NJW-RR 98, 882). Aufgrund des in S 2 gewährten finanziellen Ausgleichs (er erhält im Prinzip seinen Gewinn), dürfte dieses Kündigungsrecht den Unternehmer nicht belasten (BGH NJW 97, 259; Ausnahme: dem Unternehmer geht es um die Herstellung des Werks selbst und nicht um die Vergütung, denkbar bei Vorzeigeprojekten). Das Kündigungsrecht des Bestellers aus § 649 besteht ggf neben den anderen Beendigungsmöglichkeiten (s § 631 Rn 11). Beiden Parteien stehen bis zur Kündigung insbs die allgemeinen (Beendigungs-)Rechte (so §§ 119, 280, 313, 314, 323 ff; s.a. Köln MDR 96, 903) sowie die Kündigung aus wichtigem Grund (Rn 5) zu, dem Unternehmer daneben aus §§ 643, 648 a V, dem Besteller aus Rücktritt bei Mangel oder bei wesentlicher Überschreitung des Kostenvoranschlags (§ 650 Rn 2). Ggf kann der Unternehmer Schadensersatz neben der Kündigung verlangen. Durch die Kündigung entstandenen Schaden, kann der Unternehmer nur geltend machen, wenn er auch zur Kündigung aus wichtigem Grund berechtigt gewesen wäre (BGH NJW-RR 99, 560; Ausnahme Kündigung nach Sicherheitsverlangen § 648 a V 3). **Keine Anwendung** des § 649 auf Bauträgerverträge (da gemischter Vertrag Einf vor § 631 Rn 25; nur Kündigung aus wichtigem Grund möglich, die auch isoliert ggü dem bauvertraglichen Vertragsteil ausgeübt werden kann, BGHZ 96, 275; KG BauR 00, 114) und auf Dienstverträge (§ 611). Analog zu § 621 kann bei fortlaufenden Werkleistungen das Abwarten einer angemessenen Kündigungsfrist notwendig sein (Heidelberg MDR 72, 866). Das Kündigungsrecht kann durch **abw vertragliche Vereinbarungen** auf wichtige Gründe beschränkt werden, auch konkludent, wenn der Unternehmer aufgrund des Vertragszwecks einen besonderen Anspruch auf Durchführung hat (Ddorf BauR 05, 719; s.a. BGH DB 79, 1078). Bei längerfristigen Verträgen soll eine solche AGB-Vereinbarung unzulässig sein (BGH NJW 99, 3261; Ddorf NJW-RR 00, 166). 1

B. Kündigungserklärung. Die Kündigung bedarf der Erklärung ggü dem Unternehmer. Diese kann auch konkludent erfolgen, indem der Besteller durch sein Verhalten den Wunsch nach Vertragsbeendigung eindeutig zum Ausdruck bringt (so bei selbständiger Weiterführung des Werks, BGH WM 72, 1025 oder anderweitiger Vergabe, Ddorf BauR 02, 336). Eine **Umdeutung** eines Rücktritts in eine Kündigung aus wichtigem Grund (Rn 5; BGH BauR 03, 880) oder dieser beiden in eine Kündigung nach S 1 und umgekehrt ist aufgrund der unterschiedlichen Rechtsfolgen nur möglich, wenn dies erkennbar dem Willen des Bestellers entspricht (BGH NZBau 01, 621; so insbs häufig beim Bauvertrag, BGH NJW 03, 1578). Sofern der Unternehmer eine unwirksame Kündigung akzeptiert, kann darin eine einvernehmliche Vertragsaufhebung liegen (Köln BauR 03, 1578). 3

Keine Anwendung 2

4 C. Rechtsfolgen. Durch die Kündigung wird der Vertrag mit Wirkung für die Zukunft aufgehoben (die Vertragsparteien werden von weiteren Leistungspflichten frei, BGH NJW 93, 1972), bleibt aber als Rechtsgrund für die bereits vor Kündigungserklärung erbrachten Leistungen bestehen (BGH NJW 82, 2553). Kündigungsbedingte Unvollständigkeit stellt jedoch keinen Mangel der erbrachten Leistungen dar. Ansonsten kann der Besteller bei Mängeln der erbrachten Leistung die allgemeinen Mängelrechte inklusive des Nacherfüllungsanspruchs (§ 635) geltend machen. Die Nacherfüllungsphase endet mit der Abnahme der erbrachten Leistungen auf die der Unternehmer einen Anspruch hat. Diese kann jedoch nicht in der Kündigung gesehen werden (BGH NJW 03, 1451). Es entsteht ein Abrechnungsverhältnis, iR dessen auch Mängelansprüche zu berücksichtigen sind (KG NZBau 03, 36; keine Verrechnung, daher sind gesetzliche u vertragliche Aufrechnungsverbote zu beachten, BGH NJW 05, 2771). Gleiches gilt bei Teilkündigung (BGH NJW 03, 1451) oder einvernehmlicher Vertragsaufhebung (sofern keine anderweitige Vereinbarung über die Vergütung getroffen wurde, BGH NJW-RR 05, 669; NJW 76, 518). Der Besteller hat einen Anspruch auf Erstattung zuviel gezahlter Voraus-/Abschlagszahlungen (§ 632 a; Karlsr IBR 05, 268 zur Kündigung aus wichtigem Grund). Ist der Besteller nach Kündigung der Ansicht, die Vergütungsforderung des Unternehmers wäre aufgrund höherer Ersparnisse überzogen, trägt er insoweit die Beweislast (BGH NJW-RR 92, 1077).

5 D. Kündigung aus wichtigem Grund. Hat der Unternehmer durch schuldhaftes, den Vertragszweck gefährdendes Verhalten die vertragliche Vertrauensgrundlage zum Besteller derart erschüttert, dass diesem eine Fortsetzung des Vertragsverhältnisses nicht weiter zuzumuten ist, besteht ein fristloses Kündigungsrecht des Bestellers aus wichtigem Grund. Dieses ist unabhängig vom Kündigungsrecht nach § 649 S 1. Dieses von der Rspr anerkannte Recht zur außerordentlichen Kündigung (BGH NJW 66, 1713; NJW-RR 96, 1108, 1109) besteht ungeachtet der mit der Schuldrechtsmodernisierung eingeführten Normierung der außerordentlichen Kündigung für Dauerschuldverhältnisse in § 314 fort (MüKo/*Busche* § 649 Rn 31; Anwendung des Rechtsgedankens

6 des § 314). § 649 S 2 findet auf die Kündigung aus wichtigem Grund keine Anwendung, daher besteht kein Vergütungsanspruch für noch nicht erbrachte Leistungen (BGH NJW 93, 1972 f). Jedoch wirkt sie ex nunc, dh bis zur Kündigung mangelfrei erbrachte Leistungen des Unternehmers sind zu vergüten (BGH NZBau 01, 621, 622; NJW 97, 3017). Bei Mängeln hat der Besteller ein Zurückbehaltungsrecht (Hamm NJW-RR 95, 657). Kann zB bei nicht nachbesserungsfähigen Mängeln das Werk nicht in zumutbarer Weise verwendet werden oder ist es unbrauchbar, kann ein Vergütungsanspruch gänzlich entfallen (BGH NJW 97, 3017). Daneben besteht ein Schadensersatzanspruch des Bestellers für schuldhaft verursachte Schäden infolge des den Vertragszweck

7 gefährdenden Verhalten (BGHZ 83, 2439 f). Die **Unzumutbarkeit** ist durch eine Abwägung der Parteiinteressen zu ermitteln. Sie wird nach Rspr des BGH insbes bej, wenn der Vertragszweck erheblich und auf Dauer gefährdet wird, so bei Nichteinhaltung von Vertragsfristen (NJW 00, 2988), nachhaltigem Verstoß gegen Vertragspflichten trotz Abmahnung (NJW-RR 96, 1108f), grobem Vertrauensbruch (BGH NJW 77, 1915), grob mangelhafter Teilleistung (NJW 93, 1972f) oder unberechtigter, endgültiger Erfüllungsverweigerung (NJW-RR 89, 1248). Sofortige Kündigung ist auch berechtigt, sofern der Auftragnehmer den Baubeginn von der Anerkenntnis eines unberechtigten Nachtrags abhängig macht (Brandbg IBR 05, 302). Senkt der Architekt trotz Aufforderung die Baukosten nicht auf das vom Auftraggeber vorgegebene Niveau, berechtigt dies zur außerordentlichen

8 Kündigung aus wichtigem Grund (Karlsr IBR 05, 268). **Kein außerordentliches Kündigungsrecht** soll hingegen bestehen, wenn in Zukunft (wieder) vertragstreues Verhalten erwartet werden kann (BGH NJW-RR 99, 19, 20). Hat der Besteller zur Zerrüttung des Vertragsverhältnis maßgeblich beigetragen, ist ein Kündigungsrecht ebenfalls ausgeschlossen (Ddorf NJW-RR 96, 730, 731; Saarbr MDR 98, 899). Die Beweislast für den Kündigungsgrund liegt beim Besteller (BGH NJW-RR 90, 1109). Eine **Umdeutung** einer außerordentlichen Kündigung in eine ordentliche nach § 649 S 1 ist nur möglich, wenn sich aus der Kündigungserklärung ergibt, dass der Vertrag unabhängig vom geltend gemachten Kündigungsgrund beendet werden soll (BGH NJW 03, 3474 f; NZBau 01, 621). Eine in formularmäßigen Subunternehmerverträgen enthaltene Klausel, ein wichtiger Kündigungsgrund liege insbes vor, wenn der Hauptvertrag endet oder sich Änderungen in beträchtlichem Umfang ergeben, ist unwirksam (§ 307; BGH IBR 05, 67).

9 E. Vergütungsanspruch (S 2). I. Grundsätzliches. Im Gegensatz zur Kündigung aus wichtigem Grund ist der Vergütungsanspruch des Unternehmers nach Kündigung gem S 1 von vornherein auf die vereinbarte Vergütung abzgl der infolge der Vertragsbeendigung ersparten Aufwendungen (Rn 11) oder durch anderweitigen Einsatz seiner Arbeitskraft erzielte oder böswillig nicht erzielte Erlöse (Rn 12) gerichtet (BGHZ 140, 263). Er stellt keine Einrede dar (BGH NJW-RR 92, 1077). Nach einer Entscheidung des BGH zur Kündigung aus wichtigem Grund soll die Abnahme wohl nicht Voraussetzung der Fälligkeit der Restvergütung sein (BGH NJW 93, 1972; BauR 87, 95; Hamm BauR 03, 1746; Köln NJW-RR 99, 853) – str, ob die Entscheidung des BGH (BauR 03, 689 = NJW 03, 1450) hieran etwas geändert hat (so deutet der BGH im Urt v 22.9.05, WM 05, 2143 = ZIP 05, 1972 an, dass diese Rspr der Überprüfung bedarf; zur Problematik vgl *Acker/Roskosny* BauR 03, 1279 u *Schmitz* IBR 04, 53; *Thode* ZfBR 99, 116, 120). Dies muss zwangsläufig zur Durchbrechung des Grundsatzes führen, dass nur in sich abgeschlossene Teile (teil-)abnahmefähig sind. Gleichwohl ist der vom BGH angedeutete Lösungsweg zu befürworten. Hingegen wohl Voraussetzung ist die prüffähige Schlussrechnung (BGHZ 140, 365 für den VOB/B-Vertrag; BGHZ 143, 79 für den Architektenvertrag).

II. Pauschalierung. Der Vergütungsanspruch kann durch Individualvereinbarung **pauschaliert** werden. In 10
AGB soll weder eine Regelung möglich sein, die entgegen S 2 volle Vergütung ohne Rücksicht auf die tatsächlich erbrachten Leistungen gewährt (BGH NJW 73, 1190), noch eine die jede über den anteiligen Werklohn hinausgehende Entschädigung des Unternehmers ausschließt (BGHZ 92, 244). Zulässig dürfte hingegen eine pauschale Abgeltung der bis zur Kündigung erbrachten Leistungen und Aufwendungen sein, sofern die Vorgaben von § 308 Nr 7 eingehalten sind (für Bauvertrag BGHZ 87, 112, 120; für Architektenvertrag BGHZ 143, 79) und sie den Gegenbeweis tatsächlich geringerer Leistungen und Aufwendungen nicht abschneidet (§ 309 Nr 5 b; BGH NJW 99, 419). Eine solche Klausel begrenzt für den Regelfall auch den Anspruch des Verwenders (BGH NJW 00, 3498), welcher sich auf die Unwirksamkeit nicht berufen kann (BGH NJW-RR 98, 594). Hat der Unternehmer bis zur vorzeitigen Beendigung eines Pauschalpreisvertrages nur geringfügige Teilleistungen erbracht, kann er seine Mindestvergütung aus dem Pauschalpreis abzüglich ersparter Aufwendungen berechnen. Dabei wird die gesamte Leistung als nicht erbracht zu Grunde gelegt (BGH NJW-RR 05, 325).

III. Ersparte Aufwendungen, anderweitige Verwendung der Arbeitskraft. Die Höhe der durch die Kündigung nichtausgeführten und damit **ersparten Aufwendungen** bestimmen sich nach dem konkreten Vertrag 11
unter Berücksichtigung der Kalkulation (BGHZ 131, 362; daher keine Angabe eines bestimmten Prozentsatzes ausreichend BGH NJW 97, 259f; 97, 733f). Hierzu zählen die projektbezogenen Herstellungs- und variablen Gemeinkosten; ebenso der Risikozuschlag, sofern sich das Risiko nicht realisiert hat (BGH NJW-RR 98, 451). Daneben Personal- und Subunternehmerkosten nur, soweit sie aufgrund der Kündigung nicht anfallen (eine Kündigung von Mitarbeitern kann vom Unternehmer jedoch nicht verlangt werden, BGHZ 143, 79), erworbenes Material, sofern dieses in absehbarer und zumutbarer Zeit anderweitig verwendet werden kann (BGH NJW 96, 1282; bei fehlender Verwendbarkeit ggf Übereignungsanspruch des Bestellers, Köln BauR 04, 1953). Nicht hingegen der entgangene Gewinn und nicht-projektbezogene Gemeinkosten (BGHZ 143, 79). Bei vereinbartem Pauschalpreis sind die bisher nur gedachten Grundlagen der Kalkulation ggf nachträglich zusammenzustellen (BGH NJW 00, 205).

Zu **Erlösen aus anderweitiger Verwendung der Arbeitskraft** zählen auch Erlöse aus der Vorziehung von 12
bereits vorhandenen späteren Aufträgen (BGHZ 131, 362; 143, 79), entspr auch die anderweitige Ausnutzung der geleisteten Arbeit (Verkauf seines tlw fertigen Werks, BGH NJW 69, 237). Böswilligkeit ist bereits anzunehmen, wenn der Unternehmer einen vom Besteller nachgewiesenen zumutbaren Ersatzauftrag ausschlägt (BGH BauR 92, 379).

F. Beweislast. Der Unternehmer trägt die Beweislast für die vereinbarte Vergütung, die Mangelfreiheit (BGH 13
NJW 97, 259) sowie die Kündigung (Hamm BauR 02, 631). Zur Abrechnung der erbrachten und nicht erbrachten Leistungen, insbes der Höhe der anzurechnenden ersparten Aufwendungen und unterlassenen Erlöse hat er lediglich **vorzutragen**. Dieser Vortrag muss objektbezogen sein und dem Besteller eine Überprüfung und Wahrung seiner Rechte ermöglichen (BGHZ 140, 263; Kalkulationsgrundlagen), dh beim Einheitspreisvertrag zu den einzelnen Positionen des Leistungsverzeichnisses (BGHZ 131, 362; Ausnahme bei Kündigung vor Beginn der Ausführung, BGH NJW-RR 99, 1464), beim Pauschalpreisvertrag zur bestrittenen Ersparnis durch Offenlegung der (Ur-)Kalkulation (BGHZ 140, 365, 370; BGH NJW 96, 3270; s.a. *Leineweber* ZfBR 05, 110).

G. VOB/B. § 8 VOB/B beinhaltet das Kündigungsrecht des **Bestellers. Nr 1** befasst sich mit der sog 'freien' oder 14
auch ordentlichen Kündigung wie § 649 (Abrechnung wie § 649 S 2, BGH NJW 02, 2780), während Nr 2, 3 u 4 Kündigungen aus sog 'wichtigem Grunde' behandeln: **Nr 2** enthält ein Kündigungsrecht bei Zahlungseinstellung oder Insolvenz des Unternehmers (Vermögensverfall; s *Baldringer* NZBau 05, 183). **Nr 3** Auftragsentziehung nach Fristsetzung bei Verzug des Unternehmers mit der Ausführung der Arbeiten oder der Mängelbeseitigung; der Besteller kann die Restleistung einschließlich nicht vergütungspflichtigen Mehraufwands (BGH NJW 00, 1116) durch Dritte auf Kosten des Unternehmers vornehmen lassen; nach Kündigung können Schadensersatz- und Vergütungsanspruch aufgerechnet werden, eine Verrechnung findet nicht statt (BGH NJW 05, 2771); insbes dürfen durch die Annahme eines Verrechnungsverhältnisses keine Aufrechnungsverbote – insbes die insolvenzrechtlichen in § 95 I 3 InsO – umgangen werden (BGH NJW 05, 2771; Hamm BauR 05, 1788; vgl aber BGH WM 05, 2143 = ZIP 05, 1972). **Nr 4** Auftragsentziehung bei unzulässigen Wettbewerbsabsprachen des Unternehmers. **Nr 5** Schriftformerfordernis bei Kündigung. **Nr 6** Abrechnung ausgeführter Arbeiten im Falle der Kündigung. § 6 Nr 7 enthät ein Kündigungsrecht für **beide Parteien** bei dreimonatiger Unterbrechung der Arbeiten (BGH NJW 04, 2373). Für den **Unternehmer:** § 9 VOB/B (s § 643 Rn 4).

§ 650 Kostenanschlag

(1) Ist dem Vertrag ein Kostenanschlag zugrunde gelegt worden, ohne dass der Unternehmer die Gewähr für die Richtigkeit des Anschlags übernommen hat, und ergibt sich, dass das Werk nicht ohne eine wesentliche Überschreitung des Anschlags ausführbar ist, so steht dem Unternehmer, wenn der Besteller den Vertrag aus diesem Grunde kündigt, nur der im § 645 Abs. 1 bestimmte Anspruch zu.

(2) Ist eine solche Überschreitung des Anschlags zu erwarten, so hat der Unternehmer dem Besteller unverzüglich Anzeige zu machen.

1 **A. Allgemeines.** Der Gesetzgeber hat nach der Formulierung in S 1 den Kostenvoranschlag lediglich als eine unverbindliche („ohne … Gewähr für die Richtigkeit") fachmännische Berechnung der Kosten des Werks iRd Vertragsanbahnung ausgestaltet. Daher ist er auch grds nicht zu vergüten (§ 632 Rn 25 f). Erweist sich dieser als unrichtig, räumt S 1 dem Besteller ein besonderes Kündigungsrecht ein (Rn 2). Kündigt er nicht, hat er die vereinbarte Vergütung zu bezahlen. Die Parteien können dem Kostenvoranschlag jedoch nach vertraglicher Ausgestaltung andere Bedeutungen beimessen (*Schenk* NZBau 01, 470), seine rechtliche Bedeutung ist daher ggf im Wege der Auslegung zu ermitteln (§§ 133, 157). Dabei reicht die Spannweite von einer unverbindlichen Preisinformation bis zur Preisgarantie. Garantiert der Unternehmer die Preisangaben, werden diese Vertragsbestandteil, der Vergütungsanspruch des Unternehmers beschränkt sich hierauf. § 650 gilt in diesem Fall nicht (BGH NJW-RR 87, 337). Bei Vorliegen eines Kalkulationsirrtums bei vereinbarter Höhe der Vergütung kann ein Anfechtungsrecht gegeben sein (§ 119 Rn 30 ff).

2 **B. Kündigungsrecht (I).** Der Besteller kann bei wesentlicher Überschreitung eines dem Werkvertrag zugrunde gelegten Kostenvoranschlags den Vertrag kündigen. Dieses Kündigungsrecht ist Ausfluss der damit verbundenen Veränderung der Geschäftsgrundlage und stellt eine Sonderregelung zu § 313 dar. Dies gilt auch ggü § 649. Im Falle der Kündigung kann der Unternehmer Vergütung nicht nach § 649, sondern aufgrund des Verweises in S 1 aE nur über § 645 I geltend machen (das Kündigungsrecht nach § 650 ist daher ggü dem aus § 649 für den Besteller günstiger). Grund hierfür ist, dass die Überschreitung des Kostenanschlags aus dem Risikobereich des Unternehmers herrührt. Daher ist I nicht entspr auf den Architektenvertrag anwendbar, wenn lediglich die zur Grundlage des Architektenvertrages gemachte Bausumme überschritten wird (BGHZ 59, 339). Die **Wesentlichkeit der Überschreitung** bestimmt sich nicht nach einem fixen Prozentsatz, sondern bedarf einer Einzelfallbetrachtung (*Rohlfing/Thiele* MDR 98, 632). Wesentlichkeit der Überschreitung soll Vorliegen, wenn sie einen redlichen Besteller zur Änderung seiner Dispositionen, insbes zur Kündigung veranlassen (*Köhler* NJW 83, 1633). Als Anhaltspunkt sollten je nach Lage des Falles 15–20, in besonderen Ausnahmefällen maximal 25 % gelten (Palandt/*Sprau* § 650 Rn 2). Auch werden nur 10 % Abweichung als wesentlich angesehen (*Pahlmann* DRiZ 78, 367). Bei 27,7 % soll eine wesentliche Überschreitung vorliegen (BGH NJW-

3 RR 87, 337; anders BGH VersR 57, 298 in einem Sonderfall). Eine Kündigung kann bis zur Abnahme erfolgen. Der Besteller kann den im Zusammenhang mit der Kündigung entstehenden Schaden im Wege des Schadensersatzanspruch geltend machen (Frankf NJW-RR 89, 209; § 280), entweder aufgrund vorvertraglicher Pflichtverletzung gem § 311 II bei schuldhaft fehlerhafter Kostenermittlung (mangelnde Einholung von Erkundigungen zu den Einzelheiten des Werks, Köln NJW-RR 98, 548) oder wegen Verletzung einer vertraglichen Pflicht bei vermeidbarer Verursachung von Mehrkosten (MüKo/*Busche* § 650 Rn 14). Kein Schaden besteht, soweit die Mehrkosten zu einem Wertzuwachs des Werks geführt haben (BGH NJW 70, 2018).

4 **C. Anzeigeverpflichtung (II).** Der Unternehmer hat den Besteller ohne schuldhaftes Zögern von einer zu erwartenden Überschreitung des Kostenanschlags zu unterrichten. Zweck dieser Anzeigeverpflichtung ist der Schutz des Bestellers vor Übervorteilung. Auch kann der Besteller sein Kündigungsrechts (Rn 2) ohne entspr Informationen nicht ausüben. Das Unterlassen der Anzeige durch den Unternehmer stellt eine Pflichtverletzung dar. Diese führt zu Schadensersatzansprüchen des Bestellers, sofern der Unternehmer das Unterlassen zu vertreten hat (§ 276). Ersetzt wird dabei das negative Interesse des Bestellers. Dieser ist so zu stellen, wie wenn er rechtzeitig unterrichtet worden wäre und er dadurch sein Kündigungsrecht hätte rechtzeitig ausüben oder entsprechende Dispositionen treffen können. Der Unternehmer könnte dann Vergütung nur über § 645 I, bezogen auf den fiktiven Zeitpunkt der Kündigung verlangen. Bereicherungsrechtliche Gesichtspunkte, insbes hinsichtlich des eingebauten Materials werden nicht berücksichtigt (Frankf OLGZ 84, 198). Sofern der Besteller das Werk behält, hat er Vergütung gem Kostenanschlag zu leisten. Hierbei ist umstr, ob dies auch dessen zulässige Überschreitung einschließt (so *Rohlfing/Thiele* MDR 98, 632; Palandt/*Sprau* § 650 Rn 3; anders Celle NJW-RR 03, 1243). Daneben sind etwaige weitere Schäden durch die Nichtanzeige zu ersetzen.

5 Mitverschulden des Bestellers führt zur entsprechenden Anspruchsminderung (§ 254 ist anwendbar). Kannte der Besteller die Überschreitung des Voranschlags oder beruht dieser auf seinen Weisungen oder Wünschen, soll ein Anspruch vollständig ausscheiden (Palandt/*Sprau* § 650 Rn 3), wohl nicht absolut, da auch bei dieser Konstellation eine Hinweispflicht des Unternehmers zu prüfen ist – der Besteller muss nicht erkannt haben, dass seine Weisungen zu Mehrkosten führen. Auch ohne Kostenvoranschlag kann der Unternehmer aus Nebenpflicht zur rechtzeitigen Unterrichtung des Bestellers hinsichtlich außergewöhnlicher, vom Besteller nicht vorhersehbarer Kostensteigerungen verpflichtet sein (Köln NJW-RR 98, 1429).

§ 651 Anwendung des Kaufrechts

¹Auf einen Vertrag, der die Lieferung herzustellender oder zu erzeugender beweglicher Sachen zum Gegenstand hat, finden die Vorschriften über den Kauf Anwendung. ²§ 442 Abs. 1 Satz 1 findet bei diesen Verträgen auch Anwendung, wenn der Mangel auf den vom Besteller gelieferten Stoff zurückzuführen ist. ³Soweit es sich bei den herzustellenden oder zu erzeugenden beweglichen Sachen um nicht vertretbare Sachen handelt, sind auch die §§ 642, 643, 645, 649 und 650 mit der Maßgabe anzuwenden, dass an die Stelle der Abnahme der nach den §§ 446 und 447 maßgebliche Zeitpunkt tritt.

A. Allgemeines. § 651 wurde durch das SMG neu gefasst. Nach § 651 aF war bei Werkerstellung nebst Über- 1
nahme der Beschaffung des Materials durch den Unternehmer zu unterscheiden: Wurde eine vertretbare
Sache hergestellt, fand Kaufrecht Anwendung, bei einer nicht vertretbaren Sache im Wesentlichen Werkvertragsrecht mit wenigen kaufrechtlichen Modifikationen; hatte der Unternehmer lediglich „Zutaten" oder
„sonstige Nebensachen" zu beschaffen (so regelmäßig bei Bauverträgen, da das Grundstück als Hauptsache
angesehen wurde), handelte es sich um einen Werkvertrag. Zweck der Neufassung war die Umsetzung der
Vorgaben der Verbrauchsgüterkaufrichtlinie (1999/44/EG), wonach Verträge über die Lieferung beweglicher
Sachen, die erst herzustellen oder zu erzeugen sind, insgesamt dem Kaufrecht unterstellt werden. Eine Unterscheidung nach Herkunft des Materials und Art der herzustellenden Sache findet nicht mehr statt. Die
Abgrenzung von Kauf-, Werk- und Werklieferungsvertrag erfolgt anhand der Begriffe Herstellung/Erzeugung
(Rn 4) und bewegliche Sache (Rn 7 ff). Daher findet nunmehr auch Kaufrecht Anwendung auf die Lieferung
unvertretbarer Sachen, wie etwa vom Baustofflieferanten angefertigter Fenster mit besonderen Maßen,
vorausgesetzt es wird kein Einbau geschuldet (s Rn 4 ff; jedoch gelten über S 3 bestimmte werkvertragliche
Regelungen). Zeitlich gilt die Regelung nur für ab dem 1.1.02 geschlossene Verträge (Art 229 EGBGB § 5).
Der Gesetzgeber hat über die Richtlinie hinausgehend auch Nicht-Verbraucherverträge in die Regelung einbezogen und dem Kaufrecht unterstellt.
Ungeachtet der Angleichung der Mängelhaftung von Kauf- und Werkvertragsrecht ist eine Abgrenzung der 2
Vertragsarten aufgrund der jeweiligen Besonderheiten nach wie vor von Bedeutung. So gibt es nur beim
Werkvertrag das Recht zu Selbstvornahme und Kostenvorschuss (§ 637), Anspruch auf Abschlagszahlungen
(§ 632 a), Sicherungsmöglichkeiten des Unternehmers über §§ 647 ff; auch tritt Fälligkeit der Vergütung erst
nach Abnahme (§ 641) ein, es besteht eine Mitwirkungspflicht des Bestellers (§ 642) sowie ein jederzeitiges
Kündigungsrecht des Bestellers nach § 649. Der Gefahrübergang erfolgt im Werkvertragsrecht mit
Abnahme, im Kaufrecht mit Ablieferung, das Nacherfüllungswahlrecht liegt im Kaufrecht beim Käufer,
beim Werkvertrag beim Unternehmer. Die Mängelrechte mit Ausnahme des Schadensersatzes entfallen im
Werkvertragsrecht gem § 640 II nur bei positiver Kenntnis des Bestellers vom Mangel, im Kaufrecht entfallen
der Mängelrechte schon bei grob fahrlässiger Unkenntnis (§ 442). Im Kaufrecht haftet der Verkäufer auch für
Werbeaussagen des Herstellers (§ 434 I 3, keine entspr Regelung im Werkvertragsrecht), die VOB/B kann
nicht vereinbart werden, es finden die Rügepflichten der §§ 377, 381 II HGB Anwendung, beim Verbrauchsgüterkauf besteht die Möglichkeit des Rückgriffs gegen den Lieferanten über §§ 478 f.

B. Abgrenzung. Gem S 1 unterfallen dem **Kaufvertragsrecht** sämtliche Verträge, die die Lieferung herzustel- 3
lender oder zu erzeugender beweglicher Sachen zum Gegenstand haben. **Lieferung** ist dabei die Verschaffung
der hergestellten/erzeugten Sache, dh die Eigentumsübertragung (BGH DB 69, 346 zum führen Recht).
Dafür kann abhängig von der vertraglichen Regelung die bloße Bereitstellung zur Abholung ausreichend sein
(Palandt/*Sprau* § 651 Rn 2), über §§ 946 ff auch der Einbau, die Verarbeitung oder Vermengung.

I. Herstellung/Erzeugung. 1. Grundsätzliches. § 651 findet nur Anwendung auf Verträge mit einer Her- 4
stellungs- oder Erzeugungspflicht, dh Pflicht zur Erstellung eines Arbeitserfolgs. Es ist die Schaffung von
etwas Neuem geschuldet. Die Erzeugung unterscheidet sich von der Herstellung dadurch, dass der Erfolg
nicht wie bei der Herstellung aus eigener Kraft des Unternehmers erfolgt, sondern mittels der Natur, insbes
tierischer oder pflanzlicher Produktion (Erman/*Schwenker* § 651 Rn 8 f; BaRoth/*Voit* § 651 Rn 5 ff). Durch
das Merkmal der Herstellung/Erzeugung eines Arbeitserfolgs grenzt sich der Werklieferungsvertrag vom „reinen"
Kaufvertrag ab. Beim Werklieferungsvertrag wird neben der Lieferung eine Herstellung/Erzeugung geschuldet,
beim Kaufvertrag nur die Lieferung in Form der Beschaffung einer fertigen Sache (§ 433 I 1, Übergabe und
Übereignung). Der bloße Handel mit Baustoffen, dh die Lieferung eines von einem (anderen) Hersteller produzierten Baustoffs oder Bauteils, stellt daher keinen Werklieferungsvertrag, sondern Kaufvertrag dar.

2. Reparaturverträge. Nicht auf eine Herstellung, sondern auf Leistungen an einer bestehenden Sache 5
gerichtet sind **Reparaturverträge.** Sie unterfallen daher dem Werkvertragsrecht (BTDrs 14/6040, 268). Dies
soll selbst dann gelten, wenn iRd Reparatur in erheblichem Maße Ersatzteile eingebaut werden (Austauschmotor, AnwK/*Raab* § 651 Rn 11). Der Erwerb umfassend sanierter Altbauten unterliegt Werkvertragsrecht,
auch wenn die Sanierung bei Vertragsschluss bereits fertig gestellt war (BGH IBR 05, 154).

3. Lieferung mit Einbauverpflichtung. Problematisch sind die Fälle, bei denen der Unternehmer sowohl 6
Liefer- als auch Herstellungsverpflichtungen übernimmt. Dem Kaufrecht unterfallen dabei Verträge, bei denen
der Veräußerer lediglich eine **Montageverpflichtung** übernommen hat, die als werkvertragliche Nebenpflicht
von untergeordneter Bedeutung einzustufen ist, dh den Charakter des Vertrags nicht prägt (BGH BauR 86,
437; 99, 39; 04, 882). Bildet die Einbauleistung hingegen den Schwerpunkt des Vertrags, findet Werkvertragsrecht Anwendung. Bei der Bestimmung der Bedeutung ist anhand einer Gesamtbetrachtung der Schwerpunkt
der Leistungen zu ermitteln. Maßgeblich sind dabei insbes deren Wertverhältnis und die Art des Liefergegenstands (BGH BauR 04, 882). Auch die Besonderheiten des geschuldeten Ergebnisses sind zu berücksichtigen
(BGH BauR 04, 850). Daher findet Kaufrecht Anwendung bei nur geringen Änderungen und Montageleistungen, die auch vom Käufer selbst durchgeführt werden könnten; nicht jedoch bei aufwendiger Anpassung oder

umfangreicher Einbauleistung. Werkvertrag nicht Werkliefervertrag wurde bej, wenn der mit der Tätigkeit zu erbringende Erfolg wesentlich über die Herstellung und Verschaffung einer beweglichen Sache hinausgeht und im Vordergrund steht (s zu § 651 aF BGH NJW 98, 3197; Hamm NJW-RR 01, 1309). So, wenn bei der Gesamtleistung die Planung oder die Anpassung an die Bedürfnisse des Bestellers im Vordergrund stehen. Die Rspr zu dieser Abgrenzungsfrage war bislang uneinheitlich, so wurde Kaufrecht bej beim Einbau speziell für Parkauszufahrten gefertigten Heizmatten (Frankf BauR 00, 423), bei einem Hausbauausatzvertrag (Lieferung zum – durch einen Fachmann betreuten – Selbsteinbau durch den Käufer mit Zusatzleistung Planerstellung, Ddorf NJW-RR 02, 14), Verkleidung eines Wohnhauses mit Kunstoffelementen (Hamm NJW-RR 86, 1053); Werkvertrag hingegen bei Einpassung einer Serieneinbauküche (BGH BauR 90, 351) oder dem Verkleben eines zu liefernden Teppichbodens (BGH BauR 91, 603). Insbes aus den beiden letztgenannten Entscheidungen wird erkennbar, dass bei der Ermittlung des Schwerpunkts der Leistung wie bei der Bestimmung des Vorliegens einer beweglichen Sache (Rn 7) dem Kriterium der **Funktionalität** der zu liefernden Sache für den vereinbarten Erfolg Bedeutung zukommt. Es ist daher zu erwägen, ob die Abgrenzung bei Lieferung und Einbau von Baustoffen in Bauwerke/Baugrundstücke anstatt über das Kriterium der beweglichen Sache (Rn 7) über den Vertragsschwerpunkt vorgenommen werden sollte (dabei dürften aber zwei Leistungsphasen, Lieferung und Einbau zu unterscheiden sein, so dass auch bei Baustofflieferungen bis zu deren Einbau von einer beweglichen Sache auszugehen wäre). Eine Anwendung des § 651 bei Baustofflieferungen mit Einbau in ein Bauwerk/ Grundstück wird zT mit der Begründung abgelehnt, dass eine die Lieferung kennzeichnende Übereignung in den Fällen des gesetzlichen Eigentumserwerbs über § 946 durch Einbau fehlt (*Voit* BauR 02, 145; aA mit Verweis auf europarechtliche Vorgaben *Hagen* JZ 04, 713; *Röthel* NJW 05, 625).

7 **II. Bewegliche Sachen. 1. Allgemeine Definition.** § 651 erfasst nur die Herstellung beweglicher Sachen. Der Begriff der beweglichen Sache ist zwar für das Sachenrecht in § 90 legaldefiniert und umfasst neben vertretbaren und nicht vertretbaren Sachen nach § 90 a auch Tiere. **Beweglich** sind nach der Rspr alle Sachen, die nicht Grundstück, den Grundstücken gleichgestellt (Erbaurecht; Wohnungseigentum) oder Grundstücksbestandteile (§ 94) sind (RGZ 55, 284; 87, 51). Abgrenzungsschwierigkeiten bereiten dabei die Fälle des § 95 (Scheinbestandteile), dh der vorübergehenden Verbindung von Sachen mit einem Grundstück (dies wird widerleglich vermutet bei Errichtung eines Gebäudes durch Mieter oder Pächter des Grundstücks, BGH NJW 96, 916; daneben ist die Verkehrsanschauung entscheidend). Scheinbestandteile sind keine Bestandteile des Grundstücks und damit bewegliche Sachen (§ 95 S 1; RGZ 55, 284), was zur Anwendung von § 651 und damit Kaufrecht führt. Gleiches gilt nach § 95 S 2 für ein Gebäude oder anderes Werk, dass in Ausübung eines Rechts an einem fremden Grundstück von dem Berechtigten mit dem Grundstück verbunden worden ist (dies trifft insbes auf den Fall der Errichtung eines Gebäudes auf einem Erbbaugrundstück zu). Dies führt zum nicht haltbaren Ergebnis, dass auf Verträge über Bauleistugen auf Miet- oder Erbbaugrundstücken Kaufrecht Anwendung finden würde (vgl auch *Thode* NZBau 02, 361). Deshalb ist fraglich, ob der Begriff der beweglichen Sache allein an den sachenrechtlichen Maßstäben (Zweck Schutz wirtschaftlicher Werte vor der Zerschlagung) zu messen ist und nicht vielmehr für die Einordnung des Vertragstyps richtlinienkonform auszulegen ist (s *Konopka/Acker* BauR 04, 251, 254).

8 **2. Richtlinienkonforme Auslegung.** Die Verbrauchsgüterkaufrichtlinie stellt in Art 1 II lit b auf bewegliche **körperliche Gegenstände** ab und nimmt dabei zum einen Güter aus, die aufgrund von Zwangsvollstreckungsmaßnahmen oder anderer gerichtlicher Maßnahmen verkauft werden, zum anderen nicht abgegrenztes, abgefülltes Wasser/Gas sowie Strom (nicht körperlich). Die Richtlinie ist jedoch wenig aussagekräftig, eine Präzisierung des Begriffs durch die Rspr des EuGH ist noch nicht erfolgt. Sie umfasst jedoch nach ihrem Ziel und Zweck nur Verbrauchsgüter. Daher ist zu erwägen, entgegen der Intention des Gesetzgebers – der keine Aufspaltung in Verbraucher- und Nicht-Verbraucherverträge beabsichtigte – nur Verbrauchsgüter als bewegliche Sache anzusehen (Erm/*Schwenker* § 651 Rn 5, mit dem Hinweis auf die negative Folge der unterschiedlichen Definition des Begriffs bewegliche Sache; vorbehaltlich EuGH-Überprüfung). Fraglich ist, ob eine Vereinbarung der Anwendung der §§ 631 möglich ist (bej, da sachgerechter, *Thode* NZBau 02, 362; zur Unwirksamkeit einer formularmäßigen Vereinbarung von Kaufrecht zum Nachteil des Erwerbers eines neu zu errichtenden Bauwerks BGHZ 101, 350; 108, 164).

9 **3. Einzelfälle.** Nicht unter S 1 zu subsumieren sind sicherlich **Arbeiten an Personen** (da keine Gegenstände; zB Haarschnitt) und die Herstellung von **geistigen Werken** (Architektenplanung, Gutachten, Theateraufführungen). Dies gilt selbst dann, wenn diese Werke in einem Gegenstand verkörpert werden (so bei schriftlichen Gutachten, individuellen Softwarelösungen auf Datenträger, künstlerischen Leistungen, Plänen). Dies vor dem Hintergrund, dass das geistige Werk und nicht die Sache als Träger des geistigen Werks prägend ist. Daher unterfallen auch in Plänen festgehaltene Architektenleistung dem Werkvertragsrecht (vgl BTDrs 14/ 6040, 268). Auch nach der Neufassung des § 651 wird die **Errichtung eines Bauwerks** (zum Begriff s § 634 Rn 4) dem Werkvertragsrecht unterstellt (MüKo/*Busche* § 651 Rn 9 mwN), da insofern eine unbewegliche Sache hergestellt wird, Arg § 634 a I Nr 2 (früher Werkvertrag, da Baustoffe bloße Zutaten und das Baugrundstück regelmäßig die Hauptsache darstellten). Dies soll auch gelten für Leistungen, die einem Grundstück oder Gebäude zugute kommen (MüKo/*Busche* § 651 Rn 10). Unerheblich ist dabei, wer Eigentümer des

Grundstücks ist (*Kniffka* IBR-online-Kommentar Stand 3.1.06 § 651 Rn 19). So bei Arbeiten, die für die Konstruktion, Bestand, Erhaltung und Benutzbarkeit des Bauwerks von wesentlicher Bedeutung sind (*Kniffka* aaO Rn 21 mit Verweis auf BGH BauR 03, 1391). Werkvertrag auch bei Lieferung **und** Einbau von hierfür erforderlichen Einzelteilen oder technischen Anlagen/Maschinen, die ins Bauwerk integriert werden und dessen Herstellung dienen (Pelletiermaschine BGH BauR 03, 1391; Müllpresse BGH NJW 02, 664; Getriebegenerator BGH BauR 02, 1260; dies gilt nicht für die bloße Herstellung und Lieferung von Fertigteilen ohne Einbau auf die über § 651 Kaufrecht Anwendung findet. *Kniffka* stellt beim Einbau anderer **Bauteile** (Fenster, Installationen) in bestehende Gebäude für die Abgrenzung bewegliche oder unbewegliche Sache nicht auf deren Bedeutung für die Konstruktion oder den Bestand des Bauwerks ab. Vielmehr soll allein die Festigkeit der Verbindung mit dem Grundstück oder bereits bestehenden Bauwerksteilen maßgeblich sein (*Kniffka* aaO Rn 22). Jedoch sollen vor dem Hintergrund der Intention der Verbrauchsgüterkaufrichtlinie – den Kauf mit Montageverpflichtung dem Kaufrecht zu unterstellen – an diese Festigkeit deutlich höhere Anforderungen zu stellen sein. Eine einfache Verschraubung, eine jederzeit lösbare Verbindung oder bloßes Verkleben (zB Teppichboden) soll nicht mehr genügen. Daneben soll auch der Funktion der Sache für das Bauwerk eine Bedeutung zukommen. Unbeweglichkeit, wenn das Entfernen der Sache zu einer Beeinträchtigung der Funktion des Bauwerks führt (*Kniffka* aaO Rn 23).

C. Rechtsfolgen. Sofern die Voraussetzungen des S 1 gegeben sind, ist Kaufrecht anzuwenden, wobei S 2 und 3 lediglich ergänzend die zusätzliche Anwendung bestimmter Vorschriften des Werkvertragsrechts anordnet. Über S 2 wird die Anwendung von § 442 I 1 (Ausschluss der kaufrechtlichen Mangelhaftung bei Kenntnis des Käufers vom Mangel) auf die Fälle der Verursachung von Mängeln der herzustellenden Sache durch **vom Besteller gelieferte Stoffe** (§ 645) ausgedehnt. Über S 3 sind die werkvertraglichen Regelungen bzgl der Mitwirkungspflicht des Bestellers (§ 642), dessen Verantwortlichkeit (§ 645), sein jederzeitiges Kündigungsrecht (§ 649) und der Kostenanschlag (§ 650) bei Herstellung von nicht vertretbaren Sachen neben dem Kaufrecht anwendbar. Hinsichtlich des Gefahrübergangs verweist S 3 bei nicht vertretbaren Sachen nicht auf die im Kaufrecht nicht verkommende Abnahme, sondern auf den Zeitpunkt der Übergabe an den Käufer, bzw den Spediteur/Frachtführer (§§ 446, 447). **Nicht vertretbare Sachen** (§ 91) sind durch die Art ihrer Herstellung den Bestellerwünschen angepasst und individualisiert. Ein Austausch oder eine sonstige Absetzbarkeit ist nicht oder nur schwer gegeben (zB Lieferung und Einbau einer nach Bestellerwünschen maßgefertigten Einbauküche BGH BB 90, 1093; Frankf NJW-RR 01, 55; Reiseprospekte BGH NJW 66, 2307).

Untertitel 2 Reisevertrag

§ 651a Vertragstypische Pflichten beim Reisevertrag

(1) ¹Durch den Reisevertrag wird der Reiseveranstalter verpflichtet, dem Reisenden eine Gesamtheit von Reiseleistungen (Reise) zu erbringen. ²Der Reisende ist verpflichtet, dem Reiseveranstalter den vereinbarten Reisepreis zu zahlen.
(2) Die Erklärung, nur Verträge mit den Personen zu vermitteln, welche die einzelnen Reiseleistungen ausführen sollen (Leistungsträger), bleibt unberücksichtigt, wenn nach den sonstigen Umständen der Anschein begründet wird, dass der Erklärende vertraglich vorgesehene Reiseleistungen in eigener Verantwortung erbringt.
(3) ¹Der Reiseveranstalter hat dem Reisenden bei oder unverzüglich nach Vertragsschluss eine Urkunde über den Reisevertrag (Reisebestätigung) zur Verfügung zu stellen. ²Die Reisebestätigung und ein Prospekt, den der Reiseveranstalter zur Verfügung stellt, müssen die in der Rechtsverordnung nach Artikel 238 des Einführungsgesetzes zum Bürgerlichen Gesetzbuche bestimmten Angaben enthalten.
(4) ¹Der Reiseveranstalter kann den Reisepreis nur erhöhen, wenn dies mit genauen Angaben zur Berechnung des neuen Preises im Vertrag vorgesehen ist und damit einer Erhöhung der Beförderungskosten, der Abgaben für bestimmte Leistungen, wie Hafen- oder Flughafengebühren, oder einer Änderung der für die betreffende Reise geltenden Wechselkurse Rechnung getragen wird. ²Eine Preiserhöhung, die ab dem 20. Tage vor dem vereinbarten Abreisetermin verlangt wird, ist unwirksam. § 309 Nr. 1 bleibt unberührt.
(5) ¹Der Reiseveranstalter hat eine Änderung des Reisepreises nach Absatz 4 eine zulässige Änderung einer wesentlichen Reiseleistung oder eine zulässige Absage der Reise dem Reisenden unverzüglich nach Kenntnis von dem Änderungs- oder Absagegrund zu erklären. ²Im Falle einer Erhöhung des Reisepreises um mehr als fünf vom Hundert oder einer erheblichen Änderung einer wesentlichen Reiseleistung kann der Reisende vom Vertrag zurücktreten. ³Er kann stattdessen, ebenso wie bei einer Absage der Reise durch den Reiseveranstalter, die Teilnahme an einer mindestens gleichwertigen anderen Reise verlangen, wenn der Reiseveranstalter in der Lage ist, eine solche Reise ohne Mehrpreis für den Reisenden aus seinem Angebot anzubieten. ⁴Der Reisende hat diese Rechte unverzüglich nach der Erklärung durch den Reiseveranstalter diesem gegenüber geltend zu machen.

1 **A. Allgemeines.** Der Reisevertrag wurde durch das Gesetz zur Änderung des BGB vom 4.5.79 (BGBl I S 509) zum 1.10.79 in das BGB eingeführt. Durch die mit Gesetz vom 13.6.94 (BGBl 94 I, 1322) erfolgte Umsetzung der Pauschalreise-RL v 13.6.90 (90/314/EWG, Abl EG L 158, 59) wurden die Vorschriften über Preis- und Leistungsänderungen (§ 651a III, IV), Informationspflichten (§ 651a V) sowie des Insolvenzschutzes (§ 651k) aufgenommen. Zur Haftung wegen mangelhafter/nicht fristgerechter Umsetzung der RL s § 839 Rn 2. Durch das 2. Gesetz zur Änderung reiserechtlicher Vorschriften v 23.7.01 (BGBl 01, I S 1658; Übergangsvorschrift Art 229 EGBGB § 4; BTDrs 14/5944 und 14/6350) wurde die früher in § 651a V enthaltene Verordnungsermächtigung für die BGB-InfoV als Art 238 in das EGBGB verschoben. Daneben wurden § 651g I und § 651k geändert und § 651l (Gastaufenthalt) neu eingefügt, § 651l aF wurde § 651m. Durch das **SMG** (BTDrs 14/6040, 268, 14/7052, 206) wurde § 651a III neu eingefügt, die bisherigen III u IV finden sich nunmehr in den IV u V. **Zeitlich** gilt die Neuregelung für ab dem 1.1.02 geschlossene Reiseverträge (Art 229 EGBGB § 5). Durch Gesetz v 23.7.02 (BGBl I, 2850) wurde die Verweisung in V 1 berichtigt, daneben die Verweisung in IV 3 (bisher III 3) redaktionell an die Integration des AGBG in die §§ 305ff angepasst. Gesetzliche Grundlagen sind ergänzend zu §§ 651a-m die aufgrund der Ermächtigung in Art 238 EGBGB erlassenen §§ 4–11 BGB-InfoV. Subsidiär kann, soweit keine abschließende gesetzliche Regelung vorliegt, Werkvertragsrecht herangezogen werden (BGH NJW 87, 1931, 1933; s.a. Rn 2). Die auf die PauschalreiseRL v 13.6.90 zurückgehenden Vorschriften sind richtlinienkonform auszulegen. Zur Anwendbarkeit des deutschen Reiserechts auf **internationale Verträge** s. Art 27ff EGBGB (bei Verweis auf ausländisches Statut a Art 6 EGBGB). Sofern keine Rechtswahl getroffen wurde, unterliegen auf Bereitstellung von ausländischen Ferienwohnungen gerichtete Verträge eines inländischen Reiseveranstalters mit einem inländischen Reisenden deutschem Recht (BGHZ 119, 152). Sofern der Reisende wie häufig Verbraucher ist, greift prozessual der zwingende Gerichtsstand des Art 15f (früher Art 13f EuGVÜ).

2 **B. Wesen, Zweck.** Vor Einführung des Reisevertragsrechts im BGB wurde der Reisevertrag zT als Geschäftsbesorgungs-, Makler- oder Werkvertrag qualifiziert (Staud/*Eckert* § 651a Rn 8). Der Gesetzgeber wollte durch die gesetzliche Regelung eine eindeutige und auf die Besonderheiten des Reisegeschäfts abgestimmte Rechtsgrundlage schaffen. Zweck war dabei die Erreichung eines angemessenen Interessenausgleichs zwischen Reisenden und Reiseveranstalter, insbes aber eine Stärkung des Verbraucherschutzes. Der Reisevertrag wird als entgeltlicher, aus dem Werkvertrag entwickelter Vertrag angesehen. Umstr ist, ob der Reisevertrag einen eigenständigen Vertragstyp (Arg Titel „… und ähnliche Verträge"; BaRoth/*Geib* § 651a Rn 3) oder einen Unterfall des Werkvertragsrechts darstellt (BGH NJW 87, 1931, 1935). Bedeutung kommt diesem Streit lediglich bei Regelungslücken zu, da bei erster Ansicht Werkvertragsrecht nur analog Anwendung finden kann. Beim Reisevertrag sind 3 Rechtsbeziehungen zu unterscheiden: Der Reisevertrag zwischen Reisenden und Reiseveranstalter, der Reisevermittlungsvertrag zwischen Reisenden und Reisebüro/Vermittler und der Vertrag des Reiseveranstalters mit seinem Leistungsträger. Die Regelungen in §§ 651a ff erfassen nur die erstgenannte Rechtsbeziehung. Die vertragstypische Leistung des Reiseveranstalters ist darauf gerichtet, in eigener Verantwortung gegen eine Vergütung (Reisepreis) einen bestimmten Erfolg in Form von Reiseleistungen zu erbringen (I 1, 2; s.a. BGHZ 130, 128).

3 **C. Anwendungsbereich, Abgrenzung.** Die Regelungen zum Reisevertrag finden nur Anwendung auf sog Pauschalreisen. Die PauschlareiseRL enthält im Unterschied zum BGB-Reisevertrag in Art 2 Nr 1 eine Definition der Pauschalreise (mindestens zwei der Leistungen Beförderung, Unterbringung oder andere touristische Dienstleistungen müssen verbunden sein und die Leistung länger als 24 Stunden dauern oder eine Übernachtung einschließen). Im BGB-Reiserecht wird eine Pauschalreise in Abgrenzung zur Individualreise angenommen, wenn der Veranstalter mehrere einzelne Reiseleistungen (zB Beförderung mittels Flugzeug, Schiff, Bahn, Hoteltransfer, Unterkunft, Verpflegung, Reiseleitung) zu einer Einheit bündelt, abstimmt und zu einem Gesamtpreis innerhalb eines bestimmten Zeitraums erbringt (Gesamtheit von Reiseleistungen I 1; zur richtlinienkonformen Auslegung des Reisebegriffs des 651a, *Brüning* RRa 05, 199, 200f). Der Reisezweck ist unerheblich (so auch Geschäfts- oder Fortbildungsreisen, BGH RRa 02, 154, 157; LG Frankfurt NJW-RR 94, 634, 635).

4 **I. Gesamtheit von Reiseleistungen. 1. Bündelung mindestens zweier Einzelleistungen.** Von einer Gesamtheit von Reiseleistungen ist auszugehen, wenn **mindestens zwei** einzelne Leistungen zu einer Gesamtleistung zusammengefasst werden („gebündelt" Hanseatisches OLG RRa 97, 136, 137). Das Anbieten nicht von vornherein aufeinander abgestimmter Teilleistungen, die der Reisende in eigener Verantwortung zusammenstellt, soll keinen Reisevertrag darstellen (KG NJW-RR 91, 1017; Hamm NJW-RR 98, 1668; Dresden RRa 03, 32). Grenzfall bilden im sog **Baukastenprinzip** vom Reisenden aus vorgegebenen Varianten zusammengestellte Reisen (Pauschalreise bej *Brüning* RRa 05, 199 mit Verweis auf EuGH RRa 02, 119f zu Art 2 Nr 1 PauschalreiseRL; Saarbr NJW-RR 99, 1404; s.a. Staud/*Eckert* § 651a Rn 19). Die zusammengefassten Einzelleistungen müssen nicht unmittelbar mit der Reise zusammenhängen (so zB Fortbildung wie Sprachkurse, LG Frankfurt NJW-RR 90, 760; 89, 1399; kulturelle, sportliche Aktivitäten, „Weltfrauenkongress" LG Berlin RRa 97, 75); ausreichend ist, wenn ein Bezug zur Reise iSe Ortsveränderung erhalten bleibt (nach BaRoth/*Geib* § 651a Rn 7 bestehen geringe Anforderungen hierfür).

Der Veranstalter muss die Erbringung der Leistungen in **eigener Verantwortung** übernehmen. Regelmäßig 5
wird er sich hierzu verschiedener Leistungsträger bedienen (Rn 16). Dies ist jedoch nicht erforderlich, Leistungen können auch vom Veranstalter selbst erbracht werden (BGH NJW 00, 1639). Nicht anwendbar sind die §§ 651a ff auf Angebote des Leistungsträgers selbst (Frankf NJW-RR 97, 1209), zB Vermietung einer Ferienwohnung durch den Eigentümer (AG Trier NJW-RR 01, 48) oder Kuraufenthalt (LG Paderborn NJW-RR 03, 346). Für die Abgrenzung kommt es nicht auf die gewählte Bezeichnung an, sondern auf die Sicht des Reisenden (BGH NJW 00, 1188 f; 00, 1639 f) und die Gestaltung der Reiseprospekte.

Bsp für eine Gesamtheit sind die Beförderung und Unterkunft in einer Ferienwohnung (BGHZ 61, 276), 6
Bootcharter mit Hin- und Rückflug (LG München I NJW-RR 95, 1522), Musicalbesuch mit Anreise (LG Frankfurt NJW-RR 99, 57), Tagesausflug mit Besichtigungsprogramm (Celle NJW-RR 02, 1637).

2. Entspr Anwendung. Das Reisevertragsrecht wird von der Rspr ausnahmsweise auch für nur einzelne Reiseleistungen **entspr angewendet** (entgegen dem Wortlaut „Gesamtheit"; vgl BGHZ 119, 152, 162; abl Erman/ 7
Seiler vor § 651a Rn 8; Staud/*Eckert* § 651a Rn 27). Ungeachtet der damit erfolgten Verwässerung der Abgrenzungskriterien wird dies damit begründet, dass die typischen Merkmale einer Veranstalterreise auch bei nur einer Reiseleistung vorliegen können. So bei bei Ferienhausverträgen, die von einem gewerblichen Reiseveranstalter in einem Katalog angeboten werden und dieser die Verantwortung für den Erfolg der Reise übernimmt (BGH NJW 85, 906; BGHZ 130, 128; Karlsr RRa 99, 221; 98, 110; München NJW-RR 87, 366), zT nur bei zusätzlichem Angebot der Endreinigung und eines Servicecenters (AG Wetzlar NJW-RR 05, 1369), oder der Prüfung der Eignung der Wohnung durch den Veranstalter und Übernahme des Transfers zu einer Leihwagenstation (Köln NJW-RR 05, 703). Bej auch für die alleinige Buchung einer Hotelunterkunft (LG Frankfurt NJW-RR 93, 124; AG Bad Homburg NJW-RR 05, 856), eines Wohnmobils (Ddorf NJW-RR 98, 50; Karlsr NJW-RR 88, 954; aA AG München NJW-RR 95, 368) oder eines Planwagens (LG Frankfurt VuR 87, 182), nicht hingegen einer Bootcharter, wenn ausschl Bootsmiete erfasst ist (BGH NJW 95, 2629; aA München NJW-RR 87, 366; Ddorf NJW-RR 95, 314). Keine Analogie jedoch, wenn ein Vertrag unmittelbar mit dem Eigentümer zustande kommt (dann allein Mietrecht Frankf RRa 97, 166; AG Trier NJW-RR 01, 48 f). Zu weitgehend dürfte es auch sein, die Einzelleistung eines (Charter-)Flugs genügen zu lassen (so jedoch LG Aachen NJW-RR 00, 133 f; AG Offenbach RRa 96, 91; zu Recht abl LG Hamburg RRa 95, 171; AG Hannover RRa 05, 41).

3. Unbedeutende Nebenleistungen, Scheinleistungen. Keine Gesamtheit von Reiseleistungen liegt vor, 8
wenn eine von zwei kombinierten Leistungen nur untergeordnete Bedeutung hat (BGH NJW 85, 906, 907; BTDrs 8/786, 13). Solche **unbedeutende Nebenleistungen** stellen keine eigenständigen Teilleistungen dar (Verkehrsauffassung entscheidend). So der Flughafentransfer, Versicherungsleistungen für Gepäck/Reiserücktritt (MüKo/*Tonner* § 651a Rn 20) oder die Verpflegung bei einem Flug (BTDrs 8/786, 13; anders bei Kreuzfahrt und wohl auch bei Hotelübernachtung mit Halb- oder Vollpension, München NJW 84, 132, aA BaRoth/*Geib* § 651a Rn 8 mwN).

Kein Reisevertrag ist auch bei sog **Scheinleistungen** anzunehmen. So, wenn dem Reisenden neben einem 9
Flugticket nur zum Schein weitere Reiseleistungen zugesprochen werden, um damit den amtlichen Voraussetzungen für die Genehmigung von Charterflügen zu genügen (MüKo/*Tonner* § 651a Rn 20; zB Flüge mit wertlosen Unterkunftsgutscheinen/Hotelvoucher, Campingflüge). Es finden die Grundsätze des Scheingeschäfts gem § 117 Anwendung.

II. Abgrenzung zur Reisevermittlung, Vermittlungserklärung (II). Bietet eine Person erkennbar keine 10
eigene Reiseleistung, sondern die Leistung eines Dritten als solche und für diesen an, handelt sie lediglich als dessen Verkaufsstelle, Vermittler, Agent, Handelsvertreter (BGH NJW 03, 743), nicht als Reiseveranstalter. So idR das Reisebüro, das eine Pauschalreise eines Dritten vermittelt (auch bei Lastminute-Reisen LG Offenburg NJW-RR 97, 503; s.a. LG Hamburg RRa 00, 168) oder einzelne Fahr-, Schiffs- oder Flugkarten für ein Verkehrsunternehmen verkauft (BGHZ 61, 275, 278). Bloße Vermittlereigenschaft liegt auch vor, wenn der Reisende Ablauf der Reise, Reiseziele, Hotelaufenthalte selbst bestimmt (LG Bielefeld RRa 05, 35). Für die Abgrenzung der Reiseveranstaltung zur Reisevermittlung ist die Außendarstellung und die Beurteilung aus der Sicht eines durchschnittlichen Kunden entscheidend (BGH NJW 00, 1639; Frankf NJW-RR 00, 351). Bietet eine Person bei objektiver Würdigung der Gesamtumstände aus der Sicht des Reisenden eine Gesamtheit von vertraglich vorgesehenen Reiseleistungen eigenverantwortlich an, ist sie Reiseveranstalter und kann sich nicht auf die Rolle des Vertreters oder des bloßen Vermittlers der Einzelleistungen zwischen Reisendem und dem jeweiligen Leistungsträger (zB Beförderungsunternehmen) zurückziehen. Dies ist gem II insbes auch nicht durch entspr Erklärungen oder Klauseln in AGB möglich (**Vermittlungsklauseln**; BGH NJW 04, 681; VuR 05, 192). Umstände iSd II, die zur Bestimmung der Eigenverantwortlichkeit heranzuziehen sind, stellen zum einen der Inhalt der Reisebestätigung, der Werbung, die Herausgabe eigener Prospekte (BGH NJW 04, 681, 683; 00, 1188 f; Frankf RRa 02, 272 f) und deren Gestaltung (BGH WM 80, 1087 f), auch das Verlangen des „Vermittlers" dar, Mängelanzeigen innerhalb bestimmter Fristen zwecks Abhilfe an ihn zu richten (BGH WM 92, 1948).

11 Eine Vermittlung durch den Reiseveranstalter ist bei sog **Zusatzleistungen** möglich, dh solchen die außerhalb des Organisations- und Verantwortungsbereichs des Veranstalters und damit außerhalb des vom Reisevertrag abgedeckten Leistungsumfangs liegen (bestimmt sich nach dem Prospekt, Frankf RRa 05, 161). Bsp sind Karten zu einer Sportveranstaltung oder Theateraufführung am Reiseort oder Ausflüge/Safaris am Urlaubsort (LG Frankfurt NJW-RR 05, 131; widersprüchlich Ddorf VuR 05, 221 u 223 mit Anm *Tonner*). Deren Charakter als Fremdleistung muss aus der Sicht eines durchschnittlichen Reisenden jedoch unmissverständlich erkennbar sein (BGH NJW 00, 1188). Dies ist bei ausdrücklicher Vermittlungserklärung und eindeutigen Indizien anzunehmen (zB „Leistung fakultativ", „Buchung vor Ort", gesondert ausgewiesener Preis). Wird sie im Namen des Veranstalters angeboten, spricht dies für eine Zugehörigkeit zur Reise (vgl Ddorf NJW-RR 91, 55). Die Verlängerung des Aufenthalts vor Ort gehört nur zur Reise, wenn sie mit dem Veranstalter als dessen Leistung vereinbart wird (LG Frankfurt RRa 00, 22).

12 Liegt eine **Reisevermittlung** vor, soll zwischen Reisebüro und Kunden ein Geschäftsbesorgungsvertrag mit werkvertraglichem Charakter bestehen (§ 675 Reisevermittlungsvertrag, BGH NJW 03, 743, 745; aA Werkvertrag KG MDR 71, 1008 oder Auftrag LG Stuttgart NJW-RR 92, 1020). Eine Vergütungspflicht des Kunden für die Vermittlung besteht daher nur nach erfolgreicher Vermittlung (Frankfurt NJW-RR 96, 889). Ansprüche gegen das Reisebüro wegen Mängeln der vermittelten Leistung bestehen nicht (München MDR 84, 492), uU aber Schadensersatzansprüche gem § 280 wegen Verletzung von Pflichten aus dem Geschäftsbesorgungsvertrag (LG Landau NJW-RR 98, 192; *Tempel* NJW 99, 3657), so bei fehlerhafter Beratung oder Information (LG Frankfurt RRa 02, 26; aA LG Kleve NJW-RR 02, 557; AG Karlsruhe NJW-RR 02, 560), nicht hingegen bei ordnungsgemäßer Weiterleitung fehlerhafter Informationen des Veranstalters (Celle RRa 01, 149). Die Haftung des vermittelnden Reisebüros tritt selbständig neben die Mangelansprüche gegen den Veranstalter (BGHZ 82, 219).

13 **D. Reisevertrag. I. Vertragsschluss.** Der Abschluss des Reisevertrags erfolgt nach den allgemeinen Vorschriften (§§ 104 ff, 145 ff und 164 ff; bei Ehegatten § 1357 s dort Rn 9). Dabei wird Vertretungsmacht des Reisebüros für den Veranstalter auch zu Zusagen in Einzelheiten regelmäßig zu bej sein, es sei denn, es besteht darin ein ausdrücklicher Widerspruch zu den Katalogangaben (Ddorf NJW-RR 05, 644; Frankf NJW-RR 95, 1462; 99, 202). Erst die auf den Vertragsschluss gerichtete Willenserklärung des Reisenden („Buchung", § 5 BGB-Info), nicht bereits der Prospekt des Veranstalters dürfte das **Vertragsangebot** darstellen (da bloße invitatio ad offerendum; Staud/*Eckert* § 651 a Rn 65; str). Die **Annahme** durch den Veranstalter kann formfrei, ausdrücklich oder konkludent erfolgen (jedoch Verpflichtung zur Aushändigung einer Reisebestätigung nach III). Bei Abschluss des Reisevertrages im Wege des Fernabsatzes (zB Telefon) finden die §§ 312b-d zu Fernabsatzverträgen, insbes das Widerrufsrecht wegen § 312 b III Nr 6 idR keine Anwendung (*Ernst* RRa 01, 111; kritisch *Tonner* RRa 00, 163). Auch kein Widerrufsrecht nach § 312 (Haustürgeschäften) bei Buchung iRe Sportveranstaltung (AG Andernach RRa 05, 67). Bei Onlineabschlüssen Pflichten des § 312 e (Informationspflicht iVm § 3 Nr 1-5 BGB-InfoV).

14 **II. Parteien. 1. Veranstalter.** Der Begriff des **Veranstalters** ist im BGB nicht definiert (anders Art 2 II PauschalreiseRL). Veranstalter kann jede natürliche oder juristische Person sein, die auch nur gelegentlich eine Reise verantwortlich organisiert und anbietet (BGH NJW 00, 1188; 00, 1639). Einer gewerblichen Tätigkeit bzw Gewinnerzielungsabsicht bedarf es nicht (arg § 651 k VI; MüKo/*Tonner* § 651 a Rn 9). Veranstalter können zB sein ein Zeitungsverlag bei Leserreise (LG Darmstadt NJW 78, 2300), Kreditkartenunternehmen bei Reise für Karteninhaber (Celle NJW-RR 90, 445), Volkshochschule (LG Hildesheim VuR 89, 140), Jugendwerk bei Auslandsschulaufenthalten. Auch Organisationen (Betrieb, Kirche, Verein – auch ein gemeinnütziger, LG Hamburg RRa 05, 208), die für Mitglieder Reisen anbieten, sofern die Reise eine touristische, nicht eine organisationsspezifische (Sportausübung, Schulung oä) Ausrichtung hat (*Noll* RRa 04, 98; *Nettesheim* DAR 95, 319; str). Im Übrigen spielt der Reisezweck für das Vorliegen einer Reise keine Rolle (LG Frankfurt NJW-RR 94, 634).

15 **2. Reisende.** Vertragspartner des Reiseveranstalters und somit gem §§ 651 a ff berechtigt und verpflichtet ist der Reisende, dh derjenige, der die Reise im eigenen Namen bucht (ungeachtet dessen, ob er selbst eine Reiseleistung in Anspruch nimmt, BGH NJW 02, 2238; kein Unterschied zum Begriff des Verbrauchers in Art 2 Nr 4 PauschalreiseRL, Staud/*Eckert* § 651 a Rn 48). Tritt der Buchende insbes bei Gruppenreisen (auch) als Vertreter der übrigen Gruppenmitglieder auf, werden diese nach allgemeinen Regeln als Vertragspartner/Reisende selbst berechtigt und verpflichtet (§ 164; BGHZ 108, 52; Frankf NJW-RR 04, 1285; auch bei Vereinsreisen). Dies soll nicht gelten bei Buchung für Mitreisende, die erkennbar Familienangehörige sind (Ddorf NJW-RR 91, 1202; LG Düsseldorf NJW-RR 99, 567), bei nichtehelichen Lebensgemeinschaften (AG Hamburg NJW 02, 702) oder Lebensgefährten (LG Frankfurt RRa 00, 223). Ebenfalls nicht, wenn der Buchende ausdrücklich erklärt, im eigenen Namen zu handeln (Frankf RRa 05, 24). Alle Personen, für die der Reisende im eigenen Namen gebucht hat, sind bloße Mitreisende, die idR eigene Erfüllungsansprüche aus Vertrag zugunsten Dritter haben (§ 328 I) und wegen der Schutzwirkung ggf Schadensersatzansprüche (§ 651 f iVm § 328; zu Mangelrechten s Rn 16).

III. Leistungsträger, II. Nach der Definition in II erbringen sie die vom Veranstalter iRd Reisevertrags 16
geschuldeten Reiseleistungen (zB Unterkunft, Verpflegung, Transport). Ob insoweit Rechtsbeziehungen
(auch) zwischen dem Reisenden und dem jeweiligen Leistungsträger bestehen, hängt vom Einzelfall ab.
Regelmäßig wird der Veranstalter diese Verträge im eigenen Namen zugunsten des Reisenden abschließen
(§ 328). Umstr ist, ob dem Reisenden damit ein eigener Erfüllungsanspruch zustehen soll sowie bei Leistungsstörungen der nach den einschlägigen Normen in Betracht kommende Schadensersatz- oder Gewährleistungsanspruch (sog „echter" Vertrag zugunsten Dritter, bej BGHZ 93, 271 für Charterverträge zwischen
Veranstalter und Fluggesellschaft; offen gelassen BGH RRa 02, 154, 158; abl LG Frankfurt NJW-RR 86, 852).
Die Fluggesellschaft kann ggü dem Beförderungsanspruch des Reisenden die fehlende Zahlung des Preises für
den Charterflug durch den Reiseveranstalter idR nicht einwenden (§ 334 soll nach den Umständen als abbedungen anzusehen sein, BGHZ 93, 271).

Unter der Voraussetzung, dass sie reisevertraglich vereinbarte Leistungen erbringen, sind neben seinen eige- 17
nen Leuten auch die Leistungsträger und deren Hilfspersonen **Erfüllungsgehilfen** des Veranstalters (§ 278; LG
Frankfurt NJW-RR 91, 361). So die Fluggesellschaft (Ddorf NJW-RR 92, 1330); der Hotelier (BGHZ 63, 98).
Ferner auch das ausländische Konsulat bei Auskunft über Einreisebestimmungen (Ddorf NJW-RR 95, 694),
Botschaft bei der Visabeschaffung (LG München I NJW-RR 93, 742), Flughafenpersonal (Hannover VersR
90, 282; aA AG Hannover RRa 05, 41 bei Fehlinformationen des Abfertigungspersonals), Zollbeamte (Hannover NJW-RR 89, 820), Schiffsarzt (Hburg MDR 84, 141), Flugkapitän in Ausübung luftpolizeilicher Befugnisse (AG Bad Homburg NJW-RR 97, 821). Verrichtungsgehilfen iSd § 831 sind die Leistungsträger idR
nicht.

IV. AGB. Regelmäßig werden bei Reiseverträgen AGB verwendet (ARB). Für die Einbeziehung bedarf es 18
nach § 6 BGB-InfoV deren vollständiger Übermittlung an den Reisenden vor Vertragsschluss (Ausnahme bei
Abdruck der AGB im Reisekatalog, § 6 III, IV BGB-InfoV; problematisch bei telefonischer Buchung ohne
Katalog, wenn Kunde auf Überlassung der AGB beharrt). Sie unterliegen der Inhaltskontrolle der §§ 307 ff
und der Regelungsgrenzen des § 651 m. Unzulässig sein dürften Klauseln in Beförderungsbedingungen eines
Busreiseunternehmens, wonach kein Ersatz oder Erstattung für gestohlene oder verlorene Fahrausweise
erfolgt (BGH VuR 05, 198). Nach § 308 Nr 5 soll auch eine sog Umbuchungsgebühr unwirksam sein (BGH
NJW 92, 3158, 3161), nach § 308 Nr 4 Klauseln, die das Risiko sämtlicher Änderungen zwischen Drucklegung des Prospekts und der Reisdurchführung auf den Reisenden überwälzen (Staud/*Eckert* § 651 a Rn 93).

V. Vertragsbeendigung. Der Reisevertrag endet im Idealfall durch beiderseitige Erfüllung (§ 362 I). Eine 19
vorzeitige Beendigung kann durch Rücktritt **des Reisenden** nach V 2 (Rn 36) und vor Reisebeginn ohne weitere Voraussetzung gem § 651 i erfolgen. Ebenso durch Kündigung wegen Mangels gem § 651 e, bei höherer
Gewalt gem § 651 j, bei einem Gastschulaufenthalt gem § 651 l IV. Zur Vertragsbeendigung nach den allg Vorschriften s § 651 i Rn 3. Der **Reiseveranstalter** kann den Vertrag durch Absage gem V 1, Kündigung wegen
höherer Gewalt gem § 651 j, ferner nach den allg Vorschriften des Leistungsstörungsrechts (§ 323 ff) beenden.

E. Vertragspflichten (I). I. Pflichten des Reiseveranstalters. Die dem Veranstalter obliegenden Pflichten 20
sollen mit Ausnahme von untergeordneten Beratungs-, Hinweis-, Schutz- oder Obhutspflichten im Umfeld
der Reise generell Hauptpflichten darstellen (zT wird eine Unterscheidung vollständig abgelehnt, MüKo/*Tonner* § 651 a Rn 46). So handelt es sich insbes bei den Informationspflichten nicht um Nebenpflichten, sondern
Hauptpflichten des Reiseveranstalters (BGHZ 130, 128).

1. Reiseleistungen. Der Veranstalter ist verpflichtet sämtliche Reiseleistungen zu erbringen. Dies umfasst die 21
Planung, Organisation und Durchführung der Reise. Deren Umfang bestimmt sich nach dem, was der Veranstalter dem Reisenden im ausgeschriebenen Programm angeboten hat. Hierzu kann neben der Reisebestätigung auch der vom Veranstalter herausgegebene Reiseprospekt herangezogen werden. Dessen Angaben sind
für den Veranstalter bindend (§ 4 I 2 BGB-InfoV; BGH NJW 00, 1188; zum Inhalt § 4 I 1 BGB-InfoV). Bei
sog Fortuna-, Joker- oder Glücksreisen, bei denen lediglich das Reiseziel/Zielgebiet und evtl die Unterkunftskategorie bestimmt sind, steht dem Veranstalter ein Leistungsbestimmungsrecht zu (§ 315; LG Frankfurt
NJW-RR 93, 435; insbes bzgl des Hotels). Weitere Pflichten sind die Übergabe einer Reisebestätigung nach
§ 6 BGB-InfoV (Rn 22), die Sicherung des Kunden gegen das Risiko der Insolvenz gem § 651 k (s dort), sowie
die Pflicht zum Rücktransport des Reisenden nach außerordentlicher Kündigung (s § 651 j Rn 9).

2. Informations-, Hinweispflichten, Reisebestätigung (III). a) Reisebestätigung (III 1). Der Veranstalter 22
ist nach III 1 verpflichtet, dem Reisenden bei oder unverzüglich (s § 121 I 1) nach Vertragsschluss eine Reisebestätigung zur Verfügung zu stellen. Deren Inhalt ist in § 6 BGB-InfoV geregelt (Bekanntmachung der BGB-InfoV am 5.8.02, BGBl 02 I 3002; Grundlage III 2 iVm Art 238 EGBGB). Das Erfordernis der Reisebestätigung in III
1 umfasst dabei lediglich die Aushändigung einer verbindlichen Mitteilung in verkörperter Form (nicht der
gesetzlichen Schriftform des § 126). Deren Zweck ist es, dem Reisenden die Beweisführung zu erleichtern und
ihn zuverlässig zu informieren. Die Ausnahmen für Last-Minute-Buchungen (§ 6 V BGB-InfoV) und Gelegenheitsveranstaltungen (§ 11 BGB-InfoV) beziehen sich nur auf Inhalt und Form der Bestätigung, nicht auf deren
Erteilung als solche (arg keine Ausnahme in III 1, keine Ermächtigung zu Abweichungen in Art 238 EGBGB).

23 **b) Informationspflichten gem III 2.** Dem Veranstalter (mit Ausnahme des Gelegenheitsanbieters, § 11 BGB-InfoV) obliegt die umfassende und detaillierte **Information** des Reisenden gem § 4 ff BGB-InfoV. § 4 BGB-InfoV regelt die Pflichtangaben (Reisepreis, Zahlungsmodalitäten, Bestimmungsort, Transportmittel, Unterbringung, Mahlzeiten, Reiseroute, Einreiseformalitäten und Mindestteilnehmerzahl) und die Art der Gestaltung (deutlich lesbar, klare und genaue Angaben), die der Prospekt/Katalog des Veranstalters berücksichtigen muss. Die Angaben sind bindend (§ 4 I 2, 3 BGB-InfoV, s.a. Art 3 II 2 PauschalreiseRL; BGH NJW 00, 1188; nach § 4 II BGB-InfoV Ausdehnung auch auf Bild- und Tonträger). Weiter die Information gem § 5 BGB-InfoV über die erforderlichen Reisedokumente und sonstige Einreisebestimmungen (zB Visa, Gesundheitszeugnisse); gem § 7 BGB-InfoV über § 6 hinaus zusätzliche Angaben für Gastschulaufenthalte (Kontaktdaten der Gastfamilie, Ansprechpartner für Abhilfe, Abhilfeverlangen des Gastschülers und die vom Veranstalter ergriffenen Maßnahmen); gem § 8 BGB-InfoV rechtzeitig vor Reisebeginn über die Reisedaten. Mit Ausnahme der von § 6 BGB-InfoV geforderten Angaben, müssen diese Informationen nicht in der Reisebestätigung enthalten sein.

24 **c) Hinweispflichten.** Dem Veranstalter obliegt eine **Hinweispflicht** auf die mit der Reise verbundenen konkreten Risiken, Gefahren oder Hindernisse. So auf unmittelbar bevorstehende Ereignisse höherer Gewalt (Hurrikan, Krieg), welche die Reise beeinträchtigen oder gar vereiteln können (BGH NJW 02, 3700); Frankfurt RRa 01, 178; Köln NJW-RR 92, 1014), ebenso auf Streiks im Urlaubsgebiet (LG Frankfurt NJW 03, 110). Auch muss er ggf auf abweichende landesübliche Maßstäbe hinweisen (BGHZ 100, 157, 175), auf die offensichtliche Ungeeignetheit einer Leistung für den Reisenden, zB aufgrund dessen Behinderung (sa LG Frankfurt RRa 99, 187; jedoch keine generelle Pflicht zur Überprüfung der Eignung Ddorf RRa 02, 210), oder auf
25 geringe „Stehhöhe" bei Vermietung eines alten Bauernhauses (AG Münster RRa 05, 39). Die Aufklärungspflicht umfasst nicht Risiken, deren Kenntnis von den Teilnehmern erwartet werden kann (BGH DAR 03, 116). Dies ist anzunehmen, wenn diese in der BRD allg bekannt sind (so Ausweispflicht bei Überseereisen; konkrete/angekündigte Hurrikangefahr, Frankf NJW-RR 03, 1139; bekannte Kriege und Krisen). Es besteht daher auch keine allg Pflicht zur Warnung vor einem Besuch jüdischer Einrichtungen in einem arabischen Land aufgrund möglicher Terroranschläge (Celle NJW 05, 3647) und keine Aufklärungspflicht über das allg Lebens-, Gesundheits- oder Unfallrisiko (s § 651 c Rn 14; Karlsr VersR 84, 795; auch nicht vor Thrombose-Gefahren bei Langstreckenflügen AG Duisburg RRa 05, 40 f; aA Frankf NZV 03, 133).

26 **3. Sonstige Pflichten.** Daneben obliegen dem Veranstalter **Überwachungs-/Aufsichts-, Fürsorge- und Obhutspflichten** zu sämtlichen Umständen, die das Gelingen der Reise vereiteln oder beeinträchtigen können (BGH NJW 85, 1165) oder zum Schutz des Reisenden erforderlich sind. Insbes die allg **Verkehrssicherungspflichten** (Karlsr RRa 04, 162). Der Veranstalter muss seine Leistungsträger im Hinblick auf deren Eignung und Zuverlässigkeit sorgfältig auswählen (BGHZ 100, 185) und überwachen. Dies beinhaltet eine den Umständen entspr regelmäßige Kontrolle, die insbes auch den Komfort der baulichen Anlagen umfasst (BGHZ 103, 297), deren Sicherheitsstandards nach den örtlichen Vorschriften (Frankf NJW-RR 94, 560; Celle NJW-RR 96, 372; LG Köln RRa 05, 124) sowie erkennbare Sicherheitsrisiken (Ddorf NJW-RR 97, 1483). Die Verkehrssicherungspflichten des Reiseveranstalters erstrecken sich auch auf die während eines Urlaubsaufenthalts gesondert buchbaren Veranstaltungen des Leistungsträgers (Celle NJW 05, 3647).

27 **II. Pflichten des Reisenden.** Der Reisende hat als Vergütung für die Reiseleistungen den vereinbarten Reisepreis zu zahlen (I 2; zu Preisänderungen s Rn 30 f). Die Fälligkeit bestimmt sich mangels spezieller reisevertraglicher Regelung nach § 646 iVm § 641 I. Der Reisepreis wird danach grds erst mit Beendigung der Reise fällig (Vorleistungspflicht des Veranstalters). Jedoch ist in der Praxis eine für den Reisenden ungünstigere Vereinbarung von Voraus- oder Anzahlungen üblich, so dass meist der gesamte Reisepreis bereits vor Reiseantritt geleistet wird (Vorleistungspflicht des Reisenden). Diese ist aber nur bei Beachtung der Absicherung dieser Zahlungen nach Maßgabe des § 651 k IV, V zulässig (nach § 651 m zwingend; so bei Aushändigung qualifizierter Reisepapiere BGH NJW 93, 263; zu Klauseln iE Staud/*Eckert* § 651 a Rn 129 ff). Die Zahlungspflicht umfasst auch vereinbarte Zusatzkosten (zB für Visabeschaffung) und vom Reisenden verursachte zusätzliche Transportkosten (zB durch eine Arztbegleitung LG Duisburg NJW-RR 99, 1067). Dem Reisenden obliegen uU **Mitwirkungspflichten**, dh er muss das seinerseits Erforderliche zur Vorbereitung und planmäßigen Durchführung der Reise tun, insbes Reisetermine einzuhalten, persönliche Reisedokumente besorgen (Pass, Visum, Impfnachweise; BGH NJW 85, 1165; anderes kann vereinbart werden). Der Veranstalter muss hieran soweit erforderlich mitwirken (s.a. Ddorf NJW-RR 05, 644), zB durch Unterrichtung des Reisenden über vorhersehbare Schwierigkeiten (Frankf NJW-RR 97, 243; AG Bad Homburg NJW-RR 05, 856). Daneben treffen den Reisenden während der Reise **Obhuts-, Melde- und Verhaltenspflichten**.

28 **III. Vertragspflichtverletzungen.** Für die wenigen nicht mit Reisemängeln (§ 651 c Rn 7 ff) zusammenhängenden Pflichtverletzungen gelten die allgemeinen Vorschriften des Leistungsstörungsrechts, dh Schadensersatz (§§ 280 ff, LG Heidelberg NJW 84, 133 zum früheren R) und Rücktritt (§§ 323 ff; bej für Veranstalter bei Drogenkonsum des jugendlichen Reisenden, LG Bielefeld RRa 99, 174; ggf nach Abmahnung § 323 III). Ein Rückgriff auf das allgemeine Kündigungsrecht aus wichtigem Grund bei Dauerschuldverhältnissen soll nicht

mehr erforderlich sein (§ 314; Palandt/*Sprau* § 651 a Rn 7; nach *Klein* RRa 04, 50, 53 anders bei Gastschulaufenthalten. Daneben kommt eine Haftung des Veranstalters aus unerlaubter Handlung bei einer schuldhaften Verletzung von eigenen Verkehrssicherungspflichten in Betracht (§ 823; so bei Verletzung von Kontroll- und Überwachungspflichten, BGH NJW 00, 1188; LG Köln NJW-RR 05, 704 – nicht rechtskräftig; bei Einsatz von Verrichtungsgehilfen § 831). Mit Aushändigung des Reiseprospekts kommt ein Vertragsanbahnungsverhältnis zwischen Veranstalter und Kunde zustande, bei unrichtigen/unvollständigen Prospektangaben haftet der Veranstalter auch ohne Verschulden uU nach §§ 280 iVm 311 II.

F. Einseitige Vertragsänderungen durch den Veranstalter (IV, V). Hintergrund der Regelung in IV und V 29 ist, dass Pauschalreisen lange vor Beginn der Reise geplant und kalkuliert werden und der Veranstalter daher ein berechtigtes Interesse an Vertragsänderungen haben kann. Die auf der PauschalreiseRL beruhenden Vorschriften begrenzen, ebenso wie §§ 307, 308 Nr 3 u 4, 309 Nr 1 das Recht des Veranstalters zu einseitigen Änderungen aufgrund vertraglichen Änderungsvorbehalten und regeln Einzelheiten einer solchen Änderung. Als Gegenstück zur Reisepreiserhöhung besteht keine korrespondierende Pflicht zur Herabsetzung des Reisepreises (Ddorf NJW 02, 447; s.a. *Eckert* RRa 05, 3).

I. Erhöhung des Reisepreises (IV). Die Preiserhöhung setzt einen im Reisevertrag (nicht erst in der Reise- 30 bestätigung) enthaltenen **ausdrücklichen Erhöhungsvorbehalt** mit genauen Angaben zur Berechnung des neuen Preises voraus (**IV 1**; BGH NJW 03, 507, 509). Aufgrund dieser Angaben muss es dem Reisenden möglich sein, die den Veranstalter treffende Kostenmehrbelastung nachzuvollziehen, ebenso deren Auswirkungen auf den konkreten Reisepreis (BGH NJW 03, 507; Ddorf NJW 02, 447, 450). Einer weitergehenden Offenlegung der Preiskalkulation soll es nicht bedürfen (LG Düsseldorf RRa 01, 123; Staud/*Eckert* § 651 a Rn 154). Auf den Vorbehalt ist nach § 6 II Nr 4 BGB-InfoV in der Reisebestätigung hinzuweisen. Unzulässig sein dürfte eine Klausel, die die Preisänderung von bereits vor Vertragsschluss eingetretenen Änderungen von Kostenfaktoren abhängig macht (KG RRa 01, 72). Die Vorhersehbarkeit ist unerheblich (LG Düsseldorf RRa 01, 123, wegen § 307 aA Ddorf NJW 02, 447).

Die in IV genannten Kostenfaktoren müssen sich für den Veranstalter **tatsächlich nachteilig geändert/erhöht** 31 haben. Dies ist anzunehmen bei Erhöhung der Beförderungskosten (Kerosinpreis BGH NJW 03, 507, 746), Hafen-, Flughafengebühren oder Wechselkursen. Auch muss die Änderung für den verlangten Mehrbetrag **ursächlich** sein, dh der Kostenfaktor muss in den Pauschalpreis eingeflossen sein und der Umfang der Änderung die Erhöhung rechtfertigen.

Die Erhöhung kann nur bis zum 21. Tag vor dem vereinbarten Abreisetermin verlangt werden (**IV 2**). Bei 32 späterem Verlangen (dh Zugang ab dem 20. Tag vor Abreise) ist die Erhöhung unwirksam, der alte Vertrag gilt fort. Bei Änderungsvorbehalten in AGB gilt ergänzend § 309 Nr 1 (**IV 3**). Erhöhungen sind danach nur möglich, wenn zwischen Vertragsabschluss und Reisebeginn mehr als 4 Wochen liegen (LG Köln NJW-RR 02, 703). Auch Erhöhungen, die sich iR von V 2 halten, sollen der Angemessenheitskontrolle gem § 307 unterliegen (BGH NJW 03, 507). Aufgrund des Transparenzgebots muss aus der Klausel eindeutig erkennbar sein, nach welchen Maßstäben die Umlegung erfolgt (BGH NJW 03, 746; zur Klauselgestaltung *Schmid* NJW 03, 947). Die **Darlegungs- und Beweislast** hinsichtlich aller Voraussetzungen liegt beim Veranstalter.

II. Änderung einer Reiseleistung, Absage der Reise (V). Eine Absage der Reise oder erhebliche Änderung 33 einer wesentlichen Leistung kann der Veranstalter nach Vertragsschluss nur bei deren ausdrücklichem Vorbehalt im Vertrag geltend machen (Staud/*Eckert* § 651 a Rn 165; s.a. *Tempel* RRa 99, 107). Hierbei bedarf es keiner Änderung der ganzen Reise. Ausreichend ist zB die erhebliche Änderung der Flugroute (Frankf RRa 05, 167 nicht bloße Zwischenlandung) oder -zeiten (Bad Homburg NJW-RR 98, 1357); ein erheblich unbequemeres (LG Frankfurt NJW-RR 98, 1590) oder unsicheres (LG Kleve NJW-RR 98, 1357) Transportmittel. Ein in AGB enthaltener Änderungsvorbehalt (so regelmäßig in den ARB) unterliegt den Schranken der §§ 307, 308 Nr 4. Die Grenze bildet die Zumutbarkeit des Vorbehalts für den Reisenden (LG Lübeck RRa 00, 133). Unzulässig sein dürfte daher die Veränderung des Gesamtcharakters der Reise (Kreta statt Indonesien, Köln OLGZ 75, 185), ein Wechsel des Urlaubslandes/-orts (LG Frankfurt FVE Nr 212), der Hotelkategorie (nach BGH NJW 83, 35f sogar Hotelwechsel innerhalb derselben Kategorie, str), der Fluggesellschaft (BGHZ 86, 284, 294).

V regelt nur die Rechtsfolgen, nicht aber die Voraussetzungen einer Reise**absage**. Diese werden durch Rück- 34 griff auf Art 4 VI PauschalreiseRL bestimmt (Staud/*Eckert* § 651 a Rn 174; richtlinienkonforme Auslegung der § 651 a ff). Danach sind Absagegründe nur die Nichterreichung einer geforderten Mindestteilnehmerzahl und höhere Gewalt. Es können auch andere (sachlich gerechtfertigte) Absagegründe individuell vereinbart werden (Staud/*Eckert* § 651 a Rn 174). Gem §§ 4 I Nr 7, 6 II BGB-InfoV muss im Prospekt oder in der Reisebestätigung eine etwa erforderliche Mindestteilnehmerzahl und der Zeitpunkt des Zugangs des Absageerklärung wegen Nichterreichens dieser Zahl angegeben werden.

III. Geltendmachung (V 1). Die Geltendmachung des Änderungs-/Absagerechts erfolgt durch einseitige 35 rechtsgestaltende Erklärung des Veranstalters ggü dem Reisenden. Ebenso die Erhöhung des Reisepreises in Ausübung des vertraglichen Bestimmungsrechts. Bei Erhöhung ist deren Umfang und Grund anzugeben. Die Erklärung hat unverzüglich (§ 121 I) nach Kenntnis vom Grund der Erhöhung, der Absage oder Änderung zu erfolgen. Dies dürfte bei der Erhöhung mit Eintritt der Kostenmehrbelastung beim Veranstalter der Fall sein.

36 **IV. Rücktrittsrecht (V 2), Ersatzreise (V 3).** Der Reisende kann die Änderungen akzeptieren und Erfüllung des Vertrags mit dem wirksam geänderten Inhalt verlangen. Die Erhöhung, Absage oder Änderung wird mit dem Zugang der Erklärung beim Reisenden wirksam (§ 130), bei deren Unzulässigkeit bleibt es beim alten Vertrag. Der Reisende kann von einer Reise **zurücktreten**, wenn die (zulässig erklärte) Preiserhöhung mehr als 5% des vereinbarten Reisepreises beträgt (ohne Kosten für den Reisenden, Art 4 V PauschalreiseRL) oder eine erhebliche Änderung einer wesentlichen Leistung vorliegt (V 2). Die rechtsgestaltenden Folgen des Rücktritts bestimmen sich nach §§ 346 ff (keine Verdrängung des Kündigungsrechts gem § 651 e). Gleiches gilt für die **Absage** der Reise. Wie beim Rücktritt geht der Vertrag in ein Rückabwicklungsverhältnis über und geleistete Zahlungen sind gem § 346 zurückzugewähren. Erfolgt die Absage der Reise nicht unverzüglich oder unter Nichteinhaltung einer vertraglich vereinbarten Frist, können dadurch bedingte Verzögerungsschäden über § 280 zu ersetzen sein.

37 Statt den Rücktritt zu erklären kann der Reisende die **Teilnahme an einer mindestens gleichwertigen anderen Reise** verlangen (V 3; Wahlrecht des Reisenden). Dies gilt auch bei Absage der Reise. Voraussetzung ist, dass der Veranstalter in der Lage ist, eine solche Reise aus seinem Angebot ohne Mehrpreis anzubieten. Der Veranstalter hat hierzu ein Ersatzangebot zu übermitteln, bei dessen Annahme durch den Reisenden ein neuer Reisevertrag zustande kommt (Anrechnung etwaig geleisteter Anzahlungen). Lehnt im Falle der Absage der Reisende das neue Angebot des Veranstalters ab (kein Annahmezwang, auch nicht bei vorangehendem Verlangen), ist der Vertrag aufgehoben. Bei Preiserhöhung oder Leistungsänderung kann der Reisende wegen seines Wahlrechts weiterhin zurücktreten, muss den Rücktritt aber nunmehr unverzüglich erklären.

38 Der Reisende muss Rücktritt oder Ersatzreiseverlangen nach V 4 **unverzüglich** (§ 121 I) nach Zugang der Erklärung des Veranstalters über Preiserhöhungen, Leistungsänderungen oder Reiseabsage diesem ggü geltend machen. Die Einhaltung einer besonderen Form ist nicht erforderlich (Schriftform empfehlenswert). Ein verspäteter Rücktritt ist unwirksam, der alte Vertrag gilt in diesem Fall mit den zulässig erklärten Änderungen.

§ 651 b Vertragsübertragung

(1) ¹Bis zum Reisebeginn kann der Reisende verlangen, dass statt seiner ein Dritter in die Rechte und Pflichten aus dem Reisevertrag eintritt. ²Der Reiseveranstalter kann dem Eintritt des Dritten widersprechen, wenn dieser den besonderen Reiseerfordernissen nicht genügt oder seiner Teilnahme gesetzliche Vorschriften oder behördliche Anordnungen entgegenstehen.
(2) Tritt ein Dritter in den Vertrag ein, so haften er und der Reisende dem Reiseveranstalter als Gesamtschuldner für den Reisepreis und die durch den Eintritt des Dritten entstehenden Mehrkosten.

1 **A. Vertragsübertragung, Eintrittsrecht (I 1).** Die unabdingbare (§ 651 m) aber wenig praxisrelevante Vorschrift gibt dem Reisenden die Befugnis einen Dritten zu benennen, der statt seiner an der Reise teilnimmt (Ersatzreisender). Hintergrund dieser Befugnis ist, zum einen die häufig lange Zeit im Voraus erfolgende Buchung durch den Reisenden und der Umstand, dass beim heutigen Massentourismus aus der Sicht des Veranstalters der Person regelmäßig keine besondere Bedeutung zukommt. I 1 besteht neben dem für den Reisenden aufgrund der idR anfallenden Stornogebühren (§ 651 i II 2, 3) ungünstigeren Rücktrittsrecht aus § 651 i (Staud/*Eckert* § 651 b Rn 1). Zur Vertragsübernahme bedarf es einer rechtsgeschäftlichen Übertragung des Reisevertrags dergestalt, dass der Dritte vollständig in alle Rechte und Pflichten aus dem Reisevertrag eintritt. Das Eintrittsrecht kann bis zum Beginn der Reise, dh grds bis zum tatsächlichen Reiseantritt ausgeübt werden (AG Baden-Baden NJW-RR 95, 1263). Die zeitliche Grenze der Ausübung wird jedoch bereits zu einem Zeitpunkt zu ziehen sein, von dem an dem Veranstalter keine Gelegenheit zur Prüfung und Ausübung etwaiger Widerspruchsgründe, zur Information seiner Leistungsträger oder der Besorgung neuer Reiseunterlagen mehr verbleibt (angemessene Frist von idR 2-3 Tagen vor Abreise). Der Dritte wird idR vom Reisenden benannt, anderes kann vereinbart werden. Einer Zustimmung des Veranstalters oder einer Begründung bedarf es nicht. Hat der Veranstalter seine Pflichten aus § 651 k oder seine Informationspflichten ggü dem ursprünglichen Teilnehmer bereits erfüllt, muss der neue Teilnehmer dies gegen sich gelten lassen. Die Verpflichtungen zwischen Ersatzreisendem und Buchendem ergeben sich aus dem zwischen diesen geschlossenen Übernahmevertrag (Staud/*Eckert* § 651 b Rn 22).

2 **B. Widerspruchsrecht des Veranstalters (I 2).** Die Interessen des Veranstalters werden durch Einräumung eines Widerspruchsrechts für die in I 2 genannten Fälle gewahrt. In diesen Fällen ist dem Veranstalter die Vertragsübertragung aus Gründen nicht zuzumuten, die nicht seinem Einflussbereich entspringen. Daher kein Widerspruchsrecht des Veranstalters aufgrund vertraglicher Vereinbarungen mit einzelnen Leistungsträgern, die die Ersetzung eines Teilnehmers ausschließen oder beschränken. Berechtigter Widerspruch hat die Unwirksamkeit der Vertragsübernahme zur Folge, der Vertrag besteht mit den ursprünglichen Parteien fort. Der Widerspruch hat unverzüglich (§ 121) zu erfolgen (Staud/*Eckert* § 651 b Rn 15). Besondere Anforderungen an die Person des Reisenden können sich aus der Art, oder dem Ziel der Reise ergeben (zB

gewisse Fitness, Erfahrung bei Bergtouren, nautische Kenntnisse, keine Schwangerschaft bei Flugreise, Tropentauglichkeit, Eignung als Schüler bei Gastschulaufenthalten, *Klein* RRa 04, 50), daneben aus gesetzlichen Vorschriften, oder behördlichen Bestimmungen (zB keine früheren Passeintragungen, Sammelvisa, Impfbestimmungen, Meldefristen). Die Beweislast für die Voraussetzungen des Widerspruchsrechts trägt der Veranstalter.

C. Rechtsfolgen, Gesamtschuldnerische Haftung, Mehrkosten (II). Aufgrund der Vertragsübernahme tritt der Dritte an Stelle des Reisenden in den Vertrag ein und ist dem Veranstalter zur Zahlung des Reisepreises verpflichtet (sofern der ursprüngliche Reisende nicht bereits den Reisepreis entrichtet hat, § 422). Er haftet als Gesamtschuldner neben dem bisherigen Reisenden (II, §§ 421, 426). Dies umfasst auch durch die Vertragsübernahme verursachte Mehrkosten (zB Verwaltungs-, Telefonkosten, Porto). Eine Pauschalierung dieser Kosten soll in den Grenzen von § 651 m und §§ 308 Nr 7, 309 Nr 5 möglich sein (Staud/*Eckert* § 651 b Rn 28; aA Erm/*Seiler* § 651 b Rn 5). Die Beweislast für die Mehrkosten, die Üblichkeit der Pauschale und die Kausalität des Eintritts des Dritten hierfür trägt der Veranstalter. 3

§ 651c Abhilfe

(1) Der Reiseveranstalter ist verpflichtet, die Reise so zu erbringen, dass sie die zugesicherten Eigenschaften hat und nicht mit Fehlern behaftet ist, die den Wert oder die Tauglichkeit zu dem gewöhnlichen oder nach dem Vertrag vorausgesetzten Nutzen aufheben oder mindern.
(2) ¹Ist die Reise nicht von dieser Beschaffenheit, so kann der Reisende Abhilfe verlangen. ²Der Reiseveranstalter kann die Abhilfe verweigern, wenn sie einen unverhältnismäßigen Aufwand erfordert.
(3) ¹Leistet der Reiseveranstalter nicht innerhalb einer vom Reisenden bestimmten angemessenen Frist Abhilfe, so kann der Reisende selbst Abhilfe schaffen und Ersatz der erforderlichen Aufwendungen verlangen. ²Der Bestimmung einer Frist bedarf es nicht, wenn die Abhilfe von dem Reiseveranstalter verweigert wird oder wenn die sofortige Abhilfe durch ein besonderes Interesse des Reisenden geboten wird.

A. Vorbemerkung zur Gewährleistung. I. Überblick. §§ 651 c–h enthalten eine abschließende und zwingende Regelung der Gewährleistung des Reiseveranstalters für Reisemängel. §§ 651c–h entspr mit Abweichungen dem Gewährleistungsrecht des Werkvertrags vor der Schuldrechtsreform. Es ist str, ob aufgrund wesentlicher Unterschiede zum neuen Mangelrecht des Werkvertrags ein Rückgriff hierauf ausgeschlossen ist (so Palandt/*Sprau* vor § 651c–g Rn 1; aA Staud/*Eckert* vor § 651c–g Rn 10). Gewährleistungsberechtigter ist der Reisende (§ 651 a Rn 15). Eine Übertragung der Rechte ist grds zulässig, es sei denn sie wurde in AGB ausgeschlossen (ggf unwirksam im Zusammenhang mit anderen Klauseln, BGHZ 108, 52). 1

II. Verhältnis zu anderen Rechten. 1. Sonderregelung. Beim Reisevertragsrecht fand durch das SMG keine Einführung eines einheitlichen Leistungsstörungsbegriffs wie im Kauf- oder Werkvertragsrecht statt, es unterblieb eine Integration des Gewährleistungsrechts in die allgemeinen Leistungsstörungsvorschriften. Daher bleibt eine Abgrenzung der §§ 651c-g zu den sonstigen Vertragspflichtverletzungen (allg. Leistungsstörungsrecht §§ 280 ff, 323 ff) erforderlich. Aufgrund unterschiedlicher Verjährung (§ 651 g II bzw § 195), Anwendbarkeit des § 651 e III, IV sowie der Grenzen der Abbedingbarkeit (§ 651 m) kommt der Abgrenzung eine praktische Bedeutung zu. Die Abgrenzungskriterien (insbes bei Nichtantritt der Reise) sind umstr (zum Meinungsstand Staud/*Eckert* vor § 651 c-g Rn 12 ff). Der BGH nimmt eine zeitliche Abgrenzung vor. Die allg Vorschriften sind danach **ab Vertragsschluss** regelmäßig insoweit ausgeschlossen, als es sich um Ansprüche für Beeinträchtigungen der Reise durch einen Mangel handelt (BGHZ NJW 87, 1931, 1937; 00, 1188). Der Veranstalter haftet gem § 651 c ff bei Nichterbringung einer vertraglich geschuldeten Reiseleistung aus Gründen, die nicht allein in der Person des Reisenden liegen. Dies soll auch gelten, wenn bereits die erste Reiseleistung ausfällt (BGHZ 97, 255; BGH NJW 86, 1748; NJW 05, 1047 bei Absage wegen Überbuchung; aA Staud/ *Eckert* vor § 651c-g Rn 18). Für die Lösung der Rspr spricht die Rechtsklarheit und die Rechtssicherheit (so auch *Führich* NJW 02, 1082, 1084). Den allg Vorschriften (§ 280, ggf iVm §§ 241 II, 311 II) unterfallen hingegen lediglich Leistungsstörungen, insbes Pflichtverletzungen des Veranstalters, die sich nicht auf den Nutzen der Reise auswirken und deshalb nicht zu einem Mangel führen (MüKo/*Tonner* § 651 f Rn 5 ff; zB Fehlinformation zur Reiserücktrittversicherung, Celle NJW-RR 01, 1558). 2

2. Andere Ansprüche, Deliktsrecht. Die §§ 651 c ff schließen Ansprüche des Reisenden direkt gegen die Leistungsträger grds nicht aus; mangels vertraglicher Verbindung kommen idR lediglich Ansprüche aus Vertrag mit Schutzwirkung zugunsten Dritter oder Deliktsrecht in Betracht. Str, ob die für die einzelnen Reiseleistungen geltenden Vorschriften (bei Unterkunft §§ 536, 536a; bei Verwahrung §§ 701 ff) insbes soweit der Reiseveranstalter selbst Leistungsträger ist, neben den §§ 651 c–g im Verhältnis Reisender-Veranstalter Anwendung finden (abl München RRa 99, 174; LG Berlin NJW 85, 144; Staud/*Eckert* vor § 651 c–g Rn 31). Bej man dieses (so LG Frankfurt NJW-RR 89, 1213; LG Berlin NJW 85, 2425), haftet der Veranstalter für Personen- und Sachschäden gem den jeweiligen vertraglichen oder gesetzlichen Bestimmungen. Diese Ansicht 4 würde jedoch zu einer Haftungskumulation beim Veranstalter führen und widerspricht dem System des Reisevertragsrechts, wonach nicht rechtlich selbständige Einzelleistungen, sondern eine Gesamtheit von Leistungen geschuldet wird (so auch Staud/*Eckert* vor § 651 c–g Rn 31 ff; Erman/*Seiler* vor § 651 c Rn 10).

5 Daneben bestehende **Deliktsansprüche** des Reisenden wegen Verletzung von Verkehrssicherungspflichten bleiben hingegen unberührt (BGHZ 103, 298; BGH NJW 00, 1188). Die Schadensersatzregelungen des Warschauer Abkommens sollen in ihrem Anwendungsbereich Ansprüche auf Schadensersatz ausschließen (§ 651 f; AG Baden-Baden RRa 99, 151), nicht aber Ansprüche auf Minderung (§ 651 d; LG Frankfurt NJW-RR 86, 216).

6 **III. Verhältnis der Gewährleistungsrechte zueinander.** Der Reisende kann bei fehlerhafter oder nicht den Zusicherungen entspr Reise **Abhilfe** verlangen (§ 651 c II). Diese entspricht grds der Nacherfüllung in § 635. Mit Ausnahme der **Selbsthilfe** und der **Kündigung nach § 651e**, für deren Geltendmachung der fruchtlose Ablauf einer vom Reisenden gesetzten Frist zur Abhilfe erforderlich ist (§§ 651 c III, 651e II), stellt die Abhilfe keine Voraussetzung für die Minderung und den Schadensersatz dar. Vielmehr besteht sie neben diesen. Keine Minderung ist nach berechtigter Kündigung des Reisevertrags gem §§ 651 e,j möglich. Begründung hierfür ist, dass der Reiseveranstalter durch die Kündigung den Vergütungsanspruch verliert (aber Berücksichtigung beim Entschädigungsanspruch nach § 651 e III 2). Eine („hypothetische") Minderung bei vorzeitiger Abreise nach unberechtigter Kündigung soll auch für die Zeit nach der Abreise möglich sein (Ddorf RRa 95, 70; LG Frankfurt RRa 95, 48; aA LG Kleve NJW-RR 97, 1140, 1142; Staud/*Eckert* § 651 d Rn 4). **Schadensersatz** (§ 651 f) kann der Reisende bei Verschulden des Veranstalters neben der Minderung („unbeschadet der Minderung") oder Kündigung verlangen (jedoch keine doppelte Berücksichtigung, BGHZ 92, 177). So insbes für ggf nicht durch die Minderung abgegoltene Vermögensverluste wie nutzlos aufgewendete Urlaubszeit. Das reisevertragliche Gewährleistungsrecht enthält in § 651 g eine **Ausschlussfrist** für die Geltendmachung der Gewährleistungsrechte und eine eigene **Verjährungsregelung**. **Haftungsbeschränkungen** sind nur iR des § 651 h zulässig, iÜ ist eine Beschränkung der Rechte des Reisenden unwirksam (§ 651 m).

7 **B. Reisemangel. I. Begriff des Reisemangels.** Der Veranstalter haftet nach I verschuldensunabhängig für Mängel der Reise. Ein Mangel des Reisevertrags liegt vor bei einem tauglichkeitsmindernden Fehler der Reise, der aus dem Gefahrenbereich des Veranstalters herrührt (Frankf NJW-RR 88, 1328; Hannover NJW-RR 89, 820). Daneben beim Fehlen einer zugesicherten Eigenschaft.

8 **1. Zugesicherte Eigenschaft.** In I findet sich zwar im Gegensatz zum aktuellen Werkvertrags- und Kaufrecht noch ein zweigeteilter Mangelbegriff. Im Reisevertragsrecht wird der Zusicherung von Eigenschaften jedoch nur die Bedeutung einer bloßen Beschaffenheitsvereinbarung zugesprochen (vergleichbar dem § 633 aF; Staud/*Eckert* § 651 c Rn 45). Dies zeigt sich schon darin, dass Angaben des Veranstalters im Prospekt, insbes zu Beförderung, Unterkunft, Verpflegung regelmäßig zugesicherte Eigenschaften darstellen sollen (BGH NJW 00, 1188; aA Staud/*Eckert* § 651 c Rn 45 f). Auch sollen alle wesentlichen, für die Wahl des Urlaubsziels in Betracht zu ziehenden Verhältnisse zugesichert sein, die wegen ihrer Art und Dauer nach der Verkehrsanschauung Einfluss auf die vertragsmäßige Beschaffenheit der Reise haben (so Hotellage, Beförderungsmittel, BaRoth/*Geib* § 651 c Rn 11). Aufgrund des im Reisevertrag verwendeten subjektiven Fehlerbegriffs ist bei Fehlen dieser Eigenschaften zugleich auch ein Fehler zu bej. Daher erlangt die Unterscheidung nur Bedeutung, wenn keine Beeinträchtigungen des Wertes oder der Tauglichkeit der Reise vorliegen – hierauf soll es bei der Zusicherung nicht ankommen (BGHZ 82, 219, 224; Ddorf RRa 04, 65; BaRoth/*Geib* § 651 c Rn 11; kritisch Staud/*Eckert* § 651 c Rn 46). Eine Eigenschaft gilt als zugesichert, wenn der Reisende das Verhalten des Veranstalters oder des für diesen handelnden Mitarbeiters/Vertreters (Reisebüro; auch bei Anscheinsvollmacht) nach Treu und Glauben dahingehend verstehen durfte, dass die Eigenschaft als verbindlicher Vertragsbestandteil gewollt ist (BaRoth/*Geib* § 651 c Rn 12; auch ausdrücklich akzeptierte Sonderwünsche, BGHZ 82, 119). Da der Veranstalter das Fehlen einer zugesicherten Eigenschaft nach der Neufassung des § 276 zu vertreten hat (Folge: Schadensersatz § 651 f), dürften an eine Zusicherung strenge Anforderungen zu stellen sein. Allenfalls zu bej in besonderen Ausnahmefällen, wenn dem Veranstalter erkennbar ein Umstand für den Reisenden von besonderem Interesse ist (sa *Tempel* NJW 97, 2206). Eine entgegen dem Prospektinhalt gemachte Zusicherung eines Reisebüros muss sich der Veranstalter hingegen nicht zurechnen lassen (LG Frankfurt NJW-RR 99, 931). Auch nach dem Wegfall des § 11 Nr 11 AGBG dürfte der Ausschluss der Haftung für zugesicherte Eigenschaften in AGB gem § 307 unwirksam sein.

9 **2. Fehler der Reise.** Beim Reisevertrag ist ein weit zu fassender subjektiver Fehlerbegriff zugrunde zu legen (BGH NJW-RR 90, 1334; 95, 2629). Danach liegt ein Fehler vor, wenn die tatsächliche Beschaffenheit der Reise (Ist-Beschaffenheit) von derjenigen abweicht, welche die Vertragsparteien bei Vertragsschluss vereinbart oder gemeinsam vorausgesetzt haben (Soll-Beschaffenheit). Durch die Abweichung muss der Nutzen der Reise aufgehoben oder gemindert werden (Rn 13 f). Die Soll-Beschaffenheit bestimmt sich anhand der Reisebestätigung (§ 651 a III) und den Prospektangaben (§ 4 I 2 BGB-InfoV), bei fehlender konkreter Vereinbarung anhand der allgemeinen Verkehrsauffassung zur gewöhnlichen objektiven Beschaffenheit einer Reise dieser Art (Ddorf NJW-RR 03, 59). Neben den Prospektangaben ist für die Bestimmung des Inhalts der Lei-

stungspflicht auch auf die sonstigen Informationen des Veranstalters (§§ 4–8 BGB-InfoV) und das Allgemeinverständnis des nicht auslandserfahrenen Reisenden abzustellen (BGHZ 100, 157, 176; München NJW-RR 02, 694).

Eine mangelbegründende Abweichung ist anzunehmen, wenn die nach der Soll-Beschaffenheit geschuldete 10 Leistung nicht oder nicht in der gebotenen Art und Weise erbracht wird. Neben qualitativ schlechter begründet auch eine quantitativ zu geringe Leistung einen Mangel (BGH NJW 00, 1188; Frankf RRa 98, 95; so wenn ein Kreuzfahrtziel nicht angesteuert wird). Erfasst werden im Grundsatz alle nicht in der Person des Reisenden liegenden Umstände, die die Gesamtreise oder Einzelleistungen stören (BGHZ 130, 128; Frankf RRa 01, 243). Unerheblich ist dabei, ob diese Umstände vom Veranstalter beeinflussbar sind (zB Sicherheitsmängel, Ddorf NJW-RR 03, 59; Verletzung von Obhuts- und Fürsorgepflichten, Celle RRa 04, 156) oder nicht (Beeinträchtigungen aufgrund höherer Gewalt, LG Kleve RRa 00, 99). Der Eintritt bestimmter Witterungsbedingungen ist nur dann Fehler, wenn er nach der Leistungsbeschreibung zu erwarten war (so die Schneesicherheit, LG Frankfurt NJW-RR 91, 879; Surfbedingungen LG Verden RRa 97, 21).

Das Vorliegen eines Mangels bestimmt sich im Einzelfall nach der vertraglich zugrunde gelegten Art und dem 11 Zweck der Reise. So sind unterschiedliche Maßstäbe anzulegen bei einer Foto- (Frankf NJW-RR 02, 272), Trekking- (Ddorf VersR 95, 592), Hochzeits- (LG Hamburg NJW-RR 97, 1138), Sprach- (LG Frankfurt VuR 90, 205) oder Billigreise (AG Nürnberg NJW-RR 99, 567). Bei sog „Fortuna-", „Joker-" oder „Rouletteisen" wird trotz Leistungsbestimmungsrechts des Veranstalters (§ 315) zumindest ein Mindeststandard geschuldet (AG Flensburg RRa 99, 48).

Kein Mangel hingegen bei Beeinträchtigungen, die in der Person des Reisenden begründet sind, bspw eine 12 erhöhte Krankheitsanfälligkeit (AG Bad Homburg RRa 00, 69). Dies gilt nicht, wenn die Reise vereinbarungsgem auf die persönlichen Bedürfnisse des Reisenden abgestimmt ist (zB behindertengerechte Reise, AG Bonn NJW-RR 97, 1342; s.a. AG Hannover RRa 03, 122).

II. Grenzen der Einstandspflicht. 1. Bloße Unannehmlichkeit. Im Zeitalter des Massentourismus hat der 13 Reisende bloße Unannehmlichkeiten darstellende geringe Abweichungen wegen ihrer Unvermeidlichkeit hinzunehmen (Hamm DB 73, 2296; Ddorf NJW-RR 92, 1330; eingehend *Tempel* NJW 97, 2206). Für die Bestimmung der Überschreitung der Schwelle der Unannehmlichkeit kommt insbes bei Auslandsreisen den ortsüblichen Maßstäben Bedeutung zu (Ddorf NJW-RR 96, 887; LG Koblenz RRa 05, 27). Ob die Beeinträchtigung eines Reisenden auch auf Mitreisende ausstrahlt und für diese einen Mangel begründet, hängt von den Umständen des Einzelfalls ab (bej bei Ehemann aufgrund Verletzung seiner Frau Ddorf NJW-RR 03, 59).

2. Abgrenzung zum allg Lebensrisiko. Keine zu einem Mangel führende Abweichung liegt vor, wenn sich 14 in der Beeinträchtigung lediglich das allg Lebensrisiko verwirklicht, dh Risiken mit denen auch im privaten Alltagsleben vernünftigerweise gerechnet werden muss (*Siebert* RRa 94, 115, 120). Allg Lebensrisiko wurde bej bei Unfällen auf der Skipiste (Karlsr VersR 84, 795; Celle RRa 02, 16), bei Verletzung durch einen fehlgeleiteten Ball bei angekündigtem Wasserballspiel (Ddorf RRa 05, 21), Verletzung durch Tiere (Bienenschwarm LG Frankfurt NJW-RR 00, 786; Ziegenbock LG Frankfurt NJW-RR 01, 52) oder Belästigung durch Tiere (geringer Flohbefall in den Tropen Köln NJW-RR 93, 252f; Skorpion in Italien, LG Frankfurt NJW-RR 93, 1146), Raubüberfall (LG Bremen NJW-RR 02, 919), Diebstahl durch Hotelangestellten (AG Duisburg RRa 05, 29; anders uU bei unzureichender Kontrolle iRd Schlüsselausgabe Ddorf NJW-RR 03, 776). Allgemeines Lebensrisiko auch bei Herzinfarkt auf überfülltem Schiff (Ddorf NJW-RR 92, 1461), Verletzung durch defekten Fahrstuhl (LG Koblenz RRa 05, 27) oder durch defekte Poolfliesen (AG Hannover NJW-RR 05, 31), bei Sturzschäden (frisch gewischte Treppenstufe, Frankf OLGR 01, 141; Ddorf RRa 03, 217; feuchte Schwimmbadfliese, Frankf RRa 01, 243; unbeleuchtete Treppe, LG Düsseldorf RRa 05, 26; aA AG Köln Urt v 29.12.05, 135 C 497/03), sofern diese nicht auf besonderen Umständen beruhen (so bej, wenn ein Mitarbeiter einer Fluggesellschaft einen Reisenden zu einem Lauf durch die Abfertigungshalle veranlasst, BGH RRa 05, 112). Kein allg Lebensrisiko hingegen, wenn der Veranstalter gerade insoweit eine ihn treffende Hinweispflicht aufgrund konkreter Erkenntnisse über eine gesteigerte Gefahr nicht erfüllt (so heraufziehender Hurrikan Frankf RRa 01, 178).

III. Beispiele für Mängel. 1. Beförderung. Zu Beispielen für Reisemängel s.a. *Schmid* NJW 05, 1168 u 15 *Alexy* VuR 05, 6. Mangel wurde bej bei erheblichen Flugverspätungen (Hinflug: 4 Stunden bei Kurzreise, Frankf NJW-RR 97, 820; 8 Stunden bei Transatlantikflug, Ddorf NJW-RR 92, 1330; bei Rückflug: 1 Tag LG Frankfurt NJW-RR 91, 360; Köln NJW-RR 93, 1019) oder unzumutbaren Flugzeitänderungen (früherer Rückflug Bad Homburg RRa 01, 53), langen vertragswidrigen Zwischenlandungen (AG Düsseldorf NJW 97, 1139; AG Hamburg RRa 00, 197), zu kurz bemessener Umsteigezeit (LG Berlin NJW-RR 89, 1020), verspätetem Transfer zum Flughafen (AG Wiesbaden RRa 01, 8). Bej auch bei Änderungen des Transportmittels (geringere Sicherheit Celle NJW-RR 02, 1637), bzgl des Transportunternehmens nur, wenn ein bestimmtes zugesichert ist (Wechsel der Fluggesellschaft, LG Kleve RRa 01, 204; LG Köln NJW-RR 00, 786; Bonn NJW-RR 02, 639; zum sog. Code-sharing LG Göttingen RRa 02, 242). Für die Verweisung aus dem Flugzeug durch den Flugkapitän nur, sofern diese nicht von der Ausübung der Bordgewalt gedeckt ist (BGHZ 85, 301).

16 **2. Reisezweck und -ziele.** Bejaht bei Reiseabbruch (Schiffsbrand bei Kreuzfahrt, BGH WM 87, 630 oder Auflaufen auf ein Riff, Frankf RRa 96, 84), Entfall wesentlicher Reiseprogrammteile (3 von 11 Reisetagen, LG Frankfurt NJW-RR 03, 640; Hannover NJW-RR 90, 571), eines Kreuzfahrtziels (BGHZ 77, 320; LG Hamburg NJW-RR 98, 708). Nichterreichen des in der Werbung versprochenen Reisezwecks (Berlin NJW-RR 97, 1206), insbes bei Sportreisen, (erhebliche Routenabweichung einer Trekking-/Expeditionsreise, Karlsr VersR 85, 1073; Ddorf VersR 95, 592), Safarireisen (fehlende Jagdmöglichkeit BGHZ 77, 310; s.a. *Fritzweiler* NJW 05, 2486) oder Gefährdung des Reisenden hierbei (gefährliche Reittiere BGH NJW 00, 1188, 1191; Büffelangriff bei Safari oder Lawine bei Skitour München NJW-RR 02, 694).

17 **3. Unterkunft.** Bej bei anderem als vereinbarten **Hotel** (LG München I NJW-RR 02, 268; s.a. LG Duisburg RRa 03, 114), schlechterer Kategorie (LG Frankfurt NJW-RR 92, 380), anderem Urlaubsort (BGH NJW 05, 1047; LG Hamburg NJW-RR 97, 1204) oder dem Reisezweck nicht entspr andere Lage. Daneben bei fehlender oder unbenutzbarer Ausstattung (unbenutzbarer Pool, Köln VersR 89, 52; LG Frankfurt NJW-RR 01, 1497; kein Sandstrand/keine Disko, Ddorf RRa 04, 65; Verschmutzung/Belastung des Strands LG Frankfurt NJW-RR 93, 124; fehlende oder defekte Klimaanlage, LG Düsseldorf NJW-RR 04, 560). Der Standard einer Hotelunterkunft darf auch nicht von demjenigen abweichen, den der Veranstalter einer verwendeten Auszeichnung üblicherweise zuordnet (Celle RRa 05, 17). Die Zusammensetzung der Hotelgäste wohl nur bei sog Club-Reisen (LG Hannover NJW 84, 2417; sonst str, zum Streitstand Staud/*Eckert* § 651 c Rn 122). Daneben auch bei **Sicherheitsrisiken** der Unterkunft, so bei unzureichender Sicherung einer Stufe (Ddorf NJW-RR 03, 59) oder Steilküste (Celle NJW-RR 00, 1438), soweit diese nicht zum allgemeinen Lebensrisiko gehören (Rn 14).

18 Mangel bej auch bei für die Zahl der Reisenden zu kleiner Unterkunft (**Hotelzimmer**, LG Kleve NJW-RR 02, 634) oder Ausstattung nur mit einem statt zwei Betten, bei Fehlen des zugesagten Kinderbetts (Frankf NJW-RR 94, 310) oder Zusatzraum für Kinder bei einem „Familienzimmer" (Celle MDR 04, 203). Daneben Belegung mit schnarchendem Mitbewohner bei Buchung eines halben Doppelzimmers (AG Königstein NJW-RR 96, 178) oder eines jungen Mannes mit einem 17-jährigen Mädchen (LG Frankfurt NJW 84, 806). Ebenso bei abw Lage der Unterkunft (nicht in der obersten Etage, BGHZ 82, 219; nicht nach Süden, AG Köln NJW-RR 04, 488; mehrere gebuchte Zimmer liegen entgegen ausdrücklicher Buchung nicht nebeneinander, Ddorf NJW-RR 92, 1273).

19 Gleiches gilt bei fehlender/unbenutzbarer Ausstattung (Heizung, Bonn NJW-RR 99, 129; Hannover NJW-RR 86, 146; fehlendes Warmwasser bei Angabe Bad/Dusche, Frankf NJW-RR 99, 1356; bei **Ferienwohnung** fehlende Sonnenschirme, Frankf NJW-RR 95, 1462; nicht hingegen bei Plumpsklo anstatt vereinbarter Toilette, LG Hamburg RRa 04, 29). Bej auch für Ungeziefer (LG Frankfurt NJW-RR 88, 245; Ddorf RRa 00, 199; nicht Stechmücken am Hotelstrand in tropischem Land, LG Hamburg NJW-RR 97, 1205), unfertigem oder verschmutzten Zustand (verdreckte Matratzenlager, Frankf NJW-RR 95, 1521). Ebenso bei Lärm (aufgrund Baustelle, verkehrsreicher Straße oder Flugplatz, Ddorf NJW-RR 98, 921, uU trotz Lärmhinweis LG Düsseldorf NJW-RR 02, 269; laute Disko, Köln NJW-RR 00, 1439; schlafhindernde Klimaanlage, Ddorf RRa 01, 49). Auch bei konkreten Störungen durch geistig Behinderte, nicht jedoch deren bloßer Anblick (LG Frankfurt NJW 80, 1169; s.a. AG Frankfurt NJW 00, 84), auch nicht Kinderlärm (LG Kleve NJW-RR 97, 1208).

20 Sofern **Verpflegung** Reisebestandteil ist wurde ein Mangel bej bei halbstündiger Wartezeit am Selbstbedienungsbuffet (Vollpension, Frankf VersR 89, 51). Daneben bei verdorbenen (LG Düsseldorf NJW 01, 1872: Salmonellen) oder giftigen (LG Düsseldorf NJW-RR 01, 1063) Speisen.

21 Mangel bei **Organisations- und Ablaufstörungen,** so bei unfähiger Reiseleitung (LG Düsseldorf NJW-RR 98, 562) oder unzureichender Betreuung am Urlaubsort durch diese (LG Köln MDR 91, 839). Daneben bei fehlender Kinderbetreuung (Hannover NJW-RR 98, 194; Nürnbg RRa 00, 91), fehlendem oder verspäteten Reisegepäck (Frankf MDR 84, 667; NJW-RR 94, 309) oder unzureichender Bezugsmöglichkeit der Unterkunft bei erkennbar verspäteter Ankunft (LG Hannover NJW-RR 89, 820). Str, für die Verpflichtung des Reisenden durch das Hotel zum ständigen Tragen eines auffällig kennzeichnenden Armbandes bei „all inclusive"-Reisen, sofern hierauf vor Vertragsschluss nicht hingewiesen wurde (Mangel bej LG Frankfurt NJW-RR 00, 1161; AG München NJW-RR 99, 1146; abl Ddorf RRa 01, 49; LG Köln MDR 99, 1254; LG Hamburg NJW-RR 00, 131).

22 **C. Anspruch auf Abhilfe (II).** Der Abhilfeanspruch in II 1 entspricht weitgehend dem werkvertraglichen Nacherfüllungsanspruch (§ 635 I) und stellt somit einen modifizierten Erfüllungsanspruch dar. **Abhilfeberechtigte** sind neben dem Reisenden dessen dessen Bevollmächtigte, bei Gastschulaufenthalten auch der Schüler (§ 7 BGB-InfoV).
Neben dem Vorliegen eines Reisemangels setzt die Abhilfe ein formloses **Abhilfeverlangen** voraus (zum Streitstand, ob Willenserklärung oder geschäftsähnliche Handlung s Staud/*Eckert* § 651 c Rn 147). Die bloße Mängelanzeige nach § 651 d stellt idR kein Abhilfeverlangen dar, ebensowenig ein Rückbeförderungsverlangen nach § 651 e IV (LG Frankfurt FVE Nr 268). **Adressat** des Verlangens ist die gem § 8 I Nr 3 BGB-InfoV anzugebende Stelle, sonst die örtliche Reiseleitung. Ersatzweise soll es an den jeweiligen Leistungsträger zu richten sein (Palandt/*Sprau* § 651 c Rn 4; *Tempel* NJW 86, 547; aA MüKo/*Tonner* § 651 c Rn 51). Der Veranstalter hat hierfür kurzfristig einen Ansprechpartner zur Verfügung zu stellen (LG Frankfurt NJW-RR 91,

631; s.a. § 651 III Nr 2). Unwirksam sein dürfte eine AGB-Klausel, nach der das Abhilfeverlangen bei Nichterreichbarkeit der örtlichen Reiseleitung oder einer Kontaktadresse an die Zentrale des Veranstalters gerichtet werden muss (BGHZ 108, 52).

Der Abhilfeanspruch **beinhaltet** die Beseitigung des Mangels und Herstellung des vertraglich geschuldeten Zustands. Die Abhilfe kann auch in einer dem Reisenden subjektiv zumutbaren, objektiv gleichartigen und gleichwertigen, ggf auch kostenfrei höherwertigen Ersatzleistung liegen (KG NJW-RR 93, 1209). Grenze bildet dabei die vertragswidrige Leistungsänderung (BGH NJW 83, 35; daher idR kein Ortswechsel zumutbar). Anders, wenn es dem Kunden für den Veranstalter erkennbar gerade auf die gebuchte Unterkunft ankommt (Frankf FVE 7, 275, 280; LG Frankfurt VuR 90, 158). Die **Kosten** der Abhilfe (zB Kommunikations-, Transportkosten) hat der Veranstalter zu tragen (BGHZ 85, 301, 303; LG Frankfurt NJW-RR 87, 496). Bei Ablehnung einer zumutbaren Ersatzleistung kann der Reisende bis zu der Höhe mindern, wie er dies bei Annahme der Ersatzangebots hätte tun dürfen (LG Frankfurt NJW 85, 1474).

Nach der Ausnahme in S 2 kann der Veranstalter die **Abhilfe verweigern**, wenn sie einen unverhältnismäßigen Aufwand erfordert (entspricht §§ 635 III, 275 II s dort). Dies ist insbes zu bej bei objektiver Unmöglichkeit der Abhilfe oder bei in Bezug auf Gewicht/Bedeutung des Mangels und den Reisepreis unverhältnismäßigen Kosten der Mangelbeseitigung.

D. Selbsthilferecht, Aufwendungsersatz (III). Wird der wirksame Abhilfeanspruch des Reisenden (Rn 23) vom Veranstalter nicht erfüllt, kann dieser nach III entspr dem werkvertraglichen Selbstvornahmerecht (§ 637) zur **Selbsthilfe** übergehen. Es müssen hierfür die Voraussetzungen des Abhilfeanspruchs vorliegen (Abhilfeverlangen Rn 22) und dem Veranstalter vom Reisenden erfolglos eine **angemessene Frist zur Abhilfe** gesetzt worden sein. Es bedarf jedoch nicht des Verzugs (somit auch keines Verschuldens) des Veranstalters. Die Angemessenheit der Frist bemisst sich nach den Umständen, insbes nach Art und Schwere der Mängel. Sie muss so bemessen sein, dass Abhilfe überhaupt möglich ist, kann aber ggf sehr kurz sein. So bei einem besonderen Interesse des Reisenden an sofortiger Abhilfe, zB bei Fehlen des Reisegepäcks (Frankf FVE 9, 101, 105). Hat der Reisende noch keine anderen Rechte geltend gemacht, kann er auch nach Fristablauf aufgrund Treu und Glauben zur Annahme der angebotenen Abhilfe verpflichtet sein (LG Frankfurt NJW 85, 1473). Die Fristsetzung ist **entbehrlich (III 2)**, wenn der Veranstalter die Abhilfe ganz oder tlw verweigert oder ein besonderes Interesse des Reisenden an sofortiger Abhilfe besteht (Taxi zum Flughafen, AG Stuttgart RRa 95, 125). IE zu den Fällen der Entbehrlichkeit der Fristsetzung s § 323 II Nr 1 und 3 (dort Rn 27 ff).

Nach Fristablauf kann der Reisende den Mangel selbst beseitigen und die hierfür erforderlichen Kosten im Wege eines **Aufwendungsersatzanspruchs** gegen den Veranstalter geltend machen (III 1 aE). Erforderlich sind dabei die Aufwendungen die der Reisende nach sorgfältiger Prüfung für eine gleichwertige Ersatzleistung für angemessen halten durfte (ggf auch höherwertige, Köln NJW-RR 93, 252; KG NJW-RR 93, 1209). Str, ob das Vorliegen eines erheblichen Mangels wie bei § 651 e I notwendig ist (so Frankf RRA 94, 147; LG Frankfurt NJW-RR 95, 1521; abl Staud/*Eckert* § 651 c Rn 164). Der Reisende soll wie der Besteller eines Werks gem § 637 III Anspruch auf einen entspr **Vorschuss** haben (BGH NJW-RR 89, 406; Frankf MDR 84, 668; aber Abrechnungspflicht für den Reisenden).

E. Beweislast. Der **Reisende** trägt die Beweislast für die anspruchsbegründenden Merkmale Mangel (I; BGHZ 92, 177; jedoch Anscheinsbeweis möglich, so bei Erkrankung einer Vielzahl von Personen wegen verdorbener Speisen, LG Frankfurt RRa 03, 249; s.a. Ddorf RRa 01, 49), daneben bei Aufwendungsersatz für sein Abhilfeverlangen (II 1), die Setzung einer angemessenen Frist zur Abhilfe bzw deren Entbehrlichkeit (III) und die Höhe sowie Erforderlichkeit der Aufwendungen (III). Der **Veranstalter** für die Leistung der Abhilfe, für die Zumutbarkeit seines Ersatzangebots für den Reisenden (BGH NJW 05, 1047), daneben für die Unzumutbarkeit der Abhilfe aufgrund unverhältnismäßigen Aufwands (II 2).

§ 651 d Minderung

(1) ¹Ist die Reise im Sinne des § 651 c Abs. 1 mangelhaft, so mindert sich für die Dauer des Mangels der Reisepreis nach Maßgabe des § 638 Abs. 3. ²§ 638 Abs. 4 findet entsprechende Anwendung.
(2) Die Minderung tritt nicht ein, soweit es der Reisende schuldhaft unterlässt, den Mangel anzuzeigen.

A. Allgemeines. Durch das SMG wurde in I 1 die für die Minderungsberechnung relevante Verweisung auf den kaufrechtlichen § 472 aF durch die Verweisung auf den werkvertraglichen § 638 III ersetzt. Neu eingefügt wurde die Verweisung in I 2 auf § 638 IV (Art I Nr 44 SMG; BTDrs 14/7052, 206). Die Änderungen finden nur auf ab dem 1. 1. 02 geschlossene Verträge Anwendung (Art 229 EGBGB § 5).

B. Minderung. Die Minderung setzt einen Reisemangel (tauglichkeitsmindernder Fehler der Reise oder Fehlen einer zugesicherten Eigenschaft, § 651 c Rn 7 ff) und eine formlose Mängelanzeige (II) voraus. Nicht erforderlich sind ein vorheriges Abhilfeverlangen oder eine Fristsetzung.

3 Die **Mängelanzeige** in II stellt ein Weniger zu einem Abhilfeverlangen dar und kann durch diese ersetzt werden (jedoch nicht umgekehrt; zur Rechtsnatur vgl Abhilfeverlangen § 651 c Rn 22). Sie ist formlos möglich und hat alsbald nach Feststellung des Mangels zu erfolgen (Düsseldorf NJW-RR 89, 735; LG Kleve NJW-RR 97, 1207; nach Erman/Seiler § 651 d Rn 2 unverzüglich). Dies rechtfertigt sich aus dem Zweck der Anzeige, dem Veranstalter die Abhilfe zu ermöglichen. Der Reisende ist auf die Obliegenheit zur Anzeige in der Reisebestätigung hinzuweisen (§ 6 II Nr 7 BGB-InfoV; Ddorf NJW-RR 89, 735; LG Kleve NJW-RR 97, 1207). Adressat der Anzeige ist die vom Veranstalter angegebene Stelle (§ 8 I 1 Nr 3 BGB-InfoV), sonst die örtliche Reiseleitung (idR nicht Leistungsträger, so Hotelrezeption, Frankf NJW-RR 95, 1462; auch nicht Reisebüro, BGH NJW 88, 488). Einer Mängelanzeige bedarf es nicht soweit die Anzeige ausnahmsweise **entbehrlich** ist. Dies wird angenommen bei zweifelsfreier Kenntnis des Veranstalters vom Mangel (LG Düsseldorf RRa 05, 64). So bei bewusster Überbuchung, Hinweis bereits vor Reiseantritt, für den Reiseleiter vor Ort offensichtlicher Mangel (AG Frankfurt NJW-RR 00, 787, str). Daneben, wenn Abhilfe nicht möglich ist (Frankf NJW-RR 99, 202; LG Hamburg RRa 02, 214; auch aus Zeitgründen, Frankf RRa 01, 29), wegen Fehlens einer gleichwertigen Ersatzunterkunft (LG Köln RRa 01, 180) oder wenn der Mangel erst gegen Ende der Reise auftritt (vgl LG Frankfurt NJW-RR 88, 634). Bei schuldhaft unterlassener Anzeige entfällt die Minderung hinsichtlich nicht angezeigter Mängel vollständig, bei verspäteter Anzeige für die vor Anzeige liegende Zeit.

4 Kein **Verschulden** des Reisenden liegt vor, wenn dieser keine Kenntnis vom Mangel hat oder für ihn keine Möglichkeit zur Anzeige besteht (bei Dschungeltour, Segelturn). Daneben uU auch bei Irrtum über den Umfang der Anzeigepflicht (Bad Homburg NJW-RR 97, 1341), Minderjährigkeit des Reisenden (AG Bielefeld RRa 99, 156: 14 Jahre) oder fehlender Belehrung gem § 6 II Nr 7 BGB-InfoV, nicht dagegen bei gewisser Wartezeit oder zeitlichem Aufwand zur Mangelanmeldung (AG Hamburg NJW-RR 02, 1060).

5 **C. Wirkung der Minderung. I. Grds.** Die Minderung stellt entgegen der Neuregelung in § 638 kein Gestaltungsrecht dar. Vielmehr tritt sie kraft Gesetz ein (wie bei § 536). Der Reisende schuldet nur noch den geminderten Reisepreis. Hat der Reisende aufgrund der üblichen Vorauszahlung im Hinblick auf die Minderung zuviel geleistet, kann er die Überzahlung im Wege des vertraglichen Rückerstattungsanspruchs (I 2 iVm § 638 IV) zurückverlangen. Einer Minderungserklärung bedarf es nicht.

6 **II. Berechnung.** Zur Berechnung der Höhe der Minderung verweist I 1 auf § 638 III. Danach ist der mangelfreie Wert der Reise zum mangelhaften Wert entspr der vereinbarten Vergütung zur geminderten Vergütung herabzusetzen (auch Reduzierung auf Null möglich, Hamm WM 82, 1204f; Nürnbg MDR 73, 581; LG Frankfurt NJW-RR 90, 1396). Ggf kann eine Ermittlung im Wege der Schätzung vorgenommen werden (§ 638 III 2 iVm § 287 ZPO). Der Berechnung ist der vereinbarte Reisepreis in Form der Pauschalvergütung zugrunde zu legen (BGH NJW 00, 1188; Ddorf VersR 95, 349), nicht der Wert der mangelhaften Einzelleistung (so Celle RRa 95, 163). Bei zusammengesetzten Reisen mit hinsichtlich der Vergütung trennbaren Reiseteilen (Rundreise mit anschließendem Badeaufenthalt oder Verlängerungswoche) soll die Minderung auch für die Transportkosten des nicht mangelhaften Teils gelten (Celle NJW-RR 03, 200 zu Flugkosten; Ddorf NJW-RR 91, 1202; *Tempel* NJW 96, 164 will hingegen die Bereiche Unterkunft und Verpflegung stets nach prozentualen Anteilen gewichten). Da grds der mangelfreie Wert der Reiseleistung der vereinbarten Vergütung entspr dürfte, ist die Minderung praktisch durch einen prozentualen Abschlag von der vereinbarten Pauschalvergütung zu

7 bestimmen. Die Höhe des Abschlags ist unter wertender Berücksichtigung aller Umstände des Einzelfalls zu ermitteln (Celle RRa 04, 160; objektive Gesichtspunkte, keine Entschädigung, Frankf RRa 03, 255). Auch etwaiges Mitverschulden des Reisenden für den Mangel kann berücksichtigt werden (Ddorf NJW-RR 03, 59). Zeitlich kann die Minderung nach dem Wortlaut des I 1 „für die Dauer des Mangels" verlangt werden, dh ab Beginn des Mangels bis zur Abhilfe durch den Veranstalter (§ 651 c II) oder Selbsthilfe (§ 651 c III), ggf für die restliche Reisezeit (LG Frankfurt NJW-RR 93, 1330). Danach wird häufig eine zeitanteilige Minderung nach Anzahl der beeinträchtigten Tage angemessen sein (LG Düsseldorf NJW-RR 01, 50). Wird durch den Mangel der Nutzen der Reise für den Reisenden insgesamt beeinträchtigt (so bei Rück- oder Nachwirkung des Mangels, insbes bei erlittenen Körperschäden), soll der Reisepreis für die gesamte betroffene Reisezeit zu mindern sein (BGH NJW 00, 1188, 1191; s.a. Frankf NJW-RR 99, 202; LG Frankf NJW-RR 02, 270).

8 Für die Bestimmung der prozentualen Minderung werden **systematische Zusammenstellungen** angeboten, so die **Frankfurter Tabelle** (LG Frankfurt NJW 85, 113, Ergänzung NJW 94, 1639), **ADAC-Tabelle** (NJW 05, 2506), **Kemptener Reisemängeltabelle** (www.reiserecht-fuehrich.de). Diese können lediglich als Orientierungshilfe oder Richtschnur dienen (sa *Schmid* NJW 05, 2945ff; deren Heranziehung gänzlich abl Staud/*Eckert* § 651 d Rn 40). Es verbietet sich aufgrund der immer notwendigen Einzelfallbetrachtung jedoch jede Schematisierung (Hburg NJW 85, 3030; Stuttg RRa 94, 28). Bei mehreren Mängeln soll keine bloße Addition von Mängelquoten erfolgen (Celle MDR 04, 203).

9 **D. Beweislast.** Diese trägt der Reisende für das Vorliegen des Reisemangels und hinsichtlich der Mängelanzeige ggü dem Veranstalter (BGHZ 92, 177, 183). Bei unterlassener Anzeige hat der Veranstalter deren Durchführbarkeit darzulegen, der Reisende hat dann sein fehlendes Verschulden zu beweisen (s.a. LG Kleve NJW-RR 97, 1207), der Veranstalter wiederum die Möglichkeit der Mangelbeseitigung (LG Frankfurt NJW-RR 86, 540). Einzelheiten sind str (Nachweis bei Staud/*Eckert* § 651 c Rn 42).

§ 651 e Kündigung wegen Mangels

(1) ¹Wird die Reise infolge eines Mangels der in § 651 c bezeichneten Art erheblich beeinträchtigt, so kann der Reisende den Vertrag kündigen. ²Dasselbe gilt, wenn ihm die Reise infolge eines solchen Mangels aus wichtigem, dem Reiseveranstalter erkennbaren Grund nicht zuzumuten ist.
(2) ¹Die Kündigung ist erst zulässig, wenn der Reiseveranstalter eine ihm vom Reisenden bestimmte angemessene Frist hat verstreichen lassen, ohne Abhilfe zu leisten. ²Der Bestimmung einer Frist bedarf es nicht, wenn die Abhilfe unmöglich ist oder vom Reiseveranstalter verweigert wird oder wenn die sofortige Kündigung des Vertrags durch ein besonderes Interesse des Reisenden gerechtfertigt wird.
(3) ¹Wird der Vertrag gekündigt, so verliert der Reiseveranstalter den Anspruch auf den vereinbarten Reisepreis. ²Er kann jedoch für die bereits erbrachten oder zur Beendigung der Reise noch zu erbringenden Reiseleistungen eine nach § 638 Abs. 3 zu bemessende Entschädigung verlangen. ³Dies gilt nicht, soweit diese Leistungen infolge der Aufhebung des Vertrags für den Reisenden kein Interesse haben.
(4) ¹Der Reiseveranstalter ist verpflichtet, die infolge der Aufhebung des Vertrags notwendigen Maßnahmen zu treffen, insbesondere, falls der Vertrag die Rückbeförderung umfasste, den Reisenden zurückzubefördern. ²Die Mehrkosten fallen dem Reiseveranstalter zur Last.

A. Allgemeines. Die Vorschrift räumt dem Reisenden bei mangelhafter Reiseleistung ein außerordentliches Kündigungsrecht ein. Dieses besteht auch bereits vor Reiseantritt, wenn der erhebliche Mangel schon zu diesem Zeitpunkt feststeht (BGH NJW 90, 572). Das Rücktrittsrecht in § 651 i schließt das Kündigungsrecht nicht aus (BGHZ 77, 310; aA LG Frankfurt NJW 86, 1616), ebenso wenig das in § 651 a V 2, 3 bei Reiseänderung. Beruht ein Reisemangel auf höherer Gewalt, ist hingegen eine Kündigung nach § 651 e nicht möglich (Kündigung „allein nach Maßgabe" des § 651 j). Die Kündigung kann **formlos**, auch konkludent durch schlüssiges Verhalten erklärt werden (zB bei Rückreise am Ankunftstag, Ddorf NJW-RR 98, 53; Ablehnung der Ersatzunterkunft und Abreise, Frankf NJW-RR 05, 132). **Adressat** der Erklärung ist der Veranstalter oder eine von diesem benannte Stelle. Der Reisende muss in angemessener Zeit kündigen. Durch längere widerspruchslose Hinnahme des Mangels während der Reise kann eine Verwirkung des Kündigungsrechts eintreten (Ddorf NJW-RR 98, 52). 1

B. Kündigungsvoraussetzungen. I. Erhebliche Beeinträchtigung, Unzumutbarkeit (I 1). Die Reise muss durch den Mangel entweder erheblich beeinträchtigt (I 1) oder für den Reisenden aus wichtigem, für den Veranstalter erkennbaren Grund infolge des Mangels subjektiv unzumutbar sein (I 2). Das Vorliegen einer **erheblichen Beeinträchtigung** bestimmt sich anhand einer am Reisezweck/Reisecharakter orientierten Gesamtwürdigung aller Umstände der Reise (Frankf RRa 05, 61f). Entscheidend soll dabei die konkrete Ausgestaltung der geschuldeten Reise sein. Ebenso die Art und Dauer der Beeinträchtigung nach objektivem Maßstab, dh aus Sicht eines normalen Durchschnittsreisenden (LG Bonn RRa 01, 115; Köln NJW-RR 05, 703). Der Mangel muss in objektiver und subjektiver Hinsicht von einigem Gewicht sein. Der Beeinträchtigung des Reisezwecks kommt dabei besondere Bedeutung zu. Als Richtschnur wird von der Rspr mit dem Argument der Rechtssicherheit die angemessene Minderungsquote herangezogen. Jedoch soll sich eine starr an Prozentsätzen festgemachte Beurteilung verbieten (Frankf RRa 05, 61f). So soll eine Erheblichkeit bei einer Minderungsquote von 50% zu bejahen sein (Frankf NJW-RR 03, 1139; Ddorf NJW-RR 03, 59, 62; Stuttg RRa 94, 28), zT schon bei 33% (LG Koblenz RRa 02, 215; Celle RRa 04, 158), auch schon bereits bei 20% (Frankf RRa 95, 274; LG Bonn RRa 96, 223). Nicht ausreichend sind hingegen sog „einfache" Reisemängel kurzfristiger und unerheblicher Natur wie einmalige Störung der Nachtruhe, gelegentlicher Ausfall der Fahrstühle. 2
Die Gründe für die **Unzumutbarkeit** der Reise bestimmen sich anhand der in der Person des betreffenden Reisenden liegenden subjektiven Umstände, dessen spezifischer Situation und persönlichen Verhältnissen (zB Behinderung). Diese müssen dem Veranstalter erkennbar sein. Die Zumutbarkeit selbst ist nach objektiven Maßstäben zu beurteilen (Bonn RRa 01, 115). So auch bei ungenügender Unterrichtung des Reisenden über die Bestimmungen der Visumsbeschaffung mit der Folge, dass die Reise nicht zum vereinbarten Zeitpunkt durchgeführt werden kann (AG Bad Homburg NJW-RR 05, 856). 3

II. Fristsetzung (II). Der Reisende muss fruchtlos eine angemessene Frist zur Abhilfe gesetzt haben (keine Ablehnungsandrohung erforderlich). Auf diese Obliegenheit muss der Reisende in der Reisebestätigung hingewiesen worden sein (§ 6 II Nr 7 BGB-InfoV). Entbehrlich ist die Fristsetzung gem II 2 bei Unmöglichkeit der Abhilfe, deren Verweigerung durch den Veranstalter oder einem besonderen Interesse des Reisenden an sofortiger Kündigung (zur Angemessenheit der Frist und Entbehrlichkeit s § 651 c Rn 25). Entbehrlichkeit wurde bei bei zahlreichen Mängeln, deren Behebung bis Urlaubsende aussichtslos erscheint (Köln FVE 7, 299, 305), Nichterreichbarkeit des örtlichen Reiseleiters (LG Frankfurt NJW-RR 96, 888), längerer Krankheit (LG Düsseldorf NJW 01, 1872). Sofern lediglich einer von mehreren Mängeln nicht behebbar ist, muss dieser allein die Kündigung rechtfertigen, andernfalls bedarf es einer Fristsetzung (LG Offenburg NJW-RR 97, 626). 4

5 **C. Wirkungen der Kündigung.** Durch die Kündigung wird das Vertragsverhältnis in ein gesetzliches Rückabwicklungsverhältnis umgestaltet (ähnlich § 346; BGHZ 85, 50; nicht bei unberechtigter Kündigung, AG Kleve NJW-RR 01, 1560 aber evtl Anrechnung ersparter Aufwendungen). Der Veranstalter verliert den Anspruch auf den Reisepreis, kann jedoch Entschädigung verlangen.

6 **I. Entschädigungsanspruch des Reiseveranstalters (III).** Entschädigung kann der Veranstalter nur für Leistungen fordern, die auf dem Reisevertrag zwischen Veranstalter und Kunden beruhen. Nicht hingegen für Leistungen im Verhältnis zwischen Veranstalter und seinen Leistungsträgern (BGH NJW 90, 572: Stornokosten für gebuchte Hotelunterkunft). Für die **Berechnung** der Entschädigung wird in III 2 auf werkvertragliche Grundsätze für die Minderung in § 638 III verwiesen (mit Wirkung für ab dem 1.1.02 geschlossene Verträge Art 229 EGBGB § 5, für frühere Verträge gilt § 471 aF). Ggf ist der Anspruch gem § 638 III 2, § 287 ZPO durch Schätzung zu ermitteln (LG Düsseldorf NJW 03, 3062). Der Veranstalter kann als Entschädigung den Anteil am Gesamtreisepreis verlangen, der demjenigen der bisher erbrachten und für die Beendigung noch zu erbringenden Leistungen (zB Rückflug, LG Frankfurt RRa 01, 76) an den vertraglich insgesamt vorgesehenen Reiseleistungen entspricht. Reisemängel sind dabei mindernd zu berücksichtigen. Bei zeitanteilig mangelfreiem Aufenthalt am Urlaubsort (zB Aufenthalt von einer Woche, Reisedauer 2 Wochen) kann auch die Beförderungsleistung nur anteilig berechnet werden (Soergel/*Eckert* § 651 e Rn 16). Das LG Düsseldorf nimmt eine Berechnung anhand des Reisepreises bezogen auf die Dauer des Aufenthalts abzüglich des mangelbedingt vorzunehmenden Minderungsbetrags an (RRa 05, 165; zu den Berechnungsformeln s Staud/*Eckert* § 651 e Rn 42 ff). Eine Pauschalierung in AGB ist im Grundsatz zulässig (LG Köln NJW-RR 01, 1064).

7 Der **Entschädigungsanspruch entfällt**, soweit diese Leistungen infolge der Vertragsaufhebung für den Reisenden kein Interesse haben (III 3). Dies bestimmt sich nach den Umständen des Einzelfalls, wobei insbes auf die Schwere des Mangels und den vereinbarten Urlaubszweck abzustellen ist (LG Frankfurt RRa 00, 52; LG Düsseldorf RRa 00, 28). Das kann bei völliger Wertlosigkeit der bisher erbrachten Leistungen der Fall sein, so bei unzumutbarer Unterkunft, alsbaldiger Kündigung und Abreise (LG Frankfurt RRa 00, 52). ZT wird eine prozentuale Quantifizierung anhand der Minderungsquote vorgenommen (Interessenfortfall bei Quote v mind 50 %, Frankf Urt v 29.2.84, 17 U 55/83).

8 Der BGH geht ungeachtet der fehlenden Regelung (kein Verweis auf § 638 IV) von einem vertraglichen **Rückforderungsanspruch** des Reisenden nach § 346 (BGHZ 85, 50, 59 ff; § 638 IV analog) für das aus, was er bereits mehr bezahlt hat, als der Veranstalter an Entschädigung beanspruchen kann.

9 **II. Verpflichtung zur Rückbeförderung (IV).** War die Rückbeförderungsverpflichtung Inhalt des Vertrages, bleibt sie auch nach Kündigung bestehen. Gleiches gilt für die sonstigen infolge der Vertragsaufhebung notwendigen Maßnahmen (Verpflegung, weitere Gewährung von Unterkunft). Die Rückbeförderung hat unverzüglich zu erfolgen (ggf mit Linienflug statt Charter, Ddorf NJW-RR 86, 1175; LG Frankfurt NJW 85, 143). Die Mehrkosten dafür hat der Veranstalter zu tragen, mit Ausnahme außergewöhnlicher Mehrkosten infolge der Konstitution des Reisenden (zB Krankentransport). Trifft der Veranstalter die geschuldeten Maßnahmen nicht, kann der Reisende diese selbst vornehmen und es soll ihm ein Erstattungsanspruch wie bei § 651 c III 1 zustehen (Staud/*Eckert* § 651 e Rn 71 mwN).

10 **D. Beweislast.** Der Reisende hat den obj Mangel, die erhebliche Beeinträchtigung, die Unzumutbarkeit u die Fristsetzung zu beweisen.

§ 651 f Schadensersatz

(1) Der Reisende kann unbeschadet der Minderung oder der Kündigung Schadensersatz wegen Nichterfüllung verlangen, es sei denn, der Mangel der Reise beruht auf einem Umstand, den der Reiseveranstalter nicht zu vertreten hat.

(2) Wird die Reise vereitelt oder erheblich beeinträchtigt, so kann der Reisende auch wegen nutzlos aufgewendeter Urlaubszeit eine angemessene Entschädigung in Geld verlangen.

1 **A. Allgemeines.** Der Schadensersatzanspruch ist auf den Ersatz des Nichterfüllungsschadens einschl der Mangelfolgeschäden gerichtet (BTDrs 8/2343, 10; BGH NJW 85, 132) und besteht neben Minderung und Kündigung. II gewährt Ersatz für nutzlos aufgewendete Urlaubszeit (Sonderregelung zu § 253 II). Er findet im Reiserecht nicht nur iR der Gewährleistung Anwendung, sondern auch, wenn im Falle vereitelter oder erheblich beeinträchtigter Reise Ersatz aufgrund einer verschuldensabhängigen Anspruchsgrundlage geschuldet wird (BTDrs 8/2343, 11). Eine entspr Anwendung zB auf Klinikaufenthalte mit stationärer Behandlung (BGH WM 81, 849) oder einzelne Reiseleistungen soll ausscheiden (BGHZ 86, 212; Staud/*Eckert* § 651 f Rn 61). Art 24 I Warschauer Abkommen schließt in seinem Anwendungsbereich den Anspruch aus II aus (Frankf NJW-RR 93, 1147). Eine Haftungsbeschränkung ist in den Grenzen des § 651 h möglich.

2 **B. Voraussetzungen des Schadensersatzanspruches. I. Reisemangel.** Es muss ein Reisemangel vorliegen (§ 651 c Rn 7 ff), Erheblichkeit ist nur iR des II erforderlich. Bei Pflichtverletzungen, die sich nicht auf den Nutzen der Reise auswirken, finden §§ 280, 311 Anwendung (§ 651 c Rn 2 f).

den Urlaub ganz oder teilweise als vertan erscheinen lässt (Karlsr NJW-RR 88, 954 f; grds wie § 651 e Rn 2; so wird zT auf das Vorliegen einer mindestens 50 %-Minderungsquote abgestellt, Ddorf NJW-RR 01, 50). Bloße psychische Beeinträchtigungen genügen idR nicht (LG Frankfurt NJW-RR 02, 270; Grenze bildet ein
11 erlittener Schock). Eine **Vereitelung der Reise** ist anzunehmen, wenn sie überhaupt nicht angetreten oder gleich zu Anfang wieder abgebrochen worden ist (BGH NJW 05, 1047; BGHZ 85, 301, 303f; Ddorf NJW-RR 89, 1078). So, wenn der Veranstalter die Reise absagt (Celle NJW-RR 02, 1711) oder „storniert" (LG Düsseldorf RRa 03, 163) oder der Reisende wegen Überbuchung die Reise nicht antritt oder abbricht (BGH NJW 05, 1047). Dabei soll die Möglichkeit den Urlaub zu verschieben zu berücksichtigen sein (BGHZ 82, 219, 227).

12 **2. Höhe.** Maßstab für die Höhe des Anspruchs stellen grds alle Umstände des Einzelfalls dar (BTDrs 8/2343, 11; BGH NJW 83, 35 f). Besondere Bedeutung soll dabei dem Reisepreis zukommen (BGH NJW 05, 1047, 1050). Dieser kann insbes bei Vereitelung der Reise, allein maßgeblich sein (Ddorf NJW-RR 94, 950). Weitere Kriterien sind daneben der für die Finanzierung eines gleichwertigen Ersatzurlaubs erforderliche Geldbetrag (BGHZ 63, 98 und NJW 83, 35) und die Schwere des Verschuldens des Veranstalters (Ddorf NJW-RR 86, 1175). Nicht mehr dagegen die Einkommensverhältnisse des Reisenden (BGH NJW 05, 1047, 1050; Aufgabe der früheren Rspr; so auch LG Bremen RRa 05, 208) und die Ausgestaltung der wegen Reiseabbruchs offenen Urlaubszeit (BGH NJW 05, 1047, 1050; aA noch BGH NJW 83, 218: Berücksichtigung des Resterholungswerts). Bei erheblicher Beeinträchtigung der Reise nur während eines Teils der Reise kann eine zeitanteilige Quote des Reisepreises angesetzt werden (vgl BGH NJW 05, 1047, 1050). ZT werden von der Rspr Tagessätze angesetzt (100 DM pro Person und Tag als Mindestsatz, Ddorf RRa 03, 211; Mindestsatz 50 DM, LG Hannover NJW-RR 00, 1162; 72 €, LG Frankfurt NJW-RR 03, 640). Ein unbezifferter Klageantrag soll zulässig sein (LG Hannover NJW 89, 1936).

13 **III. Mitverschulden.** Ein Mitverschulden des Reisenden ist nach § 254 zu berücksichtigen (BGH WM 82, 92). So wenn der Reisende dem Veranstalter gesundheitliche Probleme nicht anzeigt (AG Gifhorn RRa 05, 69) oder zumutbare Ersatzangebote nicht annimmt (Celle NJW-RR 02, 1711; s.a. LG Frankfurt NJW 86, 1616; kein zumutbares Ersatzangebot bei Tauchurlaub, wenn Ersatzinsel kein Hausriff hat, BGH NJW 05, 1047). Dieses kann bei grober Sorgfaltspflichtverletzung sogar zum Ausschluss des Anspruchs führen (so, wenn wertvoller Schmuck im aufgegebenen Reisegepäck verstaut wird, AG Baden-Baden RRa 99, 216 f). Geht der Reisende auf ein gemessen an den subjektiven Urlaubswünschen des Reisenden gleichwertiges Ersatzangebot des Veranstalters nicht ein, kann dem Schadensersatzanspruch auch der Einwand der **unzulässigen Rechtsausübung** (§ 242) entgegengesetzt werden (vgl BGH NJW 05, 1047; Darlegungs- und Beweislast hierfür beim Veranstalter, Celle NJW-RR 02, 1711f).

14 **D. Beweislast.** Der Reisende trägt die Beweislast für den Mangel, die Mangelanzeige oder das Abhilfeverlangen, seinen Schaden und den Ursachenzusammenhang. Der Veranstalter für die Entlastung hinsichtlich des Vertretenmüssens (I 2. Hs; BGH RRa 05, 12). So muss der Reisende dartun, dass es Hinweise auf einen bevorstehenden terroristischen Anschlag gegeben hat (Celle NJW 05, 3647).

§ 651 g Ausschlussfrist, Verjährung

(1) ¹Ansprüche nach den §§ 651 c bis 651 f hat der Reisende innerhalb eines Monats nach der vertraglich vorgesehenen Beendigung der Reise gegenüber dem Reiseveranstalter geltend zu machen. ²§ 174 ist nicht anzuwenden. ³Nach Ablauf der Frist kann der Reisende Ansprüche nur geltend machen, wenn er ohne Verschulden an der Einhaltung der Frist verhindert worden ist.
(2) ¹Ansprüche des Reisenden nach den §§ 651 c bis 651 f verjähren in zwei Jahren. ²Die Verjährung beginnt mit dem Tage, an dem die Reise dem Vertrag nach enden sollte.

1 **A. Ausschlussfrist (I 1).** Zweck der Ausschlussfrist ist dem Veranstalter die zeitnahe Prüfung der Berechtigung von Mängelrügen und den Regress gegen seine Leistungsträger zu ermöglichen. Dies vor dem Hintergrund von Beweisschwierigkeiten, die nach längerem Zeitablauf erfahrungsgemäß auftreten (BGH NJW 01, 289; 05, 1421). Der Veranstalter hat den Reisenden hierauf gem § 6 II Nr 8 BGB-InfoV in der Reisebestätigung hinzuweisen (auch im Prospekt oder den ARB möglich § 6 IV BGB-InfoV). Unterlässt er dieses, ist die Unkenntnis des Reisenden von der Frist als unverschuldet anzusehen (zwar weiterhin Anmeldung erforderlich, jedoch kein Anspruchsausschluss nach Fristablauf; daneben regelmäßige dreijährige Verjährung anstelle II, BGHZ 88, 174; 103, 298). Die Ausschlussfrist ist von Amts wegen zu berücksichtigen. Die Geltendmachung ist neben dem Abhilfeverlangen bzw der Mängelanzeige erforderlich (§§ 651 c II, d II).

2 **I. Sachlicher Geltungsbereich, erfasste Ansprüche.** Die Vorschrift findet Anwendung auf sämtliche Gewährleistungsansprüche des Reisenden aus §§ 651 c–f. Daneben auch auf Rückzahlungsansprüche bei Kündigung nach §§ 651 e, j (s.a. LG Frankfurt NJW 85, 146). Aufgrund des Ausnahmecharakters dagegen nicht auf sonstige Ansprüche, insbes Ansprüche aus §§ 280 I, 311 II, Rückzahlungsansprüche gem § 651 i,

II. Mangelanzeige. Mangels eindeutiger Regelung ist str, ob § 651 f wie die Minderung (§ 651 d II) oder 3
Kündigung (§ 651 e II) eine Mangelanzeige voraussetzt. Dies wird von der Rspr mit dem Verweis auf die Formulierung in I „unbeschadet der Minderung oder Kündigung" bej (BGHZ 92, 177, 179ff; Ddorf NJW-RR 89,735). Letztlich kann der Streit dahinstehen, da auch bei Ablehnung im Fall der Nichtanzeige zumindest eine zum Mitverschulden des Reisenden führende Obliegenheitsverletzung vorliegt (Staud/*Eckert* § 651 f Rn 8 ff auch zum Streitstand). Zur Mangelanzeige s § 651 d Rn 3.

III. Verschulden (Vertretenmüssen). Der Veranstalter muss den Mangel zu vertreten haben (§ 276). Sein Ver- 4
schulden wird nach I 2. HS vermutet, er kann sich jedoch exkulpieren (vgl § 280 I 2). Hierzu muss er darlegen und beweisen, dass der Mangel auf einem Umstand beruht, den er nicht zu vertreten hat. Dies wird nur gelingen, wenn ihn hinsichtlich der Information des Reisenden, der Vorbereitung, Organisation und Durchführung der Reise kein Verschulden an den aus seinem Gefahrenbereich stammenden schädigenden Umständen trifft (BGH NJW 87, 1938; 05, 418). Der engere Art 5 II 1 PauschalreiseRL soll keine andere Auslegung gebieten (BGH NJW 05, 418; aA München NJW-RR 02, 694). Dabei wird dem Veranstalter ein Verschulden seiner **Erfüllungsgehilfen** zugerechnet (§ 278). Dazu zählen neben seinen eigenen Mitarbeitern auch die Leistungsträger und deren Erfüllungsgehilfen (Beförderungsunternehmen, Hoteliers, Celle MDR 00, 644). Eine strengere Haftung des Veranstalters hinsichtlich des Mangels als die für Vorsatz und Fahrlässigkeit kann bestehen, wenn sich dies aus dem Reisevertrag ergibt, so insbes bei Übernahme einer Zusicherung (§ 276 I 1 nF).
Dem Veranstalter obliegt es diejenigen Sicherungsvorkehrungen zu treffen, die ein verständiger, umsichtiger, 5
vorsichtiger und gewissenhafter Unternehmer vorsieht (objektiv erforderliche Sorgfalt eines ordentlichen Veranstalters, Rechtsgedanken des § 347 HGB), er hat insbes die notwendigen organisatorischen Maßnahmen für die Reise zu treffen (Staud/*Eckert* § 651 f Rn 12 ff). Bej wird Verschulden zB bei täuschenden Prospektangaben (LG Stuttgart MDR 78, 1022), Überbuchung (BGH NJW 05, 1047), Nichtbeschaffung oder -weitergabe wesentlicher Informationen, zB ungenügendem Hinweis auf geänderte Abflugzeit (LG Kleve NJW-RR 98, 563), vermeidbarer Gefährdung durch Tiere bei Safari oder durch Routenwahl bei Skitour (München NJW-RR 99, 1358 u 02, 694) bzw ungeeignete Pferde bei Cluburlaub (BGH NJW 00, 1188; 05, 418).
Nicht zu vertreten hat der Veranstalter außerhalb des übernommenen Gefahrenbereichs liegende, von ihm 6
nicht beeinflussbare Umstände in der Sphäre des Reisenden oder Dritter, die nicht seine Erfüllungsgehilfen sind. Daneben auch nicht für höhere Gewalt (§ 651 j; so Naturkatastrophen wie Hurrikan LG Kleve RRa 00, 99; Frankf RRa 00, 118ff), oder Vorfälle, bei denen sich lediglich das allgemeine Lebensrisiko verwirklicht (§ 651 c Rn 14; LG Frankfurt NJW-RR 97, 244: Fischvergiftung bei allgemein üblicher Zubereitung; AG München NJW-RR 96, 1399: Affenbiss auf Hotelgelände in Kenia).

C. Umfang des Anspruchs. I. Nichterfüllungsschaden (I). Der Schadensersatz umfasst den mangelbe- 7
dingten Nichterfüllungsschaden (positives Interesse). Dazu zu zählen sind sog Begleitschäden und Mangelfolgeschäden (BTDrs 8/2343, 10; BGHZ 100, 157, 180); so nutzlose Aufwendungen für eine vergebliche Anreise (LG Frankfurt RRa 00, 52, 56), Transport-(Taxi), Porto/Telefonkosten sowie Mehrkosten einer angemessenen Ersatzreise (LG Darmstadt RRa 02, 121). Daneben ist iR des § 253 II auch Schmerzensgeld zu gewähren. Bereits im Wege der Minderung abgegoltene Beträge sind iR der Schadenshöhe zu berücksichtigen.

II. Nutzlos aufgewendete Urlaubszeit (II). 1. Voraussetzungen. Über II wird eine angemessene Entschä- 8
digung in Geld für **nutzlos aufgewendete Urlaubszeit** gewährt (Ersatz der durch die PauschalreiseRL vorgeschriebenen immatriellen Schäden, EuGH NJW 02, 1255 ff). Dies ist die für die Reise vorgesehene, vom Mangel erfasste Urlaubszeit, wobei unerheblich sein soll, ob ein Arbeitnehmer den Urlaub überhaupt nimmt (so wenn der Reisende weiter arbeitet, BGH NJW 05, 1047; zu dieser Entscheidung *Fischer* RRa 05, 98; aA noch BGHZ 82, 219, 227; als zu weitgehend abl auch Palandt/*Sprau* § 651 f Rn 6) oder wie er ihn verbringt, dh ob er zu Hause bleibt bzw eine Ersatzreise vornimmt (BGH NJW 05, 1047; aA noch BGHZ 77, 117; NJW 83, 35, die hierbei noch auf die Verfehlung des verfolgten Reisezwecks abstellten). Fraglich ist, ob dies auch gilt, wenn der Reisende den Urlaub voraussichtlich aus anderen Gründen abgebrochen hätte (LG Frankfurt RRa 99, 233: Tod des Vaters). Bei alsbaldigem Abbruch der Reise sind Reisetage idR vertane Urlaubszeit (München NJW 84, 132), ebenso bei Vereitelung der Reise durch Überbuchung (BGH NJW 05, 1047). Auch wer keiner Erwerbstätigkeit nachgeht, kann Urlaub aufwenden (im Haushalt tätige Ehefrau, BGHZ 77, 117; *Schüler*, BGHZ 85, 168; Minderjähriger, LG Bremen RRa 05, 208). Keine Entschädigung gibt es nach II mangels Reiseeigenschaft bei Gastschulaufenthalten iSd § 651 l (LG Berlin RRa 05, 227; *Klein* RRa 04, 50, 57).
Anspruchsberechtigter ist die betroffene Person höchstpersönlich (auch Mitreisende zumindest aufgrund 9
eigener Ansprüche aus Vertrag mit Schutzwirkung zugunsten Dritter BGHZ 77, 116, 124; BGH NJW 83, 35; Ddorf RRa 03, 211; aA Staud/*Eckert* § 651 f Rn 38), die Geltendmachung durch eine andere Person (auch Reisenden) setzt daher die vorherige Abtretung der Ansprüche voraus (BGH NJW 80, 1947 f).

Zusätzliche Voraussetzung (wohl auch bei richtlinienkonformer Auslegung Hannover RRa 03, 93; *Doehner* 10
EuZW 02, 340) ist eine **erhebliche Beeinträchtigung** oder Vereitelung der Reise. Eine Erheblichkeit ist anzunehmen, wenn dem Mangel unter Berücksichtigung des Reisezwecks und der Gesamtwürdigung aller Umstände des Einzelfalls ein ganz besonderes Gewicht zukommt und die Art und der Umfang des Mangels

bereicherungsrechtliche Ansprüche §§ 812 ff (AG Kleve NJW-RR 01, 1062) und wohl auch nicht auf deliktische Ansprüche (BGHZ 103, 298, 302; Köln NJW-RR 92, 1185 f; aA LG Frankfurt NJW 87, 132; 90, 520; s.a. Staud/*Eckert* § 651 g Rn 6 zum Streitstand). I soll jedoch von den Parteien vertraglich auf deliktische Ansprüche erstreckt werden können (Frankf RRa 03, 20 ff; 03, 64 ff). In AGB aber nur, soweit sich die Ansprüche auf ein auch von reisevertraglichen Ansprüchen abgedecktes Interesse richten (BGH NJW 04, 2965; 04, 3777).

II. Fristberechnung, -beginn. Die Ausschlussfrist **beginnt** im Zeitpunkt des vertraglich vorgesehenen Reiseendes, wobei der hierfür bestimmte Tag nicht mitzählt (§ 187 I; Karlsr NJW-RR 91, 54). Dies soll auch bei Nichtantritt der Reise durch den Reisenden gelten, ebenso wenn er sie vor oder nach dem vorgesehenen Endtermin beendet. Gleiches gilt bei Anspruchsübergang auf Dritte (BGH NJW 04, 3178). Bei ungewissem Ende zählt das voraussichtliche (*Klein* RRa 04, 50, 58 zum Gastschulaufenthalt), bei Verlängerung deren Ende. Bei Buchung der Reise bei mehreren sukzessiv tätigen Veranstaltern, beginnt die Frist am Ende des jeweiligen Reiseabschnitts (Ddorf VuR 91, 245). Die Mindestfrist **dauert** einen Monat. Eine vertragliche Verkürzung ist nicht möglich (§ 651 m), wohl aber eine Verlängerung. Sie **endet** gem § 188 II Alt 1. Neubeginn oder Hemmung finden keine Anwendung. Die hieraus iVm mit der kurzen Frist resultierende Härte wird über I 3 entschärft. 3

III. Geltendmachung. Die Geltendmachung der Ansprüche stellt eine Erklärung des Reisenden iS einer geschäftsähnlichen Handlung dar (BGH NJW 01 289f; aA Karlsr NJW-RR 91, 54). Sie ist formlos, dh auch mündlich möglich. Schriftformklauseln in AGB dürften wegen § 651 m unwirksam sein (BGH NJW 84, 1752). 4

1. Inhalt. Die Erklärung muss Mängel nach Ort, Zeit, Ablauf und Folgen so konkret benennen, dass eine Überprüfung durch den Veranstalter möglich ist. Auch muss Sie erkennen lassen, dass Ansprüche geltend gemacht werden sollen. Eine nähere Bezeichnung, rechtliche Einordnung oder Bezifferung der Ansprüche ist hingegen nicht erforderlich (BGH NJW 05, 1420). Ausreichen dürfte daher die Übersendung einer Mängelliste (LG Frankfurt NJW-RR 92, 504), die auf die Absicht zur Anspruchstellung schließen lässt (was regelmäßig anzunehmen ist; vgl LG Düsseldorf VuR 91, 287). Die bloße Ankündigung der Geltendmachung oder Bezeichnung der Mängel genügt nicht (LG Frankfurt NJW-RR 98, 563; so noch Formulierung „Bitte um Prüfung", LG Hannover MDR 87, 671). Ebenfalls nicht ausreichend sein dürfte eine bloße Rüge oder ein Abhilfeverlangen am Urlaubsort (Grund: Es dient einem anderen Zweck, nämlich der Abhilfe, AG Münster RRa 05, 71). Jedoch kann auf diese bei der Geltendmachung Bezug genommen werden (BGHZ 90, 363; einschr LG Kleve NJW-RR 99, 486). 5

2. Erklärender und Adressat. Erklärender muss der Anspruchsinhaber sein, dh idR der Reisende (bei Anspruchsabtretung der Zessionar, BGH NJW 04, 3178). Die Geltendmachung durch einen Vertreter bedarf keiner Beifügung einer Vollmacht (§ 174 findet nach dem mit Wirkung ab 1. 9. 01 eingefügten I 2 keine Anwendung). **Adressat** der Erklärung ist grds der Veranstalter. Daneben jedenfalls die vom Veranstalter in der Reisebestätigung oder sonst angegebene Stelle (§ 6 II Nr 8 BGB-InfoV). Die Anmeldung kann auch in AGB auf diese Stelle beschränkt werden (AG Hamburg RRa 01, 248). Weitere Adressaten können vereinbart werden. Agenturen des Veranstalters oder das Reisebüro, bei dem der Reisende gebucht hat, sind nur dann zulässige Adressaten, wenn sie vom Veranstalter mit der Vermittlung von Reiseverträgen ständig betraut sind (§ 91 II 1 HGB; BGHZ 102, 80). Auch eine Mängelanzeige an die örtliche Reiseleitung während der Reise dürfte grds nicht ausreichen (BGHZ 90, 363, 367; Frankf OLGR 99, 369), auch nicht bei schriftlicher Mängelliste (LG Hamburg RRa 99, 147) oder bei ausdrücklichem Vorbehalt späterer Ersatzansprüche (LG Düsseldorf MDR 01, 679; RRa 01, 201). Eine Geltendmachung iSv § 651 g I soll in solchen Fällen ausnahmsweise anzunehmen sein, wenn der Reisende unter Hinweis auf bestimmte Mängel nicht nur die Abhilfe verlangt, sondern eindeutig und vorbehaltslos Gewährleistungsansprüche geltend macht (BGHZ 90, 363, 367; 102, 80f; Frankf NJW 81, 2068; aA Ddorf NJW 85, 148; München NJW-RR 87, 369; Staud/*Eckert* § 651 g Rn 11 mwN). So durch Androhung gerichtlichen Vorgehens (BGHZ 102, 80; 145, 343). Auch die Anmeldung eines erheblichen Gesundheitsschadens bei der Reiseleitung am Urlaubsort soll als Anspruchsanmeldung gewertet werden können (BGH NJW 04, 3777). 6 7 8

3. Zugang beim Adressaten. Die Erklärung muss dem Adressaten nach den allg Grundsätzen spätestens zum Fristende **zugehen** (§ 130; LG Düsseldorf NJW-RR 01, 347: auch Fax nach Büroschluss; aA LG Hamburg NJW-RR 97, 502). Bei einem Filialsystem auf Seiten des Veranstalters ist Anzeige bei einer beliebigen Filiale ausreichend (MüKo/*Tonner* § 651 g Rn 5; anderes kann vereinbart werden). Leitet ein unzulässiger Adressat die Erklärung weiter ist auf den rechtzeitigen Zugang beim Veranstalter abzustellen (Celle RRa 02, 162). 9

IV. Wirkung, Ausnahme I 3. Die Erklärung wirkt für alle Gewährleistungsansprüche (einschr AG Düsseldorf RRa 03, 166). Erfolgt keine fristgerechte Geltendmachung und liegt der Ausnahmetatbestand I 3 nicht vor, sind die erfassten Ansprüche (Rn 2), insbes §§ 651c–g für den Reisenden ausgeschlossen. Dieser Ausschluss ist eine von Amts wegen zu beachtende, materiellrechtlich wirkende Einwendung und gilt auch ggü Dritten, die den Anspruch erworben haben (LG Frankfurt NJW 90, 520). 10

11 Nach I 3 sind Ansprüche des Reisenden aus §§ 651c–g auch bei Nichteinhaltung der Ausschlussfrist nicht ausgeschlossen, wenn diese **unverschuldet** war. Hierbei ist der Maßstab des § 276 zugrunde zu legen (BTDrs 8/2343, 11). Fehlendes Verschulden wurde insbes bej bei Verhinderung aufgrund Erkrankung oder Verletzung des Reisenden (so durch Autounfall am Urlaubsort, LG Köln NJW-RR 05, 994). Hierbei bedarf es jedoch einer gewissen Intensität der Erkrankung/Verletzung (bej bei 80-prozentiger krankheitsbedingter Arbeitsunfähigkeit, LG Köln NJW-RR 05, 994). Bei persönlicher Verhinderung kann vom Reisenden verlangt werden, dass er zumindest versucht Ersatzlösungen zu organisieren (Staud/*Eckert* § 651 g Rn 20). Daneben bej bei Flugzeugentführung, Poststreik (jedoch ist mit regelmäßiger Postlaufzeit von 3 Tagen zu rechnen, LG Frankfurt RRa 94, 97 f); bei Fehlinformation durch den Reiseleiter, das Reisebüro oder den Veranstalter (vgl AG Bad Homburg NJW-RR 95, 1523), bei Umzug des Veranstalters (LG Köln RRa 01, 180).

12 Entfällt der Hinderungsgrund, ist der Reisende zur unverzüglichen (§ 121) Geltendmachung verpflichtet (LG Frankfurt NJW 87, 132f). Unterlässt er dieses verliert er nach dem Zweck der Ausschlussfrist seine Ansprüche (BGH NJW 04, 3178). Die Ausschlussfrist entfällt nicht bei arglistigem Verschweigen des Mangels durch den Veranstalter (LG Frankfurt NJW 87, 132; NJW-RR 91, 317), es dürfte jedoch meist aufgrund Unkenntnis vom Mangel am Verschulden des Reisenden fehlen (I 3).

13 **B. Verjährung der Gewährleistungsansprüche (II). I. Verjährungsfrist.** Durch das SMG wurde die Verjährungsfrist des II auf 2 Jahre erhöht (Art 1 Nr 46 SMG; dazu BTDrs 14/6040, 268). Sie gilt **zeitlich** erst für Mängelansprüche aus nach dem 1.1.02 geschlossenen Verträgen (Art 229 EGBGB § 6 III). Die Frist kann vertraglich vor Mitteilung eines Mangels bis zur Grenze von einem Jahr verkürzt werden (nach Mitteilung gelten die allgemeinen Regeln s § 651 m). II 3 aF ist im Hinblick auf § 203 entfallen. Der **sachliche** Anwendungsbereich entspricht dem der Ausschlussfrist (s Rn 2). II gilt nicht wenn der Veranstalter den Mangel arglistig verschwiegen hat (wie § 634 a III, der insoweit einen allgemeinen Rechtsgedanken enthält). Bei Arglist findet die regelmäßige Verjährung nach §§ 195, 199 Anwendung (BGH NJW 88, 1380 zu § 651 g aF; *Führich* NJW 02, 1082, 1083). Beginn, Berechnung und Ende bestimmen sich wie bei der Ausschlussfrist (Rn 3; §§ 187 I, 188 II Alt 1); dh der vertraglich für das Reiseende vorgesehene Tag zählt nicht mit (LG Frankfurt NJW 86, 594; LG Hannover NJW-RR 90, 572).

14 **II. Hemmung.** Im Gegensatz zur Ausschlussfrist finden die allgemeinen Bestimmungen über Hemmung und Neubeginn der Verjährung (§§ 203 ff) auf II Anwendung. Die Hemmungsregelung in § 203 nF bleibt entgegen der Gesetzesbegründung (BTDrs 14/6040, 269) hinter II 3 aF zurück. Dieser sah eine Hemmung ab Geltendmachung der Ansprüche bis zur Zurückweisung durch den Veranstalter vor, wohingegen nunmehr schwebende Verhandlungen zwischen den Parteien vorausgesetzt werden. Hierzu ist jedoch ein Einlassen des Veranstalters auf die Geltendmachung erforderlich, auch fehlt eine Regelung für das Ende der Verhandlungen. Der Reisende ist daher gehalten insbes bei „einschlafenden" Verhandlungen weitere hemmende Maßnahmen zu ergreifen (Staud/*Eckert* § 651 g Rn 32). Vertragliche Vereinbarungen zur Ausgestaltung der Hemmung sind zulässig.

15 **III. Beweislast.** Der Reisend trägt diese für die Wahrung der Ausschlussfrist, ggf die unverschuldete Verhinderung und unverzügliche Nachholung (BGH VersR 04, 1187) sowie für die Voraussetzungen von Unterbrechung und Hemmung. Der Veranstalter für die Voraussetzungen des Verjährungseintritts und für das Ende der Hemmung (LG Düsseldorf NJW 01, 1872).

§ 651 h Zulässige Haftungsbeschränkung

(1) Der Reiseveranstalter kann durch Vereinbarung mit dem Reisenden seine Haftung für Schäden, die nicht Körperschäden sind, auf den dreifachen Reisepreis beschränken,
1. soweit ein Schaden des Reisenden weder vorsätzlich noch grob fahrlässig herbeigeführt wird oder
2. soweit der Reiseveranstalter für einen dem Reisenden entstehenden Schaden allein wegen eines Verschuldens eines Leistungsträgers verantwortlich ist.

(2) Gelten für eine von einem Leistungsträger zu erbringende Reiseleistung internationale Übereinkommen oder auf solchen beruhende gesetzliche Vorschriften, nach denen ein Anspruch auf Schadensersatz nur unter bestimmten Voraussetzungen oder Beschränkungen entsteht oder geltend gemacht werden kann oder unter bestimmten Voraussetzungen ausgeschlossen ist, so kann sich auch der Reiseveranstalter gegenüber dem Reisenden hierauf berufen.

1 **A. Anwendungsbereich.** Aufgrund der zwingenden Ausgestaltung des Reisevertragsrecht (§ 651 m) sind vertragliche Haftungsbegrenzungen oder Haftungshöchstbeträge zu Lasten des Reisenden grds ausgeschlossen. Als Ausnahme hierzu sind nach § 651 h in dessen Grenzen für alle vertraglichen Schadensersatzansprüche gegen den Veranstalter Haftungsbeschränkungen für Sach- und Vermögensschäden zulässig. Möglich ist daher nur eine Beschränkung für nichtkörperliche Schäden auf einen Höchstbetrag des Dreifachen des vereinbarten Reisepreises und nur in den in I genannten Fällen; nicht hingegen ein völliger Haftungsausschluss

(BGH NJW 83, 1612). Nicht erfasst werden außervertragliche Schadensersatzansprüche (§§ 280 I, 311 II), Zahlungsansprüche, Ansprüche aus Rücktritt, Minderung oder Bereicherung (§§ 812 ff) und die Rechte des Reisenden auf Abhilfe oder bei Kündigung (§§ 651 c–e; BGHZ 100, 157, 180). Eine Ausdehnung der Haftungsbegrenzung auf konkurrierende deliktische Sach- und Vermögensschadensansprüche wird mit der Begründung abgelehnt, dass deren Folgen erheblich über die Reisemangelschäden hinausgehen könnten (BGH NJW 87, 1931; aA BaRoth/*Geib* § 651 h Rn 3). II lässt ggü Schadensersatzansprüchen eines Reisenden 2 eine Berufung des Veranstalters auf Haftungsbeschränkungen zu, die im Verhältnis zu einem Leistungsträger gelten (Rn 5). Orientiert sich eine Klausel in AGB an den Grenzen des § 651 h ist sie wirksam (BGHZ 100, 157, 184). Soweit § 651 h nach den allgemeinen Vorschriften unwirksame Ausschlüsse erlaubt, ist eine enge Auslegung geboten (MüKo/*Tonner* § 651 h Rn 11). Soweit eine Klausel hingegen die Ermächtigungsgrenze von § 651 h überschreitet, sind §§ 305 ff, insbes § 309 Nr 7 anwendbar (BGHZ 100, 157, 180; NJW 92, 3158). Die behauptete Haftungsbeschränkung hat der Veranstalter zu beweisen.

B. Vereinbarte Haftungsbeschränkungen (I). I. Begrenzung auf leichte Fahrlässigkeit (I Nr 1). Die Rege- 3 lung lässt in Anlehnung an § 309 Nr 7 b eine Haftungsbeschränkung lediglich für einfache Fahrlässigkeit des Veranstalters oder einer seiner Erfüllungsgehilfen zu, die nicht Leistungsträger sind. Solche Erfüllungsgehilfen sind Angestellte und Arbeiter des Veranstalters, freie Mitarbeiter, auch Reisebüro-Agenturen des Veranstalters und deren Mitarbeiter (München RRa 02, 57). I Nr 1 findet auch Anwendung auf Leistungen, die der Veranstalter durch eigenes Personal erbringt. Nur bei einfacher Fahrlässigkeit ist eine Begrenzung der Haftung auf den dreifachen Reisepreis zulässig (ansonsten unbegrenzte Haftung). Eine entspr Beschränkung kann auch in AGB getroffen werden (BGH NJW 87, 1931). Eine vereinbarte Haftungsgrenze gilt bei Reisegruppen für jeden einzelnen Reisenden unabhängig davon, ob jeder einzeln oder ob ein Vertreter für die Gruppe insgesamt den Vertrag geschlossen hat (Palandt/*Sprau* § 651 h Rn 1 unter Hinweis auf § 702). Nur über **I Nr 2** oder **II** können weitergehende Haftungsbeschränkungen auch für Vorsatz und grobe Fahrlässigkeit vereinbart werden.

II. Begrenzung für Schäden durch Leistungsträger (I Nr 2). Über I Nr 2 ist abweichend von I Nr1 auch 4 für Vorsatz und grobe Fahrlässigkeit eine Beschränkung der Haftung auf den dreifachen Reisepreis zulässig. Diese weitergehende Beschränkungsmöglichkeit erfasst jedoch nur die Haftung des Veranstalters aufgrund alleinigen Verschuldens eines Leistungsträgers (Hotelier, Flug-, Busgesellschaft, Reederei und deren Personal; fraglich, sofern diese wirtschaftlich oder organisatorisch mit dem Veranstalter verbunden sind, s BaRoth/*Geib* § 651 h Rn 7), so wenn der Veranstalter nur aufgrund nach § 278 zugerechneten Verschuldens eines Leistungsträgers verantwortlich ist. Soweit der Veranstalter den Schaden selbst iRv § 276 zu vertreten hat (so bei Auswahl-, Organisations- und Überwachungsverschulden, auch bei mitwirkendem Verschulden des Veranstalters; vgl Frankf 82, 2200), scheidet eine Beschränkung aus. Die Haftungsbeschränkung ist – auch in AGB – für Vorsatz und grobe Fahrlässigkeit möglich. Ein etwaiger Anspruch des Reisenden gegen den Leistungsträger aus Vertrag oder Gesetz bleibt unberührt.

C. Haftungsbegrenzung aufgrund internationaler Abkommen (II). II schützt den Veranstalter vor Haf- 5 tung für Schäden (auch Körper-), für die er aufgrund internationaler Übereinkommen keinen Regress bei seinen Leistungsträgern nehmen kann. Dies rechtfertigt sich dadurch, dass der Veranstalter gerade auf ausländische Leistungsträger nur begrenzten Einfluss hat und nicht schärfer haften soll als diese, wenn der Schaden ausschl in deren Bereich entstanden ist (BTDrs 8/2343, 11 f). Ist für den Veranstalter aufgrund internationaler Übereinkommen oder auf Grund von Rechtsnormen, die auf einem derartigen Übereinkommen beruhen ein Regress bei dem verantwortlichen Leistungsträger ganz oder teilweise ausgeschlossen oder beschränkt, kann sich der Veranstalter hierauf kraft Gesetzes berufen (BaRoth/*Geib* § 651 h Rn 8; *Eckert* DB 94, 1069, 1074). Beispiele: Luftbeförderung Art 17 ff Warschauer Abkommen (Frankf NJW-RR 93, 1147), Eisenbahnverkehr Art 26 ff COTIF, die auf internationalen Übereinkommen beruhenden §§ 701 ff (Gastwirthaftung), § 664 I HGB (Seebeförderung, LG Frankfurt RRa 02, 210). Dies gilt nicht, wenn und soweit der Veranstalter selbst für den Schaden verantwortlich ist, zB infolge Organisations- oder Auswahlverschuldens (LG Frankfurt RRa 02, 210 f). Auch nicht für Haftungsausschlüsse oder Beschränkungen, die der Veranstalter mit dem Leistungsträger vertraglich vereinbart hat (sonst könnte Veranstalter seine Haftung selbst bestimmen).

§ 651 i Rücktritt vor Reisebeginn

(1) Vor Reisebeginn kann der Reisende jederzeit vom Vertrag zurücktreten.
(2) ¹Tritt der Reisende vom Vertrag zurück, so verliert der Reiseveranstalter den Anspruch auf den vereinbarten Reisepreis. ²Er kann jedoch eine angemessene Entschädigung verlangen. ³Die Höhe der Entschädigung bestimmt sich nach dem Reisepreis unter Abzug des Wertes der vom Reiseveranstalter ersparten Aufwendungen sowie dessen, was er durch anderweitige Verwendung der Reiseleistungen erwerben kann.
(3) Im Vertrag kann für jede Reiseart unter Berücksichtigung der gewöhnlich ersparten Aufwendungen und des durch anderweitige Verwendung der Reiseleistungen gewöhnlich möglichen Erwerbs ein Vomhundertsatz des Reisepreises als Entschädigung festgesetzt werden.

1 **A. Rücktritt (I).** Aufgrund des zT langen Zeitraums zwischen Planung, Buchung und Antritt von Pauschalreisen sind für den Reisenden bei Buchung besondere, den Reiseantritt vereitelnde Umstände häufig noch nicht vorhersehbar. Vor diesem Hintergrund gewährt I dem Reisenden vor Reisebeginn ein gesetzliches Rücktrittsrecht. Für den Rücktritt bedarf es außer der Erklärung keiner weiteren Voraussetzungen, insbes keiner Begründung. Der **Reisebeginn**, dh der tatsächliche Reiseantritt liegt in der (auch teilweisen) Inanspruchnahme der ersten reisetypischen Hauptleistung. Dies ist idR der Beginn der Beförderung (Dresden RRa 01, 254; LG Chemnitz RRa 01, 168; so Einchecken bei Flug, nicht aber private Anfahrt zum Flughafen, LG München I RRa 02, 183). Nicht ausreichend sind hingegen bloße Vorableistungen (zB die Übersendung von Reiseunterlagen). Die Erklärung des Rücktritts kann formlos ggü dem Reiseveranstalter erfolgen.

2 **Wirkungen:** Durch den Rücktritt verliert der Veranstalter den Anspruch auf den Reisepreis (II 1), der Reisende den Anspruch auf die Reiseleistungen. Der Veranstalter kann angemessene Entschädigung verlangen (II 2; wohl Schadensersatzanspruch eigener Art, BGH NJW-RR 90, 114; zur Höhe Rn 4), der Reisende Rückgewährung geleisteter Zahlungen (Rückgewähranspruch aus §§ 346 ff analog, nicht § 812, da Abwicklungsschuldverhältnis); bei Aufrechnung Anspruch nur auf den die Entschädigung übersteigenden Restbetrag. Die Fristen des § 651 g finden hierauf keine Anwendung (AG Hamburg RRa 00, 186).

3 **Sonstige** weitergehende **Rechte** des Kunden oder **Vertragsbeendigungsmöglichkeiten** werden von § 651 i nicht ausgeschlossen, so §§ 326 II, 645 I 1 u §§ 645, 649 (vgl BGHZ 60, 14, 17; aA Staud/*Eckert* § 651 i Rn 12) oder § 313, § 314 (LG Frankfurt NJW 91, 498; Köln RRa 01, 3; zweifelnd Palandt/*Sprau* § 651 i Rn 1). Dies gilt auch für die einen Reisemangel bzw höhere Gewalt voraussetzende und daher speziellere Kündigung nach § 651 e, j (Staud/*Eckert* § 651 i Rn 3).

4 **Nach Reisebeginn** besteht kein Rücktrittsrecht nach § 651 i (keine entspr Anwendung, LG Frankfurt NJW-RR 86, 214). Der Reisende kann sich daher bei aus seiner Sphäre stammenden Reisehindernissen nur entspr den allgemeinen Bestimmungen (Rn 3) vom Vertrag lösen (Palandt/*Sprau* § 651 i Rn 1; aA *Claussen* NJW 91, 2813, der § 651 i analog anwenden will).

5 **B. Entschädigung (II).** Sofern (ausnahmsweise) keine Pauschale vereinbart worden ist (III; Rn 6), bestimmt sich die Angemessenheit der an die Stelle des Vergütungsanspruchs tretenden Entschädigung gem II 3 (verbleibender Hauptanwendungsfall: unwirksame Pauschalierung). Danach sind vom vereinbarten Reisepreis als Ausgangspunkt zum einen ersparte Aufwendungen abzuziehen (wie § 649: aufgrund Nichterbringung weiterer Leistungen entfallende Kosten, so nicht berechnete Beförderung/Unterkunft oder Gutschrift von Leistungsträgern), daneben das durch anderweitige Verwendung der Reiseleistungen Erworbene (Erlöse aus anderweitiger Verwertung der freigewordenen Reiseleistungen, zB durch Ersatzreisenden; entgegen § 649 böswillig unterlassene Erwerbsmöglichkeiten). Dabei gilt ein objektiver Maßstab (BTDrs 8/2343, 12). Keine Entschädigung bei Herbeiführung des Rücktritts durch den Veranstalter in einer den Vertrag gefährdenden Weise (LG Frankfurt NJW 86, 1616).

6 **C. Pauschalierung (III).** Nach III kann eine angemessene Entschädigung auch als Pauschale in Form eines Prozentsatzes des Reisepreises vereinbart werden. Der Prozentsatz muss für die jeweilige Reiseart unter Berücksichtigung der gewöhnlichen Aufwendungen und des durch anderweitige Verwendung der Reiseleistungen gewöhnlich möglichen Erwerbs festgesetzt sein (BGH NJW-RR 90, 114). Eine Pauschalierung mit höherem Prozentsatz ist aufgrund § 651 m unwirksam (Folge: der nach II 3 angemessene Prozentsatz gilt als vereinbart). Da auf den gewöhnlich anderweitigen Erwerb abzustellen ist, empfiehlt sich ein hinsichtlich der Zeitspanne zwischen Rücktrittserklärung und Reisbeginn gestaffelter Prozentsatz (BGH NJW-RR 90, 114). Dies ist jedoch nur zulässig, soweit dieser dem Grundsatz des II entspricht (Frankf NJW 82, 2198). Bei kurzfristigem Rücktritt zulässig sein dürfte eine Pauschale iHv 50 % (BGH NJW 92, 3163; nach Nürnbg NJW 99, 3128 55 %), nicht aber 100 % (BGH NJW 85, 633), wohl auch nicht 80 % (ein Tag vor Reisebeginn bei AG Stuttgart FVE Nr 560, abl 30 Tage vor Reisebeginn, BGH NJW-RR 90, 114). Entspr Storno-Klauseln in AGB unterliegen der Inhaltskontrolle nach § 307 (Nürnbg NJW 99, 3128; str, ob auch nach § 309 Nr 5 a, b so Palandt/*Sprau* § 651 i Rn 3 und § 308 Nr 7 so BGH WM 85, 57 ff jeweils aA Staud/*Eckert* § 651 i Rn 24 ff mit Verweis auf Vorrang des § 651 III; zum Gegenbeweis des Reisenden s *Tempel* NJW 02, 2005). Der Veranstalter kann sich vertraglich ein Wahlrecht darüber einräumen lassen, ob er nach II oder die Pauschale abrechnen möchte (BGH NJW-RR 90, 1114 f).

7 **D. Beweislast.** Für die Pauschalierung und die Angemessenheit trägt der Veranstalter die **Darlegungs- und Beweislast**. Dies gilt abw von § 649 auch dafür, dass keine höheren Aufwendungen erspart wurden oder keine andere Verwertung möglich war (BGH NJW-RR 90, 114). Für die Rücktrittserklärung und deren Zugang der Reisende.

§ 651j Kündigung wegen höherer Gewalt

(1) Wird die Reise infolge bei Vertragsabschluss nicht voraussehbarer höherer Gewalt erheblich erschwert, gefährdet oder beeinträchtigt, so können sowohl der Reiseveranstalter als auch der Reisende den Vertrag allein nach Maßgabe dieser Vorschrift kündigen.
(2) ¹Wird der Vertrag nach Absatz 1 gekündigt, so findet die Vorschrift des § 651 e Abs. 3 Satz 1 und 2, Abs. 4 Satz 1 Anwendung. ²Die Mehrkosten für die Rückbeförderung sind von den Parteien je zur Hälfte zu tragen. ³Im Übrigen fallen die Mehrkosten dem Reisenden zur Last.

A. Allgemeines. Die Vorschrift räumt beiden Vertragsparteien ein unabdingbares (§ 651 m) Kündigungsrecht ein, welches sowohl vor als auch nach Reisebeginn ausgeübt werden kann (BGH NJW 90, 572f). Sie stellt eine Spezialvorschrift im Bereich der Störung der Geschäftsgrundlage dar (§ 313; BGH NJW-RR 90, 1334; abl Staud/*Eckert* § 651j Rn 4 der § 314 anwendet). § 651j regelt seit seiner Neufassung (zum 1.11.94) abschließend („allein nach Maßgabe") das Recht zur Auflösung des Vertrags aufgrund von Umständen, die auf nicht voraussehbarer höherer Gewalt beruhen. Eine auf solche Umstände gestützte Kündigung nach § 651 e ist daher ausgeschlossen (jedoch ggf Minderung möglich (s § 651 c Rn 5), wohl auch ein Rücktritt nach § 326 im Fall der Kündigung bei durch höhere Gewalt bedingter Unmöglichkeit (so Staud/*Eckert* § 651j Rn 10 mwN). 1

B. Voraussetzungen des Kündigungsrechts. I. Höhere Gewalt. Höhere Gewalt wird angenommen bei einem von außen kommenden und keinen betrieblichen Zusammenhang aufweisenden, nicht voraussehbaren, auch durch äußerste vernünftigerweise zu erwartende Sorgfalt nicht abwendbaren Ereignis (BGHZ 100, 185, 188), das eine Erschwerung, Gefährdung oder Beeinträchtigung der Reise bewirkt. Dass diese Definition aufgrund des Erfordernisses eines von außen kommenden Ereignisses enger ist als diejenige in Art 4 VI 2 PauschalreiseRL soll unerheblich sein (da günstiger für den Reisenden, Staud/*Eckert* § 651j Rn 16). 2

Höhere Gewalt wird jeweils bezogen auf die konkrete Reise (AG München NJW-RR 04, 1355) **bej** bei (drohendem) Krieg (BTDrs 8/786, 6; Leipzig NJW-RR 05, 995: Irak-Krieg; Ddorf NJW-RR 90, 573; Köln NJW-RR 92, 1014); instabilen politischen Verhältnissen oder Unruhen (LG Frankfurt NJW-RR 91, 1205); hoheitlichen Anordnungen in Spannungsfällen (Ddorf NJW-RR 90, 573); Verschärfung der Einreise- und Gesundheitsbestimmungen durch das Einreiseland nach Vertragsabschluss, die der Kunde schuldlos nicht erfüllen kann (geänderte Visumpflicht im Zielland, Frankf NJW-RR 05, 282); Atomreaktorunfall (BGHZ 109, 224); Epidemien (AG Bad Homburg VuR 92, 313 f; AG Königsstein RRa 96, 32); Naturkatastrophen (schwerer Wirbelsturm, BGH NJW 02, 3700f; Tsunamie; Algenpest, LG Frankfurt NJW-RR 90, 761, 763; Erdbeben, AG Nürtingen RRa 01, 95) nur, wenn noch konkrete Gefahren für die Durchführung der Reise bestehen (LG Köln NJW-RR 01, 1064); aufgrund Vorhersehbarkeit nicht „normale" Witterungseinflüsse (*Tonner/Krause* NJW 00, 3665, 3667). Daneben auch ein nicht dem Verantwortungsbereich des Veranstalters unterfallender Streik (zB Flughafenpersonal, Lotsen, Zollbeamte des Ziellandes, MüKo/*Tonner* § 651j Rn 11 a). 3

Abgelehnt hingegen bei Streik seines Personals oder im Bereich des Leistungsträgers (*Bartl* NJW 79, 1386); Beschaffungsschwierigkeiten für einen Leistungsgegenstand (BGH NJW 02, 2238 für Eintrittskarten); ungenügender Teilnehmerzahl (München OLGZ 82, 460). IdR nicht ausreichen dürften auch einzelne terroristische Anschläge oder Terrordrohungen (Köln RRa 00, 47; LG Frankfurt NJW-RR 95, 883; aA Worms NJW-RR 01, 348; bej hingegen für die Anschläge vom 11.9.01 durch LG Frankfurt NJW 03, 2618 mit Verweis auf bürgerkriegsähnliche Zustände). 4

II. Erhebliche Erschwerung, Gefährdung oder Beeinträchtigung der Reise. Sie wird angenommen, wenn bei objektiver Betrachtung der vertraglich vorgesehene Nutzen der Reise als Ganzes in Frage gestellt ist. Hierbei ist auf den Zeitpunkt der Kündigung abzustellen (LG Frankfurt NJW 03, 2618). So bei Undurchführbarkeit wesentlicher Teile der Reise (Frankf NJW-RR 05, 282) oder konkreter Gefährdung der persönlichen Sicherheit des Reisenden (LG Leipzig NJW-RR 05, 996). Die Reisewarnungen des Auswärtigen Amts stellen ein Indiz hierfür dar. Unmöglichkeit ist nicht erforderlich. 5

III. Nicht voraussehbar. Das Ereignis darf bei Abschluss des Reisevertrages nicht vorhersehbar gewesen sein. Dies ergibt sich bereits aus dem Begriff der höheren Gewalt und entspricht den Voraussetzungen der Störung der Geschäftsgrundlage (§ 313; BGHZ 85, 50). Regelmäßig vorhersehbar dürften vor der Buchung liegende Ereignisse sein (*Schmid* RRa 02, 113; *Führich* RRa 03, 50, 55), ebenso bereits bekannte oder regelmäßig eintretende Ereignisse (BGH NJW 02, 3700f). 6

IV. Kündigungserklärung. Die Kündigung ist formlos ggü dem anderen Teil zu erklären. Dies kann auch stillschweigend, dh durch entspr Verhalten erfolgen (so bei Verlangen sofortiger Rückreise, LG Bad Homburg RRa 00, 208). Einer Begründung bedarf es nicht. IdR dürfte keine Umdeutung der Kündigung in einen Rücktritt möglich sein (LG Leipzig NJW-RR 05, 995). 7

C. Rechtsfolgen. Die Folgen sind unabhängig davon, wer die Kündigung erklärt hat (Ddorf NJW-RR 90, 252). Für die Folgen der Kündigung verweist II mit Ausnahme der kündigungsbedingten Mehrkosten (Rn 10) auf § 651 e III, IV. Der Veranstalter kann anstelle des entfallenden Reisepreises **Entschädigung** gem 8

§ 651 e III 1, 2 verlangen (s dort Rn 6 ff). Abweichend von § 651 e III 3 soll das auch gelten, soweit bereits erbrachte Leistungen kein Interesse mehr für den Reisenden haben (Palandt/*Sprau* § 651 j Rn 5). Hat der Reisende bereits mehr bezahlt, als der Veranstalter nach der Kündigung an Entschädigung beanspruchen kann, hat er einen vertraglichen Rückforderungsanspruch (vertragliches Rückabwicklungsverhältnis, BGH NJW 83, 33; Frankf NJW-RR 05, 282: direkt aus § 651 j). Aufgrund der Verweisung auf § 651 e gilt für diesen § 651 g (Frankf FVE Nr 300).

9 Der Veranstalter ist – sofern vertraglich geschuldet – zur **Rückbeförderung** des Reisenden verpflichtet, ebenso zu sonstigen notwendigen Maßnahmen (wie in § 651 e IV 1). Die aus der Rückbeförderung entstandenen Kosten tragen beide Parteien je zur Hälfte (der Reisende, wenn Beförderung nicht geschuldet). Die hälftige Teilung soll auch gelten für Stornokosten, dh Kosten der vom Veranstalter bereits vorgenommenen, notwendigen Hotelreservierungen (BGHZ 109, 224 unter Anwendung v § 313; abl Staud/*Eckert* § 651 j Rn 39).

10 Die **übrigen Mehrkosten** hat der Reisende zu tragen (so Unterkunfts-/Verpflegungskosten bei verlängertem Aufenthalt). Unberührt bleiben Schadensersatzansprüche des Reisenden wegen Pflichtverletzungen des Veranstalters (BGH DAR 03, 116).

§ 651 k Sicherstellung, Zahlung

(1) ¹Der Reiseveranstalter hat sicherzustellen, dass dem Reisenden erstattet werden
1. der gezahlte Reisepreis, soweit Reiseleistungen infolge Zahlungsunfähigkeit oder Eröffnung des Insolvenzverfahrens über das Vermögen des Reiseveranstalters ausfallen, und
2. notwendige Aufwendungen, die dem Reisenden infolge Zahlungsunfähigkeit oder Eröffnung des Insolvenzverfahrens über das Vermögen des Reiseveranstalters für die Rückreise entstehen.

²Die Verpflichtungen nach Satz 1 kann der Reiseveranstalter nur erfüllen
1. durch eine Versicherung bei einem im Geltungsbereich dieses Gesetzes zum Geschäftsbetrieb befugten Versicherungsunternehmen oder
2. durch ein Zahlungsversprechen eines im Geltungsbereich dieses Gesetzes zum Geschäftsbetrieb befugten Kreditinstituts.

(2) ¹Der Versicherer oder das Kreditinstitut (Kundengeldabsicherer) kann seine Haftung für die von ihm in einem Jahre insgesamt nach diesem Gesetz zu erstattenden Beträge auf 110 Millionen Euro begrenzen. ²Übersteigen die in einem Jahr von einem Kundengeldabsicherer insgesamt nach diesem Gesetz zu erstattenden Beträge die in Satz 1 genannten Höchstbeträge, so verringern sich die einzelnen Erstattungsansprüche in dem Verhältnis, in dem ihr Gesamtbetrag zum Höchstbetrag steht.

(3) ¹Zur Erfüllung seiner Verpflichtung nach Absatz 1 hat der Reiseveranstalter dem Reisenden einen unmittelbaren Anspruch gegen den Kundengeldabsicherer zu verschaffen und durch Übergabe einer von diesem oder auf dessen Veranlassung ausgestellten Bestätigung (Sicherungsschein) nachzuweisen. ²Der Kundengeldabsicherer kann sich gegenüber einem Reisenden, dem ein Sicherungsschein ausgehändigt worden ist, weder auf Einwendungen aus dem Kundengeldabsicherungsvertrag noch darauf berufen, dass der Sicherungsschein erst nach Beendigung des Kundengeldabsicherungsvertrags ausgestellt worden ist. ³In den Fällen des Satzes 2 geht der Anspruch des Reisenden gegen den Reiseveranstalter auf den Kundengeldabsicherer über, soweit dieser den Reisenden befriedigt. ⁴Ein Reisevermittler ist dem Reisenden gegenüber verpflichtet, den Sicherungsschein auf seine Gültigkeit hin zu überprüfen, wenn er ihn dem Reisenden aushändigt.

(4) ¹Reiseveranstalter und Reisevermittler dürfen Zahlungen des Reisenden auf den Reisepreis vor Beendigung der Reise nur fordern oder annehmen, wenn dem Reisenden ein Sicherungsschein übergeben wurde. ²Ein Reisevermittler gilt als vom Reiseveranstalter zur Annahme von Zahlungen auf den Reisepreis ermächtigt, wenn er einen Sicherungsschein übergibt oder sonstige dem Reiseveranstalter zuzurechnende Umstände ergeben, dass er von diesem damit betraut ist, Reiseverträge für ihn zu vermitteln. ³Dies gilt nicht, wenn die Annahme von Zahlungen durch den Reisevermittler in hervorgehobener Form gegenüber dem Reisenden ausgeschlossen ist.

(5) ¹Hat im Zeitpunkt des Vertragsschlusses der Reiseveranstalter seine Hauptniederlassung in einem anderen Mitgliedstaat der Europäischen Gemeinschaften oder in einem anderen Vertragsstaat des Abkommens über den Europäischen Wirtschaftsraum, so genügt der Reiseveranstalter seiner Verpflichtung nach Absatz 1 auch dann, wenn er dem Reisenden Sicherheit in Übereinstimmung mit den Vorschriften des anderen Staates leistet und diese den Anforderungen nach Absatz 1 Satz 1 entspricht. ²Absatz 4 gilt mit der Maßgabe, dass dem Reisenden die Sicherheitsleistung nachgewiesen werden muss.

(6) Die Absätze 1 bis 5 gelten nicht, wenn
1. der Reiseveranstalter nur gelegentlich und außerhalb seiner gewerblichen Tätigkeit Reisen veranstaltet,
2. die Reise nicht länger als 24 Stunden dauert, keine Übernachtung einschließt und der Reisepreis 75 Euro nicht übersteigt,
3. der Reiseveranstalter eine juristische Person des öffentlichen Rechts ist, über deren Vermögen ein Insolvenzverfahren unzulässig ist.

A. Allgemeines. Die Vorschrift geht auf Art 7 der PauschalreiseRL zurück und ist daher richtlinienkonform 1
auszulegen. Durch das Gesetz v 23.7.01 (mit Wirkung zum 1.9.01) wurden II, III 1, IV 1 neu gefasst, III 2–4,
IV 2, 3 eingefügt und VI Nr 3 ergänzt. **Zweck** der Vorschrift ist es den idR vorleistenden Reisenden gegen
Schäden infolge von Zahlungsunfähigkeit oder Insolvenz des Veranstalters abzusichern. Der Veranstalter hat
für den möglichen Ausfall von Reiseleistungen aus diesen Gründen die Erstattung des gesamten bezahlten
Reisepreises und der notwendigen Aufwendungen für die Rückreise durch eine Versicherung oder ein Kreditinstitut sicherzustellen (II 1).

B. Sicherungspflicht des Reiseveranstalters, I. Als **Sicherungsmittel** kommen Versicherung oder Zahlungs- 2
versprechen (meist Bankgarantie, Bürgschaft) eines Kreditinstituts in Betracht (I, 2; eingeschränktes Wahlrecht des Veranstalters). Die absichernden Unternehmen können auch in anderen EG-Ländern ansässig sein
(s EuGH WM 98, 2517). Die **Einstandspflicht** des Absicherers kann auf den Jahreshöchstbetrag von 110 Mio
Euro begrenzt werden (II 1; wohl nicht richtlinienkonform vgl EuGH NJW 99, 3181, 3185; *Führich* VersR 95,
1138). Hintergrund dieser Obergrenze ist die Sicherstellung der Rückversicherbarkeit der gesetzlich vorgeschriebenen Deckungsvorsorge. Wird im Zahlungsfall der Höchstbetrag überschritten, kann der Veranstalter
den Erstattungsbetrag an den einzelnen Reisenden in dem Verhältnis kürzen, in dem der Gesamtbetrag zum
Höchstbetrag steht (II 2). Für die Zeit bis 1.9.01 gelten niedrigere Höchstbeträge (Art 229 EGBGB § 4 II).

C. Erfüllung der Sicherungspflicht, III. I. Unmittelbarer Anspruch, III 1. Gem III muss der Veranstalter 3
dem Reisenden für den Sicherungsfall einen unmittelbaren Anspruch gegen den Absicherer verschaffen. So
durch Ausgestaltung des Sicherungsvertrags als echten Vertrag zugunsten des Reisenden als Dritten (§ 328).
Der für den Veranstalter wenig praktikabler konkreten Benennung des jeweiligen Reisenden durch den Garanten soll es nicht bedürfen, sofern der Garant den Veranstalter zum Abschluss des Vertrags bevollmächtigt hat.
Jedoch ist eine eindeutige Bestimmbarkeit anhand des Sicherungsscheins erforderlich (BGH NJW 02, 2238).
Möglich ist auch die Übersendung einer Namensliste aller Reisenden für eine bestimmte Reise.
Voraussetzung für den Erstattungsanspruch ist die Zahlungsunfähigkeit des Veranstalters oder die Eröffnung 4
des Insolvenzverfahrens über dessen Vermögen (I 1 Nr 1, 2). Umfasst werden der hierdurch verursachte Ausfall von Reiseleistungen sowie notwendige Aufwendungen für die Rückreise. Daneben wohl auch die vom
Reisenden verauslagten Unterbringungskosten (EuGH EuZW 98, 440 zu Art 7 Pauschalreise-RL), die Versicherungsprämie (*Tonner* RRa 99, 74), bei Gastschulreisen zugesagtes Taschengeld (Köln NJW-RR 03, 930).
Hiervon abweichende Regelungen in Versicherungsbedingungen dürften unwirksam sein (§ 307; BGH NJW
01, 1934). Nicht von der Absicherung erfasst werden hingegen weitergehende Ansprüche, etwa aus Gewährleistung (BGH VuR 05, 438). Dem Reisenden obliegt für sämtliche Anspruchsvoraussetzungen die **Darlegungs- und Beweislast**, dem Absicherer ggf der Beweis, dass der Schaden auch ohne die Insolvenz eingetreten
wäre (BGH NJW 02, 2238).

II. Sicherungsschein, III 1. Der Veranstalter hat die Sicherung dem Reisenden durch Übergabe eines Siche- 5
rungsscheins nachzuweisen (nur deklaratorische Wirkung). Dieser kann vom Absicherer selbst ausgestellt
worden sein oder vom Veranstalter mit Ermächtigung des Absicherers. Hinsichtlich Form und Inhalt hat der
Sicherungsschein den Vorgaben von § 9 BGB-InfoV iVm Anlage 1 zu genügen (Übergangsregelung in § 15
BGB-InfoV; Ausnahme für ausländische Unternehmen s Rn 11). Zur Folge unterlassener Übergabe s IV
(Rn 8); etwaige Ansprüche gegen den Absicherer bleiben unberührt (*Führich* NJW 01, 3083).

III. Einwendungen, III 2. Gem III 2 kann der Absicherer ggü dem Reisenden keine Einwendungen aus dem 6
Sicherungsvertrag (zB fehlende Prämienzahlung) entgegenhalten. Dies gilt auch für die Beendigung des
Sicherungsvertrags vor Ausstellung des Scheins (zB Kündigung durch Absicherer; s.a. Art 238 II EGBGB).
§ 334 ist damit ausdrücklich ausgeschlossen. In den Fällen des Einwendungsausschlusses gem III 2 gehen gem
I gesicherte Ansprüche des Reisenden gegen den Veranstalter, die der Absicherer befriedigt, auf diesen im
Wege der Legalzession nach § 412 über (III 3).

IV. Prüfungspflicht III 4. Dem Reisevermittler obliegt gem III 4 eine Prüfungspflicht des Sicherungsscheins 7
vor Aushändigung an den Reisenden. Eine schuldhafte Pflichtverletzung führt zu Schadensersatzansprüchen
des Reisenden (§ 280).

D. Zahlung des Reisepreises IV. I. Entgegennahme von Vorauszahlungen, IV 1. Die Vorschrift soll den 8
aufgrund Voraus-/Anzahlungsvereinbarung zur Vorleistung verpflichteten Reisenden absichern. Grds kann
eine angemessene Voraus-/Anzahlung auch in AGB vereinbart werden (Köln NJW-RR 05, 992). Dies gilt
allerdings nicht für einen Zeitpunkt vor Abschluss des Reisevertrags (§ 307 II NR 1, KG NJW 85, 151). Bezgl
deren Höhe dürften 20% noch zulässig sein (Köln NJW-RR 05, 992). Die Entgegennahme solcher Zahlungen
ist jedoch gem IV 1 nur zulässig, wenn dem Reisenden ein auch hinsichtlich Form und Inhalt ordnungsgemäßer Sicherungsschein übergeben worden ist. Dies gilt auch für den Vermittler. Entgegenstehende Vereinbarungen sind unwirksam (§ 651 m) und gem § 147 b GewO mit Geldbuße bedroht. Keine Anwendung findet
IV in den Fällen des VI (sa EuGH NJW 96, 3141). Die grds Fälligkeit des Reisepreises mit Beendigung der
Reise wird durch IV 1 nicht berührt. Wird kein Sicherungsschein übergeben, kann der Reisende die Zahlung

verweigern, bei ungültigem Schein ggf gem § 314 kündigen (Staud/*Eckert* § 651 j Rn 29), daneben Schadensersatz nach § 280 verlangen.

9   **II. Zahlung an Reisevermittler (IV 2, 3).** Der Veranstalter muss sich Reisepreiszahlungen des Reisenden an das vermittelnde Reisebüro zurechnen lassen, wenn der Veranstalter diesem ausdrücklich oder stillschweigend **Inkassovollmacht** erteilt hat (LG Essen RRa 93, 12; LG Frankfurt RRa 94, 82; AG Ebersbg RRa 99, 24). Die Zahlung hat befreiende Wirkung. Damit wird das Insolvenzrisiko bei Zahlung an den Vermittler im Ergebnis auf den Veranstalter oder Vermittler verlagert.

10 Nach **IV 2** besteht für die Vollmachtserteilung bei nach 1.9.01 geschlossenen Reiseverträgen eine widerlegliche gesetzliche Vermutung (entspricht § 56 HGB). Voraussetzung für die Vermutung ist, dass der Veranstalter das Reisebüro mit der Vermittlung von Reisen **betraut** hat. Dies muss nicht ausdrücklich erfolgen, vielmehr ist ausreichend, dass sich die Betrauung aus den objektiven äußeren, dem Reisenden erkennbaren und dem Veranstalter zurechenbaren Umständen ergibt. So jedenfalls, wenn der Vermittler dem Reisenden den Sicherungsschein des Veranstalters für die konkrete Reise übergibt (**IV 2 Alt 1**). Auch muss der Kunde schutzwürdig sein. Daran fehlt es, wenn dieser entspr §§ 54 III HGB, 173 BGB im Zeitpunkt der Leistung das Fehlen der Ermächtigung kannte oder kennen musste (BTDrs 14/5944, 12). Keine Inkassovollmacht hingegen bei deren ausdrücklichem Ausschluss (**IV 3**). Hierzu bedarf es deutlicher Hinweise (in AGB str.; abl BTDrs 14/5944, 12; Staud/*Eckert* § 651 j Rn 27; bej Palandt/*Sprau* § 651 j Rn 7 a mit Verweis auf die Grundsätze zu § 355 II 1). UU **Schadensersatzansprüche** des Reisenden gegen das Reisebüro bei Entgegennahme und Weiterleitung von Zahlungen des Reisenden ohne Übergabe eines Sicherungsscheines (§ 280; LG Traunstein NJW-RR 93, 1531)

11 **E. Ausländische Reiseveranstalter (V)**. Durch die Umsetzung der Pauschalreise-RL in den Mitgliedsstaaten der EG erfolgte eine Angleichung der nationalen Reisevertragsrechte. Vor diesem Hintergrund genügt ein Veranstalter mit Hauptsitz in einem dieser Staaten auch bei Abschluss von Pauschalreiseverträgen in Deutschland seiner Sicherungspflicht, wenn er dem Reisenden eine Sicherung in Übereinstimmung mit den Vorschriften seines Staates nachweist, die den deutschen Anforderungen nach I 1 entspricht. Er muss den Nachweis aber in deutscher oder einer für den Verbraucher leicht verständlichen Sprache führen (§ 10 BGB-InfoV), § 9 BGB-InfoV findet keine Anwendung („vorbehaltlich § 10").

12 **F. Geltungsbereich der Regelungen (Abs VI)**. Der Geltungsbereich von I–V (Sicherungspflichten) wird durch VI für die in Nr 1–3 genannten Fälle beschränkt (sofern schon keine Reiseveranstaltereigenschaft gilt die frühere Rspr BGHZ 100, 157).

13 Nr 1 erfordert die kumulative Erfüllung der beiden Merkmale „nur gelegentlich" (dh sehr geringe Zahl, Schwelle bei 1–2 Reisen, BTDrs 12/5354, 13 und nicht in einem Jahresprogramm geplant; *Führich* RRa 96, 119, 121 stellt auf Unregelmäßigkeit der Reisen ab) und „außerhalb der gewerblichen Tätigkeit" (dh Veranstalter darf kein Gewerbe betreiben, auch nicht ein reisefremdes; zu bej bei von Vereinen, Schulen, Kirchengemeinden, Jugendorganisationen organisierten Reisen).

14 Nr 2 erfasst bei Vorliegen der dort angeführten drei kumulativen Voraussetzungen Veranstalter von Tagesreisen (sofern nach § 651 a überhaupt Reiseveranstalter).

15 Nr 3 erfasst juristische Personen des öffentlichen Rechts, soweit sie nicht insolvenzfähig sind (§ 12 InsO; zB Reisen kommunaler Volkshochschulen).

§ 651l Gastschulaufenthalte

(1) ¹Für einen Reisevertrag, der einen mindestens drei Monate andauernden und mit dem geregelten Besuch einer Schule verbundenen Aufenthalt des Gastschülers bei einer Gastfamilie in einem anderen Staat (Aufnahmeland) zum Gegenstand hat, gelten die nachfolgenden Vorschriften. ²Für einen Reisevertrag, der einen kürzeren Gastschulaufenthalt (Satz 1) oder einen mit der geregelten Durchführung eines Praktikums verbundenen Aufenthalt bei einer Gastfamilie im Aufnahmeland zum Gegenstand hat, gelten sie nur, wenn dies vereinbart ist.

(2) Der Reiseveranstalter ist verpflichtet,

1. für eine bei Mitwirkung des Gastschülers und nach den Verhältnissen des Aufnahmelands angemessene Unterbringung, Beaufsichtigung und Betreuung des Gastschülers in einer Gastfamilie zu sorgen und
2. die Voraussetzungen für einen geregelten Schulbesuch des Gastschülers im Aufnahmeland zu schaffen.

(3) Tritt der Reisende vor Reisebeginn zurück, findet § 651 i Abs. 2 Satz 2 und 3 und Abs. 3 keine Anwendung, wenn der Reiseveranstalter ihn nicht spätestens zwei Wochen vor Antritt der Reise jedenfalls über
1. Namen und Anschrift der für den Gastschüler nach Ankunft bestimmten Gastfamilie und
2. Namen und Erreichbarkeit eines Ansprechpartners im Aufnahmeland, bei dem auch Abhilfe verlangt werden kann,

informiert und auf den Aufenthalt angemessen vorbereitet hat.

(4) ¹Der Reisende kann den Vertrag bis zur Beendigung der Reise jederzeit kündigen. ²Kündigt der Reisende, so ist der Reiseveranstalter berechtigt, den vereinbarten Reisepreis abzüglich der ersparten Aufwendungen zu verlangen. ³Er ist verpflichtet, die infolge der Kündigung notwendigen Maßnahmen zu treffen, insbesondere, falls der Vertrag die Rückbeförderung umfasste, den Gastschüler zurückzubefördern. Die Mehrkosten fallen dem Reisenden zur Last. ⁴Die vorstehenden Sätze gelten nicht, wenn der Reisende nach § 651 e oder § 651 j kündigen kann.

A. Allgemeines, Anwendungsbereich. Regelungshintergrund ist die Zuordnung des Vertrags über einen Auslandsschulaufenthalt mit Unterbringung in einer Gastfamilie zum Reisevertragsrecht (Karlsr MDR 99, 922; Köln NJW-RR 00, 1509; anders EuGH EuZW 99, 219 zur Pauschalreise-RL). § 651 k enthält für den Gastschulaufenthalt zu den grds anwendbaren §§ 651 a ff speziellere, ergänzende und gem § 651 m zwingende Regelungen. Diese gelten nur für nach dem 1.9.01 geschlossene Verträge (Art 229 EGBGB § 4 I).   1

B. Gastschulaufenthalt. Voraussetzung ist, dass ein Gastschulaufenthalt vereinbart ist (I 1). Dafür müssen die in II Nr 1 und 2 genannten Elemente Schulbesuch und Aufenthalt bei einer Gastfamilie im Ausland (Aufnahmeland) gegeben sein. Zweck der Reise muss ein regelmäßiger Besuch einer Schule im Ausland sein. Da in II Nr 1 eine Betreuungspflicht vorgesehen ist, muss es sich bei einem Gastschüler um eine beaufsichtigungsbedürftige Person handeln (idR ein Minderjähriger). Einer Personenidentität von Gastschüler und Reisendem bedarf es nicht (häufig sind Eltern Vertragspartner, dh Reisende). Der Aufenthalt umfasst Unterbringung, Beaufsichtigung und Betreuung (II Nr 1) des Gastschülers bei einer Familie im Ausland. Eine Unterbringung im Internat genügt nicht. § 651 l setzt einen mindestens dreimonatigen Aufenthalt voraus. Wird diese Mindestaufenthaltsdauer unterschritten oder liegt ein Praktikumsaufenthalt vor (Praktikum statt Schulbesuch) findet § 651 l nur Anwendung, wenn seine Geltung vereinbart wird (I 2).   2

C. Veranstalterpflichten (II). Die Pflichten das Veranstalters sind in II Nr 1, 2 aufgelistet und bestimmen sich ergänzend aus der Natur des Aufenthalts. Er hat gem Nr 1 für den Schüler sachgerecht eine Gastfamilie auszuwählen, die zur Erbringung der einer angemessenen Unterbringung, Beaufsichtigung und Betreuung in der Lage ist (abgelehnt bei einem häufig aus beruflichen Gründen abwesenden allein lebenden Mann, LG Berlin RRa 05, 227). Für die **Angemessenheit der Unterbringung, Beaufsichtigung und Betreuung** sind die Verhältnisse des Aufnahmelandes maßgeblich (LG Berlin RRa 05, 227 zB ordentliche hygienische Verhältnisse in Frankreich). Ein Anspruch auf eine erfahrene und langjährig erprobte Gastfamilie, Übersendung von Referenzen, schriftliche Bewerbungsunterlagen sowie eines Protokolls über Gespräche mit der Gastfamilie besteht nur, wenn dies vertraglich vereinbart wurde (LG Berlin RRa 05, 227). Nicht geschuldet ist ein bestimmter gesellschaftlicher Stand der Gastfamilie (BTDrs 14/5944, 14). Daneben hat der Veranstalter gem Nr 2 den geregelten **Schulbesuch** des Gastschülers zu organisieren. Nach den Gesetzesmaterialien (BTDrs 14/5444, 15) muss der Schulbesuch „altersgemäß sein und dem Ausbildungsstand entspr". Sofern nichts anderes vereinbart wurde, besteht kein Anspruch auf eine bestimmte Schule, eine spezielle Qualität des Unterrichts (nur „mittlerer Art und Güte" gemessen an den Maßstäben des Gastlandes, Erman/*Seiler* § 651 l Rn 4) oder einen bestimmten Unterrichtszeitraum, dh Beginn oder Dauer des Unterrichts (zB während der Ferien im Aufnahmeland). Auch hat der Veranstalter nicht für die tatsächliche, geregelte Teilnahme des Schülers am Unterricht Sorge zu tragen.   3

Soweit die konkrete Durchführung nicht schon bei Vertragsschluss festgelegt wurde, hat der Veranstalter diesbezügl ein Bestimmungsrecht (§ 315), welches er durch die Information nach III ausübt. Die Nichterfüllung der so konkretisierten Pflicht ist ein Reisemangel (LG Berlin NJW-RR 05, 361), ebenso eine den Pflichten nach II nicht entspr Festlegung (*Führich* NJW 01, 3083, 3086).   4

Den Reisenden (häufig nicht personengleich mit dem Gastschüler) treffen die allg reisevertraglichen Pflichten (§ 651 a Rn 27). Dem **Gastschüler** obliegt daneben, insbes bei Unterbringung und Schulbesuch eine gesteigerte **Mitwirkung** (II Nr 1; *Klein* RRa 04, 50, 54; zur Rechtsnatur *Führich* NJW 01, 3083, 3086), wobei der Gesetzgeber keine Sanktionen für deren Nichterfüllung geregelt hat (keine einklagbare Vertragspflicht). Zu erwägen ist daher, ob §§ 642, 643, 645 I 2 entspr heranzuziehen sind.   5

D. Rücktritt vor Reisebeginn (III). Grds kann **der Reisende** vor Reisebeginn ohne weitere Voraussetzungen vom Vertrag zurücktreten (§ 651 i I). Folge ist dann gem § 651 i II 2, 3, III ein Entschädigungsanspruch des Veranstalters (Stornokosten). Nach III kann der Veranstalter diese Stornokosten nur geltend machen, wenn er die in III Hs 2 Nr 1 und 2 genannten **Informationen** (entspricht § 7 Nr 1, 2 BGB-InfoV) spätestens 2 Wochen vor Reiseantritt ggü dem Reisenden (nicht Schüler) erbracht und den Aufenthalt angemessen vorbereitet hat. Mitzuteilende Informationen sind die Daten der Gastfamilie (bei mehreren Stationen, der ersten Familie) sowie Angabe eines für den Schüler tatsächlich erreichbaren Ansprechpartners, der zu einer evtl erforderlichen Abhilfe in der Lage ist. Die **angemessene Vorbereitung** umfasst eine hinreichende Information des Schülers über die im Gastland zu erwartenden Sitten und Gebräuche. **Der Veranstalter** kann nur nach den allgemeinen Bestimmungen zurücktreten (§ 651 a V), zusätzliche sachlich gerechtfertigte Rücktrittsgründe können jedoch vereinbart werden (*Klein* RRa 04, 50).   6

7 **E. Kündigung nach Reisebeginn (IV).** Entgegen dem Rücktrittsrecht nach § 651 i kann der Reisende nach IV 1 den Gastschulaufenthalt entspr § 649 auch **nach Reisebeginn** ohne Einhaltung von Voraussetzungen jederzeit kündigen (kein Rücktritt; LG Köln RRa 04, 130). Bei Vorliegen der Voraussetzungen der §§ 651 e, j schließt IV 5 eine Kündigung des Reisenden nach IV 1 nicht aus (diese ist wirksam). Jedoch richten sich deren Folgen nicht nach V 2–4, sondern nach § 651 e, j (Grund: für den Reisenden günstiger). Die Erklärung der Kündigung hat durch den Reisenden ggü dem Veranstalter zu erfolgen, ggü der Gastfamilie oder dem Ansprechpartner nur bei entspr Ermächtigung.

8 **Rechtsfolgen** der Kündigung ist zum einen der Anspruch des Veranstalters auf Zahlung des Reisepreises abzüglich ersparter Aufwendungen (IV 2; s.a. § 649). Es besteht diesbzgl wie bei § 649 ein Auskunftsanspruch auf Offenlegung der Kalkulation (AG Bensheim RRa 05, 40). Eine anderweitige Verwendung der Restreiseleistung dürfte häufig kaum möglich sein (Köln RRa 04, 130). Zum anderen hat der Veranstalter die infolge der Kündigung notwendigen Maßnahmen zu treffen (V 3), insbes die Rückbeförderung des Gastschülers – allerdings auf Kosten des Reisenden (IV 4) – zu gewährleisten, sofern diese im Vertrag inbegriffen war (wie § 651 e IV 1).

§ 651 m Abweichende Vereinbarungen

¹Von den Vorschriften der §§ 651 a bis 651 l kann vorbehaltlich des Satzes 2 nicht zum Nachteil des Reisenden abgewichen werden. ²Die in § 651 g Abs. 2 bestimmte Verjährung kann erleichtert werden, vor Mitteilung eines Mangels an den Reiseveranstalter jedoch nicht, wenn die Vereinbarung zu einer Verjährungsfrist ab dem in § 651 g Abs. 2 Satz 2 bestimmten Verjährungsbeginn von weniger als einem Jahr führt.

1 **A. Allgemeines.** Die Vorschrift löst den bis 1.9.01 geltenden § 651 l aF ab. Nach S 1 kann von §§ 651a–l und (über Art 238 EGBGB) auch von §§ 4–11 BGB-InfoV nur für die Ausnahmefälle des S 2 zum Nachteil des Reisenden abgewichen werden. Sie schränkt zum Schutz des Reisenden die Vertragsfreiheit ein. Der Vorschrift unterliegen Vereinbarungen sowohl in Individualvereinbarungen als auch in AGB.

2 **B. Abweichung von §§ 651 a–l (S 1).** Durch § 651 m werden § 651a–l zu halbzwingendem Recht. Lediglich Abweichungen von diesen zugunsten des Reisenden sind zulässig, unwirksam hingegen zum Nachteil des Reisenden abw Vereinbarungen. Es findet keine Gesamtbetrachtung statt (Ausgleich nachteiliger Abweichungen durch andere günstigere Regelungen). Verstöße, auch in Form einer Umgehung, führen zur Nichtigkeit der abw Vereinbarung (§ 134, BGH NJW 84, 1752; aufgrund Schutzbedürfnis des Reisenden idR nur Teilnichtigkeit nach § 139). Nichtig sind daher Haftungsbeschränkungen, -ausschlüsse, die die Grenzen v S 2 überschreiten, daneben Gewährleistungsverzichts-, Abfindungsvereinbarungen (Ddorf NJW-RR 92, 245; LG Frankfurt NJW 86, 539 f; LG Kleve NJW-RR 92, 1525) oder Aufzahlungsvereinbarungen iR von Abhilfemaßnahmen (Bad Homburg NJW-RR 03, 1140; aA Staud/*Eckert* § 651 m Rn 11). Es gilt an deren Stelle die gesetzliche Regelung (MüKo/*Tonner* § 651 m Rn 8). Klauseln in AGB unterfallen darüber hinaus der Inhaltskontrolle der §§ 307 ff. Der Schutz soll bis zum Reiseende gelten (*Tempel* RRa 99, 107).

3 **C. Erleichterung der Verjährung (S 2).** In Angleichung an die kauf-/werkvertragliche Regelung der Verjährung von Mängelrechten und als Ausgleich für die Verlängerung der Verjährungsfrist des § 651 g II von 6 Monaten auf 2 Jahre ermöglicht S 2 (durch SMG neu eingefügt) die Vereinbarung von Verjährungserleichterungen. Dies insbes in Form vertraglicher Verkürzung der Verjährungsfrist, aber auch Hemmungsregelungen (so für schwebende Verhandlungen nach Anmeldung von Mängelansprüchen, *Führich* NJW 02, 1082; s auch § 651 g Rn 14). **Vor** Mitteilung eines Mangels an den Veranstalter kann die Frist lediglich bis auf 1 Jahr abgekürzt werden (auch in AGB, BTDrs 14/6040, 269; s.a. *Kappus* NJW 03, 322; hierbei sind § 309 Nr 7, 8 a zu beachten). **Nach** Mitteilung eines Mangels gelten die allgemeinen Regeln, dh Verkürzung auf weniger als 1 Jahr ist grds zulässig.

4 Für eine **Mitteilung eines Mangels** genügt jede Information des Veranstalters durch den Reisenden über einen Reisemangel zum Zweck der Mängelrüge. So auch ein an den Veranstalter (oder den empfangsbevollmächtigten Leistungsträger) gerichtetes Abhilfeverlangen nach § 651 c II. Es bedarf hierzu keiner Geltendmachung eines Mangelrechts. Die kurze vertragliche Verjährungsfrist findet dann auf sämtliche Mängel Anwendung, nicht nur auf die mitgeteilten.

Titel 10   Mäklervertrag

Vorbemerkungen vor §§ 652 ff

1 **A. Allgemeines. I. Rechtsquellen.** Die Vorschriften des Titels 10 enthalten die Regelung des BGB-Mäklervertrags. Durch das SMG (v 26. 11. 01, BGBl 01, I S 3138) erfolgte eine Aufteilung in drei Untertitel (Allg Vorschriften §§ 652–655, Darlehensvermittlungsvertrag §§ 655 a–e und Ehevermittlung § 656). Dabei blieben

die §§ 652–655 und § 656 inhaltlich unverändert. Neu eingefügt wurde der Darlehensvermittlungsvertrag, der weitgehend die Regelung aus §§ 1 III, 15–18 des aufgehobenen VerbrKrG übernommen hat. Dem in den §§ 652–654 geregelten sog **Zivilmakler** kommt hauptsächlich im Bereich der Vermittlung und des Nachweises von Immobilien und Vermietungen Bedeutung zu. Die Vorschriften bilden zudem die Grundlage für den Handelsmakler im HGB (§§ 93–104 HGB; zur Abgrenzung Rn 9). Die Regelung des Maklerrechts erfolgte durch den Gesetzgeber nur unvollständig (mit der Folge, dass zB die Position des Maklers im BGB einseitig schwach ist, hierzu Ddorf NJW 72, 1816, 1818). Dies zeigt auch die Prägung des Maklerrechts durch AGB und die Vielzahl von Rechtsstreitigkeiten (MüKo/*Roth* § 652 Rn 2; es kann beim Maklerrecht von einem Fall- oder Richterrecht gesprochen werden). Neben den Regelungen in Titel 10 gelten für bestimmte Maklertätigkeiten zusätzlich abw Sonderregelungen (Rn 18 ff).

Öffentlich-rechtlich bedarf der gewerbsmäßige Makler für die Vermittlung von Grundstücken, Räumen, Darlehen und bestimmten Kapitalanlagen einer Erlaubnis nach § 3 c I GewO (Ausnahmen hiervon sind in § 34 c V GewO geregelt). Die auf Grundlage des § 34 c II GewO erlassene Makler- und Bauträgerverordnung (MaBV, BGBl 90, 2479; diese wurde mehrfach geändert) enthält für diese Makler und Bauträger öffentlich-rechtliche Verpflichtungen zur Sicherheitsleistung und Versicherung sowie Zweckbindung des durch den Erwerber einer entsprechenden Immobilie dem Bauträger anvertrauten Vermögens. Daneben verpflichtet es diese zur getrennten Vermögensverwaltung, Auskunfts- und Rechnungslegung, Aufbewahrung der Geschäftsunterlagen, Anlegung einer Inseratensammlung. Von den §§ 2–8 MaBV zum Nachteil des Auftraggebers abweichende Vereinbarungen können gem § 12 MaBV und § 134 nichtig sein (Karlsr zu § 7 MaBV, WM 01, 729, 732), obwohl es sich bei der MaBV „nur" um gewerberechtliche Vorschriften handelt (BGHZ 146, 250, 259; Frankf NJW 79, 878). 2

Die internationale Zuständigkeit bestimmt sich ua nach Art 27, 28 EGBGB. 3

II. Begriff. Bei einem Maklervertrag verpflichtet sich der Auftraggeber (obwohl entgeltlich, hat sich der Ausdruck „Auftraggeber" eingebürgert, MüKo/*Roth* § 652 Rn 3) ggü dem Makler zur Zahlung einer Vergütung für den Nachweis einer Gelegenheit zum Abschluss eines von ihm gewünschten Vertrags mit einem Dritten oder für die Vermittlung dieses Vertragsabschlusses. Der Provisionsanspruch des Maklers ist erfolgsabhängig. Eine Verpflichtung des Maklers zum Tätigwerden oder des Auftraggebers zum Vertragsabschluss mit dem Dritten besteht nach dem gesetzlichen Leitbild nicht (BGH NJW-RR 03, 699). Damit kann beim Maklervertrag nicht von einem gegenseitigen Vertrag iSd §§ 320 ff gesprochen werden, vielmehr soll er einen Vertrag eigener Art darstellen (Palandt/*Sprau* vor § 652 Rn 1; differenzierend Müko/*Roth* § 652 Rn 3). Dieser beinhaltet aufgrund eines besonderen Treueverhältnisses der Vertragsparteien eine Reihe von Nebenpflichten (§ 652 Rn 26 ff). Vermittlungsunabhängige Provisionsversprechen, dh die Zusage der Zahlung einer Provision unabhängig von einer typischen Maklerleistung sind nur durch Individualvereinbarung möglich. Dies gilt auch für Provisionsversprechen für Leistungen, die nicht als Maklerleistung gewertet werden können. Sie können entspr dem Parteiwillen als verdeckter Kaufpreisteil, Dienstleistungsvergütung für maklerfremde Leistungen, sowie bei fehlender Gegenleistung als Schenkung einzustufen sein (BGH NJW-RR 87, 1075; Ddorf NJW-RR 01, 1134, wobei die Form des § 518 zu beachten ist). Daneben kann auch ein selbständiges Schuldversprechen vorliegen (BGH NJW 00, 3781). 4

III. Vertragsbeziehungen. Bei einem Maklergeschäft bestehen typischerweise zwei getrennte Vertragsverhältnisse. Einerseits zwischen Auftraggeber und Makler (Maklervertrag), andererseits der vermittelte Vertrag zwischen dem Auftraggeber und dessen Vertragspartner (Hauptvertrag). Zwischen Makler und dem Vertragspartner des Auftraggebers bestehen idR keine Vertragsbeziehungen (Ausnahme bei Doppeltätigkeit des Maklers). Eine Haftung des Maklers ggü diesem findet daher nur bei unerlaubter Handlung statt. Der Makler hat als bloßer Vermittler auch keine Vertretungsmacht für den Auftraggeber im Hauptvertragsverhältnis zu dessen Vertragspartner. Er ist Dritter iSd § 123 II. Der Makler ist idR auch nicht Erfüllungsgehilfe des Auftraggebers iSd § 278, da er grds eigene Interessen wahrnimmt (BGH MDR 04, 683, 684; KG NJW-RR 03, 1137; daher keine Verschuldenszurechnung). Anderes gilt jedoch, wenn sich der Makler nicht auf reine Maklerdienste beschränkt, sondern mit Wissen und Wollen des Auftraggebers iR der Erfüllung tätig wird. So bei Auftritt als dessen Repräsentant, Übernahme der Verhandlungsführung (BGH NJW 01, 358; 99, 638; NJW 04, 2156), Verhandlungsgehilfeneigenschaft oder wenn er mit dem Vertrieb von Immobilien betraut ist (BGH NZM 03, 405, 407). Ebenso, wenn ihm als Vertreter ohne Vertretungsmacht der Abschluss des Hauptvertrages überlassen worden ist (BGHZ 140, 111, 116; BGH MDR 04, 683). Erklärungen des Maklers sind dem Auftraggeber daneben auch zuzurechnen, wenn er diese selbst veranlasst hat (zB durch Handlungsfreiheit für den Makler) und sich nicht bis zum Vertragsabschluss hiervon distanziert (BGH NJW 95, 2550). 5

B. Abgrenzung zu anderen Vertragstypen. I. Grundsätzliches. Für die einzelnen Vertragsleistungen können aufgrund der Dispositivität des Maklerrechts bei entsprechender Vereinbarung von Mischformen mit anderen Vertragstypen deren Bestimmungen heranzuziehen sein (BGH NJW 88, 967). Gleichwohl verbleibt es für die Bestimmung des Leitbildes und der Ordnungsfunktion iRd Beurteilung der Rechtmäßigkeit von AGB (§ 307 II) bei der Notwendigkeit der Abgrenzung der Vertragstypen. Sind als wesentliche Elemente die erfolgsabhängige Vergütung, Nachweis oder Vermittlungstätigkeit und Abschlussfreiheit des Auftraggebers 6 vorhanden, ist von einem Maklervertrag auszugehen (BGH NJW 85, 2477). Die von den Parteien gewählte Bezeichnung des Vertrages ist nicht entscheidend (KG MDR 02, 629 nur bei Grenzfällen).

7 II. Abgrenzung zum Auftrag. Vom Auftrag und unentgeltlichen Geschäftsbesorgungsvertrag unterscheidet sich der Maklervertrag durch seine Entgeltlichkeit, vom entgeltlichen Geschäftsbesorgungsvertrag durch die fehlende Tätigkeitspflicht des Maklers. Der Beauftragte kann aufgrund der gesetzlichen Anspruchsgrundlage in § 670 Aufwendungsersatz verlangen, der Makler gem § 652 II nur bei entspr vertraglicher Vereinbarung. Bis zur Vermittlung eines Vertragsschlusses ist der Makler nur für sich selbst tätig und besorgt kein Geschäft des Auftraggebers (Bremen OLGZ 65, 20), weshalb bei erfolgloser Tätigkeit § 354 HGB keine Anwendung findet.

8 III. Abgrenzung zum Dienstvertrag. Der Dienstvertrag (§§ 611 ff) unterscheidet sich vom Maklervertrag durch die Pflicht zum Tätigwerden und die Pflicht zur erfolgsunabhängigen Zahlung der Vergütung. Mischformen wie der Maklerdienstvertrag bleiben – sofern nur eine Tätigkeitspflicht begründet werden soll – im Kern ein Maklervertrag (so Alleinauftrag Rn 12 oder die Zusendung des Nachweises von Bauvorhaben, München NJW-RR 97, 1146). Dies gilt auch, wenn der Makler zusätzlich noch eine gewisse Garantie oder Verwaltungs- und Abrechnungsleistungen übernimmt (so bei der Vermietung einer vom Anleger gekaufter Ferienwohnungen für diesen, BGH NJW 86, 1173). In AGB kann daher eine Vergütung für die Tätigkeit des Maklers als solche, dh unabhängig vom Erfolg nicht vereinbart werden (BGH NJW 85, 2477). Zulässig soll dies durch Individualvereinbarung sein (BGHZ 87, 309; ggf Auslegungsfrage BGH NJW 99, 1499).

9 IV. Abgrenzung zum Handelsmaklergeschäft. Die Abgrenzung zum Handelsmaklergeschäft (§§ 93 ff HGB) erfolgt anhand der Art der zu vermittelnden Geschäfte. Diese sind beim Zivilmakler bürgerlichrechtlicher Art wie Kapitalanlagegeschäfte, Grundstücksverkäufe, Darlehensverträge, Geschäftsverkäufe, Miet-/Pachtverträge, Leasingverträge (KG MDR 02, 629), Eheschließungen. Beim Handelsmakler sind es die Handelsgeschäfte des § 93 I HGB. Keine Handelsmaklereigenschaft (sondern Zivilmakler) bei fehlender Gewerbsmäßigkeit oder Tätigkeit als bloßer Nachweismakler. Eine Kaufmannseigenschaft ist jedoch nicht relevant, auch der Zivilmakler ist aufgrund gewerblicher Tätigkeit (§ 1 HGB) häufig Kaufmann.

10 V. Werkvertrag. Im Gegensatz zum Werkvertrag ist der Makler nicht zur Herbeiführung eines Erfolges verpflichtet. Soll dieser ausnahmsweise für einen Erfolg einzustehen haben, liegt ein sog **Maklerwerkvertrag** vor. Bsp: Verschaffung von Ersatzwohnraum für die Mieter eines Sanierungsobjekts (Rostock OLG-NL 98, 241); Beschaffung einer bestimmten Finanzierung einschl Sicherheiten (BGH NJW-RR 91, 627; Oldenburg NJW-RR 05, 1287; s.a. BGH BB 84, 564). Die rechtliche Beurteilung richtet sich ggf nach dem durch Auslegung zu ermittelnden Parteiwillen, wobei hilfsweise diejenigen Vorschriften das Makler- oder Werkvertrags Anwendung finden sollen, die dem Wesen des Maklerwerkvertrags am besten entspr (BGH NJW 88, 967). Die Finanzierungsvermittlung iR eines Bauherrenmodells soll idR Geschäftsbesorgung (§ 675) mit Werkvertragscharakter darstellen, so wenn der Baubetreuer zur Herbeiführung des Vermittlungserfolgs, der Auftraggeber zur Abnahme der Finanzierungsmittel verpflichtet ist und sich die Vergütung nicht nach Prozenten des vermittelten Kredits richtet (BGH NJW-RR 91, 914).

11 VI. Sonstige Vertragstypen. (In alphabetischer Reihenfolge). Anlagevermittlung soll Geschäftsbesorgungsvertrag sein (§ 675, Palandt/*Sprau* vor § 652 Rn 18). Auf die private **Ausbildungs- und Arbeitsvermittlung** finden die Maklervertragsvorschriften der §§ 652 ff Anwendung, jedoch gelten die §§ 292, 296 ff SGB III vorrangig (s Rn 15). **Darlehensvermittlung** s Untertitel 2 (§§ 655a–e). **Ehe- und Partnervermittlung** § 656. Der **Handelsvertreter** gem §§ 84 ff HGB ist im Gegensatz zum Makler verpflichtet sich ständig um Vermittlung oder Abschluss von Geschäften zu bemühen; entscheidend ist die beiderseitige auf Dauer angelegte Bindung, während die Maklertätigkeit auf ein bestimmtes Objekt bezogen ist (BGH NJW 92, 2818). Der **Kommissionär** gem §§ 383 ff HGB schließt Verträge im eigenen Namen, wobei das Maklerrecht keine Anwendung findet. Bei Vermittlung eines Grundstückskauf- oder Darlehensvertrages durch einen **Rechtsanwalt** hat eine Abgrenzung zum Dienstvertrag nach der Art der übertragenen Aufgabe zu erfolgen: Ist diese im Wesentlichen rechtsberatender Art, handelt es sich um einen Dienstvertrag (BGH WM 77, 551), es sei denn eindeutige Anhaltspunkte sprechen dagegen (BGH NJW 85, 2642). Dies ist anzunehmen, wenn kein rechtlicher Beistand erfolgen soll (Hamm NJW-RR 95, 951). **Reisevermittlung** s § 651a. **Vermittlungsverträge für den Unternehmenserwerb** (M & A) sollen häufig Maklerdienstverträge sein (*Rozijn* NZG 01, 494). Verpflichtet sich der Vermittelnde selbst zur Verschaffung eines Gegenstandes, kann uU ein Kaufvertrag vorliegen (Ddorf NJW 02, 523 für die Verschaffung eines Reimport-Kfz).

12 C. Besondere Maklertätigkeitsformen. I. Alleinauftrag. Mit dem Alleinauftrag hat sich ein selbständiger Vertragstyp herausgebildet dessen Besonderheit aus einer stärkeren Bindung des Auftraggebers an den Makler resultiert. Dieser stärkeren Bindung des Maklers (Rn 13 f) stehen erhöhte Pflichten des Maklers ggü (Rn 15), insbes die Verpflichtung des Maklers zum Tätigwerden. Zwar wird beim Alleinauftrag aufgrund der Tätigkeitspflicht von einem auf bestimmte Dienstleistungen gerichteten Maklerdienstvertrag gesprochen (BGH NJW-RR 87, 944). Im Kern verbleibt ein derartiger Maklerdienst-(selten Maklerwerk-)vertrag jedoch ein Maklervertrag. Ein Maklervertrag als Alleinauftrag kann sowohl durch ausdrückliche, als auch stillschweigende Vereinbarung erfolgen (nicht ausreichen dürfte hierfür die Verpflichtung ein bestimmtes Geschäft mit einem bestimmten Interessenten zu fördern, BGH NJW 67, 198).

1. Einschränkung auf Seiten des Auftraggebers. Im Alleinauftrag verzichtet der Auftraggeber regelmäßig auf sein **jederzeitiges Widerrufsrecht** (sog Festauftrag, BGH NJW 64, 1468; § 652 Rn 24 f). Unwirksam sein dürfte eine zeitlich unbegrenzte Bindung (§ 138 I BGH NZM 98, 677), in AGB auch eine unangemessen lange Bindung (BGH NJW 86, 1173). Dies führt aber idR nicht zur Nichtigkeit des gesamten Maklervertrags, sondern zur Bindung für eine angemessene Zeit (zB 5 Jahre BGH WM 74, 257). Während der Bindungsfrist kann der Auftraggeber nur aus wichtigem Grund gem § 314 kündigen (so zB bei Untätigkeit des Maklers, BGH NJW 69, 1626, oder bei Zuführung eines unseriösen Interessenten, BGH WM 70, 1457). Die Kündigung aus wichtigem Grund ist nicht abdingbar. Bei langer Frist (zB Bindungsfrist von einem Jahr) und damit stärkerer Bindung des Auftraggebers an den Makler kann dieser zum Vertrauensmakler werden (Rn 16; BGH NJW 64, 1467). Dabei genügt auch eine geringe Provision (BGH NJW-RR 00, 430). Die Abschlussfreiheit des Auftraggebers bleibt grds unberührt (BGH WM 72, 444), keine Verpflichtung zum Abschluss des vermittelten (nachgewiesenen) Geschäfts (BGH NJW 67, 1225 u WM 70, 1457). Daneben verzichtet der Auftraggeber beim Alleinauftrag idR auf sein Recht, die Dienste mehrerer Makler zugleich in Anspruch zu nehmen (**Verbot der Beauftragung weiterer Makler**). Bei deutlichem Hinweis mit dieser Einschränkung auch in AGB zulässig sein (Staud/*Reuter* § 652 Rn 222 ff). Eigengeschäfte oder Direktabschlüsse des Auftraggebers bleiben idR zulässig, er bleibt im Zweifel berechtigt, sich selbst um den Abschluss zu bemühen (BGH NJW 61, 307). Das gilt auch für den Verkauf an andere Makler (Kobl NJW-RR 99, 1000) oder einen durch den nicht beauftragten Makler vermittelten Dritten (Frankf NZM 02, 181). Abweichendes kann auch stillschweigend vereinbart werden (sog erweiterter oder qualifizierter Alleinauftrag; nicht in AGB, Frankf NZM 02, 181). Die Verletzung der Alleinauftragsklausel durch den Auftraggeber (zB Abschluss unter Einsatz eines anderen Maklers während der Laufzeit) kann nur bei entspr individualvertraglicher Vereinbarung einen Provisionsanspruch begründen (BGH NJW 73, 1194).

2. Pflichtenvermehrung auf Seiten des Maklers. Der Alleinauftrag verpflichtet den Makler, im Interesse des Auftraggebers tätig zu werden (BGH NJW 66, 1406; 67, 199), dabei alles in seinen Kräften Stehende zu tun, um einen für seinen Auftraggeber vorteilhaften Abschluss zu erreichen und diesen sachkundig zu beraten (BGH WM 73, 1382; Ddorf NJW-RR 97, 1278). Daneben können auch weitergehende Verpflichtungen im Einzelfall übernommen werden, zB Mithilfe bei Planung oder Finanzierung eines Bauvorhabens auf dem vermittelten Grundstück (BGH WM 73, 1382). Dabei dürfte es sich um eine Geschäftsbesorgung mit Dienstvertragscharakter handeln (BGH WM 73, 1382 spricht insoweit unklar von Maklerdienstvertrag), für die ein Anspruch auf Aufwendungsersatz gegeben sein kann (Hamm AIZ 74, 59). Die Einstellung der Maklertätigkeit während der Bindungsfrist dürfte als stillschweigende Beendigung des Alleinauftrags zu werten sein, ein Festhalten des Auftraggebers am Alleinauftrag wäre missbräuchlich (BGH NJW 66, 1405 für eine sechsmonatige Untätigkeit; BGH WM 77, 871).

II. Vertrauensmakler. Der Vertrauensmakler ist zur ausschließlichen Interessenswahrnehmung für seinen Auftraggeber verpflichtet. Er handelt deshalb idR treuwidrig, wenn er auch für den anderen Teil als Vermittlungsmakler tätig wird (BGH NJW 64, 1467; Dresden NZM 98, 1017; Ausnahme zB BGH NJW-RR 00, 430). Hingegen soll eine Doppeltätigkeit als Nachweismakler zulässig sein (Frankf MDR 73, 407). Vertrauensmaklereigenschaft kann auch angenommen werden bei langer Bindungsfrist (zB 15 Monaten) und damit stärkerer Bindung des Auftraggebers an den Makler (BGH NJW 64, 1467; auch bei geringer Provision BGH NJW-RR 00, 430).

III. Versicherungsmakler. Der Versicherungsmakler ist, sofern er gewerbsmäßig handelt, Handelsmakler nach § 93 I HGB, ansonsten Zivilmakler (§§ 652 ff; BGHZ 94, 356). Er wird im Gegensatz zum Versicherungsvertreter (Handelsvertreter nach § 92 HGB) oder -agenten (Abgrenzung BGH NJW-RR 00, 316; Berlin NJW-RR 00, 1078) idR vom Versicherungsnehmer beauftragt, ist dann iR eines Maklervertrages mit geschäftsbesorgungs-, werk- und dienstvertraglichen Elementen dessen Interessen- und Abschlussvertreter (zur Kündigung Karlsr VersR 01, 825). Üblicherweise soll eine Pflicht zum Tätigwerden bestehen (BGH WM 71, 966). Sein Wissen wird dem Versicherer idR nicht zuzurechnen sein (BGH NJW-RR 00, 846; Ddorf VersR 00, 54). Der **Provisionsanspruch** besteht häufig aufgrund Courtageabkommen gegen den Versicherer; anderes kann auch in AGB vereinbart werden (BGH VersR 05, 404 u 406). Er entsteht, sofern nichts anderes vereinbart wurde, nicht schon mit Abschluss, sondern erst mit Durchführung des Versicherungsvertrages, dh mit Prämienzahlung durch den Versicherungsnehmer (Hamm NJW-RR 97, 1482; bei Sachversicherung idR in Raten, BGH NJW-RR 05, 568). Provisionsteilungs- und Abgabenvereinbarungen zwischen Versicherungsmakler und Versicherungsnehmer werden trotz Verstoßes gegen das Verbot von Sondervergütungen gem § 81 II VAG als wirksam angesehen (BGH NJW-RR 04, 1545).

IV. Vermittlung von Beschäftigungsverhältnissen. Die private Vermittlung von Beschäftigungsverhältnissen zwischen Auszubildenden oder Arbeitsuchenden mit Arbeitgebern (§ 35 I SGB III) ist mit Ausnahme von Vermittlungen in oder aus Ländern außerhalb der EG und EWR ohne Erlaubnis zulässig (§ 292 SGB III;

Abgrenzung zur Arbeitnehmerüberlassung § 1 II AÜG). §§ 296, 296a SGB III enthalten hierfür weitgehend zwingende **Sondervorschriften**. § 296 I 1 SGB III ordnet einen Formzwang an, § 296 II 2 SGB III ein Verbot der Forderung von Vorschüssen durch den Makler. § 296 III SGB III begrenzt die Höhe der vom Arbeitnehmer zu zahlenden Vergütung, es dürfen bestimmte Höchstsätze nicht überschritten werden. Diese können für bestimmte Personengruppen oder Berufe durch Verordnung festgelegt werden (§ 301; zB Vermittler-VergütungsVO v 27. 6. 02, BGBl I 2439, für Künstler, Mannequins, Berufssportler u.ä.). Gem § 296a sind für Ausbildungsverhältnisse Vergütungen des Maklers nur durch den Arbeitgeber zulässig. Mit dem Arbeitgeber darf der Vermittler die Vergütung iR der allgemeinen Grundsätze frei vereinbaren. gem § 296 I 3 können weitere Leistungen des Arbeitssuchenden sowie die Erstattung von Aufwendungen nur in engen Grenzen vereinbart werden. gem § 297 führen bestimmte Verstöße zur Unwirksamkeit der Vereinbarung.

19   V. **Wohnungsmakler.** Der Wohnungsvermittlungsvertrag ist zwar grds ein Maklervertrag auf den die §§ 652ff Anwendung finden. Jedoch gelten für die Vermittlung oder den Nachweis der Gelegenheit zum Abschluss von Mietverträgen vorrangig die Vorschriften des Gesetzes zur Regelung der Wohnungsvermittlung (Art 9 des mehrfach geänderten Gesetz v 4. 11. 71, BGBl S 1745; nicht jedoch bei Kaufverträgen über Wohnräume, BGH NJW-RR 05, 1033). Voraussetzung ist das Vermitteln eines Mietverhältnisses über Wohnraum (§ 1 I WoVermG; BGHZ 135, 269). Hierfür nicht ausreichend sein dürfte die bloße Weitergabe von Wohnungswünschen an andere Mieter (BGH NJW-RR 95, 280). Zweck der Sondervorschriften des WoVermG ist der Schutz des Wohnungssuchenden vor ungerechtfertigten wirtschaftlichen Belastungen (KG NZM 04, 431). § 2 I, V WoVErmG sieht zwingend die Vereinbarung einer Erfolgsprovision vor, weshalb kein Provisionsanspruch bestehen soll,
20   wenn Mieter und Eigentümer ohnehin abschlussbereit sind (*Zurek* WuM 00, 162). § 2 II versagt den Provisionsanspruch zur Gänze in Fällen, in denen wirtschaftlich gesehen eine echte Tätigkeit nicht vorliegt. Dies ist anzunehmen, wenn Personengleichheit zwischen Makler und Eigentümer, Verwalter, Vermieter, auch bisherigen Mieter vorliegt (S 1 Nr 2; Verwaltung durch Gehilfen genügt, BGH NJW 04, 286). Ebenso wenn eine enge wirtschaftliche oder rechtliche Verflechtung mit dem Eigentümer, Verwalter, Vermieter gegeben ist (nach LG München II ZMR 04, 353 auch dem bisherigen Mieter). Dabei ist eine rechtliche oder wirtschaftliche Beteiligung des Maklers an der Verwaltungsgesellschaft, bzw des auch nur rechtlichen Eigentümers an der Maklergesellschaft ausreichend, S 1 Nr 3, S 2; BGH NJW 03, 3768). Auch eine Hausmeistertätigkeit des Maklers soll genügen (Paderborn NZM 99, 134). Hingegen wohl nicht eine Provisionsteilungsvereinbarung des Maklers mit dem Vermieter der einzelnen Eigentumswohnungen (BGH NJW 03, 1393), es sei denn, dieser erbringt außerdem im Auftrag des Wohnungseigentümers erhebliche Verwaltungsleistungen für die konkrete Wohnung (LG Hamburg NJW 97, 2827) und tritt deshalb als dessen Repräsentant auf (so wenn er den Mietvertrag abschließt, Reparaturen durch Handwerker für den Eigentümer organisiert, Paderborn NJW-RR 00, 1611; oder die Heizkosten
21   abrechnet, LG Wuppertal NZM 00, 352). Die Verwandtschaft des Maklers mit dem Eigentümer, Verwalter oder Vermieter, rechtfertigt ohne konkrete Anhaltspunkte für Parteilichkeit nicht den Ausschluss der Provision nach § 2 II (BVerfG NJW 87, 2733; aA AG München NJW-RR 02, 305). Gem § 2 III ist bei öffentlich gefördertem oder sonst preisgebundenem Wohnraum bis zur Beendigung dieser Eigenschaft (§ 15ff WoBindG) ein Provisionsanspruch gegen den Wohnungssuchenden ausgeschlossen. Die Vereinbarung und Annahme von Vorschüssen ist gem § 2 IV WoVErmG unzulässig (KG NJW-RR 04, 1239 für im Voraus zu entrichtendes erfolgsunabhängiges Entgelt). Jede diesen Beschränkungen zuwider laufende Vereinbarung ist nach § 2 V unwirksam. Die Höhe der Vergütung muss von gewerbsmäßigen Maklern in einem Bruchteil oder Vielfachen der Wohnungsmiete angegeben werden (§ 3 I). Dabei ist regelmäßig von der im Mietvertrag angegebenen Nettomiete auszugehen (dh abzüglich üblicher Nebenkosten), ausnahmsweise von der Bruttomiete, sofern die Parteien dies vereinbaren. So wenn im Mietvertrag ausschließlich die Bruttomiete bestimmt wird (Frankf NJW-RR 92, 1492). Gem § 3 II beträgt der Höchstsatz ggü dem Wohnungssuchenden, auch wenn dieser das vom Vermieter geschuldete Vermittlungsentgelt übernimmt, zwei Monatsmieten (bei Preisbindung der gesetzlich zulässigen Miete, LG Dresden NJW-RR 97, 1481). Nebenvergütungen können nur in den engen Grenzen des § 3 III vereinbart werden. § 3 III u § 4 WoVermG enthalten Einschränkungen bzgl der Erstattung von Auslagen bzw der Vertragsstrafe. Überzahlungen kann der Auftraggeber nach den allg Vorschriften zurückverlangen, wobei § 817 S 2 gem § 5 I nicht gilt; ebenso Vergütungen an Dritte für die Freimachung oder den Erwerb der Wohnung (§§ 4a, 5 II). Verjährungsfrist für den Rückforderungsanspruch beträgt vier Jahre gem § 5 I 2.

Untertitel 1   Allgemeine Vorschriften

§ 652   Entstehung des Lohnanspruchs

(1) ¹Wer für den Nachweis der Gelegenheit zum Abschluss eines Vertrags oder für die Vermittlung eines Vertrags einen Mäklerlohn verspricht, ist zur Entrichtung des Lohnes nur verpflichtet, wenn der Vertrag infolge des Nachweises oder infolge der Vermittelung des Mäklers zustande kommt. ²Wird der Vertrag unter einer aufschiebenden Bedingung geschlossen, so kann der Mäklerlohn erst verlangt werden, wenn die Bedingung eintritt.

(2) ¹Aufwendungen sind dem Mäkler nur zu ersetzen, wenn es vereinbart ist. ²Dies gilt auch dann, wenn ein Vertrag nicht zustande kommt.

A. Maklervertrag. I. Parteien des Maklervertrages. 1. Grundsätzliches. Vertragsparteien können auf beiden Seiten natürliche und juristische Personen sowie rechtsfähige Personengesellschaften sein. Ein Vertrag kann auch in Vertretung für einen noch nicht benannten Dritten geschlossen werden (für den Abschluss mit Firmengruppe BGH NJW 98, 62; s.a. Hamm VersR 01, 978) oder auf Leistung der Maklerdienste an Dritte gerichtet sein, wobei eine Abgrenzung zur Stellvertretung vorzunehmen ist (LG Karlsruhe NJW-RR 03, 1495).

2. Mehrheit von Maklern. Eine Einschaltung von mehreren Maklern durch den Auftraggeber für die Vermittlung oder den Nachweis eines Hauptvertrages ist möglich. Werden diese einzeln **nebeneinander „beauftragt"**, kann jeder von ihnen bei Abschluss des Hauptvertrages aus seinem Maklervertrag jeweils getrennt einen Anspruch auf Provision geltend machen. Daneben ist auch eine bloße **Zusammenarbeit** eines Maklers mit anderen Maklern bei Durchführung der Vermittlung denkbar (auch mit dem Makler der Gegenseite). Maßgeblich für die rechtliche Beurteilung dieser Form der Zusammenarbeit ist die jeweilige vertragliche Ausgestaltung (BGH NJW-RR 87, 171). Ein Zusammenschluss mehrerer Makler kann auch eine (Personen-)**gesellschaft** darstellen (OHG oder KG, sofern Kaufmannseigenschaft vorliegt). Kommt der Kenntnis bestimmter Umstände Bedeutung zu, wird auf die jeweilige des den Auftrag bearbeitenden Gesellschafters abzustellen sein. Eine Wissenszurechnung anderer Gesellschafter, die ihm unverschuldet keine Mitteilung machen, soll nicht erfolgen (BGH JZ 68, 69). Daneben kann ein sog **Untermaklervertrag** vorliegen, wobei sich wie bei sonstigen Haupt-/Subunternehmerverhältnissen der Hauptmakler mit einem Untermakler zur gemeinschaftlichen Durchführung eines Maklergeschäfts verbindet. Allein der Hauptmakler ist Vertragspartner des Auftraggebers (Hburg MDR 64, 595), der regelmäßig an der Provision beteiligte Untermakler ist Erfüllungsgehilfe des Hauptmaklers im Verhältnis zum Auftraggeber (BGH WM 78, 246; Celle 99, 18; uU auch Erfüllungsgehilfe des Auftraggebers BGH NJW-RR 97, 116). Rechtlich liegt keine Gesellschaft in Form einer GbR zwischen Haupt- und Untermakler vor (BGH BB 66, 1367). Der Hauptmakler ist in seiner Tätigkeit frei und kann seine Entschließungen ohne Rücksicht darauf treffen, ob dies den Provisionsanspruch des Untermaklers beeinträchtigt (BGH BB 68, 729). Insbes kann er bis zur Grenze der Arglist auf seinen Maklerlohn verzichten (Hburg BB 54, 173). Die Zusammenarbeit mehrerer Makler kann sich auf **Hilfstätigkeiten** in Form gelegentlicher Mitteilungen über Abschlussmöglichkeiten beschränken. Es fehlt dabei an einer Vereinbarung zur Zusammenarbeit. Der lediglich als „Zubringer" idR nicht gewerbsmäßig handelnde Makler hat nur Anspruch auf einen geringeren Anteil an der Provision (BGH BB 63, 835). Der Hauptmakler ist diesem nicht zum Tätigwerden verpflichtet (BGH BB 68, 729). Die Provisionsvereinbarung eines als Zubringer tätigen Maklers kann jedoch sittenwidrig sein. Dies wurde angenommen bei einem Kreditsachbearbeiter einer Bank, der sein dienstlich erworbenes Wissen iRd Benennung von Grundstückskaufinteressenten ggü einem Makler eingesetzt hat (BGH MDR 77, 209). Mehrere Makler können auch auf entgegen gesetzten Seiten tätig werden. Vereinbaren diese im Innenverhältnis die Teilung der Provision, auch wenn sie nur auf einer Seite anfällt, liegt ein sog **Gemeinschaftsgeschäft** vor (BGH NJW-RR 94, 636; BB 63, 835). Die diesbzgl Regelwerke der Maklerverbände bedürfen der Einbeziehung in den Vertrag, eine „automatische" Geltung als Handelsbrauch ist nicht gegeben (Ddorf NJW-RR 98, 1666; Stuttg NJW-RR 02, 783). Nur bei vertraglicher Regelung im Innenverhältnis erfolgt eine Verteilung der Provision (insoweit kann sich der jeweilige Makler schadensersatzpflichtig machen, BGH NJW-RR 87, 171). Eine generelle Verpflichtung zur Sicherstellung einer bestimmten Provision besteht nicht (Dresden VersR 03, 902). In der bloßen Bekanntgabe des zu vermittelnden Objekts soll noch kein Angebot zu einem Gemeinschaftsgeschäft gesehen werden können. Dies wird damit begründet, dass der andere Makler damit noch nicht beurteilen könne, ob sich die Annahme lohnt (Hburg MDR 73, 385). Die Erstreckung eines solchen Gemeinschaftsgeschäfts auf Folgegeschäfte ist Auslegungsfrage (BGH WM 82, 16). Im Außenverhältnis sind die Makler nur ihren jeweiligen Auftraggebern ggü vertraglich gebunden und können jeweils nur von diesen Provision verlangen. Auch ist der jeweils andere kein Erfüllungsgehilfe (Karlsr NJW-RR 98, 996).

II. Vertragschluss. 1. Grundsätzliches, Angebot und Annahme. Ein Vertragschluss erfolgt nach den all Regeln durch Angebot und Annahme (§§ 145 ff, 104 ff) und ist auch noch nach Erbringung der Maklertätigkeit möglich (Frankf NJW-RR 00, 751; Hburg NJW-RR 03, 487). Unterzeichnet der Maklerkunde erst nach Abschluss des Hauptvertrages auf einem Formular des Maklers eine „Nachweisbestätigung", die ua auch eine Provisionsklausel enthält, so soll dies idR für das Zustandekommen eines (nachträglichen) Maklervertrages und damit einer Provisionspflicht nicht ausreichen (Karlsr IBR-online 05, 1051).

2. Konkludenter Vertragsschluss. Ein Abschluss kann auch **konkludent** erfolgen, wenn schlüssiges Verhalten der Parteien vorliegt (so häufig bei gewerbsmäßigen Maklern, BGH NJW 70, 700). Unklarheiten über einen stillschweigenden Vertragsschluss gehen zu Lasten des Maklers (BGH NJW-RR 96, 114), der diesbzgl aus Interesse an einer Vergütung für klare Verhältnisse zu sorgen hat (BGH NJW-RR 87, 173; *Fischer* NZM 02, 480).

8 **a) Auf Seiten des Maklers.** Eine entspr schlüssige Erklärung des Makler wird häufig in der Übermittlung eines Exposés (BGH VersR 91, 774) oder Objektnachweises verbunden mit einem Provisionsverlangen liegen. Allein eine Zeitungsanzeige oder ein Aushang im Geschäftslokal dürften jedoch kaum als Angebot wertbar sein, da sie notwendig unbestimmt sind und nur der Interessentensuche dienen (Bremen OLGZ 65, 20; Hamm NJW-RR 95, 819).

9 **b) Auf Seiten des Auftraggebers.** Eine auf den Vertragsschluss gerichtete Erklärung kann nicht bereits in der bloßen Hinnahme von Maklerdiensten gesehen werden (BGH NJW 84, 232). Erforderlich ist zumindest die Kenntnis oder das Kennen müssen des Auftraggebers vom Umstand, dass der Makler den Abschluss des beabsichtigten (Haupt-)Vertrages nur gegen Vergütung erbringt (Saarbr IBR-online 2004, 1065; Köln WM 89, 693). Für die Annahme eines Vertragsschlusses ausreichend sein dürfte eine auf Benennung von geeigneten Objekten an einen Makler gerichtete Anfrage in Kenntnis von dessen Beruf und die Entgegennahme der entspr Nachweise (München NZM 05, 71; Hburg NJW-RR 96, 1463; Kobl NJW-RR 97, 693). ZT wird einschränkend das Vorliegen eines Suchauftrags des Maklers vorausgesetzt (Hamm NJW-RR 94, 1540). Nicht ausreichend sein dürfte die bloße Nachfrage auf eine Werbung des Maklers in Form einer Annonce oä (KG NJW 58, 63). Dies vor dem Hintergrund, dass der Interessent mangels gegenteiliger Kenntnis generell davon ausgehen wird, der im geschäftlichen Verkehr mit einem Angebot zu Verkauf, Vermietung oä werbende Makler habe das Objekt von der Gegenseite an die Hand bekommen und erbringe mit der Weitergabe der Information eine Leistung für diese (Saarbr IBR-online 2004, 1065). Sein Verhalten stellt sich daher nicht ohne weiteres als schlüssiges Angebot an den Interessenten zum Abschluss eines zweiten Maklervertrages dar.

10 Nimmt der Interessent in Kenntnis eines eindeutigen und ausdrücklich an ihn gerichteten Provisionsverlangens des Maklers danach (weitere) Dienste des Maklers in Anspruch, wird dem idR ein auf den Abschluss eines Maklervertrags gerichteter Erklärungswert zukommen (BGH NJW-RR 99, 361). Dies gilt nicht bei (ausdrücklichem) Widerspruch des Interessenten gegen eine Provisionspflicht, ungeachtet der Inanspruchnahme der Dienste des Maklers als solchem (so wenn der Kaufinteressent darauf hinweist, dass er Kenntnis vom Kaufobjekt besitzt und deshalb keine Nachweise benötigt, BGH NJW 02, 1945). Wiederum anderes kann uU bei erneutem Provisionsverlangen gelten (BGH NJW 02, 817; 02, 1945; Köln MDR 04, 623). Kein schlüssiger Vertragsschluss, wenn der Interessent über die Bedeutung seines Verhaltens getäuscht wird (so bei der Behauptung die Unterschrift diene lediglich zu statistischen Zwecken, Ddorf NJW-RR 98, 564). Die **Entgegennahme der Dienste** muss in Kenntnis des Verlangens erfolgen (Celle MDR 01, 500). Diese Kenntnis kann zB liegen in der Anforderung von Unterlagen, Objektangaben, Nachweisen oder der Objektbesichtigung mit dem Makler (BGH NJW 00, 282), uU auch der Vereinbarung eines entspr Termins (Celle MDR 03, 1173) oder der Kontaktaufnahme mit der Gegenseite über den Makler. Der Abschluss des Hauptvertrages allein genügt nicht, jedenfalls wenn der Makler damit rechnen muss, dass der Interessent auch anderweitig provisionspflichtig wird (BGH NJW 84, 232). Dies soll selbst bei Vorkenntnis und Erwerbsabsicht zu Gunsten eines Dritten gelten (Celle MDR 02, 939). Gleichgültig ist, ob die Initiative für die weiteren Dienste vom Makler (BGH NJW-RR 96, 1459) oder vom Interessenten ausgeht (BGH NJW-RR 96, 114). Entspr Grundsätze gelten, wenn der Makler vom Käufer beauftragt ist, für den Abschluss eines Maklervertrages mit dem Verkauf (BGH BB 60, 918), bzw für die Vermittlung eines Mietvertrages (Dresden NZM 98, 1016).

11 Ein Maklervertrag wurde bej, wenn der Architekt einem kaufmännischen Bestätigungsschreiben des Maklers über einen telefonischen Erwerbsnachweis mit Vergütungsabrede nicht widerspricht (Ddorf NJW-RR 95, 501). Ebenso, wenn der Makler das Grundstück vertraulich unter Hinweis auf die Käufermaklergebühr anbietet und der Interessent sich daraufhin die Objektangaben überreichen lässt (BGH NJW 67, 1365). Auch in der Antwort auf einen unverlangt gegebenen Nachweis kann das Angebot auf Abschluss eines Vermittlungsmaklervertrags liegen (BGH NJW 86, 50).

12 **3. Vergütungsvereinbarung.** Bei bloßer Uneinigkeit über die Provisionshöhe, finden die Vorschriften zum offenen und verdeckten Einigungsmangel der §§ 154, 155 Anwendung (ausführlich *Fischer* NZM 02, 480, 482). Fehlt eine Vergütungsvereinbarung greift der dem § 632 nachgebildete § 653. Das Vergütungsverlangen muss für den Interessenten klar erkennen lassen, dass der Makler selbst die Provision fordert (Ddorf NJW-RR 97, 368). Es kann in einem beigefügten ausdrücklichen Provisionshinweis liegen (insbes wenn er auch eine Vorkenntnisklausel enthält, BGH NJW 00, 282). Die bloße Provisionsangabe soll genügen, wenn der Hinweis auf die Provision eindeutig nur auf den Interessenten zutrifft (Hburg MDR 01, 24) und nicht als Hinweis auf die Provision der Gegenseite missverstanden werden kann (Ddorf NJW-RR 97, 368). Allein eine Inanspruchnahme der Maklerleistungen auf das Zeitungsinserat des Maklers „Kaufpreis × plus 3,48 % Courtage" soll daher keine Provisionsvereinbarung begründen (Hamm IBR-nur online 06, 1012). Dies gilt auch, wenn sich der Kaufinteressent an den Makler wendet, um sich Objekte aus dessen „Bestand" nachweisen zu lassen (BGH IBR 06, 51). Anders wiederum bei Inanspruchnahme weitergehender Maklerleistungen wie die Erteilung eines eigenen Suchauftrags). Bei der Beurteilung ist auf die Gesamtumstände abzustellen. Es soll genügen, wenn in einer Mitteilung auf eine in beigefügten AGB enthaltene Provisionspflicht deutlich erkennbar verwiesen wird (Ddorf NJW-RR 96, 1466; einschränkend Bremen OLGZ 65, 20). Ein Kaufinteressent, der in Kenntnis eines eindeutigen Provisionsverlangens Maklerdienste in Anspruch genommen hat, schuldet eine

Maklervergütung, wenn er dem Makler ggü nicht jede Provisionszahlung abgelehnt, sondern lediglich eine Vereinbarung über die genaue Provisionshöhe verlangt bzw in Aussicht gestellt hat (BGH NJW 02, 817). Bei Vereinbarung sog „**Maklerklauseln**" kann der Makler seinen Vergütungsanspruch nicht aus einem von ihm mit einer der jeweiligen Parteien des Hauptvertrags abgeschlossenen Maklervertrag, sondern aus dem Hauptvertragsverhältnis als Vertrag zugunsten Dritter (§ 328 I) ableiten (zB „Der Käufer verpflichtet sich, auch dem Verkäufer ggü an den Vermittler die Provision iHv × % aus dem Kaufpreis zu zahlen. Der Makler erhält mit dieser Vereinbarung einen selbständig begründeten Anspruch", BGHZ 131, 318, 321).

4. Form. Die Einhaltung eines bestimmten Formerfordernisses ist für den Maklervertrag grds nicht erforderlich. Anderes kann sich jedoch aus besonderen Vorschriften ergeben. So ist Schriftform erforderlich für Darlehensvermittlungsverträge (gem § 655 b), für Arbeitsvermittlungsvertrag mit dem Arbeitssuchenden (gem § 296 I SGB III), bei kreditfinanzierter Vermittlung gem § 492 (so bei Stundung der Provision, BGH ZIP 05, 1179) sowie für Maklerverträge mit Gemeinden (Vertretungsregeln, nicht Schriftformregeln, BGH MDR 66, 753 für Hessische GemO). Daneben kann auch aus dem Schutzzweck der für den zu vermittelnden Vertrag geltenden Form Formbedürftigkeit folgen (BGH BB 97, 1277, verneint für § 15 III GmbHG). Dies gilt für § 311 b nur, wenn der Auftraggeber sich verpflichtet, ein Grundstück zu feststehenden Bedingungen an jeden vom Makler zugeführten Interessenten zu verkaufen (BGH NJW 70, 1915), oder es anzukaufen (BGH NJW-RR 90, 57). Oder, wenn durch Vereinbarung einer erfolgsunabhängigen Leistung auf den Auftraggeber Druck zum Abschluss des Hauptvertrages ausgeübt wird, zB durch Vertragsstrafen, Aufwandsentschädigungen, Reservierungsentgelte. Im Regelfall hingegen besteht für den Auftraggeber keine Verpflichtung zum Abschluss des Grundstückskaufvertrags mit dem vom Makler benannten Vertragspartner. Eine Heilung des Formmangels durch notarielle Beurkundung des vermittelten Kaufvertrages ist möglich (BGH NJW 87, 1628; § 311 b). Die Provision kann jedoch uU verwirkt sein (§ 654). 13

III. Unwirksamkeit des Maklervertrages. Der Maklervertrag kann aus den allgemeinen Gründen unwirksam sein. So wegen Formmangels (Rn 13), aufgrund seines Inhalts (§§ 134, 138, § 655 b I 2, II) oder aufgrund von Anfechtung (§§ 119 ff). Kein Unwirksamkeitsgrund mehr stellt die anfängliche Unmöglichkeit dar (§ 311 a; anders noch § 306 aF). Zum Widerruf bei Verbraucherverträgen s § 355, so bei sog Haustürgeschäften § 312 (zur Darlehensvermittlung, *Habersack/Schürnbrand* WM 03, 261, 264) oder Fernabsatzgeschäften § 312 b (*Morath* NZM 01, 883: nur bei Maklerdienstvertrag, str). 14

1. Verstoß gegen ein gesetzliches Verbot (§ 134). Grds haben nach der Rspr des BGH nur Verbote, die sich gegen beide Parteien richten, die Nichtigkeit zur Folge (BGHZ 78, 263). Verstöße gegen **Berufsregelungen** führen idR nicht zur Nichtigkeit. So ist zwar bei Rechtsanwälten gem § 14 II Nr 8 BRAO die st Ausübung des Maklerberufs unzulässig (BGH NJW 04, 212). Diese soll jedoch nicht zur Nichtigkeit des Maklervertrages führen (BGH NJW 00, 3067). Gelegentliche Maklergeschäfte dürften dem Rechtsanwalt ohnehin erlaubt sein (BGH NJW 96, 2499), insbes Grundstücksgeschäfte (BGH NJW 92, 681). Entgegen § 57 IV 1 StBerG keine Nichtigkeit auch aufgrund der Maklertätigkeit eines Steuerberaters (BGHZ 78, 263). Anderes gilt aufgrund des Vermittlungsverbots nach § 14 IV BNotO für die Vermittlung von Darlehen und Grundstücksgeschäften durch Notare nebst den mit ihnen in Sozietät verbundenen Rechtsanwälten (BGH NJW 01, 1569). Der Makler kann **Rechtsberatung** für seinen Auftraggeber nur in unmittelbarem Zusammenhang mit der Vermittlung leisten (Art 1 § 5 Nr 1 RBerG; Beratung Dritter s BGH NJW-RR 00, 1502). Dies soll jedoch nur das Bereithalten, nicht aber das Ausarbeiten eines Vertragsentwurfs für den zu vermittelnden Vertrag umfassen (BGH BB 74, 815), sowie die Beratung in Grundbuchfragen oder bzgl der Zwangsversteigerung (Ddorf JR 68, 25), nicht das Aushandeln von Darlehenskonditionen (bereits Rechtsberatung iSd Art 1 § 1 Nr 1 S 1 RBerG nach LG Darmstadt NJW-RR 02, 351). Ein Verstoß gegen das RBerG führt idR nur zur Nichtigkeit der entspr Vereinbarung (BGHZ 37, 258 für Geschäftsbesorgungsvertrag), nicht auch der Vermittlungsabrede (§ 139; Kobl NZM 02, 829; für die Ausarbeitung des Kaufvertragsentwurfs durch den Makler Kobl NJW-RR 02, 1454). Str ist die Zulässigkeit der Beratung oder Vertretung des Auftraggebers durch einen Versicherungsmakler im Vergabeverfahren nach VOL/A (*Fetzer* VersR 00, 1311). Das Fehlen einer gewerberechtlichen Erlaubnis (BGHZ 78, 263, 269) oder ein behördliches Verbot der Vermittlungstätigkeit (Köln MDR 55, 414) hat nicht die Unwirksamkeit des Maklervertrags zur Folge. Eine Erlaubnis für Ausbildungs- und Arbeitsvermittlung durch Private ist nur bei Vermittlungen in oder aus Ländern außerhalb der EG und dem europäischen Wirtschaftsraum notwendig (§ 292 SGB III; s.a. BGH NJW 03, 2906). Die Vermittlung sexueller Leistungen kann strafrechtlich verboten sein (§ 180 I 1 StGB). Für Adoptionen gilt grds ein Vermittlungsverbot (s.a. § 1741 Rn 2). Bei der **Wohnungsvermittlung** (Einf vor 652 Rn 19) dürfte zwar die **Koppelung** mit einer Verpflichtung zum Bezug von Waren, Dienst- oder Werkleistungen unwirksam sein, der Maklervertrag bleibt hingegen wirksam (§ 3 IV WoVermG). Unerheblich dürfte dabei sein, von wem die Initiative zu der Koppelung ausgeht (Hamm DB 73, 2514). Ein Verstoß gegen das nur für gewerbsmäßige Wohnungsvermittler geltende Verbot der Vermittlung ohne Auftrag des Vermieters (§§ 6, 7 WoVermG) hat nach § 8 WoVermG nur eine Geldbuße zur Konsequenz, nicht die Nichtigkeit des Maklervertrages mit dem Wohnungssuchenden (BGH NJW 02, 3015). Ein auf Nachweis oder Vermittlung einer Koppelung von Grundstückskauf und Leistung eines Architekten gerichteter Maklervertrag soll aufgrund Verstoßes gegen Art 10 § 3 MRVB nichtig sein (BGH WM 80, 17). 15 16 17

Unerheblich ist hingegen eine etwaige Wettbewerbswidrigkeit des Verhaltens des Maklers (so bei Lockvogelangeboten; Ddorf BB 66, 1366).

18 **2. Sittenwidrigkeit nach § 138.** Eine Sittenwidrigkeit ist anzunehmen bei einem Vertrag zwischen Interessenten und Vermittler, der zielgerichtet eine Schmiergeldvereinbarung herbeiführt (BGHZ 94, 271) oder wenn er Schmiergelder weiterleiten soll, die in der dem Vermittler versprochenen Provision enthalten sind (BGH NJW-RR 86, 346). Auch wenn sich der Makler für die Zuführung eines anderen Maklers Provision versprechen lässt (Nürnbg OLGZ 65, 6). Ebenso, wenn die vereinbarte Vergütung in auffälligem Missverhältnis zur für die erbrachten Leistungen üblichen Vergütung steht (BGH NJW-RR 03, 699, Nürnbg NZM 01, 481; zur Übererlösklausel BGHZ 125, 135). Sittenwidrigkeit wohl auch bei Provisionsvereinbarungen für die Vermittlung in Lebensbereichen, deren Kommerzialisierung als anstößig empfunden wird (so bei Ärzten). Ebenso bei Provisionsvereinbarungen für die Ausnutzung einer Vertrauensstellung (zB für die Vergabe von Reparaturarbeiten durch einen die Hausverwaltung führenden Rechtsanwalt Frankf NJW 90, 2131).

19 **IV. Vertragsinhalt.** Der Vertrag ist auf den Nachweis oder die Vermittlung eines Hauptvertrages, dh eines bestimmten Vertrages zwischen dem Auftraggeber und einem Dritten gerichtet. Der Umfang der Leistung des Maklers (Vermittlung oder Nachweis) ist ggf durch Auslegung zu ermitteln. Zwischen dem vom Verkäufer beauftragten gewerbsmäßigen Grundstücksmakler und dem Kaufinteressenten soll im Zweifel ein Nachweismaklervertrag zustande kommen (BGH NJW 67, 1365). Die Vereinbarung einer „Vermittlungsprovision" spricht nicht gegen die Annahme eines Nachweismaklervertrags (München NJW-RR 96, 239). Der Auftrag, einen Vertrag mit einem Dritten „herbeizuführen", kann als Vermittlungsmaklervertrag aufgefasst werden (BGH DB 81, 210).

20 **1. Der Nachweismakler.** Der Nachweismakler versetzt seinen Auftraggeber durch entspr **Mitteilungen** in die Lage, in konkrete Verhandlungen über den vom Auftraggeber angestrebten Hauptvertrag einzutreten (BGH NJW 05, 754; NJW-RR 96, 113). Voraussetzung eines Nachweises ist daher, dass der Makler die zum Vertragsschluss **notwendigen Daten und Informationen** beibringt. Dies umfasst zum einen die Lieferung notwendiger Angaben bzgl des zu vermittelnden Objekts, beim Immobilienkauf/-miete idR die eindeutige Bezeichnung des Objekts (Lage, Bezeichnung im Grundbuch). Es bedarf zum anderen der Beibringung der erforderlichen Kontaktdaten des Interessenten (Name und Anschrift, Karlsr VersR 03, 592) dergestalt, dass die Kontaktaufnahme des Auftraggebers zum Interessenten ohne weiteres möglich wird. Beim Interessenten muss es sich dabei um den zur Verfügung über das Objekt Berechtigten handeln (Ddorf NJW-RR 99, 349). Dies dürfte idR der Verkäufer (BGH NJW-RR 87, 1628) bzw Vermieter (KG ZMR 00, 33) sein (uU auch dessen Bevollmächtigter, Hamm NJW-RR 99, 632; ggf wirtschaftliche Betrachtung notwendig, BGH NJW 05, 753). Angaben zum Berechtigten sind ausnahmsweise entbehrlich, wenn dieser unter der angegebenen Objektadresse ohne weiteres erreichbar ist (BGH NJW 87, 1628) oder dort ohne weitere Nachforschungen zu ermitteln ist (KG ZMR 00, 33). Benötigt der Auftraggeber die Kontaktdaten nicht, da er am Makler vorbei direkt abschließen, wird ein Berufen auf das Fehlen deren gem § 242 treuwidrig sein (Hamm NJW-RR 99, 632, LG Düsseldorf NJW-RR 02, 489); ebenso wenn er diese erst gar nicht verlangt (Hamm MDR 97, 914).

21 Der Nachweis setzt daneben die **Bereitschaft des Berechtigten** um Abschluss des beabsichtigten Vertrages im Nachweiszeitpunkt voraus (BGH NJW-RR 97, 884; 92, 687). Auch muss dieser zu Verhandlungen zur Verfügung stehen (Oldbg NJW-RR 97, 887). Umstritten ist, ob er auch zum Abschluss in der Lage sein muss (abl Hamm NJW-RR 99, 633; ausreichen dürfte jedenfalls der Nachweis eines zur Weiterveräußerung bereiten Verkäufers, der das Objekt erst noch erwerben muss, BGH NJW-RR 91, 371). Ein Nachweis setzt keine vollständige Übereinstimmung von angestrebtem, nachgewiesenem und letztlich abgeschlossenem Geschäft voraus. Ausreichend ist wirtschaftliche Identität (s Rn 59 ff). Hingegen müssen die nachgewiesene und die vom Auftraggeber wahrgenommene Gelegenheit zum Vertragsschluss übereinstimmen (BGH BB 90, 1225). IdR nicht genügen wird daher, wenn der Interessent erst später Interesse an einem Vertragsschluss findet. Unbeachtlich ist hingegen, dass er vorrangig einen anderen Vertragsinhalt anstrebt (so, wenn der Vermieter vorrangig die Vermietung des Gesamtobjekts anstrebt, hilfsweise aber zur Teilvermietung bereit ist BGH NJW-RR 96, 113).

22 **Kenntnis des Auftraggebers** vom nachgewiesenen Objekt und der Abschlussmöglichkeit schadet nicht, wenn der Makler zusätzliche Informationen liefert, welche den Auftraggeber veranlassen, sich um das Objekt zu bemühen (BGH NJW-RR 90, 1269). Der Nachweis kann bei entsprechender Vereinbarung auch auf den Erwerb iRe Zwangsversteigerung unter Bekanntgabe des Termins sowie der Grundstücksunterlagen gerichtet sein (BGHZ 112, 59; Köln NJW-RR 89, 247, ungeachtet der Möglichkeit anderweitiger Kenntniserlangung des Auftraggebers von der Zwangsversteigerung; jedoch nicht in AGB, BGHZ 119, 32). Der Nachweis ist grds an den Auftraggeber zu richten. Nicht ausreichend dürfte daher beim Verkaufmakler der Nachweis eines Käufers ggü einer erst später an die Stelle des Verkäufers tretenden Person (BGH NJW-RR 92, 687). Die bloße Zusendung einer Liste von Personen aus denen der Auftraggeber die potentiellen Interessenten erst ermitteln müsste, dürfte nicht ausreichen (Ddorf NJW-RR 97, 1282). Ebenso nicht ein indirekter Nachweis, dh der Makler führt anderen Makler zu, der dann vermittelt (eine Provision an den ersten Makler ist in diesem Fall nur bei entspr Vereinbarung zu zahlen BGH WM 91, 818).

2. Vermittlungsmakler. Eine Vermittlung setzt über die Nachweistätigkeit hinaus die bewusste und aktive 23
Einwirkung des Maklers auf die Willensbildung des Interessenten voraus. Der Makler muss die Bereitschaft
des Interessenten zum Abschluss des beabsichtigten Hauptvertrags fördern (BGH NJW-RR 97, 884). Hierfür wird idR ein Verhandeln mit dem Interessenten notwendig sein (Dresden NZM 98, 1017; nicht jedoch
mit dem Auftraggeber oder beiden, BGH WM 74, 257); das im Einzelfall Erforderliche, richtet sich jedoch
nach den konkreten Umständen des Vertrages (Karlsr VersR 03, 592). Wird der Hauptvertrag nicht mit
dem vom Makler vermittelten Interessenten, sondern mit einer anderen Person geschlossen, kann dennoch
eine Vermittlung in Form (mittelbarer) Einwirkung auf die andere Person vorliegen. Dies wird jedoch nur
bei einer festen, auf Dauer angelegten, idR familien- oder gesellschaftsrechtlichen Bindung des vermittelten
Erstinteressenten zu dieser anderen Person im Zeitpunkt der Tätigkeit des Maklers angenommen (BGH
NJW 84, 358). Nicht hingegen bei einem Notar, der lediglich in amtlicher Eigenschaft von der Abschlussmöglichkeit erfährt (BGH NJW 76, 1844).

V. Vertragsdauer. Sofern nichts anderes vereinbart wird, ist ein Maklervertrag grds auf unbestimmte Dauer 24
abgeschlossen. Der Vertrag kann durch Aufhebungsvereinbarung oder Kündigung beendet werden. Eine Vertragsaufhebung wurde angenommen, wenn der Makler nachträglich selbst als Kaufinteressent am zuvor ggü
dem erwerbenden Auftraggeber nachgewiesenen Grundstück auftritt; Vergütung daher nur bei entsprechender ausdrücklicher Vereinbarung (BGH NJW 83, 1847). Für den Auftraggeber soll die Kündigung nach dem
Vorbild des § 671 I Hs 1 in Form des Widerrufs möglich sein (BGH WM 86, 72f; Kobl OLGZ 84, 491), für
den Makler Kündigung nach Maßgabe des § 626 (str, zum Streitstand MüKo/*Roth* § 652 Rn 87). Sowohl der
Auftraggeber als auch der Makler sollen jederzeit kündigen/widerrufen können (MüKo/*Roth* § 652 Rn 80, für
den Makler str). Eine Kündigung dürfte für den Makler mangels grds Tätigkeitsverpflichtung nur bei von
§ 652 abweichend vereinbarter Verpflichtung zur Leistung von Interesse sein. Befristete Verträge enden mit
Fristablauf, auch kann aus wichtigem Grund gekündigt/widerrufen werden (§ 314). In der erkennbaren Ein- 25
stellung der Maklertätigkeit soll mangels Tätigkeitsverpflichtung des Maklers noch keine Kündigung gesehen
werden können (str, zum Streitstand MüKo/*Roth* § 652 Rn 87; anderes kann sich aus der Vereinbarung ergeben). Der Maklervertrag endet durch den Tod des Maklers (§ 673 S 1 analog; BGH WM 76, 503, 505; NJW
65, 964). Dies gilt nicht bei einer Maklergesellschaft. Beim Tod des Auftraggebers können seine Erben kündigen. Die Insolvenz des Auftraggebers soll den Maklervertrag analog §§ 115 f InsO beenden (MüKo/*Roth* § 652
Rn 89; nicht jedoch die des Maklers, wobei in diesem Fall ein Kündigungsrecht aus wichtigem Grund für den
Auftraggeber besteht). Die Beendigung des Maklervertrages wirkt ex nunc, dh hat keine Rückwirkung; bereits
erworbene Vergütungsansprüche bleiben bestehen, auch wenn der beabsichtigte (Haupt-)Vertrag erst später
geschlossen wird.

B. Pflichten des Maklers. I. Grundsätzliches. Eine Verpflichtung des Maklers zum Tätigwerden besteht 26
nicht, sofern nichts anders vereinbart wurde (zB bei einem Alleinauftrag Einf vor § 652 Rn 12). Zwischen dem
Makler und dem Auftraggeber besteht ein besonders, den Makler verpflichtendes **Treueverhältnis**. Danach ist
dieser verpflichtet, iRd Zumutbaren das Interesse des Auftraggebers zu wahren (BGH JZ 68, 69). Art und
Umfang seiner Pflicht richten sich nach den Umständen des Einzelfalls, etwa der wirtschaftlichen Bedeutung
des Geschäfts und der Erfahrenheit des Auftraggebers (Karlsr NJW-RR 95, 500). Eine besondere Fachkenntnis
kann zumindest vom Nachweismakler nicht erwartet werden (Celle NJW-RR 03, 418). Die Pflichten sind
umso strenger, je enger das Vertragsverhältnis ausgestaltet ist (eine besondere Ausprägung diesbzgl kommt
dem **Vertrauensmakler** zu (Einf zu § 652 Rn 16). Wird der Makler tätig, muss er bei der Ausführung des Auftrags alles unterlassen, was die Auftraggeberinteressen gefährden könnte (auch ggü Dritten, Ddorf NJW-RR
01, 1135). Dies beinhaltet die Verschwiegenheit über Geschäftsgeheimnisse seines Auftraggebers.

II. Einzelne Pflichten. 1. Aufklärungs-/Hinweispflicht. Der Makler hat seinen Auftraggeber über alle ihm 27
bekannten, tatsächlich und rechtlich relevanten Fakten aufzuklären, die sich auf den Geschäftsabschluss
beziehen und für den Willensentschluss des Auftragsgeber von Bedeutung sein können (*Bethge* ZflR 01, 177).
Die Reichweite dieser Pflicht bestimmt sich nach den konkreten Umständen des Einzelfalls (BGH NJW 00,
3642). Eine Hinweispflicht des Maklers ggü dem Auftraggeber über Umstände des Hauptvertrags soll nur
bestehen, bei ihm erkennbarer Bedeutung des fraglichen Umstands für den Entschluss des Auftraggebers und
dessen offensichtlicher Belehrungsbedürftigkeit hinsichtlich dieses Umstandes (Frankf IBR 05, 640; BGH
NJW 81, 2685). So bej bei Kenntnis des Maklers vom Fehlen eines Bebauungsplans (BGH WM 78, 1069)
oder der Ungeeignetheit des vorgesehenen Grundstücks für die geplante Bebauung (KG OLGR 00, 96). Ein
Makler, der Objekte zur Kapitalanlage nachweist oder vermittelt, hat alle Informationen, die für den Anlageentschluss wesentliche Bedeutung haben können, wahrheitsgemäß, sorgfältig und vollständig nach dem
Erwartungshorizont des Empfängers zu geben, uU auch über eine Innenprovision der Gegenseite zu informieren (BGH NJW 04, 1732). Der Kreditmakler muss dem Kreditgeber, für den er (ebenfalls) tätig ist,
alle für den Kredit wesentlichen Umstände des Kreditnehmers mitteilen, deren Aufklärung redlicherweise zu
erwarten ist (so die fehlende Fertigstellung der zu finanzierenden Anlage oder die vom Antrag abw beabsichtigte Kreditauszahlung an den Käufer; Palandt/*Sprau* § 652 Rn 17). Zu eigenen **Nachforschungen** ist der Makler nur verpflichtet, wenn dies vereinbart ist oder sich aus der Verkehrssitte ergibt (Rn 30; BGH NJW 82,

1147). Zweifel an der Leistungsfähigkeit des Auftraggebers (Köln ZMR 05, 546) oder des Vertragspartners bzw dessen Kreditwürdigkeit (Hamm NJW-RR 02, 780), ebenso der Güte der Ware oder der Eignung des Objekts hat er idR nicht nachzugehen. Er muss jedoch diese Zweifel, insbes bei Offensichtlichkeit dem Auftraggeber mitteilen (BGH BB 56, 733, Kobl NJW-RR 97, 887; Freiburg NJW-RR 97, 1281; Dresden NZM 98, 81). Sofern er dies nicht darf oder will, muss er von der Maklertätigkeit absehen (BGH WM 69, 880).

28 **2. Prüfungspflicht.** Der Makler darf Angaben zum Objekt im Grundsatz ungeprüft weitergeben (Frankf NJW-RR 02, 778; sa BGH NJW 00, 3642). Unerheblich ist dabei, ob er diese Angaben von der Gegenseite (Ddorf NJW-RR 96, 1525) oder seinem Auftraggeber (Hamm NJW-RR 96, 1081, Hburg ZMR 03, 511) erhalten hat. So obliegt dem Finanzmakler nicht die Prüfung der Sicherheit für den Kredit (BGH WM 70, 1270), oder die Überprüfung der Kalkulation einer ihm vom Verkäufer mitgeteilten Wohnfläche eines Hauses (Köln DB 71, 1713). Erkennt der Makler die Unrichtigkeit oder Unsicherheit der Angaben, oder drängen sich ihm insoweit Zweifel auf, muss er Auftraggeber, denen es erkennbar auf diese Angaben ankommt, hierüber informieren. Zumindest muss er aber die fehlende eigene Prüfung offenlegen (BGH NJW-RR 03, 700). Eine Prüfungspflicht trifft ihn, wenn er sich solche Angaben zu eigen macht oder sich für deren Richtigkeit persönlich einsetzt (BGH BB 56, 733; Hamm MDR 98, 269; „geprüftes Objekt"). Für allgemeine Anpreisungen haftet er nicht.

29 **3. Beratungspflicht.** Der Makler ist nur in engen Grenzen zur Beratung verpflichtet. So wurde für den Verkaufsmakler angenommen, dass er auf eine realistische Preisgestaltung hinzuwirken hat (BGH NJW-RR 00, 432). Hierbei soll ihm jedoch hinsichtlich der Höhe ein Beurteilungsspielraum zustehen (Schlesw NJW-RR 02, 419; insbes iRe Übererlösklausel, bei der der Übererlös dem Makler zufließt). Nur bei entspr Vereinbarung und iRd Rechtsberatungsgesetzes trifft den Makler eine allgemeine Pflicht zur rechtlichen oder wirtschaftlichen Beratung (zB Hilfe bei Vertragsformulierung, Ddorf NJW-RR 97, 1280; steuerliche Auswirkungen, Kobl NZM 03, 830). Bei Übernahme von Beratungsaufgaben schuldet er entspr Sorgfalt. Auch soweit der Makler zur Aufklärung, Beratung oder Prüfung nicht verpflichtet ist, dürfen seine Erklärungen dem Auftraggeber keine falschen Vorstellungen vermitteln (BGH NJW-RR 91, 627, 00, 3642). Eine für den Kaufabschluss wesentliche Auskunft des Maklers muss richtig sein (BGH NJW-RR 91, 627), eingeholte Behördenauskünfte müssen zutreffend und vollständig weitergegeben werden (BGH NJW 82, 1147). Dem Makler obliegt es offen zu legen, wenn ihm erforderliche Informationen fehlen oder die Grundlage gegebener Informationen unsicher ist. Er muss in diesen Fällen deutlich machen, dass er für die Richtigkeit nicht einsteht (BGH AIZ 75, 257). Fehlerhafte Angaben muss er ggf richtig stellen (BGH NJW 00, 3642).

30 **4. Erkundigungspflicht.** IRd Immobilienvermittlung kann dem Makler die Erkundigungspflicht über die Höhe einschlägiger Steuern sowie die Anwendungspraxis der Finanzämter obliegen (München NJW 61, 1534; insbes bzgl der Grunderwerbssteuer). Ebenso bei der Vermittlung noch nicht erstellter Räumlichkeiten bzgl des Eigentums und der Finanzierung des Bauvorhabens (München NJW 56, 1760). Eine Erkundigungspflicht über die Kreditwürdigkeit des Darlehennehmers kann bei der Vermittlung von Anlagedarlehen bestehen (Köln MDR 59, 210).

31 **5. Sonstige Pflichten.** Bei der Vermittlung von Abzahlungskrediten und Übernahme der Weiterleitung des Kredits an den Verkäufer ist der Kreditvermittler dem Kreditnehmer dafür verantwortlich, dass die Kreditvaluta nicht vor Lieferung der Kaufsache an den Abzahlungsverkäufer ausbezahlt wird (BGH LM § 652 Nr 10).

32 **III. Folgen von Pflichtverletzungen.** Schuldhafte Verletzungen der vorbezeichneten Pflichten durch den Makler führen nach den allgemeinen schuldrechtlichen Regeln zum Schadensersatzanspruch aus § 280 (so dic wahrheitswidrige Bestätigung der Richtigkeit der Angaben des Darlehensnehmers im Kreditantrag ggü der kreditierenden Bank, Bambg OLGZ 76, 447). Diese kann der Auftraggeber dem Provisionsanspruch des Maklers durch Aufrechnung oder Zurückbehaltungsrecht entgegenhalten. Sofern die Pflichtverletzung für den Anfall der Provision ursächlich war, kann der Schadensersatzanspruch des Auftraggebers nach dem Grundsatz der Naturalrestitution auch eine Freistellung von der Provisionspflicht beinhalten (§ 249). So, wenn der Auftraggeber den Hauptvertrag ohne die Pflichtverletzung des Makler nicht abgeschlossen hätte (BGH NJW 82, 1145) oder der Makler ungeachtet vereinbarter Provisionsfreiheit unter Drohung mit Verhinderung des Hauptvertragsabschlusses das Provisionsversprechen erzwingt (Hamm NJW-RR 01, 710). Verschulden seiner Gehilfen muss sich der Makler gem § 278 zurechnen lassen. Bei der Höhe des Schadensersatzanspruchs ist etwaiges Mitverschulden des Auftraggebers gem § 254 zu berücksichtigen (BGHZ 36, 328; KG OLGR 00, 96). Auch kann der Vergütungsanspruch durch die Pflichtverletzung gem § 654 verwirkt (§ 654 Rn 1; *Büchner* ZflR 03, 453) oder eine Kündigung aus wichtigem Grund möglich sein.

33 **C. Pflichten des Auftraggebers. I. Hauptpflichten.** Hauptpflicht des Auftraggebers ist die Zahlung der Maklerprovision (Rn 36 ff). Auch der Ersatz von Aufwendungen kann als Hauptpflicht vereinbart werden. Der Auftraggeber wird hinsichtlich des Abschlusses des beabsichtigten Hauptvertrags durch die Einschaltung des Maklers nicht in seiner Abschlussfreiheit beschränkt (er bleibt „Herr des Geschäfts"). So kann er seinem Auftrag exakt entspr oder sogar noch günstigere Angebote ablehnen (BGH NJW 67, 1225), auch muss er

keine Rücksicht auf die vom Zustandekommen des Geschäfts abhängige Maklervergütung nehmen (BGH NJW 66, 1404; 67, 198). Eine treuwidrige Verhinderung eines Bedingungseintritts nach § 162 kann darin nicht gesehen werden (KG MDR 02, 629). Dies gilt selbst bei einem bestehenden Vorvertrag mit dem Dritten, da dieser den Auftraggeber nur ggü dem Dritten bindet (BGH NJW 75, 647, Ddorf MDR 99, 1376). Es besteht für den Auftraggeber auch keine Verpflichtung, einen formungültigen Grundstückkauf durch Heilung zur Wirksamkeit zu bringen (BGH WM 77, 1049).

II. Nebenpflichten. Der Auftraggeber muss den Makler bis zur Grenze der Zumutbarkeit sorgfältig informieren, aufklären und unterrichten (BGH WM 72, 444). Der Auftraggeber ist auch ohne besondere Abrede zur vertraulichen Umgang mit dem vom Makler erhaltenen Nachweises verpflichtet, er darf ihn nicht an einen anderen Interessenten weitergeben (BGH NJW 87, 2431; Kobl NJW-RR 94, 180). Jedoch soll eine konzerninterne Berichterstattung nicht pflichtwidrig sein (München NJW-RR 95, 1525). Vor dem Hintergrund der Ersparnis unnötiger Kosten hat der Auftraggeber den Makler darüber zu informieren, dass er vom Abschluss des geplanten Geschäfts Abstand genommen hat oder dieses ohne den Makler tätigen will (BGH WM 72, 444). Der Auftraggeber muss sich ggf beim Makler vergewissern, ob ihm ein Interessent, der den streitet, vom Makler zugeführt worden ist (München NJW 68, 894). Die Beauftragung mehrerer Makler nebeneinander ist zulässig (BGH WM 72, 444), sofern nichts anderes vereinbart wurde (zB bei einem Alleinauftrag Einf vor § 652 Rn 12 ff), der Auftraggeber muss dann allen beauftragten Maklern die Vermittlungsmöglichkeit geben. Bei Vorkenntnis auf Grund eines früheren, nicht mehr kausalen Nachweises eines anderen Maklers, muss der Auftraggeber diesen nicht zusätzlich zum nunmehr tätigen Makler einschalten (BGH WM 72, 444). 34

III. Folgen von Pflichtverletzungen. Der Auftraggeber ist dem Makler nach den allgemeinen Grundsätzen der §§ 280 ff für schuldhaftes Verhalten schadensersatzpflichtig (ein Provisionsanspruch soll durch die Pflichtverletzung mangels einer dem § 654 entsprechenden Vorschrift nicht begründet werden, BGH MDR 68, 405). Dabei ist der Makler so zu stellen, wie er ohne die Pflichtverletzung stünde (BGH NJW 87, 2431). Schadensposition wird daher häufig ein Anspruch auf Ersatz nutzloser Aufwendungen sein, eine entgangene Provision nur, wenn er die Möglichkeit einer anderweitigen provisionspflichtigen Vermittlung des Objekts belegen kann (Ddorf NJW-RR 00, 1079; § 252 S 1). Dies wird regelmäßig nur beim Alleinauftrag (Einf vor § 652 Rn 12) uU auch bei pflichtwidriger Weitergabe des Nachweises an Dritte gelingen (*Pauly* JR 98, 353). 35

D. Anspruch auf Vergütung/Provision (I). Für den Provisionsanspruch des Maklers erforderliche Voraussetzungen sind neben einem wirksamen Maklervertrag (Rn 6 ff) die Erbringung der Maklerleistung (Rn 38), das rechtsgültige Zustandekommen des beabsichtigten Hauptvertrags (Rn 39) auf Grund der dem Auftraggeber bekannten Maklertätigkeit (Rn 70). Es muss hierbei ein ursächlicher Zusammenhang bestehen (Rn 64 ff) und eine Übereinstimmung von abgeschlossenem und beabsichtigtem Hauptvertrag in inhaltlicher und persönlicher Hinsicht vorliegen (keine wesentliche Abweichung; Rn 58 ff). Eine vertragliche Abbedingung jedes einzelnen dieser Erfordernisse ist grds möglich (jedoch bestehen Sondervorschriften für die Darlehensvermittlung in den §§ 655 a, für die Arbeitsvermittlung s vor § 652 Rn 18, für die Wohnungsvermittlung s Einf vor 652 Rn 19). Auch beim Alleinauftrag müssen grds alle allg Voraussetzungen für den **Provisionsanspruch** vorliegen (BGH NJW 67, 1225). 36

I. Grundsätzliches. Der Provisionsanspruch des Maklers aus dem Maklervertrag richtet sich grds gegen den Auftraggeber. Ein Anspruch kann aber auch aus dem vermittelten Hauptvertrag als Vertrag zugunsten des Maklers als Dritten gegen einen der Vertragspartner bestehen (**Maklerklausel**, BGHZ 131, 318; BGH NJW 98, 1552; ggf § 305 c, KG NJW-RR 02, 490; *Grziwotz* MDR 04, 61). Dabei kann eine Maklerklausel verschiedene rechtliche Ausgestaltungen beinhalten. Nach den Umständen des Einzelfalls (insbes den jeweiligen Vereinbarungen der Vertragsparteien mit dem Makler und der Interessenlage) ist durch Auslegung zu ermitteln, ob dem Makler ein eigenes Recht eingeräumt werden soll (ggf nach § 328 I, BGH NJW 98, 1552) und die Klausel insoweit als Schuldbeitritt (Hamm MDR 96, 42) oder -übernahme, selbstständige Verpflichtung zu Gunsten des Maklers (Hamm NJW-RR 96, 627; Dresden NZM 00, 153) oder (ggf deklaratorisches) Schuldanerkenntnis eines der Vertragspartner zu werten ist (BGH NJW-RR 91, 820; Frankf NZM 02, 181). Dies gilt ebenso für die von § 652 abw Regelung der Voraussetzungen des Provisionsanspruchs (zB nur Abschluss des Maklervertrags, BGHZ 138, 170; auch Nachweis oder Vermittlung, BGH NJW 77, 582; Ausschluss des Verflechtungseinwands, Berlin NZM 99, 323; selbstständiges Provisionsversprechen bei fehlender Maklertätigkeit, Hburg NZM 02, 57; nicht wirtschaftliche Identität, Karlsr NJW-RR 03, 1695). Ebenso für die Frage, ob die Verpflichtung gem § 328 II bei Rücktritt (Karlsr NJW-RR 05, 574) oder Vertragsaufhebung (Hamm VersR 98, 850; aA Frankf NJW-RR 02, 54) entfällt (s.a. Dresden NZM 00, 153; Schlesw NJW-RR 02, 782;). Der Makler kann hinsichtlich der Provision ein negatives Schuldanerkenntnis abgeben (Ddorf NJW-RR 95, 1524). 37

II. Maklerleistung. Die Leistung des Maklers ist auf den Nachweis oder die Vermittlung oder beides gerichtet (Frankf NJW-RR 00, 58; s.a. Rn 20 ff). Andere Leistungen als Nachweis- oder Vermittlungstätigkeiten, so zB die Beratung oder die Beschaffung von Unterlagen, stellen auch dann keine provisionspflichtige Maklertätigkeit iSd § 652 dar, wenn sie den Vertragsschluss gefördert haben. Die Leistung kann vor Abschluss des Mak- 38 lervertrags erbracht werden (zu den zeitlichen Grenzen Rn 63). Bei einem Gemeinschaftsgeschäft soll die Leistungserbringung durch den anderen Makler genügen, wenn der beauftragte Makler sie sich ggü dem Auftraggeber zu Eigen macht (Stuttg NJW-RR 02, 1482, str).

39 **III. Abschluss eines Hauptvertrags mit einem Dritten.** Ein Povisionsanspruch des Maklers setzt gem I 1 den Abschluss des beabsichtigten Vertrags (sog Hauptvertrag) des Auftraggebers mit einem Dritten voraus. Der Makler trägt die Gefahr des Nichtzustandekommens des Hauptvertrags oder seiner Unvollkommenheit (für Wohnungsvermittlung § 2 I WoVermG, Einf vor 652 Rn 18; für Arbeitsvermittlung § 296 II SGB III, Einf vor 652 Rn 15; für Darlehensvermittlung § 655 c). Die **Art des Vertrags** ist unerheblich, er muss lediglich schuldrechtlich möglich sein (nach BGH BB 77, 1672 auch Geschäftsbesorgungs- oder Baubetreuungsvertrag). Sofern nichts anderes vereinbart wurde, ist der Abschluss eines Vorvertrages oder allein die Leistung einer Anzahlung nicht ausreichend (BGH NJW 75, 647, Ddorf MDR 99, 1376). Ebenso wenig der Abschluss eines notariellen Kaufanwartschaftsvertrags über ein Grundstück (BGH WM 76, 28) oder eines Vermarktungsvertrags zwischen Architekt und Grundstückseigentümer ohne nachfolgenden Kaufvertrag (Frankf MDR 81,
40 1017). Dem Zustandekommen auch des **dinglichen Geschäfts** kommt für den Provisionsanspruch nur Bedeutung zu, wenn dadurch die Wirksamkeit des Verpflichtungsgeschäfts berührt wird (BGH NJW 97, 1581; NJW-RR 93, 248; so bei fehlendem Antrag, BGH DB 76, 2252 oder gesetzlichem Veräußerungsverbot). Ein Erwerb durch Zwangsversteigerung ist nur bei deren vereinbarter Gleichstellung zum Erwerb durch Kaufvertrag ausreichend (BGHZ 112, 59; Celle MDR 05, 537; nicht in AGB, BGHZ 119, 32; einschr Hburg NJW-RR 93, 125). Bei der **Darlehensvermittlung** an Verbraucher entsteht gem § 655 c der Provisionsanspruch zwingend erst mit erfolgter Darlehensauszahlung auf Grund ursächlicher Nachweis- oder Vermittlungstätigkeit des Maklers. Liegt keine Vermittlung eines Verbraucherdarlehens vor, hängt die Entstehung von der jeweiligen vertraglichen Vereinbarung ab (wobei diese idR mit dem Abschluss der Darlehensvertrags gegeben ist – Stichwort Darlehen als Konsensualvertrag, anderes ist vereinbar).

41 **1. Dritter Vertragspartner des Hauptvertrags. a) Grundsätzliches.** Ein Dritter muss Vertragspartner des Hauptvertrags mit dem Auftraggeber sein. Dritter ist der Vertragspartner jedoch nur, wenn er vom Makler verschieden ist, daher kann der Makler selbst kein Dritter idS sein. Daher keine Provisionspflicht bei **Eigengeschäften** des Maklers, dh wenn der Abschluss des Hauptvertrages zwischen ihm und dem Auftraggeber erfolgt (BGHZ 112, 240; BGH MDR 92, 562; WM 76, 1158). Ein Eigengeschäft ist auch für die Partei kraft Amtes – wie dem Testamentsvollstrecker – bei Geschäften für das von ihr verwaltete Vermögen anzunehmen (BGH NJW 00, 3781). Auch wenn kein Eigengeschäft vorliegt, ist der Hauptvertragspartner nur Dritter, wenn der Makler und er jeweils die Fähigkeit zur selbstständigen unabhängigen Willensbildung haben (BGH NJW 85, 2473). Gegen diese Fähigkeit spricht die Möglichkeit selbstständigen Handelns für den anderen bzw wirt-
42 schaftlicher Einfluss auf den anderen. Kein Dritter ist der Makler auch bei formal **rechtlicher Identität**. Diese liegt bei sog **echter Verflechtung** vor, dh wenn Makler und Vertragspartei derart wirtschaftlich identisch sind, dass eine selbständige Entscheidungsbefugnis des Maklers oder der Partei fehlt. Dies ist gegeben, wenn auf Grund organisatorischer Gegebenheiten entweder der Makler auf die Partei (BGH NJW 71, 1839) bzw umgekehrt die Partei auf den Makler beherrschenden Einfluss ausübt (Karlsr NJW-RR 96, 629). Ebenso, wenn ein Dritter sowohl den Makler wie auch die Partei beherrscht (BGH NJW 74, 1130). Auch bei wirtschaftlicher Verflechtung des Maklers mit der anderen Partei des Hauptvertrages (nicht mit dem Auftraggeber selbst, BGH WM 76, 1334) ist der Makler kein Dritter (so bei **unechter Verflechtung**). Eine solche Verflechtung wird angenommen, wenn der Makler zur Vertragspartei in einer Beziehung steht, aufgrund derer wegen eines institutionalisierten Interessenkonflikts eine Parteilichkeit des Maklers für diese Vertragspartei nahe liegt, dh wenn davon auszugehen ist, dass sich der Makler im Streitfall bei regelmäßigem Verlauf auf die Seite dieser Vertragspartei stellen wird (BGH NJW-RR 05, 1033). Unechte Verflechte wurde im Falle eines Nachweismaklers abgelehnt, dem als Arbeitnehmer des Verkäufers, im Rahmen seines Arbeitsverhältnisses Freiraum für selbständige wirtschaftliche Tätigkeit eingeräumt worden war (BGH NJW 98, 1552). Insbes soll dies der Fall sein, wenn er deren wirtschaftlichen Interessen verpflichtet ist (Frankf NJW-RR 03, 1428). Zur Bestimmung des Vorliegens einer Verflechtung ist eine Gesamtbetrachtung der Umstände des Einzelfalls vorzunehmen. Das Verhalten des Maklers im Einzelfall ist dabei unerheblich.

43 **b) Einzelfälle. aa) Wesentliche Beteiligung.** Verflechtung bej wurde bei einer Beteiligung des Maklers **am Vertragspartner** in wirtschaftlich erheblichem Maße (wesentliche Beteiligung; BGH NJW 73, 1649), ebenso bei nicht unerheblicher Gewinnbeteiligung des Maklers (BGH NJW 81, 2293). Wesentlichkeit der Beteiligung wurde bej bei einer 25 %-ige Beteiligung der Maklerfirma an der Verkäuferfirma, bei enger personeller, räumlicher und funktioneller Verflechtung (BGH DB 76, 2203). Ebenso bei wirtschaftlicher Verflechtung der Gesellschafter von Vermittlungs- und Baubetreuergesellschaft beim Erwerb einer Eigentumswohnung nach dem Kölner Modell (BGH WM 80, 1431 u NJW 81, 277), beim Mietvertrag mit einer GmbH, an der die Geschäftsführer und Gesellschafter der Makler-GmbH maßgeblich beteiligt ist (München MDR 86, 317). Gleiches gilt, wenn umgekehrt der Vertragsgegner oder dessen beherrschender Gesellschafter wesentlich **an der Maklergesellschaft** beteiligt ist (Oldbg ZMR 96, 83 für eine 20 %-ige Beteiligung) oder diese vertritt (KG NJW 68, 1782). Dabei genügt eine maßgebliche Beteiligung des Geschäftsführers der verkaufenden GmbH an

Entstehung des Lohnanspruchs § 652

der Maklergesellschaft (zB als persönlich haftender Gesellschafter, BGH DB 75, 2319), nicht aber bei nur geringfügiger Beteiligung von 2 % am Gesellschaftsvermögen der Maklerfirma (Frankf NJW-RR 03, 1428). Ohne weitere Anhaltspunkte soll hingegen keine Verflechtung wegen eines institutionellen Interessenkonflikts 44 beim (Käufer-)Makler anzunehmen sein, der zugleich Haus- bzw. Wohnungsverwalter des Grundstücks- oder Wohnungsverkäufers ist (BGH NJW-RR 05, 1033). Bei enger wirtschaftlicher Verflechtung des Maklers mit dem Vertragsgegner seines Auftraggebers (Verwalter einer Wohnungseigentumsanlage) kann jedoch ein von den Voraussetzungen des § 652 BGB unabhängiges Provisionsversprechen – auch als Vertrag zu Gunsten Dritter – vorliegen. Dafür genügt tatsächliche Kenntnis des Auftraggebers von den die Verflechtung begründenden Umständen; Rechtskenntnis, dass der Makler keine echte Maklerleistung erbringen kann, ist nicht erforderlich (BGH NJW 03, 1249).

bb) Maßgebliche Beeinflussungsmöglichkeit. Ebenso keine Provision, wenn der Makler die Entscheidung 45 der Gegenseite über den Abschluss des Hauptvertrages **maßgeblich beeinflussen** kann. Dies wird angenommen, wenn die Gegenseite den Hauptvertrag nur mit Zustimmung des Maklers abschließen darf (BGH WM 78, 711). Auch soll der Verwalter einer Wohnungseigentumsanlage, von dessen Zustimmung die Gültigkeit eines Wohnungsverkaufs abhängt, nicht Makler des Käufers sein können (BGH NJW 03, 1249, str; nach Köln NJW-RR 03, 516 auch nicht des Verkäufers). Anderes soll für die gewöhnliche Hausverwaltung gelten (BGH NJW-RR 05, 1033; Dresden NJW-RR 99, 1501). Ebenso nicht die Bank, die die Zwangsversteigerung des Grundstücks betreibt (BGH NJW 97, 2672). Keine Provision auch, wenn eine natürliche Tätigkeit entscheidenden Einfluss sowohl auf Seiten der Maklerfirma, als auch auf Seiten der Gegenseite ausüben kann (Stuttg NJW 73, 1975). Dies wurde angenommen bei Identität der Geschäftsführer von Wohnungsbau- und Makler-GmbH (Stuttg NJW 73, 1975, Hburg MDR 74, 228) sowie bei einem Kaufvertrag mit einer KG, in deren persönlich haftender Gesellschafterin (GmbH) der Makler Geschäftsführer ist (Frankf NJW 75, 543). Keine Provision auch bei **Vertretung** der Gegenseite durch den Makler, wenn dieser ohne Weisungen des Vollmachtgebers über den Abschluss des Vertrages entscheiden kann (BGH NJW-RR 98, 992, Berlin NJW-RR 00, 433). So, 46 wenn der vom Käufer beauftragte Makler Geschäftsführer der verkaufenden GmbH ist (BGH NJW 75, 1215 u WM 76, 1158). Dies wird auch angenommen, wenn die Gegenseite von einer mit der Maklergesellschaft wirtschaftlich identischen Gesellschaft vertreten wird (BGH NJW 85, 2473, Frankf NJW-RR 87, 174).

cc) Persönliche Beziehungen. Eine die sachgemäße Maklertätigkeit ausschließende Interessenkollision kann 47 sich auch aus der **persönlichen Beziehung** des Maklers zu einer Partei ergeben (BGH NJW 81, 2293; BB 85, 1221); so, wenn der Ehegatte/Lebenspartner des Maklers Vertragspartner des Auftraggebers ist (der BGH NJW 87, 1008 hat in einem solchen Fall einen Provisionsanspruch nur bei besonderer Absprache angenommen). Ohne konkrete Anhaltspunkte für eine Interessenkollision soll jedoch allein der Umstand, dass der Makler mit dem Partner des vermittelten Vertrages verheiratet ist, nicht für den Ausschluss des Provisionsanspruchs ausreichen (BVerfG NJW 87, 2733). Bei Kenntnis des Auftraggebers von der Beziehung bleibt der Provisionsanspruch erhalten (BVerfG NJW 88, 2663; Hamm MDR 00, 634).

2. Bestand/Durchführung des Hauptvertrags. Ein Provisionsanspruch besteht nicht bei **anfänglicher** 48 **Unwirksamkeit** des Hauptvertrags, da das Zustandekommen des Hauptvertrags dem Risikobereich des Maklers zuzuordnen ist (BGH NJW 97, 1581). So bei Umständen, die einen wirksamen Abschluss des Mietvertrages verhindern, wie Formnichtigkeit, Gesetzwidrigkeit, Sittenwidrigkeit, Anfechtung wegen Irrtums oder arglistiger Täuschung. Im Gegensatz dazu schadet ein **nachträgliches Unwirksamwerden** des Hauptvertrags grds nicht (BGH IBR 05, 575; Risikobereich des Maklerkunden). Dies ist bei Umständen anzunehmen, die lediglich die Leistungspflicht aus dem Vertrag beseitigten, wie nachträgliche Unmöglichkeit, Kündigung, Rücktritt oder einverständliche Vertragsaufhebung. Hierzu zählt auch die Nichterfüllung von aus einem wirksam abgeschlossenen Hauptvertrag übernommenen Pflichten (BGH IBR 05, 575). Die Vertragsdurchführung ist daher keine Voraussetzung des Provisionsanspruchs (BGH IBR 05, 575, wonach darin auch kein Wegfall der Geschäftsgrundlage des Maklervertrags liegt).

a) Nichtigkeit des Hauptvertrags. Ein Hauptvertrag ist gem § 125 nichtig, wenn er nicht **formwirksam** 49 abgeschlossen wird. Es besteht deshalb bei einem Grundstückskauf kein Provisionsanspruch vor notariellem Vertragsschluss, auch wenn das Grundstück bereits übergeben wurde (§ 311 b). Unerheblich ist, ob der Auftraggeber die Formunwirksamkeit selbst veranlasst hat (wobei in diesem Fall kein Schadensersatzanspruch bestehen soll, BGH WM 77, 1049). Der Auftraggeber kann sich ggü Provisionsansprüchen des Maklers auf Formnichtigkeit selbst dann berufen, wenn sich der andere Vertragsteil zur Durchführung des formnichtigen Vertrags bereit erklärt (Celle OLGZ 69, 417). Bei nachträglicher Heilung des Formmangels entsteht der Provisionsanspruch. Nichtig ist der Hauptvertrag auch, wenn er gegen ein gesetzliches Verbot verstößt oder sittenwidrig ist (§ 134 u § 138; so zB bei Koppelung von Grundstückserwerb und Abschluss des Architektenvertrags, Hamm MDR 86, 756).

b) Anfängliche Unmöglichkeit. Umstritten ist, ob auch bei **anfänglicher Unmöglichkeit** der im Hauptver- 50 trag versprochenen Leistung des Dritten nach der Neufassung des § 275 I wie bei der früheren Regelung des § 306 aF kein Provisionsanspruch entstehen soll (Anspruch abl zu § 306 aF BGH NJW 82, 2662, differenzierend *Dehner* NJW 02, 3747; bej *Althammer* NZM 03, 129). Begründet wird der Entfall des Anspruchs damit, dass im Maklervertrag die Möglichkeit der Entstehung einer wirksamen Erfüllungspflicht des Dritten stillschweigend vorausgesetzt würde.

51 **c) Genehmigungsbedürftigkeit des Hauptvertrags.** Ist ein Verpflichtungsvertrag von der Erteilung einer Genehmigung abhängig, entsteht der Provisionsanspruch erst mit deren Erteilung (BGH NJW-RR 91, 1073). Wird diese nicht erteilt, entsteht kein Provisionsanspruch (BGH WM 70, 905; für die vormundschaftsgerichtliche Genehmigung, BGHZ 60, 385; für die Genehmigung mit Außenwirkung des Organs einer juristischen Person des öffentlichen Rechts, Ddorf MDR 01, 209). Ist nur das Erfüllungsgeschäft genehmigungsbedürftig, entfällt ein Provisionsanspruch, wenn dieses nicht genehmigt werden kann (BGH WM 76, 1132). Bei Ermessensentscheidungen soll der Auftraggeber das Genehmigungsrisiko tragen (MüKo/*Roth* § 652 Rn 146; aA Naumbg BB 97, 2021 für § 99 BetrVG).

52 **d) Anfechtung des Hauptvertrags.** Eine wirksame Anfechtung (§§ 119 ff) des vermittelten Vertrags lässt den Provisionsanspruch entfallen (BGH DB 80, 2076). Dies gilt zum einen, wenn der Auftraggeber wegen Irrtums oder Täuschung anficht. Zum anderen vor dem Hintergrund, dass bei ordnungsgemäßem Verhalten des Auftraggebers überhaupt kein Vertrag zustande gekommen wäre, wenn dessen Vertragspartner anficht (so bei arglistiger Täuschung durch den Auftraggeber, BGH DB 76, 2252).

53 **e) Bedingter Hauptvertrag.** Wird der Hauptvertrag unter **aufschiebender** Bedingung (I 2) geschlossen, entsteht – sofern keine ausdrückliche anderweitige Vereinbarung erfolgte – der Provisionsanspruch erst mit Eintritt der Bedingung. Aufgrund der Abschlussfreiheit ist der Auftraggeber grds nicht zur Herbeiführung des Bedingungseintritts verpflichtet (BGH WM 71, 905). Die Grenze bildet jedoch die Treuwidrigkeit der Verhinderung des Bedingungseintritts gem § 162 (BGH NJW-RR 02, 50). Bsp für mögliche Bedingungen sind das Vorliegen der baurechtlichen Genehmigung (BGH BauR 01, 1297), Aufbringung des erforderlichen Kapitals für den Beitritt zu einem Fonds in Gründung (Ddorf NJW-RR 98, 1207), Behebung von Leistungshindernissen (BGH WM 92, 746), Zustimmung des Wohnungseigentumsverwalters zur Veräußerung von Wohnungseigentum (§ 12 WEG; LG Düsseldorf MDR 99, 290), Erteilung der für die vorgesehene Nutzung erforderlichen Genehmigung (BGH NJW-RR 01, 840; 02, 50). Wird der Hauptvertrag unter **auflösender** Bedingung geschlossen, gilt – sofern nichts Abweichendes vereinbart wurde – die Provision als sofort angefallen, die Unwirksamkeit des Hauptvertrags aufgrund späteren Bedingungseintritts berühre den Vergütungsanspruch des Maklers nicht (Umkehrschluss Palandt/*Sprau* § 652 Rn 38). Eine abw Vereinbarung kann stillschweigend erfolgen und wurde bej, wenn es dem Auftraggeber erkennbar gerade auf den unbedingten Vertragsschluss ankommt (BGH WM 77, 21).

54 **f) Nachträgliches Entfallen des Hauptvertrags oder enthaltener Leistungspflicht.** Entfällt der abgeschlossene Vertrag oder die darin enthaltene Leistungspflicht des Dritten nachträglich, bleibt der Provisionsanspruch bestehen (BGH NJW-RR 93, 248; 02, 50; Frankf IBR 03, 507). So bei nachträglicher Unmöglichkeit, Kündigung, Aufhebungsvereinbarung. Gleiches gilt für die Ausübung eines **gesetzlichen Rücktrittsrechts** (BGH NJW 74, 694; Kobl NJW-RR 02, 1454; 01, 562) oder von Mängelrechten wie der Minderung (Hamm NJW-RR 00, 1724). Begründung hierfür ist, dass in diesen Fällen die Rückgängigmachung oder Herabsetzung des Preises idR nicht wegen einer Unvollkommenheit des Vertragsschlusses erfolgt (BGH NJW 97, 1581). Das Risiko der Leistungsfähigkeit und -bereitschaft des Vertragspartners trägt der Auftraggeber (BGH NJW-RR 05, 1506). Abweichendes kann wiederum im Maklervertrag vereinbart werden (BGH WM 77, 21). Anderes gilt, wenn der Vertrag zwar mit Wirkung ex nunc (dh ab diesem Zeitpunkt) aufgelöst wird, die zugrunde liegende Unvollkommenheit aber auch eine Auflösung ex tunc (von Anfang an) ermöglicht hätte. So beim Rücktritt aus Gründen, die die Anfechtung wegen arglistiger Täuschung ermöglicht hätten (BGH NJW 01, 966) Vertragsaufhebungsvereinbarung wegen Anfechtungsgründen (Köln NJW-RR 97, 693; Heidelberg NJW-RR 99, 351), Kündigung wegen Vorliegens eines Anfechtungsgrunds (BGH NJW 79, 975) oder

55 Anpassung wegen fehlender Geschäftsgrundlage (Ddorf NZM 99, 974). Bei einem **vertraglichen Rücktrittsrecht** ist das Bestehen des Provisionsanspruches davon abhängig, ob nach den Beweggründen, Zweck und Inhalt der Rücktrittsklausel entspr der aufschiebenden Bedingung (I 2) der Hauptvertrag zunächst in der Schwebe bleiben soll (zB bei außerhalb der Macht der Vertragspartner liegenden Umständen), dann keine Provision, oder ob der Vertrag sofort wirksam werden soll, dann Provision mit Vertragsabschluss (KG MDR 73, 1018). Was die Parteien mit dem vertraglichen Rücktrittsrecht beabsichtigt haben, ist durch Auslegung zu ermitteln (BGH DB 73, 226; NJW 97, 1583). Ein dem gesetzlichen Rücktrittsrecht nachgebildetes Rücktritts-

56 recht ist diesem gleichzustellen (BGH MDR 98, 764). Bei einem Recht zum Rücktritt innerhalb bestimmter Fristen entsteht der Provisionsanspruch des Maklers erst, wenn dessen Ausübung wegen Fristablauf (BGH NJW-RR 93, 248; 00, 1302) oder aus anderen Gründen nicht mehr möglich ist (BGH NJW 74, 694). Dies soll auch für ein Rücktrittsrecht für die Fälle der Nichtbebaubarkeit (BGH MDR 98, 764; Heidelberg MDR 99, 1498), der verweigerten behördlichen Genehmigung (Ddorf BB 97, 2070), des Fehlschlags eines Grundstückszukaufs (Dresden NJW-RR 96, 694) sowie der fehlenden fristgerechten Sicherstellung des Kaufpreises gelten (Karlsruhe NJW-RR 05, 574). Tritt der Käufer einer Immobilie vom Kaufvertrag zurück, entfällt auch

Entstehung des Lohnanspruchs § 652

die Verpflichtung zur Zahlung des Maklerlohns, wenn der Rücktritt dem Käufer unter der Bedingung vertraglich vorbehalten war, „… sofern ihm die Finanzierung des Kaufpreises nicht möglich ist."(Karlsr NJW-RR 05, 574).

g) Vorkaufsrecht. Die Ausübung eines dinglichen oder gesetzlichen Vorkaufsrecht bei Grundstückmaklerverträgen lässt den Provisionsanspruch mangels wirtschaftlichem Vorteil für den Auftraggebers entfallen (BGH NJW 99, 2271), nicht hingegen ggü dem die Finanzierung vermittelnden Kreditmakler (BGH NJW 82, 2662). Bei nur schuldrechtlichen Vorkaufsrechten entfällt der Provisionsanspruch nicht (Staud/*Reuter* § 652 Rn 109). Ist aber im Kaufvertrag eine Maklerklausel (Rn 37) zu Lasten des Käufers vereinbart, ist der sein Recht ausübende Vorkaufsberechtigte zur Provisionszahlung an den Makler verpflichtet, da diese Klausel idR zum Kaufvertrag gehört (BGHZ 131, 318; Ddorf MDR 99, 800). Beauftragt der Verkäufer den Makler, bleibt die Provisionspflicht bei Ausübung des Vorkaufsrechts idR bestehen. Auslegungsfrage ist, ob dies auch für ein selbständiges Provisionsversprechen des Verkäufers im Kaufvertrag gilt (abl Celle NJW-RR 96, 629). 57

3. Übereinstimmung von beabsichtigtem und abgeschlossenem Hauptvertrag. Voraussetzung des Provisionsanspruchs ist des Weiteren eine Übereinstimmung des aufgrund Nachweises oder Vermittlung geschlossenen Vertrags mit dem beabsichtigten Vertrag, dessen Abschluss der Makler nach dem Maklervertrag nachweisen oder vermitteln sollte. Zwar bedarf es hierfür keiner vollständigen Übereinstimmung (Kongruenz). Es darf jedoch in inhaltlicher (Rn 59) und persönlicher Hinsicht (Rn 61) keine wesentliche Abweichung vorliegen (Karlsr NJW-RR 03, 1695). Etwas anderes gilt, wenn die Parteien den Maklervertrag diesbzgl nachträglich (auch stillschweigend) ändern (so, wenn sich der Auftraggeber die weitere Tätigkeit des Maklers ausdrücklich oder stillschweigend gefallen lässt, obwohl feststeht, dass das ursprünglich beabsichtigte Geschäft nicht oder nicht zu den gewünschten Bedingungen zustande kommt, BGH NJW-RR 00, 57). Die bloße Ausnutzung der nicht vertragsgemäß erbrachten Maklerleistung durch den Auftraggeber ist hierfür nicht ausreichend. Unklarheiten gehen zu Lasten des Maklers (Karlsr NJW-RR 03, 1695). Eine Berufung auf die fehlende wirtschaftliche Identität kann auch treuwidrig sein (§ 242), wenn der Auftraggeber mit dem abgeschlossenen Vertrag bei umfassender Würdigung der konkreten Umstände wirtschaftlich denselben Erfolg erzielt wie mit dem beabsichtigten Vertrag angestrebt wurde (BGH NJW-RR 04, 851). 58

a) Inhaltliche Übereinstimmung. Es muss eine inhaltliche Übereinstimmung in Form einer **wirtschaftlichen Identität** des beabsichtigten Vertrags mit dem tatsächlich abgeschlossenen vorliegen. Diese ist anzunehmen, wenn der Auftraggeber ungeachtet einer inhaltlichen Abweichung den gleichen wirtschaftlichen Erfolg erzielen kann (BGH NJW 88, 967). So beim Erwerb des nachgewiesenen Objekts durch einen Dritten mit engen persönlichen oder wirtschaftlichen Beziehungen zum Maklerkunden, wobei ein bewusstes Vorschieben des Maklerkunden unbeachtlich sein dürfte (BGH NJW-RR 04, 851). Unerheblich für die inhaltliche Übereinstimmung sind Mängel des Vertragsobjekts (Ddorf NJW-RR 01, 1724) oder geringfügige Abweichungen (bspw um 4 % niedrigere Darlehenssumme als gewünscht, BGH NJW 82, 2662); dies dürfte sich auch aus dem grds gegebenen Spielraums des Maklers bei der Objektauswahl ergeben (Stuttg NZM 00, 918). So auch bei geringerem Kaufpreis als vorgesehen (Zweibr NJW-RR 99, 1502; Hamm NZM 98, 271: 10 % weniger), da „Herunterhandeln" üblich sein dürfte (Hburg ZMR 04, 45). Dies gilt des Weiteren, wenn der Auftraggeber durch Aufnahme von Vertragsverhandlungen zeigt, dass er den Nachweis als vertragsgerecht ansieht (BGHZ 141, 40, 42); Grundstücksverkaufsvertrag mit Verkäufer, der seinerseits das Grundstück erst erwerben muss, statt mit dem Eigentümer (BGH NJW-RR 96, 113); Erwerb sämtlicher Anteile an einer Grundbesitz-GmbH statt des Grundstücks selbst (BGH NJW 98, 2277; 05, 753). **Keine Übereinstimmung** ist hingegen anzunehmen bei Unerfüllbarkeit des Vertrags (Hamm NZM 01, 898). Ebenso bei Tausch statt Kauf, langfristiger Vermietung statt Verkauf (Karlsr NJW-RR 95, 753), Eintritt der Gesellschafter des Auftraggebers in die Grundbesitz-GbR (Hburg NZM 99, 1158); allgemein bei wesentlich schwierigerer oder ungünstigerer Ausgestaltung des gewünschten Geschäfts, zB Erwerb von Teileigentum oder Wohnungseigentum statt angestrebtem Volleigentum (BGH WM 73, 814; Karlsr NJW-RR 03, 1695), doppelte monatliche Belastung der vermittelten Eigentumswohnung (Zwischenkredit statt Hypothek, Vermittlung eines Konsensualdarlehensvertrags statt realer Darlehensauszahlung, BGH NJW 88, 967), Erwerb in der Zwangsversteigerung. Die wirtschaftlich Gleichwertigkeit des Erwerbs eines Teils des nachgewiesenen Objekts ist im Einzelfall zu ermitteln (BGH VersR 90, 88). Sie wurde bejaht beim Erwerb von Miteigentum statt beabsichtigtem Alleineigentum (BGH NJW-RR 96, 113), nicht hingegen beim Erwerb der Hälfte der gewünschten Fläche (Köln MDR 01, 500), Mietvertrag über ein wesentlich kleineres Ladenlokal (Hamm NJW-RR 99, 633; 91, 1206). Ebenfalls vom Einzelfall abhängig ist, ob eine Preisdifferenz zwischen dem gewünschten und dem abgeschlossenen Geschäft zu fehlender Übereinstimmung führt (bejaht bei einem Abschluss zu einem 15 % unter dem im Auftrag vorgesehenen Verkaufspreis, Brandbg NJW-RR 00, 1505; abgel bei einem Mietvertrag über monatlich 50.000 statt 60.000 DM München NJW-RR 95, 1524). 59

60

b) Persönliche Übereinstimmung. Der Hauptvertrag muss zwischen dem Dritten und der im Maklervertrag vorgesehenen Person (idR der Auftraggeber) zustande gekommen sein (BGH NJW-RR 92, 687). Der Abschluss mit einer anderen Person genügt grds nicht (BGH WM 88, 725 zum Vormerkungsberechtigten). 61

62 Anderes kann sich jedoch aus dem Maklervertrag ergeben. So kann die Vermittlung auf Abschluss des Geschäfts zwischen anderen Personen und dem Dritten gerichtet sein (BGH WM 96, 722; NJW-RR 96, 1459; zB Wohnungssuche für den Vater, Karlsr NJW-RR 03, 1495). Der Abschluss mit dieser Dritten Person ist dann ausreichend (Kenntnis des Maklers ist hierfür nicht erforderlich, Dresden NJW-RR 99, 1501). Der Person des Dritten kommt idR nur dann Bedeutung zu, wenn nach dem Maklervertrag das Geschäft mit einer bestimmten Person abgeschlossen werden soll (Hamm NJW-RR 95, 820; ansonsten stellt dies eine Frage der Vermittlung oder der Kausalität der Maklerleistung dar, Rn 64 ff). Eine persönliche Übereinstimmung ist anzunehmen, wenn das vom Auftraggeber gewünschte wirtschaftliche Ergebnis auch durch den Abschluss mit einer anderen als im Vertrag vorgesehenen Person erreicht wird (*Scheibe* JuS 99, 117). So wenn der vom Makler nachgewiesene Kaufinteressent einen Dritten zum Erwerb veranlasst mit dem Ziel, dass dieser an ihn weiterveräußert (Hamm NJW-RR 95, 820). Ebenso, wenn die Person des am Geschäft Beteiligten im Hinblick auf den Zweck des Geschäfts ohne oder von geringerer Bedeutung ist (Braunschw ZMR 02, 59). Dies gilt auch, wenn die angestrebte wirtschaftliche Nutzung aufgrund enger Beziehungen des Auftraggebers zum Erwerber erreicht wird. So bei umfassender Vertretungsmacht des Auftraggebers für den Dritten (BGH NJW-RR 98, 411) oder bei engen wirtschaftlichen Beziehungen des Auftraggebers zum Dritten im Zeitpunkt des Hauptvertragsschlusses (Karlsr VersR 03, 202). Diese wurde angenommen bei Identität der Gesellschafter und Geschäftsführer (BGH NJW 95, 3311), bei Auftrag an die später gegründete GmbH durch die Gründungsgesellschafter (BGH WM 96, 732) oder durch deren Geschäftsführer und die Konzernmutter (München NJW-RR 95, 1525), Erwerb durch GbR des Geschäftsführers und seiner Kinder (Frankf ZMR 05, 373). Bei festen Bindungen familienrechtlicher Art und Nutzung des Objekts wie angestrebt, zB sofern beide Lebenspartner Vertragsparteien werden, Erwerb durch einen anderen bei getrennt lebenden Ehegatten (Hamm NJW-RR 88, 685), Erwerb durch Bruder/Vater des Auftraggebers (BGH NJW-RR 04, 851) oder den Lebenspartner des Geschäftsführers der GmbH (Ddorf NJW-RR 00, 1079).

63 **4. Zeitliche Grenze.** Das Zustandekommen des Hauptvertrags muss nicht während der Dauer des Maklervertrags erfolgen (BGH NJW 66, 2008). Lediglich die Maklerleistung muss vor Beendigung des Maklervertrags (Rn 24 f) erbracht worden sein. Die Provisionspflicht besteht dann unabhängig davon, wann sich der Auftraggeber die Leistung zunutze macht (BGH WM 69, 884 für den Nachweismakler) oder das vermittelte Geschäft abschließt (BGH NJW 65, 964), wobei die Grenze hierbei die Kausalität der Maklerleistung für den Abschluss bildet (vgl Rn 64; nicht mehr nach notariellem Hauptvertragsschluss, Karlsr IBR-online 05, 1051).

64 **IV. Kausalität zwischen Maklertätigkeit und Hauptvertragsschluss.** Die vom Makler vorgenommene Nachweis- und Vermittlungstätigkeit muss für den Abschluss des Hauptvertrags ursächlich gewesen sein. Dabei ist eine Mitursächlichkeit ausreichend, einer alleinigen oder hauptsächlichen Ursächlichkeit bedarf es nicht (BGH DB 88, 1798). Diese ist anzunehmen, wenn der Abschluss sich bei wertender Betrachtung zumindest auch als Ergebnis einer dafür wesentlichen Maklerleistung darstellt (sog vertragsadäquate Kausalität). Nicht ausreichend ist, dass die Maklertätigkeit auf andere Weise kausal geworden ist. Dies vor dem Hintergrund, dass der Makler Vergütung nicht für einen Erfolg an sich, sondern nur die erfolgreiche Vermittlung erhalten soll (BGHZ 141, 40, 45; BGH NJW-RR 96, 691). Kein Provisionsanspruch des Finanzierungsmaklers besteht daher, wenn iRe Bauvorhaben der Bauwillige das Finanzierungsangebot nicht annimmt, sondern sich das Darlehen selbst besorgt (BGH NJW 83, 985). Bei Beauftragung von mehreren Maklern nebeneinander, kann jeder Makler einen selbständig wirkenden Beitrag zum Vertragsschluss leisten und dadurch jeweils eigenständig Provision verdienen (*Weishaupt* JuS 03, 1166, 1169).

65 **1. Nachweismakler.** IRd Nachweismaklertätigkeit muss sich der Vertragabschluss bei wertender Betrachtung unter Berücksichtigung der Verkehrsauffassung als Verwirklichung der durch den Nachweis geschaffenen Gelegenheit darstellen (BGH NJW-RR 96, 691). Dafür genügt regelmäßig, dass die Maklerleistung Anstoß für das Bemühen des Auftraggebers um den konkreten Vertragsabschluss bzgl des vermittelten Objekts darstellt (BGHZ 141, 40, 45). Dafür kann auch ausreichen, wenn erst das Angebot eines zweiten Maklers der Anlass war, sich mit dem Objekt zu befassen (München OLGZ 78, 444) oder der Auftraggeber sich der Dienste eines vom Verkäufer allein beauftragten Vermittlungsmaklers bedienen muss (BGH NJW 77, 41). Ein zeitlicher Abstand zwischen Nachweis und Abschluss ist unerheblich (so für den Zeitraum von 3 Jahren Hburg ZMR 02, 839).

66 Liegt beim Auftraggeber **Vorkenntnis** bzgl des vermittelten Objekts vor (zB aufgrund Nachweises eines anderen Maklers), ist nicht von einer Ursächlichkeit des Nachweises auszugehen (Karlsr NJW-RR 94, 509). Unerheblich ist dabei, ob diese Kenntnis bereits vorlag bevor Interesse des Auftraggebers am Abschluss des Hauptvertrages bestand (BGH NJW-RR 90, 1269). Unbeachtlich ist eine Vorkenntnis hingegen, wenn der Makler eine zusätzlich für den Vertragsabschluss wesentliche Information liefert (BGH NJW-RR 96, 114). Dass der Auftraggeber uU auch aufgrund eigener Bemühungen Kenntnis erlangt hätte, schadet hingegen nicht (Karlsr NJW-RR 96, 628). Der Auftraggeber ist im Grundsatz nicht verpflichtet den Makler über bestehende Vorkenntnisse zu unterrichten (BGH WM 84, 62); schließt er den Hauptvertrag ohne derartigen Hinweis ab, soll darin kein Verzicht auf den Einwand fehlender Ursächlichkeit zu sehen sein (Karlsr NJW-RR 94, 509; aA

Hburg NJW-RR 87, 175; Kobl WM 89, 1658). Allerdings kann der Einwand uU treuwidrig sein (§ 242; Kobl NJW-RR 91, 249). Eine Kausalität kann auch in den Fällen angenommen werden, in denen das vom Auftraggeber gewünschte und mit dem Nachweis bezweckte wirtschaftliche Ergebnis erreicht wird (vgl Rn 62; insbes bei enger wirtschaftlicher Verbindung zwischen Auftraggeber und Dritten, Unerheblichkeit der Person des Vertragspartners, BGH WM 76, 28; Hburg NJW-RR 97, 1281). Ebenso bei Unterbrechung oder vorübergehender Beendigung der Verhandlungen (BGHZ 141, 40; BGH NJW-RR 96, 691), wobei diese uU auch längere Zeiträume umfassen können (Hburg ZMR 04, 45). Dies gilt selbst dann, wenn zwischenzeitlich ein anderer Nachweismakler tätig geworden ist (BGH NJW 80, 123). 67

Keine Kausalität hingegen bei Abschluss über die bei der Gelegenheit der Besichtigung der nachgewiesenen Wohnung bekannt gewordene freie Nachbarwohnung (LG Heidelberg MDR 65, 132), oder Abschluss mit einem wesentlich anderen Vertragsinhalt (so bei Entfallen von erheblicher Abstandszahlung an den Vormieter KG ZMR 00, 33). Ebenfalls keine Kausalität bei Unterbrechung des Kausalzusammenhangs. So, wenn es nicht zum Vertragsschluss kommt, der Auftraggeber das Objekt aber später in der Zwangsversteigerung erwirbt (BGH MDR 99, 604), wenn nach fruchtlosen Verhandlungen oder Aufgabe der Absicht zum Vertragsschluss, der Auftraggeber und die nachgewiesene Person später unabhängig von der Tätigkeit des Maklers aufgrund geänderter Umstände neue Verhandlungen aufnehmen oder abschließen (BGH NJW-RR 91, 950; Ddorf NJW-RR 93, 1272: 20 % billigeren Kauf eines Grundstücks 2 Jahre nach dem Nachweis; Bambg NJW-RR 98, 565; Frankf MDR 99, 351) oder wenn das nachgewiesene Objekt zunächst anderweitig vermietet wird und der Auftraggeber erst nach vorzeitiger Beendigung dieses Vertrags anmietet (Frankf NJW-RR 99, 635). 68

2. Vermittlungsmakler. Beim Vermittlungsmakler liegt Kausalität vor, wenn seine Tätigkeit (Verhandlungen) beim Dritten ein nicht völlig unbedeutendes Motiv für den Abschluss gesetzt hat (BGH WM 74, 257). Eine die Kausalität ausschließende Unterbrechung des Kausalzusammenhangs liegt nur bei völlig neuen Verhandlungen vor (Palandt/*Sprau* § 652 Rn 51). Auch bei Beendigung des Maklervertrags ist Kausalität zu bejahen, wenn der Vertragsschluss auf der durch die vorangegangene Maklertätigkeit angebahnten und fortwirkenden Grundlage zustande kommt (BGH WM 74, 257). 69

V. Kenntnis von der Maklertätigkeit. Voraussetzung für den Provisionsanspruch ist, dass der Auftraggeber bereits vor oder spätestens bei Abschluss des Hauptvertrages Kenntnis von der entfalteten Maklertätigkeit erlangt hat. Dabei steht einer selbstverschuldeten Unkenntnis der Kenntnis gleich (München NJW 68, 894). Dies soll den Hintergrund haben, dass die Provisionsforderung bei der Preisgestaltung Berücksichtigung finden kann (Soergel/*Lorentz* § 652 Rn 63 str). Als Indiz für die Kenntniserlangung auf Seiten des Auftraggebers soll der Zugang eines Angebots zum vermittelten Objekt gelten, es sei denn aus den Umständen des Einzelfalls ergibt sich anderes (so bei längerem Zeitablauf, KG AIZ 70, 374). Eine Verpflichtung des Auftraggebers, vom Makler angebotene Objekte zur Kenntnis zu nehmen, besteht nicht. Ein Provisionsanspruch des Maklers kann ungeachtet einer fehlenden Kenntnis des Auftraggebers von der Maklertätigkeit bestehen, wenn feststeht, dass der Auftraggeber auch mit Kenntnis nicht anders abgeschlossen hätte (BGH NJW-RR 94, 1260). 70

VI. Höhe. Die Höhe der Provision bestimmt sich vorrangig nach der konkreten Vereinbarung. Sie kann auch anhand ergänzender Vertragsauslegung unter Berücksichtigung von Handelsbräuchen ermittelt werden (BGHZ 94, 98; München NJW-RR, 91, 1019) oder auf Grundlage von durch die Parteien vereinbarten Berechnungsmethoden (BGH WM 85, 1422). Bei Vereinbarung einer sog **Übererlösklausel**, besteht die Provision aus dem den in der Klausel bestimmten Betrag übersteigenden Teil des Kaufpreises (dh erzielter Kaufpreis abzgl des bestimmten Betrags ergibt die Provision). Die Vereinbarung einer solchen Klausel soll bis zur Grenze der Sittenwidrigkeit grds wirksam sein (BGH NJW 69, 1628; Rn 18). Jedoch bestehen für den Makler besondere Unterrichtungspflichten ggü dem Auftraggeber hinsichtlich des objektiv erzielbaren Kaufpreises (Ddorf NJW-RR 96, 1012; 99, 1140) und der Höhe des Übererlöses (BGH MDR 70, 28). Berechnet wird die Höhe bei Vermittlung eines Kaufvertrages idR nach dem Kaufpreis (für ein Hotelprojekt, Frankf NJW-RR 99, 1279). Nach dem OLG Nürnberg (OLGZ 77, 219) soll sich eine prozentuale Vergütung nach dem niedrigeren Preis errechnen, wenn dem Verkäufer in den Verhandlungen eine Erhöhung gelingt – dies ist abzulehnen, da der Makler auch dieses Geschäft herbeigeführt hat. Fehlt eine Vergütungsvereinbarung und kann die Vergütung auch nicht durch Vertragsauslegung oder Berechnungsmethoden ermittelt werden, bestimmt sich die Provision nach § 653 (Rn 1 ff). Bei Grundstücken und Eigentumswohnungen gehören zum Kaufpreis auch solche Leistungen des Käufers, die üblicherweise als dessen Teil gelten (zB die Übernahme von Belastungen), nicht jedoch öffentliche Abgaben, zB Grunderwerbsteuern (BGH NJW 65, 1755). Bei einem Unternehmen ist dagegen unter Kaufpreis idR dessen Verkaufswert zu verstehen, dh der Preis der Gesellschaftsanteile (BGH NJW 05, 753) oder die Differenz der Aktiva und Passiva ohne Hinzurechnung der vom Käufer übernommenen Schulden (BGH NJW 95, 1738; Auslegungsfrage, anders zB Ddorf NJW-RR 00, 1506 bei Wertberechnung nach dem Ertrag). Die Vergütung für die Vermittlung eines Verbraucherdarlehens ist als Prozentsatz des Darlehensbetrags anzugeben (§ 655 a S 2). Herabsetzung einer unverhältnismäßig hoch vereinbarten Vergütung durch Urteil ist nicht möglich (Ausnahme § 655), anders bei Herabsetzung des Kaufpreises wegen fehlerhafter Berechnungsgrundlage (AG Königsstein NJW-RR 95, 754). Die nachträgliche Unterzeichnung von 71 72

AGB des Maklers, die eine höhere Provision als üblich vorsehen, soll nur bei ausdrücklichem Hinweis des Maklers auf diese Erhöhung genügen (KG NJW-RR 94, 1265).

73 VII. Durchsetzung des Provisionsanspruchs. 1. Fälligkeit, Entstehung, Verjährung. Der Provisionsanspruch wird grds mit Entstehung **fällig** (abw Vereinbarungen sind jedoch häufig vgl Rn 80 ff). Voraussetzung für die Entstehung des Provisionsanspruches ist die Wirksamkeit des Hauptvertrages, dh bspw bei bedingtem Hauptvertrag mit Bedingungseintritt, bei Genehmigungsbedürftigkeit mit Genehmigungserteilung (§§ 158, 184). Vor der Entstehung ist lediglich eine Anwartschaft des Maklers auf den Provisionsanspruch gegeben. Diese geht auf die Erben des Maklers über, wenn er vor seinem Tod bereits die für das Zustandekommen des beabsichtigten Hauptvertrags ursächliche Tätigkeit entfaltet hat. Die Erben können bei Eintritt des Erfolges die Provision verlangen (BGH WM 76, 503). Sondervorschriften für die Vermittlung von Verbraucherdarlehen finden sich in § 655 c. Die **Verjährung** unterliegt der regelmäßigen Frist nach §§ 195, 199.

74 2. Beweislast. Der Makler trägt die Beweislast für die Voraussetzungen des Provisionsanspruchs, dh den Abschluss des Maklervertrags, seine Maklertätigkeit (Nachweis, Vermittlung), den Abschluss des Hauptvertrages, im Grundsatz auch für die Übereinstimmung von beabsichtigtem und abgeschlossenem Hauptvertrag (§§ 58 ff, wobei allerdings Beweiserleichterungen greifen sollen, BGH NJW 98, 2277), daneben für die Kausalität der Maklertätigkeit für den Abschluss (Hburg MDR 01, 24). Die Kausalität wird jedoch bei Abschluss in angemessener Zeit vermutet (wobei nach BGH NJW 99, 1257 4 Monate angemessen sind, nach Hamm NZM 98, 271 3 Monate; jedenfalls sollen 15 Monate nicht mehr angemessen sein, Frankf NJW-RR 04, 704). Für Umstände, aus denen sich ausnahmsweise die fehlende Kausalität ergibt ist der **Auftraggeber** beweispflichtig (Zweibr NJW-RR 99, 1502 zB Vorkenntnisse). Der Makler wiederum dafür, dass seine Tätigkeit gleichwohl mitursächlich war (BGH NJW 71, 1133); dies gilt auch bei gleichzeitigem Zugang der Angebote mehrerer Makler für dasselbe Objekt (BGH NJW 79, 869).

75 3. Auskunftsanspruch. Dem Makler steht ggü dem Auftraggeber entsprechend den allgemeinen Grundsätzen (§ 242 Rn 56 ff) zur Bestimmung seiner Provision ein Auskunftsanspruch zu. Dieser umfasst die für die Entstehung und Berechnung der Provision maßgebenden Tatsachen (Ddorf NJW-RR 96, 1464). Ein Anspruch auf Vorlegung des Vertrags kann der Makler nur in Ausnahmefällen aus § 242 herleiten (Ddorf NJW-RR 96, 1464).

76 E. Aufwendungsersatz (II). Einen Anspruch auf Aufwendungsersatz hat der Makler gem II nur bei entspr vertraglicher Vereinbarung. Fehlt diese, kann er seine entstandenen Auslagen und Kosten nicht ersetzt verlangen. Dies gilt nach II 2 selbst dann, wenn ein Maklervertrag nicht zustande kommt. Die Vereinbarung eines Aufwendungsersatzes kann individualvertraglich auch für den Fall erfolgloser Tätigkeit oder Pflichtverletzungen des Auftraggebers getroffen werden (ggf als Schadensersatz). Auch beim Alleinauftrag (Einf vor § 652 Rn 12) besteht ein Anspruch auf Aufwendungsersatz nur bei entspr Vereinbarung (BGH BB 73, 1141; so für Annoncen uä, Hburg MDR 74, 580). Dies kann in Form einer Aufwendungspauschale erfolgen, auch als Pro-
77 zentanteil des Kaufpreises oder Gegenstandswertes (BGHZ 99, 374). In **AGB** sind verkappte Provisionsansprüche unzulässig. Zulässig sind lediglich auf den Ersatz des tatsächlichen Aufwands beschränkte Regelungen. Dies gilt auch für dementsprechende Pauschalierungen (dh ohne allgemeine Geschäftskosten und Zeitaufwand, BGHZ 99, 374, 383; Oldbg NJW-RR 05, 1287). Auf einen vereinbarten Aufwendungsersatzanspruch sind die Regeln des Auftragsrechts entsprechend anzuwenden (§ 670; Abrechnung von Vorschuss entspr § 667, Karlsr NJW-RR 03, 1426). Pauschalierte Spesenklauseln können uU als Vertragsstrafe zu werten sein (München DB 67, 504).

78 F. Abweichende Vereinbarungen. I. Grundsätzliches. Das Maklerrecht ist grds dispositiv. Da die gesetzlichen Regelungen als unzureichend angesehen werden, kommt in der Praxis den Parteivereinbarungen – insbes AGB – eine besondere Bedeutung zu. Diese Vereinbarungen sind unter Berücksichtigung der besonderen Gebräuche und Verkehrssitten auszulegen. In Individualvereinbarungen können bis zur Grenze der Sittenwidrigkeit und den gesetzlichen Sondervorschriften Abweichungen vom gesetzlichen Leitbild des Maklervertrags geregelt werden (BGH WM 70, 392). Sondervorschriften bestehen insbes für die Wohnungs- und Arbeitsvermittlung (Einf vor § 652 Rn 18 ff). In Vermittlungsverträgen über Verbraucherdarlehen sind gem
79 § 655 e II Vereinbarungen zugunsten des Maklers unzulässig. In **AGB** enthaltene Regelungen unterliegen der Inhaltskontrolle der §§ 307 ff. Nach § 307 II 1 unwirksame wesentliche Abweichungen bestimmen sich nach dem gesetzlichen Leitbild des Maklervertrags in § 652 (BGH NJW 92, 2568). Hierzu zählen insbes die Abschlussfreiheit des Auftraggebers, Provisionspflicht nur bei erfolgreicher Vermittlung, der Abschluss des Hauptvertrags aufgrund der Maklertätigkeit. Haben sich die Parteien bei gemischten Verträgen für das Leitbild des Maklervertrags entschieden, müssen sie sich iRd §§ 305 ff hieran messen lassen (BGH NJW 85, 2477). Mit dem Alleinauftrag hat sich durch abweichende Vereinbarung ein selbständiger Vertragstyp herausgebildet (Einf vor § 652 Rn 12).

80 II. Vereinbarungen zugunsten des Maklers. 1. Erfolgsunabhängige Provision. Eine Provision unabhängig vom Vermittlungserfolg kann nur im Wege einer eindeutigen und klaren Individualabrede vereinbart werden (BGH DB 76, 189; zB Vergütungszahlung für nicht in Anspruch genommene Maklerleistungen, BGH NJW 84, 2162), nicht hingegen in AGB (BGHZ 99, 374; Unwirksamkeit nach § 307 II Nr 1 wegen fehlender Übereinstimmung mit dem gesetzlichen Leitbild des § 652, selbst ggü Unternehmern). Auch in Individualvereinbarungen unzulässig sind erfolgsunabhängige Provisionen bei Doppeltätigkeit des Maklers (§ 654 Rn 3 ff; BGHZ 61, 17), bei Vermittlung von Verbraucherdarlehen (§ 655 c) und bei Wohnungsvermittlung (Einf § 652 Rn 19). Nur individualvertraglich zulässig sind Klauseln, wonach der Provisionsanspruch ungeachtet der Wirksamkeit des Hauptvertrages besteht (so Provision ungeachtet der Genehmigungsverweigerung, BGH NJW 73, 1276) oder für den Fall des Zustandekommens eines anderen als des angebotenen Vertrages (Hburg MDR 92, 27). Gleiches gilt für eine Provisionspflicht bereits bei Abschluss eines Vorvertrags (BGH NJW 75, 647) und sog Reservierungsvereinbarungen, die Bestandteil eines Maklervertrags sind. Ebenfalls nur individualvertraglich zulässig sind sog **Nichtabschlussklauseln** (Grund: Beeinträchtigung der dem Leitbild des Maklervertrags entspringenden Abschlussfreiheit des Auftraggebers, BGH NJW 67, 1235). In Nichtabschlussklauseln verpflichtet sich der Auftraggeber regelmäßig auch bei Nichtabschluss des Hauptvertrags mit vermittelten Interessenten zur Zahlung der Gesamtprovision. Ebenfalls nur individualvertraglich zulässig ist die Vereinbarung einer Teilprovision oder eines Reuegelds für diesen Fall (zB halbe Provision, BGH NJW 79, 367; wobei das Reuegeld nicht anfallen soll, wenn der Auftraggeber aus von ihm nicht zu vertretenden Gründen vom Abschluss absieht, München DB 67, 504). Der Auftraggeber kann sich individualvertraglich als nähere Ausgestaltung der gesetzlichen Schadensersatzpflicht für den Fall bestimmter Vertragsverletzungen zur Zahlung der Gesamtprovision verpflichten. Die rechtliche Einordnung dieser Vereinbarung ist Auslegungsfrage. Sie kann ein erweitertes Provisionsversprechen (Provisionspflicht auch für vom Makler nicht verursachte Geschäfte), einen pauschalierten Schadensersatzanspruch (kein Schadensnachweis seitens des Maklers) oder das Versprechen einer herabsetzbaren Vertragsstrafe beinhalten (§ 343; BGHZ 49, 84; NJW 64, 1467). Auch in AGB zulässig sein soll eine Provision bei Weitergabe der Abschlussmöglichkeiten an einen abschließenden Dritten (BGH NJW 87, 2431), da sie nur den ohnehin bestehenden gesetzlichen Schadensersatzanspruch erleichtert. Bei Klauseln in AGB sind § 309 Nr 5 und 6 zu beachten, bei Eingriffen in die Abschlussfreiheit des Auftraggebers oder erfolgsunabhängigen Provisionsansprüchen § 307 II 1 (BGH DB 81, 1280). Bei Wohnungsvermittlung (Rn 19) darf die Vertragsstrafe die Grenze des § 4 WoVermG nicht überschreiten; eine überhöhte Strafe kann gem § 5 WoVermG zurückgefordert werden.

2. Provision bei fehlender Kausalität. Die Voraussetzung der Kausalität der Maklerleistung (Rn 64 ff) kann nur individualvertraglich abbedungen werden (BGH NJW-RR 86, 346). Sog **Vorkenntnisklauseln**, die eine Ursächlichkeitsfiktion enthalten, dürften daher nur bei individueller Vereinbarung wirksam sein. In AGB dürfte eine solche Klausel nur als Beweislastregelung zulässig sein (BGH NJW 71, 1133; für die Unwirksamkeit in Gänze Soergel/*Lorentz* § 652 Rn 90). Diese Klauseln beinhalten regelmäßig eine Verpflichtung des Auftraggebers zur Anzeige oder zum Widerspruch innerhalb bestimmter Fristen, bei deren Verletzung ein Fehlen der Kenntnis des Auftraggebers fingiert wird (BGH NJW 76, 2345). Der Inhalt einer Vorkenntnisklausel ist im Einzelfall im Wege der Auslegung zu ermitteln (vgl München NJW-RR 95, 1524). Der schriftlichen Mitteilung des Auftraggebers steht es gleich, wenn der Makler die Vorkenntnis von dritter Seite erhält (Köln MDR 70, 844). Unterlassung der Mitteilungspflicht kann zu Schadensersatzansprüchen des Maklers gem § 280 führen (für die Wirkung der Klage als insoweit deklaratorisches Anerkenntnis MüKo/*Roth* § 652 Rn 202).

3. Provision für Folgegeschäfte. Ergeben sich aus dem vermittelten Geschäftsabschluss weitere Geschäfte (Folgegeschäfte) ist fraglich, ob der Makler auch für diese Provision verlangen kann. Die Vergütungspflicht bestimmt sich durch Auslegung des Willens der Parteien bei Abschluss des Maklervertrags (wollten diese eine Vergütungspflicht lediglich für den Abschluss des vermittelten Geschäfts oder auch indirekt für die Folgegeschäfte). Dabei sind ggf bestehende Handelsbräuche zu berücksichtigen (BGH NJW 86, 1036; VersR 90, 1355). Ein formularvertragliche Vereinbarung kann nach §§ 305 c, 307 II Nr 1 unwirksam sein (Ddorf NJW-RR 98, 1594; so die Verpflichtung zur Zahlung einer „Differenzgebühr" für den Fall, dass der Mieter innerhalb von 5 Jahren kauft, BGHZ 60, 243).

4. Sonstige Klauseln. Eine **Vorverlegung der Fälligkeit** des Provisionsanspruches durch AGB soll unzulässig sein (Hamm NJW-RR 96, 1526; aA KG NJW 61, 512 für die Klausel „Provision zahlbar bei notariellem Kaufabschluss"), vor dem Hintergrund der Beschränkungen bei Doppeltätigkeit (§ 654 Rn 5 ff) wohl auch eine formularmäßige ausdrückliche Gestattung der Tätigkeit für den anderen Teil (**Freizeichnungsklausel**, Bambg OLGR 00, 251; wobei diese keine Einwilligung in eine Treuepflichtverletzung des Maklers enthalten soll, BGH NJW 64, 1467). Der Vertrauensmakler (Einf vor § 652 Rn 16) kann sich aufgrund des besonderen Vertrauensverhältnisses nur nach besonderer Aufklärung des Auftraggebers auf die Freizeichnungsklausel berufen (BGH Warn 67 Nr 40). Bei Alleinbeauftragung soll durch **Verweisungs- oder Hinzuziehungsklauseln** der Auftraggeber verpflichtet werden, sämtliche Interessenten, auch „eigene", an den Makler zu verweisen (qualifizierter Alleinauftrag). Solche Klauseln sind individualvertraglich grds zulässig (BGH NJW-RR 99, 998), bedürfen aber einer angemessenen Befristung (BGH MDR 94, 444). In AGB sind solche Klauseln unwirksam (BGH NJW 91, 1679), ebenso das Versprechen einer Vergütung, einer Vertragsstrafe oder von Ersatz des entgangenen Gewinns für den Fall ihrer Verletzung (BGHZ 60, 377; BGH NJW 87, 1634). Die Provisionsvereinbarung für die Fälle des Direktabschlusses stellt eine Abbedingung des Kausalitätserfordernisses dar (BGH NJW-RR 94, 511). An dieser rechtlichen Beurteilung ändert sich nichts durch eine Kombination von Allein- und Festauftrag (Ddorf MDR 73, 582) oder die Wahl der Bezeichnung „Alleinverkaufsrecht" (BGH WM 76, 533). In AGB kann ein Finanzierungsmakler seinen Auftraggeber nicht zur Führung eigener Verhandlungen mit Darlehensgebern nur unter seiner Hinzuziehung verpflichten (BGHZ 88, 368; die Verwendung der Hinzuziehungsklausel führt zur Verwirkung seines Provisionsanspruches gem § 654, Hamm NJW-RR 01, 567). Die Vereinbarung von **Widerrufsklauseln** soll bei Alleinaufträgen verhindern, dass das Hauptgeschäft unter Umgehung oder Ausschaltung des Maklers abgeschlossen wird. Sie sind bei formularmäßiger Vereinbarung unwirksam, wenn sie Provisionspflichten schon bei vorzeitigem Widerruf des Auftrags begründen, ohne dass der Widerruf zu einem vertragswidrigen Abschluss geführt hätte (BGH NJW 67, 1225; NJW 79, 367; aber auch Auslegung einer solchen Klausel als Rücktritt gegen Reuegeld nach § 359 möglich, München NJW 69, 1630).

87 **III. Vereinbarungen zugunsten des Auftraggebers. 1. Hinausschieben der Provisionszahlung.** Das Entstehen eines Provisionsanspruchs kann nicht nur vom Abschluss, sondern auch von der Ausführung des Hauptvertrages abhängig gemacht werden (zB Provision zahlbar nach vollständiger Kaufpreiszahlung, s.a. Saarbr MDR 02, 1360; wobei der Abschlussfreiheit des Auftraggebers seine Ausführungsfreiheit entspricht). Dies muss nicht ausdrücklich vereinbart worden sein, sondern kann sich auch durch Vertragsauslegung ergeben (BGH NJW 05, 756). Ebenso, ob dadurch eine zusätzliche Bedingung für die Entstehung des Provisionsanspruches gesetzt oder nur dessen Fälligkeit hinausgeschoben wird. Die Vereinbarung einer zusätzlichen Bedingung dürfte auch in AGB zulässig sein (Hamm NZM 01, 903). Wird die Fälligkeit hinausgeschoben tritt bei Nichtausführung des Geschäfts keine Fälligkeit ein. Um den dadurch eintretenden Schwebezustand zu beenden, soll die Fälligkeit nach § 242 gerichtlich bestimmt werden können (dies dürfte nach Ablauf eines Zeitraums festzusetzen indem die Ausführung des Geschäfts erwartet werden konnte, BGH NJW 86, 1035; abw München ZMR 97, 461). Wird bei Kreditvermittlungsverträgen die Entstehung des Provisionsanspruchs auf den Zeitpunkt des Darlehensvertragsabschlusses vorverlegt, soll der Klausel „Provision fällig bei Auszahlung der Valuta" die Bedeutung einer Stundungsabrede zukommen (BGH WM 62, 1264).

88 **2. Abwälzung der Provisionszahlung.** IRd Maklervertrags zwischen Makler und Grundstücksverkäufer wird häufig die Übernahme der Provision durch den Käufer vereinbart. Dies Formulierung „Provision trägt der Käufer" ist dabei inhaltlich nicht eindeutig und auslegungsbedürftig (BGH MDR 67, 836). Eine Haftung des Auftraggebers aus dieser ihn begünstigenden Klausel besteht allenfalls, wenn die Voraussetzungen für einen Provisionsanspruch vorliegen und die Provision vom Käufer nicht zu erlangen ist (Hburg MDR 69, 665). Daneben kann eine Verpflichtung des Auftraggebers zum Abschluss einer Vereinbarung über die Maklerprovision ggü dem Vertragspartner des Hauptvertrags bestehen (BGH NJW-RR 01, 705).

§ 653 Mäklerlohn

(1) Ein Mäklerlohn gilt als stillschweigend vereinbart, wenn die dem Mäkler übertragene Leistung den Umständen nach nur gegen eine Vergütung zu erwarten ist.
(2) Ist die Höhe der Vergütung nicht bestimmt, so ist bei dem Bestehen einer Taxe der taxmäßige Lohn, in Ermangelung einer Taxe der übliche Lohn als vereinbart anzusehen.

1 Die Vorschrift setzt das Bestehen eines Maklervertrags nach § 652 voraus (bei dessen Fehlen s Rn 2). Sie entspricht den Regelungen in § 611 I, II und § 632 und soll wie diese verhindern, dass ein Maklervertrag an einer fehlenden Einigung der Parteien über die Vergütung scheitert (Müko/*Roth* § 653 Rn 1 mwN). Sie greift jedoch nicht bei echtem Dissens der Parteien bzgl der Vergütung (zB wenn die Parteien zu unterschiedlichen Vergütungshöhen abschließen wollen). Grds ist zunächst auf die Vergütungsvereinbarung abzustellen, wobei unerheblich ist, ob diese ausdrücklich oder konkludent erfolgt. Fehlt diese enthält I die Vermutung einer stillschweigenden Einigung über die Entgeltlichkeit. Die Vermutung setzt die Übertragung einer maklervertragstypischen Leistung auf den Makler voraus (BGH NJW 81, 279). Ein Tätigwerden des Maklers nur gegen Vergütung ist anzunehmen, wenn der Auftraggeber davon ausgehen muss, dass die Maklerleistung unterbleibt, wenn keine Vergütung zu erwarten ist. Dies kann sich ergeben aus der bestehenden Übung (Frankf AIZ 91, A 121 Bl 42), Art, Umfang, Dauer der Tätigkeit, Berufs- und Erwerbsverhältnis des Maklers, Beziehungen der Beteiligten zueinander (BGH NJW 81, 1444). So dürfte die Vermutung des I bei einem Gelegenheitsmakler mangels gewerbsmäßiger Tätigkeit idR nicht greifen (BGH NJW-RR 89, 1071, 1072). Bei Tätigkeit des Maklers für mehrere Auftraggeber muss er klar stellen, wer sein Vertragspartner ist. Den Makler trifft die **Beweislast** für das Vorliegen der tatsächlichen Voraussetzungen der Vermutung des I (dh die Umstände, BGH NJW 70, 700, 701). Behauptet der Auftraggeber die Unentgeltlichkeit, trifft ihn die Beweislast (BGH NJW 81, 1444), ebenso für eine nachträgliche Vereinbarung niedrigerer Vergütung.

Auch wenn **kein Maklervertrag** vorliegt, sollen Vergütungsansprüche für Maklerdienste die Geschäftsbesorgungscharakter genießen aus § 354 HGB möglich sein (*Hesse* NJW 02, 1835, aA Staud/*Reuter* Rn 62). Dies gilt jedoch nur, sofern der Makler Kaufmann ist (ansonsten allenfalls Ansprüche aus §§ 677 ff) und sofern die befugte Tätigkeit des Maklers für den Interessenten erkennbar gerade für ihn erfolgt (BGH WM 85, 1344; nicht, wenn Maklerleistung vorher abgelehnt wird, BGH WM 05, 1696). Daneben muss die Maklertätigkeit zum Erfolg geführt haben (BGH NJW 67, 199). Ansprüche wurden zB angenommen bei Unwirksamkeit des Maklervertrages (Hamm MDR 96, 1023), wenn nicht der Schutzzweck der verletzten Vorschrift entgegensteht. Bei Nichtigkeit der Vereinbarung wegen Verstoßes gegen § 138 dürfte eine Aufrechterhaltung des Maklervertrages mit dem üblichen Lohn nicht möglich sein. Fraglich sind im Übrigen Ansprüche aus §§ 812, 818 II (zweifelnd BGH WM 05, 1696; zudem steht einem Bereicherungsanspruch idR § 817 entgegen). Voraussetzung dürfte jedoch sein, dass es sich bei der Tätigkeit des Maklers aus Sicht des Interessenten (Empfängerhorizont) um eine Leistung an diesen handelt. Dies dürfte beim Angebot eines Objektes zum Verkauf ohne vorherige Äußerung eines Provisionsverlangens idR nicht der Fall sein (BGH WM 85, 1234). Der Wert des Erlangten soll dabei der üblichen Provision entspr (§ 653 II, MüKo/*Roth* § 652 Rn 76; aA *Reuter* NJW 90, 1321, 1324 der keinen Vermögenswert der Information annimmt). II enthält eine Auslegungsregel für den Fall, dass nur die Vereinbarung über die Höhe der Provision fehlt. Danach ist für die Bestimmung der Höhe der Provision zunächst auf bestehende Taxen (wobei diese in der Praxis nicht bestehen), danach auf die übliche Provision abzustellen. Hierbei können die Ausführungen zu § 632 entspr herangezogen werden (auch zur angemessenen oder vom Makler bestimmten Provision; s dort Rn 23 ff). Die Üblichkeit bestimmt sich nach dem verkehrs- und ortsüblichen Lohn im Zeitpunkt des Vertragsschlusses (Frankf NJW-RR 00, 59, 60). Die nach Gegend und Art der Tätigkeit verschiedenen üblichen Vergütungsspannen bewegen sich zwischen 3 und 6 %. Bei Grundstücksgeschäften üblich dürfte eine Provision von 3 % des Kaufpreises zzgl MwSt sein (Frankf NZM 99, 231; NJW-RR 00, 58; auch Karlsr für den OLG-Bezirk Karlsr NZM 99, 231), uU 4 % (Stendal NZM 01, 1089). Als Maßstab können die Gebührensätze der Maklerverbände herangezogen werden (zB RDM; Frankf BB 55, 490). Dabei dürfte die Provision des Berufsmaklers idR höher sein als die des Gelegenheitsmaklers (kritisch hierzu Staud/*Reuters* § 653 Rn 168).

§ 654 Verwirkung des Lohnanspruchs

Der Anspruch auf den Mäklerlohn und den Ersatz von Aufwendungen ist ausgeschlossen, wenn der Mäkler dem Inhalt des Vertrags zuwider auch für den anderen Teil tätig gewesen ist.

A. Allgemeines. Vertragspflichtverletzungen des Maklers (§ 652) können sich in zweierlei Hinsicht auf seinen Provisionsanspruch auswirken. Zum einen können dem Auftraggeber dadurch auf die Freistellung von den Lohnansprüchen gerichtete Schadensersatzansprüche gegen den Makler zustehen. Diese berühren zwar grds nicht den Bestand des Lohnanspruches, geben diesem jedoch ggf ins Recht zur Leistungsverweigerung (§ 273) und die Möglichkeit der Aufrechnung (§ 387). Zum anderen können Lohnansprüche verwirkt sein. Beide Einwendungen bestehen nebeneinander. Die in § 654 geregelte Verwirkung soll auf Provisionsansprüche aus maklerähnlichen Rechtsverhältnissen zB Maklerdienst- und Werkvertrag, § 354 HGB, Untermaklervertrag, Gemeinschaftsgeschäft entspr anwendbar sein (*Fischer* NZM 01, 873, 881), auf sonstige Rechtsverhältnisse nur in Ausnahmefällen. So soll der Rechtsanwalt seinen Gebührenanspruch nicht schon durch pflichtwidriges Handeln, sondern nur bei vorsätzlichem Parteiverrat verwirken (BGH NJW 81, 1211). Notare haben aufgrund der Sonderregelung in §§ 16 I, 141 KostO keinen Anspruch auf Gebühren, die bei zutreffender Sachbehandlung nicht entstanden wären. Auf Pflichtverletzungen des Auftraggebers findet § 654 keine Anwendung.

B. Verwirkung des Provisionsanspruchs. Gem § 654 ist der Lohnanspruch des Maklers verwirkt, wenn dieser durch vertragswidrige Doppeltätigkeit seine Vertragspflicht verletzt. Aufgrund der besonderen Schwere dieser Vertragsverletzung soll die Verwirkung Strafcharakter haben und den Makler zur Wahrung seiner Treuepflicht anhalten (BGH VersR 05, 978). Dem Vorliegen eines Schadens auf Seiten des Auftraggebers bedarf es aufgrund des Strafcharakters nicht (BGHZ 36, 323; VersR 90, 266). Die Verwirkung wurde von der Rspr jedoch über die Doppeltätigkeit hinaus auf alle Fälle ausgedehnt, in denen der Makler eine ähnlich schwere Vertragsverletzung begeht. Dies wird insbes angenommen, wenn er durch **Verletzung wesentlicher Vertragspflichten** den Interessen seines Auftraggebers in erheblicher Weise zuwider handelt (BGH MDR 85, 741; Rn 8). Voraussetzung ist eine Treuepflichtverletzung des Maklers vor, bei oder nach Abschluss des Maklervertrages (Hamm VersR 95, 1235; Verschulden von Erfüllungsgehilfen, auch von anderen Maklern wird über § 278 zugerechnet, Hamm NJW-RR 00, 59). Eine Verwirkung soll nach Abschluss des Hauptvertrags und Zahlung der Maklervergütung ausscheiden (aA *Fischer* NZM 01, 873, 877; uU aber Schadensersatzpflicht des Maklers, BGHZ 92, 184). **Rechtsfolge der Verwirkung** ist, dass der Lohnanspruch nicht entsteht oder erlischt. Sie stellt eine von Amts wegen zu beachtende Einwendung dar (der Auftraggeber kann auf sie nicht verzichten). § 254 findet keine Anwendung (BGHZ 36, 323). Ein Vergütungsanspruch des Maklers in Form von Wertersatz für geleistete Dienste nach § 812 ist aufgrund des Zwecks des § 654 (Strafcharakter; s.a. Köln NJW 71, 1943) nicht möglich, auch nicht ein Aufwendungsersatzanspruch.

3   **C. Treuwidrige Doppeltätigkeit. I. Grundsätzliches.** Eine Doppeltätigkeit liegt vor, wenn der Makler für beide Seiten des Hauptvertrages tätig wird. **Treuwidrig** ist diese Form der Tätigkeit dann, wenn sie entweder als solche unzulässig ist oder vertraglich untersagt wird. Keine Treuwidrigkeit daher, wenn die Doppeltätigkeit dem Makler vertraglich ausdrücklich gestattet wird (so häufig durch Gestattungsklauseln in Makler-AGB). Fehlt im Maklervertrag eine Regelung zur Frage der Doppeltätigkeit, soll sie im Grundsatz erlaubt sein (BGHZ 61, 17; BGH NJW-RR 98, 992; Hamm NJW-RR 94, 125; enger MüKo/*Roth* § 654 Rn 8). Jedoch obliegt in diesem Fall dem Makler eine Hinweispflicht, anderenfalls ist sein Kunde nicht vor entstehenden widerstreitenden Interessen geschützt (Rn 5, bei fehlendem Hinweis ggf Verwirkung). Der Makler kann von beiden Teilen Provision fordern. Auch ist Treuwidrigkeit gegeben, wenn der Makler durch die Doppeltätigkeit seine mit der Maklertätigkeit verbundenen besonderen Pflichten nicht erfüllen kann. So, wenn er seine Pflicht zur Unparteilichkeit oder mit ihr das Vertrauen und die Interessen seiner Auftraggeber verletzt (BGH NJW 04, 154, 157; Interessenkollision).

4   **II. Interessenkollision.** Für das Vorliegen einer **Interessenkollision** sind die konkreten Umstände, insbes die vom Makler übernommene Pflicht und ausgeführte Tätigkeiten maßgeblich (BGH NJW 64, 1467; allein die Tätigkeit als Rechtsanwalt für eine Seite soll hierfür nicht genügen, BGH NJW 00, 3067). IdR keine Interessenkollision besteht, wenn der Makler zumindest für eine Partei des Hauptvertrags nur Nachweismakler ist (BGH NJW-RR 98, 992; 03, 991). Da der Vermittlungsmakler regelmäßig auf den Abschluss des Vertrags einzuwirken hat, wird bei einer Vermittlungsmaklertätigkeit für beide Parteien des Hauptvertrags häufig von einer Interessenskollission auszugehen sein (*Dehner* NJW 00, 1986, 1994). Dies gilt jedoch nicht, wenn die Doppeltätigkeit vertraglich gestattet oder bei den einschlägigen Geschäften üblich ist. Die Doppeltätigkeit muss aber in diesen Fällen für die jeweils andere Seite klar erkennbar sein (BGH NJW-RR 98, 992; der Makler darf hierüber keine unzutreffenden Angaben machen, Frankf NJW-RR 88, 1199). Üblich ist eine Doppeltätigkeit zB bei Grundstücksmaklern (Hamm NJW-RR 94, 125). Eine Besonderheit besteht für den **Vertrauensmakler.** Dieser ist zur ausschließlichen Interessenswahrnehmung für seinen Auftraggeber verpflichtet und handelt deshalb idR treuwidrig, wenn er auch für den anderen Teil als Vermittlungsmakler tätig wird (BGH NJW 64, 1467; Dresden NZM 98, 1017; s aber zu den Ausnahmen auch BGH NJW-RR 00, 430). Hingegen soll eine Doppeltätigkeit auch des Vertrauensmaklers dann zulässig sein, wenn er nur Nachweismakler ist (Frankf MDR 73, 407).

5   **III. Besondere Maklerpflichten bei Doppeltätigkeit.** Der Makler muss den Parteien des Hauptvertrags die Doppeltätigkeit auf deren Nachfrage **offenbaren.** Ohne entspr Nachfrage hat er sie nur dann offen zu legen, wenn die Doppeltätigkeit nach der Art des Tätigwerdens Auswirkungen auf den Entschluss des Auftraggebers haben kann (BGH NJW 64, 1469). Dies wird angenommen bei der Darlehens- und Finanzierungsvermittlung (Karlsr NJW-RR 95, 500), bei bloßer Nachweistätigkeit hingegen abgelehnt (Münster MDR 02, 209; Oldbg ZMR 02, 208). Bei Kenntnis des Käufers von der Doppeltätigkeit, muss der Makler diesen nicht über eine Provision des Verkäufers oder seinen Anspruch auf den erzielten Übererlös unterrichten (BGH NJW 70, 1075). Das Unterlassen der Unterrichtung soll keinen Verwirkungsgrund darstellen (Hamm MDR 01, 1403
6   u NZM 01, 905). Bei Doppeltätigkeit ist der Makler zu strikter **Unparteilichkeit** verpflichtet (BGHZ 48, 344; WM 92, 279; Hamm NJW-RR 94, 125), insbes bei beiderseitigem Vermittlungsauftrag (s Rn 4). Dh der Makler muss bei der Vermittlung die Interessen beider Parteien in gleichem Maße zu beachten (BGH NJW 04, 154, 157; Köln NJW-RR 04, 271). Dies gilt bereits ab dem Zeitpunkt einer möglichen Pflichtenkollision (Kobl NJW-RR 02, 491), sowohl bei der Ausgestaltung des Vertrages mit dem jeweiligen Auftraggeber, als auch bei der Durchführung. Daher dürfte Doppeltätigkeit bei Vereinbarung einer erfolgsunabhängigen Provision mit einer Seite unwirksam sein (so bei entspr Vereinbarung mit dem Kaufinteressenten, BGHZ 61, 17). Der Makler muss seiner **Aufklärungspflicht** gleichmäßig ggü beiden Parteien nachkommen und jeder Partei von den Verhältnissen der anderen soviel mitteilen, wie nötig ist, um sie vor Schaden zu bewahren (Naumbg NJW-RR 96, 1082; Ddorf NJW-RR 01, 1133). Der Makler darf sich nicht zum Interessenvertreter nur einer Seite machen (Ddorf NJW-RR 98, 1207) oder einseitig zugunsten eines Auftraggebers handeln (Ddorf NJW-RR 00, 1363). Von weiteren Vermittlungsbemühungen für die eine Partei muss er aber nicht schon deshalb
7   absehen, weil die andere Partei Interesse an deren Angebot zeigt (Hamm NJW-RR 98, 844). Der Makler darf in die Preisverhandlungen der Parteien ohne entsprechende Erlaubnis nicht eingreifen. Treuwidrigkeit wird daher angenommen, wenn der Makler dennoch ggü dem Käufer erklärt, dass der vom Verkäufer geforderte Preis zu hoch sei (BGHZ 48, 344). Ebenso wenn er auf den Preis zu Lasten einer Partei einwirkt; so durch Einschaltung weiterer Interessenten (Ddorf NJW-RR 01, 1134), durch finanzielle Stützung des Verkäufers zur Ermöglichung dieser Einschaltung (München OLGR 00, 235), durch Zusage das Grundstück selbst zu einem bestimmten Preis zu kaufen (Hamm VersR 91, 545). Treuwidrig ist auch die Beibringung falscher Angaben zum verlangten Kaufpreis (BGH WM 85, 1276) oder über die Verhandlungsposition der jeweils anderen Seite (Celle OLGR 99, 18).

D. Sonstige Verwirkungsgründe. I. Allgemeines. Neben der treuwidrigen Doppeltätigkeit wurde von der Rspr auch die Verletzung wesentlicher Vertragspflichten unter die Verwirkungsregelung subsumiert. § 654 erfasst jedoch nur Fälle in denen der Makler seinen Verpflichtungen vorsätzlich oder arglistig, mindestens aber in grob fahrlässiger Weise zuwidergehandelt (Oldbg GuG 93, 59 = IBR 93, 174). Letztere wird bej, wenn der Makler in einer dem Vorsatz nahe kommenden leichtfertigen Weise den Interessenten des Auftraggebers in so schwerwiegender Weise zuwider handelt, dass er einer Provision unwürdig erscheint (BGH NJW-RR 92, 817; 90, 372). Bei Einsatz von Erfüllungsgehilfen wird deren Verschulden über § 278 zugerechnet (auch das Verschulden eines anderen Maklers, Hamm NJW-RR 00, 59). Auch bei einem Mitverschulden des Auftraggebers steht diesem der Verwirkungseinwand zu (BGHZ 36, 323; keine Anwendung des § 254). Liegt hingegen lediglich ein fahrlässiger Verstoß gegen Vertragspflichten des Maklers vor, wird eine entspr Anwendung der Verwirkung abgelehnt. So zB bei fahrlässiger Nichtaufklärung über die Modalitäten einer Honorarvereinbarung mit der Gegenpartei (BGHZ 36, 323), auch bei unverschuldeter Weitergabe eines falschen Wertgutachtens an den Auftraggeber (Oldbg GuG 93, 59 = IBR 93, 174).

II. Grob fehlerhafte oder unterlassene Beratung oder Informationen. Eine grob fehlerhafte oder unterlassene **Beratung** hinsichtlich des möglichen Kaufpreises wird angenommen, wenn der Verkaufsmakler in Alleinaufträgen (Einf vor § 652 Rn 12) eine Übererlösklausel vereinbart (Ddorf NJW-RR 97, 1278) bzw nicht auf die Gefahren von Doppelzahlungen hinweist (München NJW-RR 88, 1201; Hamm NJW-RR 98, 842). Auch, wenn übliche Beratungspflichten einseitig und grob unbillig abbedungen werden (LG Saarbrücken NJW-RR 00, 476), oder wenn auf andere Abschlussmöglickeiten aus Provisionsgründen nicht hingewiesen wird (LG Offenburg VersR 05, 646). Dies gilt auch bei grob **fehlerhaften oder unterlassenen Informationen**, die für den Abschluss des beabsichtigten Vertrages ersichtlich von erheblicher Bedeutung sind (Frankf NJW-RR 86, 601). So bei Informationen zum Kaufpreis oder zur Verhandlungsbereitschaft der anderen Seite (Frankf NJW-RR 02, 779), zur Kapazität eines vermittelten Hotels (BGH WM 81, 590), zu erheblichen Baumängeln (Naumbg NJW-RR 02, 1208), Reparaturbedarf (Celle MDR 03, 983), zur Wohnfläche des Objekts (Ddorf NJW-RR 99, 848), zum anhängigen Zwangsversteigerungsverfahren über das vermittelte Grundstück (Karlsr NJW-RR 93, 1273) oder dessen Erschließung (Hamm NJW-RR 93, 506; 01, 1276), zu ungeklärtem Denkmalschutz oder Nachfrage (LG Braunschweig MDR 01, 266), zu Sondervereinbarungen des Erwerbers mit dem Makler als Vertreter des Auftraggebers bei Abschluss des Kaufvertrages (BGH NJW 69, 1628). Daneben auch bei Verschweigen der dem Makler bekannten Kreditunwürdigkeit der Gegenseite (BGH DB 67, 505) oder finanzieller Schwierigkeiten des Bauträgers (Hburg NJW-RR 98, 1206).

III. Täuschung/Schmiergeld. Eine Verwirkung wird auch bei der **Täuschung** durch den Makler angenommen. So bei der Veranlassung des rechtsunkundigen Auftraggebers zur Unterzeichnung einer formnichtigen Ankaufsverpflichtung oder einer ungültigen entgeltlichen Reservierungsvereinbarung (BGH VersR 92, 958; Berlin NJW-RR 01, 706). Dies gilt selbst dann, wenn der Kaufvertrag später wirksam abgeschlossen wird (Hamm NJW 91, 360). Des Weiteren Verwirkung bei Ausnutzung der Unkenntnis und Unerfahrenheit des Auftraggebers (BGH NJW-RR 92, 817) sowie Täuschung zur Verhandlungsbereitschaft des Verkäufers (Kobl NJW-RR 02, 489) oder zur Notwendigkeit eines Zwischenerwerbs durch Dritte (Zweibr NJW-RR 02, 418). Ferner, wenn der Auftraggeber vom Makler durch unrichtige Angaben zur Übernahme der Provision des anderen Teils bestimmt wird (Ddorf DB 63, 548). Die Annahme oder Vereinbarung von **Schmiergeld** kann zur Sittenwidrigkeit des Maklervertrags gem § 138 führen.

IV. Vertragsuntreues Verhalten des Maklers. Auch durch vertragswidriges Verhalten des Maklers kann ein Vergütungsanspruch verwirkt sein. Verwirkung dürfte zu bej sein, wenn der Makler zur Erlangung seiner Provision ggü dem Auftraggber den Eindruck einer in Wahrheit nicht bestehenden Verpflichtung zum Abschluss des Hauptvertrags oder der Erfolgsunabhängigkeit des Maklerlohns erweckt (BGH NJW 81, 280), wenn er vor dem Hintergrund, dass sich der Käufer zur Zahlung der Verkaufsprovision verpflichtet hat, nachträglich mit dem Verkäufer eine höhere Vergütung vereinbart (Hamm NJW-RR 88, 689), wenn er nach Abschluss des Maklervertrags seine weitere Tätigkeit an die Bedingung der Zahlung einer wesentlich höheren Vergütung knüpft (BGH WM 85, 1276), wenn er eine Änderung des Maklervertrags zu seinen Gunsten unter grobem Verstoß gegen seine darin begründeten Maklerpflichten erreichen will (BGH NJW 86, 2573), wenn er ein günstiges Angebot selbst nutzt und nicht an seinen Auftraggeber weitergibt (Brandbg NJW-RR 95, 695). Verwirkung auch bei Mitwirkung des Maklers am Abschluss mit einen vom Auftraggeber ungeachtet der Gefahr eines geringeren Erlöses bereits abgelehnten Dritten (Hamm NJW-RR 97, 889) daneben, wenn der Makler die Durchführbarkeit des Hauptvertrags trotz erkannter finanzieller Überforderung des Auftraggebers hierdurch bestätigt (KG NJW-RR 88, 6868), oder wenn der Makler ungeachtet des für seinen Auftraggeber erbrachten Nachweises einer Kaufgelegenheit in Konkurrenz zu diesem in Preisverhandlungen mit dem Verkäufer eintritt (BGH NJW-RR 92, 110). Dabei muss er sich auch jeweils vertragsuntreues Handeln seiner Erfüllungsgehilfen zurechnen lassen (BGH WM 78, 245).

§ 655 Herabsetzung des Mäklerlohns

¹Ist für den Nachweis der Gelegenheit zum Abschluss eines Dienstvertrags oder für die Vermittlung eines solchen Vertrags ein unverhältnismäßig hoher Mäklerlohn vereinbart worden, so kann er auf Antrag des Schuldners durch Urteil auf den angemessenen Betrag herabgesetzt werden. ²Nach der Entrichtung des Lohnes ist die Herabsetzung ausgeschlossen.

Die Vorschrift erlaubt für den Nachweis der Gelegenheit zum Abschluss oder die Vermittlung von Dienstverträgen die richterliche Herabsetzung eines unverhältnismäßig hohen Maklerlohns. § 655 entspricht in seiner rechtsgestaltenden Wirkung (geltungserhaltende Reduktion durch Richterspruch) dem § 343, dessen Grundsätze entspr herangezogen werden können. § 655 erfasst ausdrücklich nur den Nachweis und die Vermittlung von Dienstverträgen, eine analoge Anwendung auf andere Maklerverträge soll nicht möglich sein (MüKo/*Roth* § 655 Rn 9 zum Streitstand). Bei der Vermittlung von Arbeitsverhältnissen findet die Norm nur bei Verträgen zwischen dem Makler und Arbeitgebern (auch der Agentur für Arbeit) Anwendung, aufgrund der Sondernormen in §§ 296, 297 SGB II, die bereits eine Begrenzung der Höhe des Mäklerlohns enthalten, nicht bei Verträgen zwischen Makler und abhängigen Arbeitnehmern. Typische Anwendungsfälle der Vorschrift sind daher Anstellungsverträge von Vorstandsmitgliedern einer AG oder von Geschäftsführern einer GmbH. Aufgrund des Charakters als Norm des Schuldnerschutzes durch richterliche Billigkeitskontrolle ist § 655 **nicht abdingbar** (MüKo/*Roth* § 655 Rn 5). § 655 soll neben der Unwirksamkeit der Vereinbarung einer zu hohen Provision aufgrund Sittenwidrigkeit (§ 138) eine eigenständige Bedeutung zukommen, da für eine Sittenwidrigkeit neben der Höhe der Maklerprovision weitere besondere Umstände hinzutreten müssten (MüKo/*Roth* § 655 Rn 6; aA Staud/*Reuter* § 655 Rn 6). Die Herabsetzung des Lohns setzt einen **Antrag** voraus, der in der einredeweisen Berufung auf § 655 gesehen werden kann (BGH NJW 68, 1625 zum insoweit vergleichbaren § 343). Die **angemessene Höhe** des Mäklerlohns ist unter Berücksichtigung des Aufwands des Maklers und des Umfangs seiner Tätigkeit zu ermitteln (*Rieble* DB 94, 1780). Die Herabsetzung ist nur möglich, solange der Lohn noch nicht entrichtet wurde (S 2).

Untertitel 2 Darlehensvermittlungsvertrag zwischen einem Unternehmer und einem Verbraucher

§ 655a Darlehensvermittlungsvertrag

¹Für einen Vertrag, nach dem es ein Unternehmer unternimmt, einem Verbraucher gegen Entgelt einen Verbraucherdarlehensvertrag zu vermitteln oder ihm die Gelegenheit zum Abschluss eines Verbraucherdarlehensvertrags nachzuweisen, gelten vorbehaltlich des Satzes 2 die folgenden Vorschriften. ²Dies gilt nicht in dem in § 491 Abs. 2 bestimmten Umfang.

1 **A. Allgemeines zum Darlehensvermittlungsvertrag § 655a–e.** Die durch das SMG eingeführten Vorschriften entspr inhaltlich den früheren Bestimmungen in §§ 1 III, 3, 15-17 VerbrKrG (jedoch nicht mehr Kreditvermittlungsvertrag wie bei § 1 II VerbrKrG, sondern Darlehensvermittlungsvertrag (Auswirkungen s Rn 2). § 655a iVm § 655 e I 2, II regeln den persönlichen (s. § 655 e) und sachlichen (Rn 2) Anwendungsbereich der §§ 655 b–e. Zeitlich gelten §§ 655a–e nur für ab dem 1.1.02 geschlossene Verträge (Art 229 EGBGB § 5 S 1), der Ausnahme für Dauerschuldverhältnisse kommt dabei keine praktische Bedeutung zu. Der Darlehensvermittlungsvertrag ist eine Unterform des Maklervertrags. Soweit in §§ 655a ff nichts anderes bestimmt ist, gelten daher grds die Vorschriften des Maklervertragsrechts (§§ 652–655). Da Darlehensmakler idR Handelsmakler sind, finden ergänzend die §§ 93–103 HGB Anwendung (LG Darmstadt NJW-RR 02, 351), daneben gewerberechtliche Schutzvorschriften in der Makler- und Bauträgerverordnung (§§ 2, 4-6, 8 MaBV, BGBl I S 2479, geändert durch Mietrechtsreformgesetz v 19.6.01, BGBl I S 1149; § 34c I 1 Nr 1a GewO). Die Pflichten des Vermittlers und des Auftraggebers entsprechen im Grundsatz den in § 652 geregelten, beinhalten jedoch ferner für den Vermittler eine allg Aufklärungspflicht ggü dem Auftraggeber (Verbraucher). Bei der Vermittlung eines Verbraucherdarlehens durch einen Unternehmer, trägt dieser die Beweislast für Tatsachen, die zur Unanwendbarkeit der §§ 655a ff führen. Das Fernabsatzrecht kann auf Darlehensvermittlungsverträge Anwendung finden (§ 312b III Nr 3). Zur Anwendung des Widerrufsrechts bei vermittelten Haustürgeschäften auf den Darlehensvertrag (s § 312 Rn 7; bej EuGH NJW 02, 281; WM 05, 2086 = NJW 05, 3555; BGHZ 150, 248; BGH ZIP 05, 565, 567), der Zurechnung der Haustürsituation durch Hausbesuch des Vermittlers iR der Vertragsanbahnung und der Unwirksamkeit des dadurch finanzierten Immobilienerwerbs/Fondsbeteiligung als verbundenes Geschäft iSd §§ 358 f (Stichwort „Schrottimmobilien") s BGH Urt v 14.2.06 Az XI ZR 255/04 u Urt v 12.12.05, Az II ZR 327/04, NJW 06, 497.

2 **B. Sachlicher Anwendungsbereich.** Der Darlehensvermittlungsvertrag ist ein Maklervertrag gerichtet auf die Vermittlung (dh bewusste Herbeiführung der Abschlussbereitschaft) oder den Nachweis (dh Aufzeigen

einer hinreichenden bestimmten Abschlussmöglichkeit) eines Verbraucherdarlehens. Nicht erfasst wird daher die bloße Vollmacht zum Abschluss (§ 492 IV gilt nicht; sa BGH NJW 01, 1931) oder ein nicht zur Vermittlung verpflichtender Geschäftsbesorgungsvertrag (München NJW-RR 02, 925). Durch die Neuregelung iRd SMG wurde der sachliche Anwendungsbereich der §§ 655a-e enger gezogen als der des früheren Verbraucherkreditgesetzes. Nicht mehr erfasst werden die Vermittlung von Zahlungsaufschub und sonstigen Finanzierungshilfen (§§ 499–501; nach dem Gesetzeswortlaut damit auch nicht mehr die Vermittlung des Finanzierungsleasings, *Habersack/Schürnbrand* WM 03, 261, 262). Der mit der Tätigkeit des Maklers angestrebte Erfolg muss auf den Abschluss eines Verbraucherdarlehensvertrags gerichtet sein (§ 491 I), daher nicht Sachdarlehen nach § 607 (ggf Auslegung). §§ 655 b–e finden gem S 2 keine Anwendung auf Verträge iSd § 491 II (Bagatelldarlehen bis 200 €; Arbeitnehmerdarlehen zu geringeren als marktüblichen Zinsen; bestimmte öffentliche Förderungsdarlehen). Die Maklertätigkeit muss für den Darlehensnehmer entgeltlich sein (jede Art der Entlohnung), wobei bereits ein geringes Entgelt als ausreichend angesehen wird (Köln ZIP 94, 776; jedoch Bagatellgrenze, vgl LG Karlsruhe NJW-RR 00, 1442 bei Entgelt von lediglich 0,92 DM). Nicht ausreichend soll es sein, wenn nur der Darlehensgeber dem Vermittler ein Entgelt schuldet, selbst wenn es wirtschaftlich auf den Darlehensnehmer abgewälzt wird (Palandt/*Sprau* § 655 a Rn 4).

C. Persönlicher Anwendungsbereich. Der **Vermittler** muss Unternehmer iSd § 14 sein und in Ausübung 3 seines Gewerbes handeln. Er kann Handels- oder Zivilmakler sein. Ist der Makler „ständig damit betraut" für eine Bank Darlehensgeschäfte zu vermitteln, kann ihm Handelsvertretereigenschaft gem § 84 HGB zukommen (str, ob hierfür eine Tätigkeitsverpflichtung des Unternehmers für die Bank bestehen muss). In diesem Fall soll er nach dem Wortlaut des § 93 I HGB und vor dem Hintergrund der engen wirtschaftlichen Verflechtung mit dem Darlehensgeber nicht zugleich Makler des Verbrauchers sein. Der **Auftraggeber** als Darlehensnehmer muss Verbraucher iSd § 13 sein. Nach § 655 e II wird auch der Existenzgründer in den Anwendungsbereich einbezogen.

§ 655 b Schriftform

(1) ¹Der Darlehensvermittlungsvertrag bedarf der schriftlichen Form. ²In dem Vertrag ist vorbehaltlich sonstiger Informationspflichten insbesondere die Vergütung des Darlehensvermittlers in einem Prozentsatz des Darlehens anzugeben; hat der Darlehensvermittler auch mit dem Unternehmer eine Vergütung vereinbart, so ist auch diese anzugeben. ³Der Vertrag darf nicht mit dem Antrag auf Hingabe des Darlehens verbunden werden. ⁴Der Darlehensvermittler hat dem Verbraucher den Vertragsinhalt in Textform mitzuteilen.
(2) Ein Darlehensvermittlungsvertrag, der den Anforderungen des Absatzes 1 Satz 1 bis 3 nicht genügt, ist nichtig.

A. Allgemeines, Schriftform, I 1. Die Vorschrift entspricht dem früheren § 15 VerbrKrG und beinhaltet ein 1 Schriftformerfordernis für Darlehensvermittlungsverträge (§ 655 a Rn 1 ff). Der Zweck der Vorschrift ist wie allg bei Formvorschriften (s.a. § 125) eine Warn- und Transparenzfunktion. Die durch das Entgelt der Darlehensvermittlung bewirkte Erhöhung der Kosten für das Darlehen soll dem Verbraucher deutlich kenntlich gemacht werden. Ebenso die ggf vorliegende Stellung des Maklers als Doppelmakler (drohende Interessenkonflikte). Die Schriftform (eigenhändige Unterzeichnung durch beide Parteien § 126 I und II) für den Darlehensvermittlungsvertrag kann durch die elektronische Form (§ 126 a iVm § 126 III) ersetzt werden, nicht aber durch die Textform (§ 126 b). Die Vollmacht zum Vertragsschluss ist nicht formbedürftig (arg § 492 IV; aA *Habersack/Schürnbrand* WM 03, 261, 263). Eine Blankounterzeichnung durch Verbraucher dürfte aufgrund des Schutzzwecks von § 655 b unzulässig sein. Die Regelungen in § 655 b sind zu Gunsten des Verbrauchers wegen § 655 e I 1 zwingend und können nicht abbedungen werden. **Folge der Nichteinhaltung** der Erfordernisse des I ist gem II die Nichtigkeit des Darlehensvermittlungsvertrags. Aufgrund des Schutzzwecks der Norm sind in diesem Fall auch Ansprüche aus § 812, § 354 HGB ausgeschlossen (BGH WM 05, 1696). Als einklagbare Nebenpflicht hat der Vermittler dem Verbraucher den Vertragsinhalt in Textform (§ 126 b) zu übermitteln (I 4; jedoch kein Wirksamkeitserfordnis, Arg: II verweist nur auf I 1–3), der Aushändigung einer Urkundenabschrift bedarf es nicht.

B. Inhalt (I 2). Die Vertragsurkunde muss sämtliche nach dem Parteiwillen wesentlichen Absprachen, nebst 2 nachträglicher Änderungen wiedergeben (so insbes den Umfang des beabsichtigten Darlehens, ggf auch den Auszahlungstermin). Pflichtangabe ist nach I 2 die vom Verbraucher zu zahlende Vermittlervergütung. Sie muss in Prozent der Nettodarlehenssumme angegeben werden (I 2 Hs 1), bei Vereinbarung der Vergütung als Geldbetrag auch dieser (AG Dortmund NZM 00, 834). Die Prozentangabe darf nicht in Gebühren, Kosten oder Provision aufgesplittert werden. Gem I 2 Hs 2 ist auch eine zwischen Darlehensgeber und Vermittler vereinbarte Vergütung anzugeben, da sie iA als in den Darlehenszinsen versteckter Aufschlag an den Verbraucher weitergegeben wird (Packing). Sonstige vom Darlehensgeber gewährte Vergütungen oder solche, die dem sog Schaltersatz eingerechnet sind und ihn nicht erhöhen, müssen nicht angegeben werden (*Scholz* DB

91, 215, 219; s.a. Karlsruhe WM 95, 2095). Des Weiteren können Informationspflichten zB bei besonderen Absatzformen wie Fernabsatzverträgen, bestehen (§§ 312 b III Nr 3; 312c, 312e).

3 **C. Verbindungsverbot (I 3).** Die Vertragsurkunde oder elektronische Erklärung gem I 1, 2 darf nicht in derselben Urkunde enthalten sein, wie der Vertragsantrag des Verbrauchers. Durch diese äußerliche Trennung soll dem Verbraucher die rechtliche Verschiedenheit von Darlehensvertrag und Vermittlungsvertrag auch nach außen deutlich erkennbar gemacht werden. Keine ausreichende Trennung liegt vor, wenn der Verbraucher im Darlehensvermittlungsauftrag bereits einen Darlehensantrag erblicken kann (LG Berlin Urt v 13. 12. 91, Az 15 O 1008/91).

§ 655 c Vergütung

¹Der Verbraucher ist zur Zahlung der Vergütung nur verpflichtet, wenn infolge der Vermittlung oder des Nachweises des Darlehensvermittlers das Darlehen an den Verbraucher geleistet wird und ein Widerruf des Verbrauchers nach § 355 nicht mehr möglich ist. ²Soweit der Verbraucherdarlehensvertrag mit Wissen des Darlehensvermittlers der vorzeitigen Ablösung eines anderen Darlehens (Umschuldung) dient, entsteht ein Anspruch auf die Vergütung nur, wenn sich der effektive Jahreszins oder der anfängliche effektive Jahreszins nicht erhöht; bei der Berechnung des effektiven oder des anfänglichen effektiven Jahreszinses für das abzulösende Darlehen bleiben etwaige Vermittlungskosten außer Betracht.

1 **A. Zweck.** Die Vorschrift verschärft entspr dem früheren § 16 VerbKrG die Voraussetzungen der Entstehung des Provisionsanspruchs des Maklers für die Verbraucherdarlehensvermittlung (S 1) bzw bei Umschuldungsdarlehen (S 2).

2 **B. Zusätzliche Voraussetzung der Provision (S 1).** Nach S 1 besteht eine Vergütungspflicht streng erfolgsbezogen nicht wie beim Maklervertrag bereits mit Vermittlung oder Nachweis, sondern erst mit tatsächlicher Leistung des Darlehens, dh erst nach endgültigem Eintritt der angestrebten Finanzierung. Dies vor dem Hintergrund, dass die Darlehenzusage häufig an Bedingungen geknüpft wird (zB Stellung von Sicherheiten und Nachweisen), weshalb die Darlehensgewährung ungewiss ist. Eine Leistung des Darlehens liegt vor, wenn der Verbraucher den Darlehensbetrag empfängt oder das Darlehen in Anspruch nimmt (so durch Auszahlung an Dritte, Aufrechnung durch Darlehensgeber). Weitere Voraussetzung ist die rechtliche Unmöglichkeit des Widerrufs gem §§ 495, 355. Diese wird angenommen mit Ablauf der zweiwöchigen Widerrufsfrist nach Aushändigung einer ordnungsgemäßen Belehrung (§ 355 I, II) oder mit Erlöschen des Widerrufsrechts (§ 355 III). Eine Provisionspflicht besteht daher nicht vor Ablauf der Widerrufsfrist. Dadurch soll die freie Widerrufsmöglichkeit hinsichtlich des Darlehens (§§ 355, 495) gewahrt und nicht durch eine Provisionsverpflichtung beeinträchtigt werden. Aufgrund Verstosses gegen § 655 b rechtsgrundlos gezahlte Provision kann der Verbraucher über § 812 herausverlangen. Der Darlehensvermittler trägt die Beweislast für sämtliche Voraussetzungen des Vergütungsanspruchs (einschließlich S 1).

3 **C. Provision bei Umschuldung (S 2). I. Voraussetzungen.** Durch S 2 sollen allein dem Provisionsinteresse des Vermittlers dienende, für den Verbraucher wirtschaftlich sinnlose Umschuldungen verhindert werden. Dieses Ziel soll dadurch erreicht werden, dass dem Vermittler der wirtschaftliche Anreiz an wirtschaftlich sinnlosen Umschuldungen genommen wird. Ein Provisionsanspruch für eine Umschuldung besteht gem S 2 Hs 1 nur, wenn der effektive Jahreszins (§ 492 I 5 Nr 5) des vermittelten Umschuldungsdarlehens nicht höher liegt als der des abzulösenden Altdarlehens. Dabei ist auf den anfänglichen Zins abzustellen, bei variablem Zinssatz auf den aktuellen Zins. Eine Umschuldung wird angenommen bei einer freiwilligen (daher nicht bei Kündigung durch den Darlehensgeber) vorzeitigen (vor Fälligkeit der Rückzahlung) Ablösung des Darlehens durch ein neues Verbraucherdarlehen. Ebenso bei einer Aufstockung der Darlehenssumme („soweit"). Die Person des jeweiligen Darlehensgebers ist dabei unerheblich. Der Darlehensvermittler muss um die Verwendung des vermittelten Darlehens zur Umschuldung wissen (positive Kenntnis vom Verwendungszweck). Bei mehreren abzulösenden Krediten, bedarf es eines gesonderten Vergleichs des jeweiligen effektiven Jahreszinses.

4 **II. Berechnung.** Gem S 2 HS 2 ist bei der Berechnung des effektiven Jahreszinses des Altdarlehens die vormals vom Darlehensnehmer und/oder Darlehensgeber gezahlte Vermittlungsprovision nicht zu berücksichtigen. Grund hierfür ist, dass der Vermittler so gestellt werden soll, als ob er bei Umschuldung eines nicht vermittelten Kredits mitwirkt.

5 **D. Abweichende Vereinbarungen.** Von § 655 b zu Lasten des Verbrauchers abw Vereinbarungen sind gem § 655 d S 1 iVm § 655 e I 1 unwirksam. Unzulässig sind bspw Vorauszahlungsvereinbarungen für die Provision (Hamm WM 95, 1353) oder Vorkenntnisklauseln (§ 652 Rn 83), Ungeachtet ihrer Bezeichnung auch erfolgsunabhängige Vergütungen, wie Gebühren, Entschädigungen. Auch soll die Vereinbarung einer Provision für den Fall unwirksam sein, dass die Auszahlung des wirksam vereinbarten Darlehens aus Gründen unterbleibt, die in der Person des Verbrauchers liegen (Köln ZIP 93, 1541).

§ 655 d Nebenentgelte

¹Der Darlehensvermittler darf für Leistungen, die mit der Vermittlung des Verbraucherdarlehensvertrags oder dem Nachweis der Gelegenheit zum Abschluss eines Verbraucherdarlehensvertrags zusammenhängen, außer der Vergütung nach § 655 c Satz 1 ein Entgelt nicht vereinbaren. ²Jedoch kann vereinbart werden, dass dem Darlehensvermittler entstandene, erforderliche Auslagen zu erstatten sind.

A. Verbot zusätzlicher Entgelte (S 1). Die Vorschrift entspr inhaltlich dem früheren § 17 VerbrKrG. S 1 beschränkt den Darlehensvermittler grds auf das in § 655 c S 1 geregelte Erfolgshonorar. Daher sind bei einem Verbraucherdarlehen mit Ausnahme der Auslagen nach S 2 sämtliche Entgelte verboten, die auch ohne Vorliegen der Voraussetzungen des § 655 c geschuldet sein sollen (wie Vergütung für die bloße Tätigkeit, Nebendienstleistungen, Bearbeitungspauschalen). Deren Bezeichnung ist unerheblich. Derartige Entgeltsvereinbarungen sind gem § 134 nichtig, nicht jedoch der Restvertrag (§ 139). 1

B. Erstattung der Auslagen (S 2). In engen Grenzen kann die Auslagenerstattung auch in AGB als Sonderregelung zu S 1 und § 652 II vereinbart werden. Voraussetzung ist gem § 655 b I 1 die Schriftform. **Auslagen** sind vom Vermittler für Rechnung des Verbrauchers nach Vertragsschluss getätigte Aufwendungen. So Porto-, Telekommunikations-, Anzeigekosten, Kosten für die Einholung von Auskünften oder Wertgutachten eines Sachverständigen (Köln ZIP 93, 1541). Keine Auslagen stellen hingegen allg Geschäftskosten dar (so der Büro- und Arbeitsaufwand; in Abgrenzung zu den erstattungsfähigen Reisekosten auch nicht Fahrtkosten zum Auftraggeber, Karlsr VuR 98, 83; Stuttg BB 99, 2265; AG Daun VuR 03, 187). Voraussetzung ist die objektive Erforderlichkeit (ex-post-Betrachtung) und der tatsächliche Anfall der Auslagen (Einzelnachweis; kein Vorschuss). Die **Beweislast** obliegt insoweit dem Vermittler (Karlsr NJW-RR 96, 1451). Eine **Pauschalierung** ist nicht möglich (Karlsr NJW-RR 96, 1451; s.a. *Stillner* VuR 02, 84). 2

§ 655 e Abweichende Vereinbarungen, Anwendung auf Existenzgründer

(1) ¹Von den Vorschriften dieses Untertitels darf nicht zum Nachteil des Verbrauchers abgewichen werden. ²Die Vorschriften dieses Untertitels finden auch Anwendung, wenn sie durch anderweitige Gestaltungen umgangen werden.
(2) Dieser Untertitel gilt auch für Darlehensvermittlungsverträge zwischen einem Unternehmer und einem Existenzgründer im Sinne von § 507.

Die Regelung in I entspr inhaltlich dem früheren § 18 VerbrKrG. Gem I 1 sind abw Vereinbarungen von §§ 655 a–d zu Lasten des Verbrauchers unwirksam, zu Gunsten des Verbrauchers zulässig. Ob eine für Verbraucher nachteilige Abweichung vorliegt, beurteilt sich nach rechtlichen Gesichtspunkten im Hinblick auf die Einzelnorm. Eine Gesamtabwägung findet nicht statt. I 2 beinhaltet ein sog Umgehungsverbot, das verhindern soll, dass die Anwendung der §§ 655 a–d für wirtschaftlich vergleichbare Tatbstände durch entspr Vertragsgestaltung verhindert wird (s.a. § 134 Rn 30 ff). Eine Umgehungsabsicht ist nicht erforderlich. II erstreckt die Sonderbestimmungen dieses Untertitels auch auf den **Existenzgründer** (entspr inhaltlich den früheren §§ 1 I 2, 3 I Nr 2 VerbrKrG), wobei auf die Definition in § 507 verwiesen wird. Danach sind Existenzgründer natürliche Personen, die sich ein Darlehen bis 50.000 € für die Aufnahme einer gewerblichen oder selbstständigen beruflichen Tätigkeit gewähren lassen (§ 507). Sie stehen für die Anwendung der §§ 655 a–e einem Verbraucher gleich.

Untertitel 3 Ehevermittlung

§ 656 Heiratsvermittlung

(1) ¹Durch das Versprechen eines Lohnes für den Nachweis der Gelegenheit zur Eingehung einer Ehe oder für die Vermittlung des Zustandekommens einer Ehe wird eine Verbindlichkeit nicht begründet. ²Das auf Grund des Versprechens Geleistete kann nicht deshalb zurückgefordert werden, weil eine Verbindlichkeit nicht bestanden hat.
(2) Diese Vorschriften gelten auch für eine Vereinbarung, durch die der andere Teil zum Zwecke der Erfüllung des Versprechens dem Mäkler gegenüber eine Verbindlichkeit eingeht, insbesondere für ein Schuldanerkenntnis.

A. Allgemeines, Anwendungsbereich. I. Ehemaklervertrag. Der Ehemaklervertrag stellt einen Unterfall 1 des Maklervertrags nach § 652 dar, bei dem der herbeizuführende Erfolg im Nachweis oder der Vermittlung eines Ehepartners besteht. Soweit § 656 keine Sonderbestimmungen enthält, finden §§ 652–655 Anwendung (Karlsr OLGZ 79, 68). Zwar begründet gem I 1 die Ehevermittlung keine einklagbare Verbindlichkeit, der

Vertrag ist jedoch ansonsten wirksam (Rechtsnatur str, wohl Naturalobligation, BGH NJW 83, 2818; zum Streitstand MüKo/*Roth* § 656 Rn 1). Der Ehemaklervertrag ist auch nicht per se ohne Hinzutreten weiterer Umstände wegen Unsittlichkeit nach § 138 nichtig (BGH NJW 83, 2818). Die Vorschrift entspr dem Wortlaut des § 762. Der Ehemakler ist grds – wie andere Makler nicht zum Tätigwerden verpflichtet (daher kein Schadensersatzanspruch des Auftraggebers wegen Nichterfüllung, BGHZ 25, 124), jedoch kann anderes vereinbart werden (zB Ehemaklerdienstvertrag, BGH NJW 84, 2407). Ggü dem Auftraggeber bestehen Schutz- und Sorgfaltspflichten, bei deren schuldhafter Verletzung der Vermittler Schadensersatz gem § 280 ggf iVm §§ 311 II, 241 II zu leisten hat. Eine Pflichtverletzung wird bej bei Vermittlung eines verschuldeten und vorbestraften Partners (BGHZ 25, 124) oder eines Heiratsschwindler trotz bestehender Anhaltspunkte hierfür (Stuttg NJW-RR 86, 605). § 656 soll nicht gegen Art 3, 6, 12 GG verstoßen (BVerfG NJW 66, 1211).

2   II. **Entsprechende Anwendung des § 656.** Vor dem Hintergrund der fehlenden Vergütungspflicht wurde der Eheanbahnungsvertrag in der Praxis weitgehend durch Vertragsgestaltungen wie der Partnervermittlung verdrängt, mit denen eine Vergütungspflicht erreicht werden soll. Fraglich ist, ob auf diese Vereinbarungen § 656 entspr Anwendung findet. Dies wurde bej für den **Ehemakler-/Eheanbahnungsdienstvertrag**, ebenso, für **Partnerschaftsvermittlungsdienste** (BGH NJW 83, 2817, 86, 927). Die **rechtliche Einordnung** der verschiedenen Vertragsformen erfolgt anhand der jeweiligen Vertragsgestaltung. Für deren Vorliegen spricht, wenn der Vermittler eine Tätigkeitsverpflichtung übernimmt und die Vergütung erfolgsunabhängig für das bloße Tätigwerden zahlbar sein soll (BGH NJW 83, 2817; 84, 2407; NJW-RR 04, 778). So wird Dienstvertrag auf den § 656 Anwendung findet bej, bei Verpflichtung des Unternehmers zur Sammlung und Zusendung einer bestimmten Anzahl von individuell abgestimmten Partneradressen oder Bereitstellung dieser zum Abruf innerhalb einer bestimmten Zeitspanne (BGH NJW-RR 04, 778; Stuttg NJW 94, 330; Dresden NJW-RR 04, 346; aA Ddorf NJW-RR 87, 691). ZT wird auch ein Werkvertrag angenommen (Bambg NJW 84, 1466; *Peters* NJW 86, 2676) oder ein maklerähnlicher Vertrag (Hburg NJW 86, 325; *Micklitz* NJW 85, 2005). Gleiches gilt für Versuche eine Provision in irgendwelcher Form zu tarnen, so als **Mitgliedsbeitrag** für die Mitgliedschaft in einem Partnerkreis, Singleclub, Club für Wochenend-Aktivitäten oä, sofern eine Verpflichtung zur Vermittlungstätigkeit besteht (BGH NJW 90, 2550; 87, 2808; Bambg OLGZ 90, 197; Dienstvertrag gerichtet auf Dienste höherer Art, München NJW-RR 92, 1205; auch bei „Laufzeit bis Erfolg", aber Befristung, Kobl NJW-RR 04, 268). Nicht § 656 unterfallen daher bloße Mitgliedschaften in Clubs ohne Verpflichtung zur Partnerschaftsanbahnung (nach dem LG Frankfurt allenfalls dienstvertragliche Verpflichtung, NJW-RR 92, 312), auch nicht Nebenvereinbarungen, die der Makler mit Dritten abschließt (BGH NJW 64, 546). Eine entspr Anwendung wird auch für die erfolgsbezogene Partnerschaftsvermittlung als **Maklerwerkvertrag** bej (Kobl NJW-RR 93, 888). Wird eine Erfolgsgarantie vereinbart, ist die Vergütung bei Nichteintritt des Vermittlungserfolgs zurückzuzahlen (Kobl NJW-RR 93, 888). Ein auf den Nachweis eines geeigneten Partners oder auf die Vermittlung einer dauerhaften Partnerschaft gerichteter Vertrag kann auch **andere Tätigkeiten** umfassen, zB

3   die Erstellung eines Persönlichkeits- und Wunschpartnerprofils, die Auswahl von Partnervorschlägen durch Persönlichkeitsvergleich. Diese Verträge werden teilweise als dem Ehemaklervertrag ähnlich eingeordnet, bis zur entsp Anwendung des § 656 führt, teilweise auch als Dienstverträge (Palandt/*Sprau* § 656 Rn 9). Beim finanzierten Partnervermittlungsvertrag gelten die Rn 4 f sinngem.

4   B. **Keine Verbindlichkeit der Vergütungsvereinbarung.** Die Vergütungsvereinbarung begründet im Anwendungsbereich des I 1 lediglich ein Gegensatz zur Verpflichtung nicht einklagbare Naturalobligation (BGHZ 87, 309), daher soll eine erhobene Vergütungsklage unbegründet sein (BGH NJW-RR 04, 778). Auf die Art oder Bezeichnung der Vergütung kommt es nicht an, erfasst werden auch Anzahlungen und Vorschüsse (BGH WM 89, 759). Dies gilt auch für den Aufwendungsersatz des Ehemaklers (vgl Erm/*Werner* § 656 Rn 1; AG Hamm NdsRpfl 67, 254) und entspricht der Intention des Gesetzgebers, die Kommerzialisierung des Ehemarktes zu verhindern sowie das Familienleben nicht durch Prozesse auf Ehemaklerlohn zu gefährden (s.a. BGH NJW 86, 928) Die Regelung soll auch nicht als durch die gesellschaftliche Entwicklung überholt anzusehen sein (BGH NJW-RR 04, 778).

5   Nach II (entspricht inhaltlich § 762 II) kommt auch zum Zwecke der Erfüllung des Vergütungsversprechens eingegangenen Verbindlichkeiten des Auftraggebers nur der Charakter einer nicht einklagbaren Naturalobligation zu. So bei Hingabe einer Schuldurkunde, insbes eines Wechsels (BGH ZIP 90, 1002) oder der Erbringung von Sicherheiten. Umstritten ist die Wirksamkeit der Abtretung von Lohn- und Gehaltsansprüchen an Zahlung statt als Erfüllungssurrogat (Köln NJW 85, 2956; unwirksam wenn als Umgehungsgeschäft zu werten).

6   Das bereits zur Erfüllung der Lohnvereinbarung Geleistete kann der Ehemakler nach I 2 behalten (auch im Falle des II). Die Vergütungsvereinbarung stellt einen Rechtsgrund für die Leistung der Vergütung iSd § 812 dar, eine Rückforderung aufgrund Fehlens einer Verbindlichkeit ist daher nicht möglich (BGH NJW 05, 2543). Dies ist Hintergrund der in der Praxis üblichen Vereinbarung von Vorkasse bei Heiratsvermittlungsverträgen. Eine Rückforderung des Geleisteten aus Gründen, die nicht mit der fehlenden Verbindlichkeit der Vergütungsvereinbarung zusammenhängen, ist hingegen nicht ausgeschlossen (zB bei Nichtigkeit des Vertrages, BGHZ 87, 309 oder bei vorzeitiger Kündigung, Ddorf NJW-RR 93, 507).

C. Finanzierung des Ehemaklervertrags. Häufig wird die Ehemaklertätigkeit mittels Eingehung eines Darlehensvertrags durch den Auftraggeber finanziert. Da selbst der Ehemaklervertrag nicht sittenwidrig ist (Rn 1), kann erst recht auch der Darlehensvertrag nicht allein deshalb sittenwidrig sein, weil das Darlehen der Erfüllung eines Lohnversprechens gem I dient oder es mit dem Maklervertrag gekoppelt ist. Bei Verbraucherbeteiligung können der Ehemakler- und Darlehensvertrag ein verbundenes Geschäft iSd § 358 III, darstellen (idR besteht eine ständige Zusammenarbeit). Umstr ist, ob analog § 656 II der Auftraggeber/Darlehensnehmer auch ggü dem Darlehensgeber die Rückzahlung des Darlehens verweigern kann (so LG Düsseldorf NJW 74, 1562 f; LG Bremen NJW 71, 101; LG Fulda NJW 71, 2229; LG Schweinfurt NJW 71, 217; LG Bielefeld MDR 77, 404; LG Stuttgart NJW 78, 765; LG München NJW 73, 1285 f; aA Schleswig NJW 74, 648; Hburg MDR 77, 403; LG Konstanz NJW 72, 1993; Bonn NJW 74, 156; LG Darmstadt MDR 74, 932; LG Kempten JR 72, 247). Als Begründung für eine analoge Anwendung wird mit einer dem Zweck des § 359 entspr Auslegung des § 656 argumentiert, wonach der Darlehensnehmer so stellen ist, wie er stehen würde, wenn er es nur mit dem Ehemakler als Vertragspartner zu tun hätte – von diesem könnte er zwar die geleistete Vergütung nicht zurückverlangen, er könnte aber im Fall der Kreditierung die Zahlung noch nicht geleisteter Raten verweigern. Für eine einheitlich Betrachtung beider Verträge und damit analoge Anwendung von § 656 spricht, dass ansonsten § 656 seine nicht abbedingbare Schutzfunktion aufgrund Umgehungsmöglichkeit verlieren würde. Nichtigkeit gem § 134 soll bei einem gegen § 56 I Nr 6 GewO verstoßenden Vertragsabschluss nicht vorliegen (LG Konstanz NJW 72, 1993; LG Darmstadt MDR 74, 932; LG Kempten JR 72, 248; LG Bonn NJW 74, 1566; aA Berlin NJW 71, 2175; Palandt/*Sprau* § 656 Rn 3). Bei Ablehnung einer analogen Anwendung des § 656 auf den Darlehensvertrag kann dem Auftraggeber aufgrund von Schadensersatzansprüchen dann ein Leistungsverweigerungsrecht ggü dem Kreditgeber zustehen, wenn ein Hinweis auf mögliche Nachteile der Aufspaltung des verbundenen Geschäfts in rechtlich zwei Verträge unterblieb (Schlesw NJW 74, 648). Hierbei sind der Ehemakler oder seine Mitarbeiter Erfüllungsgehilfen des Darlehensgebers nach § 278, wenn sie – wie idR – durch diesen in den Abschluss des Darlehensvertrags eingeschaltet sind. Der durch die Pflichtverletzung verursachte Schaden des Auftraggebers entspricht im Grundsatz der Höhe des Darlehens. Dem Darlehensnehmer können iRd Ehemaklervertrags weitere Einwendungen zustehen, zB wegen Pflichtverletzungen des Maklers (§ 652 Rn 26 ff). Bei einem verbundenen Geschäft iSv § 358 III hat der Auftraggeber dann ein Leistungsverweigerungsrecht gegen den noch offen Darlehenrückzahlungsanspruch auch ggü dem Darlehensgeber (§ 359, s.a. BGHZ 47, 207, 233).

Titel 11   Auslobung

§ 657 Bindendes Versprechen

Wer durch öffentliche Bekanntmachung eine Belohnung für die Vornahme einer Handlung, insbesondere für die Herbeiführung eines Erfolges, aussetzt, ist verpflichtet, die Belohnung demjenigen zu entrichten, welcher die Handlung vorgenommen hat, auch wenn dieser nicht mit Rücksicht auf die Auslobung gehandelt hat.

A. Allgemeines. Die Auslobung ist eine auf öffentlichem Wege bekannt gemachte Willenserklärung, die ein Versprechen, dh eine schuldrechtliche Verpflichtung begründet. Eine Unterart der Auslobung ist das Preisausschreiben gem § 661 (s dort). Die Auslobung stellt ein einseitiges Rechtsgeschäft dar (§ 104; Sondervorschriften für einseitige Rechtsgeschäfte in §§ 111, 180, 143 IV, 1831). Hierdurch lässt sie sich vom Auftrag, Dienst- oder Werkvertrag abgrenzen. Zwar soll die Auslobung wie die vorbenannten zu einer Tätigkeit bzw zur Herbeiführung eines Erfolges veranlassen. Aufgrund ihres Charakters als einseitiges Rechtsgeschäft, gibt es jedoch keinen Vertragspartner, der hierzu verpflichtet wäre. Das Schenkungsversprechen ist im Gegensatz zur Auslobung ein annahmebedürftiges Vertragsangebot, welches nicht öffentlich abgegeben wird. Auch soll der Beschenkte idR nicht zu einer bestimmten Tätigkeit veranlasst werden (Ausnahme bei bedingter Schenkung oder Schenkung unter Auflage möglich). Im Unterschied zu Spiel und Wette hat der Wettende kein Interesse an der Vornahme einer Handlung, sondern will durch die Wette nur die Richtigkeit einer von ihm aufgestellten Tatsachenbehauptung unterstreichen. Die Auslobung kann einem eigennützigen oder einem selbstlosen Zweck dienen. Gegen ein gesetzliches Verbot verstoßende oder sittenwidrige Auslobungen sind gem §§ 134, 138 nichtig. IPR vgl Art 27 EGBGB. Die Klärung des Vorliegens der Voraussetzungen für die Belohnung obliegt im Streitfall den Gerichten. Bei mehrfacher Vornahme und der Mitwirkung Mehrerer enthalten die §§ 659, 660 ergänzende Regeln.

B. Versprechen einer Belohnung. Das Versprechen beinhaltet eine Belohnung für die Vornahme einer Handlung. Es gelten die allg Vorschriften über Willenserklärungen (§§ 104 ff, sofern sie sich auf nicht empfangsbedürftige Willenserklärungen beziehen). Ein Zugang oder eine Annahme der Erklärung ist hingegen nicht notwendig (dh die Auslobung ist nicht empfangsbedürftig, MüKo/*Seiler* § 657 Rn 4). Aus dem Versprechen muss mit hinreichender Deutlichkeit eine bindende Leistungspflicht des Auslobenden erkennbar sein (daher nicht ausreichend, die Bekanntmachung günstiger Vertragsbedingungen). Dem Versprechen kann im Einzelfall die Ernstlichkeit fehlen, wenn aus den Umständen für jeden verständigen Menschen erkennbar ist, dass es sich nur um einen Scherz handelt (so bei marktschreierischer Reklame). Das Versprechen wird erst mit der öffentlichen Bekanntgabe wirksam (dh noch nicht mit Absendung an die Zeitungsredaktion oä). Unter Belohnung zu verstehen ist die Zusage irgendeines Vorteils, der nicht vermögensrechtlicher Art sein muss (BGH WM 83, 1266).

C. Handlung oder herbeigeführter Erfolg. I. Vornahme einer Handlung oder Unterlassung einer Handlung. Es können sowohl die Vornahme einer Handlung, als auch eine Unterlassung belohnt werden. Die **Vornahme einer Handlung** ist auf Tätigkeit als solche, nicht auf einen bestimmten Erfolg (dann Rn 4) gerichtet. Ob auch eine Handlung vor Bekanntmachung der Auslobung die Bedingung erfüllt, ist Auslegungsfrage. Kenntnis von der Auslobung braucht der Handelnde bei Vornahme der Handlung nicht zu haben (letzter Hs). Ein Unterlassen kann in der Unterbindung des entgegengesetzten aktiven Tuns vorliegen (so zB die Belohnung für das Nichtrückfälligwerden entlassener Krimineller, MüKo/*Seiler* § 657 Rn 8).

3

II. Herbeiführung eines Erfolgs. Das Versprechen kann auch an die **Herbeiführung** eines vom Auslobenden beabsichtigten **Erfolges** geknüpft werden. Es handelt sich dabei jeweils um einen Realakt (dh kein Rechtsgeschäft). Ein Anspruch auf die Belohnung kann daher auch einem Geschäftsunfähigen zustehen. Eine Herbeiführung eines Erfolges dürfte bspw anzunehmen sein bei der Aufdeckung einer strafbaren Handlung, der Wiedererlangung einer verlorenen Sache, der Erbringung einer wissenschaftlichen, künstlerischen, sportlichen Leistung. Ein Versprechen kann auch dergestalt erfolgen, dass der Versprechende die Belohnung für den Fall der Widerlegung einer von ihm aufgestellten Behauptung oder These auslobt, verbunden mit dem Wunsch oder der Erwartung, dass der Versuch der Widerlegung misslingt. Häufig geschieht dies zu Reklameoä Zwecken, ferner zur Bekräftigung einer These. Da der Anbietende hierbei nichts verdienen will, kann nicht von einem Wettangebot ausgegangen werden, auch wenn der Auslobende von der Unmöglichkeit der Widerlegung überzeugt ist (Soergel/*Lorentz* § 657 Rn 4). Ein Widerruf des Versprechens wird in der Sondervorschrift des § 658 geregelt (dort Rn 1 ff). Das Versprechen kann sowohl durch eine natürliche als auch durch eine juristische Person erklärt werden, ebenso kann eine juristische Person Bewerber sein. Im Falle des Todes des Auslobenden geht die Verpflichtung nach § 657 auf dessen Erben über.

4

D. Öffentliche Bekanntmachung. Die öffentliche Bekanntmachung setzt die Kundgabe ggü einem individuell unbestimmten, dh nicht abgegrenzten Personenkreis voraus. Sie kann zB durch die Presse, durch Aushang an Plakatwänden, durch Werbeflyer oder durch Postwurfsendungen an bestimmte Bevölkerungsgruppen erfolgen. Hierbei muss jeweils ungewiss sein, welche und wieviele Personen die Möglichkeit der Kenntnisnahme haben. Erfolgt die Bekanntgabe hingegen an einen individuell abgegrenzten Adressatenkreis, handelt es sich um ein (annahmebedürftiges) Angebot zum Abschluss eines, beide Seiten verpflichtenden Vertrages mit dem Inhalt für eine bestimmte Handlung einen bestimmten Vorteil zu verschaffen. Auf vertragliche Beziehungen soll § 661 entspr anwendbar sein (BGHZ 17, 366). Daneben kann ggf auch ein formbedürftiges belohnendes Schenkungsversprechen vorliegen (München NJW 83, 759, Ddorf NJW 97, 2122).

5

E. Belohnung. Die Belohnung wird häufig in Geld bestehen. Dies ist jedoch nicht zwingend. Auch materielle oder immaterielle Vorteile jeder Art sind denkbar (Gewinn von Wettbewerben, BGH WM 83, 1267). Die Höhe der Belohnung kann schon im Auslobungstext fixiert sein oder nach bestimmten, vom Auslobenden bekannt gegebenen Grundsätzen zu berechnen sein (RGZ 167, 225, 234). Zur Bestimmung ist notfalls § 316 analog heranzuziehen (*Kornblum* JuS 81, 805). Der Belohnungsanspruch aus § 657 verjährt gem § 195 nF in drei Jahren. Ob durch die Klausel „unter Ausschluss des Rechtsweges" der Weg zur staatlichen Gerichtsbarkeit verwehrt werden kann, ist umstr (jedenfalls dürfte ein ersatzloser Rechtswegausschluss unwirksam sein, MüKo/*Seiler* § 657 Rn 23 auch zum Streitstand). Die **Beweis- und Darlegungslast** für die Voraussetzungen des Anspruchs trägt derjenige, der diesen geltend macht.

6

§ 658 Widerruf

(1) ¹Die Auslobung kann bis zur Vornahme der Handlung widerrufen werden. ²Der Widerruf ist nur wirksam, wenn er in derselben Weise wie die Auslobung bekannt gemacht wird oder wenn er durch besondere Mitteilung erfolgt.
(2) Auf die Widerruflichkeit kann in der Auslobung verzichtet werden; ein Verzicht liegt im Zweifel in der Bestimmung einer Frist für die Vornahme der Handlung.

Die Begründung für die freie Widerruflichkeit der Auslobung bis zur Vornahme der Handlung gem I 1 folgt aus der Einseitigkeit der Verpflichtungserklärung. Der **Widerruf** ist wie die Auslobung ein einseitiges Rechtsgeschäft. Dieses ist gem I 2 vorzunehmen, entweder durch nicht empfangsbedürftige öffentliche Bekanntmachung in der gleichen Art in der die Auslobung erfolgte oder durch empfangsbedürftige besondere Mitteilung

1

an diejenigen, denen ggü widerrufen werden soll. Einen Widerruf können auch die Erben erklären. Eine ausdrückliche und korrekte Bezeichnung als Widerruf ist nicht erforderlich, ebenso wenig eine Begründung. Der Widerruf kann zeitlich nur bis zur Vornahme (dh der Vollendung) der in der Auslobung geforderten Handlung erfolgen. Die **Anfechtung** wegen Irrtum, Täuschung, Drohung bleibt möglich, ihr kommt wegen der ungünstigeren Voraussetzungen nur im Falle des Ausschlusses des Widerrufs Bedeutung zu. Es wird vertreten, dass die Anfechtung auch im Wege der öffentlichen Zustellung (§ 132 II) oder öffentlichen Bekanntmachung in der gleichen Art wie die Auslobung erklärt werden kann (MüKo/*Seiler* § 658 Rn 9 mit der Begründung, dass bei der Auslobung der Ablauf der Anfechtungsfristen mangels Kenntnis des Anfechtungsgegners droht).

Der Auslobende kann in der Auslobung auf die **Widerrufsmöglichkeit verzichten (II)**. Dieser Verzicht stellt ebenfalls eine rechtsgeschäftliche Willenserklärung dar und kann auch konkludent erfolgen (so in einer Fristbestimmung für die Vornahme der Handlung). Ein trotz Verzichts nach II oder nach Vornahme der Handlung erklärter Widerruf ist unwirksam. Durch wirksamen Widerruf erlischt die in der Auslobung übernommene Verpflichtung rückwirkend. Auch besteht bei wirksamem Widerruf kein Aufwendungs- oder Schadensersatzanspruch des Bewerbers für Vorbereitungshandlungen.

2

§ 659 Mehrfache Vornahme

(1) Ist die Handlung, für welche die Belohnung ausgesetzt ist, mehrmals vorgenommen worden, so gebührt die Belohnung demjenigen, welcher die Handlung zuerst vorgenommen hat.
(2) ¹Ist die Handlung von mehreren gleichzeitig vorgenommen worden, so gebührt jedem ein gleicher Teil der Belohnung. ²Lässt sich die Belohnung wegen ihrer Beschaffenheit nicht teilen oder soll nach dem Inhalt der Auslobung nur einer die Belohnung erhalten, so entscheidet das Los.

Die Vorschrift betrifft den Fall, dass mehrere Bewerber selbständig und unabhängig (dh jeder für sich allein), die Handlung vollständig erbringen bzw den Erfolg herbeiführen (anders § 660, der den Fall regelt, dass die Handlung durch das Zusammenwirken mehrerer Personen ausgeführt wird). Maßstab für die Behandlung dieser Fälle ist vorrangig der (mutmaßliche) Wille des Auslobenden. So kann dieser vorsehen, dass jeder Handelnde die volle Belohnung erhält oder deren Zuteilung nach billigem Ermessen erfolgen soll (§ 315). Ist nach dem Erklärungsinhalt der Auslobung anzunehmen, dass die Belohnung nur einmal bezahlt werden soll, gebührt sie bei zeitlichem Nacheinander der Vornahme demjenigen, der sie zuerst vorgenommen hat (die Vorschrift folgt daher in I dem Prioritätsgrundsatz). Bei gleichzeitiger Vornahme der Handlung soll nach II 1 bei Teilbarkeit der Belohnung der Teilungsgrundsatz Anwendung finden. Die Belohnung ist dann nach Kopfteilen zu gewähren. Ist eine Teilung nicht möglich oder eine Teilung vom Auslobenden nicht gewünscht, entscheidet das Los (II 2). Der Auslobende kann eine anderweitige Regelung in der Auslobung treffen, zB Bestimmung durch ihn selbst nach § 315 (RGZ 167, 225, 235). Sondervorschrift für Preisausschreiben in § 661. Besteht Streit um die Belohnung (Klage des vermeintlich Berechtigten gegen den Auslobenden) kommt dem Auslobenden ein Hinterlegungsrecht nach § 372 zu. Verzichtet ein Berechtigter, so treten andere nicht an seine Stelle.

§ 660 Mitwirkung mehrerer

(1) ¹Haben mehrere zu dem Erfolg mitgewirkt, für den die Belohnung ausgesetzt ist, so hat der Auslobende die Belohnung unter Berücksichtigung des Anteils eines jeden an dem Erfolg nach billigem Ermessen unter sie zu verteilen. ²Die Verteilung ist nicht verbindlich, wenn sie offenbar unbillig ist; sie erfolgt in einem solchen Fall durch Urteil.
(2) Wird die Verteilung des Auslobenden von einem der Beteiligten nicht als verbindlich anerkannt, so ist der Auslobende berechtigt, die Erfüllung zu verweigern, bis die Beteiligten den Streit über ihre Berechtigung unter sich ausgetragen haben; jeder von ihnen kann verlangen, dass die Belohnung für alle hinterlegt wird.
(3) Die Vorschrift des § 659 Abs. 2 Satz 2 findet Anwendung.

In Abgrenzung zu § 659 sieht die Vorschrift in Fällen, in denen erst das Zusammenwirken mehrerer Personen den Erfolg herbeigeführt hat, den Teilungsgrundsatz für die Belohnung vor. Unerheblich ist dabei, ob diese Personen gewollt oder ungewollt zusammgewirkt haben. Bsp hierfür sind die Festnahme eines Verbrechers oder Wiederbeschaffung gestohlenen Gutes aufgrund mehrerer Zeugenaussagen (Frankf OLGE 41, 123). Der Auslobende hat das Recht und die Pflicht die Belohnung unter den Personen angemessen zu verteilen. Die einzelnen Anteile hat der Auslobende unter Berücksichtigung des jeweiligen Anteils eines jeden am Erfolg nach billigem Ermessen zu bestimmen, ihm verbleibt damit ein gewisser Entscheidungsspielraum (vgl § 315). Dabei sind seine in der Auslobung getroffenen Bestimmungen vorrangig zu beachten (so kann er in der Auslobung einzelne Personengruppen wie Polizisten von der Verteilung ausgeschlossen haben). Bei Unteilbarkeit der Belohnung oder abw Bestimmung durch den Auslobenden verweist III auf die Regelung in § 659 II 2, dh es entscheidet in diesem Fall das Los. Ein etwaiger Verteilungsstreit der Beteiligten hat gem II nur unter diesen Personen stattzufinden. Der Auslobende ist daran nicht beteiligt. Dieser darf vielmehr die Erfüllung der versprochenen Leistung verweigern. Auf Verlangen eines Beteiligten muss er allerdings die Belohnung für alle hinterlegen (II Hs 2; zur Hinterlegung s § 372 ff).

§ 661 Preisausschreiben

(1) Eine Auslobung, die eine Preisbewerbung zum Gegenstand hat, ist nur gültig, wenn in der Bekanntmachung eine Frist für die Bewerbung bestimmt wird.
(2) ¹Die Entscheidung darüber, ob eine innerhalb der Frist erfolgte Bewerbung der Auslobung entspricht oder welche von mehreren Bewerbungen den Vorzug verdient, ist durch die in der Auslobung bezeichnete Person, in Ermangelung einer solchen durch den Auslobenden zu treffen. ²Die Entscheidung ist für die Beteiligten verbindlich.
(3) Bei Bewerbungen von gleicher Würdigkeit finden auf die Zuerteilung des Preises die Vorschrift des § 659 Abs. 2 Anwendung.
(4) Die Übertragung des Eigentums an dem Werke kann der Auslobende nur verlangen, wenn er in der Auslobung bestimmt hat, dass die Übertragung erfolgen soll.

1 **A. Allgemeines.** Die Vorschrift beinhaltet eine besondere Art/Unterart der Auslobung für den Sonderfall, dass diese ein Preisausschreiben enthält. Soweit § 661 nichts Abweichendes bestimmt, finden die Regelungen in § 657 Anwendung. Ein Preisausschreiben bedarf in Abgrenzung zur Auslobung einer Preisbewerbung innerhalb einer in der Bekanntmachung bestimmten Frist. Eine Preisbewerbung setzt voraus, dass die Handlung oder der Erfolg in unterschiedlicher Weise erreicht werden kann, oder die Bewerber hinsichtlich des zu erreichenden Erfolgs konkurrieren. Liegt keine Fristbestimmung oder Preisewerbung vor, ist ggf eine Auslobung nach § 657 möglich. Die Festsetzung von Startgeldern, Gebühren oä Leistungen für die Teilnahme schließt die Annahme eines Preisausschreibung nicht aus, wenn diese lediglich die Bearbeitungskosten abdecken oder iSv Schutzgebühren lediglich nicht ernsthafte Interessenten abschrecken sollen. Preisausschreiben sind vom (unverbindlichen) Spiel nach § 762, genehmigungsbedürftigen Lotterien oder Ausspielungen (bei Warenpreisen) iSv § 763 zu unterscheiden (Stuttg MDR 86, 756). Bei letzteren fehlt das Erfordernis einer Handlung in Form einer wirksamen Leistung. Bsp für § 661 sind insbes Architektenwettbewerbe (Rn 4; s.a. die in den GRW 1995 niedergelegten Grundsätze für Wettbewerbe, BAnz 96 Nr 64 a), daneben Preisausschreiben für wissenschaftliche, künstlerische, sportliche Leistungen (BGH LM Nr 2; Reitturnier Köln VersR 97, 125).

2 **B. Voraussetzungen des Preisausschreibens. I. Öffentlich bekannt gemachte Preisaussetzung.** Da das Preisausschreiben eine Auslobung iSd § 657 darstellt, müssen deren Voraussetzungen für eine Belohnung (Preis) vorliegen. Ein Preis muss öffentlich ausgesetzt werden. Das Erfordernis einer Handlung in Form einer nennenswerten menschlichen Tätigkeit kann insbes bei Preisausschreiben im Bereich der Werbung häufig fraglich sein. So, wenn eine gestellte Frage oder Aufgabe von jedermann ohne Mühe gelöst werden kann (Stuttg MDR 86, 756; Ddorf NJW 97, 2122).

3 **II. Bewerbung innerhalb der Bewerbungsfrist.** Zusätzlich zu den Voraussetzungen einer Auslobung (Leistung, Handlung bzw Erfolgsherbeiführung) müssen sich der oder die Interessenten binnen einer bestimmten **Frist** um den Preis bewerben (I). Die Fristbestimmung soll vom Auslobenden in der Bekanntmachung vorgenommen werden oder sich aus dieser mittelbar ableiten lassen. Str, ob die Fristbestimmung auch nachträglich erfolgen kann (Soergel/*Lorentz* § 661 Rn 1; aA MüKo/*Seiler* § 661 Rn 7). Zweck der Frist ist die Vermeidung von Verzögerungen durch den Auslobenden und die Preisrichter. Die notwendige Fristbestimmung kann im Zweifel als Verzicht auf das Widerrufsrecht in § 658 II gewertet werden (MüKo/*Seiler* § 661 Rn 9; Palandt/*Sprau* § 661 Rn 1). Die Art und Form der **Bewerbung** bestimmt sich nach den Angaben des Preisausschreibens. Die Bewerbung kann bis zur Entscheidung der Preisrichter zurückgenommen werden (wobei in diesem Fall die vorgelegte Leistung von den Preisrichtern unberücksichtigt zu bleiben hat (MüKo/*Seiler* § 661 Rn 7). Im Preisausschreibungstext können hierfür nachteilige Folgen, wie den Verfall von Bearbeitungsgebühren vorgesehen werden. Neben der Leistung hat auch die Bewerbung innerhalb der Frist zu erfolgen (II 1).

4 **C. Zuteilung des Preises durch die Preisrichter (II, III).** Der Preisrichter ist gem II 1 Alt 1 in der Auslobung zu bestimmen (wohl entgegen dem Wortlaut auch mehrere Preisrichter). Fehlt eine solche Bestimmung, trifft der Auslobende selbst gem II 1 Alt 2 die Entscheidung, ob und wer den Preis zugeteilt bekommt. Die Stellung des Preisrichters ist der des Schiedsrichters ähnlich (BGHZ 17, 366). Auch sollen Haftungsbeschränkungen auf Seiten des Preisrichters wie bei staatlichen Richtern gegeben sein (BGHZ 42, 313). Für die

Entscheidung soll bei einer Mehrzahl von Preisrichtern ggf die Stimmenmehrheit entscheiden (§ 1052 I ZPO, BGHZ 17, 366; daher keine Einstimmigkeit wie bei § 317 II). Sachlicher **Maßstab der Entscheidung** sind die Auslobungsbedingungen. Die gestellte Aufgabe kann auch mehrere Lösungen zulassen. UU wird sie durch keine der eingereichten Lösungen erfüllt. In diesem Fall kann nach den Auslobungsbedingungen als Leistung genügen, dass die angebotene Lösung der Aufgabe den Vorstellungen des Auslobenden zwar nicht in jeder Hinsicht gerecht wird, ihnen aber so nahe kommt, dass der Preisrichter sie für preiswürdig hält (LG Dortmund BauR 75, 143). Sind mehrere Bewerber gleich preiswürdig, gilt sofern in der Bekanntmachung nichts anderes bestimmt ist, § 659 II. Danach ist der Preis zu teilen oder das Los entscheidet. Gem II 2 ist die Entscheidung des Preisrichters für die Beteiligten **bindend** und nicht gerichtet auf ihre sachliche Richtigkeit überprüfbar (BGH MDR 66, 572). Eine Unverbindlichkeit der Entscheidung, die eine erneute Entscheidung der Preisrichter zur Folge hätte, wird kontrovers diskutiert. Sie wird allenfalls vorliegen bei unüberwindbaren Widersprüchen im Entscheidungsinhalt (unteilbarer Preis wird mehrfach vergeben) oder bei den Inhalt der Entscheidung beeinflussenden groben Verfahrensverstößen (Entscheidung ohne Kenntnis der Bewerbungen). Als Rahmen für die Nachprüfungsbefugnis kann § 1059 II ZPO dienen (Hamm NJW-RR 00, 1036; Nichtberücksichtigung des Kostenrahmens gem Wettbewerbsbedingungen; zu § 1041 ZPO aF; BGHZ 17, 366; BGH NJW 83, 442: unberechtigter Ausschluss eines Teilnehmers wegen vermeintlicher Fristüberschreitung). Die Geltendmachung kann auch durch eine Feststellungsklage erfolgen (BGH NJW 84, 1118). Nicht prämierte Bewerber haben keinen Ersatzanspruch. Dem prämierten Bewerber steht ein (klagbarer) Anspruch auf den zugesprochenen Preis zu. 5

D. Sonstige Rechte und Pflichten. Den Auslober, insbes den Veranstalter von Wettkämpfen treffen **Nebenpflichten**. Dies können Schutzpflichten für die Teilnehmer sein, zB in Form der Pflicht zur Bereitstellung geeigneter Anlagen ohne unerwartete Gefahrenquellen (Köln VersR 97, 125), aber auch die Pflicht zur Ermöglichung der Zulassung zur Teilnahme der die Bedingungen erfüllenden Interessenten (bis zur Grenze der Unzumutbarkeit, zB wegen Überfüllung). Der Auslobende muss sich bei Schadensersatzansprüchen wegen Pflichtverletzung (§ 280) ein Verschulden des Preisrichters zurechnen lassen (§ 278). Jedoch dürfte es häufig am Schaden mangeln, da dem Interessenten seine Kosten auch bei ordnungsgemäßer Durchführung entstanden wären (BGHZ 71, 234, 237 mwN). Schuldhafter unberechtigter Ausschluss vom Architektenwettbewerb verpflichtet zu Schadensersatz (BGH NJW 83, 442). Erklärt der Auslober in Ausschreibungsbedingungen zu einem Architektenwettbewerb verbindlich (ggf Auslegungsfrage, Nürnbg OLGZ 03, 89), er wolle einem der Preisträger die weitere Bearbeitung übertragen, hat ein bindend benannter Preisträger **Anspruch auf Erteilung des Auftrags** (BGH NZBau 04, 450; zumindest teilweise, Ddorf BauR 98, 163; GRW 95, 5 Rn 1; einschränkend Dresden BauR 05, 512; zu Vergabefragen s VK Nordbayern JBR 04, 642). Anderes soll bei wichtigem, nach Ausschreibung bekannt gewordenem Grund gelten (BGH NZBau 04, 450: Wegbrechen von Steuereinnahmen). Soll nach den Ausschreibungsunterlagen ein Dritter das Bauwerk ausführen, beschränkt sich der Anspruch auf das ernsthafte Bemühen, den Dritten zur Auftragserteilung an den Preisträger zu bewegen (BGH NJW 87, 2370). Die Pflicht zur **Übertragung des Eigentums** an dem prämierten Werk besteht gem IV nur, wenn dies in der Auslobung bestimmt war. Dies muss ausdrücklich geschehen oder sich auch aus den Umständen ergeben (MüKo/*Seiler* § 661 Rn 17). Bei Auslobung von Leistungen in Literatur, Wissenschaft und Kunst kommt ggf eine Pflicht zur Übertragung von Nutzungsrechten in Betracht (§§ 31 ff UrhG). 6 7

E. Unlauterer Wettbewerb. Ein Preisausschreiben kann auch unlauteren Wettbewerb darstellen. So, wenn dadurch die angesprochenen Personen aufgrund des sachfremden Motives des Gewinns eines Preises zu einem Kaufentschluss für eine Ware verleitet werden (BGH BB 76, 435). So ist ein mühelos zu lösendes Preisausschreiben mit hochwertigem Preis unlauter, wenn mit der Aushändigung eines Teilnehmerscheins die Hingabe eines Vordrucks für Warenbestellungen gekoppelt ist (BGHZ 73, 621). Gleiches gilt, wenn ein beigefügtes, vorgedrucktes Bestellformular auch als Teilnehmerschein verwendet werden kann (BGH BB 76, 435), oder wenn durch zusätzliche Umstände ein über ein Gratislos hinausgehender übertriebener Anlockeffekt erzielt wird (Hburg NJW-RR 86, 132). 8

§ 661a Gewinnzusagen

Ein Unternehmer, der Gewinnzusagen oder vergleichbare Mitteilungen an Verbraucher sendet und durch die Gestaltung dieser Zusendungen den Eindruck erweckt, dass der Verbraucher einen Preis gewonnen hat, hat dem Verbraucher diesen Preis zu leisten.

A. Allgemeines. Zweck der Vorschrift ist der Schutz des Verbrauchers. Dieser soll nicht mit „leeren" Gewinnversprechen oä Mitteilungen zur Eingehung eines Vertragsverhältnisses (durch Bestellung von Waren oder Leistungen) bewegt werden. Der Gesetzgeber räumt dem Verbraucher als Empfänger einer solchen Gewinnzusage einen Anspruch auf den mitgeteilten Preis oder Gewinn ein (BTDrs 14/2658 S 48; BGH NJW 03, 426). Nach § 661a begründet der Zugang einer Gewinnmitteilung kraft Gesetzes einen einseitigen 1

Anspruch des Verbrauchers gegen den Unternehmer. Dieser Anspruch ist einklagbar. Der Abschluss eines Rechtsgeschäfts ist hierzu nicht erforderlich (LG Potsdam VersR 03, 378). Die Wirkungen des § 661 a entspr denen der Auslobung (§ 657). § 661 a setzt im Unterschied zur Auslobung keine Willenserklärung des Unternehmers sondern lediglich eine Mitteilung voraus (wohl geschäftsähnliche Handlung, s.a. BGH NJW 03, 426). Auch bedarf es keiner eigenen Handlung oder Leistung des Empfängers. Die rechtliche Einordnung des Anspruchs als rechtsgeschäftlich, geschäftsähnlich, deliktisch oder deliktsähnlich ist umstritten (vgl BGH NJW 03, 3620; Köln VuR 03, 474; nach Palandt/Sprau § 661 a Rn 1 soll jedenfalls kein Strafcharakter bestehen). Die Regelung dürfte verfassungskonform sein (BVerfG NJW 04, 762; BGH NJW 03, 3620). Sie ist gem Art 229 § 2 I EGBGB auf Sachverhalte nach dem 29. 6. 00 anwendbar.

2 **B. Voraussetzungen des Anspruchs. I. Verpflichtete und Berechtigte. 1. Unternehmer als Mitteilender.** Der Anspruch setzt voraus, dass der Mitteilende/Sender Unternehmer iSd § 14 ist. Verpflichtete können daher nur natürliche oder juristische Personen sowie rechtsfähige Personengesellschaften sein, die gewerblich oder selbständig beruflich tätig sind (so idR bei einer Tätigkeit im Bereich des Absatzes von Waren und Leistungen auf dem Vertriebsweg). Der Unternehmer muss nach außen als Erklärender erkennbar sein, oder die Erklärung muss ihm zuzurechnen sein, wobei Grundsätze des Vertretungsrechts anzuwenden sind (ggf unter Rechtsscheinsgesichtspunkten; so ist die GmbH, nicht deren Geschäftsführer Erklärender, BGH ZIP 04, 1647). Er muss jedoch deren Versendung veranlasst oder zumindest gebilligt haben (Ddorf NJW-RR 02, 1632; DB 04, 123). „Sender" iSd § 661 a soll demnach derjenige Unternehmer sein, den ein durchschnittlicher Verbraucher in der Lage des Empfängers einer Gewinnzusage als Versprechenden ansieht, ferner derjenige, der Verbrauchern unter nicht existierenden oder falschen Namen, Firmen, Geschäftsbezeichnungen oder Anschriften Gewinnmitteilungen zukommen lässt (BGH NJW-RR 05, 1365 f; NJW 05, 827). Dies gilt auch, wenn die fremde natürliche oder juristische Person unter deren Namen der Unternehmer handelt tatsächlich existiert (BGH NJW 05, 827).

3 **2. Verbraucher als Mitteilungsempfänger.** Dem Empfänger und Adressat der Mitteilung muss Verbrauchereigenschaft gem § 13 zukommen. Dies dürfte anzunehmen sein, bei einer natürlichen Person, die nicht iR ihrer gewerblichen oder selbstständigen beruflichen Tätigkeit handelt. Geschäftsfähigkeit ist nicht Voraussetzung, die Verpflichtung kommt auch ohne rechtsgeschäftliche Mitwirkung zustande.

4 **II. Mitteilung an den Verbraucher. 1. Gewinnzusage.** Die Gewinnzusage/Mitteilung muss einen Gewinn, Preis oder eine vergleichbare unentgeltliche Leistung des Unternehmers an den Empfänger ankündigen. Die Art der Leistung ist dabei unerheblich. Sie kann sowohl in der Lieferung von Waren, Einräumung einer Nutzungsmöglichkeit oder Erbringung einer Dienstleistung liegen, als auch in der Begründung eines Anspruches (Kobl VersR 03, 377). Die Mitteilung soll eine geschäftsähnliche Handlung darstellen, dh sie muss keine Willenserklärungsqualität besitzen (BGH NJW 03, 426). Die Mitteilung bedarf einer derart präzisen Gestaltung, dass die in Aussicht gestellte Leistung aus der Sicht des Empfängers bestimmbar ist. Jedoch sind an die Bestimmbarkeit des Preises keine zu hohen Anforderungen zu stellen (BTDrs 14/3195 S 34). Ausreichend ist, dass beim Empfänger der Eindruck eines Gewinns entsteht. Dies wird angenommen, wenn ein durchschnittlicher Verbraucher in der Lage des Empfängers die Mitteilung dahingehend verstehen muss, er werde einen ihm bereits zuerkannten Preis erhalten (BGH NJW 04, 1652; Stuttg NJW-RR 04, 1063). Dabei findet die Auslegung nach dem objektiven Erklärungsinhalt statt, die subjektive Verständnis des konkreten Empfängers ist nicht relevant (BGH NJW 04, 1652). Auch die Ernsthaftigkeit der Erklärung ist nicht entscheidend, ebenso wenig, dass der Verbraucher die Gewinnmitteilung glaubt (Köln VuR 03, 474; *Schneider* VuR 03, 476). Die Mitteilung soll keines Spielelementes bedürfen (so AG Bremen NJW-RR 02, 417 für ein Treuepaket ohne Entgeltforderung; aA *Schneider* BB 02, 1653, 1654). Unerheblich ist, wenn der Preis von der Ausführung naheliegender Tätigkeiten des Verbrauchers abhängig gemacht wird (zB dass dieser einen Gewinnscheck anfordert, Köln MDR 04, 499). Ebenso, wenn der Gewinn aufgrund vom Unternehmer zu vertretenden Umständen nicht entgegen genommen werden kann (Oldbg MDR 04, 930). Nicht erforderlich dürfte sein, dass der Verbraucher eine vom Absender geforderte Warenbestellung tätigt (Köln VuR 03, 474).

5 **2. Zugang beim Verbraucher.** Die Gewinnzusage muss nach dem Wortlaut der Vorschrift dem Verbraucher zugesendet werden. Hieraus wird abgeleitet, dass sich der Verbraucher als Empfänger aufgrund von Art und Inhalt der Mitteilung aus dessen Sicht persönlich angesprochen fühlen muss. Dies ist anders als bei der Auslobung, insbes nicht anzunehmen bei Mitteilung in Form öffentlicher Bekanntmachung oder anderer Übermittlung an einen völlig unbestimmten Personenkreis (so durch die Medien oder eine Zeitungsbeilage). Die persönliche Adressierung des Empfängers soll jedoch nicht erforderlich sein (BTDrs 14/3195 S 34). Auch soll die Art der Zusendung unbeachtlich sein, dh Mitteilung in Form eines Briefes, Fax, E-Mail oder SMS (zT wird vorgebracht eine Zusendung würde eine verkörperte Erklärung voraussetzen, so Palandt/*Sprau* § 661 a Rn 2, wobei bei elektronischem Zugang per E-Mail oder SMS eine Verkörperung fraglich erscheint). Der Anspruch entsteht mit Zugang der Mitteilung beim Empfänger (§§ 130 ff; Nürnbg NJW 02, 3637, 3640).

6 **3. Widerruf.** Fraglich ist, ob und bis zu welchem Zeitpunkt die Mitteilung analog § 658 I widerrufen werden kann (nach Palandt/*Sprau* § 661 a Rn 4 allenfalls bis zu Kontaktaufnahme des Empfängers aufgrund der Mitteilung, gänzlich abl Jauernig/*Mansel* § 661 a Rn 4).

C. Inhalt des Anspruchs. Der Inhalt des Anspruchs des Verbrauchers bestimmt sich nach der Zusage oder Mitteilung. Der Verbraucher als Mitteilungsempfänger hat Anspruch auf die Leistung des angekündigten Preises. Enthält die Zusage mehrere Gewinne unter denen der Verbraucher einen aussuchen kann, steht ihm ein Wahlrecht zu (Stuttg NJW-RR 04, 1063). Leistet der Unternehmer nicht, kann der Verbraucher Schadensersatz nach den §§ 280 ff geltend machen. 7

D. Einschränkbarkeit in AGB. In AGB enthaltene Einschränkungen des Anspruchs sind an §§ 305 ff zu messen (s hierzu Oldbg NJW-RR 03, 1564). Als unwirksam anzusehen sind insbes versteckte Einschränkungen in AGB, dh solche, die dem flüchtigen Leser nicht auffallen (Kobl VersR 03, 377; Brem NJW-RR 04, 347; München NJW 04, 1671) oder versteckt abgedruckte Gewinnregeln (Braunschw IPRax 02, 213). Dies gilt selbst bei Bestätigung der Kenntnisnahme durch den Verbraucher (Celle MDR 04, 867). Insbes soll eine in AGB enthaltene Bezugnahme auf § 762 (Spieleinwand) einer Gewinnzusage nicht entgegengehalten werden können (Kobl VersR 03, 377, 378). 8

E. Prozessuales. Der Gerichtsstand bei Gewinnzusagen hängt von der Qualifikation des Anspruchs ab. So lehnt das OLG Dresden hierfür den Gerichtsstand der unerlaubten Handlung aus § 32 ZPO ab (MDR 05, 591). Für die Bestimmung des Gerichtsstands bei Zusagen aus dem EU-Ausland sind die Vorschriften des EuGVVO (früher EuGVÜ) zu beachten. Der EuGH (NJW 05, 811; zustimmend Braunschweig NJW 06, 161) hat für auf eine Gewinnzusage gestützte Klage von Verbrauchern die bisherige Annahme der internationalen Zuständigkeit für Verbrauchersachen iSd Art 13 I Nr 3 EuGVÜ aufgegeben (nunmehr Art 15 I c; anders noch EuGH NJW 02, 2697). Auch der bisweilen vom BGH bejahte Gerichtsstand der unerlaubten Handlung nach Art 5 Nr 3 EuGVÜ (nunmehr Art 5 Nr 3 EuGVVO; BGH NJW 04, 1652 f; 03, 426, 427) wurde abgelehnt. Der Verbraucher muss danach die Auszahlung der Gewinnzusage idR am Sitz des Unternehmers einklagen (Art 5 Nr 1 a EuGVVO, Art 5 Nr 1 EuGVÜ). Entschieden in einem Fall der Gewinnzusage, bei dem keine zusätzliche vertragliche Verpflichtung in Form einer Warenbestellung oä eingegangen wurde (isolierte Gewinnzusage). IPR s Art 27 EGBGB. 9

Titel 12 Auftrag und Geschäftsbesorgungsvertrag

Untertitel 1 Auftrag

§ 662 Vertragstypische Pflichten beim Auftrag

Durch die Annahme eines Auftrags verpflichtet sich der Beauftragte, ein ihm von dem Auftraggeber übertragenes Geschäft für diesen unentgeltlich zu besorgen.

A. Wesen und Begriff. Durch einen Auftrag verpflichtet sich der Beauftragte ggü dem Auftraggeber, ein Geschäft für diesen unentgeltlich zu besorgen. Der Auftrag ist aufgrund seiner Unentgeltlichkeit ein **unvollkommen zweiseitiger Vertrag**. Die §§ 320 ff sind nicht anwendbar (BGHZ 15, 102). Die fehlende Gegenleistung macht den Auftrag zum Gefälligkeitsvertrag mit den charakteristischen Merkmalen Unentgeltlichkeit und Fremdnützigkeit. Die Anwendbarkeit des deutschen Rechts bestimmt sich nach Art 27 ff EGBGB. 1
Im Geschäftsverkehr und im allgemeinen Sprachgebrauch wird die Bezeichnung „Auftrag" in einem viel weiteren Sinne verwendet. Einseitige Willensäußerungen, wie Weisungen oder Befehle iR eines Dienstvertrags oder einer Geschäftsbesorgung und Anträge, die auf den Abschluss eines Kauf-, Dienst- oder Werkvertrags gerichtet sind, werden häufig als „Auftrag" getätigt. Gleiches gilt für die „Aufträge" in Form einer Bitte bei unentgeltlichen Gefälligkeiten, die mangels Rechtsbindungswillens auf keiner vertraglichen Grundlage beruhen. Darüber hinaus wird der Begriff des Auftrags auch in Gesetzen nicht einheitlich iSd § 662 verwendet (zB §§ 753, 755 ZPO; §§ 6, 7 II RVG). 2

B. Vertrag. Der Auftrag iSd § 662 ist ein vertragliches Schuldverhältnis. Für den Vertragsschluss gelten die allgemeinen rechtsgeschäftlichen Regeln. Das Vertragsangebot kann vom Auftraggeber oder vom Beauftragten ausgehen. Die Annahme kann auch konkludent durch die Ausführung des Auftrags erklärt werden. Schweigen reicht dagegen nicht aus. § 663 normiert insoweit keine Ausnahme. Ein Verstoß gegen die Verpflichtung zur Ablehnungsanzeige begründet lediglich einen Schadensersatzanspruch (s § 663 Rn 1). 3
Der Auftrag ist von Gefälligkeiten abzugrenzen, die ebenfalls unentgeltlich und fremdnützig sind. Der bloßen **Gefälligkeit** des täglichen Lebens mangelt es aber am Rechtsbindungswillen (kein Schuldverhältnis iSd § 280 I). Die Entscheidung, ob eine Erklärung oder ein Verhalten mit Rechtsbindungswillen erfolgt, ist im konkreten Einzelfall nach Treu und Glauben unter Rücksicht auf die Umstände und die Verkehrssitte zu treffen (BGHZ 21, 101). Dabei sind die erkennbaren wirtschaftlichen Interessen des Auftraggebers (zB erhebliche Vermögenswerte, wesentliche Bedeutung; s Hamm FamRZ 03, 97) ebenso zu berücksichtigen, wie besondere Qualifikationen oder Interessen des Beauftragten (BGHZ 56, 204; 88, 373; Hamm VersR 02, 705). Ferner 4

muss die Gefahr berücksichtigt werden, welche sich bei einer fehlerhaften Leistung realisieren kann. IRd Abwägung spricht die Übernahme einer Aufgabe aus familiärer Verbundenheit (BGH JZ 69, 232; NJW 00, 3199), Mitmenschlichkeit (BGH NJW 92, 498), nachbarschaftlicher Verbundenheit (Beaufsichtigung von Kindern aus der Nachbarschaft: BGH NJW 68, 1874) oder Freundschaft (Verwaltung eines Lottoscheins: BGH NJW 74, 1705) für eine Gefälligkeit. Von einer Rechtsbindung ist auszugehen, wenn sich der Auftraggeber auf die Entfaltung der Tätigkeit verlassen hat und erhebliche Werte auf dem Spiel stehen (Zweibr VersR 04, 1057). Von einem rechtlichen Bindungswillen ist ferner bei Fahrgemeinschaften auszugehen (Köln VersR 04, 189); nicht aber bei einer Zusatzfahrt (BGH NJW 92, 498).

5 **I. Form und Inhalt.** Die Wirksamkeit des Auftrags ist grds an **keine Form** gebunden. Ein Auftrag ist notariell zu beurkunden, wenn dieser eine rechtsgeschäftliche Verpflichtung zur Übertragung oder zum Erwerb von Grundstücken begründet (§ 311 b I; BGHZ 19, 69; 85, 245; 127, 168). Die Heranziehung anderer Formvorschriften (zB §§ 766, 780) kommt idR nicht in Betracht, da durch den Auftrag keine endgültige Bindung der Parteien herbeigeführt wird (§ 671: jederzeit Widerruf und Kündigung) – bei Unwirksamkeit des Auftrags s § 677 Rn 14.

6 Inhaltlich kann sich das zu besorgende Geschäft auf alle rechtsgeschäftlichen und tatsächlichen Handlungen wirtschaftlicher oder ideeller Art beziehen (BGHZ 56, 204). Nicht maßgebend ist, ob nur eine Handlung vorzunehmen ist oder eine Gesamtheit von Handlungen bzw Angelegenheiten zu erledigen sind. Erforderlich ist **positives Tun**, bloßes Dulden oder Unterlassen reicht nach hM nicht aus (MüKo/*Seiler* § 662 Rn 20; Palandt/ *Sprau* § 662 Rn 6). Ein gewisser Spielraum des Beauftragten bei der Besorgung des Geschäfts ist für einen Auftrag nicht erforderlich (Staud/*Wittmann* vor § 662 Rn 10 mwN; zwischen Notariatsangestellten und den Vertragsparteien in Bezug auf die Auflassung: BGH NJW 03, 578).

7 Der Auftrag geht über andere unentgeltliche Verträge wie Leihe, Verwahrung oder Schenkung hinaus. Während bei der Leihe und Verwahrung lediglich die Überlassung bzw Obhut notwendig ist, setzt der Auftrag eine darüber hinausgehende Tätigkeit voraus. In Abgrenzung zur Schenkung ist beim Auftrag keine Vermögensminderung auf Seiten des Beauftragten erforderlich.

8 Ob die Handlungen im eigenen oder im fremden Namen vorgenommen werden, ist nicht entscheidend. Die Handlungen müssen aber fremdnützig sein. Wünscht der Auftraggeber die Tätigkeit, ist von der Fremdnützigkeit auszugehen (RGZ 59, 10: Übernahme einer Bürgschaft; BGH MDR 55, 283; Karlsr FamRZ 91, 802: Bestellung eines dinglichen Sicherungsrechts an Sachen des Beauftragten). Fehlt es an einer konkreten Vereinbarung oder einem erkennbaren Wunsch, ist der Pflichten- und Interessenkreis maßgeblich, aus dem das zu besorgende Geschäft stammt. Eigene Interessen des Beauftragten schließen eine fremdnützige Tätigkeit nicht aus (BGHZ 19, 12; 56, 204).

9 **II. Unentgeltlichkeit.** Die Besorgung des Geschäfts für den Auftraggeber muss vereinbarungsgemäß unentgeltlich erfolgen. Vorschüsse iSd § 669 und Aufwendungsersatz iSd § 670 sind **keine Gegenleistung** und schließen die Unentgeltlichkeit nicht aus. Wird dagegen die Leistung selbst oder der Zeitaufwand vergütet, liegt kein Auftragsverhältnis vor. Das gilt auch, wenn die konkrete Tätigkeit den Umständen nach nur gegen Entgelt zu erwarten ist (gesetzliche Vermutung: §§ 612 I, 632 I, 653 I, 689 und 354 HGB) und keine entgegenstehende ausdrückliche Vereinbarung getroffen wurde. Keine Gegenleistung soll eine Zuwendung aus Anerkennung oder Dankbarkeit sein (MüKo/*Seiler* § 662 Rn 27; BaRoth/*Czub* § 662 Rn 9). Ein nachträglich bezahltes Entgelt wird regelmäßig als Vertragsänderung (§§ 145, 151) anzusehen sein, welche die Unentgeltlichkeit beseitigt (keine Schenkung: dazu RGZ 72, 188; 74, 139). Ist die Leistung nur gegen Entgelt zu erwarten, trägt der Beauftragte die Beweislast für die Unentgeltlichkeit (BGH MDR 75, 739), anderenfalls der Auftraggeber.

10 **C. Vertragliche Pflichten. I. Auftraggeber.** Beim Auftrag fehlt es an einer vertraglichen Hauptpflicht des Auftraggebers (Unentgeltlichkeit). Auf Verlangen hat er dem Beauftragten einen Vorschuss zu leisten (§ 669) und die notwendigen Aufwendungen zu ersetzen (§ 670). Die Nebenpflichten des Auftraggebers ergeben sich aus dem Vertrag und § 241 II. Insoweit können auch Pflichten zur Mitwirkung bestehen (zB Aushändigung von Unterlagen, Auskünfte usw) sowie dem Dienstvertrag entspr Schutzpflichten (§ 618 I) bei engen persönlichen und sachbezogenen Vertrauensverhältnissen (BGHZ 16, 265).

11 **II. Beauftragter.** Unter den Voraussetzungen des § 663 besteht im Vorfeld des Auftrags die Verpflichtung, die Ablehnung eines auf den Auftrag gerichteten Antrags anzuzeigen. Mit Abschluss eines wirksamen Auftragsverhältnisses ist der Beauftragten im Zweifel zur persönlichen (§ 664) Besorgung des übertragenen Geschäfts verpflichtet. Er muss sich bei der Besorgung an den Interessen des Auftraggebers orientieren; das gilt auch dann, wenn eine konkrete Vereinbarung oder Weisung (§ 665) fehlt (Loyalität). Weitere Pflichten sind die Erteilung von Auskünften, Hinweisen und die Rechenschaftslegung (§ 666). Die Besorgung muss sorgfältig und sachkundig erfolgen. Daraus können Aufklärungs- und Prüfungspflichten entstehen (Geldanlage durch Banken: BGHZ 22, 222; 33, 293). Ein **Anspruch auf Ausführung** hat der Beauftragte nach hM nicht (Staud/*Wittmann* § 662 Rn 24; Palandt/*Sprau* § 662 Rn 9; aA MüKo/*Seiler* § 662 Rn 43).

1. Erfüllung. Werden Hauptpflichten nicht befolgt, liegt keine Erfüllung (§ 362) vor (MüKo/*Seiler* § 662 Rn 39). Die Besorgung eines anderen Geschäfts braucht der Auftraggeber nicht gegen sich gelten zu lassen (BGH WM 01, 1716). Der Erfüllungsanspruch des Auftraggebers besteht fort. Die Schlechterfüllung steht insoweit der Nichterfüllung gleich; die Leistung muss nicht angenommen werden (RGZ 114, 268). Ausnahmen können sich bei Geringfügigkeit oder besonderen Umständen ergeben. Das Einverständnis mit einem anderen Geschäft stellt eine Vertragsänderung dar. 12

2. Nebenpflichten. Der Beauftragte hat darüber hinaus Neben- und Nebenleistungspflichten zu beachten. Er muss im Interesse des Auftraggebers liegende Abweichungen von Weisungen idR vorher anzeigen (§ 665) und die zur Verwahrung erhaltenen Gegenstände sowie das aus der Ausführung des Auftrags Erlangte an den Auftraggeber herausgeben (§ 667). Für eigene Zwecke verwendete Gelder sind vom Beauftragten zu verzinsen (§ 668). Weitere Pflichten treffen den Beauftragen bei Beendigung des Auftrags (zB keine Kündigung zur Unzeit § 671 II; Fortführung bei Tod des Auftraggebers § 672 II 2). Ferner bleiben die allgemeinen vertraglichen Nebenpflichten (§ 241 II – zB Kaskoversicherung für Probefahrten: BGH NJW 86, 1099; Informationspflichten über Mängel: BGH WM 98, 290); insbes hat er über die Umstände des Auftrags Verschwiegenheit zu bewahren (BGHZ 27, 241). 13

D. Haftung. Auftraggeber und Beauftragte haften bei Pflichtverletzungen verschuldensabhängig für einen kausalen Schaden (§ 280 I). Haftungsmaßstab ist § 276 I BGB; danach reicht einfache Fahrlässigkeit aus (BGHZ 30, 40). Eine **Herabsetzung des Haftungsmaßstabs** für den Beauftragten auf Vorsatz und grobe Fahrlässigkeit kommt nicht in Betracht (Köln VersR 04, 189). Die Unentgeltlichkeit der Leistung allein rechtfertigt eine Herabsetzung nicht (Sachsen-Anhalt OLGR 04, 162). §§ 521, 599, 690 sind aufgrund der unterschiedlichen Interessenlage auf den Auftrag nicht entspr anwendbar. Ausnahmsweise kann sich eine Haftungsbegrenzung aus der Vereinbarung zwischen den Parteien (Frankf NJW 98, 1232) oder der besonderen Situation des Auftrags (entspr § 680) ergeben. Ein allgemeiner stillschweigender Ausschluss wäre dagegen reine Fiktion ohne eine gesetzliche Grundlage (Hamm VersR 02, 705). Bei Verschulden von Gehilfen ist § 278 anwendbar (§ 664 3). Zum Ausgleich von zufälligen Schäden beim Beauftragten und Haftungsschäden ggü Dritten s § 670 Rn 6 ff. 14

E. Auftrag und Vollmacht. Inhalt des Auftrags kann auch die Besorgung eines Geschäfts im fremden Namen sein. Die wirksame Verpflichtung des Auftraggebers in Bezug auf ein Rechtsgeschäft setzt eine wirksame Bevollmächtigung des Beauftragten voraus (§ 167). Während die Vollmacht die Rechtsmacht des Beauftragten ggü Dritten festlegt, bestimmt sich die Befugnis im Verhältnis zum Auftraggeber nach dem Auftrag. Das BGB trennt die Vollmacht und das Auftragsverhältnis im Hinblick auf Entstehungsgrund, Inhalt und Wirksamkeit („Abstraktheit"); Ausnahme: RBerG; BGHZ 153, 214; 154, 283; 159, 294; NJW 02, 2325; 03, 2088). Verbunden sind das Grundgeschäft (Auftrag) und die Vollmacht aberhinsichtlich des Bestandes (§ 168). 15

F. Erweiterung des Anwendungsbereichs. In zahlreichen Normen wird auf das Auftragsrecht oder einzelne Vorschriften daraus verwiesen (§§ 675; 681, 994), ferner: Vorstand eines Vereins (§ 27 III), Geschäftsführer einer GbR (§§ 712 II, 713), Vormund, Betreuer oder Pfleger (§§ 1835 I, 1908i I, 1915 I) sowie Testamentsvollstrecker (§ 2218 I). Verweisungen finden sich auch in Gesetzen außerhalb des BGB: Kommission (§§ 385 II, 396 II HGB). Das Auftragsrecht eignet sich auch zum Ausgleich von Sonderbeziehungen, falls fremde Vermögensinteressen wahrgenommen werden: staatliche Verwalter (BGHZ 137, 183); Freistellung von Verbindlichkeiten nach gescheiterter Ehe (BGH FamRZ 89, 835; München FamRZ 03, 874); Abrechnung von Vorschüssen beim Maklervertrag (Karlsr NJW-RR 03, 1426). 16

Die Normen über den Auftrag können auf ein **öffentlich-rechtliches Auftragsverhältnis** entspr Anwendung finden, soweit die Interessenlage vergleichbar ist (*Kriebel* DÖV 62, 766; *Schack* JZ 66, 640). Die Zulässigkeits- und Wirksamkeitsvoraussetzungen öffentlich-rechtlicher Verträge sind dem VwVfG zu entnehmen (§§ 54 ff). Andere Beziehungen zwischen Bürger und Behörde sowie Behörden untereinander sind dagegen regelmäßig keine Auftragsverhältnisse (BVerwGE 12, 253). 17

§ 663 Anzeigepflicht bei Ablehnung

¹Wer zur Besorgung gewisser Geschäfte öffentlich bestellt ist oder sich öffentlich erboten hat, ist, wenn er einen auf solche Geschäfte gerichteten Auftrag nicht annimmt, verpflichtet, die Ablehnung dem Auftraggeber unverzüglich anzuzeigen. ²Das Gleiche gilt, wenn sich jemand dem Auftraggeber gegenüber zur Besorgung gewisser Geschäfte erboten hat.

A. Regelungsgehalt. § 663 schützt das Vertrauen und die Erwartungen des Rechtsverkehrs. Grundlage für das Vertrauen können eine öffentliche Bestellung, ein öffentliches Sich-Erbieten (S 1) oder ein Erbieten ggü einem Interessenten (S 2) sein. Anders als im Anwendungsbereich des § 362 I HGB führen das Vertrauen und eine nicht erklärte Ablehnung aber nicht zu einem wirksamen Vertrag (keine Fiktion). Vielmehr stellt die 1 nicht unverzüglich mitgeteilte Anzeige der Ablehnung lediglich eine **vorvertragliche Pflichtverletzung** dar, die Schadensersatzansprüche auslösen kann.

2 **B. Anzeigepflicht.** Die Anzeigepflicht entsteht in allen drei Tatbestandsvarianten des § 663. Eine **öffentliche Bestellung** liegt immer dann vor, wenn ein Träger der öffentlichen Verwaltung die Ernennung zur Wahrnehmung bestimmter Aufgaben ausspricht. Die Tätigkeit selbst muss allerdings privatrechtlicher Natur sein, anderenfalls handelt es sich um Amtspflichten. Praktische Bedeutung erlangt die Variante bei der entgeltlichen Geschäftsbesorgung (§§ 675, 663) durch öffentlich bestellte Sachverständige (§ 36 GewO) und sog Beliehene (MüKo/*Seiler* § 663 Rn 7). Umstr ist, ob die Variante auch die Bestellung durch eine nicht öffentliche Stelle umfasst (dafür: Palandt/*Sprau* § 663 Rn 2; dagegen: MüKo/*Seiler* § 663 Rn 5 ff).

3 Von einem **öffentlichen Sich-Erbieten** ist auszugehen, wenn die Kundgabe, die Besorgung von Geschäften zu übernehmen, an einen unbestimmten Personenkreis gerichtet ist (zB Banken, Berater, Makler). Die Kundgabe (zB Anzeigen, Schilder) ist eine geschäftsähnliche Handlung (invitatio) und auch in konkludenter Form möglich. Die Regeln über Rechtsgeschäfte sind entspr anwendbar. Im Unterschied dazu richtet sich das **Sich-Erbieten** nach S 2 an einen bestimmten Personenkreis (bzw bestimmte Person).

4 Die Anzeigepflicht wird durch eine Erklärung ggü dem Antragenden erfüllt. Es handelt sich um eine geschäftsähnliche Handlung. Umstr ist, ob das Absenden ausreicht (Soergel/*Beuthien* § 663 Rn 12; BaRoth/*Czub* § 663 Rn 3) oder der Zugang erforderlich ist (MüKo/*Seiler* § 663 Rn 17). Für Rechtsanwälte gilt die dem § 663 entspr Bestimmung in § 44 BRAO.

5 **C. Rechtsfolgen.** Eine nicht oder nicht rechtzeitig vorgenommene Anzeige stellt eine besonders geregelte Pflichtverletzung des vorvertraglichen Verhältnisses (§ 311 II) dar, das im Zeitpunkt des Zugangs des Auftragsangebots entsteht. Unter den weiteren Voraussetzungen des § 280 I kommt ein Schadensersatzanspruch in Betracht. Zu ersetzen ist das negative Interesse (RGZ 104, 265), das sich auch aus dem Vertrauen ergibt, das vorgesehene Geschäft nicht auf anderem Wege zu erledigen (BGH NJW 84, 866).

§ 664 Unübertragbarkeit; Haftung für Gehilfen

(1) ¹Der Beauftragte darf im Zweifel die Ausführung des Auftrags nicht einem Dritten übertragen. ²Ist die Übertragung gestattet, so hat er nur ein ihm bei der Übertragung zur Last fallendes Verschulden zu vertreten. ³Für das Verschulden eines Gehilfen ist er nach § 278 verantwortlich.
(2) Der Anspruch auf Ausführung des Auftrags ist im Zweifel nicht übertragbar.

1 **A. Regelungsgehalt.** Die Vorschrift enthält in I und II jeweils eine Auslegungsregel (vergleichbar § 613). Dabei geht es um Beschränkungen der Übertragbarkeit von vertraglichen Pflichten aus dem Auftragsverhältnis und die Beteiligung Dritter bei der Ausführung. Dritten kann die selbstständige Ausführung des Auftrags idR nicht übertragen werden (I 1). Dagegen können sie als Hilfspersonen zur Ausführung hinzugezogen werden (I 3). In zahlreichen Vorschriften ist die entspr Anwendung von § 664 angeordnet (§§ 27 III, 713, 2218 I). Die hM befürwortet auch für § 675 eine am Einzelfall ausgerichtete entspr Anwendung der Auslegungsregeln (BGH NJW 52, 257; MüKo/*Seiler* § 664 Rn 19).

2 **B. Substitution.** Grundlage des Auftrags ist eine besondere persönliche Vertrauensbeziehung zwischen dem Auftraggeber und dem Beauftragten. Eine vollständige (BGH NJW 93, 1704) oder teilweise (RGZ 78, 310) Übertragung der zu besorgenden Geschäfte auf Dritte zur **selbständigen Ausführung** in eigener Verantwortung (Substitution) wird den Interessen des Auftraggebers häufig nicht gerecht. Eine Substitution kommt daher lediglich bei der Gestattung durch den Auftraggeber in Betracht (nur ausnahmsweise durch Auslegung der Parteivereinbarung: MüKo/*Seiler* § 664 Rn 5; Palandt/*Sprau* § 664 Rn 3). Die Beweislast für die Gestattung trägt der Beauftragte. AGB-Klauseln, welche die Gestattung zur Regel machen, sind nach § 307 unwirksam (LG Köln WM 00, 720).

3 Handelt der Beauftragte bei der **gestatteten Substitution** im fremden Namen, ist der Dritte unmittelbar ggü dem Auftraggeber nach den §§ 662 ff berechtigt und verpflichtet. Das Handeln im eigenen Namen führt dagegen ausschl zu Vertragsbeziehungen zwischen dem Beauftragten und dem Dritten (keine Vertragsübernahme oder cessio legis: RGZ 78, 310; 109, 280; BGH VersR 58, 40). Bei schuldhaften Pflichtverletzungen des Dritten kann der Beauftragte allerdings auch den kausalen Schaden des Auftraggebers geltend machen (Drittschadensliquidation). Die Abtretung des Anspruchs an den Auftraggeber erfolgt iRd § 667. Der Beauftragte haftet bei gestatteter Übertragung ggü dem Auftraggeber nur für die sorgfältige Auswahl des Dritten und dessen ausreichende Einweisung (§ 664 I 2). Eine darüber hinausgehende Zurechnung von Pflichtverletzungen und Verschulden nach § 278 kommt nicht in Betracht (BGH NJW 93, 1704; RGZ 78, 310).

4 Liegt **keine Gestattung** zur Substitution vor, muss der Beauftragte für alle durch die Übertragung (adäquat) verursachten Schäden beim Auftraggeber einstehen (§ 280 I). Auf ein Verschulden bei der Ausführung kommt es nicht an. Der Auftraggeber ist grds nicht verpflichtet, die Erledigung durch den Dritten als Erfüllung gegen sich gelten zu lassen. Ausnahmen können sich aus Treu und Glauben (§ 242) ergeben (MüKo/*Sei-*

ler § 664 Rn 10; BaRoth/*Czub* § 664 Rn 5). Mangels vertraglicher Beziehung hat der Auftraggeber gegen den Dritten allenfalls gesetzliche Ansprüche, es sei denn, er kann die im fremden Namen erklärte Substitution genehmigen.

C. Erfüllungsgehilfen. Die Zuziehung von Dritten unter Beibehaltung der Leitung des zu besorgenden Geschäfts durch den Beauftragten stellt keine Substitution dar und ist grds zulässig (zB Sekretariatsarbeiten, Transport). Etwas anders kann sich aus der Vereinbarung ergeben, etwa bei qualifizierten Tätigkeiten, die besondere Sachkunde oder Diskretion voraussetzen. Von den Gehilfen, die zur Erfüllung der Besorgung eingeschaltet werden, sind Personen abzugrenzen, deren Einsatz vom Beauftragten lediglich zu veranlassen ist (zB Handwerker bei der Vermögensverwaltung). Der Beauftragte hat das Verhalten der Gehilfen nach § 278 zu verantworten (§ 664 I 3). Maßstab ist die eigene Verantwortlichkeit (BGH NJW 52, 257). Beim unzulässigen Einsatz von Gehilfen haftet der Beauftragte wegen der darin liegenden Pflichtverletzung für alle kausalen Schäden.

D. Übertragbarkeit des Anspruchs auf Ausführung. Der Anspruch des Auftraggebers auf Ausführung ist grds nicht übertragbar. Nicht erfasst werden bereits entstandene sonstige Ansprüche (zB § 667). Der Anspruch ist mangels Übertragbarkeit auch nicht pfändbar oder verpfändbar. Er fällt nicht in die Insolvenzmasse (§ 36 I InsO).

§ 665 Abweichung von Weisungen

¹Der Beauftragte ist berechtigt, von den Weisungen des Auftraggebers abzuweichen, wenn er den Umständen nach annehmen darf, dass der Auftraggeber bei Kenntnis der Sachlage die Abweichung billigen würde. ²Der Beauftragte hat vor der Abweichung dem Auftraggeber Anzeige zu machen und dessen Entschließung abzuwarten, wenn nicht mit dem Aufschub Gefahr verbunden ist.

A. Regelungsgehalt. § 665 enthält den Grundsatz der Bindung des Beauftragten an Weisungen des Auftraggebers. Der Beauftragte darf Weisungen aber nicht blind befolgen. Er muss die Weisungen vielmehr im Hinblick auf die konkrete Sachlage bei der Ausführung des Auftrags prüfen (hM „denkender Gehorsam" MüKo/*Seiler* § 665 Rn 2; Palandt/*Sprau* § 665 Rn 1). Maßstab ist das sich aus den Umständen ergebende Interesse des Auftraggebers bei Kenntnis der Sachlage. Vor eine Abweichung wird vom Beauftragten grds eine Anzeige an den Auftraggeber und das Abwarten einer Reaktion verlangt. Das gilt nicht, wenn mit dem Aufschub der Ausführung Gefahren verbunden sind (§ 665 S 2). Eine Verpflichtung zur Erteilung von Weisungen enthält die Vorschrift nicht (BGHZ 131, 347). Die entspr Anwendung der Vorschrift ist in §§ 27 III, 675, 713, 2218 I angeordnet.

B. Weisung. Unter einer Weisung (gesetzlich nicht definiert) ist eine einseitige Anordnung des Auftraggebers an den Beauftragten zu verstehen, welche die Ausführung des Auftrags konkretisiert (Art und Weise). Sie ist eine einseitige, empfangsbedürftige **Willenserklärung** und kann auch nach Vertragsschluss abgegeben werden. Abzugrenzen ist die Weisung von der bloßen Empfehlung, die zwar die Pflicht zur Beachtung, aber keine Bindung des Beauftragten auslöst (häufig bei besonderer Sachkunde, zB qualifizierte Berater). Weisungen sind unterschriebene Belastungsbelege des Kreditkarteninhabers (BGHZ 152, 75) und die Einreichung eines Schecks zum Inkasso (BGHZ 118, 171; 150, 269). Das Risiko einer gefälschten Weisung trägt der Auftraggeber, wenn er einen zurechenbaren Rechtsschein hinsichtlich der Echtheit der Weisung gesetzt hat und der Beauftragte gutgläubig ist (BGH NJW 01, 2968), anderenfalls liegt das Fälschungsrisiko beim Beauftragten.

Der Beauftragte ist grds an die **Weisung gebunden** (BGHZ 98, 24; 103, 143). Weisungen sind auslegungsfähig (§ 133); Grenzen (Umstände, Art der Tätigkeit, § 242) sind zu beachten. Das Überschreiten der Grenzen führt ebenso wie die Unwirksamkeit der Weisung zur Unbeachtlichkeit (MüKo/*Seiler* § 665 Rn 13). Ist der Beauftragte zur Umsetzung einer wirksamen Weisung nicht gewillt, bleibt ihm nur die Kündigung des Auftrags (§ 671 I). Bei zweifelhaften oder unverständlichen Weisungen sowie bei Lücken muss der Beauftragte Rücksprache halten.

Der Auftraggeber ist an eine wirksame Weisung erst gebunden, wenn sie vollständig ausgeführt ist (BGH NJW 91, 2210). Vor diesem Zeitpunkt ist ein **Widerruf** (Willenserklärung) jederzeit möglich (BGHZ 103, 143). Die bis zum Widerruf bereits ausgelösten Rechtsfolgen bleiben unberührt (§§ 667, 670).

Die Bindung des Beauftragten an die Weisung besteht unabhängig davon, ob er sie für zweckmäßig oder interessengerecht hält. Bei besonderer Sachkunde kann sich eine Hinweispflicht ergeben (BGH VersR 84, 658). Weicht die Sachlage von den erkennbaren Vorstellungen des Auftraggebers ab, trifft den Beauftragten eine **Anzeigepflicht**. Nach Ablauf einer Frist ohne Reaktion des Auftraggebers ist der Beauftragte zur Abweichung von der Weisung, orientiert an den Interessen des Auftraggebers (vermuteter Wille), berechtigt. Die Angemessenheit der Wartefrist hängt von den Umständen des Einzelfalls ab (ähnlich § 147 II). Drohende Gefahr kann die Frist, aber auch die Anzeige entbehrlich machen (RGZ 114, 375), wenn mit einer Billigung durch den Auftraggeber zu rechnen ist (BGH VersR 77, 421). Die Pflicht zur nachträglichen Unterrichtung des Auftraggebers folgt aus § 666.

6 **C. Haftung.** Die **weisungswidrige Ausführung** des Auftrags führt nicht zur Erfüllung (hM BGH NJW 71, 558). Ansprüche aus §§ 666, 667, 670 werden bei weisungswidriger Ausführung nicht begründet. Ausnahmsweise kann eine geringfügige Abweichung für die Erfüllungswirkung unbeachtlich sein (BGH WM 80, 587). Der Auftraggeber kann die weisungswidrige Handlung nachträglich als Erfüllung annehmen (BGH VersR 68, 792). Dadurch entstehen auch die Folgeansprüche (BGH WM 76, 904).

7 Der Beauftragte ist dem Auftraggeber bei Verschulden zum Ersatz des kausalen Schadens verpflichtet (§§ 280 I, 249 ff). Als relevante **Pflichtverletzung** kommen auch die unterlassene Anzeige und ein Verstoß gegen die Wartepflicht in Betracht (RGZ 114, 375; MüKo/*Seiler* § 665 Rn 39). Für die Fälle der Unmöglichkeit der Ausführung und des Verzugs gelten die allgemeinen Regeln. Der Auftraggeber hat die Erteilung der Weisung und den Inhalt zu beweisen, der Beauftragte die weisungsgemäße Ausführung (BGH NJW 88, 60).

§ 666 Auskunfts- und Rechenschaftspflicht

Der Beauftragte ist verpflichtet, dem Auftraggeber die erforderlichen Nachrichten zu geben, auf Verlangen über den Stand des Geschäfts Auskunft zu erteilen und nach der Ausführung des Auftrags Rechenschaft abzulegen.

1 **A. Regelungsgehalt.** § 666 enthält drei **Informationspflichten**, die der Beauftragte ggü dem Auftraggeber erfüllen muss. Neben der allgemeinen Benachrichtigungspflicht hat der Beauftragte auf Verlangen Auskunft zu erteilen und spätestens nach Beendigung des Auftrags Rechnung zu legen. Grundlage für die Ansprüche ist das Bedürfnis des Auftraggebers nach zeitnaher und vollständiger Information (BGHZ 107, 104; 109, 260). Die Informationsansprüche sind selbstständige Leistungspflichten, die nicht zwingend einen durchsetzbaren Anspruch auf die Besorgung eines Geschäfts voraussetzen (BGH NJW 01, 1486). Allerdings können die Ansprüche grds nicht ohne einen Anspruch, dessen Durchsetzung sie dienen, abgetreten oder gepfändet werden (hM RGZ 52, 35; BGHZ 107, 104; NJW 01, 1486; zur Pfändung bei Giroverträgen: NJW 06, 217).

2 Der Beauftragte ist vorleistungspflichtig (RGZ 102, 110). Zurückbehaltungsrechte (§ 273) kommen insoweit nicht in Betracht (BHG WM 76, 868). Die Vorschrift ist grds dispositiv. Parteivereinbarungen dürfen jedoch nicht dazu führen, dass die Informationspflicht vollständig ausgeschlossen ist (zB Verdacht der Schädigung; außergewöhnlich hohe Beträge; hM BGH NJW 01, 1131; NJW 94, 1861: zur Auslegung; MüKo/*Seiler* § 666 Rn 18). Maßstab für entspr Vereinbarungen ist § 138 und bei AGB-Klauseln § 307. Aus der Fremdnützigkeit ergibt sich der weitere Anwendungsbereich der Norm (§§ 27 III, 675, 681, 713, 2218). Die Pflicht hat aber auch über die gesetzlichen Verweisungen hinaus Bedeutung (RGZ 98, 302; BGHZ 97, 188; 126, 109). §§ 259, 260 sind zu beachten.

3 **B. Benachrichtigung.** Mit Vertragsschluss entsteht für den Beauftragten die Verpflichtung, den Auftraggeber über alle erheblichen Umstände der Besorgung des Geschäfts unaufgefordert zu informieren (BGH NJW 98, 680: Hausverwalter über Baumängel). Auf diesem Wege soll dem Auftraggeber die sachgerechte Entscheidung im Hinblick auf Weisungen (§ 665), aber auch die Beendigung des Auftragsverhältnisses ermöglicht werden. Mehrere Auftraggeber sind Gesamtgläubiger nach § 432 (BGH NJW 96, 656). Die Benachrichtigung muss klar sowie verständlich sein und unverzüglich erfolgen. § 130 I 1 ist nicht anwendbar (BGHZ 151, 5). Grenzen der Benachrichtigungspflicht ergeben sich aus Erforderlichkeits- und Zumutbarkeitserwägungen (BGH WM 84, 1264). Unbeachtlich soll sein, dass sich der Beauftragte einer strafbaren Handlung bezichtigen muss (BGHZ 41, 318) oder der Auftraggeber die Information selbst beschaffen könnte (BGH NJW 98, 2969).

4 **C. Auskunftserteilung.** Auf Verlangen des Auftraggebers hat der Beauftragte über den Stand des Geschäfts Auskunft zu erteilen. Der Anspruch besteht im Gegensatz zur Benachrichtigungspflicht auch, wenn keine neuen erheblichen Umstände eingetreten sind. Neben Einzelfragen (typischerweise Inhalt der Benachrichtigung) kann das Auskunftsbegehren auf die **Abgabe eines Gesamtberichts** gerichtet sein. Inhalt und Umfang bestimmen sich nach der Üblichkeit im Geschäftsverkehr (BGHZ 41, 318; 109, 260; 152, 339: wesentliche tatsächliche und rechtliche Umstände). Bei der Verfügung über Gegenstände ist die Auskunft nach § 260 I u leisten (RGZ 90, 137). Missbräuchliche Verlangen (Anzahl und Inhalt) müssen nicht erfüllt werden (BGHZ 107, 104: noch zumutbar). Fehlendes rechtliches Interesse allein reicht dafür aber nicht aus (BaRoth/*Czub* § 666 Rn 4; aA Frankf MDR 66, 503). Gleiches gilt, wenn sich der Beauftragte ggü Dritten zur Verschwiegenheit verpflichtet hat (BGH NJW 97, 2528).

5 **D. Rechenschaftslegung.** Nach Ausführung des Geschäfts hat der Beauftragte Rechenschaft abzulegen. Die Rechenschaft muss klar und verständlich sowie vollständig und einer Nachprüfung zugänglich sein (RGZ 53, 252; BGHZ 109, 260). **Vollständigkeit** liegt grds nur vor, wenn Rechnungen und Belege vorgelegt werden (BGHZ 39, 87: fehlende Belege). Das gilt insbes, wenn es sich bei der Besorgung um eine mit Einnahmen und Ausgaben verbundene Verwaltung handelt (§ 259). Die Abwälzung der Rechenschaftslegung auf den Auftraggeber durch Überlassung der Belege reicht zur Erfüllung regelmäßig nicht aus (BGHZ 39, 87). Unmöglichkeit der Rechenschaftslegung liegt erst vor, wenn weder aus den Unterlagen noch aus der Erinnerung oder Rückfrage bei Dritten eine Rechenschaft möglich ist (Saarbr NJW-RR 00, 229).

Die Rechenschaftspflicht ist idR nach Ausführung des Geschäfts **fällig**. Der Ausführung steht die Beendigung des Auftragsverhältnisses gleich (RGZ 56, 116). Von einer abweichenden Vereinbarung ist auszugehen, wenn das Geschäft mehrere selbstständige Teile umfasst oder periodisch wiederkehrend erfolgt (BGH WM 76, 868: Ende eines Geschäftsjahrs). Jahrelange Nichtausübung des Anspruchs kann zur Verwirkung oder zum Verzicht führen (BGHZ 39, 87; 109, 260: Treu und Glauben; NJW 01, 1131: nicht für § 667). Die Pflicht erlischt idR durch Erfüllung (BGH WM 89, 1813: zum Erlöschen durch Tod). Eine Nachbesserung kommt in Betracht, wenn sich im Nachhinein Zweifel aufdrängen (BGHZ 39, 87). Im Hinblick auf die Gegenstände der Rechenschaftslegung entfällt ein Auskunftsanspruch (BGHZ 93, 327). Die Beweislast für die Richtigkeit trägt der Beauftragte.

E. Haftung. Die Informationsansprüche sind einklagbar. Die Zwangsvollstreckung erfolgt über §§ 887, 888 ZPO. Eine eidesstattliche Versicherung (§ 261) kommt nur für die Auskunft und Rechenschaftslegung in Betracht (§§ 259 II, 260 II – zum Übergang auf den Erben BGHZ 104, 369). Die schuldhafte Nicht-, Schlecht- oder verzögerte Erfüllung der Informationspflichten kann zu Schadensersatzansprüchen des Auftraggebers führen (§ 280 I).

§ 667 Herausgabepflicht

Der Beauftragte ist verpflichtet, dem Auftraggeber alles, was er zur Ausführung des Auftrags erhält und was er aus der Geschäftsbesorgung erlangt, herauszugeben.

A. Regelungsgehalt. § 667 begründet für den Auftraggeber einen schuldrechtlichen Anspruch gegen den Beauftragten, die Vorteile an sich zu ziehen, die mit der Besorgung des Geschäfts verbunden sind. Inhalt des Herausgabeanspruchs ist neben dem zur Ausführung Erhaltenen auch das aus der Geschäftsbesorgung Erlangte. Der Anspruch ist gesetzliche Rechtsfolge eines wirksamen Auftrags (BGH WM 62, 1056). Er löst daher keine Pflicht zur notariellen Beurkundung (§ 311b I) des Auftrags aus (BGHZ 82, 292). Die Regelung ist dispositiv (BGH WM 89, 1813). Der Herausgabeanspruch ist vom vertraglichen Erfüllungsanspruch zu unterscheiden (zur Herausgabe von Arbeitsergebnissen BGH NJW-RR 04, 1290). Er ist abtretbar und pfändbar. Vergleichbar ist § 384 II HGB. Eine analoge Anwendung wird beim Handelsvertretervertrag befürwortet (BGH NJW 93, 1786), nicht dagegen für die eheliche Lebensgemeinschaft (BGH NJW 00, 3199) und Beamte (BVerwG NJW 02, 1968). Für Vollmachtsurkunden gilt § 175.

B. Herausgabepflicht. I. „Erhaltene". Zur Ausführung des Auftrags hat der Beauftragte alles erhalten, was dem Zweck dient, das Geschäft zu besorgen (zB Geld, Sachen, Daten – BGH NJW-RR 04, 121; 04, 1290; auch NJW 02, 825). Ob die zur Verfügung gestellten Mittel zur Rückgabe oder zum Verbrauch vorgesehen sind, ist nicht entscheidend (BGH NJW 97, 47). **Gegenstand der Herausgabe** kann jede rechtliche oder tatsächliche Position sein (Eigentum, Inhaberstellung, Besitz). Für die Bestimmung der Rechtsposition sind die sachenrechtlichen Regeln maßgebend. An Treugut bestehen auch nach Übereignung der Gegenstände an den Beauftragten Rechte des Auftraggebers iSd § 771 ZPO bzw § 47 InsO (RGZ 84, 214; 153, 366). Werden zur Ausführung notwendige Sachen zum Besitz überlassen, begründet das Auftragsverhältnis bis zur Beendigung ein Recht zum Besitz (§ 986).

II. „Erlangte". Aus der Geschäftsbesorgung erlangt ist jeder Vorteil, den der Beauftragte aufgrund eines inneren Zusammenhangs mit dem geführten Geschäft erhalten hat (BGH NJW-RR 92, 560; MüKo/*Seiler* § 667 Rn 9; Staud/*Wittmann*, § 667 Rn 1). **Vorteil** kann nicht nur ein Vermögenswert (Sachen und Rechte sowie Nutzungen einschl Surrogaten BGHZ 143, 373), sondern auch Akten, Unterlagen und Schriftverkehr mit Dritten sein (BGHZ 109, 260: Handakten eines RA; MüKo/*Seiler* § 667 Rn 16 zur Herausgabe von Krankenunterlagen). Erlangt sind nur tatsächliche Vorteile, nicht dagegen, was der Beauftragte hätte erlangen können oder wieder zurückgegeben hat (BGH NJW 01, 2476). Abzugrenzen ist das Erlangte von den Vorteilen, die der Beauftragte nur bei Gelegenheit des Auftrags erhalten hat. Kriterium für die Abgrenzung ist die Möglichkeit, den Beauftragten mit dem Vorteil bei der Ausführung des Auftrags zu beeinflussen. Provisionen (BGH NJW 92, 560), Sondervorteile und Schmiergelder sind daher idR aus der Geschäftsbesorgung erlangt (BGHZ 39, 1; WM 87, 781: Zuwendung an Strohmann; 88, 1320: Honorar; NJW 01, 2476). Auf den Zweck, den der Dritte mit der Zuwendung verfolgt, kommt es nicht an (BGHZ 39, 1).

Der schuldrechtliche Herausgabeanspruch des Auftraggebers hat **keine unmittelbare Rechtsänderung** an den Gegenständen zur Folge (BGH NJW 71, 559). Das Eigentum an Sachen geht nur dann ohne Durchgangserwerb auf den Auftraggeber über, wenn der Beauftragte im fremden Namen und mit Vollmacht handelt. In Fällen der mittelbaren Stellvertretung ergibt sich kein Interventionsrecht in der Zwangsvollstreckung oder Insolvenz (§§ 771 ZPO, 47 InsO). Ausnahmen sind bei der Kommission zu beachten (§ 392 II HGB).

C. Rechtsfolge. Der Herausgabeanspruch ist auf die Verschaffung der rechtlichen und tatsächlichen Positionen an dem jeweiligen Gegenstand gerichtet. Eigentum ist zu übertragen, Forderungen und andere Rechte sind abzutreten und Besitz ist zu überlassen. Der Anspruch ist regelmäßig bei Beendigung des Auftrags **fällig**.

Abw Zeitpunkte können sich aus konkreten Vereinbarungen bzw den Umständen ergeben. Für das Erhaltene ist darauf abzustellen, ob es für die Ausführung des Auftrags noch benötigt wird (MüKo/*Seiler* § 667 Rn 20). Bei Daueraufträgen wird der Anspruch auf das Erlangte idR fällig sein, sobald der Vorteil beim Beauftragten eintritt.

6 Der Anspruch geht durch Erfüllung (§ 362) oder Unmöglichkeit (§ 275 I) unter. Die **Gefahr des Untergangs** des Vorteils trägt grds der Auftraggeber (BGHZ 28, 123). Eine Ausnahme besteht, wenn der Anspruch auf Geld gerichtet ist (BGH NJW 91, 1884). Erlangte Geldmittel müssen auch dann herausgegeben werden, wenn sie beim Beauftragten zwar nicht mehr vorhanden sind, aber nicht zu dem vorgesehenen Zweck verwendet wurden (BGH NJW 97, 47; NZG 03, 215 – Beschaffungsrisiko). Das Risiko der Insolvenz einer Bank bei angelegten Geldern trägt der Beauftragte nur bei Verschulden (BGH AZ III ZR 9/05). Die ganz hM weist dem Auftraggeber entgegen § 270 das Übermittlungsrisiko zu. § 254 ist auf § 667 grds nicht anwendbar (BGHZ 28, 123; NJW-RR 98, 484). Ausnahmen hat die Rspr bei Weisungen im Bankvertragsrecht anerkannt (BGHZ 108, 386; 130, 87).

7 Die **Aufrechnung** mit gleichartigen Gegenansprüchen ist jedenfalls dann zulässig, wenn die Ansprüche aus dem Auftragsverhältnis stammen (§ 670) oder mit dem Herausgabeanspruch in einem rechtlichen und wirtschaftlichen Zusammenhang stehen (BGHZ 14, 342; 71, 380; WM 72, 53). Ein Ausschluss kann sich aus Treu und Glauben (Umstände und Zweck des Auftrags) ergeben (BGHZ 14, 342: für Treuhandverhältnisse; BGH NJW 93, 2041). Gleiches gilt für **Zurückbehaltungsrechte** (§ 273; BGH VersR 98, 852). Gesetzliche Sonderregelungen sind zu beachten (§ 50 III BRAO: Durchsetzung von Honoraransprüchen).

8 Die **Darlegungs- und Beweislast** hinsichtlich des Auftrags, der Hingabe und des Erlangens der Vorteile treffen den Auftraggeber (BGH NJW 91, 1884). Hilfsmittel ist § 666. Der Beauftragte trägt die Beweislast für alle Ausschlussgründe (zB ordnungsgemäße Verwendung) und Einwendungen (BGH NJW-RR 04, 927).

9 Ist ein Herausgabeanspruch nach § 667 entstanden und hat der Beauftragte die Unmöglichkeit der Herausgabe der Gegenstände zu vertreten oder hat er sich auf andere Weise vertragswidrig verhalten, kommen **Schadensersatzansprüche** nach §§ 280 ff in Betracht (MüKo/*Seiler* § 667 Rn 22; BaRoth/*Czub* § 667 Rn 8). Mitverschulden ist nach §§ 254, 278 zu berücksichtigen. Ist der Anspruch auf die Herausgabe von Geld gerichtet, kommt ein Verzugszins nach § 288 I in Betracht (BGH NJW 05,3709).

§ 668 Verzinsung des verwendeten Geldes

Verwendet der Beauftragte Geld für sich, das er dem Auftraggeber herauszugeben oder für ihn zu verwenden hat, so ist er verpflichtet, es von der Zeit der Verwendung an zu verzinsen.

1 § 668 sanktioniert **vertragswidriges Verhalten** des Beauftragten. Der Auftraggeber kann Verzinsung verlangen, wenn der Beauftragte Geld unberechtigt für sich verwendet hat. Ähnliche Regeln gelten für den Verwahrer (§ 698) und den Vormund (§ 1834). In weiteren Fällen findet die Vorschriften entspr Anwendung (s § 662 Rn 16).

2 Der Beauftragte muss das ihm nicht zustehende Geld für sich verwendet haben. Notwendig ist hierzu der Verbrauch oder Einsatz zu eigenen Zwecken; nicht ausreichend ist die Einzahlung auf ein eigenes Konto des Beauftragten (MüKo/*Seiler* § 668 Rn 4). Ein Verschulden des Beauftragten ist nicht erforderlich. Die **Pflicht zur Verzinsung** besteht für den Zeitraum der Verwendung zu eigenen Zwecken (zB Vermischung mit eigenen Mitteln). Der Zinssatz bestimmt sich nach § 246 (4 %) bzw § 352 HGB (5 %).

3 **Weitergehende Ansprüche** des Auftraggebers kommen unter den allgemeinen Voraussetzungen in Betracht. Für schuldhafte Pflichtverletzungen sind vertragliche (§§ 280 ff) und deliktische (§§ 823 II iVm 246, 266 StGB) Schadensersatzansprüche denkbar. Verzögerungen können unter den Voraussetzungen des § 288 zu einem höheren Zinssatz führen.

§ 669 Vorschusspflicht

Für die zur Ausführung des Auftrags erforderlichen Aufwendungen hat der Auftraggeber dem Beauftragten auf Verlangen Vorschuss zu leisten.

1 § 669 soll sicherstellen, dass der Beauftragte die Aufwendungen zur Ausführung des Auftrags nicht vorfinanzieren muss. Der auf Geld gerichtete **Anspruch auf Vorschuss** ist nach hM wegen des idR fehlenden eigenen Interesses des Beauftragten an der Ausführung des Auftrags nicht einklagbar (BGHZ 77, 60; 94, 330). Solange der Vorschuss auf Verlangen nicht geleistet wird, kann der Beauftragte die Ausführung des Auftrags verweigern. Steht dem Beauftragten ausnahmsweise ein Anspruch auf Ausführung des Auftrags zu, kann er den Vorschuss einklagen (etwa BGHZ 47, 272; 56, 136; ähnlich MüKo/*Seiler* § 669 Rn 2; BaRoth/*Czub* § 669 Rn 3). § 669 ist dispositiv. Die Vorschrift ist auf zahlreiche Fälle entspr anwendbar (dazu § 662 Rn 16). Eine Sondervorschrift für Rechtsanwälte enthält § 9 RVG.

Neben einem wirksamen Auftragsverhältnis bedarf es zur Begründung des Anspruchs eines Verlangens des Beauftragten (**verhaltender Anspruch**). Die Höhe des Vorschusses richtet sich nach den erforderlichen Aufwendungen des Beauftragten. Die notwendige Prognose ist anhand objektiver Gesichtspunkte vorzunehmen. Teilvorschüsse sind möglich. Der Anspruch besteht nicht, wenn der Beauftragte auf einen Vorschuss verzichtet bzw sich verpflichtet hat, eigene Mittel einzusetzen, oder bei der Ausführung keine Aufwendungen entstehen. Sonderregelungen sind zu beachten (§§ 775, 778).

Der Beauftragte muss über die Verwendung des Vorschusses **Rechenschaft** ablegen (§ 666). Er darf den Vorschuss nur vertragsgemäß verwenden (Beweislast beim Beauftragten), anderenfalls drohen Schadensersatzansprüche (§§ 280 ff). Der Auftraggeber hat einen Rückzahlungsanspruch (§ 667), falls die tatsächlich erforderlichen Aufwendungen (§ 670) geringer ausgefallen sind als der Vorschuss.

§ 670 Ersatz von Aufwendungen

Macht der Beauftragte zum Zwecke der Ausführung des Auftrags Aufwendungen, die er den Umständen nach für erforderlich halten darf, so ist der Auftraggeber zum Ersatz verpflichtet.

A. Regelungsgehalt. § 670 begründet eine **Ersatzpflicht** des Auftraggebers ggü dem Beauftragten für Aufwendungen, die zum Zwecke der Ausführung des Auftrags entstanden sind. Der Aufwendungsersatzanspruch hat keinen Einfluss auf die Unentgeltlichkeit des Auftrags, sondern bewirkt lediglich, dass der Begünstigte, dem der Ertrag zusteht (§ 667), letztlich auch die Aufwendungen zu tragen hat. Die allgemeinen Vorschriften zum Aufwendungsersatz (§§ 256, 257) sind zu beachten. Sonderregelungen gehen § 670 vor bzw ergänzen die Bestimmung (zB Handelsvertreter: §§ 87 d HGB; Gesellschafter einer OHG oder KG: § 110 HGB; Kommission: § 396 II HGB; RA: § 11 I RVG). In zahlreichen Bereichen, in denen fremde Interessen wahrgenommen werden, wird (teilweise über die GoA) auf § 670 verwiesen (s § 662 Rn 17). In weiteren gleichartigen Fallgruppen (zB im Arbeitsrecht) wird § 670 analog angewandt (BAGE 89, 26). Die Regelung ist vertraglich dispositiv (BAG NJW 04, 2036; Staud/*Wittmann* § 670 Rn 4).

B. Aufwendungsersatz. Der Ersatzanspruch setzt Aufwendungen voraus, die der Beauftragte für erforderlich halten durfte und zum Zwecke der Ausführung des Auftrags getätigt hat. Grds besteht der Anspruch nur bei einem **wirksamen Auftragsverhältnis**. Allerdings wendet die Rspr (seit BGHZ 37, 258) § 670 bei Tätigkeiten aufgrund eines vermeintlichen Auftrags über die GoA ebenfalls an (§§ 683, 670, s § 683 Rn 8; nicht bei fehlender Weisung: § 665 Rn 6). Auf die tatsächliche oder erfolgreiche Besorgung eines Geschäfts kommt es für den Anspruch nicht an; ein Handeln des Beauftragten ist aber notwendig (BGHZ 137, 43).

I. Aufwendungen. Aufwendungen sind **freiwillige Vermögensopfer**. Es muss sich einerseits um Vorgänge handeln, die für das Vermögen von Bedeutung sind (BGHZ 38, 302) und sich negativ darauf auswirken (nicht: eigene Arbeitskraft oder Zeit). Andererseits ist die Freiwilligkeit erforderlich, dadurch unterscheiden sich Aufwendungen von Schäden. Die Freiwilligkeit wird durch eine Verpflichtung ggü Dritten nicht ausgeschlossen. Aufwendungen können durch Auslagen in Geld oder den Verbrauch von Sachen (zB Treibstoff) bzw Rechten (zB Aufrechnung) entstehen (§ 256). Ferner können sich Aufwendungen aus gewährten Sicherheiten oder aus eingegangenen Verbindlichkeiten ergeben (§ 257).

Für den Ersatzanspruch nach § 670 sind nur solche Aufwendungen relevant, die **zweckgerichtet** im Hinblick auf das zu besorgende fremde Geschäft erbracht werden (BGH NJW 89, 1284) oder sich als notwendige Folge im Einzelfall ergeben (RGZ 75, 208: Steuern, Gebühren). Umstr ist die Behandlung von allgemeinen Unkosten (Nutzung des eigenen Fahrzeugs, Telefon usw). Bei Anwendung der genannten Kriterien können auch insoweit Aufwendungen vorliegen (wie hier MüKo/*Seiler* § 670 Rn 8, für die GoA BGHZ 65, 384; aA BaRoth/*Czub* § 670 Rn 7). Keine Aufwendung ist alles, was zum Inhalt der Leistung selbst zu rechnen ist und damit unentgeltlich erbracht werden muss (zB eigene Arbeitsleistung und Arbeitszeit, normale Abnutzung an Sachen, die zur Ausführung verwendet werden: BAGE 89, 26).

II. Ersatzfähigkeit. Im Gegensatz zum Vorschuss (§ 669) kommt es für die Ersatzfähigkeit der Aufwendungen nicht nur auf die **Erforderlichkeit** aus objektiver Sicht an. Entscheidend ist vielmehr, was der Beauftragte nach sorgfältiger Prüfung der ihm bekannten Umstände vernünftigerweise aufzuwenden hatte (BGHZ 95, 375). Bei der Einschätzung sind die Interessen des Auftraggebers im Zeitpunkt der auslösenden Handlung maßgeblich zu berücksichtigen. An der Erforderlichkeit der Aufwendungen für die Ausführung fehlt es, wenn die Geschäftsbesorgung verboten (§ 134) oder sittenwidrig (§ 138) ist (BGHZ 37, 258; 118, 142; BGH NJW 1997, 47). Gleiches gilt für die Übernahme von Sicherheiten für unwirksame oder verjährte Forderungen bzw deren Bezahlung (BGHZ 95, 375), als überhöht erkennbare Beträge sowie grds für Schmiergelder und ähnlich Sonderzahlungen (BGHZ 94, 268).

III. Ersatz von Schäden. Eine Regelung zum Ersatz für ausführungsbedingt entstandene Schäden des Beauftragten fehlt im Auftragsrecht. Der Auftraggeber haftet unter den allgemeinen Voraussetzungen (§ 280 I) für einen kausalen Schaden. Als Pflichtverletzung kommt insbes ein Verstoß gegen § 241 II in

Betracht. Darüber hinaus ist allgemein anerkannt, dass der Auftraggeber auch ohne Verschulden für Schäden des Beauftragten einstehen muss, die sich aufgrund eines mit der Geschäftsbesorgung verbundenen Risikos realisiert haben (**Zufallsschäden**). Umstr ist lediglich, ob § 670 insoweit (zumindest analog) anwendbar (BGHZ 33, 251; 38, 270; 89, 153) oder der Ersatz auf eine Risikohaftung zu stützen ist (*Canaris* RDA 66, 41; *Genius* AcP 173, 481, 512).

7 Für die Beurteilung der **Ersatzfähigkeit** lassen sich verschiedene Stufen unterscheiden: Eine Sonderregelung enthält § 110 HGB für OHG-Geschäftsführer (Ersatz von Verlusten). Gleiches gilt für Arbeitgeber ggü ihren Arbeitnehmern aufgrund der Eingliederung in die fremde Organisation, sofern für die Gefahren kein besonderes Entgelt bezahlt wird und die Vermögenseinbuße über den normalen Verschleiß hinausgeht (BAGE 33, 108). Für Besorgungen in einer Notlage ergibt sich ein Ersatzanspruch des Beauftragten wegen seiner Aufopferung aus Billigkeit (BGHZ 52, 115). Bei anderen Auftragsverhältnissen hat der Auftraggeber Ersatz zu leisten, wenn sich tätigkeitsspezifische Risiken in einem Schaden verwirklicht haben (BGHZ 38, 270). Dazu zählen auch Schäden aus der Betriebsgefahr eines vom Beauftragten eingesetzten Fahrzeugs (BGH NJW 63, 251).

8 **IV. Anspruchsinhalt und Umfang.** Inhalt und Umfang des Aufwendungsersatzanspruchs bestimmen sich nach §§ 256, 257. Verauslagte Geldbeträge sind nach Verrechnung mit dem Vorschuss (§ 669) zu erstatten (BGH WM 69, 1416). Sachaufwendungen sind in Höhe des Verkehrswertes in Geld auszugleichen. Bei eingegangenen Verbindlichkeiten besteht ein Befreiungsanspruch. Sind die Verbindlichkeiten noch nicht fällig, ist Sicherheit zu leisten. Beim Ersatz von Schäden ist § 254 uneingeschränkt anwendbar (bewusste Gefahrerhöhung führt zum Ausschluss). Ein Anspruch auf Ersatz immaterieller Schäden (§ 253 II) kommt bei einem funktionalen Verständnis des § 670 ebenfalls in Betracht (wie hier wohl Palandt/*Sprau* § 670 Rn 13; *Däubler* JuS 02, 625; dagegen: BGHZ 52, 115; BaRoth/*Czub* § 670 Rn 17). Der Anspruch nach § 670 verjährt nach allgemeinen Regeln (§§ 195, 199). Dem Auftraggeber steht ein Zurückbehaltungsrecht zu (§ 273). Die Aufrechnung ist möglich. Der Beauftragte trägt die Beweislast für den Auftrag, die Aufwendungen und deren Erforderlichkeit (BGH WM 60, 373).

§ 671 Widerruf; Kündigung

(1) Der Auftrag kann von dem Auftraggeber jederzeit widerrufen, von dem Beauftragten jederzeit gekündigt werden.
(2) ¹Der Beauftragte darf nur in der Art kündigen, dass der Auftraggeber für die Besorgung des Geschäfts anderweit Fürsorge treffen kann, es sei denn, dass ein wichtiger Grund für die unzeitige Kündigung vorliegt. ²Kündigt er ohne solchen Grund zur Unzeit, so hat er dem Auftraggeber den daraus entstehenden Schaden zu ersetzen.
(3) Liegt ein wichtiger Grund vor, so ist der Beauftragte zur Kündigung auch dann berechtigt, wenn er auf das Kündigungsrecht verzichtet hat.

1 **A. Regelungsgehalt.** § 671 enthält zwei Instrumente (Widerruf, Kündigung), die zur Beendigung des Auftrags mit Wirkung für die Zukunft führen. Bereits entstandene Ansprüche bleiben davon unberührt (BGH NJW 91, 2210). Der Widerruf des Auftraggebers und die Kündigung des Beauftragten können jederzeit erfolgen. Es handelt sich um **einseitige empfangsbedürftige, gestaltende Willenserklärungen**, deren Abgabe an keine Form oder Frist gebunden ist. Macht der Beauftragte von seinem Kündigungsrecht ohne Rücksicht auf die Interessen des Auftraggebers (zur Unzeit) und ohne wichtigen Grund Gebrauch, hat er dem Auftraggeber den daraus entstehenden Schaden zu ersetzen (§ 671 II 2). Das Recht zur Kündigung aus wichtigem Grund bleibt auch dann erhalten, wenn der Beauftragte auf die Kündigung verzichtet hat (§ 671 III). Eine gesetzliche Verweisung auf § 671 I gibt es nicht. Anderes gilt für § 671 II und III (§§ 712 II, 2226 S 3); § 675 verweist lediglich auf § 671 II. Sonderregelungen sind zu beachten (§ 775); für die Vollmacht gilt § 168 S 1.

2 **B. Widerruf des Auftraggebers.** Die Beendigung des Auftrags durch jederzeitigen Widerruf des Auftraggebers ist wegen der Fremdnützigkeit des zu besorgenden Geschäfts und der damit verbundenen Vertrauensstellung des Beauftragten gerechtfertigt (BGH WM 71, 956; ausf *Grundmann* AcP 198, 457, 481). Der Widerruf unter einer Bedingung ist entgegen den allgemeinen Regeln für Gestaltungsrechte grds zulässig (hM: MüKo/*Seiler* § 671 Rn 4; Soergel/*Beuthien* § 671 Rn 6; BaRoth/*Czub* § 671 Rn 2). Nach vollständiger Ausführung des Geschäfts durch den Beauftragten ist ein Widerruf nicht mehr möglich (BGHZ 17, 317). Eine Disposition über das Widerrufsrecht (zB Verzicht) ist jedenfalls dann unwirksam, wenn der Auftrag ganz überwiegend den Interessen des Auftraggebers dient (RGZ 160, 122; BGH WM 71, 956). Bei Vorliegen eines wichtigen Grundes gilt § 671 III entspr. Bereits erfolgte Verfügungsgeschäfte werden durch den Widerruf nicht beeinträchtigt.

3 **C. Kündigung des Beauftragten.** Für die Kündigung gelten im Grundsatz die gleichen Regeln, was wegen der Unentgeltlichkeit des Auftrags gerechtfertigt erscheint. Die **ordentliche Kündigung** muss so gewählt werden, dass der Auftraggeber anderweitig Fürsorge für das Geschäft treffen kann (zB anderer Sicherungsgeber

BGH WM 72, 661). Eine zur Unzeit erklärte Kündigung ist gleichwohl wirksam, verpflichtet aber zum Schadensersatz (§ 671 II 2). IdR geht der Anspruch auf den Vertrauensschaden und nur ausnahmsweise auf das Erfüllungsinteresse, dabei ist die Möglichkeit der ordnungsgemäßen Kündigung zu berücksichtigen (MüKo/ Seiler § 671 Rn 13; BaRoth/Czub § 671 Rn 7). Das gilt nicht für die **außerordentliche Kündigung** aus wichtigem Grund. Das Vorliegen eines wichtigen Grundes bestimmt sich nach § 314 I 2. Ein Verzicht auf die Kündigung aus wichtigem Grund ist nicht möglich (§ 671 III).

§ 672 Tod oder Geschäftsunfähigkeit des Auftraggebers

¹Der Auftrag erlischt im Zweifel nicht durch den Tod oder den Eintritt der Geschäftsunfähigkeit des Auftraggebers. ²Erlischt der Auftrag, so hat der Beauftragte, wenn mit dem Aufschub Gefahr verbunden ist, die Besorgung des übertragenen Geschäfts fortzusetzen, bis der Erbe oder der gesetzliche Vertreter des Auftraggebers anderweit Fürsorge treffen kann; der Auftrag gilt insoweit als fortbestehend.

§ 672 1 enthält eine **Auslegungsregel**. Danach hat der Tod des Auftraggebers für den Bestand des Auftragsverhältnisses nur Bedeutung, wenn das Ereignis als Beendigungsgrund besonders vereinbart ist oder sich solches aus den Umständen ergibt (Hamm NJW-RR 03, 800). Gleiches gilt bei nachträglich eintretender Geschäftsunfähigkeit des Auftraggebers und im Bereich einer nachträglich angeordneten Betreuung mit Einwilligungsvorbehalt (§ 1903; hM: vgl nur Staud/Wittmann § 672 Rn 10). Bei Insolvenz des Auftraggebers gilt § 115 InsO (Grundsatz: Erlöschen). § 672 S 2 schützt die Interessen des Auftraggebers (bzw seiner Erben), falls der Auftrag erlischt. 1

Ergibt sich unter Berücksichtigung aller Umstände der **Fortbestand des Auftrags**, tritt der Erbe (§ 1922) in die Rechtsstellung des Auftraggebers ein. In anderen Fällen nimmt der gesetzliche Vertreter die Rechte und Pflichten des Auftraggebers wahr. An bereits vor dem Ereignis erteilte Weisungen bleibt der Beauftragte gebunden. Unter den Voraussetzungen des § 671 ist der Widerruf des Auftrags, aber auch der Widerruf einer Weisung möglich. Ein vollständiger Verzicht auf das Widerrufsrecht mit Bindung für die Erben ist nicht möglich (BGH NJW 75, 382). Ein unwiderruflicher Auftrag zur Nachlassverwaltung kann nur durch formwirksame Einsetzung als Testamentsvollstrecker erfolgen (RGZ 139, 41). Eine Verpflichtung des Beauftragten zur Nachfrage wegen der veränderten Umstände besteht nicht (BGHZ 127, 239; NJW 69, 1245). Eine rechtsgeschäftliche Vollmacht bleibt bestehen (§ 168). 2

Ist der Auftrag entgegen der Auslegungsregel erloschen, treffen den Beauftragten **Notbesorgungspflichten** zur Abwendung von Gefahren, die mit einem Aufschub verbunden sind. Für diese Maßnahmen (nur insoweit) gilt der Auftrag als fortbestehend. Das Auftragsrecht bleibt anwendbar (zB § 670). Mit anderen Maßnahmen kann der Beauftragte in den Schutzbereich des § 674 fallen. Bei zu vertretender Verletzung der Verpflichtung zur Gefahrenvorsorge und -abwehr hat der Auftraggeber einen vertraglichen Schadensersatzanspruch (§ 280 I). 3

§ 673 Tod des Beauftragten

¹Der Auftrag erlischt im Zweifel durch den Tod des Beauftragten. ²Erlischt der Auftrag, so hat der Erbe des Beauftragten den Tod dem Auftraggeber unverzüglich anzuzeigen und, wenn mit dem Aufschub Gefahr verbunden ist, die Besorgung des übertragenen Geschäfts fortzusetzen, bis der Auftraggeber anderweit Fürsorge treffen kann; der Auftrag gilt insoweit als fortbestehend.

§ 673 enthält eine Auslegungsregelung für den Fall des **Todes des Beauftragten**. Anders als nach § 672 erlischt der Auftrag mit dem Tod des Beauftragten, es sei denn, Vereinbarungen oder Umstände sprechen dagegen. In Abweichung zu § 672 wird die Geschäftsunfähigkeit des Beauftragten nicht geregelt. Die Erledigung von Rechtsgeschäften ist dem Beauftragten in einem solchen Fall wegen § 105 I unmöglich (§ 275 I). Ein Anspruch des Auftraggebers auf Ausführung ist ausgeschlossen (wie hier Staud/Wittmann § 673 Rn 2; Palandt/Sprau § 673 Rn 1; aA BaRoth/Czub § 673 Rn 2). Auf die Geschäftsbesorgung (§ 675) ist die Vorschrift entspr anzuwenden. Ferner verweist § 2218 auf § 673 2. Die Anwendung der Regel bei Beendigung einer juristischen Person ist umstr (dafür MüKo/Seiler § 673 Rn 2; Palandt/Sprau § 673 Rn 3; aA BaRoth/Czub § 673 Rn 2). Bei Umwandlungen geht § 20 UmwG vor (K.Schmidt DB 01, 1019). 1

Greift die Auslegungsregel ein, ist der Auftrag mit **Wirkung für die Zukunft** beendet. Bereits entstandene Ansprüche (§§ 666, 667) sind von den Erben zu erfüllen (BGHZ 104, 369). Um eine rasche Reaktion des Auftraggebers im Hinblick auf das zu besorgende Geschäft zu gewährleisten, sieht § 673 S 2 eine Anzeigepflicht der Erben vor. Die Anzeige ist eine geschäftsähnliche Handlung, es genügt die Anzeige durch einen Erben (§ 2038 I 2). Bei einem schuldhaften Verstoß gegen die Anzeigepflicht sind die Erben schadensersatzpflichtig (§ 280 I). 2

3 Der Auftrag wird als fortbestehend fingiert, soweit die Erben ihrer **Notbesorgungspflicht** nachkommen. Die Erben haben eine Fürsorgepflicht und müssen Maßnahmen treffen, um Gefahren abzuwehren, die mit einem Aufschub des zu besorgenden Geschäfts verbunden sind (§ 673 2). Bei einem schuldhaften Verstoß gegen die Verpflichtung sind die Erben schadensersatzpflichtig.

§ 674 Fiktion des Fortbestehens

Erlischt der Auftrag in anderer Weise als durch Widerruf, so gilt er zugunsten des Beauftragten gleichwohl als fortbestehend, bis der Beauftragte von dem Erlöschen Kenntnis erlangt oder das Erlöschen kennen muss.

1 Zum Schutz des Beauftragten wird der **Fortbestand des Auftrags** zu seinen Gunsten fingiert (§ 674), wenn er ohne Vorsatz oder Fahrlässigkeit (§ 122 II) trotz Erlöschen des rechtswirksamen Auftrags von dessen Fortbestand ausgeht. Für die Beendigung durch Widerruf greift die Fiktion nicht ein (§ 130). Die Fiktion endet, sobald der Beauftragte vom Erlöschen erfährt oder sich Fahrlässigkeit einstellt. Ohne die Fiktion finden die Regeln der §§ 677 ff Anwendung. Die Beweislast für die Kenntnis oder fahrlässige Unkenntnis des Beauftragten trägt der Auftraggeber. Auf die Geschäftsbesorgung (§ 675) und Testamentsvollstreckung (§ 2218) ist die Norm entspr anwendbar.

2 Relevante **Fallgruppen** für die Beendigung des Auftragsverhältnisses ohne Kenntnis des Beauftragten können die Zweckerreichung, der Tod bzw die Geschäftsunfähigkeit des Auftraggebers (entgegen § 672) oder dessen Insolvenz sein. Im letzteren Fall greift allerdings die gleichartige Sonderregelung des § 115 III InsO ein. Die Fiktion des Fortbestands bezieht sich lediglich auf die Position des Beauftragten (§§ 666, 667, 670; s Nürnbg NJW 64, 304). Eine dem Beauftragten erteilte Vollmacht bleibt ggü gutgläubigen Dritten bestehen (§ 169). Eine Schadensersatzpflicht des Beauftragten wegen Nichtausführung kann sich allenfalls in den Fällen des § 672 S 2 ergeben.

Untertitel 2 Geschäftsbesorgungsvertrag

Kapitel 1 Allgemeines

§ 675 Entgeltliche Geschäftsbesorgung

(1) Auf einen Dienstvertrag oder einen Werkvertrag, der eine Geschäftsbesorgung zum Gegenstand hat, finden, soweit in diesem Untertitel nichts Abweichendes bestimmt wird, die Vorschriften der §§ 663, 665 bis 670, 672 bis 674 und, wenn dem Verpflichteten das Recht zusteht, ohne Einhaltung einer Kündigungsfrist zu kündigen, auch die Vorschrift des § 671 Abs. 2 entsprechende Anwendung.

(2) Wer einem anderen einen Rat oder eine Empfehlung erteilt, ist, unbeschadet der sich aus einem Vertragsverhältnis, einer unerlaubten Handlung oder einer sonstigen gesetzlichen Bestimmung ergebenden Verantwortlichkeit, zum Ersatz des aus der Befolgung des Rates oder der Empfehlung entstehenden Schadens nicht verpflichtet.

1 **A. Regelungsgegenstand.** § 675 enthält einerseits Regeln zur entgeltlichen Geschäftsbesorgung (§ 675 I) und andererseits Regeln über die Haftung für Rat und Empfehlung (§ 675 II). Die Vorschrift steht am Beginn eines eigenen Unterabschnitts über den Geschäftsbesorgungsvertrag. Der Unterabschnitt wurde im Zuge der Umsetzung der Überweisungs- (97/5/EG, ABl L 43 S 25) und der Zahlungsrichtlinie (98/26/EG, ABl L 166 S 45) in das deutsche Recht geschaffen. Besondere Regelungen haben der Überweisungs-, Zahlungs- und Girovertrag erfahren (§§ 676 a ff). Bei Verbindungen eines Sachverhalts zu anderen Rechtsordnungen bestimmt sich die Anwendung des deutschen Rechts nach Art 27 ff EGBGB.

2 **B. Geschäftsbesorgung. I. Wesen und Begriff.** Der Geschäftsbesorgungsvertrag ist ein Dienst- oder Werkvertrag, der eine Geschäftsbesorgung zum Gegenstand hat (§ 675 I). Er ist gegenseitiger Vertrag, auf den zahlreiche Vorschriften des Auftragsrechts anwendbar sind. Vom Auftrag unterscheidet sich der Geschäftsbesorgungsvertrag nicht nur durch die Entgeltlichkeit. Die Festlegung der Geschäftsbesorgung erfolgt vielmehr ausgehend vom Dienst- bzw Werkvertrag. § 675 I geht davon aus, dass es besondere Tätigkeiten gibt, die grds dem Dienst- bzw Werkvertrag zuzuordnen sind, für die das Auftragsrecht aber sachgerechtere Regelungen enthält. Nach hM muss die Tätigkeit **selbstständig ausgeübt werden, wirtschaftlicher Art sein und der Wahrnehmung fremder Interessen dienen** (BGHZ 45, 223; NJW-RR 92, 560; 04, 989). In der Lit wird überwiegend betont, dass es in Bezug auf die „Geschäftsbesorgung" nicht um eine exakte begriffliche Festlegung, sondern um die Umschreibung eines Typus gehe (etwa MüKo/*Heermann* § 675 Rn 4).

1. Merkmale. Erscheinungsformen der entgeltlichen Geschäftsbesorgung sind insbes Beratungen in rechtlichen, steuerlichen oder wirtschaftlichen Angelegenheiten sowie die Leistungen im Zusammenhang mit Vertragsabschlüssen (zB Vermittlung, Vertretung) für Rechnung des Geschäftsherrn oder mit dessen Vermögen (Bank-, Baubetreuung oder Treuhandvertrag). 3

Eine **selbstständige Tätigkeit** setzt neben einem aktiven Tun (s § 662 Rn 6) ein gewisses Maß an Eigenverantwortlichkeit beim Geschäftsbesorger voraus. Das Kriterium der Eigenverantwortlichkeit schränkt den Kreis der Tätigkeiten ggü dem Auftrag ein. Ohne einen Spielraum bei der Überlegung oder Betätigung des Willens (fehlt bei Arbeitsverhältnissen) liegt keine Geschäftsbesorgung vor (BGHZ 137, 69). Die Tätigkeit wird idR auf rechtsgeschäftliches Handeln gerichtet sein; tatsächliches Handeln ist aber ebenfalls ausreichend (Palandt/*Sprau* § 675 Rn 3). 4

Die Tätigkeit muss **wirtschaftlicher Art** sein und sich im Gegensatz zum Auftrag und der GoA dem Bereich des Wirtschaftslebens zuordnen lassen (Staud/*Martinek* § 675 Rn A 30). Der Vermögensbezug allein ist nicht ausreichend. Keine Geschäftsbesorgungen idS sind bspw die Tätigkeiten im nicht wirtschaftlichen Bereich als Arzt, Musiker oder Künstler. 5

Die Tätigkeit muss einen Vermögensbezug aufweisen, nur auf diesem Wege ist die **Wahrnehmung fremder Vermögensinteressen** möglich. Das kann durch das Verwalten, das Halten und die Vermehrung des Vermögens des Geschäftsherrn geschehen. Fremdnützigkeit liegt vor, wenn es sich um Tätigkeiten handelt, die an sich der Geschäftsherr selbst zu besorgen hat. Die Verfolgung auch eigener Interessen schließt die Fremdnützigkeit nicht aus. Umstr ist die Fremdnützigkeit, wenn der Geschäftsbesorger dem Geschäftsherrn nichts abgenommen hat, also keine bestehende Verpflichtung oder Obliegenheit des Geschäftsherrn wahrnimmt, sondern ein neuer Aufgabenkreis geschaffen wird (abl: BGHZ 45, 223; aA MüKo/*Heermann* § 675 Rn 8). Keine fremden Vermögensinteressen werden bei Leistungen an den Vertragspartner aufgrund gewöhnlicher Dienst- oder Werkverträge wahrgenommen (Handwerker, Architekt usw). Gewöhnliche Dienste werden nur an, aber nicht für einen anderen geleistet (BGH DB 59, 168). 6

Das **Entgelt** ist bei der Geschäftsbesorgung Gegenleistung für die Tätigkeit wirtschaftlicher Art zur Wahrnehmung fremder Vermögensinteressen. Ausreichend ist, wenn die Tätigkeit iR eines Dienst- bzw Werkvertrags regelmäßig nur gegen Entgelt zu erwarten ist (§§ 612, 632). 7

2. Anwendbare Normen und Pflichten. Die anwendbaren Normen und Pflichten lassen sich bei der Vielzahl an Erscheinungsformen der entgeltlichen Geschäftsbesorgung nur ganz abstrakt beschreiben. Ferner sind die Regelungen in § 675 I dispositiv und werden in speziellen Bereichen von Sonderregelungen (§§ 84 ff; 383 ff HGB) verdrängt. Generelle Anwendung finden die Regeln über den Vertragsschluss und die Verbraucherschutzrechte (§§ 312 ff). Die **Vertragspflichten** ergeben sich aus der Vereinbarung der Parteien, den Sonderregelungen, den in die Verweisung aufgenommenen Auftragsvorschriften (nicht § 664 und 671 I) und erg aus dem Dienst- bzw Werkvertragsrecht. §§ 669, 670 finden keine Anwendung, soweit der Aufwendungsersatz in der Vergütung bereits enthalten ist. Anderes gilt regelmäßig bei Diensten höherer Art oder entspr Sonderregelungen (§ 1 RVG). In der Lit wird § 664 für entspr anwendbar gehalten (MüKo/*Seiler* §§ 664 Rn 19; BaRoth/*Czub* § 664 Rn 5). In der Insolvenz unterscheiden sich die entgeltliche Geschäftsbesorgung und der Auftrag nicht (§ 116 InsO). 8

II. Beraterverträge. 1. Rechtsberatung. Die entgeltliche Rechtsberatung und Vertretung durch Anwälte (§ 3 I BRAO) kann dienst- (Beratung und Prozessvertretung) oder werkvertraglicher (Gutachten) Natur sein. Bei diesen typischen anwaltlichen Leistungen werden selbstständig fremde Vermögensinteressen iR einer Geschäftsbesorgung wahrgenommen. Das Auftragsrecht ist anwendbar (BGH NJW 72, 1044; 96, 842). Das gilt nicht, falls die typische anwaltliche Tätigkeit völlig in den Hintergrund tritt (BGH NJW 92, 681; 01, 1569). An den Vertragsschluss durch schlüssiges Verhalten sind in Zweifelsfällen erhöhte Anforderungen zu stellen (BGH NJW 91, 2084); im Übrigen gelten die allgemeinen Regeln. Eine besondere Form ist für die Wirksamkeit des Anwaltsvertrags grds nicht erforderlich (beachte: § 4 I RVG). 9

a) Vertragspflichten. Der **Hauptleistungspflicht** zur Ausführung der anwaltlichen Tätigkeit stehen Sorgfalts- und Obhutspflichten zur Seite. Das Mandat ist so auszuführen, dass Rechte, Rechtsgüter und Interessen (§ 241 II) des Mandanten nicht verletzt werden. Die Pflichten des Anwalts bestehen grds nur während der Vertragsdauer. Ausnahmsweise kommt bei besonderen Risiken oder Gefahren für den Mandanten eine Hinweispflicht auch für die Zeit nach Beendigung des Mandats in Betracht (BGHZ 94, 380). 10

Die **Rechtsberatung** muss umfassend und erschöpfend sein (BGH NJW 92, 1159). Maßstab ist das erteilte Mandat. Wesentlicher Beitrag zur Beratung ist die Aufklärung des Sachverhalts (BGH NJW 98, 2048). Die Aufklärungspflicht bezieht sich auf alle Vorgänge des konkreten Sachverhalts, die geeignet sind, den vom Mandanten gewünschten Erfolg herbeizuführen (BGH NJW 00, 730: Nachfragepflicht). Der Mandant ist seinerseits verpflichtet, seinen Anwalt vollständig und wahrheitsgemäß zu unterrichten (BGH NJW 96, 2929). Auf die Angaben des Mandanten darf sich der Anwalt grds verlassen (BGH NJW 85, 1154; 98, 2048). Die Aufklärungs- und Hinweispflicht des Anwalts kann reduziert sein, wenn der Mandant spezielle Vorkenntnisse hat (BGH NJW 98, 1486). An die Rechtskenntnisse eines Anwalts und die rechtliche Prüfung stellt die Rspr hohe (teilweise unrealistische) Anforderungen. Neben der Kenntnis des Gesetzes und der höchstrichterlichen 11

Rspr (BGH NJW 83, 1665; angemessene Frist nach der Veröffentlichung: NJW 79, 877) hat der Anwalt auch Entwicklungen in der Rspr und Lit zu verfolgen (BGH NJW 93, 3323). Letzteres allerdings nur, wenn in dem Bereich erkennbar Änderungen der höchstrichterlichen Rspr zu erwarten sind. Zum geltenden deutschen Recht zählen auch das Europarecht sowie internationale Übereinkommen, wie das UN-Kaufrecht. Als Ergebnis der Beratung muss der Anwalt dem Mandanten den sichersten und gefahrlosesten Weg vorschlagen, der zum angestrebten Erfolg führt. Bei mehreren Wegen ist eine Belehrung erforderlich, in der mögliche Risiken aufgezeigt werden und der Mandant über Folgen umfassend aufgeklärt wird (BGH WM 01, 98). Zur Belehrung zählt auch die Vorsorge im Hinblick auf den Erhalt von Rechten (BGH NJW 97, 1302: Verjährung) und ein Hinweis zu bestehenden Risiken (BGH WM 05, 2345). Vor rechtlichen Gefahren, die zwar in keinem inneren Zusammenhang mit dem Mandat stehen, muss der Anwalt aber gleichwohl warnen, wenn sie bekannt oder offenkundig sind (BGH NJW 02, 1117).

12 Bei der **Vertretung** des Mandanten ggü Dritten (zB Vorlage einer Vollmacht bei Kündigung wegen § 174) und in Rechtsstreitigkeiten vor Gericht hat der Anwalt die Interessen des Mandanten zu wahren und Nachteile für diesen möglichst zu vermeiden. Ist eine Klage aussichtslos, muss der Anwalt davon abraten (BGHZ 97, 372; NJW 97, 2168). Gerichtstermine darf er nicht schuldhaft versäumen (BGH NJW 93, 1323) und muss dem Mandanten günstige Anträge rechtzeitig stellen (BGH NJW 92, 2694: zur beschränkten Erbenhaftung). Zur Interessenwahrung gehören auch die allgemeinen Weisungen an seine Mitarbeiter, bspw bei der Übermittlung von fristwahrenden Schriftstücken per Telefax Einzelnachweise über den Sendevorgang auszudrucken und die Fristen im Kontrollbuch erst danach zu löschen (BGH NJW 02, 522). Vor dem Abschluss eines Vergleichs muss der Anwalt den Mandanten umfassend und sachgerecht beraten (BGH NJW 00, 1944); Auslegungsrisiken sind zu vermeiden (BGH NJW 02, 1048). Auch ohne ausdrückliche Weisung hat der Anwalt nach einer „Flucht in die Säumnis" Einspruch gegen das Versäumnisurteil einzulegen (BGH NJW 02, 290). Bei Fehlern des Gerichts hat der Anwalt gegenzusteuern (BGH NJW 88, 3013; WM 02, 513), allerdings trifft ihn nicht das Risiko falscher Gerichtsentscheidungen (BVerfG NJW 02, 2937).

13 b) **Haftung.** Eine schuldhafte Pflichtverletzung des Anwalts kann zu einem **Schadensersatzanspruch** des Mandanten nach § 280 I führen. Geht es um die Beurteilung der Folgen des hypothetisch richtigen Verhaltens, ist bei Gerichtsentscheidungen maßgebend, was nach damaliger Rechtsauffassung (Gesetz bzw höchstrichterliche Rspr) hätte entschieden werden müssen (BGHZ 72, 328; 133, 110; 145, 256). Später hinzutretende Rechtsirrtümer des Gerichts entlasten den Anwalt idR nicht (BGH NJW 98, 2049). Dem Mandanten ist nur zu ersetzen, was ihm nach materieller Rechtslage zugestanden hätte (BGHZ 145, 256). Gleiches gilt bei gebundenen Entscheidungen im Verwaltungsverfahren. Ein Schaden, der dem Vergütungsanspruch entgegengehalten werden kann, liegt bei der Vereitelung eines Kostenerstattungsanspruchs vor (BGH NJW 04, 2817).

14 Die **Beweislast** für die Pflichtverletzung und Kausalität begründenden Umstände trägt der Mandant (BGHZ 126, 217). Ihm kommen die Grundsätze des Anscheinsbeweises zugute, wenn es darum geht, ob er sich entspr der pflichtgemäß anzuratenden Weise verhalten hätte (BGHZ 123, 311; 126, 217; NJW 02, 1117). Eine generelle Beweislastumkehr wird von der Rspr abgelehnt. Eine für den Mandanten günstige Beweislastregel aus dem Ausgangssachverhalt ist aber auch im Regressverfahren zu beachten (BGHZ 133, 110; NJW 02, 593).

15 **Mitverschulden** des Mandanten (§ 254) kommt im Hinblick auf die rechtliche Behandlung des Mandats grds nicht in Betracht (BGH WM 06, 105). Das gilt regelmäßig auch bei pflichtwidrigem Handeln eines vom Mandanten nachträglich eingeschalteten weiteren Anwalts (BGH NJW 02, 1117). Ein vertraglicher Schadensersatzanspruch verjährt nach allgemeinen Regeln; § 51 b BRAO wurde aufgehoben (G v 9. 12. 04, BGBl I 3214). Für den Verjährungsbeginn kommt es auf die Kenntnis des Mandanten von der Pflichtverletzung bzw des Schadens an (§ 199). Die Rspr hat Anwälten (bei Maßgabe von § 51 b BRAO) die Verpflichtung auferlegt, den Mandanten auf den Schadensersatzanspruch und dessen Verjährung hinzuweisen (BGHZ 94, 380; NJW 03, 822). Die Verletzung der Pflicht führt dazu, den Mandanten so zu stellen, als sei die Verjährung im Hinblick auf den Schadensersatzanspruch nicht eingetreten (Sekundäranspruch). Die Hinweispflicht besteht nur, solange das Vertragsverhältnis andauert und der Mandant keine anderweitige anwaltliche Beratung im Hinblick auf den Schadensersatzanspruch in Anspruch genommen hat (BGH NJW 00, 1263; 01, 826).

16 c) **Vergütung.** Die Vergütung des Anwalts bestimmt sich grds nach dem RVG. Sie setzt sich aus Gebühren und Auslagen zusammen (§ 1 RVG). Der Anwalt kann einen angemessenen Vorschuss fordern (§ 9 RVG). Auf außergewöhnlich hohe Gebühren muss er nur unter besonderen Umständen hinweisen (BGH NJW 98, 3486). Abw Vergütungsvereinbarungen sind iRd § 4 RVG möglich. Für Honorare unterhalb der gesetzlichen Vergütung und Erfolgshonorare ist das grds Verbot in § 49b BRAO zu beachten. Die Abtretung der Honoraransprüche ist nur wirksam (§ 134), wenn kein Verstoß gegen § 203 I StGB vorliegt (BGH NJW 05, 507).

17 d) **Sozietät und Beendigung.** Die Anwaltssozietät ist grds eine GbR und als Gesamthandsgemeinschaft rechtsfähig (BGHZ 146, 341). Der Vertrag (§ 675) kommt mit der GbR zustande und muss durch einen zur Berufsausübung Befähigten erfüllt werden. Die Gesellschafter haften für die Verbindlichkeiten der GbR (Primär- und Sekundäransprüche) analog § 128 HGB (BGHZ 154, 370). Neu eintretende Gesellschafter haften analog § 130 HGB (BGHZ 154, 370). Die Haftung kann nur durch individuelle Vereinbarung ausgeschlossen

werden (§ 51a BRAO). Die persönliche Haftung der Gesellschafter lässt sich durch eine Partnerschaft (§ 8 II PartGG) oder GmbH (§ 59c ff BRAO) vermeiden.

Die **Beendigung** des Anwaltsvertrags hängt von der vereinbarten Leistung ab. Beendigungsgründe sind die Erreichung des vereinbarten Zwecks, die Erledigung des Mandats und die Abnahme des geschuldeten Werks (BGH NJW 96, 661). Darüber hinaus kann der Vertrag von beiden Seiten gekündigt werden. Rechtsgrundlage ist § 627 (§ 675 verweist nicht auf § 671). § 628 findet idR ebenfalls Anwendung.

2. Steuerberatung. Verträge mit Steuerberatern können unterschiedliche Pflichten zum Inhalt haben. Nach § 33 StBerG sind typischerweise die Beratung, Vertretung und die Hilfe in steuerlichen Angelegenheiten Gegenstand des Steuerberatervertrags. Darüber hinaus sind Tätigkeiten als Vermögensbetreuer oder Wirtschaftsberater denkbar (§ 57 III StBerG). IdR liegt insoweit ein Dienstvertrag vor, der als Geschäftsbesorgung einzuordnen ist. Das gilt insbes für die Wahrnehmung aller steuerlichen Pflichten (BHGZ 54, 106) und die steuerliche Beratung. Bei einer Vereinbarung über abgeschlossene Einzelleistungen (zB Bilanz) kann ausnahmsweise ein Werkvertrag (§§ 675, 631) vorliegen (BGHZ 115, 382). Die Grundsätze zum Anwaltsvertrag gelten für den Vertrag mit Steuerberatern weitgehend entspr.

a) Vertragpflichten. Die einzelnen Pflichten bestimmen sich nach der konkreten **Vereinbarung** (Inhalt und Umfang des Mandats). Bei der Wahrnehmung der steuerlichen Pflichten hat der Steuerberater den Mandanten umfassend zu beraten (sicherster und gefahrlosester Weg) und muss dabei auch die Möglichkeiten zur Steuerersparnis einbeziehen (BGH NJW 98, 1221, 1486; 01, 3477; nicht bei eingeschränktem Mandat und anderweitiger fachkundiger Beratung: BGH NJW-RR 05, 1511). Die Übernahme der Buchführung und die Erstellung des Jahresabschlusses verpflichten den Steuerberater dagegen noch nicht zu Hinweisen auf mögliche Steuerersparnisse (BGHZ 128, 358). Dem Steuerberater hat die Rechtslage und die höchstrichterliche Rspr bekannt zu sein (BGHZ 145, 256). Bei der Beratung in steuerlichen Angelegenheiten muss er den Mandanten auch auf eine günstige (ständige) Verwaltungspraxis hinweisen (BGH NJW 95, 3248). Werden Vorschläge zur Änderung des Steuerrechts in der Öffentlichkeit diskutiert, kann der Steuerberater zur Information über allgemein zugängliche Quellen verpflichtet sein, wenn bei der Umsetzung die Ziele des Mandanten gefährdet wären (BGH NJW 04, 3487). Ferner muss er iRd Zumutbaren darauf hinwirken, dass steuerliche Fristen eingehalten werden (BGHZ 115, 382). Bei der Vertretung des Mandanten darf sich der Steuerberater in Bezug auf seine Rechtsauffassungen nicht allein auf Rechtsbehelfe verlassen (BGH NJW-RR 92, 1110). Er hat den Mandanten auf eine außerhalb seines Auftrags liegende steuerliche Fehlentscheidung hinzuweisen, wenn sie für einen durchschnittlichen Berater auf den ersten Blick ersichtlich ist oder er aufgrund seines persönlichen Wissens die Sach- und Rechtslage positiv kennt (BGHZ 128, 358). Wirtschaftsberatung wird dagegen nur geschuldet, wenn sie gesondert vereinbart ist (BGH WM 85, 1530).

b) Haftung. Für schuldhafte Pflichtverletzungen kommt eine Haftung des Steuerberaters nach § 280 I in Betracht. Als Schaden können neben vermeidbaren Steuerbelastungen auch Mehrkosten und Bußgelder ersatzfähig sein (BGH WM 93, 1511; NJW 97, 518). Der vertragliche Schadensersatzanspruch verjährt nach allgemeinen Regeln (§§ 195, 199); die Sonderregelung in § 68 StBerG wurde aufgehoben (G v. 9.12.2004, BGBl I 3214). Zur Hinweispflicht des Steuerberaters Rn 16. Aus der Geschäftsbesorgung erlangte Vorteile (zB Provisionen) hat der Steuerberater grds nach § 667 herauszugeben (BGH NJW 00, 2669).

3. Wirtschaftsprüfung. Wirtschaftsprüfer führen wirtschaftliche Prüfungen durch, insbes von Jahresabschlüssen der Unternehmen, und erteilen Bestätigungsvermerke über solche Prüfungen (§ 2 WPO). Darüber hinaus kann ein Wirtschaftsprüfer als Berater in wirtschaftlichen Angelegenheiten oder solchen mit Vermögensbezug tätig werden. Vertragliche Vereinbarungen über derartige Tätigkeiten sind regelmäßig Geschäftsbesorgungen. Die beratenden Tätigkeiten sind als Dienstvertrag, einzelne vom Erfolg bestimmte Tätigkeiten (zB Gutachten und Prüfungen mit Bestätigungsvermerk) sind als Werkvertrag zu qualifizieren (BGH NJW 00, 1107). Für die Pflichten gelten die Ausführungen zu Rechtsanwälten und Steuerberatern entspr (Rn 11, 12, 20). Bei schuldhaften Pflichtverletzungen können Schadensersatzansprüche entstehen (§ 280 I). Ein Wirtschaftsprüfer, der es iR eines Kapitalanlagemodells übernimmt, die Einzahlungen der Anleger und die Mittelverwendung regelmäßig zu überprüfen, diese Kontrolle tatsächlich jedoch nicht in dem den Anlegern versprochenen Umfang durchführt, in seinen Prüftestaten aber gleichwohl Geldfluss und Mittelverwendung bestätigt, haftet späteren Anlegern auf Schadensersatz aus Verschulden bei Vertragsschluss. Voraussetzung ist allerdings, dass die Anleger im Vertrauen auf die Richtigkeit früherer Testate Geldanlagen getätigt haben und der Wirtschaftsprüfer damit rechnen musste (BGHZ 145, 187). IRd gesetzlichen Abschlussprüfung ist § 323 I 3 und II HGB zu beachten (zur Reichweite der Privilegierung: MüKo/*Ebke* § 323 HGB Rn 60). Die Verjährung bestimmt sich nach allgemeinen Regeln (§§ 195, 199). § 51a WPO wurde aufgehoben (G v 1.12.03, BGBl. I 2446).

4. Bankverträge. Zahlreiche Bankgeschäfte (§ 1 I KWG) und solche, die von Banken betrieben werden, sind als Dienst- (zB bargeldloser Zahlungsverkehr, Factoring) oder Werkverträge (zB Bankgarantie, Akkreditivgeschäft) zu qualifizieren, die eine Geschäftsbesorgung zum Gegenstand haben. Spezielle bankvertragliche Geschäftsbesorgungsverträge sind in §§ 676a ff geregelt (Überweisungs-, Zahlungs- und Girovertrag). Soweit der Anwendungsbereich der Regelungen (§§ 676 a ff) reicht, gehen diese dem § 675 vor. Lücken sind durch Anwendung des § 675 zu schließen. Für den Vertragsschluss gelten grds die allgemeinen Regeln. Besondere Formvorschriften sind nicht zu beachten. Das Entgelt ist bis zur Grenze der §§ 134, 138 frei vereinbar. Eine Ausnahme ist für grenzüberschreitende Zahlungen zu beachten; das Entgelt darf nur die Höhe erreichen, wie es bei inländischen Vorgängen angefallen wäre (EG-VO 2560/2001). In AGB-Klauseln vereinbarte Entgelte sind nur zulässig, wenn an den Kunden erbrachte Leistungen vergütet werden, die sich nicht schon aus einer Nebenpflicht ergeben (*Steppeler* WM 00, 1176). Bei Klauseln mit Entgelten für Sonderleistungen findet eine Inhaltskontrolle (§ 307 III) idR nicht statt (BGHZ 133, 10; 137, 27).

24 a) **Rechte und Pflichten.** Wegen der besonderen Sachkompetenz auf Seiten der Banken ergeben sich aus der Geschäftsbesorgung idR **Auskunfts-, Aufklärungs-, Beratungs- und Warnpflichten** ggü dem Kunden. Dabei darf die Eigenverantwortlichkeit des Kunden nicht unberücksichtigt bleiben; Risikogeschäfte sind Teil der Privatautonomie (BGHZ 107, 92; WM 90, 304). Banken dürfen regelmäßig davon ausgehen, dass die Kunden entweder selbst über die notwendigen Kenntnisse und Erfahrungen verfügen oder sich jedenfalls der Hilfe von Fachleuten bedient haben (BGH ZIP 03, 160). Erhöhte Anforderungen an die Banken können sich aus den auf das konkrete Geschäft bezogenen (fehlenden) Kenntnissen des Kunden ergeben (stRspr: BGH WM 99, 678; NJW 00, 2352). Gleiches gilt bei erkennbarer Unerfahrenheit (BGH NJW 89, 1667; BGHZ 111, 117; WM 99, 678) und gesteigerten Risiken (BGH ZIP 03, 160). Aus der Pflicht zur Loyalität wird die Verpflichtung der Banken zur Verschwiegenheit entnommen. Die Weitergabe von Informationen bedarf grds der Einwilligung des Kunden (zB „Schufa-Klausel"). Die Einwilligungsbefugnis geht nach dem Tod des Kunden auf den Erben über (BGHZ 107, 104). Die nähere Festlegung der Rechte und Pflichten für einzelne Geschäfte erfolgt durch die AGB der Banken sowie Sparkassen (zur Einbeziehung §§ 305 II, III, 310 I).

25 Die neuere Rspr geht davon aus, dass es keinen **allgemeinen Bankvertrag** gibt, der die einzelnen Bankgeschäfte umrahmt und der mit Eröffnung einer Bankverbindung begründet wird (BGHZ 152, 114; aA Baumbach/*Hopt* Anh 7 A/6). Die Rechte und Pflichten ergeben sich ausschl aus den einzelnen Verträgen über die Bankgeschäfte. Es liegt allerdings ein Pflichten begründender (stillschweigenden) Beratungsvertrag vor, wenn die Bank ein Beratungsgespräch führt und das Gespräch erkennbar Grundlage für eine Vermögensdisposition des Kunden sein soll (BGHZ 100, 117; 123, 126).

26 b) **Einzelne Geschäftsbesorgungsverträge mit Banken.** Die besonderen Bankverträge im Zusammenhang mit dem bargeldlosen Zahlungsverkehr (Überweisungs-, Zahlungs- und Girovertrag) werden bei den §§ 676 a ff kommentiert. Weitere Geschäftsbesorgungsverträge sind die Lastschrift im Abbuchungsverfahren und aufgrund Einzugsermächtigung, der Scheckvertrag und die Geld- bzw Kreditkartenverträge. Letztere werden im Zusammenhang mit dem Missbrauch von Zahlungskarten (§ 676 h) kommentiert. Eine Geschäftsbesorgung zwischen der Bank und dem Kunden liegt auch bei sog **Garantiegeschäften** vor (zB Bürgschaft, Akkreditiv, sonstige Gewährleistung). Typischerweise handelt es sich insoweit um Dreiecksbeziehungen, wobei das Verhältnis zwischen Bank und Kunde nach § 675 I zu beurteilen ist.

27 c) **Lastschrift.** Die Lastschrift wird im Gegensatz zur Überweisung nicht vom Schuldner der Leistung, sondern vom Gläubiger eingeleitet und daher auch als „rückläufige Überweisung" umschrieben (BGHZ 69, 82). Der Gläubiger hat unter Vorlage der Belege selbst für den Einzug der Forderung zu sorgen. Er ist für die Rechtzeitigkeit der Leistung verantwortlich (BHGZ 69, 361). Im Lastschriftverfahren erteilt die Inkassobank dem Gläubiger aufgrund der eingereichten Lastschrift eine Gutschrift in Form eines bedingten abstrakten Schuldversprechens (BGHZ 70, 177). Die Lastschrift wird durch Weisung zum Einzug im Verkehr zwischen den Banken an die Bank des Schuldners weitergegeben. Die Banken und Finanzdienstleistungsinstitute haben sich insoweit einem Abkommen über den Lastschriftverkehr angeschlossen, aus dem sich ihre Rechte und Pflichten untereinander ergeben. Die giroähnliche Verbindung enthält auch Schutzpflichten für Gläubiger und Schuldner (s § 328). Die Lastschrift wird eingelöst und dem Konto des Schuldners belastet, wenn ein Abbuchungsauftrag oder eine Einzugsermächtigung vorgelegt wird (BGH NJW 96, 988). Der Schuldner hat lediglich die Pflicht, für Kontendeckung zu sorgen (zu ABG-Klauseln bei Mobilfunkleistungen: BGH NJW 03, 1237). Sind Gläubiger- und Schuldnerbank identisch, liegt eine Eigen- oder Umbuchungslastschrift vor. Zahlungen per Lastschrift vom Bankkonto des Gemeinschuldners sind (auch) ihm zurechenbare Rechtshandlungen (BGH WM 03, 524).

28 Die Vereinbarung zwischen Gläubiger und Inkassobank ist ein **Geschäftsbesorgungsvertrag** mit dem Inhalt, eine Forderung einzuziehen. Aufwendungen der Bank im Zusammenhang mit der Einlösung muss der Gläubiger ersetzen, es sei denn, sie sind Inhalt des vereinbarten Entgelts (BGH NJW 89, 1672).

29 Liegt dem Gläubiger ein **Abbuchungsauftrag** vor, ist die Lastschrift von der Schuldnerbank (Zahlstelle) einzulösen. IRd Girovertrags (§ 676 f) erteilt der Schuldner idR die generelle Weisung, Lastschriften des Gläubigers zu Lasten seines Kontos einzulösen (BGHZ 72, 343). Voraussetzung ist die ausreichende Deckung auf dem Konto oder die Genehmigung der Einlösung durch die Schuldnerbank bzw den Schuldner (BGHZ 74, 352). Anderenfalls besteht für die Schuldnerbank die Verpflichtung zur umgehenden Rückgabe der Lastschrift (BGH NJW 83, 220). Nach der Einlösung steht dem Schuldner kein Widerrufsrecht mehr zu (BGH DB 78, 1826; NJW 96, 988). Der Abbuchungsauftrag selbst kann trotz vereinbarter Unwiderruflichkeit aus wichtigem Grund einseitig widerrufen werden (Ddorf WM 84, 724).

Hat der Schuldner dem Gläubiger eine **Einzugsermächtigung** erteilt, ist die Lastschrift ebenfalls von der Schuldnerbank einzulösen. Der Gläubiger soll nur schriftliche Einzugsermächtigungen vorlegen. Es besteht aber keine generelle Verpflichtung der Gläubigerbank ggü dem Schuldner zur Prüfung, ob eine wirksame Einzugsermächtigung vorliegt (BGHZ 69, 186). Im Gegensatz zum Abbuchungsauftrag ist die Schuldnerbank zur Einlösung der Lastschrift nur mit Zustimmung (Einwilligung bzw Genehmigung) des Schuldners (bzw des Verfügungsberechtigten) berechtigt (BGHZ 161, 49). Der Girovertrag ist keine ausreichende Grundlage für eine allgemeine Weisung des Schuldners an die Schuldnerbank. Allein das widerspruchslose Entgegennehmen eines Tagesauszugs stellt noch keine Zustimmung dar (BGHZ 144, 349; Genehmigung durch Nutzung des Kontos in Kenntnis der Lastschrift und Besprechung des Kontostands mit der Bank als Genehmigung: OLG München ZIP 05, 2102). Bis zur Erteilung der Zustimmung kann der Schuldner der Lastschrift widersprechen. Der Widerspruch beinhaltet die Zustimmungsverweigerung sowie ein Rückbuchungsverlangen und ist an keine Frist gebunden (Widerruf ausgeschlossen: BGH NJW 89, 1672). Der Ausschluss aufgrund AGB (6 Wochen nach Mitteilung des Rechnungsabschlusses) ist zu beachten. Nach einem Widerspruch des Schuldners hat die Schuldnerbank ohne Prüfung der Berechtigung oder der materiellen Rechtslage die Buchung rückgängig zu machen (BGHZ 95, 103; WM 02, 2408). Der Anspruch auf Rückvergütung der Lastschrift ggü der Gläubigerbank besteht 6 Wochen. Die Gläubigerbank wird aufgrund des Bedingungseintritts die Gutschrift auf dem Gläubigerkonto rückgängig machen.

Bei schuldhaften Pflichtverletzungen des Schuldner, also insbes einem unberechtigten Widerspruch, entstehen **Schadensersatzansprüche** ggü dem Gläubiger (§ 280 I), aber uU auch ggü der Gläubigerbank (§ 826), falls eine Rückbelastung scheitert (BGH NJW 79, 2146). Gleiches gilt, falls der Schuldner einen Abbuchungsauftrag widerruft, obwohl ein materieller Anspruch besteht (Ddorf WM 84, 724).

d) Scheckverkehr. Der Scheck ist eine Sonderform der Anweisung (§ 783). Der **Scheckvertrag** ist ein Werkvertrag, der eine Geschäftsbesorgung zum Gegenstand hat (BGHZ 135, 116). Der Kunde (Aussteller) ist aufgrund der Vereinbarung berechtigt, Schecks auf die Bank (Bezogener) zu ziehen. Die Bank ist bei Vorlage eines formgültigen Schecks zur Zahlung verpflichtet. Der Vertrag kommt häufig stillschweigend durch Aushändigung entspr Vordrucke zustande (BGH NJW 94, 2082). Nach den AGB der Banken ist die Einlösung regelmäßig von der ausreichenden Deckung auf dem Konto des Kunden abhängig. Die Einlösung berechtigt die Bank, den Betrag als Aufwendungsersatz (§ 670) dem Konto des Kunden zu belasten. Eine Schecksperre durch Widerruf des Kunden kann bei entspr Vereinbarung schon vor Ablauf der Vorlegungsfrist zu berücksichtigen sein (BGHZ 35, 217). Entgegenstehende AGB sind unwirksam (BGHZ 104, 374).

Das **Risiko**, dass die Schecks abhanden kommen, trägt grds der Kunde, es sei denn, die Bank handelt bei der Prüfung der Berechtigung iRd Einlösung grob fahrlässig (BGH NJW 96, 195). Kreditinstitute sind vor der Einlösung zu einer Sichtprüfung (zB Echtheit der Unterschrift, Missbrauch) unter Einbeziehung der Kontenunterlagen verpflichtet (BGHZ 91, 229; NJW 97, 2236). Gesteigerte Anforderungen bestehen bei ungewöhnlichen Umständen (BGH NJW 93, 534). Anders ist die Risikozuweisung bei gefälschten oder aus anderen Rechtsgründen unwirksamen Schecks (BGHZ 135, 116). Unberechtigte Auszahlungen gehen zu Lasten der Bank. Ein Aufwendungsersatzanspruch gegen den Kunden besteht nicht. Schuldhafte Pflichtverletzungen können **Schadensersatzansprüche** auslösen (§ 280 I). Die mangelhafte Prüfung bei der Einlösung kann zu Schadensersatzansprüchen des Kunden führen. Der sorglose Umgang mit den Scheckvordrucken (zB Verwahrung, Beaufsichtigung), verspätete Informationen über den Verlust oder fehlende Kontrolle der Kontenbelastungen können Schadensersatzansprüche der Banken begründen (BGHZ 91, 229; 135, 116; NJW 97, 2236).

e) Scheckinkasso. Beim Scheckinkasso hat die beauftragte Bank den eingereichten Scheck auf schnellste und sicherste Weise bei der bezogenen Bank zur Einlösung vorzulegen (BGHZ 22, 304; 96, 9). Die Vereinbarung ist als Dienstvertrag zu qualifizieren, der eine Geschäftsbesorgung zum Gegenstand hat (BGHZ 118, 171; 150, 269). Die Gutschrift auf dem Konto des den Scheck einreichenden Kunden ist bis zur Einlösung Vorschuss (Celle NJW-RR 01, 1416). Die Rückbelastung ist zulässig, wenn die Inkassobank aus der Geschäftsbesorgung tatsächlich nichts erlangt (§ 667); auf die Berechtigung zur Verweigerung der Einlösung kommt es nicht an. Das gilt nach den AGB selbst dann, wenn der Scheck durch Erklärung der bezogenen Bank als eingelöst gilt (BGHZ 135, 307). Für das Verhältnis der Inkassobank zur bezogenen Bank und weiteren beteiligten Banken gilt das Scheckabkommen (BGHZ 109, 235). Die entspr Pflichten können Schutzwirkung zugunsten des Scheck einreichenden Kunden entfalten. Die Inkassobank ist grds nicht verpflichtet, weitergehende Ansprüche des Kunden zu verfolgen (zB scheckrechtliche Regress- oder Bereicherungsansprüche; BGHZ 135, 307). Schuldhafte Verzögerungen bei der Einlösung können Schadensersatzansprüche begründen (§ 280 I).

5. Vermögensbetreuungsverträge. a) Baubetreuung. Eine Variante, um Aufgaben im Zusammenhang mit der Errichtung eines Bauwerks zu übertragen, ist der Einsatz eines Baubetreuers. Der Baubetreuer nimmt Aufgaben im Bereich der Planung und Durchführung von Bauprojekten wahr und entlastet den Bauherrn. Nach § 34 c I Nr 2 b GewO bedarf er für seine Tätigkeit regelmäßig einer Gewerbeerlaubnis. Die Ausübung der Tätigkeit hat im Einklang mit den Vorschriften der Makler- und Bauträgerverordnung (MaBV) zu erfolgen.

36 Der **Baubetreuer** wird im Namen und mit Vollmacht auf Rechnung des Bauherrn tätig (BGH NJW 81, 757). Die Vereinbarung, die technischen und wirtschaftlichen Angelegenheiten für den Bauherrn gegen Entgelt zu erledigen, ist eine Geschäftsbesorgung (§ 675 I). Sie hat Werkvertragscharakter, wenn die technische und wirtschaftliche Gesamtbetreuung geschuldet wird (BGHZ 126, 326; 145, 265). Sie hat dagegen Dienstvertragscharakter, wenn lediglich die organisatorische bzw wirtschaftliche Betreuung übernommen wird (Saarb BauR 05, 890). Die technische Betreuung vermittelt den werkvertraglichen Erfolgsbezug und ist entscheidendes Abgrenzungskriterium (BGHZ 145, 265). Das Risiko des Bauprojekts trägt der Bauherr (BGHZ 76, 86). Der Baubetreuer schuldet nicht die Errichtung des Bauwerks, sondern nur das Entstehen lassen (BGHZ 126, 326). Das Grundstück, auf dem das Bauvorhaben verwirklicht wird, gehört typischerweise dem Betreuten oder (noch) einem Dritten. Im Hinblick auf die Wirksamkeit der Vereinbarung ist zu beachten, dass ein auf rechtliche Angelegenheiten beschränkter Baubetreuungsvertrag – einschl Vollmacht – nach § 134 wegen Verstoßes gegen das RBerG nichtig sein kann (BGH NJW 04, 841, 844).

37 Der Baubetreuer verpflichtet regelmäßig den Bauherrn als seinen Geschäftsherrn. Die Reichweite der Vollmacht bestimmt den Umfang der möglichen Verpflichtungen. Eine Preisgarantie des Baubetreuers führt nicht zwingend zum Überschreiten der Vertretungsmacht, wenn der Betreuer nach Erreichen der Summe mit weiteren Handwerkern Verträge im fremden Namen schließt (BGHZ 67, 334). Für die Bestimmung der **Pflichten** ist die konkrete vertragliche Vereinbarung maßgebend. Die Haftung des Baubetreuers hängt von der jeweils verletzten Pflicht ab. Werden Pflichten bei der technischen Betreuung nicht vertragsgemäß erbracht, findet das Gewährleistungsrecht des Werkvertrags Anwendung (Saarbr NJW-RR 99, 1397). Dabei ist zu berücksichtigen, dass der Baubetreuer nur die Planung, Durchführung und Überwachung schuldet (BGHZ 126, 326). Der Fehler des Baubetreuers muss sich im Bauwerk realisieren. Fehler bei der wirtschaftlichen Beratung sind nach §§ 280 ff, 323 ff zu beurteilen. Weitere Pflichten ergeben sich aus den Auftragsvorschriften (zB §§ 666, 667).

38 Vom Baubetreuer ist der **Bauträger** abzugrenzen. Der Bauträger errichtet ein Bauwerk für den Vertragspartner. Er verpflichtet sich in der Vereinbarung zur Übereignung des fertigen Werks (formbedürftig: § 311 b). Das Grundstück steht im Eigentum des Bauträgers; dieser ist selbst Bauherr (BGHZ 145, 265). Die Verträge zwischen Bauträger und Bauhandwerkern werden im eigenen Namen und auf eigene oder fremde Rechnung geschlossen (BGH NJW 81, 757). Der Bauträgervertrag hat insbes kauf- und werkvertragliche Elemente. Die Gewährleistung richtet sich im Hinblick auf das Bauwerk nach Werkvertragsrecht (Unterschiede zum Kaufvertrag: kein Wahlrecht bei der Nacherfüllung – § 635, Recht auf Selbstvornahme – § 637, Verjährungsbeginn: Abnahme – § 634 a). Wird auf dem Grundstück des Vertragspartners gebaut, liegt regelmäßig ein gewöhnlicher Werkvertrag mit dem Bauunternehmer vor. Übernimmt der **Architekt** über die Planung und Bauaufsicht (Werkvertrag: BGHZ 31, 224; 43, 227) hinaus weitere Leistungen, kann der Vertrag Geschäftsbesorgungscharakter erhalten (BGHZ 41, 318; NJW 02, 749).

39 **b) Treuhandvertrag.** Die Bezeichnung Treuhandvertrag beschreibt unterschiedliche Vertragsverhältnisse, die durch die Besorgung fremder Geschäfte einerseits und einen Überschuss an Rechtsmacht des Treuhänders im Außenverhältnis andererseits gekennzeichnet sind (MüKo/*Heermann* § 675 Rn 108). Bei Entgeltlichkeit der Vereinbarung zwischen Treugeber und Treuhänder liegt ein **Geschäftsbesorgungsvertrag** vor, bei Unentgeltlichkeit ein Auftrag (BGH NJW 02, 2459). Im Hinblick auf die Wirksamkeit des Vertrags sind §§ 125, 311 b und § 134 iVm RBerG zu beachten. Ein Treuhandvertrag, der umfassende Befugnisse zur Vornahme oder Änderung von Rechtsgeschäften zum Gegenstand hat, ist auf die Besorgung fremder Rechtsangelegenheiten gerichtet (BGH NJW 03, 2088; 04, 841). Der Überschuss an Rechtsmacht zeigt sich in der dinglichen Rechtsstellung des Treuhänders. Das gilt jedenfalls bei der echten (sog fiduziarischen) Treuhand. Dabei kommt es zur Vollrechtsübertragung auf den Treuhänder. Allerdings hat der Treuhänder die Beschränkungen in der Treuhandvereinbarung ggü dem Treugeber zu beachten (§ 137). Die Treuhand kann im überwiegenden Interesse des Treugebers oder des Treuhänders bestehen. Im ersten Fall wird von einer eigennützigen Sicherungstreuhand gesprochen (zB Sicherungsabtretung, Sicherungsgrundschuld oder Sicherungsübereignung). In letzteren Fall wird häufig die Bezeichnung (fremdnützige) Verwaltungstreuhand gebraucht. Bei der Geldanlage hat der Treuhänder auch die Absicherung zu berücksichtigen (BGH AZ III ZR 9/05). Die Beendigung der Treuhand löst den Herausgabeanspruch des Treugebers aus (§ 667 – BGH NJW 97, 2106). Der Inhalt des Anspruchs hängt davon ab, ob die Vermögensübertragung unter der auflösenden Bedingung der Beendigung des Treuhandvertrags erfolgt ist oder nicht (BGH NJW 94, 726).

40 **c) Wohnungs- oder Hausverwalter.** Die Verwaltung von Häusern und Wohnungen, aber auch anderer Vermögensgegenstände (BGH NJW 98, 449) stellt eine Geschäftsbesorgung dar, die dem Dienstvertrag zuzuordnen ist (BGH NJW 98, 680). Aus der vertraglichen Vereinbarung ergeben sich Überwachungs-, Auskunfts- und Informationspflichten für den Verwalter. Die Informationspflicht bezieht sich insbes auf grundlegende Mängel und Risiken (BGH NJW 00, 947). Die Hinweispflicht des Hausverwalters ggü den Eigentümern über Mängel des verwalteten Objekts erstreckt sich auch auf grundlegende Planungs- und Ausführungsfehler, die auf der Errichtung des Bauwerks beruhen (BGH NJW 98, 680).

d) Ergänzende Beispiele. Werden **Agenturen** für bestimmte Tätigkeiten eingesetzt, liegt regelmäßig eine 41 Geschäftsbesorgung vor. Die **Anlageberatung** ist nur iRd fremden Vermögensbetreuung als Geschäftsbesorgung anzusehen (BGH NJW 02, 1868). Gleiches gilt für **Anlagevermittler** oder einen **Anlagenvertrag**, der regelmäßig Werkvertrag sein wird (MüKo/*Heermann* § 675 Rn 103). Mit **Aufsichtsräten** einer Gesellschaft besteht ein Dienstvertrag, der eine Geschäftsbesorgung zum Gegenstand hat (RGZ 146, 145). Das gilt auch für die Beziehung zwischen **Auktionator** bzw Versteigerer und Einlieferer bei Handeln im fremden Namen (RGZ 152, 273), ansonsten Kommission (§ 383 HGB). Geschäftsbesorgung ist ferner ein **Betriebsführungsvertrag** (BGH NJW 82, 1817). Ein **Chartervertrag** kann Geschäftsbesorgung sein, wenn der Charterer die Beförderung vermittelt (BGHZ 93, 271). **Gerichtsvollzieher** werden nur aufgrund öffentlich-rechtlicher Vorschriften tätig (RGZ 82, 85). Der **Geschäftsführer** einer GmbH erbringt ebenfalls eine Geschäftsbesorgung, auch wenn er gerichtlich bestellt wird (BayObLG BB 75, 1037). Der **Handelsvertretervertrag** betrifft eine besonderen Vorschriften (§§ 84–92c HGB) unterliegende Geschäftsbesorgung. Keine Geschäftsbesorgung erbringt der **Handelsmakler** (§§ 93 ff HGB) und Makler (§ 652), da er zur Tätigkeit nicht verpflichtet ist. Geschäftsbesorgungsverträge sind Grundlage für die Tätigkeit von **Herausgebern** von Druckwerken (RGZ 113, 70; 115, 358), für die Einziehung von fremden Forderungen durch eine **Inkassostelle** (BGH NJW-RR 04, 989), für die Ausgabe von **Kreditkarten** (BGH 91, 221) und für **Management- bzw Promotiontätigkeiten** mit Sportlern oder Künstlern (BGH NJW 83, 1191). Keine Geschäftsbesorgung, sondern ein Vertrag auf den im Grundsatz die Regeln des Mietrechts anwendbar sind, ist der (Finanzierungs-)**Leasingvertrag** (BGHZ 82, 121; 97, 65). **Notare** werden bei ihrer Amtstätigkeit nicht auf der Grundlage eines zivilrechtlichen Vertrags tätig. Für den **Patentanwalt** gelten in seinem Aufgabenbereich die Ausführungen zum Rechtsanwalt entspr (s Rn 9 ff). Die Leistungen eines **Reisebüros** werden regelmäßig aufgrund eines Geschäftsbesorgungs iR eines Dienst- oder Werkvertrags erbracht (BGHZ 82, 219; BGH NJW 03, 743). § 651 f II BGB ist darauf weder direkt noch analog anwendbar. Ein **Vertragshändlervertrag** enthält Elemente der Geschäftsbesorgung. Es handelt sich um einen Rahmenvertrag, welcher der Handelsvertretung nahe steht. Der Vertragshändler übernimmt ggü dem Hersteller die Verpflichtung, Waren im Vertragsgebiet im eigenen Namen und auf eigene Rechnung zu vertreiben. Im Hinblick auf den **Vormund** und die Pflegschaft enthält das BGB spezielle Regelungen, die teilweise auf das Auftragsrecht verweisen. Schließlich ist der Vertrag mit einer **Werbeagentur** eine Geschäftsbesorgung, die je nach Leistung einen Dienst- oder Werkvertrag (Ddorf OLGR 03, 309) zum Gegenstand hat.

C. Haftung für Rat und Empfehlung. I. Regelungsgehalt. Die Regelung in § 675 II, die vor der Änderung 42 durch das Überweisungsgesetz im Jahr 1999 fast wortgleich in § 676 aF enthalten war, stellt klar, dass die Erteilung und Befolgung von Rat und Empfehlung im Grundsatz keine Haftung auslösen. Die Vorschrift selbst nennt drei Ausnahmen: Wird ein Rat oder eine Empfehlung auf vertraglicher Grundlage erteilt, kommt eine Haftung nach allgemeinen Regeln in Betracht. Ferner können sich Haftungsfolgen ergeben, falls Rat oder Empfehlung eine unerlaubte Handlung darstellen. Schließlich sind spezialgesetzliche Regelungen zu beachten, die über die Haftung nach den Normen des BGB hinausgehen (zB § 44 BörsG, §§ 37b, 37c WpHG, § 13 VerkProsG).

Besondere Bedeutung erlangt die Klarstellung in § 675 II in erster Linie für die Fälle, in denen Rat oder Empfehlung unentgeltlich erteilt werden. Die Regelung erhöht die Anforderungen, im Einzelfall einen Rechtsbindungswillen anzunehmen. Gleichzeitig kommt mit der Klarstellung zum Ausdruck, dass Rat und Empfehlung allein für einen geschäftlichen Kontakt (§ 311 II Nr 3) nicht ausreichen. Im Grundsatz ist vielmehr von einer Gefälligkeit auszugehen. Systematisch wäre die Regelung bei § 662 besser aufgehoben gewesen, da bei vereinbartem Entgelt die Schwelle zum Vertrag regelmäßig überschritten ist. Neben Rat und Empfehlung wird die Regelung auch für Auskünfte herangezogen, was angesichts des deklaratorischen Charakters der Norm unbedenklich erscheint. 43

2. Anwendungsbereich. Während eine Auskunft auf die Mitteilung bestimmter Tatsachen gerichtet ist, geht 44 es bei einem Rat auch um die Darstellung und Bewertung der Tatschen und bei der Empfehlung darüber hinaus um einen Vorschlag, gerichtet auf ein bestimmtes Verhalten.

3. Ausnahmen. a) Verantwortlichkeit für Auskunft, Rat und Empfehlung. Die Verantwortlichkeit für Aus- 45 kunft, Rat und Empfehlung kann sich aus speziellen Verträgen mit entspr Leistungsinhalt oder aus vertraglichen Nebenpflichten anderer Verträge (allgemein: § 241 II, 242; speziell: §§ 402, 666) ergeben. Dabei ist zu berücksichtigen, dass ein selbstständiger Auskunftsvertrag neben einen anderen Vertrag treten kann, wenn weitergehende Auskünfte oder Beratung geleistet wird (BGH NJW 97, 3227; 99, 1540). Nicht in den Anwendungsbereich der Regelung fällt der Handel mit marktgängigen Informationen (§§ 453, 433). Ferner kommen vertragsähnliche Verbindungen als Schuldverhältnisse in Betracht (§ 311 II, III), die Haftungsfolgen auslösen. Spezielle gesetzliche Regelungen und unerlaubte Handlungen schließen den Kreis der Ausnahmen.

b) Spezielle Verträge. Verträge, die eine Auskunft, einen Rat oder eine Empfehlung zum Gegenstand haben, 46 können Dienst- oder Werkverträge (BGH NJW 99, 1540) sein; bei einer Geschäftsbesorgung findet § 675 I Anwendung. Ohne Gegenleistung (unentgeltlich) kommt ein Auftrag (§ 662) in Betracht.

47 **c) Stillschweigender Vertrag.** Auf den Vertragsschluss finden die Regeln der Rechtsgeschäftslehre Anwendung, sodass der Vertrag auch konkludent geschlossen werden kann (BGHZ 140, 111). Die Entgeltfestlegung ist Indiz für die Rechtsbindung. Die Unentgeltlichkeit allein steht dem stillschweigenden Vertragsschluss nicht entgegen. Vor dem Hintergrund des § 675 II setzt ein stillschweigender Vertragsschluss aber voraus, dass die Gesamtumstände ergeben (BGH NJW 91, 32; 92, 2080), dass die Parteien nach ihren Erklärungen die Auskunft (bzw Rat oder Empfehlung) tatsächlich zum Inhalt vertraglicher Pflichten gemacht haben (BGH NJW 86, 180).

48 Zur Beurteilung der **Rechtsbindung** wird von der Rspr insoweit auf zwei Kriterien abgestellt: Auf der Seite des Anfragenden sind der Grad der Bedeutung der Leistung und die erkennbar auf der Grundlage der Anfrage zu treffende Entscheidung zu berücksichtigen (BGHZ NJW 89, 2882; 97, 730). Auf der anderen Seite sind die besondere Sachkunde im Hinblick auf die Leistung und ein eigenes wirtschaftliches Interesse der Auskunftsperson zu beachten (BGH 100, 117). Die genannten Kriterien allein reichen für das Zustandekommen eines stillschweigend geschlossenen Auskunftsvertrags aber nicht aus (BGH NJW 86, 180; NJW 91, 352: Anlass der Auskunft).

49 Die Grundsätze wurden anhand von **Bankdienstleistungen** entwickelt (BGHZ 61, 176: Auskunft über die Einlösung von Scheck und Wechsel; BGHZ 123, 126: zur Anlage angebotene Papiere). Für das Zustandekommen eines Auskunftsvertrages kann es genügen, wenn der Anleger um einen Beratungstermin bittet und der Anlagevermittler daraufhin Angaben zu der fraglichen Anlage macht (BGH NJW-RR 05, 1120). Auf die interne Funktionsteilung bei den Banken kommt es dabei nicht an (BGH NJW-RR 98, 1343). Ein Vertrag kommt stillschweigend zustande, wenn der Interessent deutlich macht, dass er, auf eine bestimmte Anlageentscheidung bezogen, die besonderen Kenntnisse und Verbindungen des anderen in Anspruch nehmen will (BGH WM 00, 426: Anlagevermittler). Bei Auskünften von Bank zu Bank geht die Rspr von einem Auskunftsvertrag aus (BGH WM 91, 1629). Darüber hinaus wird die Auskunft eines Herstellers zur Verwendbarkeit seiner Produkte für einen bestimmten Zweck idR auf vertraglicher Grundlage erbracht (BGH WM 99, 1540; nicht aber in der Gebrauchsanweisung: BGH NJW 89, 1029).

50 Zurückhaltung ist geboten, wenn es um die Beurteilung von stillschweigend geschlossenen **Verträgen mit Dritten** geht, die von einer Auskunft, Empfehlung oder einem Rat profitieren. Die Annahme eines entspr Vertrags gerät schnell in die Nähe zur Fiktion. Im Grundsatz ist ein vertragliches Verhältnis auf Fälle zu beschränken, in denen ein unmittelbarer Kontakt zum Dritten entsteht (BGH NJW 95, 392). Es muss eine Einstandspflicht für Wahrheit und Vollständigkeit übernommen werden. Das bloße Wissen um die Verwendung der Informationen reicht nicht. Die Figur des „**Vertrags für den, den es angeht**" ist für die Übernahme einer Haftung durch Sachkundige (zB Bank) ggü beliebigen noch unbekannten Dritten ungewöhnlich und daher regelmäßig zu verneinen (BGHZ 12, 105; NJW 70, 1737). Eine solche Risikoübernahme wäre mit dem Sinn und Zweck des § 675 II unvereinbar.

51 **d) Vertragliche Pflichten.** Die vertraglichen Pflichten richten sich in erster Linie nach dem Inhalt der Abrede. Geschuldet wird grds die tatsächliche bzw fachliche Richtigkeit der Informationen (**Wahrheit und Vollständigkeit**). Dabei ist der Wissensstand des Empfängers mit zu berücksichtigen (BGH WM 00, 1441; 01, 134). Eine Bankauskunft ist korrekt, wenn sie dem tatsächlichen Informationsstand der Bank entspricht und das vorhandene Wissen bei der Formulierung der Auskunft zutr umgesetzt wird (anleger- und objektgerechte Beratung). Einzelheiten in Bezug auf die zur Verfügung stehenden und berücksichtigten Informationsquellen sind idR nicht erforderlich (BGH WM 01, 134). Bei der Weitergabe von ungeprüften Informationen darf allerdings nicht der Eindruck einer Prüfung erweckt werden (BGHZ 74, 103). Kommt es entscheidend auf die ungeprüften Informationen an, muss auf die fehlende Prüfung hingewiesen werden (BGH WM 03, 2064). Die Kenntnis von der Unrichtigkeit der Information löst eine Verpflichtung zur Berichtigung aus (BGHZ 74, 281), es sei denn, die Unrichtigkeit ergibt sich erst durch nachträglich eingetretene Veränderungen.

52 **e) Schadensersatz.** Bei Pflichtverletzungen ist unter den Voraussetzungen des § 280 I ein Schadensersatzanspruch denkbar (§§ 276, 278). Ersatzfähig ist der Schaden, der kausal durch das Vertrauen auf die Richtigkeit der Auskunft entstanden ist. Der Geschädigte ist so zu stellen, wie er ohne das pflichtwidrige Verhalten stehen würde (BGH WM 95, 941). Hat der Geschädigte aufgrund eines Zweitgutachtens erkannt, dass ein eingeholtes erstes Gutachten möglicherweise unrichtig ist und kommt es danach gleichwohl zu einem Schaden, steht ihm ein Ersatzanspruch gegen den Erstgutachter nicht zu (BGH NJW 01, 512). Der Zurechnungszusammenhang kann ferner bei einer erkennbar unvollständigen Kreditauskunft fehlen, wenn vom Angebot der erg Unterrichtung kein Gebrauch gemacht wird (BGH NJW 89, 2882). Die Grenze im Hinblick auf den Umfang der Haftung bildet das Garantieinteresse des Geschädigten (BGH 116, 209). Dabei ist der Schutzzweck der verletzten Pflicht zu ermitteln, der sich aus der Vereinbarung ergibt (BGH NJW 98, 982). Hätten die Eltern bei richtiger und vollständiger genetischer Beratung durch einen Arzt von der Zeugung eines Kindes abgesehen, ist der volle Unterhaltsbedarf als ersatzfähig anzusehen (BGHZ 124, 128). Den Schaden eines Dritten (Drittschadensliquidation) kann der Vertragspartner nicht geltend machen (BGHZ 133, 36). Der Auskunftsvertrag kann allerdings Schutzwirkung für Dritte entfalten und einen Anspruch des Dritten begründen (BGHZ 127, 378; 138, 257).

Mitverschulden des Geschädigten ist nach § 254 zu berücksichtigen. Das gilt insbes, wenn die Auskunft 53
offensichtlich Anlass zur Rückfrage gibt (zurückhaltend: BGH NJW 82, 1095; 84, 921). Prüfungspflichten
oder Obliegenheiten des Auskunftsempfängers bestehen regelmäßig nicht. Eine Freizeichnung durch Individualvereinbarung hat ihre Grenzen in § 276 III; durch AGB in § 309 Nr 7, das gilt nicht, soweit der Inhalt der
vertraglichen Verpflichtung reicht (BGH WM 00, 426; 01, 134).

Die **Verjährung** richtet sich nach §§ 195, 199 (BGH NJW 99, 1540). Die Verteilung der **Beweislast** bestimmt 54
sich nach allgemeinen Regeln. Der Geschädigte muss neben dem Vertragsschluss und der Pflichtverletzung
auch die Ursächlichkeit zwischen Pflichtverletzung und Schaden nachweisen. Dabei gilt der Grundsatz, dass
bei richtiger Aufklärung der Geschädigte ein einzig mögliches, vernünftiges Verhalten auch gewählt hätte
(BGHZ 124, 151). Fehlendes Verschulden oder anrechenbare Vorteile hat der Auskunftsgeber zu beweisen.

e) Vertragsähnliches Verhältnis. Besteht kein Vertragsverhältnis, kann sich eine Haftung für Auskunft, Rat 55
und Empfehlung aus einem vertragsähnlichen Verhältnis iSd § 311 II ergeben (längere Geschäftsverbindung:
BGH WM 69, 247). Eine klare und scharfe Abgrenzung zwischen stillschweigendem Vertrag und vorvertraglichem Verhältnis ist in der Rspr bisher nicht zu erkennen (Haftung eines Anlagevermittlers sowohl wegen Verletzung von Pflichten aus einem stillschweigend geschlossenen Auskunftsvertrag als auch aus dem Gesichtspunkt der Verletzung vorvertraglicher Aufklärungspflichten: BGHZ 74, 103).

Eine Haftung trifft nicht nur den möglichen oder vorgesehenen Vertragspartner, sondern auch Dritte, die bei 56
den Verhandlungen mitgewirkt haben. Dabei geht es um Personen, die kein Interesse an einer eigenen Vertragsbeziehung haben, die aber aufgrund der ausgestrahlten Objektivität und Neutralität maßgebend zu
einem Vertragsschluss beitragen (**Sachwalter**). Rechtsfolge der Verletzung von Schutz- und Rücksichtnahmepflichten (§ 241 II) ist die Eigenhaftung des Dritten (§ 311 III 2). Betroffen sind nur solche Dritte, die über
das gewöhnliche Verhandlungsvertrauen hinaus in besonderem Maße Vertrauen für sich in Anspruch nehmen und dadurch die Verhandlungen oder den Vertragsschluss erheblich beeinflussen. Die Rspr hat eine
Haftung von Verhandlungsgehilfen und sonstigen „Sachwaltern" (Gebrauchtwagenhändler, Anlagevermittler)
anerkannt (grundlegend: BGHZ 70, 337).

Über das benannte Regelbeispiel der Sachwalter hinaus bietet § 311 III auch Raum für die Haftung von **Sachverständigen**, 57
die in besonderem Maße Vertrauen bei der Erbringung ihrer Leistungen in Anspruch nehmen (zB
Rechtsanwälte, Steuerberater, öffentlich bestellte Gutachter). Grundlage der Haftung sind die Schutz- und Rücksichtnahmepflichten (§ 241 II) ggü Dritten, denen die Leistungen der Sachverständigen als Entscheidungsgrundlage bei Vertragsverhandlungen oder für Vertragsschlüsse dienen (BGHZ 127, 378; 145, 187). Erforderlich für das
verkörperte Vertrauen ist allerdings, dass die Leistung auch für den konkreten Zweck bestimmt ist.

In § 311 III lässt sich ferner die **bürgerlich-rechtliche Prospekthaftung** ansiedeln. Prospekte werden nicht nur 58
eingesetzt, um Wertpapiere am Kapitalmarkt zu platzieren und zu verkaufen, sondern auch um andere Anlageobjekte (BGHZ 111, 314; 115, 214: Bauherrenmodelle; BGHZ 145, 121: Bauträgermodelle) zu vertreiben.
Häufig handelt es sich bei dem Prospekt um die einzige Informationsquelle für die Anlageentscheidung.
Während für das Kapitalmarktrecht eine Prospekthaftung normiert ist (§ 44 BörsG, § 13 VerkProspG, seit
dem 1.7.05 auch für den „grauen" Kapitalmarkt – § 8 f VerkProspG), fehlt eine Regelung in anderen Bereichen. Die das Management bildenden Initiatoren eines Projekts haften den beitretenden Interessenten für
Vollständigkeit und Richtigkeit der mit ihrem Wissen und Willen in Verkehr gebrachten Werbeprospekte
(BGHZ 111, 314). Darüber hinaus können weitere Personen haften, die mit Rücksicht auf ihre besondere
berufliche und wirtschaftliche Stellung oder auf ihre Eigenschaft als berufsmäßige Sachkenner eine Garantenstellung einnehmen. Dazu müssen sie durch ihr nach außen in Erscheinung tretendes Mitwirken am Prospekt einen Vertrauenstatbestand schaffen (BGHZ 111, 314; 126, 166; 145, 187).

f) Unerlaubte Handlung. Ansprüche aus unerlaubter Handlung wegen falscher Auskünfte sind nur aus- 59
nahmsweise denkbar. Mangels eines primären Vermögensschutzes in § 823 I kommen Ansprüche allenfalls in
Betracht, wenn die falsche Auskunft ein Schutzgesetz verletzt (§ 823 II) oder als vorsätzlich sittenwidrige
Schädigung (§ 826) einzuordnen ist. Die Rspr lässt zwar die Leichtfertigkeit in Form von gewissenlosem Handeln ausreichen (BGH NJW 87, 1758), ein Nachweis dürfte gleichwohl häufig schwer fallen.

g) Sonstige gesetzliche Bestimmungen. Sonderregelungen für falsche Auskünfte und Ratschläge finden sich 60
insbes im Börsen- und Kapitalmarktrecht. Neben den Prospekthaftungsansprüchen (§§ 44 BörsG, § 13 VerkProspG) kommen Haftungsansprüche auch für fehlerhafte (und unterlassene) ad hoc Informationen (§ 15
WpHG) in Betracht (§§ 37 b, 37 c WpHG) – zur Einordnung als Schutzgesetze s BGH NJW 04, 2664; 04, 2971).

§ 675 a Informationspflichten

(1) ¹Wer zur Besorgung von Geschäften öffentlich bestellt ist oder sich dazu öffentlich erboten hat, stellt
für regelmäßig anfallende standardisierte Geschäftsvorgänge (Standardgeschäfte) schriftlich, in geeigneten
Fällen auch elektronisch, unentgeltlich Informationen über Entgelte und Auslagen der Geschäftsbesorgung
zur Verfügung, soweit nicht eine Preisfestsetzung nach § 315 erfolgt oder die Entgelte und Auslagen gesetz-

lich verbindlich geregelt sind. ²Kreditinstitute (§ 1 Abs. 1 des Gesetzes über das Kreditwesen) haben zusätzlich Informationen über Ausführungsfristen, Wertstellungszeitpunkte, Referenzkurse von Überweisungen und weitere in der Verordnung nach Artikel 239 des Einführungsgesetzes zum Bürgerlichen Gesetzbuche bestimmte Einzelheiten in der dort vorgesehenen Form zur Verfügung zu stellen; dies gilt nicht für Überweisungen der in § 676 c Abs. 3 bezeichneten Art.
(2) Im Sinne dieses Titels stehen Kreditinstituten gleich:
1. die Deutsche Bundesbank,
2. andere Unternehmen, die gewerbsmäßig Überweisungen ausführen, und
3. inländische Zweigstellen von Kreditinstituten und anderen Unternehmen mit Sitz im Ausland, die gewerbsmäßig Überweisungen ausführen.

1 **A. Überblick.** § 675 a setzt die Art 3–5 der Überweisungsrichtlinie (97/5/EG, ABl Nr L 43, S 25) in deutsches Recht um, geht aber über die Richtlinie hinaus, was den Anwendungsbereich anbelangt. Natürliche und juristische Personen, die zur Besorgung von Geschäften öffentlich bestellt sind oder sich dazu öffentlich erboten haben (vgl § 663), müssen für ihre Standardgeschäfte bestimmte Informationspflichten in genereller Form erfüllen. Betroffen sind insbes Entgelte und Auslagen. Kreditinstitute (§ 1 I KWG) haben darüber hinaus zusätzliche Informationen zur Verfügung zu stellen (Ausnahme: § 676 c III). Den Kreditinstituten gleichgestellt sind: die Deutsche Bundesbank und andere Unternehmen iSd § 675 a II. Auf der Grundlage von Art 239 EGBGB sind die Informationspflichten der Kreditinstitute ggü Kunden sowie die Inhalte in §§ 12, 13 BGB-InfoVO iE geregelt.

2 **B. Anwendungsbereich.** § 675 a begründet eine **Informationspflicht** für alle Personen, die zur Besorgung von Geschäften öffentlich bestellt sind oder sich dazu öffentlich erboten haben. Die beiden Varianten sind an die Regelung in § 663 angelehnt (s § 663 Rn 2, 3). Die Informationspflicht besteht unabhängig von einem vertraglichen Verhältnis und ergänzt § 666. Für die Frage, ob eine Geschäftsbesorgung vorliegt, gelten die Ausführungen zu § 675 I (§ 675 Rn 2 ff). Kreditinstitute haben erweiterte Verpflichtung nach § 675 a I 2.

3 **I. Standardgeschäft und Pflichten.** Die Informationspflicht betrifft nur Standardgeschäfte. Nach der gesetzlichen Definition sind Standardgeschäfte regelmäßig anfallende, schematisierte Geschäftsbesorgungen. Die gleichförmigen Geschäfte müssen mit einer gewissen Häufigkeit vorkommen bzw geplant sein (MüKo/*Heermann* § 675 a Rn 5). Als allgemeine Indizien dafür können festgelegte Entgelte oder das Bereithalten von AGB gewertet werden (Erman/*v Westphalen* § 675 a Rn 4). Muss ein Entgelt erst ausgehandelt werden, spricht dies gegen ein Standardgeschäft. Ausgenommen von der Verpflichtung sind Fälle, in denen eine Preisfestsetzung vereinbarungsgemäß durch eine Partei erfolgt (§ 315) oder die Entgelte und Auslagen gesetzlich verbindlich festgelegt sind (zB RVG, HOAI).

4 **Gegenstand der Informationspflicht** sind das Entgelt (zB Preis, Provision, Gebühr) und die Auslagen (Aufwendungen) der Geschäftsbesorgung. Damit soll bereits im Vorfeld des Vertragsschlusses die Gegenleistung für den Kunden abschätzbar sein und eine gewisse Markttransparenz gewährleistet werden (MüKo/*Heermann* § 675 a Rn 7). Für Kreditinstitute sind weitere Angaben vorgesehen (§ 12 BGB-InfoVO).

5 Die Informationen müssen „**schriftlich**", in geeigneten Fällen können sie auch **elektronisch** zur Verfügung gestellt werden (nicht §§ 126, 126 a). Ziel der Regelung ist eine leicht verständliche und transparente Form für die Informationsvermittlung. Geeignete Fälle für die elektronische Information sind jedenfalls elektronisch auszuführende Geschäfte (zB Internetgeschäfte, Homebanking), wobei die Nachweisbarkeit der Information gewährleistet sein muss. Kunden müssen vor Vertragsschluss tatsächlich die Möglichkeit zur Kenntnisnahme haben (Unterrichtung, Bekanntgabe auf Anforderung). Die Aufnahme in ein Preisverzeichnis nach § 5 PrAngV (zB Aushang) reicht aus. Die Informationsverpflichtung ist unentgeltlich zu erfüllen. Ein Entgelt darf nur für zusätzliche, über die Erfüllung der Informationspflicht hinausgehende Leistungen verlangt werden (zB Porto).

6 **II. Kreditinstitute.** Kreditinstitute und gleichgestellte Unternehmen (§ 675 a II) haben neben den allgemeinen Informationspflichten für ihre Standardgeschäfte sowohl hinsichtlich des Umfangs als auch hinsichtlich der erforderlichen Form Besonderheiten zu beachten. Dabei sind insbes die Informationspflichten hinsichtlich der Ausführungsfristen, Wertstellungszeitpunkte und Referenzkurse von Überweisungen von Bedeutung. Die Art und Weise der Information ist in § 12 BGB-InfoVO geregelt. Die erweiterten Pflichten gelten nicht für Überweisungen, die unter § 676 c III fallen oder für die §§ 676 a–h keine Anwendung findet (§ 13 BGB-InfoVO).

7 **III. Haftung.** Die Verletzung der Informationspflichten (§ 675 a bzw BGB-InfoVO) kann Schadensersatzansprüche nach §§ 280 I, 241 II, 311 II bzw aus dem Geschäftsbesorgungsvertrag (§§ 280 I, 675 I) begründen. Ferner ist ein deliktischer Anspruch aus § 823 II wegen der Verletzung des Schutzgesetzes (§ 675 a) denkbar (Palandt/*Sprau* § 675 a Rn 9). Die praktische Bedeutung des Anspruchs wird allerdings angesichts eines häufig fehlenden Schadens gering bleiben. Ein Verstoß gegen die Verpflichtung stellt wettbewerbswidriges Verhalten (§ 3 UWG) dar (BGHZ 155, 301).

§ 676 Kündigung von Übertragungsverträgen

¹Die Kündigung eines Geschäftsbesorgungsvertrags, der die Weiterleitung von Wertpapieren oder Ansprüchen auf Herausgabe von Wertpapieren im Wege der Verbuchung oder auf sonstige Weise zum Gegenstand hat (Übertragungsvertrag) ist nur wirksam, wenn sie dem depotführenden Unternehmen des Begünstigten so rechtzeitig mitgeteilt wird, dass die Kündigung unter Wahrung der gebotenen Sorgfalt noch vor der Verbuchung auf dem Depot des Begünstigten berücksichtigt werden kann. ²Die Wertpapiere oder die Ansprüche auf Herausgabe von Wertpapieren sind in diesem Fall an das erstbeauftragte Unternehmen zurückzuleiten. ³Im Rahmen von Wertpapierlieferungs- und Abrechnungssystemen kann ein Übertragungsvertrag abweichend von Satz 1 bereits von dem in den Regeln des Systems bestimmten Zeitpunkt an nicht mehr gekündigt werden.

A. Überblick. § 676 dient zur Umsetzung der Zahlungssicherungsrichtlinie (98/26/EG, ABl. Nr L 166 S 45) 1 in das deutsche Recht. Die Norm nimmt aus dem Bereich der Bankgeschäfte den Sonderfall des gesetzlich definierten Übertragungsvertrags heraus und regelt insoweit lediglich Besonderheiten zur Wirksamkeit der Kündigung. Ferner werden die Rechtsfolgen der Kündigung angesprochen (§ 676 S 2).

B. Regelungszusammenhang. Zweck der Regelung ist der Schutz vor Gefahren im Zusammenhang mit 2 **Wertpapiergeschäften**, insbes iRv Lieferungs- und Abrechnungssystemen. Wertpapiere, wie Aktien oder Inhaberschuldverschreibungen, werden von den Kreditinstituten für die Anleger verwahrt. Zwischen Anleger und Kreditinstitut wird zu diesem Zweck regelmäßig ein Vertrag nach dem Depotgesetz abgeschlossen. Die Wertpapiere werden von dem Kreditinstitut aber grds nicht selbst verwahrt, sondern in Sammelverwahrung bei einer Wertpapiersammelbank (§ 5 DepotG) gegeben (Clearstream Banking AG oder Europäische Zentralbank). Das Eigentum an den einzelnen Wertpapieren geht dabei unter, an dessen Stelle entsteht ein entspr Miteigentum am Sammelbestand (§ 6 DepotG). Der Anleger hat einen Auslieferungsanspruch auf Wertpapiere aus dem Sammelbestand in Höhe des Nennbetrags der hingegebenen Stücke (§ 7 I DepotG). Bei der Veräußerung der Wertpapiere verbleiben diese regelmäßig im Sammeldepot. Der Erwerber erhält den Miteigentumsanteil durch Umbuchung der Wertpapiere in sein Depot (*Einsele* WM 01, 7).

C. Übertragungsvertrag und Kündigung. Wird der Herausgabeanspruch geltend gemacht oder eine Ver- 3 äußerung durchgeführt, tritt der Anleger an das Kreditinstitut heran, mit dem er den Depotvertrag abgeschlossen hat. Die depotführende Bank wird dadurch zur Weiterleitung von Wertpapieren veranlasst. Die Verpflichtung erfolgt durch Abschluss eines Geschäftsbesorgungsvertrags, der in § 676 als **Übertragungsvertrag** definiert wird. Ein Übertragungsvertrag ist auch der Vertrag zwischen der depotführenden Bank und der Bank, die das Sammeldepot führt. Ähnlich dem Zahlungsvertrag (§ 676 d) können mehrere Übertragungsverträge zwischen verschiedenen Banken hintereinander geschaltet sein. Das beauftragte Kreditinstitut handelt bei der Erfüllung des Übertragungsvertrags entweder in Vertretung des Anlegers oder im Wege der Verkaufskommission mit dessen Einwilligung (§ 185).
Regelungsgegenstand der Vorschrift ist nur die **Kündigung des Übertragungsvertrags** durch den Auftragge- 4 ber. Die Kündigung ist wirksam, wenn sie dem depotführenden Kreditinstitut so zeitnah mitgeteilt wird, dass sie unter Wahrung der gebotenen Sorgfalt noch vor der Verbuchung auf dem Konto des Begünstigten (Erwerber der Wertpapiere bzw der Zessionar des Anspruchs) berücksichtigt werden kann. Dies entspricht einem Grundgedanken, der auch in § 676a IV zum Ausdruck kommt. Für den maßgebenden Zeitpunkt ist zunächst darauf abzustellen, ob der Übertragungsvertrag iR eines Abrechnungssystems geschlossen wurde, das eine Regelung zur Kündigung vorsieht (§ 676 S 3). Nach der subsidiären allgemeinen Regel kommt es auf den Zugang der Kündigung bzw Mitteilung beim depotführenden Kreditinstitut an. Ist die Verhinderung der Buchung nicht mehr möglich, ist die Kündigung unwirksam. In der Insolvenz gilt § 116 S 3 InsO: Der Vertrag besteht mit Wirkung für die Masse fort.
Die **Rechtsfolge** einer wirksamen Kündigung besteht in der Zurückleitung der Wertpapiere oder der Ansprü- 5 che auf Herausgabe der Wertpapiere an das depotführende Kreditinstitut des kündigenden Anlegers (buchungstechnischer Vorgang). Der Anspruch auf die vereinbarte Vergütung (§ 649 S 2) bleibt davon unberührt (MüKo/*Heermann* § 676 Rn 10).

Kapitel 2   Überweisungsvertrag

§ 676a Vertragstypische Pflichten; Kündigung

(1) ¹Durch den Überweisungsvertrag wird das Kreditinstitut (überweisendes Kreditinstitut) gegenüber demjenigen, der die Überweisung veranlasst (Überweisender), verpflichtet, dem Begünstigten einen bestimmten Geldbetrag zur Gutschrift auf dessen Konto beim überweisenden Kreditinstitut zur Verfügung zu stellen (Überweisung) sowie Angaben zur Person des Überweisenden und einen angegebenen Verwendungszweck, soweit üblich, mitzuteilen. ²Soll die Gutschrift durch ein anderes Kreditinstitut erfolgen, ist

das überweisende Kreditinstitut verpflichtet, den Überweisungsbetrag rechtzeitig und, soweit nicht anders vereinbart, ungekürzt dem Kreditinstitut des Begünstigten unmittelbar oder unter Beteiligung zwischengeschalteter Kreditinstitute zu diesem Zweck zu übermitteln und die in Satz 1 bestimmten Angaben weiterzuleiten. ³Der Überweisende kann, soweit vereinbart, dem Kreditinstitut den zu überweisenden Geldbetrag auch in bar zur Verfügung stellen.
(2) ¹Soweit keine anderen Fristen vereinbart werden, sind Überweisungen baldmöglichst zu bewirken. ²Es sind
1. grenzüberschreitende Überweisungen in Mitgliedstaaten der Europäischen Union und in Vertragsstaaten des Abkommes über den Europäischen Wirtschaftsraum, die auf deren Währung oder Währungseinheit oder auf Euro lauten, soweit nichts anderes vereinbart ist, binnen fünf Werktagen, an denen alle beteiligten Kreditinstitute gewöhnlich geöffnet haben, ausgenommen Sonnabende, (Bankgeschäftstage) auf das Konto des Kreditinstituts des Begünstigten,
2. inländische Überweisungen in Inlandswährung längstens binnen drei Bankgeschäftstagen auf das Konto des Kreditinstituts des Begünstigten und
3. Überweisungen in Inlandswährung innerhalb einer Haupt- oder einer Zweigstelle eines Kreditinstituts längstens binnen eines Bankgeschäftstags, anderer institutsinterner Überweisungen längstens binnen zwei Bankgeschäftstagen auf das Konto des Begünstigten

zu bewirken (Ausführungsfrist). ³Die Frist beginnt, soweit nichts anderes vereinbart ist, mit Ablauf des Tages, an dem der Name des Begünstigten, sein Konto, sein Kreditinstitut und die sonst zur Ausführung der Überweisung erforderlichen Angaben dem überweisenden Kreditinstitut vorliegen und ein zur Ausführung der Überweisung ausreichendes Guthaben vorhanden oder ein ausreichender Kredit eingeräumt ist.
(3) ¹Das überweisende Kreditinstitut kann den Überweisungsvertrag, solange die Ausführungsfrist noch nicht begonnen hat, ohne Angabe von Gründen, danach nur noch kündigen, wenn ein Insolvenzverfahren über das Vermögen des Überweisenden eröffnet worden oder ein zur Durchführung der Überweisung erforderlicher Kredit gekündigt worden ist. ²Im Rahmen von Zahlungsverkehrssystemen kann eine Überweisung abweichend von Satz 1 bereits von dem in den Regeln des Systems bestimmten Zeitpunkt an nicht mehr gekündigt werden.
(4) ¹Der Überweisende kann den Überweisungsvertrag vor Beginn der Ausführungsfrist jederzeit, danach nur kündigen, wenn die Kündigung dem Kreditinstitut des Begünstigten bis zu dem Zeitpunkt mitgeteilt wird, in dem der Überweisungsbetrag diesem Kreditinstitut endgültig zur Gutschrift auf dem Konto des Begünstigten zur Verfügung gestellt wird. ²Im Rahmen von Zahlungsverkehrssystemen kann eine Überweisung abweichend von Satz 1 bereits von dem in den Regeln des Systems bestimmten Zeitpunkt an nicht mehr gekündigt werden. ³Das überweisende Kreditinstitut hat die unverzügliche Information des Kreditinstituts des Begünstigten über eine Kündigung zu veranlassen.

1 **A. Einführung.** Mit Einführung der §§ 676 a–g haben Teile des Bankvertragsrechts eine Regelung im BGB erhalten. Neben dem Überweisungsvertrag (§§ 676 ac) wurden Regelungen zum Zahlungsvertrag (§§ 676 d–e) und Girovertrag (§§ 676 f–g) ins BGB aufgenommen. Beim Girovertrag handelt es sich um ein Dauerschuldverhältnis zwischen Kunde und Kreditinstitut oder zwei Kreditinstituten (§ 676 f). Der Überweisungs- und der Zahlungsvertrag sind dagegen Ausführungsgeschäfte, die sich nur auf einen konkreten Vorgang beziehen. Die Regelungen dienen der Umsetzung der Überweisungs- (97/5/EG, ABl Nr L 43, S 25) und Zahlungssicherungsrichtlinie (98/26/EG, ABl Nr L 166, S 45). Dabei gehen die Regelungen im BGB über den Anwendungsbereich der Richtlinien hinaus. Sie gelten insbes für rein inländische Sachverhalte. § 676 h dient der Umsetzung von Art 8 der Fernabsatzrichtlinie und beschäftigt sich mit dem Missbrauch von Zahlungskarten.

2 **I. Ziel.** Ziel der Regelungen ist es, den Überweisenden mehr Sicherheit bei der Ausführung von Überweisungen zu gewährleisten. Das gilt insbes im Hinblick auf die Dauer und Kosten (§ 675 a) der Überweisung, deren fristgerechter Aus- und ungekürzter Durchführung sowie den Ersatz bei Fehlschlägen. Die Regelungen haben nicht nur den Verbraucherschutz beim bargeldlosen Zahlungsverkehr im Blick, vielmehr sind kleine und mittlere Unternehmen ebenfalls Schutzadressaten (MüKo/*Casper* vor § 676 a Rn 9; dazu auch § 676 c III).

3 **II. Bargeldloser Zahlungsverkehr.** Auslöser für einen bargeldlosen Zahlungsvorgang können unterschiedliche Maßnahmen des Schuldners oder des Gläubigers sein. Der Schuldner kann mit seinem Kreditinstitut einen Überweisungsvertrag nach § 676 a abschließen, dessen Durchführung zur Gutschrift beim Gläubiger führt. Das gleiche Ziel lässt sich auch bei Veranlassung des Gläubigers erreichen. Mit der Einreichung eines Schecks (§ 675 Rn 34), eines Abbuchungsauftrages (s § 675 Rn 29) oder einer Einzugsermächtigung im Lastschriftverfahren (§ 675 Rn 30) kann der Gläubiger sein Kreditinstitut zur Gutschrift des entsprechenden Betrags auf seinem Konto, zulasten des Kontos des zahlenden Schuldners, veranlassen. Weitere Möglichkeiten des bargeldlosen Zahlungsverkehrs bestehen durch den Einsatz von Kredit- und Geldkarten (§ 676 h Rn 2).

4 Überweisungen dienen idR zur Erfüllung von Zahlungsansprüchen aus einem Schuldverhältnis (§ 362 I). An der Ausführung einer Überweisung sind der Schuldner und der Gläubiger sowie auf jeder Seite ein Kreditin-

stitut beteiligt. Ausnahmsweise kann es sich um ein Kreditinstitut handeln, wenn Schuldner und Gläubiger ihre Konten bei demselben Institut unterhalten. Bei der Vertragsbeziehung zwischen Schuldner (Überweisendem) und Gläubiger (Begünstigtem) handelt es sich um das Valutaverhältnis. Dieses Vertragsverhältnis ist Rechtsgrund für die Vermögensverschiebung und bestimmt, unter welchen Voraussetzungen und wann die Überweisung zu erfolgen hat (*v Dücker* WM 99, 1257). Eine Überweisung ist dadurch gekennzeichnet, dass ein Guthaben des Schuldners bei einem Kreditinstitut eingesetzt wird, um ein Guthaben des Gläubigers bei einem (anderen) Kreditinstitut zu begründen (§ 676 f). Die Rechtsbeziehung, die den Überweisungsvorgang bei dem kontenführenden Kreditinstitut auslöst (Deckungsverhältnis), ist ein **Überweisungsvertrag** (§ 676 a). Grundlage für die Belastung des Schuldnerkontos ist der Vorschuss- oder Aufwendungsersatzanspruch des Kreditinstituts gegen den Überweisenden aus §§ 669, 670. Die Gutschrift auf dem Konto des Begünstigten durch das kontoführende Kreditinstitut ist ein abstraktes Schuldversprechen bzw -anerkenntnis (BGHZ 103, 143).

Überweisender und Begünstigter werden mit ihrem jeweiligen kontoführenden Kreditinstitut regelmäßig durch einen **Girovertrag** (§ 676 f) verbunden sein. Der Girovertrag, häufig modifiziert durch AGB, ist maßgebend dafür, ob das Konto für den bargeldlosen Zahlungsverkehr zur Verfügung steht oder nicht (zB Sparkonten) und wie das Inkassoverhältnis zwischen Begünstigtem und dem Kreditinstitut abgewickelt wird.

Zwischen den beteiligten Banken (**Interbankenverhältnis**) werden idR Geschäftsbesorgungsverträge (BGHZ 103, 143; 108, 386) bzw Vereinbarungen iRv Zahlungsverkehrssystemen vorliegen; im Einzelfall kann es sich auch um Giroverträge (§ 676 f) handeln (Abwicklung bzw Verrechnung über ein Konto). Die Einschaltung von weiteren Kreditinstituten bei der Überweisung erfolgt mittels **Zahlungsvertrag** (§ 676 d). Nicht ausdrücklich geregelt ist das Verhältnis des zwischengeschalteten Kreditinstituts und des Kreditinstituts des Begünstigten. Finden Vereinbarungen iRv Verrechnungssystemen keine Anwendung, können die Regeln zur Geschäftsbesorgung bzw des Girovertrags herangezogen werden. Weitergehende vertragliche Beziehungen bestehen nicht. Das gilt insbes für das Verhältnis von Überweisendem und Begünstigtem zu anderen als dem eigenen kontoführenden Kreditinstitut. Der Überweisungsvertrag ist kein Vertrag zugunsten Dritter (§ 328) und gewährt keinen unmittelbaren Anspruch des Begünstigten ggü der überweisenden Bank (Baumbach/*Hopt* Anh 7 C/13).

III. Geltungsbereich. Die Regelungen des Bankvertragsrechts gelten grds für alle Verträge, auf die deutsches Recht Anwendung findet (Art 27 ff EGBGB). Der Anwendungsbereich der Normen wurde nur an wenigen Stellen eingeschränkt. Auf inländische Überweisungen von Trägern der gesetzlichen Rentenversicherung (§ 23 II SGB I; §§ 125 ff SGB VI) und vergleichbare Überweisungen (regelmäßige Zahlungen) anderer Sozialversicherungsträger (Art 228 III EGBGB) finden die Regeln keine Anwendung. Seit dem 1. 1. 02 sind die Regeln in zeitlicher Hinsicht in vollem Umfang anwendbar (dazu Art 228 I und II EGBGB).

B. Überblick – Überweisungsvertrag. § 676 a I regelt den Überweisungsvertrag und definiert die beteiligten Parteien sowie die Überweisung. Es wurde ein eigenständiger Vertragstyp geschaffen. Ein Rückgriff auf die Weisung (§ 665) iR eines Geschäftsbesorgungsvertrags (Girovertrag) und deren Widerruf kommt insoweit nicht mehr in Betracht (BGH NJW 04, 2514). Ausführungsfristen für Überweisungen sind festgelegt (§ 676 a II) und die Kündigungsmöglichkeiten der Vertragsparteien bestimmt (§ 676 a III und IV).

I. Überweisung. Die Überweisung ist ein tatsächlicher, buchungstechnischer Vorgang, der dazu führt, dass ein bestimmter Geldbetrag einem Konto bei einem Kreditinstitut gutgeschrieben wird (§ 676 a I). Die Veranlassung für die Überweisung muss vom Überweisenden ausgehen – mittelbar reicht aus (BaRoth/*Schmalenbach* § 676 a Rn 4) – und das Ziel verfolgen, die Gutschrift auf einem Konto des Begünstigten zu erreichen. Nicht erforderlich ist, dass der Überweisende über ein Konto verfügt; der zu überweisende Geldbetrag kann dem Kreditinstitut auch in bar zur Verfügung gestellt werden (§ 676 a I 3). Überweisender und Begünstigter können eine Person sein. Rechtsgrundlage für den tatsächlichen Vorgang der Überweisung ist ein Überweisungsvertrag.

Keine Überweisung liegt vor, wenn die Veranlassung vom Begünstigten ausgeht (zB Lastschrift) oder der Begünstigte in anderer Form bei der Gutschrift auf sein Konto mitwirkt (zB Einsatz von Karten). Die Überweisung ist ferner abzugrenzen vom Auftrag an ein Kreditinstitut, Geld in bar an den Begünstigten auszuzahlen (zu den Sorgfaltsanforderungen: BGHZ 130, 87).

II. Erscheinungsformen. Im Hinblick auf die Ausführungsfristen (§ 676 a II) sind **In- und Auslandsüberweisungen** zu unterscheiden. Dabei ist für Auslandsüberweisungen weiter zwischen Überweisungen in EU- und EWR-Staaten sowie in sog Drittstaaten zu differenzieren. Eine inländische Überweisung liegt vor, wenn die kontoführenden Stellen des Überweisenden und des Begünstigten im Inland belegen sind. Ausreichend ist die inländische Belegenheit der kontoführenden Zweigstelle eines Kreditinstituts. Ist die kontoführende Stelle im Ausland belegen, handelt es sich um eine Auslandsüberweisung. Umstr ist, ob eine Auslandsüberweisung auch vorliegt, wenn ein im Ausland belegenes Kreditinstitut erkennbar zwischengeschaltet wird (dafür: BaRoth/*Schmalenbach* § 676 a Rn 6; MüKo/*Casper* § 676 a Rn 6).

12 Eine Überweisung, die nur ein Kreditinstitut betrifft -Überweisender und Begünstigter nutzen das gleiche Institut-, führt zu einer internen oder innerbetrieblichen Verrechnung (**institutsinterne Überweisung**). Sind zwei Kreditinstitute beteiligt, liegt eine **institutsfremde oder -übergreifende Überweisung** vor. Die Abwicklung kann über ein dafür eingerichtetes Konto oder die Vereinbarungen iR eines Verrechnungsnetzes erfolgen. Im letzteren Fall sind bei der Kündigung Besonderheiten zu beachten (s Rn 22). Während bei der Beteiligung von zwei Kreditinstituten von einer eingliedrigen Überweisung gesprochen wird, führt die Zwischenschaltung weiterer Institute zu mehrgliedrigen Überweisungen (BaRoth/*Schmalenbach* § 676 a Rn 9).

13 Von der gewöhnlichen Banküberweisung lassen sich **Sonderformen** unterscheiden. Grds wird der Überweisende mit dem von ihm ausgewählten Kreditinstitut einen Girovertrag (§ 676 f) abgeschlossen haben. Notwendig für eine Überweisung ist dies allerdings nicht (§ 676 a I 3). Neben der Einzelüberweisung sind **Daueraufträge** und **Sammelaufträge** verbreitet. Im ersten Fall werden Einzelüberweisungen vorweg für bestimmte (regelmäßige) Ausführungstermine an den gleichen Begünstigten vereinbart. Bei Sammelaufträgen handelt es sich um eine (elektronische) Zusammenfassung von Einzelüberweisungen an unterschiedliche Begünstigte.

14 **III. Überweisungsvertrag.** Der Überweisungsvertrag ist ein eigenständiger Vertragstyp des BGB und regelt das Deckungsverhältnis zwischen Überweisendem und Kreditinstitut bei der Vornahme einer Überweisung. Er ist auf die fristgerechte und ungekürzte Gutschrift auf einem Empfängerkonto gerichtet, wobei das verpflichtete Kreditinstitut nur die Gutschrift oder die Weiterleitung erbringen kann. Bei **institutsinternen Überweisungen** wird die Gutschrift auf dem Konto des Begünstigten als Erfolg geschuldet, bei **anderen Überweisungen** die Gutschrift auf Eingangs- bzw Verrechnungskonten des Kreditinstituts des Begünstigten. Der Überweisungsvertrag enthält daher Elemente des Werkvertrags und der Geschäftsbesorgung (Baumbach/*Hopt* Anh 7 C/2; MüKo/*Casper* § 676 a Rn 12). Aufgrund der eigenständigen Ausgestaltung sind die Normen der anderen Vertragstypen aber nur anwendbar, soweit im Recht der Überweisung Lücken bestehen. Darüber hinaus ist das Garantieelement im Überweisungsvertrag zu beachten (§ 676 b). Die Vorgaben in § 676 a sind zwingendes Recht, soweit eine abw Regelung nicht zugelassen ist (§§ 676 a II, 676 c III).

15 **1. Vertragsschluss.** Vertragspartner eines Überweisungsvertrags kann auf Seiten des Veranlassers (Überweisender) jede natürliche und juristische Person sein. Auf der anderen Seite muss ein Kreditinstitut stehen (§ 676 a I). Für den Vertragsschluss gelten die allgemeinen Regeln. Das Angebot wird regelmäßig vom Überweisenden ausgehen. Ausreichend sind neben der Einreichung eines Überweisungsträgers die Eingabe von entspr Daten durch ein Erfassungsgerät oder im Wege des Online-Banking (zur Abgabe bei Verwendung von PIN und TAN: Kobl ZIP 04, 353). Wird die Annahme nicht ausdrücklich erklärt, kommt der Vertrag bei einer dauernden Geschäftsverbindung zwischen den Vertragspartnern (zB Girovertrag) durch Schweigen zustande, wenn keine unverzügliche Zurückweisung (idR gleicher Tag) erfolgt (§ 362 I HGB). Anderenfalls kann mit Beginn der Ausführung von einer stillschweigenden Annahme ausgegangen werden, wobei der Zugang der Erklärung entbehrlich ist (§ 151 1). Eine Verpflichtung zum Abschluss eines Überweisungsvertrags kann sich aus dem Girovertrag (§ 676 f) ergeben, wenn keine sachlichen Gründe entgegenstehen, zB fehlende Deckung des Kontos, fehlende Angaben (vgl BGH NJW 04, 2517). Eine besondere Form ist für den Überweisungsvertrag nicht vorgesehen. Das Fälschungsrisiko trägt grds das Kreditinstitut (MüKo/*Casper* § 676 a Rn 17; Palandt/*Sprau* § 676 a Rn 11). Die Grundsätze zur Zurechnung eines Rechtsscheins und zum Blankettmissbrauch sind zu beachten (BGH WM 01, 1712).

16 **2. Pflichten des Kreditinstituts.** Die Hauptpflicht des überweisenden Kreditinstituts besteht in der **fristgerechten Bewirkung der Überweisung**. Das Bewirken umfasst bei einer institutsinternen Überweisung auch die Vornahme der ungekürzten Gutschrift auf dem Konto des Begünstigten. Bei anderen Überweisungen liegt das Bewirken vor, wenn der Betrag ungekürzt bei dem (nicht: einem) Kreditinstitut des Begünstigten oder einem von diesem beauftragten Kreditinstitut eingegangen ist bzw an dieses weitergeleitet wurde. Sofern keine gegenteilige Weisung vorliegt, kann das überweisende Kreditinstitut weitere Kreditinstitute in den Vorgang einschalten (§ 676 c). Das Bewirken der Leistung wird durch die verspätete Ausführung nicht ausgeschlossen (§ 676 b I). Wird nur ein gekürzter Betrag überwiesen, liegt ein Teilbewirken der Leistung vor (Rückschluss aus § 676 b II). Voraussetzung für die Ausführung der Überweisung ist, dass das Konto des Überweisenden ausreichende Deckung aufweist und die erforderlichen Angaben zum Begünstigten gemacht werden. Bei Zweifeln oder Unklarheiten ist der Name für die Bestimmung des Begünstigten maßgebend (MüKo/*Casper* § 676 a Rn 21). Fehler des empfangenden Kreditinstituts in diesem Zusammenhang hindern das Bewirken nicht.

17 **3. Ausführungsfristen.** Das Kreditinstitut des Überweisenden hat die Überweisung innerhalb der Ausführungsfristen (§ 676 a II) zu bewirken. Die Rechtsfolgen bei einem Verstoß gegen die Fristbestimmung ergeben sich aus §§ 676 b, 676 c („Strafzins"). Überweisungen sind **baldmöglichst** zu bewirken, sofern keine anderen Fristen vereinbart werden (§ 676 a II 1). Die Vornahme der Leistungshandlung reicht zur Fristwahrung nicht aus. Fristvereinbarungen der Parteien unterliegen in Bezug auf inländische Überweisungen Beschränkungen (§ 676 a II 2 Nr 2 und 3). Die gesetzlichen Höchstfristen sind zwingend zu beachten (Ausnahme: § 676 c III). Die Vereinbarung kürzerer Fristen ist möglich. Davon ist auszugehen, wenn kürzere Fristen in den Erklärun-

gen eines Kreditinstituts (§§ 675 a, 12 InfoVO-BGB) enthalten sind (allg. Ansicht: MüKo/*Casper* § 676 a Rn 23). Die Fristverkürzung in AGB ist ohne weiteres möglich. Bei der Verlängerung der Fristen durch AGB (soweit gesetzlich möglich) ist von einer unangemessenen Benachteiligung auszugehen, wenn die Höchstfrist des § 676 a II Nr 1 überschritten wird (MüKo/*Casper* § 676 a Rn 24).

Zur Bestimmung der **jeweils maßgebenden Frist** sind fünf Fallgruppen zu unterscheiden: Für Inlandsüberweisungen in €, die institutsintern nur eine Haupt- oder eine Zweigstelle betreffen, beträgt die zwingende Höchstfrist einen Tag (II Nr 3 Var 1). Für andere institutsinterne Inlandsüberweisungen in € verlängert sich die Frist auf 2 Tage (II Nr 3 Var 2). Für Inlandsüberweisungen in €, die auch andere Kreditinstitute betreffen, beträgt die Frist 3 Tage (II Nr 2). Für Auslandsüberweisungen in EU- oder EWR-Staaten – in € oder deren Währung – beträgt die zur Disposition der Parteien stehende Frist 5 Tage (II Nr 1). In allen anderen Fällen ist keine (zwingende) Höchstfrist vorgesehen. Für die Fristberechnung gelten die §§ 187, 188. Dabei zählen nur Bankgeschäftstage, an denen alle beteiligten Kreditinstitute gewöhnlich arbeiten. 18

Der **Fristbeginn** hängt davon ab, ob eine besondere Vereinbarung getroffen wurde oder nicht. Ohne Vereinbarung beginnt die Frist mit Ablauf des Tages, an welchem dem Kreditinstitut alle erforderlichen Angaben vorliegen (§ 676 a II 3) und eine ausreichende Kontendeckung vorhanden ist. Ein verfügbarer Kreditrahmen reicht aus. Notwendige Angaben sind neben dem Überweisungsbetrag, insbes der Name des Begünstigten und die Bankverbindung. Fehlen einzelne Angaben oder sind einzelne Angaben unrichtig, schadet dies nicht, wenn die Ermittlung leicht möglich ist (etwa Bankleitzahl; aA Erman/*v. Westphalen* § 676 a Rn 18). Die Angaben liegen dem Kreditinstitut vor, wenn unter normalen Umständen die Möglichkeit der Kenntnisnahme besteht (§ 130). Die Frist beginnt aber nicht vor Abschluss des Überweisungsvertrags (*Einsele* JZ 00, 9, 11). Die Frist endet mit Ablauf des letzten Bankgeschäftstags der Frist. 19

4. Weitere Pflichten. Das übermittelnde Kreditinstitut muss die erforderlichen Angaben bei der Ausführung der Überweisung mitteilen (§ 676 a I). Ferner müssen die Informations- und Nachweispflichten ggü dem Überweisenden erfüllt werden (§§ 675 a, 12 InfoVO-BGB). Für die Erfüllung der letztgenannten Nachweispflichten reicht die Angabe auf dem Kontoauszug aus. Darüber hinaus bestehen Aufklärungs-, Warn- und Rücksichtnahmepflichten (§ 241 II). Dabei darf der Überweisungsvertrag aber nicht überdehnt werden (BGH NJW 04, 2517). Eine formale Prüfung der Überweisung reicht grds aus. Gleichwohl können sich einzelne Rückfrage- oder Hinweispflichten des Kreditinstituts ergeben (zB BGH WM 78, 637: nicht behebbare Fehler; BGH WM 86, 1409: wirtschaftlicher Zusammenbruch des Empfängers oder seiner Bank). Weisungen des Überweisenden sind zu befolgen (Palandt/*Sprau* § 676 a Rn 17). Eine Kündigung des Überweisungsvertrags ist dem Kreditinstitut des Begünstigten unverzüglich mitzuteilen (§ 676 a IV 3). 20

5. Pflichten des Überweisenden. Der Überweisende hat das **vereinbarte Entgelt** zu entrichten und die Aufwendungen zu erstatten (§ 670) bzw Vorschuss zu leisten (§ 669). Ein Anspruch auf Vorschuss besteht für das Kreditinstitut insbes in Höhe des Überweisungsbetrags. Der Aufwendungsersatz bezieht sich auf die Auslagen. Die Entgeltsvereinbarung der Parteien wird durch die Verordnung EG/2560/2001 (ABl EG Nr L 344, S 13) beschränkt. Betroffen sind grenzüberschreitende Überweisungen in der EU. Bis zu einem Betrag von 50.000 € (seit 1. 1. 06; davor 12.500 €) dürfen nur Gebühren in Höhe der Gebühren für vergleichbare Inlandsüberweisungen verlangt werden. Ferner hat der Überweisende die Überweisungsträger sorgfältig aufzubewahren (BaRoth/*Schmalenbach* § 676 a Rn 38) und die Angaben nach § 676 a II 3 mitzuteilen. 21

6. Beendigung des Überweisungsvertrags. Der Überweisungsvertrag kann durch Erfüllung (§ 362) und Kündigung beendet werden. Die Insolvenz des Überweisenden führt nicht zur Beendigung des Vertrags, sondern zum Fortbestand mit Wirkung für die Masse (§ 116 S 3 InsO). Im Hinblick auf die Kündigung ist zu beachten, dass die Regeln über die Grenzen der Kündigung iRv Zahlungsverkehrssystemen vorrangig Anwendung finden. Das gilt für die Kündigung des Kreditinstituts und die des Überweisenden (§§ 676 a III 2; IV 2). Anderenfalls ist zwischen der Kündigung des Kreditinstituts und der des Überweisenden zu unterscheiden. Maßgebender Zeitpunkt für die Kündigung ist jeweils der Zugang beim Vertragspartner. 22

a) Kündigung des Kreditinstituts (§ 676 a III). Ohne vorrangiges Zahlungsverkehrssystem kann das Kreditinstitut den Überweisungsvertrag **vor Beginn** des Laufs der Ausführungsfrist ohne Angabe von Gründen kündigen (zB Daueraufträge; allgemeines Prinzip: Schlesw WM 03, 20). Eine Einschränkung (§ 242) wird man für den Fall machen müssen, dass das Kreditinstitut zum Abschluss von Überweisungsverträgen mit dem Überweisenden verpflichtet ist (BGH NJW 04, 2514; zB aus dem Girovertrag). **Nach Beginn** der Ausführungsfrist kann die Kündigung nur unter engen Voraussetzungen erfolgen. Kündigungsgründe sind insoweit die Eröffnung eines Insolvenzverfahrens über das Vermögen des Überweisenden bzw die Nichteröffnung mangels Masse sowie die Kündigung eines zur Kontendeckung erforderlichen Kredits. Ein Sonderkündigungsrecht wegen Unzumutbarkeit besteht unter den Voraussetzungen des § 676 b III 4. 23

b) Kündigung des Überweisenden (§ 676 a IV). Die Kündigung des Überweisungsvertrags durch den Überweisenden ist, vorbehaltlich der vereinbarten Regeln eines Zahlungsverkehrssystems, bis zum Bewirken der Überweisung möglich (MüKo/*Casper* § 676 a Rn 41). Der Angabe von Gründen bedarf es nicht. Ob die Ausführungsfrist für die Überweisung schon begonnen hat, ist nicht entscheidend. Der Wortlaut der Norm ist 24 insoweit missverständlich. Die **Wirksamkeit der Kündigung** hängt davon ab, dass die Kündigung dem Kreditinstitut des Begünstigten mitgeteilt wird, bevor die endgültige Gutschrift auf dem Konto des Begünstigten erfolgt. Adressat der Mitteilung ist das Kreditinstitut des Begünstigten. Die Verpflichtung zur Mitteilung trifft das Kreditinstitut des Überweisenden; sie ist unverzüglich zu erfüllen (§ 676 a IV 3). Andere Mitteilungen sind nicht ausreichend (dazu MüKo/*Casper* § 676 a Rn 45; BaRoth/Schmalenbach § 676 a Rn 41). Nach wirksamer Kündigung schuldet der Überweisende ein angemessenes Teilentgelt, das nach den Grundsätzen des § 649 zu berechnen ist (MüKo/*Casper* § 676 a Rn 46). Ein Aufwendungsersatzanspruch (§ 670) kann nach der Kündigung nicht mehr entstehen.

§ 676 b Haftung für verspätete Ausführung; Geld-zurück-Garantie

(1) ¹Wird die Überweisung erst nach Ablauf der Ausführungsfrist bewirkt, so hat das überweisende Kreditinstitut dem Überweisenden den Überweisungsbetrag für die Dauer der Verspätung zu verzinsen, es sei denn, dass der Überweisende oder der Begünstigte die Verspätung zu vertreten hat. ²Der Zinssatz beträgt fünf Prozentpunkte über dem Basiszinssatz im Jahr.
(2) Das überweisende Kreditinstitut hat von ihm selbst oder von einem der zwischengeschalteten Kreditinstitute entgegen dem Überweisungsvertrag einbehaltene Beträge ohne zusätzliche Entgelte und Auslagen nach Wahl des Überweisenden entweder diesem zu erstatten oder dem Begünstigten zu überweisen.
(3) ¹Der Überweisende kann die Erstattung des Überweisungsbetrags bis zu einem Betrag von 12 500 Euro (Garantiebetrag) zuzüglich bereits für die Überweisung entrichteter Entgelte und Auslagen verlangen, wenn die Überweisung weder bis zum Ablauf der Ausführungsfrist noch innerhalb einer Nachfrist von 14 Bankgeschäftstagen vom Erstattungsverlangen des Überweisenden an bewirkt worden ist. ²Der Überweisungsbetrag ist in diesem Fall vom Beginn der Ausführungsfrist bis zur Gutschrift des Garantiebetrags auf dem Konto des Überweisenden mit dem in Absatz 1 Satz 2 bestimmten Zinssatz zu verzinsen. ³Mit dem Erstattungsverlangen des Überweisenden und dem Ablauf der Nachfrist gilt der Überweisungsvertrag als gekündigt. ⁴Das Kreditinstitut ist berechtigt, den Vertrag zu kündigen, wenn die Fortsetzung des Vertrags unter Abwägung der beiderseitigen Interessen für das Kreditinstitut nicht zumutbar ist und es den Garantiebetrag entrichtet hat oder gleichzeitig entrichtet. ⁵Der Überweisende hat in den Fällen der Sätze 3 und 4 die vereinbarten Entgelte und Auslagen nicht zu entrichten. ⁶Ansprüche nach diesem Absatz bestehen nicht, wenn die Überweisung nicht bewirkt worden ist, weil der Überweisende dem überweisenden Kreditinstitut eine fehlerhafte oder unvollständige Weisung erteilt oder wenn ein von dem Überweisenden ausdrücklich bestimmtes zwischengeschaltetes Kreditinstitut die Überweisung nicht ausgeführt hat. ⁷In dem zweiten Fall des Satzes 6 haftet das von dem Überweisenden ausdrücklich bestimmte Kreditinstitut diesem anstelle des überweisenden Kreditinstituts.
(4) Ansprüche nach den Absätzen 1 bis 3 sind ausgeschlossen, wenn die Ursache für den Fehler bei der Abwicklung der Überweisung höhere Gewalt ist.

1 **A. Überblick.** § 676 b enthält spezielle Haftungstatbestände für die Leistungsstörungen des verspäteten Bewirkens (§ 676 b I), des nicht vollständigen Bewirkens (§ 676 b II) und des Nichtbewirkens (§ 676 b III) einer Überweisung durch das aufgrund eines wirksamen Überweisungsvertrags verpflichtete Kreditinstitut. Ausnahmsweise kann bei entspr Weisung des Überweisenden ein Direktanspruch gegen ein zwischengeschaltetes Kreditinstitut bestehen (§ 676 b III 6, 7). Die Haftung für das Nichtbewirken der Überweisung (§ 676 b III) ist vorrangig. Die Ansprüche nach I und II können nebeneinander eingreifen.

2 **B. Regelung.** Die Haftungsregelung ist im Zusammenspiel mit § 676 c zu sehen. § 676 b normiert eine **verschuldensunabhängige Haftung** der Kreditinstitute für bestimmte Leistungsstörungen im Überweisungsvertrag (§ 676 c I) und verdrängt andere, spezielle Gewährleistungsrechte (zB § 634). Allgemeine verschuldensabhängige Ansprüche (§§ 280 ff) und Bereicherungsansprüche (§ 812) bleiben aber unberührt (§ 676 c I 2). § 676 b ist nur in den engen Grenzen des § 676 c III abdingbar. Die speziellen Haftungsregeln sollen die Einhaltung der Pflichten der Kreditinstitute aus § 676 a sichern und eine zuverlässige und schnelle Abwicklung unter den Kreditinstituten fördern (MüKo/*Casper* § 676 b Rn 3).

3 **I. Verspätete Überweisung.** Die verspätete (und nicht gescheiterte) Überweisung führt zu einem **Zinsanspruch** des Überweisenden gegen das ausführende Kreditinstitut. Der gesamte Überweisungsbetrag ist mit 5 %-Punkten über dem Basiszinssatz (§ 247) im Jahr für die Dauer der Verspätung zu verzinsen. Von einer Verspätung ist auszugehen, wenn der zu bewirkende Erfolg (§ 676 a I) nicht innerhalb der jeweils maßgebenden Ausführungsfrist (§ 676 a II – Grundsatz: „baldmöglichst") eingetreten ist. Ein Verschulden ist nicht erforderlich. Der Überweisende muss die Verspätung substantiiert darlegen (*Hadding* WM 00, 2465).

4 Der Anspruch ist **ausgeschlossen**, wenn der Überweisende oder der Begünstigte die Verspätung zu vertreten haben. Im Einklang mit der Überweisungsrichtlinie geht es dabei nicht um mitwirkendes Verschulden nach §§ 276, 278, sondern um einen Risikobeitrag aus der Sphäre des Überweisenden oder des Begünstigten bzw seines Kreditinstituts (MüKo/*Casper* § 676 b Rn 6; BaRoth/*Schmalenbach* § 676

Rn 4). Ausreichend sind insoweit unvollständige oder widersprüchliche Angaben. Die Beweislast liegt beim überweisenden Kreditinstitut. Darüber hinaus ist der Anspruch bei höherer Gewalt ausgeschlossen (§ 676 b IV).

II. Einbehaltene Überweisungsbeträge. Werden bei der Ausführung der Überweisung Beträge abredwidrig 5 einbehalten, hat der Überweisende gegen das ausführende Kreditinstitut einen Haftungsanspruch, für den ein Wahlrecht besteht. Der Überweisende kann die Nachüberweisung an das Kreditinstitut des Begünstigten oder die Erstattung an sich selbst verlangen. Zusätzliche Gebühren oder Auslagen dürfen nicht berechnet werden. Beträge werden abredewidrig einbehalten, wenn der nach dem Überweisungsvertrag zu überweisende Betrag nicht vollständig auf dem Konto des Begünstigten (institutsinterne Überweisung) bzw beim Kreditinstitut des Begünstigten (institutsfremde Überweisung) gutgeschrieben wird. Der Grund für die Abweichung ist nicht entscheidend (zB Verrechnung von Gebühren durch ein zwischengeschaltetes Kreditinstitut). Auf ein Verschulden kommt es ebenfalls nicht an. Bei institutsinternen Überweisungen kann es zur Konkurrenz mit dem Anspruch des Begünstigten aus § 676 g II 1 kommen (§ 676 g Rn 5). Bei Erfüllung eines Anspruchs wird das Kreditinstitut frei (§ 428).

III. Nichtausgeführte Überweisung. Bei einer gescheiterten Überweisung kann der Überweisende die 6 Erstattung des Überweisungsbetrags (Gutschrift auf dem Konto oder Barauszahlung) verlangen, allerdings begrenzt auf den **Garantiebetrag** von 12.500 € („Geld-zurück-Garantie"). Darüber hinaus besteht ein Anspruch auf Erstattung der Entgelte und Auslagen. Der gesamte Überweisungsbetrag (aA wohl nur Erman/*v Westphalen* § 676 b Rn 20) ist für den Zeitraum zwischen dem Beginn der Ausführungsfrist (§ 676 a II) und der Gutschrift des Garantiebetrags auf dem Konto des Überweisenden (bzw Barauszahlung) nach § 676 b I zu verzinsen. Anspruchsgegner ist grds das Kreditinstitut mit dem der Überweisungsvertrag geschlossen wurde (§ 676 b III). Der Anspruch richtet sich aber **gegen ein zwischengeschaltetes Kreditinstitut**, wenn dies auf Weisung des Überweisenden an dem Überweisungsvorgang beteiligt wurde (§§ 676 b III 7, 676 e V). Teilweise wird vertreten, der Anspruch beruhe auf dem Zahlungsvertrag zwischen den Kreditinstituten und könne als gesetzlich geregelter Fall der Drittschadensliquidation angesehen werden (BaRoth/*Schmalenbach* § 676 b Rn 17). Nach anderer, vorzugswürdiger Ansicht handelt es sich um ein besonderes gesetzlich begründetes Schuldverhältnis, das einen Direktanspruch des Überweisenden gegen einen Nichtvertragspartner gewährt (MüKo/*Casper* § 676 b Rn 20).

Der Erstattungsanspruch hat **drei besondere Voraussetzungen**. Grundlage für den Anspruch ist, dass die 7 Überweisung bis zum Ablauf der Ausführungsfrist nicht bewirkt ist. Bei Teilleistungen geht die Regelung des § 676 b II grds vor, es sei denn, es wird der Nachweis geführt, dass kein Einbehalt erfolgt ist. Nur in diesem Fall ist die Beschränkung auf den Garantiebetrag gerechtfertigt (BaRoth/*Schmalenbach* § 676 b Rn 25). Der Überweisende muss die Rückerstattung oder Auszahlung des Überweisungsbetrags vom überweisenden Kreditinstitut verlangen (geschäftsähnliche Handlung: MüKo/*Casper* § 676 b Rn 12). Nicht ausreichend ist die Forderung, die Überweisung auszuführen. Das Verlangen muss nach Ablauf der Ausführungsfrist zugehen. Schließlich darf die Überweisung innerhalb der Nachfrist von 14 Bankgeschäftstagen (§§ 187, 188) nicht bewirkt worden sein. Auf die Gründe kommt es nicht an. Die Frist beginnt mit Zugang des ordnungsgemäßen Erstattungsverlangens.

Der Anspruch ist **ausgeschlossen**, wenn das Nichtbewirken der Überweisung auf einer fehlerhaften oder 8 unvollständigen Weisung des Überweisenden beruht. Umstr ist, ob insoweit die Anwendung des § 254 ausgeschlossen ist (dagegen: BaRoth/*Schmalenbach* § 676 b Rn 20). Ein Ausschluss des Anspruchs ist ebenfalls gegeben, wenn höhere Gewalt vorliegt (§ 676 b IV) oder die Weisung des Überweisenden auf die Zwischenschaltung eines Kreditinstituts gerichtet war und die Überweisung dort nicht ausgeführt wurde (zum Anspruch gegen das zwischengeschaltete Kreditinstitut s Rn 6).

Ist die Nachfrist erfolglos abgelaufen, gilt der **Überweisungsvertrag als gekündigt** (§ 676 b III 3). Die Primär- 9 leistungsansprüche erlöschen. Das Kreditinstitut hat keinen Anspruch auf das vereinbarte Entgelt oder Auslagen (§ 676 b III 5). Eine danach bewirkte Überweisung führt idR zu einem Bereicherungsanspruch des Kreditinstituts gegen den Empfänger (Nichtleistungskondiktion).

IV. Sonderkündigungsrecht. Dem überweisenden Kreditinstitut steht für den Fall, dass die Ausfüh- 10 rungsfrist abgelaufen und ein Erstattungsverlangen des Überweisenden zugegangen ist, ein Sonderkündigungsrecht wegen Unzumutbarkeit der Ausführung der Überweisung zu (§ 676 b III 4). Das Kreditinstitut soll die verschuldensunabhängige Haftung bei Unzumutbarkeit (Interessenabwägung) beenden können. Der Überweisende wird dadurch geschützt, dass die Kündigung nur wirksam ist, wenn ihm der Garantiebetrag zumindest gleichzeitig entrichtet wird, soweit der Anspruch nicht ausgeschlossen ist (§ 676 b III 6). Entgelte und Auslagen können nicht verlangt werden (§ 676 b III 5). Vereinnahmte Entgelte sind zu erstatten (§ 812). Die Verzinsungspflicht in Bezug auf den Überweisungsbetrag bleibt bestehen.

§ 676c Verschuldensunabhängige Haftung; sonstige Ansprüche

(1) ¹Die Ansprüche nach § 676b setzen ein Verschulden nicht voraus. ²Andere Ansprüche, die ein Verschulden voraussetzten, sowie Ansprüche aus ungerechtfertigter Bereicherung bleiben unberührt. ³Das überweisende Kreditinstitut hat hierbei ein Verschulden, das einem zwischengeschalteten Kreditinstitut zur Last fällt, wie eigenes Verschulden zu vertreten, es sei denn, dass die wesentliche Ursache bei einem zwischengeschalteten Kreditinstitut liegt, das der Überweisende vorgegeben hat. ⁴Die Haftung nach Satz 3 kann bei Überweisungen auf ein Konto im Ausland auf 25 000 Euro begrenzt werden. ⁵Die Haftung für durch die Verzögerung oder Nichtausführung der Überweisung entstandenen Schaden kann auf 12 500 Euro begrenzt werden; dies gilt nicht für Vorsatz und grobe Fahrlässigkeit, den Zinsschaden und für Gefahren, die das Kreditinstitut besonders übernommen hat.

(2) In den Fällen des Absatzes 1 Satz 3 Halbsatz 2 haftet das von dem Überweisenden vorgegebene zwischengeschaltete Kreditinstitut anstelle des überweisenden Kreditinstituts.

(3) Von den Vorschriften des § 675 Abs. 1, der §§ 676a und 676b und des Absatzes 1 darf, soweit dort nichts anderes bestimmt ist, zum Nachteil des Überweisenden nur bei Überweisungen abgewichen werden,
1. deren Überweisender ein Kreditinstitut ist,
2. die den Betrag von 75 000 Euro übersteigen oder
3. die einem Konto eines Kreditinstituts mit Sitz außerhalb der Europäischen Union und des Europäischen Wirtschaftsraums gutgeschrieben werden sollen.

1 **A. Überblick.** § 676c I 1 stellt klar, dass die Ansprüche aus § 676b ein Verschulden nicht voraussetzen. Ferner bestimmt S 2 in Bezug auf das Leistungsstörungsrecht, dass verschuldensabhängige Ansprüche sowie Ansprüche aus ungerechtfertigter Bereicherung von § 676b unberührt bleiben. S 3 regelt die Zurechnung des Verschuldens von zwischengeschalteten Kreditinstituten entspr § 278, die auch durch Substitution nicht beseitigt werden kann. S 4 und S 5 regeln Möglichkeiten der Haftungsbeschränkung. II begründet einen, dem § 676b III 7 vergleichbaren Direktanspruch des Überweisenden gegen ein zwischengeschaltetes Kreditinstitut. § 676c III behandelt die Frage, inwieweit die §§ 675 I, 676a, 676b und 676c I einer vertraglichen Disposition zugänglich sind.

2 **B. Reglungen. I. Verschuldensabhängige Haftung.** § 676c I 2 regelt abschließend, welche allgemeinen Ansprüche wegen einer Pflichtverletzung aus dem Überweisungsvertrag neben denen aus § 676b in Betracht kommen. Der Überweisende kann seine Forderungen auf die verschuldensabhängigen Anspruchsgrundlagen des allgemeinen Leistungsstörungsrechts stützen. Bei verzögerter Ausführung der Überweisung kommt neben der Verzinsung nach § 676b I die Geltendmachung eines darüber hinausgehenden Schadens (zB Skonto) in Betracht (§§ 280 I, II, 286). Eine Mahnung ist nach Ablauf der Ausführungsfrist nicht erforderlich (§ 286 I Nr 4; MüKo/*Casper* § 676c Rn 3; BaRoth/*Schmalenbach* § 676c Rn 3; aA Palandt/*Sprau* § 676c Rn 2). Ein Schadensersatzanspruch statt der Leistung setzt die Unmöglichkeit der Überweisung (selten) oder den Ablauf einer angemessenen Frist voraus. Dabei ist umstr, ob die Frist (entbehrlich zB bei Blitzgiro) auch kürzer sein kann als die 14 Tage nach § 676b III (dafür Palandt/*Sprau* § 676c Rn 2; *Risse/Lindner* BB 99, 2201, 2205; dagegen MüKo/*Casper* § 676c Rn 4; BaRoth/*Schmalenbach* § 676c Rn 3). Ferner sind bei der Verletzung von Nebenleistungs- und Nebenpflichten (§ 241 II) Ansprüche aus § 280 I denkbar. Unberührt von § 676b bleiben auch Ansprüche aus vorvertraglicher Pflichtverletzung (§§ 280 I, 311 II, 241 II) und Delikt (§§ 823ff).

3 **II. Bereicherungsrecht.** Ein Bereicherungsanspruch des Überweisenden bleibt neben § 676b möglich. Das gilt insbes, wenn das überweisende Kreditinstitut den Überweisungsbetrag nicht weitergeleitet oder den Betrag zurückerhalten hat. Der Anspruch geht über den Garantiebetrag nach § 676b III hinaus. Mit der Regelung in § 676c I 2 sollte ein Anspruch des Überweisenden aus § 667 ausgeschlossen werden. Danach wäre das Kreditinstitut verschuldensunabhängig zur Rückzahlung verpflichtet, wenn das Bewirken der Überweisung ausbleibt (BaRoth/*Schmalenbach* § 676c Rn 13). In der Lit wird insoweit teilweise eine teleologische Reduktion des § 676c I 2 im Hinblick auf § 667 vorgeschlagen (MüKo/*Casper* § 676c Rn 9: für bestimmte Fallgruppen).

4 **III. Zwischengeschaltete Kreditinstitute.** Die Regelung in § 676c I 3 sieht eine Verschuldenszurechnung für das Verhalten von zwischengeschalteten Kreditinstituten zum überweisenden Kreditinstitut vor, die unabhängig davon vorzunehmen ist, ob die Voraussetzungen des § 278 vorliegen oder nicht. Eine Ausnahme besteht, wenn die Einschaltung auf eine Weisung des Überweisenden zurückzuführen ist und eine wesentliche Ursache für die Leistungsstörung beim zwischengeschalteten Kreditinstitut liegt. Sind die Voraussetzungen für die Ausnahme erfüllt, ist das überweisende Kreditinstitut von der Haftung frei (§ 676c II). Der Überweisende erhält einen Direktanspruch gegen das zwischengeschaltete Kreditinstitut (wie § 676b III 7).

5 **IV. Haftungsbeschränkung.** Für Auslandsüberweisungen ist die Möglichkeit einer Haftungsbegrenzung vorgesehen. Das überweisende Kreditinstitut kann seine verschuldensabhängige Haftung wegen des zurechenbaren Verschuldens zwischengeschalteter Kreditinstitute auf 25.000 € beschränken (§ 676c I 4). Grund dafür ist, dass ein Rückgriff des überweisenden Kreditinstituts nicht in jedem Fall sichergestellt ist (MüKo/ *Casper* § 676c Rn 12). Für verschuldensabhängige Verzögerung- oder Nichterfüllungsansprüche, die auf den

Ersatz von **Folgeschäden** gerichtet sind (nicht: Zinsschaden), kann grds eine summenmäßige Haftungsbeschränkung auf 12.500 € vereinbart werden (§ 676 c I 5). Ausgenommen ist die Haftung bei vorsätzlichem und grob fahrlässigem Handeln des überweisenden (oder des zwischengeschalteten) Kreditinstituts. Gleiches gilt, falls eine Garantieerklärung abgegeben wurde. Entsprechende AGB-Klauseln sind wirksam.

V. Abweichende Vereinbarung. § 676 c III enthält Einschränkungen der Vertragsfreiheit für Überweisungsverträge. Es werden zwingende Regeln bestimmt (§ 675 I mit der Verweisung auf das Auftragsrecht, §§ 676 a, b und c I), von denen zu Lasten des Überweisenden grds nicht abgewichen werden darf. In drei Fallgruppen hält der Gesetzgeber die zwingenden Regeln zum Schutz des Überweisenden für **entbehrlich**: Überweisungsverträge zwischen Kreditinstituten (Nr 1); Überweisungen mit Beträgen über 75.000 € (Nr 2); Überweisungen in Drittstaaten (Nr 3). Für letzteren Fall ist die Belegenheit der kontenführenden Stelle maßgebend. Die Regeln können dabei teilweise oder vollständig ausgeschlossen werden. Vereinbarungen in AGB sind einer Inhaltskontrolle am Maßstab der §§ 307 ff zu unterziehen. 6

Kapitel 3 Zahlungsvertrag

§ 676 d Vertragstypische Pflichten beim Zahlungsvertrag

(1) Durch den Zahlungsvertrag verpflichtet sich ein zwischengeschaltetes Kreditinstitut gegenüber einem anderen Kreditinstitut, im Rahmen des Überweisungsverkehrs einen Überweisungsbetrag an ein weiteres Kreditinstitut oder an das Kreditinstitut des Begünstigten weiterzuleiten.
(2) ¹Das Kreditinstitut des Begünstigten ist verpflichtet, einen Überweisungsbetrag an das überweisende Kreditinstitut zurückzuleiten, wenn ihm vor dessen Eingang eine entsprechende Mitteilung durch das überweisende Kreditinstitut zugeht. ²Im Rahmen von Zahlungsverkehrssystemen braucht die Kündigung von dem in den Regeln des Systems festgelegten Zeitpunkt an nicht mehr beachtet zu werden.

A. Einführung. §§ 676 d und e regeln den Vertragstyp des Zahlungsvertrags. Inhalt und Beteiligte des Zahlungsvertrags werden in § 676 d I festgelegt. Es handelt es sich um einen **Ausführungsvertrag** im Zusammenhang mit einem Überweisungsvorgang im Verhältnis zwischen Kreditinstituten (Interbankenverhältnis). Ausgleichsansprüche bei Störungen des Zahlungsvertrags sind in § 676 e gesondert geregelt. Der entstandene Schaden wird letztlich dem verursachenden Kreditinstitut zugewiesen. § 676 d II enthält eine Sonderregelung für die Pflichten des kontenführenden Kreditinstituts des Begünstigten, falls die Erfüllung des Überweisungsvertrags wegen der Kündigung durch den Überweisenden gestört wird. Die Regelung ist erforderlich, da mit dem Kreditinstitut des Begünstigten wegen der fehlenden Verpflichtung zur Weiterleitung (allenfalls zur Gutschrift – § 676 g) kein Zahlungsvertrag besteht. 1

B. Regelungen. I. Zahlungsvertrag. Der Zahlungsvertrag steht dem Überweisungsvertrag (§ 676 a) nahe. Im Unterschied zum Überweisungsvertrag sind Vertragsparteien nur Kreditinstitute. Der Zahlungsvertrag dient der Ausführung einer Überweisung unter Beteiligung weiterer Kreditinstitute. Die eingeschalteten weiteren Kreditinstitute sind verpflichtet, den Überweisungsbetrag iR eines Überweisungsvorgangs an ein anderes Kreditinstitut **weiterzuleiten** (§ 676 d I). 2

Der **Vertragstyp** des Zahlungsvertrags enthält Elemente einer Geschäftsbesorgung und eine erfolgsorientierte Verpflichtung (§ 676 e) ähnlich dem Werkvertrag (für Werkvertragscharakter: BaRoth/*Schmalenbach* § 676 d Rn 3; MüKo/*Casper* § 676 d Rn 7; aA Palandt/*Sprau* § 676 d Rn 2). Bezugspunkt des Zahlungsvertrags ist der einzelne Überweisungsvorgang. Dauerschuldverhältnisse wie ein Rahmenvertrag sind beim Zahlungsvertrag regelmäßig nicht (aA Palandt/*Sprau* § 676 d Rn 2), insoweit kommt allerdings der Girovertrag in Betracht. Der Vertragsschluss richtet sich nach allg Regeln (§ 362 I HGB, § 151); auf die Ausführungen zum Überweisungsvertrag wird verwiesen (s § 676 a Rn 15). 3

1. Pflichten der Kreditinstitute. Das **beauftragte Kreditinstitut** hat die (Haupt-)Pflicht, den Überweisungsbetrag weiterzuleiten. Die Leistung ist bewirkt, wenn die Gutschrift auf dem Konto des nächsten am Überweisungsvorgang beteiligten Kreditinstituts erfolgt. Umstr ist, ob sich daraus ein Anspruch des nächstbeteiligten Kreditinstituts ergibt (bej: MüKo/*Casper* § 676 d Rn 11). Darüber hinaus sind die erforderlichen Angaben zu übermitteln (§ 676 a I). Gesetzliche Ausführungsfristen für die Leistung sind nicht vorgesehen. Ohne besondere Vereinbarung ist die Verpflichtung sofort und ohne Kürzung des Überweisungsbetrags zu erfüllen (§ 271 I). Nebenpflichten bestehen im Hinblick auf die Mitteilung von Leistungsstörungen und die Nachforschung nach verlorenen Überweisungsbeträgen (§ 676 e IV) sowie die Mitwirkung bei der Rückerstattung (§ 676 d II). 4

Die Pflichten des **beauftragenden Kreditinstituts** ergeben sich aus § 675 I. Hauptpflicht ist die Zahlung der vereinbarten oder üblichen Vergütung. Ferner werden Vorschuss (§ 669) und Aufwendungsersatz (§ 670) geschuldet. 5

6 **2. Beendigung.** Der Zahlungsvertrag ist mit dem Bewirken der Leistung beendet. Die ordentliche Kündigung des Zahlungsvertrags ist wegen der Eilbedürftigkeit der Weiterleitung grds ausgeschlossen. Die vertragliche Aufhebung bleibt möglich. Ohne besondere Regeln iR eines Zahlungsverkehrssystems wird die Kündigung durch das beauftragende Kreditinstitut allerdings als interessensgerecht angesehen, solange der Betrag beim beauftragen Kreditinstitut noch vorhanden ist (BaRoth/*Schmalenbach* § 676 d Rn 8). Die Insolvenz des beauftragenden Kreditinstituts führt nicht zur Beendigung (§ 116 S 3 InsO).

7 **II. Rückleitungspflicht.** § 676 d II steht in engem Zusammenhang mit der Kündigung des Überweisungsvertrags (§§ 676 a IV, 676 b III). Die Kündigung löst die Mitteilungspflicht an das Kreditinstitut des Begünstigten aus (§ 676 a IV). Erreicht die Mitteilung das Kreditinstitut vor der Gutschrift auf dem Konto des Begünstigten, ist die Kündigung wirksam. Der Überweisungsbetrag muss zurückgeleitet werden. Da die Kündigung des Überweisungsvertrags für die Wirksamkeit des Zahlungsvertrags keine unmittelbare Auswirkung hat (wie hier BaRoth/*Schmalenbach* § 676 d Rn 11; MüKo/*Casper* § 676 d Rn 15; aA Palandt/*Sprau* § 676 d Rn 4) und eine vertragliche Beziehung zum Kreditinstitut des Begünstigten nicht zwingend vorliegen muss, begründet § 676 d II einen **eigenen Anspruch**. Das überweisende Kreditinstitut kann die Rückleitung des Überweisungsbetrags verlangen. Die Rückleitung kann in der Kette der Zahlungsverträge (Nebenpflicht der beteiligten Institute) oder direkt erfolgen. Aufwendungen wegen der Rückleitung des Betrags sind zu erstatten (§ 670). Erfolgt die Überweisung iR eines Zahlungssystems, sind die dort festgelegten Regeln, insbes Zeitpunkte, maßgebend (§ 676 d II 2).

§ 676 e Ausgleichsansprüche

(1) Liegt die Ursache für eine verspätete Ausführung einer Überweisung in dem Verantwortungsbereich eines zwischengeschalteten Kreditinstituts, so hat dieses den Schaden zu ersetzen, der dem überweisenden Kreditinstitut aus der Erfüllung der Ansprüche des Überweisenden nach § 676 b Abs. 1 entsteht.
(2) Das zwischengeschaltete Kreditinstitut hat die von ihm selbst entgegen dem Überweisungsvertrag einbehaltenen Beträge ohne zusätzliche Entgelte und Auslagen nach Wahl des überweisenden Kreditinstituts entweder diesem zu erstatten oder dem Begünstigten zu überweisen.
(3) ¹Das Kreditinstitut, das mit dem überweisenden Kreditinstitut einen Zahlungsvertrag geschlossen hat, ist verpflichtet, diesem die geleisteten Zahlungen zu erstatten, zu denen dieses nach § 676 b Abs. 3 gegenüber dem Überweisenden verpflichtet war. ²Jedes zwischengeschaltete Kreditinstitut ist verpflichtet, dem Kreditinstitut, mit dem es einen Zahlungsvertrag zur Weiterleitung der Überweisung abgeschlossen hat, die nach Satz 1 oder nach dieser Vorschrift geleisteten Zahlungen zu erstatten. ³Wird die Überweisung nicht bewirkt, weil ein Kreditinstitut dem von ihm zwischengeschalteten Kreditinstitut eine fehlerhafte oder unvollständige Weisung erteilt hat, ist der Erstattungsanspruch dieses Kreditinstituts nach den Sätzen 1 und 2 ausgeschlossen. ⁴Das Kreditinstitut, das den Fehler zu vertreten hat, hat dem überweisenden Kreditinstitut den ihm aus der Erfüllung seiner Verpflichtungen nach § 676 c Abs. 1 entstehenden weitergehenden Schaden zu ersetzen.
(4) An der Weiterleitung eines Überweisungsbetrags beteiligte Kreditinstitute, die nicht auf Ersatz haften, haben selbständig nach dem Verbleib des Überweisungsbetrags zu forschen und dem Anspruchsberechtigten den von ihnen aufgefundenen Überweisungsbetrag abzüglich einer angemessenen Entschädigung für die Nachforschung zu erstatten.
(5) ¹Entfallen Ansprüche, weil der Überweisende das zur Weiterleitung beauftragte Kreditinstitut vorgegeben hat, so hat dieses den Überweisenden so zu stellen, wie er bei Anwendung des § 676 b Abs. 3 stünde. ²Im Übrigen gilt § 676 b Abs. 4 sinngemäß.

1 **A. Überblick.** § 676 e ergänzt das besondere Leistungsstörungsrecht im Hinblick auf einen Überweisungsvorgang. Während die §§ 676 b, c die Folgen bei Leistungsstörungen im Verhältnis zwischen dem Überweisenden und dem kontoführenden Kreditinstitut regeln, geht es bei § 676 e um die Folgen im Verhältnis der beteiligten Kreditinstitute untereinander. § 676 e knüpft an die Einteilung in verspätete, verkürzte und gescheiterte Überweisungen an und führt zur Schadensverlagerung auf das verantwortliche Kreditinstitut. Als Mittel werden **Ausgleichsansprüche** teilweise gegen die durch Zahlungsvertrag verbundenen Kreditinstitute, teilweise direkt gegen die verantwortlichen Kreditinstitute eingesetzt. § 676 e IV begründet eine **Nachforschungspflicht** für die an der Überweisung beteiligten Kreditinstitute. § 676 e V wiederholt den Direktanspruch des Überweisenden aus § 676 b III 7 (s § 676 b Rn 6), falls der Überweisende ein Kreditinstitut in der Kette vorgegeben hat, bei dem die Ursache für die Störung liegt. Die Funktion von § 676 e V 1 ist unklar (MüKo/*Casper* § 676 e Rn 16 f). Die sinngem Anwendung des § 676 b IV führt zu einem Ausschluss des Anspruchs bei höherer Gewalt.

2 **B. Regelungen.** Die Ansprüche aus § 676 e sind zwingendes Recht, soweit sie nicht im Zahlungsvertrag modifiziert werden können (MüKo/*Casper* § 676 e Rn 3). Die Vorschrift regelt das Leistungsstörungsrecht des Zahlungsvertrags allerdings nur im Hinblick auf einen **Haftungsschaden**, nicht hinsichtlich des Eigenscha-

dens eines Kreditinstituts. Bei Störungen, die zu Eigenschäden führen, kommen Ansprüche nach allgemeinen Grundsätzen aus dem Zahlungsvertrag in Betracht (§§ 280 I, 281).

I. Ausgleichsansprüche. § 676 e I–III begründen gesetzliche Direktansprüche für das aus §§ 676 b I, II, 676 c I in Anspruch genommene Kreditinstitut (Haftungsschaden) gegen das verantwortliche Kreditinstitut. Lediglich im Fall der gescheiterten Überweisung kommt es zu einem Ausgleichanspruch gegen den Vertragspartner des jeweiligen Zahlungsvertrags, soweit es um die Garantiebeträge (§ 676 b III) geht (§ 676 e III 1). 3

1. Verspätete (§ 676 e I) und unvollständige (§ 676 e II) Überweisung. Ein Ausgleichanspruch gegen ein zwischengeschaltetes Kreditinstitut bei **verspäteter Überweisung** setzt voraus, dass der Überweisende einen durchsetzbaren Anspruch aus § 676 b I auf den garantierten Zins hat. Ferner muss die Ursache für die verspätete Ausführung bei dem zwischengeschalteten Kreditinstitut liegen (zurechenbarer Kausalbeitrag). Bei der Verursachung durch mehrere Kreditinstitute kommt eine anteilige Haftung (§ 254) in Betracht (etwa BaRoth/*Schmalenbach* § 676 e Rn 5; für Gesamtschuldner: Langenbucher/Gößmann/Werner/*Langenbucher* § 1 Rn 111). 4

Voraussetzung für den Ausgleichsanspruch bei **unvollständiger Überweisung**, der wahlweise auf Erstattung des Betrags oder auf Gutschrift auf dem Konto des Begünstigten gerichtet ist, sind vertragswidrige Kürzungen des Überweisungsbetrags (§ 676 b II). Kosten und Auslagen können für die Leistung nicht verlangt werden. 5

2. Gescheiterte Überweisung (§ 676 e III). Im Hinblick auf gescheiterte Überweisungen ist zwischen der Erstattung der Garantiezahlungen (§ 676 e III 1–3) und dem Ausgleich von verschuldensabhängigen Ansprüchen zu unterscheiden, denen das überweisende Kreditinstitut wegen der Zurechnung von Verschulden oder aus ungerechtfertigter Bereicherung ausgesetzt ist (§ 676 c I). 6

Geht es um den **Garantiebetrag**, ist Voraussetzung für den Erstattungsanspruch ein wirksamer Zahlungsvertrag und die Leistung des berechtigten Kreditinstituts an den Überweisenden bis zur Höhe des Garantiebetrags (§ 676 b III). Der Erstattungsanspruch setzt sich in der Kette der Zahlungsverträge fort (§ 676 e III 2). Der Anspruch ist für das Kreditinstitut ausgeschlossen, das die Störung des Überweisungsvorgangs durch eine fehlerhafte oder unvollständige Weisung verursacht hat. Die Regresskette wird abgebrochen (§ 676 e III 3). Der Erstattungsanspruch umfasst den Garantiebetrag (12.500 €) sowie Überweisungskosten und Zinsen, allerdings nur soweit die eigene Erstattung reicht. Ob auf diese Weise der Zahlungsvertrag entspr § 676 b III 3 endet, ist umstr (dafür BaRoth/*Schmalenbach* § 676 e Rn 11; Palandt/*Sprau* § 676 e Rn 2; dagegen MüKo/*Casper* § 676 e Rn 10). 7

Für den **über den Garantiebetrag hinausgehenden** Haftungsanspruch, dem das kontoführende Kreditinstitut dem Überweisenden ggü ausgesetzt ist (§ 676 c I – verschuldensabhängiger Schadensersatz und ungerechtfertigte Bereicherung), kommt ein direkter Regress bei dem zwischengeschalteten Kreditinstitut in Betracht, welches das Scheitern der Überweisung zu vertreten hat (§§ 276, 278). Umstr ist, ob § 676 e III 4 auch für weitergehende Ansprüche bei verspäteten oder unvollständigen Überweisungen anwendbar ist (so MüKo/*Casper* § 676 e Rn 13) oder insoweit nur Ansprüche gegen den Vertragspartner aus dem Zahlungsvertrag wegen einer Pflichtverletzung nach §§ 280 I, 281, 286 bestehen (BaRoth/*Schmalenbach* § 676 e Rn 2). 8

II. Nachforschung und Erstattung (§ 676 e IV). Die Regelung sieht eine Nachforschungspflicht für verloren gegangene Überweisungsbeträge vor. Der Wortlaut der Vorschrift ist allerdings zu eng: Die Pflicht besteht für alle über einen Zahlungsvertrag an einer Überweisung beteiligten Kreditinstitute (BaRoth/*Schmalenbach* § 676 e Rn 14) und ergibt sich aus dem jeweiligen Zahlungsvertrag selbst. Die Erstattung des aufgefundenen Überweisungsbetrags entspricht der Herausgabepflicht nach §§ 667, 675 I. Dabei geht es insbes um den über den Garantiebetrag hinausgehenden Teil des Überweisungsbetrags. Ein Direktanspruch des überweisenden Kreditinstituts neben dem Regress in der Zahlungsvertragskette wird überwiegend abgelehnt (MüKo/*Casper* § 676 e Rn 20; BaRoth/*Schmalenbach* § 676 e Rn 14; aA *Einsele* JZ 00, 9, 18). 9

Kapitel 4   Girovertrag

§ 676 f Vertragstypische Pflichten beim Girovertrag

¹Durch den Girovertrag wird das Kreditinstitut verpflichtet, für den Kunden ein Konto einzurichten, eingehende Zahlungen auf dem Konto gutzuschreiben und abgeschlossene Überweisungsverträge zu Lasten dieses Kontos abzuwickeln. ²Es hat dem Kunden eine weitergeleitete Angabe zur Person des Überweisenden und zum Verwendungszweck mitzuteilen.

A. Überblick. Der Girovertrag ist das Rechtsverhältnis zwischen einem Kunden und dem Kreditinstitut, das zur Abwicklung des bargeldlosen Zahlungsverkehrs ein Girokonto für den Kunden führt. § 676 f S 1 bestimmt einzelne Grundpflichten für Kreditinstitute beim Führen eines Girokontos (Bankgeschäft nach § 1 I 2 Nr 9, Nr 1 KWG). In S 2 finden sich besondere Informationspflichten ggü den Kunden. § 676 g regelt weitere Pflichten und Ansprüche (Haftung) aus dem Girovertrag, die sich aber lediglich auf das Überweisungsrecht 1

(§§ 676 a–e) beziehen. Der Girovertrag ist ein **besonderer Geschäftsbesorgungsvertrag**, der in erster Linie Dienstleistungen zum Inhalt hat (MüKo/*Casper* § 676 f Rn 3; BaRoth/*Schmalenbach* § 676 f Rn 1). Die unvollständige Regelung in §§ 676 f, g eröffnet den Anwendungsbereich für die Vorschriften des Auftragsrechts (§ 675 I), erg sind die §§ 611 ff zu berücksichtigen. Der Girovertrag ist als gegenseitiger Vertrag ein Dauerschuldverhältnis (BGH NJW 02, 3695) und Grundlage für zahlreiche Ausführungsgeschäfte wie Überweisungs- und Zahlungsverträge. In den Rahmen des Girovertrags werden regelmäßig weitere Geschäfte aufgenommen (s Rn 4), die aber in §§ 676 f, g nicht geregelt sind. Die Regelungen in § 676 f sind dispositiv; die Haftungsregeln des § 676 g allerdings nur eingeschränkt (§ 676 g V). Die Anwendung des deutschen Rechts bestimmt sich nach Art 27 ff EGBGB. Dabei kommt mangels Rechtswahl der Belegenheit der kontoführenden Stelle entscheidende Bedeutung zu (Art 28 II 2 EGBGB).

2 **B. Girovertrag.** Der Girovertrag verpflichtet das Kreditinstitut zum Führen eines Girokontos. Der Kunde hat dafür regelmäßig ein Entgelt zu entrichten (Preis- und Leistungsverzeichnis – § 675 a I iVm § 12 BGB-InfoVO).

3 **I. Vertragsschluss.** Der Abschluss eines Girovertrags richtet sich nach allgemeinen Regeln. Während auf Kundenseite jede natürliche oder juristische Person sowie eine entspr zu behandelnde Personenvereinigung (zB OHG, GbR) stehen kann, ist die Kontoführung den Kreditinstituten vorbehalten (§ 1 I Nr 9 KWG). Ein **Kontrahierungszwang** besteht grds nicht. Sind Kreditinstitute der öffentlichen Hand (zB Sparkassen) ggü öffentlichen Stellen eine Selbstverpflichtung zur Errichtung von Girokonten auf Guthabenbasis eingegangen, unterliegen sie damit aber einem unmittelbaren Kontrahierungszwang ggü Kunden (LG Berlin WM 03, 1895). Das gilt nicht, wenn die Eröffnung eines Girokontos für das Kreditinstitut im Einzelfall unzumutbar ist. Dabei darf das Verhalten einer politischen Partei von Sparkassen (BGHZ 154, 146) und der Postbank AG (BGH NJW 04, 1031) nur unter Berücksichtigung von Art 21 II GG verwertet werden. Der Vertrag ist an keine Form gebunden, wird aber regelmäßig schriftlich abgeschlossen.

4 **II. Vertragsinhalt.** Der Vertragsinhalt ergibt sich aus § 676 f nur unvollständig. Für die Ausgestaltung des Girovertrags kommt der Vereinbarung, insbes in den AGB der Banken und der Sparkassen, erhebliche Bedeutung zu. Im Mittelpunkt steht die Verpflichtung zur **Errichtung und Führung eines Kontos** und die Abwicklung von Überweisungen (§ 676 f). Weitere Leistungen sind typischerweise die Abbuchung von Lastschriften (s § 675 Rn 27) sowie die Einziehung von eingereichten Schecks (s § 675 Rn 34). Ferner kann im Girovertrag vereinbart werden, dass das Lastschriftinkasso durchgeführt wird, Kreditkarten oder Schecks ausgegeben werden und die Teilnahme am ec-Karten-Verfahren sowie am Online-Banking (zB PIN, TAN) ermöglicht wird. Verbreitet sind ferner besondere Vereinbarungen, welche die Einräumung eines über die Kontendeckung hinausgehenden Verfügungsrahmens für Girovertragsgeschäfte zum Gegenstand haben (Dispositionsrahmen).

5 **1. Pflichten des Kreditinstituts.** § 676 f legt bestimmte Mindestpflichten fest. Daneben sind Pflichten aus anderen Vorschriften zu beachten, etwa sich bei der Kontoeröffnung Gewissheit über die Person und Anschrift des Kunden zu verschaffen (§ 154 AO).

6 **Hauptpflicht** des Kreditinstituts aus dem Girovertrag ist die Einrichtung und das Führen eines Kontos (§ 676 f S 1). Konto ist insoweit die Bezeichnung für ein Handelsbuch (§ 238 HGB), das die Geschäftsvorfälle abbildet, die das Kreditinstitut iRd Girovertrags für den Kunden vornimmt (Baumbach/*Hopt* Anh 7A Rn 36). Die Person des Kontoinhabers bestimmt sich nach dem erkennbaren Willen des die Kontoeröffnung beantragenden Kunden. Maßgeblich ist, wer Gläubiger bzw Schuldner des Kreditinstituts sein soll (BGHZ 127, 229). Dabei kommt der Bezeichnung des Kontoinhabers entscheidende Bedeutung zu (BGH NJW 96, 840 – formale, nicht materielle oder wirtschaftliche Bestimmung).

7 Ein Konto wird idR für eine Person als **Einzelkonto** geführt. Dritten kann über das Einzelkonto Verfügungsbefugnis eingeräumt werden (zB Eltern, Ehegatte). Ein Konto kann ferner für mehrere Personen (Inhaber) als **Gemeinschaftskonto** geführt werden. Bei solchen Konten ist zwischen Oder- sowie Und-Konten zu unterscheiden. Im ersten Fall kann jeder Mitinhaber einzeln verfügen. Die Mitinhaber sind Gesamtschuldner (§ 421) bzw Gesamtgläubiger (§ 428). Im zweiten Fall können nur alle gemeinsam verfügen. Die Mitinhaber sind Gesamtschuldner und bilden regelmäßig eine Gesamthands- oder Bruchteilsgemeinschaft (§ 741).

8 In den AGB wird üblicherweise vereinbart, dass das Girokonto als **Kontokorrent** (§ 355 HGB) geführt wird. Die auf dem Konto verbuchten kontokorrentfähigen Forderungen werden in eine laufende Rechnung eingestellt. Die Einzelforderungen verlieren dadurch ihre rechtliche Selbstständigkeit (BGHZ 80, 172; 84, 371) und werden verrechnet. Forderungen des Kunden werden als Gutschrift, Forderungen des Kreditinstituts (§ 670) als Belastung gebucht. Unberechtigte Belastungen führen zu einem Beseitigungsanspruch (§ 667 – BGHZ 121, 98: Rückbuchung), können aber auch einen Schaden darstellen (BGH NJW 01, 3183). Der Saldo wird zu einem vereinbarten Zeitpunkt (zB Quartalsende) festgestellt. Er ist Gegenstand eines abstrakten Schuldanerkenntnisses (BGHZ 93, 307), das aufgrund der AGB von Seiten des Kunden als angenommen gilt, wenn nicht innerhalb einer Frist (idR 6 Wochen) Einwendungen erhoben werden. Die Zusendung von Kontoauszügen mit Tages- oder Monatssalden erfolgt lediglich zu Informationszwecken (BaRoth/*Schmalenbach* § 676 f

Rn 9); Mindestanforderungen sind aber auch dabei zu beachten (Celle WM 05, 171). Der Anspruch auf Erteilung von Kontoauszügen und Rechnungsabschlüssen ist ein selbstständiger Anspruch aus dem Girovertrag, der bei einer Kontenpfändung nicht als Nebenanspruch der Hauptforderung mitgepfändet werden kann (BGH NJW 06, 217).

Über **Tagessalden** zwischen den Feststellungszeitpunkten kann der Kunde regelmäßig verfügen (MüKo/ *Casper* § 676 f Rn 7). Bei Guthaben liegt eine unregelmäßige Verwahrung (s § 700 Rn 3) vor (BGHZ 131, 60), die vom Girovertrag zu trennen ist. Gleiches gilt, wenn der Kunde Einzahlungen auf das Girokonto tätigt. Das verwahrte Guthaben kann je nach Vereinbarung bar oder an Geldautomaten ausgezahlt werden. Der Anspruch ist übertragbar und pfändbar (BGHZ 84, 325; 84, 371; 135, 140).

2. Gutschrift eingehender Zahlungen. § 676 f S 1 verpflichtet das Kreditinstitut, eingehende Zahlungen dem Konto gutzuschreiben. Für den Überweisungsvorgang wurde der Anspruch des Kunden auf Gutschrift in § 676 g I speziell geregelt. Der Anspruch entsteht, wenn der **Eingang des Betrags** beim kontoführenden Kreditinstitut endgültig erfolgt ist und bei Überweisungsvorgängen bis zu diesem Zeitpunkt keine Mitteilung über die Kündigung des Überweisungsvertrags zugeht (§ 676 a IV). Ein Überweisungsbetrag ist beim Kreditinstitut des Begünstigten eingegangen, wenn das Kreditinstitut buchmäßige Deckung, bei einer innerbetrieblichen Überweisung durch Belastung des Kontos des Überweisenden, erlangt hat. Im elektronischen Datenverkehr, in dem die Daten der Kontobelastung zunächst ohne Zutun und ohne Überprüfungsmöglichkeit des Kreditinstituts in dessen Datenbestand übertragen werden, ist außer der Belastungsbuchung eine Nachdisposition des Kreditinstituts erforderlich (BGH NJW 05, 1771). Der Zeitpunkt ist auch für den Eintritt der Erfüllungswirkung im Valutaverhältnis zwischen Überweisendem und Begünstigtem maßgebend (hM, etwa MüKo/*Casper* § 676 f Rn 15). Umstr ist, ob sich aus der Verpflichtung auch ein Recht des Kreditinstituts auf Gutschrift auf dem Girokonto ergibt (für ein Zurückweisungsrecht des Kunden etwa Baumbach/*Hopt* Anh 7 C Rn 14; BaRoth/*Schmalenbach* § 676 f Rn 12; zurückhaltend BGHZ 128, 135; MüKo/*Casper* § 676 f Rn 11). Vom Anspruch auf Gutschrift ist der Anspruch aus der Gutschrift abzugrenzen, der am bereits auf dem Konto gutgeschriebenen Betrag entsteht.

3. Gutschrift. Die Gutschrift beruht auf dem Girovertrag (Wirksamkeit erforderlich: Palandt/*Sprau* § 676 f Rn 10) und wird als abstraktes Schuldversprechen des Kreditinstituts angesehen (BGH NJW 91, 2140). Auf diese Weise wird eine Forderung des Kunden begründet, die in das Kontokorrent eingestellt wird. Von einer entspr Willenserklärung des Kreditinstituts ist bei einer Buchung auf dem Girokonto mit Rechtsbindungswillen auszugehen. Bei maschinellem oder elektronischem Buchungsvorgang ist die äußere Erkennbarkeit auf dem Kontoauszug oder die elektronische Abrufpräsenz (BGHZ 103, 143) bzw Datenfreigabe (BGH NJW 00, 804) erforderlich. Im Hinblick auf die Form ist § 782 zu beachten. Um eine Kondiktion bei rechtsgrundloser Gutschrift zu erleichtern, sehen die AGB der Banken und Sparkassen (jeweils Nr 8) ein **Stornorecht** des Kreditinstituts vor. Das Stornorecht ist als vertraglich vereinbartes Widerrufsrecht im Hinblick auf das Schuldversprechen einzuordnen (MüKo/*Casper* § 676 f Rn 12). Das Recht wird in zeitlicher Hinsicht durch den Rechnungsabschluss beschränkt. Später kommt eine Berichtigungsbuchung nur in Betracht, wenn der Kunde nicht widerspricht. Bei einem Widerspruch muss das Kreditinstitut den materiellen Anspruch (§ 812 I 1, II) bzw die Einrede (§ 821) nach allg Regeln geltend machen und die Berichtigungsbuchung zurücknehmen.

4. Wertstellung. Mit Wertstellung der Gutschrift wird der Betrag bei der Zinsberechnung (Soll und Haben) berücksichtigt. Bei vertraglicher Vereinbarung können der Zeitpunkt der Gutschrift und die Wertstellung voneinander abweichen. Mangels Vereinbarung (AGB reicht nicht) hat die Wertstellung an dem Tag zu erfolgen, an dem der Anspruch auf Gutschrift entsteht (BGHZ 135, 316; NJW 97, 3168). Für Überweisungen ergibt sich die Regel aus § 676 g I 4.

5. Anspruchsberechtigung. Der Anspruch auf Gutschrift steht dem Begünstigten zu. Bei Überweisungen ist grds der Name maßgebend, falls Kontonummer und Name nicht übereinstimmen (BGHZ 108, 386). Das gilt nach umstr Ansicht auch im beleglosen Überweisungsverkehr (etwa MüKo/*Casper* § 676 f Rn 14; Ausnahme: Ddorf WM 01, 2000). Abw Vereinbarungen zwischen den Kreditinstituten wirken nicht ggü Kunden. Entspr AGB sind unwirksam (BGHZ 108, 386). Stellt sich ein Fehler bei der Nachbearbeitung und vor Rechnungsabschluss heraus, ist eine Stornierung möglich (Ddorf, ZIP 03, 1139). Bei Oder-Konten ist jeder Inhaber berechtigt. Werden für den begünstigten Kunden mehrere Konten geführt, ist das Konto aus der Überweisung für die Gutschrift zu verwenden.

6. Mitteilungs- und Nebenpflichten. Im Zusammenhang mit der Gutschrift hat das Kreditinstitut die Mitteilungspflichten nach § 676 f 2 zu erfüllen und Angaben zur Person des Überweisenden und zum Verwendungszweck des Überweisungsbetrags idR auf Kontoauszügen zu übermitteln. Für institutsinterne Überweisungen folgt die Pflicht aus § 676 a I 1.

In den Angaben auf den Auszügen und im Rechnungsabschluss (§ 666) muss das Kreditinstitut auch über einzelne Buchungsposten informieren (Scheck: BGH NJW 97, 2528; zur Unzumutbarkeit im Einzelfall BGH NJW 01, 1486). Für die Leistung kann der Kunde zum Aufwendungsersatz (§ 670) verpflichtet sein (BGH NJW 01, 1486). Das Kreditinstitut ist zur Benachrichtigung verpflichtet, wenn ein Ausführungsgeschäft nicht durchführbar ist (BGHZ 146, 377) oder das Konto unüblich überzogen wird. Ferner ist das Kreditinstitut ggü Dritten zur Verschwiegenheit verpflichtet

16 **7. Überweisungsverträge.** Aus dem Girovertrag (§ 676 S 1) ist das Kreditinstitut verpflichtet, bereits abgeschlossene Überweisungsverträge über das Girokonto abzuwickeln. Die Pflicht zur Ausführung der Überweisung ergibt sich aus dem Überweisungsvertrag. Umstr ist, ob aus § 676 f S 1 ein Kontrahierungszwang im Hinblick auf den Abschluss von Überweisungsverträgen ableiten lässt. Die Regelung allein ist dafür nicht ausreichend (BaRoth/*Schmalenbach* § 676 f Rn 18; Palandt/*Sprau* § 676 f Rn 14). Der Girovertrag kann aber bei entspr Gestaltung zum Abschluss von Überweisungsverträgen verpflichten, wenn keine sachlichen Gründe entgegenstehen, insbes die Voraussetzungen des § 676 a II 3 vorliegen (im Ergebnis gleich MüKo/*Casper* § 676 f Rn 16).

17 **8. Pflichten des Kunden.** Der Kunde schuldet neben dem für die Kontoführung vereinbarten Entgelt (§ 675 a I) auch Aufwendungsersatz (§ 670). Für Bareinzahlungen und Barauszahlungen können zusätzliche Entgelte vereinbart werden (BGHZ 124, 254 – in AGB unwirksam). Ferner hat der Kunden die Pflichten aus § 241 II zu beachten. Daraus wird in gewissem Rahmen eine Kontroll- und Anzeigepflicht im Hinblick auf (fehlerhafte oder falsche) Buchungen abgeleitet (BGHZ 72, 9; 73, 207). Dokumente und Formulare sind sorgfältig aufzubewahren (BGH NJW 94, 3344).

18 **9. Beendigung.** Giroverträge können durch vertragliche Vereinbarung oder Kündigung beendet werden. Die **ordentliche Kündigung** des Kreditinstituts ist nach den AGB der Banken (Nr 19 I) von der Einhaltung einer Kündigungsfrist abhängig (6 Wochen). Die AGB der Sparkassen schließen dagegen nur die ordentliche Kündigung zur Unzeit aus (Nr 26 I). Eine Teilkündigung ist grds unzulässig (BGH WM 06, 179). Die **außerordentliche Kündigung** ist bei wichtigem Grund nach § 626 möglich. Soweit nicht ausnahmsweise entbehrlich, sehen die AGB eine vorhergehende Abmahnung vor. Die Kündigung ist unwirksam, wenn ein Verstoß gegen §§ 134, 138 vorliegt bzw ein Kontrahierungszwang (Rn 3) besteht. Der Tod des Kunden und die Insolvenz des Kreditinstituts führen nicht zur Beendigung, anders dagegen die Insolvenz des Kunden (§ 116 S 1 InsO). Auf den Zeitpunkt der Wirkung der Kündigung muss ein Rechnungsabschluss erstellt werden.

§ 676 g Gutschriftanspruch des Kunden

(1) ¹Ist ein Überweisungsbetrag bei dem Kreditinstitut des Kunden eingegangen, so hat es diesen Betrag dem Kunden innerhalb der vereinbarten Frist, bei Fehlen einer Fristvereinbarung innerhalb eines Bankgeschäftstags nach dem Tag, an dem der Betrag dem Kreditinstitut gutgeschrieben wurde, gutzuschreiben, es sei denn, es hat vor dem Eingang des Überweisungsbetrags eine Mitteilung nach § 676 d Abs. 2 Satz 1 erhalten. ²Wird der überwiesene Betrag nicht fristgemäß dem Konto des Kunden gutgeschrieben, so hat das Kreditinstitut dem Kunden den Überweisungsbetrag für die Dauer der Verspätung zu verzinsen, es sei denn, dass der Überweisende oder der Kunde die Verspätung zu vertreten hat. ³§ 676 b Abs. 1 Satz 2 ist anzuwenden. ⁴Die Gutschrift ist, auch wenn sie nachträglich erfolgt, so vorzunehmen, dass die Wertstellung des eingegangenen Betrags auf dem Konto des Kunden, soweit mit Unternehmern nichts anderes vereinbart ist, unter dem Datum des Tages erfolgt, an dem der Betrag dem Kreditinstitut zur Verfügung gestellt worden ist.

(2) ¹Hat das Kreditinstitut bei der Gutschrift auf dem Konto des Kunden den Überweisungsbetrag vertragswidrig gekürzt, so hat es den Fehlbetrag dem Begünstigten frei von Entgelten und Auslagen gutzuschreiben. ²Der Anspruch des Kreditinstituts auf ein im Girovertrag vereinbartes Entgelt für die Gutschrift von eingehenden Zahlungen bleibt unberührt.

(3) Ist ein Zahlungsvertrag von einem Kreditinstitut nicht ausgeführt worden, das von dem Kreditinstitut des Begünstigten mit der Entgegennahme beauftragt worden ist, so hat dieses seinem Kunden den Überweisungsbetrag bis zu einem Betrag von 12 500 Euro ohne zusätzliche Entgelte und Kosten gutzuschreiben.

(4) ¹Die Ansprüche nach den Absätzen 1 bis 3 setzen ein Verschulden nicht voraus. ²Weitergehende Ansprüche, die ein Verschulden voraussetzen, bleiben unberührt. ³Das Kreditinstitut des Kunden hat hierbei ein Verschulden eines von ihm zwischengeschalteten Kreditinstituts auch wie eigenes Verschulden zu vertreten. ⁴Die Haftung nach Satz 3 kann bei Überweisungen auf ein Konto im Ausland auf 25 000 Euro begrenzt werden. ⁵Die Haftung für den durch die Verzögerung oder Nichtausführung der Überweisung entstandenen Schaden kann auf 12 500 Euro begrenzt werden; dies gilt nicht für Vorsatz und grobe Fahrlässigkeit, den Zinsschaden und für Gefahren, die das Kreditinstitut besonders übernommen hat. ⁶Die Ansprüche sind ausgeschlossen, soweit der Fehler bei der Ausführung des Vertrags auf höherer Gewalt beruht.

(5) Von den Vorschriften der Absätze 1 bis 4 darf, soweit dort nichts anderes bestimmt ist, zum Nachteil des Begünstigten nur bei Überweisungen der in § 676 c Abs. 3 bezeichneten Art abgewichen werden.

1 **A. Überblick.** § 676 g enthält Einzelheiten zum Anspruch des Kunden auf Gutschrift des Überweisungsbetrags. Ferner regelt die Norm das Leistungsstörungsrecht des Girovertrags bei Überweisungen. Der Aufbau ist

an die §§ 676 b, c angelehnt. Neben den verschuldensunabhängigen Ansprüchen bei verspäteter Gutschrift (§ 676 g I 2), gekürzter Gutschrift (§ 676 g II) und nicht erfolgter Gutschrift (§ 676 g III) sind verschuldensabhängige Ansprüche nach Maßgabe des § 676 g IV vorgesehen. Direktansprüche gegen Dritte werden nicht begründet. Abw Vereinbarungen sind nur begrenzt zulässig (§ 676 g V).

B. Verschuldensunabhängige Ansprüche. Die verschuldensunabhängigen Ansprüche (§ 676 g I–III) setzen alle voraus, dass zwischen dem Kunden und dem kontoführenden Kreditinstitut ein wirksamer Girovertrag abgeschlossen wurde und die Leistungsstörung sich auf einen Überweisungsvorgang bezieht.

I. Fristgerechte Gutschrift. Bei einem Kreditinstitut eingegangene Überweisungsbeträge (§ 676 f Rn 10) sind dem Kunden innerhalb der vereinbarten Frist gutzuschreiben, falls bis zum Zeitpunkt des Eingangs des Betrags keine Kündigungsmitteilung zugegangen ist (§ 676 g I 1). Letztgenannte Voraussetzung sichert den gegen das Kreditinstitut gerichteten Anspruch auf Rückzahlung aus § 676 d II. Mangels Vereinbarung hat das Kreditinstitut die Gutschrift bis zum Ablauf von einem Bankgeschäftstag nach Eingang des Betrags beim Kreditinstitut zu bewirken. Das Überschreiten der Frist hat einen verschuldensunabhängigen **Verzinsungsanspruch** des Kunden zur Folge. Die Verzinsung ist für die Zeit vom Fristablauf bis zur Gutschrift mit einem Zinssatz von 5 %-Punkten über dem Basiszinssatz (§ 247) vorzunehmen (entspr § 676 b I 2). Der Anspruch ist ausgeschlossen, wenn der Überweisende oder der Kunde die Verspätung zu vertreten haben (zB falsche Kontonummer oder Bankleitzahl). § 278 (zB zwischengeschaltete Kreditinstitute) ist zu beachten. Höhere Gewalt führt ebenfalls zum Ausschluss des Anspruchs (§ 676 IV 6).

Hinsichtlich der **Wertstellung** (s § 676 f Rn 12) sieht § 676 g I 4 vor, dass der Tag des Eingangs des Betrags beim Kreditinstitut des Begünstigten maßgebend ist. Die Frist für die Gutschrift soll dem Kreditinstitut keinen Zinsgewinn bringen. Eine abw Vereinbarung ist nur mit Unternehmern (§ 14) möglich, ggü Verbrauchern (§ 13) handelt es sich um zwingendes Recht.

II. Ungekürzte Gutschrift. Der Anspruch auf ungekürzte Gutschrift dient der Erfüllung des Valutaverhältnisses zwischen Überweisendem und Begünstigtem. Bei vertragswidriger Kürzung des beim Kreditinstitut eingegangenen Geldbetrags hat der begünstigte Kunde einen Anspruch auf Gutschrift des Fehlbetrags (§ 676 g II 1). Für institutsinterne Überweisungen ist für den Anspruch neben § 676 b II idR kein Raum (Palandt/ *Sprau* § 676 g Rn 5). Vertragliche Vereinbarungen zwischen Kreditinstitut und Kunden, die eine Kürzung des Überweisungsbetrags um Entgelte oder Auslagen vorsehen, schließen den Anspruch aus. Gleiches gilt bei einer Vereinbarung über die Kürzung im Überweisungsvertrag. Der zu Unrecht nicht gutgeschriebene Betrag ist zu verzinsen (§ 676 g I 2). Der Anspruch des Kreditinstituts auf das vertraglich vereinbarte Entgelt bleibt erhalten (§ 676 g II 2).

III. Gutschrift des Garantiebetrags. Der Kunde und Begünstigte einer Überweisung hat nach § 676 g III gegen seinen Girovertragspartner einen Anspruch auf Gutschrift des Garantiebetrags bis zu 12.500 €, wenn der Überweisungsbetrag nicht beim Kreditinstitut ankommt und dies auf die Nichtausführung durch ein beauftragtes Kreditinstitut zurückzuführen ist. Entgelte und Auslagen dürfen nicht in Rechnung gestellt werden. Die Regelung ergänzt §§ 676 b III und 676 e III, wenn sich das Risiko der Nichtausführung in der Sphäre des zum Empfang vorgesehenen Kreditinstituts verwirklicht. Die Beauftragung des zwischengeschalteten Kreditinstituts, beim Überweisungsvorgang mitzuwirken, muss vom Kreditinstitut des zum Empfang vorgesehenen Kunden ausgehen. Anknüpfungspunkt ist entgegen dem Gesetzeswortlaut aber nur die Nichtausführung des Überweisungsvorgangs (MüKo/*Casper* § 676 g Rn 10; BaRoth/*Schmalenbach* § 676 g Rn 6) und nicht ein Zahlungsvertrag: Ein solcher besteht im Verhältnis zwischen dem zwischengeschalteten Kreditinstitut und dem Kreditinstitut des Kunden nicht (s § 676 a Rn 5). Der Ablauf einer Frist (wie etwa § 676 b III) ist nicht vorgesehen. Für eine Analogie ist insoweit ebenso wenig Raum, wie für einen Ausschluss oder Direktanspruch entspr § 676 b III 6, 7 (MüKo/*Casper* § 676 g Rn 12). Der Regress gegen das zwischengeschaltete Kreditinstitut bestimmt sich nach den bestehenden vertraglichen Beziehungen (Geschäftsbesorgung: §§ 667, 675 I bzw §§ 280, 281).

IV. Verschuldensabhängige Ansprüche. § 676 g IV 1 stellt zunächst klar, dass es sich bei den Ansprüchen nach I–III um verschuldensunabhängige Ansprüche handelt. Darüber hinaus kommen verschuldensabhängige Ansprüche in Betracht (§§ 276, 278). Für ein Verschulden der Zahlstelle (zwischengeschaltetes Kreditinstitut der Empfängerbank) muss das Kreditinstitut einstehen (§ 676 g IV 3). Von der Regelung erfasst sind insbes Schadensersatzansprüche nach §§ 280, 281 bzw §§ 280, 286 im Hinblick auf Folgeschäden. Die Regelung entspricht § 676 c I 2 (s § 676 c Rn 2). Andere verschuldensunabhängige Ansprüche sind dagegen ausgeschlossen (zB § 667 – Palandt/*Sprau* § 676 g Rn 7). Bereicherungsrechtliche Ansprüche sind von dem Ausschluss nicht erfasst (MüKo/*Casper* § 676 g Rn 14).

V. Haftungsbegrenzung. Für Überweisungen auf ein Konto im **Ausland** kann die Haftung für das Verhalten eines zwischengeschalteten Kreditinstituts auf 25.000 € begrenzt werden (§ 676 g IV 4 – s § 676 c II 4). Für **Folgeschäden** bei Verzögerung oder Nichtausführung kommt eine Begrenzung auf 12.500 € in Betracht (§ 676 g IV 5; Ausnahme: Garantie, Vorsatz oder grobe Fahrlässigkeit). Die Haftungsbegrenzungen beziehen sich nur auf Ansprüche nach IV 2, 3. Ein genereller Haftungsausschluss greift ein, wenn der Fehler auf höherer Gewalt beruht (§ 676 g IV 6). Der Ausschluss erfasst nicht die Gutschrift, die ihre Grundlage in § 676 f hat (BaRoth/*Schmalenbach* § 676 g Rn 12; Palandt/*Sprau* § 676 g Rn 8).

9 **VI. Vereinbarungen.** Die Regelungen in § 676 g sind im Hinblick auf die Rechtspositionen des Kunden grds zwingendes Recht. Eine Abweichung ist nur iRd Vorschrift selbst und bei Überweisungen im Hinblick auf die Fallgruppen des § 676 c III (Kunde ist ein Kreditinstitut; Betrag über 75.000 €; Belegenheit der kontoführenden Stelle außerhalb EU und EWR – s § 676 c Rn 6) möglich (§ 676 g V).

§ 676 h Missbrauch von Zahlungskarten

¹Das Kreditinstitut kann Aufwendungsersatz für die Verwendung von Zahlungskarten oder von deren Daten nur verlangen, wenn diese nicht von einem Dritten missbräuchlich verwendet wurden. ²Wenn der Zahlungskarte nicht ein Girovertrag, sondern ein anderer Geschäftsbesorgungsvertrag zugrunde liegt, gilt Satz 1 für den Kartenaussteller entsprechend.

1 **A. Überblick.** § 676 h geht auf Art 8 der Fernabsatzrichtlinie (97/7/EG, ABl EG Nr L 114, S 19) zurück und steht mit den anderen Bankverträgen allenfalls in einem mittelbaren Zusammenhang. Zweck der Norm ist der Schutz des Zahlungskarteninhabers vor der Inanspruchnahme durch den Kartenaussteller bei missbräuchlicher Verwendung der Karte durch einen Dritten. Über den Anwendungsbereich der Richtlinie hinaus (Verbraucher, Fernabsatzvertrag, betrügerische Verwendung) schützt § 676 h jeden Zahlungskarteninhaber bei missbräuchlicher Verwendung der Karte. Auf den Zweck des Einsatzes der Karte kommt es nicht an. Der missbräuchliche Einsatz durch Dritte schließt aber nur Aufwendungsersatzansprüche (§ 670) des Kartenausstellers aus; Schadensersatzansprüche bleiben unberührt. Andere Fragen des Karten-, insbes des Kreditkartengeschäfts sind nicht speziell geregelt.

2 **B. Zahlungskarten.** Der Ausschluss des Aufwendungsersatzanspruchs bezieht sich nur auf die missbräuchliche Verwendung von Zahlungskarten. Die Grundstruktur bei Zahlungskarten zeichnet sich dadurch aus, dass der Karteninhaber mit der Karte, die er vom Kartenaussteller erhalten hat, in der Lage ist, eine Zahlung des Kartenausstellers an ein Vertragsunternehmen zu veranlassen (Palandt/*Sprau* § 676 h Rn 1). Die Verwendung der Karte wird auf diese Weise zum Bargeldersatz. Zahlungskarten sind nicht nur die klassischen Kreditkarten (zB VISA, Eurocard, American Express), sondern auch ec-Karten, Geldkarten und bestimmte Kundenkarten mit Garantiefunktion, soweit sie im Hinblick auf die Funktion und Risiken der Kreditkarte vergleichbar sind.

3 **I. Kreditkarten.** An einer Transaktion unter Einsatz einer Kreditkarte sind regelmäßig drei oder vier Personen beteiligt. Ein Vorgang im Zweipersonenverhältnis (zB Barabhebung an Einrichtungen des Ausstellers) ist ebenfalls denkbar. Im gewöhnlichen Drei-Partner-System wird die Kreditkarte von einem Aussteller an den Kreditkarteninhaber gegen Entgelt ausgegeben. Grundlage ist regelmäßig ein Geschäftsbesorgungsvertrag („**Emissionsvertrag**"), der den Karteninhaber berechtigt, den Kartenaussteller durch Weisung zu verpflichten (Deckungsverhältnis – BGHZ 91, 221; 125, 343). Das Dauerschuldverhältnis kann auch in einem ggü § 676 f ergänzter Girovertrag sein. Der Karteninhaber kann die Karte einsetzen, um seine Zahlungsverpflichtungen aus einem Schuldverhältnis mit Dritten, den Vertragsunternehmen, zu erfüllen (Valutaverhältnis). Die Leistung unter Einsatz der Kreditkarte erfolgt idR erfüllungshalber (§ 364 II). Die Zuwendung an das Vertragsunternehmen geht vom Kartenaussteller aus. Grundlage für die Zuwendung ist die Weisung des Karteninhabers (zB Unterschrift des Belastungsbelegs, Weitergabe der Kartennummer). Das Vertragsunternehmen erwirbt beim Einsatz der Kreditkarte einen Anspruch gegen den Kreditkartenaussteller, der als **abstraktes Schuldversprechen** (§ 781) anzusehen ist (BGH NJW 02, 2234). Einwendungen und Einreden aus dem Valutaverhältnis sind insoweit grds nicht relevant (BGH NJW 02, 3698). Vor der Zahlung hat der Kartenaussteller die Übereinstimmung von Karteninhaber und Besteller zu prüfen (BGH NJW-RR 04, 1122). Der Ausgleich zwischen dem Kartenaussteller und dem Karteninhaber erfolgt über den Aufwendungsersatzanspruch (§ 670). Die Beweislast liegt insoweit beim Kartenaussteller. Geben Kreditinstitute die Kreditkarten nicht als Kartenaussteller, sondern als Lizenznehmer eines Kartenausstellers aus (Übernahme der Abrechnung), entsteht ein Vier-Personen-Verhältnis.

4 **II. ec-Karte.** Die ec-Karte wird regelmäßig iR eines Girovertrags (AGB – Sonderbedingungen für ec-Karten) ausgegeben. Nach dem Wegfall der Garantiefunktion im eurocheque-Verkehr (01. 01. 2002) dient die ec-Karte auch als Zahlungskarte. Beim Einsatz der ec-Karte sind zwei Formen zu unterscheiden. Bei der Nutzung der ec-Karte an elektronischen Kassen kann die Karte unter Eingabe einer PIN (POS-System) oder ohne PIN (POZ-System) verwendet werden. Daneben kann die Karte für Barabhebungen an Geldautomaten eingesetzt werden.

5 Beim Einsatz im **POS-System** entspricht die Funktion der ec-Karte weitgehend der einer Kreditkarte. Mit der Autorisierung nach Eingabe der PIN an der Kasse eines Unternehmens, das sich durch Rahmenvertrag dem

System angeschlossen hat, wird ein abstraktes Schuldversprechen des Kartenausstellers begründet (BGH NJW 03, 1256). Der Karteninhaber erteilt die Weisung zur Zahlung des entspr Betrags. Erfolgt der Einsatz der ec-Karte dagegen an einer **POZ-Kasse**, werden lediglich die auf der ec-Karte gespeicherten Daten gelesen und für die Erstellung eines Lastschriftbelegs (Unterschrift des Karteninhabers) verwendet. Der Beleg mit dem Betrag wird dem Kartenaussteller im Einzugsermächtigungsverfahren (s § 675 Rn 30) vorgelegt. Eine eigene Verbindlichkeit des Kartenausstellers durch Weisung des Karteninhabers wird insoweit nicht begründet. Der Anwendungsbereich des § 676h ist daher auf den Karteneinsatz im POS-System und auf Abhebungen an institutsfremden Geldautomaten begrenzt (MüKo/*Casper* § 676h Rn 9).

III. Geldkarte und andere Karten. Kreditinstitute geben iRv Giroverträgen auch Geldkarten aus, die zur Zahlung an Geldkarten-Terminals geeignet sind. Die ec-Karte kann ebenfalls mit der Funktion ausgestattet sein. Die Verwendung der Karte beruht darauf, dass der Kartenaussteller es ermöglicht, die Karte mit einem Guthaben aufzuladen (§ 669), das wie Bargeld eingesetzt werden kann. Der Einsatz der Karte führt zu einem abstrakten Schuldversprechen des Kartenausstellers ggü dem Vertragsunternehmen. Gleichwohl wird insoweit die Anwendbarkeit des § 676h überwiegend abgelehnt, weil der Verlust der Karte dem Verlust von Bargeld gleichsteht (MüKo/*Casper* § 676h Rn 10; BaRoth/*Schmalenbach* § 676h Rn 27). Andere Karten, insbes Kundenkarten sind nach den gleichen Kriterien zu behandeln. Dabei ist zu berücksichtigen, dass zahlreichen Kundenkarten keine Zahlungsfunktion zukommt; sie dienen lediglich zur Stundung bzw Kreditierung der Gegenleistung. 6

C. Missbräuchliche Verwendung durch Dritte. Eine missbräuchliche Verwendung der Karte kann nur zum **Ausschluss des Aufwendungsersatzanspruchs** führen, wenn sie durch Dritte erfolgt. Die vertragswidrige Verwendung durch den Karteninhaber selbst ist von der Regelung nicht erfasst. Zum Missbrauch ist der Einsatz ohne Wissen und Wollen des Karteninhabers erforderlich (Palandt/*Sprau* § 676h Rn 19). Dafür reicht auch die Handlung mit Anscheinsvollmacht aus (MüKo/*Casper* § 676h Rn 11). Auf die Art des Karteneinsatzes kommt es nicht an; die Vorlage ist nicht erforderlich (zB Internet). 7

Der aufgrund des Karteneinsatzes und der **Weisung** (BGHZ 145, 337) entstehende Aufwendungsersatzanspruch des Kartenausstellers (§ 670) gegen den Karteninhaber ist bei Missbrauch durch Dritte ausgeschlossen. Die gewählte Regelung entspricht dem allgemeinen Prinzip, dass ohne wirksame Weisung kein Ersatz zu leisten ist. Gleichgültig ist, ob die Kartenausgabe iR eines Girovertrags oder eines anderen Geschäftsbesorgungsvertrags erfolgt (§ 676h S 2). Die Regelung ist entspr ihrem Schutzzweck nicht abdingbar (Palandt/*Sprau* § 676h Rn 16). Eine bereits vorgenommene Belastung des Aufwendungsersatzanspruchs auf dem Girokonto des Karteninhabers ist nach Bereicherungsrecht auszugleichen. Der Anspruch ist allerdings ausgeschlossen, wenn dem Kartenaussteller ein Schadensersatzanspruch wegen einer Pflichtverletzung im Zusammenhang mit dem Missbrauch zusteht (AG Hamburg WM 03, 530; AG Nürnberg WM 03, 531). 8

Vom Ausschluss unberührt bleiben **Schadensersatzansprüche** des Kartenausstellers gegen den Karteninhaber und umgekehrt. Grundlage für Schadensersatzansprüche sind die allgemeinen Regeln (§§ 280, 281) iVm den Sorgfaltspflichten aus dem Giro- oder Geschäftsbesorgungsvertrag. Dabei ist insbes zu berücksichtigen, dass ein Schadensersatzanspruch auch entstehen kann, wenn der Karteninhaber den Missbrauch durch Dritte ermöglicht. Die Rspr geht von einem Pflichtverstoß aus, wenn Karte und PIN nicht getrennt verwahrt werden (BGH 145, 337). Die PIN ist geheim zu halten (Hamm NJW-RR 98, 561) und der Verlust der Karte anzuzeigen (Frankf NJW-RR 04, 206). Für Schäden nach der Verlustanzeige ist eine Haftung regelmäßig ausgeschlossen (BGH NJW 91, 1886); vor der Verlustanzeige ist die Haftung idR auf grobe Fahrlässigkeit (gemeinsame Aufbewahrung von Karte und PIN – BGHZ 145, 337) begrenzt (AGB Banken und Sparkassen). Bei Kreditkarten ist für einfache Fahrlässigkeit häufig eine Obergrenze vorgesehen (10 % – Nr 9 Eurocard AGB). Erhebliche praktische Bedeutung kommt der **Beweislast** zu. Der Kartenaussteller trägt die Beweislast für den Zugang der Karte beim Inhaber und im Grundsatz auch für die Voraussetzungen eines Schadensersatzanspruchs. Liegt die Schadensursache ausschl im Bereich des Karteninhabers, kommen allerdings Erleichterungen in Betracht. Bei ordnungsgemäßer Verwendung an einem Geldautomaten spricht der Anschein für eine Pflichtverletzung des Karteninhabers. Wird bspw zeitnah nach dem Diebstahl einer ec-Karte unter Verwendung dieser Karte und Eingabe der richtigen persönlichen Geheimzahl (PIN) an Geldausgabeautomaten Bargeld abgehoben, spricht der Beweis des ersten Anscheins dafür, dass der Karteninhaber die PIN auf der ec-Karte notiert oder gemeinsam mit dieser verwahrt hat, wenn andere Ursachen bei wertender Betrachtung außerhalb der Lebenserfahrung liegen (BGHZ 160, 308). 9

Titel 13 Geschäftsführung ohne Auftrag

§ 677 Pflichten des Geschäftsführers

Wer ein Geschäft für einen anderen besorgt, ohne von ihm beauftragt oder ihm gegenüber sonst dazu berechtigt zu sein, hat das Geschäft so zu führen, wie das Interesse des Geschäftsherrn mit Rücksicht auf dessen wirklichen oder mutmaßlichen Willen es erfordert.

1 **A. Einführung.** Die Geschäftsführung ohne Auftrag (GoA) begründet ein auftragsähnliches **gesetzliches Schuldverhältnis**. Grundlage der GoA ist eine Tätigkeit einer Person (Geschäftsführer) für eine andere (Geschäftsherr), die weder auf einem Auftrag noch einer sonstigen Berechtigung beruht.

2 **Willenserklärungen** sind für das Entstehen des gesetzlichen Schuldverhältnisses nicht erforderlich, allerdings soll der natürliche Wille zur Geschäftsübernahme notwendig sein (Palandt/*Sprau* § 677 Rn 2: Abgrenzung von Gefälligkeiten). Teilweise werden insoweit die Regeln über Rechtsgeschäfte entspr herangezogen (Erman/*Ehmann* § 677 Rn 30; vorzugswürdig zurückhaltend: MüKo/*Seiler* vor § 677 Rn 5). Die GoA ist ein unvollkommen zweiseitiges Rechtsgeschäft. Die Pflichten des Geschäftsführers (§ 677) stehen in keinem Gegenseitigkeitsverhältnis zu den Pflichten des Geschäftsherrn (§§ 683, 684).

3 Die Regeln der GoA führen die auf Seiten des Geschäftsherrn und auf Seiten des Geschäftsführers bestehenden **Interessen einem Ausgleich** zu. Die Übernahme des Geschäfts durch den Geschäftsführer erfolgt ohne Erbitten (zB Hilfeleisten in Notfällen, Zahlung fremder Schulden, Übernahmen von Sicherheiten ohne Vereinbarung, Reparatur fremder Sachen). Der Geschäftsherr wird vor der ungewollten Übernahme seiner Geschäfte und dem damit verbundenen Eindringen in seine Sphäre durch einen Schadensersatzanspruch und Privilegierungen beim Ersatz von Aufwendungen geschützt (§§ 678, 684, 687 II). Anderseits werden den Interessen des Geschäftsführers bei der Übernahme des Geschäfts aus anerkennenswerten, altruistischen Motiven bspw durch einen Aufwendungsersatzanspruch (§§ 670, 683) und Privilegien bei der Haftung für Schäden (§ 680) Rechnung getragen. Die Wirkungen des Schuldverhältnisses beschränken sich auf das Innenverhältnis. Das Außenverhältnis zu Dritten bestimmt sich nach den allgemeinen Regeln (§§ 164, 166: Vertretungsmacht; 185: Verfügungsmacht). Die Nähe zum Auftrag ist unverkennbar, was den Standort der Vorschriften iRd besonderen Vertragsverhältnisse erklärt.

4 **B. Übersicht.** Während §§ 677 ff Regeln für die **echte** GoA enthält, beschäftigt sich § 687 II mit der **unechten** GoA (Geschäftsanmaßung), bei der ein fremdes Geschäft in Kenntnis der Fremdheit als eigenes geführt wird. IRd echten GoA, bei der ein Geschäft für einen anderen geführt wird, lassen sich die **berechtigte** und die **unberechtigte** Geschäftsführung unterscheiden. Maßstab für die Abgrenzung ist das Interesse und der wirkliche oder mutmaßliche Wille des Geschäftsherrn (§ 683) in Bezug auf die Übernahme des Geschäfts durch den Geschäftsführer. Nicht vom Regelungsbereich der Normen umfasst sind die Fälle, in denen eigene Geschäfte besorgt werden, selbst wenn insoweit der Wille zur Besorgung eines fremden Geschäfts vorliegt. Ferner finden die Regelungen wegen § 687 I keine Anwendung, wenn ein fremdes Geschäft irrtümlich als eigenes besorgt wird. Besonderheiten gelten für geschäftsunfähige oder in der Geschäftsfähigkeit beschränkte Geschäftsführer (§ 682). Die Anwendung des deutschen Rechts bestimmt sich nach den Art 39, 41, 42 EGBGB.

5 **I. Berechtigte GoA.** Die berechtigte GoA zeichnet sich dadurch aus, dass die **Übernahme** der Geschäftsführung dem Interesse und dem wirklichen oder hilfsweise dem mutmaßlichen Willen des Geschäftsherrn entspricht (§ 683). Eine berechtigte GoA liegt ferner unabhängig vom Willen des Geschäftsherrn vor, wenn die Geschäftsführung der Erfüllung einer im öffentlichen Interesse liegenden Pflicht des Geschäftsherrn dient oder einen gesetzlichen Unterhaltsanspruch befriedigt (§ 679).

6 Der Geschäftsführer hat das **Geschäft so auszuführen**, wie es das Interesse des Geschäftsherrn erfordert (§ 677). Anknüpfungspunkt ist das objektive Interesse mit Rücksicht auf den wirklichen oder mutmaßlichen Willen. Der Geschäftsführer hat die Übernahme baldmöglichst anzuzeigen und Entschließungen des Geschäftsherrn grds abzuwarten (§ 681 S 1). Seine Rechtsstellung ist der eines Beauftragten vergleichbar (§§ 681, 683). Dabei kommt dem Geschäftsführer die Haftungsmilderung des § 680 zugute. Der Geschäftsherr hat die Stellung eines Auftraggebers (§§ 681, 683); ihm gebührt der Ertrag aus dem Geschäft.

7 **II. Unberechtigte GoA.** Entspricht die Übernahme der Geschäftsführung nicht dem Interesse und dem wirklichen oder mutmaßlichen Willen des Geschäftsherrn, wird sie aber gleichwohl übernommen, ist sie unberechtigt. Der Geschäftsherr kann die unberechtigte GoA durch Genehmigung zur berechtigten GoA umwandeln (§ 684 S 2). Anderenfalls bestimmen sich die Pflichten des Geschäftsführers nach §§ 678, 677. Die Ausführung hat der Geschäftsführer nach dem Interesse und dem Willen des Geschäftsherrn auszurichten. Der unberechtigte Geschäftsführer soll auf diese Weise nicht besser stehen als ein berechtigter Geschäftsführer (hM MüKo/*Seiler* § 677 Rn 50; Palandt/*Sprau* Vor § 677 Rn 5; aA Staud/*Wittmann* § 681 Rn 2). Aufwendungsersatz kann der Geschäftsführer nur nach Bereicherungsrecht verlangen. Der Geschäftsherr hat bei schuldhafter, unberechtigter Übernahme des Geschäfts Schadensersatzansprüche nach § 678 und nach Maßgabe der allgemeinen Vorschriften (§§ 989 ff, 823 ff, 812 ff). Auf die Ausführung kommt es dabei nicht an. Die Haftungsmilderung für den Geschäftsführer (§ 680) ist zu beachten. Vor der Übernahme kommt für den Geschäftsherrn ein Unterlassungsanspruch in Betracht (Palandt/*Sprau* § 677 Rn 5).

8 **III. Unechte GoA.** Die Eigengeschäftsführung eines objektiv fremden Geschäfts ist nicht vom Willen getragen, ein Geschäft für einen anderen zu besorgen, und daher **keine GoA**. Besondere Regelungen gibt es insoweit nur für den Fall, dass sich jemand ein fremdes Geschäft als eigenes anmaßt. Bei einem Irrtum über die Fremdheit des Geschäfts finden die Regeln der GoA keine Anwendung. Störungen werden insoweit nach all-

gemeinen Regeln ausgeglichen (§§ 812 ff, 823 ff). Bei Kenntnis von der Fremdheit des Geschäfts ordnet § 687 II eine strenge Haftung des Geschäftsführers an. Der Geschäftsherr kann neben anderen Ansprüchen auch die Ansprüche aus GoA (Schadensersatz, Herausgabe des Erlangten) geltend machen (§§ 678, 681). Macht der Geschäftsherr die Ansprüche geltend, ist er dem Geschäftsführer zum Aufwendungsersatz nach Bereicherungsrecht verpflichtet.

C. Geschäftsführung ohne Auftrag. § 677 nennt drei **Voraussetzungen** für eine GoA. Danach muss eine Geschäftsbesorgung übernommen werden, die Wahrnehmung muss für einen anderen erfolgen und ein Auftrag oder eine sonstige Berechtigung darf nicht vorliegen. Sind die Voraussetzungen gegeben, bestimmt § 677, dass der Geschäftsführer die Ausführung an den Interessen des Geschäftsherrn mit Rücksicht auf dessen Willen auszurichten hat. Eine Unterscheidung zwischen berechtigter und unberechtigter GoA findet sich in § 677 nicht (MüKo/*Seiler* § 677 Rn 1).

I. Geschäftsbesorgung. Die Geschäftsbesorgung nach § 677 ist im gleichen weiten Sinne zu verstehen (rechtliche, tatsächliche oder sonstige Handlungen) wie beim Auftrag (§ 662 Rn 6). Nicht erfasst ist lediglich reines Dulden oder Unterlassen bzw Gewähren lassen (hM Palandt/*Sprau* § 677 Rn 2). Unerheblich ist, ob es sich um eine einzelne Handlung oder um eine laufende Interessenwahrnehmung über längere Zeit handelt. Die Geschäftsbesorgung muss nicht vom Geschäftsführer persönlich ausgeführt werden. Handlungen unter Einsatz von Gehilfen sind dem veranlassenden Geschäftsführer zuzurechnen (BGHZ 67, 368; nicht aber bei dienstlich handelnden Polizeibeamten NJW 04, 513).

II. Handeln für einen anderen. Eine Tätigkeit für einen anderen liegt nur vor, wenn das Bewusstsein und der Wille vorhanden sind, ein fremdes Geschäft zu besorgen. Dazu ist erforderlich, dass das ausgeführte Geschäft einem **fremden Rechts- und Interessenkreis** zuzurechnen ist (hM RGZ 97, 61). Darüber hinaus muss der Geschäftsführer den **Willen** haben, in den fremden Rechts- und Interessenkreis einzugreifen. Die Zurechnung eines Geschäfts zu einem fremden Rechts- und Interessenkreis wird anhand wertender Kriterien vorgenommen. Bloße mittelbare Beziehungen und Reflexvorteile reichen für die Zurechnung nicht aus (BGHZ 54, 157; 72, 151). Die hM unterscheidet zwischen objektiv fremden und neutralen, aber zumindest subjektiv fremden Geschäften sowie eigenen Geschäften (etwa BaRoth/*Gehrlein* § 677 Rn 11 ff).

1. Objektiv fremdes Geschäft. Objektiv fremd ist ein Geschäft, das nach äußerem Erscheinungsbild und Inhalt einem fremden Rechts- und Interessenkreis zuzurechnen ist. Die Vornahme einer Tätigkeit im eigenen Namen ändert daran grds nichts. Bei der Übernahme und Ausführung eines objektiv fremden Geschäfts besteht eine tatsächliche **widerlegbare Vermutung** für den Willen zur Fremdgeschäftsführung (BGHZ 98, 235; 143, 9). Bsp für Handlungen im fremden Rechts- und Interessenkreis sind insbes die Tilgung fremder Schulden (BGHZ 47, 370), die Veräußerung fremder Sachen (RGZ 138, 45), deren Reparatur oder Verwahrung (MüKo/*Seiler* § 677 Rn 6), die Abwendung von fremdzurechenbaren Gefahren (BGHZ 43, 188), Hilfeleistung für andere (BGHZ 33, 251), Wahrnehmung von Aufgaben des Leasinggebers durch den Leasingnehmer (BGH NJW 94, 576: Prozessführung). Keine objektiv fremden Geschäfte sind solche, bei denen die Zurechnung zum fremden Rechtskreis nicht möglich ist: Unberechtigte Untervermietung (BGHZ 131, 297); Reparatur und Umbau von Mieträumen für den zahlungsunfähigen Mieter in Bezug auf den Bürgen (BGHZ 82, 323).

2. Subjektiv fremdes Geschäft. Dem subjektiv fremden Geschäft ist die Zugehörigkeit zu einem fremden Rechts- oder Interessenkreis nicht anzusehen (zB Kauf einer Sache). Es handelt sich um ein neutrales Geschäft, das seinen Fremdbezug allein durch den Willen zur Fremdgeschäftsführung erlangt. Ein entspr **Wille muss tatsächlich vorliegen** sowie äußerlich erkennbar sein (BGHZ 114, 258; 138, 281; 155, 342) und ist vom Geschäftsführer zu beweisen (BGHZ 40, 28). Ein Ausweichen zur Unfallverhütung kann ein fremdes Geschäft sein, wenn dem Geschäftsführer keine Betriebsgefahr zuzurechnen ist (BGHZ 38, 270; Hamm VersR 02, 1254).

3. Eigenes und fremdes Geschäft. Geschäfte berühren häufig nicht nur einen Rechts- und Interessenkreis. Handelt es sich um die Kreise mehrerer Dritter, liegt ein fremdes Geschäft des Geschäftsführers vor. Dieser hat bei dem Geschäft lediglich mehrere Interessen wahrzunehmen. Berührt das übernommene Geschäft aber auch den Rechts- oder Interessenkreis des Geschäftsführers selbst, wird von einem **auch fremden Geschäft** gesprochen (BGH NJW 00, 72). Die Verfolgung eigener Interessen steht einer GoA grds nicht entgegen (BGHZ 110, 313; Frankf NJW-RR 03, 964: notwendige erg Leistungen zu einem Bauvertrag). Die Rspr geht davon aus, dass in solchen Fällen der Wille zur Fremdgeschäftsführung idR vorliegt. Die tatsächliche Vermutung greift jedenfalls dann ein, wenn das Fremdinteresse im Vordergrund steht (BGHZ 140, 102; NJW 00, 72; 143, 9; NJW-RR 04, 956). Die Fallgruppe kann in den unterschiedlichsten Varianten auftreten: Leistet der Bürge auf seine eigene Verbindlichkeit, führt er zugleich ein Geschäft des Hauptschuldners aus (hM MüKo/*Seiler* § 677 Rn 26; BaRoth/*Gehrlein* § 677 Rn 14; für andere Sicherungsgeber BGH NJW 86, 1690). Gleiches gilt, wenn der Ehemann die Kosten für die Besuche von Angehörigen bei der verletzten Ehefrau übernimmt (BGH NJW 79, 598) oder ein die Ausfahrt versperrendes Kfz durch den Berechtigten abgeschleppt wird (Palandt/*Sprau* § 677

Rn 6). Bei Geschäftsführern, die durch öffentlich-rechtliche (BGHZ 40, 28: Feuerwehr) oder privatrechtliche Pflichten gebunden sind (Beseitigung von Straßenverschmutzungen: BGHZ 65, 354; andere Verunreinigungen: BGHZ 98, 235; BGHZ 110, 313), ist im Hinblick auf die Anwendung der GoA-Regeln **Zurückhaltung** geboten. Bei vertraglicher Verpflichtung des Geschäftsführers sollte die GoA allenfalls dann Anwendung finden, wenn der Geschäftsführer tatsächlich erkennbar den Willen hat, im Interesse auch eines Dritten zu handeln (BGHZ 101, 393; Saarbr NJW 98, 828; Palandt/*Sprau* § 677 Rn 7). Eine umfassende Regelung der Entgeltsfrage innerhalb der wirksamen Vertragsbeziehung mit Dritten ist hinsichtlich des Ausgleichs für die jeweils erbrachten Leistungen auch im Verhältnis zum vermeintlichen weiteren Geschäftsherrn grds abschließend (BGH NJW-RR 04, 956). Ein Hoheitsträger, der zur Gefahrenabwehr dienstlich tätig wird, kann nicht zugleich das bürgerlich-rechtliche Geschäft eines Dritten führen (BGH NJW 04, 513). Besteht ein wirksamer Vertrag mit dem Geschäftsherrn oder eine vergleichbare andere Verpflichtung diesem ggü, liegt keine GoA vor (BGHZ 109, 354).

15 **4. Sonderregelungen.** Die Regeln der GoA finden keine Anwendung, wenn Sonderregelungen für die Beziehung zwischen Geschäftsherrn und Geschäftsführer bestehen. Die darin vorgenommene Risikoverteilung darf nicht über die GoA unterlaufen werden (BGH NJW 00, 72): Eigentümer und Finder (§§ 965 ff); Helfer bei der Bergung in Seenot (§§ 740 ff HGB, 93 ff BinnenSchG). Die Wertungen anderer Bestimmungen sind bei der Einordnung als auch fremdes Geschäft zu berücksichtigen (BGHZ 98, 235). Das gilt insbes für Handlungen iR einer Gesellschaft oder Gemeinschaft, wenn und soweit Sonderregelungen bestehen (§§ 744 ff, 705 ff). Gleiches muss für besondere Schuldverhältnisse gelten, wenn es um den Ersatz von Aufwendungen oder Schäden geht. Die **Gewährleistungsrechte** sind grds abschließende Sonderregelungen, die einen Rückgriff auf die GoA verbieten (BGH NJW 05, 1348: Kosten der Selbstvornahme bei mangelhafter Kaufsache; BGHZ 101, 393). Das gilt auch für den Anwendungsbereich des § 241 a. Ferner lässt sich eine Vergütung, die nur auf vertraglicher Basis verlangt werden kann, nicht über den Ersatz von Aufwendungen iR einer GoA erzielen (BGH NJW 00, 72: Erbensucher). Die Regeln der GoA greifen aber ein, wenn keine sperrenden Sonderregelungen bestehen (zB Selbstbeseitigung für den Verpflichteten nach § 1004). Erschöpfende Regelungen des öffentlichen Rechts verbieten den Rückgriff auf die Grundsätze der GoA ebenfalls (BSGE 85, 110; 86, 66).

16 **5. Geschäftsherr.** Verpflichtet und berechtigt aus dem gesetzlichen Schuldverhältnis wird der wahre Geschäftsherr (§ 686). Ein Irrtum über die Person des Geschäftsherrn ist unbeachtlich, sofern nur willentlich eine Handlung für einen anderen erfolgt (BGHZ 43, 188). Dient die Tätigkeit mehreren Geschäftsherrn (BGHZ 67, 368; dazu auch KG NJW 99, 2906: Eltern und Kind), sind diese ggü dem Geschäftsführer als Gesamtschuldner (§ 427) zum Aufwendungsersatz verpflichtet (Staud/*Wittmann* Vor § 677 Rn 59). Allerdings muss die Tätigkeit dem Rechts- oder Interessenkreis der entspr Person tatsächlich zugerechnet werden können. Das kommt nicht in Betracht für die Beseitigung von Unfallfolgen ggü der Kfz-Haftpflichtversicherung (BGHZ 54, 157; 72, 151) oder für die erste Hilfe an einem verletzten Arbeitskollegen ggü der Berufsgenossenschaft (BGHZ 55, 207). Gleiches gilt bei der vorprozessualen Abmahnung in Wettbewerbssachen, die vom BGH zwar als Fremdgeschäft gewertet wurde (BGHZ 115, 210; NJW 04, 2448), aber wohl nicht als solches des mittelbar begünstigten Störers (*Medicus* BürgR Rn 412).

17 **III. Keine Berechtigung.** Die Geschäftsführung muss ggü dem Geschäftsherrn **ohne Auftrag oder sonstige Berechtigung** erfolgen. Liegen Berechtigungstatbestände vor, ist der Interessenausgleich der beteiligten Personen nach diesen Regeln vorzunehmen. Tatbestände, die zu einer Legitimation führen, können sich insbes aus Rechtsgeschäften (zB Auftrag, Dienst-, Werkvertrag), aber auch aus Benutzungs- (BGHZ 63, 119), Gemeinschaftsverhältnissen oder familienrechtlichen Beziehungen sowie aus Organ- oder Amtsstellungen und ferner aus einem öffentlich-rechtlichen Verhältnis (BVerwG DÖV 03, 732) ergeben. Keine ausreichende Legitimation zur Verdrängung der Regeln der GoA kommt dagegen idR Verträgen mit Dritten zu (BGHZ 143, 9) und gesetzlichen Bestimmungen, die lediglich allgemeine Pflichten auferlegen (§ 323 c StGB: MüKo/*Seiler* § 677 Rn 43; Jauernig/*Mansel* § 677 Rn 7) oder Verhalten rechtfertigen (§ 227).

18 An einer Berechtigung fehlt es auch, wenn **Verträge beendet oder nichtig** sind. Soweit keine Sonderregelungen eingreifen (§§ 674, 729), wendet die Rspr in diesen Fällen die Regeln der GoA an (BGHZ 37, 258: unzulässige Rechtsberatung; 55, 128: Flugreise; 101, 393: nichtiger Treuhandvertrag; 111, 308: Schwarzarbeit). Ein Anspruch auf Aufwendungsersatz (§ 670) wird wegen der fehlenden Erforderlichkeit der Aufwendungen allerdings regelmäßig abgelehnt (BGHZ 111, 308; 118, 142; NJW-RR 97, 564; anders: BGH NJW 93, 3196). Die Bedenken im überwiegenden Schrifttum gegen die Anwendung der GoA in derartigen Fällen (vgl nur MüKo/*Seiler* § 677 Rn 48; BaRoth/*Gehrlein* § 677 Rn 18) werden in erster Linie damit begründet, dass die besonderen Vorschriften für die Rückabwicklung rechtsgrundlos erbrachter Leistungen umgangen werden (§§ 814, 817 S 2, 818 III). Bei der **Überscheitung** von vertraglichen Befugnissen ist der Ausgleich im Leistungsstörungsrecht zu suchen, auch wenn eine Berechtigung zur konkreten Handlung nicht besteht (BGHZ 131, 297). Ein Geschäftsführer einer Gesellschaft handelt bei Überschreiten seiner Befugnis nicht ohne Auftrag iSd § 677, sondern begeht eine Pflichtverletzung des Gesellschaftsvertrags (BGH WM 88, 986; 89, 1335).

IV. Rechtsfolgen und Haftung. § 677 begründet bei jeder GoA die **Verpflichtung** für den Geschäftsführer, zur Führung des Geschäfts, wie es das Interesse des Geschäftsherrn mit Rücksicht auf dessen wirklichen oder mutmaßlichen Willen erfordert. Dabei handelt es sich um die Hauptpflicht des Geschäftsführers, die durch spezielle Nebenpflichten (§ 681) ergänzt wird. Die Art und Weise der Ausführung richtet sich vorrangig nach dem Interesse des Geschäftsherrn (MüKo/*Seiler* § 677 Rn 52; Palandt/*Sprau* § 677 Rn 12). Damit ist die objektive Nützlichkeit gemeint, während der Wille auf die subjektive Seite abstellt. Der Wille ist mit Ausnahme des § 679 bei der Ausführung zu berücksichtigen. Die Pflicht, ein begonnenes, aber noch nicht beendetes Geschäft fortzuführen, ist nur ausnahmsweise denkbar (§ 242; entspr §§ 671 II, 673).

Bei einer schuldhaften Pflichtverletzung iRd Ausführung des Geschäfts kann der Geschäftsherr vom Geschäftsführer **Schadensersatz** verlangen. Grundlage des Anspruchs sind die §§ 280, 276, 278. Die Haftungsmilderung nach § 680 ist zu beachten (BGH NJW 72, 475). Ersatzfähig ist aber lediglich der ausführungsbedingt entstandene Schaden (BaRoth/*Gehrlein* § 677 Rn 19). Eine erfolgreiche Ausführung wird nicht geschuldet. Im Fall der unberechtigten Übernahme ist § 678 anwendbar. Eine Genehmigung (§ 684 2) schließt den Anspruch idR aus. Der Anspruch verjährt nach §§ 195, 199, auch wenn für das ausgeführte Geschäft kürzere Fristen vorgesehen sind (BGHZ 115, 210).

VI. Konkurrenzen zu anderen gesetzlichen Schuldverhältnissen. Die Ansprüche aus GoA und aus § 179 können nebeneinander bestehen (BGH NJW-RR 89, 970; 04, 81).

Ansprüche aus **ungerechtfertigter Bereicherung** scheiden neben der berechtigten GoA grds aus. Die berechtigte GoA stellt den Rechtsgrund für die Leistung an den Geschäftsherrn oder einen Eingriff dar (BGH NJW 93, 3196). Nicht abschließend ist die berechtigte GoA nach Ansicht des BGH bei nichtigen Verträgen. Scheitert der Aufwendungsersatz an der „Erforderlichkeitshürde" des § 670, kommt ein Rückgriff auf das Bereicherungsrecht in Betracht (BGHZ 111, 308). Bei unberechtigter GoA wird für Ansprüche des Geschäftsführers auf das Bereicherungsrecht verwiesen (§ 684 S 1). In den Fällen der Eigengeschäftsführung (§ 687) sind die §§ 812 ff anwendbar, gleiches gilt in den Fällen des § 682.

Wegen der Übernahme einer berechtigten GoA kommen **deliktische Ansprüche** nicht in Betracht. Die Rechtswidrigkeit der unerlaubten Handlung entfällt (aA MüKo/Seiler Vor § 677 Rn 17). Darüber hinaus (zB Ausführung) sind die §§ 823 ff und die Tatbestände der Gefährdungshaftung neben der GoA anwendbar (BGHZ 142, 227), das gilt insbes für die unberechtigte und angemaßte Geschäftsführung. Die Haftungsmilderung des § 680 ist bei allen Anspruchsgrundlagen zu beachten (BGH NJW 72, 475).

Fallen Inbesitznahme und Übernahme der GoA zusammen, sind die §§ 987 ff bei berechtigtem Handeln nicht anwendbar, weil dem Geschäftsführer ein Besitzrecht zusteht. Neben § 687 II sind die §§ 987 ff uneingeschränkt anwendbar, eine Sperrwirkung der §§ 987 ff kommt mangels Schutzbedürftigkeit des Geschäftsführers nicht in Betracht (BGHZ 39, 186). Umstr ist die Sperrwirkung der §§ 987 ff ggü anderen Ansprüchen bei unberechtigter GoA (dafür: BGH 41, 157; Palandt/*Sprau* Vor § 677 Rn 12; BaRoth/*Gehrlein* § 677 Rn 21; dagegen: MüKo/*Seiler* Vor § 677 Rn 18).

VII. Entsprechende Anwendung. In zahlreichen Vorschriften ist für den Ersatz von Verwendungen und Aufwendungen auf die Vorschriften der GoA verwiesen: zB §§ 539 I, 581 II, 994 II, 1216 1; 2125 I. Ein Wille zur Fremdgeschäftsführung ist nur bei §§ 539 I, 581 II erforderlich. Im Hinblick auf Rechte und Pflichten werden die GoA-Vorschriften im Erbrecht für entspr anwendbar erklärt (§§ 1959 I, 1978 I 3, III, 1991 I).

VIII. Beteiligung von Verwaltungsträgern. Darüber hinaus ist die Anwendbarkeit der GoA auch im öffentlichen Recht anerkannt (etwa BVerwGE 18, 221; 80, 170; BGH NJW 04, 513). Eine **öffentlich-rechtliche GoA** liegt nur vor, wenn das Geschäft bei Vornahme durch den Geschäftsherrn dem öffentlichen Recht zuzuordnen wäre (BGHZ 138, 281; BGH NJW 71, 1218: privatrechtliche GoA bei Erfüllung der Streupflicht durch einen anderen Verwaltungsträger). Erforderlich ist daher die Beteiligung eines Trägers der öffentlichen Verwaltung an dem Rechtsverhältnis.

Während die Erfüllung **privater Geschäfte** einer juristischen Person des öffentlichen Rechts für einen anderen Verwaltungsträger privatrechtlich zu beurteilen ist, kommt die öffentlich-rechtliche GoA in dieser Beziehung in Betracht, falls mit dem Geschäft **öffentlich-rechtliche Pflichten** erfüllt werden (BGHZ 40, 18; 140, 102; BSGE 67, 100). Dabei sind die Ansprüche aus GoA aber regelmäßig durch Sondervorschriften ausgeschlossen: zB öffentlich-rechtlicher Erstattungsanspruch, §§ 87, 102 SGB X.

Erfüllt eine **Privatperson öffentlich-rechtliche Pflichten** einer juristischen Person des öffentlichen Rechts, sind die Regeln der GoA nur anwendbar, wenn keine vorrangigen gesetzlichen Regeln eingreifen. Ferner dürfen Ermessensspielräume des Verwaltungsträgers nicht übergangen werden. Die Ersatzfähigkeit wird häufig davon abhängig gemacht, dass die Übernahme durch eine besondere Dringlichkeit gerechtfertigt ist (BGH NJW 78, 1258: Gefährdung durch eine Autobahn; OVG Münster NWVBl 90, 99: Verlegen eines Abwasserkanals; BGH NJW 97, 1636; MüKo/*Seiler* Vor § 677 Rn 25).

Nimmt eine juristische Person des öffentlichen Rechts mit einer Handlung **auch ein Geschäft einer Privatperson** wahr, sind die Regeln der GoA grds anwendbar (BGH NJW 04, 513). Ist die Privatperson aber Zweitschuldner, sind idR Sondervorschriften zu beachten. Dabei wird häufig ein Forderungsübergang angeordnet (§ 116 SGB X). In Einzelfällen kommt der Rückgriff nach GoA in Betracht (VG Gelsenkirchen NJW 02, 1818:

Schulträger gegen die Eltern für die Kosten einer Klassenfahrt, aA VG Berlin NJW 00, 2040). Sondervorschriften greifen regelmäßig auch ein, wenn der Verwaltungsträger öffentlich-rechtliche Pflichten einer Privatperson wahrnimmt (zB BGH NJW 04, 513: Ersatzvornahme iRd Gefahrenabwehr). Ein Polizeibeamter, der in dienstlicher Eigenschaft hoheitlich tätig wird, kann nicht zugleich das bürgerlich-rechtliche Geschäft eines Dritten führen. Sofern spezielle Regelungen fehlen, soll ein Rückgriff auf die GoA möglich sein (BGHZ 40, 28: Feuerwehr; 65, 354: Straßenverschmutzung; 65, 384: Störungsbeseitigung).

§ 678 Geschäftsführung gegen den Willen des Geschäftsherrn

Steht die Übernahme der Geschäftsführung mit dem wirklichen oder dem mutmaßlichen Willen des Geschäftsherrn in Widerspruch und musste der Geschäftsführer dies erkennen, so ist er dem Geschäftsherrn zum Ersatz des aus der Geschäftsführung entstehenden Schadens auch dann verpflichtet, wenn ihm ein sonstiges Verschulden nicht zur Last fällt.

1 **A. Überblick.** § 678 begründet einen **verschuldensabhängigen Schadensersatzanspruch** des Geschäftsherrn gegen den Geschäftsführer, wenn sich dieser mit der Übernahme des Geschäfts unberechtigt in einen fremden Rechts- und Interessenkreis einmischt (§§ 677, 683). Anknüpfungspunkt für die Berechtigung und das Verschulden ist ausschl die Übernahme des Geschäfts, nicht dessen Ausführung (§ 678 letzter Hs). Bei angemaßter GoA ist die Vorschrift über § 687 II entspr anwendbar (ferner § 677 Rn 23).

2 **B. Voraussetzungen.** Maßgebend für die Berechtigung oder Nichtberechtigung ist der **Wille des Geschäftsführers** im Zeitpunkt des Beginns der Ausführungshandlung. Das objektive Interesse ist grds nicht relevant. Es erlangt allenfalls Bedeutung, falls der mutmaßliche Wille, mangels Vorliegens eines wirklichen (äußerlich in Erscheinung tretenden) Willens, zu ermitteln ist (MüKo/*Seiler* § 678 Rn 5). Der Widerspruch zum Willen kann sich nicht nur aus der Übernahme des Geschäft als solches, sondern auch aus der Art und Weise der Übernahme, dem Zeitpunkt oder der Person des Geschäftsführers ergeben (MüKo/*Seiler* § 678 Rn 4). Kein Widerspruch zum Willen kann auftreten, wenn es auf den Willen nicht ankommt. Daher liegt die Voraussetzung in den Fällen des § 679 und bei Genehmigung nach § 684 S 2 nicht vor (BGHZ 128, 210).

3 Der Geschäftsführer muss die gegen den Willen gerichtete und damit unberechtigte Übernahme der Geschäftsführung zu vertreten haben. Nach § 678 ist **Erkennbarkeit** erforderlich, die Vorsatz und Fahrlässigkeit iSd § 276 umfasst (§ 122). Dabei sind alle Umstände zu berücksichtigen, insbes das objektive Interesse des Geschäftsherrn. Die Haftungsmilderung bei drohender dringender Gefahr ist zu beachten (§ 680).

4 **C. Rechtsfolge.** Der aus der unberechtigten Übernahme eintretende **kausale Schaden** ist zu ersetzen. Erfasst ist auch der bei der Ausführung der GoA eintretende Schaden (BHG NJW 72, 475). Ob insoweit ein Verschulden vorliegt ist nicht relevant (§ 678 letzter Hs). Der Ersatzanspruch richtet sich nach §§ 249, 251 (Anwaltskosten bei unberechtigter Abmahnung in Wettbewerbssachen: Hburg NJW-RR 03, 857). Vorteile sind schadensmindernd zu berücksichtigen. Der Anspruch verjährt nach allgemeinen Regeln (§§ 195, 199). Die Beweislast liegt beim Geschäftsherrn (zur Aufklärungspflicht des Geschäftsführers: BGH NJW 84, 1461).

§ 679 Unbeachtlichkeit des entgegenstehenden Willens des Geschäftsherrn

Ein der Geschäftsführung entgegenstehender Wille des Geschäftsherrn kommt nicht in Betracht, wenn ohne die Geschäftsführung eine Pflicht des Geschäftsherrn, deren Erfüllung im öffentlichen Interesse liegt, oder eine gesetzliche Unterhaltspflicht des Geschäftsherrn nicht rechtzeitig erfüllt werden würde.

1 **A. Überblick.** § 679 erklärt den Willen des Geschäftsherrn im Hinblick auf die Übernahme und die Ausführung eines Geschäfts für unbeachtlich, wenn den in der Vorschrift genannten überwiegenden Interessen der Vorgang ggü dem Selbstbestimmungsrecht des Geschäftsherrn einzuräumen ist. Liegen die Voraussetzungen der Norm vor, handelt es sich auch bei entgegenstehendem Willen des Geschäftsherrn weder um eine unberechtigte Übernahme nach § 678 noch eine unberechtigte GoA iSd § 684.

2 **B. Voraussetzungen.** § 679 nennt zwei Fallgruppen, in denen der Wille des Geschäftsherrn unbeachtlich ist. Einerseits wird auf eine **Rechtspflicht des Geschäftsherrn** abgestellt, die im öffentlichen Interesse liegt, andererseits auf eine **gesetzliche Unterhaltspflicht** des Geschäftsherrn. In beiden Fällen ist erforderlich, dass ohne das Eingreifen des Geschäftsführers keine rechtzeitige Erfüllung der Pflicht erfolgen würde. Insoweit soll nur die Erfüllung vor Fälligkeit ausgenommen werden (BGH NJW 78, 1258). Verzug des Geschäftsherrn ist nicht erforderlich (Palandt/*Sprau* § 679 Rn 5).

3 Es besteht Einigkeit darüber, dass die **Rechtspflicht** des Geschäftsherrn sowohl privatrechtlicher als auch öffentlich-rechtlicher Natur sein kann (BGHZ 16, 12; 40, 18). Sie kann ihre Grundlage im Gesetz, in einem Hoheitsakt oder in einem Vertrag haben. Eine sittliche Pflicht oder lediglich öffentliches Interesse genügen nicht (MüKo/*Seiler* § 679 Rn 4).

Die Erfüllung der Rechtspflicht und das Eingreifen des Geschäftsführers müssen **im öffentlichen Interesse** liegen. Dabei reicht das allgemeine Interesse an der Erfüllung von Verbindlichkeiten nicht aus. Ein relevantes konkretes öffentliches Interesse erfordert, dass der Geschäftsführer zur Vermeidung von Gefährdungen oder Beeinträchtigungen für wichtige Schutzgüter (Leben, Körper, Gesundheit, wichtige Sachgüter) anstatt der eigentlich zuständigen Person tätig wird. Ein ausreichendes öffentliches Interesse am Eingreifen des Geschäftsführers liegt mit Ausnahme der Gefährdung der öffentlichen Sicherheit regelmäßig nicht vor, wenn ein Handlungsermessen der zuständigen Stellen zu berücksichtigen ist (BGHZ 138, 281; NJW 78, 1258). 4

Die **Beispiele aus der Rspr** betreffen in erster Linie Verkehrssicherungspflichten: Abwehr von Gefahren für den Straßen- und Bahnverkehr sowie die Schifffahrt (BGHZ 43, 188; 65, 354; 65, 384); Schutz für andere Rechtsgüter vor Gebäudeeinsturz (BGHZ 16, 12); Abwehr von Gefahren für die Allgemeinheit (Gesundheit: BGHZ 110, 313). Bei Maßnahmen für einzelne Personen sind erhöhte Anforderungen zu stellen: Krankenpflege und Krankenhilfe (BGHZ 33, 251); Rücktransport mittelloser Urlauber anstelle der insolventen Fluggesellschaft (LG Frankfurt NJW 83, 52). In der Lit wird auch die Übernahme der Beerdigungskosten für die Erben als Geschäft iSd § 679 angesehen (Staud/*Wittmann* § 679 Rn 4). Dagegen dürfte das öffentliche Interesse an der Bezahlung fremder Steuerschulden nicht ausreichend sein (so aber BGHZ 7, 346; BaRoth/*Gehrlein* § 679 Rn 4; wie hier MüKo/*Seiler* § 679 Rn 9; Palandt/*Sprau* § 679 Rn 3); gleiches muss für Sozialleistungen gelten (BSG NJW-RR 01, 1282). 5

§ 679 erfasst nur die **gesetzliche Unterhaltspflicht** (zB §§ 1360 ff, 1569 ff, 1601 ff, 1615 a ff). Vertragliche Unterhaltspflichten oder solche aus unerlaubter Handlung fallen nicht in den Anwendungsbereich von § 679 Alt. 2. Die vertragliche Ausgestaltung einer gesetzlichen Unterhaltspflicht lässt den Charakter aber unverändert (Staud/*Wittmann* § 679 Rn 8). Das Wahlrecht der Eltern nach § 1612 ist zu beachten (Hamm NJW 83, 2203). Für ärztliche Leistungen unter Ehegatten ist § 1357 vorrangig zu berücksichtigen. 6

C. Erweiternde Anwendung. Teile der Lit sehen einen Bedarf, die Norm über den Wortlaut hinaus anzuwenden, wenn der Wille des Geschäftsherrn gegen ein gesetzliches Verbot (§ 134) oder die guten Sitten (§ 138) verstößt (Nachweis: MüKo/*Seiler* § 679 Rn 13). Als praktischer Fall wird die **Rettung eines Selbstmörders** angeführt. Vorzugswürdiger erscheint es, den entgegenstehenden Willen nach §§ 104 Nr 2, 105 I zu beurteilen (MüKo/*Seiler* § 679 Rn 13). Bei nachträglichem Einverständnis mit der Rettung kommt § 684 2 in Betracht („Selbstmord als Hilferuf"). Daneben ist ein Anspruch des Retters aus § 823 I wegen der Herausforderung denkbar (Soergel/*Beuthien* § 679 Rn 15). 7

§ 680 Geschäftsführung zur Gefahrenabwehr

Bezweckt die Geschäftsführung die Abwendung einer dem Geschäftsherrn drohenden dringenden Gefahr, so hat der Geschäftsführer nur Vorsatz und grobe Fahrlässigkeit zu vertreten.

Der Geschäftsführer hat, falls das Geschäft zur Abwendung einer drohenden dringenden Gefahr dient, nur grobe Fahrlässigkeit und Vorsatz zu vertreten. Die **Haftungsmilderung** soll ermutigend für die Geschäftsführung in Notsituationen wirken und die Bereitschaft dazu fördern. Anwendung findet die Privilegierung allerdings nur im Verhältnis zwischen Geschäftsführer und Geschäftsherrn. Bei Ansprüchen Dritter ist § 680 nicht anwendbar. 1

Die Geschäftsführung dient zur Abwendung einer **drohenden dringenden Gefahr**, wenn ein Schaden für den Geschäftsherrn (Person bzw Vermögen) oder enge Angehörige (§ 844 II) unmittelbar bevorsteht. Nach hM genügt, dass der Geschäftsführer ohne Verschulden von einer solchen Situation ausgeht (Palandt/*Sprau* § 680 Rn 2; differenzierend: Martinek/*Theobald* JuS 97, 612, 618; aA MüKo/*Seiler* § 680 Rn 5). Ob die Gefahrabwendung tatsächlich gelingt, ist nicht relevant. 2

Der mildere Haftungsmaßstab **gilt** für die Ausführung einer berechtigten GoA (§ 280), die Übernahme einer unberechtigten GoA (§ 678, dazu BGHZ 43, 188) und erstreckt sich auch auf andere Anspruchsgrundlagen (BGH NJW 72, 475; zB § 823). Die Privilegierung ist ferner anwendbar, wenn es um eine Anspruchsminderung wegen Mitverschulden (§ 254) bei Ersatzansprüchen des Geschäftsführers geht (BGHZ 43, 188). Eine weitere Berücksichtigung der Gefahrenlage iRd Sorgfaltsanforderungen kommt nicht mehr in Betracht. Andere darüber hinausgehende Umstände sind zu berücksichtigen (BGH NJW 72, 475: Dinglichkeit, Zeitelement). Für **professionelle Nothelfer** (Notarzt, Feuerwehr) sollte der gemilderte Maßstab im Grundsatz zwar ebenfalls gelten (MüKo/*Seiler* § 680 Rn 6; aA Palandt/*Sprau* § 680 Rn 3), nicht aber, sofern Sonderregelungen eingreifen oder eine Vergütung für die Tätigkeit verlangt werden kann (etwa nach Vertrag oder § 683), ggf sind erhöhte Anforderungen an die konkrete Sorgfalt zu stellen. Die Beweislast trägt der Geschäftsführer. 3

§ 681 Nebenpflichten des Geschäftsführers

¹Der Geschäftsführer hat die Übernahme der Geschäftsführung, sobald es tunlich ist, dem Geschäftsherrn anzuzeigen und, wenn nicht mit dem Aufschub Gefahr verbunden ist, dessen Entschließung abzuwarten. ²Im Übrigen finden auf die Verpflichtungen des Geschäftsführers die für einen Beauftragten geltenden Vorschriften der §§ 666 bis 668 entsprechende Anwendung.

1 § 681 enthält spezielle **Nebenpflichten** des Geschäftsführers und stellt ihn weitgehend dem Beauftragten gleich. Die Pflichten gelten für die berechtigte und unberechtigte GoA (hM MüKo/*Seiler* § 681 Rn 2 ff). Darüber hinaus verweist § 687 II auf § 681, wobei praktisch nur die Verweisung auf § 681 S 2 Bedeutung haben dürfte.

2 § 681 S 1 legt dem Geschäftsführer die Pflicht zur **Anzeige** der Übernahme des Geschäfts auf (BGH NJW-RR 05, 639: Netzbetreiber ggü Endabnehmer bei Stromlieferung). Der Zeitpunkt („sobald es tunlich ist") ist von den Gesamtumständen abhängig (zB Erreichbarkeit, Bedeutung des Geschäfts; Staud/*Wittmann* § 681 Rn 3). Nach der Anzeige hat der Geschäftsführer die Entschließung des Geschäftsherrn abzuwarten, es sei denn, es ist Gefahr im Verzug. Die Anzeige wird regelmäßig den Schluss zulassen, dass mit dem Willen zur Fremdgeschäftsführung gehandelt wird; der Gegenschluss ist aber nicht zulässig (BGHZ 65, 354). § 681 S 2 enthält die Verpflichtung des Geschäftsführers zur Information und Rechnungslegung (§ 666). Ferner hat er das aus der Geschäftsführung **Erlangte** (einschl Gewinn) herauszugeben (§ 667).

3 Bei Pflichtverletzungen kommt ein **Schadensersatzanspruch** des Geschäftsherrn nach allg Regeln in Betracht (§§ 280 ff). Dabei ist der Geschäftsherr so zu stellen, wie er ohne die konkrete Pflichtverletzung (Verspätung der Anzeige, nicht gewartet, nicht unterrichtet) gestanden hätte (BGH NJW-RR 05, 639). Der Aufwendungsersatzanspruch des Geschäftsführers ist dadurch nicht von vornherein ausgeschlossen (BGHZ 65, 354).

§ 682 Fehlende Geschäftsfähigkeit des Geschäftsführers

Ist der Geschäftsführer geschäftsunfähig oder in der Geschäftsfähigkeit beschränkt, so ist er nur nach den Vorschriften über den Schadensersatz wegen unerlaubter Handlungen und über die Herausgabe einer ungerechtfertigten Bereicherung verantwortlich.

1 § 682 dient dem **Schutz** des geschäftsunfähigen und des in der Geschäftsfähigkeit beschränkten **Geschäftsführers**. Die Regelung gilt für die berechtigte und unberechtigte GoA. Der Geschäftsherr kann gegen solche Geschäftsführer keine Ansprüche aus GoA geltend machen (§§ 280, 677, 678, 681), sondern nur Schadensersatz nach §§ 823 ff (unter Beachtung der §§ 827–829) und Herausgabe nach §§ 812 ff (unter Beachtung der §§ 818 III, 819) verlangen (Rechtsgrundverweisung). § 682 enthält keine Regelung zur Frage, ob geschäftsunfähige oder in der Geschäftsfähigkeit beschränkte Personen Geschäftsführer sein können. Nach wohl überwiegender Ansicht sind die §§ 104 ff insoweit nicht anwendbar (zum Streitstand: MüKo/*Seiler* § 682 Rn 2 ff). Dem geschäftsunfähigen oder beschränkt geschäftsfähigen Geschäftsführer steht ein Anspruch auf Aufwendungsersatz nach §§ 670, 683 zu. § 680 ist zu beachten.

2 Die **Geschäftsunfähigkeit des Geschäftsherrn** hindert das Entstehen des gesetzlichen Schuldverhältnisses nicht. In Bezug auf den maßgebenden Willen (§§ 677, 683), die Entschließung (§ 681 S 2) oder die Genehmigung (§ 684 S 2) des Geschäftsherrn ist auf den gesetzlichen Vertreter abzustellen. Fehlt ein gesetzlicher Vertreter (zB bei bewusstlosem Geschäftsherrn), ist der mutmaßliche Wille entscheidend (Staud/*Wittmann* § 682 Rn 5).

§ 683 Ersatz von Aufwendungen

¹Entspricht die Übernahme der Geschäftsführung dem Interesse und dem wirklichen oder dem mutmaßlichen Willen des Geschäftsherrn, so kann der Geschäftsführer wie ein Beauftragter Ersatz seiner Aufwendungen verlangen. ²In den Fällen des § 679 steht dieser Anspruch dem Geschäftsführer zu, auch wenn die Übernahme der Geschäftsführung mit dem Willen des Geschäftsherrn in Widerspruch steht.

1 **A. Überblick.** Dem Geschäftsherrn stehen die Erträge aus der GoA zu (§§ 667, 681). Zum Ausgleich gewährt § 683 dem Geschäftsführer einen Anspruch auf Ersatz seiner Aufwendungen (§ 670). Der Geschäftsführer muss iR einer GoA tätig werden (§ 677) und die Übernahme des Geschäfts muss dem Interesse und dem Willen des Geschäftsherrn entsprechen. Bei Schenkungsabsicht ist der Anspruch ausgeschlossen (§ 685). Sonderregelungen sind zu beachten (§ 677 Rn 15). Weicht der Geschäftsführer bei der Ausführung des Geschäfts von den Interessen oder dem Willen des Geschäftsherrn ab, ist der Anspruch nicht ausgeschlossen, es können aber Schadensersatzansprüche (§§ 280, 823) entstehen (§ 677 Rn 20).

2 **B. Voraussetzungen.** Die Übernahme der GoA muss dem Interesse und dem Willen des Geschäftsherrn entsprechen, anderenfalls findet § 684 Anwendung. Die Genehmigung des Geschäftsherrn führt zu § 683 zurück

(§ 684 2). Das Risiko einer falschen Beurteilung im Hinblick auf Interesse und Willen des Geschäftsherrn liegt beim Geschäftsführer. Auf Verschulden kommt es nicht an.

Die Übernahme der Geschäftsführung ist **im Interesse des Geschäftsherrn**, wenn sie objektiv nützlich, also sachlich vorteilhaft ist (ganz hM BGHZ 16, 12). Ein vermögensrechtliches Interesse ist nicht erforderlich (BGHZ 33, 251). Bei der Beurteilung sind die gesamten Umstände des Einzelfalls zu berücksichtigen (zB Vermögens- und Familienverhältnisse; Begleichung einer einredefreien Verbindlichkeit des Geschäftsherrn: BGHZ 47, 370; anderes bei Einreden: BGHZ 98, 235). Auf diesem Wege gelangen auch subjektive Elemente in das maßgebende Interesse (Köln VersR 95, 1319). Unvorteilhafte Geschäfte können in der konkreten Situation des Geschäftsherrn ebenfalls nützlich sein (zB bei dringendem Geldbedarf: Staud/*Wittmann* § 683 Rn 27). Unsachgemäße oder überflüssige Maßnahmen entsprechen aber idR nicht dem Interesse des Geschäftsherrn. Das gilt auch, falls das mit der Maßnahme verbundene Risiko in keinem Verhältnis zum angestrebten Erfolg steht (Ddorf VersR 73, 826: Bergung eines Modellflugzeugs; ferner Bergrettung durch Unerfahrene: BGHZ 79, 35). Maßgebender Zeitpunkt für die Beurteilung ist die Übernahme des Geschäfts (Frankf NJW-RR 96, 1337). 3

Bei der Feststellung des Willens ist in erster Linie auf den wirklichen Willen des Geschäftsherrn bei Übernahme des Geschäfts abzustellen (Ausnahme: §§ 683 S 2, 679). Eine spätere Korrektur ist unbeachtlich. Dem mutmaßlichen Willen kommt lediglich hilfsweise Bedeutung zu. Das bloße Einverständnis mit den Vorteilen genügt nicht (BGHZ 82, 323; NJW 55, 747). 4

Der **wirkliche Wille** des Geschäftsherrn muss nach außen erkennbar geworden sein (ausdrücklich oder konkludent). Eine Zielrichtung auf den Geschäftsführer oder dessen Kenntnis ist nicht erforderlich (BGH NJW 55, 747; BaRoth/*Gehrlein* § 683 Rn 3). Der wirkliche Wille ist auch maßgebend, wenn er den objektiven Interessen widerspricht oder unvernünftig ist (BGHZ 138, 281). Ein Verbot des Geschäftsherrn ist ebenso zu beachten (zB Rückzahlung von Schulden: MüKo/*Seiler* § 683 Rn 9) wie ein abgelehnter Vertragsschluss (BGH NJW 55, 747) oder Andeutungen in nichtigen Verträgen (BGH WM 93, 217). Interesse und Wille müssen grds gemeinsam vorliegen. Der wirkliche Wille bestimmt jedoch idR das Interesse im Einzelfall (BaRoth/*Gehrlein* § 683 Rn 3; Palandt/*Sprau* § 683 Rn 4; *Medicus* BürgR Rn 422). 5

Der **mutmaßliche Wille** ist anhand aller Umstände der Geschäftsführung zu ermitteln (BGHZ 55, 128). Dabei ist ein objektiver Maßstab anzulegen, der idR zu den gleichen Erwägungen führt wie bei der Ermittlung des Interesses. Hätte der Geschäftsherr danach bei Übernahme zugestimmt, liegt eine berechtigte GoA vor (München NJW-RR 88, 1013). 6

C. Rechtsfolge. Der Geschäftsführer einer berechtigten GoA kann wie ein Beauftragter (§ 670) Ersatz seiner Aufwendungen verlangen, die er nach den Umständen für erforderlich halten durfte. Auf den Erfolg der Aufwendungen kommt es dabei nicht an. Das Risiko trägt der Geschäftsherr. Der Anspruch verjährt nach allgemeinen Regeln (§§ 195, 199). Die Beweislast liegt beim Geschäftsführer. 7

I. Ersatz von Aufwendungen. Entspr den Ausführungen zu § 670 (dort Rn 3) handelt es sich bei Aufwendungen um freiwillige Vermögensopfer, die der Geschäftsführer zum Zwecke der Ausführung des Geschäfts erbracht hat (MüKo/*Seiler* § 683 Rn 17). Mangels Erforderlichkeit sind Aufwendungen anlässlich gesetzlich verbotener Tätigkeiten nicht zu ersetzen (BGHZ 37, 258; 111, 308). Gleiches gilt für Anwaltskosten bei einfachen Abmahnungen von Wettbewerbsverstößen (BGH NJW 84, 2525; 04, 2448). **Keine Aufwendungen** sind die Zeit und die Arbeitskraft des Geschäftsführers zur Durchführung des Geschäfts (§ 670 Rn 4). Davon sind Ausnahmen anerkannt, wenn die konkrete Tätigkeit zum Beruf oder Gewerbe des Geschäftsführers gehören (analog § 1835 III). Im Gegensatz zum Auftrag fehlt es bei der GoA an einer Vereinbarung über die Unentgeltlichkeit (BGHZ 65, 384; 143, 9), so dass ein differenziertes Verständnis des Aufwendungsbegriffs als beim Auftrag sachgerecht erscheint. Teilweise wird darüber hinaus eine Vergütung für alle Tätigkeiten gefordert, die typischerweise nur gegen Entgelt erbracht werden (dazu BGHZ 131, 220). Bei den sog „auch fremden Geschäften" sind die entstandenen Aufwendungen nach sachgerechten Kriterien aufzuteilen (MüKo/*Seiler* § 683 Rn 26). Der Geschäftsherr hat die Aufwendungen allein zu tragen, wenn ihm der wesentliche Teil des Ertrags zusteht. Bei Unterhaltsaufwendungen ist § 1613 zu beachten (BGH NJW 84, 2158; Palandt/*Sprau* § 683 Rn 8). Die Aufwendungen sind nach § 256 zu verzinsen. Mehrere Geschäftsherren haften als Gesamtschuldner. 8

II. Ersatz von Schäden. Der Geschäftsführer kann wie der Beauftragte Ersatz von Schäden nach § 670 verlangen (§ 670 Rn 5), aber nur soweit sich ein über das allgemeine Lebensrisiko hinausgehendes **tätigkeitsspezifisches Risiko** verwirklicht hat. Das gilt insbes für Schäden, die im Zusammenhang mit der Abwehr von besonderen Gefahren in Notsituationen stehen. Ersatzfähig sind Personen- und Sachschäden. Schmerzensgeld (§ 253 II) sollte vor diesem Hintergrund bei Vorliegen der sonstigen Voraussetzungen ebenfalls gewährt werden (s § 670 Rn 8; aA MüKo/*Seiler* § 683 Rn 19). Bei der Höhe des Ersatzes ist die Mitverursachung durch den Geschäftsführer zu berücksichtigen (§§ 254, 680). Soweit Ansprüche auf Leistungen aus gesetzlichen Versicherungen bestehen, ist der Anspruch zu kürzen. Der gesetzliche Regress umfasst den Anspruch auf Aufwendungsersatz idR nicht (MüKo/*Seiler* § 683 Rn 21). 9

§ 684 Herausgabe der Bereicherung

¹Liegen die Voraussetzungen des § 683 nicht vor, so ist der Geschäftsherr verpflichtet, dem Geschäftsführer alles, was er durch die Geschäftsführung erlangt, nach den Vorschriften über die Herausgabe einer ungerechtfertigten Bereicherung herauszugeben. ²Genehmigt der Geschäftsherr die Geschäftsführung, so steht dem Geschäftsführer der in § 683 bestimmte Anspruch zu.

1 **A. Überblick.** § 684 regelt die Folgen für den Geschäftsführer bei einer unberechtigt übernommenen Geschäftsführung. Grds kann der Geschäftsführer seine Aufwendungen vom Geschäftsherrn nur nach bereicherungsrechtlichen Vorschriften herausverlangen (§ 684 S 1). Der Geschäftsherr kann die Geschäftsführung aber genehmigen, was zu einem Anspruch des Geschäftsführers nach §§ 670, 683 führt (§ 684 S 2).

2 **B. Unberechtigte GoA.** Entspricht die Übernahme des Geschäfts nicht dem Interesse oder Willen des Geschäftsherrn (§ 683), kann der Geschäftsführer das Erlangte lediglich nach Bereicherungsrecht verlangen (Rechtsfolgenverweisung: BGH WM 76, 1056; aA MüKo/*Seiler* § 684 Rn 4; *Gursky* AcP 185, 13, 40). Erlangt ist jede Vermögensmehrung. Darunter fallen wertsteigernde Aufwendungen ebenso wie werterhaltende Aufwendungen, die unausweichlich angefallen wären (Ddorf NJW-RR 96, 913) und ohne objektive Wertsteigerung als ersparte Aufwendungen zu ersetzen sind (BGH NJW 01, 3184). Gleiches gilt bei der Erfüllung von Verbindlichkeiten des Geschäftsherrn (MüKo/*Seiler* § 684 Rn 9). Das Erfolgsrisiko der Aufwendungen trägt der Geschäftsführer. Der Anspruch ist abdingbar (BGH NJW 59, 2163) und unter den Voraussetzungen des § 685 (BGH NJW 85, 313) ausgeschlossen. Zum Ausschluss kann ferner der Rechtsgedanke aus § 817 S 2 führen (BaRoth/*Gehrlein* § 684 Rn 1; im Ergebnis auch MüKo/*Seiler* § 684 Rn 7: Ersatz von Unterhaltskosten bei sittenwidrigem Entzug des Kindes). Sondervorschriften sind zu beachten (§ 677 Rn 15). Eine Begrenzung des Anspruch auf die Höhe eines fingierten Anspruchs aus § 683 ist wegen der unterschiedlichen Interessen abzulehnen (MüKo/*Seiler* § 684 Rn 9; aA BaRoth/*Gehrlein* § 684 Rn 1). Der unberechtigte Geschäftsführer haftet nach §§ 678, 681 sowie §§ 812 ff, 823 ff.

3 **C. Genehmigung.** Die Genehmigung des Geschäftsherrn ersetzt die Voraussetzung des § 683 (BGHZ 128, 210), nicht jedoch die des § 677. Die Genehmigung kann nur eine unberechtigte zur berechtigten GoA umwandeln, nicht aber eine unechte GoA (§ 687) zur echten GoA. Ein Anspruch auf Genehmigung besteht nicht (Palandt/*Sprau* § 684 Rn 2). Die Genehmigung ist eine einseitige empfangsbedürftige Willenserklärung (München WM 99, 1878), ausreichend ist das Verlangen, gerichtet auf Erlösherausgabe (BGHZ 114, 248). Die Genehmigung bezieht sich nicht auf ein Rechtsgeschäft, gleichwohl wird von der hM die entspr Anwendung von §§ 182, 184 befürwortet (BaRoth/*Gehrlein* § 684 Rn 2; Palandt/*Sprau* § 684 Rn 2). Die Genehmigung betrifft nur das Innenverhältnis zwischen Geschäftsherrn und Geschäftsführer; die Außenwirkung beurteilt sich nach allgemeinen Regeln (§§ 177, 185). Nach wirksamer Genehmigung bestimmen sich die Rechte und Pflichten für beide Seiten nach §§ 683, 677. Bereits vor Erteilung der Genehmigung entstandene Schadensersatzansprüche wegen Fehlern bei der Ausführung gehen idR unter, wenn sich die Genehmigung auch darauf erstreckt (MüKo/*Seiler* § 684 Rn 18).

§ 685 Schenkungsabsicht

(1) Dem Geschäftsführer steht ein Anspruch nicht zu, wenn er nicht die Absicht hatte, von dem Geschäftsherrn Ersatz zu verlangen.
(2) Gewähren Eltern oder Voreltern ihren Abkömmlingen oder diese jenen Unterhalt, so ist im Zweifel anzunehmen, dass die Absicht fehlt, von dem Empfänger Ersatz zu verlangen.

1 § 685 enthält eine **rechtshindernde Einwendung** (BGH NJW 85, 313) für den Anspruch des Geschäftsführers gegen den Geschäftsherrn auf Aufwendungsersatz (§§ 670, 683 oder §§ 684 S 1, 812 ff). Die Schenkungsabsicht setzt nicht voraus, dass ein Schenkungsvertrag über den Ersatzanspruch zustande gekommen ist (MüKo/*Seiler* § 685 Rn 2). II stellt eine Rechtsvermutung für bestimmte Unterhaltsgewährungen auf (ähnlich §§ 1360 b, 1620). Die Norm hat keine Auswirkung auf die Ansprüche des Geschäftsherrn.

2 Die im Zeitpunkt der Übernahme vorhandene **Absicht** des Geschäftsführers, für die Aufwendungen aus der Geschäftsführung keinen Ersatz zu verlangen, verhindert das Entstehen eines Anspruchs. Die vom Willen getragene Absicht (§§ 107, 111) muss nach außen erkennbar sein (BGHZ 38, 302). Eine generelle Vermutung, dass unter nahen Angehörigen auf Ersatz verzichtet wird, gibt es nicht (Palandt/*Sprau* § 685 Rn 2; MüKo/*Seiler* § 685 Rn 4). Beim Ausbau einer Wohnung durch den Schwiegersohn für sich und seine Familie im Haus der Schwiegereltern ist von einem Verzicht auszugehen (BGH NJW 85, 313; ähnlich Karlsr FamRZ 04, 1870). Wegen der Beweislast des Geschäftsherrn hat die Vorschrift kaum praktische Bedeutung.

3 Die **widerlegbare Rechtsvermutung** des § 685 II (BGH NJW 98, 978) betrifft nur die Beziehung zwischen Verwandten in gerader Linie (Eltern, Kinder, Großeltern usw). Die Vermutung ist ferner beschränkt auf das Verhältnis zwischen Leistendem und Empfänger und kommt nur dem Empfänger zugute (MüKo/*Seiler* § 685 Rn 9; Palandt/*Sprau* § 685 Rn 3). Sachlich bezieht sie sich nur auf Unterhaltsleistungen (§§ 1610 ff), die ohne Rechtspflicht geleistet werden. Der Geschäftsführer trägt die Beweislast für die Absicht, Ersatz zu verlangen.

§ 686 Irrtum über die Person des Geschäftsherrn

Ist der Geschäftsführer über die Person des Geschäftsherrn im Irrtum, so wird der wirkliche Geschäftsherr aus der Geschäftsführung berechtigt und verpflichtet.

Aus dem Zusammenspiel von § 677 und § 687 I ergibt sich, dass für die GoA der Wille zur Übernahme eines 1 fremden Geschäfts notwendig ist. Der Wille und die Vorstellungen des Geschäftsführers brauchen sich aber nicht auf die Identität oder Existenz eines bestimmten **Geschäftsherrn** zu beziehen. Ausreichend ist, dass der Geschäftsführer ein Geschäft ohne Auftrag für den, den es angeht, führt (MüKo/*Seiler* § 686 Rn 2; BaRoth/*Gehrlein* § 686 Rn 1). Fehlende Existenz des Geschäftsherrn läßt das gesetzliche Schuldverhältnis erst mit Beginn seiner Existenz wirksam werden (Bedingung: Nürnbg NJW-RR 87, 405).

Aus der Geschäftsführung wird nur der **wirkliche Geschäftsherr** berechtigt und verpflichtet. Das ist die Per- 2 son, in deren Rechts- und Interessenkreis eingegriffen wird (§ 677 Rn 16). Der wirkliche Geschäftsherr ist auch entscheidend für die Ermittlung von Interesse und Wille (§§ 677, 683). Ausnahmsweise kann ein Irrtum iRd § 685 beachtlich sein (keine Wirkung gegen den wirklichen Geschäftsherrn), wenn es darum geht, von einem bestimmten Geschäftsherrn (oder einem von mehreren) keinen Ersatz zu verlangen (MüKo/*Seiler* § 686 Rn 4; Palandt/*Sprau* § 686 Rn 2).

§ 687 Unechte Geschäftsführung

(1) Die Vorschriften der §§ 677 bis 686 finden keine Anwendung, wenn jemand ein fremdes Geschäft in der Meinung besorgt, dass es sein eigenes sei.

(2) ¹Behandelt jemand ein fremdes Geschäft als sein eigenes, obwohl er weiß, dass er nicht dazu berechtigt ist, so kann der Geschäftsherr die sich aus den §§ 677, 678, 681, 682 ergebenden Ansprüche geltend machen. ²Macht er sie geltend, so ist er dem Geschäftsführer nach § 684 Satz 1 verpflichtet.

A. Überblick. Die Vorschrift dient einerseits der Abgrenzung der GoA von anderen Fallgruppen (§ 687 I), 1 auf welche die §§ 677 ff keine Anwendung finden. Maßgebendes Kriterium ist das Bewusstsein um die Führung eines fremden Geschäfts. Andererseits werden die Regelungen der GoA für wahlweise anwendbar erklärt, wenn eine vorsätzliche Verletzung fremder Rechte vorliegt (§ 687 II). Daraus ergibt sich, dass neben dem **Bewusstsein** (kognitives Merkmal) auch der **Wille** (finales Merkmal) erforderlich ist, ein fremdes Geschäft als solches zu führen.

B. Irrtümliche Eigengeschäftsführung. § 687 I erklärt die Regeln der GoA für nicht anwendbar, wenn bei 2 der Übernahme eines objektiv fremden Geschäfts das Bewusstsein fehlt, es auch als fremdes zu besorgen (Veräußerung gestohlener Sachen durch Gutgläubigen: RGZ 105, 84). Auf ein Verschulden des Geschäftsführers hinsichtlich der Fehlvorstellung kommt es insoweit nicht an (Soergel/*Beuthien* § 687 Rn 3). Hält der Geschäftsführer das Geschäft für sein eigenes, richtet sich der Ausgleich ausschl nach allg Regeln (EBV: §§ 987 ff; anderenfalls oder soweit eröffnet: §§ 812 ff; bei schuldhafter Fehlvorstellung: §§ 823 ff; dazu MüKo/*Seiler* § 687 Rn 7). Einer Genehmigung (§ 684 S 2) ist ein solches Geschäft nicht zugänglich; es fehlt an einer GoA.

C. Angemaßte Eigengeschäftsführung. I. Überblick. § 687 II ist eine eigene Anspruchsgrundlage mit 3 Ansprüchen für den Geschäftsherrn, uU auch für den Geschäftsführer. § 687 II 1 gewährt dem Geschäftsherrn ein Wahlrecht: Falls der Geschäftsführer vorsätzlich in einen objektiv fremden Rechts- und Interessenkreis eingegriffen hat, kann der Geschäftsherr die Ansprüche aus GoA geltend machen, insbes auf Herausgabe des Erlangten (§§ 667, 681) und auf Schadensersatz (§ 678). § 687 II 2 ermöglicht es dann dem Geschäftsführer, seine Aufwendungen nach Bereicherungsrecht zu erlangen. In beiden Fällen handelt es sich um Rechtsfolgenverweisungen. Im Anwendungsbereich des § 241a I ist die Regelung ausgeschlossen (*Schwarz* NJW 01, 1449, 1453).

II. Voraussetzungen. Die Voraussetzungen entsprechen bis auf den Willen zur Fremdgeschäftsführung 4 denen der GoA (§ 677), allerdings muss es sich um ein **objektiv fremdes Geschäft** handeln (BGH NJW 00, 72; MüKo/*Seiler* § 687 Rn 18). Der Anwendungsbereich der Norm bezieht sich insbes auf Handlungen unter Verletzung fremder absoluter Rechte und gleichgestellter Rechtspositionen (BGHZ 39, 186: Benutzung eines fremden Grundstücks; BGHZ 57, 116: wettbewerbswidrige Nachahmung; Soergel/*Beuthien* § 687 Rn 16: Nutzung fremder Immaterialgüterrechte; zu Domainnamen: BGH 149, 191). Im Grundsatz kann auch die Verletzung fremder Persönlichkeitsrechte ausreichen, soweit sie im Einzelfall einer Kommerzialisierung zugänglich sind (*Beuthien* NJW 03, 1220). Schuldvertragliche Zuweisungen von Rechtspositionen sind dagegen zur Anmaßung nicht geeignet. Das gilt für die unberechtigte Untervermietung (BGHZ 131, 297), aber auch für den Geschäftsführer einer Gesellschaft, der sich über organschaftliche Befugnisse hinwegsetzt (BGH NJW-RR 89, 1255) oder den Verstoß gegen eine Alleinvertretungsabrede (BGH NJW 84, 2411) bzw ein Wettbewerbsverbot (MüKo/*Seiler* § 687 Rn 24). Ein zunächst eigenes Geschäft kann zum fremden Geschäft werden, wenn die Rechtsposition durch Anfechtung rückwirkend entfällt (§ 142 I). § 687 II kommt in Betracht, wenn der Geschäftsführer von der Anfechtbarkeit Kenntnis hatte (§ 142 II).

5 Der Geschäftsführer muss **Kenntnis von der Fremdheit** des Geschäfts sowie der fehlenden Berechtigung haben und gleichwohl in der Absicht handeln, das Geschäft als eigenes zu führen (nicht, wenn ein Merkmal fehlt: BGHZ 119, 257: Strohmann-GmbH und wirtschaftlicher Alleingesellschafter). Fahrlässigkeit reicht nicht aus. Unbeachtlich ist, ob der Geschäftsherr selbst das Geschäft vorgenommen hätte oder nicht (Palandt/*Sprau* § 687 Rn 2). Die Darlegungs- und Beweislast für die Voraussetzungen liegt beim Geschäftsherrn.

6 **III. Rechtsfolgen.** Der Geschäftsherr kann nach seiner Wahl auch die Ansprüche nach §§ 677, 678, 681, 682 geltend machen. Die Verweisung auf §§ 677 und 681 S 1 bleibt unklar und dürfte ohne praktische Relevanz sein (Palandt/*Sprau* § 687 Rn 3). Besondere Bedeutung haben neben der Auskunfts- und Rechenschaftspflicht vor allem die Pflicht zur Herausgabe des Erlangten (§ 667) und der Schadensersatzanspruch nach § 678. Der Herausgabeanspruch erstreckt sich auf den gesamten erzielten Gewinn, unabhängig vom Beitrag des Geschäftsführers. Der Schadensersatzanspruch setzt in Bezug auf die Ausführung kein weiteres Verschulden voraus (BaRoth/*Gehrlein* § 687 Rn 4). Der Ausschluss zum Schutz Geschäftsunfähiger und beschränkt Geschäftsfähiger ist zu beachten. Der **Geschäftsführer** kann nach der Geltendmachung der Ansprüche durch den Geschäftsherrn seine Aufwendungen nach §§ 818, 684 S 1 ersetzt verlangen. Anderenfalls besteht kein Anspruch auf Ersatz der Aufwendungen (BGHZ 39, 186). Die Verweisung bezieht sich nur auf Aufwendungen (MüKo/*Seiler* § 687 Rn 15). Das Risiko des Erfolgs der Aufwendungen trägt der Geschäftsführer. Das Verlangen nach Auskunft reicht für die Geltendmachung noch nicht aus (BaRoth/*Gehrlein* § 687 Rn 4). Die Ansprüche verjähren nach §§ 195, 199.

Titel 14   Verwahrung

§ 688   Vertragstypische Pflichten bei der Verwahrung

Durch den Verwahrungsvertrag wird der Verwahrer verpflichtet, eine ihm von dem Hinterleger übergebene bewegliche Sache aufzubewahren.

1 **A. Überblick.** § 688 enthält die charakteristische Leistung für den Vertragstyp Verwahrungsvertrag. Der Verwahrer hat einer beweglichen Sache Raum zu gewähren und die Obhut über sie zu übernehmen. Der Hinterleger hat die bewegliche Sache dem Verwahrer zu übergeben. Die Verwahrung kann entgeltlich oder unentgeltlich sein (§§ 689, 690). Bei Entgeltlichkeit handelt es sich um einen gegenseitigen Vertrag (§§ 320 ff), anderenfalls um einen unvollkommen zweiseitigen Vertrag, der auch als Gefälligkeitsvertrag bezeichnet wird. Der Verwahrungsvertrag ist Konsensualvertrag (BGHZ 46, 43; zum Hintergrund: MüKo/*Hüffer* § 688 Rn 4). Die Anwendbarkeit des deutschen Rechts richtet sich nach Art 27 ff EGBGB.

2 **B. Verwahrung. I. Abgrenzung.** Gegenstand eines Verwahrungsvertrags können nur **bewegliche Sachen** bzw Tiere (§ 90 a) sein. Rechte und Grundstücke werden nicht iSd § 688 verwahrt. Die Obhut über Grundstücke kann aufgrund eines Dienstvertrags (§ 611) oder Auftrags (§ 662) erfolgen (BaRoth/*Gehrlein* § 688 Rn 2). Im Gegensatz zur Leihe oder Miete steht dem Verwahrer an der übergebenen Sache grds kein Gebrauchsrecht zu (aber Gebrauchspflicht, wenn zur Erhaltung der Sachsubstanz notwendig: s Rn 4), vielmehr trifft ihn eine **Obhutspflicht**. Die bloße Raumgewährung ist daher Miete oder Leihe (BGHZ 3, 200). Während die übernommene Obhut bei der Verwahrung Hauptpflicht ist, stellt sie bei der Leihe oder Miete allenfalls eine Nebenpflicht dar. Solche Nebenpflichten treten auch bei anderen Vertragstypen (zB Dienst- oder Werkvertrag) auf (Obhutspflicht des Arbeitgebers für berechtigterweise eingebrachte Sachen des Arbeitnehmers: BAGE 9, 31; des Arbeitnehmers für Sachen des Arbeitgebers: BAG NZA 00, 715; in der Garderobe eines Vereinsheims abgelegte Sachen: RGZ 103, 265).

3 **II. Vertragsschluss.** Der Verwahrungsvertrag kommt nach den allgemeinen Regeln mit der Einigung (Konsensualvertrag) zustande. Die Abgrenzung der unentgeltlichen Verwahrung von der ohne Rechtsbindungswillen übernommenen Gefälligkeit kann dabei im Einzelfall schwierig sein. Die Gestattung eines Kfz-Händlers ggü einem Dritten, ein Kfz auf dem Betriebsgelände zum Zwecke des Verkaufs abzustellen, soll mangels Rechtsbindung keine Verwahrung (§§ 688, 690) darstellen, wenn die Gestattung uneigennützig erfolgt (Köln OLGZ 72, 213). Der Vertrag kann konkludent durch Übergabe der Sache oder von Schlüsseln (BGH WM 67, 343) geschlossen werden. Eine besondere Form ist nicht erforderlich (Ausnahme: DepotG). Der Hinterleger muss nicht Eigentümer der Sache sein.

4 **III. Vertragspflichten.** Der Verwahrungsvertrag begründet Pflichten für beide Vertragsparteien. Der **Hinterleger** hat bei entspr Vereinbarung die Vergütung zu entrichten (§§ 689, 699). Ihn können Aufwendungs- und Schadensersatzansprüche treffen (§§ 693, 694). Er ist ferner zur Rücknahme der Sache verpflichtet (§ 696).

Der **Verwahrer** ist zur Aufbewahrung der beweglichen Sache verpflichtet. Er hat den Raum für die Sache zu gewähren und die Obhut zu übernehmen. Die Obhut erstreckt sich auf die gesamte Sache (BGH NJW 69, 789: Innenraum und Kofferraum eines Pkw; Köln NJW-RR 94, 25: bewachter Parkplatz). Die einzelnen Maßnahmen sind abhängig von der konkreten Sache (bei Tieren auch Fütterung und Bewegung: s Karlsr VersR 94, 801; MüKo/*Hüffer* § 688 Rn 11). Umfasst sind grds der Schutz vor Zerstörung, Verlust und Beschädigung sowie die gebotene Fürsorge zur Erhaltung der Sache (Palandt/*Sprau* § 688 Rn 4). Eine Versicherungspflicht besteht idR nicht (Staud/*Reuter* § 688 Rn 9). Neben der Obhutspflicht hat der Verwahrer Nebenpflichten zu erfüllen (§ 241 II, aber auch Rettungs- und Hinweis- oder Anzeigepflichten). Die Sachgefahr (zufälliger Untergang) trägt regelmäßig der Hinterleger. Zumindest bei entgeltlicher Verwahrung hat der Verwahrer daher im Zweifel die verwahrte Sache vor eigenen Sachen zu retten (MüKo/*Hüffer* § 688 Rn 12). Ferner ist der Verwahrer zur Rückgabe der Sache verpflichtet (§§ 695, 697) und hat Geld zu verzinsen (§ 698).

IV. Ergänzende Anwendung. **Obhutspflichten** können in zahlreichen Verträgen als Nebenpflichten zu beachten sein. Die §§ 688 ff sind insoweit aber im Grundsatz nicht anwendbar (Palandt/*Sprau* § 688 Rn 6; aA BaRoth/Gehrlein § 688 Rn 3). Es fehlt regelmäßig an einem typischen Element der Verwahrung, nämlich der Übergabe der Sache. Das gilt insbes für die Fälle, bei denen eine Person zwar veranlasst wird, Teile der Kleidung abzulegen, aber keine Verpflichtung besteht, dies zu tun (zB Arzt oder Hilfsperson nimmt den Patienten den Mantel ab: Köln VersR 99, 121; gleiches gilt beim Besuch anderer Dienstleister). Falls von einer Verpflichtung auszugehen ist, weil ein Zwang besteht, liegen Verwahrungselemente vor (MüKo/*Hüffer* § 688 Rn 47: Kleider in der Badeanstalt oder Mantel beim Theaterbesuch). In Gaststätten wird die im Raum befindliche Garderobe idR ohne Zwang in Anspruch genommen (BGH NJW 80, 1096; anders bei Zwang zum Ablegen außerhalb des Gastraums: KG MDR 84, 846). Die Ausgabe von Garderobenmarken oder das Verlangen einer Vergütung sind Indizien für einen Verwahrungsvertrag. Für die Haftung spielt die Abgrenzung aufgrund der §§ 280, 241 II regelmäßig keine Rolle, allenfalls bei der Inhaltskontrolle von AGB-Klauseln (§ 307 II Nr 1). 5

V. Sonderfall: Abstellen von Fahrzeugen. Die Qualifikation des Vertrags über das Abstellen eines Kfz hat erhebliche Bedeutung für die Haftung (und evtl Pfandrecht: § 562). Handelt es sich um einen Mietvertrag, haftet der Parkplatzbetreiber für Schäden als Vermieter nach § 536 a I (verschuldensunabhängig bei anfänglichem Mangel). Liegt eine Verwahrung vor, greift das allgemeine Leistungsstörungsrecht (§§ 280 ff). Entscheidendes Kriterium ist das Bestehen einer Obhutspflicht als Hauptleistungspflicht. Danach erfolgt das Parken auf **unbewachten Parkplätzen** (auch Kunden- oder Hotelparkplatz) nicht aufgrund eines Verwahrungsvertrags (BGHZ 63, 333; Hburg VersR 89, 1266). Bei **bewachten Parkplätzen** liegen Verwahrungselemente vor (Karlsr NJW-RR 05, 521), allerdings ist das Mietelement bei entgeltlichem Abstellen des Kfz zumindest gleichwertig, sodass von einem gemischten Vertrag auszugehen ist (§ 536 a I ist anwendbar: BGHZ 63, 333). Beim Einstellen des Kfz in ein gewöhnliches Parkhaus dürfte ebenfalls von einem gemischten Vertrag (mit Obhutspflicht) auszugehen sein, bei dem das mietvertragliche Element dominiert (MüKo/*Hüffer* § 688 Rn 55; aA Ddorf NJW-RR 01, 1607 – Sonderfall, nur Mietvertrag). 6

VI. Haftung und Ausschluss. Der Verwahrer und der Hinterleger **haften** bei Pflichtverletzungen nach allgemeinen Leistungsstörungsregeln (§§ 280 ff). Eine Haftung nach den Vorschriften der unerlaubten Handlung bleibt unberührt. Der Maßstab des Verschuldens (§§ 276, 278) ist für die unentgeltliche Verwahrung in § 690 modifiziert (§ 277). Die Rspr und hM in der Lit lassen iRd Verwahrung eine Drittschadensliquidation zu (BGH NJW 85, 2411). Das gilt insbes, falls der Hinterleger nicht Eigentümer der Sache ist, der Eigentümer aber (zB mangels Verschulden) keine eigenen Ansprüche gegen den Verwahrer hat. Die Verjährung richtet sich nach §§ 195, 199. 7

Vereinbarungen über einen **Haftungsausschluss** oder eine Haftungsbeschränkung sind im Rahmen des §§ 276 III möglich. Bei AGB-Klauseln sind zusätzlich die Grenzen des § 309 Nr 7 zu beachten (BGH NJW 99, 1031), falls die Klausel wirksam in den Vertrag einbezogen wurde (§ 305 II). In Bezug auf die Hauptpflicht der Obhut kommt eine Haftungsfreizeichnung wegen § 307 II Nr 1 nicht in Betracht (Palandt/*Sprau* § 688 Rn 7). 8

VII. Sonderformen der Verwahrung. §§ 688 ff sind uneingeschränkt nur anwendbar, soweit keine speziellen Vorschriften eingreifen. Für das kaufmännische Lagergeschäft gelten in erster Linie §§ 467 ff HGB; für die Pfandverwahrung § 1215. Bei freiwilliger Sequestration (Gemeinschaftsverwahrung) gelten die §§ 688 ff, falls bewegliche Sachen für mehrere verwahrt werden, die Rückgabe an alle oder einen von ihnen erfolgen soll (§§ 429, 430) und keine besonderen Abreden bestehen. Vergleichbar sind §§ 432 I 2, 1217 I, 1231, 1281, 2039. Bei Verträgen über die Verwahrung von Wertpapieren ist das DepotG zu beachten. In Fällen der Sonderverwahrung (§ 2 DepotG), der Drittverwahrung (§ 3 DepotG) und der Sammelverwahrung (§§ 5 ff DepotG) sind die §§ 688 ff allenfalls erg heranzuziehen. Die Sammelverwahrung ist wegen der besonderen Ausgestaltung eine Geschäftsbesorgung (s § 675 a). Besondere Regeln gelten auch für das Reise- und Handgepäck, das in Bahnhöfen verwahrt wird. Die Bahn haftet nach § 36 EVO; die §§ 688 ff sind erg zu berücksichtigen. Nicht erfasst sind Fundsachen, insoweit kommt nur eine Nebenpflicht zur Obhut aus dem Beförderungsvertrag in 9

Betracht. Lediglich verwahrungsähnlich sind die unregelmäßige Verwahrung (§ 700) und die Hinterlegung (§ 372), die sich nach der öffentlich-rechtlichen Hinterlegungsordnung richtet.

10 **C. Öffentlich-rechtliche Verwahrung.** Neben der Hinterlegung sind zahlreiche andere Fälle der öffentlichen Fürsorge und Obhut in Bezug auf Privatvermögen denkbar, die als öffentlich-rechtliche Verwahrung anzusehen sind (BGHZ 34, 349). Auf das Rechtsverhältnis der öffentlich-rechtlichen Verwahrung finden die Vorschriften der §§ 688–699 und § 280 entspr Anwendung; nicht jedoch § 690 (BGHZ 4, 192). Der Amtshaftungsanspruch (§ 839, Art 34 GG) bleibt unberührt (BGH NJW 52, 931). Das öffentlich-rechtliche Verwahrungsverhältnis kann durch verwaltungsrechtlichen Vertrag, durch Verwaltungsakt und Inbesitznahme, also etwa Beschlagnahme und Sicherstellung einer Sache (RGZ 166, 218; Beschlagnahme durch Staatsanwalt: LG Hamburg NJW 04, 2455) sowie durch die bloße Inbesitznahme eines Gegenstandes begründet werden (zur Gerichtsakte gereichte Urkunden: BGH NJW 51, 800; Pfändung und Aufbewahrung durch den Gerichtsvollzieher: BGHZ 142, 77; MüKo/*Hüffer* § 688 Rn 60; Abstellen abgeschleppter Fahrzeuge: VGH Kassel NVwZ 88, 655). Erforderlich ist allerdings stets ein Besitzübergang (BGH NJW 64, 1670) an beweglichen Sachen, nicht an Forderungen oder Bankguthaben (BGH WM 62, 1033). Für Streitigkeiten ist der Zivilrechtsweg eröffnet (§ 40 II VwGO).

§ 689 Vergütung

Eine Vergütung für die Aufbewahrung gilt als stillschweigend vereinbart, wenn die Aufbewahrung den Umständen nach nur gegen eine Vergütung zu erwarten ist.

1 § 689 enthält eine **Auslegungsregel** (keine Fiktion), nach der im Zweifel von der Entgeltlichkeit der Verwahrung auszugehen ist. Kein Entgelt ist der Aufwendungsersatz (§ 693). Die Anwendung der Zweifelsregel des § 689 setzt einen wirksamen Verwahrungsvertrag und keine ausdrückliche oder sich aus den Umständen ergebende Vereinbarung über die Entgeltsfrage voraus (§ 157). Von der Entgeltlichkeit der Verwahrung ist auszugehen, wenn die Gesamtumstände eine Vergütung erwarten lassen (zB Gewerbebetrieb, Zeit- und Raumbedarf). Bei einer vom Willen (Unentgeltlichkeit) abw Erklärung ist die Anfechtung (§ 119 I) möglich (MüKo/*Hüffer* § 689 Rn 4; aA BaRoth/*Gehrlein* § 689 Rn 1).

2 Greift die Auslegungsregelung ein, bestimmt sich die **Höhe der Vergütung** entspr §§ 612, 632, 653 nach Taxe oder Üblichkeit. Subsidiär sind §§ 315, 316 anwendbar. Sondervorschriften sind zu beachten (§§ 467 II, 354 HGB: Lagergeld; 165 II FGG: Sequestration). Die Vergütungspflicht endet mit Rückgabe bzw dem Herausgabeverlangen des Hinterlegers. Bei der Geltendmachung von Zurückbehaltungsrechten (§ 273) richtet sich der Anspruch für die Folgezeit nach §§ 298, 304 (nicht: §§ 994 ff). Im Fall des Untergangs der Sache wird der Hinterleger allenfalls für die Zukunft von der Vergütungspflicht frei (§ 326 I).

§ 690 Haftung bei unentgeltlicher Verwahrung

Wird die Aufbewahrung unentgeltlich übernommen, so hat der Verwahrer nur für diejenige Sorgfalt einzustehen, welche er in eigenen Angelegenheiten anzuwenden pflegt.

1 § 690 privilegiert den unentgeltlichen Verwahrer mit einer **Haftungsmilderung** (§ 277), weil er typischerweise fremdnützig tätig wird. Voraussetzung ist ein wirksamer unentgeltlicher Verwahrungsvertrag, nicht lediglich eine Gefälligkeit (s § 688 Rn 3). Die Unentgeltlichkeit fehlt, wenn auch nur ein mittelbarer Vorteil mit der Verwahrung verbunden ist (Ermöglichung eines Gebäudeabbruchs: Ddorf MDR 76, 842) oder die Aufbewahrung Nebenpflicht eines entgeltlichen Vertrags ist. Grobe Fahrlässigkeit und Vorsatz hat der Verwahrer stets zu verantworten (§ 277). Die Privilegierung ist auf die **Leistungspflichten** beschränkt (MüKo/*Hüffer* § 690 Rn 9: nicht Nebenpflichten). Insoweit gilt sie aber grds auch für konkurrierende Ansprüche aus unerlaubter Handlung (BGHZ 46, 313; Zweibr NJW-RR 02, 1456). Keine Anwendung findet § 690 bei öffentlich-rechtlicher Verwahrung (BGHZ 4, 192) und auf Gefälligkeitsverhältnisse (BGHZ 21, 102; aA etwa BaRoth/*Gehrlein* § 690 Rn 1).

§ 691 Hinterlegung bei Dritten

¹*Der Verwahrer ist im Zweifel nicht berechtigt, die hinterlegte Sache bei einem Dritten zu hinterlegen.* ²*Ist die Hinterlegung bei einem Dritten gestattet, so hat der Verwahrer nur ein ihm bei dieser Hinterlegung zur Last fallendes Verschulden zu vertreten.* ³*Für das Verschulden eines Gehilfen ist er nach § 278 verantwortlich.*

1 § 691 behandelt die befugte und die unbefugte **Substitution** (§ 664 Rn 2 ff) sowie den Einsatz von Gehilfen. Die eigenständige Verwahrung durch Dritte (Substitution) ist im Zweifel nicht gestattet (Ausnahme: §§ 3, 4 DepotG). Das Vertrauensverhältnis zwischen Verwahrer und Hinterleger lässt aber die Einschaltung von

Gehilfen (zB Besitzdiener) zu. Ist die Substitution gestattet, haftet der Erstverwahrer lediglich für die Auswahl und Einweisung des Dritten. Die Substitution ist anzuzeigen (§ 692). Bei unbefugter Substitution haftet der Erstverwahrer für alle aus dieser schuldhaften Pflichtverletzung entstehenden (Zufalls-)Schäden. Ansprüche gegen den Dritten (§§ 823 ff, 987 ff) bleiben unberührt. Der Hinterleger hat auch ohne Vertragsverhältnis einen unmittelbaren Rückgabeanspruch gegen den Drittverwahrer (§§ 546 II, 604 IV analog). Für die Gehilfenhaftung gilt § 278 (RGZ 101, 348: Diebstahl des Gehilfen).

§ 692 Änderung der Aufbewahrung

¹Der Verwahrer ist berechtigt, die vereinbarte Art der Aufbewahrung zu ändern, wenn er den Umständen nach annehmen darf, dass der Hinterleger bei Kenntnis der Sachlage die Änderung billigen würde. ²Der Verwahrer hat vor der Änderung dem Hinterleger Anzeige zu machen und dessen Entschließung abzuwarten, wenn nicht mit dem Aufschub Gefahr verbunden ist.

§ 692 regelt einen Sonderfall der Verwahrung. Grds ist der Verwahrer bei der Entscheidung über die **Art der** 1 **Verwahrung** frei und kann sie in den Grenzen des § 691 jederzeit ändern. Haben die Parteien allerdings eine bestimmte Art der Verwahrung vereinbart, kann diese nur unter den Voraussetzungen des § 692 geändert werden. Dabei sind zwei Varianten zu unterscheiden: Zeigt der Verwahrer dem Hinterleger die veränderten Umstände an, wozu er nach § 692 S 2 verpflichtet ist, hat er die Entschließung des Hinterlegers abzuwarten (Vertragsänderung). Zur einseitigen Änderung der Art der Verwahrung ist er nach der Anzeige nur berechtigt, wenn mit dem Aufschub Gefahren verbunden sind. Bei unmittelbarer Gefährdung der Sache ist der Verwahrer zur Änderung verpflichtet. Eine schuldhafte Pflichtverletzung führt zur Haftung für alle kausalen Schäden; ein weiteres Verschulden ist nicht erforderlich (MüKo/*Hüffer* § 692 Rn 6).

§ 693 Ersatz von Aufwendungen

Macht der Verwahrer zum Zwecke der Aufbewahrung Aufwendungen, die er den Umständen nach für erforderlich halten darf, so ist der Hinterleger zum Ersatz verpflichtet.

Der Verwahrer hat einen **Aufwendungsersatzanspruch** gegen den Hinterleger, soweit er die zur Verwahrung 1 eingesetzten freiwilligen Vermögensopfer für erforderlich halten durfte. Die Norm entspricht § 670. Während tätigkeitsspezifische Personen- und Sachschäden erfasst sein können, kommt der Einsatz der Arbeitskraft als ersatzfähige Aufwendung nicht in Betracht (MüKo/*Hüffer* § 693 Rn 3). Ausgeschlossen ist auch der Ersatz von Aufwendungen, die der Verwahrer kraft vertraglicher Vereinbarung selber zu tragen hat, welche die Aufbewahrung erst ermöglichen (zB Raumgewährung) oder die mit dem Entgelt abgedeckt sind. Ersatzfähig können zB Futterkosten oder Versicherungsprämien sein. Die Erforderlichkeit bestimmt sich aus der Sicht eines verständigen Verwahrers. Der Inhalt des Anspruchs richtet sich nach §§ 256, 257. Dem Verwahrer steht insoweit ein Zurückbehaltungsrecht gegen den Anspruch des Hinterlegers aus § 695 zu (§ 273 – zu den Folgen § 689 Rn 2).

§ 694 Schadensersatzpflicht des Hinterlegers

Der Hinterleger hat den durch die Beschaffenheit der hinterlegten Sache dem Verwahrer entstehenden Schaden zu ersetzen, es sei denn, dass er die Gefahr drohende Beschaffenheit der Sache bei der Hinterlegung weder kennt noch kennen muss oder dass er sie dem Verwahrer angezeigt oder dieser sie ohne Anzeige gekannt hat.

§ 694 ist Grundlage für eine besondere **Haftung des Hinterlegers** bei Schäden des Verwahrers. Die Ursache 1 des Schadens muss in der Beschaffenheit der Sache liegen (zB Gefahrgüter, Seuchenbefall). Die Haftung knüpft an die Pflicht des Hinterlegers an, den Verwahrer über Gefahren in der Beschaffenheit der Sache idR schon vor Vertragsschluss aufzuklären (Sonderregelung zu §§ 280, 311 II). Nicht vom Schutzbereich erfasst sind Schäden, die sich nur mittelbar aus der Beschaffenheit ergeben (LG München BB 91, 1667). Für andere Pflichtverletzungen gilt § 280. Der Hinterleger haftet aufgrund vermuteten Verschuldens. Er kann sich von der Haftung nur befreien, wenn ihm die Gefahr drohende Beschaffenheit bei gebotener Sorgfalt im Zeitpunkt der Hinterlegung unbekannt geblieben ist (bei späterer Kenntnis ohne Information des Verwahrers: § 280). Gleiches gilt, wenn er dem Verwahrer die Gefahr angezeigt hat (§ 130 analog) oder der Verwahrer von der Gefahr Kenntnis hatte (bei fahrlässiger Unkenntnis: §§ 254, 690).

§ 695 Rückforderungsrecht des Hinterlegers

¹Der Hinterleger kann die hinterlegte Sache jederzeit zurückfordern, auch wenn für die Aufbewahrung eine Zeit bestimmt ist. ²Die Verjährung des Anspruchs auf Rückgabe der Sache beginnt mit der Rückforderung.

1 Das jederzeitige **Rückforderungsrecht des Hinterlegers** gilt für die entgeltliche (LG Ulm NJW-RR 04, 854: Pferdeeinstellung) und unentgeltliche Verwahrung gleichermaßen. Abw Vereinbarungen sind zulässig (MüKo/*Hüffer* § 695 Rn 2). Das Verlangen des Hinterlegers stellt eine Kündigung des Verwahrungsvertrags dar, die dem Rückgabeanspruch vorausgeht (Palandt/*Sprau* § 695 Rn 1). Dabei sind die Grundsätze von Treu und Glauben zu beachten (nicht zur Unzeit, ggf angemessene Frist, bei Kaufleuten § 358 HGB – MüKo/*Hüffer* § 695 Rn 4). In der Insolvenz des Verwahrers gibt der Anspruch ein Aussonderungsrecht (§ 47 InsO). Er umfasst Früchte und Gebrauchsvorteile (§ 100). Der Anspruch kann sich auch gegen Dritte richten (§§ 546 II, 604 IV analog). Er verjährt nach §§ 195, 199. § 695 S 2 enthält eine besondere Anlaufhemmung.

2 Bei verwahrten Sachen, die **Eigentum des Verwahrers** sind, besteht der Anspruch nur, wenn dem Hinterleger ein besseres Recht zum Besitz zusteht. Ist der **Hinterleger nicht Eigentümer** der Sache, darf der Verwahrer das Herausgabeverlangen eines Dritten aufgrund § 985 nur erfüllen, wenn dem Hinterleger ggü dem Eigentümer kein Besitzrecht (§ 986) zusteht (MüKo/*Hüffer* § 695 Rn 8). Die Rückgabepflicht ggü dem Hinterleger entfällt (§ 275). Der Verwahrer haftet bei Unmöglichkeit der Herausgabe an den Hinterleger oder bei Beschädigung der Sache unter den Voraussetzungen der §§ 280 ff, 690, 254.

§ 696 Rücknahmeanspruch des Verwahrers

¹Der Verwahrer kann, wenn eine Zeit für die Aufbewahrung nicht bestimmt ist, jederzeit die Rücknahme der hinterlegten Sache verlangen. ²Ist eine Zeit bestimmt, so kann er die vorzeitige Rücknahme nur verlangen, wenn ein wichtiger Grund vorliegt. ³Die Verjährung des Anspruchs beginnt mit dem Verlangen auf Rücknahme.

1 § 696 enthält den Rücknahmeanspruch des Verwahrers. Das **Verlangen des Verwahrers** zur Rücknahme ist gleichzeitig Kündigung des Vertrags. Sie ist jederzeit (unter Berücksichtigung von § 242) zulässig, falls keine Zeit für die Verwahrung bestimmt ist (Lagergeschäft: § 473 HGB). Ist eine Zeit für die Verwahrung bestimmt, setzt das vorzeitige Rücknahmeverlangen einen wichtigen Grund voraus (§ 314 I). § 696 S 2 kann nicht wirksam ausgeschlossen werden (Palandt/*Sprau* § 696 Rn 1). Der Anspruch verjährt nach §§ 195, 199. § 696 S 3 enthält eine dem § 695 S 2 entspr Anlaufhemmung. Die Verweigerung der Rücknahme durch den Hinterleger kann für ihn zu Gläubiger- (§§ 695, 293 ff) und Schuldnerverzug (§§ 696, 286) führen. Neben den Kosten der anderweitigen Aufbewahrung (§ 304) kann der Verwahrer auch Schadensersatz verlangen (§§ 280, 286).

§ 697 Rückgabeort

Die Rückgabe der hinterlegten Sache hat an dem Ort zu erfolgen, an welchem die Sache aufzubewahren war; der Verwahrer ist nicht verpflichtet, die Sache dem Hinterleger zu bringen.

1 Die Rückgabe der verwahrten Sache ist in § 697 als **Holschuld** ausgestaltet. Leistungs- und Erfolgsort der Rückgabe ist der vertragliche Aufbewahrungsort (§§ 691, 692). Die Bestimmung bezieht sich nur auf die verwahrte Sache und die Früchte, gilt aber auch für Geld (nicht § 270). Kosten der Rücksendung und die Gefahr von Verlust oder Beschädigung trägt der Hinterleger ebenso wie seine Fahrtkosten zum Erfüllungsort. Die Regelung ist abdingbar. Sie gilt auch für die Rückgabe von in einem Strafverfahren beschlagnahmten Sachen (BGH NJW 05, 988).

§ 698 Verzinsung des verwendeten Geldes

Verwendet der Verwahrer hinterlegtes Geld für sich, so ist er verpflichtet, es von der Zeit der Verwendung an zu verzinsen.

1 Die unbefugte Verwendung von hinterlegtem Geld (Münzen und Scheine) führt zu einem **Strafzins** für den Verwahrer (ähnlich § 668). Nicht anwendbar ist § 698 in den Fällen der gestatteten Verwendung nach § 700. Auf die (Miet-)Kaution findet das Verwahrungsrecht wegen anders gelagerter Interessen keine Anwendung (bei Wohnraum § 551, anderenfalls §§ 1213, 1214 analog). Der Zinssatz bestimmt sich nach § 246 (4%) bzw § 352 HGB (5%). Die Regelung ist abdingbar. Weitergehende Ansprüche (§§ 280, 678, 687 II, 823 ff, 812 ff) bleiben unberührt.

§ 699 Fälligkeit der Vergütung

(1) ¹Der Hinterleger hat die vereinbarte Vergütung bei der Beendigung der Aufbewahrung zu entrichten. ²Ist die Vergütung nach Zeitabschnitten bemessen, so ist sie nach dem Ablauf der einzelnen Zeitabschnitte zu entrichten.
(2) Endigt die Aufbewahrung vor dem Ablauf der für sie bestimmten Zeit, so kann der Verwahrer einen seinen bisherigen Leistungen entsprechenden Teil der Vergütung verlangen, sofern nicht aus der Vereinbarung über die Vergütung sich ein anderes ergibt.

Nach § 699 I ist der **Verwahrer vorleistungspflichtig**. § 320 ist nicht anwendbar. Die Vergütung ist bei Beendigung der Aufbewahrung (aufgrund des Verwahrungsvertrags) fällig, es sei denn, es sind Zeitabschnitte für die Vergütung festgelegt (dann: Ende des Abschnitts). Die Regelung ist abdingbar und entspricht § 614. Bei vorzeitiger Beendigung des Vertrags (zB §§ 695, 696) steht dem Verwahrer eine Teilvergütung zu (§ 699 II). Diese bestimmt sich nach den bis dahin erbrachten Leistungen (bei gleich bleibenden Leistungen zeitanteilig). 1

§ 700 Unregelmäßiger Verwahrungsvertrag

(1) ¹Werden vertretbare Sachen in der Art hinterlegt, dass das Eigentum auf den Verwahrer übergehen und dieser verpflichtet sein soll, Sachen von gleicher Art, Güte und Menge zurückzugewähren, so finden bei Geld die Vorschriften über den Darlehensvertrag, bei anderen Sachen die Vorschriften über den Sachdarlehensvertrag Anwendung. ²Gestattet der Hinterleger dem Verwahrer, hinterlegte vertretbare Sachen zu verbrauchen, so finden bei Geld die Vorschriften über den Darlehensvertrag, bei anderen Sachen die Vorschriften über den Sachdarlehensvertrag von dem Zeitpunkt an Anwendung, in welchem der Verwahrer sich die Sachen aneignet. ³In beiden Fällen bestimmen sich jedoch Zeit und Ort der Rückgabe im Zweifel nach den Vorschriften über den Verwahrungsvertrag.
(2) Bei der Hinterlegung von Wertpapieren ist eine Vereinbarung der im Absatz 1 bezeichneten Art nur gültig, wenn sie ausdrücklich getroffen wird.

A. Überblick. § 700 umschreibt den eigenständigen Vertragstyp „unregelmäßige Verwahrung", der Elemente des Verwahrungs- und des Darlehensrechts (§§ 488 ff, 607 ff) enthält. Eine unregelmäßige Verwahrung ist nur in Bezug auf vertretbare Sachen (§ 91) möglich. Im Unterschied zur Verwahrung verliert der Hinterleger das Eigentum mit Übergabe der Sache. Die Rückgabepflicht bezieht sich auf Sachen gleicher Art, Güte und Menge. Im Gegensatz zum Darlehen dient die unregelmäßige Verwahrung vorwiegend den Interessen des Hinterlegers, insbes die Gewährleistung der jederzeitigen Verfügbarkeit gleichartiger Sachen. Die anwendbaren Vorschriften ergeben sich durch Verweisung auf das Geld- und Sachdarlehensrecht (§ 700 I 1). Aus dem Verwahrungsrecht sind nur die §§ 695–697 anwendbar (§ 700 I 3). 1

B. Voraussetzungen. Der **Vertragsschluss** richtet sich nach allgemeinen Grundsätzen. Eine besondere Form ist nicht erforderlich (Ausnahme: DepotG); in Bezug auf Wertpapiere ist aber eine ausdrückliche Vereinbarung notwendig (§ 700 II). Der Vertrag ist Konsensualvertrag und kann auf zwei Arten geschlossen werden: Nach § 700 I 1 treffen die Parteien eine Vereinbarung mit dem Inhalt, vertretbare Sachen zu übereignen und Sachen gleicher Art, Güte und Menge zurückzugewähren. Ferner kann ein Verwahrungsvertrag durch Umwandlung zur unregelmäßigen Verwahrung werden (Vertragsänderung durch Gestattung der Aneignung und die Aneignung: § 700 I 2). Die Hinterlegung (§§ 372 ff) und die Treuhandverwahrung durch einen Notar sind mangels privatrechtlicher Beziehung keine unregelmäßige Verwahrung iSd § 700 (MüKo/*Hüffer* § 700 Rn 5). 2

Die unregelmäßige Verwahrung kann nur bezüglich **vertretbarer Sachen** vereinbart werden. Hauptanwendungsbereich sind die Sichteinlagen (§ 1 Nr 1 KWG) bei Banken und Sparkassen. Die Einlagen auf Girokonten sind ebenfalls Gegenstand einer unregelmäßigen Verwahrung (BGHZ 84, 371; 131, 60). Anders dagegen Spar- oder Termineinlagen, bei denen eine Kündigungsfrist einzuhalten ist (Gelddarlehen); es fehlt insoweit an der jederzeitigen Verfügbarkeit. Auf Giralgeld ist § 700 allenfalls analog anwendbar (dagegen Vertrag eigener Art: MüKo/*Hüffer* § 700 Rn 17). 3

§ 700 I 3 begründet für den Hinterleger die **jederzeitige Verfügbarkeit** über gleichartige Sachen (§§ 695-697). Im Übrigen finden ausschl die Geld- bzw Sachdarlehensnormen Anwendung. Bei Leistungsstörungen richten sich die Folgen nach den allg Regeln (Schadensersatz: §§ 280 ff; § 694 ist nicht anwendbar). Die Regelungen sind abdingbar. 4

Titel 15 Einbringung von Sachen bei Gastwirten

§ 701 Haftung des Gastwirts

(1) Ein Gastwirt, der gewerbsmäßig Fremde zur Beherbergung aufnimmt, hat den Schaden zu ersetzen, der durch den Verlust, die Zerstörung oder die Beschädigung von Sachen entsteht, die ein im Betrieb dieses Gewerbes aufgenommener Gast eingebracht hat.

(2) ¹Als eingebracht gelten
1. Sachen, welche in der Zeit, in der der Gast zur Beherbergung aufgenommen ist, in die Gastwirtschaft oder an einen von dem Gastwirt oder dessen Leuten angewiesenen oder von dem Gastwirt allgemein hierzu bestimmten Ort außerhalb der Gastwirtschaft gebracht oder sonst außerhalb der Gastwirtschaft von dem Gastwirt oder dessen Leuten in Obhut genommen sind,
2. Sachen, welche innerhalb einer angemessenen Frist vor oder nach der Zeit, in der der Gast zur Beherbergung aufgenommen war, von dem Gastwirt oder seinen Leuten in Obhut genommen sind.

²Im Falle einer Anweisung oder einer Übernahme der Obhut durch Leute des Gastwirts gilt dies jedoch nur, wenn sie dazu bestellt oder nach den Umständen als dazu bestellt anzusehen waren.

(3) Die Ersatzpflicht tritt nicht ein, wenn der Verlust, die Zerstörung oder die Beschädigung von dem Gast, einem Begleiter des Gastes oder einer Person, die der Gast bei sich aufgenommen hat, oder durch die Beschaffenheit der Sachen oder durch höhere Gewalt verursacht wird.

(4) Die Ersatzpflicht erstreckt sich nicht auf Fahrzeuge, auf Sachen, die in einem Fahrzeug belassen worden sind, und auf lebende Tiere.

1   **A. Überblick.** § 701 begründet eine verschuldensunabhängige Haftung des Gastwirts für Schäden durch Verlust, Zerstörung oder Beschädigung an Sachen, die ein aufgenommener Gast in den Betrieb des Gastwirts einbringt (Grundlage der Regelung ist das Übereinkommen des Europarats vom 17.12.62, BGBl II, 269). Die Einbringung führt zu einem **gesetzlichen Schuldverhältnis** zwischen Gast und Gastwirt, das unabhängig vom Abschluss oder der Wirksamkeit eines Beherbergungsvertrags entsteht (BGHZ 32, 149: Haftung für Betriebsgefahr). Die weitreichende Haftung erfasst nur Gastwirte mit gewerblichen Beherbergungsbetrieben. Fahrzeuge und lebende Tiere sind von der Ersatzpflicht ausgenommen (§ 701 IV). Die Haftung ist ausgeschlossen, falls der Gast oder eine ihm zurechenbare Person den Schaden allein verursacht hat. Gleiches gilt, wenn der Schaden auf der Beschaffenheit von eingebrachten Sachen oder höherer Gewalt beruht (§ 701 III). Im Übrigen ist die Haftung idR der Höhe nach begrenzt (§ 702 I) und insoweit nicht abdingbar (§ 702 a).

2   **Andere** vertragliche (§ 280) oder gesetzliche (§§ 823 ff) **Haftungsgrundlagen** bleiben von der auf Sachschäden begrenzten Haftung nach § 701 unberührt (BGHZ 63, 333). Die besonderen Regelungen in §§ 702, 702 a, 703 finden insoweit keine Anwendung. Das gilt insbes für die Haftung wegen einer Pflichtverletzung des Beherbergungsvertrags. Dabei handelt es sich um einen gemischten Vertrag, der von Elementen der Miete geprägt wird (BGHZ 71, 175), darüber hinaus aber auch Elemente des Kauf- und Dienst- bzw Werkvertrags (zB Verpflegung, Service) enthält. Die Haftung erlangt Bedeutung, soweit Sachen von § 701 nicht erfasst sind (BGH NJW 65, 1709: Schaden am Pkw bei Schwarzfahrt; s § 688 Rn 6) oder Personenschäden entstehen.

3   **B. Haftungsvoraussetzungen.** Der Haftungstatbestand in § 701 I setzt voraus, dass ein im Beherbergungsgewerbe tätiger Gastwirt einen Gast aufnimmt und dieser Sachen in den Betrieb einbringt, an denen ein Schaden entsteht. Das gesetzliche Schuldverhältnis wird zu jedem Gast begründet. Eigentum des Gastes an den Sachen ist nicht erforderlich. Die Drittschadensliquidation ist in § 701 gesetzlich zugelassen. Der Ersatz richtet sich nach §§ 249 ff. Der Anspruch verjährt nach §§ 195, 199. Die Beweislast für die Anspruchsvoraussetzungen und den Schaden trägt der Gast (MüKo/*Hüffer* § 701 Rn 38). Für Einwendungs- und Ausschlusstatbestände liegt die Darlegungs- und Beweislast beim Gastwirt. Für Streitigkeiten zwischen Gast und Gastwirt sind die Amtsgerichte zuständig (§ 23 Nr 2 b GVG).

4   **I. Gastwirt und Beherbergungsgewerbe.** Die Haftung trifft nur den **Gastwirt**. Das können natürliche und juristische Personen sein, die als Betriebsinhaber anzusehen sind (zB Pächter, Nießbraucher). Nicht darunter fallen Verpächter und Reiseveranstalter (Ddorf NJW-RR 03, 776; MüKo/*Hüffer* § 701 Rn 10).

5   Der Gastwirt muss die **Beherbergung von Gästen** gewerbsmäßig betreiben. Erforderlich ist die auf Gewährung von Unterkunft als Ersatz für die eigene Wohnung gerichtete Raumüberlassung einschl Serviceleistungen (Verpflegung ist nicht notwendig: RGZ 103, 9). Auf die Dauer des Aufenthalts kommt es nicht an. Der bloße Betrieb einer Schank- und Speisewirtschaft reicht nicht aus (BGH NJW 80, 1096). Gleiches gilt idR bei der Vermietung von Ferienwohnungen oder der Überlassung eines Stellplatzes auf einem Campingplatz (Kobl NJW 66, 2017). An einer Beherbergung fehlt es auch bei der Durchführung von Konferenzen oder Tagungen in Hotels, soweit sich die Raumüberlassung auf den Tagungsraum beschränkt (Palandt/*Sprau* § 701 Rn 2). An der **Gewerbsmäßigkeit** fehlt es, wenn keine Gewinnerzielungsabsicht vorliegt (Jugendherberge, kirchliches Freizeitheim oder Hütten, die vom Alpenverein selbst bewirtschaftet werden: LG Koblenz NJW-RR 88, 1056; MüKo/*Hüffer* § 701 Rn 14). Stellt die Beherbergung nur eine Nebenleistung dar, kommt die

Haftung nach § 701 ebenfalls nicht in Betracht (Sanatorien; Altenpflege, aber auch Schlafwagenbetreiber oder Reederei: BaRoth/*Gehrlein* § 701 Rn 4).

II. Aufnahme eines Gastes. Die Aufnahme des Gastes ist ein Realakt des Wirts mit dem Ziel, den Gast in den Betrieb einzugliedern (BGHZ 63, 65). Die Eingliederung erfolgt idR durch Zuweisung eines Zimmers. Auf die Geschäftsfähigkeit der Personen kommt es für die Aufnahme nicht an (etwa Palandt/*Sprau* § 701 Rn 3). Gast ist auch der unentgeltlich untergebrachte Reiseleiter und Personen, die nur in den Beherbergungsvertrag einbezogen sind, wie Familienangehörige und Angestellte (BGHZ 63, 65). Besucher des Gastes oder Privatbesuche des Wirts sowie dessen Angestellte sind vom Anwendungsbereich der Norm nicht erfasst. 6

III. Eingebrachte Sachen. Das Einbringen von Sachen wird mittels einer **Fiktion** bestimmt (§ 701 II). Danach gelten Sachen als eingebracht, die in die Gastwirtschaft mitgenommen werden (Nr 1 Var 1), die auf Weisung des Gastwirts oder seiner Leute außerhalb der Gastwirtschaft in einem dafür vorgesehen Raum gelagert werden (Nr 1 Var 2) und solche, die in die Obhut des Gastwirts oder seiner Leute gegeben werden (Nr 1 Var 3). Während sich das Einbringen in den ersten beiden Varianten auf die Zeit der Beherbergung beschränkt (II Nr 1), liegt ein Einbringen in der letzten Variante auch für eine angemessene Zeit vor und nach der Beherbergung vor (Nr 2). 7

Die Haftung erfasst alle vom Gast in die Gastwirtschaft **mitgebrachten Sachen** (Ausnahme: § 701 IV). Neben den Gepäckstücken und deren Inhalt sind auch alle Sachen eingebracht, der der Gast bei sich führt (zB Kleider, Schmuck, Geldbeutel) oder auf Bestellung ins Hotel geliefert bekommt (BaRoth/*Gehrlein* § 701 Rn 8). Zur Gastwirtschaft zählt der gesamte Gebäudekomplex mit Freizeiteinrichtungen, Toiletten und Restaurants (LG Koblenz NJW 83, 760). 8

Werden Sachen an einen **Ort außerhalb der Gastwirtschaft** gebracht (zB Nebengebäude, Abstellräume), hängt das Einbringen von einer Anweisung des Gastwirts oder seiner Leute bzw der besonderen Übernahme der Obhut ab. Eine allgemeine Anweisung (zB Aushang) bezüglich eines Ortes reicht aus. Voraussetzung ist stets, dass die Sachen auch tatsächlich an den Ort gelangen. Die **Übernahme der Obhut** setzt eine zumindest konkludente Einigung voraus (zB Abholen von Sachen aus der Reinigung). 9

Das **Einbringen** wird grds durch die Dauer der Beherbergung begrenzt (§ 701 II Nr 1). Vom Gast bei der Abreise vergessene Sachen sind nicht mehr eingebracht (MüKo/*Hüffer* § 701 Rn 24). Eine zwischenzeitlich entfernte Sache wird erneut eingebracht, wenn sie wieder in die Gastwirtschaft mitgenommen wird. Der Zeitraum verlängert sich um eine angemessene Frist (§ 701 II Nr 2), falls der Gastwirt oder seine Leute die Sache in Obhut genommen haben (zB Lagerung des Gepäcks nach Ausbuchung an der Rezeption; Transport zum Flughafen oder Bahnhof). Die Dauer der Frist wird kaum länger als ein Tag sein; maßgebend sind aber die Umstände des Einzelfalls. 10

IV. Leute des Gastwirts. Der Begriff „Leute des Gastwirts" ist in einem weiten Sinne zu verstehen (ähnlich § 428 HGB). Auf die Eigenschaft als Erfüllungsgehilfe (des Beherbergungsvertrags – § 278) kommt es nicht an. Darunter fallen alle im Betrieb der Gastwirtschaft mit Zustimmung des Gastwirts tätigen Personen (zB Familienangehörige, Angestellte, Aushilfen). Die Personen müssen zumindest als vom Gastwirt zu der Tätigkeit (Anweisung oder Obhut) bestellt angesehen werden können. Maßgebend sind die konkreten Umstände (§ 701 II 2; zB Abholfahrer für das Gepäck). 11

V. Haftungsausschluss. Die Haftung des Gastwirts ist ausgeschlossen, wenn der Gast oder eine ihm zurechenbare Person den Schaden allein **verursacht** hat (§ 701 III). Auf das Verschulden kommt es nicht an. Mitverursachung und Mitverschulden (Diebstahl mit Nachlässigkeit des Gastes) werden lediglich nach § 254 berücksichtigt (BGHZ 32, 149). Zum Ausschluss führt ferner, falls die **Beschaffenheit** einer Sache den Schaden an der Sache oder an anderen eingebrachten Sachen verursacht hat. Gleiches gilt bei höherer Gewalt (zB Naturkatastrophe; nicht: Diebstahl – Bambg OLGR 02, 307). 12

VI. Anwendungsausschluss. Vom Anwendungsbereich ausgenommene Sachen sind **Fahrzeuge und lebende Tiere** (§ 701 IV). Der Begriff des Fahrzeugs umfasst alle Beförderungsmittel für Personen und Sachen (zB Pkw, Motorrad, Boot, Fahrrad). Ein Einbringen ist insoweit nicht möglich. Das gilt auch für Sachen im Innenraum eines Pkw oder außen angebrachte Sachen (zB Ski, Snowboard). Für andere Haftungsgrundlagen (§§ 280, 536 a, 823) hat der Ausschluss keine Wirkung. 13

§ 702 Beschränkung der Haftung; Wertsachen

(1) Der Gastwirt haftet auf Grund des § 701 nur bis zu einem Betrag, der dem Hundertfachen des Beherbergungspreises für einen Tag entspricht, jedoch mindestens bis zu dem Betrag von 600 Euro und höchstens bis zu dem Betrag von 3 500 Euro; für Geld, Wertpapiere und Kostbarkeiten tritt an die Stelle von 3 500 Euro der Betrag von 800 Euro.
(2) Die Haftung des Gastwirts ist unbeschränkt,
1. wenn der Verlust, die Zerstörung oder die Beschädigung von ihm oder seinen Leuten verschuldet ist,
2. wenn es sich um eingebrachte Sachen handelt, die er zur Aufbewahrung übernommen oder deren Übernahme zur Aufbewahrung er entgegen der Vorschrift des Absatzes 3 abgelehnt hat.

(3) ¹Der Gastwirt ist verpflichtet, Geld, Wertpapiere, Kostbarkeiten und andere Wertsachen zur Aufbewahrung zu übernehmen, es sei denn, dass sie im Hinblick auf die Größe oder den Rang der Gastwirtschaft von übermäßigem Wert oder Umfang oder dass sie gefährlich sind. ²Er kann verlangen, dass sie in einem verschlossenen oder versiegelten Behältnis übergeben werden.

1 **A. Überblick.** § 702 I beschränkt das Haftungsrisiko des Gastwirts im Hinblick auf Ansprüche des Gastes aus § 701 und trägt dem Interesse des Gastwirts an der Kalkulierbarkeit und Versicherbarkeit der Risiken Rechnung. § 702 II enthält Ausnahmetatbestände für die Haftungsbeschränkung (Verschulden und Übernahme der Aufbewahrung von Sachen). § 702 III begründet die Pflicht des Gastwirts zur Aufbewahrung bestimmter Sachen.

2 **B. Haftungsbeschränkung.** Die summenmäßige Haftungsbeschränkung nach § 702 I ist von der Art der Sache und dem Beherbergungspreis (reiner Brutto-Übernachtungspreis, ohne Verpflegung: MüKo/*Hüffer* § 702 Rn 3) abhängig. Ausgangsgröße ist eine Mindesthaftsumme von 600 €. Liegt der Tagespreis höher als 6 €, kann Ersatz für einen darüber hinausgehenden Schaden bis zum Hundertfachen des Tagespreises verlangt werden. Auf diesem Wege wird der gewählten Kategorie der Beherbergung Rechnung getragen. Die Obergrenze liegt bei 3.500 €. An die Stelle von 3.500 € tritt der Betrag von 800 €, falls Geld, Wertpapiere (Aktien, Schuldverschreibungen, Wechsel sowie Sparbücher und Reiseschecks) und Kostbarkeiten (zB Schmuck oder Luxusuhren) betroffen sind. Keine Kostbarkeiten sind als Kleidungsstück getragene Pelze (Hamm VersR 82, 1081). Diese können aber Wertsachen nach § 702 III sein und bei Übernahme der Aufbewahrung eine unbeschränkte Haftung des Gastwirts begründen (§ 702 II Nr 2).

3 Die Haftungsbeschränkung gilt für **jeden Gast** pro Aufenthalt (auch bei Mehrfachschädigungen), unabhängig davon, ob ein Zimmer von mehreren Personen oder allein bezogen wird (MüKo/*Hüffer* § 702 Rn 5). Für den Tagespreis ist der Preis pro Gast maßgebend. Mitverursachung bzw Mitverschulden des Gastes führt nur zur Minderung des Ersatzanspruchs, nicht zur Reduzierung der Mindest- oder Höchstbeträge (BGHZ 32, 149).

4 **C. Unbeschränkte Haftung. I. Verschulden (§ 702 II Nr 1).** Der Gastwirt haftet unbeschränkt, wenn er oder seine Leute den Verlust, die Zerstörung oder Beschädigung der eingebrachten Sachen zu vertreten haben. Der Sorgfaltsmaßstab bestimmt sich nach § 276. Ein Gast kann somit ein höheres Maß an Sorgfalt einfordern, wenn er in einem Luxushotel absteigt (LG Berlin VersR 92, 323). Verschulden des Gastwirts wird von der Rspr angenommen, wenn er seine Sorgfaltspflichten verletzt: Sicherheitsüberprüfung nach Anzeige eines Diebstahls (RGZ 75, 386). **Kein Verschulden** liegt vor, wenn das Reinigungspersonal die Zimmertür lediglich zuzieht (AG München VersR 99, 584) oder der Gastwirt nicht auf das Vorhandensein eines Hotelsafes (LG Itzehoe VersR 00, 894; anders bei Mängeln eines Zimmersafes: Karlsr NJW-RR 05, 462) bzw den Ausschluss der Haftung für Sachen im Zimmersafe hinweist (LG Landshut VersR 97, 1284). Die Verwendung von Sicherheitsschlössern gehört nicht zur üblichen Sorgfalt (LG Itzehoe VersR 00, 894). Die Aufbewahrung der Schlüssel in einem gegen unbefugten Zutritt gesicherten Bereich ist ausreichend (Berlin VersR 87, 189).

5 **II. Aufbewahrung (§ 702 II Nr 2).** Eine unbeschränkte Haftung kommt ferner in Betracht, wenn der Gastwirt die Aufbewahrung von Sachen (nicht: § 701 IV) übernommen hat oder die Aufbewahrung von Sachen iSd § 702 III unberechtigt abgelehnt hat. Die Aufbewahrung geht über die Obhut nach § 701 II hinaus und setzt eine verwahrungsähnliche Vereinbarung voraus, die auch als Nebenpflicht im Beherbergungsvertrag vereinbart werden kann (Palandt/*Sprau* § 702 Rn 6). Neben der Vereinbarung muss es zur **Übergabe der Sache** an den Gastwirt kommen. Davon ist nur auszugehen, wenn ein ungehinderter Zugriff des Gastes ausgeschlossen ist (BaRoth/*Gehrlein* § 702 Rn 5).

6 Eine **unberechtigte Ablehnung** der Aufbewahrung von Geld, Wertpapieren, Kostbarkeiten und anderen Wertsachen (zB Foto, Filmausrüstung) liegt nur vor, wenn entspr Sicherheitseinrichtungen nach dem Zuschnitt des Beherbergungsbetriebs erwartet werden können (MüKo/*Hüffer* § 702 Rn 14) und von der Sache keine Gefahren ausgehen. Bei berechtigter Ablehnung richtet sich die Haftung nach § 702 I bzw den allg Vorschriften.

§ 702 a Erlass der Haftung

(1) ¹Die Haftung des Gastwirts kann im Voraus nur erlassen werden, soweit sie den nach § 702 Abs. 1 maßgeblichen Höchstbetrag übersteigt. ²Auch insoweit kann sie nicht erlassen werden für den Fall, dass der Verlust, die Zerstörung oder die Beschädigung von dem Gastwirt oder von Leuten des Gastwirts vorsätzlich oder grob fahrlässig verursacht wird oder dass es sich um Sachen handelt, deren Übernahme zur Aufbewahrung der Gastwirt entgegen der Vorschrift des § 702 Abs. 3 abgelehnt hat.
(2) Der Erlass ist nur wirksam, wenn die Erklärung des Gastes schriftlich erteilt ist und wenn sie keine anderen Bestimmungen enthält.

1 Eine **Freizeichnung** von der summenmäßig beschränkten Haftung nach §§ 701, 702 I kommt im Voraus nicht in Betracht. Entspr Vereinbarungen sind **unwirksam**. Bei unbeschränkter Haftung des Gastwirts nach §§ 701, 702 II ist eine Freizeichnung über die Höchstbeträge nach § 702 I hinaus unwirksam, falls es um grob fahrläs-

sig oder vorsätzlich verursachte Schäden geht. Gleiches gilt für solche Fälle, in denen der Gastwirt die Aufbewahrung der Sache nach § 702 III unberechtigt abgelehnt hat.
Eine Freizeichnung von der unbeschränkten Haftung (§§ 701, 702 II) kommt lediglich für einen über den Höchstbetrag nach § 702 I hinausgehenden Schaden in Betracht und nur für Verschulden des Gastwirts und seiner Leute (s § 701 Rn 11) bis zur Grenze der groben Fahrlässigkeit. Die **Freizeichnungserklärung** des Gastes muss schriftlich erfolgen (§ 702 a II). Maßgebend ist insoweit § 126. Die Erklärung darf nur separat abgegeben (nicht: Anmeldeformular – MüKo/*Hüffer* § 702 a Rn 4) und nicht mit anderen Vereinbarungen verbunden werden. Nach Schadenseintritt kann ein Erlass für alle Ansprüche nach allg Regeln vereinbart werden. 2

§ 703 Erlöschen des Schadensersatzanspruchs

¹Der dem Gast auf Grund der §§ 701, 702 zustehende Anspruch erlischt, wenn nicht der Gast unverzüglich, nachdem er von dem Verlust, der Zerstörung oder der Beschädigung Kenntnis erlangt hat, dem Gastwirt Anzeige macht. ²Dies gilt nicht, wenn die Sachen von dem Gastwirt zur Aufbewahrung übernommen waren oder wenn der Verlust, die Zerstörung oder die Beschädigung von ihm oder seinen Leuten verschuldet ist.

§ 703 enthält einen besonderen **Erlöschensgrund** für Ansprüche aus § 701. Das Erlöschen des Anspruchs ist (auch) Rechtsfolge, wenn der Gast nicht unverzüglich (§ 121 I – ohne schuldhaftes Zögern) nach Kenntnis des Schadens dem Gastwirt Anzeige darüber erstattet. Die Anzeige (Willenserklärung) muss dem Gastwirt zugehen (§ 130). Eine besondere Form ist nicht erforderlich; bei AGB-Klauseln ist § 309 Nr 13 zu beachten. Inhaltlich müssen Objekt und Art des Schadens angegeben werden, um die erforderlichen Ermittlungen (Ursache und Höhe des Schadens) auf Seiten des Gastwirts einleiten zu können. 1

Der Anspruch bleibt ohne die Anzeige des Schadens **erhalten**, falls der Gastwirt die betroffenen Sachen zur Aufbewahrung übernommen hat (§ 702 II Nr 2). Nicht ausreichend ist die Übergabe an Leute des Gastwirts (§ 701 Rn 11). Der Anzeige bedarf es ferner nicht, wenn der Schaden durch Verschulden des Gastwirts oder seiner Leute eingetreten ist (§§ 276, 278). Der Gastwirt hat die Kenntnis des Gastes sowie den Zeitpunkt zu beweisen, der Gast rechtzeitige Anzeige oder die Voraussetzung des § 703 S 2. 2

§ 704 Pfandrecht des Gastwirts

¹Der Gastwirt hat für seine Forderungen für Wohnung und andere dem Gast zur Befriedigung seiner Bedürfnisse gewährte Leistungen, mit Einschluss der Auslagen, ein Pfandrecht an den eingebrachten Sachen des Gastes. ²Die für das Pfandrecht des Vermieters geltenden Vorschriften des § 562 Abs. 1 Satz 2 und der §§ 562 a bis 562 d finden entsprechende Anwendung.

§ 704 begründet für den Gastwirt iSd § 701 (nicht: Schank- und Speisegastwirt) ein **besitzloses gesetzliches Pfandrecht** an eingebrachten Sachen des Gastes. Es wird weitgehend behandelt wie das Vermieterpfandrecht (§§ 562 ff, 704 S 2). Das Pfandrecht sichert Forderungen aus der Beherbergung. Darunter fallen Ansprüche aus dem Beherbergungsvertrag einschl aller Nebenleistungen (zB Reinigung, Telefongebühren), aber auch Ersatzansprüche wegen Beschädigung von Sachen des Gastwirts oder Bereicherungsansprüche bei Unwirksamkeit des Beherbergungsvertrags (MüKo/*Hüffer* § 704 Rn 3; Palandt/*Sprau* § 704 Rn 1). Das Pfandrecht entsteht nur an eingebrachten Sachen, die im Eigentum des Gastes stehen (zum Anwartschaftsrecht: BGH NJW 65, 1475). Ein gutgläubiger Erwerb des besitzlosen Pfandrechts kommt nicht in Betracht (BGHZ 34, 153: zum Unternehmerpfandrecht). Kein Pfandrecht entsteht ferner an Sachen, die der Pfändung nicht unterworfen sind (§§ 811 ZPO, 562 S 2, 704 S 2). Wie das Vermieterpfandrecht erlischt das Pfandrecht nach § 704 mit der Entfernung der eingebrachten Sachen. Fehlendes Wissen oder ein Widerspruch des Gastwirts verhindern das Erlöschen (§ 562 a). Dem vorübergehenden Entfernen einzelner Sachen (zB Kamera) darf der Gastwirt nicht widersprechen (MüKo/*Hüffer* § 704 Rn 7); der Mitnahme aller Sachen bei der Abreise aber gleichwohl, auch wenn diese Art der Entfernung den gewöhnlichen Lebensverhältnissen entspricht (§ 562 a S 2). 1

Titel 16 Gesellschaft

§ 705 Inhalt des Gesellschaftsvertrages

Durch den Gesellschaftsvertrag verpflichten sich die Gesellschafter gegenseitig, die Erreichung eines gemeinsamen Zweckes in der durch den Vertrag bestimmten Weise zu fördern, insbesondere die vereinbarten Beiträge zu leisten.

A. Begriff und Wesen der Gesellschaft bürgerlichen Rechts. Die Gesellschaft bürgerlichen Rechts (GbR) ist ein vertraglicher Zusammenschluss zweier oder mehrerer Personen zur Erreichung eines gemeinschaftlichen Zwecks durch Übernahme schuldrechtlicher Pflichten. Dies gilt unverändert auch nach Anerkennung 1 der Rechtsfähigkeit der GbR. Unterschieden wird zwischen dem engen und weiten Gesellschaftsbegriff. Letzterer definiert sich als rechtsgeschäftliche Verbindung mindestens zweier Personen zur Förderung eines gemeinsamen Zwecks und erfasst neben den Personengesellschaften des bürgerlichen und Handelsrechts (GbR, OHG, KG) die Partnerschaft, die Kapitalgesellschaften (AG, GmbH) sowie andere korporative Rechtssubjekte wie den Verein und die Genossenschaft. Die GbR fällt dagegen ebenso wie die anderen Personengesellschaften auch unter den engen Gesellschaftsbegriff, der sich durch das personalistische Element gegen die Körperschaften mit ihrer den Mitgliedern ggü verselbstständigten Struktur abgrenzt. Strukturgebend für die Gesellschaft ieS ist das Vorhandensein nicht beliebig auswechselbarer Gesellschafter.

2   Die GbR ist der Grundtypus der Personengesellschaften und grenzt sich durch das Fehlen konstituierender Merkmale anderer Personengesellschaften gegen diese ab. Andernfalls finden die entspr Sonderregelungen Anwendung (zB § 105 HGB). Aus diesem Grund kann die GbR sowohl bei nachträglichem Entfallen dieser Merkmale als auch durch formwechselnde Umwandlung entstehen (Rn 19, 20). Wesensmerkmale der GbR sind definitionsgemäß die Entstehung „durch Gesellschaftsvertrag", der gemeinsame Zweck sowie die angesprochene personale Struktur der Gesellschaft. Das Vertragserfordernis ist Ausdruck einer gewissen Dauerhaftigkeit der Zweckerreichung. Der bloße einmalige Austausch von Leistungen wäre nicht ausreichend, vielmehr besteht ein Dauerschuldverhältnis zwischen den Gesellschaftern. Dieses wird gekennzeichnet durch ein über dem einmaligen Leistungsaustausch stehendes Pflichtengefüge zwischen den Gesellschaftern, welches die einzelnen Rechtsgeschäfte überlagert. Der gemeinsame Zweck grenzt die GbR von auf bloßen Leistungsaustausch gerichteten Dauerschuldverhältnissen sowie der Gemeinschaft iSd § 741 ab. Auf diesen Zweck bezieht sich die primär durch Beitragszahlungen zu erfüllende Förderpflicht der Gesellschafter. Die Merkmale des dauerhaften Zusammenschlusses sowie des überindividuellen Zweckes ergeben in ihrer Kombination das dritte konstituierende Merkmal der GbR: die personale Struktur. Diese ist in der Treubindung der Gesellschafter und der grds personal geprägten Struktur des Zusammenschlusses begründet. Die personale Struktur findet ihren Ausdruck in der grds Unübertragbarkeit der Mitgliedschaft sowie der Auflösung der Gesellschaft im Falle des Todes eines der Gesellschafter, § 727. Die gesellschaftsrechtlichen Regelungen der §§ 705 ff sind mehrheitlich dispositives Recht und können mit Ausnahme der §§ 716 II, 723 II, 724 S 1, 725 I, 738 I 1 sowie mit Einschränkungen der §§ 712 II, 728, 719 I abbedungen werden. Insbes das Innenverhältnis unterliegt der Vertragsfreiheit der Gesellschafter; begrenzt wird diese abgesehen von allg Schranken (§ 138) lediglich durch den Gesellschaftszweck sowie die Verpflichtung zu seiner Förderung. Das gesetzliche Leitbild der GbR ist die Gelegenheitsgesellschaft, die auf nur begrenzte Dauer ausgelegt ist. Folglich besteht bei auf längere Zeit ausgelegter GbR idR ein großer Bedarf, vom Gesetz abw Regeln durch Gesellschaftsvertrag zu bestimmen.

3   **B. Abgrenzung zu anderen Rechtsverhältnissen.** Die GbR grenzt sich von anderen Dauerschuldverhältnissen über die konstitutiven Merkmale des gemeinsamen Zwecks sowie der darauf gerichteten Förderpflicht der Gesellschafter ab. Bei Vorliegen dieser Wesensmerkmale ist stets von einer GbR auszugehen. Anderes gilt im Einzelfall nur dann, wenn diese Merkmale durch andere Elemente vertraglicher Beziehungen überlagert und in den Hintergrund gedrängt werden. Ausgehend von diesem Grundverständnis ergeben sich Abgrenzungsfragen zu verschiedenen Rechtsverhältnissen und -instituten. Diese Abgrenzung wird in der Praxis dort erschwert, wo die Beteiligten keine eindeutigen vertraglichen Regelungen geschaffen haben. Zudem erfassen die formgebenden Merkmale des gemeinsamen Zweckes und der Förderpflicht bereits aufgrund ihrer begrifflichen Weite eine Vielzahl von denkbaren Gestaltungsmöglichkeiten. Aufgrund dieser auch tatsächlich existierenden zahlreichen Variationen treten an den Begriffsrändern immer wieder Unschärfen bei der Abgrenzung auf. Letztlich muss das Ziel der Auslegung eine für alle Beteiligten interessengerechte Lösung sein.

4   **I. Gemeinschaft.** Von der Gemeinschaft (§§ 741 ff) ist die GbR durch die auf schuldrechtlicher Vereinbarung beruhende Förderung eines – über die bloße gemeinschaftliche Berechtigung an einem gemeinsamen Gegenstand hinausgehenden – überindividuellen Zweckes abzugrenzen. Im Gegensatz zur GbR ist die Gemeinschaft eine im Hinblick auf den gemeinsamen Gegenstand per Gesetz verbundene Vereinigung, welche sich auf das gemeinsame Haben und Halten beschränkt. Dies hindert nicht das gleichzeitige Bestehen sowohl einer GbR als auch einer Gemeinschaft zwischen denselben Personen bzw das Vorliegen von Mischformen, so zB das Halten eines gemeinschaftlichen Gegenstandes als Bruchteilsvermögen anstatt eines Gesamthandsvermögens (Ddorf NZG 01, 746).

5   **II. Andere Personengesellschaften.** Die GbR ist wegen der subsidiären Anwendbarkeit ihrer Vorschriften (§§ 105 III, 161 II HGB) sowie der gesetzlich angeordneten identitätswahrenden Umwandlung in die Rechtsform einer anderen Personengesellschaft bei Vorliegen der dafür bestimmten Voraussetzungen das Grundmodell der Personengesellschaften. Durch die neuere Rspr zur Gleichstellung von (Außen-)GbR und OHG in haftungsrechtlicher Hinsicht (BGHZ 146, 341; NJW 02, 1207) wurde die GbR weiter an die Personenhandelsgesellschaft angenähert und damit ihr Charakter als Grundform der Personengesellschaft noch verstärkt. Eine Abgrenzung zwischen den Gesellschaftsformen ist aufgrund der handelsrechtlichen Sondervorschriften zu Vertretung, Geschäftsführung und Haftung zB des Kommanditisten dennoch von praktischer Bedeutung.

1. Abgrenzung. Die Abgrenzung erfolgt nach dem Gesellschaftszweck. Eine Personenhandelsgesellschaft **6** liegt in den folgenden Konstellationen vor: 1) Der Zweck der Gesellschaft ist auf den Betrieb eines Handelsgewerbes gerichtet (§§ 105 I, 123 II HGB). Gem § 1 II HGB ist Handelsgewerbe jeder Gewerbebetrieb, es sei denn er erfordert nicht nach Art oder Umfang einen in kaufmännischer Weise eingerichteten Geschäftsbetrieb. 2) Die Gesellschaft betreibt ein Gewerbe und ist zugleich im Handelsregister eingetragen (§§ 2, 3 II HGB). 3) Die Gesellschaft betreibt ein land- oder forstwirtschaftliches Unternehmen und ist im Handelsregister eingetragen. 4) Andere Gesellschaften mit nicht-gewerblichem Betrieb nach § 1 II HGB oder Gesellschaften, welche eigenes Vermögen verwalten, wenn sie im Handelsregister eingetragen sind, vgl § 105 II HGB (BGH NJW 02, 368).

2. Handelsgesellschaft. Eine Änderung des Gesellschaftszweckes hin zum Betrieb eines Handelsgewerbes **7** führt zur Umwandlung der GbR unter Wahrung ihrer Identität in eine OHG. Dies hat die Konsequenz, dass insbes gewerblich tätige Gesellschaften vielfach auch ohne Eintragung in das Handelsregister eine OHG sein können. Gleiches gilt für die OHG/KG in der anderen Richtung bei Wegfall des handelsgewerblichen Zweckes und Nichteintragung ins Handelsregister, und zwar unabhängig vom Willen der Gesellschafter. Ebenso entsteht beim Irrtum der Gesellschafter einer vermeintlichen OHG/KG über den Umfang des Gewerbes eine GbR (BGHZ 10, 91, 97). Im Falle der Beibehaltung eines nichtgewerblichen Betriebes entsteht nur bei Eintragung der Gesellschaft in das Handelsregister eine Personenhandelsgesellschaft, vgl § 105 II HGB. Solange die Voraussetzungen des § 1 II HGB unerfüllt bleiben, kann jederzeit die Löschung der Registereintragung beantragt werden (§§ 105 II 2 iVm 2 II 3 HGB). Der Weg zurück zur GbR bleibt damit offen, solange das Größenmerkmal des § 1 II HGB nicht überschritten wird.

3. Partnerschaftsgesellschaft, EWIV. Die **Partnerschaftsgesellschaft** ist die auf Träger freier Berufe zuge- **8** schnittene Gesellschaftsform, welche diesen ein ihren Bedürfnissen angepasstes Modell zur Verfügung stellen soll. Sie ist geregelt im Partnerschaftsgesellschaftsgesetz und entsteht durch Eintragung in das Partnerschaftsregister bzw durch identitätswahrende Umwandlung einer GbR (BayObLG NJW 98, 1158), deren Regeln sie subsidiär folgt (§ 1 IV PartGG). Die **Europäische wirtschaftliche Interessenvereinigung (EWIV)** steht als Personengesellschaft für transnationale Unternehmenskooperationen zur Verfügung. Zweck der EWIV ist eine verbesserte Zusammenarbeit und Entwicklung ihrer Mitglieder, nicht dagegen eine Gewinnzielung der Gesellschaft selbst. Die in der Praxis ohne große Bedeutung gebliebene EWIV ist rechts-, partei-, und prozessfähig; es findet das Recht der OHG und damit mittelbar auch das der GbR (§ 105 III HGB) erg Anwendung.

III. Gesellschaftsähnliche Rechtsverhältnisse. 1. Partiarische Rechtsverhältnisse. Partiarische Rechtsver- **9** hältnisse sind Austauschverträge, bei denen die Gegenleistung des einen Teils allein oder ua in einer Beteiligung am Gewinn oder Erfolg, welchen der Leistungsempfänger erzielt, besteht. Derartige Rechtsverhältnisse sind aufgrund ihrer Erfolgsabhängigkeit gesellschaftsähnlich, jedoch nicht selbst GbR. Die Gewinnzielung ist nicht gemeinsamer Zweck, sondern lediglich Angelegenheit des Leistungsempfängers. Partiarische Rechtsverhältnisse verfolgen damit anders als die GbR keinen gemeinsamen Zweck. Bsp für partiarische Rechtsverhältnisse sind Umsatzbeteiligungen bei Mietverträgen, Dienstverträgen oder Darlehen mit Erfolgsbeteiligung. Demgegenüber ist bei einer Verlustbeteiligung des stillen Gesellschaftern (Schlesw NZG 00, 1176) bzw einer gewinnsteigernden Tätigkeit desselben (Celle NZG 99, 650) vom Vorliegen einer GbR auszugehen.

2. Gefälligkeitsverhältnisse. Im Bereich schuldrechtlicher Beziehungen zwischen einzelnen Rechtssubjekten **10** ist die GbR in Form einer Gelegenheitsgesellschaft von den Gefälligkeitsverhältnissen abzugrenzen. Entscheidendes Kriterium ist das Vorliegen eines auf die Förderung eines überindividuellen Zweckes gerichteten Willens. Fehlt ein solcher und ist der Rechtsbindungswille auf die bloße Begründung von Neben- und Schutzpflichten gerichtet, handelt es sich um ein Gefälligkeitsverhältnis. Das Bestehen eines Verpflichtungswillens iSd § 705 bestimmt sich nach dem objektiven Empfängerhorizont und ist dann anzunehmen, wenn der Vertragspartner sich auf eine Mitwirkung am gemeinsamen Zweck verlassen durfte. Konkludent geschlossene Gesellschaftsverträge liegen insbes dann vor, wenn ein unternehmerisches Risiko begründet wird, welches auf die Gesellschafter verteilt oder wenn auf gemeinsame Rechnung gehandelt wird.

3. Sternverträge. Von sonstigen Austauschverträgen unterscheidet sich die GbR sowohl durch ihren Charak- **11** ter als Dauerschuldverhältnis als auch durch den über das bloße „do ut des" hinausgehenden überindividuellen Vertragszweck. Teilweise wird angenommen, die jeweils gleichartigen Vertragsbeziehungen eines zentralen Unternehmens zu mehreren untergeordneten Unternehmen (sog Sternverträge) würden das Vorliegen einer GbR zwischen den nachrangigen Einzelunternehmen begründen (MüKo/*Ulmer* § 705 Rn 21). Die Rspr lehnt dies unter Hinweis auf den fehlenden Abschluss eines Gesellschaftsvertrages zwischen den Unternehmen ab und nimmt lediglich eine Mehrzahl zweiseitiger Vertragsverhältnisse an (BGH EWiR 4/85).

C. Entstehung der Gesellschaft. Die GbR kann sowohl auf schuldrechtlicher als auch auf gesetzlicher **12** Grundlage entstehen. Teilweise wird hier auch von primären und sekundären Entstehungstatbeständen gesprochen (BaRoth/*Timm/Schöne* § 705 Rn 18). Herkömmlicher Gründungsablauf ist der Abschluss eines

Gesellschaftsvertrages durch die Gründungsgesellschafter. Daneben kommt eine Entstehung durch Umwandlung in Betracht (s Rn 19 f).

13 I. Entstehung durch Gesellschaftsvertrag. 1. Gesellschaftsvertrag, Änderung. Der Gesellschaftsvertrag begründet die Pflicht wenigstens zweier Vertragspartner, einen gemeinsamen Zweck in einer festgelegten Art und Weise zu fördern. Einmann-Personengesellschaften sind nicht möglich; bei Wegfall eines von zwei Gesellschaftern besteht keine Gesellschaft mehr. Der Vertrag bedarf regelmäßig keiner Form; Ausnahmen ergeben sich bei Berührung allgemeiner Formvorschriften. Hier sind insbes die §§ 311 b, 518 zu beachten. Bei Erwerb von Grundstücken durch die GbR ist dabei zu differenzieren. Eine notarielle Beurkundung des Gesellschaftsvertrags ist nicht erforderlich bei sog Grundstücksgesellschaften, dh Gesellschaften, deren Zweck allgemein auf den Erwerb von Grundstücken gerichtet ist (Köln NZG 00, 930; MüKo/*Ulmer* § 705 Rn 39). Hier besteht keine Notwendigkeit des Eingreifens des § 311 b I, da dem Normzweck des Schutzes vor übereilten Vertragsschlüssen durch die Formbedürftigkeit der späteren Kaufverträge ausreichend Rechnung getragen werde. Anderes gilt jedoch dann, wenn der Gesellschaftsvertrag bereits auf den Erwerb eines bestimmten Grundstückes gerichtet ist. Der Gesellschaftsvertrag, welcher zum Zweck des gesamthänderischen Erwerbs eines bereits identifizierten Grundstückes geschlossen wurde, bedarf der notariellen Form (Köln NZG 00, 930; *Ulmer/Löbbe* DNotZ 98, 711, 740). Auch existiert kein formelles Gründungsverfahren für die GbR. Dies führt dazu, dass anders als bei den handelsrechtlichen Sondervorschriften (§ 123 II HGB) die Gesellschaft erst mit der Wirksamkeit des Gesellschaftsvertrages entsteht. Eine Vorverlegung dieses Zeitpunktes durch die Aufnahme der Tätigkeit im Außenverhältnis gibt es anders als bei der Handelsgesellschaft nicht. Der Vertragsschluss kann auch konkludent erfolgen, was insbes bei Innengesellschaften häufig der Fall ist. Nicht erforderlich ist ein Gesellschaftsvermögen.

14 Die **Änderung des Gesellschaftsvertrages** folgt den Regeln des Vertragsschlusses. Aus diesem Grund bedarf sie grds der Zustimmung aller Gesellschafter. Hierzu zählt wegen des personalen Charakters der GbR auch der Eintritt neuer Gesellschafter. Eine Vertragsänderung ist ebenfalls grds formfrei. Werden jedoch formbedürftige Teile des Vertrages geändert, kann dies einen Formzwang herbeiführen. Andernfalls kann der Vertrag auch konkludent geändert werden. Dies wird jedoch nicht schon bei einmaliger Vornahme bzw Abweichung, sondern erst bei einer unwidersprochen gebliebenen Übung von gewisser Dauer bzw Häufigkeit anzunehmen sein. In Ausnahmefällen folgt aus der Treuepflicht der Gesellschafter (Rn 22) eine Zustimmungspflicht zu Änderungen des Gesellschaftsvertrages, etwa dann, wenn die Änderungen für das erfolgreiche Fortbestehen der Gesellschaft erforderlich und dem Gesellschafter unter Abwägung seiner eigenen Belange zumutbar sind. Bsp sind die Erhaltung von Gesellschaftsvermögen oder die Vermeidung ökonomischer Verluste; nicht ausreichend ist dagegen die bloße wirtschaftliche Erfolgslosigkeit der Gesellschaft (Celle NZG 00, 586).

15 2. Gesellschafter einer GbR. Keine Besonderheiten ergeben sich bei der Beteiligung unbeschränkt geschäftsfähiger natürlicher Personen. Auch Ehegatten können gemeinsam Gesellschafter der GbR sein (Rn 42); im Güterstand der Zugewinngemeinschaft sind allerdings die Beschränkungen des § 1365 zu beachten. Bei Gütergemeinschaft eines Gesellschafters ist dieser gesellschaftsrechtlich frei von Beschränkungen, sofern die Beteiligung Vorbehaltsgut. Dies ist jedenfalls dann der Fall, wenn sie mit ebensolchen Mitteln erworben wurde (vgl aber BGHZ 65, 79, 82). Beschränkt Geschäftsfähige bedürfen im Umfang ihrer Beschränkung zum Abschluss des Gesellschaftsvertrages der Genehmigung. Ein lediglich rechtlicher Vorteil iSd § 107 ist bei bloßen Innengesellschaften oder Unterbeteiligungen denkbar. Bei der Beteiligung Minderjähriger an einer GbR, welche ein Erwerbsgeschäft betreibt (Handwerk, Landwirtschaft, Kleinbetrieb), ist die Zustimmung des Familiengerichts erforderlich, § 1822 Nr 3. Die Zustimmung des gesetzlichen Vertreters nach § 112 ist dann nicht mehr notwendig.

16 Gesellschafter der GbR können neben natürlichen auch juristische Personen (private und öffentlich-rechtliche), Handelsgesellschaften oder auch wiederum BGB-Gesellschaften (dies bereits vor Anerkennung der Rechtsfähigkeit, BGH NJW 98, 376) sein. Die Beteiligung ausschl von Handelsgesellschaften an einer GbR führt nicht automatisch zur Annahme eines Handelsgewerbes und damit zur Umwandlung der GbR in eine Handelsgesellschaft. Es ist zwischen dem handelsrechtlichen Gesellschaftszweck der Gesellschafter und demjenigen der Gesellschaft selbst zu unterscheiden (hM; wie hier Erman/*Westermann* § 705 Rn 17). Auch die sog Vor-GmbH kann nach vorzugswürdiger und von der Rspr anerkannter Ansicht Gesellschafterin einer GbR sein (BGHZ 78, 311; 80, 129, 132, 143). Gleiches gilt für die Vor-AG. Dagegen können Erbengemeinschaften aufgrund ihres liquidatorischen Charakters nicht Gesellschafter einer GbR sein. Gleiches gilt auch für die Bruchteilsgemeinschaft, weil die Mitgliedschaft in der GbR nicht mehreren zu Bruchteilen zustehen kann (MüKo/*Ulmer* § 705 Rn 83).

17 II. Die fehlerhafte Gesellschaft. Bei Vorliegen von Abschlussmängeln des Gesellschaftsvertrages hat die Rspr zum Schutz des Rechtsverkehrs sowie aufgrund der tatsächlichen Schwierigkeiten bei der Rückabwicklung derart komplexer Rechtsbeziehungen besondere Regeln aufgestellt. Die **Lehre von der fehlerhaften Gesellschaft** hält entgegen den allgemeinen Grundsätzen das Fortbestehen der Gesellschaft trotz Unwirksamkeit des Vertrages aufrecht, verbunden mit der Option der Gesellschafter, diese für die Zukunft zu beenden. Dogmatisch ist die Fehlerhaftigkeit des Vertrags ein Auflösungsgrund, der analog § 723 zur Kündigung der

Gesellschaft mit der Folge Auflösung und ggf Ausscheiden berechtigt. Für die Vergangenheit ist die GbR im Außenverhältnis sowie zwischen den Gesellschaftern untereinander wirksam. Rechte und Pflichten der Gesellschafter (Rn 21 ff) bleiben unberührt und richten sich nach dem Gesellschaftsvertrag der fehlerhaften Gesellschaft. Ausnahmen von diesen Grundsätzen sind dann zu machen, wenn ein weiteres Bestehen der Gesellschaft gegen höherrangige Interessen der Allgemeinheit oder Einzelner verstoßen würde. Dies wird insbes bei gesetzes- bzw sittenwidrigen Gesellschaftszwecken der Fall sein, so zB bei Verstoß gegen das GWB oder RBerG, ist aber auch dann zu erwägen, wenn der Beitritt eines Gesellschafters aufgrund einer nichtigen Vollmacht erfolgt ist (*Gehrlein* WM 05, 1489; BGH ZIP 05, 753 und ZIP 05, 759 für den Fall der stillen Gesellschaft). Die Rückabwicklung erfolgt in diesen Fällen im Innenverhältnis nach Kondiktionsrecht. Im Außenverhältnis haften die Gesellschafter gutgläubigen Dritten nach den Grundsätzen der Rechtsscheinhaftung. Bei geschäftsunfähigen oder beschränkt geschäftsfähigen Gesellschaftern, insbes Minderjährigen, findet die Lehre von der fehlerhaften Gesellschaft ebenfalls keine Anwendung, weil ihre Schutzwürdigkeit höher gewertet wird. Ihre Beitrittserklärungen sind nichtig (§ 105 I) bzw schwebend unwirksam (§ 108 I). Es gelten die allgemeinen Regeln über die Willenserklärungen beschränkt Geschäftsfähiger. Die erbrachten Einlagen können aufgrund der Unwirksamkeit der Beitrittserklärung kondiziert werden. Eine Beteiligung am Verlustvortrag der Gesellschaft scheidet wegen des vorrangigen Minderjährigenschutzes aus. Gleiches muss auch für die Gewinnbeteiligung gelten, da Ratio der §§ 104 ff der Schutz des Minderjährigen vor nachteiligen Rechtsgeschäften, nicht dagegen dessen einseitige Gewinnmehrung ist (str, wie hier *MüKo/Ulmer* § 705 Rn 337). Anderes kann nur für unmittelbar mittels der Einlage des Geschäftsunfähigen erzielten Gewinn gelten, §§ 818 I, 987 ff. Eine Außenhaftung des Minderjährigen nach Rechtsscheinsgrundsätzen wegen in Anspruch genommenen Vertrauens scheitert an seiner überwiegenden Schutzwürdigkeit. Keinen Einschränkungen unterliegt die Lehre von der fehlerhaften Gesellschaft dagegen bei nach § 123 durch Täuschung oder Drohung erzwungenen Beitritten. Eine Gleichstellung dieser Konstellationen mit dem Beitritt Minderjähriger wurde von der Rspr erwogen (BGHZ 55, 5, 9), jedoch im Ergebnis abgelehnt. Gleiches gilt im Ergebnis sowohl bei der sittenwidrigen Ausnutzung eines Gesellschafters, bei Widerrufsansprüchen nach §§ 312, 355 sowie bei der Beteiligung eines Ehegatten mit seinem gesamten Vermögen iSd § 1365. In all diesen Fällen bestehen mit den allgemeinen Regeln bereits ausreichende Mittel, um diesen Situationen Rechnung zu tragen.

Die **Voraussetzungen** für die Anwendung der Grundsätze über die fehlerhafte Gesellschaft sind das Vorliegen **18** eines Gesellschaftsvertrages, der in seiner Gesamtheit unwirksam ist und bereits vollzogen wurde: 1) Es müssen tatsächliche auf den Abschluss eines Vertrages gerichtete (zwar ggf nichtige oder anfechtbare) Willenserklärungen abgegeben worden sein. Fehlt es an einem derartigen rechtsgeschäftlichen Willen und Handeln der Gesellschafter, liegt nur eine auf tatsächlicher Grundlage beruhende Gemeinschaft zwischen den Beteiligten vor. Diese folgt den Regeln des Gemeinschaftsrechtes. 2) Der Vertrag muss in seiner Gesamtheit nichtig sein. Eine Unwirksamkeit einzelner Teile ist nicht ausreichend. Dieser Mangel darf auch nicht nachträglich entfallen sein, etwa durch Vollzug oder Genehmigung. Auf den Gesellschaftsvertrag finden die allg Unwirksamkeitsgründe der §§ 104 ff, 119 ff, 142, 125, 155, 181 grds Anwendung. Nichtigkeit nach den §§ 134, 138 liegt nur dann vor, wenn der Gesellschaftszweck selbst verboten bzw sittenwidrig ist. Bei Fehlerhaftigkeit einzelner Vertragsbestandteile hängt die Wirksamkeit des Vertrages von der Auslegung im Einzelfall ab, § 139. Regelmäßig wird der übrige Vertrag aufgrund des überwiegenden Interesses der Gesellschafter an der Fortführung des Gesellschaft ggü dem fehlerhaften Vertragsteil wirksam sein. Gleiches wird bei Vorhandensein einer salvatorischen Klausel gelten. 3) Die Gesellschaft muss in Vollzug gesetzt worden sein. Die Abgrenzung kann im Einzelfall schwierig sein. Vor dem Hintergrund der Entwicklung der Lehre von der fehlerhaften Gesellschaft zur Vermeidung unübersichtlicher Rückabwicklungsverhältnisse ist entscheidend, ob es bereits zur Durchführung des Vertragsverhältnisses gekommen ist. Eine Invollzugsetzung der Gesellschaft wird jedenfalls dann anzunehmen sein, wenn diese im Außenverhältnis tätig geworden ist. Umstr ist dagegen, ob bereits bloße innergesellschaftliche Rechtsgeschäfte ausreichend sind. Dies wird überwiegend abgelehnt (Erman/*Westermann* § 705 Rn 74). Richtigerweise ist aber nach oben Gesagtem danach zu differenzieren, ob es bereits zur Durchführung von Vertragsbeziehungen gekommen ist, welche nur schwer rückabzuwickeln wären. Dieser Schutzzweck der Lehre von der fehlerhaften Gesellschaft ist nicht auf Rechtsverhältnisse im Außenverhältnis begrenzt.

III. Entstehung durch Umwandlung. Außer durch rechtsgeschäftliche Gründung kann die Gesellschaft **19** auch durch Umwandlung einer Kapital- oder Personenhandelsgesellschaft in die Rechtsform einer GbR entstehen. Dies kann einerseits durch formwechselnde identitätswahrende Umwandlung nach den §§ 190 ff UmwG erfolgen. Hierbei wird die Handels- oder Kapitalgesellschaft unter Wahrung der Identität des Rechtsträgers, dh Beibehaltung der Kontinuität der Rechtsverhältnisse in eine GbR umgewandelt. Eine nach früherem Recht erforderliche Auflösung und anschließende Neugründung der Gesellschaften unter Übergang des Gesellschaftsvermögens im Wege der Gesamtrechtsnachfolge ist nunmehr obsolet. Durch die Umwandlung bleibt die Identität der Gesellschaft hinsichtlich Gesellschafterbestand und Zuständigkeiten gewahrt. Voraussetzung der Umwandlung ist ein einstimmiger Gesellschafterbeschluss, dessen Einzelheiten das UmwG regelt (vgl §§ 233, 226, 193 UmwG).

20 Weiterer Entstehungstatbestand einer GbR ist die formwechselnde Umwandlung von Personenhandelsgesellschaften aufgrund des handelsrechtlichen Rechtsformzwanges, §§ 105 I, 161 I HGB. Erfüllt der Gesellschaftszweck einer OHG oder KG nicht (mehr) die Anforderungen der §§ 1 ff HGB an ein Handelsgewerbe und ist sie auch nicht Handelsgesellschaft kraft Eintragung nach § 105 II HGB, wandelt sich die Handelsgesellschaft automatisch in eine GbR um. Weitere Handlungen sind nicht erforderlich, ausgenommen Berichtigungen in Registern (zB Grundbuch, § 47 GBO). IR beider Formen der Umwandlung stellt sich das Problem der Geltung der handelsrechtlichen Vorschriften – das Innenverhältnis der Gesellschaft sowie die Außenhaftung betreffend – für die neu entstandene GbR. Zu empfehlen ist eine Klarstellung im Vertrag der GbR. Die überwiegend dispositiven Regelungen der §§ 705 ff bieten hierfür einen erheblichen Gestaltungsfreiraum. Fehlt eine solche vertragliche Regelung, stellt sich das Problem der Diskontinuität der bisherigen Rechtsordnung. Praktische Bedeutung erlangt diese Frage insbes bei Umwandlung einer KG im Hinblick auf die Kommanditistenhaftung. Ein lediglich beschränkt haftender Gesellschafter ist dem Wesen der GbR fremd. Die Rspr löst dieses Problem mittels einer Übertragung der Geschäftsführungsbefugnis auf die Komplementäre unter gleichzeitigem Ausschluss der Haftung der Kommanditisten (BGH NJW 71, 1678; WM 76, 1053).

21 **D. Rechte und Pflichten der Gesellschafter im Innenverhältnis. I. Grundsätze.** Aus der Mitgliedschaft in einer GbR folgen Rechte und Pflichten, die sich iE nach dem Gesellschaftsvertrag bestimmen. Das mit Gründung der GbR entstehende, über den einzelnen Rechtsgeschäften stehende Rechte- und Pflichtengefüge wird aufgrund der gesamthänderischen Bindung der Beteiligung von dem Grundsatz der gesellschaftlichen Treue geprägt, sowohl ggü der Gesellschaft als auch unter den Gesellschaftern. Aus diesem Charakter des Gesellschaftsverhältnisses als Vertrauensverhältnis folgen die Grundpflichten der allgemeinen Förderpflicht, der Treuepflicht sowie der Pflicht zur gleichmäßigen Behandlung.

22 **1. Treuepflicht.** Die Treuepflicht ist die besondere gesellschaftsspezifische **Ausprägung des Grundsatzes von Treu und Glauben** nach § 242. Aufgrund der bereits geschilderten Besonderheiten des gesellschaftlichen Rechtsverhältnisses geht die Treuepflicht über eine bloße Schranke eigener Rechtsausübung hinaus. Sie kann auch Pflichten des Gesellschafters erst begründen, so zB Zustimmungspflichten zu notwendigen Beschlüssen (Rn 14). Wie stark die Treuepflicht auf die Ausübung mitgliedschaftlicher Rechte wirkt, ist für eigennützige und uneigennützige Rechte zu differenzieren. Uneigennützige Rechte hat der Gesellschafter ausschl im Interesse der Gesellschaft, deshalb sind diese in besonderem Maß der gesellschaftlichen Treuepflicht unterworfen. Hierzu zählen zB das Geschäftsführungsrecht, das Widerspruchs- bzw Zustimmungsrecht iRd Geschäftsführung oder das Recht zur Entziehung der Geschäftsführungsbefugnis. Diese Rechte werden – soweit gesellschaftliche Belange dies erfordern – ggf vollständig durch die Treuepflicht eingeschränkt. Demgegenüber besteht die Treuepflicht im Bereich der eigennützigen Mitgliedschaftsrechte – Vermögens-, Informations-, Kontroll- und Kündigungsrechte des Gesellschafters – in geringerem Maß. Diese der Wahrung der individuellen Interessen des Gesellschafters dienenden Rechte treten nicht bereits generell, sondern nur in Ausnahmefällen hinter die Interessen der Gesellschaft oder der Mitgesellschafter zurück, etwa bei Berührung von Gesellschaftsinteressen von überragender Bedeutung und gleichzeitiger Zumutbarkeit des Rechtsverzichts für den betroffenen Gesellschafter. In sonstigen Fällen führt die gesellschaftliche Treuepflicht lediglich zur Verpflichtung des Gesellschafters, bei der Ausübung der eigennützigen Mitgliedschaftsrechte unter möglichster Berücksichtigung der Interessen von Gesellschaft und Mitgesellschaftern zu handeln. Er hat das schonendste Mittel zur Wahrung seiner Interessen zu wählen und dabei den Verhältnismäßigkeitsgrundsatz zu beachten.

23 Neben der bloßen Beschränkung mitgliedschaftlicher Rechte kann die Treuepflicht auch konkrete Pflichten der Gesellschafter begründen. Neben der bereits angesprochenen Zustimmungspflicht zu notwendigen Beschlüssen können dies weitere Handlungs- oder Unterlassungspflichten sein. So kann sich auch bei Fehlen einer entspr Regelung im Gesellschaftsvertrag aus der allgemeinen Treuepflicht für den geschäftsführenden Gesellschafter ein Wettbewerbsverbot ergeben. Für nicht vertretungsberechtigte Gesellschafter setzt dies dagegen eine entspr vertragliche Vereinbarung voraus. Auch die Pflicht zur Wahrung von Geschäfts- und Betriebsgeheimnissen folgt aus der Treuepflicht.

24 **Bei Verstoß gegen die Treuepflicht** wird die Ausübung des Mitgliedschaftsrechtes idR unwirksam sein. Durch die allgemeine Treuepflicht begründete Handlungspflichten kann die Gesellschaft mit einfacher Leistungsklage, deren Vollstreckung sich nach § 894 ZPO richtet, durchsetzen. Ist der Gesellschaft durch das treuwidrige Verhalten ein Schaden entstanden, so kann dieser ebenfalls gerichtlich geltend gemacht werden. Unterbleibt eine Leistungsklage, ist es umstr, ob die geforderte Mitwirkungshandlung des Gesellschafters fingiert werden kann. Diese Frage ist insbes im Bereich der Zustimmungserfordernisse von praktischer Bedeutung. Die Rspr zieht hier enge Grenzen und fingiert die Zustimmung des sie treuwidrig verweigernden Gesellschafters unabhängig vom Inhalt des Beschlusses nur in Fällen existenzieller Bedeutung für die Gesellschaft (BGH WM 88, 23, 25; WM 86, 1556, 1557). Hierbei wird vor allem der Notwendigkeit einer schnellen Umsetzung des Beschlusses Bedeutung beigemessen. Einen weiteren Maßstab legt die Rspr lediglich im Bereich von Publikumsgesellschaften an (BGH NJW 85, 974). In der Lit wird mehrheitlich danach differenziert, ob die zugrunde liegenden Beschlüsse Grundlagengeschäfte oder die Geschäftsführung betreffen. Nur in ersteren Fällen bedürfe es einer Leistungsklage; bei bloßen Maßnahmen der Geschäftsführung könne auf eine solche

auf das Risiko der handelnden Gesellschafter hin verzichtet werden (vgl zum Streitstand MüKo/*Ulmer* § 705 Rn 241). Eine Klage des treuwidrig widersprechenden Gesellschafters wäre nach dem dolo-agit-Grundsatz als rechtsmissbräuchlich zurückzuweisen.

2. Pflicht zur gleichmäßigen Behandlung. Der gesellschaftsrechtliche Gleichbehandlungsgrundsatz verlangt die gleiche Behandlung vergleichbarer Sachverhalte im Verhältnis Gesellschaft – Gesellschafter. Er hat sich in den §§ 706 I, 709 I, 711, 722 I, 734, 735 niedergeschlagen. Aus dem dispositiven Charakter dieser Vorschriften ergibt sich auch die Abdingbarkeit des Gleichbehandlungsgrundsatzes in den Grenzen des § 138. Der Grundsatz erfordert keine schematische Gleichstellung aller Gesellschafter, sondern verbietet lediglich die willkürliche Ungleichbehandlung vergleichbarer Sachverhalte ohne sachlichen Grund. Aus diesem Grund ist eine Abweichung im Gesellschaftsvertrag oder mit Zustimmung des benachteiligten Gesellschafters möglich. Von Bedeutung ist die Pflicht zur gleichmäßigen Behandlung vor allem bei mehrheitlichen Gesellschafterbeschlüssen (§ 709 II). Verstoßen Mehrheitsbeschlüsse gegen diesen Grundsatz, sind sie unwirksam. Dies wird insbes dann der Fall sein, wenn die Gesellschafterminderheit ohne sachliche Berechtigung benachteiligt wird.

Bei **Verletzung des Gleichbehandlungsgrundsatzes** sind entspr Beschlüsse unwirksam. Eine Heilung des Verstoßes ist sowohl durch nachträgliche Genehmigung durch den betroffenen Gesellschafter als auch durch Behebung der Ungleichbehandlung möglich. Ein Anspruch des benachteiligten Gesellschafters auf die den anderen Gesellschaftern treuwidrig gewährte Bevorzugung besteht nicht. Wie die Gesellschaft die Ungleichbehandlung korrigiert, liegt in ihrem Ermessen. Sie kann sich sowohl für die Gewährung des Vorteils an alle Gesellschafter als auch für die Rückforderung der unrechtmäßigen Vorzüge entscheiden. Bei einer Ausschüttung an alle Gesellschafter unter willkürlicher Außerachtlassung eines Gesellschafters kann dieses Ermessen jedoch in Richtung einer Gewährung des Vorteils an alle Gesellschafter auf Null reduziert sein. Ist dem benachteiligten Gesellschafter ein Schaden entstanden, kann er diesen von der Gesamthand ersetzt verlangen.

II. Sozialansprüche. 1. Ansprüche der Gesamthand gegen Gesellschafter. Sozialansprüche sind die Ansprüche der Gesamthand gegen einzelne Gesellschafter. Inhaber der Ansprüche ist ausschl die Gesamthand als teilrechtsfähige Rechtspersönlichkeit. Die Geltendmachung der Ansprüche obliegt nach den allg Grundsätzen der Geschäftsführung und damit den geschäftsführenden Gesellschaftern, das sind mangels abw Regelung sämtliche Gesellschafter gemeinsam mit Ausnahme des anspruchsverpflichteten Gesellschafters. Dies gilt grds auch bei der Innengesellschaft; Einschränkungen sind dann zu machen, wenn kein Gesamthandsvermögen gebildet wurde.

2. Actio pro socio. Für den Fall der Unterlassung der Geltendmachung fälliger Sozialansprüche durch die geschäftsführenden Gesellschafter hat die Rspr das Institut der actio pro socio entwickelt. Dieses berechtigt jeden der übrigen Gesellschafter unabhängig von seiner Geschäftsführungsbefugnis (und Vertretungsmacht) zur Geltendmachung der geschuldeten Leistung an die Gesellschaft durch Klage im eigenen Namen auf Leistung an die Gesamthand. Eine Ausnahme von der Verpflichtung, auf Leistung an die Gesellschaft zu klagen, kommt nur in der Liquidationsphase in Betracht, wenn die Leistung an den klagenden Gesellschafter selbst lediglich eine Vorwegnahme der Auseinandersetzung wäre (BGH WM 71, 723, 725). Die Durchbrechung der gesellschaftsrechtlichen Kompetenzverteilung durch die actio pro socio ist allgemein anerkannt und nur in ihrer dogmatischen Natur umstr. Die Rspr sieht hierin die Geltendmachung eines eigenen Anspruches des klagenden Gesellschafters; die actio pro socio sei Ausfluss der wechselseitigen Verpflichtungen der gesamthänderisch verbundenen Mitglieder (BGHZ 25, 47, 49). Demgegenüber nimmt die hL einen Fall der Prozessstandschaft an, da der Gesellschafter lediglich ein der Gesellschaft zustehendes Recht, nämlich deren Sozialanspruch, geltend mache (Ermann/*Westermann* Rn 55; BaRoth/*Timm/Schöne* § 705 Rn 117 mwN). Die **prozessuale Durchsetzung** ist nur von formellen Voraussetzungen abhängig. Hierzu gehört zunächst die Gesellschafterstellung des Klägers, der im eigenen Namen auf Leistung an die Gesellschaft Klage zu erheben hat. Bei Fehlen dieser Voraussetzung zB bei nachträglichem Wegfall der Gesellschafterstellung kann nach der BGH § 265 ZPO Anwendung finden (BGH NJW 60, 964; aA Karlsr NJW 95, 1296; MüKo/*Ulmer* § 705 Rn 210). Dagegen ist eine Darlegung der Gründe für die Klage keine Zulässigkeitsvoraussetzung. Nur im Fall treuwidriger Geltendmachung des Anspruchs ist die Klage abzuweisen (BGH NJW 57, 1358; aA MüKo/*Ulmer* § 705 Rn 210). Die Zustimmung der übrigen Gesellschafter zur actio pro socio des Mitgesellschafters ist nach oben Gesagtem nicht erforderlich. Umstr sind die Auswirkungen der actio pro socio im Hinblick auf eine spätere Klage der Gesellschaft selbst. Dies betrifft insbes den Einwand der anderweitigen Rechtshängigkeit sowie die Frage der Rechtskraftwirkung eines Urteils iR einer actio pro socio. Nach hM steht weder eine interne Gesamthänderklage einer Klage der GbR entgegen, noch entfaltet erstere Rechtskraftwirkungen hinsichtlich einer solchen (BGH NJW 80, 2463; 81, 1097). Dies hat zur Folge, dass eine zunächst erhobene actio pro socio als unzulässig abzuweisen ist, wenn die GbR selbst Klage erhebt. Weitere (materielle) Voraussetzungen – die teilweise unter Hinweis auf eine angebliche Subsidiarität der actio pro socio verlangt werden – sind nicht erforderlich (BGHZ 25, 47, 50).

III. Sozialverpflichtungen. Sozialverpflichtungen sind Ansprüche einzelner Gesellschafter gegen die Gesellschaft, die ihre Grundlage in der Mitgliedschaft selbst haben. Dazu gehören nicht sog Drittverhältnisse

(Rn 31), dh Ansprüche aus Rechtsverhältnissen zwischen einem Gesellschafter und der Gesamthand, welche nicht auf dem Gesellschaftsvertrag beruhen, sondern denen andere Entstehungstatbestände zugrunde liegen. Anspruchsverpflichtet ist die Gesellschaft als teilrechtsfähiges Rechtssubjekt. Hinsichtlich der prozessualen Geltendmachung ist zwischen vermögenswerten und sonstigen Leistungen zu differenzieren. Bloße Verwaltungsrechte können sowohl ggü der Gesellschaft als auch ggü den einzelnen Mitgesellschaftern geltend gemacht werden, soweit letztere diese tatsächlich und rechtlich erfüllen können (BGH NJW 00, 2276). Dagegen können vermögenswerte Ansprüche vor Liquidation der Gesellschaft nicht gegen die Mitgesellschafter geltend gemacht werden (BGHZ 103, 72). Dies würde andernfalls entgegen § 707 zu einer Nachschusspflicht der Gesellschafter führen. Hiervon kann jedoch durch gesellschaftsvertragliche Vereinbarung abgewichen werden. Nach Anerkennung der Rechts- und Parteifähigkeit der GbR ist die Klage gegen diese selbst zu richten. Daneben ist weiterhin eine Vollstreckung aus einem Titel gegen sämtliche übrigen Gesellschafter in das Gesellschaftsvermögen möglich, § 736 ZPO (BGH NJW 01, 1056, 1060).

30 **IV. Ansprüche der Gesellschafter untereinander.** Hierzu zählen Ansprüche aus Handlungen einzelner Gesellschafter, welche nur einzelne Mitgesellschafter schädigen. Beispiel ist die Beschädigung einer von einem Gesellschafter nur zur Nutzung eingebrachten Sache. Der Verschuldensmaßstab ist dem § 708 zu entnehmen. Regelmäßig wird jedoch in diesen Fällen zumindest auch eine Schädigung der GbR vorliegen, wofür die Grundsätze für Sozialansprüche Anwendung finden.

31 **V. Ansprüche aus Drittverhältnissen.** Drittverhältnisse sind Rechtsverhältnisse zwischen der Gesellschaft und einem ihrer Gesellschafter, die nicht aus der mitgliedschaftlichen Stellung des Gesellschafters resultieren. Zu den Drittverhältnissen gehören auch Ansprüche aus einem separat abgeschlossenen Beherrschungsvertrag des Gesellschafters mit der GbR (BGH NJW 79, 231, 232). Die iRv Drittverhältnissen durch den Gesellschafter zu erbringenden Leistungen sind keine Beiträge iSd § 706. IRd Geltendmachung von Drittansprüchen gelten grds keine gesellschaftsspezifischen Besonderheiten. Der Gesellschafter steht der Gesellschaft wie ein beliebiger Dritter ggü. Eingeschränkt wird das Recht des Gesellschafters lediglich im Umfang der allgemeinen Treuepflicht. Nicht zu den Drittgeschäften, sondern zu den Sozialansprüchen (Rn 29) zählen Erstattungsansprüche eines Gesellschafters wegen Befriedigung eines Gesellschaftsgläubigers (§ 714 Rn 13).

32 Aus Drittverhältnissen resultierende Ansprüche der Gesellschaft gegen ihren Gesellschafter unterliegen der Geltendmachung durch die geschäftsführenden Gesellschafter. Eine sog externe Gesamthänderklage in Anlehnung an die actio pro socio iRv Sozialansprüchen ist dagegen abzulehnen (BGH WM 79, 366; für Handelsgesellschaften BGH WM 71, 723, 725).

33 **E. Außen- und Innengesellschaft. I. Abgrenzung.** Die Abgrenzung zwischen Außen- und Innen-GbR hat vor dem Hintergrund der neueren Rspr zur Rechtsfähigkeit der GbR größere Bedeutung erlangt. Die vom BGH entwickelten Grundsätze zur Rechtsfähigkeit gelten ausschl für die Außengesellschaft. Diese ist die Regelform der GbR, die in §§ 705 ff normiert ist. Die einschlägigen Vorschriften sind jedoch dispositiv (Rn 2). Die Außen-GbR unterscheidet sich von der bloßen Innen-GbR durch ihre Teilnahme am Rechtsverkehr. Hierbei wird die Außen-GbR durch ihre Gesellschafter nach den §§ 709, 714 vertreten. Demgegenüber ist die Innen-GbR durch die interne Abrede der Gesellschafter zur Förderung eines gemeinsamen Zweckes geprägt, die nicht auf die Teilnahme am Rechtsverkehr nach außen zielt, womit bei der Innen-GbR auch die Vertretungsmacht für die Gesellschaft nach § 714 ausgeschlossen ist. Die Innen-GbR kann auch stillschweigend gegründet werden. Ausreichend ist die gemeinsame Verfolgung eines wirtschaftlichen Zwecks zB iR einer Ehe, einer nichtehelichen Lebensgemeinschaft oder einer Bauherrengemeinschaft. Ob diese Zweckverfolgung für Dritte erkennbar ist, ist nicht von Bedeutung.

34 Für die Abgrenzung zwischen den Erscheinungsformen ist ausschlaggebend die **Teilnahme am Rechtsverkehr** der Gesellschaft selbst. Eine Teilnahme am Rechtsverkehr ist dann anzunehmen, wenn Rechtsgeschäfte im Namen der GbR abgeschlossen werden. Bei der Frage, ob ein solches Auftreten nach außen vorliegt, ist nach richtiger Auffassung auf den inneren Willen der Gesellschafter und nicht auf das äußere Erscheinungsbild abzustellen (BGH WM 1966, 31, 32). Das äußere Auftreten kann insofern nur Indiz sein, entscheidend ist die gesellschaftsvertragliche Vereinbarung der Gesellschafter, die GbR im Rechtsverkehr auftreten zu lassen. Weiteres Abgrenzungskriterium und Indiz ist die Bildung von Gesamthandsvermögen der Gesellschaft. Entgegen der Rspr (BGHZ 126, 226, 234) ist aber das Fehlen eines Gesamthandvermögens nicht zwingendes Merkmal einer Innen-GbR (MüKo/*Ulmer* § 705 Rn 280). Zwar ist es richtig, dass es infolge der Abbedingung der Stellvertretungsregel des § 714 der Innen-GbR verwehrt ist, Gesamthandsvermögen zu bilden. Dennoch ist es möglich, dass eine GbR etwa durch Einlagen der Gesellschafter erbrachtes Gesamthandsvermögen hält und abredegemäß dennoch nicht am Rechtsverkehr teilnimmt. Auch diese GbR erfüllt damit den wesentlichen Charakter der Innen-GbR. Eine Gesellschaft, die weder am Rechtsverkehr teilnimmt noch Gesamthandsvermögen hat, wird als **Innen-GbR ieS** verstanden. Hat dagegen eine GbR, die nicht am Rechtsverkehr teilnimmt, Gesamthandsvermögen, ist sie eine **Innen-GbR im weiteren Sinne**.

35 **II. Die Außengesellschaft. 1. Rechtsfähigkeit.** Mit der grundlegenden Entscheidung des BGH zur Rechtsfähigkeit der (Außen-)GbR (BGH NJW 01, 1056) haben sich Änderungen außer im Bereich der Haftung

insbes im Bereich der von der GbR einzunehmenden Rechtspositionen ergeben. Bereits früher war anerkannt, dass die GbR jede Rechtsposition innehaben kann, sofern dem keine speziellen Gesichtspunkte entgegenstehen. Hieran hat sich im Grundsatz nichts geändert. Jedoch ist die GbR nunmehr im Prozess sowohl aktiv als auch passiv parteifähig iSd § 50 ZPO (BGH aaO). Die GbR kann zudem Mitglied anderer Gesellschaften sein. Bereites anerkannt war ihre Fähigkeit, Mitglied einer Genossenschaft (BGH NJW 92, 449), einer AG (BGH NJW 92, 2222), einer GmbH (BGH NJW-RR 96, 482) oder einer GbR selbst (BGH NJW 98, 376) zu sein. Ungeklärt ist weiterhin die Frage, inwieweit die GbR Gesellschafterin einer OHG oder KG sein kann; diese Möglichkeit wird in der Lit teilweise unter Hinweis auf das in diesem Zusammenhang gesteigerte Informationsbedürfnis der Gesellschaftsgläubiger hinsichtlich der Verhältnisse der Gesellschafter verneint (so *Ulmer* ZIP 01, 585, 596).

Die Gesellschaft ist darüber hinaus scheck- und wechselfähig (BGHZ 136, 254; BGH NJW 01, 1056, 1061). 36
Umstr ist dagegen weiterhin die Markenfähigkeit der GbR. Während eine solche von der hL verstärkt bejaht wird (*Wertenbruch* DB 01, 419, 422; *K. Schmidt* NJW 01, 993, 998), hat der BGH sie jüngst abgelehnt (BGH NJR-RR 01, 114). In der Lit wird auch die Erbfähigkeit im Zuge der Annäherung der GbR an die OHG zunehmend befürwortet (vgl *Ulmer* ZIP 01, 585, 596; BaRoth/*Timm/Schöne* § 705 Rn 142), nachdem sie bisher von der hL auf Grundlage der individualistischen Theorie abgelehnt wurde. Eine generelle Erbunfähigkeit der GbR ist jedenfalls nicht anzunehmen, vielmehr ein Ausgleich der widerstreitenden Interessen des Erb- und Gesellschaftsrechts in Einzelfragen zu suchen.

Weiterhin umstr ist auch die Stellung der GbR im Zusammenhang mit Rechtspositionen, die ein Publizitäts- 37 erfordernis beinhalten. Dies betrifft insbes die Grundbuchfähigkeit sowie die Möglichkeit, Kommanditistin einer KG zu sein. Hierbei stellt sich die praktisch bedeutsame Frage der Eintragung der Gesellschaft in Grundbuch bzw Handelsregister. Diese ist zu trennen von der mittlerweile anerkannten Tatsache, dass die GbR als solche Inhaberin des Rechtes sein kann. Zur Eintragungsfähigkeit in das Handelsregister vertritt der BGH die Auffassung, dass die Kommanditistenstellung der GbR eine Eintragung sämtlicher Gesellschafter erfordere (BGH ZIP 01, 1713). Auch iRd Grundbuchfähigkeit wird unter Hinweis auf § 47 GBO zumindest neben der Eintragung des Namens der GbR auch eine solche der Gesellschafter verlangt (*Demharter* Rpfleger 01, 329 ff; *K. Schmidt* NJW 01, 993, 1002), während eine Änderung der Beteiligungshöhe der GbR-Gesellschafter nicht eintragungsfähig ist (München DB 05, 1621). Gegen ein Erfordernis der Eintragung sämtlicher Gesellschafter ist insbes im Hinblick auf § 47 GBO einzuwenden, dass die Vorschrift von der Eintragung eines Rechts für mehrere spricht. Nach der Anerkennung der Rechtsfähigkeit der GbR ist eine Eintragung für diese nunmehr eine Eintragung für ein Rechtssubjekt, nämlich die GbR selbst (so auch *Ulmer* ZIP 01, 585, 595; *Pohlmann* WM 02, 1421, 1429). Andernfalls würde jede Änderung im Gesellschafterbestand zur Unrichtigkeit des Grundbuches bzw Handelsregisters führen und eine entspr Berichtigungspflicht auslösen.

2. Name. Die Außengesellschaft ist frei darin, sich einen Namen zu wählen oder dies nicht zu tun. Mangels 38 Eintragung im Handelsregister sowie Betreibens eines kaufmännischen Gewerbes ist der Name einer GbR jedoch keiner iS einer Firma nach § 17 HGB. Bei der Wahl des Namens sind die Gesellschafter unter Beachtung berufs- und wettbewerbsrechtlicher Vorschriften frei. So darf insbes keine Verwechslungsgefahr mit einer bereits existierenden Firma oder der Rechtsform einer Partnerschaft bestehen. Entspr Zusätze wie „und Partner" sind aus diesem Grund unzulässig. Dagegen ist der Zusatz „GbR" oder „Gesellschaft bürgerlichen Rechts" nicht zwingend erforderlich. Sonstige Zusätze wie „ARGE" oder „Konsortium" sind zulässig, soweit sie nicht eine Größe oder eine Tätigkeit der Gesellschaft suggerieren, welche ein vollkaufmännisches Gewerbe nahe legen würden.

F. Erscheinungsformen. Wegen der Dispositivität der meisten Regelungen der §§ 705 ff sind die Erschei- 39 nungsformen der GbR vielfältig. Dazu trägt weiter bei, dass der Abschluss des Gesellschaftsvertrages auch konkludent möglich ist und es den Gesellschaftern vielfach nicht bewusst sein wird, eine GbR zu gründen. Auch die Tatsache, dass die GbR nicht dauerhaft angelegt sein muss, sondern sich in der einmaligen Zweckerreichungen erschöpfen kann (vgl nur den Überblick bei MüKo/*Ulmer* Vor § 705 Rn 86 ff), führt zur Vielfalt ihrer Erscheinungsformen. Die nachfolgende Übersicht kann daher nur eine Auflistung der typischen Erscheinungsformen mit besonderer praktischer Bedeutung sein.

I. Arbeitsgemeinschaften (ARGE). ARGE sind eine typische Form der sog Gelegenheitsgesellschaft. Sie exis- 40 tieren insbes im Baugewerbe und bestehen aus selbstständigen Unternehmen, welche sich für die Dauer eines gemeinsam zu erfüllenden Bauauftrages zusammenschließen. Regelmäßig handelt es sich dabei um eine Außengesellschaft, welche unter einem gemeinsamen Namen auftritt. In jüngster Zeit wird die Rechtsform der ARGE als GbR teilweise angezweifelt, und zwar unter Hinweis auf den nach der Handelsrechtsreform veränderten Gewerbebegriff (Dresden DB 03, 713; LG Bonn ZIP 03, 2160; vgl auch Palandt/*Sprau* § 705 Rn 37). Ein Gewerbe und damit eine OHG wären jedoch nur dann anzunehmen, wenn es sich bei der ARGE um eine „planmäßig anbietende Tätigkeit" handeln würde. Dies kann angesichts des Charakters als einmaliger Zusammenschluss zur Bewältigung eines Großvorhabens jedoch regelmäßig nicht angenommen werden (so auch MüKo-HGB/*Schmidt* § 1 Rn 18 ff). Als vermittelnde Auffassung wird an dieser Stelle auch eine entspr Anwendung der handelsrechtlichen Vorschriften auf die ARGE vertreten (Staud/*Habermeier* Vor § 705

§ 705   Inhalt des Gesellschaftsvertrages

Rn 73). Der bloße Hinweis auf die erhebliche wirtschaftliche Bedeutung der ARGE greift dabei aber zu kurz. Denn die wirtschaftliche Bedeutung ist kein Ausschlusskriterium für die GbR und kann daher die Anwendung handelsrechtlicher Normen auf die ARGE nicht rechtfertigen.

41 **II. Bauherrengemeinschaften.** Bauherrengemeinschaften sind regelmäßig bloße Innengesellschaften mit dem Zweck der Errichtung eines Bauwerkes und der Schaffung von Wohnungseigentum der einzelnen Mitglieder. Die vertragliche Konstruktion umfasst meist einen Treuhänder, welcher im Außenverhältnis nicht die Gesellschaft als solche, sondern die einzelnen Gesellschafter vertritt. Die Gesellschafter haften aus diesem Grund lediglich anteilig entspr der Größe ihres Anteils am Wohnungseigentum (BGHZ 75, 26, 30). Während intern eine GbR vorliegt, besteht nach außen idR eine Bruchteilsgemeinschaft hinsichtlich des zu Miteigentum erworbenen Grundstückes (BGH NJW 92, 1881). Die Innengesellschaft kann dabei mittels jeweils mit dem Treuhänder abgeschlossener Verträge der Bauherren begründet werden, ohne dass es einer darüber hinausgehenden Verbindung der Mitglieder untereinander bedarf (BGH NJW-RR 88, 220). Nach Zweckerreichung tritt an die Stelle der GbR eine WEG. Handelt es sich bei der Bauherrengemeinschaft ausnahmsweise um eine Außen-GbR, so haften die Gesellschafter nach st Rspr dennoch für die Herstellungskosten nur anteilig (zuletzt BGH NJW 02, 1642). Diese Rspr ist in der Konsequenz eine Einschränkung der akzessorischen Haftung der Gesellschafter für Gesellschaftsschulden (s auch Dauner-Lieb/*Heidel*/*Pade* § 705 Rn 40 ff; rechtfertigend *K. Schmidt* GesR § 60 III 1).

42 **III. Ehegatten-GbR. 1. Ehegatten-GbR.** Die Begründung einer GbR zwischen **Ehegatten** folgt den allgemeinen Grundsätzen. Regelmäßig wird es sich um konkludent geschlossene Innengesellschaften handeln; eine Außengesellschaft ist jedoch ebenso möglich (BGH NJW 82, 170). Die GbR unterliegt dabei grds keinen Einschränkungen durch das eheliche Güterrecht (BaRoth/*Timm*/*Schöne* Rn 160; Erman/*Heckelmann* § 1356 Rn 16). Entscheidend für den (konkludenten) Abschluss eines Gesellschaftsvertrages ist der Wille der Ehegatten. Dieser muss darauf gerichtet sein, einen über den typischen Rahmen der ehelichen Gemeinschaft hinausgehenden Zweck zu verfolgen, dessen Ertrag beiden Eheleuten gemeinschaftlich zugute kommen soll (stRspr des BGH; zuletzt BGH NJW 99, 2962, 2966). Der Wille muss in Kenntnis dieses Umstandes gefasst sein; dagegen ist das Bewusstsein, eine GbR zu gründen, nach den allgemeinen Grundsätzen nicht erforderlich. Nicht ausreichend für die Annahme einer Ehegatten-GbR ist es daher, wenn die Beiträge der Partner lediglich der Verwirklichung der Basis der ehelichen Gemeinschaft dienen, wie zB bei der Errichtung des Familienheimes (BGH NJW 99, 2962, 2964). Hier verbietet der familienrechtliche Typenzwang eine Ersetzung des Instituts der Ehe durch gesellschaftsrechtliche Lösungen. Die GbR ist ebenso von der bloßen Mehrung des Vermögens eines Ehegatten insbes durch unbenannte Zuwendungen abzugrenzen (hierzu BGH aaO). Bei Beendigung der ehelichen Gemeinschaft entstehen im Falle der Annahme einer GbR neben erb- und familienrechtlichen Ansprüchen gesellschaftsrechtliche Ausgleichsansprüche.

43 **2. Verlobten-GbR.** Demgegenüber ist zwischen **Verlobten** das Vorliegen einer GbR regelmäßig abzulehnen (Palandt/*Sprau* Rn 39). Dies gilt jedenfalls für die Annahme konkludent geschlossener Gesellschaftsverträge analog zur Ehegatten-GbR. Im Übrigen stehen Verlobte sonstigen Dritten gleich und sind frei in der Gründung einer GbR. Bei Lösung der Verlobung kommen insbes Bereicherungsansprüche sowie Ansprüche wegen Störung der Geschäftsgrundlage (§ 313) in Betracht (Hamm FamRZ 83, 494).

44 **3. Nichteheliche Lebensgemeinschaft-GbR.** Gleiches wie für Verlobte gilt im Ergebnis für **nichteheliche Lebensgemeinschaften**. Konkludent geschlossene Gesellschaften werden hier nicht anzunehmen sein (BGH NJW 86, 51; BaRoth/*Timm*/*Schöne* § 705 Rn 166). Insbes finden die zur Ehegatten-GbR dargestellten Grundsätze vor dem Hintergrund des Schutzes der Ehe in Art 6 GG sowie der Tatsache, dass sich die Mitglieder einer nichtehelichen Lebensgemeinschaft bewusst gegen dieses Modell entscheiden, keine Anwendung. Aus diesem Grund kann iRd Verbindung auch keine GbR mit dem Zweck einer späteren Ehe gegründet werden (BaRoth/*Timm*/*Schöne* § 705 Rn 166). Gesellschaftsrechtliche Regelungen und Grundsätze können jedoch auf Teilbereiche angewendet werden, insbes auf während der Gemeinschaft gebildete oder erworbene Vermögenswerte, §§ 705 ff analog (Palandt/*Sprau* § 705 Rn 46). Voraussetzung hierfür ist, dass die Lebenspartner im Innenverhältnis die Absicht haben, einen über das bloße Zusammenleben hinausgehenden Zweck zu verfolgen. Dies kann insbes dann der Fall sein, wenn die Vereinbarung besteht, einen wirtschaftlichen Wert zu schaffen, welcher nicht lediglich für die Dauer der Partnerschaft gemeinsam genutzt, sondern den Beteiligten nach deren Vorstellung auch gemeinsam gehören soll (BGH NJW 97, 3371; 99, 2962, 2964). Die formale Zuordnung des Gegenstandes zu einem Partner ist dabei unschädlich (BGH NJW 92, 906).

45 **4. Eingetragene Lebenspartnerschaft-GbR.** Sog eingetragene Lebenspartnerschaften gleichgeschlechtlicher Paare bedürfen demgegenüber keiner Anwendung des Gesellschaftsrechtes. Diese neu geschaffene rechtliche Basis gleichgeschlechtlicher Verbindungen ist seit 2001 durch das Lebenspartnerschaftsgesetz (BGBl I 2001, 266) geregelt. Durch die weitgehende – verfassungsrechtlich bedenkliche – Annäherung an das Institut der Ehe wurde eine eigenständige personenrechtliche Vereinigung mit ebensolchen Regelungen geschaffen, welche keiner (entspr) Anwendung gesellschaftsrechtlicher Vorschriften bedarf (MüKo/*Ulmer* § 705 Rn 84).

IV. Freiberufler. Neben der Bildung von Partnerschaften nach dem PartGG sowie von GmbHs schließen sich Angehörige freier Berufe, insbes Ärzte und Rechtsanwälte, auch zu Gesellschaften bürgerlichen Rechts zusammen. Der Zusammenschluss mehrerer Ärzte zu einer GbR in Form von **Gemeinschaftspraxen** ist von bloß organisatorischen Zweckbündnissen abzugrenzen. Die Abgrenzung erfolgt nach der Willensrichtung der Beteiligten, insbes ob lediglich eine kostensparende gemeinsame Nutzung von Räumlichkeiten und Personal erfolgen soll oder ob eine darüber hinausgehende Zusammenarbeit angestrebt wird. Bei Vorliegen einer Gemeinschaftspraxis kommt der Vertrag des Patienten mit sämtlichen Ärzten der GbR zustande, während im anderen Fall nur der jeweils behandelnde Arzt Vertragspartner ist (BaRoth/*Timm/Schöne* § 705 Rn 170). Bieten die einzelnen Ärzte keine austauschbaren Leistungen an, was insbes bei verschiedenen Fachrichtungen der Fall sein wird, dann entstehen auch bei Vorliegen einer GbR vertragliche Beziehungen der Patienten jeweils nur mit dem behandelnden Arzt (BGH NJW 99, 2731, 2734). 46

Das zu den ärztlichen Praxisgemeinschaften Gesagte gilt entspr für Zusammenschlüsse anderer Freiberufler, insbes **Anwaltssozietäten**. Diese sind nach den allgemeinen Grundsätzen von bloßen Bürogemeinschaften abzugrenzen. Bei der Sozietät erfolgt der Abschluss des Mandatsvertrages durch den jeweiligen Sozius. Dieser besitzt Vertretungsmacht für die Sozietät und schließt den Vertrag in deren Namen, so dass das Rechtsgeschäft mit sämtlichen Sozien zustande kommt (BGH NJW 00, 1333; 00, 1560). Bei Fehlen entspr Vertretungsmacht kommt ein Vertragsschluss mit der Sozietät nach Rechtsscheingrundsätzen in Betracht (vgl BGH NJW 90, 827). Lediglich bei Vorliegen besonderer Umstände kann angenommen werden, dass ausnahmsweise ein Einzelmandat erteilt wurde (BGH NJW 00, 1333). In der Konsequenz steht der Zahlungsanspruch nunmehr nach Anerkennung der Rechtsfähigkeit der GbR dieser selbst zu (Erman/*Westermann* Vor § 705 Rn 32; Dauner-Lieb/*Heidel/Pade* § 705 Rn 49). Die Auffassung, wonach die Sozien den Anspruch in ihrer gesamthänderischen Verbundenheit haben, ist überholt (so früher BGH NJW 96, 2859 und auch noch BaRoth/*Timm/Schöne* § 705 Rn 171; MüKo/*Ulmer* Vor § 705 Rn 36). Korrespondierend haften die Sozien gesamtschuldnerisch für durch einen der Gesellschafter verursachte Schäden (BGH NJW 92, 337; Erman/*Westermann* Vor § 705 Rn 32). Die Partner der Gesellschaft sind sämtlich auf den Briefbögen der Sozietät aufzuführen (BGH NJW 02, 1419). Werden Nichtmitglieder der Sozietät aufgeführt, ohne dies kenntlich zu machen, wird dies unter Rechtsscheinsgesichtspunkten regelmäßig zur Annahme der Gesellschafterstellung und zu einer entspr Haftung führen. Dies gebietet der Vertrauensschutz der Mandanten (*Grunewald* FS Ulmer 2003, 141, 143 f; Erman/*Westermann* Vor § 705 Rn 32). Für den Ein- und Austritt von Gesellschaftern gelten die allg Grundsätze. Bei ausgeschiedenen Sozien kommt eine Rechtsscheinhaftung dann in Betracht, wenn weiterhin der Eindruck erweckt wird, diese seien Mitglied der GbR; so zB bei Verwendung des Namens auf Briefbögen und Namensschildern der Kanzlei. Dies kann der Sozius nur dann vermeiden, wenn er alle ihm zumutbaren Maßnahmen zur Änderung dieses Zustandes ergriffen hat (BGH NJW 91, 1225). 47

V. Publikumsgesellschaften. Publikumsgesellschaften setzen sich regelmäßig aus den Gründungsgesellschaftern sowie von diesen eingeladenen, nicht untereinander verbundenen und lediglich auf kapitalistischer Basis beteiligten Mitgesellschaftern zusammen. Letzteren stehen zumeist nur Kontrollrechte zu, während die Geschäftsführung und Vertretung der Gesellschaft bei den Initiatoren liegt. Zweck von Publikumsgesellschaften ist die Einwerbung von Kapital. IdR wird es sich bei diesen Modellen um Kapitalgesellschaften oder Personenhandelsgesellschaften, insbes um GmbH & Co KGs, handeln. Sofern keine gewerbliche Tätigkeit vorliegt, sind Publikumsgesellschaften jedoch als GbR organisiert, so zB bei Grundstücksfonds (Dauner-Lieb/*Heidel/Pade* § 705 Rn 70; BaRoth/*Timm/Schöne* § 705 Rn 180). Trotz der Rechtsform als Gesellschaft bürgerlichen Rechts weist die Publikums-GbR zahlreiche körperschaftliche Elemente auf, weshalb die Rspr hierzu von den allg Regeln abw Grundsätze aufgestellt hat. Diese gelten im Bereich der Auslegung und Änderung des Gesellschaftsvertrages, der Gesellschafterhaftung (§ 708 Rn 3), der Geschäftsführung (§ 709 Rn 3) sowie der Regelung des Stimmrechtes (§ 709 Rn 17). 48

Auch **geschlossene Immobilienfonds** können mangels Eintragung im Handelsregister nach § 105 II HGB GbR sein. Diese zeichnen sich durch einen festen Kreis von Anlegern aus und dienen der Errichtung und Verwaltung von Immobilienobjekten. Von besonderer praktischer Relevanz ist an dieser Stelle die Rspr des BGH, die abw von den allg Grundsätzen (BGH NJW 01, 1056) für die kapitalgebenden Fondsgesellschafter den formularmäßigen Ausschluss ihrer persönlichen Haftung für rechtsgeschäftlich begründete Verbindlichkeiten der GbR weiterhin zulässt (BGH NJW 02, 1642, 1643). Begründet wird dies mit den Besonderheiten von Immobilienfonds als reinen Kapitalanlagegesellschaften, von deren Gesellschaftern die Vertragspartner typischerweise eine unbeschränkte gesamtschuldnerische Haftung nicht erwarten würden. Der formularmäßige Haftungsausschluss sei daher keine unzulässige Benachteiligung des Vertragspartners iSd § 307. Verbreitetes praktisches Problem geschlossener Immobilienfonds ist, dass ihre Initiatoren den Beitritt der Anleger zur GbR häufig über einen Treuhänder gestalten, der zur Abgabe der erforderlichen Erklärungen bevollmächtigt wird. Der BGH hält solche Vollmachten der Anleger wegen Verstoßes gegen das RBerG für nichtig und erstreckt die Nichtigkeitsfolge auch auf alle Verträge, die der Treuhänder für die Anleger abgeschlossen hat (BGH WM 05, 1520 ff). 49

50 **VI. Stille Gesellschaft bürgerlichen Rechts.** Im Gegensatz zur stillen Gesellschaft iSd §§ 230 ff HGB ist die sog stille Gesellschaft bürgerlichen Rechts die vermögensmäßige Beteiligung an einem nicht kaufmännischen Unternehmen. Diese Beteiligung vollzieht sich regelmäßig in der Form einer Innengesellschaft durch Vertragsschluss zwischen dem stillen Gesellschafter und dem Unternehmen. Zwischen verschiedenen stillen Gesellschaftern entsteht nicht ohne weiteres eine GbR (BGH NJW 82, 99); eine solche kann jedoch geschlossen werden als gesamthänderische Beteiligung mehrerer an einer stillen Gesellschaft in Form einer GbR (BGHZ 127, 176). Auf die stille Gesellschaft bürgerlichen Rechts sind die §§ 230 ff HGB entspr anzuwenden (MüKo-HGB/*Schmidt* § 230 Rn 25, 196 ff; BaRoth/*Timm/Schöne* § 705 Rn 175; Dauner-Lieb/*Heidel/Pade* § 705 Rn 71). Dies führt dazu, dass der stille Gesellschafter nur an Gewinn und Verlust beteiligt ist, § 231 HGB. Eine Beteiligung am Wert des Unternehmens ist nur bei Vorliegen einer entspr Vereinbarung anzunehmen, sog atypische stille Gesellschaft (BGH NJW-RR 94, 1185). Die stille Gesellschaft bürgerlichen Rechts besitzt kein Gesellschaftsvermögen. Die bloße Teilnahme des stillen Gesellschafters an Gewinn und Verlust verbietet eine Außenhaftung, da dieser weder an der Geschäftsführung noch der Vertretung der Gesellschaft beteiligt sein wird (zum Ganzen MüKo/*Ulmer* § 705 Rn 286).

51 **VII. Unterbeteiligungen.** Die Unterbeteiligung ist die Beteiligung an einer Beteiligung; sowohl an Anteilen von Kapital- als auch Personengesellschaften, wie zB Beteiligungen an OHG und KG oder wiederum an einer GbR (MüKo/*Ulmer* Vor § 705 Rn 93). Die Unterbeteiligung ist in ihrer praktischen Bedeutung eine der wichtigsten Erscheinungsformen der Innen-GbR. Anlass für den Abschluss von Unterbeteiligungen sind insbes die Umgehung von Vinkulierungsklauseln sowie steuerliche Gesichtspunkte. Der Umfang der Unterbeteiligung wird durch Rechtsgeschäft zwischen dem Anteilsinhaber und dem Unterbeteiligten geregelt. Er reicht von der Einräumung sämtlicher Rechte des Gesellschafters bis zur Beschränkung auf einen Gewinnanteil. Abzugrenzen ist die Unterbeteiligung von der stillen Gesellschaft. Eine stille Gesellschaft liegt in den beschriebenen Konstellationen nicht vor, da der Hauptbeteiligte kein Handelsgewerbe betreibt. Dies gilt auch dann, wenn die Hauptgesellschaft ein Handelsgewerbe betreibt, denn die Unterbeteiligung besteht am Gesellschaftsanteil und nicht an der Hauptgesellschaft selbst (zum Ganzen MüKo/*Ulmer* Vor § 705 Rn 92 ff; BaRoth/*Timm/Schöne* § 705 Rn 176). Dennoch wendet die Rspr auch auf Unterbeteiligungen die §§ 230 ff HGB und teilweise auch die §§ 161 ff HGB entspr an (BGH NJW-RR 95, 165; NJW 68, 2003).

52 Durch die Unterbeteiligung entstehen Rechtsbeziehungen nur zwischen dem Unter- und Hauptbeteiligten, nicht dagegen zwischen dem Unterbeteiligten und der Hauptgesellschaft oder deren anderen Mitgliedern (BGHZ 50, 316, 324). Die einzelnen Rechtsverhältnisse sind aus diesem Grund streng zu unterscheiden. Im Verhältnis zur Hauptgesellschaft bleibt allein der Hauptbeteiligte berechtigt und verpflichtet. Auf der anderen Seite wirkt sich der Vertrag zwischen Hauptgesellschaft und -gesellschafter mehrfach auf die Unterbeteiligung aus. Dies wird auch als **Vorrang der Hauptgesellschaft** bezeichnet (MüKo/*Ulmer* Vor § 705 Rn 95). Dieser Vorrang führt zur Unzulässigkeit von Unterbeteiligungen, falls diese dem Gesellschaftsvertrag der Hauptgesellschaft oder der Treuepflicht des Hauptgesellschafters dieser ggü widersprechen. Diese Unzulässigkeit hat nicht ohne weiteres die Unwirksamkeit des Unterbeteiligungsvertrages zur Folge, kann jedoch zum Ausschluss des Hauptbeteiligten führen, was sich über § 313 als Störung der Geschäftsgrundlage auch auf die Unterbeteiligung auswirkt (BaRoth/*Timm/Schöne* § 705 Rn 177).

§ 706 Beiträge der Gesellschafter

(1) Die Gesellschafter haben in Ermangelung einer anderen Vereinbarung gleiche Beiträge zu leisten.
(2) ¹Sind vertretbare oder verbrauchbare Sachen beizutragen, so ist im Zweifel anzunehmen, dass sie gemeinschaftliches Eigentum der Gesellschafter werden sollen. ²Das Gleiche gilt von nicht vertretbaren und nicht verbrauchbaren Sachen, wenn sie nach einer Schätzung beizutragen sind, die nicht bloß für die Gewinnverteilung bestimmt ist.
(3) Der Beitrag eines Gesellschafters kann auch in der Leistung von Diensten bestehen.

1 **A. Grundlagen. I. Beitragspflicht.** § 706 ist nur eine Konkretisierung der sich bereits aus § 705 ergebenden allgemeinen Förderpflicht der Gesellschafter und gibt für die Leistung von Beiträgen Auslegungsregeln vor. Beiträge sind die nach dem Gesellschaftsvertrag oder Gesellschafterbeschluss zur Förderung des Gesellschaftszwecks zu erbringenden Leistungen. Dabei sind der Art des Beitrages grds keine Grenzen gesetzt; dieser kann sowohl materieller als auch ideeller, einmaliger oder wiederkehrender Natur sein. Keine Beiträge sind dagegen auf gesondertem Rechtsgeschäft beruhende Verpflichtungen des Gesellschafters, bei denen dieser der Gesellschaft wie ein Dritter ggü steht. Ebenfalls nicht hierzu zählen der nicht abgerufene Gewinn eines Gesellschafters (Köln NZG 00, 979) oder Aufwendungen der Gesellschafter, welche einen Anspruch nach den §§ 713, 670 entstehen lassen. Bei im Gesellschaftsvertrag aufgeführten Leistungen besteht eine Vermutung für ihren Beitragscharakter. Bereits bewirkte vermögenswerte Beiträge werden Einlagen genannt (vgl Staud/*Keßler* Rn 2). Der Anspruch der Gesellschaft ist ein Sozialanspruch (§ 705 Rn 27) und wird durch die geschäftsführungs- und vertretungsberechtigten Gesellschafter geltend gemacht; uU auch durch einzelne Gesellschafter auf Grundlage der actio pro socio (§ 705 Rn 28).

II. Beitragshöhe. Die Regelung des § 706 I zur Höhe der Beiträge ist gem ihrem Wortlaut subsidiär. Die **2** Gesellschafter sind frei, die Beiträge der einzelnen Mitglieder unterschiedlich auszugestalten, was zumeist mit unterschiedlich hohen Beteiligungen am Vermögen und Ergebnis der Gesellschaft einhergeht. Die völlige Freistellung eines Gesellschafters von Beiträgen hat keinen Einfluss auf die Wirksamkeit der Mitgliedschaft des betroffenen Gesellschafters (BGH NJW 84, 2290). Sie ist – im Gegensatz zur Freistellung von der Verpflichtung zur Zweckförderung – ohne weiteres möglich. Die Gesellschafter sind auch in der Bewertung der Höhe der Beiträge frei und können für die Leistungen der verschiedenen Gesellschafter unterschiedliche Bewertungsmaßstäbe ansetzen. Grenze ist lediglich § 138 (BGH WM 75, 325). Im Zweifel sind Beiträge sofort fällig.

B. Beiträge durch Übereignung und Gebrauchsüberlassung, II. § 706 II enthält ebenfalls Auslegungsregeln **3** zum Inhalt der Beitragspflicht bei Leistung in Form von Sachbeiträgen. **Vertretbare und verbrauchbare Sachen** (§§ 91, 92) sind danach im Zweifel in das Eigentum der GbR übertragen. Für sonstige Sachen wird diese Regel durch S 2 erheblich eingeschränkt. Bei der Beitragsleistung durch Sachen sind drei Erscheinungsformen zu unterscheiden: 1) Die Sacheinbringung kann durch Übereignung in das Gesellschaftsvermögen nach den allgemeinen Vorschriften erfolgen. Ein gutgläubiger Eigentumserwerb ist grds möglich, jedoch schadet bereits die Bösgläubigkeit eines, auch des beitragsverpflichteten Gesellschafters (BGH NJW 61, 1022). 2) Daneben kann die Sachleistung ohne Änderung der dinglichen Rechtslage durch Zuordnung der Sache zur Gesellschaft mittels Vereinbarung im Innenverhältnis erfolgen. Die Gesellschaft ist dann zwar nicht Eigentümer der Sache, doch hinsichtlich des Gegenstands dem einbringenden Gesellschafter ggü weisungsbefugt. Die Bewertung erfolgt im Zweifel nach den Verhältnissen im Zeitpunkt der Regelung; Wertänderungen gehen zu Gunsten und Lasten des Gesellschaftsvermögens. Im Falle der Auseinandersetzung der Gesellschaft findet nach bisher hM § 732 keine Anwendung. Vielmehr gilt § 733, dh es ist lediglich Wertsatz zu leisten (BGH WM, 744, 746; Palandt/*Sprau* § 732 Rn 1; Erman/*Westermann* § 706 Rn 8). Die vorzuziehende Gegenansicht (s § 732 Rn 2) gewährt dem Gesellschafter den Herausgabeanspruch analog § 732 S 1, bringt hierfür im Gegenzug jedoch den Wert des Gegenstandes zum Zeitpunkt der Rückgabe als Negativposten auf dem Kapitalkonto in Abzug. Auch hierdurch bleibt der Sachwert der Gesellschaft erhalten. 3) Schließlich ist die Beitragsleistung durch Sacheinbringung auch durch Gebrauchsüberlassung möglich. Hier verbleiben beim Gesellschafter die Verfügungsbefugnis und die Gefahr des Untergangs der Sache. Anders als bei Einbringung durch interne Zuordnung zum Gesellschaftsvermögen besteht bei der Auseinandersetzung ein Herausgabeanspruch des einbringenden Gesellschafters nach § 732. Die Nutzung des Gegenstands richtet sich nach der getroffenen Überlassungsabrede. In allen Fällen der Sacheinbringung liegt die Beweislast für das Eigentum an der Sache bzw für einen entspr Übereignungsanspruch bei der Gesellschaft (BaRoth/*Timm*/ *Schöne* § 706 Rn 8).

Für nicht vertretbare und nicht verbrauchbare Sachen gilt die Vermutung des S 1 dann, wenn diese nach **4** einer Schätzung beizutragen sind, welche nicht bloß für die Gewinnverteilung bestimmt ist. Die Beweislast hierfür obliegt bei Streitigkeiten über diese Frage dem einbringenden Gesellschafter (Dauner-Lieb/*Heidel*/ *Pade* Rn 9).

C. Beiträge durch Dienstleistungen. III lässt ausdrücklich den Beitrag durch Dienstleistung zu. Praktisch **5** wichtigster Fall dieser Form der Beitragsleistung ist die Übernahme der Geschäftsführung der Gesellschaft. Eines Dienstvertrages nach § 611 bedarf es nicht, insbes da die Dienstleistung regelmäßig nicht in abhängiger, sondern in leitender Position erbracht werden soll. Aus dem Dienstvertragsrecht ist daher grds nur § 613 S 1 heranzuziehen. Bei Fehlen einer anderslautenden Vereinbarung ist die Gesellschaft idR nicht zur Zahlung einer Vergütung für die als Beiträge erbrachten Dienstleistungen verpflichtet, § 733 II 3 (BGH BB 76, 526).

D. Leistungsstörungen. Das Leistungsstörungsrecht unterscheidet sich iRd Beitragserbringung teilweise von **6** den allgemeinen Regeln. Weil der Gesellschaftsvertrag kein reiner Austauschvertrag iS eines klassischen synallagmatischen Gegenseitigkeitsverhältnisses ist (§ 705 Rn 11), können die auf synallagmatische Austauschverhältnisse zugeschnittenen §§ 320 ff und besonderen Regelungen der einzelnen Schuldverhältnisse nicht uneingeschränkt Anwendung finden. Dazu kommt, dass sich der Gesellschaftsvertrag nicht in schuldrechtlichen Rechten und Pflichten der Gesellschafter erschöpft, sondern auch die Grundlage der organisationsrechtlichen Struktur der GbR ist (zum Ganzen *K. Schmidt* GesR § 20 III).

I. Unmöglichkeit. Bei anfänglicher oder nachträglicher Unmöglichkeit gelten einheitlich die §§ 275, 280, **7** 281, 283, 284, 285; dagegen ist für eine Anwendung der ein Synallagma voraussetzenden §§ 323 ff kein Raum (BaRoth/*Timm*/*Schöne* § 706 Rn 15; MüKo/*Ulmer* § 706 Rn 25). Der nicht leistungsfähige Gesellschafter haftet bei anfänglicher – subjektiver und objektiver – Unmöglichkeit verschuldensunabhängig gem § 311 a II. Im Falle der zu vertretenden Unmöglichkeit, die nach § 278 I 2 vermutet wird, bestimmt sich die Schadensersatzpflicht nach Maßgabe der §§ 280 I, III, 283. Der Verschuldensmaßstab ist aufgrund der gesellschaftsrechtlichen Besonderheiten § 708 zu entnehmen (Dauner-Lieb/*Heidel*/*Pade* § 705 Rn 148; BaRoth/*Timm*/*Schöne* § 706 Rn 15). Dagegen ist bei einem Vertretenmüssen der Gesellschaft § 326 II mit der Folge anwendbar, dass diese ihre Leistungspflichten dem Gesellschafter ggü weiter erfüllen muss (Erman/*Westermann* § 705 Rn 267).

Bei Unmöglichkeit der Erbringung einer Beitragsleistung, insbes einer Sachleistung, ohne Verschulden des Gesellschafters ist eine Auslegung des Gesellschaftsvertrages dahingehend erforderlich, ob der Gesellschafter zu einer Ersatzleistung verpflichtet ist (Staud/*Habermeier* § 706 Rn 40). Eine Ersatzleistung in Geld wird dabei nur in Ausnahmefällen angenommen werden können. Handelt es sich bei der Beitragsleistung um eine für die Verfolgung des Gesellschaftszwecks unentbehrliche Voraussetzung, kann die Nichtleistung ein Auflösungsgrund sein. Ebenfalls einer Ersatzpflicht des Gesellschafters vorzuziehen sind in diesen Fällen die gesellschaftsspezifischen und damit interessengerechteren Regelungen der Kündigung (§ 723) bzw des Ausschlusses (§ 737) (BaRoth/*Timm*/*Schöne* § 706 Rn 15; Dauner-Lieb/*Heidel*/*Pade* § 705 Rn 148).

8 **II. Verzug.** Bei Nichtleistung des Gesellschafters trotz Möglichkeit hierzu finden die allg Regelungen der §§ 280 I, 286 Anwendung. § 323 ist dagegen mangels eines synallagmatischen Austauschverhältnisses nicht anwendbar. Der Verzug führt zu einem Zurückbehaltungsrecht der übrigen Gesellschafter nach § 273 I, außer bei einer Zweipersonengesellschaft oder dem Verzug sämtlicher Mitgesellschafter jedoch nicht zu einem Leistungsverweigerungsrecht nach § 320 (BaRoth/*Timm*/*Schöne* § 706 Rn 16; MüKo/*Ulmer* § 705 Rn 168, 169). Weitere Ausnahme kann die arglistige Täuschung eines Gesellschafters sein, um diesen zum Beitritt zur Gesellschaft zu bewegen, jedoch auch hier nur unter engen Voraussetzungen (BGHZ 26, 335). Auch aus dem Grundsatz von Treu und Glauben (§ 242) kann sich uU ein Zurückbehaltungsrecht ergeben (BaRoth/*Timm*/*Schöne* § 706 Rn 16). In gravierenden Fällen kann der Verzug des Gesellschafters eine Auflösung der Gesellschaft bzw ihre Kündigung rechtfertigen (§§ 723, 737).

9 **III. Schlechtleistung.** Für die Schlechtleistung von Beiträgen wird – insbes bei Sachleistungen – teilweise eine eingeschränkte analoge Anwendung der Gewährleistungsvorschriften der einzelnen Schuldverhältnisse wie Kauf, Miete und Werkvertrag vorgeschlagen. Dabei sollen die gewährleistungsrechtlichen Rechtsfolgen gesellschaftsspezifisch „modifiziert" werden mit der Folge, dass das Gesellschafterverhältnis selbst tangierende Rechtsfolgen ausgeschlossen sind (BaRoth/*Timm*/*Schöne* § 706 Rn 17). Dem kann nicht gefolgt werden, da diese Ansicht den gesellschaftsrechtlichen Besonderheiten nicht ausreichend Rechnung trägt und uU zu für den beitragspflichtigen Gesellschafter unzumutbaren Ergebnissen führt, insbes zu einer nicht vorgesehenen Barleistungspflicht (MüKo/*Ulmer* § 706 Rn 27; Dauner-Lieb/*Heidel*/*Pade* § 705 Rn 150). Anwendung finden daher die allgemeinen Vorschriften der §§ 275 ff. Der Gesellschafter haftet nur bei Verschulden, hat aber das fehlende Verschulden nachzuweisen, § 280 I 2. Hat der Gesellschafter die Schlechtleistung nicht zu vertreten, kommen die gesellschaftsspezifischen Instrumente der Auflösung, Kündigung oder des Ausschlusses in Betracht. Das soeben Gesagte gilt auch für die Beitragsleistung durch Sachleistungen nur zum Gebrauch bzw dem Werte nach. Insbes die verschuldensunabhängigen Ersatzansprüche der §§ 536, 536 a, 634 Nr 1-3 aber auch des § 437 Nr 1, 2 sind mit dem gesellschaftlichen Treueverhältnis und dem daraus sich ergebenden Gebot der gegenseitigen Rücksichtnahme nicht zu vereinbaren (vgl auch MüKo/*Ulmer* § 706 Rn 27, 28), es sei denn, dies ist mit einer gesellschaftsvertraglich vereinbarten erhöhten Vergütung des Gesellschafters gerechtfertigt oder ausdrücklich vereinbart. Das zur Sachleistung Gesagte gilt entspr für Beiträge durch Dienstleistungen. Bei mangelhafter Ausführung finden ebenfalls die allg Regeln der §§ 280, 281 Anwendung (BaRoth/*Timm*/*Schöne* § 706 Rn 18).

§ 707 Erhöhung des vereinbarten Beitrages

Zur Erhöhung des vereinbarten Beitrages oder zur Ergänzung der durch Verlust verminderten Einlage ist ein Gesellschafter nicht verpflichtet.

1 **A. Anwendungsbereich und Zweck.** Das § 707 zu entnehmende sog **Belastungsverbot** dient dem Schutz der Gesellschafter vor Verpflichtungen, welche zum Zeitpunkt des Abschlusses des Gesellschaftsvertrages nicht ersichtlich waren. Es ist zeitlich begrenzt für das Bestehen der Gesellschaft. Im Falle der Auseinandersetzung besteht eine Pflicht zur Verlustdeckung nach § 735. Gleiches gilt im Fall des Ausscheidens eines Gesellschafters gem § 739. § 707 findet darüber hinaus nur im Innenverhältnis zwischen den Gesellschaftern Anwendung. Ggü Gesellschaftsgläubigern – sowohl Dritten als auch Gesellschaftern – sind die Gesellschafter auch über ihre Einlage hinaus mit ihrem persönlichen Vermögen verpflichtet (BGH NJW 80, 339; 81, 1095). Keine Beitragserhöhung iSd § 707 liegt vor, wenn die Beitragshöhe im Gesellschaftsvertrag nicht festgelegt ist und die Gesellschafter sich ausdrücklich oder konkludent verpflichtet haben, entspr ihrer Beteiligung das zur Förderung des Gesellschaftszwecks Erforderliche beizutragen (BGH NJW 80, 339; BaRoth/*Timm*/*Schöne* § 707 Rn 4). Die Festsetzung obliegt dem geschäftsführenden Gesellschafter; die Grenze ist bei willkürlichen und nicht mehr von den gesellschaftsvertraglichen Vereinbarungen gedeckten Erhöhungen zu ziehen.

2 **B. Voraussetzungen.** Die Verpflichtung eines Gesellschafters zum Nachschuss kann nur durch Vereinbarung im Gesellschaftsvertrag oder durch (idR einstimmigen) Gesellschafterbeschluss begründet werden. Sieht schon der Gesellschaftsvertrag unter bestimmten Bedingungen Nachschüsse vor, so müssen die Nachschüsse und ihre Voraussetzungen eindeutig bestimmt oder bestimmbar sein und dem Gesellschafter das Risiko in

verständlicher Weise verdeutlichen (BGH NJW 83, 164). Dies hindert eine konkludente Vereinbarung solcher Art jedoch nicht per se (BGH WM 61, 32, 34). Der Gesellschaftsvertrag kann die Beitragserhöhung durch Mehrheitsbeschluss zulassen, doch setzt dies eine ausdrückliche Regelung, nicht nur eine allg Mehrheitsklausel voraus. Auch dann kann aber ein Mehrheitsbeschluss unwirksam sein, wenn er dem Zweck zu dienen bestimmt ist, missliebige Gesellschafter durch Erhöhung des finanziellen Einsatzes hinauszudrängen. Fehlt eine – ausdrückliche oder stillschweigende – gesellschaftsvertragliche Regelung, ist eine Verpflichtung der Mitglieder zur Erhöhung der Beiträge aufgrund der allgemeinen Treuepflicht (§ 705 Rn 22) nur in Ausnahmefällen anzunehmen. Die bloße Gefährdung der Erreichung der Gesellschaftszweckes zB durch die Insolvenz der Gesellschaft ist hierfür nicht ausreichend (BGH NJW-RR 89, 993, 995).

Beitragserhöhungen auf freiwilliger Basis sind ohne Zustimmung der übrigen Gesellschafter nicht möglich, da sie regelmäßig mit einer Veränderung der Beteiligungsverhältnisse korrespondieren werden. Allerdings kann in Krisenzeiten der Gesellschaft eine Zustimmungspflicht der übrigen Gesellschafter aus ihrer allg Treuepflicht bestehen (Erman/*Westermann* § 707 Rn 4; MüKo/*Ulmer* § 707 Rn 8). 3

§ 708 Haftung der Gesellschafter

Ein Gesellschafter hat bei der Erfüllung der ihm obliegenden Verpflichtungen nur für diejenige Sorgfalt einzustehen, welche er in eigenen Angelegenheiten anzuwenden pflegt.

A. Allgemeines. Die Vorschrift des § 708 definiert den Haftungsmaßstab im Innenverhältnis der Gesellschaft als die sog eigenübliche Sorgfalt, diligentia quam in suis, s § 277. Hintergrund der Regelung ist der Gedanke, zwischen den Gesellschaftern bestehe eine Art „Schicksalsgemeinschaft" aufgrund ihrer selbst gewählten engen Verbundenheit und der damit verbundenen Konsequenz, die Mitgesellschafter so zu akzeptieren, „wie sie einmal seien" (*Mugdan* II, 985). Aus diesem Grund sei eine Haftungserleichterung dahingehend, dass jeder nur für das einzustehen habe, was nicht über seine in eigenen Angelegenheiten angewandte Sorgfalt hinausgehe, angemessen (zur Ausnahme zur Publikums-GbR vgl Rn 3). 1

§ 708 ist dispositives Recht. Bei der Frage nach dem Haftungsmaßstab sind daher vorrangig gesellschaftsvertragliche Vereinbarungen heranzuziehen, aus denen Haftungserleichterungen oder -verschärfungen folgen können. Der Anwendungsbereich der Vorschrift ist nicht auf vertragliche Ansprüche beschränkt, sondern gilt auch im deliktischen Bereich (BGH NJW 93, 23, 29; 85, 794). Andernfalls würde über das Deliktsrecht dem Haftungsprivileg des § 708 seine Wirkung genommen. Der erforderliche Zusammenhang zwischen Pflichtverletzung und Gesellschaftsverhältnis ist in diesen Fällen dann gegeben, wenn auch zugleich eine gesellschaftsvertragliche Pflicht verletzt wird. Zudem muss die Pflichtverletzung in Erfüllung gesellschaftsvertraglicher Pflichten entstanden sein und nicht lediglich bei deren Gelegenheit (s Rn 5). 2

B. Anwendungsbereich. I. Gesellschaftsverhältnis. Über die §§ 161, 105 HGB gilt § 708 auch für die Personenhandelsgesellschaften der OHG und KG, über § 1 IV PartGG auch für die Partnerschaftsgesellschaft. Dagegen ist die Vorschrift entgegen § 54 S 1 nicht auf den nicht-rechtsfähigen Verein anzuwenden, da dieser körperschaftlich strukturiert ist und dem Normzweck unterfällt (Erman/*Westermann* § 708 Rn 3; Palandt/*Sprau* § 708 Rn 3). Gleiches gilt im Ergebnis für **Publikumspersonengesellschaften**. Diese werden als kapitalistisch geprägter Zusammenschluss durch teleologische Reduktion des § 708 seinem Anwendungsbereich entzogen (BGHZ 75, 321, 327; 69, 207, 209), weil es an dem personalistischen Element unter den Gesellschaftern fehlt, das der Grund des Haftungsprivilegs ist. Die Differenzierung zwischen personalistisch oder kapitalistisch geprägten Rechtsverhältnissen gilt auch bei **GmbH & Co KGs** (MüKo/*Ulmer* § 708 Rn 5; BaRoth/*Timm/Schöne* § 708 Rn 6) oder sonstigen der Gesellschaft ähnlichen Rechtsverbindungen wie die Gemeinschaft sowie partiarischen Rechtsverhältnissen, welche regelmäßig nicht unter § 708 fallen, oder nichtehelichen Lebensgemeinschaften, welche jedenfalls als GbR in den Anwendungsbereich einbezogen sind (vgl Erman/*Westermann* § 708 Rn 3; BaRoth/*Timm/Schöne* § 708 Rn 6 aE). 3

Trotz Vorliegens eines Gesellschaftsverhältnisses macht der BGH bei einem **Handeln im Straßenverkehr** deutliche Einschränkungen. Häufig wird es sich hier um Gesellschaften in Form von Gelegenheitsgesellschaften wie zB Fahrgemeinschaften handeln. Die Rspr reduziert den Anwendungsbereich jedoch für alle Gesellschaftsformen bis zum völligen Ausschluss des § 708 (BGHZ 46, 313, 317); Soergel/*Hadding* § 708 Rn 3; aA MüKo/*Ulmer* § 708 Rn 13; Dauner-Lieb/*Heidel/Pade* § 708 Rn 9). Begründet wird die Reduktion mit den Anforderungen des Straßenverkehrs, welcher keinen Raum für individuelle Sorglosigkeit biete. Diese Auffassung überzeugt angesichts des Normzwecks der Vorschrift nicht. § 708 findet lediglich im Binnenverhältnis der Gesellschaft Anwendung; wer sich seinen Mitgesellschafter selber aussuche, solle auch dessen individuellen Sorgfaltsmaßstab in Kauf nehmen müssen. Die Sorgfaltsanforderungen des Straßenverkehrs und dessen beabsichtigter Schutz können aus diesem Grund eine Nichtanwendbarkeit der Vorschrift im Innenverhältnis nicht begründen. 4

II. Beschränkung auf das Innenverhältnis. Das Haftungsprivileg des § 708 ist auf das Innenverhältnis der Gesellschaft und ihrer Gesellschafter beschränkt. Dem Anwendungsbereich entzogen sind dagegen Beziehun- 5 gen zu Gläubigern der Gesellschaft sowie sog Drittverhältnisse (§ 705 Rn 31) zwischen Gesellschaft und Gesellschafter (Jauernig/*Stürner* § 708 Rn 2; BaRoth/*Timm/Schöne* § 708 Rn 8).

6 Das Tatbestandsmerkmal „bei der Erfüllung der ihm obliegenden Verpflichtungen" begrenzt den Anwendungsbereich der Vorschrift auf Handlungen, welche ihre Begründung im Gesellschaftsvertrag finden. Dies geschieht analog §§ 31, 831 in Abgrenzung zu Verrichtungen „bei Gelegenheit" der Erfüllung gesellschaftlicher Pflichten. Erforderlich ist demnach ein unmittelbarer innerer Zusammenhang zwischen schadensbegründender Handlung und dem Gesellschaftsverhältnis entspringender Pflicht (MüKo/*Ulmer* § 708 Rn 7). Hierunter fallen insbes die iRd geschäftlichen Beziehungen anfallenden Hauptleistungspflichten, aber auch Neben- und Schutzpflichtverletzungen, wenn diese einen unmittelbaren Bezug zu den Risiken des Gesellschaftszweckes haben (MüKo/*Ulmer* § 708 Rn 7; *K. Schmidt* GesR § 59 III 2 b).

7 **III. Überschreiten der Befugnisse als Geschäftsführer.** Seit jeher ist die Frage umstr, ob anders als bei der bloßen Schlechterfüllung der Tätigkeit als Geschäftsführer auf die Überschreitung der Geschäftsführungsbefugnisse das Recht der GoA Anwendung finden soll, was die Nichtanwendbarkeit des § 708 zur Folge hätte (so RGZ 158, 302, 312; heute noch zweifelnd Palandt/*Sprau* § 708 Rn 2). Eine solche Differenzierung ist aber sachlich nicht gerechtfertigt und zudem dogmatisch zweifelhaft (so auch MüKo/*Ulmer* § 708 Rn 9 ff; BaRoth/*Timm/Schöne* § 708 Rn 16; Dauner-Lieb/*Heidel/Pade* § 708 Rn 8). Sie kann nicht damit begründet werden, der Geschäftsführer handele in diesen Fällen nicht „bei der Erfüllung" seiner gesellschaftsvertraglichen Pflichten. Denn zu diesen gehört auch die Prüfung dessen, was von seiner Befugnis gedeckt ist. Bei einer Fehleinschätzung handelt es sich demnach ebenfalls um eine Schlechtleistung im weiteren Sinne. Bei der Frage, ob der Geschäftsführer bei seiner Bewertung schuldhaft handelte, muss diesem nach der Ratio des § 708 das Haftungsprivileg zugute kommen. Auch verlangen die §§ 667 ff ein Handeln ohne Auftrag; in den Fällen einer Überschreitung einer bestehenden vertraglichen Befugnis sind sie dagegen nach richtiger Ansicht unanwendbar (BGH NJW-RR 89, 1255, 1257; 88, 995, 996).

8 **C. Rechtsfolge.** § 708 regelt nur den Verschuldensmaßstab, nicht eine Anspruchsgrundlage. Bei Vorliegen der übrigen Voraussetzungen entsteht ein Schadensersatzanspruch aus § 280 I bzw § 311 II, III bei vorvertraglichen Pflichtverletzungen, jedenfalls dann, wenn in der Folge ein Gesellschaftsvertrag zustande kommt (KG NZG 99, 199, 201). Zur Geltendmachung vgl § 705 Rn 27 f. Die Beweislast folgt den allgemeinen Regeln. Die Gesellschaft braucht jedoch lediglich ein Verschulden iSd § 276 nachzuweisen. Der Nachweis der geringeren Sorgfalt in eigenen Angelegenheiten obliegt dann dem Gesellschafter, der sich damit entlasten will (BGH NJW 90, 573; Erman/*Westermann* § 708 Rn 12).

§ 709 Gemeinschaftliche Geschäftsführung

(1) Die Führung der Geschäfte der Gesellschaft steht den Gesellschaftern gemeinschaftlich zu; für jedes Geschäft ist die Zustimmung aller Gesellschafter erforderlich.
(2) Hat nach dem Gesellschaftsvertrag die Mehrheit der Stimmen zu entscheiden, so ist die Mehrheit im Zweifel nach der Zahl der Gesellschafter zu berechnen.

1 **A. Systematische Stellung.** Die Vorschrift enthält rudimentäre Regelungen zu Grundsätzen der Geschäftsführung sowie zur Beschlussfassung der Gesellschaft und steht am Beginn der §§ 709–715, welche Geschäftsführung und Vertretung regeln. §§ 709–713 bestimmen das gesetzliche Modell zur Geschäftsführung, die §§ 714, 715 anschließend die Vertretung der Gesellschaft. Durch die neuere Rspr zur Teilrechtsfähigkeit der GbR sind zumindest die Formulierungen einiger Normen überholt. So spricht zB § 714 von der Vertretung der Mitgesellschafter statt der Gesellschaft. Die Vorschriften sind dispositiv und gelten vorbehaltlich abw gesellschaftsvertraglicher Regelung. § 709 ist Ausdruck des gesetzlichen Modells der GbR mit einer überschaubaren Zahl von einander persönlich bekannten Gesellschaftern. Aufgrund dieser personalistischen Struktur soll in Fragen der Geschäftsführung Einstimmigkeit herrschen. Geschäftsführung betrifft die Tätigkeit für die Gesellschaft in tatsächlicher und rechtlicher Hinsicht, die Geschäftsführungsbefugnis das „rechtliche Dürfen" hierzu. Die Vertretungsmacht bezeichnet dagegen das „rechtliche Können".

2 **B. Geschäftsführung. I. Grundsätze. 1. Umfang der Geschäftsführung.** Zur Geschäftsführung sind nach dem Leitbild der Vorschrift alle Gesellschafter berufen. Der Begriff der Geschäftsführung wird dabei weit verstanden. Hierunter fällt jede Art, ob tatsächlich oder rechtsgeschäftlich, ob mit oder ohne Außenwirkung, von Handlungen für die Gesamthand zur Förderung des Gesellschaftszweckes mit **Ausnahme** sog Grundlagengeschäfte (MüKo/*Ulmer* § 709 Rn 7). **Grundlagengeschäfte** sind Handlungen, welche den Gesellschaftsvertrag ändern oder die Grundlagen der Gesellschaft als solcher betreffen, dh deren Struktur und Organisation (Erman/*Westermann* § 709 Rn 6; Staud/*Habermeier* § 709 Rn 2; BaRoth/*Timm/Schöne* § 709 Rn 17). Dies sind insbes Beitragserhöhungen, Änderungen im Gesellschafterbestand sowie Modifikationen der Geschäftsführung oder des Gesellschaftszweckes. In diesen Bereichen ist ein einstimmiger Gesellschafterbeschluss erforderlich, es sei denn, der Gesellschaftsvertrag räumt dem Geschäftsführer eine entspr Dispositionsbefugnis ein (MüKo/*Ulmer* § 709 Rn 10).

2. Grundsatz der Selbstorganschaft. Die Regeln zur Geschäftsführung werden geprägt vom Grundsatz der Selbstorganschaft. Dieser Grundsatz, welcher im Gegensatz zu den Kapitalgesellschaften für alle Personengesellschaften gilt, besagt, dass die Geschäftsführung und die organschaftliche Vertretung zwingend den Gesellschaftern vorbehalten ist (BGH WM 01, 1056; WM 94, 237, 238; aA Erman/*Westermann* § 709 Rn 4). Die Befugnis zur Geschäftsführung ist demnach Ausfluss der Mitgliedschaft selbst. Dies verbietet zwar nicht eine Beteiligung Dritter an der Geschäftsführung durch den Abschluss entspr Anstellungs- oder Auftragsverhältnisse dergestalt, dass diese Aufgaben der Geschäftsführung übernehmen (MüKo/*Ulmer* § 709 Rn 5; BaRoth/*Timm/Schöne* § 709 Rn 4 ff). Zulässig ist sogar eine umfassende Übertragung der Geschäftsführung. Entscheidend ist aber, dass zumindest ein Gesellschafter jederzeit in der Lage ist, ebenfalls die Geschäftsführung in vollem Umfang wahrzunehmen und keine Entkoppelung der Geschäftsführer von der Geschäftsführung erfolgt (BGH WM 94, 237). Da die Geschäftsführungsbefugnis des Dritten nur abgeleitet ist, ist sie auch ohne seine Mitwirkung durch die Gesellschafter frei widerrufbar. Dementsprechend finden darauf auch die für die Geschäftsführung durch Gesellschafter geltenden §§ 712, 713 keine Anwendung (MüKo/*Ulmer* § 709 Rn 5). Die Schaffung einer mittelbaren Fremdorganschaft ist auch durch die Übertragung der Geschäftsführung auf eine GmbH als geschäftsführende Gesellschafterin möglich (MüHdBGesR I/*v. Ditfurth* § 7 Rn 8). Eine Ausnahme vom Grundsatz der Selbstorganschaft macht die Rspr im Bereich der **Publikumsgesellschaften** aufgrund ihrer eher kapitalistischen Struktur (BGH ZIP 05, 1361, 1363; NJW 82, 2495). Weil die initiierenden Gründungsgesellschafter die Geschäftsführung vielfach nicht übernehmen können oder wollen, ist es dort zulässig, die Geschäftsführung auch ohne Widerrufsmöglichkeit für die Dauer des Anstellungsvertrages auf einen Dritten zu übertragen (BaRoth/*Timm/Schöne* § 709 Rn 6; MüKo/*Ulmer* § 709 Rn 6). Allerdings besteht ein Recht der Gesellschafter zum Widerruf der Vollmacht aus wichtigem Grund sowie zur außerordentlichen Kündigung (BGH aaO). IRd **Abwicklungsgesellschaft** gilt der Grundsatz der Selbstorganschaft ebenfalls nicht; auch hier kann ein Dritter durch einstimmigen Gesellschafterbeschluss zum Liquidator bestellt werden (Köln NJW-RR 96, 27; zum Ganzen Staud/*Habermeier* § 709 Rn 13; MüHdBGesR I/*v Ditfurth* § 7 Rn 8 ff).

3. Beirat. Zur Kontrolle der Geschäftsführung können durch Gesellschaftsvertrag entspr Gremien wie zB ein Beirat begründet werden. Hat dieses Gremium Entscheidungskompetenzen in Fragen der Geschäftsführung, sind auch dafür die Grenzen des Grundsatzes der Selbstorganschaft zu berücksichtigen, dh gesellschaftsfremden Personen ist die Mitgliedschaft in diesen Instanzen grds versagt (vgl auch MüKo/*Ulmer* § 705 Rn 214).

4. Recht und Pflicht zur Geschäftsführung. Mangels abw Regelung haben die Gesellschafter das Recht auf und die Pflicht zur Geschäftsführung. Beides ist unmittelbarer Ausfluss der Gesellschafterstellung. Aus diesem Grund handelt es sich bei Änderungen der Geschäftsführung zugleich um Änderungen des Gesellschaftsvertrages. Das Recht zur Geschäftsführung kann nur unter den Voraussetzungen der §§ 712, 713 entzogen werden, sofern der Gesellschaftsvertrag keine darüber hinausgehenden Regelungen enthält (MüHdBGesR I/*v Ditfurth* § 7 Rn 12). Eine Blockierung der Geschäftsführung aus gesellschaftsfremden Gründen kann die Verwirkung des Rechts begründen (BGH NJW 72, 862, 864). Zudem kommt eine Haftung des Gesellschafters aus § 280 I wegen der Verletzung seiner mitgliedschaftlichen Pflichten in Betracht (BaRoth/*Timm/Schöne* § 709 Rn 12).

II. Vergütung des Geschäftsführers und Aufwendungsersatz. 1. Vergütung. Weil die Pflicht zur Geschäftsführung schon aus der Gesellschafterstellung folgt, hat der Gesellschafter für seine Tätigkeit als Geschäftsführer keinen **Vergütungsanspruch**, außer dies ist ausdrücklich oder stillschweigend durch Gesellschaftsvertrag oder Gesellschafterbeschluss vereinbart (allgM; Staud/*Habermeier* § 709 Rn 34; Dauner-Lieb/*Heidel/Pade* § 709 Rn 10). Die Geschäftsführung ist bereits durch die Gewinnbeteiligung des Gesellschafters vergütet, und zwar auch, wenn nur einzelne Gesellschafter zur Geschäftsführung verpflichtet sind (Kobl WM 86, 590, 591). Anderes gilt nur dann, wenn der zu leistende Einsatz des Geschäftsführers das übliche Maß deutlich übersteigt, insbes wenn diesem durch die Tätigkeit anderweitige Vermögenseinbußen entstehen. In diesen Fällen ist die stillschweigende Vereinbarung einer Vergütung anzunehmen (BGH NJW 55, 1277; MüKo/*Ulmer* § 713 Rn 17; Staud/*Habermeier* § 709 Rn 34). Die Einordnung des rechtlichen Charakters der Geschäftsführervergütung ist umstr. Teilweise wird angenommen, die §§ 611 ff seien auf diese Sachverhalte analog anzuwenden (BGH NJW 63, 1051, 1052); Palandt/*Sprau* § 713 Rn 1; differenzierend BaRoth/*Timm/Schöne* § 709 Rn 14). Richtigerweise handelt es sich jedoch um eine Gewinnverteilungsabrede, durch die der geschäftsführende Gesellschafter einen Gewinnvoraus erhält (Kobl WM 86, 590, 591; Hamm DB 77, 717; zum Ganzen MüKo/*Ulmer* § 709 Rn 32 ff; MüHdBGesR I/*v. Ditfurth* § 7 Rn 22 ff). Durch die Einstufung der Tätigkeit des Geschäftsführers als Teil der Beitragsleistung des Gesellschafters iSd § 705 ist dieses Ergebnis bereits vorgegeben. Ist die Tätigkeit des geschäftsführenden Gesellschafters eine aus seiner Mitgliedschaft folgende Pflicht, so muss dementspr auch die Vergütung dogmatisch aus dem Gesellschaftsverhältnis entspringen. Hierfür spricht auch, dass die Entscheidung über eine Vergütung durch die Gesellschafterversammlung und nicht etwa die geschäftsführenden Gesellschafter getroffen wird (*Riegger* DB 83, 1909, 1910).

2. Aufwendungsersatz. Der Anspruch des Geschäftsführers auf **Aufwendungsersatz** ist dagegen durch die §§ 713, 670 gesetzlich bestimmt und bedarf keiner gesellschaftsvertraglichen Vereinbarung. Hiernach kann der Geschäftsführer Ersatz der Aufwendungen verlangen, welche er zum Zweck der Geschäftsführung getätigt hat und die er den Umständen nach für erforderlich halten durfte (Erman/*Westermann* § 713 Rn 5; BaRoth/ *Timm/Schöne* § 713 Rn 11). Dazu gehören neben freiwilligen Vermögensopfern auch Schäden und Verluste, welche aus der Geschäftsführung resultieren und in einem unmittelbarem Zusammenhang mit dieser stehen (MüKo/*Ulmer* § 713 Rn 16; MüHdBGesR I/*v. Ditfurth* § 7 Rn 19). Wurde früher hierzu § 110 HGB, welcher entspr für OHG und KG regelt, herangezogen, ist dies mittlerweile nicht mehr erforderlich, da sich der Rechtsgedanke der Vorschrift auch iRd § 670 durchgesetzt hat (MüKo/*Ulmer* § 713 Rn 16; MüHdBGesR I/*v. Ditfurth* § 7 Rn 19). Ausschlagend ist, dass sich ein tätigkeitsspezifisches Risiko realisiert hat, dh es muss sich eine Gefahr verwirklicht haben, welche mit der Art der Geschäftsführung typischerweise verbunden ist. Demgegenüber werden Schäden, in denen sich lediglich das allgemeine Lebensrisiko verwirklicht hat, nicht erfasst (Soergel/*Hadding* § 713 Rn 11). Der Anspruch auf Aufwendungsersatz richtet sich grds gegen die Gesamthand. Die Mitgesellschafter können lediglich iRd Abwicklung bei Liquidation der Gesellschaft anteilig haftbar gemacht werden (BGH NJW 80, 339, 340). Die Gegenansicht, welche bei Fehlen ausreichenden Gesellschaftsvermögens einen vorzeitigen Ausgleich befürwortet (MüKo/*Ulmer* § 713 Rn 15 mwN), kollidiert mit dem Gedanken des § 707, wonach es keine Nachschusspflicht der Gesellschafter gibt. Es steht den Gesellschaftern jedoch frei, davon Abweichendes gesellschaftsvertraglich zu vereinbaren (BGH NJW 80, 339, 340). Der Grundsatz, dass während der Dauer der Gesellschaft nur ein Ersatzanspruch gegen die Gesellschaft besteht, gilt grds auch für Regressansprüche des Gesellschafters wegen einer Inanspruchnahme durch Gesellschaftsgläubiger analog § 128 HGB. Aufgrund der gesamtschuldnerischen Struktur der akzessorischen Gesellschafterhaftung ist der in Anspruch genommene Gesellschafter jedoch berechtigt, bei Fehlen einer ausreichenden Haftungsmasse im Gesellschaftsvermögen seine Mitgesellschafter anteilig nach § 426 in Regress zu nehmen (BGH NJW 81, 1095, 1096; 80, 339, 340). Der Aufwendungsersatzanspruch besteht nur bei rechtmäßigem Handeln des Geschäftsführers. Aufwendungen des Notgeschäftsführers werden ebenfalls über §§ 713, 670 erstattet, da dieser die GbR nicht vertreten (BayObLG ZIP 80, 904, 905; Palandt/*Sprau* § 714 Rn 2) und demnach auch keinen Vergütungsanspruch erlangen kann.

8 **III. Umfang der Geschäftsführung.** Der Umfang der zulässigen Maßnahmen der Geschäftsführung richtet sich nach dem jeweiligen Zweck der Gesellschaft. Eine Unterscheidung in gewöhnliche und außergewöhnliche Maßnahmen wie bei § 116 HGB gibt es bei der GbR nicht. Von der Geschäftsführungsbefugnis umfasst sind alle tatsächlichen und rechtlichen Handlungen, welche der Förderung des Gesellschaftszweckes zu dienen bestimmt sind (MüKo/*Ulmer* § 709 Rn 23; BaRoth/*Timm/Schöne* § 709 Rn 15). Eine darüber hinausgehende Beschränkung der Geschäftsführungsbefugnis kann jedoch gesellschaftsvertraglich vereinbart werden. Nicht vom Umfang der Geschäftsführungsbefugnis gedeckt sind Grundlagengeschäfte (s Rn 2).

9 **C. Gemeinschaftliche Geschäftsführung. I. Einstimmigkeitsprinzip. 1. Einstimmigkeitsprinzip.** Das Einstimmigkeitsprinzip des § 709 I ist der gesetzliche Regelfall der Vertretung, der immer dann gilt, wenn im Gesellschaftsvertrag weder ausdrücklich noch konkludent abw vereinbart ist. Danach bedarf auch in dringenden Fällen jede Geschäftsführungsmaßnahme der positiven Zustimmung aller Gesellschafter, ausgenommen nur der Fall der Notgeschäftsführung (Rn 11) und der Interessenkollision eines Gesellschafters (Rn 16). Eine Stimmenthaltung hat hier die Wirkung einer Ablehnung. Auch iRd Einstimmigkeitsprinzips ist es zulässig, dass sich die Gesellschafter zB iR einer Ressortierung der Geschäftsführung einander ermächtigen, alle oder bestimmte Maßnahmen der Geschäftsführung einzeln zu entscheiden (Soergel/*Hadding* § 709 Rn 16). Dabei handelt der ermächtigte Gesellschafter aber nur aufgrund der Ermächtigung auch für die anderen und der Grundsatz der Einstimmigkeit wird mangels Änderung des Gesellschaftsvertrags nicht berührt.

10 **2. Ermessensspielraum.** Ob ein Gesellschafter einer Geschäftsführungsmaßnahme zustimmt, liegt grds in seinem freien (unternehmerischen) Ermessen. Zweckmäßigkeitsfragen unterliegen keiner gerichtlichen Überprüfung (BGH NJW 86, 844; 72, 862). Eine Zustimmungspflicht gilt nur dann, wenn ein Ermessensspielraum nicht mehr besteht, zB bei Erfüllung einer unstr Verbindlichkeit oder wenn die Maßnahme zur Erfüllung des Gesellschaftszwecks und im Interesse der Gesellschaft so dringend geboten ist, dass eine Verweigerung der Zustimmung gegen Treu und Glauben verstoßen würde. Dann ist eine gerichtliche Durchsetzung der Zustimmung zur Maßnahme zulässig (BGH NJW 83, 1192; 82, 641; Soergel/*Hadding* § 709 Rn 16). Ist die Maßnahme sogar von existentieller Bedeutung für die Gesellschaft, kann die treuwidrige Verweigerung der Zustimmung mit der Folge unbeachtlich sein, dass die übrigen Gesellschafter auch ohne die Zustimmung zum Handeln berechtigt sind (BGH WM 86, 1556, 1557; BB 60, 112; Soergel/ *Hadding* § 709 Rn 16). Wird die Zustimmung verweigert, besteht nach BGH „regelmäßig" eine Pflicht zur Begründung (NJW 72, 862, 863; aA *Flume* Personengesellschaft S 267). Richtig ist, eine Begründungspflicht nur dann anzunehmen, wenn das Verhalten des Gesellschafters darauf hindeutet, dass seine Entscheidung auf sachfremden Erwägungen beruht. Eine generelle Begründungspflicht stünde im Widerspruch zu dem Grundsatz, dass der Gesellschafter privatautonom über die Zweckmäßigkeit einer Geschäftsführungsmaßnahme entscheiden darf (vgl zum ganzen MüKo/*Ulmer* § 709 Rn 44; MüHdBGesR I/*v Ditfurth* § 7 Rn 30).

3. Notgeschäftsführung. Zur Erhaltung bestimmter Gegenstände des Gesellschaftsvermögens oder der 11 Gesellschaft selbst ist jeder Gesellschafter entspr § 744 II berechtigt, iRd **Notgeschäftsführung** die notwendigen Maßnahmen zu ergreifen, wenn dies zur Abwendung eines unmittelbar drohenden Schadens notwendig ist (BGHZ 17, 181, 183; MüKo/*Ulmer* § 709 Rn 21; MüHdBGesR I/*v. Ditfurth* § 7 Rn 74). Dabei hat der handelnde Gesellschafter zwar keine Vertretungsbefugnis, kann aber die Rechte der Gesellschaft im eigenen Namen geltend machen (BayObLG ZIP 1980, 904).

II. Mehrheitliche Geschäftsführung. § 709 II setzt eine Vereinbarung im Gesellschaftsvertrag voraus und 12 lässt es dann genügen, dass Geschäftsführungsmaßnahmen (Rn 8) mehrheitlich entschieden werden, und zwar mangels abw Vereinbarung nach Köpfen. Notwendig ist absolute Mehrheit der stimmberechtigten Stimmen, so dass Stimmenthaltung oder Nichtbeteiligung an der Abstimmung wie eine Ablehnung wirken (MüKo/*Ulmer* § 709 Rn 47). Ein positiver Beschluss erlaubt die Umsetzung der Maßnahme, an der auch überstimmte Gesellschafter – wie zB bei Gesamtvertretungsbefugnis erforderlich – mitwirken müssen.

D. Gesellschafterbeschlüsse. I. Rechtsnatur und Beschlussgegenstände. 1. Rechtsnatur. Gesellschafterbe- 13 schlüsse sind mehrseitige Rechtsgeschäfte aus einer Vielzahl empfangsbedürftiger Willenserklärungen durch Stimmabgabe. Die Stimmabgabe ist gestaffelt möglich, mit der letzten Stimmabgabe ist der Beschluss gefasst (Köln NZG 98, 767, 768). Die Willenserklärungen zur Stimmabgabe haben rechtsgeschäftlichen Charakter, auch wenn sie nicht auf Änderung des Gesellschaftsvertrags, sondern – wie meist – nur auf die interne Willensbildung der Gesamthand (vgl BGHZ 65, 93, 97) zielen. Aus dem rechtsgeschäftlichen Charakter der Willenserklärungen folgt, dass die allg Vorschriften des Schuldrechts (§§ 104 ff) auf Gesellschafterbeschlüsse anzuwenden sind. Auf die Vertretung von Gesellschaftern bei der Stimmabgabe ist § 181 anwendbar (BGHZ 112, 339, 340 ff; s § 181 Rn 8).

2. Beschlussgegenstände. Beschlussgegenstände betreffen insbes folgende Fallgruppen: 1) Entscheidungen 14 über Geschäftsführungsmaßnahmen; 2) Grundlagengeschäfte, insbes Änderungen des Gesellschaftsvertrags (Rn 2); 3) Entscheidungen über die interne Organisation und Willensbildung wie zB Bilanzfeststellung, Gewinnverwendung und Entlastung; 4) weitere durch Gesellschaftsvertrag bestimmte Maßnahmen wie zB Wahl eines Beirats. Grds sind alle Gesellschafterbeschlüsse einstimmig zu fassen, doch werden die Mehrheitsanforderungen in der Praxis durch Gesellschaftsvertrag nach den unterschiedlichen Beschlussgegenständen differenziert (für die Geschäftsführung zB §§ 709 II, 710).

II. Stimmrecht, Stimmverbote. 1. Stimmrecht. Das Stimmrecht folgt aus der Mitgliedschaft und ist 15 höchstpersönlicher Natur. Damit unterliegt es dem Abspaltungsverbot des § 717 (§ 717 Rn 1). Zulässig bleibt aber die Stimmrechtsvollmacht an Mitgesellschafter oder aber bei Zustimmung der Mitgesellschafter (im Gesellschaftsvertrag oder ausdrücklich oder konkludent im Einzelfall) oder bei Verhinderung aus wichtigem Grund auch an Dritte (BGH NJW 70, 706). Die Beiziehung eines sachverständigen und der Verschwiegenheitspflicht unterliegenden Beraters ist nur ausnahmsweise zulässig (LG Köln BB 75, 342; *Saenger* NJW 92, 348). Durch Gesellschaftsvertrag oder Vereinbarung innerhalb einer Gesellschaftergruppe kann die Poolung der Stimmabgaben einer Gruppe, die dann nur einheitlich abstimmen kann, vorgesehen werden. Die Entscheidung darüber muss durch Mehrheitsentscheid innerhalb der Gruppe fallen (Ddorf NJW-RR 95, 171). Die **Stimmbindung** ist grds zulässig, ggü Dritten aber nur beschränkt (MüKo/*Ulmer* § 717 Rn 25). Die Stimmbindung unter Gesellschaftern kann durch Leistungsklage (BGH NJW 67, 1963) durchgesetzt und durch auf bestimmte Stimmabgabe gerichtete einstweilige Verfügung (Stuttg NJW 87, 2449; Hburg NJW 92, 186, 187) gesichert werden.

2. Stimmverbot. Ein Stimmverbot besteht, soweit durch Gesetz (vgl §§ 712 I 1, 715, 737 S 2) oder Gesell- 16 schaftsvertrag angeordnet. Eine gesellschaftsvertragliche Regelung kann aber nicht den Eingriff in den Kernbereich der Mitgliedschaft des betroffenen Gesellschafters (Rn 18) sanktionieren, da hierfür stets die Zustimmung des Betroffenen erforderlich ist (BGH NJW 85, 974; MüKo/*Ulmer* § 709 Rn 63). Daneben besteht in entspr Anwendung gesetzlicher Regelungen im Verbandsrecht (s §§ 34, 47 IV GmbHG, § 136 I AktG) ein Stimmverbot wegen Interessenkollision bei Beschlüssen über die Entlastung oder die Befreiung von einer Verbindlichkeit des betroffenen Gesellschafters oder die Einleitung eines Rechtsstreits gegen ihn (allg M, vgl nur MüKo/*Ulmer* § 709 Rn 65), und wohl auch bei Beschlüssen über Rechtsgeschäfte mit einem Gesellschafter (dazu MüKo/*Ulmer* § 709 Rn 67–70). Kein Stimmverbot besteht bei Wahlen oder anderen Beschlüssen, die die innere Organisation betreffen. Bei Stimmverbot ist eine gleichwohl abgegebene Stimme nicht zu berücksichtigen.

III. Mehrheitsbeschlüsse. 1. Bestimmtheitsgrundsatz. Der Gesellschaftsvertrag kann abw vom gesetzli- 17 chen Einstimmigkeitsprinzip bestimmen, dass Entscheidungen der Gesellschafter durch Mehrheitsbeschluss getroffen werden. Für welche Entscheidungen das Mehrheitsprinzip gilt, ist durch Auslegung des Gesellschaftsvertrags zu ermitteln. Die Mehrheit wird iZw nach Köpfen bestimmt (vgl § 709 II für Geschäftsführungsmaßnahmen). Für Mehrheitsbeschlüsse, die den Gesellschaftsvertrag einer typischen GbR ändern, hat der BGH seit den 50er Jahren in einer großen Zahl von Entscheidungen den sog

Bestimmtheitsgrundsatz entwickelt. Danach ist die gesellschaftsvertragliche Anordnung von Mehrheitsentscheidungen nur wirksam, wenn der einzelne Gegenstand, der der Mehrheitsentscheidung unterliegt, ausreichend genau bestimmt ist (so zB BGH NJW 55, 825 und BGHZ 163, 385, 391: Erhöhung der Beiträge; NJW 73, 1602: Vertragsverlängerung; WM 86, 1556 f: Gewinnverteilung; NJW 67, 2157: Kündigungsregeln; WM 1966, 876: Liquidationsfolgen; NJW 85, 2830, 2931: Einschränkung der actio pro socio; NJW 88, 411, 412: Herabsetzung Mehrheitsquorum; WM 86, 1109: zusätzliche Entnahmen). Tragende Begründung für den Bestimmtheitsgrundsatz ist die Warnfunktion für den einzelnen Gesellschafter. Andererseits hat der BGH auch entschieden, der Bestimmtheitsgrundsatz sei abdingbar (BGH NJW 88, 411, 412). Und in einer Reihe von Entscheidungen hat er die Anwendung des Bestimmtheitsgrundsatzes auf **Publikumsgesellschaften** ganz ausgeschlossen (BGH NJW 76, 958; 77, 2160; 78, 1382). Die Vertragspraxis reagiert auf den Bestimmtheitsgrundsatz durch Abbedingung oder ausf Kataloge. In den letzten Jahren ist der Bestimmtheitsgrundsatz zu Recht vermehrt in Kritik gekommen, weil die üblichen Kataloge ihre Warnfunktion nicht wirksam erfüllen, eine formale Aufzählung der betroffenen Beschlussgegenstände ohne inhaltliche Aussagen (zB Höchstbeitrag, der kraft Mehrheitsbeschlusses zusätzlich zu leisten ist) kaum die Fiktion einer Vorab-Zustimmung zulässt und die konkreten Entscheidungen letztlich doch eher auf eine verdeckte Inhaltskontrolle hinauslaufen. So zieht der BGH in verschiedenen Entscheidungen auch selbst den Bestimmtheitsgrundsatz in Zweifel, ohne ihn bisher aufzugeben (BGH NJW 95, 194 f; 96, 1678), und im neueren Schrifttum wird er entweder auf zweiter Stufe durch eine materielle Kontrolle durch ungeschriebene Inhaltsschranken aus der Treuepflicht ergänzt (*K. Schmidt* GesR § 16 II 2 c; *Goette* FS Sigle, 145, 149 ff) oder – nach richtig vorzuziehender Auffassung – durch die Kernbereichslehre (Rn 18), die sich allein auf die inhaltliche Kontrolle konzentriert, ersetzt (MüKo/*Ulmer* § 709 Rn 90 ff).

18 **2. Schutz des Kernbereichs der Mitgliedschaft..** Einem Eingriff durch Mehrheitsbeschluss entzogen ist der Kernbereich der Mitgliedschaft, der nur mit ausdrücklicher Zustimmung des betroffenen Gesellschafters geändert oder entzogen werden kann (BGH NJW 95, 194 f; 85, 974; MüKo/*Ulmer* § 709 Rn 92 mwN). Demnach sind Mehrheitsentscheidungen zwar auch in diesem Bereich zulässig, sie bedürfen aber der Zustimmung des Betroffenen. Die Konturen des geschützten Kernbereichs sind nicht ganz klar. Dazu dürften in der typischen GbR zählen: Die Geschäftsführungsregeln, zeitliche Dauer der GbR, das Informations-, Stimm- oder Gewinnanteilsrecht sowie die Regeln über die Verteilung des Liquidationserlöses (BGH NJW 95, 194 f; MüKo/*Ulmer* § 709 Rn 93 mwN). Die Zustimmung kann nach richtiger Auffassung auch vorab erteilt werden, etwa auch im Gesellschaftsvertrag, doch wird eine solche Vorab-Zustimmung nur dann wirksam sein, wenn sie Art und Ausmaß des zulässigen Eingriffs, zB der Erhöhung der Beiträge, erkennen lässt (so richtig MüKo/*Ulmer* § 709 Rn 92).

19 **IV. Beschlussmängel.** Inhaltliche oder Verfahrensmängel von Beschlüssen führen nach ganz hM zu ihrer Nichtigkeit nach § 134. Eine bloße Anfechtbarkeit von Beschlüssen kennt das Personengesellschaftsrecht anders als das Kapitalgesellschaftsrecht dagegen nicht (BGH NJW 99, 3113, 3114; *Hueck* OHG § 11 V 2 a; MüKo/*Ulmer* § 709 Rn 105 f). Werden nichtige Beschlüsse über die Änderung des Gesellschaftsvertrags dennoch umgesetzt, können sie damit nach den Grundsätzen der fehlerhaften Gesellschaft (§ 705 Rn 17) im Nachhinein mit Wirkung ex nunc wirksam werden (MüKo/*Ulmer* § 709 Rn 109). In anderen Fällen kann eine ausdrückliche oder konkludente Bestätigung den Mangel heilen oder der Verwirkungseinwand einer Berufung auf den Mangel entgegenstehen. Die Nichtigkeit eines Beschlusses ist durch Feststellungsklage gegen die Gesellschafter, die der beantragten Feststellung widersprechen, geltend zu machen (BGH NJW 99, 3113, 3115). Der Feststellungsklage steht nicht entgegen, dass die Mitgesellschafter erklären, aus dem Beschluss derzeit keine Rechte herleiteten zu wollen (BGH DStR 01, 495). Im Falle der Außen-GbR empfiehlt sich heute nach Anerkennung der Rechts- und Parteifähigkeit der GbR vorsichtshalber zugleich Klage auch gegen die GbR selbst. Der Gesellschaftsvertrag kann und wird sinnvollerweise Regeln enthalten, die für die Geltendmachung von Mängeln Verfahren und Ausschlussfristen bestimmen (dazu MüKo/*Ulmer* § 709 Rn 114).

§ 710 Übertragung der Geschäftsführung

¹Ist in dem Gesellschaftsvertrag die Führung der Geschäfte einem Gesellschafter oder mehreren Gesellschaftern übertragen, so sind die übrigen Gesellschafter von der Geschäftsführung ausgeschlossen. ²Ist die Geschäftsführung mehreren Gesellschaftern übertragen, so findet die Vorschrift des § 709 entsprechende Anwendung.

1 Die Vorschrift enthält Auslegungsregeln für den Fall der Konzentration der Geschäftsführungsbefugnis auf einen oder einzelne Gesellschafter. Die Übertragung der Geschäftsführung ist ausdrücklich oder konkludent möglich, kann sich insbes auch aus langjähriger Praxis konkludent ergeben. Sie kann umfassend sein oder sich auf inhaltliche (bestimmte Tätigkeiten) oder qualitative (gewöhnliche Geschäfte) Teilbereiche der Geschäftsführung beschränken. In diesem Umfang sind die anderen Gesellschafter vorbehaltlich ihres Notgeschäftsführungsrechts (§ 709 Rn 11) von der Geschäftsführung ausgeschlossen. Damit haben sie auch kein

Widerspruchsrecht nach § 711. Ihre anderen Gesellschafterrechte, insbes ihr Kontrollrecht nach § 716, ihr Recht auf Rechnungslegung nach § 721 und das Recht zur Entziehung der Geschäftsführungsbefugnis nach § 712 bleiben dagegen unberührt.

Bei Übertragung der Geschäftsführung auf mehrere Gesellschafter gilt mangels abw Bestimmung das Einstimmigkeitsprinzip des § 709 I. Alternativ kann das Mehrheitsprinzip des § 709 II oder Einzelgeschäftsführung nach § 711 vereinbart werden. Ist Gesamtgeschäftsführung durch bestimmte Gesellschafter angeordnet und ist der vorletzte dieser weggefallen oder dauerhaft verhindert, lebt im Zweifel die Geschäftsführungsbefugnis aller Gesellschafter auf (MüHdBGesR I/v. *Ditfurth* § 7 Rn 46 mwN). Es empfiehlt sich, die Nachfolge in der Geschäftsführung gesellschaftsvertraglich zu regeln. 2

§ 711 Widerspruchsrecht

¹Steht nach dem Gesellschaftsvertrag die Führung der Geschäfte allen oder mehreren Gesellschaftern in der Art zu, dass jeder allein zu handeln berechtigt ist, so kann jeder der Vornahme eines Geschäfts durch den anderen widersprechen. ²Im Falle des Widerspruchs muss das Geschäft unterbleiben.

§ 711 entspricht der gesetzlichen Regel der Geschäftsführung für die OHG (§ 115 HGB). Das Widerspruchsrecht setzt voraus, dass nach dem Gesellschaftsvertrag einer oder mehrere Gesellschafter je Einzelgeschäftsführungsbefugnis haben. Entspr gilt § 711, wenn die Geschäftsführung auf mehrere Gesellschaftergruppen aufgeteilt ist und jede Gruppe vorbehaltlich des Widerspruchs der anderen für sich allein handeln darf (MüHdBGesR I/v *Ditfurth* § 7 Rn 33 mwN). Das Widerspruchsrecht bezieht sich allein auf Geschäftsführungsmaßnahmen und besteht nur in dem Umfang, in der der Widersprechende selbst geschäftsführungsbefugt ist, also zB nicht, wenn er wegen Interessenkollision (§ 709 Rn 16) von der Mitwirkung an der Geschäftsführung ausgeschlossen ist. Das Widerspruchsrecht ist wie die Geschäftsführungsbefugnis selbst ein uneigennütziges **Pflichtrecht**, das im Interesse der Gesellschaft wahrzunehmen ist, wenn die beabsichtige Maßnahme nachteilig ist. Der Widerspruch ist eine empfangsbedürftige Willenserklärung und formlos, auch konkludent möglich. 1

Da der Widerspruch vor Ausführung der Geschäftsführungsmaßnahme zugehen muss, haben die geschäftsführenden Gesellschafter eine gegenseitige **Unterrichtungspflicht** über anstehende Maßnahmen mit einer Bedeutung, die erwarten lässt, dass die Mitgeschäftsführer auf eine vorherige Unterrichtung Wert legen (BGH BB 71, 759). Nur bei Verletzung der Unterrichtungspflicht besteht ein nachträgliches Widerspruchsrecht, das zur Rückgängigmachung der Maßnahme verpflichtet und die widersprechenden Gesellschafter dazu berechtigt (BGH aaO). 2

Der Widerspruch schließt für das konkrete Geschäft die Einzelgeschäftsführungsbefugnis aus und begründet die Haftung des Handelnden, der sich darüber hinwegsetzt, § 678. Eine **Außenwirkung** entfaltet der Widerspruch außer bei Vollmachtsmissbrauch (s § 164 Rn 69 ff) nach hM nicht (BGHZ 16, 394, 398 f; MüKo/*Ulmer* § 711 Rn 15; aA *Flume* I/1 § 15 II 4, S 270 ff). 3

§ 712 Entziehung und Kündigung der Geschäftsführung

(1) Die einem Gesellschafter durch den Gesellschaftsvertrag übertragene Befugnis zur Geschäftsführung kann ihm durch einstimmigen Beschluss oder, falls nach dem Gesellschaftsvertrag die Mehrheit der Stimmen entscheidet, durch Mehrheitsbeschluss der übrigen Gesellschafter entzogen werden, wenn ein wichtiger Grund vorliegt; ein solcher Grund ist insbesondere grobe Pflichtverletzung oder Unfähigkeit zur ordnungsmäßigen Geschäftsführung.

(2) Der Gesellschafter kann auch seinerseits die Geschäftsführung kündigen, wenn ein wichtiger Grund vorliegt; die für den Auftrag geltende Vorschrift des § 671 Abs. 2, 3 findet entsprechende Anwendung.

A. Allgemeines. § 712 ist dispositiv, so dass Erleichterungen für Entziehung und Kündigung vereinbart werden können. Ein Verzicht auf das Kündigungsrecht nach § 712 II bleibt jedoch durch den Verweis auf § 671 III wirkungslos. Die Einschränkung oder der Ausschluss des Rechts nach § 712 I ist dagegen trotz § 314 möglich, weil die Geschäftsführungsbefugnis nicht dienstvertraglicher Natur ist und dann immer noch die Kündigung der Gesellschaft oder der Ausschluss des Betroffenen als Handlungsoption verbleibt (aA Dauner-Lieb/Langen/*Heidel/Pade* § 712 Rn 3). 1

B. Entziehung der Geschäftsführungsbefugnis. I. Anwendungsbereich. § 712 I findet in erster Linie auf die Fälle der übertragenen Geschäftsführung der §§ 710, 711 Anwendung, nach inzwischen hM richtigerweise aber auch auf Gesamtgeschäftsführer iSd § 709 (MüKo/*Ulmer* § 712 Rn 5; BaRoth/*Timm/Schöne* § 712 Rn 6 f; aA Erman/*Westermann* § 712 Rn 5), weil die Entziehung der Geschäftsführung das mildere Mittel ggü der Kündigung der Gesellschaft bzw dem Ausschluss des Betroffenen und zugleich im Interesse des Fortbestands der GbR ist. § 712 I gilt bei der Außen- wie bei der Innen-GbR (s § 705 Rn 33 f). Ausgenommen ist nur die 2

Innen-GbR ieS, wie zB der Unterbeteiligung, weil dort die Entziehung der Geschäftsführung die Grundstruktur der GbR umwälzen würde (MüHdBGesR I/*v. Ditfurth* § 7 Rn 67 mwN).

3 **II. Wichtiger Grund.** Ein wichtiger Grund für die Entziehung liegt vor, wenn die weitere Geschäftsführung des Betroffenen (in dem vertraglich bestimmten Umfang) den Mitgesellschaftern unzumutbar ist und die Interessen der Gesellschaft erheblich gefährdet, was unter Abwägung aller Umstände des Einzelfalls und unter Beachtung der Treuepflicht zu beurteilen ist (BGH WM 67, 417). Ein Verschulden des Betroffenen ist beachtlich, aber – wie das zweite Bsp in § 712 I (Unfähigkeit zur Geschäftsführung) zeigt – nicht zwingende Voraussetzung. Bsp sind tiefgreifende Störungen des Vertrauensverhältnisses (BGH aaO), arglistiges oder sittenwidriges Verhalten (RG JW 35, 696), hartnäckiges Ignorieren der Mitwirkungsrechte der anderen Gesellschafter (BGH NJW 84, 173), offensichtlich sachfremde Widersprüche gegen Geschäftsführungsmaßnahmen (BGH NJW 72, 862) oder ein unheilbares Zerwürfnis unter den Gesellschaftern (RGZ 162, 78, 83).

4 **III. Beschlussfassung.** Der Beschluss wird ohne den Betroffenen gefasst, mangels abw vertraglicher Regeln (§ 709 Rn 17) durch die übrigen Gesellschafter einstimmig. Die Teilentziehung der Befugnisse ist möglich (BGH NJW-RR 02, 540 f). Mitgesellschafter können auf ihre Zustimmung zum Beschluss verklagt werden, wenn ihnen die Mitwirkung zumutbar ist (MüKo/*Ulmer* § 712 Rn 15). In der Zweipersonengesellschaft tritt anstelle des Beschlusses die einseitige Erklärung des anderen Gesellschafters (RGZ 162, 78, 83). Die Entziehung der Geschäftsführung umfasst nicht ohne weiteres die Entziehung der Vertretungsmacht nach § 715, weshalb dies im Beschluss klargestellt werden sollte. Der Beschluss kann durch Feststellungsklage überprüft werden, die durch jeden Gesellschafter erhoben werden kann.

5 Rechtsfolge der Entziehung der übertragenen Geschäftsführung ist nach bisher hM das Aufleben der Gesamtgeschäftsführungsbefugnis des § 709. Mit vordringender Auffassung ist dies nur dann anzunehmen, wenn nur noch ein geschäftsführender Gesellschafter verbleibt, weil idR nicht das Erstarken seiner Befugnis zur Einzelgeschäftsführung gewollt sein wird (BGH NJW 64, 1624). Verbleiben aber zwei oder mehr geschäftsführende Gesellschafter, die nach den urspr Regelungen auf die Mitwirkung des Betroffenen nicht angewiesen sind, ist es dagegen richtig, dass diese ihre Befugnisse behalten (MüKo/*Ulmer* § 712 Rn 20; MüHdBGesR I/*v. Ditfurth* § 7 Rn 70). Findet § 709 Anwendung, ist richtigerweise der betroffene Gesellschafter auch insoweit von der Geschäftsführung ausgeschlossen, weil die Entziehung der Geschäftsführung andernfalls einen großen Teil ihrer Wirkung verlieren würde (MüHdBGesR I/*v. Ditfurth* § 7 Rn 71; aA Staud/*Keßler* § 712 Rn 5).

6 **C. Kündigung.** Auch die Kündigung ist nicht beliebig, sondern nur aus wichtigem Grund möglich. Ein **wichtiger Grund** liegt vor, wenn es dem Kündigenden unzumutbar ist, seine Pflichten als Geschäftsführer zu erfüllen, wobei es auch hier auf die Umstände des Einzelfalls ankommt. Die Rechtsfolge entspricht der bei der Entziehung (Rn 5).

7 Nach früher hM soll das Kündigungsrecht nicht für den Fall der gesetzlichen Geschäftsführung nach § 709 gelten, weil sie den Gesellschafter weniger belaste. Richtigerweise kommt sie aber auch dann in Betracht, wobei die geringere Belastung bei Ermittlung des wichtigen Grunds zu berücksichtigen ist (MüHdBGesR I/*v. Ditfurth* § 7 Rn 72 mwN).

§ 713 Rechte und Pflichten der geschäftsführenden Gesellschafter

Die Rechte und Verpflichtungen der geschäftsführenden Gesellschafter bestimmen sich nach den für den Auftrag geltenden Vorschriften der §§ 664 bis 670, soweit sich nicht aus dem Gesellschaftsverhältnis ein anderes ergibt.

1 **A. Allgemeines.** § 713 gilt für jede Art von Geschäftsführung aufgrund der Gesellschafterstellung, auch für die übertragene Geschäftsführung iSd § 710. Auch bei Vereinbarung einer festen Vergütung des geschäftsführenden Gesellschafters wird regelmäßig kein Auftrags- oder Dienstverhältnis bestehen. Die §§ 664–670 gelten unter dem Vorbehalt, dass sich aus dem Gesellschaftsverhältnis nichts anderes ergibt. Zur Vergütung und zum Aufwendungsersatz s schon § 709 Rn 6 u 7. Denkbar ist neben der Geschäftsführung eine weitergehende Tätigkeit eines Gesellschafters aufgrund eines gesonderten Auftrags, für den die allgemeinen Regeln, also auch abw von § 708 die allgemeinen Haftungsregeln gelten, wenn nichts anderes vereinbart ist.

2 **B. Die einzelnen Vorschriften. I. § 644.** Die Unübertragbarkeit der Geschäftsführungsbefugnis ergibt sich nicht erst aus § 664, sondern folgt schon aus ihrer mitgliedschaftlichen Natur (s § 709 Rn 3). Das Haftungsprivileg des § 664 I 2 gilt nur, wenn dem geschäftsführenden Gesellschafter die Übertragung eigener Aufgaben gestattet ist. Andernfalls haftet er nach § 708 für Schäden, die der von ihm unbefugt Beauftragte verursacht.

3 **II. § 645.** § 665 kann nur anwendbar werden, soweit Weisungen an den geschäftsführenden Gesellschafter durch Gesellschaftsvertrag oder Mehrheitsbeschluss nach § 709 II erteilt wurden. Im Übrigen ist der Geschäftsführer anders als der Beauftragte nicht durch Weisungen gebunden.

III. § 666. Die Pflichten des § 666 bestehen anders als die Auskunftspflichten der §§ 716 und 721 nicht ggü **4** einzelnen Gesellschaftern, sondern ggü der GbR, können aber im Wege der actio pro socio (§ 705 Rn 28) von einzelnen Gesellschaftern eingeklagt werden. Die Auskunftspflicht des § 666 Alt 1 verpflichtet den Geschäftsführer unaufgefordert zur Information der Gesellschafter über die Geschäfte, § 666 Alt 2 zusätzlich auf Verlangen über den Stand der Geschäfte. § 666 Alt 3 begründet schließlich eine Rechenschaftspflicht bei Beendigung des Auftrags, hier der Geschäftsführung. Die Rechenschaftspflicht setzt bei längerfristig angelegter GbR Buchführung (§ 712 II) und geordnete Aufzeichnungen voraus. Bedeutung hat die Rechenschaftspflicht wegen § 721 primär bei vorzeitigem Ausscheiden des Geschäftsführers aus der Gesellschaft oder Beendigung seiner Geschäftsführungsbefugnis. Zum Inhalt der Rechenschaftspflicht s § 259 Rn 3. Jedenfalls bei Gesellschaften mit erheblichem Vermögen kann sie wg § 138 nicht abbedungen werden (BGH WM 65, 709, 710).

IV. §§ 667, 668. Die Herausgabe- und Verzinsungspflicht der §§ 667 und 668 ist idR nur bei der Innen-GbR **5** iwS (mit Gesellschaftsvermögen) relevant, da das Vermögen bei der Innen-GbR ieS ohnehin beim (geschäftsführenden) Hauptgesellschafter verbleibt und bei der Außengesellschaft Gegenstände unmittelbar für das Gesamthandsvermögen erworben werden. § 667 erstreckt sich auch auf Sondervorteile, die der Geschäftsführer iR seiner Tätigkeit erwirbt (BGH NJW 80, 339, 340).

V. §§ 670, 669. Nach §§ 670, 669 hat der Geschäftsführer Anspruch auf Ersatz seiner Aufwendungen, die er **6** zum Zwecke der Geschäftsführung getätigt hat, und kann hierfür einen Vorschuss verlangen. Die Ansprüche richten sich zunächst nur gegen die Gesellschaft (BGH NJW 80, 339, 340), bei Fehlen einer abw Vereinbarung gegen die Mitgesellschafter wg § 707 erst iRd Liquidation (BGH NJW-RR 89, 966; NJW 80, 339, 340; 62, 1863; Kobl BB 80, 855; aA MüKo/*Ulmer* § 713 Rn 15: schon vorher, wenn aus Gesellschaftsvermögen kein Ersatz zu erlangen ist). Aufwendungen sind nach hM wie bei § 110 HGB auch alle Verluste (zB Vermögensnachteile wg Körper- oder Sachschäden), die der Geschäftsführer als tätigkeitsspezifisches Risiko erleidet (s § 709 Rn 7), nicht dagegen Verluste aus dem allg Lebensrisiko (MüHdBGesR I/*v. Ditfurth* § 7 Rn 19). Der Anspruch auf Aufwendungsersatz begründet keine Tätigkeitsvergütung, weil Tätigkeit aus mitgliedschaftlicher Geschäftsführungspflicht resultiert (hM, s § 709 Rn 6; MüKo/*Ulmer* § 713 Rn 17).

VI. Schadensersatzansprüche wegen Geschäftsführung. Schadensersatzansprüche gegen den Geschäftsführer ergeben sich nicht aus § 713, sondern aus den allg Regeln iVm § 708 (vgl dort insbes Rn 7 f). **7**

§ 714 Vertretungsmacht

Soweit einem Gesellschafter nach dem Gesellschaftsvertrag die Befugnis zur Geschäftsführung zusteht, ist er im Zweifel auch ermächtigt, die anderen Gesellschafter Dritten gegenüber zu vertreten.

A. Allgemeines. § 714 betrifft die organschaftliche Vertretungsmacht der für die Außen-GbR handelnden **1** Geschäftsführer und enthält die Auslegungsregel, dass Geschäftsführungsbefugnis und Vertretungsmacht im Zweifel übereinstimmen. Für die Innen-GbR ist § 714 nicht relevant (vgl § 705 Rn 33). Die organschaftliche Vertretungsmacht ist Ausfluss des Mitgliedsrechts und damit ebenso wenig wie die organschaftliche Geschäftsführungsbefugnis (§ 709 Rn 3) übertragbar und mangels abw Regelung nur zusammen mit dieser aus wichtigem Grund zu entziehen (§ 715). Auf die gewillkürte Vertretungsmacht durch rechtsgeschäftliche Vollmacht (an Gesellschafter oder Dritte, zur Zulässigkeit BGH NJW 83, 2498) finden die allg Regeln der §§ 164 ff Anwendung. Mangels einer gesonderten Bestimmung dazu (wie § 128 HGB für OHG) ist § 714 (teils historisch bedingt wegen früher herrschender Doppelverpflichtungstheorie, dazu MüKo/*Ulmer* § 714 Rn 3) auch der Ort für die Diskussion der Haftung der Gesellschafter.

B. Vertretung der Außen-GbR. I. Organschaftliche Vertretung. Der Wortlaut von § 714 deutet darauf **2** hin, dass es sich hierbei um die Vertretung der anderen Gesellschafter handelt. Seit Anerkennung der Rechtsfähigkeit der Außen-GbR auch in der Rspr (BGH NJW 01, 1056; bestätigt in NJW 02, 1642) steht es aber fest, dass es um die Vertretung der Außen-GbR selbst als selbstständigem Objekt von Rechten und Pflichten geht. Die geschäftsführenden Gesellschafter nehmen damit als Organe der Gesellschaft am Rechtsverkehr teil, womit ihre Vertretungsmacht wie bei den Personenhandelsgesellschaften organschaftlicher Natur ist (Soergel/*Hadding* § 714 Rn 7; MüKo/*Ulmer* § 714 Rn 16 f; aA die früher hM BGH WM 71, 1198 f; Staud/*Kessler* § 714 Rn 5). Auf die organschaftliche Vertretung finden §§ 164 ff nur eingeschränkt Anwendung: Ein einseitiges Rechtsgeschäft des Geschäftsführers kann vom Empfänger nach § 174 S 1 zurückgewiesen werden (BGH NJW 02, 1194, 1195) und eine wirksame Vertretung der GbR setzt nach § 164 I iVm Rn 1 voraus, dass das Handeln für die GbR erkennbar ist (Soergel/*Hadding* § 714 Rn 19; MüKo/*Ulmer* § 714 Rn 26). Auch gilt § 166 für Willensmängel und Wissenszurechnung bei der GbR (Palandt/*Sprau* § 714 Rn 6; vgl auch BGH NJW 99, 284, 286). Aus der Rechtsfähigkeit der Außen-GbR und der organschaftlichen Natur ihrer Vertretung folgt die Zurechnung schädigenden Verhaltens der Geschäftsführer nach § 31 (BGH NJW 03, 1445).

3 **II. Auslegungsregel des § 714.** Die Auslegungsregel des § 714 sorgt für den regelmäßigen Gleichlauf von Geschäftsführungsbefugnis und Vertretungsmacht. Zu den verschiedenen Arten der Geschäftsführung vgl § 709 Rn 9, 12, § 710 Rn 1 f. Ist mehrheitliche Gesamtgeschäftsführung iSd § 709 II vereinbart, genügt die Vertretung unter Mitwirkung der entspr Mehrheit (Soergel/*Hadding* § 714 Rn 15; MüKo/*Ulmer* § 714 Rn 19). Bei Wegfall eines von zwei Gesamtvertretern erstarkt nicht die Vertretungsbefugnis des verbleibenden zur Einzelvertretungsbefugnis, sondern führt zur Gesamtvertretungsbefugnis der verbleibenden Gesellschafter (BGH NJW 64, 1624). Anderes gilt aber dann, wenn einer von zwei Gesamtvertretern wegen des Verbots des Selbstkontrahierens (§ 181) gehindert ist, womit der verbleibende einzelvertretungsbefugt ist (BGH NJW 75, 1117; MüKo/*Ulmer* § 714 Rn 30). Der Widerspruch gegen eine Geschäftsführungsmaßnahme nach § 711 lässt die Vertretungsmacht des Handlungswilligen unberührt (BGH NJW 55, 825, 826; NJW-RR 91, 1441; MüKo/ *Ulmer* § 714 Rn 20). Da § 714 nur eine Auslegungsregel ist, sind abw Regelungen unbenommen. Zur Anwendung von §§ 1821 f auf minderjährige Geschäftsführer vgl § 1821 Rn 4.

4 **III. Umfang und Grenzen der Vertretungsmacht. 1. Umfang der Vertretungsmacht.** Anders als bei Personenhandelsgesellschaften (§ 126 HGB) kann der Umfang der Vertretungsmacht wie auch die Geschäftsführungsbefugnis durch den Gesellschaftsvertrag frei gestaltet werden (BGH NJW 99, 3483; 62, 2344). Ebenso wenig wie die Geschäftsführungsbefugnis bezieht sich auch die Vertretungsmacht weder auf Grundlagengeschäfte (dazu § 709 Rn 2) noch auf Handlungen jenseits des Gesellschaftszwecks (MüKo/*Ulmer* § 714 Rn 25; str). Gesamtvertretungsberechtigte Geschäftsführer können für einzelne Maßnahmen, nicht aber generell (BGH ZIP 86, 501, 503), einen von ihnen zur Einzelvertretung ermächtigen. Auch bei Gesamtvertretung ist jeder Geschäftsführer zur Entgegennahme von Willenserklärungen berechtigt (BGH NJW 74, 1194) und genügt für die Zurechnung nach § 166 die Kenntnis nur eines Gesamtvertreters (BGH NJW 99, 284). Die Vertretungsmacht umfasst auch die Geltendmachung von Sozialansprüchen gegen Gesellschafter (vgl auch zur actio pro socio § 705 Rn 28) und die Vertretung im Prozess (BGH NJW-RR 04, 275, 276).

5 **2. § 181.** Das Selbstkontrahierungsverbot des § 181 gilt für den Geschäftsführer der GbR nach den allg Grundsätzen, kann aber generell oder für den Einzelfall abbedungen werden. Zur Vertretungsbefugnis des verbleibenden Gesamtgeschäftsführers vgl Rn 3.

6 **3. Anscheins- und Duldungsvollmacht.** Überschreitet ein Geschäftsführer seine Vertretungsmacht, kommt eine Haftung der GbR unter Anwendung der Grundsätze über die Anscheins- und Duldungsvollmacht in Betracht (vgl § 167 Rn 34 ff), was auch zur akzessorischen Haftung der Gesellschafter führt. Andernfalls gelten die §§ 177–179.

7 **C. Akzessorische Haftung der Gesellschafter. I. Grundlagen. 1. Relevanz bei Außen-GbR.** Mi der Anerkennung der Rechtsfähigkeit der **Außen-GbR** (mit eigenem Vermögen und eigenen Verbindlichkeiten) hat der BGH zugleich die akzessorische Haftung der Gesellschafter für Verbindlichkeiten der GbR wie im Falle der OHG (§§ 128–130 HGB) festgeschrieben und damit einen langjährigen Streit zwischen den Anhängern der früher herrschenden Doppelverpflichtungstheorie und denen der Akzessoritätstheorie zugunsten der letzteren entschieden (BGH NJW 01, 1056; 02, 1642). Danach hat die Außen-GbR nicht nur eigenes Vermögen, sondern auch eigene Verbindlichkeiten und die Gesellschafter haften für diese Verbindlichkeiten (untereinander als Gesamtschuldner) persönlich. Die **Innen-GbR** nimmt dagegen weder am Geschäftsverkehr teil noch tritt sie sonst nach außen in Erscheinung, weshalb sie auch keine eigenen gesetzlichen Verpflichtungen begründen kann. Damit kommen bei der Innen-GbR eigene Verbindlichkeiten und eine akzessorische Haftung der Gesellschafter nicht in Betracht, vielmehr nur Ausgleichsansprüche im Innenverhältnis nach § 713 iVm § 670. Zum gemeinschaftlichen Handeln der Gesellschafter einer Innen-GbR vgl MüKo/*Ulmer* § 714 Rn 10.

8 **2. Sachlicher Umfang.** Der sachliche Umfang der akzessorischen Gesellschafterhaftung umfasst im Grundsatz alle Verbindlichkeiten der Außen-GbR, also nicht nur rechtsgeschäftliche, sondern auch gesetzliche (BGH NJW 03, 1445, 1446) wie zB Verpflichtungen aus cic, Produkthaftung, Bereicherungsrecht und öffentlich-rechtlichen Normen. Hierzu zählen auch Verbindlichkeiten der GbR ggü Gesellschaftern aus Drittschäften (§ 705 Rn 31). Die akzessorische Gesellschafterhaftung erstreckt sich dabei auch auf deliktische Verbindlichkeiten, für die die Außen-GbR über die Zurechnungsnorm des § 31 haftet (BGH NJW 03, 1445, 1446; *K. Schmidt* NJW 03, 1897, 1898 ff; *Ulmer* ZIP 03, 1113, 1114 f; aA *Flume* DB 03, 1775 ff).

9 **3. Persönliche Reichweite.** Die persönliche Reichweite der Haftung erstreckt sich auf alle Personen, die bei Begründung der Verbindlichkeit Gesellschafter der Außen-GbR waren (vgl für ausgeschiedene Gesellschafter § 736 II iVm § 160 HGB). Eintretende Gesellschafter haften entspr § 130 HGB für vorher begründete Verbindlichkeiten (BGH NJW 03, 1803; für die entspr Anwendung auch des § 139 HGB richtig MüKo/*Ulmer* § 714 Rn 74). Über die Rechtsscheinsgrundsätze erfasst die Haftung auch Scheingesellschafter oder Mitglieder einer Scheingesellschaft. Dagegen hält der BGH an seiner früheren Rspr fest, dass Mitglieder einer als Außen-GbR organisierten Bauherrengemeinschaft nur anteilig für die Schulden der GbR haften (BGH NJW 02, 1642). Mittelbar Beteiligte wie Treugeber oder Unterbeteiligte haften nicht, weil sie nur interne Rechte und Pflichten haben (MüKo/*Ulmer* § 714 Rn 42 mwN, str).

4. Inhalt der akzessorischen Haftung.. Der Inhalt der akzessorischen Haftung richtet sich grds nach der Verpflichtung der Außen-GbR, dh jeder Gesellschafter kann vom Gläubiger persönlich primär und sofort auf Erfüllung der Pflichten der GbR in Anspruch genommen werden (Erfüllungstheorie, BGH NJW 81, 1095, 1096; 87, 2367, 2369), jedenfalls aber haftet der Gesellschafter auf Schadensersatz wegen Nichterfüllung. Ausnahmen von der Primärleistungspflicht sind je nach Gestaltung der GbR in Einzelfällen denkbar (dazu MüKo/*Ulmer* § 714 Rn 44). Die Tilgung der Verbindlichkeit durch die GbR oder der Erlass ggü der GbR führen zum Erlöschen der akzessorischen Pflicht der Gesellschafter (aA zum Erlass, allerdings noch auf der Grundlage der Doppelverpflichtungstheorie, BGH WM 75, 974). Bei Insolvenz der Außen-GbR ist entspr § 93 InsO nur der Insolvenzverwalter zur Inanspruchnahme der Gesellschafter berechtigt und Prozesse der Gläubiger gegen Gesellschafter werden unterbrochen (BGH NJW 03, 590, 591). 10

II. Verhältnis der Haftung von Gesellschaft und Gesellschaftern untereinander. 1. Keine Gesamtschuld. 11
Zwischen der GbR und ihren Gesellschaftern besteht keine Gesamtschuld, weil die Haftung nicht gleichrangig ist, vielmehr die Natur der Haftung der Gesellschafter wie die einer selbstschuldnerischen Bürgenhaftung ist (MüKo/*Ulmer* § 714 Rn 47; *Habersack* AcP 198 (1998), 152, 159 ff). Folglich sind die §§ 422 ff im Verhältnis zwischen GbR und Gesellschafter nicht maßgeblich: Die Haftung des Gesellschafters besteht stets in dem Umfang wie die Haftung der GbR selbst.

2. Einwendungen und Einreden des Gesellschafters. Der Gesellschafter kann gegen einen Anspruch nicht 12
nur das Nichtbestehen der Verbindlichkeit der GbR einwenden (schon wegen der Akzessorität seiner Verpflichtung), sondern gem § 129 I HGB analog auch alle rechtsvernichtenden Einreden der GbR erheben. Rechtshindernde oder rechtsvernichtende Gestaltungsrechte der GbR begründen gem § 129 II, III HGB analog persönliche Einreden des Gesellschafters (MüKo/*Ulmer* § 714 Rn 51; Palandt/*Sprau* § 714 Rn 15). Zusätzlich kann der Gesellschafter persönliche Einwendungen und Einreden wie Erlass, Stundung oder Aufrechnung mit eigener Forderung nach allgemeinem Schuldrecht geltend machen (MüKo/*Ulmer* § 714 Rn 49). Umgekehrt kann die GbR solche Einwendungen oder Einreden von Gesellschaftern nicht nutzen (BGH NJW 01, 1056, 1061).

3. Regress des Gesellschafters. Hat der Gesellschafter geleistet, kann er von der GbR gem §§ 713 iVm 670 13
Regress beanspruchen. Entgegen der hM vor Etablierung der Akzessoritätstheorie geht die Forderung des Gläubigers kraft cessio legis auf den leistenden Gesellschafter über (*Habersack* AcP 198 (1998), 152, 159 ff; MüKo/*Ulmer* § 714 Rn 54) und damit auch akzessorische Sicherheiten und Vorzugsrechte gem §§ 401, 412 (MüKo/*Ulmer* § 714 Rn 56; BaRoth/*Timm/Schöne* § 714 Rn 29, 31). Wegen § 707 ist dagegen auch bei Ersatzansprüchen wegen Befriedigung von Gesellschaftsgläubigern (zum Ausgleich bei Sozialansprüchen s schon § 705 Rn 29) ein Ausgleich gegen Mitgesellschafter idR nicht möglich, es sei denn, die GbR selbst hat keine verfügbaren Mittel zur Rückzahlung. Dann kann der leistende Gesellschafter von den Mitgesellschaftern gem § 426 nach dem Maßstab der jeweiligen Verlustbeteiligung anteilig Ausgleich verlangen (BGH NJW 80, 339, 340; ZIP 02, 394, 396), wobei bei Ausfall eines Gesellschafters sein Anteil auf die zahlungsfähigen Mitgesellschafter quotal umzulegen ist (BGH NJW 62, 1863).

III. Haftungsbeschränkung. Die Haftung kann ggü Gläubigern ausdrücklich oder konkludent auf das Vermögen der GbR beschränkt werden, doch genügt dafür der Zusatz „mbH" nicht (BGH NJW 99, 3483; KG NZG 04, 714, 715; zum Vertrauensschutz für Altfälle BGH NJW 02, 1642 f). Wegen § 307 scheitert auch Haftungsbeschränkung durch AGB (krit MüKo/*Ulmer* § 714 Rn 65 f), wobei der BGH eine wenig systematische Ausnahme für Publikumsgesellschaften macht (BGH NJW 02, 1642, vgl § 705 Rn 49) und gesetzliche Sonderregeln zur Haftungsbeschränkung für rechts- und wirtschaftsberatende Berufe vorgehen. Die Lit befürwortet auch bei anderen Ausgestaltungen der GbR Erleichterungen (s MüKo/*Ulmer* § 714 Rn 61). 14

§ 715 Entziehung der Vertretungsmacht

Ist im Gesellschaftsvertrag ein Gesellschafter ermächtigt, die anderen Gesellschafter Dritten gegenüber zu vertreten, so kann die Vertretungsmacht nur nach Maßgabe des § 712 Abs. 1 und, wenn sie in Verbindung mit der Befugnis zur Geschäftsführung erteilt worden ist, nur mit dieser entzogen werden.

§ 715 betrifft die organschaftliche Vertretungsmacht (auch als Gesamtvertretung nach §§ 709, 714). Die 1
Voraussetzungen für ihre Entziehung (wichtiger Grund und Beschluss) entsprechen § 712. Kündigt ein Gesellschafter die Geschäftsführung nach § 712 II, erlischt damit im Zweifel auch seine Vertretungsmacht.

§ 716 Kontrollrecht der Gesellschafter

(1) Ein Gesellschafter kann, auch wenn er von der Geschäftsführung ausgeschlossen ist, sich von den Angelegenheiten der Gesellschaft persönlich unterrichten, die Geschäftsbücher und die Papiere der Gesellschaft einsehen und sich aus ihnen eine Übersicht über den Stand des Gesellschaftsvermögens anfertigen.
(2) Eine dieses Recht ausschließende oder beschränkende Vereinbarung steht der Geltendmachung des Rechts nicht entgegen, wenn Grund zu der Annahme unredlicher Geschäftsführung besteht.

1 **A. Grundlagen.** § 716 gewährt dem einzelnen Gesellschafter ein individuelles mitgliedschaftliches Kontrollrecht, das sich gegen die Gesamthand richtet, aber auch unmittelbar gegen den Geschäftsführer durchgesetzt werden kann (Saarbr NZG 02, 669). Es besteht auch noch in der Liquidation (BGH BB 70, 187) unabhängig von der Rechnungslegung nach § 721 I, nicht aber zugunsten des ausgeschiedenen Gesellschafters, den der BGH auf §§ 810, 242 verweist (BGH WM 94, 1925, 1928). Demgegenüber begründet § 713 iVm § 666 ein Auskunftsrecht der GbR gegen den Geschäftsführer. Das Kontrollrecht ist in der Grenze des § 716 II dispositiv, wobei die Voraussetzungen von II nicht zu hoch gesteckt werden dürfen. Es genügt der glaubhaft vorgetragene und nicht ausgeräumte Verdacht pflichtwidriger Schädigung durch den Geschäftsführer (BGH WM 84, 807, 808).

2 Das Kontrollrecht setzt kein besonderes Interesse voraus, darf aber nicht rechtsmissbräuchlich (zB zur Unzeit oder für Wettbewerbshandeln) ausgeübt werden. Als Mitverwaltungsrecht ist das Kontrollrecht höchstpersönlich und nicht übertragbar (BGHZ 25, 115, 122 f), wohl aber durch gesetzlichen Vertreter ausübbar (BGH NJW 65, 1961). Die Beiziehung freiberuflicher Sachverständiger als Hilfsperson ist dagegen zulässig (BGH NJW 57, 1555; BB 84, 1274 f). Das Kontrollrecht kann sich auf Einsicht durch den Sachverständigen beschränken, wenn der Gesellschafter potenzieller Wettbewerber der GbR ist (BGH NJW 95, 194, 195; WM 82, 1403 f).

3 **B. Gegenstand des Kontrollrechts.** Das Kontrollrecht richtet sich auf eigenständige Informationsbeschaffung, auf Auskunft dagegen nur, wenn die erforderlichen Angaben aus den Büchern, Papieren und anderen Aufzeichnungen (EDV) nicht ersichtlich sind (BGH BB 84, 1271, 1272; Saarbr NZG 02, 669, 670). Die Reichweite des Einsichtsrechts entspricht § 118 HGB. Es umfasst das Recht zur Einsicht in Papiere zu Beteiligungsgesellschaften der GbR (BGH BB 84, 1271, 1272) und – vorbehaltlich eines Geheimhaltungsinteresses der GbR – zur Anfertigung von Kopien auf eigene Kosten (Köln ZIP 85, 800, 802).

§ 717 Nichtübertragbarkeit der Gesellschafterrechte

¹Die Ansprüche, die den Gesellschaftern aus dem Gesellschaftsverhältnis gegeneinander zustehen, sind nicht übertragbar. ²Ausgenommen sind die einem Gesellschafter aus seiner Geschäftsführung zustehenden Ansprüche, soweit deren Befriedigung vor der Auseinandersetzung verlangt werden kann, sowie die Ansprüche auf einen Gewinnanteil oder auf dasjenige, was dem Gesellschafter bei der Auseinandersetzung zukommt.

1 **A. Grundlagen.** Gem S 1 sind nach hM nicht etwa nur Ansprüche (so der Wortlaut), sondern alle aus der Mitgliedschaft fließenden Rechte der Gesellschafter, also alle individuellen Verwaltungs- und - vorbehaltlich S 2 - Vermögensrechte, unübertragbar (sog **Abspaltungsverbot**). Für Rechte der GbR selbst gilt § 717 nicht. § 717 S 1 ist zwingend (BGH NJW 52, 178; 62, 738), die Ausnahmen nach S 2 sind abdingbar. S 1 hindert aber nicht die einvernehmliche Überlassung einzelner Rechte zur Ausübung an Dritte (zB Geschäftsführung und Vertretung kraft Vollmacht), weil die überlassenen Rechte jederzeit wieder entzogen werden können (BGH NJW 62, 738). Zu den von § 717 erfassten Verwaltungsrechten der Gesellschafter zählen das Stimmrecht, das Kontrollrecht, die Geschäftsführungsbefugnis und Vertretungsmacht, das Recht zur Mitwirkung bei der Liquidation, das Kündigungsrecht und die actio pro socio. Die Vermögensrechte umfassen neben den in S 2 genannten auch Ansprüche aus Sozialverpflichtungen der GbR (§ 705 Rn 29). Das Abspaltungsverbot folgt aus dem Wesen der Gesamthand.

2 Nicht erfasst von § 717 sind dagegen Ansprüche eines Gesellschafters aus Drittverhältnissen, weil sie ihren Ursprung nicht in der Mitgliedschaft haben. Bei dem Abspaltungsverbot geht es um das Verbot der Übertragung von Rechten an Nichtgesellschafter. Einer unterschiedlichen Ausgestaltung der Mitgliedschaftsrechte der Gesellschafter, die vorbehaltlich des Schutzes des mitgliedschaftlichen Kernbereichs (§ 709 Rn 18) zulässig ist, steht es nicht entgegen. Zur Stimmbindung s § 709 Rn 15.

3 Bei **Treuhand** und **Unterbeteiligung** bleiben die Gesellschafterrechte grds beim Treuhänder bzw Hauptbeteiligten, doch können bei Offenlegung des Rechtsverhältnisses und Zustimmung der Mitgesellschafter auch dem Treugeber bzw Unterbeteiligten ohne Verstoß gegen das Abspaltungsverbot unmittelbare Rechtsbeziehungen zustehen (dazu MüKo/*Ulmer* § 705 Rn 89 ff und 92 ff). Ob der mit Zustimmung der Mitgesellschafter eingeräumte dingliche **Nießbrauch** die Überlassung von Verwaltungsrechten zulässt, ist höchst strittig (Dauner-Lieb/*Heidel*/*Pade* § 718 Rn 3).

4 **B. Übertragbare Vermögensansprüche.** Nach S 2 sind Ansprüche des Gesellschafters auf Geschäftsführervergütung, auf Gewinnanteile und sein Anteil am Auseinandersetzungsguthaben selbstständig übertragbar und pfändbar. Gleiches gilt für den Anspruch auf Rückgabe überlassener Vermögensgegenstände (BGH NJW 98, 1551, 1552). Erworben wird nur die künftige Forderung, nicht die darauf bezogenen Verwaltungsrechte (BGH WM 83, 1279, 1280). So kann der Erwerb durch Änderung des GbR-Vertrages oder Übertragung des Gesellschaftsanteils (BGH NJW 97, 3370, 3371) vereitelt werden und die Verpfändung sowie Pfändung geht der Abtretung vor.

§ 718 Gesellschaftsvermögen

(1) Die Beiträge der Gesellschafter und die durch die Geschäftsführung für die Gesellschaft erworbenen Gegenstände werden gemeinschaftliches Vermögen der Gesellschafter (Gesellschaftsvermögen).
(2) Zu dem Gesellschaftsvermögen gehört auch, was auf Grund eines zu dem Gesellschaftsvermögen gehörenden Rechts oder als Ersatz für die Zerstörung, Beschädigung oder Entziehung eines zu dem Gesellschaftsvermögen gehörenden Gegenstands erworben wird.

A. Grundlagen. § 718 ist zusammen mit § 719 und § 738 I 1 die Grundregel für das Gesamthandsprinzip und grenzt dabei das Gesamthandsvermögen iS eines den Gesellschaftern zur gesamten Hand zustehenden Sondervermögens von dem Privatvermögen der Gesellschafter ab. Das Gesamthandsvermögen steht sachenrechtlich den Gesellschaftern als Personengruppe zu und ist von dem wertmäßigen Anteil jedes Gesellschafters am gesamthänderisch gebundenen Vermögen zu unterscheiden. § 718 ist dispositiv so sind GbRs ohne Gesellschaftsvermögen zulässig. Beispiele sind die Innen-GbR (§ 705 Rn 33 f) oder die Außen-GbR, der die Gesellschafter Vermögen nur zur Nutzung überlassen (BGH WM 65, 744, 745) und für die vereinbart ist, dass weitere dem gemeinsamen Zweck dienende Vermögensgegenstände (zB Sozialansprüche gegen Gesellschafter) als Bruchteilseigentum gehalten werden.

B. Gesellschaftsvermögen und -schulden. I. Vermögen. Zum Gesellschaftsvermögen iSd § 718 zählen alle Vermögensgegenstände, die der Gesellschaft als Sondervermögen ihrer Gesellschafter gesamthänderisch zugeordnet sind. § 718 I nennt ausdrücklich Beiträge der Gesellschafter (§§ 705 f), aber schon der Sozialanspruch der GbR auf Beitragsleistung fällt in ihr Gesamthandsvermögen und kann aufgrund eines Titels gegen die GbR gepfändet und überwiesen werden (MüKo/*Ulmer* § 718 Rn 16). Zu den für die Gesellschaft erworbenen Gegenständen zählen alle Sachen, Rechte und sonstigen Vermögensgegenstände, die rechtsgeschäftlich (im Namen der GbR oder durch Geschäft für den, den es angeht) oder originär (§§ 946 ff) von der GbR erworben werden. Bei Erwerb eines Geschäftsführers im eigenen Namen hat die GbR einen Übertragungsanspruch gegen ihn gem §§ 713, 667. § 718 II erstreckt das Gesellschaftsvermögen auf Surrogate für Vermögensgegenstände der GbR. Im der ersten Alternative handelt es sich um den Erwerb aufgrund eines zum Gesellschaftsvermögen gehörenden Rechts, zB Sach- und Rechtsfrüchte (§ 99), in der zweiten um den Ersatz für die Zerstörung, Beschädigung oder Entziehung eines Vermögensgegenstands der Gesamthand.

II. Verbindlichkeiten. Korrespondierend zu § 718 ist es anerkannt, dass die GbR auch eigene Verbindlichkeiten haben kann. Diese können rechtsgeschäftlich, durch Gesellschaftsvertrag oder durch Gesetz begründet werden. Die Begründung rechtsgeschäftlicher Verbindlichkeiten setzt die ordnungsgemäße Vertretung der GbR voraus (§ 714 Rn 1 f). Verbindlichkeiten aus Gesellschaftsvertrag sind die Sozialverpflichtungen der GbR (§ 705 Rn 29) zB ggü dem Geschäftsführer auf Vergütung oder ggü den Gesellschaftern auf Gewinn oder Auseinandersetzungsguthaben. Zu den gesetzlichen Verbindlichkeiten zählen neben Verpflichtungen nach §§ 713 iVm 670 auf Aufwendungsersatz auch solche auf Haftung aus Organverschulden. Nach Anerkennung der Rechts- und Parteifähigkeit der GbR ist die **Klage** gegen diese selbst zu richten. Daneben ist weiterhin eine Vollstreckung aus einem Titel gegen sämtliche übrigen Gesellschafter in das Gesellschaftsvermögen möglich, § 736 ZPO (BGH NJW 01, 1056, 1060). Zur akzessorischen Haftung der Gesellschafter s § 714 Rn 7 ff.

§ 719 Gesamthänderische Bindung

(1) Ein Gesellschafter kann nicht über seinen Anteil an dem Gesellschaftsvermögen und an den einzelnen dazu gehörenden Gegenständen verfügen; er ist nicht berechtigt, Teilung zu verlangen.
(2) Gegen eine Forderung, die zum Gesellschaftsvermögen gehört, kann der Schuldner nicht eine ihm gegen einen einzelnen Gesellschafter zustehende Forderung aufrechnen.

A. Grundlagen. § 719 ergänzt in I das schon in § 718 angesprochene Gesamthandsprinzip, während II eher nur eine Klarstellung ist, weil es schon an der für die Aufrechnung notwendigen Gegenseitigkeit der Forderungen fehlt. Ausgangspunkt der Bestimmung ist der Grundsatz, dass das Gesamthandsvermögen sachenrechtlich den Gesellschaftern als Personengruppe zusteht (§ 718 Rn 1), jeder Gesellschafter daher nur eine (dingliche) Mitberechtigung hat. Die Mitberechtigung, für die es auf seine Quote am Vermögen nicht ankommt, ist die vermögensrechtliche Seite der Mitgliedschaft (Soergel/*Hadding* § 719 Rn 5) und unmittelbar und zwingend an diese gekoppelt. Davon unberührt ist die Frage der Übertragbarkeit der Mitgliedschaft (dazu Rn 5) oder einzelner Rechte aus der Mitgliedschaft (§ 717 Rn 4).

Nach § 719 I Hs 1 Alt 1 ist eine Verfügung über die Gesamthandsbeteiligung am Gesellschaftsvermögen ausgeschlossen, und zwar wegen der Bindung der dinglichen Mitberechtigung an das Mitgliedschaftsrecht zwingend (MüKo/*Ulmer* § 719 Rn 5). Gesellschafterstellung und Gesamthandsberechtigung sind damit unlöslich verknüpft. Nach § 719 Hs 1 Alt 2 sind Verfügungen jeder Art (auch Belastungen) über das Gesellschaftsvermögen, das anders als bei der Bruchteilsgemeinschaft (§ 747) in einem einheitlichen Sondervermögen zusammengefasst ist, allein Sache der Gesamthand. Pfändungen bleiben mangels Verfügungsobjekt wirkungslos (§ 859 I 2 ZPO). Die Gesamthand wird bei der Außen-GbR durch die hierzu befugten Geschäftsführer vertreten, durch andere Gesellschafter nur iRd actio pro socio (§ 705 Rn 28), nicht aber in Anwendung von § 432 (BGH WM 79, 366; MüKo/*Ulmer* § 719 Rn 11 mwN auch zu Ausnahmen).

3 § 719 I Hs 2 schließt (bis zu einer Auseinandersetzung nach §§ 730 ff) das Recht aus, Teilung des Gesellschaftsvermögens zu verlangen und ist ebenfalls zwingend. Die einvernehmliche Teilauseinandersetzung ist dagegen möglich.

4 Das Aufrechnungsverbot des § 719 II ist Folge der Trennung von Gesamthands- und Privatvermögen der Gesellschafter, weshalb es an der Gegenseitigkeit von Forderung und Schuld fehlt (Ddorf ZIP 96, 1749, 1751). Auch umgekehrt ist eine Aufrechnung durch die GbR mit einer Forderung des Gesellschafters nicht möglich, es sei denn, der Gesellschafter hat seine Forderung abgetreten. Wird ein Gesellschafter vom GbR-Gläubiger wegen seiner akzessorischen Haftung in Anspruch genommen, kann er sich auf eine Gegenforderung der GbR berufen (BGHZ 38, 122, 127 f) und nach allgemeinen Grundsätzen auch mit einer privaten Gegenforderung gegen den Gläubiger aufrechnen (BGH NJW 58, 666).

5 **B. Verfügung über den Gesellschaftsanteil. I. Verfügung.** § 719 I hindert nicht die Verfügung über den **Gesellschaftsanteil im Ganzen.** Darunter fallen sowohl die Übertragung des gesamten Gesellschaftsanteils (BGH NJW 97, 860, 861) als auch seine Teilübertragung (Frankf NJW-RR 96, 1123). Möglich ist auch die gleichzeitige Übertragung aller Gesellschaftsanteile auf mehrere Erwerber (BGH NJW 78, 1525), die den Bestand der GbR unberührt lässt, es sei denn, die Anteile werden auf eine im Wesentlichen personengleiche GbR übertragen (BGH NJW RR 90, 798). Die Übertragung aller Anteile auf nur eine Person führt dagegen zum Erlöschen ohne Liquidation unter Anwachsung des Vermögens bei dem Erwerber (BGH NJW 78, 1525; Ddorf NJW-RR 99, 619). Die Übertragung erfolgt nach §§ 413, 398 durch Vertrag zwischen Übertragendem und Erwerber (BGH NJW 81, 2747). Die Übertragung bedarf auch dann keiner besonderen Form, wenn die GbR Vermögen hat, dessen Übertragung formbedürftig ist (Grundstück, GmbH-Anteil), und zwar auch nicht bei Übertragung aller Anteile auf eine Person mit der Folge der Anwachsung (BGH NJW 83, 1110). Anderes gilt nur, wenn die GbR gerade der Umgehung der Formvorschriften dient (BGH NJW 97, 2220, 2222; 83, 1110). Gutgläubiger Erwerb ist auch hinsichtlich der gesamthänderischen Mitberechtigung am (Sach-)Vermögen der GbR ausgeschlossen, da diese Mitberechtigung nur als gesetzliche Folge des Erwerbs des Gesellschaftsanteils übergeht (BGH NJW 97, 860, 861).

6 **II. Zustimmung der Gesellschafter.** Die Übertragung, nicht aber das zugrunde liegende Verpflichtungsgeschäft (BGH WM 61, 303 f), bedarf wegen des höchstpersönlichen Charakters der GbR (MüKo/*Ulmer* § 719 Rn 27) der Zustimmung aller Mitgesellschafter, die schon vorab im Gesellschaftsvertrag umfassend oder eingeschränkt oder aber im Einzelfall durch Gesellschafterbeschluss erteilt werden kann (BGH NJW 80, 2708). Bis dahin ist die Übertragung schwebend unwirksam (BGH NJW 54, 1155). Gleiches gilt für dingliche Belastungen des GbR-Anteils (Hamm DB 77, 579, 580; vgl auch BGH NJW 99, 571, 572). Der Gesellschaftsvertrag kann vorsehen, dass die Zustimmung durch Mehrheitsbeschluss erteilt wird, wobei dies einer allg Mehrheitsklausel nicht ohne weiteres zu entnehmen ist (MüKo/*Ulmer* § 719 Rn 28). Besteht in der Person des Erwerbers ein Ausschlussgrund gem § 737, ist die Übertragung aus dem Gesichtspunkt der Treuepflicht trotz (Vorab-)Zustimmung unwirksam (BGH ZIP 82, 309, 310).

7 **III. Wirkung der Übertragung.** Die Wirkung der Übertragung ist das vollständige Einrücken des Erwerbers in die Rechtsstellung des Veräußerers (BGH DB 03, 1164; NJW 03, 1803, 1804). Dies umfasst auch eine Schiedsvereinbarung zum GbR-Vertrag (BGH NJW 98, 371), nicht aber höchstpersönliche Rechte wie zB die einem Gesellschafter übertragene Geschäftsführung (Soergel/*Hadding* § 719 Rn 17; MüKo/*Ulmer* § 719 Rn 41). Ausnahmen von der Übertragung der gesamten Rechtstellung können bei abspaltbaren Rechten (§ 717 S 2) vereinbart werden (BGH DB 66, 854). Die §§ 738, 739 sind nicht anwendbar, weil sich die Übertragung nur zwischen Veräußerer und Erwerber abspielt (BGH NJW 81, 1095, 1096). Ggü Dritten haften Veräußerer und Erwerber als Gesamtschuldner für bis zur Übertragung begründete Verbindlichkeiten der GbR. Im Verhältnis zur GbR und den Mitgesellschaftern können die Verbindlichkeiten durch Vertrag entgegen BGH (NJW 66, 1307) nur wirksam abgegrenzt werden, wenn die Mitgesellschafter der konkreten Vereinbarung zustimmen (MüKo/*Ulmer* § 719 Rn 44). In jedem Fall wirkt die Abrede für den Gesamtschuldnerausgleich zwischen Veräußerer und Erwerber.

§ 720 Schutz des gutgläubigen Schuldners

Die Zugehörigkeit einer nach § 718 Abs. 1 erworbenen Forderung zum Gesellschaftsvermögen hat der Schuldner erst dann gegen sich gelten zu lassen, wenn er von der Zugehörigkeit Kenntnis erlangt; die Vorschriften der §§ 406 bis 408 finden entsprechende Anwendung.

1 § 720 schützt den Schuldner eines Gesellschafters vor falscher (vgl § 420) Leistung, wenn die GbR die Forderung derivativ vom Gesellschafter erworben hat und der Schuldner zwar den Gläubigerwechsel, nicht aber die gesamtschuldnerische Bindung kennt. Kennt er auch nicht den Gläubigerwechsel, sind §§ 406–408 unmittelbar anwendbar. § 720 gilt auch für Forderungen, die Surrogat zB für zerstörte Vermögensgegenstände sind, nicht aber für deliktische Ansprüche, für die § 851 anwendbar ist.

§ 721 Gewinn- und Verlustverteilung

(1) Ein Gesellschafter kann den Rechnungsabschluss und die Verteilung des Gewinns und Verlustes erst nach der Auflösung der Gesellschaft verlangen.
(2) Ist die Gesellschaft von längerer Dauer, so hat der Rechnungsabschluss und die Gewinnverteilung im Zweifel am Schluss jedes Geschäftsjahres zu erfolgen.

A. Der gesetzliche Regelfall, Abs 1. Der dispositive I beschränkt sich für die Gelegenheitsgesellschaft (dem gesetzlichen Leitbild der GbR) darauf, vor der Auflösung die Rechnungslegung und die Verteilung von Gewinn und Verlust auszuschließen. Davon zu unterscheiden ist der Anspruch gegen den Geschäftsführer auf Rechnungslegung (§ 713 Rn 4). Die Abgrenzung zwischen Gelegenheitsgesellschaften oder auf Dauer ausgelegten Gesellschaften iSv II hat anhand ihres Zwecks zu geschehen. Gilt I, richtet sich die Gewinn- und Verlustverteilung nach §§ 733 bis 735. 1

B. Die jährliche Gewinnverteilung, II. Für Gesellschaften auf längere Dauer bestimmt II als Regelfall die jährliche Rechnungslegung und Gewinnverteilung. Der Rechungsabschluss ist Voraussetzung für die Gewinnverteilung und bedeutet die Aufstellung einer Bilanz und einer – den konkreten Verhältnissen der GbR angepassten – Gewinn- und Verlustrechnung sowie deren Feststellung durch die Gesellschafter. §§ 238 ff HGB finden zwar auf die GbR keine unmittelbare Anwendung, werden aber mangels abw Bestimmung im Gesellschaftsvertrag regelmäßig heranzuziehen sein. Für die Aufstellung des Rechnungsabschlusses sind die geschäftsführenden Gesellschafter verantwortlich (BGH BB 80, 121, 122), für seine Feststellung alle Gesellschafter durch Beschluss, der mangels abw Bestimmung einstimmig zu fassen ist (BGH NJW 96, 1678). II berechtigt jeden Gesellschafter, den Rechnungsabschluss zu verlangen. Zur Durchsetzung der Rechnungsaufstellung kann er Klage gegen die Geschäftsführer erheben, zur Durchsetzung der Feststellung Klage auf Zustimmung gegen die ihre Zustimmung verweigernden Gesellschafter (BGH NJW 99, 571, 572). In beiden Fällen besteht keine notwendige Streitgenossenschaft (BGH aaO). 2

Der festgestellte Rechnungsabschluss ist Grundlage für die Gewinnermittlung und Gewinnverteilung (s zum Verteilungsschlüssel § 722). Der Auszahlungsanspruch entsteht mit Bilanzfeststellung (BGH NJW 96, 1678), unterliegt aber evtl kraft Treuepflicht Einschränkungen. Der Gesellschaftsvertrag kann abw Regeln vorsehen, zB zu Vorab-Auszahlungen, Beschränkungen des Entnahmerechts oder gewinnunabhängigen Entnahmen durch den geschäftsführenden Gesellschafter. Ein nicht entnommener Gewinn erhöht anders als bei § 120 II HGB nicht die Einlage. Der Auszahlungsanspruch richtet sich wegen § 707 stets nur gegen die GbR. § 707 schließt bis zur Liquidation (§ 735) auch eine Pflicht zum Ausgleich von Verlusten aus. 3

§ 722 Anteile am Gewinn und Verlust

(1) Sind die Anteile der Gesellschafter am Gewinn und Verlust nicht bestimmt, so hat jeder Gesellschafter ohne Rücksicht auf die Art und die Größe seines Beitrags einen gleichen Anteil am Gewinn und Verlust.
(2) Ist nur der Anteil am Gewinn oder am Verlust bestimmt, so gilt die Bestimmung im Zweifel für Gewinn und Verlust.

§ 722 begründet nicht einen Gewinnanspruch, sondern enthält in I eine dispositive Gewinnverteilungsregel und in II eine Auslegungsregel. Beide gelten auch für die Innen-GbR (BGH WM 67, 346, 347), auch für die Ehegatten-Innen-GbR (BGH NJW 99, 2962, 2967). Hingegen ist es wegen der vergleichbaren Interessenlage sachgerecht, auf die stille GbR und die Unterbeteiligung § 231 I HGB anzuwenden (MüKo/*Ulmer* § 722 Rn 4). 1

Vorrang vor § 722 haben die Vereinbarungen der Gesellschafter. Sie sind primär im Gesellschaftsvertrag, aber auch durch erg Auslegung zu suchen (BGH NJW-RR 90, 736, 737 zum Indiz derselben oder unterschiedlicher Einlagen; BGH NJW 82, 2816, 2817 zur ARGE) und konkludent möglich. Langjährige vom Vertrag abw Praxis spricht für Vermutung einer Vertragsänderung und macht den beweispflichtig, der sich auf den ursprünglichen Vertrag beruft (BGH NJW 66, 826, 827). IRd allgemeinen Grenzen (§ 705 Rn 2) sind beliebige Ausgestaltungen möglich, so zB die Anknüpfung an erbrachte oder geschuldete Einlagenhöhe, die Bestimmung durch einen Gesellschafter nach § 315 ff, den Ausschluss der Gewinnbeteiligung einzelner Gesellschafter und unterschiedliche Beteiligung an Gewinn und Verlust (entgegen der Auslegungsregel in II). 2

§ 723 Kündigung durch Gesellschafter

(1) ¹Ist die Gesellschaft nicht für eine bestimmte Zeit eingegangen, so kann jeder Gesellschafter sie jederzeit kündigen. ²Ist eine Zeitdauer bestimmt, so ist die Kündigung vor dem Ablauf der Zeit zulässig, wenn ein wichtiger Grund vorliegt. ³Ein wichtiger Grund liegt insbesondere vor,
1. wenn ein anderer Gesellschafter eine ihm nach dem Gesellschaftsvertrag obliegende wesentliche Verpflichtung vorsätzlich oder aus grober Fahrlässigkeit verletzt hat oder wenn die Erfüllung einer solchen Verpflichtung unmöglich wird,
2. wenn der Gesellschafter das 18. Lebensjahr vollendet hat.

⁴Der volljährig Gewordene kann die Kündigung nach Nummer 2 nur binnen drei Monaten von dem Zeitpunkt an erklären, in welchem er von seiner Gesellschafterstellung Kenntnis hatte oder haben musste. ⁵Das Kündigungsrecht besteht nicht, wenn der Gesellschafter bezüglich des Gegenstands der Gesellschaft zum selbständigen Betrieb eines Erwerbsgeschäfts gemäß § 112 ermächtigt war oder der Zweck der Gesellschaft allein der Befriedigung seiner persönlichen Bedürfnisse diente. ⁶Unter den gleichen Voraussetzungen ist, wenn eine Kündigungsfrist bestimmt ist, die Kündigung ohne Einhaltung der Frist zulässig.
(2) ¹Die Kündigung darf nicht zur Unzeit geschehen, es sei denn, dass ein wichtiger Grund für die unzeitige Kündigung vorliegt. ²Kündigt ein Gesellschafter ohne solchen Grund zur Unzeit, so hat er den übrigen Gesellschaftern den daraus entstehenden Schaden zu ersetzen.
(3) Eine Vereinbarung, durch welche das Kündigungsrecht ausgeschlossen oder diesen Vorschriften zuwider beschränkt wird, ist nichtig.

1   **A. Vorbemerkungen zu den §§ 723–740.** Die §§ 723–740 befassen sich mit der Auflösung (§§ 723–729) und der Auseinandersetzung (§§ 730–735) der GbR sowie mit dem Ausscheiden eines Gesellschafters bei Fortführung der GbR (§§ 736–740).
2   Für die Auflösung bestimmen §§ 723–729 verschiedene gesetzliche Gründe, die dispositiv und nicht abschließend sind. So kann zB für den Fall der Kündigung die Fortsetzung der GbR unter den übrigen Gesellschaftern vereinbart werden (vgl § 736 I). Und neben den gesetzlich geregelten sind weitere Auflösungsgründe zB die Anwachsung des Gesellschaftsvermögens beim letzten verbliebenen Gesellschafter (§ 719 Rn 5), der Ablauf der Zeit, für die die GbR eingegangen ist (s § 131 I Nr 1 HGB), der Auflösungsbeschluss der Gesellschafter (s § 131 I Nr 2 HGB) oder der Eintritt einer vereinbarten auflösenden Bedingung.
3   Auflösungsfolge ist außer im Fall der Anwachsung, die sofort zur Vollbeendigung führt, idR zunächst nur eine Zweckänderung der GbR: Anstelle der mit der GbR verfolgten Ziele tritt der Zweck ihrer Abwicklung. Die Geschäftsführung geht auf die Liquidatoren über (§ 730 II 2) und Nachschusspflichten werden gem § 735 fällig. Zur Liquidation bei der Innen-GbR ieS (ohne Gesellschaftsvermögen) vgl § 730 Rn 2.
4   **B. Grundlagen des § 723.** § 723 I unterscheidet zwischen ordentlicher und außerordentlicher Kündigung aus wichtigem Grund. Das Recht zur ordentlichen Kündigung besteht bei einer GbR, die auf unbestimmte Zeit eingegangen ist, das Recht zur außerordentlichen Kündigung wird dagegen nur relevant, wenn das ordentliche Kündigungsrecht entweder durch Bestimmung einer festen oder Mindestdauer der GbR (§ 723 I 2) oder durch Kündigungsfristen (§ 723 I 6) ausgeschlossen oder eingeschränkt ist. In beiden Fällen zieht die Kündigung zur Unzeit Ersatzpflichten des Kündigenden nach sich (§ 723 II). Die Kündigungsregeln sind nur beschränkt dispositiv (§ 723 III). Der spezielle wichtige Grund der Vollendung des 18. Lebensjahrs wurde in § 723 I durch das Minderjährigenhaftungsbeschränkungsgesetz (BGBl I 1998 S 2487) eingeführt. § 723 geht der allg Kündigungsregelung für Dauerschuldverhältnisse in § 314 vor und verdrängt damit insbes die Voraussetzungen des § 314 II (MüKo/*Ulmer* § 723 Rn 5).
5   **C. Die Kündigung. I. Kündigungserklärung und -wirkung.** Die Kündigungserklärung ist ein einseitiges Gestaltungsrecht jedes Gesellschafters (nicht etwa der Gesellschaft) zur Beendigung des besonderen Dauerschuldverhältnisses der GbR. Ist für diesen Fall nicht die Fortführung der GbR vereinbart, hat sie ihre Auflösung zur Folge. Mangels abw Bestimmung hat die Erklärung allen Gesellschaftern zuzugehen, wobei auch die Weiterleitung an die Gesellschafter etwa durch den Geschäftsführer genügt (BGH NJW 93, 1002; Celle NZG 00, 586). Die Kündigung ist formfrei, wenn der Gesellschaftsvertrag nichts anderes bestimmt (RGZ 77, 70; Ddorf NJW-RR 98, 658). Sie ist auch konkludent möglich, etwa durch Verkauf des Gesellschaftsvermögens (BGH NJW 03, 1729: Eigentumswohnung) oder durch Mitwirkung an Abwicklungsmaßnahmen (MüKo/*Ulmer* § 723 Rn 12). Auch der Begriff „Kündigung" ist nicht erforderlich, vielmehr genügt es, wenn der Wille, die Auflösung herbeizuführen, eindeutig erkennbar ist. Ist eine Form vorgeschrieben, bedeutet Schweigen auf formlose Erklärung nicht den Verzicht auf das Formerfordernis (Staud/*Habermeier* § 723 Rn 10; MüKo/*Ulmer* § 723 Rn 12).
6   Eine bedingte Kündigung ist möglich, wenn der Bedingungseintritt vom Willen des Erklärungsempfängers abhängt oder an ein bevorstehendes und leicht feststellbares Ereignis anknüpft (Soergel/*Hadding* § 723 Rn 4; MüKo/*Ulmer* § 723 Rn 16). Die unwirksame (fristlose) Kündigung kann nach den allg Grundsätzen (§ 140) in eine ordentliche Kündigung umgedeutet werden, wenn dies dem Willen des Kündigenden entspricht und dieser Wille dem Empfänger erkennbar ist (BGH NJW 98, 1551).
7   Nach Zugang bei allen Erklärungsempfängern ist eine einseitige Rücknahme der Kündigung auch dann nicht mehr möglich, wenn die Auflösung wegen der noch laufenden Kündigungsfrist noch aussteht (MüKo/*Ulmer* § 723 Rn 18). Die Anfechtung der Kündigungserklärung ist möglich, entfaltet ihre Wirkung aber nur bis zum Beginn der Abwicklung. Danach gelten die Grundsätze über die fehlerhafte Gesellschaft (Soergel/*Hadding* § 723 Rn 7; MüKo/*Ulmer* § 723 Rn 18), dh die Abwicklungsmaßnahmen bleiben wirksam, doch der betroffene Gesellschafter kann die Fortsetzung der GbR verlangen, es sei denn, dem steht die fortgeschrittene Abwicklung entgegen. Unter engen Voraussetzungen, nämlich bei schädigender Absicht oder besonders rücksichtsloser Verfolgung eigener Interessen, kann die Kündigung wegen Rechtsmissbrauchs unwirksam sein (Soergel/*Hadding* § 723 Rn 26; MüKo/*Ulmer* § 723 Rn 58 f mwN).

Die Kündigung wird mit Zugang beim letzten Erklärungsempfänger (§ 120) wirksam, es sei denn, der Gesellschaftsvertrag sieht eine Kündigungsfrist vor, mit deren Eintritt sie dann frühestens wirksam wird. Die Mitgesellschafter können auf die Einhaltung der Kündigungsfrist verzichten (Celle NZG 00, 586, 587). Die Wirksamkeit der Kündigung führt zur Abwicklung der GbR nach § 730 (Rn 3), es sei denn, der Gesellschaftsvertrag sieht die Fortsetzung unter den übrigen Gesellschaftern vor.

II. Ordentliche Kündigung. Die ordentliche (mangels vertraglicher Abrede fristlos zulässige) Kündigung ist nach § 723 I 1 jederzeit möglich, wenn die GbR unbefristet eingegangen ist. Der unbefristeten GbR steht nach § 724 eine GbR gleich, die auf Lebenszeit eingegangen oder nach Ablauf einer bestimmten Zeit fortgesetzt wurde. Die Befristung der GbR oder ihre Mindestdauer können sich auch konkludent aus dem Gesellschaftszweck (zB Gelegenheitsgesellschaft für einen bestimmten befristeten Zweck) oder dem Inhalt der Beitragsverpflichtungen der Gesellschafter ergeben (dazu MüKo/*Ulmer* § 723 Rn 23 ff).

III. Außerordentliche Kündigung. 1. Allgemeine Voraussetzungen. Das Recht zur außerordentlichen Kündigung aus wichtigem Grund nach § 723 I 2 verbleibt den Gesellschaftern, wenn die GbR auf bestimmte Zeit eingegangen, also die ordentliche Kündigung für einen bestimmten Zeitraum ausgeschlossen ist. Der wichtige Grund muss bereits bei Erklärung der außerordentlichen Kündigung vorliegen (BGH NJW 00, 3491, 3492) und ist in der Kündigungserklärung idR zu nennen, wenn er den Mitgesellschaftern nicht ohnehin bekannt ist (MüKo/*Ulmer* § 723 Rn 27). Ein Nachschieben von Gründen ist nur möglich, wenn diese Gründe schon im Zeitpunkt der Kündigungserklärung vorlagen und in innerer Zusammenhang mit dem ursprünglichen Grund bestehen, so dass die Mitgesellschafter damit rechnen mussten (BGH NJW 58, 1136). Das Kündigungsrecht muss in angemessener Frist ausgeübt oder wenigstens vorbehalten werden, um einen konkludenten Verzicht darauf (BGH WM 59, 134) oder die Verwirkung des Rechts (BGH NJW 66, 2160, 2161) zu vermeiden. Selbst ohne Verzicht oder Verwirkung wird eine Kündigung erst lange nach Kenntnis des wichtigen Grundes ein Indiz dafür sein, dass das Festhalten an der GbR zumutbar ist, es sei denn, für die Verzögerung können besondere Umstände dargelegt werden (BGH aaO; Köln WM 93, 325, 328).

2. Wichtiger Grund. Ein wichtiger Grund liegt nach ständiger Rspr, die jetzt in der Legaldefinition des § 314 I 2 Niederschlag gefunden hat, vor, wenn dem Kündigenden unter Berücksichtigung aller Umstände des Einzelfalls und unter Abwägung der beiderseitigen Interessen die Fortsetzung der Gesellschaft bis zur vereinbarten Beendigung oder bis zum Ablauf einer Kündigungsfrist nicht zugemutet werden kann, weil das Vertrauensverhältnis grundlegend gestört oder ein gedeihliches Zusammenwirken aus sonstigen, namentlich auch wirtschaftlichen Gründen nicht mehr möglich ist (BGH WM, 136 ff; NJW 00, 3491; 82, 2821). Dabei sind die Individualinteressen des Kündigenden an der Auflösung der Gesellschaft gegen die Interessen der Mitgesellschafter an ihrer Fortführung abzuwägen (BGH NJW 82, 2821), wobei in die Gesamtabwägung alle Einzelumstände des Falles wie zB Art, Zweck und Dauer der Gesellschaft, Intensität der persönlichen Zusammenarbeit und der bis zur ordentlichen Kündigung verbleibende Zeitraum einzubeziehen sind (BGH NJW 96, 2573; 82, 2821). Liegt der wichtige Grund in der Person eines Gesellschafters, ist auch zu prüfen, ob nicht etwa der Entzug der Geschäftsführungs- und Vertretungsbefugnis als milderes Mittel genügt, um die Fortführung der GbR als zumutbar erscheinen zu lassen (MüKo/*Ulmer* § 723 Rn 29).

Die Abwägung nach den in Rn 11 genannten Grundsätzen ist auch für das Regelbeispiel des § 723 I 3 Nr 1 erforderlich (MüKo/*Ulmer* § 723 Rn 29). Zu den wesentlichen personenbezogenen Pflichtverletzungen zählen zB die Verletzung wesentlicher Mitwirkungspflichten (Köln NZG 01, 1082 f), der Vollmachtsmissbrauch (BGH WM 85, 997) oder andere nachhaltige Verstöße gegen Geschäftsführungspflichten. Bei Mängeln der Geschäftsführung ist vorrangig an das mildere Mittel des Entzugs der Geschäftsführungs- und Vertretungsbefugnis nach §§ 712, 715 zu denken. Wichtiger Grund kann je nach den Verhältnissen auch das außergeschäftliche Verhalten sein (BGH DB 77, 87, 88; NJW 67, 1081). Eigenes vorwerfbares Verhalten des Kündigenden schließt die Berufung auf den Kündigungsgrund nicht aus, es sei denn, er hat selbst den wesentlichen Anlass für den wichtigen Grund gegeben (BGH NJW 96, 2573, 2574) oder er hat die Unzumutbarkeit der Fortsetzung der GbR vorsätzlich herbeigeführt (BGH NJW 00, 3491, 3492). Auch die zweigliedrige GbR kann aus wichtigem Grund gekündigt werden, wenn dem Kündigenden unter Würdigung aller Umstände eine Fortsetzung der GbR nicht zugemutet werden kann, wobei die beiderseitigen Verhaltensweisen beachtet werden müssen (BGH WM 06, 136, 138).

Neben den personenbezogenen wichtigen Gründen kommen auch objektive Gründe in Betracht, insbes das Erreichen des Gesellschaftszwecks oder seine Unmöglichkeit. Beide Fälle begründen die Auflösung nach § 726. Unter der Erheblichkeitsschwelle des § 726 bleibt aber noch Raum für die Kündigung, etwa wenn bei nachhaltigen Verlusten eine Wende zum Besseren zwar möglich, aber nicht konkret absehbar ist (Soergel/*Hadding* § 723 Rn 19; MüKo/*Ulmer* § 723 Rn 35).

3. Besonderer Grund der Volljährigkeit. Ein besonderer wichtiger Grund, der auch nicht der in Rn 11 beschriebenen Abwägung unterliegt, ist die Volljährigkeit des Minderjährigen (§ 723 I 3 Nr 2). Dieser Kündigungsgrund flankiert die Haftungsbeschränkung des § 1629a und insbes seine Vermutungsregel in IV 1. Die Kündigung muss allen Empfängern innerhalb der 3-Monatsfrist zugehen. Ausgenommen von dem Kündigungsgrund ist die GbR-Beteiligung, an der der Minderjährige mit Zustimmung des Familiengerichts nach § 112 beteiligt ist und die Mitgliedschaft in einer GbR, die seinen persönlichen Bedürfnissen dient, zB einer Musikgruppe (vgl BTDrs 13/5624, S 12).

15 **D. Kündigung zur Unzeit.** Die Anordnung der Schadensersatzpflicht bei Kündigung zur Unzeit ist die Sanktionierung eines besonderen Treuepflichtverstoßes. Unzeitig ist die Kündigung, wenn ihr Zeitpunkt die gemeinschaftlichen Interessen der Gesellschafter verletzt (Karlsr NZG 03, 324, 325). Der wichtige Grund nach S 2 ist nicht identisch mit dem wichtigen Grund für die außerordentliche Kündigung, doch wird der Vorwurf der Kündigung zur Unzeit bei der Kündigung aus wichtigem Grund regelmäßig ferner liegen als bei der ordentlichen Kündigung (MüKo/*Ulmer* § 723 Rn 54). Rechtsfolge ist die Pflicht des Kündigenden ggü seinen Mitgesellschaftern zum Ersatz des Schadens, der durch den unzeitigen Kündigungszeitpunkt entsteht.

16 **E. Verbot von Kündigungsbeschränkungen.** § 723 III führt zunächst zur Nichtigkeit von Regelungen, die das Recht zur Kündigung aus wichtigem Grund ausschließen oder anders als durch erfüllbare Verfahrensvorschriften beschränken. Damit dürfen auch Kataloge mit Konkretisierungen des wichtigen Grundes keine Erschwerung der Kündigung bewirken (Soergel/*Hadding* § 723 Rn 31; MüKo/*Ulmer* § 723 Rn 75; Staud/ *Habermeier* § 723 Rn 43).

17 § 723 III erfasst ferner das Recht zur ordentlichen Kündigung nach § 723 I 1, also bei einer auf nicht bestimmte Zeit eingegangenen GbR (BGH NJW 68, 2003). Die ordentliche Kündigung darf weder von bestimmten Kündigungsgründen abhängig gemacht werden (MüKo/*Ulmer* § 723 Rn 71), noch von einem Mehrheitsbeschluss (BGH NJW 73, 1602). Unzulässig sind auch eine ordentliche Kündigung ausschließende Befristungen, die weit über die Lebenserwartung der Gesellschafter hinausreichen (Erman/*Westermann* § 723 Rn 22) oder andere nicht mehr überschaubare Zeiträume (MüKo/*Ulmer* § 723 Rn 65).

18 Den beschriebenen rechtlichen Einschränkungen des Kündigungsrechts stehen wirtschaftliche Regelungen gleich, die, wie insbes unverhältnismäßige Abfindungsbeschränkungen, die Entschließungsfreiheit des betroffenen Gesellschafters ernsthaft beeinträchtigen (BGH NJW 89, 3272; 84, 1506).

19 Der Verstoß gegen § 723 III führt zur Nichtigkeit der beschränkenden Bestimmung, wegen § 139 regelmäßig nicht aber des ganzen Gesellschaftsvertrags. An die Stelle der nichtigen Bestimmung tritt das dispositive Recht, wenn für eine abw Auslegung keine Anhaltspunkte bestehen (BGH NJW 94, 2886, 2888; Ddorf NZG 00, 588, 589). Überlange Bindungen können im Wege erg Vertragsauslegung durch eine noch zulässige Bindung ersetzt werden (BGH aaO).

§ 724 Kündigung bei Gesellschaft auf Lebenszeit oder fortgesetzter Gesellschaft

¹Ist eine Gesellschaft für die Lebenszeit eines Gesellschafters eingegangen, so kann sie in gleicher Weise gekündigt werden wie eine für unbestimmte Zeit eingegangene Gesellschaft. ²Dasselbe gilt, wenn eine Gesellschaft nach dem Ablauf der bestimmten Zeit stillschweigend fortgesetzt wird.

1 S 1 von § 724 ist ebenso wie § 723 I 1 zwingend. Vorbehaltlich abw Auslegung (§ 723 Rn 19) ist damit die (fest oder mindestens) auf Lebenszeit eines Gesellschafters eingegangene GbR daher jederzeit ordentlich kündbar, und zwar auch für Gesellschafter, auf deren Lebenszeit nicht abgestellt wird. S 2 beschränkt sich auf eine dispositive Auslegungsregel, die auch dann Anwendung findet, wenn die Gesellschafter die Fortsetzung beschließen, ohne eine zeitliche Vereinbarung zu treffen.

§ 725 Kündigung durch Pfändungspfandgläubiger

(1) Hat ein Gläubiger eines Gesellschafters die Pfändung des Anteils des Gesellschafters an dem Gesellschaftsvermögen erwirkt, so kann er die Gesellschaft ohne Einhaltung einer Kündigungsfrist kündigen, sofern der Schuldtitel nicht bloß vorläufig vollstreckbar ist.

(2) Solange die Gesellschaft besteht, kann der Gläubiger die sich aus dem Gesellschaftsverhältnis ergebenden Rechte des Gesellschafters, mit Ausnahme des Anspruchs auf einen Gewinnanteil, nicht geltend machen.

1 **A. Anteilspfändung, § 725 I Hs 1.** Gegenstand der Pfändung durch einen Privatgläubiger eines Gesellschafters ist nach heute hM die Mitgliedschaft als solche (Erman/*Westermann* § 725 Rn 1; MüKo/*Ulmer* § 725 Rn 8 ff mwN; aA noch BGH NJW 92, 830, 832), und die Pfändung führt zur Verstrickung der sich aus der Mitgliedschaft ergebenden Vermögensrechte, insbes der Gewinnansprüche und des Anspruchs auf den anteiligen Liquidationserlös, nicht aber der Forderungen des Gesellschafters aus Drittverhältnissen (§ 705 Rn 31). Unpfändbar ist für den Privatgläubiger dagegen der Anteil an Gegenständen des Gesellschaftsvermögens (Hamm DB 87, 574), womit auch ein Pfändungsvermerk im Grundbuch eines Grundstücks der GbR ausscheidet (Ddorf NZG 04, 415; BayObLG NJW-RR 90, 361).

Die Durchführung der Pfändung richtet sich nach § 857 ZPO, und Drittschuldner iSv §§ 829 II 1, 857 ist die 2
Gesellschaft selbst (BGH NJW 86, 1991), also die Gesamthand. Folgerichtig genügt die Zustellung an die
geschäftsführenden Gesellschafter, bei gemeinschaftlicher Geschäftsführung an einen der geschäftsführenden
Gesellschafter (BGH aaO).

Die Pfändung bindet den betroffenen Gesellschafter hinsichtlich Verfügungen über seinen Anteil, die das 3
Pfändungspfandrecht beeinträchtigen würden, lässt aber selbst Verwaltungsrechte, die mittelbaren Einfluss
auf den Anteilswert haben, unberührt, ebenfalls sein Recht zur Kündigung (MüKo/*Ulmer* § 725 Rn 27 f).

B. Gewinnanspruch, § 725 II. Bereits vor Kündigung der GbR kann der Pfandgläubiger den Gewinn- 4
spruch geltend machen und nach Überweisung dieses Anteils (§ 857 ZPO) oder des Gewinnspruchs (§ 829
ZPO) von der GbR Zahlung verlangen. Diese Rechte stehen dem Gläubiger über den Wortlaut hinaus auch
bezogen auf andere mit dem Anteil verbundene und ohne Kündigung fällige Geldforderungen zu.

C. Fristlose Kündigung, § 725 I Hs 2. Zur (fristlosen und nicht durch § 723 II beschränkten) Kündigung 5
nach § 725 I Hs 2 ist der Privatgläubiger des Gesellschafters nach Pfändung des Anteils aufgrund eines rechtskräftigen Schuldtitels berechtigt, wenn nicht die Mitgesellschafter seinen Anspruch nach § 268 abgelöst
haben. In den Grenzen der Treuepflicht besteht das Kündigungsrecht auch für den Mitgesellschafter, der
einen privaten Anspruch hat (BGH WM 78, 675 f). Das Kündigungsrecht ist unabdingbar. Die Kündigungserklärung hat sich mangels abw Bestimmung an alle Gesellschafter, auch den Vollstreckungsschuldner, zu
richten (BGH WM 57, 163 – zu § 135 HGB). Die nach § 717 S 2 iVm § 851 ZPO zulässige Pfändung des
künftigen Anspruchs auf das Auseinandersetzungsguthaben berechtigt dagegen nicht zur Kündigung (str, so
MüKo/*Ulmer* § 725 Rn 14).

Die Kündigung hat die Auflösung der GbR oder, wenn der Gesellschaftsvertrag bei Kündigung die Fortset- 6
zung vorsieht, das Ausscheiden des betroffenen Gesellschafters nach § 738 zur Folge. Der Gläubiger kann
nach Kündigung den Anspruch auf Durchführung der Auseinandersetzung selbst geltend machen (BGH
NJW 92, 832) und nach richtiger Auffassung darüber hinaus auch die zur Durchsetzung des Anspruchs
erforderlichen Verwaltungsrechte, insbes Informations- und Kontrollrechte (MüKo/*Ulmer* § 725 Rn 20 gegen
bisher hM). Solche Verwaltungsrechte kommen aber nicht in Betracht, wenn der betroffene Gesellschafter in
Folge der Kündigung ausscheidet, weil damit die Mitgliedschaft entfällt und sich in einen Abfindungsanspruch umwandelt (§ 738 Rn 6).

§ 726 Auflösung wegen Erreichens oder Unmöglichwerdens des Zweckes

Die Gesellschaft endigt, wenn der vereinbarte Zweck erreicht oder dessen Erreichung unmöglich geworden ist.

§ 726 bestimmt zwingend (BGH WM 63, 728, 730) zwei Gründe, die ohne Kündigung unmittelbar zur Auf- 1
lösung führen (zu den Folgen der Auflösung vgl § 723 Rn 3), es sei denn, die Gesellschafter beschließen unter
Zweckänderung die Fortführung der GbR (BGH NZG 04, 227). Anders als das Wort „endigt" suggeriert, führen diese Gründe idR nicht unmittelbar zur Vollbeendigung der GbR.

Der Auflösungsgrund der Zweckerreichung kommt vor allem bei Gelegenheitsgesellschaften in Betracht, zB 2
einer GbR, die die Bebauung eines bestimmten Grundstücks zum Gegenstand hat (BGH NJW 81, 749). Die
Zweckerreichung bei Bauherrengemeinschaften (§ 705 Rn 41) setzt außer der Fertigstellung des Baus auch die
Leistung aller Kapitalbeiträge voraus (BGH WM 88, 661 f).

An die Unmöglichkeit sind hohe Anforderungen zu stellen (Köln BB 02, 1167). Notwendig ist, dass die 3
Zweckverfolgung dauernd und offenbar unmöglich wird (BGH NJW 82, 2821; 57, 1279). Beispiele sind der
Verlust eines unentbehrlichen und unersetzbaren Vermögensgegenstands (zB Verkauf oder Nichtigkeit eines
Patents, dessen Verwertung Zweck der GbR war). Kapitalmangel kann nur Unmöglichkeit begründen, wenn
die Gesellschafter notwendige Sanierungsmaßnahmen definitiv abgelehnt haben (Köln BB 02, 1167). Bei
weniger gewichtigen Fällen kommt die Kündigung nach § 723 in Betracht (§ 723 Rn 13).

§ 727 Auflösung durch Tod eines Gesellschafters

(1) Die Gesellschaft wird durch den Tod eines der Gesellschafter aufgelöst, sofern nicht aus dem Gesellschaftsvertrag sich ein anderes ergibt.

(2) ¹Im Falle der Auflösung hat der Erbe des verstorbenen Gesellschafters den übrigen Gesellschaftern den
Tod unverzüglich anzuzeigen und, wenn mit dem Aufschub Gefahr verbunden ist, die seinem Erblasser
durch den Gesellschaftsvertrag übertragenen Geschäfte fortzuführen, bis die übrigen Gesellschafter in
Gemeinschaft mit ihm anderweit Fürsorge treffen können. ²Die übrigen Gesellschafter sind in gleicher
Weise zur einstweiligen Fortführung der ihnen übertragenen Geschäfte verpflichtet. Die Gesellschaft gilt
insoweit als fortbestehend.

1 **A. Gesetzliche Regelung.** Die dispositive Anordnung der Auflösung der GbR wegen Tod eines Gesellschafters in § 727 I folgt aus dem gesetzlichen Leitbild der höchstpersönlichen Gesellschafterstellung und ihrer grds Unübertragbarkeit. Eine Ausnahme von dieser Regel gilt bei Tod des Unterbeteiligten oder stillen Gesellschafters, der anders als der Tod des Hauptgesellschafters oder Inhabers die (Innen-)GbR unberührt lässt (vgl § 234 II HGB). Dem Tod eines Gesellschafters stehen seine Todeserklärung oder gerichtliche Feststellung des Todes nach § 9 oder § 39 VerschG gleich, nicht aber die bloße Verschollenheit (MüKo/*Ulmer* § 727 Rn 6 f). Bei juristischen Personen und Personengesellschaften setzt § 727 I ihre Vollbeendigung und nicht nur ihre Auflösung voraus (BGH NJW 82, 2821).

2 Der Erbe bzw die Erbengemeinschaft rückt als Mitglied der Abwicklungsgesellschaft in die Vermögens- und Verwaltungsrechte des Erblassers ein (BGH NJW 95, 3314, 3315). Mehrere Erben verwalten den Anteil gemeinschaftlich und entscheiden hierüber im Innenverhältnis bei Angelegenheiten ordnungsgemäßer Verwaltung nach § 2038 II 1 iVm § 745 I mehrheitlich. Eine angeordnete Testamentsvollstreckung erstreckt sich auch auf die Verwaltung des GbR-Anteils (BGH NJW 86, 912).

3 Nach § 727 II 1 hat der Erbe die Pflicht zur Anzeige ggü allen Mitgesellschaftern. Das (befristete) Recht zur Notgeschäftsführung (mit Vertretungsmacht nach § 714) bei Gefahr für das Gesellschaftsvermögen hat der Erbe nur, wenn die Geschäftsführung dem Erblasser allein oder gemeinsam mit anderen Gesellschaftern übertragen war, nicht aber bei Gesamtgeschäftsführung nach § 709 oder Ausschluss des Erblassers von der Geschäftsführung. Es entsteht mit Anfall der Erbschaft und entfällt mit ihrer Ausschlagung rückwirkend; es gilt das Haftungsprivileg des § 708 (MüKo/*Ulmer* § 727 Rn 17, 19).

4 **B. Abweichende Vereinbarungen.** Abw von der Regel des § 727 I kann die Fortführung der GbR nach Tod eines Gesellschafters vereinbart werden, um so den Fortbestand der GbR mit oder ohne die Erben zu ermöglichen.

5 **I. Fortsetzungsklausel.** Bei einer GbR, die auf berufliche Qualifikation und/oder persönliche Verbindung beruht, wird regelmäßig eine **Fortsetzungsklausel** nach § 736 I vereinbart, die die Fortführung der GbR unter den verbliebenen Gesellschaftern und unter Ausschluss der Erben gegen Abfindung nach §§ 738–740 bewirkt (s dort). Eine Fortführung mit den Erben ist durch eine Nachfolge- oder Eintrittsklausel möglich.

6 **II. Nachfolgeklausel.** Durch eine **Nachfolgeklausel** wird die Fortführung der GbR bei Tod eines Gesellschafters mit seinen Erben oder im Falle einer rechtsgeschäftlichen Nachfolgeklausel auch mit einem Nichterben fortgeführt.

7 **1. Rechtsgeschäftliche Nachfolgeklausel.** Mit der rechtsgeschäftlichen Nachfolgeklausel verfügt der Gesellschafter zu Lebzeiten aufschiebend bedingt auf seinen Tod über den Gesellschaftsanteil zugunsten seines Erben oder eines Dritten. Da es sich um eine rechtsgeschäftliche Verfügung handelt und Verfügungen zugunsten Dritter unzulässig sind, setzt sie die Mitwirkung des Nachfolgers voraus (BGH NJW 77, 1339, 1341). Ist der Nachfolger bereits Mitgesellschafter, genügt die Vereinbarung im Gesellschaftsvertrag, womit zugleich die Zustimmung zu dieser Nachfolge durch alle anderen Gesellschafter erteilt ist. Andernfalls ist eine gesonderte Vereinbarung mit dem Nachfolger nötig. § 2301 findet keine Anwendung, weil die (nur aufschiebend bedingte) Verfügung bereits zu Lebzeiten vollzogen wird (Palandt/*Edenhofer* § 2301 Rn 16).

8 **2. Erbrechtliche Nachfolgeklausel.** Die erbrechtliche Nachfolgeklausel stellt den Anteil vererblich. Seine Übertragung richtet sich nicht nach Gesellschaftsrecht, sondern nach Erbrecht. Der Erbe tritt nach § 1922 unmittelbar in die Gesellschafterstellung ein. Bei mehreren Erben wird entgegen der Regel des § 2032 I nicht die Erbengemeinschaft Gesellschafter, weil die Erbengemeinschaft nicht Gesellschafter einer werbenden GbR sein kann, sondern jeder Erbe selbst mit seiner Erbquote (BGH NJW 99, 571, 572). Dennoch sind die Gesellschaftsanteile Teil des Nachlasses und haften für die Nachlassverbindlichkeiten (BGH NJW 89, 3152, 3154), und zwar wegen § 2059 I 1 trotz Aufteilung des Gesellschaftsanteils auf die Erben vorrangig vor den Privatgläubigern der Erben (str, vgl MüKo/*Ulmer* § 727 Rn 35 ff). Str ist auch, ob der Erbe analog § 139 HGB sein Ausscheiden verlangen kann, wenn die Mitgesellschafter nicht zwecks Haftungsbeschränkung des Erben der Umwandlung in eine KG oder Partnerschaftsgesellschaft zustimmen (MüKo/*Ulmer* § 727 Rn 46 ff).

9 **3. Qualifizierte Nachfolgeklausel.** Bei der qualifizierten Nachfolgeklausel bestimmt der Gesellschaftsvertrag nur bestimmte Erben als nachfolgeberechtigt. Die bestimmte Person muss tatsächlich (gesetzlicher oder testamentarischer) Erbe werden (BGH NJW 77, 1339). Ein bloßes Vermächtnis genügt nicht. Die qualifizierte Nachfolgeklausel führt dazu, dass der Anteil nicht nur mit der auf ihn entfallenden Quote, sondern insgesamt auf den benannten Erben mit unmittelbarer erbrechtlicher Wirkung übergeht, während die übrigen Erben keinen Abfindungsanspruch gegen die GbR haben (BGH NJW 77, 1339). Dagegen haben sie einen erbrechtlichen Ausgleichsanspruch gegen den Nachfolger (BGH NJW 57, 180), es sei denn, er hat den Gesellschaftsanteil als Vorausvermächtnis erhalten.

10 **III. Eintrittsklauseln.** Eintrittsklauseln ergänzen eine Fortsetzungsklausel und berechtigen als Vertrag zu Gunsten Dritter (§ 328 I) den Erben oder einen Dritten, in die Gesellschafterstellung des Erblassers (rechtsgeschäftlich) einzutreten. Die Bestimmung des Berechtigten kann auch nach dem Tod durch einen hierzu

ermächtigten Dritten erfolgen (BGH NJW-RR 87, 989). Anders als die Nachfolgeklausel hat die Eintrittsklausel nicht die unmittelbare Fortführung der Gesellschafterstellung zur Folge, sondern belässt es zunächst beim Ausscheiden des Erblassers aus der Gesellschaft und das Entstehen eines Abfindungsanspruchs der Erben. Der Eintrittsberechtigte muss daher zur Erlangung der Vermögensposition des Erblassers eine Einlage erbringen (MüKo/*Ulmer* § 727 Rn 58). Zweckmäßig ist, ihm durch Teilungsanordnung oder Vorausvermächtnis den Abfindungsanspruch zu überlassen, den er einbringen kann. Alternativ kann durch den Gesellschaftsvertrag Vorsorge getroffen werden, indem für den Fall des Eintritts der Ausschluss des Abfindungsanspruchs und der Übergang der mit dem Anteil verbundenen Vermögensrechte des Erblassers auf den Eintretenden vereinbart wird, wobei die Vermögensrechte bis zum Eintritt treuhänderisch durch die Mitgesellschafter gehalten werden (BGH NJW 78, 264, 265).

§ 728 Auflösung durch Insolvenz der Gesellschaft oder eines Gesellschafters

(1) ¹Die Gesellschaft wird durch die Eröffnung des Insolvenzverfahrens über das Vermögen der Gesellschaft aufgelöst. ²Wird das Verfahren auf Antrag des Schuldners eingestellt oder nach der Bestätigung eines Insolvenzplans, der den Fortbestand der Gesellschaft vorsieht, aufgehoben, so können die Gesellschafter die Fortsetzung der Gesellschaft beschließen.

(2) ¹Die Gesellschaft wird durch die Eröffnung des Insolvenzverfahrens über das Vermögen eines Gesellschafters aufgelöst. ²Die Vorschrift des § 727 Abs. 2 Satz 2, 3 findet Anwendung.

A. Gesellschaftsinsolvenz. I. Grundlagen. Der unabdingbare § 728 I ist mit der InsO zum 1.1.99 eingeführt worden. § 11 II Nr 1 InsO bestimmt die Insolvenzfähigkeit der GbR. Die Insolvenz betrifft nur die Außen-GbR, weil bei der Innen-GbR idR kein Gesellschaftsvermögen vorhanden ist und selbst bei Vorhandensein von Gesellschaftsvermögen mangels Außenhandelns der GbR keine rechtsgeschäftlichen Verbindlichkeiten bestehen, die zum Insolvenzverfahren führen können (MüKo/*Ulmer* § 728 Rn 7). 1

II. Rechsfolge des Insolvenzverfahrens. Die Eröffnung des Insolvenzverfahrens nach § 27 I InsO führt zwingend zur Auflösung der GbR (LG Berlin ZInsO 02, 884), nicht aber die vorläufige Sicherungsmaßnahme (§ 21 InsO), die Einsetzung eines vorläufigen Insolvenzverwalters (§ 22 InsO) oder die Ablehnung der Eröffnung mangels Masse nach § 26 InsO (Palandt/*Sprau* § 728 Rn 1). Die Aufhebung des Eröffnungsbeschlusses im Beschwerdeverfahren lässt die Insolvenzeröffnung rückwirkend entfallen und die GbR wird wieder werbend (MüKo/*Ulmer* § 728 Rn 8). Das Insolvenzverfahren ist auch noch über die GbR im Liquidationsstadium möglich (MüKo/*Ulmer* § 728 Rn 6). 2

III. Eröffnungsgründe. Eröffnungsgründe sind die Zahlungsunfähigkeit (§ 17 InsO) und nur bei Antrag aller Gesellschafter (§ 18 III InsO) auch die drohende Zahlungsunfähigkeit. Die Überschuldung ist nach § 19 III InsO nur Insolvenzgrund, wenn kein Gesellschafter natürliche Person ist. Antragsberechtigt ist neben den Gläubigern (§ 14 I InsO) auch jeder Gesellschafter (§ 15 I InsO), antragsverpflichtet nur die geschäftsführenden Gesellschafter und zwar analog § 130 a HGB nur dann, wenn kein Gesellschafter natürliche Person ist (MüKo/*Ulmer* § 728 Rn 12). 3

IV. Folgen der Insolvenzeröffnung. Mit Eröffnung des Insolvenzverfahrens gehen alle Verwaltungs- und Verfügungsbefugnisse über das Gesellschaftsvermögen auf den Insolvenzverwalter über (§ 80 I InsO). Die Insolvenz tritt an die Stelle der Liquidation (s § 730 I Hs 2). Die geschäftsführenden Gesellschafter sind Adressat der Auskunftspflichten nach §§ 20 I, 97 InsO. Während der Dauer des Insolvenzverfahrens ist nach § 93 InsO nur noch der Insolvenzverwalter berechtigt, die persönliche Haftung der Gesellschafter (auch der ausgeschiedenen, *Gerhart* ZIP 00, 2181, 2182 f) geltend zu machen, soweit sich diese Haftung aus dem Gesellschaftsverhältnis und nicht aus anderen Rechtsverhältnissen (zB Bürgschaft eines Gesellschafters ggü einem Gesellschaftsgläubiger) ergibt (Stuttg DB 02, 1929; Jena NZG 02, 172, 173). Den Gesellschaftern bleiben dabei Einreden der GbR und eigene Einreden erhalten, und sie sind nicht zur Leistung verpflichtet, soweit die Insolvenzmasse zur Befriedigung der Insolvenzgläubiger genügt (BTDrs 12/2443 S 140). Mit Insolvenzeröffnung werden Prozesse zwischen Gläubigern und Gesellschaftern der GbR wegen der akzessorischen Gesellschafterhaftung analog § 17 I 1 AnfG unterbrochen und der Insolvenzverwalter kann diese selbst nach § 85 InsO aufnehmen (BGH NJW 03, 590, 591). Leistungen der Gesellschafter, die der Insolvenzverwalter nach § 93 InsO beitreibt, sind als Sondermasse zu Gunsten der Insolvenzgläubiger zu separieren und stehen nicht zur Deckung der Massekosten zur Verfügung (MüKo/*Ulmer* § 728 Rn 22). Für Verbindlichkeiten, die während des Insolvenzverfahrens begründet werden, haftet nur das Gesellschaftsvermögen (*Prütting* ZIP 97, 1725, 1732). 4

Die Gesellschafter können Drittforderungen oder rückständige Forderungen aus dem Gesellschaftsverhältnis (zB Aufwendungsersatz) selbst als Insolvenzforderung anmelden, der vor Insolvenzeröffnung ausgeschiedene Gesellschafter auch seinen Abfindungsanspruch (BGH NJW 58, 787). 5

6 Nach § 728 I 2 können die Gesellschafter die Fortsetzung der Gesellschaft beschließen, wenn das Insolvenzverfahren auf Antrag des Schuldners eingestellt (§§ 212, 213 InsO) oder mit Bestätigung eines Insolvenzplans nach § 248 InsO, der den Fortbestand der GbR vorsieht, aufgehoben wird. Gleiches muss gelten, wenn das Verfahren wegen Massearmut (§§ 207, 208 InsO) eingestellt wird (MüKo/*Ulmer* § 728 Rn 26 f).

7 **B. Gesellschafterinsolvenz.** Nach § 728 II begründet die Eröffnung (dazu Rn 2) eines Insolvenzverfahrens über das Vermögen eines Gesellschafters die Auflösung der GbR (auch der Innen-GbR). Zwingend sind das Ausscheiden des betroffenen Gesellschafters und die daraus resultierende Liquidation seines Anteils zu Gunsten der Insolvenzmasse des Gesellschafters. Dispositiv ist dagegen die Rechtsfolge der Auflösung der Gesellschaft, die unter dem Vorbehalt der Fortführung nach § 736 I bei Ausscheiden des Gesellschafters gegen Abfindung nach §§ 738-740 steht. Nicht von § 728 II erfasst ist die Nachlassinsolvenz (§§ 315 ff InsO), weil der Erbe durch Einsatz seines sonstigen Vermögens an dem GbR-Anteil festhalten kann (BGH NJW 84, 2104 – zur OHG).

8 Die Auseinandersetzung infolge der Gesellschafterinsolvenz geschieht außerhalb des Insolvenzverfahrens (§ 84 I InsO) nach den §§ 730-735. Durch den Verweis auf § 727 II 3 wird bis zum Beginn der Auseinandersetzung der Fortbestand der GbR fingiert und die für die werbende GbR geltenden Geschäftsführungs- und Vertretungsregeln gelten fort. Kraft Verweises auf § 727 II 2 haben die Mitgesellschafter das Recht zur Notgeschäftsführung, nicht aber der Insolvenzverwalter und zwar auch dann nicht, wenn dem insolventen Gesellschafter die Geschäftsführung übertragen war (MüKo/*Ulmer* § 728 Rn 39). Dagegen hat der Insolvenzverwalter Gesamtgeschäftsführungsbefugnis im Zuge der Liquidation nach § 730 II 2.

9 Gesellschaftsrechtlich begründete Forderungen der Mitgesellschafter aus der Zeit vor der Insolvenzeröffnung können wegen des Absonderungsrechts des § 84 I 2 InsO mit dem zur Insolvenzmasse zählenden Auseinandersetzungsguthaben oder Abfindungsanspruch saldiert werden.

§ 729 Fortdauer der Geschäftsführungsbefugnis

¹Wird die Gesellschaft aufgelöst, so gilt die Befugnis eines Gesellschafters zur Geschäftsführung zu seinen Gunsten gleichwohl als fortbestehend, bis er von der Auflösung Kenntnis erlangt oder die Auflösung kennen muss. ²Das Gleiche gilt bei Fortbestand der Gesellschaft für die Befugnis zur Geschäftsführung eines aus der Gesellschaft ausscheidenden Gesellschafters oder für ihren Verlust in sonstiger Weise.

1 § 729 ist nur für die übertragene Geschäftsführung (§ 712) relevant, weil die Gesamtgeschäftsführung nach § 709 mangels abw Vereinbarung auch für die Liquidation gilt (§ 730 II 2). Die dispositive Vorschrift des § 729 gilt für alle Fälle des Verlustes der Geschäftsführungsbefugnis eines Gesellschafters, etwa durch Auflösung (§§ 726-728), Entziehung der Geschäftsführung (§ 712 I) oder Ausscheiden aus der GbR (§ 736). Über § 714 gilt auch die Vertretungsmacht fort, außer bei Bösgläubigkeit des Vertragspartners (§ 169). Voraussetzung für die Fiktion des § 729 ist die Gutgläubigkeit des Geschäftsführers über den Fortbestand seiner Geschäftsführungsbefugnis, wobei § 708 der Maßstab für die von ihm anzuwendende Sorgfalt zur Vermeidung fahrlässiger Unkenntnis vom Erlöschen (Kennenmüssen) ist.

§ 730 Auseinandersetzung; Geschäftsführung

(1) Nach der Auflösung der Gesellschaft findet in Ansehung des Gesellschaftsvermögens die Auseinandersetzung unter den Gesellschaftern statt, sofern nicht über das Vermögen der Gesellschaft das Insolvenzverfahren eröffnet ist.

(2) ¹Für die Beendigung der schwebenden Geschäfte, für die dazu erforderliche Eingehung neuer Geschäfte sowie für die Erhaltung und Verwaltung des Gesellschaftsvermögens gilt die Gesellschaft als fortbestehend, soweit der Zweck der Auseinandersetzung es erfordert. ²Die einem Gesellschafter nach dem Gesellschaftsvertrag zustehende Befugnis zur Geschäftsführung erlischt jedoch, wenn nicht aus dem Vertrag sich ein anderes ergibt, mit der Auflösung der Gesellschaft; die Geschäftsführung steht von der Auflösung an allen Gesellschaftern gemeinschaftlich zu.

1 **A. Grundlagen.** Die Auflösung führt idR noch nicht zur Vollbeendigung der GbR, sondern unter Fortbestand (auch ggü Dritten, Naumbg NZG 02, 813) nur zu ihrer Umwandlung in eine Abwicklungsgesellschaft, deren Zweck sich auf die Liquidation reduziert (BGH WM 66, 639, 640) und die im Falle der Außen-GbR rechtsfähig bleibt. Mit der Auflösung beschränken sich die Rechte und Pflichten der Gesellschafter auf das, was mit dem auf Liquidation gerichteten Gesellschaftszweck vereinbar ist (BGH NJW 78, 424). Dies gilt auch für die Treuepflicht (BGH NJW 80, 1628, 1629). Ausstehende Beiträge sind nur insoweit zu leisten, wie dies zur Abwicklung nötig ist (BGH WM 77, 617, 618). Die Abwicklung richtet sich nach den vertraglichen Abreden, erg nach den §§ 730 ff. Jeder Gesellschafter kann die Liquidation nach den anwendbaren Regeln von seinen Mitgesellschaftern verlangen, nicht aber ein Gläubiger der GbR. Das Ausscheiden aus der

GbR ist während der Liquidation nicht durch Kündigung möglich (BGH WM 63, 729, 730), sondern nur einvernehmlich.

Die Liquidation ist bei der Innen-GbR ieS (ohne Gesellschaftsvermögen) (BGH NJW 90, 573, 574) oder dann entbehrlich, wenn die GbR gar nicht in Vollzug gesetzt wurde (Frankf NJW-RR 96, 101, 102) oder im Zeitpunkt der Auflösung weder Vermögen noch Verbindlichkeiten hat, so dass sich ihre Abwicklung erübrigt. In diesen Fällen wie auch bei Anwachsung des GbR-Vermögens bei dem einzigen verbleibenden Gesellschafter (§ 719 Rn 5) führt die Auflösung unmittelbar zur Vollbeendigung. Bei Insolvenz der GbR tritt das Insolvenzverfahren an die Stelle der Liquidation (§ 730 I Hs 2), soweit nicht anschließend noch ein Überschuss verbleibt (BGH NJW 85, 1468).

Weil die Auflösung der Innen-GbR ieS unmittelbar zu ihrer Vollbeendigung führt, ist zwar für die Liquidation nach §§ 730 ff kein Raum. Dennoch werden verschiedene dieser Vorschriften entspr auf die Auseinandersetzung zwischen den Gesellschaftern angewandt, so zB § 738 I 2 auf die Abrechnung und Auszahlung durch den Außengesellschafter (BGH NJW 83, 2375), § 733 II 2 auf die wertmäßige Rückerstattung einer etwa erbrachten Sacheinlage (MüKo/*Ulmer* § 730 Rn 14), § 738 I 2 und § 732 auf die Rückgabe zum Gebrauch überlassener Vermögensgegenstände (*Ulmer* aaO) und § 740 auf die Abwicklung schwebender Geschäfte. Unanwendbar ist dagegen die Geschäftsführungsregel des § 730 II 2 (MüKo/*Ulmer* § 730 Rn 17). Auch bei der Auflösung einer Ehegatten-Innen-GbR tendiert der BGH zur Anwendung der §§ 730 ff (BGH NJW 99, 2962), ebenso bei einer GbR zwischen den Partnern einer nichtehelichen Lebensgemeinschaft (BGH WM 65, 793, 794; vgl auch BGH NJW-RR 93, 1475, 1476). Für die stille Gesellschaft gilt § 325 I entspr (BGH WM 68, 278, 279).

B. Durchführung der Abwicklung. Zur Liquidation sind nach § 730 II 2 alle Gesellschafter gemeinschaftlich (Gesamtgeschäftsführung) berechtigt und verpflichtet, es sei denn, der Gesellschaftsvertrag bestimmt für die Liquidation ausdrücklich etwas anderes. Die Regelung der Geschäftsführung für die werbende GbR ist nicht ohne weiteres auf die GbR in Liquidation anzuwenden. Eine Vergütung kann mangels abw Vereinbarung nicht beansprucht werden (BGH WM 67, 682, 683). Die Vertretungsbefugnis folgt analog § 714 der Geschäftsführungsbefugnis. Möglich ist, entspr § 146 II 2 HGB einen Dritten zum Liquidator zu bestimmen (Köln NJW-RR 95, 27).

Zur Liquidation gehört die Abwicklung schwebender Geschäfte, und neue Geschäfte sind zulässig, soweit sie mit dem Zweck der Liquidation vereinbar sind (§ 730 II 1). Im Zuge der Liquidation sind die Gesellschafter zur Förderung und raschen Beendigung der Auseinandersetzung (BGH WM 69, 591, 592) und dabei zur Auskunft und Mitwirkung am Rechnungsabschluss (BGH DB 02, 2708) verpflichtet. Schuldhafte Verstöße gegen diese Pflichten begründen Schadensersatzansprüche der Mitgesellschafter (BGH DB 02, 2708). Die Zustimmung zu Maßnahmen kann per Klage durchgesetzt werden (Kobl NJW-RR 02, 827).

C. Auseinandersetzung. I. Durchsetzungssperre für Einzelansprüche. Nach Auflösung der GbR können Ansprüche der Gesellschafter gegen die GbR oder Mitgesellschafter nicht mehr selbstständig durch Leistungsklage durchgesetzt werden (sog Durchsetzungssperre, BGH NJW 98, 376; NJW-RR 91, 1049). Möglich ist vielmehr nur die Feststellung im Wege der Feststellungsklage (BGH WM 98, 1020, 1025). Damit sollen wechselseitige Zahlungen im Abwicklungsstadium vermieden werden und ein Ausgleich erst nach Saldierung der Ansprüche und Gegenansprüche im Zuge der Schlussabrechnung erfolgen. Die Durchsetzungssperre erstreckt sich auf alle gesellschaftsvertraglichen Ansprüche wie zB auf Aufwendungsersatz (BGH NJW-RR 86, 456), Gewinn (Hamm NZG 02, 419), Ausgleich infolge einer Inanspruchnahme durch Gläubiger nach § 426 (BGH NJW 88, 1375, 1377) oder Schadensersatz aus dem Gesellschaftsverhältnis gegen die GbR (BGH WM 84, 1605, 1606) oder Mitgesellschafter (BGH NZG 03, 215). Gleiches gilt für Drittgläubigeransprüche (BGH WM 78, 89, 90; Karlsr NZG 01, 748, 749), was aber bedenklich ist, weil sich hier Berechtigter und Verpflichteter wie fremde Dritte ggü stehen (so auch MüKo/*Ulmer* § 730 Rn 53). Die Rspr macht zahlreiche Ausnahmen von der Durchsetzungssperre, wenn ihr Zweck, ein Hin- und Herzahlen zu verhindern, im konkreten Fall nicht einschlägig ist, so zB wenn der geforderte Betrag dem Gesellschafter mit Sicherheit auch nach den anstehenden Saldierungen zusteht (BGH NJW-RR 93, 1187) oder bei einem Anspruch eines Gesellschafters, der gem Gesellschaftsvertrag an den Verlusten nicht teilnimmt (BGH WM 67, 346, 347; zu weiterer Kasuistik s MüKo/*Ulmer* § 730 Rn 54 ff).

II. Schlussabrechnung. Die von den Abwicklern aufzustellende Schlussabrechnung (Auseinandersetzungsbilanz) ist Grundlage der abschließenden Auseinandersetzung und bildet das Ende der Abwicklung, bei Gelegenheitsgesellschaften zugleich Grundlage der Ermittlung des mit der GbR erzielten Ertrags. Die Anforderungen an die Schlussabrechnung bestimmen sich anders als bei § 154 HGB (Bilanz) allein an den konkreten Erfordernissen. Sind die Verhältnisse sehr überschaubar, kann sie sogar verzichtbar sein (Köln NZG 99, 152, 153).

Mit Feststellung der Schlussabrechnung durch die Gesellschafter wird ein Anspruch auf das Auseinandersetzungsguthaben eines Gesellschafters fällig (BGH NJW 95, 188, 189). Entstanden ist der Anspruch bereits mit Auflösung (BGH NJW 97, 3370, 3371) und ist als künftiger Anspruch bereits mit Beginn der Mitgliedschaft abtretbar und aufrechenbar (BGH NJW-RR 2000, 1295, 1296). Der Anspruch auf das Auseinandersetzungsguthaben richtet sich gegen die GbR und ist aus dem verbliebenen Vermögen nach §§ 733 II, 734 zu befriedigen. Mangels Vermögens der GbR (BGH ZIP 93, 1307) oder in einer Zweipersonen-GbR (BGH NJW 99, 1180, 1181) kann er auch unmittelbar gegen ausgleichspflichtige Mitgesellschafter durchgesetzt werden.

9 Beendigt ist die GbR, wenn sie kein Vermögen mehr hat (BGH NJW 57, 989). Soweit sich später weiteres Vermögen herausstellt, haben die Gesellschafter eine weitere Auseinandersetzung vorzunehmen (BGH NJW 79, 1987).

10 **III. Abweichende Vereinbarungen.** Eine abw Auseinandersetzung ist durch Vereinbarung im Gesellschaftsvertrag oder im Zuge der Abwicklung möglich und kann die Abwicklung entbehrlich machen oder vereinfachen. Beispiele dafür sind die Veräußerung des gesamten Gesellschaftsvermögens an einen Gesellschafter oder Dritten, die Realteilung der GbR, die Veräußerung sämtlicher Anteile an einen Gesellschafter oder Dritten oder die Einbringung sämtlicher Anteile in eine andere Gesellschaft. In den beiden letzten Fällen wächst das Vermögen der GbR bei dem Erwerber mit allen Rechten und Pflichten an.

§ 731 Verfahren bei Auseinandersetzung

¹Die Auseinandersetzung erfolgt in Ermangelung einer anderen Vereinbarung in Gemäßheit der §§ 732 bis 735. ²Im Übrigen gelten für die Teilung die Vorschriften über die Gemeinschaft.

1 § 731 stellt einerseits die Dispositivität der Abwicklungsvorschriften der §§ 732–735 klar und ordnet andererseits für die Auseinandersetzung die subsidiäre Anwendung des Gemeinschaftsrechts (§§ 752 ff) an. Für die Regelung der Auseinandersetzung haben damit die Vereinbarungen der Gesellschafter (durch Gesellschaftsvertrag oder späteren Beschluss) Vorrang. An zweiter Stelle gelten die Regelungen der §§ 730, 732–735, an dritter Stelle die §§ 752-758, soweit für sie überhaupt noch Raum bleibt. Zu Bsp abw vertraglicher Regelungen vgl schon § 730 Rn 10.

2 Der Verweis auf das Gemeinschaftsrecht setzt zunächst teilungsfähiges Gesellschaftsvermögen voraus. Aber auch dann geht er teilweise ins Leere, so bei § 755, weil die vorrangige Tilgung der Schulden schon aus § 733 I und II folgt. § 756 findet keine Anwendung, weil die gegenseitigen Ansprüche der Gesellschafter schon in der Schlussrechnung berücksichtigt werden (§ 730 Rn 7 f). § 754 S 2 ergibt sich schon aus Anordnung der gemeinschaftlichen Geschäftsführung in der Abwicklungsgesellschaft. Relevant ist dagegen § 752, wenn nicht die vollständige Liquidation des Gesamthandsvermögens vereinbart ist, sondern § 733 III anwendbar bleibt. Durch Verweis auf § 753 werden unteilbare oder nur unter Wertminderung teilbare Gegenstände im Wege des Pfandverkaufs (§§ 1235–1240 und 1246), Grundstücke durch Zwangsversteigerung liquidiert. Nach § 757 sind schließlich die kaufvertraglichen Gewährleistungsansprüche anwendbar, wenn ein Gesellschafter einen Vermögensgegenstand aus dem Gesamthandsvermögen übernimmt.

§ 732 Rückgabe von Gegenständen

¹Gegenstände, die ein Gesellschafter der Gesellschaft zur Benutzung überlassen hat, sind ihm zurückzugeben. ²Für einen durch Zufall in Abgang gekommenen oder verschlechterten Gegenstand kann er nicht Ersatz verlangen.

1 **A. § 732 S 1.** In dem dispositiven § 732 S 1 geht es um die Rückgabe von Gegenständen, die ein Gesellschafter der GbR nur zum Gebrauch überlassen, also nicht in das Gesamthandsvermögen übertragen hat, und die nicht durch bestimmungsgemäße Verwendung oder Zufall untergegangen sind. Die Rückgabe geschieht außerhalb der Auseinandersetzung und zeitlich vorverlagert (BGH NJW 81, 2802), wenn nicht der Gegenstand während oder für die Liquidation erforderlich ist. Keine Gebrauchsüberlassung iSv S 1 liegt vor, wenn ein Gegenstand aufgrund eines Drittgeschäfts vermietet wurde. Die GbR hat ein Zurückbehaltungsrecht, wenn der anspruchsberechtigte Gesellschafter mit großer Wahrscheinlichkeit iRd Schlussabrechnung zur Zahlung eines Nachschusses verpflichtet ist (BGH NJW 98, 1551, 1552).

2 Nach vordringender Auffassung soll S 1 entspr auch auf Gegenstände angewandt werden, die ein Gesellschafter dem Werte nach in die GbR eingebracht hat, was sein dingliches Recht unberührt lässt. Während die Rspr und die früher hM in diesem Fall § 733 II 2 anwenden möchte (BGH WM 65, 744, 745 f), sprechen mit der vordringenden Auffassung in der Lit die besseren Gründe dafür, auch diesem Gesellschafter einen Rückgabeanspruch analog § 732 S 1 zu gewähren, wobei der Wert des Gegenstands von seinem Kapitalkonto abzuziehen ist (MüKo/*Ulmer* § 732 Rn 10 mwN). Denn es wäre widersinnig, ihm das Eigentum am eingebrachten Gegenstand gerade im Liquidationsstadium der GbR zu entziehen.

3 **B. § 732 S 2.** Der ebenfalls dispositive § 732 S 2 legt dem überlassenden Gesellschafter das Risiko für den zufälligen Untergang oder die Verschlechterung des Gegenstands auf, wozu auch der bestimmungsgemäße Verbrauch oder übliche Abnutzung zählen. Das Risiko der fehlenden Nutzungsmöglichkeit liegt dagegen bei der GbR (Soergel/*Hadding* § 732 Rn 3). Ist der Untergang oder die Verschlechterung durch einen Angestellten oder Geschäftsführer (§ 708) der GbR verschuldet, so haftet diese nach § 278 auf Schadensersatz.

§ 733 Berichtigung der Gesellschaftsschulden; Erstattung der Einlagen

(1) ¹Aus dem Gesellschaftsvermögen sind zunächst die gemeinschaftlichen Schulden mit Einschluss derjenigen zu berichtigen, welche den Gläubigern gegenüber unter den Gesellschaftern geteilt sind oder für welche einem Gesellschafter die übrigen Gesellschafter als Schuldner haften. ²Ist eine Schuld noch nicht fällig oder ist sie streitig, so ist das zur Berichtigung Erforderliche zurückzubehalten.
(2) ¹Aus dem nach der Berichtigung der Schulden übrig bleibenden Gesellschaftsvermögen sind die Einlagen zurückzuerstatten. ²Für Einlagen, die nicht in Geld bestanden haben, ist der Wert zu ersetzen, den sie zur Zeit der Einbringung gehabt haben. ³Für Einlagen, die in der Leistung von Diensten oder in der Überlassung der Benutzung eines Gegenstands bestanden haben, kann nicht Ersatz verlangt werden.
(3) Zur Berichtigung der Schulden und zur Rückerstattung der Einlagen ist das Gesellschaftsvermögen, soweit erforderlich, in Geld umzusetzen.

A. Grundlagen. Die dispositive Bestimmung des § 733 regelt die zentralen Aspekte der Liquidation, nämlich 1 die Berichtigung der Gesellschaftsschulden und die Rückerstattung der Einlagen der Gesellschafter. Da § 733 Gesellschaftsvermögen voraussetzt, findet er auf die Innengesellschaft im engeren Sinne (§ 705 Rn 34) keine Anwendung. Doch kommt bei dieser eine entspr Anwendung des § 733 II 2 auf die wertmäßige Rückerstattung einer erbrachten Sacheinlage in Betracht (§ 730 Rn 3).

Aus §§ 732 und 733 ergibt sich eine Reihenfolge der Liquidationsmaßnahmen. Nach Rückgabe der zum 2 Gebrauch überlassenen Gegenstände (§ 732) folgt die Schuldenberichtigung (§ 733 I) und anschließend die Einlagenrückgewähr (§ 733 II), wofür jeweils die notwendigen Geldmittel zum Verkauf von Vermögen zu beschaffen sind (§ 733 III).

B. Schuldenberichtigung. Zu den gemeinschaftlichen Schulden iSd § 733 I zählen neben den Gesamthands- 3 verbindlichkeiten (einschl Verbindlichkeiten ggü Gesellschaftern aus Drittverhältnissen, § 705 Rn 31) auch solche, die Gesellschafter im eigenen Namen, aber für die GbR eingegangen sind (BGH NJW 99, 2438, 2439). Ferner sind gemeinschaftliche Schulden auch Sozialverpflichtungen der GbR (§ 705 Rn 29), die jedoch nicht vorab zu berichtigen sind, sondern grds in die Schlussabrechnung eingehen (§ 730 Rn 6, dort auch zur Frage, ob dies auch für Verbindlichkeiten aus Drittverhältnissen mit Gesellschaftern gilt). Genügt das nach Tilgung der übrigen Schulden verbleibende Vermögen der GbR nicht zur Tilgung der Sozialverpflichtungen und Rückzahlung der Einlagen, ergibt sich aus der Rangfolge von § 733 I und II, dass die Sozialverpflichtungen vorrangig zu bedienen sind (MüKo/*Ulmer* § 733 Rn 7).

Ansprüche zwischen den Gesellschaftern zählen nicht zu den gemeinschaftlichen Schulden, auch wenn sie 4 ihren Rechtsgrund im Gesellschaftsvertrag haben, wie zB Ersatzansprüche wegen eines durch den Mitgesellschafter verursachten Schadens oder der Anspruch auf Rückzahlung eines dem Mitgesellschafter gewährten Einlagenvorschusses. Solche Ansprüche unterliegen aber der Durchsetzungssperre und gehen in die Schlussabrechnung ein (MüKo/*Ulmer* § 733 Rn 8; aA für Rückzahlung des Einlagenvorschusses Staud/*Kessler* § 733 Rn 5).

Nach § 733 I 2 ist für noch nicht fällige oder str Verbindlichkeiten das zur Berichtigung Erforderliche zurück- 5 zubehalten. Mangels abw Vereinbarung sind die erforderlichen Gelder nach § 372 zu hinterlegen. Die Abwicklungsgesellschaft besteht für die Dauer der Hinterlegung fort, es sei denn, die Rücknahme des hinterlegten Betrages ist ausgeschlossen (BayObLG WM 79, 655).

C. Rückerstattung der Einlagen. Nach § 733 II sind den Gesellschaftern die Einlagen (dh die vermögens- 6 werten Beiträge der Gesellschafter, § 706 Rn 1) zurückzuerstatten, soweit sie hiervon nicht nach S 3 ausgenommen sind. Nicht zu den Einlagen iSd § 733 zählen aber die nur dem Wert nach eingebrachten Gegenstände, die nach richtiger Auffassung bereits nach § 732 zurückzugeben sind (§ 732 Rn 2).

Nicht nur Geldeinlagen, sondern auch Sacheinlagen sind in Geld zurückzuerstatten, Sacheinlagen in Höhe 7 ihres Werts im Zeitpunkt der Einbringung. Dabei wird es vorrangig auf die Festsetzung des Werts im Gesellschaftsvertrag ankommen, andernfalls ist der damalige tatsächliche Wert der Sacheinlage zu ermitteln. Bei offensichtlich steuerlich motivierter Einlage zum (niedrigeren) Buchwert spricht die Auslegung dafür, im Zuge des § 733 einen Anspruch auf Rückerstattung des höheren tatsächlichen Werts zum Einbringungszeitpunkt zuzuerkennen (BGH WM 67, 682, 683; aA aber BGH WM 72, 213, 214). Wertveränderungen seit Einbringung gehen zu Gunsten und zu Lasten der GbR.

Einlagen in Form von Dienstleistungen sind nach § 733 II 3 von der Erstattung ausgenommen, werden aber, 8 wenn sie im Vergleich zu Mitgesellschaftern überproportional geleistet, häufig in Form von Vergütungen oder erhöhter Gewinnentnahme Berücksichtigung finden. Eine Ausnahme von diesem Grundsatz kann gelten, wenn sich die Dienstleistungen in einem bleibenden Wert niedergeschlagen haben, ohne schon anderweitig abgegolten zu sein (BGH NJW 86, 51; NJW-RR 91, 422, 423). Werkleistungen fallen dagegen nicht unter S 3 (BGH NJW 80, 1744, 1745; aA Palandt/*Sprau* § 733 Rn 10).

D. Umsetzung in Geld. Nach § 733 III ist das Gesellschaftsvermögen nur insoweit zu liquidieren, wie dies 9 zur Tilgung der Schulden und Rückerstattung der Einlagen erforderlich ist. Der verbleibende Überschuss ist dagegen mangels abw Vereinbarung in Natur zu teilen (§ 731 S 2 iVm § 752), es sei denn, die Teilung ist nach Art der Gegenstände ausgeschlossen (§§ 752 S 1, 753 I).

10 Die Umsetzung des Gesellschaftsvermögens in Geld geschieht bei Forderungen durch Einziehung (§ 731 S 2 iVm § 754), bei beweglichen Sachen entgegen der früher hM (Verkauf nach Verkehrssitte) grds nach den Grundsätzen des Pfandverkaufs (§ 731 S 2 iVm §§ 752, 1235 ff) und bei Grundstücken durch Zwangsversteigerung (MüKo/*Ulmer* § 733 Rn 23, differenzierend BGH NJW 92, 830, 832).

§ 734 Verteilung des Überschusses

Verbleibt nach der Berichtigung der gemeinschaftlichen Schulden und der Rückerstattung der Einlagen ein Überschuss, so gebührt er den Gesellschaftern nach dem Verhältnis ihrer Anteile am Gewinn.

1 Die Verteilung des Überschusses ist der letzte Schritt der Auseinandersetzung nach Auflösung der GbR. Sie betrifft in erster Linie den Abwicklungsgewinn, bei Gelegenheitsgesellschaften ohne laufende Gewinnverteilung zusätzlich auch die Gewinnverteilung nach § 721 I.

2 **A. Gegenstand der Verteilung.** Gegenstand der Verteilung ist das Aktivvermögen der GbR, das nach Berichtigung der Gesellschaftsverbindlichkeiten ggü Dritten (§ 733 Rn 3), Hinterlegung für betagte oder str Verbindlichkeiten (§ 733 Rn 5) und Ausgleich von Gesellschafterforderungen sowie Rückerstattung der Einlagen iRd Schlussabrechnung verbleibt. Zu dem Aktivvermögen zählen auch Sozialansprüche gegen Gesellschafter wie zB Schadensersatzansprüche, während Ansprüche auf Leistung von Einlagen schon bei Ermittlung des Rückerstattungsanspruchs nach § 733 II 1 zu berücksichtigen sind (MüKo/*Ulmer* § 734 Rn 4). Vermögensgegenstände der GbR, die nicht in Geld umgesetzt wurden (vgl § 733 III), sind in der Schlussabrechnung mit ihrem Veräußerungswert in Ansatz zu bringen, womit etwaige stille Reserven aufgedeckt werden (BGH WM 72, 213).

3 **B. Maßstab der Verteilung und ihre Umsetzung.** Maßstab für die Verteilung des Überschusses ist der vereinbarte Verteilungsschlüssel für den laufenden Gewinn, mangels abw Bestimmung also nach Köpfen (§ 722 I). Die Verteilung geschieht bei teilbaren Gegenständen nach § 731 S 2 iVm § 752 in Natur, sonst nach § 731 S 2 iVm § 753 durch Verteilung des Erlöses aus der Verwertung im Wege des Pfandverkaufs. Abw Vereinbarungen durch Gesellschaftsvertrag oder iRd Auseinandersetzung sind zulässig.

4 Der Überschussanteil ist Teil des Auseinandersetzungsguthabens eines Gesellschafters. Das Auseinandersetzungsguthaben umfasst daneben den Anspruch auf Einlagenrückerstattung (§ 733 II 1) und die weiteren unselbstständigen Rechnungsposten, die in die Schlussabrechnung eingehen (§ 730 Rn 6). Das Auseinandersetzungsguthaben ist grds erst mit Feststellung der Schlussabrechnung fällig (§ 730 Rn 8). Genügt das Gesellschaftsvermögen nicht zur Befriedigung aller Ansprüche, ist das Rangverhältnis der §§ 733, 734 zu beachten (zunächst Befriedigung von Sozialverpflichtungen (§ 733 I, s § 733 Rn 3), dann die Rückerstattung des Wertes von Einlagen (§ 733 II) und zuletzt die Verteilung des Überschusses nach § 734. Ist die Verteilung umstr, ist der Liquidator zur Hinterlegung nach § 372 berechtigt (BayObLG WM 79, 655).

§ 735 Nachschusspflicht bei Verlust

¹Reicht das Gesellschaftsvermögen zur Berichtigung der gemeinschaftlichen Schulden und zur Rückerstattung der Einlagen nicht aus, so haben die Gesellschafter für den Fehlbetrag nach dem Verhältnis aufzukommen, nach welchem sie den Verlust zu tragen haben. ²Kann von einem Gesellschafter der auf ihn entfallende Beitrag nicht erlangt werden, so haben die übrigen Gesellschafter den Ausfall nach dem gleichen Verhältnis zu tragen.

1 **A. Grundlagen.** § 735 tritt an die Stelle der Überschussverteilung nach § 734, wenn sich aus der Schlussabrechnung ein Fehlbetrag anstelle eines Überschusses ergibt, also das Aktivvermögen nicht zur Berichtigung der Schulden und Rückerstattung der Einlagen genügt. Während § 707 eine Nachschusspflicht oder Pflicht zum Verlustausgleich bei der werbenden GbR ausschließt, begründet § 735 diese Verpflichtung iRd Auseinandersetzung. § 735 betrifft allein das Innenverhältnis zwischen den Gesellschaftern und begründet damit keine Haftung ggü den Gläubigern der GbR, die sich aber unverändert auch nach der Auflösung der GbR im Wege der akzessorischen Gesellschafterhaftung schadlos halten und aufgrund eines Titels gegen die GbR einen Anspruch gegen Gesellschafter gem § 735 pfänden und sich nach §§ 829, 835 ZPO überweisen lassen können.

2 **B. Anwendungsbereich.** Auf die stille Gesellschaft ist § 735 nicht anwendbar (BGH WM 77, 973, 975). Im Übrigen ist § 735 dispositiv (§ 731; MüKo/*Ulmer* § 735 Rn 2). Damit ist es auch möglich, im Innenverhältnis eine Verlustbeteiligung einzelner oder aller Gesellschafter auszuschließen (BGH WM 67, 346, 347). Ist sie für alle Gesellschafter ausgeschlossen, so ist im Zweifel auch für einen Ausgleich ungleicher Beitragsleistungen oder von Aufwendungen kein Raum (MüKo/*Ulmer* § 735 Rn 4).

C. Ermittlung des Verlustes und Ausfallhaftung. Für die Ermittlung des Verlustes vgl die Ausführungen 3
zur Ermittlung des Überschusses (§ 724 Rn 2). Der Anteil des Gesellschafters am Verlust entspricht seinem
Anteil am laufenden Verlust nach § 722, mangels abw Bestimmung also Verteilung nach Köpfen. Der
Anspruch auf Verlustausgleich ist ein Sozialanspruch der GbR, der mit Feststellung der Schlussabrechnung
fällig ist und durch die Liquidatoren durchgesetzt wird. Nach hM in der Lit kann der Anspruch auch durch
Mitgesellschafter im Wege der actio pro socio durchgesetzt werden (Erman/*Westermann* § 735 Rn 1; MüKo/
Ulmer § 735 Rn 5; ebenso Ddorf NZG 99, 989, 990; aA BGH NJW 60, 433, 434). Ist der Anspruch das letzte
Aktivum der GbR und ist mangels anderer Gesamthandsverbindlichkeiten letztlich nur ein Gesellschafter
berechtigt, soll er zur unmittelbaren Klage auf Leistung an sich selbst berechtigt sein (BGH WM 71, 723,
725).

Nach § 735 S 2 besteht eine subsidiäre Ausfallhaftung der Mitgesellschafter, die entspr auch auf den Ausfall 4
von sonstigen Sozialansprüchen gegen einen Gesellschafter gilt (BGH WM 75, 268).

§ 736 Ausscheiden eines Gesellschafters, Nachhaftung

(1) Ist im Gesellschaftsvertrag bestimmt, dass, wenn ein Gesellschafter kündigt oder stirbt oder wenn das
Insolvenzverfahren über sein Vermögen eröffnet wird, die Gesellschaft unter den übrigen Gesellschaftern
fortbestehen soll, so scheidet bei dem Eintritt eines solchen Ereignisses der Gesellschafter, in dessen Person
es eintritt, aus der Gesellschaft aus.
(2) Die für Personenhandelsgesellschaften geltenden Regelungen über die Begrenzung der Nachhaftung
gelten sinngemäß.

A. Grundlagen. § 736 I weist auf die Möglichkeit vertraglicher Regelungen über die Fortsetzung der Gesell- 1
schaft bei Ausscheiden von Gesellschaftern hin und nennt dafür – nicht abschließend – Bsp. Die Zulässigkeit
vertraglicher Fortsetzungsklauseln ergibt sich schon aus dem für GbR-Verträge geltenden Grundsatz der Vertragsfreiheit (§ 705 Rn 2). Ohne vertragliche Bestimmung der Fortsetzung führt das Ausscheiden eines
Gesellschafters zur Auflösung der GbR gem §§ 723–735. Scheidet ein Gesellschafter bei Fortsetzung der GbR
aus, bestimmen sich die Rechtsfolgen mangels abw Vereinbarung nach den §§ 737–740. Der durch das Nach-
haftungsbegrenzungsgesetz von 1994 eingeführte § 736 II mit seinem Verweis auf § 160 HGB ist zwingend
und steht nur abw Vereinbarungen mit den Gläubigern offen.

B. Die Ausscheidensgründe. Die Kündigung durch einen Gesellschafter wird in § 736 I ausdrücklich als 2
Grund seines Ausscheidens genannt. Ob dies auch für die Kündigung aus wichtigem Grund gilt, ist durch
Auslegung des Gesellschaftsvertrags zu bestimmen (RGZ 162, 388, 392). Der Wortlaut des § 736 I erfasst
nicht die Kündigung durch den Privatgläubiger eines Gesellschafters, doch kann die Fortsetzung auch für
diesen Fall vereinbart werden (Soergel/*Westermann* § 736 Rn 3; MüKo/*Ulmer* § 736 Rn 12). Bei der ordentlichen Kündigung sind die vereinbarten Kündigungsfristen zu berücksichtigen und eine Kündigung zur Unzeit
kann Schadensersatzansprüche auslösen (§ 723 II). Schließen sich die Mitgesellschafter innerhalb der Kündigungsfrist der Kündigung an (BGH DStR 99, 171) oder kommt es zur Massenkündigung einer Publikums-
GbR, die die Fortsetzung unmöglich macht (Stuttg JZ 82, 766), wird die GbR aufgelöst. Kündigt ein Gesellschafter aus wichtigem Grund, der von den Mitgesellschaftern gesetzt ist, kann er der Fortsetzung nach § 242
mit dem Einwand unzulässiger Rechtsausübung widersprechen (RGZ 162, 388, 394; aA MüKo/*Ulmer* § 736
Rn 11).

Für den Fall des Todes eines Gesellschafters wird der Gesellschaftsvertrag häufig die Nachfolge durch seine 3
oder einen bestimmten Erben vorsehen (s § 727 Rn 7–9), die das Ausscheiden gegen Leistung des Abfindungsguthabens vermeidet.

In Abweichung von § 728 II kann die Fortsetzung auch für die Insolvenz eines Gesellschafters bestimmt wer- 4
den. Der Abfindungsanspruch zählt dann zur Insolvenzmasse und die GbR kann dagegen nicht mit vor
Insolvenzeröffnung entstandenen gesellschaftsvertraglichen Gegenansprüchen aufrechnen.

Weitere Ausscheidensgründe wie zB die Pfändung eines Privatgläubigers in den Anteil oder die Wiederverhei- 5
ratung (BGH WM 65, 1035) können vereinbart werden, sollten iSd Rechtssicherheit aber objektiv bestimmbar sein. Andernfalls empfiehlt sich eher ein Ausschließungsrecht nach § 737 (MüKo/*Ulmer* § 736 Rn 15).
Eine weitere Gestaltungsvariante ist, anstelle der Fortsetzungsklausel den Mitgesellschaftern das Wahlrecht zu
geben, die Fortsetzung zu beschließen (BGH WM 68, 697, 698). Erg kann auch einem Dritten das Recht zum
Eintritt in die Rechtsstellung des ausscheidenden Gesellschafters gewährt werden.

Bei Eintritt des in der Fortsetzungsklausel bestimmten Ereignisses scheidet der betroffene Gesellschafter auto- 6
matisch aus der GbR aus, die unter den verbleibenden Gesellschaftern fortgeführt wird. Der Anteil des Ausscheidenden wächst den verbliebenen Gesellschaftern (mindestens zwei) an. Verbleibt nur ein Gesellschafter,
kann die GbR nicht fortgesetzt werden. Der Gesellschaftsvertrag kann für diesen Fall vorsehen, dass das Vermögen der GbR im Wege der Gesamtrechtsnachfolge bei dem verbleibenden Gesellschafter anwächst (BGH
NJW-RR 02, 538, 540; WM 57, 512). Fehlt eine solche Bestimmung, ist davon auszugehen, dass die Über-

nahme des Vermögens eine rechtsgestaltende Übernahmeerklärung des verbleibenden Gesellschafters ggü dem Ausscheidenden voraussetzt (MüKo/*Ulmer* § 730 Rn 77 ff), ohne die es trotz Fortsetzungsklausel zur Auflösung der Gesellschaft kommt. Der ausscheidende Gesellschafter erwirbt einen Abfindungsanspruch nach § 738.

7 **C. Die Nachhaftung des ausgeschiedenen Gesellschafters.** Ein Gesellschafter haftet für Verbindlichkeiten der GbR auch nach seinem Ausscheiden, gleichgültig ob nach § 736 oder durch Übertragung seines Anteils (s § 719 Rn 5), akzessorisch fort, wenn der Rechtsgrund für die Verbindlichkeit der GbR, auch bei Dauerschuldverhältnissen der Abschluss des Vertrags (BGH NJW 00, 208), bereits im Zeitpunkt des Ausscheidens vorlag.

8 § 736 II sieht für die Begrenzung der Nachhaftung des ausscheidenden Gesellschafters die entspr Geltung der handelsrechtlichen Vorschriften vor, und zwar auch für das Ausscheiden des vorletzten Gesellschafters bei Übergang des Gesellschaftsvermögens auf den letzten Gesellschafter (BGH NJW 00, 208). Davon ist unmittelbar nur § 160 HGB erfasst. Mit Rücksicht auf Wortlaut und systematische Stellung des § 736 II findet dagegen die Sonderverjährungsvorschrift des § 159 HGB für den Fall der Auflösung der Gesellschaft nur entspr Anwendung (*Seibert* DB 94, 461, 464; Erman/*Westermann* § 736 Rn 8; MüKo/*Ulmer* § 736 Rn 28), wobei für den Fristbeginn der Sonderverjährung bei der GbR dasselbe wie bei dem Haftungsausschluss nach § 160 HGB gilt (s Rn 9; MüKo/*Ulmer* § 736 Rn 30).

9 § 160 HGB begründet einen Haftungsausschluss für alle Ansprüche der Gesellschaftsgläubiger aus der akzessorischen Haftung gegen den Ausgeschiedenen nach Ablauf der Fünfjahresfrist, es sei denn, die Ansprüche sind vor Fristablauf fällig und gem § 197 I Nr 3 bis 5 festgestellt oder gerichtlich oder behördlich geltend gemacht worden oder aber gem § 160 II HGB schriftlich anerkannt. Der Haftungsausschluss ist von Amts wegen zu berücksichtigen. Für die Hemmung gelten die in § 160 I HGB genannten BGB-Vorschriften zur Verjährung entspr. Die Fünfjahresfrist beginnt bei der GbR, die anders als die Personenhandelsgesellschaft nicht an die Publizität durch Registereintragung des Ausscheidens anknüpfen kann, nach allgemeiner Ansicht mit Kenntnis des jeweiligen Gläubigers von dem Ausscheiden (*Seibert* DB 94, 461, 464; Erman/*Westermann* § 736 Rn 7; MüKo/*Ulmer* § 736 Rn 27; zur früheren Rechtslage schon BGH NJW 92, 1615). Daher ist ein Rundschreiben an die Gläubiger zweckmäßig, das über das Ausscheiden informiert.

10 **D. Haftung des eintretenden Gesellschafters für Altverbindlichkeiten.** Die Haftung des Gesellschafters, der etwa durch Gesellschafterbeschluss oder aufgrund eines Eintrittsrechts (§ 727 Rn 10) in die GbR neu eintritt, wird anders als bei der Personenhandelsgesellschaft (§ 130 HGB) im BGB nicht geregelt. Der BGH hat für die GbR die entspr Anwendung des § 130 HGB entschieden (BGH NJW 03, 1802, 1804), womit der eintretende Gesellschafter auch für vor seinem Eintritt begründete Schulden der GbR persönlich haftet (bei Vertrauensschutz für Altfälle vor der Entscheidung). Für Verbindlichkeiten aus beruflicher Haftung kann dagegen eine Ausnahme angenommen werden (BGH NJW 03, 1802, 1805).

§ 737 Ausschluss eines Gesellschafters

¹Ist im Gesellschaftsvertrag bestimmt, dass, wenn ein Gesellschafter kündigt, die Gesellschaft unter den übrigen Gesellschaftern fortbestehen soll, so kann ein Gesellschafter, in dessen Person ein die übrigen Gesellschafter nach § 723 Abs. 1 Satz 2 zur Kündigung berechtigender Umstand eintritt, aus der Gesellschaft ausgeschlossen werden. ²Das Ausschließungsrecht steht den übrigen Gesellschaftern gemeinschaftlich zu. ³Die Ausschließung erfolgt durch Erklärung gegenüber dem auszuschließenden Gesellschafter.

1 **A. Grundlagen.** Der abdingbare § 737 ermöglicht bei einer GbR mit Fortsetzungsklausel anstelle der Kündigung aus wichtigem Grund den Ausschluss eines Gesellschafters, wenn der wichtige Grund in seiner Person liegt. Damit können die Folgen des wichtigen Grundes allein dem störenden Gesellschafter auferlegt werden. Dies ist auch noch im Abwicklungsstadium möglich (BGH WM 61, 32; Soergel/*Hadding* § 737 Rn 8; einschränkend MüKo/*Ulmer* § 737 Rn 10). Anders als bei der parallelen Regelung des § 140 HGB bedarf der Ausschluss nach § 737 keiner Gestaltungsklage, sondern nur eines grds einstimmigen Beschlusses der anderen Gesellschafter. Auf die Innen-GbR kann § 737 mit der Maßgabe Anwendung finden, dass ein Ausschluss des Außengesellschafters nicht möglich ist, wohl aber von Innengesellschaftern (MüKo/*Ulmer* § 737 Rn 5; aA Bambg NZG 98, 897; Palandt/*Sprau* § 737 Rn 1). Gibt es nur einen Innengesellschafter, hat zwar die Kündigung durch den Außengesellschafter die gleiche Wirkung. Bei mehreren Innengesellschaftern besteht aber Bedarf für die Anwendung des § 737, wenn nur einer ausgeschlossen werden soll.

2 Bei einer GbR mit Fortsetzungsklausel und nur zwei Gesellschaftern hat bei einem wichtigen Grund in der Person des einen Gesellschafters der andere in entspr Anwendung von § 737 ein Übernahmerecht (Hamm ZIP 99, 1484). Entspr gilt bei einer GbR mit mehreren Gesellschaftern, wenn ein wichtiger Grund in der Person aller anderen Gesellschafter gegeben ist (Erman/*Westermann* § 737 Rn 8; MüKo/*Ulmer* § 737 Rn 6).

3 **B. Voraussetzungen.** § 737 setzt zunächst voraus, dass eine Fortsetzungsklausel für den Fall der Kündigung vereinbart ist, die das Bestandsinteresse der Gesellschafter zum Ausdruck bringt.

Der wichtige Grund liegt vor, wenn in der Person des auszuschließenden Gesellschafters Umstände bestehen, 4
die den anderen Gesellschaftern die Fortsetzung der GbR mit ihm als Mitgesellschafter unzumutbar machen.
Ein Verschulden des betroffenen Gesellschafters ist zwar nicht Voraussetzung, wird aber häufig vorliegen. Bei
pflichtwidrigem Verhalten aller Gesellschafter ist der Ausschluss eines von ihnen nur möglich, wenn sein Verschulden das der anderen überwiegt (BGH WM 03, 1084). An den wichtigen Grund sind dieselben Anforderungen wie bei § 723 zu stellen (s § 723 Rn 11) und auch hier gilt, dass der Ausschluss nur ultima ratio ist
(BGH NZG 03, 625, 626).

Der Gesellschaftsvertrag kann den Ausschluss auch ohne wichtigen Grund zulassen, doch setzt dies mit Blick 5
auf § 138 voraus, dass wenigstens ein sachlicher Grund vorliegt, der den Ausschluss rechtfertigt (BGH NJW-RR 96, 234, 235; Naumbg NZG 00, 541) oder aber die Erfüllung einer im Gesellschaftsvertrag bestimmten
Voraussetzung (BGH NJW 04, 2013: befristete Probezeit eines neuen Gesellschafters in eine
Freiberufler-GbR). Andernfalls ist die Ausschlussklausel nach § 138 nichtig (BGH NJW 85, 2421, 2422), uU
auch nur teilnichtig (BGH NJW 89, 834). Möglich ist schließlich auch, das automatische Ausscheiden bei
Vorliegen bestimmter Gründe zu vereinbaren (BGH ZIP 03, 843, 844 f).

C. Verfahren. Der Ausschluss geschieht durch Beschluss der Mitgesellschafter ohne Mitwirkung des Betroffenen. Der Gesellschaftsvertrag kann eine Mehrheitsentscheidung zulassen oder das Entscheidungsrecht 6
einem Gesellschafter allein geben (MüKo/*Ulmer* § 737 Rn 13). Aus der Treuepflicht kann sich eine Pflicht der
Mitgesellschafter ergeben, an dem Beschluss mitzuwirken (BGH NJW 77, 1013).

Der Ausschluss wird mit Mitteilung an den Betroffenen wirksam, wozu jeder Gesellschafter berechtigt ist. Die 7
Mitteilung von Gründen ist nicht Wirksamkeitserfordernis (MüKo/*Ulmer* § 737 Rn 14). Mit Wirksamkeit des
Ausschlusses wächst sein Anteil den anderen Gesellschaftern nach § 738 an und er erwirbt den ihm danach
zustehenden Abfindungsanspruch.

§ 738 Auseinandersetzung beim Ausscheiden

(1) ¹Scheidet ein Gesellschafter aus der Gesellschaft aus, so wächst sein Anteil am Gesellschaftsvermögen
den übrigen Gesellschaftern zu. ²Diese sind verpflichtet, dem Ausscheidenden die Gegenstände, die er der
Gesellschaft zur Benutzung überlassen hat, nach Maßgabe des § 732 zurückzugeben, ihn von den gemeinschaftlichen Schulden zu befreien und ihm dasjenige zu zahlen, was er bei der Auseinandersetzung erhalten
würde, wenn die Gesellschaft zur Zeit seines Ausscheidens aufgelöst worden wäre. ³Sind gemeinschaftliche
Schulden noch nicht fällig, so können die übrigen Gesellschafter dem Ausscheidenden, statt ihn zu befreien,
Sicherheit leisten.
(2) Der Wert des Gesellschaftsvermögens ist, soweit erforderlich, im Wege der Schätzung zu ermitteln.

A. Grundlagen. §§ 738–740 regeln die Rechtsfolgen des Ausscheidens eines Gesellschafters aus der im Übrigen fortbestehenden GbR. Diese Rechtsfolgen gelten für alle Fälle des Ausscheidens (s § 736 Rn 3 ff), in 1
entspr Anwendung auch bei Ausscheiden des vorletzten Gesellschafters bei Anwachsung des GbR-Vermögens
bei dem anderen (BGH WM 02, 293, 295; NJW 93, 1194). Keine Anwendung finden die §§ 738 ff bei Übertragung von Gesellschaftsanteilen auf einen Dritten (BGH NJW 81, 1095, 1096).

Durch Verweis auf die Vorschriften zur Liquidation soll der Ausscheidende vorbehaltlich abw Vereinbarung 2
iS einer partiellen Auseinandersetzung wirtschaftlich so gestellt werden, als nähme er an einer Auseinandersetzung der GbR teil. Neben der Rückgabe der überlassenen Vermögensgegenstände (§ 738 I 2 iVm § 732)
geht es um die Rückerstattung der Einlagen und Verteilung des Überschusses (§ 738 I 2 iVm §§ 733 II 1, 734),
Ausgleich eines Verlusts (§ 739) und anstelle der Berichtigung der Verbindlichkeiten der GbR (§ 733 I) die
Schuldbefreiung des Ausgeschiedenen nach § 738 I 2 und 3.

Das Ausscheiden des Gesellschafters lässt sowohl die Verbindlichkeiten der GbR als auch die persönliche 3
(akzessorische) Haftung des Ausgeschiedenen für die Verbindlichkeiten unberührt. Seine Nachhaftung ggü
Gesellschaftsgläubigern bestimmt sich nach § 736 II (s § 736 Rn 7 ff).

Der Schuldbefreiungsanspruch des § 738 I 2 und 3 richtet sich nur gegen die GbR und umfasst die Haftung 4
des Ausgeschiedenen für Gesellschaftsverbindlichkeiten (s § 724 Rn 10). Der Schuldbefreiungsanspruch
besteht auch, wenn der Ausgeschiedene zum Verlustausgleich nach § 739 verpflichtet ist, doch wird die GbR
dann ein Zurückbehaltungsrecht haben (BGH NJW 74, 899). Der Anspruch auf Schuldbefreiung erstreckt
sich auch auf die Haftung aus übernommener Bürgschaft (BGH NJW 74, 899) und kann von der GbR entweder durch Tilgung der Gesamthandsverbindlichkeit oder durch Vereinbarung mit dem Gläubiger über die
Schuldbefreiung des Ausgeschiedenen befriedigt werden (RGZ 132, 29, 31). Bei Inanspruchnahme des Ausgeschiedenen vor Befreiung hat er einen Ersatzanspruch auch gegen die Mitgesellschafter (*Hadding/Häuser*
WM 88, 1585, 1588 f).

B. Ausscheiden und Anwachsung. Nach § 738 I 1 führt das Ausscheiden des Gesellschafters zum Anwach- 5
sen seines Anteils am Gesellschaftsvermögen bei den übrigen Gesellschaftern. Diese Rechtsfolge ist anders als
die übrigen Regelungen des § 738 zwingend. Soll das erfolgte Ausscheiden rückgängig gemacht werden, bleibt

nur die Neuaufnahme des ausgeschiedenen Gesellschafters unter Einräumung seiner alten Rechtsstellung (BGH WM 82, 1146, 1147). Die Übertragung des Gesellschaftsanteils mit allen Rechten und Pflichten auf einen Dritten (s § 719 Rn 5) führt nicht zur Anwachsung bei den übrigen Gesellschaftern.

6 Durch sein Ausscheiden verliert der Gesellschafter seine Gesellschafterrechte und -pflichten einschl seiner Kontroll- und Mitspracherechte und seiner Geschäftsführungsbefugnis (MüKo/*Ulmer* § 738 Rn 6). Anstelle der Kontrollrechte tritt ein Auskunftsanspruch nach § 810 (vgl auch BGH NJW 00, 2276, 2277). Es verbleibt eine nachvertragliche Treuepflicht sowohl des Ausgeschiedenen als auch der verbleibenden Gesellschafter, die die Erstellung einer Abfindungsbilanz umfasst und uU auch ein nachvertragliches Wettbewerbsverbot (zB bei Vereinbarung einer Abfindung in Höhe des vollen Anteils am Ertragswert der fortgeführten GbR, MüKo/*Ulmer* § 738 Rn 7).

7 Durch das Anwachsen des Anteils am Gesellschaftsvermögen bei den übrigen Gesellschaftern erhöht sich ihre Beteiligung am Gesamthandsvermögen. Eine Übertragung von Vermögensgegenständen ist nicht notwendig. Der Ausgeschiedene ist verpflichtet, einer Berichtigung von Registern, etwa des Grundbuchs, zuzustimmen.

8 **C. Abfindungsanspruch. I. Gesetzliche Regelung.** Der Abfindungsanspruch setzt das ersatzlose Ausscheiden des Gesellschafters aus der fortbestehenden GbR voraus und richtet sich gegen die Gesellschaft. Bei Vereinbarung über das Ausscheiden eines Gesellschafters bei gleichzeitigem Eintritt eines Dritten ist durch Auslegung zu ermitteln, ob es sich nicht tatsächlich um eine Übertragung des Gesellschaftsanteils handelt (MüKo/*Ulmer* § 738 Rn 15). Der Abfindungsanspruch richtet sich als Anspruch aus dem Gesellschaftsverhältnis gegen die GbR (Sozialverpflichtung der GbR). Wegen ihrer akzessorischen Haftung haften die Mitgesellschafter aber neben der GbR persönlich mit (BGH NJW 01, 2718; 01, 1056).

9 Der Abfindungsanspruch entsteht mit Ausscheiden und ist auf diesen Zeitpunkt zu berechnen. Ob er erst mit Feststellung der Abfindungsbilanz oder schon mit Ausscheiden oder mit Ablauf der nach den Umständen erforderlichen Zeit (§ 271 I) ab dem Ausscheiden fällig ist, ist umstr. Stellte das RG noch auf die Feststellung der Abfindungsbilanz ab, ist nach vordringender Auffassung auf den Zeitpunkt des Ausscheidens zzgl der für die Erstellung der Abfindungsbilanz notwendigen Zeit abzuheben (MüKo/*Ulmer* § 738 Rn 20 mwN). Unstr Mindestbeträge können jedenfalls schon ab Ausscheiden durchgesetzt werden (BGH WM 81, 487; 87, 1280, 1281). Zinsen sind mangels abw Vereinbarung erst ab Fälligkeit und Mahnung des Ausgeschiedenen (§§ 286 I, 288) zu leisten.

10 Der Abfindungsanspruch ist durch Aufstellung und Feststellung einer Abfindungsbilanz zu ermitteln. Für die Aufstellung sind die geschäftsführenden Gesellschafter verantwortlich (BGH WM 79, 1330), wobei der Ausgeschiedene mitwirkungsberechtigt ist und dabei anzugeben hat, welche Ansätze er für unrichtig hält (BGH (31.5.65) DB 65, 1438). Die Feststellung ist die verbindliche Einigung auf die Abfindungsbilanz, die eine Bindungswirkung entspr der Feststellung nach § 779 bewirkt und daher unwirksam ist, wenn sich im Nachhinein herausstellt, dass beide Seiten von einem unzutr Sachverhalt ausgegangen sind und sie bei Kenntnis die Vereinbarung nicht getroffen hätten (BGH WM 72, 1443, 1444). Die Aufstellung der Abfindungsbilanz kann durch Leistungsklage durchgesetzt werden, die sich nach Eintritt der Fälligkeit (Rn 9) im Wege der Stufenklage gleichzeitig auch auf die Zahlung richten kann (Karlsr BB 77, 1475). Die Bilanzaufstellung durch das Gericht ist ausgeschlossen (BGH NJW 58, 57).

11 Mangels abw Bestimmung ist die Abfindungsbilanz unter Zugrundelegung der tatsächlichen Werte des Gesellschaftsvermögens zu erstellen. Wie die tatsächlichen Werte zu ermitteln sind, hängt von den Umständen des Einzelfalls ab (BGH NJW 93, 2101 2103). § 738 II eröffnet den Weg der Schätzung, im Streitfall durch die Gerichte (§ 287 II ZPO). IdR wird eine Bestimmung durch Sachverständigengutachten notwendig sein (BGH NJW 85, 192). Ist die GbR unternehmerisch tätig, ist auf den wirklichen Wert des lebenden Unternehmens abzustellen, wie er sich bei einem Verkauf als Einheit ergeben würde (BGH NJW 74, 312). Dies ist idR der Ertragswert der werbend fortgesetzten GbR (BGH NJW 93, 2101, 2103; 92, 892, 895; *Hülsmann* ZIP 01, 450). Weil der Ausgeschiedene so gestellt werden soll, als hätte er an einer Liquidation der GbR teilgenommen, kommt es auf den anteiligen Ertragswert des Unternehmens und nicht etwa auf den Wert seines (idR nicht ohne weiteres übertragbaren) Anteils an (BGH NJW 92, 892). Der Substanzwert (unter Aufdeckung stiller Reserven) ist nur maßgeblich, wenn es sich um nicht betriebsnotwendige Vermögensgegenstände handelt oder das Unternehmen der GbR unrentabel ist (Staud/*Habermeier* § 738 Rn 18 mwN).

12 **II. Vertragliche Abfindungsvereinbarungen. 1. Abweichende Vereinbarung.** Der Abfindungsanspruch des ausgeschiedenen Gesellschafters und seine Zahlung können im Gesellschaftsvertrag oder durch sonstige Vereinbarung abw von den gesetzlichen Regeln bestimmt werden. Dies ist zumindest bei Gesellschaften, die auf längere Dauer ausgelegt sind, die Regel. Grund hierfür sind häufig der Schutz der GbR und der verbleibenden Gesellschafter vor Kapitalabfluss und der Wunsch nach einer vereinfachten und leicht rechenbaren Bestimmung der Abfindung. Daneben können spezifische Anliegen der Gesellschafter eine Rolle spielen, zB durch Vereinbarung einer Auseinandersetzung unter Mitnahme von Patienten, womit der anteilige Unternehmenswert abgefunden wird (BGH NJW 95, 1551). Neben Klauseln, die den Inhalt der Abfindung bestimmen, kommen auch Klauseln in Betracht, die den Zeitpunkt der Leistung regeln, zB die ratenweise Zahlung. Durch Auslegung ist im Einzelfall zu ermitteln, ob eine abw vertragliche Regelung vorliegt (vgl BGH DStR 02, 461,462; NJW 95, 3313, 3314).

2. Wirksamkeitsgrenzen. Hat die GbR eine ideelle Zielsetzung, ist der vertragliche Ausschluss der Abfindung oder seine Einschränkung uneingeschränkt zulässig (BGHZ 135, 387, 390 f). Anderes gilt bei einer wirtschaftlich tätigen GbR. Bei dieser können die Abfindung beschränkende oder ausschließende Klauseln wegen sittenwidriger Knebelung nach § 138 oder wegen Gläubigerbenachteiligung nichtig oder aber wegen unvertretbarer Einschränkung der Kündigungsfreiheit entgegen § 723 III undurchsetzbar sein. 13

Bei sog Buchwertklauseln, die den Abfindungsanspruch auf den Buchwert der Beteiligung beschränken und damit eine Vergütung anteiliger stiller Reserven ausschließen, wird eine sittenwidrige Knebelung regelmäßig nicht vorliegen. Dies ergibt sich schon daraus, dass es bei § 138 I auf das Zustandekommen des Vertrags ankommt und zu diesem Zeitpunkt das Gesellschaftsvermögen regelmäßig nicht über dem Buchwert liegt (vgl BGH NJW 94, 2536: keine Sittenwidrigkeit bei später entstehender Diskrepanz). Auf den Zeitpunkt der Änderung des Gesellschaftsvertrags ist dagegen abzustellen, wenn die Abfindungsklausel geändert wurde (*Sigle* ZGR 99, 659, 666). Nichtig ist die Buchwertklausel aber dann, wenn die Ausschließung ohne wichtigen Grund zugelassen ist (BGH NJW 79, 104). Eine Beschränkung des Abfindungsanspruchs auf einen Wert deutlich unter Buchwert bedarf dagegen besonderer Rechtfertigung, die nicht in der vorherigen Anteilsschenkung liegt (BGH NJW 89, 2685, 2686). Nichtig ist auch eine Bestimmung, die speziell für den Fall des Ausscheidens des Gesellschafters nach Kündigung durch den Gläubiger oder Insolvenz die Abfindung beschränkt (BGH NJW 00, 2819 – für GmbH). 14

Eine weitere Schranke für Abfindungsklauseln besteht in dem Verbot von Kündigungsbeschränkungen (§ 723 III). Anders als bei § 138 kommt es hier nicht auf den Zeitpunkt des Vertragsabschlusses an. Entsteht ein grobes Missverhältnis zwischen wahrem Wert und vertraglichem Abfindungsanspruch (etwa bei vereinbarter Buchwertklausel wg Aufbaus stiller Reserven), ist die Klausel zwar nicht unwirksam, ist jedoch die dadurch entstandene Vertragslücke im Wege erg Vertragsauslegung nach Treu und Glauben unter Abwägung der Interessen der GbR und des ausscheidenden Gesellschafters zu schließen (BGH NJW 93, 2101, 2102; 93, 3193; 94, 2536, 2540). Zu berücksichtigen sind bei der Abwägung die Wertdiskrepanz, die Dauer der Beteiligung des Ausgeschiedenen und seine Beiträge zum Erfolg der GbR, der Anlass seines Ausscheidens, die finanzielle Lage von Ausgeschiedenem und GbR und die Modalitäten der Auszahlung. 15

§ 739 Haftung für Fehlbetrag

Reicht der Wert des Gesellschaftsvermögens zur Deckung der gemeinschaftlichen Schulden und der Einlagen nicht aus, so hat der Ausscheidende den übrigen Gesellschaftern für den Fehlbetrag nach dem Verhältnis seines Anteils am Verlust aufzukommen.

Die Haftung des Ausgeschiedenen für den Fehlbetrag entspricht der Haftung nach § 735 im Fall der Auseinandersetzung der GbR und setzt das ersatzlose Ausscheiden des Gesellschafters voraus (vgl schon § 738 Rn 8). § 739 gilt entspr bei Übernahme des Gesellschaftsvermögens durch den letztverbliebenen Gesellschafter. Der vom Ausgeschiedenen zu tragende Fehlbetrag ist iRd Erstellung der Abfindungsbilanz (§ 738 Rn 10) unter Berücksichtigung des vereinbarten Schlüssels für die Verlustbeteiligung zu ermitteln. Ein negatives Kapitalkonto ist in der Abfindungsbilanz zu berücksichtigen, begründet aber nicht per se eine Haftung nach § 739 (BGH NJW 99, 2438 f). Anspruchsberechtigt ist die GbR. Für die Durchsetzung gegen den **Ausgeschiedenen** und sein Zurückbehaltungsrecht gelten die Anm in § 738 Rn 9 entspr (zum Zurückbehaltungsrecht vgl auch BGH NJW 74, 899). Der Ausgeschiedene kann einer Zahlungsverpflichtung nicht die Aussicht auf Gewinne aus schwebenden Geschäften (§ 740) entgegenhalten (BGH WM 69, 494). Eine Ausfallhaftung der übrigen Gesellschafter besteht wegen § 707 anders als bei § 735 nicht, doch erhöht der Ausfall des Ausgeschiedenen den auf die übrigen zu verteilenden (laufenden) Verlust (MüKo/*Ulmer* § 739 Rn 4). 1

§ 740 Beteiligung am Ergebnis schwebender Geschäfte

(1) ¹Der Ausgeschiedene nimmt an dem Gewinn und dem Verlust teil, welcher sich aus den zur Zeit seines Ausscheidens schwebenden Geschäften ergibt. ²Die übrigen Gesellschafter sind berechtigt, diese Geschäfte so zu beendigen, wie es ihnen am vorteilhaftesten erscheint.
(2) Der Ausgeschiedene kann am Schluss jedes Geschäftsjahrs Rechenschaft über die inzwischen beendigten Geschäfte, Auszahlung des ihm gebührenden Betrags und Auskunft über den Stand der noch schwebenden Geschäfte verlangen.

§ 740 I geht gedanklich von der Ermittlung des Abfindungsguthabens iSd § 738 nach der Substanzwertmethode aus, die schwebende Geschäfte nicht berücksichtigt. An ihnen soll der Ausgeschiedene dennoch teilhaben. Wird dagegen das Abfindungsguthaben auf der Basis des Ertragswerts ermittelt (§ 738 Rn 11), bleibt für § 740 kein Raum, denn der Ertragswert umfasst bereits die Ergebnisse aus schwebenden Geschäften (MüKo/ *Ulmer* § 740 Rn 3 mwN). In der Vertragspraxis wird § 740 häufig ausdrücklich oder durch feste Abfindungs- 1 regeln abbedungen, was zulässig ist. Die Beweislast für die Abbedingung trägt, wer einen Vorteil daraus hat, idR also die verbleibenden Gesellschafter (BGH WM 79, 1064, 1065).

2 Die Anwendung von § 740 ändert nichts daran, dass die Mitgliedschaft des Ausgeschiedenen beendet wurde. Er hat keine Mitverwaltungsrechte mehr (§ 740 I 2, möglich aber eine Schadensersatzpflicht der übrigen Gesellschafter unter dem Haftungsmaßstab des § 708), und sein Auskunftsanspruch nach § 740 II tritt an die Stelle des Kontrollrechts des § 716.

3 Schwebende Geschäfte sind solche, die unmittelbar auf Erwerb gerichtet und im Zeitpunkt des Ausscheidens zwar schon rechtlich bindend begründet, aber noch nicht beidseitig erfüllt waren (BGH NJW 93, 1194). Nicht dazu zählen Hilfsgeschäfte (zB Miete der Geschäftsräume). Auch Dauerschuldverhältnisse werden von § 740 nicht erfasst (BGH NJW-RR 86, 454, 455). Für die Auskunft und Rechnungslegung kommt es auf den Zahlungseingang an (BGH WM 61, 173). Die Auszahlung kann verlangt werden, wenn das Ergebnis des Geschäfts feststeht (BGH WM 80, 212, 213).

Titel 17 Gemeinschaft

§ 741 Gemeinschaft nach Bruchteilen

Steht ein Recht mehreren gemeinschaftlich zu, so finden, sofern sich nicht aus dem Gesetz ein anderes ergibt, die Vorschriften der §§ 742 bis 758 Anwendung (Gemeinschaft nach Bruchteilen).

1 **A. Wesen und Abgrenzung. I. Wesen und Entstehung.** Die Gemeinschaft iSd §§ 741 ff ist die Innehabung eines Rechts durch mehrere Rechtsträger zu ideellen Bruchteilen. Es handelt sich um eine geteilte Rechtszuständigkeit. Der gemeinsam gehaltene Gegenstand bleibt dagegen ungeteilt. Das Recht des einzelnen Mitglieds der Gemeinschaft besteht daher in einem ideellen Bruchteil an dem ungeteilten Gegenstand (eingehend Staud/*Langhein* Vor § 741 Rn 8 ff). Dieses dem Vollrecht wesensgleiche Recht wird lediglich beschränkt durch die Rechte der übrigen Teilrechtsinhaber. Das Recht ist ein selbstständiger Vermögensgegenstand, welcher zur Disposition des Inhabers steht, § 747 S 1. Damit kann er vom Inhaber übertragen werden und ist auch bei ihm pfändbar. Eine Übertragung des Gegenstandes selbst ist dagegen nur gemeinschaftlich möglich, § 747 S 2.

2 Die Anwendung der §§ 741 ff ist unabhängig vom Entstehungstatbestand der Bruchteilsgemeinschaft. Steht ein Recht mehreren gemeinschaftlich zu, richtet sich das Binnenverhältnis der Beteiligten nach diesen Vorschriften. Es kommen Gesetz und Rechtsgeschäfte, aber auch Realakte als Entstehungstatbestand in Betracht. Ein auf Bildung einer Gemeinschaft gerichteter Wille ist nicht erforderlich. In der Praxis wird die Bruchteilsgemeinschaft überwiegend durch Realhandlungen begründet (Palandt/*Sprau* § 741 Rn 2). Andernfalls wird oft eine Gesellschaft vorliegen. Umstr ist die rechtliche Natur der Bruchteilsgemeinschaft. Überwiegend wird angenommen, dass diese selbst kein gesetzliches Schuldverhältnis, jedoch Grundlage solcher Rechtsbeziehungen unter den einzelnen Teilrechtsinhabern sei (BGHZ 62, 243, 246; Jauernig/*Stürner* § 741 Rn 1; MüKo/*Schmidt* § 741 Rn 3 mwN). Praktische Bedeutung erlangt diese Frage bei der Haftung für Hilfspersonen nach § 278 statt nach §§ 823, 831.

3 Die Anwendung der Vorschrift ist insofern zwingend, dass der Kreis der Teilrechtsinhaber nicht disponibel ist. Der Umstand, dass ein Recht mehreren gemeinschaftlich zusteht, führt bereits zum Entstehen der Bruchteilsgemeinschaft. Dies jedenfalls insoweit, als „sich nicht aus dem Gesetz ein anderes ergibt". Daraus folgt nicht, dass jede Vorschrift der §§ 741 ff zwingend ist; vielfach ergibt die Auslegung der Normen ihre Abdingbarkeit. So sind die §§ 742 ff subsidiär anzuwenden, sofern die Sonderregelungen einschlägiger Interessengemeinschaften anwendbar sind. Besondere Bedeutung erlangen die Vorschriften über die Bruchteilsgemeinschaft über die Verweise auf ihre entspr Anwendung. So wird zB iRd §§ 731, 1477, 2042, 2044 auf die Bruchteilsgemeinschaft bzw Teile der entspr Vorschriften verwiesen.

4 **II. Abgrenzung zur Gesellschaft.** Die Bruchteilsgemeinschaft ist von der Gesamthand erstens dadurch abzugrenzen, dass es hier an einem übergeordneten Zweck, welcher über das – allerdings ebenfalls gleichlaufende – Interesse der Teilrechtsinhaber an dem Gegenstand hinausgeht, fehlt. Bei der Gemeinschaft erschöpfen sich die gleichlaufenden Interessen der Teilhaber in dem gemeinsamen Gegenstand als solchem (BGH WM 84, 873). Es besteht dagegen kein strikter Gegensatz zwischen Gesellschaft und Gemeinschaft. So ist zum einen bereits das „Halten und Verwalten" eines Vermögenswertes ausreichender Gesellschaftszweck einer GbR (BGH NJW-RR 91, 422). Zum anderen kann die Bruchteilsgemeinschaft mit der Gesellschaft kombiniert werden. So können sich die Mitglieder einer Bruchteilsgemeinschaft daneben zu einer Innen-GbR zusammenschließen, mit der sie einen auf das Bruchteilseigentum bezogenen gemeinsamen Zweck verfolgen. Wesentliches Abgrenzungskriterium ist zweitens die unterschiedliche Rechtszuordnung von Vermögensgegenständen. Während bei der GbR, in die ein Gegenstand zu Eigentum und nicht nur zur Nutzung eingebracht wurde, dieser Gegenstand Eigentum der GbR selbst ist, gibt es kein Eigentum der Bruchteilsgemein-

schaft. Vielmehr entfaltet sich die Bruchteilsgemeinschaft gerade in der mehrheitlichen Rechtszuständigkeit der Berechtigten an dem Gegenstand. Es besteht ein Bruchteilseigentum des einzelnen Berechtigten an dem betreffenden Gegenstand. Die Bruchteilsgemeinschaft ist im Gegensatz zu den Personengesellschaften einschl der Außen-GbR kein organisierter Verband und nicht fähig, Trägerin von Rechten und Pflichten zu sein. Es fehlt ihr daher mangels Sondervermögens an der Parteifähigkeit im prozessualen Sinne (§ 50 II ZPO) sowie an der Möglichkeit, selbst am Rechtsverkehr teilzunehmen (zum Ganzen MüKo/*Schmidt* § 741 Rn 3 ff). Auch fehlt ihr die Insolvenzfähigkeit (§ 11 InsO).

B. Gegenstand. Der Gegenstand der Bruchteilsgemeinschaft ist grds nicht beschränkt. Recht iSd Vorschrift 5
kann jedes Recht sein, welches der Aufteilung in mehrere Teilhaber offen steht. Eine Beschränkung auf Vermögensrechte besteht nicht. Hauptanwendungsfall der §§ 741 ff ist das Miteigentum. Eine Berechtigung mehrerer kann auch an einer Mehrheit von Gegenständen bestehen (BGHZ 140, 63), ebenso am Wohnungseigentum (BGHZ 49, 250). Daneben ist jedoch auch eine Teilhaberschaft an Forderungen möglich. So können zB Grundschulden, Hypotheken, Dienstbarkeiten oder dingliche Vorkaufsrechte Gegenstand einer Bruchteilsgemeinschaft sein (MüKo/*Schmidt* § 741 Rn 12). Gleiches gilt für subjektiv-öffentliche Rechte, wenn sie einen Vermögenswert besitzen. Dagegen ist entgegen der Rspr (BGHZ 62, 243, 245) der bloße Besitz nicht tauglicher Gegenstand einer Gemeinschaft iSd Norm (s.a. MüKo/*Schmidt* § 741 Rn 17; Palandt/*Bassenge* § 866 Rn 1). Der gemeinschaftliche Besitz mehrerer ist an anderer Stelle im Gesetz geregelt, Mitbesitz § 866. Eine gemeinschaftliche Berechtigung mehrerer iS ideeller Bruchteile steht im Kontrast zum Verständnis des Besitzes als tatsächlicher Herrschaft über eine Sache. Ebenso ist ein Bruchteil am Bruchteil nicht möglich (BGHZ 13, 133, 141). Im Falle der Übertragung eines Bruchteiles auf mehrere Erwerber erhalten diese jeweils einen unmittelbaren Bruchteil am Recht selbst, nicht dagegen an dem geteilten Bruchteil. Anders ist es bei Teilung eines Erbteiles. In diesem Fall entsteht eine Bruchteilsgemeinschaft am ungeteilten Erbteil (Erman/*Aderhold* § 741 Rn 10).

Nach den allg Grundsätzen sind auch Bruchteilsgemeinschaften an Gesellschaftsanteilen von Kapitalgesell- 6
schaften möglich, nicht dagegen an Personengesellschaften (MüKo/*Ulmer* § 705 Rn 71; Staud/*Langhein* § 741 Rn 141). Die Mitgliedschaft in einer Personengesellschaft ist ein grds höchstpersönliches Recht, welches daher unteilbar ist. Inwieweit sich aufgrund der jüngeren Rspr insbes zur GbR an dieser Einschätzung etwas ändert, bleibt abzuwarten (vgl MüKo/*Schmidt* § 741 Rn 14). Umstr ist die teilhaberische Beteiligung an einer stillen Beteiligung. Eine solche ist vor dem Hintergrund der Verknüpfung von stiller Einlage und gesellschaftsrechtlicher Beteiligung des Stillen abzulehnen (Staud/*Langhein* § 741 Rn 141; MüKo/*Schmidt* § 741 Rn 14). Dies muss jedenfalls für die sog atypische stille Beteiligung gelten, da diese das mitgliedschaftliche Element noch verstärkt. Die stille Einlage kann dagegen für sich genommen als Forderung Gegenstand einer Bruchteilsgemeinschaft sein.

Verbindlichkeiten sind nicht tauglicher Gegenstand iSd Vorschrift, da sie kein Recht verkörpern. Im Falle der 7
Eingehung gemeinschaftlicher Verbindlichkeiten in Bezug auf den gehaltenen Gegenstand haften die Teilrechtsinhaber nicht als Gemeinschafter oder gar als „Gemeinschaft", sondern als Gesamtschuldner nach § 427. Entspr gilt für gemeinschaftliche Forderungen auf der Aktivseite, § 432. Umstr ist die Möglichkeit der Bruchteilsbeteiligung an einem Rechtsverhältnis als Gesamtheit von Rechten und Pflichten. Dies wird neuerdings teilweise bejaht (MüKo/*Schmidt* § 741 Rn 18). Richtigerweise ist diese Möglichkeit nach dem soeben Gesagten abzulehnen, da dies konsequenterweise auch eine entspr Beteiligung an den Verbindlichkeiten des Rechtsverhältnisses beinhalten würde. Zu der interessanten Variante der sog fiktiven Bruchteilsgemeinschaft, dh einer Gemeinschaft nur im Innenverhältnis ohne Vorliegen der objektiven Voraussetzungen des § 741, vgl MüKo/*Schmidt* § 741 Rn 19.

§ 742 Gleiche Anteile

Im Zweifel ist anzunehmen, dass den Teilhabern gleiche Anteile zustehen.

Die Vorschrift ist im Hinblick auf die Größe der Anteile Auslegungsregel bei rechtsgeschäftlicher Begründung 1
der Bruchteilsgemeinschaft sowie gesetzliche Vermutung im Falle der Begründung kraft Gesetzes. Die Größe des Anteils ist Grundlage zahlreicher weiterer Aspekte der Gemeinschaft. So wird das Stimmrecht (§ 745), die Verteilung der Lasten und Kosten (§ 748), der Anteil bei Teilung in Natur (§ 752), der Anteil an den Früchten (§ 743) sowie der Erlösanteil im Falle eines Verkaufs (§ 753) danach bestimmt. Die Auslegungsregel kann dagegen nicht für die Frage des Vorliegens einer Bruchteilgemeinschaft herangezogen werden; sie setzt das Bestehen einer solchen voraus. Die Vorschrift des § 742 gilt für jegliche Art der Bruchteilsgemeinschaft. Bei Grundstücken ist die Bruchteilsquote im Grundbuch einzutragen (RGZ 54, 85, 86).

Die Vorschrift wird als bloße Zweifelsregel von gesetzlichen und rechtsgeschäftlichen Sonderregelungen ver- 2
drängt. Im Falle der durch Rechtsgeschäft begründeten Gemeinschaft entscheidet der ermittelte Parteiwille über die Quoten. Vorrangige gesetzliche Sondervorschriften sind zB die §§ 948, 1172 oder 1109. Eine abw Vereinbarung der Anteile kann schon daraus geschlossen werden, dass eine Gleichheit der Anteile aufgrund

der Umstände des Einzelfalles nicht gerecht erscheinen würde (RGZ 169, 232, 239). Besonderer Anwendungsfall ist die Aufspaltung eines Rechtsträgers, § 123 I UmwG. Fehlt es in diesen Fällen an einer auslegungsfähigen Regelung im Spaltungsvertrag hinsichtlich der Zuteilung eines bestimmten Gegenstandes auf einen der beteiligten Rechtsträger, so findet die Vorschrift des § 131 III UmwG Anwendung. Dies führt zu einer Verteilung in dem Verhältnis, das sich aus der Aufteilung des Überschusses der Aktivseite der Schlussbilanz über deren Passivseite ergibt (MüKo/*Schmidt* § 742 Rn 3).

3 Die Vorschrift des § 742 enthält in prozessualer Hinsicht keine Beweisvermutung zu Gunsten gleicher Teile (BaRoth/*Gehrlein* § 742 Rn 3; Jauernig/*Stürner* § 742 Rn 2). Der gute Glaube Dritter an gleiche Bruchteile wird nicht geschützt (BGH NJW 54, 1035).

§ 743 Früchteanteil; Gebrauchsbefugnis

(1) Jedem Teilhaber gebührt ein seinem Anteil entsprechender Bruchteil der Früchte.
(2) Jeder Teilhaber ist zum Gebrauch des gemeinschaftlichen Gegenstandes insoweit befugt, als nicht der Mitgebrauch der übrigen Teilhaber beeinträchtigt wird.

1 **A. Anwendungsbereich.** Die Vorschrift regelt die Rechte der Teilhaber hinsichtlich der Nutzung des Gegenstandes. § 743 bildet das Gegenstück zu § 748, welcher die Lasten- und Kostentragung regelt. Grundgedanke ist die gleichmäßige Verteilung von Früchten und Nutzungen auf der einen sowie Lasten auf der anderen Seite. Dementspr korrespondiert der Anteil an den Früchten mit der Größe des Bruchteils. Die Norm ist außer für die Bruchteilsgemeinschaft auch auf die Erbengemeinschaft anwendbar, § 2038 II. § 743 gilt lediglich im Innenverhältnis, nicht im Außenverhältnis. Dies bedeutet, dass der einzelne Teilhaber nur gegen die anderen Teilhaber einen Anspruch auf seinen Bruchteil der Früchte hat und er ggü Dritten keine anteilige Leistung der Früchte beanspruchen kann (BaRoth/*Gehrlein* § 743 Rn 2; MüKo/*Schmidt* § 743 Rn 5). Bei gemeinschaftlicher Vermietung eines Gegenstandes besteht demnach kein Recht des einzelnen Teilhabers, vom Mieter anteilige Zahlung des Mietzinses an sich zu verlangen; § 420 findet keine Anwendung (BGH NJW 69, 839). Wem das Einziehungsrecht zusteht, bestimmt sich ausschl nach den im Außenverhältnis abgeschlossenen Regelungen.

2 **B. Fruchtziehung, I.** Der Anspruch auf die Früchte ist ein schuldrechtlicher Anspruch des Teilhabers gegen die übrigen Mitglieder der Bruchteilsgemeinschaft. Er betrifft lediglich die vorhandenen Früchte. Was darunter fällt, unterliegt den Verwaltungsentscheidungen der Gesamtheit der Teilhaber, §§ 744, 745. Der Anspruch aus § 743 I ist mehrheitsfest; er kann nur mit Zustimmung des Teilhabers beschränkt werden, § 745 III 2. Eine derartige Beschränkung ist nur in Form von Verwaltungsregelungen möglich (Palandt/*Sprau* § 743 Rn 3; Erman/*Aderhold* § 743 Rn 2). Dies betrifft jedoch nur den Anspruch selbst, nicht dagegen die Voraussetzungen der Fruchtziehung. Demnach steht es den Berechtigten frei, mehrheitlich die vollständige Fruchtziehung einem Teilhaber gegen Zahlung einer Abfindung zu überlassen (BGH NJW 53, 1427), was zu einem Ausgleichsanspruch der übrigen Teilhaber führt. Die Vorschrift gibt kein eigenes Recht zur Fruchtziehung entspr dem jeweiligen Anteil. Sie gewährt lediglich den Anspruch auf Beteiligung am Ertrag, dh die Verteilung der Früchte nach der Ernte (BGH NJW 58, 1723). Der Anspruch auf Auszahlung des Anteils an den Früchten ist nur im Wege der vorweggenommenen Auseinandersetzung möglich, §§ 752 ff.

3 Der Anspruch aus § 743 I erfasst neben natürlichen Früchten und Rechtsfrüchten (§ 99) auch Gebrauchsvorteile der Sache (§ 100) (BGH NJW 66, 1707). Dazu gehören auch Mieteinnahmen (BGH BB 72, 1245), die Gewinnbeteiligung aus einem Gesellschaftsanteil oder Wertpapierdividenden, ebenso im Falle der Erbengemeinschaft der Gewinn eines Unternehmens (BGH NJW 52, 1410; Soergel/*Hadding* § 743 Rn 5; MüKo/*Schmidt* § 743 Rn 3). Der Anspruch auf die Früchte bestimmt sich nach dem Anteil am Nettoerlös (BGH NJW 64, 648). Dieser errechnet sich durch Abzug der Lasten und Kosten nach §§ 748, 756. Der Anspruch kann vom Teilrechtsinhaber abgetreten werden und ist bei diesem pfändbar (Frankf NJW 58, 65). Befindet sich der Erlös aus den Früchten bereits bei einem der Bruchteilsinhaber, so bedarf nach der Rspr der Herausgabeanspruch des einzelnen der Zustimmung der übrigen Berechtigen (BGH NJW 85, 1160, 1161; Soergel/*Hadding* § 743 Rn 3; zweifelnd MüKo/*Schmidt* § 743 Rn 6).

4 **C. Gebrauchsrecht, II.** § 743 II regelt ausschl das Ausmaß des Gebrauchs des gemeinschaftlichen Gegenstandes. Dagegen werden Art und Weise des Gebrauchsrechtes durch Verwaltungsregelungen nach §§ 744, 745 definiert. Diese können in Form von Verträgen, Mehrheitsbeschlüssen oder gerichtlichen Entscheidungen ergehen. Inhalt des § 743 II ist ein Recht zum Gebrauch des gemeinschaftlichen Gegenstandes sowie ein Anspruch auf Duldung der gegenwärtigen und künftigen Nutzung. Im Gegensatz zum Fruchtziehungsrecht nach § 743 I kann das Gebrauchsrecht durch Mehrheitsentscheidung beschränkt werden (BGH NJW-RR 95, 267). Grds unzulässig ist lediglich ein dauerhafter Ausschluss vom Gebrauch der Sache (BGH WM 91, 821, 823; BaRoth/*Gehrlein* § 743 Rn 4). Dieser erfordert jedenfalls eine angemessene Ausgleichsregelung zu Gunsten des ausgeschlossenen Bruchteilsinhabers.

Das Gebrauchsrecht des einzelnen Teilhabers wird daneben grds durch das der übrigen beschränkt. Dies gilt 5
jedoch nur für die tatsächliche Wahrnehmung dieser Rechte durch die Mitberechtigten, nicht aber schon für
die abstrakte rechtliche Möglichkeit derselben (BGH NJW 66, 1707). Daraus folgt, dass der Teilhaber bei
Nichtwahrnehmung dieser Rechte durch die übrigen das alleinige Gebrauchsrecht ausüben kann, ohne dass
dadurch ein Bereicherungsanspruch der anderen Berechtigten entsteht. Voraussetzung für einen Ausgleich in
Geld ist vielmehr, dass entweder eine Benutzungsvereinbarung vorliegt oder ein Antrag auf gerichtliche Entscheidung nach § 745 II gestellt oder aber dem Mitberechtigten der Mitgebrauch hartnäckig verweigert wurde
(BGH NJW 66, 1707, 1708). Prozessual kann der in seinem Recht Beeinträchtigte durch Unterlassungsklage
vorgehen, im Innenverhältnis nach § 743 II, ansonsten nach § 1004. Besitzschutzansprüche nach § 866 sind
lediglich im Außenverhältnis zulässig (Palandt/*Sprau* § 743 Rn 4; BaRoth/*Gehrlein* § 743 Rn 5).

§ 744 Gemeinschaftliche Verwaltung

(1) Die Verwaltung des gemeinschaftlichen Gegenstands steht den Teilhabern gemeinschaftlich zu.
(2) Jeder Teilhaber ist berechtigt, die zur Erhaltung des Gegenstands notwendigen Maßregeln ohne
Zustimmung der anderen Teilhaber zu treffen; er kann verlangen, dass diese ihre Einwilligung zu einer solchen Maßregel im Voraus erteilen.

A. Gemeinschaftliche Verwaltung. §§ 744–746 sind die gesetzlichen Regeln für die Verwaltung des gemein- 1
schaftlichen Gegenstands. § 744 I bestimmt als Grundsatz die gemeinschaftliche Verwaltung durch die Teilhaber. Im Falle des Nießbrauchs an einem Miteigentumsanteil hat nach § 1066 I der Nießbraucher das Verwaltungsrecht anstelle des Teilhabers (BGH NJW 02, 1647). Die Bruchteilsgemeinschaft kann die Verwaltung
durch vertragliche Vereinbarung oder einstimmigen Beschluss umfassend abw regeln, so zB durch Verweis
auf eine für die spätere WEG geschaffene Gemeinschaftsordnung (BayObLG NJW-RR 02, 1022), eine selbst
gesetzte korporative Verfassung (BGH NJW 99, 781, 783) oder durch Übertragung auf einem Teilhaber oder
Dritten (BGH NJW 83, 449). Aus laufender Übung kann sich konkludent eine abw Vereinbarung ergeben
(Celle MDR 98, 397).
Bei Übertragung der Verwaltung auf einen Teilhaber oder Dritten handelt es sich idR um ein Auftragsverhält- 2
nis oder einen Geschäftsbesorgungsvertrag, womit regelmäßig eine Vollmacht der Teilhaber verbunden ist
(BGH NJW 99, 781, 782). Der Verwalter haftet nach § 276 (nicht nach § 708) und ist zur Rechnungslegung
und Auskehrung der Erlöse verpflichtet (BGH WM 01, 305). Die Kündigung der Verwaltung ist aus wichtigem Grund stets möglich (BGH NJW 85, 2943; 83, 449, 450), worüber durch Mehrheitsbeschluss (§ 745 I)
entschieden wird, während die Kündigungserklärung die Mitwirkung aller erfordert (BGH NJW 61, 1299).
Gegenstand der Verwaltung sind alle rechtlichen und tatsächlichen Maßnahmen, die die Erhaltung, Verwen- 3
dung und Veränderung des gemeinschaftlichen Gegenstands betreffen, nicht aber Maßnahmen, die die innere
Organisation, die Aufhebung der Gemeinschaft sowie die Verfügung über den gemeinschaftlichen Gegenstand
betreffen (BGH NJW 99, 781, 783; MüKo/*Schmidt* §§ 744, 745 Rn 6; Erman/*Aderhold* § 744 Rn 3). Beispiele für
Maßnahmen der Verwaltung sind Regelungen über die zeitanteilige Nutzung des gemeinschaftlichen Gegenstands (BGH NJW 95, 2637, 2639), über seine Verpachtung (BGH NJW 71, 1265, 1266), Baumaßnahmen am
gemeinschaftlichen Gegenstand (Ddorf MDR 70, 416), Anlage von Geld und Zahlung laufender Verbindlichkeiten (BGH NJW 94, 1721; 86, 1340), Bestellung und Kündigung eines Verwalters (BGH NJW 83, 449) und
die Belastung oder Veräußerung von Teilflächen zur Deckung der Verwaltungskosten (BGH NJW 99, 781,
782). Die Verwaltungsentscheidung nach § 744 I erfolgt mangels abw vertraglicher Regelung durch einstimmigen Beschluss, soweit nicht nach § 745 I ein Mehrheitsbeschluss genügt.

B. Erhaltungsrecht. Der nicht abdingbare § 744 II Hs 1 sichert dem einzelnen Teilhaber das Recht, die zur 4
Erhaltung des gemeinschaftlichen Gegenstands notwendigen Maßnahmen ohne Zustimmung der anderen
Teilhaber zu ergreifen. Obwohl nach Hs 1 nicht erforderlich, kann er nach Hs 2 vorab die Zustimmung der
anderen Teilhaber verlangen und nach § 894 ZPO durchsetzen, so dass er nicht mit der Unsicherheit belastet
ist, ob er Kostenersatz für seine Aufwendungen erlangen kann (BaRoth/*Gehrlein* § 744 Rn 5). Der berechtigt
Handelnde hat Anspruch auf Aufwendungsersatz nach § 748 und ggf auf Zinsen nach § 288 sowie Anspruch
auf Vorschuss (MüKo/*Schmidt* §§ 744, 745 Rn 44 mwN). Aus § 744 II folgt auch die Verfügungsmacht des
berechtigt Handelnden über den Gegenstand. Davon umfasst sind die Belastung eines Gegenstands zur Kaufpreisfinanzierung (BGH NJW-RR 87, 1294), die Kündigung von Verträgen und die Ausübung des Stimmrechts, aber auch, wenn dies zur Vermeidung des Verderbs notwendig ist, die Verfügung über den gemeinschaftlichen Gegenstand (BaRoth/*Gehrlein* § 744 Rn 6; MüKo/*Schmidt* §§ 744, 745 Rn 45; Staud/*Langhein*
§ 744 Rn 24; Palandt/*Sprau* § 744 Rn 3). Dagegen hat der Handelnde keine Vertretungsmacht für die anderen
Teilhaber, sondern handelt im eigenen Namen (BaRoth/*Gehrlein* § 744 Rn 6; MüKo/*Schmidt* §§ 744, 745
Rn 46 mwN, aA Palandt/*Sprau* § 744 Rn 3). Der gute Glaube des Dritten in die Verfügungsmacht nach § 744
II ist nicht geschützt (Staud/*Langhein* § 744 Rn 42).

5 Notwendige Erhaltungsmaßnahmen sind tatsächliche Handlungen oder Rechtsgeschäfte, die zum Erhalt von Substanz oder Wert der Sache aus Sicht eines vernünftig und wirtschaftlich denkenden Eigentümers erforderlich sind (BGHZ 6, 76, 81). Nicht darunter fallen bloß nützliche (wertsteigernde) Maßnahmen (Rostock NJW-RR 03, 797, 798), aber auch nicht der Wiederaufbau des gemeinschaftlichen Gebäudes nach Zerstörung (BGH WM 74, 201, 202) oder wirtschaftlich unvertretbare Maßnahmen (BGH NJW 99, 1387, 1388).

§ 745 Verwaltung und Benutzung durch Beschluss

(1) ¹Durch Stimmenmehrheit kann eine der Beschaffenheit des gemeinschaftlichen Gegenstands entsprechende ordnungsmäßige Verwaltung und Benutzung beschlossen werden. ²Die Stimmenmehrheit ist nach der Größe der Anteile zu berechnen.

(2) Jeder Teilhaber kann, sofern nicht die Verwaltung und Benutzung durch Vereinbarung oder durch Mehrheitsbeschluss geregelt ist, eine dem Interesse aller Teilhaber nach billigem Ermessen entsprechende Verwaltung und Benutzung verlangen.

(3) ¹Eine wesentliche Veränderung des Gegenstands kann nicht beschlossen oder verlangt werden. ²Das Recht des einzelnen Teilhabers auf einen seinem Anteil entsprechenden Bruchteil der Nutzungen kann nicht ohne seine Zustimmung beeinträchtigt werden.

1 **A. Mehrheitsbeschlüsse, I und II.** § 745 I knüpft an § 744 I an und ermöglicht, soweit keine Regelungen über die Verwaltung getroffen sind, Mehrheitsentscheidungen über Verwaltungsmaßnahmen in den Grenzen der I und III. Durch Bezug auf die ordnungsgemäße Verwaltung und Benutzung in I und die Einschränkung in III sind die Gegenstände der Verwaltungsentscheidung durch Mehrheitsbeschluss enger als Verwaltungsmaßnahmen iSd § 744 I, aber deutlich weiter als notwendige Erhaltungsmaßnahmen iSd § 744 II. Letztere können damit ohne weiteres auch mehrheitlich nach § 745 I beschlossen werden. I eröffnet der Mehrheit ein Ermessen bei der Auswahl aus verschiedenen ordnungsmäßigen Maßnahmen (BaRoth/*Gehrlein* § 745 Rn 3). Ein Beschluss, der nicht der ordnungsmäßigen Verwaltung nach I und III genügt, ist nicht bindend (Ddorf NJW-RR 87, 1256), was durch Feststellungsklage (§ 256 ZPO) geklärt werden kann (BGH NJW-RR 95, 267). Bei Verstoß gegen § 745 III steht auch die Unterlassungsklage zur Verfügung (BGH NJW 70, 711; Hamm NJW-RR 92, 329).

2 Bsp für die ordnungsgemäße Verwaltung sind die Vermietung (BGH NJW 98, 372), die Bildung von Rücklagen (BGHZ 140, 63, 72) oder die Kündigung eines Verwaltervertrags (BGH NJW 85, 2943; 83, 449, 450). Selbst wenn eine Maßnahme ordnungsmäßige Verwaltung wäre, hat sie zu unterbleiben, wenn sie die Grenzen des III überschreiten würde. Unter § 745 III 1 fallen einschneidende Änderungen der äußeren Gestalt oder der wirtschaftlichen Zweckbestimmung (BGH NJW-RR 95, 267; NJW 87, 3177), insbes auch unverhältnismäßig teure Maßnahmen (BGH NJW 83, 932, 933). Unzulässig ist danach die Bebauung eines landwirtschaftlichen Grundstücks (BGH WM 73, 82) oder der Wiederaufbau eines Gebäudes nach Zerstörung mit erheblichem Kostenaufwand (BGH BB 54, 913), es sei denn, dieser wird durch Versicherungsleistungen finanziert (Stuttg OLGE 8, 82). Noch keine wesentliche Änderung wird bei Ausbau einer Wohnung im Dachgeschoss eines Wohnhauses (KG OLGE 30, 184 f), bei Aufteilung größerer in kleinere Wohnungen (BGH NJW 83, 932, 933) oder im Tausch einzelner von 200 Grundstücken (BGH NJW 99, 781 f) gesehen. § 745 III 2 entzieht der Mehrheitsdisposition die Nutzungsquote des Teilhabers iSd § 743 I, nicht aber die Art der Nutzung (BGH NJW-RR 95, 267).

3 Die Beschlussfassung nach I ist formlos und auch konkludent (Celle NZG 99, 549) oder durch Vertreter (Erman/*Aderhold* § 745 Rn 2) möglich. Ein Stimmrechtsausschluss analog § 31 gilt bei Rechtsgeschäften mit dem Betroffenen (BGH NJW 83, 449, 450; 71, 1265).

4 Ein wirksamer Mehrheitsbeschluss verpflichtet alle Teilhaber zur Mitwirkung bei der Umsetzung (Hamm DNotZ 73, 549, 551) und die pflichtwidrige Verweigerung der Mitwirkung kann zum Schadensersatz verpflichten. Soweit möglich und nicht durch einstweilige Verfügung der Minderheit gehindert, kann die Mehrheit aber auch allein die Maßnahme vornehmen (BGH NJW 71, 1265; enger BGH NJW 68, 743). Im Außenverhältnis begründet der Mehrheitsbeschluss die Vertretungsbefugnis der Handelnden bei seiner Umsetzung auch zu Lasten der Minderheit (BGH aaO, Palandt/*Sprau* § 745 Rn 4; einschränkend MüKo/*Schmidt* § 744, 745 Rn 31: keine Begründung primärer Geldschulden), entgegen der wohl hM im Schrifttum (MüKo/*Schmidt* aaO; Erman/*Aderhold* § 745 Rn 5; Jauernig/*Stürner* § 745 Rn 14; BaRoth/*Gehrlein* § 745 Rn 8) aber keine dingliche Verfügungsmacht (BHG NJW 99, 781, 782).

5 **B. Verwaltung durch gerichtliche Entscheidung, II.** § 745 II gewährt jedem Teilhaber einen Anspruch auf eine Verwaltung und Benutzung des Gegenstands nach billigem Ermessen im Interesse aller Teilhaber, soweit hierzu keine oder nur eine lückenhafte (BGH NJW 74, 364, 365) Regelung durch Vereinbarung oder Beschluss vorliegen. Der Anspruch kann sich nur auf Verwaltungsentscheidungen richten, die nach I und III der Mehrheitsentscheidung zugänglich sind (BGH NJW 94, 1721, 1722; 83, 932, 933). Der Kreis möglicher Maßnahmen iSd II ist enger als bei I, weil hier vorausgesetzt wird, dass die Maßnahme nach billigem Ermes-

sen dem Interesse aller Teilhaber entspricht. Der Anspruch wird durch Leistungsklage gegen die widersprechenden Teilhaber als notwendige Streitgenossen (§ 62 ZPO) durchgesetzt und hat sich auf eine konkrete Maßnahme zu beziehen, wie zB auf eine konkrete Vermietung oder die Durchsetzung einer Mieterhöhung. Das Gericht hat zu prüfen, ob die begehrte Maßnahme unter Berücksichtigung der Umstände des Einzelfalls interessengerecht ist; ist dies nicht der Fall, hat es nicht zu prüfen, welche andere Maßnahme interessengerecht wäre (BGH NJW 93, 3326).

Wird der gemeinschaftliche Gegenstand von einem Teilhaber ohne Regelung genutzt, können die anderen eine Regelung über das zu leistende Entgelt verlangen, das ab dem ersten ernsthaften Verlangen zu erbringen ist (BGH NJW 98, 372; 89, 1030, 1031). Dabei ist es möglich, unmittelbar auf Zahlung zu klagen (BGH aaO). Dies gilt auch bei Trennung von Ehegatten, wobei der Nutzer des gemeinsamen Hauses ein an der Kostenmiete orientiertes Entgelt zu leisten hat (BGH NJW 94, 1721). 6

§ 746 Wirkung gegen Sondernachfolger

Haben die Teilhaber die Verwaltung und Benutzung des gemeinschaftlichen Gegenstands geregelt, so wirkt die getroffene Bestimmung auch für und gegen die Sondernachfolger.

§ 746 erfasst jegliche Abreden iSd §§ 744 I oder 745 I sowie Regelungen durch Urteil gem § 745 II und soll verhindern, dass solche Regelungen durch Übertragung des Anteils obsolet werden. Für die Gesamtrechtsnachfolge gilt schon § 1922. Sonderrechtsnachfolger iSd § 746 sind außer dem Erwerber auch der Nießbraucher oder Pfandgläubiger am Bruchteil (MüKo/*Schmidt* § 746 Rn 4). 1

Bei einer Bruchteilsgemeinschaft an einem Grundstück sind Verwaltungs- und Nutzungsregeln zu Lasten eines Sondernachfolgers nur wirksam, wenn sie im Grundbuch eingetragen sind, § 1010 I. Dies gilt auch bei positiver Kenntnis des Sondernachfolgers (MüKo/*Schmidt* § 746 Rn 2). Zugunsten des Sondernachfolgers wirken aber auch die nicht eingetragenen Verwaltungs- und Nutzungsregeln (Hamm NJW 98, 873, 874). Bei Übertragung seines Bruchteils hat der Übertragende zur Vermeidung von Schadensersatzpflichten ggü den anderen Teilhabern (BGH NJW 64, 648) darauf zu achten, dass sein Sonderrechtsnachfolger sich an die getroffenen Regelungen zur Verwaltung und Nutzung hält. 2

§ 747 Verfügung über Anteil und gemeinschaftliche Gegenstände

Jeder Teilhaber kann über seinen Anteil verfügen. Über den gemeinschaftlichen Gegenstand im Ganzen können die Teilhaber nur gemeinschaftlich verfügen.

A. Verfügung über den Anteil, S 1. Anders als bei der Gesamthand kann jeder Teilhaber über seinen Anteil frei verfügen (ebenso § 2033 I für Erbengemeinschaft). Gleiches gilt für Verfügungen über einen Teil des Anteils (BayObLG MDR 79, 844). Für die Verfügung gelten die allgemeinen Vorschriften für die Verfügung über das Vollrecht (vgl BGH NJW-RR 01, 477 zur Abtretung von Forderungen aus Erfindergemeinschaft). Die freie Verfügbarkeit ist Folge der unmittelbaren Beteiligung am Gegenstand der Bruchteilsgemeinschaft und wegen § 137 S 1 zwingend. Schuldrechtliche Bindungen den anderen Teilhabern oder Dritten ggü sind aber nicht ausgeschlossen, § 137 S 2. Anders als bei der Erbengemeinschaft (§ 2034 f) haben die anderen Teilhaber ohne gesonderte Vereinbarung auch kein Vorkaufsrecht. Ein solches kann aber vereinbart und bei Grundstücken gem § 1094 ff dinglich gesichert werden. Ein Vorkaufsrecht für den Fall der Anteilsveräußerung wirkt nicht ohne weiteres für den Fall der Veräußerung des gemeinschaftlichen Gegenstands (BGH NJW 67, 1697; MüKo/*Schmidt* § 747 Rn 28). Gesetzliche Ausschlüsse der freien Verfügbarkeit des Anteils finden sich in § 12 WEG und § 8 II 1 UrhG. 1

S 1 erfasst grds Verfügungen jeder Art, also auch Belastungen des Anteils, etwa durch Nießbrauch, Pfandrecht oder Vorkaufsrecht. Etwas anders gilt nur insoweit, als durch die (Teil-)Verfügung ihrer Art nach der gemeinschaftliche Gegenstand selbst berührt würde, wie zB bei der Bestellung von Grunddienstbarkeit (§ 1018; BGHZ 36, 187, 189), beschränkter persönlicher Dienstbarkeit (§ 1090; KG MDR 77, 405) oder Erbbaurecht (§ 1 ErbbauVO; Erman/*Aderhold* § 747 Rn 3) oder bei Gestaltungsrechten wie Verzicht und Aufrechnung (MüKo/*Schmidt* § 747 Rn 4 f). 2

Aus einem Titel gegen den Teilhaber kann in seinen Anteil an der Bruchteilsgemeinschaft vollstreckt werden. Dabei sind auch bei beweglichen Sachen zum Schutz der anderen Teilhaber die Regelungen über die Vollstreckung in Rechte anzuwenden. Die Verwertung geschieht durch Veräußerung des Anteils oder Aufhebung der Gemeinschaft (MüKo/*Schmidt* § 747 Rn 37). 3

B. Verfügung über den gemeinschaftlichen Gegenstand, S 2. S 2 erfasst die Übertragung wie auch die Belastung des gemeinschaftlichen Gegenstands. IdR ist die Mitwirkung aller Teilhaber notwendig, was auch mittels Vollmacht möglich ist. Fehlt die Mitwirkung eines Teilhabers, ist die Verfügung über den gemeinschaftlichen Gegenstand schwebend unwirksam, § 139 ist nicht anwendbar (BGH NJW 94, 1470, 1471). Es ist 4 dann zu prüfen, ob durch Auslegung die Verfügung über den Gegenstand in eine Verfügung über die Anteile aller mitwirkenden Teilhaber umgedeutet werden kann (BGH aaO). Die Zwangsvollstreckung in den gemeinschaftlichen Gegenstand setzt grds einen Titel gegen alle Teilhaber voraus (BaRoth/*Gehrlein* § 747 Rn 8). So wie die Verfügung ist auch die Geltendmachung eines gemeinsamen Rechts im Prozess gemeinschaftliche Sache aller Teilhaber, die dabei einfache Streitgenossen sind (BGH NJW 85, 385). Im Passivprozess sind die Teilhaber notwendige Streitgenossen (BGH NJW 96, 1061; 94, 1470. 1471). Bei Durchsetzung von Ansprüchen aus § 1011 oder Maßnahmen nach § 744 II, die sich auf Leistung an alle richten, ist der einzelne Teilhaber prozessführungsbefugt (zur Rechtskrafterstreckung BGH NJW 85, 2825).

5 Abw vom Grundsatz in S 2 besteht eine Verfügungsbefugnis des einzelnen Teilhabers über den gemeinschaftlichen Gegenstand iR seines Rechts nach § 744 II (s § 744 Rn 4), nicht aber bei Umsetzung von Maßnahmen, die mehrheitlich beschlossen wurden (str, s § 745 Rn 4).

§ 748 Lasten- und Kostentragung

Jeder Teilhaber ist den anderen Teilhabern gegenüber verpflichtet, die Lasten des gemeinschaftlichen Gegenstands sowie die Kosten der Erhaltung, der Verwaltung und einer gemeinschaftlichen Benutzung nach dem Verhältnis seines Anteils zu tragen.

1 Der dispositive § 748 betrifft nur das Innenverhältnis der Teilhaber und korrespondiert mit dem Anteil an den Früchten und dem Gebrauch nach § 743. Wer im Außenverhältnis haftet, bestimmt sich nach dem jeweiligen Schuldverhältnis mit dem Dritten. Eine gesetzliche Ausnahme vom Grundsatz des § 748 ist § 753 II. Zum Begriff der Lasten vgl § 103. Kosten der Erhaltung sind nur Aufwendungen, die gem § 744 II notwendig sind. Kosten der Verwaltung und Benutzung iSd § 748 sind nur solche, die durch zulässige Verwaltungsmaßnahmen verursacht worden sind. Keine Kosten sind Zeit- und Arbeitsaufwand des Handelnden (MüKo/*Schmidt* § 748 Rn 9; Staud/*Langhein* § 748 Rn 5; Erman/*Aderhold* § 748 Rn 2; aA Soergel/*Hadding* § 748 Rn 4). Bei Verbesserungen durch nicht zulässige Verwaltungsmaßnahmen kommen Ausgleichsansprüche wegen nützlicher Verwendungen in Betracht (BGH NJW 92, 114; 87, 3001). Übernimmt ein Miteigentümer alle Anteile, kann er nicht Ersatz für nachzuholende Reparaturen verlangen (RG JW 27, 1854).

2 Der Anspruch aus § 748 richtet sich unmittelbar auf Aufwendungsersatz in Höhe der Beteiligungsquote, nicht erst bei Aufhebung der Gemeinschaft (BGH NJW 75, 196). Ist eine Verbindlichkeit eingegangen worden, kann Befreiung nach § 257 verlangt werden (BGH NJW 92, 114). Die anderen Teilhaber haften als Teilschuldner, bei Ausfall eines Teilhabers quotal auch für dessen Anteil (RG JW 29, 854). Schuldner ist auch bei einem Nießbrauch am Anteil der Teilhaber, nicht der Nießbrauchberechtigte (BGH NJW 66, 1707). Die Nichterfüllung des Aufwendungsersatzanspruchs kann nach den allgemeinen Bestimmungen einen Schadensersatzanspruch, die beharrliche Nichterfüllung einen Auflösungsanspruch nach § 749 II begründen (MüKo/*Schmidt* § 748 Rn 14).

§ 749 Aufhebungsanspruch

(1) Jeder Teilhaber kann jederzeit die Aufhebung der Gemeinschaft verlangen.
(2) ¹Wird das Recht, die Aufhebung zu verlangen, durch Vereinbarung für immer oder auf Zeit ausgeschlossen, so kann die Aufhebung gleichwohl verlangt werden, wenn ein wichtiger Grund vorliegt. ²Unter der gleichen Voraussetzung kann, wenn eine Kündigungsfrist bestimmt wird, die Aufhebung ohne Einhaltung der Frist verlangt werden.
(3) Eine Vereinbarung, durch welche das Recht, die Aufhebung zu verlangen, diesen Vorschriften zuwider ausgeschlossen oder beschränkt wird, ist nichtig.

1 **A. Grundlagen.** Die §§ 749–758 befassen sich mit der Aufhebung und Auseinandersetzung der Gemeinschaft. Dabei behandeln die §§ 749–751 den Grundsatz der jederzeitigen Aufhebbarkeit der Gemeinschaft, die Voraussetzungen für ihre Aufhebung und die Möglichkeit, einen Anspruch auf Aufhebung auszuschließen, während es in den §§ 752 ff um die Teilung und die Auseinandersetzung zwischen den Teilhabern geht. Außer nach den §§ 749 ff endet die Bruchteilsgemeinschaft auch durch Vereinigung aller Bruchteile in einer Hand oder durch ersatzlosen Untergang des gemeinschaftlichen Vermögensgegenstands.

2 **B. Aufhebungsanspruch. I. Rechtsnatur.** Das Recht, die Aufhebung zu verlangen (§ 749 I), ist nach allg M kein Gestaltungsrecht, sondern ein Anspruch auf Aufhebung, der durch Leistungsklage durchzusetzen ist. Nach heute überwiegender und richtiger Auffassung ist nicht zwischen dem Anspruch auf Einwilligung zur Aufhebung, auf Einwilligung in einen bestimmten Teilungsplan und auf Mitwirkung beim Vollzug des Teilungsplans zu unterscheiden, sondern der Anspruch richtet sich unmittelbar auf die geschuldete Herbeiführung der Aufhebung durch Umsetzung der Teilung (Hamm NJW-RR 92, 665; Erman/*Aderhold* § 749 Rn 2; MüKo/*Schmidt* § 749 Rn 19; offen gelassen BGH NJW 84, 1969, 1970).

II. Durchsetzung der Aufhebung. Der Aufhebungsanspruch wird durch Leistungsklage verfolgt, welche die für die Teilung abzugebenden oder zu duldenden Erklärungen und Handlungen iE zu bezeichnen hat (Staud/*Langhein* § 749 Rn 13). Bei der Gemeinschaft an einem Grundstück ist die Leistungsklage entbehrlich, weil die Versteigerung auch ohne Titel möglich ist (§ 181 ZVG). Sind zur Aufhebung der Gemeinschaft Verwaltungsmaßnahmen erforderlich, zB die Kündigung eines Mietvertrages, sind die Teilhaber zur Mitwirkung an der Kündigung verpflichtet (Hburg NJW-RR 02, 1165). Ansprüche aus dem Gemeinschaftsverhältnis sind als Teilhaberschulden nach § 756 vorab zu befriedigen und begründen daher kein Zurückbehaltungsrecht gegen den Anspruch auf Aufhebung (BGH NJW-RR 90, 134).

Die nur teilweise Aufhebung und Teilung kann nicht verlangt, wohl aber vereinbart werden. Dies gilt grds auch, wenn die Bruchteilsgemeinschaft mehrere Gegenstände umfasst (RGZ 91, 416, 418), es sei denn, es liegen besondere Gründe vor und die Interessen der anderen Teilhaber werden nicht beeinträchtigt (MüKo/*Schmidt* § 749 Rn 28).

Der Aufhebungsanspruch kann nicht selbstständig abgetreten werden, weil er unlöslich Bestandteil des Bruchteilseigentums ist (Staud/*Langhein* § 749 Rn 54). Möglich ist aber seine Pfändung und Überweisung an den Gläubiger (Hamm NJW-RR 92, 665 666), der damit die Miteigentümerrechte im Zuge der Zwangsversteigerung ausüben kann (Köln OLGZ 69, 338).

C. Beschränkungen des Aufhebungsanspruchs. Gesetzliche Beschränkungen des Aufhebungsanspruchs bestehen ua in §§ 922 III, 1066 II, 1258 II und 2043 ff sowie in § 11 I WEG. Unter besonderen, eher seltenen Voraussetzungen können sich auch aus § 242 Einschränkungen ergeben, so bei unbilliger Härte der Aufhebung iVm grober Pflichtverletzung des die Aufhebung begehrenden Teilhabers (BGH NJW 75, 687, 688) oder schikanöser Geltendmachung zum Schaden des Mitberechtigten (BGH NJW-RR 95, 334, 336). Bei Bruchteilsgemeinschaft am Familienheim kann § 1353 I 2 der Aufhebung entgegenstehen (BGH NJW 62, 1244, 1245), und nach der Scheidung kann eine Verpflichtung zur Übertragung des Anteils bestehen (BGH NJW 77, 1234). Eine Aufhebung zur Unzeit ist anders als bei der GbR (§ 723 II) nicht ausgeschlossen, allenfalls nach § 242.

II setzt voraus, dass die rechtsgeschäftliche Beschränkung des Aufhebungsanspruchs zulässig ist, also nicht mit III kollidiert. Grundlage können (auch konkludente, Köln DNotZ 04, 148) einvernehmliche Vereinbarungen unter den Teilhabern oder eine letztwillige Verfügung (§ 2044 I) sein. Die Beschränkung kann umfassend sein oder nur bestimmte Teilhaber, einen bestimmten Zeitraum oder eine bestimmte Teilungsart erfassen (MüKo/*Schmidt* § 749 Rn 9 mwN) oder aber die Aufhebung von bestimmten Voraussetzungen abhängig machen (Zustimmung Dritter, Mindestlos etc). Sonderrechtsnachfolger werden gebunden, § 751 S 1, bei Grundstücken nur mit Eintragung, § 1010 I.

Nach II, III ist ein Aufhebungsverlangen aus wichtigem Grund möglich, auch wenn die Aufhebung in der einen oder anderen Weise rechtsgeschäftlich eingeschränkt oder ausgeschlossen ist. Vereinbarungen über die Durchführung der Aufhebung sind davon unberührt, weil § 749 II nur die Voraussetzungen für den Aufhebungsanspruch betrifft (Staud/*Langhein* § 749 Rn 83). An den wichtigen Grund ist ein strenger Maßstab anzulegen (BGH NJW-RR 95, 267). Die Gemeinschaft ist unzumutbar, wenn eine ordnungsgemäße gemeinschaftliche Nutzung und Verwaltung unter Abwägung der Umstände nicht möglich ist und der die Aufhebung betreibende Teilhaber die Gründe hierfür nicht allein oder überwiegend herbeigeführt hat (BGH NJW-RR 95, 334, 335; WM 84, 873; zur Kasuistik MüKo/*Schmidt* § 749 Rn 11 ff mwN).

§ 750 Ausschluss der Aufhebung im Todesfall

Haben die Teilhaber das Recht, die Aufhebung der Gemeinschaft zu verlangen, auf Zeit ausgeschlossen, so tritt die Vereinbarung im Zweifel mit dem Tode eines Teilhabers außer Kraft.

Es handelt sich um eine Auslegungsregel, die durch ausdrückliche Regelung oder andere Indizien außer Kraft gesetzt werden kann. Auch dann kann aber der Tod einen wichtigen Grund iSd § 749 II auslösen.

§ 751 Ausschluss der Aufhebung und Sondernachfolger

¹Haben die Teilhaber das Recht, die Aufhebung der Gemeinschaft zu verlangen, für immer oder auf Zeit ausgeschlossen oder eine Kündigungsfrist bestimmt, so wirkt die Vereinbarung auch für und gegen die Sondernachfolger. ²Hat ein Gläubiger die Pfändung des Anteils eines Teilhabers erwirkt, so kann er ohne Rücksicht auf die Vereinbarung die Aufhebung der Gemeinschaft verlangen, sofern der Schuldtitel nicht bloß vorläufig vollstreckbar ist.

Wie § 746 für Vereinbarungen zu Verwaltung und Nutzung schützt § 751 S 1 eine Vereinbarung, die die Aufhebung beschränkt, vor Umgehung durch Übertragung. Ist der gemeinschaftliche Gegenstand ein Grundstück, ist der Erwerber nur bei Eintragung der Belastung im Grundbuch (§ 1010 I) gebunden. Bei anderen Gemeinschaften wirkt der Ausschluss auch ggü einem gutgläubigen Erwerber (RGZ 78, 273, 275). Teilungsvereinbarungen erfasst S 1 nicht (Köln OLGZ 70, 276).

2 S 2 bestimmt eine Ausnahme für Vollstreckungsgläubiger, die ebenso für den Gläubiger eines vertraglichen Pfandrechts nach Eintritt der Pfandreife (§ 1258 II 2, § 1273 II) gilt. Die anderen Teilhaber haben die Abwendungsbefugnis des § 268 und erwerben damit die Forderung. Str ist, ob auch der Teilhaber mit Vollstreckung der übernommenen Forderung die Ausnahme des S 2 nutzen kann (so Staud/*Langhein* § 751 Rn 12; aA MüKo/*Schmidt* § 751 Rn 6).

§ 752 Teilung in Natur

¹Die Aufhebung der Gemeinschaft erfolgt durch Teilung in Natur, wenn der gemeinschaftliche Gegenstand oder, falls mehrere Gegenstände gemeinschaftlich sind, diese sich ohne Verminderung des Wertes in gleichartige, den Anteilen der Teilhaber entsprechende Teile zerlegen lassen. ²Die Verteilung gleicher Teile unter die Teilhaber geschieht durch das Los.

1 **A. Grundlagen.** Die §§ 752–754 behandeln den Inhalt eines Aufhebungsanspruchs nach § 749 und beschränken sich darauf, den Inhalt des schuldrechtlichen Anspruchs zu bestimmen. Die dingliche Realteilung folgt den jeweils anwendbaren allgemeinen Bestimmungen einschl § 747 S 2 zur Verfügungsbefugnis. Schuldrechtliche Vereinbarungen der Teilhaber haben Vorrang vor den gesetzlichen Regeln (RGZ 91, 416, 418). § 311 b I 1 ist anwendbar und ein Formmangel wird durch Auflassung und Eintragung nicht geheilt (BGH NJW 02, 2560, 2561). Fehlen Vereinbarungen zwischen den Teilhabern, richtet sich ihr Aufhebungsanspruch bei teilbaren gemeinschaftlichen Gegenständen auf Teilung in Natur (§ 752), bei anderen auf Verkauf und Erlösteilung (§ 753). Faktisch ist die Teilung durch Verkauf die Regel. Für unteilbare und einziehbare gemeinschaftliche Forderungen gilt § 754. Ob eine Teilung in Natur in Betracht kommt, ist für jeden gemeinschaftlichen Vermögensgegenstand gesondert zu prüfen und nicht etwa iR eines einheitlichen Gesamtauseinandersetzungsverfahrens (BGH NJW-RR 01, 369). Trotz Teilbarkeit des gemeinschaftlichen Gegenstands scheidet die Teilung in Natur aus, wenn er zur Befriedigung gemeinschaftlicher Schulden verkauft werden muss (§§ 755 III, 756).

2 **B. Teilung in Natur.** Der gemeinschaftlich Gegenstand ist teilbar, wenn er in Teile zerlegt werden kann, deren Wertverhältnis den Anteilen der Teilhaber entspricht und die Zerlegung keine Wertminderung zur Folge hat (RG JW 35, 781; MüKo/*Schmidt* § 752 Rn 8; Staud/*Langhein* § 752 Rn 11). Neben der rechtlichen ist damit auch eine wirtschaftliche Unteilbarkeit möglich. Die Kosten der Teilung selbst sind dagegen unerheblich (BayObLG MDR 73, 143). Gleichartigkeit setzt nicht eine absolute Gleichartigkeit voraus, sondern eine der Verkehrsanschauung entspr Gleichwertigkeit (Colmar OLGE 12, 92). Ist die Teilbarkeit wie bei einem gemeinschaftlichen Wertpapierpaket im Grundsatz gegeben, verbleibt aber bei der anteilsgerechten Verteilung ein unteilbarer Rest, scheitert daran nach richtiger Auffassung nicht die Anwendung von § 752 insgesamt, sondern ist nur der unteilbare Rest nach § 753 zu verwerten (MüKo/*Schmidt* § 752 Rn 14; Staud/*Langhein* § 752 Rn 9 f; aA RGZ 91, 416, 418).

3 Bsp für teilbare Sachen sind Geld, Flüssigkeiten, eine Mehrzahl gleichartiger Wertpapiere sowie Warenvorräte wie Holz, Kohle und Getreide. Forderungen sind teilbar, wenn eine Teilabtretung zulässig ist (MüKo/*Schmidt* § 752 Rn 19), GmbH-Anteile, wenn die Genehmigung der Teilung nach § 17 I GmbHG gegeben wird. Regelmäßig unteilbar sind Gebäude (auch keine Teilbarkeit durch Bildung von Wohnungseigentum, München NJW 52, 1297), zusammengesetzte Kunstwerke, gewerbliche Schutzrechte und Unternehmen.

4 Die Teilung in Natur setzt als Realakt die Zerlegung des Gegenstands, die Zuordnung der Teile an die einzelnen Teilhaber (bei gleichen Anteilen mangels Einigung durch Losentscheid, § 752 S 2) und die gemeinsame Verfügung zugunsten der Teilhaber nach § 747 S 2 voraus. Mangels Verkehrsgeschäft ist ein gutgläubiger Erwerb der Teilhaber ausgeschlossen (RG JW 27, 2521). Die Teilung wird durch Leistungsklage durchgesetzt, die die für die Teilung notwendigen Handlungen und Erklärungen genau zu bezeichnen hat. Die Beweislast für die Teilbarkeit hat der Kläger.

§ 753 Teilung durch Verkauf

(1) ¹Ist die Teilung in Natur ausgeschlossen, so erfolgt die Aufhebung der Gemeinschaft durch Verkauf des gemeinschaftlichen Gegenstands nach den Vorschriften über den Pfandverkauf, bei Grundstücken durch Zwangsversteigerung und durch Teilung des Erlöses. ²Ist die Veräußerung an einen Dritten unstatthaft, so ist der Gegenstand unter den Teilhabern zu versteigern.
(2) Hat der Versuch, den Gegenstand zu verkaufen, keinen Erfolg, so kann jeder Teilhaber die Wiederholung verlangen; er hat jedoch die Kosten zu tragen, wenn der wiederholte Versuch misslingt.

1 **A. Verwertung des Gegenstands.** Zum Verhältnis zwischen §§ 752 und 753 vgl § 752 Rn 1. § 753 begründet mangels abw Vereinbarung ein Recht auf Verkauf, wenn der Gegenstand nicht nach § 752 teilbar ist. Nach Versilberung des Gegenstands setzt sich die Gemeinschaft zunächst am Erlös als Surrogat des gemeinschaftli-

chen Gegenstands fort (BGH NJW 96, 2310, 2312), ebenso dingliche Belastungen am gemeinschaftlichen Gegenstand (BGH NJW 69, 1347). Beendet ist die Gemeinschaft erst nach Begleichung der Kosten der Verwertung und Befriedigung gemeinschaftlicher Schulden (§§ 755 III, 756) sowie Verteilung des verbleibenden Erlöses auf die Teilhaber (Staud/*Langhein* § 753 Rn 3). Wird der Erlös hinterlegt, hat jeder Teilhaber einen Anspruch gegen die Hinterlegungsstelle auf Herausgabe seines Anteils und die anderen Teilhaber können dem nicht wegen Ansprüchen aus einem anderen Rechtsverhältnis ein Zurückbehaltungsrecht entgegensetzen (BGH NJW 84, 2526, 2527; anders aber bei einvernehmlicher Hinterlegung auf Notar-Anderkonto BGH NJW-RR 90, 133, 134).

Die Teilung beweglicher Sachen richtet sich nach den Vorschriften über den Pfandverkauf, §§ 1233 ff, also idR 2 durch Versteigerung nach § 1235 durch den Gerichtsvollzieher, § 383 III. Eine abw Art des Verkaufs kann nach § 1246 zugelassen werden, worüber nach § 166 FGG entschieden wird. Nicht teilbare oder einziehbare (§ 754) Forderungen werden nach § 1277 verwertet. Der Verkauf von Grundstücken und grundstücksgleichen Rechten geschieht durch Zwangsversteigerung gem §§ 180–184 ZVG. Sind die Teilhaber im Grundbuch eingetragen, ist für die Versteigerung ein vollstreckbarer Titel nicht erforderlich, § 181 I ZVG, es sei denn, der Ausschluss der Teilung ergibt sich aus dem Grundbuch, § 28 ZVG. Der widersprechende Teilhaber muss nach § 771 ZPO klagen. § 765 a ZPO ist anwendbar (KG NJW-RR 99, 434).

Eine Versteigerung nur unter den Teilhabern (I 2) kommt in Betracht, wenn der Veräußerung an Dritte eine 3 Vereinbarung unter den Teilhabern, eine letztwillige Verfügung (§ 2048 I) oder eine gesetzliche (zB § 399) oder gesetzlich begründete Beschränkung (etwa Vinkulierung nach § 15 V GmbHG) entgegensteht.

B. Erfolglose Verwertung. § 753 II begründet das Recht jedes Teilhabers, auf seine Kosten weitere Verwer- 4 tungsversuche zu verlangen, wenn der erste gescheitert ist. Ein Scheitern des ersten Versuches liegt in diesem Zusammenhang nur vor, wenn das Scheitern an dem Fehlen eines Erwerbers lag, ohne dass der Verkauf durch gesetzlich nicht bestimmte Vorgaben der Teilhaber wie zB höheren Mindestpreisvorstellungen erschwert wurde (MüKo/*Schmidt* § 753 Rn 33). Solange eine Veräußerung scheitert und die Teilhaber sich nicht auf eine Übertragung des Gegenstands auf einen von ihnen verständigen, wird die Bruchteilsgemeinschaft fortgesetzt. Für eine richterliche Entscheidung über eine vom Gesetz abw Regelung aus Billigkeitsgesichtspunkten (§ 242) ist kein Raum (Oldbg NJW-RR 96, 137; Staud/*Langhein* § 753 Rn 48; aA Palandt/*Sprau* § 753 Rn 8).

§ 754 Verkauf gemeinschaftlicher Forderungen

¹Der Verkauf einer gemeinschaftlichen Forderung ist nur zulässig, wenn sie noch nicht eingezogen werden kann. ²Ist die Einziehung möglich, so kann jeder Teilhaber gemeinschaftliche Einziehung verlangen.

§ 754 hat praktische Bedeutung insbes durch den Verweis aus §§ 731 S 2, 1477 I und 2042 II. Vereinbarungen 1 unter den Teilhabern gehen § 754 vor (BGH NJW 84, 794). Forderungen, die Frucht des gemeinschaftlichen Gegenstands sind, sind bereits nach § 743 zu teilen (Staud/*Langhein* § 754 Rn 4). Als Anwendungsfall für § 754 verbleiben insbes Ersatzansprüche für Beschädigung oder Nutzung des gemeinschaftlichen Gegenstands.

Für gemeinschaftliche Forderungen ergibt sich im Zuge der Aufhebung der Gemeinschaft folgende Rang- 2 folge: Vorrangig sind sie in Natur zu teilen (§ 752). Scheidet dies aus, weil sie nicht abtretbar sind, ihr Gegenstand unteilbar oder der Teilung gemeinschaftlicher Schulden entgegensteht, sind sie gemeinschaftlich einzuziehen, falls dies möglich ist. Unteilbar in diesem Sinne sind Mietzinsforderungen (BGH NJW-RR 01, 369). Einziehbar ist eine Forderung, wenn sie fällig ist oder durch Kündigung mit überschaubarer Frist (Staud/*Langhein* § 754 Rn 8: 6 Monate) fällig gestellt werden kann. Zum Verkauf vgl § 753 Rn 2. Nach § 432 kann jeder Teilhaber die Leistung unteilbarer Forderungen an alle verlangen. Darüber hinaus besteht eine Mitwirkungspflicht der Teilhaber (BGH NJW 82, 928). Die Kosten der Einziehung sind nach § 748 anteilig zu tragen. Die Bruchteilsgemeinschaft setzt sich an der empfangenen Leistung fort, die nach §§ 752, 753 zu verwerten ist. Gleiches gilt für den Verkaufserlös.

§ 755 Berichtigung einer Gesamtschuld

(1) Haften die Teilhaber als Gesamtschuldner für eine Verbindlichkeit, die sie in Gemäßheit des § 748 nach dem Verhältnis ihrer Anteile zu erfüllen haben oder die sie zum Zwecke der Erfüllung einer solchen Verbindlichkeit eingegangen sind, so kann jeder Teilhaber bei der Aufhebung der Gemeinschaft verlangen, dass die Schuld aus dem gemeinschaftlichen Gegenstand berichtigt wird.
(2) Der Anspruch kann auch gegen den Sondernachfolger geltend gemacht werden.
(3) Soweit zur Berichtigung der Schuld der Verkauf des gemeinschaftlichen Gegenstands erforderlich ist, hat der Verkauf nach § 753 zu erfolgen.

1 **A. Grundlagen.** Anders als bei der GbR gibt es für die Gemeinschaft keine umfassende Regelung der Auseinandersetzung, sondern beschränkt sich in den §§ 752–754 auf die Teilung des gemeinschaftlichen Gegenstands und in §§ 755, 756 auf die Bereinigung von Schulden ggü Dritten (§ 755) und Schulden unter den Teilhabern (§ 756). §§ 755 und 756 gelten nur im Innenverhältnis und stehen unter dem Vorbehalt abw Vereinbarungen. Im Außenverhältnis sind für Schulden die allg Vorschriften maßgeblich.

2 **B. Berichtigung von Gemeinschaftsschulden.** § 755 I setzt voraus, dass es sich um gesetzliche oder rechtsgeschäftliche Verbindlichkeiten handelt, die 1) Gesamtschulden der oder einzelner Teilhaber und 2) Verbindlichkeiten iSd § 748 sind, also Lasten des gemeinschaftlichen Gegenstands oder Kosten seiner Erhaltung, Verwaltung oder gemeinsamen Benutzung. Eine Gesamtschuld ieS ist nicht notwendig, vielmehr genügt auch die Verbindlichkeit nur eines Teilhabers, für die er einen Befreiungsanspruch gegen die anderen hat (Staud/*Langhein* § 755 Rn 4; BaRoth/*Gehrlein* § 755 Rn 2). Bei str oder noch nicht fälligen Verbindlichkeiten kann die Bildung einer Rücklage analog § 733 I 2 verlangt werden (MüKo/*Schmidt* §§ 755, 756 Rn 8).

3 Soweit erforderlich, ist nach § 755 III der gemeinschaftliche Gegenstand nach § 753 zu verkaufen, um die gemeinschaftlichen Schulden zu tilgen. Ein etwaiger Rest des gemeinschaftlichen Gegenstands kann bei Vorliegen seiner Voraussetzungen nach § 752 geteilt werden (RG SeuffA 74 Nr 173). Bei nicht teilbaren Gegenständen ist alles nach § 753 zu verkaufen und ein Erlösüberschuss nach Schuldenberichtigung unter die Teilhaber aufzuteilen (MüKo/*Schmidt* §§ 755, 756 Rn 9). Genügt der Erlös nicht zur Tilgung der Verbindlichkeiten, bleibt es für den Rest bei der Verteilung der Lasten nach § 748.

4 Nach II besteht der Anspruch nach I auch gegen Sondernachfolger. Bei Grundstücken gilt dies allerdings nur bei Eintragung (§ 1010 II), es sei denn, der Sondernachfolger hat persönlich die Verpflichtung übernommen (BGH WM 66, 577, 579). Gutgläubiger Erwerb des Anteils hindert den Übergang der Verpflichtung nicht (RGZ 78, 273, 275). Bei Insolvenz eines Teilhabers gewährt § 755 ein Recht auf abgesonderte Befriedigung (§ 84 I 1 InsO).

§ 756 Berichtigung einer Teilhaberschuld

¹Hat ein Teilhaber gegen einen anderen Teilhaber eine Forderung, die sich auf die Gemeinschaft gründet, so kann er bei der Aufhebung der Gemeinschaft die Berichtigung seiner Forderung aus dem auf den Schuldner entfallenden Teil des gemeinschaftlichen Gegenstands verlangen. ²Die Vorschrift des § 755 Abs. 2, 3 findet Anwendung.

1 § 756 berechtigt einen Teilhaber, im Zuge der Auseinandersetzung der Gemeinschaft die Berichtigung seiner Forderungen aus dem Gemeinschaftsverhältnis gegen andere Teilhaber zu verlangen und insoweit den Erlösanteil des Schuldners aus dem Verkauf des gemeinschaftlichen Gegenstands für sich zu beanspruchen. Forderungen aus dem Gemeinschaftsverhältnis sind solche, die wegen der Zugehörigkeit zur Gemeinschaft erworben wurden (BGH NJW 92, 114, 115). Dazu zählen insbes Erstattungsansprüche nach § 748, aber auch der Aufwendungsersatzanspruch wegen Leistung von Raten eines zur Finanzierung des Gegenstands aufgenommenen Darlehens (BGH WM 93, 849, 853), Ansprüche aus internen Abreden über die Verteilung von Nutzen und Lasten (BGH WM 66, 577, 579), Ansprüche aus dem Nutzungsanteil nach § 743 (RG DR 41, 999, 1000) und Forderungen aus Teilungskosten wie zB Anwaltskosten (AG München AnwBl 97, 571; MüKo/*Schmidt* §§ 755, 756 Rn 13). Außer auf Geldleistung kann sich die Forderung auch auf Befreiung von einer Verbindlichkeit nach § 257 richten (BGH NJW 92, 114). Der Anspruch besteht auch für noch nicht fällige oder str Forderungen mit der Maßgabe, dass das dafür Erforderliche analog § 733 I 2 zurückzubehalten ist (Staud/*Langhein* § 755 Rn 8).

2 Die Forderung des Berechtigten wird dadurch berichtigt, dass sich der Erlösanteil des Gläubigers um einen entspr Betrag zu Lasten des Schuldners erhöht. Dem Anspruch unterliegen alle Teilhaber, doch kann der Gläubiger nur Befriedigung aus dem Anteil des Schuldners verlangen (MüKo/*Schmidt* §§ 755, 756 Rn 19). Aus § 755 III ergibt sich, dass der gemeinschaftliche Gegenstand nur insoweit verkauft werden muss, wie dies zur bevorzugten Befriedigung des Gläubigers notwendig ist (MüKo/*Schmidt* §§ 755, 756 Rn 19). Eine Erhöhung der Zuteilungsquote bei Naturalteilung kommt nur in Betracht, wenn Geld Gegenstand der Gemeinschaft ist (BGH NJW 92, 114). Neben dem Anspruch nach § 756 hat der Gläubiger kein Zurückbehaltungsrecht gegen den Schuldner (BGH NJW 75, 687). Für die Sonderrechtsnachfolge und die Insolvenz eines Teilhabers gelten die Ausführungen in § 755 Rn 4 entspr.

§ 757 Gewährleistung bei Zuteilung an einen Teilhaber

Wird bei der Aufhebung der Gemeinschaft ein gemeinschaftlicher Gegenstand einem der Teilhaber zugeteilt, so hat wegen eines Mangels im Rechte oder wegen eines Mangels der Sache jeder der übrigen Teilhaber zu seinem Anteil in gleicher Weise wie ein Verkäufer Gewähr zu leisten.

1 Die Vorschrift ist erforderlich, weil die Zuteilung eines Gegenstands zu einem Teilhaber nach § 752 kein Verkauf ist und damit in diesem Fall die Gewährleistungsbestimmungen nicht unmittelbar gelten. Sie gilt auch für die GbR (§ 731 S 2) und die Erbengemeinschaft (§ 2042 II). Bei einem Verkauf an einen Teilhaber iRd

§ 753 finden die Gewährleistungsbestimmungen unmittelbar Anwendung. Unanwendbar ist § 757 schließlich, wenn bei der Naturalteilung alle Gegenstände gleichermaßen mangelhaft sind (MüKo/*Schmidt* § 757 Rn 4). Da sich § 757 auf einen Verweis auf die kaufrechtlichen Gewährleistungsbestimmungen beschränkt, sind deren Voraussetzungen im Übrigen zu beachten. Auch § 442 I (kein Anspruch bei Kenntnis des Mangels) findet Anwendung. Wählt der Berechtigte den Rücktritt, muss idR insgesamt neu geteilt werden (Staud/*Langhein* § 757 Rn 5; über entspr Anwendung von § 139 o such MüKo/*Schmidt* § 757 Rn 6). Verpflichtet sind die anderen Teilhaber nur mit ihrem Anteil, ohne für einen Ausfall anderer Teilhaber zu haften (Erman/*Aderhold* § 757 Rn 3; BaRoth/*Gehrlein* § 757 Rn 2). 2

§ 758 Unverjährbarkeit des Aufhebungsanspruchs
Der Anspruch auf Aufhebung der Gemeinschaft unterliegt nicht der Verjährung.

§ 758 bezweckt die Klarstellung, dass der (ab Beginn der Gemeinschaft bestehende) Aufhebungsanspruch nicht verjährt. Hierfür besteht anders als bei der GbR, bei der ein Auseinandersetzungsanspruch erst mit Auflösung entsteht oder fällig wird, Bedarf. Über § 2042 II gilt § 758 auch für die Erbengemeinschaft. Zum Anspruch auf Aufhebung der Gemeinschaft zählen außer §§ 749 ff auch der Anspruch auf Früchte nach § 743 (Staud/*Langhein* § 758 Rn 2; Soergel/*Hadding* § 758 Rn 1; MüKo/*Schmidt* § 758 Rn 2) und Rechte aus schuldrechtlichen Abreden über die Teilung oder Zuteilung, nicht dagegen andere auf die Gemeinschaft gründende Ansprüche wie zB aus § 748 (MüKo/*Schmidt* § 758 Rn 2). 1

Titel 18 Leibrente

§ 759 Dauer und Betrag der Rente
(1) Wer zur Gewährung einer Leibrente verpflichtet ist, hat die Rente im Zweifel für die Lebensdauer des Gläubigers zu entrichten.
(2) Der für die Rente bestimmte Betrag ist im Zweifel der Jahresbetrag der Rente.

A. Übersicht: Begriff, Zustandekommen, Abtretbarkeit, Abdingbarkeit. Die Leibrente ist ein einheitliches, iSv §§ 99 II, 100 nutzbares (RGZ 67, 204, 210) Recht, das dem Berechtigten **für die Lebensdauer eines Menschen eingeräumt ist** und dessen Erträge aus fortlaufend wiederkehrenden gleichmäßigen und in gleichen Zeitabschnitten (BGH WM 66, 248) zu gewährenden Leistungen in Geld oder vertretbaren Sachen bestehen (RGZ 67, 204, 212; BGH WM 80, 593, 594). Sie hat große praktische Bedeutung als Finanzierungsinstrument und ist Gegenstand umfangreicher steuerrechtlicher Bestimmungen, s zB § 22 Nr 1 lit a EstG; Schreiben des Bundesfinanzministeriums betreffend einkommensteuerrechtlicher Behandlung von wiederkehrenden Leistungen im Zusammenhang mit der Übertragung von Privat- oder Betriebsvermögen vom 16.9.04 BStBl I 922 ff („Rentenerlass"). 1

Die **Verpflichtung** zur Abgabe eines abstrakten Leibrentenversprechens wird durch ein (kausales) **Grundgeschäft** begründet: Meist ein entgeltlicher oder unentgeltlicher Vertrag, in dem die Leibrente als Gegenleistung zur Sicherung lebenslänglicher Versorgung gewährt wird (zB Kaufvertrag über eine Immobilie oder ein Unternehmen; für die Berücksichtigung der Leibrente im Zugewinn, wenn sie im Zusammenhang mit der Übertragung von Vermögen iSv § 1374 II versprochen wurde: BGH NJW 05, 3710), oder ein Vertrag zugunsten Dritter (§ 330), aber auch eine Auslobung oder ein Vermächtnis. In Erfüllung dieser Pflicht (iSv § 362) gibt der Verpflichtete in einem **Bestellungsvertrag** ein vom Grundgeschäft abstraktes einseitiges **Leibrentenversprechen** ab, durch das ein **Leibrentenstammrecht** begründet wird (RGZ 67, 204, 210 f u zB BGH NJW-RR 91, 1035, ablehnend die Vorinstanz: Celle NJW-RR 90, 1490 f). Es ist Grundlage für die **einzelnen Rentenleistungen**. Diese Konstruktion wird als **Stammrechtstheorie** (MüKo/*Habersack* § 759 Rn 4) bzw als **Einheitstheorie** (Staud/*Amann* Vorbem zu § 759 Rn 18, 26; Erman/*Terlau* § 759 Rn 6) bezeichnet. Das Stammrecht besteht unabhängig von sonstigen Beziehungen der Parteien (daher auch **Isolierungstheorie**, zB Erman/*Terlau* aaO; kritisch *Reinhart* in FS Wahl 261, 265 ff). Weite Teile der Literatur halten die Zwischenschaltung eines Stammrechts für überflüssig (s zB Staud/*Amann* Vor § 759 Rn 31; MüKo/*Habersack* § 759 Rn 4 mwN; Erman/*Terlau* § 759 Rn 9). Praktisch wichtig wird der Unterschied im Fall der Leistungsstörung (s.u. Rn 9). 2

Das Leibrentenstammrecht und die einzelnen Leibrentenleistungen sind **abtretbar, pfändbar, verpfändbar** und – zB mit einem Nießbrauch (§ 1073) – **belastbar** (statt vieler Erman/*Terlau* § 759 Rn 12). Die Ansprüche auf Erbringung der einzelnen Rentenleistungen **verjähren** gem §§ 195, 199 nach drei Jahren (Palandt/*Sprau* § 759 Rn 3). 3

Seit RGZ 67, 204, 208 ff ist anerkannt, dass der Anwendungsbereich des § 759 nur eröffnet ist, wenn die Leibrente eine lebenslängliche – wenn auch nicht immer nach dem Leben des Rentenempfängers zu bemessende – Rente ist. Für eine Auslegung lässt § 759 I damit wenig Raum (vgl Rn 6). Die Zweifelsregelung zu Jahresleistungen in S 2 wird meist durch andere Regelungen verdrängt, insbes monatliche Zahlung (Staud/*Amann* § 759 Rn 15). 4

5 **Keine** (formbedürftige) **Leibrente** liegt vor, wenn die Rentenzahlung typischerweise in einem engen sachlichen und zeitlichen Zusammenhang mit einem Schuldverhältnis begründet wird: zB Arbeits- oder Dienstvertrag (BGH WM 66, 248: Ruhegehaltszusage), Gesellschaftsvertrag (BGH aaO 248 f: Ausscheidensvereinbarung), uU auch Kaufvertrag (BGH NJW-RR 91, 1035), Deliktsrecht (BaRoth/*Litzenburger* § 759 Rn 5; MüKo/*Habersack* § 759 Rn 8 f). Die Abgrenzung ist durch **Auslegung** (§§ 133, 157) zu ermitteln (MüKo/*Habersack* § 759 Rn 8 ff).

6 **B. Einzelheiten: Lebenszeit, Rentenleistungen.** Die Leibrente muss auf **Lebenszeit** versprochen werden: Bezugspunkt kann die Lebenszeit **des Gläubigers, des Schuldners oder eines Dritten** sein (Erman/*Terlau* § 759 Rn 2). Im Zweifel endet das Leistungsversprechen nach § 759 I mit dem Tod des Gläubigers. Der Vertrag kann einen Endtermin für die Verpflichtung zur Erbringung von Rentenleistungen vorsehen, sofern dadurch der Zweck der Lebensversorgung gewahrt bleibt (Erman/*Terlau* § 759 Rn 2, BaRoth/*Litzenburger* § 759 Rn 2). Vertraglich kann auch vereinbart werden, dass die Rentenleistung für eine bestimmte Dauer **über den Tod** des Berechtigten **hinaus** an Dritte erfolgen soll (Staud/*Amann* Vorbem zu §§ 759 ff Rn 16). Liegt der Endtermin nach der Lebenserwartung jedoch deutlich nach dem Tod des Berechtigten, kann dies gegen das Vorliegen eines Leibrentenversprechens sprechen (zB bei Rentenanspruch von über 10 Jahren bei einem sehr alten Menschen, Staud/*Amann* Vorbem zu §§ 759 ff Rn 16; Palandt/*Sprau* § 759 Rn 9).

7 Gegenstand der Rentenleistung können nur **Geld** oder andere **vertretbare Sachen** iSv § 91 sein. Die einzelnen Leistungen müssen zeitlich und inhaltlich genau **bestimmt** sein (RGZ 137, 259, 261). Geldrenten müssen betragsmäßig bestimmbar sein: Daher liegt keine Leibrente vor, wenn die Rente vom Reingewinn eines Betriebes (RGZ 137, 259, 262) oder – wie bei Unterhaltsverträgen (RGZ 150, 385, 391) – von der Bedürftigkeit des Berechtigten abhängig ist. Ebenso wenig sind Vereinbarungen über Schadensersatzrenten und Rentenverpflichtungen mit variablen Tatbestandsmerkmalen als Leibrenten zu qualifizieren, es sei denn, Inhalt und Höhe ergeben sich aus unabhängigen Bezugsgrößen: zB Index, Besoldungstabelle (Hamm DB 75, 542) oder Tarifvertrag (LG Marburg BB 59, 207).

8 Die Leibrente muss durch **gleich bleibende wiederkehrende Leistungen** erbracht werden. Jedoch können die Rentenleistungen während der Laufzeit **variieren**: zB aufgrund einer (nach § 2 I 2 PaPkG genehmigungspflichtigen) Wertsicherungsklausel (BGH WM 80, 593, 594 (noch zu § 3 WährG)); eines Wegfalls der Geschäftsgrundlage (§ 313) oder in Folge eines Abänderungsurteils nach § 323 ZPO (BFHE 112, 141, 146; BaRoth/*Litzenburger* § 759 Rn 4; anders uU für Verträge über Unterhaltsleistungen: BFHE 111, 37, 38f).

9 **C. Leistungsstörungen.** Bei Nichtleistung einzelner Rentenzahlungen kann der Gläubiger Ersatz des **Verzugsschadens** nach §§ 280 I, 286 ff verlangen. Da das Grundgeschäft mit der Bestellung des Rentenstammrechts erfüllt wird (s.o. Rn 2), besteht **kein Rücktrittsrecht** nach § 323 (RGZ 106, 93, 96; Hburg MDR 64, 414; Palandt/*Sprau* § 759 Rn 4; aA die Kritiker der Einheitstheorie: zB Celle NJW-RR 90, 1490, 1491 f (aufgehoben durch BGH s.o. Rn 2); MüKo/*Habersack* § 759 Rn 27; s auch Staud/*Amann* Vorbem zu §§ 759 ff Rn 26 f: analoge Anwendung von § 314).

10 Ist das Grundgeschäft (s Rn 2) unwirksam, so kann der Verpflichtete das Leibrentenversprechen nach § 812 und die einzelnen Rentenleistungen nach § 813 kondizieren (Erman/*Terlau* § 759 Rn 8). Nach der Rechtsprechung (RGZ 106, 93, 98; Hburg MDR 64, 414 f) kommt zudem eine Kondiktion der für das Leibrentenstammrecht erbrachten Gegenleistung (zB des verkauften Grundstücks) in Betracht, wenn der Rentenschuldner mit den einzelnen Rentenleistungen in Verzug gerät und deshalb der mit dem Vertrag bezweckte Erfolg (Versorgung des Gläubigers) nicht eintritt, § 812 I 2 Alt 2.

§ 760 Vorauszahlung

(1) Die Leibrente ist im Voraus zu entrichten.
(2) Eine Geldrente ist für drei Monate vorauszuzahlen; bei einer anderen Rente bestimmt sich der Zeitabschnitt, für den sie im Voraus zu entrichten ist, nach der Beschaffenheit und dem Zwecke der Rente.
(3) Hat der Gläubiger den Beginn des Zeitabschnitts erlebt, für den die Rente im Voraus zu entrichten ist, so gebührt ihm der volle auf den Zeitabschnitt entfallende Betrag.

1 Die gesetzliche Regelung der Vorauszahlung in § 760 I ist zwar abdingbar (RG 69, 296, 297; Staud/*Amann* § 760 Rn 1), entspricht aber der gängigen Praxis. Hingegen wird die Dreimonatsregelung in § 760 II idR abbedungen (BaRoth/*Litzenburger* § 760 Rn 1). Auf die Regelung zur Vorauszahlung in § 760 wird im Gesetz mehrfach verwiesen: §§ 528 I 3, 843 II 1, 844 II 1, 845 S 2; § 8 II HPfG; § 13 II StVG; § 38 II LuftVG.

2 Stirbt der Berechtigte während eines Zeitraums, für den die Leibrente bereits nach § 760 I im Voraus entrichtet wurde oder zu entrichten gewesen wäre, steht den Erben des Gläubigers die Leibrente gleichwohl für den vollen auf den Zeitabschnitt entfallenden Betrag zu. Die Vorschrift gilt entsprechend, wenn das Leibrentenstammrecht (§ 759 Rn 2) aus anderen Gründen – Erreichen des Endtermins, vgl § 759 Rn 6 – erlischt (Colmar Recht 1910 Nr 681; Erman/*Terlau* § 760 Rn 3).

§ 761 Form des Leibrentenversprechens

¹Zur Gültigkeit eines Vertrages, durch den eine Leibrente versprochen wird, ist, soweit nicht eine andere Form vorgeschrieben ist, schriftliche Erteilung des Versprechens erforderlich. ²Die Erteilung des Leibrentenversprechens in elektronischer Form ist ausgeschlossen, soweit das Versprechen der Gewährung familienrechtlichen Unterhalts dient.

Die Erteilung des Leibrentenversprechens (nicht aber dessen Annahme) bedarf nach § 761 S 1 der **Schriftform** (§ 126), die idR nach § 126 a durch die elektronische Form ersetzt werden kann (arg S 2). Ausnahme: Nach S 2 ist die elektronische Form unzulässig für Leibrentenversprechen, mit denen **familienrechtlicher Unterhalt** (Familienunterhalt nach §§ 1360 ff, Ehegattenunterhalt nach Scheidung (§§ 1570 ff), Verwandtenunterhalt nach §§ 1601 ff) gewährt werden soll. Die Schriftform schützt den Verpflichteten vor der übereilten Übernahme (BGH NJW 78, 1577) des mit einem Leibrentenversprechen verbundenen Risikos (ungewisse Dauer, geringe Anpassungsmöglichkeit – dazu § 759 Rn 8 –, vgl Staud/*Amann* § 761 Rn 1). 1

Änderungen sind nur dann formbedürftig, wenn sie den Schuldner zusätzlich beschweren (MüKo/*Habersack* § 761 Rn 3). 2

Das Schriftformgebot wird **weit ausgelegt**: Es umfasst auch das **Grundgeschäft** (s § 759 Rn 2). Dies lässt sich aus dem Wortlaut ableiten (RGZ 67, 204, 211 f: arg „eine andere Form" kann sich nur auf das Grundgeschäft beziehen). Das Schriftformerfordernis gilt über seinen Wortlaut („Vertrag") hinaus auch für einseitige Rechtsgeschäfte unter Lebenden (Müko/*Habersack* § 761 Rn 2; Erman/*Terlau* § 761 Rn 1; aA Palandt/*Sprau* § 761 Rn 1). 3

Wenn das Grundgeschäft (§ 759 Rn 2) in den Anwendungsbereich einer strengeren Formvorschrift fällt, erfasst diese auch den Bestellungsvertrag. Beispiel: **Notarielle Form** für ein Leibrentenversprechen als Schenkung (§ 518 I) oder als Grundstückskaufpreis (§ 311 b), Palandt/*Sprau* § 761 Rn 1 sowie alle Kritiker der Stammrechtstheorie, zB Staud/*Amann* § 761 Rn 7. 4

Das Schriftstück muss inhaltlich die **vollständige** Verpflichtungserklärung enthalten (RGZ 67, 204, 214). Das Versprechen muss überdies **erteilt** werden: dh willentliche Entäußerung der Urkunde in der Absicht, sie in die tatsächliche Verfügungsgewalt des Gläubigers gelangen zu lassen (MüKo/*Habersack* § 761 Rn 7). 5

Wird das Versprechen **formunwirksam** erteilt, ist das Rechtsgeschäft nichtig (§ 125). Eine Bestätigung nach § 141 bedarf der Schriftform (RGZ 150, 385, 391). Eine Heilung kommt nur in Betracht (i) wenn das Leibrentenversprechen einer allgemeinen strengeren Formvorschrift unterliegt (s Rn 4) und diese eine Heilungsmöglichkeit vorsieht (BGH NJW 78, 1577: Grundbucheintragung in Umsetzung eines unvollständig beurkundeten Grundstückskaufvertrages mit mündlichem Leibrentenversprechen), oder (ii) bei vollständiger Erfüllung eines nur der Form des § 761 unterliegenden Leibrentenversprechens (Staud/*Amann* § 761 Rn 6; MüKo/*Habersack* § 761 Rn 8); noch weitergehend: *Reinhart* in FS Wahl 261, 280 (bei Teilerfüllung). 6

Titel 19 Unvollkommene Verbindlichkeiten

§ 762 Spiel, Wette

(1) Durch Spiel oder durch Wette wird eine Verbindlichkeit nicht begründet. Das auf Grund des Spieles oder der Wette Geleistete kann nicht deshalb zurückgefordert werden, weil eine Verbindlichkeit nicht bestanden hat.

(2) Diese Vorschriften gelten auch für eine Vereinbarung, durch die der verlierende Teil zum Zwecke der Erfüllung einer Spiel- oder einer Wettschuld dem gewinnenden Teil gegenüber eine Verbindlichkeit eingeht, insbesondere für ein Schuldanerkenntnis.

A. Einführung: Dogmatik, Normzweck, Bedeutung, Internationales Privatrecht. Ansprüche aus Spiel und Wette sind nicht einklagbar. Sie können nur freiwillig erfüllt werden (Volksmund: „Ehrenschulden"). Gesetzgeberisches Motiv ist der **Schutz des Spielers vor existenzgefährdendem Spielverhalten** (Ddorf WM 87, 767, 768; Hamm NJW-RR 97, 1007, 1008). Die praktische Bedeutung des § 762 ist jedoch gering (*Bahr* Rn 534). Meist liegt entweder ohne Erlaubnis (dann: § 763), oder es liegt wegen fehlender Erlaubnis nichtiges, strafbares Spiel vor (vgl Rn 7 f). Der Anwendungsbereich von § 762 ist damit im Kern beschränkt auf öffentliches, nicht gewohnheitsmäßiges Glücksspiel oder Wette (Palandt/*Sprau* § 763 Rn 5; s aber auch zB Rn 12). 1

Nach der Rechtsprechung begründet die Spiel- oder Wettverbindlichkeit eine **unvollkommene Verbindlichkeit** bzw Naturalobligation (Hamm NJW-RR 97, 1007, 1008; iE auch BGH NJW 80, 390, 391 und KG NJW 80, 2314, 2315 zu nach § 764 aF noch als Spiel anzusehenden Differenzgeschäften). Nach anderer Ansicht stellt die Spiel- oder Wettschuld lediglich einen unwirksamen Vertrag (Erman/*Terlau*, § 762 Rn 1: arg Wortlaut; MüKo/*Habersack* § 762 Rn 3 mwN) oder einen Erwerbsgrund (Palandt/*Heinrichs* Einl § 241 2

Rn 12) dar. Praktisch ist die dogmatische Einordnung jedoch nicht erheblich (Staud/*Engel* Vor § 762 ff Rn 3): Nach I ist – wie bei der Heiratsvermittlung (§ 656 I 2) – die **Rückforderung des gleichwohl Geleisteten ausgeschlossen.**

3 II soll **Umgehungsgeschäfte** verhindern (BaRoth/*Janoschek* § 762 Rn 10; Staud/*Engel* § 762 Rn 28). Die Durchsetzung eines Schuldanerkenntnisses einer Spiel- oder Wettschuld ist unzulässig.

4 Die Unklagbarkeit einer Spiel- oder Wettvereinbarung ist grds **von Amts wegen** zu berücksichtigen (RGZ 129, 134, 142; so auch BGH NJW 81, 1897 zu § 764 aF; Palandt/*Sprau* § 762 Rn 5; MüKo/*Habersack* § 762 Rn 18). Ist der Spiel- oder Wettcharakter eines Rechtsgeschäfts indes nicht äußerlich erkennbar, muss der **Spieleinwand** erhoben und bewiesen werden (Staud/*Engel* § 762 Rn 14).

5 Nur in Ausnahmefällen können dem Spiel- oder Wetteinwand seinerseits die **Einwendungen aus § 242** oder **§ 826** entgegen gehalten werden. So im Grundsatz BGHZ 139, 1, 11; NJW 91, 2705, 2706; im Einzelfall zugelassener Einwand: RGZ 144, 242, 245 f (ggü dem Differenzeinwand des Rechtsanwalts einer Bank gegen deren Rückzahlungsanspruch aus Kredit, den er unter Ausnutzung seiner Vertrauensstellung zur Finanzierung von zunächst jahrelang gewinnträchtigen Spekulationsgeschäften verwendet hatte); Frankf WM 81, 499, 500 (bei eklatanter Verletzung einer Aufklärungspflicht); LG Hamburg WM 86, 1052 (widersprüchliches Verhalten eines fach- und rechtskundigen Spekulanten); aA für § 242 MüKo/*Habersack* § 762 Rn 18; BaRoth/*Janoschek* § 762 Rn 6).

6 Der Spieleinwand aus § 762 kann **nicht gegenüber einer Gewinnzusage** erhoben werden (§ 661 a; Kobl VersR 03, 377, 378).

7 § 762 gilt **nur bei wirksamem Spiel- oder Wettvertrag:** Ist er nach §§ 134, 138 **nichtig** (zB wegen Verstoßes gegen §§ 263, 284 ff StGB: Falschspiel, unerlaubtes Glücksspiel), richtet sich die Rückabwicklung nach den allgemeinen Regeln (insbesondere §§ 812 ff). Die Rückforderungssperre in I 2 für Leistungen aus nicht verbotenem Spiel ist unanwendbar (BGHZ 37, 363, 366 f). Der Rückabwicklung nach Bereicherungsrecht kann jedoch uU § 817 S 2 entgegenstehen (vgl BGHZ aaO 369; Celle NJW 96, 2660: bei leichtfertiger Teilnahme an einem **Schneeballsystem**; ähnlich LG Bonn NJW-RR 05, 490; aA LG Trier NJW-RR 90, 313, 314; LG Freiburg NJW-RR 05, 491, 492). Auch Ansprüche aus Delikt werden nur die Ausnahme sein (vgl Celle aaO 2661). Str ist, ob ein sittenwidriges Rechtsgeschäft im Hydra-, Pyramiden- oder Schneeballsystem überhaupt Spiel ist (so BGH NJW 97, 2314, 2315; Celle aaO 2660; Bambg NJW-RR 02, 1393, 1394) oder nicht (BGHSt 43, 270, 273; LG Bonn NJW-RR 05, 490 „Schenkkreis"); Warenabsatz auf diesem Weg verstößt jedenfalls gegen § 16 II UWG (vgl Baumbach/Hefermehl/*Bornkamm* § 16 Rn 31 ff; s auch BGHZ 15, 356, 360 ff).

8 Ein Spiel- oder Wettvertrag, der unter Inanspruchnahme von wertneutralen **Mehrwert-Telefondienstleistungen** (zB Anrufe zu T-VoteCall-Verbindungen – 0137-Sondernummern) abgeschlossen wird, kann wettbewerbsrechtlich gegen §§ 3, 4 Nr 5-6 UWG und wegen mangelnder Erlaubnis gegen § 284 StGB verstoßen (vgl Hecker/Ruttig GRUR 05, 393, 394 ff); er kann damit nach § 134 nichtig sein (implizit Ddorf, Urt v 23. 9. 03, I-20 U 39/03 „Bei Anruf Millionär"; anders LG Berlin CR 05, 36, 37 f unter Hinweis auf BGH NJW 02, 361, 362–363 und die Wertneutralität des Vertrages über die Erbringung von Telefondienstleistungen: Jedenfalls bei einem Verstoß gegen 284 StGB ist aber fraglich, ob die mit praktischen Erwägungen begründete Rechtsprechung des Bundesgerichtshofs zur Wertneutralität von Telefondienstleistungen bei Telefonsex übertragbar ist).

9 Das **anwendbare Recht** für einen Spiel- oder Wettvertrag – oder einen Nebenvertrag (Hamm NJW-RR 97, 1007 f: Auftrag) – ist nach Art 27 ff EGBGB zu bestimmen. Wenn – wie meist – keine Partei eine charakteristische Leistung erbringt, ist das Recht am **Ort der gemeinsamen charakteristischen Tätigkeit** der Durchführung bzw des Abschlusses das engste iSv Art 28 I 1 EGBGB (MüKo/*Martiny* Art 28 Rn 376).

10 Der Spieleinwand gehört zum deutschen **ordre public** und ist nach Art 6 EGBGB auch gegenüber nach ausländischem Recht getroffenen Spiel- und Wettvereinbarungen durchsetzbar (Hamm NJW-RR 97, 1007, 1008; so auch für nach § 764 aF noch als Spiel anzusehende Differenzgeschäfte BGH NJW 75, 1600, 1601; 79, 488, 489; krit Erman/*Terlau* § 762 Rn 13); der Spieleinwand ist aber wohl keine zwingende Bestimmung iSv Art 34 EGBGB (s aber Art 34 Rn 13; MüKo/*Martiny* Art 28 Rn 376; MüKo/*Sonnenberger* Einl IPR Rn 62). Er stellt eine gemeinschaftsrechtlich nach Art 49 EGV **zulässige Beschränkung der Dienstleistungsfreiheit** dar (EuGHE 78, 1971, 1980 „Köstler"; 94, I-1078, 1096 f „Schindler").

11 **B. Tatbestandsvoraussetzungen, Abgrenzungen.** Das Spiel hat die Erzielung von Gewinn zum Ziel: Die Vertragspartner sagen sich für den Fall des Spielgewinns eine Leistung zu. Für die Gewinnchance nimmt der Spieler ein Verlustrisiko in Kauf (vgl BaRoth/*Janoschek* § 762 Rn 3). Charakteristisch ist, dass dem Spielvertrag ein ernster sozialer oder wirtschaftlicher Zweck fehlt (vgl Staud/*Engel* Vorbem zu §§ 762 ff Rn 7).

12 Spiel iSv § 762 umfasst (i) das Geschicklichkeitsspiel, bei dem Gewinn und Verlust wesentlich oder gänzlich von den persönlichen Fähigkeiten (vgl Celle NJW 96, 2660, 2662), Kenntnissen oder der Geschicklichkeit der Teilnehmer abhängen sowie (ii) das Glücksspiel, bei dem Gewinn oder Verlust nicht wesentlich von den persönlichen Eigenschaften der Teilnehmer, sondern allein oder hauptsächlich vom Zufall abhängen (zB Sportwetten, vgl dabei jeweils zu § 284 StGB BGH NJW 02, 2175 f; Z 158, 343, 351 „Schöner Wetten"; BGHSt 2, 274, 276; JZ 03, 858, 859; ferner Janz NJW 03, 1694 ff). Unterart des Spiels ist der Lotterie- und Ausspielvertrag, § 763 (Palandt/*Sprau* § 762 Rn 2).

Kein Spiel sind Finanztermingeschäfte iSv § 2 II, IIa WpHG (vgl *Casper* WM 03, 161 ff), für die der Einwand 13
aus § 762 unzulässig ist (§ 37 e WpHG; anderes gilt für vor dem 1. 7. 02 abgeschlossene Verträge: §§ 53 ff
BörsG aF, § 764 aF). Liegen die Voraussetzen der Anwendung von § 37 e WpHG nicht vor, bleibt § 762
anwendbar (BTDrs 14/8017, 96; Schwark/*Zimmer* § 37 e WpHG Rn 3).

Die **Wette** ist ein Vertrag, dessen Parteien sich unter Erhebung widerstreitender Behauptungen gegenseitig 14
verpflichten, dass derjenige, dessen Behauptung sich als zutreffend erweist, eine bestimmte Leistung erhält
(RGZ 61, 153, 155 f). Auch die **einseitige Wette**, bei der beide Parteien aus Spiel- oder Wettmotiven handeln,
aber nur eine Vertragspartei einen Einsatz leistet, fällt als zweiseitiges Geschäft unter § 762 (vgl RGZ aaO,
156; Palandt/*Sprau* § 762 Rn 3 f). Die Regelungen in § 762 sind nur auf zweiseitige Geschäfte anwendbar
(Umkehrschluss zu § 764 S 2 aF).

Von Bedeutung ist die **Abgrenzung** zwischen Spiel und Wette, da allein Spielverträge nach § 763 staatlich 15
genehmigt werden können und §§ 284 ff StGB nur Glücksspiele betreffen (vgl Schönke/Schröder/*Eser/Heine*
§ 284 Rn 3).

Weder Spiel noch Wette sind andere gesetzlich vorgesehene Vertragstypen wie zB Versicherungsvertrag (Celle 16
VersR 95, 405, 406, vgl auch RGZ 129, 134, 142), Leibrente, Bürgschaft und Auslobung (vgl zB MüKo/*Habersack* § 762 Rn 9), die alle einen ernsthaften wirtschaftlichen oder sonstigen Zweck verfolgen (vgl Erman/*Terlau* § 762 Rn 5 c).

Ebenfalls nicht Spiel oder Wette sind Rechtsgeschäfte mit spekulativem oder gewagtem Charakter, aber ernst- 17
haftem wirtschaftlichen oder sonstigen Zweck (der im Einzelfall festzustellen ist): zB (i) Versteigerung im
Internet (BGHZ 149, 129, 139: Ungewissheit über die Stärke der Nachfrage im Angebotszeitraum); (ii) Prämienversprechungen für Leistungen im Sport (Staud/*Engel* Vor §§ 762 ff Rn 7; differenzierend MüKo/*Habersack* § 762 Rn 8: Spiel, wenn auch der Veranstalter in Spielabsicht handelt, vgl zB LG Marburg NJW 55, 346
„Preisschiessen"); (iii) Prämienversprechen im Zusammenhang von sportlichen Leistungen Dritter (zB Zinserhöhung für Sparkonto bei jedem Sieg eines Rennautos, vgl *Servatius* WM 04, 1804, 1805 ff), (iv) Vergnügungstombola und Verlosungen zu wohltätigen Zwecken (Palandt/*Sprau* § 762 Rn 4).

C. Rechtsfolgen (I). I. Keine Primär- und Sekundäransprüche, Sicherheitenbestellungen unwirksam. Der 18
Gewinner hat nach I 1 **keinen Erfüllungsanspruch** gegen den Verlierer. Ebenso stehen ihm **keine Sekundäransprüche** (Schadensersatz statt der Leistung, Verzug) zu (Staud/*Engel* § 762 Rn 8): Der Gewinner kann mit
seinem nicht einklagbaren Anspruch aus Spiel oder Wette gegenüber einem anderen Anspruch des Verlierers
nicht einseitig aufrechnen (BGH NJW 81, 1897; Staud/*Engel* § 762 Rn 9). Der Verlierer hingegen kann gegenüber dem Anspruch des Gewinners aufrechnen.

Auf den **Rückzahlungsanspruch** eines zur Ermöglichung des Spiels aufgenommen **Darlehens** ist I 1 analog 19
anzuwenden, wenn (i) das Darlehen wirksam ist (s Celle NJW-RR 1987, 1190 zur Nichtigkeit eines in Verbindung mit einer Pokerrunde aufgenommenen Darlehens; s auch RGZ 70, 1, 2 f; BGH WM 61, 530; NJW
92, 316; ausführlich Staud/*Engel* § 762 Rn 42 f; Erman/*Terlau* § 762 Rn 11) und (ii) der Spieler den aufgenommenen Betrag einsetzt und verliert: Auch die Darlehensaufnahme dient der Spiellust; der Rückzahlungsanspruch ist nicht einklagbar (obiter dictum BGH NJW 95, 1152, 1153; ausdrücklich: Celle NdsRpfl 61, 172 f
zum „Spielen auf Borg"; AG Rendsburg NJW 90, 916; LG Mönchengladbach WM 94, 1374, 1376 f; ähnl
Ddorf MDR 84, 757: § 762 II analog; aA: BGH WM 61, 530); ist die Darlehensaufnahme ein mit dem Spieloder Wettvertrag nach § 358 verbundener Verbrauchervertrag (Bsp: nicht öffentliche Lotterie oder Ausspielung), kann der Einwand aus I dem Rückzahlungsanspruch des Darlehens bereits unter den Voraussetzungen
des § 359 entgegengehalten werden (MüKo/*Habersack* § 762 Rn 37). Spielt er hingegen nicht mit oder
gewinnt er, ist das Darlehen zurückzuzahlen (BGH NJW 95, 1152, 1153: arg mit dem Schutzzweck von § 762
in einer Begründung zu § 817 S 2). S ferner Rn 29 und § 763 Rn 12 für andere Darlehenskonstellationen im
Zusammenhang mit Spiel und Wette.

Mangels Erfüllungsanspruchs aus Spiel und Wette sind auch hierauf bezogene **Sicherungsabreden unwirk-** 20
sam: So (i) das Pfandrecht (RGZ 47, 48, 52); (ii) die Bürgschaft (RGZ 52, 39, 40 u 362, 364; 140, 132, 136;
KG WM 89, 669, 673).

(iii) Eine zu diesem Zweck bestellte Hypothek entsteht nach §§ 1163 I, 1177 I als Eigentümergrundschuld 21
(MüKo/*Habersack* § 762 Rn 18; Staud/*Engel* § 762 Rn 11, arg RGZ 68, 97, 103 f). (iv) Einer **Sicherungsgrundschuld** kann der Spieleinwand über § 812 I 1 entgegengesetzt werden (BaRoth/*Janoschek* § 762 Rn 7). (v) Eine
Sicherungsabtretung oder Sicherungsübereignung muss zurückgewährt werden (MüKo/*Habersack* § 762
Rn 18). (vi) Gleiches gilt für eine Garantie (BGH NJW 84, 2037, 2038 zu § 55 BörsG aF). (vii) Das Versprechen einer **Vertragsstrafe** für den Fall der Nichterfüllung der Spiel- oder Wettschuld ist unwirksam (MüKo/
Habersack § 762 Rn 18).

Bei Übernahme einer Wettschuld kann auch der Übernehmer den Spieleinwand erheben (§ 417 I 1), sofern 22
er nicht von Amts wegen berücksichtigt wird (s Rn 4), RGZ 52, 39, 40. Der Gewinner kann ggü einem
Anspruch des Verlierers auf Herausgabe einer Sicherheit **kein Zurückbehaltungsrecht** geltend machen (RG
JW 1897, 311 Nr 28).

23 **II. Nebenpflichten.** Kein Spieler bzw Wettender (oder Veranstalter) ist verpflichtet, seinen Vertragspartner auf die **Unverbindlichkeit** des Vertrages und die Regelung in I 2 hinzuweisen (aus Sicht des Gewinners: MüKo/*Habersack* § 762 Rn 19 sowie – jeweils zu § 55 BörsG aF – RGZ 147, 149, 153; Hamm WM 96, 2274, 2277). Dies gilt grds sogar, wenn er den Ausgang einer Wette kennt (sog „Spätwette" BGHSt 16, 120, 121 f; MüKo/*Habersack* § 762 Rn 20; aA Erman/*Terlau* § 762 Rn 12 mwN) oder um seine besonderen Fähigkeiten bei einem Geschicklichkeitsspiel weiß (MüKo/*Habersack* aaO).

24 Im **Einzelfall** können sich aus dem Vertrag oder seiner Gestaltung **Aufklärungspflichten** ergeben, § 241 II: (i) über Sonderwissen beim Glücksspiel (MüKo/*Habersack* § 762 Rn 20: Sonderwissen über den Ausgang des Spiels bei einem nach den Spielregeln vom Zufall abhängigem Spiel); (ii) über besondere Gefahren für die Spieler (arg BGHZ 25, 124, 126 f zum Verschulden eines Ehemäklers; 80, 80, 86 – zu § 55 BörsG aF – zur Informationspflicht über überhöhte Provision eines Anlagevermittlers: entspr kann ein Spielveranstalter im Einzelfall zur Information über besondere Risiken des Spiels verpflichtet sein). Die schuldhafte Verletzung einer Aufklärungspflicht begründet einen Schadenersatzanspruch, § 282 (vgl auch die Rspr zu dem früher nach § 764 aF als Spiel eingeordneten Differenzgeschäften, zB BGHZ 80, 80, 85).

25 **III. (Keine) Rückforderung von bereits Geleistetem.** Wer nach Spielende in Unkenntnis über die Unverbindlichkeit **zur Erfüllung** einer Spiel- oder Wettschuld leistet, kann das Geleistete nach § 762 I 2 nicht zurückfordern, RGZ 147, 149, 153 (zu § 55 BörsG aF); anders als bei §§ 812, 814 kommt es auf das Wissen um die Unverbindlichkeit nicht an (vgl Staud/*Engel* § 762 Rn 17). Der Rückforderungsausschluss gilt auch für Leistungen durch **Erfüllungssurrogate** – zB die Aufrechnung iSv § 387 ff, die Hingabe an Erfüllungs Statt (§ 364 I), oder die Leistung eines Dritten (zB Zahlung durch Lebenspartner, § 267), s Staud/*Engel* § 762 Rn 18 ff.

26 **Vorauszahlungen** können vor Spielende unter den Voraussetzungen von §§ 812 ff zurückgefordert werden (MüKo/*Habersack* § 762 Rn 23). Ab Spielende schützt I 2 den Zahlungsempfänger, sofern die Vorleistung als Leistung iSv § 362 und nicht – wie meist – als Sicherheit zu qualifizieren ist (BGHZ 86, 115, 119 f zu § 55 BörsG aF; eine Vermutung streitet dafür, dass ein Spieler vor Spielende allenfalls Sicherheit leisten will: Ddorf WM 82, 751, 753 f).

27 Das aufgrund eines (zB nach §§ 134, 138, 142) nichtigen Spiel- oder Wettvertrages Geleistete kann hingegen nach §§ 812 ff zurückgefordert werden (s.o. Rn 7).

28 **D. Erweiterung des Anwendungsbereichs von I durch II. I. Rechtsgeschäfte zum Zwecke der Erfüllung.** § 762 II erweitert den Anwendungsbereich des I auf „zum Zwecke der Erfüllung" einer Spiel- oder Wettschuld abgeschlossene Vereinbarungen: Auch sie begründen allenfalls unvollkommene Verbindlichkeiten, können aber Rechtsgrund für eine deshalb nicht rückforderbare Leistung sein (s.o. Rn 2).

29 Die Regelung in II nennt explizit das **Schuldanerkenntnis** (§ 781). Sie gilt darüber hinaus für: (i) das **Schuldversprechen** (§ 780, s zB Staud/*Engel* § 762 Rn 29; Erman/*Terlau* § 762 Rn 8), (ii) den **in Umwandlung einer Spiel- oder Wettschuld abgeschlossenen Darlehensvertrag** (Ddorf MDR 84, 757; so implizit zB auch BGHZ 92, 317, 325 zu § 55 BörsG aF. Dieser Fall ist zu unterscheiden von dem nach Spielende bei einem nicht am Spiel beteiligten Dritten zur Begleichung der Spiel- oder Wettschuld begründeten Darlehen, das wirksam aufgenommen werden kann: MüKo/*Habersack* § 762 Rn 37);

30 (iii) erfüllungshalber – auch von einem Dritten (BGH NJW 81, 1898, 1899) – für eine Spiel- oder Wettschuld begebene **Schecks** (BGH aaO, Ausn: Euroschecks unterhalb der Garantiesumme: BGHZ 131, 136, 140) oder **Wechsel** (RGZ 52, 39 f), sofern nicht etwaige Nichtigkeit des Grundgeschäfts (s.o. Rn 7 f) auch zur Nichtigkeit des Scheck- oder Wechselvertrages führt (arg BGH NJW 92, 316 f: für einen Fall, in dem in Folge dessen auch der anschließende Begebungsvertrag zwischen einem Spielcasino und dessen Hausbank als unwirksam gewertet wurde). **Bis zur Einlösung** des (wirksam begebenen) Schecks oder Wechsels kann der Spieler oder Wettende den Einwand der Unvollkommenheit der Verbindlichkeit aus § 762 II erheben (vgl BGH NJW 81, 1898, 1899) und das Wertpapier nach § 812 zurückfordern (oder, nach dessen Indossierung an einen gutgläubigen Erwerber, Befreiung von der Verbindlichkeit aus dem Wertpapier verlangen, RGZ 77, 277, 279 f; vgl ergänzend BaRoth/*Janoschek* § 762 Rn 10);

31 (iv) für einen **Vergleich**, der die Höhe einer Spiel- oder Wettschuld festlegt (RGZ 144, 242, 243). Ausnahmsweise gilt § 762 II jedoch nicht, wenn der Vergleich eine ernsthafte Ungewissheit darüber beilegt, ob der Spieleinwand besteht (RGZ 49, 192, 193-195; MüKo/*Habersack* § 762 Rn 28).

32 Eine bei Begründung einer neuen Verbindlichkeit iSv 762 II übergebene **Schuldurkunde** kann der Schuldner zurückverlangen, solange die (neue) Verbindlichkeit nicht erfüllt ist (Staud/*Engel* § 762 Rn 29; BaRoth/*Janoschek* § 762 Rn 10).

33 **II. Hilf- und Nebengeschäfte.** Zur Erreichung des gesetzgeberischen Schutzzwecks von § 762 (Rn 1) ist II entspr anwendbar auf Hilfs- und Nebengeschäfte, die in engem Zusammenhang mit Spiel- und Wettverträgen stehen (BGH NJW 74, 1821, vgl ausführlich Staud/*Engel* § 762 Rn 34 ff): Auch sie sind unvollkommen, können aber – sofern sie nicht selbst nichtig sind – Rechtsgrund für eine Leistung sein (s.o. Rn 2, 28).

34 Solche Hilfsgeschäfte können umfassen: (i) einen **Dienstvertrag,** (ii) einen **Auftrag** oder **Geschäftsbesorgungsvertrag** (BGH WM 85, 563, 564; Hamm NJW-RR 97, 1007 f). Für die Rechtsfolge ist zu unterscheiden

(ausführlich Staud/*Engel* § 762 Rn 36 ff; MüKo/*Habersack* § 762 Rn 33 f), so zB für einen Auftrag, Geld bei einer privaten Sportwette einzusetzen: (aa) Bis zu seiner Ausführung ist der Auftrag unverbindlich. Der Auftraggeber kann etwaige Vorleistungen (Vorauszahlungen) zurückfordern (vgl Rn 26) und hat keinen Anspruch auf Ausführung oder Schadensersatz wegen Nichterfüllung (RGZ 40, 256, 259 für einen nicht erfüllten Auftrag, eine Wette für den Auftraggeber einzugehen: „Gibt es keine Klage daraus, daß gespielt ist, so kann es keine Klage daraus geben, daß nicht gespielt ist"; Hamm NJW-RR 97, 1007, 1008: in Wien nicht platzierte Fußballwette).

(bb) Nach Ausführung des Auftrags hat der Auftraggeber bei Verlust etwaige Vorleistungen an den Auftragnehmer verloren (Dresden OLGE 12, 276; MüKo/*Habersack* § 762 Rn 33). Hat der Auftraggeber keine Vorleistung erbracht, schützt ihn II vor Gegenansprüchen des Auftragnehmers, zB Aufwendungsersatzansprüchen (RGZ 51, 156, 159; BGH WM 85, 563, 564 zu §§ 50 ff BörsG aF). Gewinn kann der Auftraggeber, der Vorleistungen erbracht hat, abzüglich der Aufwendungen (§ 670) herausverlangen, § 667; der Auftragnehmer hat Anspruch auf eine etwa vereinbarte Vergütung (Frankf WM 79, 1251, 1252). Hat der Auftraggeber hingegen keine Vorausleistungen erbracht, ist str, wem der Gewinn zusteht (dem Auftraggeber, so zB Frankfurt aaO; arg RGZ 40, 256, 258; 51, 156, 159; zweifelnd BGH NJW 80, 1957, 1958; dem Auftragnehmer, da er das Risiko getragen hat: Staud/*Engel* § 762 Rn 36 arg § 242; MüKo/*Habersack* § 762 Rn 33; Erman/*Terlau* § 762 Rn 10). Ferner stehen dem Auftraggeber bei Schlechterfüllung des Auftrags Schadensersatzansprüche zu (BGHZ 80, 80, 86; WM 87, 581, 582, jeweils zu § 53 BörsG aF). 35

Ein Hilfsgeschäft kann ferner sein: (iii) ein Gesellschaftsvertrag: Bei einer zur Errichtung einer Spielgemeinschaft gegründeten Gesellschaft besteht keine Verpflichtung zur Einzahlung oder Erstattung von Einlagen oder zur Auszahlung von Gewinnen (Hamm NJW-RR 88, 870, 871: Mehrere Kapitalgeber finanzieren das Spiel eines Mitgesellschafters; BaRoth/*Janoschek* § 762 Rn 13). Die Errichtung einer BGB-Gesellschaft zur Beteiligung an einem ausländischen Spielclub ist hingegen als außerhalb des Schutzzwecks von § 762 angesehen worden: so Düsseldorf WM 87, 767 f.; 36

(iv) ein Schiedsvertrag, in dem die Anwendung von § 762 abbedungen wird (vgl BGH WM 87, 1153, 1154; Palandt/*Sprau* § 762 Rn 8; ausführlich MüKo/*Habersack* § 762 Rn 39 mwN). 37

§ 763 Lotterie- und Ausspielvertrag

Ein Lotterievertrag oder ein Ausspielvertrag ist verbindlich, wenn die Lotterie oder die Ausspielung staatlich genehmigt ist. Anderenfalls findet die Vorschrift des § 762 Anwendung.

A. Normzweck, Anwendungsbereich, Bedeutung, Internationales Privatrecht. Die Bestimmung des § 763 schafft eine **Ausnahme zu** § 762: Staatlich genehmigte private – oder staatlich veranstaltete (MüKo/*Habersack* § 763 Rn 8) – Lotterien und Ausspielungen sind verbindlich. Ist keine Genehmigung erforderlich, gilt § 762 (§ 763 S 2), sofern der Vertrag nicht wegen Gesetzesverstoßes nichtig ist (s § 762 Rn 7 f). 1

Das Genehmigungserfordernis soll eine staatliche **Kontrolle des Spielwesens** gewährleisten und den Spielbetrieb in geordnete Bahnen lenken (BGH NJW 99, 54, 55). Über seinen Wortlaut hinaus ist § 763 entspr anwendbar auf **alle sonstigen Arten staatlich genehmigter Spiel- und Wettverträge** (BGH aaO). Die Unterscheidung von Lotterie- und Ausspielvertrag ist damit praktisch von geringer Bedeutung. Entscheidendes Kriterium für die Verbindlichkeit aller Spielverträge ist das Vorliegen einer staatlichen Genehmigung (Erman/*Terlau* § 763 Rn 2). 2

Bsp staatlicher bzw staatlich genehmigter Spielveranstaltungen sind (s näher MüKo/*Habersack* § 763 Rn 8 ff; Staud/*Engel* § 763 Rn 19 ff; *Bahr* Rn 16 ff): (i) Staatliche Klassenlotterien; (ii) sonstige Lotterien („Lotto", „GlücksSpirale", „Spiel 77"); (iii) Toto (zB „Oddset"); (iv) Spiele in Spielbanken (LG Baden-Baden WM 98, 1685, 1687) oder an Spielautomaten. 3

Das anwendbare Recht für einen Vertrag iSv § 763 ist nach Art 27 ff EGBGB zu bestimmen (MüKo/*Martiny* Art 28 Rn 384). Die staatliche Genehmigung muss nach dem zuständigen Landesrecht erteilt werden (s Rn 13 f; vgl BGH NJW 02, 2175, 2176). Es gilt bei objektiver Anknüpfung das Recht am Niederlassungsort des Unternehmers (vgl für den Auszahlungsanspruch: BGH NJW, 647). Für Spiele in ausländischen Lotterien gilt im Zweifel das Recht des jeweiligen ausländischen Veranstalters (arg RGZ 58, 277, 280 f). 4

B. Lotterie- und Ausspielvertrag. Für Lotterie wie Ausspielung ist charakteristisch, dass der Veranstalter Verträge mit einer Mehrheit von Spielern abschließt, in denen er verspricht, gegen Einsatz (meistens Geld) nach Maßgabe eines Spielplans an die spielplangemäß ermittelten Gewinner zu leisten, wobei dem Zufall bei der Ermittlung des oder der Gewinner(s) eine wesentliche Rolle zukommt (RGZ 77, 341, 344; 115, 319, 326; vgl Celle NdsRpfl 60, 270, 271). Zwischen den Spielern untereinander entstehen keine Vertragsverhältnisse (Celle aaO). 5

Die Ausspielung unterscheidet sich von der Lotterie allein dadurch, dass statt Geld Sachwerte zu gewinnen sind (RGZ 60, 379, 381 u 386; BGHSt 9, 39, 40). Erheblich ist die Abgrenzung nicht (s.o. Rn 2 aE). 6

7 Die Spieler können ihren Einsatz entweder offen (zB Loskauf) oder verdeckt (zB Eintrittsgeld, Vereinbeitrag, Warenkaufpreis) entrichten. Die Annahme des Kaufangebots über ein Lotterielos ist idR nicht mehr möglich, wenn das Los bereits vor der Annahme des Vertrags (zB durch Geldzahlung im Wege per Nachnahme) gezogen ist (RGZ 50, 191, 193; 59, 296, 298, 300).

8 Der zwischen Veranstalter und Spieler abgeschlossene Vertrag ist trotz der öffentlich-rechtlichen Genehmigung ein **Vertrag zivilrechtlicher Natur** (BGHZ 131, 136, 138; BayVerfGH BB 64, 326). Der Veranstalter unterliegt keinem Kontrahierungszwang (BGHZ 131, 136, 138; ZIP 94, 1274, 1275 f; aA für Staatslotterien Staud/*Engel* § 763 Rn 29).

9 Teilnahmebedingungen und Spielpläne der Veranstalter von Spielverträgen sind bei Vorliegen der Voraussetzungen der §§ 305 ff als **AGB** einzustufen (MüKo/*Habersack* § 762 Rn 16). Sondernormen enthalten § 309 Nr 7 aE (Hs 3) (besondere Schutznorm für den Spieler vor einer etwaigen Minderung der Gewinnsumme durch Schadensersatzverpflichtungen des Spielveranstalters; BTDrs 14/7052, 188 f) und § 312d IV Nr 4 (kein Widerrufsrecht bei Fernabsatzvertrag über Wett- und Lotteriedienstleistungen).

10 Pflichten: Der Teilnehmer muss den Einsatz leisten, der Veranstalter das Spiel durchführen, den Gewinn rechtzeitig ermitteln und an den Gewinner verteilen. Die auf nicht abgesetzte Lose fallenden Gewinne kann er für sich verbuchen (vgl Palandt/*Sprau* § 763 Rn 2).

11 Die Vereinbarung einer **Spielsperre** nimmt späteren Willenserklärungen vorab die rechtliche Verbindlichkeit; der Spieler hat keinen Anspruch auf Auszahlung eines Gewinns (KG NJW-RR 03, 1359; Hamm NJW-RR 02, 1634). Ob die Spielsperre auch einen Schutz vor Verlusten bei trotz Spielsperre durchgeführten Spielen nach sich zieht, ist streitig und von den Umständen des Einzelfalls – Auslegung nach §§ 133, 157 – abhängig: Gegen Verlustschutz BGHZ XI. ZS 131, 136, 139 (in einem Fall, in dem der Spieler Gewinne eingeklagt und Schadensersatz für Verluste geltend gemacht hatte); dafür BGH NJW 06, 362, 363 (Abhebung per Telecash), III ZR 65/05; Hamm NJW-RR 03, 971, 973. Keine vertraglichen Pflichten begründet die positiv beantwortete Bitte der Eltern eines volljährigen spielsüchtigen Sohns um Einrichtung einer Spielsperre: Hamm MDR 02, 268.

12 Die Verbindlichkeit des Vertrages nach § 763 gilt auch für **Nebenverträge** wie zB den Auftrag (zB einen Lottoschein abzugeben: BGH NJW 74, 1705, 1706). Zu staatlich genehmigtem Spiel gewährte **Darlehen** sind grds einklagbar (BGH NJW 74, 1821; Hamm NJW-RR 88, 870, 871). Sie können aber aufgrund der konkreten Umstände nichtig sein, insbes wenn der Veranstalter oder ein Mitspieler das Darlehen gewährt haben (vgl BGH WM 61, 530; NJW 92, 316; Hamm NJW-RR 88, 870, 871 f).

13 **C. Staatliche Genehmigung.** Die zur Erzielung der Verbindlichkeit erforderliche Genehmigung erteilt die nach Landesrecht hierfür zuständige Landesbehörde (vgl zB § 1 I Rennwett- und LotterieG vom 8. 4. 1922, RGBl I 1922, 335, 393; BayVGH BayVBl 05, 241, 245). Die Genehmigung gilt grds allein auf dem Gebiet des genehmigenden Bundeslandes, die Anerkennung durch andere Länder kann aber erreicht werden (vgl *Horn* NJW 04, 2047, 2049).

14 Die Genehmigung eines anderen **Mitgliedstaates der EU** reicht nicht aus. Jeder Mitgliedstaat kann aus Gründen der öffentlichen Ordnung (Art 55, 46 EG-Vertrag) und des Allgemeinwohlinteresses eigene Beschränkungen der Dienstleistungsfreiheit zum Schutz der Spieler und der Sozialordnung erlassen (EuGH C 243/01 Gambelli; BGH NJW 02, 2175, 2176 u Z 158, 343, 351 „Schöner Wetten": jeweils zu einem nach § 1 UWG aF iVm § 284 StGB unlauteren Vertrag). Daher bedürfen über das **Internet** veranstaltete ausländische Glückspiele und Wetten (eingehend *Bahr* Rn 712 ff) sowie deren Bewerbung einer Erlaubnis auch in Deutschland, zumindest wenn sie für den deutschen Markt konzipiert sind (BGHZ aaO; Hburg NJW-RR 03, 760 f).

§ 764

– weggefallen –

Titel 20   Bürgschaft

Vorbemerkungen vor § 765 ff   Grundlagen, Abgrenzungen, Internationales

A. Einführung

I. Wesen und Bedeutung der Bürgschaft. Die Bürgschaft ist ein **Vertrag** zwischen dem Bürgen und dem Gläubiger eines Dritten, in dem sich der Bürge **einseitig** gegenüber dem Gläubiger verpflichtet, für die Verbindlichkeit des Dritten (des Hauptschuldners) einzustehen (Schuldhelfer). Aufgrund des Vertrages tritt der Bürge für eine fremde Schuld ein (Interzedent). Die Bürgschaft dient der **Sicherung des Gläubigers**. Dieser Grundgedanke prägt die Anwendung des Bürgschaftsrechts; im Detail geht es um die Herbeiführung eines ausbalancierten Systems zur Berücksichtigung der Interessen aller Beteiligten. Dabei belässt das Gesetz den Parteien viel Raum für eine vom Gesetz abweichende Vertragsgestaltung: Uneingeschränkt kommt das Gesetz nur selten zur Anwendung (Bsp: Ein Vertrag wird ohne große Umstände „als Bürge" mit unterschrieben, s § 766 Rn 14). Wirtschaftlich stellt die Bürgschaft das wichtigste „persönliche" Kreditsicherungsgeschäft dar. 1

Darüber hinaus gibt es noch andere – im Gegensatz zur Bürgschaft gesetzlich bisher nicht geregelte – Fälle des Eintretens für die Schuld eines anderen. Große praktische Bedeutung haben insbes die selbständige Garantie, der Schuldbeitritt und die Patronatserklärung (s Rn 56 ff). 2

Das Bürgschaftsrecht in §§ 765–777 wird durch weitere Regelungen ergänzt: zB §§ 239, 566a. An zahlreichen Stellen hat der Gesetzgeber auf das Recht der Bürgschaft verwiesen: zB §§ 232 II, 239 II, 566 II 1, 1251 II 2; § 36 II 2 VerlG (zur Insolvenz des Verlegers); § 349 HGB; § 28e II 1 SGB IV (bürgengleiche Haftung des Entleihers von Arbeitnehmern für Sozialversicherungsbeiträge, dazu BGH NJW 05, 884, 886); s § 771 Rn 3. Überdies enthalten die §§ 1137 I 1, 1143 I 2, 1211 I 1 und § 1225 S 2 Verweise auf einzelne Vorschriften des Bürgschaftsrechts. 3

Die Bürgschaft ist durch folgende **Grundprinzipien** gekennzeichnet: 4

1. Selbstständige Verpflichtung. Durch den Bürgschaftsvertrag übernimmt der Bürge eine eigene Verpflichtung (BGHZ 147, 99, 101 mwN). Er verspricht weder die Erfüllung der Hauptschuld noch die Erfüllung durch den Hauptschuldner. Vielmehr steht er für die Hauptverbindlichkeit ein: Er verschafft dem Gläubiger möglichst das Gleiche wie die Erfüllung der Hauptschuld. Damit schuldet der Bürge und haftet nicht bloß (*Weber* S 77). Die Bürgenschuld ist selbstständig einklagbar und wird durch das Urteil über die Hauptforderung nicht präjudiziert (RGZ 56, 109, 110). Wenn der Bürge an den Gläubiger zahlt, so erfüllt er seine eigene Verbindlichkeit gegenüber dem Gläubiger, nicht diejenige des Hauptschuldners (Erman/*Herrmann* Vor § 765 Rn 2). Gleichwohl muss der Hauptschuldner nicht mehr an den Gläubiger leisten, dem aufgrund des Forderungsübergangs nach § 774 I 1 kein Anspruch gegen den Hauptschuldner mehr zusteht. Bürge und Hauptschuldner sind – anders als zB im englischen Recht (s Rn 75) – nicht Gesamtschuldner, auch nicht im Falle der selbstschuldnerischen Bürgschaft (BGH WM 68, 918) oder bei der Bürgschaft auf erstes Anfordern (Ausnahme: § 43 InsO, s Rn 53). 5

2. Abstrakte Verpflichtung. Der Grund, warum sich der Bürge gegenüber dem Gläubiger verpflichtet, liegt meist in seinem Verhältnis zum Hauptschuldner. Dieses so genannte „Deckungsverhältnis" hat aber keinen Einfluss auf den Bürgschaftsvertrag (RGZ 59, 11). Der Bürgschaftsvertrag ist somit abstrakt. Er trägt als gesetzlich geregelte Sicherungsform seinen Rechtsgrund im Sinne von § 812 I in sich selbst und ist unabhängig vom Bestand der Hauptschuld gültig (BGHZ 147, 99 101). 6

3. Haftung mit dem gesamten Vermögen. Der Bürgschaftsvertrag begründet wie alle Formen der persönlichen Kreditsicherung die Haftung mit dem „gesamten" Vermögen. Sie ist im Unterschied zu dinglichen Formen der Kreditsicherung nicht auf einzelne Vermögensgegenstände beschränkt. Im Gegensatz zu historischen Formen der Bürgschaft betrifft die Haftung nicht die Freiheit: in Rom drohte Sklaverei, im Mittelalter der Schuldturm. Durch die prozessualen Schutzschranken des Zwangsvollstreckungsrechts in §§ 811 ff, 851 ff ZPO wird die Haftung mit dem gesamten Vermögen eingeschränkt. Bürgen, die natürliche Personen sind, ermöglicht das Insolvenzrecht unter den Voraussetzungen von §§ 286 ff InsO auch die materiellrechtlich wirkende Befreiung von der Bürgschaftsschuld (§§ 286, 301 I 2 InsO). Die gleichwohl nach wie vor sehr weit reichende persönliche Haftung führt zu einem strengen Beurteilungsmaßstab bei der Frage, ob ein Bürgschaftsvertrag die Grenzen der guten Sitten durchbricht (vgl § 765 Rn 21 ff zur Sittenwidrigkeit). 7

4. Möglich für jede schuldrechtliche Verbindlichkeit. Die gesicherte Hauptschuld kann jede schuldrechtliche Verbindlichkeit sein (Mot II 659, vgl zB BGH NJW 69, 1480, 1481: Bürgschaft für einen Freistellungsanspruch; BGH WM 04, 1648, 1649 f: private Bürgschaft für öffentlich-rechtliche Zollschuld). Dingliche Rechte (zB aus §§ 1113, 1147) können durch eine Bürgschaft hingegen nicht gesichert werden (RGZ 93, 234, 236). Es ist aber möglich, sich für das geldwerte Interesse des dinglichen Anspruchs zu verbürgen (Staud/*Horn* Vorbem zu §§ 765 Rn 15). 8

5. Schriftformerfordernis. Das Bürgschaftsversprechen des Bürgen, nicht aber die Annahme durch den Gläubiger, muss nach §§ 766 S 1, 126 I schriftlich erfolgen. Das Schriftformerfordernis bezweckt, den Bürgen vor den Gefahren der Bürgschaft zu warnen und ihn vor der Abgabe unüberlegter Erklärungen zu schützen (Mugdan II 1295; § 766 Rn 1). Um diesen Zweck erreichen zu können, müssen aus der Urkunde die wesentlichen Teile der Bürgschaftsverpflichtung erkennbar sein: der Verbürgungswille, die zu sichernde Hauptforderung sowie die Personen von Gläubiger und Hauptschuldner (s § 766 Rn 11 ff). 9

10 **6. Akzessorietät.** Die Bürgschaft setzt eine bestehende oder künftige Verbindlichkeit voraus und ist damit akzessorisch (Mot II 659; s zB BGHZ 147, 99, 104; 153, 311, 316 aE). Die Hauptschuld und die Bürgschaft als akzessorisches Nebenrecht (lat accessio = das was hinzukommt) sind dergestalt miteinander verknüpft, dass das Schicksal der Hauptschuld unmittelbar auf das Nebenrecht einwirkt (*Medicus* Jus 71, 497): Das Nebenrecht ist in seiner Entstehung, seinem Inhalt, seinem Fortbestand und seiner Durchsetzbarkeit vom Hauptrecht abhängig (*Habersack* JZ 97, 857; *Medicus* Schuldrecht II Rn 521-526). Einzelheiten regeln §§ 767, 768, 770, aus denen sich aber auch **Einschränkungen** des Akzessorietätsprinzips ergeben (zB § 768 I 2; für weitere Einschränkungen: s Rn 22 ff zur Gesellschafterbürgschaft in der Krise). Der Akzessorietätsgrundsatz findet seine Grenzen im Sicherungszweck der Bürgschaft. Bei Untergang des Hauptschuldners wegen Vermögenslosigkeit besteht daher die Bürgschaftsforderung fort (§ 767 Rn 10; s auch Rn 54 zur Gesamtschuld bei „Doppelinsolvenz").

11 Das Gesetz geht von der Identität zwischen dem Gläubiger der Hauptschuld und dem Bürgschaftsgläubiger aus (arg § 774 I 1, BGHZ 115, 177, 183). Die **Abtretung** der Hauptforderung führt nach § 401 (s auch § 765 Rn 93 zu § 566a) zum Erwerb der Bürgschaftsforderung (sofern § 401 nicht abbedungen ist: BGHZ 151, 236, 239 f). In entspr Anwendung des Rechtsgedankens von § 1250 II erlischt die Bürgschaft, wenn der Gläubiger die **Hauptforderung** ohne die Bürgschaftsforderung abtritt (BGHZ 115, 177, 183 f mit Hinweis auf AGB-rechtliche Grenzen bei der Ausnutzung dieser Rechtsfolge, 184 f). Eine Abtretung der **Bürgschaft** ohne die Hauptforderung ist unwirksam (BGHZ, aaO 183). Die isolierte Pfändung der Bürgschaftsforderung ist deshalb nach § 851 ZPO unzulässig.

12 **7. Subsidiarität (§§ 771 ff).** Die Bürgenschuld ist subsidiär gegenüber der Hauptschuld (Mot II 667 ff). Ausprägungen dieses Grundsatzes sind die Einreden der Aufrechenbarkeit (§ 770 II) und Vorausvollstreckung (§§ 771–773), BGHZ 95, 350, 361. Nach dem gesetzlichen Leitbild soll der Bürge erst nach dem Hauptschuldner haften (BGH WM 66, 317, 319). In abgeschwächter Form gilt das Prinzip der Subsidiarität der Bürgenschuld in den Fällen der selbstschuldnerischen Bürgschaft nach § 773 I Nr 1, der Bürgschaft auf erstes Anfordern (s § 765 Rn 75 ff) sowie unter Kaufleuten (Ausschluss der Einrede der Vorausklage, § 349 HGB).

13 **8. Rechtsfolge: Cessio legis.** Befriedigt der Bürge den Gläubiger, so geht die Forderung des Gläubigers gegen den Hauptschuldner nach § 774 I 1 auf den Bürgen über. Dieser gesetzliche Forderungsübergang erleichtert den Rückgriff des Bürgen gegen den Schuldner erheblich. Neben dem – zumeist bestehenden – Aufwendungsersatzanspruch aus § 670 hat der Anspruch aus übergegangenem Recht insbes den Vorteil, dass in Anwendung von §§ 412, 401 sonstige akzessorische Sicherungsrechte, die die Forderung des Gläubigers gegen den Hauptschuldner sichern, auf den Bürgen übergehen. Aus diesen Sicherungsrechten kann sich der Bürge befriedigen, wenn – wie häufig – beim Hauptschuldner ein Rückgriff nicht mehr möglich ist.

14 **II. Die Bürgschaft im Wirtschafts- und Bankenverkehr. 1. Überblick.** Die Bürgschaft ist eine im Wirtschafts- und Bankenverkehr weit verbreitete Form der Personalsicherheit. Nach den statistischen Angaben der Bundesbank betrugen die Verbindlichkeiten aus Bürgschaften und Gewährleistungsverträgen per 31.12.04 ca 320 Mrd €. Im Vergleich zu den dinglichen Sicherheiten (zB Grundschuld, Verpfändung, Sicherungsübereignung, Sicherungszession) hat die Bürgschaft aus der Sicht des Gläubigers den **Vorteil**, dass das gesamte Vermögen des Bürgen haftet und der Gläubiger nicht nur auf ein bestimmtes Sicherungsobjekt zugreifen kann. Dem gegenüber hat die Bürgschaft den **Nachteil**, dass deren Wert maßgeblich von der unter Umständen schwer einzuschätzenden Gesamtvermögenssituation des Bürgen abhängt. Daher wird in der Praxis häufig die Bürgschaft mit dinglichen Sicherheiten (insbes Grundpfandrechten) unterlegt.

15 Die Praxis hat unter Nutzung der Vertragsfreiheit **viele Erscheinungsformen** der Bürgschaft geschaffen (s § 765 Rn 71 ff). Komplex sind häufig die Fragen an den Schnittstellen zwischen dem allg Zivilrecht und den wirtschaftlich geprägten Nachbargebieten des Handelsrechts, Gesellschaftsrechts, Steuerrechts oder Bankrechts. Einige von ihnen werden im folgenden vorab aufgegriffen (branchentypische Bürgschaften des Zivilrechts – im Zusammenhang mit Bauwerk- oder Mietverträgen – werden bei § 765 behandelt).

16 **2. Besonderheiten im Handelsverkehr.** Der Kaufmann, für den die Bürgschaft ein Handelsgeschäft darstellt, kann die Bürgschaft nach § 350 HGB mündlich übernehmen (s § 766 Rn 9). Ihm steht die Einrede der Vorausklage aus § 771 nicht zu (§ 349 HGB). Schließlich hindert die Einstellung einer Forderung in ein Kontokorrent nach Maßgabe von § 356 HGB nicht die Befriedigung aus der Bürgschaft (s § 765 Rn 12).

17 In der Praxis wird häufig die Bestellung einer **unwiderruflichen, unbedingten und unbefristeten Bürgschaft** unter ausdrücklichem **Verzicht auf die Einrede der Vorausklage** (s § 773 I Nr. 1) erwartet. Unwiderruflich heißt, dass die Willenserklärung nicht einseitig aufgehoben werden kann und der Bürge daran gebunden ist. Unbedingt bedeutet, dass die Bürgschaft keine aufschiebende oder auflösende Bedingung iSd § 158 enthalten darf. Unbefristet ist die Bürgschaft, wenn sie nicht iSd §§ 163, 777 zeitlich begrenzt ist.

18 **3. Gesellschaftsrechtliche Besonderheiten. a) Grundfall der Gesellschafterbürgschaft.** Bürgschaften von Gesellschaftern kommen große praktische Bedeutung zu. insbes erwarten Geschäftspartner (zB Vermieter, Lieferanten, Banken) von **Kapitalgesellschaften** mit geringer Eigenkapitalausstattung häufig, dass ihre Gesellschafter-Geschäftsführer auch persönlich als Bürgen mit ihrem Vermögen für die Erfüllung der Hauptver-

bindlichkeit durch die Gesellschaft einstehen (arg „Wenn Sie als Gesellschafter dem Unternehmen nicht trauen, wer sonst?"; Banken sprechen in Anlehnung an die früher übliche Wechselpraxis vom „querschreiben"). Da der Bürge in diesen Fällen am Vertragsabschluss der Gesellschaft ein Eigeninteresse und Einflussmöglichkeiten auf die Gesellschaft hat, billigt die Rechtsordnung die Gesellschafterbürgschaften idR als **wirksam** und greift nicht in die Privatautonomie ein: Die Gesellschafterbürgschaft ist idR nicht sittenwidrig (s § 765 Rn 35 ff).

Auch bei **Personengesellschaften** hat der Gläubiger durch die Bürgschaft eines persönlich haftenden Gesellschafters Vorteile: Zwar haftet dieser nach § 128 HGB (die Vorschrift gilt analog für die GbR: BGHZ 146, 341, 358) ohnehin persönlich für die Verbindlichkeiten der Gesellschaft. Allerdings wird er als Gesellschafter nach § 227 II iVm I InsO in der Insolvenz der Gesellschaft durch den Insolvenzplan (mit der im Plan festgesetzten Befriedigung der Insolvenzgläubiger) von seinen restlichen Verbindlichkeiten nach § 128 HGB frei. Dem gegenüber haftet er als Bürge nach § 254 II InsO weiter. Überdies tritt bei der Bürgenhaftung keine Begrenzung der Nachhaftung nach §§ 159, 160 HGB (die für die GbR ebenfalls gelten, § 736 II) ein. 19

Aus der **Sicht des Gesellschafters** stellt die Bürgschaft damit ein oft zugkräftiges Finanzierungsinstrument dar. Dem steht – insbes bei einer Globalbürgschaft – die Verlagerung des unternehmerischen Risikos in die Privatsphäre gegenüber. Vor Abgabe einer Bürgschaftserklärung sollte der Gesellschafter daher sorgfältig **abwägen**: Im Einzelfall mögen (privat weniger verpflichtende) unternehmerische Maßnahmen ausreichen, um dem Kreditsicherungsbedürfnis des Gläubigers (der kreditierenden Bank) gerecht zu werden: zB (i) die Schaffung von Transparenz ggü der Bank (die im Zusammenhang mit der Umsetzung der 2007 in Kraft tretenden, als „Basel II" bekannten Empfehlungen des Baseler Ausschusses für Bankenaufsicht gefordert wird, vgl zB Brödermann/von Dietze/*Stroomann*, Fit für 2006: Gutes Rating – Bessere Finanzierung, Hamburg 03, 15), (ii) die Vornahme der zur Verbesserung der Kreditwürdigkeit und Kreditfähigkeit erforderlichen strukturellen Maßnahmen im Unternehmen und/oder (iii) der Abschluss einer Kreditausfallversicherung. 20

Scheidet der Gesellschafter, der sich für Verbindlichkeiten der Gesellschaft verbürgt hat, aus der Gesellschaft **aus**, kann er in vielen Fallkonstellationen kündigen; s § 765 Rn 66 ff. 21

b) Gesellschafterbürgschaft in der Krise. Verbürgt sich der Gesellschafter einer GmbH für ein Darlehen eines Dritten (zB einer Bank) in der Krise (§ 32 a I GmbHG) – also zu einem Zeitpunkt, in dem die Gesellschafter als ordentliche Kaufleute entweder die Gesellschaft hätten liquidieren (vgl zB BGH NJW 88, 824, 825) oder ihr Eigenkapital zuführen müssen, weil kein vernünftig handelnder außen stehender Kreditgeber ohne die Bürgschaft bereit gewesen wäre, der Gesellschaft ein Darlehen zu denselben Bedingungen zu gewähren (s zB BGHZ 90, 381, 390; Baumbach/Hueck/*Hueck*/*Fastrich* GmbHG § 32 a Rn 42 ff mwN) –, wird die Bürgschaft **Kapitalersatz**. Die rechtliche Qualität der Bürgschaft wird durch das Gesellschaftsrecht grundstürzend verändert (zB kann sich der Gesellschafterbürge, der die Krise kennt, nicht gegenüber dem Gläubiger nach § 768 I 1 auf das Auszahlungsverbot der Gesellschaft berufen, das sich aus dem Kapital ersetzenden Charakter der Hauptverbindlichkeit ergibt, BGH NJW 96, 1341, 1342. S auch § 768 Rn 10). 22

Der Gewährung der Bürgschaft steht das **Stehenlassen der Bürgschaft** gleich, wenn der Gesellschafter die Möglichkeit hatte (was vermutet wird), die den Eintritt der Krise begründenden Umstände bei Wahrnehmung seiner Verantwortung für eine ordnungsgemäße Finanzierung der Gesellschaft zu erkennen (BGHZ 127, 336, 344) und von der Möglichkeit der rechtzeitigen außerordentlichen Kündigung nach § 314 (s § 765 Rn 66) keinen Gebrauch macht. 23

Bei einer **Zahlung von Schuldnern** der Gesellschaft auf ein debitorisches Konto der Gesellschaft in der Krise, für das eine eigenkapitalersetzende Gesellschafter-Bürgschaft besteht, wirkt das Freiwerden des Bürgen gegenüber dem Gläubiger wie eine Auszahlung an den Gesellschafter zu Lasten des Stammkapitals und stellt deshalb eine verbotene **Einlagenrückgewähr** dar (BGH NJW-RR 05, 784, 785; NZG 05, 396, 397: Zahlung des Alleingesellschafters auf seine Darlehensverbindlichkeit gegenüber der Gesellschaft). 24

Der Gesellschaft steht ein gesellschaftsrechtlicher Anspruch gegen den Bürgen aus §§ 30, 31 GmbHG (analog) zu (BGH NJW 97, 3171, 3172; NZG 05, 396, 397). In der **Insolvenz** macht der Insolvenzverwalter diesen Anspruch geltend. 25

Der Gläubiger (zB Bank, deren Kredit noch nicht oder nicht vollständig zurückgeführt ist) muss sich nach § 32 a II GmbHG zunächst an den bürgenden Gesellschafter halten: Die Gesellschaft haftet gegenüber dem Gläubiger nach Eröffnung des Insolvenzverfahrens nur für den Betrag, für den der Gesellschafter-Bürge vermutlich nicht aufkommen kann. In Höhe dieses Ausfallbetrages nimmt der Gläubiger am Insolvenzverfahren teil (Baumbach/Hueck/*Hueck*/*Fastrich* GmbHG § 32 a Rn 68). 26

§ 32 a II GmbHG gilt nur im Insolvenzverfahren über das Vermögen der Gesellschaft. Außerhalb des Insolvenzverfahrens ist der nicht zum Kreis der Gesellschafter gehörende Gläubiger befugt, die Gesellschaft uneingeschränkt in Anspruch zu nehmen und nicht vorrangig auf den Bürgen zuzugreifen (vgl BGH ZIP 1992, 108; Scholz/*K Schmidt* §§ 32 a, 32 b Rn 169). 27

Hat die **Gesellschaft** selbst die Forderung des Gläubigers in der Krise erfüllt, so muss der Gesellschafter-Bürge nach § 32 b GmbHG der Gesellschaft den Betrag erstatten. Dieser Anspruch kann neben einen Anspruch der Gesellschaft gegen den Gesellschafter-Bürgen aus § 31 GmbHG treten (BGH NJW 88, 824, 825; 97, 3171, 3172; Scholz/*K Schmidt* GmbHG §§ 32 a, 32 b Rn 176). 28

29 Die Teilrückzahlung eines Kredites der Gesellschaft kurz **vor der Insolvenz** kann damit sowohl zu gesellschaftsrechtlich begründeten Ansprüchen des Insolvenzverwalters gegen den Gesellschafter-Bürgen (Rn 25, 28) als auch zur Inanspruchnahme des Bürgen durch den Gläubiger wegen der Restschuld (§ 765 I; Rn 26) führen. Hatte der Gesellschafter-Bürge für einen Teil der Schuld eine Höchstbetragsbürgschaft gestellt, darf die Inanspruchnahme durch den Insolvenzverwalter nicht zu einer Überschreitung des Höchstbetrages führen (BGH WM 04, 1075, 1078).

30 Für Bürgschaften von juristischen Personen, die Gesellschafter einer OHG oder KG sind, gelten diese Grundsätze in der Krise der OHG oder KG entspr (§§ 129 a, 172 a HGB).

31 **c) Aktienrechtliche und bankrechtliche Sonderfälle.** Die Bürgschaftserklärung einer Aktiengesellschaft bedarf unter den Voraussetzungen des § 89 AktG einer vorherigen **Zustimmung des Aufsichtsrats** (Wirksamkeitsvoraussetzung). Die Bürgschaft ist ein Fall der Kreditgewährung im Sinne von § 89 I AktG (vgl statt aller MünchHdb GesR IV/*Wiesner*, § 21 Rn 88). Nach § 89 AktG ist daher die Zustimmung des Aufsichtsrats der Gesellschaft – ausnahmsweise: des Aufsichtsrats des herrschenden Unternehmens – erforderlich bei der Abgabe einer Bürgschaft für (i) die Verbindlichkeit eines Vorstandsmitgliedes, eines Prokuristen oder zum gesamten Geschäftsbetrieb ermächtigten Handlungsbevollmächtigten der Gesellschaft (§ 89 I, II 1 AktG) oder eines abhängigen oder des herrschenden Unternehmens (§ 89 II 2 AktG), (ii) die Verbindlichkeit einer diesem Personenkreis durch private Verhältnisse nahe stehende oder durch Tätigkeit verbundene Person (§ 89 III, IV AktG).

32 Für **Kreditinstitute** (§§ 1 I, 2 I KWG) und **Finanzdienstleistungsinstitute** (§§ 1 I a, 2 VI KWG), für die die Übernahme der Bürgschaft ein Bankgeschäft ist (§ 1 Nr 8 KWG), gelten die speziellen Regelungen über Organkredite nach § 15 KWG anstelle von § 89 AktG.

33 **4. Steuerrechtliche Besonderheiten.** Nach § 8 a IV 2 KStG können Vergütungen (Zinsen) für Fremdkapital, das ein Gesellschafter oder eine ihm nahe stehende Person der Gesellschaft zugeführt hat, zu versteuernde verdeckte Gewinnausschüttungen sein. Darüber hinaus kann auch die Fremdkapitalgewährung durch einen Dritten (Bank) zu den Rechtsfolgen einer verdeckten Gewinnausschüttung führen, wenn der Dritte – wie bei einer Gesellschafterbürgschaft üblich – auf den Gesellschafter oder eine ihm nahe stehende Person Rückgriff nehmen kann (§ 8 a IV KStG). Die Finanzverwaltung vertritt trotz dieser klaren gesetzlichen Formulierung den Standpunkt, dass nicht alle Fälle der Bürgschaftsgewährung schädlich iSd § 8 a KStG sind (BMF-Schreiben vom 15.7.04 zur Gesellschafter-Fremdfinanzierung, s www.bundesfinanzministerium.de unter „Aktuelles", dort „BMF-Schreiben"). Der in dieser Fallkonstellation eine Bürgschaft gebende Gesellschafter (oder der nahe stehende Dritte) sollte sich insoweit steuerlich beraten lassen.

34 **5. Bankpraxis. a) Bank als Gläubigerin.** Häufig tritt die Bank als Gläubigerin auf: Sie erwartet Bürgschaften insbes von Kaufleuten, Gesellschaftern von Kapitalgesellschaften und von Privatpersonen ohne Immobiliarvermögen (Derleder/Knops/Bamberger/*Knops* Handbuch zum deutschen und europäischen Bankrecht, § 20 Rn 1; s auch *Bigus/Langer/Schiereck*, ZBB 04, 465, 473 f). Dabei kann die Bank als Gläubigerin im Einzelfall **Aufklärungs- und Schutzpflichten** gegenüber dem Bürgen treffen (s § 765 Rn 55 ff).

35 Kreditinstitute verwenden beim Abschluss von Bürgschaftsverträgen weitestgehend einheitlich ausgestaltete **Bürgschaftsformulare** oder elektronisch vorgehaltene Module (beides AGB), die durch die Allgemeinen AGB der Banken (s www.bdb.de unter „Fachinformationen", dort unter „Recht" und dort „Juristische Texte") ergänzt werden (s zB Ziff 13 I 2 für den Anspruch der Bank zur Bestellung oder Verstärkung von Sicherheiten). Solch einheitliche **Allgemeine Geschäftsbedingungen** von Kreditinstituten stellen keine unzulässige Beschränkung des Wettbewerbs iSd Art 85 I EGV dar (EuGH C-215/96 Rn 37, 53 Bagnasco/Banca Popolare). Wegen ihrer überregionalen Bedeutung kann der BGH die formularmäßigen Bürgschaftsklauseln nach § 546 ZPO selbst auslegen (BGH WM 92, 391, 392).

36 Typischerweise enthalten die formularvertraglichen Regelungen der Banken zB Bestimmungen zur selbstschuldnerischen Bürgschaft (s § 773 Rn 4 ff), zum Verzicht auf die Einreden der Anfechtbarkeit und Aufrechenbarkeit (vgl § 770 Rn 1, 4), zum Verzicht auf die Rechte aus § 776 (s § 776 Rn 3), uU zur Einschränkung der cessio legis nach § 774 I (s § 774 Rn 5) sowie ggf Bestimmungen über Höchstbetragsbürgschaften (s § 765 Rn 89 f). Wegen der Verbürgung für einen Bankkredit, wird zT auch von **Kreditbürgschaft** oder ggf **Kontokorrentbürgschaft** gesprochen.

37 **b) Bank als Bürgin.** Wenn sich die Bank im Auftrag eines Kunden für dessen Verbindlichkeiten gegenüber einem Dritten verbürgt, liegt dem regelmäßig ein **Avalkreditvertrag** zugrunde (vgl zB BGH WM 84, 768, 769). In der Regel handelt es sich dabei um einen Geschäftsbesorgungsvertrag, durch den es die Bank gegen Zahlung einer Avalprovision vom Hauptschuldner übernimmt, für dessen Verbindlichkeiten gegenüber einem Dritten (Avalbegünstigten) einzustehen (s zB BGH WM 85, 1387, 1388; Köln WM 91, 1751, 1752). Beim **Kreditauftrag** (§ 778) geht die Pflicht der Bank noch weiter: Dort übernimmt sie im Auftrag des Kunden die Gewährung eines Darlehens an einen Dritten.

38 **III. Verbraucherschutz.** Übernimmt ein Verbraucher (vgl § 13) die Bürgschaftsverpflichtung formularvertraglich (zB gegenüber einer Bank), ist das **AGB-Recht** in §§ 305 ff anwendbar. Bei der Einbeziehung der AGB

ist das Formerfordernis des § 766 zu beachten (s § 766 Rn 7). Ein besonderer Hinweis auf die AGB iSv § 305 II erübrigt sich, wenn ein Bürgschafts-Formularvertrag verwendet wird, der die AGB bereits im Vertragstext enthält (BGH NJW 95, 190).

Bei „**doppelten Haustürgeschäften**" steht dem Verbraucher das Widerrufsrecht aus §§ 312, 355 ff zu: Die Rspr (EuGH C-45/96 Rn 22 Bayrische Hypotheken- und Wechselbank/Dietzinger; BGHZ 139, 21, 24 f) lässt das Widerrufsrecht nur zu, wenn nicht nur der Bürgschaftsvertrag selbst, sondern auch die durch ihn gesicherte Hauptverbindlichkeit auf einem Haustürgeschäft beruht. Diese Entscheidungen verkennen das Wesen der Bürgschaft als abstrakte Verpflichtung (s.o. Rn 6) und werden daher in der Lit zu Recht kritisiert (zutreffend zB MüKo/*Habersack*, Vor § 765 Rn 9 mwN: Schutzwürdigkeit und Schutzbedürftigkeit des Bürgen sind unabhängig von der Art und dem Zustandekommen der verbürgten Forderung). 39

Unanwendbar sind die Vorschriften über Verbraucherdarlehensverträge in §§ 491 ff (BGHZ 138, 321, 326 f sowie EuGH C-208/98 Rn 24 ff Berliner Kindl/Siepert zu der zu Grunde liegenden RL 87/102/EWG): Der Bürge wird durch das Schriftformerfordernis und die Einreden aus §§ 768, 770, 771, 776 hinreichend geschützt (BGHZ aaO; Müko/*Habersack*, Vor § 765 Rn 8). Ebenfalls unanwendbar sind die Vorschriften über Fernabsatzverträge in §§ 312 b, c. 40

IV. Praktische Fragen bei der Inanspruchnahme aus einer Bürgschaft, Verjährung. Für die Geltendmachung des Anspruchs gilt die Regelung des § 766 nicht. Der Anspruch sollte zu Beweiszwecken dennoch **schriftlich** geltend gemacht werden (umgangssprachlich: Die Bürgschaft wird „gezogen"). Bei der Geltendmachung sind ggf die im Bürgschaftsvertrag vereinbarten Voraussetzungen darzulegen, zb bei einer Ausfallbürgschaft der Ausfall des Hauptschuldners. Bei einer befristeten Bürgschaft ist darauf zu achten, dass die Willenserklärung zur Inanspruchnahme dem Empfänger rechtzeitig und in nachweisbarer Form zugeht: per **Einschreiben/Rückschein** oder per Telefax iVm einem anschließenden, umgehend schriftlich durch Vermerk dokumentierten Anruf, in dem sich ein Zeuge (also nicht der Anspruchsteller selbst, vgl §§ 373 ff ZPO im Gegensatz zu §§ 445 ff ZPO) den Zugang des Telefaxes bestätigen lässt. Die Nutzung der elektronischen Form wird meist bereits wegen des fehlenden Einverständnisses (vgl § 126 a Rn 7) des Bürgen ausscheiden. 41

Der Anspruch aus Bürgschaft unterliegt der allgemeinen **dreijährigen Verjährung** aus §§ 195, 199 I. Der Bürge kann dem Gläubiger aber nach § 768 ggf eine **kürzere Verjährungsfrist** der Hauptschuld entgegenhalten, s § 768 Rn 6). Der Anspruch entsteht mit der Fälligkeit der Hauptschuld (BGH NJW-RR 04, 1190 f; Palandt/*Heinrichs* § 199 Rn 3; vgl auch BTDrs 14/7052, S 206). Verjährt die Hauptschuld später, kann die Auslegung der Bürgschaft eine Anpassung der Verjährungsfrist an die **längere Verjährung** der Hauptschuld gebieten (Palandt/*Heinrichs* § 195 Rn 3), wenn dies nicht bereits ausdrücklich vereinbart ist (zB „Verjährung nach § 195, frühestens aber drei Monate nach Verjährung der Hauptschuld"). Die **Inanspruchnahme** des Bürgen ist keine Voraussetzung für den Beginn der Verjährung (BGH aaO, Änderung der Rspr ggü BGHZ 92, 295, 300; aA *Gay*, NJW 05, 2585, 2587 f). Danach muss der Gläubiger darüber wachen, dass er den Bürgen rechtzeitig (und beweisbar: s Rn 41) binnen drei Jahren ab Fälligkeit der Hauptschuld in Anspruch nimmt: Der Bürge kann zahlen oder die **Hemmung der Verjährung** des Bürgschaftsanspruchs durch Erhebung der Einrede der Vorausklage bewirken, § 771 S 2 (s § 771 Rn 12 zu praktischen Problemen). Vertraglich können die Parteien individualvertraglich von der gesetzlichen Rechtslage abweichen und den Beginn der Verjährung von der Inanspruchnahme des Bürgen durch den Gläubiger abhängig machen: Das vermeidet das „Ping Pong" von pünktlicher Inanspruchnahme und Einredeerhebung nach § 771 S 1. Das Risiko des Bürgen lässt sich über einen objektiven Endzeitpunkt für die Bürgschaftsverjährung oder eine Gestaltung als Bürgschaft auf Zeit (§ 777) mindern. 42

V. Die Bürgschaft im Prozess. 1. Prozessbürgschaft nach § 108 ZPO als besondere Erscheinungsform der Bürgschaft. S § 765 Rn 97 ff. 43

2. Durchsetzung von Rechten aus Bürgschaftsverträgen im Prozess. Ein Anspruch aus einer Bürgschaft ist in aller Regel – ebenso wie ein Regressanspruch aus § 774 (vgl § 774 Rn 19) – vor den **ordentlichen Gerichten** geltend zu machen. Maßgebend für den Rechtsweg ist die Rechtsnatur des erhobenen Anspruchs aus der Bürgschaft, wie sie sich aus dem tatsächlichen Vorbringen der klagenden Partei ergibt (BGHZ 90, 187, 189; s zB auch BGH NJW 97, 328 f zum Zivilrechtsweg bei Hermes-Bürgschaften und BGH WM 04, 1648, 1649 für eine verbürgte Zollschuld). 44

Der Gläubiger kann den Hauptschuldner und den Bürgen (wie zB im Fall BGH NJW 68, 916) gemeinsam verklagen (ggf, bei unterschiedlichem Gerichtsstand, nach Durchführung eines Verfahrens zur Bestimmung des Gerichtsstands iSd § 36 Nr 3, 37 ZPO). Oder er verklagt sie getrennt. Sie sind keine notwendigen Streitgenossen iSd § 62 ZPO (BGH NJW 69, 1480; Zöller/*Vollkommer*, ZPO, § 62 Rn 8). Schließlich kann der Gläubiger zur erleichterten Durchsetzung seiner Rückgriffsansprüche aus §§ 670, 774 I 1 den Hauptschuldner verklagen und dem Bürgen nach § 72 ZPO den **Streit verkünden** (Zöller/*Vollkommer* § 72 Rn 7). Verklagt er den Bürgen, sind **Kosten** eines Beweissicherungsverfahrens gegen den Hauptschuldner mangels Parteiidentität keine Kosten des Rechtsstreits (Koblenz WM 04, 2253, 2254). 45

Für den Erlass eines Grundurteils nach § 304 ZPO gegen den Bürgen muss neben der Feststellung des Bestandes und des Inhaltes des Bürgschaftsvertrages auch der Bestand der verbürgten Hauptverbindlichkeit dem 46

Grunde nach feststehen (BGH NJW 90, 1366, 1367). Für die **Rechtskrafterstreckung** gilt: Der Gläubiger kann sich – außer im Fall der Streitverkündung – ggü dem Bürgen nicht auf ein für ihn positives Urteil gegen den Hauptschuldner berufen (BGHZ 107, 92, 96 mwN). Der Bürge kann sich hingegen nach § 768 I 1 ggü dem Gläubiger darauf berufen, dass die Forderung gegen den Hauptschuldner rechtskräftig abgewiesen ist (BGH NJW 70, 279; Schimanski/Bunte/Lwowski/*Schmitz*, Bankrechts-Handbuch, § 91 Rn 63). Für die Anerkennung und Vollstreckung ausländischer Entscheidungen s.u. Rn 72.

47 **Beweislast**: Der Gläubiger muss – im Urkundsprozess durch Urkunden (RGZ 97, 162) – die Entstehung der Hauptschuld (BGH NJW 95, 2161, 2162; 96, 719) und die Begründung der Bürgschaftsschuld beweisen (BGHZ 148, 283, 288). Der Bürge muss Einreden darlegen und beweisen (zB aus § 768 I 1: Zahlung des Hauptschuldners; vgl BGH NJW 88, 906; 95, 2161, 2162). Dabei hat er nach § 810 einen Anspruch auf Einsicht in die Handelsbücher des Gläubigers (BGH NJW 88, 906 f mwN). Beim **Saldoanerkenntnis** muss der Bürgschaftsgläubiger nachweisen, dass die Gegenansprüche und Leistungen des Kontokorrentschuldners richtig und vollständig in die Abrechnung aufgenommen sind (aaO).

48 Bei Klagen auf **Herausgabe** einer Bürgschaftsurkunde muss der Hauptschuldner darlegen und beweisen, dass der Grund für die Überlassung einer Bürgschaft entfallen ist (zB Brandbg NZBau 05, 155). Der Streitwert einer Herausgabeklage ist nach dem konkreten Missbrauchsrisiko zu bestimmen (Köln MDR 94, 101).

49 **2. Einstweiliger Rechtsschutz.** Für einstweiligen Rechtsschutz zur Vermeidung einer missbräuchlichen Inanspruchnahme bestehen für den Hauptschuldner folgende zT in Anlehnung an die Rspr zur Bankgarantie entwickelte Ansatzpunkte: (i) Der Hauptschuldner nimmt **den Bürgen** aus dem der Bürgschaft zu Grunde liegenden Geschäftsbesorgungsvertrag auf Unterlassung der Zahlung in Anspruch, weil ihm zwangläufig ein Rückgriff droht (s LG Kleve ZIP 1998, 1632, 1633); (ii) er beantragt, dem **Gläubiger** aufzugeben, die Bürgschaftsurkunde an den Gerichtsvollzieher zur Verwahrung zu übergeben (Ddorf NJW 03, 3716 f: zur Sicherung eines Herausgabeanspruchs aus § 812 I 1 bei angekündigter Inanspruchnahme); (iii) der Hauptschuldner verlangt vom Gläubiger, die Inanspruchnahme des Bürgen zu unterlassen (zB Frankf ZIP 1990, 1393, 1394 ff; vgl auch Brandbg NJW-RR 04, 1164 u BGHZ 152, 246, 251f). Darüber hinaus kommt (iv) ggf ein **Arrest** in den Anspruch des (rechtsmissbräuchlich handelnden) Gläubigers gegen einen selbstschuldnerischen Bürgen auf Auszahlung des Bürgschaftsbetrags in Betracht (vgl Hburg 5.3.03, Az 8 U 169/02, II 2 für einen Fall der rechtsmissbräuchlichen Ziehung eines den Kaufpreis besichernden Akkreditivs bei offensichtlich mangelhafter Ware).

50 **VI. Die Bürgschaft im Insolvenzverfahren. 1. Insolvenz des Hauptschuldners.** In der Insolvenz des Hauptschuldners ist der Bürge nicht Beteiligter des Insolvenzplans. Daher bestehen die Rechte des Gläubigers gegen den Bürgen bei einer Herabsetzung der Hauptschuld durch den **Insolvenzplan** (§ 254 II 1 InsO) und bei einer **Restschuldbefreiung** des Hauptschuldners (§ 301 II 1 InsO) unabhängig vom Schicksal der Hauptforderung fort (Einschränkungen des Akzessoritätsprinips, BGH NJW 03, 59, 60; *Lettl* WM 00, 1316, 1318; zur Auswirkung auf die Einrede der Vorausklage s § 773 Rn 15 f). Sie werden allenfalls durch insolvenzrechtliche Verwertungsmaßnahmen von Sicherungsgut reduziert (s § 776 Rn 6, 9). Befriedigt der Bürge den Gläubiger, so hat er idR einen Rückgriffsanspruch sowohl aus § 670 als auch aus § 774 I 1. Dabei dürfen die Forderung des Gläubigers und der Rückgriffsanspruch des Bürgen die **Masse insgesamt** nur **einmal belasten**. Es ist zu unterscheiden (für die Besonderheiten bei **Gesellschafterbürgschaften** s Rn 25 ff):

51 **a) Volle Erfüllung der Bürgschaftsschuld.** Befriedigt der Bürge den Gläubiger voll, so geht die Hauptforderung nach § 774 I 1 auf den Bürgen über. Nur er nimmt am Insolvenzverfahren teil. Hat der Gläubiger die Forderung bereits im Verfahren angemeldet, muss er sie zurücknehmen, während der Bürge sie neu anmelden kann; in der Praxis wird der Fall wie die Abtretung einer Forderung nach Insolvenzeröffnung, also als **Umschreibung** behandelt. Entspr gilt, wenn der **Teilbürge** (s § 765 Rn 107) seine Bürgschaftsschuld in vollem Umfang erfüllt und dadurch die Wirkung von § 774 I 1 eintritt (s § 774 Rn 4 zur Verzögerung bei entspr vertraglicher Gestaltung). Dann muss der Gläubiger, der seine Forderung bereits zur Tabelle angemeldet hat, seine Forderungsanmeldung um den Betrag ermäßigen, den er vom Bürgen empfangen hat; gleichzeitig kann der Bürge seinen Rückgriffsanspruch anmelden (vgl BGHZ 92, 374, 379 aE; Schimanski/Bunte/Lwowski/*Schmitz* § 91 Rn 167).

52 **b) Teilerfüllung der Bürgschaftsschuld.** Erfüllt der Bürge seine Bürgschaftsschuld nur teilweise, so ist zu unterscheiden: Wurde der **Forderungsübergang** wirksam vertraglich **verzögert** (s § 774 Rn 4), nimmt der Bürge am Insolvenzverfahren nicht teil. **Sonst** kommt es auf den Erfüllungszeitpunkt an: Erfolgt die Teilerfüllung **vor Insolvenzeröffnung**, partizipiert der Bürge in Höhe der auf ihn übergegangenen Teilforderung am Insolvenzverfahren, während der Gläubiger nach § 43 (letzter Relativsatz) InsO nur die ihm verbleibende Restforderung anmelden kann (vgl noch zu § 68 KO: BGHZ 92, 374, 379 f). Aus § 774 I 2 folgt jedoch, dass der Gläubiger außerhalb des Insolvenzverfahrens vom Bürgen den Betrag herausverlangen kann, um den seine Verfahrensquote höher ausgefallen wäre, wenn der Bürge sich mit seiner Teilforderung nicht am Verfahren beteiligt hätte (RGRK/*Mormann*, § 774 Rn 4 II; so auch in RGZ 83, 401, 406 erwogen; s auch Gottwald/*Eickmann* InsRHdb § 65 Rn 32 und Uhlenbruck/*Uhlenbruck*, § 43 Rn 5 zur Diskussion einer verfahrensrecht-

lichen Lösung, die die Auseinandersetzung zwischen Gläubiger und Bürgen zu Lasten des Verfahrensaufwandes dem Insolvenzverwalter auferlegt).

Bei Teilerfüllung der Bürgschaftsschuld **nach Insolvenzeröffnung** bleibt der Gläubiger nach § 43 InsO für den gesamten angemeldeten Betrag bis zu seiner vollen Befriedigung Insolvenzgläubiger (es sei denn, er ist Ausfallbürge: § 765 Rn 72); § 767 I 3 schützt den Bürgen vor Verwertungsvereinbarungen zwischen einem absonderungsberechtigten Gläubiger und dem Insolvenzverwalter (s § 767 Rn 13). Der Bürge ist von der Geltendmachung des Anspruches im Insolvenzverfahren ausgeschlossen (§ 44 InsO). Er kann seine auf ihn nach § 774 I übergegangene Forderung nur anmelden, wenn der Gläubiger seine Forderung nicht geltend macht (dies kann zB in grenzüberschreitenden Konstellationen vorkommen). 53

2. Insolvenz des Bürgen. Der Gläubiger kann am Insolvenzverfahren des **selbstschuldnerischen Bürgen** (§ 773 I Nr 1) – das für diesen zur Schuldbefreiung führen kann (s.o. Rn 7) – nach §§ 38, 41 InsO teilnehmen, auch wenn die Hauptforderung noch nicht fällig ist. Steht dem Bürgen hingegen die Einrede der Vorausklage zu, wird die Bürgschaftsforderung nach §§ 41, 191 InsO als aufschiebend bedingter Anspruch in Höhe des Ausfalls berücksichtigt (Uhlenbruck/*Uhlenbruck*, InsO, § 43 Rn 6). Die Einrede der Vorausklage entfällt nach § 773 I Nr 3, wenn der Hauptschuldner neben dem Bürgen gleichzeitig insolvent wird (vgl § 773 Rn 15 f); in diesem Fall der „Doppelinsolvenz" haften Hauptschuldner und Bürge als Gesamtschuldner im Sinne von § 43 InsO. 54

Bei Insolvenz des Bürgen ist der Hauptschuldner oft zur Beibringung einer **neuen Bürgschaft** verpflichtet (s Ziff 13 II AGB-Banken; § 240 und dazu – nach der Holzmann-Insolvenz – LG Berlin NZBau 04, 679 f). 55

B. Abgrenzung zu anderen Rechtsgeschäften. I. Garantie. 1. Inhalt. Der selbstständige Garantievertrag ist ein einseitig verpflichtender Vertrag, durch den sich der Garant verpflichtet, für den Eintritt eines bestimmten Erfolges einzustehen oder die Gefahr eines künftigen Schadens zu übernehmen (BGH NJW 96, 2569, 2570; ZIP 01, 1469). Die Regelungen des Bürgschaftsrechts gelten nicht (BGH NJW 67, 1020, 1021; Erman/*Herman*, Vor § 765 Rn 21); insbes gilt zB nicht die Formvorschrift des § 766 S 1 (BGH WM 62, 576, 577) oder § 774 (s zB Jaunernig/*Stadler*, Vor § 765 Rn 14). Str, aA zB *Larenz/Canaris* SchuldR II 2, § 64 III 3 b–c mwN. 56

2. Abgrenzung zur Bürgschaft. Die Abgrenzung der Bürgschaft zum Garantievertrag bereitet insbes deshalb Schwierigkeiten, weil beide Verträge demselben wirtschaftlichen Zweck dienen (BGH LM § 765 Nr 1): der Sicherung einer fremden Forderung. Im Unterschied zur Bürgschaft will der Garant eine von der gesicherten Schuld **unabhängige Verpflichtung** (BGH NJW 67, 1020, 1021 aE) übernehmen, für die er auch dann einsteht, wenn die Hauptverbindlichkeit nie entstanden ist oder später wegfällt (BGH LM § 765 Nr. 1 Bl 58). Für die Abgrenzung im Einzelfall kommt es nicht entscheidend auf den verwendeten Wortlaut an (zB BGH WM 77, 1120, 1121). Bei geschäftsgewandten Personen rechtfertigen aber nur besonders gewichtige Umstände eine vom Wortlaut abweichende Auslegung (BGH WM 75, 348, 349). Ein gewichtiger Anhaltspunkt für die Abgrenzung ist das eigene Interesse des Garanten an der Erfüllung der Hauptverbindlichkeit (BGH NJW 86, 580). Da die Bürgschaft den Normalfall der gesetzlich geregelten Sicherungsform darstellt, ist **im Zweifel** eine Bürgschaft anzunehmen (s zB BGH WM 62, 577; NJW 67, 1020, 1021). 57

II. Schuldbeitritt. 1. Inhalt. Beim kumulativen Schuldbeitritt tritt der Mitübernehmer zusätzlich neben dem bisherigen Schuldner in das Schuldverhältnis ein, so dass beide Gesamtschuldner iSd §§ 421 ff werden. Die Zulässigkeit des im BGB nicht geregelten Schuldbeitritts folgt aus der Vertragsfreiheit, § 311 I (anerkannt seit RGZ 59, 232, 233; BGH DB 75, 2081). Die Regelung in § 401 gilt entspr für den sichernden Schuldbeitritt (BGH NJW 72, 437, 439; BGH NJW 00, 575; *Bülow* Rn 1596). 58

2. Abgrenzung zur Bürgschaft. Die Bürgschaft und der Schuldbeitritt gewähren beide dem Gläubiger einen Anspruch gegen einen Mithaftenden als zusätzliche Sicherheit. Entscheidend für die Abgrenzung ist, ob eine **selbstständige** Schuld (dann Schuldbeitritt, §§ 241, 421 ff) **oder** eine **angelehnte** Schuld (dann Bürgschaft oder einseitig verpflichtende Mithaftungsübernahme, vgl BGH NJW 05, 973, 975) begründet werden soll (BGH NJW 86, 580; Hamm NJW 93, 2625). Einen Anhaltspunkt für das Vorliegen eines echten Schuldbeitritts bietet das wirtschaftliche oder rechtliche **eigene Interesse des Schuldbeitretenden** (BGH NJW 81, 47; NJW 86, 580). Wie bei der Abgrenzung gegenüber der Garantie ist in jedem Fall eine Einzelfallprüfung erforderlich: Ist der Wortlaut eindeutig, so ist dieser maßgebend und die Art des Interesses irrelevant (BGH LM § 133 [C] Nr 33). Führt die Auslegung zu keinem eindeutigen Ergebnis, so ist **im Zweifel** – wie bei der Abgrenzung der Bürgschaft gegenüber der Garantie (Rn 57) – von einer Bürgschaft als dem Normalfall der gesetzlich geregelten Sicherungsform auszugehen (zB BGHZ 6, 385, 397; NJW 86, 580; Hamm NJW 93, 2625). 59

3. Form. Der Schuldbeitritt kann grds formfrei erklärt werden, § 766 findet keine analoge Anwendung (BGHZ 121, 1, 3 ff; 138, 321, 327; aA MüKo/*Habersack* Vor § 765 Rn 15). Der Schuldbeitritt unterliegt aber der Formvorschrift des Hauptvertrags, sofern diese (wie zB § 311 b I) allg mit Rücksicht auf den Leistungsgegenstand aufgestellt ist (BGH aaO u NJW 91, 3095, 3098). Der Schuldbeitritt zu einem „Verbraucherdarle- 60 hensvertrag" ist aufgrund analoger Anwendung der Vorschriften zum Verbraucherdarlehensvertrag in §§ 491 ff (BGHZ 133, 71, 74 f) nach § 492 I schriftlich zu erklären und anzunehmen.

61 **III. Patronatserklärung. 1. Inhalt.** In einer Patronatserklärung verspricht der „Patron" (zB die Konzernmuttergesellschaft) idR **gegenüber dem Gläubiger** (zB Bank) eines Dritten (zB der Tochtergesellschaft) ein bestimmtes Verhalten, das die Aussichten auf Vertragserfüllung gegenüber dem Gläubiger (zB Rückzahlung eines Kredits durch die Tochtergesellschaft an die Bank) verbessert (vgl zB *Michalski* WM 94, 1229 f; *v Rosenberg/Kruse* BB 03, 641–650). Bei einer „**harten**" Patronatserklärung übernimmt der Patron (idR ggü einem Gläubiger des Schuldners) die Rechtspflicht (BGHZ 117, 127, 133 f), den Schuldner mit ausreichender Liquidität auszustatten und auf diese Weise die freiwillige Erfüllung oder zwangsweise Durchsetzung der durch die Patronatserklärung gesicherten Forderung des Gläubigers gegen den Schuldner zu ermöglichen (so MüKo/*Habersack* Vor § 765 Rn 50 mwN).

62 Die **Erklärung** kann gegenüber dem Gläubiger und/oder dem Schuldner erklärt werden (*Kiethe* ZIP 05, 646, 647). Die nur **ggü dem Gläubiger** abgegebene Patronatserklärung ist kein Vertrag zugunsten des Schuldners iSd § 328 I, da dieser nur reflexartig begünstigt wird (aaO 648; *Bermuth* ZIP 99, 1501, 1502; MüKo/*Habersack* Vor § 765 Rn 51; *ders* ZIP 96, 257, 258; *Michalski* WM 94, 1229, 1238). Der Patron wird hier nur gegenüber dem Gläubiger verpflichtet.

63 Gibt der Patron die Erklärung **ggü dem Schuldner** ab, begründet sie eine Liquiditätszusage des Patrons gegenüber dem Schuldner (aufschiebend bedingtes Darlehensversprechen iSv § 488). Sie schafft hingegen (zunächst) keine Rechte des Gläubigers (München ZIP 04, 2102, 2104). Eine Rechtspflicht ggü dem Gläubiger kann nur entstehen, wenn der Schuldner die Patronatserklärung dem Gläubiger bei den Vertragsverhandlungen vorlegt (*Kiethe* ZIP 05, 646, 650) und dies in der Erklärung nicht ausdrücklich untersagt ist.

64 Str – und noch offen – ist, ob die Ausstattungspflicht auch in der Insolvenz – nunmehr als Pflicht zur Direktzahlung an die Tochtergläubiger – besteht (so München ZIP 04, 2102, 2104; *Kiethe* ZIP 05, 646, 650; sowie BGH ZIP 03, 1097, 1098 für einen Fall der Plünderung der Tochtergesellschaft durch die Patronin), weil sonst der Zweck einer Patronatserklärung durch Flucht in die Insolvenz der Tochtergesellschaft vermieden werden kann, oder ob der Anspruch mit der Insolvenz wegen Frustrierung der Zweckerreichung untergeht (so Celle Nds Rpfl 00, 309, 310). Der Patron ist frei zu entscheiden, wie er seine Ausstattungspflicht erfüllt (*Michalski*, WM 94, 1229, 1238). Gleichwohl ist der Anspruch hinreichend bestimmt iSv § 253 II Nr 2 ZPO (München ZIP 04, 2102, 2104) und damit einklagbar.

65 Die sog „**weiche**" Patronatserklärung begründet keine Liquiditätsausstattungspflicht des Patrons (s zB *Fleischer*, WM 99, 666, 667). Zumeist liegt lediglich eine moralisch verpflichtende Good-Will-Erklärung oder eine bloße Information über die finanzielle Situation der Tochtergesellschaft vor. Eine rechtsgeschäftliche Bindung des Patrons scheidet grds aus (München ZIP 04, 2102, 2103; Karlsr, ZIP 92, 1394, 1397). Im Einzelfall kann aber eine Haftung auf Ersatz des Vertrauensschadens (vgl §§ 311 II, 241) in Betracht kommen (vgl Ddorf GmbHR 2003, 178 mit Anm *Maxemi*; s auch *Michalski*, WM 94, 1229, 1234 zur Haftung wegen falscher Auskunft). Die Abgrenzung zwischen weicher und harter Patronatserklärung ist eine Frage der Auslegung (vgl zB München DB 03, 711; Celle Nds Rpfl 00, 309, 310).

66 **2. Abgrenzung zur Bürgschaft.** Die ggü einem Gläubiger erklärte harte Patronatserklärung ähnelt durch die Übernahme einer Einstandsverpflichtung der Bürgschaft (deshalb gelten auch die gleichen allg Zustimmungserfordernisse vgl § 765 Rn 10). Es bestehen aber wesentliche Unterschiede (vgl zB *Michalski*, WM 94, 1229, 1237 f): (i) das Auseinanderfallen von Gläubiger (zB Bank) und Leistungsempfänger (Tochterunternehmen); (ii) die vom Vertrag mit dem Gläubiger losgelöste, uneingeschränkte Leistungspflicht (BGHZ 117, 127, 133) – die jedoch, wie die Bürgschaft, eine Hauptschuld voraussetzt und dadurch akzessorisch ist (München DB 2003, 711) –; (iii) gleichwohl geht die Akzessorietät nicht so weit (vgl. *Michalski*, WM 94, 1229, 1237): Der Patron trägt das Risiko der wiederholten Ausstattung des Schuldners (Staud/*Horn*, Vor § 765 Rn 412; *Kiethe* ZIP 05, 646, 648), während die Bürgschaft nach § 767 I auf den Umfang der Hauptverbindlichkeit beschränkt ist; (iv) der Anspruch ist – im Gegensatz zum Bürgschaftsanspruch, Rn 11 – **abtretbar** und **pfändbar** nach §§ 829, 835 f ZPO, sofern nicht die Abtretung ausgeschlossen ist (§ 399, s *Michalski*, WM 99, 1229, 1230 Fn 14; *v Rosenberg/Kruse*, BB 03, 641, 644); (v) dem Patron steht keine Einrede der Vorausklage (§ 771) zu.

67 **IV. Wechsel-/und Scheckbürgschaft.** Die Wechselbürgschaft und die Scheckbürgschaft nach Art 30 ff WechselG, 25 ff ScheckG sind keine Bürgschaften iSd § 765. Sie stellen selbstständige Verpflichtungen eigener Art ohne strenge Akzessorietät dar (BGHZ 35, 19, 21).

68 **V. Delkredere.** Delkredere ist das bürgschaftsähnliche Einstehen eines **Handelsvertreters** nach § 86 b HGB oder eines **Kommissionärs** nach § 394 HGB.

69 **C. Internationales Privat- und Prozessrecht. I. Selbständige Anknüpfung, Form.** Das auf den Bürgschaftsvertrag anwendbare Recht ist – unabhängig vom Statut der Hauptschuld – selbstständig nach dem deutschen internationalen Schuldrecht zu ermitteln (Reithmann/Martiny/*Martiny*, Rn 1183; implizit BGHZ 154, 378 u 384 f). Es gilt das Prinzip der freien Rechtswahl. Art 27, 28 EGBGB finden Anwendung (BGHZ

154, 378, 384 f: Konkludente Wahl deutschen Rechts durch Orientierung des Texts am deutschen Bürgschaftsrecht). Charakteristische Leistung iSv Art 28 II EGBGB ist die Bürgschaftserklärung: Liegt der gewöhnliche Aufenthalt des Bürgens (oder, bei einer bürgenden Gesellschaft, ihre Hauptverwaltung) im Zeitpunkt der Bürgschaftserklärung in Deutschland wird die Anwendung deutschen Rechts vermutet.
Die **Form** der Bürgschaft richtet sich nach Artikel 11 EGBGB. Insbes gilt Artikel 11 II EGBGB (Distanzgeschäft, BGHZ 121, 224, 235). 70

II. Verstoß gegen ordre public, Anerkennung und Vollstreckung ausländischer Entscheidungen. Ein Verstoß gegen den deutschen **ordre public** (Art 6 EGBGB) kann vorliegen, wenn im Einzelfall ein **untragbares Ergebnis** eintreten würde (BGHZ 104, 240, 243 ff für einen Fall, in dem die Durchsetzung eines Bürgschaftsanspruchs im Widerspruch zu Art 14 GG die Anerkennung einer entschädigungslosen Enteignung im Ausland bedeutet hätte; Reitmann/Martiny/*Martiny*, Rn 1186). Dadurch können sich im Einzelfall Wertungen zum **Grundrechtsschutz** des Bürgen, die im deutschen Recht bei der Beurteilung der Sittenwidrigkeit erörtert werden (vgl § 765 Rn 21 ff), ggü einer nach ausländischem Recht zu beurteilenden Bürgschaftsverpflichtung durchsetzen (ohne dass dies zur „Sittenrichterei" über fremdes Recht werden darf, s Art 6 EGBGB Rn 6). Dies kommt nur in Betracht, wenn das ausländische Bürgschaftsrecht nicht selbst, wie zB Art L 313-10, L 341-4 des französischen Code de la Consommation, hinreichende Schutzvorschriften enthält. 71

Dies gilt auch bei der ordre-public-Prüfung im **Anerkennungs- und Vollstreckungsverfahren**: Wenn ein (international) zuständiges **ausländisches Gericht** einen Bürgen zur Zahlung verurteilt hat und dieses Urteil in Deutschland vollstreckt werden soll, so ist die materiell-rechtliche Entscheidung des ausländischen Gerichts grds zu respektieren. Es findet lediglich eine Überprüfung statt, ob das Urteil gegen den ordre public verstößt (§ 328 I Nr 3 ZPO iVm § 723 II ZPO), oder – bei Urteilen aus anderen Mitgliedstaaten der EU materiell eingeschränkter und prozessual erst im Beschwerdeverfahren – ob das Urteil offensichtlich gegen den ordre public verstößt (Art 34 Nr 1 EuGVO; vgl statt vieler *Brödermann/Rosengarten* Rn 562 zum autonomen Prozessrecht, 543 f zum europäischen Prozessrecht). Um den Grundrechtsschutz des Bürgen zu gewährleisten, ist zu prüfen, ob der Schuldner wegen besonders krasser struktureller Unterlegenheit **durch die Vollstreckbarkeit** zweifelsfrei zum wehrlosen Objekt der Fremdbestimmung gemacht und hierdurch auf unabsehbare Zeit auf das wirtschaftliche Existenzminimum der Pfändungsfreigrenzen verwiesen würde (BGHZ 140, 395, 399). 72

D. Rechtsvergleichung, Rechtsangleichung, Rechtsvereinheitlichung. I. Rechtsvergleichung. Für **Europa** ist zu unterscheiden: In den **romanischen Rechtsordnungen** basieren die Regelungen zur Bürgschaft auf der fideiussio des römischen Rechts. Daher sind die Grundsätze im wesentlichen die Gleichen, so insbes: (i) die **Haftung mit dem ganzen Vermögen** (zB Niederlande: Burgerlijk Wetboek 7:854), (ii) die Möglichkeit der Sicherung **jeder schuldrechtlichen Verbindlichkeit** (zB: Portugal: Art 627 C civ); (iii) die **Akzessorietät** (zB: Österreich: § 1346 I ABGB; Belgien, Frankreich, Luxemburg: arg Art 2012, 2013, 2036 C civ; Finnland: Sec 3 II G 361/1999 für bestimmte private Bürgschaften; Italien: Art 1936, 1939 C civ; Niederlande: Burgerlijk Wetboek 7:851; Portugal: Art 627 II C civ; Spanien: Art 1822, 1824 C civ; Ungarn: § 273 I Pogári Törvénykönyv), (iv) die **Subsidiarität** (zB: Österreich: § 1346 ABGB; Belgien, Frankreich, Luxemburg: Art 2011, 2021 ff C civ; Portugal: Art 638 C civ). 73

Im Einzelnen bestehen erhebliche Unterschiede: So wird der Grundsatz der Akzessorietät zT strenger gehandhabt und **weniger Gestaltungsfreiheit** für die Bürgschaft eingeräumt. In Frankreich zB ist eine Bürgschaft auf erstes Anfordern unzulässig (*Eusterhus* 181 f). Auch ist die **Formvorschriften** zT unterschiedlich: Überwiegend wird die Schriftform vorgesehen (zB Belgien, Frankreich, Luxemburg je Art 1326 C civ; Österreich § 1346 II ABGB; Niederlande: Burgerlijk Wetboek 7:859; Ungarn § 272 II Pogári Törvénykönyv). Dagegen besteht ein Formerfordernis in Skandinavien und außerhalb des Verbraucherschutzrechtes auch in den Niederlanden nicht (vgl *Drobing* 63). Gegenüber Verbrauchern gelten zT zusätzliche Formvorschriften und Informationspflichten (zB Frankreich Art L 313-7 ff, 341-2 f Code de la Consommation; Belgien: Art 34 Loi relative au crédit à la consommation). Wenn bei Eingehung der Bürgschaft der Umfang der gesicherten Forderung gegen den Hauptschuldner noch nicht feststeht, muss in Italien und in den Niederlanden für die Bürgschaft eines Verbrauchers ein Höchstbetrag festgelegt werden (Niederlanden: Burgerlijk Wetboek 7:858 I, 862 lit. a; Italien: Art 1938 C civ). 74

In **England** weist die auf das common law zurückführende **surety** – zT **guarantee** (mehrdeutiger Begriff) – im Vergleich zur Bürgschaft in den romanischen Rechtsordnungen einige signifikante Unterschiede auf. insbes ist die surety grds **nicht subsidiär** (*Drobnig* 66). Gleichwohl weist das englischen Recht der surety zT ähnliche Grundsätze auf: die Haftung mit dem ganzen Vermögen (arg Moschi v. Lep Air Services Ltd [1973] AC 393, 402), die Möglichkeit der Sicherung jeder schuldrechtlichen Verbindlichkeit (aaO 393, 400 f), die Akzessorietät (Harburg India Rubber Comb Co v Martin [1902] 1 KB 778, 784 f (CA)), das Schriftformerfordernis (Statute of Frauds 1677 sec. 4). Auch bestehen zT ähnliche Verbraucherschutzvorschriften (Consumer Credit Act 1974 sec. 105 ff). 75

In den **Rechtsordnungen außerhalb Europas** ist die Bürgschaft unterschiedlich ausgestaltet. Oft lässt sich der Inhalt des Rechts in seinen großen Zügen durch die Verwandtschaft der Rechtsordnung mit einer europäi- 76 schen Rechtsordnung erschließen. Bsp **USA**: Dort hat das Bürgschaftsrecht keine bundeseinheitliche Regelung gefunden. Den einzelstaatlichen Regelungen ist indes die Ähnlichkeit mit dem englischen Recht gemein (zB California Civil Code sec. 2787). Im **russischen Recht** ist die Bürgschaft nicht subsidiär (Art 361 Zivilgesetzbuch der Russischen Föderation; *Karimullin* 14). Ohne eine Regelung über eine kalendermäßige Erfüllungsfrist gilt eine einjährige Ausschlussfrist (aaO Art 367 Ziff. 4 S 2, *Karimullin* 15). Wegen der unterschiedlichen Ausgestaltung der persönlichen Sicherheit der Bürgschaft ist eine Detailprüfung unumgänglich, bevor eine nach fremden Recht gestaltete Bürgschaft akzeptiert oder die Rechtswahl offen gelassen werden kann.

77 **II. Rechtsangleichung und Rechtsvereinheitlichung.** In die Arbeiten der EU zur Entwicklung des **Common Frame of Reference** der EU ist die Bürgschaft eingebunden. Nach dessen Verabschiedung (geplant für 2010) ist die Schaffung eines Gemeinschaftsinstruments auch zum Bürgschaftsrecht denkbar.

§ 765 Vertragstypische Pflichten bei der Bürgschaft

(1) Durch den Bürgschaftsvertrag verpflichtet sich der Bürge gegenüber dem Gläubiger eines Dritten, für die Erfüllung der Verbindlichkeit des Dritten einzustehen.
(2) Die Bürgschaft kann auch für eine künftige oder eine bedingte Verbindlichkeit übernommen werden.

1 **A. Einführung: Übersicht und Rechtsnatur.** Der Abschluss eines Bürgschaftsvertrages zwischen dem Gläubiger und dem Bürgen begründet Rechte und Pflichten, deren Bedeutung und Tragweite sich erst durch eine Gesamtschau auf drei miteinander verknüpfte Rechtsverhältnisse erschließen: Bürge-Gläubiger/Gläubiger-Hauptschuldner/Hauptschuldner-Bürge (s Vor § 765, vor Rn 1). Bei der Nachbürgschaft (s Rn 94) und der Rückbürgschaft (s Rn 104) wird das Dreipersonenverhältnis um eine Person erweitert. Steht eine der (drei) Personen im Bürgschaftsumfeld ihrerseits zu **weiteren Personen** in einer besonderen Beziehung (zB als Gesellschafter, als Organ einer Aktiengesellschaft, als dessen Lebenspartner oder Verwandter, s Vor § 765 Rn 18 ff, 27) oder stehen eine oder mehrere der Personen kraft ihres Statusses unter dem Schutz oder Zwang besonderer gesetzlicher Rechte oder Pflichten (zB aus dem Verbraucherrecht, Insolvenzrecht, s Vor § 765 Rn 38 ff, 50 ff), wird die Anwendung des Bürgschaftsrechts noch komplexer. Um so wichtiger ist es, sich die vertragstypischen Grundpflichten zu vergegenwärtigen.

2 **I. Bürge und Gläubiger.** Das Schuldverhältnis zwischen Bürgen und Gläubiger kommt durch Abschluss des Bürgschaftsvertrages zustande (§ 311 I). Er begründet eine **selbstständige** und **einseitige Verpflichtung des Bürgen**, dem Gläubiger eines Dritten **für die Erfüllung einer schuldrechtlichen Verbindlichkeit** (jeglicher Art, Vor § 765 Rn 8) des Dritten einzustehen (Vor § 765 Rn 5). Trotz der **Akzessorietät** zum Rechtsverhältnis zwischen Gläubiger und Hauptschuldner (Vor § 765 Rn 10) bestimmt sich der Rechtscharakter der Bürgschaft nicht aus der Natur der Hauptschuld (BGHZ 139, 214, 217). Der Bürge begründet seine – **subsidiäre** (s Vor § 765 Rn 12) – **Verpflichtung** unabhängig (**abstrakt**) zu diesem Rechtsverhältnis (Vor § 765 Rn 6). Für den **Gläubiger** ergeben sich aus dem Bürgschaftsvertrag nur Nebenpflichten (s Rn 55 ff).

3 Die Parteien können im Vertrag die Pflichten des Bürgen innerhalb der Grenzen der guten Sitten (s Rn 21 ff) und des AGB-Rechts (§§ 305 ff) erweitern (**Vertragsfreiheit**). Sie können zB vorsehen (bei der Höchstbetragsbürgschaft nur begrenzt: Rn 89), dass die Bürgschaft auch Nebenforderungen (s zB BGHZ 104, 240, 242) und etwaige **Ersatzforderungen** erfasst: zB Rückforderungsansprüche aus § 812 wegen Unwirksamkeit des Darlehensvertrages (BGH NJW 87, 2076, 2077); Schadensersatzansprüche wegen Nichterfüllung (BGHZ 153, 311, 318 bzw 320). Ob dies der Fall ist, ist ggf durch Auslegung des Bürgschaftsvertrages nach § 133, 157 zu ermitteln. Das Akzessorietätsprinzip (Vor § 765 Rn 10) streitet dabei stets gegen die Ausdehnung der Bürgschaftsverpflichtung auf eine Haftung für Ersatzforderungen jenseits der Hauptschuld. Ebenso können die Parteien individualvertraglich vereinbaren, dass der Bürge neben der Bürgschaft **weitere Sicherungsmittel** stellt. Formularvertraglich ist dies jedoch unangemessen iSv § 307 (s BGHZ 92, 295, 299 f). Die Bürgschaft kann auch unter eine **Bedingung** gestellt werden (zB auflagenfreie Erfüllung des Hauptvertrags durch den Gläubiger, vgl BGH WM 03, 1948, 1951).

4 **II. Gläubiger und Hauptschuldner.** Gläubiger und Hauptschuldner sind durch das die **Hauptschuld** begründende Rechtsverhältnis verbunden, das dem zu sichernden Anspruch zugrunde liegt. Grds ist kein Schuldner verpflichtet, seinem Gläubiger einen Bürgen zu stellen. Häufig machen (künftige) Gläubiger die Gewährung einer Leistung aber in einer **Sicherungsabrede** oder aufgrund gesetzlicher Regelung (zB § 648 a) von der Stellung einer Sicherheit abhängig. In der Praxis wird der Sicherungsvereinbarung oft der Entwurf des Bürgschaftstextes beigefügt (vgl zB BGH NJW-RR 05, 458, 459). Eine Verpflichtung zur **Sicherheitsleistung** (§ 232) kann nach § 239 durch die selbstschuldnerische Bürgschaft eines tauglichen Bürgen erfüllt werden.

5 Entfällt der Sicherungszweck oder ist die Sicherungsabrede unwirksam, kann der Hauptschuldner die Auflösung des Bürgschaftsvertrages und Rückgabe der Bürgschaftsurkunde verlangen (vgl zB BGH NJW 89, 1482 f, Ddorf NJW 03, 3716 f). Nimmt der Gläubiger den Bürgen abredewidrig in Anspruch, kann der Hauptschuld-

ner Unterlassung und ggf Rückerstattung der vom Bürgen erhaltenen Zahlung (BGHZ 139, 325, 328) oder Freistellung vom Aufwendungsersatzanspruch des Bürgen (s Rn 7) verlangen (BGHZ 152, 246, 254). Der Gläubiger ist ggü dem Hauptschuldner **nicht verpflichtet**, den Bürgen in Anspruch zu nehmen (arg § 771). Dementspr stellt die Nicht-Inanspruchnahme im Schadensersatzprozess zwischen Gläubiger und Hauptschuldner kein Mitverschulden iSv § 254 dar (BGH DB 1959, 284). 6

III. Hauptschuldner und Bürge. Oft ist das Verhältnis zwischen Hauptschuldner und Bürgen als ein **Auftragsverhältnis** nach §§ 662 ff oder ein **Geschäftsbesorgungsvertrag** (ggf als **Avalkreditvertrag**, vgl Vor § 765 Rn 37) zu qualifizieren (s § 775 I; RGZ 59, 10, 11 f). Daraus erwächst dem **Bürgen** ein Aufwendungsersatzanspruch nach §§ 670, 683 (s § 774 Rn 16 ff), der neben den Anspruch aus übergangenem Recht nach § 774 I 1 tritt (arg Mot II 675 f; RGZ 59, 207, 209; MüKo/*Habersack* § 765 Rn 7). Möglich ist auch eine **GoA** zwischen Hauptschuldner und Bürge (Staud/*Horn* § 765 Rn 104). Der Bürge ist kraft seines Rechtsverhältnisses zum Schuldner verpflichtet, die **Interessen des Hauptschuldners** zu wahren und zu schützen (BGHZ 143, 381, 387). So darf eine Bank nicht ohne Abstimmung und ggf. Belehrung anstelle der beauftragten einfachen Bürgschaft eine Bürgschaft auf erstes Anfordern (Rn 75) abgeben. Vor Zahlung an den Gläubiger muss der Bürge ggf aufgrund der Umstände des Einzelfalls Rücksprache beim Hauptschuldner wegen des Bestehens von etwaigen Gegenrechten halten (s § 774 Rn 24). 7

B. Zustandekommen des Bürgschaftsvertrages. Meist wird der Bürgschaftsvertrag zweiseitig zwischen **Bürgen und Gläubiger** abgeschlossen, ohne dass es einer Mitwirkung des Schuldners bedarf. In der Praxis führt die Vertragsfreiheit zu vielen Varianten (s.a. Staud/*Horn* § 765 Rn 132 ff): zB der Vereinbarung der Bürgschaft durch eine einzelne **Klausel** in einem mehrseitigen Vertrag. Der Gläubiger der Hauptforderung und der Gläubiger der Bürgschaftsforderung müssen identisch sein (s Vor § 765 Rn 11). Als abstraktes Rechtsgeschäft kann die Bürgschaft **auch ohne Wissen und gegen den Willen des Schuldners** übernommen werden (BGHZ 143, 381, 385). 8

Für den **Vertragsschluss** gelten die §§ 145 ff (insbes ist der Zugang der Annahme unter den Voraussetzungen von § 151 S 1 entbehrlich; vgl BGHZ 158, 286, 294 für eine Vertragsänderung). Eine Stellvertretung ist nach den allg Regeln der §§ 164 ff möglich. Zur **Form** s § 766 und § 350 HGB; zum eingeschränkten **Widerrufsrecht** des Verbrauchers s Vor § 765 Rn 39. 9

In vielen Fallkonstellationen ist aufgrund eines in der Person des Bürgen liegenden Grundes eine **Zustimmung** zum Abschluss des Bürgschaftsvertrages nach allg Vorschriften außerhalb des Bürgschaftsrechts einzuholen. Die Zustimmung kann eine Wirksamkeitsvoraussetzung sein: zB die des Aufsichtsrats nach § 89 I AktG (s Vor § 765 Rn 31), die des Gerichts nach § 1822 Nr 10 (Vormund), § 1908 (Betreuer), § 1915 (Pfleger), § 1643 I (Eltern), oder die einer kommunalen Aufsichtsbehörde (BGHZ 142, 51, 53 ff: Schwebende Unwirksamkeit des Bürgschaftsvertrags bis zur Zustimmung; der fehlende Hinweis auf die Zustimmungspflicht kann zu Schadensersatz aus vorvertraglichen Verhalten führen, wobei nach § 254 I Mitverschulden des Vertragpartners zu berücksichtigen ist). Oft besteht eine Pflicht zur Einholung der Zustimmung der Gesellschafterversammlung (s zB § 116 II HGB; § 37 I GmbHG iVm den in der Praxis üblichen Zustimmungskatalogen im Gesellschaftsvertrag oder iVm § 46 Nr 6 GmbHG), deren Verletzung nur gesellschaftsinterne Folgen hat (zB Haftung aus § 43 GmbHG). 10

Der Bürgschaftsvertrag kann auch **zwischen Bürgen** und einer anderen Person als dem Gläubiger (zB dem **Hauptschuldner**) zugunsten eines Gläubigers **als Vertrag zugunsten Dritter** (§ 328 I) abgeschlossen werden (BGHZ 115, 177, 183): Der Gläubiger kann die zu seinen Gunsten angebotene Bürgschaft nach § 333 zurückweisen. Nach § 334 muss er alle Einwendungen aus dem Vertrag zwischen Bürgen und Hauptschuldner gegen sich gelten lassen. Der zwischen dem Hauptschuldner und einer Bank abgeschlossene **Avalkreditvertrag** (vgl Vor § 765 Rn 37) ist idR kein Vertrag zugunsten des Gläubigers (BGH NJW 84, 2088 f). 11

C. Wirksamkeit des Bürgschaftsvertrages. I. Bestimmbarkeit der Bürgschaftsschuld (insbesondere Globalbürgschaften). Die besicherte Hauptschuld muss entweder im Bürgschaftsvertrag genau bezeichnet oder **zumindest bestimmbar** sein (BGH NJW 88, 907). Dies gilt insbes für **bedingte** und **künftige** Verbindlichkeiten iSv § 765 II (s § 767 Rn 4). Bei Bürgschaften, die auf Seiten des Bürgen ein **Handelsgeschäft** darstellen, führt die Anerkennung eines Rechnungsabschlusses durch den Hauptschuldner nach Einstellung der Forderung in ein **Kontokorrent** zu einer summenmäßigen Begrenzung auf den Saldo (§ 356 HGB). Bei mehreren Rechnungsabschlüssen gilt der niedrigste (BGHZ 26, 142, 150). Änderungen zwischen den Abschlüssen sind unerheblich (vgl zB BGHZ 50, 277, 283 f für den Fall eines niedrigeren Saldos). 12

Bei **Globalbürgschaften** verpflichtet sich der Bürge in einer weiten Sicherungszweckerklärung zur Übernahme einer Bürgschaft für **alle** gegenwärtigen und künftigen Verbindlichkeiten (vgl § 765 II) des Hauptschuldners. Globalbürgschaften verstoßen nicht gegen den Bestimmtheitsgrundsatz: der umfassende Begriff „alle" beschreibt die Verbindlichkeiten in hinreichend bestimmter Weise. Sinn des Bestimmtheitsgrundsatzes ist es nicht, den Bürgen vor der Eingehung unübersehbarer und unkontrollierbarer Belastungen zu bewahren (BGHZ 130, 19, 22). Aus diesem Grund ist eine **individualvertragliche** Vereinbarung einer Globalbürgschaft grds wirksam (Erman/*Herrmann* § 765 Rn 3). Eine **formularvertraglich** vereinbarte Globalbürgschaft ist hingegen idR **unwirksam** (s.u. Rn 16 ff). 13

14　**II. AGB-Kontrolle von Bürgschaftsklauseln (insbesondere Globalbürgschaften).** Nach dem AGB-Recht in §§ 305-310 können einzelne Klauseln unwirksam sein (zur Einbeziehung von AGB in den Bürgschaftsvertrag s Vor § 765 Rn 35): Aus dem Katalog der §§ 308, 309 ist insbes § 309 Nr 12 von Bedeutung. Danach ist eine Klausel unwirksam, durch welche der Gläubiger dem Bürgen die **Beweislast für das Nicht-Bestehen der** verbürgten **Forderung** – über die der Gläubiger am besten Bescheid wissen sollte – auferlegt (MüKo/*Habersack* § 765 Rn 34). Eine Klausel, die dem **Abschlussvertreter** eines Bürgen (z. B. Prokurist) eine Einstandspflicht ohne hierauf gerichtete ausdrückliche und gesonderte Erklärung auferlegt, verstößt gegen § 309 Nr 11 lit a (BGHZ 148, 302, 304).

15　Ist eine Klausel unwirksam, so bleibt der Vertrag nach § 306 I **im Übrigen wirksam.** Die Lücke ist idR nach § 306 II mit den gesetzlichen Vorschriften zu schließen (s aber Rn 20 für die Globalbürgschaft) und der Vertrag anschließend unter Berücksichtigung der Lückenfüllung einer Unzumutbarkeitsprüfung nach § 306 III zu unterziehen. Ausnahmsweise kann die durch die Unwirksamkeit einer oder mehrerer Klauseln entstandene Lücke so groß sein, dass der als wirksam anzusehende Rest im Gesamtgefüge des Vertrages nicht mehr sinnvoll ist: Dann ergreift die Unwirksamkeit der Teilklausel die Gesamtregelung (idS BGH NJW 92, 896, 897 f und BGHZ 130, 19, 34 ff: beides Fälle zum Bürgschaftsrecht, in denen die Gesamtunwirksamkeit geprüft und abgelehnt wurde).

16　Eine **formularvertragliche Globalbürgschaftsklausel** kann **überraschend** iSv § 305c I sein: zB wenn der Bürge die Bürgschaft aus Anlass der Gewährung eines bestimmten Kredits übernommen hat (BGHZ 126, 174, 177; 130, 19, 24 ff; NJW 96, 1470, 1472 f). Die Begrenzung auf einen Höchstbetrag ändert an dem Vorliegen des überraschenden Charakters der Klausel nichts (aaO 1473). Eine Überraschung iSv § 305 c I ist ausnahmsweise zu verneinen, wenn sich der Bürge bei der Übernahme der Bürgschaft die Höhe der Hauptschuld nicht vorstellt und sich keine Gedanken über deren Größenordnung macht (BGHZ 130, 19, 28).

17　Ist die formularvertragliche Globalbürgschaft nicht überraschend, ist sie gleichwohl idR als **unangemessene Benachteiligung** iSv § 307 I, II 1 unwirksam: Nach dem in § 767 I 3 zum Ausdruck kommenden Leitgedanken kann die Haftung des Bürgen nicht ohne dessen Mitwirkung durch Rechtsgeschäfte des Hauptschuldners mit dem Gläubiger nachträglich über die „Anlassforderung" hinaus erweitert werden (Verbot der Fremdbestimmung), BGHZ 130, 19, 26 f; ZIP 2001, 1361. Eine formularmäßig weite Zweckerklärung trägt – auch bei Höchstbetragbürgschaften (s Rn 89), insbes bei solchen über einen die Anlassforderung übersteigenden Betrag (BGHZ 143, 95, 100; BAG NJW 00, 3299, 3301) – ein unabsehbares und nicht beherrschbares Risiko, das zu einer untragbaren Belastung führen kann (BGH ZIP 01, 1361). Deswegen verstößt eine Globalbürgschaft, die die Haftung auf alle bestehenden und künftigen Ansprüche (dazu BGHZ 130, 19, 27; 156, 302, 310) oder auch nur auf alle bestehenden, aber nicht bezeichneten Forderungen (dazu BGHZ 143, 95 98 ff; krit *Siems* JuS 01, 429, 432 ff) erweitert, gegen **Treu und Glauben** (§ 242). So auch BAG NJW 00, 3299, 3301: Unwirksame Höchstbetragsbürgschaft einer Mutter für alle Ansprüche des Arbeitgebers gegen ihren Sohn (Verkaufsfahrer) aus dem Arbeitsverhältnis.

18　Diese Grundsätze gelten grds auch für **Bürgschaften von Kaufleuten** und juristischen Personen (zB BGHZ 151, 374, 378 ff: Unwirksamkeit der formularvertraglichen Globalbürgschaft einer GmbH für ihren Alleingesellschafter). Ausnahmen (Wirksamkeit): (i) Die Übernahme gehört zum typischen Geschäftsbetrieb und wird entgeltlich übernommen (BGH ZIP 01, 1361) (ii) Der Bürge kennt Art und Umfang der verbürgten künftigen Kredite (vgl BGH NJW 00, 1179,1182), kann eine Erweiterung der Verbindlichkeiten des Hauptschuldners verhindern und damit das **Risiko steuern** und begrenzen.

19　Dieser Maßstab ist vor allem auch an **Bürgschaften für Gesellschaften** anzulegen, zB durch den Allein-oder **Mehrheitsgesellschafter** – auch den Strohmann (BGH NJW 02, 1337, 1339) – oder den **Geschäftsführer einer Gesellschaft** (BGHZ 130, 19, 30; 142, 213, 216 ff; 151, 374, 377 f; 153, 293, 298; WM 04, 121, 122). Bei einem Anteil des Bürgen in Höhe von 50 % oder weniger an der Gesellschaft ist nach dem Inhalt des Gesellschaftsvertrags zu entscheiden, ob der Bürge steuern kann, wie sich die verbürgte Verbindlichkeit entwickelt (BGHZ, 142, 213, 216 f). Wirksam ist auch die Bürgschaft des **Prokuristen** oder Handlungsbevollmächtigten, der mit Zustimmung der Gesellschafter quasi wie ein Geschäftsführer die Geschäfte führen und Art und Höhe der Verbindlichkeiten der Gesellschaften beeinflussen kann (BGH NJW 00, 1179, 1182). Formalvertraglich vereinbarte Globalbürgschaften von „gewöhnlichen" **Kommanditisten** einer KG (vgl BGHZ 130, 19, 30) oder **Minderheitengesellschaftern** ohne bestimmenden Einfluss (BGHZ 142, 213, 215 ff; BGH ZIP 03, 621, 622) sind hingegen unwirksam.

20　Ist die Globalbürgschaftsklausel nach §§ 305c, 307 unwirksam, **begrenzt** die Rechtsprechung im Wege der ergänzenden Vertragsauslegung zur Füllung der entstehenden – durch dispositives Recht nicht füllbaren – Lücke **die Haftung** des Bürgen auf die Hauptschuld, die Anlass der Bürgschaft war (**Anlassbürgschaft** BGHZ 137, 153, 157; s zB BGH ZIP 01, 1361, 1362; WM 02, 919, 920; 03 1563, 1566; kritisch zB Jauernig/*Stadler* § 765 Rn 14; *Schmitz-Herscheidt* ZIP 98, 1218; *Masuch* BB 98, 2590, 2592 ff). Dazu muss der Gläubiger darlegen und beweisen, dass die Bürgschaft sich gerade auf die geltend gemachte Hauptschuld erstreckt (arg 767 I 1, BGHZ 143, 95, 102). Hat sich der Anlassbürge über den Umfang der Hauptschuld keine Gedanken gemacht, ist der Anlass objektiv nach dem Sicherungsbedürfniss zum Zeitpunkt des Vertragsschlusses zu bestimmen (BGHZ 142, 213, 218). Die Anlassbürgschaft schließt Nebenforderungen ein, soweit diese voraussehbar waren (BGH NJW 00, 2580, 2581 f: Zinsen). Bei einer Anlassbürgschaft für einen **Kontokorrentkredit** wird die Haftung begrenzt auf das zum Zeitpunkt der Bürgschaftsübernahme bestehende Kreditlimit (BGHZ 130, 19, 34). Bei einem unlimitierten Kredit beschränkt sich die Bürgschaft auf die Höhe des Kreditsaldos am Tage der Bürgschaftserklärung (BGHZ 137, 153, 160 f).

III. Sittenmäßigkeit (§ 138 I). 1. Überblick. Die Auslegung von Bürgschaftsverträgen erfolgt im Spannungsverhältnis zwischen einerseits der in Art 2 I GG begründeten Vertragsfreiheit für alle Parteien und andererseits der aus dem Sozialstaatsprinzip (Art 20 I, 28 I GG) abgeleiteten Verpflichtung, bei der Konkretisierung der zivilrechtlichen Generalklausel in § 138 I über eine Inhaltskontrolle korrigierend in die Privatautonomie einzugreifen, wenn sich das starke Übergewicht des einen Vertragsteils für den anderen als Fremdbestimmung darstellt (BVerfGE 89, 214, 231-234; BGHZ 140, 395, 397 f). Dies kann insbes der Fall sein, wenn ein dem Hauptschuldner durch emotionale Nähe verbundener Bürge einer wirtschaftlich rational handelnden Bank **strukturell unterlegen** ist (*Nobbe/Kirchhof*, BKR 01, 5, 7) und zugleich von ihr **in krasser Weise finanziell überfordert** wird. Dabei hängt die Anwendung von § 138 I vom Grad des Missverhältnisses zwischen dem Verpflichtungsumfang und der finanziellen Leistungsfähigkeit des dem Hauptschuldner persönlich nahe stehenden Bürgen ab (zB BGHZ 151, 34, 36 f).

Für diese Fälle hat die Rspr die **widerlegliche Vermutung** entwickelt, dass der Gläubiger die typischerweise gegebene emotionale Beziehung zwischen dem Bürgen und dem Hauptschuldner in sittlich anstößiger Weise ausgenutzt hat (BGHZ 146, 37, 42 ff u zB 156, 302, 307; NJW 05, 971, 972; 05, 973, 975). Seit der Einführung der Restschuldbefreiung durch die sozialen Schutznormen in §§ 286 ff InsO können die Folgen einer krassen finanziellen Überforderung zwar abgemildert werden. Im Ansatz ändert das aber nichts an der Begrenzung der Vertragsfreiheit bei billigender Inkaufnahme eines objektiven Sittenverstoßes (Frankf NJW 04, 2392, 2393 f; BGHZ 156, 302, 306: offen gelassen, ob deshalb Verschiebung der Grenze für eine finanzielle Überforderung; krit zB *Medicus* JuS 99, 833, 838 f: für die Lösung dieser Fälle über Verschulden bei Vertragsverhandlungen, vgl § 311 II).

Verstößt der Bürgschaftsvertrag gegen § 138 I, so ist er **nichtig**. Eine teilweise Aufrechterhaltung des Vertrages scheidet aus (BGHZ 68, 204, 206 f; 136, 347 ff; NJW 00, 1182, 1185). In extrem gelagerten Ausnahmefällen, in denen es mit dem Gerechtigkeitsgedanken schlechterdings unvereinbar wäre, dem Inhaber eines aufgrund eines sittenwidrigen Bürgschaftsvertrags erlangten Titels (zB Versäumnisurteil, Vollstreckungsbescheid) seine formale Rechtsstellung zu belassen, kommt sogar eine Durchbrechung der Rechtskraft nach § 826 in Betracht (im konkreten Einzelfall abgelehnt in BGHZ 151, 316, 327 ff).

Die Rspr hat insbes unter folgenden Voraussetzungen eine Sittenwidrigkeit nach § 138 I angenommen (eine Sittenwidrigkeit nach § 138 II scheidet aus, da es hierfür an dem erforderlichen Leistungsaustausch zwischen Bürgen und Gläubiger fehlt: BGH WM 88, 1156, 1159; NJW 01, 2466, 2467):

2. Krasse finanzielle Überforderung des Bürgen bei Ausnutzung emotionaler Verbundenheit. a) Krasse finanzielle Überforderung. Die die Vermutung der Sittenwidrigkeit mit begründende finanzielle krasse Überforderung (vgl Rn 21 f) erfordert ein **erhebliches Missverhältnis** zwischen der Leistungsfähigkeit des Bürgen und der Gesamthöhe der übernommenen Verbindlichkeit. Unerheblich ist, ob der Gläubiger nur eine Teilsumme geltend macht (Derleder/Knops/Bamberger/*Knops*, § 20 Rn 43; aA implizit Kobl WM 00, 31, 33). Maßgeblich ist das sich aus der Vertragsgestaltung ergebende rechtliche Risiko, sofern es nicht offenbar und hinreichend sicher deutlich herabgesetzt ist (BGHZ 136, 347, 353; 146, 37, 44; 151, 316, 319: ua Nichtberücksichtigung zusätzlich abgetretener Lebensversicherungen).

Ein Missverhältnis liegt vor, wenn der Bürge bei lebensnaher Betrachtung aller erwerbsrelevanten Umstände wie zB Alter, Ausbildung, familiäre Belastungen (BGH NJW 05, 971, 972) im Zeitpunkt des Vertragsabschlusses aus der Sicht eines vernünftigen und seriösen Kreditgebers (BGH NJW 05, 973, 974) nicht einmal in der Lage sein wird (**Prognose**), **die laufenden Zinsen aus** dem **pfändbaren Teil** seines **Einkommens und Vermögens** bei Eintritt des Sicherungsfalls dauerhaft aufzubringen (BGHZ 146, 37, 42 f; 156, 302, 306; NJW 05, 971, 972).

Die **Leistungsfähigkeit des Bürgen** beurteilt sich ausschließlich nach seinen Vermögensverhältnissen; die Finanzkraft des Hauptschuldners ist unerheblich (BGHZ 146, 37, 43; NJW 02, 2705, 2706; s.a. 05, 973, 975 für den einseitig verpflichteten Mithaftenden). Dem Bürgen ist zuzumuten, dass von ihm bewohnte Eigenheim als einzigen werthaltigen Vermögensgegenstand zur Befriedigung des Gläubigers einzusetzen (BGHZ 152, 147, 151; *Tiedke* NJW 03, 1359, 1360).

Auf dem unbeweglichen Vermögen des Bürgen **ruhende dingliche Belastungen** sind wertmindernd zu berücksichtigen (BGHZ 151, 34, 38 f). Zu beachten sind zB auch etwaige Innenausgleichsansprüche aus § 767 gegenüber vermögenden Mitbürgen (BGHZ 137, 329, 338) oder ein Freistellungsanspruch des Strohmann-Bürgens aus § 257 iVm § 670 gegenüber dem Treugeber (aaO 339). Unbeachtlich sind theoretisch denkbare, praktisch aber ganz unwahrscheinliche Ereignisse wie ein Lotteriegewinn oder eine später (nach Vertragsabschluss) erfolgte unerwartete Erbschaft (BGHZ 120, 272, 276).

Bei der Prüfung der Einkommensverhältnisse eines Ehegatten, der für ein **Existenzgründungsdarlehen** an den anderen Ehegatten bürgen und sein Einkommen ausschließlich als Angestellter des zu gründenden Unternehmens erzielen soll, dürfen weder unrealistische Marktanalysen für die Unternehmensentwicklung zugrunde gelegt noch darf die künftige Ertragskraft des zu finanzierenden Unternehmens überschätzt werden (BGH NJW 05, 971, 972).

30 Der Erfahrungssatz, dass sich die Einkommensverhältnisse von Personen in der Regel nicht völlig unerwartet ändern, streitet für eine widerlegliche **Vermutung**, dass die bei Eintritt des Sicherungsfalles tatsächlich bestehenden Einkommens- und Vermögensverhältnisse des Bürgens bei Übernahme der Bürgschaft vorhersehbar waren (*Nobbe/Kirchhof*, BKR 01, 5, 10; BGHZ (IX. ZS) 132, 328, 335; s aber auch *Nobbe/Kirchhof* aaO 15 aE zur offenen Rspr des XI. ZS).

31 **b) Emotionale Verbundenheit. aa) Grundfälle.** Die Grundfälle, in denen die sittenwidrige Ausnutzung der Gefühlslage eines krass finanziell überforderten Bürgen vermutet wird (Rn 21 f), betreffen Bürgschaften für **dem Hauptschuldner nahe stehende Personen**. Hierzu gehören insbes Bürgschaften des Ehegatten (BGHZ 146, 37 ff; NJW 05, 971), der Verlobten (BGHZ 136, 347, 350), des nichtehelichen Lebenspartners (BGH NJW 00, 1182; 02, 744), der Eltern (BGH NJW 01, 2466, 2467), uU eines Geschwisterteils (BGHZ 137, 329, 334 f; abgelehnt in 140, 395, 399 f) oder eines gerade erwachsen gewordenen Kindes (BGHZ 125, 206, 213: hier kommt die Ausnutzung der Verletzung der elterlichen Rücksichtnahmepflicht aus § 1618 a hinzu; dazu Schimansky/Bunte/Lwowski/*Schmitz* § 91 Rn 35; BGH NJW 97, 52, 53).

32 **bb) Widerlegung der Vermutung.** Der Gläubiger kann die Vermutung sittenwidriger Ausnutzung der emotionalen Verbundenheit (Rn 22) widerlegen. Er kann über die tatsächlichen Vermögensverhältnisse **getäuscht** worden sein (ie der einzig verbleibende Rechtfertigungsfall der Nichtkenntnis, vgl BGH NJW 00, 1182, 1183 und *Nobbe/Kirchhof* BKR 01, 5, 10 f). Er kann darlegen, dass der **Bürge ein hinreichendes eigenes Interesse an der Kreditaufnahme** gehabt hat. Dabei muss es sich um einen **unmittelbar** und ins Gewicht fallenden geldwerten Vorteil aus der Verwendung der Darlehensvaluta handeln (BGHZ 146, 37, 45; WM 1563, 1565). Bsp: Erwerb von Miteigentum an dem aus Kreditmitteln zu erwerbenden Haus (BGHZ 120, 272, 278); gemeinsamer Aufbau eines Hotelbetriebs (trotz fehlender rechtlicher Absicherung: BGH WM 03, 1563, 1565); Finanzierung des zu aufwendigen Lebensstils von Bürge und Hauptschuldner (*Nobbe/Kirchhof* BKR 01, 5, 12; BGH NJW 99, 135).

33 Kein hinreichendes eigenes Interesse begründen hingegen **mittelbare** Vorteile wie zB eine Wohngelegenheit in dem mit dem verbürgten Kredit erbauten Haus (BGH NJW 00, 1182, 1184) oder die Aussicht auf eine höhere Unterhaltsleistung (BGHZ 120, 272, 278). Wenn der Abschluss des Darlehensvertrages nur **teilweise** im Interesse des Bürgen liegt, ist eine **Teilnichtigkeit** des Bürgschaftsvertrages nach § 139 in Betracht zu ziehen (BGHZ 146, 37, 47 f).

34 Keine Rechtfertigung für ein wirtschaftlich sinnloses Mithaftungsbegehren des Kreditgebers stellt allein das Ziel dar, Vermögensverschiebungen vorzubeugen (BGHZ 151, 34, 39 ff); anders kann es sein, wenn eine beiderseits erkennbare Absicht zur Vermögensverlagerung hinzukommt (s *Nobbe/Kirchhof*, BKR 01, 5, 11 unter Hinweis auf den Einwand des Rechtsmissbrauchs bis zu einer – im Verhältnis zur Kreditsumme erheblichen (vgl BGH aaO 40) – tatsächlichen Vermögensverlagerung; MüKo/*Habersack*, § 765 Rn 28). Zulässig kann im Einzelfall eine **Vertragsgestaltung** sein, die die Haftung des Bürgen (mittels **pactum de non petendo**) auf das dem Bürgen vom Hauptschuldner übertragene Vermögen (MüKo/*Habersack* aaO) oder auf das bei Fälligkeit des Kredits vorhandene Vermögen (Larenz/*Canaris*, II/2 § 60 II 3 b) beschränkt.

35 **3. Bürgschaften von Gesellschaftern und Geschäftsführern.** Bei Bürgschaften von Gesellschaftern und Geschäftsführern für ihre Gesellschaft besteht auch bei krasser finanzieller Überforderung keine Vermutung der Sittenwidrigkeit. Ein Kreditinstitut hat grds ein berechtigtes Interesse daran, die persönliche Haftung **maßgeblich beteiligter Gesellschafter** sowie der **Geschäftsführer** für Geschäftskredite zu verlangen (BGH NJW 02, 956; 02, 1337, 1338). Der Darlehensgeber darf im Allgemeinen davon ausgehen, dass die Bürgenhaftung in diesen Fällen kein unzumutbares Risiko darstellt: Der Gesellschafter-Bürge wird sich idR aus eigenem finanziellen Interesse an der Hauptschuldner-Gesellschaft beteiligt haben (BGHZ 137, 329, 336; BGH NJW 00, 1179, 1181; s.a. NJW-RR 02, 1130: Mönch als Bürge). Der Geschäftsführer kann idR die Entstehung der Gesellschaftsschulden beeinflussen (BGH aaO).

36 Nur bei unbedeutenden Bagatell- und Splitterbeteiligungen des bürgenden Gesellschafters ist eine andere Beurteilung – und damit die Annahme der Sittenwidrigkeit – denkbar (BGH WM 03, 275, 276: 10 %-iger GmbH-Anteil noch maßgeblich; die Beteiligungsgrenze ist hier damit wesentlich niedriger als bei der Prüfung von § 307; s Rn 19).

37 Gleiches gilt für die Bürgschaft eines **Kommanditisten** für die Verbindlichkeiten der KG (BGH NJW 02, 2634, 2635). Unerheblich ist es, ob der bürgende Gesellschafter lediglich **Strohmann** ist (BGHZ 137, 329, 336 f; NJW 02, 956; 02, 2634, 2635), es sei denn, der Darlehensgeber weiß bei Abschluss des Bürgschaftsvertrages positiv oder muss offensichtlich wissen („darf ... davor nicht die Augen verschließen"), dass der Bürge wirtschaftlich nicht beteiligt ist und nur aus emotionaler Verbundenheit handelt (BGHZ 137, 329, 337; NJW 02, 1337, 1339; 02, 2634, 2635).

38 Beim **Handlungsbevollmächtigten** ist im Einzelfall zu prüfen, ob er hinreichende Einflussmöglichkeiten hat, die das Risiko zumutbar erscheinen lassen (vgl BGH NJW 00, 1179, 1181: Geschäftsleitung anstelle des Geschäftsführers reicht aus).

Der **Bürge** trägt die **Darlegungs- und Beweislast** für seine krasse finanzielle Überforderung, für das Vorliegen eines Ausnahmetatbestandes (zB nur unerhebliche Beteiligung oder Einflussmöglichkeit, emotionale Verbundenheit ohne eigenes wirtschaftliches Interesse) und für die Kenntnis oder das Kennen-Müssens des Gläubigers (vgl BGH NJW 02, 1337). 39

4. Sonstige Fälle der Sittenwidrigkeit nach § 138 I (inkl Arbeitnehmerbürgschaften). Die Bürgschaft eines **Arbeitnehmers** für seinen Arbeitgeber kann trotz typischerweise fehlender emotionaler Verbundenheit ebenfalls sittenwidrig sein: Wenn eine strukturell weit überlegene Gläubigerin (zB Bank) eines Arbeitgebers in wirtschaftlicher Notlage bei einem Arbeitnehmer mit mäßigem Einkommen die Angst um den Arbeitsplatz ausnutzt (BGHZ 156, 302, 307 ff; *Seifert* NJW 04, 1708 ff: Finanzielle Überforderung wegen Wegfall des Arbeitsplatzes spätestens bei Eintritt des Sicherungsfalls). Offen bleibt, ob in diesen Fällen eine Vermutung für ein weitgehend fremdbestimmtes Handeln des Arbeitnehmers spricht (BGHZ 156, 302, 308). 40

Ein Bürgschaftsvertrag kann ausnahmsweise aufgrund besonderer Umstände auch **ohne krasse finanzielle Überforderung** des mit dem Hauptschuldner emotional verbundenen Bürgen sittenwidrig sein: wenn sich dies aus dem Gesamtcharakter des Vertrages ergibt (BGHZ 125, 206, 209; WM 97, 511, 512). So zB (i) bei Ausnutzung des Ungleichgewichts der Verhandlungslage durch **Verharmlosung des Umfangs** und der Tragweite **der Haftung** („für meine Akten", BGH NJW 94, 1341, 1343; „Formsache", BGH WM 03, 1563, 1565); (ii) bei Ausnutzung der geschäftlichen Unerfahrenheit des Bürgen (BGHZ 125, 206, 210); (iii) bei Ausübung psychischen Druck des Hauptschuldners auf den Bürgen (BGH WM 97, 511, 512); (iv) bei Täuschung durch den Gläubiger über die Zahlungsfähigkeit des Hauptschuldners (BGH NJW 01, 2466, 2467). Dafür trifft den Bürgen die **Beweislast** (vgl jeweils implizit BGH NJW 01, 2466, 2467; 02, 1337, 1339). 41

Keine Sittenwidrigkeit folgt hingegen idR aus: (i) Übersicherung (MüKo/*Habersack* § 765 Rn 30 unter Hinweis auf die Akzessorität der Bürgschaft); (ii) Übernahme einer Bürgschaft gegen die bloße Zusage des Gläubigers, von einer Strafanzeige gegen den Hauptschuldner abzusehen (RGZ 33, 337, 339; s.a. Rn 49, 52). 42

5. Der subjektive Tatbestand des § 138 I. Der Gläubiger muss die die Sittenwidrigkeit begründenden Umstände kennen und ausnutzen oder sich den ihm aufdrängenden Umständen bewusst verschließen (BGH NJW 02, 744, 745). Fragt eine Bank nicht nach, so ist davon auszugehen, dass ihr die objektiven Umstände bekannt waren (Köln WM 03, 280, 282). 43

IV. Anfechtung. 1. Irrtum nach § 119. Bei einem Inhalts- oder Erklärungsirrtum kann der **Bürge** seine Bürgschaftserklärung nach § 119 I anfechten: vgl zB BGH WM 57, 66, 67 (Motivirrtum über Existenz eines Mitbürgen unerheblich; Verwechslung von Nachbürgschaft und Mitbürgschaft erheblich); BGHZ 91, 324, 329 (fehlendes Erklärungsbewusstsein bei Abgabe einer objektiv als Bürgschaft zu verstehenden Erklärung); NJW 95, 190, 191 (Unterzeichnung der Bürgschaftsurkunde im Glauben, es sei eine Geldanlage). Kein Irrtum liegt vor, wenn der Bürge die Bürgschaftsurkunde ungelesen unterschreibt, ohne sich von deren Inhalt eine bestimmte, unrichtige Vorstellung zu machen (BGH NJW 02, 956, 957: Unterschrift ohne Brille). 44

Ein zur Anfechtung nach § 119 II berechtigender Eigenschaftsirrtum ist selten: insbes berechtigt ein Irrtum über die Solvenz des Hauptschuldners den Bürgen nicht zur Anfechtung nach § 119 II, da er gerade das Insolvenzrisiko des Hauptschuldners übernimmt (BGH WM 56, 885, 889). Ein Irrtum über das Bestehen weiterer Sicherheiten für die Hauptschuld kann im Einzelfall zur Anfechtung berechtigen (vgl RGZ 75, 271 ff: Irrtum über das Bestehen eines Pfandrechts, welches den Bürgen bei Inanspruchnahme nach §§ 774 I, 412, 401 zustünde; *Weber* Kreditsicherheiten 60). Der Irrtum über die Werthaltigkeit einer weiteren Sicherheit berechtigt hingegen nicht zur Anfechtung (BGH WM 66, 92, 94). 45

Der **Gläubiger** kann einen Darlehensvertrag nach § 119 II anfechten, wenn er nachträglich von der Vermögenslosigkeit des Bürgen Kenntnis erlangt (Staud/*Horn* § 765 Rn 153; MüKo/*Kramer* § 119 Rn 126). 46

2. Täuschung nach § 123 I Alt 1. Täuscht der **Gläubiger** den Bürgen (ggf unter Verletzung einer Aufklärungspflicht, s Rn 57 f), kann der Bürge nach § 123 I Alt 1 anfechten: s BGH NJW 01, 3331 (Täuschung über die Erteilung weitere Aufträge durch den Gläubiger an den Hauptschuldner); BGH NJW-RR 02, 1133 (Täuschung über die Verwendung des verbürgten Darlehens zur Umschuldung). Subjektiv genügt es, dass der Gläubiger mit der Möglichkeit rechnet, der Bürge werde sich durch die falsche Vorstellung zur Abgabe der Bürgschaftserklärung bestimmen lassen (BGH WM 62, 1393, 1396). 47

Wenn der **Hauptschuldner** den Bürgen täuscht, so ist der Hauptschuldner idR **Dritter iSd § 123 II 1** (BGH WM 92, 1016): Der Bürge kann seine Bürgschaftserklärung anfechten, wenn der Gläubiger die Täuschung kannte oder kennen musste. Für eine fahrlässige Unkenntnis des Gläubiges reicht es, wenn die Umstände des Falles ihn veranlassen mussten, sich zu erkundigen, ob die Willenserklärung auf einer Täuschung beruht oder nicht (aaO 1016 f). Der Hauptschuldner ist ausnahmsweise nicht Dritter, wenn er als Verhandlungsführer oder -gehilfe des Gläubigers auftritt oder wegen einer besonders engen Beziehung zum Gläubiger als dessen Vertrauensperson erscheint (BGH WM 92, 1016). 48

3. Widerrechtliche Drohung (§ 123 I Alt 2). Eine Anfechtung nach § 123 I Alt 2 kann sich auf eine widerrechtliche Drohung gegenüber dem **Bürgen** stützen (vgl – iE erfolglos – NJW 02, 956: Drohung mit Entzug des „Hausgelds"). Oder auf eine widerrechtliche Drohung gegenüber dem **Hauptschuldner**: Wenn der Bürge 49 mit dem Hauptschuldner emotional so eng verbunden ist (vgl Rn 31), dass er bei seiner Entscheidung auf die Belange des Hauptschuldners Rücksicht nimmt. Nicht widerrechtlich sind idR Drohungen des Gläubigers mit: (i) Kündigung (WM 97, 511, 412) bzw Nichtverlängerung des Kredits (BGH NJW 96, 1274, 1275); (ii) Zwangsvollstreckungsmaßnahmen (WM 84, 1249), (iii) Strafanzeige (vgl aaO 1250 u BGHZ 25, 217, 221, 223 ff; s aber BGH WM 73, 36, 37; vgl auch Rn 42, 52), (iv) Insolvenzantrag (MüKo/*Habersack* § 765 Rn 39).

50 Ist eine Anfechtung wegen Versäumung der **Anfechtungsfrist** nach § 124 ausgeschlossen, kann der Bürge die Inanspruchnahme aus der Bürgschaft uU mit der Einrede des Rechtsmissbrauchs (§ 242) wegen Verletzung von **Nebenpflichten** (s Rn 62) oder der Arglisteinrede (§ 853; MüKo/*Stein* § 853 Rn 5) abwenden.

51 **V. Wegfall der Geschäftsgrundlage (§ 313).** Ein Wegfall der Geschäftsgrundlage kommt in aller Regel nicht in Betracht: Sowohl der unvorhergesehene Vermögensverfall (BGHZ 107, 92, 103 f; s aber Rn 66 zur Kündigungsmöglichkeit) als auch die Zahlungsunwilligkeit des Hauptschuldners (BGHZ 104, 240, 242) werden vom Bürgschaftsrisiko umfasst. Sie fallen in die Risikosphäre des Bürgen (arg §§ 773 I Nr. 3, 774 I). Im Einzelfall kann das Bürgschaftsrisiko durch vertragliche Abrede auf bestimmte Ursachen der Zahlungsunfähigkeit des Hauptschuldners beschränkt werden (BGHZ 107, 92, 104). Der Fortbestand anderer gleichrangiger (BGH NJW 94, 2146, 2147) oder nachrangiger (BGH NJW 79, 646) Sicherheiten stellt keine Geschäftsgrundlage der Bürgschaft dar.

52 Demgegenüber können außerhalb des typischen Bürgenrisikos liegende Umstände Geschäftsgrundlage sein: so zB die Erwartung, der Gläubiger werde gegen den Hauptschuldner keine Strafanzeige erstatten (obiter dictum BGH WM 73, 36; s.a. Rn 42, 49), eine geplante Sanierung werde in Angriff genommen (BGH WM 73, 752, 753) oder ein Übernahmevertrag werde durchgeführt (BGH WM 74, 1127, 1128). Auch die Ehe kann im Einzelfall Geschäftsgrundlage sein, wenn die Bürgschaft nicht sittenwidrig ist (s Rn 31) und allein zur Vermeidung von Vermögensverschiebungen abverlangt wurde (BGHZ 128, 230, 237 ff; 132, 328, 332 ff; abl zB *Petersen* Fam RZ 1998, 1215 ff). Eine Gesellschafterstellung des Bürgen beim Schuldner ist idR nicht Geschäftsgrundlage (BGH ZIP 99, 877, 878); dem Bürgen steht bei der Aufgabe dieser Stellung ein Kündigungsrecht zu: vgl Rn 66.

53 **D. Pflichten der Parteien. I. Pflichten des Bürgen.** Der Bürge steht für die Hauptschuld ein (**Hauptpflicht**), die unterschiedlichen Inhalts sein kann und die Bürgenschuld prägt (s Vor § 765 Rn 8, 10). Wenn der Bürge die Hauptschuld ihrem Inhalt nach nicht erfüllen kann, haftet er auf das **Erfüllungsinteresse** (Hburg ZMR 99, 630, 631: unvertretbare oder höchstpersönliche Leistung). Dies gilt im Zweifel auch für die Einstandspflicht für eine gegenständliche Leistung (abl BGH NJW 89, 1856, 1857: Hausbau), nicht aber notwendig für Handlungen oder Sachleistungen, die der Bürge nicht selbst erbringen kann (s BGH NJW 69, 1480: Freistellungsanspruch; RG SeuffA 87 Nr 185: Auflassung). **Erfüllungsort** ist nach § 269 grds der Wohnsitz des Bürgen (BGHZ 134, 127, 133).

54 **Nebenpflichten und Obliegenheiten** des Bürgen können sich aus §§ 241 II, 242 ergeben (s zB § 771 Rn 12: Erklärungspflicht). Daneben können sich Nebenpflichten und Obliegenheiten aus dem der Bürgschaft ggf zu Grunde liegenden Schuldverhältnis zwischen Hauptschuldner und Bürgen (so Rn 7; s zB § 768 Rn 2: Geltendmachung von Einreden; § 774 Rn 16: Anhörung des Hauptschuldners) ergeben. Wird eine Bank als Bürgin in Anspruch genommen, muss sie sich zunächst sorgfältig überzeugen, dass die verbürgte Hauptverbindlichkeit besteht (BGH NJW 05, 2552, 2554). Den Bürgen treffen idR **keine Warnpflichten** ggü dem Gläubiger (BGH NJW 87, 1631; für eine Ausnahme im Einzelfall – Hinweis auf Genehmigungsbedürftigkeit der Bürgschaft –: so Rn 9).

55 **II. Pflichten des Gläubigers.** Den Gläubiger treffen **keine Hauptpflichten** (vgl Rn 2). Die einzige im Bürgschaftsrecht ausdrücklich geregelte Pflicht enthält § 776, nach der die Aufgabe von Sicherheiten nicht zu Lasten des Bürgen erfolgen kann (s § 776 Rn 1). Aus dieser Bestimmung lässt sich aber **keine allgemeine Sorgfaltspflicht** des Gläubigers zur Wahrung der Bürgeninteressen herleiten (Mot II 678 ff; vgl zB BGH WM 63, 24, 25; 86, 11, 12). Gleichwohl unterliegt die Bürgschaft wie jedes deutsche Schuldverhältnis dem Grundsatz von **Treu und Glauben** (§ 242; BGH WM 63, 24, 25; implizit NJW 96, 1274, 1275). Damit können den Gläubiger in allen Phasen der Abwicklung des Bürgschaftsvertrages Schutz- und Aufklärungspflichten bzw. -obliegenheiten treffen – die dogmatische Unterscheidung ist meist unerheblich, s Rn 62 –, s zB § 776 Rn 3: keine willkürliche Aufgabe einer Sicherheit. Eine umfassende Freizeichnung des Gläubigers in **AGB** von den ihm obliegenden Sorgfaltspflichtverletzungen verstößt grds gegen §§ 307, 309 Nr. 7 (MüKo/*Habersack* § 765 Rn 96).

56 **1. Vorvertragliche Nebenpflichten.** Grundsätzlich besteht **keine allgemeine Aufklärungspflicht** des Gläubigers (BGHZ 106, 269, 272 f; WM 86, 11, 12; NJW 01, 3331, 3332). Er muss den Bürgen vor Vertragsabschluss nicht auf sein Risiko hinweisen (BGHZ 125, 206, 218). Dies gilt auch gegenüber einem ausländischen Bürgen (BGH NJW 97, 3230, 3231) sowie gegenüber einem Bürgen, der vorher bereits Kunde der kreditgebenden Bank war (Bamberg WM 00, 1582, 1585).

57 Macht der Gläubiger jedoch **Angaben**, müssen diese **vollständig** und wahrheitsgemäß sein (BGH NJW-RR 02, 1130). Überdies besteht eine Aufklärungspflicht, wenn der Gläubiger durch sein Verhalten erkennbar einen Irrtum des Bürgen über dessen erhöhtes Risiko veranlasst hat (BGH WM 66, 944, 945; NJW 97, 3230, 3231; 01, 3331, 3332).

oder (arg §§ 311 II, 241 II) wenn es sich dem Gläubiger **aufdrängen** muss, dass der Bürge das Risiko offensichtlich falsch einschätzt (BGH WM 63, 24, 27; Hamm BB 82, 1512; MüKo/*Habersack* § 765 Rn 89; Erman/*Herrmann* § 765 Rn 11; aber offen gelassen in: BGH NJW 96, 1274, 1275). 58

2. Nebenpflichten und Obliegenheiten des Gläubigers bei der Abwicklung des Bürgschaftsvertrags. Der 59 Gläubiger muss dem Bürgen auf Verlangen **Auskunft** über den Stand der Hauptschuld und die wirtschaftliche Situation des Hauptschuldners geben (MüKo/*Habersack* § 765 Rn 91; BaRoth/*Rohe* § 765 Rn 102). Nach Erfüllung der Bürgenschuld ist der Gläubiger nach § 371 analog verpflichtet, die **Bürgschaftsurkunde** an den Bürgen zurückzugeben (LG Kiel WM 84, 805).
Weitere Nebenpflichten bestehen grds nicht (Rn 55). Der Gläubiger muss den Bürgen zB grds **nicht** über 60 Umstände **aufklären**, die das Bürgschaftsrisiko erhöhen, da er sich gerade durch die Bürgschaft vor dem Risiko schützen will, das in der Person des Hauptschuldners begründet ist (BGH WM 78, 924, 925). Der Gläubiger kann dem Hauptschuldner auch weiteren Kredit gewähren, ohne auf das Interesse des Bürgen Rücksicht nehmen zu müssen (BGH WM 71, 614, 615: anders nur bei echter Bindung des Bankengläubigers gegenüber dem Bürgen; München WM 00, 2298, 2300). Bei Eintritt der Fälligkeit der verbürgten Hauptschuld ist der Gläubiger idR nicht zu einer beschleunigten Rechtsverfolgung gegen den Hauptschuldner verpflichtet (MüKo/*Habersack* § 765 Rn 94).
Bei der Abwicklung des Bürgschaftsvertrages darf sich der Gläubiger jedoch **nicht rechtsmissbräuchlich** verhalten. Bsp: (i) Der Gläubiger zahlt trotz Warnung durch den Bürgen über die Kreditunwürdigkeit des 61 Hauptschuldners die Darlehenssumme nur mit Blick auf die Bürgschaft aus (BGH WM 59, 1072, 1075); (ii) der Gläubiger veranlasst schuldhaft den wirtschaftlichen Zusammenbruch des Hauptschuldners und vereitelt dadurch den Rückgriff des Bürgen (BGH NJW 04, 3782, 3783: durch Nicht-Einlösung eines Schecks trotz bestehenden Kontokorrentkredits; 04, 3779, 3780 f); (iii) der Gläubiger veranlasst den Hauptschuldner, nicht zu leisten (BGH WM 66, 317, 318 f), (iv) Gläubiger (Leasinggeber) kündigt den verbürgten Leasingvertrag trotz schwerwiegender Vertragsverletzung seitens des Leasingnehmers nicht (BGH NJW 95, 1886, 1888), (v) Auszahlung von Folgedarlehen durch den Gläubiger trotz Kenntnis von der Kreditunwürdigkeit des Hauptschuldners (München NJW 76, 1096, 1097).

3. Rechtsfolgen der Verletzung von Nebenpflichten und Obliegenheiten. Die Verletzung von Nebenpflich- 62 ten und Obliegenheiten führt zum Verlust des Anspruchs aus § 765 I, wenn sich die Inanspruchnahme aufgrund der Pflichtverletzung als **rechtsmissbräuchlich** darstellt (s Rn 61 mwN). Dabei kann die Unterscheidung zwischen Nebenpflichten und Obliegenheiten (dazu § 241 Rn 28) idR dahinstehen (vgl zB BGH WM 63, 24, 25: Einordnung als Obliegenheit), da der bei einer Nebenpflichtverletzung entstehende Schadensersatzanspruch aus § 311 II, 280 I idR auch nur das Verbot der Inanspruchnahme aus der Bürgschaft nach sich zieht (BGH NJW 99, 2814; s auch Schlesw WM 97, 413, 416: Schadensersatzanspruch des Bürgen auf Befreiung von der Bürgschaftsschuld). Bei Mitverschulden des Bürgen verliert der Gläubiger seinen Anspruch nur teilweise (§ 254 direkt – so Hamm BB 82, 1512, 1513 – oder analog). Im Extremfall kann die Verletzung einer vorvertraglichen Aufklärungspflicht die Nichtigkeit des Bürgschaftsvertrages nach § 138 I nach sich ziehen (NJW-RR 02, 1130).

E. Beendigung des Bürgschaftsvertrages. I. Erlöschen oder Übernahme der Hauptschuld. Aufgrund der 63 Akzessorietät der Bürgschaftsverbindlichkeit (s Vor § 765 Rn 10) erlischt die Bürgschaft bei Untergang der Hauptschuld (§ 767 Rn 5), nicht aber durch pactum de non petendo zwischen Hauptschuldner und Gläubiger (der nur zu einer Einrede führen kann: § 768 Rn 11).
Hat der Hauptschuldner mehr als eine Schuld bei demselben Gläubiger, muss der Bürge idR sowohl eine ein- 64 seitige **Tilgungsbestimmung** des Schuldners iSv § 366 I als auch eine abweichend von § 366 zwischen dem Schuldner und dem Gläubiger getroffene **Tilgungsvereinbarung** akzeptieren (BGH NJW 93, 2043, 2044; 00, 2580, 2583). Fehlt beides, gilt § 366 II vorbehaltlich einer abweichenden Vereinbarung zwischen **Bürge und Gläubiger**, dass durch die Leistung des Hauptschuldners zunächst die verbürgte Schuld getilgt werden soll (RGZ 136, 178, 184; Bambg NJW 56, 1240 f: Verstoß des Gläubigers gegen Abrede, die Zahlung des Hauptschuldners nicht in das Kontokorrent einzustellen, begründet Einwand unzulässiger Rechtsausübung).
Im Falle des **Übergangs der Hauptschuld** auf einen Dritten im Wege der Schuldübernahme erlischt die Bür- 65 genschuld nach § 418 I 1 (anders als bei der Abtretung durch den Gläubiger: Vor § 765 Rn 11). Bei einer Vertragsübernahme gilt § 418 I 1 analog, wenn mit dieser aus der Sicht des Bürgen ein Wechsel des Hauptschuldners verbunden ist (BGH WM 90, 1152, 1154 f).

II. Kündigung. Außer bei vertraglicher Kündigungsmöglichkeit ist die Bürgschaft nur eingeschränkt kündbar: 66 (i) bei einer Bürgschaft auf unbestimmte Zeit **nach Ablauf eines gewissen Zeitraums** nach **Treu und Glauben** und bei Beachtung einer angemessenen Frist (BGH WM 59, 855, 856; NJW 85, 3007, 3008; NJW-RR 93, 944, 945; s Derleder/Knops/Bamberger/*Knops*, Handbuch zum deutschen und europäischen Bankrecht § 20 Rn 76); (ii) bei Eintritt **besonders wichtiger Umstände** (§ 314, vgl BTDrs 14/6040 S 176: außerordentliches Kündigungsrecht im Kern zwingend), zB (a) eine erhebliche Verschlechterung der Vermögenslage des Hauptschuldners (BGH NJW-RR 93, 944, 945; s auch BGH WM 59, 1072, 1074 f (zu § 610 II aF); Erman/*Herrmann* § 765

Rn 8: bei Vermögensverschlechterung vor Auszahlung des Darlehens Kündigung nach § 490 I analog), (b) Ausscheiden eines Gesellschafters aus der Gesellschaft, wenn die Gesellschafterstellung Anlass für den Abschluss des Bürgschaftsvertrages war (BGH ZIP 99, 877, 878), (c) Eintritt des Bürgen als persönlich haftender Gesellschafter in die schuldende Gesellschaft (BGH NJW 86, 2308, 2309), (d) Scheidung der Ehe zwischen Hauptschuldner und Bürgen (vgl BGH ZIP 02, 2123 f).

67 In Anwendung des Rechtsgedankens von § 488 III 2 ist oftmals eine **Kündigungsfrist** von drei Monaten als angemessen anzusehen (Celle NJW-RR 89, 548, für den dort offenbar gleichgestellten Fall der außerordentlichen Kündigung; *Derleder* NJW 86, 97, 102 (zu § 609 II aF, der § 488 III 2 entspricht); Erman/*Herrmann* § 765 Rn 8). Im Einzelfall können längere oder – insbes nach Ablauf einer bestimmten Zeit oder bei einer Kündigung aus wichtigem Grund – kürzere Fristen angemessen sein (s zB Celle NJW-RR 89, 548: 4–6 Wochen; Extremfall vom BGH NJW 85, 3007, 3008: Reduzierung der Kündigungsfrist nach Treu und Glauben auf Null). Dabei kann auch die Art der verbürgten Hauptschuld zu berücksichtigen sein (vgl für einen Fall der Mietbürgschaft Ddorf NJW 99, 3128, 3129: Wirksamkeit der Kündigung erst, wenn Gläubiger selbst ordentlich kündigen kann).

68 In **AGB** kann das Kündigungsrecht aus Treu und Glauben und aus § 314 nicht ausgeschlossen werden. Die Bestimmung einer Mindestlaufzeit der Bürgschaft und einer angemessenen Kündigungsfrist sind möglich (Ulmer/Brandner/Hensen/*Brandner* AGBG Anh. §§ 9–11 Rn 265).

69 Da die Kündigung ex nunc wirkt (BGH NJW-RR 93, 944, 945), wird durch die Kündigung die Bürgschaftsschuld auf die im Zeitpunkt ihres Wirksamwerdens bestehenden Verbindlichkeiten begrenzt (BGH NJW 85, 3007, 3008). Wer eine Entlassung aus der Bürgschaft wünscht, muss diese vertraglich mit dem Gläubiger vereinbaren.

70 **III. Erfüllung der Bürgenschuld und sonstige Gründe.** Die Bürgenschuld erlischt, wenn der Bürge oder ein Dritter nach § 267 die Bürgenschuld erfüllt (§§ 362 ff) oder ein Erlassvertrag (§ 397) über die Bürgschaft abgeschlossen wird (Hburg NJW 86, 1691; MüKo/*Habersack* § 765 Rn 59: In der Rücksendung der Bürgschaftsurkunde kann das (konkludente) Angebot auf den Abschluss eines Erlassvertrages zu sehen sein, das nach § 151 keines Zugangs bedarf). Sonderfälle, die zum Untergang der Bürgschaftsschuld führen können, sind die Aufgabe einer Sicherheit (selten, § 776) oder – bei der Zeitbürgschaft – die Voraussetzungen von § 777.

71 **F. Besondere Erscheinungsformen der Bürgschaft.** Das Gesetz sieht einige besondere Gestaltungen der Bürgschaft vor: Mitbürgschaft (§ 769), **Selbstschuldnerische Bürgschaft** (s § 773 I Nr 1), **Bürgschaft auf Zeit** (§ 777). Darüber hinaus hat die Praxis weitere Formen der Bürgschaft entwickelt, die sowohl juristische als auch branchenspezifische Besonderheiten aufweisen (s.a. Vor § 765 Rn 15 ff zu Besonderheiten aus Schnittstellen zu anderen Rechtsgebieten – Handels- und Gesellschaftsrecht, Verbraucherschutz, Prozess- u Insolvenzrecht – sowie oben Rn 20 zur **Anlassbürgschaft**):

72 **I. Ausfallbürgschaft.** Der Ausfallbürge haftet stets nur „für den Ausfall" (die Einrede der Vorausklage aus § 771 wird quasi schon im Bürgschaftsvertrag erhoben). Sie ist das Gegenteil der selbstschuldnerischen Bürgschaft (BGH NJW 98, 2138, 2141). Der Ausfallbürge haftet nur, soweit der Gläubiger trotz Anwendung gehöriger Sorgfalt – insbes durch Geltendmachung seines Anspruchs gegen den Hauptschuldner, durch Zwangsvollstreckung und Verwertung anderer Sicherheiten – keine Befriedigung beim Hauptschuldner erlangen konnte (BGH NJW 98, 2138, 2141; 99, 1467, 1469 f). In der **Insolvenz** des Hauptschuldners ist § 43 InsO unanwendbar (vgl RGZ 75, 186, 188).

73 Der **Gläubiger** trägt die **Beweislast** sowohl für den Ausfall als auch dafür, dass er bei der Durchsetzung der Forderung die gebotene Sorgfalt beachtet hat (BGH NJW 99, 1467, 1470). Anders als der gewöhnliche Bürge braucht der Ausfallbürge nicht erst die Einrede der Vorausklage aus § 771 zu erheben (BGH NJW 89, 1484, 1485).

74 **AGB:** Eine Klausel, nach der der Ausfall ohne weiteres durch Anzeige des Ausfalls oder durch Ablauf einer bestimmten Frist als eingetreten gilt, ist überraschend iSd § 305 c I (BGH NJW 98, 2138, 2141).

75 **II. Bürgschaft auf erstes Anfordern. 1. Funktion, Inhalt.** Die Bürgschaft auf erstes Anfordern hat im Banken- und internationalen Handelsverkehr das früher übliche „Bardepot" abgelöst (BGH NJW 84, 923; Kleve ZIP 98, 1632, 1633). Sie soll dem Gläubiger schnell Liquidität verschaffen (Liquiditätsfunktion, BGHZ 151, 236, 241 f). Zu diesem Zweck verpflichtet sich der Bürge selbstschuldnerisch bei Auflockerung des Akzessorietätsprinzips (BGHZ 147, 99, 104, vgl Vor § 765 Rn 10) aufgrund einfachen und formalisierten Verlangens (Anforderns, s Rn 80) des Gläubigers **sofort und unter einstweiligem Verzicht auf Einwendungen** zu zahlen (vgl zB BGH aaO 102). Einwendungen kann der Bürge idR erst nach Zahlung in einem Rückforderungsprozess geltend machen (s Rn 82; das gilt auch, wenn der Gläubiger den Bürgen im Urkundsprozess in Anspruch nimmt: BGH NJW 94, 380, 382). Damit übernimmt er das Risiko einer zwischenzeitlichen Insolvenz des Gläubigers (BGHZ 151, 236, 242), das er in der Praxis häufig (zB im Falle einer Bankbürgin oft durch schlichte Kontenbelastung) an den Hauptschuldner weitergibt (BGHZ 150, 299, 304).

76 **2. Wirksamkeit, Auslegung.** Die Beteiligten sind **individualvertraglich** begrenzt frei, eine Bürgschaft auf erstes Anfordern mit einer vom Gesetzesleitbild der Bürgschaft abw Risikoverteilung zu vereinbaren (BGHZ

95, 375, 387; NJW 98, 2280, 2281): Der Gläubiger darf einen dem Wortlaut nach klaren Bürgschaftstext (bei undeutlichem Text scheidet eine Bürgschaft auf erstes Anfordern ohnehin aus, vgl BGH WM 04, 1648, 1650) nur dann im banküblichen Sinne als Bürgschaft auf erstes Anfordern verstehen, wenn er nach den Umständen davon ausgehen darf, dass der Bürge das gleiche Verständnis hat (BGH NJW 98, 2280). Andernfalls muss er den Bürgen über die Gefährlichkeit der besonderen – den Gläubiger besonders privilegierenden (s BGHZ 153, 311, 317) – Bürgschaftsform **aufklären** (BGH ZIP 01, 1089, 1090 f; vgl auch BGHZ 143, 381, 387: Aufklärung des Hauptschuldners durch die bürgende Bank, die eine Bürgschaft auf erstes Anfordern vorschlägt). Die Verletzung dieser Obliegenheit führt dazu, die Bürgschaft in Abweichung vom Wortlaut **als einfache Bürgschaft** auszulegen (BGH NJW 98, 2280; ZIP 01, 1089, 1091). Im Hinblick auf die **Gefahr der Umqualifizierung** einer individualvertraglich gemeinten Vereinbarung (wegen Nutzung von Mustern) in eine unwirksame formularvertragliche (s Rn 77) sollte die Aufklärung im Vertrag einzelfallbezogen dokumentiert und die Bürgschaft wirklich individuell formuliert sein (vgl *Karst* JZ NJW 04, 2059, 2061, der die Bürgschaft auf erstes Anfordern wegen dieser Gefahr als „Auslaufmodell" einschätzt).

Formularvertraglich kann eine Bürgschaft auf erstes Anfordern nur von Unternehmen verlangt werden, die typischerweise über die erforderliche Erfahrung in Garantiegeschäften verfügen, um die Bedeutung einer Bürgschaft auf erstes Anfordern voll zu erfassen (BGH ZIP 1992, 466, 469): zB Banken und Versicherungen (BGH aaO) oder Unternehmen, zu deren Geschäftsbetrieb solche Erklärungen typischerweise gehören (vgl BGHZ 148, 283, 287: Baugewerbe). Sonst ist die formularvertragliche Gestaltung einer Bürgschaft durch den Gläubiger als Bürgschaft auf erstes Anfordern überraschend und unangemessen (§§ 305 c, 307; BGH NJW 02, 3627, 3628). 77

Unwirksam ist bereits auch eine formularvertragliche Verpflichtung in der **Sicherungsabrede** (Rn 4) zur Beibringung einer Bürgschaft auf erstes Anfordern (zB BGHZ 150, 299, 303 f; 157, 29, 31 aE). Altverträge (bis 31. 12. 02: BGH WM 04, 1079, 1080) über die Besicherung durch **Vertragserfüllungsbürgschaften** können im Wege der ergänzenden Vertragsauslegung so auszulegen sein, dass stattdessen eine unbefristete, selbstschuldnerische Bürgschaft zu stellen ist (BGHZ (VII. ZS) 151, 229, 234 ff; 153, 311, 316; WM 04, 1079) und eine bereits gestellte Bürgschaft auf erstes Anfordern entspr umzudeuten ist (BGHZ 153, 311, 316; 154, 378, 385). Der Bürge kann vom Gläubiger schriftliche Bestätigung darüber verlangen, nicht auf erstes Anfordern in Anspruch genommen zu werden (aaO 386 u WM 04, 1079, 1080). Hat der Bürge aber bereits – das Ausmaß seiner Verpflichtung verkennend – auf eine solche Bürgschaft gezahlt, steht ihm ein Rückforderungsanspruch nur zu, wenn der Gläubiger nach materiellem Bürgschaftsrecht keinen Anspruch auf die erhaltene Leistung hat (BGHZ 153, 311, 316). 78

Für eine **Gewährleistungsbürgschaftsklausel** auf erstes Anfordern ist eine solche ergänzende Vertragsauslegung hingegen abgelehnt worden (BGH (VII. ZS) NJW-RR 05, 458, 460; 05, 1040, 1041: wegen fehlender typischer Gestaltung; Hamm WM 04, 2250, 2253: wegen Anwendungsmöglichkeit von § 641 als dispositives Gesetzesrecht). 79

3. Inanspruchnahme und Einwendung des Rechtsmissbrauchs. Der Inhalt der Bürgschaftserklärung bestimmt das Vorgehen beim „Anfordern": Dort vorgesehene Voraussetzungen sind zu erfüllen (BGH ZIP 01, 1089, 1090: Beibringung von Urkunden; BGHZ 145, 186, 293 f: Beachtung der im Text vorgesehenen, sonst unmissverständlichen Ausdrucksweise); im Übrigen muss der Gläubiger zum Bestand der Hauptschuld nur pauschal vortragen. **Einwendungen** müssen liquide beweisbar sein (zB BGHZ 143, 381, 383; 153, 311, 317), insbes mit der Bürgschaftsurkunde (Bsp: Verwechslung der Hauptschuld, BGH NJW 96, 717 f) und/oder sich aus dem unstreitigen Sachverhalt ergeben (BGHZ 143, 381, 384; 147, 99, 102). Unter diesen Voraussetzungen kann der Bürge den Einwand **rechtsmissbräuchlicher Inanspruchnahme** aus § 242 erheben (BGH XI. ZS, NJW 02, 1493); wohl noch weitergehend BGHZ (IX. ZS) 147, 99, 102 f: Zulässigkeit der auf § 768 gestützten Einrede, die Sicherungsabrede verpflichte nicht zur Gestellung einer Bürgschaft auf erstes Anfordern. Diese Einrede kann im Einzelfall ihrerseits rechtsmissbräuchlich sein, wenn der Bürge bewusst entgegen der Sicherungsabrede anstatt einer gewöhnlichen Bürgschaft eine Bürgschaft auf erstes Anfordern gestellt hat (BGHZ 143, 381, 386 ff). 80

Rechtsmissbräuchlich ist es auch, wenn ein Gläubiger aus einer Bürgschaft auf erstes Anfordern vorgeht, obwohl ein **Insolvenzverfahren** über das Vermögen des Hauptschuldners mangels Masse nicht eröffnet oder die Massenunzulänglichkeit angezeigt wurde; in diesen Fällen ist dem Bürgen die Verweisung auf den Rückforderungsprozess nicht zuzumuten (BHGZ 151, 236, 242: einfache Insolvenz aber wohl kein Grund für Arglisteinrede). 81

4. Rückforderungsprozess. Der Bürge kann Zahlungen vom Gläubiger nach § 812 zurückfordern, wenn Einwendungen gegen die Hauptforderung (BGHZ 74, 244, 248; aA MüKo/*Habersack* § 765 Rn 104: Rückforderungsanspruch aus Bürgschaftsvertrag) oder die Erteilung der Bürgschaft (arg BGHZ 143, 381, 384) bestehen. Dabei trifft den Gläubiger die **Darlegungs- und Beweislast** für Hauptschuld und Bürgschuld, den Bürgen die für die Zahlung auf erstes Anfordern und für Einwendungen (vgl Vor § 765 Rn 47). Eine Rückforderung des Bürgen scheidet aus, wenn der Gläubiger einen Anspruch auf Verwertung der Bürgschaften hat (BGHZ 153, 311, 317 f; WM 04, 718, 720). Der Bürge kann auch **den Hauptschuldner** in Folge der Zahlung auf erstes Anfordern in Anspruch nehmen (§§ 670, 683, s § 774 Rn 3, 18). Dann kann der Hauptschuldner 82 seinerseits den Gläubiger aus einem eigenen originären Rückforderungsanspruch in Rückgriff nehmen, wenn dieser den Bürgen materiell zu Unrecht in Anspruch genommen hatte (BGHZ 139, 325, 328; 152, 246, 252). Alternativ kann der Hauptschuldner ggf vom Gläubiger Rückzahlung an den Bürgen verlangen (BGH aaO).

83 **III. Bürgschaften bei Bauwerkverträgen.** In Bauwerkverträgen werden häufig Bürgschaften vereinbart, insbes um das **gegenseitige Insolvenzrisiko** zu sichern. Der **Besteller** sichert mögliche Rückzahlungsansprüche aus Vorauszahlungen oder Abschlagszahlungen sowie etwaige Erfüllungs- und Gewährleistungsansprüche. Der **Unternehmer** sichert seine Werklohnforderung (§ 648 a). Häufig handelt es sich bei diesen Bürgschaften um solche auf erstes Anfordern (s Rn 75 ff), die aber nicht bereits deshalb vorliegen, weil die Bürgschaft einen Bareinbehalt ersetzt (BGHZ 95, 375, 387).

84 Teil B der **VOB** verweist mehrfach auf das Bürgschaftsrecht: Als Sicherheit iSd § 17 Nr. 2 VOB/B ist neben dem Einbehalt und der Hinterlegung auch das Stellen eines tauglichen Bürgen möglich. Die Bürgschaft muss den Anforderungen des § 17 Nr 4 VOB/B genügen. Möglich sind eine **Vertragserfüllungsbürgschaft** (vgl § 4 Nr 2 VOB/B), eine **Vorauszahlungsbürgschaft** (§ 16 Nr 2 II VOB/B), eine **Abschlagszahlungsbürgschaft** (vgl § 16 Nr 1 I VOB/B) und/oder eine **Gewährleistungsbürgschaft** (vgl § 13 Nr 1 VOB/B); ggf ist durch Auslegung zu ermitteln, welches Risiko erfasst wird (zB Celle NJW-RR 05, 969, 970: Vertragserfüllungsbürgschaft erfasst keinen nach Abnahme entstehenden Gewährleistungsanspruch).

85 Nach § 17 Nr 3 VOB/B hat der Auftragnehmer die Wahl unter verschiedenen Arten der Sicherheit und kann eine Sicherheit durch eine andere ersetzen. Wenn ein Auftraggeber einen Teil des Werklohns einbehalten hat (Sicherungseinbehalt für die Dauer der Gewährleistungsfrist) und nunmehr der Unternehmer von seinem Austauschrecht Gebrauch und statt des Bareinbehaltes eine Bürgschaft stellt, muss der Auftraggeber den Sicherungseinbehalt unverzüglich auszahlen, wenn der Sicherungsfall noch nicht eingetreten ist (BGHZ 148, 151, 155). Die Auszahlungspflicht bleibt grds bestehen, auch wenn der Sicherungsfall später eintritt (aaO; Ausnahme: unmittelbar bevorstehender Sicherungsfall bei Geltendmachung des Austauschrechts durch den Auftragnehmer). Verweigert er die Auszahlung, muss er die Bürgschaft nach § 812 I 1 herausgeben (BGHZ 147, 99, 105; 151, 229, 233 f). Ggü diesem Herausgabeanspruch hat der Auftraggeber kein Zurückbehaltungsrecht (BGH ZIP 00, 1624, 1625). Hat der Auftraggeber die Sicherheit pflichtwidrig verwertet, so hat der Sicherungsgeber einen Schadensersatzanspruch in Höhe der an den Auftragnehmer geleisteten Bürgschaftssumme (BGH ZIP 00, 1624, 1625). Die **Einrede der Verjährung** (s § 768 Rn 6) kann aufgrund des Sicherungszwecks einer Gewährleistungsbürgschaft abgeschnitten sein, wenn die jeweiligen Mängel vom Hauptschuldner in unverjährter Zeit gerügt worden sind (arg § 17 Nr 8 VOB/B, BGHZ 121, 168, 173; 98, 1140, 1141).

86 Eine AGB-Klausel, die dem Auftragnehmer das Recht gibt, den Sicherungseinbehalt nur durch eine **Bürgschaft auf erstes Anfordern** abzulösen, stellt (im Gegensatz zu einer individual vertraglichen Regelung: zB Brandenb NJW-RR 04, 1164, 1165) idR eine unangemessene Benachteiligung iSd § 307 I dar (BHGZ 150, 299, 303; 151, 229, 233; 157, 29, 31 aE) und ist idR unwirksam (zB BGHZ 147, 99, 105), und zwar auch dann, wenn der Verwender die öffentliche Hand ist (BGH WM 04, 1079, 1080; NJW-RR 05, 458, 459). S Rn 78 zur Möglichkeit ergänzender Vertragsauslegung bei vor dem **31.12.02** abgeschlossenen Bürgschaften. Das Austauschrecht kann formularvertraglich auf eine selbstschuldnerische Bürgschaft begrenzt werden (BGHZ 150, 299, 304; 157, 29, 31 f).

87 Eine Bürgschaft nach § 7 I MaBV soll dem Erwerber eines Bauwerks einen angemessenen Ausgleich für die Verpflichtung bieten, sofort und nicht erst bei Abnahme (vgl § 641 I 1) oder unter den Voraussetzungen von § 3 MaBV zu zahlen (BGH NJW-RR 03, 592; NJW 03, 285, 286). Nach dem Schutzzweck der Norm ist sie weit auszulegen (aaO, arg Verzicht auf Rechte aus § 320). Wenn nicht deutlich anders vereinbart (aaO 285), sichert sie alle Ansprüche, die sich aus einer Störung des Gleichgewichts zwischen den geleisteten Zahlungen des Erwerbers und den erbrachten Leistungen des Bauträgers ergeben (BGHZ 151, 147, 151 ff; NJW 03, 285): zB Ansprüche auf (i) Ersatz von Aufwendungen für Mängelbeseitigung – insoweit krit *Tiedtke*, NJW 05, 2498, 2504 –; (ii) Rückgewähr nach einem Rücktritt vom Vertrag gem § 326 (BGHZ 160, 277, 282), (iii) Schadensersatz wegen (teilweiser) Nichterfüllung (BCHZ 151, 147, 153 f) sowie (iv) Rückzahlung in Folge einvernehmlicher Aufhebung der Kauf- und Bauerrichtungsvertrages (ZIP 05, 939, 940). **Nicht erfasst** werden dagegen zB (a) ein weitgehend selbständiger Verzögerungsschaden (BGHZ 151, 147, 155; NJW-RR 03, 592 f); (b) Schadensersatzansprüche wegen entgangener Nutzungen (BGH NJW-RR 03, 452, 453; NJW 03, 285, 286); oder (c) nach mangelfreier Abnahme des Werkes auftretende Mängel (BGH NJW 03, 285, 286). Vereinbaren Hauptschuldner und Gläubiger nachträglich eine Verlängerung der Bauausführungsfrist ohne Zustimmung des Bürgen, ist dies ein Fall von § 767 I 3; die spätere Inanspruchnahme des Bürgen kann dann gegen Treu und Glauben (§ 242) verstoßen (BGH WM 04, 724, 726).

88 **IV. Gesellschafterbürgschaft.** Siehe Vor § 765 Rn 18 ff (Grundfall, Gesellschafterbürgschaft in der Krise), Vor § 765 Rn 10 aE (Untergang des Hauptschuldners wegen Vermögenslosigkeit); oben Rn 18 (Gesellschafter-Globalbürgschaft); Rn 35 f (Sittenwidrigkeitsprüfung), Rn 52 (Gesellschafterstellung und Geschäftsgrundlage); Rn 66 (Kündigung), § 766 Rn 9, 22 (Form der Bürgschaft eines GmbH-Geschäftsführers); § 767 Rn 7 (Hauptschuldnerwechsel bei Gesellschafterbürgschaft, inkl Übernahme der Hauptschuld durch GmbH); § 767 Rn 9 (Fortbestand der Bürgenschuld bei Formwechsel und Anwachsung); § 768 Rn 10 (Einrede des Kapitalersatzes

für den Bürgen); § 771 Rn 6 (Einrede der Vorausklage bei Bürgschaft für Personengesellschaft); § 771 Rn 7 (Einrede der Vorausklage bei Firmenfortführung); § 774 Rn 26 (Innenausgleich bei Gesellschafter-Mitbürgschaften: im Zweifel nach den Beteiligungsverhältnissen); § 774 Rn 30 (Freistellungsanspruch des ausscheidenden Gesellschafters gegenüber Gesellschafter-Mitbürgen); § 775 Rn 6 (Anspruch des Gesellschafterbürgen auf Befreiung ggü der Gesellschaft beim Ausscheiden aus der Gesellschaft oder der Einziehung seines Anteils; s auch § 775 Rn 3 für die entspr Anwendung von § 775 bei Bestellung einer Grundschuld für die Gesellschaft); § 775 Rn 10 (kein Befreiungsanspruch bei Vollbeendigung einer Personengesellschaft); § 776 Rn 8 (Hinnahme einer Unterdeckung ist keine Aufgabe einer Sicherheit); § 777 Rn 6, 8 (Zugehörigkeit zu einer Gesellschaft als Voraussetzung: Bürgschaft auf Zeit oder gegenständlich beschränkte Bürgschaft).

V. Höchstbetragsbürgschaft. Durch die Höchstbetragsbürgschaft beschränkt der Bürge sein Risiko auf einen bestimmten Betrag. Eine Einstandspflicht des Bürgen über diesen Betrag hinaus für Nebenforderungen kann individualvertraglich, nicht aber **formularvertraglich** vereinbart werden (Verstoß gegen §§ 305 c, 307: BGHZ 151, 374, 381 ff; 156, 303, 310; s.a. Rn 17). 89

Trifft der Hauptschuldner keine Tilgungsbestimmung, werden seine Zahlungen zunächst auf den nicht durch die Höchstbetragsbürgschaft gesicherten Teil der Forderung angerechnet, § 366 II analog (Staud/*Horn* Vorbem zu §§ 765 ff Rn 51). Steht der Bürge auch für Zinsen und Kosten ein, gilt § 367 analog (aaO). Diese Regelungen gelten nicht für Tilgungen einer verbürgten Kontokorrentschuld (BGHZ 77, 256, 261 ff; kritisch Staud/*Horn* Vorbem zu §§ 765 ff Rn 52; s Rn 12 zu § 356 HGB). 90

VI. Mietbürgschaft. Mit der Mietbürgschaft verbürgt sich der Bürge für **alle** – auch unvertretbare und höchstpersönliche – Verbindlichkeiten aus dem Mietverhältnis: Erfüllt der Mieter diese Verbindlichkeiten nicht, haftet der Bürge nur auf Schadensersatz (Schmidt-Futterer/*Blank* Mietrecht § 551 Rn 19). Die Mietbürgschaft hat große praktische und wirtschaftliche Bedeutung. Sie kommt in vielen Formen vor: zB als Bürgschaft Verwandter für Kinder in der Ausbildung, als Gesellschafterbürgschaft, als Bürgschaft von Banken aufgrund Avalkreditvertrags (s Vor § 765 Rn 37). Der Gerichtsstand aus § 29 a ZPO gilt nicht für den Bürgen (BGH NJW 04, 1239 f). 91

Die Bürgschaft für eine **Wohnraummiete** ist nach § 551 auf das dreifache der Monatsmiete zu begrenzen (BGH NJW 04, 3045, 3046: die Unwirksamkeit der Regelung zur überhöhten Sicherheit führt zur Anpassung der Kautionsregelung auf das höchst zulässige Maß). Ausnahme: Ein Dritter verbürgt sich unaufgefordert gegenüber dem Vermieter unter der Bedingung, dass ein Wohnraummietvertrag zustande kommt (BGHZ 111, 361, 363; NJW 04, 3045, 3046). Der Bürge kann sich auf die Einrede aus § 551 nach § 768 I 1 berufen (BGHZ 107, 210, 214). Im Fall einer **befristeten** Mietbürgschaft haftet der Bürge nur für solche Verbindlichkeiten, die bis zum Ende der Befristung fällig sind (Ddorf DWW 92, 213, 214). Bei einer **unbefristeten** Mietbürgschaft steht der Bürge nach Beendigung des Mietverhältnisses nur für gesetzliche Ansprüche aus § 545 ein (Schmidt-Futterer/*Blank* § 551 Rn 28). 92

Zur eingeschränkten Kündigungsmöglichkeit des Bürgen s Rn 66. Bei Veräußerung des Wohnraums (BGH NJW 82, 875) und bei vertraglicher Übernahme des Mietvertrags (vgl BGHZ 95, 88, 97 f) geht die Bürgschaft nach § 566 a auf den Erwerber über. 93

VII. Nachbürgschaft. Der Nachbürge sichert den Anspruch des Gläubigers gegen den Vorbürgen/Hauptbürgen (BGHZ 73, 94, 96) und haftet erst bei dessen Ausfall nach den §§ 767 ff. Aus Sicht des Nachbürgen ist der Vorbürge quasi „Hauptschuldner 2. Ebene" (s Staud/*Horn* Vorbem zu §§ 765 ff Rn 57: gestaffelte Subsidiarität und Akzessorietät): So besteht zB eine Einrede der Vorausklage des Nachbürgen direkt aus § 771 und indirekt über § 768, s § 771 Rn 8. 94

Wenn der **Nachbürge** den Gläubiger befriedigt, geht dessen Forderung gegen den Hauptschuldner nach § 774 I auf ihn über (RGZ 83, 342, 343; BGHZ 73, 94, 97; Köln WM 95, 1224, 1226; MüKo/*Habersack* § 765 Rn 117: § 774 iVm §§ 412, 401). Zugleich kann dem Nachbürgen ein Aufwendungsersatzanspruch aus § 670 gegen den Vorbürgen zustehen (Köln WM 95, 1224, 1227). Streitig ist, ob der Hauptschuldner dem Nachbürgen nach § 774 I 3 (analog) die Einwendungen aus seinem Verhältnis zum Vorbürgen entgegenhalten kann: So Hamm MDR 61, 503; BaRoth/*Rohe* § 767 Rn 24; Staud/*Horn* Vorbem zu §§ 765 ff Rn 59; dagegen: Köln MDR 75, 932; MüKo/*Habersack* § 765 Rn 117. 95

Wenn der **Vorbürge** den Gläubiger befriedigt, steht ihm kein Regressanspruch gegen den Nachbürgen zu (Staud/*Horn* Vorbem zu §§ 765 Rn 58). 96

VIII. Prozessbürgschaft. Der **Inhalt** einer Prozessbürgschaft nach § 108 ZPO richtet sich grds nach dem Zweck der Sicherheitsleistung und kann in der Regel der gerichtlichen Anordnung entnommen werden (BGHZ 158, 286, 294). Grundlage ist ein selbstständiges Garantieversprechen des Prozessgegners (aaO 291 f). Die Prozessbürgschaft zur Abwendung oder Aufhebung der Zwangsvollstreckung **sichert die Vollstreckungsbefugnis des Titelgläubigers** (BGH NJW 05, 2157, 2159; so auch bei einer Bürgschaft mit nachrichtlicher Wiedergabe des Schuldgrunds: München WM 04, 2071, 2072). Deshalb kann sie unabhängig vom Bestand (oder einer schon vor Erteilung der Bürgschaft verdeckt erfolgten Abtretung, aaO) der zu Grunde liegenden Forderung bestellt werden. 97

98 Die Bürgschaft muß nach § 108 I 2 ZPO **selbstschuldnerisch** (§ 239 II analog; Zöller/*Herget* § 108 ZPO Rn 7) sein und wird idR schriftlich, unwiderruflich, unbedingt und unbefristet (s Vor § 765 Rn 17) abgegeben. Aufgrund gemeinschaftskonformer Auslegung von § 108 I 2 ZPO (vgl zB Brödermann/Iversen/*Brödermann* Rn 422, 483 f, 29 f) ist die zur Sicherheitsleistung verpflichtete Partei aufgrund ihrer passiven Dienstleistungsfreiheit frei, die Bürgschaft von einem Kreditinstitut aus einem anderen EU-Mitgliedstaat beizubringen (s.a. *Foerste* ZBB 01, 483, 483 ff unter Hinweis auf die dem Kreditinstitut zur Seite stehenden Kapitalverkehrsfreiheit; aA Baumbach/Lauterbach/*Hartmann* § 108 Rn 15; Zöller/*Herget* § 108 Rn 8).

99 Der **Abschluss** des Vertrages (s Rn 9) erfolgt häufig auch durch Übergabe der Bürgschaftsurkunde an den Prozessvertreter des Gläubigers (s Thomas/Putzo ZPO § 108 Rn 11, arg § 151), ggf durch Zustellung von Anwalt zu Anwalt (BGH NJW 79, 417, 418: Zustellung einer beglaubigten Abschrift ist ausreichend). Ob diese Zustellungsform (darüber hinaus) die Fiktion nach § 132 I auslöst, ist str: vgl einerseits dafür Baumbach/Lauterbach/*Hartmann*, § 108, Rn 13 mwN; andererseits Zöller/*Herget* § 108 Rn 11 mwN.

100 Bürgschaftserklärungen von Banken enthalten häufig eine **auflösende Bedingung**: Erlöschen der Bürgschaft bei Rückgabe der Urkunde. Darum sollte das Original zugestellt werden, um Missbrauch zu verhindern (vgl BGH NJW 79, 417, 418). Eine Hinterlegungsklausel, nach der sich der Bürge vorbehält, sich von der Bürgschaft jederzeit durch Hinterlegung des Sicherheitsbetrages in bar zu befreien, ist mit § 108 ZPO vereinbar (Kobl WM 95, 1223 f.; LG Frankfurt JurBüro 89, 264, 265; Zöller/*Herget* § 108 Rn 9; aA Ddorf DGVZ 90, 156 f; LG Berlin DGVZ 91, 9; Baumbach/Lauterbach/*Hartmann* § 108 Rn 14).

101 Nach § 242 kann der Bürge im Einzelfall vom Gläubiger den Austausch einer bereits beigebrachten Sicherheit verlangen, wenn ihm dies schutzwürdige Vorteile und dem Gläubiger keine messbaren Nachteile bringt (BGH NJW 94, 1351, 1352 f).

102 Anders als im Normalfall (vgl Vor § 765 Rn 46) erkennt der Prozessbürge durch die Übernahme der Prozessbürgschaft regelmäßig den **Ausgang des Rechtsstreits** auch als für ihn verbindlich an (BGH NJW 75, 1119, 1121; Köln NJW-RR 89, 1396).

103 Die Prozessbürgschaft **erlischt** (über die Normalfälle hinaus, vgl Rn 63) insbes durch gerichtliche Anordnung nach § 109 II oder § 715 I 2 ZPO.

104 **IX. Rückbürgschaft.** Der Rückbürge sichert idR den (Rückgriffs-)Anspruch **des Hauptbürgen** aus § 774 gegen den Hauptschuldner (BGHZ 95, 375, 379). Seltener sichert ein Rückbürge den Rückgriffsanspruch eines Nachbürgen (s Rn 94) gegen den Vorbürgen. Die Rückbürgschaft kann auf erstes Anfordern (vgl Rn 75 ff) gestellt werden. Der Einwand rechtsmissbräuchlicher Inanspruchnahme ist in diesen Fällen deutlich schwieriger (vgl BGH WM 84, 44, 45 und BGHZ 145, 286, 290, 292 f (zum Parallelfall der Rückgarantie): „doppelter Rechtsmissbrauch").

105 **Befriedigt** der Rückbürge den Bürgen, erwirbt er nach § 774 I 1 analog den Anspruch gegen den Hauptschuldner, den der Bürge seinerseits nach § 774 I 1 von dem Gläubiger erworben hat (BGH BB 71, 333; Oldbg NJW 65, 253, 253 f; Staud/*Horn* Vor § 765 Rn 61; aA RGZ 146, 67, 70; Palandt/*Sprau* Vor § 765 Rn 10).

106 **X. Staatsbürgschaft.** Staatsbürgschaften sind privatrechtliche Bürgschaften iSd § 765, die auf der Grundlage eines öffentlich-rechtlichen Bewilligungsbescheides erteilt werden (Zweistufentheorie; vgl BGH WM 61, 1143, 1145 u zB Z 40, 206, 210; BB 73, 258). Sie unterliegen der Beihilfenkontrolle nach Art 87 f EGV mit Mitteilung der Kommission über die Anwendung der Art 87 und 88 EG-Vertrag auf staatliche Beihilfen in Form von Haftungsverpflichtungen und Bürgschaften vom 11.3.00, ABl EG 2000 C 71/14; vgl zB *Trollmann* WM 00, 2030, 2039 f; *Fischer* WM 01, 277–287).

107 **XI. Teilbürgschaft.** Unter einer Teilbürgschaft versteht man eine **Bürgschaft für Teilbeträge einer** (einheitlichen, nicht in selbstständige Einzelforderungen zerlegten) **Verbindlichkeit**. Dabei muss es sich um einen gegenständlich individualisierten Teil der Hauptforderung handeln. Beispiel: Teilbürgschaft für Forderungen aus Warenlieferungen an eine Genossenschaft nur dem Umfang, in dem die Genossenschaft diese Waren im Auftrag und auf Rechnung des Teilbürgen vertreibt (BGH NJW 80, 1098, 1099, auch zu Beweislastfragen). Im Gegensatz zum Mitbürgen (§ 769) haftet der Teilbürge nicht gesamtschuldnerisch (Hburg HRR 33 Nr 1841). Auch eine Kombination von Mitbürgschaft und Teilbürgschaft ist dergestalt denkbar, dass mehrere Bürgen sich für einen Teil der Forderung als Mitbürgen verpflichten und sich ein weiterer Bürge für einen darüber hinaus gehenden Teil verbürgt (s auch § 769 Rn 5: Abgrenzung zur Mitbürgschaft bei einer Vielzahl von Bürgschaften über Teilbeträge). Die Teilbürgschaft kann auch als Höchstbetragsbürgschaft für den individualisierten Teil der Forderung abgegeben werden.

§ 766 Schriftform der Bürgschaftserklärung

[1]Zur Gültigkeit des Bürgschaftsvertrags ist schriftliche Erteilung der Bürgschaftserklärung erforderlich. [2]Die Erteilung der Bürgschaftserklärung in elektronischer Form ist ausgeschlossen. Soweit der Bürge die Hauptverbindlichkeit erfüllt, wird der Mangel der Form geheilt.

1 **A. Übersicht: Normzweck, Abgrenzung zur notariellen Form.** Außerhalb des kaufmännischen Verkehrs (s § 350 HGB, Rn 9) dient das **Schriftformerfordernis** dem Schutz des Bürgen (BGHZ 132, 119, 122; 140, 167,

171). Er soll zur Vorsicht angehalten und vor nicht ausreichend überlegten Erklärungen geschützt werden (**Warnfunktion**, vgl BGHZ aaO; 147, 262, 268). Ferner dient die Schriftform der Klarstellung (Mot II 660). Die Verletzung der Form führt zur Nichtigkeit, § 125 S 1 (Rn 18).

Ausnahmsweise bedarf der Bürgschaftsvertrag aufgrund der Anwendbarkeit weiterer Formvorschriften einer **notariellen Beurkundung:** (i) Die notarielle Form des § 311b I ist zu beachten, wenn die Bürgschaftserklärung wesentlicher Inhalt des Grundstückskaufvertrags sein soll (BGH WM 57, 130, 132; NJW 62, 586, 587: zu § 313 aF; Staud/*Horn* § 766 Rn 14): Der Verstoß führt zur Nichtigkeit nach § 125; (ii) Eine **Gefälligkeitsbürgschaft** stellt aufgrund der bestehenden gesetzlichen Regressansprüche des Bürgen gegen den Hauptschuldner (§§ 774 I, 670, s § 765 Rn 7) grds keine formbedürftige Schenkung an den Hauptschuldner – oder an den Gläubiger oder gar einen Dritten (Staud/*Horn* § 765 Rn 140) – dar. Verzichtet der Bürge aber von vornherein auf den gesetzlichen Rückgriff und ohne sonstigen vertraglichen Ausgleich gegenüber dem Hauptschuldner (zB ein Treugeber-Bürge gegenüber einem Treunehmer-Hauptschuldner, ein Gesellschafterbürge gegenüber der Gesellschaft), kann darin eine nach § 518 I zu beurkundende Schenkung (BGH LM 516 Nr 2 Bl 3 li; Staud/*Horn* § 765 Rn 142) oder der Vollzug einer Schenkung liegen (offen gelassen: BGH LM 516 Nr 2 Bl 3 re). Die etwaige Nichtigkeit der Verzichtserklärung berührt die Wirksamkeit der nur in der Form von § 766 oder § 350 HGB abgegebenen Bürgschaftserklärung nicht (so iE auch MüKo/*Habersack* § 765 Rn 5; Staud/*Horn* § 766 Rn 14). Da diese Fragen höchstrichterlich nicht geklärt sind, sollte der Hauptschuldner einen solchen Verzicht beurkunden lassen.

B. Anwendungsbereich. I. Grundsatz: Weiter Anwendungsbereich. 1. Entstehung der Bürgschaft. Das Schriftformerfordernis des § 766 1 erfasst nur **die den Bürgen verpflichtenden Erklärungen**, nicht die Annahmeerklärung des Gläubigers (BGH NJW 97, 2233; Erman/*Herrmann* § 766 Rn 1).

Der Anwendungsbereich des Formerfordernisses wird von der Rechtsprechung weit gefasst. Es gilt zum Schutze des Bürgen (s Rn 1) nicht nur für die **Bürgschaftserklärung** selbst, sondern auch für: (i) **Bürgschaftsvorverträge** (RGZ 76, 303, 304; BGH WM 1966, 139); (ii) – entgegen dem Wortlaut von § 167 II – die **Vollmacht** zur Erteilung einer Bürgschaft (BGHZ 132, 119, 125); (iii) insbes die vom Bürgen erteilte **Ausfüllungsermächtigung** (Weisung) zur Vervollständigung einer **Bürgschaftsblanketturkunde** (BGHZ 132, 119, 128; 140, 167, 172; NJW 00, 1179, 1180; WM 03, 1563, 1564) oder die **Abänderungsermächtigung** (zB zur Anpassung der Person des Hauptschuldners, Staud/*Horn* § 766 Rn 44);

(iv) die nachträglich erteilte **Genehmigung** von (a) einer im Namen des Bürgen abgegebenen Bürgschaftserklärung (implizit MüKo/*Habersack* § 766 Rn 21), (b) einer Abänderung in der Bürgschaftsurkunde oder (c) einer weisungswidrig ausgefüllten Blankettbürgschaft, bei der ein Vertrag weder über den eingesetzten Betrag noch in Höhe des absprachekonformen Betrags zustande kommt (BGH NJW 84, 798 f). Über die Zulässigkeit und Form der Genehmigung hat der BGH noch nicht entschieden (s BGH NJW 00, 1179, 1180); beides ist jedenfalls für die Fallgruppe (c) str: Siehe einerseits Palandt/*Sprau* § 766 Rn 4: Genehmigung unzulässig; *Fischer* JuS 98, 205, 208: nur formgerechte Neuvornahme nach § 141 I möglich; andererseits *Keim* NJW 96, 2774; Staud/*Horn* § 766 Rn 45: Genehmigung auch nach § 184 I). Sachgerecht ist es, die Genehmigung zuzulassen, zur Durchsetzung der Warnfunktion aber wie bei der Vollmacht (oben ii) – entgegen dem Wortlaut von § 182 II (MüKo/*Habersack* § 766 Rn 21: teleologische Reduktion) – die Genehmigung der formwirksamen Bürgschaft § 766 zu unterstellen (so Erman/*Herrmann* § 766 Rn 2: jedenfalls für Fallgruppe (a)). Ohne schriftliche Genehmigung steht dem Erklärungsempfänger (zB Bank) bei Gutgläubigkeit allenfalls ein Anspruch aus dem vom „Bürgen" durch Zeichnung der Blanketturkunde gesetztem Rechtsschein (arg § 172 II, BGHZ 132, 119, 127 f; krit *Keim* NJW 96, 2774, 2775 f) und kein im Urkundprozess durchsetzbarer Anspruch aus Bürgschaft zu; (v) die **Gestattung zum Selbstkontrahieren** nach § 181 (BGHZ 132, 119, 125; Palandt/*Sprau* § 766 Rn 2).

2. Änderung der Bürgschaft, Nebenverträge, Auftrags- und Geschäftsbesorgungsvertrag. Abänderungen **zum Vorteil** des Bürgen sind **formfrei** möglich (BGH NJW 94, 1656, 1657), wenn die Bürgschaftsurkunde nicht ausnahmsweise eine qualifizierte Schriftformklausel enthält (s § 127 Rn 2): Eine einfache Schriftformklausel steht einer formfreien (mündlichen oder konkludenten) Abänderung des Bürgschaftsvertrages zu Gunsten des Bürgen nicht entgegen (BGH WM 55, 375, 376).

Nebenabreden und Vertragsergänzungen **zum Nachteil** des nicht im kaufmännischen Verkehr handelnden Bürgen unterliegen der **Formvorschrift** aus § 766 (BGH NJW 97, 625, 627). Nur dann setzen sie sich auch nach § 305 b ggü AGB durch (Ulmer/Brandner/Hensen/*Ulmer* § 4 AGBG Rn 11; MüKo/*Basedow* § 305 b Rn 5).

Für den Abschluss eines **Auftrags- bzw Geschäftsbesorgungsvertrages** zwischen dem Bürgen und dem Hauptschuldner (§ 765 Rn 7) ist zu unterscheiden: Der Gesetzgeber hat für solche Verträge keine Form vorgesehen. Deshalb wird von der Rspr bisher keine Form verlangt: RGZ 59, 10, 14; Köln WM 95, 1224, 1227; s.a. Jauernig/*Stadler* § 766 Rn 1; Staud/*Horn* § 766 Rn 3. Für den kaufmännischen Verkehr ist dem zuzustimmen (vgl Rn 9). Hat sich jedoch jemand im nicht kaufmännischen Verkehr zur Geschäftsbesorgung durch Abgabe einer Bürgschaft verpflichtet, ist die Konstellation mit dem die Erwerbspflicht für ein Grundstück begründenden Geschäftsbesorgungsvertrag vergleichbar, der der gleichen Form wie der Grundstückserwerb selbst bedarf (s § 311 b Rn 5). Der von § 766 angestrebte Schutz des Bürgen streitet dementspr für seine

Anwendung und die einhergehende Begrenzung der Privatautonomie: vgl MüKo/*Habersack* § 765 Rn 7; Erman/*Herrmann* § 766 Rn 2; *Medicus* Rn 373; *Reinicke/Tiedtke* Rn 62; *Lorenz* JuS 99, 1145, 1147 f.

9 **II. Nicht unter § 766 fallende Rechtsgeschäfte.** Nach § 350 HGB gilt die Formvorschrift in § 766 – nebst den für sie entwickelten Auslegungskriterien (s Rn 11), BGH NJW 67, 823; 93, 724, 725; Köln WM 92, 138 – nicht für die Bürgschaft eines **Kaufmanns** oder für die im **Betrieb eines Handelsgewerbes** abgegebene Bürgschaft. Dies gilt auch für Bürgschaften von Scheinkaufleuten (HburgJW 27, 1109; Baumbach/*Hopt*, HGB § 5 Rn 14). Bürgschaften eines GmbH-Geschäftsführers fallen nicht unter § 350 HGB (BGHZ 132, 119, 122).

10 § 766 gilt nicht (analog) für **verwandte Kreditierungsinstrumente**, wie der Erfüllungsübernahme (BGH NJW 72, 576 f), den Kreditauftrag (vgl § 778 Rn 4), den Schuldbeitritt (s Vor § 765 Rn 60) oder den Garantievertrag (s Vor § 765 Rn 56).

C. Umfang und Inhalt des Formerfordernisses. I. Notwendiger Inhalt der Bürgschaftsurkunde. 1. Über-
11 **sicht: Essentialia, Auslegung, Reichweite.** Die Bürgschaftsurkunde muss zur Wahrung der Schriftform folgende Essentialia enthalten: (i) den Willen, für eine fremde Schuld einzustehen (**Verbürgungswille**), (ii) den Gläubiger und den Hauptschuldner und (iii) die verbürgte Forderung (BGHZ 132, 119, 122; 140, 167, 171; WM 03, 1563, 1564).

12 Die Essentialia müssen nicht unmittelbar aus dem Wortlaut der Urkunde ersichtlich sein. Außerhalb der Urkunde liegende Umstände können zur **Auslegung** herangezogen werden, wenn die Urkunde dafür einen zureichenden Anhaltspunkt enthält (**Andeutungstheorie**, BGHZ 26, 142, 146; NJW 92, 1448, 1449; ZIP 93, 102, 103; ZIP 00, 740, 741). Aus der Darstellung eines wesentlichen Merkmals lassen sich oft hinreichende Anhaltspunkte für ein anderes schließen (Staud/*Horn* § 765 Rn 33; s aber zB BGH WM 89, 559, 562). Verbleibende Zweifel gehen zu Lasten des Gläubigers (BGH NJW 95, 959; 95, 1886, 1887). Ausnahme: Bei der Falschbezeichnung (falsa demonstratio) gilt das Gewollte auch ohne einen Anhaltspunkt in der Urkunde (BGH NJW 89, 1484, 1485; 95, 1886, 1887).

13 Diese Grundsätze gelten regelmäßig für **alle Rechtsgeschäfte, die unter § 766 S 1 fallen** (s Rn 4 ff), so zB für die Ausfüllungsermächtigung zur Vervollständigung eines Bürgschaftsblanketts (BGHZ 132, 119, 128; 140, 167, 172; NJW 00, 1179, 1180). Bei einer Vertragsergänzung (vgl Rn 7) reicht die Inbezugnahme auf die Bürgschaftsurkunde aus (vgl BGHZ 26, 142, 150).

14 **2. Einzelheiten.** Zum Ausdruck des **Verbürgungswillens** ist die Verwendung der Begriffe „Bürgschaft" oder „bürgen" nicht zwingend erforderlich. Die bloße Mitunterzeichnung der über die Hauptschuld errichteten Urkunde oder eines sonstigen Vertragstextes durch den Bürgen reicht allein nicht aus (RGZ 71, 113, 115; 78, 37, 39); es genügt aber zB, wenn der Bürge seiner Unterschrift die Worte „als Bürge" hinzufügt (RGZ 71, 113, 115) oder unmittelbar unter seiner Unterschrift die Worte „selbstschuldnerische Bürgschaft" (BGH NJW 95, 43, 45) ergänzt. Die Einstandspflicht muss sich gerade auf die Bürgschaft beziehen, nicht bloß auf ein sonstiges mögliches Sicherungsgeschäft (Erman/*Herrmann* § 766 Rn 4). Im Zweifel ist zu Gunsten des Sicherungsgebers (Erman/*Herrmann* aaO) von einer Bürgschaft auszugehen (s für Vor § 765 Rn 57, 59 für die Abgrenzung gegenüber Garantie und Schuldbeitritt).

15 Eine individuelle Bezeichnung von **Gläubiger und Hauptschuldner** ist nicht notwendig (BGH NJW 92, 1448, 1449: Bürgschaft im Bauherrenmodell für eine Vielzahl von Gläubigern). So können zB aus der Bezeichnung der Hauptschuld der Gläubiger und der Hauptschuldner ermittelt werden (BGH NJW 93, 724, 725). Die Verbürgung auch für den „Rechtsnachfolger" eines Gläubigers ist möglich (BGHZ 26, 142, 148 f; NJW 92, 1448, 1449).

16 Für die Andeutung der **gesicherten Forderung** kann genügen: (i) die Bezeichnung von Gläubiger und Hauptschuldner in der Bürgschaftsurkunde (BGH NJW 95, 1886, 1887; s aber WM 03, 1563, 1566: Bürgschaft gegenüber der Bank, die ein Eigenkapitalhilfedarlehen der Deutschen Ausgleichsbank verwaltet, erfasst das EKH-Darlehen nicht); (ii) die allg Beschreibung eines künftigen Rechtsverhältnisses (arg § 765 II, BGHZ 25, 318, 319 f); (iii) der Verweis auf Forderungen, die aus einem ganzen Kreis von Rechtsbeziehungen entstehen können (aaO).

17 Unzureichend: (i) pauschaler Verweis auf sonstige Urkunden oder auf AGB (Stuttg BB 77, 415, 416); (ii) die bloße Angabe einer Bürgschaftssumme (BGH NJW 89, 1484, 1485).

18 **D. Rechtsfolge bei Verstoß (inkl § 766 S 3).** Eine formunwirksame Bürgschaftserklärung ist nach § 125 S 1 nichtig. Im Falle der **Teilunwirksamkeit**, zB bei einer formwirksamen Nebenabrede (vgl Rn 7), findet § 139 Anwendung. Fehlen notwendige Angaben in der Bürgschaftsurkunde (vgl Rn 11 ff), ist die Bürgschaft wegen Formmangels nichtig, selbst wenn die Parteien sich im Übrigen über den Inhalt der Erklärung einig waren (BGH WM 89, 559, 562).

19 Der Formmangel wird nach § 766 S 3 **mit ex nunc-Wirkung** in der Höhe **geheilt**, in der der Bürge oder ein Dritter die Bürgschaftsverpflichtung – ggf teilweise (RGZ 76, 195, 198, BGH WM 58, 1275, 1276) – **erfüllt**: Mit der Erfüllung erübrigt sich die Schutzfunktion der Schriftform (MüKo/*Habersack* § 766 Rn 28). Heilung liegt auch dann vor, wenn der Bürge in dem irrigen Glauben, seine Bürgschaftserklärung sei wirksam, erfüllt (Staud/*Horn* § 766 Rn 53). Eine Heilung ist auch durch Erfüllungssurrogate möglich, zB durch Leistung an

Erfüllung statt (obiter RG HRR 33 Nr 1003; Staud/*Horn* § 766 Rn 53); unwiderrufliche Hinterlegung nach §§ 372, 378 (BGH WM 66, 139) oder durch Aufrechnung nach §§ 387 ff möglich (Staud/*Horn* § 766 Rn 53).
Keine Heilung tritt ein bei der Bestellung von Sicherungsrechten für die Bürgschaftsschuld (BGH WM 66, 20 139), bei der Schuldumwandlung in ein Darlehen (RG WarnR 08 Nr. 506 S 400) sowie durch ein erfüllungshalber gegebenes Schuldversprechen oder Schuldanerkenntnis (RG WarnR 08 Nr. 506 S 400; Staud/*Horn* § 766 Rn 53; MüKo/*Habersack* § 766 Rn 29).
Eine nichtige Bürgschaftserklärung kann unter den Voraussetzungen von § 140 in einen Schuldbeitritt, eine 21 Garantie oder einen Kreditauftrag **umgedeutet** werden (selten, s § 778 Rn 4).
Die Berufung auf den Formmangel kann im Einzelfall **nach Treu und Glauben unzulässig** sein: zB (i) bei 22 Behandlung des Bürgschaftsvertrages über längere Zeit als gültig bei gleichzeitiger Ziehung von Vorteilen aus dem Geschäft (BGHZ 26, 142, 151 f; 132, 119, 129; WM 91, 536, 537); (ii) wenn ein Gesellschafter-Geschäftsführer den Gläubiger durch sein bewusst unwirksames Bürgschaftsversprechen zum Abschluss des Geschäftes mit der Gesellschaft veranlasst hat (BGH NJW-RR 87, 42).

E. Beweislast. Nach § 416 ZPO begründet die Bürgschaftsurkunde den vollen Beweis für die Bürgschaftserklärung. 23 Wird die Echtheit bestritten, hat die Echtheit der Gläubiger zu beweisen, der sich auf die Urkunde beruft (§ 440 I ZPO). Für ihn streitet die **Echtheitsvermutung** für Urkunden aus § 440 II ZPO, die durch den Beweis des Gegenteils (§ 292 ZPO) widerlegt werden kann. Es gilt weiter die **Vermutung**, dass die Bürgschaftsurkunde im Hinblick auf die Verpflichtung des Bürgen vollständig und richtig ist (BGH WM 55, 265, 266). Beim (unstreitigen oder qualifiziert dargelegten) **Blankettfall** trägt der Gläubiger die Beweislast für die formgültige Erteilung (BGH NJW 00, 1179, 1180 f), der Bürge für dessen abredewidriges Ausfüllen (BGH NJW-RR 89, 1323, 1324). Auch hier gilt die Vermutung, dass die nachträgliche Ausfüllung des Blanketts vereinbarungsgemäß (richtig und vollständig) erfolgt ist (BGH aaO).
Der Bürge muss beweisen, dass (i) die Parteien eine für ihn günstige **Nebenabrede** getroffen haben, (ii) diese 24 entgegen dem Inhalt der Urkunde Geltung haben soll und (iii) sie Teil des Bürgschaftsvertrages ist (implizit RGZ 65, 46, 49).

§ 767 Umfang der Bürgschaftsschuld

(1) ¹Für die Verpflichtung des Bürgen ist der jeweilige Bestand der Hauptverbindlichkeit maßgebend. ²Dies gilt insbesondere auch, wenn die Hauptverbindlichkeit durch Verschulden oder Verzug des Hauptschuldners geändert wird. ³Durch ein Rechtsgeschäft, das der Hauptschuldner nach der Übernahme der Bürgschaft vornimmt, wird die Verpflichtung des Bürgen nicht erweitert.
(2) Der Bürge haftet für die dem Gläubiger von dem Hauptschuldner zu ersetzenden Kosten der Kündigung und der Rechtsverfolgung.

A. Übersicht: Normzweck und Bedeutung. § 767 I 1 ist Ausdruck des **Akzessorietätsprinzips** (Vor § 765 1 Rn 10). Nach diesem Prinzip ist die Bürgenverpflichtung vom jeweiligen Bestand und Umfang der Hauptschuld abhängig (Mot II 664). Es schützt den Bürgen davor, mehr leisten zu müssen als der Schuldner (BGH NJW 03, 59, 60; BGHZ 139, 214, 217). Nach § 767 I 2, II erstreckt sich die Bürgenhaftung auf durch **Leistungsstörung** und Rechtsdurchsetzung gegenüber dem Hauptschuldner entstandene Ansprüche. § 767 I 3 vermeidet eine **Haftungserweiterung** zu Lasten des Bürgen durch den Hauptschuldner.
Die Regelungen in § 767 sind **begrenzt dispositiv**: So kann der Umfang der Bürgenhaftung – formlos (s § 766 2 Rn 6) – beschränkt werden (RGZ 95, 9, 11). Wird die Haftung aber erweitert (zur Form s § 766 Rn 7), so kann sich die Rechtsnatur des Vertragsverhältnisses ändern (BGH NJW 93, 1917, 1919; BGH NJW 02, 2867, 2869), zB in eine Garantie (s Vor § 765 Rn 56 f) oder in ein selbstständiges Schuldversprechen (Staud/*Horn* § 767 Rn 6). Eine Abrede in **AGB**, die den Grundsatz der Akzessorietät antastet, ist unzulässig, da es sich hierbei um ein tragendes Prinzipien des Bürgschaftsrechts handelt (BGHZ 95, 350, 356 f; BGHZ 147, 99, 104).

B. Grundsatz: Abhängigkeit der Bürgschaft vom Bestand der Hauptschuld (§ 767 I 1). Der Umfang der 3 Hauptschuld bestimmt auch den Umfang der Bürgenschuld: **Ohne Hauptschuld keine Bürgschaftsschuld.** Wieweit die Bürgenschuld genau reicht – ob sie zB Zinsen (BGH NJW 92, 2629 f) und Zinseszinsen (BGHZ 77, 256, 259, 262) erfasst –, kann im Bürgschaftsvertrag im Einzelnen geregelt werden und ist ggf durch Auslegung nach §§ 133, 157 zu ermitteln. Unklarheiten gehen zu Lasten des Gläubigers (BGHZ 76, 187, 189).

I. Bestehen einer Hauptschuld. Die Hauptschuld muss wirksam begründet sein; bei Nichtigkeit des Haupt- 4 vertrages sichert die Bürgschaft nur dann den **Bereicherungsanspruch**, wenn die Auslegung des Bürgschaftsvertrags einen entspr Willen ergibt (BGH NJW 00, 511 f; 01, 1859 f; kein solcher Wille: Frankf NJW 80, 2201 f; Stuttg NJW 85, 498). Künftige Ansprüche (vgl § 765 II) sowie schwebend unwirksame Forderungen (zB §§ 108 I, 177 I) können Gegenstand einer Bürgschaft sein. Der Anspruch aus einem formunwirksamen, später aber nach § 311 b I 2 geheilten Vertrag fällt ebenfalls unter § 765 II (vgl RGZ 134, 243, 246). Die Bürgschaft entsteht in diesen Fällen mit Wirksamwerden der Hauptschuld.

5 **II. Erlöschen der Hauptschuld.** Die Bürgschuld erlischt in dem gleichen Umfang, in dem die Hauptschuld erlischt (BGH NJW 99, 2113 f). Dabei ist es unerheblich, weshalb die Hauptschuld untergeht. Unter § 767 I fallen insbes die **Erfüllung** (§ 362; Soergel/*Mühl* § 767 Rn 2; auch durch Dritte, vgl BGH JZ 76, 24 f), **Erfüllungssurrogate** (für Leistung an Erfüllungs statt: BGH NJW 70, 279), die **Aufrechnung** (BGH NJW 02, 2867, 2869), der Abschluss eines **Aufhebungsvertrages** (BGH NJW 03, 59, 60), der **Vergleich** (BGHZ 6, 385, 393), der **Erlassvertrag** nach § 397 I (BGH NJW 01, 2327, 2329), die **Kündigung** (BGH NJW 89, 27, 28), die erklärte **Anfechtung** (BGHZ 95, 350, 356), die **Leistungsbefreiung** nach § 275 (RGZ 134, 126, 128) und die **unzulässige Rechtsausübung** nach § 242, soweit sie zur Beschränkung der Hauptforderung führt (Köln ZIP 98, 150, 151). Eine einschränkende Vereinbarung zwischen Gläubiger und Hauptschuldner wie bspw die **Stundung** der Hauptschuld erfasst auch die Bürgschaft (BGHZ 72, 198, 201). Ist – wie bei der Unterhaltsverpflichtung nach §§ 1361, 1601 iVm 1603 – die Hauptschuld bereits tatbestandlich an die Leistungsfähigkeit des Hauptschuldners geknüpft, so mindert sich auch die Bürgenschuld entspr (RGZ 163, 91, 99; Erman/*Herrmann* § 767 Rn 5).

6 Haben die Parteien eine **Novation** vereinbart, so geht – abgesehen von den Fällen des § 356 HGB – die Bürgschaft unter (BGH NJW 99, 3708, 3709). Wegen der einschneidenden Rechtsfolgen für den Gläubiger soll **im Zweifel** keine Novation, sondern lediglich eine Vertragsänderung vorliegen (BGH NJW 03, 59). Wird eine bankinterne Umschuldung wie die Umwandlung eines Kontokorrentkredits in ein Darlehen vorgenommen, bleibt die Bürgschaftsforderung bestehen (BGH NJW 99, 3708, 3709). Ein Vergleich über die Hauptforderung führt idR nicht zur Novation (s § 779 Rn 18); die Verpflichtung aus der Bürgschaft bleibt bestehen (Hamm NJW 05, 2238, 2239). Ist nur ein Teil der Forderung durch die Bürgschaft gesichert, so gilt § 366 II (s § 765 Rn 64).

7 **III. Wechsel des Schuldners und des Gläubigers.** Im Fall einer befreienden Schuldübernahme der Hauptschuld erlischt die Bürgschaft nach § 418 I. Diese Vorschrift gilt entspr bei einer Vertragsübernahme auf **Schuldnerseite** (Hamm WM 90, 1152, 1154). Dies gilt jedoch nicht, wenn der Bürge selbst zu den ausscheidenden Gesellschaftern gehört und der Schuldnerwechsel auf seiner eigenen Maßnahme beruht (BGH NJW 93, 1917, 1918). Die Auslegung des Bürgschaftsvertrages kann ergeben, dass der Bürge auch für den Rechtsnachfolger haftet (München WM 98, 1966, 1968: Übernahme der Hauptschuld durch GmbH). Eine Formularklausel, wonach der Bürge auch bei einer Vertragsübernahme haftet, verstößt gegen § 307 I, wenn der Bürge danach für einen unbeteiligten Dritten einstehen müsste (Derleder/Bamberger/Knops/*Knops* § 20 Rn 16).

8 Bei der **Vertragsübernahme** auf **Gläubigerseite** tritt dieser in vollem Umfang in den Bürgschaftsvertrag ein, wenn der Personenwechsel für den Bürgen keine Erhöhung des eingegangenen Risikos bedeutet (BGHZ 95, 88, 96). Im Falle einer **Gesamtrechtsnachfolge** auf **Gläubigerseite** bleibt die Bürgschaft dem Nachfolger in vollem Umfang erhalten (BGHZ 77, 167, 170 f).

9 Der **Formwechsel** einer Gesellschaft ändert an der Identität des Rechtsträgers nach § 202 I Nr. 1 UmwG und damit an dem Fortbestand der Bürgschuld nichts (vgl BGH NJW 93, 1917, 1919). Ebenso wenig erlischt eine Bürgschaft für Verbindlichkeiten einer Personengesellschaft, wenn alle Gesellschafter bis auf einen ausscheiden und diesem die Gesellschaftsanteile anwachsen. Allerdings erstreckt sich die Haftung in diesem Fall nicht auf neue vom Einzelkaufmann begründete Verbindlichkeiten (für die KG: BGH aaO).

10 **IV. Untergang und Vermögenslosigkeit des Hauptschuldners.** Geht der Hauptschuldner als juristische Person unter – dies ist nicht beim Formwechsel der Fall, s Rn 9 –, erlischt grds auch die Bürgschaft (vgl RGZ 153, 338, 343; da eine entschädigungslose Enteignung keinen Untergang des Hauptschuldners darstellt, bestehen Hauptschuld und Bürgschaft in einem solchen Fall fort: BGHZ 31, 168, 171). Geht der Hauptschuldner infolge **Vermögenslosigkeit** unter, insbes im Falle einer Löschung nach § 141 a FGG, bleibt die Bürgschaft bestehen: Der Sicherungszweck der Bürgschaft geht in diesem Fall dem Akzessorietätsgrundsatz vor (arg § 768 I 2; BGHZ 82, 323, 326 f; NJW 03, 59, 60; BGHZ 153, 337, 340; KG NJW-RR 99, 1206, 1207). Aus demselben Grund besteht die Bürgschaftsforderung in der Insolvenz des Hauptschuldners fort (Vor § 765 Rn 50).

11 **C. Gesetzliche Veränderungen des Hauptschuldumfangs (§ 767 I 2, II).** Nach § 767 I 2 haftet der Bürge auch für **Sekundäransprüche** des Gläubigers. Hierzu gehören Schadensersatzansprüche nach §§ 280 ff sowie Ansprüche wegen Verzugs nach §§ 286 f. Überdies haftet er nach § 767 II für die **Kosten** der Kündigung und die Kosten der Rechtsverfolgung (RGZ 56, 256, 257; Staud/*Horn* § 767 Rn 33).

12 Führt eine Umschuldung zu einer Reduktion der verbürgten Hauptforderung, so haftet der Bürge auch für mit der Umstellung verbundene Kosten, wie **Vorfälligkeitsentschädigung** und **Bereitstellungszinsen** (Frankf ZIP 02, 567 ff; BaRoth/*Rohe* § 767 Rn 17). Der Bürge muss eine nachteilige Anpassung der Hauptschuld wegen **Wegfalls der Geschäftsgrundlage** (§ 313) nicht gegen sich gelten lassen; die ursprüngliche Haftung bleibt bestehen (Ddorf WM 01, 2382, 2384 f). Bei einem vom Hauptschuldner zu vertretenden **Rücktritt** sichert der Bürge den Rückgewähranspruch des Gläubigers nach §§ 323, 326 V, 324 (Erman/*Hermann* § 767 Rn 10; MüKo/*Habersack* § 767 Rn 7; aM Hbg MDR 64, 324; Palandt/*Sprau* § 767 Rn 4. Zum Bereicherungsanspruch bei Nichtigkeit s.o. Rn 4).

D. Rechtsgeschäftliche Erweiterungen der Hauptschuld (§ 767 I 3). § 767 I 3 ist Ausprägung des Verbots der Fremddisposition (BGHZ 130, 19, 33; 137, 153, 156; NJW 00, 2580, 2582); die Regelung gilt auch für Verwertungsvereinbarungen zwischen einem absonderungsberechtigten Gläubiger und dem Insolvenzverwalter des Hauptschuldners (BGH NJW 06, 228, 230: keine Verschärfung des Haftungsrisikos des Bürgen durch solch eine Absprache). Während nach Abschluss des Bürgschaftsvertrages vereinbarte **Einschränkungen** der Haftung des Bürgen ohne weiteres zulässig sind (BGH NJW 99, 3708, 3709), bedarf eine nach Übernahme der Bürgschaft getroffene, die **Haftung erweiternde** Vereinbarung zwischen Gläubiger und Schuldner einer einvernehmlichen Abänderung des Bürgschaftsvertrags (BGH BauR 2005, 873, 874; MüKo/*Habersack* § 767 Rn 10; Staud/*Horn* § 767 Rn 40; anders Palandt/*Sprau* § 767 Rn 3: einseitige Zustimmung durch Bürgen), die unter Beachtung der Formvorschriften in aus §§ 766 BGB, 350 HGB zu erfolgen hat. Dies gilt nicht für unwesentliche Erweiterungen, wenn es dem Bürgen nach Treu und Glauben zugemutet werden kann, sich an seiner Verpflichtung festhalten zu lassen (BGH WM 62, 700, 701).

Gibt der Hauptschuldner (zB in einem Vergleich) ein Schuldanerkenntnis ab, so wirkt dieses nicht zu Lasten des Bürgen. Gleiches gilt für ein (wie meistens, vgl § 364 II) erfüllungshalber abgegebenes abstraktes Schuldversprechen oder -anerkenntnis nach §§ 780, 781, da es dem Bürgen im Verhältnis zum Gläubiger Einreden abschneidet (Ddorf MDR 75, 1019).

Ebenso wenig erfasst die Bürgschaft eine Vereinbarung, welche die Tilgungsregelung zu Lasten des Bürgen verschlechtert (BGH NJW 80, 2412, 2413; 00, 2580, 2581) oder einen schulderweiternden Vergleich nach § 779 (Erman/*Herrmann* § 767 Rn 9). Wird eine Auswechslung des Hauptschuldners vorgenommen (BGH NJW 93, 1917, 1918; anders beim Formwechsel, s Rn 9) oder die Geschäftsverbindung zwischen Gläubiger und Hauptschuldner gekündigt (BGH NJW 89, 27, 28), haftet der Bürge nicht für die nach dem Schuldnerwechsel oder der Kündigung neu begründeten Verbindlichkeiten.

E. Beweislast. Der Gläubiger trägt die Beweislast für die Begründung, der Bürge für die Erfüllung der Hauptschuld (s Vor § 765 Rn 47). Dabei kann sich der Bürge stets, der Gläubiger nur bei erfolgter Streitverkündung auf ein Urteil über das Rechtsverhältnis zwischen Gläubiger und Hauptschuldner berufen (s Vor § 765 Rn 46).

§ 768 Einreden des Bürgen

(1) ¹Der Bürge kann die dem Hauptschuldner zustehenden Einreden geltend machen. ²Stirbt der Hauptschuldner, so kann sich der Bürge nicht darauf berufen, dass der Erbe für die Verbindlichkeit nur beschränkt haftet.
(2) Der Bürge verliert eine Einrede nicht dadurch, dass der Hauptschuldner auf sie verzichtet.

A. Einführung: Normzweck und praktische Bedeutung. Die Vorschrift ist eine weitere Ausprägung des Akzessorietätsprinzips (Vor § 765 Rn 10): Dem Bürgen sollen ggü dem Gläubiger **alle rechtlichen Verteidigungsmittel** des Hauptschuldners zustehen (Mot II 661; RGZ 34, 153, 156 f). Dieser Grundsatz wird durch die Regelungen in § 768 I 2 und § 768 II (der funktional § 767 I 3 entspricht) **eingeschränkt**. Als Verteidigungsmittel steht § 768 dem Bürgen nur solange zur Verfügung wie die Hauptforderung besteht: Geht sie unter, greift § 767 (s § 767 Rn 3 ff).

Die **Pflicht des Bürgen zur Erhebung von Einreden** des Hauptschuldners gegenüber dem Gläubiger wird bestimmt durch das Verhältnis zwischen Hauptschuldner und Bürge (vgl § 765 Rn 7). Macht der Bürge vertrags- und/oder treuwidrig dem Hauptschuldner zustehende Einreden ggü dem Gläubiger nicht geltend, so kann sich dies auf seinen Regressanspruch auswirken (§§ 774 I 3, 670; RGZ 59, 207, 209; 146, 67, 71). Hat der Hauptschuldner auf eine Einrede verzichtet (Rn 14), ist auch der Bürge berechtigt, aber nicht verpflichtet, auf sie zu verzichten.

Die Regelungen in § 768 sind **begrenzt dispositiv**: In der Praxis werden die Rechte des Bürgen aus § 768 oft – insbes bei der **Bürgschaft auf erstes Anfordern** (a § 765 Rn 75 ff) – im Bürgschaftsvertrag abbedungen. Dies ist individualvertraglich bis zur Grenze des Rechtsmissbrauchs zulässig (BGH NJW 80, 445, 446). Eine **Formularklausel**, die dem Bürgen den Schutz des § 768 umfassend nimmt, ist mit wesentlichen Grundgedanken der gesetzlichen Regelung nicht vereinbar. Sie schränkt die Rechte des Bürgen unangemessen ein und ist daher nach § 307 II 1 unwirksam (BGHZ 95, 350, 356 f; 147, 99, 104; NJW 01, 2327, 2329; 03, 59, 61).

B. Einreden iSd § 768 I 1. § 768 betrifft die Durchsetzung der Forderung durch den Gläubiger gegen den Bürgen. Unter den Begriff der **Einreden** iSd § 768 I 1 fallen daher nicht nur solche im traditionellen prozessualen Sinne, sondern sämtliche Einreden des Hauptschuldners (BGHZ 107, 210, 214), also sämtliche dem Hauptschuldner gegenüber der Hauptforderung zustehenden dilatorischen (vorübergehenden) und alle peremptorischen (dauernden) Einwendungen. Dabei bindet den Bürgen kein Titel des Gläubigers gegen den Hauptschuldner (s Vor § 765 Rn 46 für Urteil; BGH WM 04, 1648, 1651 für bestandskräftigen Steuerbescheid).

6 1. Grundfälle. Zu den Einreden iSd § 768 I 1 gehört insbes die **Verjährung** der Hauptforderung (Ausnahmen: (i) uU bei Gewährleistungsbürgschaften, s § 765 Rn 85, u (ii) bei atypischer Vertragsgestaltung: BGH NJW 01, 2327, 2329 f). Der Bürge kann sich auch dann auf die Verjährung berufen, wenn diese erst nach Erhebung der Bürgschaftsklage eintritt und der Bürge nach § 773 I Nr 1 selbstschuldnerisch haftet (BGHZ 76, 222, 226: dem Gläubiger ist zuzumuten, erforderlichenfalls zwei Klagen zu erheben; 139, 214, 216 f). Dies gilt auch, wenn die Hauptschuldnerin zuvor durch Vermögensverfall untergegangen – dazu § 767 Rn 10 – ist (BGHZ 153, 337, 339 ff; krit *Peters* NJW 04, 1430 f). Tritt die Verjährung erst nach rechtskräftiger Verurteilung des Bürgen ein, kann dieser eine Vollstreckungsgegenklage nach § 767 ZPO erheben (BGH NJW 99, 278, 279). In diesen Fällen muss der Gläubiger ggü dem Hauptschuldner eine die Verjährung unterbrechende Maßnahme iSd § 204 I ergreifen. Weder § 216 I noch § 215 (§ 390 S 2 aF; BGHZ 138, 49, 53 f) gelten entspr.

7 Außerdem gehören zu den Einreden iSd § 768: die noch **ausstehende Fälligkeit** (Staud/*Horn* § 768 Rn 16); die **Nichterfüllung des Hauptvertrages** nach § 320 (Staud/*Horn* § 768 Rn 10); des **Zurückbehaltungsrecht** nach § 273 (BGHZ 24, 97, 99; BGH WM 65, 578, 579); der **Wegfall der Geschäftsgrundlage** nach § 313 I (Palandt/*Sprau* § 768 Rn 6); die **Stundung** (RGZ 153, 123, 125; BGH NJW 01, 2327, 2329); der Einwand der **unzulässigen Rechtsausübung** (Köln ZIP 98, 150, 151); die Einrede der **ungerechtfertigten Bereicherung** (BGHZ 107, 210, 214); die Einrede der **unerlaubten Handlung** nach § 853 (wobei dem Bürgen diese Einrede auch zusteht, wenn der Hauptschuldner die Anfechtungsfrist des § 124 versäumt hat, BGHZ 95, 350, 357); der Einwand der **Vertragsanpassung** aus § 311 II, III (BGH NJW 99, 2032: zu cic); sowie der **auf dem Recht des Mieters aus § 551 I gegründete Einwand** (BGHZ 107, 210, 214).

8 Hat der Gläubiger dem Bürgen den Streit verkündet (vgl Vor § 765 Rn 45), können dem Bürgen aufgrund der Interventionswirkung nach § 68 ZPO Einreden nach §§ 768, 770 verwehrt sein (BGH NJW 69, 1480, 1481).

9 2. Sonderfälle. Besondere Erscheinungsformen der Bürgschaft bringen eigene Einreden mit sich: (i) Der Bürge einer **Bürgschaft auf erstes Anfordern** kann nach § 768 gegenüber dem Gläubiger einwenden, zwischen dem Gläubiger und dem Hauptschuldner sei nur die Stellung einer normalen Bürgschaft vereinbart worden (§ 765 Rn 80). (ii) Es ist eine Auslegungsfrage, ob ein pactum de non petendo zwischen Gläubiger und Hauptschuldner auch zu Gunsten des **selbstschuldnerischen Bürgen** wirkt (Hamm WM 95, 153, 154 f; Palandt/*Sprau* § 768 Rn 6). Leistet der Bürge in Unkenntnis der Einrede, so kann er die Leistung – außer bei der Einrede der Verjährung (§§ 813 I 2, 214 II) – nach § 813 I 1 zurückfordern.

10 Ungeklärt ist, ob dem Bürgen für eine Kapital ersetzende Hauptverbindlichkeit gegenüber dem Gläubiger nach § 768 I 1 die **Einrede des Kapitalersatzes** der Hauptschuld zusteht (offen gelassen bei BGH IX. ZS NJW 96, 1341, 1342; dagegen: *K Schmidt* ZIP 81, 689, 696). Die Einrede ist jedenfalls dann abgeschnitten, wenn der Bürge – etwa der Gesellschafterbürge (s Vor § 765 Rn 22) – die finanzielle Krise bei Abgabe der Bürgschaft kannte (BGH NJW 96, 1341, 1342). Wie bei der Wertung zum Fortbestand der Bürgschaft bei Untergang des Hauptschuldners wegen Vermögenslosigkeit (s § 767 Rn 10) geht der Sicherungszweck der Bürgschaft dem Dogma der Akzessorietät vor.

11 C. Nicht unter § 768 I 1 fallende Einreden (inkl § 768 I 2). Nicht unter § 768 I 1 fallen: (i) **rechtsvernichtende** Einwendungen; sie stehen dem Fortbestand der Forderung entgegen und fallen daher bereits unter § 767 (vgl § 767 Rn 5); (ii) noch nicht ausgeübte **Gestaltungsrechte** des Hauptschuldners; diese werden von § 770 erfasst (Erman/*Herrmann* § 768 Rn 2); (iii) **Wahlrechte** des Hauptschuldners nach § 262 (Palandt/*Sprau* § 768 Rn 4);

12 (iv) nach § 768 I 2 die Einreden der **beschränkten Erbenhaftung** aus §§ 1973 f, 1989-1992, 2014 f. Vor dem Hintergrund des Sicherungszwecks der Bürgschaft ist dies nur konsequent, da der Gläubiger gerade im Falle der Unzulänglichkeit des Vermögens des Hauptschuldners geschützt werden soll (*Larenz/Canaris* Schuldrecht II/2, § 60 III 1 d);

13 (v) die **Notbedarfseinrede** des Schenkers aus § 519 (Soergel/*Mühl* § 768 Rn 2): Seine Bedürftigkeit steht dem Vermögensverfall gleich (vgl § 767 Rn 10); (vi) **eigene Einreden und Einwendungen des Bürgen**, die dieser aufgrund des Bürgschaftsvertrages (zB Verjährung der Bürgschaftsforderung; vgl Vor § 765 Rn 42) oder aus sonstigen, nicht im Zusammenhang mit der Hauptschuld stehenden Gründen (Aufrechnung mit eigener Forderung, vgl BGH WM 65, 578, 579; Verwirkung: BGH WM 84, 586) gegen den Gläubiger hat. Hier wird § 768 nicht gebraucht.

14 D. Verzicht des Hauptschuldners (§ 768 II). Die Regelung in § 768 II schützt den Bürgen vor einem Einredeverzicht des Hauptschuldners ggü dem Gläubiger oder kollusivem Zusammenwirken von Gläubiger und Hauptschuldner (vgl § 328 Rn 11: Kein Vertrag zu Lasten Dritter). Der Bürge verliert eine ihm nach § 768 I 1 zustehende Einrede auch nicht, wenn der Hauptschuldner selbst sie durch sein **Prozessverhalten** verliert: zB Verlust der Einrede der Verjährung durch Versäumnisurteil (BGHZ 76, 222, 230 f) oder uU durch Anerkenntnis (s § 212 I Nr 1; str: idS Dorf MDR 75, 1019; Palandt/*Sprau* § 768 Rn 9; MüKo/*Habersack* § 768 Rn 8; aA: Kiel JW 33, 2343. Dies muss im Einzelfall entschieden werden: Ein Anerkenntnis kann auch Schaden mindernd sein, § 767 II iVm § 254; s auch Staud/*Horn* § 768 Rn 3). Will der Gläubiger die Verwertbarkeit der Bürgschaft bei drohender Verjährung der Hauptschuld sicherstellen, sollte er den Bürgen in die Rechtsverfolgung einbeziehen (s Vor § 765 Rn 42, 45).

Verliert der Hauptschuldner eine Einrede nicht durch Verzichtserklärung, sondern **kraft Gesetzes**, verliert 15
auch der Bürge die Einrede. So bindet der Aufrechnungsverzicht des Hauptschuldners auch den Bürgen
(BGHZ 153, 293, 299 f). Dasselbe gilt bei der vorbehaltlosen Leistungsannahme und dem daraus nach § 341
III resultierenden Verlust des Anspruchs auf Vertragsstrafe (RGZ 53, 356, 358) sowie bei Verlust der Mängelrechte nach § 377 HGB (BGH NJW-RR 1987, 1188, 1189).

§ 769 Mitbürgschaft

Verbürgen sich mehrere für dieselbe Verbindlichkeit, so haften sie als Gesamtschuldner, auch wenn sie die Bürgschaft nicht gemeinschaftlich übernehmen.

A. Übersicht: Normzweck und Bedeutung. Die Regelung in § 769 weitet die **Bürgenhaftung** im Interesse 1
des Gläubigerschutzes **aus**: Mehrere Bürgen haften stets gesamtschuldnerisch, auch wenn sie nicht voneinander wissen. Die Regel in § 427, der eine Gesamtschuldschuldnerschaft nur bei gemeinsamer vertraglicher Verpflichtung entstehen lässt, ist unanwendbar (Mot II 667: modernes, einfaches und klares Recht).
§ 769 ist dispositiv (BGHZ 88, 185, 187; Mot II 667). **Gläubiger und Bürgen** können die gesamtschuldneri- 2
sche Haftung ausschließen und zB vereinbaren, dass ein Mitbürge aus der Haftung entlassen wird oder die
Zahlung des einen Bürgen den **Fortbestand der Haftung** der anderen Bürgen nicht berührt (Ausschluss der
Wirkung von § 423). Eine solche Vereinbarung zwischen Gläubiger und Mitbürge berührt den **Innenausgleich** zwischen den Mitbürgen regelmäßig nicht (BGHZ 88, 185, 188 ff; NJW 92, 2286, 2287; vgl *Wolf* NJW 87, 2472 ff).

B. Entstehung und Umfang. I. Mehrere Bürgschaftserklärungen für dieselbe Schuld. Eine Mitbürgschaft 3
setzt Bürgschaftserklärungen von mindestens **zwei Bürgen** voraus. Vorbehaltlich des allgemeinen Formerfordernisses aus § 766 ist die Art und Weise der Bürgschaftserklärungen frei: gemeinschaftlich iSd § 427 oder gesondert in **einer oder in mehreren Urkunden** oder Erklärungen, **gleichzeitig oder zu verschiedenen Zeitpunkten** (Prot II 467 f), in **Kenntnis oder Unkenntnis der Mitverbürgung** (RGZ 77, 53, 55; 81, 414, 419).
Die Mitbürgschaft setzt die **Gleichstufigkeit** der Haftungsverhältnisse voraus (BGH NJW 86, 3131, 3132), dh 4
die Bürgen müssen sich für **dieselbe Schuld** (oder denselben Teil einer Schuld) verbürgt haben. Verbürgen
sich mehrere Bürgen in unterschiedlicher Höhe für dieselbe Verbindlichkeit, so liegt bis zur gemeinsamen
Haftungsgrenze Mitbürgschaft – und nicht Teilbürgschaft (s Rn 5) – vor (implizit RGZ 81, 414, 419; Hamm
WM 84, 829; Stuttg ZIP 90, 445, 446). Indiz für die Begründung von Mitbürgschaften ist es, wenn sich die
einzelnen Bürgschaftssummen jeweils mit dem Gesamtbetrag der Hauptverbindlichkeit decken oder die
Bürgschaften jeweils in unbegrenzter Höhe übernommen wurden (*Weber* Kreditsicherheiten, 79 f).
Hingegen liegt mangels Gleichstufigkeit **keine Mitbürgschaft** zwischen Vor- und Nachbürgen (§ 765 Rn 94) 5
und bei der Teilbürgschaft vor, bei der sich die Bürgen für verschiedene Teile einer Verbindlichkeit verbürgen
(§ 765 Rn 107). Ist eine Vielzahl kleinerer Teilbeträge der Forderung verbürgt, liegen meistens Teilbürgschaften vor: Denn bei Annahme von Mitbürgschaften wäre im Widerspruch zum Parteiwillen ein Teil der Forderung nicht verbürgt (*Weber* Kreditsicherheiten, 79; *Beeser* BB 58, 970, 972).

II. Gegenseitige Abhängigkeit der Bürgschaftserklärungen. Ein (künftiger) Bürge kann seine Bürgschaft 6
von der **Begründung einer Mitbürgschaft** als **Bedingung** iSd § 158 abhängig machen (RGZ 138, 270, 273;
BGH WM 74, 8, 10 f). Solch eine Bedingung muss idR ausdrücklich vereinbart sein oder sich durch Vertragsauslegung aus den Umständen ergeben (Köln BB 99, 758). Ein Motivirrtum über die Existenz eines Mitbürgen berechtigt nicht zur Anfechtung: s § 765 Rn 45.
Die Anwendung von § 139, die zur **Nichtigkeit** sämtlicher Mitbürgschaften führen kann, kommt überhaupt 7
nur in Betracht, wenn ein gemeinschaftlicher Mitbürgschaftsvertrag iSd § 427 vorliegt. Jedoch ist die Bürgschaftserklärung eines Mitbürgen in diesem Fall trotz der Unwirksamkeit einer anderen (Mit-)Bürgschaftserklärung regelmäßig entgegen dem Regelfall von § 139 wirksam, da es regelmäßig zwischen den Parteien zu einer Willenseinigung dahingehend kommt, dass eine Mitbürgschaft bestehen bleiben soll, wenn eine andere ausbleibt (RGZ 138, 270, 272; vgl auch 99, 52, 56; Soergel/*Mühl* § 769 Rn 2). Die Unwirksamkeit eines Bürgschaftsvertrages mit einem Mitbürgen stellt idR auch **keinen Wegfall der Geschäftsgrundlage** (§ 313) für die übrigen Mitbürgschaftsverträge dar (Frankf NJW-RR 88, 496, 497 unter Hinweis auf das Sicherungsinteresse des Gläubigers).

C. Rechtsfolge. I. Außenverhältnis Mitbürge – Gläubiger. Die Mitbürgen haften dem Gläubiger im 8
Außenverhältnis als Gesamtschuldner nach Maßgabe der §§ 421–425. Insbes kann der Gläubiger jeden Mitbürgen nach § 421 nach seinem Belieben in Anspruch nehmen (*Bayer* ZIP 90, 1523, 1525). Er kann auch auf einen Anspruch aus Mitbürgschaft verzichten.

II. Innenverhältnis zwischen Mitbürgen. Im Innenverhältnis gelten §§ 774 II, 426 I 1, es sei denn, die **Mit-** 9
bürgen untereinander treffen eine abweichende Haftungsverteilung (*Bayer* ZIP 90, 1523, 1528). Etwaige Vereinbarungen zwischen **Gläubiger und Mitbürgen** oder Verzichtserklärungen des Gläubigers ggü einem Mit-

bürgen berühren dieses Innenverhältnis nach der Rspr nicht (s.o. Rn 2 aE). Deshalb werden die Voraussetzungen von § 776 nicht erfüllt: Da ein Mitbürge stets von anderen Mitbürgen nach § 774 II Ersatz erlangen kann, können Gläubiger und Mitbürge den gesetzlichen Gesamtschuldnerausgleichsanspruch eines (anderen) Mitbürgen nicht ohne dessen Zustimmung (durch Vertrag oder einseitige Verzichtserklärung) begrenzen (BGH NJW 92, 2286, 2287; s § 776 Rn 2, 12); arg kein Vertrag zu Lasten Dritter. § 776 ist insoweit eine tote Norm.

10 Nimmt der Gläubiger einen Mitbürgen in Anspruch, so kann dieser von den anderen Mitbürgen verlangen, ihn von der Verbindlichkeit in der Höhe zu befreien, die der jeweiligen internen Ausgleichspflicht entspricht (BGH NJW 86, 3131, 3132). Gibt der Mitbürge eine ihm vom Hauptschuldner bestellte Sicherheit auf, so wirkt sich dies grds nicht auf den Ausgleichsanspruch des Mitbürgen aus. Im Einzelfall kann aufgrund der Sicherungsabrede zwischen den Beteiligten etwas anderes gelten (RG JW 1905 486 Nr 3).

§ 770 Einreden der Anfechtbarkeit und der Aufrechenbarkeit

(1) Der Bürge kann die Befriedigung des Gläubigers verweigern, solange dem Hauptschuldner das Recht zusteht, das seiner Verbindlichkeit zugrunde liegende Rechtsgeschäft anzufechten.
(2) Die gleiche Befugnis hat der Bürge, solange sich der Gläubiger durch Aufrechnung gegen eine fällige Forderung des Hauptschuldners befriedigen kann.

1 **A. Inhalt, Bedeutung (analoge Anwendung), Abdingbarkeit und Verzicht.** Die Regelung in § 770 ergänzt § 768 (s Rn 10) und gibt dem Bürgen – auch dem selbstschuldnerischen, Prot II 471 – ggü dem Gläubiger **Leistungsverweigerungsrechte** (verzögerliche Einreden). I1 stellt auf das nur dem Hauptschuldner zustehende (RGZ 59, 207, 210; 122, 146, 147) Gestaltungsrecht der **Anfechtung** ab und ist Ausdruck der Akzessorietät (s Vor § 765 Rn 10). Das Recht aus II stellt auf die **Aufrechnungsmöglichkeit des Gläubigers** ab und stellt eine Ausprägung des Subsidiaritätsprinzips (s Vor § 765 Rn 12) dar. So soll der Gläubiger zunächst beim Hauptschuldner Befriedigung suchen, bevor er sich beim Bürgen gütlich hält (BGHZ 95, 350, 361; 153, 293, 299).

2 Wenn der Hauptschuldner (§ 770 I) bzw der Gläubiger (§ 770 II) auf das **Gestaltungsrecht verzichtet**, verliert der Bürge sein Leistungsverweigerungsrecht aus § 770 I oder II, weil dieses vom Bestand des jeweiligen Gestaltungsrechts abhängig ist (Gegensatz zur Regelung in § 768 II für den Verzicht des Hauptschuldners auf Einreden). Bereits ausgeübte Gestaltungsrechte fallen nicht unter § 770: Sie wirken sich auf den Bestand der Hauptschuld aus und fallen unter § 767 I 1 (Erman/*Herrmann* § 770 Rn 1).

3 § 770 I ist vorbehaltlich der Abbedingung (Rn 4) **analog** anwendbar auf **sonstige Gestaltungsrechte**, wie zB Wahlrecht des Hauptschuldners (§ 263, dazu differenzierend Staud/*Horn* § 770 Rn 21); Rücktritt (kraft Vertrages nach § 346 oder kraft Gesetzes, zB § 323); Widerrufs- und Rückgaberecht nach § 355 ff; Minderung (Kauf: § 437 Nr. 2; Werkvertrag § 634 Nr. 3). Auch im analogen Anwendungsbereich von § 770 I gilt, dass der Bürge sein Leistungsverweigerungsrecht verliert, wenn dem Hauptschuldner das Gestaltungsrecht nicht mehr zusteht (Palandt/*Sprau* § 770 Rn 4). Wie den Bürgen schützt der Rechtsgedanke von § 770 I auch den **Miterben**: s § 2040 Rn 6.

4 Die Vorschrift ist **begrenzt dispositiv**: Sie kann individualvertraglich ganz oder teilweise (s Rn 11 aE) abbedungen werden. Ein **Verzicht des Bürgen** auf eine Einrede aus § 770 kann auch implizit mit **Abschluss des Bürgschaftsvertrages** erklärt werden: So wenn der Bürge die Anfechtbarkeit des der Hauptschuld zugrunde liegenden Rechtsgeschäfts kannte (vgl Prot II 466; RGRK/*Mohrmann* § 770 Rn 2; Staud/*Horn* § 770 Rn 16).

5 Für **AGB** ist zu unterscheiden: (i) Der Verzicht auf die **Einrede der Anfechtbarkeit** (§ 770 I) ist nach der Rspr derzeit wohl (noch) **zulässig** (BGH, III. ZS, Z 95, 350, 357; vgl BaRoth/*Rohe* § 770 Rn 4; *Lettl* WM 00, 1316, 1324), **aber zweifelhaft** (so BGH, IX. ZS, NJW 98, 1939, 1941; 01, 2466, 2468; *Habersack/Schürnbrand* JZ 03, 848, 849: rechnen mit einer Änderung der Rspr; s auch MüKo/*Habersack* § 770 Rn 3: unwirksam);

6 (ii) Der Verzicht auf die **Einrede der Aufrechenbarkeit** (§ 770 II) ist nach dem Rechtsgedanken in § 309 Nr 3 jedenfalls dann **unangemessen iSv § 307**, wenn der Ausschluss auch für den Fall gilt, dass die Gegenforderung des Hauptschuldners unbestritten oder rechtskräftig festgestellt ist (BGHZ 153, 293, 299; 156, 302, 310; NJW 04, 2232, 2235: alle entgegen dem auch sub (i) in Zweifel gezogenen Urteil BGHZ 95, 350).

7 Ein Verzicht umfasst nicht die **Einrede der unzulässigen Rechtsausübung** (BGH NJW 91, 2908, 2909) sowie die **Arglisteinrede** nach § 853 (BGHZ 95, 350, 357). Der Bürge kann sich trotz eines Verzichts immer noch darauf berufen, dass der Hauptschuldner die Anfechtung (BGHZ 95, 350, 356) oder die Aufrechnung wirksam erklärt hat und damit die Bürgschaft **nach § 767 I untergegangen** ist (s Rn 2 aE).

8 **B. Einzelheiten. I. Einrede der Anfechtbarkeit (I).** Die Leistungsverweigerung des Bürgen aus § 770 I setzt eine **Anfechtungsmöglichkeit** des Hauptschuldners nach §§ 119 ff voraus. Von praktischer Bedeutung ist die Einrede der Anfechtbarkeit vor allem in den Fällen von § 123 (arglistige **Täuschung des Hauptschuldners, Drohung**), weil das Anfechtungsrecht in allen anderen Fällen nach § 121 erlischt, wenn es nicht unverzüglich durch den Hauptschuldner nach Kenntniserlangung ausgeübt wird (BGHZ 95, 350, 357). Mit Ablauf der

Anfechtungsfrist – oder bei anderweitigem Verlust des Anfechtungsrechts (zB durch Bestätigung des Hauptschuldners nach § 144) – erlischt das Leistungsverweigerungsrecht des Bürgen aus § 770 I (RGZ 66, 332, 333).

II. Einrede der Aufrechnungsbefugnis (II). 1. Fälligkeit der Gegenforderung des Hauptschuldners. Die 9
Gegenforderung des Hauptschuldners muss nach dem Wortlaut von § 770 II **fällig** sein. Die Anforderung ist strenger als nach § 387 (§ 387 Rn 17): Die dem Gläubiger im Zweifel nach § 271 II zustehende Berechtigung, bereits vor der Fälligkeit zu zahlen, reicht nicht aus (MüKo/*Habersack* § 770 Rn 7). Es reicht hingegen aus, wenn der Gläubiger **Klage auf künftige Leistungen nach §§ 257 ff ZPO** erheben kann; denn wenn der Kläger sein Erfüllungsverlangen verfahrensrechtlich ausnahmsweise (wegen der besonderen Voraussetzungen der §§ 257 ff ZPO) schon jetzt (bezogen auf den jeweiligen späteren Fälligkeitstermin) geltend machen kann, so muss auch der Bürge rechtlich in der Lage sein, sich schon jetzt auf jenes Leistungsverweigerungsrecht zu berufen (BGHZ 38, 122, 129).

2. Maßgeblichkeit der Aufrechnungsbefugnis des Gläubigers. Zur Fälligkeit oder Klagbarkeit der Haupt- 10
forderung (s Rn 1) hinzukommen muss die Aufrechnungsbefugnis **des Gläubigers**: Unerheblich ist, ob dem Hauptschuldner ein Aufrechnungsrecht zusteht oder ob er es (zB nach § 767 II ZPO) verloren hat (BGHZ 153, 293, 301 f; vgl hierzu *Habersack/Schürnbrand* JZ 03, 848).
Erlischt die Aufrechnungsbefugnis des Gläubigers, verliert der Bürge sein Leistungsverweigerungsrecht. Bsp: 11
(i) Der Gläubiger erfüllt die Forderung, mit der er sonst hätte aufrechnen können (RG WarnR 12 Nr 303), (ii) der Gläubiger nutzt sein Bestimmungsrecht aus § 396 I 1 und rechnet mit einer anderen als der verbürgten Forderung gegen den Anspruch des Hauptschuldners auf (BGH NJW 84, 2455). Im Einzelfall kann der Bürgen die Berufung auf Treu und Glauben schützen: wenn der Gläubiger (nachweisbar) bei der Aufrechnung nur zum Schaden des Bürgen handelt (BGH aaO); (iii) der Gläubiger verliert seine Aufrechnungsbefugnis durch eine ungenaue Aufrechnungserklärung kraft gesetzlicher Bestimmung (§ 396 I 2 iVm § 366 II, BGH aaO). Der Bürgschaftsvertrag kann die Wirkung einer Aufrechnung mit der verbürgten Forderung durch ein Verbot beschränken.
Str ist, ob über den Wortlaut von § 770 II hinaus dem Bürgen die Einrede der Aufrechenbarkeit auch dann 12
zustehen soll, wenn (i) der Gläubiger sein **Aufrechnungsrecht verwirkt** hat (§ 393), (ii) das Gesetz sein Aufrechnungsrecht anderweitig ausschließt (§ 394) oder (iii) der Gläubiger – soweit dies zulässig ist (s.o. Rn 4, 6) – vertraglich auf sein Aufrechnungsrecht verzichtet hat. Das Reichsgericht lehnte dies ab, der Bürge sei (meist) über §§ 273, 768 I hinreichend geschützt (RGZ 137, 34, 36 f). Der BGH hat dies unter Hinweis auf den Schutz des Bürgen aus §§ 273, 768 I bisher offen gelassen (BGHZ 24, 97, 99 (VII. ZS); 42, 396, 398 (VIII. ZS); vgl *Habersack/Schürnbrand* JZ 03, 848, die davon ausgehen, dass der BGH dem RG folgen wird). In der Lit wird dies zT befürwortet (RGRK/*Mormann* § 770 Rn 4; MüKo/*Habersack* § 770 Rn 10; Soergel/*Mühl* § 770 Rn 6; *Medicus* JuS 71, 497, 501 Fn 26; aA Staud/*Horn* § 770 Rn 10). Man wird nach den Fallgruppen unterscheiden und die analoge Anwendung von § 770 II beim Aufrechnungsverbot aus § 393 gestatten müssen („Keine Unerlaubte Handlung zu Lasten Dritter"). Beim Aufrechnungsausschluss aus § 394 geht es hingegen um ein wirtschaftliches Risiko, dass der Bürge gerade tragen soll (arg Sicherungszweck der Bürgschaft, s Vor § 765 Rn 1).
Im Einzelfall kann die Berufung (insbesondere des selbstschuldnerischen Bürgen, § 773 I Nr 1) auf § 770 II 13
rechtsmissbräuchlich sein (BGH NJW 66, 2009 f).

C. Rechtsfolgen. Soweit dem Bürgen eine Einrede aus § 770 I oder II zusteht, ist die Klage des Gläubigers 14
als **derzeit unbegründet** abzuweisen (BGHZ 38, 122, 129 f). **Leistet der Bürge in Unkenntnis** seiner Rechte nach § 770, kann er das Geleistete nicht nach § 813 I 1 zurückverlangen: Denn als nur verzögerliche (nicht: dauernde) Einrede fallen die Einreden aus § 770 nicht unter § 813 (str; s § 813 Rn 3; RGZ 68, 302, 304; 120, 280, 281 f; offen gelassen: BGH WM 63, 946, 965).

§ 771 Einrede der Vorausklage

¹Der Bürge kann die Befriedigung des Gläubigers verweigern, solange nicht der Gläubiger eine Zwangsvollstreckung gegen den Hauptschuldner ohne Erfolg versucht hat (Einrede der Vorausklage). ²Erhebt der Bürge die Einrede der Vorausklage, ist die Verjährung des Anspruchs des Gläubigers gegen den Bürgen gehemmt, bis der Gläubiger eine Zwangsvollstreckung gegen den Hauptschuldner ohne Erfolg versucht hat.

A. Einführung: Übersicht und begrenzte praktische Bedeutung. Die Einrede der Vorausklage aus § 771 1
ist – wie auch § 770 II – **Ausdruck der Subsidiarität** der Bürgschaftsverbindlichkeit (Vor § 765 Rn 12). Die ergänzenden Regelungen in §§ 772 und 773 beschränken die Anforderungen an die vorrangige Inanspruchnahme des Hauptschuldners.
Der **Begriff** der „Einrede der Vorausklage" ist **irreführend**, da die Klage gegen den Hauptschuldner weder 2
erforderlich noch ausreichend ist (so treffend Staud/*Horn* § 771 Rn 7; MüKo/*Habersack* § 771 Rn 2). Notwendig ist ein **erfolgloser Vollstreckungsversuch** gegen den Hauptschuldner (§ 772). Die Erhebung einer

(Voraus-)Klage kann in diesem Zusammenhang notwendig sein, um einen Titel als Grundlage für die Vollstreckung zu erwirken. Die erst 2002 durch das Schuldrechtsmodernisierungsgesetz eingeführte Regelung in § 771 S 2 soll die Verjährung der Bürgschaftsforderung während des Zwangsvollstreckungsversuches vermeiden (BTDrs 14/7052, S 206).

3 Die Regelung wird in der wirtschaftsrechtlichen Praxis **meist abbedungen**: Das BGB sieht die **selbstschuldnerische Bürgschaft** in § 773 I Nr. 1 ausdrücklich vor, s Vor § 765 Rn 17 und § 773 Rn 4. Häufig ordnet das Gesetz selbst die selbstschuldnerische Bürgschaft an (s § 773 Rn 2 f zur **Tragweite** solcher Regelungen); so in: (i) §§ 232 II, 239 II für die **Sicherheitsleistung durch Bürgen**, (ii) §§ 566 II 1, 578 für die **Haftung des** Wohnraum oder ein Grundstück veräußernden **Vermieters** als Bürge, (iii) § 773 I Nr 2–4 für **Vollstreckungsschwierigkeiten** gegenüber dem Hauptschuldner (inkl Insolvenz), (iv) § 1251 II für die Haftung des **Pfandgläubigers** als Bürge beim Pfandrechtsübergangs, (v) §§ 343 ff, 349 HGB für den **kaufmännischen Verkehr**, (vi) § 257 II InsO für bestimmte Verpflichtungen eines Dritten für die Erfüllung eines **Insolvenzplans**, (vii) § 28 e II 1 SGB IV für die Haftung des Entleihers von Arbeitnehmern für Sozialversicherungsbeiträge, dazu BGH NJW 05, 884, 886, (viii) § 36 II 2 VerlagsG für die **Haftung der Insolvenzmasse eines Verlegers** bei der Übertragung von Verlagsrechten.

4 § 771 ist **nicht entspr** anwendbar auf die Wechselverpflichtung (BGHZ 45, 210, 212), den Garantievertrag (MüKo/*Habersack* § 771 Rn 2) sowie den Schuldbeitritt (Staud/*Horn*, Vor § 765 Rn 363).

5 **B. Voraussetzungen. I. Erfolgloser Vollstreckungsversuch.** Es genügt die Zwangsvollstreckung aufgrund irgendeines Titels iSd §§ 704 I, 794 ZPO. Eine Verurteilung des Hauptschuldners ist nicht notwendig (Staud/*Horn* § 771 Rn 7). Ausreichend ist idR **ein Zwangsvollstreckungsversuch** (Mot II 669); für **Geldforderungen** bestimmt § 772 den an die Vollstreckungs- und Verwertungspflicht gestellten Umfang (s § 772 Rn 1). Dem Bürgen steht die Einrede der Vorausklage selbst dann nicht zu, wenn der Hauptschuldner nach dem Zwangsvollstreckungsversuch wieder zu Vermögen gekommen ist (RGZ 92, 219, 220; Staud/*Horn* § 771 Rn 7). Der Zwangsvollstreckungsversuch muss **nach** Abschluss des Bürgschaftsvertrages erfolgt sein: **Zuvor** durchgeführte Vollstreckungsversuche genügen nicht, um die Einrede der Vorausklage auszuschließen (MüKo/*Habersack* § 771 Rn 7).

6 Bei **Gesamtschuldnern** muss der Gläubiger nur diejenigen Gesamtschuldner in Anspruch nehmen, für die der Bürge die Haftung übernommen hat (Müko/*Habersack* § 771 Rn 4). Bei einer Bürgschaft für Verbindlichkeiten einer Personengesellschaft ist daher ein erfolgloser Zwangsvollstreckungsversuch in das Vermögen von **jedem** persönlich haftenden Gesellschafter erforderlich (Staud/*Horn* § 771 Rn 8; Müko/*Habersack* § 771 Rn 4; Soergel/*Mühl* § 771 Rn 1; aM Palandt/*Sprau* § 771 Rn 1; RGRK/*Mormann* § 771 Rn 1): Denn der Bürge soll nach dem Leitbild des Gesetzgebers erst nach der Haftungsmasse der Gesellschaft haften, zu der bei der OHG – und begrenzt bei der KG – auch das Vermögen der Gesellschafter gehört (§§ 161 II, 128 HGB). Wer dies vermeiden will (Stichwort: Publikums-KG), muss § 771 abbedingen: s Rn 3.

7 Der Bürge kann den Gläubiger durch die Einrede der Vorausklage nicht auf eine vorherige Inanspruchnahme eines **Schuldmitübernehmers** – zB aus **Firmenfortführung** – verweisen (RG JW 11, 158: zu § 25 HGB; Staud/*Horn* § 771 Rn 8; s auch Hburg OLGE 34, 82: Haftung aus Wechselakzept).

8 **II. Ausnahmen und Sonderfälle.** Bei einer **Ausfallbürgschaft** ist die Erhebung der Einrede der Vorausklage nicht notwendig: s § 765 Rn 72 ff. Dem **Nachbürgen** (s § 765 Rn 94 ff) steht hingegen eine Einrede der Vorausklage direkt aus § 771 (zum Verweis auf die vorgehende Vollstreckung gegen den Vorbürgen) und indirekt über § 768 (zum Verweis auf die vorgehende Vollstreckung gegen den Hauptschuldner) zu. Denn der Nachbürge kann die Einrede der Vorausklage auch als **Verweis auf die Vollstreckung gegen den Hauptschuldner** in dem Maße erheben, in dem sie dem Vorbürgen zusteht (Mot II 672; RGRK/*Mormann* § 771 Rn 2). Hat der Hauptbürge auf die Einrede der Vorausklage erst nach Abschluss des Nachbürgschaftsvertrages verzichtet, bleibt sie dem Nachbürgen gleichwohl erhalten (arg § 767 I 3, s.a. Staud/*Horn* § 771 Rn 4).

9 Dem **Rückbürgen** (§ 765 Rn 104) steht die Einrede der Vorausklage als **Verweis auf die Vollstreckung gegen den Hauptschuldner** unter den gleichen Voraussetzungen wie einem „gewöhnlichen" Bürgen zu (Staud/*Horn* § 771 Rn 4).

10 **C. Rechtsfolge.** Liegen die Voraussetzungen von § 771 I vor, hat der Bürge eine dilatorische Einrede. Diese muss er **im Prozess** geltend machen (vgl § 214 Rn 1). Ein unbeschränkter Klagantrag des Gläubigers auf sofortige Leistung ist als **zur Zeit unbegründet** abzuweisen (Staud/*Horn* § 771 Rn 10). Um der Einrede der Vorausklage entgegenzutreten, muss der Gläubiger darlegen und beweisen, dass er die Voraussetzungen von § 772 erfüllt hat oder dem Bürgen aus anderen Gründen (s Rn 3) die Einrede der Vorausklage nicht zusteht.

11 Erhebt der Bürge die Einrede der Vorausklage, ist eine **gleichzeitige** Verurteilung von Hauptschuldner und Bürge nicht möglich (MüKo/*Habersack* § 771 Rn 6). Der Gläubiger kann gegen den Bürgen – ggf in einem Prozess mit der Leistungsklage gegen den Hauptschuldner – **Klage auf künftige Leistungen** iSd § 259 ZPO für den Fall des Ausfalls des Hauptschuldners erheben (RG LZ 1908, 942; Soergel/*Mühl* § 771 Rn 3; MüKo/*Habersack* § 771 Rn 6). Eine vollstreckbare Ausfertigung des Urteils nach § 726 I ZPO kann erst erteilt werden, wenn der Gläubiger dem Gerichtsvollzieher den erfolglosen Vollstreckungsversuch gegen den Hauptschuldner nachweist.

D. Verjährungshemmung nach S 2. Die Regelung zur Verjährungshemmung in § 771 S 2 soll dem **Gläubi-** 12
ger die notwendige Zeit verschaffen, den nach § 771 S 1 erforderlichen Vollstreckungsversuch (s Rn 5f) gegen den Hauptschuldner zu ermöglichen (wenn § 771 nicht abbedungen ist: s Rn 3). Für den Beginn der Verjährungshemmung iSv § 209 ist nach § 771 S 2 erforderlich, dass der Bürge die Einrede erhebt, sich also erklärt. Dazu kann er nicht gezwungen werden: Denn die Erhebung der Einrede liegt im Gestaltungsfreiraum des Bürgen. Fordert der Gläubiger den Bürgen dazu auf, zu zahlen oder sich über die Erhebung der Einrede zu erklären und reagiert der Bürge trotz Mahnung nicht, schützt den Gläubiger nur Treu und Glauben (§ 242). Im Ergebnis ist daher von einer **Nebenpflicht des Bürgen** auszugehen, sich über die Erhebung der Einrede **zu erklären** (arg § 254: zur Vermeidung von Prozesskosten, die entstehen, wenn der Bürge die Einrede erst im Prozess erhebt); hierfür streitet zum einen der Zweck der gesetzlichen Regelung, den Gläubiger vor den Konsequenzen der Kürzung der Verjährungsfrist zu schützen (BTDrs 14/7052, S 206), und zum anderen das rechtspolitische Ziel, die Gerichte von unnötigen Prozessen zu entlasten. In einem vom Gläubiger zur Meidung der Verjährung angestrengten Prozess gegen den Bürgen kann die nun erst erhobene Einrede der Vorausklage nach billigem Ermessen uU zur **(Teil-)Auferlegung der Kosten** auf den Bürgen führen (arg e contrario § 93 ZPO). Alternativ ist zu überlegen, dem Bürgen in einem nach Ablauf der Verjährung geführten Prozess die Berufung auf die Einrede der Verjährung als rechtsmissbräuchlich zu verwehren. Aus Praktikersicht ist es riskant, sich hierauf zu verlassen.

§ 772 Vollstreckungs- und Verwertungspflicht des Gläubigers

(1) Besteht die Bürgschaft für eine Geldforderung, so muss die Zwangsvollstreckung in die beweglichen Sachen des Hauptschuldners an seinem Wohnsitz und, wenn der Hauptschuldner an einem anderen Orte eine gewerbliche Niederlassung hat, auch an diesem Orte, in Ermangelung eines Wohnsitzes und einer gewerblichen Niederlassung an seinem Aufenthaltsorte versucht werden.
(2) ¹Steht dem Gläubiger ein Pfandrecht oder ein Zurückbehaltungsrecht an einer beweglichen Sache des Hauptschuldners zu, so muss er auch aus dieser Sache Befriedigung suchen. ²Steht dem Gläubiger ein solches Recht an der Sache auch für eine andere Forderung zu, so gilt dies nur, wenn beide Forderungen durch den Wert der Sache gedeckt werden.

A. Normzweck und Bedeutung. Die Vorschrift in § 772 I, II ergänzt § 771 **für Geldforderungen** (RGRK/ 1
Mormann § 772 Rn 2; Staud/*Horn* § 772 Rn 3; Soergel/*Mühl* § 772 Rn 2). Sie bestimmt den Umfang der erforderlichen Zwangsvollstreckungspflichten (s § 771 Rn 5f). Sie ist nur von Bedeutung, wenn die Einrede der Vorausklage nicht **abbedungen** ist (s § 771 Rn 3).
Den Umfang der Vollstreckungspflichten beschränkt die Regelung auf die **Zwangsvollstreckung in bewegliche** 2
Sachen an bestimmten Orten (Abs 1) sowie die Verwertung eines **Pfandrechts** und die Geltendmachung eines **Zurückbehaltungsrechts** (Abs 2). **In andere Vermögenswerte** muss der Gläubiger nach dem Wortlaut **nicht vollstrecken**, dh nicht in (i) Immobiliarvermögen (Mot II 669 f: unter Hinweis auf den oft erheblichen Aufwand bei geringem Erfolg), (ii) Forderungen und insbes Forderungen des Hauptschuldners aus Bankguthaben bei Banken an den in Abs 1 genannten Orten (Müko/*Habersack* § 772 Rn 2). ZT wird in der Lit unter Hinweis auf die heutige Bedeutung des Buchgelds gefordert, dem Gläubiger unter entspr Anwendung von § 771 I auch die vorherige Vollstreckung in Bankkonten des Hauptschuldners abzuverlangen (so Staud/*Horn* § 772 Rn 2). Dies mag für offensichtlich – zB aus dem Briefpapier des Hauptschuldners – bekannte Konten plausibel und sinnvoll sein, greift aber in die gesetzliche Ausbalancierung der Interessen von Gläubiger und Bürge ein (s Vor § 765 Rn 1). Grenzen sind schwer zu ziehen, insbes bei bekannten, aber nur schwer zugänglichen Konten im Ausland. Deshalb ist es allein Sache des Gesetzgebers, § 772 abzuändern. Den Parteien steht es aber frei, dem Gläubiger im Bürgschaftsvertrag weitergehende Vollstreckungspflichten aufzuerlegen (s Rn 3).
Die Regelungen in § 772 sind wie die in § 771 **dispositiv**: Im Bürgschaftsvertrag können die Anforderungen 3
an die Vollstreckungs- und Verwertungspflichten abweichend festgelegt werden.

B. Voraussetzungen. I. Zwangsvollstreckung in bewegliche Sachen (I). Die Regelung in I verlangt einen 4
einzigen (s § 771 Rn 5) Vollstreckungsversuch am Wohnsitz des Hauptschuldners in sein bewegliches Vermögen: (i) Für die Bestimmung des **Wohnsitzes** gelten die allg Regeln (§§ 7–11 sowie – für juristische Personen – §§ 24, 80 und RGZ 137, 1, 12 f: den für den Gerichtsstand iSd § 17 ZPO maßgeblichen Verwaltungssitz; für Gesellschaften aus anderen Mitgliedstaaten der EU s Art 60 EuGVO); (ii) **bewegliches Vermögen** umfasst bewegliche Sachen und die ihnen nach § 821 ZPO gleichgestellten Wertpapiere. Hat der Hauptschuldner an einem von seinem Wohnsitz getrennten Ort eine **gewerblichen Niederlassung** (§§ 13, 29 HGB, § 14 GewO), muss der Gläubiger **an beiden Orten** die Zwangsvollstreckung in das bewegliche Vermögen versuchen. Ist weder der eine noch der andere Ort feststellbar, ist die Vollstreckung am Aufenthaltsort des Hauptschuldners durchführen.

5   Unerheblich ist es nach § 772 I, ob sich der Wohnsitz, die Niederlassung oder der Aufenthaltsort im In- oder Ausland befindet. Der Gläubiger und der Bürge können sich beide über die Verhältnisse des Hauptschuldners bei Abschluss des Bürgschaftsvertrages informieren; wenn § 772 zur Anwendung kommt, haben sie die Möglichkeit, die Regelungen zur Vorausklage in §§ 771, 772 abzuändern (s Rn 3), nicht genutzt. Sie müssen sich daher an den Konsequenzen aus dem gesetzlichen Leitbild der Subsidiarität (Vor § 765 Rn 12) festhalten lassen. Wird die Vollstreckung später durch Veränderungen beim Hauptschuldner wesentlich erschwert, beschränkt § 773 Nr. 2 die Vollstreckungspflicht des Gläubigers.

6   **II. Sachliche Vorausvollstreckung (II). 1. Einrede der sachlichen Vorausvollstreckung aus II 1.** In Anwendung des Vorrangs der Sachhaftung vor der Bürgenhaftung (s.a. § 777 S 2 ZPO) wird der Gläubiger durch die Bestimmung in § 772 II verpflichtet, seine Befriedungsversuche auf bewegliche Sachen auszudehnen, an denen er für seine Forderung ein **Pfandrecht** (§§ 1204 ff, 1257, 1293; 804 ZPO) oder ein **Zurückbehaltungsrecht** (§§ 273, 1000, § 369 HGB) hat.

7   Unter dem Begriff der **beweglichen Sachen** fallen auch **Inhaber- und Orderpapiere** iSd §§ 1292 f (Staud/*Horn* § 772 Rn 3; Erman/*Herrmann* § 772 Rn 3), nicht aber Forderungen (Hburg SeuffA 74 Nr 209; Jauernig/*Stadler* § 772 Rn 1). Die Vorschrift ist entspr anwendbar auf **Gegenstände**, die **im Sicherungs- oder Vorbehaltseigentum des Gläubigers** stehen (Erman/*Herrmann* § 772 Rn 3; Müko/*Habersack* § 772 Rn 4; Jauernig/*Stadler* § 772 Rn 1; aM RG SeuffA 75 Nr 93). Eine **Ausnahme** gilt bei (durch Bürgschaft abgesicherten) **Teilzahlungsgeschäften**: Liegt ein Fall von § 503 II 4 (fingierte Rücktrittserklärung) vor, muss der Gläubiger die Sachen nicht verwerten (Erman/*Herrmann* § 772 Rn 3). Durch die fingierte Rücktrittserklärung würde die Hauptforderung untergehen; dies ist dem Gläubiger nicht zumutbar.

8   Hat der Gläubiger ein **Zurückbehaltungsrecht** an einer Sache aus § 273 oder § 369 HGB (mit der Befriedigungsmöglichkeit nach § 371 HGB), muss der Gläubiger einen Leistungstitel gegen den Hauptschuldner erwirken und die zurückbehaltene Sachen pfänden lassen (Müko/*Habersack* § 772 Rn 5; Staud/*Horn* § 772 Rn 4). Ist dem Gläubiger das Pfandrecht durch **Pfandbruch** entzogen worden, kann der Bürgen ihn nicht auf gegebenenfalls bestehende Ersatzansprüche verweisen (RG HRR 30 Nr 610; Staud/*Horn* § 772 Rn 4).

9   **2. Mehrheit von Forderungen (II 2).** Besichern die beweglichen Sachen des Hauptschuldners, an denen dem Gläubiger ein Pfand- oder Zurückbehaltungsrecht zusteht, **mehrere Forderungen** des Gläubigers, so wird die Einrede der Vorausvollstreckung aus § 772 II 1 eingeschränkt: Der Gläubiger muss in diesem Fall zur Erfüllung der Bedingungen der Einrede der Vorausklage aus § 771 (s § 771 Rn 5) die bewegliche Sache nur verwerten, wenn deren Wert beide Forderungen deckt. Diese Einschränkung gilt indes **nicht**, wenn die verbürgte Forderung – etwa aufgrund vertraglicher Vereinbarung – den **besseren Rang** als die andere Forderung hat (Staud/*Horn* § 772 Rn 5; BaRoth/*Rohe* § 772 Rn 3; Palandt/*Sprau* § 772 Rn 2; *Bley* JW 32, 2285, 2286; aM Erman/*Herrmann* § 772 Rn 4). Im Falle der Leistung des Bürgen an den Gläubiger ginge nach §§ 774, 412, 401 das Pfandrecht des Gläubigers ohnehin auf den Bürgen über, wodurch dessen volle Befriedigung für die andere Forderung vereitelt würde (Staud/*Horn* § 772 Rn 5).

10 **III. Beweislast.** Der Gläubiger trägt die Darlegungs- und Beweislast dafür, dass er den Vollstreckungsversuch nach I unternommen hat. Der Bürge ist darlegungs- und beweislastpflichtig dafür, dass das Pfand- oder Zurückbehaltungsrecht nach § 772 II 1 besteht. Der Gläubiger muss allerdings die Voraussetzungen von II 2 darlegen und beweisen (Palandt/*Sprau* § 772 Rn 2).

§ 773 Ausschluss der Einrede der Vorausklage

(1) Die Einrede der Vorausklage ist ausgeschlossen:
1. wenn der Bürge auf die Einrede verzichtet, insbesondere wenn er sich als Selbstschuldner verbürgt hat,
2. wenn die Rechtsverfolgung gegen den Hauptschuldner infolge einer nach der Übernahme der Bürgschaft eingetretenen Änderung des Wohnsitzes, der gewerblichen Niederlassung oder des Aufenthaltsorts des Hauptschuldners wesentlich erschwert ist,
3. wenn über das Vermögen des Hauptschuldners das Insolvenzverfahren eröffnet ist,
4. wenn anzunehmen ist, dass die Zwangsvollstreckung in das Vermögen des Hauptschuldners nicht zur Befriedigung des Gläubigers führen wird.

(2) In den Fällen der Nummern 3, 4 ist die Einrede insoweit zulässig, als sich der Gläubiger aus einer beweglichen Sache des Hauptschuldners befriedigen kann, an der er ein Pfandrecht oder ein Zurückbehaltungsrecht hat; die Vorschrift des § 772 Abs. 2 Satz 2 findet Anwendung.

1   **A. Überblick und Bedeutung.** § 773 hilft dem Gläubiger. Die Vorschrift schränkt den Grundsatz der **Subsidiarität** der Bürgschaft (s Vor § 765 Rn 12) ein: § 773 I Nr 1 lässt ausdrücklich die **vertragliche Abbedingung** der Einrede der Vorausklage aus § 771 zu, durch die eine **selbstschuldnerische Bürgschaft** begründet wird; darin liegt die größte Bedeutung der Vorschrift (Erman/*Herrmann* § 773 Rn 2). Ferner enthält die Vorschrift

in I Nr 2–4 Tatbestände, in denen ein **gesetzlicher Ausschluss** der Einrede der Vorausklage vorgesehen ist. Die Norm ist insoweit nicht abschließend: Siehe § 771 Rn 3 zu weiteren gesetzlichen Ausschlüssen der Einrede der Vorausklage.

Bei der selbstschuldnerischen Bürgschaft haftet der Bürge **primär** neben dem Hauptschuldner, aber **nicht als Gesamtschuldner** (RGZ 134, 126, 128; BGH WM 84, 128, 131). Der Gläubiger kann **unmittelbar den Bürgen** in Anspruch nehmen (Erman/*Herrmann* § 773 Rn 1) selbst, wenn eine Inanspruchnahme des Hauptschuldners Erfolg versprechend erscheint (vgl BGH WM 1974, 1129, 1131). Durch den Verzicht auf die Einrede der Vorausklage übernimmt der Bürge zusätzlich das Risiko der Zahlungsunwilligkeit des Schuldners, sofern diese nicht auf einem arglistigen Zusammenwirken zwischen Gläubiger und Hauptschuldner beruht (BGHZ 104, 240, 242 f). Der Bürge kann den Gläubiger idR nicht auf andere Sicherungsrechte verweisen (BGH NJW 66, 2009, 2010); § 773 II gilt nur für I Nr 3 und 4. Versucht der Gläubiger trotz des Vorliegens einer selbstschuldnerischen Bürgschaft, die Forderung zunächst beim Hauptschuldner einzutreiben, liegt darin keine nachträgliche Wiedereinräumung der Einrede der Vorausklage (BGH WM 70, 551, 552). 2

Die Akzessorietät der Bürgenhaftung (s Vor § 765 Rn 10) wird durch den Ausschluss der Einrede der Vorausklage hingegen nicht berührt (Mot II 670; RGZ 134, 126, 128; Staud/*Horn* § 773 Rn 5): Vorbehaltlich abw vertraglicher Gestaltung kann der in Anspruch genommene selbstschuldnerische Bürge zB Einreden nach §§ 767, 768, 770 erheben (und sich beim Hauptschuldner nach § 774 I 1 erholen). 3

B. Die einzelnen Ausschlussgründe. I. Vertraglicher Verzicht auf die Einrede der Vorausklage (I 1). Der vertragliche Verzicht auf die Einrede der Vorausklage (der zur primären Haftung des Bürgen führt, s.o. Rn 2) kann vor, bei oder nach der Bürgschaftsübernahme vereinbart werden (BGH NJW 68, 2332). Er bedarf im nicht kaufmännischen Verkehr immer der **Schriftform**, da er die rechtliche Stellung des Bürgen verschlechtert (BGH NJW 68, 2332; § 766 Rn 7). Der Verzicht auf die Einrede der Vorausklage kann nicht nur **individualvertraglich** sondern grds **auch in AGB** vereinbart werden (BGHZ 95, 350, 361; NJW 01, 2466, 2468; Ulmer/Brandner/Hensen/*Brandner* Anh. §§ 9-11 Rn 262; Staud/*Horn* § 773 Rn 3). 4

Der **individualvertragliche** Verzicht ergibt sich oft aus dem Wortlaut, zB: „Selbstschuldner" (§ 773 I Nr 1), „Selbstzahler", „Bürge und Zahler", „bürgt solidarisch" (Staud/*Horn* § 773 Rn 2; s.a. Prot II 477: „verbürgt sich samtverbindlich"). Ist dies nicht der Fall, ist eine Auslegung nach §§ 133, 157 erforderlich, bei der auch außerhalb der Urkunde liegende Umstände herangezogen werden können (s BGH NJW 68, 2332; s § 766 Rn 12 zur Andeutungstheorie). Unterwirft sich der Bürge nach § 794 I Nr 5 ZPO der **sofortigen Zwangsvollstreckung** (KG JW 34, 1292, 1293) oder sagt er die schnelle Erfüllung zu einem bestimmten Zeitpunkt zu (RG JW 21, 335, 336; Staud/*Horn* § 773 Rn 2), lässt dies auf einen Verzicht auf die Einrede der Vorausklage schließen. Bei in **englischer Sprache** vorbereiteten Verträgen, die deutschem Recht unterliegen, spricht der von einem englischen Bürgen oder Vertreter verwendete Begriff „surety" für den Verzicht auf die Einrede der Vorausklage, weil das englische Recht die Subsidiarität nicht kennt (s Vor § 765 Rn 75 u Art 32 EGBGB Rn 7 zur Berücksichtigung englischer Rechtsvorstellung bei Auslegung eines Vertrags nach deutschem Recht). 5

Ein **formularmäßiger** Verzicht in AGB muss **eindeutig** sein: Das Transparenzgebot aus § 307 I 2 gebietet den klaren Hinweis darauf, dass der Bürge gleichrangig und nicht subsidiär haftet (Erman/*Herrmann* § 773 Rn 2; Müko/*Habersack* § 773 Rn 4). Ausreichend ist zB eine Klausel, in der ein Bürge als selbstschuldnerisch Haftender bezeichnet wird, dem entgegen § 771 S 1 nicht das Recht zusteht, die Bürgenhaftung deswegen abzulehnen, weil der Gläubiger keine vergebliche Vollstreckung gegenüber dem Schuldner versucht hat (so der Vorschlag von *Graf v Westphalen* Rn 53). Unzureichend sind dagegen Klauseln mit einem (dem Verbraucher nicht ohne weiteres in seiner Tragweite verständlichen) Wortlaut, zB: „selbstschuldnerisch", „auf die Einrede der Vorausklage wird verzichtet" oder mit dem schlichten Hinweis, § 771 sei abbedungen (Müko/*Habersack* § 773, Rn 3; Erman/*Herrmann* § 773 Rn 2; *Graf v Westphalen* Rn 53; Ulmer/Brandner/Hensen/*Brandner* Anh §§ 9–11 Rn 262 Fn 55). 6

II. Wesentliche Erschwerung der Rechtsverfolgung gegen den Hauptschuldner (Abs 1 Nr. 2). 1. Überblick. Nach § 773 I Nr 2 **entfällt die Einrede der Vorausklage,** sofern die **Rechtsverfolgung** aufgrund im Gesetz näher bezeichneter (Lebens- bzw Wirkungs-)Umstände des Hauptschuldners im Vergleich zu seinen Verhältnissen bei Übernahme der Bürgschaft **wesentlich erschwert** ist. Treten diese ein, kann der Bürge unmittelbar in Anspruch genommen werden: Ab Abschluss des Bürgschaftsvertrags trägt der Bürge das wirtschaftliche Risiko der Veränderung der Umstände beim Hauptschuldner, die die Rechtsverfolgung wesentlich erschweren (da der Bürge aber weiterhin nur akzessorisch haftet, bleiben ihm die aus der Akzessorietät folgenden Einreden, vgl oben Rn 3). Die **Einrede der Vorausklage** aus § 771 **lebt aber wieder auf,** wenn die Erschwerung nachträglich wegfällt (und damit die Voraussetzungen von § 773 I Nr 2 entfallen); der Bürge trägt hierfür die Beweislast (Erman/*Herrmann* § 773 Rn 3; Soergel/*Mühl* § 773 Rn 2 mit arg aus RG Recht 1907 Nr 3493 zu § 773 I Nr 4). 7

2. Voraussetzungen. Die Rechtsverfolgung, die nach § 773 I Nr 2 erschwert sein muss, umfasst das Verfahren von der Einleitung der Klage bis zur Durchführung der Zwangsvollstreckung (Colmar Recht 1906, 50, Nr 32, vgl §§ 771 Rn 1, 5 ff; 772 Rn 2, 4) sowie die Befriedigung aus einem Pfand- oder Zurückbehaltungsrecht nach § 772 II (Erman/*Herrmann* § 773 Rn 3). 8

9 Ob eine **wesentliche Erschwerung** durch Änderung des Wohnsitzes, der gewerblichen Niederlassung oder des Aufenthaltsorts des Hauptschuldners vorliegt, ist vom Gericht nach freiem Ermessen unter Berücksichtigung aller Umstände des Einzelfalls zu entscheiden (Staud/*Horn* § 773 Rn 6; Müko/*Habersack* § 773 Rn 7). Es ist im Einzelfall abzuwägen, ob die Erschwerung so wesentlich ist, dass sie die sofortige Inanspruchnahme des Bürgen rechtfertigt, oder ob sich die ggf zusätzlich erforderlichen Anstrengungen des Gläubigers zur Rechtsverfolgung gegenüber dem Hauptschuldner unter Berücksichtigung der Umstände der Bürgschaft noch im zumutbaren Toleranzbereich bewegen (vgl Müko/*Habersack* aaO). In der Änderung des Wohnsitzes oder des Aufenthaltsortes **innerhalb Deutschlands** liegt idR keine wesentliche Erschwerung (RGZ 6, 154, 156). Sie kann aber darauf beruhen, dass der neue Wohnsitz unbekannt ist, der Aufenthaltsort häufig wechselt oder der Hauptschuldner sich vor seinen Gläubigern verborgen hält (Colmar Recht 1906, 50, Nr 32).

10 Verlegt der Schuldner seinen Wohnsitz, seine gewerbliche Niederlassung oder seinen Aufenthaltsort **ins Ausland**, wird dies häufig zu einer wesentlichen Erschwerung führen (Erman/*Herrmann* § 773 Rn 3; vgl RGZ 137, 1, 12 f): Dies liegt meist bereits in zusätzlich erforderlichem Aufwand (ggf Duplizierung der Anwaltskosten, Zustellungsaufwand, Anerkennungs- und Vollstreckungsverfahren). Folgende Umstände können – insbes wenn sie kumulativ vorliegen – gegen eine wesentliche Erschwerung sprechen: (i) Wechsel in einen Mitgliedstaat der EU oder des LugÜ (Schweiz, Norwegen), vgl Jauernig/*Stadler* § 773 Rn 4, MüKo/*Habersack* § 773 Rn 7; (ii) verbleibender deutscher Gerichtsstand nach EuGVO/LugÜ; (iii) Benennung eines Zustellungsbevollmächtigten im Inland (vgl § 184 I ZPO); (iv) verbleibendes bewegliches Vermögen (vgl § 772 Rn 2) im Inland (zB bei den Eltern während Studium des Hauptschuldners im Ausland).

11 Bei **juristischen Personen** entspricht die Änderung des Verwaltungssitzes der Änderung des Wohnsitzes einer natürlichen Person (Staud/*Horn* § 773 Rn 6; RGZ 137, 1, 12 f; KG OLGZ 82, 253). Es ist im Einzelfall unter Berücksichtigung des Internationalen Gesellschaftsrechts (s Vor Art 27 Rn 17 ff) zu entscheiden, ob eine wesentliche Erschwerung vorliegt. Dabei kann zu berücksichtigen sein, dass zB eine aus Deutschland wegziehende Gesellschaft in Deutschland noch als Liquidationsgesellschaft vorhanden bleibt (s Vor Art 27 Rn 32). Die Sitzverlegung einer ausländischen Hauptschuldnerin – zB von Den Haag nach London – bleibt aus deutscher Sicht jedenfalls im Anwendungsbereich der EuGVO/des LugÜ neutral (vgl Vor Art 27 Rn 30). Der Wegfall des Verwaltungssitzes durch Löschung ist der Änderung des Verwaltungssitzes gleichzustellen (KG OLGZ 1982, 253: für liechtensteinische Anstalt; MüKo/*Habersack* § 773 Rn 7).

12 Im Übrigen gilt § 773 I Nr 2 **nicht** für Fälle, in denen die Erschwerung der Rechtsverfolgung nicht auf einem Ortswechsel beruht, zB Tod, Teilnahme an Krieg (Staud/*Horn* § 773 Rn 6; Karlsr OLGE 32, 272 f).

III. Wirtschaftliche Gründe in der Person des Hauptschuldners (I Nr 3, 4 und II). 1. Überblick und Gemeinsamkeiten von I Nr 3 und 4 (Zeitpunkt).
13 Vorbehaltlich der Beschränkung durch II (s Rn 19) knüpft das Gesetz in § 773 I Nr 3, 4 ferner eine **primäre** – aber weiterhin **akzessorische** (vgl oben Rn 3) – **Bürgenhaftung** (unter Ausschluss der Einrede der Vorausklage aus § 771) an bestimmte (unzureichende) Vermögensverhältnisse in der Person des Hauptschuldners. Dabei setzt Nr 3 **formal** an die Eröffnung eines Insolvenzverfahrens an; Nr 4 verlangt eine **materielle**, auf den Einzelfall bezogene Prognose über Aussichten der Vollstreckung.

14 **Maßgeblicher Zeitpunkt** ist die Inanspruchnahme des Bürgen bzw – bei Klagerhebung – der Abschluss der letzten mündlichen Tatsachenverhandlung der Klage des Gläubigers gegen den Bürgen (s für Nr 3: BaRoth/*Rohe* § 773 Rn 4; Staud/*Horn* § 773 Rn 7; RGRK/*Mormann* § 773 Rn 4; Palandt/*Sprau* § 773 Rn 2; s für Nr 4: Staud/*Horn* § 773 Rn 8; Müko/*Habersack* § 773 Rn 9: Abstellung auf Klagerhebung). Erholt sich der Hauptschuldner während des Verfahrens, kann die Einrede der Vorausklage bis zum Abschluss der Berufungsinstanz wieder geltend gemacht werden (RG Recht 1907 Nr 3493: zu Nr 4). Bei der Vollstreckungsgegenklage kommt es dementsprechend nach § 767 II ZPO auf etwaige Änderungen in den Vermögensverhältnisses ab Schluss der mündlichen Verhandlung an (Staud/*Horn* § 773 Rn 7).

15 **2. Eröffnung des Insolvenzverfahrens über das Vermögen des Hauptschuldners (I Nr 3).** § 773 I Nr 3 setzt die Eröffnung des Insolvenzverfahrens über das Vermögen des Hauptschuldners durch **Eröffnungsbeschluss** (§§ 11 ff, 27 InsO) voraus. Diese Voraussetzung ist **nicht** erfüllt: (i) während des Insolvenzantragsverfahrens (s.u. Rn 17); und (ii) bei Ablehnung der Eröffnung mangels Masse (s.u. Rn 17). Wird der Eröffnungsbeschluss aufgrund sofortiger Beschwerde nach §§ 34 II, III InsO aufgehoben, ist die Einrede – vgl Rn 14 (zum Zeitpunkt) – wieder zulässig (Soergel/*Mühl* § 773 Rn 3; RGRK/*Mormann* § 773 Rn 4; Jauernig/*Stadler* § 773 Rn 4).

16 Bei der **Beendigung eines Insolvenzverfahrens** über das Vermögen des Hauptschuldners (s Vor § 765 Rn 50) wird entspr dem Normzweck von § 773 I Nr 3 zu unterscheiden sein: (i) In den **Extremfällen** der Aufhebung der Insolvenz nach § 213 InsO nach Befriedigung und mit Zustimmung der Gläubiger (in dem dann freilich eine Bürgenhaftung kaum noch denkbar ist; vgl aber Köln DB 83, 104, 105; RGRK/*Mormann* § 773 Rn 4; Staud/*Horn* § 773 Rn 7 aE) oder der Beendigung nach Verteilung eines Überschusses (§ 199) muss die Einrede der Vorausklage wieder aufleben, weil der Insolvenzgrund entfallen ist. (ii) Bei einer **Restschuldbefreiung** des Hauptschuldners muss hingegen das Insolvenzverfahren im Verhältnis zum Bürgen noch als „eröffnet" iSv 773 I Nr 3 gelten, weil es durch die insolvenzrechtliche Haftungsanordnung in § 301 II 1 InsO noch

nachwirkt. (iii) Bei einer Beendigung des Insolvenzverfahrens aus anderem Grund – insbes mangels Masse (§ 207 InsO) oder im **Regelfall der Schlussverteilung** (§ 200) – erscheint es vom Normzweck des § 773 I Nr 3 sachgerecht, den automatischen Ausschluss der Einrede der Vorausklage nicht fortgelten zu lassen (so aber Köln DB 83, 104, 105; RGRK/*Mormann* § 773 Rn 4; Staud/*Horn* § 773 Rn 7; Soergel/*Mühl* § 773 Rn 3; Palandt/*Sprau* § 773 Rn 2), sondern stattdessen das Insolvenzverfahren bei der Einzelfall bezogenen Prognose nach Nr 4 zu berücksichtigen (Erman/*Herrmann* § 773 Rn 4; Müko/*Habersack* § 773 Rn 8; BaRoth/*Rohe* § 773 Rn 4; Jauernig/*Stadler* § 773 Rn 4).

3. Mangelnde Erfolgsaussichten einer Zwangsvollstreckung gegen den Hauptschuldners (I Nr 4). § 773 I Nr 4 17 ermöglicht dem Gläubiger den **direkten Zugriff auf den Bürgen** (vgl Rn 13) bei fehlender Aussicht, durch Vollstreckung in das Vermögen des Gläubigers eine vollständige Befriedigung seiner Forderung zu erlangen (**Prognose voraussichtlicher Erfolglosigkeit**). Die Norm will zwecklose Vollstreckungsversuche vermeiden (Mot II 671). Ist zu erwarten, dass der Gläubiger nur mit der **Befriedigung eines Teils seiner Forderung** rechnen kann, ist streitig, inwieweit § 773 I Nr 4 dem Gläubiger zur Seite steht und zum Ausschluss der Einrede der Vorausklage führt: Zum Teil soll § 773 I Nr 4 unanwendbar sein und der Gläubiger sich zunächst an den Hauptschuldner halten müssen (arg RGZ 22, 44, 48; Soergel/*Mühl* § 773 Rn 4); zT soll § 773 I Nr 4 nur insoweit anzuwenden sein, als die Zwangsvollstreckung ohne Erfolg versprechend ist (Staud/*Horn* § 773 Rn 8; s auch Müko/*Habersack* § 773 Rn 9: wenn die Vorausvollstreckung wegen des zu erwartenden geringen Erfolgs nicht zumutbar ist). Nach dem Normzweck (Gläubigerhilfe bei mangelnder Aussicht auf Befriedigung) erscheint es sachgerecht, § 773 I Nr 4 jedenfalls dann anzuwenden, wenn die Befriedigung durch Zwangsvollstreckung überwiegend nicht Erfolg versprechend ist: Denn der Bürge trägt das wirtschaftliche Risiko; er kann ggf nach § 775 Befreiung vom Hauptschuldner begehren (führt dieser Anspruch voraussichtlich ins Leere, ist auch anzunehmen, dass die Vollstreckung des Gläubigers erfolglos bleiben wird).

Für die **Prognose** sind alle erheblichen Umstände heranzuziehen (vgl Ermann/*Herrmann* § 773 Rn 5). Erheb- 18 lich sind: (i) frühere vergebliche Vollstreckungsversuche Dritter (Dresden LZ 26, 952 f; RG Recht 10, Nr 1558), wobei es bei Geldforderungen nach § 772 I nur auf die Möglichkeit der Vollstreckung in bewegliche Sachen des Hauptschuldners ankommt (s § 772 Rn 2; RGZ 92, 219, 220 f; Dresden LZ 26, 952 f: Wechsel unerheblich; Celle OLGE 18, 41, 42); (ii) Insolvenzantragsverfahren (insbes, wenn das Insolvenzgericht die Eröffnung von einem bedeutenden Vorschuß abhängig macht, s RG Recht 20 Nr 387); (iii) ein Mangels-Masse-Beschluss nach § 26 InsO (Palandt/*Sprau* § 773 Rn 2; BaRoth/*Rohe* § 773 Rn 5); (iv) Beendigung eines Insolvenzverfahrens mangels Masse oder durch Schlussverteilung (s.o. Rn 16).

4. Abs 2: Gemeinsame Beschränkungen der primären Bürgenhaftung nach I Nr 3 und 4. § 773 II schützt 19 den Bürgen. Hs 1 schränkt den in I Nr 3 und 4 vorgesehen Ausschluss der Einrede der Vorausklage ein. Steht dem Gläubiger ein **Pfand- oder Zurückbehaltungsrecht** an einer beweglichen Sache zu, kann der Bürge darauf verweisen (**Einrede der sachlichen Vorausvollstreckung**): Der Gläubiger möge sich zunächst daraus befriedigen (Staud/*Horn* § 773 Rn 9). Deckt das Pfandrecht oder das Zurückbehaltungsrecht die verbürgte Forderung nur **teilweise** ab, kann der Bürge den Gläubiger auf diesen Teil verweisen und haftet für die Restforderung (ohne Einrede der Vorausklage) primär (Müko/*Habersack* § 773 Rn 10). Hs 2 **schränkt den Bürgenschutz** durch Hs 1 ein: Wenn das Pfand- oder Zurückbehaltungsrecht des Gläubigers auch eine andere Forderung des Gläubigers sichert, kann der Bürge ihn nur dann auf das Pfand- oder Zurückbehaltungsrecht verweisen, wenn der Wert der verpfändeten oder zurückhaltbaren Sache beide Forderungen deckt (s § 772 Rn 9).

C. Beweislast. Der Gläubiger trägt die Darlegungs- und Beweislast dafür, dass die Voraussetzungen von 20 § 773 I Nr 1–4 vorliegen (MüKo/*Habersack* § 773 Rn 11). Der Bürge muss dagegen zwischenzeitlich eingetretene Tatsachen beweisen, die die Einrede der Vorausklage wieder aufleben lassen (Erman/*Herrmann* § 773 Rn 6; Müko/*Habersack* § 773 Rn 9, 11).

§ 774 Gesetzlicher Forderungsübergang

(1) ¹Soweit der Bürge den Gläubiger befriedigt, geht die Forderung des Gläubigers gegen den Hauptschuldner auf ihn über. ²Der Übergang kann nicht zum Nachteil des Gläubigers geltend gemacht werden. ³Einwendungen des Hauptschuldners aus einem zwischen ihm und dem Bürgen bestehenden Rechtsverhältnis bleiben unberührt.
(2) Mitbürgen haften einander nur nach § 426.

A. Überblick: Normzweck, Bedeutung, Abdingbarkeit. Befriedigt der Bürge den Gläubiger, so ordnet § 774 1 I 1 einen gesetzlichen Forderungsübergang (*cessio legis*) an (vgl Mot II 673: subrogatio, cessio ficta). Die Forderung des Gläubigers gegen den Hauptschuldner geht auf den Bürgen über. Mit der abgetretenen Forderung gehen zudem kraft Gesetzes Nebenrechte mit über (§§ 412, 401). § 774 stellt weiter sicher, dass dem Gläubiger (§ 774 I 2), dem Hauptschuldner (§ 774 I 3) und dem Mitbürgen (§ 774 II) durch den Forderungsübergang keine Nachteile entstehen.

2 § 774 I findet kraft Gesetzes **entspr Anwendung**, wenn ein **Hypothekengläubiger** durch den Grundstückseigentümer (§ 1143 I 2) oder ein **Pfandgläubiger** durch den Verpfänder (§ 1225 S 2) befriedigt wird. Die Norm wird auf andere schuldrechtliche Sicherungsverträge wie die Garantie, den Schuldbeitritt und die Wechselverpflichtung **nicht analog** angewendet (RGZ 94, 85, 90; 96, 136, 139; Erman/*Herrmann* § 774 Rn 2; Jauernig/*Stadler* § 774 Rn 3; Staud/*Horn* § 774 Rn 61; aM *Castellvi* WM 95, 868 ff, 872: für Garantie).

3 In der Praxis treten die Ansprüche aus dem gesetzlichen Forderungsübergang häufig neben einen Aufwendungsersatzanspruch des Bürgen gegen den Hauptschuldner aus §§ 670, 683 (s § 765 Rn 7). Die Ansprüche stehen in **Anspruchskonkurrenz**: Der Bürge hat die Wahl, welchen Anspruch er geltend macht (RGZ 59, 207, 209; 146, 67, 69; Köln NJW-RR 89, 1266, 1267; für Abwägungskriterien s Rn 18). Beide Ansprüche bilden prozessual einen **einheitlichen Streitgegenstand** (MüKo/*Habersack* § 774 Rn 16). Der Bürge kann seinen Anspruch aus § 774 I auch dann noch geltend machen, wenn der Aufwendungs- und Ersatzanspruch **verjährt** ist (Staud/*Horn* § 774 Rn 36).

4 § 774 I 1 ist **begrenzt dispositv** (BGHZ 92, 374, 382). Bürgschaftsverträge enthalten oft Klauseln, nach denen Leistungen des Bürgen bis zur vollständigen Befriedigung des Gläubigers **nur als Sicherheit dienen**. Durch solch eine Regelung kann der Gläubiger den Forderungsübergang verzögern. Dies erhält dem Gläubiger insbes im Insolvenzverfahren des Hauptschuldners eine stärkere Stellung (BGHZ 92, 374, 380 f; Schimanski/Bunte/Lwowski/*Schmitz* § 91 Rn 92; s Vor § 765 Rn 52). **Individualvertraglich** ist dies zulässig, s auch Rn 14 (Beschränkung der Übertragung selbständiger Sicherungsrechte) und Rn 33 (vertragliche Besserstellung eines Sicherungsgebers).

5 Ein vollkommener Ausschluss des § 774 I in **AGB** verstößt gegen § 307 II Nr 1 (*Graf v Westphalen* Rn 51). Bei einer formularmäßigen Einschränkung des § 774 I, nach der Zahlungen des Bürgen, die zur vollen Befriedigung des Gläubigers nicht ausreichen, vorläufig nur als Sicherheitsleistung anzusehen sind, ist zu unterscheiden: (i) In einer **Globalbürgschaftsvereinbarung** (s § 765 Rn 13) ist eine solche Regelung wirksam. Im Hinblick auf das allg Vorrecht des Gläubigers aus § 774 I 2 (dazu unten Rn 20) wird der Bürge durch die weitere Verstärkung der Rechtsstellung des Gläubigers nicht übermäßig iSv § 307 I belastet (BGHZ 92, 374, 382 f; NJW 01, 2327, 2330; *Graf v Westphalen* NJW 02,1688, 1697; Erman/*Herrmann* § 774 Rn 11; aA MüKo/*Habersack* § 774 Rn 5; *Tiedtke* ZIP 90, 413, 424). Die durch die Klausel bewirkte Besserstellung des Gläubigers ist durch dessen berechtigtes Interesse gerechtfertigt, eine sonst nach den §§ 412, 401 eintretende Schmälerung der auch für andere (Bank-)Schulden haftenden Sicherungsrechte bis zur Tilgung aller Verbindlichkeiten des Hauptschuldners zu verhindern (BGHZ 92, 374, 383). (ii) In einer **einfachen Bürgschaft** ist die Klausel aber unangemessen iSv § 307 II (*Graf v Westphalen* Rn 51).

B. Forderungsübergang (*cessio legis*) **nach § 774 I 1. I. Voraussetzungen. 1. Bestehen einer Hauptver-**
6 **bindlichkeit.** Die cessio legis nach § 774 I 1 setzt voraus, dass der Bürge eine **bestehende Hauptverbindlichkeit** erfüllt (BGH NJW 00, 1563, 1565). Fehlt es an ihr, besteht die Bürgschaftsverbindlichkeit nicht (s Vor § 765 Rn 10). Es findet weder eine Erfüllung der Bürgschaftsschuld noch ein Forderungsübergang statt. Der Bürge kann in diesem Fall eine erbrachte Leistung nach § 812 I 1 Alt 1 vom Gläubiger zurückfordern.

7 **2. Befriedigung des Gläubigers.** Der Bürge muss den Gläubiger befriedigen: durch **Leistung auf die Bürgenschuld** iSv § 362 oder durch Erfüllungssurrogate (Rn 8). Eine Leistung des Bürgen auf die Hauptschuld als Dritter iSd § 267 ist nicht ausreichend (RGZ 96, 136, 139; BGH NJW 86, 251; ZIP 98, 601, 602). Hat der Bürge bei seiner Leistung keine Zweckbestimmung getroffen, ist maßgeblich, ob die Zuwendung bei objektiver Betrachtungsweise aus der Sicht des Zuwendungsempfängers als eine Leistung des Bürgen oder eines Dritten iSd § 267 zu werten ist (BGH NJW 86, 251; WM 98, 443, 445). Unerheblich ist, ob die Bürge die Bürgschaftsverbindlichkeit aus eigenem Vermögen oder aus dem Vermögen des Hauptschuldners begleicht (RG JW 14, 78). Der Bürge kann nach § 271 II im Zweifel bereits vor Fälligkeit leisten (vgl BGH ZIP 98, 601, 603; MüKo/*Habersack* § 774 Rn 4); das kann wegen des einhergehenden Übergangs von Sicherheiten im Einzelfall Gestaltungsmöglichkeiten bieten. Begleicht der Bürge die ganze Hauptschuld, obwohl er nur für einen **Teil gebürgt** hat, stellt die Leistung auf den nicht verbürgten Teil eine **Zahlung eines Dritten** iSd § 267 dar. In dieser Höhe findet kein Forderungsübergang statt (RGZ 96, 136, 139).

8 „Befriedigung" nach § 774 I 1 kann auch durch **Erfüllungssurrogate** erfolgen: die **Leistung an Erfüllungs statt** (BGH WM 69, 1103, 1104: zu §§ 1143 I 2, 774 I 1; BGH NJW-RR 88, 61, 62: Aufnahme eines eigenen Bankkredites des Bürgen bei der Bürgschaftsgläubigerin), die befreiende **Hinterlegung** nach §§ 372, 378 (BGH NJW 90, 1301) die **Aufrechnung** (§ 387 ff) mit einer eigenen (Gegen-)Forderung des Bürgen gegen den Bürgschaftsanspruch des Gläubigers (RGZ 53, 403, 405; BGH WM 65, 578, 579; NJW 90, 1301). Im Bürgschaftsvertrag können diese Möglichkeiten der Erfüllung beschränkt werden. Ob die Aufrechnung des Bürgen trotz eines Aufrechnungsverbots im Vertrag über die Hauptschuld zulässig ist, ist str (dafür: MüKo/*Habersack* § 774 Rn 4; dagegen: Staud/*Horn* § 774 Rn 10). Für die Möglichkeit der Aufrechnung spricht, dass sich das Erfüllungsinteresse des Gläubigers auf seine wirtschaftliche Befriedigung beschränkt. Im Einzelfall kann sich ein anderes Ergebnis aus der Auslegung des Bürgschaftsvertrags im Lichte des Vertrages über die Hauptschuld ergeben.

Notwendig ist die **endgültige** Befriedigung des Gläubigers. Unzureichend sind daher: (i) Sicherheitsleistung durch Hinterlegung (RGZ 106, 311 f), (ii) die Zahlung zur Abwendung der Zwangsvollstreckung aus einem nur vorläufig vollstreckbaren Urteil (RGZ 98, 328, 329), (iii) die Leistung auf ein rechtskräftiges Vorbehaltsurteil (BGHZ 86, 267, 270: Vorbehaltsurteil iSv § 599 ZPO); (iv) die Teilleistung, wenn vereinbart ist, dass die Leistungen des Bürgen bis zur vollständigen Befriedigung des Gläubigers nur als Sicherheit dienen (s.o. Rn 4, BGHZ 92, 374, 378 ff). Die cessio legis tritt in Fall (iv) aber ein, wenn der Gläubiger zu erkennen gibt, dass er sich aus der gezahlten Bürgschaftssumme befriedigt hat, die Leistung des Bürgen also nicht mehr als Sicherheit betrachtet (BGH NJW 87, 374, 376).

Befriedigt der Bürge den Gläubiger ohne ein Vermögensopfer, wie im Falle eines **Erlassvertrages zwischen Bürgen und Gläubiger**, so wird keine Zession nach § 774 I 1 ausgelöst (BGH NJW 90, 1301).

II. Rechtsfolgen. 1. Übergang der Hauptforderung. Die Befriedigung des Gläubigers führt zum **gesetzlichen** Übergang der Hauptforderung (unverändert bleiben zB Verjährungsfrist, Erfüllungsort und Erfüllungszeit). Es gehen einerseits die Nebenrechte auf den Bürgen über (§§ 412, 401); andererseits bleibt die Forderung mit allen Einwendungen und Einreden behaftet, die dem Hauptschuldner gegenüber dem Gläubiger zustanden (§§ 412, 404), BGHZ 35, 172, 174; Rn 14 ff). Der Bürge erhält auch den **Zinsanspruch**, der auf der Hauptschuld lastet: auf die vom Bürgen an den Gläubiger gezahlten und (entgegen dem Wortlaut von § 774 I 1) auf die unbezahlten Zinsen; denn der Hauptschuldner soll nicht davon profitieren, dass der Bürge für ihn die Hauptverbindlichkeit erfüllt hat (BGH aaO; Staud/*Horn* § 774 Rn 6, 15; aM *Reinicke* DB 67, 847, 852). Der Hauptschuldner kann jedoch gegenüber dem Bürgen nach § 774 I 3 eine abweichende günstigere Zinsabrede einwenden (MüKo/*Habersack* § 774 Rn 18).

Ein rechtsgeschäftliches **Abtretungsverbot** (§ 399 Alt 2) der Hauptforderung steht der cessio legis (in Analogie zu § 851 II ZPO) trotz § 412 grds **nicht entgegen** (Staud/*Horn* § 774 Rn 16; MüKo/*Habersack* § 774 Rn 5; aA Erman/*Herrmann* § 774 Rn 7): Das Abtretungsverbot soll im Kern vor einer Auswechslung des Gläubigers schützen; zum Bürgen besteht aber bereits (meist) ein Schuldverhältnis (s § 765 Rn 7): Er gehört nicht zu dem Personenkreis, vor dem das Abtretungsverbot schützen will. Der vom Hauptschuldner mit dem Abtretungsverbot (meist) bezweckte Eigenschutz wird dadurch erreicht, dass nach §§ 412, 399 die weitere Abtretung durch den Bürgen unzulässig ist.

Bei einer für eine **Gesamtschuld** abgegebenen Bürgschaft erfasst der Forderungsübergang nur die Hauptforderung gegen den oder die Gesamt(haupt-)schuldner, für den oder die sich der Bürge verbürgt hat. Forderungen gegen andere Gesamt(haupt)schuldner erwirbt der Bürge durch die cessio legis nur in dem Maße, in dem der ausgefallene Gesamt(haupt)schuldner, wenn er selbst geleistet hätte, durch seine Leistung nach § 426 II eine Forderung gegen die anderen Gesamt(haupt)schuldner erworben hätte (BGHZ 46, 14, 16).

2. Übergang von Nebenrechten. Mit der Hauptforderung gehen nach §§ 412, 401 auch alle von ihr abhängigen **Nebenrechte**, insbes **akzessorische Sicherheiten**, auf den Bürgen über (Mot II 674; BGHZ 110, 41, 43). Dies gilt unabhängig davon, ob die Nebenrechte vor oder nach Übernahme der Bürgschaft entstanden sind (arg § 776 S 2). **Selbstständige Sicherungsrechte**, wie zB Sicherungsgrundschulden, Sicherungseigentum (BGH WM 94, 1161, 1163), Eigentumsvorbehalte (BGHZ 42, 53, 56 f), Sicherungsabtretung (BGHZ 78, 137, 143) oder Rentenschulden (Köln NJW 90, 3214) gehen nur dann in **analoger** Anwendung des § 774 I 1 auf den Bürgen über, wenn die Abrede des Sicherungsgebers mit dem Gläubiger diesem nicht entgegensteht (BGH WM 67, 213, 214; Z 110, 41, 43). Sonst ist der Gläubiger in entspr Anwendung von §§ 774, 412, 401 zur Übertragung **verpflichtet**: BGHZ 144, 52, 54 f; NJW 01, 2327, 2330; Z 136, 347, 352). Der Gläubiger muss die Sicherungsrechte nach §§ 269, 270 – vorbehaltlich anderer Vereinbarung – an seinem Wohnsitz bzw wenn die Verbindlichkeit in seinem Gewerbebetrieb entstanden ist, an seiner gewerblichen Niederlassung übertragen (BGH NJW 95, 1546).

Nach §§ 774, 412, 402, 403 hat der Bürge sowohl einen **Auskunftsanspruch** als auch einen Anspruch auf Ausstellung einer öffentlich beglaubigten **Abtretungsurkunde** gegen den Gläubiger. Aufgrund dieser Ansprüche kann es ihm nicht versagt werden, nur Zug um Zug gegen Aushändigung der ihm zustehenden Erklärungen zur Zahlung verurteilt zu werden (RG HRR 32 Nr 2141).

3. Anspruchskonkurrenz mit Aufwendungsersatzanspruch aus §§ 670, 683. Neben den nach § 774 I übergehenden Anspruch tritt häufig ein Aufwendungsersatzanspruch aus §§ 670, 683 (s.o. Rn 3), wenn der Bürge die Befriedigung des Gläubigers nach sorgfältiger Prüfung unter Wahrung der Interessen des Geschäftsherrn (dh des Hauptschuldners) für **erforderlich** halten durfte (BGHZ 95, 375, 388: **Anhörung des Hauptschuldners** vor Zahlung zur Befragung über Einreden erforderlich). Dann steht dem Bürgen sogar ein Aufwendungsersatzanspruch gegen den Hauptschuldner zu wenn er auf eine nicht mehr bestehende Hauptschuld geleistet hat, Zug um Zug gegen die Abtretung des **Bereicherungsanspruchs** des Bürgen gegen den Gläubiger (§ 667), MüKo/*Habersack* § 774 Rn 19.

Der **Umfang** des Aufwendungsersatzanspruches schließt **Kosten** eines erforderlichen (misslungenen) Prozesses gegen den Gläubiger zum Abwehr der Inanspruchnahme (MüKo/*Habersack* § 774 Rn 19) und Folgekosten einer Inanspruchnahme durch den Gläubiger ein (Bremen NJW 63, 861, 862: Verzugsschaden). Der Bürge verliert seinen Aufwendungsersatzanspruch im **Insolvenzverfahren** des Hauptschuldners, wenn der Gläubiger mit seiner Forderung an diesem teilgenommen hat und diese durch Insolvenzplan (§ 254 II InsO) oder im Wege der Restschuldbefreiung (§ 301 II InsO) ganz oder teilweise erlassen wurde (MüKo/*Habersack* § 774 Rn 21; vgl auch BGHZ 55, 117, 121).

18 Bei der vom Bürgen zu treffenden **Entscheidung** zwischen der (alternativen oder kumulativen) Geltendmachung des Rückgriffsanspruchs aus § 774 und des Aufwendungsersatzanspruches (s Rn 3 zur Anspruchskonkurrenz) kommt es im Kern darauf an, **ob** dem Hauptschuldner **Gegenrechte aus dem Innenverhältnis** (Rn 23 f) zustehen. Ist dies nicht der Fall, bietet die cessio legis den **Vorteil**, dass auch Neben- und Sicherungsrechte nach §§ 412, 401 übertragen werden (Staud/*Horn* § 774 Rn 6; RGRK/*Mormann* § 774 Rn 5). Etwaige Beweisschwierigkeiten des Anspruchs aus dem Innenverhältnis Bürge-Hauptschuldner entfallen (BGHZ 139, 214, 219). Verbürgt sich ein Partner einer nichtehelichen Lebensgemeinschaft für eine von seinem Lebenspartner eingegangene Verbindlichkeit, so hat der bürgende Lebenspartner idR einen Rückgriffsanspruch gegen seinen nichtehelichen Lebensgefährten nach § 774 I 1. Für eine andere Regelung trifft die **Beweislast** den Hauptschuldner (Hamm NJW-RR 89, 624 f; aM LG Bamberg NJW 88, 1219).

19 **III. Prozessuales.** War die verbürgte Forderung öffentlich-rechtlicher Natur, ist für den Rückgriffsanspruch gegen den Hauptschuldner der Zivilrechtsweg nach § 13 GVG eröffnet (BGH NJW 73, 1077, 1078; MüKo/*Habersack* § 774 Rn 17).

C. Schranken gegenüber den Wirkungen des Forderungsübergangs. I. Vorrang des Gläubigers: Kein
20 **Forderungsübergang zu seinem Nachteil (774 I S 2).** Die Regelung in § 774 I 2 schützt den Gläubiger vor Nachteilen, die ihm durch die cessio legis entstehen können. Sie ist in allen Fällen der **Teilbefriedigung** des Gläubigers durch den Bürgen von praktischer Bedeutung (Teilbürgschaft, Teilleistung oder Teilleistung auf Teilbürgschaft: BGHZ 92, 374, 379). In diesen Fällen muss der Bürge – vorbehaltlich der Sonderregeln für den **Insolvenzfall** des Hauptschuldners (dazu Vor § 765 Rn 52 f) – mit der Geltendmachung der auf ihn nach § 774 I 1 übergegangenen Rechte bis zur vollständigen Befriedigung des Gläubigers warten (RGZ 76, 195, 198). Man spricht vom **Vorrang des Gläubigers** für den ihm verbliebenen Forderungsteil samt Nebenrechten. Auf diesen Vorrang kann sich nur der Gläubiger, nicht auch der Hauptschuldner berufen (RG Recht 22 Nr 49). Unerheblich ist es idR, ob das Nebenrecht nur die verbürgte Forderung oder weitere Forderungen des Gläubigers sichert: Denn auch in diesem Fall genießt der Gläubiger den Vorrang (BGHZ 110, 41, 46: die Bürgschaft soll die Rechte des Gläubigers verstärken, arg § 772 II 2; BaRoth/*Rohe* § 774 Rn 11; Jauernig/*Stadler* § 774 Rn 5; aM Erman/*Herrmann* § 774 Rn 13).

21 Der Vorrang des Gläubigers gilt auch bei **nicht akzessorischen Sicherungsrechten** (s.o. Rn 14), die der Gläubiger dem Bürgen im Falle seiner Teilbefriedigung entspr § 774 I 1 anteilig übertragen muss (MüKo/*Habersack* § 774 Rn 11).

22 Wenn der **Bürge mehr leistet** als er nach dem Bürgschaftsvertrag schuldet (s.o. Rn 7 aE), um einen Vorrang des Gläubigers nach § 774 I 2 auszuräumen, tritt eine cessio legis nach § 774 I 1 hinsichtlich des über die Bürgschaft gezahlten Teils der Hauptschuld nicht ein, da es sich bei dem überschießenden Teil nicht um eine Leistung auf die Bürgenschuld handelt (RG LZ 18, 909, 910; MüKo/*Habersack* § 774 Rn 12).

23 **II. Gegenrechte des Hauptschuldners: Einwendungsdurchgriff nach § 774 I 3.** Aus § 774 I 3 folgt, dass der Hauptschuldner dem Bürgen, der die auf ihn übergegangene Forderung aus dem Hauptschuldverhältnis geltend macht, nur im Rahmen des **Innenverhältnisses** verpflichtet ist (BGH WM 76, 687, 689; 92, 908). Ggü übergeleiteten **Nebenrechten** schützen ergänzend §§ 404-410; 412. Hierzu gehört zB das Recht zur Aufrechnung (gegenüber dem Bürgen) mit Forderungen gegen den Gläubiger nach § 406 (RGZ 59, 207, 209: unter Hinweis darauf, dass kein solches Aufrechnungsrecht besteht, wenn der Bürge seinen Anspruch – s.o. Rn 3, 18 – auf § 670 stützt; Staud/*Horn* § 770 Rn 15; aM *Tiedtke* DB 70, 1721 ff). Im Einzelfall, insbes bei „verspäteter" Aufrechnung, kann die Aufrechnung gegenüber dem Bürgen treuwidrig sein (Staud/*Horn* § 770 Rn 15).

24 Der Hauptschuldner kann nach § 774 I 3 zB **einwenden**: (i) der Bürge habe es versäumt, Einreden oder Einwendungen gegenüber dem Gläubiger geltend zu machen (RGZ 59, 207, 209), (ii) die Bürgschaft sei eine Schenkung an den Hauptschuldner (RGZ 85, 72, 76; BGH WM 55, 377, 379), (iii) der Bürge sei ihm gegenüber ausgleichspflichtig (Stuttg ZIP 94, 200, 202).

25 **III. Rechte der Mitbürgen (§ 774 II).** Die Bestimmung in § 774 II schützt die **Mitbürgen** (§ 769): Der Forderungsübergang nach § 774 I 1 ist ausgeschlossen. Der den Gläubiger befriedigende Mitbürge erwirbt statt dessen die Bürgschaftsforderungen gegen die Mitbürgen nur in der Höhe der nach § 426 I bestimmten Ausgleichspflicht (BGHZ 88, 185, 189 f; Staud/*Horn* § 774 Rn 43; vgl § 769 Rn 9).

26 Nach § 426 I 1 sind Mitbürgen einander **zu gleichen Teilen** zum Ausgleich verpflichtet. Eine andere Aufteilung kann sich ergeben (i) aus einer **abweichenden Vereinbarung** („soweit nicht ein anderes bestimmt ist"); dafür trägt der Mitbürge, der sich darauf beruft, die **Beweislast** (BGH NJW 84, 482); oder (ii) **aus der Natur der Sache** (BGH NJW 87, 3126, 3129; 00, 1034, 1035). So wird zB für **Gesellschafter-Mitbürgen** angenommen, dass sie im Zweifel nach Maßgabe ihrer Beteiligung an der Gesellschaft haften (BGH NJW 86, 3131, 3133 f; NJW-RR 89, 685). Dies gilt auch, wenn sich die Anteile nachträglich geändert haben (BGH MDR 73, 927, 928; Köln NJW 95, 1685) oder sich nur ein Teil der Gesellschafter für die Verbindlichkeit verbürgt hat (Frankf MDR 68, 838).

Eine vom Gläubiger vorgenommene **Entlassung eines Mitbürgen** aus der Haftung berührt die Ausgleichsverpflichtung unter den Mitbürgen idR nicht (BGH NJW 92, 2286, 2287). Gläubiger und Mitbürge können allerdings vereinbaren, dass der Erlassvertrag Gesamtwirkung iSv § 423 für alle Mitbürgen hat. Für die Auslegung eines Erlassvertrages idS müssen konkrete Anhaltspunkte vorhanden sein (BGH NJW 86, 1097, 1098; 92, 2286, 2287). 27

Haben sich mehrere Bürgen mit **unterschiedlichen Haftungshöchstgrenzen** verbürgt, richtet sich der Innenausgleich – vorbehaltlich einer abw Einigung – proportional nach dem jeweiligen Anteil am Gesamtbetrag der Sicherungen (sog **Quotenmodell**: BGHZ 137, 292, 294 ff – im Gegensatz zum Stufenmodell: RGZ 81, 414, 421 ff –; MüKo/*Habersack* § 774 Rn 23; eingehend u mit Berechnungsbeispielen *Glöckner* ZIP 99, 821 ff; Staud/*Horn* § 774 Rn 56). 28

Befriedigt ein Mitbürge den Gläubiger nur **teilweise**, steht ihm – in Abweichung von § 426 (BGH WM 61, 1170, 1172) – grds ein **Rückgriffsanspruch** gegen die übrigen Mitbürgen zu: insbes auch dann, wenn die Teilzahlung nicht den Betrag übersteigt, der auf ihn im Verhältnis der Mitbürgen untereinander entfällt (BGHZ 23, 361, 364; 00, 1034, 1035). In zwei **Ausnahmefällen** genießt der Mitbürge dieses Privileg nicht. Zum einen wird der Ausgleichsanspruch auf den seinen Anteil an der gesamten Schuld übersteigende Leistung beschränkt, wenn der **Hauptschuldner zahlungsunfähig** ist (BGH NJW 86, 1097, 1098; Köln NJW 95, 1685, 1686). Zum anderen kann ein **Mitbürge**, dessen **Zahlungsunfähigkeit** feststeht, für eine an den Gläubiger geleistete, seine Haftungsquote im Innenverhältnis zu seinen Mitbürgen nicht erreichende Teilzahlung so lange keinen Ausgleichsanspruch geltend machen, als nicht feststeht, in welcher Höhe auch die Mitbürgen noch aufgrund ihrer Bürgschaft an den Gläubiger zahlen müssen (BGHZ 83, 206, 210). 29

Scheidet ein bürgender **Gesellschafter** aus der Gesellschaft aus, sind die verbleibenden Gesellschafter ihm ggü zur Freistellung verpflichtet. Hat der ausgeschiedene Gesellschafter bezahlt, wird er meist aufgrund impliziter Vereinbarung iSv § 426 I 1 – oder Erlassvertrag (§ 397) – in voller Höhe bei den verbleibenden Gesellschafter-Bürgen Regress nehmen können (BGH NJW-RR 89, 685; DStR 98, 539; LG Stuttgart NJW-RR 00, 623, 624). Hat sich neben einem Gesellschafter einer OHG noch ein Dritter für eine Verbindlichkeit der OHG verbürgt, so haftet im Innenverhältnis allein der Gesellschafter (BGH WM 59, 229; NJW 86, 1097, 1098). 30

Aufgrund der Unanwendbarkeit der §§ 774 I, 412, 401 ff hat der zahlende Mitbürge gegen die übrigen Mitbürgen keinen Auskunftsanspruch nach §§ 402, 403. Er hat aber einen Anspruch gegen den Gläubiger auf Mitteilung der noch vorhandenen Mitbürgen (Braunschw SeuffA 61 Nr 132 S 232, 233). 31

D. Wettlauf der Sicherungsgeber: Ausgleich zwischen Bürgen und anderen Sicherungsgebern. I. Zusammentreffen von Bürgschaft und dinglichen Sicherheiten. Sichert **neben dem Bürgen** ein Dritter dieselbe Forderung mit einem **gleichrangigen** akzessorischen oder einem nicht akzessorischen Sicherungsmittel, so besteht die Gefahr eines **Wettstreits** (s zB BGH NJW 92, 3228, 3229: Bürgschaft und Grundschuld): Wer zuerst den Gläubiger befriedigt, erwürbe nach der gesetzlichen Konzeption die Forderung gegen den anderen Sicherungssteller (der Bürge nach §§ 401; 774 I 1, 412 bzw der Rspr zur Übertragung nicht akzessorischer Sicherungsmittel – oben Rn 14 –; der Dritte zB nach §§ 401; 1225; 1143 I, 412 oder §§ 398, 401 bei Befriedigung des Gläubigers Zug um Zug gegen Abtretung der Forderung). Um diesem unbilligen Ergebnis zu begegnen, wird analog §§ 774 II, 426 ein **anteiliger Ausgleich** zugelassen: Wenn ein Sicherungsgeber den Gläubiger befriedigt, so kann er in Höhe des seinen Anteil übersteigenden Betrages von den anderen Sicherungsgebern Ausgleich verlangen (BGHZ 108, 179, 183; NJW 92, 3228, 3229). 32

Eine **Besserstellung des Bürgen** im Vergleich zu anderen Sicherungsgebern lässt sich aus dem Rechtsgedanken von § 776 nicht herleiten (BGH NJW 92, 3228, 3229; MüKo/*Habersack* § 774 Rn 30; Erman/*Herrmann* § 774 Rn 15; aM Staud/*Horn* § 774 Rn 68). Dies gilt auch, wenn der Bürge auf sein Recht nach § 776 verzichtet hat (BGH NJW 92, 3228, 3229; mit dieser Einschränkung noch Z 108, 179, 182 f) oder wenn zwischen den verschiedenen Sicherungsgebern aufgrund unterschiedlichen Haftungsinhalts keine echte Gesamtschuld besteht (BGHZ 108, 179, 183). Möglich ist aber eine entspr **vertragliche Gestaltung**, durch die die Gleichrangigkeit der Sicherungsmittel durchbrochen wird. Bsp: Privilegierung des Bürgen durch Zustimmung des Grundschuldbestellers zur Abtretung der Grundschuld an den Bürgen im Fall der Inanspruchnahme des Bürgen durch den Gläubiger (BGH ZIP 90, 1545, 1546; Schimanski/Bunte/Lwowski/*Schmitz*, § 91 Rn 105). Umgekehrt haftet der Bürge allein, wenn dieser im Bürgschaftsvertrag auf eine Abtretung der für dieselbe Hauptschuld bestellten Grundschuld verzichtet hat (BGH NJW 82, 2308; Staud/*Horn* § 774 Rn 71). 33

Die **Höhe der Ausgleichshaftung** richtet sich nach § 426 I 1 im Zweifel nach Köpfen (s aber *Larenz/Canaris* Schuldrecht II/1 § 60 IV 3. b); *Schanbacher* AcP 91, 86, 100 f: interne Ausgleichspflicht nach der Höhe der unterschiedlichen Risikotragung). 34

II. Schuldbeitritt. Da der sichernde Schuldbeitritt ein akzessorisches Sicherungsrecht iSd § 401 darstellt (BGH NJW 00, 575, 576; mit Anm *Medicus* EWiR 00, 379), gelten die in Rn 32 dargestellten Grundsätze auch für das Verhältnis von Bürge und Schuldmitübernehmer (Celle WM 86, 1224, 1225; Hamm OLGZ 90, 336, 337), sofern sich nicht aus der Schuldbeitrittsvereinbarung ein abw Wille ergibt (vgl den Fall von Hamm OLGZ 90, 336, 340; zustimmend *Selb* EWiR 90, 27; Staud/*Horn* § 774 Rn 73). 35

§ 775 Anspruch des Bürgen auf Befreiung

(1) Hat sich der Bürge im Auftrag des Hauptschuldners verbürgt oder stehen ihm nach den Vorschriften über die Geschäftsführung ohne Auftrag wegen der Übernahme der Bürgschaft die Rechte eines Beauftragten gegen den Hauptschuldner zu, so kann er von diesem Befreiung von der Bürgschaft verlangen:
1. wenn sich die Vermögensverhältnisse des Hauptschuldners wesentlich verschlechtert haben,
2. wenn die Rechtsverfolgung gegen den Hauptschuldner infolge einer nach der Übernahme der Bürgschaft eingetretenen Änderung des Wohnsitzes, der gewerblichen Niederlassung oder des Aufenthaltsorts des Hauptschuldners wesentlich erschwert ist,
3. wenn der Hauptschuldner mit der Erfüllung seiner Verbindlichkeit im Verzug ist,
4. wenn der Gläubiger gegen den Bürgen ein vollstreckbares Urteil auf Erfüllung erwirkt hat.

(2) Ist die Hauptverbindlichkeit noch nicht fällig, so kann der Hauptschuldner dem Bürgen, statt ihn zu befreien, Sicherheit leisten.

1 **A. Übersicht: Inhalt, Bedeutung, Abtretbarkeit.** Die Vorschrift gewährt dem Bürgen – auch dem selbstschuldnerischen iSv § 773 I Nr 1 (Mot II 677; RGZ 8, 260, 263; Staud/*Horn* § 775 Rn 7) – unter bestimmten Voraussetzungen für die Zeit bis zur Inanspruchnahme durch den Gläubiger einen Befreiungsanspruch gegen den Hauptschuldner, wenn zwischen dem Bürgen und dem Hauptschuldner im Innenverhältnis ein **Auftrag oder ein ähnliches Rechtsverhältnis** besteht (Rn 6) **und** sein Rückgriffsanspruch durch den Eintritt einer der in § 775 I Nr 1–4 beschriebenen Tatbestände (Rn 9 ff) **gefährdet** wird (RG JW 27, 1689 Nr 17; 35, 3529 Nr 2). Nach der Befriedigung des Gläubigers tritt an seine Stelle der Regressanspruch aus § 774 I.

2 Der Anspruch des Bürgen ist **nur auf Befreiung** gerichtet; einen Zahlungsanspruch erwirbt der Bürge erst, wenn und soweit er den Gläubiger befriedigt, § 774 I (BGHZ 140, 270, 273 f; NJW 00, 1643, 1644). Selbst in Fällen, in denen die Zahlungsunfähigkeit des Hauptschuldners und die Inanspruchnahme des Bürgen feststehen oder der Gläubiger den Bürgen bereits in Anspruch nimmt, wandelt sich der Befreiungsanspruch weder in einen Anspruch des Bürgen auf Zahlung an sich selbst (BGHZ aaO; MüKo/*Habersack* § 775 Rn 11) noch in einen Anspruch auf Zahlung an den Gläubiger um (BGH NJW aaO). Daher kann ein Bürge – mangels Gleichartigkeit der Ansprüche – mit seinem Befreiungsanspruch nicht gegen einen Zahlungsanspruch des Hauptschuldners aufrechnen (BGHZ 140, 270, 274; BaRoth/*Rohe* § 775 Rn 10).

3 Außerhalb des Bürgschaftsrechts ist § 775 **analog** anwendbar auf eine Grundschuldbestellung, die der Besteller aufgrund eines Auftrags oder auftragsähnlichen Verhältnisses (s Rn 6) zur Sicherung einer fremden Verbindlichkeit auf seinem Grundstück bestellt (LG Karlsruhe MDR 01, 624; konsequent MüKo/*Habersack* § 775 Rn 3: auch auf andere Fälle der Bestellung dinglicher Sicherheiten). Hingegen ist die Bestimmung **nicht entspr** anwendbar auf die bloße Mitunterschrift auf einem Wechsel, die keine Bürgschaft begründet (Marienwerder Recht 1905, 431 Nr 1744) oder auf die Schuldmitübernahme (Staud/*Horn* § 775 Rn 7; aA MüKo/*Habersack* § 775 Rn 3).

4 § 775 ist **dispositiv**. Der Bürge kann ggü dem **Hauptschuldner** auf den Befreiungsanspruch verzichten, den Anspruch einschränken, konkretisieren oder Erweiterungen vereinbaren (BGH NJW 95, 2635, 2637; Erman/*Herrmann* § 775 Rn 3; Jauernig/*Stadler* § 775 Rn 3; aA für den formulärmäßigen Verzicht: MüKo/*Habersack* § 775 Rn 5). Ein Verzicht ist als Teil der Gestaltung des Auftragsverhältnisses zwischen dem Bürgen (Auftragnehmer) und dem Hauptschuldner – nicht: Gestaltung des Bürgschaftsvertrags zwischen dem Bürgen und dem Gläubiger – **nicht formbedürftig** (RGZ 59, 10, 13 f; Staud/*Horn* § 775 Rn 13; Erman/*Herrmann* § 775 Rn 3; Palandt/*Sprau* § 775 Rn 1; Jauernig/*Stadler* § 775 Rn 3; aA MüKo/*Habersack* § 775 Rn 5).

5 Eine entspr Verzichtserklärung kann der Bürge **gegenüber dem Gläubiger** individualvertraglich auch zu Gunsten des Hauptschuldners (§ 328 I) im Bürgschaftsvertrag (arg BGH LM § 775 Nr 1; noch ohne AGB-Würdigung) oder einer **formgerechten** Nebenabrede (s § 766 Rn 7) erklären. In Bürgschafts-AGB kann solch ein Verzicht überraschend (§ 305 c) und unangemessen (§ 307) sein (Staud/*Horn* § 775 Rn 14).

6 **B. Voraussetzungen und Einzelheiten. I. Auftrag oder ein ähnliches Rechtsverhältnis.** Nach § 775 I muss im Innenverhältnis zwischen dem Hauptschuldner und dem Bürgen (Auftragnehmer) ein Auftrag oder eine **Geschäftsführung ohne Auftrag** vorliegen (s § 765 Rn 7). Die Norm ist ferner auf folgende auftragsähnliche Rechtsverhältnisse anzuwenden: (i) die entgeltliche **Geschäftsbesorgung** (BGH NJW 00, 1643); (ii) die **Bürgschaft eines ausscheidenden Gesellschafters**, da dieser entspr den Grundsätzen aus § 738 I wie ein Auftragnehmer von seiner Verpflichtung aus der Bürgschaft freizustellen ist (BGH WM 74, 214, 215; WM 89, 406, 407; Staud/*Horn* § 775 Rn 3; Palandt/*Sprau* Rn 1); (iii) dementsprechend die Bürgschaft des Gesellschafters, dessen GmbH-Anteil **eingezogen** wird (Hburg ZIP 84, 707); (iv) den **Kreditauftrag** (s § 778 Rn 1) im Verhältnis zwischen dem (einem Bürgen gleichgestellten) **Kreditauftraggeber** iSv § 778 und dem (dem Hauptschuldner gleichgestellten) Kreditempfänger. Da die Erteilung des Kreditauftrags dem Interesse und Willen des Kreditempfängers meist entspricht, ist (jedenfalls) eine Geschäftsführung ohne Auftrag regelmäßig gegeben (RG WarnR 30 Nr 135 S 271).

§ 775 modifiziert und begrenzt die sich aus dem **Innenverhältnis** ergebenden (gesetzlichen) Regelungen des 7
Auftragsrechts: Der unbeschränkte Befreiungsanspruch aus §§ 683, 670, 257 wird auf die in § 775 I bestimmten Fälle begrenzt (RGZ 59, 10, 11 f). Der Anspruch auf Vorschuss (§ 669) wird, da er dem Sinn und Zweck der Bürgschaft nicht entspricht, durch § 775 ausgeschlossen (BGHZ 140, 270, 274; BaRoth/*Rohe* § 775 Rn 10); ebenso das jederzeitige Kündigungsrecht des § 671 I, II (Erman/*Herrmann* § 775 Rn 1; Palandt/*Sprau* Rn 1).

II. Gefährdung des Rückgriffsanspruchs (§ 775 I Nr 1–4). Der Hauptschuldner ist verpflichtet, den Bürgen 8
über Tatsachen zu **informieren**, die dessen Rückgriffsanspruch gefährden (Staud/*Horn* § 775 Rn 5; Erman/ *Herrmann* § 775 Rn 5). Soweit ein Auftrag oder auftragsähnliches Verhältnis (Rn 6) vorliegt, begründen folgende – in § 775 I abschließend aufgezählte Tatbestände (Staud/*Horn* § 775 Rn 8) – einen **Befreiungsanspruch** (dabei kommt es ggf auf den Abschluss der letzten mündlichen Tatsachenverhandlung der Klage des Bürgen gegen den Hauptschuldner an, vgl entspr § 773 Rn 14):

1. Wesentliche Vermögensverschlechterung (Nr 1). Das Tatbestandsmerkmal der wesentlichen Vermögens- 9
verschlechterung ist wie bei §§ 321 I 1, 490 I zu verstehen. Dabei sind die **Vermögensverhältnisse** des Hauptschuldners (inkl Art und Höhe seiner Verbindlichkeiten) im Zeitpunkt der Bürgschaftsübernahme und der Geltendmachung des Befreiungsanspruchs **zu vergleichen** (Staud/*Horn* § 775 Rn 8). Eine wesentliche Verschlechterung liegt vor, wenn der Hauptschuldner nicht mehr in der Lage ist, besonders wichtige und dringende Verbindlichkeiten zu erfüllen, wie zB Steuern, Zinsen und Arztrechnungen (RGZ 150, 77, 78). Der mehrfache Verzug mit Teilzahlungen (zB Unterhaltsverpflichtungen) kann Indiz für eine wesentliche Vermögensverschlechterung des Hauptschuldners sein (BGH JZ 68, 230, 231; s auch Rn 13 zum Indiz des „bereinigten Verzugs").
An einer nach dem Normzweck von § 775 erforderlichen **Gefährdung** des Regressanspruchs (s Rn 1) kann es 10
fehlen, wenn der Bürge hinreichend durch eine **Rückbürgschaft** gesichert ist (MüKo/*Habersack* § 775 Rn 6). Ebenso liegt trotz Auflösung und **Vollbeendigung einer Personengesellschaft** (als Hauptschuldnerin) keine Gefährdung vor, wenn und soweit die Vermögensverhältnisse von mindestens einem der persönlich haftenden Gesellschafter eine **gleichwertige Sicherheit** für den Rückgriff bieten (RG JW 27, 1689, 1690: für OHG). Haben sich die **Vermögensverhältnisse** des Hauptschuldners **wieder gebessert**, entfällt der Befreiungsan- 11
spruch (MüKo/*Habersack* § 775 Rn 6).

2. Wesentliche Erschwerung der Rechtsverfolgung gegen den Hauptschuldner (Nr 2). Eine wesentliche Er- 12
schwerung der Rechtsverfolgung infolge Änderung des Wohnsitzes, der gewerblichen Niederlassung oder des Aufenthaltsorts (Nr 2) liegt unter den gleichen Voraussetzungen vor wie bei § 773 I Nr 2 (s § 773 Rn 7 ff).

3. Verzug (Nr 3). Die Regelung in Nr 3 setzt einen Verzug des Hauptschuldners voraus. Der Befreiungsan- 13
spruch des Bürgen entfällt, wenn der Hauptschuldner die Hauptforderung **nachträglich tilgt** (RG JW 35, 3529 Nr 2; BGH JZ 68, 230, 231); ein durch Zahlung „bereinigter" Verzug kann aber ein Indiz für eine wesentliche Verschlechterung der Vermögensverhältnisse des Hauptschuldners iSd § 775 I Nr 1 sein (RG u BGH aaO). **Stundet** der Gläubiger dem Hauptschuldner nachträglich die Hauptforderung, entfällt der Befreiungsanspruch des Bürgen nicht (RG aaO), es sei denn dieser hat der Stundung zugestimmt (RGZ 59, 10, 12 f). Dem Bürgen steht der Befreiungsanspruch nach § 775 I Nr 3 unabhängig davon zu, ob er noch **andere Sicherungsrechte** hat (RGZ 59, 10, 13; MüKo/*Habersack* § 775 Rn 8); denn das Recht auf Befreiung ist wertvoller (vgl Rn 16) als das auf Sicherheitsleistung (RGZ aaO). Gerät der Hauptschuldner mit einer **Teilleistung in Verzug**, hat der Bürge nur einen Befreiungsanspruch in einer der Teilleistung entspr Höhe (BGH JZ 68, 230, 231).

4. Vollstreckbares Urteil des Gläubigers gegen den Bürgen (Nr 4). Unter **Nr** 4 fallen: (i) rechtskräftige 14
Urteile (Wortlaut); (ii) vorläufig vollstreckbare **Urteile** (arg § 704 I ZPO; LG Meiningen ZIP 98, 991, 993); (iii) **Vollstreckungsbescheide** nach § 700 I ZPO (MüKo/*Habersack* § 775 Rn 9; Erman/*Herrmann* § 775 Rn 9); (iv) vollstreckbare **Schiedssprüche** nach §§ 1054 I, 1060 ZPO (MüKo/*Habersack* § 775 Rn 9; Staud/*Horn* § 775 Rn 11).
Unanwendbar ist Nr 4 hingegen auf Titel, die der Gläubiger nicht (allein) „erwirkt" hat, sondern die er nur 15
durch **Mitwirkung des Bürgen** erlangen konnte: (i) Prozessvergleich, § 794 I 1 ZPO (Erman/*Herrmann* § 775 Rn 9; MüKo/*Habersack* § 775 Rn 9; Staud/*Horn* § 775 Rn 11), (ii) die vollstreckbare Urkunde nach § 794 I 5 ZPO (*Erman, MüKo* u *Staud* aaO); (iii) der Schiedsspruch mit vereinbarten Wortlaut, § 1053 I 2 ZPO (MüKo/*Habersack* § 775 Rn 9); (iv) Anerkenntnisurteil nach § 307 ZPO (*Geißler* JuS 88, 452, 455; MüKo/ *Habersack* § 775 Rn 9). Zahlt der Hauptschuldner vor Beginn der Vollstreckung aus dem Titel, entfällt der Befreiungsanspruch (RG JW 35, 3529 Nr 2).

III. Rechtsfolge. Der Hauptschuldner ist verpflichtet, den Bürgen vom Risiko der Inanspruchnahme durch 16
den Gläubiger zu befreien. Wie er dies tut, kann er selbst **bestimmen**: zB durch (i) Befriedigung des Gläubigers, (ii) Veranlassung des Gläubigers – ggf gegen Bestellung weiterer Sicherheiten – zur Entlassung des Bürgen aus der Bürgenverbindlichkeit (BGHZ 55, 117, 120); (iii) vertragliche Einigung mit dem Bürgen.

17 **Keine Befreiung** des Bürgen wird erzielt durch die (mangels Gleichartigkeit iSv § 387 unzulässige) **Aufrechnung** gegen den Befreiungsanspruch mit einer gegen den Bürgen gerichteten Geldforderung (BGHZ 12, 136, 144; 25, 1, 6; NJW 83, 2438 f; vgl auch oben Rn 2 aE für den umgekehrten Fall; a.A MüKo/*Habersack* § 775 Rn 11; *Geißler* JuS 88, 452, 454: arg die Aufrechnungsforderung des Hauptschuldners auf Zahlung sei besser als der zu erfüllende Befreiungsanspruch des Bürgen). Der Hauptschuldner kann aber ein **Zurückbehaltungsrecht** (§ 273) geltend machen, wenn sein Zahlungsanspruch auf demselben rechtlichen Verhältnis beruht, wie der Befreiungsanspruch mit der Folge, dass der Hauptschuldner im Prozess nur zur Leistung Zug um Zug zu verurteilen ist (BGHZ 47, 157, 166 f; NJW 83, 2438, 2439).

18 Ein titulierter Befreiungsanspruch wird nach § 887 ZPO **vollstreckt**, da der Anspruch auf die Vornahme einer vertretbaren Handlung gerichtet ist (Staud/*Horn* § 775 Rn 5; RGZ 18, 435, 436; RGZ 150, 77, 80). Der Befreiungsanspruchs ist aufgrund seines Leistungsinhalts gem § 399 Alt 1 **nicht abtretbar. Ausnahmen:** (i) Abtretung an den Gläubiger: Durch diese wandelt sich der Freistellungsanspruch in einen Zahlungsanspruch um (BGH DB 75, 445; BGHZ 12, 136, 144); es sei denn, dem Hauptschuldner steht ein Recht zur Sicherheitsleistung nach II zu (BaRoth/*Rohe* § 775 Rn 10); (ii) wohl auch Einziehungsermächtigung (Staud/*Horn* § 775 Rn 6), aber nicht zum Nachteil des Hauptschuldners (§ 242).

19 **C. Sicherheitsleistung nach II.** Bis zur Fälligkeit der Hauptforderung, dh in den Fällen von I Nr 1 und 2, hat der Hauptschuldner nach §§ 775 II, 232 ff das **Recht, dem Bürgen Sicherheit für den Befreiungsanspruch zu leisten.** Der Bürge hat **keinen Anspruch** auf eine solche Sicherheitsleistung (Soergel/*Mühl* § 775 Rn 7). Die Entgegennahme einer Sicherheit durch den Bürgen bedeutet keinen Verzicht auf den Befreiungsanspruch aus § 775 I Nr 3 und 4 ab Fälligkeit der Hauptschuld (RGZ 59, 10, 12).

20 **D. Darlegungs- und Beweislast.** Im Prozess trägt der Bürge die Darlegungs- und Beweislast für das Vorliegen des Auftrags oder auftragsähnlichen Rechtsverhältnisses (s Rn 1, 6), vgl BGH NJW 00, 1643; BaRoth/ *Rohe* § 775 Rn 3; krit *Tiedtke* NJW 01, 1015, 1020 f) und für das Vorliegen der weiteren Anspruchsvoraussetzungen aus § 775 I Nr 1–4 (MüKo/*Habersack* § 775 Rn 14). Der Hauptschuldner muss ggf einen Verzicht auf die Rechte aus § 775 beweisen (aaO).

§ 776 Aufgabe einer Sicherheit

¹Gibt der Gläubiger ein mit der Forderung verbundenes Vorzugsrecht, eine für sie bestehende Hypothek oder Schiffshypothek, ein für sie bestehendes Pfandrecht oder das Recht gegen einen Mitbürgen auf, so wird der Bürge insoweit frei, als er aus dem aufgegebenen Recht nach § 774 hätte Ersatz erlangen können. ²Dies gilt auch dann, wenn das aufgegebene Rechte erst nach der Übernahme der Bürgschaft entstanden ist.

1 **A. Übersicht: Normzweck, reduzierte Bedeutung, Abdingbarkeit.** § 776 soll dem **Schutz des Bürgen** dienen (Erman/*Herrmann* § 776 Rn 1): Gibt der Gläubiger bestimmte Sicherungsrechte auf, entfällt die Bürgenhaftung nach S 1, soweit der Bürge selbst nach §§ 774, 412, 401 aus diesem Sicherungsrecht hätte Ersatz erlangen können (aus § 776 folgt indes keine allg Sorgfaltspflicht des Gläubigers ggü dem Bürgen: s § 765 Rn 55). Durch diese Regelung verstärkt § 776 die Durchsetzbarkeit des Rückgriffsanspruchs und mildert die Folgen der Bürgenhaftung ab (BGHZ 144, 52, 57). S 2 dehnt den Kreis der Sicherungsrechte, für die S 1 gilt, auf nach Übernahme der Bürgschaft entstandene Sicherheiten aus.

2 In der Praxis bekommt der Bürge den Schutz von § 776 meist nicht: Die **Rspr zum Ausgleichsverhältnis** zwischen einem Bürgen und seinem Mitbürgen (s § 769 Rn 9) oder anderen Sicherheitsgebern (§ 774 Rn 32) **schützt den Bürgen anders,** weil die „Aufgabe" einer anderen Bürgschaft oder anderen gleichrangigen Sicherheit (zB Grundschuld) durch den Gläubiger den bereits mit der Bestellung mehrerer Sicherheiten für dieselbe Forderung entstandenen Ausgleichsanspruch des Bürgen unberührt lässt (BGH NJW-RR 91, 499, 500; s.u. Rn 12): Er verliert in diesem Fall gar keine Ersatzmöglichkeit (Staud/*Horn* § 776 Rn 6); die Voraussetzungen von § 776 S 1 sind damit nicht erfüllt. Die praktische Bedeutung von § 776 wird durch diese Rspr **auf Fälle beschränkt,** in denen der Gläubiger ein im Verhältnis zur Bürgschaft „höherrangiges" Sicherungsrecht aufgibt: etwa eine Vorbürgschaft (s § 765 Rn 94) oder eine kraft Vereinbarung vorrangig der Befriedigung dienende Sicherheit (s § 774 Rn 33). Die Norm gewinnt aber durch neue Rspr **insolvenzrechtliche Bedeutung** (s Rn 6).

3 Ferner ist § 776 **begrenzt dispositiv;** er wird oft abbedungen (Staud/*Horn* § 776 Rn 6). Die Abbedingung kann – als eine den Bürgen belastende Abrede nur formgerecht (§ 766 Rn 7; MüKo/*Habersack* § 776 Rn 3) – **individualvertraglich** erfolgen (BGHZ 144, 52, 55). **Formularvertraglich** ist der Verzicht nicht pauschal (arg § 307 I, II Nr 1; vgl BGHZ 144, 52, 55 ff; NJW 02, 295; Z 156, 302, 310), sondern nur bei hinreichend **konkreter gegenständlicher Begrenzung** unter Beachtung der berechtigten Interessen des Bürgen zulässig (Bsp: Zulässigkeit der Freigabe von Pfandgut im Rahmen der ordnungsgemäßen Abwicklung der Geschäftsverbindung zwischen Gläubigerbank und Hauptschuldner; BGH NJW 02, 295). Auch bei wirksamer Abbedingung von § 776 findet die an sich zulässige Aufgabe einer Sicherheit ihre Grenze in der nach **Treu und Glauben** (s § 765 Rn 55) willkürlichen Aufgabe einer Sicherheit (RG JW 37, 1410; BGHZ 78, 137, 143 f; NJW-RR 86, 518, 519).

Außerhalb des Bürgschaftsrecht wird § 776 **nicht analog** angewendet (Staud/*Horn* § 776 Rn 23; Palandt/*Sprau* 4
§ 776 Rn 4; im Erg auch *Weber* WM 01, 1229, 1232 f; aA *Wacke* AcP 170, 42, 62 f; MüKo/*Habersack* § 776
Rn 2). Da § 776 die Durchsetzbarkeit des Rückgriffsanspruchs des Bürgen aus § 774 I schützen soll, besteht
für eine analoge Anwendung der Vorschrift auch kein Bedürfnis, soweit – wie zB bei der Schuldmitübernahme (BGH BB 62, 1346) – ein Regressanspruch nicht (analog) besteht: s § 774 Rn 2. § 776 findet auch auf
das Verhältnis zwischen Pfandgläubiger und Verpfänder keine analoge Anwendung (BGH NJW-RR 91, 499,
500; Erman/*Herrmann* § 776 Rn 2; Palandt/*Sprau* § 776 Rn 4). Für ein Bsp entspr **Anwendung auf bürg-
schaftsrechtliche Sachverhalte** s.u. Rn 5.

**B. Voraussetzungen. I. Sicherheits- und Vorzugsrechte, Recht gegen einen Mitbürgen (§ 776 S 1). 1. Erfasste
Rechte.** Die Regelung in § 776 S 1 erfasst – über die dort genannten Fälle (Vorzugsrechte iSv § 401 II, Hypo- 5
thek, Schiffshypothek, Mitbürgschaft) – (i) die **Aufgabe aller akzessorischen Sicherungs- und Vorzugsrechte**,
die nach §§ 774, 412, 401 mit der Hauptforderung auf den Bürgen übergehen: s § 774 Rn 14, sowie (ii) die
Aufgabe aller selbständigen Sicherungsrechte (zB Sicherungsgrundschulden, Sicherungseigentum oder
Eigentumsvorbehalte), deren Übertragung der Bürge nach §§ 412, 401 verlangen kann (s § 774 Rn 14).
In entspr Anwendung von § 776 wird der Bürge auch insoweit frei, als der Verwertungserlös von Sicherungs- 6
gut, den der Gläubiger aufgrund einer insolvenzrechtlichen **Vereinbarung mit dem Insolvenzverwalter** nach
§ 168 Abs 3 InsO erzielt, insolvenzrechtlich nicht auf die Hauptforderung angerechnet wird (BGH NJW 06,
228, 230). Die Vereinbarung schneidet dem Bürgen die Möglichkeit der eigenen Befriedigung aus dem Sicherungsgut nach §§ 774, 412, 401 ab. Durch ein solch nachträgliches Rechtsgeschäft kann das Haftungsrisiko
des Bürgen nicht zu seinem Nachteil verändert werden (BGH aaO 229).

2. Nicht erfasste Rechte. Nicht unter § 776 S 1 fallen zB: (i) das Zurückbehaltungsrecht aus § 273 (Staud/ 7
Horn § 776 Rn 8), (ii) die Garantie (BaRoth/*Rohe* § 776 Rn 5); (iii) der Anspruch des Bauunternehmers auf
Bestellung einer Sicherungshypothek aus § 648 bzw die Rechte aus § 648 a (Breslau Recht 1902 Nr 2673;
Staud/*Horn* § 776 Rn 8); (iv) die Entlassung eines Gesamtschuldners aus seiner Verbindlichkeit (RG JW 37,
1410; KG OLGE 25, 20, 22); (v) die Aufgabe von Rechten aus einem erfüllungshalber gegebenen Wechsel
(Breslau Recht 1902 Nr 2673); (vi) die Beendigung der Vollkaskoversicherung durch den Gläubiger einer verbürgten Leasingforderung (Köln WM 95, 1965); (vii) die Unterlassung der Aufrechnung des Gläubigers mit
einer nicht verbürgten Gegenforderung gegen einen Anspruch des Hauptschuldners (BGH NJW 84, 2455,
2456).

II. „Aufgabe". Die „Aufgabe" einer Sicherheit liegt vor, wenn bei **wirtschaftlicher Betrachtung** (Köln NJW 8
90, 3214 f) ihre Verwertungsmöglichkeit durch **vorsätzliches und aktives Handeln** des Gläubigers (BGH WM
60, 51; Köln NJW 90, 3214, 3215; Erman/*Herrmann* § 776 Rn 4) ganz oder teilweise (Erman/*Herrmann* § 776
Rn 4) **tatsächlich** (zB durch Zerstörung, Staud/*Horn* § 776 Rn 11) oder **rechtlich** beseitigt wird: zB durch (i)
Rangverschlechterung (Köln NJW 90, 3214 f) bzw Rangrücktritt (Staud/*Horn*
§ 776 Rn 11); (ii) Rückübertragung des Sicherungseigentums (BGH WM 60, 371, 372; Staud/*Horn* § 776
Rn 11); (iii) Verzicht auf eine Verwendungsmöglichkeit oder bewusste Beseitigung des wirtschaftlichen Werts
(BGH NJW 99, 3195, 3197: Nicht ausreichend ist die Hinnahme einer Unterdeckung), (iv) Verrechnung des
Verwertungserlöses auf eine von der Bürgschaft nicht erfasste Verpflichtung des Hauptschuldners (BGH WM
60, 371, 372). § 776 setzt weder ein Verschulden noch eine Benachteiligungsabsicht des Gläubigers voraus
(Köln NJW 90, 3214, 3215; Erman/*Herrmann* § 776 Rn 5).
Keine „Aufgabe" liegt in: (i) fahrlässigem Verlust einer Sicherheit (BGH WM 60, 51; NJW 66, 2009: verzö- 9
gerte oder ungünstige Verwertung); (ii) rein passivem Verhalten (BGH NJW 66, 2009; NJW 99, 3195, 3197;
Palandt/*Sprau* § 776 Rn 5; Staud/*Horn* § 776 Rn 11 f; aA MüKo/*Habersack* § 776 Rn 8); (iii) Unterlassen der
Verteidigung eines Sicherungsrechts (RGZ 65, 396, 397); (iii) Handeln aufgrund staatlichen Zwangs (Erman/
Herrmann § 776 Rn 4), zB wenn der Gläubiger eine Sicherheit im **Insolvenzverfahren des Hauptschuldners**
verwertet und sich die dem Bürgen zukommende Quote aus dem Verwertungserlös aufgrund der Zahlung
von Feststellungskosten nach § 170 II InsO verringert: den Bürgen hätten diese Kosten bei einer Verwertung
in gleicher Weise getroffen (*Vollkommer/Heinemann* JZ 00, 1163, 1166).

C. Rechtsfolge: Reduktion des Anspruchs des Gläubigers gegen den Bürgen. Die Aufgabe (Rn 8) der 10
Sicherheit führt zur **Reduktion des Anspruchs des Gläubigers** gegen den Bürgen: Der Bürge wird nur insoweit frei, als er aus dem aufgegebenen Recht nach § 774 hätte Ersatz erlangen können.
Keine Reduktion erfolgt daher wenn: (i) der Regressanspruch des Bürgen aus § 774 I abbedungen ist (vgl 11
§ 774 Rn 4 f); (ii) ggü dem nach § 774 I übergegangenen Regressanspruch Einwendungen aus dem Innen-
hältnis zwischen Bürgen und Hauptschuldner (vgl § 774 Rn 23) bestehen (Staud/*Horn* § 776 Rn 16); (iii) die
aufgegebene Sicherheit nicht werthaltig war (MüKo/*Habersack* § 776 Rn 11; Erman/*Herrmann* § 776 Rn 6).
Außerdem erfolgt nach dem Schutzweck von § 776 keine Reduktion, wenn der Gläubiger ein Recht gegen 12
einen **Mitbürgen** aufgibt: Da dem Mitbürgen nach § 774 II eine Ersatzmöglichkeit gegen den vom Gläubiger
„entlasteten" Mitbürgen verbleibt, wird er nicht beschwert (s § 769 Rn 9). Ebenso beschwert die „Entlassung"
eines anderen gleichstufigen Sicherungsgebers (zB einer Grundschuld) den Bürgen nicht, da sein Ausgleichs-

anspruch im Innenverhältnis bereits mit der Bestellung mehrerer Sicherheiten für dieselbe Forderung begründet wird und von der „Entlassung" nicht berührt wird (vgl § 774 Rn 32 f).

13 Leistet der Bürge in Unkenntnis der Aufgabe der Sicherheit, kann er das von ihm Geleistete aus **ungerechtfertigter Bereicherung** (§ 812 I 1 Alt 1) vom Gläubiger zurückverlangen (RG WarnR 35 Nr 21 S 47).

14 Der Gläubiger kann die Folgen von § 776 vermeiden, indem er vor der Freigabe einer Sicherheit eine entspr **Einwilligung des Bürgen** einholt; eine solche Einwilligung des Bürgen ist insoweit regelmäßig als Verzicht des Bürgen auf seine Rechte aus § 776 auszulegen (RG WarnR 17 Nr 290 S 454, 455; BGH NJW 02, 295, 296).

§ 777 Bürgschaft auf Zeit

(1) ¹Hat sich der Bürge für eine bestehende Verbindlichkeit auf bestimmte Zeit verbürgt, so wird er nach dem Ablauf der bestimmten Zeit frei, wenn nicht der Gläubiger die Einziehung der Forderung unverzüglich nach Maßgabe des § 772 betreibt, das Verfahren ohne wesentliche Verzögerung fortsetzt und unverzüglich nach der Beendigung des Verfahrens dem Bürgen anzeigt, dass er ihn in Anspruch nehme. ²Steht dem Bürgen die Einrede der Vorausklage nicht zu, so wird er nach dem Ablauf der bestimmten Zeit frei, wenn nicht der Gläubiger ihm unverzüglich diese Anzeige macht.

(2) Erfolgt die Anzeige rechtzeitig, so beschränkt sich die Haftung des Bürgen im Falle des Absatzes 1 Satz 1 auf den Umfang, den die Hauptverbindlichkeit zur Zeit der Beendigung des Verfahrens hat, im Falle des Absatzes 1 Satz 2 auf den Umfang, den die Hauptverbindlichkeit bei dem Ablauf der bestimmten Zeit hat.

1 **A. Einführung: Normzweck und Anwendungsbereich.** Die Zeitbürgschaft bietet dem Gläubiger nur eine Sicherheit auf Zeit, die es ihm ermöglichen soll, dem Hauptschuldner während der bestimmten Zeit Kredit zu gewähren (BGHZ 91, 349, 355; *Mugdan* Bd 2, S 1031). § 777 enthält eine gesetzliche Auslegungsregelung zugunsten des Gläubigers: Entgegen §§ 163, 158 II wird der Bürge nicht allein durch den Eintritt des Endtermins frei, sondern nur dann, wenn der Gläubiger die in § 777 beschriebenen Maßnahmen – das Betreiben der Einziehung der Hauptforderung und/oder die unverzüglich nach Ablauf der Zeit mögliche Anzeige an den Bürgen (s Rn 11 ff) – nicht unverzüglich durchführt (BGH DB 66, 1053; BGHZ 76, 81, 85). Die Regelung in II begrenzt den Umfang der Bürgenhaftung als Rechtsfolge einer rechtzeitigen Anzeige.

2 Nach ihrem Wortlaut bezieht sich die Bürgschaft auf eine im Zeitpunkt der Bürgschaft schon bestehende Verbindlichkeit. § 777 ist aber auch auf eine Bürgschaft für künftige Verbindlichkeiten anwendbar (RGZ 82, 382, 384). Allerdings muss im Wege der Auslegung ermittelt werden, ob die Parteien eine Zeitbürgschaft iSd § 777 vereinbaren wollten oder lediglich eine gegenständliche Beschränkung der Bürgschaft bezweckten (s Rn 6 f).

3 Die Vorschrift ist entspr auf die zeitlich begrenzte (wie die Bürgschaft akzessorische) Verpfändung anwendbar (vgl RGZ 68, 141, 145 f; Staud/*Horn* § 777 Rn 23), nicht hingegen auf die nach Art 1 Nr 2, 17, 32 I, II WG abstrakte Wechselbürgschaft (RGZ 74, 351, 352) und den eine selbständige Schuld (Vor § 765 Rn 58 ff) begründenden Schuldbeitritt (Hburg HRR 1934 Nr 1199; Staud/*Horn* § 777 Rn 23; aA MüKo/*Habersack* § 777 Rn 3).

4 Die Regelung in § 777 ist begrenzt dispositv: **Die Parteien können** individualvertraglich vereinbaren, dass die Inanspruchnahme in Abweichung von I 2 bis zum Ablauf der bestimmten Zeit erfolgen muss, mit der Folge, dass der Bürge ohne Anzeige mit Ablauf der Frist frei wird (BGHZ 99, 288, 291; 139, 325, 329; NJW-RR 89, 1324, 1326). Endet die Frist in solchen Fällen an einem Sonn- oder Feiertag, ist § 193 anwendbar (BGHZ 99, 288, 291): Die Frist endet am nächsten Werktag. Wird das Anzeigeerfordernis ganz abbedungen (Palandt/ *Sprau* § 777 Rn 2a), so ist die Bürgschaft unbefristet und nur gegenständlich beschränkt (s Rn 6; Köln NJW 85, 2722, 2723; s auch Hamm NJW 90, 54, 55).

5 Dementspr kann die formularmäßige Abbedingung des Anzeigeerfordernisses bei einer Zeitbürgschaft „typengehaltändernd", damit überraschend iSv § 305c (BGH NJW 04, 2232, 2234: bezweckt das Gegenteil vom Bürgen gewollten) und unangemessen iSv § 307 II sein (Köln NJW 85, 2722 f; *Tiedtke* NJW 05, 2498, 2501; *Voss* MDR 90, 495, 497 f).

B. Voraussetzungen. I. Zeitbestimmung, Auslegung: Abgrenzung zur gegenständlich beschränkten
6 **Bürgschaft.** Eine Zeitbürgschaft ist nicht bereits dann vereinbart, wenn die Hauptschuld an einem bestimmten Termin fällig wird (München WM 84, 469, 472). Voraussetzung des § 777 ist vielmehr eine Zeitbestimmung im Bürgschaftsvertrag, nach deren Ablauf die Verpflichtung des Bürgen erlöschen soll (Formulierungsbeispiel: „Unsere Verpflichtungen aus der Bürgschaft erlöschen spätestens am ..." s München BauR 04, 1631, 1632), wenn der Gläubiger die in § 777 beschriebenen Maßnahmen nicht durchführt. Das Vorliegen eines kalendermäßig vereinbarten Endtermins (§ 163) ist nicht erforderlich, die Zeitbestimmung kann auch indirekt durch Anknüpfung an ein Rechtsverhältnis oder Ereignis erfolgen (MüKo/*Habersack* § 777 Rn 7). Bsp: „3 Monate nach Beendigung des Mietvertrages" (Frankf WM 79, 1318; Palandt/*Sprau* § 777 Rn 1); „mit Abnahme ... oder mit Rückgabe [der] Bürgschaftsurkunde ..." (BGHZ 139, 325, 329: Erfüllungsbürgschaft); Fertigstellung einzelner Bauabschnitten (BGHZ 153, 311, 319), uU – Auslegungsfrage – Zugehörigkeit zu einer Gesellschaft (RG HRR 35 Nr 581: s dagegen Rn 8).

Eine zeitliche Begrenzung im Bürgschaftsvertrag kann aber auch den Sinn haben, eine unbefristete Bürgschaft gegenständlich zu beschränken: Der Bürge steht nur für die innerhalb einer bestimmten Frist begründeten Verbindlichkeiten ein, für diese aber unbefristet (BGH NJW 88, 908; 04, 2232, 2233). In diesem Fall ist § 777 nicht anwendbar: Der Gläubiger muss keine anspruchserhaltenden Maßnahmen (s Rn 11 ff) ergreifen. 7

Welche Art von Bürgschaft gewollt ist, ist im Wege der Auslegung der Bürgschaftsverpflichtung unter Einbeziehung aller Umstände des Einzelfalls zu ermitteln (BGH NJW 88, 908; 04, 2232, 2233). Bei Bürgschaften für künftige Forderungen handelt es sich meist um eine gegenständliche Beschränkung der Bürgschaft, wenn nicht besondere Umstände vorliegen, die zur Annahme einer Zeitbürgschaft zwingen oder der Wortlaut insoweit eindeutig ist (BGH NJW 88, 908; München BauR 04, 1631, 1632). In folgenden Fällen ist eine gegenständlich beschränkte Bürgschaft bejaht worden: Bestehen einer Ehe (Braunschw FamRZ 78, 111, 112), Zugehörigkeit zu einer Gesellschaft (obiter dicta Braunschw aaO und RG HRR 35 Nr 581, das im konkreten Fall die Auslegung als Zeitbürgschaft bestätigt hatte: Die Verkürzung der Verjährung – s Vor § 765 Rn 42 – erleichtert heute die Annahme einer gegenständlich beschränkten Bürgschaft), Bürgschaft für bestimmte Waren- oder Kontokorrentkredite (BGH NJW 88, 908) oder Ansprüche aus einer Geschäftsverbindung (zB … auf die bis zum … aus … entstandenen Forderungen, vgl Zweibr WM 94, 788, 789), Prozessbürgschaft (BGH NJW 79, 417, 418). 8

Kündigt der Bürge eine unbefristete Bürgschaft, wird diese nicht zur Zeitbürgschaft, sondern nur gegenständlich begrenzt: § 765 Rn 69. 9

II. Form. Da die Zeitbestimmung eine Haftungserleichterung für den Bürgen darstellt, ist sie formfrei möglich (§ 766 Rn 6; MüKo/*Habersack* § 777 Rn 9). Dagegen bedürfen die Verlängerung der vereinbarten Frist (*Weber* S 109) oder die Zustimmung zu einer Stundung der Hauptforderung ohne Bestimmung eines neuen Endtermins – mit der der Bürge die Beschränkung seiner Haftung auf bestimmte Zeit aufgibt, RG JW 1903 Beil Nr 252 – als den Bürgen beschwerende Erklärungen der Schriftform: § 766 Rn 7. 10

III. Anspruchserhaltende Maßnahmen des Gläubigers bei Zeitablauf, Grenzen. Bei einer selbstschuldnerischen Bürgschaft (§ 773 Rn 1) – dem Normalfall in der Praxis – muss der Gläubiger dem Bürgen die Inanspruchnahme aus der Bürgschaft unverzüglich nach dem Fristablauf anzeigen: Sonst wird der Bürge frei (§ 777 I 2). 11

Die Anzeige kann bereits vor Ablauf der Frist abgegeben werden, wenn die Hauptschuld fällig ist (BGHZ 76, 81, 83 ff): Denn durch eine selbstschuldnerische Zeitbürgschaft wird die Bürgschaftsforderung nicht gestundet (aaO S 85). 12

Im gesetzlichen Leitfall der mit Einrede der Vorausklage (§ 771) ausgestatteten Bürgschaft (s § 771 Rn 1) muss der Gläubiger einer Geldforderung zunächst ab Fristablauf unverzüglich – § 121 I – (i) die Einziehung nach Maßgabe des § 772 betreiben (s § 772 Rn 2, 4) und das Verfahren ohne wesentliche Verzögerungen fortsetzen, bevor er (ii) dem Bürgen die Inanspruchnahme anzuzeigen hat (§ 777 I 1). Bei anderen Forderungen muss der Gläubiger eine nach der ZPO zulässige Zwangsvollstreckungsmaßnahme (erfolglos) durchführen (s § 771 Rn 5 f; Staud/*Horn* § 777 Rn 14) und dem Bürgen sodann unverzüglich die Inanspruchnahme anzeigen (§ 777 I 1 aE). Dies gilt auch bei der Ausfallbürgschaft (§ 765 Rn 72 ff), auf die § 777 I 1 anzuwenden ist (BGH NJW 02, 2869, 2870). 13

Eine Anzeige nach I 1 kann entgegen dem Wortlaut auch während der Beitreibungsmaßnahmen gegen den Hauptschuldner, etwa durch Streitverkündung gegenüber dem Bürgen, erfolgen (Staud/*Horn* § 777 Rn 17). 14

Die Inanspruchnahme des Bürgen setzt grds die Fälligkeit der Hauptforderung voraus (BGHZ 91, 349, 355 f). Wird die Hauptschuld gleichzeitig mit dem Ablauf der bestimmten Zeit fällig – aus welchem Grund auch immer (zB Kündigung) –, erfüllt die anschließende unverzügliche Inanspruchnahme diese Voraussetzung (BGH NJW 89, 1856, 1858). 15

Ist die Forderung bei Ablauf der Bürgenzeit nicht fällig, erlischt die Bürgenhaftung mit Zeitablauf (KG NJW-RR 95, 1199). Keine Ausnahme (durch Eingriff in die Wertungen des Gesetzgebers) ist für den Fall zu machen, dass bei Ablauf der Bürgschaftszeit die Fälligkeit der Hauptschuld unmittelbar bevorsteht und die Nichterfüllung durch den Hauptschuldner abzusehen ist (LG Darmstadt WM 87, 1357, 1360; MüKo/*Habersack* § 777 Rn 5; offen gelassen von BGHZ 91, 349, 356; NJW 89, 1856, 1857). Hiervon zu unterscheiden ist der praktische Fall, dass (i) die Hauptschuld innerhalb der Bürgschaftszeit fällig wird, (ii) die Fälligkeit der Hauptforderung unmittelbar bevorsteht, (iii) die Bürgenzeit zeitgleich ebenfalls kurz vor ihrem Ende steht und nunmehr die Anzeige erfolgt (vgl Staud/*Horn* § 777 Rn 17). 16

Die Anzeige ist eine empfangsbedürftige Willenserklärung (RGZ 153, 124, 126). Sie bedarf keiner Form (Staud/*Horn* § 777 Rn 16) und muss den Betrag der Inanspruchnahme nicht einmal beziffern (Karlsr MDR 85, 585). Hat der Gläubiger dem Bürgen die Inanspruchnahme rechtzeitig angezeigt, bedarf es keiner unverzüglichen Klagerhebung des Gläubigers gegen den Bürgen (BGH NJW 83, 750, 751). Im Fall einer gerichtlichen Geltendmachung gilt § 167 ZPO nicht entspr (BGH NJW 82, 172, 173 zu §§ 693 II, 270 III ZPO aF): Der Gläubiger muss die Anzeige fristwahrend rechtzeitig auf anderem Wege als durch Klage kommunizieren. 17

C. Rechtsfolge, Beweislast. Führt der Gläubiger die anspruchserhaltenden Massnahmen nach § 771 I (s Rn 11 ff) durch, begrenzt § 777 II (wenn er nicht abbedungen ist; Rn 4) die Haftung des Bürgen: (i) bei der 18 selbstschuldnerischen Bürgschaft (Rn 11 f) auf den Umfang der Hauptverbindlichkeit bei Ablauf der bestimmten Zeit (§ 777 II Alt 2), (ii) bei der mit Einrede der Vorausklage ausgestatteten Bürgschaft (Rn 13 f) auf die zur Zeit der Beendigung des Beitreibungsverfahrens nach I 1 bestehende Hauptschuld (§ 777 II Alt 1; MüKo/*Habersack* § 777 Rn 14; Staud/*Horn* § 777 Rn 18).

19 Unterlässt der Gläubiger die anspruchserhaltenden Maßnahmen nach § 771 I (s Rn 11 ff), wird der Bürge frei. Dies gilt selbst dann, wenn der Gläubiger eine Verzögerung der Fälligkeit der Hauptforderung zu vertreten hat (BGH ZIP 00, 1610, 1611).

20 Der Gläubiger muss das Zustandekommen des Bürgschaftsvertrages darlegen und beweisen. Dem Bürgen obliegt die Darlegungs- und Beweislast für die Vereinbarung (BGH NJW 04, 2232, 2234) und den Ablauf der Zeitbestimmung (Palandt/*Sprau* § 777 Rn 2 a). Demgegenüber trägt der Gläubiger die Darlegungs- und Beweislast dafür, dass die Zeitbestimmung die Bürgschaft nur gegenständlich beschränken sollte (BGH aaO). Sichert die Bürgschaft einen Kontokorrentkredit, ist dies ein Beweiszeichen für eine gegenständliche Beschränkung (BGH aa.O).

§ 778 Kreditauftrag

Wer einen anderen beauftragt, im eigenen Namen und auf eigene Rechnung einem Dritten ein Darlehen oder eine Finanzierungshilfe zu gewähren, haftet dem Beauftragten für die aus dem Darlehen oder der Finanzierungshilfe entstehende Verbindlichkeit des Dritten als Bürge.

1 **A. Überblick: Bedeutung und Gegenstand.** Der Kreditauftrag ist ein **Auftrag** iSd § 662 (oder Geschäftsbesorgungsvertrag iSd § 675), der sich aufgrund der in § 778 vorgeschriebenen Rechtsfolge von einem gewöhnlichen Auftrag unterscheidet. An die Stelle der Haftung aus §§ 670, 675 tritt die Haftung als Bürge aus §§ 765 ff (vgl zur Entstehungsgeschichte RGZ 50, 160 f). Die Vorschrift ist **dispositiv**. Die praktische Bedeutung von § 778 in der Wirtschaft ist gering, da Banken idR gesonderte Bürgschaftsverträge abschließen (BuB Rn 4/1261).

2 Der Begriff der Gewährung eines Darlehens oder einer Finanzierungshilfe wird weit ausgelegt: Darunter fällt (i) die Gewährung eines **Darlehens** im Sinne von § 488 I (vgl BGH WM 84, 422, 423: auch Darlehen an einen Wechselakzeptanten des Auftraggebers zur Einlösung des Wechsels), (ii) die Gewährung einer **Finanzierungshilfe** iSv § 499 (zB Warenkredit: RGZ 87, 144, 146: „Sendet sofort Ware per Eilgut"; Hburg VersR 84, 795), (iii) die Erweiterung oder Verlängerung eines Darlehens oder einer Finanzierungshilfe (Erman/*Herrmann* § 778 Rn 3; Staud/*Horn* § 778 Rn 3) und (iv) die Zusage, auf Verlangen ein Darlehen oder eine Finanzierungshilfe zu gewähren (**Krediteröffnungsauftrag**; Staud/*Horn* aaO). Ist das Darlehen oder die Finanzierungshilfe bei Vertragsschluss bereits gewährt worden, handelt es sich nicht um einen Kreditauftrag (RGZ 56, 130, 132); in Betracht kommt die Übernahme einer Bürgschaft (s Rn 4).

3 **B. Zustandekommen, Formfreiheit, Abgrenzung zu anderen Vertragstypen.** Ein Kreditauftrag liegt vor, wenn der Beauftragte (zB eine Bank) ein **Vertragsverhältnis** eingeht (RGZ 56, 130, 135; BGH WM 56, 463, 465; 1211, 1212; Köln DB 83, 104), aufgrund dessen er sich zur **Gewährung eines Darlehens oder einer Finanzierungshilfe** an einen Dritten **im eigenen Namen und auf eigene Rechnung verpflichtet**. Das Angebot des Auftraggebers muss einen auf die Übernahme der Haftung gerichteten **Verpflichtungswillen** erkennen lassen (BGH WM 56, 463, 465; 60, 879, 880; aA Frankf NJW 67, 2360, 2361). Eine Ermächtigung zur Kreditgewährung oder Empfehlung genügt nicht (BGH WM 56, 463, 465; 56, 1211, 1212). Das bloße Bestehen eines eigenen wirtschaftlichen Interesses des Auftraggebers an der Kreditgewährung stellt ein **Indiz** für einen Verpflichtungswillen dar, ist aber allein nicht ausreichend (BGH WM 56, 1211, 1212; 60, 879, 880; aA Frankf NJW 67, 2360, 2361); weitere Indizien müssen hinzutreten, zB der Wille zur Rückstellungsbildung für Ansprüche der Auftragsnehmerin aus §§ 778, 765 (Hburg VersR 84, 795). Das Vertragsverhältnis kommt dadurch zustande, dass der Beauftragte das Auftragsangebot annimmt (BGH WM 60, 879, 880). Die Annahme kann konkludent erfolgen, zB durch die Einräumung des Darlehens oder der Finanzierungshilfe (BGH WM 56, 463, 465).

4 Die Haftung des Auftraggebers „als Bürge" ist lediglich gesetzliche Folge des Kreditauftrags und nicht Vertragsinhalt. Der Kreditauftrag kann im Gegensatz zur nicht kaufmännischen Bürgschaft (§ 766) **formlos** erteilt werden (RGZ 50, 160; BGH NJW 72, 576, 577). Für die **Abgrenzung zwischen Kreditauftrag und Bürgschaft** kommt es auf eine Auslegung der Erklärung im Einzelfall an (BGH WM 56, 1211, 1212). Als Indiz für die Einordnung eines Rechtsgeschäftes als Kreditauftrag gilt die Veranlassung zu der Kreditgewährung durch den Auftraggeber (BGH WM 60, 879, 880); das Eigeninteresse des Auftraggebers an der Kreditgewährung genügt allein für die Abgrenzung nicht (BGH BGH WM 56, 1211, 1212; aA Frankf NJW 67, 2360, 2361). Ein solches Eigeninteresse ist aber Voraussetzung für die mögliche Umdeutung einer formnichtigen Bürgschaft in einen Kreditauftrag (BaRoth/*Rohe* § 778 Rn 3). Wollte sich der „Auftraggeber" schlechthin und unwiderruflich binden, kann das Rechtsverhältnis auch als **Garantie** (s Vor § 765 Rn 56 f) zu qualifizieren sein (Staud/*Horn* § 778 Rn 9).

Handelt der Beauftragte **im Namen des Auftraggebers** oder soll der Beauftragte auf Rechnung des Auftragge- 5
bers Kredit gewähren, liegt **kein** Kreditauftrag vor (Staud/*Horn* § 778 Rn 9). Ebenfalls vom Kreditauftrag zu
unterscheiden ist der **Akkreditivauftrag** (s § 783 Rn 2).

C. Rechtsfolge: Anwendbare Rechtsvorschriften. Auf den Kreditauftrag ist das **Auftragsrecht** anwendbar, 6
das aber durch § 778 – und ggf weiter durch Parteivereinbarung – modifiziert wird: Es gelten (i) §§ 662–668
und (ii) §§ 672–675, nicht aber die Vorschusspflicht aus § 669, da dies dem Sinn des Kreditauftrags widerspräche (Palandt/*Sprau* § 778 Rn 4) und der Aufwendungsersatzanspruch aus § 670, da diese Vorschrift von
den §§ 765 ff verdrängt wird (Erman/*Herrmann* § 778 Rn 6). Für § 671 (Widerruf des Auftraggebers, Kündigung des Auftragnehmers) ist zu unterscheiden: (i) Er gilt uneingeschränkt für unentgeltliche Kreditaufträge.
(ii) Für entgeltliche Kreditaufträge gilt § 671 I aufgrund der eingeschränkten Verweisung in § 675 nicht: Ein
Kündigungsrecht aus wichtigem Grund ergibt sich aber bei einem Dauerschuldverhältnis aus § 314 (Erman/
Herrmann § 778 Rn 6) und sonst aus § 490 I analog (Palandt/*Sprau* § 778 Rn 4). Wird dem gegen Entgelt verpflichteten Kreditauftragnehmer – zB Bank – das Recht eingeräumt, fristlos zu kündigen, gelten nach § 675
I die Beschränkungen des Kündigungsrechts) sowie die Pflicht zum Schadensersatz bei Kündigung zur Unzeit
in § 671 II (MüKo/*Herrmann* § 675 Rn 25).

Ab der Gewährung des Darlehens oder der Finanzierungshilfe gelten die Rechtsfolgen aus den **Bürgschaftsre-** 7
geln in §§ 765 ff neben den §§ 662 ff (Staud/*Horn* § 778 Rn 14).

Titel 21   Vergleich

§ 779 Begriff des Vergleichs, Irrtum über die Vergleichsgrundlage

(1) Ein Vertrag, durch den der Streit oder die Ungewissheit der Parteien über ein Rechtsverhältnis im Wege
gegenseitigen Nachgebens beseitigt wird (Vergleich), ist unwirksam, wenn der nach dem Inhalt des Vertrags
als feststehend zugrunde gelegte Sachverhalt der Wirklichkeit nicht entspricht und der Streit oder die Ungewissheit bei Kenntnis der Sachlage nicht entstanden sein würde.
(2) Der Ungewissheit über ein Rechtsverhältnis steht es gleich, wenn die Verwirklichung eines Anspruchs
unsicher ist.

A. Übersicht: Bedeutung, Rechtsnatur. § 779 regelt die materiell-rechtliche **Streitbeilegungsvereinbarung** 1
durch gegenseitiges Nachgeben. Sie enthält zum einen eine **Legaldefinition** des Vergleichs. Zum anderen
regelt sie einen Unwirksamkeitsgrund, der einen **Sonderfall** des gemeinsamen **Irrtums über die Geschäftsgrundlage** (s Rn 27) darstellt (BGH NJW 59, 2109, 2110; NJW-RR 94, 434, 435). Trotz seiner Rechtsstellung
im BGB ist § 779 grds **in allen Rechtsgebieten** anwendbar (BaRoth/*Schwerdtfeger* § 779 Rn 4): s Rn 28 für
Erscheinungsformen in der ZPO. Daneben finden sich spezialgesetzliche Regelungen in den §§ 217 ff InsO
(Insolvenzplan), §§ 305 ff InsO (Schuldenbereinigungsplan) und in § 55 VwVfG sowie § 106 VwGO (öffentlich-rechtlicher Vergleich).

Der Vergleich ist ein rein **schuldrechtlicher Vertrag** (Verpflichtungsgeschäft), der von den zu seinem Vollzug 2
durchgeführten Geschäften (Verfügungsgeschäften) zu trennen ist (dafür: Erman/*Terlau* § 779 Rn 21 (Rechtsnatur folgt aus Gesetzessystematik); Palandt/*Sprau* § 779 Rn 1 a; differenzierend: Staud/*Marburger* § 779 Rn 41;
Bork 97 ff, 139 ff, entweder Verpflichtungs-, Verfügungs- oder zusammengesetztes Rechtsgeschäft). Der Vergleich ist meist als gegenseitiger Vertrag ausgestaltet (BGH ZIP 02, 840, 842; Staud/*Marburger* § 779 Rn 51;
Ausnahme zB beim Abfindungsvergleich im Arbeitsrecht, BAG DB 70, 259), da er ein beiderseitiges Nachgeben erfordert (BGHZ 116, 319, 330; MüKo/*Habersack* § 779 Rn 36).

Die Regelungen in § 779 sind **dispositiv** (BGH WM 71, 1120, 1121; BaRoth/*Schwerdtfeger* § 779 Rn 7; Bsp in 3
Rn 24, 27).

B. Vergleichsabschluss. I. Voraussetzungen des Vergleichs. 1. Bestehen eines Rechtsverhältnisses. Aus- 4
reichend für einen Vergleich ist ein Rechtsverhältnis jeglicher Art zwischen den Parteien (MüKo/*Habersack*
§ 779 Rn 3). Es ist gleichgültig, ob das Rechtsverhältnis tatsächlich besteht, ob die Parteien nur von dessen
Bestehen ausgehen (BGH NJW 72, 157; NJW-RR 92, 363) oder sich über künftige, bedingte und betagte
Ansprüche vergleichen (BGH NJW 72, 157).

2. Dispositionsbefugnis über das Rechtsverhältnis. Das Rechtsverhältnis muss der Dispositionsbefugnis 5
der Parteien unterliegen. Sie fehlt, wenn Rechte Dritter (s Rn 14) oder zwingendes Recht betroffen sind. Bsp:
Gesellschaftsrecht: (i) Im **Aktienrecht** wird (a) die **Befugnis** zum Abschluss eines Vergleichs zunächst **einge-** 6
schränkt durch § 50 AktG (Ersatzansprüche gegen Gründer), § 53 AktG (Ersatzansprüche bei Nachgrün-
dung), § 93 IV AktG (Ersatzansprüche gegen Vorstandsmitglieder), § 302 III AktG (Ausgleichsanspruch bei
Beherrschungs- oder Gewinnabführungsvertrag), §§ 309 III, 310 IV, 317 IV, 318 IV AktG (Ersatzansprüche
gegen gesetzliche Vertreter im Konzern). Eine Reihe weiterer Bestimmungen lassen (b) zwar den Vergleichs-

abschluss zu, schliessen jedoch die Wirkung des Vergleichs oder Verzichts gegenüber Gläubigern der Gesellschaft aus: §§ 93 V AktG (Ersatzansprüche gegen Vorstandsmitglieder), § 117 V AktG (Schadensersatzpflicht bei unrechtmäßiger Beeinflussung), §§ 309 IV, 310 IV, 317 IV, 318 IV AktG (Ersatzansprüche gegen gesetzliche Vertreter im Konzern). Entspr Begrenzungen für Vergleiche über Ersatzansprüche enthalten im **GmbH-Recht** zu Gunsten der Gesellschaftsgläubiger §§ 9 b I, 43 III 2, 64 II 3 GmbHG und im **Handelsrecht** nach § 130 a III 4 HGB. (ii) Ein Vergleich über die **Verpflichtung zur Leistung der Einlage** bzw über die **Erstattung verbotener Rückzahlungen** ist nach § 19 II GmbHG und §§ 54, 65 f AktG grds unzulässig. Ob dies auch für einen Vergleich gelten soll, durch den eine begründete Rechtsunsicherheit über die bestehenden Verpflichtungen beseitigt werden soll, ist str (dafür: RGZ 79, 271, 274; BayObLG DB 85, 107; Hamm GmbH-Rdsch 88, 308; MüKo/*Habersack* § 779 Rn 10; dagegen: Staud/*Marburger* § 779 Rn 10). Gegen eine Zulässigkeit sprechen sowohl der Wortlaut als auch der Gläubigerschutz der gesetzlichen Kapitalisierungsvorschriften, die grds nicht zur Disposition der Gesellschaft und den Gesellschaftern stehen. (iii) Ein Vergleich im Rechtsstreit über die **Anfechtung eines Hauptversammlungsbeschlusses**, der eine Änderung oder Aufhebung desselben herbeiführen soll, ist aufgrund mangelnder Dispositionsbefugnis der Parteien unzulässig (BGHZ 132, 278, 283 f). Bleibt aber der Hauptversammlungsbeschluss durch den Vergleich unberührt, ist zB die Vereinbarung der Klagrücknahme gegen Kostenbeteiligung zulässig (Staud/*Marburger* § 779 Rn 10).

7 Im **Arbeitsrecht** können sich nach § 4 IV TVG die Parteien über tarifliche Rechte nur mit Zustimmung der Tarifvertragsparteien vergleichen.

8 Im **Familienrecht** besteht keine Dispositionsbefugnis (i) bei Statusverhältnissen (Abstammung: RGZ 164, 62, 63; BGH NJW 95, 2921, 2922; Ehe: BGHZ 15, 190, 192), (ii) bei gesetzlichem Unterhaltsanspruch für die Zukunft (§ 1614). Demgegenüber ist ein Vergleich möglich über (i) Unterhaltsanspruch nach der Scheidung (§ 1585 c), (ii) den das gesetzliche Mindestmaß überschreitende Teil des zukünftigen Kindesunterhaltes und (iii) das Umgangsrecht der Eltern iSv § 1634 (Erman/*Terlau* § 779 Rn 5 mwN).

9 Im **Erbrecht** ist ein Vergleich nur teilweise möglich. Zulässig: Vergleich über (i) Gültigkeit und Auslegung eines Testaments (BGH NJW 86, 1812, 1813) oder über (ii) erbrechtliche Gestaltungsrechte wie das Anfechtungsrecht oder die Ausschlagung (BayObLG 97, 217). Unzulässig: Vergleich über den Nachlass eines noch lebenden Dritten (§ 311 b IV) oder Vergleich, der ein nicht bestehendes Erbrecht mit dinglicher Wirkung begründen soll (BayObLG 66, 233, 236).

10 **3. Streit, Ungewissheit iSv I und Unsicherheit iSv II.** Streit oder Ungewissheit iSv I ist gegeben, wenn die Parteien ernsthaft gegensätzliche Standpunkte vertreten (RG JW 35, 1009). Der Streit oder die Ungewissheit der Vertragsparteien kann **tatsächlicher oder rechtlicher Natur** sein. Ausreichend sind bereits subjektive Zweifel über den Bestand des Ausgangsrechtsverhältnisses (BGH NJW-RR 92, 363). Nach **II** steht es der Ungewissheit gleich, wenn die Parteien sich über die Rechtsverwirklichung eines Anspruches unsicher sind (RG DR 41, 1997, 1998). Eine solche Unsicherheit ist regelmäßig dann gegeben, wenn die Erbringung von im Prozess erforderlichen Beweisen, die Leistungsfähigkeit des Schuldners oder der Erfolg der Vollstreckung in Frage steht (Erman/*Terlau* § 779 Rn 13).

11 Ein rechtskräftiges Urteil lässt die Parteien nicht im Ungewissen: Ein Vergleich ist insoweit nur über die Auslegung des Urteils möglich (MüKo/*Habersack* § 779 Rn 24).

12 **4. Gegenseitiges Nachgeben.** Durch gegenseitiges Nachgeben muss der Streit, die Ungewissheit (§ 779 I) bzw die Unsicherheit der Verwirklichung eines Anspruchs (§ 779 II) beseitigt werden. Ein gegenseitiges Nachgeben liegt bereits vor, wenn die Parteien, um zur Einigung zu gelangen, überhaupt Zugeständnisse machen. Geringes Nachgeben auch im kleinsten Standpunkt reicht insoweit aus (BGHZ 39, 60, 63; NJW 70, 1122, 1124; NJW-RR 92, 363, 364; VersR 06, 67, 68). Das gegenseitige Nachgeben muss sich nicht auf das str Rechtsverhältnis beziehen (RG WarnR 30 Nr 89 S 173; Staud/*Marburger* § 779 Rn 27). Ein gegenseitiges Nachgeben ist nicht gegeben, wenn nur eine Partei Zugeständnisse gemacht hat (RGZ 146, 355, 358; einseitiges Nachgeben kann ein deklaratorisches Anerkenntnis, BGH MDR 98, 1092 bzw Verzicht sein, Palandt/*Sprau*, § 779 Rn 10).

13 **II. Abschluss des Vergleiches.** Der Vergleichsvertrag kommt nach den **allg Regeln** (§§ 145 ff, §§ 164 ff) zustande. Eine **Form** ist grds nicht einzuhalten (RGZ 142, 1, 3; BGH NJW 03, 589, 590). Sie ist nur dann notwendig, wenn die Parteien im Vergleich (zB kraft Vereinbarung, vgl BAG DB 97, 882, oder nach §§ 311 b, 623, 761, 766, 925) ein formbedürftiges Rechtsgeschäft abschließen (Staud/*Marburger* § 779 Rn 34). Dies gilt nach § 782 nicht bei Erteilung eines **Schuldversprechens oder -anerkenntnisses** in einem Vergleich. Ein **gerichtlicher Vergleich** (s Rn 39 ff) ersetzt nach § 127 a die notarielle Beurkundung. Außergerichtlich können sich die Parteien vor, während und sogar nach einem Prozess mit und ohne Mitwirkung eines Anwalts vergleichen (für den Anwaltsvergleich s Rn 28 ff).

14 Beim Vergleichsabschluss sind etwaige **Zustimmungserfordernisse** aus Vertrag (zB Gesellschaftsvertrag) oder Gesetz (zB §§ 1822 Nr. 12, 1908 i I, 1915 I, 1643 I; § 116 II HGB; § 160 II Nr 3 InsO) zu beachten; bei Verstoß gelten die jeweils bestimmten Folgen (vgl zB einerseits § 182, andererseits § 126 II HGB). Für Prozessbevollmächtigte sind die Sondervorschriften der §§ 81, 83 ZPO zu beachten.

Schickt der Schuldner dem Gläubiger ein Vergleichsangebot zusammen mit einem Scheck, dessen Höhe die 15
Forderung des Gläubigers unterschreitet, und löst der Gläubiger den Scheck widerspruchslos ein, so kann
dies als Annahme des Vergleichsangebotes zu werten sein (§ 151). Entscheidend für das Zustandekommen
eines wirksamen Vergleichs ist, ob der den Vergleich Anbietende redlicherweise mit der Annahme rechnen
durfte (BGHZ 111, 97, 101 ff: äußere Indizien; Dresden WM 99, 487: nicht bei eklatantem Missverhältnis;
Karlsruhe WM 99, 490, 491: objektiver Dritter; vertiefend zur „Vergleichsfalle" *Frings* BB 96, 809 ff; *Lange*
WM 99, 1301 ff) oder ob der Gläubiger die Annahme des angebotenen Vergleichs (idR ausdrücklich)
ablehnte (BGH aaO).

C. Wirkung des Vergleichs. Persönlich wirkt ein Vergleich grds nur inter partes (BGHZ 116, 319, 321). Ein 16
Vergleich zu **Lasten Dritter** ist unzulässig (BGH NJW 99, 1782; MüKo/*Habersack*, § 779 Rn 29), aber als **Vertrag zugunsten Dritter iSv § 328** möglich.
Vereinbaren zwei Parteien einen **Abfindungsvergleich** und erteilen sich **Generalquittung** hinsichtlich aller 17
bekannten und nicht bekannten sowie (zumeist) künftigen Ansprüche, ist es eine Frage der Auslegung, ob
die Parteien auch unvorhersehbare Schäden einbeziehen wollten (vgl BGH NJW 57, 1395; NJW 84, 115). Voller Schadensersatz trotz Abfindungsvergleichs, wenn die Vereinbarung aufgrund eines krassen Missverhältnisses zwischen Schaden und Abfindungssumme gegen Treu und Glauben (§ 242) verstößt (vgl Köln NJW-RR 88, 924; Erman/*Terlau* § 779 Rn 11).
Zumeist wollen die Parteien durch den Abschluss eines Vergleichs keine Schuldumschaffung (**Novation**), 18
BGHZ 52, 39, 46; NJW-RR 87, 1426, 1427. Ausnahmsweise kann der Vergleich eine Novation darstellen,
wenn zB zur Zeit des Vergleichsabschlusses der Anspruch einer Partei bereits verjährt war (Palandt/*Sprau*,
§ 779 Rn 11); dann erlöschen Sicherungsrechte und die Verjährungsfrist beginnt neu zu laufen (RGZ 134,
154, 155). Grds bestehen aber die für die ursprüngliche Verbindlichkeit gegebenen **Sicherheiten** weiter fort
(RGZ 164, 212, 216 f). Gleiches gilt für Einwendungen, Einreden und Nebenpflichten, falls sie nicht durch
den Vergleich erledigt werden sollten (RGZ 90, 169, 170; BGH NJW 02, 1878, 1880: beide für **fortlaufende
Verjährung**; BaRoth/*Schwerdtfeger* § 779 Rn 21). Enthält der Vergleich erstmals Leistungspflichten, die nicht
bereits Inhalt des ursprünglichen Rechtsnisses waren, so ist für diese Ansprüche allein der Vergleich
maßgeblich (BGH WM 79, 205, 206; BaRoth/*Schwerdtfeger* § 779 Rn 24). Erkennt einer der Parteien bei Vergleichsverhandlungen einen Anspruch an, so kommt ein **Neubeginn der Verjährung** unter den Voraussetzungen von § 212 I Nr 1 in Betracht (BGH VersR 65, 1149, 1150; Staud/*Peters* § 212 Rn 13).
Ein **außergerichtlich geschlossener Vergleich** hat keine unmittelbaren Auswirkungen auf einen bereits 19
anhängigen Prozess. Vielmehr muss der Vergleich durch Einrede dem Gericht zur Kenntnis gebracht werden.
Verpflichtet der Vergleich zur Klagrücknahme und betreibt der Kläger das Verfahren gleichwohl weiter, muss
die Klage durch Prozessurteil abgewiesen werden (BGH NJW 64, 549, 550; MüKo/*Habersack* § 779 Rn 38;
Zöller/*Greger* § 269 ZPO Rn 3).

D. Unwirksamkeit des Vergleiches. I. Unwirksamkeit des Vergleichs nach § 779. 1. Tatbestandsvoraussetzungen. (i) Falsche Sachverhaltsgrundlage: Der von den Parteien nach dem Inhalt des Vergleichs als fest- 20
stehend zugrunde gelegte Sachverhalt – das Vorhandensein oder Nicht-Vorhandensein tatsächlicher Gegebenheiten außerhalb des Streits oder der Ungewissheit – entspr nicht der Wirklichkeit (BGHZ 155, 342, 351;
VersR 03, 1174). Zum **Sachverhalt** gehört alles, was die Parteien als geschehen und bestehend angenommen
haben und in der Vergleichsvereinbarung zum Ausdruck gekommen ist (BGH JZ 63, 128, 129; DB 76, 141).
Bloße Zukunftserwartungen wie die wirtschaftliche Entwicklung (BGH NJW-RR 86, 945, 946; BAG ZIP 00,
1781, 1785 f), die künftige Rechtslage (RGZ 117, 307, 309 f) oder der Fortbestand einer bestimmten Rechtsprechung (BGHZ 58, 355, 361 f) sind indes nicht als Sachverhalt iSd § 779 anzusehen (BGH WM 61, 975,
976). Der Sachverhalt ist **unrichtig**, wenn die Vorstellung der Parteien von der Wirklichkeit abweicht. Erforderlich und ausreichend ist objektive Unrichtigkeit. Es ist nicht notwendig, dass die Parteien die Unrichtigkeit der Vergleichsgrundlage später anerkannt haben (RGZ 112, 215, 218).
Die Unterscheidung nach (für § 779 irrelevanten) **Rechtsirrtümern** und (für § 779 allein maßgeblichen) 21
Sachverhaltsirrtümern (so noch RGZ 112, 215, 218; Hamm NJW-RR 97, 1429; einschränkend BGH WM 63,
594, 597) ist kaum durchführbar. Daher können sowohl Rechtsirrtümer als auch Sachverhaltsirrtümer unter
§ 779 fallen (LG Tübingen NJW-RR 97, 472, 473; Erman/*Terlau* § 779 Rn 24; MüKo/*Habersack* § 779 Rn 64;
Palandt/*Sprau* § 779 Rn 14; offen gelassen: BGHZ 155, 342, 351 f; WM 04, 1100, 1101).
(ii) Kausalität des Irrtums: Ferner ist für die Unwirksamkeit des Vergleiches nach § 779 erforderlich, dass der 22
Streit oder die Ungewissheit bei Kenntnis der Sachlage nicht entstanden wäre. Der Vergleich muss mithin auf
dem gemeinsamen Irrtum über bestimmte tatsächliche oder rechtliche Verhältnisse beruhen (BaRoth/
Schwerdtfeger § 779 Rn 45). Irrelevant ist, ob zwischen den Parteien bei Kenntnis der Sachlage überhaupt kein
Streit oder gar keine Ungewissheit entstanden wäre. Es genügt auch nicht, wenn die Parteien bei Kenntnis der
Sachlage einen Vergleich mit einem anderen Inhalt geschlossen hätten. Vielmehr ist erforderlich, aber auch
ausreichend, dass der Streit oder die Ungewissheit bei Kenntnis der wahren Rechtslage nicht entstanden wäre
(RGZ 122, 201, 203; 149, 140, 142).

23 **2. Rechtsfolge.** Liegen die Voraussetzungen von § 779 vor, ist der Vergleich unwirksam. Die Unwirksamkeit des Vergleichs erfasst nicht das abstrakte Erfüllungsgeschäft (Erman/*Terlau* § 779 Rn 21; Palandt/*Sprau* § 779 Rn 21). Das ergibt sich aus der schuldrechtlichen Natur des Vergleichs (s Rn 2). Die Rückabwicklung richtet sich daher nach §§ 812 ff. Differenzierende Ansichten, die dem Vergleich im Einzelfall Verfügungscharakter zusprechen (s Rn 2) kommen abw zu der Rechtsfolge, dass die Unwirksamkeit des Vergleichs direkt zur Nichtigkeit etwaiger Vollzugsakte führt; die ursprüngliche Rechtslage mithin automatisch wieder hergestellt wird (Staud/*Marburger*, § 779 Rn 48).

24 Haben die Parteien des Vergleichs die Rechtsfolgen des Fehlens oder des Wegfalls der Geschäftsgrundlage ausdrücklich geregelt, so ist für eine Berufung auf § 779 I kein Raum (s Rn 27). Ist der Vergleich unwirksam, kommt eine Heilung durch Erfüllung nicht in Betracht (RGZ 79, 240, 241). Eine Anpassung des Vergleichs an die veränderten Umstände ist – anders als beim Normalfall des Fehlens oder Wegfalls der Geschäftsgrundlage (§ 313) – nicht möglich (Erman/*Terlau* § 779 Rn 27). Bei Teilwirksamkeit des Vergleichs gilt § 139 (Köln OLGZ 72, 42, 49).

25 **II. Andere Unwirksamkeitsgründe. 1. Sittenwidrigkeit.** Bei der Beurteilung, ob ein Vergleich aufgrund des Missverhältnisses von Leistung und Gegenleistung sittenwidrig ist, darf nicht auf die beiderseits übernommenen Leistungen abgestellt werden. Stattdessen ist das **Verhältnis des beiderseitigen Nachgebens** maßgeblich (RGZ 156, 265, 267; BGH NJW 99, 3113). Sittenwidrigkeit scheidet idR aus, wenn der Vergleich seinem Inhalt nach aus der Sicht beider Parteien bei Vergleichsabschluss als sachgerechte Bereinigung des Streitfalls erschien (BGH NJW 99, 3113). Soll der Vergleich den Parteien allerdings Vorteile aus einem verbotenen oder sittenwidrigen Geschäft erhalten oder verschaffen, so ist er unwirksam (BGH NJW-RR 89, 1143).

26 **2. Anfechtung.** Die Vorschriften über die Anfechtung (§§ 119 ff) sind anwendbar. Allerdings scheidet eine Irrtumsanfechtung nach § 119 aus, wenn sich der Irrtum der anfechtenden Partei auf einen Umstand bezieht, der gerade in dem Vergleich Gegenstand der Regelung des ungewissen oder streitigen Sachverhaltes war (RGZ 162, 198, 201 f). Demggü kann eine Anfechtung wegen arglistiger Täuschung nach § 123 I Alt 1 auch über den str oder mit Ungewissheit behafteten Punkt erfolgen (RG JW 27, 1993; BGH NJW-RR 86, 1258, 1259). Haben die Parteien aber einen Vergleich zur Bereinigung der durch eine Täuschung entstandenen zweifelhaften Lage geschlossen, so fehlt es an der für die Anfechtung notwendigen Kausalität zwischen Vergleichsabschluss und Täuschung (BGH NJW-RR 89, 1143; Erman/*Terlau* § 779 Rn 28).

27 **3. Störung (Wegfall) der Geschäftsgrundlage.** Außerhalb des Anwendungsbereichs von § 779 kann einem Vergleich die Geschäftsgrundlage fehlen (BGH NJW 00, 2497, 2498) und eine Anpassung des Vergleichs nach § 313 notwendig werden (Zweibr OLGR 02, 112, 114). Allerdings muss in solchen Fällen die vertragliche Risikoverteilung eingehend untersucht werden. So scheidet ein Wegfall der Geschäftsgrundlage bspw aus, wenn die Parteien bereits im Vergleichsinhalt eine Regelung für das Fehlen, den Wegfall oder die Veränderung bestimmter Umstände vereinbart haben (BGHZ 61, 153, 162; WM 71, 1120, 1121; BAG NJW 01, 1297, 1300; Staud/*Marburger*, § 779 Rn 86).

28 **E. Drei besondere Erscheinungsformen in der ZPO. I. Anwaltsvergleich. 1. Begriff, Bedeutung.** Der Anwaltsvergleich iSv §§ 796 a–c ZPO ist ein Vergleich, der außergerichtlich von Rechtsanwälten im Namen und mit Vollmacht ihrer Parteien abgeschlossen wird (BTDrs 13/5274 S 29; Zöller/*Geimer* § 796 a Rn 1; Baumbach/Lauterbach/Albers/*Hartmann* § 796 a Rn 1).

29 Sinn und Zweck des Anwaltsvergleichs ist es, die sofortige Zwangsvollstreckung aus dem Vergleich ohne eine Entscheidung des Gerichts im Erkenntnisverfahren zu ermöglichen (Baumbach/Lauterbach/Albers/*Hartmann* § 796 a Rn 2; Zöller/*Geimer* § 796 a Rn 2). Damit sollen gerichtliche Verfahren vermieden und die Justiz entlastet werden (Halle NJW 99, 3567; MüKo/*Wolfsteiner* § 796 a Rn 1). Vollstreckbar werden Anwaltsvergleiche erst mit dem Beschluss nach § 796 b II S 2 ZPO bzw § 796 c I ZPO.

30 **2. Voraussetzungen § 796 a ZPO. (i) Vergleich iSd § 779 I:** Der Anwaltsvergleich muss die Voraussetzungen der Legaldefinition des Vergleiches nach § 779 I erfüllen (s Rn 4 ff).

31 **(ii) Unterwerfung unter die sofortige Zwangsvollstreckung:** Notwendig für einen Anwaltsvergleich ist, dass sich der Schuldner der sofortigen Zwangsvollstreckung unterwirft (Zöller/*Geimer* § 796 a Rn 12, Stein/Jonas/*Münzberg* § 796 a Rn 7; Thomas/*Putzo* § 796 a Rn 6). Gegenstand der Unterwerfung kann jeder einer Vollstreckung zugängliche Anspruch sein (Baumbach/Lauterbach/Albers/*Hartmann* § 796 a Rn 5), der im Vergleich konkret bezeichnet werden muss (MüKo/*Wolfsteiner* § 796 a Rn 9).

32 Nach § 796 a II ZPO dürfen Vergleiche, die auf **Abgabe einer Willenserklärung** gerichtet sind oder den Bestand eines **Mietverhältnisses über Wohnraum** betreffen, nicht für vollstreckbar erklärt werden.

33 **(iii) Anwaltliche Vertretung:** Beim Abschluss des Anwaltsvergleichs (nicht notwendigerweise beim Zustandekommen, vgl Zöller/*Geimer* § 796 a Rn 11) muss für jede Partei ein von ihr bevollmächtigter und in ihrem Namen tätiger, ordnungsgemäß zugelassener **Anwalt** gehandelt haben (Thomas/*Putzo* § 796 a Rn 5; Müko/*Wolfsteiner* § 796 a Rn 17; Baumbach/Lauterbach/Albers/*Hartmann* § 796 a Rn 6).

34 **(iv) Form:** Der Anwaltsvergleich ist in **Schriftform** abzufassen (arg Wortlaut des § 796 a ZPO; Zöller/*Geimer* § 796 a Rn 13).

3. Vollstreckbarerklärung. Der Anwaltsvergleich ist in Urschrift oder notarieller Ausfertigung und unter 35
Datumsangabe seines Zustandekommens **beim zuständigen Amtsgericht niederzulegen** (Stein/Jonas/*Münz-
berg* § 796 a Rn 8). Zuständig ist nach Wahl der niederlegenden Partei jedes Amtsgericht, bei dem eine der
Vergleichsparteien bei Vertragsabschluss ihren allg Gerichtsstand hatte (MüKo/*Wolfsteiner* § 796 a Rn 24). Der
Vergleich kann jedoch nach § 796 c mit Zustimmung der Parteien auch **einem Notar zur Verwahrung** überge-
ben werden; der Notar muss seinen Amtssitz am Sitz des zuständigen Amtsgerichtes haben. Eine Frist für die
Niederlegung ist nicht einzuhalten (Thomas/*Putzo* § 796 a Rn 7).
Die **Vollstreckbarkeit** wird auf Antrag einer Partei vom **Gericht** (§ 796 b ZPO) oder vom **Notar** (§ 796 c ZPO) 36
erklärt (Baumbach/Lauterbach/Albers/*Hartmann* § 796 a Rn 11).
Ausschlussgründe für die Vollstreckbarkeitserklärung normiert § 796 a III ZPO (Unwirksamkeit des Ver- 37
gleichs; Verstoß gegen die öffentliche Ordnung). Ein Verstoß gegen die öffentliche Ordnung (ordre public) ist
gegeben, wenn die Vollstreckbarerklärung des Vergleichs zu einem Ergebnis führt, dass mit den wesentlichen
Grundsätzen des deutschen Rechts offensichtlich, insbesondere mit den Grundrechten, unvereinbar ist, vgl
§ 328 I Nr 4 ZPO. Der Verstoß gegen die öffentliche Ordnung führt jedoch nicht notwendigerweise zur
Unwirksamkeit des Vergleichs (Thomas/*Putzo* § 796 a Rn 10).

4. Unterschiede zum Prozessvergleich (§ 794 I, Nr. 1 ZPO). Der Prozessvergleich beendet ein anhängiges 38
Verfahren vor einem staatlichen Gericht, wohingegen der Anwaltsvergleich (i) kein rechtshängiges Verfahren
voraussetzt und (ii) auch nach Rechtshängigkeit noch zulässig ist (Zöller/*Geimer* § 796 a Rn 2; MüKo/*Wolfsteiner* § 796 a Rn 3). Im Gegensatz zum Prozessvergleich können weitere weitergehende Vereinbarungen, die
nicht bereits im Synallagma der Erledigung des Rechtsstreits einbezogen sind, getroffen werden (MüKo/*Wolfsteiner* § 796 a Rn 7: unter Hinweis auf den ausschließlichen Zweck der Regelung, einen Titel für den Vergleich zu schaffen). Dies bedeutet, dass im Anwaltsvergleich nur solche Ansprüche vollstreckbar gestellt werden können, von deren Bestehen die Parteien die Regelung des Streits oder der Ungewissheit abhängig
machen (aaO). Zu weiteren Unterschieden s Rn 29, 32.

II. Prozessvergleich nach § 794 I Nr 1 ZPO. 1. Begriff, Grundlagen, Rechtsnatur. Ein Prozessvergleich 39
iSd § 794 I Nr 1 ZPO ist ein Vergleich, der zwischen den Parteien oder zwischen einer Partei und einem Dritten **zur gänzlichen oder teilweisen Beilegung eines Rechtsstreits** vor einem deutschen Gericht oder vor einer
durch die Landesjustizverwaltung eingerichteten oder anerkannten Gütestelle abgeschlossen und nach § 118
I 3 ZPO oder § 492 III ZPO zum richterlichem Protokoll genommen worden ist. Auch der Prozessvergleich
beruht auf einem **gegenseitigen Nachgeben** (BGHZ 39, 60, 62; aA BaRoth/*Schwerdtfeger* § 779 Rn 65 mit Verweis auf den schiedsrichterlichen Vergleich und § 1053 ZPO; vgl Rn 47). Der Vergleich kann abgeschlossen
werden vor dem Prozessvergleich, dem beauftragten oder ersuchten Richter, dem Rechtspfleger in allen ihm
übertragenen Verfahren (Zöller/*Stöber* § 794 Rn 5, dem Vollstreckungsgericht (RGZ 165, 161, 163), dem
Arbeitsgericht oder einem Gericht der freiwilligen Gerichtsbarkeit (Stuttg OLGZ 84, 131, 132).
Der gerichtliche Vergleich kann **über den Streitgegenstand hinausgehen** (BGHZ 14, 381, 387; 35, 309, 316). 40
Er kann nicht rechtshängige oder in anderen Verfahren streitige Ansprüche einbeziehen. Er kann Regelungen
zu Gunsten Dritter enthalten (§ 328). Dritte können dem Prozess auch zum Zwecke des Vergleichsabschlusses
beitreten: Dann ist er auch ihnen gegenüber vollstreckbar (Zöller/*Stöber*, § 794 Rn 6).
Der Prozessvergleich hat eine **Doppelnatur**: Einerseits stellt er eine Prozesshandlung dar. Andererseits ist er 41
ein materiell-rechtlicher Vertrag nach § 779, auf den die zivilrechtlichen Vorschriften Anwendung finden
(BGHZ 16, 388, 390; 41, 310, 311; 79, 71, 74). Zwischen prozessualer und materiell-rechtlicher Wirkung
besteht folgende Wechselwirkung: Ein nach Prozessrecht unwirksamer Vergleich hat zwar nicht die Wirkung
des § 794 I Nr 1 ZPO, kann aber gleichwohl materiell-rechtlich gültig sein, wenn dies dem Willen der Parteien entspricht (BGH NJW 85, 1962, 1963). Ist ein Vergleich von Beginn an materiell-rechtlich unwirksam
oder wird er es aufgrund eines bereits zum Zeitpunkt des Vertragsschlusses angelegten Mangels, kommt ihm
auch keine prozessbeendende Wirkung zu (BGHZ 16, 388, 390; BAG ZIP 85, 1510, 1511). Demggü ändert
eine materiell-rechtliche Unwirksamkeit, die auf **nachfolgenden Umständen** beruht (zB nachträgliche einvernehmliche Aufhebung, Rücktritt) nichts an der prozessbeendigenden Wirkung des Vergleichs (BaRoth/
Schwerdtfeger § 779 Rn 89).

2. Abschluss. Der Prozessvergleich muss **gerichtlich protokolliert** werden (BGHZ 16, 388, 390; Karlsr NJW 42
95, 1561, 1562). Für die Protokollierung gelten die Vorschriften der §§ 160 ff ZPO. Die Vergleichspartner
müssen während der mündlichen Verhandlung **anwesend oder** durch einen Prozessvertreter **vertreten** sein.
Besteht nach § 78 ZPO Anwaltszwang, müssen sich die Parteien durch einen Anwalt bei Gericht vertreten lassen. Ein dem Prozessvergleich beitretender Dritter ist auch im Anwaltsprozess nicht verpflichtet, sich durch
einen beim Prozessgericht zugelassenen Anwalt vertreten zu lassen (BGHZ 86, 160, 163). Die Protokollierung
ist nur **nach § 278 VI ZPO** entbehrlich (schriftlich unterbreiteter Vergleichsvorschlag der Parteien bzw des
Gerichts). Ist der Vergleich vor einem **nicht ordnungsgemäß besetzten Gericht** geschlossen worden, ist er
gleichwohl wirksam (BGHZ 35, 309, 310: jedoch muss das Gericht zumindest mit dem vorschriftsmäßigen
Vorsitzenden besetzt sein).

43 Vereinbaren die Parteien beim Abschluss des Prozessvergleichs einen **Widerrufsvorbehalt** innerhalb einer bestimmten Frist, so ist dieser idR als aufschiebende Bedingung zu charakterisieren (BGHZ 88, 364, 367). Der Vergleich sollte insbes Regelungen zum Adressaten und der Form des Widerrufes enthalten. Fehlt es an einer solchen Regelung im Vergleichsvertrag, kann der Widerruf sowohl ggü dem Gericht als auch ggü dem Gegner erklärt werden (Kobl MDR 97, 883). Für den Zugang gilt § 130 I (BGH NJW-RR 89, 1214, 1215; Zöller/*Stöber* § 794 Rn 10 b). Die Zustellung richtet sich nach den §§ 186 ff, insbes ist § 193 zu beachten (*Schneider* MDR 99, 595). Bindende Wirkung hat der Vergleich erst nach Ablauf der Widerrufsfrist. Erst dann kann aus dem Vergleich vollstreckt werden (BGHZ 88, 364, 367; Zöller/*Stöber* § 794 Rn 10).

44 **3. Wirkung des Prozessvergleichs.** Ist der Prozessvergleich wirksam, so wird das **Verfahren beendet** (BGHZ 41, 310, 311). Ein noch nicht rechtskräftiges Urteil, das in der gleichen Sache ergangen ist, wird gegenstandslos (BGH JZ 64, 256, 257; Hamm MDR 77, 56). Deklaratorisch kann dies in einem Beschluss nach § 269 IV ZPO ausgesprochen werden. Der Anspruch aus einem Prozessvergleich **verjährt** nach § 197 I Nr 4 nach 30 Jahren und entfaltet keine Rechtskraftwirkung nach § 322 ZPO (BGH NJW 83, 996, 997; Stein/Jonas/*Münzberg* § 794 ZPO Rn 34). Der Prozessvergleich ist nur insoweit **vollstreckbar**, als er einen hinreichend bestimmten vollstreckungsfähigen Inhalt besitzt (BGH NJW 93, 1995, 1996; 4. 10. 05, VII 46/05, S 4).

45 **4. Streit über die Wirksamkeit des Vergleichs.** Einen Streit über die prozessuale Wirksamkeit des Prozessvergleichs müssen die Parteien durch **Fortsetzung des alten Verfahrens** austragen (BGHZ 28, 171, 176; 87, 227, 230; 142, 253, 254). Für eine neue Klage fehlt grds das Rechtsschutzbedürfnis (BGHZ 142, 253, 256). Ist der Vergleich wirksam, ergeht ein Feststellungsurteil, in dem das Gericht die Erledigung des Rechtsstreits durch den Vergleich ausspricht (BaRoth/*Schwerdtfeger* § 779 Rn 98). Ist der Vergleich unwirksam, so kann ein Zwischenurteil nach § 303 ZPO oder nach einem Feststellungsantrag ein Feststellungsurteil nach § 256 II ZPO ergehen (MüKo/*Habersack* § 779 Rn 95). Nach dem Zwischenurteil ist das ursprüngliche Verfahren fortzuführen (BaRoth/*Schwerdtfeger* § 779 Rn 98). Es ist auch möglich, die Unwirksamkeit des Vergleichs in den Gründen des Endurteils auszusprechen (Erman/*Terlau* § 779 Rn 31).

46 Ein **neues Verfahren** ist anzustrengen, wenn es **nicht** um die (Un-)Wirksamkeit des Vergleiches geht, sondern um Einwendungen aus nachträglich eingetretenen Tatsachen (zB Rücktritt nach § 326, BGHZ 16, 388, 393; aA BAG 3, 43, 45; 4, 84, 85). Gleiches gilt für die Geltendmachung des Fehlens oder Wegfalls der Geschäftsgrundlage (BGH NJW 86, 1348, 1349), der einverständlichen Aufhebung (BGHZ 41, 310, 312). Haben die Parteien in dem Vergleich eine über den Streitgegenstand hinausgehende Regelung getroffen und streiten sie nunmehr ausschließlich über deren Unwirksamkeit, kann dies in einem neuen Verfahren geltend gemacht werden (BGHZ 87, 227, 231; 142, 253, 254). Geht es um eine Frage der Auslegung des Vergleichs und nicht um dessen Existenz, so kann eine Vollstreckungsgegenklage nach § 767 ZPO erhoben werden (BGH NJW 77, 583, 584).

47 **III. Schiedsrichterlicher Vergleich nach § 1053 ZPO. 1. Wesen, Rechtsnatur, Regelungsbereich.** Auch Schiedsverfahren können durch Vergleich beendet werden (zum Vergleich in internationalen Schiedsverfahren: zB *Nater-Bass*, ASA Bulletin 02, 433 ff; *Raeschke-Kessler* LCIA Arbitration International 05, 523 ff). Für inländische Schiedssprüche gilt § 1053 ZPO. Aus Gründen der leichteren Vollstreckbarkeit kann das Schiedsgericht auf Antrag der Parteien den Vergleich in Form eines **Schiedsspruchs mit vereinbartem Wortlaut** festhalten, sofern der Inhalt des Vergleichs nicht gegen die öffentliche Ordnung (ordre public) verstößt (§ 1053 I 1 ZPO). Wie dem Prozessvergleich kommt auch dem Schiedsvergleich eine Doppelnatur zu (Rn 41). In den schiedsrichterlichen Vergleich können auch – objektiv schiedsfähige – Gegenstände einbezogen werden, die außerhalb des anhängigen Rechtsstreits liegen (*Schütze*, Schiedsgericht und Schiedsverfahren, Rn 213; Musielak/*Voit* § 1053 Rn 4). Umgekehrt kann sich der Schiedsspruch auch auf die Regelung eines Teils des Rechtsstreits beschränken. Die Einbeziehung eines (nicht beteiligten) Dritten in den Vergleich ist grds möglich (*Lachmann*, Rn 1113 f).

48 **2. Form, Wirkung.** Der Schiedsspruch mit vereinbartem Wortlaut ist als Schiedsspruch zu bezeichnen und muss in formeller Hinsicht den Anforderungen entsprechen, die für jeglichen Schiedsspruch gelten, § 1053 II iVm § 1054 ZPO (Zöller/*Geimer* § 1053 Rn 6; Baumbach/Lauterbach/*Albers* § 1053 Rn 4).

49 Der Schiedsspruch mit vereinbartem Wortlaut beendet das Schiedsverfahren (§ 1056 I) und hat unter den Parteien die Wirkung eines rechtskräftigen Urteils (§ 1055 ZPO). Die prozesshindernde Einrede der Schiedsvereinbarung erlischt. Der Schiedsspruch wird nach § 1059 nur wegen Verstoßes gegen die öffentliche Ordnung aufgehoben und bedarf der Vollstreckbarerklärung durch das OLG, §§ 1060, 1061 ZPO.

Titel 22 Schuldversprechen, Schuldanerkenntnis

§ 780 Schuldversprechen

[1]Zur Gültigkeit eines Vertrags, durch den eine Leistung in der Weise versprochen wird, dass das Versprechen die Verpflichtung selbstständig begründen soll (Schuldversprechen), ist, soweit nicht eine andere Form vorgeschrieben ist, schriftliche Erteilung des Versprechens erforderlich. [2]Die Erteilung des Versprechens in elektronischer Form ist ausgeschlossen.

A. Rechtsnatur und Abgrenzungen. Ein selbständiges Schuldversprechen oder -anerkenntnis ist ein einseitig verpflichtender, **abstrakter Vertrag**, durch den eine selbständige, vom zugrunde liegenden Kausalverhältnis losgelöste Verpflichtung eingegangen wird. Er kann auch auf Grund der Schuld eines Dritten (BGH NJW 00, 2984 f) geschlossen bzw zu Gunsten eines Dritten erteilt werden (München OLGZ 66, 385, 386). Das Schuldversprechen iSd § 780 und das Schuldanerkenntnis iSd § 781 sind also beide Erscheinungsformen des abstrakten Schuldvertrags, sie unterscheiden sich sachlich/inhaltlich nicht, sondern lediglich in der äußeren Form des Vertrags bzw der Formulierung der Erklärung.

Durch **Auslegung** ist zu ermitteln, ob eine Erklärung mit Vertragscharakter (iSd §§ 780 oder 781) oder ohne Vertragscharakter gewollt ist. Liegt eine Erklärung mit Vertragscharakter vor, ist diese dahingehend auszulegen, ob ein abstrakter Vertrag geschlossen werden soll oder nur der Inhalt einer Verbindlichkeit festgestellt wird. Die Parteien müssen sich auch über die Selbständigkeit der Verpflichtung geeinigt haben (vgl BGH NJW 99, 574, 575). Lediglich ein nicht unter §§ 780, 781 fallender Schuldbestätigungsvertrag oder ein Vergleich iSd § 779 liegt vor, wenn die Parteien nur eine zweifelhafte Forderung bestätigen und gegen Einwendungen sichern wollen. Nur ein einseitig verpflichtender Garantievertrag liegt vor, wenn die Verpflichtung lediglich auf Schadloshaltung gerichtet ist (Einstandspflicht) und nicht unmittelbar auf Leistung. Gibt der Schuldner eine einseitige Erklärung ab, die vom Gläubiger nicht angenommen wird, ist keine vertragliche Verpflichtung iSd §§ 780, 781 gegeben. Die Erklärung kann aber eine Beweiserleichterung hinsichtlich des Bestehens der anerkannten Verpflichtung oder des Verjährungsneubeginns (§ 212 I Nr 1) bewirken (vgl § 781 Rn 13).

Bsp für ein abstraktes Schuldversprechen sind etwa die Bestätigung eines Akkreditivs (hM s BGHZ 60, 262, 264; 108, 348, 350; NJW 94, 2018, 2019; 96, 1812, 1813), eine akkreditivähnliche bankbestätigte Zahlungsanweisung (Schlesw WM 80, 48, 49). Auch die Zahlungspflicht des Kreditkartenunternehmens ggü dem Vertragsunternehmen wird als abstraktes Schuldversprechen gesehen (BGH NJW 02, 285, 287; WM 02, 1120, 1122 f) und nicht als Garantievertrag (s Staud/*Marburger* § 783 Rn 48 mwN). Abgelehnt wurde das Vorliegen eines abstrakten Schuldversprechens etwa bei der Planung eines nicht verwirklichten Bauvorhabens hinsichtlich des Architektenhonorars (BGH NJW-RR 95, 1391) sowie bei der Vereinbarung zur Leistung einer Morgengabe (BGH NJW 99, 574, 575).

B. Tatbestand. I. Vertragsgegenstand. Ein abstraktes Schuldversprechen setzt einen Vertragsschluss voraus. Hierfür gelten die allgemeinen Regeln. Ein ausdrückliches Versprechen oder Schuldbekenntnis ist nicht erforderlich (BGH WM 76, 907, 908 f). Wirksam ist das Versprechen erst mit dem Zugang der Urkunde beim Gläubiger. Gegenstand des Vertrags, auf den sich die Verpflichtung bezieht, kann jede Leistung (§ 241 I) sein (vgl aber Köln NJW-RR 04, 1081: keine rechtlich bindende Verpflichtung für Vaterschaftsbegutachtung). In der Regel, aber nicht zwingend, wird die Zahlung einer Geldsumme versprochen sein. Handelt es sich um nicht vertretbare Sachen, wird nur selten ein selbständiges Schuldversprechen zu bejahen sein. Der Vertrag kann auch unter einer **Bedingung** (BGHZ 124, 263, 269) oder mit einer Befristung geschlossen werden.

Das Schuldversprechen bzw -anerkenntnis kann also auch in Abhängigkeit von einer bestimmten Gegenleistung des Gläubigers erfolgen. Es kann jedoch aufgrund der Abstraktheit nicht, wie beim gegenseitigen Vertrag, auf eine Zug um Zug zu erbringende Leistung gerichtet sein. Nicht als selbständiges Anerkenntnis ausgelegt werden können daher Vertragsklauseln hinsichtlich im Gegenseitigkeitsverhältnis stehender Verpflichtungen; möglich ist nur die Abgabe als eigenständiges Schuldanerkenntnis (RGZ 108, 105, 107).

II. Neue selbständige Verpflichtung. 1. Grundverpflichtung. Dem selbständigen Schuldversprechen oder -anerkenntnis kann eine Verpflichtung zur Leistung aus jedem privatrechtlichen Schuldverhältnis zugrunde liegen. Ob der Anspruch aus der Grundverpflichtung schon verjährt ist, ist unerheblich (BGH NJW 73, 1960, 1961). Unbeachtlich ist auch, ob die Verjährung bekannt ist oder nicht (BGH WM 86, 429, 430). Grundlage können auch andere unvollkommene Verbindlichkeiten sein (RGZ 160, 134, 138: Restforderung nach Zwangsvergleich). Ebenso **öffentlich-rechtlich begründete Leistungen**; allerdings wird hier nur selten ein abstraktes privatrechtliches Versprechen oder Anerkenntnis gegeben sein (Auslegungsfrage). Angenommen werden kann dies etwa bei einem Baudispensvertrag (KG NJW 62, 965 f) oder bei überzahlten Dienstbezügen. Steht an Stelle eines Verwaltungsakts ein privatrechtliches Versprechen oder Anerkenntnis, besteht hinsichtlich der Zahlungsklage des Gläubigers sowie der Vollstreckungsabwehrklage des Schuldners die Zuständigkeit der Verwaltungsgerichte (BGHZ 102, 343, 344 f; NJW 94, 2620, 2621; BVerwG NJW 94, 2909).

2. Abstraktionswille. Die Parteien müssen neben der Grundverpflichtung eine neue, vom Grundgeschäft losgelöste, **selbständige Verpflichtung** eingehen wollen (BGH WM 67, 824, 825; etwas anders BGH VersR 64, 1199, 1200; NJW 76, 567 f; NJW-RR 95, 1391 f). Die mit dem Versprechen übernommene Verpflichtung muss von ihren wirtschaftlichen und rechtlichen Zusammenhängen derart losgelöst sein (BGH NJW 99, 574, 575), dass der Gläubiger sich zur Geltendmachung des Anspruchs lediglich auf das Schuldversprechen oder -anerkenntnis berufen muss (BGH NJW 76, 567 f). Der Wille zur Abstraktion kann sich aus dem Wortlaut, dem Anlass des Vertrags, der bezweckte Erfolg, der beiderseitigen Interessenlage oder sonstigen Umständen, die auch außerhalb der Urkunde liegen können (Auslegung), ermitteln (BGH NJW-RR 95, 1391, 1392). Die Abstraktion muss notwendig sein, um den Vertragszweck zu verwirklichen.

8   Ein Indiz ist nach hM ferner, wenn in der Urkunde der Schuldgrund nicht oder nur allgemein benannt ist (BGH NJW 99, 574, 575) oder fingiert wurde (BGH NJW 80, 1158, 1159), s aber Rn 7 zum Formerfordernis des § 518 I 2 bei Unentgeltlichkeit. Ansonsten liegt nur ein kausaler Versprechens- oder Anerkenntnisvertrag vor. Wird der Schuldgrund genannt, kann dies im Zweifel dahingehend ausgelegt werden, dass kein selbständiges Schuldversprechen, sondern lediglich eine Beweisurkunde gewollt sein soll (BGH NJW 02, 1791, 1792). Allerdings können die jeweiligen Umstände auch eher die Annahme einer abstrakten Verpflichtung nahe legen (BGH BB 62, 1222: Darlehen; Brandbg WM 03, 132: Saldenbestätigung bei unklarer Sachlage). Wird der Verpflichtungsgrund dagegen exakt bezeichnet (BGH NJW 99, 574, 575: Morgengabe), so müssen für die Annahme eines selbständigen Schuldversprechens besondere Umstände vorliegen, die vom Gläubiger zu beweisen sind (RGZ 142, 303, 306). Sind in der Urkunde wahrheitswidrige Angaben enthalten (BGH BB 62, 1222) oder wird eine Schuld begründende Tatsache wahrheitswidrig anerkannt (BGH NJW 80, 1158, 1159: Bestätigung, ein Darlehen erhalten zu haben), soll dies Indiz für das Vorliegen eines selbständigen Schuldversprechens oder -anerkenntnisses sein. Einen relevanten Anhaltspunkt bei der Auslegung stellt häufig der **Zweck** des Rechtsgeschäfts dar, etwa die Klagebegründung zu erleichtern. Geschäfte, die nur eine bestehende Verbindlichkeit sichern sollen, werden regelmäßig kein selbstständiges Versprechen beinhalten. Weder für noch gegen ein selbstständiges Schuldversprechen besteht eine gesetzliche Vermutung. Auch die Bewilligung von Ratenzahlung ist unschädlich (BGH NJW 00, 2984, 2985).

9   **III. Form.** Bezüglich seines Versprechens hat der Schuldner die **Schriftform** (§ 126) einzuhalten (§ 780 S 1). Ausreichend kann auch ein Brief oder eine Postkarte sein (Palandt/*Sprau* Rn 6). Der Schuldner kann seine Erklärung auch in notarieller Form (§ 126 IV) oder iRe gerichtlich protokollierten Vergleichs (§ 127 a) abgeben. Nach § 780 S 2 kann das Versprechen allerdings nicht in elektronischer Form (§ 126 a) abgegeben werden. Der Versprechensempfänger dagegen kann seine Erklärung auch konkludent abgeben (BGH NJW 91, 228, 229). Zweck der Regelung ist die Schaffung von Rechtsklarheit über die Abgabe des Versprechens oder Anerkenntnisses und damit Rechtssicherheit (BGHZ 121, 1, 4 zu § 781).

10 Sieht eine Regelung eine strengere **Form** vor (zB notarielle Beurkundung nach § 311 b), ist diese auch in Bezug auf das selbständige Schuldversprechen einzuhalten. Wird das Schuldversprechen schenkweise erteilt, sieht § 518 I 2 notarielle Beurkundung vor (BGH WM 76, 1053, 1055). Das muss auch bei einem bewusst wahrheitswidrigen Schuldversprechen ohne Gegenleistung gelten (BGH NJW 80, 1158, 1159). **Keine Schriftform** ist für das Schuldversprechen eines Kaufmanns (§ 350 HGB) sowie in den Fällen des § 782 erforderlich. Wird die vorgeschriebene Form nicht eingehalten, ist das Schuldversprechen nichtig. In solchen Fällen kommt eine **Umdeutung** in einen Schuldbestätigungsvertrag in Betracht. Ist eine strengeren Formerfordernissen unterliegende Urkunde formnichtig, kann diese in ein selbständiges Schuldversprechen oder -anerkenntnis umgedeutet werden (BGH NJW 88, 1468 f: formnichtiger Eigenwechsel; BGHZ 124, 263, 268 f: unwirksame Verpflichtung auf einem gezogenen Wechsel). Anders verhält sich dies bei einer unwirksamen Erklärung des Ausstellers und Indossanten sowie bei der Annahmeerklärung auf einem Scheck. Da eine auf den Scheck gesetzte Annahmeerklärung als nicht geschrieben gilt (Art 4 S 2 ScheckG), kann sie nicht in ein abstraktes Schuldversprechen umgedeutet werden (BGH BB 51, 376 f).

11 **C. Rechtsfolgen.** Durch das selbstständige Schuldversprechen zur Sicherung einer bestehenden Schuld wird konstitutiv eine neue Verpflichtung begründet, und zwar im Zweifel **erfüllungshalber** (§ 364 II) zur Erleichterung der Rechtsverfolgung (vgl München NJW-RR 88, 950, 951). Der Gläubiger kann also nach wie vor auf das Grundgeschäft zurückgreifen. Aufgrund der Abstraktheit kann der Gläubiger unabhängig von Einwendungen aus dem Grundgeschäft Erfüllung verlangen. Allerdings können Ansprüche aus ungerechtfertigter Bereicherung in Betracht kommen (s.u. Rn 15).

12 Mit der Befriedigung der einen Schuld (Grundverpflichtung oder neue selbständige Verpflichtung iSd § 780) ist zugleich die Aufhebung der anderen verbunden. Der Gläubiger kann nur einmal Zahlung verlangen. Die Auslegung kann auch ergeben, dass das Schuldversprechen an Erfüllungs statt iSd § 364 I erfolgt. Es kann auch das Grundgeschäft abändern oder anderweitig feststellen (Novation). Nach der Interessenlage der Parteien wird dies nur selten der Fall sein. Da im Schuldversprechen oder -anerkenntnis ein Anerkenntnis iSd § 212 I Nr 1 liegt, beginnt dadurch die Verjährung des Anspruchs aus dem Grundgeschäft neu.

13 **D. Einwendungen. I. Einwendungen gegen das Schuldversprechen selbst.** Einwendungen sind aus den allg Vorschriften (zB §§ 104 ff, 119 ff, 125, 133, 134, 157, 242) möglich. Die Nichtigkeit kann sich auch aus § 138 ergeben (BGH NJW 87, 2014, 2015; s.a. MüKo/*Hüffer* Rn 46 und Palandt/*Sprau* Rn 8; Köln NJW-RR 95, 1197 f und Kobl NJW-RR 03, 1559, 1560: Überforderung des Schuldners; Ddorf VersR 01, 590, 591: Zwangslage des Schuldners; Köln NJW-RR 98, 1518, 1519: Prostituiertenfreikauf). Bei einem formularmäßig erteilten Schuldversprechen kann ein Verstoß gegen § 307 gegeben sein (BGHZ 114, 9, 14 f; aA Ddorf WM 87, 717, 718; Hamm WM 87, 1064). Dagegen ist nach der Rspr und einem Teil der Lit § 309 Nr 12 (BGHZ 99, 274, 285: Schuldversprechen eines Kreditnehmers; BGH NJW 87, 2014, 2015; BGHZ 114, 9, 12) nicht auf das Schuldversprechen anzuwenden. Allerdings kommt die Anwendung von § 305 c I in Betracht (Oldbg NJW-RR 90, 1523 f, offen gelassen in BGHZ 114, 9, 13).

II. Einwendungen aus der Grundverpflichtung.

1. Allgemein. Aufgrund des Abstraktionsprinzips kann nach Ansicht der Rspr und eines Teils des Schrifttums die Gesetzes- oder Sittenwidrigkeit des Grundgeschäfts (§§ 134, 138) nicht in Bezug auf die abstrakte Obligation wirken (BGH WM 76, 907, 909; Palandt/*Sprau*, Rn 9; RGRK/*Steffen* Rn 41; aA MüKo/*Hüffer* Rn 53; Staud/*Marburger* Rn 22). **Ausnahmen** vom Grundsatz, dass Schuldversprechen und -anerkenntnis selbständig sind, gelten für die Ehevermittlung (§ 656 II), das Spiel und die Wette (§ 762 II). Die hier zum Ausdruck kommenden Beschränkungen der Privatautonomie erstrecken sich in Durchbrechung der Abstraktion auch auf das Schuldversprechen (vgl BGH JZ 80, 59 f).

2. Ungerechtfertigte Bereicherung. Fällt aufgrund der Nichtigkeit des Grundgeschäfts der Rechtsgrund weg, ist das Schuldversprechen kondizierbar (BGH NJW 00, 2501, 2502; NJW-RR 99, 573, 574; 91, 2140 f; Saarbr MDR 98, 828; Palandt/*Sprau* Rn 11; Staud/*Marburger* Rn 23; MüKo/*Hüffer* Rn 47). Dasselbe gilt, wenn das Grundgeschäft nachträglich durch Tilgung oder Aufrechnung erloschen ist BGH WM 70, 1457, 1459; Saarbr MDR 98, 828), einer dauernden (peremptorischen) Einrede ausgesetzt ist (Staud/*Marburger* Rn 25) oder sich der Schuldner irrig zur Erteilung der Erklärung verpflichtet glaubte (RGRK/*Steffen* Rn 43; Staud/*Marburger* Rn 24). § 812 I 2 Hs 2 gilt, wenn der mit dem Schuldversprechen oder -anerkenntnis bezweckte Erfolg nicht eintritt (BGH WM 63, 666, 667). Dies ist etwa der Fall, wenn ein Verzicht auf eine Strafanzeige (LG Bonn NJW-RR 99, 50) oder die Erwartung einer Darlehensrückzahlung fehlschlägt. Der Schuldner kann entweder Befreiung von der Schuld verlangen oder einredeweise die Erfüllung verweigern (§§ 812, 821); er trägt dann die **Beweislast**. Die Bereicherungseinrede des § 821 kann nach Abtretung der abstrakten Forderung auch ggü dem neuen Gläubiger geltend gemacht werden (RGZ 86, 301, 304; Staud/*Marburger* Rn 28). **Ausscheiden** muss ein Bereicherungsausgleich, wenn durch das Schuldversprechen oder -anerkenntnis ohne Rücksicht auf eine frühere Schuld eine Verpflichtung begründet werden sollte, etwa um klare Verhältnisse zu schaffen (vgl NJW 00, 2501 f). Eine Kondiktion scheidet in den Fällen der §§ 813 II, 814, 817 S 2 aus.

E. Verjährung. Ein Schuldversprechen verjährt unabhängig vom Kausalgeschäft nach den §§ 195, 199 (dreijährige Regelfrist); dies gilt auch dann, wenn der Anspruch aus dem Grundgeschäft früher verjährt (BGH WM 84, 667, 668). Die Angabe des Schuldgrundes, für den eine kürzere Verjährung gilt, in der Urkunde kann auf die Vereinbarung dieser Frist auch für das selbständige Schuldversprechen sprechen. Ein Schuldversprechen, das der Schuldner nach – ihm nicht bekanntem – Eintritt der Verjährung der Kausalforderung abgibt, bleibt voll wirksam (BGH WM 86, 429, 430).

F. Beweislast. Der Kläger trägt die Beweislast lediglich dafür, dass das selbständige Schuldversprechen oder -anerkenntnis eingegangen wurde, dagegen hat der Beklagte mögliche Einwendungen, vor allem aus dem Kausalverhältnis, zu beweisen. Der Kläger trägt die Beweislast für die Selbständigkeit dann, wenn in der Urkunde ein Schuldgrund angegeben ist. Der Beklagte hat dagegen zu beweisen, dass kein Schuldversprechen oder -anerkenntnis vorliegt, sondern lediglich ein Schuldbestätigungsvertrag oder eine Beweisurkunde, wenn die Angabe des Schuldgrundes in der Urkunde fehlt. Beruft sich eine Partei auf die schenkweise Erteilung, so hat sie diese zu beweisen (BGH WM 76, 1053, 1055). Die Beweislast für das Vorliegen der Kondiktionsvoraussetzungen, vor allem des Wegfalls der Kausalforderung, trägt nicht der Gläubiger, sondern der Schuldner (BGH NJW-RR 99, 573, 574; WM 75, 556, 557; MüKo/*Hüffer* Rn 48; Staud/*Marburger* Rn 29).

§ 781 Schuldanerkenntnis

¹Zur Gültigkeit eines Vertrags, durch den das Bestehen eines Schuldverhältnisses anerkannt wird (Schuldanerkenntnis), ist schriftliche Erteilung der Anerkennungserklärung erforderlich. ²Die Erteilung der Anerkennungserklärung in elektronischer Form ist ausgeschlossen. ³Ist für die Begründung des Schuldverhältnisses, dessen Bestehen anerkannt wird, eine andere Form vorgeschrieben, so bedarf der Anerkennungsvertrag dieser Form.

A. Begriff und Abgrenzung. § 781 betrifft das konstitutive (dh abstrakte) Schuldanerkenntnis, das, wie das Schuldversprechen des § 780, eine selbständige einseitige Forderung begründet. Abzugrenzen hiervon ist das deklaratorische (dh kausale) Schuldanerkenntnis, durch welches lediglich eine bereits existierende Schuld endgültig festgelegt werden soll. Unabhängig vom Wortlaut des § 781 müssen sich die Parteien, wie bei § 780, auch über die selbständige Natur der Verpflichtung geeinigt haben (MüKo/*Hüffer* § 780 Rn 3 f). Eine Abgrenzung ist auch zum tatsächlichen einseitigen und nicht rechtsgeschäftlichen Anerkenntnis vorzunehmen, dem nur eine Beweisfunktion zukommt. Von § 781 nicht erfasst ist das negative Schuldanerkenntnis (§ 397 II) sowie das prozessuale Anerkenntnis, § 307 ZPO. Auch solche Verträge, durch die andere Rechtsverhältnisse als Schuldverträge anerkannt werden (zB Eigentums- oder Familienrechte), fallen nicht unter § 781.

Ob ein konstitutives Schuldanerkenntnis iSd § 781 mit dem erforderlichen Abstraktionswillen (s BGH NJW 00, 2984, 2985) oder lediglich ein deklaratorisches oder einseitiges Schuldanerkenntnis gewollt ist, ergibt sich durch **Auslegung** (LG Berlin NJW 05, 993 f: Verwendung des Begriffs Schuldanerkenntnis durch Hochschullehrer). Abzustellen ist dabei insbes auf den mit der Erklärung verfolgten Zweck, die Interessenlage der Parteien sowie die allgemeine Verkehrsauffassung über die Bedeutung einer solchen Erklärung. Dass der Schuldgrund genannt wird, kann zwar ein Indiz für ein konstitutives Anerkenntnis darstellen, mehr jedoch nicht. Es gibt keine Vermutung für den einen oder anderen Inhalt. Allerdings sprechen, je exakter der Schuldgrund benannt ist, die Anzeichen gegen das Vorliegen eines selbständigen Anerkenntnisses und je weniger ein solcher genannt wird, für dessen Vorliegen (vgl KG NJW 75, 1326, 1327).

3 **B. Konstitutives Schuldanerkenntnis. I. Voraussetzungen.** Das konstitutive Schuldanerkenntnis iSd § 781 ist ein einseitig verpflichtender **abstrakter Schuldvertrag**. Ohne dass sich dies im Wortlaut der Erklärung niederzuschlagen braucht, muss der Schuldner das Bestehen einer Verbindlichkeit anerkennen (Köln NJW-RR 95, 566: Übersendung eines Verrechnungsschecks). Es kann sich dabei auch um eine fremde Verbindlichkeit handeln (BGH NJW 00, 2984: Verpflichtung des GmbH-Geschäftsführers für Verbindlichkeit der Gesellschaft). Das Anerkenntnis schafft unabhängig vom bestehenden Schuldgrund eine neue selbständige Verpflichtung, selbst wenn der ursprüngliche Anspruch nicht (mehr) besteht (BGH NJW 95, 961 f: Anfechtung). Ein Anerkenntnis iSd § 781 ist in den §§ 214 II 2, 812 II gemeint. Die ohne Rechtsgrund begründete neue, abstrakte Verpflichtung ist kondizierbar (§ 812 II; vgl BGH NJW 00, 2501, 2502). Bei der Auslegung der Erklärung hinsichtlich der Frage, ob ein konstitutives Schuldanerkenntnis vorliegt, spielt der Zweck des Anerkenntnisses eine maßgebliche Rolle. Wird ein fingierter Schuldgrund angegeben, spricht dies für ein abstraktes Anerkenntnis (BGH NJW 80, 1158 f).

4 Hinsichtlich der einzuhaltenden **Form** s § 780 Rn 9. Die elektronische Form (§ 126 a) ist ausdrücklich ausgeschlossen (§§ 781 S 2, 126 III). Ist für das Schuldverhältnis eine andere Form vorgeschrieben, so muss nicht allein die Anerkenntniserklärung, sondern auch der gesetzliche Anerkennungsvertrag der vorgeschriebenen strengeren Form genügen (§ 781 S 3). § 10 II VerbrKrG findet auf (vollstreckbares) abstraktes Schuldanerkenntnis keine analoge Anwendung (BGH NJW 05, 1576, 1578 mN zur aA).

5 **II. Bsp.** Die Annahme der Anweisung nach § 784 ist ein abstraktes Schuldversprechen (s § 784 Rn 2). Ebenso sind die durch Inhaberschuldverschreibungen (§§ 793 ff) verbrieften Forderungen konstitutiv (München WM 98, 1716, 1717; Köln NJW-RR 99, 557). Das **Saldoanerkenntnis** iRe **Kontokorrentverhältnisses** (§ 355 HGB) wird nach hM als ein nicht formbedürftiges (§ 782) selbständiges Anerkenntnis gesehen (BGH NJW 81, 1611, 1612; 85, 1706, 1708); durch das Saldoanerkenntnis gehen die Einzelforderungen unter, an deren Stelle tritt das Anerkenntnis als neuer, selbständiger Schuldgrund (BGH NJW 85, 634, 636; s aber etwa Staud/*Marburger* § 782 Rn 7, 9; sa § 782 Rn 4). Wird in einer Grundschuldbestellungsurkunde die **Übernahme der persönlichen Haftung** erklärt, stellt dies regelmäßig ein Schuldversprechen (BGHZ 98, 256, 259; BGH NJW 92, 971, 972) oder -anerkenntnis dar.

6 Ein abstraktes Schuldanerkenntnis liegt nach hM in der **Feststellung und Mitteilung einer Bilanz** einer Personengesellschaft, sofern damit eine Entstehung von Rechten der Gesellschafter (Gewinnbeteiligung) oder Dritter verbunden ist (BGH BB 60, 187, 188; aA Staud/*Marburger* Rn 30). Auch eine einvernehmliche Bilanzfeststellung durch Gutachter wird im Hinblick auf die Ansprüche zwischen den Gutachtern und der Gesellschaft regelmäßig als abstraktes Schuldanerkenntnis gesehen (Ddorf NJW-RR 94, 1455; anders KG NZG 99, 23, 24). Die **wettbewerbsrechtliche Abschlusserklärung** wird zumeist ebenfalls abstraktes Anerkenntnis sein (s BGHZ 130, 288, 292; BGH NJW-RR 93, 1000, 1001; NJW 98, 2439 f).

7 Umstritten ist, wie die Erklärung des **Ladendiebs**, einen bestimmten Betrag zu zahlen, zu sehen ist; teilweise wird ein abstraktes Anerkenntnis bejaht (Palandt/*Sprau* Rn 8), teilweise lediglich ein deklaratorisches Anerkenntnis (LG Braunschweig NJW 76, 1640), teilweise soll nur ein einseitiges tatsächliches Anerkenntnis vorliegen, wobei eine Umkehr der Beweislast nicht eintreten soll (Staud/*Marburger* Rn 42). Die **Mitunterzeichnung** einer Erklärung der Ehefrau durch den Ehemann kann je nach Einzelfall (Auslegung) sowohl ein Schuldanerkenntnis als auch ein Schuldbeitritt sein (BGH WM 73, 1046).

8 **Verpflichtungserklärungen** können ein **abstraktes** Schuldversprechen oder -anerkenntnis darstellen (RGZ 154, 385, 389: Verpflichtungserklärung des Straßenanliegers zur Übernahme von Straßenbaukosten; KG NJW 62, 965: Geländeauflassungen in Baudispensverträgen, Saarbr MDR 98, 828: Schuldschein; Köln NJW-RR 98, 1518: Darlehensschuldschein; BGHZ 130, 288, 292: wettbewerbsrechtliche Unterlassungsverpflichtung; BGH NJW 98, 2439, 2440: Strafbewehrung). Die Erklärung der Bereitschaft zur Einlösung von **Wechseln** stellt nicht ohne weiteres ein Anerkenntnis dar (BGH WM 76, 562). Die **Gutschrift** des Überweisungsbetrags auf dem Empfängerkonto ist idR ein abstraktes Schuldanerkenntnis (vgl BGH NJW 91, 2140; 91, 2210, 2211; 02, 1722, 1723).

9 **C. Deklaratorisches Schuldanerkenntnis. I. Voraussetzungen.** Das gesetzlich nicht geregelte deklaratorische Anerkenntnis ist ein **Schuldbestätigungsvertrag**. Zweck ist, das Schuldverhältnis als solches oder einzelne Punkte dessen dem Streit oder der Ungewissheit der Parteien zu entziehen und darüber eine endgültige Festlegung zu treffen (s BGHZ 104, 18, 24; NJW 01, 2096, 2099); es wird also keine neue Schuld begründet. Damit hat es vergleichsähnlichen Charakter, nur dass es auf einem einseitigen Nachgeben des Schuldners basiert (s BGH NJW 84, 799). Ein Vertragsabschluss kann noch nicht in Äußerungen zu Bestand und Höhe eines Anspruchs iRv (gescheiterten) Vergleichsverhandlungen gesehen werden (BGH NJW 98, 306 f); auch

die geäußerte Rechtsansicht, dass dem Kläger dem Grunde nach ein Anspruch zustehe, vermag nicht auszureichen (BGH NJW 02, 1041). Der Zugang der Annahmeerklärung ist idR nach § 151 S 1 entbehrlich (BGH NJW 00, 276 f). Der für den Abschluss eines solchen Schuldbestätigungsvertrags erforderliche besondere Anlass liegt im Streit oder der (subjektiven) Ungewissheit über das Bestehen der Schuld (BGH NJW 99, 2889; 00, 2501, 2502). Eine Erklärung in Richtung von Vergleichsverhandlungen enthält idR für sich genommen keinen Willen zum Schuldanerkenntnis (BGH MDR 98, 25), außer es soll gerade der in Frage stehende Punkt außer Streit gestellt werden (vgl BGH NJW 98, 1492). Der Schuldbestätigungsvertrag kann jedoch evtl selbst einen Vergleich darstellen (BGH NJW 63, 2316, 2317). Ein kausales Anerkenntnis ist nach hM grds **formfrei** möglich. § 781 findet nicht, auch nicht analog Anwendung (Staud/*Marburger* Rn 22; MüKo/*Hüffer* Rn 3, 6; Palandt/*Sprau* Rn 3; aA *Pawlowski* JZ 68, 401, 404). Formbedürftigkeit besteht jedoch, wenn die Schuldbegründung oder -änderung nur unter Einhaltung einer bestimmten Form (zB § 311 b I) möglich ist.

II. Rechtswirkungen. Die Wirkung des deklaratorischen Anerkenntnisses geht gem seinem Zweck regelmäßig dahin, alle Einwendungen tatsächlicher und rechtlicher Natur, die der Schuldner bei Abgabe der Erklärung kannte oder mit denen er rechnen musste, für die Zukunft auszuschließen (BGH NJW 98, 1492; 00, 2501, 2502). Ein weitergehender Ausschluss von Einwänden wird regelmäßig nicht gewollt sein (BGH DB 74, 1013, 1014; Frankf NJW-RR 87, 310), außer wenn eine Gesamtbereinigung der Rechtsbeziehungen ohne Rücksicht auf die Sach- und Rechtslage angestrebt wird (vgl BGH WM 76, 907, 909; RGRK/*Steffen* Rn 10). Die Feststellung der Schuld kann sich auch nur auf einzelne Punkte des Schuldverhältnisses beziehen, zB die Höhe des Anspruchs, einzelne Einreden usw (BGHZ 66, 250, 254; NJW 98, 1492). Das deklaratorische Schuldanerkenntnis kann auch bedingt oder befristet abgeschlossen werden (BGH WM 76, 251, 253; 77, 1025, 1027). Da es kein eigenständiges Schuldverhältnis begründet, sind der Haftungsmaßstab, nicht erledigte Einwendungen, die Verjährung (BGH NJW 92, 2228) usw nach dem jeweils zugrunde liegenden Rechtsverhältnis (Darlehensrecht, Deliktsrecht etc) zu bemessen. Das Anerkenntnis führt nach § 212 I Nr 1 zum Neubeginn der Verjährung (BGH NJW 92, 2228: zur früheren Rechtslage; s.a. NJW 02, 1791, 1792). Für das Zustandekommen des Feststellungsvertrags trägt der Gläubiger die Beweislast (Staud/*Marburger* Rn 16). Ist der Feststellungsvertrag wirksam zustande gekommen, scheidet eine Kondiktion grds aus (BGHZ 66, 250, 254). Die erbrachten Leistungen iSd § 812 I werden durch den zum Vertragsinhalt gehörenden Feststellungszweck gerechtfertigt; dieser mit dem wirksamen Vertragsschluss erreichte Zweck ist Rechtsgrund iSd § 812 I (MüKo/*Hüffer* Rn 6; Staud/*Marburger* Rn 17). Eine Rückforderung nach § 812 II ist ausgeschlossen, wenn sich nach Vertragsschluss herausstellt, dass die anerkannte Schuld nicht besteht oder eine Einwendung oder Einrede gegen den bestätigten Anspruch doch gegeben ist (Naumbg NJW-RR 95, 154). Ist die anerkannte Forderung nichtig, gilt dies auch für das deklaratorische Schuldanerkenntnis (BGHZ 104, 18). § 779 ist analog auf den einseitigen Feststellungsvertrag anwendbar; haben die Parteien sich gemeinsam über einen dem Vertrag zugrunde gelegten streitausschließenden Umstand geirrt, führt dies zur Nichtigkeit nach § 779 (vgl Frankf NJW-RR 87, 310). Unanwendbar ist § 779 analog dann, wenn die Parteien eine Gesamtbereinigung unabhängig von der Sach- und Rechtslage wollten (BGH JR 62, 183, 184; sa BGH WM 66, 1280, 1281; 76, 907, 909).

III. Bsp. Die Anerkenntniserklärung des Schuldners ggü dem Zessionar (Abtretungsbestätigung) wird idR ein deklaratorisches Anerkenntnis darstellen (BGHZ 69, 328, 331; NJW 73, 2019; 83, 1903, 1904). Dies kann auch die **Bezahlung** einer Rechnung ohne Einwendung sein (BGH NJW 95, 3311, 3312; Ddorf NJW-RR 98, 376; anders bei öffentlichem Auftrag Celle BauR 99, 1457), allerdings ohne Wirkung auf künftig entstehende Forderungen, oder die Bitte um **Stundung** (Köln NJW-RR 98, 1133); allerdings kann nicht ohne weiteres ein Verzicht auf künftige Einwendungen gegen künftige gleichartige Forderungen angenommen werden (BGH NJW 95, 3311). Ein deklaratorisches Anerkenntnis wird auch in der **Saldenbestätigung** von Rechnungen für Lieferungen zur Erstellung des Jahresabschlusses zu sehen sein (München NJW-RR 97, 945). Auch der **Beschluss einer Gesellschafterversammlung** hinsichtlich einer teilweisen Forderungsbestätigung kann deklaratorisches Anerkenntnis sein (BGH NJW 98, 1492, 1493).

D. Einseitiges Schuldanerkenntnis. I. Voraussetzungen. Ein Anerkenntnis kann auch lediglich als einseitige tatsächliche Erklärung des Schuldners ohne rechtsgeschäftlichen Verpflichtungswillen erfolgen. Dann soll es von seinem Zweck her lediglich dem Gläubiger Erfüllungsbereitschaft anzeigen, damit dieser von Maßnahmen Abstand nimmt bzw ihm der Beweis erleichtert wird. Der Schuldner gibt ein Zeugnis gegen sich selbst ab, das insofern der Beweiserleichterung dient, als es bei der Beweiswürdigung nach § 286 ZPO zumindest als Indiz dienen kann (BGH DB 74, 1013 f) oder es eine Umkehr der Beweislast zur Folge hat (BGHZ 66, 250, 255; NJW 02, 1340). Die einseitige nichtrechtsgeschäftliche Erklärung ist jederzeit widerrufbar. Wird also eine Forderung bestätigt, ist der Bestätigende ggf beweispflichtig dafür, dass der Gläubiger keinen oder nur einen geringeren Anspruch hat (BGH WM 03, 1421, 1422). Durch ein einseitiges Schuldanerkenntnis beginnt die Verjährung neu (§ 212 I Nr 1).

II. Bsp. Eine **einseitige Abrechnung** wird regelmäßig als einseitiges tatsächliches Anerkenntnis zu werten sein (LAG Rheinland Pfalz MDR 03, 159: Gehaltsabrechnung; BGH NJW-RR 04, 92, 94 f: einseitige Abrechnung von Bauleistungen, wenn eine Partei dieses zunächst bestätigt oder unberechtigt fehlt). Eine **Dritt-**

schuldnererklärung nach § 840 I Nr 1 ZPO ist nach heute hM kein abstraktes (früher hM) oder deklaratorisches Schuldanerkenntnis (s.o. München NJW 75, 174; Braunschw NJW 77, 1888), sondern ohne rechtsgeschäftlichen Erklärungswert (BGH NJW 78, 1914; MDR 83, 308) und führt zur Umkehr der Beweislast (BGHZ 69, 328, 332; aA MüKo/*Smid* § 840 ZPO Rn 17). Ist die Auskunft unrichtig oder unvollständig, ist er dem Pfändungsgläubiger nach § 840 II 2 ZPO zum Schadensersatz verpflichtet (BGHZ 69, 328, 332 f; 91, 126, 129 ff; MDR 83, 308). Allerdings begründet eine vorangehende freiwillige Auskunft des Drittschuldners keine Haftung. Die bejahende Erklärung des Drittschuldners führt nach hM zum Neubeginn der Verjährung (§ 212 I Nr 1; BGH NJW 78, 1914; aA Staud/*Marburger* Rn 31). Eine widerspruchslose **Hinnahme von Rechnungen** und Kontoauszügen ist idR kein Anerkenntnis, kann aber ein **Indiz** sein und der Beweiserleichterung dienen (Frankf WM 87, 355). Der **Prüfvermerk** des Architekten auf der Schlussrechnung ist kein Anerkenntnis (BGH NJW-RR 02, 661), evtl aber der Prüfvermerk des Bestellers (Karlsr BauR 98, 403; s.a. Nürnbg NJW-RR 99, 1036).

15 Das in den AGB der **Versicherungen** häufig enthaltene Anerkenntnis ihrer Leistungspflicht nach Eintritt des Versicherungsfalls bewirkt, abgesehen von vertraglichen Folgen, zumeist lediglich eine tatsächliche Auskunft über die Zahlungsbereitschaft (BGHZ 66, 250, 255 ff) bzw eine Beweiserleichterung (Zweibr NJW-RR 97, 1316, 1317). Auslegungsfrage ist, ob darin auch ein gegen den Versicherten wirkendes (Hamm BauR 00, 1363) deklaratorisches (Ddorf VersR 85, 728) oder ausnahmsweise auch ein konstitutives Anerkenntnis gesehen werden kann (BGHZ 66, 250, 254). Eine Auskunft über die Auszahlungssumme stellt regelmäßig noch kein Anerkenntnis dar (Köln VersR 03, 95). Der Vorbehalt in einer Abfindungserklärung führt nicht zwingend zur Annahme einer Befreiung von der Verjährungseinrede oder eines konstitutiven Schuldanerkenntnisses (BGH NJW 92, 2228; BGH NJW 02, 1878, 1879).

16 Bei Erklärungen des **Schädigers nach einem Unfall** kommt es auf den Einzelfall an (vgl Kobl NJW-RR 01, 1109 f). Zumeist wird hierin ein einseitiges tatsächliches Anerkenntnis liegen, das lediglich zur Beweiserleichterung führt (BGH NJW 82, 996, 998 f; 84, 799; 02, 1340: keine Anwendbarkeit auf vertragliche Ansprüche). Erklärt der Schädiger nicht nur, er habe den Unfall verschuldet, sondern übernimmt er ausdrücklich die Ersatzpflicht, so wird darin ein deklaratorisches Anerkenntnis zu sehen sein (s Ddorf VersR 73, 719; 79, 626; Schlesw VersR 75, 673; aA Karlsr VersR 65, 1183 f: lediglich einseitiges nichtrechtsgeschäftliches Anerkenntnis). Auch wenn die Direktklage gegen die Versicherung abgewiesen wird, kann der Versicherungsnehmer trotz § 3 Nr 8 PflVG aus einem Anerkenntnis verurteilt werden (BGH NJW 82, 996).

§ 782 Formfreiheit bei Vergleich

Wird ein Schuldversprechen oder ein Schuldanerkenntnis auf Grund einer Abrechnung oder im Wege des Vergleichs erteilt, so ist die Beobachtung der in den §§ 780, 781 vorgeschriebenen schriftlichen Form nicht erforderlich.

1 **A. Regelungszweck.** Da sowohl eine Abrechnung als auch ein Vergleich den Verpflichtungswillen des Anerkennenden mit Sicherheit erkennen lassen, können sie formfrei erfolgen (BGH NJW 93, 584 f). Formfreiheit liegt nach § 350 HGB zudem bei einer Verpflichtungserklärung eines Vollkaufmanns vor. Strengere Formvorschriften sind zu beachten (§§ 311 b, 518).

2 **B. Vergleich.** § 782 wird für den Vergleich (§ 779) in der Praxis kaum eine Rolle spielen, da auf Vergleichsbasis zustande gekommene Anerkenntnisse zumeist formfreie kausale Geschäfte sind und die Parteien nur ausnahmsweise zusätzlich ein konstitutives Anerkenntnis wollen (MüKo/*Hüffer* Rn 3; Staud/*Marburger* Rn 2). Wird statt eines Vergleichs die Form des Anerkenntnisses gewählt, kann darin ein Verzichtsvertrag auf Erstattung von Vergleichskosten liegen (Stuttg NJW 05, 2161 f).

3 **C. Abrechnung.** Abrechnung ist die vertragliche Feststellung eines Rechnungsergebnisses aus mehreren Rechnungsposten, sei es bei wechselseitigen Forderungen im Wege der Verrechnung (§ 355 HGB) oder durch Addition zur Feststellung eines einseitig geschuldeten Gesamtbetrags (BGH NJW 62, 346). Entscheidend kommt es auf den dahingehenden Verpflichtungswillen an, dass der festgestellte Saldo als anderen Partei geschuldet wird (BGH WM 86, 50 f). Der Antrag auf Abschluss des Vertrags liegt regelmäßig im Übersenden der Abrechnung (BGH WM 67, 1163). Unerheblich ist, ob der Gläubiger zu diesem Zeitpunkt überhaupt eine Abrechnung hätte vornehmen können (BGH WM 58, 620, 621). Der Abrechnungsvertrag kann auch konkludent geschlossen werden, so dass es keiner ausdrücklichen Annahme bedarf (BGHZ 49, 24, 29). So kann eine Annahme in der widerspruchslosen Fortsetzung des bisherigen Rechnungsverhältnisses (BGH WM 58, 620, 621), in der Zahlung von Abschlägen (RGZ 95, 18, 20) oder in der Erklärung einer Ratenzahlung (RGZ 71, 102, 104) liegen. Allerdings soll bloßes Schweigen auf eine Abrechnung keine Zustimmung bedeuten (Frankf WM 87, 355); anders beim Bankkontokorrent (s MüKo/*Hefermehl* § 355 HGB Rn 9).

4 Eine Form des Abrechnungsverhältnisses stellt das **Kontokorrent** iSd § 355 HGB dar sowie das uneigentliche Kontokorrent und jede andere Art der Abrechnung (MüKo/*Hüffer* Rn 3; Staud/*Marburger* Rn 12 f). Die iRd Kontokorrentabrede (BGH BB 91, 1818, 1819: auch konkludent möglich) in das Kontokorrent einzustellen-

den Forderungen sind in gewissem Umfang nicht mehr rechtlich selbständig (BGH NJW 96, 719, 720, BGHZ 77, 256, 261: nicht einklagbar; BGH WM 70, 184, 186: nicht einseitig zur Aufrechnung stellbar; BGH NJW 82, 1150, 1151; BGHZ 73, 259, 263: nicht abtretbar; BGHZ 80, 172, 175 f, NJW 85, 1218, 1219: nicht pfändbar), bleiben aber in ihrem Bestand nach und von ihrer Rechtsnatur her unberührt (BGHZ 93, 307, 311; 105, 263, 265). Die nach § 355 I HGB erfolgende Verrechnung hat Tilgungswirkung; in der Höhe des Überschusses entsteht eine kausale Saldoforderung (BGHZ 70, 86, 93; NJW 02, 1722, 1723; aA BGHZ 77, 256, 261 ff; s aber auch BGHZ 93, 307, 313 f). Die Rechtsnatur des sich an die Verrechnung anschließenden Saldoanerkenntnisses bemisst sich laut Rspr nach der sog Novationstheorie (zur aA im Schrifttum Staud/*Marburger* Rn 7), wonach die bisherigen Forderungen erlöschen und durch eine neue, abstrakte (§ 781) Saldoforderung ersetzt werden (s etwa BGHZ 93, 307, 311 ff; 141, 116, 121; BB 99, 1458, 1459).

D. Einwendungen. Als Einwendungen kommen die allgemeinen **Anfechtungs- und Nichtigkeitsgründe** in Betracht. Liegt ein Rechenfehler vor, wird ein nicht existierender Posten in die Abrechnung einbezogen oder ein bestehender Posten nicht einbezogen, kann im Einzelfall eine Anfechtung aufgrund von Täuschung erfolgen. Eine Irrtumsanfechtung kommt nicht in Betracht, da ein bloßer (unbeachtlicher) Motivirrtum vorliegt. Die Rückabwicklung des Vertrags erfolgt über die §§ 812 ff (BGHZ 51, 346, 348; WM 72, 283, 286; Ddorf NJW 85, 2723: irrtümliche Gutschrift); die Bank hat aber zu beweisen, dass die Gutschrift ohne Rechtsgrund erfolgte (BGHZ 72, 9, 11). Bei irrtümlicher Lastschrift hat der Schuldner Einwendungen gegen die Richtigkeit des letzten anerkannten Saldos zu beweisen (BGH WM 83, 704); ein Kondiktionsausschluss kann sich aus § 814 ergeben, wenn Anerkennender und Schuldner der anerkannten Forderung nicht identisch sind, s Köln NJW-RR 96, 42 (Sammelbestellung). 5

E. Beweislast. Der sich auf ein formloses Anerkenntnis berufende Gläubiger trägt die Beweislast dafür, dass eine Abrechnung oder ein Vergleich vorliegt. Im Zusammenhang mit einer Abrechnung hat er allerdings grds nur den Abrechnungsvorgang darzulegen und nicht einzelnen Schuldposten (Staud/*Marburger* Rn 15; BGH WM 02, 281, 282: bei Bürgschaft). Anders ist dies bei einem nicht anerkannten Abrechnungssaldo. Hier hat der Gläubiger alle einzelnen Ansprüche darzulegen, so dass dem Gericht eine vollständige Überprüfung ermöglicht wird (BGH NJW 96, 719, 720; NJW 91, 2908). Durch AGB kann dies nicht ausgeschlossen werden (Saarbr OLGR 99, 64). Ist eine Position streitig, so hat der Gläubiger des Überschusses die Aktivposten und der Gegner die Passivposten zu beweisen (BGHZ 105, 263, 265; NJW 96, 719, 720). Der Beklagte muss das Vorliegen der Einwendungen, auf die er sich beruft, beweisen. Behauptet ein Bürge die Tilgung durch den Hauptschuldner, so hat er dies auch dann zu beweisen, wenn sich die Bürgschaft auf einen nicht anerkannten Tagessaldo aus einem Kontokorrentverhältnis bezieht (s BGH NJW 96, 719; anders NJW 88, 906; 85, 3007, 3009). 6

Titel 23 Anweisung

§ 783 Rechte aus der Anweisung

Händigt jemand eine Urkunde, in der er einen anderen anweist, Geld, Wertpapiere oder andere vertretbare Sachen an einen Dritten zu leisten, dem Dritten aus, so ist dieser ermächtigt, die Leistung bei dem Angewiesenen im eigenen Namen zu erheben; der Angewiesene ist ermächtigt, für Rechnung des Anweisenden an den Anweisungsempfänger zu leisten.

A. Begriff der Anweisung. Anweisung iwS ist die an einen anderen gerichtete Aufforderung und Ermächtigung für Rechnung des Anweisenden an einen Dritten etwas zu leisten. In den §§ 783 ff ist jedoch nur die **Anweisung ieS** erfasst, dh die in einer Urkunde verbriefte Anweisung auf Leistung von Geld, Wertpapieren und vertretbaren Sachen, die an einen Dritten als Leistungsempfänger ausgehändigt worden ist (BGHZ 6, 378, 383). Fehlt eine dieser Voraussetzungen, können die §§ 783 ff entspr anwendbar sein. Die Anweisung als solche ist durch ein Dreipersonenverhältnis geprägt: Der Anweisende lässt dem Angewiesenen die Aufforderung zu einer Zuwendung an den Dritten (Anweisungsempfänger) zukommen (*Zöllner* § 8 I). Die **praktische Bedeutung** der Anweisung iSd §§ 783 ff ist gering. Allerdings liegen diese Regelungen bestimmten Rechtsinstituten zugrunde (kaufmännische Anweisung iSd § 363 HGB, Wechsel, Scheck) und stellen den Grundgedanken für verschiedene Sonderformen der Anweisung dar, auf die sie entspr anwendbar sein können (näher Staud/*Marburger* Rn 6). 1

B. Rechtsnatur und Abgrenzung. I. Rechtsnatur. Die Anweisung ist ein **Wertpapier** (*Hueck/Canaris* § 4 II 2); der Angewiesene braucht lediglich gegen Aushändigung der Urkunde zu leisten (§ 785). Da die Urkunde den Berechtigten nennt, handelt es sich um ein Rektapapier. § 952 findet Anwendung. Mit der Aushändigung der Urkunde an den Anweisungsempfänger entsteht eine **doppelte Ermächtigung** (BGH WM 71, 741, 742), über ein fremdes Recht im eigenen Namen zu verfügen: Der Anweisungsempfänger ist ermächtigt, 2 die Leistung beim Angewiesenen im eigenen Namen zu erheben; der Angewiesene ist ermächtigt, an den Anweisungsempfänger als Inhaber der Urkunde für Rechnung des Anweisenden (Ausstellers) zu leisten (Doppelermächtigung). Die Ermächtigungen sind abstrakt und damit ist die Anweisung ein abstraktes Rechtsgeschäft; es ist vom zugrunde liegenden Rechtsgeschäft sowie dem wirtschaftlichen Zweck losgelöst.

3 **II. Abgrenzung.** Abzugrenzen ist die Anweisung vom **Auftrag** iSd §§ 662 ff (Inkassomandat, Zahlungsauftrag). Die Anweisung begründet keine Verpflichtung, sondern lediglich eine Berechtigung des Empfängers sowie des Angewiesenen. Im Unterschied zur **Zession** (zB Inkassozession) wird bei der Anweisung kein Forderungsrecht auf den Empfänger übertragen, sondern der Anweisende bleibt Anspruchsgläubiger. Vom **Vertrag zugunsten Dritter** iSd §§ 328 ff unterscheidet sich die Anweisung darin, dass sie durch Rechtsgeschäft mit dem Anweisungsempfänger zustande kommt. Für die grds denkbare Ausgestaltung der Anweisung als Vertrag zugunsten Dritter wird regelmäßig kein praktisches Bedürfnis bestehen (vgl BGHZ 3, 238, 241; Kobl NJW-RR 89, 505, 506). Im Gegensatz zur **Vollmacht** ermächtigt die Anweisung den Empfänger die Leistung im eigenen Namen beim Angewiesenen zu erheben.

4 **C. Zugrunde liegende Rechtsverhältnisse. I. Valuta- und Deckungsverhältnis.** Kommt der Angewiesene der Aufforderung des Anweisenden nach, eine Zuwendung an den Dritten als Anweisungsempfänger zu erbringen, werden zwei Leistungen erbracht: Im Valutaverhältnis eine Leistung des Anweisenden an den Anweisungsempfänger und im Deckungsverhältnis eine Leistung des Angewiesenen an den Anweisenden (Simultanleistung). In dem zwischen Anweisendem und Anweisungsempfänger bestehenden **Valutaverhältnis** kann die Anweisung ein Schuldverhältnis (zB Darlehen, Schenkung) begründen, der Tilgung einer bereits bestehenden Schuld dienen. Rechtlich liegt eine Leistung des Anweisenden vor; der Rechtsgrund der Leistung iSd § 812 ergibt sich aus dem Zuwendungsverhältnis.

5 Dem **Deckungsverhältnis** zwischen Anweisendem und Angewiesenen kann etwa ein Auftrag oder ein Geschäftsbesorgungsvertrag, § 675, zugrunde liegen. Es kann den Angewiesenen zur Annahme der Anweisung (§ 784 I) und zur Leistung an den Anweisungsempfänger verpflichten. Ist der Angewiesene Schuldner des Anweisenden wirkt die Leistung an den Anweisungsempfänger schuldbefreiend (§ 787); rechtlich liegt eine Leistung des Angewiesenen an den Anweisenden vor. Der Angewiesene kann durch die Leistung auch Gläubiger des Anweisenden werden (Anweisung auf Kredit), wenn er etwa einen Aufwandsersatzanspruch gegen den Anweisenden hat (§ 670).

6 **Zwischen Angewiesenem und Anweisungsempfänger** besteht kein Schuldverhältnis; ein solches wird auch nicht durch die Aushändigung der Anweisung begründet, sondern erst durch die Annahme der Anweisung, die eine abstrakte Verpflichtung des Angewiesenen ggü dem Anweisungsempfänger entstehen lässt und durch die Leistung der angewiesenen Sachen an den Anweisungsempfänger.

7 **II. Unabhängigkeit der Grundverhältnisse.** Die Anweisung ist ein abstraktes Rechtsgeschäft, dh ihre Wirksamkeit hängt nicht vom Deckungs- oder Valutaverhältnis und deren Wirksamkeit ab. Allerdings können Mängel in den Grundverhältnissen **bereicherungsrechtliche Ausgleichsansprüche** (§§ 812 ff) in Bezug auf diejenigen Leistungen auslösen, die in Vollzug der Anweisung erbracht wurden. Bei mangelhaftem Valutaverhältnis hat der Anweisende einen Bereicherungsanspruch gegen den Anweisungsempfänger, ist das Deckungsverhältnis mangelhaft, steht die Kondiktion dem Angewiesenen gegen den Anweisenden zu. Liegt ein **Doppelmangel** (Mangel im Valuta- und im Deckungsverhältnis) vor, so wird überwiegend ein Durchgriff, dh ein unmittelbarer Kondiktionsanspruch des Angewiesenen gegen den Empfänger abgelehnt und eine Rückabwicklung unter den Parteien des fehlgeschlagenen Grundverhältnisses vorgenommen (s BGH NJW 95, 3315, 3316 mwN; BGHZ 88, 232, 234 f: unentgeltliche Leistung des Anweisenden; BGHZ 113, 62, 65 ff: Abgrenzung zwischen Leistung des Schuldners durch Anweisung des Dritten und eigener Leistung des Dritten; BGH NJW 01, 2880, 2881: Irrtum der Bank über Berechtigung zum Abruf der Kreditmittel aufgrund Täuschungshandlung; s.a. § 812 Rn 90).

8 Leistet der Angewiesene aufgrund einer **nichtigen oder gefälschten** Anweisung hat er neben deliktischen Ansprüchen nach hM auch einen direkten bereicherungsrechtlichen Anspruch (Durchgriff) gegen den Empfänger (BGH NJW 01, 1855, 1856: vollmachtloser Vertreter; BGHZ 111, 382, 384 ff: Geschäftsunfähigkeit des Anweisenden; näher § 812 Rn 94).

9 **D. Zustandekommen der Anweisung. I. Form und Inhalt der Anweisungsurkunde.** Die Anweisung kommt mit Aushändigung einer bestimmten Urkunde an den Anweisungsempfänger zustande (§ 783 Hs 1). Die Anweisung muss also in einer **Urkunde** verbrieft sein. Dies bedeutet, dass grds Schriftform erforderlich ist (§ 126), allerdings kann diese auch durch die elektronische Form ersetzt werden (§ 126 a). Eine mündliche Anweisung ist grds zulässig (BGHZ 3, 238, 240). Hier gelten die §§ 783 ff, sofern sie sich nicht auf die Schriftform beziehen (§§ 784 I Hs 1, II, 785, 792), entspr Aufgrund der fehlenden Legitimation des Empfängers ggü dem Angewiesenen ist sie jedoch nicht praktikabel.

10 **Notwendiger Inhalt** der Urkunde ist daher die Nennung der Namen der am Anweisungsverhältnis Beteiligten, die grds Bezeichnung des Leistungsgegenstands und die Aufforderung an den Angewiesenen, diese Leistung an den Anweisungsempfänger zu erbringen. Die Bezeichnung „Anweisung" ist nicht erforderlich, aller-

dings muss der Wille zum Ausdruck kommen, eine vom Kausalverhältnis unabhängige, dh abstrakte Ermächtigung an eine bestimmte Person zu erteilen. Im Zweifel ist durch Auslegung zu ermitteln, ob eine Anweisung iSd § 783 gewollt ist oder ein anderes Rechtsverhältnis (zB Einziehungsvollmacht, Inkassozession, Schuldversprechen). Entscheidend ist allein der aus der Interessenlage und dem Zweck abgeleitete Parteiwille. Umstritten ist, ob die Angabe des Deckungsverhältnisses oder des Valutaverhältnisses das Vorliegen einer Anweisung ausschließt (abl: Staud/*Marburger* Rn 14; MüKo/*Hüffer* Rn 17; bejahend: RGRK/*Steffen* Rn 6; Erman/*Heckelmann* Rn 7). Da nach dem Gesetzeswortlaut die Urkunde „dem Dritten" auszuhändigen ist, ist eine Anweisung auf den Anweisenden selbst oder an **eigene Order** – außer bei § 363 HGB – nicht möglich (RGRK/*Steffen* Rn 3; Staud/*Marburger* Rn 15; RG JW 30, 1376); anders ist dies beim Scheck (Art 6 I ScheckG) sowie beim Wechsel (Art 3 I WG). Auch eine **Anweisung auf den Inhaber** ist unzulässig (RGRK/*Steffen* Rn 3; Soergel/*Häuser* Rn 7; Staud/*Marburger* Rn 15; sa MüKo/*Hüffer* Rn 20); anders ist dies nach Art 5 III ScheckG beim Scheck.

Es ist eine **Aushändigung** der Urkunde an den Anweisungsempfänger erforderlich. Die Urkunde ist also mit übereinstimmendem Willen hinzugeben (Begebungsvertrag; zur umstrittenen rechtlichen Qualifikation Staud/*Marburger* Rn 16 mwN). Da die Anweisung durch Abtretung übertragen wird (§ 792 I, III 2), scheidet die Anwendung der Rechtsscheingrundsätze zum Schutze des gutgläubigen Zweiterwerbers hier aus. Gutgläubiger Erwerb ist, abgesehen von § 405, ausgeschlossen. Dem Zessionar können jedoch die Einwendungen entgegengehalten werden, die dem Anweisenden gegen den Anweisungsempfänger zustanden (§§ 404, 406 analog).

II. Leistungsgegenstand. Leistungsgegenstand ist die Leistung an Geld, Wertpapieren oder anderen vertretbaren Sachen (§ 91). Bei Anweisungen auf sonstige Gegenstände finden die §§ 783 ff entspr Anwendung (RGZ 101, 297, 299). Die Anweisung auf Geld ist nach einer Ansicht aufgrund der elektronisch gestützten Zahlungssysteme wieder aktuell geworden (Staud/*Marburger* Rn 8). Auch eine Übernahmeerklärung hinsichtlich Mietwagenkosten soll eine Geldanweisung darstellen (s LG München VersR 81, 565). Eine Anweisung auf Waren stellt der **Lieferschein** (delivery order) dar (BGHZ 46, 43, 47 ff); dieser ist eine Anweisung des Einlagerers an den Lagerhalter/Spediteur, eine bestimmte Sache an den Anweisungsempfänger zu liefern (s Staud/*Marburger* Rn 50).

Die Anweisung kann unter einer Bedingung (§ 158) erfolgen. Sie kann auch von einer Gegenleistung abhängig gemacht werden (BGHZ 6, 378, 383: Kassalieferschein). Die kaufmännische Anweisung ist jedoch grds von einer Gegenleistung unabhängig (§ 363 I HGB). Die Leistung kann je nach Inhalt der Urkunde „auf Sicht" gestellt werden, dh sofort bei Vorzeigen der Anweisung, sie kann aber auch nach Ablauf einer Frist oder zu einem bestimmten Zeitpunkt vorgesehen sein.

E. Rechtsfolgen der Anweisung. Das durch die Anweisung begründete Rechtsverhältnis ist als doppelte Ermächtigung (des Anweisungsempfängers sowie des Angewiesenen) ausgestaltet (s BGH WM 71, 741, 742). Die Verfügungsgewalt wird übertragen, ohne dass der Ermächtigende seine eigene Verfügungsgewalt aufgibt. Der **Anweisungsempfänger**, der aufgrund der Ermächtigung die Leistung im eigenen Namen erheben kann (§ 783 Hs 1), ist nicht Bevollmächtigter des Anweisenden noch liegt eine Einziehungsermächtigung vor (*Zöllner* § 8 III 2. a); aA *Larenz/Canaris* § 62 I 2b), sondern eine Empfangsermächtigung oder -zuständigkeit (Staud/*Marburger* Rn 20). Eine Pflicht des Anweisungsempfängers, die Leistung einzuziehen, besteht grds nicht. Eine solche kann sich jedoch im Einzelfall aus dem Valutaverhältnis ergeben. Die Leistung des Angewiesenen an den Empfänger ist als Leistung des Anweisenden zu sehen (§ 788). Wird die Annahme der Anweisung oder die Leistung vom Angewiesenen verweigert, ist der Anweisungsempfänger zur Anzeige an den Anweisenden verpflichtet (§ 789).

Der **Angewiesene** ist nach § 783 Hs 2 ermächtigt, im eigenen Namen für Rechnung des Anweisenden an den Anweisungsempfänger zu leisten (Hs 2). Er kann im Verhältnis zum Anweisenden (Deckungsverhältnis) zur Leistung an den Anweisungsempfänger verpflichtet sein. Eine Verpflichtung des Angewiesenen ggü dem Anweisungsempfänger entsteht erst durch Annahme der Anweisung (§ 784 I).

Da die Anweisung lediglich eine Befugnis gewährt, kann **auch nach Erteilung der Anweisung** zum einen der Anweisende seine Ansprüche ggü dem Angewiesenen (Deckungsverhältnis) und zum anderen der Anweisungsempfänger ggü dem Anweisenden (Valutaverhältnis) geltend machen. Der Anweisende und der Angewiesene können zudem ihre aus dem jeweiligen Grundverhältnis resultierenden Pflichten erfüllen.

F. Sonderformen der Anweisung. Die kaufmännische Anweisung ist in den §§ 363-365 HGB geregelt. Anders als die bürgerlichrechtliche Anweisung kann sie auch an eigene Order gestellt werden (Bambg NJW 67, 1913 f). Der gezogene **Wechsel** ist im WG gesondert geregelt; es bestehen zahlreiche Unterschiede zur Anweisung. Ein formungültiger Wechsel kann uU in eine Anweisung umgedeutet werden (Staud/*Marburger* Rn 38; MüKo/*Hüffer* Rn 28; einschränkend Palandt/*Sprau* Vor § 783 Rn 8). Auch der **Scheck** unterscheidet sich von der bürgerlichrechtlichen Anweisung (dazu Staud/*Marburger* Rn 39). Sofern im ScheckG keine Regelung vorgesehen ist, sind §§ 783 ff ergänzend anwendbar; dies gilt allerdings nicht für § 787 I (BGH NJW 51, 598, 599).

18 Der **Kreditbrief** ist als eine Art des Akkreditivs eine schriftliche Anweisung. Bei dieser ermächtigt der Aussteller (Anweisender, idR eine Bank) eine andere Person (Anweisungsempfänger), beim Angewiesenen für Rechnung des Anweisenden unter Vorlage der Urkunde Geldzahlungen bis zu einem Höchstbetrag zu erheben. Die §§ 783 ff finden unmittelbar Anwendung, § 785 nur eingeschränkt. Bei der **Kreditkarte** kann aufgrund der AGB eine Abtretung vorliegen (BGH NJW 90, 2880, 2881: Eurocard); ansonsten ist umstritten, ob es sich um eine echte Anweisung handelt, auf die die §§ 783 ff unmittelbar anwendbar sind (bej: Frankf WM 94, 942; Karlsr NJW-RR 91, 237, 238; s.a. *Meder* NJW 94, 2597 f; verneinend: BGHZ 91, 221, 224; München WM 99, 2356, 2357) oder ob eine Weisung nach §§ 675 I, 665 vorliegt. Beim **Lieferschein** (delivery order) kann es sich um eine kaufmännische Anweisung iSd § 363 I 1 HGB handeln oder, falls eine der Voraussetzungen für eine solche fehlt, um eine bürgerlich-rechtliche Anweisung oder jedenfalls um eine Anweisung iwS, auf welche die § 783 ff analog anwendbar sind (BGHZ 6, 378, 383: versehentliche Auslieferung bei Kassalieferschein ohne Zahlung; BGH WM 71, 741, 742: Übereignung der Ware durch Begebung des Lieferscheins und Übereignungswille).

19 **G. Anweisungsähnliche Formen.** Der **Überweisungsauftrag** ist keine Anweisung iSd §§ 783 ff. Ob der Überweisungsauftrag und die Anweisung in wesentlichen Punkten übereinstimmen oder nicht, dh ob die §§ 783 ff analog angewendet werden können, ist mit der Schaffung der §§ 676 a ff hinfällig geworden (MüKo/*Hüffer* Rn 40; aA Staud/*Marburger* Rn 52).

20 Das **Akkreditiv** dient vor allem der Zahlung eines vorzuleistenden Preises aus einem Rechtsgeschäft. Im Wesentlichen ist es durch die Einheitlichen Richtlinien und Gebräuche für Dokumentenakkreditive (ERA 1993) geregelt. Es stellt keine echte Anweisung iSd §§ 783 ff dar, wird aber nach hM als Anweisung iwS gesehen, da ein dieser entspr Dreiecksverhältnis vorliegt: Eine bestimmte Bank zahlt auf Veranlassung des Käufers den Kaufpreis an den Verkäufer, nachdem die Dokumente geprüft und ausgehändigt wurden (vgl *Baumbach/ Hopt* (7) BankGesch Rn K/1; aA etwa *Peters* WM 78, 1030, 1034).

21 Im Valutaverhältnis liegt meist ein Kauf- oder Werklieferungsvertrag mit Akkreditivklausel zugrunde, es wird also die Abrede der Zahlung durch eine Bank aus einem befristeten, unwiderruflichen Dokumentenakkreditiv getroffen (BGHZ 60, 262, 264: konkludenter Aufrechnungsausschluss für die Laufzeit des Akkreditivs). Der im Deckungsverhältnis erteilte **Akkreditivauftrag** des Käufers an seine Bank stellt nach hM einen Geschäftsbesorgungsvertrag mit Werkvertragscharakter dar (BGH NJW-RR 98, 1511; WM 58, 1542). Die Bank geht damit dem Käufer ggü die Verpflichtung ein, an den Verkäufer bei Vorlage der Dokumente den Kaufpreis zu zahlen; außerdem hat die Bank die Dokumente sorgfältig zu prüfen und sich an die Weisungen des Käufers zu halten (BGH WM 84, 1443; München WM 98, 554, 555). Sobald die Bank berechtigt an den Verkäufer bezahlt oder aufgrund einer von ihr nicht vermeidbaren rechtskräftigen Verurteilung, muss der Käufer ihr diese Aufwendung nach § 670 ersetzen (BGH NJW-RR 98, 1511).

22 Die akkreditiveröffnende Bank teilt dem Verkäufer als Begünstigtem die Eröffnung des Akkreditivs mit und verpflichtet sich ihm ggü bei Einreichung der vorgeschriebenen Dokumente im eigenen Namen für Rechnung des Käufers Zug um Zug zur Erbringung der im Akkreditiv versprochenen Leistung (BGH NJW-RR 87, 924; Ddorf ZIP 03, 1785, 1786). Nach hM liegt ein **abstraktes Schuldversprechen** iSd § 780 der Bank ggü dem Begünstigten vor (BGHZ 60, 262, 264; 108, 348, 350; NJW 94, 2018, 2019; 96, 1812, 1813). Da der Begünstigte (Verkäufer) dadurch eine abstrakte Forderung erwirbt (BGHZ 132, 313, 316 f; NJW 89, 159, 160; 94, 2018, 2019), kann die Bank ihm zwar Einwendungen aus dem Akkreditiv entgegenhalten (Frankf ZIP 97, 1782), nicht aber Einwendungen aus dem Deckungsverhältnis (Verhältnis Bank – Kunde) oder dem Valutaverhältnis (Verhältnis Käufer – Verkäufer). Eine Ausnahme gibt es nur bei krassem Rechtsmissbrauch (BGHZ 101, 84, 91). Bei Vorlage der vereinbarten Dokumente muss die Bank auszahlen, selbst wenn der starke Verdacht besteht, dass der Kaufvertrag nicht ordnungsgemäß erfüllt wird (BGH NJW 89, 159, 160). Nur in Ausnahmefällen ist eine Auszahlung trotz Kenntnis von schweren Mängeln ggü dem Auftraggeber treuwidrig (BGHZ 101, 84, 92; NJW 89, 159, 160; 96, 1812, 1813). Tritt der Begünstigte (Verkäufer) den Zahlungsanspruch aus dem Akkreditiv an die Bank ab, führt dies aufgrund von Konfusion zum Erlöschen des Anspruchs (Frankf WM 92, 569).

23 Beauftragt die akkreditiveröffnende Bank eine Bank am Sitz des Begünstigten (Verkäufers), so kann sich aus dem in Kenntnis setzen des Begünstigten durch diese weitere Bank von der Eröffnung des Akkreditivs bzw durch eine Zahlstellenfunktion dieser Bank ein Aufwendungsersatzanspruch nach § 670 ergeben (Frankf WM 81, 445). Fungiert die weitere Bank als Bestätigungsbank, indem sie das Akkreditiv dem Verkäufer ggü bestätigt, ist darin ein (weiteres) Schuldversprechen ggü dem Begünstigten zu sehen (BGH NJW-RR 87, 924).

§ 784 Annahme der Anweisung

(1) Nimmt der Angewiesene die Anweisung an, so ist er dem Anweisungsempfänger gegenüber zur Leistung verpflichtet; er kann ihm nur solche Einwendungen entgegensetzen, welche die Gültigkeit der Annahme betreffen oder sich aus dem Inhalte der Anweisung oder dem Inhalte der Annahme ergeben oder dem Angewiesenen unmittelbar gegen den Anweisungsempfänger zustehen.

(2) ¹Die Annahme erfolgt durch einen schriftlichen Vermerk auf der Anweisung. ²Ist der Vermerk auf die Anweisung vor der Aushändigung an den Anweisungsempfänger gesetzt worden, so wird die Annahme diesem gegenüber erst mit der Aushändigung wirksam.

A. Bedeutung der Annahme. Zwar ist der Angewiesene durch die Anweisung als solche zur Leistung an den Anweisungsempfänger befugt, er ist diesem jedoch nicht dazu verpflichtet. Der Anweisungsempfänger hat keinen Anspruch auf Leistung gegen den Angewiesenen (vgl Celle OLGZ 71, 5; LG Nürnberg MDR 77, 1016). Eine selbständige, vom Grundgeschäft unabhängige Verpflichtung des Angewiesenen entsteht ggü dem Anweisungsempfänger erst durch die Annahme der Anweisung zur Leistung. Damit entsteht erst durch die Annahme ein Anspruch des Anweisungsempfängers gegen den Angewiesenen. Es besteht grds keine Verpflichtung des Angewiesenen zur Annahme, auch dann nicht wenn er Schuldner des Anweisenden ist, § 787 II. Allerdings kann sich der Angewiesene sowohl ggü dem Anweisenden als auch ggü dem Anweisungsempfänger vertraglich dazu verpflichten. Da ein auf den Scheck gesetzter Annahmevermerk nach Art 4 ScheckG als nicht geschrieben gilt, kann ein Scheck nicht angenommen werden. 1

B. Rechtsnatur der Annahme. Die ganz hM (aA etwa RGRK/*Steffen* Rn 3: einseitige, empfangsbedürftige Verpflichtungserklärung) sieht in der Annahmeerklärung einen Antrag des Angewiesenen auf Vertragsabschluss, nämlich eines Schuldversprechens nach § 780 (Staud/*Marburger* Rn 9). Im Hinblick auf die Erklärung des Anweisungsempfängers gilt § 151 (MüKo/*Hüffer* Rn 2). Wird die Annahmeerklärung vor Aushändigung der Anweisung an den Anweisungsempfänger abgegeben, wird sie diesem ggü erst mit Aushändigung wirksam (§ 784 II 2). 2

C. Form und Inhalt der Erklärung. Die Erklärung der Annahme kann nach § 784 II nur durch schriftlichen Vermerk (§ 126) auf der Anweisungsurkunde selbst erfolgen. Eine Annahme mittels elektronischer Form ist, da die Anweisung ein abstraktes Schuldversprechen darstellt, aufgrund von § 780 S 2 ausgeschlossen. Außerhalb der Urkunde liegende Umstände können die Annahmeerklärung nicht ersetzen (BGH WM 82, 155, 156). Ob die bloße Unterschrift den Annahmewillen erkennen lässt, ist Frage des Einzelfalls (Erman/*Heckelmann* Rn 6; Staud/*Marburger* Rn 3); Art 25 I 3 WG entspr anzuwenden, wird überwiegend abgelehnt (Staud/*Marburger* Rn 3; aA RGRK/*Steffen* Rn 5). Der Vermerk „angenommen" ist nicht erforderlich; es muss aus dem Vermerk lediglich er Annahmewille klar hervorgehen. Der Ausdruck „gesehen" oder „Kenntnis genommen" lässt einen rechtsgeschäftlichen Willen, sich zu verpflichten, nicht erkennen (s Schlesw WM 80, 48, 49). Die Annahme kann unter Einschränkungen, mit Befristung oder Bedingung versehen erfolgen; sofern die Annahme mit der hM als Vertrag gesehen wird (s.o. Rn 2), bedarf es dann nach § 150 II des Einverständnisses des Anweisungsempfängers. Erfolgt der Annahmevermerk schon vor der Aushändigung, wird sie dem Anweisungsempfänger ggü erst mit Aushändigung wirksam (§ 784 II 2). Wird die Urkunde dann nicht ausgehändigt, kann eine Umdeutung in einen Vertrag zugunsten Dritter iSd § 328 möglich sein (BGH WM 82, 155, 156). Eine schriftlich außerhalb der Urkunde erklärte Annahme kann in ein selbständiges Schuldversprechen iSd §§ 780 f umgedeutet werden. Wird die Annahme mündlich erklärt, kann dies einen Vorvertrag mit der Verpflichtung zur Abgabe einer formgültigen Erklärung darstellen (RGRK/*Steffen* Rn 6; Palandt/*Sprau* Rn 4). 3

4

D. Einwendungen. Da die Annahme als abstraktes Schuldversprechen iSd § 780 eine abstrakte Verpflichtung des Angewiesenen begründet, sind Einwendungen nur beschränkt möglich. § 784 I Hs 2 ist insofern abschließend. Daher können lediglich Einwendungen **gegen die Gültigkeit der Annahme** erhoben werden (zB Geschäftsunfähigkeit bei Abschluss des Annahmevertrags, Anfechtung, Fälschung der Annahme), Einwendungen **aus dem Inhalt** der Anweisung oder der Annahme (in der Urkunde enthaltene Einschränkungen, Bedingungen, Befristungen) sowie **persönliche Einwendungen** des Angewiesenen gegen den Empfänger (zB Tilgung, Erlass, Stundung, Aufrechnung, unzulässige Rechtsausübung). § 784 I Hs 2 entspricht zwar § 796, hat aber eine andere Funktion; er soll vor allem Versuchen entgegenwirken, die abstrakte Leistungspflicht des Angewiesenen in irgendeiner Weise, etwa durch analoge Anwendung von § 139, vom Deckungs- oder Valutaverhältnis abhängig zu machen (Staud/*Marburger* Rn 12). 5

Nicht erhoben werden können damit Einwendungen, die sich aus dem Verhältnis Angewiesener – Anweisender (Deckungsverhältnis) oder dem Verhältnis Anweisender – Anweisungsempfänger (Valutaverhältnis) ergeben (RGZ 144, 133, 137). Auch im Wege der Bereicherungseinrede (§§ 812, 821) kann sich der Angewiesene nicht auf das Deckungs- oder Valutaverhältnis beziehen (Staud/*Marburger* Rn 13). Zu den Ausnahmen; s.a. Palandt/*Sprau* Rn 6; RGRK/*Steffen* Rn 10; Staud/*Lorenz* § 812 Rn 56. 6

§ 785 Aushändigung der Anweisung

Der Angewiesene ist nur gegen Aushändigung der Anweisung zur Leistung verpflichtet.

Da der Angewiesene **nur Zug um Zug** gegen Aushändigung der Urkunde zur Leistung verpflichtet ist, steht ihm ein Zurückbehaltungsrecht (§ 273) zu. Durch die Aushändigung der Anweisungsurkunde kann er seine Ansprüche im Deckungsverhältnis ggü dem Anweisenden leichter nachweisen. Eine entspr Regelung findet 1 sich in Art 39 I WG sowie in Art 34 I ScheckG. § 785 findet auch dann Anwendung, wenn vor der Annahme der Anweisung gezahlt wird. Von seinem Wortlaut her gilt § 785 lediglich für angenommene Anweisungen, gilt ansonsten aber für die nicht angenommene Anweisung (Staud/*Marburger* Rn 2). Es besteht ein Recht auf eine Quittung (§ 368). Bei einem Zirkular- oder Rundkreditbrief kann Aushändigung erst mit der letzten Teilzahlung verlangt werden; frühere Teilleistungen werden auf der Urkunde vermerkt.

2 Der Angewiesene kann auch ohne Aushändigung der Anweisung leisten. Sein Rückgriffsanspruch gegen den Anweisenden (Deckungsverhältnis) ist von der Aushändigung unabhängig; allerdings wird dem Angewiesenen die Rechtsverfolgung mangels hinreichenden Beweises aber erschwert sein. Umstritten ist, ob bei abhanden gekommener oder vernichteter Urkunde die Notwendigkeit eines Aufgebotsverfahrens zur Kraftloserklärung der Urkunde (§§ 1003 ZPO). Bei Abhandenkommen **vor** der Annahme, kann der Anweisende nach § 790 widerrufen und eine neue Anweisung ausstellen. Ist die Urkunde aber **nach** der Annahme abhanden gekommen, wird teilweise davon ausgegangen, dass ein Aufgebotsverfahren nicht erforderlich ist, da § 371 S 2 ausreichend Schutz biete (RGRK/*Steffen* § 790 Rn 9; Palandt/*Sprau* § 790 Rn 7). Andere gehen davon aus, dass auch die Anweisung in Analogie zu § 808 II, § 365 II HGB dem Aufgebotsverfahren unterliegt (MüKo/ *Hüffer* Rn 5; Staud/*Marburger* Rn 5).

§ 786
– *weggefallen* –

§ 787 Anweisung auf Schuld

(1) Im Falle einer Anweisung auf Schuld wird der Angewiesene durch die Leistung in deren Höhe von der Schuld befreit.
(2) Zur Annahme der Anweisung oder zur Leistung an den Anweisungsempfänger ist der Angewiesene dem Anweisenden gegenüber nicht schon deshalb verpflichtet, weil er Schuldner des Anweisenden ist.

1 **A. Voraussetzungen.** Die Vorschrift regelt die **Anweisung auf Schuld**, nicht die auf Kredit (MüKo/*Hüffer* Rn 2; RGRK/*Steffen* Rn 1; Staud/*Marburger* Rn 1). Letztere ist gesetzlich nicht geregelt. Die Anweisung auf Schuld bezieht sich auf das Verhältnis von Anweisendem als Gläubiger und Angewiesenem als Schuldner (**Deckungsverhältnis**). Voraussetzung ist ein **Schuldverhältnis**, bei dem der Angewiesene dem Anweisenden die Sache schuldet, die er infolge der Anweisung an einen Dritten (Anweisungsempfänger) leisten soll. Die bloße Verpflichtung zur Leistung (zB Auftrag) kann nicht ausreichen. Nach hM (Staud/*Marburger* Rn 2; aA MüKo/*Hüffer* Rn 3) ist darüber hinaus eine Einigung im Deckungsverhältnis darüber erforderlich, dass der Angewiesene zur Erfüllung seiner Schuld an einen Dritten leisten soll (**Tilgungsbestimmung**). Die Tilgungsbestimmung kann konkludent erfolgen und braucht nicht in der Anweisungsurkunde enthalten sein. Ohne Tilgungsbestimmung liegt kein Fall des § 787 vor, so dass durch die Leistungserbringung keine unmittelbare Befreiung von der Schuld eintritt. Der Angewiesene kann jedoch einen Erstattungsanspruch (zB aus Geschäftsbesorgung) geltend machen und mit der Forderung des Anweisenden aufrechnen.

2 **B. Rechtsfolgen.** Die Annahme der Anweisung durch den Angewiesenen führt noch nicht zu einem Freiwerden von der Leistung an den Anweisenden. Bis zur tatsächlichen Leistungserbringung hat der Angewiesene zwei Gläubiger. Eine Doppelinanspruchnahme scheidet aber entweder aufgrund § 242 oder nach aA aufgrund von § 790 S 1 aus (Staud/*Marburger* Rn 4). Leistet der Angewiesene an den Anweisungsempfänger, ist er in Höhe der Leistung von seiner Verbindlichkeit ggü dem Anweisenden befreit. Leistung iSd § 787 meint nicht nur alle Erfüllungshandlungen, sondern auch alle Erfüllungssurrogate, wie etwa die Hingabe an Erfüllungs statt, die Aufrechnung ggü des Anweisungsempfängers oder die berechtigte Hinterlegung (§ 378). Außerdem erlischt der Anspruch des Anweisungsempfängers, den dieser aus der Annahmeerklärung erlangt hat (§ 784). § 787 I gilt weder für den Scheck (BGH NJW 51, 598, 599) noch das Girokonto.

3 **C. Keine Verpflichtung zur Annahme oder Leistung.** § 787 II dient der Klarstellung. Allein die Stellung als Schuldner des Anweisenden begründet noch keine **Annahme- oder Leistungspflicht des Angewiesenen**. Lehnt er die Annahme ab, kommt er nicht in Schuldnerverzug (RGRK/*Steffen* Rn 8). Allerdings kann sich eine Annahme- oder Leistungspflicht dem Verhältnis zwischen Angewiesenem und Anweisendem ergeben; verletzt er diese sich aus dem Deckungsverhältnis ergebende Pflicht, haftet er dem Anweisenden auf Schadensersatz wegen Nichterfüllung (Erman/*Heckelmann* Rn 5; RGRK/*Steffen* Rn 8; Staud/ *Marburger* Rn 7).

§ 788 Valutaverhältnis

Erteilt der Anweisende die Anweisung zu dem Zwecke, um seinerseits eine Leistung an den Anweisungsempfänger zu bewirken, so wird die Leistung, auch wenn der Angewiesene die Anweisung annimmt, erst mit der Leistung des Angewiesenen an den Anweisungsempfänger bewirkt.

A. Leistung im Valutaverhältnis. Zentraler Regelungsgehalt der Vorschrift ist, dass die Anweisung keine Zahlung darstellt. Dies entspricht dem allg Grundsatz des § 364 II. § 788 betrifft das Verhältnis zwischen Anweisendem und Anweisungsempfänger (**Valutaverhältnis**). Diese Regelung gilt jedoch nicht nur, wenn die Anweisung der Tilgung einer Schuld zwischen Anweisendem und Anweisungsempfänger dienen soll, sondern auch dann, wenn mit dieser andere Zwecke verfolgt werden (zB Darlehenshingabe, Schenkung). Die Regelung ist entspr auch auf den **Scheck** anwendbar (LG Braunschweig WM 79, 735). 1

B. Sonstige Regelung des Valutaverhältnisses. Abgesehen von den Regelungen der §§ 788 f bestimmt sich die Rechtsbeziehung zwischen Anweisendem und Anweisungsempfänger (Valutaverhältnis) nach dem zugrunde liegenden Kausalverhältnis. Dies gilt vor allem für die Frage, ob der Anweisungsempfänger eine Verpflichtung zur Einziehung hat oder ob er bei Nichtzahlung durch den Angewiesenen Rückgriff gegen den Anweisenden nehmen kann. Bei einer zahlungshalber erteilten Anweisung wird regelmäßig die Vereinbarung zugrunde liegen, dass sich der Anweisungsempfänger zunächst an den Angewiesenen halten soll und erst bei Nichteinlösung der Anweisung sich wegen der ursprünglichen Schuld an den Anweisenden halten darf (MüKo/*Hüffer* Rn 4; RGRK/*Steffen* Rn 2; Staud/*Marburger* Rn 5). 2

§ 789 Anzeigepflicht des Anweisungsempfängers

¹Verweigert der Angewiesene vor dem Eintritt der Leistungszeit die Annahme der Anweisung oder verweigert er die Leistung, so hat der Anweisungsempfänger dem Anweisenden unverzüglich Anzeige zu machen. ²Das Gleiche gilt, wenn der Anweisungsempfänger die Anweisung nicht geltend machen kann oder will.

Zwar hat der Anweisungsempfänger aus der Anweisung grds keine Verpflichtung ggü dem Anweisenden, in Ausnahme zu dieser Regel wird ihm jedoch nach § 789 eine **Anzeigepflicht** auferlegt. „Leistungszeit" iSd § 789 meint Zeitpunkt der Fälligkeit (RGZ 101, 312, 316). Die Anzeige hat **unverzüglich**, dh ohne schuldhaftes Zögern iSd § 121 zu erfolgen. Die Anzeigepflicht stellt eine Schutzpflicht iSd § 241 II dar (Staud/*Marburger* Rn 2). Sie gilt auch bei teilweiser Annahme- oder Leistungsverweigerung. Zwar stellt die Anzeige nach hM keine Willenserklärung dar, die rechtsgeschäftlichen Regelungen sind jedoch grds entspr anwendbar; dies gilt insbes für § 130. Entspr § 107 reicht beschränkte Geschäftsfähigkeit beim Anzeigenden aus. Wird eine Anzeige schuldhaft unterlassen oder erfolgt sie verspätet, ist der Anweisungsempfänger dem Anweisenden zum Schadensersatz verpflichtet (§§ 280 I, 241 II). 1

Über die Anzeigepflicht hinaus bestehen für den Anweisungsempfänger keine weiteren Pflichten, insbes keine Pflicht, zur Leistung aufzufordern. Weitere Pflichten können sich allenfalls aus dem Grundverhältnis ergeben. Der Anweisungsempfänger hat regelmäßig auch keinen Rückgriffsanspruch gegen den Anweisenden. Anders kann dies nur dann sein, wenn sich aus dem zugrunde liegenden Kausalverhältnis anderes ergibt bzw wenn der Anweisende eine (zumindest konkludente) Garantie für die Einlösung übernommen hat. 2

§ 790 Widerruf der Anweisung

¹Der Anweisende kann die Anweisung dem Angewiesenen gegenüber widerrufen, solange nicht der Angewiesene sie dem Anweisungsempfänger gegenüber angenommen oder die Leistung bewirkt hat. ²Dies gilt auch dann, wenn der Anweisende durch den Widerruf einer ihm gegen den Anweisungsempfänger obliegenden Verpflichtung zuwiderhandelt.

A. Erklärung des Widerrufs. Die lediglich Ermächtigungen, aber grds keine Verpflichtungen begründende Anweisung kann ggü dem Angewiesenen bis zur Annahme oder Leistung grds widerrufen werden. Das gilt nach § 790 S 2 selbst dann, wenn den Anweisenden ggü dem Anweisungsempfänger (Valutaverhältnis) eine Verpflichtung zur Aufrechterhaltung der Anweisung trifft (zB Kreditbrief). Diese Regelung dient dem Interesse des Angewiesenen, der nicht nachzuprüfen braucht, ob der Anweisende zum Widerruf berechtigt war oder nicht. Allerdings gilt § 790 S 2 nur, solange der Angewiesene nicht angenommen oder gar geleistet hat. 1

Auch der Widerruf einer kaufmännischen Anweisung ist bis zur Annahme oder Leistungsbewirkung nach § 790 möglich. Teilweise wird § 790 S 1 auf das **Akkreditiv** entspr angewendet (Erman/*Heckelmann* Rn 1; Staud/*Marburger* Rn 11; aA RGRK/*Steffen* Rn 6; Palandt/*Sprau* Rn 1). Hinsichtlich des **Schecks** ist in Abweichung von § 790 ein Widerruf erst nach Ablauf der Vorlegungsfrist wirksam (Art 32 I ScheckG). Die in der **Kreditkartenzahlung** liegende Anweisung ist aufgrund der zeitgleichen Annahme iSd § 784 nach § 790 S 1 von Anfang an unwiderruflich (Köln NJW-RR 02, 620 f; Schlesw WM 91, 453, 454; aA Karlsr NJW-RR 91, 237, 238; dazu auch *Meder* NJW 94, 2597 f). 2

3 Der Widerruf hat durch einseitige, empfangsbedürftige, formfreie Erklärung ggü dem Angewiesenen zu erfolgen. Weder ist nach dem Gesetzeswortlaut ein Widerruf ggü dem Anweisungsempfänger noch dessen Benachrichtigung vom Widerruf erforderlich. Allerdings soll nach einer Ansicht das Vertrauen des Empfängers nach §§ 170, 171 II, 172 II, 173 analog zu schützen sein (s MüKo/*Hüffer* Rn 4 aE; Staud/*Marburger* Rn 3). Eine Pflicht zur Benachrichtigung des Anweisungsempfängers kann sich aus dem Valutaverhältnis ergeben; ein lediglich diesem ggü erklärter Widerruf ist jedoch anweisungsrechtlich nicht wirksam (Staud/*Marburger* Rn 3 auch zur aA).

4 **B. Rechtsfolgen des Widerrufs.** Durch den Widerruf erlischt die Anweisung. Nimmt der Angewiesene trotz des Widerrufs die Anweisung an oder zahlt an den Empfänger, befreit ihn dies bei einer Anweisung auf Schuld nicht von seiner Verbindlichkeit ggü dem Anweisenden (Deckungsverhältnis). Weder nach Anweisungsrecht noch aus **GoA** (aA RGRK/*Steffen* Rn 5; Palandt/*Sprau* Rn 4) hat er einen Rückgriffsanspruch ggü dem Anweisenden. Umstritten ist, ob dem Angewiesenen ein **Bereicherungsanspruch** ggü dem Anweisenden oder ggü dem Anweisungsempfänger zusteht (s § 812 Rn 95 ff). Aufgrund der Schutzwürdigkeit analog §§ 170, 171 II, 172 II, 173 wird ein Bereicherungsdurchgriff gegen den Anweisungsempfänger abzulehnen sein (MüKo/*Hüffer* Rn 4; Staud/*Marburger* Rn 4). Bei Bösgläubigkeit wird ein Durchgriff zu bejahen sein (vgl auch BGHZ 87, 393, 396 ff; NJW 84, 1348, 1349; 84, 2205).

5 **C. Erlöschen und Ausschluss des Widerrufsrechts.** Nach § 790 S 1 erlischt das Widerrufsrecht mit der Annahme der Anweisung (§ 784) oder der Leistung durch den Angewiesenen. Dies gilt auch bei Annahme und Leistung vor Fälligkeit. Ein **Verzicht** auf das Widerrufsrecht ggü dem Anweisungsempfänger hat grds keine Auswirkungen auf das Widerrufsrecht des Anweisenden ggü dem Angewiesenen (allg M, s RGRK/*Steffen* Rn 3; Erman/*Heckelmann* Rn 1; Staud/*Marburger* Rn 6). Der Anweisende kann sich dem Anweisungsempfänger ggü lediglich zur Aufrechterhaltung der Anweisung verpflichten; ein unwiderrufliches Einziehungsrecht erhält der Anweisungsempfänger durch Zession und unwiderrufliche Inkassovollmacht. Der Anweisende kann nach hM ggü dem Angewiesenen auf den Widerruf verzichten; widerruft er dann doch, ist der Widerruf unwirksam (MüKo/*Hüffer* Rn 6). Teilweise wird eine (zugegangene) einseitige Verzichtserklärung des Anweisenden für genügend erachtet, da der Ausschluss für die anderen Beteiligten lediglich vorteilhaft sei (Staud/*Marburger* Rn 7; aA RGRK/*Steffen* Rn 3, 4). Daher wird auch ein Verzicht, der in die Anweisungsurkunde aufgenommen ist, als hinreichend angesehen (Staud/*Marburger* Rn 7; aA RG WarnR 1918 Nr 9).

6 **D. Sonstige Erlöschensgründe bzgl der Anweisung.** Die Anweisung erlischt bei Unmöglichkeit der Leistung an den Anweisungsempfänger. Umstritten ist, ob der Untergang der Anweisungsurkunde zum Erlöschen der Anweisung führt (abl Erman/*Heckelmann* Rn 5; Staud/*Marburger* Rn 10; bejahend RGRK/*Steffen* Rn 9; Palandt/*Sprau* Rn 7). Eine Rückgabe an den Anweisenden, bevor sie der Angewiesene zur Annahme oder Zahlung vorgelegt wird, soll ebenfalls zum Erlöschen führen (s Palandt/*Sprau* Rn 7; Staud/*Marburger* Rn 8). Bei Verlust der Urkunde nach der Annahme schützt § 785 den Angewiesenen; teilweise wird § 371 S 2 für anwendbar gehalten (Palandt/*Sprau* Rn 7; aA: § 365 II HGB analog).

§ 791 Tod oder Geschäftsunfähigkeit eines Beteiligten

Die Anweisung erlischt nicht durch den Tod oder den Eintritt der Geschäftsunfähigkeit eines der Beteiligten.

1 **A. Tod oder Eintritt der Geschäftsunfähigkeit.** Diese Regelung dient der Sicherheit des Zahlungsverkehrs. Sie hat Geltung sowohl für die angenommene als auch die nicht angenommene Anweisung. § 791 gilt nicht nur für den Fall des Todes oder Verlusts der Geschäftsfähigkeit eines Beteiligten, sondern auch bei Anordnung eines Einwilligungsvorbehalts iSd § 1903 (Palandt/*Sprau* Rn 1). Da § 791 abdingbar ist, kann sich eine abw Regelung etwa aus einer Einschränkung in der Urkunde oder dem Annahmevermerk ergeben oder aber ganz allg aus den Umständen ergeben (MüKo/*Hüffer* Rn 1; RGRK/*Steffen* Rn 1; Staud/*Marburger* Rn 2; aA Erman/*Heckelmann* Rn 1: nur aus der Urkunde). Die Erben des Anweisenden können die Anweisung ihrerseits nach § 790 widerrufen.

2 **B. Insolvenz.** Die Insolvenz eines Beteiligten führt nicht zum Erlöschen der Anweisung. Bei **Insolvenz des Anweisenden** ist § 115 InsO selbst nicht anwendbar. Der Insolvenzverwalter hat die Anweisung, sofern sie noch nicht unwiderruflich geworden ist, zu widerrufen (§ 790). Bei der **Anweisung auf Schuld** (§ 787) wird der Angewiesene nach Eröffnung des Insolvenzverfahrens nur frei, wenn er entweder an den Insolvenzverwalter leistet oder das Geleistete in die Masse gelangt. Wird ohne Wissen vom Insolvenzverfahren geleistet, gilt der Schutz des § 82 InsO. Eine Befreiung tritt auch dann ein, wenn die Leistung an den Anweisungsempfänger durch eine Annahme erfolgt, die ggü der Insolvenzmasse wirksam ist (s MüKo/*Hüffer* Rn 4, Staud/*Marburger* Rn 3). Bei der **Anweisung auf Kredit** dagegen findet § 82 InsO zugunsten des Angewiesenen weder bzgl der Leistung noch hinsichtlich der Annahme Anwendung.

Wird der **Angewiesene** insolvent, ist nach Eröffnung des Insolvenzverfahrens die Anweisung dem Insolvenz- 3
verwalter vorzulegen; nur diese kann sie annehmen oder leisten (§§ 80 f InsO). Nimmt er, was nur selten der
Fall sein wird, die Anweisung an, entsteht eine Masseschuld iSd § 55 I Nr 1 InsO. Hat der Angewiesene die
Anweisung bereits vor der Eröffnung des Insolvenzverfahrens angenommen, ist der Anspruch eine Insolvenzforderung des Anweisungsempfängers.

Bei Insolvenz des **Anweisungsempfängers** kann § 115 InsO nicht angewendet werden; die Anweisung erlischt 4
daher nicht. Mit Eröffnung des Insolvenzverfahrens hat der Insolvenzverwalter die Befugnis, die Rechte aus
der Anweisung geltend zu machen. Unabhängig davon, ob die Anweisung angenommen ist, gehört das Recht
aus der Anweisung nach hM zur Insolvenzmasse (Staud/*Marburger* Rn 6). Umstritten ist, ob dies auch dann
gilt, wenn die Übertragung der Anweisung nach § 792 II ausgeschlossen ist (bejahend Staud/*Marburger* Rn 6;
verneinend RGRK/*Steffen* Rn 4). Die Pflichten dem Anweisenden ggü untersagen dem Angewiesenen regelmäßig die Annahme der Anweisung, nachdem er Kenntnis von der Insolvenzeröffnung erlangt hat. Annahme
oder Zahlung in Unkenntnis der Eröffnung des Insolvenzverfahrens muss der Anweisende gegen sich gelten
lassen (RGRK/*Steffen* Rn 4; Staud/*Marburger* Rn 6).

§ 792 Übertragung der Anweisung

(1) ¹Der Anweisungsempfänger kann die Anweisung durch Vertrag mit einem Dritten auf diesen übertragen, auch wenn sie noch nicht angenommen worden ist. ²Die Übertragungserklärung bedarf der schriftlichen Form. ³Zur Übertragung ist die Aushändigung der Anweisung an den Dritten erforderlich.
(2) ¹Der Anweisende kann die Übertragung ausschließen. ²Die Ausschließung ist dem Angewiesenen gegenüber nur wirksam, wenn sie aus der Anweisung zu entnehmen ist oder wenn sie von dem Anweisenden dem
Angewiesenen mitgeteilt wird, bevor dieser die Anweisung annimmt oder die Leistung bewirkt.
(3) ¹Nimmt der Angewiesene die Anweisung dem Erwerber gegenüber an, so kann er aus einem zwischen
ihm und dem Anweisungsempfänger bestehenden Rechtsverhältnis Einwendungen nicht herleiten. ²Im
Übrigen finden auf die Übertragung der Anweisung die für die Abtretung einer Forderung geltenden Vorschriften entsprechende Anwendung.

A. Übertragung der Anweisung. Nach § 792 I ist eine Übertragung der Anweisung grds möglich. Bei 1
noch nicht angenommener Anweisung wird die Einziehungsermächtigung übertragen (§§ 398 ff analog).
Nach Annahme der Anweisung erfolgt zugleich eine Abtretung der abstrakten Forderung aus der
Annahme (§§ 398 ff). Die Übertragung erfolgt durch einen **Übertragungsvertrag** zwischen Anweisungsempfänger und Erwerber der Anweisung. Die Übertragungserklärung muss schriftlich abgegeben werden
(§ 126), wobei dies nicht zwingend auf der Urkunde selbst zu erfolgen hat. Die Annahme durch den
Erwerber ist formfrei und wird zumeist konkludent durch Entgegennahme der Anweisungsurkunde
geschehen. Erforderlich ist des Weiteren die **Aushändigung** der Anweisungsurkunde (Verschaffung des
unmittelbaren Besitzes) an den Erwerber. Anders als die bürgerlich-rechtliche Anweisung werden die
kaufmännische Anweisung und der Scheck durch Indossament übertragen (§§ 363 ff HGB, Art 14 ff
ScheckG); hier besteht, anders als bei der bürgerlich-rechtlichen Anweisung, ein besonderer Gutglaubensschutz zugunsten des Erwerbers.

B. Ausschluss der Übertragung. Der Ausschluss der Übertragung ist lediglich dann wirksam, wenn er sich 2
entweder aus der Urkunde ergibt oder wenn der Anweisende den Ausschluss vor Annahme oder Leistung
dem Angewiesenen mitgeteilt hat. Anderweitige Kenntnisnahme des Angewiesenen genügt nicht. Nicht
ausreichend ist daher, nur dem Anweisungsempfänger Mitteilung vom Ausschluss zu machen. Auch eine
Mitteilung erst nach der Annahme oder Leistung kann nicht ausreichen. Für die Praxis unerheblich ist, ob
die Mitteilung als Willenserklärung gesehen wird (RGRK/*Steffen* Rn 5) oder als einseitige geschäftsähnliche
Handlung (Staud/*Marburger* Rn 12), da die §§ 130 ff jedenfalls entspr anwendbar sind.

C. Einwendungen. Erfolgt die Übertragung vor Annahme der Anweisung, kann der Angewiesene keine Ein- 3
wendungen aus dem Rechtsverhältnis zwischen ihm und dem ersten Empfänger der Anweisung geltend
machen. Erfolgt die **Übertragung nach Annahme** wird nicht nur die Empfangsermächtigung, sondern auch
die abstrakte Forderung aus der Annahme durch den Angewiesenen übertragen. Anwendbar sind daher vor
allem die §§ 402, 404, 405 und 406. Die §§ 398 f werden durch § 792 I, II verdrängt, die §§ 403 u 409 f durch
die §§ 792, 785. Als unanwendbar werden auch die §§ 407 f angesehen, da wegen § 785 der Angewiesene dieses Schutzes nicht bedarf (Staud/*Marburger* Rn 9).

D. Rückgriff. Ein Rückgriffsrecht wird bei Nichteinlösen der Anweisung durch den Angewiesenen gegen 4
den jeweiligen Vormann lediglich nach dem Rechtsgeschäft, das der Übertragung der Anweisung zugrunde
liegt, eröffnet.

Titel 24 Schuldverschreibung auf den Inhaber

§ 793 Rechte aus der Schuldverschreibung auf den Inhaber

(1) ¹Hat jemand eine Urkunde ausgestellt, in der er dem Inhaber der Urkunde eine Leistung verspricht (Schuldverschreibung auf den Inhaber), so kann der Inhaber von ihm die Leistung nach Maßgabe des Versprechens verlangen, es sei denn, dass er zur Verfügung über die Urkunde nicht berechtigt ist. ²Der Aussteller wird jedoch auch durch die Leistung an einen nicht zur Verfügung berechtigten Inhaber befreit.

(2) ¹Die Gültigkeit der Unterzeichnung kann durch eine in die Urkunde aufgenommene Bestimmung von der Beobachtung einer besonderen Form abhängig gemacht werden. ²Zur Unterzeichnung genügt eine im Wege der mechanischen Vervielfältigung hergestellte Namensunterschrift.

1 **A. Grundlagen. I. Wertpapierbegriff.** Ein Wertpapier ist nach hM eine Urkunde, die ein privates Recht so verbrieft, dass zu dessen Geltendmachung das Innehaben der Urkunde erforderlich ist (weiter Wertpapierbegriff, s *Zöllner* § 3 III 4. b). Kein Wertpapier ist daher eine Urkunde, welche als einfaches Legitimationspapier nur zum Zwecke des Beweises dient (zB Schuldschein) oder den Inhaber zum Empfang der schuldbefreienden Leistung legitimiert (zB Garderobenmarke); hier kann der Gläubiger sein Recht auf andere Weise als durch Vorlage der Urkunde nachweisen. Wie das verbriefte Recht übertragen wird, spielt für die Eigenschaft als Wertpapier keine Rolle. Rektapapiere können lediglich durch Zession (§§ 398, 413) übertragen werden, Inhaber- und Orderpapiere auch durch Übereignung (§§ 929 ff) und Orderpapiere darüber hinaus durch Indossament (s Art 11 WG). Je nach Art des verbrieften Rechts können Mitgliedschaftspapiere (zB Aktien), sachenrechtliche Wertpapiere (zB Grundschuldbrief), und forderungsrechtliche Wertpapiere (zB Schuldverschreibung auf den Inhaber) unterschieden werden. Nach der Art der Bestimmung des Berechtigten aus dem Wertpapiere lassen sich die Wertpapiere in Wertpapierarten einteilen (*Zöllner* § 2 II).

2 **II. Arten der Wertpapiere. 1. Inhaberpapiere.** Bei **Inhaberpapieren** verspricht der Aussteller die Leistung dem jeweiligen Inhaber der Urkunde, dh der Name des Berechtigten wird nicht genannt. Der jeweilige Inhaber ist als berechtigt ausgewiesen, das verbriefte Recht geltend zu machen (Legitimation des Inhabers), dh es besteht die widerlegbare Vermutung der materiellen Berechtigung. Die Durchsetzbarkeit des Rechts ist also vom Innehaben (nicht zwingend dem unmittelbaren Besitz) der Urkunde abhängig (*Zöllner* § 2 II 1). Die Übertragung des Rechts erfolgt grds durch Übereignung der Urkunde nach den §§ 929 ff, so dass gutgläubiger Erwerb bei abhanden gekommenen Urkunden nach § 935 II möglich ist; allerdings ist auch eine Übertragung nach den §§ 398, 413 möglich, so dass das Eigentum an der Urkunde nach § 952 II kraft Gesetzes übergeht. Inhaberpapiere können Forderungen verbriefen oder ein Mitgliedschaftsrecht. Inhaberpapiere sind zB die Inhaberschuldverschreibung (§§ 793 ff), die Inhaberaktie (§ 10 I Alt 1 AktG), der Inhaberscheck (Art 5 ScheckG), der Inhabergrund- oder Rentenschuldbrief (§§ 1195, 1199). Auch die Inhaberzeichen des § 807 zählen zu den Inhaberpapieren. Die sich lediglich auf Forderungen beziehenden §§ 793–806 bzw § 807 können auf Mitgliedschaftsrechte entspr angewendet werden, sofern sich nicht aus der Eigenart des Mitgliedschaftsrechts etwas anderes ergibt (*Zöllner* § 29 II 1; RGRK/*Steffen* vor § 793 Rn 20). Dagegen ist der auf den Inhaber ausgestellte Versicherungsschein lediglich qualifiziertes Legitimationspapier (§ 4 I VVG iVm § 808; s BGH NJW 00, 2103, 2104; NJW-RR 99, 898, 899).

3 **2. Orderpapiere.** Die Orderpapiere werden auf eine konkrete Person oder deren Order ausgestellt. Der Berechtigte, der das verbriefte Recht geltend machen kann, wird namentlich benannt. Eine Übertragung des verbrieften Rechts an einen anderen erfolgt durch Indossament (Begebungsvermerk) und Übereignung (§§ 929 ff) der Urkunde. Das Indossament ist eine einseitige schriftliche Erklärung, zu der regelmäßig eine Einigung über den Rechtsübergang (Begebungsvertrag) hinzutreten muss. Dem in dieser Weise Legitimierten können nur begrenzt Einwendungen entgegengehalten werden (vgl Einwendungsausschluss des Art 17 WG, § 364 HGB). Erfolgt die Übertragung durch Übereignung des Papiers oder Abtretung ohne Indossament, können die Wirkungen des Indossaments (zB Art 17 WG) nicht eintreten (BaRoth/*Gehrlein* Rn 4). Die widerlegbare Vermutung der materiellen Berechtigung besteht nur ggü dem vom Aussteller benannten Inhaber oder ggü dem durch eine ununterbrochene Reihe von Indossamenten als letzter Berechtigter Ausgewiesenen (vgl Art 16 I WG). **Geborene Orderpapiere** können allgemein (ohne nähere Bestimmung durch den Aussteller) durch Indossament übertragen werden (zB Wechsel, Art 11 I WG; Scheck, Art 14 I ScheckG). Sog **gekorene Orderpapiere** werden allein durch die Orderklausel (ausdrückliche Anordnung des Ausstellers im Papier) durch Indossament übertragbar (die sechs handelsrechtlichen Orderpapiere des § 363 HGB).

4 **3. Namenspapiere (Rektapapiere).** Rektapapiere benennen den Berechtigten in der Urkunde namentlich. Allein der Benannte bzw sein Rechtsnachfolger, der jedoch den Nachweis des Übergangs führen muss, hat die Befugnis zur Geltendmachung des Anspruchs, da nur für ihn der Besitz des Papiers die widerlegbare Vermutung der materiellen Berechtigung begründet. Ein Gläubigerwechsel kann nur durch Abtretung des Anspruchs (§§ 398, 413) eintreten. Erhoben werden können alle Einwendungen, die gegen den Rechtsvorgän-

ger des Gläubigers entstanden sind, ein gutgläubiger Erwerb findet grds nicht statt (§ 404); Ausnahmen hierzu finden sich für die Hypothek (§§ 892 f, 1138) sowie für die Grundschuld (§§ 892 f). Der Eigentumsübergang an der Urkunde erfolgt nach § 952 kraft Gesetzes. Namenspapiere sind zB der Hypothekenbrief (§ 1116), die bürgerlich-rechtliche Anweisung (§§ 783 ff), die handelsrechtlichen Wertpapiere des § 363 HGB, sofern sie nicht an Order lauten, Wechsel und Scheck mit negativer Orderklausel (Art 11 II WG, Art 14 II ScheckG) sowie der Sparbrief (BGH WM 92, 1522, 1523; zur Frage der Verjährung Hamm WM 99, 2021). Erfolgt die Anlegung auf den Namen eines Dritten, so ist dieser Gläubiger.

4. Legitimationspapiere. Legitimationspapiere entfalten ihre Legitimationswirkung nur zugunsten des Schuldners. Werden sie vorgelegt, kann der Schuldner, ohne dazu verpflichtet zu sein, an den Inhaber mit befreiender Wirkung leisten. Qualifizierte Legitimationspapiere (oder hinkende Inhaberpapiere) nach § 808 sind Wertpapiere (zB Sparbuch, s § 808 Rn 2). Eine Zahlungsverpflichtung des Ausstellers resultiert zwar nicht schon aus der Vorlage der Urkunde, allerdings kann er die Zahlung von der Urkundenvorlage abhängig machen und dann Zahlung mit befreiender Wirkung vornehmen. Einfache Legitimationspapiere sind dagegen keine Wertpapiere, da sie nicht selbst Träger von Vermögensrechten sind, sondern lediglich Ausweiserleichterung dienen (zB Garderobenmarke, Gepäckschein). Der Schuldner kann hier mit befreiender Wirkung an den Inhaber leisten, der Gläubiger kann sein Recht aber auch ohne Vorlage des Papiers geltend machen, wobei er im Streitfall den Nachweis der Berechtigung zu führen hat.

III. Ergänzende Vorschriften. Die §§ 793–806 stellen **keine abschließende** Regelung der Inhaberschuldverschreibung dar. Ergänzend sind daher heranzuziehen (näher Staud/*Marburger* Vor §§ 793–808 Rn 20 ff) die §§ 232 ff (Sicherheitsleistung), §§ 246 ff (Zins), §§ 929 ff, 935 II sowie §§ 366, 367 HGB (Übertragung), §§ 1006 I 2, 1007 II 2 (Eigentum und Besitz), §§ 1081–1084 (Nießbrauch an Inhaberpapieren), §§ 1187 f (Sicherungshypothek), § 1195 (Inhabergrundschuldbrief) sowie §§ 1293–1296 (Pfandrecht). Außerdem spielen die §§ 1814 ff, 1853, 1908 i 1, 1915 (Vermögensverwaltung des Vormunds, Pflegers oder Betreuers), die §§ 1643 I, 1822 Nr 9, 1646 I 2, 1667 III 2 (elterliche Vermögensverwaltung), der § 1362 I 3 (güterrechtliche Eigentumsvermutung) sowie die §§ 2116 ff, 2136 (Nacherbschaft) eine Rolle. § 808 behandelt die qualifizierten Legitimationspapiere.

Landesrechtliche Vorbehalte finden sich in den Art 97–102 sowie **Übergangsvorschriften** in den Art 174-178 EGBGB. Für die **Schuldverschreibungen der Bundesrepublik** gelten die Regelungen des Bundeswertpapierverwaltungsgesetzes vom 11.12.01 (BGBl I 3519). **Hypothekenpfandbriefe und Kommunalschuldverschreibungen** von den privatrechtlichen Hypothekenbanken ausgegebene Schuldverschreibungen (s Hypothekenbankgesetz) oder Schuldverschreibungen öffentlich-rechtlichen Kreditanstalten (Gesetz v 8.5.63 idF v 9.9.98, BGBl I 2772). Die Ausgabe von **Schiffspfandbriefen** wird durch das Schiffsbankgesetz (idF v 8.5.63, BGBl I 301) geregelt. Die Ausstellung und Ausgabe von **Investmentanteilscheinen** regelt das Investmentgesetz v 15.12.03, BGBl I 2676 (zum alten Recht noch BGH NJW 99, 1393 ff).

B. Begriff der Schuldverschreibung auf den Inhaber. Die Schuldverschreibung auf den Inhaber ist eine Urkunde, in welcher der Aussteller zu einer Leistung an den verfügungsberechtigten Inhaber der Urkunde verpflichtet wird. Sie ist ein Inhaberpapier. Die Errichtung der Urkunde ist konstitutiv, dh das verbriefte Recht kann nicht ohne Urkunde entstehen. Zugunsten des Erwerbers sind Schutzvorschriften erstellt (§ 793 I 1, §§ 794, 796), da die Urkunde von ihrem wirtschaftlichen Zweck her zum Umlauf bestimmt ist.

Inhaberschuldverschreibungen sind verbriefte auf den Inhaber lautende Anleihen des Bundes, der Länder, der Gemeinden sowie der öffentlich-rechtlichen Körperschaften, auf den Inhaber ausgestellte Genussscheine, Zerobonds (*Ulmer/Ihrig* ZIP 85, 1169 ff); Aktienanleihen (Reverse Convertible Bonds), Inhabergrundschuldbriefe, § 1195; Inhaberlagerscheine (RGZ 142, 150), Lotterielose (Staud/*Marburger* Vor §§ 793–808 Rn 66). Keine Inhaberschuldverschreibungen sind dagegen etwa Anteilscheine einer GmbH (lediglich Beweisurkunde, nicht selbst Wertträger), Zinserneuerungsscheine (Talons; s RGZ 74, 339, 341), Banknoten, Bundesschatzbriefe, Investmentanteilscheine, Sparbriefe (Namensschuldverschreibungen), Inhaberaktien, Anweisungen (§ 783) und Wechsel, die nicht auf den Inhaber gestellt werden können (Art 1 Nr 6, 2 I WG).

C. Voraussetzungen. I. Inhalt der Urkunde. Inhalt der Urkunde ist das Leistungsversprechen des Ausstellers dem Inhaber der Urkunde ggü. Bei Zweifeln ist der Inhalt der Schuldverschreibungsurkunde (auch bei börsengängigen Schuldverschreibungen, BGHZ 28, 259, 263) durch **Auslegung** (§§ 133, 157). Die Auslegung erfolgt nach objektiven Kriterien. Ausgehend vom Wortlaut können aber auch außerhalb der Urkunde liegende Umstände (zB Anlass und Zweck der Ausgabe) bei der Auslegung Berücksichtigung finden (BGHZ 28, 259, 263 f). Da es sich um massenhaft verwendete Erklärungen handelt, können nach einer Ansicht die für AGB geltenden Auslegungsgrundsätze herangezogen werden (Frankf ZIP 94, 26 ff für Anleihebedingungen); der BGH lehnt dies ab (BGH NJW 05, 2917 ff). Die Unklarheitenregelung des § 305 c II soll entspr anwendbar sein (Staud/*Marburger* Rn 9). Zur uneingeschränkten Nachprüfbarkeit der Auslegung durch das Revisionsgericht für im Bundesgebiet verbreitete Schuldverschreibungen s BGHZ 28, 259, 263; NJW 62, 1436, 1437.

11 Das **Leistungsversprechen** des Ausstellers, dem Inhaber der Urkunde ggü eine Leistung zu erbringen, braucht nicht ausdrücklich zu erfolgen. Lediglich ein Forderungsrecht kann verbrieft werden (Bambg NJW-RR 89, 1449, 1450). Werden andere Rechte, zB Mitgliedschaftsrechte (Inhaberaktien), verbrieft, kommt allerdings eine analoge Anwendung der §§ 793 ff in Betracht. Unerheblich ist die Art der versprochenen Leistung, allerdings wird zumeist eine Geldleistung vorliegen. Möglich sind jedoch auch andere Leistungen (zB Inhaberlagerschein, Optionsscheine, die ein Bezugs- oder Veräußerungsrecht auf andere Papiere verbriefen). Die Angabe einer bestimmten Geldsumme ist nicht erforderlich, die Leistung kann von einer Bedingung abhängig gemacht werden (zB Dividendenscheine). Bei dem Leistungsversprechen handelt es sich idR um ein selbständiges Schuldversprechen iSd § 780 (München NJW-RR 99, 557). Nicht notwendig, aber zulässig ist die Angabe eines Schuldgrundes, etwa um sich Einwendungen aus dem Kausalverhältnis nach § 796 vorzubehalten. Auch Einschränkungen, wie etwa Bedingungen und Nebenabreden können vorgenommen werden (s aber München NJW-RR 99, 557, wo eine Einschränkung bzgl der Steuerfreiheit der Zinsen bei Sozialpfandbriefen abgelehnt wird).

12 Die Leistung muss dem Inhaber der Urkunde versprochen werden (**Inhaberklausel**). Dies braucht nicht ausdrücklich und unter Verwendung des Wortes „Inhaber" zu erfolgen. Ausreichend ist vielmehr, dass aus dem Urkundsinhalt und der Verkehrssitte hinreichend deutlich wird, dass der Aussteller jedem berechtigten Inhaber verpflichtet sein will. Staatsschuldverschreibungen und Zinsscheine sind daher auf den Inhaber ausgestellt, auch wenn dies nicht ausdrücklich erwähnt wird. Zulässig ist es, einen bestimmten Gläubiger in der Urkunde zu nennen, sofern dort gleichzeitig deutlich wird, dass die Verpflichtung zur Zahlung jedem Inhaber ggü besteht. Die Ergänzung „für Inhaber oder Order" macht die Urkunde nicht zum Orderpapier, sofern nicht eine bestimmte Person bezeichnet wird, deren Order maßgeblich sein soll (RGZ 78, 149, 151).

13 Der **Aussteller** muss aus dem Inhalt der Urkunde erkennbar sein. An die Person des Ausstellers sind keine Bedingungen geknüpft, allerdings ergeben sich für einige Inhaberpapiere Beschränkungen (zB nach § 14 BBankG für Banknoten). Wollen Eltern, der Betreuer oder der Vormund Aussteller sein, ist für die Ausstellung eine Genehmigung des Familien- bzw des Vormundschaftsgerichts erforderlich (§§ 1643 I, 1822 Nr 9, § 1908 i).

14 **II. Form.** Das Leistungsversprechen hat in einer **Urkunde** enthalten zu sein. Urkunde ist dabei eine schriftliche Gedankenäußerung, die den Aussteller erkennen lässt und zum Beweis im Rechtsverkehr geeignet und bestimmt ist (Staud/*Marburger* Rn 2). Die Unterschrift des Ausstellers kann abweichend von § 126 auch durch eine mittels mechanischer Vervielfältigung hergestellten Namensunterschrift (Faksimile) des Ausstellers erfolgen (§ 793 II 2). Eine lediglich in gewöhnlichem Druck hergestellte Namensunterschrift genügt dem Erfordernis des § 793 II 2 jedoch nicht. Die mechanische Herstellung der Unterschrift muss allerdings auch dem Willen des Ausstellers entsprechen. § 793 II findet auf sog kleine Inhaberpapiere des § 807 keine Anwendung. Nach § 793 II 1 kann die Gültigkeit der Unterschrift von der Beobachtung einer in der Urkunde vorgeschriebenen besonderen Form abhängig gemacht werden (zB Erfordernis eines Ausfertigungsvermerks oder Siegels, Unterschrift eines Kontrolleurs). Allerdings ist erforderlich, dass in der Urkunde auf die Notwendigkeit einer besonderen Form hingewiesen wird. Art 100 Nr 1 EGBGB sieht einen landesgesetzlichen Vorbehalt vor (keine besondere Vorschrift in der Urkunde erforderlich).

15 **III. Entstehung der Verpflichtung.** Für das Entstehen der Verpflichtung ist die Errichtung der Urkunde erforderlich, aber als solche noch nicht ausreichend. Notwendig ist darüber hinaus nach heute ganz hM ein **Begebungsvertrag**, dh die vertragliche Begebung des Papiers vom Aussteller an den ersten Nehmer (sog Vertragstheorie; s BGH NJW 73, 282 ff; *Zöllner* § 6 V 4). Der Begebungsvertrag umfasst nach hM nicht nur den schuldrechtlichen Teil, sondern auch das dingliche Verfügungsgeschäft (Staud/*Marburger* Rn 14 mwN). Es wird also zum einen dadurch schuldrechtlich die verbriefte Forderung begründet, zum anderen wird sachenrechtlich das Eigentum an der Urkunde auf den Erwerber übertragen, §§ 929 ff, dh idR Einigung und Übergabe des Papiers. Auf den schuldrechtlichen Vertrag zwischen Aussteller und Ersterwerber sind grds die Regelungen zu den Nichtigkeitsgründen, Willens- und Vertretungsmängeln anwendbar. Allerdings bedarf die Vertragstheorie, um die Verkehrsfähigkeit der Inhaberschuldverschreibung zu erhalten, nach ganz hM einer Einschränkung. Die verbriefte Forderung entsteht in der Person des gutgläubigen Zweiterwerbers trotz fehlendem oder unwirksamem Begebungsvertrag, sofern der Aussteller den Rechtsschein eines gültigen Begebungsvertrags zurechenbar veranlasst hat (sog Rechtsscheintheorie; s *Hueck/Canaris* § 3 II); dies ist regelmäßig dann der Fall, wenn der Aussteller bei Ausstellung voll geschäftsfähig oder die Zustimmung des gesetzlichen Vertreters vorhanden war und er die Urkunde bewusst und willentlich ausgestellt hat. Liegen diese Voraussetzungen nicht vor, so liegt eine Einwendung iSd § 796 gegen die Gültigkeit der Ausstellung vor.

16 **IV. Rechtsfolgen.** Materiell berechtigt und daher Gläubiger der verbrieften Forderung ist der **Eigentümer** des Papiers. Berechtigt ist daher zunächst der Ersterwerber, dessen Eigentumserwerb durch einen wirksamen Begebungsvertrag mit dem Aussteller sowie durch Übertragung nach den §§ 929 ff erfolgt. Bei nachfolgenden Inhabern kann auch ein gutgläubiger Erwerb nach §§ 932 ff, 935 II, sowie §§ 366 f HGB erfolgen (s BGH NJW 94, 2093 f). Wird der Erwerb und die Veräußerung von Inhaberschuldverschreibungen durch eine Bank

vermittelt, sind die §§ 18 I und III, 24 II DepotG zu beachten (*Zöllner* § 27 I 5). Erwirbt ein ehemals bösgläubiger, nichtberechtigter Inhaber die Schuldverschreibung zurück, kann er sich nicht auf die Gutgläubigkeit seiner Nachmänner berufen (BGH NJW 71, 806 bzgl Wechsel; BGH NJW 74, 1512, 1513 bzgl Scheck). Bei einem Rückerwerb der Schuldverschreibung durch den Aussteller soll aufgrund des starken sachenrechtlichen Einschlags der Rechtssatz vom Untergang der Forderung durch Zusammentreffen von Gläubiger- und Schuldnerschaft hier nicht anwendbar sein (RGZ 147, 233, 243 f; zust etwa Erman/*Heckelmann* Rn 8; genauer Staud/*Marburger* Rn 19). Dagegen erlischt die Forderung, wenn bei der Einlösung der Schuldverschreibung durch den Aussteller durch Zahlung (Staud/*Marburger* Rn 19).

Legitimationswirkung entfaltet die Inhaberschuldverschreibung zum einen zugunsten des Inhabers der 17 Urkunde und zum anderen zugunsten des Ausstellers. Wer die formell ordnungsgemäße Urkunde in den Händen hält, gilt (widerlegbar) als der materiell Berechtigte (**formelle Legitimation des Inhabers**). Der Aussteller trägt im Zweifel die Beweislast für die fehlende sachliche Berechtigung des Inhabers. Für den Urkundsbesitzer gilt die **Eigentumsvermutung** des § 1006. Inhaber ist, wer die rein tatsächliche Gewalt über das Papier ausübt. Dies kann auch der mittelbare Besitzer sein, sofern das verbriefte Recht für den Auftraggeber geltend gemacht wird. Macht es der Besitzdiener/Besitzmittler für sich selbst geltend, so ist er als Inhaber anzusehen, nicht mehr der mittelbare Besitzer (*Zöllner* § 2 II 1 a). Der materiell berechtigte Inhaber kann nach § 793 I 1 vom Aussteller (gegen Aushändigung der Urkunde) die Leistung nach Maßgabe des Versprechens verlangen.

Mit der Legitimationswirkung zugunsten des Inhabers geht die **Legitimationswirkung zugunsten des Ausstellers** 18 der Urkunde als Schuldner einher. Der Schuldner ist zwar einerseits jedem materiell berechtigten Inhaber zur Leistung verpflichtet (§ 793 I 1), andererseits ist er an den Inhaber der Urkunde zur Leistung berechtigt (§ 793 I 2), auch wenn dem Inhaber die materielle Berechtigung oder die Vertretungsbefugnis für den Berechtigten fehlt (**Liberationswirkung**). Auch die Leistung an einen Geschäftsunfähigen oder beschränkt Geschäftsfähigen wirkt befreiend (MüKo/*Hüffer* Rn 24; aA Staud/*Marburger* Rn 29 mwN). Der Aussteller muss damit die Legitimation des Inhabers nicht prüfen, er ist aber dazu berechtigt. Lehnt er eine Leistung an den Inhaber ab, so hat er zu beweisen, dass der Inhaber hinsichtlich der Urkunde nicht verfügungsbefugt ist, da er weder Eigentümer ist noch als Pfandgläubiger, Vormund, Betreuer, Insolvenzverwalter oder Testamentsvollstrecker seine Berechtigung von diesem ableiten kann. Nicht berechtigt ist etwa derjenige, der von einem Nichtberechtigten bösgläubig erworben hat, der die Urkunde gestohlen hat oder der den Besitz ohne Verfügungsbefugnis erlangt hat (zB Verwahrer). Der wahre Berechtigte hat gegen den Nichtberechtigten ggf einen Ausgleichsanspruch aus § 816 II.

Aufgrund der Schutzbedürftigkeit lediglich des redlichen Verkehrs liegt eine Ausnahme von der Liberations- 19 wirkung des § 793 I 2 und damit **keine schuldbefreiende Leistung** vor, wenn der leistende Aussteller die Nichtberechtigung oder fehlende Geschäftsfähigkeit (Ddorf WM 71, 231, 233 zu § 808) des Inhabers, die er positiv kennt, leicht nachweisen kann. Dabei soll nach hM – in analoger Anwendung von Art 40 III WG – die grob fahrlässige Unkenntnis der positiven Kenntnis gleichstehen (MüKo/*Hüffer* Rn 23 f; *Zöllner* § 27 I 3; aA RGRK/*Steffen* Rn 23).

§ 794 Haftung des Ausstellers

(1) Der Aussteller wird aus einer Schuldverschreibung auf den Inhaber auch dann verpflichtet, wenn sie ihm gestohlen worden oder verloren gegangen oder wenn sie sonst ohne seinen Willen in den Verkehr gelangt ist.
(2) Auf die Wirksamkeit einer Schuldverschreibung auf den Inhaber ist es ohne Einfluss, wenn die Urkunde ausgegeben wird, nachdem der Aussteller gestorben oder geschäftsunfähig geworden ist.

A. Fehlender Begebungsvertrag. § 794 ist nach heute allg Ansicht Ausfluss der Rechtsscheinshaftung. Der 1 Aussteller ist aufgrund § 794 I nach heute hM nicht schon dem Ersterwerber der Urkunde, sondern nur dem **redlichen rechtsgeschäftlichen Zweiterwerber** bzw des späteren Erwerbers ggü verpflichtet. Erfasst ist der Fall, dass die Urkunde zwar ausgestellt ist, die Forderung aber aufgrund des Fehlens eines gültigen Begebungsvertrags nicht entstanden ist. Der Normzweck zielt also auf die gesteigerte Umlauffähigkeit der verbrieften Forderung. **Voraussetzung** ist, dass der Aussteller zum einen den zurechenbaren Rechtsschein einer Begebung gesetzt hat und zum anderen, dass der Inhaber der Urkunde zur Verfügung befugt ist, dh er muss entweder selbst gutgläubig erworben haben oder von einem gutgläubigen Vorerwerber. **Nicht anwendbar** ist § 794 (analog) auf Inhaberaktien (aA Staud/*Marburger* Rn 7), weil die Mitgliedschaft ohne Rücksicht auf die Verbriefung entsteht.

B. Wegfall der Geschäftsfähigkeit oder Tod des Ausstellers. Stirbt der Aussteller oder wird er geschäftsun- 2 fähig, berührt dies die Wirksamkeit der Schuldverschreibung nicht. § 794 II liegt derselbe Rechtsgedanke wie § 130 II zugrunde. **Voraussetzung** ist allerdings nicht allein die bloße Ausstellung der Urkunde, sondern es ist ein wirksamer Begebungsvertrag („ausgegeben") zwischen Ersterwerber und Vertreter/Rechtsnachfolger notwendig. Liegt kein (wirksamer) Begebungsvertrag vor, kommt eine Verpflichtung des Rechtsnachfolgers nach Rechtsscheingrundsätzen in Betracht, dh das Recht aus dem Papier entsteht erst durch gutgläubigen Zweiterwerb bei vom Aussteller zurechenbar veranlassten Rechtsschein einer gültigen Verpflichtung (MüKo/*Hüffer* Rn 5; Erman/*Heckelmann* Rn 2).

§ 795
– *weggefallen* –

§ 796 Einwendungen des Ausstellers
Der Aussteller kann dem Inhaber der Schuldverschreibung nur solche Einwendungen entgegensetzen, welche die Gültigkeit der Ausstellung betreffen oder sich aus der Urkunde ergeben oder dem Aussteller unmittelbar gegen den Inhaber zustehen.

1 **A. Regelungszweck.** Im Interesse der Umlauffähigkeit und damit zum Zwecke des Verkehrsschutzes sind Einwendungen des auf Leistung in Anspruch genommenen Ausstellers gegen den Inhaber der Schuldverschreibung lediglich in bestimmtem Umfang zulässig. Nach einhelliger Meinung ist § 796 über den Wortlaut hinaus korrigierend bzw weiterführend auszulegen (MüKo/*Hüffer* Rn 2) und im Zusammenhang mit § 784 I Hs 2, § 364 II HGB, Art 17 WG, Art 22 ScheckG zu sehen.

2 **B. Einwendungen. I. Einwendungen gegen die Gültigkeit der Ausstellung.** Gültigkeitseinwendungen sind solche, die sich gegen die Entstehung des verbrieften Rechts richten und nicht aus dem Papier ersichtlich sind. Ob zu diesen nicht nur Mängel der Urkundenausstellung (so RGRK/*Steffen* Rn 2, 6), sondern auch Mängel des Begebungsvertrags zählen (so Staud/*Marburger* Rn 2) ist umstritten. Einige Einwendungen sind absolut und damit nicht ausschlussfähige Einwendungen, die der Aussteller jedem Inhaber entgegenhalten kann (zB Fälschung, fehlende Geschäftsfähigkeit bzw -genehmigung). Diese sind auch bei Gutgläubigkeit des Erwerbes nicht überwindbar (s BGH NJW 92, 117 bzgl Scheck; WM 75, 1002 bzgl vis absoluta). Alle anderen Einwendungen können dem bösgläubigen Zweiterwerber ggü entgegengehalten werden, nicht aber dem gutgläubigen rechtsgeschäftlichen Zweiterwerbern ggü, da der Aussteller zurechenbar den Rechtsschein der wirksamen Entstehung der Forderung gesetzt hat (zB fehlender, nach §§ 116-118, 138 nichtiger, wirksam angefochtener Begebungsvertrag).

3 Bei einem Ausschluss der Einwendungen nach Rechtsscheinsgrundsätzen wird durch den einmal eingetretenen gutgläubigen Rechtserwerb die endgültige Heilung des Mangels bewirkt, so dass dieser späteren Erwerbern auch bei Kenntnis nicht mehr schaden kann (s RGZ 135, 357, 362). Allerdings können dem Rückerwerber der Schuldverschreibung, sofern er früher bösgläubiger nichtberechtigter Inhaber war, die gegen ihn begründeten Einwendungen entgegengehalten werden, da ihm die Gutgläubigkeit der Nachmänner nicht zugute kommt (BGH NJW 71, 806 bzgl Wechsel; NJW 74, 1512, 1513 bzgl Scheck). Die Möglichkeit eines Einwendungsausschlusses soll bei präklusionsfähigen Gültigkeitseinwendungen bereits bei grober Fahrlässigkeit des Erwerbers entfallen (s Staud/*Marburger* Rn 6).

4 **II. Einwendungen aus der Urkunde.** Urkundliche Einwendungen sind solche, die aus dem Inhalt des Papiers (Auslegung) ersichtlich sind. Das sind zB aus der Urkunde selbst ersichtliche Formmängel, Bedingungen, Befristungen (Hburg VuR 00, 450, 451 f), Zeitbestimmungen oder Teilleistungen. Außerhalb der Urkunde liegende Umstände können im Hinblick auf die Einwendungen regelmäßig nicht herangezogen werden (vgl aber München NJW-RR 99, 557, 558). Diese Einwendungen kann der Aussteller jedem Inhaber, auch dem gutgläubigen, entgegensetzen. Eine vorzeitige Kündigung aufgrund einer Störung der Geschäftsgrundlage (§ 313) ist regelmäßig nicht möglich (vgl München NJW-RR 99, 557 f; aA LG Köln ZIP 94, 1520, 1521 f).

5 **III. Einwendungen unmittelbar gegen den Inhaber.** Als Einwendungen gegen den Inhaber sind zum einen sog persönliche Einwendungen denkbar und zum anderen Einwendungen gegen die Verfügungsbefugnis des Inhabers. **Persönliche Einwendungen** sind solche, die im Rechtsverhältnis zwischen Aussteller und Inhaber begründet sind. Solche Einwendungen sind zB Zahlung, Stundung, Erlass, Aufrechnung mit einer Gegenforderung, die Bereicherungseinrede aus § 816 I 2, § 821 (analog). Dazu zählt auch die Arglisteinrede, vor allem dann, wenn der Urkundenerwerb in der Absicht erfolgte, die Einwendungen des Ausstellers gegen den Vormann abzuschneiden (vgl RGZ 57, 62, 65; 96, 190, 191). Persönliche Einwendungen können lediglich im Verhältnis zwischen Aussteller und Inhaber bzw dessen Gesamtrechtsnachfolger Berücksichtigung. Umstritten ist, unter welchen Voraussetzungen die Einrede der Arglist (§ 242) geltend gemacht werden kann. Teilweise wird Absicht beim Urkundserwerb, um dem Aussteller Einwendungen gegen den Vormann abzuschneiden, vorausgesetzt (RGRK/*Steffen* Rn 9), teilweise wird die beim Erwerber vorhandene bloße Kenntnis der Einwendung für ausreichend gehalten (vgl *Ulmer* FS Raiser 1974, 225, 247 f). Andere wiederum wollen die Rege-

lungslücke durch eine Analogie zu Art 17 WG, Art 22 ScheckG schließen, so dass dem nachfolgenden Inhaber eine persönliche Einwendung dann entgegengehalten werden kann, wenn beim Erwerb bewusst zum Nachteil des Schuldners gehandelt wurde (Erman/*Heckelmann* Rn 6; MüKo/*Hüffer* Rn 14). Erforderlich ist zumindest dolus eventualis; bloße Kenntnis vom Bestehen der Einwendung ggü dem Vor-Inhaber kann nicht ausreichen, da dem Erwerber die Schädigung des Schuldners bewusst gewesen sein muss (Staud/*Marburger* Rn 11). Die Kenntnis bzgl der Einwendung kann in der Praxis dann ausreichen, wenn damit Schädigungsbewusstsein verbunden ist (*Zöllner* § 21 V 2 a; sa BGHZ 102, 68, 74 ff zum Scheck).

Der Aussteller kann daneben auch **Einwendungen gegen die Verfügungsbefugnis** des Inhabers über die Urkunde, dh die materielle Berechtigung des Inhabers aus dem Papier erheben. Der Einwand ist jedem Inhaber der Urkunde ggü möglich. Solche Einwendungen sind zB bösgläubiger Erwerb vom Nichtberechtigten, Erwerb vom Geschäftsunfähigen, fehlende Einziehungsermächtigung, unwirksame Verpfändung oder Erlöschen des Pfandrechts. Bösgläubiger Erwerb liegt auch dann vor, wenn der Erwerber trotz hinreichender Verdachtsgründe die Prüfung der Rechtmäßigkeit des Besitzes seines Vormannes unterlassen hat (Palandt/*Sprau* Rn 4). 6

IV. Einwendungen gegen den Bestand der verbrieften Forderung. Obwohl dies nicht ausdrücklich aufgeführt ist, kann der Aussteller jedem Inhaber auch Einwendungen gegen den Bestand der verbrieften Forderung entgegensetzen. In Betracht kommt etwa der Einwand einer schuldbefreienden Zahlung, einer Kraftloserklärung iSd § 799, des Erlöschens bzw der Verjährung nach § 801 oder der einer Zahlungssperre iSd § 802. 7

§ 797 Leistungspflicht nur gegen Aushändigung

¹Der Aussteller ist nur gegen Aushändigung der Schuldverschreibung zur Leistung verpflichtet. ²Mit der Aushändigung erwirbt er das Eigentum an der Urkunde, auch wenn der Inhaber zur Verfügung über sie nicht berechtigt ist.

A. Zurückbehaltungsrecht. Da eine Inhaberschuldverschreibung grds Präsentationspapier ist, hat der Aussteller ein Leistungsverweigerungsrecht iSd §§ 273 f und braucht die Leistung lediglich Zug um Zug gegen Aushändigung des Papiers vorzunehmen (§ 797 S 1). Damit ist er vor einer doppelten Inanspruchnahme, zB wenn ein Dritter gutgläubig erwirbt, geschützt. Da eine Vorlagepflicht besteht, liegt regelmäßig eine Holschuld vor. § 270 (Geldschuld) findet keine Anwendung (s Staud/*Marburger* § 797 Rn 2). Die Anspruch des Ausstellers zur Ausstellung einer Quittung (§§ 368 f) bleibt unberührt. Der Inhaber braucht keine Teilleistungen anzunehmen. Tut er dies doch, ist dies bei der Annahme auf dem Papier zu vermerken (Rechtsgedanke des Art 39 III WG). Weigert sich der Inhaber, die Urkunde auszuhändigen, kommt er in Annahmeverzug (§ 298). 1

Das Zurückbehaltungsrecht des § 797 S 1 besteht nicht in den Fällen der §§ 799 f, 804. Für Zinsscheine gilt § 803 II. Auf **Inhaberaktien** ist § 797 nicht, auch nicht analog, anwendbar. Hat der Gläubiger die Urkunde nur unter Vorbehalt der Nachforderung ausgehändigt und hat sich der Aussteller darauf eingelassen, so scheidet ggü einer Nachforderung auf eine bereits eingelöste Schuldverschreibung die Berufung darauf, dass der Gläubiger nicht mehr Papierinhaber sei, aus (RGZ 152, 166, 168). 2

B. Eigentumserwerb. Der Eigentumserwerb des Ausstellers an der Urkunde erfolgt kraft Gesetzes selbst dann, wenn der Inhaber nicht verfügungsbefugt war. Dies ergänzt konsequent die Rechtsvermutung des § 793 I 2, wonach auch der nichtberechtigte, aber förmlich legitimierte Inhaber als Gläubiger gilt. Mit dieser Regelung soll eine nachträgliche Vindikation der Urkunde (§ 985) durch den wahren Eigentümer verhindert werden. Mit dem Eigentumserwerb des Ausstellers nach § 797 S 2 verliert der wirklich Berechtigte das Eigentum am Papier. **Voraussetzung** ist, dass die Urkunde zur Einlösung ausgehändigt wird. Eine Aushändigung lediglich zur Verwahrung, als Pfand usw kann ebenso wenig genügen wie eine sonstige Besitzerlangung zB durch Fund (KG WM 58, 1261, 1262). Außerdem muss der Aussteller bzw die von ihm beauftragten Zahlstelle, zB ein Kreditinstitut (s KG WM 58, 1261 f), schuldbefreiend geleistet haben. Der Aussteller erwirbt nach hM kein Eigentum nach § 797 S 2, wenn der Aussteller unredlich war und daher nicht mit schuldbefreiender Wirkung leisten konnte (§ 793 I 2). 3

§ 798 Ersatzurkunde

¹Ist eine Schuldverschreibung auf den Inhaber infolge einer Beschädigung oder einer Verunstaltung zum Umlaufe nicht mehr geeignet, so kann der Inhaber, sofern ihr wesentlicher Inhalt und ihre Unterscheidungsmerkmale noch mit Sicherheit erkennbar sind, von dem Aussteller die Erteilung einer neuen Schuldverschreibung auf den Inhaber gegen Aushändigung der beschädigten oder verunstalteten verlangen. ²Die Kosten hat er zu tragen und vorzuschießen.

1 **A. Anspruch auf Ersatzurkunde.** Das Umtauschrecht soll die Handelsfähigkeit des Papiers sichern und setzt voraus, dass der wesentliche Inhalt der Urkunde sowie deren Unterscheidungsmerkmale (Aussteller, Serie, Nummer) noch erkennbar sind. Ist eine Erkennbarkeit nicht mehr gewährleistet oder ist die Urkunde völlig vernichtet, ist lediglich eine Kraftloserklärung im Aufgebotsverfahren iSd § 799 möglich. Die Urkunden sind Zug um Zug auszutauschen. Der Aussteller wird Eigentümer der alten Urkunde, die ihre Eigenschaft als Wertpapier einbüßt. Allerdings kann die alte Urkunde nach Rechtsscheinsgrundsätzen von einem redlichen Dritten erworben werden. Die bestehenden Rechte setzen sich an der neuen Urkunde fort. Die Kosten der Ersatzausstellung sind vom Inhaber zu tragen und vorzuschießen (§ 798 S 2).

2 **B. Sonderregelungen.** § 798 findet auf Zins- und Gewinnanteilscheine keine Anwendung. Für Inhaberaktien und Zwischenscheine finden sich in § 74 AktG, für Grundschuldbriefe oder Rentenschuldbriefe in den §§ 67–69 GBO, für Investmentzertifikate in § 35 III InvG, für Banknoten in § 14 III BBankG Sonderregelungen.

§ 799 Kraftloserklärung

(1) ¹Eine abhanden gekommene oder vernichtete Schuldverschreibung auf den Inhaber kann, wenn nicht in der Urkunde das Gegenteil bestimmt ist, im Wege des Aufgebotsverfahrens für kraftlos erklärt werden. ²Ausgenommen sind Zins-, Renten- und Gewinnanteilscheine sowie die auf Sicht zahlbaren unverzinslichen Schuldverschreibungen.
(2) ¹Der Aussteller ist verpflichtet, dem bisherigen Inhaber auf Verlangen die zur Erwirkung des Aufgebots oder der Zahlungssperre erforderliche Auskunft zu erteilen und die erforderlichen Zeugnisse auszustellen. ²Die Kosten der Zeugnisse hat der bisherige Inhaber zu tragen und vorzuschießen.

1 **A. Regelungszweck.** Mit dem Verlust der Urkunde verliert der bisherige Inhaber seine Rechte zwar nicht, deren Ausübung ist jedoch aufgrund von § 797 ausgeschlossen und es besteht die Gefahr, dass der Inhaber die Rechte an einen gutgläubigen Erwerber verliert. Zu seinem Schutz kann er einen Herausgabeanspruch nach § 985 gegen den nicht berechtigten Inhaber geltend machen. Er kann den Verlust im Bundesanzeiger bekannt geben (§ 367 HGB), eine Kraftloserklärung iSd § 799 herbeiführen und eine Zahlungssperre iSd § 802 beantragen.

2 **B. Anwendbarkeit.** § 799 bezieht sich auf abhanden gekommene und vernichtete Inhaberschuldverschreibungen. Für hinkende Inhaberpapiere findet sich in § 808 II 2 eine vergleichbare Regelung. Eine Kraftloserklärung ist nicht möglich, wenn in der Urkunde das Gegenteil bestimmt ist (§ 799 I 1). Sie scheidet auch aus für die zahlbaren unverzinslichen Schuldverschreibungen sowie für Zins-, Renten- und Gewinnanteilscheine (§ 799 I 2, s.a. § 804), für Erneuerungsscheine für Inhaberpapiere (s § 805) sowie für die kleinen Inhaberpapiere (§ 807 verweist nicht auf § 799). Der Vermerk auf einem Lotterielos, dass der Gewinnanspruch innerhalb einer Einlösungsfrist unter Vorlage des Loses geltend zu machen ist, reicht für einen Ausschluss der Kraftloserklärung nicht (RG JW 12, 861).

3 Teilweise gelten **Sondervorschriften**. Für Aktien und Zwischenscheine zB sind dies die §§ 72 f AktG, für Hypotheken-, Grund- und Rentenschuldbriefe die §§ 1162, 1195, 1199 f, für Wechsel Art 90 WG, für Schecks Art 59 ScheckG, für kaufmännische Orderpapiere § 365 II HGB sowie für Investmentzertifikate § 35 II InvG. Landesgesetzliche Vorbehalte sehen Art 102 EGBGB und § 1024 ZPO vor.

4 **C. Voraussetzungen.** Die Schuldverschreibung muss abhanden gekommen oder vernichtet worden sein. Das **Abhandenkommen** wird teilweise wie in § 935 (Palandt/*Bassenge* § 935 Rn 3), teilweise eigenständig ausgelegt (BaRoth/*Gehrlein* Rn 2). Ein Abhandenkommen soll auch dann vorliegen, wenn der Verbleib der Urkunde dem bisherigen Inhaber bekannt ist, er sie aber deshalb nicht zurückverlangen kann, weil sich die Papiere im Ausland befinden oder der Schuldner ständig den Ort wechselt (Stuttg NJW 55, 1154 ff). Eine **Vernichtung** liegt zum einen bei vollkommenem Substanzverlust vor, zum anderen aber auch dann, wenn ein Umtausch iSd § 789 aufgrund der weitgehenden Beschädigung oder Zerstörung der Urkunde nicht mehr in Betracht kommt.

5 **D. Rechtsfolgen.** Antragsberechtigter hinsichtlich des Aufgebotsverfahrens nach §§ 1003 ff ZPO ist der letzte Inhaber des abhanden gekommenen oder vernichteten Papiers, selbst wenn er nicht berechtigter Inhaber ist (RGRK/*Steffen* Rn 6). Der Aufbieter kann während oder auch schon vor der Einleitung des Aufgebotsverfahrens eine gerichtliche Zahlungssperre herbeiführen, welche die Vorlegungs- und Verjährungsfrist hemmt (§ 802). Das rechtskräftige Ausschlussurteil erklärt die alte Urkunde für kraftlos (§ 1017 I ZPO), so dass diese ihre Legitimationswirkung verliert. Daher ist eine Leistungsbefreiung des Schuldners durch Leistung an den Inhaber der Urkunde nicht möglich. Das Ausschlussurteil weist den Aufbieter als berechtigt aus (§ 1018 I ZPO), er ist dadurch **formell legitimiert**. Wird an ihn geleistet, so wirkt diese grds schuldbefreiend, auch wenn er nicht der wahre Berechtigte ist. Umstritten ist, ob der Aufbieter unter Vorlage des Urteils die Rechte aus der Schuldverschreibung übertragen kann und gutgläubiger Erwerb hierbei möglich ist (bejahend: Staud/*Marburger* § 799 Rn 7; *Hueck/Canaris* § 16 III 2c; verneinend *Zöllner* § 7 II 1 f). Nicht verändert wird durch

das Ausschlussurteil die **materielle Berechtigung** aus der Schuldverschreibung. Derjenige, der das Urteil erwirkt hat, hat aus diesem nicht mehr Rechte als aus der für kraftlos erklärten Urkunde (Hamm WM 76, 198, 199). Umstritten ist, ob dem Schuldner der Einwand fehlender sachlicher Berechtigung abgeschnitten wird (Hamm WM 76, 198, 199; s aber BGH JZ 58, 746). Das Ausschlussurteil hat ggü Dritten keine Wirkung, so dass diese mit den vor Kraftloserklärung erworbenen materiellen Rechten aus dem Papier nicht ausgeschlossen werden (RGZ 168, 1, 9). Hat der Aussteller an den durch das Urteil förmlich Berechtigten schuldbefreiend bezahlt, kann der wahre Berechtigte bei Nachweis seines besseren materiellen Rechts vom Empfänger das Bezahlte herausverlangen (Palandt/*Sprau* Rn 5). Er kann auch Herausgabe des Urteils nach den §§ 985, 952 bzw §§ 812, 816 verlangen (Staud/*Marburger* Rn 8). Außerdem besteht ein Anspruch auf Ausstellung einer neuen Urkunde (s § 800).

§ 800 Wirkung der Kraftloserklärung

¹Ist eine Schuldverschreibung auf den Inhaber für kraftlos erklärt, so kann derjenige, welcher das Ausschlussurteil erwirkt hat, von dem Aussteller, unbeschadet der Befugnis, den Anspruch aus der Urkunde geltend zu machen, die Erteilung einer neuen Schuldverschreibung auf den Inhaber anstelle der für kraftlos erklärten verlangen. ²Die Kosten hat er zu tragen und vorzuschießen.

Derjenige, der ein Ausschlussurteil erwirkt hat, hat einen **Anspruch auf Erteilung einer neuen Urkunde**. 1 Bedeutung hat dieser, da durch das Urteil nicht die Umlauffähigkeit der Urkunde ersetzt wird. Dies spielt vor allem dann eine Rolle, wenn noch keine Fälligkeit der Leistung gegeben ist. Allerdings kann auch nach Fälligkeit noch der Erneuerungsanspruch geltend gemacht werden. Der Erneuerungsanspruch unterliegt grds keiner Frist. Die Form der neuen Urkunde muss nicht derjenigen der für kraftlos erklärten Urkunde entsprechen, allerdings muss die neue Urkunde wirtschaftlich und rechtlich der alten gleichwertig sein (RGRK/*Steffen* Rn 2). Die alte Urkunde verliert ihre Eigenschaft als Wertpapier. Soll ein neuer Inhabergrundschuldbrief erteilt werden, ist dies beim Grundbuchamt zu beantragen (§§ 56, 67 f, 70 GBO). Der Gläubiger (Aufbieter) kann nicht während des Aufgebotsverfahrens fällig werdenden Leistungen gegen Sicherheitsleistung einfordern (so aber Art 90 I 2 WG und Art 59 I 3 ScheckG). Mit der Aushändigung der neu erteilten Urkunde verliert das Ausschlussurteil seine Legitimationswirkung, die Ausschlusswirkung bleibt erhalten. Ein Anspruch auf Neuausstellung der Urkunde besteht dann nicht, wenn der Leistungsanspruch geltend gemacht wird (§ 1018 I ZPO), da derjenige, der das Ausschlussurteil erwirkt hat, dabei dem Aussteller das neue Papier aushändigen müsste (§ 797).

§ 801 Erlöschen; Verjährung

(1) ¹Der Anspruch aus einer Schuldverschreibung auf den Inhaber erlischt mit dem Ablauf von dreißig Jahren nach dem Eintritt der für die Leistung bestimmten Zeit, wenn nicht die Urkunde vor dem Ablauf der dreißig Jahre dem Aussteller zur Einlösung vorgelegt wird. ²Erfolgt die Vorlegung, so verjährt der Anspruch in zwei Jahren von dem Ende der Vorlegungsfrist an. ³Der Vorlegung steht die gerichtliche Geltendmachung des Anspruchs aus der Urkunde gleich.
(2) ¹Bei Zins-, Renten- und Gewinnanteilscheinen beträgt die Vorlegungsfrist vier Jahre. ²Die Frist beginnt mit dem Schlusse des Jahres, in welchem die für die Leistung bestimmte Zeit eintritt.
(3) Die Dauer und der Beginn der Vorlegungsfrist können von dem Aussteller in der Urkunde anders bestimmt werden.

A. Anwendbarkeit. Teilweise wird § 801 auf Inhabergrundschuldbriefe aufgrund des § 902 als nicht anwend- 1 bar angesehen (Staud/*Marburger* Rn 11; aA Soergel/*Welter* Rn 6). Für Erneuerungsscheine (s § 805) findet § 801 keine Anwendung; die Verjährung des Anspruchs aus dem Schein verjährt nach den allg Regeln. § 801 ist auch auf Inhaberpapiere, die keine Leistungspflichten verbriefen (zB Inhaberaktien) nicht anwendbar.

B. Versäumung der Vorlegungsfrist. I. Vorlegungserfordernis und Vorlegungsfrist. Der Inhaber muss 2 die Inhaberschuldverschreibung bzw das an die Stelle der für kraftlos erklärten Urkunde tretende Ausschlussurteil (§§ 799 f iVm § 1018 I ZPO) dem Aussteller zur Einlösung aushändigen (s § 797) oder den Anspruch gerichtlich geltend machen (§ 801 I 3). Wird die Vorlegung und Aushändigung verweigert, kann sich der Aussteller auf sein Leistungsverweigerungsrecht berufen.
Für die Vorlegung besteht eine Ausschlussfrist. **Fristbeginn** ist der vom Aussteller in der Urkunde bestimmte 3 Zeitpunkt (§ 801 III); ist kein Zeitpunkt bestimmt, ist die Fälligkeit der Leistung maßgeblich (§ 801 I 1). Sofern auch für diese kein Zeitpunkt festgelegt ist, ist Vorlage des Papiers durch den Inhaber jederzeit möglich (§ 271 I). Nach hM läuft in diesem Fall keine Vorlegungsfrist (Erman/*Heckelmann* Rn 2 mwN); nach aA beginnt die Frist mit dem der Ausstellung oder Begebung der Urkunde folgenden Tag (MüKo/*Hüffer* Rn 3). Für Nebenpapiere wie Zins-, Renten- und Gewinnanteilscheinen (s § 804) beginnt die Frist mit Ablauf des Jahres, in welchem der Anspruch fällig wird.

4   Auch die **Dauer der Vorlegungsfrist** richtet sich maßgeblich nach der vom Aussteller im Papier bestimmten Frist (§ 801 III). Ein völliger Ausschluss der Vorlegung ist jedoch nicht möglich (RGRK/*Steffen* Rn 6). Ist in der Urkunde keine Frist vorgesehen, beträgt die Dauer 30 Jahre (§ 801 I 1) bzw für Nebenpapiere 4 Jahre (§ 801 II). Die Frist kann lediglich durch eine Zahlungssperre (s § 802) gehemmt werden. Da die Vorlegungsfrist eine Ausschlussfrist ist, finden die allgemeinen Regelungen zur Hemmung und zum Neubeginn der Verjährungsfrist (§§ 203 ff, 212) keine Anwendung. Erfolgt die Vorlegung durch Übersendung der Urkunde, muss diese dem Aussteller vor Fristablauf zugehen (s BGHZ 53, 332, 338), im Falle der Klageerhebung ist eine Wahrung der Frist nur bei rechtzeitiger Zustellung der Klageschrift gegeben, § 167 ZPO, dh sie muss vor Ablauf der Vorlegungsfrist zugestellt sein, § 270 III ZPO findet keine Anwendung (BGHZ 53, 332, 338; 75, 307, 312 zum früher geltenden § 261 b III ZPO). Der Aussteller trägt für die behauptete Dauer der Vorlegungsfrist, der Inhaber für den Zeitpunkt der Vorlage die Beweislast (BaRoth/*Gehrlein* Rn 3).

5   **II. Rechtsfolgen einer Fristversäumung.** Wird die Vorlegungsfrist versäumt, erlischt das verbriefte Recht kraft Gesetzes (§ 801 I 1). Daran ändert sich auch dann grds nichts, wenn der Inhaber an der fristgerechten Vorlegung gehindert war. Der Einwand unzulässiger Rechtsausübung wird in Ausnahmefällen als möglich angesehen, nämlich dann, wenn die Berufung auf das Erlöschen mit Treu und Glauben schlechthin unvereinbar ist und der Fortbestand des Rechts den Aussteller nicht unbillig belastet (s RGRK/*Steffen* Rn 8; Palandt/*Sprau* Rn 4). Andere sehen dies als Leerformel an und es wird darauf abgestellt, ob die Berufung auf den Fristablauf durch den Aussteller ggü seinem früheren Verhalten als rechtsmissbräuchlich erscheint (Staud/*Marburger* Rn 6 mwN). Der Aussteller kann das nach dem Erlöschen Geleistete nach den §§ 812 ff zurück verlangen, wobei § 814 zu beachten ist; § 214 II findet keine Anwendung.

6   **C. Verjährung.** Verjährung tritt nach 2 Jahren ein. Die Verjährung beginnt erst mit dem Ende der Vorlegungsfrist (30 Jahre nach Fälligkeit der verbrieften Forderung), nicht schon mit der Vorlegung. In der Urkunde kann eine andere Verjährung vorgesehen werden. Die Dauer der Verjährungsfrist beträgt 2 Jahre (§ 801 I 2). Im Gegensatz zur Vorlegungsfrist können auf diese die allg Regelungen zur Hemmung und zum Neubeginn der Verjährungsfrist Anwendung finden (§§ 203 ff, 212). Wurden nach der Verjährung Leistungen erbracht, so können diese nicht kondiziert werden. Die Wirkung der Verjährung bemisst sich nach § 214 I, wobei allerdings § 796 zu berücksichtigen ist.

§ 802 Zahlungssperre

¹Der Beginn und der Lauf der Vorlegungsfrist sowie der Verjährung werden durch die Zahlungssperre zugunsten des Antragstellers gehemmt. ²Die Hemmung beginnt mit der Stellung des Antrags auf Zahlungssperre; sie endigt mit der Erledigung des Aufgebotsverfahrens und, falls die Zahlungssperre vor der Einleitung des Verfahrens verfügt worden ist, auch dann, wenn seit der Beseitigung des der Einleitung entgegenstehenden Hindernisses sechs Monate verstrichen sind und nicht vorher die Einleitung beantragt worden ist. ³Auf diese Frist finden die Vorschriften der §§ 206, 210, 211 entsprechende Anwendung.

1   Der Antragsteller kann entweder vor oder bei der Einleitung des Aufgebotsverfahrens nach §§ 1019 f ZPO mit der Folge der §§ 135 f eine Zahlungssperre erwirken. Dadurch wird dem Aussteller und den im Papier bezeichneten Zahlstellen verboten, an den Inhaber der Urkunde zu leisten (Palandt/*Sprau* Rn 1).

2   § 802 sieht die Hemmung des Beginns und des Laufs der Vorlegungs- oder Verjährungsfristen vor, damit diese während des Aufgebotsverfahrens nicht ablaufen. Die Hemmung tritt nach § 802 S 2 bereits mit der Antragstellung und nicht erst mit dem Erlass der Zahlungssperre ein. Sie endet mit der Erledigung des Aufgebotsverfahrens (§ 802 S 2 Hs 2). Erfolgt die Zahlungssperre schon vor Einleitung des Verfahrens, endet die Hemmung mit Ablauf von sechs Monaten seit Beseitigung des Verfahrenshindernisses, wenn nicht bis dahin die Einleitung beantragt worden ist. Auf diese 6-monatige Frist sind nach § 802 S 3 zur Vorbeugung einer unangemessenen Verzögerung der Verfahrenseinleitung die §§ 206, 210 sowie § 211 zur Hemmung der Verjährung entspr anwendbar.

§ 803 Zinsscheine

(1) Werden für eine Schuldverschreibung auf den Inhaber Zinsscheine ausgegeben, so bleiben die Scheine, sofern sie nicht eine gegenteilige Bestimmung enthalten, in Kraft, auch wenn die Hauptforderung erlischt oder die Verpflichtung zur Verzinsung aufgehoben oder geändert wird.
(2) Werden solche Zinsscheine bei der Einlösung der Hauptschuldverschreibung nicht zurückgegeben, so ist der Aussteller berechtigt, den Betrag zurückzubehalten, den er nach Absatz 1 für die Scheine zu zahlen verpflichtet ist.

1   **A. Rechtsnatur und Inhalt der Regelung.** Für verzinsliche Schuldverschreibungen werden neben der die Haupturkunde (Mantel) häufig Zinsscheine (Kupons) ausgegeben. Letztere verbriefen als selbständige Urkunden eine Zinsforderung. Diese Forderung kann ohne Vorlage der Haupturkunde vom Inhaber gegen

Aushändigung des Zinsscheins geltend gemacht werden. Bei den auf den Inhaber lautenden Zinsscheinen handelt es sich um selbständige Inhaberschuldverschreibungen, sofern sie den Formerfordernissen des § 793 II genügen, dh eine faksimilierte Unterschrift tragen. Ohne Unterschrift handelt es sich um kleine Inhaberpapiere iSd § 807 (Staud/*Marburger* Rn 2 mwN auch zur aA).

Zinsscheine sind grds **unabhängig** vom Bestand der Hauptforderung (§ 803 I). Enthält die Urkunde selbst nicht eine abweichende Bestimmung, bleiben die Zinsscheine auch dann in Kraft, wenn die Haupturkunde für kraftlos erklärt worden ist, wenn die Hauptforderung erlischt oder nicht mehr durchgesetzt werden kann (§ 217 ist wegen § 803 I nicht anwendbar) oder wenn die Zinsverpflichtung geändert oder aufgehoben wird. Zur Einziehung bedarf es weder der Vorlegung der Haupturkunde noch reicht diese aus. Es besteht aber die Möglichkeit der Arglisteinrede, sofern der Aussteller die Ausfolgung neuer Zinsscheine widerrechtlich verweigert hat (RGZ 31, 145, 147). Für die Vorlegung bzw Verjährung findet nach überwiegender Ansicht § 801 II iVm I Anwendung (MüKo/*Hüffer* Rn 2; aA RGRK/*Steffen* Rn 3). 2

Eine gewisse Abhängigkeit von der Haupturkunde besteht für Zinsscheine aufgrund des Zurückbehaltungsrechts des Ausstellers (§ 803 II). Dieser kann, sofern die Haupturkunde eingelöst wird, den zur Deckung für das Einlösen der Zinsscheine notwendigen Betrag einbehalten (dh von der Hauptsumme abziehen), falls die noch nicht fälligen Zinsscheine, aus denen er noch in Anspruch genommen werden kann, nicht mit vorgelegt werden. Das Zurückbehaltungsrecht kann entspr dem § 273 III (Abwendung durch Sicherheitsleistung) abgewendet werden. Werden die Zinsscheine nachgeliefert, ist der einbehaltene Betrag nachzuzahlen. Das Zurückbehaltungsrecht gilt auch für Zinsscheine, die bei der Einlösung des Hauptpapiers bereits fällig waren (vgl LG Saarbrücken WM 92, 1271, 1272; LG Lübeck NJW 82, 1106, 1107 f). § 803 II findet analoge Anwendung, wenn der Gläubiger die vorzeitig gekündigte Schuldverschreibung erst einige Zeit nach Fälligkeit zur Einlösung vorlegt; abgezogen werden kann der Geldbetrag, den der Aussteller auf eingelöste Zinsscheine gezahlt hat, die erst nach der Kündigung der Hauptschuld fällig waren (s LG Lübeck NJW 82, 1106, 1107 f). Eine vorsorgliche Prüfungspflicht der Bank, die ihrem Kunden (Gläubiger) die Zinsscheine einlöst, im Hinblick auf eine mögliche Kündigung der zu dem Zinsschein gehörenden Schuldverschreibung besteht nicht (Köln WM 85, 1414, 1415). 3

B. Anwendbarkeit. Die Regelungen zu den Inhaberschuldverschreibungen finden grds auf Inhaberzinsscheine Anwendung (§§ 793, 794, 796-798, 801, 806). Außerdem sind die Sonderregelungen für Zinsscheine (§§ 803-805) zu beachten. Nicht anwendbar sind dagegen die §§ 799, 800 und 802. Ist der Zinsschein kleines Inhaberpapier, sind die Einschränkungen des § 807 zu berücksichtigen. 4

C. Entsprechende Anwendung. § 803 ist analog auf **Inhaberrentenscheine** anwendbar (RGRK/*Steffen* Rn 5; MüKo/*Hüffer* Rn 3; zur aA s Staud/*Marburger* § 803 Rn 11), die ein auf regelmäßige Geldzahlungen aus einem Grundstück (Rentenschuld) lautendes Forderungsrecht verbriefen (§§ 1199 f). Eine entspr Anwendung auf Gewinnanteilscheine (Dividendenscheine) und Erneuerungsscheine (Talons) kommt dagegen **nicht** in Betracht. Der Gewinnanteilschein wird zwar überwiegend grds als Inhaberpapier gesehen (s BGHZ 26, 167, 170; aA *Zöllner* § 29 II 4: Legitimationspapier), § 803 ist aber nicht anwendbar, dh das verbriefte Recht ist abhängig vom Bestand des Rechts aus der Haupturkunde. Grund ist, dass der Gewinnanteilschein, anders als ein Zinsschein, nicht auf eine bestimmte Geldsumme lautet, sondern seine Höhe von der Festsetzung des Gewinnanteils seitens der Gesellschaftsorgane abhängt. § 72 II AktG sieht eine Akzessorietät des Gewinnanteilscheins von der Aktien vor, dh mit der Kraftloserklärung der Aktien erlöschen auch Ansprüche aus noch nicht fälligen Gewinnanteilscheinen. Der Erneuerungsschein wird überwiegend als bloßes Legitimationspapier gesehen (RGRK/*Steffen* Rn 9; *Zöllner* § 27 II 2; zur aA s Staud/*Marburger* Rn 14), so dass die §§ 793 ff nicht anwendbar sind und damit auch eine Anwendung von § 803 ausscheidet. 5

§ 804 Verlust von Zins- oder ähnlichen Scheinen

(1) ¹Ist ein Zins-, Renten- oder Gewinnanteilschein abhanden gekommen oder vernichtet und hat der bisherige Inhaber den Verlust dem Aussteller vor dem Ablauf der Vorlegungsfrist angezeigt, so kann der bisherige Inhaber nach dem Ablauf der Frist die Leistung von dem Aussteller verlangen. ²Der Anspruch ist ausgeschlossen, wenn der abhanden gekommene Schein dem Aussteller zur Einlösung vorgelegt oder der Anspruch aus dem Schein gerichtlich geltend gemacht worden ist, es sei denn, dass die Vorlegung oder die gerichtliche Geltendmachung nach dem Ablauf der Frist erfolgt ist. ³Der Anspruch verjährt in vier Jahren.
(2) In dem Zins-, Renten- oder Gewinnanteilscheine kann der im Abs. 1 bestimmte Anspruch ausgeschlossen werden.

A. Regelungszweck. Bei verloren gegangenen Nebenpapieren wie Zinsscheinen, Renten- oder Gewinnanteilscheinen sind Kraftloserklärung und Zahlungssperre nicht möglich (§ 799 I 2). Die Rechte aus diesen Papieren können aber ohne Vorlegung der Urkunde durch Verlustanzeige gesichert werden. 1

2 **B. Voraussetzungen und Rechtsfolge.** Das Nebenpapier muss abhanden gekommen oder vernichtet sein (dazu § 799 Rn 1) und der Gläubiger (frühere Inhaber) hat den Verlust dem Aussteller anzuzeigen (kein Formerfordernis). Der Zugang der Anzeige beim Aussteller muss vor Ablauf der 4-jährigen Vorlegungsfrist des § 801 II erfolgen (§ 130). Die 4-jährige Verjährungsfrist nach § 804 I 3 beginnt mit Ablauf der Vorlegungsfrist (§ 801 II). Auch wenn dem Gläubiger die Möglichkeit der Vindikation (§ 985) offen steht, kann er sein Recht durch die Verlustanzeige sichern. Rechtsfolge ist, dass der Gläubiger die Leistung nach Ablauf der Vorlegungsfrist vom Aussteller verlangen kann.

3 **C. Ausschluss des Anspruchs.** Dies ist nur dann nicht der Fall, wenn ein Dritter dem Aussteller das Papier vor Ablauf der Vorlegungsfrist zur Einlösung vorlegt oder der Anspruch aus dem Papier gerichtlich geltend gemacht wird (§ 804 I 2). Dann kann der Gläubiger keine Einlösung verlangen. Vor der Einlösung durch den Dritten kann er sich mittels einstweiliger Verfügung schützen. Der Aussteller kann durch eine abweichende Regelung in der Urkunde den Anspruch ausschließen (§ 804 II). Landesgesetzliche Regelungen sind aufgrund Art 100 Nr 2 für Papiere, die der Bundesstaat oder eine ihm angehörende Körperschaft, Stiftung oder Anstalt des öffentlichen Rechts ausstellt, zu beachten.

4 **D. Beweislast.** Der bisherige Inhaber (Anzeigende) ist beweispflichtig dafür, dass der Zugang der Verlustanzeige rechtzeitig erfolgt und die Vorlegungsfrist abgelaufen ist. Er muss jedoch nicht den Verlust der Urkunde beweisen (Staud/*Marburger* Rn 11; aA MüKo/*Hüffer* Rn 7; Erman/*Heckelmann* Rn 1). Der Aussteller hat die Vorlegung der Urkunde oder die gerichtliche Geltendmachung zu beweisen und der frühere Inhaber, dass die Vorlegung oder gerichtliche Geltendmachung erst nach dem Ablauf der Vorlegungsfrist erfolgte.

§ 805 Neue Zins- und Rentenscheine

[1]Neue Zins- oder Rentenscheine für eine Schuldverschreibung auf den Inhaber dürfen an den Inhaber der zum Empfange der Scheine ermächtigenden Urkunde (Erneuerungsschein) nicht ausgegeben werden, wenn der Inhaber der Schuldverschreibung der Ausgabe widersprochen hat. [2]Die Scheine sind in diesem Falle dem Inhaber der Schuldverschreibung auszuhändigen, wenn er die Schuldverschreibung vorlegt.

1 **A. Regelungszweck und Anwendbarkeit.** Mit § 805 soll der Inhaber der Haupturkunde vor allem beim Verlust von Zins- oder Rentenscheinen geschützt werden. Diese Regelung ist dispositiv; insbes kann der Erneuerungsschein als echte Inhaberschuldverschreibung ausgestellt werden, so dass eine Vorlage des Scheins bei Geldendmachung des Anspruchs zur Aushändigung neuer Zins- oder Rentenscheine erforderlich ist. § 805 findet für **Gewinnanteilscheine** keine Anwendung; eine vergleichbare Regelung findet sich in § 75 AktG. **Erneuerungsscheine** sind nach hM lediglich Legitimationspapiere (RGRK/*Steffen* § 803 Rn 9; *Zöllner* § 27 II 2; zur aA s Staud/*Marburger* § 803 Rn 14); mit dem Erlöschen der Haupturkunde werden sie kraftlos.

2 **B. Widerspruch.** Der Widerspruch ist eine formfreie einseitige empfangsbedürftige Willenserklärung, dh er wird mit Zugang beim Aussteller wirksam und ist stets zu beachten. Bei einem **Widerspruch** darf der Aussteller neue Zins- oder Rentenscheine nicht mehr dem Vorleger des Erneuerungsscheins, sondern nur noch dem Inhaber der Schuldverschreibung aushändigen (§ 805 S 2). Der Inhaber der Haupturkunde muss dem Aussteller ggü Beweis für den rechtzeitigen Widerspruch antreten; der Aussteller wiederum ist ggü dem Inhaber des Talons für den rechtzeitigen Widerspruch beweispflichtig. Obwohl § 805 von seinem Regelungszweck her dem Inhaber der Schuldverschreibung vor allem im Falle des Verlustes Schutz gewähren soll, soll die Anwendung der Vorschrift nicht auf diesen Fall beschränkt sein, sondern ganz allgemein ohne Rücksicht auf die Gründe bestehen (Palandt/*Sprau* Rn 2).

§ 806 Umschreibung auf den Namen

[1]Die Umschreibung einer auf den Inhaber lautenden Schuldverschreibung auf den Namen eines bestimmten Berechtigten kann nur durch den Aussteller erfolgen. [2]Der Aussteller ist zur Umschreibung nicht verpflichtet.

1 Die **Umschreibung des Inhaberpapiers** auf einen konkreten Berechtigten macht aus dem Inhaberpapier ein Namenspapier. Ihr Zweck ist die Beseitigung der Gefahren, die für den Gläubiger mit dem Inhaberpapier verbunden sind. Eine Umschreibung kann lediglich vom Aussteller (im Papier selbst) vorgenommen werden. Dadurch wird die förmliche Legitimation verändert, nicht jedoch die Berechtigung. Eine Übertragung der verbrieften Forderung ist fortan lediglich nach § 398 (Abtretung), nicht mehr nach §§ 929 ff möglich. Die Zahlung erfolgt allein gegen Aushändigung des Papiers (aA *Kümpel* WM 81, Sonderbeilage S 4 ff, 37). Der Aussteller ist zur Umschreibung nicht verpflichtet (§ 806 S 2), allerdings kann er sich dazu sowohl im Papier jedem Inhaber ggü als auch vertraglich formfrei einem konkreten Inhaber ggü verpflichten. Nach Art 97, 101 EGBGB ist landesrechtlich eine abw Bestimmung möglich. **Sondervorschriften** sind in den §§ 1667 III, 1814 f, 2116 f sowie in § 24 AktG enthalten.

§ 807 Inhaberkarten und -marken

Werden Karten, Marken oder ähnliche Urkunden, in denen ein Gläubiger nicht bezeichnet ist, von dem Aussteller unter Umständen ausgegeben, aus welchen sich ergibt, dass er dem Inhaber zu einer Leistung verpflichtet sein will, so finden die Vorschriften des § 793 Abs. 1 und der §§ 794, 796, 797 entsprechende Anwendung.

A. Abgrenzung. Bei Karten, Marken und ähnlichen Urkunden sind drei Gruppen voneinander abzugrenzen: Erstens die **einfachen Beweispapiere** wie etwa Quittungen oder sonstige Belege, die lediglich Beweis- und keine Wertpapiere sind, da das entspr Recht auch ohne Urkunde ausgeübt werden kann; zweitens sog **Ersatzmittel für Geld**, wie etwa ec-Karten und Geldkarten (s *Pfeiffer* NJW 97, 1036); drittens **Legitimationspapiere**, wie etwa Garderobenmarken, Gepäckscheine oder Reparaturscheine, die sich von den Inhaberpapieren dadurch unterscheiden, dass sie keinen Anspruch dokumentieren, dem Schuldner jedoch befreiende Leistung an den Inhaber des Papiers ermöglichen. Auf diese findet § 807 keine Anwendung. 1

Inhaberkarten oder -marken iSd § 807 liegen lediglich dann vor, wenn sich aus dem Gesetz, ausdrücklich oder konkludent durch Auslegung ergibt, dass der Aussteller dem vorlegenden Inhaber der Urkunde als solchem zu einer Leistung verpflichtet sein soll (RGZ 103, 235). Schwierig ist die Auslegung des Willens deshalb, weil teilweise die Grenzen zwischen Inhaberpapieren iSd § 807 und Legitimationspapieren fließend ist. Bei kleinen Inhaberpapieren hängt die Ausübung des Rechts von der Innehabung der Urkunde ab. 2

B. Kleine Inhaberpapiere iSd § 807. Kleine (bzw unvollkommene) Inhaberpapiere geben, anders als Inhaberschuldverschreibungen (§ 793), das Rechtsverhältnis und den Leistungsgegenstand regelmäßig unvollständig an, es wird teilweise auch der Aussteller nicht genannt sein und/oder sich keine Unterschrift des Ausstellers finden. Allerdings soll, entgegen dem Wortlaut, keine Voraussetzung sein, dass der Name des Gläubigers fehlt (MüKo/*Hüffer* Rn 9). Ist im Papier eine Übertragbarkeit ausgeschlossen (zB bei Fahrscheinen), so ist damit zumeist lediglich ein Ausschluss für die Zeit nach Beginn der Inanspruchnahme der Leistung gemeint, so dass es trotzdem Inhaberpapier sein kann. 3

Bsp: Zu den kleinen Inhaberpapieren gehören Einzelfahrscheine, Eintrittskarten (Köln NJW-RR 94, 687; Hburg VuR 00, 451, 452), Versicherungsmarken, Essensmarken, Telefonkarten (Köln ZIP 00, 1836, 1837), Gutscheine (BGHZ 11, 274, 278; Hburg VuR 00, 451, 452) usw, sofern sie jeden Inhaber legitimieren sollen. Bei Theatervorstellungen etc besteht für den Veranstalter die Möglichkeit, bestimmte Personen trotz Vorlage der Eintrittskarte durch die Einwendung aus § 796 vom Zugang auszuschließen (s RG JW 32, 862: Theaterkritiker). Eine Grenze bildet § 826. Auch Briefmarken fallen inzwischen unter § 807 (Staud/*Marburger* Rn 5; *Schmidt* NJW 98, 200, 202 f). **Keine Inhaberpapiere** iSd § 807 sind etwa auf konkrete Personen bezogene Fahr- oder Eintrittskarten wie zB Dauer- oder Netzfahrkarten (Rektapapiere, BaRoth/*Gehrlein* Rn 2), die meisten Flugscheine (BGH NJW 74, 852, 853: qualifiziertes Legitimationspapier), ec-Karten (BGH WM 88, 405, 407) sowie Eintrittskarten für geschlossene Veranstaltungen, signierte Zins- und Rentenscheine und sog Service-Kupons eines Inkassounternehmens (BGH NJW-RR 04, 989). 4

C. Anwendbares Recht. Es finden die in § 807 genannten Vorschriften zu den Inhaberschuldverschreibungen Anwendung. Die verbriefte Forderung entsteht nach hM durch (stillschweigenden) Begebungsvertrag (aA BFH NJW 60, 982, 983: lediglich einseitige Ausstellung erforderlich). Die Übertragung erfolgt regelmäßig durch Übereignung der Urkunde (§§ 929 ff); gutgläubiger Erwerb, auch an abhanden gekommenen Papieren, ist möglich (§§ 932, 935 II, § 366 HGB). **Nicht anwendbar** sind § 793 II (Unterschrift oder Faksimile des Ausstellers); §§ 801, 804 (Vorlegungs- und Verjährungsfristen), §§ 798 f, 802 (Kraftloserklärung, Zahlungssperre, Ausstellung von Ersatzurkunden), wobei hier Art 102 I EGBGB zu beachten ist, und schließlich § 806 (Umschreibung auf den Namen), wobei eine Umschreibung aufgrund einer Vereinbarung zwischen Aussteller und Inhaber zulässig ist. 5

§ 808 Namenspapiere mit Inhaberklausel

(1) ¹Wird eine Urkunde, in welcher der Gläubiger benannt ist, mit der Bestimmung ausgegeben, dass die in der Urkunde versprochene Leistung an jeden Inhaber bewirkt werden kann, so wird der Schuldner durch die Leistung an den Inhaber der Urkunde befreit. ²Der Inhaber ist nicht berechtigt, die Leistung zu verlangen.
(2) ¹Der Schuldner ist nur gegen Aushändigung der Urkunde zur Leistung verpflichtet. ²Ist die Urkunde abhanden gekommen oder vernichtet, so kann sie, wenn nicht ein anderes bestimmt ist, im Wege des Aufgebotsverfahrens für kraftlos erklärt werden. ³Die in § 802 für die Verjährung gegebenen Vorschriften finden den Anwendung.

A. Qualifizierte Legitimationspapiere. I. Begriff. Namenspapiere mit Inhaberklausel (auch als qualifizierte Legitimationspapiere oder hinkende Inhaberpapiere bezeichnet) sind auf einen konkreten Berechtigten ausgestellte Leistungsversprechen. Der Aussteller kann seine Leistung an jeden Inhaber der Urkunde mit 1 befreiender Wirkung erbringen (Legitimationswirkung), allerdings besitzt der Inhaber kein Forderungsrecht hinsichtlich der verbrieften Leistung (eingeschränkte Inhaberklausel). Allein der Gläubiger der Leistung kann diese verlangen, nachdem er ggf seine Gläubigerstellung bewiesen hat. Die Namenspapiere mit Inhaberklausel unterscheiden sich von den Inhaberpapieren durch die Individualisierung des Berechtigten. Allerdings ist eine namentliche Nennung nicht notwendig, sondern es reicht aus, wenn der Berechtigte durch Auslegung bestimmbar ist (MüKo/*Hüffer* Rn 9). Außerdem besteht für den Aussteller durch die Vorlage der Urkunde keine Verpflichtung, sondern lediglich eine Berechtigung, an den Inhaber zu leisten. Die Pflicht zur Leistung ergibt sich aus den allgemeinen schuldrechtlichen Regelungen außerhalb der Urkunde, so dass dieser insoweit lediglich deklaratorischer Charakter zukommt. Wie bei der Inhaberschuldverschreibung erfolgt jedoch eine Verbriefung des Leistungsversprechens in der Urkunde. Bei den Namenspapieren mit Inhaberklausel handelt es sich um Wertpapiere iwS und zwar, anders als bei den Inhaberpapieren, um Rektapapiere.

2 **Bsp:** Zu den Namenspapieren mit Inhaberklausel zählen vor allem Sparbücher (BGHZ 28, 368, 370; NJW-RR 98, 1661, 1662; s Rn 7 ff), aber auch Leihhausscheine (BGH NJW 77, 1352), Lebensversicherungsscheine (BGH VersR 99, 700, 701; NJW 00, 2103; Kobl VersR 02, 873), Inhaber-(Seetransport-)versicherungspolicen (BGH NJW 62, 1436 f), auf den Namen des Berechtigten ausgestellte Fahr- oder Flugscheine (BGH NJW 74, 852, 853), auf den Namen des Berechtigten ausgestellte Eintrittskarten (AG Syke NJW 03, 1054: Gutschein für Ballonfahrt) und Hinterlegungs- oder Depotscheine der Banken (s RGZ 118, 34, 38). **Nicht** zu den Namenspapieren mit Inhaberklausel zählen ec-Karten (BGH WM 88, 405, 407) oder Kreditkarten (BGHZ 114, 238, 242) sowie Sparbriefe bzw Sparkassenbriefe (Namensschuldverschreibung) und Sparkassenobligationen (Orderschuldverschreibung).

3 **II. Übertragung.** Der verbriefte Anspruch wird, da kein Inhaberpapier vorliegt, nicht nach sachenrechtlichen Normen übertragen und verpfändet, sondern ohne Gutglaubensschutz durch Abtretung (§§ 398 ff, 1280). Das Eigentum am Papier folgt, umgekehrt wie bei Inhaberpapieren, kraft Gesetzes nach § 952 dem Gläubigerrecht an der Forderung (das Recht am Papier folgt dem Recht aus dem Papier). Eine Übergabe der Urkunde ist nicht erforderlich; sie allein reicht für den Rechtsübergang nicht aus. § 1006 (Eigentumsvermutung) findet hier keine Anwendung (BGH JR 72, 379; WM 72, 383, 384, 701; BB 72, 1343, 1344). Ein gutgläubiger Erwerb hinsichtlich der Forderung oder der Urkunde ist grds nicht möglich; auch ein wertpapierrechtlicher Einwendungsausschluss scheidet aus. Allerdings wird der Erwerber begrenzt durch § 405 geschützt (Staud/*Marburger* Rn 19). § 407 ist auf die qualifizierten Legitimationspapiere nicht anwendbar (Ddorf NJW-RR 91, 1337).

4 **B. Leistungsbefreiung.** Nach § 808 I tritt eine Leistungsbefreiung durch Leistung an den Urkundeninhaber ein, wenn die Leistung dem verbrieften Versprechen entspr erfolgt (Liberationswirkung, s BGHZ 28, 368, 373). Da diese Regelung dispositiv ist, sind Vereinbarungen möglich (zB Orderklausel), die diese Wirkung beschränken (Staud/*Marburger* Rn 8). Der Aussteller braucht weder eine Prüfung der materiellen Berechtigung des Inhabers, über das verbriefte Recht zu verfügen, noch der Berechtigung, die für die Entgegennahme der Leistung erforderlichen Handlungen vorzunehmen, durchzuführen (Kobl VersR 02, 873, 874: Versicherungsvertragskündigung). Das gilt unabhängig von der Frage der Wirksamkeit des dinglichen Geschäfts auch, wenn an einen geschäftsunfähigen Inhaber bzw an eine als dessen Vertreter auftretende Person geleistet wird (str, s Ddorf WM 71, 231; Karlsr VersR 99, 1529: fehlende Genehmigung nach § 1812). Eine materielle Berechtigung besteht nicht nur für den Inhaber, sondern kann auch von diesem abgeleitet oder als Vertreter bestehen, zB als Pfandgläubiger, Vormund, Betreuer (s aber AG Nürnbg VersR 02, 874, 875), Insolvenzverwalter oder Testamentsvollstrecker.

5 Eine Leistungsbefreiung tritt jedoch **nicht** ein, wenn der Aussteller positive Kenntnis über die Nichtberechtigung des Inhabers hat; nach hM ist dies auch dann der Fall, wenn hinsichtlich des Wissens über die Nichtberechtigung grobe Fahrlässigkeit vorliegt (Ddorf NJW 87, 654, 655; Köln VersR 90, 1338, 1339; aA RGRK/*Steffen* Rn 45 mwN) oder wenn der Aussteller die Zahlung gegen Treu und Glauben bewirkt (BGHZ 28, 368, 371; VersR 99, 700, 701: offensichtliche Unwirksamkeit der Abtretung). Der Aussteller kann schließlich nach § 808 I 2 vom Gläubiger eine Legitimation verlangen und die Leistung bis dahin verweigern (speziell zum Sparbuch s Rn 8 ff).

6 **C. Leistungsverweigerungsrecht.** Der Aussteller braucht seine Leistung nur zu erbringen, wenn ihm die **Urkunde ausgehändigt** wird; insoweit steht ihm ein Leistungsverweigerungsrecht zu (§ 808 II 1). Ist die Urkunde vernichtet oder verloren gegangen, besteht nach § 808 II 2 die Möglichkeit der Amortisation. Die Kraftloserklärung nach § 808 II 2 entspricht im wesentlichen § 799 I 1. § 800 S 2 findet keine entspr Anwendung (BGH NJW-RR 98, 1661, 1662; aA Staud/*Marburger* Rn 35; AG Ddorf NJW-RR 00, 1442: Ersatzticket für Flugreise). Das Verfahren richtet sich nach § 1003 ff ZPO (s aber Art 102 II EGBGB mit Vorbehalt hinsichtlich landesgesetzlicher Vorschriften über Kraftloserklärung und Zahlungssperre). Antragsberechtigt ist, anders als bei § 799, nur der aus dem Papier Berechtigte (Gläubiger), nicht der bisherige Inhaber, § 1004 II ZPO (Staud/*Marburger* Rn 35). Durch das Ausschlussurteil wird lediglich die Vorlegung der Urkunde ersetzt, der Aussteller kann also, anders als bei § 799, einen weiteren Nachweis des Gläubigerrechts verlangen. Durch die Zahlungssperre des § 802 wird der Beginn und der Lauf der **Verjährung** nach §§ 195 ff gehemmt. § 801 findet keine Anwendung.

D. Sparbuch. I. Einordnung. Die Besonderheit des Sparbuchs als Namenspapier mit Inhaberklausel ist, 7
dass sich der Gläubiger allein aus dem bei Kontoeröffnung geschlossenen Sparvertrag ergibt. Der Sparvertrag
ist nach hM ein Darlehensvertrag iSd § 488 und kein Verwahrungsvertrag iSd § 700 (BGHZ 64, 278, 284; aA
München WM 83, 1294, 1295). Für öffentliche Sparkassen ist Art 99 EGBGB zu beachten (Verweis auf landesgesetzliche Vorschriften).

II. Berechtigter. Regelmäßig wird Gläubiger der Einlageforderung (Berechtigter) derjenige sein, der auch 8
Kontoinhaber ist. Dies ist jedoch nicht zwingend. Entscheidend kommt es auf die vertraglichen Vereinbarungen an. Berechtigter ist jedenfalls derjenige, der nach dem (erkennbaren) Willen des Kunden, der die Kontoeröffnung vornimmt, der Bank ggü Gläubiger sein soll (BGH NJW 94, 931; Saarbrücken MDR 03, 1003). Ein
eigenes Leistungsrecht des im Sparbuch Genannten kann sich im Einzelfall aus den Umständen (wie etwa
Besitzverhältnisse am Sparbuch) ergeben (BGHZ 46, 199, 201; NJW 94, 931). Wird an einen Minderjährigen
geleistet, kann § 1812 zu beachten sein (Karlsr NJW-RR 99, 230: Auszahlung einer Versicherungssumme an
den Vormund).

Nichtig sind **Abreden** im Sparvertrag, wonach der Aussteller jede Person, die das Sparbuch vorlegt, als 9
berechtigt ansehen kann, die ungekündigte Spareinlage entgegen zu nehmen. Zahlt die Bank an den wahren
Berechtigten, ohne dass dieser das Sparbuch vorlegen zu lassen, wirkt dies nicht schuldbefreiend, wenn der Berechtigte dem Zessionar das Sparbuch übergeben hat und der Zessionar aufgrund der Sparbedingungen davon
ausgehen durfte, dass die Bank nur dann eine Leistung vornimmt, wenn das Sparbuch vorgelegt wird
(Hamm WM 84, 801, 802; Ddorf NJW-RR 91, 1337).

III. Legitimationswirkung und deren Einschränkungen. Damit die **Legitimationswirkung** eintreten kann, 10
ist die Vorlage des Sparbuchs und nicht lediglich eines einzelnen Kontoblatts erforderlich (Hamm WM 85,
1290). Der Sparbuchinhaber kann iRd § 808 für den Sparguthabensgläubiger lediglich solche Willenserklärungen abgeben, die erforderlich sind, die versprochene Leistung in Empfang zu nehmen (BGHZ 64, 278; aA
Ddorf NJW 87, 654 mwN). Er kann aber den Sparvertrag nicht ändern (auch bei Postsparbuch, s BGH NJW
86, 2104, 2106). Ein Sperrvermerk kann deshalb allein durch den wahren Gläubiger aufgehoben werden.
Auch bei Vorlage seines Reisepasses ist der Inhaber des Sparbuchs nicht legitimiert, den Sperrvermerk aufzuheben (BGH NJW 88, 2100).

Eine **Einschränkung** der Legitimationswirkung des Sparbuchs kann aus verschiedenen Gründen vorliegen. 11
Dies ist etwa der Fall bei **Bösgläubigkeit**: Leistet der Aussteller an einen nichtberechtigten Vorleger, tritt als
Ausnahme von § 808 I 1 keine Befreiung ein, wenn ihm die Nichtberechtigung des Vorlegers bekannt ist.
Nach hM reicht es auch, wenn er diese grob fahrlässig nicht kennt (MüKo/*Hüffer* Rn 15; Staud/*Marburger*
Rn 24: Analogie zu Art 40 III WG; Köln VersR 90, 1338, 1339; offen gelassen in BGHZ 28, 368, 371). Letzteres rechtfertigt sich vor allem daraus, dass nicht ohne Legitimationsnachweis geleistet zu werden braucht
(§ 808 I 2). Eine Einschränkung der Legitimationswirkung tritt zudem bei **vorzeitiger Leistung** ein. Eine
Befreiung erfolgt lediglich im Umfang der rechtswirksam versprochenen Leistung (§ 808 I 1). Wird daher an
einen Nichtberechtigten ohne Beachtung der vertraglich vereinbarten Kündigungs- oder Auszahlungsfrist
geleistet, besteht kein Schutz durch die Legitimationswirkung (str, BGHZ 64, 278, 283; NJW 91, 420, 421).
Eingeschränkt wird die Legitimationswirkung zudem durch besondere **vertragliche Vereinbarungen** wie etwa 12
Sperrvermerke (BGH NJW 88, 2100, 2101). Sie umfasst grds nur Leistungen, zu denen der Aussteller vertraglich oder gesetzlich verpflichtet ist (BGH NJW 88, 2100, 2101). Eine anderweitige Vereinbarung ist möglich.
Bei einer Zahlung vor Fälligkeit besteht daher keine Legitimationswirkung (BGHZ 28, 368, 372; aA *Hueck/
Canaris* § 27 III 3). Dies ist etwa der Fall bei Nichtbeachtung der Kündigungsfrist nach § 21 IV 1 RechKredV
oder des vereinbarten Monatshöchstbetrags (BGHZ 42, 302; MüKo/*Hüffer* Rn 32, aA Staud/*Marburger*
Rn 51), aber auch, wenn trotz im Sparbuch eingetragenem Sperrvermerk, etwa bis zur Volljährigkeit, gezahlt
wird (BGH NJW 76, 2211, 2212: Vorher auch keine Zahlung an den gesetzlichen Vertreter).

IV. Abtretung. Der verbriefte Anspruch auf Rückzahlung der Einlage kann formlos ohne Eintragung im 13
Sparbuch nach § 398 **abgetreten** werden. In der Übergabe des Sparbuchs wird zumeist eine stillschweigende
Abtretung liegen (BGH WM 65, 895, 900; WM 72, 383). Der Besitzer des Sparbuchs kann sich jedoch nicht
auf § 1006 berufen (BGH JR 72, 379). Ersucht der Gläubiger die Bank, das Guthaben auf einen anderen
umzuschreiben, kann darin uU eine Abtretung zu sehen sein (BGH WM 62, 487). Für das Eigentum am
Sparbuch selbst gilt § 952. Der Besitzer des Sparbuchs, der Gläubiger der Spareinlagen und der im Sparbuch
Genannte müssen nicht identisch sein. Spricht ein Urteil den Besitz am Sparbuch einer Person zu, ist damit
noch nicht rechtskräftig darüber entschieden, wer Gläubiger der Forderung ist (BGH BB 73, 1343).

Wird die Spareinlage **verpfändet**, gilt § 1274 I 1, wobei nach § 1280 eine Anzeige an die Sparkasse erforderlich 14
ist. Eine Übergabe nach § 1274 I 2 ist nicht erforderlich (BGH NJW-RR 86, 848, 849). Eine Verpfändung des
Sparbuchs allein ist, da kein Vermögenswert, nicht möglich. Dieser Vorgang kann jedoch dahingehend ausgelegt werden, dass ein vertraglich vereinbartes Zurückbehaltungsrecht bestehen soll. Bei **Zwangsvollstreckung**
finden die Regelungen über die Forderungspfändung Anwendung (§§ 829 ff, 835, 846, 857 ZPO), wobei § 831
ZPO nicht anwendbar ist.

15 **V. Beweislast, Verjährung.** Der Inhaber hat die Höhe der Forderung zu beweisen, wobei dem Sparbuch bei unterschriebener Eintragung nach § 416 ZPO besondere Beweiskraft zukommt (BGH NJW 02, 2707). Die Beweislast für eine Auszahlung ohne Vorlage des Sparbuchs trägt das Kreditinstitut (Frankf NJW 98, 997, 998; Köln VuR 01, 121; LG Frankfurt BKR 04, 39: Aufbewahrung des Sparbuchs durch die Bank; BGH NJW 02, 2707: Beweiskraft der Unterschrift im Sparbuch). Der Beweis der Auszahlung der im Sparbuch ausgewiesenen Einlage ist allein durch bankinterne Buchführung nicht möglich (str, Frankf NJW 98, 997, 998 f; BGH WM 04, 1475, 1476). Daher tritt auch dann keine Beweiserleichterung ein, wenn die zehnjährige Aufbewahrungsfrist des Kreditinstituts (§ 257 HGB) abgelaufen ist. Die Verjährung des Anspruchs richtet sich nach den §§ 195, 199. Dem Inhaber kann im Einzelfall der Einwand nach § 242 zustehen (Frankf NJW 98, 997, s.a. BGH NJW 02, 2707, 2708).

§ 808 a
– *weggefallen* –

Titel 25 Vorlegung von Sachen

§ 809 Besichtigung einer Sache

Wer gegen den Besitzer einer Sache einen Anspruch in Ansehung der Sache hat oder sich Gewissheit verschaffen will, ob ihm ein solcher Anspruch zusteht, kann, wenn die Besichtigung der Sache aus diesem Grunde für ihn von Interesse ist, verlangen, dass der Besitzer ihm die Sache zur Besichtigung vorlegt oder die Besichtigung gestattet.

1 **A. Regelungszweck.** Teilweise wird erst nach der Vorlegung bzw Besichtigung einer Sache oder der Einsichtnahme in eine Urkunde beurteilt werden können, ob ein durchsetzbarer Anspruch besteht. Diesem Interesse an der Besichtigung steht das Interesse des Besitzers an der Wahrung seiner Privatsphäre ggü. Die §§ 809 f sehen daher unter bestimmten Voraussetzungen einen eigenen schuldrechtlichen Anspruch auf Besichtigung oder Einsichtnahme vor.

2 Der Anspruch aus § 809 hat lediglich vorbereitenden und unterstützenden Charakter. Daher können auch andere Ansprüche oder Rechte (vgl §§ 142, 144 ZPO) neben dem Vorlegungsanspruch bestehen, zB Herausgabe nach §§ 985 ff., Wegnahme nach §§ 229 ff oder Abholung nach § 867. Trifft der Vorlegungsanspruch mit anderen (schuldrechtlichen oder dinglichen wie §§ 667, 861, 985, 1007) Ansprüchen zusammen, besteht dieser neben ihnen (BGH NJW 71, 656). In Bezug auf das schwieriger durchsetzbare Recht kann jedoch das Rechtsschutzbedürfnis fehlen (BGHZ 55, 201). Umstritten ist, ob der Vorlegungsanspruch nach §§ 195, 199 verjähren kann (ja: MüKo/*Hüffer* Rn 15; nein: Karlsr NJW-RR 02, 951; Jauernig/*Stadler* Rn 1, wobei mit Verjährung des Hauptanspruchs das Informationsbedürfnis und damit das schutzwürdige Interesse an der Vorlegung entfalle; vgl auch BGH NJW 85, 384, 385). In Bezug auf die Verpflichtung des Gegners (§ 422 ZPO) oder eines Dritten, der die Urkunde besitzt (§ 429 ZPO), zur Vorlegung der Urkunde wird ua auf § 810 Bezug genommen.

3 Abzugrenzen hiervon sind verschiedene Vorlage- und Informationsrechte innerhalb bestehender Rechtsverhältnisse, so etwa in den §§ 259 f, 371, 402, 666 f, 716, 867, 896, 1005, 1145, sowie in den §§ 87c IV, 118, 157, 166, 258 ff HGB, in § 131 AktG, § 51a GmbHG, § 80 II 2, 106 II BetrVG, § 8 III UmweltHG. Ausnahmsweise kann ein Besichtigungsrecht auch aus § 242 hergeleitet werden. Eine Abgrenzung ist auch erforderlich zur Einsicht in öffentliche Register, Akten etc (vgl §§ 79, 1563, 1953 III 2, 2010, 2081 II 2, 2146 II, 2228, 2264, § 9 I HGB, § 12 GBO, §§ 34, 78 FGG, § 299 ZPO, §§ 42, 144 ZVG, § 29 VwVfG). Zwischen dem Einsichtsrecht nach § 809 und dem allg Auskunftsanspruch nach §§ 259 f besteht regelmäßig Konkurrenz (BGHZ 55, 201, 204).

4 **B. Voraussetzungen des Vorlegungsanspruchs. I. Sachen.** Erfasst sind sowohl bewegliche als auch unbewegliche Sachen iSd § 90, also auch etwa Grundstücksbesichtigungen (s Karlsr NJW-RR 02, 951). Für Tiere gilt aufgrund von § 90a § 809 entspr. Urkunden sind Sachen iSd § 809, sofern sie nicht von § 810 umfasst werden. Technische Aufzeichnungen ohne Urkundenqualität fallen unter § 809, zB Tonbänder, Computerprogramme (KG NJW 01, 233). **Nicht erfasst** sind der Körper eines lebenden Menschen und dessen ungetrennte sowie die mit ihm fest verbundenen künstlichen Teile. Aus § 809 ergibt sich daher kein Anspruch auf ärztliche Untersuchung eines anderen; dies ist lediglich nach § 372a ZPO bzw § 81a, c StPO möglich. Ob der Leichnam als Sache angesehen werden kann, ist umstritten (s § 90 Rn 6; s.a. Staud/*Marburger* Rn 2); eine Leichenschau kann in Bezug auf erb- oder versicherungsrechtliche Ansprüche eine Rolle spielen (Palandt/*Sprau* Rn 3). Allerdings besteht kein zivilrechtlicher Anspruch gegen die nahen Angehörigen oder Erben auf Exhumierung und Leichenöffnung (RGRK/*Steffen* Rn 3). Inwiefern Computerprogramme als Sachen angesehen

werden können, ist streitig (§ 90 Rn 5), jedenfalls aber wird § 809 als entspr anwendbar angesehen (Staud/ *Marburger* Rn 3).

II. Anspruch in Ansehung der Sache. Es muss ein Anspruch **in Ansehung der Sache** bestehen (**Alt 1**), dh der Anspruch muss in einer rechtlichen Beziehung zur Sache stehen. Es genügt, wenn der Anspruch in irgendeiner Weise von der Sache abhängt, er braucht also keineswegs die Sache selbst zu Gegenstand haben (BGHZ 93, 191, 198; 150, 377, 381 ff: Quellcode). Ob es sich um einen schuldrechtlichen Anspruch oder einen dinglichen Anspruch auf Schadensersatz oder Unterlassung handelt, ist unerheblich; eine Bedingung oder Befristung ist möglich. Es kann sich auch um ein Anfechtungsrecht handeln oder um einen Anspruch aus einem gewerblichem Schutzrecht (BGH NJW-RR 04, 916, 917: Urheberrecht; BGHZ 93, 191, 200: Patentrecht; BGHZ 150, 377, 382: Quellcode eines Programms; KG NJW 01, 233, 235: Schutz von Software, Besichtigung eines Computers).

Alternativ kann ein Vorlegungsanspruch auch für denjenigen bestehen, der sich **Gewissheit über das Bestehen** eines solchen Anspruchs verschaffen will (**Alt 2**). Ob ein Hauptanspruch besteht, ist unerheblich, sofern die Vorlage der Gewissheitsverschaffung darüber dient; dabei genügt ein gewisser Grad von Wahrscheinlichkeit (BGH NJW-RR 02, 1617). Es ist ausreichend, wenn durch die Besichtigung beurteilt werden kann, ob ein Anspruch besteht; allerdings darf auch nur noch diese erforderlich sein, um das Bestehen des Anspruchs endgültig zu beurteilen (BGHZ 93, 191, 205 f). Bei Patentverletzungen stellt die Rspr aufgrund des Geheimhaltungsinteresses des Vorlegungsschuldners strengere Anforderungen (BGHZ 93, 191, 205 f: Glaubhaftmachung nach § 294 ZPO).

III. Interesse. Es ist ein besonderes und ernstliches Interesse des Vorlegungsberechtigten an der Besichtigung erforderlich (s BGHZ 93, 191, 213). Dies braucht jedoch bei § 809 kein rechtliches (anders bei § 810) oder ein vermögensrechtliches Interesse zu sein. Allerdings genügt ein allg künstlerisches oder wissenschaftliches Interesse noch nicht. Ein Interesse ist auch dann zu verneinen, wenn der Anspruch etwa aufgrund von Verjährung nicht mehr durchsetzbar ist (BGHZ 150, 377, 381) oder der Berechtigte auf anderem Wege die erforderliche Information einfacher erlangen kann. Außerdem besteht ein entspr Interesse dann nicht, wenn durch die Vorlegung erstmalig Anhaltspunkte für eine Rechtsverfolgung gewonnen werden sollen (BGHZ 93, 191, 205).

IV. Anspruchsberechtigter, Anspruchsgegner. Anspruchsberechtigter ist der Inhaber des Hauptanspruchs, der gegen den Besitzer ein Interesse an der Besichtigung hat. Der Anspruch ist nicht übertragbar, da er lediglich ein unselbständiger Nebenanspruch ist. Der Vorlegungsberechtigte kann zur Besichtigung dann einen Bevollmächtigten beauftragen, wenn sich nach den Umständen des Einzelfalls nichts anderes ergibt, vor allem wenn dem nicht die Vertraulichkeit der Sache oder die Vertrauenswürdigkeit des Beauftragten entgegensteht. Regelmäßig wird ein ProzBev zuzulassen sein (s München NJW 01, 2806, 2807).

Die **Vorlegungsverpflichtung** trifft den unmittelbaren Besitzer (§ 854) bzw jeden einzelnen Mitbesitzer (§ 866) der Sache; auf die Eigentumslage kommt es nicht an (RGZ 69, 406). Der mittelbare Besitzer ist nach hM vorlegungspflichtig, sofern er die Sache vom unmittelbaren Besitzer etwa aufgrund eines Verwahrungs- oder Auftragsverhältnisses herausverlangen kann, denn dann kann er den Anspruch erfüllen (MüKo/*Hüffer* Rn 8). Ist der Besitzer eine juristische Person, richtet sich der Anspruch gegen diese, nicht gegen den Besitz ausübenden Vorstand (RGZ 83, 248, 250: Vorstand einer AG); auch bei der BGB-Gesellschaft, der OHG sowie der KG ist Schuldnerin die Gesellschaft und nicht der geschäftsführende Gesellschafter (str, s MüKo/ *Hüffer* Rn 7).

C. Inhalt und Grenzen des Vorlegungsanspruchs. Vorlegung bedeutet das Vorzeigen der Sache, uU auch Aushändigung (BAG WM 85, 765, 767; Köln NJW-RR 96, 382), damit der Vorlegungsberechtigte bzw dessen Bevollmächtigter oder ein Sachverständiger die zulässigen Maßnahmen durchführen, vor allem die Sache besichtigen kann. Die **Gestattung der Besichtigung** erfolgt regelmäßig bei unbeweglichen Sachen und beschränkt sich darauf, dem Berechtigten zu ermöglichen, die Sache in Augenschein zu nehmen. § 809 gewährt allerdings kein Recht, in den Räumen des Verpflichteten Nachforschungen und eine Suche nach der Sache durchzuführen (BGH NJW-RR 04, 916). Der **Besichtigungsanspruch** erstreckt sich nicht nur auf die sinnliche Wahrnehmung, sondern umfasst auch eine eingehende Untersuchung, so dass ein Anfassen, Vermessen, Wiegen, Untersuchen mit dem Mikroskop oder Fotografieren erlaubt ist. Auch eine Inbetriebnahme der Sache (s Ddorf DB 82, 2030, 2031; aA BGHZ 93, 191, 192, 209; s aber auch KG NJW 01, 233, 235 für Computer), das Abnehmen einer Verkleidung, das Ausbauen einzelner Teile sowie andere beschränkte Eingriffe in die Substanz der Sache sind nicht zulässig bei unzumutbarer Beeinträchtigung des Integritätsinteresses des Schuldners (BGHZ 150, 377, 388). Dies wird vor allem dann der Fall sein, wenn die Maßnahme zu dauerhaften Schäden führen kann (Frankf NJW-RR 86, 819, 820). Ein Sachverständiger kann zur Untersuchung der Sache hinzugezogen werden, vor allem wenn nur so der Besichtigungsanspruch hinreichend ausgeübt werden kann (München NJW 01, 2806, 2807: Röntgenaufnahmen).

Dem Interesse des Berechtigten können **schutzwürdige Belange des Besitzers (Verpflichteten)** ggü stehen, so dass zwischen dem Interesse des Verpflichteten und dem Informationsinteresse des Anspruchstellers auch unter dem Gesichtspunkt der Verhältnismäßigkeit abzuwägen ist (BVerfGE 27, 344, 352). Die Abwägung kann im Einzelfall nach § 242 (s BGHZ 150, 377, 386 f) dazu führen, dass der Anspruch hinsichtlich des Umfangs und/oder der Art und Weise der Einsichtnahme ausgeschlossen oder beschränkt ist. Im Zweifel hat die Besichtigung durch einen neutralen zur Verschwiegenheit verpflichteten, sachkundigen Dritten zu erfolgen (BGHZ 150, 377, 389). Dies gilt auch bei Urkunden mit vertraulichem, ein Betriebsgeheimnis enthaltenden Inhalt (Ddorf DB 82, 2030, 2031; München GRUR 87, 33), oder wenn die Einsichtnahme ein Kunst- oder Gewerbegeheimnis offenbaren würde (BGHZ 93, 191, 196 f), wenn eine Einsicht einen Vertrauensbruch ggü einem Dritten darstellen würde, wenn der Verpflichtete dadurch der Gefahr einer strafrechtlichen Verfolgung ausgesetzt würde oder wenn die Einsichtnahme durch den Berechtigten einen Eingriff in das Persönlichkeitsrecht darstellen würde. Der Sachverständige ist ggü dem Vorlegungsberechtigten Beauftragter und ggü dem Vorlegungsverpflichteten Treuhänder (München GRUR 87, 33).

12 **D. Rechtsfolgen, Beweislast, Durchsetzung.** Verweigert der Verpflichtete die Vorlage ohne hinreichenden Grund (s Rn 11), haftet er ggf wegen Verzugs (§§ 280 II, 286) oder schuldhafter Nichterfüllung (§ 280 I). Will der Verpflichtete den Anspruch durch Übertragung des Besitzes an der Vorlagesache an einen anderen vereiteln, hat er uU nach § 826 auf Schadensersatz zu haften (Staud/*Marburger* Vor §§ 809-811 Rn 7).

13 Der Vorlegungsberechtigte hat als Kläger im Prozess die Voraussetzungen des Anspruchs zu beweisen, dh den Besitz des Vorlegungsverpflichteten, sein eigenes Interesse an der Vorlegung/Besichtigung sowie den Anspruch in Ansehung der Sache bzw die Tatsachen, aus denen sich das Bestehen eines solchen Anspruchs als möglich ergeben kann. Glaubhaftmachung (§ 294 ZPO) genügt hierfür nach hM nicht (vgl MüKo/*Hüffer* Rn 16). Der Verpflichtete hat sein berechtigtes Gegeninteresse zu beweisen.

14 Gerichtliche Anordnungen im Prozess erfolgen nach §§ 142, 144 ZPO. Wird die Vorlegung von Sachen und Urkunden außerhalb eines Prozesses verlangt, ist Klage gegen den Besitzer zu erheben. Das gleiche gilt, wenn im Prozess die Vorlegung von im Besitz eines Dritten befindlichen Sachen oder Urkunden verlangt wird. Der Kläger ist hinsichtlich des Anspruches und des besonderen Interesses beweispflichtig. Sofern ein Besitzmittlungsverhältnis besteht, ist § 76 ZPO anwendbar (MüKo/*Hüffer* Rn 16). Die Durchsetzung kann auch mittels einstweiliger Verfügung erfolgen (Karlsr NJW-RR 02, 951); hierfür genügt im Prozess Glaubhaftmachung (§§ 936, 920 II ZPO). Es kommt dann lediglich eine Einsichtnahme durch eine unabhängige Person in Betracht (KG NJW 01, 233). Die Zwangsvollstreckung erfolgt nach hM wie beim Herausgabeanspruch über § 883 ZPO analog (Staud/*Marburger* Vor §§ 809-811 Rn 10; Köln NJW-RR 88, 1210; NJW RR 96, 382), nicht über § 888 ZPO (so aber MüKo/*Hüffer* Rn 17; Erman/*Heckelmann* Rn 5).

§ 810 Einsicht in Urkunden

Wer ein rechtliches Interesse daran hat, eine in fremdem Besitz befindliche Urkunde einzusehen, kann von dem Besitzer die Gestattung der Einsicht verlangen, wenn die Urkunde in seinem Interesse errichtet oder in der Urkunde ein zwischen ihm und einem anderen bestehendes Rechtsverhältnis beurkundet ist oder wenn die Urkunde Verhandlungen über ein Rechtsgeschäft enthält, die zwischen ihm und einem anderen oder zwischen einem von beiden und einem gemeinschaftlichen Vermittler gepflogen worden sind.

1 **A. Voraussetzungen des Einsichtsrechts. I. Urkunde.** § 810 enthält ggü § 809 eine Erweiterung für Urkunden mit rechtsgeschäftlichem Inhalt. Der Anspruch hängt allein vom Inhalt der Urkunde und vom Bestehen eines rechtlichen Interesses an der Einsichtnahme ab. Jeder Urkundenbesitzer ist zur Ermöglichung der Einsichtnahme verpflichtet (vgl BGH NJW 89, 225, 226); auf die Eigentumsverhältnisse kommt es nicht an. Eine entspr Anwendung auf vergleichbare Tatbestände wird als möglich angesehen (Jauernig/*Stadler* §§ 809-811 Rn 9). Urkunde bedeutet eine durch bleibende Zeichen verkörperte rechtserhebliche Gedankenerklärung (vgl *Grimme* JA 85, 320, 321). Daher wird regelmäßig ein Recht auf Vorlage von privaten Briefen oder Tagebüchern ausscheiden, da es sich hierbei nicht um Urkunden iSd § 810 handelt; anders wird es sich nur dann verhalten, wenn ein Brief eine rechtsgeschäftliche Erklärung enthält.

2 Technische Aufzeichnungen, die keine rechtsgeschäftliche Erklärung enthalten, sind keine Urkunde iSd § 810 und daher von § 809 erfasst. Dies gilt zB für Tonträger, Fotografien (BGHZ 65, 300 f), Tachometerscheiben oder Röntgenaufnahmen. Eine Ausnahme soll jedoch dann gelten (und § 810 analog anzuwenden sein), wenn die Einsichtnahme in technische Aufzeichnung im Sachzusammenhang mit sonstigen (schriftlichen) Unterlagen geltend gemacht wird (München NJW 01, 2806: Original-Röntgenaufnahmen). Umstritten ist, ob § 810 analog auf rechterhebliche Erklärungen, die mit technischen Tonträgern aufgezeichnet sind (ua Datenträger, Mikrodokumentation), anwendbar ist (Staud/*Marburger* Rn 8; direkte Anwendung bei Karlsr NZG 01, 654, 655) oder ob eine Vorlage nur nach § 809 verlangt werden kann (MüKo/*Hüffer* Rn 3). Bei § 810 muss es sich regelmäßig um im Besitz eines anderen befindliche **Originalurkunden** handeln. Abschriften oder Fotokopien sind nur dann erfasst, wenn das Interesse gerade an diesen besteht, zB weil das Original unleserlich (AG Hagen NJW-RR 98, 262, 263) oder nicht mehr vorhanden ist (Celle BB 73, 1192, 1193; aA Hburg OLGE 22, 351). Umgekehrt kann der Berechtigte nicht in allen Fällen Einsicht in die Originale fordern; zB hat der

Versicherer nur ausnahmsweise bei Fälschungsverdacht einen Anspruch auf Einsicht in die Original-Schadensbelege (Bremen NJW-RR 90, 1181, 1182).

II. Rechtliches Interesse. Für § 810 ist im Gegensatz zu § 809 ein **rechtliches** Interesse an der Einsicht in Urkunden erforderlich. Dieses liegt dann vor, wenn die Einsichtnahme zur Erhaltung, Förderung oder Verteidigung seiner rechtlich geschützten Interessen notwendig ist (BGH NJW 81, 1733; enger dagegen Hamm NJW-RR 87, 1395). Das Interesse braucht aber auch bei § 810 nicht vermögensrechtlicher Art sein, so dass ein familienrechtliches oder öffentlich-rechtliches Interesse ausreicht. Ein rechtliches Interesse liegt zB dann vor, wenn sich der Vorlegungsberechtigte nach dem Verlust seiner Vertretungsurkunde über die Existenz sowie den Umfang seines Rechts Gewissheit verschaffen will; dies gilt auch, wenn ihm die Urkunde verschuldet abhanden gekommen ist (BGH NJW-RR 92, 1072; enger Hamm NJW-RR 87, 1395; AG Nürnbg WM 92, 593, 594). Auf alle Fälle muss auf einen Zusammenhang zwischen dem Inhalt der Urkunde und dem Rechtsverhältnis geschlossen werden können (BGH WM 63, 990). Die Vorlegung der Urkunde soll dem Anspruchsberechtigten nur letzte Klarheit über einen wahrscheinlich bestehenden Anspruch verschaffen (Hamm WM 87, 1297, 1298). Da das Interesse auch schutzwürdig sein muss (MüKo/*Hüffer* Rn 11: ungeschriebene Anspruchsvoraussetzung) fehlt es an einem rechtlichen Interesse, wenn die Vorlegung einer **unzulässigen Ausforschung** dient, da hier lediglich erste Anhaltspunkte für die Rechtsverfolgung gegen den Besitzer der Urkunde oder Sache gewonnen werden sollen (BGH NJW-RR 92, 1072, 1073; BGHZ 109, 260, 267). Ein schutzwürdiges rechtliches Interesse liegt auch dann nicht (mehr) vor, wenn wegen Verjährung des Hauptanspruchs kein Informationsbedürfnis mehr besteht (BGHZ 33, 373, 379; BGH NJW 85, 384, 385). Auch bei § 810 können Belange des Vorlegungspflichtigen dem Einsichtsinteresse des Anspruchstellers entgegenstehen (s § 809 Rn 11).

III. Die Vorlegungsfälle. Der Anspruchsteller muss eine bestimmte Beziehung zur Urkunde haben. Alternativ kommen hierbei drei Fälle in Betracht. Eine analoge Anwendung auf andere Fälle wird als zulässig angesehen (BGH BB 66, 99).

1. Errichtung im Interesse des Anspruchstellers. Die Urkunde ist im eigenen Interesse des Anspruchstellers errichtet, wenn die Urkunde zumindest **auch** dazu bestimmt ist, ihm als Beweismittel zu dienen oder sonst seine rechtlichen Beziehungen zu fördern (Ddorf NJW-RR 96, 1464, 1466). Entscheidend kommt es nicht auf den Urkundsinhalt, sondern auf den Zweck ihrer Errichtung an. Bei der Feststellung eines rechtlichen Interesses ist daher auf den Zeitpunkt der Urkundserrichtung abzustellen. Eine namentliche Erwähnung des Berechtigten ist nicht erforderlich (BGH LM § 810 Nr 2). Ein Einsichtsrecht besteht auch dann, wenn es sich um eine angeblich gefälschte Urkunde handelt (s RG JW 31, 1549).

Bsp: Eine im Interesse des Anspruchstellers errichtete Urkunde ist der Versicherungsschein bei einer Lebensversicherung mit Drittbegünstigung (§ 328). Ein Baubuch existiert auch im Interesse der Baugläubiger (BGH NJW 87, 1196, 1197; LG Hamburg BauR 04, 692). Geschäftsunterlagen einer Gesellschaft können auch im Interesse ausgeschiedener Gesellschafter vorliegen, damit sie sich über ihre Forderungen der Gesellschaft (oder umgekehrt) aus der Zeit vor ihrem Ausscheiden informieren können (BGH WM 88, 1447, 1448; Frankf WM 96, 160), oder damit sie Informationen darüber erlangen können, ob zwischen der von der Gesellschaft zugestandenen Abfindung und dem wirklichen Wert der Beteiligung ein erhebliches Missverhältnis besteht (BGH NJW 89, 3272, 3273). Hierunter fällt auch der Anspruch des Verkäufers auf Einsicht in Unterlagen über voraus abgetretene Kundenforderungen bei verlängertem Eigentumsvorbehalt (BGHZ 94, 105, 116). **Nicht erfasst sind dagegen** das Protokoll eines Gläubigerbeirats, da sie nicht im Interesse eines Vergleichsgaranten geführt werden (BGH DB 71, 1416), das Gutachten einer Versicherung (LG Berlin VersR 03, 94; s.a. Frankf MDR 92, 353: psychiatrisches Gutachten) sowie die Unterlagen eines Ombudsmanns (LG Bonn NJW 02, 3260). Einseitige Aufzeichnungen eines Sachbearbeiters, die dieser zur Gedächtnisstütze angefertigt hat, werden nicht (auch) im Interesse des Geschäftspartners angefertigt, so dass sie nicht von § 810 erfasst sind (BGH WM 73, 644, 649). Die von einer als Forum organisierten Studienstiftung geführten Personalakten dienen nicht im Interesse der jeweiligen Stipendiaten (BGH NJW 81, 1733). Operations- und **Krankenunterlagen** des Arztes (*Gehrlein* NJW 01, 2773 f) werden nach heute hM nicht lediglich als Gedankenstütze des Arztes, sondern auch im Interesse des Patienten geführt (BGHZ 72, 132, 137 f). Daher hat der Patient einen Anspruch aus § 810 auf Einsichtnahme in die Krankenunterlagen des behandelnden Arztes (außerhalb eines Rechtsstreits), sofern es sich dabei um Urkunden handelt (Kobl NJW 95, 1625; s.a. BGHZ 85, 327, 337; 85, 339, 341); daneben (aA MüKo/*Hüffer* Rn 15: ausschl hieraus) ergibt es sich hinsichtlich anderer Unterlagen auch als Nebenpflicht aus dem Behandlungsverhältnis (Arztvertrag, GoA; BGHZ 85, 327, 331 f).

Der **Umfang** des Einsichtsrechts ist jedoch begrenzt. So besteht kein Recht auf Einsicht in Aufzeichnungen über subjektive Eindrücke, persönliche Notizen des Arztes, Verdachtsdiagnosen (BGHZ 85, 327, 333 ff). Ein Anspruch auf Einsichtnahme in die Dokumentation einer psychiatrischen Behandlung besteht lediglich dann, wenn dem keine schützenswerten Interessen des Patienten, des Arztes oder Dritter entgegenstehen (BGHZ 85, 327, 339; NJW 85, 674); diese hat der Arzt, ohne dabei ins Detail gehen zu müssen, näher zu kennzeichnen (BGHZ 106, 146, 148). Entspr gilt auch für das Einsichtsrecht in tierärztliche Behandlungsunterlagen (da der therapeutische Schutzgedanke hier keine Rolle spielt, allerdings ohne die Einschränkungen im subjektiven Bereich; s LG Hildesheim NJW-RR 92, 415, 416). Der Anspruch auf Einsichtnahme kann auf die Erben übergehen, soweit dies mit der ärztlichen Schweigepflicht vereinbar ist (BGH NJW 83, 2627, 2628), etwa weil der Arzt vom (verstorbenen) Patienten von der Schweigepflicht entbunden wurde. Andernfalls haben einerseits die Erben ihr rechtliches Interesse an der Einsichtnahme sowie die mutmaßliche Einwilligung des (verstorbenen) Patienten konkret darzulegen und andererseits der Arzt, weshalb er sich durch die Schweigepflicht an der Gewährung der Einsicht gehindert sieht (BGH NJW 83, 2627, 2630: auch Auflistung der maßgeblichen Kriterien).

9 **2. Beurkundung eines Rechtsverhältnisses.** Ein Einsichtsrecht besteht auch in Urkunden, die ein Rechtsverhältnis zwischen dem, der die Einsicht verlangt (Vorlegungsberechtigten), und einem anderen festhalten. Der andere muss nicht notwendig der Besitzer der Urkunde sein. Der Anspruchsteller muss allerdings an dem Rechtsverhältnis beteiligt sein, wobei es unerheblich ist, ob das Rechtsverhältnis noch fortbesteht und ob es gültig war oder nicht. Es kommt hier damit auf den objektiven Inhalt der Urkunde an, nicht auf den der Errichtung zugrunde liegenden Zweck. Eine Beurkundung des gesamten Geschäfts ist nicht erforderlich (BGHZ 55, 201, 203).

10 Eine Vorlegungspflicht besteht hiernach **bspw** für Vertragsurkunden, Schuldscheine, Quittungen (sofern sie Vertragsurkunden sind nach § 810 Alt 2, sofern nur ein einseitiges Empfangsbekenntnis § 810 Alt 1) sowie Handakten des Rechtsanwalts (RGRK/*Steffen* Rn 16; aA Soergel/*Mühl* Rn 9). Erfasst ist hiervon auch das Recht dessen, der am Gewinn einer Handelsgesellschaft beteiligt ist, in Geschäftsbücher und Bilanzberichte Einsicht zu nehmen, wobei darauf abzuheben ist, ob sie unmittelbar über Geschäftsvorgänge zwischen den beteiligten Parteien Auskunft geben (BGH WM 63, 990); umfasst ist auch das Recht des früheren Vorstands einer AG auf Einsichtnahme in die Bücher zur Entkräftung der gegen sie erhobenen Vorwürfe der Verletzung aktienrechtlicher Pflichten (RG Warn 08, 465) sowie das Recht des Bürgen auf Vorlage der Geschäftsbücher des Gläubigers, aus denen sich die angeblichen Zahlungen des Hauptschuldners ergeben (BGH NJW 88, 906, 907; 95, 2161, 2162), das Recht desjenigen, der an den Einkünften eines anderen beteiligt ist, zur Einsicht in dessen Steuererklärungen, Steuerbescheide und Prüfungsberichte (BGH BB 66, 99), das Recht des ausgeschiedenen Gesellschafters einer oHG, KG oder stillen Gesellschaft (sowie seiner Erben) in die Geschäftsbücher, die während seiner Zugehörigkeit geführt wurden, zur Prüfung des Abfindungsanspruchs (BGH NJW 89, 3272, 3273; Bambg OLGR 00, 275: stiller Gesellschafter: LG Karlsruhe NZG 01, 654: Gemeinschaftspraxis), das Recht des ausgeschiedenen Gesellschafters einer GmbH in die Bilanzen und Geschäftsbücher bis zum Ende des Jahres des Ausscheidens, um seine Abfindung zu überprüfen (BGH NJW 89, 225, 226). **Nicht erfasst sind dagegen** die Geschäftsbücher, die lediglich internen Betriebszwecken dienende Eintragungen enthalten. Erfasst sind außerdem nicht Akten von Behörden, sofern sie nicht im Rahmen rein privatrechtlicher Tätigkeit angelegt wurden (RGRK/*Steffen* Rn 17).

11 **3. Verhandlungen über ein Rechtsgeschäft.** Von der Vorlagepflicht erfasst sind auch Urkunden, die Verhandlungen zwischen dem Anspruchsteller und einem anderen oder zwischen einem von ihnen und einem gemeinschaftlichen Vermittler enthalten. Dazu zählt insbes der vor oder nach einem Vertragsschluss geführte Schriftwechsel der Parteien oder einer Partei mit dem gemeinschaftlichen Vermittler (Celle BB 73, 1192, 1193). Für den Vorlegungsanspruch kommt es nicht darauf an, ob die Vorverhandlungen zum Vertragsabschluss geführt haben oder nicht. Auch Briefe, die der Vermittler an beide Parteien gemeinsam gerichtet hat, gehören hierzu. Nicht von § 810 erfasst werden Schreiben der anderen Partei an deren Bevollmächtigten sowie für private Zwecke oder von einer Partei lediglich zur Vorbereitung des Verhandlungsprotokolls getätigte Aufzeichnungen und Notizen (KG NJW 89, 532, 533).

12 **B. Inhalt, Grenzen und Durchsetzung.** Die Gestattung der Einsicht bedeutet, dass die Urkunde vorzulegen ist, dass aber auch die Erlaubnis besteht, der Urkunde die erforderlichen Informationen zu entnehmen. § 810 gibt keinen Anspruch auf Herstellung einer Urkunde (Hburg NZG 04, 715: Bilanz). Nicht ausreichend ist es, wenn lediglich Kopien zur Verfügung gestellt werden (MüKo/*Hüffer* Rn 13). Der Einsichtsberechtigte darf grds Abschriften bzw Ablichtungen anfertigen, sofern sich nicht aus dem Gesichtspunkt der Geheimhaltung etwas anderes ergibt. Dies kann etwa bei Geschäftsbüchern der Fall sein (Hburg OLGE 20, 228, 229). § 810 kann sich auch darauf erstrecken, dass der Vorlegungsverpflichtete eine Versicherung darüber abgeben muss, dass die vorgelegten Unterlagen vollständig sind (AG Hagen NJW-RR 98, 262, 263).

13 Die **Durchsetzung** erfolgt außerhalb eines Prozesses durch Klage gegen den Besitzer der Urkunde (BGH NJW 89, 225, 226). Ist der Prozessgegner der Besitzer geschieht dies durch Vorlegungsantrag nach § 421 ZPO (*Grimme* JA 85, 320, 324). Die prozessuale Pflicht zur Vorlegung beweiserheblicher Urkunden richtet sich nach den §§ 422 f, 429 ZPO (vgl Frankf WM 80, 1246, 1247). Bei einer einstweiligen Verfügung kann wegen des Sicherungscharakters regelmäßig nur eine Besichtigung durch einen neutralen Sachverständigen erfolgen. Die Mitteilung des Ergebnisses an den Antragsteller geschieht nicht vor dem Abschluss des Verfügungsverfahrens (KG NJW 01, 233, 234).

§ 811 Vorlegungsort, Gefahr und Kosten

(1) ¹Die Vorlegung hat in den Fällen der §§ 809, 810 an dem Orte zu erfolgen, an welchem sich die vorzulegende Sache befindet. ²Jeder Teil kann die Vorlegung an einem anderen Orte verlangen, wenn ein wichtiger Grund vorliegt.
(2) ¹Die Gefahr und die Kosten hat derjenige zu tragen, welcher die Vorlegung verlangt. ²Der Besitzer kann die Vorlegung verweigern, bis ihm der andere Teil die Kosten vorschießt und wegen der Gefahr Sicherheit leistet.

Vorzulegen ist die Sache nach der dispositiven Regelung des § 811, wie in § 269, in der politischen Gemeinde, in der sich die Sache befindet (BGHZ 87, 104, 110). Wo (zB in den Wohn- oder Geschäftsräumen des Verpflichteten) innerhalb dieser räumlichen Grenzen und unter welchen Bedingungen die Vorlegung stattfindet, kann der Vorlegungsverpflichtete unter Beachtung von Treu und Glauben und der Verkehrssitte frei festlegen. Nach § 811 I 2 kann jede Partei aus wichtigem Grund Vorlegung an einem anderen Ort verlangen (Krankheit, Feindschaft, Beschaffenheit der Sache). Im Einzelfall kann auch eine Pflicht zur Aushändigung der Sache bestehen (München NJW 01, 2806, 2807: umfangreiche Röntgenaufnahmen), allerdings muss dies dem Vorlegungspflichtigen zumutbar sein und von einer ordnungsgemäßen Rückgabe ausgegangen werden können (Köln NJW-RR 96, 382). Im Prozess erfolgt die Vorlegung ggü dem Gericht.   **1**

Die Gefahr und die Kosten (zB Verpackung, Transport, Porto, Sachverständiger) hat der Anspruchsteller zu tragen. Er hat damit für den Verlust oder die Beschädigung, auch ohne Verschulden zu haften. Dies erstreckt sich jedoch nicht auf andere Gefahren, wie etwa Gebrauchsentziehungskosten des Besitzers für die Dauer der Vorlegung der Sache (Erman/*Heckelmann* Rn 3). Die Kosten für die Besichtigung hat der Vorlegungsberechtigte zu tragen (München GRUR 87, 33, 34). Die Erstattung der Kosten durch den Vorlegungsschuldner kann nicht iRd prozessualen Kostenerstattung erfolgen, sondern ist iRe materiellrechtlichen Schadensersatzanspruchs geltend zu machen (München GRUR 87, 33, 34). Der Vorlegungsverpflichtete kann die Vorlegung verweigern, bis ein Vorschuss oder Sicherheitsleistung erbracht ist (§§ 232 ff). Dies gilt allerdings nur, wenn im Einzelfall Unkosten oder Gefahren zu erwarten sind. Diese Regelung wird auf solche Fälle entspr angewandt, bei denen dem Verpflichteten aus der Durchführung eines Besichtigungs- oder Prüfungsrechts Kosten entstehen (BayObLG NJW-RR 04, 1090, 1091: Kopierkosten).   **2**

Titel 26 Ungerechtfertigte Bereicherung

§ 812 Herausgabeanspruch

(1) ¹Wer durch die Leistung eines anderen oder in sonstiger Weise auf dessen Kosten etwas ohne rechtlichen Grund erlangt, ist ihm zur Herausgabe verpflichtet. ²Diese Verpflichtung besteht auch dann, wenn der rechtliche Grund später wegfällt oder der mit einer Leistung nach dem Inhalt des Rechtsgeschäfts bezweckte Erfolg nicht eintritt.
(2) Als Leistung gilt auch die durch Vertrag erfolgte Anerkennung des Bestehens oder des Nichtbestehens eines Schuldverhältnisses.

Inhaltsübersicht	Rn		Rn
A. Allgemeine Grundlagen	1–7	b) Tatbestandsmerkmale	22–37
I. Das Bereicherungsrecht als Ausgleichordnung	1, 2	aa) Durch die Leistung eines anderen – Leistungsbegriff (Grundlagen)	22–27
II. Vorteilsabschöpfung	3, 4	bb) Etwas erlangt	28–30
III. Restitutionshaftung und Güterschutz	5–7	cc) Auf dessen Kosten	31
B. Systematik und Normzweck	8–16	dd) Ohne rechtlichen Grund	32–37
I. Die Konditionstatbestände	8–13	c) Konkurrenzen	38–40
II. Abgrenzung Leistungskondiktion/Nichtleistungskondiktion	14–16	2. condictio ob rem – § 812 I 2 Alt 2	41–52
C. Anwendungsbereich	17–19	a) Normzweck und Anwendungsbereich	41, 42
I. Verweisungen auf §§ 812 ff	17, 18	b) Tatbestandsmerkmale – Grundlagen	43–45
II. Konkurrenzen	19	aa) Etwas durch Leistung erlangt	43, 44
D. Tatbestand	20–107	bb) Nichteintritt des nach dem Inhalt des Rechtsgeschäfts bezweckten Erfolgs	45
I. Leistungskondiktionen	20–53		
1. condictio indebiti – § 812 I 1 Alt 1; condictio ob causam finitam – § 812 I 2 Alt 1	20–40		
a) Anwendungsbereich	20, 21		

		Rn
c) Fallkonstellationen		46–52
aa) Vorleistung und Veranlassung		46
bb) Bauen auf fremden Grund		47, 48
cc) Zweckstaffelung		49
dd) Zweckbezogene Schenkungen		50
ee) Dienstleistungen		51, 52
3. Schuldanerkenntnis – § 812 II		52, 53
II. Nichtleistungskondiktionen – § 812 I 1 Alt 2		54–75
1. Grundlagen		54, 55
2. Grundtatbestand: Eingriffskondiktion		56–65
a) Grundgedanke und Anwendungsbereich		56, 57
b) Tatbestandsmerkmale		58–65
aa) Eingriff („in sonstiger Weise")		58–62
bb) Etwas auf Kosten eines anderen erlangt – Unmittelbarkeit		63
cc) Ohne rechtlichen Grund		64, 65
3. Aufwendungskondiktion		66–75
a) Grundgedanke und Anwendungsbereich		66, 67
b) Sonderproblem: Bauen auf fremden Grund (Einbaufälle)		68–73
aa) Grundlagen		68–70
bb) Kondiktionssperre aus §§ 994 ff		71
cc) Schutz gegen aufgedrängte Bereicherungen		72, 73
c) Tatbestand und Rechtsfolgen		74, 75
III. Der Bereicherungsausgleich in Mehrpersonenverhältnissen		76–107
1. Einleitung		76
2. Allgemeine Grundsätze		77–84
a) Durchgriffsverbot		77
b) Leistungsbegriff		78
c) Unmittelbarkeitsgrundsatz		79

		Rn
d) Schutz des gutgläubigen Erwerbers – Unerheblichkeit des Subsidiaritätsgrundsatzes		80–84
aa) Ausgangslage		80
bb) Grundfall – rechtsgeschäftlicher Erwerb vom Nichtberechtigten		81
cc) Rechtserwerb gemäß §§ 946 ff – Verarbeitungs- und Einbaufälle		82
dd) Ausnahme: Unentgeltlichkeit		83
ee) Zusammenfassende Wertungskriterien		84
3. Anweisungslagen		85–100
a) Grundlagen – der Begriff der Anweisung		85, 86
b) Grundmodell: Durchlieferung		87–90
c) Anweisungslagen im Bankverkehr – Grundlagen		91, 92
d) Sonderfall: fehlerhafte Anweisung		93–97
aa) Anfänglich unwirksame Anweisung		93, 94
bb) Widerrufene Anweisung		95–97
e) Verleichbare Anweisungslagen		98–100
aa) Echter Vertrag zugunsten Dritter		98
bb) Zession		99, 100
4. Drittleistungen ohne Anweisung des Schuldners		101–107
a) Grundlagen – Rückgriffskondiktion		101–103
b) Leistung auf vermeintlich eigene Schuld		104
c) Irrtum über die Person des Leistenden – Lehre vom Empfängerhorizont		105–107
E. Allgemeines		108, 109
I. Verjährung		108
II. Beweislast		109

1 **A. Allgemeine Grundlagen. I. Das Bereicherungsrecht als Ausgleichordnung.** § 812 ist die zentrale Vorschrift des Bereicherungsrechts. In ihr ist der allen Bereicherungstatbeständen inhärente Grundgedanke verankert, dass die nach den Kriterien der rechtsgeschäftlichen bzw. gesetzlichen Güterzuordnung zu Unrecht im Vermögen des Bereicherungsschuldners befindlichen Gegenstände oder Werte an denjenigen herauszugeben sind, dem sie nach eben jenen Kriterien unter Berücksichtigung der Billigkeit gebühren. In diesem Sinne erweist sich § 812 als Generalklausel einer am „unrechtmäßige Haben" anknüpfenden, dieses korrigierenden **Ausgleichsordnung**, deren Bedeutung sich freilich nicht darin erschöpft, allgemein für unbillig erachtete rechtliche Konsequenzen der Anwendung des sonstigen Zivilrechts zu revidieren (MüKo/*Lieb* § 812 Rn 1, 21 f; AnwK/*v Sachsen Gessaphe* Vor §§ 812 ff Rn 1 ff). Dementsprechend ist der Bereichungsausgleich entgegen zumindest missverständlicher Auffassung (Palandt/*Sprau* Vor § 812 Rn 2, unter Hinweis auf BGHZ 36, 232, 234f; 55, 128, 134) **keine** Ausprägung des **Billigkeitsrechts**, sondern er erfüllt eine eigenständige und notwendige Funktion iRd zivilrechtlichen Regelungsgefüges (BaRoth/*Wendehorst* Vor §§ 812 ff Rn 2; Erman/*Westermann*, Vor § 812 Rn 1 f).

2 Die typologische Einordnung und Ausgestaltung dieser Ausgleichsfunktion ist seit Jahrzehnten Gegenstand einer nicht zur Ruhe kommenden rechtsdogmatischen Diskussion, die sich insbesondere vor dem Hintergrund der in vielen Einzelheiten problematischen Abwicklung des Bereicherungsausgleichs in Mehrpersonenverhältnissen (dazu iE Rn 76ff) im Kern mit der Abgrenzung der Tatbestände der Leistungskondiktion von

denen der Nichtleistungskondition beschäftigt (zum Meinungsstand: *Reuter/Martinek* 22ff, 39ff; Staud/*Lorenz* § 812 Rn 1 ff; MüKo/*Lieb* § 812 Rn 1–22). Indes: Der Ertrag dieser solcherart auf einer hohen Abstraktionsebene unternommenen Abgrenzungsversuche für die Rechtspraxis ist gering (ebenso: BaRoth/*Wendehorst* § 812 Rn 4 f). Deshalb soll der Theoriestreit hier nur in Grundzügen nachgezeichnet (Rn 14 ff) und nur in dem Umfang bewertet werden, in dem sich Auswirkungen auf die praktische Handhabung der einzelnen Konditionstatbestände ergeben.

II. Vorteilsabschöpfung. Ziel des Bereicherungsausgleichs ist es, den ungerechtfertigten Vermögensvorteil des Bereicherten durch Wiederherstellung des vor dem Bereicherungsvorgang bestehenden Zustandes **abzuschöpfen**. Maßgeblich hierfür ist – anders als iRd Deliktsrechts (*Larenz/Canaris* § 67 I 1 b, 128) – nicht die **Entreicherung** des Bereicherungsgläubigers, also dessen Vermögenseinbuße, sondern die auf Seiten des Bereicherungsschuldners eingetretene **Bereicherung** (AnwK/*v Sachsen Gessaphe* Vor §§ 812 ff Rn 6). Denn nur soweit diese noch vorhanden ist, besteht gemäß § 818 III eine Verpflichtung des gutgläubigen und unverklagten Bereicherungsschuldners (andernfalls gilt die verschärfte Haftung gemäß §§ 818 IV, 292, 987, 989) zur Herausgabe oder zum Wertersatz. Andererseits kommt es für die Ausgleichspflicht des Bereicherten auf **Zurechnungs- und Verschuldensgesichtspunkte** nicht an, die sich vielmehr erst für die Ermittlung des herausgabepflichtigen Bereicherungsumfangs auf der durch §§ 818 IV – 820 konkretisierten Rechtsfolgenseite auswirken (s § 818 Rn 36 ff).

Bei alledem gilt: **Dass** der ungerechtfertigte Vermögenserwerb herauszugeben ist, folgt bereits aus § 812 I BGB; **was** ergänzend (Nutzungen) oder ersatzweise (Surrogate/Wertersatz) herausgegeben werden muss, ergibt sich aus §§ 818 ff. Anknüpfungspunkt für die auf dieser Grundlage vorzunehmende Vorteilsabschöpfung ist das konkret Erlangte (§ 812 I, 818 I). Dieser, auf den **Gegenstand** der Bereicherung gerichtete Ansatz wird allerdings durch § 818 II, III faktisch aufgelöst, weil für den monetären Bereicherungsausgleich nicht isoliert auf den Wert des nicht mehr herausgabefähigen Bereicherungsgegenstandes, sondern auf den im **Gesamtvermögen** des Bereicherten letztlich verbliebenen Vermögenszuwachs abzustellen ist. Hieraus ergibt sich eine zumindest in Teilaspekten bedenkliche **Privilegierung** des Bereicherungsschuldners (vgl § 818 Rn 18 ff; kritisch insbes auch: MüKo/*Lieb* § 818 Rn 62 ff mwN).

III. Restitutionshaftung und Güterschutz. Es liegt in der Natur einer Ausgleichsordnung, dass sie dort korrigierend wirkt, wo Gerechtigkeitslücken im Rechtssystem zu schließen sind. Sichtbar wird dieses Grundprinzip im Tatbestandsmerkmal „ohne rechtlichen Grund", welches durch die Vorschriften des Bereicherungsrechts nicht ausgefüllt wird. Denn ob ein Vermögenserwerb rechtsgrundlos, also ungerechtfertigt eingetreten ist, lässt sich nur in Anwendung der sonstigen Bestimmungen des Zivilrechts unter Berücksichtigung der darin manifestierten Wertungen feststellen (zur Bedeutung des Tatbestandsmerkmals „ohne rechtlichen Grund" auch für die Fälle der Eingriffskondiktion: *Larenz/Canaris*, § 67 III 2, 138ff; *Wilhelm* 98ff u 173ff; *Welker* 32ff). Das bedeutet grundsätzlich: Ein Bereicherungsausgleich findet nicht statt, soweit die Rechtsordnung eine Vermögensverschiebung billigt, im Übrigen (nur) unter den darüber hinaus sich aus §§ 812 ff ergebenden Voraussetzungen. Auf solche Weise ergänzen die §§ 812 ff das **Rechtsgefüge** und den **Güterschutz** (grdl: *Wilburg* 28, 35; *v Caemmerer* 333, 334f; *Larenz/Canaris* § 67 I 2b, 128; MüKo/*Lieb* § 818 Rn 49 ff).

Der bereicherungsrechtliche Ausgleich für rechtsgrundlose Vermögensverschiebungen betrifft in der Form der **Leistungskondiktion** in erster Linie den rechtsgeschäftlichen Leistungsaustausch. Das wird besonders deutlich in den Fällen, in denen es die als Folge des Abstraktionsprinzips wirksame dingliche Vollziehung eines unwirksamen Kausalgeschäftes auszugleichen gilt. Die dann gebotene **Rückabwicklung** des Erfüllungsgeschäftes erfolgt gemäß § 812 I 1 Alt 1 (**condictio indebiti**). Insoweit steht das Bereicherungsrecht dem Rücktrittsrecht (§§ 346 ff) nahe, von dem es sich allerdings konstruktiv dadurch unterscheidet, dass kein bestehendes Schuldverhältnis rückabgewickelt, sondern ein neues, gesetzliches Schuldverhältnis begründet wird. Hinzu kommt, dass die vormals insbesondere durch §§ 347 S 1, 327 S 2 BGB aF bestehenden Berührungspunkte mit den sich aus §§ 818 ff ergebenden Haftungsmaßstäben durch die Einführung des SMG entfallen sind.

Auf einer anderen Ebene werden insbesondere durch die **Eingriffskondiktion** unberechtigte Eingriffe in eine fremde Rechtssphäre korrigiert. Insoweit ergänzen die Vorschriften des Bereicherungsrechts den im Übrigen durch gesetzliche Herausgabeansprüche und verschuldensabhängige deliktische Schadensersatzansprüche nur unvollkommen gewährleisteten **Güterschutz** (*König* 1519).

B. Systematik und Normzweck. I. Die Konditionstatbestände. Maßgebend für die Systematik des gesamten Bereicherungsrechts ist die Generalklausel in § 812 I. In ihr sind die Grundparameter der bereicherungsrechtlichen Ausgleichordnung (Rn 1 ff) bezogen auf insgesamt vier Konditionstatbestände niedergelegt. Nach dem Wortlaut der Regelung in § 812 I 1 zerfallen diese Grundtatbestände wiederum in zwei Gruppen. Sie betreffen zum einen die Herausgabe von Leistungen, die der Bereicherungsgläubiger willentlich aufgrund einer rechtsgeschäftlichen Entschließung erbracht hat – **Leistungskondiktion**. Zum anderen sind die Fälle erfasst, in denen der Bereicherungsschuldner den „in sonstiger Weise" rechtsgrundlos erfolgten Erwerb herausgeben muss – **Nichtleistungskondiktion**. Die Unterscheidung und Abgrenzung beider Konditionsformen ist schon deshalb nicht nur von theoretischem Interesse, weil beispielsweise die Ausschlusstatbestände der §§ 814, 815 ausdrücklich auf leistungsbezogene Bereicherungsvorgänge beschränkt sind. Und insbesondere bei Mehrpersonenverhältnissen zeigt sich, dass die Bestimmung der bereicherungsrechtlich relevanten Rechtsbeziehungen nicht selten entscheidend von der Beantwortung der Frage dominiert ist, inwieweit rechtsgeschäftlich veranlasste Leistungen erbracht worden sind (iE Rn 22 ff). Die darüber hinaus erforderliche Strukturierung und Präzisierung des Anwendungsbereichs der Nichtleistungskondiktion wird – oft in negativer Abgrenzung von der Leistungskondiktion – allgemein durch die Bildung von Fallgruppen vorgenommen (s Rn 56 ff; vgl. hierzu auch: Erman/*Westermann* §812, Rn 67, 73,74, 80; MüKo/*Lieb*, §812 Rn 222 ff), die sich teilweise zu eigenständigen Kondiktionstatbeständen verdichtet haben (s Rn 11 f)

9 § 812 I unterscheidet zwischen drei Hauptfällen der Leistungskondiktion:
– Die Kondiktion wegen anfänglichen Fehlens des rechtlichen Grundes (condictio indebiti, § 812 I 1 Alt 1 – s Rn 20 ff);
– die Kondiktion wegen späteren Wegfalls des rechtlichen Grundes (condictio ob causam finitam, § 812 I 2 Alt 1 – s Rn 34 ff);
– die Kondiktion wegen Zweckverfehlung (condictio ob rem, § 812 I 2 Alt 2 – s Rn 41 ff).

Darüber hinaus sind gesetzlich geregelt:
– die Kondiktion wegen einer Leistung auf eine zwar bestehende, aber mit einer dauernden Einrede behafteten Schuld (§ 813 I 1 – s dort);
– die Kondiktion wegen eines Verstoßes gegen die guten Sitten oder ein gesetzliches Verbot (condictio ob turpem vel iniustam causam, § 817 S 1 – s dort).

10 Allen Leistungskondiktionstatbeständen ist gemein, dass sie an eine Störung der dem Zuwendungsvorgang zugrunde liegenden Leistungsbeziehung anknüpfen (BaRoth/*Wendehorst* § 812 Rn 2). Insoweit nimmt die Zweckverfehlungskondiktion (condictio ob rem – § 812 I 2 Alt 2) allerdings eine gewisse Sonderstellung ein, weil der verfehlte Zweck der Leistung gerade nicht in der Erfüllung der im Kausalgeschäft verankerten und als solche erzwingbaren (Haupt-) Leistungspflichten bestehen darf (hierzu iE Rn 45 ff).

11 Von der Leistungskondiktion zu unterscheiden sind die Tatbestände der **Nichtleistungskondiktion**, denen durch die gesetzeshistorisch (hierzu eingehend: *Reuter/Martinek* 20 ff) bedingt unspezifizierte Formulierung „... oder in sonstiger Weise ..." in § 812 I 1 Alt 2 ein weites Feld eröffnet ist. Die Bemühungen von Rechtsprechung und Literatur um eine dogmatisch abgesicherte Ausgestaltung aller denkbaren Erscheinungsformen der Nichtleistungskondiktion dauern an; sie stoßen insbesondere in der Suche nach praktisch handhabbaren Kriterien für eine Abgrenzung von der Leistungskondiktion iRd bereicherungsrechtlichen Rückabwicklung von Mehrpersonenverhältnissen an Grenzen (hierzu iE Rn 76 ff).

12 Die Nichtleistungskondiktion ist dadurch gekennzeichnet, dass der bereicherungsrechtlich relevante Vorgang nicht auf einem Willensentschluss des Entreicherten beruht, sondern auf eine einseitige „Ansichnahme" des Bereicherungsgegenstandes durch den Bereicherten zurückzuführen ist (BaRoth/*Wendehorst* Vor §§ 812 ff Rn 10). Das gilt jedenfalls für den in § 812 I 1 Alt 2 normierten Grundtatbestand der **Eingriffskondiktion** (s Rn 56 ff) und die gleichgerichteten Ansprüche aus § 816. Ebenfalls dem Grundgedanken eines ungerechtfertigten Eingriffs verhaftet ist die Rechtsgrundverweisung in § 951 I 1, sofern die Verbindung, Vermischung oder Verarbeitung durch den Bereicherten erfolgt ist.

13 Anders liegen die Dingen, wenn beispielsweise der Entreicherte den Rechtsverlust nach §§ 946 ff herbeiführt. Ua dann kommt eine bereicherungsrechtliche Rückabwicklung nach den Grundsätzen der sog **Aufwendungskondiktion** (auch „Verwendungskondiktion", so bspw MüKo/*Lieb* § 812 Rn 296 ff) in Betracht, die sich von der Leistungskondiktion nur dadurch unterscheidet, dass der Entreicherte die Aufwendungen zwar mit eigenen Mitteln, jedoch nicht willentlich als Leistung an den Bereicherten erbringt (iE Rn 66 ff). Besondere Bedeutung hat die Aufwendungskondiktion beim „Bau auf fremden Boden". Ebenfalls ein Sonderfall der Nichtleistungskondiktion und eng verwandt mit der Aufwendungskondiktion ist die **Rückgriffskondiktion**, deren Hauptanwendungsfall in der Rückabwicklung einer (rechtsgrundlosen) Zuwendung durch Tilgung fremder Schuld (§ 267) besteht (iE Rn 101 ff).

14 **II. Abgrenzung Leistungskondiktion/Nichtleistungskondiktion.** Bereits die obigen Ausführungen (Rn 8-12) haben gezeigt, dass eine – zudem im Wortlaut des § 812 I 1 angelegte – Differenzierung zwischen Leistungs- und Nichtleistungskondiktionstatbeständen für eine praktikable Handhabung des Bereicherungsrechts unumgänglich ist. Gleichwohl erblickte die früher vorherrschende **Einheitstheorie** in § 812 I 1 einen einheitlichen, durch ungerechtfertigen Vermögenserwerb begründeten Grundtatbestand (Literaturnachweise bei: Reuter/Martinek 22 ff; Erman/H.P Westermann Vor § 812 Rn 1 ff). Die in dieser Sichtweise zum Ausdruck kommenden Bemühungen, das Bereicherungsrecht auf eine homogene tatbestandliche Grundlage zurückzuführen, sind bis heute erfolglos geblieben. Sie reichen letztlich nicht weiter als bis zu der wenig hilfreichen Erkenntnis, dass das Bereicherungsrecht eine der Rechtsschutzergänzung verpflichtete Rechtsordnung darstellt (so auch: AnwK/v *Sachsen Gessaphe*, Vor §§ 812 ff Rn 13; s.o. Rn 1 ff). Vor diesem Hintergrund hat sich aus einer zuerst von *Wilburg* (S 18, 22 f und 27 ff) und *v Caemmerer* (FS Rabel I, 337 ff, 376 ff) entwickelten Typologie der Bereicherungsansprüche ein stark am Leistungsbegriff ausgerichtetes Rechtsverständnis herausgebildet, welches Leistungs- und Nichtleistungskondiktionen als wesensverschiedene Kondiktionstypen begreift (vgl statt vieler: *Koppensteiner/Kramer* § 4 IV 1, S 16 ff; *Esser/Weyers* BT 2 § 48 II S 44 f; Staud/*Lorenz* § 812 Rn 1 mwN; Erman/*Westermann* Vor § 812 Rn 1 ff

mwN). Das Verdienst dieser **Trennungstheorie** ist es, die Eigenarten der in der Tat typologisch unterschiedlichen Konkiktionsformen aufgezeigt und für die Rechtsanwendung nutzbar gemacht zu haben.

Andererseits ist nicht zu verkennen, dass die Trennungsformel dem **Leistungsbegriff** in einzelnen Ausprägungen eine übergroße Dominanz einräumt, die im Zusammenspiel mit der insbesondere von der Rechtsprechung (BGHZ 69, 186, 189; BGHZ 56,228, 240) trotz mancher Kritik (insbesondere MüKo/*Lieb* § 812 Rn 278 ff; BaRoth/*Wendehorst* Vor §§ 812 ff Rn 14 f) vertretenen Lehre von der **Subsidiarität** der Eingriffskondiktion gegenüber der Leistungskondiktion (s Rn 80 ff) den Blick auf den immerhin gemeinsamen Ursprung aller Kondiktionstatbestände zu verstellen droht (so insbesondere Reuter/Martinek 22ff, 39ff). Ihr ist entgegenzutreten, soweit sie zu dem Schluss führt, das Tatbestandsmerkmal „auf dessen Kosten" sei ausschließlich den Tatbeständen der Nichtleistungskondiktion zuzuweisen (so bspw AnwK/*v Sachsen Gessaphe* § 812 Rn 21). Richtig daran ist, dass eine Leistung die willentliche Zuwendung eines Vermögensgegenstandes durch den Entreicherten voraussetzt und damit stets „auf seine Kosten" erfolgt. Daraus folgt allerdings nicht, dass die tatbestandliche Voraussetzung „auf dessen Kosten" für die Leistungskondiktion irrelevant ist; sie ist vielmehr regelmäßig erfüllt. An diesem Befund ändert sich auch für die in diesem Zusammenhang problematischen **Anweisungsfälle** nichts, wenn man vom Boden der hL davon ausgeht, dass gerade die für die Bestimmung der Leistungsbeziehungen maßgebliche, dann divergierende Zweckrichtung der Zuwendungen im Valuta- und im Deckungsverhältnis regelmäßig eine Rückabwicklung „übers Dreieck" erzwingt (ebenso: MüKo/*Lieb* § 812 Rn 11; vgl. auch Rn 85 ff).

Auch in Erwägung dessen sind in jüngerer Zeit wieder Stimmen laut geworden, die dem Einheitsprinzip mit allerdings zT unterschiedlichen Argumentationsansätzen durch eine stärkere Betonung des allen Konditionsformen zugrunde liegenden **Restitutionsgedankens** neue Geltung verschaffen wollen (so etwa: *Wilhelm* 173ff; *Kellmann* 97ff; *Flume* 525, 534f; *Reuter/Martinek* 22ff; vgl auch die Darstellungen von *Knieper* BB 91, 1578; *Schlechtriem* ZHR 149, 327; *Weitnauer* DB 84, 2496). Diesen dogmatischen Erwägungen soll hier nicht weiter nachgegangen werden, weil ihr praktischer Nutzen eher gering ist. Sie sind indes Anlass und Grundlage für eine im obigen Sinne differenzierende Betrachtungsweise, die sich im Folgenden weniger an einer begriffsjuristischen Kategorisierung, als an einer normativen Typologisierung der Bereicherungstatbestände orientieren wird.

C. Anwendungsbereich. I. Verweisungen auf §§ 812 ff. Der Bereicherungsanspruch ist zunächst Folge der der durch §§ 812 ff normierten Kondiktionstatbestände. Darüber hinaus verweist das Gesetz an zahlreichen Stellen auf das Bereicherungsrecht, zB in §§ 346 S 2, 516 II 3, 527 I, 528 I, 531 II, 547 I 2, 628 I 2, 682, 684 S 1, 852 S 1, 951, 977, 988, 993, 1301 S 1, 1390 I 1, 1973 II 1,2021, 2196 I, 2287 I, 2329 I 1, ZPO § 717 III, WG Art 89, ScheckG Art 58, InsO 81, 143 II, 144 II, 183 II, AnfG § 11 II, ZVG § 50, VerlG § 37 S 2, PatG § 141 S 3, GebrMG § 15 III 2. Dabei handelt es sich immer dann und deshalb in aller Regel um **Rechtsfolgenverweisungen,** wenn sich der Verweisungsnorm unmittelbar die Anordnung des Bereicherungsausgleichs entnehmen lässt (Erman/*Westermann* Vor § 812 Rn 8; BaRoth/*Wendehorst* Vor §§ 812 ff Rn 16 f). Andernfalls liegt eine **Rechtsgrundverweisung** vor, so etwa in § 531 II (BGHZ 140, 275, 277; Staud/*Lorenz* Vor § 812 Rn 34; MüKo/*Kollhosser* § 531 Rn 3; aA BaRoth/*Wendehorst* Vor §§ 812 ff Rn 18), **§ 951 I 1** (stRspr BGHZ 40, 272, 276; 55 176, 177) und **§ 1301** (BGHZ 45, 258, 262ff). Demgegenüber beinhaltet **§ 852 S 1** nach zutreffender, allerdings bestr. Auffassung eine **Rechtsfolgenverweisung** (stRspr BGHZ 71, 86,97ff; 98, 77, 83ff; BaRoth/*Wendehorst* Vor §§ 812 Rn 17; AnwK/*v Sachsen Gessaphe* Vor §§ 812 Rn 19; Erman/*Westermann* Vor § 812 Rn 9; aA *Ebert*, NJW 03, 3035, 3036f; *v Caemmerer*, FS Rabel, I, 333, 394ff).

Die Unterscheidung zwischen Rechtsfolgen- und Rechtsgrundverweisung ist bedeutsam. Denn die Annahme einer Rechtsfolgenverweisung führt in dem hier interessierenden Kontext dazu, dass die tatbestandlichen Voraussetzungen des § 812 nicht erfüllt sein müssen und dem Gläubiger ohne weiteres ein Bereicherungsanspruch nach Maßgabe der §§ 818 ff zusteht. Hinzu kommt, dass die Kondiktionssperren der §§ 814, 815, 817 S 2 nicht greifen (BaRoth/*Wendehorst* Vor §§ 812 ff Rn 16). In alledem tritt der Sinn und Zweck einer Rechtsfolgenverweisung auf das Bereicherungsrecht offen zu Tage: Der unverklagte gutgläubige Schuldner soll in Abweichung von den sich gemeinhin aus der Anwendung der allgemeinen Vorschriften ergebenden Rechtsfolgen (bspw § 280 I) verschuldensunabhängig (nur) im Umfang auf Herausgabe bzw. Wertersatz haften, in dem er noch bereichert ist – § 818 III (AnwK/*v Sachsen Gessaphe* Vor § 812 Rn 18).

II. Konkurrenzen. Die Kondiktionstatbestände des § 812 konkurrieren in vielfältiger und unterschiedlicher Weise mit den sonstigen Vorschriften des Zivilrechts. Im Grundsatz gilt: **Vertragliche Ansprüche** auf Erfüllung (BGH WM 68, 776), Rückgewähr der vertraglich geschuldeten Leistung (BGH NJW 03, 2451, 2453), Schadensersatz wegen einer Leistungsstörung nach §§ 280, 281 (zum alten Recht: BGH WM 63, 750) sowie allgemein aus dem Gesichtspunkt der Sachmängelhaftung (BGH NJW 63, 806) gehen bereicherungsrechtlichen Ausgleichsansprüchen vor und schließen diese aus (vgl auch BGHZ 44, 321, 323; WM 72, 888, 889, jeweils mwN). Insbesondere der Anwendungsbereich der **Zweckverfehlungskondiktion (condictio ob rem** – § 812 I 2 Alt 2) wird zudem durch die vorrangigen Instrumentarien der (ergänzenden) **Vertragsauslegung** (§§ 133, 157) und der **Vertragsanpassung** gemäß § 313 II (Störung der Geschäftsgrundlage – zur Abgrenzung im einzelnen Rn 49 f) begrenzt (BGH WM 72, 888, 889; BAG NJW 87, 918). Im Übrigen bestehen Berührungspunkte insbesondere mit den gesetzlichen Schuldverhältnissen der **Geschäftsführung ohne Auftrag** und des **Eigentümer-Besitzer-Verhältnisses**. Die Erörterung der sich hieraus ergebenden Abgrenzungsprobleme erfolgt im Zusammenhang mit den Ausführungen zu den einzelnen Kondiktionstatbeständen (Zum Verhältnis zwischen Bereicherungsrecht und öffentlichem Recht: Palandt/*Sprau* Einf v § 812 Rn 20 ff; Erman/*Westermann* Vor § 812 Rn 19 ff).

20 **D. Tatbestand. I. Leistungskondiktionen. 1. condictio indebiti – § 812 I 1 Alt 1; condictio ob causam finitam – § 812 I 2 Alt 1. a) Anwendungsbereich.** Die Kondiktion wegen Fehlens des rechtlichen Grundes gemäß § 812 I 1 Alt 1 (*condictio indebiti*) ist der Grundtyp der Leistungskondiktion und hat solcherart Leitbildfunktion für alle übrigen Tatbestände dieser Kondiktionsform (s Rn 8 f). Ihr Hauptanwendungsfall besteht in der Rückabwicklung von Zuwendungen, die der Bereicherungsgläubiger zum Zwecke der Erfüllung einer tatsächlich **von Anfang an nicht bestehenden** vertraglichen Verbindlichkeit erbracht hat. Der Bereicherungsschuldner soll dann das als Folge des Abstraktionsprinzips regelmäßig gleichwohl wirksam erworbene Eigentum am Zuwendungsgegenstand nicht behalten dürfen. Seine Verpflichtung zur Herausgabe bzw zum Wertersatz ergibt sich aus §§ 812 I 1 Alt1, 818 I, II. Das setzt allerdings voraus, dass die Zuwendung des Leistenden von der Fehlvorstellung getragen ist, vertraglich zur Leistung verpflichtet zu sein. Unterliegt er dieser Fehlvorstellung nicht, kann er keinen Bereicherungsausgleich beanspruchen – § 814.

21 Durch den in § 812 I 2 Alt 1 normierten Tatbestand der *condictio ob causam finitam* stellt das Gesetz klar, dass der Bereicherungsausgleich unter den im Übrigen für beide Kondiktionsformen geltenden Voraussetzungen auch dann stattzufinden hat, wenn der im Zeitpunkt der Zuwendung gegebene Rechtsgrund für die Leistung **später weggefallen** ist. Die praktische Relevanz einer strengen Differenzierung zwischen den beiden Kondiktionstatbeständen ist gering (vgl insbes: MüKo/*Lieb* § 812 Rn 175). Sie erlangt allerdings uU im Regelungsbereich des § 820 Bedeutung, der die **condictio indebiti** nicht betrifft, sowie in besonders gelagerten Einzelfällen, wenn der wiederum für die **condictio ob causam finitam** nicht geltende Ausschlussgrund des § 814 (Kenntnis von der Rechtsgrundlosigkeit der Leistung) in Rede steht (hierzu sowie allg zur Abgrenzung: Rn 33 ff).

22 **b) Tatbestandsmerkmale. aa) Durch die Leistung eines anderen – Leistungsbegriff (Grundlagen).** Am Tatbestandsmerkmal „durch die Leistung eines anderen" scheiden sich Leistungs- und Nichtleistungskondiktionen (grundsätzlich zur Erforderlichkeit einer Differenzierung: Rn 8, 14 ff). Was geleistet ist, kann nicht zugleich „in sonstiger Weise" erlangt sein. Leistungs- und Nichtleistungskondiktion schließen einander also aus (Alternativität). Einziges Kriterium für die Abgrenzung der beiden Kondiktionsformen ist nach dem Wortlaut des Gesetzes der **Leistungsbegriff**, der von diesem Boden über die weiter andauernde Suche nach allgemeingültigen und praktikablen Kriterien für die Abwicklung der Bereicherungsvorgänge in Mehrpersonenverhältnissen ins Zentrum des Bereicherungsrechts gerückt ist. Nach stRspr des BGH (grundlegend: BGHZ 58, 184, 188; 111, 382; zuletzt: BGH NJW 04, 1169 mwN) und hL (statt vieler: Staud/*Lorenz* § 812 Rn 4 ff; Reuter/Martinek 80ff; Erman/*Westermann* § 812 Rn 10; AnwK/*v Sachsen Gessaphe* § 812 Rn 13; *Medicus* Rn 666, 686) ist unter einer Leistung iSd § 812 I 1 Alt 1 die **bewusste und zweckgerichtet Mehrung fremden Vermögens** zu verstehen. Mit diesem Begriffsverständnis ist die früher allgemein anerkannte Definition der Leistung als „bewusste Mehrung fremden Vermögens" (Nachw bei MüKo/*Lieb* § 812 Rn 26) um das Merkmal der **Zweckgerichtetheit** erweitert worden. Gerade darin stößt die hM auf beachtliche Kritik (etwa: *Kupisch* 14 ff; MüKo/*Lieb* § 812 Rn 26 ff, 31; vgl hierzu insbesondere auch *Canaris*, FS Larenz 799 ff, 857 ff und *Larenz/Canaris* II/2 § 70 VI 2, 248 f).

23 Diese Kritik ist berechtigt, soweit sie einer allzu begrifflich-schematischen Überspitzung des modernen Leistungsbegriffs entgegenzuwirken sucht. Insbesondere *Canaris* (aaO) hat überzeugend aufgezeigt, dass die für einen geordneten Bereicherungsausgleich in Dreipersonenverhältnissen maßgeblichen **Wertungskriterien** normativen Ursprungs sind und sich nicht stimmig im Merkmal der Zweckgerichtetheit verankern lassen (ebenso vor allem: MüKo/*Lieb* § 812 Rn 31). Gleichwohl kommen auch *Canaris* und mit ihm viele andere Gegner der Zweckgerichtetheitshypothese bei der Lösung der meisten Problemfälle zu keinen anderen Ergebnissen als die hM. Das überrascht nicht, weil auch die hL jene Wertungskriterien im Grundsatz anerkennt (vgl: AnwK/*v Sachsen Gessaphe* § 812 Rn 13; Erman/*Westermann* § 812 Rn 10) und der BGH mehrfach betont hat, dass sich „bei der bereicherungsrechtlichen Behandlung von Vorgängen, an denen mehr als zwei Personen beteiligt sind, jede schematische Lösung verbietet und in erster Linie die Besonderheiten des einzelnen Falles zu beachten sind" (BGHZ 122, 46, 51; zuletzt: NJW 04, 1169). Es lässt sich deshalb sagen, dass der Bereicherungsausgleich abseits aller begrifflichen Auseinandersetzung jedenfalls den folgenden, grundsätzlichen Wertungen unterliegt (*Canaris* aaO, 802f; MüKo/*Lieb* § 812 Rn 40):

– Jeder Partei bleiben ihre **Einwendungen** gegen die andere Partei des fehlerhaften Kausalverhältnisses erhalten;

– keine Partei ist Einwendungen ausgesetzt, die ihr Vertragspartner aus Rechtsbeziehungen zu Dritten ableitet (**exceptio ex iure tertii**);

– Jede Partei trägt nur das **Risiko der Zahlungsunfähigkeit** desjenigen, den sie sich selbst als (Vertrags-) Partner ausgesucht hat.

Letztlich versagt der moderne Leistungsbegriff dort, wo er sich von dem ihm selbst innewohnenden Wertegefüge löst und dieses mit begriffsjuristischen Erwägungen überlagert. Sichtbarster Ausdruck dieser Fehlentwicklung ist die vor allem vom BGH zur Unterstützung der Zweckgerichtetheitshypothese (freilich nicht einheitlich, hierzu: MüKo/*Lieb* § 812 Rn 278 ff)) vertretene Lehre von der **Subsidiarität der Eingriffskondiktion** (BGH NJW 05, 60 f; 99, 1393 f; iE Rn 80 f), die keine Stütze in § 812 findet und unnötig den Blick darauf verstellt, dass die nur scheinbare Konkurrenzproblematik stattdessen durch eine präzise Analyse der maßgeblichen Bereicherungsvorgänge nach normativen Wertungen unter Einbeziehung der **Gutglaubensvorschriften** (§§ 932 ff, 366 I HGB) und der Regelungen in §§ 816, 822 BGB gelöst werden kann und muss (MüKo/*Lieb* § 812 Rn 24, 278 ff; AnwK/*v Sachsen Gessaphe* § 812 Rn 184, 188 ff; iE hierzu Rn 77 f). 24

Abgesehen von alledem muss der Bereicherungsgläubiger die auszugleichende Vermögensbewegung in jedem Fall **bewusst**, also willentlich veranlasst haben. Gerade darin unterscheidet sich die Leistung von der Nichtleistung (s Rn 8, 12; zur Abgrenzung von der Aufwendungskondiktion: Rn 66). Er entscheidet iRd Privatautonomie weitergehend darüber, was als Leistung gelten soll und wem er diese Leistung zuwenden will. Die darin liegende Tilgungsentscheidung (§ 366) findet sich im Zweckbestimmungselement des Leistungsbegriffs wieder, der dementsprechend mit den bereits angedeuteten Einschränkung auch zur Beantwortung der Frage herangezogen werden kann, wer **Leistender und Leistungsempfänger** ist (näher: AnwK/*v Sachsen Gessaphe* § 812 Rn 17 f). Das ist für Zweipersonenverhältnisse naturgemäß unproblematisch. Sind – etwa bei der Direktlieferung – mehrere Personen am Leistungsaustausch beteiligt, so ergibt sich in der Regel ebenfalls bereits aus der Anwendung des Leistungsbegriffs, dass der angewiesene Lieferant (L) mit der Auslieferung der Ware im Verhältnis zum Empfänger (E) keinen eigenen Leistungszweck verfolgt. Leistender ist vielmehr allein der anweisende Verkäufer (V), der sich zur Erfüllung seiner rechtsgeschäftlichen Verbindlichkeit gegenüber E des L als **Leistungsmittler** iFe Boten oder Stellvertreters bedient hat (ebenso: Erman/*Westermann* § 812 Rn 18; AnwK/*v Sachsen Gessaphe* § 812 Rn 17; *Kellmann* JR 88, 97 ff; differenzierend: MüKo/*Lieb* § 812 Rn 105). 25

„Bewusst zweckgerichtet" idS ist die Vermögenszuwendung grds also auch dann, wenn der Bereicherungsgläubiger sie nicht selbst vornimmt, sondern auf seine **Anweisung** von einem Dritten vornehmen lässt (Staud/*Lorenz* § 812 Rn 5; iE hierzu: Rn 85 ff). In Einzelheiten ungeklärt ist indes, nach welchen Kriterien die besonders problematischen Anweisungsfälle zu behandeln sind, in denen eine Anweisung fehlt oder unwirksam ist. Insoweit handelt es sich bei näherer Betrachtung um ein **Zurechnungsproblem** (MüKo/*Lieb* § 812 Rn 59; BaRoth/*Wendehorst* § 812 Rn 17; AnwK/*v Sachsen Gessaphe* § 812 Rn 19 mwN), das die Rspr und ein Teil der Literatur mit der **Lehre vom Empfängerhorizont** aus der Rechtsnatur der Zweckbestimmung mit einer im einzelnen streitigen Parallelwertung zu den Grundsätzen für die Ermittlung des Erklärungswertes von Willenserklärungen zu lösen versuchen (vgl BGHZ 106, 163, 166; w Nachw bei Erman/*Westermann* § 812 Rn 14). Dieser im Kern richtige Ansatz (BaRoth/*Wendehorst* § 812 Rn 20) greift zu kurz, soweit dabei außer Betracht bleibt, ob der Anweisende den **Rechtsschein** einer Leistung überhaupt zurechenbar veranlasst hat (iE so jetzt auch BGH NJW 01, 1855 f; NJW 03 582, 583; aus der Lit: *Reuter/Martinek* 101; *Schnauder* NJW 99, 2841; MüKo/*Lieb* § 812 Rn 59 ff; AnwK/*v Sachsen Gessaphe* § 812 Rn 19), was im Übrigen für andere Konstellationen des Bereicherungsausgleiches in Mehrpersonenverhältnissen ebenfalls gelten muss (s dort Rn 94 ff). Hat ein **nicht voll Geschäftsfähiger** die (fehlerhafte) Anweisung erteilt, so stellt sich überdies die Frage, inwieweit ihn unabhängig vom objektiv nach dem Verständnis des Empfängers zu bestimmenden Erklärungswert seiner Weisung die Bestimmungen der §§ 104 ff vor der bereicherungsrechtlichen Inanspruchnahme aus der Anweisung schützen (hierzu: Staud/*Lorenz* § 812 Rn 51, unter Hinweis auf BGHZ 111, 382, 386; AnwK/*v Sachsen Gessaphe* § 812 Rn 20). 26

Aus dem Vorgesagten erhellt sich, dass die praktische Bedeutung des Theorienstreits um den Leistungsbegriff weit über die Abgrenzung von Leistungs- und Nichtleistungskondiktion hinausgeht. Seiner Bewertung und Ausgestaltung kommt vielmehr eine zentrale Funktion für die Festlegung der bereicherungsrechtlich relevanten **Leistungsbeziehungen in Mehrpersonenverhältnissen** und die sich daraus für die Rückabwicklung der Bereicherungsvorgänge ergebenden Konsequenzen zu. Die hierfür maßgeblichen, hochkomplexen rechtlichen Erwägungen entziehen sich einer zusammenhängenden theoretischen Darstellung auf vertretbarem Raum. Sie sollen deshalb im Zusammenhang mit der Erörterung der problematischen Fallkonstellationen des Bereicherungsausgleichs in Mehrpersonenverhältnissen näher beleuchtet werden (Rn 76 ff). Einstweilen lassen sich folgende **Grundsätze** festhalten: 27

– Die Anwendung des modernen Leistungsbegriffs auf den Bereicherungsausgleich in **Zweipersonenverhältnissen** ist unproblematisch (AnwK/*v Sachsen Gessaphe* § 812 Rn 184 mwN; Staud/*Lorenz* § 812 Rn 4; *Medicus* Rn 727).

– Er führt mit dem Merkmal der Zweckbestimmung auch in der Mehrzahl der Problemfälle bei **Mehrpersonenverhältnissen** zu praktikablen Ergebnissen.

– Die Zuordnung der Bereicherungsvorgänge in Mehrpersonenverhältnissen unterliegt den normativen Wertungen der **Einwendungslehre**, des **Vertrauens- und Gutglaubensschutzes**, der §§ 104 ff und der gerechten Verteilung des **Insolvenzrisikos**, die nicht im Leistungsbegriff enthalten sind (Staud/*Lorenz* § 812 Rn 5).

– Diesen Wertungskriterien gebührt **Vorrang**, soweit sich das Ergebnis einer wertenden Beurteilung der Bereicherungsvorgänge nicht mit der Zweckbestimmungshypothese begründen lässt.

28 **bb) Etwas erlangt.** Der Bereicherte muss durch die Leistung des Entreicherten **etwas erlangt** haben. Das Tatbestandsmerkmal ist **gegenstandsbezogen**; gemeint ist das **konkret Erlangte**, nicht der in das Vermögen des Bereicherten übergeleitete Wert, wie es der in soweit missverständliche Leistungsbegriff („... Mehrung fremden Vermögens") nahe legt. (grdl *v Caemmerer*, FS Rabel I, 333; MüKo/*Lieb* § 812 Rn 339 ff; Staud/*Lorenz* § 812 Rn 65; Erman/*Westermann* § 812 Rn 3; AnwK/*v Sachsen Gessaphe* § 812 Rn 8; differenzierend: *Reuter*/*Martinek* 520ff). Die Gegenmeinung (Palandt/*Sprau* § 812 Rn 16; aus der nicht einheitlichen Rspr: BGH NJW 95, 53; BGHZ 55, 128, 131), welche die Bereicherung als Differenz zweier Vermögenslagen begreift, übersieht, dass der primär durch § 812 I gegebene Anspruch auf **Herausgabe** gerichtet ist und erst auf der Rechtsfolgenseite in Sekundäransprüche auf Herausgabe des Surrogats (§ 818 I Alt 2, 3) oder – nachrangig (BaRoth/*Wendehorst* § 818 Rn 19) – auf Wertersatz (§ 818 II) übergehen kann. Und erst dort, nämlich iRd § 818 III, wird bedeutsam, inwieweit der Bereicherungsvorgang sich noch im Vermögen des Bereicherten niederschlägt. Demgegenüber ist es im Gegensatz zum schadensrechtlichen Vermögensausgleich für § 812 **insgesamt** ohne Belang, ob und wenn ja, in welchem Umfang die Vermögensverschiebung zu einem Vermögensverlust auf Seiten des Bereicherungsgläubigers geführt hat (Erman/*Westermann* § 812 Rn 3).

29 Bereicherungsgegenstand idS kann jeder gegenständliche Vermögenswert sein. In Betracht kommen (zahlreiche weitere Bespiele bei: Palandt/*Sprau* § 812 Rn 16; Staud/*Lorenz* § 812 Rn 66 ff): Alle **dinglichen Rechte** einschließlich des Anwartschaftsrechts (Palandt/*Sprau* § 812 Rn 16; Staud/*Lorenz* § 812 Rn 66; ders Rn 75 und Palandt/*Sprau* § 812 Rn 1 21 zur Kondizierbarkeit der Auflassung), ebenso **Forderungen** – beispielsweise im Falle einer unwirksamen Abtretung (Palandt/*Sprau* § 812 Rn 16; MüKo/*Lieb* § 812 Rn 348). Grds kondizierbar sind sonstige „**vorteilhafte Rechtsstellungen**" (Staud/*Lorenz* § 812 Rn 66), insbesondere die rechtsgrundlos erlangte **Buchposition** (BGH NJW 73, 613; Staud/*Lorenz* § 812 Rn 74; RGZ 108, 329, 332 – Grundbuchrang). Darunter fällt auch der – etwa bei Unwirksamkeit des Kausal- **und** des Erfüllungsgeschäfts oder bei Lieferung unter Eigentumsvorbehalt dennoch erlangte – **Besitz** (BGH NJW 53, 58; zu einzelnen Streitfragen: Staud/*Lorenz* § 812 Rn 73; Erman/*Westermann* § 812 Rn 7), nicht hingegen die Besitzdienerstellung (Staud/*Lorenz* aaO). Des Weiteren kann der Bereicherungsgegenstand in der **Befreiung von einer Verbindlichkeit oder einer Beschränkung** bestehen (BGH NJW 69, 1380, 1389), zB bei rechtsgrundlosem Erlass einer Schuld (Staud/*Lorenz*, § 812 Rn 67; AnwK/*v Sachsen Gessaphe* § 812 Rn 10). Hierher gehören auch die Fälle, in denen ein Dritter in der irrigen Annahme, hierzu verpflichtet zu sein, auf eine (bestehende) fremde Schuld zahlt. Dann ist der Schuldner rechtsgrundlos von der Verbindlichkeit befreit und er muss dem Dritten vorbehaltlich vorrangiger Ansprüche aus GoA den verauslagten Geldbetrag ggf im Wege der Rückgriffskondiktion erstatten (BGHZ 70, 389; iE Rn 101 ff). Im Übrigen ist für **Geldleistungen** zu unterscheiden: Hat der Bereicherungsschuldner das Geld als ihm gehörig erhalten, so schuldet er die Herausgabe der Geldwertzeichen (§ 812 I) oder Wertersatz (§ 818 II). Anders bei Gewährung eines Darlehens, wo ihm nur die **Kapitalnutzung auf Zeit** zufließt; dann ist lediglich deren (Verkehrs-) Wert herauszugeben (str, so wie hier: MüKo/*Lieb* § 812 Rn 364; AnwK/*v Sachsen Gessaphe* § 812 Rn 11; aA: BaRoth/*Wendehorst* § 812 Rn 23).

30 Problematisch ist die bereicherungsrechtliche Behandlung der sog. **Nutzungsfälle**, in denen der Empfänger – sei es durch Eingriff oder aufgrund eines unwirksamen Vertrages – rechtsgrundlos eigenen Nutzen aus Arbeits-, Dienst- oder Werkvertragsverhältnissen bzw aus fremden Rechten oder Sachen zieht (ausführlich zum Meinungsstand: MüKo/*Lieb* § 812 Rn 357 ff mwN). Dabei besteht im Ausgangspunkt Einigkeit darüber, dass auch solche gegenständlich nicht fassbaren Vermögensvorteile einem Bereicherungsanspruch gemäß § 812 I unterliegen können (BGHZ 55, 128; NJW 79, 2036; BauR 02, 775, 779). Streitig ist, worin dann das Erlangte besteht, für das der Bereicherte gemäß § 818 II Wertersatz leisten muss. Die hierzu vertretene Auffassung, es sei auf den Wert der **Aufwendungen** abzustellen, die der Empfänger durch die unberechtigte Nutzung **erspart** habe (BGHZ 14, 7, 9; 20, 270, 275; *Kellmann* NJW 71, 865; RGRK/*Heimann-Trosien* § 812 Rn 9), begegnet durchgreifenden Bedenken, indem sie dem Empfänger bereits auf der Tatbestandsebene den Einwand eröffnet, er habe nichts erspart, also nichts erlangt, weil er sich bspw anderweitig (kostenlos) hätte behelfen können (ebenso: MüKo/*Lieb* § 812 Rn 358). Tatsächlich betrifft dieser Einwand indes die Frage, inwieweit die Zuwendung sich im Vermögen des Empfängers (dauerhaft) niedergeschlagen hat und ist deshalb rechtssystematisch dem Regelungsbereich des § 818 III zuzuordnen. Die praktische Relevanz dessen zeigt sich am sog. **Flugreisefall** (BGHZ 55, 128 = NJW 71, 609), in dem ua entschieden werden musste, ob der **bösgläubige** Empfänger gemäß §§ 818 IV, 819 gehindert war, sich auf den Wegfall der Bereicherung zu berufen. Dazu kann man auf dem Boden der og Lehre nur mit dem jedenfalls angreifbaren Argument gelangen, der bösgläubige Bereicherungsschuldner könne sich auch dann nicht gemäß §§ 818 IV, 819 auf seine Entreicherung berufen, wenn eine Bereicherung überhaupt nicht entstanden sei (vgl auch BGHZ 20, 345, 355). Deshalb ist es mit der wohl hL richtig und systemgerecht, die rechtsgrundlos empfangene **Nutzung** bzw. **Dienstleistung** selbst als das „Erlangte" iSd § 812 I BGB anzusehen, deren für die Dauer der Nutzungsmöglichkeit kapitalisierten Wert der Bereicherungsschuldner herauszugeben hat – § 818 II (*Canaris* JZ 71, 560, 561; *Gursky* JR 72, 279ff; *Batsch*

NJW 72, 611; MüKo/*Lieb* § 812 Rn 359 ff mwN aus der älteren Lit; Staud/*Lorenz* § 812 Rn 72 mwN; AnwK/*v Sachsen Gessaphe* § 812 Rn 12; BaRoth/*Wendehorst* § 812 Rn 21; Erman/*Westermann* § 812 Rn 9).

cc) **Auf dessen Kosten.** Dass der Empfänger einen zweckgerichtet zugewendeten Vermögensgegenstand „auf Kosten" des Zuwendenden erhält, liegt in der Natur der Sache. Deshalb ist das Tatbestandsmerkmal „auf dessen Kosten" im Regelungsbereich aller Leistungskondiktionen stets erfüllt (s Rn 15). Ihm kommt auch für die Bestimmung der bereicherungsrechtlich relevanten Leistungsbeziehungen in Mehrpersonenverhältnissen **keine eigenständige Bedeutung** zu, weil die Abgrenzung nach hier vertretener Auffassung mit Hilfe des normativen Leistungsbegriffs erfolgen kann und muss (s Rn 22 ff; im Ergebnis ebenso: BGHZ 68, 276, 277; zur Bedeutung des Kriteriums der „Unmittelbarkeit" für die Nichtleistungskondiktion Rn 63). 31

dd) **Ohne rechtlichen Grund.** Die Zuwendung erfolgt „ohne rechtlichen Grund", wenn der Empfänger sie nach den Kriterien der rechtsgeschäftlichen bzw gesetzlichen Güterzuordnung nicht behalten darf. Geht es um eine Leistung iSd § 812 (dazu iE Rn 22 ff), so besteht der Rechtsgrund für das Behaltendürfen zumeist in dem zugrunde liegenden **Kausalverhältnis**, regelmäßig also im schuldrechtlichen Vertrag, dessen Erfüllung der Bereicherungsgläubiger mit der Zuwendung bezweckt – **objektiver Rechtsgrund** (*Larenz/Canaris*, Schuldrecht II/2, § 67 III 1a; Staud/*Lorenz* § 812 Rn 76, 78). Fehlt diese **causa**, fehlt grds auch der Rechtsgrund für die Leistung. Die damit einhergehende Verfehlung des (**subjektiv**) mit der Zuwendung bezweckten Erfolges, nämlich die Tilgung einer Verbindlichkeit, ist nach hiesigem Leistungsbegriffsverständnis (Rn 22 ff) keine eigenständige Voraussetzung für die Rechtsgrundlosigkeit, sondern ihre notwendige Folge (BaRoth/Wendehorst § 812 Rn 24; AnwK/*v Sachsen Gessaphe* § 812 Rn 33; MüKo/*Lieb* § 812 Rn 170 ff; aA: Erman/*Westermann* § 812 Rn 44; *Ehmann* JZ 03, 709f; *Koppensteiner/Kramer* S 15). Gerade darin unterscheiden sich die Leistungskondiktionstatbestände in § 812 I 1 Alt 1 (**condictio indebiti**) und § 812 II 1 Alt 1 (**condictio ob causam finitam**) von der **Zweckverfehlungskondiktion** gemäß § 812 I 2 Alt 2 (**condictio ob rem**), die den Bereicherungsausgleich an die Nichterreichung eines über bestehende Kausalbeziehungen hinausgehenden, außerhalb des Synallagmas liegenden Leistungszwecks knüpft (dazu iE Rn 41 ff). Ist der Schuldner indes **rechtskräftig** zur Leistung verurteilt, so stellt der Titel unabhängig von der materiellen Rechtslage einen Rechtsgrund ioS dar (BGH NJW-RR 87, 831; BGHZ 83, 278, 280; BGH NJW 53, 745), nicht hingegen eine nur einstweilige Entscheidung (BGH NJW 84, 2095f). 32

Rechtsgrundlos erbracht ist die Leistung auch dann, wenn trotz bestehendem Kausalverhältnis die mit der Zuwendung erstrebte Tilgungswirkung verfehlt wird, weil die tatsächlich erbrachte Leistung am vertraglich festgelegten Leistungsziel völlig vorbeigeht. Der Leistende kann auch (nicht geschuldete) **Zuviellieferungen**, **Überzahlungen** sowie unbewusst auf eine fremde Schuld geleistete Zahlungen gemäß § 812 I 1 Alt 1 kondizieren. Eine Ausnahme von diesen Grundsätzen macht der BGH in st Rspr allerdings für zusätzliche Leistungen, die ein Krankenhausträger auf der Grundlage einer (form-) unwirksamen Wahlleistungsvereinbarung erbringt. Derartige Leistungen sollen mit Rechtsgrund iRd Krankenhausvertrages erbracht und deshalb auch nicht aus dem Gesichtspunkt der ungerechtfertigten Bereicherung zu vergüten sein (BGHZ 138, 91, 99; 157, 87, 97; vgl auch BGH NJW 05, 3633, 3635 – Zusatzleistungen des Heimträgers nach § 88 SGB XI). Leistungen, die sich iRe bestehenden Kausalverhältnisses lediglich als **nicht vertragsgerecht** erweisen, sind nach den Vorschriften des allgemeinen Leistungsstörungsrechts zu beurteilen, die dem Bereicherungsrecht vorgehen (s Rn 19). Das trifft nach neuem Recht grds auch auf **Aliudleistungen** zu, deren rechtliche Beurteilung nunmehr durch §§ 433 III, 633 II 3 ebenfalls den Vorschriften des Sachmängelhaftungsrechts zugeordnet ist (Darin liegt der – bspw von AnwK/*Büdenbender* § 434 Rn 81 übersehene – Unterschied zur Zuviellieferung, die nicht von §§ 433 III, 633 II 3 umfasst ist; hierzu: BaRoth/*Faust* § 434 Rn 117). Weist der Empfänger die Falschlieferung allerdings als nicht vertragsgerecht zurück, so besteht der Erfüllungsanspruch fort und er muss das aliud nach § 812 I 1 Alt 1 herausgeben. Anders, wenn der Empfänger die Falschlieferung entgegennimmt und seine Mängelrechte aus §§ 437, 634 geltend machen will. Dann steht es nach dem durch §§ 433 III, 437; 633 II 3, 634 manifestierten gesetzlichen Leitbild gerade nicht im Belieben des Leistenden, das aliud zurückzuverlangen (*Musielak* NJW 03 89, 90; *Canaris*, Schuldrechtsmodernisierung 2002 S XXIII; BaRoth/*Faust* § 437 Rn 196; im Ausgangspunkt ebenso: AnwK/*v Sachsen Gessaphe* § 812 Rn 34; aA offenbar: Palandt/*Putzo* § 434 Rn 52 c aE), und zwar unabhängig davon, ob man die Aliudlieferung grds als rechtsgrundlos ansieht (so bspw: *S Lorenz* JuS 03, 39; MüKo/*Westermann* § 434 Rn 40; AnwK/*v Sachsen Gessaphe* § 812 Rn 34) oder nicht (so bspw: BaRoth/*Faust* § 437 Rn 197; Staud/*Matusche-Beckmann* § 437 Rn 53). Dem Zuwendenden bleibt dann allenfalls die Anfechtung seiner Tilgungsbestimmung, so dass er anschließend kondizieren kann (so bspw: BaRoth/*Faust* § 437 Rn 197; Staud/*Matusche-Beckmann* § 437 Rn 53; *Thier* AcP 203 (03), 421ff). Diese Grundsätze gelten nach der gesetzlichen Haftungssystematik auch für die Lieferung eines **höherwertigen** aliuds. Davon zu trennen ist entgegen aA (AnwK/*v Sachsen Gessaphe* § 812 Rn 34 mwN) die Beantwortung der Frage, ob und wenn ja, in welchem Umfang dem Empfänger in einem solchen Fall überhaupt Sachmängelrechte zustehen (grundsätzlich bejahend für §§ 633 II 3, 634: *Kniffka*, ibr-online Kommentar Bauvertragsrecht; Stand 12. 9. 05, § 634 Rn 51). 33

Erforderlich ist, dass die Rechtsgrundlosigkeit **endgültig** und nicht nur vorübergehend ist (Staud/*Lorenz* § 812 Rn 93 mwN). Sie muss im Falle der **condictio indebiti** bereits **im Zeitpunkt der Leistungserbringung** bestan- 34 den haben, wobei es nicht darauf ankommt, ob die vermeintlich zu tilgende Forderung überhaupt nicht entstanden (Bspe: Dissens – **condictio sine causa**, Nichtigkeit gemäß §§ 125, 134, 138) oder im Zeitpunkt der Leistungserbringung bereits erloschen war (§ 362 – Doppelzahlung). Anfänglich rechtsgrundlos idS ist auch die Leistung auf ein **aufschiebend bedingtes** Rechtsgeschäft vor Bedingungseintritt (Staud/*Lorenz* § 812 Rn 84; Erman/*Westermann* § 912 Rn 46; AnwK/*v Sachsen Gessaphe* § 812 Rn 35), ebenso die Leistung auf ein **schwebend unwirksames** Kausalgeschäft, wenn sie in Unkenntnis des Schwebezustandes oder zumindest in der berechtigten Erwartung späterer Genehmigung erbracht wird (BGHZ 65, 123, 126; MüKo/*Lieb* § 812 Rn 4). Nicht eindeutig geklärt ist demgegenüber die tatbestandliche Zuordnung der Fälle, in denen die Wirksamkeit des Kausalgeschäftes – beispielsweise durch **Anfechtung** (§ 142 I) – **ex tunc** beseitigt wird. Weil der nach hier vertretener Auffassung allein maßgebliche objektive Rechtsgrund (s Rn 32) in diesen Fällen rückwirkend entfällt, erscheint es gerechtfertigt, den Bereicherungsausgleich auch dann über den Tatbestand der **condictio indebiti** abzuwickeln (ebenso: *Canaris* Schuldrechtsmodernisierung 02 S XXIII f; Staud/*Lorenz* § 812 Rn 88; AnwK/*v Sachsen Gessaphe* § 812 Rn 35; aA – **condictio ob causam finitam**: MüKo/*Lieb* § 812 Rn 175; Palandt/*Sprau* § 812 Rn 77). In der Praxis wirkt sich die Entscheidung zwischen den beiden Konditionstatbeständen auch im Hinblick auf die Nichtanwendbarkeit des Ausschlussgrundes nach §§ 142 II, 814 auf die **condictio ob causam finitam** kaum aus. Weiß der Leistende nämlich, dass er zur Anfechtung berechtigt ist und erbringt er die Leistung gleichwohl, so dürfte darin regelmäßig eine jeder Kondiktion entgegenstehende Bestätigung iSd § 144 zu sehen sein (vgl Staud/*Lorenz* § 812 Rn 88). Kann – im umgekehrten Fall – der Empfänger anfechten und weiß der Leistende davon, greift § 814 schon tatbestandlich nicht ein.

35 § 812 I 2 Alt 1 stellt den **späteren Wegfall des im Zeitpunkt der Leistung bestehenden Rechtsgrundes** seinem anfänglichen Fehlen gleich. Die **condictio ob causam finitam** umfasst deshalb vor allem die Tatbestände des **vorläufigen Erwerbs**, insbesondere also die Herausgabepflicht beim Eintritt einer **auflösenden Bedingung** oder eines **vertraglichen Endtermins** (BGH NJW 52, 1171; MDR 59, 658). Weiter gilt: Hat der Eigentümer für den Verlust einer Sache vom Verantwortlichen Ersatz erhalten, muss er das Erlangte gemäß § 812 I 2 Alt 1 herausgeben, wenn er die Sache zurückbekommt, ohne dem Verantwortlichen im Gegenzug für die Ersatzleistung zuvor das Eigentum oder den Anspruch hierauf (§§ 931, 255) verschafft zu haben (vgl: Staud/*Lorenz* § 812 Rn 95). Allerdings ist in den praktisch wichtigsten Fällen einer sich solcherart als überobligatorisch erweisenden, grds kondizierbaren **Versicherungsleistung** (RGZ 108, 110, 112; Ehrman/*Westermann* § 812 Rn 48) zu beachten, dass die auch dann gebotene Rückabwicklung vorrangig nach den einschlägigen Regelungen in den Versicherungsbedingungen zu erfolgen hat. Überhaupt gilt ganz allgemein der Grundsatz, dass die **condictio ob causam finitam** immer dann nicht greift, wenn sich deckungsgleiche Rückgewährpflichten nach ggf gebotener Auslegung bereits aus dem zugrunde liegenden Vertrag ergeben. So folgt bspw der Anspruch des Auftraggebers gegen den Werkunternehmer auf Rückgewähr zu viel geleisteter **Abschlagszahlungen** nach der Rspr des BGH nicht aus § 812, sondern aus einer stillschweigend mit Abschluss des Werkvertrages geschlossenen Rückzahlungsabrede (BGH BauR 02, 938, 939f; BauR 99, 635, 640). Entsprechendes gilt oft für nicht akzessorische **Sicherheiten**, soweit diese nach der Erledigung des Sicherungszwecks nicht verbraucht sind. Und auch die Rückabwicklung eines nach Rücktritt vom Kaufvertrag seiner Geschäftsgrundlage beraubten **Leasingvertrages** hat allenfalls vorbehaltlich anderweitiger vertraglicher Abreden nach bereicherungsrechtlichen Grundsätzen zu erfolgen (so: BGH NJW 85, 796; 90, 314f).

36 Ein weiteres Anwendungsfeld für die **condictio ob causam finitam** betrifft die Kondiktion nicht verbrauchter Vorleistungen bei **vorzeitiger Beendigung** des zugrunde liegenden Vertrages (BGH NJW 58, 1582; Ddorf NZM 01, 1093 – im Voraus entrichteter Mietzins; BGHZ 29, 289 – verlorener Baukostenzuschuss; vgl auch: BGH NJW 79, 2398; NJW 67, 2255, 2256). Indes: Gerade in den häufigen Fällen, in denen der Vertrag vorzeitig durch Rücktritt oder Kündigung beendet wird, kommt es hinsichtlich der bis zu diesem Zeitpunkt noch nicht verbrauchten (Vor-) Leistungen selten zum Bereicherungsausgleich, weil die Rückabwicklung des Vertrages zumeist nach den einschlägigen gesetzlichen Bestimmungen (insbes §§ 346 ff) und eventuellen vertraglichen Regelungen zu erfolgen hat. Allerdings verweisen bspw die §§ 547 I 2 und 628 I 3 für den Ausgleich der bei Kündigung des Miet- bzw Dienstvertrages nicht verbrauchten Vorleistungen auf die **Rechtsfolgen des Bereicherungsrechts**. § 812 I 2 Alt 1 findet unmittelbar Anwendung auf Leistungen, die der Bereicherungsgläubiger aufgrund eines rechtskräftigen Urteils erbracht hat, das anschließend im Wiederaufnahmeverfahren gemäß § 578 f ZPO aufgehoben wurde (RGZ 99, 168, 171; MüKo-ZPO/*Braun* § 590 Rn 9 mwN; Staud/*Lorenz* § 812 Rn 99; aA – **condictio indebiti**: BaRoth/*Wendehorst* § 812 Rn 28).

37 Weil die **eheliche Lebensgemeinschaft** keinen Rechtsgrund iSd § 812 I darstellt (vgl hierzu: Lieb, Ehegattenmitarbeit, S 118 ff), ist ihre Beendigung abweichend von der älteren Rspr (BGH NJW 68, 245; WM 74, 947; Ddorf FamRZ 81, 770) grds schon deshalb nicht geeignet, bereicherungsrechtliche Rückabwicklungsansprüche zu begründen (heute ganz hM: BGH FamRZ 90, 855; NJW-RR 94, 258; MüKo/*Lieb* § 812 Rn 192; Staud/*Lorenz* § 812 Rn 100 ff; Erman/*Westermann* § 812 Rn 49, jeweils mwN; zur [Nicht-]Anwendbarkeit der condictio ob rem in diesem Bereich s Rn 49 f). Stattdessen wird der Ausgleich für unbenannte (ehebedingte) Zuwendungen und überobligatorische Ehegattenmitarbeit je nach Güterstand über die Regeln des Eheegüterrechts, der Störung der Geschäftsgrundlage (§ 313) oder der Auseinandersetzung einer Innengesellschaft gesucht (zahlreiche Nw aus der allerdings uneinheitlichen Rspr bei: Staud/*Lorenz* § 812 Rn 100 ff).

Erman/*Westermann* § 812 Rn 49). Das gilt jedenfalls im Ausgangspunkt auch für **nichteheliche Lebensgemeinschaften** (BGH NJW 92, 906, 907) und erst recht für **eingetragene Lebenspartnerschaften** iSd § 1 LPartG (Palandt/*Sprau* § 812 Rn 83; AnwK/*v Sachsen Gessaphe* § 812 Rn 45). In Erwägung dessen bleibt für die Rechtsfigur der **condictio ob causam finitam** in diesem Zusammenhang nahezu kein Raum. Sie wird von der Rechtsprechung allerdings in den freilich nicht eben seltenen Fällen herangezogen, in denen es um den Ausgleich für Um- oder Ausbauleistungen geht, die ein Ehegatte mit Rücksicht auf die bestehende Ehe an einer im Eigentum eines Angehörigen seines Ehepartners stehenden, zum kostenfreien Gebrauch überlassenen Familienwohnung vorgenommen hat. Zieht er – zumeist infolge des Scheiterns der Ehe – aus der gemeinsamen Ehewohnung aus, so soll durch die je nach den Umständen bereits damit einhergehende Beendigung des Leihverhältnisses auch der Rechtsgrund für die dann gemäß § 812 I 2 Alt 1 ausgleichspflichtigen Zuwendungen entfallen sein (vgl BGH NJW 02, 436, 437; Z 111, 125, 128; aA – Störung der Geschäftsgrundlage: MüKo/*Lieb* § 812 Rn 193; AnwK/*v Sachsen Gessaphe* § 812 Rn 45).

c) Konkurrenzen. Für die Leistungskonditionstatbestände der **condictio indebiti** und der **condictio ob causam finitam** ergeben sich abseits des Vorranges von vertraglichen und spezialgesetzlichen Regelungen zum Leistungsstörungsausgleich (s Rn 19) Berührungspunkte zur **Geschäftsführung ohne Auftrag** (GoA). Insoweit gilt: Die berechtigte GoA (§§ 677, 683) ist Rechtsgrund für das Behaltendürfen des hieraus Erlangten (BGH NJW 93, 3196), so dass ein Bereicherungsausgleich nicht in Betracht kommt. Für die Rechtsfolgen der unberechtigten GoA verweist § 684 auf das Bereicherungsrecht, wobei ungeklärt ist, ob es sich insoweit um eine Rechtsfolgen- oder um eine Rechtsgrundverweisung handelt (für Ersteres: BGH MDR 92, 588f; Hamm NJW-RR 91, 1303; Palandt/*Sprau* § 684 Rn 1; BaRoth/*Gehrlein* § 684 Rn 1; für Letzteres: MüKo/*Seiler* § 684 Rn 3; *Medicus*, Bürgerliches Recht Rn 947). Streitig ist, welche Rechtsgrundsätze bei einer willens- und interessenkonformen (vgl. § 683) Leistung zu gelten haben, die der Zuwendende zum Zwecke der Erfüllung eines unwirksamen Geschäftsbesorgungsvertrages iwS erbringt. Die in diesem Punkt ua durch werk- bzw. bauvertragliche Besonderheiten beeinflusste Rspr des BGH lässt eine starke Tendenz erkennen, solche fehlgeschlagenen Leistungsbeziehungen über den Weg der berechtigten GoA abzuwickeln, weil die Geschäftsbesorgung regelmäßig „für einen anderen" erfolge und der Schuldner deshalb zumindest auch ein fremdes Geschäft führe (BGH NJW 00, 72 mwN; NJW 00, 1560, 1562; NJW 93, 3196). Dem ist jedenfalls für die Lösung der besonders virulenten Probleme im Bereich der unbestellt erbrachten Bauleistungen im Grundsatz zuzustimmen (hierzu iE: *Leupertz* BauR 05, 775, 776ff mwN). Demgegenüber hält die hL die Regeln der GoA in diesen Fällen mit dem Hinweis für unanwendbar, dass dem Herausgabepflichtigen auf diese Weise ohne zureichenden sachlichen Grund der Entreicherungseinwand gemäß § 818 III und die Konditionssperren aus §§ 814, 817 S 2 genommen würden (*S Lorenz*, NJW 96, 883ff; Staud/*Lorenz* Vor §§ 812 ff Rn 45; AnwK/*v Sachsen Gessaphe* § 812 Rn 26; MüKo/*Seiler* § 677, Rn 48; *Reuter/Martinek*, S 709; *Medicus*, Bürgerliches Recht Rn 411 f; *Larenz/Canaris*, Schuldrecht II/2 § 74 III 2).

Ein weiteres Problemfeld betrifft die Konkurrenz zwischen den auf Herausgabe des Besitzes gerichteten Leistungskonditionstatbeständen und den Regelungen des **Eigentümer-Besitzer-Verhältnisses** – EBV (zu den Konkurrenzproblemen bei Aufwendungskonditionen s Rn 69 f). Eine solche besteht jedenfalls im Ergebnis nicht, soweit § 988 für die Herausgabe der **Nutzungen** des unentgeltlichen, gutgläubigen und unverklagten Besitzers der Muttersache auf die Rechtsfolgen des Bereicherungsausgleichs verweist. Im übrigen stellen nach hM die den Nutzungsersatz betreffenden Vorschriften der §§ 987–993 wegen der Privilegierung des redlichen unverklagten Besitzers in § 993 I 2 innerhalb ihres sachlichen Geltungsbereiches eine abschließende Sonderregelung dar (BGHZ 31, 129; 41,157; kritisch hierzu inbes Pinger, S 11 ff mwN), neben der für einen Bereicherungsausgleich mit einer wichtigen Ausnahme kein Raum bleibt: Weil nämlich sonst der wegen der Unwirksamkeit des Kausalgeschäftes rechtsgrundlos besitzende Eigentümer gemäß § 812 I 1 Alt 1, 818 II weitergehend haften würde als derjenige, der infolge der Unwirksamkeit des (entgeltlichen) Verpflichtungs- **und** des Verfügungsgeschäftes (sog Doppelmangel) nur den Besitz erlangt hat (§ 993), stellt die Rspr für diese Fälle den rechtsgrundlosen Besitzer einem unentgeltlichen Besitzer gleich und gelangt so über § 988 zum Bereicherungsausgleich (BGHZ 32, 76; 71, 216, 222). Das führt allerdings bei Mehrpersonenverhältnissen zu dem wenig befriedigenden Ergebnis, dass der gegen Entgelt vom Dritten erwerbende, gutgläubige Besitzer die ihm aus dieser Rechtsbeziehung erwachsenen Einwendungen dem herausverlangenden Eigentümer nicht entgegenhalten kann. Deshalb lässt die hL die Leistungskondiktion (des Dritten!) in diesen Fällen zu und sucht eine Lösung „übers Dreieck" (zum Meinungsstand: Erman/*Westerman*, Vor § 812 Rn 11; Staud/*Gursky*, Vor § 987 Rn 44 f, jeweils mwN; iE zum Doppelmangel Rn 90).

Im umgekehrten Fall, wenn also der Besitzer **Verwendungen** auf die Sache vom Eigentümer ersetzt haben möchte, sollen die §§ 994 ff nach Rspr des BGH ebenfalls abschließende Sonderregelungen enthalten, welche die Leistungskondiktion ausschließen (BGHZ 41, 157, 160; WM 73, 560; JZ 96, 366). Das trifft für den **Eigenbesitzer** sicher zu, weil er durch Verwendungen auf die vermeintlich eigene Sache keine (zweckgerichtete) Leistung an den Eigentümer erbringt und deshalb die Tatbestandsvoraussetzung des § 812 I regelmäßig nicht erfüllt ist. Anders liegen die Dinge beim **unrechtmäßigen Fremdbesitzer**, dem in Anwendung des von der Rspr präferierten engen Verwendungsbegriffs über § 994 allerdings nur erhaltende Verwendungen ersetzt werden (iE zu den Auswirkungen des „engen" Verwendungsbegriffs auf den Bereicherungsausgleich: Rn 66,

71f; zur Kondiktionssperre auch für andere, insbesondere nützliche Verwendungen: BGH NJW 96, 52). Das führt zu Problemen, wenn bspw der auf Grund eines unwirksamen Mietvertrages besitzende Mieter grundlegende Umbaumaßnahmen an der Mietwohnung ausführt, die nicht nach Maßgabe des § 994, sondern allenfalls dem redlichen Besitzer gemäß § 996 zu erstatten wären (vgl hierzu iE: Erman/*Wessermann* Vor § 812 Rn 13 f mwN; *Medicus*, Bürgerliches Recht, Rn 894). Vor diesem Hintergrund und aufgrund der Erwägung, dass auch der bösgläubig besitzende Verwender nicht schlechter stehen dürfe als der Nichtbesitzende, wird in der Literatur mit unterschiedlichen Begründungen überwiegend befürwortet, die Leistungskondiktion (zum praktisch besonders bedeutsamen Verhältnis von Aufwendungskondiktion bzw § 951 und EBV s Rn 71 f) zumindest außerhalb des engen Verwendungsbegriffs und des hierdurch begrenzten Anwendungsbereichs der §§ 994 ff zuzulassen (*Pinger*, 103ff; MüKo/*Medicus* § 996 Rn 11; ders, Bürgerliches Recht, Rn 894; Staud/ *Gursky* Vor § 994 Rn 5; AnwK/*v Sachsen Gessaphe* § 812 Rn 29). Dann gilt hinsichtlich des Verhältnisses zwischen den Tatbeständen der Leistungskondiktion und den Regelungen des EBV für den Verwendungsersatzanspruch des unrechtmäßigen Besitzers im Ergebnis nichts anderes als für den Nutzungsersatzanspruch des Eigentümers (s Rn 39).

41 **2. condictio ob rem – § 812 I 2 Alt 2. a) Normzweck und Anwendungsbereich.** Die condicito ob rem nimmt innerhalb der Leistungskondiktionstatbestände eine abstrakt nur schwer einzugrenzende Sonderstellung ein (zur historischen Entwicklung: *Reuter/Martinek*, 146ff). Das hängt mit ihrem Regelungsgehalt zusammen, der eine Paradoxie zu enthalten scheint: Der Empfänger soll eine Leistung nicht behalten dürfen, die der Leistende in der schließlich enttäuschten Erwartung erbracht hat, vom Empfänger eine – nicht notwendig gegenständliche – Gegenleistung zu erhalten, auf die er keinen durchsetzbaren Rechtsanspruch hat (ähnlich: Staud/*Lorenz* § 812 Rn 108; MüKo/*Lieb* § 812 Rn 196; AnwK/*v Sachsen Gessaphe* § 812 Rn 49, 57; Erman/*Westermann* § 812 Rn 52). Es geht bei der **condicitio ob rem** also jedenfalls nicht um die Rückabwicklung von Leistungen, die der Bereicherungsgläubiger (ausschließlich) zum Zwecke der Erfüllung einer vertraglichen Verbindlichkeit erbracht hat. Darin unterscheidet sie sich von den Tatbeständen der **condictio indebiti** und der **condictio ob causam finitam** (vgl Rn 20, 32).

42 Gleichwohl setzt die *condictio ob rem* tatbestandlich voraus, dass der mit der Leistung verfehlte Zweck rechtsgeschäftlich verankert sein muss („... nach dem Inhalt des Rechtsgeschäfts ..."). Von diesem Punkt aus lässt sich ihr Anwendungsbereich in zwei Richtungen weiter eingrenzen. Auf der einen Seite darf die letztlich enttäuschte Erwartung des Leistenden nicht bloß **einseitiges Motiv** für die Zuwendung geblieben sein. Erforderlich ist vielmehr eine **rechtsgeschäftliche Zweckabrede** (iE Rn 45). Der Empfänger muss die Erwartung des Leistenden also kennen und er muss die damit einhergehende Zweckbestimmung zumindest billigen, wofür es regelmäßig ausreicht, dass er die Leistung in Kenntnis der Erwartungshaltung des Leistenden widerspruchslos annimmt (BGH NJW 89, 2745; BGHZ 115, 261, 262f; 44, 321, 323). Andererseits darf die Zweckabrede nicht in den Bereich wechselseitiger vertraglicher Leistungspflichten fallen, weil dann der Leistende einen die Zweckverfehlungskondiktion ausschließenden Anspruch auf die vermisste Gegenleistung hat (Rn 41, 45). Deshalb bleibt für die **condictio ob rem** wenig Raum, wenn dem Leistungsaustausch ein gegenseitig verpflichtender, **schuldrechtlicher Vertrag** zugrunde liegt (iE Rn 49; ebenso: MüKo/*Lieb* § 812 Rn 203). Welche Leistungen die Beteiligten dann wechselseitig zu erbringen haben, ergibt sich aus dem – ggf auslegungsbedürftigen (§§ 133, 157) – Vertrag; ob sie diese Leistungen behalten dürfen, ist vorrangig eine Frage des **Leistungsstörungsrechts** (s oben Rn 19) und der Anwendbarkeit eventueller spezialgesetzlicher Rückgabetatbestände (bspw: §§ 527, 1301). Ein Bereicherungsausgleich nach den Regeln der **condictio ob rem** kommt mithin nicht in Betracht, soweit es um die Behebung einer Äquivalenzstörung iRd vertraglichen **Synallagmas** geht. Besonders problematisch und letztlich von Wertungs- und Praktikabilitätserwägungen dominiert ist die Abgrenzung der **condicito ob rem** von den nunmehr gesetzlich in § 313 geregelten Fällen der **Störung der Geschäftsgrundlage**, in denen die Zweckverfehlung zugleich in dem unerwarteten Nichteintritt von Umständen begründet liegt, welche die Parteien übereinstimmend zur **Geschäftsgrundlage** ihrer rechtsgeschäftlichen Leistungsbeziehung erhoben haben (vgl Rn 50, 52).

43 **b) Tatbestandsmerkmale – Grundlagen. aa) Etwas durch Leistung erlangt.** Leistung iSd § 812 I 2 Alt 2 BGB ist jede **bewusste und zweckgerichtete Mehrung fremden Vermögens**. Insoweit gilt für die **condictio ob rem** nicht anderes als für die übrigen Tatbestände der Leistungskondiktion (zum Leistungsbegriff iE Rn 22ff). Im Unterschied zur **condictio indebiti** und zur **condictio ob causam finitam** wird der **Leistungszweck** bei der **condictio ob rem** allerdings nicht durch den Bezug auf ein (fehlerhaftes) Kausalgeschäft, sondern durch eine **besondere Zweckabrede** festgelegt (Rn 42, 45 f).

44 Bereicherungsgegenstand ist das durch die Leistung **Erlangte**, also – wie bei allen Tatbeständen des § 812 – der dem Empfänger zugeflossene **gegenständliche Vermögenswert** (hierzu iE Rn 28 ff).

45 **bb) Nichteintritt des nach dem Inhalt des Rechtsgeschäfts bezweckten Erfolgs.** Der Konditionsanspruch aus § 812 I 2 Alt 2 setzt eine Zweckvereinbarung voraus, die **rechtsgeschäftlicher** Natur sein muss und deshalb nicht bloß einseitiges Motiv des Leistenden für die Zuwendung sein darf. Erforderlich ist, dass der Bereicherungsgläubiger dem Empfänger mindestens konkludent zu verstehen gibt, die Leistung nur in der Erwartung des Eintritts eines bestimmten Erfolgs erbringen zu wollen, und dass der Empfänger die darin liegende

Zweckbestimmung kennt und zumindest konkludent billigt (BGH NJW 89, 2745; BGHZ 115, 261, 262f; 44, 321, 323). Leistung und Erfolg stehen mithin in einem inneren Zusammenhang, der den **Rechtsgrund für das Behaltendürfen** des Empfängers darstellt (vgl BGHZ 35, 356, 358). Die Besonderheit bei alledem besteht im Unterschied zu den übrigen Leistungskondiktionstatbeständen darin, dass dem Leistenden durch die Zweckabrede **kein durchsetzbarer Anspruch** auf die verabredete Gegenleistung erwachsen darf (ungeschriebenes Tatbestandsmerkmal: AnwK/*v Sachsen Gessaphe* § 812 Rn 52; *Larenz/Canaris* § 68 I 3, 150; *Reuter/Martinek*, 149f; Staud/*Lorenz* § 812 Rn 105; MüKo/*Lieb* § 812 Rn 200). Die Zweckvereinbarung begründet also kein schuldrechtliches Austauschgeschäft, sondern sie stellt eine **Rechtsgrundabrede eigener Art** dar, die dem Empfänger solange einen Rechtsgrund für das Behaltendürfen der Leistung liefert, wie der bezweckte Erfolg noch realisiert werden kann (MüKo/*Lieb* § 812 Rn 202; AnwK/*v Sachsen Gessaphe* § 812 Rn 61; vgl auch BGHZ 35, 356, 358). Dementsprechend entsteht der Bereicherungsanspruch aus § 812 I 2 Alt 2 erst, wenn endgültig feststeht, dass der Empfänger die vom Leistenden nach der Zweckabrede mit Recht erwartete Gegenleistung nicht erbringen wird (BGH NJW 89, 2745).

c) Fallkonstellationen. aa) Vorleistung und Veranlassung. Ihren klassischen Anwendungsbereich hat die **condictio ob rem** in den Fällen, in denen der Bereicherungsgläubiger den Empfänger mit seiner Leistung **final** zu Herbeiführung eines bestimmten, letztlich ausbleibenden Erfolges bewegen will (Grundsätzlich zum Erfordernis einer finalen Verknüpfung von Leistung und bezwecktem Erfolg: *Reuter/Martinek*, S 170 f; BaRoth/*Wendehorst* § 812 Rn 45; MüKo/*Lieb* § 812 Rn 207; AnwK/*v Sachsen Gessaphe* § 812 Rn 54). So etwa, wenn bereits vor dem Abschluss eines Vertrages **Anzahlungen** in der schließlich enttäuschten Erwartung geleistet werden, den Gegenüber auf diese Weise zum Vertragsschluss zu veranlassen (BGH WM 67, 1042; RGZ 72, 342; Hamm FamRZ 94, 380; Staud/*Lorenz* § 812 Rn 110; Erman/*Westermann* § 812 Rn 53; *Reuter/Martinek* 151ff; aA – condictio indebiti: *Welker* 102f; vgl auch BGH NJW 91, 2139), oder wenn die (An-)Zahlung erfolglos zu dem Zweck geschieht, den Verkäufer mit den sich aus § 311b I 2 ergebenden Rechtswirkungen zur Vollziehung eines formnichtigen Grundstückskaufvertrages zu bewegen (BGH NJW 99, 2892; 80, 451; zur Nichtanwendbarkeit der Kondiktionssperren gemäß §§ 814, 815: § 814 Rn 3 und § 815 Rn 6 aE). Anders liegen die Dinge hingegen, wenn die Anzahlung aufgrund einer vertraglichen Vereinbarung erfolgt. Dann ergibt sich die Verpflichtung des Empfängers zur Abrechnung und Rückzahlung eventuell zuviel geleisteter Voraus- oder Abschlagszahlungen in der Regel bereits aus dem Vertrag (für das Werkvertragsrecht: BGH BauR 02, 938, 939f; BauR 99, 635, 640). Demgegenüber können **Sicherheiten**, die bereits vor Abschluss des Sicherungsvertrages für eine tatsächlich nicht entstandene Hauptforderung erbracht wurden, unter den genannten Voraussetzungen nach § 812 I 2 Alt 2 kondiziert werden (MüKo/*Lieb* § 812 Rn 219; *Medicus*, Bürgerliches Recht, Rn 495; BaRoth/*Wendehorst* § 812 Rn 47). Und auch die Fälle, in denen Leistungen ohne Erfolg zu dem vom Empfänger gebilligten Zweck erbracht werden, eine **Strafanzeige** abzuwenden, fallen in den Anwendungsbereich der Zweckverfehlungskondiktion (BGH BB 90, 735; AnwK/*v Sachsen Gessaphe* § 812 Rn 56). Ob das auch für solche unentgeltlichen Zuwendungen gilt, die den Empfänger zur künftigen Eheschließung (insoweit verneinend – Wegfall der Geschäftsgrundlage: MüKo/*Lieb* § 812 Rn 214) oder Rückkehr in die (eheliche) Lebensgemeinschaft veranlassen sollen, ist streitig (bejahend für den letztgenannten Fall: Brandbg NJWE-FER 97, 35; Staud/*Lorenz* § 812 Rn 108). Im Übrigen findet ein Bereicherungsausgleich für unentgeltliche Zuwendungen unter **Ehegatten** (MüKo/*Lieb* § 812 Rn 216) oder nichtehelichen Lebenspartnern (für eine Rückabwicklung über § 730 ff: BGH NJW 92, 906, 907) sowie für **Mitarbeit** von Ehegatten und Kindern (vgl hierzu auch Rn 51) im Allgemeinen nicht statt (iE zum Ausgleich ehe- oder familienbezogener Zuwendungen: Rn 37).

bb) Bauen auf fremden Grund. Reichlich Diskussionsstoff bietet die Rückabwicklung von **Bauleistungen auf fremden Grund**, die der Zuwendende ohne vertragliche Grundlage allein in der letztlich frustrierten Erwartung erbringt, später Eigentümer des Grundstückes zu werden. Insoweit stellt sich für die Anwendbarkeit der **condictio ob rem** die Frage, ob es sich bei derartigen Zuwendungen überhaupt um **Leistungen** iSd § 812 I 2 Alt 2 BGB handelt. Das ist vom Boden des modernen Leistungsbegriffs (hierzu iE Rn 22 ff) in der Tat zweifelhaft. Zwar wird der Zuwendende Bauleistungen auf fremdem Grund in der Regel in dem Bewusstsein erbringen, damit den Grundstückswert und folglich das Vermögen des Grundstückseigentümers zu mehren. Ihr Zweck ist indes **objektiv** auf die mit dem erhofften Erwerb einhergehende Schaffung eigener Vermögenswerte und deshalb eben nicht weiteres auf die Mehrung (noch) fremden Vermögens gerichtet (wohl in diesem Sinne gegen eine „Leistung": *Medicus*, Bürgerliches Recht, Rn 693; *Reuter/Martinek* S 170; AnwK/*v Sachsen Gessaphe* § 812 Rn 60; Staud/*Lorenz* § 812 Rn 112). Diese Erwägungen übersehen allerdings, dass die nach dem hier vertretenen Leistungsbegriff erforderliche Zweckrichtung der Zuwendung jedenfalls iRd **condicitio ob rem** regelmäßig dem entspricht, was die Parteien rechtsgeschäftlich (**subjektiv**) als deren Zweck vereinbart haben (s Rn 42, 45). Erbringt der Zuwendende die Bauleistungen also (zumindest auch) in der vom Grundstückseigentümer gebilligten, wenngleich nicht forderungsbewehrten Erwartung, von diesem das Eigentum an dem Grundstück zu erhalten, so kann er den solcherart zweckgerichtet geleisteten Vermögenswert nach den Grundsätzen der **condictio ob rem** kondizieren, wenn der bezweckte Erfolg, nämlich der Eigentumserwerb, nicht eintritt (iE ebenso: BGHZ 44, 321; 35, 356; 108, 256ff – offen gelassen, ob **condictio**

ob rem oder Verwendungskonditiktion; zuletzt: NJW 01, 3118; MüKo/*Lieb* § 812 Rn 199). Ohne eine solche Zweckabrede bleibt allerdings nur der Weg über die **Aufwendungskondiktion** (hierzu Rn 48 und iE Rn 66 ff).

48 Auf dieser Grundlage kam der BGH auch im folgenden Fall zur Zweckverfehlungskondiktion (**BGHZ 44, 321ff**): Der von seiner Tante kurz danach zum Erben bestimmte Kläger hatte auf deren Grundstück ein Gebäude in der Hoffung errichtet, schließlich das Eigentum an dem ihm im Rahmen eines Pachtvertrages überlassenen Grundstück zu erben. Daraus wurde nichts, weil die Tante später eine andere Person zum Erben eingesetzt hatte. Die oft besprochene Entscheidung ist in der Literatur insbesondere mit der Erwägung kritisiert worden, der Kläger habe mit der Bauleistung keinen eigenen Leistungszweck verfolgt, weil er die Zuwendungen nicht mit dem Ziel erbracht habe, seine Tante **final** zu einer Gegenleistung zu veranlassen (so insbesondere: *Medicus* aaO; *Reuter/Martinek* 170f; *Esser/Weyers*, BT/2 § 49 II aE; Staud/*Lorenz* § 812 Rn 112; AnwK/*v Sachsen Gessaphe* § 812 Rn 60). Das ist so nicht richtig. Maßgebend ist vielmehr auch insoweit, ob und wenn ja, mit welchem Inhalt die Parteien eine **Zweckabrede** getroffen hatten. Bestand diese darin, dem Kläger mit dem kraft Erbeinsetzung in Aussicht genommenen Anfall der Erbschaft das Grundstückseigentum zu verschaffen, so wird man nach obigen Grundsätzen (Rn 47) kaum bezweifeln können, dass der mit der Leistung bezweckte Erfolg iE nicht eingetreten war (iE ebenso: MüKo/*Lieb* § 812 Rn 199). Dies insbes deshalb, weil die Zweckabrede sich nach den Feststellungen des BGH nicht in der Vereinbarung erschöpfte, mit dem Grundstückserbe bedacht zu werden, sondern darüber hinaus an den Fortbestand der zunächst tatsächlich erfolgten Erbeinsetzung bis zum Erbfall geknüpft war. Soweit die erwartete Gegenleistung – im (einzigen!) Unterschied zu den unter Rn 47 erörterten Fällen – damit letztlich auch darin bestand, anderweitige letztwillige Verfügungen zu **unterlassen**, hindert dies einen Bereicherungsausgleich nach den Regeln der **condicitio ob rem** jedenfalls nicht (allg M: BGHZ 44, 321; BGHZ 108, 256; BaRoth/*Wendehorst* § 812 Rn 46; MüKo/*Lieb* § 812 Rn 196). Auf den vom BGH demnach mit Recht beschrittenen Weg über die Zweckverfehlungskondiktion gelangt man im Übrigen zu dem interessengerechten Ergebnis, dass der Bereicherungsgläubiger Wertersatz erst dann beanspruchen kann, wenn endgültig feststeht, dass der bezweckte Erfolg nicht mehr eintritt (s Rn 45 aE). Die Gegenmeinung muss hingegen, um überhaupt zu einem Wertausgleich zu kommen, auf die Aufwendungskondiktion gemäß § 812 I 1 Alt 2 zurückgreifen (so bspw: Staud/*Lorenz* § 812 Rn 112; AnwK/*v Sachsen Gessaphe* § 812 Rn 60). Das würde dazu führen, dass der dann sofort fällige Wertersatzanspruch gemäß §§ 195, 199 I Nr 2, IV in drei, spätestens in zehn Jahren und damit in einem Zeitpunkt verjährt, in dem der Bereicherungsgläubiger gerade in den kritischen Erbfällen oft noch gar keinen Anlass hat, den Bereicherungsausgleich zu betreiben.

49 cc) **Zweckstaffelung**. In der Praxis kommt es nicht selten vor, dass die Parteien mit dem Abschluss eines wirksamen schuldrechtlichen Vertrages einen über die sich hieraus ergebenden wechselseitigen Leistungspflichten hinausgehenden Zweck verfolgen. Um eine solche **Zweckstaffelung** handelt es sich bspw, wenn der Käufer eines Grundstückes dieses nach der übereinstimmenden Vorstellung der Parteien in einer bestimmten Weise nutzen oder bebauen soll. Wurde der solcherart „bezweckte Erfolg" nicht erreicht, war nach der älteren Rspr mit Hilfe der **condicitio ob rem** rückabzuwickeln (RGZ 132, 238; BGH NJW 73, 612, 613; NJW 52, 60; zuletzt im Grundsatz noch: BGH NJW 92, 427, 428; ebenso: Erman/*Westermann* § 812 Rn 51; *Ehmann* JZ 03, 702, 706f). Davon sind die hL (Staud/*Lorenz* § 812 Rn 106, MüKo/*Lieb* § 812 Rn 203; BaRoth/*Wendehorst* § 812 Rn 43; AnwK/*v Sachsen Gessaphe* § 812 Rn 57; *Larenz/Canaris* II/2 § 68 I 3d S 153; *Wieling* § 3 III 3e; *v Caemmerer*, FS Rabel I, 345f; *Esser/Weyers*, Schuldrecht II/2, § 49 II S 66 f) und mit ihr zuletzt auch der BGH (NJW 92, 2690; vgl auch NJW 92, 427; 91 1269f) in der richtigen Erkenntnis abgerückt, dass für die Anwendung der Zweckverfehlungskondiktion kein Raum sein kann, soweit die Parteien einen **voll ausgebildeten entgeltlichen Vertrag** geschlossen haben. Dann kommt es vielmehr darauf an, ob sich die Verwendungsbestimmung nach ggf gebotener Auslegung des Vertrages (§§ 133, 157) als Bestandteil der dort verankerten wechselseitigen Leistungspflichten erweist oder (nur) zur Geschäftsgrundlage des Vertrages zu rechnen ist. Bei Nichteintritt des bezweckten Erfolgs gelten im erstgenannten Fall – sofern nicht eine **auflösende Bedingung** vorliegt (hierzu Rn 35) – die Regeln des **Leistungsstörungsrechts** (s Rn 19), wohingegen im zweiten Fall eine **Störung der Geschäftsgrundlage** anzunehmen ist, die eine Anpassung des Vertrages gem § 313 rechtfertigt (ebenso statt vieler: AnwK/*v Sachsen Gessaphe* § 812 Rn 57; MüKo/*Lieb* § 812 Rn 204, jeweils mwN; zum Vorrang des § 313 vor der **condicio ob rem**: BGH NJW 92, 2690; Z 84, 1, 10; MüKo/*Lieb* § 812 Rn 165 ff). War der „Zusatzzweck" hingegen bloßes **Motiv** für den Vertragsschluss, kommt ein (Bereicherungs-) Ausgleich ohnehin nicht in Betracht (s Rn 42, 45).

50 dd) **Zweckbezogene Schenkungen.** Mit Hilfe der bereits dargestellten Grundsätze lassen sich auch die Fälle lösen, in denen der Leistende seine **unentgeltliche** Zuwendung an einen bestimmten **Verwendungszweck** knüpft. Im Ausgangspunkt gilt: Soweit sich der Verwendungszweck in einer **Schenkung unter Auflage** manifestiert, ist für die Anwendung der **condicio ob rem** kein Raum, weil der Leistende gem § 525 einen einklagbaren Anspruch auf die Erfüllung der Auflage hat. Bei Nichterfüllung hat die Rückabwicklung deshalb nach Maßgabe des § 527 zu erfolgen (Staud/*Lorenz* § 812 Rn 109; AnwK/*v Sachsen Gessaphe* § 812 Rn 59 mwN). Ebenfalls ausgeschlossen ist die Zweckverfehlungskondiktion, wenn die Verwendungserwartung des Schenkers nur **einseitiges Motiv** geblieben ist (s Rn 42, 45), was nicht selten der Fall sein dürfte. Ob der Verwendungsbezug der Zuwendung im demnach allein bereicherungsrechtlich relevanten Raum zwischen Anspruch

und Motiv liegt, ist letztlich eine Frage der **Auslegung** (so zutr: AnwK/*v Sachsen Gessaphe* § 812 Rn 59). Die in diesem Punkt uneinheitliche Rspr zieht für die Rückabwicklung derartiger **Zweckschenkungen** entweder die **condictio ob rem** (BGH NJW-RR 91, 1154; NJW 84, 233; 52, 620; Ddorf NJW-RR 98, 1517; Köln NJW 94, 1540) oder die Grundsätze der **Störung der Geschäftsgrundlage** gem § 313 heran (Oldbg NJW 94, 1539; Dresden FamRZ 97, 739). Letztgenanntem Lösungsweg gebührt in aller Regel der Vorzug, weil der vom beiderseitigen Willen der Parteien getragene Verwendungsbezug der Zuwendung zumeist Geschäftsgrundlage des Schenkungsvertrages sein dürfte. Dann geht § 313 der **condictio ob rem** vor (BGH NJW 92, 2690; Z 84, 1, 10; MüKo/*Lieb* § 812 Rn 165 ff). Deshalb fallen bspw an den Bestand der Ehe geknüpfte unentgeltliche Zuwendungen der Eltern an ihr Kind und dessen Ehegatten nach dem Scheitern der Ehe grds nicht in den Anwendungsbereich der **condictio ob rem** (Störung der Geschäftsgrundlage: Oldbg NJW 94, 1539; Dresden FamRZ 97, 739; aA: BGH NJW-RR 91, 1154; Köln NJW 94, 1540).

ee) Dienstleistungen. Heftig umstritten ist die rechtliche Beurteilung der Fälle, in denen **Dienstleistungen** – etwa in Form überobligatorischer Mitarbeit (§ 1619) erwachsener Kinder im Betrieb oder auf dem Hof der Eltern – in der letztlich enttäuschten Erwartung späterer **letztwilliger Zuwendungen** erbracht werden. Insoweit ist zu unterscheiden: Arbeitet der Leistende **unentgeltlich** ohne (dienst-) vertragliche Grundlage allein in der vom Empfänger gebilligten Hoffnung, durch dessen letztwillige Verfügung eine entspr Gegenleistung zu erhalten, dürfte der Ausgleich nach den Grundsätzen der hL über die **condictio ob rem** zu suchen sein (*Medicus*, Bürgerliches Recht, Rn 692; BaRoth/*Wendehorst* § 812 Rn 49; Erman/*Westermann* § 812 Rn 55; MüKo/*Lieb* § 812 Rn 207; AnwK/*v Sachsen Gessaphe* § 812 Rn 58). Demgegenüber will das BAG dem Dienstleistenden einen Vergütungsanspruch aus § 612 zubilligen (BAG AP § 612 Nr. 15, 20 bis 29). Das ist mit Rücksicht auf das Fehlen einer vertraglichen Grundlage nicht nur dogmatisch bedenklich (hierzu: AnwK/*v Sachsen Gessaphe* § 812 Rn 58), sondern insbes wegen der kurzen Verjährung gem §§ 195, 199 I Nr. 2, IV auch unpraktikabel (s Rn 48 aE; ebenso: *Medicus* aaO; das BAG versucht diesem Missstand – wenig überzeugend – durch die Annahme einer Stundungsfiktion abzuhelfen). 51

Erbringt der Leistende seine Dienste hingegen auf (dienst-) **vertraglicher Grundlage solvendi causa** gegen ein inadäquat geringes Entgelt, kommt bei Ausbleiben der statt einer angemessenen Bezahlung erhofften letztwilligen Zuwendung außer dem freilich auch insoweit problematischen Weg über eine (ergänzenden) Vergütungsanspruch entspr § 612 (BAG AP § 612 Nr. 15, 20 bis 29; ebenso: BGH FamRZ 73, 298f; NJW 65, 1224) oder der Annahme eines **faktischen Arbeitsverhältnisses** (so für den Fall des § 2302: MüKo/*Lieb* § 812 Rn 208; *Canaris* BB 67, 165, 169) nach den allgemein für Zweckstaffelungen geltenden Grundsätzen (Rn 49f) in erster Linie der Rückgriff auf ein **Störung der Geschäftsgrundlage** gemäß § 313 BGB in Betracht. Die hL zieht allerdings auch dann die **condictio ob rem** vor (*Medicus*, Bürgerliches Recht, Rn 692; BaRoth/*Wendehorst* § 812 Rn 49; Erman/*Westermann* § 812 Rn 55; MüKo/*Lieb* § 812 Rn 207; AnwK/*v Sachsen Gessaphe* § 812 Rn 58), was mit Rücksicht auf eine ggf bewusst unvollkommene Vergütungsabrede der Parteien hinsichtlich der ausgebliebenen außervertraglichen Gegenleistung angehen mag.

3. Schuldanerkenntnis – § 812 II. § 812 II betrifft keinen eigenständigen Fall der Leistungskondiktion, sondern stellt lediglich klar, was sich ohnehin bereits aus Abs I ergibt: Auch die bewusste Hingabe eines **abstrakten (konstitutiven) Schuldanerkenntnisses** gilt als Leistung iSd Abs. 1 und ist deshalb unter den dort weiter genannten Voraussetzungen kondizierbar (zum materiell unrichtigen Saldoanerkenntnis: BGH NJW 91, 2140, 2141; WM 75, 556, 557; Brandbg OLG-NL 00, 28; Ddorf NJW 85, 2723). Das gilt nicht nur für positive (§ 781) und negative Schuldanerkenntnisse (§ 397 II), sondern entspr auch für **abstrakte Schuldversprechen** (Staud/*Lorenz* § 812 Rn 10f; vgl auch BGH NJW-RR 99, 573). Nicht unter § 812 II fallen hingegen **deklaratorische Schuldanerkenntnisse**, weil sie Bestandteil des zugrunde liegenden Kausalgeschäftes sind und keine eigenständige neue Verbindlichkeit begründen (BGH NJW 00, 2501f; ZIP 91, 862; Staud/*Lorenz* § 812 Rn 11 mwN; Palandt/*Sprau* § 812 Rn 5 mwN; aA: MüKo/*Lieb* § 812 Rn 373; Erman/*Westermann* § 812 Rn 58). Und auch das einseitige **prozessuale Anerkenntnis** kann mangels vertraglicher Abrede über seine Hingabe nicht gemäß § 812 II herausverlangt werden (Palandt/*Sprau* § 812 Rn 4). 52

Herauszugeben sind Anerkenntnis und Schuldversprechen, wenn sie **ohne Rechtsgrund** abgegeben wurden – § 812 I 1. Nicht eindeutig geklärt ist allerdings, worin genau Rechtsgrund für ihre Hingabe besteht. Insoweit stellt vor allem die ältere Rspr weitgehend unterschiedslos auf das Bestehen der Verbindlichkeit ab, die anerkannt werden soll (BGH WM 58, 620, 622; 82, 671, 672). Das begegnet indes insbesondere dann durchgreifenden Bedenken, wenn das Anerkenntnis nach dem Willen der Parteien gerade ohne Rücksicht auf das tatsächliche Bestehen und den Umfang der Verbindlichkeit in Form etwa einer selbstständigen **Schuldbestätigung** dazu bestimmt war, die Rechts- und Beweislage für die Zukunft verbindlich zu klären. So kann bspw das aufgrund eines **Vergleichs** abgegebene Anerkenntnis nicht mit der Begründung kondiziert werden, die verglichene Forderung habe nicht bestanden (zutreffend: BGH WM 66, 1280; vgl auch BGH NJW 00, 2501; WM 86, 50, 51). Aber auch ganz allgemein lässt sich nicht ohne weiters sagen, dass das Bestehen bzw. Nichtbestehen der anerkannten Verbindlichkeit den Rechtsgrund für das hierauf erteilte Anerkenntnis liefert. Im Gegenteil: Dem Ausgangsschuldverhältnis wird in aller Regel gerade keine Verpflichtung zur Hingabe eines Anerkenntnisses zu entnehmen sein (MüKo/*Lieb* § 812 Rn 375), deren rechtlicher Grund deshalb nicht im 53

Kausalgeschäft, sondern in einer **gesonderten Abrede** der Parteien über die Hingabe des Anerkenntnisse zu finden ist (so im Grundsatz jetzt auch der BGH: NJW 00, 2501, 2502 – eine durch **Auslegung** zu klärende Frage des Einzelfalles; hL: AnwK/*v Sachsen Gessaphe* § 812 Rn 66; MüKo/*Lieb* § 812 Rn 317; BaRoth/*Wendehorst* § 812 Rn 26; Palandt/*Sprau* § 812 Rn 6; *Reuter/Martinek* 119f). Der Empfänger ist also auch dann zur Herausgabe verpflichtet, wenn der Anerkennende sich bei bestehender Verbindlichkeit irrtümlich zur Abgabe eines Anerkenntnisse verpflichtet gesehen hat (Palandt/*Sprau* § 812 Rn 6; BaRoth/*Wendehorst* § 812 Rn 26). Im Übrigen sind die praktischen Auswirkungen dieser dogmatisch verankerten Differenzierung allerdings eher gering. Denn abseits der „Schuldbestätigungsfälle" wird das Bestehen der anerkannten Verbindlichkeit zumeist Geschäftsgrundlage für die Abrede über die Hingabe des Anerkenntnisses sein. Diese entfällt mit den sich aus § 313 ergebenden Rechtswirkungen, wenn die anerkannte Forderung nicht besteht, weil das Kausalgeschäft unwirksam ist (MüKo/*Lieb* § 812 Rn 376; AnwK/v Sachsen Gessaphe § 812 Rn 66; Staud/*Lorenz* § 812 Rn 15; aA: BaRoth/*Wendehorst* § 812 Rn 26). Im Übrigen ist an eine Gesamtnichtigkeit gemäß § 139 zu denken (AnwK/*v Sachsen Gessaphe* § 812 Rn 66).

54 **II. Nichtleistungskondiktionen – § 812 I 1 Alt 2. 1. Grundlagen.** Das Gesetz unterscheidet in § 812 I 1 zwischen zwei wesensverschiedenen Kondiktionstypen. Während bei allen Fällen der **Leistungskondiktion** der den Bereicherungsanspruch auslösende Zuwendungsvorgang auf eine (gescheiterte) rechtsgeschäftliche Entscheidung des Bereicherungsgläubigers, eben auf eine „Leistung" zurückzuführen ist (s Rn 22 ff), muss der Bereicherungsschuldner iRd **Nichtleistungskonditionen** das „in sonstiger Weise" rechtsgrundlos Erlangte herausgeben. Zwischen den Kondiktionstypen besteht echte **Alternativität** (AnwK/*v Sachsen Gessaphe* § 812 Rn 184 aE), die für den Bereicherungsausgleich in **Zweipersonenverhältnissen** außerhalb jeder Konkurrenzproblematik schon begrifflich den **Vorrang der Leistungskondiktion** erzwingt, weil der Empfänger dasjenige, was er durch Leistung erhalten hat, nicht zugleich „in sonstiger Weise" erlangt haben kann. Etwas komplizierter können die Dinge bei **Mehrpersonenverhältnissen** liegen. Erweist sich bspw die Leistung eines Nichtberechtigten (N) an den Empfänger (E) wegen § 932 als Eingriff in das Eigentum des Berechtigten (B), so stellt sich für den Bereicherungsausgleich die Frage, ob B trotz der im Verhältnis zwischen N und E bestehenden Leistungsbeziehung gemäß § 812 I 1 Alt 2 von E kondizieren kann. Vor allem der BGH arbeitet in derartigen Fällen mit dem Grundsatz der **Subsidiarität der Nichtleistungskondiktion**, die immer dann ausgeschlossen sein soll, wenn der Bereicherungsgegenstand durch eine Leistung zugewendet worden ist (BGHZ 40, 272, 278; NJW 99, 1393, 1394; zuletzt: NJW 05, 60f). Dieses „Kunstgriffs" bedarf es indes nicht, wenn man mit der hier ganz allgemein für den Bereicherungsausgleich in Mehrpersonenverhältnissen vertretenen Auffassung die Lösung über den Leistungsbegriff unter Berücksichtigung insbes der sich aus §§ 816 I 2, 822, 932 ff ergebenden **Wertungskriterien** sucht (iE hierzu: Rn 76–84; vgl auch Rn 24, 27), mit deren Hilfe sich durchgängig konsistent entscheiden lässt, ob ein die Nichtleistungskondiktion ausschließender Behaltensgrund für den Empfänger besteht oder nicht. Das alles hat mit einer strukturellen Subsidiarität der Nichtleistungskondiktion letztlich nichts zu tun (iE zum Subsidiaritätsgrundsatz und zur Abgrenzung in den besonders problematischen **Verarbeitungs- und Einbaufällen: Rn 80 ff**).

55 Die in negativer Abgrenzung von der Leistungskondiktion nur unvollkommen als Auffangtatbestand definierte Nichtleistungskondiktion umfasst ganz unterschiedliche Bereicherungsvorgänge. Zu nennen sind in erster Linie die Fälle der **Eingriffskondiktion**, in denen die Vermögensverschiebung durch einen Eingriff (nicht notwendig des Bereicherungsschuldners) in den Zuweisungsgehalt einer fremden Rechtsposition erfolgt ist (dazu Rn 56 ff). Darunter fallen auch die spezialgesetzlich durch § 816 normierten Bereicherungskonstellationen. Bei der **Aufwendungskondiktion** (Verwendungskondiktion) geht es demgegenüber um Verwendungen des Bereicherungsgläubigers auf eine fremde Sache, die sich nach den hierfür maßgeblichen Grundsätzen weder als Leistung noch als Eingriff erweisen (dazu 66 ff). Und schließlich sieht sich der ohne sein Zutun von einer Verbindlichkeit befreite Schuldner ggf der sog **Rückgriffskondiktion** des leistenden Dritten ausgesetzt, wenn dieser mit der Zuwendung an den Gläubiger gerade die Tilgung der für ihn fremden Schuld bezweckt hat. (Weil die Rückgriffskondiktion nur im Rahmen von Mehrpersonenverhältnissen in Betracht kommt, iE dort Rn 101 ff).

56 **2. Grundtatbestand: Eingriffskondiktion. a) Grundgedanke und Anwendungsbereich.** Charakteristisches Merkmal der **Eingriffskondiktion** ist es, dass die konditionsauslösende Vermögensverschiebung nicht wie bei § 812 I 1 Alt 1 vom Bereicherungsgläubiger (durch Leistung) bewirkt wird. Der Bereicherungsschuldner muss gemäß § 812 I 1 Alt 2 alle vermögenswerten Vorteile herausgeben, die er durch einen **unbefugten Eingriff** in eine auch der Rechtsordnung ausschließlich dem **Bereicherungsgläubiger zugewiesene Rechtsposition** erlangt hat. Die Eingriffskondiktion dient also dem im Übrigen insbesondere durch §§ 823 ff und dem Vindikationsanspruch des Eigentümers gewährleisteten **Güterschutz** (BaRoth/*Wendehorst* § 812 Rn 64; AnwK/*v Sachsen Gessaphe* § 812 Rn 74).

57 Zwischen den **deliktischen** Ansprüchen des Berechtigten und der allgemeinen Eingriffskondiktion besteht Anspruchskonkurrenz (BGHZ 68, 90, 94ff; 77, 16, 25); gleiches gilt für das Verhältnis zu § 985, soweit es um die Herausgabe des rechtsgrundlos erlangten Besitzes geht (AnwK/*v Sachsen Gessaphe* § 812 Rn 75). Demgegenüber lassen sich Ansprüche auf **Nutzungsersatz** grds nicht mit Hilfe der Eingriffskondiktion realisieren,

die insoweit durch die wegen der Sperrwirkung des § 993 I 2 abschließenden Sonderreglungen der §§ 987 ff verdrängt wird (vgl ebenso für die Leistungskondiktion: Rn 39 mwN). Nicht vom Regelungsbereich der §§ 987 ff erfasst werden hingegen die durch **Veräußerung oder Verbrauch** des Eingriffsgegenstandes erlangten Surrogate, die demnach grds dem – für den Fall der unberechtigten Weitergabe allerdings durch § 816 spezialgesetzlich geregelten – Bereicherungszugriff des Berechtigten unterliegen (BGHZ 36, 56, 59; iE s dort). Berührungspunkte bestehen darüber hinaus zur **angemaßten Eigengeschäftsführung**, bei der dem Geschäftsherrn durch § 687 II die Entscheidung überlassen ist, ob er den Geschäftsführer nach den Regeln der GoA oder gemäß § 812 I 1 Alt 2 auf Herausgabe des durch die Geschäftsanmaßung Erlangten in Anspruch nehmen will. Davon hängt dann auch ab, ob er selbst gemäß §§ 687 II 2, 684 S 1 dem Geschäftsführer nach bereicherungsrechtlichen Grundsätzen haftet (ebenso: AnwK/*v Sachsen Gessaphe* § 812 Rn 75).

b) Tatbestandsmerkmale. aa) Eingriff („in sonstiger Weise"). Der Bereicherungsanspruch aus § 812 I 1 Alt 2 setzt einen **Eingriff** in die Rechtssphäre des Bereicherungsgläubigers voraus. Was genau darunter zu verstehen ist, ergibt sich aus § 812 I 1 Alt 2 nicht. Für eine tatbestandskonforme Definition des Begriffs ist zu unterscheiden zwischen dem eigentlichen Eingriffsakt, seiner Qualifizierung als unbefugt und seinem Objekt. 58

Als „Eingriff" iSd § 812 I 1 Alt 2 kommen **Handlungen des Bereicherten** oder eines **Dritten** (Schulbeispiel: Hausmeister verfeuert fremde Kohle zugunsten des Hauseigentümers) in Betracht, die sowohl in aktivem Tun als auch in Unterlassen (Dulden) bestehen können (BaRoth/*Wendehorst* § 812 Rn 70). Darin unterscheidet sich die Eingriffskondiktion von der Aufwendungskondiktion, bei der die Vermögensverschiebung durch eine Handlung des Entreicherten herbeigeführt wird (vgl Rn 66). Des Weiteren kann auch der Erwerb **kraft Gesetzes** (etwa gemäß §§ 946 ff, wenn die Verbindung, Vermischung oder Verarbeitung vom Bereicherten vorgenommen wird; sonst: Aufwendungskondiktion), **kraft Hoheitsaktes** (Auskehrung des Versteigerungserlöses in der Zwangsvollstreckung) oder durch einen **Naturvorgang** (Zufliegen eines Bienenschwarms) einen Eingriff ioS darstellen (ausführlich mit weiteren Bsp: Erman/*Westermann* § 812 Rn 67 ff). 59

Dass nur der **unbefugte** Eingriff zum Bereicherungsausgleich führen kann, liegt auf der Hand. Daraus ließe sich auf erste Sicht der Schluss ziehen, jeden rechtswidrigen Zugriff auf ein fremdes Rechtsgut als „rechtsgrundlos" und deshalb kondiktionsauslösend anzusehen. Dieser Ansatz der von Schulz (AcP 105, 09, 1 ff) begründeten und in der Folgezeit in verschiedenen Ausprägungen weiterentwickelten (insbesondere: *Kellmann* S 110 ff; *Kleinheyer* JZ 70, 471 ff; wN bei MüKo/*Lieb* § 812 Rn 240 ff) **Rechtswidrigkeitstheorie** greift bei näherer Betrachtung allerdings in zweifacher Hinsicht zu kurz: Er umfasst einerseits auch solche Eingriffe, die ungeachtet ihrer Rechtswidrigkeit schon deshalb nicht bereicherungsrechtlich relevant sein können, weil dem Berechtigten keine geldwerte Verwertungsmöglichkeit des betroffenen Rechtsguts genommen wird (iE Rn 62). Auf der anderen Seite lassen sich Fallkonstellationen denken, in denen ein Bereicherungsanspruch gegeben sein muss, obwohl der Rechtsverlust ohne ein rechtswidriges Zutun des Bereicherten herbeigeführt wurde, so etwa beim Einbau gestohlener Baumaterialien durch den Bauhandwerker in das Gebäude des Bauherrn, der sich dann gemäß §§ 951 I iVm § 812 I 1 Alt 2 der Eingriffskondiktion des ursprünglichen Eigentümers der Baumaterialien ausgesetzt sieht (vgl *Larenz/Canaris*, Schuldrecht II/2, § 69 I 1 b; iE zu den sog Einbaufällen: Rn 68 ff). 60

Vor diesem Hintergrund stellt nach heute hM jede im **Widerspruch zur rechtlichen Güterzuordnung** stehende Inanspruchnahme einer **fremden Rechtsposition mit ausschließlichem Zuweisungsgehalt** einen Eingriff iSd § 812 I 1 Alt 2 dar (BGHZ 107, 117, 120; 99, 385, 387; 82, 299, 306; grundlegend: *Willburg* S 27 ff; MüKo/*Lieb* § 812 Rn 248 ff; *Reuter/Martinek* S 245 ff, 248; Erman/*Westermann* § 812 Rn 65; *Medicus* Rn 709 ff; BaRoth/*Wendehorst* § 812 Rn 72; AnwK/*v Sachsen Gessaphe* § 812 Rn 80 mwN). Dieser Sichtweise immanent ist eine stärkere Hinwendung zum **Eingriffsobjekt**, wodurch bei näherer Betrachtung Elemente des Tatbestandsmerkmals „auf dessen Kosten" für die tatbestandskonforme Bestimmung eines Bereicherungsvorgangs „in sonstiger Weise" herangezogen werden. Vereinfacht lässt sich also sagen: Es kommt entscheidend darauf an, **worauf** der Zugriff des Bereicherungsschuldners gerichtet war, nicht **wie** er erfolgt ist. Der Bereicherungsausgleich findet statt, soweit der aus der Inanspruchnahme des betroffenen Rechtsguts resultierende **Vorteil** nach den Kriterien der allgemeinen Güterzuordnung dem Rechtsgutinhaber gebührt. Die gemäß § 812 I 2 Alt 1 bereicherungsrechtlich relevante Vermögensverschiebung ist also bei näherer Betrachtung das Ergebnis einer Beeinträchtigung der ausschließlich dem Rechtsgutinhaber zugewiesenen Befugnis, über die **kommerzielle Nutzung und Verwertung** einer ihm nach der rechtlichen Güterzuordnung zugewiesenen Rechtsposition entscheiden zu dürfen (BaRoth/*Wendehorst* § 812 Rn 73; AnwK/*v Sachsen Gessaphe* § 812 Rn 81 f, mwN). Anknüpfend an ein solcherart eingegrenztes Verständnis vom **„ausschließlichen Zuweisungsgehalt"** des betroffenen Rechtsgutes lassen sich trotz eines vor allem in dogmatischen Einzelheiten uneinheitlichen Meinungsbildes (ausführlich hierzu: MüKo/*Lieb* § 812 Rn 245 ff) alle wichtigen Kriterien für die Definition des Eingriffstatbestandes ableiten. 61

Nach obigen Grundsätzen muss der Bereicherungsschuldner eine dem Berechtigten zugewiesene **Nutzungs- oder Verwertungsmöglichkeit** okkupiert haben, die dieser ihm **gegen Entgelt** hätte gewähren können (BGHZ 101, 117, 120 f; MüKo/*Lieb* § 812 Rn 250; BaRoth/*Wendehorst* § 812 Rn 74; AnwK/*v Sachsen Gessaphe* § 812 Rn 82; *Medicus* Rn 713). Hierfür reicht es aus, dass die **abstrakte Möglichkeit** einer entgeltlichen Verwertung bestand; ob der Berechtigte die Möglichkeit tatsächlich genutzt hätte oder im konkreten Einzelfall überhaupt 62 hätte nutzen können, ist für die Entstehung eines Bereicherungsanspruchs nach allg M ohne Belang (BGH NJW 68, 197; München NJW-RR 96, 539; Hburg NJW-RR 99, 1204; AnwK/*v Sachsen Gessaphe* § 812 Rn 82; Erman/*Westermann* § 812 Rn 68; MüKo/*Lieb* § 812 Rn 250). Als taugliches Eingriffsobjekt kommen demnach in erster Linie alle durch § 823 I unmittelbar geschützten **absoluten Rechte und Rechtsgüter** in Betracht, namentlich das **Sacheigentum** mit den sich hieraus ergebenden Nutzungs, Verwertungs- und Anwartschaftsrechten (allg M; vgl statt aller: Erman/*Westermann* § 812 Rn 67 mit zahlreichen Beispielen und Nachweisen; zur Auflassungsvormerkung: BGHZ 99, 385, 387), des weiteren **Immaterialgüterrechte**, insbesondere Urheber,- Patent-, Gebrauchsmuster- und Markenrechte (iE hierzu: MüKo/*Lieb* § 812 Rn 254 ff; vgl zum Patent- und Gebrauchsmusterrecht: BGHZ 68, 90, 94f; zum Markenrecht: BGHZ 99, 244; GRUR 01, 1156, 1158). Auch Verletzungen **allgemeiner Persönlichkeitsrechte** können zur Eingriffskondiktion führen, soweit sie einer entgeltlichen Verwertung zugänglich sind (BGHZ 20, 346 – Recht am eigenen Bild; BGHZ 81, 75, 80ff – Namensrecht). Demgegenüber tangiert der Eingriff in den **eingerichteten und ausgeübten Gewerbebetrieb** keine kommerzialisierbaren Nutzungs- und Verwertungsrechte des Betriebsinhabers, so dass einer hierauf gestützten Eingriffskondiktion kein Erfolg beschieden sein sollte (BGHZ 107, 117, 121; 71, 86, 98; MüKo/*Lieb* § 812 Rn 260 mwN; aA: *Koppensteiner/Kramer* S 81 f; vgl. auch: Staud/*Lorenz* Vor § 812 Rn 72). Ebenfalls keine eigenständige Nutzungs- und Verwertungsfunktion hat der (nichtberechtigte) **Besitz**, wohl aber das dem Mieter oder Pächter kraft rechtsgeschäftlicher Vereinbarung überlassenen **Recht zum Besitz** (AnwK/*v Sachsen Gessaphe* § 812 Rn 83; BaRoth/*Wendehorst* § 812 Rn 75), soweit nicht die schuldrechtlichen Bestimmungen des Vertragsrechts vorgehen (hierzu: BGH NJW 87, 771, 772). Streitig ist, ob der Vermieter den durch eine unberechtigte **Untervermietung** erzielten Mietzins vom Mieter kondizieren kann. Der BGH hat dies mehrfach abgelehnt, weil dem Vermieter durch die unberechtigte Untervermietung kein eigenes verwertbares Recht genommen werde (BGH NJW 96, 838, 839; 64, 1853; ebenso Ddorf NJW-RR 94, 596; *Medicus* Rn 731; *Koppensteiner/Kramer* S 84). Dem dürfte mit der von Lieb (MüKo/*Lieb* § 812 Rn 266) zutreffend aufgezeigten Einschränkung zuzustimmen sein, dass bereits die Gestattung der Untervermietung ein entgeltfähiges Verwertungsrecht des Vermieters darstellen kann, dessen Inanspruchnahme der Mieter sich ggf durch einen höheren Mietzins erkaufen muss. Die sich hieraus uU ergebende Mietzinsdifferenz wird der Vermieter deshalb wohl gemäß § 812 I 1 Alt 2 kondizieren dürfen (ähnlich: Erman/*Westermann* § 812 Rn 71; vgl. für den Sonderfall einer Überlassung für öffentliche Zwecke: BGH NJW 02, 60, 61). **Wettbewerbsverstöße** stellen in aller Regel keinen Eingriff in den Zuweisungsgehalt dar, weil die Vorschriften des UWG keine entgeltfähigen Rechtspositionen, sondern bloße Erwerbs- und Verwertungschancen schützen (BGHZ 107, 121; vgl iE: Staud/*Lorenz* Vor § 812 Rn 70 f, mwN). Anders nur in den Fällen der §§ 17, 18 UWG, für die der BGH das Konstrukt einer Lizenzanalogie heranzieht (BGHZ 57, 116, 117; NJW 77, 1062, 1063; ebenso bspw: MüKo/*Lieb* § 812 Rn 257 ff; zum Meinungsstand: Staud/*Lorenz* Vor § 812 Rn 70 f).

63 bb) **Etwas auf Kosten eines anderen erlangt – Unmittelbarkeit.** Kondiktionsgegenstand ist wie bei § 812 I 1 Alt 1 das „erlangte Etwas" (vgl Rn 28 ff). Der erlangte Vorteil geht allerdings nur dann iSd § 812 I 1 Alt 2 „**auf Kosten**" des Bereicherungsgläubigers, wenn er **unmittelbar** aus dem unbefugten Eingriff in dessen geschützte Rechtsposition stammt (BGHZ 71, 86, 99; ähnlich: BGHZ 99, 385, 387 – Entreicherung und Bereicherung müssen auf „demselben historischen Vorgang" beruhen). Insbesondere der BGH hat gegen skeptische Stimmen in der Lit (MüKo/*Lieb* § 812 Rn 18 f; *Koppensteiner/Kramer* 86f; wohl auch AnwK/*v Sachsen Gessaphe* § 812 Rn 87) immer wieder die eigenständige Bedeutung des Kriteriums der **Unmittelbarkeit** betont, um die Parteien der Nichtleistungskondiktion festlegen und den Kondiktionsanspruch des Bereicherungsgläubigers auf dasjenige beschränken können, was der vermeintliche Bereicherungsschuldner tatsächlich aus dessen Vermögen (und nicht von einem Dritten) erlangt hat (BGHZ 94, 160, 165; vgl. auch: BGHZ 99, 385, 390; zuletzt: BGH BauR 02, 775, 779; eingehend zur Bedeutung des Unmittelbarkeitskriterium insbesondere BaRoth/*Wendehorst* § 812 Rn 78 ff, 98 ff). Daran ist richtig, dass der aus dem Eingriff resultierende Vorteil nicht notwendig dem Eingreifenden zufließt (Schulbeispiel: Der Hausmeister verfeuert versehentlich fremde Kohle; die durch den Eingriff bedingte Bereicherung tritt – unmittelbar – beim Hauseigentümer ein), so dass dem Unmittelbarkeitsgedanken bei der Ermittlung des Bereicherungsschuldners Bedeutung zukommen kann. Des Weiteren lässt sich mit seiner Hilfe die Kondition von sog **Reflexvorteilen** vermeiden, wie bspw entstehen können, wenn ein Unternehmer bei der behördlichen Genehmigung eines Produktes davon profitiert, dass ein anderer Unternehmer im Zusammenhang mit der Genehmigung eines ähnlichen Produkts den erforderlichen Forschungsaufwand bereits betrieben hat (BGHZ 107, 117, 118 ff; vgl auch: Karlsr NJW-RR 00, 1005, 1006 – Filmproduzent profitiert von der Schulung seiner Schauspieler durch einen Dritten; vgl auch BGH BauR 02, 775, 779).

64 cc) **Ohne rechtlichen Grund.** Die Erlangung eines Vermögensvorteil „durch Eingriff" ist zumeist schon deshalb **rechtsgrundlos**, weil sie tatbestandsmäßig nur im Widerspruch zur rechtlichen Güterzuordnung erfolgen kann (dazu Rn 61 f). Dabei darf allerdings nicht übersehen werden, dass sich ein Behaltensgrund aus anderen Gründen, insbesondere aus **gesetzlichen Bestimmungen** ergeben kann. In diesem Sinne kondiktionsfest ist deshalb der **gutgläubige** – wegen § 816 I 2 allerdings nur der entgeltliche – Erwerb vom Nichtberechtigten, wie sich bspw aus §§ 892 f, 932 ff, 1207, 1244, 2366 f BGB, 366 HGB ergibt (BaRoth/*Wendehorst*

§ 812 Rn 84; AnwK/*v Sachsen Gessaphe* § 812 Rn 89; vgl auch: Erman/*Westermann* § 812 Rn 80; Palandt/*Sprau* § 812 Rn 95 ff). Keinen eigenständigen Behaltensgrund liefern hingegen die Vorschriften in §§ 946 ff, wie § 951 I 1 zu entnehmen ist (zum Behaltensgrund des gutgläubigen Erwerbs in diesen Fällen s Rn 81f).

Bei der Verwertung schuldnerfremden Sachen durch **Zwangsvollstreckung** scheidet eine Kondiktion gegen den Ersteigerer aus, dem der Zuschlag nicht nur kraft Hoheitsaktes das Eigentum am Gegenstand der Versteigerung (vgl §§ 815, 817 ZPO; 90 ZVG), sondern auch einen Behaltensgrund verschafft. Demgegenüber kann der Vollstreckungsschuldner den ausgekehrten **Erlös** vom Vollstreckungsgläubiger mit der Eingriffskondiktion herausverlangen, weil seine materielle Berechtigung am verlorenen Eigentum sich am Versteigerungserlös fortsetzt, den der Vollstreckungsgläubiger mithin rechtsgrundlos (zu Eigentum) erlangt hat (hM: BGHZ 66, 150; Staud/*Lorenz* § 812 Rn 77; MüKo/*Lieb* § 812 Rn 269 f; zum Meinungsstand: Erman/*Westerman* § 812 Rn 74). 65

3. Aufwendungskondiktion. a) Grundgedanke und Anwendungsbereich. Im Unterschied zu den Tatbeständen der Eingriffskondiktion wird die kontiktionsauslösende Vermögensverschiebung bei der **Aufwendungskondiktion** nicht vom Bereicherten, sondern vom Entreicherten herbeigeführt (*Larenz/Canaris*, Schuldrecht II/2, § 69 III 1a). Sie ist dadurch gekennzeichnet, dass der Bereicherungsschuldner mit eigenen Mitteln **Verwendungen** auf eine Sache des Bereicherungsgläubigers macht, wobei als Verwendungen idS neben dem von § 951 I 1 umfassten **Materialverlust** auch sonstige Aufwendungen, etwa **vermögenswerte Arbeitsleistungen** in Betracht zu ziehen sind, soweit sie auf Seiten des Bereicherungsgläubigers zu einer Vermögensmehrung geführt haben (AnwK/*v Sachsen Gessaphe* § 812 Rn 100f). Darüber hinaus sind die für den Bereicherungsausgleich nach § 812 I 1 Alt 2 relevanten Aufwendungen von **Verwendungen iSd §§ 994 ff** zu unterscheiden, die nach – freilich bestrittener – Auffassung des BGH nur solche Vermögensaufwendungen umfassen sollen, die nicht zu einer grundlegenden Veränderung der Sache geführt haben (BGHZ 41, 157ff; zu den sich hieraus ergebenden Konkurrenzproblemen in den sog Einbaufällen s Rn 71 f). Die Abgrenzung zur **Leistungskondiktion** ergibt sich ohne weiteres aus der Anwendung des **normativen Leistungsbegriffs** (dazu Rn 22 ff). Der Anwendungsbereich der Aufwendungskondiktion endet folglich nach allgemeinen Grundsätzen dort, wo sich die Verwendungen als Leistung iSd § 812 erweisen (vgl Rn 54), ohne dass hierfür der von der Rspr insbesondere für den Bereicherungsausgleich in Mehrpersonenverhältnissen herangezogene Subsidiaritätsgrundsatz bemüht werden muss (dazu iE Rn 80 ff). Die Aufwendungskondiktion greift deshalb nicht, soweit der **Nichtbesitzer** oder der (unrechtmäßige) **Fremdbesitzer** Aufwendungen im Hinblick auf einen (vermeintlich) bestehenden Vertrag tätigen. Demgegenüber erbringt der (unrechtmäßige, auch der bösgläubige) **Eigenbesitzer** schon denknotwendig keine Leistung, weil er sich den deshalb allenfalls gemäß § 812 I 1 Alt 2 kondizierbaren Vermögensvorteil selbst zuwendet (MüKo/*Lieb* § 812 Rn 303; *Medicus* Rn 892 f; AnwK/*v Sachsen Gessaphe* § 812 Rn 98). Soweit – bei bestehendem Vertragsverhältnis – die schuldrechtlichen Bestimmungen des **Leistungsstörungsrechts** Regelungen zum Aufwendungsausgleich enthalten (bspw in §§ 536 a II, 637), bleibt für Kondiktionsansprüche bereits nach allgemeinen Grundsätzen kein Raum (hierzu iE Rn 19). 66

Der gesetzlich nicht normierte Typus des Aufwendungskondiktion begegnet dem Rechtsanwender außerhalb des unmittelbaren Anwendungsbereichs von § 812 I 1 Alt 2 insbesondere in der Vorschrift **§ 951 I 1**, die eine **Rechtsgrundverweisung** auf die Bestimmungen des Bereicherungsrecht enthält (BGHZ 40, 272, 276; 35, 356, 359). An deren tatbestandlichen Voraussetzungen führt in der Praxis idR allerdings dennoch kein Weg vorbei, weil es in den bereicherungsrechtlich relevanten Einbaufällen zumeist nicht nur um den von § 951 I 1 umfassten Materialaufwand (BGH WM 66, 369, 370; *Medicus* Rn 898), sondern auch um **frustrierte Arbeitsleistungen** geht (dazu iE unten Rn 71). Eine ebenfalls wichtige Verweisungsnorm ist **§ 684 S 1**, die hinsichtlich der hier interessierenden Aufwendungslagen durch die in §§ 539 I, 601 II und 994 II niedergelegten Verweisungen auf die Vorschriften der GoA zur Anwendung gelangen kann und über § 687 II 2 auch für die **angemaßte Eigengeschäftsführung** gilt, sofern der Geschäftsherr für eine GoA-Lösung optiert (hierzu Rn 57). Allen diesen mittelbar zu Kondiktionstatbeständen deklarierten Verwendungsersatzansprüchen ist gemein, dass sie an eine den Tatbestand des § 812 I 1 Alt 2 ausfüllende Rechtsgrundlosigkeit der erstattungspflichtigen Aufwendungen geknüpft sind, so dass in aller Regel offen bleiben kann, ob es sich bei § 684 S 1 um eine Rechtsgrundverweisung oder um eine Rechtsfolgeverweisung handelt (zum Meinungsstand s Rn 38), zumal die ausschließlich die Tatbestände der Leistungskondiktion betreffenden Kondiktionssperren aus §§ 814, 815, 817 S 2 (s dort) in keinem Fall greifen (zum Ganzen: BaRoth/*Wendehorst* § 812 Rn 90; AnwK/*v Sachsen Gessaphe* § 812 Rn 96). Schließlich ist auf § 347 II 2 hinzuweisen, der für den Ersatzanspruch des Rückgewährschuldners für andere als notwendige Verwendungen ebenfalls auf die Bereicherung des Gläubigers abstellt (Rechtsfolgenverweisung – AnwK/*v Sachsen Gessaphe* § 812 Rn 97). 67

b) Sonderproblem: Bauen auf fremden Grund (Einbaufälle). aa) Grundlagen. Besonders umstritten ist die monetäre Abwicklung von **rechtsgrundlos erbrachten Bauarbeiten auf fremdem Boden**. Das überrascht nicht angesichts der Vielfalt der in Betracht zu ziehenden Erscheinungsformen solcher fremdnützigen Bautätigkeiten im Spannungsfeld zwischen Bereicherungsausgleich, Geschäftsführung ohne Auftrag (GoA – §§ 677 ff) und den Regeln zum Eigentümer-Besitzer-Verhältnis (EBV – §§ 987 ff). Deshalb erfordert abseits 68 der gesondert zu erörternden Probleme bei Mehrpersonenverhältnissen (hierzu Rn 76 ff, 82 ff) bereits die rechtlichen Beurteilung bauleistungsbezogener Rechtsbeziehungen in Zweipersonenverhältnissen eine differenzierte Betrachtungsweise.

69 Eine erste Gruppe von Fallkonstellationen betrifft echte **Bauleistungen**, die zumeist der Unternehmer für den Grundstückseigentümer/Bauherrn erbringt. Dann geht es nicht um Verwendungen, sondern um Leistungen, die bei fehlender vertraglicher Grundlage nach den Regeln der (berechtigten) **GoA** (so die Rspr: BGH NJW 00, 72 mwN; 00, 1560, 1562; 93, 3196), sonst mit Hilfe der **Leistungskondiktion** rückabzuwickeln sind (so die hL: S *Lorenz*, NJW 96, 883ff; Staud/*Lorenz* Vor §§ 812 ff Rn 45; AnwK/*v Sachsen Gessaphe* § 812 Rn 26; MüKo/*Seiler* § 677, Rn 48; *Reuter/Martinek*, S 709; *Medicus*, Bürgerliches Recht Rn 411 f; *Larenz/Canaris*, Schuldrecht II/2 § 74 III 2; vgl zum Ganzen Rn 38).

70 Anders, wenn der **Besitzer** Baumaßnahmen auf dem Grundstück des Eigentümers vornimmt. Insoweit ist zu unterscheiden: Aufwendungen des (unrechtmäßigen) **Fremdbesitzers** auf die für ihn fremde Sache unterliegen der **Leistungskondiktion**, soweit sie zwecks Erfüllung einer vermeintlich bestehenden vertraglichen Verbindlichkeit erbracht werden (Beispiel: Umbaumaßnahmen des Mieters an der Mietwohnung; iE hierzu und zur Konkurrenz zwischen Leistungskondiktion und EBV: Rn 40). Erbringt der Fremdbesitzer diese Bauleistungen hingegen bewusst vertragslos in der vom Eigentümer gebilligten, letztlich dann aber frustrierten Erwartung, Eigentümer des Grundstückes (etwa im Wege der Erbfolge) zu werden, so hängt die Kondiktionsform davon ab, ob man die Zuwendungen als (zu dem Zweck der Erlangung des Eigentums erbrachte) Leistung oder als Verwendung ansieht. Im erstgenannten Fall käme (ausschließlich!) die *condictio ob rem* in Betracht; andernfalls wäre mit Hilfe der **Verwendungskondiktion** gemäß §§ 951 I 1, 812 I 1 Alt 2 zu lösen. Richtig und praxisgerecht ist – das Bestehen einer rechtsgeschäftlichen Zweckabrede vorausgesetzt (dazu Rn 45) – der Weg über die **Zweckverfehlungskondiktion** (iE mN: Rn 47 f).

71 **bb) Kondiktionssperre aus §§ 994 ff.** Bleiben für die Aufwendungskondiktion also nur die Fälle, in denen der (unrechtmäßige) **Fremdbesitzer** ohne rechtsgeschäftlichen Vertrags- oder Zweckbezug, sonst der (unrechtmäßige) **Eigenbesitzer** Baumaßnahmen auf einem fremden Grundstück ausführt (vgl auch Rn 66). Das wirft dann allerdings die Frage nach der seit langem streitigen **Konkurrenz** zu den ebenfalls den Verwendungsersatz betreffenden Bestimmungen in §§ 994 ff auf, die zumeist mit Blick auf die Verwendungskondiktion ieS aus § 951 I 1 diskutiert wird (zum Meinungsstand: *Medicus* Rn 895 ff mwN). Im Grunde gilt hier nichts anderes als für das Verhältnis zwischen der Leistungskondiktion und §§ 994 ff (hierzu: Rn 40): Folgt man der Rspr des BGH, wonach die **Sperrwirkung der §§ 994 ff** auch solche Aufwendungen des unrechtmäßigen Besitzers erfasst, die vom Boden des engen Verwendungsbegriffs keine Verwendungen iSd § 994 ff sind, weil sie zu einer grundlegenden Veränderung der Sache geführt haben (grundl BGHZ 41,157, 160; ebenso: BGHZ 87, 296, 301; 131, 220, 222 f; anders noch BGHZ 10, 171 ff: Kondiktion einer sachverändernden Bebauung zulässig), so bleibt für die Aufwendungskondiktion in den hier interessierenden Fällen fast kein Raum (Ausnahme: **Exzessverwendungen** des berechtigten Besitzers – vgl BGHZ 23, 61 ff). Im Ergebnis ist der **unredliche Besitzer** dann auf sein Wegnahmerecht aus § 997 und – wegen §§ 994 II, 996 – auf Ersatzansprüche aus GoA nur für notwendige Verwendungen beschränkt, zu denen die hier in Rede stehenden Bauleistungen nach Auffassung des BGH gerade nicht gehören. Genau darum geht es: Der Eigentümer soll davor geschützt werden, die oft erheblichen Geldmittel für die Bezahlung sachverändernder Baumaßnahmen des bösgläubigen Besitzers aufbringen zu müssen, um seinen Vindikationsanspruch durchsetzen zu können – § 1000. Dem lässt sich freilich entgegenhalten, dass auf diese Weise der nichtbesitzende Verwender ohne erkennbaren sachlichen Grund schlechter gestellt wird, als der besitzende (*Medicus* Rn 897; AnwK/*v Sachsen Gessaphe* § 812 Rn 99). Im Übrigen wird man § 951 II 1 die gesetzgeberische Vorgabe entnehmen müssen, dass jedenfalls der bereicherungsrechtliche Verwendungsersatzanspruch aus § 951 I 1 neben den Regelungen des EBV anwendbar sein muss (Medicus Rn 897; AnwK/*v Sachsen Gessaphe* § 812 Rn 99; BaRoth/*Wendehorst* § 812 Rn 88; aA: Staud/*Gursky* Vor § 994 Rn 43). Vor diesem Hintergrund erscheint es richtig und gesetzeskonform, Ansprüche aus § 951 I 1 **neben** denen aus §§ 994 ff zuzulassen (ebenso: *Medicus* Rn 897; Staud/*Lorenz* Vor § 812 Rn 43; AnwK/*v Sachsen Gessaphe* § 812 Rn 99; *Koppensteiner/Kramer* S 205 ff; vgl insbesondere auch *Canaris* JZ 96, 344, 346 ff), was zur Vermeidung unüberbrückbarer Widersprüche dann aber außerhalb des durch § 951 I 1 gewährleisteten Verwendungsersatzes für **Materialaufwand** auch für **Arbeitsaufwand** und sonstige Aufwendungen gelten muss, die der Besitzer in unmittelbarer Anwendung des § 812 I 1 Alt 2 ersetzt verlangen kann (ebenso: *Medicus* Rn 897; AnwK/*v Sachsen Gessaphe* § 812 Rn 99; aA bspw: BaRoth/*Wendehorst* § 812 Rn 88 mwN).

72 **cc) Schutz gegen aufgedrängte Bereicherungen.** In rechtlicher Konsequenz führt die hier befürwortete **Anspruchskonkurrenz** zwischen §§ 951 I 1, 812 I 1 Alt 2 und §§ 994 ff allerdings zu dem insoweit wenig willkommenen Ergebnis, dass der Eigentümer den durch §§ 994 ff gewährleisteten Schutz vor einer übermäßigen Inanspruchnahme durch den Besitzer verliert, der überdies den Vindikationsanspruch des Eigentümers mit Hilfe seines verwendungsbedingten Kondiktionsanspruchs abwehren kann (§ 273). Der Eigentümer wäre also gezwungen, selbst unerwünschte Bauleistungen zu bezahlen, um sein Grundstück zurückzubekommen. Aus Sicht des BGH stellt sich dieses Problem nur bei **Exzessverwendungen** des **rechtmäßigen** Besitzers (s.o.

Rn 71). Er hat für diese Fälle die Lösung über § 1001 S 2 gesucht und den Eigentümer von bereicherungsrechtlichen Verwendungsersatzansprüchen des Besitzers freigestellt, wenn er diesem die Möglichkeit einräumt, die unerwünschte Bauleistung zu beseitigen (BGHZ 23, 61ff). Das ist indes nicht nur wirtschaftlich wenig sinnvoll, sondern angesichts des Rückgriffs auf eine Vorschrift zum EBV außerhalb des Regelungsbereichs der §§ 989 ff auch dogmatisch bedenklich. Im Übrigen ist der Eigentümer ohnehin nicht schutzlos. Erweist sich nämlich die Verwendung zugleich als **Eigentumsverletzung**, kann er den sich solcherart aus §§ 1004; 823 I, 989, 990 iVm § 249 ergebenden Beseitigungsanspruch der Verwendungskondition des Besitzers als **dauernde Einrede** entgegenhalten (§ 813 greift nicht, s dort), so dass diesem im Ergebnis nur die Wegnahme bleibt (ebenso: *Medicus* Rn 899). Das ist freilich mangels zwingender Verknüpfung zwischen Verwendung und Eigentumsverletzung nicht immer der Fall (hierzu: *Medicus* Rn 899) und beseitigt im Übrigen nicht das Problem, dass der Eigentümer vorbehaltlich der wohl nur selten eingreifenden Kondiktionssperre aus § 819 I nur gegen Bezahlung des unerwünschten Aufwandes vindizieren kann.

Die Lit versucht dem Eigentümer mit unterschiedlichen Ansatzpunkten über eine Beschränkung des **Umfangs des Bereicherungsanspruchs** zu einem angemessenen Schutz gegen solcherart **aufgedrängte Bereicherungen** zu verhelfen (ausführlich zum Meinungsstand: MüKo/*Lieb* § 812 Rn 307 ff mwN). Im Zentrum der Diskussion steht dabei der in § 818 III verankerte Rechtsgedanke, dass der Bereicherungsschuldner über die tatsächlich wertmäßig vorhandene Bereicherung hinaus nichts von seinem sonstigen Vermögen hergeben muss (s § 818 Rn 18). Diese Privilegierung des Bereicherungsschuldners wäre faktisch außer Kraft gesetzt, wenn er von ihm nicht veranlasste und weiterhin unerwünschte Aufwendungen des Besitzers voll bezahlen müsste. Vor diesem Hintergrund ist es gerechtfertigt, den gemäß § 818 II grds objektiv zu bestimmenden Wert des Erlangten nach **subjektiven Maßstäben** zunächst auf das zu beschränken, was der Bereicherungsschuldner sich **wirklich zunutze** macht, sei es durch Ingebrauchnahme oder durch kommerzielle Verwertung (MüKo/*Lieb* § 812 Rn 313 f mwN; AnwK/*v Sachsen Gessaphe* § 812 Rn 106; *Koppensteiner/Kramer* S 171 ff; Erman/*Westermann* § 814 Rn 6). Dann müsste der Bereicherungsgläubiger mit der Geltendmachung seines Kondiktionsanspruches allerdings warten, bis der Bereicherungsschuldner/Eigentümer die ihm zugeflossenen Nutzungsvorteile **tatsächlich realisiert**. Das erscheint wenig praktikabel und erzwingt deshalb nach zutreffender Auffassung letztlich eine **normative** Betrachtungsweise, die den bereits mit der rechtsgrundlosen Vermögensverschiebung entstanden Wertersatzanspruch des Bereicherungsgläubigers auf solche Wertsteigerungen erstreckt, die der Bereicherungsschuldner sich nach den Umständen **künftig** zunutze gemacht hätte oder unter **Zumutbarkeitsgesichtspunkten** zunutze machen müsste (so überzeugend: MüKo/*Lieb* § 812 Rn 316; II ebenso: AnwK/*v Sachsen Gessaphe* § 812 Rn 107; noch weitergehend – Obliegenheit: *Larenz/Canaris*, Schuldrecht II/2, § 72 IV 3d). Allerdings darf der Bereicherungsanspruch betragsmäßig den **Wert der tatsächlich vom Bereicherungsgläubiger erbrachten Aufwendungen** nicht übersteigen (BGH NJW 99, 1626, 1630; MüKo/*Lieb* § 812 Rn 317 mwN; aA: *Reuter/Martinek* S 548 f).

c) Tatbestand und Rechtsfolgen. Abseits der vorerörterten Anwendungsprobleme bestehen hinsichtlich der **tatbestandlichen Voraussetzungen** der Aufwendungskondition keine Besonderheiten gegenüber der allgemeinen Eingriffskondition. Auf die dortigen Ausführungen wird verwiesen (Rn 58–66).

Auf der Rechtsfolgenseite der Aufwendungskondition ist zu berücksichtigen, dass die Verwendungen nur selten *in natura* (§ 818 I) herausgegeben werden können. Deshalb kommt regelmäßig nur ein **Wertersatzanspruch** nach § 812 II in Betracht, der beim **Bau auf fremdem Boden** nach hM nicht etwa dem Wert der Verwendungen (Material und Arbeitsaufwand) entspricht, sondern vielmehr in der durch die Verwendungen eingetretenen **Verkehrswertsteigerung** des Grundstücks besteht (BGHZ 17, 236, 241; NJW 62, 2293; WM 66, 369, 370f; Kobl NJW 90, 126; Staud/*Lorenz* § 818 Rn 26; MüKo/*Lieb* § 818 Rn 55, jeweils mwN; aA: Staud/*Gursky* § 951 Rn 24).

III. Der Bereicherungsausgleich in Mehrpersonenverhältnissen. 1. Einleitung. Der Bereicherungsausgleich in Mehrpersonenverhältnissen gehört zu den schwierigsten, jedenfalls zu den unübersichtlichsten Problemfeldern, die das allgemeine Zivilrecht für den Rechtsanwender bereithält. Das hat zu einer bis in kleinste Verästelungen reichenden Diversifizierung der Meinungen in einer nicht unerheblichen Anzahl von dogmatischen Streitpunkten geführt, die eher geeignet ist zu vernebeln, was es zu erhellen gilt und sich in einer – wie der BGH selbst bekennt (zuletzt BGH NJW 04, 1169) – stark von den Besonderheiten des jeweiligen Einzelfalles geprägten, deshalb zuweilen etwas konturlosen Rspr abbildet (krit hierzu insbes: *Hadding* WuB, S 187). Gleichwohl steht am Ende all dieser Bemühungen ein erstaunlich hohes Maß an Übereinstimmung in den gefundenen Ergebnissen, was wiederum auf einen nicht zuletzt vom BGH in dem sog „Anweisungsfällen" (s.u. Rn 85 ff) vorangetriebenen Grundkonsens hinsichtlich der für die rechtliche Beurteilung des Bereicherungsausgleichs in Mehrpersonenverhältnissen wichtigen Wertungsentscheidungen zurückzuführen sein dürfte. Die folgenden Ausführungen verzichten deshalb auf eine – auch nur anthologische – Darstellung des Meinungsbildes, das stattdessen als Fundament für die Erarbeitung zuverlässiger Entscheidungsgrundsätze aus den praktisch relevanten Fallkonstellationen dienen soll.

2. Allgemeine Grundsätze. a) Durchgriffsverbot. Am Anfang aller Erwägungen für eine geordnete Rückabwicklung rechtsgrundloser Zuwendungen in Mehrpersonenverhältnissen steht das historisch aus dem Verbot der **Versionsklage** entwickelte **Durchgriffsverbot**. Es besagt, dass der Bereicherungsgläubiger sich mit seinem Kondiktionsanspruch an denjenigen halten muss, dem der durch den Bereicherungsvorgang aus seinem Vermögen herausgelöste Kondiktionsgegenstand zugeflossen ist und nicht auf das Vermögen anderer Personen zurückgreifen darf, die lediglich **mittelbar** von der kondiktionsauslösenden Vermögensverschiebung profitiert haben (vgl: AnwK/*v Sachsen Gessaphe* § 812 Rn 127). Sichtbar wird dieser Grundsatz insbes in der Vorschrift des § 822, die dem Bereicherungsgläubiger nur dann den Zugriff auf das Vermögen des begünstigten Zweiterwerbers ermöglicht, wenn er mit seinem Kondiktionsanspruch gegen den Ersterwerber ausfällt, weil dieser den Kondiktionsgegenstand an jenen **unentgeltlich** weitergegeben hat (vgl hierzu: § 822 Rn 2 ff). Der Durchgriff auf das Vermögen des Zweiterwerbers ist also die **Ausnahme** von der Regel, dass sich der Bereicherungsgläubiger an den unmittelbar begünstigten Ersterwerber halten muss (ebenso: Palandt/*Sprau* § 812 Rn 43). Die solcherart im Übrigen auch durch § 816 I gesetzlich verankerte **Schwäche des unentgeltlichen Erwerbs** als nicht kondiktionsfest (s § 816 Rn 2) stellt im Zusammenspiel mit den Vorschriften zum **gutgläubigen Erwerb vom Nichtberechtigten** (§§ 932 ff; 366 I HGB) wiederum ein wichtiges Kriterium für die bereicherungsrechtliche Zuordnung von Vermögensverschiebungen in Mehrpersonenverhältnissen dar, auf das insbes im Zusammenhang mit den sog **Einbaufällen** zurückzukommen sein wird (Rn 82 ff).

78 **b) Leistungsbegriff.** Für den Bereicherungsausgleich in **mehrgliedrigen Leistungsverhältnissen** führt das Prinzip des Durchgriffsverbots zu der Erkenntnis, dass der Bereicherungsausgleich grds iRd **bestehenden Leistungsbeziehungen** stattzufinden hat. Das gilt nicht nur für die sog **„Leistungskette"** (A verkauft und liefert an B, der an C weiterveräußert), sondern betrifft auch die sog **„Anweisungsfälle"** (dazu Rn 85 ff). Zwischen welchen Beteiligten dann solche Leistungsbeziehungen bestehen, lässt sich nach hiesigem Begriffsverständnis zumeist mit Hilfe des **normativen Leistungsbegriffs** beantworten (hierzu iE Rn 22 ff); nur in besonders gelagerten Problemfällen wird auf insbesondere von *Canaris* (FS Larenz 799ff, 857ff und *Larenz*/*Canaris* II/2 § 70 VI 2, 248f) herausgearbeitete, dem Leistungsbegriff im Übrigen weitgehend inhärente **Wertungskriterien** abzustellen sein (iE Rn 23, 27 aE), die mit Blick auf die hierauf im folgenden aufbauenden Ausführungen an dieser Stelle noch einmal genannt seien:
- Jeder Partei müssen ihre **Einwendungen** gegen die andere Partei des fehlerhaften Kausalverhältnisses erhalten bleiben;
- keine Partei darf Einwendungen ausgesetzt sein, die ihr Vertragspartner aus Rechtsbeziehungen zu Dritten ableitet (**exceptio ex iure tertii**);
- Jede Partei darf nur das **Risiko der Zahlungsunfähigkeit** desjenigen tragen, den sie sich selbst als (Vertrags-)Partner ausgesucht hat.

79 **c) Unmittelbarkeitsgrundsatz.** Im Bereich der **Eingriffskondiktionen** findet das Druchgriffsverbot seine Ausprägung im **Unmittelbarkeitsgrundsatz**, mit dessen Hilfe kondiktionsfeindliche **Reflexvorteile** Dritter vom bereicherungsrechtlichen relevanten Vermögenserwerb des eingreifenden Bereicherungsschuldners abgegrenzt werden können. Darüber hinaus lassen sich aus dem Unmittelbarkeitskriterium erhellende Rückschlüsse auf die **Person des Bereicherungsschuldners** ziehen, wenn der Vermögensvorteil überhaupt nicht beim Eingreifenden, sondern bei einem Dritten eintritt (zum Ganzen: Rn 63).

d) Schutz des gutgläubigen Erwerbers – Unerheblichkeit des Subsidiaritätsgrundsatzes. aa) Ausgangs-
80 **lage.** Erweist sich die Leistung (des Nichtberechtigten) zugleich als Eingriff in die Rechtssphäre eines anderen (des Berechtigten), so stellt sich vordergründig die Frage nach dem **Verhältnis zwischen Leistungs- und Eingriffskondiktion**, die vor allem der BGH mit dem **Subsidiaritätsgrundsatz** zunächst dahin beantwortet hat, dass der Leistungskondiktion generell der Vorrang vor der Eingriffskondiktion gebühre: Die Nichtleistungskondiktion des beeinträchtigten Berechtigten soll nur dann greifen, wenn der Bereicherungsgegenstand dem Empfänger überhaupt nicht, also von niemandem geleistet wurde (BGHZ 40, 272, 278). Im Anschluss an die mit diesem Grundsatz zu vereinbarende **Jungbullenentscheidung** (BGHZ 55, 176, s.u. Rn 82) hat der BGH seine Subsidiaritätshypothese zwar dahin relativiert, dass nur derjenige, der selbst etwas geleistet habe, bereicherungsrechtlich mit der Leistungskondiktion gegen seinen Vertragspartner vorgehen müsse und mit der Geltendmachung der Eingriffskondiktion gegen den neuen Eigentümer ausgeschlossen sei (BGHZ 56, 228ff; NJW 99, 1393, 1394; zuletzt: NJW 05, 60f). Die folgenden Untersuchungen werden indes zeigen, dass es dieses dogmatisch in beiden Erscheinungsformen kaum zu rechtfertigenden Grundsatzes (hierzu eingehend: MüKo/*Lieb* § 812 Rn 278 ff mwN) nicht bedarf. Vielmehr kann und muss der Bereicherungsausgleich auch bei Zusammentreffen von Eingriff und Leistung nach allgemeinen Grundsätzen in einer verständiger Anwendung der soeben skizzierten **Wertungsprinzipien** (Rn 77–79) erfolgen (vgl zur Unbehelflichkeit des Subsidiaritätsgrundsatzes: MüKo/*Lieb* § 812 Rn 24, 278 ff; AnwK/*v Sachsen Gessaphe* § 812 Rn 184 ff, jeweils mwN aus der Lit). Als besonders bedeutsam erweist sich dabei das Grundprinzip der **Rechtsbeständigkeit des gutgläubigen entgeltlichen Erwerbs** (dazu iE Rn 82 f).

81 **bb) Grundfall – rechtsgeschäftlicher Erwerb vom Nichtberechtigten.** Die bereicherungsrechtlich relevanten Zusammenhänge beim Aufeinandertreffen von Leistung und Eingriff lassen sich exemplarisch an einem simplen Fall verdeutlichen: A übereignet ihm von B unter Eigentumsvorbehalt gelieferte Ware vorbehaltlos

an den gutgläubigen Käufer C. Dann erwirbt C zu Lasten des vormals Berechtigten B kraft Gesetzes gemäß §§ 929, 932 I 1 das **Eigentum**. Einer **(Direkt-) Kondiktion** des B gegen C steht § 816 I 1 im Wege, wonach B sich bereicherungsrechtlich an A halten muss, von dem er den Verkaufserlös herausverlangen kann (iE hierzu: § 816 Rn 22). Dogmatischer Hintergrund hierfür ist: Der durch §§ 932 ff, 366 HGB privilegierte **gutgläubige Erwerber** soll nicht nach bereicherungsrechtlichen Grundsätzen das herausgeben müssen, was der Alteigentümer nach den Grundprinzipien des Gutglaubensschutzes nicht vindizieren kann (ausführlich zum Normzweck des § 816: MüKo/*Lieb*, § 816 Rn 2 ff., mwN). Der gutgläubige Erwerb schafft bereicherungsrechtlich also kraft gesetzlicher Wertung einen **Behaltensgrund**, soweit er **entgeltlich** ist (MüKo/*Lieb* § 812 Rn 282; AnwK/*v Sachsen Gessaphe* § 812 Rn 188). An alledem ändert sich nichts, wenn der Kaufvertrag **unwirksam** ist und A von C gemäß § 812 I 1 Alt 1 kondizieren kann (so zutreffend die in diesem Zusammenhang herrschende **Doppelkondiktionslehre**; iE hierzu: § 816 Rn 16; vgl zum Meinungsstand schon jetzt: MüKo/*Lieb* § 816 Rn 40 f). Probleme wirft dann allenfalls die Beantwortung der Frage auf, worin genau der Kondiktionsanspruch des A gegen C (Stichwort: Rückerwerb des Nichtberechtigten) und vor allem der des B gegen A aus § 816 I 1 bestehen (iE § 816 Rn 16; vgl zur vergleichbaren Situation beim Doppelmangel: Rn 90; eingehend hierzu: Erman/*Westermann* § 816 Rn 11). War C hingegen **bösgläubig** und die Verfügung A/C deshalb unwirksam (932 I 1), so kommt eine dann allenfalls den (mittelbaren) Besitz betreffende Eingriffskondiktion des B gegen C in Ermangelung eines tauglichen Eingriffsobjektes (vgl Rn 62) schon tatbestandlich nicht in Betracht. Die Frage nach der Subsidiarität der Eingriffskondiktion stellt sich in diesen Fällen also nicht.

cc) Rechtserwerb gemäß §§ 946 ff – Verarbeitungs- und Einbaufälle. Etwas anders liegen die Dinge, wenn 82 der Berechtigte sein Eigentum nicht gemäß §§ 932 ff, 366 HGB durch eine rechtsgeschäftliche Verfügung des Nichtberechtigten, sondern erst kraft Gesetzes gemäß §§ 946 ff durch **Verbindung, Vermischung oder Verarbeitung** an den Erwerber verliert. Die Rechtslage wird deutlich an den viel diskutierten **Einbaufällen** (eingehend zum Meinungsstand: MüKo/*Lieb* § 812 Rn 270 ff): Bauunternehmer A baut ihm von Baustoffhändler B unter Eigentumsvorbehalt geliefertes Baumaterial in das Gebäude des gutgläubigen Grundstückseigentümers C ein. Hier hat C im Unterschied zum soeben erörterten Fall (Rn 81) sein Eigentum nicht durch eine rechtsgeschäftliche Verfügung des A, sondern durch Verbindung gemäß § 946 **kraft Gesetzes** erworben. § 816 I 1 greift also nicht, so dass eigentlich der Weg für eine **Direktkondiktion** des B aus §§ 951 I 1, 812 I 1 Alt 2 gegen den eingreifenden Erwerber C frei wäre. Vordergründig scheint die sich auf diese Weise ergebende **Rechtsfortwirkung des Vindikationsanspruches** (grundlegend zur Funktion der Eingriffskondiktion: *Wilburg* S 73 ff; vgl. auch MüKo/*Lieb* § 812 Rn 279) des Alteigentümers vom Gesetz erzwungen. Denn § 951 I 1 ordnet ja gerade an, dass der Eigentumserwerb gemäß §§ 946 ff – anders als beim gutgläubigen Erwerb nach §§ 932 ff – keinen Behaltensgrund für den Erwerber schafft und deshalb nicht kondiktionsfest ist (AnwK/*v Sachsen Gessaphe* § 812 Rn 194). Damit wäre dann allerdings für den hier interessierenden Erwerb „übers Dreieck" das Grundprinzip der **Rechtsbeständigkeit des gutgläubigen Erwerbs** faktisch ausgehebelt: B könnte von C nach bereicherungsrechtlichen Grundsätzen etwas, nämlich das verlorene Eigentum, herausverlangen, was er im Falle einer **rechtsgeschäftlichen Übertragung** des Eigentums am Baumaterial beim Nichtberechtigten A weder hätte vindizieren, noch kondizieren können (vgl Rn 81). Ein sachlicher Grund für eine solche Differenzierung bei gleicher Interessenlage findet sich nicht. Deshalb ist es richtig und geboten, den Kondiktionsanspruch des Alteigentümers aus § 951 I 1 nach den gleichen Kriterien zu beurteilen, wie sie sich für den rechtsgeschäftlichen Erwerb aus §§ 816, 932 ff ergeben (iErg ebenso: Staud/*Lorenz* § 812 Rn 62 f; MüKo/*Lieb* § 812 Rn 283 aE – Analogie; AnwK/*v Sachsen Gessaphe* § 812 Rn 195 – Parallelwertung; *Medicus* Rn 729 f). Das bedeutet: Die Nichtleistungskondiktion des Alteigentümers gegen den Erwerber ist ausgeschlossen, soweit dieser sich in entspr Anwendung der durch §§ 816, 932 ff manifestierten Wertungen auf einen **Behaltensgrund** berufen darf. Das ist dann **nicht** der Fall, wenn er **bösgläubig** (§ 932 I 1) oder die Sache dem Alteigentümer **abhanden gekommen** war (§ 935). Dementsprechend hat der BGH gegen § 950 wirksamen Erwerb von Eigentum an gestohlenen Gegenständen unter Nichtanwendung des Subsidiaritätsgrundsatz (dazu oben Rn 80) angewendet, sondern die **Direktkondiktion** des Alteigentümers gegen den Erwerber gemäß §§ 951 I 1, 812 I 1 Alt 2, 818 II mit der Begründung zugelassen, dass sich der Erwerber gegenüber dem vormaligen Eigentümer (nur) wegen § 935 nicht auf einen Behaltensgrund berufen könne (BGHZ 55, 176 – **Jungbullenfall**). Im Ausgangsfall kann der **gutgläubige** C demgegenüber den Kondiktionsanspruch des B abwehren, der sich stattdessen an A halten muss. Mit der Anwendung dieser Kriterien ist die Entscheidung gefallen, ob der Alteigentümer direkt beim entgeltlichen Erwerber kondizieren kann oder ob der Bereicherungsausgleich „über Eck" zu erfolgen hat. Sie hat unabhängig davon Bestand, ob der Zwischenmann bei Unwirksamkeit des Kausalgeschäfts seinerseits beim Erwerber kondizieren kann. Mit einer vermeintlich **originären Subsidiarität** der Nichtleistungskondiktion hat das alles nichts zu tun.

dd) Ausnahme: Unentgeltlichkeit. § 816 I 2 bestimmt, dass der ehemals Berechtigte direkt beim gutgläubi- 83 gen Erwerber kondizieren darf, wenn der Nichtberechtigte **unentgeltlich** (wirksam – § 932 I) über sein Eigentum verfügt hat (zum Normzweck vgl § 816 Rn 12 ff). Damit ist der Behaltensgrund des gutgläubigen Erwerbs für diese Fälle **außer Kraft gesetzt**. Ähnliches gilt für die Vorschrift des § 822, die dem Alteigentümer die Direktkondiktion beim **unentgeltlichen Zweiterwerber** gestattet, wenn er mit seinem Kondiktionsanspruch gegen **den dinglich berechtigt Verfügenden** ausfällt, weil dieser nicht der verschärften Haftung gemäß § 818 IV, 819 unterliegt und sich wegen der unentgeltlichen Weitergabe des Bereicherungsgegenstandes gemäß § 818 III auf den Wegfall der Bereicherung berufen kann (iE hierzu und zum Verhältnis zwischen § 816 I 2 und 822: § 822 Rn 1). Der **unentgeltliche Erwerb** ist also nicht **kondiktionsfest.**

84 **ee) Zusammenfassende Wertungskriterien.** Aus dem Vorstehenden (Rn 80 ff) lassen sich für den Bereicherungsausgleich in Mehrpersonenverhältnissen über den og Wertungskatalog (Rn 78) hinaus weitere **Wertungskriterien** ableiten, die an den **dinglichen Teil** des Bereicherungsvorganges anknüpfen:
– Der durch den Eingriff in den Zuweisungsgehalt fremden Rechts erlangte Vermögensgegenstand ist gegenüber dem ehemals Berechtigten **kondiktionsfest**, wenn dem Erwerb eine nach bereicherungsrechtlichen Grundsätzen fehlerfreie Vermögensverschiebung zugrunde liegt.
– Fehlerfrei in diesem Sinne ist der Erwerb vom **Berechtigten**, darüber hinaus der **entgeltliche gutgläubige** Erwerb vom Nichtberechtigten (*Larenz/Canaris*, Schuldrecht II/2, § 67 II 2a-d; MüKo/*Lieb* § 812 Rn 282 ff).
– Der **unentgeltliche** Erwerb vom Nichtberechtigten ist nicht kondiktionsfest (§ 816 I 2).
– Auch bei einem **fehlerfreien** Erwerb vom Berechtigten sieht sich der Zweiterwerber der Direktkondiktion ausgesetzt, wenn die Vermögensverfügung **unentgeltlich** erfolgt ist und der ehemals Berechtigte mit seinem Kondiktionsanspruch gegen den verfügenden Ersterwerber **ausfällt** – § 822.

85 **3. Anweisungslagen. a) Grundlagen – der Begriff der Anweisung.** Bereicherungsrechtliche Probleme bereiten die in der Praxis häufig vorkommenden Fälle, in denen es um die Rückforderung von **Leistungen** geht, die der Schuldner durch einen entspr angewiesenen, ihm gegenüber rechtsgeschäftlich verpflichteten Dritten an seinen Gläubiger erbringen lässt. Exemplarisch hierfür ist die **Durchlieferung** (iE Rn 87). Dann sind im Ausgangspunkt drei Rechtsverhältnisse zu unterscheiden: Zwischen dem **Anweisenden** (im Folgenden: B) und dem **Angewiesenen** (im Folgenden: A) besteht ein Kausalverhältnis, das sog **Deckungsverhältnis**, ebenso zwischen B und dem (Anweisungs-) **Empfänger** (im Folgenden: C), das sog **Valutaverhältnis.** Die Rechtsbeziehungen zwischen A und C werden gemeinhin als **Zuwendungsverhältnis** bezeichnet, dem allerdings bis auf die Fälle der angenommenen Anweisung (vgl Rn 98) keine rechtsgeschäftliche Kausalbeziehung zugrunde liegt (Palandt/*Sprau* § 783 Rn 8). Für das Deckungsverhältnis zwischen B und A ist weitergehend zu differenzieren zwischen dem eigentlichen Kausalgeschäft und der sich hieraus rechtfertigenden Anweisung (vgl bspw: AnwK/*v Sachsen Gessaphe* § 812 Rn 136). Das zeigt sich insbesondere beim **bargeldlosen Überweisungsverkehr**, wenn (nur) die Anweisung fehlerhaft ist oder rechtzeitig widerrufen wird (iE Rn 91 ff).

86 Darüber hinaus ist bei Anweisungslagen begrifflich zu unterscheiden: Die Vorschriften in §§ 783 ff betreffen technische **Anweisungen ieS**, die dadurch gekennzeichnet sind, dass C eine dem A von B erteilte schriftliche Leistungsermächtigung ausgehändigt wird. Solche Anweisungen kommen bspw als Lieferschein und Kreditbrief vor, finden sich vor allem aber im **Wechsel und Scheck** wieder, wobei der Wechsel- und Scheckverkehr freilich abseits der Vorschriften der §§ 783 ff durch spezialgesetzlichen Regelungen dominiert ist. Bereicherungsrechtliche Besonderheiten ergeben sich für die sog **angenommene Anweisung** (§ 784), mit der eine eigene Leistungsverpflichtung des A gegenüber C begründet und so eine dem **echten Vertrag zugunsten Dritter** vergleichbare Rechtslage geschaffen wird (s.u. Rn 98). Anweisungen iwS erfolgen im Verhältnis zwischen B und A, ohne dass C eine schriftliche Leistungsermächtigung ausgehändigt wird. Der wichtigste Anwendungsbereich solcher Anweisungen iwS betrifft den **bargeldlosen Überweisungsverkehr** (iE Rn 91 ff).

87 **b) Grundmodell: Durchlieferung.** Ausgangspunkt für die bereicherungsrechtliche Beurteilung von Anweisungslagen ist die sog **Durchlieferung**, bei der B seine – zumeist kaufvertragliche – Leistungsverpflichtung gegenüber C dadurch erfüllt, dass er den ihm gegenüber in gleicher Weise verpflichteten A anweist, die Kaufsache direkt an C zu liefern. Dinglich findet dann ein **Geheißerwerb** zwischen B und C statt, in den A als Geheißperson und Leistungsmittler eingeschaltet ist (AnwK/*v Sachsen Gessaphe* § 812 Rn 137; grds zum Geheißerwerb: BGHZ 36, 56; NJW 74, 1132). Zugleich erweist sich die von B veranlasste Zuwendung des A an C als Leistung mit Tilgungswirkung im Kausalverhältnis zwischen A und B (BGH NJW 03, 582, 583 mwN; *Medicus*, Bürgerliches Recht Rn 671 – doppelter Geheißerwerb). Bereicherungsrechtlich entsteht damit die gleiche Situation wie bei der **Leistungskette** (hierzu: *Medicus*, Bürgerliches Recht Rn 669 ff).

88 Ist das Kausalgeschäft im **Deckungsverhältnis B/A unwirksam**, kann A nicht direkt gegen C mit der **Leistungskondiktion** vorgehen, weil A mit der Zuwendung auf Geheiß des B keinen eigenen Leistungszweck gegenüber C verfolgt hat, sondern seine Leistungsverpflichtung gegenüber B tilgen wollte (Staud/*Lorenz* § 812 Rn 49; *Reuter/Martinek*, S 349 ff; Erman/*Westermann* § 812 Rn 19; AnwK/*v Sachsen Gessaphe* § 812 Rn 137; in der Begründung anders: MüKo/*Lieb* § 812 Rn 36, der mit einer an die Wirksamkeit der Anweisung anknüpfenden normativen Beurteilung der Leistungsbeziehungen zum gleichen Ergebnis kommt). Da der Bereicherungsausgleich grds innerhalb der bestehenden Leistungsbeziehungen stattzufinden hat (vgl Rn 76), muss A sich also an B halten, der ihm gemäß §§ 812 I 1 Alt 1, 818 II Wertsatz schuldet (BGH NJW 04, 1315, 1316; 03, 582, 583; 01, 2880, 2881- jeweils mwN; Staud/*Lorenz* § 812 Rn 50; *Reuter/Martinek* S 394 ff; Erman/*Westermann* § 812 Rn 19; iE ebenso: MüKo/*Lieb* § 812 Rn 39). Als einzige Ausnahme von diesem Grundsatz eröffnet § 822 dem A die Direktkondiktion bei C, wenn die Leistung im Valutaverhältnis **unentgeltlich** erfolgt

ist und A mit seinem Kondiktionsanspruch gegen den redlichen unverklagten B ausfällt, weil dieser sich durch die Unentgeltlichkeit der Zuwendung an C gemäß § 818 III auf Entreicherung berufen kann (BGH NJW 01, 2880, 2881; NJW 84, 483 – entspr Anwendung; MüKo/*Lieb* § 812 Rn 51 mwN; iE zu den Voraussetzungen des § 822: s dort).

Bei **fehlerhaftem Valutaverhältnis** muss B sich nach obigen Grundsätzen ebenfalls iRd bestehenden Leistungsbeziehungen mit der **condicitio indebiti** an seinen Vertragspartner C wenden (BGHZ 144, 245, 247). **89**

Auch wenn beide Kausalverhältnisse im Deckungs- und Valutaverhältnis unwirksam sind – sog **Doppelmangel**, hat der Bereicherungsausgleich vorbehaltlich einer durch § 822 gerechtfertigten Direktkondiktion innerhalb der (fehlerhaften) Kausalbeziehungen „übers Dreieck" zu erfolgen. A ist mithin auf die Leistungskondiktion bei B verwiesen, der wiederum C gemäß § 812 I 1 Alt 1 in Anspruch nehmen kann. Streitig ist, worauf der Bereicherungsanspruch des A gegen B gerichtet ist, wenn B noch nicht bei C kondiziert hat. Auf erste Sicht besteht die kondizierbare Bereicherung des B dann in einem auf Herausgabe des Eigentums am Zuwendungsgegenstand gerichteten Bereicherungsanspruch gegen C. Es käme also zu einer **Kondiktion der Kondiktion** (so: BGHZ 36, 30, 32; Koppensteiner/Kramer, S 28 f; Esser/Weyers, Schuldrecht II/2, § 48 III 3c). Damit wären indes zwei wichtige **Wertungskriterien** für den Bereicherungsausgleich in Mehrpersonenverhältnissen ausgehebelt (s Rn 23, 78), weil A sich wegen § 404 nicht nur den Einwendungen seines Vertagspartners B, sondern auch denjenigen des C aus dem Kausalverhältnis mit B ausgesetzt sähe und er darüber hinaus das Insovenzrisiko beider tragen müsste. Deshalb knüpft die hL für den Bereicherungsanspruch des A gegen B daran an, dass B den eigentlichen Leistungsgegenstand nicht herausgeben kann und deshalb gemäß § 818 II **Wertersatz** schuldet (Staud/*Lorenz* § 812 Rn 55; AnwK/*v Sachsen Gessaphe* § 812 Rn 141; MüKo/*Lieb* § 812 Rn 48; *Larenz/Canaris*, Schuldrecht II/2, § 70 II 2b; *S Lorenz*, JuS 03, 732 f). Diese für ihn uU unliebsame Rechtsfolge kann er idR dadurch abwenden, dass er seinerseits bei C kondiziert und sodann den Zuwendungsgegenstand an A herausgibt – § 818 I. Ist der Kondiktionsgegenstand bei C nicht mehr vorhanden, bleibt es allerdings auch dann beim Wertersatz, wenn B bei C weder ein Surrogat, noch andere kondizierbare Vermögenswerte vorfindet und er deshalb mit seinem Bereicherungsanspruch ganz ausfällt. Auf den **Wegfall der Bereicherung** kann er sich gegenüber A nach zutreffender Auffassung nicht berufen, weil der solcherart insolvenzbedingte Vermögensnachteil die Folge seiner eigenen Disposition über den Zuwendungsgegenstand ist und dem insoweit unbeteiligten A das Insolvenzrisiko des C nicht aufgebürdet werden darf, nur weil sich das Deckungsverhältnis zufällig ebenfalls als unwirksam erweist (ebenso: MüKo/*Lieb* § 812 Rn 49; iE zum Problem: § 818 Rn 18). **90**

c) Anweisungslagen im Bankverkehr – Grundlagen. Lehre und Kasuistik zum Bereicherungsausgleich in Mehrpersonenverhältnis sind stark geprägt von besonderen Rückabwicklungsproblemen beim **bargeldlosen Zahlungsverkehr**. Dessen Grundstrukturen sollen deshalb einleitend kurz beleuchtet werden. Beim **Überweisungsauftrag** erteilt B seiner Bank A den Auftrag, einen im Valutaverhältnis geschuldeten Geldbetrag auf ein Konto des C bei dessen Bank zu transferieren. Dann ist die Schuldnerbank A im Deckungsverhältnis mit B aufgrund des dort bestehenden **Geschäftsbesorgungsvertrages** (zumeist in Form eines Girovertrages) bei ausreichender Kontodeckung verpflichtet, die Überweisung auszuführen. Maßgebend hierfür ist die im Überweisungsauftrag repräsentierte **Anweisung**, mit der B den Zahlungsvorgang zugleich der **Tilgung** der Valutaschuld zuordnet. Mit der Erledigung der Anweisung übringt A als Bote die Tilgungsbestimmung des B. Die Tilgungswirkung tritt ein, wenn der Überweisungsbetrag dem Konto des C gutgeschrieben wird. Bereits dann ist C um den Betrag der Gutschrift auf seinem Konto bereichert. Bereicherungsrechtlich relevante Rechtsbeziehungen zwischen der lediglich als **Zahlstelle** fungierenden Gläubigerbank (Nürnbg ZIP 02, 1762) und den übrigen Beteiligten entstehen durch diesen Zahlungsvorgang nicht (vgl: Ddorf WM 01, 2000, 2001). **91**

Die gleichen Rechtsbeziehungen entstehen durch **Scheckzahlungen**. Lediglich die Abwicklung des Zahlungsvorgangs unterscheidet sich von der Überweisung dadurch, dass A die im Scheck repräsentierte Anweisung nebst Tilgungsbestimmung von der einlösenden Empfängerbank übermittelt werden, die den auf das Konto des C bereits gutgeschriebenen Betrag unmittelbar oder über eine Verrechnungsstelle von A einzieht, die wiederum das Konto des B nach Maßgabe des Girovertrages belastet. Beim **Lastschriftverfahren** handelt es sich ebenfalls um ein „rückläufiges Überweisungsverfahren" (BGHZ 69, 82). Der wichtigste Unterschied zur Überweisung besteht im Weg der Anweisung, die C mit Einwilligung des B durch die Beauftragung seiner Bank, den geschuldeten Geldbetrag vom Konto des B bei A einzuziehen, veranlasst. Dabei kann die Einwilligung in Form einer **Einzugsermächtigung** des B gegenüber C bestehen, wohingegen dem **Abbuchungsverfahren** eine widerrufliche Ermächtigung des B an A vorliegt, von C eingehende Lastschriften einzulösen. Sämtlichen Formen des bargeldlosen Zahlungsverkehrs ist gemein, dass ihnen **zwei Vermögensverschiebungen** zugrunde liegen: A erbringt im Deckungsverhältnis mit der Auszahlung des Schuldbetrages vom Konto des B eine Leistung an diesen, die sich aufgrund der Tilgungsbestimmung bzw Ermächtigung zugleich als Leistung des B an C im Valutaverhältnis erweist. Es besteht also ebenso wie bei der Durchlieferung ein **Anweisungsdreieck**, so dass die dort für die bereicherungsrechtliche Rückabwicklung von fehlerhaften Zuwendungen maßgeblichen Grundsätze (Rn 87 ff) auch im **bargeldlosen Zahlungsverkehr** Geltung beanspruchen (BGH NJW 04, 1315, 1316; 03, 582, 583; 01, 2880, 2881; BGHZ 69, 186, 188 – für das Lastschriftverfahren; Staud/*Lorenz* § 812 Rn 49 f; AnwK/*v Sachsen Gessaphe* § 812 Rn 144 f). Bei fehlerhaftem Deckungsverhältnis **92**

(Geschäftsbesorgungsvertrag) kommt es also zur Leistungskondiktion A–B, wohingegen bei Mängeln im Valutaverhältnis B von C kondizieren muss. Ein Durchgriff A–C kommt wiederum nur unter den Voraussetzungen des § 822 in Betracht.

93 **d) Sonderfall: fehlerhafte Anweisung. aa) Anfänglich unwirksame Anweisung.** Die bisherigen Erwägungen gehen davon aus, dass der Zuwendung A–C eine wirksame Anweisung des B zugrunde liegt. **Fehlt** hingegen eine solche Anweisung oder ist sie **von Anfang an unwirksam**, so fehlt auch eine dem B **zuzurechnende Tilgungsbestimmung** (s Rn 91 f), die sich bei näherer Betrachtung als entscheidendes Kriterium dafür erweist, die Zuwendung A–C als Leistung des B dem Valutaverhältnis zuordnen zu können (so insbes: MüKo/*Lieb* § 812 Rn 36, 75 ff; AnwK/*v Sachsen Gessaphe* § 812 Rn 148; vgl auch: BGH NJW 03, 582, 583; 04, 1315, 1316 – trotz bestehender Valutaschuld). Für einen Bereicherungsausgleich „übers Eck" besteht dann keine Grundlage, weil B die Vermögensverschiebung nicht veranlasst hat und ihn die eigenmächtig ohne Tilgungswirkung von A erbrachte Zahlung nichts angeht. Vielmehr kann er von A gemäß § 812 I 1 Alt 2 verlangen, dass die mangels Auftrag ohne Rechtsgrund vorgenommene Kontobelastung durch eine berichtigende Wiedergutschrift korrigiert wird. A wiederum muss den gezahlten Betrag mit der **Aufwendungskondiktion** (§ 812 I 1 Alt 2 – vgl Rn 66 ff; keine Leistungskondiktion, weil A gegenüber C keinen eigenen Leistungszweck verfolgt, sondern eine vermeintliche Weisung ausführt – s Rn 91 f) **direkt** von C herausverlangen, der durch § 818 III ausreichend geschützt ist (BGHZ 152, 307, 312). Allerdings soll C nach Auffassung des BGH jedenfalls um den mangels Tilgungswirkung der Zuwendung fortbestehenden Anspruch aus dem Valutaverhältnis bereichert sein, den A dann kondizieren und im Wege der Aufrechnung dem Anspruch des B auf Kontoberichtigung entgegenhalten kann (BGHZ 147, 145, 152).

94 Dass in derartigen Fällen der Bereicherungsausgleich bei einer **Direktkondiktion** A–C ansetzen muss, steht trotz mancher Differenzen über die dogmatische Herleitung dieses Ergebnisses außer Streit (zum Meinungsstand: MüKo/*Lieb* § 812 Rn 55 ff). Richtig ist es, mit der Rspr und dem überwiegenden Teil der Lit an das im Leistungsbegriff verortete Kriterium der **Zurechenbarkeit** der Vermögensverschiebung anzuknüpfen (BGH NJW NJW 05, 3213, 3214; 04, 1315, 1316; 03, 582, 583; BGHZ 147, 145, 151; Ddorf ZIP 03, 897, 898; Stuttg NJW-RR 02, 1579, 1580; MüKo/*Lieb* § 812 Rn 54 ff; Staud/*Lorenz* § 812 Rn 51; *Larenz/Canaris*, Schuldrecht II/2, § 70 IV 2; *Reuter/Martinek*, S 427 ff; jeweils mwN – vgl auch Rn 26). So lassen sich insbesondere diejenigen Fälle lösen, in denen C das Fehlen der Weisung nach den Umständen nicht erkennen kann und sich die Zuwendung deshalb aus seiner Sicht als Leistung des B auf die Valutaschuld darstellt (vgl Rn 92 f). Tatsächlich liegt jedenfalls bei **anfänglich fehlender Weisung** (zum Widerruf einer bereits erteilten Weisung: Rn 95 ff) keine Leistung des B vor, weil er keine entspr Tilgungsbestimmung getroffen hat, die A dem C als Bote hätte überbringen können (s Rn 91). Die gegenteilige Erwartung des C beruht also auf einem nur durch den gleichwohl weisungsbezogenen Zuwendungsakt begründeten **Rechtsschein**, den B sich nach allgemeinen Grundsätzen der Rechtsscheinlehre indes nur insoweit entgegenhalten lassen muss, wie er ihn **zurechenbar veranlasst** hat (BGH NJW 05, 3213, 3214 mwN; 04, 1315, 1316; BGHZ 147, 145, 151; MüKo/*Lieb* § 812 Rn 79 mwN). Das ist nicht der Fall, wenn er A keine Weisung erteilt hat, seine Verbindlichkeit gegenüber C zu tilgen. In der gerichtlichen Praxis hat sich die Rspr oft mit derartigen Fallkonstellationen befassen müssen und eine **Direktkondiktion** mit obigen Erwägungen bspw zugelassen bei doppelter Ausführung eines Überweisungsauftrages (Hamm ZIP 03, 662) oder Überweisung eines zu hohen Betrages (Frankf MDR 03, 641) an den falschen Empfänger (Brandbg WM 02, 2010, 2012), ebenso, wenn A einen nicht vom Kontoinhaber stammenden, gefälschten Überweisungsauftrag ausführt (BGH NJW 05, 3213, 3214; ZIP 01, 1666, 1669) oder einen nicht (BGHZ 66, 362, 265) bzw. vom vollmachtlosen Vertreter (BGHZ 147, 145, 149; ZIP 04, 659, 660; WM 04, 1227, 1230; Ddorf ZIP 03, 897, 898) oder nicht voll Geschäftsfähigen (BGH NJW 90, 3194 – Geschäftsunfähiger; Erman/*Westermann* § 812 Rn 22; Staud/*Lorenz* § 812 Rn 51 – beschränkt Geschäftsfähiger) unterzeichneten Scheck einlöst. Auch die Fälle der Abbuchung trotz fehlender Einzugsermächtigung gehören hierher (BGHZ 69, 186).

95 **bb) Widerrufene Anweisung.** Streitig ist die bereicherungsrechtliche Beurteilung solcher Fälle, in denen eine zunächst wirksam erteilte Anweisung, bspw in Form eines Überweisungsauftrages, noch vor ihrer Ausführung **widerrufen** wird. Während ein Teil der Lit auch dann eine Direktkondiktion A–C uneingeschränkt zulassen will (MüKo/*Lieb* § 812 Rn 78 ff; Staud/*Lorenz* § 812 Rn 51, jeweils mwN), ist mit Rspr und hL abermals danach zu differenzieren, ob B zurechenbar den **Rechtsschein** einer eigenen Leistung auf die Valutaschuld veranlasst hat (BGHZ 61, 281, 293 f; BGHZ 87, 393, 398; BGHZ 89, 376, 379 f; AnwK/*v Sachsen Gessaphe* § 812 Rn 154; *Larenz/Canaris*, Schuldrecht BT II/2, § 70 IV 3a; *Medicus*, Bürgerliches Recht Rn 676). Die Antwort liefert nicht das Bereicherungsrecht; sie ergibt sich aus dem der allgemeinen Rechtsscheinlehre inhärenten Grundsatz, dass nur der **Gutgläubige** den Schutz verdient, auf den von seinem Vertragspartner veranlassten Rechtsschein vertrauen zu dürfen. Bezugspunkt für den solcherart gewährleisteten **Vertrauensschutz** ist der durch die zunächst erteilte Anweisung von B aus der maßgeblichen **Empfängersicht** veranlasste Rechtsschein, A überbringe mit Botenmacht die mit der Anweisung einhergehende Tilgungsbestimmung (BGHZ 87, 246, 249; 89, 376, 379 f).

Daraus lassen sich folgende Entscheidungsgrundsätze entwickeln: Kein Rechtsschein ioS besteht entgegen anderweitiger Rechtsprechungspraxis des BGH (BGHZ 87, 346, 249f; 87, 376, 381f; 89, 376, 380), wenn C **weder** von der ursprünglichen Anweisung, **noch** von deren Widerruf Kenntnis erlangt. Auf seine Gutgläubigkeit hinsichtlich des Widerrufs kommt es bei dieser Konstellation nicht an, weil B – ebenso wie bei fehlender Anweisung – den Rechtsschein der fortbestehenden Botenmacht des A nicht zurechenbar veranlasst hat, der sich vielmehr hier wie dort allein auf die eigenmächtige Vorgehensweise des A gründet (iE ebenso: *Flume* AcP 199, 1, 6). Weiß C hingegen von der Anweisung (etwa durch vorherige Ankündigung der Überweisung oder Übergabe eines Verrechnungsschecks – dazu unten Rn 96), so fällt unter dem Gesichtspunkt der **Gutgläubigkeit** entscheidend ins Gewicht, ob er auch den Widerruf der Anweisung im Zeitpunkt der Zuwendung, regelmäßig also bei endgültiger Gutschrift des Überweisungsbetrages auf seinem Konto, **kennt** (BGHZ 61, 281, 293f; 87, 246, 249; 87, 393, 398; 89, 376, 379f). Denn dann weiß C, dass der gutgeschriebene Überweisungsbetrag keine Leistung des B auf die Valutaschuld darstellt, sondern auf eine Fehlleistung der überweisenden Bank A zurückzuführen ist. Darüber hinaus führt nicht nur positive Kenntnis, sondern unter Heranziehung des in §§ 122 II, 172 II, 173 niedergelegten Rechtsgedankens auch **fahrlässige Unkenntnis** zur Zerstörung des Rechtsscheins (so insbesondere: *Canaris*, Bankvertragsrecht Rn 439; MüKoHGB/*Häuser*, ZahlungsV Rn D 194; *Schnauder* ZIP 94, 1069, 1073; skeptisch: *Reuter/Martinek*, S 440 ff). In all diesen Fällen ist mithin nach obigen Grundsätzen (Rn 94) die **Direktkondiktion** A – C eröffnet (BGHZ 152, 307, 311; Brandbg WM 02, 2010, 2012 – Kenntnis). Ist C hingegen **gutgläubig** ioS, so müssen sich die Beteiligten kraft Rechtsscheins so behandeln lassen, als sei die durch A als (vermeintlicher) Bote überbrachte Tilgungsbestimmung des B wirksam. Das führt zum einen bei fehlerfreiem Valutaverhältnis zur Tilgung der Valutaschuld und erzwingt – zum anderen – die bereicherungsrechtliche Rückabwickabwicklung innerhalb der **fehlerhaften Kausalbeziehungen**.

Besonderheiten ergeben sich insoweit allerdings für die **Scheckzahlung**, wie der folgende Fall zeigt: B übergibt C einen auf A gezogenen Scheck, den er noch vor der Einlösung durch Schreiben an A sperren lässt. C legt den Scheck dennoch bei A vor, wo er versehentlich eingelöst wird. Hier kann A schon deshalb nicht direkt bei C kondizieren, weil B mit der Übergabe des Schecks zunächst eine wirksame Tilgungsbestimmung getroffen hat, die er nicht einseitig durch Widerruf gegenüber A rückgängig machen kann. Auf die Kenntnis des C vom Widerruf kommt es also nicht an (so zutr: AnwK/*v Sachsen Gessaphe* § 812 Rn 155 mwN; anders in der Begründung: BGHZ 61, 289ff – maßgeblich sei der Empfängerhorizont).

e) **Verleichbare Anweisungslagen. aa) Echter Vertrag zugunsten Dritter.** Beim echten Vertrag zugunsten Dritter – und ebenso beim bereicherungsrechtlich gleichgelagerten Sonderfall der **angenommenen Anweisung** (§ 784 – s Rn 86) – erhält der Leistungsempfänger (C) einen eigenen durchsetzbaren Anspruch auf eine Zuwendung, die der Versprechende (A) aufgrund vertraglicher Vereinbarung mit dem Versprechensempfänger (B) an C zu erbringen hat – § 328. Die Konstellation weist deutliche Parallelen zu den vorerörterten Anweisungsfällen auf, unterscheidet sich von diesen aber dadurch, dass A mit der Zuwendung auf erste Sicht einen **doppelten Leistungszweck** verfolgt, indem er sowohl seine Verbindlichkeit gegenüber B, als auch diejenige gegenüber C tilgen will. Dann hilft der (normative) Leistungsbegriff allein nicht weiter. Indes: Bei näherer Betrachtung wird man idR dazu kommen müssen, dass A die Zuwendung in erster Linie zu dem Zweck erbringt, seiner Leistungsverpflichtung gegenüber B nachzukommen, wohingegen seine Leistungsverpflichtung gegenüber C letztlich auf eine Entscheidung des B zurückzuführen ist, deren rechtliche Qualität nur deshalb über die einer „reinen" Anweisung hinausgeht, weil C ohne erkennbares Eigeninteresse des A mit einem eigenen Anspruch auf die im Deckungsverhältnis vereinbarte Leistung ausgestattet werden soll. Vor diesem Hintergrund erscheint es mit der hM idR gerechtfertigt, den Bereicherungsausgleich in entspr Anwendung der für die „reinen" Anweisungsfälle geltenden Grundsätze (Rn 85 ff) unter Berücksichtigung der auch dort maßgeblichen Wertungskriterien (Rn 78, 84) „übers Eck" vorzunehmen (MüKo/*Lieb* § 812 Rn 130, 136; *Larenz/Canaris*, Schuldrecht BT II/2, § 70 V 2a; AnwK/*v Sachsen Gessaphe* § 812 Rn 148; *S Lorenz* NJW 03, 840 f; vgl auch BGHZ 122, 46; krit: Staud/*Lorenz* § 812 Rn 40; *Medicus*, Bürgerliches Recht Rn 683 – unter Bezugnahme auf den Sonderfall BGHZ 58, 184ff; eingehend zum Meinungsstand: MüKo/*Lieb* § 812 Rn 131 ff mwN). Eine für die Praxis bedeutsame Ausnahme ergibt sich allerdings auch in diesem Zusammenhang aus § 822, wenn die Zuwendung im Valutaverhältnis B–C **unentgeltlich** erfolgt (iE hierzu Rn 83 f; Beispiel: C sollen die zwischen B und A vereinbarten Leistungen aus einer Lebensversicherung unmittelbar als Begünstigtem zu Versorgungszwecken zugute kommen).

bb) **Zession.** Ähnlich wie beim echten Vertrag zugunsten Dritter lässt sich der Bereicherungsausgleich nach **Abtretung** einer tatsächlich nicht bestehenden Forderung über eine **Parallelwertung zu den Anweisungsfällen** bewerkstelligen (so die hM: BGH NJW 05, 1369 – abgetretene Versicherungsleistung; BGHZ 122, 46, 52, 105, 365, 368ff; MüKo/*Lieb* § 812 Rn 141 ff mwN; Staud/*Lorenz* § 812 Rn 41 mwN; AnwK/*v Sachsen Gessaphe* § 812 Rn 160; Erman/*Westermann* § 812 Rn 36; Larenz/Canaris, Schuldrecht BT II/2, § 70 V 1a; aA: Reuter/Martinek, S 489 ff mwN; *Tiedtke* WM 99, 517 – Leistungskondiktion Schuldner/Zessionar). Denn ebenso wie beim echten Vertrag zugunsten Dritter will der Putativschuldner mit der Zahlung in erster Linie die aus dem fortbestehenden Rechtsverhältnis zu seinem Vertragspartner resultierende Verbindlichkeit erfüllen, so dass sich die Abtretung bei verständiger Wertung der Leistungsbeziehungen aus seiner Sicht idR als bloße **Erfüllungsmodalität** erweist, die er auf Veranlassung des Zedenten zu berücksichtigen hat (eingehend hierzu: MüKo/ *Lieb* § 812 Rn 142 mwN). Weil der Zedent seinerseits die Abtretung idR zur Erfüllung einer eigenen Verbindlichkeit gegenüber dem Zessionar vornimmt, ist es nicht zuletzt mit Blick auf die Regelung in § 404 gerechtfertigt, den Bereicherungsausgleich **innerhalb der fehlerhaften Kausalbeziehungen** vorzunehmen. Besteht die abgetretene Forderung nicht, muss der Schuldner folglich beim Zedenten kondizieren, der sich bei Mängeln im Valutaverhältnis an seinen Vertragspartner, den Zessionar halten muss. Demgegenüber kommt eine **Direktkondiktion** nach § 812 I 1 Alt 1 in Betracht, wenn der Schuldner im Einzelfall mit der Zuwendung auch im Verhältnis zum entspr informierten Zessionar einen **eigenen Leistungszweck** verfolgt (BGH NJW 05, 1356 – Erwerber zahlt auf die vom Bauträger an die Bank abgetretene Forderung, um Freistellung von einer Globalgrundschuld zu erreichen; vgl auch: BGH NJW 89, 161 – Direktkondiktion, wenn Schuldner auf Drängen des Zessionars mehr zahlt als geschuldet, ohne dass der Zedent Einfluss hierauf genommen hat). Das ist im Übrigen auch dann der Fall, wenn der Schuldner einer tatsächlich nicht bestehenden Forderung an den **pfändenden Vollstreckungsgläubiger** zahlt, um dessen Einziehungsrecht zu entgehen, zumal dann eine den Durchgriff hindernde Anweisung des Vollstreckungsschuldners fehlt, an den Vollstreckungsgläubiger zu zahlen (BGHZ 82, 28, 31; NJW 02, 2871 mwN; zu den weiteren Besonderheiten bei der Forderungspfändung s AnwK/*v Sachsen Gessaphe* § 812 Rn 165 f).

100 Ist die **Abtretung unwirksam**, so kann der Berechtigte (Zedent) gemäß § 816 II direkt vom Nichtberechtigten (Zessionar) kondizieren, wenn der Schuldner nach Maßgabe der Vorschriften in §§ 409; 408, 407 mit befreiender Wirkung an diesen gezahlt hat (iE § 816 Rn 18 f). Bei Zahlungen **ohne befreiende Wirkung** kommt es aus den bereits für den Bereicherungsausgleich bei widerrufener Anweisung maßgeblich erachteten Erwägungen (s Rn 95 ff) grds darauf an, ob der vermeintliche Zedent den **Rechtsschein** einer wirksamen Abtretung – darin liegt der der Anweisung vergleichbare Akt – **zurechenbar veranlasst** hat (so zutreffend: AnwK/ *v Sachsen Gessaphe* § 812 Rn 164; *S Lorenz* JuS 03, 842 f). In der Praxis wird diese Differenzierung indes nur selten zum Tragen kommen, weil § 409 I für die wichtigsten Veranlassungstatbestände der Anzeige bzw urkundlichen Offenlegung mit den soeben aufgezeigten Konsequenzen für den Bereicherungsausgleich die befreiende Wirkung der Schuldnerzahlung anordnet. Deshalb sieht sich der Zessionar bei Zahlungen ohne Tilgungswirkung idR der **Aufwendungskondiktion** (iE Rn 66 ff) des Schuldners ausgesetzt (iE ebenso: BGHZ 113, 62, 70; BaRoth/*Wendehorst* § 812 Rn 190; MüKo/*Lieb* § 812 Rn 147).

101 **4. Drittleistungen ohne Anweisung des Schuldners. a) Grundlagen – Rückgriffskondiktion.** Gegenstand der bisherigen Betrachtungen waren Fallkonstellationen, in denen der Schuldner (B) Leistungen eines Dritten (A) an seinen, des Schuldners, Gläubiger (C) zurechenbar veranlasst hat (Rn 85 ff). Eine solche Anweisungslage fehlt, wenn A **freiwillig, aus eigenem Antrieb**, Leistungen auf die für ihn fremde Schuld des B erbringt. Das bleibt nicht ohne Einfluss auf den Bereicherungsausgleich zwischen den Beteiligten, deren Rechtsbeziehungen sich wie folgt darstellen: Leistet A auf eine im Valutaverhältnis B–C **bestehende Verbindlichkeit**, wird B befreit (§ 267 I 1) und die Schuld erlischt (§ 362 I). Für die Leistungskondiktion A – C ist kein Raum, weil C den Zuwendungsgegenstand mit Rechtsgrund erlangt hat. A muss sich also an B halten, der nicht selten nach den Regeln der **berechtigten Geschäftsführung ohne Auftrag** (GoA) gemäß §§ 677, 683, 670 **Aufwendungsersatz** schuldet, weil die schuldbefreiende Leistung des A seinem (mutmaßlichen) Willen und Interesse entspricht oder § 679 eingreift, was insbesondere für freiwillige Unterhaltszahlungen Dritter in Betracht zu ziehen ist. War die in der Fremdleistung liegende Geschäftsführung hingegen **nicht willens- und interessenkonform**, etwa wenn A zahlt, um in eine von B bei C unter Eigentumsvorbehalt erworbene Kaufsache vollstrecken zu können, ohne eine Drittwiderspruchsklage des C befürchten zu müssen, so gelangt man vorbehaltlich der Genehmigung des B (§ 684 S. 2) über § 684 S 1 zum **Bereicherungsausgleich**. Gleiches gilt gemäß § 687 II 2 für die **angemaßte Eigengeschäftsführung**, sofern B für die Rechte aus § 687 II 1 optiert. Nach einer in Rspr und Lit verbreiteten Auffassung soll es sich bei § 684 S 1 um eine **Rechtsfolgenverweisung** auf § 818 handeln (BGH MDR 92, 588f; Hamm NJW-RR 91, 1303; Palandt/*Sprau* § 684 Rn 1; BaRoth/*Gehrlein* § 684 Rn 1; s Rn 38); dann erübrigen sich alle weiteren Fragen nach einem bereicherungsrechtlichen Anknüpfungstatbestand. Für die Anhänger der Gegenmeinung (**Rechtsgrundverweisung**: MüKo/*Seiler* § 684 Rn 3; Medicus, Bürgerliches Recht Rn 947) ist der Weg über die **condictio indebiti** in den Fällen der unberechtigten Geschäftsführung kaum je eröffnet, weil A mit der von B nicht gewollten Zuwendung an C regelmäßig keine Leistung an B bezweckt (MüKo/*Lieb* § 812 Rn 123; Medicus, Bürgerliches Recht Rn 949; AnwK/*v Sachsen Gessaphe* § 812 Rn 116; *Larenz/Canaris*, Schuldrecht BT II/2, § 69 III 2a). Das gilt natürlich erst recht für die angemaßte Eigengeschäftsführung.

102 Dann bleibt nur die Lösung über die Nichtleistungskondiktion in Form der sog **Rückgriffskondiktion**, deren eigenständige Bedeutung sich freilich in der Funktion eines eng umgrenzten Auffangtatbestandes für die außerhalb der (berechtigten) GoA nicht eben häufigen Fälle erschöpft, in denen der Dritte aus eigenem Antrieb Zuwendungen erbringt, die er aus der insoweit maßgeblichen **objektiven Empfängersicht** zumindest auch auf eine tatsächlich bestehende Verbindlichkeit des Schuldners gegenüber dem Gläubiger bezogen wissen will (BGH NJW 03, 1192, 1195; BGHZ 137, 89, 95; 113, 62, 69; 70, 389, 397; vgl allg zur Rückgriffskondiktion: AnwK/*v Sachsen Gessaphe* § 812 Rn 109 ff; *Medicus*, Bürgerliches Recht Rn 945 ff, 950). Allerdings

kommt es zur Rückgriffkondiktion nur, soweit keine anderen gesetzlichen Bestimmungen den Rückgriff regeln. Zu nennen sind in diesem Zusammenhang insbesondere die Tatbestände einer gesetzlich angeordneten **Legalzession**, wie sie sich bspw in § 268 III für die Ausübung eines Ablösungsrechts und in § 426 II für den Innenausgleich zwischen Gesamtschuldnern finden (weitere Bspe bei: AnwK/*v Sachsen Gessaphe* § 812 Rn 112).

Bei **nicht bestehender Valutaschuld** scheidet ein bereicherungsrechtlicher Rückgriff A–B schon deshalb aus, weil B mangels Befreiung von einer Verbindlichkeit nicht bereichert ist. Im Übrigen erbringt A – anders als in den oben erörterten Anweisungsfällen (Rn 91 f) – mit der auf Tilgung einer Fremdschuld gerichteten Zuwendung keine Leistung an B, sondern eine solche an C. A kann und muss also direkt mit der **Leistungskondiktion** gegen C vorgehen (ganz hM: BGH NJW 00, 1718 f; BGHZ 113, 62, 69 f; Staud/*Lorenz* § 812 Rn 43, MüKo/*Lieb* § 812 Rn 127; Medicus, Bürgerliches Recht Rn 685), und zwar nach der Rspr des BGH auch dann, wenn A im Deckungsverhältnis gegenüber B zur Zuwendung verpflichtet ist, insoweit aber nicht dessen Anweisungen unterliegt (Bespiel: Überobligatorische Regulierung eines [vermeintlichen] Haftpflichtschadens – BGH NJW 00, 1718 f; BGHZ 113, 62, 69 f; ebenso: Erman/*Westerman* § 812 Rn 28; Staud/*Lorenz* § 812 Rn 44; aA: *Canaris* NJW 92, 868 ff – Rückabwicklung „übers Eck"). 103

b) Leistung auf vermeintlich eigene Schuld. Ebenfalls um die Abgrenzung zwischen Leistungs- und Rückgriffskondiktion und damit um die Bestimmung des **richtigen Bereicherungsschuldners** geht es bei der Rückabwicklung von Zuwendungen, zu denen sich der Zuwendende **irrtümlich** verpflichtet glaubt. So etwa, wenn A an den Gläubiger (C) der Hauptschuld zahlt, weil er irrtümlich annimmt, er habe sich wirksam für den Schuldner (B) verbürgt. Dann ist klar, dass A mit der Zuwendung seine (vermeintliche) **Bürgenschuld** aus § 765 tilgen will und dementsprechend eine Leistung an C erbringt. Bei fehlender Bürgenschuld kann er – vorbehaltlich des durch § 766 S. 3 geregelten Sonderfalls eines mit der Zahlung geheilten Formmangels – die rechtsgrundlos erbrachte Zahlung also mit der **Leistungskondiktion** von C herausverlangen (statt aller: MüKo/*Lieb* § 812 Rn 155 f mwN; *Medicus*, Bürgerliches Recht Rn 948). In der Praxis tritt diese bereicherungsrechtlich eigentlich unproblematische Situation auch in anderen Konstellationen auf: A berichtigt Nachlassverbindlichkeiten, weil er sich irrtümlich für den Erben hält; oder: A erbringt Schadensersatzzahlungen in der irrigen Annahme, er habe einen Unfall verursacht, für den tatsächlich ein anderer Unfallbeteiligter alleine verantwortlich ist (weitere Bsp bei *Koppensteiner/Kramer*, S 38 f). Insbes für derartige Fälle ist umstritten, ob A sich auch dann an C halten muss, wenn sich der Bereicherungsanspruch faktisch nicht realisieren lässt, etwa weil C entreichert oder insolvent ist. Ein Teil der Lit will helfen, indem A durch eine nachträgliche **Änderung der Zweckbestimmung** die Möglichkeit eröffnet werden soll, statt bei C kondizieren zu müssen, gemäß § 812 I 1 Alt 2 **Rückgriff** bei B zu nehmen (*Reuter/Martinek*, S 473 ff; *Flume* JZ62, 281, 282; *König*, Gutachten S 1567 f; einschränkend: *Larenz/Canaris*, Schuldrecht BT II/2, 69 III 2c; ablehnend die hM: *Medicus*, Bürgerliches Recht Rn 951; Erman/*Westermann* § 812 Rn 32; Staud/*Lorenz* § 812 Rn 60 mwN). Das liefe praktisch auf ein **Wahlrecht** des Bereicherungsgläubigers hinaus, welches mit zentralen Grundsätzen des Bereicherungsausgleichs in Mehrpersonenverhältnissen (s Rn 77 f) schlechterdings nicht in Einklang zu bringen wäre und sich schon deshalb nicht allein mit Praktikabilitätserwägungen rechtfertigen lässt (so aber König aaO). Dementsprechend hat der BGH nur in eng umgrenzten Ausnahmefällen einen fakultativen Rückgriff aus dem Gesichtspunkt von Treu und Glauben (§ 242) zugelassen (BGH NJW 86, 2700; 83, 812, 814; 64, 1898, 1899). Dem ist zuzustimmen. Jedenfalls darf es nicht in das Belieben des Bereicherungsgläubigers gestellt sein, sich durch den Zugriff auf eine weitere Vermögensmasse seines allgemeinen **Insolvenzrisikos** zu entledigen (iErg ebenso: *Larenz/Canaris*, Schuldrecht BT II/2, 69 III 2c). 104

c) Irrtum über die Person des Leistenden – Lehre vom Empfängerhorizont. Seit Jahrzenten sorgen zwei Entscheidungen des BGH für Diskussionsstoff. Im sog „Idealheimfall" (BGHZ 40, 272ff) hatte der Grundstückseigentümer C bei B ein schlüsselfertiges Haus bestellt. B beauftragte A im Namen des C mit der Ausführung der Bauleistungen; A wusste nicht, dass B keine entspr Vollmacht hatte. Ähnlich war es im „**Elektrogerätefall**" (BGHZ 36, 30ff), in dem A im Auftrag des abermals vollmachtlos für C handelnden B Elektrogeräte in das Gebäude des Grundstückseigentümers C eingebaut und solcherart gemäß §§ 946, 951 I 1 das Eigentum hieran verloren hatte (im Unterschied zum Idealheimfall wusste A allerdings, dass er nicht im Auftrag des C tätig werden sollte; eingehend zu den hieraus ergebenden Konsequenzen: Staud/*Lorenz* § 812 Rn 61). Beiden Fällen ist gemein, dass A mangels Genehmigung des Vertretenen (§ 177 I) keine vertraglichen Ansprüche gegen C zustehen. Das führt zu der Frage nach den für den Bereicherungsausgleich maßgeblichen **Leistungsbeziehungen** (s Rn 78, 81 ff), die sich allein durch die Anwendung des Leistungsbegriffs nicht verlässlich beantworten lässt. Denn ob die Zuwendung als eine Leistung des A an C angesehen werden kann, hängt weitergehend davon ab, aus welcher Sicht man den Zuwendungsvorgang betrachtet. A will an C leisten, weil er sich hierzu vertraglich verpflichtet glaubt, wohingegen C aus seiner Sicht annehmen muss, dass A die Zuwendungen auf Geheiß seines Vertragspartners B und damit für diesen eine Leistung erbringt (vgl hierzu Rn 87). 105

Der BGH hält in ständiger Rspr den **objektiven Empfängerhorizont** für maßgebend und stellt zum **Schutz des gutgläubigen Empfängers** darauf ab, als wessen Leistung C die Zuwendung objektiv ansehen darf (zuletzt: BGH NJW 05, 60,f; vgl auch: BGHZ 67, 232, 241; 58, 184, 188; 40, 272, 277f; NJW 74, 1132f; iE 106 ebenso: BGHZ 36, 30, 35; dem folgend: *Reuter/Martinek*, S 453 ff; *Erman/Westermann* § 812 Rn 15; AnwK/*v Sachsen Gessaphe* § 812 Rn 179). Weiß C nichts vom vollmachtlosen Vertreterhandeln des B, hat der Bereicherungsausgleich demnach – wie bei der Durchlieferung – innerhalb der sich so nach seiner Vorstellung ergebenden Leistungsbeziehungen, also zwischen B und C sowie zwischen A und B stattzufinden. Demgegenüber soll es nach aA auf den **Willen des Zuwendenden** A ankommen (MüKo/*Lieb* § 812 Rn 106 ff mwN; *Canaris*, FS Larenz 73, 799, 827; Staud/*Gursky* § 951 Rn 11), so dass A die von ihm beabsichtigte Leistung an C gemäß § 812 I 1 Alt 1 direkt bei diesem kondizieren kann. Zur Begründung verweisen die Anhänger dieser Auffassung darauf, dass C jedenfalls dann nicht schutzwürdig sei, wenn er seinerseits schon vor der Inempfangnahme der Zuwendung oder überhaupt noch nicht an B gezahlt habe. Andernfalls, also wenn C (erst) im Vertrauen auf eine Leistung des B an diesen zahlt, soll er sich gegenüber A gem § 818 III auf den **Wegfall der Bereicherung** berufen und den gezahlten Preis vom Wertersatzanspruch A abziehen dürfen (so insbes: *Flume*, AcP 199, 1ff., 29ff, 34 mwN; MüKo/*Lieb* § 812 Rn 107 ff mwN; wohl auch: *Medicus*, Bürgerliches Recht Rn 688).

107 Der Rechtsprechungspraxis ist zu folgen. Sie setzt mit Recht bei der gebotenen **Auslegung** der Tilgungsbestimmung an, die den Bezug zum bereicherungsrechtlich relevanten Kausalverhältnis schafft und als Willenserklärung bzw. geschäftsähnliche Handlung allgemeinen Auslegungskriterien (§§ 133, 157) unterliegt (BGHZ 106, 163, 166). Dann aber ist es jedenfalls dogmatisch konsequent, auch für die Ermittlung der bereicherungsrechtlich relevanten Leistungsbeziehung den Erklärungswert der Tilgungsbestimmung nach der **Empfängersicht** zu bestimmen. Die von der Gegenansicht hiergegen ins Feld geführten Bedenken, auf solche Weise werde der Empfänger undifferenziert und letztlich über Gebühr vor der bereicherungsrechtlichen Inanspruchnahme durch A geschützt (vgl: MüKo/*Lieb* § 812 Rn 107 ff; Staud/*Lorenz* § 812 Rn 61) tragen nicht. Im Gegenteil: Gerade für die praktisch besonders bedeutsamen Fälle des vollmachtlosen Vertreterhandelns bestimmt § 179, dass der Zuwendende sich an den **falsus procurator** halten muss. Mit der darin zu Tage tretenden gesetzlichen Wertung wäre es nur schwer in Einklang zu bringen, ihm zugleich einen auf § 812 I 1 Alt 1 gestützten Bereicherungsanspruch gegen den Empfänger zuzubilligen (ebenso: Anwk/*v Sachsen Gessaphe* § 812 Rn 179; *Esser/Weyers*, Schuldrecht II/2, § 48 III 6 b, S 63; *Koppensteiner/Kramer*, S 38). Allerdings bleibt dem Zuwendenden die **Anfechtung** der Tilgungsbestimmung analog § 119 I, die freilich zum Ersatzanspruch des C nach § 122 führt und in der Praxis in aller Regel daran scheitern wird, dass sie gem § 121 unverzüglich erklärt werden muss (vgl hierzu: BGHZ 106, 163, 166; 67, 232, 241f; NJW 74, 1132, 1133; Hamm NJW-RR 89, 700, 701; *Larenz/Canaris*, Schuldrecht BT II/2, § 70 III 3 b; Staud/*Lorenz* § 812 Rn 61). Im Übrigen steht der dann grds eröffneten **Nichtleistungskondiktion** A–C die für den Bereicherungsausgleich allgemein gültige Erwägung entgegen, dass der ehemals Berechtigte den durch eine **fehlerfreie** Vermögensverschiebung hingegebenen Vermögensgegenstand nicht gemäß § 812 I 1 Alt 2 vom Empfänger kondizieren kann (s Rn 84). Soweit die Anfechtung allerdings auch die dingliche Einigungserklärung beseitigt (so: *Larenz/Canaris*, Schuldrecht II/2, § 70 III 3 b), wird A die Vindikation bei C zu gestatten sein.

108 **E. Allgemeines. I. Verjährung.** Für alle Bereicherungsansprüche gilt die dreijährige **Regelverjährung** gemäß § 195. Die Verjährungsfrist beginnt gemäß § 199 I Nr. 1 frühestens mit dem Schluss des Jahres, in dem der **Anspruch entstanden** ist, bei der *concitio ob rem* also erst, wenn endgültig feststeht, dass der Empfänger die vom Leistenden nach der Zweckabrede erwartete Gegenleistung nicht erbringen wird (s Rn 45); für die **condictio ob causam finitam** ist der Zeitpunkt maßgebend, in dem der ursprünglich vorhandene Rechtsgrund wegfällt. Darüber hinaus knüpft § 199 I Nr. 2 den Beginn der Verjährungsfrist an die **Kenntnis oder grob fahrlässige Unkenntnis** des Bereicherungsgläubigers von den anspruchsbegründenden Tatsachen und der Person des Schuldners. Allerdings tritt die Verjährung ungeachtet dessen spätestens 10 Jahre nach der Entstehung des Anspruchs ein – § 199 IV. Bei **Rechtsgrundverweisungen** auf das Bereicherungsrecht gelten die für die Verweisungsnorm maßgeblichen Verjährungsvorschriften (AnwK/*v Sachsen Gessaphe* § 812 Rn 202; zum Sonderfall der Rückforderung von Zinsen bei nichtigen Ratenkreditverträgen: BGHZ 98, 174, 181 ff; 112, 352, 353 f).

109 **II. Beweislast.** Die Verteilung der Darlegungs- und Beweislast für Bereicherungsansprüche folgt allgemeinen Grundsätzen. Dementsprechend muss der Bereicherungsgläubiger **sämtliche Tatsachen** darlegen und im Bestreitensfall beweisen, aus denen sich sein Bereicherungsanspruch ergeben soll (BGH NJW 83, 626; 83, 220; Staud/*Lorenz* § 812 Rn 92 mwN). Dazu gehört grds auch die **Rechtsgrundlosigkeit** der Zuwendung (BGH NJW-RR 91, 574, 575). Allerdings muss zunächst der Bereicherungsschuldner, der sich auf einen konkreten Rechtsgrund beruft, diesen schlüssig dartun. Erst dann ist es Sache des Bereicherungsgläubigers, die zur Begründung des konkreten Behaltensgrundes vorgetragenen Tatsachen zu widerlegen (BGH NJW-RR 04, 556; NJW 03, 1449, 1450; 99, 2887 f; aA für die Eingriffskondikti on: MüKo/*Lieb* § 812 Rn 393 – Beweislastumkehr zu Lasten des Schuldners). Demgegenüber ist der Bereicherungsschuldner darlegungs- und beweispflichtig für solche Tatsachen, aus denen sich **konditionshindernde Einwendungen**, insbesondere die **Kondiktionssperren** aus §§ 813 II, 814, 815, 817 S 2 rechtfertigen sollen (s dort). Zu den Besonderheiten der Beweislastverteilung bei der Rückforderung von **Leistungen unter Vorbehalt**: § 814 Rn 6, 9.

§ 813 Erfüllung trotz Einrede

(1) ¹Das zum Zwecke der Erfüllung einer Verbindlichkeit Geleistete kann auch dann zurückgefordert werden, wenn dem Anspruch eine Einrede entgegenstand, durch welche die Geltendmachung des Anspruchs dauernd ausgeschlossen wurde. ²Die Vorschrift des § 214 Abs. 2 bleibt unberührt.
(2) Wird eine betagte Verbindlichkeit vorzeitig erfüllt, so ist die Rückforderung ausgeschlossen; die Erstattung von Zwischenzinsen kann nicht verlangt werden.

A. Normzweck und Anwendungsbereich. § 813 I stellt zwar einen **eigenständigen Tatbestand** der Leistungskondiktion dar, begründet faktisch indes nur eine Erweiterung der **condicitio indebiti** (§ 812 I 1 Alt 1) auf die Fälle, in denen die Leistung zwar mit Rechtsgrund auf einen bestehenden, aber wegen einer **dauernden (peremptorischen) Einrede** nicht durchsetzbaren Anspruch des Bereicherungsschuldners erfolgt (MüKo/ *Lieb* § 813 Rn 1; BaRoth/*Wendehorst* § 813 Rn 1). Die dogmatische Grundlage für diese Gleichstellung findet sich in der alle Tatbestände des Bereicherungsausgleichs tragenden Erwägung, dass der Bereicherungsschuldner im einen wie im anderen Fall einen (ungerechtfertigten) Vermögensvorteil erlangt, der ihm nach den Kriterien der rechtsgeschäftlichen bzw gesetzlichen Güterzuordnung im Ergebnis nicht gebührt (hierzu: § 812 Rn 1, 5 f). Deshalb gilt für die Konkurrenz zu anderen Vorschriften des Zivilrechts das für die Leistungskondiktionstatbestände des § 812 I Gesagte entspr (vgl § 812 Rn 19, 38 ff). 1

B. Tatbestand. I. Rückforderung – § 813 I 1. 1. Tatbestandsmerkmal „Leistung auf einredebehaftete Forderung". Der Rückforderungsanspruch aus § 813 I 1 BGB betrifft ebenso wie der aus § 812 I 1 Alt 1 das durch Leistung eines anderen Erlangte (hierzu § 812 Rn 22 ff). In Unterschied zur **condicitio indebiti** erfolgt die nach § 813 I 1 kondizierbare Leistung indes auf eine bestehende Verbindlichkeit, also nicht ohne Rechtsgrund iSd § 812 I. Sie kann dennoch gemäß § 813 I 1 herausverlangt werden, wenn der Bereicherungsgläubiger in der irrigen Annahme geleistet hat, hierzu verpflichtet gewesen zu sein, obwohl er den Anspruch des Empfängers durch die Geltendmachung einer **dauernden Einrede** hätte abwehren können. Unterliegt er diesem Irrtum nicht, leistet er also in (positiver) Kenntnis des Bestehens einer solchen Einrede, so ist spätere Kondition gemäß § 814 ausgeschlossen (s dort). Darüber hinaus ist die Konditionssperre des § 817 S 2 zu beachten. 2

2. Dauernde Einrede. § 813 I 1 stellt ausdrücklich klar, dass die Geltendmachung des gleichwohl erfüllten Anspruchs durch eine **dauernde (peremptorische) Einrede** ausgeschlossen gewesen sein muss. Es darf sich also nicht nur um eine vorübergehende (dilatorische) Einrede (etwa aus § 320) handeln (BGH NJW 82, 1587f). Gemeint sind im Übrigen nur dauerhaft rechtshemmende Einreden, weil sich die Leistung bei Bestehen rechtsvernichtender bzw. rechtshindernder Einwendungen bereits als rechtsgrundlos iSd § 812 I erweist (BaRoth/*Wendehorst* § 813 Rn 4; MüKo/*Lieb* § 813 Rn 5; zur bereicherungsrechtlichen Rückabwicklung von Zahlungen auf eine nach 556 III 2, 3 ausgeschlossene Betriebskostennachforderung: BGH NJW 06, 903). In Erwägung dessen kommen als Einreden iSd § 813 insbesondere diejenigen aus §§ 821, 853, 1166, 1973, 1975, 1990, 2083 und 2345 (vgl statt vieler: Staud/*Lorenz* § 813 Rn 8 mwN; aA bspw für §§ 821, 853, 1973 und 1990 ff: *H Roth*, Die Einrede des bürgerlichen Rechts, 88, 8ff; für 1629a: *Löwisch* NJW 99, 1002, 1003) sowie die auf den Einwand rechtsmissbräuchlichen Verhaltens gestützten endgültigen Leistungsverweigerungsrechte aus § 242 (insbesondere wegen Arglist und Verwirkung) in Betracht (BGH LM § 242 (Cd) Nr. 19; AnwK/*v Sachsen Gessaphe* § 813 Rn 4; MüKo/*Lieb* § 813 Rn 7). Demgegenüber findet § 813 I keine (entsprechende) Anwendung auf die Fälle der nicht genutzten **Aufrechnungs- oder Anfechtungsbefugnis** (RGZ 144, 93ff; RGZ 151 361, 376; Staud/*Lorenz* § 813 Rn 11; Erman/*Westermann* § 813 Rn 3; MüKo/*Lieb* § 813 Rn 8; AnwK/*v Sachsen Gessaphe* § 813 Rn 3; BaRoth/*Wendehorst* § 813 Rn 4). Gleiches gilt iE für die Erfüllung von **Naturalobligationen**, wie sich aus §§ 656 I 2; 762 I 2 ergibt. Für den praktisch wichtigsten Fall einer peremptorischen Einrede, nämlich der Einrede der **Verjährung**, schließt § 813 I 2 die Kondition durch die Bezugnahme auf § 214 II grds aus (vgl aber auch Rn 5). Die Einrede muss **im Zeitpunkt der Leistungserbringung bestanden** haben (einschränkend für Einreden aus § 242: Staud/*Lorenz* § 813 Rn 7; ihm folgend: BaRoth/ *Wendehorst* § 813 Rn 7); dass sie nicht auch geltend gemacht worden sein muss, liegt in der Natur der Sache, weil der Bereicherungsgläubiger sonst nicht (irrtümlich) geleistet hätte (iE ebenso: AnwK/*v Sachsen Gessaphe* § 813 Rn 3 mwN). 3

3. Mehrpersonenverhältnisse. § 813 I schließt für Mehrpersonenverhältnisse eine **Direktkondiktion** grds nicht aus. Deshalb kann der Leistende das zwecks Erfüllung einer **fremden einredebehafteten Verbindlichkeit** Geleistete (§ 267) uU direkt vom Empfänger kondizieren (ebenso: MüKo/*Lieb* § 813 Rn 4). Das freilich nur iRd für den Bereicherungsausgleich in Mehrpersonenverhältnissen allgemein geltenden Grundsätze (BaRoth/ *Wendehorst* § 813 Rn 8; MüKo/*Lieb* § 813 Rn 4; hierzu iE: § 812 Rn 76 ff), die im Übrigen auch in den Fällen uneingeschränkte Geltung beanspruchen, in denen der Leistende dem Empfänger kraft gesetzlicher Regelung Einreden aus der Rechtsbeziehung zu einem Dritten entgegenhalten kann. So etwa bei **echten Vertrag zugunsten Dritter** gemäß § 334 (Staud/*Lorenz* § 813 Rn 5; BaRoth/*Wendehorst* § 813 Rn 8; AnwK/*v Sachsen Gessaphe* § 813 Rn 8; MüKo/*Lieb* § 813 Rn 12) und iRd **Zession** nach § 404. Hinsichtlich des sog „Rückforde- 4 rungsdurchgriffs „ beim verbundenen (finanzierten) Geschäft gemäß §§ 358, 359 soll der Leistende Zahlungen vom Darlehensgeber gemäß § 813 I zurückfordern dürfen, soweit diese **nach** der berechtigten Geltendmachung von Einwendungen (gegenüber dem Unternehmer) erfolgt sind (AnwK/v *Sachsen Gessaphe* § 813 Rn 8 mwN; zweifelnd: MüKo/*Lieb* § 812 Rn 11). Das kann allerdings nur dann gelten, wenn der Verbraucher die Zahlung endgültig hätte verweigern dürfen, was wiederum das Bestehen einer dauernden Einrede im Verhältnis zum Unternehmer voraussetzt (vgl hierzu: AnwK/*Ring* § 359 Rn 4). Damit führt der praktisch wichtigste Fall der **mangelbedingten Einrede** aus § 320 gerade nicht zu einem Kondiktionsanspruch des Verbrauchers gegen den Kreditgeber aus § 813 I 1 (str, wie hier: Stuttg ZIP 01, 691, 698; 02, 1885, 1890; Frankf WM 02, 1275; AnwK/*Ring* § 359 Rn 39; Palandt/*Heinrichs* § 359 Rn 8; *Lieb* NZM 00, 689; aA: Dresden NZM 00, 207; AnwK/v *Sachsen Gessaphe* § 813 Rn 8).

5 **II. Rückforderungsausschluss – § 813 I 2.** Für die in der Praxis besonders bedeutsame peremptorische Einrede der **Verjährung** lässt § 813 I 2 durch die Verweisung auf § 214 II eine Kondiktion nicht zu, soweit der Leistende die verjährte Forderung **freiwillig** erfüllt hat (Zur Unanwendbarkeit des § 241 II auf den Ausschlussgrund des § 556 III 2, 3: BGH NJW 06, 903). Demgegenüber kommt ein Bereicherungsausgleich über § 813 I 1 in Betracht, wenn die Forderung im Wege der **Zwangsvollstreckung** beigetrieben wurde (BGH NJW 93, 3318, 3320; BaRoth/*Wendehorst* § 813 Rn 6).

6 An der bereicherungsrechtlichen Irrelevanz der verjährungsüberwindenden **Mängeleinreden** aus §§ 478, 639 I a. F. hat sich durch die Einführung des Schuldrechtmodernisierungsgesetzes im Ergebnis nichts geändert: Zwar kann der Käufer/Besteller gemäß §§ 438 IV 2, V; 634a IV 2, V die Bezahlung des offen stehenden Kaufpreises/Werklohns auch nach rücktritts- bzw. minderungshindernder Verjährung der zugrunde liegenden Erfüllungs-. und Nacherfüllungsansprüche (§§ 438 IV 1, 634a IV 1 iVm § 218 I) weiterhin in dem Umfang verweigern, in dem er hierzu bei wirksamer Ausübung des Rücktritts-/Minderungsrechts berechtigt gewesen wäre. Auch dürfte das sich so ergebende **Leistungsverweigerungsrecht** entgegen anderer Auffassung (AnwK/v *Sachsen Gessaphe* § 813 Rn 6) unabhängig von der Behebbarkeit des Mangels eine **dauernde Einrede** iSd § 813 I 1 begründen (vgl: AnwK/*Raab* § 634 a Rn 43).Gleichwohl ist die **Rückforderung** des Geleisteten ausgeschlossen, weil die insoweit maßgeblichen Vorschriften in §§ 438 IV 1, V; 634a IV 1, V auf § 218 Bezug nehmen, der in II mit obigem Ergebnis wiederum auf § 214 II verweist.

7 **III. Vorzeitige Erfüllung einer betagten Verbindlichkeit – § 813 II.** § 813 II stellt klar, dass Leistungen auf eine zwar schon entstandene, aber noch nicht fällige – eben **betagte** – Verbindlichkeit nicht kondizierbar sind. Das betrifft insbes Zahlungen des Bestellers auf mangels Abnahme noch nicht fällige Werklohnforderungen des Unternehmers (§§ 641 I 1, 640 I). Anders nur, wenn der Besteller eine berechtigte Abschlagsforderung (§ 632 a) des Bestellers bedient, der wiederum eine dauernde Einrede entgegensteht. Nicht entstanden und deshalb nicht „betagt" ioS sind **befristete, insbesondere aufschiebend bedingte** Forderungen. Insoweit greift wegen des (noch) fehlenden Rechtsgrundes § 812 I 1 Alt 1 (s § 812 Rn 34). Für Leistungen des nicht voll Geschäftsfähigen gilt der Rückforderungsausschluss gemäß § 813 II nicht (Staud/*Lorenz* § 813 Rn 17; MüKo/*Lieb* § 813 Rn 15). Die Regelung in § 813 II Hs 2 entspricht der in § 272 (s dort).

8 **C. Allgemeines.** Die **Verjährung** des Kondiktionsanspruchs aus § 813 I 1 und die Verteilung der **Beweislast** folgt den für § 812 I BGB maßgeblichen Grundsätzen. Auf die dortigen Ausführungen (Rn 108 f) wird verwiesen.

§ 814 Kenntnis der Nichtschuld

Das zum Zwecke der Erfüllung einer Verbindlichkeit Geleistete kann nicht zurückgefordert werden, wenn der Leistende gewusst hat, dass er zur Leistung nicht verpflichtet war, oder wenn die Leistung einer sittlichen Pflicht oder einer auf den Anstand zu nehmenden Rücksicht entsprach.

1 **A. Normzweck.** § 814 normiert zwei Kondiktionsausschlussgründe, die beide den Tatbestand der **condictio indebiti** betreffen (zur Nichtanwendbarkeit auf andere Kondiktionstypen: Rn 2 ff). Alt 1 knüpft an den Grundsatz des **venire contra factum proprium** an (BGH NJW 97, 2381, 2382) und versagt deshalb demjenigen einen Bereicherungsanspruch, der trotz Kenntnis seiner Nichtschuld freiwillig leistet. Daraus ergibt sich im Umkehrschluss der für die **condictio indebiti** tragende Grundsatz, dass ein Bereicherungsausgleich überhaupt nur dann in Betracht kommt, wenn der Leistende sich über seine (nicht bestehende) Verpflichtung zur Leistung **geirrt** hat (vgl Staud/*Lorenz* § 814 Rn 1). In Alt 2 findet sich das Gebot der Einhaltung der guten Sitten wieder (§ 138), indem auch rechtsgrundlos erbrachte Leistungen einem Kondiktionsanspruch entzogen werden, soweit sie aufgrund einer **sittlichen oder moralischen Pflicht** vorzunehmen waren.

2 **B. Tatbestand. I. Leistung in Kenntnis der Nichtschuld – § 814 Alt 1. 1. Leistung „solvendi causa".** Der Kondiktionsausschluss in § 814 betrifft das zum Zwecke der Erfüllung einer Verbindlichkeit Geleistete. Es muss also eine **Leistung** iSd normativen Leistungsbegriffs vorliegen (hierzu iE § 812 Rn 22 ff), die der Zuwendende **solvendi causa** erbracht hat (AnwK/v *Sachsen Gessaphe* § 814 Rn 2; BaRoth/*Wendehorst* § 814 Rn 4). Das ist **nur** bei der **condictio indebiti** der Fall (BGH WM 86, 1324; 72, 283, 286; AnwK/v *Sachsen Gessaphe*

§ 814 Rn 2; MüKo/*Lieb* § 814 Rn 3 ff; Palandt/*Sprau* § 814 Rn 1; wenig hilfreich ist deshalb der Hinweis von BaRoth/*Wendehorst* § 814 Rn 5, § 814 beziehe sich nicht auf bestimmte Konditionstypen, sondern auf Leistungszwecke). Liegen die übrigen Voraussetzungen des § 814 vor, so ist der Bereicherungsausgleich nach § 812 I 1 Alt 1 also auch bei **Mehrpersonenverhältnissen** iRd nach allgemeinen Kriterien zu ermittelnden Leistungsbeziehung(en) ausgeschlossen (AnwK/*v Sachsen Gessaphe* § 814 Rn 2, 7). Aus dem Vorgesagten ergibt sich, dass § 814 keine Anwendung findet auf die Fälle der **Nichtleistungskondiktion** (zur Verwendungskondiktion: BGH NJW 94, 2357, 2358; vgl auch BGH WM 86, 1342, 1352) und den Bereicherungsanspruch aus **§ 817 S 1** (BGH WM 61, 530). Gleiches gilt für die Tatbestände der **condictio ob rem** (§ 812 I 2 Alt 2), die den Herausgabeanspruch des Leistenden gerade nicht an die mangels *causa* fehlgeschlagene Erfüllung einer Verbindlichkeit, sondern an die Verfehlung eines gesondert vereinbarten Leistungszwecks knüpft (hierzu iE § 812 Rn 42, 49). Also kann schon denknotwenig kein konditionshindernder Zusammenhang zwischen der Kenntnis des Leistenden vom Fehlen einer rechtsgeschäftlichen Leistungsverpflichtung und dem Konditionsgrund der **condictio ob rem**, nämlich der Zweckverfehlung, bestehen (iE ebenso: BGH NJW 99, 2892; 80, 451; Köln NJW-RR 94, 1026; MüKo/*Lieb* § 814 Rn 4; AnwK/*v Sachsen Gessaphe* § 814 Rn 2; Staud/*Lorenz* § 814 Rn 8; *Singer* WM 83, 254, 256; einschränkend bei bestehender Leistungsverpflichtung: BaRoth/*Wendehorst* § 814 Rn 5; vgl aber zu grundsätzlichen Nichtanwendbarkeit der **condictio ob rem** in diesen Fällen: § 812 Rn 49). Für die Zweckverfehlungskondiktion gilt allerdings die **Konditionssperre des § 815** (s dort).

2. Nichtschuld. § 814 setzt voraus, dass der Leistende **objektiv nicht zur Leistung verpflichtet** war. Das trifft auch dann zu, wenn die Leistung zwar auf eine bestehende, aber mit einer **dauernden Einrede** behaftete Verbindlichkeit erfolgt. Weiß der Leistende von einer solchen Einrede, ist sein Konditionsanspruch aus § 813 I in entspr Anwendung des § 814 ausgeschlossen (AnwK/*v Sachsen Gessaphe* § 814 Rn 4; MüKo/*Lieb* § 814 Rn 6). Maßgebend ist der Zeitpunkt der Leistungserbringung (AnwK/*v Sachsen Gessaphe* § 814 Rn 2; Erman/*Westermann* § 814 Rn 7; MüKo/*Lieb* § 814 Rn 3), so dass die Kondiktion wegen des **späteren Wegfalls des rechtlichen Grundes** (condicito ob causam finitam – § 812 I 2 Alt 1) nicht von § 814 umfasst ist (allg M: BGHZ 111, 125, 130; WM 72, 283, 286; Erman/*Westermann* § 814 Rn 1; MüKo/*Lieb* § 814 Rn 3). 3

3. Kenntnis. Die Konditionssperre des § 814 erfordert, dass der Zuwendende im Zeitpunkt der Leistungserbringung **positive Kenntnis** davon hatte, zur Leistung nicht verpflichtet zu sein. Bezugspunkt für diese Kenntnis kann nach dem Vorgesagten (Rn 3) das Nichtbestehen der mit der Leistung in Bezug genommenen Verbindlichkeit oder das Bestehen einer dauernden Einrede sein (§ 813 I), darüber hinaus gemäß § 142 II nach erfolgter Anfechtung die **Anfechtbarkeit** des Kausalgeschäftes, sofern das Anfechtungsrecht zumindest auch dem Leistenden zustand (RGZ 151, 361, 367; MüKo/*Lieb* § 814 Rn 13; BaRoth/*Wendehorst* § 814 Rn 9). Allerdings wird in der freiwilligen Erbringung der Leistung in diesen Fällen zumeist eine Bestätigung des anfechtbaren Rechtsgeschäfts nach § 144 zu sehen sein, so dass es auf § 814 in der Regel nicht ankommt (hierzu und grds zur Anwendbarkeit der condictio indebiti auf den Bereicherungsausgleich nach wirksamer Anfechtung des Kausalgeschäftes s § 812 Rn 34 mwN). 4

Positive Kenntnis ioS liegt nicht schon dann vor, wenn der Leistende die tatsächlichen Umstände kennt, aus denen sich seine Nichtschuld ergibt (BGH NJW 02, 3772, 3773; BGHZ 113, 62, 70; MüKo/*Lieb* § 814 Rn 10; AnwK/*v Sachsen Gessaphe* § 814 Rn 5; Staud/*Lorenz* § 814 Rn 3). Entscheidend ist vielmehr, dass er aus diesen Umständen subjektiv den **rechtlichen Schluss** zieht, die sodann gleichwohl erbrachte Leistung nicht zu schulden (BGH NJW 97, 2381), wofür allerdings abseits präziser Rechtskenntnisse eine **Parallelwertung in der Laiensphäre** ausreiche (allg M: BGH NJW 03, 2601, 2603; Kobl OLGR 00, 195, 196; statt aller: Staud/*Lorenz* § 814 Rn 3 mwN). Die Konditionssperre des § 814 greift also nicht, soweit der Leistende sich **irrtümlich** zur Leistung verpflichtet glaubt, und zwar selbst dann nicht, wenn dieser Irrtum (grob fahrlässig) verschuldet ist (BGH NJW 81, 277, 278; 72, 283, 286; Ddorf WM 02, 74, 77; Köln MDR 98, 1411; MüKo/*Lieb* § 814 Rn 10 mwN). Ebenfalls keine „Kenntnis von der Nichtschuld" liegt vor, wenn die zu tilgende Verbindlichkeit zwischen den Parteien **streitig** ist (Ddorf NJW-RR 01, 1028; 1029; AnwK/*v Sachsen Gessaphe* § 814 Rn 5). Ob bereits bloße **Zweifel** am Bestehen der mit der Leistung in Bezug genommenen Verbindlichkeit den Konditionsausschluss gemäß § 814 zu rechtfertigen vermögen, dürfte eine Frage des Einzelfalles sein (grundsätzlich dafür: AnwK/*v Sachsen Gessaphe* § 814 Rn 5 mwN; MüKo/*Lieb* § 814 Rn 10 f), die dann keiner Beantwortung bedarf, wenn der Leistende durch sein Verhalten beim Empfänger unbegründetes Vertrauen in den Bestand der Leistungspflicht geweckt hat und jedenfalls nach **Treu und Glauben** (§ 242) an der Rückforderung des Geleisteten gehindert ist (so BGHZ 32, 273, 278). 5

Auch positive Kenntnis der Nichtschuld führt nicht zum Konditionsausschluss, wenn die Leistung **unter Vorbehalt** erfolgt, soweit der Leistende damit – ggf konkludent – zu erkennen gibt, die Verbindlichkeit unter Aufrechterhaltung der Rückforderungsmöglichkeit nicht anerkennen zu wollen (BGH NJW-RR 92, 1214, 1216; WM 88, 1494, 1496; NJW 84, 2826f; AnwK/*v Sachsen Gessaphe* § 814 Rn 8; Staud/Lorenz § 814 Rn 6; Palandt/*Sprau* § 814 Rn 5). Ob dem Vorbehalt ein dahingehender Erklärungswert zukommt, ist ebenfalls eine Frage des Einzelfalles und muss aus der Sicht des Empfängers unter Berücksichtigung der Gesamtumstände ermittelt werden (Saarbr MDR 04, 329f; Karlsr WM 97, 1049, 1050). Die schlichte Mitteilung, die Leistung 6 erfolge „ohne Anerkennung einer Rechtspflicht", lässt für sich genommen nicht ohne weiteres darauf schließen, dass die Rechtswirkungen des § 814 ausgeschlossen sein sollen (Kobl NJW 84, 134, 135). Der Erklärung eines ausdrücklichen Vorbehalts steht es gleich, wenn sich aus den Umständen ergibt, dass die Leistung nicht freiwillig, sondern erkennbar **unter Druck**, etwa zur Abwendung der Zwangsvollstreckung (RGZ 147, 17, 21; Staud/*Lorenz* § 814 Rn 7 mwN) oder anderer empfindlicher Übel erfolgt (vgl: BGH NJW 95, 3054; Ddorf NJW-RR 01, 1028; Kobl NJW-RR 02, 784, 785; Palandt/*Sprau* § 814 Rn 6 mwN). Nichts anderes kann für die Fälle gelten, in denen der Schuldner nur deshalb leistet, weil er das Nichtbestehen der zu tilgenden Verbindlichkeit im Zeitpunkt der Leistungserbringung nicht beweisen kann und der Empfänger dies erkennt (MüKo/*Lieb* § 814 Rn 11 f; dann für einen konkludenten Vorbehalt: Staud/*Lorenz* § 814 Rn 7; Erman/*Westermann* § 814, Rn 7; BaRoth/*Wendehorst* § 814 Rn 11). Leistet der Schuldner in einer solchen Zwangslage ausdrücklich unter Vorbehalt, so gibt er damit ggf zu erkennen, dass seine Leistung keine Erfüllungswirkung haben soll. Dann trägt der Empfänger im Rückforderungsstreit die **Beweislast** für das Bestehen der Verbindlichkeit (st Rspr: BGH NJW 03, 2014; NJW-RR 92, 1214, 1216; Staud/*Lorenz* § 814 Rn 6 mwN).

7 Wird die Leistung von einem **Vertreter** erbracht, ist für die Kenntnis der Nichtschuld entspr § 166 I das Wissen des Vertreters maßgebend (BGH NJW 99, 1024, 1025; MüKo/*Lieb* § 814 Rn 14; Staud/*Lorenz* § 814 Rn 4), bei Mitwirkung mehrerer Vertreter das Wissen desjenigen, der die Leistung tatsächlich bewirkt hat (Hamm NJW-RR 96, 1312). Anders gemäß § 166 II 1 nur, wenn der Vertreter nach konkreten Weisungen des Vertretenen handelt (BGH NJW 99, 1024, 1025). Dieselben Grundsätze gelten im Ausgangspunkt auch für die **juristische Person**, wobei allerdings streitig ist, ob ihr das Wissen ihrer **Organe** selbst dann zuzurechnen ist, wenn diese nicht selbst gehandelt haben (dafür: AnwK/*v Sachsen Gessaphe* § 814 Rn 6; Erman/*Westermann* § 814, Rn 8; MüKo/*Lieb* § 814 Rn 14; dagegen: RGZ 95, 126, 129; Hamm WM 93, 1928; Palandt/*Sprau* § 814 Rn 7; BaRoth/*Wendehorst* § 814 Rn 10). Soweit dem Dritten bei einer **rechtgrundlosen Leistung auf fremde Schuld** (§ 267) die (Direkt-) Kondiktion nach § 812 I 1 Alt 1 vom vermeintlichen Gläubiger zu gestatten ist (hierzu § 812 Rn 103 ff), kommt es hinsichtlich des Kondiktionsausschlusses aus § 814 Alt 1 auf die Kenntnis des Dritten vom Fehlen einer Verbindlichkeit im Valutaverhältnis an (AnwK/*v Sachsen Gessaphe* § 814 Rn 7; MüKo/*Lieb* § 814 Rn 15).

8 **II. Sitten- oder Anstandspflicht – § 814 Alt 2.** § 814 Alt 2 verweigert dem Zuwendenden die Rückforderung rechtsgrundlos erbrachter Leistungen, soweit diese einer **sittlichen Pflicht** oder einer auf den **Anstand** zu nehmenden Rücksicht entsprechen. Maßgebend für das Bestehen einer solchen Sitten- oder Anstandspflicht sind die **objektiv** herrschenden Moralvorstellungen, deren sich der Leistende nicht (subjektiv) bewusst sein muss (KG FamRZ 02, 1359; Staud/*Lorenz* § 814 Rn 15). Im Übrigen setzt der Kondiktionsausschluss nach § 814 Alt 2 voraus, dass der Leistende im Zeitpunkt der Leistungserbringung irrtümlich glaubt, zur Leistung verpflichtet zu sein. Andernfalls greift bereits § 814 Alt 1. Der damit ohnehin eng umgrenzte Anwendungsbereich des § 814 Alt 2 hat heute nur noch geringe praktische Relevanz. Denn insbesondere die Fallkonstellationen, in denen früher **überobligatorische Unterhaltsleistungen** an bedürftige Angehörige als sittliche Verpflichtung verstanden wurden (vgl zur älteren Rspr Staud/*Lorenz* § 814 Rn 19 mwN), sind in Zeiten sozialrechtlich abgesicherter staatlicher Alimentationen kaum noch anzutreffen (heute deshalb Kondiktion zulässig: KG FamRZ 02, 1397). Und auch Unterhaltsleistungen des **Scheinvaters** an ein vermeintlich von ihm abstammendes Kind sollen nicht einer Sitten- und Anstandpflicht iSd § 814 Alt 2 entsprechen (Palandt/*Sprau* § 814 Rn 9; BaRoth/*Wendehorst* § 814 Rn 14), worauf es im Übrigen dann nicht ankommt, wenn die zurückverlangten Zahlungen vor der Anfechtung der zuvor festgestellten Vaterschaft und solcherart mit Rechtsgrund erbracht wurden (ebenso: AnwK/*v Sachsen Gessaphe* § 814 Rn 11).

9 **C. Beweislast.** Weil § 814 in beiden Alternativen Einwendungen gegen den Kondiktionsanspruch des Leistenden enthält, muss der Empfänger deren tatbestandlichen Voraussetzungen beweisen (BGH NJW 02, 3772, 3773). Beruft sich demgegenüber der Leistende darauf, unter Vorbehalt oder in einer die Kondiktionssperre ausschließenden Zwangslage geleistet zu haben, so trägt er hierfür die Beweislast. Im Übrigen gelten für die Verteilung des Darlegung- und Beweislast die allgemeinen Grundsätze (hierzu § 812 Rn 108 f). Mit einer Ausnahme: Soweit der Leistende durch seinen (bewiesenen) **Vorbehalt** zum Ausdruck gebracht hat, dass seine (durch die Umstände erzwungene) Leistung **keine Erfüllungswirkung** haben solle, muss der Empfänger im Streitfall darlegen und beweisen, dass die zugrunde liegende Verbindlichkeit bestand und er die Leistung behalten darf (s Rn 6 aE).

§ 815 Nichteintritt des Erfolgs

Die Rückforderung wegen Nichteintritts des mit einer Leistung bezweckten Erfolgs ist ausgeschlossen, wenn der Eintritt des Erfolgs von Anfang an unmöglich war und der Leistende dies gewusst hat oder wenn der Leistende den Eintritt des Erfolgs wider Treu und Glauben verhindert hat.

1 **A. Normzweck und Anwendungsbereich.** Was § 814 für die **condictio indebiti** ist, ist § 815 für die **condictio ob rem**. Auch § 815 enthält zwei Kondiktionssperren, die beide ihre Rechtfertigung in dem Verbot wider-

sprüchlichen Verhaltens finden (BaRoth/*Wendehorst* § 815 Rn 1; Anwk/*v Sachsen Gessaphe* § 815 Rn 1). In Alt 2 schlägt sich überdies die originär durch § 162 I manifestierte Sanktionierung einer treuwidrigen Einflussnahme auf die Durchführung des vereinbarten Rechtsgeschäfts nieder.

Durch das für beide Alternativen des § 815 maßgebliche Tatbestandsmerkmal: „**Nichteintritt des mit der Leistung bezweckten Erfolgs**" ist klar, dass § 815 die gemäß § 812 I 2 Alt 2 in gleicher Weise verankerte Zweckverfehlungskondiktion (**condictio ob rem**) betrifft (s dort, § 812 Rn 45). Bei der **condictio ob causam finitam** resultiert der erstrebte und letztlich verfehlte Erfolg der Schuldtilgung – hiervon abweichend – nicht aus einer gesonderten Zweckabrede, sondern aus dem zugrunde liegenden Kausalgeschäft (zur Abgrenzung zwischen der **condictio ob rem** und der **condicitio ob causam finitam**: § 812 Rn 32, 43). Schon daraus ergibt sich, dass § 815 die Fälle der **condictio ob causam finitam** nicht umfasst. Hinzu kommt, dass § 815 in beiden Alternativen das Ausbleiben des mit der Zweckabrede erstrebten Erfolgs voraussetzt, wohingegen bei der **condictio ob causam finitam** der Zweck der Zuwendung, nämlich die Erfüllung einer kausalen Verbindlichkeit, zunächst erreicht wird und erst nach der Erbringung der Leistung durch die Beseitigung des anfänglich bestehenden Rechtsgrundes in Wegfall gerät. In Erwägung dieser strukturellen Unterschiede ist auch eine von Teilen der Literatur (Soergel/*Mühl* § 815 Rn 1; Erman/*Westermann* § 815 Rn 1; *Enneccerus/Lehmann* § 224 I 4b) insbesondere für § 815 Alt 2 befürwortete entspr **Anwendung** auf die **condictio ob causam finitam** nicht gerechtfertigt (hM: BGHZ 29, 171, 174; NJW 68, 245; WM 67, 851, 853; Staud/*Lorenz* § 815 Rn 3), zumal ein praktisches Bedürfnis für eine dahingehende Ausweitung der Kondiktionsausschlussgründe nicht zu erkennen ist (ebenso: MüKo/*Lieb* § 815 Rn 3). Entspr anwendbar ist die Kondiktionssperre in Alt 2 demgegenüber auf den gleichgelagerten Fall des § 1301 (hierzu: BGHZ 45, 258, 262ff), wohingegen die Kondiktion aus § 817 S 1 nach zutreffender Auffassung nicht vom Regelungsgehalt des § 815 umfasst ist (*Medicus*, Bürgerliches Recht, Rn 694; BaRoth/*Wendehorst* § 815 Rn 2).

B. Tatbestand. I. Nichteintritt des mit der Leistung bezweckten Erfolgs. Beide Kondiktionsausschlussgründe in § 815 betreffen die Fälle, in denen der mit der Leistung bezweckte Erfolg verfehlt wird. Gemeint ist das gleiche wie in § 812 I 2 Alt 2, so dass auf die dortigen Ausführungen verwiesen werden kann (§ 812 Rn 41, 45).

II. Kenntnis von der anfänglichen Unmöglichkeit des Erfolgseintritts – § 815 Alt 1. § 815 Alt 1 setzt voraus, dass die Erreichung des bezweckten Erfolgs **von Anfang an** aus tatsächlichen oder rechtlichen Gründen **unmöglich** war (§ 275). Zum Kondiktionsausschluss kommt es, wenn der Leistende dies im Zeitpunkt der Leistungserbringung wusste. Erforderlich ist ebenso wie bei § 814 Alt 1 **positive Kenntnis** (s dort Rn 4 ff).

III. Verhinderung des Erfolgseintritts – § 815 Alt 2. Die Kondiktionssperre in § 815 Alt 2 trägt dem Grundsatz Rechnung, dass keine Partei aus der unredlichen Einflussnahme auf den Eintritt des rechtsgeschäftlich verabredeten Erfolgs eine Vorteil ziehen darf. Dementsprechend steht dem Leistenden ein Bereicherungsanspruch aus § 812 I 2 Alt 2 nicht zu, wenn er den Erfolgseintritt **zurechenbar** (vgl BGH WM 66, 194, 196f) und **treuwidrig** verhindert hat und er sich dessen auch **bewusst** war (AnwK/*v Sachsen Gessaphe* § 815 Rn 5; BaRoth/*Wendehorst* § 815 Rn 5; MüKo/*Lieb* § 815 Rn 5). Absicht ist nicht erforderlich (MüKo/*Lieb* § 815 Rn 5; Palandt/*Sprau* § 815 Rn 3).

Entscheidendes Kriterium für die Anwendbarkeit der Kondiktionssperre des § 815 Alt 2 ist zumeist der erforderliche **Treueverstoß**. Mit Recht stellt insbesondere die Rspr strenge Anforderungen an das Vorliegen einer ioS erheblichen Treuwidrigkeit (BGH NJW 99, 2892, 2893; 80, 451; Ddorf NJW-RR 86, 692; ebenso: AnwK/*v Sachsen Gessaphe* § 815 Rn 5; BaRoth/*Wendehorst* § 815 Rn 4), weil es gerade in den hier interessierenden Fällen der Zweckverfehlung grds der **Dispositionsfreiheit** des Leistenden unterliegen muss, von der Inanspruchnahme einer nicht dem Synallagma unterliegenden und deshalb auch nicht forderungsbewehrten (Gegen-) Leistung (hierzu: § 812 Rn 42, 45) Abstand zu nehmen (iE ebenso: BaRoth/*Wendehorst* § 815 Rn 4). Zum Kondiktionsausschluss führt sein Verhalten erst, wenn er **ohne einen hinreichenden sachlichen Grund** den Erfolg der Zweckvereinbarung zurechenbar verhindert, obwohl der (gegen-) leistungsbereite Empfänger nach den Umständen berechtigtes Vertrauen darin haben durfte, die freilich rechtsgrundlos empfangene Leistung behalten zu dürfen (BGH NJW 99, 2892, 2893; 80, 451; BaRoth/*Wendehorst* § 815 Rn 4; AnwK/*v Sachsen Gessaphe* § 815 Rn 5). Nach diesen Grundsätzen ist bspw der Leistende ohne das Hinzutreten besonderer Umstände (hierzu: BGH NJW 80, 451 – vorweggenommene Baumaßnahme führt zu Schäden am gekauften Haus) nicht gemäß § 815 Alt 2 daran gehindert, die auf einen (bewusst) formnichtigen Grundstückkaufvertrag in der gleichwohl rechtsgeschäftlich vom Empfänger gebilligten Erwartung seiner Vollziehung erbrachte Leistung zurückzufordern (BGH NJW 99, 2892; 80, 451; vgl auch § 812 Rn 46). Das gilt erst recht, wenn der Empfänger den leistenden Käufer bei Vertragsschluss arglistig über die Beschaffenheit des Grundstückes, insbesondere über dessen Bebaubarkeit getäuscht hat (BGH NJW 99, 2892; Ddorf NJW-RR 86, 692).

C. Beweislast. Nach allgemeinen Grundsätzen muss der Bereicherungsschuldner die den Einwand des Kondiktionsausschlusses tragenden tatsächlichen Umstände darlegen und beweisen (AnwK/*v Sachsen Gessaphe* § 815 Rn 6; Erman/*Westermann* § 815, Rn 4; MüKo/*Lieb* § 815 Rn 17).

§ 816 Verfügung eines Nichtberechtigten

(1) ¹Trifft ein Nichtberechtigter über einen Gegenstand eine Verfügung, die dem Berechtigten gegenüber wirksam ist, so ist er dem Berechtigten zur Herausgabe des durch die Verfügung Erlangten verpflichtet. ²Erfolgt die Verfügung unentgeltlich, so trifft die gleiche Verpflichtung denjenigen, welcher auf Grund der Verfügung unmittelbar einen rechtlichen Vorteil erlangt.
(2) Wird an einen Nichtberechtigten eine Leistung bewirkt, die dem Berechtigten gegenüber wirksam ist, so ist der Nichtberechtigte dem Berechtigten zur Herausgabe des Geleisteten verpflichtet.

1 **A. Normzweck und Anwendungsbereich.** § 816 enthält drei selbständige Kondikitonstatbestände. I 1 gewährt dem Berechtigten einen Bereicherungsanspruch gegen denjenigen, der als Nichtberechtigter eine **wirksame entgeltliche** Verfügung über einen jenem gehörenden Vermögensgegestand trifft (iE Rn 3 ff); war die Verfügung hingegen **unentgeltlich**, so richtet sich der bereicherungsrechtliche Herausgabeanspruch des Berechtigten gemäß I 2 gegen den Empfänger der Zuwendung (iE Rn 12 ff). Mit gleichem Ergebnis betrifft II schließlich den Fall, dass der Schuldner des Berechtigten mit schuldfreier Wirkung an einen Nichtberechtigten leistet (iE Rn 17 ff). Den solcherart kodifizierten Bereicherungstatbeständen des § 816 ist gemein, dass die kondiktionsauslösende Vermögensverschiebung nicht auf einer Entscheidung des Entreicherten beruht, sondern durch Handlungen des Bereicherten oder eines Dritten hervorgerufen wird. Deshalb geht die ganz hM davon aus, dass § 816 Sondertatbestände der **Eingriffskondiktion** enthält (BGH NJW 70, 2059; Staud/*Lorenz* § 816 Rn 2; Erman/*Westermann* § 816 Rn 1; Palandt/*Sprau* § 816 Rn 1; AnwK/*v Sachsen Gessaphe* § 816 Rn 2; aA für § 816 I 1 mit eingehender Begründung: MüKo/*Lieb* § 816 Rn 1 ff – Ersatzregelung), die der allgemeinen Eingriffskondiktion als *lex specialis* vorgehen (AnwK/*v Sachsen Gessaphe* § 816 Rn 5, 26, 34; BaRoth/*Wendehorst* § 816 Rn 3). Ansprüche aus **Vertrag, GoA und unerlaubter Handlung** bestehen neben denjenigen aus § 816 (Anspruchskonkurrenz), die eine dem Berechtigten gegenüber wirksame Verfügung über den Kondiktionsgegenstand voraussetzen und deshalb ihrerseits nicht durch die insoweit regelmäßig unanwendbaren Vorschriften des **Eigentümer-Besitzer-Verhältnisses** (§§ 987 ff) verdrängt werden (BGHZ 55, 176; Staud/*Lorenz* § 816 Rn 3; Palandt/*Sprau* § 816 Rn 5). Anders nur, wenn die Wirksamkeit der kondiktionsauslösenden Verfügung erst durch die **Genehmigung** des Berechtigten (§ 185) herbeigeführt wird (dazu Rn 8 ff). Dann soll der sich aus § 816 I ergebende Bereicherunganspruch des Berechtigten nicht nur mit eventuell fortbestehenden Schadenseratzansprüchen aus unerlaubter Handlung (BGH NJW 91, 695), sondern auch mit solchen gemäß §§ 989 f konkurrieren, sofern nicht mit der Genehmigung nach den Umständen des Einzelfalles ausnahmsweise ein Verzicht auf derartige Ersatzansprüche einhergeht (BGH NJW 60, 860; AnwK/*v Sachsen Gessaphe* § 816 Rn 5 mwN).

2 § 816 hat große praktische Relevanz. Er repräsentiert und regelt die **allgemeine Wertungsentscheidung** des Gesetzgebers, dass der Berechtigte nicht ohne einen angemessenen Ausgleich bleiben soll, wenn er im Interesse der Sicherheit des (dinglichen) Rechtsverkehrs einen ungewollten Rechtsverlust nach den Vorschriften über den **gutgläubigen Erwerb** bzw. der **schuldbefreienden Wirkung von Drittleistungen** hinnehmen muss (vgl: Staud/*Lorenz* § 816 Rn 2; MüKo/*Lieb* § 816 Rn 1 mwN). Die sich so ergebenden **Wertungskriterien** wirken weit über den eigentlichen Regelungsgehalt der Vorschrift hinaus, weil ihnen bei verständiger Anwendung allgemein gültige Regeln für den Bereicherungsausgleich in Mehrpersonenverhältnissen entnommen werden können, die insbesondere für die Lösung der sog „**Verarbeitungs- und Einbaufälle**" von zentraler Bedeutung sind. Sie münden letztlich in der in jenem Zusammenhang bereits eingehend erörterten Erkenntnis, dass der **gutgläubige entgeltliche** Erwerb einen Behaltensgrund schafft und deshalb **kondiktionsfest** ist (§ 816 I 1), was auf den **unentgeltlichen** Erwerb wegen der durch § 816 I 2 gegen den Empfänger zugelassenen Kondiktion nicht zutrifft (zum Ganzen iE: § 812 Rn 81-84).

B. Tatbestand. I. Entgeltliche Verfügung eines Nichtberechtigten – I 1. 1. Grundgedanke und Regelungs-
3 **gehalt.** § 816 I 1 stellt klar, dass der Berechtigte, der sein Recht an einem ihm gehörenden Gegenstand durch eine wirksame entgeltliche Verfügung des Nichtberechtigten an den Erwerber verloren hat, bereicherungsrechtlich nicht gegen diesen vorgehen kann, sondern sich an den nichtberechtigt Verfügenden halten muss. Darin liegt bei näherer Betrachtung ein systemwidriges Zugeständnis an die **Privilegierung des gutgläubigen Erwerbers**, indem der Berechtigte mit seinem Kondiktionsanspruch an den Verfügenden verwiesen wird, obwohl der eigentliche Kondiktionsgegenstand nicht diesem, sondern dem Erwerber – und zwar unmittelbar durch den Bereicherungsvorgang – zugeflossen ist (zum **Unmittelbarkeitsgrundsatz** s § 812 Rn 63). Deshalb ist *Lieb* (in MüKo § 816 Rn 2 ff, 7) darin zuzustimmen, dass § 816 I 1 zumindest in diesem Punkt nicht den für die allgemeine Eingriffskondiktion geltenden Grundsätzen folgt und deshalb entgegen der Sichtweise der hM (s Rn 1) eher die Funktion einer **eigenständigen Ersatzregelung** hat. Die Vorteile für den Bereicherungsschuldner, **verschuldensunabhängig** gegen den nichtberechtigt Verfügenden vorgehen zu können, sind insbesondere dadurch erheblich, dass der Berechtigte es im Falle einer – bspw wegen § 935 – zunächst unwirksamen Verfügung des Nichtberechtigten in der Hand hat, die Wirksamkeit der Verfügung nachträglich durch seine **Genehmigung** herbeizuführen (§ 185). Er kann iE also wählen, ob er gemäß § 985 beim Empfänger vindizieren oder nach § 816 I 1 beim Verfügenden kondizieren will (hierzu iE Rn 8 ff).

2. Tatbestandsmerkmale. a) Wirksame Verfügung durch einen Nichtberechtigten. § 816 I 1 setzt eine 4
rechtsgeschäftliche Verfügung des Nichtberechtigten voraus. Verfügung idS ist jedes (dingliche) Rechtsgeschäft, durch das ein bestehendes Recht übertragen, belastet, in seinem Inhalt verändert oder aufgehoben wird (statt aller: Palandt/*Sprau* § 816 Rn 7). Nicht dem Regelungsgehalt des § 816 I 1 unterfallen demnach **hoheitliche Akte der Zwangsvollstreckung** (BGHZ 32, 240, 244; 100, 95,98ff; AnwK/*v Sachsen Gessaphe* § 816 Rn 6; BaRoth/*Wendehorst* § 816 Rn 5; zum Bereicherungsausgleich in diesen Fällen: § 812 Rn 65), nach zutreffender Auffassung auch nicht die **schuldrechtlich begründete Gebrauchsüberlassung** fremden Eigentums (BGHZ 131, 297; Staud/*Lorenz* § 816 Rn 6; Erman/*Westermann* § 816 Rn 4; Palandt/*Sprau* § 816 Rn 7; aA: *Esser/Weyers*, Schuldrecht II/2, § 50 II 2a; zu Bereicherungsansprüchen des Eigentümers gegen den Mieter bei unberechtigter Untervermietung: § 812 Rn 62). Ebenfalls nicht zur direkten Anwendung des § 816 I 1 führt mangels rechtsgeschäftlicher Verfügung der kraft Gesetzes durch §§ 946 ff bewirkte Rechtserwerb (zur Bedeutung der in § 816 niedergelegten Wertungskriterien in diesen Fällen: § 812 Rn 81–84).
Der **Nichtberechtigte** muss verfügt haben. Maßgebend ist, ob der Verfügende **Verfügungsmacht** hatte, die 5
gemäß § 185 auch auf einer ermächtigenden **Einwilligung** des Berechtigten beruhen kann (BGH WM 98, 856). Sie fehlt hingegen selbst dem Rechtsinhaber, soweit er in der Verfügungsbefugnis beschränkt ist und gleichwohl dem gutgläubigen Empfänger lastenfreies Eigentum verschafft (MüKo/*Lieb* § 816 Rn 20). Der anfänglich fehlenden Verfügungsmacht steht es gleich, wenn diese nachträglich rückwirkend durch Anfechtung beseitigt wird – § 142 I (Erman/*Westermann* § 816 Rn 4). Verfügender ioS und damit Bereicherungsschuldner ist bei der offenen **Stellvertretung** der Vertretene (BGH NJW 99, 1026, 1027), bei der mittelbaren Stellvertretung der Vertreter (Karlsr WM 03, 584, 585; MüKo/*Lieb* § 816 Rn 20; Baroth/*Wendehorst* § 816 Rn 4; Palandt/*Sprau* § 816 Rn 11; zum Bereicherungsausgleich beim Kommissionsgeschäft: MüKo/*Lieb* § 816 Rn 21 mwN).
Berechtigter iSd § 816 I 1 ist derjenige, der nach den allgemeinen Regeln der rechtlichen Güterzuordnung im 6
Zeitpunkt der Vermögensverschiebung verfügungsbefugt gewesen wäre (vgl: BGH NJW 04, 365), beim Treuhandgeschäft also der **Treuhänder**, und zwar selbst dann, wenn er im Innenverhältnis seine Treuhandbefugnisse pflichtwidrig überschreitet (BGH NJW 99, 1026; aA: *Jakobs* ZIP 99, 733). Bei **mehreren Berechtigten** (Miteigentümer; Eigentümer und Pfandrechtsinhaber) kann entspr § 1011 jeder vom Verfügenden Herausgabe an alle verlangen (BGH LM § 812 Nr. 15; iE hierzu: Staud/*Lorenz* § 816 Rn 14).
Die Verfügung des Nichtberechtigten ist dem Berechtigten gegenüber **von Anfang an wirksam**, wenn dieser 7
eingewilligt hat (§ 185 I), sonst vor allem in den gesetzlich geregelten Fällen des **gutgläubigen Erwerbs** vom Nichtberechtigten (§§ 932 ff, 936, 1032, 1207) unter Berücksichtigung der Bestimmungen über die Legitimationswirkung des **Grundbuchs** (§§ 892, 893, 1138, 1155 ff, 1192, 1200) und des **Erbscheins** (§§ 2366 ff).
War die Verfügung des Nichtberechtigten nach obigen Grundsätzen unwirksam – insbesondere weil der 8
Empfänger bösgläubig (§ 932 I 1, II) oder die Sache dem Berechtigten abhandengekommen war (§ 935) – so hat der Berechtigte es in der Hand, die Verfügung durch seine **Genehmigung** gemäß §§ 185 II 1 Alt 1, 184 I rückwirkend wirksam werden zu lassen. Das ändert freilich nach allg Ansicht nichts daran, dass der Verfügende als Nichtberechtigter gehandelt hat (AnwK/*v Sachsen Gessaphe* § 816 Rn 12 mwN; MüKo/*Lieb* § 816 Rn 25; Palandt/*Sprau* § 816 Rn 9). Maßgebend für die Genehmigungsbefugnis des Berechtigten ist der **Zeitpunkt der Verfügung**. Die Genehmigung kann also auch dann noch mit den sich aus § 816 I ergebenden Rechtswirkungen erteilt werden, wenn der Berechtigte seine Verfügungsmacht in diesem Zeitpunkt aus Rechtsgründen – zu denken ist insbesondere an einen der Verfügung nachfolgenden Rechtsverlust gemäß §§ 946 ff – bereits verloren hat (BGHZ 56, 131, 133ff; Palandt/*Sprau* § 816 Rn 9; BaRoth/*Wendehorst* § 816 Rn 13; zur parallelen Anwendung der sich aus § 816 I ergebenden Wertungskriterien auf die Verarbeitungs- und Einbaufälle: § 812 Rn 82). Aus alledem folgt für die Praxis, dass der (ehemals) Berechtigte bei unwirksamer Verfügung des Nichtberechtigten bis zur Entscheidung über die Erteilung oder Versagung der Genehmigung **frei wählen** kann, ob er den Verfügungsgegenstand gemäß § 985 beim Empfänger vindizieren oder – nach Genehmigung – den Erlös beim Verfügenden gemäß § 816 I 1 kondizieren will (vgl BGHZ 56, 131, 134). Bei einer **mehrgliedrigen Kette** von unwirksamen Verfügungen ist es ihm darüber hinaus überlassen, die Verfügung desjenigen zu genehmigen, der ihm die bestmögliche Gewähr für die Realisierung seines Bereicherungsanspruchs bietet. Nur so lässt sich ein effektiver Schutz des Berechtigten gewährleisten, der zunächst Gelegenheit haben soll, sich über den Verbleib des Verfügungsgegenstandes und die Bonität der in Betracht kommenden Ausgleichsschuldner zu vergewissern.
Indes: Die Erteilung der Genehmigung ist **unwiderruflich** (BGHZ 40, 164), ebenso ihre Verweigerung (BGH 9
NJW 99, 3704). Der Berechtigte ist also gezwungen, sich vor der Entscheidung über die Genehmigung klar darüber zu werden, wen er in Anspruch nehmen will. Weil es sich bei Erteilung und Verweigerung der Genehmigung um einseitige empfangsbedürftige Willenserklärungen handelt (Palandt/*Heinrichs* Einf v § 182 Rn 3; § 182 Rn 4), können beide – Erteilung und Verweigerung – nach allgemeinen Grundsätzen der Rechtsgeschäftslehre auch stillschweigend erfolgen. (Palandt/*Sprau* § 816 Rn 9). So kann nach Ansicht des BGH in der Erhebung einer Klage gegen den Verfügenden insbesondere dann eine **konkludente Genehmigung** der Verfügung zu sehen sein (BGH LM § 816 Nr. 6), wenn der Berechtigte bei Klageerhebung die Unwirksamkeit der Verfügung gekannt oder zumindest für möglich erachtet hat (BGH DB 60, 1212) und/oder er nach den

Umständen keinen Anlass für die Annahme haben konnte, mit seinem Bereicherunganspruch gegen den (insolventen) Verfügenden auszufallen (vgl: BGH NJW 90, 1200, 1201). Die hiergegen in der Lit vorgetragenen Erwägungen, denen zufolge die Erhebung der Klage gegen den Verfügenden grds auf eine Verurteilung zur Herausgabe des Erlöses Zug-um-Zug gegen Erteilung der Genehmigung gerichtet sein soll (Staud/*Lorenz* § 816 Rn 9; MüKo/*Lieb* § 816 Rn 26; jeweils mwN), um so den Schutz des Berechtigten über den Zeitpunkt der Klageerhebung hinaus zu prolongieren, finden ihre Grenzen jedenfalls dort, wo dem Verhalten des Berechtigten nach **allgemeinen Auslegungsgrundsätzen** (§§ 133, 157) der Erklärungswert einer Genehmigung zukommt. Nichts anderes gilt im Ausgangspunkt für die **Verweigerung** der Genehmigung, die der BGH allerdings mit Recht nicht bereits durch die Erhebung einer Schadensersatzklage gegen den Erwerber als (konkludent) erklärt ansieht (BGH NJW 68, 1326).

10 Auf der anderen Seite darf nicht übersehen werden, dass dem Berechtigten bei Anwendung der obigen Grundsätze grds die Möglichkeit eröffnet ist, den Dieb gemäß §§ 823 ff auf Schadenseratz für den Verlust der abhandengekommenen Sache in Anspruch zu nehmen, obwohl er – nach Genehmigung – zugleich aus § 816 I 1 gegen den Verfügenden vorgehen kann. Die Rspr begegnet der sich hieraus ergebenden Besorgnis einer **doppelten Befriedigung** des Berechtigten, indem sie ein **Gesamtschuldverhältnis** zwischen beiden Schuldnern annimmt und die Anwendung des § 255 verneint (BGHZ 52, 39, 41 ff; ausführlich zum Meinungsstand: Staud/Lorenz § 816 Rn 26 mwN).

11 **b) Entgeltlichkeit.** Der Bereicherungsanspruch aus § 816 I 1 besteht nur bei **entgeltlichen Verfügungen**, wie sich im Umkehrschluss aus § 816 I 2 ergibt, der Unentgeltlichkeit voraussetzt. Wegen der Abgrenzung wird auf die dortigen Ausführungen zur Unentgeltlichkeit verwiesen (Rn 15).

12 **II. Unentgeltliche Verfügung eines Nichtberechtigten – I 2. 1. Grundgedanke und Regelungsgehalt.** Der dem Berechtigten durch § 816 I 1 gewährte Ausgleich für den nach Gutglaubensvorschriften hinzunehmenden sachlich-rechtlichen Verlust des Verfügungsgegenstandes greift nicht, wenn der Nichtberechtigte **unentgeltlich verfügt** und deshalb aus der Verfügung keinen kondizierbaren Gegenwert erlangt. Den dann notwendigen Interessenausgleich schafft § 816 I 2, indem er dem Berechtigten den bereicherungsrechtlichen **Durchgriff** gegen den Erwerber gestattet, der seinerseits für die Erlangung des Verfügungsgegenstandes keine vermögenswerten Aufwendungen hat tätigen müssen und deshalb durch die in § 816 I 2 niedergelegte bereicherungsrechtliche Herausgabeverpflichtung nicht unangemessen benachteiligt wird. Aus der solcherart durch § 816 I 2 erzwungenen **Durchbrechung des Gutglaubensschutz** erhellt sich im Zusammenspiel mit § 822 (zum Regelungsgehalt der Vorschrift und zur Abgrenzung von § 816 s dort Rn 1) die **Schwäche des unentgeltlichen Erwerbs als nicht konditionsfest**, woraus sich wiederum allgemein Geltung beanspruchende, insbesondere für den Bereicherungsausgleich in Mehrpersonenverhältnissen bedeutsame **Wertungskriterien** ableiten lassen (hierzu iE: § 812 Rn 81 ff).

13 Soweit der Berechtigte gem § 816 I 2 beim unentgeltlichen Erwerber kondizieren kann, kommt ein Bereicherungsanspruchs aus § 816 I 1 gegen der Verfügenden nicht in Betracht (zum Sonderfall der gemischten Schenkung sogleich Rn 15). Probleme bereiten indes die Fälle, in denen der Verfügende durch die unentgeltliche Zuwendung von seiner Verbindlichkeit aus einem wirksamen Schenkungsvertrag mit dem Erwerber befreit wird und auf diese Weise Aufwendungen für die Beschaffung eines Ersatzgeschenkes erspart. Dann stellt sich die Frage, ob er dem Berechtigten aus dem Gesichtspunkt einer **allgemeinen Eingriffskondiktion** gemäß §§ 812 I 1 Alt 2 zum Wertersatz verpflichtet ist. Das ist schon deshalb zu verneinen, weil nicht der Verfügende, sondern der Erwerber den (primären) Kondiktionsgegenstand „unmittelbar auf Kosten des Berechtigten erlangt", den er folgerichtig gem § 816 I 2 an den Berechtigten herausgeben muss. Die gesetzliche Regelung ist eindeutig. Sie lässt keinen Raum für eine Eingriffskondiktion beim Verfügenden, weil der bereicherungsrechtliche **Wertersatzanspruch** gem § 818 II die Unmöglichkeit der Herausgabe des (primär) Erlangten voraussetzt. In den hier interessierenden Fällen hat der Verfügende den Kondiktionsgegenstand indes schon nicht erlangt. Im Übrigen ist die Herausgabe auch nicht unmöglich; sie trifft allerdings nicht den Verfügenden, sondern den Erwerber (iE ebenso mit ausführlicher Begründung und wN: MüKo/*Lieb* § 816 Rn 7 ff). Die Gegenmeinung, die den Wertersatzanspruch des Berechtigten gegen den Verfügenden an die Erwägung knüpft, dass dieser von einer Verbindlichkeit befreit ist und deshalb dem Berechtigten zur Vermeidung einer doppelten Kondiktion entweder den Kondiktionsanspruch aus § 816 I 2 gegen den Erwerber (Staud/*Lorenz* § 816 Rn 27; Koppensteiner/Kramer S 97; wohl auch *Larenz/Canaris*, Schuldrecht BT II/2, § 69 II 2a) oder sie räumt ihm ein Wahlrecht zwischen beiden Bereicherungsansprüchen ein (so *Reuter/Martinek* S 331). Beides überzeugt aus den soeben dargelegten Gründen nicht.

14 **Bereicherungsschuldner** iSd § 816 I 2 ist der Erwerber nur insoweit, wie er durch die konditionsauslösende Verfügung **unmittelbar** etwas erlangt hat (zum Unmittelbarkeitsgrundsatz: § 812 Rn 63). Das ist insbesondere dann nicht der Fall, wenn der Verfügende den Verfügungsgegenstand zunächst in sein Vermögen überführt (Bsp: Einzahlung fremder Geldbeträge auf das eigene Konto) und ihn erst danach unentgeltlich an den Dritten weitergibt (BGH NJW 69, 605; MüKo/*Lieb* § 816 Rn 50; Reuter/Martinek S 332). Dann kann der Berechtigte nur unter den Voraussetzungen des § 822 direkt beim Erwerber kondizieren.

2. Unentgeltlichkeit. Abgesehen von den im Übrigen bereits im Zusammenhang mit § 816 I 1 erörterten Tatbestandsmerkmalen setzt § 816 I 2 die **Unentgeltlichkeit** der Verfügung voraus. Daran fehlt es, wenn der Erwerber für den Erhalt des Verfügungsobjektes eine **Gegenleistung** erbracht hat oder erbringen sollte, die sich bei verständiger Würdigung der Gesamtumstände als **Ausgleich für den Erwerb** darstellt (BGHZ 116, 167, 170; MüKo/*Lieb* § 816 Rn 44; Erman/*Westermann* § 816 Rn 12; AnwK/*v Sachsen Gessaphe* § 816 Rn 28 mwN), und zwar auch dann, wenn die Gegenleistung vereinbarungsgemäß an einen Dritten erfolgt (MüKo/*Lieb* § 812 Rn 44; AnwK/*v Sachsen Gessaphe* § 816 Rn 28). Entgeltlichkeit idS liegt abgesehen von der vertraglich geschuldeten Bezahlung des Verfügungsgegenstandes bspw vor bei kreditbedingter Bestellung einer **Sicherheit** oder Abgabe eines abstrakten **Schuldanerkenntnisses** (MüKo/*Lieb* § 816 Rn 46) sowie bei Bezahlung von Spielschulden nach versäumter Gewinnchance (BGHZ 47, 393, 396). Demgegenüber sollen unbenannte oder ehebedingte **Zuwendungen** ungeachtet ihrer Rechtsnatur unentgeltlich iSd § 816 I 2 sein (BGHZ 116, 167, 174; NJW 00, 134, 137; aA: Staud/*Lorenz* § 822 Rn 8). Für **gemischte Schenkungen** stellt die Rspr darauf ab, ob der unentgeltliche Teil der Verfügung überwiegt; dann soll der Berechtigte den Verfügungsgegenstand gemäß § 816 I 2 beim Erwerber kondizieren dürfen (BGH WM 64, 164; ebenso: Staud/*Lorenz* § 816 Rn 28; Erman/*Westermann* § 812 Rn 12). Die Gegenmeinung will dem Berechtigten hingegen **neben** einem auf § 816 I 1 gestützten Bereicherungsanspruch gegen den Verfügenden nur hinsichtlich des unentgeltlichen Teils der Verfügung einen **ergänzenden Wertersatzanspruch** aus § 816 I 2 gegen den Erwerber zubilligen, den dieser durch Herausgabe des Verfügungsgegenstandes abwehren kann (Reuter/Martinek S 337; AnwK/v *Sachsen Gessaphe* § 816 Rn 29; BaRoth/*Wendehorst* § 816 Rn 24; mit Bedenken: MüKo/*Lieb* § 816 Rn 48).

Auf **rechtgrundlose entgeltliche Verfügungen** findet § 816 I 2 entgegen einer mittlerweile überholten Auffassung (sog Einheitskondiktionslehre; eingehend zum historischen Meinungsbild: Staud/*Lorenz* § 816 Rn 16 ff) keine (entsprechende) Anwendung. Vielmehr bleibt es nach den für die bereicherungsrechtliche Rückabwicklung beim sog **Doppelmangel** geltenden Grundsätzen (iE § 812 Rn 90) dabei, dass der Berechtigte beim Verfügenden gemäß § 816 I 1 und dieser beim Empfänger gemäß § 812 I 1 Alt 1 kondizieren müssen (jetzt ganz hL von der **Doppelkondiktion**: Staud/*Lorenz* § 816 Rn 21; MüKo/*Lieb* § 816 Rn 40 f, 49; Erman/*Westermann* § 812 Rn 10; Palandt/*Sprau* § 816 Rn 16 ff), wobei der Bereicherungsanspruch des Berechtigten gegen den Verfügenden zur Vermeidung einer für ihn wegen § 404 nachteiligen **Kondiktion der Kondiktion** von vorneherein auf **Wertersatz** gerichtet ist, den der Verfügende durch Herausgabe des beim Empfänger kondizierbaren Vergütungsgegenstandes abwenden kann (iE hierzu: § 812 Rn 90 mwN).

III. Wirksame Leistungsannahme durch den Nichtberechtigten – II. 1. Grundgedanke und Regelungsgehalt. § 816 II regelt den interessengerechten Ausgleich zwischen den Beteiligten, wenn der Schuldner eine **Leistung an den Nichtberechtigten** erbringt, die der wahre Gläubiger aufgrund gesetzlicher Schuldnerschutzbestimmungen gegen sich gelten lassen muss. Dann entsteht die Situation, dass der Gläubiger bei gleichzeitiger Befreiung des Schuldners seinen Anspruch gegen diesen einbüßt, während der Nichtberechtigte eine vermögenswerte Leistung erhält, die ihm nicht zusteht. Eine **allgemeine Eingriffskondiktion** des Berechtigten gegen den rechtgrundlos von einer Verbindlichkeit befreiten Schuldner aus § 812 I 1 Alt 2 kommt nicht in Betracht, weil der gesetzlich angeordnete Forderungsverlust dem Schuldner insoweit einen Behaltensgrund verschafft (AnwK/*v Sachsen Gessaphe* § 816 Rn 33). § 816 II stellt klar, dass stattdessen der nichtberechtigte Empfänger den Zuwendungsgegenstand an den wahren Gläubiger herausgeben muss.

2. Tatbestandsmerkmale: Schuldbefreiende Leistung an den Nichtberechtigten. Normzweck und Wirkungsweise des § 816 II lassen sich exemplarisch anhand der von §§ 407 ff umfassten Fallkonstellationen darstellen. Zahlt der Schuldner in Unkenntnis der zwischenzeitlich erfolgten Abtretung der Forderung an den Zedenten, so liegt darin eine **schuldbefreiende Leistung**, die der Zessionar als wahrer Gläubiger gegen sich gelten lassen muss. Dann ist der Zedent **nichtberechtigter Leistungsempfänger** – und damit Bereicherungsschuldner – iSd § 816 II, weil er weder Forderungsinhaber noch sonst rechtsgeschäftlich oder kraft Gesetzes zur Einziehung der Forderung befugt war (Palandt/*Sprau* § 816 Rn 20; BaRoth/*Wendehorst* § 816 Rn 28). Daran ändert sich nichts, wenn die Zahlung auf einem Konto bei seiner Bank eingeht, die – sofern nicht selbst aufgrund einer offen gelegten Zession Forderungsinhaberin (hierzu: BGH WM 59, 373 f) – lediglich als **Zahlstelle** fungiert und deshalb nicht als Leistungsempfängerin angesehen werden kann (BGHZ 53, 139, 142; 72, 316, 318 f). Bereicherungs**gläubiger** ist der Zessionar, der seine Forderung gegen den Schuldner verloren hat (§ 407). Erfolgt die Leistung des Schuldners hingegen bei **offen gelegter unwirksamer Zession** mit gemäß § 409 I 1 schuldbefreiender Wirkung an den (vermeintlichen) Zessionar, so steht der Kondiktionsanspruch aus § 816 II dem Zedenten gegen den Zessionar zu. Bei **mehrfacher Abtretung** derselben Forderung kommt es zum Bereicherungsausgleich zwischen dem Erstzessionar/Zedenten und dem Zweitzessionar, wenn letzterer die Forderung trotz der Unwirksamkeit der Zweitabtretung mit gemäß §§ 408 I, 407 schuldbefreiender Wirkung beim Schuldner einzieht (BGH NJW-RR 03, 1490). Im Gesetz finden sich außer in §§ 407 ff zahlreiche weitere Regelungen, die aus Gründen des **Schuldnerschutzes** die Wirksamkeit fehlgeleiteter Leistungen anordnen und so zum Bereicherungsausgleich nach § 816 II führen können. Zu nennen sind bspw: §§ 566 c, 808 I 1, 851, 893, 1058, 1158 f, 2019 II, 2135, 2367; § 836 II ZPO; § 365 HGB; Art 16 WG; § 82 InsO; § 76 VVG (weitere Bsp bei: MüKo/*Lieb* § 816 Rn 57).

19 Probleme bereitet die Anwendung des § 816 II beim Zusammentreffen von **verlängertem Eigentumsvorbehalt** und **verdeckter Globalzession** an die Bank des Vorbehaltskäufers, wenn die Globalzession – wie oft in derartigen Fällen – nach § 138 nichtig ist (hierzu: BGH NJW 91, 2147; 99, 940). Zahlt der Abnehmer des Vorbehaltskäufers dann gleichwohl auf dessen Konto bei der Bank, so stellt sich die Frage, wer Leistungsempfänger und damit Bereicherungsschuldner des Vorbehaltsverkäufers iSd § 816 II ist. Nach obigen Grundsätzen ist das der Vorbehaltskäufer/Zendent, weil dessen Bank bei einer nicht offen gelegten Globalzession nach außen lediglich als **Zahlstelle** auftritt (Rn 18). Dann besteht allerdings die Gefahr, dass der Vorbehaltsverkäufer aE leer ausgeht, wenn die Bank – wie üblich – eingehende Zahlungen ungeachtet der Nichtigkeit der Globalzession sogleich mit ihrer Kreditforderung gegen den Vorbehaltskäufer im Kontokorrent **verrechnet** und der Vorbehaltskäufer im Übrigen illiquide oder gar insolvent ist. Zur Vermeidung der sich hieraus für den Vorbehaltsverkäufer ergebenden Nachteile soll die Bank sich nach der Rspr des BGH gemäß § 242 jedenfalls dann nicht darauf berufen können, lediglich Zahlstelle gewesen zu sein, wenn sie den Vorbehaltskäufer/Zendenten dazu veranlasst hat, seine Forderungen ausschließlich über das bei ihr geführte Konto einzuziehen (BGHZ 72, 316, 322; ebenso: MüKo/*Lieb* § 816 Rn 58 mwN; Staud/*Lorenz* § 816 Rn 33; Palandt/*Sprau* § 816 Rn 22) oder sie ihre Funktion als Zahlstelle in sonstiger Weise treuwidrig zu ihrem Vorteil nutzt (Brandbg WM 99, 267, 270). Darüber hinaus soll der Bank gegenüber einem gegen sie gerichteten Kondiktionsanspruch des Zessionars aus § 816 II trotz **Gutschrift** des Forderungsbetrages auf dem Konto des Zedenten der Entreicherungseinwand aus § 818 III zu versagen sein, wenn die Gutschrift noch storniert werden kann (BGHZ 26, 185; 32, 357, 360).

20 § 816 II ist unanwendbar, wenn die Leistung ohne schuldbefreiende Wirkung bleibt, etwa weil schon die abgetretene **Forderung nicht besteht** (zum Bereicherungsausgleich in diesem Fällen: § 812 Rn 99). Bei **Unwirksamkeit der Abtretung** kommt es mithin darauf an, ob die Schuldnerschutzbestimmungen in §§ 407 ff greifen. Ist das nicht der Fall, so hat der Bereicherungsausgleich außerhalb des Regelungsbereichs des § 816 II nach allgemeinen Grundsätzen zu erfolgen (hierzu iE: § 812 Rn 100). Gleiches gilt, wenn der Schuldner wirksam auf die Rechtswirkungen der ihn begünstigenden Schuldnerschutzbestimmungen **verzichtet**, so dass die Forderung des Gläubigers gegen ihn fortbesteht. Dann kann er die rechtsgrundlos erbrachte Leistung gemäß § 812 I 1 Alt 1 beim Empfänger kondizieren. Auf der anderen Seite gestattet die hM dem Berechtigten, der zunächst unwirksamen Leistung des Schuldners durch seine – ggf konkludente (s Rn 9) – **Genehmigung** nachträglich schuldbefreiende Wirkung zuzuweisen, um sich auf diese Weise den Kondiktionsanspruch aus § 816 II gegen den Erwerber zu verschaffen (BGH NJW-RR 90, 1200, 1201; NJW 86, 2430; MüKo/*Lieb* § 816 Rn 60; Palandt/*Sprau* § 816 Rn 21; AnwK/*v Sachsen Gessaphe* § 816 Rn 39; Erman/*Westermann* § 816 Rn 27; aA: Staud/*Lorenz* § 816 Rn 32 mwN; Reuter/Martinek S 353 ff).

21 **C. Rechtsfolgen.** Der durch § 816 angeordnete Bereicherungsausgleich richtet sich auf der Rechtsfolgenseite im Ausgangspunkt nach den allgemeinen Regeln der § 818 ff (s dort). Bei § 816 I 2 schuldet also der unentgeltliche Erwerber gemäß § 818 I die **Herausgabe des Erlangten**, ersatzweise **Wertersatz** – § 818 II; bei § 816 II trifft diese Verpflichtung den nichtberechtigten Empfänger.

22 Demgegenüber weicht § 816 I 1 zumindest auf erste Sicht vom Regelungsprinzip des § 818 ab, indem er – zwecksprechend (vgl Rn 3) – dem Bereicherungsgläubiger den Zugriff auf den endgültig dem Erwerber zugewiesenen Verfügungsgegenstand versagt und ihn stattdessen an den **nichtberechtigt Verfügenden** verweist, der das **aus der Verfügung Erlangte** herausgeben muss. Rspr und hL sehen in Anlehnung an den Wortlaut des § 816 I 1 den aus der notwendig entgeltlichen Weitergabe erzielten **Erlös** als dasjenige an, was der Nichtberechtigte aus der Verfügung erlangt hat und deshalb selbst dann herausgeben muss, wenn der Verkaufserlös den objektiven Verkehrswert des Verfügungsgegenstandes übersteigt (BGHZ 29, 157; WM 57, 1179; NJW 97, 190, 191; MüKo/*Lieb* § 816 Rn 29 f mwN; AnwK/v *Sachsen Gehassaphe* § 816 Rn 19; Erman/*Westermann* § 816 Rn 19; BaRoth/*Wendehorst* § 816 Rn 16 mwN). Nach der Gegenmeinung (vor allem: Staud/*Lorenz* § 816 Rn 23 ff mwN; Medicus, Bürgerliches Recht Rn 720 ff, 723) besteht das aus der Verfügung Erlangte hingegen in der **Befreiung des Verfügenden von seiner Verbindlichkeit** gegenüber dem Erwerber, so dass der Bereicherungsanspruch des Berechtigten systemkonform gemäß § 818 II auf **Ersatz des objektiven Wertes** des Verfügungsgegestandes beschränkt sei. Auswirkungen hat der Meinungsstreit letztlich nur für die Beantwortung der Frage, wem ein evt **Gewinn** aus der Weiterveräußerung des Verfügungsgegenstandes gebührt (ebenso: AnwK/*v Sachsen Gehassaphe* § 816 Rn 19). Sie ist iS der hM zu beantworten, für die nicht nur der Wortlaut der Vorschrift, sondern auch der in § 285 niedergelegte Rechtsgedanke streitet, dass die ersatzweise Verpflichtung zur Herausgabe eines Erfüllungssurrogats ebenfalls den darin enthaltenen Gewinn umfasst (für § 285 ganz hM: BGH LM § 281 Nr. 10; MüKo/*Emmerich* § 285 Rn 25 mwN). Eine unangemessene Benachteiligung des – immerhin nichtberechtigt (!) – Verfügenden folgt aus alledem nicht. Ihm bleibt es insbesondere unbenommen, werterhöhende Aufwendungen, die er vor der Weitergabe auf den Verfügungsgegenstand getätigt hat, dem Bereicherungsanspruch des Berechtigten gemäß § 816 I 1 im Wege der **Aufwendungskondiktion** (iE dazu § 812 Rn 66 ff) entgegenzuhalten (so zutreffend: *Medicus*, Bürgerliches Recht Rn 724; AnwK/*v Sachsen Gehassaphe* § 816 Rn 20; MüKo/*Lieb* § 186 Rn 31). In besonders gelagerten Einzelfällen **grober Unbilligkeit** – etwa wenn der Berechtigte unter Verzicht auf die problemlos mögliche Vindikation des Verfügungsgegenstanden die ihm gegenüber zunächst unwirksame Verfügung des Nichtberechtigten

alleine zu dem Zweck genehmigt, den über den Wert der Sache hinausgehenden Erlös kondizieren zu können – wird überdies daran zu denken sein, den Konditionsanspruch des Berechtigten gemäß § 242 auf den objektiven Wert der Sache zu beschränken (vgl: BGHZ 29, 157, 161).

D. Allgemeines. Für die **Verjährung** der Kondiktionsansprüche aus § 816 gelten die allgemeinen Grundsätze (hierzu: § 812 Rn 108). **Darlegungs- und beweispflichtig** für die tatbestandlichen Voraussetzungen des § 816 ist ebenso wie bei § 812 der Bereicherungsgläubiger (iE zur Beweislast: § 812 Rn 109). Das betrifft auch die Wirksamkeit der Verfügung (§ 816 I 1) und deren Unentgeltlichkeit (§ 816 I 2) sowie die Nichtberechtigung des Verfügenden bzw. des Empfängers (Palandt/*Sprau* § 816 Rn 26), wobei der Berechtigte ggf auf die Vermutungen des § 1006 zurückgreifen kann (BGH WM 95, 534). 23

§ 817 Verstoß gegen Gesetz oder gute Sitten

¹War der Zweck einer Leistung in der Art bestimmt, dass der Empfänger durch die Annahme gegen ein gesetzliches Verbot oder gegen die guten Sitten verstoßen hat, so ist der Empfänger zur Herausgabe verpflichtet. ²Die Rückforderung ist ausgeschlossen, wenn dem Leistenden gleichfalls ein solcher Verstoß zur Last fällt, es sei denn, dass die Leistung in der Eingehung einer Verbindlichkeit bestand; das zur Erfüllung einer solchen Verbindlichkeit Geleistete kann nicht zurückgefordert werden.

A. Regelungsgehalt und Normzweck. § 817 stellt in mehrfacher Hinsicht einen Fremdkörper im Regelungsgefüge des Bereicherungsrechts dar. S 1 kodifiziert mit der **condictio ob causam turpem vel iniustam** einen Sondertatbestand der Leistungskondiktion (BGH NJW-RR 98, 1284, 1285; MüKo/*Lieb* § 817 Rn 4 mwN), deren äußerst geringer Anwendungsbereich im Spannungsfeld zwischen den Tatbeständen der **condictio indebiti** und **der condictio ob rem** systemwidrig darin besteht, dem Leistenden gerade wegen der Erreichung des mit der Leistung verfolgten Zwecks einen Kondiktionsanspruch gegen denjenigen zuzubilligen, der durch die zweckentsprechende Leistungsannahme gegen ein gesetzliches Verbot oder gegen die guten Sitten verstößt (dazu iE Rn 3 f). S 2 enthält demgegenüber einen **Kondiktionsausschlussgrund** für die Fälle, in denen der Leistende selbst sich einen Gesetzes- und Sittenverstoß entgegenhalten lassen muss. Die Anwendung der Vorschrift bereitet erhebliche Schwierigkeiten (dazu iE Rn 7 ff), die schon bei der Ermittlung des **Normzwecks** beginnen, den Rspr und hL in dem Gedanken der **Rechtsschutzverweigerung** wegen der Rückgängigmachung eines freiwillen Gesetzes- oder Sittenverstoßes erblicken (BGHZ 36, 395, 399; 40, 1, 6; NJW 94, 187; AnwK/*v Sachsen Gessaphe* § 817 Rn 2 mwN). Nach aA sollen Belange der Generalprävention im Vordergrund stehen (*Larenz/Canaris*, Schuldrecht BT II/2, § 68 III 3a; Staud/*Lorenz* § 817 Rn 5, BaRoth/*Wendehorst* § 817 Rn 2). 1

B. Tatbestand. I. Leistungskondiktion (condictio ob causam turpem vel iniustam) – § 817 S 1. 1. Allgemeine Tatbestandsmerkmale. Der Kondiktionsanspruch aus § 817 S 1 setzt wie jede Leistungskondiktion voraus, dass der Bereicherungsschuldner etwas durch Leistung eines anderen, den Bereicherungsgläubiger, erlangt hat. Insoweit gelten keine Besonderheiten, so dass auf die Ausführungen zu § 812 I 1 Alt 1, 2 Alt 1 verwiesen werden kann (s dort Rn 22 ff). 2

2. Gesetzes- oder Sittenverstoß durch zweckentsprechende Leistungsannahme. § 817 S 1 bestimmt, dass der Empfänger die an ihn erbrachte Leistung deshalb nicht behalten darf, weil deren **zweckentsprechende Annahme** gegen das **Gesetz oder die guten Sitten** verstößt. Kondiktionsgrund ist also im Unterschied zur condictio indebiti nicht die Rechtsgrundlosigkeit der Zuwendung, sondern eine abseits der rechtsgeschäftlichen Zusammenhänge verortete Wertungsentscheidung des Gesetzgebers: § 817 S 1 soll dem **redlich handelnden Leistenden** wegen der in der Leistungsannahme manifestierten **verwerflichen Gesinnung** des Empfängers die Kondiktion eröffnen, die ihm sonst wegen der Erreichung des mit der Leistung bezweckten Erfolgs verwehrt wäre (ähnlich: AnwK/*v Sachsen Gessaphe* § 817 Rn 1; wohl auch: MüKo/*Lieb* § 817 Rn 4ff). Demgegenüber besteht der Zweck der Norm entgegen aA (BaRoth/*Wendehorst* § 817 Rn 2) nicht darin, die gesetzes- oder sittenwidrige Verfolgung eines von beiden Vertragsparteien gemeinsam getragenen Leistungszwecks zu sanktionieren. Diese Aufgabe ist vielmehr den Vorschriften der §§ 134, 138 zugewiesen, deren Anwendung zur **Nichtigkeit** des solcherart verwerflichen Rechtsgeschäfts führt. Dann allerdings liegt eine Leistung auf eine Nichtschuld vor, so dass die tatbestandlichen Voraussetzungen für die allgemeine Leistungskondiktion (**condictio indebiti**) gemäß § 812 I 1 Alt 1 erfüllt sind, die freilich bei einem zur Nichtigkeit führenden **beiderseitigen Gesetzes- oder Sittenverstoß** regelmäßig durch § 817 S 2 ausgeschlossen sein dürfte (dazu unten Rn 7 ff). Demnach ist jedenfalls in diesen Fällen für einen Bereicherungsanspruch nach § 817 S 1 kein Raum (MüKo/*Lieb* § 817 Rn 4 ff mwN; AnwK/*v Sachsen Gessaphe* § 817 Rn 6; *Medicus*, Bürgerliches Recht Rn 694; aA: BaRoth/*Wendehorst* § 817 Rn 6 – § 817 S 1 geht als *lex specialis* § 812 I 1 Alt 1 vor). Gleiches gilt iE, wenn infolge des Gesetzes- oder Sittenverstoßes das **Grund- und das Erfüllungsgeschäft** nichtig sind (s dazu: § 134 Rn 23; § 138 Rn 42; *kann von hier nicht aufgelöst werden*). Dann kann der Leistende die nicht in das Vermögen des Empfängers übergegangene Sache gemäß § 985 von diesem herausverlangen oder – falls diese nicht mehr vorhanden ist – gemäß §§ 812 I 1 Alt 1, 818 II Wertersatz beanspruchen (zur Anwendbarkeit des § 817 S 2 auf Vindikationsansprüche s Rn 8). 3

4 Gleichwohl soll § 817 S 1 auch Leistungen *solvendi causa* jedenfalls dann erfassen, wenn der Rechtsgrund für die Zuwendung durch den einseitigen Gesetzes- oder Sittenverstoß des Empfängers nicht beseitigt wird (*Medicus*, Bürgerliches Recht Rn 694; Palandt/*Sprau* § 817 Rn 7). Indes: Solche Fälle lassen sich abseits dogmatischer Bedenken (hierzu iE: MüKo/*Lieb* § 817 Rn 5 ff) nur schwer konstruieren. Voraussetzung hierfür ist nämlich, dass nicht schon die einseitig verwerfliche Leistungsannahme zur Unwirksamkeit der zugrunde liegenden Kausalverpflichtung nach §§ 134, 138 führt. Denkbar ist dies bei der arglosen Bezahlung von **Schwarzarbeit**, wenn man mit der Rspr davon ausgeht, dass der in der vom Leistenden bezweckten Entgegennahme der Zahlung liegende Gesetzesverstoß des Empfängers die Wirksamkeit des Grundgeschäftes unberührt lässt (BGH NJW 84, 1175; 85, 2403; aA: AnwK/*v Sachsen Gessaphe* § 817 Rn 6, unter Bezugnahme auf: *Canaris*, Gesetzliches Verbot und Rechtsgeschäft, S 30 ff, 45 ff – nur halbseitige Nichtigkeit; zur Anwendbarkeit des § 817 S 2 auf den bereicherungsrechtlichen Wertersatzanspruch des Schwarzarbeiters: Rn 15). Nach *Kniffka* (NZBau 00, 552) soll ein einseitiger Verstoß des Bauträgers gegen § 3 I Nr. 2 MaBV die Möglichkeit einer Kondiktion nach § 817 S 1 eröffnen. Beiden Fallkonstellationen ist gemein, dass der Leistende den Empfänger durch die Verfolgung des Leistungszwecks nicht zum Gesetzesverstoß veranlasst hat, der ihm nicht einmal bewusst war. Das wird in der Praxis oft schon deshalb anders sein, weil die gesetzes- oder sittenwidrige Leistungsannahme – tatbestandskonform – zumeist gerade dem entspricht, was der Leistende mit der Zuwendung bezweckt. Dann aber bleibt für § 817 S 1 bei sittenwidrigen Verpflichtungsgeschäften bis auf die vorerwähnten Sonderfälle faktisch kein Raum, weil die bewusste Verfolgung eines gesetzes- oder sittenwidrigen Leistungserfolges in aller Regel auch für den Leistenden den Vorwurf zumindest eines Sittenverstoßes rechtfertigen wird, so dass jedweder Leistungskondiktion die Kondiktionssperre des § 817 S 2 entgegensteht (BGHZ 89, 369, 375; MüKo/*Lieb* § 817 Rn 8). In der Praxis wird § 817 S 1 entgegen verbreiteter Auffassung somit auch dann kaum je zur bereicherungsrechtlichen Rückabwicklung führen, wenn die **condictio indebiti** trotz gemäß §§ 134, 138 nichtiger Kausalbeziehung an § 814 scheitert (so aber: *Medicus*; Bürgerliches Recht Rn 649; Palandt/*Sprau* § 817 Rn 7; wie hier: AnwK/*v Sachsen Gessaphe* § 817 Rn 6; Staud/*Lorenz* § 817 Rn 9).

5 Ein **eigenständiger Anwendungsbereich** für § 817 S 1 besteht in Erwägung all dessen also nur bei gesetzes- oder sittenwidriger Verwirklichung einer außerhalb kausaler Verpflichtungen getroffenen rechtsgeschäftlichen **Zweckabrede**, deren Verfehlung vorbehaltlich des Kondiktionsausschlusses nach § 817 S 2 zur **condictio ob rem** geführt hätte (ebenso: MüKo/*Lieb* § 817 Rn 5; AnwK/*v Sachsen Gessaphe* § 817 Rn 7 mwN). Zu denken ist dabei insbesondere an die sog. **Veranlassungsfälle** (iE hierzu: § 812 Rn 46), wenn der Leistende den Empfänger mit der Zuwendung zu einem von der Rechtsordnung missbilligten Tun oder Unterlassen bewegen will. Schulbeispiele hierfür sind die **Schutzgelderpressung** (§ 253 StGB), die **Vorteilsannahme** (§ 331 StGB) und die vereinbarungsgemäße Zahlung einer Geldsumme zur **Abwendung einer Strafanzeige**. Allerdings steht wiederum § 817 S 2 im Wege, wenn der Leistende mit der Zuwendung seinerseits einen Gesetzes- oder Sittenverstoß begangen hat. Dies zu beurteilen, ist eine Frage des Einzelfalles unter Heranziehung der für §§ 134, 138 geltenden Kriterien (AnwK/*v Sachsen Gessaphe* § 817 Rn 5; zu § 138: BGH NJW-RR 98, 590; NJW 01 1127). Auf dieser Grundlage dürfte der Vorwurf eines kondiktionsausschließenden sittenwidrigen Verhaltens des Leistenden insbesondere dann nicht gerechtfertigt sein, wenn er die Leistung unter dem Eindruck einer **Zwanglage** aus tolerablen Gründen zur Abwendung eines sittenwidrigen Begehrens des Empfängers, etwa zur Abwendung einer (unberechtigten) Strafanzeige (RGZ 58, 204, 206f) oder einer Gewalttat (Schutzgelderpressung), erbringt (MüKo/*Lieb* § 817 Rn 8 mwBsp; Staud/*Lorenz* § 817 Rn 9; AnwK/*v Sachsen Gessaphe* § 817 Rn 7).

6 Streitig ist, ob § 817 S 1 weitere **subjektive Voraussetzungen** in der Person des Leistungsempfängers voraussetzt. Das wird zT unter Hinweis auf die zu S 2 ergangene Rechtsprechung (s Rn 10) bejaht. Danach soll es erforderlich sein, dass der Empfänger den Gesetzesverstoß bzw. die Sittenwidrigkeit seines Tuns **erkannt** oder er sich dieser Erkenntnis zumindest leichtfertig verschlossen hat (AG Naumburg NJW 01, 2890; Palandt/*Sprau* § 817 Rn 11). Die vorzuziehende Gegenmeinung belässt es hingegen bei dem Erfordernis eines **objektiven Gesetzes- oder Sittenverstoßes**, weil § 817 S 1 nur die materiell richtige Güterzuordnung wiederherstellen wolle (AnwK/*v Sachsen Gessaphe* § 817 Rn 7; BaRoth/*Wendehorst* § 817 Rn 9).

7 **II. Kondiktionssperre – § 817 S 2. 1. Grundlagen und Anwendungsbereich.** Wortlaut und systematische Stellung der Norm legen auf erste Sicht den Schluss nahe, dass die Kondiktionssperre nur für den in S 1 normierten Sondertatbestand der Leistungskondiktion gelten soll. Dann wäre sie allerdings wegen der regelmäßig durch §§ 134, 138 begründeten Nichtigkeit des solcherart gesetzes- oder sittenwidrigen Verpflichtungsgeschäftes und der sich daraus ergebenden Kondiktionsmöglichkeit nach § 812 I 1 Alt 1 (**condicito indebiti**) weitgehend funktionslos (s Rn 3). Deshalb ist mit der – wenngleich in vielen Einzelheiten uneinheitlichen – hM davon auszugehen, dass § 817 S 2 grds **alle Tatbestände der Leistungskondiktion** betrifft (zuletzt: BGH NJW 05, 1490 – Kaufvertrag über Radarwarngerät; BGHZ 6, 359, 399; 50, 90, 91; Staud/*Lorenz* § 817 Rn 10; AnwK/*v Sachsen Gessaphe* § 817 Rn 10 mwN), nicht hingegen diejenigen der **Nichtleistungskondiktion** (BGH NJW 03, 582, 584; BGHZ 39, 87, 91; Staud/*Lorenz* § 817 Rn 10; MüKo/*Lieb* § 817 Rn 10; für den Anwendungsbereich der Aufwendungskondiktion: BGHZ 41, 341, 349f). Darüber hinaus ist der Anwendungsbereich der Vorschrift über ihren Wortlaut hinaus („gleichfalls") auch auf **einseitige Sitten- oder Gesetzesverstöße des Leistenden** zu erstrecken, weil sonst der verwerflich handelnde Empfänger in Anwendung des Kondiktionsausschlusstatbe-

standes des § 817 S 2 besser stünde als derjenige, der sich redlich verhält (BGHZ 50, 90, 91; BGH NJW-RR 93, 1457; BaRoth/*Wendehorst* § 817 Rn 11; Anwk/*v Sachsen Gessaphe* § 817 Rn 10; Palandt/*Sprau* § 817 Rn 12; kritisch: MüKo/*Lieb* § 817 Rn 16 ff mwN). Allerdings zwingt ein derart extensives Normverständnis dann zu punktuellen, an der Interessenlage im Einzelfall orientierten Einschränkungen, die gemeinhin an den Kriterien der **Endgültigkeit der Vermögensverschiebung** und des **Schutzwecks der der verletzten Norm** festgemacht werden (dazu iE sogleich, Rn 13 ff).

Steitig ist, ob § 817 S 2 **analog** auf Ansprüche außerhalb des Bereicherungsrechts Anwendung findet. Der BGH 8
hat das verneint (BGHZ 41, 341), insbesondere für Ansprüche aus Vertrag (BGH DB 55, 1163), aus Delikt (BGH NJW 92, 310), aus GoA (BGHZ 39, 87, 91, vgl auch: BGH NJW 97, 47 – Titelkauf; aA: BaRoth/*Wendehorst* § 817 Rn 13; iE hierzu: MüKo/*Lieb* § 817 Rn 30 ff; Staud/*Lorenz* § 817 Rn 14, jeweils mN aus der zT uneinheitlichen Rspr) und für **Vindikationsansprüche** gemäß §§ 985, 987 ff (BGH LM zu § 817, Nr 1 u 20; BGHZ 63, 365). Das führt in den letztgenannten Zusammenhang indes zu Wertungswidersprüchen, wenn der Leistende gemäß § 985 Herausgabe verlangen kann, weil der Gesetzes- oder Sittenverstoß ausnahmsweise auch zur **Nichtigkeit des Erfüllungsgeschäfts** geführt hat (hierzu iE: § 138 Rn 42, *kann von hier nicht aufgelöst werden*). Dann stünde sich der Empfänger besser, als er stehen würde, wenn nur das Grundgeschäft nichtig gewesen wäre. Deshalb erscheint es grds gerechtfertigt, den sich aus § 817 S 2 ergebenden Rechtsgedanken entspr auf Vindikationsansprüche anzuwenden (ebenso: Staud/*Lorenz* § 817 Rn 14; BaRoth/*Wendehorst* § 817 Rn 13; Anwk/*v Sachsen Gessaphe* § 817 Rn 13; *Medicus*, Bürgerliches Recht Rn 697; Larenz/Canaris, Schuldrecht II 2, § 68 III 3 e), freilich nur, soweit nicht bereits der Schutzzweck des verletzten Verbotsgesetzes die Rückabwicklung der Vermögensverschiebung gebietet (dazu unten Rn 13 ff).

Im Rahmen ihres sich so ergebenden Anwendungsbereichs ist die Vorschrift des § 817 S 2 zwingend. Sie kann 9
insbesondere nicht dadurch umgangen werden, dass die Parteien anstelle des ausgeschlossenen Bereicherungsanspruchs die Rückabwicklung der gesetzes- oder sittenwidrigen Vermögensverschiebung anderweitig, etwa durch die Vereinbarung eines Darlehens, zu begründen versuchen (BGHZ 28, 164, 169 f; BGH NJW 94, 187). Demgegenüber ist die Anwendung des § 817 S 2 ausgeschlossen, wo das Gesetz solches vorschreibt. Wichtigster Fall neben § 817 S 2 HS 2 (dazu unten Rn 12) ist § 5 S 1 HS 2 WoVermG bei Zahlungen an den insoweit nichtberechtigten Wohnungsvermittler (vgl auch BGH NJW-RR 01, 1044, 1046 zu § 23 II 4 GüKG aF betr Schmiergeldzahlungen des Transportunternehmers).

2. Tatbestand. a) Gesetzes- oder Sittenverstoß des Leistenden. Der Konditionsausschluss nach § 817 S 2 10
greift, wenn zumindest der Zuwendende (zur extensiven Auslegung der Vorschrift idS: Rn 7) mit seiner Leistung einen Zweck verfolgt, der einen Verstoß gegen ein gesetzliches Verbot oder gegen die guten Sitten nach den durch §§ 134, 138 vorgegebenen Maßstäben (iE s dort) darstellt. Allerdings muss nach zutreffender Auffassung zum objektiv feststellbaren Gesetzes- oder Sittenverstoß die **subjektive Kenntnis** des Leistenden von den diesen Vorwurf tragenden Umständen hinzutreten (BGH NJW 83, 1420, 1423; 89, 3217, 3218; 93, 2108), wobei ungeklärt ist, ob diese Kenntnis auch in das Bewusstsein münden muss, gegen das Gesetz oder die guten Sitten verstoßen zu haben (so für Gesetzesverstöße: BGHZ 50, 90, 92; aA: MüKo/*Lieb* § 817 Rn 38; Staud/*Lorenz* § 817 Rn 2). Richtig dürfte im Mittelwege sein, wonach es ausreicht, dass der Leistende sich zumindest **leichtfertig der Einsicht** in die gesetzlich sanktionierte Verwerflichkeit seines Handelns verschließt (BGH NJW 05, 1490; 00, 1560, 1562; ebenso: BaRoth/*Wendehorst* § 817 Rn 16; AnwK/*v Sachsen Gessaphe* § 817 Rn 16 mwN). Maßgeblich für die Beurteilung der den Konditionsausschluss nach § 817 S 2 rechtfertigenden Umstände ist der Zeitpunkt der Leistungserbringung (BGH NJW 00, 1560, 1562). Bei konkurrierenden Beweggründen kommt es darauf an, ob die überwiegend redlichen Motive des Leistenden die Kondiktion des Zuwendungsgegenstandes zu rechtfertigen vermögen (BGHZ 35, 103, 108).

Hinsichtlich des Gesetzes- oder Sittenverstoßes müssen sich der Leistende entspr § 166 das Verhalten seines 11
Vertreters (Staud/*Lorenz* § 817 Rn 17; Palandt/*Sprau* § 817 Rn 16; im Ausgangspunkt ebenso: BGHZ 36, 395, 399), der **Rechtsnachfolger** (Erbe, Zessionar) das seines Vorgängers zurechnen lassen (BGH NJW-RR 93, 1457, 1458; Staud/*Lorenz* § 817 Rn 17; einschränkend insbesondere MüKo/*Lieb* § 817 Rn 34, wenn die missachtete Verbotsnorm gerade den Rechtsnachfolger schützen soll). Das gilt auch für den **Insolvenzverwalter**, wenn es um das Fehlverhalten des Gemeinschuldners geht (BGHZ 106, 169, 174 ff; anders noch: BGH NJW 62, 483 f).

b) Einschränkungen. aa) Eingehung einer Verbindklichkeit – § 817 S 2 Hs 2. Der Ausschlusstatbestand des 12
§ 817 S 2 greift nicht, wenn die bereicherungsrechtlich relevante Leistung in der **Eingehung einer Verbindlichkeit** bestand – § 817 S 2 HS 2. Gemeint sind vor allem die rechtsgrundlose Abgabe eines **abstrakten Schuldanerkenntnisses** (vgl § 812 II; iE dort Rn 52 f), aber auch die Hingabe eines Wechsels (BGH NJW 94, 187) oder Schecks (AnwK/*v Sachsen Gessaphe* § 817 Rn 22). Hintergrund hierfür ist abermals eine Wertungsentscheidung des Gesetzgebers: Der bis dahin nur in einem Schuldversprechen manifestierte Gesetzes- oder Sittenverstoß soll nicht dadurch perpetuiert werden, dass der Empfänger erst durch die Realisierung der Forderung die von der Rechtsordnung missbilligte Vermögensverschiebung herbeiführt (BGH NJW 84, 187; eingehend: Staud/Lorenz § 817 Rn 24 f mwN). Ist die Forderung hingegen bereits erfüllt, bleibt es folgerichtig gemäß § 817 2 Hs 2 aE beim Konditionsausschluss. Fraglich erscheint, ob die Einschränkung des § 817 S 2

§ 817 Verstoß gegen Gesetz oder gute Sitten

HS 2 auch dann gelten kann, wenn der Konditionsausschluss sich in extensiver Auslegung des § 817 S 2 aus einem **einseitigen Gesetzes- oder Sittenverstoß des Leistenden** ergibt (dazu oben Rn 7). Denn dann besteht bei näherer Betrachtung kein sachlicher Grund, den Leistenden – auch in diesem Punkt über den Wortlaut der Vorschrift hinaus – dadurch zu begünstigen, dass er den in der eingegangenen Verbindlichkeit bestehenden Konditionsgegenstand trotz des nur ihn treffenden Unredlichkeitsvorwurfs vom redlichen Empfänger herausverlangen und sich so der Erfüllung der Verbindlichkeit entziehen können soll.

13 bb) **Schutzzweck der verletzten Verbotsnorm/Endgültigkeit der Vermögensverschiebung.** Der in § 817 S 2 Hs 2 zu Tage tretende Rechtsgedanke einer wertenden Beurteilung der durch den Gesetzes- oder Sittenverstoß geschaffenen Vermögenssituation erlangt auch in anderem Zusammenhang Bedeutung. So besteht beispielsweise bei **Wucherdarlehen** die unredliche Vermögensverschiebung nicht in der Gewährung der Darlehenssumme, sondern in der Überlassung von Kapital auf Zeit, wofür der Empfänger als Gegenleistung regelmäßig eine Nutzungsvergütung in Höhe der vereinbarten Darlehenszinsen zu entrichten hat. Deshalb hindert § 817 S 2 lediglich die **vorzeitige Rückforderung** des Darlehens, nicht hingegen die von der missbilligenden Wertungsentscheidung des Gesetzes grds überhaupt nicht tangierte Rückforderung der Darlehensvaluta nach der vertraglich vereinbarten oder sich aus einer vertraglichen Kündigungsmöglichkeiten ergebenden Beendigung des Darlehensverhältnisses (BGH NJW 83, 1420, 1422; 89, 3217; 95, 1152, 1153; BGHZ 99, 333, 338f; AnwK/*v Sachsen Gessaphe* § 817 Rn 17; BaRoth/*Wendehorst* § 817 Rn 20; Staud/*Lorenz* § 817 Rn 12; *Medicus*, Bürgerliches Recht Rn 699). Danach kann die Rückforderung des Darlehens nur dann ausnahmsweise ganz ausgeschlossen sein, wenn gerade der Schutzzweck der tangierten Nichtigkeitsnorm dies gebietet, wie etwa bei der Hingabe eines Darlehens zwecks Teilnahme an einem **verbotenen Glücksspiel** (MüKo/*Lieb* § 817 Rn 23 mwN; BaRoth/*Wendehorst* § 817 Rn 20; vgl. auch: BGH NJW 95, 1152). Ist hingegen nach vorstehenden Grundsätzen lediglich die vorzeitige Rückforderung des Darlehen gemäß § 817 S 2 ausgeschlossen, so stellt sich die Frage, ob der Leistende für die Dauer der (rechtsgrundlosen) Kapitalnutzung durch den Empfänger von diesem gemäß § 818 I 2 Wertersatz in Höhe des **marktüblichen Zinses** beanspruchen kann. Die Rspr lehnt das ab, weil andernfalls der Wucherer im Vertrauen auf die Erwirtschaftung jedenfalls gesetzlich zulässiger Zinsen letztlich gefahrlos unredlich hohe Darlehenszinsen vereinbaren könne (BGH NJW 83, 1420, 1422f; BGHZ 99, 333, 338; ebenso: AnwK/*v Sachsen Gessaphe* § 817 Rn 18; BaRoth/*Wendehorst* § 817 Rn 21; Palandt/*Sprau* § 817 Rn 21). Dem ist zuzustimmen, wenn man davon ausgeht, dass der dem Gedanken der Rechtsschutzverweigerung und der Generalprävention verpflichtete Normzweck des § 817 S 2 es gebietet, dem verwerflich zum Nachteil des redlichen Empfängers handelnden Leistenden solche Möglichkeiten nicht zu eröffnen (ebenso: BaRoth/*Wendehorst* § 817 Rn 21). Die Gegenmeinung erblickt in der Versagung eines Anspruchs auf Erstattung marktüblicher Zinsen indes eine vom Normzweck des § 817 S 2 nicht getragene und deshalb nicht gerechtfertigte Sanktionierung der für verwerflich erachteten Leistungshandlung (*Medicus*, Bürgerliches Recht Rn 700 mwN; Staud/Lorenz § 817 Rn 12; *Reuter/Martinek* S 218 ff mwN; einschränkend: MüKo/*Lieb* § 917 Rn 17 – nur tatsächlich erwirtschaftete Zinsen bis zur Höhe der Angemessenheit).

14 Das in alledem aufscheinende Kriterium der **Endgültigkeit der Vermögensverschiebung** findet auch abseits der soeben erörterten Wucherfälle auf andere Sachverhalte Anwendung, in denen es um Rückforderung von nur zu einem vorübergehenden Zweck erbrachten Leistungen geht. Sie gelten entspr für die (nichtige) **Gebrauchsüberlassung** von Gegenständen auf Zeit, sofern man eine entspr Anwendbarkeit des § 817 S 2 auf die dann vorrangig gegebenen Ansprüche aus §§ 985, 987 grds bejaht (dazu oben, Rn 8; zum Sonderfall des **Mietwuchers** und der sich aus §§ 5 WiStG, 134 ergebenden Konsequenz einer geltungserhaltenden Reduktion des Mietvertrages: Staud/*Lorenz* § 817 Rn 12 unter Hinweis auf BGHZ 89, 316, 317 f). Allerdings wird der **Schutzzweck der verletzten Verbotsnorm** es in derartigen Fällen oft gebieten, dem Leistenden die sofortige Rückforderung zu gestatten, um einer Förderung des für gesetzes- bzw sittenwidrig befundenen Verwendungszwecks entgegenzuwirken (BGHZ 28, 255, 257 f; zu den Besonderheiten bei nichtigen **Geschäftsbesorgungsverträgen** und **Treuhandabreden**: MüKo/*Lieb* § 817 Rn 29 ff; AnwK/*v Sachsen Gessaphe* § 817 Rn 21, jeweils mit Nw aus der uneinheitlichen Rspr). Markantes Beispiel hierfür sind die sog **Bordellpachtfälle**, in denen die Anwendung der Konditionssperre aus § 817 S 2 faktisch zu einer Legalisierung der zinslosen Bordellnutzung führen würde und deshalb durch den Normzweck des § 138 überspielt wird (BGHZ 41, 341, 343f – grds gegen eine entspr Anwendung des § 817 S 2; AnwK/*v Sachsen Gessaphe* § 817 Rn 14, 19; Staud/*Lorenz* § 817 Rn 11; *Medicus*, Bürgerliches Recht Rn 698; vgl auch BGH WM 90, 799, 802 – „Bordellschiffall" für die Gewährung eines „bordellbezogenen" Darlehens). Den vom Bordellpächter für die bereits erfolgte Nutzung gezahlten Pachtzins darf der Verpächter gemäß § 987 behalten (BGHZ 63, 365, 368; Staud/*Lorenz* § 817 Rn 11; MüKo/*Lieb* § 817 Rn 20; aA: Larenz/*Canaris*, Schuldrecht II/2, § 68 III e). Mit ähnlichen Erwägungen wird auch die sofortige Rückforderbarkeit von **Sicherheiten** für Forderungen aus gesetzes- oder sittenwidrigen Verträgen begründet (BGHZ 19, 205, 206 f – Grundpfandrecht; BGH WM 69, 1083 – Kaution; aA – Analogie zu § 817 S 2 Hs 2: BaRoth/*Wendehorst* § 817 Rn 19; Staud/*Lorenz* § 817 Rn 13).

15 Heftig umstritten ist die Beantwortung der Frage, ob dem **Schwarzarbeiter** ein Wertersatzanspruch aus §§ 812, 818 II für erbrachte Vorleistungen gegen seinen Auftraggeber zusteht. Der BGH hat § 817 S 2 für unanwendbar gehalten und den Bereicherungsausgleich mit der Begründung zugelassen, das Schwarzarbeitsgesetz verfolge in erster Linie öffentliche Belange und diene nicht dazu, den Auftraggeber vor Ansprüchen des

Schwarzarbeiters zu bewahren (BGHZ 111, 308, 312f). Diese, auf Treu und Glauben und Billigkeitserwägungen rekurrierende Auffassung ist in der Lit mit Recht auf Ablehnung gestoßen, die § 817 S 2 mit Rücksicht auf den Schutzweck der betroffenen Verbotsnorm für anwendbar hält (Staud/*Lorenz* § 817 Rn 10; MüKo/*Lieb* § 817 Rn 37; AnwK/*v Sachsen Gessaphe* § 817 Rn 23). Mit zwei jüngeren Entscheidungen zu vergleichbaren Sachverhalten scheint sich der BGH dieser Sichtweise anzunähern (BGH NJW 92, 2021, 2023 – Bezahlung der gegen § 319 II Nr 5 HGB verstoßenden Tätigkeit eines Abschlussprüfers; BGHZ 118, 182, 193 – Veröffentlichung einer Kontaktanzeige unter Verstoß gegen 120 I Nr 2 OWiG).

C. Allgemeines. Für die **Verjährung** des Konditionsanspruches aus § 817 S 1 gelten die allgemeinen Grundsätze. Insoweit wird auf die Ausführungen zu § 812 (dort Rn 108) verwiesen. 16

Auch für die Beweislast gelten die allgemeinen Regeln (§ 812 Rn 109). Das führt dazu, dass hinsichtlich des Konditionsanspruches aus § 817 S 1 der Bereicherungsgläubiger sämtliche tatbestandlichen Voraussetzungen darlegen und beweisen muss, darüber hinaus, dass die Leistung in der Eingehung einer Verbindlichkeit iSd § 817 S 2 HS 2 bestand (Palandt/*Sprau* § 817 Rn 24). Demgegenüber trifft den Bereicherungsschuldner die Darlegungs- und Beweislast für solche Umstände, die den Konditionsausschluss nach § 817 S 2 rechtfertigen sollen. Und er muss mit Blick auf § 817 S 2 HS 2 ggf auch beweisen, dass der Bereicherungsgläubiger die Verbindlichkeit bereits erfüllt hat (Staud/*Lorenz* § 817 Rn 26). 17

§ 818 Umfang des Bereicherungsanspruchs

(1) Die Verpflichtung zur Herausgabe erstreckt sich auf die gezogenen Nutzungen sowie auf dasjenige, was der Empfänger auf Grund eines erlangten Rechts oder als Ersatz für die Zerstörung, Beschädigung oder Entziehung des erlangten Gegenstandes erwirbt.
(2) Ist die Herausgabe wegen der Beschaffenheit des Erlangten nicht möglich oder ist der Empfänger aus einem anderen Grunde zur Herausgabe außerstande, so hat er den Wert zu ersetzen.
(3) Die Verpflichtung zur Herausgabe oder zum Ersatz des Wertes ist ausgeschlossen, soweit der Empfänger nicht mehr bereichert ist.
(4) Von dem Eintritt der Rechtshängigkeit an haftet der Empfänger nach den allgemeinen Vorschriften.

A. Normzweck und Regelungsgehalt. § 818 regelt im Zusammenspiel mit §§ 819, 820 den **Umfang** des bereicherungsrechtlichen Herausgabeanspruchs, der sich als solcher bereits aus den Konditionstatbeständen der §§ 812, 816, 817 S 1 ergibt (s § 812 Rn 4). Die Bestimmungen in I und II ergänzen und erweitern die Herausgabepflicht auf **Nutzungen** und **Surrogate**, wohingegen III einschränkend klarstellt, dass der redliche und unverklagte Bereicherungsschuldner nur die tatsächlich objektiv noch in seinem Vermögen vorhandene Bereicherung herausgeben muss. Insbesondere darin tritt der dem Bereicherungsrecht inhärente Grundgedanke der **Vorteilsabschöpfung** zu Tage, die nicht etwa dem Bereicherungsgläubiger einen Ausgleich für die erlittene Entreicherung verschaffen, sondern durch Wiederherstellung des Zustandes vor dem Bereicherungsvorgang die beim Bereicherungsschuldner eingetretene Bereicherung beseitigen soll (s § 812 Rn 2 f). Erst durch die in IV normierte **verschärfte Haftung** des verklagten oder bösgläubigen Bereicherungsschuldners (§ 819) wird der Boden des (verschuldensunabhängigen) Bereicherungsausgleichs durch den Verweis auf die sich aus den allgemeinen Vorschriften ergebenden Haftungstatbestände verlassen. 1

Maßgeblicher **Zeitpunkt** für die Bestimmung des Umfangs der Herausgabepflicht ist die Entstehung des ihr zugrunde liegenden Anspruchs. Das ist bei §§ 812 I 1 Alt 1 derjenige der rechtsgrundlosen Zuwendung, wohingegen es bei § 812 I 2 auf den (späteren) Wegfall des Rechtsgrundes und bei § 812 I 2 2 auf den Zeitpunkt ankommt, in dem endgültig feststeht, dass der mit der Leistung bezweckte Erfolg nicht eintreten wird (§ 812 Rn 45). IRd § 816 entsteht der Konditionsanspruch mit der Verfügung des Nichtberechtigten (I) bzw mit der Bewirkung der Leistung an den Nichtberechtigten (Abs. 2). Für die Fälle der (echten) Eingriffskondiktion ist auf den Eintritt der bereicherungsrechtlich relevanten Folgen des Eingriffs, für die Aufwendungskondiktion auf die Vornahme der Verwendung abzustellen (zur Bedeutung dieses Umstandes für den Bereicherungsausgleich beim „Bauen auf fremden Boden – § 812 Rn 48 aE). 2

B. Tatbestand. I. Herausgabe – § 818 I. 1. Grundsatz: Herausgabe „in Natur". Die sich aus §§ 812, 816, 817 S 1 ergebende Herausgabepflicht des Bereicherungsschuldners betrifft primär das durch die Vermögensverschiebung **Erlangte**, in erster Linie also den **Zuwendungsgegenstand** selbst. Wie die Herausgabe zu bewerkstelligen ist, hängt von der Art des Zuwendungsgegenstandes ab. Danach erfolgt die Rückgabe rechtsgrundlos erlangten **Eigentums** durch (rechtsgeschäftliche) Rückübereignung, bei **Immobilien** also durch Auflassung und Zustimmung zur Grundbuchumschreibung (Palandt/*Sprau* § 818 Rn 6; Staud/*Lorenz* § 818 Rn 3). Hat der Empfänger bisher nur die **Auflassung** erlangt, muss er auf die ihm günstige, rechtsgrundlos erlangte **Rechtsposition** verzichten (AnwK/*v Sachsen Gessaphe* § 818 Rn 3). Im Übrigen hat er herausgabepflichtige **dingliche Rechte** an einem im Eigentum des Bereicherungsgläubigers verbliebenen Grundstück (Bsp: Bestellung einer Grundschuld zum Zwecke der Kreditsicherung) in der jeweils hierfür vorgeschriebenen Form zu beseitigen oder auf den Bereicherungsgläubiger zu übertragen (AnwK/*v Sachsen Gessaphe* § 818 3

Rn 27; Palandt/*Sprau* § 818 Rn 6). Letzteres allerdings wegen § 818 III nur im Umfang der noch vorhandenen Bereicherung und damit ggf nur Zug-um-Zug gegen Erstattung des überschießenden Mehrwerts der Besicherung (BGH NJW 02, 1872; 00, 3128 – Saldierung). Andere Probleme entstehen, wenn der Empfänger das rechtsgrundlos an ihn übereignete Grundstück **nachträglich belastet**. Dann stellt sich die Frage, ob er das Grundstück unbelastet, dh nach Beseitigung des Grundpfandrechts herausgeben muss. Die Rspr verneint dies (BGHZ 112, 376; aA: *Flume* GS Knobbe-Keuk 97, 111, 130f; *Gursky* JR 92, 95; eingehend zum Ganzen: Staud/*Lorenz* § 818 Rn 4 mwN) und hält den Bereicherungsschuldner statt dessen für verpflichtet, außer dem Grundstück auch das aus der grundpfandrechtlich gesicherten Kreditierung erlangte Entgelt sowie – im Wege des Wertersatzes gemäß § 818 II – den noch valutierenden Gegenwert des Grundpfandrechts herauszugeben (BGH aaO). Im Gegenzug soll er dann allerdings vom Bereicherungsgläubiger verlangen dürfen, ihn von der persönlichen Inanspruchnahme durch den Grundpfandrechtsgläubiger freizustellen (kritisch hierzu: *Canaris* NJW 91, 2513; *Kohler* NJW 91, 99, 2001). Soweit die gegenständliche Bereicherung sich in der Erlangung des **Besitzes** an einer Sache erschöpft, schuldet der Empfänger die Wiedereinräumung desselben durch Verschaffung der tatsächlichen Sachherrschaft (§ 854 I) bzw. – bei nur mittelbarem Besitz – durch Abtretung des Herausgabeanspruches gegen den unmittelbaren Besitzer – § 868 (Staud/*Lorenz* § 818 Rn 3). Rechtsgrundlos erworbene **Forderungen** müssen zurückübertragen (abgetreten) werden, was im Falle einer Banküberweisung zur Rücküberweisung des gutgeschriebenen Betrages führt. Bei einer ohne Rechtsgrund vom Bereicherungsschuldner begründeten **Verbindlichkeit** kann der Bereicherungsgläubiger Befreiung von dieser verlangen (Palandt/*Sprau* § 818 Rn 6).

4 Sind Mehrere durch denselben Zuwendungsakt bereichert, so ist ein jeder nur zur Herausgabe der bei ihm eingetreten Bereicherung verpflichtet. Eine gesamtschuldnerische Haftung der Bereicherungsschuldner kommt nur in besonders gelagert Einzelfällen in Betracht (hierzu: Erman/*Westermann/Buck* § 818 Rn 7). Die **Gesellschafter** der nun teilrechtsfähigen BGB-Gesellschaft (BGHZ 146, 341) haften entspr § 128 HGB persönlich und unbeschränkt für die Bereicherungsschulden der Gesellschaft; ob und wenn ja, in welchem Umfang auch in ihrer Person eine Bereicherung eingetreten und noch vorhanden ist (§ 818 III), ist insoweit ohne Belang (AnwK/v *Sachsen Gessaphe* § 818 Rn 6). Im umgekehrten Fall, in dem die Bereicherung auf Kosten mehrerer Bereicherungsgläubiger geht, kann jeder den ihn betreffenden Teil der Zuwendung herausverlangen. Bei unteilbaren Leistungen gilt § 432 (AnwK/v *Sachsen Gessaphe* § 818 Rn 4).

5 **1. Nutzungen und Surrogate. a) Nutzungen – § 818 I Hs 1.** Der eigentliche Anwendungsbereich des § 818 I besteht in der dort niedergelegten Regelung, dass die bereits den einzelnen Kondiktionstatbeständen immanente Pflicht zur Herausgabe des Erlangten sich auch auf Nutzungen und Surrogate erstreckt. **Nutzungen** idS sind diejenigen nach §§ 99, 100, also **Sach- und Rechtsfrüchte** sowie vermögenswerte **Gebrauchsvorteile** der erlangten Sache oder des erlangten Rechts (Palandt/Sprau § 818 Rn 8; vgl auch: BGH NJW 98 2529). Nach zutreffender Auffassung lassen sich auch aus der Nutzung des **Besitzes** kondizierbare Gebrauchsvorteile ziehen (iE hierzu: MüKo/*Lieb* § 818 Rn 27). Herauszugeben sind nur **tatsächlich gezogene Nutzungen** (BGHZ 102, 41; BGH ZIP 87, 1457; Staud/*Lorenz* § 818 Rn 11), soweit sich nicht bei verschärfter Haftung des verklagten oder bösgläubigen Bereicherungsschuldners (§§ 818 IV, 819) aus den (nur) dann heranzuziehenden allgemeinen Vorschriften etwas anderes ergibt (bspw § 987 II). Ob auch der Bereicherungsgläubiger die herausgabepflichtigen Nutzungen gezogen hätte, ist ohne Belang (Hburg NJW-RR 99, 1204 – Urheberrecht; vgl auch BGHZ 35 360).

6 Streitig ist, wem die aus der Nutzung des Bereicherungsgegenstandes resultierenden, den objektiven Wert des Nutzungsvorteils übersteigenden **Gewinne**, etwa aus der Führung eines herauszugebenden Unternehmens, gebühren (vgl hierzu: BGHZ 63, 265, 269 – Bordell; BGH NJW 94, 2021, 2022 – Sonnenstudio; KG NJW-RR 96, 431, 433 – Arztpraxis). Insoweit dürfte es entscheidend darauf ankommen, ob die **Unternehmenserträge** allein der Nutzung des Bereicherungsgegenstandes entspringen oder sich als das Resultat der persönlichen Leistungen und Fähigkeiten des Bereicherten erweisen (Palandt/*Sprau* § 818 Rn 9; AnwK/v *Sachsen Gessaphe* § 818 Rn 12 mwN). Dies zu ermitteln, wird in der Praxis nicht selten auf erhebliche Schwierigkeiten stoßen, wenngleich der nach den Grundsätzen erstattungspflichtige **objektive Gebrauchswert** der Sachnutzung häufig dem Marktpreis (übliche Miete/Pacht) entsprechen dürfte (ebenso: AnwK/v *Sachsen Gessaphe* § 818 Rn 12). Wo sich auch dieser nicht feststellen lässt, bleibt nur eine Schätzung der überobligatorischen Wertschöpfung nach § 287 ZPO.

7 Hat der Bereicherte ohne Rechtsgrund **Geld** erlangt, so umfasst der Kondiktionsanspruch des Bereicherungsgläubigers die tatsächlich aus der Verwendung des Geldes seit der Entstehung des Bereicherungsanspruches gezogenen **Zinsnutzungen** (BGH NJW 00, 1637; Staud/*Lorenz* § 818 Rn 11; MüKo/*Lieb* § 818 Rn 8). Das gilt auch für sonstige **Kapitalerträge**, für deren Entstehung und Höhe nach den Umständen des jeweiligen Einzelfalles eine tatsächliche Vermutung mit den sich hieraus für den grds beweispflichtigen Bereicherungsgläubiger ergebenden Beweiserleichterungen bestehen kann (BGH NJW 97, 933 – Betriebsmittelkredit; BGH NJW 98, 2529 – Geldanspruch gegenüber Bank; BayObLG NJW 99, 1194 – Geldanspruch gegenüber öff Hand; str, aA: BGH NJW 04, 1315). Weitergehende, über die tatsächlich erwirtschafteten Vorteile hinausgehende Zinserträge hat der Bereicherungsschuldner indes nur unter den Voraussetzungen der §§ 818 IV, 819, 820 I iVm §§ 291, 292 II, 987 II zu erstatten (BGH WM 91, 1983). Den kondizierbaren Zinsnutzungen gleichgestellt

sind **Zinsaufwendungen,** welche der Bereicherte durch die Verwendung des ihm rechtsgrundlos zugeflossenen Geldbetrages **erspart** (BGHZ 138 160, 163; BGH NJW 99, 2890, 2891).

b) Surrogate – § 818 I Hs 2. Der Herausgabeanspruch des Bereicherungsgläubigers umfasst gemäß § 818 I   8
Hs 2 außer Nutzungen auch **Surrogate.** Insoweit ist zu unterscheiden: Als Surrogate idS gelten zum einen die sich aus der bestimmungsgemäßen Ausübung des kondizierbaren **Rechts** ergebenden **Vermögensvorteile.** So bspw der Erlös aus der Einziehung einer rechtsgrundlos erworbenen Forderung oder aus der Verwertung einer ohne Rechtsgrund bestellten Sicherheit (AnwK/v *Sachsen Gessaphe* § 818 Rn 15 mwN). Zum anderen schuldet der Bereicherte die Herausgabe der sog **Ersatzvorteile,** die er für die **Zerstörung, Beschädigung oder Entziehung** des Zuwendungsgegenstandes erhält (Staud/*Lorenz* § 818 Rn 19). Hierzu zählen insbesondere auf den Kondiktionsgegenstand bezogene Versicherungsleistungen oder Schadensersatzzahlungen Dritter sowie Entschädigungsleistungen für hoheitliche Eingriffe (Staud/*Lorenz* § 818 Rn 18; Palandt/*Sprau* § 818 Rn 14; AnwK/v *Sachsen Gessaphe* § 818 Rn 16), nicht hingegen sog **rechtsgeschäftliche Surrogate,** die der Bereicherte als Gegenleistung für die rechtsgeschäftliche Veräußerung des Zuwendungsgegenstandes erlangt (hM: BGHZ 24, 106,110; NJW 04, 1314; Palandt/*Sprau* § 818 Rn 14; AnwK/v *Sachsen Gessaphe* § 818 Rn 17; kritisch hierzu sowie zum Meinungsstand: MüKo/*Lieb* § 818 Rn 31 mwN). Insoweit greift vielmehr § 818 II mit dem Ergebnis, dass der Bereicherte den objektiven **Wert** des Bereicherungsgegenstandes ersetzen muss, soweit er diesen infolge der Veräußerung nicht mehr herausgeben kann (str.; ebenso: BaRoth/Wendehorst § 818 Rn 9; Larenz/ Canaris, Schuldrecht II/2, § 72 I 1c; iE zum Wertersatz sogl). Praktisch bedeutsame Unterschiede ergeben sich folglich insbesondere in den Fällen, in denen der Verkaufserlös höher ist als der objektive Wert der Sache (zum etwas anders gelagerten Sonderfall des § 816 I 1: s dort, Rn 22). Erzielt der Bereicherte aus der **Nutzung des Surrogats** einen bereicherungsrechtlich relevanten Vermögensvorteil (s Rn 5), so ist auch dieser herauszugeben (MüKo/*Lieb* § 818 Rn 31; Reuter/Martinek S 555; Palandt/*Sprau* § 818 Rn 11; weitergehend auch für Nutzungen aus rechtsgeschäftlichen Surrogaten: *Koppensteiner* NJW 77, 588, 594).

II. Wertersatz – § 818 II. 1. Voraussetzungen. Zum bereicherungsrechtlichen **Wertersatz** kommt es gem   9
§ 818 II nur, soweit das Erlangte wegen seiner Beschaffenheit nicht herausgegeben werden kann oder der Empfänger aus anderen Gründen zur Herausgabe außerstande ist. Im ersten Fall ist die vorrangig geschuldete Herausgabe in Natur **objektiv unmöglich** (so insbesondere bei Dienst- und Werkleistungen sowie hinsichtlich herausgabepflichtiger Gebrauchsvorteile), im zweiten Fall führt **subjektives Unvermögen** gerade des Empfängers, zumeist durch Weiterveräußerung des Bereicherungsgegenstandes, zum Wertersatzanspruch (§ 275 I). Ob auch die nunmehr in § 275 II, III normierten Fälle der früher sog „faktischen" Unmöglichkeit unter § 818 II zu subsumieren sind, ist streitig, wird mit iE zu bejahen sein, um Wertungswidersprüche mit der nach allgemeinen Vorschriften durch § 275 II, III begrenzten Haftung des unredlichen Bereicherungsschuldners zu vermeiden (ebenso: BaRoth/*Wendehorst* § 818 Rn 22; AnwK/v *Sachsen Gessaphe* § 818 Rn 22). Eine Verpflichtung zur Herausgabe in Natur besteht in den Fällen **subjektiven Unvermögens** grds selbst dann nicht, wenn der Bereicherungsschuldner sich die veräußerte oder eine vergleichbare (vertretbare) Sache verschaffen könnte, er hierfür allerdings – wie zumeist – Aufwendungen machen müsste, die den Wert der ihm zugeflossenen Vermögensvorteile per saldo übersteigen (arg § 818 III; ebenso: Palandt/*Sprau* § 818 Rn 17; AnwK/v *Sachsen Gessaphe* § 818 Rn 25). Mit gleicher Begründung ist er in aller Regel ebenfalls nicht verpflichtet, den Bereicherungsgegenstand zwecks Herausgabe in Natur auf eigene Kosten in seinen Ursprungszustand zu versetzen (BGHZ 112, 376). Dementsprechend bleibt es auch bei infolge Beschädigung oder Veränderung der Sache eingetretener **Teilun-**   10
möglichkeit dabei, dass der ursprüngliche Kondiktionsgegenstand in der Beschaffenheit herauszugeben ist, in der er sich im Zeitpunkt des Herausgabeverlangens befindet – § 818 I (vgl BGH NJW-RR 01, 6; ebenso: BaRoth/*Wendehorst* § 818 Rn 24; AnwK/v *Sachsen Gessaphe* § 818 Rn 26; Erman/*Westermann/Buck* § 818 Rn 15). Gleiches gilt, wenn sich der **Wert** der Sache zwischenzeitlich **erhöht** hat (AnwK/v *Sachsen Gessaphe* § 818 Rn 26; Palandt/*Sprau* § 818 Rn 17). Allerdings hat der Bereicherte im ersten Fall die Wertdifferenz zu ersetzen (AnwK/v *Sachsen Gessaphe* § 818 Rn 26; Palandt/*Sprau* § 818 Rn 17); im zweiten Fall kann er werterhöhende Verwendungen dem Anspruch des Bereicherungsgläubigers iRd Saldierung (hierzu unten Rn 19, 29ff) entgegenhalten. Praktisch bedeutsam werden diese Zusammenhänge insbes bei der **Erbringung von Bauleistungen auf rechtsgrundlos erlangtem Grund und Boden.** Dann stellt sich nämlich die Frage, ob der Bereicherte das Grundstück nach vorstehenden Grundsätzen samt Gebäude herausgeben muss und seinerseits bereicherungsrechtlichen Verwendungsersatz für die wertsteigernden Bauleistungen verlangen kann, oder ob er gemäß § 818 II lediglich Wertersatz für das Grundstück zu leisten hat, weil dessen Herausgabe nach seiner jetzigen Beschaffenheit als objektiv unmöglich anzusehen ist. Die Antwort hängt nach der Rspr davon ab, ob die Umgestaltung des Grundstückes so wesentlich ist, dass bei wirtschaftlicher, am Wertverhältnis zwischen Grundstück und Bauleistung zu orientierender Betrachtungsweise ein anderer Gegenstand entstanden ist (BGHZ 10, 171, 180; NJW 81, 2687; WM 87, 1533; Kobl NJW 90, 126).

Die Verpflichtung zum Wertersatz betrifft auch **Nutzungen und Surrogate,** soweit deren Herausgabe in Natur   11
unmöglich ist (statt aller: Palandt/*Sprau* § 818 Rn 16). Sie besteht vorbehaltlich der sich aus §§ 818 IV, 819, 820 ergebenden Haftungsverschärfungen insgesamt unabhängig davon, ob der Bereicherungsschuldner die (subjektive) Unmöglichkeit der Herausgabe verschuldet hat (AnwK/v *Sachsen Gessaphe* § 818 Rn 26).

12 **2. Bemessungsgrundlagen. a) Grundsatz: Wertersatz in Geld.** Die Wertersatzpflicht des Bereicherungsschuldners entsteht nur, dann aber zwingend, soweit der Bereicherungsgegenstand nebst Nutzungen und Surrogaten nicht herausgegeben werden kann. Bereicherungsgläubiger und -schuldner können also nicht wählen zwischen Rückgabe in Natur und Wertersatz.

13 Zu erstatten ist grds der **objektive Wert** des Kondiktionsgegenstandes (BGHZ 5, 20f; 132, 198, 207; MüKo/*Lieb* § 818 Rn 45; Staud/*Lorenz* § 818 Rn 26 f, jeweils mwN), regelmäßig der (objektive) **Verkehrswert** (BGHZ 10, 171, 180; 82, 299). Besonderheiten ergeben sich abseits des nicht hierher gehörenden Sonderfalls der gewinneinschließenden Herausgabe des Veräußerungserlöses nach § 816 I 1 (s dort Rn 22) nach hier vertretener Auffassung für die Fälle, in denen sich der seinerseits kondizierende Grundstückseigentümer der Aufwendungskondiktion des Besitzers für werterhöhende, ihm jedoch unerwünschte Verwendungen auf das Grundstück gegenübersieht. Dann ist es zum Schutz des Eigentümers vor **aufgedrängten Bereicherungen** ausnahmsweise gerechtfertigt, den grds objektiv zu bestimmenden Wert des Erlangten ergänzend nach **subjektiven Maßstäben** auf das zu beschränken, was der Bereicherungsschuldner/Eigentümer sich tatsächlich zunutze macht oder redlicherweise unter Zumutbarkeitsgesichtspunkten zunutze machen müsste (iE hierzu § 812 Rn 73).

14 **Maßgeblicher Zeitpunkt** für die Wertberechnung ist ebenso wie für den Umfang der Herausgabepflicht (hierzu iE Rn 2) nach hM der Zeitpunkt der Entstehung des Anspruchs (BGHZ 5, 197, 201; BGH NJW 63, 1299, 1301; Palandt/*Sprau* § 818 Rn 19; Staud/*Gursky* § 951 Rn 31). Das trifft ohne weiteres zu, wenn die Herausgabe des Erlangten wegen seiner Beschaffenheit von vornherein (objektiv) unmöglich ist. In den Fällen **subjektiven Unvermögens** (s Rn 9) ist hingegen zu besorgen, dass dem Bereicherungsschuldner eine seit der Entstehung des Bereicherungsanspruchs eingetretene Wertsteigerung durch die den Herausgabeanspruch nach § 818 I vereitelnde Weiterveräußerung der Sache zugute kommen könnte. Zur Vermeidung dieses mit Recht als unangemessen empfundenen Ergebnisses erscheint es gerechtfertigt, insoweit auf den Zeitpunkt der **Entstehung des Wertersatzanspruches** abzustellen (ebenso: MüKo/*Lieb* § 818 Rn 58; AnwK/*v Sachsen Gessaphe* § 818 Rn 38).

15 **b) Einzelfälle. aa) Verwendungen.** Besteht die Bereicherung in untrennbar verkörperten (§§ 946 ff) **Verwendungen auf eine fremde Sache**, so bestimmt sich der gemäß § 818 II zu erstattende Wert nicht nach den Aufwendungen des Entreicherten, sondern grds nach der **Werterhöhung**, welche die Sache objektiv durch die Verwendungen erfahren hat (BGHZ 10, 171, 180; BGH NJW 62, 2293; WM 66, 369, 370). Dementsprechend ist hinsichtlich der Rückzahlung eines verlorenen **Baukostenzuschusses** bei vorzeitiger Beendigung des Miet- oder Pachtverhältnisses die ohne Gegenwert gebliebene Verbesserung der Verwertungsmöglichkeit des Bauobjektes zu kapitalisieren und – ggf in Raten – zu ersetzen (BGH NJW-RR 01, 727; NJW85, 313, 315). Nichts anderes kann für werterhöhende Um- oder Einbauten des Mieters gelten (AnwK/*v Sachsen Gessaphe* § 818 Rn 37; vgl auch BGH NJW 02, 436 – Leihe). Dieselben Grundsätze finden auch beim **Bau auf fremden Boden** Anwendung; sie gelten dort jedoch nicht uneingeschränkt. Handelt es sich nämlich bei den Verwendungen um auftragslose Werkleistungen, welche der Bauherr für die Realisierung des Bauvorhabens ohnehin hätte in Auftrag geben müssen, so soll der Bereicherungsausgleich nach der Rspr des BGH nicht an der Wertsteigerung des Grundstückes, sondern an dem Wert der durch die Erbringung der Werkleistungen ersparten Aufwendungen zu orientieren sein (BGH BauR 01, 1412, 1414; iE hierzu: *Leupertz* BauR 05, 775, 783). Im Übrigen sind in diesen Fällen die Grundsätze der **aufgedrängten Bereicherung** zu berücksichtigen (iE hierzu § 812 Rn 73 und oben, Rn 12).

16 **bb) Dienst- und Werkleistungen. Dienstleistungen** können naturgemäß nicht in Natur zurückgegeben werden, ebenso wenig nicht verkörperte **Werkleistungen**. Der Bereicherte schuldet also gemäß § 818 II Wertersatz, der sich nach der angemessenen, vom Empfänger ersparten, höchstens nach der (unwirksam) vereinbarten (BGHZ 111, 308) **Vergütung** bemisst (st Rspr: BGHZ 37, 259; 55, 135; 111, 308, 314; vgl auch: BGH NJW-RR 97 564 – Rechtsberatung; BGH NJW 00, 1560 – Geschäftsbesorgung; BGH WM 82, 97 – Architektenleistungen; weitere Beispiele bei Palandt/*Sprau* § 818 Rn 21). Ein evt Mangelunwert der Leistungen ist bei der Ermittlung des Marktpreises zu berücksichtigen. Bei **Arbeitsleistungen** kommen außerhalb des Bereicherungsrechts ggf die Grundsätze des fehlerhaften bzw faktischen Arbeitsverhältnisses zur Anwendung (Staud/*Lorenz* § 818 Rn 26; Anwk/*v Sachsen Gessaphe* § 818 Rn 32). **Schwarzarbeit** führt wegen der damit für den Empfänger verbundenen Risiken zu einem erheblichen Abschlag vom Vergütungsanspruch (BGH NJW 90, 2542, 2543; Ddorf NJW-RR 93, 884).

17 **cc) Nutzung und Gebrauchsvorteile.** Für die rechtsgrundlose Nutzung einer fremden Sache ist grds der **Verkehrswert des Gebrauchs** zu ersetzen (AnwK/*v Sachsen Gessaphe* § 818 Rn 33; Palandt/*Sprau* § 818 Rn 23 mw Bsp aus der Rspr), der bspw bei einem vertragslosen Miet- oder Pachtgebrauch regelmäßig dem ortsüblichen, hilfsweise dem angemessenen Miet- bzw Pachtzins entspricht (BGH NJW-RR 00, 382; BGHZ 142, 186). Anders liegen die Dinge, wenn der redliche Empfänger die rechtsgrundlos erworbene Sache als eigene nutzt. Dann ist der erstattungspflichtige Wert der Nutzung durch **Schätzung** (§ 287 ZPO) der zeitanteiligen linearen Wertminderung im Vergleich zwischen tatsächlichem Gebrauch und voraussichtlicher Gesamtnutzungsdauer zu ermitteln (BGH NJW 96, 250, 251; kritisch: *Gursky* JR 98, 7; BaRoth/*Wendehorst* § 818 Rn 31).

Der erstattungspflichtige Wert der unberechtigten Nutzung von **Immaterialgüterrechten** (Patente, Gebrauchs- und Geschmacksmuster) entspricht dem Verkehrswert des Gebrauchs, häufig also der üblichen, hilfsweise der angemessenen **Lizenzgebühr** (BGH NJW-RR 01, 1332; BGHZ 82, 299, 307f; vgl auch: BGH NJW-RR 98, 1502; NJW-RR 02, 180), allerdings ohne den aus der unberechtigten Nutzung erwirtschafteten Gewinn (BGH MDR 87, 817).

III. Wegfall der Bereicherung – § 818 III. 1. Grundlagen. Der Bereicherte ist von der Verpflichtung zur 18 Herausgabe des Erlangten iSd § 818 I oder zum Wertersatz gemäß § 818 II frei, soweit er nicht mehr bereichert ist – § 818 III. Dieser zentrale Grundgedanke des Bereicherungsrechts gilt für alle Bereicherungsansprüche, aber auch nur dort (BGH NJW 03, 2451, 2453 – keine analoge Anwendung auf vertragliche Rückforderungsansprüche). Durch ihn soll gewährleistet werden, dass das gerechtfertigte Vertrauen des redlichen und unverklagten Empfängers (zu den Folgen einer Haftungsverschärfung nach §§ 818 IV, 819, 820: Rn 36) in den (Fort-) Bestand eines Rechtsgrundes für den Erwerb nicht dadurch unzumutbar enttäuscht wird, dass er über den tatsächlich noch vorhandenen Betrag der Bereicherung hinaus eine Minderung seines Vermögens hinnehmen muss (grundlegend: BGHZ 1 75, 81; vgl auch: BGHZ 118, 383). Von diesem Ausgangspunkt, allerdings zumeist unter Hintanstellung des Vertrauensschutzgedankens (anders bspw: Hamm NJW-RR 95, 1010), gelangt insbesondere die Rspr in einer Vielzahl von Einzelfallkonstellationen schon dann zu einer den Kondiktionsanspruch schmälernden oder gar beseitigenden Entreicherung des Bereicherungsschuldners, wenn und soweit dessen **adäquat kausal** mit dem Bereicherungsvorgang zusammenhängenden Vermögensdispositionen zu einer Vermögensminderung geführt haben (BGHZ 1, 75, 81; WM 70, 1421). Dem wird gerade in der neueren Literatur eine sich mehr am **Gegenstand des Erlangten** anlehnende (so seit der Jungbullenentscheidung – BGHZ 55, 128ff – tendenziell auch der BGH), zudem **normativen** Einschränkungen unterliegende Bewertung des Bereicherungsvorganges entgegengehalten (vgl § 812 Rn 73 zur Bedeutung einer normativen Betrachtungsweise für Fragen der aufgedrängten Bereicherung), deren unterschiedlichen Ausprägungen in vielen Streitpunkten zu einer kaum noch überschaubaren Meinungsvielfalt geführt haben. Im Mittelpunkt der Diskussion stehen neben den Gesichtspunkten des **Vertrauensschutzes** und der **vertraglichen Risikoverteilung** (hierfür insbes: MüKo/*Lieb* § 818 Rn 62 ff) auch andere **Zurechnungskriterien**, die zumeist an den Besonderheiten des jeweiligen Bereicherungsvorgangs anknüpfen (ausführlich zum Meinungsstand: MüKo/*Lieb* § 818 Rn 62 ff; AnwK/*v Sachsen Gessaphe* § 818 Rn 50 f; jeweils mwN). Vor diesem Hintergrund zieht auch die Rspr zur Begrenzung einer unangemessen weit gehenden Privilegierung des gutgläubigen Bereicherungsschuldners zunehmend den Gedanken der Risikozuweisung als ergänzendes Entscheidungskriterium heran (vgl: BGH NJW 02, 1872, 1875; BGHZ 116, 251, 255ff), ohne allerdings bisher zu einer dogmatisch konsistenten Linie gefunden zu haben. Dem ist im Folgenden unter Verzicht auf eine zusammenhängende Erörterung der Problematik in der Darstellung praxisrelevanter Einzelfragen Rechnung zu tragen.

2. Grundsatz: Saldierung. Der gemäß § 818 III zu berücksichtigende Wegfall der Bereicherung stellt kein 19 eigenständiges Gegenrecht des Bereicherungsschuldners dar, sondern führt zu einer **originären Beschränkung** der bereicherungsrechtlichen Herausgabe- und Wertersatzansprüche auf den Umfang der noch vorhandenen Bereicherung. Um diese zu ermitteln, ist die Vermögenslage des Bereicherten zur Zeit der Entstehung des Anspruchs mit derjenigen im Zeitpunkt der Herausgabe bzw des Eintritts der verschärften Haftung (vgl §§ 818 IV, 819) zu vergleichen. Die herausgabepflichtige Bereicherung besteht in einem sich daraus ergebenden **Überschuss der Aktiv- über die Passivposten** (BGH NJW 05, 884, 887 mwN; NJW 95, 2627; 98, 1951). Weitgehende Einigkeit besteht darüber, dass es für die Ermittlung dieses **Saldos** bis auf wenige, sich um § 242 rankende Ausnahmefälle (hierzu: BGH JZ 61, 699) nicht darauf ankommt, aus welchem Grund die Entreicherung eingetreten ist; insbesondere **Verschulden** spielt grds keine Rolle (BGH BauR 94, 651). Demgegenüber ist in vielen Punkten streitig, welche vermögenswirksamen Umstände mindernd oder mehrend in den **Saldo** einzustellen sind.

3. Bereicherungsmindernde Vermögensnachteile. a) Wegfall des Erlangten. aa) Ausgangslage. Dass mit 20 der Weggabe oder dem Verbrauch des Bereicherungsgegenstandes dessen Sachwert aus dem Vermögen des Bereicherungsschuldners ausscheidet, liegt auf der Hand. Gleichwohl besteht eine Bereicherung fort, soweit dem Bereicherten als kausale Folge des rechtsgrundlosen Erwerbs noch vorhandene **Vermögensvorteile** zugeflossen sind (MüKo/*Lieb* § 818 Rn 93). Zu denken ist in diesem Zusammenhang in erster Linie an ersparte Aufwendungen und die Befreiung von Verbindlichkeiten (iE hierzu Rn 21 f). Besteht das Erlangte in **geringfügigen Überzahlungen** von Bezügen, Unterhalt oä, so soll eine tatsächliche Vermutung dafür sprechen, dass der Empfänger die Zuwendungen ersatzlos für die Lebenshaltung verbraucht hat und deshalb nicht mehr bereichert ist (BGHZ 118, 383; NJW 01, 2907; BAG BB 01, 2008; BaRoth/*Wendehorst* § 818 Rn 55; AnwK/*v Sachsen Gessaphe* § 818 Rn 48).

bb) Ersparte Aufwendungen. Der Begriff der „ersparten Aufwendung" hat – nicht zuletzt durch die Dis- 21 kussion um den sog **Flugreisefall** (BGHZ 55, 128, s iE § 812 Rn 30) – reichlich unscharfe Konturen. Er erlangt in besonders gelagerten Einzelfällen uU dort Bedeutung, wo es beispielsweise bei auftragslos erbrachten, für das Gelingen des Bauvorhabens erforderlichen Bauleistungen um die Bestimmung des Bereicherungsgegenstandes geht, der nach Auffassung des BGH dann dem entspricht, was der (vermeintliche) Besteller für die anderweitige Beschaffung der **Leistungen** hätte aufbringen müssen (BGH BauR 01, 1412, 1414; vgl auch: *Leupertz* BauR 05, 775, 783). Das sind „ersparte Aufwendungen", die – anders als vom BGH im Flugreisefall auch für die dort erschlichene Nutzungsmöglichkeit angenommen (s § 812 Rn 30) – ausnahmsweise schon auf der **Tatbestandsebene** des Bereicherungsausgleichs (§ 818 II) zu berücksichtigen sind. Um solche geht es hier nicht. iRd § 818 III wirkt es sich hingegen aus, wenn der Bereicherungsschuldner gerade durch die Weggabe des Bereicherungsgegenstandes oder dessen Verwertung Aufwendungen erspart, die er sonst mit anderen Mitteln hätte tätigen müssen (MüKo/*Lieb* § 818 Rn 95 ff; Staud/*Lorenz* § 818 Rn 72; AnwK/*v Sachsen Gessaphe* § 818 Rn 45). So hat er bspw die durch den **Verbrauch** des Erlangten ersparten Kosten als Wertersatz zu erstatten, ggf auch solche Aufwendungen, die er durch die **unentgeltliche Weitergabe** des Bereicherungsgegenstandes zwecks Erfüllung einer dahingehenden Verbindlichkeit nicht hat aufbringen müssen (MüKo/*Lieb* § 818 Rn 97 f). Das gilt allerdings nicht für sog **Luxusaufwendungen**, die der Empfänger sich ohne den Bereicherungsvorgang nicht hätte leisten können (BGHZ 38, 356, 368f; MüKo/*Lieb* § 818 Rn 96 mwN).

22 cc) **Befreiung von Verbindlichkeiten.** Durch die Verwendung des Erlangten zur **Tilgung eigener Schulden** wird der Empfänger von der getilgten Verbindlichkeit befreit. Darin besteht dann seine erstattungspflichtige Bereicherung (BGH NJW 03, 3271; ZIP 96, 336), es sei denn, er hätte die Schuld nach den von ihm zu beweisenden Umständen des jeweiligen Einzelfalles ohne die rechtsgrundlos empfangene Zuwendung nicht oder nur unter Einschränkung seines Lebensstandards bedienen können (BGHZ 118, 383 – auch zu Beweiserleichterungen wie Rn 20).

23 bb) **Unzureichendes Aktivvermögen.** Insbesondere die Rspr meint, die vorerörterten Umstände mit dem Ergebnis der Entreicherung außer Betracht lassen zu können, soweit das **Aktivvermögen** des Bereicherungsschuldners unter den Wert des Erlangten gesunken ist (BGH LM § 818 III Nr. 7; Köln VersR 91, 648). Diesem, vom Blick auf die Gesamtvermögenslage des Bereicherungsschuldners getragenen Ansatz, kann abseits dogmatischer Zweifel schon deshalb nicht gefolgt werden, weil der Bestand an Aktiva in keinen sachlichen Zusammenhang mit bereicherungsrechtlich relevanten Vorteilen zu bringen ist, die der Empfänger aus der Weggabe oder Verwertung des Bereicherungsgegenstandes tatsächlich gezogen hat (wie hier: MüKo/*Lieb* § 818 Rn 91; *Reuter/Martinek* S 594; AnwK/*v Sachsen Gessaphe* § 818 Rn 46; wohl auch: Staud/*Lorenz* § 818 Rn 34).

24 b) **Aufwendungen auf das Erlangte.** Bereicherungsmindernd wirken sich **Aufwendungen** auf die rechtsgrundlos erworbene Sache aus (bei Aufwendungen auf fremde Sachen: Eigener Bereicherungsanspruch des Verwenders aus § 818 I 1 Alt 1, I 2 Alt 2 oder §§ 951 I, 812 I 1 Alt 2 bzw Verwendungsersatz gemäß §§ 987 ff; vgl. § 812 Rn 40, 68 ff), die der redliche Bereicherungsschuldner vor dem Eintritt der Rechtshängigkeit tätigt (MüKo/*Lieb* § 818 Rn 84 mwN). Als solche gelten **alle** Verwendungen, die weder notwendig noch nützlich sein (BGHZ 137, 314), allerdings in einem inneren Zusammenhang mit den durch die Nutzung der Sache gezogenen Vorteilen stehen müssen (BGHZ 137, 314, 317). Ob die Werterhöhung auch im Zeitpunkt der Herausgabe noch vorliegt, ist ohne Belang (BGHZ 140, 275). Im Einzelnen kommen in Betracht: Reparaturkosten, gewöhnliche Unterhaltskosten, Kosten der Nutzung und der Fruchtziehung, soweit die Nutzungen herauszugeben sind (BGH NJW 83, 1905, 1907), sonstige Investitionen in die Sache (BGH WM 00, 1064) sowie die durch die Herausgabe bedingten Kosten (Palandt/*Sprau* § 818 Rn 41).

25 c) **Kosten des Erwerbs.** Zu den vermögensmindernden Erwerbskosten sind zu rechnen: Die Kosten der Vertragsbeurkundung und -durchführung (*Larenz/Canaris*, Schuldrecht II/2, 73 I 2c mwN) sowie Rücksendekosten iRd Rückabwicklung des Vertrages; Frachtkosten; Vermittlungsprovisionen und (gezahlte) Mehrwertsteuer (BGH WM 93, 251, 257), steuerliche Mehrbelastungen (BGH WM 92, 745, 748), bei der Eingriffskondiktion ggf auch Zwangsvollstreckungskosten (BGHZ 82, 299; 100, 95, 100). Nicht abzugsfähig sind hingegen die Kosten eines Prozesses, in dem der Bereicherungsschuldner unterliegt (BGH WM 65, 1022; AnwK/*v Sachsen Gessaphe* § 818 Rn 55). Im Bereich der **Nichtleistungskondiktionen** gemäß §§ 951, 816 I 1 stellt sich die Frage, ob der Bereicherungsschuldner auch **drittbegünstigende Aufwendungen** dem Bereicherungsanspruch des Berechtigten entgegenhalten kann. Das wird für **Kaufpreiszahlungen des Nichtberechtigten** an einen Dritten iRd § 816 I 1 verneint: Weil der Nichtberechtigte die Erwerbskosten dem Vindikationsanspruch des Berechtigten nicht entgegenhalten könne, dürfe für den der Rechtsfortwirkung des § 985 verpflichteten Anspruch aus § 816 I 1 nichts anderes gelten (BGHZ 47, 128ff; BGHZ 55, 176; BGH NJW 95, 3315, 3317). Nach aA führen Gesichtspunkte einer an §§ 433 I 2, 437 orientierten Risikoverteilung zum gleichen Ergebnis (MüKo/*Lieb* § 818 Rn 81; AnwK/*Sachsen Gessaphe* § 818 Rn 58). Die gleichen Grundsätze finden Anwendung, wenn der Nichtberechtigte für den Erwerb der gemäß § 816 II herauszugebenden Sache Zahlungen an den Dritten geleistet hat (Palandt/*Sprau* § 818 Rn 43).

26 Auch für viele Streitfälle im Bereich der Leistungskondiktionen spielt der Gedanke der **vertraglichen Risikoverteilung** eine entscheidende Rolle. So soll der Bereicherte dem Kondiktionsanspruch des Bereicherungsgläubigers **anweisungsgemäß** an Dritte geleistete Zahlungen nicht entgegenhalten dürfen (AnwK/*v Sachsen Gessaphe* § 818 Rn 57; BaRoth/*Wendehorst* § 818 Rn 60). Ebenfalls nicht der Käufer die in seinem Interesse im

Zusammenhang mit dem Erwerb eines Grundstückes verursachten Kosten der Auflassung, Finanzierung und Besicherung (Ddorf NJW-RR 98, 1517; weitere Beispiel für Sonderfälle bei: AnwK/*v Sachsen Gessaphe* § 818 Rn 57; Palandt/*Sprau* § 818 Rn 45).

d) Folgeschäden. Ob der Bereicherte **Folgeschäden**, die er durch das Erlangte an anderen Rechtsgütern erleidet, bereicherungsmindernd in Ansatz bringen kann, ist nach zutreffender Auffassung ebenfalls eine Frage der **vertraglichen Risikoverteilung.** Insoweit ist zu unterscheiden: In der Regel wird sich der Bereicherte entgegenhalten lassen müssen, das schadensbegründende Risiko unabhängig von der Wirksamkeit des zugrunde liegenden Vertrages übernommen zu haben (Schulbeispiel: Der rechtsgrundlos erworbene Hund zerbeißt den Teppich). Anders ist es mit Blick auf die schuldrechtlichen Bestimmungen zur Sachmängelhaftung hingegen, wenn die Schäden durch einen Mangel der indebite gelieferten Sache hervorgerufen werden (zum Ganzen: MüKo/*Lieb* § 818 Rn 90; aA: *Reuter/Martinek* S 593). 27

4. Sonderproblem: Rückabwicklung gegenseitiger Verträge. a) Zweikonditionentheorie. Besondere Probleme bereitet die bereicherungsrechtliche Rückabwicklung **gegenseitiger** Verträge, wenn sich die trotz Unwirksamkeit des Vertrages wechselseitig erfüllten Ansprüche auf Leistung und Gegenleistung spiegelbildlich in entspr Kondiktionsansprüchen beider Parteien wiederfinden. Nach der heute in ihrer Reinform nicht mehr vertretenen **Zweikonditionentheorie** handelt es sich bei den solcherart begründeten Bereicherungsansprüchen der Vertragsparteien um **selbständige Forderungen**, die lediglich durch die schuldrechtlichen Instrumentarien der Aufrechnung und des Zurückbehaltungsrechts (§ 273) miteinander verknüpft sind (vgl: BaRoth/*Wendehorst* § 818 Rn 82). Das führt allerdings zu unauflösbaren Wertungswidersprüchen, wenn bspw die Kaufsache beim Käufer entschädigungslos untergegangen ist. Dann könnte er sich nämlich nach obigen Grundsätzen insoweit auf Entreicherung berufen und die erbrachte Gegenleistung vom Verkäufer zurückfordern, ohne selbst den indebite empfangenen Kaufgegenstand zurückgeben oder Wertersatz leisten zu müssen. Damit wären die schuldrechtlichen Regeln der Gefahrtragung (§ 446) faktisch außer Kraft gesetzt und der Verkäufer wäre ohne erkennbaren sachlichen Grund den Dispositionen des Käufers schutzlos preisgegeben (Zum Ganzen: MüKo/*Lieb* § 818 Rn 110). 28

b) Saldotheorie. aa) Grundlagen und Wirkungsweise. Vor diesem Hintergrund rückt die **Saldotheorie** in ihrer jetzt vorherrschenden Lesart den Gesichtspunkt der **synallagmatischen Verknüpfung** von Leistung und Gegenleistung in den Mittelpunkt der Bemühungen um eine geordnete bereicherungsrechtliche Rückabwicklung gegenseitiger Verträge (grundlegend hierzu: v Caemmerer FS Rabel 54, 396; zur historischen Entwicklung und zum Meinungsstand: MüKo/*Lieb* § 818 Rn 111 ff mwN). Sie gelangt auf dem Boden eines faktisch fortwirkenden Synallagmas zu der Erkenntnis, dass die wechselseitig rechtsgrundlos erbrachten Leistungen nicht zu selbständigen Bereicherungsansprüchen führen, sondern lediglich iRd § 818 III als unselbständige **Abzugsposten** bei der Ermittlung eines einheitlichen Bereicherungssaldos zu berücksichtigen sind. Bereicherungsgläubiger ist dann derjenige, zu dessen Gunsten sich aus der Leistung und Gegenleistung umfassenden **Saldierung der Aktiv- und Passivposten ein Überschuss** ergibt (zuletzt: BGH NJW 05, 884, 887 mwN; vgl auch: BGHZ 145, 52; s.a. oben Rn 19). Diese Wirkungen einer **ipso-iure-Saldierung** ergeben sich allerdings naturgemäß nur bei Bereicherungsansprüchen auf **gleichartige Leistungen**, regelmäßig also dann, wenn dem Anspruch auf Rückzahlung der Gegenleistung ein gemäß § 818 II ebenfalls in Geld zu bedienender Wertersatzanspruch für den nicht mehr vorhandenen Gegenstand der Vertragsleistung gegenübersteht (vgl BGH NJW 01, 1863). Aber auch wenn die Bereicherungsansprüche der Beteiligten **nicht gleichartig** sind, bleibt es nach der Saldotheorie bei dem Grundsatz, dass über die Rückforderung der Leistung nicht ohne Berücksichtigung der Gegenleistung entschieden werden kann (AnwK/*v Sachsen Gessaphe* § 818 Rn 67). **Materiellrechtlich** führt dies dann allerdings dazu, dass die wechselseitigen Bereicherungsansprüche nur Zug-um-Zug zu erfüllen sind. 29

In **prozessualer Hinsicht** haben die so gewonnenen Erkenntnisse zur Folge, dass der Anspruchsteller zur Vermeidung eines Teilunterliegens schon mit seinem Klageantrag dem Umstand Rechnung tragen muss, nur den **Überschuss** aus der Saldierung der beiderseitigen Bereicherungsansprüche beanspruchen zu können (BGH NJW 04, 229). Im Falle **ungleichartiger** Bereicherungsansprüche muss der Klageantrag also auf Verurteilung zur Leistung **Zug-um-Zug** lauten (BGHZ 146, 298, 307; 147, 152, 157). 30

Zentrale Bedeutung hat die Saldotheorie in den Fällen, in denen die Zweikonditionenlehre versagt (s.o. Rn 28). Soweit nämlich eine Partei eines gegenseitigen Vertrages zur Herausgabe der (unbeschädigten) Sache außerstande und insoweit entreichert ist, muss sie sich iRd nach obigen Grundsätzen vorzunehmenden Saldierung der wechselseitigen Bereicherungsansprüche gleichwohl deren Wert **anspruchsmindernd** abziehen lassen (Palandt/*Sprau* § 818 Rn 48; *Medicus*, Bürgerliches Recht Rn 224). Das jedoch nur, soweit er in wertender Abwägung der Gesamtumstände das Risiko für den Untergang oder die Beschädigung der Sache zu tragen hat. Gerade an dieser Problematik zeigen sich die Grenzen und Unzulänglichkeiten der Saldotheorie (s.u. Rn 32). 31

bb) Einschränkungen. In Rspr und Lit besteht Einigkeit darüber, dass die uneingeschränkte Anwendung der Saldotheorie in Einzelfällen zu nicht hinnehmbaren Ergebnissen führen kann. Hier spielt der Umstand eine wichtige Rolle, dass die für die Vertragsabwicklung maßgeblichen **gesetzlichen Wertungsentscheidungen** 32 ganz überwiegend keinen Anklang in den Regeln des Bereicherungsausgleichs finden und dort deshalb zur Wiederherstellung des Gerechtigkeitsgefüges über die Herausbildung und Anwendung entspr Wertungskriterien eingeführt werden müssen. Das erkennt auch die weiterhin vom Boden der Saldotheorie operierende Rspr an, gelangt aber nur im Zusammenhang mit besonders gelagerten Sachverhaltskonstellationen zu punktuellen Einschränkungen. Demgegenüber neigt die – freilich stark uneinheitliche – Lit zunehmend dazu, von der herkömmlichen Saldotheorie ganz Abstand zu nehmen. Insoweit reicht das Meinungsspektrum von einer sich an die Bestimmungen des Rücktrittsrechts anlehnenden Modifizierung der Saldotheorie (so bspw v *Caemmerer* FS Larenz 73, 621, 638; *Esser/Weyers*, Schuldrecht II/2, § 51 II 3c), über die Hervorhebung von Gesichtspunkten der vertraglichen Risikoverteilung bis zu einer an den gesetzlichen Wertungen in § 346 III orientierten Lösung über eine teleologische Reduktion des § 818 III (hierzu sowie eingehend zum Meinungsstand: MüKo/*Lieb* § 818 Rn 123 ff; AnwK/*v Sachsen Gessaphe* § 818 Rn 75 ff). Anlass für derartige Bemühungen bieten vor allem folgende Problemlagen:

33 Der Saldierungsgedanke greift nicht, wenn noch kein Leistungsaustausch stattgefunden hat. Erbringt bspw der den Kaufpreis stundende Verkäufer eine **Vorleistung**, indem er dem Käufer den Kaufgegenstand übergibt, ohne die Gegenleistung erhalten zu haben, so fehlt es mangels Bereicherungsanspruch des Käufers gegen den Verkäufer an einer saldierungsfähigen Konditionslage. Ist nun der Kaufgegenstand beim Käufer untergegangen, kann dieser sich auf Entreicherung berufen und muss – wegen der Unwirksamkeit des Vertrages – weder zahlen, noch gemäß § 818 II Wertersatz leisten (zum Ganzen: AnwK/*v Sachsen Gessaphe* § 818 Rn 74 mwN). Dieses Ergebnis ist nach zutreffender Auffassung mit den maßgeblichen Regeln der Gefahrtragung nicht in Einklang zu bringen und zwingt deshalb für diese Fälle dazu, von der Anwendung der Saldotheorie Abstand zu nehmen (ebenso: MüKo/*Lieb* § 818 Rn 117 mwN).

34 Weitgehende Einigkeit besteht darüber, dass der Saldierungsgedanke nicht zulasten **Geschäftsunfähiger oder beschränkt Geschäftsfähiger** gehen darf (BGHZ 126, 105, 107f; NJW 00, 3562). Insoweit gebührt den gesetzlichen Wertungsentscheidungen der §§ 104 ff Vorrang, so dass bspw der Minderjährige sich den Wert der empfangenen und untergegangenen Leistung selbst dann nicht auf seinen die Gegenleistung betreffenden Kondiktionsanspruch anrechnen lassen muss, wenn er den Untergang verschuldet hat (BGHZ 126, 105, 109).

35 Streitig ist hingegen, ob diese Grundsätze auch auf die Fälle Anwendung finden, in denen die Auswirkungen der Saldierungstheorie zulasten des **arglistig Getäuschten** gehen. Die Rspr erteilt in derartigen Fällen dem Saldierungsgedanken mit Billigkeitserwägungen (BGHZ 53, 144, 147 f) und dem Hinweis auf die Bösgläubigkeit des Täuschenden eine Absage (BGHZ 57, 137, 149; eingehend hierzu: MüKo/*Lieb* § 818 Rn 119). Gleiches soll für **wucherische** und damit gemäß § 138 sittenwidrige Geschäfte (BGHZ 146, 298, 308) sowie für die Folgen der **Irrtumanfechtung** gelten (BGHZ 72, 252). Im Übrigen ist dem Käufer mit Rücksicht auf die in § 346 III niedergelegte gesetzliche Wertung entgegen den Grundsätzen der Saldotheorie der Entreicherungseinwand zu belassen, wenn ein **Mangel der Kaufsache** zu deren Untergang geführt hat (AnwK/*v Sachsen Gessaphe* § 818 Rn 73). Nach Auffassung des BGH gelten die Grundsätze der Saldotheorie schließlich nicht in der **Insolvenz**, soweit hierdurch die Beschränkungen des Insolvenzrechts hinsichtlich der Geltendmachung von Forderungen gegen den Insolvenzschuldner außer Kraft gesetzt würden (BGH NJW 05, 884, 887 – Sozialversicherungsbeiträge).

36 **IV. Verschärfte Haftung bei Rechtshängigkeit – § 818 IV. 1. Allgemeines.** § 818 IV führt über den Verweis auf die „allgemeinen Vorschriften" zu einer verschärften Haftung des Bereicherungsschuldners vom Zeitpunkt der Rechtshängigkeit an. Dies deshalb, weil er jedenfalls ab diesem Zeitpunkt damit rechnen muss, ohne Rechtsgrund erworben zu haben. Dieser Grundgedanke setzt sich fort in der Vorschrift des § 819 I, wonach die verschärfte Haftung des § 818 IV bereits greift, sobald der Bereicherungsschuldner das Fehlen des rechtlichen Grundes kennt (iE s dort). §§ 819 II, 820 ergänzen dieses Haftungssystem für die dort geregelten Sonderfälle.

37 **2. Rechtshängigkeit.** Der Eintritt der Rechtshängigkeit iSd § 818 IV setzt grds die Erhebung einer auf Herausgabe des Erlangten oder Zahlung von Wertersatz gerichteten **Leistungsklage** voraus; die Erhebung einer Feststellungs- oder Abänderungsklage reicht nicht (BGHZ 118, 383 – Feststellungsklage; BGH LM Nr. 9 zu § 818 Abs 4 – Abänderungsklage), wohl aber die **hilfsweise Geltendmachung** (Palandt/*Sprau* § 818 Rn 51). Wann der Bereicherungsanspruch rechtshängig geworden ist, ergibt sich aus §§ 261 I, 253 I unter Berücksichtigung der für das **Mahnverfahren** geltenden Fiktion in § 696 III ZPO.

38 **3. Rechtsfolgen. a) Ausschluss des Entreicherungseinwandes.** Die Haftungsverschärfung gemäß § 818 IV bewirkt, dass der Bereicherungsschuldner sich ab dem Eintritt der Rechtshängigkeit für eine danach eintretende Veränderung der Verhältnisse nicht mehr mit Erfolg auf den **Wegfall der Bereicherung** berufen kann. Der Entreicherungseinwand verbleibt ihm indes, wenn die Ursache für die nach Rechtshängigkeit eingetretene Entreicherung bereits vor Rechtshängigkeit gesetzt war (BGHZ 132, 198, 213; AnwK/*v Sachsen Gessaphe* § 818 Rn 86).

39 **b) Allgemeine Vorschriften.** Der Verweis auf die „allgemeinen Vorschriften" führt zunächst zu §§ 291, 292. Der Bereicherungsgläubiger kann also gemäß §§ 291, 288 I für den Zeitraum ab Rechtshängigkeit **gesetzliche**

Zinsen in Höhe von 5 Prozentpunkten über dem Basiszinssatz (§ 247) auf seine Geldforderung beanspruchen; §§ 352, 353 HGB und 288 II (str) sollen indes außer Betracht zu bleiben haben (Erman/*Westermann/ Buck* § 818 Rn 52). Über § 292 finden die Vorschriften des **EBV** Anwendung, so dass der Bereicherungsschuldner ab Rechtshängigkeit (beachte aber § 819 I) dafür verantwortlich ist, wenn infolge eines von ihm zu vertretenden Umstandes der Bereicherungsgegenstand verschlechtert wird, untergeht oder aus einem anderen Grund von ihm nicht mehr herausgegeben werden kann – §§ 989, 990. Er muss nun nicht nur tatsächlich gezogene Nutzungen herausgeben, sondern auch schuldhaft nicht gezogene Nutzungen ersetzen (§ 987). Ersatz für Aufwendungen gemäß §§ 994 II, 995 erhält er nur noch nach den Vorschriften der GoA und nur noch für notwendige Verwendungen (vgl § 996). Außerhalb des Regelungsbereichs der vorrangigen Spezialvorschriften des EBV finden über § 292 die allgemeinen Vorschriften des Schuldrechts Anwendung. Dazu gehören nach zutreffender Auffassung auch § 285 (BGHZ 245, 203, 206f) und die Vorschriften zum **Schuldnerverzug** in §§ 286 f (Palandt/*Sprau* § 818 Rn 54; BaRoth/*Wendehorst* § 818 Rn 118 mwN). Allerdings ist insoweit zu beachten, dass Verzug Verschulden voraussetzt, welches bei einem entschuldbaren Rechtsirrtum über die Herausgabepflicht fehlen kann (Staud/*Lorenz* § 818 Rn 51). Demgegenüber gerät der Bereicherungsschuldner iRd § 818 IV wegen § 286 I 2 auch ohne Mahnung in Verzug, der es demgegenüber in den Fällen des § 819 I grds bedarf.

C. Beweislast. Für die Verteilung der Darlegungs- und Beweislast gelten die allgemeinen Grundsätze 40 (s § 812 Rn 109) mit folgenden Besonderheiten: **Der Bereicherungsgläubiger** muss beweisen, was der Schuldner erlangt hat. Das betrifft auch herauszugebende Surrogate und den Umfang gezogener Nutzungen (BGHZ 109, 139, 148), darüber hinaus für § 818 II den Wert des Erlangten im maßgeblichen Zeitpunkt (Palandt/ *Sprau* § 818 Rn 55). **Der Bereicherungsschuldner** hat zu beweisen, dass er zur Herausgabe außerstande ist (BGH NJW 88, 2597, 2599). Beruft er sich auf den **Wegfall oder die Schälerung der Bereicherung**, so hat er auch die diese **rechtsvernichtende Einwendung** tragenden Tatsachen darzulegen und zu beweisen (BGHZ 118, 383; BGH NJW 99, 1181; zu Beweiserleichterungen s Rn 21). Das soll auch für den Geschäftsunfähigen (BGH NJW 03, 3271, 3272), nicht hingegen für den Minderjährigen gelten (KG NJW 98, 2911 f). Gelingt ihm der Entreicherungsnachweis, so obliegt nunmehr dem Bereicherungsgläubiger der Beweis für solche Umstände, die eine verschäfte Haftung gemäß § 818 IV begründen sollen (BGH MDR 59, 109).

§ 819 Verschärfte Haftung bei Kenntnis und bei Gesetzes- oder Sittenverstoß

(1) Kennt der Empfänger den Mangel des rechtlichen Grundes bei dem Empfang oder erfährt er ihn später, so ist er von dem Empfang oder der Erlangung der Kenntnis an zur Herausgabe verpflichtet, wie wenn der Anspruch auf Herausgabe zu dieser Zeit rechtshängig geworden wäre.
(2) Verstößt der Empfänger durch die Annahme der Leistung gegen ein gesetzliches Verbot oder gegen die guten Sitten, so ist er von dem Empfang der Leistung an in der gleichen Weise verpflichtet.

A. Normzweck und Anwendungsbereich. § 818 IV knüpft an den Eintritt der Rechtshängigkeit eine Ver- 1 schärfung der Haftung des Bereicherungsschuldners (iE s dort Rn 36 ff). § 819 I erstreckt diese Haftungsverschärfung aus ähnlichen Gründen, die auf Seiten des Bereicherungsgläubigers nach § 814 zum Bereicherungsausschluss führen, auf den Zeitraum vor dem Eintritt der Rechthängigkeit. Danach beginnt die schärfere Haftung, sobald der Bereicherungsschuldner **Kenntnis von der Rechtgrundlosigkeit** der Zuwendung erlangt, frühestens allerdings mit deren Empfang. Dies deshalb, weil von demjenigen, der nach den Umständen weiß, das Erlangte nicht behalten zu dürfen, besondere Sorgfalt bei der „Verwahrung" des dann auch nach seiner Vorstellung fremden Gutes zu erwarten ist (so zutreffend: BaRoth/*Wendehorst* § 819 Rn 2 – unter Hinweis auf Mot II 55). Auf den Konditionsgrund kommt es insoweit nicht an; § 819 I gilt für alle Bereicherungstatbestände (MüKo/*Lieb* § 819 Rn 1).

Demgegenüber sanktioniert § 819 II mit gleichem Ergebnis eine von der Rechtsordnung nach allgemeinen 2 Grundsätzen (§§ 134, 138) missbilligte Verfügungsverschiebung, indem auch der gemäß § 817 S 1 zur Herausgabe verpflichtet Empfänger der verschärften Haftung nach § 818 IV unterworfen wird, wenn er durch die Annahme der Leistung gegen die **guten Sitten** oder gegen ein **gesetzliches Verbot** verstoßen hat

B. Tatbestand. I. Kenntnis vom Fehlen des Rechtsgrundes – § 819 I. 1. Kenntnis. Die Haftungsverschär- 3 fung gemäß § 819 I tritt ein, sobald der Bereicherungsschuldner **positive Kenntnis** vom Fehlen des rechtlichen Grundes erlangt hat. Erforderlich ist **qualifizierte Kenntnis**, die sich nicht nur auf die Tatsachen beschränken darf, welche die Rechtsgrundlosigkeit begründen (so aber Hamm NJW 77, 1824), sondern mit Rücksicht auf den Schutzzweck der Norm (s Rn 1) auch die **Rechtsfolgen der Rechtgrundlosigkeit** umfassen muss (BGHZ 133, 246, 249f, mwN; NJW 92, 2415, 2417; MüKo/*Lieb* § 819 Rn 2 mwN; BaRoth/*Wendehorst* § 819 Rn 3 f; AnwK/*v Sachsen Gessaphe* § 819 Rn 2). Freilich wird man insoweit keine juristisch exakte Subsumtion verlangen können (Staud/*Lorenz* § 819 Rn 6; BaRoth/*Wendehorst* § 819 Rn 3); ausreichend ist vielmehr eine am Maßstab des **objektiv redlich Denkenden** zu messende **Parallelwertung in der Laiensphäre**, die den Empfänger auf der Grundlage der (objektiv) feststellbaren Tatsachen zu der (subjektiven) Erkenntnis hätte bringen müssen, dass er den Zuwendungsgegenstand nicht behalten darf (vgl: BGHZ 133, 246, 249ff; BaRoth/*Wendehorst* § 819 Rn 3 f; AnwK/*v Sachsen Gessaphe* § 819 Rn 2). Demgegenüber reicht selbst **grob fahrlässige Unkenntnis** außerhalb des Regelungsbereichs anderweitiger Sonderbestimmungen (§§ 87 II BBG, 53 II BRRG, 49a II 2 VwVfG) nicht aus (Staud/*Lorenz* § 819 Rn 8; MüKo/*Lieb* § 819 Rn 3, jeweils mwN), ebenfalls nicht Bösgläubigkeit iSd § 932 II sowie bloße Zweifel am Fortbestand des Rechtsgrundes (AnwK/*v Sachsen Gessaphe* § 819 Rn 2 mwN). In diesen Fällen soll aber eine Haftung des Bereicherungsschuldners aus § 280 I (früher pVV) in Betracht kommen (BGHZ 72, 9, 14; München WM 71, 264, 265; zw: MüKo/*Lieb* § 819 Rn 3 mwN).

4   Bei (auflösend) **bedingten Leistungen** oder solchen unter **Vorbehalt**, weiß der Empfänger zwar um das Risiko, den Zuwendungsgegenstand wieder herausgeben zu müssen. Die verschärfte Haftung aus § 819 I trifft ihn nach obigen Grundsätzen jedoch erst dann, wenn er positive Kenntnis vom Eintritt der Bedingung bzw von der Verwirklichung des Vorbehalts erlangt (MüKo/*Lieb* § 819 Rn 4 mwN). Weiß der Empfänger hingegen, dass sein Vertragspartner zur **Anfechtung** des der Leistung zu Grunde liegenden Rechtsgeschäfts berechtigt ist, so muss er sich nach erfolgter Anfechtung gemäß § 142 II so behandeln lassen, als habe er auch Kenntnis von der anfänglichen Nichtigkeit (§ 142 I) des Vertrages gehabt. Der Empfänger haftet also im Ergebnis verschärft, sobald er positive Kenntnis vom Anfechtungsrecht des Leistenden hat (BGH WM 73, 560, 562; Staud/*Lorenz* § 819 Rn 7; MüKo/*Lieb* § 819 Rn 5; AnwK/*v Sachsen Gessaphe* § 819 Rn 7). Das ist im Ergebnis nicht anders, wenn der Leistungsempfänger zur Anfechtung berechtigt ist, und zwar auch dann nicht, wenn er (irrtümlich) davon ausgeht, dem Leistenden sei die Anfechtbarkeit bekannt (Staud/*Lorenz* § 819 Rn 7; AnwK/*v Sachsen Gessaphe* § 819 Rn 7; aA offenbar MüKo/*Lieb* § 819 Rn 5). Denn allein diese Kenntnis führt nicht zum Kondiktionsausschluss gemäß § 814 (s dort Rn 4), so dass der Leistungsempfänger in aller Regel keinen Anlass für die Annahme haben kann, den Bereicherungsgegenstand trotz Anfechtung behalten zu dürfen. Das gilt entgegen anderer Auffassung (RGZ 151, 361, 375f) erst recht, wenn dem Empfänger nicht einmal bewusst ist, dass der Leistende die Anfechtbarkeit kennt (Staud/*Lorenz* § 819 Rn 7; *Reuter/Martinek* S 644). Demgegenüber ist der Leistungsempfänger nicht bösgläubig iSd § 819 I, wenn er Kenntnis davon hat oder ohne vorwerfbare Sorgfaltswidrigkeit irrtümlich annimmt, dass auch der Leistende von der tatsächlich bestehenden **Rechtsgrundlosigkeit** seiner Leistung weiß. Denn dann muss er – anders als in den vorerwähnten Anfechtungsfällen – wegen der Konditionssperre des § 814 nicht damit rechnen, den Bereicherungsgegenstand herausgeben zu müssen und es besteht kein hinreichender Grund, ihn der verschärften Haftung des 819 I zu unterwerfen (RGZ 137, 171, 179; MüKo/*Lieb* § 819 Rn 9; AnwK/*v Sachsen Gessaphe* § 819 Rn 6; Erman/*Westermann* § 819 Rn 1). Streitig ist, ob diese Grundsätze eine entspr Anwendung des § 819 I auf die bereicherungsrechtliche Herausgabeverpflichtung des Darlehensempfängers bei **unerkannt nichtigem Darlehensvertrag** rechtfertigen. Das wird zT mit dem Argument befürwortet, der Darlehensempfänger müsse wegen § 488 I 2 auch ohne Kenntnis von der Rechtgrundlosigkeit der Darlehensgewährung davon ausgehen, die Darlehensvaluta irgendwann zurückzahlen zu müssen (BGHZ 83, 293, 295; Hamm NJW 81, 877). Überzeugend ist das schon deshalb nicht, weil der durch § 488 I 2 vorgegebene Bezugspunkt für die Rückzahlungsverpflichtung an deren kündigungsbedingte Fälligkeit anknüpft (§ 488 III), so dass die Kenntnis hiervon nicht ohne weiteres mit dem durch § 819 I sanktionierten Fall gleichgesetzt werden kann, dass der Darlehensschuldner von der Rechtsgrundlosigkeit der Darlehensgewährung und der daraus resultierenden Verpflichtung zur **sofortigen** Herausgabe der Darlehensvaluta weiß. Dem allerdings auch in diesen Fällen nicht gerechtfertigten Entreicherungseinwand des Darlehensschuldners lässt sich angemessen durch eine Reduktion des § 818 III beggnen (ebenso: *Reuter/Martinek* S 590; MüKo/*Lieb* § 819 Rn 9; BaRoth/*Wendehorst* § 819 Rn 5).

5   Die Kenntnis vom Fehlen des rechtlichen Grundes muss grds in der Person des **Leistungsempfängers** vorliegen. Wird die Leistung mit seinem Wissen und Wollen von einer **anderen Person**, die nicht notwendig rechtsgeschäftlicher Vertreter des Bereicherungsschuldners sein muss, in Empfang genommen, so führt analog § 166 I auch deren Kenntnis zur Haftungsverschärfung gemäß § 819 I (BGHZ 83, 293, 295; NJW-RR 01, 127; WM 62, 609, 610; Köln NJW 00, 1045, 1046; MüKo/*Lieb* § 819 Rn 6 mwN; BaRoth/*Wendehorst* § 819 Rn 10; einschränkend: Erman/*Westermann* § 819 Rn 3). Allerdings hilft dem Leistungsempfänger die Gutgläubigkeit der von ihm eingesetzten Hilfspersonen in Anwendung des sich aus § 166 II ergebenden Rechtsgedankens nicht, wenn er selbst bösgläubig iSd § 819 I ist (*Koppensteiner/Kramer* S 146; AnwK/*v Sachsen Gessaphe* § 819 Rn 4).

6   Die obigen Grundsätze gelten entsprechend, wenn der Leistungsempfänger **nur durch gesetzliche Vertreter** handeln kann. Deshalb ist beim **Geschäftsunfähigen** gemäß § 166 I stets die Kenntnis seines gesetzlichen Vertreters maßgebend (BGHZ 83, 293, 295; BaRoth/*Wendehorst* § 819 Rn 7; AnwK/*v Sachsen Gessaphe* § 819 Rn 4); bei **juristischen Personen** schadet die Kenntnis auch nur eines ihrer handelnden Organe (MüKo/*Lieb* § 819 Rn 8; Staud/*Lorenz* § 819 Rn 9). Beim **beschränkt geschäftsfähigen** (insbes minderjährigen) Empfänger unterscheidet insbes der BGH zwischen den Tatbeständen der Leistungs- und der Eingriffskondiktion: iRd Leistungskondiktion sei der Minderjährige nach allgemeinen Grundsätzen vor den für ihn ungünstigen Auswirkungen einer Teilnahme am rechtsgeschäftlichen Verkehr zu schützen, weshalb die Kenntnis seines gesetzlichen Vertreters die maßgebliche sei – § 166 I. Demgegenüber sei dem Minderjährigen in den Fällen der Eingriffskondiktion häufig ein deliktisches Fehlverhalten vorzuwerfen, so dass der auf der Beschränkung der

Geschäftsfähigkeit fußende Grundgedanke des Minderjährigenschutzes seine Grenze im Recht der unerlaubten Handlungen finden und der Minderjährige sich deshalb die eigene Bösgläubigkeit entgegenhalten lassen müsse (BGHZ 55, 128, 136 – „Flugreisefall"; Staud/*Lorenz* § 819 Rn 10). Dem wird in der Lit zu Recht entgegengehalten, dass eine solche Differenzierung mit Rücksicht auf die funktionalen Unterschiede zwischen Delikts-. und Bereicherungsrecht nicht gerechtfertigt ist und deshalb unabhängig von der Kondiktionsform stets auf die Kenntnis des gesetzlichen Vertreters abgestellt werden muss (iE: MüKo/*Lieb* § 819 Rn 7; AnwK/*v Sachsen Gessaphe* § 819 Rn 5; *Canaris* JZ 71, 560, 563).

2. Zeitpunkt der Kenntnis. Der Leistungsempfänger haftet verschärft, sobald er positive Kenntnis vom Fehlen des rechtlichen Grundes hat, frühestens jedoch mit der Inempfangnahme der Leistung. Für die verschiedenen Formen der Leistungskondiktion ist zu unterscheiden: Bei der **condicitio indebiti** (§ 812 I 1 Alt 1) ist auf die Erlangung der Kenntnis vom (anfänglichen) Fehlen, bei der **condictio ob causam finitam** (§ 812 I 2 Alt 1) auf die Erlangung der Kenntnis vom (späteren) Wegfall des Rechtsgrundes abzustellen. In den Fällen der **condictio ob rem** (§ 812 I 2 Alt 2) tritt die verschärfte Haftung des § 819 I ab dem Zeitpunkt ein, in dem der Empfänger weiß, dass der mit der Leistung bezweckte Erfolg endgültig nicht mehr eintreten kann (BGHZ 35, 356, 361). 7

II. Gesetzes- oder Sittenverstoß – § 819 II. Die sich aus § 819 II ergebende Haftungsverschärfung betrifft (ausschließlich) den Kondiktionsanspruch aus § 817 S 1. Sie greift unmittelbar bei **einseitigem** Gesetzes- oder Sittenverstoß des Empfängers, bei einem **beiderseitigem** Verstoß nur ausnahmsweise, soweit nicht bereits § 817 S 2 zum Kondiktionsausschluss führt (München NJW 00, 2592; MüKo/*Lieb* § 819 Rn 13; AnwK/*v Sachsen Gessaphe* § 819 Rn 12; iE zum Regelungsgehalt des § 817 S 2 dort Rn 7 ff). 8

Die Haftungsverschärfung nach § 819 II setzt über den durch § 817 S 2 vorgegebenen objektiven Anknüpfungspunkt für die Bereicherungshaftung voraus, dass der Empfänger sich der Rechts- oder Sittenwidrigkeit der Leistungsannahme (subjektiv) **bewusst** ist (ganz hM: Erman/*Westermann* § 819 Rn 7; BaRoth/*Wendehorst* § 819 Rn 10; MüKo/*Lieb* § 819 Rn 14; AnwK/*v Sachsen Gessaphe* § 819 Rn 13; Koppensteiner/Kramer S 147), und zwar im Zeitpunkt der Annahme der Leistung (AnwK/*v Sachsen Gessaphe* § 819 Rn 13; Palandt/*Sprau* § 819 Rn 7; aA.: *Koppensteiner/Kramer* S 147; *Esser/Weyers*, BT/2 § 51 III 1b). Erkennt er darüber hinaus die sich hieraus ergebende **Rechtsfolge** der Nichtigkeit des zugrunde liegenden Rechtsgeschäfts (§§ 134, 138), so greift in aller Regel bereits § 819 I (Staud/*Lorenz*, § 819 Rn 13; MüKo/*Lieb* § 819 Rn 14; s.a. Rn 3 ff). 9

III. Rechtsfolgen. Auf der Rechtsfolgenseite erweitert § 819 in beiden Alternativen die sich aus §§ 818 IV ergebenden Haftungsverschärfungen lediglich in zeitlicher Hinsicht, so dass dieserhalb auf die dortigen Ausführungen verwiesen werden kann (§ 818 Rn 36 ff). Allerdings ist zu beachten, dass im Falle des § 819 keine Rechtshängigkeit vorliegt. Deshalb müssen für weitergehende Ansprüche des Bereicherungsgläubigers aus allgemeinen Vorschriften (§§ 286, 989, 990) Verzug und Verschulden ggf gesondert festgestellt werden (AnwK/*v Sachsen Gessaphe* § 819 Rn 17). 10

C. Beweislast. Die Darlegungs- und Beweislast für sämtliche tatbestandlichen Voraussetzungen des § 819 trägt der **Bereicherungsgläubiger** (BGHZ 58, 1725; AnwK/*v Sachsen Gessaphe* § 819 Rn 11, 15 mwN). Will sich der Bereicherungsschuldner hingegen mit dem Einwand exkulpieren, er habe nach den Umständen (irrtümlich) davon ausgehen dürfen, dass der Leistende von der Rechtsgrundlosigkeit der Leistung gewusst habe (hierzu Rn 4), so muss er die hierfür maßgeblichen Tatsachen darlegen und beweisen (RGZ 137, 171, 179; MüKo/*Lieb* § 819 Rn 12; AnwK/*v Sachsen Gessaphe* § 819 Rn 11). 11

§ 820 Verschärfte Haftung bei ungewissem Erfolgseintritt

(1) ¹War mit der Leistung ein Erfolg bezweckt, dessen Eintritt nach dem Inhalt des Rechtsgeschäfts als ungewiss angesehen wurde, so ist der Empfänger, falls der Erfolg nicht eintritt, zur Herausgabe so verpflichtet, wie wenn der Anspruch auf Herausgabe zur Zeit des Empfangs rechtshängig geworden wäre. ²Das Gleiche gilt, wenn die Leistung aus einem Rechtsgrund, dessen Wegfall nach dem Inhalt des Rechtsgeschäfts als möglich angesehen wurde, erfolgt ist und der Rechtsgrund wegfällt.
(2) Zinsen hat der Empfänger erst von dem Zeitpunkt an zu entrichten, in welchem er erfährt, dass der Erfolg nicht eingetreten oder dass der Rechtsgrund weggefallen ist; zur Herausgabe von Nutzungen ist er insoweit nicht verpflichtet, als er zu dieser Zeit nicht mehr bereichert ist.

A. Normzweck und Anwendungsbereich. § 820 erweitert für die in § 812 I 2 normierten Fälle der Leistungskondiktion die gemäß § 818 IV verschärfte Haftung des Bereicherungsschuldners. § 820 I 1 betrifft die **condictio ob rem** (§ 812 I 2 Alt 2), § 820 I 2 die **condictio ob causam finitam** (§ 812 I 2 Alt 1). Tatsächlicher Anknüpfungspunkt für die Haftungsverschärfung ist in beiden Fällen die im Rechtsgeschäft verankerte **subjektive Ungewissheit beider Parteien** (Staud/*Lorenz* § 820 Rn 2) über den Fortbestand des rechtlichen Grundes für die Leistung. Darin unterscheidet sich § 820 von § 819, der positive Kenntnis (nur) des Leistungsempfängers vom Fehlen des Rechtsgrundes voraussetzt (s dort Rn 3 ff). Hat im Falle der **condictio ob rem** (nur) 1 der Leistende sicher gewusst, dass der bezweckte Erfolg nicht eintreten wird, so ist die Kondiktion bereits durch § 815 ausgeschlossen. Weil bloße Ungewissheit nach der Vorstellung des Gesetzgebers keinen tauglichen Grund dafür liefert, den Bereicherungsschuldner in vollem (verschärftem) Umfang für Nebenleistungen (Zinsen und Nutzungen) einstehen zu lassen, schränkt § 820 II dessen Haftung insoweit ein.

B. Tatbestand. I. Ungewisser Eintritt des mit der Leistung bezweckten Erfolgs – § 820 I 1. § 820 I 1 betrifft unmittelbar nur die *condictio ob rem* (AnwK/*v Sachsen Gessaphe* § 820 Rn 4; zur entspr Anwendung des § 820 I 1 auf rechtsgrundlose Vertragsleistungen unter Vorbehalt: BGH NJW 06, 286, 287 f) , nicht hingegen die *condictio ob causam finitam*, wie sich aus dem Regelungszusammenhang mit der gerade auf den letztgenannten Fall bezogenen Regelung in § 820 I 2 ergibt (MüKo/*Lieb* § 820 Rn 1; AnwK/*v Sachsen Gessaphe* § 820 Rn 4). Als „Rechtsgeschäft" iSd § 820 I 1 und damit als Bezugspunkt für die Ungewissheit beider Parteien kommt bei der *condicito ob rem* nur die der Leistung zugrunde liegende **Zweckabrede** (hierzu § 812 Rn 45 ff) in Betracht (BaRoth/*Wendehorst* § 820 Rn 4), die allerdings bereits in der nicht forderungsbewehrten Erwartungshaltung der Parteien ein gewisses Maß an Ungewissheit über den Eintritt des bezweckten Erfolgs in sich birgt. Deshalb reicht es für § 820 I 2 nicht aus, dass die Parteien die Möglichkeit einer Zweckverfehlung nicht für ausgeschlossen erachten (Staud/*Lorenz* § 820 Rn 4; AnwK/*v Sachsen Gessaphe* § 820 Rn 6). Vielmehr müssen solche Zweifel **sichtbaren Ausdruck** gefunden haben und überdies in der maßgeblichen rechtsgeschäftlichen Abrede zumindest **angedeutet** sein (außerhalb der Zweckabrede liegende Umstände reichen allein nicht aus: RG JW 38, 1025, 1028; MüKo/*Lieb* § 820 Rn 5; AnwK/*v Sachsen Gessaphe* § 820 Rn 7). Ergibt die deshalb regelmäßig gebotene Auslegung der Zweckabrede bspw, dass der Empfänger die Leistung bis zur Erreichung des verabredeten Zwecks der Zuwendung nicht als eigene nutzen, sondern wie eine fremde Sache behandeln sollte, so wird darin zumeist ein starkes Indiz für eine beiderseitige Ungewissheit iSd § 820 I 1 zu sehen sein (ebenso: *Larenz/Canaris*, Schuldrecht II/2, § 73 II 1 c, S 310 f; BaRoth/*Wendehorst* § 820 Rn 5).

II. Wegfall des rechtlichen Grundes – § 820 I 2. Die obigen Grundsätze gelten entspr für die von § 820 I 2 umfassten Fälle der *condictio ob causam finitam*. Allerdings kommt es hier darauf an, dass die Parteien mit dem Wegfall des vertraglich festgelegten Rechtsgrundes rechnen, indem sie bspw übereinstimmend den Eintritt einer vereinbarten **auflösenden Bedingung** in Betracht ziehen und ihre vertraglichen Beziehungen dementsprechend einrichten (iE ebenso: MüKo/*Lieb* § 820 Rn 8; AnwK/*v Sachsen Gessaphe* § 820 Rn 9). Nach weit verbreiteter Auffassung soll § 820 I 2 auf Leistungen unter **Vorbehalt** (dazu § 814 Rn 6) entspr Anwendung finden (Staud/*Lorenz* § 820 Rn 5; AnwK/*v Sachsen Gessaphe* § 820 Rn 9; zur Anwendbarkeit von § 812 I 1 in diesen Fällen: BGH NJW 06, 286, 287f), und zwar selbst bei einseitig erklärtem Vorbehalt, wenn der Leistungsempfänger nicht widerspricht (BGH WM 88, 1494, 1496; München WM 93, 413; MüKo/*Lieb* § 820 Rn 6). Mit ähnlichen Erwägungen hat das BVerwG (NJW 82, 2042) § 820 auf die Rückforderung von überzahlten Beamtenbezügen angewendet. § 820 betrifft nur die **rechtsgeschäftliche Leistungserbringung**. Daran fehlt es, wenn die Leistung aufgrund eines rechtskräftigen Titels oder einer einstweiligen Anordnung erbracht wird (BGHZ 143, 65; NJW 00, 740f; 98, 2443).

C. Rechtsfolgen. Durch § 820 I wird die inhaltlich durch § 818 IV definierte Haftungsverschärfung auf den Zeitpunkt des **Empfangs der Leistung** vorverlagert. Weil der Leistende dem Empfänger im Regelungsbereich des § 820 I den Leistungsgegenstand trotz gemeinsamer Ungewissheit über den Fortbestand des rechtlichen Grundes freiwillig überlassen hat, wird dieser bis zur Geltendmachung des Bereicherungsanspruchs mangels Verschulden kaum je der verschärften Haftung aus **Verzugsgesichtspunkten** unterliegen und deshalb insbes nicht gemäß § 287 S 2 für **Zufallsschäden** einzustehen haben (ebenso: Palandt/*Sprau* § 820 Rn 9; AnwK/*v Sachsen Gessaphe* § 820 Rn 8). Nach – allerdings mit guten Gründen bestrittener (Staud/*Lorenz* § 820 Rn 8) – Auffassung des BVerwG (MDR 61, 535) soll der Bereicherungsschuldner sich trotz seiner gemäß § 820 I verschärften Haftung auf den **Wegfall der Bereicherung** berufen dürfen.

§ 820 II mildert die verschärfte Haftung für Nebenleistungen wieder ab. So kann der Bereicherungsgläubiger abweichend von § 291 **Zinsen** erst ab dem Zeitpunkt beanspruchen, in dem der Empfänger positive Kenntnis davon hat, dass der bezweckte Erfolg endgültig verfehlt bzw der Rechtsgrund weggefallen ist (vgl BGH NJW 75, 1510f). Für **Nutzungen** haftet der Bereicherungsschuldner abweichend von den Anordnungen der §§ 818 IV, 292, 987 I, II nach den sich aus § 818 I – III ergebenden Maßstäben. Er muss also nur tatsächlich gezogene Nutzungen herausgeben, nicht gezogene Nutzungen hingegen selbst dann nicht, wenn er sie hätte ziehen können (Erman/*Westermann* § 820 Rn 7; MüKo/*Lieb* § 820 Rn 9).

D. Beweislast. Für die Verteilung der Beweislast ergeben sich keine Besonderheiten. Der **Bereicherungsgläubiger** muss also alle Tatsachen darlegen und beweisen, aus denen sich die subjektiven und objektiven Voraussetzungen einer Haftungsverschärfung nach § 820 ergeben sollen.

§ 821 Einrede der Bereicherung

Wer ohne rechtlichen Grund eine Verbindlichkeit eingeht, kann die Erfüllung auch dann verweigern, wenn der Anspruch auf Befreiung von der Verbindlichkeit verjährt ist.

A. Normzweck und Anwendungsbereich. § 821 schützt denjenigen, der rechtsgrundlos eine abstrakte Verbindlichkeit iSd § 812 II eingegangen ist und sich nach dem Eintritt der Verjährung seines auf Befreiung von dieser Verbindlichkeit gerichteten Kondiktionsanspruchs (hierzu Rn 52 f) nun der Inanspruchnahme des Gläubigers (Bereicherungsschuldners) aus dieser Verbindlichkeit gegenübersieht. Dann soll der Schuldner (Bereicherungsgläubiger) die Erfüllung trotz der Verjährung seines Bereicherungsanspruchs durch die Geltendmachung der **Einrede** aus § 821 verweigern dürfen. Praktische Relevanz erlangt diese Einredemöglichkeit, wenn für die abstrakte Verpflichtung – insbesondere kraft Vereinbarung (§ 202) – eine **längere Verjährungsfrist** gilt als die für den Kondiktionsanspruch maßgebliche Regelfrist von drei, höchstens zehn Jahren (§§ 195, 199 IV), des Weiteren, wenn die Verjährung des Anspruch aus der abstrakten Verbindlichkeit **gehemmt oder unterbrochen** war. Und schließlich kann der Bereicherungsgläubiger mit Hilfe des § 821 verhindern, **Sicherheiten** (Pfandrechte, Hypotheken; wohl auch Grundschulden – Köln OLGZ 69, 419) bedienen zu müssen, auf welche der Gläubiger gemäß § 216 I trotz der Verjährung seines Anspruchs aus der abstrakten Verpflichtung zurückgreifen kann (zum Ganzen: Staud/*Lorenz* § 821 Rn 7, AnwK/*v Sachsen Gessaphe* § 815 Rn 6; MüKo/*Lieb* § 821 Rn 1 f).

Der BGH entnimmt § 821 in mittlerweile gefestigter Rspr über den in ihrem Wortlaut angelegten Regelungsgehalt der Vorschrift hinaus den **allgemeinen Bereicherungseinwand**, dass der Bereicherungsgläubiger unabhängig vom Verjährungseintritt jede Leistung verweigern darf, die er nach bereicherungsrechtlichen Grundsätzen sogleich wieder zurückverlangen könnte (BGH NJW 95, 1484; 91, 2140f). Das betrifft vor allem die Fälle, in denen es um die Abwehr von Ansprüchen aus rechtsgrundlos hingegebenen abstrakten Schuldversprechen im Wechsel- und Scheckverkehr geht (iE Staud/*Lorenz* § 821 Rn 4 f, mwN). Ein praktisches Bedürfnis für dieses extensive Normverständnis besteht indes nicht, weil sich ein entsprechendes Leistungsverweigerungsrecht in aller Regel bereits aus § 242 nach dem Grundsatz **dolo agit, qui petit, quod statim redditurus est** ergibt (ablehnend deshalb: *Wilhelm* JZ 95, 573, 574; Staud/*Lorenz* § 821 Rn 3 f, mwN; AnwK/*v Sachsen Gessaphe* § 815 Rn 6; diffenzierend: MüKo/*Lieb* § 821 Rn 3 f mwN). Gleichwohl wird man der Rspr in der Praxis ohne erkennbar negative Auswirkungen auf materiell-rechtlich konsistente Lösungen folgen können (ebenso: BaRoth/*Wendehorst* § 821 Rn 3).

B. Einrede. § 821 begründet eine **echte dauerhafte Einrede**, die nicht von Amts wegen berücksichtigt wird, sondern vom Schuldner geltend gemacht werden muss (allg M: BGH WM 92, 1522, 1523; Staud/*Lorenz* § 821 Rn 8; Erman/*Westermann* § 821 Rn 2; MüKo/*Lieb* § 821 Rn 6). Sie kann gemäß § 404 dem Zessionar, im Übrigen auch sonstigen Rechtsnachfolgern des Gläubigers (MüKo/*Lieb* § 821 Rn 5; Erman/*Westermann* § 821 Rn 2), insbesondere dem Sequester und dem Insolvenzverwalter (BGH NJW 95, 1484) entgegengehalten werden. Auf Seiten des Bereicherungsgläubigers kommt § 821 all denjenigen zugute, die sich nach allgemeinen Vorschriften auf dessen Einreden im Verhältnis zum Gläubiger berufen dürfen (Erman/*Westermann* § 821 Rn 2; MüKo/*Lieb* § 821 Rn 5), bspw also dem Schuldübernehmer (§ 417), dem Bürgen (§ 768), dem Hypothekenschuldner (§ 1137) und dem Drittverpfänder (§ 1211). Die Einrede besteht nicht, soweit dem Bereicherungsgläubiger der Entreicherungseinwand aus § 818 III zusteht (AnwK/*v Sachsen Gessaphe* § 821 Rn 6; Erman/*Westermann* § 821 Rn 2).

§ 822 Herausgabepflicht Dritter

Wendet der Empfänger das Erlangte unentgeltlich einem Dritten zu, so ist, soweit infolgedessen die Verpflichtung des Empfängers zur Herausgabe der Bereicherung ausgeschlossen ist, der Dritte zur Herausgabe verpflichtet, wie wenn er die Zuwendung von dem Gläubiger ohne rechtlichen Grund erhalten hätte.

A. Normzweck und Anwendungsbereich. § 822 ermöglicht dem Bereicherungsschuldner den bereicherungsrechtlichen **Durchgriff** gegen einen Dritten, der den Bereicherungsgegenstand **unentgeltlich** vom ursprünglichen Bereicherungsschuldner erlangt hat. Dogmatische Grundlage hierfür ist eine grundsätzliche **Wertungsentscheidung** des Gesetzgebers: Das Behaltensinteresse des unentgeltlichen Empfängers muss hinter das Restitutionsinteresse des Berechtigten zurücktreten, wenn dieser andernfalls leer ausginge. So ist es gem § 816 I 2, wenn der Nichtberechtigte wirksam unentgeltlich über den Bereicherungsgegenstand gebührenden Gegenstand verfügt hat, weil der Bereicherungsgläubiger dann beim nichtberechtigt Verfügenden in der Regel keinen gem §§ 816 I 1, 818 II kondizierbaren (Gegen-) Wert (nach der Rspr des BGH handelt es sich bei der Gegenleistung aus einem Austauschgeschäft nicht um ein Surrogat iSd § 818 I – BGHZ 112, 288, 294 f; aA: MüKo/*Lieb* § 818 Rn 26) vorfindet und er sich dieserhalb an den unentgeltlichen Empfänger halten muss (iE hierzu: § 816 Rn 12 ff). § 822 hat demgegenüber den Fall im Auge, dass der Bereicherungsgläubiger mit seinem (bestehenden!) Kondiktionsanspruch gegen den idR dinglich berechtigten Verfügenden ausfällt, wenn dieser nicht der verschärften Haftung gem § 818 IV, 819 f unterliegt und er sich nach der Weitergabe des Bereicherungsgegenstandes gem § 818 III auf den Wegfall der Bereicherung berufen kann. Darin zeigt sich ein grundlegender Unterschied zwischen den beiden Vorschriften: Während bei § 816 I 2 der mit der Verfügung des Nichtberechtigten einhergehende Rechtsverlust des Bereicherungsgläubiger unmittelbar zum kondizierbaren Erwerb des unentgeltlichen Empfängers führt, setzt § 822 unter Umgehung des **Ummittelbarkeitsgrundsatzes** (hierzu § 812 Rn 63) einen bereits bestehenden Kondiktionsanspruch gegen den (berechtigt) Verfügenden voraus (hierzu sogleich Rn 2). Der Bereicherungsdurchgriff gegen den Dritten ist also **subsidiär**, was entgegen anderer Auffassung (*Knütel* NJW 89, 2504f; BaRoth/*Wendehorst* § 822 Rn 1) allerdings nichts daran ändert, dass es sich bei § 822 nicht nur um eine Regelung betreffend die Rechtsfolgen der Bereicherung, sondern zumindest formal um eine **eigenständige Anspruchsgrundlage** handelt (ebenso: AnwK/*v Sachsen Gessaphe* § 822 Rn 2; ausführlich zum Meinungsstand: Staud/*Lorenz* § 822 Rn 2).

2 **B. Tatbestand. I. Bereicherungsanspruch gegen den Verfügenden.** Die Durchgriffshaftung aus § 822 setzt einen bestehenden, allerdings wegen § 818 III faktisch nicht durchsetzbaren **Bereicherungsanspruch** des Berechtigten gegen den **verfügenden Ersterwerber** voraus. Als Anspruchsgrundlage kommen alle in §§ 812–817 niedergelegten Kondiktionstatbestände in Betracht (allg M: AnwK/*v Sachsen Gessaphe* § 822 Rn 3; BaRoth/*Wendehorst* § 822 Rn 3; MüKo/*Lieb* § 822 Rn 3), darüber hinaus auch § 822 selbst, wenn der Zweiterwerber den Kondiktionsgegenstand seinerseits einem Vierten unentgeltlich zugewendet hat (Erman/*Westermann* § 822, Rn 2; MüKo/*Lieb* § 822 Rn 7; BaRoth/*Wendehorst* § 822 Rn 3). Für § 816 I 1 ergibt sich insoweit die Besonderheit, dass der unentgeltlich weitergegebene Vermögensgegenstand in dem durch die nichtberechtigte Verfügung erlangten Wertsurrogat besteht; bei § 816 I 2 richtet sich der originäre Kondiktionsanspruch ähnlich wie bei § 822 gegen den unentgeltlichen Zweiterwerber, der als Nichtberechtigter – wiederum unentgeltlich – zugunsten eines Vierten verfügt hat. Geht man mit der hier vertretenen Auffassung davon aus, dass es sich bei § 822 um einen eigenständige Anspruchsgrundlage handelt (Rn 1 aE), so findet die Vorschrift wegen der in ihr manifestierten grds Wertungsentscheidung des Gesetzgebers gleichwohl entspr **Anwendung** auf nicht realisierbare Ansprüche aufgrund von **Rechtsfolgenverweisungen** auf das Bereicherungsrecht (dazu § 812 Rn 17), wie sie bspw in § 528 für den Herausgabeanspruch des bedürftigen Schenkers enthalten ist (BGH NJW 04, 1314; NJW 00, 134, 136; BGHZ 106, 354, 357f; AnwK/*v Sachsen Gessaphe* § 822 Rn 8; Staud/*Lorenz* § 822 Rn 5; folgerichtig für unmittelbare Anwendbarkeit, weil es sich bei § 822 strukturell um eine Rechtsfolgenregelung handele: BaRoth/*Wendehorst* § 822 Rn 3). Praktisch besonders bedeutsam wird der Rechtsgrundsatz des § 822 in den sog **Anweisungsfällen**, wenn bei unwirksamem Deckungsverhältnis eine unentgeltlich Zuwendung im Valutaverhältnis erfolgt ist (hierzu iE § 812 Rn 83 ff).

3 **II. Unentgeltliche Zuwendung an einen Dritten.** Der Dritte muss den Kondiktionsgegenstand durch eine **unentgeltliche rechtsgeschäftliche Zuwendung** des primären Bereicherungsschuldners erlangt haben (statt aller: Staud/*Lorenz* § 822 Rn 7 f). In Betracht kommen insbesondere **Schenkungen**, letztwillige Verfügungen an den Nichterben (Vermächtnisse) oder **unbenannte Zuwendungen** unter Ehegatten (vgl: BGH NJW-RR 01, 6, 7; NJW 00, 134, 137; AnwK/*v Sachsen Gessaphe* § 822 Rn 4 mwN). **Rechtsgrundlosigkeit** steht der Unentgeltlichkeit ebensowenig gleich wie im Falle des § 816 I 2 (AnwK/*v Sachsen Gessaphe* § 822 Rn 4, s iE § 816 Rn 16). Bei **gemischten Schenkungen** ist der Herausgabeanspruch aus § 822 idR auf Wertersatz für den unentgeltlichen Teil der Zuwendung beschränkt; im Übrigen haftet der primäre Bereicherungsschuldner nach allgemeinen Grundsätzen (MüKo/*Lieb* § 822 Rn 4; BaRoth/*Wendehorst* § 822 Rn 5; AnwK/*v Sachsen Gessaphe* § 822 Rn 4).

4 Der Empfänger muss das durch die unentgeltliche Zuwendung **Erlangte** herausgeben. Das können der dem Ersterwerber zugewendete **Gegenstand** selbst, aber auch die aus seiner Verwertung resultierenden **Surrogate** oder anderweitigen **Nutzungsvorteile** (§ 818 I), des Weiteren sein **Wert** sein (§ 818 II), soweit der Ersterwerber (nur) diese vermögenswerten Vorteile an den Empfänger weitergeben hat. Und auch auf der zweiten Ebene des zweigliedrigen Erwerbsvorgangs greift § 818. Deshalb muss der Empfänger nur die ihm anstelle des ursprünglich zugewendeten Kondiktionsgegenstandes noch verbliebenen Surrogate und Nutzungen herausgeben bzw nur in dem Umfang Wertersatz leisten, in dem er vorbehaltlich seiner verschärften Haftung aus §§ 818 IV, 819, 820 noch bereichert ist – § 818 III (Zum Ganzen: BGH NJW 04, 1314; 99, 1026f; MüKo/*Lieb* § 822 Rn 7; AnwK/*v Sachsen Gessaphe* § 822 Rn 5, 9; Erman/*Westermann* § 822 Rn 3; *Reuter/Martinek* S 369; Staud/*Lorenz* § 822 Rn 6, 12). Weil der Bereicherungsgläubiger aus der unentgeltlichen Weitergabe des Kondiktionsgegenstandes iE keinen Vorteil ziehen soll, ist die Haftung des Empfängers darüber hinaus wertmäßig auf das beschränkt, was der Bereicherungsgläubiger vom Ersterwerber hätte kondizieren können (für eine tatbestandsmäßige Beschränkung des Anspruchs aus § 822 auf den Kondiktionsanspruch gegen den Ersterwerber: BGH NJW 04, 1314f; BaRoth/*Wendehorst* § 822 Rn 9; mit gleichem Ergebnis, aber anknüpfend an den Gegenstand der unentgeltlichen Zuwendung: AnwK/*v Sachsen Gessaphe* § 822 Rn 9).

5 **III. Infolgedessen kein Bereicherungsanspruch gegen Ersterwerber.** § 822 gestattet dem Bereicherungsgläubiger den Durchgriff auf den Dritten nur dann, wenn die Realisierung des dem Grunde nach bestehenden Bereicherungsanspruchs gegen den Ersterwerber gerade daran scheitert, dass dieser durch die unentgeltliche Weitergabe des Kondiktionsgegenstandes **entreichert** ist – § 818 III (BGH NJW 03, 1445; 69, 605).

Daran fehlt es, soweit seine Entreicherung, die auch aus zu saldierenden Aufwendungen auf den Bereicherungsgegenstand resultieren kann (§ 818 III, s dort Rn 24), im maßgeblichen **Zeitpunkt der unentgeltlichen Zuwendung** an den Dritten bereits eingetreten war oder dem Bereicherungsgläubiger wegen einer nach §§ 818 IV, 819, § 820 verschärften Haftung schon vor der Zuwendung nicht mit Erfolg hätte entgegengehalten werden können (MüKo/*Lieb* § 822 Rn 3; AnwK/*v Sachsen Gessaphe* § 822 Rn 6; Erman/*Westermann* § 822 Rn 5; Staud/*Lorenz* § 822 Rn 11). Nach hM muss der Bereicherungsanspruch gegen den Ersterwerber gerade aus diesen **rechtlichen Gründen** ausgeschlossen sein. Das wird in der Lit zuweilen mit dem Hinweis als unbefriedigend empfunden, dass der Dritte sich beim Erwerb vom Bösgläubigen dann uU ohne sachlichen Grund besser stehe als beim Erwerb vom Gutgläubigen. Deshalb soll der Kondiktionsdurchgriff analog § 822 zumindest auch dann zulässig sein, wenn der Bereicherungsgläubiger den Ersterwerber **faktisch** nicht in Anspruch nehmen kann, etwa weil dieser **insolvent** geworden ist (MüKo/*Lieb* § 822 Rn 6; *Larenz/Canaris*, Schuldrecht BT II/2, § 69 IV 1a; *Medicus*, Schuldrecht BT, Rn 691, *Knütel* NJW 89, 2508). Das ist indes mit dem ausdrücklich an den **Ausschluss** der bereicherungsrechtlichen Haftung des Ersterwerbers anknüpfenden Wortlaut des § 822 kaum in Einklang zu bringen, zumal der Bereicherungsgläubiger nach dem Normzweck der Vorschrift nicht unter Umgehung der hierfür zu Gebote stehenden Möglichkeiten des Insolvenz- und Anfechtungsrechts (§§ 129 ff InsO, 1 ff AnfG) vor den allgemeinen monetären Risiken der Hingabe eines Vermögensgegenstandes geschützt werden soll (vgl: BGH NJW 99, 1026, 1028; 69, 605; ebenso: AnwK/*v Sachsen Gessaphe* § 822 Rn 7 mwN; BaRoth/*Wendehorst* § 822 Rn 8; *Kornblum* JuS 70, 437, 441 f).

C. Allgemeines. I. Verjährung. Wenn man mit der hier vertretenen Auffassung davon ausgeht, dass § 822 einen eigenständigen Bereicherungsanspruch gegen den unentgeltlichen Empfänger begründet (s.o. Rn 1 aE), so verjährt dieser notwendig selbständig in der **regelmäßigen Verjährungsfrist** von drei Jahren, beginnend mit der **Zuwendung an den Dritten** – §§ 195, 199 (AnwK/*v Sachsen Gessaphe* § 822 Rn 10 mwN; aA – nur Rechtsfolgenerstreckung unter Anrechnung der Verjährung des Primäranspruchs gegen den Ersterwerber: *Reuter/Martinek* S 366; Erman/*Westermann* § 822 Rn 7; *Knütel* aaO; ausführlich zum Problem: Staud/*Lorenz* § 822 Rn 2, 11). 6

II. Beweislast. Der Bereicherungsgläubiger muss nach allgemeinen Grundsätzen die tatbestandlichen Voraussetzungen des § 822 darlegen und beweisen, also auch, dass der ursprünglich gegen den Ersterwerber gegebene Kondiktionsanspruch durch die unentgeltliche Weitergabe des Kondiktionsgegenstandes entfallen ist. Demgegenüber obliegt dem Dritten ebenfalls nach allgemeinen Grundsätzen die Beweislast für solche tatsächlichen Umstände, aus denen sich der in seiner Sphäre eingetretene **Wegfall der Bereicherung** ergeben soll (BaRoth/*Wendehorst* § 812 Rn 11; AnwK/*v Sachsen Gessaphe* § 822 Rn 11). 7

Titel 27 Unerlaubte Handlungen

Vorbemerkungen vor §§ 823 ff

A. Grundlagen. I. Recht der unerlaubten Handlungen. §§ 823 ff regeln die Haftung für rechtswidriges (und häufig – aber nicht notwendig – schuldhaftes, Soergel/*Zeuner* Vor § 823 Rn 1) Verhalten. Die Rechtswidrigkeit ergibt sich – im Unterschied zur Pflichtverletzung im Rahmen einer Sonderbeziehung – aus einem Verstoß gegen allgemeine Rechtsnormen. §§ 823 ff enthalten drei Grundtatbestände (§§ 823 I, 823 II, 826) sowie etliche Spezialtatbestände und ergänzende Regelungen. Ausgangspunkt ist eine verschuldensabhängige Haftung, die jedoch teilweise modifiziert wird. Die Grundtatbestände wurden durch die Rspr weiterentwickelt und ausgebaut. Sie stehen neben spezialgesetzlichen Haftungstatbeständen und werden durch andere Ausgleichssysteme, insbes durch kollektive Systeme des Schadensausgleichs, teilweise überlagert (s.u. Rn 13 f). Auch der Einfluss europäischen Rechts auf das deutsche Deliktsrecht nimmt zu (s.u. Rn 27 f). 1

II. Funktionen des Deliktsrechts. Grundfunktion des Deliktsrechts – wie des Privatrechts überhaupt – ist der Ausgleich widerstreitender Interessen, hier der Handlungsfreiheit des Schädigers und des Integritätsschutzes des Geschädigten. Er wird jedoch – ebenso wie die im Folgenden näher spezifizierten Funktionen – durch kollektive Systeme des Schadensausgleichs überlagert. 2

Als wichtigste Funktion wird idR die **Ausgleichsfunktion** angesehen. Sie stellt in erster Linie auf die Perspektive des Geschädigten ab und ist kennzeichnend für die Ausgangsposition des gesamten Deliktsrechts. Praktische Bedeutung bei der Auslegung der §§ 823 ff hat sie vor allem für den Haftungsumfang (s insbes BaRoth/*Spindler* Vor § 823 Rn 6). Für die Haftungsbegründung ist eine Ergänzung durch normative Elemente (wie insbes das Verschuldensprinzip) erforderlich, denn die Ausgleichsfunktion setzt bereits das Bestehen eines grundlegenden Haftungssystems voraus. Sie wird teilweise eingeschränkt durch Versicherungen sowie Systeme sozialer Sicherung. 3

In zweiter Linie ist die **Präventionsfunktion** zu nennen: Das Bestreben, eine Ersatzpflicht zu vermeiden, soll zu möglichst sorgfältigem Verhalten führen; die Präventionsfunktion ist daher vor allem für die Haftungsbe- 4 gründung von Bedeutung. Bei fahrlässigem Handeln bzw Unterlassen kommt sie jedoch allenfalls mit Einschränkungen zum Zuge und wird ebenfalls durch Versicherungen und kollektive Systeme des Schadensausgleichs eingeschränkt (allerdings lassen sich auch versicherungsrechtliche Anreize zur Prävention setzen, zB durch Prämienabstufungen oder die Regressmöglichkeit des Versicherers bei grober Fahrlässigkeit des Versicherungsnehmers).

5 **Fraglich** und umstritten ist, ob dem Deliktsrecht auch **Straffunktion** zukommt. Wenngleich eine Bestrafung des Schädigers ursprünglich keine Funktion des zivilen Haftungsrechts war, lassen sich heute teilweise Sanktionselemente ausmachen, zB bei der Genugtuungsfunktion des Schmerzensgelds oder beim Schadensersatz wegen Verletzung von Persönlichkeits- oder Immaterialgüterrechten. Die Grenze zur Prävention ist allerdings schwer zu bestimmen, da Prävention – neben Vergeltung – auch eine Funktion von Strafe sein kann. Fraglich ist, ob die Straffunktion bei der Umsetzung europäischer Richtlinien, die häufig verlangen, dass Sanktionen „wirksam, verhältnismäßig und abschreckend" sein müssen, an Bedeutung gewinnt (s nur Art 15 S 2 Richtl 2000/43/EG, ABl EG 2000, L 180/22; Art 17 S 2 Richtl 2000/78/EG, ABl EG 2000, L 303/16; Art 8 d II 1 Richtl 2002/73/EG, ABl EG 2002, L 269/15; Art 3 II Richtl 2004/48/EG, ABl EG 2004, L 157/45; Art 13 S 2 Richtl 2005/29/EG, ABl EG 2005, L 149/22). Da die Richtlinien aber nicht ausschließlich auf zivilrechtliche Sanktionen abstellen, erfordern sie nicht die Einführung einer – im deutschen Zivilrecht noch immer als systemwidrig anzusehenden – Straffunktion des Deliktsrechts.

6 **B. System der §§ 823 ff. I. Grundkonzeption und Regelungstechnik.** Das Spektrum denkbarer Regelungstechniken im Haftungsrecht reicht von der Fallgruppenbildung (wie etwa ursprünglich im englischen Recht) bis zur umfassenden Generalklausel (wie etwa im französischen Recht). In §§ 823 ff wurde ein Mittelweg gewählt, indem 3 „**kleine**" (eingeschränkte) **Generalklauseln** sowie **Sondertatbestände** für einzelne Regelungsbereiche geschaffen wurden. Die erste, praktisch wichtigste Generalklausel in § 823 I betrifft die Verletzung bestimmter, grundlegender Rechtsgüter, die auch fahrlässig erfolgen kann. Nach § 823 II verpflichtet der Verstoß gegen bestimmte Schutzgesetze nach den für diese Vorschriften geltenden Regeln zum Schadensersatz. Hier handelt es sich um eine besonders flexible Generalklausel, weil sie für die Entwicklung neuer Schutzgesetze offen ist. § 826 schließlich regelt den Schadensersatz bei vorsätzlicher sittenwidriger Schädigung, enthält also eine rechts- und sozialethische Komponente. Innerhalb der Generalklauseln besteht eine Tendenz zur **Fallgruppenbildung**, insbes bei § 823 I im Rahmen des Schutzes „sonstiger Rechte" sowie bei der Verletzung von Verkehrspflichten und bei § 826.

7 Daneben sind weitere **Fortentwicklungen** des Deliktsrechts **durch die Rspr** zu verzeichnen, insbes eine Erweiterung des Anwendungsbereichs der §§ 823 ff (vor allem durch die Rspr zum Allgemeinen Persönlichkeitsrecht und zum Recht am Unternehmen, § 823 Rn 79 ff, sowie durch die inhaltliche Ausweitung der Verkehrspflichten, § 823 Rn 104 ff) sowie beweisrechtliche Modifikationen. Alle diese Weiterentwicklungen laufen letztlich auf eine **Haftungsausweitung** hinaus, die vor allem durch den Ausbau des Versicherungsschutzes möglich wurde. Festzuhalten bleibt die **große Bedeutung des Richterrechts** im Deliktsrecht.

8 **Grenzen der Rechtsfortbildung**, die der Vorhersehbarkeit der Haftung und damit der Rechtssicherheit für (potentielle) Schädiger dienen, stellen insbes die enumerative Aufzählung der geschützten Rechtsgüter in § 823 I sowie die erhöhten subjektiven Voraussetzungen der §§ 823 II, 826 dar. Daher besteht insbes kein allgemeiner Schutz bei fahrlässig verursachten reinen Vermögensschäden (zu Streitfragen insbes Staud/*J Hager* Vorbem zu §§ 823 ff Rn 20 ff).

9 **II. Formen der Deliktshaftung.** Überwiegend werden die unterschiedlichen Haftungsformen in mehrere Haftungs-„Spuren" aufgeteilt (grundlegend *Esser* JZ 53, 129 ff; für die Zusammenführung in einem einzigen System hingegen *Jansen* 545 ff, dagegen wiederum *Canaris* VersR 05, 577, 578 ff). Heute lassen sich mehr als die ursprünglichen zwei Spuren (Verschuldens- und Gefährdungshaftung) ausmachen.

10 **1. Verschuldenshaftung.** §§ 823 ff beruhen auf dem **Verschuldensprinzip** und damit auf der individuellen Verantwortung (in Form von Vorsatz oder Fahrlässigkeit, § 276) des Schädigers (Ausnahmen: §§ 829, 833 S 1). Das Grundmodell der Verschuldenshaftung wird teilweise modifiziert durch Beweiserleichterungen oder Beweislastumkehr (Haftung für vermutetes Verschulden, zB in §§ 831 ff sowie im Produkt- und Arzthaftungsrecht).

11 **2. Gefährdungshaftung.** Die verschuldensunabhängige **Gefährdungshaftung** beruht nicht auf der individuellen Verantwortung des Schädigers, sondern auf der Verwirklichung einer Gefahr, die im Einflussbereich des Ersatzpflichtigen zu lokalisieren ist (zB durch Eigentum, Besitz oder Betreiben einer gefährlichen Sache). Grund der Risikozuweisung ist die **Beherrschung einer Gefahrenquelle**; die Haftung ist das Korrelat zur Ausweitung der Handlungsmöglichkeiten (Soergel/*Zeuner* Vor § 823 Rn 12). Eine Gefährdungshaftung kommt nur für „besondere Gefahren", die sich auch bei Anwendung größter Sorgfalt nicht vollständig vermeiden lassen, in Betracht (die Abgrenzung kann im Einzelfall problematisch sein). Daher existiert keine allgemeine Regelung der Gefährdungshaftung, sondern nur einzelne (idR nicht analogiefähige – zu Nachw und evtl Ausnahmen insbes Staud/*J Hager* Vorbem zu §§ 823 ff Rn 29) Haftungstatbestände, überwiegend in Sondergesetzen. Häufige Charakteristika der Gefährdungshaftung sind Haftungshöchstbeträge sowie eine Versicherungsmöglichkeit oder -pflicht; eine kon-

sensfähige Verallgemeinerung dieser Tatbestände ist allerdings bislang nicht geglückt. Wichtige Gefährdungshaftungstatbestände: §§ 833 S 1 BGB, 1 ff HpflG, 7 StVG, 33 LuftVG, 84 AMG, 7, 25 f AtG, 114 ff BBergG, 11, 32 GenTG, 1 UmweltHG; str ist der Gefährdungshaftungscharakter bei § 22 WHG und § 1 ProdHaftG.

3. Aufopferungshaftung. Neben Verschuldens- und Gefährdungshaftung steht die Aufopferungshaftung als Einstandspflicht desjenigen, zu dessen Gunsten eine **Aufopferung** erfolgt ist. Hierunter wird ein rechtmäßiger Eingriff in ein Recht verstanden, den der Rechtsinhaber mit Blick auf überwiegende Interessen eines anderen ausnahmsweise zu dulden hat. Anknüpfungspunkt der Haftung ist nicht ein Verhalten des Begünstigten, sondern sein Vorteil (s nur *Canaris* VersR 05, 577, 580). Bsp: §§ 904 S 2, 906 II 2 (unmittelbar sowie analog als nachbarrechtlicher Ausgleichsanspruch, § 906 Rn 41 ff), § 14 BImSchG. 12

4. Versicherungen und kollektive Systeme des Schadensausgleichs. Versicherungen und kollektive Systeme des Schadensausgleichs (insbes soziale Sicherungssysteme) werden mitunter bereits als zusätzliche Spur des Haftungsrechts betrachtet (s insbes *Marschall v Bieberstein* VersR 68, 509 ff); vor allem bei Unfallschäden ist häufig sogar von „Haftungsersetzung durch Versicherungsschutz" die Rede (s nur *Fleming/Hellner/v Hippel*). Eine **vollständige** Ersetzung der Haftung durch Versicherungs- oder Versorgungsleistungen ist im deutschen Recht die **Ausnahme**. Wichtigstes Beispiel ist die gesetzliche Unfallversicherung bei Arbeitsunfällen nach §§ 104 ff SGB VII, aber selbst hier kann der Versicherungsträger ggf beim Unternehmer oder Dritten Regress nehmen, §§ 110 SGB VII, 116 SGB X. Ähnliche Regelungen finden sich in §§ 46 BeamtVG, 91a SVG, 81 ff BVG. Dieser Ansatz ist vor allem dann problematisch, wenn der Umfang des Versicherungsschutzes hinter demjenigen der Deliktshaftung zurückbleibt. Häufiger ist die Situation, in der ein **Deliktsanspruch neben der Versicherungs- oder Versorgungsleistung bestehen bleibt**, aber idR auf denjenigen übergeht, der die Leistung an den Geschädigten erbracht hat, wie zB nach §§ 116 SGB X, 67 VVG, 6 EFZG, 87a BBG, 52 BRRG. Dieses Modell hat vor allem Bedeutung bei Personenschäden, für die ein weit reichender Versicherungsschutz besteht. Es führt dazu, dass die Schadensabwicklung in der Praxis häufig zwischen Versicherungen erfolgt. Dabei spielen Schadensteilungs- und Regressverzichtsabkommen eine wichtige Rolle (dazu insbes AnwK/*Katzenmeier* Vor §§ 823 ff Rn 47 ff). Sie führen letztlich zu einer „Kollektivierung" der versicherten Schäden; das wird insbes bei Verkehrsunfällen deutlich. 13

Ausgangspunkt für die Beurteilung des **Verhältnisses zwischen Haftungsrecht und Versicherungsschutz** ist das Trennungsprinzip, wonach Voraussetzungen und Umfang der Haftung unabhängig vom Bestehen eines Versicherungsschutzes sind. Neben der praktisch wichtigen Ausnahme im Rahmen von § 829 (§ 829 Rn 6) lässt sich eine Tendenz zur stärkeren Berücksichtigung des Versicherungsschutzes bei der Haftungsbegründung erkennen (AnwK/*Katzenmeier* Vor §§ 823 ff Rn 38 mN). Vom Versicherungsschutz unberührt, weil idR nicht gedeckt, bleiben aber insbes Ansprüche auf Ersatz immaterieller Schäden. Eine stärkere Wechselwirkung ergibt sich bei der Normsetzung: Die Statuierung einer neuen Gefährdungshaftung ist häufig mit der Einführung einer entspr Haftpflichtversicherung verbunden. 14

III. Haftungsfolgen und -beschränkungen. 1. Haftungsfolgen. Ansprüche aus unerlaubter Handlung richten sich idR auf Schadensersatz, also auf **nachträglichen Schadensausgleich**. Sein Umfang ergibt sich aus §§ 249 ff, ggf iVm §§ 842 ff, evtl begrenzt durch den Schutzzweck der jeweiligen Haftungsnorm. Ausnahmsweise kommen ergänzend **quasinegatorische Unterlassungs- und Beseitigungsansprüche** in Betracht (grundlegend RGZ 48, 114, 118 ff; 60, 6, 7 f; weiterhin etwa BGHZ 122, 1, 2 ff; praktisch wichtig sind insbes Ansprüche auf Widerruf unwahrer Tatsachenbehauptungen). Der Rechtsgedanke der §§ 12, 862, 1004 wird hier auf alle deliktsrechtlich geschützten Rechtsgüter ausgedehnt. Anspruchsvoraussetzungen sind: drohender Eingriff in ein deliktsrechtlich geschütztes Rechtsgut, Rechtswidrigkeit (nicht aber Verschulden) und beim Unterlassungsanspruch Wiederholungsgefahr. Letztere wird häufig vermutet, wenn bereits eine Verletzung vorliegt (§ 1004 Rn 7). Bei drohender Erstbeeinträchtigung sind zur Vermeidung einer „Popularklage" (Erman/*Schiemann* Vor § 823 Rn 21) höhere Anforderungen zu stellen: Es muss eine konkrete und nachhaltige Bedrohung und keine zumutbare Ausweichmöglichkeit für den Betroffenen vorliegen, ggf kann auf die Wertungen der §§ 907 f zurückgegriffen werden. Anspruchsgegner eines quasinegatorischen Unterlassungs- oder Beseitigungsanspruchs ist der (Handlungs- oder Zustands-)Störer. 15

2. Haftungsbeschränkungen. a) Haftungsausschluss oder -beschränkung durch Parteivereinbarung. Die Haftung kann **vor Begehung einer unerlaubten Handlung** ausgeschlossen oder beschränkt werden, wenn zwischen den Parteien des Deliktsanspruchs bereits vor der schädigenden Handlung eine Sonderbeziehung bestand und sich ein darauf bezogener Haftungsausschluss bzw eine Haftungsbeschränkung auch auf Deliktsansprüche erstreckt (zB BGHZ 67, 359, 366; NJW 79, 2148). Ansonsten kann die Haftung **nach Verwirklichung eines Deliktstatbestands** ausgeschlossen oder beschränkt werden. Grenzen ergeben sich insbes aus §§ 276 III, 134, 138, 242, 307, 309 Nr 7 sowie häufig aus Spezialgesetzen, wie zB §§ 8a StVG, 7 HpflG, 14 ProdHaftG, 49 LuftVG, 92 AMG (strenger allerdings *Deutsch* Rn 619 mwN: keine Abdingbarkeit der Haftung für Verletzung von Leib und Leben). An konkludente Haftungsausschlüsse oder -beschränkungen sind hohe Anforderungen zu stellen (s nur Staud/*J Hager* Vorbem zu § 823 Rn 42 ff mwN). Wichtige Bsp sind Gefälligkeitsfahrten sowie die Mitwirkung an Mannschaftskampfsportarten (Staud/*J Hager* Vorbem zu § 823 Rn 43, 48 ff; Erman/*Schiemann* Vor § 823 Rn 27 aE). 16

17 **b) Haftungsbeschränkung auch ohne besondere Vereinbarung?.** Fraglich und str ist, ob in bestimmten Situationen die Deliktshaftung auch ohne besondere Vereinbarung beschränkt werden kann. Dies betrifft insbes drei Fallgruppen: Bei **gleichzeitig vorliegendem Vertrag** gelten dessen Haftungsausschlüsse und -einschränkungen auch für konkurrierende Deliktsansprüche (zB BGH NJW 72, 475; BGHZ 46, 313, 316; 93, 23, 29; NJW 98, 2282, 2283); dies wird jedoch insbes für den Straßenverkehr häufig eingeschränkt (zB BGHZ 46, 313, 317 f; 53, 352, 355 f; NJW 92, 1227, 1228). In Betracht kommende Haftungsausschlüsse bzw -einschränkungen sind insb: §§ 521, 599 (aA Jauernig/*Jauernig* § 599 Rn 2; BGH NJW 92, 2474, 2475), 680, 690, 708, 1359, 300 I (Erman/*Schiemann* Vor § 823 Rn 26), weiterhin §§ 434 (unter Beachtung von II), 436, 486, 660 HGB (anders für § 430 HGB BGHZ 46, 140, 144 ff) sowie die Haftung des Arbeitnehmers bei betrieblicher Tätigkeit (s nur BAG BB 98, 107, 108).- Str ist, ob darüber hinaus (etwa in Analogie zu §§ 521, 599, 690) eine Haftungsbeschränkung auf grobe Fahrlässigkeit oder eigenübliche Sorgfalt in Betracht kommt. In der Lit werden **Haftungsbeschränkungen bei Gefälligkeitshandeln** zunehmend befürwortet (zB *Larenz/Canaris* § 83 VI 2 a; Erman/*Schiemann* Vor § 823 Rn 28), jedoch nicht für Gefälligkeitsfahrten (hier aber ggf Anwendung des § 254, Erman/*Schiemann* aaO). Die Rspr hat sie bisher weitgehend abgelehnt (zB RGZ 145, 390, 394 ff; BGH NJW 92, 2474, 2475), lässt jedoch eine Ausnahme für Probefahrten mit einem Vorführwagen zu, insbes wenn kein Versicherungsschutz bestand (BGH NJW 79, 643, 644; 80, 1681, 1682 f; kritisch Erman/*Schiemann* aaO). Ausschlaggebend ist häufig, ob im konkreten Fall Versicherungsschutz bestand. Umfassend zum Diskussionsstand Staud/*J Hager* Vorbem zu §§ 823 ff Rn 42 ff. – Schließlich wird beim **Handeln auf eigene Gefahr** (zB Mitnahme im Pkw, Sportausübung) die Möglichkeit von Haftungsbeschränkungen diskutiert. Abgesehen davon, dass unter diesem Oberbegriff äußerst unterschiedliche Sachverhalte zusammengefasst werden (s nur die Bsp bei Soergel/*Zeuner* Vor § 823 Rn 72 ff), lässt sich das Ziel einer Haftungsreduzierung auch auf anderen Wegen erreichen, etwa durch Annahme einer rechtfertigenden Einwilligung (erwogen zB in BGHZ 34, 355, 363; ablehnend BGHZ 63, 140, 144; kritisch Soergel/*Zeuner* Vor § 823 Rn 75; umfassend zur Sportausübung Staud/*J Hager* Vorbem zu §§ 823 ff Rn 50 ff), über das Verbot des venire contra factum proprium (BGHZ 63, 140, 144 f) oder über § 254 (zB BGHZ 34, 355, 363 f; Erman/*Schiemann* Vor § 823 Rn 29).

18 **IV. Ökonomische Funktionen des Haftungsrechts.** Unter dem Blickwinkel der ökonomischen Analyse des Rechts dient das Haftungsrecht der Minimierung von Unfallkosten sowie der Schadensprävention (Assmann/Kirchner/Schanze/*Assmann* 17, 43). Aus dieser Perspektive ergeben sich zwei Gestaltungsmöglichkeiten: Das Haftungsrecht kann **Anreize zur Schadensvermeidung** setzen oder von vornherein das **Schadensrisiko unter den Beteiligten verteilen.** Dem ersten Ziel dient vor allem die Verschuldenshaftung; der Gefährdungshaftung (dazu insbes MüKo/*Wagner* Vor § 823 Rn 42 mwN) oder versicherungsrechtlichen Lösungen kann in geringerem Maße ebenfalls Präventionswirkung zukommen (zB über Prämienabstufungen bei Versicherungen). Sinnvolle Prävention erfolgt durch Zuordnung des Risikos zum „cheapest cost avoider": Die Schadensvermeidungskosten müssen geringer sein als die erwartete Höhe des drohenden Schadens, multipliziert mit der Wahrscheinlichkeit seines Eintritts (sog Learned Hand-Formel, *Schäfer/Ott* 158 f). Dagegen ist Ziel der Risikoverteilung im Sinne einer verschuldensunabhängigen Vorsorge für den Schadensausgleich die Risikozuordnung zum „cheapest insurer", bei dem die Kosten einer Absicherung des Risikos am geringsten ausfallen. Eine solche Risikoverteilung kann insbes erfolgen durch verschuldensunabhängige Haftung, Versicherungen oder andere Systeme kollektiven Schadensausgleichs. Daran zeigt sich, dass die ökonomische Analyse die meiste Relevanz für die Rechtssetzung hat. Bei der Anwendung der §§ 823 ff spielt sie vor allem als Auslegungskriterium, insbes bei der Bestimmung des Sorgfaltsmaßstabs, teilweise auch bei der Ermittlung des Umfangs des Schadensersatzes eine Rolle.

19 **C. Standort des Rechts der unerlaubten Handlungen. I. Verfassungsrechtliche Vorgaben.** Die Schadensersatzhaftung bedarf der Begründung, weil sie die allgemeine Handlungsfreiheit nach Art 2 I GG berührt. Andererseits kann durch eine unerlaubte Handlung in Grundrechte des Geschädigten (zB das Recht auf körperliche Unversehrtheit, Art 2 II GG, oder das Eigentum, Art 14 GG) eingegriffen werden. Auch wenn die Einzelheiten der Bindungswirkung der Grundrechte im Privatrecht str sind (dazu insbes Staud/*J Hager* Vorbem zu §§ 823 ff Rn 68 ff), lässt sich festhalten, dass die Haftungsregeln eine Balance zwischen den Grundrechten von Schädiger und Geschädigtem zu wahren haben, was bei §§ 823 ff grds der Fall ist. Daher sind die Grundrechte insbes bei der Auslegung im Einzelfall zu berücksichtigen (s auch BaRoth/*Spindler* Vor § 823 Rn 10).

20 **II. Verhältnis zum Strafrecht.** Wegen der gemeinsamen Ursprünge von zivilem Deliktsrecht und Strafrecht (s nur MüKo/*Wagner* Vor § 823 Rn 2) ist die Differenzierung zwischen beiden mitunter problematisch (s.o. Rn 5). Praktisch kommt eine Verbindung im Rahmen des Adhäsionsverfahrens gem §§ 403 ff StPO sowie über § 823 II (Strafgesetze als Schutzgesetze, § 823 Rn 228) in Betracht.

21 **III. Verhältnis zu anderen zivilrechtlichen Regelungen.** Ausgangspunkt für das Verhältnis zu **vertraglichen und vertragsähnlichen Ansprüchen** (§ 311 II, III) ist der **Grundsatz der Anspruchskonkurrenz,** dh Delikts- und Vertragsansprüche sind unabhängig voneinander (hM, grundlegend BGHZ 9, 310; zuletzt NJW 05, 1423, 1425 mwN; Staud/*J Hager* Vorbem zu §§ 823 ff Rn 38 ff mN auch zur aA). Das ist von Bedeutung wegen der

Unterschiede beider Haftungsregime, insbes wegen der zusätzlichen Voraussetzungen der Vertragshaftung (vor allem Nacherfüllungsrecht bei der Mängelgewährleistung) sowie wegen Unterschieden bei Gehilfenhaftung, Haftungserleichterungen, Beweislast und Umfang des Schadensersatzes. Teilweise sind Modifikationen der freien Anspruchskonkurrenz erforderlich (bereits RGZ 88, 433, 436), insbes ist ein Vorrang des Vertragsrechts dort anzuerkennen, wo seine Regelungen sonst sinnentleert würden (BGHZ 46, 313, 316 f). Zu einzelnen Vertragstypen BaRoth/*Spindler* Vor § 823 Rn 48 ff.

Auch im Verhältnis zum **Bereicherungsrecht** besteht grds Anspruchskonkurrenz; Schadenskompensation und Bereicherungsabschöpfung stehen unabhängig nebeneinander. Über §§ 819 I, 818 IV, 292, 989 werden jedoch Bereicherungsansprüche durch deliktsrechtliche Wertungen beeinflusst. Überschneidungen sind insbes denkbar, wenn Persönlichkeits- bzw Immaterialgüterrechte betroffen sind (Verletzung durch unbefugte Nutzung); hier können sich Ansprüche aus unerlaubter Handlung und Eingriffskondiktion wechselseitig beeinflussen (Staud/*J Hager* Vorbem zu §§ 823 ff Rn 34 mN). 22

Ansprüche aus **Eigentümer-Besitzer-Verhältnis** (§§ 987 ff) sind grds vorrangig ggü §§ 823 ff, § 993 I letzter Hs (§ 993 Rn 1). 23

Unterlassungs- und Beseitigungsansprüche (die kein Verschulden voraussetzen) stehen grds neben Deliktsansprüchen. Überschneidungen sind insbes bei quasinegatorischen Unterlassungs- und Beseitigungsansprüchen denkbar (s.o. Rn 15). 24

Eine **Gläubigeranfechtung** nach § 3 AnfG bzw §§ 129 ff InsO steht neben §§ 823 ff. Die Anfechtbarkeit aufgrund dieser Vorschriften verwirklicht grds nicht den Tatbestand einer unerlaubten Handlung (RGZ 74, 224, 226; BGH NJW 96, 2231, 2232), im Einzelfall können aber zusätzlich Ansprüche aus § 823 II, zB iVm § 288 StGB, oder § 826 in Betracht kommen (RGZ 74, 224, 226 ff; BGHZ 130, 314, 330 ff; NJW 96, 2231, 2232). 25

IV. Sonderdeliktsrecht. Neben §§ 823 ff existieren zahlreiche deliktsrechtliche Spezialregelungen im BGB und in anderen Gesetzen. Sie konkurrieren idR mit §§ 823 ff. Bei Ansprüchen aus **Gefährdungshaftung**, zB §§ 7 StVG, 33 LuftVG, 1 ff HpflG, 84 AMG, 25 f AtG, 114 ff BBergG, 7 BDSG, 32 GentG, 1 UmweltHG, 22 WHG, 1 ProdHaftG (bei den beiden letzten ist str, ob es sich tatsächlich um Gefährdungshaftung handelt), ist die Anspruchskonkurrenz vor allem wegen der häufig festgesetzten Haftungshöchstbeträge wichtig; sofern der Haftungsumfang nicht spezialgesetzlich geregelt ist, kann eine ergänzende Anwendung der §§ 842–846 in Betracht kommen (zB bei § 22 WHG, BaRoth/*Spindler* Vor § 823 Rn 41). Bei **lauterkeitsrechtlichen Schadensersatzansprüchen** gem § 9 UWG ist zu prüfen, ob sie – insbes wegen der abw Verjährung – eine abschließende Sonderregelung darstellen, die §§ 823 ff vorgeht (s nur BGH GRUR 74, 99, 100; BGHZ 130, 288, 290 mwN). Bei **Schadensersatzansprüchen wegen Verletzung von Immaterialgüterrechten**, zB §§ 97 UrhG, 42 GeschmMG, 139 PatG, 24 GebrMG, 14 MarkenG, gilt Entspr; Vorrang ggü §§ 823 ff haben hier insbes §§ 9 I Nr 3,14 II Nr 3, 15 III, 55 II Nr 2 MarkenG (BaRoth/*Spindler* Vor § 823 Rn 39). Auch § 33 GWB nF dürfte nach Aufgabe des dort früher normierten Schutzgesetzerfordernisses §§ 823 ff künftig weitgehend verdrängen. 26

V. Europäisierung. 1. Europäisches Deliktsrecht. Das Deliktsrecht hat Bedeutung im Hinblick auf den europäischen Binnenmarkt und den Verbraucherschutz: Unterschiedliche Haftungsregeln, vor allem unterschiedliche Haftungsstandards (ggf iVm öffentlich-rechtlichen Sicherheitsanforderungen), können den freien Waren- oder Dienstleistungsverkehr (Art 28, 49 EG) behindern, vor allem wenn sie im Zusammenhang mit der Wahrnehmung von Grundfreiheiten eingreifen (*Schaub* RabelsZ 02, 18, 22 mwN). Das betrifft vor allem die Haftung für fehlerhafte Produkte, Auskünfte, Persönlichkeitsverletzungen sowie Schadensersatz wegen Verletzung von Immaterialgüterrechten oder lauterkeitsrechtlichen Regelungen. Insbes die Produkthaftung sowie die Dienstleistungshaftung (über die trotz mehrerer Anläufe auf europäischer Ebene bislang keine Einigkeit erzielt werden konnte) berühren auch den Verbraucherschutz. 27

Trotzdem sind gemeinschaftsprivatrechtliche Regelungen im Deliktsrecht (als Kompetenznormen kommen vor allem Art 94, 95, 153 EG in Betracht) bislang spärlich. Am bedeutsamsten ist die **Produkthaftungs-Richtline** 85/274/EWG, ABl EG 1985, L 210/29, geändert durch Richtl 99/34/EG, ABl EG 1999, L 141/20. Sie entfaltet innerhalb ihres Anwendungs- und Regelungsbereichs nach der Rspr des EuGH grds Sperrwirkung ggü nationalem Recht (*Schaub* ZEuP 03, 562, 577 mN und unten § 823 Rn 168, auch zur erforderlichen Einschränkung dieser Wirkung). Auch die VO über die Haftung von Luftfahrtunternehmen bei Unfällen 2027/97/EG, ABl EG 1997, L 285/1, geändert durch VO 889/02/EG, ABl EG 2002, L 140/2, betrifft das Haftungsrecht; sie gilt – iVm §§ 45 ff LuftVG – unmittelbar. Dagegen begründet die **Umwelthaftungs-Richtlinie** 2004/35/EG, ABl EG 2004, L 143/56, die eine Verursacherhaftung für Umweltschäden statuiert, nach Art 3 III keine Ansprüche Privater. 28

2. Rechtsangleichung. Weiter fortgeschritten als das europäische Deliktsrecht sind Bestrebungen zur Angleichung nationaler Deliktsrechte. Bislang wurden zwei Regelungsentwürfe vorgelegt: die **Principles of European Tort Law** (PETL) der European Group on Tort Law (ZEuP 04, 427 ff; dazu insbes *Koziol* ZEuP 04, 234 ff) und der **Teilentwurf Deliktsrecht der Study Group on a European Civil Code** (http://www.european-legal-studies.org/privatelaw/vonbar; dazu insbes *v Bar* ZEuP 01, 515 ff). Beide Entwürfe (Vergleich bei *Magnus* ZEuP 04, 562 ff) bezwecken Schadensausgleich und Prävention. Sie sind sehr allgemein gehalten und enthalten jeweils Elemente eines Beweglichen Systems; ihre praktische Anwendung steht noch aus. 29

30 **D. Verfahrensrecht. I. Zuständigkeit.** Der besondere **Gerichtsstand der unerlaubten Handlung** (§ 32 ZPO) tritt neben den allgemeinen Gerichtsstand (§ 12 iVm §§ 13 ff ZPO), sofern keine Spezialregelung (wie insbes §§ 32 a ZPO, 20 StVG) einschlägig ist. Er betrifft die örtliche und – außerhalb des Anwendungsbereichs von EuGVVO, EuGVÜ und LugÜ – auch die internationale Zuständigkeit. Entscheidend ist der Begehungsort, dh der Handlungs- oder Erfolgsort der unerlaubten Handlung (s insbes BGHZ 124, 237, 245 mwN; 132, 105, 110 f), nicht der Ort des Schadenseintritts (BGHZ 52, 108, 111; einschränkend BGHZ 40, 391, 395 f). An diesem Gerichtsstand besteht grds eine umfassende Entscheidungskompetenz des Gerichts im Hinblick auf den gesamten Streitgegenstand (BGHZ 153, 173); bei der internationalen Zuständigkeit ist die Entscheidungsbefugnis jedoch auf Deliktsansprüche beschränkt (BGH aaO 180).

31 Nach **Art 5 Nr 3 EuGVVO** bzw den – im Verhältnis zu EFTA-Staaten bzw Dänemark anwendbaren – **Art 5 Nr 3 LugÜ und EuGVÜ** ist für die internationale Zuständigkeit der Ort, an dem das schädigende Ereignis eingetreten ist oder einzutreten droht, maßgeblich; bei Streudelikten hat der Kläger auch hier ein Wahlrecht zwischen den Gerichtsständen an Handlungs- und Erfolgsort, nicht aber am Ort des bloßen Schadenseintritts (EuGH Slg 76, 1735; 90, I-49; 95, I-2719).

32 Bei unerlaubten Handlungen mit Auslandsbezug ergibt sich das **anwendbare Recht** aus Art 40 ff EGBGB.

33 **II. Beweisfragen.** Grds hat der Geschädigte die anspruchsbegründenden Tatsachen darzulegen und zu beweisen. Ihm kommen aber häufig **Beweiserleichterungen** zugute: Der Anscheinsbeweis sowie die freie Beweiswürdigung nach §§ 287 ff ZPO spielen im Deliktsrecht eine wichtige Rolle. Teilweise wird der Kausalitätsbeweis durch Vermutungen erleichtert. Sofern die Rechtswidrigkeit indiziert ist (§ 823 Rn 10), trifft den Schädiger die Darlegungs- und Beweislast für das Vorliegen eines Rechtfertigungsgrundes. Bei der Haftung für vermutetes Verschulden wird die Beweislast im Hinblick auf das Verschulden umgekehrt.

34 **III. Verjährung.** Die Verjährung von Ansprüchen aus unerlaubter Handlung richtet sich insbes nach §§ 199, 203, die vielfach über Verweisungen auch auf spezialgesetzlich geregelte Deliktsansprüche anwendbar sind.

§ 823 Schadensersatzpflicht

(1) Wer vorsätzlich oder fahrlässig das Leben, den Körper, die Gesundheit, die Freiheit, das Eigentum oder ein sonstiges Recht eines anderen widerrechtlich verletzt, ist dem anderen zum Ersatz des daraus entstehenden Schadens verpflichtet.

(2) ¹Die gleiche Verpflichtung trifft denjenigen, welcher gegen ein den Schutz eines anderen bezweckendes Gesetz verstößt. ²Ist nach dem Inhalt des Gesetzes ein Verstoß gegen dieses auch ohne Verschulden möglich, so tritt die Ersatzpflicht nur im Falle des Verschuldens ein.

Inhaltsübersicht

	Rn		Rn
A. Überblick	1–20	2. Beeinträchtigung des Eigentumsrechts	32–34
I. Haftungstatbestände in § 823	1–3	3. Beeinträchtigung der Sachsubstanz	35–50
II. Deliktstatbestand und sonstige Haftungselemente	4–20	a) Allgemeines	35
1. Tatbestand	5–8	b) Mittelbare Substanzverletzungen	36–38
2. Rechtswidrigkeit	9–17	aa) Beeinträchtigung bzw Unterbrechung von Versorgungseinrichtungen	36
a) Handlungs- und Erfolgsunrecht	9–12	bb) Wirkungslosigkeit eines sachschützenden Gegenstands	37
b) Rechtfertigungsgründe	13–17		
aa) Gesetzliche Rechtfertigungsgründe	14		
bb) Sonstige Rechtfertigungsgründe	15, 16		
cc) Keine Rechtfertigungsgründe	17	cc) Vom Geschädigten auf Veranlassung des Schädigers herbeigeführte Eigentumsverletzungen	38
3. Verschulden	18	c) Konkurrenz zum Vertragsrecht, insbes „Weiterfresserschäden"	39–50
4. Sonstige Haftungselemente	19, 20	aa) Überblick	39, 40
a) Ersatzberechtigter und -verpflichteter	19	bb) „Weiterfresserschäden ieS"	41–48
b) Rechtsfolgen	20	cc) „Weiterfresserschäden iwS"	49, 50
B. Rechtsgutsverletzung iSd § 823 I	21–103	4. Beeinträchtigung der Nutzungsmöglichkeit	51–53
I. Verletzung des Lebens	21	5. Sonderfälle	54, 55
II. Körper- oder Gesundheitsverletzung	22–28		
III. Freiheitsverletzung	29, 30		
IV. Eigentumsverletzung	31–55		
1. Überblick	31		

	Rn		Rn
V. Verletzung eines sonstigen Rechts	56–78	bb) Delegation	123, 124
1. Allgemeines	56–59	cc) Organisationspflichten	125
a) Dogmatik	56	3. Verletzung eines Rechtsguts iSd § 823 I und haftungsbegründende Kausalität	126
b) Keine sonstigen Rechte	57–59		
2. Dingliche Rechte	60–63		
a) Beschränkte dingliche Rechte	60, 61	4. Rechtswidrigkeit	127
b) Anwartschaftsrecht	62	5. Verschulden	128, 129
c) Verhältnis zu Ansprüchen des Eigentümers	63	6. Schaden und haftungsausfüllende Kausalität	130
3. Aneignungsrechte	64	II. Einzelne Verkehrspflichten	131–166
4. Besitz	65, 66	1. Verkehrswege	132–139
5. Immaterialgüterrechte	67	a) Allgemeines	132–135
6. Mitgliedschaftsrechte	68	b) Sonderfall: Räum- und Streupflicht	136–139
7. Familienrechte	69–74		
a) Elterliches Sorgerecht	70	2. Gebäude, Grundstücke, Anlagen	140–153
b) Ehe	71–74	a) Allgemeines	140–142
8. Weitere diskutierte Fallgruppen	75–78	b) Gebäude mit Publikumsverkehr	143–150
a) Recht am eigenen Arbeitsplatz	76	aa) Gebäude, in denen ein Gewerbe betrieben wird	143, 144
b) Recht am eigenen Datenbestand	77	bb) Öffentliche Gebäude und Einrichtungen	145–149
c) Umweltgüter	78	cc) Gefährliche Anlagen	150
VI. Verletzung des Rechts am Unternehmen	79–102	c) Baustellen und Bauarbeiten	151–153
1. Grundlagen	79, 80	3. Straßenverkehr, Transport	154–156
2. Tatbestandsvoraussetzungen	81–84	a) Allgemeines	154
a) Anwendbarkeit	81	b) Straßenverkehr	155
b) Schutzobjekt	82	c) Transport	156
c) Betriebsbezogener Eingriff	83	4. Veranstaltungen, insbes Freizeitgestaltung	157–160
d) Rechtswidrigkeit	84		
3. Fallgruppen	85–102	a) Veranstaltungen	157
a) Unberechtigte Schutzrechtsverwarnung	85–93	b) Sportanlagen, Sportveranstaltungen und Sportausübung	158
b) Äußerungen über Unternehmen	94–98	c) Reisen	159
		d) Jagd	160
aa) Verbreitung von Tatsachen	94, 95	5. Umgang mit gefährlichen Gegenständen oder Stoffen	161–164
bb) Verbreitung von Werturteilen; Kritik	96	a) Gefährliche Gegenstände	161
cc) Warentests	97, 98	b) Gefährliche Stoffe	162
c) Boykott	99	c) Insbes: Umwelthaftung	163, 164
d) Arbeitskampfmaßnahmen	100	6. Berufshaftung	165, 166
e) Blockaden	101	a) Grundlagen	165
f) Sonstige Eingriffe	102	b) Wichtige Fallgruppen	166
VII. Verletzung des Allgemeinen Persönlichkeitsrechts	103	III. Produkthaftung	167–194
C. Verkehrspflichten	104–213	1. Grundlagen	167–173
I. Grundlagen	104–130	a) Gesamtsystem der Produkthaftung	167–172
1. Bestehen einer Verkehrspflicht	105–120	b) Charakteristika der Produkthaftung nach § 823 I	173
a) Entstehungsgründe	105–110		
aa) Überblick	105	2. Haftungsvoraussetzungen	174–190
bb) Einzelne Entstehungsgründe	106–110	a) Verkehrspflichten des Produzenten	174–179
b) Umfang	111–120	aa) Konstruktion	175
aa) Sicherungspflichtiger	112–115	bb) Fabrikation	176
bb) Gefährdeter	116–118	cc) Instruktion	177
cc) Allgemeininteressen	119, 120	dd) Produktbeobachtung	178, 179
2. Verletzung der Verkehrspflicht	121–125	b) Verletzung der Verkehrspflicht	180–186
a) Sachlicher und persönlicher Schutzbereich	121	aa) Sachlicher Schutzbereich	180
b) Sicherungspflichtiger	122–125	bb) Persönlicher Schutzbereich	181
aa) Grundsatz	122	cc) Haftpflichtiger	182–185
		dd) Beweislast	186

		Rn			Rn
c)	Rechtsgutsverletzung und haftungsbegründende Kausalität	187	d)	Organisation	207
d)	Rechtswidrigkeit	188	e)	Dokumentation	208
e)	Verschulden	189	3.	Beweislast	209–213
f)	Schaden und haftungsausfüllende Kausalität	190	a)	Pflichtverletzung	210
			b)	Kausalität	211–213
3.	Beweislast	191–194	D.	Verletzung eines Schutzgesetzes iSd § 823 II	214–229
IV.	Arzthaftung	195–213	I.	Dogmatik	214–225
1.	Grundlagen	195–197	1.	Funktion und Konzeption des § 823 II	214, 215
a)	Haftungsgrundlage	195, 196	2.	Prüfungsaufbau	216–225
b)	Dogmatische Ausgangspunkte	197	a)	Vorliegen eines Schutzgesetzes	216–220
2.	Pflichten des Arztes	198–208	aa)	Rechtsnormen	216, 217
a)	Untersuchung und Diagnosestellung	199	bb)	Schutzzweck	218–220
b)	Aufklärung	200–205	b)	Verletzung des Schutzgesetzes	221
aa)	Selbstbestimmungsaufklärung	200–203	c)	Sachlicher und persönlicher Schutzbereich und Schutzzweckzusammenhang	222
bb)	Sicherungsaufklärung	204	d)	Rechtswidrigkeit	223
cc)	Aufklärung über wirtschaftliche Risiken der Behandlung	205	e)	Verschulden	224
			f)	Schaden und haftungsausfüllende Kausalität	225
c)	Behandlung	206	II.	Einzelne Schutzgesetze	226–229

1 **A. Überblick. I. Haftungstatbestände in § 823.** Nach der gesetzlichen Konzeption enthält § 823 **zwei Haftungstatbestände:** einen rechtsgutsbezogenen in I (Grund der Haftung: Verletzung bestimmter Rechtsgüter) und einen verhaltensbezogenen in II (Haftungsgrund: Verstoß gegen bestimmte gesetzliche Verhaltensgebote). Dieses – durch § 826 vervollständigte – (s.o. Vor § 823 Rn 1) Grundmodell wird durch **Richterrecht** überformt und ergänzt: Zum einen durch den Schutz des Rechts am Unternehmen und des allgemeinen Persönlichkeitsrechts im Rahmen des § 823 I, zum anderen durch die Rspr zu den Verkehrspflichten.

2 **Verkehrspflichten** als Pflichten, die ein den Verkehrsanforderungen entspr Gefahrsteuerungsverhalten zum Gegenstand haben (*Mertens* VersR 80, 397), wurden ursprünglich im Zusammenhang mit der Haftung für Unterlassen entwickelt: Ein Unterlassen war nur tatbestandsrelevant, wenn eine Verkehrssicherungspflicht (Pflicht zur Vermeidung von Gefahren, die einer Sache oder einem sozialen Sachbereich immanent sind, *Mertens* aaO) verletzt wurde. Mit der späteren begrifflichen Wandlung von der Verkehrssicherungspflicht zur Verkehrspflicht ging ein Funktionswandel einher: Heute sind Verkehrspflichten auch für die Haftungsbegründung bei positivem Tun von Bedeutung, insbes wenn der Kausalzusammenhang zwischen Handlung und Rechtsgutsverletzung kein unmittelbarer ist, sondern zusätzlicher Begründungselemente bedarf. Bei Verhalten, das grds rechtmäßig ist und nur in bestimmten Ausprägungen von der Rechtsordnung missbilligt wird, kommt eine Haftung nur im Falle der Verletzung einer Verkehrspflicht in Betracht. Die heute weit fortgeschrittene richterrechtliche Entwicklung der Verkehrspflichten stellt daher eine Einschränkung der Handlungsfreiheit dar (*Mertens* VersR 80, 397).

3 Die **Einordnung der Verkehrspflichten** innerhalb des § 823 ist str: die hM lokalisiert sie bei I und beschränkt sie auf die dort genannten Rechtsgüter (zB BGH NJW 87, 2671, 2672; *Larenz/Canaris* § 76 III 2 b; *Steffen* VersR 80, 409 ff). Dies führt zu Schwierigkeiten bei der Integration der Verkehrspflichten in den herkömmlichen Deliktsaufbau. Nach einer Mindermeinung (insbes *v Bar* S 157 ff) sind sie hingegen wegen ihrer strukturellen Ähnlichkeit mit Schutzgesetzen bei II einzuordnen. Problematisch hieran ist, dass dadurch § 823 II letztlich zu einem offenen Tatbestand und damit zu einer Art Generalklausel erweitert wird. Nach einer vermittelnden Ansicht (*Mertens* VersR 80, 397, 399) bezieht sich die Verkehrspflichtverletzung ausschließlich auf die Rechtsgüter des § 823 I, ist aber im Anspruchsaufbau nach dem Schema des § 823 II zu behandeln (zur genauen Einordnung im Deliktsaufbau s.u. Rn 104 ff). Da diese Ansicht die Verhaltensorientierung der Verkehrspflichten berücksichtigt und eine Ausuferung der Haftung vermeidet, ist ihr zu folgen. Auch wenn die Verkehrspflichten daher primär bei § 823 I zu verorten sind und lediglich die Methode der Rechtsanwendung an § 823 II orientiert ist, wird hier die Haftung für Verletzung von Verkehrspflichten wegen ihrer Besonderheiten neben den Haftungen nach § 823 I und II separat dargestellt.

4 **II. Deliktstatbestand und sonstige Haftungselemente.** Nach hM ist der **Deliktstatbestand dreistufig** und besteht aus Tatbestand, Rechtswidrigkeit und Verschulden. Nicht dazu gehören Schaden und haftungsausfüllende Kausalität; auf sie muss sich daher das Verschulden idR nicht erstrecken (sofern nicht ausnahmsweise bei § 823 II der Schaden bereits zum Tatbestand der Schutzgesetzverletzung gehört).

1. Tatbestand. Haftungsbegründend kann jedes bewusstseins- und willensgelenkte **Handeln oder Unterlas-** 5
sen sein. Ein Unterlassen ist jedoch nur tatbestandsrelevant, wenn eine Rechtspflicht zum Handeln (Verkehrssicherungspflicht in ihrer ursprünglichen Bedeutung, s.o. Rn 2) bestand.
Weiterhin erfordert der Tatbestand des § 823 die **Verletzung** eines der in I genannten Rechtsgüter, einer Ver- 6
kehrspflicht zum Schutz dieser Rechtsgüter oder eines Schutzgesetzes iSd II.
Schließlich muss **Kausalität** zwischen Handlung bzw Unterlassung und Rechtsguts- bzw Verkehrspflichts- 7
oder Schutzgesetzverletzung vorliegen. Diese beurteilt sich nach Äquivalenz- und Adäquanztheorie iVm der Lehre vom Schutzzweck der Norm (dazu § 249 Rn 42 ff).
IRe Zusammenschau dieser drei Elemente lassen sich auch **mittelbare Verletzungen** hinreichend erfassen: Bei 8
ihnen ist ein Verhalten (gleichgültig, ob Handeln oder Unterlassen) nur dann tatbestandsrelevant, wenn dadurch zugleich eine Verkehrspflicht verletzt wurde. Zwar werden die **Verkehrspflichten** in diesem Zusammenhang teilweise der Rechtswidrigkeit (Erfordernis einer positiven Feststellung der Rechtswidrigkeit bei Verletzung von Verkehrspflichten) oder dem Verschulden (im Rahmen der Fahrlässigkeitsdefinition, § 276 II) zugeordnet (vgl zB *Larenz/Canaris* § 76 III 2 b). Am sinnvollsten lassen sie sich aber schwerpunktmäßig bereits im Rahmen des Tatbestands des § 823 I erfassen. Die Rechtswidrigkeit ist bei ihrer Verletzung zwar nach der Lehre vom Handlungsunrecht (unten Rn 11) gesondert festzustellen und beim Verschulden ist die Verkehrsanschauung als für die Begründung von Verkehrspflichten wesentliches Merkmal für den objektivierten Fahrlässigkeitsmaßstab von Bedeutung, aber diese Elemente spielen nicht ausschließlich im Zusammenhang mit der Verletzung von Verkehrspflichten eine Rolle. Daher lassen sich die Spezifika von Verkehrspflichten am besten bereits beim Haftungstatbestand berücksichtigen.

2. Rechtswidrigkeit. a) Handlungs- und Erfolgsunrecht. Die Beurteilung der Rechtswidrigkeit wird 9
geprägt durch die Auseinandersetzung um Handlungs- oder Erfolgsunrecht, die sich insbes bei mittelbaren Verletzungen und Unterlassungen auswirkt und sich teilweise mit der Verkehrspflichtenproblematik überschneidet.
Nach der herkömmlichen Lehre vom **Erfolgsunrecht**, die an die kausale Handlungslehre anknüpft, wird die 10
Rechtswidrigkeit durch die Tatbestandsverwirklichung indiziert, sofern nicht ausnahmsweise ein Rechtfertigungsgrund eingreift (zB *Jauernig/Teichmann* § 823 Rn 50; *Stoll* JZ 58, 137, 141 ff; *Weitnauer* KF 1961, 28, 30 f). Der Angegriffene kann dann idR Beseitigung oder Unterlassung verlangen oder Notwehr üben. Diese traditionell im Rahmen des § 823 I angewandte Lehre führt allerdings bei Unterlassungen und mittelbaren Verletzungen zu Problemen und kann ohne zusätzliche Regulative zu einer starken Ausweitung der Haftung führen. Ausnahmen sind daher insbes für sog offene Tatbestände anerkannt: Bei Verletzung des Rechts am Unternehmen oder des allgemeinen Persönlichkeitsrechts ist die Rechtswidrigkeit stets gesondert festzustellen.
Nach der Lehre vom **Handlungsunrecht**, die auf der finalen Handlungslehre aufbaut, ist hingegen ein Verhal- 11
ten nur rechtswidrig, wenn es gegen eine Sorgfaltspflicht verstößt; nur dann stehen also dem Angegriffenen Gegenrechte zu. Diese Ansicht entspricht dem Modell des § 823 II; für sie wird insbes angeführt, dass im Zeitpunkt des Handelns bereits feststehen muss, ob dieses erlaubt oder verboten ist (Soergel/*Zeuner* § 823 Rn 2). Nach hM soll diese Lehre nur für fahrlässiges Handeln gelten (zB *Esser/Weyers* BT/2 § 55 II 3; *Brüggemeier* Prinzipien S 57 ff), eine Mindermeinung will sie auch bei Vorsatz anwenden (MüKo/*Wagner* § 823 Rn 22; wN aaO Rn 6). Problematisch ist sie insbes wegen der fließenden Übergänge zum Verschulden.
Da beide Ansätze nicht ohne Einschränkungen durchgehalten werden können, wählt die heute wohl hM eine 12
vermittelnde Lösung und differenziert – in Anknüpfung an *v Caemmerer* (FS DJT II, 49, 131 f) und *Larenz* (FS Dölle I, 169, 193) – zwischen unmittelbaren und mittelbaren Verletzungen: Bei unmittelbaren Verletzungen wird die Rechtswidrigkeit indiziert, bei mittelbaren Verletzungen ist sie gesondert festzustellen (mit einer Ausnahme für vorsätzliche mittelbare Verletzungen, s nur Staud/*J Hager* § 823 Rn H 16 mwN). Auch wenn die Grenzziehung zwischen unmittelbaren und mittelbaren Verletzungen im Einzelfall problematisch sein kann, bildet diese Ansicht eine brauchbare Grundlage. Zu berücksichtigen ist ferner, dass bei der Haftung für Verletzung von Verkehrspflichten stets nur eine positive Feststellung der Rechtswidrigkeit iSd Lehre vom Handlungsunrecht in Betracht kommt.

b) Rechtfertigungsgründe. Rechtfertigungsgründe schließen die Rechtswidrigkeit und damit eine Haftung 13
nach § 823 aus. Sie sind insbes von Bedeutung, wenn die Rechtswidrigkeit nach den Grundsätzen über das Erfolgsunrecht indiziert war. Soweit nach der hier vertretenen Ansicht die Rechtswidrigkeit nach den Regeln über das Handlungsunrecht gesondert festzustellen ist, können die Rechtfertigungsgründe jedoch auch für die Präzisierung der relevanten Verhaltenspflichten von Bedeutung sein.

aa) Gesetzliche Rechtfertigungsgründe. Rechtfertigungsgründe können sich aus dem BGB oder aus ande- 14
ren Gesetzen ergeben, zB Notwehr (§ 227, § 32 StGB), Notstand (§§ 228, 904, § 34 StGB), Selbsthilfe (§§ 229 f, 562 b I, 859 f, 1029). Wichtig ist die Wahrnehmung berechtigter Interessen gem § 193 StGB bzw (als Spezialregelung) § 824 II, insbes bei Äußerungsdelikten (Ehr- oder Persönlichkeitsrechtsverletzungen, Rufbeeinträchtigung bei Unternehmen). In Betracht kommen nicht nur eigene (unmittelbare oder mittelbare), sondern auch öffentliche Interessen.

15 **bb) Sonstige Rechtfertigungsgründe.** Die **Inanspruchnahme gesetzlicher Verfahren** ist grds rechtmäßig und kommt daher als Rechtfertigungsgrund in Betracht (s nur BGHZ 36, 18, 20 ff; NJW 04, 446, 447; NJW-RR 05, 315, 316 f mwN; BVerfG NJW 87, 1929); unberührt bleibt jedoch die Haftung auf Schadensersatz nach § 826 sowie nach §§ 717 II, 945 ZPO. Entspr gilt für die **Wahrnehmung eines öffentlichen Amtes bzw öffentlich-rechtlicher Befugnisse** (Soergel/*Zeuner* § 823 Rn 261 f).

16 Ein praktisch besonders wichtiger Rechtfertigungsgrund ist nach hM die **Einwilligung des Verletzten**, insbes bei der Arzthaftung und der Sportausübung (zur Arzthaftung s.u. Rn 197; zur Sportausübung zuletzt Hamm NJW-RR 05, 1188; teilweise ist jedoch gerade in diesen Fallgruppen der Ansatz bei der Rechtfertigung statt auf Tatbestandsebene str, s nur Erman/*Schiemann* § 823 Rn 146). Die Einwilligung ist keine Willenserklärung (s nur BGHZ 29, 33, 36; 105, 45, 47 f); es ist aber stets zu prüfen, ob einzelne Regeln über Willenserklärungen entspr angewandt werden können. Die Einwilligung kann ausdrücklich oder konkludent erfolgen (BGH NJW 61, 261, 262; 80, 1903); sie ist wie eine rechtsgeschäftliche Willenserklärung auszulegen (zB BGH NJW 80, 1903, 1904; 92, 1558, 1559; 99, 863, 864). Im Einzelfall kann auch eine mutmaßliche Einwilligung rechtfertigend wirken (BGHZ 29, 46, 52; NJW 66, 1855, 1856). Die Einwilligung darf nicht sittenwidrig oder gesetzlich verboten sein (BGHZ 67, 48, 50 f). Bei arglistiger Täuschung oder widerrechtlicher Drohung ist die Einwilligung unwirksam (zB BGHZ 7, 198, 207; NJW 64, 1177, 1178); eine Anfechtung wegen Irrtums kommt jedoch idR nicht in Betracht (BGH NJW 64, 1177, 1178; 94, 2755, 2756). Bei nicht voll Geschäftsfähigen differenziert die Rspr – abw von §§ 104 ff – iE nach Reifegrad und Art des gefährdeten Rechtsguts: Es ist grds ausreichend, wenn der Betroffene nach seiner geistigen Veranlagung und Entwicklung sowie seiner sittlichen Reife in der Lage ist, Erheblichkeit und mögliche Folgen der Einwilligung zu ermessen; dann kann möglicherweise sogar der nicht Geschäftsfähige allein einwilligen (zB BGHZ 29, 33, 37); es kann aber – insbes bei aufschiebbaren, wichtigen Entscheidungen – auch die Einwilligung des gesetzlichen Vertreters erforderlich sein (zB BGH NJW 72, 335, 337), bei bestimmten Rechtsgütern evtl sogar zusätzlich diejenige des nicht voll Geschäftsfähigen (BGH NJW 74, 1947, 1950 – Veröffentlichung von Nacktaufnahmen). Die Beweislast für das Vorliegen einer Einwilligung trägt der Schädiger (BGH NJW-RR 05, 172 f).

17 **cc) Keine Rechtfertigungsgründe.** Keine Rechtfertigungsgründe sind insbes: das **Züchtigungsrecht** (jedenfalls heute), vgl § 1631 II (dies muss im Erst-Recht-Schluss aus dem Züchtigungsrecht der Eltern auch für Dritte gelten) sowie das **Handeln auf eigene Gefahr** (BGHZ 34, 355, 360 ff). Ganz überwiegend abgelehnt wird heute zu Recht auch **verkehrsrichtiges Verhalten** als Rechtfertigungsgrund (Soergel/*Zeuner* § 823 Rn 266, 3 mwN; AnwK/*Katzenmeier* § 823 Rn 107 mwN; anders noch BGHZ 24, 21, 25 ff). Dieses würde zwar eine Art „Mittelweg" zwischen den Lehren von Handlungs- und Erfolgsunrecht (s.o. Rn 9 ff) darstellen, überzeugt jedoch nicht: Es geht hier idR um erlaubtes Verhalten, das nur ausnahmsweise unter bestimmten Umständen verboten ist. Damit verträgt es sich nicht, dem Handelnden die Darlegungs- und Beweislast für die Verkehrsrichtigkeit oder Sozialadäquanz seines Verhaltens aufzuerlegen.

18 **3. Verschulden.** Die subjektive Vorwerfbarkeit der unerlaubten Handlung (Verschulden) ist Voraussetzung der Haftung nach § 823 (zu anderen Haftungsmodellen Vor § 823 Rn 9 ff). Es muss sich auf Tatbestand und Rechtswidrigkeit, nicht aber auf Schaden und haftungsausfüllende Kausalität beziehen und setzt sich aus den Komponenten **Verschuldensfähigkeit** (§§ 827 f; Ausn: § 829) sowie Vorsatz bzw Fahrlässigkeit iSd § 276 (dort insbes Rn 5 ff) zusammen. Der **Vorsatz** umfasst – anders als im Strafrecht – auch das Unrechtsbewusstsein iS eines (ggf auch unreflektierten) unmittelbaren Erfassens des Unrechtsgehalts des Verhaltens (BGHZ 69, 128, 142 f; NJW 85, 134, 135). Bei Irrtum hierüber kommt idR Haftung für Fahrlässigkeit in Betracht (BGHZ 2, 387, 393; vgl aber auch BGHZ 17, 266, 295). Für die **Fahrlässigkeit** gilt ein objektivierter, gruppentypischer Maßstab (zu Einzelheiten § 276 Rn 3), der allerdings teilweise umstritten und im internationalen Vergleich nicht selbstverständlich ist (s nur *Koziol* AcP 196, 593 ff). Es wird nach Verkehrskreisen differenziert (zB BGHZ 39, 281, 283 f; 113, 297, 303 f, beide mwN; NJW 01, 1786, 1787), aber besondere Kenntnisse und Fähigkeiten des Schädigers sind zu berücksichtigen (BGH NJW 87, 1479, 1480). Im Ergebnis wird durch diese Kombination von Typisierung und Berücksichtigung individueller Fähigkeiten die Position des Geschädigten gestärkt. Zu Haftungsmilderungen Vor § 823 Rn 16 f.

19 **4. Sonstige Haftungselemente. a) Ersatzberechtigter und -verpflichteter.** Ersatzberechtigt sind idR nur unmittelbar Betroffene, nicht auch mittelbar Geschädigte, denen ggü keine unerlaubte Handlung begangen wurde (Ausn: §§ 844 f). Zu beachten ist, dass Personen, im Verhältnis zu denen ein Deliktstatbestand verwirklicht wurde, deren Schaden jedoch mittelbar verursacht wurde (zB ein Schockschaden bei einem Unfall, dazu unten Rn 27), in diesem Sinne als unmittelbar Betroffene zu betrachten sind. **Ersatzverpflichtet** ist grds der Täter (für mehrere Beteiligte gelten §§ 830, 840). Eine Haftung für andere kommt insbes nach §§ 831 f sowie §§ 30 f, 89 in Betracht. Daneben kann ggf der Handelnde auch persönlich haften (eingehend MüKo/*Wagner* § 823 Rn 368 ff).

20 **b) Rechtsfolgen.** Rechtsfolge der Haftung aus § 823 ist der Ersatz des durch die unerlaubte Handlung verursachten materiellen oder immateriellen Schadens iSd §§ 249 ff (ggf ergänzt durch §§ 842–846, 848–851). Zu ersetzen ist der konkret entstandene Schaden (idR ohne Auf- oder Abschläge), vorbehaltlich des Eingreifens von § 254. Besonderheiten gelten im Immaterialgüterrecht (dreifache Schadensberechnung, vgl nur ROHGE

22, 338, 341; RGZ 35, 63, 71 ff; BGHZ 145, 366, 371 ff sowie §§ 97 I UrhG, 42 II GeschmMG) sowie bei der Verletzung von Persönlichkeitsrechten (auch hier kommt ggf eine Schadensberechnung im Wege der Lizenzanalogie in Betracht; zudem können bei Verletzungen durch die Medien evtl die Kosten einer erforderlichen Gegendarstellung ersatzfähig sein, BGHZ 66, 182, 191 ff; NJW 79, 2197 f). Zu quasinegatorischen Ansprüchen Vor § 823 Rn 15.

B. Rechtsgutsverletzung iSd § 823 I. I. Verletzung des Lebens. Verletzung des Lebens ist die Tötung eines 21 Menschen (auch des nasciturus, BVerfG NJW 93, 1751, 1753, hier ist allerdings der exakte Beginn des Lebensschutzes problematisch, insbes bei Embryonen- und Stammzellforschung, BaRoth/*Spindler* § 823 Rn 29). Entscheidend ist – wie im Strafrecht – der Gesamthirntod (Köln NJW-RR 92, 1480, 1481; Frankf NJW 97, 3099, 3100; BayObLG NJW-RR 99, 1309, 1311). Regelmäßig geht es hier um Ansprüche der Hinterbliebenen gem §§ 844 ff; der Anspruchsumfang ist dort abschließend geregelt und umfasst insbes kein eigenes Schmerzensgeld für Angehörige (ein vor dem Tod begründeter eigener Schmerzensgeldanspruch des Verletzten kann jedoch – nach Streichung des § 847 I 2 aF – auf die Erben übergehen).

II. Körper- oder Gesundheitsverletzung. Körper- und Gesundheitsverletzung lassen sich oft **kaum exakt** 22 **voneinander abgrenzen:** Die Körperverletzung als unbefugter (nicht durch Einwilligung gedeckter) Eingriff in die Integrität der körperlichen Befindlichkeit (BGHZ 124, 52, 54 mwN) bezieht sich stärker auf die äußere Integrität, die Gesundheitsverletzung auf innere körperliche Funktionen. Wegen der identischen Rechtsfolgen kommt es jedoch auf die Abgrenzung nicht entscheidend an. Zudem werden die Rechte auf körperliche Unversehrtheit und Gesundheit gleichermaßen als Ausprägungen des allgemeinen Persönlichkeitsrechts verstanden (BGHZ 124, 52, 54; NJW 95, 2407, 2408). Sie sind allerdings – insbes im Hinblick auf Schmerzensgeld – weitergehend geschützt als das allgemeine Persönlichkeitsrecht (§ 12 Rn 32), was beim Rückgriff auf das allgemeine Persönlichkeitsrecht in Fällen, in denen eine Körper- oder Gesundheitsverletzung zweifelhaft ist, berücksichtigt werden muss.
Körperverletzungen können neben dem Zufügen äußerer Wunden zB das Vorenthalten von Nahrung oder 23 das Abschneiden der Haare sein (BGH NJW 53, 1440 – aus strafrechtlicher Sicht). Auch fehlerhafte ärztliche Eingriffe kommen nach der Rspr als Körperverletzungen in Betracht (str, s.u. Rn 197).
Bei **Verletzung abgetrennter Körperteile** ist nach dem Zweck (nicht der Dauer) der Trennung zu differenzie- 24 ren: Wenn sie später wieder in den eigenen Körper transplantiert werden sollen, also die Trennung nur vorübergehend ist, liegt eine Körperverletzung vor (zB bei Eigenblutspende, Haut- oder Knochenteilen). Bei endgültiger Trennung vom Körper verwandeln sich die Körperteile in selbständige Sachen, an denen zunächst derjenige, von dem der Körperteil stammt, Eigentum erwirbt, so dass bei ihrer Beschädigung keine Körper-, sondern eine Eigentumsverletzung vorliegt. Im umstrittenen Grenzfall der Vernichtung konservierten Spermas tendiert die Rspr zur Annahme einer Körperverletzung (BGHZ 124, 52, 56, arg: Sperma als Ersatz für verlorene Zeugungsfähigkeit), nach aA, die ua mit den Auswirkungen auf die strafrechtliche Bewertung argumentiert, liegt eine Verletzung des allgemeinen Persönlichkeitsrechts – mit entspr Einschränkung des Ersatzes immaterieller Schäden (§ 12 Rn 32) – vor (zB AnwK/*Katzenmeier* § 823 Rn 17; BaRoth/*Spindler* § 823 Rn 31; Staud/*J Hager* § 823 Rn B 19 mwN).
Ein weiterer Problemfall ist die **ungewollte Schwangerschaft**, zB bei fehlgeschlagener Sterilisation oder miss- 25 lungenem Schwangerschaftsabbruch. Rspr und hL nehmen hier eine Körperverletzung der Mutter an (insbes BGH NJW 80, 1452, 1452; 95, 2407, 2408 mwN), die Gegenansicht geht idR von einer Verletzung des Persönlichkeitsrechts oder ausnahmsweise – zB bei schweren psychischen Folgen – der Gesundheit der Mutter aus (zB Erman/*Schiemann* § 823 Rn 18). Die häufig damit verbundene Frage der Unterhaltsbelastung als Schadensposten (s nur BGHZ 76, 249, 250 ff; 76, 259, 260 ff; NJW 95, 2407, 2408) ist in erster Linie eine solche des Vertragsrechts.
Gesundheitsverletzung ist das Hervorrufen oder Steigern eines von den normalen körperlichen Funktionen 26 abw Zustandes, wobei unerheblich ist, ob Schmerzzustände auftreten oder bereits eine tief greifende Veränderung der Befindlichkeit eingetreten ist (BGHZ 114, 284, 289 mwN); eine Infektion mit Krankheitserregern genügt bereits (BGHZ 114, 284, 289; NJW 05, 2614, 2615). Problematisch sind insbes die Reichweite der Definition sowie mittelbare Verletzungen. Der Begriff der Gesundheitsverletzung wird heute von der Rspr unter Rückgriff auf die Verkehrsauffassung (zB BGHZ 56, 163, 165 f; NJW 89, 2317, 2318 mwN; kritisch Erman/*Schiemann* § 823 Rn 20) sehr weit gefasst und kann zB auch Schlaf- oder Ruhestörungen erfassen (BGH VersR 54, 288, 289; 70, 1107 f; BGHZ 122, 363, 370 ff; aA Ddorf NJW 02, 2118 – nächtliche Telefonbelästigungen).
Psychische Störungen können Gesundheitsverletzungen sein, wenn sie medizinisch fassbar sind und über das 27 allgemeine Lebensrisiko hinausgehen (zB BGHZ 107, 359, 364; 137, 142, 145 ff mwN; NJW 97, 1640, 1641). Da solche Störungen häufig lediglich mittelbar verursacht werden, ist hier die **Kausalitätsproblematik** von zentraler Bedeutung: Sofern die psychische Störung Folge einer anderen, medizinisch fassbaren Körper- oder Gesundheitsverletzung ist, wird sie idR unproblematisch zugerechnet, und zwar selbst bei evtl verstärkter Veranlagung des Verletzten zu derartigen Störungen (zB BGH NJW 74, 1510; BGHZ 137, 142, 145, beide mwN; s auch BGH NJW 00, 862, 863; abgelehnt aber in BGHZ 107, 359, 363 ff). Erst wenn eine derartige

Reaktion „schlechterdings nicht mehr verständlich" ist, greifen die allgemeinen Grundsätze zur haftungsausfüllenden Kausalität (§ 249 Rn 42 ff) sowie ggf § 254. Bei „isolierten" psychischen Störungen ist die Kausalität nach allgemeinen Grundsätzen zu ermitteln: Sofern die Verletzung medizinisch fassbar ist, dürften sich hier idR nur Probleme ergeben, wenn die psychische Störung auf der Schädigung eines anderen beruht. Insbes Schockschäden Dritter, die ansonsten nicht geschädigt wurden, sind nach der Rspr nur ersatzfähig, wenn es sich um nahe Angehörige handelt, die Schäden pathologisch fassbar sowie nach der Verkehrsauffassung als Körper- oder Gesundheitsverletzungen zu betrachten sind und der Schock im Hinblick auf seinen Anlass verständlich ist (s insbes BGHZ 56, 163, 165 ff; NJW 89, 2317 f mwN; BGHZ 93, 351, 355 f; 132, 341, 344 mwN). Näher dazu § 249 ff Rn 70.

28 Auch **vorgeburtliche Schädigungen** sind Gesundheitsverletzungen iSd § 823 I, zB eine gesundheitliche Schädigung durch Verletzung der Mutter während der Schwangerschaft (insbes BGHZ 58, 48, 51 f; 93, 351, 355 ff; 106, 153, 155 f). Die Rspr behandelt auch präkonzeptionelle Schädigungen, zB durch Infektion der Mutter mit einer ansteckenden Krankheit vor der Zeugung, als Gesundheitsverletzung (BGHZ 8, 243, 248 f). Auch wenn die dogmatische Begründung problematisch ist (s nur Staud/*J Hager* § 823 Rn B 40 ff; BaRoth/*Spindler* § 823 Rn 34; Erman/*Schiemann* § 823 Rn 22), ist das Ergebnis insbes unter dem verfassungsrechtlichen Aspekt des Schutzes werdenden Lebens (BVerfG NJW 93, 1751) zu befürworten. Str ist allerdings, ob in derartigen Fällen zugleich eine Körperverletzung der Mutter vorliegt (Nachw bei AnwK/*Katzenmeier* § 823 Rn 23 Fn 73, s auch oben Rn 25).

29 **III. Freiheitsverletzung.** Verletzung der Freiheit ist nach hM die **Beeinträchtigung bzw der Entzug der körperlichen Bewegungsfreiheit** (München OLGZ 85, 466, 467; Staud/*J Hager* § 823 Rn B 53 mwN); auf die Kasuistik zu § 239 StGB kann zurückgegriffen werden (BaRoth/*Spindler* § 823 Rn 36). Die Dauer des Freiheitsentzugs ist gleichgültig, erforderlich ist aber eine gewisse Erheblichkeit (Abgrenzung zum allgemeinen Lebensrisiko). So wird nach hM ein Verkehrsstau aufgrund eines Unfalls oder das kurzzeitige Blockieren einer Ausfahrt nicht erfasst (Staud/*J Hager* § 823 Rn B 54 mwN), wohl aber Blockaden, die von vornherein auf eine Beeinträchtigung der Bewegungsfreiheit ausgerichtet sind (BaRoth/*Spindler* § 823 Rn 39). **Nicht geschützt** sind allgemeine Handlungsfreiheit und wirtschaftliche Entscheidungsfreiheit (München OLGZ 85, 466, 467; BaRoth/*Spindler* § 823 Rn 38 mwN, auch zur aA); sie werden aber teilweise durch das allgemeine Persönlichkeitsrecht, das Recht am Unternehmen sowie das UWG erfasst.

30 **Wichtige Anwendungsfälle** sind die unberechtigte Freiheitsentziehung durch Verhaftung oder Unterbringung (bei psychisch Kranken) durch physische Gewalt. Str ist, ob eine lediglich psychische Beeinflussung, die zu einer Freiheitsentziehung führt (zB Täuschung, Drohung, psychischer Zwang), von § 823 I (so zB BaRoth/*Spindler* § 823 Rn 38 mwN) oder lediglich von § 823 II iVm § 240 StGB (so zB AnwK/*Katzenmeier* § 823 Rn 25) erfasst wird. In vielen Fällen ist allerdings § 839 iVm Art 34 GG einschlägig (§ 839 Rn 94 ff). Für gerichtliche Sachverständige, deren Gutachten zu einer Freiheitsentziehung (insbes zur Unterbringung) führt, gilt nunmehr § 839 a. Daneben kommt nach dem Willen des Gesetzgebers, der die Regelung als abschließend ansah (BTDrs 14/7752, 28), keine Haftung nach § 823 I, etwa bei leichter Fahrlässigkeit, in Betracht. Zur Rechtslage vor dem 1. 8. 02: Art 229 EGBGB § 8 sowie BaRoth/*Spindler* § 823 Rn 37.

31 **IV. Eigentumsverletzung. 1. Überblick.** § 823 I erfasst die Verletzung des Eigentums iSd § 903 an Sachen iSd §§ 90 ff. Die Vorschrift gilt entspr für die Verletzung von Tieren iSd § 90 a (BaRoth/*Spindler* § 823 Rn 43 mwN); hier kommt ein Anspruch des Halters wegen Eigentumsverletzung in Betracht. **Formen der Eigentumsverletzung** sind Beeinträchtigungen des Eigentumsrechts, der Sachsubstanz und der Nutzungsmöglichkeit; sie sind insbes von reinen Vermögensschäden abzugrenzen (insofern kann der Ersatz nach § 823 I weniger weit reichen als die umfassende Herrschafts- und Nutzungsbefugnis des Eigentümers nach § 903). Zu beachten ist der weitgehende Vorrang der §§ 987 ff, 2018 ff. Bei Lieferung unbestellter Sachen ist str, ob § 823 I durch § 241 a II ausgeschlossen wird (§ 241 a Rn 11 f). Zur Konkurrenz zwischen Delikts- und Vertragsansprüchen s.u. Rn 37, 39 ff.

32 **2. Beeinträchtigung des Eigentumsrechts.** Das Eigentumsrecht kann durch **schuldhaft unberechtigte Verfügungen über das Eigentum eines anderen** beeinträchtigt werden, zB durch Übereignung an einen gutgläubigen Dritten oder die Belastung des Eigentums mit einem Sicherungsrecht (BGHZ 56, 73, 77 mwN; NJW 86, 1174 f; 96, 1535, 1537). Der Anspruch aus § 823 I steht hier (sofern er nicht durch §§ 989 ff ausgeschlossen ist) neben demjenigen aus § 816 I 1.

33 Auch die **Verursachung eines Rechtsverlusts nach §§ 946 ff** kann eine Eigentumsverletzung darstellen (BGHZ 56, 73, 77 f; 109, 297, 300 mwN); daneben kommt ein Anspruch aus § 951 iVm § 812 I 1 Alt 2 in Betracht. Keine Eigentumsverletzung ist aber gegeben bei der bloßen Duldung des Einbaus von Baumaterial durch einen Bauherrn, da idR der Bauunternehmer Vorsorge gegen Konflikte zwischen den Rechten der Materiallieferanten (insbes aufgrund von Eigentumsvorbehalten) und des Verarbeitenden treffen muss (BGHZ 56, 228, 237 ff; 102, 293, 309).

34 Schließlich kann das Eigentumsrecht durch **Maßnahmen in der Zwangsvollstreckung** (Pfändung und Verwertung schuldnerfremden Eigentums) beeinträchtigt werden. Der **Vollstreckungsschuldner** haftet, wenn er den Eigentümer nicht über die Pfändung unterrichtet hat (Staud/*J Hager* § 823 Rn B 69 mwN). Der Vollstre-

ckungsgläubiger haftet grds ebenfalls ggü dem Eigentümer (s insbes BGHZ 58, 207, 210 mwN; 67, 378, 383; 118, 201, 205 ff mwN), str ist aber, ob schon bei einfacher Fahrlässigkeit (so insbes die Rspr aaO, aber unter Anlegung eines relativ strengen Verschuldensmaßstabs) oder erst bei grober (so teilw die Lit, zB AnwK/*Katzenmeier* § 823 Rn 36; Erman/*Schiemann* § 823 Rn 26). Eine Beschränkung der Haftung lässt sich mit einer Gleichstellung mit dem unrechtmäßigen Besitzer iSd § 990 I begründen, da das Vertrauen des Vollstreckungsgläubigers in die Ordnungsmäßigkeit des Vollstreckungsverfahrens vergleichbar schutzwürdig ist (vgl Erman/ *Schiemann* aaO). Wenn der Eigentümer seine Rechte nach §§ 769, 771 ZPO nicht wahrnimmt, kommt allerdings ein Mitverschulden iSd § 254 in Betracht (vgl aber BGHZ 118, 201, 206 f: keine Rechtfertigung durch Inanspruchnahme eines gesetzlichen Verfahrens, da der Eigentümer daran nicht unmittelbar beteiligt ist).

3. Beeinträchtigung der Sachsubstanz. a) Allgemeines. Beeinträchtigungen der Sachsubstanz sind insbes 35 die Zerstörung oder Beschädigung einer Sache (auch zB durch erhebliche Verunreinigung, BGH DB 64, 65 f, oder unbefugtes Plakatieren, LG Bonn NJW 73, 2292, 2293 f; AG Leipzig NJW-RR 98, 240) oder die Einwirkung von Immissionen (BGHZ 62, 186, 188 f; 90, 255, 257 f; 101, 106, 110; 120, 239, 249 f; hier sind insbes §§ 906 ff und § 14 BImSchG als mögliche Rechtfertigungsgründe zu berücksichtigen). Eine Schädigung durch ideelle Immissionen sieht die Rspr nicht als ausreichend an (insbes BGHZ 51, 396, 399), anders aber teilweise die Lit (zB Soergel/*Zeuner* § 823 Rn 37; Erman/*Schiemann* § 823 Rn 33). Auch das Durcheinanderbringen einer Kartei oder eines Archivs ohne Beschädigung der Sachen selbst kann eine Eigentumsverletzung darstellen (BGHZ 76, 216, 220), ebenso das Löschen von Softwareprogrammen (Karlsr NJW 96, 200, 201) oder Beschädigung bzw Verlust von Daten (*Meier/Wehlau* NJW 98, 1585, 1588 f) – sofern man Software als Sache iSd § 90 ansieht (dazu insbes BaRoth/*Spindler* § 823 Rn 55). Problematisch im Rahmen dieser Fallgruppe sind insbes mittelbare Substanzverletzungen sowie die Konkurrenz mit Vertragsansprüchen.

b) Mittelbare Substanzverletzungen. aa) Beeinträchtigung bzw Unterbrechung von Versorgungseinrichtungen. Erste Fallgruppe der mittelbaren Substanzverletzungen ist die **Beeinträchtigung bzw Unterbrechung** 36 **von Versorgungseinrichtungen**. Der BGH hat bei Produktionsstillstand durch Unterbrechung der Stromversorgung – neben einer Verletzung des Rechts am Unternehmen – eine Eigentumsverletzung abgelehnt (BGHZ 29, 65, 75), eine solche beim Verderb auszubrütender Eier aufgrund derselben Ursache jedoch bejaht (BGHZ 41, 123, 125 f; vgl auch BGHZ 64, 355, 360), da im ersten Fall lediglich eine Beeinträchtigung der Nutzungsmöglichkeit, im zweiten hingegen eine Substanzverletzung vorgelegen habe. In der Lit ist die Bewertung dieser Fälle umstritten. Häufig wird – in Übereinstimmung mit den allgemeinen Grundsätzen bei mittelbaren Verletzungen (s.o. Rn 8) – stärker auf eine Verletzung von Verkehrspflichten der Versorger abgestellt (zB BaRoth/*Spindler* § 823 Rn 47; Erman/*Schiemann* § 823 Rn 29); dann kommt bei Vorhersehbarkeit des Schadens auch eine Haftung bei bloßer Beeinträchtigung der Nutzungsmöglichkeit in Betracht (s.u. Rn 52 ff). Daneben ist häufig eine Verletzung des Rechts am Unternehmen denkbar (s.u. Rn 79 ff).

bb) Wirkungslosigkeit eines sachschützenden Gegenstands. Auch durch die **Wirkungslosigkeit eines sach-** 37 **schützenden Gegenstands** kann eine Substanzverletzung verursacht werden. In der Rspr wird eine Haftung nach § 823 I für möglich gehalten (BGHZ 80, 186 u 199 – Fungizide zur Bekämpfung von Apfelschorf; NJW 85, 194 – Dachabdeckfolie; NJW 96, 2224 – Maschinenöl; Ddorf NJW-RR 00, 833, 835 – Feuerlöschanlage), die Ansprüche scheiterten iE jedoch meist. Weil das Eigentum zwar wegen der Wirkungslosigkeit des Produkts, aber letztlich durch andere Einflüsse geschädigt wird, ist hier insbes die **haftungsbegründende Kausalität** problematisch. Nach der Rspr (BGH aaO) ist sie gegeben, wenn der Betroffene den Schadenseintritt auf anderem Wege hätte verhindern können, aber im Vertrauen auf die Tauglichkeit des Produkts keine anderen Schutzmaßnahmen ergriffen hat. Zu weiter reichenden Einschränkungen v *Westfalen* Jura 83, 57, 66; ProdHHdb/*Foerste* § 21 Rn 83 f; für ausschließliche Anwendung des Vertragsrechts zB *G. Hager* AcP 184, 413, 415 f; *ders* BB 87, 1748, 1749 f; *Schwenzer* JZ 88, 525, 530 f; *D. Koch* S 284 ff.

cc) Vom Geschädigten auf Veranlassung des Schädigers herbeigeführte Eigentumsverletzungen. Str ist die 38 Behandlung von Eigentumsverletzungen, die vom Geschädigten auf Veranlassung des Schädigers herbeigeführt wurden, bei denen der **Geschädigte** also die **letzte Ursache** gesetzt hat. Hier wird teilweise eine Haftung nach § 823 I abgelehnt (zB *Larenz/Canaris* § 76 II 3 f; *Stoll* JZ 88, 153 ff), zum Teil aber auch bejaht (zB Staud/ *J Hager* Rn B 87; BaRoth/*Spindler* § 823 Rn 49; Erman/*Schiemann* § 823 Rn 29; vgl auch – zur vergleichbaren Situation bei einer Körperverletzung – BGHZ 101, 215, 218 ff). Entscheidend dürfte sein, ob im konkreten Fall das Eingreifen des Geschädigten den Kausalzusammenhang unterbricht oder ob die Handlung des Schädigers die entscheidende (und dann weiterhin maßgebliche) Ursache für die nachfolgende Rechtsgutsverletzung gesetzt hat.

c) Konkurrenz zum Vertragsrecht, insbes „Weiterfresserschäden". aa) Überblick. Neben den bereits erör- 39 terten Fällen wirkungsloser Produkte (oben Rn 37) treten vor allem bei „Weiterfresserschäden"/„weiterfressenden Mängeln" Überschneidungen zwischen Delikts- und Vertragsrecht auf: Mangelhafte Leistungen im Rahmen eines Kauf- oder Werkvertrags können auch zu Eigentumsverletzungen führen. Durch die Gewährung von Deliktsansprüchen könnten ggf Restriktionen der Sachmängelgewährleistung (zB die kürzere Verjährung, Subsidiarität des Schadensersatzes) vermieden werden, so dass das differenzierte System vertragsrechtlicher Mängelgewährleistung durch konkurrierende Deliktsansprüche „ausgehebelt" würde. **Ausgangspunkt** der daher erforderlichen Abgrenzung ist, dass die Vertragshaftung das Äquivalenzinteresse des Vertragspartners (Regelfall: Qualitätsmängel des Vertragsgegenstands), die Deliktshaftung das Integritätsinteresse (Regelfall: Beschädigung von anderen Rechtsgütern als dem Vertragsgegenstand) betrifft. Entscheidend zur Entwicklung der „Weiterfresser"-Rspr, die im internationalen Vergleich weitgehend singulär ist, hat die frühere, für den Käufer ungünstigere kaufrechtliche Verjährungsfrist beigetragen. Nach der Schuldrechtsmodernisierung dürfte die Problematik – wegen der Angleichung kauf- und werkvertraglicher Regelungen – für Werkverträge (insbes bei Mangelfolgeschäden aufgrund mangelhafter Bauwerke) von voraussichtlich sogar stärkerer Bedeutung sein (s BaRoth/*Spindler* § 823 Rn 64; *Schaub* VersR 01, 940 ff).

40 Bei „Weiterfresserschäden" im ursprünglichen Sinne des Begriffs ist zunächst nur ein Teil des Vertragsgegenstands mangelhaft, aber der Mangel wirkt sich später auf die gesamte Sache aus („frisst sich weiter") Bsp: durch einen defekten Schwimmerschalter gerät eine Reinigungs- und Entfettungsanlage in Brand (BGHZ 67, 359) – „**Weiterfresserschäden ieS**". In neuerer Zeit werden auch Fälle erfasst, in denen der Erwerber einen mangelhaften Gegenstand zur Schaffung eines Produkts oder zur Herstellung eines Bauwerks verwendet und durch diese Verarbeitung ein neuer, mangelhafter Gegenstand geschaffen wird, bei dem das ursprünglich allein mangelhafte Einzelteil nicht ohne Beschädigung des Gesamtgegenstands oder -bauwerks entfernt werden kann. Bsp: Lieferung mangelhafter Kondensatoren zum Einbau in elektronische Regler; die Regler werden durch den Mangel nicht beschädigt, aber die Kondensatoren können nicht ohne Beschädigung anderer Teile der Regler entfernt werden (BGHZ 117, 183). Dabei handelt es sich genau genommen um eine zweite, eigenständige Fallgruppe, hier als „**Weiterfresserschäden iwS**" bezeichnet (näher zu Terminologie und Beispielen *Schaub* S 18 ff).

41 **bb) „Weiterfresserschäden ieS".** „Weiterfresserschäden ieS" fallen in den Grenzbereich zwischen Vertrags- und Deliktshaftung: Bei der Sachmängelgewährleistung ist problematisch, dass im Zeitpunkt des Gefahrübergangs ein Teilmangel vorhanden ist, der erst später auf die Gesamtsache übergreift. Bei der Deliktshaftung bereitet das Erfordernis einer Verletzung des Integritätsinteresses Probleme. Entscheidend ist daher die **Grenzziehung zwischen deliktsrechtlich relevanter Eigentumsverletzung und nicht ersatzfähigen reinen Vermögensschäden.**

42 Ausgangspunkt der **Rspr** ist eine uneingeschränkte Konkurrenz vertrags- und deliktsrechtlicher Ansprüche (s insbes BGHZ 67, 359, 362 f; NJW 78, 2241, 2242; 04, 1032, 1033). Zunächst wurde angenommen, beim Mangel eines „funktionell begrenzten Einzelteils" komme eine Eigentumsverletzung an der Restsache in Betracht (BGHZ 67, 359, 364 f; NJW 78, 2241). Inzwischen bejaht die Rspr das Vorliegen einer Eigentumsverletzung, wenn der Schaden am Gesamtgegenstand nicht mit dem Mangelunwert „**stoffgleich**" ist, was mittels einer „natürlichen bzw wirtschaftlichen Betrachtungsweise" zu ermitteln ist (BGHZ 86, 256, 258 f; NJW 83, 813; 05, 1423, 1425 ff). Dies wird ergänzt durch eine Berechnung des Mangelunwertes des Kaufgegenstands nach den Grundsätzen des Gewährleistungsrechts (§ 472 aF, § 441 III nF).

43 In der **Lit** wird diese Rspr teilweise heftig kritisiert. Die dort entwickelten **Lösungsvorschläge** lassen sich in drei Gruppen einteilen (ausführlich *Schaub* S 24 ff).

44 Die **vertragsrechtlichen Lösungen** reichen von einer Anwendung der kaufrechtlichen Mängelgewährleistungsregeln (zB *Brüggemeier* Deliktsrecht S 207 f; *ders* JZ 99, 99; Soergel/*Zeuner* Vor § 823 Rn 49), die jetzt auch Fälle der pFV einschließt (zum alten Recht zB *Esser/Weyers* § 6 III 2; *Lieb* JZ 77, 345 f; *Steinmeyer* DB 89, 2158 ff; *Nagel* DB 93, 2469, 2471), über Garantiehaftung (*G Hager* AcP 184, 413, 432 ff; *ders* BB 87, 1748, 1751) bis zum Vertrag mit Schutzwirkung für Dritte (insbes *Schwenzer* JZ 88, 525, 531; *Canaris* FS Larenz II, 27, 100 f).

45 Die **deliktsrechtlichen Lösungen** halten überwiegend eine Eigentumsverletzung für denkbar, entwickeln aber teilweise andere Kriterien als die Rspr für die Abgrenzung zwischen Eigentumsverletzung und reinem Vermögensschaden. Vorgeschlagen werden insbes: Verursachung des Schadens durch einen Unfall bzw irregulären Geschehensablauf (*Lang* S 181; *Mayer* BB 84, 318, 319 f); Unterscheidung zwischen statischen und dynamischen Mängeln (zB *Nickel* VersR 84, 318, 319 f; 87, 32 f; *Merkel* NJW 87, 358, 359 f); Unterscheidung zwischen umweltgefährdenden und produktgefährdenden Mängeln (*G Hager* AcP 184, 413, 417; *Wesch* S 155 f); Differenzierung zwischen wesentlichen und unwesentlichen Bestandteilen iSd Sachenrechts (*Ebel* NJW 78, 2494 f), zwischen Eingriff und Verfügung des Rechtsgutsträgers (*Plum* AcP 181, 68 ff; *Bälz* S 52) oder zwischen Normal- und Kardinalmangel (*J. Schmidt* S 29 f).

46 Eine im Vordringen befindliche Ansicht innerhalb der deliktsrechtlichen Lösungen stellt stärker auf die **Verletzung von Verkehrspflichten** als auf das Vorliegen einer Eigentumsverletzung ab (zB Erman/*Schiemann* § 823 Rn 125; *Lang* S 180 ff; *Keibel* S 78; *Katzenmeier* Vertragliche und deliktische Haftung S 40 f 73 ff; *Brüggemeier* WM 82, 1294, 1300; *Stoll* JZ 83, 501, 503 f; *G Hager* AcP 183, 413, 417 f; *Mertens* VersR 80, 397, 406).

47 Die **Lösungen auf Konkurrenzebene** versuchen, die Anwendung des § 823 I auf „Weiterfresserschäden" auszuschließen oder einzuschränken, um die vertraglichen Mängelgewährleistungsregeln nicht zu unterlaufen (zB *Schlechtriem* S 292 ff; ProdHHdb/*Foerste* § 21 Rn 29 ff; *ders* NJW 92, 27; *Grunewald* JZ 87, 1098; *D Koch* S 218 ff, 231 ff; für die Verjährung auch BaRoth/*Spindler* § 823 Rn 65 aE).

Stellungnahme: Sofern man mit der ganz hM eine Delikthaftung in „Weiterfresser"-Fällen nicht von vornherein ausschließen will, sollte auf **Zweck und Zielrichtung der Delikthaftung** für mangelhafte Produkte bzw Bauwerke zurückgegriffen werden, da keines der in Rspr und Lit erwogenen Abgrenzungskriterien völlig zu überzeugen vermag. Durch die Delikthaftung sollen Erwerber und Dritte vor Gefahren geschützt werden, die von mangelhaften Gegenständen bzw ihren Einzelteilen ausgehen. Entspr sind die **Verkehrspflichten des Produzenten bzw Werkunternehmers** zu bestimmen und zugleich einzugrenzen: Sofern durch die Lieferung eines mangelhaften Gegenstands bzw durch eine mangelhafte Werkleistung **Rechtsgüter iSd § 823 I gefährdet** werden, sollte bei Eintritt eines Schadens nach § 823 I gehaftet werden – unabhängig davon, ob tatsächlich andere Rechtsgüter betroffen sind oder (zufällig) nur der Vertragsgegenstand beschädigt wurde. Das solchermaßen konkretisierte, eigenständige deliktsrechtlich relevante Unrecht rechtfertigt auch eine freie Konkurrenz dieser Haftung mit der vertraglichen Mängelgewährleistung. 48

cc) „Weiterfresserschäden iwS". „Weiterfresserschäden iwS" traten in der Rspr erst später auf (BGHZ 117, 183; 138, 230; 146, 144) und werden vielfach nicht als **eigenständige Fallgruppe** behandelt (vgl aber *Brüggemeier* JZ 99, 99; *Franzen* JZ 99, 702 ff; *Gsell* S 8 ff u passim), obwohl sie sich strukturell von „Weiterfresserschäden ieS" unterscheiden (s.o. Rn 40). Bei ihnen erscheint es auf den ersten Blick einfacher, von einer Beschädigung „anderer Sachen" als des mangelhaften Vertragsgegenstands auszugehen, aber das hinzutretende eigenständige Handeln des Geschädigten sowie die Problematik der Eigentumsverletzung durch Nutzungsbeeinträchtigung erschweren die Beurteilung dieser Fälle. 49

Die Rspr (BGHZ 117, 183; 138, 230, 236 f) nimmt eine Eigentumsverletzung an den anderen Materialien an, da keine „völlige Stoffgleichheit" zwischen Mangel und Schaden gegeben sei (teilw anders aber BGHZ 146, 144). Sinnvoller erscheint es aber auch hier, auf eine **Verletzung von Verkehrspflichten** durch den Lieferanten im oben (Rn 48) ausgeführten Sinne abzustellen: Entscheidend ist, ob eine Gefährdung der anderen Materialien bereits durch die Pflichtverletzung des Lieferanten verursacht wurde (insbes bei Einzelteilen, die typischerweise nicht isoliert verwendet werden) oder ob eine solche erst aufgrund einer für den Lieferanten des Einzelteils nicht vorhersehbaren Weiterverwendung entstand (dann wäre bereits das Bestehen einer entspr Verkehrspflicht abzulehnen). Zusätzlich müssen im Rahmen der Delikthaftung der Beitrag des Geschädigten (der als Unterbrechung des Kausalzusammenhangs oder als Mitverschulden auswirken kann) sowie die Tatsache berücksichtigt werden, dass die anderen Materialien nicht unmittelbar beschädigt werden, vielmehr durch die Verbindung mit dem mangelhaften Einzelteil zunächst nur ihre Gebrauchsmöglichkeit beeinträchtigt wird (s.u. Rn 51 ff). 50

4. Beeinträchtigung der Nutzungsmöglichkeit. Eine Eigentumsverletzung kann nach der Rspr auch die **Beeinträchtigung des bestimmungsgemäßen Gebrauchs** einer Sache sein (BGHZ 55, 153, 159 f; 138, 230, 235 f mwN). Die Nutzung des Eigentums ist grds vom Eigentumsrecht und damit auch vom Schutz nach § 823 I erfasst. Problematisch ist aber die Grenzziehung zu reinen Vermögensschäden (bei bloßer Beeinträchtigung der Dispositionsfreiheit des Eigentümers, BGHZ 86, 152, 155; VersR 79, 905, 906) und zum Recht am Unternehmen (s insbes BGHZ 55, 153, 158 ff; 86, 152, 156 ff; 105, 346, 350), vor allem weil nach der Rspr die konkrete Bestimmung des Eigentums, die der Eigentümer ihm gegeben hat, zu berücksichtigen ist (s insbes BGHZ 90, 255, 261 mwN). 51

Grundlinien der Rspr: Nutzungsausfall kann unter bestimmten Voraussetzungen ersatzfähig sein: Die unerlaubte Handlung muss sich **gegen den Eigentumsgegenstand selbst** richten, nicht zB gegen den Rechtsinhaber (s insbes BGHZ 63, 203, 206 – Führerscheinentzug mwN; umfassend *Zeuner* FS Flume 1978, Bd I, 775 ff) und die **Beeinträchtigung** darf **nicht nur unerheblich**, insbes nicht lediglich vorübergehend sein (zB BGHZ 86, 152, 154 f; 138, 230, 235; NJW 04, 356, 358). Bsp sind die Blockade eines Schiffs (BGHZ 55, 153, 159) oder eines Kfz (BGHZ 63, 203, 206), jeweils durch „Einsperren", oder die Vereitelung der Nutzung von Wasserrohren durch ein nicht geruchs- und geschmacksneutrales Gewindeschneidemittel (BGH NJW 94, 517, 518; NJW-RR 95, 342 f). **Nicht erfasst** ist die Blockierung des Zugangs, wie zB das „Aussperren" von Schiffen, Kfz (BGHZ 55, 153, 160; NJW 77, 2264, 2265 f) oder Eisenbahnzügen (BGH NJW-RR 05, 673, 674) oder die Vereitelung der Stromzufuhr (BGHZ 29, 65, 75; 66, 388, 393 f). Letztere könnte evtl mit einem „Aussperren" verglichen werden, die Behandlung der Unterbrechung von Versorgungsleitungen ist jedoch äußerst umstritten (für eine Eigentumsverletzung zB Erman/*Schiemann* § 823 Rn 31). 52

Stellungnahme: Auch hier ist – wie bei „Weiterfresserschäden" – eine exakte Abgrenzung zwischen Eigentumsverletzung und reinem Vermögensschaden bislang nicht gelungen. Die einschränkenden Kriterien der Rspr liefern Leitlinien, reichen aber für sich genommen nicht aus. IRd Interessenausgleichs zwischen Schädiger und Geschädigtem muss auch die Position des Schädigers berücksichtigt und nach der Vorhersehbarkeit des Schadens gefragt werden. In Anwendung der allgemeinen Grundsätze über mittelbare Verletzungen (s.o. Rn 8) sind Verkehrspflichten des Verletzers (insbes der Betreiber von Versorgungseinrichtungen) zu konkretisieren. Dabei ist regelmäßig die übliche Nutzung, nicht eine außergewöhnliche, zusätzliche Nutzung durch den Eigentümer entscheidend. Folglich kommt bei einer mehr als unerheblichen Beeinträchtigung der Nutzungsmöglichkeit (zB auch durch Unterbrechung von Versorgungseinrichtungen) eine Eigentumsverletzung in Betracht (allerdings nur bei kommerzieller Verwertung oder Inanspruchnahme eines Ersatzgegenstands, Erman/*Schiemann* 53

§ 823 Rn 32 mN), idR aber nicht bereits bei Ausfall einer von mehreren Nutzungsmöglichkeiten, denn hier wird regelmäßig keine entspr Verkehrspflicht bestehen.

54 **5. Sonderfälle.** Der **Entzug einer Sache**, insbes durch Diebstahl oder Unterschlagung, verletzt nicht nur den Besitz, sondern auch das Eigentum, da die Nutzungsmöglichkeit entfällt (BGHZ 75, 230, 231; VersR 75, 658, 659). Str ist dies für den versuchten Sachentzug: für eine Eigentumsverletzung zB Soergel/*Zeuner* § 823 Rn 35 mwN; BaRoth/*Spindler* § 823 Rn 59, dagegen – weil beim Versuch das Eigentum noch nicht tatsächlich beeinträchtigt ist – zB Erman/*Schiemann* § 823 Rn 34 (stattdessen aber Haftung nach § 823 II iVm §§ 242, 22 StGB).

55 Ob das **Fotografieren fremder Gegenstände**, insbes Gebäude, ohne Eindringen auf ein fremdes Grundstück eine Eigentumsverletzung darstellt (dazu insbes BGH NJW 75, 778 f), kann mit einem Teil der Lit bezweifelt werden (zB BaRoth/*Spindler* § 823 Rn 57; Erman/*Schiemann* § 823 Rn 34; Staud/*J Hager* § 823 Rn B 103 mwN), zumal sich ein durch Verbreitung solcher Fotos erzielter Gewinn ggf im Wege der Eingriffskondiktion abschöpfen lässt.

56 **V. Verletzung eines sonstigen Rechts. 1. Allgemeines. a) Dogmatik.** Der Schutz „sonstiger Rechte" stellt innerhalb des § 823 I einen – allerdings begrenzten – Auffangtatbestand dar. Erfasst sind nach hM nur **absolute Rechte**, die sich gegen jedermann richten. Merkmale „sonstiger Rechte" sind jedenfalls **Zuweisungsgehalt** und **Ausschließungsfunktion** (Staud/*J Hager* § 823 Rn B 24 mwN), umstritten ist, ob auch soziale Offenkundigkeit (dafür zB MüKo/*Mertens* 3. Aufl 1997 § 823 Rn 123; Larenz/*Canaris* § 76 I 1 c; kritisch zB *Hüffer* ZHR 161, 867, 869) und Eigentumsähnlichkeit (dafür zB RGZ 57, 353, 356; dagegen spricht insbes die Gesetzgebungsgeschichte, s Soergel/*Zeuner* § 823 Rn 48 mwN) dazu gehören. Das Kriterium der sozialen Offenkundigkeit erscheint für eine klare Abgrenzung zu undeutlich. Der Streit um die Eigentumsähnlichkeit war vor allem für das heute anerkannte Allgemeine Persönlichkeitsrecht von Bedeutung. Um weitere Entwicklungsmöglichkeiten offen zu halten und Zweifelsfragen zu vermeiden (Bsp: Ist das Namensrecht „eigentumsähnlich"?), sollte auch Eigentumsähnlichkeit nicht vorausgesetzt werden. Zuweisungsgehalt und Ausschließungsfunktion dürften idR hinreichende Abgrenzungskriterien liefern.

57 **b) Keine sonstigen Rechte.** Kein sonstiges Recht ist insbes das **Vermögen als solches** (s nur RGZ 51, 92, 93; BGHZ 27, 137, 140; NJW 92, 1511, 1512), es wird nur ggf nach §§ 823 II, 824, 826, 839 geschützt. Eine Ausnahme sind die Kosten der Abwehr eines Angriffs auf ein von § 823 I erfasstes Rechtsgut (s dazu nur Soergel/*Zeuner* § 823 Rn 47 mwN; *Schaub* S 124 ff mwN).

58 Nicht geschützt sind nach hM auch **Forderungsrechte** (insbes RGZ 57, 353, 355 ff; BGHZ 29, 65, 73 f; NJW 70, 137, 138 mwN; Staud/*J Hager* § 823 Rn B 160 mwN, auch zur Gegenansicht), weil es sich dabei lediglich um relative Rechte handelt. Weiterhin würde ihre Einbeziehung zu einem weit reichenden Vermögensschutz – noch dazu bei idR lediglich mittelbaren Schäden – führen (zB bei Beeinträchtigung von Leistungsansprüchen durch Zerstörung des Leistungsgegenstands oder Verletzung des Leistungsverpflichteten, zB eines Arbeitnehmers). Das differenzierte Gefüge des Leistungsstörungsrechts, insbes die dort vorgenommene Risikoverteilung, könnte dadurch konterkariert werden.

59 Str ist, ob § 823 I **Eingriffe in die Forderungszuständigkeit** erfasst. Dagegen die – noch – hM (zB RGZ 57, 353, 355 ff; BaRoth/*Spindler* § 823 Rn 98 mwN), insbes weil neben § 816 II kein Bedürfnis für zusätzlichen Schutz bestehe und die Wertungen der §§ 407 I, 987 ff, 2019 ff unterlaufen werden könnten. Nach aA (zB Larenz/*Canaris* § 76 II 4 g; Soergel/*Zeuner* § 823 Rn 48 mwN; Staud/*J Hager* § 823 Rn B 165) sind solche Eingriffe jedoch in § 823 I einzubeziehen. Argumente sind insbes Zuweisungsgehalt und Ausschließungsfunktion der Forderungszuständigkeit, Schutzlücken bei § 816 II (aufgrund von § 818 III), die andernfalls auftretende Diskrepanz der Behandlung von einfachem und verlängertem Eigentumsvorbehalt beim unberechtigten Forderungseinzug durch den Geschäftsführer einer GmbH, ein Rekurs auf die Drittwiderspruchsklage und die Möglichkeit einer Berücksichtigung der Wertung des § 407 im Rahmen des Anspruchs aus § 823 I. Zu folgen ist trotzdem der hM, da sonst ein schwer eingrenzbarer Ersatz primärer Vermögensschäden nach § 823 I erfolgen würde. Vertragliche Rechte sind gerade nicht so weit reichend geschützt wie absolute Rechte, und die Problematik der Entstehung von Schutzlücken aufgrund von § 818 III stellt sich auch in anderen Fällen, ohne dass dort ein deliktsrechtlicher „Ausgleich" in Betracht kommt. Andernfalls dürfte sich eine Entwicklung des „sonstigen Rechts" zum Auffangtatbestand für primäre Vermögensschäden nur schwer aufhalten lassen.

60 **2. Dingliche Rechte. a) Beschränkte dingliche Rechte.** Beschränkte dingliche Rechte (Sicherungs- und Nutzungsrechte an Sachen) werden von § 823 I erfasst, sofern auch das zugrunde liegende Vollrecht durch die Vorschrift geschützt ist, also zB Sachpfand (RGZ 98, 345, 346; BGH WM 65, 701, 704), Grundschuld (BGHZ 65, 211, 212 ff), Hypothek (RGZ 69, 85, 91), Dienstbarkeiten (BGH VersR 64, 1201), Rentenschuld, Reallast, dingliches Vorkaufsrecht (BGH NJW-RR 05, 315 f), Erbbaurecht, **nicht** aber das Pfandrecht an Forderungen (zum fehlenden Schutz von Forderungen nach § 823 I s.o. Rn 58). **Verletzungsmodalitäten** sind die Beeinträchtigung des Rechts als solchem (zB durch wirksame Verfügung eines Nichtberechtigten, RGZ 119, 265, 267; BGH WM 65, 701, 704) oder faktische Beeinträchtigungen der Sache, wenn sie zugleich das beschränkte dingliche Recht beeinträchtigen, wie zB in BGHZ 65, 211, 215 ff (Erman/*Schiemann* § 823 Rn 38).

Str ist, ob die **Erhebung einer unberechtigten Drittwiderspruchsklage** (§ 771 ZPO) zur Verletzung eines „sonstigen Rechts" führt (so zB RG JW 1906, 89, 90). Die heute wohl hM (s nur Staud/*J Hager* § 823 Rn H 17 ff mwN) geht zu Recht davon aus, dass die Inanspruchnahme gesetzlicher Verfahren grds nur in den gesetzlich vorgesehen Fällen (insbes §§ 717 II, 945 ZPO) zum Schadensersatz verpflichtet, also ein Anspruch aus § 823 I bei fahrlässig falscher Einschätzung der Berechtigung am Rechtswidrigkeitserfordernis scheitert (die Rechtswidrigkeit ist hier idR nicht indiziert). 61

b) Anwartschaftsrecht. Das Anwartschaftsrecht kann nach § 823 I gegen Beeinträchtigungen durch Dritte, evtl aber auch durch den Eigentümer, geschützt sein. Für **bewegliche Sachen** ist beides anerkannt (zB RGZ 170, 1, 6 f; BGHZ 55, 20, 25 f mwN): Der Vorbehaltskäufer ist auch ohne Besitz geschützt (BGHZ 55, 20, 25), der Treugeber jedenfalls bei Besitz (BGH WM 59, 1002, 1004). Bei **Immobilien** ist die Anwendung des § 823 I umstritten: Sofern man ein Anwartschaftsrecht des Auflassungsempfängers nach Stellung des Umschreibungsantrags anerkennt, muss dieses auch nach § 823 I geschützt sein (s insbes BGHZ 114, 161, 165 f, wo iE aber ein vorrangiger Anspruch aus § 823 II iVm § 909 angenommen wurde; MüKo/*Wagner* § 823 Rn 147 mwN; aA zB Soergel/*Zeuner* § 823 Rn 56; Erman/*Schiemann* § 823 Rn 42). Stärker umstritten ist ein Schutz des Vormerkungsberechtigten: dafür die wohl hM (*Larenz/Canaris* § 76 II 4 h mwN; *Canaris* FS Flume I, 371, 384 ff; Staud/*J Hager* § 823 Rn B 157 ff), aber wegen § 883 I, III nur ggü einem späteren Erwerber des Grundstücks (gegen Dritte kommt nur eine Analogie zu § 869 in Betracht, Staud/*J Hager* § 823 Rn B 158 mwN) und nur gegen faktische Beeinträchtigungen (bei rechtlichen greift § 888). Eine Mindermeinung will keinen Schutz nach § 823 I gewähren und den Vormerkungsberechtigten ggü dem Erwerber auf Ansprüche aus § 888 beschränken (Staud/*Gursky* § 888 Rn 71 mwN). 62

c) Verhältnis zu Ansprüchen des Eigentümers. Problematisch ist das Verhältnis solcher Ansprüche zu Ansprüchen des Eigentümers aus § 823 I. Str ist, ob analog § 1281 Schadensersatz an beide Berechtigte zu leisten ist (so die wohl hM, Staud/*J Hager* § 823 Rn B 135 mwN), ob eine Gesamtgläubigerschaft iSd § 428 (*Schwab/Prütting* Rn 398) oder eine vorrangige Forderungszuständigkeit jedenfalls des Anwartschaftsberechtigten (RGZ 170, 1, 7; *Müller-Laube* JuS 93, 529, 534 f) besteht, oder ob der Schadensersatz zwischen beiden Berechtigten nach dem Verhältnis der Wertanteile aufzuteilen ist (BGHZ 55, 20, 31 f). 63

3. Aneignungsrechte. Als eigentumsähnliche Rechte sind auch Aneignungsrechte von § 823 I erfasst, insbes Jagdausübungsrechte (zB BGHZ 84, 261, 264; NJW-RR 04, 100, 101 f mwN), Fischereiausübungsrechte (BGHZ 49, 231, 234; VersR 69, 928 f), Bergwerkseigentum (RGZ 110, 1, 17; 161, 203, 208), Wasserentnahmerechte (BGH NJW 76, 46; BGHZ 69, 1, 6 ff mwN – aber kein Recht auf unbeeinträchtigten Zufluss), Ablösungsrecht gem § 1249 (RGZ 83, 390, 393) sowie das Aneignungsrecht der Angehörigen an Implantaten nach der Trennung vom Leichnam des Verstorbenen (s insbes *Gropp* JR 85, 181, 182). Teilweise werden in diesem Zusammenhang auch aus dem Eigentum fließende Rechte angeführt (zB der Anspruch nach § 907, RGZ 145, 107, 115). Diese werden aber regelmäßig bereits vom Eigentumsschutz erfasst (Staud/*J Hager* § 823 Rn B 136 mwN). Aneignungsrechte sind **abzugrenzen** zur Teilhabe am Gemeingebrauch, die grds nicht von § 823 I erfasst ist (BGHZ 86, 152, 156); eine Ausnahme besteht nur, wenn er mit einem absoluten Recht verbunden ist, wie etwa der Anliegergebrauch (Erman/*Schiemann* § 823 Rn 44). 64

4. Besitz. Der Besitz ist kein Recht, sondern die tatsächliche Herrschaft über eine Sache (§ 854 I). In bestimmten Fällen sind jedoch Zuweisungsgehalt (Nutzungsbefugnis, s Staud/*J Hager* § 823 Rn B 170) und Ausschließungsfunktion (Besitzschutzrechte) vorhanden. In solchen Fällen kommt nach hM ein Schutz als sonstiges Recht in Betracht (zB BGHZ 32, 194, 204 mwN aus der älteren Rspr; BGHZ 62, 243, 248 ff; 137, 89, 97 f) eine Mindermeinung (zB Soergel/*Zeuner* § 823 Rn 58 mwN) erkennt nur einen Schutz des obligatorischen Rechts zum Besitz an; die praktischen Differenzen dürften aber gering sein. Der **berechtigte Besitz** ist in weitem Umfang als sonstiges Recht anerkannt (s insbes BGHZ 137, 89, 97 f), mittelbarer Besitz nach hM jedoch nur ggü Dritten, nicht ggü dem unmittelbaren Besitzer (hier ist ausschließlich das Besitzmittlungsverhältnis maßgeblich, BGHZ 32, 194, 204 f; Staud/*J Hager* § 823 Rn B 171 mwN). Mitbesitz ist ggü Dritten, nach hM auch ggü anderen Mitbesitzern geschützt (BGHZ 62, 243, 248 ff; Staud/*J Hager* § 823 Rn B 172 mwN). Der **unberechtigte Besitz** kann allenfalls geschützt sein, soweit dem Besitzer Nutzungsbefugnisse (und damit verbundene Abwehrrechte) zustehen, also nach hM nicht ggü dem Nutzungsberechtigten, insbes dem Eigentümer (BGHZ 73, 355, 362; 79, 232, 237 f; 114, 305, 312 f; aA ein Teil der Lit, sofern der Besitzer im Verhältnis zum Eigentümer die Nutzungen behalten darf, Soergel/*Zeuner* § 823 Rn 58 mwN), evtl aber ggü Dritten (die hM schützt hier jedenfalls den redlichen Besitzer, Staud/*J Hager* § 823 Rn B 169 mN, eine Mindermeinung auch den Deliktsbesitzer, *Lopau* JuS 80, 501, 505 f). 65

Bei Besitzverletzungen kommt ein Ersatz folgender **Schäden** in Betracht: entgangene Sachnutzung (BGHZ 137, 89, 97 f), Entgehen von Ersatzansprüchen, Wegnahme-, Zurückbehaltungs- und Verwendungsrechten (Staud/*J Hager* § 823 Rn B 174 mwN); „Haftungsschäden" (Schadensersatzpflicht ggü dem Eigentümer wegen Beschädigung durch Dritte, BGH VersR 76, 943, 944; NJW 81, 750, 751); problematisch ist der Ersatz von Substanzschäden (dazu Staud/*J Hager* aaO). 66

67 **5. Immaterialgüterrechte.** Immaterialgüterrechten (Urheberrecht, Patentrecht, gewerbliche Schutzrechte) kommen regelmäßig Zuweisungsgehalt und Ausschließungsfunktion zu. Häufig sind jedoch in den einschlägigen Gesetzen spezielle Schadensersatzansprüche bei Verletzung solcher Rechte normiert (insbes §§ 97 UrhG, 42 II GeschmMG, 14 I, 15 V MarkenG, 139 II PatG, 24 II GebrMG). Daneben ist § 823 I allenfalls subsidiär anwendbar (s zB BGHZ 3, 365, 368; 26, 52, 59; 114, 105, 109 ff), wenn die Spezialregelungen nicht als abschließend gedacht sind (was sich ausdrücklich nur aus § 97 III UrhG ergibt). § 823 I greift zB nicht vor der Patentanmeldung ein (BGHZ 3, 365, 368). Zudem kann er nicht zum Schutz von mit Immaterialgüterrechten verwandten, aber nicht in gleicher Weise geschützten Positionen, zB Betriebsgeheimnissen, instrumentalisiert werden, denn sonst würden diese – obgleich vom Gesetzgeber nicht vorgesehen – möglicherweise im weiterem Umfang geschützt als Immaterialgüterrechte (problematisch daher die Rspr im Hinblick auf geheimes Know-how, insbes BGHZ 16, 172, 175; 17, 41, 51; 107, 117, 122). Nach der Aufnahme berühmter Marken in das Markengesetz dürften auch diese nicht mehr (anders noch BGHZ 28, 320, 328 ff; 114, 105, 109 ff; offen gelassen in BGH NJW 98, 2045, 2046) von § 823 I erfasst werden (so auch BaRoth/*Spindler* § 823 Rn 87; aA Staud/*J Hager* § 823 Rn B 137; AnwK/*Katzenmeier* § 823 Rn 76 mwN; wohl auch MüKo/*Wagner* § 823 Rn 157). Letztlich dürfte § 823 I bei Immaterialgüterrechten **kein nennenswerter Anwendungsbereich** verbleiben. Wo ein spezieller immaterialgüterrechtlicher Schutz nicht in Betracht kommt, kann das Recht am Unternehmen, § 826 oder § 9 UWG einschlägig sein (vgl zB BGHZ 26, 52, 59; 107, 117, 122). Diese Haftungen sind von zusätzlichen Voraussetzungen abhängig. Durch sie werden daher immaterialgüterrechtliche Regelungen idR nicht konterkariert, weil es sich um eine zusätzliche, eigenständige Haftungsbegründung handelt. § 823 I hat in diesem Bereich vor allem noch Bedeutung für besondere Persönlichkeitsrechte ohne eigenen gesetzlichen Schadensersatzanspruch, für Namensrecht (§ 12), Firmenrecht (§ 17 HGB) und Recht am eigenen Bild (§ 22 KunstUrhG), vgl AnwK/*Katzenmeier* § 823 Rn 77 mwN.

68 **6. Mitgliedschaftsrechte.** Mitgliedschaftsrechte an Kapitalgesellschaften (RGZ 100, 274, 278; 158, 248, 255) oder Vereinen (BGHZ 110, 323, 327 f, 334 f) können von § 823 I erfasst werden. **Anspruchsgegner** können jedenfalls Dritte sein; str ist, ob auch Verletzungen durch andere Mitglieder bzw Organe der Körperschaft erfasst werden (dafür zB BGHZ 110, 323, 334 f; Staud/*J Hager* § 823 Rn B 147 f mwN; dagegen mit überzeugenden Argumenten – Vorrang der gesellschafts- bzw vereinsrechtlichen Ansprüche und Rechtsbehelfe – ein Teil der Lit, zB BaRoth/*Spindler* § 823 Rn 103 mwN). **Haftungsbegründendes Verhalten** kann nicht jegliche Beeinträchtigung des Mitgliedschaftsrechts sein. Unproblematisch erfasst wird der ganze oder teilweise Entzug der Mitgliedschaft, zB durch unberechtigte Hinderung an der Rechtsausübung oder unberechtigten Ausschluss (*K Schmidt* JZ 91, 157, 159 f; *Habersack* S 249), durch unberechtigte Verfügung über Gesellschaftsanteile oder unberechtigte Verwertung in der Zwangsvollstreckung (RGZ 100, 274, 278; 158, 248, 255). **Problematisch** sind **mittelbare Beeinträchtigungen** der Mitgliedschaft durch Schädigung der Körperschaft: Eingriffe in das Gesellschaftsvermögen verletzen nicht zugleich Mitgliedschaftsrechte (RGZ 158, 248, 255; *Habersack* S 156 ff; *K Schmidt* JZ 91, 157, 159). Dieser Ausgangspunkt lässt sich auch nach allgemeinen Grundsätzen über die Ersatzfähigkeit mittelbarer Schäden begründen, da idR keine Verkehrspflicht des Schädigers zum Schutz der einzelnen Mitglieder bzw ihrer Mitgliedschaftsrechte besteht, so dass in einem bloßen Reflexschaden vorliegt. Die hL verlangt – in Parallele zum Recht am Unternehmen (s.u. Rn 83) – einen mitgliedschaftsbezogenen Eingriff (zB AnwK/*Katzenmeier* § 823 Rn 78; BaRoth/*Spindler* § 823 Rn 102, beide mwN) mit der Folge, dass die Rechtswidrigkeit gesondert zu prüfen ist (BaRoth/*Spindler* aaO mwN). Dieses Ergebnis dürfte bereits bei genauer Eingrenzung des Mitgliedschaftsrechts (Schutz nur soweit Zuweisungsgehalt und Ausschließlichkeitsfunktion reichen) und Anwendung der allgemeinen Grundsätze über mittelbare Verletzungen zu erreichen sein (kritisch auch Erman/*Schiemann* § 823 Rn 41).

69 **7. Familienrechte.** Da „sonstige Rechte" nicht eigentumsähnlich sein müssen (s.o. Rn 56), kommen auch Familienrechte in Betracht, sofern sie Ausschließlichkeitscharakter haben; der Zuweisungsgehalt ist hier idR unproblematisch. Freilich dürfen besondere familienrechtliche Regelungen nicht durch Ansprüche aus § 823 I unterlaufen werden.

70 **a) Elterliches Sorgerecht.** Das elterliche Sorgerecht ist grds nach § 823 I geschützt. Der Zuweisungsgehalt ergibt sich aus §§ 1626 ff. Ersatzansprüche kommen insbes in Betracht für die Kosten der Ermittlung des Aufenthaltsortes des Kindes (BGHZ 111, 168, 172 ff) und seiner Rückführung sowie für Mehraufwendungen zur Wahrnehmung des Umgangsrechts eines nicht sorgeberechtigten Elternteils (BGHZ 151, 155). Auch das Umgangsrecht ist sonstiges Recht iSd § 823 I (Frankf NJW-RR 05, 1339).

71 **b) Ehe.** Ein Schutz der Ehe als „sonstiges Recht" kommt wegen des grds Vorrangs familienrechtlicher Regelungen nur hinsichtlich einzelner Aspekte in Betracht.

72 Der **persönliche Bereich der Ehe** ist nach der **Rspr** bei Ehestörungen grds weder durch Unterlassungs- oder Beseitigungsansprüche noch durch Schadensersatzansprüche geschützt (insbes BGHZ 23, 215, 216 ff; 23, 279, 281 f; NJW 90, 706, 707 f mwN), da das Familienrecht insoweit eine abschließende Regelung enthalte. Zudem sei die eheliche Treue als innereheliche Angelegenheit nicht vom Schutz des Deliktsrechts umfasst; eine Einbeziehung in § 823 I würde – vor allem wegen des Verschuldenserfordernisses – zu unerwünschten Ermitt-

lungen im Ehebereich führen. Eine Ausnahme kommt bei arglistiger Täuschung durch einen Ehegatten in Betracht (BGHZ 80, 235, 238 ff). Dagegen sieht die hL das Familienrecht nur als abschließende Regelung im Hinblick auf das Bestandsinteresse der Ehe sowie für Unterhalt und Versorgungsausgleich, nicht aber für das **Abwicklungsinteresse** an (zB *Jayme* S 266 ff; *Gernhuber/Coester-Waltjen* § 17 III 3 mwN; *Medicus* Rn 619). Im Hinblick auf letzteres seien Abwehr- und Folgekosten ersatzfähig (zB Kosten für Scheidungsverfahren, durch Ehestörung verursachte Erkrankung, Ehelichkeitsanfechtung, Unterhalt für ein dem Ehebruch entstammendes Kind). Str ist, ob Anspruchsgegner nur der Dritte (zB *Schwab* NJW 57, 869, 870; *Medicus* Rn 619) oder auch der Ehegatte (zB Soergel/*Zeuner* § 823 Rn 67; Erman/*Schiemann* § 823 Rn 45; *Gernhuber/Coester-Waltjen* § 17 III 4) sein kann und ob die Geltendmachung erst nach der Scheidung (*Boehmer* AcP 155, 181, 190 f; FamRZ 57, 196, 197) oder auch schon vorher (Soergel/*Zeuner* § 823 Rn 67; *Schwab* NJW 56, 1150) möglich ist.

Bei Verletzungen des **räumlich-gegenständlichen Bereichs** der Ehe können nach der Rspr **Unterlassungs- und Beseitigungsansprüche** geltend gemacht werden (BGHZ 6, 360, 366; NJW 90, 706, 707 f mwN), was insbes mit Art 6 GG begründet wird (vgl nur Staud/*J Hager* § 823 Rn B 176). Nach der Gegenansicht kommt eine Verletzung des Persönlichkeitsrechts des Ehegatten in Betracht (zB MüKo/*Wagner* § 823 Rn 162). Die Rspr gewährt Ansprüche in erster Linie gegen den Dritten (Ehestörer); gegen den Ehepartner nur, wenn dessen Mitwirkung zur Durchsetzung des Anspruchs erforderlich ist (BGHZ 6, 360, 366). Str ist, ob auch **Schadensersatz** verlangt werden kann (dafür zB BGH NJW 90, 706, 707 f mwN; Staud/*J Hager* § 823 Rn B 180; AnwK/*Katzenmeier* § 823 Rn 81; BaRoth/*Spindler* § 823 Rn 89; dagegen zB Soergel/*Zeuner* § 823 Rn 66 f mwN). Zu beachten ist eine mögliche Rechtfertigung oder Verwirkung solcher Ansprüche durch Einwilligung des betroffenen Ehepartners (Zweibr NJW 89, 1614,1615; BaRoth/*Spindler* § 823 Rn 89; aA Staud/*J Hager* § 823 Rn B 179; *Smid* NJW 90, 1344, 1345). 73

In Bezug auf die **eheliche Wohnung** kommt in erster Linie ein Schutz des Besitzes als „sonstiges Recht" in Betracht (BaRoth/*Spindler* § 823 Rn 89 mwN). 74

8. Weitere diskutierte Fallgruppen. Neben dem gesondert darzustellenden Recht am Unternehmen (Rn 79 ff) und dem Allgemeinen Persönlichkeitsrecht (Rn 103) werden insbes folgende Fallgruppen „sonstiger Rechte" diskutiert: 75

a) Recht am eigenen Arbeitsplatz. Ob das Recht am eigenen Arbeitsplatz ein sonstiges Recht ist (insbes bei Kündigung auf Betreiben anderer Arbeitnehmer – „Druckkündigung" – von Bedeutung), hat die Rspr offen gelassen (BAG NJW 99, 164, 165 f). Die Literaturmeinungen sind geteilt (für Anerkennung als sonstiges Recht im Verhältnis zu Dritten, soweit auch das Unternehmen gegen einen zielgerichteten Eingriff geschützt wäre, zB BaRoth/*Spindler* § 823 Rn 99 mwN; dagegen zB MüKo/*Wagner* § 823 Rn 169 mwN). Bei Mobbing kommt auch eine Verletzung der Gesundheit oder des Allgemeinen Persönlichkeitsrechts in Betracht (MüKo/*Wagner* § 823 Rn 169; AnwK/*Katzenmeier* § 823 Rn 87; *Rieble/Klumpp* ZIP 02, 369, 372 ff). 76

b) Recht am eigenen Datenbestand. Zu Recht wird zunehmend ein Recht am eigenen Datenbestand als sonstiges Recht betrachtet (*Meier/Wehlau* NJW 98, 1585, 1588 f; BaRoth/*Spindler* § 823 Rn 93; aA Staud/*J Hager* § 823 Rn B 192). Der Schutz ist neben demjenigen des Eigentums am Datenträger erforderlich, da die Verkörperung von Daten stark zurückgeht und immer häufiger eine Speicherung in Datennetzen erfolgt, in Bezug auf die derjenige, der die Daten dort ablegt, idR keine Eigentumsrechte geltend machen kann. 77

c) Umweltgüter. Umweltgüter als solche sind idR keine als „sonstige Rechte" schutzfähigen privaten Güter, weil sie weder einem Einzelnen zugewiesen sind noch Ausschlussmöglichkeiten bestehen (vgl auch MüKo/*Wagner* § 823 Rn 168; AnwK/*Katzenmeier* § 823 Rn 88; teilw abw Staud/*J Hager* § 823 Rn B 189). 78

VI. Verletzung des Rechts am Unternehmen. 1. Grundlagen. Das Recht am Unternehmen (so die nach der Erweiterung des Kreises der Anspruchsberechtigten heute zutreffende Bezeichnung) wurde – als Recht am eingerichteten und ausgeübten Gewerbebetrieb – vom RG entwickelt (RGZ 58, 24, 29 ff; 64, 52, 55 f; 94, 248, 249 ff; 141, 336, 338 ff) und vom BGH übernommen (s nur BGHZ 29, 65, 67 ff; 45, 296, 307). In der Rspr (aaO) ist es als „sonstiges Recht" anerkannt, wenn auch mit besonderen, einschränkenden Tatbestandsvoraussetzungen; in der Lit sind Berechtigung (s insbes *Larenz/Canaris* § 81 II 1; *Kübler* AcP 172, 177, 188 ff) und dogmatische Einordnung (s insbes Erman/*Schiemann* § 823 Rn 50 ff: Analogie zu § 823 I) dieses Rechts teilweise umstritten. Wegen dieser fortdauernden Kritik begegnet auch eine Qualifizierung als Gewohnheitsrecht Bedenken (s insbes Erman/*Schiemann* § 823 Rn 50). 79

Da Verletzungen des Eigentums oder Besitzes (als „sonstiges Recht") an Produktionsmitteln ohnehin durch § 823 I geschützt sein können (s.o. Rn 31 ff, 65 f), geht es beim Recht am Unternehmen vor allem um die **unternehmerische Betätigung als solche** und um **Vermögensschäden**. Das zeigt, wie wichtig die **Eingrenzung** des Haftungstatbestands ist, um nicht zu einem allgemeinen Schutz des Unternehmensvermögens (im Unterschied zum Vermögen Privater) oder des gerade nicht vom Schutz als „sonstiges Recht" erfassten unternehmerischen Know-How (s.o. Rn 67) gegen jegliche – sei es auch nur faktische – Beeinträchtigung zu gelangen. Folgt man den in der Rspr vorgezeichneten und im Folgenden darzustellenden Eingrenzungen und orientiert sich in erster Linie an den anerkannten Fallgruppen (iSv Verletzungstypen), erscheint eine praktikable Hand- 80 habung möglich. Der Kritik in der Lit ist zuzugeben, dass sich die Haftung gerade mit diesen Einschränkungen und Konkretisierungen dogmatisch nicht mehr ohne weiteres in § 823 I einfügen lässt. Andererseits hat sich in der Vergangenheit immer wieder gezeigt, dass in bestimmten Fallgruppen offensichtlich ein praktisches Bedürfnis zur Ergänzung des – ansonsten insbes über §§ 824, 826 und §§ 3 ff UWG gewährleisteten – Vermögensschutzes besteht. Da ähnlich restriktive Voraussetzungen wie bei anderen vermögensschützenden Haftungstatbeständen entwickelt wurden, ist das Recht am Unternehmen als **Rechtsfortbildung iS einer deliktsrechtlichen kleinen Generalklausel** (BaRoth/*Spindler* § 823 Rn 104; bereits *v Caemmerer* FS DJT II, 49, 89 ff) anzuerkennen.

81 2. **Tatbestandsvoraussetzungen. a) Anwendbarkeit.** Das Recht am Unternehmen ist als subsidiärer Auffangtatbestand nur bei **Vorliegen einer ausfüllungsbedürftigen Regelungslücke** anwendbar (BGHZ 36, 252, 256 f; NJW 03, 1040, 1041 mwN). Vorrangig sind insbes: Eigentums- oder Besitzverletzungen gem § 823 I (BGHZ 55, 153, 158 f; 105, 346, 350; 137, 89, 97 f; krit MüKo/*Wagner* § 823 Rn 188), § 823 II (BGH NJW 92, 1312), § 824 (BGHZ 65, 325, 328 mwN; 138, 311, 315; s aber auch BGHZ 90, 113, 122 f; NJW 06, 830, 839 f), § 9 UWG (insbes BGHZ 36, 252, 257; vgl auch *Schricker* AcP 172, 203, 209 f) – wichtig wegen der abw Verjährung (§ 11 I, II UWG), vertragliche Beziehungen (BaRoth/*Spindler* § 823 Rn 115; *Schlechtriem* FS Deutsch, 317, 322 f), **nicht** aber § 826 (BGHZ 59, 30, 34 f; 69, 128, 139; kritisch Erman/*Schiemann* § 823 Rn 62), der bei fahrlässig verursachten Vermögensschäden durch das Recht am Unternehmen ergänzt wird (MüKo/*Wagner* § 823 Rn 188). Die Subsidiarität gilt auch, wenn eine Anwendung der genannten Vorschriften am Fehlen einzelner Tatbestandsvoraussetzungen scheitert (zB § 9 iVm §§ 3 ff UWG bei lediglich unerheblichen Beeinträchtigungen), denn sie sind innerhalb ihres jeweiligen Anwendungsbereichs als abschließend gedacht (s zB BGHZ 8, 387, 394 f; 138, 349, 351 f).

82 b) **Schutzobjekt.** Schutzobjekt war ursprünglich der **Betrieb bzw das Unternehmen**, für das eine Unternehmenssubstanz (insbes RGZ 58, 24, 30) sowie nach der Rspr eine verfestigte Organisation (BGH NJW 92, 41, 42 – GbR reicht aus; darüber hinausgehend zB BaRoth/*Spindler* § 823 Rn 105) charakteristisch war. Heute ist jedoch anerkannt, dass die gesamte unternehmerische Tätigkeit geschützt ist, insbes Betätigung, Know-How, Kunden- und sonstige Beziehungen (Staud/*J Hager* § 823 Rn D 9 mwN). Zu Recht wurde der Schutzbereich auf **freiberufliche Tätigkeiten** erweitert (BGH GRUR 65, 690, 694; Köln VersR 96, 234, 235; Hburg NJW-RR 99, 1060), daher ist nunmehr die Bezeichnung „Recht am „Unternehmen" treffender als „Recht am eingerichteten und ausgeübten Gewerbebetrieb". Nicht erfasst sind nach der Rspr jedoch Organisationen ohne gewerblichen Charakter, insbes ohne Gewinnerzielungsabsicht, zB Idealvereine (BGHZ 41, 314, 316 f; s aber auch BGHZ 90, 113, 121 ff sowie BGHZ 42, 210, 217 – ggf Schutz über Art 9 I GG als sonstiges Recht; für einen weiter gehenden Schutz BaRoth/*Spindler* § 823 Rn 107 mwN). **Problematisch** ist die **Einbeziehung geplanter Unternehmen**. Die Rspr hat sie bisher abgelehnt (s insbes BGHZ 132, 181, 187 mwN), hingegen geplante Aktivitäten eines bereits bestehenden Unternehmens als geschützt angesehen (BAG NJW 64, 1291; BGHZ 90, 113, 121 ff). Diese Differenzierung mag zwar iE nicht stets zu überzeugen, dürfte aber den einzig praktikablen Weg darstellen, einerseits ein Recht am Unternehmen in bestimmtem Umfang zuzulassen, andererseits einen umfassenden deliktsrechtlichen Schutz bloßer Erwerbschancen zu vermeiden (BaRoth/*Spindler* § 823 Rn 106).

83 c) **Betriebsbezogener Eingriff.** Nach st Rspr muss ein betriebsbezogener Eingriff vorliegen (s nur BGHZ 29, 65, 74; NJW 04, 356, 357; NJW-RR 05, 673 675, beide mwN; kritisch zB *Brüggemeier* Deliktsrecht Rn 332; *K Schmidt* JuS 93, 985, 988), dh die Verletzungshandlung muss sich gegen den Betrieb als solchen und seine Organisation oder gegen die unternehmerische Entscheidungsfreiheit richten (BGHZ 69, 128, 139; 76, 387, 395) und eine gewisse Eingriffsintensität aufweisen, die über eine bloße Belästigung oder sozial übliche Behinderung hinausgeht (BGHZ 138, 311, 317 f mwN; NJW 01, 3115, 3117). Letztlich betrifft das Kriterium der Betriebsbezogenheit daher die **Unmittelbarkeit der Verletzung**, dh ausgeschlossen sind insbes reine Reflexschäden bzw mittelbare Verletzungen (s insbes BGHZ 65, 325, 340; NJW 87, 2222, 2225; NJW-RR 05, 673, 675) sowie vom Unternehmen ablösbare Rechtspositionen, zB die Verletzung von Arbeitnehmern oder Mitarbeitern (BGHZ 7, 30, 36 f; NJW 01, 971, 972) oder die Unterbrechung von Versorgungsleitungen (zB BGHZ 29, 65, 74 f; 86, 152, 156 ff mwN, str, s.a. o Rn 36, 52 fzur Frage einer Eigentumsverletzung). Abgelehnt wurde Betriebsbezogenheit auch zB beim Verkauf eines Geräts zum automatischen Ausblenden von Werbeblöcken privater Fernsehsender (BGH NJW 00, 2029, 2031) sowie bei der Verletzung eines Eislaufpartners (BGH NJW 03, 1040, 1041). Keine Betriebsbezogenheit wird zudem idR angenommen bei Inanspruchnahme rechtsstaatlicher Verfahren (BGHZ 36, 18, 21 f; 74, 9, 18; s auch oben Rn 15). Die Problematik stellt sich vor allem bei fahrlässigen Eingriffen; bei Vorsatz ist Betriebsbezogenheit meist zu bejahen (zB BGHZ 69, 128, 139 mwN; 90, 113, 123). Die haftungsbegründende Kausalität wird durch das Erfordernis der Betriebsbezogenheit letztlich (iSe Einschränkung) mit erfasst.

84 d) **Rechtswidrigkeit.** Die Feststellung der Rechtswidrigkeit (die vom Anspruchsteller darzulegen und zu beweisen ist) erfordert beim Recht am Unternehmen als offenem Tatbestand eine einzelfallbezogene Rechtsgüter- und Interessenabwägung (BGHZ 45, 296, 307; 138, 311, 318 mwN). Die Abgrenzung zur Betriebsbe-

zogenheit und die Handhabung im Einzelfall sind allerdings häufig problematisch (dazu insbes BaRoth/ *Spindler* § 823 Rn 109, 113 mwN). Auf Seiten des Schädigers sind insbes Meinungsfreiheit (Art 5 I GG), Versammlungsfreiheit (Art 9 I GG) und Wettbewerbsfreiheit (als Ausfluss der allgemeinen Handlungsfreiheit, Art 2 I GG) zu berücksichtigen, auf Seiten des Geschädigten vor allem Art 12 I, 14 I GG. Ggf können auch Rechtsgüter bzw Interessen der Allgemeinheit, zB die Wettbewerbsfreiheit, berücksichtigt werden, häufig sind diese aber bereits über die Rechte von Schädiger und Geschädigtem mit erfasst.

3. Fallgruppen. a) Unberechtigte Schutzrechtsverwarnung. Unberechtigte Schutzrechtsverwarnung ist eine 85 Geltendmachung von Ansprüchen (insbes auf Unterlassung) aus Schutzrechten, die sich als unberechtigt erweist. Werden Herstellung oder Vertrieb bestimmter Produkte durch den Verwarnten aufgrund der Verwarnung eingeschränkt oder eingestellt, hat die Rspr einen Eingriff in das Recht am Unternehmen anerkannt (seit RGZ 58, 24, 29 ff; s weiterhin insbes BGHZ 38, 200, 204 f; NJW 05, 3141).

Schutzrechtsverwarnung ist die gerichtliche oder außergerichtliche Geltendmachung von Ansprüchen aus 86 Schutzrechten wie Patentrecht, Urheberrecht, Kennzeichenrechten oder sonstigen gewerblichen Schutzrechten. Erforderlich ist ein ernsthaftes und endgültiges Unterlassungsbegehren (BGHZ 38, 200, 203 f; NJW-RR 97, 1404 mwN), nicht lediglich der Hinweis auf eine Schutzrechtsanmeldung (Karlsr WRP 74, 215, 217 f) oder der Austausch von Stellungnahmen über den Schutzumfang eines solchen Rechts (BGH NJW-RR 97, 1404).

Der **Verwarnte leistet der Verwarnung Folge**, indem er die Produktion des betreffenden Gegenstands auf- 87 grund der Verwarnung einschränkt oder einstellt (zB RGZ 58, 24, 31; BGHZ 38, 200, 204 f; NJW-RR 98, 331, 332). Durch dieses Verhalten des Betroffenen entfällt nach der Rspr nicht die Betriebsbezogenheit des Eingriffs (insbes BGHZ 62, 29, 32 f; aA zB *Blaurock* JZ 74, 620; *W Horn* GRUR 74, 235, 236). Sie bejaht einen Eingriff sogar dann, wenn der Verwarnte sich nicht sogleich der Verwarnung beugt, sondern erst einem entspr – später wieder aufgehobenen – Urteil (BGH NJW 96, 397, 399). Auch kann nicht verlangt werden, dass rechtliche Gegenmaßnahmen gegen die Verwarnung ergriffen werden (Erman/*Schiemann* § 823 Rn 68). Die Haftung entfällt daher nur, wenn die Dispositionsmöglichkeiten des Verwarnten nicht beeinträchtigt sind (BGH NJW 69, 2046, 2048), letztlich handelt es sich bei der Frage nur einem Aspekt der haftungsbegründenden Kausalität (zu allgemeinen Grundsätzen bei „Herausforderungsfällen" § 249 Rn 48 ff). – Eine Verwarnung nicht des Produzenten bzw Vertreibenden, sondern seiner Abnehmer verletzt nach den Rspr ebenfalls das Recht am Unternehmen des Herstellers, da dieses durch Nichtabnahme in gleicher Weise beeinträchtigt wird wie durch Nichtvertrieb (BGHZ 71, 86, 90, 92 ff; NJW 79, 916 mwN; 05, 3141; zu Grenzen insbes BGH NJW 77, 2313 f; aA teilw die Lit: Anwendung des § 14 UWG aF, jetzt §§ 3, 4 Nr 8 UWG, Erman/*Schiemann* § 823 Rn 68 mwN).

Die Verwarnung muss sich als **unberechtigt** erweisen, zB weil das Schutzrecht nicht besteht, rückwirkend 88 entfällt oder die Handlung, wegen der verwarnt wurde, nicht in den Schutzbereich fällt, oder weil die Verwarnung selbst formal oder inhaltlich mangelhaft ist.

Die **Rechtswidrigkeit** gibt hier kaum Anlass zu gesonderter Prüfung, da bereits im Rahmen des Tatbestands 89 festzustellen ist, dass die Verwarnung unberechtigt war, was insbes bei Bestehen eines Rechtfertigungsgrundes gerade nicht der Fall wäre (zur Rechtswidrigkeit bei unbefugter Verfahrenseinleitung s.o. Rn 15).

Problematisch ist evtl das **Verschulden** des Verwarnenden. Die Rspr stellt relativ hohe Anforderungen an 90 Nachforschungs- und Prüfungspflichten, die bei nicht in einem Erteilungsverfahren materiellrechtlich überprüften Schutzrechten sogar noch gesteigert werden (s insbes BGHZ 62, 29, 37; NJW 79, 916; NJW-RR 98, 331, 332). Kein Verschulden liegt aber jedenfalls vor, wenn der Verwarnende aufgrund fach- und rechtskundigen Rates zur Überzeugung gekommen ist, dass ihm das Schutzrecht zusteht (BGHZ 62, 29, 35; restriktiver BGH NJW 96, 397, 399). Bei einer Abmahnung durch Private ist – über die allgemeinen Anforderungen hinaus – Leichtfertigkeit zu verlangen (BaRoth/*Spindler* § 823 Rn 127 mwN). Ggf kommt ein Mitverschulden des Verwarnten in Betracht, wenn er einer als unberechtigt einzuschätzenden Verwarnung voreilig nachgibt (BGHZ 71, 86, 93; NJW-RR 98, 331, 332 f).

In der **Lit** wird diese Rspr schon lange **kritisiert** (zB *Blaurock* S 57 ff, 70 ff; *Brüggemeier* Deliktsrecht Rn 360 ff; 91 *Larenz/Canaris* § 81 III 4; *Sack* WRP 76, 733 ff; *Altmeppen* ZIP 96, 168 ff; *Ullmann* GRUR 01, 1027, 1028 ff; *Lindacher* ZHR 144, 350, 355 ff; *Wagner* ZIP 05, 49, 53 ff; *Teplitzky* GRUR 05, 9, 11 mwN zum Meinungsstand). Die Kritik bezieht sich sowohl auf die Bewertung der kollidierenden Interessen als auch auf das Verhältnis zu den lauterkeitsrechtlichen Regeln über den Behinderungswettbewerb (jetzt insbes § 3 iVm § 4 Nr 1, 7, 8, 10 UWG), die vielfach als vorrangig betrachtet werden. Durch eine Vorlage des I. Senats des BGH (NJW 04, 3322) an den Großen Senat in einem markenrechtlichen Fall erhielt die Diskussion in letzter Zeit neuen Auftrieb. Die Auseinandersetzung dürfte auch nach der Bestätigung der bisherigen Rspr durch den **Großen Senat** (NJW 05, 3141) fortgesetzt werden, da das Urteil nicht alle in diesem Zusammenhang aufgeworfenen Fragen erschöpfend behandelt. Im Mittelpunkt der Vorlage stand die Frage, ob die bisherige Abwägung zwischen den Interessen von Verwarnenden und Verwarntem (noch) angemessen ist. Dabei wurde jedoch ausschließlich auf die Verwarnung eines Konkurrenten abgestellt, nicht auf die ebenfalls häufige Abnehmerverwarnung, bei der die Situation des Konkurrenten noch prekärer ist, weil das Verhalten der Verwarnten von ihm idR nicht beeinflusst werden kann.

92 Davon zu trennen ist die vom I. Senat angesprochene Problematik der **Subsidiarität** des Rechts am Unternehmen, die davon abhängt, ob die bisher bei § 823 I diskutierten Fälle vom neuen **UWG** erfasst werden. Hierauf ging der Große Senat nicht ein (s aber *Meier-Beck* GRUR 05, 535, 538, der im Wechsel der Anspruchsgrundlage keinen sachlichen Unterschied sieht). Da § 4 Nr 8 UWG nach hM nicht in Betracht kommt, weil es sich bei der Schutzrechtsverwarnung regelmäßig um eine Meinungsäußerung handelt (*Teplitzky* GRUR 05, 9, 13; *Vorwerk* ZIP 05, 1157, 1161 mwN; aA *Sack* WRP 05, 253, 262), konzentriert sich die Auseinandersetzung – neben einzelnen Stimmen, die unmittelbar auf § 3 UWG zurückgreifen wollen (*Sack* WRP 05, 253, 257 f; dagegen zB *Sessinghaus* WRP 05, 823, 824) – auf § 4 Nr 10 UWG. Hauptproblem ist dabei – neben der kurzen Verjährung nach § 11 UWG – dass die bisherige Rspr für wettbewerbswidriges Handeln ein subjektives Unlauterkeitselement verlangt, der Verwarner also nur bei Kenntnis von seiner fehlenden Berechtigung haften würde (*Hefermehl/Köhler/Bornkamm* § 3 UWG Rn 40 mN). Solange die Rspr an diesem auch nach der UWG-Reform 2004 vermehrt kritisierten Erfordernis festhält (vgl nur *Teplitzky* GRUR 05, 9, 14; *Vorwerk* ZIP 05, 1157, 1161 f mwN), lassen sich unberechtigte Schutzrechtsverwarnungen nicht hinreichend durch das UWG erfassen, so dass für eine ergänzende Anwendung des § 823 I nach wie vor Bedarf besteht.

93 Daher ist die erforderliche **Interessenabwägung** de lege lata weiterhin im Rahmen des Rechts am Unternehmen vorzunehmen. Insbes unter Berücksichtigung des Ausschließlichkeitscharakters der Immaterialgüterrechte und der damit verbundenen besonderen Verantwortlichkeit des Rechtsinhabers (s nur RGZ 58, 24, 30; BGH NJW 05, 3141 f; *Vorwerk* ZIP 05, 1157, 1158) erscheint die bisher in der Rspr vorgenommene und nun vom Großen Senat bestätigte Interessenabwägung insgesamt angemessen: Der Schadensersatzanspruch aus § 823 I bildet das Korrelat zur wettbewerbsbegrenzenden Wirkung des Ausschließlichkeitscharakters des Immaterialgüterrechts. Die Interessen des Verwarnenden dürften insbes durch das Fahrlässigkeitserfordernis – das jedoch deutlich weniger weit reicht als das subjektive Element bei § 4 Nr 10 UWG – hinreichend berücksichtigt werden können. Allerdings sollte die Abwägung im Einzelfall – insbes mit Blick auf die Rechtswidrigkeit – weniger schematisch erfolgen als bislang üblich (s insbes *Teplitzky* GRUR 05, 9, 14 f; *Sack* WRP 05, 253, 259) und auch eine Herabsetzung der Anforderungen an die Sorgfalt des Verwarnenden sollte erwogen werden.

94 **b) Äußerungen über Unternehmen. aa) Verbreitung von Tatsachen.** Die Verbreitung wahrer, aber geschäftsschädigender Tatsachen (zB kritischer Berichte) stellt grds keinen rechtswidrigen Eingriff in das Recht am Unternehmen dar, da sie regelmäßig von Art 5 I GG gedeckt ist (BGH NJW 87, 2746 f mwN; BGHZ 138, 311, 320 f; NJW 05, 2766, 2769 f). Anderes gilt nur, wenn die Verbreitung solcher Tatsachen „**Prangerwirkung**" entfaltet (BGH NJW 87, 2746, 2747 mwN;94, 124, 126 f) oder andere, **besondere Begleitumstände** hinzutreten, zB wenn die Informationen durch gezieltes Eindringen in die unternehmerische Vertraulichkeitssphäre erlangt werden (BGHZ 80, 25, 38 ff; 138, 311, 321; kritisch *Bettermann* NJW 81, 1065 ff). Der Schwerpunkt der Prüfung liegt dabei auf der **Rechtswidrigkeits-Abwägung**. Dabei sind insbes eine Wahrnehmung berechtigter Interessen (BGH GRUR 70, 465, 466; NJW 87, 2746, 2747) sowie Nachforschungspflichten des Äußernden (BGH VersR 69, 352, 353 f) zu berücksichtigen; die Rspr ist allerdings nicht einheitlich (s BaRoth/*Spindler* § 823 Rn 131 mN).

95 Die **Verbreitung unwahrer Tatsachen** wird grds abschließend von § 824 bzw § 823 II iVm § 186 StGB erfasst. Eine Ausnahme kommt ggf bei der Gefährdung von Beziehungen des Unternehmens zur Umwelt (nicht zu seinen Geschäftspartnern) in Betracht (BGHZ 90, 113, 121 ff: Veranlassung von Masseneinsprüchen im Planfeststellungsverfahren durch Falschangaben; zur Kritik in der Lit Staud/*J Hager* § 823 Rn D 26 mwN).

96 **bb) Verbreitung von Werturteilen; Kritik.** Die Verbreitung von Werturteilen oder Kritik ist im Rahmen eines Wettbewerbsverhältnisses ausschließlich nach dem UWG zu beurteilen (Staud/*J Hager* § 823 Rn D 27; BaRoth/*Spindler* § 823 Rn 129). Im Übrigen kann – in engen Grenzen – das Recht am Unternehmen einschlägig sein. Insgesamt ist das Unternehmen im geschäftlichen Bereich jedoch weniger weitgehend gegen Herabsetzung geschützt als Private (BGHZ 36, 77, 80); dies ist im Rahmen des Erfordernisses eines betriebsbezogenen Eingriffs zu berücksichtigen. Bei der Güter- und Interessenabwägung zur Beurteilung der **Rechtswidrigkeit** sind vor allem die Grundrechte des Äußernden zu berücksichtigen, insbes Meinungsfreiheit (Art 5 I 1 GG), Presse- und Rundfunkfreiheit (Art 5 I 2 GG), Kunst- und Wissenschaftsfreiheit (Art 5 III GG). Stellt eine Äußerung einen Beitrag zum geistigen Meinungskampf in einer die Öffentlichkeit wesentlich betreffenden Frage dar, spricht für sie – entspr den Grundsätzen zum Allgemeinen Persönlichkeitsrecht (§ 12 Rn 31 ff) – eine Vermutung der Zulässigkeit (BGHZ 45, 296, 308; 65, 325, 331 ff). Die Grenze ist idR erst bei **Schmähkritik** erreicht (BGH aaO sowie NJW 02, 1192; 05, 2766, 2770 f). Eine Sonderfrage ist die **satirische Verfremdung** fremder Marken: Hier müssen sich die Äußerungen in einem vertretbaren Verhältnis zu dem sachlichen Anliegen des Kritikers und zu den beanstandeten Auswirkungen für den Betroffenen halten; unzulässig ist eine Personifizierung, die den Bekanntheitsgrad und die Werbekraft für Zwecke des Kritikers ausnutzt (insbes BGHZ 91, 117, 122 ff: Zigarettenreklame „Marlboro/Mordoro"; kritisch teilw die Lit, Nachw bei Staud/*J Hager* § 823 Rn D 31).

97 **cc) Warentests. Warentests** können nur einen Eingriff in das Recht am Unternehmen darstellen, wenn sie **betriebsbezogen** sind. Nicht ausreichend sind zB positive Bewertungen von Konkurrenzprodukten, die

Nichtberücksichtigung noch schlechterer Produkte oder ein reiner Systemvergleich (BGHZ 65, 325, 332; NJW 87, 2222, 2224 f). Str ist, ob **Warentests durch Wettbewerber** das Recht am Unternehmen verletzen können. Die bisher vielfach vertretene Annahme einer generellen wettbewerbsrechtlichen Unzulässigkeit (Hamm WRP 80, 281 f; Staud/*J Hager* § 823 Rn D 32) dürfte mit Blick auf § 5 UWG heute nur noch schwer zu begründen sein (s.a. BaRoth/*Spindler* § 823 Rn 137 unter Hinweis auf die EG-Richtlinie zur vergleichenden Werbung, Richtl 97/55/EG, ABl EG L 290/97, 18). Entscheidend ist danach insbs, ob die Gebote der Objektivität und Sachlichkeit eingehalten sind und weder eine pauschale Herabsetzung des Mitbewerbers noch eine Irreführung des Verbrauchers vorliegt. Im Anwendungsbereich des § 5 UWG dürfte für eine ergänzende Heranziehung des § 823 I ein Raum bleiben.

Im Übrigen spielt auch hier die **Rechtswidrigkeits-Abwägung**, insbes zwischen Informationsinteresse der Allgemeinheit und Unternehmensschutz, eine zentrale Rolle (BGHZ 45, 296, 308; BVerfG NJW 02, 2621). Nach der Rspr ist die Veröffentlichung eines Tests zulässig, wenn er neutral, objektiv und sachkundig durchgeführt wurde (BGHZ 65, 325, 334; NJW 97, 2593, 2594 mwN; zuletzt LG Berlin NJW-RR 05, 1063). Die Anforderungen an **Neutralität und Objektivität** steigen mit dem Verbreitungsgrad des Tests (BGHZ 65, 325, 333 f). Wettbewerber dürfen keinen Einfluss darauf genommen haben (München NJW-RR 97, 1330, 1331); unschädlich ist die Verfolgung eigener Zwecke durch den Tester außerhalb des Wettbewerbs (BGH GRUR 67, 113). **Sachkundige Durchführung** setzt insbs vertretbare Methodenwahl und nachvollziehbare Schlussfolgerungen voraus (BGH NJW 97, 2593, 2594 mwN). Ausreichend ist aber ernsthaftes Bemühen um Richtigkeit (BGHZ 65, 325, 334; NJW 89, 1923 mwN). Bei der Ergebnisdarstellung besteht ein relativ weiter Ermessensspielraum (BGHZ 65, 325, 334; NJW 97, 2593, 2594 mwN). Bsp für rechtswidrige Eingriffe in das Recht am Unternehmen durch Warentests: BGHZ 65, 325, 333; NJW 89, 1923; 97, 2593, 2594 f. Die Grundsätze sind auf Tests von Finanzdienstleistungen übertragbar (Frankf NJW-RR 02, 1697), nicht aber – wegen des größeren Wertungsspielraums – auf Theaterkritik (dazu *Eidenmüller* NJW 91, 1439 ff) oder Gastronomiekritik (BGH NJW 87, 1082, 1083). 98

c) **Boykott.** Der Boykott eines Unternehmens zu Wettbewerbszwecken ist ausschließlich nach §§ 3, 4 Nr 10 UWG, 21 GWB, Art 81 f EG zu beurteilen; teilweise wird dies auch für Verfolgung außerwettbewerblicher Ziele mit wettbewerblichen Mitteln angenommen (zB Erman/*Schiemann* § 823 Rn 74, gegen BVerfGE 25, 256, 264). In anderen Fällen ist – ggf neben einen Anspruch aus § 826 (dort Rn 24) – ein Eingriff in das Recht am Unternehmen denkbar. Voraussetzung ist ein **nicht zu Wettbewerbszwecken erfolgender Boykott.** Dieser erfordert ein planmäßiges Zusammenwirken zwischen Aufrufendem und Adressaten, um ein Unternehmen vom Geschäftsverkehr auszuschließen (BGH NJW 85, 60, 61 mwN); hierin liegt zugleich die Betriebsbezogenheit des Eingriffs. Für interne Anweisungen gelten jedoch §§ 19 f GWB bzw öffentliches Vergaberecht. Weiterhin ist eine Beeinflussung des freien Willens der Adressaten erforderlich (BVerfG NJW 69, 1161; 83, 1181, 1182; BGH NJW 90, 1531, 1532); Abmahnungen oder Warnungen reichen nicht aus (BaRoth/*Spindler* § 823 Rn 138 mwN). Der Prüfungsschwerpunkt liegt auf der **Güter- und Interessenabwägung** (Recht auf freie Meinungsäußerung, Art 5 I GG, versus Unternehmensschutz, Art 12, 14 GG) im Rahmen der **Rechtswidrigkeit.** Boykottaufrufe im Rahmen der geistigen Auseinandersetzung sind grds zulässig; die Grenze zur Unzulässigkeit wird überschritten insbes bei Schmähkritik (BGHZ 45, 296, 307 f; BVerfG NJW 83, 1181, 1182), Verbreitung unwahrer Tatsachen ohne vorherige Prüfung (Frankf NJW-RR 88, 52 f) oder Aufforderung zum Vertragsbruch (BGH NJW 85, 1620 f). 99

d) **Arbeitskampfmaßnahmen.** Str ist, ob ein **rechtswidriger Streik** einen unzulässigen Eingriff in das Recht am Unternehmen (so die hM, s insbs BAGE 1, 291, 300; NJW 89, 57, 60 f mwN; Staud/*J Hager* § 823 Rn D 47 f mwN), eine vertragliche Leistungsstörung (zB Staud/*Richardi* Vorbem zu § 611 Rn 873) oder eine Schutzpflichtverletzung (zB Larenz/*Canaris* § 81 III 6 b) darstellt. Folgt man der hM, ist insbes die Rechtswidrigkeit zu prüfen, die vorliegt, wenn der Streik nicht vom Streikrecht gedeckt ist (zB bei wilden Streiks, s nur BAG NJW 64, 883, 884; 89, 63). Anspruchsgegner können die einzelnen Arbeitnehmer (hier ist aber insbes das Verschulden zu prüfen) oder gem § 31 – sowie im Rahmen von Ansprüchen aus § 831 – die Gewerkschaft sein (BAG NJW 89, 57). 100

e) **Blockaden.** Bei der Prüfung, ob die **Blockade von Versorgungseinrichtungen** in das Recht am Unternehmen eingreift, sind der Vorrang des Eigentums- bzw Besitzschutzes im Rahmen des § 823 I sowie die Grundsätze über mittelbare Verletzungen (s.o. Rn 8) zu beachten. Nach hM stellen vorsätzliche Betriebsblockaden (zB durch Absperrung des Betriebsgeländes) einen rechtswidrigen Eingriff in das Recht am Unternehmen dar, weil insbes Art 5 I, 8 I GG nicht durchgreifen (zB BGHZ 59, 30, 35 ff; 137, 89, 99 f), nach aA ist eine gesonderte Prüfung erforderlich (zB *Diederichsen/Marburger* NJW 70, 777, 781 f). Die Betriebsbezogenheit ist stets genau zu ermitteln (häufig problematisch bei Fahrlässigkeit) und dabei insbes die Dauer der Behinderung zu berücksichtigen (Staud/*J Hager* § 823 Rn D 44 f mwN). In neuerer Zeit stellt sich häufiger die Frage einer Verletzung des Rechts am Unternehmen durch unverlangte Zusendung von Werbe-E-Mails. Hier kann neben §§ 3, 4 Nr 10 UWG (vgl nur BGH NJW 04, 1655, 1657 mwN) auch das Recht am Unternehmen verletzt sein, aber dafür dürfte noch nicht jeder einmalige E-Mail-Kontakt ausreichen, s AG Dresden NJW 05, 2561; bedenklich weit gehend hingegen LG Berlin NJW-RR 04, 1631 ff; AG Hburg NJW 05, 3220 f. 101

102 **f) Sonstige Eingriffe.** Als sonstige Eingriffe in das Recht am Unternehmen kommen zB **Absatzbehinderungen** in Betracht (BaRoth/*Spindler* § 823 Rn 128 mN). Wegen der Spezialität immaterialgüterrechtlicher Regelungen erscheint es dagegen heute **problematisch, Schutzrechtsverletzungen** als Eingriffe in dieses Recht anzusehen (so zB BGH NJW 83, 2195, 2196). Str ist insbes die Verwässerung berühmter Marken nach Einführung des § 14 II Nr 3 MarkenG (dazu insbes *Piper* GRUR 96,429, 436 einerseits, *Krings* GRUR 96, 624 ff andererseits): Zwar lässt § 2 MarkenG konkurrierende Ansprüche unberührt, aber wegen der Subsidiarität des Rechts am Unternehmen sollte hier ausschließlich Markenrecht angewandt werden (so iE auch Frankf GRUR-RR 05, 317, 319; Staud/*J Hager* § 823 Rn D 66). Vielfach können zudem §§ 3 ff UWG eingreifen (näher Staud/*J Hager* aaO mwN), so dass das Recht am Unternehmen allenfalls bei Fehlen eines Wettbewerbsverhältnisses, bei Schutzrechtsverletzungen also iE kaum noch eingreifen dürfte. Die **Tätigkeit eines Zwangsverwalters** verletzt nur unter besonderen Voraussetzungen das Recht am Unternehmen, wenn sie nicht zur ordnungsgemäßen Nutzung des Grundstücks erforderlich ist (BGHZ 163, 9). Zu **weiteren Eingriffen** Staud/*J Hager* § 823 Rn D 67.

103 **VII. Verletzung des Allgemeinen Persönlichkeitsrechts.** Zu Verletzungen des Allgemeinen Persönlichkeitsrechts s § 12 Rn 31 ff.

104 **C. Verkehrspflichten. I. Grundlagen.** Verkehrspflichten sind Pflichten, die ein den Verkehrsanforderungen entspr Gefahrsteuerungsverhalten zum Gegenstand haben (*Mertens* VersR 80, 397); zu Entstehung, Funktion (Haftungsbegründung bei Unterlassen und mittelbaren Verletzungen) und dogmatischer Einordnung s.o. Rn 2 f. Als **Geltungsgrund** werden insbes sozial-ethische Rücksichtsgebote, welche die Handlungsfreiheit begrenzen und sich zu einer deliktischen Verantwortlichkeit für die Sicherheit anderer verdichten können (BaRoth/*Spindler* § 823 Rn 225 mwN; ähnl Soergel/*Zeuner* § 823 Rn 213; *Brüggemeier* Deliktsrecht Rn 77; *Mertens* VersR 80, 397, 401 f, s.a. schon RGZ 54, 53, 58), genannt. Die besonderen Charakteristika der Verkehrspflichten bedingen – trotz der grds Zuordnung zu § 823 I – eine Prüfung, die an diejenige bei § 823 II angelehnt ist (s.o. Rn 3). Die folgende **Darstellung folgt der praktischen Prüfungsreihenfolge**.

105 **1. Bestehen einer Verkehrspflicht. a) Entstehungsgründe. aa) Überblick.** Die unterschiedlichen Fallgruppen, welche wichtige Entstehungsgründe von Verkehrspflichten widerspiegeln, erlauben nur eine grobe Aufteilung. Die Übergänge sind teilweise fließend, ebenso wie die Grenze zwischen Handeln und Unterlassen, die bei der Haftung für Verkehrspflichtverletzungen häufig ineinander übergehen (Soergel/*Zeuner* § 823 Rn 13, 212). Die teilweise vorgenommene Grobeinteilung in Schaffung bzw Unterhaltung einer Gefahrenquelle und Übernahme einer Pflicht (zB BaRoth/*Spindler* § 823 Rn 226) spiegelt die wesentlichen Entstehungsgründe von Verkehrspflichten wider, ermöglicht aber keine klare Trennung, da auch aus der Schaffung einer Gefahrenquelle die Übernahme einer Pflicht resultieren kann.

106 **bb) Einzelne Entstehungsgründe.** Älteste Fallgruppe ist die **Eröffnung bzw Duldung eines Verkehrs**, zB in Gebäuden, auf Grundstücken oder Straßen (s insbes RGZ 54, 53, 55 f; BGHZ 5, 378, 380 f; 108, 273, 274 f; 121, 367, 375). Die Pflicht zur Sorge für Sicherheit und Schutz der Verkehrsteilnehmer trifft nicht ausschließlich den Eigentümer des Grundstücks, Gebäudes oder Verkehrswegs, sondern auch denjenigen, der eine solche Sache nutzt und im Zusammenhang mit dieser Nutzung einen Verkehr eröffnet (zB den Pächter von Geschäftsräumen), und sie besteht über den Zeitpunkt der Verkehrseröffnung hinaus. Ein **Unterfall** ist die **Inverkehrgabe gefährlicher Sachen** (zB BaRoth/*Spindler* § 823 Rn 230), die insbes für die Produkthaftung von Bedeutung ist. Hier treten Überschneidungen mit der Übernahme- bzw Berufshaftung (s.u. Rn 165 ff) auf.

107 Ein weiterer Entstehungsgrund ist die **Einwirkung auf einen bestehenden Verkehr**, zB durch bauliche Maßnahmen oder Verkehrsregelung (sofern diese nicht öffentliche Aufgabe ist; dann gilt § 839 iVm Art 34 GG). Die dadurch verursachten Gefahren für Verkehrsteilnehmer sind zu minimieren.

108 Auch aus der **tatsächlichen Gewalt über gefährliche Sachen** können Verkehrspflichten entstehen: Dabei müssen andere iRd Möglichen und Zumutbaren vor den von diesen Gegenständen ausgehenden Gefahren geschützt werden. Das gilt für bewegliche (zB Schusswaffen, Chemikalien, Feuerwerkskörper) wie unbewegliche Sachen (Spezialfälle: §§ 836–838); ein **Unterfall** ist die **Produkthaftung** (s.u. Rn 167 ff).

109 Die **Übernahme- bzw Berufshaftung** betrifft Verkehrspflichten im Zusammenhang mit der Übernahme einer Aufgabe oder Verantwortlichkeit bzw bei Ausübung einer professionellen Tätigkeit. Gesetzliche Konkretisierungen einer Übernahmehaftung finden sich insbes in §§ 831 II, 832 II, 834, 838. Die Berufshaftung ergibt sich aus besonderen Sorgfaltserfordernissen bei der Ausübung bestimmter Berufe, zB Arzt, Architekt, Bauingenieur (AnwK/*Katzenmeier* § 823 Rn 132; Hk/*Staudinger* § 823 Rn 64), insbes wegen des Vertrauens, das der Berufsausübung von den damit in Berührung Kommenden entgegengebracht wird (*Larenz/Canaris* § 76 III 3 b mwN).

110 Zu **Organisationspflichten** s.u. Rn 125.

111 **b) Umfang.** Der Umfang der Verkehrspflichten ist **stark einzelfallabhängig**. Zu seiner Konkretisierung ist zwischen den **Interessen** des Sicherungspflichtigen, der Gefährdeten und der Allgemeinheit **abzuwägen**. Diesen drei Bereichen lassen sich alle Kriterien zuordnen, die – in unterschiedlichen Varianten – als relevant für

den Umfang von Verkehrspflichten angesehen werden (zB Soergel/*Zeuner* § 823 Rn 6, 204; Staud/*J Hager* § 823 Rn E 25 ff; MüKo/*Wagner* § 823 Rn 248 ff; AnwK/*Katzenmeier* § 823 Rn 135 ff; BaRoth/*Spindler* § 823 Rn 233 ff; Erman/*Schiemann* § 823 Rn 80 f). Allerdings bestehen **Wechselwirkungen**, die sich insbes in den häufig verwandten Kriterien „Zumutbarkeit" (von Sicherungsmaßnahmen) und „Vertrauen" (des Gefährdeten in derartige Vorkehrungen) widerspiegeln. Beide übergreifen letztlich alle drei Bereiche; so hängt die Zumutbarkeit zB auch vom Grad der Gefährdung anderer ab und das Vertrauen von der praktischen Möglichkeit von Sicherungsmaßnahmen. Zumutbarkeit und Vertrauen sind wechselseitig voneinander abhängig. Daher können diese beiden Kriterien nur Leitlinien sein, die durch eine Reihe von Indizien konkretisiert werden (zutreffend insbes Soergel/*Zeuner* § 823 Rn 6: Herausarbeitung bestimmter Verantwortungsbereiche und einer damit verbundenen Zuständigkeitsverteilung).

aa) Sicherungspflichtiger. Auf Seiten des Sicherungspflichtigen ist zunächst die **faktische und rechtliche Möglichkeit von Sicherungsmaßnahmen** sowie ihre Zumutbarkeit zu berücksichtigen (zB BGH VersR 75, 812 mwN; BGHZ 108, 273, 274; NJW 00, 1946 f mwN). 112

Eine wichtige Rolle spielen daneben die **Kosten der Sicherungsmaßnahmen** (MüKo/*Wagner* § 823 Rn 250; Erman/*Schiemann* § 823 Rn 81). Sie sollten aber nur iVm anderen ökonomischen Aspekten (zB ökonomischem Nutzen der gefahrbringenden Tätigkeit für die Allgemeinheit oder Art und Ausmaß des drohenden Schadens) herangezogen werden, so dass hier letztlich die allgemeinen ökonomischen Erwägungen zur Fahrlässigkeitshaftung (Vor § 823 Rn 18) zum Tragen kommen. Die finanzielle Belastbarkeit des Sicherungspflichtigen ist in diesem Zusammenhang allerdings von untergeordneter Bedeutung (BGH NJW 84, 801, 802) und auch die Möglichkeit eines Versicherungsschutzes stellt nur einen von mehreren zu berücksichtigenden Teilaspekten dar (Erman/*Schiemann* § 823 Rn 81), ggü dem der Schutz des Betroffenen Vorrang hat. Die Kostenfrage steht in Wechselwirkung mit Umfang und Wahrscheinlichkeit des drohenden Schadens (dazu zB RGZ 147, 353, 356; BGH NJW 71, 1313, 1314 mwN). 113

Öffentlich-rechtliche Sicherheitsstandards können idR lediglich Mindestanforderungen für die Sicherungsmaßnahmen aufstellen; die Verkehrspflichten können darüber hinausgehen (zB BGHZ 139, 43, 46 f; 139, 79, 83; NJW 04, 1449, 1450, jew mwN; zu Einzelheiten insbes MüKo/*Wagner* § 823 Rn 267 ff mwN). 114

In geringem Umfang spielen auch **Vorkehrungen gegen Fehlverhalten oder Missbrauch durch Dritte** auf Seiten des Sicherungspflichtigen eine Rolle (BGHZ 37, 165, 170; NJW 90, 1236 f mwN; Grenze: zB BGH NJW 97, 660, 661; s.a. MüKo/*Wagner* § 823 Rn 254 ff mwN). 115

bb) Gefährdeter. Auf Seiten des Gefährdeten sind in erster Linie die **gefährdeten Rechtsgüter** sowie **Umfang und Grad ihrer Gefährdung** zu berücksichtigen, zB reicht der Schutz von Leben und Gesundheit weiter als derjenige des Eigentums (s nur BGHZ 58, 149, 156). 116

Von Bedeutung sind weiterhin die **Möglichkeiten des Selbstschutzes** (dazu insbes MüKo/*Wagner* § 823 Rn 251 ff mwN), die in Wechselwirkung mit der Möglichkeit von Sicherungsmaßnahmen auf Seiten des Sicherungspflichtigen stehen. Eine entscheidende Rolle spielt dabei ein schützenswertes Vertrauen des Gefährdeten. 117

In Bezug auf die **Person des Gefährdeten** ist grds die schutzbedürftigste Personengruppe als Maßstab zu wählen (s insbes BGHZ 103, 338, 340). Der Sicherungspflichtige kann hier teilweise gegensteuern, zB durch Beschränkung eines von ihm eröffneten Verkehrs auf einen bestimmten Personenkreis (s insbes BGH NJW 85, 1078 f; 92, 2671, 2672), ggf auch bei der Übernahmehaftung durch Beschränkung des Umfangs oder gänzliche Verweigerung der Übernahme. Besonders hohe Anforderungen gelten bei einer möglichen Gefährdung von Kindern und Jugendlichen (zB BGH NJW 75, 108 f; 99, 2364); Grenzen bestehen aber insbes dort, wo eine Gefahr sich offensichtlich aufdrängt (zB BGH NJW 78, 1628; 99, 2364 mwN) bzw auf die Wahrung der Aufsichtspflicht durch die Eltern vertraut werden kann (BGH NJW 94, 3348, 3349 mwN). Str ist der Umfang von Verkehrspflichten ggü **Unbefugten**: Teilweise wird eine Einbeziehung in den Schutz (zB *J Schröder* AcP 179, 567 ff; Erman/*Schiemann* § 823 Rn 80), teilweise eine Einschränkung der Verkehrspflichten (so insbes die Rspr, zB BGH NJW 57, 499; 87, 2671, 2672; zust BaRoth/*Spindler* § 823 Rn 247), vermittelnd eine Differenzierung nach der Reichweite des Vertrauensgrundsatzes (MüKo/*Wagner* § 823 Rn 261) vertreten. 118

cc) Allgemeininteressen. IRd Allgemeininteressen ist insbes die **positive Bedeutung der gefährdenden Tätigkeit** (dazu insbes Soergel/*Zeuner* § 823 Rn 6), also das Interesse der Allgemeinheit an der Tätigkeit als solcher, ihre soziale und ökonomische Nützlichkeit zu berücksichtigen. 119

Von Bedeutung sind daneben **die allgemeinen Verkehrserwartungen in Bezug auf die Sicherheit** (zur Einhaltung öffentlich-rechtlicher Sicherheitsanforderungen aber schon oben Rn 114). Sie haben in erster Linie ergänzende Funktion bzw konkretisieren die Interessen von Sicherungspflichtigem und Gefährdetem. Wichtig sind sie insbes im Hinblick darauf, dass die Statuierung neuer Verkehrspflichten stets zu einer Haftungsverschärfung führt. Die Haftung für die Verletzung von Verkehrspflichten ist daher teilweise schon in die Nähe der Gefährdungshaftung gestellt worden (dazu insbes Erman/*Schiemann* § 823 Rn 82); auf jeden Fall kann sie als entscheidende Vorstufe der möglichen Einführung einer Gefährdungshaftung angesehen werden. 120

121　**2. Verletzung der Verkehrspflicht. a) Sachlicher und persönlicher Schutzbereich.** Sachlicher und persönlicher Schutzbereich sind wie bei § 823 II zu prüfen (dazu insbes Erman/*Schiemann* § 823 Rn 87 mwN).

122　**b) Sicherungspflichtiger. aa) Grundsatz.** Sicherungspflichtig ist in erster Linie derjenige, der die **Gefahrenquelle eröffnet bzw beherrscht**, also die faktische Möglichkeit der Verhaltenssteuerung bzw der Einwirkung auf eine gefährliche Sache hat (MüKo/*Wagner* § 823 Rn 283 f mN). Das können auch **mehrere Personen** nebeneinander sein (zB RGZ 118, 91, 94 mwN; BGHZ 5, 378, 382; NJW 97, 582, 584). Grds ist jeder von ihnen einzeln verantwortlich (insbes können sie sich nicht wechselseitig entlasten, BGH VersR 85, 641 f); ggü dem Geschädigten haften sie als Gesamtschuldner iSd § 840 I (BGH NJW 97, 582, 584).

123　**bb) Delegation.** Verkehrspflichten können grds auf Dritte übertragen werden (s nur BGHMDR 59, 26; BGHZ 142, 227, 233 mwN; wichtiges Bsp: Streupflicht, s.u. Rn 136); zu Besonderheiten der unternehmensinternen, vertikalen Arbeitsteilung insbes MüKo/*Wagner* § 823 Rn 368 ff; BaRoth/*Spindler* § 823 Rn 270 ff. **Voraussetzung** einer Delegation ist eine Vereinbarung zwischen den Beteiligten, aus der für beide deutlich wird, dass und welche Pflichten übernommen werden (zB BGH NJW 85, 270, 271; 96, 2646 mwN); ein wirksamer Vertrag ist hingegen nicht erforderlich (BGH NJW-RR 89, 394, 395).

124　**Folge** der Delegation ist, dass der **Übernehmende** sicherungspflichtig wird (die rechtsdogmatische Begründung ist str, s BaRoth/*Spindler* § 823 Rn 268 mN). Ein „Rest" der Verkehrspflicht verbleibt aber – in Form von Auswahl- und Überwachungspflichten – beim **Übertragenden** (s zB BGHZ 110, 114, 121 f mwN; 142, 227, 233; 149, 206, 212). § 278 ist jedoch nicht analog anzuwenden (BGHZ 4, 1, 3 f), da die Vorschrift sonst bei der Deliktshaftung zur Umgehung des § 831 I 2 instrumentalisiert werden könnte. Bereits vor bzw unmittelbar bei der Delegation greift die **Pflicht zu sorgfältiger Auswahl** in Bezug auf Sachkunde und Sorgfalt des Übernehmenden (s nur BGH NJW 76, 46, 47; BGHZ 82, 162, 167), die im Zusammenhang mit der eigenen Sachkunde des Auswählenden zu sehen ist. Weiterhin hat der Übertragende eine **Pflicht zur Überwachung** des Übernehmenden (zB BGHZ 110, 114, 121 f; 142, 227, 233, beide mwN). Er darf aber bei Fehlen entgegenstehender Anhaltspunkte auf die Erfüllung der übertragenen Verkehrspflichten vertrauen (BGHZ 142, 227, 233). UU ist eine weitergehende Überwachung durch die Umstände des Einzelfalls geboten, zB bei besonderer Gefährlichkeit der Gefahrenquelle (BGH NJW 65, 197, 199: Veranstaltung eines Großfeuerwerks) oder bei konkreten Zweifeln an der Zuverlässigkeit des Übernehmenden (BGH VersR 66, 145, 146; NJW 76, 46, 47 f mwN), wohl auch bei der ersten Delegation, wenn seine Zuverlässigkeit nicht erwiesen ist (sie kann aber unterstellt werden bei einer auf derartige Tätigkeiten spezialisierten Person).

125　**cc) Organisationspflichten.** Insbes – aber nicht nur – bei Delegation von Verkehrspflichten entstehen – neben einer evtl Verantwortlichkeit nach § 831 – Organisationspflichten des primär Sicherungspflichtigen: Die **Schaffung einer komplexen, arbeitsteiligen Organisation** führt zur Entstehung zusätzlicher Gefahren (zB weil Gefahrursachen und -verursacher dezentralisiert werden), für die in erster Linie derjenige, der sich einer solchen Organisation bedient, verantwortlich ist. Er muss sich aus der Arbeitsteilung ergebende Gefahren vermeiden (s zB RGZ 89, 136, 137 f; BGHZ 4, 1, 2 f; 109, 297, 303 ff mwN; NJW-RR 96, 867, 868). Bei Verletzung dieser Pflicht, wenn also die Hilfsperson entweder überhaupt nicht oder nicht wie geschehen hätte eingesetzt werden dürfen, haftet er nach § 823 I (juristischen Personen wird das Verschulden ihrer Organe über §§ 31, 89 zugerechnet; zur analogen Anwendung des § 31 bei „körperschaftlichen Organisationsmängeln" § 31 Rn 7). Dies ist auch mit der insbes früher in diesem Zusammenhang verwendeten Bezeichnung „**Organisationsverschulden**" gemeint; genau genommen handelt es sich aber bei den Organisationspflichten um besondere Verkehrspflichten (vgl auch Erman/*Schiemann* § 823 Rn 83). **Kritisch** zur Haftung für Organisationsmängel ein erheblicher Teil der Lit: Eine Verantwortlichkeit im Innenverhältnis begründe nicht automatisch eine Haftung im Außenverhältnis und es entstehe die Gefahr einer uferlosen bzw mit der Haftung des Unternehmensträgers kongruenten Einstandspflicht von Leitungsorganen, MüKo/*Wagner* § 823 Rn 394 ff mwN – auch zu den unterschiedlichen Lösungsansätzen in der Lit; *Kleindiek* S 8, 292 ff mwN; *Spindler* S 601 ff, 781 ff; weitergehend *Brüggemeier* Prinzipien S 148 ff: Annahme einer Unternehmens-Gefährdungshaftung.

126　**3. Verletzung eines Rechtsguts iSd § 823 I und haftungsbegründende Kausalität.** Die Haftung wegen Verletzung einer Verkehrspflicht setzt nach der hier vertretenen Ansicht (s.o. Rn 3) die Verletzung eines Rechtsguts iSd § 823 I durch die Verkehrspflichtverletzung voraus. Bei der haftungsbegründenden Kausalität kommt häufig eine Beweislastumkehr in Betracht, insbes bei Produkt- und Umwelthaftung als Sonderfällen der Haftung für Verkehrspflichtverletzung (s.u. Rn 167 ff, 163 f) sowie bei der Arzthaftung (s.u. Rn 195 ff).

127　**4. Rechtswidrigkeit.** Die Rechtswidrigkeit wird durch die Verletzung einer Verkehrspflicht indiziert; die Verkehrspflicht konkretisiert das Unrecht der Tat (s.a. zB AnwK/*Katzenmeier* § 823 Rn 127).

128　**5. Verschulden.** Das Verschulden setzt jedenfalls voraus, dass der Schädiger die **Verkehrspflicht erkennen konnte und erkannt hat** (BGH NJW 85, 620, 621; 95, 2631, 2632; Erman/*Schiemann* § 823 Rn 87; *v Bar* JuS 88, 169, 173). Eine weitergehende Ansicht (BGHZ 58, 48, 56; 93, 351, 357; *Larenz/Canaris* § 76 III 7 a) verlangt auch die **Vorhersehbarkeit der Möglichkeit einer Verletzung eines Rechtsguts iSd § 823 I.** Da dies der hier befürworteten materiellrechtlichen Einordnung der Verkehrspflichten (s.o. Rn 3) entspricht, ist dieser Auffassung zu folgen.

Der **Verschuldensmaßstab** setzt sich aus einem objektiven und einem subjektiven Element zusammen. Das **129** **objektive Element** (Verletzung der äußeren Sorgfalt) betrifft insbes die Erkennbarkeit der Verkehrspflichtverletzung, die nur gegeben ist, wenn die Verkehrspflicht bereits anerkannt war (bei erstmaliger Begründung einer solchen Pflicht durch die Rspr entfällt regelmäßig das Verschulden, BGH NJW 85, 620, 621; 95, 2631, 2632; Erman/*Schiemann* § 823 Rn 82). Die Einhaltung von DIN-Normen reicht nicht immer aus (s nur BGH VersR 66, 165, 166; NJW 97, 582, 583 f mwN). Im Rahmen des **subjektiven Elements** (Verletzung der inneren Sorgfalt) sind besondere Kenntnisse und Fertigkeiten des Sicherungspflichtigen (zu seinen Lasten) zu berücksichtigen (zB BGH NJW 87, 1479, 1480; 94, 2232, 2233; Erman/*Schiemann* § 823 Rn 87 aE). Teilweise lässt die Rspr für das Verschulden einen Anscheinsbeweis durchgreifen (s insbes BGH NJW 86, 2757, 2758).

6. Schaden und haftungsausfüllende Kausalität. Auch in Bezug auf Schaden und haftungsausfüllende Kausalität können Beweiserleichterungen eingreifen: insbes wenn die Verletzung einer Verkehrspflicht feststeht und ein für eine solche Verletzung typischer Schaden vorliegt (vor allem bei Verstoß gegen öffentlich-rechtliche Sicherheitsregeln), kommt ein **Anscheinsbeweis** in Betracht (zB BGH NJW 78, 2032, 2033; BGHZ 114, 273, 276; NJW 94, 945, 946; 05, 2454 mwN; Erman/*Schiemann* § 823 Rn 87). **130**

II. Einzelne Verkehrspflichten. Die einzelnen Verkehrspflichten sind stets unter Berücksichtigung der dargestellten allgemeinen Grundsätze, insbes zum Umfang der Pflichten, zu betrachten. Eine abschließende Darstellung der Rspr ist nicht möglich, es erfolgt eine Beschränkung auf repräsentative, praktisch wichtige Einzelfälle bzw Fallgruppen. Im Übrigen lässt sich vieles durch Weiterdenken der zuvor dargelegten allgemeinen Grundsätze entwickeln. **131**

1. Verkehrswege. a) Allgemeines. Die Widmung von Straßen oder anderen Verkehrswegen für den öffentlichen Verkehr bedeutet zugleich die Schaffung einer Gefahrenquelle für die Verkehrsteilnehmer. Die darauf bezogenen Pflichten sind der ursprüngliche „Prototyp" der Verkehrs(sicherungs)pflichten. Sie sind abzugrenzen von öffentlich-rechtlichen Pflichten bei öffentlichen Verkehrswegen, bei deren Verletzung eine Haftung gem § 839 in Betracht kommt und bei denen insbes landesrechtliche Regelungen sowie – bei Bundes-Fernstraßen – das BFernStrG zu berücksichtigen sein können (zu Einzelheiten § 839 Rn 133). Die Amtshaftung ist vorrangig ggü der Haftung aus § 823 I (s zB BGHZ 60, 54, 62; 118, 368, 373; NJW 93, 2802, 2803). Zu den Besonderheiten bei Wasserstraßen insbes BaRoth/*Spindler* § 823 Rn 342 ff mwN. **132**

Ausschlaggebend für **Art und Umfang** der Pflichten sind die Widmung des Verkehrswegs als Ausgangspunkt (BGHZ 37, 165, 167 f; NJW 91, 2824, 2825) sowie insbes die örtlichen Verhältnisse (BGH VersR 89, 847). Erreicht werden sollte eine möglichst (nicht notwendig völlig) gefahrlose Benutzung (BGHZ 31, 73, 74; 108, 273, 274). Je nach praktischer Möglichkeit und Zumutbarkeit sollten Gefahren beseitigt (BGH VersR 79, 1055), Gefahrstellen abgesichert oder zumindest vor Gefahren gewarnt (BGHZ 108, 273, 275) werden. **133**

In **räumlicher Hinsicht** erstrecken sich die Verkehrspflichten auf den Verkehrsweg selbst (auch zB auf eine Fußgängerzone, Oldbg NJW-RR 86, 903; Celle MDR 98, 1031) und seine unmittelbare Umgebung (zB Böschungen, BGHZ 37, 165, 171; Hamm MDR 91, 1446, aber nur in Grenzen auf unbefestigtes Straßenbankett, BGH VersR 05, 660 f mwN), auf Parkstreifen (Hamm NJW-RR 92, 1442), Straßenbäume (Naumbg VRS 100, 261; Dresden VersR 01, 1260) sowie benachbarte Grundstücke und Anlagen, von denen Gefahren für den Verkehr ausgehen können (Brandbg MDR 99, 1263). **134**

In **zeitlicher Hinsicht** ist eine Überprüfung bei Verkehrseröffnung erforderlich sowie regelmäßige Kontrollen in der Folgezeit, je nach Bedeutung des Verkehrswegs (BGH NJW 80, 2194, 2195) und wohl auch nach Benutzungsintensität. **135**

b) Sonderfall: Räum- und Streupflicht. Die Räum- und Streupflicht ist ein Unterfall der allgemeinen Straßenverkehrssicherungspflicht. **Sicherungspflichtig** ist grds derjenige, dem die allgemeine Straßenverkehrssicherungspflicht obliegt, dh in erster Linie die Kommunen, denen die Räum- und Streupflicht durch öffentlich-rechtliche Normen zugewiesen wird (diese stellen idR Schutzgesetze iSd § 823 II dar, BGHZ 27, 278, 283; NJW 70, 95; 72, 1321, 1322). Bei Verletzung dieser öffentlich-rechtlichen Pflichten haften die Gemeinden ausschließlich nach § 839 (BGHZ 27, 278, 282; VersR 95, 721, 722); die inhaltlichen Anforderungen decken sich aber mit denjenigen der zivilrechtlichen Haftung (BGHZ 75, 134, 138; NJW 93, 2802 f). Häufig und zulässig ist die Abwälzung der allgemeinen Reinigungspflicht und damit auch der Räum- und Streupflicht auf die Anlieger (BGH NJW 85, 484; Ddorf VersR 93, 577; 96, 79; zu den Grenzen insbes BGHZ 118, 368, 372 f; BayVGH BayVBl 77, 369, 370). Eine weitere (Sub-)Delegation ist möglich; dafür gelten die allgemeinen Grundsätze zur Delegation von Verkehrspflichten (s.o. Rn 123 f), dh den Delegierenden treffen Auswahl- und Überwachungspflichten. Im Einzelfall kann sicherungspflichtig auch sein, wer eine besondere Gefahr verursacht (zB BGH VersR 85, 641, 642: Sicherungspflicht des Kühlturmbetreibers wegen Glatteisbildung durch Kondenswasser). **136**

Der **Umfang** der Räum- und Streupflicht richtet sich nach den **Verkehrserwartungen** (BGH NJW 94, 2617) und den Umständen des Einzelfalles (BGH NJW 03, 3622, 3623), aber die Verkehrsteilnehmer müssen sich auch in vernünftiger Weise auf erkennbare Gefahren einstellen (Ddorf NJW-RR 99, 671, 672; Hamm VersR 99, 589), insbes sich winterlichen Straßenverhältnissen anpassen (BGHZ 112, 74, 76). **Fahrbahnen** sind **137** innerhalb geschlossener Ortschaften nur an verkehrswichtigen und zugleich gefährlichen Stellen zu räumen und zu streuen (BGHZ 112, 74, 79; Beurteilung durch den Tatrichter, BGH VersR 98, 1373, 1374), außerhalb geschlossener Ortschaften nur an besonders gefährlichen Stellen mit erheblicher Verkehrsbedeutung (zB BGHZ 31, 73, 75; VersR 95, 721, 722). **Radwege** sind jedenfalls nicht in höherem Maße als Fahrbahnen zu sichern (BGH NJW 03, 3622, 3623). An die Sicherungspflichten bei **Fußgängerüberwegen** werden bei belebten, unentbehrlichen Übergängen strenge Anforderungen gestellt (BGH VersR 87, 989; NJW 03, 3622, 3623); ähnlich bei **Kreuzungen** (Nürnbg NJW-RR 04, 103). Vergleichbar weit gehen die Pflichten bei **öffentlichen Plätzen, insbes Haltestellen öffentlicher Verkehrsmittel** (insbes sind durch das Räumen entstandene Schneewälle zu entfernen, BGH NJW 83, 2021, 2022; 93, 2802, 2803). Die Räum- und Streupflicht auf **Gehwegen** ist von deren Bedeutung abhängig (BGH NJW 60, 41 einerseits, Hamm VersR 93, 1285, 1286 andererseits); generell genügt es, wenn Raum für zwei sich begegnende Fußgänger geschaffen wird (BGH VersR 67, 981, 982), ein Ausweichen auf die Fahrbahn ist hingegen nicht zumutbar (BGH NJW-RR 97, 1109, 1110). Die Sicherungspflichten bei **öffentlichen Parkplätzen** sind von Bedeutung und räumlicher Situation abhängig (BGH VersR 83, 162; Karlsr VersR 89, 45, 46; Hamm NJW-RR 04, 386); bei eigens eingerichteten **Privatparkplätzen** gelten strengere Anforderungen (Ddorf NJW-RR 00, 696).

138 Generell ist zumindest eine erhebliche Minderung der durch Schnee und Glatteis entstehenden Gefahren für die Verkehrsteilnehmer **erforderlich**, ggf ist das Räumen und Streuen in kürzeren Zeitabständen zu wiederholen (BGH NJW 85, 482, 483; 93, 2802, 2803); zur Verwendung von Streusalz insbes BGH NJW 85, 482, 483; 93, 2802, 2803; BGHZ 124, 394, 398. Die Grenze der Zumutbarkeit für den Sicherungspflichtigen ist erreicht, wenn die Gefahr nicht mit zumutbaren Maßnahmen gemindert werden kann, insbes wenn der Einsatz von Streumitteln angesichts der Wetterlage zwecklos ist (BGH VersR 63, 1047, 1048; NJW 85, 484, 485; Hamm VersR 97, 68, 69; aA Hburg NJW-RR 00, 1697); dies ist vom Sicherungspflichtigen zu beweisen (BGH NJW 85, 484, 485; NJW-RR 05, 1185).

139 Die Räum- und Streupflicht **beginnt** mit dem Auftreten der Gefahr, aber eine gewisse Reaktionszeit ist zuzubilligen (maximal eine halbe Stunde, BGH VersR 87, 989; Hamm DAR 98, 142, 143); bei andauerndem Schneefall ist keine kontinuierliche Fortsetzung erforderlich, es genügt eine Wiederholung in Intervallen (LG Bochum NJW-RR 05, 463). IdR wird keine Sicherung des nächtlichen Verkehrs verlangt (BGHZ 40, 379, 382 ff; NJW 72, 903, 904; vgl aber für Ballungsgebiete Frankf VersR 95, 45), an Wochenenden und Feiertagen ist morgens ein späterer Beginn möglich (Hamm NZV 93, 394; Köln VersR 97, 506, 507). Ggf kann bereits bei einer ernsthaft drohenden Gefahr eine Pflicht zum vorausschauenden Einschreiten bestehen (Frankf NJW-RR 04, 312, 313; Hamm NJW-RR 04, 386).

140 **2. Gebäude, Grundstücke, Anlagen. a) Allgemeines.** Gebäude, Grundstücke und Anlagen sind in Bezug auf von ihnen ausgehende Gefahren (zB durch sich ablösende Gebäudeteile oder umstürzende Bäume) sowie bei Eröffnung eines Verkehrs vom bzw zum Grundstück oder Gebäude zu sichern. Der **Umfang der Sicherungspflicht** ist abhängig von den Umständen des Einzelfalls, insbes von den konkreten Gefahren sowie von Art und Umfang des Verkehrs um das Grundstück bzw die Anlage herum und auf dem Grundstück bzw im Gebäude. ZB werden bei öffentlichen Gebäuden höhere Anforderungen gestellt als bei privaten (BGH VersR 61, 1119, 1120) und bei Neubauten höhere als bei älteren Gebäuden (BGH VersR 62, 763; Hamm VersR 97, 200).

141 **Sicherungspflichtig** ist der Eigentümer sowie derjenige, der die tatsächliche Gewalt über das Grundstück, Gebäude oder einen Gebäudeteil ausübt (zur Aufteilung von Verkehrspflichten zwischen Vermieter und Mieter Kobl NJW-RR 92, 797 einerseits, Hamm VersR 97, 200 f andererseits).

142 In **räumlicher Hinsicht** betrifft die Sicherungspflicht das Grundstück selbst, den Grundstückszugang, ggf sogar angrenzende Grundstücke. Von dem Grundstück dürfen keine Gefahren für den Verkehr und die das Grundstück Nutzenden ausgehen (RGZ 89, 120, 122; BGH NJW 66, 40), es kann aber ggf zugleich gegen unbefugte Nutzung, insbes durch spielende Kinder, zu sichern sein (BGH NJW 73, 621 f; 75, 87; NJW 75, 108, aber der Sicherungspflichtige darf sich nicht darauf verlassen, dass Kinder hinreichend beaufsichtigt werden, BGH NJW 94, 3348, 3349: ständige Beaufsichtigung von Kleinkindern). Zu sichern sind auch angrenzende Grundstücke, auf die sich vom Grundstück ausgehende Gefahren erstrecken (Bsp: Warnung vor der Gefahr von Dachlawinen im Winter). Die Sicherungspflicht erstreckt sich insbes auf Wege, Eingänge, Treppen (BGH NJW 94, 945, 946; 02, 1265, 1266), Flure und Fußböden (BGH NJW 67, 154; NJW-RR 93, 213; NJW 94, 945, 946; s aber auch BGH VersR 62, 763) sowie Fahrstühle (Frankf VersR 88, 191). **Bäume** (dazu allg Hötzel VersR 04, 1234 ff; BGHZ 123, 102; 160, 18; NJW 04, 1381) sind in angemessenen zeitlichen Abständen zu überwachen, sofern keine besonderen Gefahrenanzeichen vorliegen (BGH VersR 74, 88, 89; Hamm VersR 98, 188, 189; Grenze: Frankf NJW-RR 87, 864); ggf ist zwischen Verkehrssicherheit und ökologischen Interessen abzuwägen (BGH VersR 59, 275). Sonderfall: Schutz vor umstürzendem Grenzbaum, BGHZ 160, 18, 20 ff.

143 **b) Gebäude mit Publikumsverkehr. aa) Gebäude, in denen ein Gewerbe betrieben wird.** Bei Gebäuden, in denen ein Gewerbe betrieben wird, sind die **Sicherheitsanforderungen** wegen der großen Zahl potentiell Gefährdeter einerseits und des persönlichen Nutzens, den der Gewerbetreibende aus der Verkehrseröffnung

zieht, andererseits **besonders hoch**. Wichtig ist insbes die Sicherheit von Zugängen (Köln NJW-RR 00, 1693), Fußböden (BGH NJW 86, 2757, 2758; 94, 2617, 2618; Köln NJW-RR 01, 457, 458; Karlsr VersR 05, 420; Grenzen: Kobl NJW-RR 95, 158 f; Köln NJW-RR 96, 278, 279; VersR 97, 1113; 99, 861, 862; Ddorf NJW-RR 99, 671, 672), Treppen (BGH VersR 82, 854, 855; NJW 94, 2232, 2233), Rolltreppen (Oldbg MDR 65, 134), Fahrstühlen (BGH DB 57, 115), Glastüren und Schaufensterscheiben (BGH VersR 69, 665, 666; Ddorf DB 84, 1772, 1773; Köln NJW-RR 94, 349) und zum Gewerbebetrieb gehörenden Parkeinrichtungen (insbes BGH NJW 85, 482, 483; 87, 2671, 2672 f). Die Pflichten beschränken sich aber auf die jeweilige Nutzung der Räumlichkeiten (Grenzfall BGH NJW 87, 2671, 2672: erhöhte Anforderungen an die Streupflicht eines Gaststätteninhabers gelten auch ggü Passanten, die nicht die Gaststätte aufsuchen wollen, aber im Vertrauen auf die höheren Sicherheitsvorkehrungen des Inhabers diesen Weg wählen).

Bei **Gastwirtschaften** beziehen sich zusätzliche Pflichten insbes auf die angebotenen Speisen (AG Hagen NJW-RR 97, 727; hier sind auch die Regeln der Produkthaftung zu beachten, BGHZ 116, 104, 107) und ihre Verarbeitung, insbes die Einhaltung bestimmter hygienischer Anforderungen (BGH NJW-RR 88, 659), ggf auf eine besondere Nutzung einzelner Räume zB als Tanzfläche (BGH NJW 91, 921), auf den Brandschutz (BGH VersR 78, 869; NJW-RR 88, 659; München VersR 98, 326, 327) sowie auf die Vorsorge gegen Unaufmerksamkeit der Gäste, insbes aufgrund Alkoholgenusses (BGH NJW 85, 482, 483; 88, 1588; 91, 921; Köln VersR 99, 243; Hamm NJW-RR 00, 695 f; zu Grenzen der Garantenpflicht des Gastwirtes ggü Betrunkenen aber insbes BGHSt 19, 152, 155; 26, 35, 38; München NJW 66, 1165; Saarbr NJW-RR 95, 986, 988). Zu den relativ strengen Verkehrspflichten der Betreiber von **Autowaschanlagen** *Streck* DAR 04, 574, 578 mN aus der Rspr. **144**

bb) Öffentliche Gebäude und Einrichtungen. Bei **Schulen, Kindergärten und Spielplätzen** sind die Regeln über Verkehrspflichten ggü Kindern und Jugendlichen (s.o. Rn 118) zu beachten. Zu vermeiden sind insbes Gefahren, die für die jeweils in Betracht kommenden Altersgruppen nicht erkennbar sind. Dabei sind die Vorkehrungen an der jeweils jüngsten Altersstufe zu orientieren (BGHZ 103, 338, 340). Zu berücksichtigen sind vor allem fehlende Einsichtsfähigkeit und Missbrauchsmöglichkeiten (s insbes BGHZ 103, 338, 340; NJW 78, 1626, 1627; 88, 48, 49), aber es muss keine Vorsorge getroffen werden gegen extrem unvernünftiges (BGH NJW 80, 1159, 1160) oder mutwilliges (BGH MDR 60, 911; VersR 63, 947, 949) Verhalten oder gegen nicht nahe liegende Gefahren (Karlsr NJW-RR 05, 1264). Erforderlich ist eine Sicherung von Grundstück bzw Räumlichkeiten mit Blick auf Bewegungsdrang und Unvorsichtigkeit von Kindern bzw Jugendlichen, sofern diese nicht allein durch Verhaltensregeln und Aufsicht in Grenzen gehalten werden können (zB BGH VersR 63, 947, 949; NJW 99, 2364). Bei Spielplätzen ist eine Absicherung des Platzes selbst, insbes zu angrenzenden Straßen hin (BGH NJW 77, 1965, 1966; Hamm VersR 96, 1515, 1516), und der Spielgeräte (BGH MDR 62, 889; NJW 88, 48, 49; Hamm VersR 96, 1517, 1518; Ddorf NJW-RR 99, 1621 f) erforderlich. Im Fallbereich von Spielgeräten muss der Boden aufprallhemmend beschaffen sein (BGHZ 103, 338, 340 f; LG Frankf NJW-RR 99, 904 f; s aber auch Karlsr NJW-RR 98, 1323, 1324). Geringere Anforderungen gelten idR bei Abenteuerspielplätzen (BGH NJW 78, 1626, 1627) und Freizeitparks (BGH aaO; Celle OLGZ 90, 343, 344; Karlsr NJW-RR 97, 23, 24). **145**

In **Krankenhäusern** gelten in Bezug auf die Patienten gesteigerte Sorgfaltspflichten (s insbes AnwK/*Katzenmeier* § 823 Rn 502 mwN); ebenso in **Altenheimen** (BGH NJW 05, 1937). **146**

In **Badeanstalten** (dazu allg *R. Pfeiffer* ZfS 97, 401 mwN) ist ein Schutz vor Gefahren zu gewährleisten, die das übliche Benutzungsrisiko überschreiten (BGH NJW 78, 1629; 80, 1159; NJW-RR 89, 219, 220; NJW 00, 1946), zB muss mit einer gewissen Rutschgefahr gerechnet werden (Frankf VersR 60, 238; Celle NJW-RR 00, 244, 245; Hamm VersR 98, 733; s aber auch BGH VersR 60, 944 sowie München VersR 75, 478). Die Verkehrspflichten betreffen insbes Gebäude und Schwimmbecken (Celle VersR 69, 1049; Stuttg VersR 72, 987; München VersR 72, 472, 473; 83, 91, 92; Hamm VersR 78, 1147), die Abgrenzung von Nichtschwimmer- und Schwimmer- sowie Schwimm- und Sprungbereichen (BGH NJW 80, 1159, 1160; Hamm VersR 79, 1064; Brem VersR 92, 70 f; KG NJW-RR 00, 242, 243; Sprunganlagen (Celle VersR 69, 1049; Hamm VersR 79, 1064) und Geräte wie zB Wasserrutschbahnen (BGH NJW 04, 1449 mwN; 05, 251). Die Erforderlichkeit entspr Vorkehrungen ist jeweils im Zusammenhang mit den notwendigen Warnhinweisen (Köln VersR 89, 159, 160; Bremen VersR 92, 70 f; Saarbr NJW-RR 97, 377, 378; KG NJW-RR 00, 242, 243) und der erforderlichen Aufsicht (BGH NJW 80, 392, 393; 80, 1159, 1160; 00, 1946, 1947; zu Grenzen insbes BGH NJW 04, 1449, 1451 f) zu beurteilen. Bei **natürlichen Gewässern** entstehen Verkehrspflichten in Bezug auf einen Badebetrieb erst, wenn eine Freigabe zum Baden erfolgt (RG JW 38, 2542, 2543; RGZ 136, 228, 230; München VersR 83, 91, 92; Ddorf NJW-RR 87, 862, 863) bzw durch entspr Einrichtungen der Eindruck erweckt wird, dass diesbezügliche Sicherungsmaßnahmen ergriffen werden (RGZ 136, 228, 230; BGH NJW 82, 1144); bei einem Badeverbot sind besondere Warnhinweise nur ggü Kindern erforderlich (BGH NJW-RR 89, 219, 220). Insgesamt ist der Umfang der Pflichten geringer als bei einem eigens angelegten Schwimmbad, da die Benutzer aufgrund der Natürlichkeit des Gewässers typischerweise mit weniger Sicherheitsmaßnahmen rechnen. **147**

Bei **Friedhöfen** sind neben den üblichen Sicherungsmaßnahmen für Grundstück und Wege (mit besonderer Rücksicht auf ältere Menschen, LG Freiburg NJW-RR 99, 533, 534) auch die Gräber selbst zu sichern (BGH NJW 77, 1392) und insbes Vorkehrungen gegen das Umstürzen von Grabsteinen zu treffen (BGHZ 34, 206, **148**

210; NJW 77, 1392, 1393; Dresden NJW-RR 95, 382; diese Pflicht besteht aber nicht ggü dem Grabstelleninhaber, Brandbg NJW 04, 2103); der Grabstelleninhaber haftet ggf gem § 837 (BGH NJW 77, 1392, 1393).

149 In **Grünanlagen** bestehen neben den Sicherungspflichten für Wege und Bänke auch solche in Bezug auf Trampelpfade (Köln VersR 92, 71, 72).

150 **cc) Gefährliche Anlagen.** Besondere Verkehrspflichten treffen die **Betreiber gefährlicher Anlagen**, zB von Bergwerken (BGH VersR 85, 781; 86, 991, 992), Abwasseranlagen (BGH NJW 76, 46, 47; VersR 93, 586, 587; BGHZ 149, 206, 209 ff; Grenze: BGHZ 109, 8, 10; 115, 141, 147 f; zur Umwelthaftung s.u. Rn 163 f), Mülldeponien (Karlsr VersR 80, 362; Frankf VersR 86, 791, 792; 95, 1365, 1366), Starkstromanlagen (RGZ 147, 353, 362; Zweibr NJW 77, 111; Karlsr VersR 79, 382), Wasserwerken (BGH NJW-RR 02, 525, 526; Stuttg VersR 89, 971, 972) und Gasversorgungsanlagen (BGH NJW-RR 87, 147).

151 **c) Baustellen und Bauarbeiten.** Sicherungspflichtiger bei Baustellen und Bauarbeiten ist in erster Linie der **Bauherr** (BGHZ 68, 169, 175; 120, 124, 128; WM 96, 835, 838; bedenklich weit gehend Stuttg NJW 05, 2567 – in erster Linie zum Strafrecht, dazu *Foerste* NJW 05, 3182 ff). Daneben treffen insbes Architekten und Bauunternehmer Verkehrspflichten (BGHZ 114, 273, 275). Eine Delegation ist möglich (BGHZ 68, 169, 175; 120, 124, 129); beim Bauherrn verbleiben jedoch Auswahl-, Überwachungs- und Koordinierungspflichten (BGH aaO; NJW 82, 2187 f; Hamm NJW-RR 96, 1362; 99, 319), ggf muss er selbst eingreifen (BGH DB 76, 2300; VersR 82, 595, 596; BGHZ 120, 124, 129).

152 Durch die Verkehrspflichten **geschützt** werden insbes alle, die sich befugt auf der Baustelle aufhalten (BGH DB 74, 426; BGHZ 68, 169, 175; 120, 124, 129; Ddorf NJW-RR 99, 318), auch zB Architekten (Stuttg VersR 90, 169, 170), Lieferanten und Besucher (BGH NJW 85, 1078, 1079), Beamte der Bauaufsicht (Hamm VersR 93, 491), Arbeitnehmer (BGH NJW 02, 1263, 1264), andere Auftraggeber (BGH NJW 85, 1078 f), ggf auch Dritte, die durch von der Baustelle ausgehende Gefahren betroffen werden könnten (zu Sicherungspflichten in Bezug auf Nachbargrundstücke insbes BGH VersR 60, 1116, 1117; 66, 165, 166; Ddorf BauR 93, 351, 352; hier kann zusätzlich eine Haftung aus § 823 II iVm § 909 in Betracht kommen).

153 Der **Umfang** der Verkehrspflichten ist ggü Bauunternehmern und -arbeitern geringer als ggü Besuchern (BGH NJW 02, 1263, 1264). Als **Sicherungsmaßnahmen** kommen insbes Absperrungen (Karlsr VersR 82, 1010, 1011; Hamm VersR 89, 1278, 1279; 93, 491; München VersR 90, 499, 500; Hamm NJW-RR 02, 1457, 1458), Abdeckungen (BGH VersR 64, 431, 432; Celle BauR 95, 569; Hamm NJW-RR 96, 1362), Warnhinweise (zB Ddorf VersR 87, 414; Frankf VersR 88, 1180), Abstützungsmaßnahmen zur Sicherung gegen Einsturz (BGH VersR 66, 165, 166), die Gewährleistung der Standsicherheit von Gerüsten (zB BGH VersR 63, 651, 652; Köln VersR 96, 1518; Stuttg NJW-RR 00, 752, 753), Sicherungsmaßnahmen bei Höhenarbeiten (Köln BauR 04, 1321: Auffangnetz) und die Sicherung von Baumaschinen (München VersR 75, 453, 454; Naumbg VersR 96, 1384, 1385) in Betracht. Besondere Vorkehrungen sind gegen die Beschädigung von Versorgungsleitungen, insbes Gasleitungen, zu treffen (BGH VersR 85, 1147; NJW 96, 387); hier stellt die Rspr strenge Anforderungen (BGH NJW 71, 1313, 1314; Hamm VersR 98, 70, 71).

154 **3. Straßenverkehr, Transport. a) Allgemeines.** Die Haftung für Verkehrspflichtverletzungen im Straßenverkehr oder im Zusammenhang mit Personen- oder Gütertransporten auf anderen Verkehrswegen überschneidet sich vielfach mit **spezialgesetzlichen Regelungen**, insbes für den Straßenverkehr mit der Haftung nach §§ 7, 18 StVG sowie nach § 823 II iVm Vorschriften der StVO (s.u. Rn 229), für den Luftverkehr mit der Haftung nach § 36 LuftVG und nach internationalen Übereinkommen sowie mit zahlreichen öffentlich-rechtlichen Regelungen, die häufig als Schutzgesetze iSd § 823 II in Betracht kommen. Nach der Erstreckung von Schmerzensgeldansprüchen auch auf die Gefährdungshaftung durch das 2. Schadensersatzrechtsänderungsgesetz 2002 (s insbes § 11 S 2 StVG, § 36 S 2 LuftVG) dürfte die Verletzung von Verkehrspflichten jedenfalls im Straßen- und Luftverkehr ggü solchen Spezialregelungen (deren Voraussetzungen – insbes der Gefährdungshaftung – häufig leichter darzulegen und zu beweisen sind) an praktischer Bedeutung verlieren und vor allem noch bei Überschreitung der Haftungshöchstgrenzen der Gefährdungshaftung relevant bleiben. Daher genügt hier eine knappe Darstellung.

155 **b) Straßenverkehr.** Im Straßenverkehr sind insbes die **Grundsätze der gegenseitigen Rücksichtnahme und des Vertrauens auf verkehrsrichtiges Verhalten anderer** von Bedeutung. Besondere, über das allgemein erforderliche Maß hinausgehende **Rücksicht** müssen Kraftfahrer auf ältere Menschen (BGH NJW 94, 2829, 2830), Kinder (BGH NJW 87, 2375, 2376; NJW-RR 92, 1616; NJW 97, 2756, 2757; Grenzen: BGH NJW 85, 1950, 1951 f; 97, 2756, 2757; 01, 152, 153) sowie schwächere Verkehrsteilnehmer, zB Fußgänger (zB BGH DB 59, 1003; NJW 00, 3069, 3070) oder erkennbar Betrunkene (BGH NJW 00, 1040, 1041), nehmen, vgl auch § 3 IIa StVO. Im Übrigen ist verkehrs- und regelgerechtes Verhalten erforderlich, insbes eine der jeweiligen Verkehrssituation angepasste **Geschwindigkeit** (zB BGH NJW 51, 234, 235; 98, 2816, 2817 f; 99, 1860 ff; Hamm NZV 04, 356, 357), Beachtung der **Vorfahrtsregeln** (zB Hamm VersR 94, 952, 953; 01, 654, 655; NJW-RR 03, 975, 976), besondere Vorsicht beim **Überholen** (BGH NJW 57, 502, 503; VersR 72, 1071; NJW 00, 1949 f) und **Abbiegen** (BGH NJW 62, 860, 861; BB 66, 920; NJW-RR 92, 350, 351 – Vertrauensgrundsatz in Bezug auf Ampelsignal; zum Einscheren aus einer Grundstücksausfahrt in den fließenden Verkehr Hamm VersR 94,

952, 953; 98, 1167; KG VersR 99, 1382, 1383; Kobl DAR 04, 272 – Ausbiegen aus einer Sackgasse) sowie die Einhaltung des erforderlichen **Seiten- und Sicherheitsabstands** (zB BGH BB 56, 803; NJW 75, 312, 313; für Autobahnen BGH NJW 87, 1075, 1076 f). Bei Auffahrunfällen spricht ein Anscheinsbeweis für ein Verschulden des Auffahrenden (BGH NJW 87, 1075, 1077; Köln VersR 04, 77, 78; zur Möglichkeit der Widerlegung Kobl NJW-RR 99, 175), im Kolonnenverkehr wird hälftiges Verschulden angenommen (Frankf VersR 72, 261), für Autobahnen s BGH BB 65, 439; BGHZ 43, 178. Weiterhin bestehen Sicherungspflichten beim **Parken** (insbes ausreichende Beleuchtung, BGH VRS 9, 427, 428; NJW 60, 2097 und Sicherung gegen Wegrollen, BGH BB 62, 578; Köln VersR 94, 1442) und **Anhalten** (zB BGH BB 64, 1149, 1150), in Bezug auf **Sicherheit und Funktionstüchtigkeit des Kfz** (Staud/*J Hager* § 823 Rn E 403) und **Fahrtüchtigkeit**, insbes bei Überlassung an Dritte (BGH NJW 78, 421, 422; 88, 909, 910; 91, 418, 419; Grenze: BGH NJW 97, 660, 661), und zur **Sicherung gegen unbefugte Benutzung** (insbes BGH VersR 60, 695; 60, 736; NJW 71, 459, 460 f).

c) Transport. Bei der **Personenbeförderung** auf Straße und Schiene ist allgemein dafür zu sorgen, dass die Passagiere insbes beim Anfahren und Anhalten (BGH MDR 72, 226; KG VersR 77, 723, 724; Grenzen: BGH MDR 72, 226; NJW 93, 654, 655; 99, 573, 574), beim Ein- und Aussteigen (BGH VersR 69, 518, 519; Karlsr VersR 81, 266) sowie beim Schließen der Türen (BGH MDR 70, 223; Bremen VersR 81, 537; Ddorf VersR 95, 676 u NJW-RR 96, 1243: erhöhte Kontrollpflicht bei U-Bahnen; zum Verschlossenhalten der Türen BGH NJW-RR 93, 480) nicht zu Schaden kommen. Bei **Bahnen und Straßenbahnen** ist insbes für hinreichende Sicherheit von Bahnsteigen (BGH VersR 81, 482; NJW 95, 2631, 2632; Grenze: Hamm NJW-RR 00, 104, 105 f; Ddorf NJW-RR 00, 1694, 1695 ff) und Bahnübergängen (Frankf NJW-RR 94, 1114; VersR 96, 764, 765) Sorge zu tragen. Im **Schiffsverkehr** umfassen die Verkehrspflichten insbes die Sorge für Sicherheit und Funktionstüchtigkeit des Schiffs (BGH WarnR 69 Nr 80; Hburg VersR 72, 660), das sachgemäße Führen des Schiffs (Hamm VersR 00, 476 f), den Schutz der Passagiere vor den typischen Gefahren der Schifffahrt, soweit möglich (RGZ 124, 49, 52), sowie die Sicherheit von Wasserstraßen, die dem öffentlichen Verkehr gewidmet sind (zB RGZ 147, 275, 279; BGHZ 35, 111, 112 f; NJW 94, 3090, 3091 f, s.a. oben Rn 132 ff). Im **Luftverkehr** ist für die Sicherheit des Flugzeugs und vor allem dafür zu sorgen, dass ausreichend Treibstoff vorhanden ist (Kobl VersR 85, 879, 881; Köln NZV 89, 275), weiterhin ist insbes das Flugfeld zu sichern (BGH VersR 72, 747, 748; Köln VersR 97, 712, 713; 97, 1022, 1023), und es sind Erkundigungen über die Flugbedingungen, insbes das zu erwartende Wetter, einzuholen (München VersR 93, 1485, 1486).

4. Veranstaltungen, insbes Freizeitgestaltung. a) Veranstaltungen. Bei **Massenveranstaltungen** sind die Besucher (BGH NJW 90, 905, 906) sowie etwaige betroffene Nachbarn (BGH NJW 80, 223, 224) vor Gefahren zu schützen. Sicherungspflichtig ist in erster Linie der Veranstalter (zu Ausstellungen zB Ddorf NJW-RR 99, 672, 673). Entscheidend für Art und Umfang der Sicherungsmaßnahmen ist insbes die Art der Veranstaltung und welcher Grad an Sicherheit bei einer solchen Veranstaltung typischerweise erwartet werden kann. Teilweise verringerte Sicherheitsanforderungen gelten zB für Fastnachts-Umzüge (LG Rottweil VersR 74, 917, 918; LG Trier NJW-RR 95, 1364, 1365; 01, 1470 f; LG Ravensburg NJW 97, 402), gesteigerte Anforderungen bei Veranstaltungen, bei denen mit alkoholisierten Teilnehmern zu rechnen ist (BGH VersR 65, 515; München NJW-RR 95, 1113 und VersR 97, 1250 – beide für Techno-Musikveranstaltungen; LG Hburg NJW 98, 1411, 1412) oder bei denen Massenreaktionen, insbes Ausschreitungen, zu befürchten sind (Ddorf VersR 80, 1147, 1148; SpuRt 94, 146, 147 – Trennung rivalisierender Fangruppen). Bei **Rock-Konzerten** können Vorsorgemaßnahmen gegen Hörschäden (BGH NJW 01, 2019, 2020; LG Nürnberg-Fürth NJW-RR 05, 464) sowie Körperschäden durch „Stage-diving" (Hamm VersR 03, 335; aA LG Hechingen NJW-RR 03, 84, 85) zu treffen sein. Bei **Volksfesten** ist mit einer gewissen Achtlosigkeit aufgrund der gelockerten Stimmung zu rechnen (BGH VersR 57, 247; 62, 990, 991) und es ist den spezifischen Gefahren der jeweiligen Anlagen hinreichend Rechnung zu tragen. Bei **Demonstrationen** sind Vorkehrungen gegen Gewaltanwendung zu treffen, zB durch Bestellung einer ausreichenden Zahl von Ordnern (Karlsr OLGZ 80, 494, 496; Grenze: BGHZ 89, 383, 393 ff).

b) Sportanlagen, Sportveranstaltungen und Sportausübung. Bei **Sportanlagen** ist insbes ein Schutz der Benutzer vor nicht ohne weiteres erkennbaren Gefahren (BGH NJW 85, 620; NJW-RR 86, 1029, 1030; Nürnbg NJW-RR 01, 1106, 1107) unter Berücksichtigung der durch die Sportausübung geminderten Aufmerksamkeit (Hamm MDR 97, 739, 740; 02, 516, 517; München NJW-RR 87, 18) und der Eigenart der jeweiligen Sportart sowie die Sicherheit von Sportgeräten (zB Nürnbg NJW-RR 01, 1106, 1107: Turngeräte) zu gewährleisten. Zu den besonderen Anforderungen bei Schwimmbädern s.o. Rn 147, bei Skipisten BGH NJW 82, 762, 763; 85, 620. Bei **Sportveranstaltungen** können neben den allgemeinen Sicherungspflichten von Veranstaltern (s.o. Rn 157) insbes sportart- und veranstaltungsspezifische Sicherungsmaßnahmen zum Schutz von Teilnehmern (Frankf NZV 05, 41; ggf auch vor aufgebrachten Zuschauern, Nürnbg VersR 77, 1134, 1135; LG Hburg NJW 97, 2606, 2607 f – Monica Seles) und von Zuschauern (BGH NJW 84, 801 f; Kobl NJW-RR 01, 526, 527) erforderlich sein. Auch hier ist eine durch die Sportausübung geminderte Aufmerksamkeit der Sportler zu berücksichtigen. Bei der **Sportausübung** besteht – wie im Verkehr – eine Pflicht zur gegenseitigen Rücksichtnahme (Köln NJW-RR 94, 1372: Fairnessgebot), zugleich sind aber die Eigenart der jeweiligen Sportart, insbes ihr immanentes Verletzungsrisiko (Saarbr VersR 92, 248), sowie ihre spezifischen Regeln (BGHZ 63, 140, 142 ff; Ddorf NJW-RR 00, 1115, 1116) zu berücksichtigen. Bei einer Verletzung durch andere Sportteilnehmer kommt deswegen eine Haftung nach § 823 I regelmäßig nicht in Betracht; str ist vor allem, ob dies über eine rechtfertigende Einwilligung (zB BGHZ 34, 355, 363; 39, 156, 161; Hamm NJW-RR 05, 1477) oder fehlendes Verschulden (zB *Scheffen* NJW 90, 2658, 2659) bzw eine Begrenzung des Verschuldens auf vorsätzliche oder grob fahrlässige Verstöße gegen Sportregeln oder Sorgfaltspflichten (zB Hamm VersR 99, 1115, 1116; Stuttg NJW-RR 00, 1043, 1044) zu begründen ist.

159 **c) Reisen.** Der Veranstalter von Reisen ist für die sorgfältige Vorbereitung und Durchführung der Reise verantwortlich (in BGHZ 103, 298, 304 wird dies als besonderer Fall der Berufshaftung angesehen, kritisch zB BaRoth/*Spindler* § 823 Rn 422). Zu berücksichtigen sind insbes Art und Beschreibung der Reise sowie das Reiseziel (Frankf NJW-RR 90, 188, 189; Ddorf NJW-RR 93, 315; München NJW-RR 04, 1698; aA Köln NJW-RR 92, 1185, 1186; Grenzfall: Karlsr NJW-RR 93, 1076, 1077 – Überfall bei Trekking-Tour in Kamerun). Dem Veranstalter obliegen Kontrollpflichten im Hinblick auf andere Leistungsträger, insbes die Hotels am Zielort (zB BGHZ 103, 298, 305; zuletzt Celle NJW 05, 3647 f; Köln NJW 05, 3074, 3075; LG Köln NJW-RR 05, 704); zur Ablehnung einer Warnpflicht im Hinblick auf einen nicht absehbaren Terroranschlag Celle NJW 05, 3647 f. Weiterreichende Verkehrspflichten in diesem Bereich dienten bisher möglicherweise auch einem „Ausgleich" ggü der Vertragshaftung, die bis zum 2. Schadensersatzrechtsänderungsgesetz 2002 einen Ersatz immaterieller Schäden (als besonders häufiger Schadensart bei Urlaubsreisen) nur in sehr engen Grenzen vorsah. Nach Einfügung des § 253 II könnte der „Bedarf" für eine derart weit reichende Deliktshaftung nunmehr möglicherweise zurückgehen (s insbes *Wagner* NJW 02, 2049, 2056).

160 **d) Jagd.** Der Jäger haftet gem § 29 BJagdG für Wildschäden und gem § 33 II BJagdG für bei der Jagdausübung entstandene Schäden (Jagdschäden). Daneben kommt eine Haftung nach § 823 I wegen Verletzung von Verkehrspflichten in Betracht. Der Umfang seiner Pflichten ist insbes nach in Jägerkreisen bewährten Auffassungen und Übungen (BGH VersR 58, 851) sowie Jagdunfallverhütungsvorschriften (BGH NJW-RR 98, 1397, 1398; Kobl VersR 92, 893) zu bestimmen. Beim Umgang mit Schusswaffen sind besondere Sicherheitsvorkehrungen erforderlich (RGZ 95, 58, 59; BGH VersR 59, 206, 207; Karlsr VersR 56, 70; Hamm MDR 62, 407; Oldbg VersR 79, 91, 92; Kobl VersR 92, 893); hier treffen die Regeln über die Haftung für gefährliches Verhalten mit denjenigen über den Umgang mit gefährlichen Gegenständen zusammen.

161 **5. Umgang mit gefährlichen Gegenständen oder Stoffen. a) Gefährliche Gegenstände.** Beim Umgang mit gefährlichen Gegenständen sind gegenstandsspezifische Pflichten zu beachten, zB bei Waffen (BGH NJW 91, 696; 01, 2023, 2024; NJW-RR 91, 24, 25; Ddorf VersR 90, 903), Feuerwerkskörpern (in der Silvesternacht gelten jedoch geringere Sicherheitsanforderungen, BGH NJW 86, 52, 53; BGHZ 139, 43, 45; 139, 79, 81), Maschinen (Köln MDR 69, 140; Hamm OLGZ 94, 292), insbes Waschmaschinen (Ddorf NJW 75, 171; Hamm NJW 85, 332, 333). Zu Kfz s.o. Rn 154 ff.

162 **b) Gefährliche Stoffe.** Beim Umfang mit gefährlichen Stoffen (zB leicht entzündlichen Stoffen, Umweltgiften oder Arzneimitteln) sind stets öffentlich-rechtliche Spezialregelungen zu beachten, die evtl als Schutzgesetze iSd § 823 II in Betracht kommen. Zivilrechtliche Verkehrspflichten betreffen insbes die Aufbewahrung bzw Lagerung (Hamm NJW-RR 90, 794; OLGR 96, 162, 164; Köln NJW-RR 90, 793), Instruktionen bei der Weitergabe solcher Stoffe (BGH NJW 73, 615, 616; BB 73, 446) sowie die Entsorgung (BGHZ 63, 119, 123 f; MDR 68, 395; NJW 76, 46, 47 f; Ddorf NJW-RR 96, 1426).

163 **c) Insbes: Umwelthaftung.** Die Verkehrspflichten beim Umgang mit gefährlichen Stoffen sind Teil des größeren Gebiets der Umwelthaftung. Neben der Haftung aus § 823 II iVm umweltschützenden Normen und der Haftung nach dem UmwHG (Gefährdungshaftung des Inhabers bestimmter Anlagen mit Ursachenvermutung) ist die Haftung für Verkehrspflichtverletzung ein wichtiger Ansatzpunkt für die zivilrechtliche Umwelthaftung: Ein allgemeiner Schutz der Umwelt als „sonstiges Recht" oder im Rahmen des Allgemeinen Persönlichkeitsrechts ist nicht anerkannt, und eine Verletzung von Gesundheit, Körper oder Eigentum lässt sich bei umweltgefährdenden Handlungen insbes wegen des erforderlichen Grades der Beeinträchtigung und Problemen hinsichtlich der Kausalität zwischen Handlung und Rechtsgutsverletzung häufig nicht nachweisen (vgl BaRoth/*Spindler* § 823 Rn 569 mN). **Wichtige umweltschützende Verkehrspflichten** sind insbes die Pflichten zum umweltschonenden Umgang mit gefährlichen Stoffen (s.o. Rn 162) und zur umweltschonenden **Entsorgung** von Abfall (BGHZ 63, 119, 123 f – zur Vertragshaftung, aber mit Implikationen auch für die Deliktshaftung; Köln NJW-RR 90, 793; Hamm NJW-RR 90, 794 f). Für eine Delegation der Pflichten, insbes im Entsorgungsbereich, gelten – trotz der Spezialregelung in § 16 I KrW-/AbfG (dazu insbes BaRoth/*Spindler* § 823 Rn 572 mwN) – die allgemeinen Regeln (oben Rn 123 f; vgl auch BGH NJW 76, 46, 47 f; Dresden VersR 95, 836; Ddorf NJW-RR 96, 1426, 1427 f). Praktisch wichtig sind weiterhin Pflichten zum **Gewässerschutz** (BGH MDR 68, 395; NJW 76, 46, 47 f; 02, 818, 820), der praktisch allerdings in erster Linie über § 22 WHG gewährleistet ist (BaRoth/*Spindler* § 823 Rn 575), sowie solche im Zusammenhang mit **Tankanlagen**, insbes ihr Schutz gegen Auslaufen (BGHZ 142, 227, 233; Zweibr NJW-RR 00, 1554, 1555) und beim Befüllen (zB BGH VersR 70, 812, 813; NJW 93, 2740; 95, 1150).

164 Wegen der besonderen Nachweisschwierigkeiten bei Umweltschäden kommen bei der Umwelthaftung **Beweiserleichterungen** für den Geschädigten in Betracht. Im Rahmen der **haftungsbegründenden Kausalität**

(zwischen Verkehrspflichtverletzung, insbes Emission, und Rechtsgutsverletzung) legt die Überschreitung öffentlich-rechtlicher Grenzwerte Beweiserleichterungen nahe: Sie stellt zumindest ein Indiz für das Vorliegen der haftungsbegründenden Kausalität dar (vgl BGHZ 92, 143, 146 f; NJW 97, 2748 f), teilweise wird für solche Fälle sogar eine Beweislastumkehr befürwortet (BGHZ 92, 143, 146 ff; NJW 97, 2748 f; differenzierend BaRoth/*Spindler* § 823 Rn 578 mwN: bei Überschreitung der Immissionsgrenzen der TA Luft oder nach DIN Beweislastumkehr, nicht aber bei Überschreitung von Emissionsgrenzwerten, dagegen aber wiederum ein Teil der Lit, Nachw bei BaRoth/*Spindler* aaO). Weiterhin kann ein Anscheinsbeweis in Betracht kommen, wenn nur eine bestimmte Ursache mit hoher Wahrscheinlichkeit die Rechtsgutsverletzung herbeigeführt haben kann (BGHZ 17, 191, 196; Hamm NJW 88, 1031 f). Das **Verschulden** des Handelnden wird vermutet (BGHZ 92, 143, 147 ff), weil der Geschädigte keinen Einblick in interne Vorgänge beim Emittenten hat (BaRoth/*Spindler* § 823 Rn 582 mwN), aber die Einhaltung öffentlich-rechtlicher Grenzwerte ist regelmäßig zur Entlastung ausreichend (BGHZ 92, 143, 151 f), sofern nicht ausnahmsweise konkrete Anhaltspunkte für eine Erforderlichkeit weitergehender Sicherungsmaßnahmen vorliegen (BGH NJW 97, 2748, 2749 f).

6. Berufshaftung. a) Grundlagen. Grundlage der Haftung für Verletzung von Verkehrspflichten bei der Ausübung bestimmter Berufe (grundlegend RGZ 102, 372, 374) ist das besondere Vertrauen, das der Berufsausübung entgegengebracht wird und die damit verbundene Verringerung des Selbstschutzes des Geschädigten. Die Berufshaftung hat sich zur eigenständigen Fallgruppe der Verkehrspflichtverletzungen entwickelt. Ob darüber hinaus eine weitere Verselbständigung zu einer eigenständigen, über die Verletzung von Verkehrspflichten hinausreichenden und auch die Vertragshaftung und die Haftung nach § 826 einbeziehenden Haftungskategorie in Betracht kommt (dazu zB *Hirte* Berufshaftung 1996; *Odersky* NJW 89, 1 ff; *Schiemann* FS Gernhuber 387, 388 f mwN), kann hier offen bleiben; es erscheint allerdings zweifelhaft, ob die unter eine Berufshaftung zu fassenden, sehr unterschiedlichen Tätigkeiten hierfür hinreichende Gemeinsamkeiten aufweisen. **Charakteristika der deliktsrechtlichen Berufshaftung** sind insbes rollenspezifische Verkehrspflichten, die sich an beruflichen Standards orientieren, sowie eine Beweislastumkehr bei grober Verletzung von Berufspflichten (zB BGHZ 103, 298, 304; NJW-RR 91, 1240, 1241; Köln VersR 70, 229, 230 f; München VersR 98, 326, 327; kritisch zB BaRoth/*Spindler* § 823 Rn 433). Der europäische Entwurf einer Richtlinie für Dienstleistungen im Binnenmarkt (KOM [2004] 2 endg vom 25. 2. 04) enthält keine materiellrechtlichen Regelungen zur außervertraglichen Haftung für Dienstleistungen und nimmt diese vom Geltungsbereich des Herkunftslandprinzips aus (Art 17 Nr 23 des Entwurfs). 165

b) Wichtige Fallgruppen. Architekten obliegen Verkehrspflichten ggü dem Auftraggeber sowie denjenigen, die bestimmungsgemäß mit den Bauarbeiten bzw dem Bauwerk in Berührung kommen, zB auf der Baustelle Beschäftigten, aber auch Passanten (zB BGHZ 68, 169, 174; NJW 91, 562, 563; 97, 582, 584). Der genaue Pflichteninhalt hängt von den Umständen des Einzelfalls, insbes vom Umfang der jeweiligen Architektenleistung ab. Zu den Berufspflichten von **Gebrauchtwagenhändlern** insbes BGH NJW 04, 1032, 1033; Hamm NJW-RR 04, 311, 312. Bei **Gutachtern und Sachverständigen** ist für gerichtliche Sachverständige jetzt § 839 a vorrangig. Sonst haften diese Personen idR nur nach § 826 (dort Rn 20), da durch eine Verletzung ihrer Pflichten idR lediglich das Vermögen geschädigt ist. Für **Wirtschaftsprüfer** kommt neben vertraglichen Ansprüchen und solchen aus § 323 I 3 HGB nur in Einzelfällen eine Haftung wegen Verkehrspflichtverletzung nach § 823 I in Betracht (*Weber* NZG 99, 1, 5), eher eine solche nach § 826. Zur **Produkthaftung** Rn 167 ff, zur **Arzthaftung** Rn 195 ff. 166

III. Produkthaftung. 1. Grundlagen. a) Gesamtsystem der Produkthaftung. Die deliktsrechtliche Produkthaftung (oder Produzentenhaftung) ist ein Unterfall der Haftung für Verkehrspflichtverletzung (grundlegend RGZ 163, 21, 26; weiterhin insbes BGHZ 51, 91, 105; 104, 323, 330) mit Elementen der Verantwortlichkeit für gefährliche Sachen und der Berufs- bzw Übernehmerhaftung. Die Haftung nach § 823 I ist ein praktisch sehr wichtiger und zugleich der älteste Teilbereich der Produkthaftung, die teils auf § 823 I und II, teils auf Spezialregelungen beruht. Wichtige Sonderregelungen sind insbes: 167

Die **verschuldensunabhängige Haftung** für fehlerhafte Produkte **nach § 1 ProdHaftG**, auf der Grundlage der EG-Produkthaftungs-Richtlinie (Richtl 85/374/EWG, ABl EG 85, L 210/29, geändert durch Richtl 1999/34/EG, ABl EG 99, L 141/20). Sie stellt teilweise geringere Hürden für eine Haftung auf als die allgemeinen deliktsrechtlichen Regeln. Nach der Ausweitung von Schmerzensgeldansprüchen auf die Haftung nach dem ProdHaftG (§ 8 S 2 ProdHaftG) dürften die wesentlichen Nachteile dieser Haftung für den Geschädigten nunmehr vor allem in Haftungshöchstbetrag (§ 10 ProdHaftG), Selbstbeteiligung (§ 11 ProdHaftG) und in der Beschränkung der Anspruchsberechtigung auf Verbraucher liegen. Gem § 15 II ProdHaftG bleibt eine Haftung aufgrund anderer Vorschriften unberührt, also insbes eine solche nach § 823 I wegen Verkehrspflichtverletzung. Zwar hat der EuGH Art 13 Alt 1 der Produkthaftungs-Richtlinie, auf dem § 15 II ProdHaftG beruht, unter der Prämisse, dass die Richtlinie für die von ihr geregelten Bereiche eine Sperrwirkung entfalte, einschränkend ausgelegt (EuGHE 02, I-3856 – Kommission/Frankreich; 02, I-3887 – Kommission/Griechenland; 02, I-3905 – González Sánchez). Die Konsequenzen dieser Rspr sind aber noch unklar (s *Schaub* ZEuP 03, 562 ff), so dass auch weiterhin von einer Anwendbarkeit des § 823 I in zugleich von der Richtlinie erfassten Fällen auszugehen ist. Bei inhaltlichen Abweichungen eines Anspruchs aus § 823 I von der Richtlinie ist jedoch ggf eine Vorlage an den EuGH gem Art 234 EG zu erwägen (*Schaub* aaO, 588 f). 168

169 Die **Gefährdungshaftung für fehlerhafte Arzneimittel** nach § 84 AMG, die gem § 15 I ProdHaftG auch der Haftung nach dem ProdHaftG vorgeht. Sie dürfte für den Geschädigten idR günstiger sein als die Haftung gem § 823 I. Weiterhin die **Haftung nach §§ 32 ff GenTG.**

170 **Normen des Geräte- und Produktsicherheitsgesetzes,** durch das die EG-Produktsicherheits-Richtlinie (ABl EG 02, L 11/4 ff) umgesetzt wird, iVm § 823 II (s.u. Rn 229).

171 **Sonstige Ansprüche aus § 823 II iVm Schutzgesetzen,** die materiellrechtlich eine Haftung für fehlerhafte Produkte betreffen. Solche Regelungen sind insbes §§ 5, 17, 26, 30 LFGB (s BGH NJW 87, 1694, 1695; BGHZ 105, 346, 355 ff – noch zum FuttermittelG); § 12 I Nr 5 Pflanzenschutzgesetz (BGH NJW 81, 1606, 1608 f).

172 **Vertragliche Ansprüche,** vor allem Ansprüche gegen einen Produzenten, der zugleich Vertragspartner des Geschädigten ist, wegen Sachmängeln, darüber hinaus im Einzelfall Ansprüche gegen den Hersteller aus Garantieerklärung gem § 443, ggf iVm § 477 (vgl auch schon BGHZ 68, 369, 372; NJW 81, 2248, 2249; BGHZ 104, 82, 85 ff). Sie konkurrieren grds frei mit Deliktsansprüchen (Vor § 823 Rn 21). Andere vertragsrechtliche Konstruktionen, die früher für die Produkthaftung diskutiert wurden, hat der BGH im grundlegenden „Hühnerpest"-Fall (BGHZ 51, 91) abgelehnt.

173 **b) Charakteristika der Produkthaftung nach § 823 I.** Die allgemeine deliktsrechtliche Produkthaftung wurde durch Fortbildung der Haftung nach § 823 I unter besonderer Berücksichtigung der Grundsätze über die Verletzung von Verkehrspflichten entwickelt (grundlegend BGHZ 51, 91). Grundgedanke ist, dass die Herstellung sowie das Inverkehrbringen gefährlicher Produkte besondere Sorgfaltspflichten (Verkehrspflichten) begründen, deren Verletzung Schadensersatzansprüche auslösen kann. Die Rspr hat im Laufe der Jahre zahlreiche produkthaftungsspezifische Verkehrspflichten entwickelt (s.u. Rn 174 ff). Zu dieser Konkretisierung der Produzentenpflichten treten **Beweiserleichterungen** für den Geschädigten hinzu, die den Besonderheiten der Produkthaftung Rechnung tragen und ihre Nähe zu den anderen Berufshaftungen, insbes zur Arzthaftung, verdeutlichen.

174 **2. Haftungsvoraussetzungen. a) Verkehrspflichten des Produzenten.** Für die Bestimmung der Pflichten des Produzenten gelten die allgemeinen Regeln über Konkretisierung und Umfang von Verkehrspflichten. Abzuwägen sind die **Interessen des Produzenten** (insbes Möglichkeiten und Kosten der Gewährleistung eines bestimmten Niveaus von Produktsicherheit bzw der Reduzierung von Produktgefahren und die Zumutbarkeit solcher Maßnahmen, dazu insbes BGHZ 104, 323, 329 f; zur Einhaltung öffentlich-rechtlicher Sicherheitsstandards bereits oben Rn 114), die **Interessen der Gefährdeten** (insbes Art der bedrohten Rechtsgüter, Grad ihrer Gefährdung, Möglichkeiten des Selbstschutzes, Vertrauen auf die Ungefährlichkeit des Produktes; die Verkehrspflichten können je nach Adressatenkreis variieren) und **Allgemeininteressen** (insbes das Interesse an Fortschritt und Innovation, die immer mit gewissen Risiken verbunden sind). Die Produzentenpflichten hängen daher ua von Gefährlichkeit des konkreten Produktes, Möglichkeit und Zumutbarkeit von Sicherungsmaßnahmen auf Schädiger- und Geschädigtenseite sowie vom Nutzen des Produkts für die Allgemeinheit ab. Sie gelten ggü dem Produktbenutzer (hier kommt uU eine Modifizierung der Deliktshaftung durch vertragliche Vereinbarungen zwischen ihm und dem Hersteller in Betracht, wenn diese sich auf Deliktsansprüche erstrecken), aber auch ggü unbeteiligten Dritten, die mit den Produktgefahren in Berührung kommen (sog bystander). In vielen Bereichen werden die allgemeinen Regeln über Verkehrspflichten bei der Produkthaftung jedoch durch die von der Rspr speziell für diesen Bereich entwickelten Grundsätze überlagert. Die Produzentenpflichten werden herkömmlich in vier Gruppen unterteilt, die vier wesentlichen Verantwortungsbereichen des Herstellers entsprechen.

175 **aa) Konstruktion.** Ein Produkt ist so zu konstruieren, dass es für den durchschnittlichen Verwender im Rahmen der üblichen Verwendung keine Gefahr darstellt (zB Frankf NJW-RR 99, 25, 26). Öffentlich-rechtliche Sicherheitsstandards, zB DIN-Normen, ISO-Normen, VDI-Richtlinien, bilden aber nur die Untergrenze der zu beachtenden Sicherheitserfordernisse (s.o. Rn 114). Die Verkehrspflichten beziehen sich auf die **Konstruktion** selbst (BGH VersR 60, 855; 60, 1095 f) einschl Überprüfung vor Beginn der Fertigung (BGH VersR 63, 860 f) sowie auf die Eignung der verwendeten Einzelteile und Materialien (BGHZ 67, 359, 362; 104, 323, 327) und die Organisation der Konstruktion nach allgemeinen Grundsätzen über Verkehrspflichten bei Arbeitsteilung (BGH VersR 71, 80 f; BGHZ 104, 323, 327 mwN). Die Konstruktionspflicht unterliegt jedoch zwei wesentlichen **Einschränkungen:** Der Hersteller haftet nach hM nicht für Entwicklungsfehler (iSv nach dem Stand der Technik nicht erkennbaren Fehlern, BaRoth/*Spindler* § 823 Rn 493) – deswegen ist seine Pflicht zur Produktbeobachtung (s.u. Rn 178 f) von besonderer Bedeutung (Erman/*Schiemann* § 823 Rn 116; BaRoth/*Spindler* § 823 Rn 493 mwN). Die zweite Einschränkung betrifft die Verwendung von Materialien und Einzelteilen anderer Hersteller: Hier beschränken sich die Pflichten des Endproduzenten nach den Grundsätzen der arbeitsteiligen Produktion (dazu insbes BaRoth/*Spindler* § 823 Rn 524 ff; MüKo/*Wagner* § 823 Rn 557 ff) auf allgemeine Organisations- und Kontrollpflichten, insbes Qualitätskontrolle und Prüfung auf Eignung bzw Tauglichkeit (zB BGH VersR 70, 469, 470; BGHZ 104, 323, 328) und Überprüfung der Zuverlässigkeit des Zulieferers (BGH VersR 72, 559, 560); dabei ist aber auch der Vertrauensgrundsatz zu berücksichtigen, MüKo/*Wagner* § 823 Rn 557). Bei horizontaler Arbeitsteilung reichen die Sorgfaltspflichten des Endherstellers weiter als bei vertikaler (MüKo/*Wagner* § 823 Rn 558).

bb) Fabrikation. Der gesamte **Fabrikationsprozess** vom Rohstoffeingang bis zum Warenausgang ist so zu organisieren, dass das Inverkehrbringen mangelhafter, gefährlicher Produkte so weit wie möglich ausgeschlossen wird (s zB BGHZ 105, 346, 352). Der Produzent haftet aber nach § 823 I (anders als nach § 1 I ProdHaftG) **nicht** für sog **Ausreißer**, dh mangelhafte Einzelstücke, deren Fehler sich nicht vermeiden ließen (s BGH VersR 56, 410, 411;BGHZ 51, 91, 105 f;129, 353, 358 – zum ProdHaftG). Teilweise wird jedoch davon ausgegangen, dass die Anforderungen an die sorgfältige Fabrikation so hoch seien, dass Ausreißer praktisch kaum noch auftreten könnten (zB Erman/*Schiemann* § 823 Rn 117; AnwK/*Katzenmeier* § 823 Rn 313). Neben der sorgfältigen Fertigung des Produkts sind insbes **Qualitätskontrollen** erforderlich. Ihr Umfang und das Verhältnis zur Sorgfalt im Fabrikationsprozess selbst sind jedoch problematisch und str (s nur BaRoth/*Spindler* § 823 Rn 499 mN): Die Rspr stellt teilweise hohe Anforderungen (zB Ddorf NJW 78, 1693; Hamm OLGZ 90, 115, 118; Köln NJW-RR 91, 740), Umfang und Intensität der Qualitätskontrollen (zB Stichproben oder umfassende Ausgangskontrolle) hängen jedoch letztlich von den Umständen des Einzelfalls ab (BGH VersR 78, 538, 540; BGHZ 104, 323, 333 ff); die Kontrollen ergänzen lediglich die Pflicht zur technisch sorgfältigen Produktion (BGHZ 105, 346, 352). Aus diesen Elementen dürfte sich letztlich eine ergänzende Funktion der Kontrollpflichten herleiten lassen, dh die Anforderungen sind umso höher, je größer die Wahrscheinlichkeit für nicht mit zumutbarem Aufwand vermeidbare Fehler beim Fabrikationsvorgang selbst ist. Zur im Zusammenhang mit der Fabrikation ebenfalls erforderlichen Befundsicherung s.u. Rn 193.

176

cc) Instruktion. Die **Instruktionspflicht** des Produzenten betrifft die Aufklärung über von dem Produkt ausgehende Gefahren sowohl bei bestimmungsgemäßer Anwendung als auch für nahe liegenden Fehlgebrauch (s insbes BGHZ 99, 167, 180; 116, 60, 65 f; NJW 99, 2815 f, beide mwN). Adressaten sind die Benutzer des Produktes; Maßstab ist die am meisten schutzbedürftige Nutzergruppe (BGH NJW 94, 932, 933). Art und Umfang der Instruktionspflicht richten sich nach der Gefährlichkeit des Produktes, in Betracht kommen insbes Gebrauchsanleitung, Verarbeitungshinweise, ggf separate Warnhinweise. Die Instruktion muss deutlich (nicht zwischen anderen Informationen „versteckt", s nur BGHZ 99, 167, 181; 116, 60, 68; NJW 99, 2273, 2274) und für den in Frage kommenden Nutzerkreis verständlich sein (BGHZ 116, 60, 68); auch auf Nebenwirkungen ist hinzuweisen (BGHZ 80, 186, 191 ff). Auch in Bezug auf die Wirkungslosigkeit eines Produktes kann eine Aufklärung erforderlich sein, wenn der Nutzer sonst auf die Wirksamkeit vertrauen und dadurch von anderen Gefahrabwehrmaßnamen absehen würde (BGHZ 80, 186, 189 f). **Grenzen** der Instruktionspflicht ergeben sich zum einen bei offensichtlichem Missbrauch oder völlig unerwarteter Verwendung des Produkts (zB BGH NJW 81, 2514, 2515 f: Berauschen mit Kälte- bzw Reinigungsmittel für gewerblichen Gebrauch), zum anderen dort, wo Kenntnis der Gefahren vom Produktnutzer zu erwarten ist (zB BGHZ 116, 60, 65 f; NJW 99, 2815, 2816, beide mwN), vor allem bei gewerblichen Abnehmern (insbes BGH NJW 96, 2224, 2226 mwN). In die zweite Kategorie fallen auch die neueren Entscheidungen über – offensichtlich vom US-amerikanischen Produkthaftungsrecht inspirierte – Klagen wegen Gesundheitsschäden durch Rauchen (Frankf NJW-RR 01, 1471; AG Arnsberg NJW 04, 232, 2345; Hamm NJW 05, 295 – auch zur Ablehnung eines Konstruktionsfehlers; vgl aber auch *Buchner/Wiebel* VersR 01, 29 ff; zur allg Problematik der Produkthaftung für Tabakwaren insbes *Buchner* VersR 00, 28 ff; *Rohlfing/Thiele* VersR 00, 289 ff), Bierkonsum (Hamm NJW 01, 1654, 1655) oder gar den Verzehr von Schokoladeriegeln (Ddorf VersR 03, 912 ff) oder Lakritz (Köln NJW 05, 3292, 3293 f).

177

dd) Produktbeobachtung. Die Pflichten des Herstellers enden nicht mit dem Inverkehrbringen des Produkts. Vielmehr ist er in Einklang mit dem allgemeinen Grundsatz, dass die Eröffnung eines Verkehrs Pflichten auch über diesen Zeitpunkt hinaus begründet (s.o. Rn 106) auch danach zur **Produktbeobachtung** verpflichtet (grundlegend BGHZ 80, 199, 202 f; weiterhin etwa BGHZ 99, 167, 171 ff; NJW 94, 3349, 3350). Diese umfasst die Überprüfung von Beanstandungen (passive Produktbeobachtung, zB BGH NJW 94, 517, 519; NJW-RR 95, 342, 343) und die Beachtung fachlicher (Fort-)Entwicklungen und auch von Konkurrenzprodukten im Hinblick auf neue Erkenntnisse über die Gefährlichkeit des Produktes (aktive Produktbeobachtung, zB BGHZ 80, 199; 99, 167; NJW 94, 3349), ggf auch laufende Tests des Produktes. Die Produktbeobachtungspflicht betrifft insbes „Ausreißer" (einzelne fehlerhafte Produkte, deren Fehler weder bei der Fabrikation vermeidbar noch für den Hersteller vor dem Inverkehrbringen erkennbar waren) sowie Entwicklungsfehler, die im Zeitpunkt der Konstruktion noch nicht erkennbar waren. Sie umfasst auch **Wechselwirkungen mit den Produkten anderer Hersteller**, insbes wenn das Produkt typischerweise als Bestandteil oder Zubehör anderer Gegenstände verwendet wird (zB BGHZ 99, 167, 174; NJW 94, 3349, 3350; 95, 1286, 1288; vgl aber auch Stuttg VersR 01, 465, 467); ggf haften beide Hersteller als Gesamtschuldner, § 840 I. Umstritten ist, ob der Pflichtenstandard in Bezug auf derartige Kombinationen mit anderen Produkten genauso hoch ist wie bei isolierter Verwendung des Produkts (zB Erman/*Schiemann* § 823 Rn 119: engere Grenze bei Produktbeobachtungspflichten bei fremden Produkten als bei eigenen, ähnlich BaRoth/*Spindler* § 823 Rn 513; strenger aber BGH NJW 90, 906, 907 f; 94, 3349, 3350 mwN: Pflicht, die Produktentwicklung der wichtigsten Wettbewerber zu beobachten). Letztlich wird man auf die Umstände des Einzelfalls abstellen müssen, insbes auf die typischen (Weiter-)Verwendungszwecke des Produktes.

178

179 Auch die Ausgestaltung der Produktbeobachtungspflicht im Einzelfall richtet sich nach der Gefahr, die von dem konkreten Produkt ausgeht. In Betracht kommt insbes eine **Warnpflicht** des Herstellers (BGHZ 80, 199, 203 ff), deren Inhalt und Ausgestaltung im Einzelfall mit der Instruktionspflicht beim Inverkehrbringen des Produktes vergleichbar sind (s nur BaRoth/*Spindler* § 823 Rn 514 mwN). Reicht eine Warnung nicht aus, kommt eine **Rückrufpflicht** in Betracht (dazu insbes *Bodewig/Michalski* BB 98, 961). Sie berührt die Grenze zur Vertragshaftung: Der Rückruf beseitigt die Produktgefahr, aber regelmäßig wird er mit einer Behebung des gefährlichen Mangels oder – wo dies nicht möglich ist – mit einem Austausch des fehlerhaften Produkts (ggf auch auf der Grundlage von § 9 iVm § 8 IV Nr 7 GPSG, dazu insbes *Marburger* FS Deutsch 271, 285 f – zur Vorgängerregelung) kombiniert. Die Kosten des Rückrufs werden idR vom Produzenten getragen; Umfang und dogmatische Begründung (insbes die Verortung im Vertrags- oder Deliktsrecht) sind jedoch str. Teilweise wird angenommen, der Hersteller habe nur die Kosten für den Ausbau des fehlerhaften Einzelteils, nicht jedoch für den Einbau eines fehlerfreien zu übernehmen (Stuttg NJW 97, 572 f; Ddorf NJW-RR 97, 1344, 1346), teilweise wird aber auch davon ausgegangen, dass er die Kosten in vollem Umfang zu tragen habe (BaRoth/*Spindler* § 823 Rn 519). Die Frage lässt sich nur im Zusammenhang mit der rechtsdogmatischen Verortung der Rückrufpflicht beantworten. Sie wird teilweise auf §§ 478 ff gestützt (zB AnwK/*Katzenmeier* § 823 Rn 320), teilweise als Gegenstück zum quasinegatorischen Rechtsschutz verstanden (zB Erman/*Schiemann* § 823 Rn 119 mwN). Sofern ein Deliktsanspruch ausschließlich mit einer Verletzung der Produktbeobachtungspflicht begründet wird, dürfte er idR nur die Kosten der Gefahrbeseitigung, also des Rückrufs und des Ausbaus eines gefährlichen Einzelteils bzw einer Reparatur, umfassen. Alles Weitere ist eine Frage der Risikoverteilung innerhalb der Vertragskette.

180 **b) Verletzung der Verkehrspflicht. aa) Sachlicher Schutzbereich.** Die Verletzung einer Verkehrspflicht des Produzenten manifestiert sich regelmäßig in einem Fehler des Produktes. Sieht man jedoch – wie hier – die Produkthaftung als Spezialfall der Haftung für Verkehrspflichtverletzung an, ist entscheidend für die Haftung nicht der Produktfehler, sondern die Verletzung einer der oben genannten Pflichten. Dadurch reduziert sich auch der Streit um die Reichweite des **Produktbegriffs:** Es kommt darauf an, ob es sich um ein Erzeugnis des Produzenten handelt und er bei der Herstellung oder durch das Inverkehrbringen eine Verkehrspflicht verletzt hat. Der Begriff des Erzeugnisses ist in einem weiten Sinne zu verstehen und umfasst zB auch Wasser (BGHZ 59, 303, 309), andere Energiequellen, Abfall (BGH NJW 76, 46 f), Druckwerke, sofern sie Fehler enthalten, die eine Gefahr begründen, wie zB falsche Angaben in Handbüchern (BGH NJW 70, 1963 f; 73, 843, 845; dazu insbes *Foerste* NJW 91, 1433), Computerprogramme (teilw str, zum Streitstand insbes *Meier/Wehlau* CR 90, 95 ff), landwirtschaftliche Erzeugnisse auch vor der ersten Verarbeitung (Staud/*J Hager* § 823 Rn F 6; BaRoth/*Spindler* § 823 Rn 483; aA Hamm DB 73, 325, 326) oder abgetrennte Körperteile (offen gelassen für Blutkonserve in BGHZ 114, 284, 291 f) – trotz des Verbotes des Organhandels in § 17 I TPG, da es für die Deliktshaftung auf das Inverkehrbringen und die dadurch geschaffene Gefahr ankommt. Für unbewegliche Sachen, zB asbestverseuchte Häuser, sollte Entspr gelten (für eine Einbeziehung in die Produkthaftung auch Staud/*J Hager* § 823 Rn F 6; BaRoth/*Spindler* § 823 Rn 483; AnwK/*Katzenmeier* § 823 Rn 298). Auch wenn fraglich ist, ob sie noch als Produkte angesehen werden können, besteht jedenfalls bei der Deliktshaftung für mangelhafte Bauwerke eine der Produkthaftung vergleichbare Interessenlage, so dass dafür die gleichen Grundsätze (insbes die gleichen Beweiserleichterungen) gelten sollten (vgl *Schaub* S 372 f, 408; *Schaub* VersR 01, 940 ff, 946).

181 **bb) Persönlicher Schutzbereich.** Für den persönlichen Schutzbereich gelten bei der Produkthaftung die allgemeinen Grundsätze über Verkehrspflichtverletzungen (s.o. Rn 118), dh die Produzentenpflichten richten sich nach den in Frage kommenden Benutzern; Maßstab ist die am stärksten schutzbedürftige Gruppe.

182 **cc) Haftpflichtiger.** Wer haftpflichtig ist, beurteilt sich nach den Verkehrspflichten, dh nach der Verantwortlichkeit für Konstruktion, Fabrikation, Instruktion und Produktbeobachtung.

183 Haftpflichtig ist zunächst der **Hersteller selbst.** Der **Alleinhersteller** haftet unabhängig davon, ob es sich um einen Kleinbetrieb oder ein Großunternehmen handelt (BGHZ 116, 104, 109 f). Bei **arbeitsteiliger Produktion** sind Endhersteller und Zulieferer für getrennte Bereiche verantwortlich: Der Zulieferer haftet für das gelieferte Produkt innerhalb von dessen bestimmungsgemäßer oder nahe liegender Verwendung (BGH NJW 68, 247, 248; 96, 2224, 2225). Der Endhersteller ist verantwortlich für das Restprodukt sowie insbes für Überprüfung (BGHZ 116, 104, 112 f; zumindest von Stichproben, Oldbg NJW-RR 05, 1338), Eignung des Materials (BGH NJW 96, 2224, 2225), ordnungsgemäße Verarbeitung der zugelieferten Teile (BGH NJW 75, 1827, 1828), Auswahl (BGH VersR 72, 559, 560) und Geeignetheit des Lieferanten (zB BGHZ 67, 359, 361 f; 116, 104, 112 f; NJW 94, 3349, 3350) und ggf für Anweisungen zur Anfertigung von Einzelteilen (BGHZ 67, 359, 362; NJW 75, 1827, 1828; 94, 3349, 3350); bedenklich aber die Ausweitung der Haftung des Endherstellers auf Konstruktionsfehler des spezialisierten Zulieferers in Karlsr NJW-RR 95, 594, 597. Zu Einzelheiten insbes BaRoth/*Spindler* § 823 Rn 525 ff; MüKo/*Wagner* § 823 Rn 557 ff. Gesondert zu untersuchen sind die **Haftungsadressaten innerhalb des Unternehmens.** Neben der Haftung des Unternehmens selbst kommt auch eine solche von Organen oder leitenden Angestellten in Betracht. Ihre Bedeutung liegt im Vergleich zur allgemeinen Organhaftung (s.o. Rn 125) insbes in der mit den Beweiserleichterungen für den Geschädigten bei

der Produkthaftung verbundenen Haftungsverschärfung und der Verjährung, die insbes bei fehlender Kenntnis (vgl § 199 I Nr 2) von Namen, Anschrift und Stellung dieser Personen häufig erst später zu laufen beginnt (BGH NJW 01, 964 f mwN). Der Rspr lassen sich für die Haftung von Organen oder Mitarbeitern kaum klare Regeln entnehmen. BGH NJW 75, 1827, 1828 f nahm eine persönliche Haftung eines Kommanditisten mit Beweislastumkehr an; nach BGH NJW 87, 372, 374 soll dies aber nicht für die Verletzung von Instruktionspflichten gelten. BGHZ 116, 104, 113 f betonte hingegen, dass die Beweislastumkehr für leitende Mitarbeiter nur gelte, wenn diese ausnahmsweise als „Repräsentanten" des Unternehmens anzusehen seien. In BGH NJW 01, 964 f (dazu insbes *Wagner* VersR 01, 1057 ff; *Foerste* VersR 02, 1 ff; *Medicus* GmbHR 02, 809 ff) wurden Produkthaftungs-Klagen gegen Vorstandsmitglieder, Prokuristen und Abteilungsleiter eines Unternehmens als noch nicht verjährt angesehen. Dieses in der Sache ausschließlich die Verjährung betreffende Urteil enthält keine unmittelbaren Ausführungen zum Durchgreifen einer solchen Haftung, aber auch keine Ablehnung. Insgesamt sollte – wie in BGHZ 116, 104, 113 f vorgezeichnet – bei der Produkthaftung von Organen und leitenden Angestellten insbes wegen der Beweiserleichterungen, aber auch wegen der Gefahr eines Unterlaufens von Verjährungsvorschriften, wenn die Haftung letztlich auf das Unternehmen übergewälzt wird (zB über die Prämien für D & O-Versicherungen), Zurückhaltung geübt werden.

Der **Quasi-Hersteller**, der ein fremdes Produkt mit seinem Namen oder seiner Marke versieht und in den Verkehr bringt, wird vom BGH grds nicht als Hersteller iSd deliktsrechtlichen Produkthaftung angesehen (insbes BGH VersR 77, 839 f; NJW 80, 1219; 94, 517, 519; vgl aber auch BGH NJW 95, 1286, 1289; NJW-RR 95, 342, 343) – anders als bei der Haftung nach § 1 ProdHaftG, die gem § 4 I 2 ProdHaftG auch den Quasi-Hersteller trifft. Eine Ausnahme gilt nur bei besonderer Bekanntheit des Quasi-Herstellers oder außergewöhnlichem Einfluss auf den Hersteller selbst (Staud/*J Hager* § 823 Rn F 31 f). Diese Faktoren spielen eine Rolle für die Beurteilung der Frage, ob der Quasi-Hersteller eine eigene Verkehrspflicht verletzt hat: Wenn er über den Hersteller Einfluss auf die Beschaffenheit des Produktes nimmt bzw durch seinen „guten Namen" besonderes Vertrauen auf die Sicherheit des Produktes weckt und dadurch die Benutzer von sonst evtl vorgenommenen Überprüfungen absehen, kommt eine eigene Verkehrspflichtverletzung durch den Quasi-Hersteller in Betracht. Im Übrigen erscheint hier jedoch – auch wegen der im Vergleich zum ProdHaftG fehlenden Haftungshöchstgrenzen – Zurückhaltung angebracht, will man nicht die Bedeutung des Erfordernisses einer Verkehrspflichtverletzung zu stark reduzieren. Insofern erscheint es konsequent, auch den **Importeur** eines Produktes nur ausnahmsweise – in vergleichbaren Fällen von Verkehrspflichtverletzungen – deliktsrechtlich zur Verantwortung zu ziehen (BGHZ 99, 167, 170 f; NJW 94, 517, 519 mwN); anders wiederum § 4 II ProdHaftG für denjenigen, der ein Produkt in den EWR einführt. 184

Den **Vertriebshändler** treffen idR keine Sorgfaltspflichten in Bezug auf Konstruktion und Fabrikation (BGHZ 99, 167, 170 f; NJW 94, 517, 519 mwN; Ausnahme: NJW 81, 2250 f), evtl aber Instruktions- und Produktbeobachtungspflichten (zB BGH NJW 81, 2250; BGHZ 99, 167, 170 ff; NJW 94, 517, 519; NJW-RR 95, 342, 343), insbes wenn eine besondere Verbindung zum Hersteller besteht (BGHZ 67, 359, 361 f; NJW 81, 2250 f). Weiter gehend ist auch hier die Haftung nach § 1 ProdHaftG, falls sich der Hersteller oder Importeur nicht feststellen lässt, § 4 III ProdHaftG. 185

dd) **Beweislast.** Das Vorliegen einer **Verkehrspflichtverletzung** ist grds vom Geschädigten darzulegen und zu beweisen; zu seinen Gunsten greifen etliche Modifikationen der Beweislast ein (dazu unten Rn 191 ff). 186

c) **Rechtsgutsverletzung und haftungsbegründende Kausalität.** Die Verkehrspflichtverletzung muss zur Schädigung eines Rechtsguts iSd § 823 I geführt haben; dieses Erfordernis spielt insbes bei „Weiterfresserschäden" (s.o. Rn 39 ff) eine Rolle. Auch in Bezug auf die haftungsbegründende Kausalität (zwischen Verkehrspflichts- und Rechtsgutsverletzung) bestehen teilweise **Beweiserleichterungen** (s.u. Rn 192). 187

d) **Rechtswidrigkeit.** Für die Rechtswidrigkeit gelten bei der Produkthaftung ggü der allgemeinen Haftung für Verkehrspflichtverletzung keine Besonderheiten. 188

e) **Verschulden.** Beim Verschulden ist insbes die **Beweislastumkehr** bei Konstruktions-, Fabrikations- und ggf auch Instruktionsfehlern zu beachten (s.u. Rn 192): Das diesbezügliche Verschulden des Herstellers wird vermutet, eine Entlastung gelingt selten. 189

f) **Schaden und haftungsausfüllende Kausalität.** Zu ersetzen sind durch die Verkehrspflichtverletzung verursachte Schäden an Rechtsgütern iSd § 823 I, solche am mangelhaften Produkt selbst jedoch nur ausnahmsweise (dazu schon oben Rn 39 ff). 190

3. **Beweislast.** Das Vorliegen einer **Verkehrspflichtverletzung** ist grds vom Geschädigten darzulegen und zu beweisen. Ggf kommt ein **Anscheinsbeweis** für das Vorliegen eines Produktfehlers und die haftungsbegründende Kausalität in Betracht, wenn gleichartige Schäden bei mehreren Benutzern auftreten (BGHZ 17, 191, 196; NJW 87, 1694, 1695 mwN), der Hersteller gegen Unfallverhütungsvorschriften verstoßen hat (BGH BB 72, 13 f; München NJW-RR 89, 1371 mwN), wenn eine nachträgliche Produktveränderung faktisch ausgeschlossen ist (BGH NJW 87, 1694, 1695) oder sonst konkrete Umstände dafür sprechen, dass der Fehler seinen Ursprung in der Sphäre des Produzenten hat. Ein Anscheinsbeweis scheidet aber aus, wenn nicht auszu- 191

schließen ist, dass der Fehler erst nach der Auslieferung entstanden ist (BGH NJW 87, 1694, 1695; BGHZ 104, 323, 331; NJW 93, 528).

192 Charakteristisch für die Produkthaftung ist vor allem die im „Hühnerpest"-Urteil des BGH (BGHZ 51, 91) begründete **Beweislastumkehr**. Sie gilt gem BGHZ 51, 91, 105 jedenfalls hinsichtlich des **Verschuldens** bei Konstruktions- und Fabrikationsfehlern, weil der Grund für eine etwaige Unaufklärbarkeit in der Sphäre des Produzenten liegt. Später wurde klargestellt, dass sich die Beweislastumkehr auch auf **Pflichtwidrigkeit** und **haftungsbegründende Kausalität** bezieht (zB BGHZ 80, 186, 196 f; 116, 104, 107 ff mwN; NJW 99, 1028, 1029 mwN): Beweist der Geschädigte, dass ein **Konstruktions- oder Fabrikationsfehler** vorliegt, der aus dem Organisationsbereich des Herstellers stammt, werden Verkehrspflichtverletzung, haftungsbegründende Kausalität und Verschulden des Produzenten vermutet. Dieser kann sich entlasten, wenn er beweist, dass er die notwendige Sorgfalt angewandt, insbes (einschl seiner Hilfspersonen) die oben angeführten Verkehrspflichten eingehalten hat und ihn kein Verschulden trifft (zB BGHZ 51, 91, 105; 80, 186, 196 f; NJW 96, 2507, 2508). Dieser Entlastungsbeweis gelingt praktisch selten, insbes reicht die Einhaltung technischer Normen allein zur Entlastung idR nicht aus (s.o. Rn 175). Inzwischen wird mitunter eine Ausdehnung der Beweislastumkehr auf anfängliche **Instruktionsfehler**, die aus der Sphäre des Herstellers stammen, angenommen (BGHZ 80, 186, 197 f; 116, 60, 72 f). Sie wurde zunächst auf das Verschulden begrenzt, weil im Übrigen keine Beweisnot des Geschädigten vorliege, die derjenigen bei Konstruktions- und Fabrikationsfehlern entspreche (insbes BGHZ 80, 186, 197 f). Weil dem Geschädigten nicht alle Erkenntnismöglichkeiten des Herstellers in Bezug auf die Gefährlichkeit des Produktes (zB interne Tests) zugänglich sind, wird heute für Tatsachen, die dem internen Bereich des Herstellers entstammen, zu Recht eine Beweislastumkehr auch für Pflichtverletzung und haftungsbegründende Kausalität angenommen (insbes BGHZ 116, 60, 73; NJW 99, 2815, 2816 mwN; BaRoth/*Spindler* § 823 Rn 557 mwN). Fraglich ist, ob dies auch für die Verletzung **nachträglicher Instruktionspflichten** gilt (dagegen zB BGHZ 80, 186, 198 f; AnwK/*Katzenmeier* § 823 Rn 329); hier erscheint eine parallele Handhabung zur Verletzung anfänglicher Instruktionspflichten angebracht, dh eine Beweislastumkehr kommt in Betracht, wenn Erkenntnismöglichkeiten in Frage stehen, die in der Sphäre des Herstellers liegen (in diese Richtung auch zB BaRoth/*Spindler* § 823 Rn 557). Für **Produktbeobachtungspflichten** dürfte Entspr anzunehmen sein.

193 Bei Verletzung einer **Befundsicherungspflicht** durch den Hersteller findet nach der Rspr zudem eine **Beweislastumkehr** in Bezug auf die Herkunft des Fehlers aus der Sphäre des Produzenten statt (zu diesem Fragenkreis insbes *Foerste* VersR 88, 958 ff; *Giesen* JZ 88, 969 ff; *Winkelmann* MDR 89, 16 ff; *Steffen* FS Brandner 327, 336 ff; *Kunz* BB 94, 450, 453 f; *Looschelders* JR 03, 309, 313). Der Umfang solcher Befundsicherungspflichten ist jedoch bislang unklar und str (bejaht zB in BGHZ 104, 323, 333 ff; 129, 353, 361 ff mwN; abgelehnt zB in Dresden NJW-RR 99, 34 f; Ddorf NJW-RR 00, 833, 835). In den zentralen Entscheidungen des BGH (BGHZ 104, 323; 129, 353; s auch NJW 93, 528) ging es um die Pflicht, die Sicherheit von Mehrweg-Glasflaschen zu überprüfen und dies zu dokumentieren. Die entscheidende Frage, wann Pflichten zur Befund- bzw Statussicherung anzunehmen sind, richtet sich nach dem Zweck der damit verbundenen Beweislastumkehr. Für diesen ist jedoch str, ob er darin besteht, zu verhindern, dass gefährliche Produkte in den Verkehr gelangen (zB AnwK/*Katzenmeier* § 823 Rn 325 Fn 1030 mwN), oder ob die Beweislastumkehr gerechtfertigt ist, weil bei Fehlen einer solchen Befundsicherung die Ermittlung des Kausalzusammenhangs erschwert ist (s nur BaRoth/*Spindler* § 823 Rn 553; Erman/*Schiemann* § 823 Rn 121). Da die erste Begründung letztlich allgemeinen Grundgedanken der Verkehrspflichtverletzung entspricht, ist schwer ersichtlich, warum sie in diesem besonderen Fall eine Beweislastumkehr rechtfertigen soll. Die zweite Argumentationslinie erscheint überzeugender, aber auch bei ihr bleibt der genaue Umfang der Befundsicherungspflichten offen. Will man über die Befundsicherungspflicht nicht zu einer unbedingten Einstandspflicht des Produzenten gelangen (dazu insbes *Honsell* JuS 95, 211, 214; ProdHHdb/*Foerste* § 30 Rn 41), ist eine Eingrenzung erforderlich. Es erscheint daher sinnvoll, mit dem BGH (NJW 93, 528, 529) eine Befundsicherungspflicht nur bei Produkten anzunehmen, deren erhebliche Risiken für den Verbraucher in der Herstellung angelegt sind und deren Beherrschung einen Schwerpunkt des Produktionsvorganges darstellt, so dass über die übliche Warenendkontrolle hinaus besondere Befunderhebungen erforderlich sind. Weiterhin sollte – über die Rspr hinaus – verlangt werden, dass die Beweissituation für den Geschädigten schwierig ist, weil sich das Vorhandensein des Fehlers beim Inverkehrbringen nicht mehr sicher feststellen lässt (*Kullmann* NJW 94, 1698, 1705).

194 In Bezug auf die Beweislast für **Schaden und haftungsausfüllende Kausalität** gelten die allgemeinen Beweiserleichterungen für Verkehrspflichtverletzungen, insbes der Anscheinsbeweis, wenn die Verletzung einer Verkehrspflicht feststeht und ein für eine solche Verletzung typischer Schaden vorliegt. Nach der Rspr (BGH NJW 75, 1827, 1829; BGHZ 106, 273, 284; 116, 60, 73) muss bei bestimmten Instruktionsfehlern der Geschädigte beweisen, dass der Schaden bei pflichtgemäßer Instruktion vermieden worden wäre (ggf mit Hilfe des Anscheinsbeweises). Nach überzeugender aA handelt es sich hier um die Frage eines rechtmäßigen Alternativverhaltens, das nach allgemeinen Regeln vom Schädiger zu beweisen ist, dh der Produzent muss sich entlasten (zB Erman/*Schiemann* § 823 Rn 122; AnwK/*Katzenmeier* § 823 Rn 327; Staud/*J Hager* § 823 Rn F 42 mwN).

195 **IV. Arzthaftung. 1. Grundlagen. a) Haftungsgrundlage.** Die Arzthaftung richtete sich bisher ganz überwiegend nach Deliktsrecht, weil bis 2002 nur bei Deliktsansprüchen auch Schmerzensgeld zugesprochen wer-

den konnte (§ 847 aF). Durch das Schadensersatzrechtsänderungsgesetz 2002 iVm der Schuldrechtsmodernisierung wurde die Grundlage für eine **stärkere Verlagerung** der Arzthaftung **in das Vertragsrecht** geschaffen, so dass künftig die Deliktshaftung in diesem Bereich Bedeutung verlieren könnte (vgl nur BTDrs 14/7752, S 15; MüKo/*Wagner* § 823 Rn 643; *Deutsch* JZ 02, 588, 592; *Katzenmeier* VersR 02, 1066, 1073 f; *Spindler/Rieckers* JuS 04, 272 ff). Eine solche Verschiebung erschiene schon deshalb begrüßenswert, weil – anders als in den typischen Fällen der Deliktshaftung – zwischen den Anspruchsparteien idR auch eine Vertragsbeziehung besteht und die haftungsbegründenden ärztlichen Pflichten meist aus dem Vertrag abzuleiten sind. Eine solche Verschiebung des Schwerpunktes der Arzthaftung in das Vertragsrecht dürfte ohne größere Umstellung der Dogmatik möglich sein, weil im bisherigen Arzthaftungsrecht Vertrags- und Deliktshaftung nach weitgehend einheitlichen Gesichtspunkten beurteilt wurden (s nur BGH NJW 89, 767, 768 mwN; Erman/*Schiemann* § 823 Rn 131; Staud/*J Hager* § 823 Rn I 7 mwN). Separate Bedeutung wird die Deliktshaftung insbes für die persönliche Haftung des Arztes beim totalen Krankenhausaufnahmevertrag sowie beim Handeln angestellter Ärzte in einer Arztpraxis behalten.

An dieser Stelle können nur die **Grundzüge** der Arzthaftung, insbes ihre dogmatischen Ausgangspunkte, die wichtigsten ärztlichen Pflichten und Besonderheiten bei der Beweislast, dargestellt werden. Für Einzelheiten, insbes zur umfangreichen Kasuistik, ist auf die Spezialliteratur zurückzugreifen (insbes *Deutsch/Spickhoff* Medizinrecht 5. Aufl 03; *Gehrlein* Leitfaden zur Arzthaftpflicht, 00; *Geiß/Greiner* Arzthaftpflichtrecht, 4. Aufl 01; *Giesen* Arzthaftungsrecht, 4. Aufl 00; *Katzenmeier* Arzthaftung, 02; *Laufs/Uhlenbruck* [Hrsg] Handbuch des Arztrechts, 3. Aufl 02; *Spickhoff* Aktuelle Rechtsfragen des medizinischen Behandlungsverhältnisses, 04; *Steffen/Dressler* Arzthaftungsrecht, 9. Aufl 02). Zur Person des Haftpflichtigen und dem Zusammenhang mit den verschiedenen Arten von Krankenhausaufnahmeverträgen s insbes § 611 Rn 14; MüKo/*Wagner* Rn 647 ff; AnwK/*Katzenmeier* § 823 Rn 346 ff. 196

b) Dogmatische Ausgangspunkte. Die **Rspr** sieht in jedem ärztlichen Eingriff – auch einem lege artis durchgeführten – eine **tatbestandsmäßige Körperverletzung**, die jedoch durch die Einwilligung des Patienten gerechtfertigt sein kann (s nur BGHZ 29, 46, 49; 106, 391, 397 f; zur Verordnung eines Medikamentes als Eingriff BGH NJW 05, 1716). Dagegen betrachtet ein Teil der **Lit** kunstgerecht durchgeführte ärztliche Eingriffe grds als rechtmäßig. Wurden sie jedoch nicht in Einklang mit dem Willen des Patienten vorgenommen, sind sie also nicht von dessen Einwilligung gedeckt, verstoßen sie gegen sein Selbstbestimmungsrecht und stellen damit eine Verletzung des **Allgemeinen Persönlichkeitsrechts** des Patienten dar (zB *Larenz/Canaris* § 76 II 1 g; Erman/*Schiemann* § 823 Rn 135; AnwK/*Katzenmeier* § 823 Rn 344 f mwN). Unterschiede beider Ansätze wirken sich – neben der nicht zu unterschätzenden psychologischen Komponente der Betrachtung ärztlichen Handelns – vor allem bei der Beurteilung der Beweislast aus. Für diese ist aber aufgrund der arzthaftungsspezifischen Sonderregeln, die letztlich auf vom dogmatischen Ansatz unabhängigen Grundgedanken beruhen (s.u. Rn 209), faktisch eine weitgehende Annäherung beider Betrachtungsweisen zu konstatieren (s nur Erman/*Schiemann* § 823 Rn 141), so dass die Kontroverse heute an praktischer Bedeutung verloren hat (s auch Staud/*J Hager* § 823 Rn I 3; AnwK/*Katzenmeier* § 823 Rn 345 mwN). Für die Position der Rspr spricht insbes, dass sie einen einheitlichen Prüfungsansatz für sämtliche ärztlichen Eingriffe ermöglicht und nicht bereits bei der Frage des verletzten Rechtsguts klären muss, ob eine wirksame und die konkrete Verletzung umfassende Einwilligung vorlag. Die folgende Darstellung orientiert sich an der Vorgehensweise der Rspr. 197

2. Pflichten des Arztes. Die Pflichten des Arztes werden hier in chronologischer Reihenfolge dargestellt. Im Rahmen der Deliktshaftung stellen sich die Pflichten des Arztes als **Ausprägung der Verkehrspflichten** – Fallgruppe: Berufspflichten – dar. Sie sind immer wieder neu durch die Rspr zu konkretisieren, die sich dabei auf ärztlichen Sachverstand, insbes auf Gutachten, aber auch auf ärztliche Leitlinien, stützt (an letztere sind die Gerichte jedoch nicht gebunden, vgl dazu insbes MüKo/*Wagner* § 823 Rn 678; BaRoth/*Spindler* § 823 Rn 583; *Hart* [Hrsg] Ärztliche Leitlinien, 00; ders MedR 98, 8, 12 ff). 198

a) Untersuchung und Diagnosestellung. Der Arzt ist verpflichtet, den Patienten umfassend zu untersuchen und eine Diagnose zu stellen. Nicht bei jeder objektiv unrichtigen Diagnose liegt aber schon ein deliktsrechtlich relevanter **Behandlungsfehler** vor, sondern nur unter besonderen Umständen, zB beim Unterlassen einer notwendigen Befunderhebung (s zB BGH NJW 61, 2203, 2204; BGHZ 85, 212, 217 f; 99, 391, 398 f; 138, 1, 5 ff; NJW 03, 2827 f mwN; ausführlich Staud/*J Hager* § 823 Rn I 23 ff). 199

b) Aufklärung. aa) Selbstbestimmungsaufklärung. Die im Arzthaftungsrecht wichtigste Form der Aufklärung ist die **Selbstbestimmungsaufklärung** als Aufklärung über Möglichkeiten und Wirkungen der Behandlung (Diagnose, Behandlungsmethoden und -alternativen, Verlauf, Risiken) als **Grundlage für die Einwilligung** des Patienten aufgrund einer Abwägung zwischen Chancen und Risiken der Behandlung (grundlegend BGHZ 29, 176, 180 mwN; weiterhin zB BGHZ 90, 103, 105 f; NJW 05, 1718 mwN). Der Umfang der erforderlichen Aufklärung richtet sich nach den Umständen des Einzelfalls, insbes nach Dringlichkeit und Risiken der Maßnahme, dh die Anforderungen an die Aufklärung steigen mit abnehmender Dringlichkeit (hier kann abgestuft werden zwischen dringlichen, sonstigen therapeutischen, diagnostischen und kosmetischen Eingriffen) sowie mit zunehmenden Risiken des Eingriffs (s zB BGH NJW 73, 556, 557; 91, 2349 mwN; 98, 1784, 200

1785). **Einschränkungen** kommen im Einzelfall zum Wohl des Patienten in Betracht bei drohender starker Belastung und insbes bei Erhöhung des Eingriffsrisikos durch die Aufklärung, zB wenn zu befürchten ist, dass der Patient in eine dringend gebotene Maßnahme nicht einwilligt (**humanitäres Prinzip/therapeutisches Privileg**). Vom Vorliegen einer derartigen Situation geht die Rspr nur in Ausnahmefällen aus, wenn durch die Aufklärung „das Leben oder die Gesundheit des Patienten ernstlich gefährdet würden", was bei psychischen Beeinträchtigungen allein noch nicht ohne weiteres der Fall ist (BGHZ 29, 46, 56 f mwN; 29, 176, 182 f; 90, 103, 109 f; 107, 222, 226 f).

201 Die Aufklärung muss grds durch den behandelnden Arzt erfolgen, nicht durch medizinisches Hilfspersonal (BGH NJW 74, 604, 605; 84, 1807, 1808 f mwN). Sie muss – soweit möglich – rechtzeitig vor einem Eingriff stattfinden, um dem Patienten eine eigenverantwortliche Entscheidung über seine Einwilligung in die Behandlung unter Abwägung aller relevanten Faktoren zu ermöglichen (s insbes BGH VersR 83, 956, 957; NJW 85, 1399, 1400; BGHZ 144, 1, 12 mwN; NJW 03, 2012, 2013 f mwN). Adressat ist idR der Patient selbst mit seiner individuellen Entscheidungsfähigkeit und seinen spezifischen Vorkenntnissen (BGHZ 29, 176, 182 f). Ist dieser nicht voll geschäftsfähig, aber gleichwohl fähig, die Bedeutung der Aufklärung zu erfassen, ist umstritten, ob die Aufklärung des Patienten ausreicht oder ob – zusätzlich oder ausschließlich – die gesetzlichen Vertreter aufzuklären sind. Teilweise wird davon ausgegangen, dass in derartigen Fällen in erster Linie der Betroffene selbst aufzuklären sei und einwilligen könne (zB BGHZ 29, 33, 36; MüKo/*Wagner* § 823 Rn 669 mwN), nach aA ist zusätzlich die Einwilligung der gesetzlichen Vertreter erforderlich (BGH NJW 72, 335, 337; BGHZ 105, 45, 48; Staud/*J Hager* § 823 Rn I 97 mwN), was angesichts der weit reichenden Folgen der Einwilligung bei der Arzthaftung aus Gründen des Minderjährigenschutzes auch sinnvoll erscheint. Eine bestimmte Form muss nicht eingehalten werden (BGHZ 67, 48, 55 f); eine lediglich schriftliche Information ist idR nicht ausreichend, sondern es muss grds ein persönliches Gespräch zwischen Arzt und Patient stattfinden (BGHZ 90, 103, 110; 144, 1, 13). Eine schriftliche Niederlegung kann jedoch dem Arzt die Beweisführung erleichtern.

202 Bei Verletzung der Pflicht zur Selbstbestimmungsaufklärung ist der Eingriff nach der Rspr rechtswidrig (zur aA Rn 197). Der Patient kann sich auf das Fehlen der erforderlichen Aufklärung jedoch nur berufen, wenn er plausibel macht, dass er sich nach erfolgter Aufklärung in einem „**echten Entscheidungskonflikt**" über die Erteilung der Einwilligung zu der konkreten Maßnahme befunden hätte (zB BGHZ 90, 103, 111 ff; NJW 05, 1718, 1719 mwN); hierzu ist der Patient persönlich anzuhören (BGH NJW 05, 1364 mwN; 05, 1716, 1717).

203 Hat sich ein **anderes Risiko** verwirklicht als dasjenige, über das fehlerhaft nicht aufgeklärt wurde, sieht der BGH jedenfalls in neuerer Zeit den erforderlichen Rechtswidrigkeitszusammenhang zwischen Aufklärungspflichtverletzung und Schaden als gegeben an, wenn bereits die notwendige **Grundaufklärung** nicht erfolgt ist (insbes BGHZ 29, 176, 180; 90, 103, 106; 106, 391, 398 f; 144, 1, 7 ff mwN); anders teilw die Instanzgerichte (Nachw in BGHZ 106, 391, 396) und die Lit (Nachw bei Staud/*J Hager* § 823 Rn I 120). Wurde hingegen die erforderliche Grundaufklärung vorgenommen, aber über ein bestimmtes Risiko nicht aufgeklärt und verwirklicht sich später ein anderes, mit diesem Risiko in keinem Zusammenhang stehendes Risiko, ist möglicherweise der Rechtswidrigkeitszusammenhang nicht gegeben (insbes BGHZ 106, 391, 399 f; weiterhin zB BGHZ 90, 96, 102; NJW 01, 2798). Die Berufung des Arztes auf eine hypothetische Einwilligung des Patienten im Fall ordnungsgemäßer Aufklärung (Berufung auf rechtmäßiges Alternativverhalten) unterliegt in diesen Fällen nach der Rspr hohen Anforderungen (s insbes BGHZ 90, 103, 111; NJW 98, 2734 f mwN). Vor allem ist nicht auf einen „vernünftigen Patienten", sondern auf den konkret Betroffenen in der spezifischen Situation des Einzelfalles abzustellen.

204 bb) **Sicherungsaufklärung.** Die Sicherungsaufklärung (therapeutische Aufklärung, Sicherheitsaufklärung) ist erforderlich, um die notwendige Mitwirkung des Patienten am Heilungsprozess („compliance") zu gewährleisten. Sie betrifft zB Schutzmaßnahmen, Warnhinweise oder Modalitäten der Medikamenteneinnahme. Zur nachträglichen Sicherungsaufklärung bei Gefahr einer HIV-Infektion durch Bluttransfusion und zur Erstreckung des Schutzbereichs auf den Ehepartner BGH NJW 05, 2614, 2616 ff (dazu *Katzenmeier* NJW 05, 3391 ff). Bei Verletzung der Pflicht zur Sicherungsaufklärung liegt ein Behandlungsfehler vor (AnwK/*Katzenmeier* § 823 Rn 386 mwN).

205 cc) **Aufklärung über wirtschaftliche Risiken der Behandlung.** Bei der Pflicht zur Aufklärung über wirtschaftliche Risiken der Behandlung ist unklar, ob es sich um eine Nebenpflicht oder lediglich um eine Obliegenheit des Arztes handelt. Ihr Umfang ist insbes bei wahlärztlicher Behandlung nach § 17 II 1 Hs 2 KHEntgG str (zu den Anforderungen an die Unterrichtung in diesen Fällen jetzt BGH NJW 04, 684; 04, 686), die Problematik ist jedoch eine solche des Vertrags-, und nicht des Deliktsrechts.

206 c) **Behandlung.** Die Behandlungspflicht erstreckt sich von der Prävention über die Therapie bis zur Nachsorge. Eine medizinisch gebotene Behandlung muss überhaupt, rechtzeitig, im richtigen Maß, kunstgerecht und ohne Begleitfehler (zB Zurücklassen von Gegenständen, Herbeiführen einer Infektion) erfolgen. Grds besteht Therapiefreiheit (zu Abweichungen von der Schulmedizin und Außenseitermethoden insbes Staud/ *J Hager* § 823 Rn I 21 f; MüKo/*Wagner* § 823 Rn 679; AnwK/*Katzenmeier* § 823 Rn 374 ff; BaRoth/*Spindler* § 823 Rn 595 ff). Maßstab für die Anforderungen an die Behandlung ist grds der aktuelle Standard der medi-

vinischen Wissenschaft und der ärztlichen Erfahrung, wie er in der Profession akzeptiert ist, im Zeitpunkt der Behandlung (BGHZ 113, 297, 303 f; 144, 296, 305 f; NJW 01, 1786, 1787, alle mwN). Im Einzelfall können Abstufungen in Betracht kommen, insbes nach spezifischen Qualifikationen des behandelnden Arztes (BGHZ 113, 297, 304; NJW 94, 3008, 3009) bzw Spezialisierung der Klinik (AnwK/*Katzenmeier* § 823 Rn 370 ff). Letztlich geht es hier immer um Verschärfungen, nie um Milderungen des Pflichtenstandards; ein Mindest-Qualitätsstandard muss überall – auch unter evtl ungünstigen äußeren Bedingungen – gewahrt bleiben (so auch zB AnwK/*Katzenmeier* § 823 Rn 371). Es handelt sich dabei um eine Ausprägung allgemeiner Grundsätze für den Sorgfaltsmaßstab (und damit genau genommen um eine Frage des Verschuldens), der objektiviert zu bestimmen ist, aber mit der Möglichkeit einer Verschärfung bei besonderen individuellen Fähigkeiten und Kenntnissen (s § 276 Rn 12). Ökonomische Gesichtspunkte hat die Rspr bei der Bestimmung des Pflichtenstandards bislang idR nicht berücksichtigt (BGH NJW 54, 1536, 1537 – zum Strafrecht; 83, 2080, 2081; anders aber VersR 75, 43 f; Oldbg VersR 95, 49 f; Köln VersR 99, 847 f; zur Problematik insg insbes *Michalski* VersR 96, 265 ff; *Laufs* NJW 00, 1757, 1763 f). In der Lit wird zunehmend über eine Relativierung des Standards unter Wirtschaftlichkeitsgesichtspunkten diskutiert (zB MüKo/*Wagner* § 823 Rn 683 f; AnwK/*Katzenmeier* § 823 Rn 373; BaRoth/*Spindler* § 823 Rn 600 f).

d) Organisation. Organisationspflichten treffen insbes Krankenhausträger, aber auch (größere) Arztpraxen. **207** Erforderlich sind die Schaffung einer aufgabenorientierten, zweckmäßigen Organisation, zB im Hinblick auf Arbeitsverteilung und Arbeitszeiten, Dokumentation der Behandlung oder Verlaufsbeobachtung (**primäre Organisationspflichten**, s insbes BGHZ 95, 63, 71 ff sowie NJW 03, 2309 zur mangelnden Überwachung eines sedierten Patienten bei ambulanter Behandlung), sowie eine Kontrolle der primären Organisationsmaßnahmen (**sekundäre Organisationspflichten**, Unterfall des Qualitätsmanagements).

e) Dokumentation. Befund (Anamnese), Diagnose und Therapie (ggf einschl Nachsorge) sind in unmittel- **208** barem zeitlichem Zusammenhang mit der Behandlung zu dokumentieren (s insbes BGHZ 72, 132, 137 f sowie standesrechtliche Regelungen und Spezialvorschriften, zB § 42 StrlSchV 2001, § 34 II RÖV 1987). Die Verletzung von Dokumentationspflichten spielt vor allem bei der vertraglichen Haftung, aber auch für die Beweisführung bei der Delikthaftung (s.u. Rn 210) eine Rolle.

3. Beweislast. Die größte Bedeutung der von der Rspr entwickelten Regeln zur Arzthaftung liegt – wie bei **209** der Produkthaftung – im Beweisrecht, insbes bei den **Modifikationen der Beweislast**. Grds hat der Patient das Vorliegen einer Pflichtverletzung des Arztes, das Vorliegen einer Körper- oder Gesundheitsverletzung, die Kausalität zwischen beiden, das Verschulden des Arztes (BGH NJW 80, 1333; 99, 860, 861 mwN), Schaden und haftungsausfüllende Kausalität dazulegen und zu beweisen (zB BGH NJW 91, 1540; 99, 860, 861). Hingegen muss nach der Rspr der Arzt darlegen und beweisen, dass er den Patienten ordnungsgemäß aufgeklärt hat, da die auf einer solchen Aufklärung beruhende wirksame Einwilligung als Rechtfertigungsgrund angesehen wird (s.o. Rn 197); die Gegenansicht, die von einer Verletzung des Persönlichkeitsrechts ausgeht, kommt hier mittels einer Beweislastumkehr aufgrund des Sphärengedankens regelmäßig zu vergleichbaren Ergebnissen (s nur Erman/*Schiemann* § 823 Rn 141). Da §§ 286, 287 ZPO in Arzthaftungsprozessen keine große Rolle spielen (dazu insbes AnwK/*Katzenmeier* § 823 Rn 422 ff mwN; *Katzenmeier* Arzthaftung § 4 ff, 429 ff; zum Anscheinsbeweis auch BaRoth/*Spindler* § 823 Rn 790 ff; Erman/*Schiemann* § 823 Rn 143), sind die **in der Rspr entwickelten Beweiserleichterungen** von zentraler Bedeutung für die Arzthaftung. Sofern sich die Beweislage trotz dieser weit reichenden Modifikationen der Beweislast für den Patienten als ungünstig darstellt, kann häufig auf die Behauptung nicht ordnungsgemäßer Aufklärung ausgewichen werden, die vom Arzt widerlegt werden muss (s.o. Rn 202). Um einem Missbrauch der Aufklärungsrüge entgegenzuwirken, stellt die Rspr keine allzu hohen Beweisanforderungen an den Arzt zur Widerlegung dieser Rüge (vgl nur BGH NJW 81, 2002, 2003 f; 85, 1399 mwN; kritisch zB AnwK/*Katzenmeier* § 823 Rn 449).

a) Pflichtverletzung. In Bezug auf die Pflichtverletzung kommt aufgrund allgemeiner Grundsätze (Sphären- **210** betrachtung, Grundsatz der Waffengleichheit im Zivilprozess) eine Beweislastumkehr in denjenigen Bereichen in Betracht, die für Arzt oder Krankenhaus als „voll beherrschbar" angesehen werden, insbes beim Einsatz medizinisch-technischer Geräte und Materialien (zB BGH VersR 75, 952, 954; NJW 82, 699 f; 91, 1541, 1542 f), in Bezug auf notwendige Maßnahmen (zB ordnungsgemäße Lagerung des Patienten während der Operation, BGH NJW 84, 1403 f), teilweise auch bei Verletzung von Organisationspflichten, etwa beim Einsatz offensichtlich ungeeigneten Personen zur Behandlung (zB BGHZ 88, 248, 256 f; NJW 96, 2429, 2430 f). Zum Anscheinsbeweis bei Bluttransfusion und später festgestellter HIV-Infektion BGH NJW 05, 2614, 1615 f. Ist eine Maßnahme nicht oder nicht hinreichend **dokumentiert**, wird vermutet, dass sie unterblieben ist (zB BGH NJW 78, 1681, 1682; BGHZ 129, 6, 9 f; NJW 99, 3408, 3409; Kobl NJW-RR 04, 410, 411; ausführlich zu Dokumentations- und Befundsicherungspflichten BaRoth/*Spindler* § 823 Rn 801 ff; *Steffen* FS Deutsch, 330 ff).

b) Kausalität. Bei Vorliegen eines **groben Behandlungsfehlers** findet für die **Kausalität zwischen Pflicht- und** **211** **Rechtsgutsverletzung** eine Beweislastumkehr statt, sofern der Fehler geeignet war, eine derartige Rechtsgutsverletzung herbeizuführen, wobei die Möglichkeit von Mitursächlichkeit genügt (dazu insbes BGH NJW 04,

2011, wo klargestellt wird, dass es sich hier um eine Beweislastumkehr handelt, auch mN zur früheren Rspr; BGH NJW 05, 427, 428; 05, 2072, 2073; zur Kritik an der früheren Rspr s nur *Katzenmeier* Arzthaftung S 454 ff mwN). Grober Behandlungsfehler ist ein Verstoß gegen ärztliche Behandlungsregeln oder gesicherte medizinische Erkenntnisse, der nach den Umständen des konkreten Falles aus objektiver Sicht nicht mehr verständlich und verantwortbar erscheint und einem Arzt schlechterdings nicht unterlaufen darf (s insbes BGH NJW 83, 2080, 2081; 01, 2795, 2796 mwN). Beispiele sind die Nichterhebung erforderlicher Befunde, Therapiefehler oder das Unterlassen einer notwendigen Sicherungsaufklärung. Bei Diagnosefehlern setzt die Rspr die Schwelle für das Vorliegen eines groben Behandlungsfehlers besonders hoch an (zB BGH VersR 81, 1033 f; NJW 88, 1513, 1514; 01, 1787, 1788). Ein grober Behandlungsfehler ist durch wertende Entscheidung des Gerichts auf der Grundlage von Sachverständigengutachten festzustellen (dazu zB BGHZ 72, 132, 135; 132, 47, 53; 138, 1, 6, jeweils mwN). Die aus dieser Beweislastumkehr folgende Kausalitätsvermutung kann vom Arzt nur **widerlegt** werden, wenn ein Kausalzusammenhang mit der eingetretenen Rechtsgutsverletzung gänzlich unwahrscheinlich ist (zB BGHZ 129, 6, 12 f; 138, 1, 8), sich nicht das Risiko verwirklicht hat, dessen Nichtbeachtung den Fehler als grob erscheinen lässt (BGH NJW 81, 2513 f; Staud/*J Hager* § 823 Rn I 56 mwN) oder der Patient durch sein Verhalten den Heilungserfolg vereitelt hat und dadurch in gleicher Weise wie der grobe Behandlungsfehler des Arztes dazu beigetragen hat, dass der Umfang des Behandlungsgeschehens nicht mehr aufgeklärt werden kann (KG VersR 91, 928 f; Köln VersR 97, 1102, 1103; Braunschw VersR 98, 459, 461, str, s Staud/*J Hager* § 823 Rn I 56).

212 Auch **mangelnde Befunderhebung** kann zur Beweislastumkehr führen, wenn die Aufklärbarkeit eines immerhin wahrscheinlichen Kausalzusammenhangs zwischen Behandlungsfehler und Gesundheitsschaden erschwert oder vereitelt wird und die Befundsicherung gerade wegen des erhöhten Risikos des in Frage stehenden Verlaufs geschuldet war (insbes BGHZ 132, 47, 50 f; 138, 1, 4 ff; NJW 04, 1871; 04, 2011, 2013 mwN; dazu zB *Spickhoff* NJW 04, 2345 ff). Die Rspr stellt hier hohe Anforderungen: Die Befunderhebung musste medizinisch angezeigt sein und zwischen Unterlassen der Befundsicherung und Gesundheitsschaden muss ein immerhin wahrscheinlicher Kausalzusammenhang bestehen (BGH NJW 99, 860, 861 mwN). Teilweise wird angenommen, dass sich die Verletzung der Pflicht zur Befunderhebung zu einer „dritten Spur" der Arzthaftung – neben Behandlungsfehler und Rüge fehlender Selbstbestimmungsaufklärung – entwickelt (Erman/*Schiemann* § 823 Rn 141).

213 Die Grundsätze über die mangelnde Befunderhebung sind nach der Rspr **entspr anzuwenden** auf den Nachweis des Kausalzusammenhangs zwischen einem einfachen Behandlungsfehler und einem hypothetischen groben Behandlungsfehler, der sich ergeben hätte, wenn der erforderliche Befund erhoben und darauf nicht durch entspr medizinische Maßnahmen reagiert worden wäre (BGHZ 132, 47, 52 ff; NJW 04, 2011, 2013 mwN) – was regelmäßig einen gravierenden Befund voraussetzt – sowie in denjenigen Fällen, in denen bereits die Nichterhebung des Befundes einen groben ärztlichen Fehler darstellt (s insbes BGHZ 138, 1, 5 f; NJW 04, 1871, 1872).

214 **D. Verletzung eines Schutzgesetzes iSd § 823 II. I. Dogmatik. 1. Funktion und Konzeption des § 823 II.**
§ 823 II als verhaltensbezogene Haftungsnorm betrifft **Verstöße gegen gesetzliche Verhaltensregeln** (in Abgrenzung zu den für die Haftung für Verkehrspflichtverletzung maßgeblichen richterrechtlich entwickelten Verhaltensgeboten). Anders als § 823 I ist die Haftung nach II nicht auf bestimmte Rechtsgüter beschränkt und kann daher auch bei reinen Vermögensschäden eingreifen. Zudem wirkt bereits der Verstoß gegen das Schutzgesetz haftungsbegründend, bei abstrakten Gefährdungsdelikten also bereits die Verletzung des jeweiligen Verhaltensgebots. Freilich muss dadurch letztlich ein Schaden verursacht worden sein; die Vorverlagerung des Schutzes bei § 823 II bleibt jedoch für quasinegatorische Unterlassungs- und Beseitigungsansprüche (Vor § 823 Rn 15) von Bedeutung.

215 Wegen der strukturellen Parallelen entsprechen sich auch die **Voraussetzungen der Haftung nach § 823 II** und derjenigen bei Verletzung von Verkehrspflichten – bis auf die nach der hier vertretenen Auffassung erforderliche Verletzung eines Rechtsguts iSd § 823 I bei der Haftung für Verkehrspflichtverletzung (s.o. Rn 3) – weitgehend. Bei § 823 II ist zunächst festzustellen, ob die verletzte Norm ein Schutzgesetz iS dieser Vorschrift darstellt, sodann, ob dieses nach den von ihm selbst aufgestellten Regeln verletzt wurde und ob der dadurch verursachte Schaden in den sachlichen und persönlichen Schutzbereich der verletzten Norm fällt und vom Schutzzweckzusammenhang erfasst wird. Es folgt die Prüfung von Rechtswidrigkeit und Verschulden.

216 **2. Prüfungsaufbau. a) Vorliegen eines Schutzgesetzes. aa) Rechtsnormen.** Schutzgesetz ist jede Rechtsnorm iSd Art 2 EGBGB (RGZ 135, 242, 245). In Betracht kommen nicht nur parlamentarische Gesetze, sondern zB auch Rechtsverordnungen (wichtig: StVO), Satzungen über die Räum- und Streupflicht (Köln NJW-RR 96, 655, 656; Celle VersR 98, 604; aA *Larenz/Canaris* § 76 III 7 c) oder polizeiliche Vorschriften mit Außenwirkung (Hamm VersR 02, 1519: Hundeanleinverordnung). Schutzgesetze können allen Rechtsgebieten entstammen.

217 Bei einer Reihe von Normen ist der **Schutzgesetzcharakter zweifelhaft bzw umstritten**. Bei Unfallverhütungsvorschriften, zB gem § 15 f SGB VII, ist str, ob es sich lediglich um interne Normen handelt (so insbes BGH NJW 68, 641, 642 mwN; VersR 69, 827, 828; offen gelassen von BGH NJW 84, 360, 362) oder ob sie auch die Versicherten vor Unfallgefahren schützen (so zB Staud/*J Hager* § 823 Rn G 14; MüKo/*Wagner* § 823

Rn 324; BaRoth/*Spindler* § 823 Rn 150). Bei **verwaltungsrechtlichen Ermächtigungsgrundlagen und darauf beruhenden Verwaltungsakten** geht die Rspr davon aus, dass der Verwaltungsakt iVm der Ermächtigungsgrundlage als Schutzgesetz zu qualifizieren sein könne, wenn durch den Verwaltungsakt ein drittschützendes Verhalten auferlegt wird (zB BGHZ 62, 265, 266 f; NJW 97, 55; unklar BGHZ 122, 1, 3). Teilweise wird davon ausgegangen, dass die Ermächtigungsgrundlage auch ohne konkretisierenden Verwaltungsakt als Schutzgesetz in Betracht komme (BGH NJW 95, 132, 134; unklar BGHZ 122, 1, 3; Soergel/*Zeuner* § 823 Rn 286; Erman/*Schiemann* § 823 Rn 156; Palandt/*Sprau* § 823 Rn 57), nach aA ist dies nur möglich, wenn sie weder Beurteilungsspielraum noch Ermessen enthalte, sonst stelle sie nur iVm dem konkretisierenden Verwaltungsakt ein Schutzgesetz dar (BaRoth/*Spindler* § 823 Rn 154). Einigkeit besteht darüber, dass der Verwaltungsakt selbst keine Rechtsnorm und daher kein Schutzgesetz ist (s insbes BGHZ 122, 1, 3; NJW 95, 132, 134). Bei **Verwaltungsvorschriften** (zB TA Luft, TA Lärm, TA Abfall) wird meist angenommen, dass sie lediglich behördenintern binden und daher keine Schutzgesetze sein können (zB Staud/*J Hager* § 823 Rn G 15; AnwK/*Katzenmeier* § 823 Rn 527), nach der Gegenansicht (insbes MüKo/*Wagner* § 823 Rn 326; BaRoth/*Spindler* § 823 Rn 151) können sie wegen ihrer normkonkretisierenden Wirkung im Einzelfall Schutzgesetze sein. **Privat gesetzte Rechtsregeln** (zB ESO, DIN) sind keine Rechtsnormen iSd Art 2 EGBGB (BGHZ 139, 16, 19 f) und daher keine Schutzgesetze iSd § 823 II; dies gilt auch für Vereinssatzungen (RGZ 135, 242, 245; Köln OLGR 80, 228, 230). Anders kann die Situation bei Tarifverträgen sein, denen durch gesetzliche Vorschriften letztlich Normcharakter beigemessen wird (s insbes BaRoth/*Spindler* § 823 Rn 152; Erman/*Schiemann* § 823 Rn 154). **Richterrecht** kommt mangels Rechtsnormcharakters prima facie nicht als Schutzgesetz in Betracht; es ist in erster Linie Quelle für die Entstehung von Verkehrspflichten. Die Gewaltenteilung spiegelt sich daher in der Aufteilung der verhaltensbezogenen Delikthaftung für Verkehrspflichtverletzung und wegen Schutzgesetzverletzung wider. Entscheidungen des BVerfG mit Gesetzesrang gem § 31 BVerfGG können jedoch Schutzgesetze sein (RGRK/*Steffen* § 823 Rn 538; Staud/*J Hager* § 823 Rn G 9; BaRoth/*Spindler* § 823 Rn 147). Auch bei **Gewohnheitsrecht** wird teilweise eine Eignung als Schutzgesetz angenommen (Staud/*J Hager* § 823 Rn G 11; BaRoth/*Spindler* § 823 Rn 148; Erman/*Schiemann* § 823 Rn 155; einschränkend *Larenz/Canaris* § 77 II 1 c).

bb) Schutzzweck. Eine Norm kommt nur als Schutzgesetz iSd § 823 I in Betracht, wenn sie nicht nur dem Schutz der Allgemeinheit dient, sondern **zumindest auch die Interessen des Einzelnen gezielt schützen soll**; ein Individualschutz ausschließlich als Reflex des Schutzes von Allgemeininteressen, wie zB bei § 267 StGB, reicht nicht aus (s zB BGHZ 66, 388, 390; NJW 05, 2923, 2924, beide mwN). Das in diesem Zusammenhang vom BGH (insbes BGHZ 40, 306, 307; 100, 13, 19; 106, 204, 206 f; 116, 7, 13) verwendete Argument, die Norm müsse eine Grundlage für die Befugnis des Vermögensträgers bieten, den Geltungsanspruch gegen den Verletzer mit Hilfe eines Schadensersatzanspruchs selbst durchzusetzen (im Gegensatz insbes zur ausschließlichen Sanktionierung durch Behörden), wird allerdings zu Recht als Zirkelschluss kritisiert (Staud/*J Hager* § 823 Rn G 21; AnwK/*Katzenmeier* § 823 Rn 528; Erman/*Schiemann* § 823 Rn 157). 218

Die **maßgeblichen Kriterien** zur Ermittlung des individualschützenden Charakters einer Norm sind unklar und teilweise str. Ausgangspunkt ist die Auslegung unter historisch-teleologischen (BGHZ 116, 7, 13: Inhalt und Zweck nach der Intention des Gesetzgebers) und systematischen Gesichtspunkten (Betrachtung im Gesamtzusammenhang des Haftungsrechts). Die Rspr prüft mitunter, ob innerhalb des Haftungsrechts als Ganzem die Zuerkennung eines Anspruchs sinnvoll erscheint, insbes wenn es um den Ersatz reiner Vermögensschäden geht (zB BGHZ 66, 388, 39; 125, 366, 374). In der Lit werden vor allem die nach § 823 I geschützten Rechtsgüter bzw die verschärften Haftungsvoraussetzungen bei § 826 als Vergleichsmaßstab herangezogen (zB *Canaris* FS Larenz II, 27, 48; BaRoth/*Spindler* § 823 Rn 158). Zudem wird der Schutznormcharakter einer Vorschrift mitunter abgelehnt, wenn der Geschädigte anderweitig abgesichert ist (BGHZ 84, 312, 317; 116, 7, 14; 125, 366, 374). Eine Ausnahme von diesen „Regeln" macht die Rspr bei Strafnormen, die sie regelmäßig als Schutzgesetze einstuft (s insbes BGHZ 116, 7, 14). In der Lit wird dies vielfach kritisiert (s insbes Staud/*J Hager* § 823 Rn G 17 mwN). 219

Angesichts dieser Schwierigkeiten erscheint es sinnvoll, den Schutzgesetzcharakter nicht nach einer festen Regel, sondern anhand von Indizien, die eine Art „Bewegliches System" bilden, zu bestimmen. In diesem Rahmen lassen sich die Grundlinien der Rspr berücksichtigen, zugleich aber flexibel und einzelfallbezogen handhaben. **Wichtige Indizien** können insbes (aber nicht abschließend) sein: **Individualschutz als Normzweck** (er drückt sich häufig in der Zuerkennung individueller Ansprüche an den Geschädigten aus), **Vergleichbarkeit** der Schutzvoraussetzungen (bei hypothetischer Annahme eines Anspruchs aus § 823 II) **mit § 823 I bzw § 826**, also keine zu niedrige Schutzschwelle, sowie **Strafbewehrung** (in schwächerem Maße auch Bußgeldbewehrung, Staud/*J Hager* § 823 Rn G 18). 220

b) Verletzung des Schutzgesetzes. Das Vorliegen einer **Verletzung** des Schutzgesetzes ist grds **nach den vom Schutzgesetz selbst aufgestellten Regeln** zu beurteilen (s insbes BGHZ 46, 17, 21). Dies gilt insbes für das Vorsatzerfordernis bei Straftatbeständen; hier legt die Rspr den vom Zivilrecht abw strafrechtlichen Vorsatzbegriff zugrunde (s nur BGHZ 46, 17, 22; 133, 370, 381 mwN). Bei Straftaten, die lediglich Fahrlässigkeit voraussetzen, wird hingegen – insoweit nicht konsequent – vom zivilrechtlichen Maßstab ausgegangen (BGH VersR 68, 378, 379). 221

222 **c) Sachlicher und persönlicher Schutzbereich und Schutzzweckzusammenhang.** Der Schaden muss in den sachlichen und persönlichen Schutzbereich der verletzten Norm fallen: Das **betroffene Rechtsgut** muss vom Schutzgesetz erfasst sein, was zB nicht der Fall ist für das Vermögen bei Eingriffen in den Straßenverkehr iSd §§ 315 ff StGB (BGHZ 19, 114, 125 f – zum Eisenbahnbetrieb) oder Baugefährdung gem § 319 StGB (BGHZ 39, 366, 367 f). Weiterhin muss **gerade der Anspruchsteller** in den Schutzbereich der Vorschrift fallen, zB nicht andere Verkehrsteilnehmer bei unbefugtem Gebrauch eines Kfz nach dessen Diebstahl, §§ 242, 248 b StGB (BGHZ 22, 293, 296 ff). Schließlich muss sich gerade das **Risiko verwirklicht** haben, **vor dem die verletzte Norm** schützen will, zB schützt die Pflicht zum rechtzeitigen Stellen des Insolvenzantrags die Gläubiger, nicht aber das Vertrauen des Rechtsverkehrs in die Kreditwürdigkeit des Betroffenen (BGHZ 29, 100, 104 ff).

223 **d) Rechtswidrigkeit.** Die **Rechtswidrigkeit** wird durch die Schutzgesetzverletzung **indiziert** (BGH NJW 93, 1580, 1581).

224 **e) Verschulden.** Bezugspunkt des Verschuldens ist in erster Linie die Schutzgesetzverletzung; die daraus folgende Rechtsgutverletzung bzw der Schaden nur, wenn diese vom Tatbestand des Schutzgesetzes vorausgesetzt werden(zB BGHZ 7, 198, 207; 103, 197, 200). Das für die Schutzgesetzverletzung erforderliche Verschulden wird bereits im Rahmen der Verletzung dieser Norm nach den **Maßstäben**, die für das Schutzgesetz gelten, untersucht (s.o. Rn 221). Sofern der Verstoß gegen das Schutzgesetz kein Verschulden erfordert, ist dieses nach zivilrechtlichen Kriterien (§ 276) zu prüfen, da die Haftung nach § 823 II stets Verschulden voraussetzt. Die **Verschuldensfähigkeit** sollte ausschließlich nach §§ 827 f beurteilt werden (s zB AnwK/*Katzenmeier* § 823 Rn 533; Staud/*J Hager* § 823 Rn G 36 mwN; aA *Medicus* NJW 67, 354, 355). Das Verschulden wird idR vermutet, wenn die Schutzgesetzverletzung feststeht und dessen Tatbestandsfüllung den Schluss auf ein Verschulden nahe legt (BGHZ 51, 91, 103 f; 116, 104, 114 f mwN); str ist, ob es sich dabei um eine echte Beweislastumkehr oder um einen Anscheinsbeweis handelt (dazu insbes BaRoth/*Spindler* § 823 Rn 168, 864 mwN).

225 **f) Schaden und haftungsausfüllende Kausalität.** Im Hinblick auf Schaden und haftungsausfüllende Kausalität kommen **Beweiserleichterungen** für den Geschädigten in Betracht: Wenn gerade ein solcher Schaden eingetreten ist, wie ihn das Schutzgesetz verhindern will, ist ein Anscheinsbeweis möglich (s nur BGH NJW 83, 1380 f; 94, 945, 946). Ausnahmsweise ist sogar eine Beweislastumkehr denkbar, wenn diese durch Wesen und Inhalt der Schutznorm und die in ihr enthaltene Verhaltensanweisung sowie aufgrund allgemeiner beweisrechtlicher Grundsätze geboten erscheint (BGH NJW 83, 2935, 2936 f; 85, 1774, 1775 mwN).

226 **II. Einzelne Schutzgesetze.** Von der Rspr anerkannte, wichtige Schutzgesetze (keine abschließende Aufzählung) und Abgrenzung zu nicht als Schutzgesetz anerkannten Normen:

227 **Aus dem BGB:** § 226 (RGZ 58, 214, 216), § 394 (RGZ 85, 108, 118), § 611a (LAG Niedersachsen DB 85, 1401; LAG Hburg DB 88, 131, 132), § 858 – jedenfalls zugunsten des unmittelbaren, berechtigten Besitzers (BGHZ 20, 169, 171; 79, 232, 237), § 906 (RGZ 63, 374, 375; BGHZ 97, 97, 102), § 907 (RGZ 145, 107, 115), § 909 zugunsten des Eigentümers (BGHZ 63, 176, 179; NJW-RR 97, 146; NZM 05, 239) sowie des Anwartschaftsberechtigten (BGHZ 114, 161, 163 ff), sofern keine Duldungspflicht besteht (BGHZ 101, 290), § 1004 I 1 und 2 (BGH DB 64, 65; JZ 77, 178; BGHZ 104, 6, 16), § 1027 (RG Recht 1919 Nr 1430), §§ 1133–1135 (BGHZ 65, 211, 212; 92, 280, 292; NJW 91, 695, 696), § 1365 I (Celle NJW 70, 1882, 1883). **Keine Schutzgesetze** sind insbes: § 573 (Hamm NJW 84, 1044), § 618 (BaRoth/*Spindler* § 823 Rn 201 mwN, auch zu früheren aA), § 733 (KG JR 51, 22, 23), § 832 (RGZ 53, 312, 314), § 839 (RGZ 131, 239, 250), § 883 II (Köln DRiZ 27 Nr 793), § 910 (Ddorf NJW 75, 739), § 1627 (RGZ 53, 312, 314).

228 **Aus dem StGB:** § 123 (BGHZ 63, 124, 129), § 142 (BGH NJW 81, 750, 751), § 153 zugunsten der durch die Falschaussage betroffenen Person (Celle FamRZ 92, 556; Brandbg MDR 00, 1076), § 154 (RG WarnRspr 08 Nr 211), § 156 (BGH DB 59, 111), § 159 (Frankf MDR 78, 315), § 163 (BGHZ 42, 313, 318), § 164 (BGH JR 53, 181), § 170 I (BGHZ 30, 162, 172; NJW 74, 1868), §§ 185 f (BGHZ 95, 212; 139, 95, 105; NJW 98, 1391, 1392 f), § 202 (RGZ 94, 1, 2; BGH NJW-RR 90, 764, 765), § 203 (Hamm MedR 95, 328), § 218 (BGHZ 7, 198, 207), § 222 (Ddorf NJW 58, 1920), § 223, § 224, § 229 (BGH VersR 87, 1133, 1134), § 231 (BGHZ 103, 197, 199; NJW 99, 2895), § 239 (RG WarnRspr 17 Nr 118), § 240 (BGH NJW 62, 910), § 246 (BGH NJW 96, 1535, 1536), § 248 b (BGHZ 22, 293, 296 f – nur zugunsten des Gebrauchsberechtigten, nicht anderer Verkehrsteilnehmer), § 248 c (BGHZ 117, 29, 31), § 253 (BGH NJW 92, 2821, 2823; 05, 2766, 2767), § 257 (BGH NJW 58, 1775), § 259 (RGZ 94, 191, 192), § 263 (BGHZ 57, 137, 138; NJW 93, 2992 mwN; BGHZ 160, 134, 142; NJW-RR 05, 751), § 264 (BGHZ 106, 204), § 264 a (BGHZ 116, 7, 12 ff; NJW 00, 3346; BGHZ 160, 134, 141 f), § 265 (Ddorf NJW-RR 95, 1493), § 265 b (Hamm NZG 04, 289), § 266 (BGHZ 8, 276, 284; ZIP 01, 1874, 1876 f; DStR 05, 659 f; ZIP 05, 1414 f), § 266 a (BGHZ 133, 370, 374; 134, 304; 144, 311, 313 ff; NJW 05, 2546, 2547 mwN; BAG NJW 05, 3739 f; kritisch *Hickmann* GmbHR 03, 1041), § 287 (RG WarnRspr 28 Nr 63), § 288 (BGHZ 114, 305, 308; NJW-RR 91, 467), § 292 (BGH MDR 58, 325), § 299 (Schönke/Schröder/ *Heine* StGB, § 299 Rn 2), §§ 306, 307 (BGH NJW 70, 38, 40), § 317 – nur zugunsten der Telekommunikationsunternehmen (BGH NJW 77, 1147). **Keine Schutzgesetze** sind: § 30 II (*Wilts* NJW 63, 1963, 1964), § 125

(BGHZ 89, 383, 400 f), § 145 d für den fälschlich Angezeigten (KG DAR 75, 18, 19), § 180 a für fremdes Eigentum (RGZ 57, 239, 241), § 184 für den Schutz individueller Ansichten über Sitte und Anstand (BGHZ 64, 178, 180), § 248 b für Verkehrsteilnehmer (BGHZ 22, 293), § 267 (BGHZ 100, 13), § 278 im Verhältnis zum Patienten (LG Darmstadt NJW 91, 757), § 317 für den Fernmeldeteilnehmer (BGH NJW 77, 1147). **Str** ist der Schutzgesetzcharakter von § 283 b (offen gelassen: Brandbg DStR 05, 1110) und § 323 c (Frankf NJW-RR 89, 794: kein Schutzgesetz; Ddorf NJW 04, 3640: Schutzgesetz; offen gelassen: Ddorf NJW-RR 00, 1623, 1624).

Aus anderen Gesetzen: AktG: §§ 9, 27, 183 hinsichtlich des Aufbringens des Grundkapitals, nicht für darüber hinausgehende individuelle Vermögensinteressen (BGH NJW 92, 3167, 3172), § 37 I 4 (LG Hburg WM 77, 152, 155), § 92 II (Frankf WM 77, 59; BGHZ 75, 96, 106) und III (Ddorf WM 85, 1009, 1018: aber nicht, wenn der Gläubiger die Zahlung nach den Regeln der Insolvenzanfechtung behalten darf), § 117 I hinsichtlich der gesellschafts- bzw mitgliedschaftsbezogenen Vermögensinteressen der Aktionäre (BGH NJW 92, 3167, 3172), §§ 191 I, 405 I Nr 2 (BaRoth/*Spindler* § 823 Rn 210), § 399 I Nr 1 u 4 (BGHZ 105, 121, 123; NJW 05, 3721; s aber auch München NZG 04, 230), § 400 I Nr 1 für die Aktionäre (BGHZ 149, 10, 20 ff; 160, 134, 140 f; NJW 05, 2450, 2451 mwN), § 401 (RGZ 159, 21, 234), § 403 (Karlsr ZIP 85, 409, 413); **nicht** hingegen §§ 92 I, 93 I u. II (RGZ 115, 289, 296; 159, 211, 224; BGH NJW 79, 1829); **ArbNErfG:** § 16 (Frankf OLGZ 93, 79, 81); **AMG:** § 5 für die durch Arzneimittel gefährdeten Menschen und Tiere (BGHZ 51, 91, 103; NJW 91, 2351); **AuslInvestmG aF:** § 2 I Nr 2, 4 lit f, § 8 I (BGH NJW 04, 3706, 3709); **BauFordSiG:** §§ 1, 2, 5 (zB BGH NJW 82, 1037; 88, 263; 95, 1544, 1545); **BetrVG:** §§ 78 S 2, 78 a (BAG DB 75, 1226, 1227), § 84 (BaRoth/*Spindler* § 823 Rn 204), § 119 I Nr 2 (*Herschel* DB 75, 690); **BDSG:** §§ 3, 24 (Hamm ZIP 83, 552, 554), §§ 4, 29 II (Hamm NJW 96, 131), § 6 b (AG Berlin-Mitte NJW-RR 04, 531); **BImSchG:** § 5 Nr 1, 2 für den Nachbarn (OVG Münster NJW 76, 2360), § 22 I Nr 1, 2 (BGH WM 97, 270); **BörsG:** § 23 I (Ddorf WM 89, 175; ZIP 94, 1765 – zu § 89 aF), **nicht** § 88 aF (BGHZ 160, 135, 139 f); **BPersVG:** § 107 (BAGE 39, 118); **EG-Vertrag:** bisher war Art 81 I als Schutzgesetz anerkannt (BGH WM 98, 2481), wenn auch der genaue Schutzumfang str war, nach der Neufassung des § 33 GWB ist zweifelhaft, ob daneben weiterhin eine Haftung nach § 823 II erforderlich ist; **ESchG:** § 1 (*Deutsch* NJW 91, 721, 723); **nicht:** § 53 b II 2 u 3 **FGG** (Hamm FamRZ 85, 718; Karlsr NJW 86, 854); **nicht** §§ 9, 9 a **FStrG** zugunsten des Straßenbaulastträgers (BGH NJW 75, 47); **GPSG:** § 3 (BGH NJW 80, 1219), §§ 4 II 1, 5 nur hinsichtlich der körperlichen Unversehrtheit (Langenbucher/*Riehm* Europarechtliche Bezüge des Privatrechts 181, 204; *Klindt* NJW 04, 465 ff), weiterhin die auf Grundlage dieses Gesetzes erlassenen Sicherheitsvorschriften (*Riehm* aaO; *Klindt* aaO); **GmbHG:** § 35 a I 1 (LG Detmold NJW-RR 90, 995), § 40 II (*Haase* BB 96, 2309, 2315 f), § 64 I für Gläubiger im Zeitpunkt, in dem der Insolvenzantrag hätte gestellt werden müssen (BGHZ 29, 100; 126, 181; NJW 95, 398, 399; 99, 2182; WM 03, 1824; NJW 05, 3137), § 68 II (Frankf NJW 91, 3286; NJW-RR 98, 1246), **nicht** § 30 zugunsten der Gesellschaftsgläubiger (BGHZ 110, 342, 359 f; 148, 167, 170), § 40 I (*Haase* BB 96, 2309, 2313), § 43 I (BGHZ 110, 342, 360; 125, 366, 375), § 52 (RGZ 73, 392); **GWB:** bisher wurden insbes als Schutzgesetze angesehen § 20 I (BGHZ 36, 91, 100), § 20 VI (BGHZ 29, 344, 351), in Grenzen § 21 II (BGHZ 64, 232, 237 f), § 25 II (BGHZ 44, 279, 283); hier ist – wie bei Art 81 EG – fraglich, ob § 823 II neben § 33 GWB nF weiterhin einschlägig ist; **GG:** Art 3 III 2 (BTDrs 13/5595, S 5; aA *Rädler* NJW 98, 1621), Art 9 III zugunsten der Gewerkschaft (BAG NJW 67, 843; vgl auch BAG NJW 85, 85); **HGB:** § 177 a iVm § 130 a (BGH ZIP 95, 31), § 264 II (*Ekkenga* ZIP 04, 781, 788 f), **nicht** aber §§ 29, 30 (RGZ 72, 408, 411), §§ 238 ff (BGH DB 64, 1585), § 323 I (LG Hburg WM 99, 139); **KWG:** § 13 für die Bankkunden (BGH WM 70, 633, 636; 71, 1330, 1332), § 32 I 1 (BGH NJW 05, 2703), § 54 (BGH NJW 73, 1547, 1549; s aber auch LG Essen NJW-RR 92, 303), sowie das gesamte Gesetz zum Schutz der Gläubiger (arg: § 6 I, BGHZ 74, 144, 148 ff), **nicht** § 6 IV (München WM 84, 128), § 18 für den Darlehensnehmer (BGH NJW 73, 321; München NJW 84, 128); **OWiG:** nur mit Bußgeld sanktionierte Pflichtverletzungen können Verletzungen eines Schutzgesetzes sein, wenn keine anderen Haftungsregeln einschlägig sind (BGHZ 84, 312, 317), **nicht** § 130 für Vermögensinteressen (BGHZ 125, 366, 373 ff, str); **SGB III:** §§ 183 ff (LG Oldbg NJW-RR 86, 581 – zu § 141 b V AFG), § 404 (BGH NJW 85, 3064 f; NJW-RR 89, 472 – zu § 225 AFG); **SGB IV:** §§ 28 d ff (BGH ZIP 85, 996, 997 – zu §§ 118, 121 AVG); **StBerG:** § 5 (BGH NJW-RR 05, 1290, 1291 f); **StVG:** §§ 1, 23 (RG Recht 1925, 691), §§ 2, 21 (BGH NJW 79, 2309; s aber auch BGH NJW 91, 418, 419); **StVO:** § 1 (BGHZ 23, 90, 97; NJW 72, 1804, 1806), § 2 (Nürnbg VersR 80, 338), in Grenzen § 2 II 1 (BGH NJW 81, 2301), § 3 bezüglich der Geschwindigkeit (BGH VersR 57, 102; NJW 85, 1950), § 3 II a (BGH NJW 94, 2829), § 4 (München NJW 68, 653), § 5 (BGH VersR 68, 578), § 10 (Karlsr-Freiburg VersR 56, 425), § 12 I Nr 6 a, b (BGH NJW 83, 1326; München NJW 85, 981; Köln NJW-RR 87, 478; aber kein Schutz von Vermögensinteressen eines Bauunternehmers nach § 12 I Nr 6 a iVm § 45 I 1, II Nr 1 oder VI StVO, BGH NJW 04, 356, 357), § 12 I Nr 7 (Köln NZV 90, 268), § 12 III Nr 3 (Nürnbg NJW 74, 1145; Karlsr NJW 78, 274), § 14 II (BGH NJW 70, 280; 71, 459, 460 f; 81, 113; Jena DAR 04, 144); § 15 (BGH VersR 69, 895, 896), § 16 (Hamm VersR 72, 1060), § 17 (BGH VersR 69, 895, 896), § 20 I (Köln DAR 02, 356), § 24 (BGH VersR 57, 108), § 25 (BGH VersR 57, 1526), § 32 I 1 (BGHZ 12, 124, 128 – zu § 41 StVO aF), § 32 I 2 (BGHZ 62, 186, 188; Frankf NJW 92, 318), § 37 II Nr 1 (BGH NJW 81, 2301), § 41 (BGH VersR 72, 558; NJW 70, 421; NJW 05, 2923); **StVZO:** § 4 (RG JW 37, 158), § 27 III (BGH NJW 74, 1086), § 29 c (BGH NJW 56, 1715), § 29 d II (BGH NJW 82, 988), § 38 a (BGH NJW 81, 113), § 41 (RG JW 1934, 2460,

2461), § 53a (BGH VersR 69, 895, 896), **nicht** §§ 20 ff zugunsten eines Kreditgebers für den Erwerb eines Kfz (BGH WM 79, 17), § 21 zugunsten des Kfz-Erwerbers (BGHZ 18, 110, 114 ff), § 29a zugunsten des Kfz-Halters (Ddorf VersR 88, 852), § 29c zugunsten des Versicherungsnehmers (BGH NJW 56, 1715); **UrhG:** § 63 (RGZ 81, 120, 125), § 95a (München MMR 05, 768, 769; *Spieker* GRUR 04, 475, 481); **UWG nF:** der Schutzgesetzcharakter von § 3 (iVm § 4) ist str: ablehnend zB *Hefermehl/Köhler/Bornkamm* Einl UWG Rn 7.5; *Oppermann/Müller* GRUR 05, 280, 285 f; befürwortend aber – insbes wegen des mit der Neufassung intendierten Verbraucherschutzes – zu Recht *Säcker* WRP 04, 1199, 1219 f; *Keßler* WRP 05, 264, 273; **VVG:** § 12 (München HRR 29 Nr 2105), **nicht** zugunsten des geschädigten Dritten §§ 71, 158h (BGH NJW 53, 1182); **WHG:** § 8 iVm landesrechtlichen Vorschriften (BGH NJW 77, 763), § 8 III u IV (BGHZ 69, 1; 88, 34), § 18a iVm Landesrecht (BGHZ 149, 206, 213), **nicht** §§ 2, 6, 41 I Nr 1 (BGHZ 69, 1; aA München NJW 67, 571); **nicht:** § 15 WpHG (BGHZ 160, 134, 138 f – zu § 15 WPHG aF); **nicht:** §§ 2, 43, 48 **WPO** (Saarbr BB 78, 1434, 1436); **ZPO:** § 803 (BGH BB 56, 254; RGZ 143, 118, 123); § 840 (RGZ 149, 251, 256), **nicht** § 392 und § 410 (BGHZ 42, 313; 62, 54, 57; offen gelassen von BGH NJW 84, 870).

§ 824 Kreditgefährdung

(1) Wer der Wahrheit zuwider eine Tatsache behauptet oder verbreitet, die geeignet ist, den Kredit eines anderen zu gefährden oder sonstige Nachteile für dessen Erwerb oder Fortkommen herbeizuführen, hat dem anderen den daraus entstehenden Schaden auch dann zu ersetzen, wenn er die Unwahrheit zwar nicht kennt, aber kennen muss.

(2) Durch eine Mitteilung, deren Unwahrheit dem Mitteilenden unbekannt ist, wird dieser nicht zum Schadensersatz verpflichtet, wenn er oder der Empfänger der Mitteilung an ihr ein berechtigtes Interesse hat.

1   **A. Funktion und Anwendungsbereich. I. Funktion.** § 824 gewährt einen Anspruch auf Ersatz bestimmter Vermögensschäden bei vorsätzlicher oder fahrlässiger Behauptung oder Verbreitung unwahrer Tatsachen (Verschuldenshaftung). Er ergänzt insbes den Schutz nach § 823 II iVm §§ 186 f StGB und nach § 826.

2   **II. Anwendungsbereich.** Die Haftung nach § 824 steht in freier Konkurrenz zu den Haftungen gem § 823 I wegen Verletzung des Allgemeinen Persönlichkeitsrechts (MüKo/*Wagner* § 824 Rn 5 mwN), § 823 II iVm §§ 186 f StGB (RGZ 51, 369, 370 ff; BGH NJW 83, 1183; anders aber RGZ 115, 74, 79: bei Anwendung von §§ 186, 187 StGB verbleibt keine Regelungslücke) sowie – bei Vorsatz – gem § 826 (zB MüKo/*Wagner* § 824 Rn 6; Palandt/*Sprau* § 824 Rn 1). Bei Handeln zu Zwecken des Wettbewerbs konkurrieren mit § 824 auch Ansprüche aus §§ 3, 4 Nr 8 iVm 8 f UWG (*Hefermehl/Köhler/Bornkamm* UWG, Einl Rn 7.6; AnwK/*Katzenmeier* § 824 Rn 3) sowie presserechtliche Ansprüche auf Gegendarstellung (s insbes MüKo/*Wagner* § 824 Rn 8). Hingegen ist die Haftung nach § 823 I wegen Verletzung des Rechts am Unternehmen ggü derjenigen nach § 824 nachrangig (§ 823 Rn 81). Durch § 824 werden nicht nur natürliche, sondern auch juristische Personen geschützt (zB BGHZ 90, 113, 118 f; NJW 83, 1183), weiterhin zB Handelsgesellschaften im Rahmen ihres Gesellschaftszwecks (RG HRR 41, 1005; Stuttg NJW 76, 628, 630), Hersteller eines Produkts, aber auch Alleinvertriebsberechtigte (BGH NJW-RR 89, 924).

3   **B. Regelungsinhalt. I. Tatsache.** Tatsachen als Gegenstand der haftungsbegründenden Handlung sind konkrete Vorgänge oder Zustände der Vergangenheit oder Gegenwart, die sinnlich wahrnehmbar oder einer Überprüfung ihrer Richtigkeit durch Beweis zugänglich sind (BVerfG NJW 96, 1529 f mwN; BGHZ 132, 13, 21 mwN; 139, 95, 102); dazu können auch innere Vorgänge gehören (RGZ 101, 335, 337 f). Tatsachen sind **abzugrenzen von Werturteilen**, bei denen die subjektive Beziehung des sich Äußernden zum Inhalt seiner Aussage, die Elemente der Stellungnahme und des Dafürhaltens im Vordergrund stehen und die sich nicht als wahr oder unwahr erweisen lassen (zB BGH NJW 92, 1439, 1440; BGHZ 139, 95, 102; NJW 99, 483, 484 mwN). Diese für § 824 zentrale Abgrenzung ist praktisch häufig schwierig, vor allem weil das für Tatsachen meist als charakteristisch angesehene Kriterium der Beweisbarkeit letztlich auf einem Zirkelschluss beruht, da Beweisbarkeit das Vorliegen einer Tatsache voraussetzt (*Larenz/Canaris* § 79 I 2 a). Bei der Abgrenzung sind insbes die **Verkehrsauffassung** (s dazu nur BGHZ 139, 95, 102; NJW 04, 598; BaRoth/*Spindler* § 823 Rn 7; AnwK/*Katzenmeier* § 823 Rn 9, beide mwN) sowie der **verfassungsrechtliche Hintergrund des § 824** zu berücksichtigen. Da die Verkehrsauffassung für sich genommen häufig noch nicht hinreichend aussagekräftig ist, kommt den Grundrechten der Beteiligten besondere Bedeutung zu. Abzuwägen sind die Grundrechte des Äußernden (in erster Linie Meinungs- und Pressefreiheit, Art 5 I GG, ggf auch Wissenschaftsfreiheit, Art 5 III GG) einerseits und der Schutz der Persönlichkeit des durch die Äußerung Betroffenen (Art 1 I, 2 I GG) andererseits.

4   Vor allem der **Meinungsfreiheit** des Äußernden kommt bei der Grundrechtsprüfung regelmäßig ein hoher Stellenwert zu. Sie umfasst grds alle Aussagen außer bewusst unwahren Tatsachenbehauptungen bzw Behauptungen, deren Unwahrheit bereits im Zeitpunkt der Äußerung unzweifelhaft feststeht (s nur BVerfG NJW 83, 1415; NJW-RR 01, 411 mwN); in den genannten Ausnahmefällen überwiegt idR der Schutz des Persönlichkeitsrechts des Betroffenen. Das BVerfG hat betont, dass die zivilrechtliche Haftung nicht den freien Kommu-

nikationsprozess einschnüren darf (BVerfG NJW 99, 1322, 1324; NJW-RR 00, 1209, 1210), was in Zweifelsfällen für die Annahme eines nicht unter § 824 fallenden Werturteils sprechen dürfte (s insbes BVerfG NJW 83, 1415; 97, 2513, 2514 mwN; BGHZ 139, 95, 102; BaRoth/*Spindler* § 824 Rn 11; Erman/*Schiemann* § 824 Rn 2). Aus der **Wissenschaftsfreiheit** leitet die Rspr ab, dass wissenschaftliche Äußerungen, Sachverständigengutachten und ärztliche Diagnosen idR nicht als von § 824 erfasste Tatsachenbehauptungen anzusehen sind (zB BGH NJW 78, 751 f; 89, 774, 775; 99, 2736 f). In der Lit wird dies mitunter kritisiert, weil solche Thesen nachprüfbar sind (zB BaRoth/*Spindler* § 824 Rn 15; Erman/*Schiemann* § 824 Rn 3), teilweise wird aber dann auf Art 5 III GG ein allgemeines (nicht auf § 824 begrenztes) Wissenschaftsprivileg gestützt (zB *Larenz/Canaris* § 88 I 3b; Staud/*J Hager* § 823 Rn C 82) oder unter Rückgriff auf Art 5 III GG die Rechtswidrigkeit abgelehnt (BaRoth/*Spindler* § 824 Rn 15; *Loritz* BB 00, 2006, 2010). Im Ergebnis besteht daher weitgehend Einigkeit darüber, dass wissenschaftliche Äußerungen idR nicht von § 824 erfasst werden. Der Schutz der Art 5 I, III GG greift selbst dann, wenn aufgrund irriger oder unsorgfältiger Vorgehensweise von falschen Tatsachen ausgegangen wurde; eine Ausnahme gilt für Sachverständigengutachten, wenn Sachverständigenkenntnisse vorgetäuscht wurden oder die Begutachtung grob fahrlässig falsch durchgeführt wurde (zB BGH NJW 78, 751, 752; 89, 774 f; 89, 2941, 2942; 99, 2736 f).

Bei sog **gemischten Äußerungen** mit Tatsachen- und Werturteilselementen stellt die Rspr auf ihren Schwerpunkt ab (zB BVerfG NJW 83, 1415, 1416; NJW-RR 01, 411; BGH NJW 55, 311 – zum Strafrecht; 89, 1923; 02, 1192, 1193 mwN; 06, 830, 836 f). Die Lit fragt hingegen teilweise nach dem Grund der Fehlerhaftigkeit der Äußerung (zB *Larenz/Canaris* § 79 I 2 b; AnwK/*Katzenmeier* § 824 Rn 8), mitunter wird zusätzlich ein Trennbarkeitserfordernis postuliert (zB Staud/*J Hager* § 823 Rn C 80; AnwK/*Katzenmeier* § 824 Rn 8). **5**

Tatsachen können nach der Rspr zB sein: verdeckte Aussagen, mit denen ein Verdacht, eine Vermutung oder eine für möglich gehaltene Entwicklung verbreitet wird (zB BGHZ 78, 9, 14 ff; NJW 04, 598, 599 mwN; BVerfG NJW 04, 1942, 1943; BaRoth/*Spindler* § 824 Rn 8 mwN), Gerüchte (BGH NJW 51, 352) oder rhetorische Fragen (BVerfG NJW 92, 1442, 1443 f; BGH NJW 04, 1034 f). Hingegen sind nach der Rspr als **Werturteile** zu betrachten: idR Warentests (zB BGHZ 65, 325, 329 f; NJW 97, 2593, 2594 mwN), sofern ihre Fehlerhaftigkeit nicht schon auf der Tatsachenermittlung beruht (so zutreffend zB *Larenz/Canaris* § 79 I 2 c), oder die Äußerung subjektiver Rechtsansichten (RGZ 94, 271, 273; BGH NJW 82, 2248, 2249 mwN) – anders aber ggf bei Bezugnahme auf ständige Rspr oder hM (AnwK/*Katzenmeier* § 824 Rn 12 mwN). **6**

II. Unwahrheit. Eine Tatsache ist **unwahr**, wenn sie im Zeitpunkt ihrer Verbreitung (RGZ 66, 227, 231) aus Sicht eines objektiven, durchschnittlichen Empfängers von der Realität abweicht (zB RGZ 75, 61, 63; BGH WM 69, 915, 916; NJW 85, 1621, 1622 f; 92, 1312; problematisch allerdings BGH NJW 78, 2151: eine Personenverwechslung durch die SchuFa bei Namensgleichheit von zwei Kontoinhabern sei keine unwahre Tatsache, kritisch zB BaRoth/*Spindler* § 824 Rn 16; Erman/*Schiemann* § 824 Rn 4, beide mwN). Bei Zusammentreffen wahrer und unwahrer Tatsachen in einer Äußerung ist § 824 anzuwenden, wenn die unwahren Teile die Gesamtäußerung tragen (RGZ 75, 61, 63; BGH NJW 87, 1403, 1404). **7**

III. Behaupten oder Verbreiten. Behaupten oder Verbreiten bedeutet die **Mitteilung ggü Dritten** (nicht nur ggü dem Betroffenen, RGZ 101, 335, 338 f) – gleichgültig ob intern bzw vertraulich oder mit weiter reichender Wirkung (s insbes BGH NJW 93, 525, 526 f). Das Behaupten betrifft eine eigene Erkenntnis, das Verbreiten hingegen eine fremde Äußerung (BGH NJW 70, 187, 188 f); erfasst sind auch verdeckte Aussagen oder rhetorische Fragen (s.o. Rn 6). Die Tatsache muss dem Verkehr zugänglich gemacht werden, so dass nach allgemeiner Erfahrung die Möglichkeit der Kenntnisnahme besteht (BGH NJW 95, 1965, 1966 – zum UWG). Problematisch sind Verdachtsäußerungen oder die Weitergabe von Gerüchten. Sie sind grds als Behauptungen anzusehen (BGH NJW 51, 352; 78, 2151 f), es sei denn, der Äußernde distanziert sich ernsthaft davon (BGH NJW 70, 187, 188 f; BGHZ 132, 13, 18 f; NJW 97, 1148, 1149 mwN; zu medizinrechtlichen Implikationen insbes BaRoth/*Spindler* § 824 Rn 5). **8**

IV. Schädigungseignung. Die Tatsache muss zur Kreditgefährdung oder zur Herbeiführung von Nachteilen für Erwerb oder Fortkommen des Betroffenen (also immer zur Herbeiführung eines Vermögensschadens) geeignet sein. Eine **Kreditgefährdung** liegt vor, wenn das Vertrauen Dritter darauf, dass der Betroffene seine Verbindlichkeiten begleichen wird, erschüttert ist (RG JW 33, 1254; Frankf NJW-RR 88, 562, 564). **Nachteile für Erwerb** (aktuelle Fähigkeit zur Einkommenserzielung) **oder Fortkommen** (zukünftige Erwerbsaussichten) beziehen sich ebenfalls auf die wirtschaftliche Stellung des Betroffenen (RG JW 33, 1254; MüKo/*Wagner* § 824 Rn 33 mwN). Die Rspr beschränkt dieses Merkmal auf die Schädigung des Betroffenen in seiner Stellung als potentieller Geschäftspartner (BGHZ 90, 113, 119 ff), dies ist jedoch str (vgl etwa MüKo/*Wagner* § 824 Rn 34 mwN). Erforderlich ist eine **unmittelbare Beeinträchtigung des Betroffenen selbst oder seines Betriebs** (zB BGH NJW 63, 1871, 1872; BGHZ 90, 113, 120; NJW 92, 1312, 1314; kritisch Staud/*J Hager* § 824 Rn 7). Eine solche ist nicht gegeben bei Behauptungen über eine ganze Produktkategorie oder einem Systemvergleich ohne konkreten Bezug zu den Produkten eines bestimmten Herstellers (BGH NJW 63, 1871, 1872; 65, 36), möglicherweise aber, wenn die Äußerung Rückschlüsse auf einen bestimmten Unternehmer ermöglicht (BGH NJW-RR 89, 924 f). **9**

10 **V. Verschulden.** Das Verschulden (Vorsatz oder Fahrlässigkeit), dessen Vorliegen vom Geschädigten zu beweisen ist, muss sich auf alle Tatbestandselemente beziehen, also auch auf Unwahrheit und Schädigungseignung der Äußerung. Die vom Äußernden zu verlangende Sorgfalt (insbes der Umfang ggf erforderlicher Nachforschungen in Bezug auf die Wahrheit der Tatsache) hängt vom Einzelfall ab. Sie ist zB intensiver für Warentests (BGH NJW 86, 981 mwN) als für Äußerungen in Zeitungen (BGHZ 59, 76, 80 ff). Zu Sorgfaltspflichten der Medien s.u. Rn 15.

11 **VI. Rechtsfolgen. 1. Schadensersatz.** Zu ersetzen ist der durch die unwahre Tatsachenbehauptung entstandene Schaden des Betroffenen. Meist geht es um Ersatz von Vermögensschäden, ggf aber auch um Naturalrestitution, zB durch Widerruf oder Klarstellung; hingegen besteht idR kein Anspruch auf Folgeberichterstattung (BGHZ 143, 199, 203 ff – zur Verdachtsberichterstattung; *Kübler* JZ 00, 622; Ausnahme: BGHZ 57, 325, 333 f). Der Schadensersatz kann auch Aufwendungen für eine Schadensbeseitigung durch den Verletzten (im Wege der Selbstvornahme) umfassen, insbes in bestimmten Konstellationen die Kosten für eine Anzeigenaktion des Betroffenen. Vorrang hat aber der presserechtliche Gegendarstellungsanspruch (s nur BGHZ 70, 39, 44 ff; 128, 1, 10 ff sowie insbes *Soehring/Seelmann-Eggebert* NJW 00, 2466, 2478; umfassend zum Schadensersatz *Messer* FS Steffen 347 ff).

12 **2. Quasinegatorischer Unterlassungs- und Beseitigungsanspruch.** Praktisch wichtig bei Fehlen von Verschulden, insbes bei Tatsachenbehauptungen, deren Unwahrheit für den Äußernden nicht erkennbar war (zur Funktion des § 824 II in diesem Zusammenhang sogleich), sind quasinegatorischer Unterlassungs- und Beseitigungsanspruch (grundlegend RGZ 60, 6, 7; 148, 114, 122 f; 163, 210, 214; weiterhin etwa BGH NJW 93, 930, 931). Der Unterlassungsanspruch setzt – wie auch sonst – Wiederholungsgefahr voraus (BGH NJW 87, 2225, 2227). Der Beseitigungsanspruch richtet sich auf Widerruf der unwahren Äußerung. Lässt sich Wahrheit oder Unwahrheit der Äußerung nicht ermitteln, kommt ein sog eingeschränkter Widerruf, wonach die Äußerung nicht mehr aufrechterhalten wird, in Betracht (BGHZ 37, 187, 189 f; 69, 181, 182 f), bei teilweiser Unrichtigkeit eine Richtigstellung (BGH NJW 82, 2246, 2248; BVerfG NJW 98, 1381, 1383).

13 **VII. Berechtigtes Interesse, § 824 II.** Hatte der Äußernde oder der Empfänger ein berechtigtes Interesse an der Mitteilung, wird der Äußernde nicht zum Schadensersatz verpflichtet, wenn ihm die Unwahrheit der mitgeteilten Tatsache unbekannt war, § 824 II. Bei fahrlässigen Falschbehauptungen kann also die Haftung entfallen. Bei Vorsatz oder Leichtfertigkeit greift § 824 II hingegen nicht, weil der Äußernde hier die Unwahrheit der Tatsache kannte oder jedenfalls billigend in Kauf nahm (s insbes BVerfG NJW 00, 199, 200 – zu § 193 StGB). Die **dogmatische Einordnung** der Regelung ist str; das Meinungsspektrum reicht vom Entfallen der Tatbestandsmäßigkeit der unerlaubten Handlung (zB *Adomeit* JZ 70, 495, 496 ff), über Einfluss auf die Pflichtverletzung (auf der Basis der Lehre vom Handlungsunrecht, so insbes MüKo/*Wagner* § 824 Rn 40; ähnlich BaRoth/*Spindler* § 824 Rn 24), Rechtfertigungsgrund (zB BGHZ 3, 270, 280 f; Erman/*Schiemann* § 824 Rn 10) bis zum Entschuldigungsgrund (*Larenz/Canaris* § 79 I 4 c mwN). Praktisch bedeutsam ist die Einordnung deswegen, weil bei Zuordnung zur Tatbestands- oder Rechtswidrigkeitsebene auch quasinegatorische Ansprüche (insbes Widerrufsansprüche) und Abwehrrechte des Betroffenen (zB Notwehr) entfallen. Dafür spricht – trotz der Ähnlichkeit des § 824 II mit § 193 StGB – für eine Einordnung als Entschuldigungsgrund, zumal die Tatbestandsstruktur des § 824 von derjenigen der §§ 186 ff StGB abweicht (§ 824 als Verletzungsdelikt, §§ 186 ff StGB als Gefährdungsdelikte, *Larenz/Canaris* aaO).

14 Die Annahme eines berechtigten Interesses erfordert – unabhängig von der dogmatischen Einordnung – eine **Güter- und Interessenabwägung** zwischen den Interessen des Äußernden (Interesse an der Weitergabe bzw Publikation bestimmter Informationen; Meinungsäußerungs-, Presse- oder Wissenschaftsfreiheit), des Mitteilungsempfängers, des Betroffenen (insbes Grad und Umfang der möglichen Schädigung) und ggf auch der Allgemeinheit (insbes Informationsinteressen, ggf auch Grundrechte, zB Schutz vor Gesundheitsgefährdungen der Verbraucher durch ein Produkt). Bei der Prüfung, ob der Äußernde **fahrlässig** gehandelt hat, sind ähnliche Kriterien zu berücksichtigen, insbes steht der Umfang der Prüfungspflicht des Äußernden mit der möglichen Rechtsgutsgefährdung und den Allgemeininteressen im Zusammenhang. ZB bestehen geringere Prüfungspflichten bei großem Interesse der Allgemeinheit an rascher Weitergabe von Informationen (zB LG Wiesbaden NJW 01, 2977, 2978 ff), hingegen höhere Anforderungen an die Prüfungspflicht bei starker Rechtsgutsgefährdung (zB bei Mitteilungen an die SchuFa, Frankf NJW-RR 88, 562, 564, oder Warentests, BGH NJW 86, 981 f) oder hohem Verbreitungsgrad (BGH NJW 66, 2010, 2011). Auch diese enge Verknüpfung spricht für eine Einordnung des § 824 II als Entschuldigungsgrund.

15 **Einzelfälle:** Für **Massenmedien** gilt – um Meinungs- und Pressefreiheit nicht zu stark einzuschränken – eine Pflicht zur pressemäßigen Sorgfalt (BGH NJW 87, 2225, 2226; BGHZ 132, 13, 24 mwN; ähnlich NJW 97, 1148, 1150). Die Prüfungspflichten sind abgestuft ua nach Zuverlässigkeit der Informationsquelle (insbes BGHZ 139, 95, 106), Art der Publikation (geringere Pflichten bei Werbung und Anzeigen, insbes BGHZ 59, 76, 80 ff) und Gefährdung der Rechtsgüter des Betroffenen (BGHZ 73, 120, 124 ff einerseits, BGH NJW 87, 2225, 2226 andererseits). Zur Verdachtsberichterstattung insbes BGH NJW 66, 1213, 1215; BGHZ 143, 199, 203 ff mwN; zur Verantwortlichkeit im Rahmen der Arbeitsteilung insbes BaRoth/*Spindler* § 824 Rn 32 ff. Bei **Äußerungen in gerichtlichen oder behördlichen Verfahren** sind die Prüfungspflichten reduziert, da hier die

Wahrnehmung oder Verteidigung der Rechte des Äußernden im Vordergrund steht und zudem die Wahrheit der Äußerung im Verfahren ohnehin überprüft wird (zB BVerfG NJW 91, 29; 91, 2074, 2075; 00, 3196, 3197; BGH NJW 65, 1803; 92, 1314, 1315 mwN); anders nur bei bewusst unwahren Tatsachenbehauptungen (BGHZ 74, 9, 15).

VIII. Beweislast. Der Geschädigte muss die Unwahrheit der Tatsachenbehauptung (RGZ 51, 369, 380) und das Verschulden des Äußernden (RGZ 115, 74, 79) beweisen. Wegen der Beweislast für die Unwahrheit der Tatsachenbehauptung sind die Anforderungen für den Geschädigten bei § 824 höher als etwa bei Ansprüchen aus § 823 II iVm § 186 StGB oder aus §§ 3, 4 Nr 8 iVm 8 f UWG. Hier kommen die allgemeinen Erleichterungen für den Nachweis negativer Tatsachen zum Zuge, dazu MüKo/*Wagner* § 824 Rn 62 mwN. 16

§ 825 Bestimmung zu sexuellen Handlungen

Wer einen anderen durch Hinterlist, Drohung oder Missbrauch eines Abhängigkeitsverhältnisses zur Vornahme oder Duldung sexueller Handlungen bestimmt, ist ihm zum Ersatz des daraus entstehenden Schadens verpflichtet.

A. Funktion und Anwendungsbereich. § 825 schützt die sexuelle Selbstbestimmung und überschneidet sich damit im Anwendungsbereich mit Ansprüchen aus § 823 I wegen Verletzung des Allgemeinen Persönlichkeitsrechts sowie mit Ansprüchen aus § 823 II iVm §§ 174 ff StGB. Eine eigenständige Funktion kommt der Vorschrift nach der Einbeziehung des sexuellen Selbstbestimmungsrechts in den Persönlichkeitsschutz und der ungewollten Schwangerschaft in den Tatbestand der Körperverletzung nach § 823 I nicht zu. Die Beibehaltung des durch das Zweite Schadensersatzrechtsänderungsgesetz modifizierten und teilweise erweiterten § 825 hat vor allem „Signalwirkung" (s BTDrs 14/7752, S 26); dies spricht dafür, dass der Anspruch aus § 825 mit den genannten Ansprüchen frei konkurriert (s nur *Kilian* JR 04, 309, 310; Erman/*Schiemann* § 825 Rn 2 mwN; differenzierend *Strätz* JZ 03, 448, 453 f). 1

B. Regelungsinhalt. Das Bestimmen zur Vornahme oder Duldung sexueller Handlungen als **Tathandlung** erfasst nunmehr Männer, Frauen und Kinder gleichermaßen; es besteht auch keine Beschränkung auf außereheliche Handlungen mehr (zu Unterschieden im Vergleich zum Strafrecht BaRoth/*Spindler* § 825 Rn 1). Gewaltanwendung ist nicht erforderlich; eine Einwirkung auf die Willensentschließung reicht aus (BaRoth/*Spindler* § 825 Rn 2; Palandt/*Sprau* § 825 Rn 3). 2

Tatmodalitäten sind Hinterlist (vorbedachtes, die wahre Absicht verdeckendes Handeln zu dem Zweck, den unvorbereiteten Zustand der Person zur Verwirklichung des Vorhabens zu benutzen, *Karakatsanes* MDR 89, 1041, 1047 mwN), Drohung (In-Aussicht-Stellen eines künftigen Übels, auf das der Drohende Einfluss zu haben vorgibt) oder Missbrauch eines Abhängigkeitsverhältnisses (Ausnutzen einer tatsächlichen Überlegenheit des Schädigers). Str ist, ob der Täter für den Fall der Weigerung Nachteile in Aussicht stellen muss (so zB BaRoth/*Spindler* § 825 Rn 4) oder ob es ausreicht, dass er sich der Beeinträchtigung der Willensfreiheit des anderen bewusst ist (so zB RGRK/*Steffen* § 825 Rn 6; AnwK/*Katzenmeier* § 825 Rn 4; Palandt/*Sprau* § 825 Rn 5; *Kilian* JR 04, 309, 311). 3

Ein **Verschulden** wird nicht gesondert erwähnt, aber in jeder der Tatmodalitäten ist bereits Vorsatz enthalten; zusätzlich ist daher nur noch die Verschuldensfähigkeit zu prüfen. 4

Der **Schadensersatz** erfasst insbes den Ersatz immaterieller Schäden gem § 253 II, aber auch Vermögensschäden. Fraglich ist, ob wegen der Belastung mit der Unterhaltspflicht für ein nicht gewolltes Kind Schadensersatz nach § 825 verlangt werden kann (einschränkend *Kilian* JR 04, 309, 312: Kosten von Schwangerschaft und Entbindung) oder nur nach § 823 I wegen Körper- oder Gesundheitsverletzung der Mutter (so zB Erman/*Schiemann* § 825 Rn 1). Die zweite Ansicht harmoniert besser mit der Nichtanwendung des § 1600 d II durch die Rspr (s.u. Rn 6); aus ihr folgt, dass nach § 825 vor allem die unmittelbar auf die Verletzung der sexuellen Selbstbestimmung zurückzuführenden Schäden zu ersetzen sind. 5

Der Geschädigte muss sämtliche Tatbestandsvoraussetzungen (also auch das im Tatbestand konkretisierte Verschulden) **beweisen** und kann sich dabei nicht auf die Vermutung des § 1600 d II stützen (RG JW 09, 415, 416, zu § 1717 aF). 6

§ 826 Sittenwidrige vorsätzliche Schädigung

Wer in einer gegen die guten Sitten verstoßenden Weise einem anderen vorsätzlich Schaden zufügt, ist dem anderen zum Ersatz des Schadens verpflichtet.

A. Funktion und Anwendungsbereich. I. Funktion. § 826 als dritte der „kleinen" haftungsrechtlichen Generalklauseln (Vor § 823 Rn 6) gewährt Schutz bei sittenwidriger vorsätzlicher Schädigung. Die Weite der Vorschrift hinsichtlich der geschützten Rechtsgüter (da keine Beschränkung auf bestimmte Rechtsgüter 1 besteht, werden zB auch das Vermögen oder ideelle Güter erfasst) und der haftungsbegründenden Verhaltensweisen (keine Beschränkung auf die Verletzung bestimmter Pflichten) wird durch das Vorsatzerfordernis und die Notwendigkeit eines Sittenverstoßes quasi ausbalanciert und damit eine Entwicklung des § 826 zur „großen" Generalklausel oder zum deliktsrechtlichen Auffangtatbestand verhindert. Andererseits ermöglicht gerade das Merkmal der Sittenwidrigkeit eine flexible Anpassung des Haftungsrechts an veränderte faktische Situationen oder soziale Umstände.

2 § 826 dient der **Ergänzung anderer Haftungstatbestände,** die jedoch teilweise iS einer Auffangfunktion eingeschränkt wird (zB BaRoth/*Spindler* § 826 Rn 1; Erman/*Schiemann* § 826 Rn 1; kritisch zB *Larenz/Canaris* § 78 I 2 a). Wichtig ist weiterhin insbes die **Entwicklungsfunktion** des § 826 (zB Erman/*Schiemann* § 826 Rn 2; *Deutsch* JZ 63, 385, 390; ähnlich BaRoth/*Spindler* § 826 Rn 1: Dynamisierung des Deliktsrechts zur Anpassung an geänderte Wertvorstellungen und Korrekturfunktion): Der Richter kann bei der Konkretisierung des Tatbestands des § 826 Verhaltensstandards einfließen lassen, die sich noch nicht zu Rechtsnormen iSd § 823 II entwickelt haben; zudem bietet die Vorschrift Raum für die Berücksichtigung verfassungsrechtlicher Wertungen. Diese Weiterentwicklung der Deliktshaftung ist die wichtigste Funktion des § 826, in der auch die mitunter gesondert angeführte Legitimationsfunktion für die richterliche Rechtsfortbildung (zB AnwK/*Katzenmeier* § 826 Rn 1; Erman/*Schiemann* § 826 Rn 2; *Larenz/Canaris* § 78 I 2 b) mit aufgeht. Die Grenzen der Weiterentwicklung sind im Einzelnen str (s nur Soergel/*Hönn/Dönneweg* § 826 Rn 3, 13 ff einerseits, *Brüggemeier* Deliktsrecht Rn 837 f andererseits). Bei ihrer Bestimmung sind auch die für eine Auffangfunktion des § 826 vorgebrachten Argumente zu berücksichtigen: Wegen der starken Konkretisierungsbedürftigkeit des Begriffs der „guten Sitten" sollte insbes spezialgesetzlichen Regelungen, die sich aufgrund einer zu § 826 entwickelten Rspr herausgebildet haben, ggü § 826 Vorrang zukommen (so auch zB BaRoth/*Spindler* § 826 Rn 1 mwN; aA Erman/*Schiemann* § 826 Rn 1). Dies ist jedoch nicht mit der mitunter zusätzlich angeführten **Begrenzungsfunktion** des § 826 gleichzusetzen (dazu insbes *Larenz/Canaris* § 78 I 2 c), die letztlich als „natürliche" Funktion der Tatbestandsmerkmale des § 826 erscheint.

3 **II. Anwendungsbereich.** Grds konkurriert § 826 mit **anderen zivilrechtlichen Schadensersatzansprüchen** (zur Diskussion um eine mögliche Auffangfunktion des § 826 soeben Rn 2). Vorrangig ggü § 826 sind jedoch § 839 (BGHZ 13, 25, 28; VersR 83, 639, 640 – mit Ausnahme) und nach hM § 2287 (s.u. Rn 30). Umstritten ist das Verhältnis zum Schutz des Rechts am Unternehmen nach § 823 I: Nimmt man die Subsidiarität des Rechts am Unternehmen ernst, ist ein Vorrang des § 826 anzunehmen (so auch zB Erman/*Schiemann* § 826 Rn 23); anders aber die Rspr (zB BGHZ 59, 30, 34; 69, 128, 139; 80, 25, 27 f). Im Verhältnis zu anderen zivilrechtlichen Schadensersatztatbeständen (zB §§ 9 UWG, 33 GWB) besteht grds Anspruchskonkurrenz, was insbes wegen der speziellen Zuständigkeits- und Verjährungsvorschriften im Zusammenhang mit derartigen Ansprüchen von Bedeutung sein kann (vgl aber BGHZ 41, 314, 316: der Gerichtsstand des § 14 UWG [= § 24 UWG aF] verdrängt § 32 ZPO nur, wenn ausschließlich ein Anspruch nach dem UWG in Frage kommt). Ausnahmen von dieser Grundregel sind jedoch zu erwägen, wenn eine solche Spezialregelung als abschließend gedacht ist (s zB AnwK/*Katzenmeier* § 826 Rn 16; Erman/*Schiemann* § 826 Rn 25) oder der gesetzliche Tatbestand aus der Rspr zu § 826 entwickelt wurde (s.o. Rn 2).

4 Für das Verhältnis zu **anderen zivilrechtlichen Regelungen, die nicht auf Schadensersatz gerichtet sind,** gilt: §§ 123 f stehen selbständig neben § 826, dh § 826 kann auch nach Ablauf der Anfechtungsfrist eingreifen (RGZ 79, 194, 197; BGH NJW 62, 1196, 1198; 69, 604, 605; kritisch zB Erman/*Schiemann* § 826 Rn 24). Fraglich ist hier, ob sich der Anspruch aus § 826 auf das negative oder sogar auf das positive Interesse richtet: Bei Fortbestehen des Vertrags kommt grds nur das negative Interesse in Betracht, es sei denn, das Vertragsrecht lässt eine Haftung auf das positive Interesse zu (RGZ 132, 76, 81; BGH WM 69, 496, 498; NJW 00, 2669, 2670 mwN; BaRoth/*Spindler* § 826 Rn 16 mwN); bei angefochtenem Vertrag kann es immer nur um das negative Interesse gehen (zum alten Schuldrecht: BGH NJW 60, 237 f; Ausn: BGHZ 57, 137, 142 f); hier sind die Wertungen der §§ 346 ff zu beachten, aber die Haftung nach § 826 kann wegen der qualifizierten Voraussetzungen und des damit verbundenen höheren Unrechtsgehalts im Einzelfall auch weiter gehen. Die Naturalrestitution nach § 826 kann auch in der Aufhebung eines sittenwidrigen Vertrags bestehen (s nur BGH NJW-RR 05, 611, 612 f mwN; 05, 751). § 226 hat neben – und gerade wegen – § 826 geringe Bedeutung (Erman/*Schiemann* § 826 Rn 24). § 138 ist grds neben § 826 anwendbar (zB BGHZ 10, 228, 232 ff; NJW 70, 657, 658); bei Nichtigkeit eines Rechtsgeschäfts besteht jedoch für einen zusätzlichen Anspruch aus § 826 nur selten ein praktisches Bedürfnis, insbes wenn trotz der Nichtigkeit und der daraus folgenden bereicherungsrechtlichen Rückabwicklung noch ein Schaden verbleibt (s zB Staud/*Oechsler* § 826 Rn 44; BaRoth/*Spindler* § 826 Rn 2). §§ 3 ff AnfG, 133 InsO konkurrieren ebenfalls frei mit § 826 (BGHZ 56, 339, 354 f; NJW 00, 3138, 3139 mwN); wegen der unterschiedlichen Anspruchsvoraussetzungen kommt eine Anwendung nebeneinander praktisch nur selten in Betracht (BGH NJW 96, 1283; WM 96, 1245). Zum Konkurrenzverhältnis zu anderen Spezialregelungen im Rahmen der jeweiligen Fallgruppen Rn 13 ff.

5 **B. Regelungsinhalt. I. Voraussetzungen und Rechtsfolgen der Haftung. 1. Sittenverstoß.** Sittenwidrigkeit liegt vor beim Verstoß gegen das „Anstandsgefühl aller billig und gerecht Denkenden" (RGZ 48, 114, 124; BGH NJW 91, 913, 914 mwN). § 826 gewährleistet also ein rechtsethisches Minimum (s nur *Larenz/Canaris*

§ 78 II 1 b; Soergel/*Hönn/Dönneweg* § 826 Rn 28), aber zu seiner Konkretisierung (die in vollem Umfang revisibel ist, RGZ 155, 257, 277; BVerwG NVwZ 90, 668) sind stärker objektivierbare Kriterien erforderlich; zudem sind verfassungsrechtliche Wertungen in die Beurteilung einzubeziehen. **Maßstab** ist die Vorstellung derjenigen Kreise, die von der fraglichen Handlung betroffen sind (zB BGHZ 10, 228, 232; 67, 119, 124 f; NJW-RR 89, 1255, 1257), ggf auch der Allgemeinheit (RGZ 145, 396, 399 f). Der Sittenverstoß kann sich aus Sittenwidrigkeit des verfolgten Zwecks (zB Vereitelung von Rechten), der verwendeten Mittel (zB außerordentlicher Eigennutz) oder der Zweck-Mittel-Relation ergeben (zB RGZ 130, 89, 91; BGHZ 129, 136, 172 mwN). Er kann durch Tun oder Unterlassen erfolgen; ein Unterlassen ist aber nur tatbestandsrelevant, wenn die unterlassene Handlung sittlich geboten war, also nicht bei jeder Nichterfüllung einer rechtlichen Pflicht (BGH NJW 63, 148, 149; 01, 3702, 3703 mwN).

Subjektive Elemente beim Schädiger: Der Schädiger muss die Tatsachen kennen, aus denen sich die Sitten- 6 widrigkeit ergibt (zB RGZ 136, 293, 298; BGHZ 8, 83, 87 f; 101, 380, 388 mwN). Hingegen ist ein Bewusstsein der Sittenwidrigkeit nicht erforderlich, damit nicht besonders Gewissen- und Rücksichtslose begünstigt werden (RGZ 79, 17, 23; BGHZ 8, 83, 87). Umgekehrt können aber gegen die guten Sitten verstoßende Beweggründe (zB Rachsucht, Neid) berücksichtigt werden, wenn sie nach außen in Erscheinung treten und sich in einem bestimmten Verhalten manifestieren (s insbes RGZ 74, 224, 230; BGH WM 84, 906). Keine Sittenwidrigkeit liegt vor bei einem Irrtum des Schädigers über die Sittenwidrigkeit seines Verhaltens (Verbotsirrtum in Bezug auf die der Sittenwidrigkeit zugrunde liegenden Tatsachen, s insbes RGZ 71, 108, 112 f; BGHZ 101, 380, 387; NJW-RR 00, 393, 395 mwN, str).

2. Vorsatz. Ist beim Täter ein Bewusstsein der Sittenwidrigkeit nicht erforderlich (s.o. Rn 6), muss er doch 7 in Bezug auf den zugefügten Schaden vorsätzlich gehandelt haben. Als Vorsatzform genügt bedingter Vorsatz (zB BGHZ 8, 387, 393; 60, 149, 156; NJW 04, 3706, 3710 mwN; zur Abgrenzung zu nicht vorsätzlichem Handeln BGH NJW 51, 596, 597; BGHZ 147, 269, 278); Absicht ist nicht erforderlich (zB BGHZ 8, 387, 393; NJW 90, 389, 390). Da die **Ermittlung** des Vorsatzes als einer inneren Tatsache praktisch schwierig sein kann, wird häufig – trotz der grds Trennung von Vorsatz und Bewusstsein der Sittenwidrigkeit – von der Sittenwidrigkeit auf den Vorsatz geschlossen (zB RGZ 90, 106, 109; BGHZ 10, 228, 233; 129, 136, 177 mwN; NJW 00, 2669, 2670). Auch aus leichtfertigem Handeln, das als solches für den Schädiger erkennbar war, wird idR zunächst bedingter Vorsatz abgeleitet (zB BGH VersR 79, 283, 284 mwN; NJW-RR 86, 1158, 1159; NJW 91, 3282, 3283; vgl aber auch NJW 91, 32, 33; kritisch zB *Hopt* AcP 183, 608, 633; *Canaris* ZHR 163, 206, 214 f; *Grunewald* AcP 187, 285, 306 f; BaRoth/*Spindler* § 826 Rn 11 mwN).

Bezugspunkt des Vorsatzes ist sowohl das schädigende Verhalten als auch – weitergehend als bei § 823 – der 8 in Betracht kommende Schaden. Erforderlich ist keine detaillierte Kenntnis von Tathergang, Person des Geschädigten und Schaden, wohl aber eine Vorstellung von Kausalverlauf und möglichen Schadensfolgen (zB BGH NJW 51, 596, 597; 63, 579, 580; BGHZ 108, 134, 143 f; NJW 04, 3706, 3710). Der Täter muss auch die Tatumstände, welche die Sittenwidrigkeit seines Handelns begründen, kennen bzw darf sich dieser Kenntnis nicht bewusst verschließen (s nur BGH NJW 94, 2289, 2291 mwN; genau genommen handelt es sich hierbei allerdings um ein Beweisproblem, s Staud/*Oechsler* § 826 Rn 82, 96 f). Der Sittenwidrigkeit muss er sich nicht bewusst sein (zB RGZ 72, 175, 176; BGHZ 8, 83, 87; 101, 380, 388); insoweit wird die zivilrechtliche Vorsatztheorie eingeschränkt, um den Schwierigkeiten der Fassbarkeit des Sittenverstoßes im Einzelfall Rechnung zu tragen und ein Leerlaufen des § 826 durch Berufung auf einen Irrtum über die Sittenwidrigkeit zu vermeiden (vgl auch Staud/*Oechsler* § 826 Rn 61 ff; BaRoth/*Spindler* § 826 Rn 10). Das ist vor allem für die Rechtsfortbildungsfunktion des § 826 wichtig (Staud/*Oechsler* § 826 Rn 65) und wird insbes bei unrichtigen Auskünften oder Gutachten praktisch relevant.

3. Schutzbereich der Norm. Die Lehre vom persönlichen und sachlichen Schutzbereich der Norm ist nach 9 hM auch bei § 826 zu berücksichtigen (Staud/*Oechsler* § 826 Rn 99 ff mwN, auch zur aA). IRd Rechtswidrigkeitszusammenhangs ist zu prüfen, ob die Befolgung der verletzten Verhaltensregel die Gefahr des Schadenseintritts verringert hätte. Dadurch wird der Ersatz von Schäden ausgeschlossen, die lediglich Reflex der sittenwidrigen Schädigung eines anderen sind (zB BGH NJW 79, 1599, 1600: Kredit wurde nur gewährt, weil dies – aufgrund einer falschen Auskunft – ein anderer auch getan hatte) oder die nicht gerade auf der Sittenwidrigkeit des Handelns beruhen (zB BGHZ 57, 137, 143: Schaden aus einem Unfall mit einem Kfz, der nichts mit der arglistigen Täuschung zu tun hat, auf Grund derer das Fahrzeug erworben wurde; weitere Bsp: BGHZ 96, 231, 236 f; NJW 91, 634, 635 f).

4. Rechtsfolgen. a) Schadensersatz. Zu ersetzen ist der durch die sittenwidrige vorsätzliche Schädigung 10 entstandene Schaden einschl bereits konkretisierter Erwerbsaussichten (zB auch Gefährdung von Ansprüchen gegen Dritte, BGH NJW 95, 1284, 1285 f). Bei sittenwidriger vorsätzlicher Schädigung im **Zusammenhang mit einem Vertrag** kann zweifelhaft sein, ob das positive oder negative Interesse zu ersetzen ist. Da die Haftung aus § 826 grds auf einem eigenständigen, vom Vertrag losgelösten Unwerturteil beruht, ist auch der deliktsrechtliche Schadensersatz unabhängig von evtl gleichzeitig gegebenen vertraglichen Ansprüchen zu beurteilen. Die Rspr lässt in bestimmten Fällen neben Mängelgewährleistungsansprüchen bei Täuschung über die Mangelfreiheit eines Kaufgegenstandes auch nach § 826 einen Anspruch auf Ersatz des positiven

Interesses zu (RGZ 103, 154, 160; ähnlich BGH NJW 98, 983, 984 zu § 823 II iVm § 263 StGB), was allerdings kaum plausibel zu begründen ist (s *Schaub* ZEuP 99, 941, 948 ff). Zur Konkurrenz mit den Anfechtungsregeln s.o. Rn 4. Bei Anwendung des § 254 sind auf Seiten des Geschädigten nur Beiträge zu berücksichtigen, deren Gewicht etwa demjenigen der Schädigung entspricht, dh grds keine einfache Fahrlässigkeit (BGH NJW 84, 921, 922 mwN; BGHZ 108, 148, 158; NJW 92, 310, 311) und auch grobe Fahrlässigkeit allenfalls bei lediglich bedingtem Vorsatz des Schädigers (zB BGHZ 47, 110, 117; 57, 137, 145 f; NJW 92, 310, 311).

11 b) **Ersatzpflichtiger.** Ersatzpflichtig ist grds der unmittelbar Handelnde; für Organe wird gem § 31 gehaftet (RGZ 162, 202, 207; BGH NJW 84, 921, 922); zur umstrittenen Durchgriffshaftung (persönliche Haftung von Gesellschaftern für Gesellschaftsschulden) bei § 826 insbes MüKo/*Wagner* § 826 Rn 98 ff. Der Betreiber einer Internet-Suchmaschine haftet grds nicht für sittenwidrige Inhalte von Webseiten Dritter (LG Frankf NJW-RR 02, 545, 546 – zu §§ 1 UWG, 5 IV TDG). Beim Schadensersatz aus § 831 muss der Verrichtungsgehilfe – in Abweichung von den sonstigen Fällen einer Haftung nach dieser Vorschrift – auch den subjektiven Tatbestand des § 826 (Vorsatz) verwirklicht haben (s RGZ 73, 434, 436); dies verdeutlicht die Doppelfunktion des Vorsatzes bei § 826 auf Tatbestands- und Verschuldensebene.

12 c) **Weitere Rechtsfolgen.** Im Vorfeld des § 826 kann – unter den dafür allgemein geltenden Voraussetzungen (§ 259 Rn 2 f) – ein vorbereitender Auskunftsanspruch in Betracht kommen (RG JW 28, 1210, 1211; BGH NJW 62, 731; GRUR 74, 351, 352). Hingegen lehnt die Rspr einen Anspruch auf Rechnungslegung jedenfalls bei Wettbewerbsverletzungen ab (BGH GRUR 69, 292, 294; 78, 52, 53). Ggf kommen Unterlassungs- und Beseitigungsansprüche nach allgemeinen Regeln (Vor § 823 Rn 15) in Betracht. Schließlich kann § 826 Ansprüchen als Einrede entgegengehalten werden. Bei Vorliegen seiner Voraussetzungen dürften aber stets – bzw erst recht – diejenigen des § 242 erfüllt sein, so dass § 826 in dieser Hinsicht kaum selbständige Bedeutung zukommt (s nur Erman/*Schiemann* § 826 Rn 22; AnwK/*Katzenmeier* § 826 Rn 14).

13 **II. Fallgruppen.** Die „kleine" Generalklausel des § 826 ist durch Richterrecht konkretisiert worden, das sich in Fallgruppen zusammenfassen lässt. Sie ermöglichen eine Orientierung bei der Anwendung des § 826, entbinden jedoch weder von der Prüfung der Umstände jedes Einzelfalles (wenn auch bei einem von einer solchen Fallgruppe erfassten Sachverhalt eine gewisse Indizwirkung für das Vorliegen von Sittenwidrigkeit besteht, s Erman/*Schiemann* § 826 Rn 27) noch sind sie abschließend, insbes sind die subjektiven Tatbestandselemente jeweils konkret festzustellen. Die Fallgruppen werden hier in erster Linie anhand der sie konstituierenden Verhaltensweisen, in zweiter Linie nach den einschlägigen Rechtsgebieten untergliedert, wobei jedoch Überschneidungen unvermeidlich sind. Folge der Entwicklungsfunktion des § 826, die zur Herausbildung spezieller Haftungstatbestände aus den Grundgedanken des § 826 heraus führt, ist in vielen Fallgruppen ein Nebeneinander von § 826 mit Spezialregelungen, so dass innerhalb der Fallgruppen häufig zu überprüfen ist, ob § 826 im jeweiligen Bereich noch selbständige Bedeutung zukommt oder ob er nach den oben (Rn 3) dargestellten Regeln verdrängt wird.

1. Schädigungen im Zusammenhang mit Verträgen. a) Verhaltensweisen im Vorfeld eines Vertrags.

14 aa) **Täuschung zur Herbeiführung eines Vertrags.** Eine Täuschung zur Herbeiführung eines Vertrags durch aktives Handeln oder durch Verschweigen von für den anderen Teil bedeutsamen Tatsachen (bei Bestehen einer Offenbarungspflicht, s nur BGH NJW 71, 1795, 1799; NJW-RR 91, 1312) kann neben § 123 auch von § 826 erfasst werden. Bsp sind eine Täuschung über die Eigentumsverhältnisse am Vertragsgegenstand (BGH NJW 84, 2284; 92, 310, 311), über die Zahlungsfähigkeit des Vertragspartners (BGH NJW 84, 2284, 2285; WM 85, 866, 868; NJW-RR 91, 1312, 1315), über das Bestehen eines zweiten Arbeitsvertrags bei Nachfrage (BAG NZA 95, 935) oder über die Voraussetzungen einer staatlichen Förderung (BGH NJW-RR 05, 511); zur Täuschung durch Dritte insbes BGH BB 59, 60; NJW 84, 2284. Zu den Konkurrenzfragen s.o. Rn 4; um die Anforderungen der §§ 123 ff sowie der §§ 3 ff AnfG, 133 InsO nicht zu unterlaufen, sollten grds über sie hinausgehende sittenwidrige Umstände verlangt werden (BGHZ 130, 314, 330 f; NJW 96, 1283; 96, 2231, 2232; 00, 3138, 3139; BaRoth/*Spindler* § 826 Rn 22 aE).

15 bb) **Missbrauch von Vertretungsmacht.** Der Missbrauch von Vertretungsmacht kann von § 826 erfasst werden (zB AnwK/*Katzenmeier* § 826 Rn 21; Palandt/*Sprau* § 826 Rn 21); teilweise wird dies jedoch für den Missbrauch organschaftlicher Vertretungsmacht eingeschränkt (zB BaRoth/*Spindler* § 826 Rn 31 mwN: nur wenn die eigenen Interessen mit einem besonderen Maß an Missachtung der gebotenen Loyalität durchgesetzt werden).

16 cc) **Vertragsvereitelung.** Die Vertragsvereitelung ist nur unter besonderen Umständen sittenwidrig, zB wenn sie zur wirtschaftlichen Vernichtung des Vertragspartners systematisch betrieben (BGHZ 12, 308, 318) oder beim „Ausspannen" von Vertragspartnern systematisch vorgegangen wird (zB RGZ 149, 114, 121; 151, 86, 89 ff; BGHZ 54, 188, 198; NJW 61, 1308, 1309).

17 b) **Verhaltenweisen bei der Vertragsdurchführung. aa) Nicht- oder Schlechterfüllung.** Die Nicht- oder Schlechterfüllung vertraglicher Pflichten begründet für sich genommen noch keine Sittenwidrigkeit, sondern allenfalls beim Hinzutreten besonderer, verwerflicher Umstände, wie zB Täuschung, um den Vertragspartner

zur Aufgabe rechtlicher Absicherungen zu bewegen (Dresden NJW-RR 00, 207, 208: Zurückbehaltungsrecht), Verschweigen von Mängeln ggü dem Vertragspartner bei Offenbarungspflicht aufgrund besonderer Kenntnisse (Ddorf NJW-RR 01, 885, 886) oder anderer Formen der bewussten Benachteiligung des Vertragspartners (zB RGZ 58, 219 ff).

bb) Vertragsbruch. Auch die Auflösung eines Vertrags ist per se noch nicht sittenwidrig, ebenso wenig die Verleitung dazu (zB RGZ 78, 14, 17 f; BGHZ 12, 308, 317 ff; NJW-RR 99, 1186); bei einer anderen Beurteilung würde § 823 I, der den Vertrag nicht als sonstiges Recht schützt (§ 823 Rn 60), unterlaufen. Im Falle einer **besonders rücksichtslosen Verleitung** zum Vertragsbruch kann hingegen Sittenwidrigkeit gegeben sein (zB BGHZ 12, 308, 320; 14, 313, 317; NJW 94, 128; VersR 95, 1451, 1454; NJW-RR 99, 1186), zB bei kollusivem Zusammenwirken zwischen Vertragspartner und Drittem, etwa beim Doppelverkauf, wenn der Zweitkäufer den Verkäufer von Ansprüchen des Erstkäufers freistellt (RG JW 31, 2238; BGHZ 12, 308, 318 ff; NJW 81, 2184; vgl aber auch Hamm VersR 87, 509). Zu berücksichtigen ist neben dem Verhalten des Vertragspartners insbes der Charakter des Rechtsgeschäfts, vor allem, ob es durch eine besonders intensive, durch gegenseitiges Vertrauen geprägte Bindung der Vertragspartner gekennzeichnet ist (BGHZ 12, 308, 319 f; BaRoth/*Spindler* § 826 Rn 27). Die Verleitung zum Vertragsbruch **zu Wettbewerbszwecken** wird hingegen unter geringeren Voraussetzungen als sittenwidrig angesehen (s nur BGH GRUR 68, 272, 274 ff; BB 73, 1229; NJW 75, 1361, 1362; DB 81, 1668; BGHZ 143, 232). Diese Fälle werden idR auch von §§ 3 ff iVm § 9 UWG erfasst und sind dort durch die Regelbeispiele in § 4 UWG (insbes Nr 7, 8, 10) sowie durch § 6 und evtl § 5 UWG leichter zu handhaben, so dass sie sich nach der UWG-Reform 2004 langsam aus § 826 herauslösen und verselbständigen dürften – und sollten.

2. Haftung für Auskünfte, Informationen, Empfehlungen. a) Allgemeines. Eine Haftung nach § 826 kommt auch in Betracht bei unbewusst falschen Auskünften, Informationen und Empfehlungen. Da solche nicht nur im Vorfeld eines Vertrags gegeben werden können, reicht diese Fallgruppe über diejenige der Täuschung zur Herbeiführung eines Vertrags (s.o. Rn 14) hinaus. § 826 kann bereits bei **grob leichtfertigem, gewissenlosem Verhalten** eingreifen, insbes wenn der andere Teil auf das Ansehen und die berufliche Kompetenz des Auskunft Gebenden vertraut (zB BGH BB 66, 1324 f; WM 75, 559, 560; NJW 91, 3282, 3283; 92, 3167, 3174); das gilt selbst bei Auskünften „ins Blaue hinein" (BGH NJW 86, 180, 181 f; 91, 3282, 3283; BGHZ 159, 1, 11 f). Die Haftung aus § 826 steht neben derjenigen aus §§ 241 II, 280, ggf iVm § 311 III, und aus selbständigem oder unselbständigem Beratungsvertrag, ggf mit Schutzwirkung für Dritte (dazu *Schaub* AcP 202, 757, 784 ff mwN), und ergänzt diese. Daher wird teilweise angenommen, § 826 verliere in diesem Bereich an Bedeutung (zB MüKo/*Wagner* § 826 Rn 55; AnwK/*Katzenmeier* § 826 Rn 28; zur Heranziehung des § 826 aber zB *Lammel* AcP 179, 337, 342; *Honsell* FS Medicus 211, 215 f, 220; *Ebke/Scheel* WM 91, 389 f; *Canaris* ZHR 163, 206, 214 f; *Grunewald* ZGR 99, 583, 591). Da jedoch alle diese Haftungskonstruktionen teilweise umstritten sind, insbes – aber nicht nur – bei der Haftung ggü Dritten (zur vorvertraglichen Haftung zB *Kiss* WM 99, 117, 119 ff mwN; zum Beratungsvertrag zB *Schaub* aaO mwN; zum Vertrag mit Schutzwirkung für Dritte bei gegenläufigen Interessen zB *Lammel* AcP 179, 337, 344; *Honsell* FS Medicus 211, 228; *Medicus* JZ 95, 308; *Canaris* JZ 98, 603, 604 f), lässt sich der Anwendungsbereich des § 826 nicht mit Blick auf diese Anspruchsgrundlagen eingrenzen. Vielmehr ist eine Rückbesinnung auf den Grund der Haftung aus § 826 in dieser Fallgruppe notwendig: Sie lässt sich am ehesten als Haftung für Verletzung von Verkehrspflichten in der speziellen Ausprägung der Berufspflichten (§ 823 Rn 166 f) begreifen (s.a. BaRoth/*Spindler* § 826 Rn 33; Erman/*Schiemann* § 826 Rn 38); wegen der Lokalisierung bei § 826 sollte jedoch das Vorsatzerfordernis ernster genommen werden als dies zuweilen in der Rspr geschieht.

b) Einzelne Fallgruppen. aa) Sachverständige, Gutachter, Wirtschaftsprüfer, Steuerberater. Sachverständige und Gutachter haften für **falsche Auskünfte**, insbes über die finanzielle Situation einer Person oder über den Wert des Vertragsgegenstands (zB BGH BB 60, 1301; NJW 91, 3282; 92, 3167, 3174); Entspr gilt für Wirtschaftsprüfer (zB BGH NJW 56, 1595; VersR 79, 283, 284; NJW 01, 360, 364 f; ausführlich MüKo/*Wagner* § 826 Rn 56 f) und Steuerberater oder -bevollmächtigte (BGH NJW 86, 180, 181; 87, 1758 f). Eine Haftung ggü Dritten, denen ggü die Auskunft nicht unmittelbar erteilt bzw das Gutachten nicht unmittelbar erstellt wurde, kommt nur in Betracht, wenn für sie erkennbar war, dass die Auskunft bzw das Gutachten für das Handeln eines Dritten Bedeutung hat (BGH NJW 87, 1758, 1759; NJW-RR 89, 696; BGHZ 138, 257). Für die Haftung gerichtlicher Sachverständiger gilt § 839 a.

bb) Kapitalmarkt. Auch bei falschen Auskünften von Banken **über die Bonität oder Kreditwürdigkeit** von Kunden kann eine Haftung aus § 826 in Betracht kommen (zB RG JW 11, 584, 585; BGH NJW 70, 1737; 84, 921, 922). Weiterhin kann bei der **Prospekthaftung** § 826 neben den Spezialregelungen in §§ 44 ff BörsG, 20 KAGG, 12 AuslInvestG sowie neben der vertragsrechtlichen Prospekthaftung anwendbar sein, soweit Regelungslücken verbleiben (so auch ausdrücklich § 47 II BörsG, s zB BGHZ 96, 231, 243 f. Bei **Verstößen gegen Publizitätsvorschriften** sind in erster Linie die Spezialregelungen in §§ 37 b II, 37 c III WpHG anzuwenden. Daneben kommen aber gem § 15 VI 2 WpHG weiterhin Ansprüche aus § 826 in Betracht (insbes für die persönliche Haftung der Unternehmensleitung, MüKo/*Wagner* § 826 Rn 63). Die instanzgerichtliche Rspr ist hinsichtlich der Anforderungen an eine Haftung gem § 826 uneinheitlich (LG Augsburg NJW-RR 01, 1705,

1706 f einerseits, LG München I NJW-RR 01, 1701, 1705; LG Augsburg BB 02, 1230 andererseits). An die Aufklärungspflichten bei der **Vermittlung von Warenterminoptionsgeschäften** stellt die Rspr relativ hohe Anforderungen (s etwa BGHZ 80, 80; NJW-RR 04, 203, 206; 05, 557 ff mwN); auch neben § 37 d I WpHG wird § 826 weiter Bedeutung behalten (s nur MüKo/*Wagner* § 826 Rn 67). Vergleichbare Standards gelten beim Vertrieb von Beteiligungen an Pools und Fonds, die ihrerseits Börsentermingeschäfte vornehmen (BGH NJW-RR 98, 1271, 1272). Eine Haftung aus § 826 kommt schließlich in Betracht für die persönliche Haftung von Vorstandsmitgliedern für **fehlerhafte Ad-hoc-Mitteilungen** (s nur BGHZ 160, 134, 142 ff; 160, 149, 151 ff; NJW 04, 2668, 2669 ff; 05, 2450, 2451 mwN).

22 cc) **Ausstellung von Dienst- und Arbeitszeugnissen.** Arbeitgeber treffen bei der Ausstellung von Dienst- und Arbeitszeugnissen Aufklärungspflichten, deren Verletzung ebenfalls zur Haftung gem § 826 führen kann (zB bei Verschweigen von Straftaten des Arbeitnehmers, BGH NJW 70, 2291 ff; auch bei nachträglicher Kenntniserlangung, BGHZ 74, 281, 286 ff).

23 3. **Missbrauch von Machtpositionen. a) Kartelle und Monopole.** Bei Kartellen oder Monopolen ist das aus § 826 abgeleitete Diskriminierungsverbot von Bedeutung, das zu einem **Kontrahierungszwang** führen kann (grundlegend RGZ 115, 253, 258: Klage unmittelbar auf Leistung möglich). Vorrangig sind in diesem Bereich jedoch die Regeln des Wettbewerbsrechts, insbes §§ 19 ff GWB, Art 82 EG. Bei ihrer Verletzung kommen Schadensersatzansprüche aus § 33 III GWB in Betracht, die sich auch auf Naturalrestitution in Form eines Vertragsschlusses richten können, sowie spezialgesetzliche Regelungen eines Kontrahierungszwangs (etwa in §§ 17 ff EnWG, 16 ff TKG, 9 ff TKV). Nach der 7. GWB-Novelle 2005 besteht trotz der von der bisherigen Rspr angenommenen grds Konkurrenz zwischen diesen Ansprüchen und § 826 (BGHZ 29, 344, 347 f; 41, 271, 278) heute nur noch wenig Anlass für eine ergänzende Anwendung des § 826, zumal § 826 in diesem Zusammenhang als Einschränkung der Vertragsfreiheit besonders restriktiv auszulegen ist (vgl auch BaRoth/*Spindler* § 826 Rn 74). Zudem sind die von den kartellrechtlichen Regelungen nicht erfassten Ausnahmebereiche insbes nach der jüngsten GWB-Novelle so weit reduziert (vgl nur §§ 28, 30 GWB, die zudem §§ 19 ff GWB nicht betreffen, sowie Art 36, 86 EG), dass für eine ergänzende Anwendung des § 826 kaum noch eine praktische Notwendigkeit bestehen dürfte. Auch der Missbrauch einer Ausschließlichkeitsposition, die sich aus einem Immaterialgüterrecht ergibt, lässt sich durch die wettbewerbsrechtlichen Regeln hinreichend erfassen (s nur § 19 I GWB, Art 82 EG, EuGH Slg 74, 223 – Commercial Solvents; 85, 3261 – Télémarketing; 95, I-743 – Magill; 98, I-7791 – Bronner; 04, I-5039 – IMS Health), so dass insoweit ebenfalls kein Bedürfnis für eine Heranziehung des § 826 besteht.

24 b) **Boykott.** Weil ein Boykott nicht nur durch ein Unternehmen ausgeübt werden kann, werden nicht alle Boykott-Fälle durch die Regeln des Wettbewerbsrechts erfasst. Daher kann hier noch ein Anwendungsbereich des § 826 verbleiben. Bei einem Boykott zu Wettbewerbszwecken sind allerdings regelmäßig §§ 3, 4 Nr 10 iVm 9 S 1 UWG einschlägig und es liegt meist zugleich ein Eingriff in das Recht am Unternehmen vor, sofern man mit der wohl hM dieses Recht im Verhältnis zu § 826 nicht als subsidiär ansieht (§ 823 Rn 81). Nimmt man die Anspruchskonkurrenz zwischen dem Recht am Unternehmen und § 826 ernst, kann ein Boykott nur unter von § 823 abw Voraussetzungen zum Schadensersatz nach § 826 führen. Da auch in den Fällen des § 823 regelmäßig Vorsatz gegeben ist, muss in dieser Unter-Fallgruppe des § 826 dem Merkmal der Sittenwidrigkeit besondere Bedeutung beigemessen werden, was insbes bei der Abwägung mit der Meinungsfreiheit des Äußernden zu berücksichtigen ist. Boykottvereinbarungen oder Aufforderungen zum Boykott werden folglich nur unter besonderen Umständen von § 826 erfasst, zB beim Einsatz wirtschaftlicher Macht oder sozialer Abhängigkeit (BVerfG NJW 69, 1161; 83, 1181) oder bei Hinzutreten eines Täuschungselements (BGHZ 90, 113).

25 c) **Missbrauch von Vereins- oder Verbandsmacht.** Bei missbräuchlicher (insbes ohne sachlichen Grund diskriminierender) Verweigerung der Aufnahme in einen Verein oder Verband kann über § 826 iVm § 249 I ein **Aufnahmeanspruch** begründet werden, wenn der Verein oder Verband eine Machtposition innehat und der Bewerber zur Wahrung wesentlicher Interessen auf die Mitgliedschaft angewiesen ist (s zB BGHZ 29, 344; 140, 74, 77; für Verbände BGH NJW 80, 186). Der Ausschluss eines Mitglieds kann unter denselben Voraussetzungen gegen § 826 verstoßen (RGZ 140, 23, 24; BGH WM 80, 869, 870). Da bei derartigem Verhalten marktbeherrschender Unternehmen §§ 19 ff GWB bzw Art 82 EG einschlägig sind, dürfte der Haupt-Anwendungsbereich des § 826 in dieser Unter-Fallgruppe heute regelmäßig bei Idealvereinen liegen (s auch BaRoth/*Spindler* § 826 Rn 77; zu anderen Anspruchsgrundlagen insbes *Bartodziej* ZGR 91, 517 ff; *Steinbeck* WuW 96, 91 ff).

26 d) **Ausübung von Mehrheitsmacht in Gesellschaften.** Die missbräuchliche Ausübung von Mehrheitsmacht in Gesellschaften ist heute vielfach bereits durch gesellschaftsrechtliche Spezialvorschriften (zB §§ 117, 309, 317 AktG) sowie die von der Rspr entwickelten gesellschaftsrechtlichen Treuepflichten erfasst (s nur BGHZ 65, 15, 18; 103, 184, 194); trotzdem wendet die Rspr häufig zusätzlich § 826 an (zB RGZ 107, 72, 74; BGHZ 31, 258, 278 f; 129, 136, 164). Hier wird jedoch zu Recht vor einer Ausdehnung des Tatbestands auf Fälle grob fahrlässiger Pflichtverletzungen (BaRoth/*Spindler* § 826 Rn 51 mwN) oder auf die Ausübung von Minderheits-Stimmrechten (Erman/*Schiemann* § 826 Rn 58 zu BGHZ 129, 136) gewarnt. Sittenwidrigkeit dürfte

zudem nur bei eigennützigem Abstimmungsverhalten oder vergleichbaren Verhaltensweisen vorliegen (Erman/*Schiemann* § 826 Rn 58 mwN).

4. Missachtung von Kampf- und Wettbewerbsregeln. a) Unlauterer Wettbewerb. Die vorsätzliche Missachtung lauterkeitsrechtlicher Regelungen kann neben Schadensersatzansprüchen aus §§ 3 ff iVm § 9 UWG auch einen Schadensersatzanspruch aus § 826 begründen. Beide Haftungsregime stehen (insbes wegen der unterschiedlichen Verjährungsfristen, § 11 UWG, §§ 195, 199) nebeneinander (zB BGHZ 36, 252, 254 ff; 51, 41, 48; NJW 77, 1062). Darüber hinaus kann § 826 auch Fälle unlauteren Verhaltens außerhalb eines Wettbewerbsverhältnisses erfassen, insbes bei Handlungen von Einzelpersonen, die – etwa mangels Vertretungsbefugnis – dem Unternehmen nicht zuzurechnen sind (zB RGZ 95, 54, 56 ff; 161, 229, 230 ff; BGH NJW 62, 1099). Auch der Maßstab für die Verwerflichkeit des Verhaltens ist nicht notwendig identisch, denn § 3 UWG stellt nunmehr nicht mehr auf Sittenwidrigkeit, sondern auf Unlauterkeit ab. Zwar wird dies überwiegend nicht als Änderung der bisherigen lauterkeitsrechtlichen Praxis betrachtet (zB *Henning-Bodewig* GRUR 04, 713, 715 f; *Ohly* GRUR 04, 889, 895), aber entspr den unterschiedlichen Normzwecken müssen die erfassten Fallgruppen auch innerhalb eines Wettbewerbsverhältnisses nicht notwendig kongruent sein (so insbes *Hefermehl/Köhler/Bornkamm* Einl UWG Rn 7.7. mwN; zum alten UWG Soergel/*Hönn/Dönneweg* § 826 Rn 223; für eine ähnliche Auslegung in beiden Rechtsgebieten jedoch zB BaRoth/*Spindler* § 826 Rn 84; *Sack* NJW 75, 1303, 1304; WRP 85, 1, 4). In der Praxis überwiegen wegen der niedrigen Tatbestandsschwelle Ansprüche aus dem UWG, die keinen Vorsatz erfordern (BaRoth/*Spindler* § 826 Rn 84); zu den für § 826 verbleibenden praktischen Anwendungsbereich s insbes Staud/*Oechsler* § 826 Rn 383 ff; BaRoth/*Spindler* § 826 Rn 85 ff.

b) Arbeitskampfmaßnahmen. Maßnahmen im Arbeitskampf können nur bei Hinzutreten besonderer Umstände sittenwidrig iSd § 826 sein, zB bei Verletzung des Prinzips der fairen Kampfführung (BGHZ 70, 277, 282; BB 79, 1377; AnwK/*Katzenmeier* § 826 Rn 60) oder beabsichtigter wirtschaftlicher Vernichtung des Gegners (BAG NJW 71, 1668).

5. Familien- und Erbrecht. a) Familienrecht. Wegen des grds Vorrangs familienrechtlicher Regelungen ggü deliktsrechtlichen Schadensersatzansprüchen (s nur BGHZ 23, 215, 217 f sowie oben § 823 Rn 69; kritisch aber zB Staud/*Oechsler* § 826 Rn 443) ist der Anwendungsbereich des § 826 im Familienrecht gering. Insbes § 1607 III geht § 826 regelmäßig vor (BGHZ 14, 358, 359; 45, 356, 358; 46, 58; vgl auch NJW 90, 706, 708). In Betracht kommen Ansprüche aus § 826 vor allem bei Vereinbarungen, welche die **Leistungsfähigkeit eines Unterhaltspflichtigen** stark einschränken oder aufheben (zB BGH WM 58, 168, 171; NJW 73, 513; 00, 3138) oder umgekehrt bei vorsätzlichem Verschweigen einer grundlegenden Verbesserung der Leistungsfähigkeit (Bremen MDR 99, 808). Sehr str ist das Eingreifen von § 826 bei Schädigungen im Zusammenhang mit Intimbeziehungen. Die Rspr zieht § 826 zB heran bei Täuschung über andere Intimbeziehungen, um den Partner zum Eheschluss zu bewegen (BGHZ 80, 235, 238 ff; vgl auch Köln NJW-RR 99, 1673 f – iE hier aber abgelehnt), nicht aber schon bei Verschweigen (BGH NJW 90, 706, 707 f; Köln NJW-RR 99, 1673 f). Abgelehnt wird die Anwendung des § 826 bislang überwiegend auch im Hinblick auf Kindesunterhalt, wenn nicht abredegemäß verhütet wurde (BGHZ 97, 372, 379 f; krit zB *Ramm* JZ 86, 1011; *Roth-Stielow* JR 87, 7, 9; *Fehn* JuS 88, 602, 605; *Looschelders* Jura 00, 169, 173 f; Staud/*Oechsler* § 826 Rn 458; MüKo/*Wagner* § 826 Rn 124).

b) Erbrecht. Auch spezielle Regelungen des Erbrechts schließen regelmäßig eine parallele Anwendung des § 826 aus, insbes muss die Testierfähigkeit gewahrt bleiben (Näheres zB bei MüKo/*Wagner* § 826 Rn 125; zum Geliebtentestament § 138 Rn 104). Grds schließt auch der Schutz des Vertragserben eine zusätzliche Heranziehung des 826 aus (BGHZ 108, 73, 77 f; zu Ausnahmen NJW 91, 1952; weitergehend ein Teil der Lit, zB MüKo/*Wagner* § 826 Rn 126 mwN).

6. Gläubigergefährdung und -benachteiligung. Zur Gläubigergefährdung und -benachteiligung gehören nicht nur die regelmäßig unter diesen Stichworten diskutierten Fallgruppen der Aushöhlung der Haftungsmasse, der Insolvenzverschleppung und Sanierungsvereitelung, sondern auch bestimmte Verhaltensweisen im Bankenverkehr, wie insbes Missbrauch von Lastschriftverfahren, von Wechseln und Schecks sowie Provisionsschneiderei.

a) Aushöhlung der Haftungsmasse. Die Möglichkeiten einer Aushöhlung der Haftungsmasse werden mit einer Reihe rechtlicher Mittel begrenzt, zB durch das – praktisch vor allem noch im Immobiliarsachenrecht bedeutsame – Publizitätsprinzip, die Überprüfung dinglicher Globalsicherheiten im Rahmen der AGB-Kontrolle (§ 305 c Rn 10, 20) sowie dinglicher und persönlicher Sicherheiten anhand von § 138 (§ 138 Rn 141 ff) und durch §§ 129 ff InsO, 850 h ZPO. Soweit nach Anwendung dieser Regeln jedoch Schäden verbleiben sowie bei zusätzlichen, eine Sittenwidrigkeit begründenden Handlungsweisen, kann zusätzlich § 826 eingreifen, der – anders als die meisten der genannten rechtlichen Mittel – das Verhältnis zwischen Sicherungsnehmer und Dritten betrifft. Die Haftung steht dann selbständig neben derjenigen aus §§ 129 ff InsO; es gelten separate Voraussetzungen und Rechtsfolgen, insbes eine abw Verjährungsfrist (BGH NJW-RR 86, 579). Typische Fälle einer Anwendung des § 826 sind das **kollusive Zusammenwirken von Sicherungsgeber und Sicherungsnehmer zur Schädigung Dritter**, insbes weil diese dadurch davon abgehalten werden, sich selbst hinreichend zu schützen (RGZ 162, 202, 205 ff; BGH NJW 96, 2231, 2232) – auch wenn das Zusammenwirken erst auf Druck des Sicherungsgebers erfolgt (BGH WM 85, 866, 868 f; NJW 01, 2632, 2633), die **Vollstreckungsvereitelung** durch Privatpersonen (zB RGZ 74, 224, 229 ff; BGH WM 64, 613 f; NJW 73, 513) oder Kapitalgesellschaften (zB RGZ 114, 68, 71 ff; BGH NJW-RR 86, 579 f; NJW 96, 1283 f; Dresden NJW-RR 01, 1690 ff) sowie die **planmäßige Entziehung und Verlagerung von Vermögen** (BGH NJW 05, 145; s auch DStR 05, 340, 342).

34 **b) Insolvenzverschleppung.** Die Insolvenzverschleppung durch vertretungsberechtigte Organe von Gesellschaften oder Vereinen ist spezialgesetzlich geregelt, zB in §§ 42 II BGB, 130 a, 177 a HGB, 64 I GmbHG, 92 II AktG, ggf iVm § 823 II (§ 823 Rn 229). Daneben spielt § 826 praktisch kaum eine Rolle (s nur BGHZ 75, 96, 114; 96, 231, 235 ff; Ausn: BGHZ 108, 134, 141 ff, kritisch dazu zB MüKo/*Wagner* § 826 Rn 75 aE; BGH NJW 05, 3137, 3141 – iE aber offen gelassen); sein Hauptanwendungsbereich bei der Insolvenzverschleppung betrifft das Verhalten von **Gläubigern des insolvenzgefährdeten Unternehmens**, in erster Linie Banken, an die hier relativ hohe Verhaltensanforderungen gestellt werden. Sie sind zwar nicht generell verpflichtet, einen Insolvenzantrag zu stellen (s nur BGH WM 64, 671, 673; *Koller* JZ 85, 1013, 1021), wohl aber unter bestimmten Umständen. **Voraussetzung** ist eine tatsächlich bestehende Insolvenzreife des Schuldners (BGH NJW 65, 475, 476; 70, 657, 659), Kenntnis oder grob fahrlässige Unkenntnis der Bank hiervon (BGHZ 10, 228, 233 f; Frankf VersR 91, 80, 81) sowie ein Dritte schädigendes Verhalten zur Verminderung des eigenen Risikos, zB durch Hinauszögern des Insolvenzantrags (BGH LM § 826 [Ge] Nr 9), Bereitstellen von Überbrückungskrediten, die zur echten Sanierung nicht ausreichen (zB BGHZ 90, 381, 399; 96, 231, 235 ff; NJW 92, 3167, 3174 f; zu Grenzen: NJW 01, 2632, 2633). Das Hauptproblem dürfte hier regelmäßig beim Nachweis des (zumindest bedingten) Vorsatzes der Bank liegen, da die Abschätzung der Auswirkungen einer solchen Handlung ex ante praktisch sehr schwierig ist (vgl auch MüKo/*Wagner* § 826 Rn 77 mwN). Geschützt werden Gläubiger des Insolvenzgefährdeten, nicht aber Anteilseigner (BGHZ 96, 231, 235 ff; Ausn: BGH NJW 92, 3167, 3174 f; umfassend *Mertens* ZHR 143, 174 ff).

35 **c) Sanierungsvereitelung.** Im Unterschied zur Insolvenzverschleppung betrifft die dazu spiegelbildliche Fallgruppe der Sanierungsvereitelung das Verhalten von Gläubigern wie Gesellschaftern. § 826 greift auch hier jedoch nur unter besonderen Umständen ein (insbes BGHZ 129, 136, 172 ff, wo gleichzeitig eine Verletzung der gesellschaftsrechtlichen Treuepflicht angenommen wurde; ausführlich MüKo/*Wagner* § 826 Rn 81 f; *Gawaz* Rn 86 ff).

36 **d) Widerspruch gegen Lastschriften.** Grds ist der Inhaber eines Bankkontos berechtigt, einer Belastung seines Kontos zu widersprechen mit der Folge, dass der entspr Betrag seinem Konto wieder gutgeschrieben wird. Ein solcher Widerspruch kann im Einzelfall sittenwidrig sein, insbes wenn er – wie es vor allem im Vorfeld der Insolvenz geschieht – **ohne sachlichen Grund** erfolgt (meist mit dem Ziel, andere Gläubiger zu befriedigen) und dadurch der Gläubiger, zu dessen Gunsten die Belastung erfolgt war, geschädigt wird (weil er mit seiner Forderung gegen den Schuldner ausfällt) oder dessen Bank einen Schaden erleidet (weil sie deswegen mit einer Forderung gegen ihren Schuldner, den ursprünglichen Empfänger der Lastschrift, ausfällt). Sittenwidrig ist in einer solchen Situation insbes der Widerruf einer in der Sache berechtigten Lastschrift (s insbes BGHZ 101, 153, 156 ff). Regelmäßig haftet dann der Schuldner; seine Bank kann nur nach § 826 in Anspruch genommen werden, wenn sie den Schuldner zum Widerspruch aufgefordert oder mit ihm zusammengewirkt hat, um sich selbst Vorteile zu erschaffen, insbes um ihr eigenes Ausfallrisiko zu reduzieren (s insbes BGHZ 95, 103, 107;101, 153, 158 f; NJW 01, 2632, 2633 mwN). Zur Haftung des Insolvenzverwalters beim Widerruf von Einzugsermächtigungen BGH NJW 05, 675.

37 **e) Missbrauch von Wechseln und Schecks.** Ein sittenwidriger Missbrauch von Wechseln liegt vor allem in der sog **Wechsel- und Scheckreiterei**, bei der kreditschwache Personen planmäßig ohne zugrunde liegende Waren- oder Dienstleistungsgeschäfte Wechsel oder Schecks austauschen mit dem Ziel, sich Kredit zu beschaffen (BGHZ 27, 172, 175 ff – zu § 138; BB 69, 384 – auch zur Haftung der beteiligten Bank; NJW 80, 931 f). Das sog Wechsel-Scheck-Verfahren, bei dem ein Bankscheck zur Bezahlung verwendet und anschließend durch einen Wechsel „ersetzt" wird (idR um einen Eigentumsvorbehalt auszuschalten), wird nur unter besonderen Umständen von § 826 erfasst, insbes wenn die Bank ein solches Verfahren zu Lasten des Gläubigers als Aussteller des Wechsels initiiert (BGH WM 79, 272, 273; zu den Grenzen der Haftung der Bank insbes BGHZ 56, 264, 265 f; NJW 84, 728 f). Auch sonst kommt eine Haftung der Bank aus § 826 in Betracht, wenn sie Wechsel oder Schecks einlöst, obwohl sie weiß oder es für möglich hält, dass dadurch Dritte geschädigt werden (zB BGH NJW 61, 2302, 2303; 73, 1366 f) oder um ihr eigenes Ausfallrisiko zu verringern (BGH DB 56, 986).

38 **f) Provisionsschinderei.** Eine von § 826 erfasste Provisionsschinderei (churning) liegt vor, wenn sich Broker oder Vermittler von Geldanlagen oder beide gemeinsam durch nicht gerechtfertigten häufigen Umschlag eines Anlagekontos zu Lasten der Gewinnchancen des Kunden Provisionseinnahmen verschaffen (BGH NJW 95, 1225, 1226; 04, 3423, mwN; dazu insbes *Barta* BKR 04, 433 ff; *Zeller* LMK 05, 39 f). Die Tat kann auch durch einen Anlageverwalter oder -berater begangen werden (BGH NJW 04, 3423).

7. Rechts- und Institutionenmissbrauch. a) Immaterialgüterrechte. Die Verletzung von Immaterialgü- 39
terrechten unterliegt in erster Linie den immaterialgüterrechtlichen Spezialregelungen (dazu schon § 823
Rn 67). Daneben mag in Fällen einer Verletzung, deren Umstände besonders verwerflich erscheinen, in Einzelfällen eine Heranziehung des § 826 in Betracht kommen (zB BGH NJW 77, 1062; abgelehnt in Frankf
GRUR-RR 05, 317, 319). In den Fällen der bisherigen Rspr ging es jedoch vor allem um Schließung von
Lücken im immaterialgüterrechtlichen Schutz; ein ergänzender Leistungsschutz erfolgt jedoch heute in erster
Linie – und unter engen Voraussetzungen (s insbes BGH GRUR 85, 876, 877; zuletzt etwa GRUR 01, 251,
253; 01, 443, 444; zu abw Ansätzen in der Lit zB *Kur* GRUR Int 98, 771, 774 ff; *Fezer* WRP 93, 63, 64 ff; *Köhler*
WRP 99, 1075, 1077 ff, alle mwN) – über das UWG, so dass § 826 daneben bei Immaterialgüterrechtsverletzungen kaum noch selbständige Bedeutung haben dürfte.

Eine Haftung nach § 826 kommt hingegen in Betracht, wenn die **Anmeldung von Immaterialgüterrechten** 40
(und damit deren institutionalisierter Schutz) missbraucht wird, um Dritte von einem bestimmten Markt
fernzuhalten (zB BGH NJW 69, 1534, 1535; GRUR 86, 74, 77; 87, 292, 294; 05, 414, 417; eine moderne Form
ist das sog Domain-Grabbing, BGH NJW 05, 2315, 2316: nicht bereits bei Registrierung eines Gattungsbegriffs; umfassend *Wagner* ZHR 162, 701, 703) oder sie zu einem bestimmten Verhalten zu veranlassen
(BGHZ 46, 130) oder wenn die Anmeldung erschlichen wird (RGZ 140, 184, 187 ff; BGH GRUR 56, 265,
269). Umgekehrt kann § 826 auch eingreifen, wenn das Immaterialgüterrecht eines anderen von einem Nutzungsberechtigten oder gar einem dieses Recht unbefugt Nutzenden angegriffen wird (BGH LM § 9 PatG
Nr 6; BGHZ 4, 100); ein solches Verhalten liegt vom Unwertgehalt her noch eine Stufe über der unberechtigten Schutzrechtsverwarnung (s § 823 Rn 85 ff), so dass eine Heranziehung des § 826 hier angemessen erscheint.
Als nicht sittenwidrig betrachtet die Rspr hingegen den Erwerb eines älteren Markenrechts, um Ansprüche
während eines laufenden Rechtsstreits abzuwehren (BGHZ 150, 83 – Hotel Adlon).

b) Räuberische Anfechtungsklage. Ein Verstoß gegen § 826 kann auch darin liegen, dass eine Anfechtungs- 41
klage gem §§ 243 ff AktG dazu benutzt wird, der Gesellschaft Schaden zuzufügen, insbes um die Zahlung
einer hohen Abfindung für die Rücknahme der Klage zu erwirken (zB BGH NJW 92, 2821 ff; BGHZ 107,
296, 308 ff).

c) Missbräuchliches Prozessverhalten. Die Folgen bestimmter Verhaltensweisen in gerichtlichen Verfahren 42
werden in erster Linie durch die jeweilige Verfahrensordnung geregelt (BVerfGE 74, 257, 260 f; BGHZ 36, 18,
20 ff; 74, 9, 12 ff; 95, 10, 19 ff). Bei **unredlicher Verfahrenseinleitung** kann jedoch ein Anspruch aus § 826 in
Betracht kommen (zB BVerfGE 74, 257, 260 f; BGHZ 36, 18, 21; 154, 269, 271 ff; NJW 04, 446, 447), ebenso
bei **Urteilserschleichung** (zB BGH BB 69, 1459; LM § 826 [Fa] Nr 7).

d) Missbräuchliches Verhalten in der Zwangsvollstreckung. Auch missbräuchliches Verhalten in der Zwangs- 43
vollstreckung kann von § 826 erfasst werden, zB Abreden zur Ausschaltung von Bietern, um ein insgesamt
niedrigeres Gebot zum Schaden des Eigentümers und etwaiger dinglich Berechtigter zu erzielen (zB BGH
NJW 61, 1012, 1013; WM 65, 203, 204; Frankf WM 89, 1102, 1104) oder sonstige sittenwidrige Verfälschungen von Versteigerungsergebnissen (BGH WM 00, 2810).

e) Missbrauch von Urteilen oder Vollstreckungstiteln. Grds kann die Rechtskraft von Urteilen nur aus- 44
nahmsweise gem §§ 578 ff ZPO durch Nichtigkeits- oder Restitutionsklage durchbrochen werden. Unter
bestimmten Voraussetzungen gewährt die Rspr jedoch einen Anspruch aus § 826 auf **Unterlassung der
Zwangsvollstreckung aus einem rechtskräftigen Urteil** und Herausgabe des Titels oder – nach Abschluss der
Zwangsvollstreckung – auf Schadensersatz wegen Urteilsmissbrauchs (zB RGZ 36, 249, 251; 168, 1, 12; BGHZ
13, 71, 72 f; 50, 115, 117 ff; 112, 54, 57 ff), ggf auch neben einer Restitutionsklage (BGHZ 50, 115, 120). In
der Lit wurde dies früher überwiegend als Umgehung der Rechtskraft kritisiert (s zB die Nachw bei MüKo/
Wagner § 826 Rn 129; AnwK/*Katzenmeier* § 826 Rn 65), heute nimmt die Zustimmung zu dieser Rspr zu (zB
MüKo/*Wagner* § 826 Rn 129; Soergel/*Hönn/Dönneweg* § 826 Rn 323; AnwK/*Katzenmeier* § 826 Rn 65 mwN).
Nach der Rspr hat die Rechtskraftdurchbrechung drei **Voraussetzungen**: erstens materielle Unrichtigkeit des
Urteils im Zeitpunkt der letzten mündlichen Verhandlung aufgrund tatsächlicher Umstände (nicht durch
angeblich unrichtige Rechtsanwendung, BGHZ 40, 130, 134, und nicht aufgrund nachlässiger Prozessführung
durch den Betroffenen, BGH NJW-RR 88, 957, 959), zweitens besondere sittenwidrigkeitsbegründende
Umstände, insbes Urteilserschleichung (BGHZ 50, 115, 124; BB 69, 1459), die Ausnutzung eines als unrichtig
erkannten Urteils, für dessen Unrichtigkeit der Vollstreckungsgläubiger nicht verantwortlich ist, nur unter
besonderen Umständen (wenn sie in hohem Maße unbillig und geradezu unerträglich ist, RGZ 155, 55, 60 f;
156, 265, 268 f; BGHZ 26, 391, 396 ff; 112, 54, 58 f) und drittens Kenntnis des Gläubigers von der Unrichtigkeit des Urteils (wobei Verschaffung dieser Kenntnis im Rahmen des Prozesses über den Anspruch aus § 826
genügen soll, BGHZ 101, 380, 385; 103, 44, 47; kritisch zu Recht Staud/*Oechsler* § 826 Rn 494; MüKo/*Wagner*
§ 826 Rn 132).

Bei **Vollstreckungsbescheiden** kommt eine Durchbrechung der Rechtskraft nach ähnlichen Grundsätzen in 45
Betracht (s insbes BGHZ 101, 380, 383 f; 103, 44, 50 f; NJW 05, 2991, 2993 ff mwN – dort iE allerdings abgelehnt), insbes bei Vollstreckungsbescheiden über Ansprüche aus sittenwidrigen Verträgen (etwa Ratenkredit-

oder Bürgschaftsverträgen) oder unverbindlichen Partnerschaftsverträgen (LG Frankf NJW-RR 95, 634, 635). Entscheidend ist, ob der Titelgläubiger erkennen konnte, dass er materiellrechtlich nicht berechtigt war und im streitigen Verfahren scheitern würde und deshalb den Weg über das Mahnverfahren gewählt hat und dass dadurch ein geschäftsunerfahrener Verbraucher übervorteilt wurde (s insbes BGHZ 101, 380, 386 ff; 103, 44, 46 ff; NJW 05, 2991, 2994 mwN).

46 Auch bei **anderen Titeln** kann eine vergleichbare Rechtskraftdurchbrechung nach § 826 in Betracht kommen, zB bei Vergleich (BGH MDR 69, 739 f; LM [Fa] § 826 Nr 3), Schiedsspruch (BGHZ 34, 274, 280 f; 145, 376, 381 ff), einstweiliger Verfügung (BGH WM 69, 474, 475), Zuschlagsbeschluss in der Zwangsversteigerung (RGZ 69, 277, 280; BGHZ 53, 47, 50 f; NJW 71, 1751, 1752) oder Kostenfestsetzungsbeschluss (Nürnbg NJW 73, 370), nicht aber beim Prozessvergleich (dazu insbes MüKo/*Wagner* § 826 Rn 137; AnwK/*Katzenmeier* § 826 Rn 69; differenzierend Staud/*Oechsler* § 826 Rn 543 mwN: keine Rechtskraftdurchbrechung, aber § 826 als Grundlage von Einwendungen; offen gelassen: Bremen NJW-RR 01, 1036, 1037 f).

§ 827 Ausschluss und Minderung der Verantwortlichkeit

¹Wer im Zustand der Bewusstlosigkeit oder in einem die freie Willensbestimmung ausschließenden Zustand krankhafter Störung der Geistestätigkeit einem anderen Schaden zufügt, ist für den Schaden nicht verantwortlich. ²Hat er sich durch geistige Getränke oder ähnliche Mittel in einen vorübergehenden Zustand dieser Art versetzt, so ist er für einen Schaden, den er in diesem Zustand widerrechtlich verursacht, in gleicher Weise verantwortlich, wie wenn ihm Fahrlässigkeit zur Last fiele; die Verantwortlichkeit tritt nicht ein, wenn er ohne Verschulden in den Zustand geraten ist.

1 **A. Funktion und Anwendungsbereich. I. Funktion.** § 827 betrifft die **Verschuldensfähigkeit** des Schädigers. Die Vorschrift ergänzt (in Kombination mit §§ 828, 829) den objektiven Verschuldensmaßstab des § 276 durch ein subjektives Element. Sie basiert auf dem Grundsatz, dass Handlungen, die nicht von der freien Willensbestimmung getragen werden, keine Verschuldenshaftung begründen können (vgl auch §§ 104 ff). Die Folgen des § 827 werden durch die Billigkeitshaftung nach § 829 und durch die Haftung des Aufsichtspflichtigen nach § 832 abgemildert.

2 **II. Anwendungsbereich.** § 827 ist auf sämtliche Fälle der **Verschuldenshaftung** – auch außerhalb des Deliktsrechts (vgl § 276 I 2) – anwendbar (BGH NJW 68, 1132, 1133), weiterhin gem § 2339 auf die Feststellung der Erbunwürdigkeit (BGHZ 102, 227, 230 f). Mit der hM (BGHZ 9, 316, 317; 37, 102, 105 f; *G Müller* VersR 03, 1, 7 mwN; vgl auch § 828 Rn 2) ist eine Anwendbarkeit auf **Obliegenheitsverletzungen** iSd § 254 (wegen deren Verschuldensähnlichkeit) anzunehmen (aA insb *Esser/Schmidt* § 35 I 3 b mwN). Die Anwendung auf Tatbestände der **Gefährdungshaftung** wird diskutiert, soweit diese an eine **Haltereigenschaft** des Schädigers anknüpfen (dafür zB BGHZ 9, 316, 317; 24, 325, 327; Erman/*Schiemann* § 827 Rn 1; AnwK/*Katzenmeier* Vor §§ 827 ff Rn 4; dagegen BaRoth/*Spindler* § 827 Rn 1 mwN). Im Kern geht es darum, ob dann, wenn der gesetzliche Vertreter an der Begründung der Haltereigenschaft nicht beteiligt war, eine Anwendung der §§ 104 ff (wegen der Parallele zum idR erforderlichen Abschluss einer Versicherung, zB *Larenz/Canaris* § 84 I 2 g; *Esser/Weyers* § 63 II 3) oder der §§ 827 ff (wegen des tatsächlichen Charakters der Begründung der Haltereigenschaft, zB Soergel/*Zeuner* Vor § 827 Rn 2; Erman/*Schiemann* § 827 Rn 1) sinnvoller ist oder allgemein auf den Reifegrad des Halters abzustellen ist (zB Staud/*Belling/Eberl-Borges* § 833 Rn 115; *Eberl-Borges* VersR 96, 1070, 1074 f). Da die Haltereigenschaft nicht auf rechtsgeschäftlichen Elementen beruht, erscheint die Heranziehung der §§ 827 ff angebracht. Umstritten ist die Anwendung im Rahmen des **§ 61 VVG**. Ein Ausschluss der Leistungspflicht des Versicherers nach dieser Vorschrift ist auch in Fällen des § 827 S 1 denkbar (zB bei Trunkenheitsfahrt, BGH NJW 85, 2648 f; 89, 1612 f; NJW-RR 04, 173, 174; *Knappmann* NVersZ 98, 13, 14 mwN). Str ist eine analoge Anwendung des § 827 S 2, zB bei grob fahrlässigem Herbeiführen eines Rauschs (dafür BGH VersR 67, 944; dagegen zu Recht wegen nicht hinreichender Vergleichbarkeit der Sachlage zB BaRoth/*Spindler* § 827 Rn 8; Erman/*Schiemann* § 828 Rn 3; *Knappmann* NVersZ 98, 13, 15; *ders* VersR 00, 11, 13; vgl auch *Lang* NZV 90, 336, 337). Hingegen können die allgemeinen Grundsätze über die actio libera in causa (s.u. Rn 4) auch bei § 61 VVG eingreifen (*Lang* NZV 90, 336, 337; *Knappmann* NVersZ 98, 13, 16 mwN; *ders* VersR 00, 11, 13).

3 **B. Regelungsinhalt. I. § 827 S 1.** Nach § 827 S 1 führt Unzurechnungsfähigkeit (vgl auch §§ 104 f) zum Ausschluss der Verantwortlichkeit bei der Verschuldenshaftung. Sie ist anzunehmen bei **Bewusstlosigkeit**, insbes Schlaf oder Ohnmacht (BGHZ 23, 90, 98; Saarbr NJW-RR 03, 605), sofern eine Handlung im Rechtssinne vorliegt, und bei **Ausschluss der freien Willensbestimmung**, zB durch Schock (s insbes BGH VersR 66, 458; zu Einschränkungen beim Unfallschock siehe BGH VersR 66, 579 f; 77, 430, 431), äußerste Erregung (BGH NJW 58, 266, 267 – zum Strafrecht), panische Schreckreaktionen (Nürnbg VersR 65, 93, 94; s aber auch BGH VersR 66, 579 f), Psychosen (Karlsr VersR 95, 217, 218), Alkohol-, Drogen- oder Medikamenteneinwirkungen (keine feste Promillegrenze, BGH VersR 65, 656; 67, 125, 126 f; BaRoth/*Spindler* § 827 Rn 6; Erman/*Schiemann* § 827 Rn 2), bei letzteren ist stets S 2 im Blick zu behalten. Durch die genannten Zustände

muss die freie Willensbestimmung in Bezug auf die fragliche Handlung vollständig ausgeschlossen sein; nicht ausreichend ist eine bloße Minderung der Verstandes- und Willenskraft (zB RGZ 108, 86, 90; BGH VersR 65, 949, 950; NJW 89, 1612). Die zu § 20 StGB entwickelten Fallgruppen gelten entspr (AnwK/*Katzenmeier* § 827 Rn 2; BaRoth/*Spindler* § 827 Rn 2).

II. § 827 S 2. Bei schuldhaftem Versetzen in den Zustand der Unzurechnungsfähigkeit durch Alkohol (oder 4
vergleichbar wirkende Medikamente, Drogen, BaRoth/*Spindler* § 827 Rn 6) haftet der Handelnde gem **§ 827
S 2** für Fahrlässigkeit (diese wird vermutet), also nicht bei Taten, die Vorsatz erfordern (BGH NJW 68, 1132, 1133). Bei grober Fahrlässigkeit als Haftungsvoraussetzung muss auch der Zustand grob fahrlässig herbeigeführt worden sein (BGH VersR 67, 944). Unberührt bleibt eine Haftung nach den Grundsätzen der **actio
libera in causa** (insbes BGH NJW 89, 1612, 1613): Hier führt vorsätzliche Herbeiführung der Verschuldensunfähigkeit zur Verantwortlichkeit für in diesem Zustand vorsätzlich oder fahrlässig begangene Taten.

III. Beweislast. Für das Vorliegen einer Handlung überhaupt trägt grds der Geschädigte die **Beweislast** 5
(BGHZ 39, 103, 108; Ausn: BGHZ 98, 135, 137 ff). Unzurechnungsfähigkeit iSd § 827 S 1 hat der Handelnde zu beweisen (BGHZ 39, 103, 108; 111, 372, 374 mwN), das Vorliegen eines Betreuungsverhältnisses hat lediglich Indizwirkung (RGZ 108, 86, 90). Für den Anscheinsbeweis dürfte Alkoholisierung allein nicht ausreichen (*Berger* VersR 92, 168, 169). Für die Ausnahme des § 827 S 2 ist der Geschädigte beweispflichtig, aber der Handelnde kann sich gem § 827 S 2, letzter Hs entlasten (BGH NJW 68, 1132, 1133).

§ 828 Minderjährige

(1) Wer nicht das siebente Lebensjahr vollendet hat, ist für einen Schaden, den er einem anderen zufügt, nicht verantwortlich.
(2) ¹Wer das siebente, aber nicht das zehnte Lebensjahr vollendet hat, ist für den Schaden, den er bei einem Unfall mit einem Kraftfahrzeug, einer Schienenbahn oder einer Schwebebahn einem anderen zufügt, nicht verantwortlich. ²Dies gilt nicht, wenn er die Verletzung vorsätzlich herbeigeführt hat.
(3) Wer das 18. Lebensjahr noch nicht vollendet hat, ist, sofern seine Verantwortlichkeit nicht nach Absatz 1 oder 2 ausgeschlossen ist, für den Schaden, den er einem anderen zufügt, nicht verantwortlich, wenn er bei der Begehung der schädigenden Handlung nicht die zur Erkenntnis der Verantwortlichkeit erforderliche Einsicht hat.

A. Funktion und Anwendungsbereich. I. Funktion. § 828 dient – in Ergänzung der §§ 104 ff und in Kom- 1
bination mit § 829 – dem Minderjährigenschutz, indem er die Deliktshaftung nicht Volljähriger im Rahmen einer teilweise typisierenden Regelung von Alter und Einsichtsfähigkeit abhängig macht.

II. Anwendungsbereich. Der sachliche Anwendungsbereich entspricht weitgehend demjenigen des § 827 2
(dort Rn 2), dh § 828 gilt für sämtliche Fälle der Verschuldenshaftung (§ 276 I 2), für die Feststellung der Erbunwürdigkeit (§ 2339), für Obliegenheitsverletzungen iSd § 254 (bei § 828 nach der Neufassung des II weitgehend anerkannt, vgl BTDrs. 14/7752, 26), str, ob auch für Gefährdungshaftung, sofern sie an die Haltereigenschaft des Schädigers anknüpft (jedenfalls § 828 II 1 passt hier nicht, vgl Erman/*Schiemann* § 827 Rn 1). Zur **zeitlichen Anwendbarkeit** des § 828 II s Art 229 § 8 I EGBGB (dazu BGH NJW-RR 05, 1263: keine Interpretation des § 828 II aF im Lichte der Neufassung).

B. Regelungsinhalt. § 828 enthält eine teils nach Altersgruppen typisierende, teils einzelfallbezogene Rege- 3
lung, die durch §§ 829, 832 modifiziert wird. Für die Zuordnung zu einer Altersgruppe ist der Zeitpunkt der schädigenden Handlung, nicht des Schadenseintritts maßgebend (arg e § 828 III).

I. Kinder unter 7 Jahren. Kinder unter 7 Jahren sind gem § 828 I nicht verschuldensfähig. 4

II. Kinder und Jugendliche zwischen 7 und 18 Jahren. Kinder und Jugendliche zwischen 7 und 18 Jahren 5
haften bei Vorliegen von Verschuldensfähigkeit (§ 828 III, II) und Verschulden (§ 276).

1. Grundregel. Gem § 828 III ist für die Verschuldensfähigkeit die **intellektuelle Einsichtsfähigkeit** entschei- 6
dend: Verschuldensfähig ist, wer in der Lage ist, seine Verantwortlichkeit als Folge der Gefährlichkeit seines Tuns zu erkennen (zB RGZ 53, 157, 159; BGH NJW 70, 1038; zuletzt NJW 05, 354, 355; NJW-RR 05, 327, 328). Erkennbarkeit konkreter tatsächlicher oder gar rechtlicher Folgen ist nicht erforderlich (st Rspr, vgl nur RGZ 53, 157, 159; BGH NJW 79, 864, 865). Aus der Einsichtsfähigkeit in Bezug auf das Unrecht des Tuns wird idR Einsichtsfähigkeit auch im Hinblick auf die Verantwortlichkeit abgeleitet (s insbes BGH VersR 57, 415 f; 70, 374 f; ähnlich BGH NJW 05, 354, 355; NJW-RR 05, 327, 328). Entscheidend sind die Umstände des Einzelfalls, insbes Alter und geistige Entwicklung des Handelnden (BGH VersR 53, 28, 29; NJW 84, 1958 f); dagegen kommt es auf die Fähigkeit, auch nach der vorhandenen Einsicht zu handeln (Steuerungsfähigkeit), erst für das Verschulden an (s.u. Rn 8). § 828 III enthält keine starre Regel, insbes keine festen, altersabhängigen Fallgruppen.

7   **2. Sonderregelung.** Gem § 828 II (eingefügt 2002) sind Kinder zwischen 7 und 10 Jahren nicht verantwortlich für Schäden im Zusammenhang mit einem Unfall mit einem Kraftfahrzeug, einer Schienenbahn oder einer Schwebebahn (S 1), sofern sie die Verletzung nicht vorsätzlich herbeigeführt haben (S 2). Die Verschuldensfähigkeit wird heraufgesetzt, weil Kinder dieses Alters regelmäßig überfordert sein dürften, Gefahrensituationen im motorisierten Verkehr richtig einzuschätzen, insbes aufgrund unzutreffender Beurteilung von Geschwindigkeit und Entfernung solcher Fahrzeuge (BTDrs 14/7752, 26 f; *Bollweg* NZV 00, 185, 186; *G Müller* VersR 03, 1, 7; auch schon Schlesw NJW-RR 03, 459, 460, zur Kritik insbes BaRoth/*Spindler* § 828 Rn 4 mwN). Der Schwerpunkt der Anwendung des II dürfte iRd § 254 sowie der §§ 4 HPflG, 9 StVG liegen (vgl insbes Erman/*Schiemann* § 828 Rn 2 a). Unfall ist – ähnlich wie bei § 7 StVG – ein plötzliches, örtlich und zeitlich bestimmtes, auf einer äußeren Einwirkung beruhendes Ereignis, bei dem ein Mensch getötet, der Körper oder die Gesundheit eines Menschen verletzt oder eine Sache beschädigt wird (*Kilian* ZGS 03, 168, 169 mwN). Anders als § 7 StVG, der auch Unfälle im ruhenden Verkehr erfassen kann (BGHZ 29, 163, 169; Bambg VersR 1967, 562), kommt es bei § 828 II auf das spezifische Gefahrenpotential des motorisierten Verkehrs an, das sich im ruhenden Verkehr gerade nicht verwirklicht. Daher greift die Vorschrift nicht ein bei Beschädigung eines parkenden Fahrzeugs durch spielende Kinder (insbes BGH NJW 05, 354 u 356; NJW-RR 05, 327 f). Erfasst werden Kraftfahrzeuge, nicht hingegen Radfahrer (*Jansen* JZ 02, 964, 969; *Hentschel* NZV 02, 433, 442; *Kilian* ZGS 03, 168, 169; *Chr Huber* § 3 Rn 55) oder Inline-Skater (BGHZ 150, 201, 206; *Kilian* ZGS 03, 168, 169; differenzierend *Vogenauer* VersR 02, 1345 ff, 1478 ff – jeweils in Bezug auf § 24 I StVO), str für Anhänger (für Einbeziehung HKBGB/*Staudinger* § 828 Rn 2; dagegen *Lemcke* ZfS 02, 318, 324). Nicht erforderlich ist, dass die Schädigung ausschließlich durch ein Kfz verursacht wurde. Bei vorsätzlicher Herbeiführung der Verletzung bleibt die Haftung bestehen (S 2); der Vorsatz muss sich nicht nur auf den Rechtsverstoß, sondern auch auf den konkreten Schaden beziehen (s insbes Erman/*Schiemann* § 828 Rn 2 b; AnwK/*Katzenmeier* § 828 Rn 7; Hburg ZfS 96, 371, Parallele zum Unfallversicherungsrecht).

8   **3. Verschulden.** Das Verschulden iSd § 276 als weitere Haftungsvoraussetzung ist nach einem **stärker objektivierenden** (Abstellung auf die Altersgruppe, BGH VersR 53, 28, 29; NJW 84, 1958 f; NJW-RR 97, 1110, 1111) **und konkretisierenden Maßstab** zu bestimmen (Erkennbarkeit der konkreten Gefährlichkeit des Handelns, BGHZ 39, 281, 283 f; NJW 70, 1038, 1039; 87, 1947, 1948; Zumutbarkeit einer Gefahrenabwendung, BGH VersR 53, 28, 29). Die Abgrenzung zur Verschuldensfähigkeit (dazu insbes BGH NJW 79, 864, 865) dürfte praktisch häufig schwierig sein (BaRoth/*Spindler* § 828 Rn 8 mwN).

9   **4. Rechtsfolge.** Bei Verschuldensunfähigkeit haftet der Minderjährige überhaupt nicht bzw ist ihm keine Obliegenheitsverletzung iSd § 254 anzulasten; bei Verschuldensfähigkeit (und zugleich Verschulden) ist er in vollem Umfang verantwortlich (**Alles-oder-Nichts-Prinzip**). Einschränkungen kommen in Betracht bei Rechtsmissbrauch (Stuttg NJW 1969, 612, 613); sie werden auch für den Fall lebenslanger Belastung mit Zahlungspflichten diskutiert (s.u. Rn 12).

10 **5. Beweislast.** Da in §§ 827 f Verschuldensfähigkeit als Regelfall vorausgesetzt wird, muss der Minderjährige seine Verschuldensunfähigkeit beweisen (zB BGHZ 39, 103, 108; NJW 05, 354, 355; NJW-RR 05, 327, 328; str, ob dafür auch ein Anscheinsbeweis in Betracht kommt: dagegen zB Palandt/*Sprau* § 828 Rn 6; dafür zB BaRoth/*Spindler* § 828 Rn 16, offen gelassen in BGH NJW 70, 1038, 1040). Die Beweislast für das Verschulden trägt hingegen der Geschädigte (BGH VersR 53, 28, 29; NJW 70, 1038, 1039; 84, 1958 f); hier gelten die allgemeinen Regeln, also auch diejenigen des Anscheinsbeweises (BGH NJW 70, 1038, 1040).

11 **C. Rechtspolitische Aspekte. I. Vorschläge de lege ferenda.** Das in § 828 zum Ausdruck kommende Alles-oder-Nichts-Prinzip ist rechtspolitisch umstritten. Mitunter wird (insbes aus rechtsvergleichender Perspektive) die Einführung einer Reduktionsklausel (*Scheffen* FS Steffen 387, 395 ff; *Coester* FS W. Lorenz 113, 129 f; *Stürner* GS Lüderitz 789, 806; *Goecke* S 239 ff mwN) oder eine Haftungsbeschränkung auf anderem Wege, etwa durch Haftung der Eltern (zB *Schimikowski* NVersZ 99, 545, 547 – mit entspr Versicherungsmöglichkeit), Einführung einer generellen Versicherungspflicht (zB *Pardey* DAR 98, 1, 7; *v Hippel* VersR 98, 26; *Scheffen* FS Steffen 387, 396 f; *Stürner* GS Lüderitz 789, 806 ff), Heraufsetzung der Altersgrenze (zB *Kuhlen* JZ 90, 273, 276; *Scheffen* ZRP 91, 458, 463; *dies* FS Steffen 387, 388 ff), gefordert.

12 **II. Verfassungsmäßigkeit.** Wegen der Möglichkeit einer lebenslangen Belastung mit Zahlungspflichten aufgrund einer vor Volljährigkeit (und damit möglicherweise vor Abschluss einer Haftpflichtversicherung) begangenen unerlaubten Handlung („Existenzvernichtung") wird teilweise die Verfassungsmäßigkeit des § 828 bezweifelt (noch zu § 828 aF insbes Celle VersR 89, 709; LG Dessau NJW-RR 97, 214; *Canaris* JZ 90, 679 ff; *Glöckner* FamRZ 00, 1397, 1404 f; dagegen zB *Medicus* AcP 192, 35, 65 ff; kritisch auch *Ahrens* VersR 97, 1064 ff). Das BVerfG hat hierüber noch nicht entschieden: Im Fall des OLG Celle verglichen sich die Parteien, die Vorlage des LG Dessau wurde aus formalen Gründen (§ 828 als vorkonstitutionelles Recht) zurückgewiesen (NJW 98, 3557; dazu insbes *Looschelders* VersR 99, 141 ff; *Rolfs* JZ 99, 233 ff; *Goecke* NJW 99, 2305 ff). Nach der Änderung des § 828 II iRd Schadensersatzrechtsänderungsgesetzes 2002 (BGBl I 2002, 2674) wäre nunmehr eine verfassungsrechtliche Überprüfung denkbar (vgl auch Erman/*Schiemann* § 828 Rn 7; AnwK/*Katzenmeier* § 828 Rn 13; *Kilian* ZGS 03, 168, 172). Diskutiert werden zudem Möglichkeiten zur

Einschränkung der Wirkungen des § 828 auf einfachgesetzlicher Ebene: § 242 iVm Gebot verfassungskonformer Auslegung (zB *Canaris* JZ 90, 679 ff; *Goecke* NJW 99, 2305, 2309 f), Verweisung auf Restschuldbefreiung, §§ 286 ff InsO (zB BaRoth/*Spindler* § 828 Rn 2; *Wagner* NJW 02, 2049, 2060), Heranziehung des Rechtsgedankens des § 76 II Nr 3 SGB IV (Möglichkeit zum Erlass von Ansprüchen, wenn die Einziehung im Einzelfall unbillig wäre, zB *Ahrens* VersR 97, 1064; Erman/*Schiemann* § 828 Rn 7; *Schiemann* KF 99, 5, 10 f; dagegen *Rolfs* JZ 99, 233, 237 f; *Looschelders* VersR 99, 141, 146 f) und evtl analoge Anwendung auf Regress nach § 67 VVG (Erman/*Schiemann* § 828 Rn 7; *ders* KF 99, 5, 11).

§ 829 Ersatzpflicht aus Billigkeitsgründen

Wer in einem der in den §§ 823 bis 826 bezeichneten Fälle für einen von ihm verursachten Schaden auf Grund der §§ 827, 828 nicht verantwortlich ist, hat gleichwohl, sofern der Ersatz des Schadens nicht von einem aufsichtspflichtigen Dritten erlangt werden kann, den Schaden insoweit zu ersetzen, als die Billigkeit nach den Umständen, insbesondere nach den Verhältnissen der Beteiligten, eine Schadloshaltung erfordert und ihm nicht die Mittel entzogen werden, deren er zum angemessenen Unterhalt sowie zur Erfüllung seiner gesetzlichen Unterhaltspflichten bedarf.

A. Funktion und Anwendungsbereich. I. Funktion. § 829 statuiert eine **Billigkeitshaftung** für bestimmte Fälle der Verschuldensunfähigkeit als Ausnahme vom Verschuldensprinzip. Die Rechtsnatur der Haftung (Gefährdungshaftung, reine Ausfallhaftung, Ergänzung der verschuldensabhängigen Haftung, dazu insbes MüKo/*Wagner* § 829 Rn 3) ist str, aber für die Normanwendung letztlich nicht entscheidend. 1

II. Anwendungsbereich. § 829 betrifft nach seinem Wortlaut lediglich Fälle der §§ 823–826. Weitgehende Einigkeit besteht aber darüber, dass die Vorschrift auch für die Modifikationen dieser Haftungstatbestände in §§ 830 ff, also insbes für §§ 831, 833 S 2, 834, 836–838 (Hamm VersR 77, 531, 532) sowie für §§ 844 f (RGZ 94, 220, 221 f) gilt (zB MüKo/*Wagner* § 829 Rn 4 mwN; AnwK/*Katzenmeier* § 829 Rn 2). Wenn man §§ 827 f auch für Gefährdungshaftung, die auf einer Haltereigenschaft beruht, heranzieht (§ 827 Rn 2), ist § 829 ebenso anzuwenden (so auch zB MüKo/*Wagner* § 829 Rn 4; AnwK/*Katzenmeier* § 829 Rn 2; Erman/*Schiemann* § 829 Rn 1). **Nicht** anwendbar ist § 829 auf vertragliche Ansprüche (Umkehrschluss aus § 276 I 2, s insbes *Deutsch* JZ 64, 86, 89; *Böhmer* NJW 67, 865; MüKo/*Wagner* § 829 Rn 6 mwN; aA insbes *Weimar* MDR 65, 263 f). Str ist die Anwendung bei **Anspruchskonkurrenz**: Bei Zusammentreffen mit einem Vertragsanspruch sollte § 829 bei Deliktsansprüchen iS einer echten Anspruchskonkurrenz angewandt und nicht die Delikthaftung durch das Vertragsrecht modifiziert werden (str, wie hier zB MüKo/*Wagner* § 829 Rn 6; AnwK/*Katzenmeier* § 829 Rn 3; *Böhmer* NJW 67, 865; aA zB BaRoth/*Spindler* § 829 Rn 10; Erman/*Schiemann* § 829 Rn 1), bei Konkurrenz mit Gefährdungshaftung ist § 829 auch anwendbar (BGHZ 23, 90, 98 f; 127, 186, 193; MüKo/*Wagner* § 829 Rn 4). IRd **§ 254** ist § 829 als Konsequenz der Heranziehung der §§ 827 f analog anzuwenden (zB BGHZ 37, 102, 106; NJW 69, 1762; 73, 1795; MüKo/*Wagner* § 829 Rn 5; AnwK/*Katzenmeier* § 828 Rn 2); ob die Mithaftung eines geschädigten Kindes wegen seines Anspruchs gegen die Eltern aus § 832 entfällt, ist str (dagegen zB Celle NJW 69, 1632, 1633; Palandt/*Sprau* § 829 Rn 1; dafür zB BaRoth/*Spindler* § 829 Rn 11). Weiterhin wird § 829 auf folgende Fälle **ausgedehnt**: Fehlen einer Handlung als Anknüpfungspunkt für einen Deliktstatbestand, sofern noch irgendein tatsächlicher Ansatzpunkt für die Zurechnung des Verhaltens gegeben ist (RGZ 146, 213, 215; BGHZ 23, 90, 98 f; aA *Esser/Weyers* § 55 III 2), fehlende Steuerungsfähigkeit (und damit kein Verschulden) eines an sich verschuldensfähigen Minderjährigen (BGHZ 39, 281, 284 f; dagegen *Böhmer* MDR 64, 278, 280), **nicht** hingegen Verhalten eines Zurechnungsunfähigen, das auch einen Zurechnungsfähigen nicht zum Ersatz verpflichten würde, zB wegen Beachtung der erforderlichen Sorgfalt (RGZ 146, 213, 215 f; BGH NJW 62, 2201, 2202; AnwK/*Katzenmeier* § 829 Rn 5). 2

B. Regelungsinhalt. I. Haftungsvoraussetzungen. 1. Keine Verantwortlichkeit für einen Schaden gem §§ 827 f. Verwirklichung eines der oben (Rn 2) genannten Delikttatbestände; bei fingierter Zurechnungsfähigkeit müssten alle Anspruchsvoraussetzungen (einschließlich der subjektiven Elemente, sofern deren Fehlen nicht gerade auf der Verschuldensunfähigkeit beruht) erfüllt sein (insbes BGHZ 39, 281, 284). Ausn: Haftung für Verletzung von Verkehrspflichten, denn bei Verschuldensunfähigkeit ist die Verletzung einer solchen Pflicht nicht denkbar (vgl BaRoth/*Spindler* § 829 Rn 2 mwN, auch zur Gegenansicht). 3

2. Schadensersatz kann nicht von einem aufsichtspflichtigen Dritten erlangt werden. Die Voraussetzungen des § 832 dürfen nicht erfüllt sein (gleichgültig aus welchem Grund, AnwK/*Katzenmeier* § 829 Rn 7; Erman/*Schiemann* § 829 Rn 2). Ist die Haftung des Aufsichtspflichtigen nach § 832 aus praktischen Gründen nicht realisierbar, haftet er mit dem Handelnden im Außenverhältnis gesamtschuldnerisch nach § 840 I (keine Vorausklage gegen den Aufsichtspflichtigen erforderlich, AnwK/*Katzenmeier* § 829 Rn 7; Palandt/*Sprau* § 829 Rn 3), im Innenverhältnis ist gem § 840 II der Aufsichtspflichtige allein verpflichtet. 4

3. Billigkeit erfordert Schadloshaltung. Abwägung **aller Umstände des Einzelfalles** (BGHZ 127, 186, 192 mwN), **insb**: persönliche und wirtschaftliche Verhältnisse der Beteiligten (zB BGH NJW 69, 1762), Umstände 5 der Schadensverursachung (zB BGHZ 23, 90, 99 f; NJW 79, 2096 f) – hier dürften vor allem Besonderheiten bei Kausalverlauf und Verschulden eine Rolle spielen. Die Schadloshaltung ist idR nur erforderlich bei **deutlichem wirtschaftlichem Gefälle** zwischen Handelndem und Geschädigtem (BGH NJW 69, 1762; BGHZ 76, 279, 284; 127, 186, 193).

6 Str ist, ob und ggf inwieweit ein **bestehender Haftpflichtversicherungsschutz** auf Seiten des Handelnden zu berücksichtigen ist. Die Rspr bezieht heute für die **Haftungsbegründung** den Deckungsschutz einer Pflichtversicherung mit ein (insbes BGHZ 76, 279, 283 ff; 127, 186, 191 f). Bei der **Ausgestaltung (Höhe) der Haftung** sei darüber hinaus auch eine freiwillige Haftpflichtversicherung zu berücksichtigen (insbes BGHZ 76, 279, 286 f). Abw Ansichten in der Lit: keine Berücksichtigung (zB *Hanau* VersR 69, 291 ff; *Lieb* MDR 95, 992, 993; BaRoth/*Spindler* § 829 Rn 8; arg: Akzessorietät der Haftpflichtversicherung spricht gegen eine Berücksichtigung bei § 829, Rspr führt zu einem Zirkelschluss), Berücksichtigung sämtlicher Haftpflichtversicherungen bereits bei der Haftungsbegründung (zB *Larenz/Canaris* § 84 VII 1b; *Fuchs* AcP 191, 318, 338 f; *M Wolf* VersR 98, 812, 816 ff; *E. Lorenz* FS Medicus 353, 364 f – anders noch *ders* VersR 80, 697, 700 ff; Erman/*Schiemann* § 829 Rn 5; arg: Versicherung als Vermögenswert, Funktionswandel der Haftpflichtversicherung mit stärkerer Tendenz zum Geschädigtenschutz, Parallele zur Bemessung des Schmerzensgeldes, Unterscheidung zwischen Grund und Höhe des Anspruchs praktisch kaum durchführbar). Darüber hinaus wird vorgeschlagen, den Deckungsschutz solcher Versicherungen auf potentielle Opfer zu erweitern (*Marschall v Bieberstein* BB 83, 467, 469), vor allem für die praktisch relevanten Spielunfälle, für die häufig ein Versicherungsschutz fehlt (dazu insbes *E. Lorenz* VersR 80, 697 ff).

7 Eine **spätere Veränderung der Vermögensverhältnisse** des Handelnden kann bei einer früher erfolgten Verurteilung zu Rentenzahlungen im Rahmen eines Abänderungsurteils nach § 323 ZPO berücksichtigt werden (MüKo/*Wagner* § 829 Rn 26; AnwK/*Katzenmeier* § 829 Rn 14). Bei Fehlen eines deutlichen wirtschaftlichen Gefälles zwischen Handelndem und Geschädigtem, aber denkbarer späterer Verbesserung der Vermögensverhältnisse des Handelnden kommt eine Feststellungsklage mit einer Einschränkung im Urteilsspruch in Betracht, die eine spätere Abwägung im Rahmen des § 829 ermöglicht (insbes RGZ 169, 394, 395; BGH NJW 58, 1630, 1632; 79, 2096, 2097), aber kein genereller Vorbehalt bei Minderjährigen (Karlsr VersR 89, 925; BaRoth/*Spindler* § 829 Rn 12). Kommt es später zur Haftung gem § 829, können auch früher fällig gewordene Beträge verlangt werden (RGZ 169, 394, 395).

8 **4. Kein Entzug der Mittel zum angemessenen Unterhalt bzw zur Erfüllung der gesetzlichen Unterhaltspflichten des Handelnden.** Eigener Unterhalt § 1610; gesetzliche Unterhaltspflichten §§ 1360 ff, 1569 ff sowie Versorgungsausgleich, §§ 1601 ff (MüKo/*Wagner* § 829 Rn 23; Erman/*Schiemann* § 829 Rn 3).

9 **II. Rechtsfolge.** Ersatz des entstandenen Schadens, soweit es die Billigkeit erfordert (kann den Schaden ganz oder teilweise erfassen). Im Hinblick auf Schmerzensgeldansprüche war die Rspr bisher zurückhaltend (wenn der Verletzte aus Gefährdungshaftung volle materielle Entschädigung erhielt, kam ein Schmerzensgeldanspruch aus § 829 nur in Betracht, wenn seine Versagung im Einzelfall dem Billigkeitsempfinden krass widersprach, BGHZ 127, 186, 193). Nach der Ausweitung des Schmerzensgeldes auf Fälle der Gefährdungshaftung dürfte diese Rspr weitgehend überholt sein, so dass § 829 in weiterem Umfang zur Begründung von Schmerzensgeldansprüchen heranzuziehen sein kann (vgl auch Erman/*Schiemann* § 829 Rn3).

10 **III. Beweislast.** Der Geschädigte trägt die Beweislast für die Voraussetzungen des Schadensersatzanspruchs, dafür, dass kein Ersatz von einem aufsichtspflichtigen Dritten zu erlangen ist sowie für die Voraussetzungen der Billigkeitshaftung (wobei es sinnvoll erschiene, jedem Beteiligten die Darlegungs- und Beweislast für seine wirtschaftlichen Verhältnisse aufzuerlegen). Der Schädiger ist darlegungs- und beweispflichtig dafür, dass ihm die Mittel für den eigenen Unterhalt bzw zur Erfüllung gesetzlicher Unterhaltspflichten entzogen werden.

11 **IV. Verjährung.** Die Verjährung richtet sich nach allgemeinen Regeln (insbes §§ 195, 199). Sie beginnt, wenn der Verletzte von der Verschuldensunfähigkeit des Handelnden und davon, dass Ersatz von einem aufsichtspflichtigen Dritten nicht zu erlangen ist, Kenntnis hat (RGZ 94, 220, 222; 133, 1, 6).

§ 830 Mittäter und Beteiligte

(1) ¹Haben mehrere durch eine gemeinschaftlich begangene unerlaubte Handlung einen Schaden verursacht, so ist jeder für den Schaden verantwortlich. ²Das Gleiche gilt, wenn sich nicht ermitteln lässt, wer von mehreren Beteiligten den Schaden durch seine Handlung verursacht hat.
(2) Anstifter und Gehilfen stehen Mittätern gleich.

1 **A. Funktion und Anwendungsbereich. I. Funktion.** § 830 regelt Aspekte der Beteiligung mehrerer an einer unerlaubten Handlung; es handelt sich um eine eigenständige Anspruchsgrundlage (s nur BGHZ 67, 14, 17 ff; 72, 355, 358; NJW 94, 932, 934; AnwK/*Katzenmeier* § 830 Rn 1; Palandt/*Sprau* § 830 Rn 1; die Urteile, die den Charakter als Beweislastregel hervorheben, zB BGHZ 25, 271, 273; 55, 86, 92; 101, 106, 111,

stellen diese Einordnung nicht in Frage). § 830 I 1 und II betreffen die Verantwortlichkeit bei unerlaubten Handlungen durch Zusammenwirken mehrerer. § 830 I 2 regelt die Verantwortlichkeit, wenn mehrere unabhängig voneinander unerlaubte Handlungen begangen haben, von denen jede den Schaden verursacht haben könnte, die Kausalität aber nicht aufklärbar ist. Der Wortlaut bezieht sich auf die haftungsausfüllende Kausalität, aber § 830 I 2 kann seine volle Wirkung nur entfalten, wenn er auch auf die haftungsbegründende Kausalität erstreckt wird (BGHZ 72, 355, 358), nicht jedoch auf den Schadensumfang (BGHZ 101, 106, 113). Trotz dieser Modifikation der Kausalität ist auch bei § 830 I 2 stets eine konkrete Beziehung zwischen jedem einzelnen Täter und dem Schaden erforderlich (s.u. Rn 9); daher kommt eine „Market Share Liability" nach US-amerikanischem Vorbild de lege lata nicht in Betracht (dazu insbes BaRoth/*Spindler* § 830 Rn 37 mwN). Nicht von § 830 erfasst sind Fälle der Nebentäterschaft: Verursachen mehrere ohne bewusstes Zusammenwirken den Gesamtschaden und jeweils bestimmte Teilschäden, haften sie als Gesamtschuldner (BGHZ 30, 203, 206 ff; NJW 88, 1719, 1720; vgl aber auch *Brambring* S 57; *Keuk* AcP 168, 175, 183 ff).

Regelungszweck ist eine Besserstellung des Geschädigten (Erman/*Schiemann* § 830 Rn 2): Nach § 830 I 1, II 2 kann er jeden Beteiligten für den gesamten Schaden in Anspruch nehmen; diese haften als Gesamtschuldner gem § 840. Begründen lässt sich das mit der Willentlichkeit des Gesamtgeschehens und der Schwere des Schuldvorwurfs (F Bydlinski AcP 158, 410, 426 ff). Gem § 830 I 2 kann der Geschädigte auch dann Schadensersatz verlangen, wenn sich Verursacher bzw Verursachungsanteil nicht eindeutig ermitteln lassen. Der Grund dieser Haftung ist str (MüKo/*Stein* 3. Aufl 1997, § 830 Rn 4 mwN). Nach der hM, die sich mit dem Wortlaut der Vorschrift am besten vereinbaren lässt, ist jeder Beteiligte für die Beweisnot verantwortlich, weil sich durch die Mehrzahl von Tätern der konkrete Täter nicht ermitteln lässt (s insbes BGHZ 55, 86, 88 f; NJW 01, 2538, 2539; aA insbes *Larenz/Canaris* § 82 II 3 b: Haftungsgrund sei die konkrete Schadenseignung des Verhaltens, der ggü eine Haftungsbefreiung ein unverdienter Glücksfall für den Beteiligten wäre).

II. Anwendungsbereich. § 830 gilt für **alle unerlaubten Handlungen**. I 2 ist darüber hinaus auf **Haftung** 3 **nach anderen Regeln** anwendbar, wenn dort eine vergleichbare Beweisnot auftreten kann (insbes wegen eines entspr Kausalitätserfordernisses), zB bei Gefährdungshaftung (BGHZ 55, 96, 98 ff; 101, 106, 111; 142, 227, 239; teilweise Einschränkung auf Fälle, in denen die praktische Möglichkeit besteht, dass sich die Gefahr konkret im Verletzungserfolg niedergeschlagen haben kann, AnwK/*Katzenmeier* § 830 Rn 4 mwN; BaRoth/*Spindler* § 830 Rn 2 mwN), Aufopferungsansprüchen (BGHZ 101, 106, 111 f), vertraglichen oder vorvertraglichen Schadensersatzansprüchen (BGH NJW 01, 2538, 2539; *Eberl-Borges* NJW 02, 949 f; kritisch *Henne* VersR 02, 685 ff), Schadensersatzansprüchen nach öffentlich-rechtlichem Dienstrecht (BVerwG NJW 99, 3727, 3729) sowie Unterlassungs- und Beseitigungsansprüchen (LG Köln NJW-RR 90, 865, 866). **Spezialregelungen zu** § 830 I 2 finden sich in §§ 7 I UmweltHG, 84 II 4 AMG.

B. Regelungsinhalt. I. Mittäterschaft und Teilnahme, § 830 I 1, II. Die Begriffe Mittäterschaft und Teil- 4 nahme sind grds wie im Strafrecht (§§ 25–27 StGB) zu bestimmen (zB BGHZ 8, 288, 292; 137, 89, 102; zuletzt NJW 04, 3423, 3425). **Mittäterschaft iSd § 830 I 1** setzt bewusstes und gewolltes Zusammenwirken zur Herbeiführung des Verletzungserfolgs voraus (BGHZ 17, 327, 333; 30, 203, 206; NJW-RR 90, 604 f). Das zufällige Zusammentreffen lediglich fahrlässiger Handlungen reicht nicht aus (BGHZ 30, 203, 206; NJW 74, 360 f; teilw aA *Deutsch* Rn 507). Erforderlich sind Kenntnis des Kausalzusammenhangs in groben Zügen und Wille zur gemeinschaftlichen Tatbestandsverwirklichung (BGHZ 89, 383, 389). Nicht erforderlich ist Kenntnis aller anderen Tatbeiträge oder aller Einzelheiten des Schadensverlaufs; für den Exzess eines Mittäters, der über das gemeinschaftlich Gewollte hinausgeht, wird jedoch nicht gehaftet (BGHZ 59, 30, 42; 63, 124, 128; 89, 383, 396). Das Verhältnis des eigenen Tatbeitrags zum Gesamtgeschehen ist nach der Rspr unerheblich, er muss nicht einmal ursächlich für den Verletzungserfolg sein (zB BGH NJW-RR 99, 843 f; zum Streit hierüber insbes MüKo/*Wagner* § 830 Rn 15 f mwN, auch zu abw Ansichten). Die Rspr geht von einem **subjektiven Täterschaftsbegriff** aus, nach dem intellektuelle oder psychische Mitwirkung ausreicht (zB BGHZ 8, 288, 294; 63, 124, 126). Dieser wird **neuerdings teilweise eingeschränkt**, indem insbes verlangt wird, dass der einzelne Beitrag die Begehung der Tat fördern und für diese relevant sein muss (BGHZ 137, 89, 102; Oldbg NJW-RR 04, 1671, 1672; nicht eindeutig jetzt BGH NJW-RR 05, 556, 557; vgl auch BaRoth/*Spindler* § 830 Rn 7 mwN).

Mittätern **gleichgestellt** sind nach § 830 II Anstifter und Gehilfen, so dass eine genaue Abgrenzung zwischen 5 Täterschaft und Teilnahme nicht erforderlich ist. Der **Anstifter** bestimmt einen anderen vorsätzlich zu einer vorsätzlich begangenen Haupttat (nach hM ist also doppelter Vorsatz erforderlich, zB BGH VersR 67, 471, 473; BGHZ 70, 277, 285 f; s aber auch Staud/*Belling/Eberl-Borges* § 830 Rn 31 ff zu abw Ansichten). Nach hM muss der Haupttäter nicht deliktsfähig sein (s zB Staud/*Belling/Eberl-Borges* § 830 Rn 36; AnwK/*Katzenmeier* § 830 Rn 8; BaRoth/*Spindler* § 830 Rn 10; aA Jauernig/*Teichmann* § 830 Rn 6). Der **Gehilfe** leistet einem anderen vorsätzlich zu einer vorsätzlich begangenen Haupttat Hilfe (BGHZ 42, 118, 122 f; 70, 277, 285 f; NJW-RR 05, 556, 557; NJW 05, 3137, 3139); dies ist auch bei Sonderdelikten möglich, bei denen der Gehilfe nicht Täter sein kann (BGH NJW-RR 05, 556, 557). Bisher wurde auch hier stark auf die subjektive Komponente abgestellt (psychische Unterstützung genügt, BGHZ 63, 124, 130), aber wie bei der Mittäterschaft (s.o. Rn 4) zeichnet sich heute eine Tendenz zur stärkeren Objektivierung ab (zB BGH NJW 04, 3423, 3425). Insbes wird teilweise bei der Verletzung von Schutzgesetzen und Verkehrspflichten eine Einschränkung dahin gefordert, dass der Teilnehmer entweder selbst eine unerlaubte Handlung begehen oder hinsichtlich der Verletzung zumindest mit bedingtem Vorsatz handeln muss (MüKo/*Stein* 3. Aufl 97 § 830 Rn 15; dagegen aber zB BaRoth/*Spindler* § 830 Rn 14). Bei Hehlerei, Begünstigung oder Strafvereitelung findet § 830 I 2 nur in eingeschränktem Umfang Anwendung (Staud/*Belling/Eberl-Borges* § 830 Rn 49); das Zivilgericht ist aber insoweit an die rechtliche Beurteilung durch ein Strafgericht nicht gebunden (BGHZ 8, 288, 293). Für Täter, Anstifter und Gehilfen reicht bedingter Vorsatz aus (BGHZ 42, 118, 122 f; 70, 277, 285 f; 105, 121, 134 – jeweils zum Gehilfen).

6 Ein häufiges Problem bei § 830 I 1, II ist die **Teilnahme an Großdemonstrationen**. Hier sind Art 5 I, 8 I GG iS einer restriktiven Auslegung des Teilnahmebegriffs zu berücksichtigen (BGHZ 89, 383, 394 f; kritisch *Stürner* JZ 84, 525, 527 ff); sie bewirken andererseits keinen grds Haftungsausschluss (BGHZ 59, 30, 35 ff; 63, 124, 127; 89, 383, 394 ff). Die bloße Teilnahme führt noch nicht zur Haftung für im Zusammenhang mit der Demonstration entstandene Schäden, selbst dann nicht, wenn der Teilnehmer mit einem gewaltsamen Verlauf gerechnet hat (BGHZ 89, 383, 395). Bei aktiver Beteiligung an Ausschreitungen haftet jeder Teilnehmer nur für diejenigen Schäden, die in seinem unmittelbaren Aktionsfeld entstanden sind (BGHZ 89, 383, 392 f).

7 **II. Alternative oder kumulative Kausalität, § 830 I 2.** § 830 I 2 betrifft Fälle, in denen mehrere Tatbeiträge vorliegen, von denen jeder geeignet wäre, den gesamten Schaden herbeizuführen zu haben, aber nicht feststellbar ist, wessen Beitrag Ursache des Schadens war (Urheberzweifel, alternative Kausalität) oder welche Schadensanteile auf die einzelnen Beiträge entfallen (Anteilszweifel, kumulative Kausalität).

8 **1. Beteiligung mehrerer.** Erste Voraussetzung ist eine **Beteiligung mehrerer**, die weder in bewusstem und gewolltem Zusammenwirken (sonst: § 830 I 1, II) noch in Nebentäterschaft besteht. Der Einzelne muss vom Verhalten der anderen nichts gewusst und nicht mit ihm gerechnet haben. Die Rspr wandte früher einschränkende Kriterien an, verlangte zB räumlich und zeitlich zusammenhängende Handlungen (RGZ 58, 357, 361; BGHZ 33, 286, 291 f; 55, 86, 94 f), Gleichartigkeit der Handlungen (RGZ 58, 357, 361; BGHZ 33, 286, 291 f; 55, 86, 94 f) oder eine subjektive Beziehung zwischen den Beteiligten (RGZ 96, 224, 226; ablehnend BGHZ 33, 286, 291). Diese schwer praktikablen Einschränkungen werden heute zu Recht überwiegend abgelehnt (Staud/*Belling/Eberl-Borges* § 830 Rn 101 ff mwN – auch zur geringen praktischen Bedeutung der Meinungsdivergenz; offen gelassen in BGHZ 101, 106, 112 f).

9 Bei jedem Beteiligten müssen die **Voraussetzungen eines haftungsbegründenden Anspruchs** (s.o. Rn 3) bis auf die Kausalität erfüllt sein; die fehlende Kausalität wird ersetzt durch die Eignung des Verhaltens zur Herbeiführung des Erfolgs (zB BGH NJW 94, 932, 934; Oldbg NJW-RR 04, 1671, 1672). Wenn auch nur ein Beteiligter nicht rechtswidrig und schuldhaft gehandelt hat, entfällt die Ersatzpflicht aller, weil dann der Schaden auch durch den rechtmäßig Handelnden verursacht worden sein könnte (BGH LM § 830 Nr 2; NJW 72, 40 f; VersR 79, 822; *Larenz/Canaris* § 82 II 3 a, hM). Jeder Beteiligte hat allerdings die Möglichkeit nachzuweisen, dass sein Handeln nicht ursächlich für den Erfolg sein konnte (BGHZ 33, 286, 292; vgl auch NJW 99, 2895); dann scheidet er aus dem Kreis der Haftpflichtigen aus.

10 **2. Schadensverursachung lässt sich nicht ermitteln.** Zweite Voraussetzung ist die Unaufklärbarkeit der Schadensverursachung entweder im Hinblick auf den Verursacher (**Urheberzweifel**) oder auf die Anteile der einzelnen Beteiligten (**Anteilszweifel**). Einerseits muss mit Sicherheit feststehen, dass der Schaden durch mindestens einen der Beteiligten verursacht wurde (BGHZ 25, 271, 274), andererseits darf kein Beteiligter nachweislich den ganzen Schaden verursacht haben (s insbes BGHZ 67, 14, 20; NJW 99, 2895). Der Schaden darf auch nicht möglicherweise durch den Geschädigten selbst (BGHZ 60, 177, 181; auch bei Kettenauffahrunfällen haftet der Zweitauffahrende idR nicht nach § 830 I 2 für Frontschäden des Erstauffahrenden, BGH NJW 73, 1283, aA zB Celle NJW 50, 951 f; Mitverschulden des Geschädigten gem § 254 ist ggü allen nach § 830 I 2 Haftenden zu berücksichtigen, BGH NJW 82, 2307) oder durch Zufall (BGH NJW 86, 52) verursacht worden sein. Daher ist auch eine Instrumentalisierung des § 830 I 2 im Rahmen der Umwelthaftung problematisch (dazu insbes BaRoth/*Spindler* § 830 Rn 20, 29 ff mwN). Hingegen ist die Vorschrift anwendbar, wenn Unaufklärbarkeit nur hinsichtlich eines bestimmten Schadensanteils besteht und der Rest des Schadens zB durch einen Dritten verursacht wurde (BGH NJW 94, 932, 934).

§ 831 Haftung für den Verrichtungsgehilfen

(1) ¹Wer einen anderen zu einer Verrichtung bestellt, ist zum Ersatz des Schadens verpflichtet, den der andere in Ausführung der Verrichtung einem Dritten widerrechtlich zufügt. ²Die Ersatzpflicht tritt nicht ein, wenn der Geschäftsherr bei der Auswahl der bestellten Person und, sofern er Vorrichtungen oder Gerätschaften zu beschaffen oder die Ausführung der Verrichtung zu leiten hat, bei der Beschaffung oder der Leitung die im Verkehr erforderliche Sorgfalt beobachtet oder wenn der Schaden auch bei Anwendung dieser Sorgfalt entstanden sein würde.

(2) Die gleiche Verantwortlichkeit trifft denjenigen, welcher für den Geschäftsherrn die Besorgung eines der im Absatz 1 Satz 2 bezeichneten Geschäfte durch Vertrag übernimmt.

A. Funktion und Anwendungsbereich. I. Funktion. § 831 I 1 regelt als eigenständige Anspruchsgrundlage 1
die Haftung für eigenes Verschulden bei widerrechtlicher Schädigung durch einen Verrichtungsgehilfen mit
Entlastungsmöglichkeit für den Geschäftsherrn gem § 831 I 2. Grund der Regelung ist der **Sphärengedanke**:
Es liegt im Einflussbereich desjenigen, der sich der Hilfe anderer bedient, Schäden, die durch seine Gehilfen
verursacht werden können, zu vermeiden. Durch die **Exkulpationsmöglichkeit in § 831 I 2** wird die Arbeitsteilung – im Gegensatz zu den meisten ausländischen Rechtsordnungen (dazu insbes *v Bar* Bd I
Rn 185 ff) – haftungsrechtlich privilegiert. Diese rechtspolitische Entscheidung des Gesetzgebers ist jedoch
durch die Rspr mit vielfältigen Mitteln in Richtung einer insgesamt weiter reichenden Einstandspflicht des
Geschäftsherrn korrigiert worden (s.u. Rn 6). Betrachtet man das dadurch entwickelte Zusammenspiel von
§ 831 mit anderen Haftungsregeln, dürften die Ergebnisse heute weitgehend denjenigen ausländischer Rechtsordnungen entsprechen. Diese Modifikationen der Haftung nach § 831 haben zu einer umfangreichen Kasuistik der Deliktshaftung bei arbeitsteiliger Organisation geführt. Bestrebungen zur Änderung des § 831 (dazu
Staud/*Belling/Eberl-Borges* § 831 Rn 131 ff) konnten sich bislang nicht durchsetzen.

Die **dogmatische Einordnung der Haftung** ist str. Struktur und Formulierung des § 831 sprechen für eine 2
Haftung für vermutetes Verschulden (so zB BGHZ 32, 53, 59; BaRoth/*Spindler* § 830 Rn 2; Palandt/*Sprau*
§ 831 Rn 1). Die Regelung lässt sich aber überzeugender als Ausprägung der Haftung für Verkehrspflichtverletzung interpretieren, weil der Geschäftsherr durch die Arbeitsteilung ein besonderes Gefahrenpotential
schafft, für dessen Beherrschung er verantwortlich ist (so zB Staud/*Belling/Eberl-Borges* § 831 Rn 2; AnwK/
Katzenmeier § 831 Rn 1; Erman/*Schiemann* § 831 Rn 2). Im ersten Fall werden Verschulden des Geschäftsherrn sowie Kausalität zwischen Sorgfaltspflichtverletzung und Schaden vermutet (BGHZ 32, 53, 59), im
zweiten Fall betrifft die Beweislastumkehr bereits die Pflichtverletzung (Soergel/*Zeuner* § 831 Rn 14; AnwK/
Katzenmeier § 831 Rn 1; *Larenz/Canaris* § 79 III 1 a).

II. Anwendungsbereich. Abgrenzung zur Haftung für Dritte nach anderen Vorschriften: Nach § 278 haftet 3
der Schuldner innerhalb eines bestehenden Schuldverhältnisses unter von § 831 abw Voraussetzungen für
fremdes Verschulden (seines Erfüllungsgehilfen); beide Regelungen stehen selbständig nebeneinander. §§ 31,
89 (Organhaftung) regeln eine im Vergleich zu § 831 weiter reichende Einstandspflicht für fremdes Verschulden, die auch für die Deliktshaftung gilt und ggü § 831 vorrangig ist (RGZ 55, 171, 176; 155, 257, 266 f;
Staud/*Belling/Eberl-Borges* § 831 Rn 42; Erman/*Schiemann* § 831 Rn 4). Entspr gilt für die vergleichbaren Spezialregelungen in §§ 3 HPflG, 3 BinSchG, 428 ff, 461 f, 485 HGB.

Neben § 831 sind insbes folgende Haftungsregelungen **anwendbar**: § 823 (dieser ist vor allem für Ansprüche 4
gegen den Verrichtungsgehilfen wichtig – hier ist § 840, insbes II, zu beachten; neben einer Haftung des
Geschäftsherrn nach § 823, insbes wegen Verletzung von Organisationspflichten oder bei der Produzentenhaftung, ist eine Heranziehung des § 831 regelmäßig nicht erforderlich, vgl nur Erman/*Schiemann* § 831 Rn 4;
Schlechtriem FS Heiermann 281, 284); §§ 701 ff; §§ 437 ff, 451 ff, 452 ff, 606 f HGB; §§ 1 ff HPflG; § 7 StVG; § 22
WHG; § 9 UWG; § 97 UrhG, § 42 GeschmMG, § 139 PatG, § 24 GebrMG, § 14 MarkenG.

Zur Anwendbarkeit des § 831 im Rahmen des § 254 insbes Staud/*Belling/Eberl-Borges* § 831 Rn 38 ff; Erman/ 5
Schiemann § 831 Rn 4.

Einschränkungen des § 831 I 2 und „Verlagerung" der Haftung auf andere Vorschriften: Die rechtspolitisch 6
umstrittene Entlastungsmöglichkeit für den Geschäftsherrn nach § 831 I 2 **wird eingeschränkt** durch hohe
Pflichtenanforderungen an den Geschäftsherrn (s.u. Rn 17 ff) sowie eine Lockerung der Kausalitätsanforderungen (der Schaden muss nicht gerade durch das Verhalten bzw die Eigenschaft des Gehilfen, welche dem
Geschäftsherrn zum Vorwurf gemacht werden, verursacht worden sein, BGH VersR 61, 848, 849; NJW 78,
1681, 2682; 86, 776, 777). Zudem wird der **Anwendungsbereich anderer Haftungssysteme erweitert**: Die
Repräsentantenhaftung nach §§ 31, 89 wird auf Mitarbeiter juristischer Personen, die nicht verfassungsmäßig
berufene Vertreter sind, aber wichtige Aufgaben selbständig und eigenverantwortlich nach außen hin wahrnehmen, erstreckt (RGZ 157, 228, 236; BGHZ 49, 19, 21; NJW 77, 2259, 2260; 84, 921, 922; § 31 Rn 3) und
die Körperschaft haftet für Organisationsmängel, wenn für den betreffenden Aufgabenbereich ein verantwortlicher Vertreter fehlt (Vor § 328 Rn 7, 13 ff). Die Vertragshaftung (und damit die Einstandspflicht nach
§ 278) wird erweitert durch den Ausbau vertraglicher (§ 241 II) und vorvertraglicher (§ 311 II und insbes III
2) Schutzpflichten und die Ausdehnung des Vertrags mit Schutzwirkung für Dritte (§ 31 Rn 7). Die Organisationspflichten iRd § 823 I (insbes Organisationspflichten des Geschäftsherrn bei Personenzusammenschlüssen und Pflichten des Produzenten) wurden erweitert (s insbes BGHZ 24, 200, 213 f; 32, 53, 59; NJW-RR 96,
867, 868), ebenso der Anwendungsbereich der Amtshaftung gem § 839 iVm Art 34 GG (bei der § 831 keine
Anwendung findet, BGHZ 20, 57, 59; 42, 176, 178 f) durch weite Auslegung des Begriffs „Ausübung eines
öffentlichen Amtes". Dadurch reicht die Gehilfenhaftung im Ergebnis wesentlich weiter als sich allein aufgrund des Wortlautes des § 831 vermuten ließe.

B. Regelungsinhalt. I. Tatbestandsvoraussetzungen. 1. Handeln eines Verrichtungsgehilfen. Verrich- 7
tungsgehilfe ist derjenige, dem von einem anderen, in dessen Einflussbereich er allgemein oder im konkreten
Fall steht und dem ggü er in gewisser Weise abhängig, insbes weisungsgebunden ist, eine Tätigkeit übertragen
worden ist (BGHZ 45, 311, 313; 103, 298, 303; NJW-RR 98, 250, 251 f).

8 **a) Übertragung einer Tätigkeit.** Übertragen werden können **Tätigkeiten jeglicher Art** (rechtliche oder faktische, einfache oder komplizierte, entgeltliche oder unentgeltliche). Die Übertragung kann ausdrücklich oder konkludent (BaRoth/*Spindler* § 831 Rn 10), durch Rechtsgeschäft (dieses muss nicht wirksam sein, AnwK/*Katzenmeier* § 831 Rn 18) oder tatsächlichen Akt erfolgen (AnwK/*Katzenmeier* § 831 Rn 18); entscheidend ist, dass sie vom Willen des Geschäftsherrn gedeckt ist.

9 **b) Einflussbereich des Geschäftsherrn: Weisungsgebundenheit des Verrichtungsgehilfen.** Zweck dieses Merkmals ist die Zuordnung des Verrichtungsgehilfen zur Sphäre des Geschäftsherrn als Rechtfertigung der Haftung nach § 831. Entscheidend ist die **Bindung des Verrichtungsgehilfen an Weisungen des Geschäftsherrn**. Sie ist vor allem gekennzeichnet durch Eingliederung in die Herrschafts- und Organisationssphäre des Geschäftsherrn (insbes BGHZ 45, 311, 313; NJW-RR 98, 250, 251 f) sowie die Befugnis des Geschäftsherrn, die Tätigkeit des Verrichtungsgehilfen jederzeit zu beschränken, zu untersagen und nach Zeit und Umfang zu bestimmen (BGH aaO; kritisch Erman/*Schiemann* § 831 Rn 7). Nicht erforderlich ist fachliche Unterlegenheit, wirtschaftliche, soziale oder gar persönliche Abhängigkeit des Verrichtungsgehilfen vom Geschäftsherrn.

10 Die Abgrenzung zwischen Weisungsgebundenheit und selbständigem Handeln ist häufig problematisch. Durch zunehmende Spezialisierung und Auslagerung bestimmter Tätigkeiten aus dem Betriebsablauf (Outsourcing) ist die Arbeitsteilung heute weit komplexer als bei Schaffung des § 831. Abzustellen ist auf den Umfang eines Weisungsrechts im Einzelfall. Danach sind nach der Rspr grds **keine Verrichtungsgehilfen** insbes selbständige Unternehmer (s insbes BGHZ 24, 247 f; NJW-RR 03, 1457 mwN) – sofern sie nicht bestimmten Weisungen des Geschäftsherrn unterworfen sind (BGH NJW-RR 98, 250, 251 f; NJW 05, 3144 f: Subunternehmer als Verrichtungsgehilfe des Generalunternehmers), Organe juristischer Personen (s.o. Rn 3), Eltern für ihre volljährigen Kinder (MüKo/*Wagner* § 831 Rn 15 mwN; Sonderfall: Köln NJW 00, 2905 f), Leistungsträger bei Reisen (BGHZ 103, 298, 303; Ddorf NJW-RR 90, 825, 826 f; 00, 787; anders für den Reiseleiter Ddorf NJW-RR 00, 787), Gesellschafter bzw Gemeinschafter im Verhältnis zu Gesellschaft bzw Gemeinschaft (BGHZ 45, 311, 313; dies lässt sich bei Vorhandensein eines Gesamthandsvermögens nach der Anerkennung der Rechtsfähigkeit der GbR nun auch nach § 31 begründen, BGHZ 154, 88; Erman/*Schiemann* § 831 Rn 10) oder der Verwalter für die Wohnungseigentümergemeinschaft (Ddorf ZMR 99, 423, 425). Hingegen können nach der Rspr **Verrichtungsgehilfen** sein zB ein an bestimmte Weisungen gebundener freier Mitarbeiter (BGH NJW-RR 98, 250, 251 f) oder ein Rechtsanwalt im Verhältnis zu seinem Mandanten (zB BGH BB 57, 306; NJW 62, 1390, 1391; 79, 1882, 1883, problematisch wegen Selbständigkeit des Anwalts und Stellung als Organ der Rechtspflege, kritisch auch zB MüKo/*Wagner* § 831 Rn 12; AnwK/*Katzenmeier* § 831 Rn 23; BaRoth/*Spindler* § 831 Rn 20; Erman/*Schiemann* § 831 Rn 6).

11 Bei **medizinischem Personal** ist zu differenzieren: Angestellte Ärzte (insbes BGHZ 95, 63, 71; 96, 360, 369; NJW 78, 1681; 88, 2298, 2300), Krankenschwestern (zB BGH NJW 79, 1935 f; Köln VersR 99, 624, 626) und Hebammen (BGH NJW 00, 2737, 2738 f) sind grds Verrichtungsgehilfen des Krankenhausträgers. Auf Chefärzte, die fachlich eigenverantwortlich handeln, wird zunehmend § 31 angewandt (zB BGHZ 77, 74, 79; 101, 215, 218). Keine Verrichtungsgehilfen sind auch Belegarzt (BGHZ 129, 6, 14), Konsiliararzt (Stuttg VersR 92, 55, 57) und Telearzt (*Pflüger* VersR 99, 1070, 1074). Bei **Leiharbeitsverhältnissen** entscheidet die tatsächliche Weisungsbefugnis darüber, ob der Verleiher oder der Entleiher Geschäftsherr ist (zB BGH NJW-RR 95, 659 f; BAG NZA 89, 340, 342; im Einzelfall können es auch beide sein, BGH NJW-RR 95, 659 f); im Zweifelsfall bleibt der Verleiher Geschäftsherr (vgl BGH NJW-RR 95, 659 f).

12 Auch bei **zwei- und mehrstufigen Weisungsverhältnissen** ist darauf abzustellen, im Verhältnis zu welchen Personen ein die schädigende Tätigkeit betreffendes, unmittelbares Weisungsverhältnis bestand (BGHZ 87, 253, 258 f). Zwischengeschaltete Personen sind idR keine Geschäftsherrn iSd § 831 (BaRoth/*Spindler* § 831 Rn 15).

13 **2. In Ausführung der Verrichtung.** Die unerlaubte Handlung des Verrichtungsgehilfen muss in **unmittelbarem innerem Zusammenhang mit der Verrichtung** stehen, zu der er bestellt wurde; sie darf **nicht lediglich „bei Gelegenheit"** der Verrichtung erfolgt sein (zB BGHZ 11, 151, 152 f; NJW-RR 89, 723, 725). Entscheidend sind Art und Umfang der Verrichtung sowie – in erster Linie – die Zuweisung des „Gehilfenrisikos" an den Geschäftsherrn. Es kommt darauf an, ob diesen nach der Verkehrsanschauung die Verantwortlichkeit für das Handeln des Gehilfen trifft (vgl insbes BaRoth/*Spindler* § 831 Rn 21), somit handelt es sich letztlich um ein normatives Element. Ein wichtiges Indiz ist, ob die Gefahr eines Schadenseintritts durch die Einschaltung des Gehilfen erhöht wurde. Der Geschäftsherr haftet grds nicht für vorsätzliche unerlaubte Handlungen des Verrichtungsgehilfen bei Gelegenheit der Verrichtung (BGHZ 11, 151, 152 f; NJW-RR 89, 723, 725), sofern nicht zB deren Verhinderung gerade zum Pflichtenkreis des Gehilfen gehörte (BGHZ 11, 151, 153; 24, 188, 197) – dann kann sogar eine vorsätzliche unerlaubte Handlung eine Haftung nach § 831 begründen (s.a. BGHZ 49, 19, 23; NJW-RR 98, 250, 252). Aber auch wenn der Gehilfe seinen Aufgabenkreis überschreitet, kann der Geschäftsherr verantwortlich sein, wenn er dies hätte verhindern können (zB BGHZ 11, 151, 153; 49, 19, 23; NJW-RR 89, 723, 725). Wichtiges Bsp ist das Abweichen von Weisungen beim Führen eines Kfz: Hier haftet idR der Geschäftsherr (BGH VersR 55, 345, 346; NJW 71, 31, 32), nicht aber bei Schwarzfahrt – sofern diese nicht von ihm schuldhaft ermöglicht wurde (RGZ 119, 58, 60 ff; BGHZ 1, 388, 390 f; NJW 71, 31, 32) – oder verbotener Mitnahme Dritter (BGH NJW 65, 391).

3. Widerrechtliche Schadenszufügung durch den Verrichtungsgehilfen. Der Verrichtungsgehilfe muss den 14
objektiven (und ggf subjektiven, BGH NJW 56, 1715) Tatbestand einer unerlaubten Handlung erfüllt und
rechtswidrig gehandelt haben. Ein **Verschulden des Gehilfen** setzt § 831 seinem Wortlaut nach nicht voraus.
Weil es sich um eine Haftung für vermutetes Verschulden bzw Verkehrspflichtverletzung (s.o.
Rn 2) des Geschäftsherrn handelt, soll dieser auch verantwortlich sein, wenn dem Verrichtungsgehilfen kein Verschuldensvorwurf gemacht werden kann, weil er entweder nicht deliktsfähig ist oder für die durchgeführte Tätigkeit
nicht hinreichend geeignet war (dazu insbes *Stoll* JZ 58, 137, 138; *v Caemmerer* FS 100 Jahre DJT II 49, 120).
Dieser Gedanke greift jedoch nicht, wenn das Handeln des Gehilfen den Anforderungen an die erforderliche
Sorgfalt entsprach und dem Geschäftsherrn, wenn er an Stelle des Verrichtungsgehilfen gehandelt hätte, kein
Verschuldensvorwurf gemacht werden könnte. Rspr und hL lehnen in derartigen Fällen eine Haftung nach
§ 831 iE ab (zB BGHZ 12, 94, 96; BGH NJW 96, 3205, 3207 mwN; *Stoll* JZ 58, 137, 138; *v Caemmerer* FS 100
Jahre DJT II, 49, 122). Die Begründung ist str: Entfallen der Rechtswidrigkeit, insbes wegen verkehrsrichtigen
Verhaltens des Geschäftsherrn (so teilw die Rspr, BGHZ 24, 21, 29; NJW-RR 87, 1048 f), Fehlen eines sinnvollen
Verantwortungszusammenhangs zwischen Bestellung des Verrichtungsgehilfen und Schaden (so zB AnwK/*Katzenmeier* § 831 Rn 31; Erman/*Schiemann* § 831 Rn 13) oder teleologische Reduktion des § 831 (MüKo/*Wagner*
§ 831 Rn 26). Problematisch ist insoweit auch die **Beweislast**: Nach dem Wortlaut des § 831 müsste der
Geschäftsherr darlegen und beweisen, dass der Schaden auch bei sorgfältiger Auswahl des Gehilfen entstanden
wäre. Hätte er selbst gehandelt, müsste hingegen der Geschädigte sein Verschulden beweisen. Um den Geschädigten bei Einschaltung eines Verrichtungsgehilfen nicht zu privilegieren, wird teilw verlangt, in § 831 für den
Regelfall das Erfordernis eines Verschuldens des Verrichtungsgehilfen hineinzulesen, für das der Geschädigte
darlegungs- und beweispflichtig ist (zB *Larenz/Canaris* § 79 III 2 c; AnwK/*Katzenmeier* § 831 Rn 32; Erman/
Schiemann § 831 Rn 13; anders aber die Rspr, insbes BGH NJW 96, 3205, 3207).

4. Verschulden des Geschäftsherrn. Das Verschulden des Geschäftsherrn wird nach § 831 I 2 vermutet (zu 15
Entlastungsmöglichkeiten sogleich Rn 16 ff); § 254 ist anwendbar (Erman/*Schiemann* § 831 Rn 4).

**II. Entlastungsbeweis, § 831 I 2. 1. Auswahl und Überwachung des Verrichtungsgehilfen, Leitung der
Verrichtung.** Die Pflichten des Geschäftsherrn – und damit auch seine Entlastungsmöglichkeiten – richten 16
sich nach Art und Umfang der dem Verrichtungsgehilfen übertragenen Tätigkeit, insbes nach den damit verbundenen Gefahren (s etwa BGH VersR 58, 29, 30; NJW 78, 1681 f; 03, 288, 289 f).

a) Auswahl. Bei der Auswahl ist die **Eignung des Verrichtungsgehilfen für die zu übertragende Tätigkeit** 17
festzustellen (s nur BGH NJW 03, 288, 290). Die fachliche Eignung ist insbes anhand von Zeugnissen, ggf
auch durch praktische Prüfungen zu ermitteln. Die charakterliche Eignung ist bei Tätigkeiten mit hoher Verantwortung stets zu prüfen, in anderen Fällen evtl auch dann, wenn kein unmittelbarer Zusammenhang mit
der geplanten Tätigkeit besteht (zB RG JW 31, 3340, 3341 ff). Auf Zeugnisse darf sich der Geschäftsherr nur
in bestimmten Fällen verlassen (RG JW 35, 2043; Köln NJW-RR 97, 471). Eine zusätzliche Überprüfung, zB
durch Nachfragen beim früheren Arbeitgeber, kann – im Rahmen des arbeitsrechtlich Zulässigen – erforderlich sein (zB RG WarnR 33 Nr 97; Köln NJW-RR 97, 471). Bei fehlender Fachkenntnis des Einstellenden und
zB staatlichen Examina (etwa bei Ärzten) kann sie entbehrlich sein (BGHZ 1, 383, 387 f; NJW 89, 769, 771).
Stellen sich bei der Auswahl Defizite heraus, ist die Bestellung als Verrichtungsgehilfe trotzdem möglich, aber
es bestehen höhere Anforderungen an Einarbeitung, Anleitung und Überwachung des Gehilfen (Staud/*Belling/Eberl-Borges* § 831 Rn 103; AnwK/*Katzenmeier* § 831 Rn 34; BaRoth/*Spindler* § 831 Rn 27).

b) Überwachung, Aufsicht. Über den Gesetzeswortlaut hinaus sind **Überwachungs- und Aufsichtspflichten** 18
des Geschäftsherrn anerkannt (zB RGZ 78, 107, 109 f; BGHZ 8, 239, 243; zuletzt NJW 03, 288, 290). Sie sind
die logische Fortsetzung der Pflicht zu sorgfältiger Auswahl, die sich nicht in der Erstauswahl erschöpft, sondern über die Zeit der gesamten Tätigkeit fortdauert, weil sich der Entlastungsbeweis auf den Zeitpunkt der
Schadenszufügung bezieht (BGHZ 8, 239, 243; NJW-RR 96, 867, 868; 97, 471 f). Wichtig sind insbes detaillierte **Anweisungen** für die Durchführung der jeweiligen Tätigkeit sowie **Kontrollen**. Diese Pflichten sind
praktisch besonders relevant bei medizinischem Personal (für Assistenzärzte BGH NJW 78, 1681; für Krankenschwestern BGH NJW 79, 1935; für Hebammen BGH VersR 64, 948, 949; NJW 00, 2737, 2739; für Ärzte
als Berufsanfänger BGH NJW 88, 2298, 2299 f; weniger streng für Dienst habende Stations- und Ambulanzärzte BGH NJW 89, 769, 771), soweit es nicht von § 31 erfasst ist. Auch bei Kraftfahrern spielen sie eine
wichtige Rolle, insbes bei Personenbeförderung können regelmäßige Kontrollfahrten (zB BGH VersR 66,
364 f; zuletzt NJW-RR 03, 24, 25; s aber auch BGH VersR 61, 330, 332 f; 84, 67) sowie ärztliche Untersuchungen (BGH NJW 64, 2401, 2402) erforderlich sein.

c) Leitung der Verrichtung. Das Erfordernis der **Leitung der Verrichtung** bezieht sich auf die konkrete 19
Tätigkeit, nicht auf die allgemeine Leitung eines Betriebs (BGHZ 11, 151, 153). Der Umfang der Pflicht richtet sich auch hier nach den Umständen des Einzelfalls, das Spektrum denkbarer Pflichten reicht von persönlicher Anwesenheit (zB BGHZ 11, 151, 154; Erman/*Schiemann* § 831 Rn 22) bis zu allgemeinen Dienstanweisungen (BGH VersR 56, 382; 69, 518, 519).

20 **d) Besonderheiten in Großbetrieben.** Grds ist der Entlastungsbeweis bei mehreren möglicherweise an der Schädigung Beteiligten für alle in Betracht kommenden Personen zu führen. In Großbetrieben mit weit reichender, mehrstufiger Arbeitsteilung ließ die Rspr jedoch früher einen **dezentralisierten Entlastungsbeweis** zu: Der Geschäftsherr konnte sich bereits durch den Nachweis entlasten, dass er nachgeordnetes Personal, das seinerseits mit Leitungs- und Aufsichtsaufgaben betraut war, sorgfältig ausgewählt und überwacht hatte (RGZ 78, 107, 108 f; BGHZ 4, 1, 2 f; NJW 73, 1602, 1603). Später wurden die **Anforderungen** an einen solchen Entlastungsbeweis jedoch **in dreifacher Hinsicht verschärft**, was angesichts der rechtspolitischen Bedenken gegen § 831 I 2 (s.o. Rn 1), die durch den dezentralisierten Entlastungsbeweis noch verschärft werden, sinnvoll erscheint: Der Geschäftsherr muss nunmehr nachweisen, dass auch seine nachgeordneten Angestellten sorgfältig ausgewählt und überwacht haben (BGHZ 4, 1, 2), dass aufgrund der innerbetrieblichen Organisationsstruktur sichergestellt ist, dass er selbst laufend unterrichtet wird (RGZ 87, 1, 4; BGHZ 4, 1, 2 f; 11, 151, 154 f; NJW 80, 2810, 2811), und er hat die Pflicht, für ausreichende Anordnungen und Anweisungen zu sorgen, damit Dritte nicht im Zusammenhang mit den Arbeitsabläufen geschädigt werden (RGZ 87, 1, 4; BGH VersR 64, 297; NJW 68, 247, 249). Insbesondere die letzte Pflicht steht den Organisationspflichten nach § 823 I so nahe (zur Abgrenzung insbes BaRoth/*Spindler* § 831 Rn 8; Erman/*Schiemann* § 831 Rn 25 f), dass der denzentralisierte Entlastungsbeweis teilweise als überholt angesehen wird (zB Erman/*Schiemann* § 831 Rn 21; aA BaRoth/*Spindler* § 831 Rn 34 mwN).

21 **2. Beschaffung von Vorrichtungen oder Gerätschaften.** Die Pflichten des Geschäftsherrn bei der Beschaffung von Vorrichtungen und Gerätschaften sind praktisch weniger bedeutsam. Sie betreffen insbes die Absicherung der Arbeitsstätte sowie die Sorge für die Sicherheit von Fahrzeugen, Werkzeugen oder medizinischen Apparaten.

22 **3. Nachweis fehlender Kausalität.** Für den Nachweis fehlender Kausalität nach § 831 I 2 Alt 2 bestehen **zwei Möglichkeiten**: Der Geschäftsherr kann nachweisen, dass auch eine sorgfältig ausgewählte und überwachte Person den konkreten Schaden verursacht hätte (BGHZ 4, 1, 4; 12, 94, 96), sofern in solchen Fällen nicht bereits eine Einschränkung des Tatbestands des § 831 (s.o. Rn 14) in Betracht kommt. Er kann weiterhin dartun, dass auch ein anderer Geschäftsherr bei Anwendung der erforderlichen Sorgfalt denselben Gehilfen ausgewählt hätte, zB weil kein besser geeigneter zu finden war (vgl RG JW 21, 526; BGHZ 4, 1, 4; Erman/*Schiemann* § 831 Rn 24 aE). **Nicht** ausreichend ist hingegen der Nachweis, dass der Schaden nicht auf einer mangelnden Eignung, sondern auf einem andersartigen Fehlverhalten des Gehilfen beruhte (BGH VersR 61, 848, 849; NJW 78, 1681, 1682; 86, 776, 777); hier greift eine der oben (Rn 6) angesprochenen Verschärfungen der Haftung nach § 831.

23 **III. Übernahme durch Vertrag, § 831 II.** Wer durch Vertrag die Pflichten des Geschäftsherrn übernimmt, haftet gem § 831 II wie dieser. Die Pflichten des Geschäftsherrn können also nicht durch vertragliche Weitergabe verändert oder gar zum Erlöschen gebracht werden. Die Regelung passt jedoch nur für die Übertragung auf Personen, die nicht Verrichtungsgehilfen und nicht Organe des Geschäftsherrn sind (insbes BGHZ 125, 366, 375; str für faktische Organe: BGH NJW 74, 1371, 1372 einerseits: BGH VersR 60, 371, 372; *Frank* BB 75, 588 f; *Altmeppen* ZIP 95, 881, 888 f andererseits), § 831 betrifft also im Ergebnis nur die Übernahme durch Außenstehende (zur geringen praktischen Bedeutung der Vorschrift und zu Einschränkungsversuchen in der Lit insbes *Medicus* FS Deutsch 291 ff). Der Vertragsschluss kann ausdrücklich oder konkludent (*Larenz/Canaris* § 79 III 7; AnwK/*Katzenmeier* § 831 Rn 44), auch mit Dritten, erfolgen (RGZ 82, 206, 217 f). Eine im Vordringen befindliche Ansicht hält die Wirksamkeit des Übernahmevertrags nicht für erforderlich (zB Staud/*Belling/Eberl-Borges* § 831 Rn 126; MüKo/*Wagner* § 831 Rn 45; AnwK/*Katzenmeier* § 831 Rn 44). Dafür spricht, dass bei § 823 für die Übernahme von Verkehrspflichten kein Vertrag erforderlich ist (§ 823 Rn 23), Wortlaut und Entstehungsgeschichte des § 831 II (und der parallelen §§ 832 II, 834) sprechen jedoch dagegen (s insbes Prot II, 2771 f – zu § 832); daher ist weiterhin mit der bisher hM ein wirksamer Vertrag zu verlangen (s insbes *Larenz/Canaris* § 79 III 7; weitere Nachw bei Staud/*Belling/Eberl-Borges* § 831 Rn 126). Nicht hinreichend ist auch die Übernahme der Geschäftsherrenpflichten iRe Geschäftsführung ohne Auftrag (AnwK/*Katzenmeier* § 831 Rn 44; BaRoth/*Spindler* § 831 Rn 47; Palandt/*Sprau* § 831 Rn 20; aA MüKo/*Stein* 3. Aufl 97 § 831 Rn 68).

24 **IV. Beweislast.** Der Geschädigte hat das Vorliegen einer unerlaubten rechtswidrigen (ggf auch schuldhaften, s.o. Rn 14 aE) Handlung des Verrichtungsgehilfen (der nicht konkret benannt werden muss, RGZ 159, 283, 290 f; BGH NJW 73, 1602, 1603) sowie dessen Handeln in Ausführung der Verrichtung zu beweisen (ggf mit Beweiserleichterungen, MüKo/*Stein* 3. Aufl 97 § 831 Rn 61). Bei § 831 II trifft ihn auch die Darlegungs- und Beweislast für die vertragliche Übernahme. Str ist, ob der Geschädigte eine Pflicht des Geschäftsherrn zur Leitung der Ausführung der Verrichtung oder zum Stellen von Vorrichtungen und Gerätschaften im konkreten Fall zu beweisen hat (dafür die Rspr, RGZ 53, 123, 125; BGH NJW 86, 776, 777; Palandt/*Sprau* § 831 Rn 17; dagegen zB BaRoth/*Spindler* § 831 Rn 51). Den Geschäftsherrn trifft die Darlegungs- und Beweislast für die Entlastung gem § 831 I 2 sowie ggf für seine eigene Deliktsunfähigkeit (§ 827 Rn 5).

§ 832 Haftung des Aufsichtspflichtigen

(1) ¹Wer kraft Gesetzes zur Führung der Aufsicht über eine Person verpflichtet ist, die wegen Minderjährigkeit oder wegen ihres geistigen oder körperlichen Zustands der Beaufsichtigung bedarf, ist zum Ersatz des Schadens verpflichtet, den diese Person einem Dritten widerrechtlich zufügt. ²Die Ersatzpflicht tritt nicht ein, wenn er seiner Aufsichtspflicht genügt oder wenn der Schaden auch bei gehöriger Aufsichtsführung entstanden sein würde.
(2) Die gleiche Verantwortlichkeit trifft denjenigen, welcher die Führung der Aufsicht durch Vertrag übernimmt.

A. Funktion und Anwendungsbereich. I. Funktion. Die Haftung für vermutetes Verschulden wegen Verletzung einer Verkehrspflicht (vgl insbes Erman/*Schiemann* § 832 Rn 1) nach § 832 ergänzt §§ 827–829. Grundgedanke der Regelung ist, dass im Hinblick auf Gefahren, die von Aufsichtsbedürftigen iSd § 832 ausgehen, der Aufsichtspflichtige die besten Einwirkungsmöglichkeiten hat (Erman/*Schiemann* § 832 Rn 1). Die Haftung enthält Elemente von Bereichs- und Übernahmehaftung (Erman/*Schiemann* aaO) und kann mit einer Haftung aus § 823 (insbes wegen Verletzung von Organisationspflichten) konkurrieren. Im Unterschied zu anderen Regelungen einer Haftung für vermutetes Verschulden (zB §§ 831, 833 S 2, 834, 836) hat bei § 832 der Aufsichtspflichtige jedoch weder die Gefahr selbst geschaffen noch zieht er einen Nutzen aus ihr (BaRoth/*Spindler* § 832 Rn 1). Daraus wird ein **Ausnahmecharakter der Vorschrift** abgeleitet, der ihre analoge Anwendung auf von § 832 nicht erfasste Personen verbietet (so auch insbes Staud/*Belling/Eberl-Borges* § 832 Rn 7 f; BaRoth/*Spindler* § 832 Rn 1; Erman/*Schiemann* § 832 Rn 4). 1

II. Anwendungsbereich. § 832 gilt ausschließlich für die dort genannten privatrechtlichen Aufsichtsverhältnisse (zur Ablehnung einer analogen Anwendung s.o. Rn 1). Bei öffentlich-rechtlichen Aufsichtsverhältnissen (zB im Lehrer-Schüler-Verhältnis an öffentlichen Schulen) greift ausschließlich § 839 iVm Art 34 GG ein (BGHZ 13, 25, 27 f; Ddorf NJW-RR 99, 1620; § 839 Rn 122 ff; kritisch *Marburger* VersR 71, 777, 781 f). Es erscheint jedoch sinnvoll, die Anforderungen an die Aufsichtspflicht dort ebenso zu bestimmen wie bei § 832 und auch eine entspr Beweislastumkehr anzunehmen (Köln MDR 99, 997; *Mertens* MDR 99, 998, 999; BaRoth/*Spindler* § 832 Rn 3; aA zB Ddorf NJW-RR 99, 1620). 2

B. Regelungsinhalt. I. Haftungsvoraussetzungen. 1. Aufsichtsbedürftiger. Minderjährige sind stets aufsichtsbedürftig (s insbes BGH NJW 76, 1145, 1146; aA *Rauscher* JuS 85, 757, 761), unabhängig von den Umständen des Einzelfalls (letztere sind lediglich bei der Konkretisierung des Umfangs der Aufsichtspflicht zu berücksichtigen, dazu zB BGH NJW 80, 1044, 1045). Bei **Volljährigen** muss aufgrund ihres geistigen oder körperlichen Zustands eine konkrete Aufsichtsbedürftigkeit im Einzelfall bestehen (vgl BGH NJW 58, 1775), zB wegen fehlender Möglichkeit zur Selbstkontrolle bei Kranken, geistig oder körperlich Behinderten oder Epileptikern. Indiz für die Aufsichtsbedürftigkeit ist vor allem der Aufgabenbereich eines Betreuers (Staud/*Belling/Eberl-Borges* § 832 Rn 10; MüKo/*Wagner* § 832 Rn 14; AnwK/*Katzenmeier* § 832 Rn 4; teilw abw Soergel/*Zeuner* § 832 Rn 5). 3

2. Aufsichtspflichtiger. a) Kraft Gesetzes, § 832 I. Zur Aufsicht über **Minderjährige** ist der Personensorgeberechtigte verpflichtet, also Eltern, §§ 1626 I, 1626 a I (bei dauerndem Getrenntleben §§ 1671 f), überlebender Elternteil, § 1680, nichteheliche Mutter, § 1626 a II, Adoptiveltern, § 1754 III, Vormund, §§ 1793, 1797, 1800, Pfleger, §§ 1909, 1915, str für Ausbilder iSd § 14 BBiG (nach hM sind diese nicht aufsichtspflichtig, zB AnwK/*Katzenmeier* § 832 Rn 6 mwN; BaRoth/*Spindler* § 832 Rn 9, nach aA in begrenztem Umfang, zB Erman/*Schiemann* § 832 Rn 3; Palandt/*Sprau* § 832 Rn 5). Bei Kindern in Fürsorgeerziehung haften die Eltern weiter, soweit sie die tatsächliche Aufsicht ausüben können (insbes während sich die Kinder bei ihnen aufhalten, RGZ 98, 246, 247 f). **Nicht** aufsichtspflichtig sind insbes Lehrer an öffentlichen Schulen (ggf Haftung nach § 839 iVm Art 34 GG, s.o. Rn 2), Beistand, §§ 1685, 1712, 1716, Erziehungsbeistand, §§ 27, 30 SGB VIII, Gegenvormund, §§ 1792, 1799, Erziehungshelfer, § 12 JGG. Die Aufsicht über **sonstige Aufsichtsbedürftige** obliegt idR einem Betreuer, §§ 1896 ff (Staud/*Belling/Eberl-Borges* § 832 Rn 25 ff; Erman/*Schiemann* § 832 Rn 3; BaRoth/*Spindler* § 832 Rn 7 mwN, auch zur aA); die Reichweite seiner Aufsichtspflicht entspricht derjenigen der Betreuungstätigkeit. Nicht aufsichtspflichtig sind bei diesem Personenkreis Pfleger (str, wie hier Erman/*Schiemann* § 832 Rn 3; aA Staud/*Belling/Eberl-Borges* § 832 Rn 24), Gegenvormund, §§ 1792, 1799, Ehegatte (RGZ 70, 48, 49 f). Eine Ausdehnung der Betreuungspflicht durch Landesrecht, zB auf Leiter von Altenheimen, Pflegestätten oder Heilanstalten, ist möglich (Celle NJW 61, 223). 4

b) Durch vertragliche Übernahme, § 832 II. Die vertragliche Übernahme einer Aufsichtspflicht kann ausdrücklich oder konkludent erfolgen. Der Vertrag kann mit dem Aufsichtsbedürftigen oder einem Dritten geschlossen werden (Köln OLGE 34, 120, 121); er muss wirksam sein (hM, BaRoth/*Spindler* § 832 Rn 12 mwN; aA Staud/*Belling/Eberl-Borges* § 832 Rn 40 mwN; näher zu dieser Frage § 831 Rn 23), bloße Anfechtbarkeit schadet jedoch nicht (BaRoth/*Spindler* § 832 Rn 12). An eine **konkludente Übernahme** stellt die Rspr relativ geringe Anforderungen (zB BGH NJW 68, 1874; 76, 1145, 1146; 85, 677, 678), was wegen der fehlenden Analogiefähigkeit des § 832 (s.o. Rn 1) nicht unbedenklich erscheint (vgl auch BaRoth/*Spindler* § 832 5

Rn 13). Die konkludente Übernahme sollte klar von der – für § 832 II nicht ausreichenden – tatsächlichen Übernahme ohne Rechtsbindungswillen abgegrenzt werden. Wenn zB Eltern fremde Kinder – auch wiederholt – mit ihren eigenen Kindern spielen lassen, haften sie für die fremden Kinder idR nicht nach § 832, sondern allenfalls nach § 823 (BGH NJW 68, 1874 f; aA Hamm VersR 00, 457). **Häufige Fälle einer vertraglichen Übernahme:** Pflege- oder Stiefeltern, Verwandte (bei nicht nur vorübergehender Aufnahme), Träger von offenen psychiatrischen Kliniken (BGH NJW 85, 677, 678 f) oder Krankenhäusern (BGH FamRZ 76, 210, 211), Heil- und Erziehungsanstalten (zB BGH VersR 65, 48; Kobl NJW-RR 97, 345), betreuenden Behindertenwerkstätten (Hamm NJW-RR 94, 863, 864), Privatschulen, Schülerpensionen oder -heimen, Fachkräfte in Kindergärten und -krippen (vgl BGH FamRZ 56, 340), Kinderfrau, Tagesmutter, Betreuer in Pfadfinderlagern (LG Landau NJW 00, 2904) oder bei sonstigen organisierten Jugendfreizeiten.

6 3. **Widerrechtliche Schädigung eines Dritten durch den Aufsichtsbedürftigen.** Tatbestand einer unerlaubten Handlung (einschließlich subjektiver Merkmale, RG HRR 1929 Nr 705; Staud/*Belling/Eberl-Borges* § 832 mwN) **und Rechtswidrigkeit** müssen vorliegen; ein Verschulden des Aufsichtsbedürftigen ist nicht erforderlich (RGZ 50, 60, 65; BGH NJW 85, 677, 678; BGHZ 111, 282, 284). Teilweise wird verlangt, dass die Schädigung als schuldhaft anzusehen wäre, wenn sie durch einen Nicht-Aufsichtsbedürftigen begangen worden wäre (zB *Larenz/Canaris* § 79 IV 2 b; MüKo/*Wagner* § 823 Rn 22; AnwK/*Katzenmeier* § 832 Rn 9); dies erscheint jedoch angesichts des Charakters der Haftung als Haftung für vermutetes Verschulden des Aufsichtspflichtigen (s.o. Rn 1) problematisch; die Fälle, in welchen man mit Hilfe dieser Auslegung zu einer Ablehnung der Haftung nach § 832 gelangen möchte, dürften sich häufig auch mit Hilfe des Entlastungsbeweises (insbes nach § 832 I 2 Alt 2) lösen lassen.

7 Ein **Mitverschulden des Geschädigten** ist grds zu berücksichtigen (zB BGH NJW 83, 2821 f; NJW-RR 87, 1430, 1432; Staud/*Belling/Eberl-Borges* § 832 Rn 153; MüKo/*Wagner* § 832 Rn 38 f; BaRoth/*Spindler* § 832 Rn 35; einschränkend AnwK/*Katzenmeier* § 832 Rn 10). Nach der Risikozuweisung des § 832 ist der Geschädigte aber nicht zur Vorsorge gegen Schäden durch Aufsichtsbedürftige gerade aufgrund ihrer Aufsichtsbedürftigkeit verpflichtet (BGH NJW 83, 2821 f; Hamm VersR 90, 743, 744; BaRoth/*Spindler* § 832 Rn 35).

8 4. **Keine Entlastung des Aufsichtspflichtigen gem § 832 I 2.** Entscheidend für die Anwendung des § 832 I 2 ist die Möglichkeit der Exkulpation des Aufsichtspflichtigen wegen Erfüllung der Aufsichtspflicht bzw fehlender Kausalität zwischen Aufsichtspflichtverletzung und Schaden.

9 a) **Erfüllung der Aufsichtspflicht, § 832 I 2 Alt 1. aa) Umfang der Aufsichtspflicht.** Ausgangspunkt für die Bestimmung des Umfangs der Aufsichtspflicht ist ihr Charakter als Verkehrspflicht. Für jeden Einzelfall ist **abzuwägen** zwischen Reifegrad des Aufsichtsbedürftigen, Schädigungspotential des Verhaltens und Zumutbarkeit von Aufsichtsmaßnahmen (s insbes Staud/*Belling/Eberl-Borges* § 832 Rn 54 ff; MüKo/*Wagner* § 832 Rn 23; BaRoth/*Spindler* § 832 Rn 15; Erman/*Schiemann* § 832 Rn 6; *Haberstroh* VersR 00, 806, 810 f). Dabei sind vor allem der Entfaltungsspielraum des Aufsichtsbedürftigen als Ausprägung seines Persönlichkeitsrechts (insbes Erman/*Schiemann* § 832 Rn 6) sowie der in jüngerer Zeit zu Recht verstärkt herangezogene Gedanke einer Erziehung zu eigenverantwortlichem Handeln, § 1626 II (vgl BGH NJW 80, 1044, 1045; 84, 2574; AnwK/*Katzenmeier* § 832 Rn 12), zu berücksichtigen.

10 Aus der reichhaltigen Kasuistik lassen sich folgende Grundlinien ableiten: Bei **Minderjährigen** sind insbes Alter, Charakter, Eigenarten, Erziehungsstand (je besser die Erziehung, desto geringer können die Anforderungen an die Aufsichtspflicht ausfallen, zB RGZ 98, 246, 248; BGH NJW 84, 2574, 2575; 93, 1003; 97, 2047, 2048), äußere Umstände, Vorhersehbarkeit einer Schädigung, Erforderlichkeit und Zumutbarkeit von Aufsichtsmaßnahmen zu berücksichtigen. Die Aufsichtsbedürftigkeit steht in Korrelation zu § 828 insofern, als bei Vorliegen von Einsichtsfähigkeit iSd § 828 III idR keine oder allenfalls eine geringe Aufsichtsbedürftigkeit besteht (noch weitergehend wohl Erman/*Schiemann* § 832 Rn 6). Zur Vermeidung von Haftungslücken ist daher § 828 III bei Eingrenzungen der Aufsichtspflicht im Rahmen des § 832 stets im Blick zu behalten; dies bedeutet aber nicht, dass über § 832 alle durch § 828 entstehenden Haftungslücken zu schließen wären (vgl auch Oldbg VersR 05, 807; *H Müller* ZfS 03, 433, 434; *Friedrich* NZV 04, 227, 230; *Bernau* NZV 05, 234 ff mwN, auch zu anderen Ansichten). Auch die Anwendung beider Vorschriften nebeneinander (Haftung von Aufsichtsbedürftigem und Aufsichtspflichtigem als Gesamtschuldner iSd § 840) ist jedoch möglich. Als **Aufsichtsmaßnahmen** kommen insbes in Betracht: Belehrung (BGHZ 111, 282, 285), Verbot, Übung, Kontrolle/Beobachtung, Verwehren schädigender Handlungen (BGH NJW 95, 3385, 3386; 97, 2047, 2048 – ausnahmsweise bis hin zum Einsperren, Kobl NJW-RR 02, 900 f; LG Kreuznach VersR 03, 908), Einschränkung des Zugangs zu gefährlichen Gegenständen, im Extremfall auch Inanspruchnahme von Erziehungshilfe (s insbes *Schmid* VersR 82, 822, 823 f). Welche Maßnahmen erforderlich und zumutbar sind, richtet sich danach, was verständige Eltern nach vernünftigen Anforderungen in der konkreten Situation tun müssen, um Schädigungen Dritter durch ihr Kind zu verhindern (st Rspr, zB BGH VersR 62, 783; NJW 93, 1003 mwN). Hierbei sind die persönlichen Eigenschaften des Kindes ein wesentlicher Faktor (zB Neigung zu Aggressivität, vgl nur BGH NJW 80, 1044, 1045; 97, 2047, 2048).

11 Bei **gefährlichem Spielzeug** kann bereits die Überlassung gegen die Aufsichtspflicht verstoßen, zB bei Pfeil und Bogen, Luftgewehr, Axt, Buschmesser (zB BGH VersR 66, 368 f; München ZfS 02, 170, 171). Andernfalls besteht jedenfalls eine gesteigerte Aufsichtspflicht. Denkbare Aufsichtsmaßnahmen sind insbes Belehrung

(selbst bei Gegenständen, zu denen kein Zugang besteht, BGH VersR 66, 368 f; Celle FamRZ 98, 233; Ddorf NJW-RR 98, 98, 99; kritisch zu Recht *Haberstroh* VersR 00, 806, 813; *Wolf* VersR 98, 812 f), Verwahrung, Überwachung. Hierbei kann zwischen per se gefährlichem Spielzeug und solchem, das erst bei Missbrauch gefährlich wird, zu differenzieren sein.

Beim Umgang mit **Feuer** (insbes Zündmittel, Feuerwerkskörper) sind besonders hohe Anforderungen an den Aufsichtspflichtigen zu stellen (zB BGHZ 111, 282, 285; NJW 97, 2047; Kobl NJW 04, 3047 ff; zu Grenzen: Oldbg NJW-RR 04, 1671, 1672). Wichtig sind hier insbes Belehrung (BGH NJW 76, 1684 f), sichere Aufbewahrung (zB BGH NJW 83, 2821; 93, 1003; Kobl NJW 04, 3047, 3048 f), ggf zusätzliche Überwachung. Eine Überlassung solcher Gegenstände an Minderjährige kommt nur in eng begrenzten Fällen in Betracht. 12

Bei der **Teilnahme** Minderjähriger **am Straßenverkehr** sind insbes Belehrung, Übung (BGH VersR 62, 360), Verbote und Überwachung von Bedeutung (zuletzt etwa Oldbg VersR 05, 807). Die Erforderlichkeit solcher Maßnahmen richtet sich auch nach der Art der Teilnahme (mit zunehmender Intensität bei Verkehrsteilnahme als Fußgänger, Roller- bzw Dreiradfahrer, Radfahrer, Führer von Kleinkrafträdern oder Kfz). Davon zu unterscheiden sind Aufsichtspflichten beim **Spiel** mit möglichen Wechselwirkungen mit dem Straßenverkehr (zum Verbot des Spielens auf der Fahrbahn insbes BGH VersR 61, 838, 839; 61, 998, 999; zu Schranken der Aufsichtspflicht in Spielstraßen Hamm NJW-RR 02, 236, 238). 13

Bei **sonstigen Aufsichtsbedürftigen** gelten ähnliche Kriterien. Im Rahmen der Einzelfallabwägung sind insbes der Grund der Aufsichtsbedürftigkeit (zB Art und Umfang einer Behinderung) sowie das Persönlichkeitsrecht des Aufsichtsbedürftigen zu berücksichtigen (vgl etwa BGH NJW 85, 677, 679; Hamm NJW-RR 94, 863, 864; Kobl NJW-RR 97, 345). 14

bb) Erfüllung der Aufsichtspflicht. Der Entlastungsbeweis nach § 832 I 2 Alt 1 erfordert, dass im konkreten Fall alle erforderlichen Aufsichtsmaßnahmen durchgeführt wurden. Die **Übertragung auf Dritte** durch Vertrag ist grds zulässig (s nur Staud/*Belling/Eberl-Borges* § 832 Rn 112 ff mwN; MüKo/*Wagner* § 832 Rn 19 f; AnwK/*Katzenmeier* § 832 Rn 19). Bei faktischer Übernahme ist str, ob eine Haftung nach § 823 in Betracht kommt (so zB AnwK/*Katzenmeier* § 832 Rn 19) oder entspr § 832 II (so zB MüKo/*Wagner* § 832 Rn 20). Beim ursprünglich Aufsichtspflichtigen verbleibt nach einer Übertragung jedoch als „Rest" der ursprünglichen Verkehrspflicht eine Organisationspflicht, die ihn zur ordnungsgemäßen Auswahl, Instruktion und Überwachung des Dritten verpflichtet (BGH NJW 68, 1672, 1673; AnwK/*Katzenmeier* § 832 Rn 19; kritisch BaRoth/*Spindler* § 832 Rn 18). 15

b) Fehlende Kausalität zwischen Aufsichtspflichtverletzung und Schaden, § 832 I 2 Alt 2. Eine Entlastung nach § 832 I 2 Alt 2 kommt – entspr § 831 I 2 (s dort Rn 22) – zB in Betracht, wenn der Schaden in keinem Fall zu verhindern gewesen wäre (s RG Recht 1922, Nr 1154; Frankf NJW-RR 02, 236). 16

5. Durch die Aufsichtspflichtverletzung verursachter Schaden eines Dritten. Erfasst werden alle Schäden Dritter (einschl mittelbarer Verletzungen) ohne Beschränkung auf bestimmte Rechtsgüter. **Nicht** in Betracht kommt ein Schaden des Aufsichtsbedürftigen (BGHZ 73, 190, 194; NJW 96, 53; *Fuchs* NZV 98, 7, 9), aber bei einer Haftung des Aufsichtsbedürftigen ggü dem Aufsichtspflichtigen nach allgemeinen Regeln kann ggf ein Mitverschulden des Aufsichtspflichtigen zu berücksichtigen sein (Zweibr NZV 99, 509, 510; AnwK/*Katzenmeier* § 832 Rn 21 mwN). 17

II. Sonstiges. 1. Haftung des Aufsichtspflichtigen ggü dem Aufsichtsbedürftigen. Eine Haftung des Aufsichtspflichtigen ggü dem Aufsichtsbedürftigen kommt ggf nach § 280 I iVm § 1664 (Sorgeverhältnis als gesetzliches Schuldverhältnis) sowie nach § 823 I in Betracht (AnwK/*Katzenmeier* § 832 Rn 21; BaRoth/*Spindler* § 832 Rn 3; Erman/*Schiemann* § 832 Rn 9). Eine Zurechnung der Verletzung der Aufsichtspflicht gem § 254 zum Aufsichtsbedürftigen ist jedoch nach Sinn und Zweck des in §§ 827 ff, 832 verwirklichten Schutzes dieser Personen grds nicht möglich (Erman/*Schiemann* § 832 Rn 9; Staud/*Belling/Eberl-Borges* § 832 Rn 172 mwN). 18

2. Beweislast. Für die Anspruchsvoraussetzungen trägt grds der Geschädigte die Beweislast; die Verletzung der Aufsichtspflicht und ihre Kausalität für den Schaden werden vermutet, sofern sich der Aufsichtspflichtige nicht nach § 832 I 2 entlastet (BGH NJW-RR 87, 13, 14). Dabei ist der Nachweis der allgemeinen Erfüllung der Aufsichtspflicht zumindest ein Indiz für ihre Erfüllung im konkreten Fall (zB BGH NJW 90, 2553, 2554 f). 19

3. Reformvorschläge. Teilweise wird vorgeschlagen, die weit reichenden Wirkungen des § 832 abzumildern, zB durch Einführung einer Pflicht-Haftpflichtversicherung für Eltern (so insbes *v Hippel* FamRZ 68, 574, 575; *ders* FamRZ 01, 748) oder durch Beschränkung der Haftung auf Vorsatz und grobe Fahrlässigkeit (*Großfeld/Mund* FamRZ 94, 1504, 1508); umfassend zu den Reformvorschlägen Staud/*Belling/Eberl-Borges* § 832 Rn 176. In Anbetracht der Möglichkeit des Abschlusses einer freiwilligen Haftpflichtversicherung sowie der in anderen europäischen Ländern eher noch strengeren Haftung (*v Bar* Bd I Rn 131 ff) sollten diese Vorschläge jedoch nicht umgesetzt werden. 20

§ 833 Haftung des Tierhalters

¹Wird durch ein Tier ein Mensch getötet oder der Körper oder die Gesundheit eines Menschen verletzt oder eine Sache beschädigt, so ist derjenige, welcher das Tier hält, verpflichtet, dem Verletzten den daraus entstehenden Schaden zu ersetzen. ²Die Ersatzpflicht tritt nicht ein, wenn der Schaden durch ein Haustier verursacht wird, das dem Beruf, der Erwerbstätigkeit oder dem Unterhalt des Tierhalters zu dienen bestimmt ist, und entweder der Tierhalter bei der Beaufsichtigung des Tieres die im Verkehr erforderliche Sorgfalt beobachtet oder der Schaden auch bei Anwendung dieser Sorgfalt entstanden sein würde.

1 **A. Funktion und Anwendungsbereich.** § 833 regelt – ergänzt durch § 834 – die Haftung für durch Tiere verursachte Rechtsgutsverletzungen. § 833 S 1 statuiert eine Gefährdungshaftung des Halters eines sog „Luxustiers", § 833 S 2 eine Haftung des Halters eines Nutztiers mit Verschuldens- und Kausalitätsvermutung. § 834 ergänzt diese Tatbestände durch eine Haftung des Tieraufsehers, ebenfalls mit Verschuldens- und Kausalitätsvermutung. Alle diese Vorschriften ordnen die nicht vollständig beherrschbare Tiergefahr in erster Linie demjenigen zu, der Nutzen aus der Tierhaltung zieht (§ 833 S 1 u 2, s schon Prot II 2867 sowie insbes BGH NJW 74, 234, 235; BGHZ 67, 129, 132; Staud/*Belling/Eberl-Borges* § 833 Rn 5; MüKo/*Wagner* § 833 Rn 2; AnwK/*Katzenmeier* § 833 Rn 2; BaRoth/*Spindler* § 833 Rn 1) bzw die – auch der Schadensvermeidung dienende – Aufsicht über das Tier übernommen hat (§ 834).

2 **B. Regelungsinhalt. I. Gefährdungshaftung, § 833 S 1. 1. Voraussetzungen. a) Tier.** § 833 erfasst grds alle Tiere. Umstritten ist aber die Tiereigenschaft von **Kleinstlebewesen** und laborgezüchteten **Mikroorganismen.** Für ihre Einbeziehung könnte sprechen, dass von ihnen Gefahren ausgehen, die anderen von § 833 erfassten Tiergefahren – etwa der durch einen Insektenschwarm verursachten – vergleichbar sind (zB Ausscheiden von Giften, Verursachen von Krankheiten). Dagegen spricht jedoch maßgeblich, dass Mikroorganismen weder biologisch noch umgangssprachlich als Tiere angesehen werden (s insbes Staud/*Belling/Eberl-Borges* § 833 Rn 16 ff mwN) und den von ihnen ausgehenden Gefahren durch Spezialregelungen (insbes durch das GenTG und das InfektionsSchG – letzteres ggf iVm § 823 II) begegnet werden kann und soll. Daher werden diese Lebewesen nicht von § 833 erfasst (so auch Staud/*Belling/Eberl-Borges* § 833 Rn 19; Soergel/*Zeuner* § 833 Rn 2; MüKo/*Wagner* § 833 Rn 5; Palandt/*Sprau* § 833 Rn 5; Larenz/*Canaris* § 84 II 1 a; Abeltshauser JuS 91, 366 ff; aA AnwK/*Katzenmeier* § 833 Rn 4; BaRoth/*Spindler* § 833 Rn 4; Erman/*Schiemann* § 833 Rn 2; Deutsch NJW 76, 1137 f; 90, 751 f).

3 **b) Rechtsgutsverletzung.** Als verletzte Rechtsgüter kommen Leben, Körper und Gesundheit eines Menschen sowie Sachen in Betracht.

4 **c) Haftungsbegründende Kausalität.** Die Rechtsgutsverletzung muss durch das Tier verursacht worden sein. Entscheidend ist, dass sich in ihr eine **spezifische Tiergefahr** verwirklicht hat. Deren Konkretisierung ist str: An die Stelle der früheren Unterscheidung zwischen willkürlichem und natürlichem Tierverhalten (zB RGZ 80, 237, 238 f; BGH NJW 75, 867, 868 mwN) ist in der neueren Rspr das Kriterium der **Unberechenbarkeit tierischen Verhaltens** getreten (zB BGHZ 67, 129, 132; NJW 99, 3119 mwN), das in der Lit teilweise als unbrauchbar abgelehnt wird (zB Erman/*Schiemann* § 833 Rn 4; AnwK/*Katzenmeier* § 833 Rn 5; Larenz/*Canaris* § 84 II 1 c mwN). Weil § 833 für diejenigen Verhaltensweisen nicht gilt, in denen sich keine spezifische Tiergefahr verwirklicht, werden auch natürliche bzw instinktive Verhaltensweisen von Tieren, die als solche nicht unvorhersehbar sind, von § 833 erfasst (zB natürliche Ausscheidungen, Karlsr VersR 95, 927, 928; Staud/*Belling/Eberl-Borges* § 833 Rn 64; BaRoth/*Spindler* § 833 Rn 7; Erman/*Schiemann* § 833 Rn 4, anders noch RGZ 141, 406, 407, oder der Deckakt, Staud/*Belling/Eberl-Borges* § 833 Rn 65; BaRoth/*Spindler* aaO, Erman/*Schiemann* aaO; aA Nürnbg VersR 70, 1059, 1060 mwN; vgl dazu auch BGHZ 67, 129, 130 ff). Vom Anwendungsbereich des § 833 S 1 auszunehmen sind daher mit einer im Vordringen befindlichen Ansicht in der Lit nur diejenigen Fälle, in denen kein selbsttätiges Verhalten des Tieres mehr vorliegt (Staud/*Belling/Eberl-Borges* § 833 Rn 40 ff mwN), zB bei bloß „mechanischer Wirkung" des Tieres (als menschliches Werkzeug oder ausschließlich aufgrund seiner Größe oder seines Gewichts, s BGH VersR 78, 515 f zum Verkehrsunfall eines Tiertransporters). Alle anderen Fälle eines eigenständigen tierischen Verhaltens werden von § 833 S 1 erfasst; auf Vorhersehbarkeit oder Anlass des Verhaltens (zB Auslösung durch äußere Umstände wie laute Geräusche, Kobl NJW-RR 02, 1542) kommt es nicht an.

5 Auch im Übrigen wird das Kausalitätserfordernis weit ausgelegt. Erfasst werden auch mittelbar durch die Tiergefahr herbeigeführte Rechtsgutsverletzungen, zB solche aufgrund eines Ausweichens vor einem Tier (zB Nürnbg NJW-RR 91, 741 f; Ddorf NJW-RR 95, 281; Köln VersR 99, 1293, 1294) oder infolge von Schreckreaktionen (BGH NJW 99, 3119: Reiterin stürzt aufgrund einer Verunsicherung durch vorangegangenes Verhalten des Tieres erst vom Pferd, als dieses stehen geblieben ist). Die frühere Einschränkung des § 833 S 1 in Fällen, in denen das Tierverhalten allein auf eine menschliche Leitung des Tieres zurückzuführen ist (zB BGH NJW 52, 1329; NJW-RR 90, 789, 791 mwN), wird von der Rspr heute zu Recht nicht mehr verwendet (BGH NJW 92, 2474; 99, 3119); der Unterschied zu anderen Gefährdungshaftungen, wie insbes derjenigen nach § 7 I StVG, wäre kaum zu rechtfertigen und es bliebe unberücksichtigt, dass solches menschliches Ver-

halten die spezifische Tiergefahr sogar verstärken kann (s auch Staud/*Belling/Eberl-Borges* § 833 Rn 57; BaRoth/*Spindler* § 833 Rn 10; Erman/*Schiemann* § 833 Rn 4; AnwK/*Katzenmeier* § 833 Rn 8; aA Palandt/*Sprau* § 833 Rn 7; wN zum Meinungsstand bei Staud/*Belling/Eberl-Borges* Rn 56 f).

d) Haftpflichtiger: Tierhalter. Tierhalter ist, wer die Bestimmungsmacht über das Tier hat, aus eigenem 6 Interesse für die Kosten des Tieres aufkommt, den allgemeinen Wert und Nutzen des Tieres für sich in Anspruch nimmt und das wirtschaftliche Risiko seines Verlustes trägt (BGH NJW-RR 88, 655, 656 mwN). Nach dem Regelungszweck des § 833 S 1 (s.o. Rn 1) dürfte es insbes auf Eigeninteresse und Nutzungsmöglichkeit ankommen (vgl auch BGH NJW-RR 88, 655); entscheidend sind die tatsächlichen, nicht die rechtlichen Verhältnisse, auf Eigentum oder auch nur Eigenbesitz kommt es für die Haltereigenschaft nicht an (BGH VersR 56, 574; NJW-RR 90, 789, 790). Bei der **Überlassung eines Tieres**, zB an einen Mieter, Pächter oder Entleiher, bleibt grds der Überlassende Tierhalter (BGH NJW 77, 2158; 86, 2883, 2884; 87, 949, 950; NJW-RR 88, 655, 656; Saarbr NJW-RR 88, 1492). Ausnahmen kommen insbes in Betracht bei langfristiger Aufgabe der Nutzung durch den ursprünglichen Halter und Nutzung und Unterhaltung durch einen anderen in dessen eigenem Interesse, zB bei Vermietung eines Reit- oder Dressurpferdes (RGZ 62, 79, 83; BGHZ 55, 96; NJW-RR 88, 655, 656). Ein **Entlaufen** des Tieres lässt die Haltereigenschaft nicht entfallen, solange nicht ein anderer das Tier aufnimmt und dadurch Halter wird (BGH NJW 65, 2397; VersR 78, 515). Tierhalter können natürliche oder juristische Personen sein (zB ein Reitverein, Celle VersR 79, 161, oder ein 7 Tierschutzverein, AG Duisburg NJW-RR 99, 1628 f). Ob ein nicht Geschäftsfähiger Tierhalter sein kann, ist str (s insbes die Nachw bei Staud/*Belling/Eberl-Borges* § 833 Rn 113) und sollte nach §§ 827 ff beurteilt werden (näher § 827 Rn 2). Als Tierhalter kommen auch mehrere Personen zugleich in Betracht (zB BGH NJW 77, 2158; Köln NJW-RR 99, 1628); sie haften gem § 840 I als Gesamtschuldner (ebenso der Tierhalter und der Tieraufseher iSd § 834).

e) Rechtswidrigkeit. Auch die Haftung nach § 833 S 1 setzt Rechtswidrigkeit voraus. Diese entfällt insb, 8 wenn der Geschädigte zur Duldung einer von einem Tier herrührenden Einwirkung verpflichtet ist, zB aufgrund von § 906 II 1 (BGHZ 117, 110: Bestäuben von Blumen durch Bienen).

2. Rechtsfolgen. Der Tierhalter haftet gem § 833 S 1 ohne Verschulden. Ob Verschuldensfähigkeit erforder- 9 lich ist, richtet sich nach der zur Haltereigenschaft nicht (voll) Geschäftsfähiger vertretenen Position (s.o. Rn 7): Dann kann es uU durchaus auf die Verschuldensfähigkeit ankommen, weil ohne diese evtl keine Haltereigenschaft begründet wird (missverständlich deshalb die Formulierung, § 833 S 1 setze keine Verschuldensfähigkeit voraus, zB BaRoth/*Spindler* § 833 Rn 3; Erman/*Schiemann* § 833 Rn 1). Der Anspruch aus § 833 S 1 kann auf Schadensersatz in Geld, aber gem § 253 II auch auf Schmerzensgeld gerichtet sein. Eine Anwendung des § 254 ist auch im Rahmen der Gefährdungshaftung nach § 833 S 1 denkbar, zB zur Anrechnung einer Tierhalterhaftung des Verletzten (BGH NJW 76, 2130, 2131; 85, 2416 f) oder bei mitwirkendem Verschulden, etwa wenn sich der Verletzte leichtfertig der Tiergefahr ausgesetzt oder das Tier gereizt hat (zB BGH JZ 55, 87; NJW 93, 2611, 2612; zu Grenzen zB BGH NJW 99, 3119, 3120).

3. Einschränkungen der Haftung. Vor allem bei Schäden durch ein Tier, das einem anderen zur Nutzung 10 überlassen wurde (häufig bei Unfällen eines Reiters, der das Tier im überwiegend eigenen Interesse nutzt), werden Einschränkungen der Haftung nach § 833 S 1 erwogen. Letztlich geht es um die Frage, ob in solchen Fällen die Tiergefahr auf den Geschädigten übergeht oder ob er zumindest einen Teil davon tragen soll. Hierfür werden **unterschiedliche dogmatische Konstruktionen** diskutiert. Denkbar wäre zunächst die Annahme der **Vereinbarung eines Haftungsausschlusses** (dazu zB BGH NJW 74, 234, 235; 77, 2158, 2159 – iE aber in beiden Fällen offen gelassen). Da idR keine ausdrückliche Absprache vorliegt, läuft dies entweder auf eine bedenkliche Fiktion hinaus (s insbes Soergel/*Zeuner* § 833 Rn 23; BaRoth/*Spindler* § 833 Rn 19) oder es müssen sehr hohe Anforderungen gestellt werden (zB ausdrückliche Abrede, BGH NJW-RR 88, 655, 657; NJW 92, 907, 908), die häufig nicht erfüllt sein werden. Denkbar bleibt jedoch die Erstreckung von Haftungsbeschränkungen bei unentgeltlichen Verträgen – nicht aber bei bloßen Gefälligkeiten – auf Deliktsansprüche (insbes BGH NJW 74, 234, 235 – iE offen gelassen; 92, 2474, 2475; s auch oben Vor § 823 Rn 17). Teilweise wird von einer **freiwilligen Übernahme einer besonderen** (nicht aber der allgemeinen) **Tiergefahr** im eigenen Interesse ausgegangen, zB beim Übernehmen eines „wilden" Pferdes, um die eigene Reitkunst zu beweisen, bei Fuchsjagd oder Dressurreiten (zB BGH NJW 74, 234, 235 f; 92, 2474). Die Abgrenzung zur allgemeinen Tiergefahr, bei der allenfalls § 254 angewendet werden kann, ist allerdings problematisch und praktisch kaum durchführbar (s auch BaRoth/*Spindler* § 833 Rn 20). Bei besonders starkem Eigeninteresse des Verletzten kann er im Einzelfall **selbst als Halter** angesehen werden (BaRoth/*Spindler* § 833 Rn 21; Staud/*Belling/Eberl-Borges* § 833 Rn 191, beide mwN); dies dürfte jedoch nur seltene Ausnahmefälle betreffen. Ein **Handeln auf eigene Gefahr**, das nach wohl hM im Rahmen der Abwägung nach § 254 zu berücksichtigen ist (s nur BGH NJW-RR 05, 1183, 1184; Erman/*Schiemann* § 833 Rn 6; BaRoth/*Spindler* § 833 Rn 21 sowie § 254 Rn 39; aA zB *Deutsch* NJW 78, 1998, 2001 f; JuS 87, 673, 677 f; *Dunz* JZ 87, 63, 65 ff; *Hasselblatt* NJW 93, 2577, 2578 ff; *Scheffen* NJW 90, 2658, 2662 f; MüKo/*Wagner* § 833 Rn 19), kommt in Betracht, wenn der Verletzte Risiken übernommen hat, die über die übliche Tiergefahr hinausgehen (zB BGH NJW 74, 234, 235; NJW-RR 05, 1183, 1184 f mwN; zu Grenzen BGH NJW 86, 2883, 2884). Hier stellen sich aber die gleichen Abgrenzungsprobleme wie bei der freiwilligen Übernahme einer besonderen Tiergefahr. Eine Haftungsbegrenzung nach dem **Schutzzweck der Norm** (dazu zB BGH NJW 74, 234, 235 f; Soergel/*Zeuner*§ 833 Rn 25 f; AnwK/*Katzenmeier* § 833 Rn 32; kritisch Erman/*Schiemann* § 833 Rn 5) kann zwar die Haftung ggü einem Mithalter (Köln NJW-RR 99, 1628) oder in Fällen, in denen entspr menschliches Verhalten gerechtfertigt wäre (Bsp: Hund verletzt Einbrecher, *Seiler* FS Zeuner 279, 292 f; Soergel/*Zeuner* § 833 Rn 27), ausschließen, aber nicht in den Fällen, um die es hier typischerweise geht.

11 **Stellungnahme:** Die Frage kann nicht generalisierend entschieden werden, da ihr keine einheitlichen, klar abgrenzbaren Fallkonstellationen zugrunde liegen. Angesichts der Grundkonzeption der Tierhalterhaftung für Luxustiere als Gefährdungshaftung sollten Einschränkungen restriktiv gehandhabt werden: Ein völliger Ausschluss der Haftung kommt nur in Betracht, wenn der Geschädigte selbst als Halter anzusehen ist (was nur in wenigen Ausnahmefällen denkbar ist) oder wenn nach dem Schutzzweck der Norm eine Haftung ausscheidet (was ebenfalls nur ausnahmsweise in Betracht kommt, s.o., und nicht die iRd Einschränkungen des § 833 S 1 typischerweise diskutierten Fälle erfasst). Im Regelfall wird daher nach dem Gedanken eines Handelns auf eigene Gefahr nach § 254 vorzugehen sein. Dafür ist ein selbständiges Verhalten des später Geschädigten zu verlangen, aus dem sich zumindest ein Bewusstsein der Gefahrübernahme ableiten lässt, wie zB bei Nutzung des Tieres für besondere Zwecke wie Dressurreiten, Jagd etc.

12 **4. Beweislast.** Der Geschädigte muss beweisen, dass der Schaden durch ein Tier verursacht wurde, dessen Halter der Anspruchsgegner ist (Ddorf VersR 81, 82, 83; LG Siegen NJW-RR 05, 1340 f; AnwK/*Katzenmeier* § 833 Rn 33; BaRoth/*Spindler* § 833 Rn 40; Erman/*Schiemann* § 833 Rn 17; MüKo/*Wagner* § 833 Rn 59 mwN). Der Tierhalter muss ggf darlegen und beweisen, dass sich keine spezifische Tiergefahr realisiert hat (Unterbrechung des Kausalzusammenhangs, BGHZ 39, 103, 109; NJW-RR 90, 789, 791), oder dass die Voraussetzungen des § 254 vorliegen (BGH NJW 82, 763, 765; NJW-RR 05, 1183, 1185).

II. Haftung für vermutetes Verschulden, § 833 S 2. 1. Voraussetzungen. a) Haustier, das dem Beruf, der
13 **Erwerbstätigkeit oder dem Unterhalt des Tierhalters zu dienen bestimmt ist.** Haustiere sind zahme Tiere, die von einer natürlichen oder juristischen Person zur Nutzung gezogen und gehalten werden (Kobl NJW-RR 92, 476; Ddorf VersR 95, 232, 233; Staud/*Belling/Eberl-Borges* § 833 Rn 118 ff; BaRoth/*Spindler* § 833 Rn 26 mwN). Keine Haustiere sind lediglich gezähmte Tiere (RGZ 158, 388, 391; Nürnbg NJW-RR 91, 1500, 1501; kritisch BaRoth/*Spindler* § 833 Rn 26), Tiere, die im Ausland als Haustiere gelten (*Lorz* NuR 89, 337, 338), oder Versuchstiere der wissenschaftlichen Forschung (*Lorz* aaO).

14 Die Haftung nach § 833 S 2 erfasst ausschließlich **Nutztiere**, also sog Berufstiere oder Tiere, die der Erwerbstätigkeit oder dem Unterhalt des Tierhalters dienen. **Berufstier** ist ein Tier, dessen Haltung spezifisch mit der Berufstätigkeit des Halters zusammenhängt (Köln VersR 99, 1293), zB Polizei-, Jagd- oder Hütehunde (zB BGH NJW 65, 2397; VersR 72, 1047, 1048; Bambg NJW-RR 90, 735). Tiere, die der Erwerbstätigkeit dienen, sind in erster Linie Tiere in land-, oder forstwirtschaftlichen oder gewerblichen Betrieben, sofern es sich nicht um bloße Nebenerwerbsbetriebe handelt (BGHZ 55, 96; Ddorf VersR 95, 186; Celle NJW 00, 1194) und die Tiere nicht lediglich zu Liebhaberzwecken gehalten werden (BGH VersR 55, 116; NJW 82, 763, 764; 82, 1589). Bsp: Zuchttiere, zur Veräußerung bestimmte Tiere eines Tierhändlers (RGZ 79, 246, 247), Rennpferde (Ddorf NJW-RR 01, 890), Wachhunde zum Schutz eines der genannten Betriebe (BGH VersR 65, 719, 720; NJW-RR 05, 1183 – iE abgelehnt), Katzen zum Schutz vor Mäusen oder Ratten (Oldbg VersR 60, 840), Reitpferde, die gewerbsmäßig vermietet werden (BGH NJW 86, 2501), Ponys eines gemeinnützigen Vereins für therapeutisches Reiten oder Kinderreitunterricht (Frankf VersR 95, 1362 – genau dort dürfte es sich dabei um eine der Sache nach gerechtfertigte analoge Anwendung des § 833 S 2 handeln; vgl aber auch BGH NJW 82, 763, 764). Dem Unterhalt dienende Tiere sind insbes landwirtschaftliche Nutztiere, wie zB Milchkühe, Hühner, Schweine (RGZ 79, 246, 247 f), aber auch zB Blindenhunde (Staud/*Belling/Eberl-Borges* § 833 Rn 140 mwN; aA MüKo/*Wagner* § 833 Rn 36). Bei „potentiell doppelfunktionalen" Tieren kommt es darauf an, welchem Zweck sie objektiv dienstbar gemacht werden und konkludent gewidmet sind (BGH VersR 55, 116; NJW-RR 05, 1183 mwN).

15 **b) Weitere Haftungsvoraussetzungen.** Die übrigen Haftungsvoraussetzungen (Rechtsgutsverletzung, haftungsbegründende Kausalität, Tierhalter, Rechtswidrigkeit) entsprechen denjenigen bei § 833 S 1. Allerdings wird die Verursachung der Rechtsgutsverletzung durch das Haustier – ebenso wie das bei § 833 S 2 zusätzlich erforderliche Verschulden des Tierhalters – vermutet. Das ist insbes von Bedeutung, wenn nicht aufzuklären ist, ob sich eine spezifische Tiergefahr verwirklicht hat.

16 **2. Entlastung des Tierhalters.** Bei § 833 S 2 kann sich der Tierhalter entlasten, wenn er entweder die Kausalitätsvermutung (§ 833 S 2 Alt 2) oder die Verschuldensvermutung (§ 833 S 2 Alt 1) widerlegt. Eine **Widerlegung der Kausalitätsvermutung** dürfte vor allem in Betracht kommen, wenn der Tierhalter nachweisen kann, dass sich in der Rechtsgutsverletzung keine spezifische Tiergefahr verwirklicht hat. Entscheidend für die **Widerlegung der Verschuldensvermutung** ist der Nachweis des Tierhalters, dass er bei der Beaufsichtigung des Tieres die im Verkehr erforderliche Sorgfalt beachtet, dh keine diesbezügliche Verkehrspflicht verletzt hat.

die Rspr stellt an die Entlastung relativ hohe Anforderungen (Staud/*Belling/Eberl-Borges* § 833 Rn 147 mN). Die **Verkehrspflichten des Tierhalters** sind – wie stets (§ 823 Rn 111 ff) – unter Abwägung der Interessen aller Beteiligten zu ermitteln. Auf Seiten des Tierhalters sind insbes die allgemeine Gefährlichkeit der Tierart, die ihm bekannten individuellen Eigenschaften des Tieres sowie seine Verwendung und die damit verbundenen Risiken zu berücksichtigen. Auf Seiten des Geschädigten sind insbes die bedrohten Rechtsgüter in Ansatz zu bringen (zB erhöhter Sicherheitsstandard bei Kindern, BGH NJW-RR 92, 981). Als Allgemeininteresse kann bei der Tierhalterhaftung insbes die Sicherung öffentlicher Wege relevant sein (zB BGH VersR 67, 906, 907; NJW 86, 2501; NJW-RR 90, 789, 790; Kobl VersR 99, 508). Der Tierhalter muss vor allem für Verwahrung, Unterhalt, Verwendung und Leitung des Tieres sorgen (Staud/*Belling/Eberl-Borges* § 833 Rn 148). Ferner muss er, wenn er die Beaufsichtigung des Tieres einem Dritten überlässt (der seinerseits nach § 834 haftpflichtig werden kann), diesen sorgfältig auswählen, instruieren und überwachen (BGH VersR 56, 516, 517; NJW-RR 90, 789; München VersR 91, 561). Die Entlastung ist in diesen Fällen nicht identisch mit derjenigen nach § 831 I 2, denn die Verkehrspflichten des Tierhalters können uU weiter reichen als die allgemeinen Verkehrspflichten bei Delegation (s insbes Erman/*Schiemann* § 833 Rn 14); häufig dürften bei § 831 I 2 und § 833 S 2 dennoch parallele Ergebnisse erzielt werden. 17

3. Beweislast. Bei § 833 S 2 muss der Geschädigte beweisen, dass er durch ein vom Anspruchsgegner gehaltenes Tier eine Rechtsgutsverletzung erlitten hat. Will sich der Tierhalter exkulpieren, muss er beweisen, dass es sich dabei um ein Haustier mit Nutztiereigenschaft iSd § 833 S 2 handelt (BGH NJW-RR 05, 1183, 1184) und dass er entweder bei der Beaufsichtigung die im Verkehr erforderliche Sorgfalt beobachtet hat oder der Schaden auch bei Anwendung dieser Sorgfalt entstanden sein würde. Weiterhin trifft den Halter die Beweislast für ein etwaiges Mitverschulden des Geschädigten iSd § 254; teilweise wird jedoch angenommen, dass den Geschädigten für die Erfüllung bestimmter Nebenpflichten (zB als Trainer oder Tierarzt) die Beweislast trifft (zB RGZ 58, 410, 413; kritisch zB Erman/*Schiemann* § 833 Rn 17). 18

§ 834 Haftung des Tieraufsehers

¹Wer für denjenigen, welcher ein Tier hält, die Führung der Aufsicht über das Tier durch Vertrag übernimmt, ist für den Schaden verantwortlich, den das Tier einem Dritten in der im § 833 bezeichneten Weise zufügt. ²Die Verantwortlichkeit tritt nicht ein, wenn er bei der Führung der Aufsicht die im Verkehr erforderliche Sorgfalt beobachtet oder wenn der Schaden auch bei Anwendung dieser Sorgfalt entstanden sein würde.

A. Funktion und Anwendungsbereich. § 834 als gesetzlich geregelter Fall der Übernehmerhaftung (vergleichbar §§ 831 II, 832 II) regelt die Haftung des Tieraufsehers als Haftung mit Kausalitäts- und Verschuldensvermutung. Diese Haftung kann neben derjenigen aus § 833 stehen. Dann haften Tierhalter und Tieraufseher als Gesamtschuldner gem § 840 (RGZ 60, 313, 315); der Innenausgleich richtet sich nach dem der Übernahme zugrunde liegenden Rechtsverhältnis, nicht nach § 840 III (AnwK/*Katzenmeier* § 834 Rn 5; BaRoth/*Spindler* § 834 Rn 4 mwN). 1

B. Regelungsinhalt. § 834 setzt voraus, dass ein Tier einem Dritten (weder Tierhalter noch Tieraufseher – in Bezug auf den Schaden des letzteren kann § 833 eingreifen) einen Schaden in der in § 833 bezeichneten Weise zufügt, unabhängig davon, ob es sich um ein Luxus- oder Nutztier handelt. Haftpflichtig ist der Tieraufseher, dh derjenige, der die Aufsichtsführung durch Vertrag übernommen hat. Erforderlich ist – wie bei §§ 831 II (§ 831 Rn 23), 832 II (§ 832 Rn 5) – ein ausdrücklicher oder konkludenter Vertragsschluss, der zwischen Tieraufseher und Tierhalter oder mit einem Dritten erfolgen kann (RGZ 168, 331, 333; Hamm NJW-RR 95, 409, 410). Eine bloß tatsächliche Übernahme oder eine Übernahme aus Gefälligkeit reicht nach bisher hM nicht aus (BGH NJW 97, 2475, 2475; München VersR 99, 585); eine im Vordringen befindliche Ansicht will bereits das Vorhandensein von Rechtsbindungswillen genügen lassen (s insbes Staud/*Belling/Eberl-Borges* § 834 Rn 12; MüKo/*Wagner* § 834 Rn 5; BaRoth/*Spindler* § 834 Rn 2; Erman/*Schiemann* § 834 Rn 2), was jedoch mit Wortlaut und Entstehungsgeschichte von § 834 und den parallelen Regelungen nicht in Einklang zu bringen ist (s § 831 Rn 23). Häufig ergibt sich die Übernahme der Aufsicht als Nebenpflicht aus einem Vertrag, zB aus einem Miet-, Leih- oder Verwahrungsvertrag mit dem Tierhalter, bei Tierärzten oder beim Tiertransport, sofern dadurch nicht ausnahmsweise eine eigenständige Haltereigenschaft des Übernehmenden begründet wird (§ 833 Rn 6). Der Tieraufseher muss ein gewisses Maß an selbständiger Gewalt über das Tier erlangen (Staud/*Belling/Eberl-Borges* § 834 Rn 19 f), darf also keinem weit reichenden Weisungsrecht des Tierhalters unterstehen (s zB RGZ 50, 244, 248; BGH NJW 87, 949, 950; NJW-RR 94, 90; AnwK/*Katzenmeier* § 834 Rn 3 mwN). Die Beweislast entspricht derjenigen bei § 833 S 2 (§ 833 Rn 18). 2

§ 835
– weggefallen –

§ 836 Haftung des Grundstücksbesitzers

(1) ¹Wird durch den Einsturz eines Gebäudes oder eines anderen mit einem Grundstück verbundenen Werkes oder durch die Ablösung von Teilen des Gebäudes oder des Werkes ein Mensch getötet, der Körper oder die Gesundheit eines Menschen verletzt oder eine Sache beschädigt, so ist der Besitzer des Grundstücks, sofern der Einsturz oder die Ablösung die Folge fehlerhafter Errichtung oder mangelhafter Unterhaltung ist, verpflichtet, dem Verletzten den daraus entstehenden Schaden zu ersetzen. ²Die Ersatzpflicht tritt nicht ein, wenn der Besitzer zum Zwecke der Abwendung der Gefahr die im Verkehr erforderliche Sorgfalt beobachtet hat.

(2) Ein früherer Besitzer des Grundstücks ist für den Schaden verantwortlich, wenn der Einsturz oder die Ablösung innerhalb eines Jahres nach der Beendigung seines Besitzes eintritt, es sei denn, dass er während seines Besitzes die im Verkehr erforderliche Sorgfalt beobachtet hat oder ein späterer Besitzer durch Beobachtung dieser Sorgfalt die Gefahr hätte abwenden können.

(3) Besitzer im Sinne dieser Vorschriften ist der Eigenbesitzer.

1 **A. Funktion und Anwendungsbereich.** § 836, der im Zusammenspiel mit §§ 837 f zu sehen ist, ist eine Ausprägung der Haftung für Verletzung von Verkehrssicherungspflichten (BGHZ 58, 149, 156; Staud/*Belling*/*Eberl-Borges* § 836 Rn 3; Soergel/*Zeuner* § 836 Rn 1; MüKo/*Wagner* § 836 Rn 2; Erman/*Schiemann* § 836 Rn 1; AnwK/*Katzenmeier* § 836 Rn 1; *Larenz*/*Canaris* § 79 VI 1 a). Die Besonderheit ggü der allgemeinen Haftung für Verkehrspflichtverletzung liegt in der Beweislastumkehr hinsichtlich des Verschuldens des Gebäudeunterhaltungspflichtigen und der Kausalität zwischen Pflichtverletzung und Einsturz des Gebäudes bzw Ablösung von Gebäudeteilen. Diese Regelungen tragen der größeren Beweisnähe des Eigenbesitzers bzw des in besonderer Weise für ein Gebäude Verantwortlichen (§ 838) Rechnung (Staud/*Belling*/*Eberl-Borges* § 836 Rn 2; MüKo/*Wagner* § 836 Rn 2; BaRoth/*Spindler* § 836 Rn 1; AnwK/*Katzenmeier* § 836 Rn 2; *Larenz*/*Canaris* § 79 VI 1 a). Schutz vor den von einem fehlerhaft errichteten oder mangelhaft unterhaltenen Gebäude ausgehenden Gefahren allein würde auch schon durch die allgemeine Haftung für Verkehrspflichtverletzung gewährleistet; spezifische Zwecke der §§ 836–838 sind daher die Beweislastumkehr und die Bestimmung der Haftpflichtigen (s auch Staud/*Belling*/*Eberl-Borges* § 836 Rn 3; MüKo/*Wagner* § 836 Rn 2); sie gelten auch im Rahmen der Amtshaftung (BGH NJW-RR 90, 1500, 1501).

2 Es handelt sich um eine Verschuldenshaftung, auf die §§ 827–829 anwendbar sind (zu letzterem Hamm VersR 77, 531, 532). Die allgemeine Haftung für Verletzung von Verkehrssicherungspflichten, die von mangelhaften Gebäuden ausgehen, dürfte im Anwendungsbereich der §§ 836 ff wegen der nach diesen Vorschriften günstigeren Beweissituation des Geschädigten keine gesonderte Bedeutung haben; sie bleibt jedoch insbes für eine etwaige Haftung des Eigentümers, Bauunternehmers oder Architekten relevant. Diese und der nach §§ 836–838 Verantwortliche haften als Gesamtschuldner, § 840 I; im Innenverhältnis ist gem § 840 III der nach § 823 I Haftende allein verantwortlich. Im Verhältnis zwischen §§ 836–838 ist zu beachten, dass eine Haftung des Gebäudeunterhaltungspflichtigen gem § 837 ggü derjenigen des Grundstücksbesitzers nach § 836 vorrangig ist. Die Haftung nach § 838 kann neben denen aus §§ 836, 837 stehen; im Innenverhältnis zwischen mehreren nach §§ 836–838 Verantwortlichen gilt § 426 (Erman/*Schiemann* § 836 Rn 15).

B. Regelungsinhalt. I. Voraussetzungen. 1. Gebäude oder anderes mit einem Grundstück verbundenes
3 **Werk.** Gebäude ist ein mit dem Erdboden verbundenes, umschlossenes Bauwerk, das zum Aufenthalt von Menschen oder Tieren oder zur Unterbringung von Sachen bestimmt ist (s nur Soergel/*Zeuner* § 836 Rn 4; Staud/*Belling*/*Eberl-Borges* § 836 Rn 17), auch zB Rohbauten (BGH VersR 58, 488, 489), unfertige Häuser (BGH NJW 85, 1076), Hausruinen (BGHZ 1, 103, 105; VersR 52, 207, 208; 52, 291; NJW 61, 1670, 1671) oder Messezelte (Rostock NJW-RR 04, 825, 826). **Mit dem Grundstück verbundenes Werk** ist ein einem bestimmten Zweck dienender, nach technischen Kunst- und Erfahrungsregeln unter Verbindung mit dem Erdkörper hergestellter Gegenstand (RGZ 76, 260, 261; BGH NJW 61, 1670, 1672; Ddorf MDR 98, 1350; VersR 99, 854, 855); unerheblich ist die Dauerhaftigkeit der Herstellung (RG JW 10, 288; BGHZ 58, 149, 155). Eine Verbindung iSd § 94 ist nicht erforderlich; es reicht, wenn eine Verbindung aufgrund der Schwerkraft hergestellt wird (Hamm VersR 97, 194; Ddorf VersR 99, 854, 855; Rostock NJW-RR 04, 825, 826). Bsp: Brücke (BGH NJW-RR 88, 853 f; 90, 1500 f), fest eingebaute Schleuse (RG HRR 30, 1101, 1104; BGHZ 58, 149, 152), Baugerüst (BGH NJW 97, 1853; 99, 2593, 2594), Treppe und Treppengeländer (RG JW 11, 450; WarnR 13 Nr 13), Carport (Hamm NJW-RR 95, 1230), Starkstromleitung (RGZ 147, 353, 356 f), Wasserleitung unter der Erde (BGHZ 55, 229, 235), Kanalisationsrohr (BGH VersR 83, 588), Fernsprech- oder Telefonleitung (Hamm JW 27, 2438; Karlsr NJW-RR 88, 152), Öltank (BGH VersR 76, 1084, 1085), Denkmal oder Grabstein (BGH NJW 71, 2308; 77, 1392; Rostock OLGR 03, 348, 351), Zelt bzw Zeltgerüst (RG DJZ 08, 1341; Hamm NJW-RR 02, 92; Rostock NJW-RR 04, 825, 826), Bierpavillon (Ddorf MDR 98, 1350; VersR 99, 854), in den Boden eingelas-

sene Kinderschaukel (Celle VersR 85, 345), Jagdhochsitz (Stuttg VersR 77, 384), **nicht** hingegen Erdmassen (RGZ 60, 138, 139 f; BGH NJW 61, 1670, 1672) oder auf einem Grundstück abgestellte Baumaterialien (BGH VersR 58, 488, 489). Weitere Bsp insbes bei Staud/*Belling/Eberl-Borges* § 836 Rn 19.

2. Einsturz oder Ablösung von Teilen. Einsturz ist der vollständige Zusammenbruch des Gebäudes oder Werkes (RGZ 97, 112, 114). **Ablösung** ist die Trennung oder Lockerung eines Teils vom im Übrigen unversehrt bleibenden Werk (RGZ 133, 1, 6; BGH VersR 61, 806, 808; München NJW-RR 95, 540, 541); sie ist abzugrenzen von Abbruch oder missbräuchlicher Entfernung (Celle VersR 91, 1382, 1383). **Teile des Gebäudes oder Werkes** sind Sachen, die zur Herstellung des Gebäudes eingefügt sind oder mit diesem in einem so festen baulichen Zusammenhang stehen, dass sich daraus nach der Verkehrsanschauung ihre Zugehörigkeit zum Bauganzen ergibt (RGZ 107, 337, 339; BGH NJW 85, 2588); es muss sich nicht um wesentliche Bestandteile iSd § 93 handeln (RGZ 107, 337, 339; BGH NJW 61, 1670, 1672). **Bsp:** Dachpappe oder Dachziegel (BGH NJW 93, 1782; Ddorf NJW-RR 92, 1440, 1441; Frankf NJW-RR 92, 164), Gitter (BGH VersR 63, 94), Fenster (RGZ 113, 286, 292), Schaufenster (Kobl NJW-RR 98, 673, 674), Fensterladen (RGZ 60, 421, 422), Schornstein (RG JW 36, 2913; Köln NJW-RR 92, 858), Treppengeländer und -stufen (RG JW 11, 450), fest montierte Duschkabine (BGH NJW 85, 2588), **nicht** aber durch eiserne Klammern an der Wand befestigter Spiegel (RGZ 107, 337), Schneemassen oder Eisplatten auf dem Dach (BGH NJW 55, 300; Hamm NJW-RR 87, 412; Köln VersR 88, 1244). 4

3. Rechtsgutsverletzung. Als Rechtsgutsverletzung kommen Tötung, Körper- oder Gesundheitsverletzung oder Sachschäden in Betracht. 5

4. Zweifache Kausalität. a) Einsturz oder Ablösung als Folge fehlerhafter Errichtung oder mangelhafter Unterhaltung. Eine fehlerhafte Errichtung liegt vor, wenn die genannten Rechtsgüter durch unsachgemäße, nicht den Regeln der Baukunst entspr Bauausführung gefährdet werden (RGZ 76, 260, 262; BGHZ 58, 149, 155); zu berücksichtigen sind insbes Witterungseinflüsse (BGHZ 58, 149, 153 f; NJW 93, 1782, 1783; 99, 2593, 2594). **Mangelhafte Unterhaltung** ist eine nicht hinreichende Prüfung oder Kontrolle des baulichen Zustandes des Gebäudes oder Werkes (BGH VersR 87, 1096, 1097; Hamm VersR 87, 1096, 1097). Auf die Zumutbarkeit der erforderlichen Maßnahmen kommt es – anders als bei der allgemeinen Haftung für Verkehrspflichtverletzung – nicht an (BGH VersR 62, 1105, 1106; 76, 66; NJW 85, 2588; Erman/*Schiemann* § 836 Rn 6). Der erforderliche **Kausalzusammenhang** ist gegeben, wenn ordnungsgemäße Errichtung oder Unterhaltung den Schaden typischerweise verhindert hätten (BGH VersR 87, 1096, 1097; Hamm VersR 87, 1096, 1097). Die fehlerhafte Errichtung oder mangelhafte Unterhaltung muss aber nicht alleinige Ursache des Einsturzes bzw der Ablösung sein; Kausalität wird zB auch bei Zusammenwirken mit üblichen Witterungseinflüssen bejaht (BGHZ 58, 149, 153), nicht aber bei ausschließlicher Verursachung durch Naturereignisse oder außergewöhnliche Witterungseinflüsse (zB RGZ 76, 260, 262; BGHZ 58, 149, 153; NJW 99, 2593, 2594). Diese Kausalität wird **vermutet**, dh es ist Sache des Besitzers, sich durch Nachweis ordnungsgemäßer Errichtung oder Unterhaltung des Gebäudes zu entlasten. 6

b) Ursächlichkeit von Einsturz bzw Ablösung für die Rechtsgutsverletzung. Hier gelten die allgemeinen Regeln für den Kausalzusammenhang, dh die Rechtsgutsverletzung muss insbes vom Schutzzweck des § 836 erfasst werden. Eine mittelbare Verletzung kann ausreichen (BGH VersR 83, 588; NJW 85, 1076). Teilweise wird versucht, die Haftung nach § 836 unter Rückgriff auf den Schutzzweck der Norm einzugrenzen: Die Rspr verlangt, dass die Rechtsgutsverletzung durch die „bewegend wirkende Kraft" des Einsturzes bzw der Ablösung herbeigeführt wurde (RGZ 172, 156, 161; BGH NJW 61, 1670, 1671; NJW-RR 90, 1500, 1501). Abgelehnt wurde die Anwendung des § 836 daher zB beim Entweichen und Explodieren von Gas infolge eines Rohrbruchs (RGZ 172, 156, 161), beim Sturz eines Fußgängers über Steine, die sich vorher von einem Gebäude gelöst hatten (BGH NJW 61, 1670, 1671 f) oder beim Einsickern von Öl aus einem undichten Tank in das Grundwasser (BGH VersR 76, 1084, 1085). In der Lit wird dies zu Recht zunehmend kritisiert, da die Abgrenzung weder eindeutig noch im Hinblick auf den Schutzzweck des § 836 erforderlich ist (Staud/*Belling/Eberl-Borges* § 836 Rn 11, 42 ff; Soergel/*Zeuner* § 836 Rn 17; MüKo/*Wagner* § 836 Rn 6; BaRoth/*Spindler* § 836 Rn 16; AnwK/*Katzenmeier* § 836 Rn 17; Erman/*Schiemann* § 836 Rn 7). Erforderlich kann allerdings eine Einschränkung des persönlichen Schutzbereichs des § 836 sein, insbes werden Mitarbeiter eines Abbruchunternehmens idR nicht erfasst (BGH NJW 79, 309). 7

5. Ersatzpflichtiger. Ersatzpflichtig ist nach § 836 I, III der **Eigenbesitzer** des Grundstücks (zB Vermieter oder Verpächter) und zugleich des fraglichen Gebäudes oder Werkes (sonst greift der vorrangige § 837, BGH NJW 77, 1392, 1393). Gem § 836 II haftet auch der **frühere Eigenbesitzer**, wenn der Einsturz oder die Ablösung innerhalb eines Jahres nach Beendigung seines Besitzes eintritt. Mehrere Eigenbesitzer, auch der frühere und der gegenwärtige, haften gem § 840 I als Gesamtschuldner. Die Eigentumsverhältnisse sind für § 836 nicht entscheidend. 8

6. Verschulden. Das Verschulden wird gem § 836 I, II **vermutet**. Der Haftpflichtige kann sich entlasten, wenn er nachweist, dass er in Bezug auf die Gefahrabwendung die im Verkehr erforderliche Sorgfalt beobach- 9 tet hat (Abs I) bzw er diese Sorgfalt während seines Besitzes beobachtet hat oder ein späterer Besitzer durch Beobachtung dieser Sorgfalt die Gefahr hätte abwenden können (II). Bei der **Errichtung des Gebäudes** wird die erforderliche Sorgfalt idR durch Einsatz von Fachkräften gewahrt (BGH VersR 76, 66, 67; NJW 85, 2588), es können aber zusätzliche Sicherungsmaßnahmen erforderlich sein, insbes bei erkennbaren Mängeln (zB BGH VersR 76, 66, 67). Bei der **Unterhaltung des Gebäudes** ist der Bauzustand in regelmäßigen Abständen durch fachkundige Personen zu überprüfen (Ddorf NJW-RR 03, 885). Häufigkeit und Umfang der Prüfungspflicht richten sich nach den Umständen des Einzelfalles, insbes nach Alter, baulichem Zustand, Lage des Gebäudes oder Werkes (zu Einzelheiten s nur MüKo/*Wagner* § 836 Rn 19 ff; Staud/*Belling/Eberl-Borges* § 836 Rn 87 ff). Hier gelten die allgemeinen Regeln über Verkehrspflichten und deren Delegation (§ 823 Rn 104 ff).

10 **II. Beweislast.** Der Geschädigte muss den Eigenbesitz des Anspruchsgegners sowie die fehlerhafte Errichtung oder mangelhafte Unterhaltung beweisen (ggf kommt ein Anscheinsbeweis in Betracht, Rostock NJW-RR 04, 825 ff); deren Kausalität für den Einsturz bzw die Ablösung von Teilen wird vermutet (s.o. Rn 6). Weiterhin trägt der Geschädigte die Beweislast für das Vorliegen einer Rechtsgutsverletzung und deren Verursachung durch den Einsturz bzw die Ablösung von Teilen des Gebäudes oder Werkes (BGH NJW 99, 2593, 2594). In Bezug auf das Verschulden greift eine Beweislastumkehr (s.o. Rn 9).

§ 837 Haftung des Gebäudebesitzers

Besitzt jemand auf einem fremden Grundstück in Ausübung eines Rechts ein Gebäude oder ein anderes Werk, so trifft ihn anstelle des Besitzers des Grundstücks die im § 836 bestimmte Verantwortlichkeit.

1 **A. Funktion und Anwendungsbereich.** § 837 enthält für Fälle eines Auseinanderfallens zwischen Besitz an einem Grundstück und an einem darauf errichteten Gebäude oder Werk eine Spezialregelung zu § 836 in Bezug auf die Person des Haftpflichtigen. Er weist die Verantwortlichkeit für Rechtsgutsverletzungen durch Einsturz bzw Ablösung von Teilen eines Gebäudes oder eines anderen mit einem Grundstück verbundenen Werkes demjenigen zu, der das Gebäude oder Werk in Ausübung eines Rechts an einem fremden Grundstück besitzt, da nur dieser idR die Gefahr erkennen und Abwehrmaßnahmen treffen kann (Staud/*Belling/Eberl-Borges* § 837 Rn 1; MüKo/*Wagner* § 837 Rn 1; AnwK/*Katzenmeier* § 837 Rn 1; BaRoth/*Spindler* § 837 Rn 1).

2 **B. Regelungsinhalt.** Die Haftungsvoraussetzungen sind diejenigen des § 836; § 837 modifiziert diesen nur in Bezug auf die Person des Haftpflichtigen. Es haftet, wer ein Gebäude oder anderes Werk auf einem fremden Grundstück **in Ausübung eines Rechts** besitzt. In Betracht kommen vielfältige Rechte (dingliche, persönliche, öffentlich-rechtliche) an Gebäuden oder Werken, die idR lediglich für die Dauer der Nutzung des Grundstücks errichtet sind, vor allem wenn sie vom Nutzenden errichtet oder angebracht wurden, zB Bierpavillon (Ddorf VersR 99, 854, 855), Firmenschild (RG JW 16, 1019), Baugerüst (RG JW 10, 288; BGH NJW 99, 2593, 2594), Zirkuszelt (Hamm NJW-RR 02, 92), Grabstein (BGH NJW 77, 1392, 1393). Es reicht, wenn das Recht ausgeübt wird; es muss nicht wirklich bestehen (RG JW 16, 39, 40).

§ 838 Haftung des Gebäudeunterhaltungspflichtigen

Wer die Unterhaltung eines Gebäudes oder eines mit einem Grundstück verbundenen Werkes für den Besitzer übernimmt oder das Gebäude oder das Werk vermöge eines ihm zustehenden Nutzungsrechts zu unterhalten hat, ist für den durch den Einsturz oder die Ablösung von Teilen verursachten Schaden in gleicher Weise verantwortlich wie der Besitzer.

1 **A. Funktion und Anwendungsbereich.** Die Übernehmerhaftung nach § 838, die im Zusammenhang mit anderen Übernahmehaftungen (§§ 831 II, 832 II, 834) zu sehen ist, erweitert den Kreis der für Schäden durch Einsturz von Gebäuden oder Ablösung von Teilen eines Gebäudes Verantwortlichen auf den Gebäudeunterhaltungspflichtigen: Er haftet wie der Eigenbesitzer und neben diesem (§ 840 I). Regelungszweck ist die Schließung von Haftungslücken, wenn der Entlastungsbeweis nach § 836 I 2 zugunsten des Eigenbesitzers durchgreift (MüKo/*Wagner* § 838 Rn 1 mwN).

2 **B. Regelungsinhalt.** Die Haftungsvoraussetzungen richten sich weitgehend nach § 836; § 838 enthält lediglich eine Sonderregelung in Bezug auf die Person des Haftpflichtigen (Gebäudeunterhaltungspflichtiger). Die Vorschrift nennt folgende **Entstehungsgründe der Gebäudeunterhaltungspflicht**: Übernahme durch Vertrag, behördliche Bestellung oder Ausübung eines Nutzungsrechts. Die Übernahme durch **Vertrag** setzt voraus, dass der Übernehmende die Verantwortung für die Unterhaltung ggü dem Besitzer übernimmt; dies kann ggf auch durch Vereinbarung mit einem Dritten geschehen (zB AnwK/*Katzenmeier* § 838 Rn 2; Erman/*Schiemann* § 838 Rn 2). Die Wirksamkeit des Vertrages ist nicht zu verlangen, zumal § 838 – anders als §§ 831 II, 832 II, 834 – einen Vertrag gar nicht ausdrücklich erwähnt (vgl insbes Staud/*Belling/Eberl-Borges* § 838 Rn 4; MüKo/*Wagner* § 838 Rn 5; BaRoth/*Spindler* § 838 Rn 3, im Einzelnen str). Als Haftpflichtige kommen zB in

Betracht der Grundstücks- oder Hausverwalter (BGHZ 6, 315) oder der Verwalter einer Wohnungseigentümergemeinschaft (BGH NJW 93, 1782), auch bei Beschränkung des Aufgabenbereichs, wenn die Gebäudesicherheit zu den Aufgaben gehört (BGH NJW-RR 90, 1423, 1424). Eine Unterhaltungspflicht aufgrund **behördlicher Bestellung** ist insbes beim Insolvenzverwalter (BGHZ 21, 285, 292 f) gegeben. Eine Unterhaltungspflicht aufgrund eines **Nutzungsrechts** kommt insbes bei Dienstbarkeiten in Betracht (BGH NJW-RR 90, 1423, 1424: Nießbrauch); str ist, ob auch das tatsächlich ausgeübte Nutzungsrecht der Eltern am Kindesvermögen gem § 1649 II eine Gebäudeunterhaltungspflicht begründet (dafür zB Soergel/*Zeuner* § 838 Rn 4; AnwK/*Katzenmeier* § 838 Rn 3; Erman/*Schiemann* § 838 Rn 3; Staud/*Belling-Eberl-Borges* § 838 Rn 8 mwN; dagegen MüKo/*Wagner* § 838 Rn 7). **Nicht** unter § 836 fallen idR Mieter oder Pächter (wegen §§ 536, 581); sie können nur ausnahmsweise bei ausdrücklicher Übernahme der Gebäudeunterhaltungspflicht nach § 838 Alt 1 verantwortlich sein (RGZ 59, 8, 10; BGH NJW-RR 90, 1423, 1424).

§ 839 Haftung bei Amtspflichtverletzung

(1) ¹Verletzt ein Beamter vorsätzlich oder fahrlässig die ihm einem Dritten gegenüber obliegende Amtspflicht, so hat er dem Dritten den daraus entstehenden Schaden zu ersetzen. ²Fällt dem Beamten nur Fahrlässigkeit zur Last, so kann er nur dann in Anspruch genommen werden, wenn der Verletzte nicht auf andere Weise Ersatz zu erlangen vermag.
(2) ¹Verletzt ein Beamter bei dem Urteil in einer Rechtssache seine Amtspflicht, so ist er für den daraus entstehenden Schaden nur dann verantwortlich, wenn die Pflichtverletzung in einer Straftat besteht. ²Auf eine pflichtwidrige Verweigerung oder Verzögerung der Ausübung des Amts findet diese Vorschrift keine Anwendung.
(3) Die Ersatzpflicht tritt nicht ein, wenn der Verletzte vorsätzlich oder fahrlässig unterlassen hat, den Schaden durch Gebrauch eines Rechtsmittels abzuwenden.

A. Systematik und Anwendungsbereich. I Grundlagen. § 839 ist die zentrale Norm des Staatshaftungsrechts. Es handelt sich um einen deliktischen Anspruch des Bürgers gegen den Staat, der sich allerdings das Privileg einer milderen Haftung vorbehalten hat, insbes die Subsidiaritätsklausel in I 2 (Rn 40), das Spruchrichterprivileg nach II (Rn 46) sowie den Ausschluss des Anspruchs, wenn ein Rechtsmittel versäumt wurde, III (Rn 48). Soweit § 839 anwendbar ist, verdrängt er die anderen Schadensersatzansprüche der §§ 823 ff, soweit nicht ausnahmsweise zugleich eine in Ausübung eines öffentlichen Amtes begangene Amtspflichtverletzung und eine unerlaubte Handlung innerhalb des bürgerlich-rechtlichen Geschäftskreises des öffentlichen Dienstherrn vorliegen (BGH NJW 96, 3208). Praktisch relevant wird das zB bei der Halterhaftung nach § 7 StVG (Rn 40). Erfasst werden Schadensersatzansprüche aller Art, also auch Vermögensschäden. Dem Wortlaut nach regelt § 839 eine persönliche Haftung des Beamten. Dabei wird nicht zwischen öffentlich-rechtlichem und privatem Handeln unterschieden. Im ersteren Fall statuiert der begrifflich mit § 839 zusammenhängende Art 34 GG einen Haftungsübergang (Rn 13 und zur persönlichen Haftung des Beamten Rn 14).

II Gemeinschaftsrecht. Nach der Rspr des Gerichtshofes der Europäischen Gemeinschaften haftet ein Staat bei Verletzungen des Gemeinschaftsrechts durch seine Organe, selbst wenn es sich um Gerichtsentscheidungen handelt (NJW 03, 3539). Der BGH hat dies so umgesetzt, dass Amtshaftungsansprüche nach nationalem Recht und der gemeinschaftsrechtliche Staatshaftungsanspruch selbständig nebeneinander stehen (NJW 05, 747). Eine Haftung des Mitgliedstaats kommt dann in Betracht, wenn die verletzte Gemeinschaftsrechtsnorm bezweckt, dem einzelnen Rechte zu verleihen, der Verstoß hinreichend qualifiziert ist und zwischen diesem Verstoß und dem dem Einzelnen entstandenen Schaden ein unmittelbarer Kausalzusammenhang besteht (BGH aaO). Das bedeutet, dass insbes die Voraussetzungen der Drittwirkung vorliegen müssen (Rn 27). Die Haftung für Verstöße gegen das Gemeinschaftsrecht ist nicht auf den Bund beschränkt, sondern kann nach den für die nationale Amtshaftung entwickelten Kriterien jeden Hoheitsträger treffen (BGHZ 161, 224). Der Umfang eines gemeinschaftsrechtlichen Anspruchs kann über § 254 oder § 839 III gemindert sein (BGHZ 156, 294).

B. Weitere zivilrechtliche Anspruchsgrundlagen gegen den Staat. I. Primäransprüche. Der primäre Rechtsschutz erfolgt durch die Fachgerichte. Der dort entwickelte Folgenbeseitigungsanspruch und der sozialrechtliche Herstellungsanspruch ermöglichen Ansprüche auf Abwehr, Unterlassung und Beseitigung hoheitlichen Unrechts. Diese Ansprüche sind wegen der Subsidiarität des § 839 (Rn 40) logisch vorrangig. Begehrt der Verletzte jedoch reinen Schadensersatz, bleibt nur die Amtshaftung. In der Praxis trennen die Verwaltungsgerichte den auf Schadensersatz gestützten Streitgegenstand ab und verweisen ihn an die Zivilgerichte. In Sonderfällen, zB im Beamtenrecht, hat sich jedoch eine Wahlmöglichkeit entwickelt (Rn 65 ff).

II. Sondergesetze und andere rechtliche Konstruktionen. 1. Anspruchsgrundlagen aus Gesetzen. Bei Zivilklagen gegen den Staat ist neben § 839 auch an andere Gesetze zu denken. So etwa: Wassergesetze: § 19 WHG (BGHZ 133, 271, BayObLG NVwZ-RR 00, 750) und einige Landeswassergesetze gewähren Ausgleichansprü-

che, wenn durch die Einrichtung eines Wasserschutzgebietes oder Maßnahmen des Naturschutzes die Nutzung landwirtschaftlicher Flächen beschränkt wird (Einzelheiten bei *Hötzel* AgrarR 95, 43).
In Anspruchskonkurrenz stehen Ansprüche aus § 7 StVG – nicht § 18 StVG (BGHZ 121, 161) – dem StrEG, den Polizeigesetzen und aus § 2 I 1 HPflG (Rohrleitungen; Rn 144).

5 **2. Öffentlich-rechtliche Verwahrung.** Auf die öffentlich-rechtliche Verwahrung sind die für den privatrechtlichen Verwahrungsvertrag geltenden Regeln der §§ 688 ff anzuwenden, soweit dies mit dem Zweck des konkreten Verwahrungsverhältnisses und mit dem dieses Verhältnis prägenden öffentlichen Interesse vereinbar ist (Staud/*Reuter* Vorbem zu §§ 688 ff Rn 54; MüKo/*Hüffer* § 688 Rn 61). Zuständig sind die Zivilgerichte, § 40 II VwGO (BGH NJW 05, 988).

6 **3. Enteignungsgleicher Eingriff.** Es wird unterschieden zwischen dem – rechtswidrigen – enteignungleichen und dem – an sich rechtmäßigen – enteignenden Eingriff. Ein Entschädigungsanspruch aus enteignungsgleichem Eingriff setzt voraus, dass rechtswidrig in eine durch Art 14 GG geschützte Rechtsposition von hoher Hand unmittelbar eingegriffen wird und dem Berechtigten dadurch ein besonderes, anderen nicht zugemutetes Opfer für die Allgemeinheit auferlegt wird (BGH NJW 92, 3229). Im Gegensatz zur klassischen Enteignung, nämlich einem staatlichen Zugriff auf das Eigentum, der auf die vollständige oder teilweise Entziehung konkreter, dem Schutz des Art 14 I 1 GG unterliegender Rechtspositionen des Einzelnen gerichtet ist, handelt es sich beim enteignenden Eingriff um die meist unvorhersehbaren nachteiligen Nebenfolgen des an sich rechtmäßigen staatlichen Handelns, das idR nicht mit Mitteln des verwaltungsrechtlichen Rechtsschutzes wirksam abgewendet werden kann (BGH NJW 84, 1876). Beide Rechtsinstitute verlangen einen unmittelbar durch eine hoheitliche Maßnahme herbeigeführten Eingriff (BGH NJW 80, 770). Schutzgut der enteignungsgleichen Eingriffs sind die von der Eigentumsgarantie des Art 14 I GG umfassten Rechtspositionen. Das ist nicht nur das Eigentum an Sachen, sondern auch sonstige dingliche oder obligatorischen Rechte, dagegen nicht bloße Chancen und Aussichten, auf die ein rechtlich gesicherter Anspruch nicht besteht (BGH NJW 05, 748). Passivlegitimiert ist der Begünstigte der Maßnahme (BGH NJW 84, 1876). Der Anspruch aus enteignungsgleichem Eingriff ist ein verschuldensunabhängiger Entschädigungsanspruch, der neben den Amtshaftungsanspruch treten kann. Während der Amtshaftungsanspruch auf vollen Schadensersatz gerichtet ist, gewährt er lediglich eine „angemessene Entschädigung" (BGH NVwZ 02, 124).

7 **4. Aufopferung.** Die Aufopferung betrifft in Ergänzung des Art 14 GG Schäden des Bürgers an immateriellen Rechten und Rechtsgütern (Leben, Gesundheit, körperliche Integrität) aufgrund eines rechtswidrigen hoheitsrechtlichen Eingriffs.

8 **5. Öffentlich-rechtliche Pflichtverletzung.** Soweit Ansprüche aus einem öffentlich-rechtlichen Vertrag in Rede stehen, ist grds für Amtshaftungsansprüche kein Raum, insoweit sind die Verwaltungsgerichte zuständig. Das gilt auch für Aufwendungs- oder Erstattungsansprüche, ebenso für solche wegen Nicht- oder Schlechterfüllung (BGH NJW 83, 2311) und für Verhandlungsverschulden bei der Anbahnung von Verträgen (§ 311 – früher cic, OVG Weimar NJW 02, 386).
Etwas anderes gilt nur für Verletzungen einer Nebenpflicht. Voraussetzung ist eine besonders enge, primär von öffentlich-rechtlichen Rechtsnormen geprägte Rechtsbeziehung zwischen Bürger und Staat (BGHZ 61, 7). Im Falle der Verletzung einzelner dem öffentlich-rechtlichen Schuldverhältnis entspringender Pflichten entstehen in entspr Anwendung bürgerlich-rechtlicher Vorschriften und Grundsätze öffentlich-rechtliche Schadensersatzansprüche nach § 280 (früher: positive Forderungsverletzung, culpa in contrahendo). Amtshaftungsansprüche nach § 839 stehen dazu in Konkurrenz (BGH NVwZ-RR 04, 804; *Detterbeck* JuS 02, 127).

9 **6. Öffentlich-rechtliche GoA und Erstattungsanspruch.** Die Erfüllung einer öffentlich-rechtlichen Pflicht schließt es nicht aus, gleichzeitig ein privatrechtliches Geschäft eines anderen zu führen. Wird hierbei einem Dritten grob fahrlässig ein Schaden zugefügt, sind GoA-Ansprüche denkbar (BGHZ 63, 167). Der öffentlich-rechtliche Erstattungsanspruch entspricht dem privatrechtlichen Bereicherungsanspruch nach § 812 und folgt dessen Regeln.

10 **7. Konkurrenzen.** Soweit die hier behandelten anderen Anspruchsgrundlagen gegeben sind, treten sie neben den Amtshaftungsanspruch (BGHZ 63, 167). Zur Subsidiarität s Rn 40 aE.

11 **C. Die Voraussetzungen im Einzelnen. I. Beamter iSd § 839. 1. Taugliche Person.** IRd § 839 gilt der haftungsrechtliche Beamtenbegriff. Dieser beschränkt sich nicht auf Beamte iSd Beamtengesetze. Von § 839 erfasst werden alle Personen, die in Ausübung – nicht nur bei Gelegenheit – ihnen anvertrauter hoheitlicher Befugnisse tätig werden. Die Abgrenzung zwischen der Ausübung eines öffentlichen Amtes und privatrechtlicher Tätigkeit kann so erfolgen wie die Beantwortung der Frage, ob eine Streitigkeit iSd § 40 I VwGO vorliegt. Es kann darauf abgestellt werden, ob der Amtsträger auf der Basis öffentlich-rechtlicher oder privatrechtlicher Normen tätig wurde. Unter diesen Voraussetzungen gehören zu Beamten iSd § 839 auch die Abgeordneten des Bundes und der Länder, wobei aber genauer zu prüfen ist, ob die angeblich schädigenden Handlungen drittschützenden Charakter haben oder im Allgemeininteresse liegen (BGHZ 162, 49) und auch der Kommunen (BGH NJW 81, 2122) und anderen Selbstverwaltungskörperschaften, beliehene Personen (BGH NVwZ-RR 02, 168) und nach der sog Werkzeugtheorie auch private Werk- und Dienstunternehmer. Der BGH hat bei der Beurteilung der Rechtsstellung selbständiger privater Unternehmer, die der Staat zur Erfüllung seiner Aufgaben durch privatrechtlichen Vertrag heranzieht, anders als beim beliehenen Unternehmer (BGHZ 49, 108 – Technischer Überwachungsverein) und beim – unselbständigen – Verwaltungshelfer (VersR 58, 705 – Hilfestellung leistender Schüler im Turnunterricht), darauf abgehoben, ob die öffentliche Hand in so weitgehendem Maße auf die Durchführung der Arbeiten Einfluss genommen hat, dass sie die Arbeiten des privaten Unternehmers wie eigene gegen sich gelten lassen und es so angesehen werden muss, wie wenn der Unternehmer lediglich als Werkzeug der öffentlichen Behörde bei der Durchführung ihrer hoheitlichen Aufgaben tätig geworden wäre (BGHZ 121, 161). Gegen die Kritik aus Teilen der Lit führt der BGH weiter aus, je stärker der hoheitliche Charakter der Aufgabe in den Vordergrund tritt, je enger die Verbindung zwischen der übertragenen Tätigkeit und der von der Behörde zu erfüllenden hoheitlichen Aufgabe und je begrenzter der Entscheidungsspielraum des Unternehmers ist, desto näher liegt es, ihn als Beamten im haftungsrechtlichen Sinne anzusehen. Danach kann sich die öffentliche Hand jedenfalls im Bereich der Eingriffsverwaltung der Amtshaftung für fehlerhaftes Verhalten ihrer Bediensteten grds nicht dadurch entziehen, dass sie die Durchführung einer von ihr angeordneten Maßnahme durch privatrechtlichen Vertrag auf einen privaten Unternehmer überträgt (BGH aaO). Eine gleiche Tendenz findet sich wieder, wenn private GmbH,s als Amtsträger angesehen werden (BGH NJW 05, 1720, Rn 17).

Im Einzelnen werden als Amtsträger angesehen: Amtsärzte (BGHZ 126, 386 – Impfarzt; NJW 94, 2415 – Gesundheitsamt); Vertrauensärzte von Sozialversicherungsträgern und Arbeitsämtern (BGHZ 63, 265), Rettungsdienste (BGH NJW 91, 2954), soweit nicht rein privatrechtlich organisiert, Bezirksschornsteinfeger bei der Feuerstättenschau, der Bauabnahme und iRd Immissionsschutzes (BGHZ 62, 372); (freiwillige) Feuerwehr (BGHZ 63, 167); Soldaten (BGH VersR 96, 1016); TÜV-Sachverständige (BGHZ 122, 85; 147, 169); Zivildienstleistende: Nach der st Rspr des BGH hat die Bundesrepublik für Schäden, die ein Zivildienstleistender in Ausübung seines Dienstes Dritten zufügt, regelmäßig nach Amtshaftungsgrundsätzen einzustehen. Dies gilt auch in Fällen, in denen die anerkannte Beschäftigungsstelle, in deren Dienst der Schädiger tätig geworden ist, privatrechtlich organisiert ist und – von ihrer Rechtsstellung als hoheitlich beliehener Einrichtung abgesehen – privatrechtliche Aufgaben wahrnimmt (BGHZ 152, 380); es kommt aber eine Mithaftung der Einrichtung in Betracht (BGH aaO). 12

2. Überleitung nach Art 34 GG. § 839 regelt inhaltlich die Haftung des Beamten. Diese Norm ist indessen im Zusammenhang mit Art 34 GG zu lesen: 13

Art 34
Haftung bei Amtspflichtverletzung

¹Verletzt jemand in Ausübung eines ihm anvertrauten öffentlichen Amtes die ihm einem Dritten gegenüber obliegende Amtspflicht, so trifft die Verantwortlichkeit grds den Staat oder die Körperschaft, in deren Dienst er steht. ²Bei Vorsatz oder grober Fahrlässigkeit bleibt der Rückgriff vorbehalten. ³Für den Anspruch auf Schadensersatz und für den Rückgriff darf der ordentliche Rechtsweg nicht ausgeschlossen werden.

Der eigentlich gegen den Beamten gerichtete direkte Anspruch ist nach der in § 839 und Art 34 GG geregelten Amtshaftung grds gegen die Anstellungsbehörde und nur in engen Ausnahmefällen gegen den Beamten persönlich gerichtet. Die Staatshaftung regelt den Ausgleich, den der Bürger erwarten darf, der durch eine Amtshandlung eines Beamten Unrecht erlitten hat. Erfasst werden alle begangenen Pflichtverletzungen, die der schädigende Beamte in Ausübung eines Amtes begangen hat, gleichgültig ob sie der hoheitlichen oder der fiskalischen Verwaltung zuzurechnen sind (BGHZ 34, 99). Soweit danach der Beamte haftbar gemacht werden könnte, geht dieser Anspruch nach Art 34 S 1 GG im Wege einer befreienden Schuldübernahme auf den Staat über (BGH NJW 88, 129; BGHZ 34, 99). § 839 ist dabei die haftungsbegründende, Art 34 GG die haftungsverlagernde Norm (BGH NJW 02, 3096). Der Beamte haftet insoweit nicht persönlich, auch nicht bei vorsätzlichem Verhalten (BGH NJW 02, 3172) und ebenfalls nicht als bloßer Fahrer bei einem Verkehrsunfall (Rn 14). Keine Haftungsübernahme erfolgt bei sog Gebührenbeamten, soweit das RBHaftG noch gilt (so bei Bezirksschornsteinfegern – BGH VersR 83, 462; nicht bei: Gerichtsvollziehern – BGHZ 146, 17; Hess. Ortsgerichtsvorstehern – BGHZ 113, 71).

3. Persönliche Haftung des Beamten. Für eine persönliche Haftung ggü geschädigten Dritten bleibt dann nur noch Raum, soweit eine Staatshaftung im konkreten Fall ausscheidet, weil sie etwa durch Sondergesetze ausgeschlossen ist (Fall in BGH NJW 88, 129), bei Wahrnehmung bürgerlich-rechtlicher (fiskalischer) Belange (BGHZ 110, 253), bei schlicht-hoheitlichem Handeln in privaten Rechtsformen oder weil eine unvertretbare persönliche Handlung des Beamten in Rede steht, die von dem Dienstherrn deshalb nicht angemessen kompensiert werden kann (BGHZ 34, 99). Soweit kein Amtshandeln vorliegt, bleibt es bei der persönlichen Haftung nach § 839 I 2 einschl des Verweises bei Fahrlässigkeit auf eine anderweitige Ersatzmöglichkeit. Eine Halterhaftung nach § 7 StVG bleibt offen, etwa bei einer Dienstfahrt mit dem privaten PKW (BGH NJW 02, 3172). Im Übrigen schließt die Amtshaftung die persönliche Deliktshaftung des bediensteten Fahrzeugführers aus (Hentschel Straßenverkehrsrecht § 16 StVG Rn 17), auch § 18 StVG ist unanwendbar (BGHZ 121, 161). Davon zu unterscheiden ist der Rückgriff des Staates gegen den Beamten (Rn 80). 14

15 **4. Haftende Körperschaft.** Passiv legitimiert ist diejenige Körperschaft, die den Amtsträger angestellt und ihm damit die Möglichkeit der Amtsausübung eröffnet hat, sog Anvertrauenstheorie (BGH VersR 91, 1135). Unbeachtlich ist, ob auch die konkrete Aufgabe, in deren Rahmen die Amtspflicht verletzt wurde, in den Aufgabenkreis der Anstellungsbehörde fällt. Dieser Umstand gewinnt allerdings dann Bedeutung, wenn ein Beamter in Doppelfunktion, wie etwa ein Landrat tätig wird und damit mehrere Dienstherren möglich sind, wenn der Amtsträger keinen Dienstherrn hat oder letzterem die öffentlich-rechtliche Dienstherreneigenschaft fehlt. In der Praxis bedeutet das, dass eine Gemeinde oder ein Gemeindeverband für ihre Angehörigen auch dann haften, wenn diese in Auftragsangelegenheiten tätig geworden sind. Dasselbe gilt für Landesbehörden bei Maßnahmen der Auftragsverwaltung nach Art 90 II GG. Auf welcher rechtlichen Basis der Handelnde bei der haftenden Körperschaft steht – öffentlich- oder privatrechtliches Dienstverhältnis – ist belanglos. Für beliehene Personen, denen auf gesetzlicher Grundlage die eigenständige Wahrnehmung von Hoheitsrechten übertragen ist, haftet die übertragende Körperschaft (BGH VersR 02, 847) ebenso wie für Verwaltungshelfer, die lediglich Hilfstätigkeiten nach Weisung der Behörde ausführen (Rn 11).

16 Fehlt der handelnden Institution die Dienstherrenfähigkeit, haftet die Körperschaft, welche den Handelnden bestellt hat (BGH VersR 91, 1135: Architektenkammer für Eintragungsausschuss). So haften etwa das Land für Fehler eines Gutachterausschusses nach §§ 192 f BauGB (BGH BauR 03, 860) oder eines TÜV-Sachverständigen (BGH VersR 03, 1537, Rn 142) oder die kassenärztliche Vereinigung für an Ausschüsse oder Private übertragene Aufgaben (BGHZ 150, 172).

17 Unschädlich ist es, wenn die Körperschaft eine privatrechtliche juristische Person, wie etwa eine GmbH ist. Dabei ist nicht erforderlich, dass sich die Gesellschaft vollständig – unmittelbar oder mittelbar – in öffentlicher (kommunaler) Hand befindet; es reicht aus, dass die GmbH von der öffentlichen Hand beherrscht wird (BGH NJW 05, 1720).

18 Möglich ist auch die (gesamtschuldnerische) Haftung mehrerer Körperschaften (BGH VersR 03, 731).

19 **II. Verletzung einer Amtspflicht. 1. Formen staatlichen Handelns.** Der Staat kann **hoheitlich** handeln. Das geschieht **obrigkeitlich**, wenn der Staat dem Bürger mit Zwangsgewalt gegenübertritt. Werden Aufgaben zwar in den Formen des öffentlichen Rechts, aber ohne Zwangsmittel wahrgenommen, liegt **schlicht-hoheitliches** Handeln vor. Beispiele hierfür sind die Einrichtungen der Daseinsfürsorge. Bei obrigkeitlichen und schlicht-hoheitlichen Handeln in öffentlich-rechtlichen Formen wird nach Amtshaftungsmaßstäben gehaftet. Nutzt der Staat bei schlicht-hoheitlichen Maßnahmen allerdings privatrechtliche Formen (zB kommunale GmbH's), ist abzugrenzen, ob eine Amtshaftung eingreift oder ob es sich wie bei der **fiskalischen Verwaltung** oder der Teilnahme am **wirtschaftlichen Wettbewerb** durch Staatsunternehmen um reines Privatrecht ohne Amtshaftpflichtansprüche handelt. Die Amtshaftung greift bei schlicht-hoheitlichem Handeln in privaten Formen ein, wenn der hoheitliche Charakter der Aufgabe im Vordergrund steht (Rn 11, 17).
Wird hoheitliches Handeln bejaht, darf die Frage nicht aus den Augen gelassen werden, ob eine Drittwirkung gegeben ist (Rn 27), das wird sonst leicht übersehen.
Ist nach diesen Maßstäben von einer hoheitlichen Tätigkeit auszugehen, haben die für den Staat handelnden Beamten bei der Ausübung einer sich recht- und gesetzmäßig zu verhalten und Schäden von den Bürgern fernzuhalten. Jene dürfen idR von der „Rechtmäßigkeit der Verwaltung" ausgehen und brauchen nicht klüger zu sein als der Beamte (BGH NJW 94, 2087).

20 **2. Einzelne Amtspflichten und deren Verletzungstatbestände. a) Pflicht zur gesetzmäßigen Verwaltung.** Dazu gehört es, die Grenzen der eigenen Zuständigkeit einzuhalten. Das ist nicht nur eine Formalie. Die Zuständigkeitsregeln haben auch den Sinn, dass der jeweilige Entscheidungsträger die erforderliche Fachkompetenz aufweist (BGHZ 117, 240). In derartigen Fällen ist jedoch besonders die Kausalität einschl des Einwandes des rechtmäßigen Alternativverhaltens zu prüfen (BGH NJW 71, 239, Rn 61). Weiter gehört zur Gesetzmäßigkeit die Pflicht zur umfassenden Sachverhaltsaufklärung (BGH VersR 88, 963; Rn 93), die sich auch an die Behörden der Verfolgung von Straftaten und Ordnungswidrigkeiten richtet (BGH NJW 94, 3162).

21 **b) Pflicht zur zügigen Bearbeitung.** Jedem Amtsträger obliegt die Amtspflicht, Anträge mit der gebotenen Beschleunigung zu bearbeiten und, sobald die Prüfung abgeschlossen ist, unverzüglich zu entscheiden. Die zuständigen Stellen haben ferner die Amtspflicht, die zur Sachentscheidung berufene Behörde in den Stand zu setzen, ihre Sachentscheidung in angemessener Frist zu treffen (BGH NJW 79, 2041; 59, 1219). Dabei können besondere Umstände insbes in der Person des Antragstellers auch eine besondere Beschleunigung erfordern (BGH NJW 77, 557).
In den meisten Fällen ist die Bearbeitungsdauer eines Antrages gesetzlich nicht geregelt. Soweit in einigen Gesetzen behördliche Bearbeitungsfristen von einem Monat (zB § 6 GrdstVG; § 69 a IV Nds. NBauO) oder von drei Wochen (§ 12 BJagdG) genannt werden, so kann das nur beispielhaft für die Vorstellungen des Gesetzgebers für angemessene Bearbeitungsfristen sein. Deutlich kürzere Fristen haben nach der Rspr Notare einzuhalten (Rn 115). Dasselbe gilt ganz allgemein, wenn für den Amtsträger die Eilbedürftigkeit erkennbar ist (BGH WM 83, 1157). Ansonsten ist Rspr zu Bearbeitungszeiten von Behörden, mit Ausnahme von Baubehörden, so gut wie nicht veröffentlicht. Unter diesen Voraussetzungen hat das LG Oldenbg eine Antragsbear-

beitung von 14 Arbeitstagen bis zur Absendung nicht beanstandet (26.11.03 Az 5 O 873/03 – Berufungsrücknahme nach Hinweisbeschluss des OLG gem § 522 ZPO), da eine Eilbedürftigkeit weder erkennbar noch mitgeteilt worden war.

c) Pflicht tätig zu werden. Ändern sich die Umstände, kann es amtspflichtwidrig sein, wenn die Behörde 22 darauf nicht reagiert. So ergibt sich bspw nach BGH (NJW 92, 2218) eine Verpflichtung, ein zunächst verweigertes gemeindliches Einvernehmen nach Veränderung der Sachlage erteilen zu müssen.

Eine Pflicht, tätig zu werden, ergibt sich auch dann, wenn ein rechtswidriger Zustand, dessen Entstehung der 23 Behörde zuzurechnen ist, durch Wiederherstellung des ursprünglichen Zustandes wieder zu beseitigen ist, wobei es auf die Rechtswidrigkeit der Folgen, nicht des Verwaltungshandelns, ankommt (Verletzung des Folgenbeseitigungsanspruchs, BGHZ 130, 332). Die Pflicht, notwendige Amtshandlungen vorzunehmen, schließt es ein, sich rechtzeitig und nachhaltig darum zu kümmern, dass Schäden vermieden werden. So muss sich der Amtspfleger des Jugendamtes darum kümmern, dass der Betreute bei Eintritt seiner Volljährigkeit die notwendigen Unterstützungsleistungen erhält (BGH NVwZ 90, 499). Bei ihrem Handeln muss die Behörde konsequent bleiben. Sie ist verpflichtet, eine in bestimmter Weise geplante und begonnene Maßnahme auch entspr durchzuführen. Sie darf sich nicht zu dem eigenen früheren Verhalten in Widerspruch setzen, wenn die Rücksichtnahme auf die Interessen des Betroffenen es gebietet, das von diesem in den Bestand der Maßnahme gesetzte Vertrauen zu schützen (BGHZ 137, 344).

d) Amtspflicht zur Erteilung von Auskünften. Eine behördliche Auskunft muss richtig, klar, eindeutig, 24 vollständig und unmissverständlich sein, so dass der Anfragende entspr disponieren kann; dabei ist es gleichgültig, ob eine Pflicht zur Auskunftserteilung besteht (BGH VersR 94, 450). Für ihre Wirkung kommt es darauf an, wie sie vom Empfänger aufgefasst wird und ob sie objektiv geeignet ist, eine bestimmte Vorstellung beim Empfänger zu erwecken (*Geigel/Kunschert* Kap 20 Rn 50). Neben dieser Verpflichtung besteht auch die Amtspflicht, den Bürger unaufgefordert aufzuklären und zu belehren, wenn der Bedienstete bei der Wahrnehmung dienstlicher Aufgaben erkennt oder erkennen muss, dass ein belehrungsbedürftiger Gesuchsteller Maßnahmen beabsichtigt, die für ihn nachteilige Folgen haben oder doch zumindest mit dem Risiko solcher Folgen behaftet sind (Soergel/*Vinke* § 839 Rn 144 mwN aus der Rspr).

e) Pflicht, unerlaubte Handlungen zu vermeiden. Jeder hoheitlich handelnde Beamte ist verpflichtet, sich 25 bei der Amtsausübung aller Eingriffe in fremde Rechte zu enthalten, die eine unerlaubte Handlung iSd bürgerlichen Rechts, so auch des § 823 I darstellen. Ein Beamter, der in Ausübung seines öffentlichen Amtes in diesem Sinne eine unerlaubte Handlung begeht, verletzt dadurch zugleich eine ihm dem Träger des Rechts oder Rechtsgut ggü obliegende Amtspflicht (BGH NJW 92, 1310). Zu den unter § 823 I fallenden sonstigen Rechten gehört nach der Rspr des BGH auch das allgemeine Persönlichkeitsrecht (BGHZ 50, 133, 138), das auch den Schutz der Ehre umfasst (BGHZ 78, 274; MüKo/*Rixecker* Anhang § 12 Rn 60). Der Beamte darf nicht „sehenden Auges" zulassen, dass der Bürger einen ohne weiteres vermeidbaren Schaden erleidet. Das ist in der Rspr des BGH als allgemeiner Grundsatz für kurze Hinweise oder Belehrungen ggü einem aufklärungsbedürftigen Bürger entwickelt worden, gilt aber ganz allgemein (BGH VersR 01, 589).

f) Verkehrspflichten. Verkehrssicherungspflichten werden nach Amtshaftungsgrundsätzen behandelt, wenn 26 die Pflichten durch Gesetz oder Satzung als Amtspflicht ausgestaltet sind (BGH VersR 78, 739; Saarbr VersR 94, 60). Das trifft insbes auf den Bau und die Unterhaltung von Straßen zu (Rn 129 ff). Es ist aber auch möglich, durch Satzung eine Angelegenheit öffentlich-rechtlich zu regeln, etwa bei kommunalen Einrichtungen wie Schwimmbädern (Rn 19). Es ist auch möglich, Verkehrspflichten zu delegieren. Darauf ist etwa bei hoheitlichen Baumaßnahmen zu achten (Beispiel Rn 148). Wegen der Einzelheiten wird auf § 823 Rn 123 ff verwiesen.

III. Drittbezogenheit der Amtspflicht. Nicht jeder Schaden, der kausal auf die Handlung eines Beamten 27 zurückzuführen ist, begründet eine Staatshaftung. Der Geschädigte muss zum Kreis des geschützten „Dritten" iSd § 839 I 1 gehören. Aus den die Amtspflicht begründenden und sie umreißenden Bestimmungen sowie aus der Natur des Amtsgeschäfts muss sich ergeben, dass der Geschädigte zu dem Personenkreis gehört, dessen Belange nicht unbedingt allein aber auch geschützt und gefördert sein sollen (BGHZ 146, 365; 108, 224). Ein Indiz für die Drittbezogenheit kann es sein, wenn eine Klagebefugnis ggü der Amtshandlung besteht bzw wenn es um ein Amtsgeschäft geht, das auf Antrag des Dritten vorzunehmen ist. Geht es dagegen um eine Tätigkeit, die einem öffentlichen Interesse dient, ohne dass hiervon Rechtsbeziehungen zu bestimmten dritten Personen betroffen sind, wird es idR an einer drittschützenden Amtspflicht fehlen (BGHZ 162, 49). Das ist etwa der Fall bei der Gesetzgebung. Bei durch Amtsmissbrauch geförderten Straftaten erstreckt sich ihr Schutzzweck grds auf alle Opfer der dabei entstandenen Vermögensschäden (BGH VersR 03, 1306).

Demgegenüber ergibt sich im Bereich der grds im Interesse der Allgemeinheit wahrnehmenden Notaraufsicht 28 eine drittschützende Amtspflicht der Aufsichtsbehörden, wenn Mängel in der Amtsführung festgestellt sind, die Anlass für eine (vorläufige) Amtsenthebung geben (BGHZ 135, 354). Bei der Bauleitplanung sind die Anforderungen an gesunde Wohn- und Arbeitsverhältnisse und die Sicherheit der Wohn- und Arbeitsbevölkerung zu beachten und insoweit sind auch die Individualinteressen der Planbetroffenen zu wahren

(BGHZ 116, 215). Bei der Wahrnehmung der Bankenaufsicht nach § 6 I KWG hatten früher verschiedene Bestimmungen des Kreditwesengesetzes drittschützenden Charakter gehabt (BGHZ 162, 49). Inzwischen haben geänderte Gesetze die Drittwirkung stark eingeschränkt. Unter dem Blickwinkel des Individualschutzes kann auch eine Fachbehörde haften, die von der zuständigen Behörde arbeitsteilig eingeschaltet wird (BGHZ 146, 365).

29 Wird beim Zusammenwirken mehrerer Behörden ein Dritter geschädigt, so ist die Drittgerichtetheit für jede der in Betracht kommenden Amtspflichten eigenständig zu bestimmen. Fragen der Subsidiarität, wie sie im Bereich der vertraglichen Haftung eine Rolle spielen können (vgl BGHZ 70, 327), stellen sich insoweit nicht (BGHZ 146, 365).

30 Die allgemeinen Amtspflichten eines jeden Beamten, sein Amt gewissenhaft und unparteiisch zu verwalten, die Gesetze zu wahren und sich jeden Amtsmissbrauchs zu enthalten, obliegen ihm ggü jedem als geschützten „Dritten", der durch die Verletzung dieser Amtspflichten geschädigt werden könnte. Das gilt auch dann, wenn der Geschädigte im Zeitpunkt der Pflichtverletzung noch nicht in Kontakt zu dem Schädiger getreten war (BGH VersR 03, 1306). Gehört ein Geschädigter nicht mehr zum Kreis der geschützten Dritten, gibt es keine Veranlassung mehr, Ansprüche über die Rechtsfigur der Drittschadensliquidation zuzusprechen (offen gelassen von BGH NJW 91, 2696).

31 **IV. Rechtswidrigkeit.** Die Rechtswidrigkeit wird nicht durch einen Schaden indiziert. Sie beurteilt sich vielmehr danach, ob das Amtshandeln rechtmäßig oder rechtswidrig war. Problematisch ist das, wenn dem Beamten eine fehlerhafte Rechtsanwendung zur Last gelegt wird wie bei dem Vorwurf, Staatsanwaltschaften (Rn 128) und Gerichte (Rn 84, 94) hätten falsch entschieden. In der Rspr des BGH wird in derartigen Fällen geprüft, ob die Maßnahmen unvertretbar waren. Dabei sind im Prinzip dieselben Grundsätze anzuwenden, die die Rspr zu der allgemeinen Frage herausgearbeitet hat, wann eine fehlerhafte Rechtsanwendung als Verschulden vorwerfbar ist (BGH NJW 70, 1544; Rn 32 ff). Hat der Amtsträger die maßgebliche Norm herangezogen und das Problem erkannt, dann hängt die Entscheidung nur noch von der Subsumtion des Sachverhalts unter die Norm ab. Diese Entscheidung gründet sich notwendig auf eine Würdigung bestimmter tatsächlicher Umstände, wobei dem Amtsträger bei Anwendung einer unbestimmten Norm ein Spielraum der Würdigung und eine gewisse Freiheit bei der Bildung seiner Auffassung gegeben sind. Es ist dann im Amtshaftungsprozess nur zu prüfen, ob seine Entscheidung vertretbar ist, selbst wenn sie nicht gebilligt wird. Zwar ist nur eine Lösung dem Gesetz entsprechend, also „richtig", aber unterschiedliche Lösungen durch verschiedene Betrachter sind durchaus möglich, ohne dass sie als pflichtwidrig bezeichnet werden können (BGH NJW 70, 1544). Geht es um die Rechtswidrigkeit von Äußerungen, findet ebenfalls eine Abwägung statt: Ob eine Rechtsverletzung vorliegt, ist jeweils anhand des zu beurteilenden Einzelfalls festzustellen; denn wegen der Eigenart des Persönlichkeitsrechts als eines Rahmenrechts liegt seine Reichweite nicht absolut fest, sondern muss grds erst durch eine Güterabwägung mit den schutzwürdigen Interessen der anderen Seite, hier insbes mit der ebenfalls verfassungsrechtlich gewährleisteten Meinungsfreiheit (Art 5 I 2 GG), bestimmt werden (BVerfG NJW 06, 207; BGH VersR 91, 433; Z 50, 133).

32 **V. Verschulden.** Beim Verschulden gilt ein objektiver Maßstab, es genügt bereits ein objektiver Sorgfaltsverstoß (BGH NJW 03, 1308). Jeder Amtsträger muss die Kenntnisse und Einsichten besitzen oder sich verschaffen, die für die Führung des übernommenen Amtes erforderlich sind (BGH NJW 05, 748). Dabei ist auf die Anforderungen an die pflichtgetreuen Beamten in der in Frage stehenden konkreten Amtsstellung abzuheben. Bei der Gesetzesauslegung und Rechtsanwendung hat er die Rechtslage unter Zuhilfenahme der ihm zu Gebote stehenden Hilfsmittel sorgfältig und gewissenhaft zu prüfen, und danach hat er aufgrund vernünftiger Überlegungen seine Entscheidungen zu treffen (BGH aaO).

33 Nicht erforderlich ist der Nachweis des Fehlverhaltens eines – gar namentlich benannten – einzelnen Beamten. Das Verschulden wird nicht auf eine einzelne zu konkretisierende Person bezogen, sondern dem mangelnden oder schlechten Funktionieren des Verwaltungsapparates selbst zugerechnet. Es genügt ein Organisationsverschulden. Damit wird dem Umstand Rechnung getragen, dass sich der Bürger einem für ihn anonymen Verwaltungsapparat ggü sieht, dessen stark differenzierte Arbeits- und Funktionsweise er von außen nicht durchschauen kann (BGH NVwZ 96, 512).

34 Steht dem Beamten ein Ermessen zu, handelt er amtspflichtwidrig, wenn er sein Ermessen überhaupt nicht ausübt, die gesetzlichen Grenzen des Ermessens überschreitet oder von dem Ermessen in einer dem Zweck der gesetzlichen Ermächtigung nicht entspr Weise Gebrauch macht. Der Beamte handelt hiernach amtspflichtgemäß, solange er sich innerhalb dieser „Bandbreite" pflichtgemäßen Ermessens hält, mag auch ein anderes pflichtgemäßes Verhalten denkbar sein. Eine Amtspflichtverletzung liegt hingegen vor, wenn der Beamte die vorstehend beschriebenen Ermessensschranken und -bindungen verletzt oder wenn er verkennt, dass sein Ermessen reduziert oder sogar auf eine bestimmte Verhaltensweise festgelegt ist, wie zB bei der „Ermessensschrumpfung auf Null" oder bei (zulässiger) Selbstbindung der Verwaltung, von der er ohne zureichenden rechtlichen Grund nicht abweichen darf (BGHZ 118, 271).

35 Hat ein mit mehreren Rechtskundigen besetztes Kollegialgericht das Verhalten als nicht schuldhaft gebilligt, kann dem Beamten im Amtshaftungsprozess regelmäßig kein Schuldvorwurf gemacht werden (BGH NVwZ-

RR 00, 746). Ausnahmsweise gilt das jedoch nicht, wenn die Entscheidung nur in einem summarischen Verfahren ergangen ist oder wenn die Annahme des Kollegialgerichts, die Amtshandlung sei rechtmäßig gewesen, auf einer unzureichenden tatsächlichen oder rechtlichen Beurteilungsgrundlage beruht. Das ist sowohl der Fall, wenn der Sachverhalt verfahrensfehlerhaft nicht richtig und vollständig erfasst oder der festgestellte Sachverhalt nicht sorgfältig und erschöpfend gewürdigt wird, so dass das Gericht einen anderen Sachverhalt entschieden hat, als den, von dem der Amtsträger auszugehen hatte (BGH aaO). Überhaupt ist Voraussetzung, dass die konkret dem Streit zugrunde liegende Amtspflichtverletzung Gegenstand einer kollegialgerichtlichen Billigung gewesen ist, die Beurteilung eines Parallelfalles durch ein Kollegialgericht reicht nicht aus (BGH VersR 03, 1274). Eine weitere Ausnahme ist gegeben, wenn das Kollegialgericht die für die Beurteilung des Falles maßgebliche höchstrichterliche Rspr, etwa die des BVerwG, zwar gesehen, ihr aber, ohne sich damit auseinanderzusetzen, gleichwohl nicht gefolgt ist (BGH NVwZ 02, 124). Gleiches muss gelten, wenn eine einschlägige höchstrichterliche Entscheidung gar nicht erst erkannt wird. So wie die Rspr die Kollegialgerichtsrichtlinie begründet – ein Beamter braucht keine bessere Rechtskenntnis zu besitzen als ein mit mehreren Rechtskundigen besetztes Kollegialgericht (BGH NVwZ 98, 878), fällt eine Einzelrichterentscheidung nicht darunter. Voll überzeugend ist das nicht, denn es können nicht an jeden Amtsträger Anforderungen gestellt werden, wie an eine Person mit der Befähigung zum Richteramt.

Umgekehrt ergibt sich allerdings noch nicht zwingend ein Verschuldensvorwurf, wenn später ein Gericht **36** die Entscheidung des Amtsträgers nicht teilt. Ist die nach sorgfältiger Prüfung gewonnene Rechtsansicht des Amtsträgers vertretbar, so kann er bis zu einer anderweitigen Entscheidung der Gerichte an seiner Ansicht festhalten. Das gilt insbes in den Fällen, in denen die objektiv unrichtige Rechtsanwendung eine Vorschrift betrifft, deren Inhalt – bezogen auf den zur Entscheidung stehenden Einzelfall – zweifelhaft sein kann und noch nicht durch eine höchstrichterliche Rspr klargestellt ist (BGH NJW 05, 748). Die Verneinung des Schuldvorwurfs setzt allerdings voraus, dass die letztlich als unzutreffend erkannte Rechtsmeinung nicht nur vertretbar, sondern auch aufgrund sorgfältiger rechtlicher und tatsächlicher Prüfung gewonnen worden war. Fehlt es an dieser weiteren Voraussetzung, kann ein Schuldvorwurf bereits unter diesem Gesichtspunkt begründet sein (BGH NJW 03, 1308). Hat sich zu einer Rechtsfrage in der Lit eine zutreffende und offenkundig allein sinnvolle hM gebildet, dann handelt ein Beamter, der von dieser Auffassung abweicht, auch dann schuldhaft, wenn es noch keine einschlägige höchstrichterliche Entscheidung gibt (BGHR BGB § 839 I 1 Verschulden 15). Der Verschuldensvorwurf bezieht sich iRd § 839 I nur auf die Erfüllung des haftungsbegründenden Tatbestandes durch die Amtspflichtverletzung, nicht dagegen braucht er sich auf den daraus entstandenen Schaden zu erstrecken (BGH NJW 03, 1308). Wird eine behördliche Entscheidung auf mehrere selbständig nebeneinander stehenden Begründungen gestützt, fehlt ein Verschulden, wenn sich auch nur eine der tragenden Begründungen als unverschuldet herausstellt (BGH NJW 05, 748).

Zuweilen kommt es darauf an, ob ein Beamter vorsätzlich gehandelt hat (Rn 45). Nach der st Rspr des BGH **37** handelt ein Amtsträger vorsätzlich, wenn er sich bewusst über die Amtspflicht hinwegsetzt. Zum Vorsatz gehört nicht nur die Kenntnis der Tatsachen, aus denen die Pflichtverletzung sich objektiv ergibt, sondern auch das Bewusstsein der Pflichtwidrigkeit, dh das Bewusstsein, gegen die Amtspflicht zu verstoßen. Zumindest muss der Amtsträger mit der Möglichkeit eines solchen Verstoßes rechnen und diesen billigend in Kauf nehmen (BGH VersR 96, 1016). Für die Grenzziehung zwischen bedingtem Vorsatz und bewusster Fahrlässigkeit ist entscheidend, was im Bewusstsein des Täters vorgegangen ist. Bei beiden Verschuldensgraden sieht der Handelnde die Möglichkeit eines schädigenden Erfolgs voraus. Vertraut er darauf, dass diese nicht eintreten werde, so liegt bewusste Fahrlässigkeit vor. Nimmt er dagegen einen als möglich vorgestellten Schaden bewusst und billigend in Kauf, so ist bedingter Vorsatz gegeben (Köln VersR 94, 339). Der Vorsatz muss die Schadensfolgen umfassen, auch nicht in jedem Fall, wenn der Täter sich die herbeigeführte konkrete Rechtsverletzung vorgestellt und wenn er sie gewollt hat. Der Täter braucht die Folgen der Tat nicht in allen Einzelheiten vorausgesehen haben (Saarbr VersR 93, 1004). Wird Schmerzensgeld wegen Verletzung des Körpers oder der Gesundheit des Geschädigten verlangt, muss sich der Vorsatz des Täters auf die Verletzung des Körpers oder der Gesundheit richten (RGZ 142, 123).

Auf den bedingten Vorsatz des Täters kann aus äußeren Umständen geschlossen werden, was sehr ausführlich vom BSG (NJW 99, 236) behandelt wird. Im Übrigen kann bewusste Fahrlässigkeit nicht mit der groben Fahrlässigkeit, die eine besonders grobe und auch subjektiv schlechthin unentschuldbare Pflichtverletzung erfordert, gleichgesetzt werden (BGH NJW-RR 98, 35).

Ein Ausschluss der Haftung bei einfacher Fahrlässigkeit, etwa durch Ortssatzungen, ist nicht möglich (BGHZ **38** 61, 7).

Für den Einwand des Mitverschuldens ist im Rahmen der Amtshaftung zu beachten, dass in Fällen anderweitiger Ersatzmöglichkeit (Rn 40) die Schadensersatzpflicht völlig entfällt, es kommt nicht zu einer Quote. In anderen Fällen bleibt es bei der allgemeinen Regelung des § 254. Es kann auf die dortige Kommentierung verwiesen werden.

D. Haftungsausschlüsse. I. Subsidiarität nach I 2. Nach I 2 haften der Beamte und damit der Staat nur **40** subsidiär, wenn die Amtspflichtverletzung nur fahrlässig erfolgte. Dieser Grundsatz der Subsidiarität sollte nach ihrem ursprünglichen gesetzesgeberischen Zweck die Entschlusskraft des Beamten fördern und sein persönliches Haftungsrisiko in seiner besonderen Beziehung zum Bürger begrenzen, zumal der Beamte seine Tätigkeit nicht ablehnen kann. Nach der Rspr des BGH entfallen diese Erfordernisse, wenn der Beamte wie jeder andere Teilnehmer am Rechts- und Geschäftsverkehr auftritt. Das ist insbes im Straßenverkehr ohne Wahrnehmung von Sonderrechten nach § 35 StVO (BGH NZV 91, 185) und der Wahrnehmung von Verkehrspflichten der Fall (BGH NJW 92, 2476). Die Subsidiarität entfällt weiter bei Ansprüchen, welche neben die Amtshaftung treten wie Ansprüche aus enteignungsgleichem Eingriff, Aufopferung, Verletzung beamtenrechtlicher Fürsorgepflichten sowie aus öffentlich-rechtlicher Verwahrung, Treuhand und GoA (BGHZ 63, 167).

41 Als anderweitige Ersatzmöglichkeiten kommen auch Ansprüche gegen den durch die Amtspflichtverletzung begünstigten Vertragspartner in Betracht (BGH WM 05, 1328). Eine solche Ersatzforderung muss aber wirtschaftlich zu verwirklichen sein; rein theoretische Möglichkeiten eines anderweitigen Ersatzes stehen der Regressklage nicht entgegen (BGH NJW 96, 3011). Auf ungewisse künftige Erlöserwartungen muss sich ein Geschädigter nicht verweisen lassen (BGH NJW 96, 3011). Ansprüche des Geschädigten auf Sozial- und private Versicherungsleistungen stellen ebenso keine anderweitige Ersatzmöglichkeit dar (*Lörler* JuS 90, 546), wie sie einen sonstigen Schädiger entlasten (§ 249 Rn 73 ff). Der Schädiger kann nicht auf eine anderweitige Ersatzmöglichkeit verweisen, wenn der potentiell dem Geschädigten ggü Haftende seinerseits etwa als Vertreter in den Schutzbereich der verletzten Norm und bei einer Inanspruchnahme durch den Geschädigten seinerseits einen Rückgriffsanspruch gegen den Schädiger hätte (BGH NJW-RR 04, 1704 für die Notarhaftung).

42 Auch eine früher gegebene anderweitige Ersatzmöglichkeit darf der Geschädigte nicht schuldhaft versäumt haben (BGH NJW 99, 2038).

43 Hat der Geschädigte schuldhaft eine frühere gegebene anderweitige Ersatzmöglichkeit versäumt, verliert er den Anspruch insgesamt. Auch bei nur leicht fahrlässiger Versäumnis findet der völlige Ausschluss und nicht lediglich eine Minderung des Anspruchs wie bei § 254 statt; § 839 I 2 wie auch § 19 I 2 BNotO decken sich nicht mit § 254 (BGH NJW 99, 2038).

44 Ist noch offen, ob eine andere Ersatzmöglichkeit besteht, wird eine Klage als derzeit unbegründet abgewiesen; hat der Geschädigte eine früher gegebene anderweitige Ersatzmöglichkeit versäumt, erfolgt volle Klageabweisung (BGH NJW 99, 2038).

45 Keine Subsidiarität über Fälle des Ausschlusses liegen vor, wenn schon aufgrund von Sondervorschriften wie § 46 II Beamtenversorgungsgesetz, §§ 106 I, 104 I SGB VII (Arbeits- und Schulunfälle) eine Haftung ausscheidet, weil bspw kein Vorsatz vorliegt.

46 **II. Spruchrichterprivileg.** Nach § 839 II ist eine Amtshaftung bei „Urteilen in einer Rechtssache" nur gegeben, wenn die Amtshaftung der beteiligten Richter eine Straftat darstellt. Der historische Gesetzgeber hat sich dabei eine Entscheidung vorgestellt, die technisch mit „Urteil" überschrieben ist. Nach der Rspr des BGH werden jedoch alle Entscheidungen darunter verstanden, die „urteilsvertretende Erkenntnisse" darstellen (NJW 05, 436). Das sind Entscheidungen, die in einem der Selbstbindung des Gerichts unterliegendem instanzbeendenden Erkenntnisverfahren mit materieller Rechtskraftfähigkeit ergehen und einem Urteil insoweit vergleichbar sind, als sie aufgrund rechtlichen Gehörs, erforderlichenfalls einer Beweiserhebung ergehen und mit einer Begründung versehen sind (BGH aaO). Das können Entscheidungen nach § 123 VwGO und einstweilige Verfügungen sein, nicht hingegen auf einseitigen Vortrag ergangene Beschlüsse. Ebenso zählen vorbereitende Maßnahmen dazu, mit denen das Gericht die Grundlagen für seine Entscheidung in der Hauptsache gewinnen will. Sie unterliegen daher ebenfalls dem Spruchrichterprivileg (BGH VersR 84, 77), insbes Beweisbeschlüsse und sonstige Entscheidungen zum Verfahren. Keine Urteilsqualität haben Haftbefehle, PKH-Entscheidungen, nichtstreitige Entscheidungen der freiwilligen Gerichtsbarkeit und in Zwangsvollstreckungssachen.

47 Richter iSd § 839 II sind neben den Berufsrichtern auch die ehrenamtlichen Richter, nicht jedoch Schiedsrichter. Es wird jedoch angenommen, dass stillschweigende Bedingung des Schiedsvertrages die Abrede ist, dass die Schiedsrichter nicht weiter haften als Berufsrichter (BGHZ 42, 313). Nicht erfasst von § 839 II sind Rechtspfleger und Staatsanwälte. Für Sachverständige gilt § 839 a.

48 **III. Rechtsmittelversäumung.** Nach III entfällt eine Ersatzpflicht, wenn der Geschädigte schuldhaft ein Rechtsmittel unterlassen hat. Es handelt sich um eine Verschärfung des Mitverschuldens nach § 254. Der Begriff des Rechtsmittels ist daher nach der Rspr des BGH weit zu fassen. Es sind darunter alle Rechtsbehelfe zu begreifen, die sich unmittelbar gegen eine sich als Amtspflichtverletzung darstellende Handlung oder Unterlassung richten und das Ziel haben, diese zu beseitigen oder zu berichtigen und damit den Schaden abzuwenden (BGH VersR 04, 751). Das schuldhafte Unterlassen, einen Antrag auf Wiederherstellung der aufschiebenden Wirkung oder auf Erlass einer einstweiligen Anordnung zu stellen oder sich gesondert gegen die Vollziehung eines Steuer- oder Haftungsbescheides zu wehren, unterfällt ebenfalls dem § 839 III (BGHZ 156, 294). Auch Gegenvorstellungen, Erinnerungen an die Erledigung eines Antrags, Beschwerden und Dienstaufsichtsbeschwerden zählen hierzu (BGH VersR 04, 751), nicht jedoch die Verfassungsbeschwerde. Auch die Erinnerung eines Beteiligten an den Notar, eine noch ausstehende Beurkundung vorzunehmen (NJW 97, 2327), sowie die Aufforderung an den Notar, eine fehlerhafte Urkunde nachzubessern (NJW 02, 1655) hat der BGH als „Rechtsmittel" gewertet.

Die Rechtsmittelversäumung muss kausal für den Schaden geworden sein. Daran fehlt es, solange eine Amtspflichtverletzung überhaupt noch nicht begangen ist, dagegen kann nämlich kein „Rechtsmittel" eingelegt werden (BGH VersR 04, 751). Die Ersatzpflicht kann nach § 839 III nur verneint werden, wenn die Einlegung eines gebotenen Rechtsmittels den Eintritt des Schadens verhindert hätte. Bei der Frage, welchen Verlauf die Sache genommen hätte, wenn der Rechtsbehelf eingelegt worden wäre, kann nicht ohne weiteres – wie bei der Prüfung der Ursächlichkeit einer Amtspflichtverletzung (Rn 58) – zugrunde gelegt werden, wie über den Rechtsbehelf richtigerweise hätte entschieden werden müssen. Es muss auch die Rechtspraxis in der in Rede stehenden Frage zu dem Zeitpunkt in Betracht gezogen werden, in dem der Rechtsbehelf hätte angebracht werden müssen, wenn er den Eintritt des Schadens hätte verhindern sollen. War damals eine Rechtsfrage noch ungeklärt, ist dem bei der jetzigen Entscheidung Rechung zu tragen (BGHZ 156, 294). Desgleichen ist bei formlosen Rechtsbehelfen wie Gegenvorstellungen und Dienstaufsichtsbeschwerden zu prüfen, ob sie angesichts des Verhaltens der Behörde tatsächlich Erfolg gehabt hätten (BGH NJW 86, 1924). Hätte das Rechtsmittel nur teilweise Erfolg gehabt, entfällt in dieser Höhe der Anspruch nach § 839 III (BGH aaO). 49

Der Anspruch entfällt nur bei einer schuldhaften Versäumung eines Rechtsmittels. Es ist zu prüfen, ob der Betroffene die nach den gegebenen Umständen sowie nach seinem Bildungsstand und seiner Geschäftsgewandtheit gebotene Sorgfalt beachtet hat (BGH VersR 97, 1239). Auf Belehrungen und Erklärungen eines Beamten ihm ggü darf der Staatsbürger grds vertrauen, und es kann ihm idR nicht zum Verschulden gereichen, wenn er nicht klüger ist als der Beamte (BGHZ 113, 17). Es ist vom Grundsatz auszugehen, dass der Geschädigte zunächst den Primärrechtsschutz ergreifen muss. Im Amtshaftungsrecht steht dem Verletzten nicht etwa ein Wahlrecht derart zu, dass er von einer Anfechtung ihn rechtswidrig belastender Maßnahmen folgenlos absehen und sich auf einen Schadensersatzanspruch wegen Amtspflichtverletzung beschränken darf (BGH aaO) – Grundsatz: Dulde und liquidiere. Andererseits wird der Schadensersatzanspruch aber nicht bereits durch den Eintritt der Unanfechtbarkeit des Verwaltungsaktes ausgeschlossen; sonst würde § 839 III insoweit gegenstandslos werden. Vielmehr muss diese Bestandskraft zusätzlich auf einem vorwerfbaren Versäumnis des Verletzten iS eines „Verschuldens gegen sich selbst" beruhen (BGH aaO). Es kommt darauf an, was einem Geschädigten zur Wahrung eigener Belange zuzumuten ist. Wie bei dem Einwand der anderweitigen Ersatzmöglichkeit (Rn 41 und BGH VersR 95, 1247) braucht sich der Geschädigte auf zweifelhafte Prozesse mit unsicherem Ausgang nicht einzulassen. Soweit er die Sach- und Rechtslage nicht versteht, hat er Rechtsrat einzuholen (vgl BGH VersR 02, 495). 50

IV. Verjährung. Es gelten grds die allgemeinen Verjährungsregeln der §§ 195 ff. Für den Fristbeginn ist der Zeitpunkt maßgebend, in dem der Verletzte von dem Schaden und der Person des Ersatzpflichtigen Kenntnis erlangt. Das ist der Fall, wenn der Geschädigte aufgrund der ihm bekannten Tatsachen gegen eine bestimmte Person eine Schadensersatzklage, sei es auch nur eine Feststellungsklage, erheben kann, die bei verständiger Würdigung so viel Erfolgsaussicht hat, dass sie ihm zuzumuten ist (st Rspr des BGH, WM 05, 1328). Erforderlich und genügend ist im Allgemeinen die Kenntnis der tatsächlichen Umstände; nicht vorausgesetzt wird die zutreffende rechtliche Würdigung des bekannten Sachverhalts. Daher kommt es grds nicht darauf an, ob der Kläger die Rechtswidrigkeit des Geschehens, das Verschulden des Beamten und den in Betracht kommenden Kausalverlauf richtig einschätzt (BGH aaO). Rechtlich fehlerhafte Vorstellungen des Geschädigten beeinflussen den Beginn der Verjährung idR nicht, weil er die Möglichkeit hat, sich beraten zu lassen. Ist die Rechtslage dagegen unübersichtlich oder zweifelhaft, so dass sie selbst ein rechtskundiger Dritter nicht zuverlässig einzuschätzen vermag, kann der Verjährungsbeginn auch wegen Rechtsunkenntnis hinausgeschoben sein (BGH aaO). 51

Bei einer Amtspflichtverletzung, die sich allgemein gegen das Vermögen richtet, ist ein Schaden entstanden, wenn die Vermögenslage des Betroffenen infolge der Handlung im Vergleich mit dem früheren Vermögensstand schlechter geworden ist. Hierzu genügt es, dass die Verschlechterung sich wenigstens dem Grunde nach verwirklicht hat, mag ihre Höhe auch noch nicht beziffert werden können; in diesem Falle ist ggf eine Feststellungsklage zu erheben. Ferner muss nicht feststehen, ob der Nachteil auf Dauer bestehen bleibt und damit endgültig wird. Ist dagegen noch offen, ob pflichtwidriges, ein Risiko begründendes Verhalten zu einem Schaden führt, ist ein Ersatzanspruch noch nicht entstanden, mit der Folge, dass die Verjährungsfrist nicht in Lauf gesetzt wird. Es handelt sich dann erst um eine bloße Gefährdung einer Rechtsposition, die jedenfalls für das Entstehen eines vermögensrechtlichen Regressanspruchs gegen einen Dritten noch nicht einem Schaden gleichsteht. Dabei schlägt sich die risikobehaftete Lage regelmäßig noch nicht in der Bewertung des Gesamtvermögens negativ nieder, solange jene sich nicht – wie etwa bei einer Rangverschlechterung im Grundbuch oder dem sonstigen Verlust einer dinglichen Sicherung rechtlich verfestigt hat (BGH VersR 93, 1358). Hat eine einzige, in sich abgeschlossene Verletzungshandlung mehrere Schadensfolgen ausgelöst, so kann allerdings die Verjährungsfrist nach dem Grundsatz der Schadenseinheit auch für nachträglich auftretende, zunächst also nur drohende, aber nicht unvorhersehbare Folgen beginnen, sobald irgendein (Teil-)Schaden schon entstanden ist. Haben sich hingegen mehrere selbständige Handlungen des Schädigers ausgewirkt, so beginnt die Verjährungsfrist regelmäßig mit den jeweils dadurch verursachten Schäden gesondert zu laufen. Beurkundet ein Notar mehrere Kaufverträge ein und desselben Verkäufers mit unterschiedlichen Käufern, können Schadensersatzansprüche wegen hierbei begangener Amtspflichtverletzungen jeweils zu unterschiedlichen Zeitpunkten zu verjähren beginnen (BGH aaO). 52

53 Greift bei fahrlässigem Handeln die Subsidiarität des I 2 ein, kommt es zu einer Besonderheit: Die Verjährung beginnt erst mit der Kenntnis, dass keine anderweitige Ersatzmöglichkeit besteht. Diese ist nämlich Voraussetzung für die Schlüssigkeit der Klage. Deshalb muss sich die Kenntnis weiter darauf erstrecken, dass der Schaden jedenfalls nicht vollständig auf andere Weise gedeckt werden kann (BGH aaO). Kann der Geschädigte aus tatsächlichen oder rechtlichen Gründen nicht schlüssig darlegen, dass die Haftung Dritter ausscheidet, ist ihm eine Amtshaftungsklage nicht zuzumuten. Bei zweifelhafter oder unübersichtlicher Rechtslage beginnt die Verjährung daher auch unter diesem Gesichtspunkt erst dann, wenn hinreichend gesichert ist, dass der Schaden nur durch Inanspruchnahme des Amtsträgers ausgeglichen werden kann (BGH aaO). Voraussetzung des späteren Verjährungseintritts ist es indessen, dass der Geschädigte nicht untätig bleibt. In solchen Fällen beginnt die Verjährung in dem Zeitpunkt, in dem der Geschädigte sich im Prozesswege oder auf sonstige Weise hätte eine hinreichende Klarheit verschaffen können, dass ihm kein anderer Ersatzanspruch zusteht; das soll verhindern, dass der Geschädigte durch Untätigkeit den Verjährungsbeginn missbräuchlich hinausschiebt (BGH NJW 93, 2741).

54 Ein Primärverfahren hemmt die Verjährung eines Amtshaftungsanspruchs. Entspr dem heute allgemein anerkannten grds Vorrang des Primärrechtsschutzes vor dem Sekundärrechtsschutz ist es sachgerecht oder doch zumindest nahe liegend, wenn der Betroffene, ehe er Schadensersatz wegen Amtspflichtverletzung geltend macht, sich zunächst gegen das beanstandete Verwaltungshandeln selbst wendet und versucht, im Wege des primären Rechtsschutzes Abhilfe zu erreichen. Deshalb haben sowohl die verwaltungsgerichtliche Klage als auch bereits die Einleitung des Widerspruchverfahrens verjährungsunterbrechende Wirkung (BGH NJW 95, 2778), die bis zur rechtskräftigen Entscheidung oder sonstigen Erledigung des Verfahrens fortdauert (BGH NVwZ-RR 05, 152).

55 **E. Rechtsfolgen. I. Schadensersatz, keine Naturalrestitution.** Rechtsfolge eines Amtshaftungsanspruchs ist grds nur Geldersatz; eine Naturalrestitution ist ausgeschlossen (BGH NJW 93, 1799). Der Grund liegt darin, dass es sich vom Ansatz her um einen auf den Staat nach Art 34 GG übergeleiteten Anspruch gegen den Beamten handelt, es kann nur das gewährt werden, was der Beamte – wie Geldersatz – persönlich erbringen kann (BGHZ 34, 99). Darüber hinaus ist es den Verwaltungsgerichten vorbehalten, den Staat zu hoheitlichen Handlungen zu verurteilen, die Zivilgerichte haben eine solche Befugnis nicht. Eine naturale Restitution iSd § 249 kommt nur in Frage, wenn diese nicht in der Vornahme einer Amtshandlung, etwa dem Erlass, der Änderung oder Aufhebung eines Verwaltungsaktes oder einer sonstigen, schlichten Amtshandlung besteht (Maunz/Dürig/Herzog GG Art 34 GG Anm IV Rn 233). Aus diesem Grund scheiden auch Herausgabeansprüche, etwa wegen von der Staatsanwaltschaft beschlagnahmter Gegenstände aus (s.a. BGH NJW 05, 988 und Rn 5).

56 Der in Rspr und Lehre anerkannte Folgenbeseitigungsanspruch ist vor den Verwaltungsgerichten geltend zu machen (näheres bei MüKo/*Papier* § 839 Rn 87).

57 **II. Höhe.** IRe Anspruchs nach § 839 kann der Geschädigte lediglich verlangen, so gestellt zu werden, als hätte sich der Beamte amtspflichtgemäß verhalten (BGH NJW 01, 2626). Die Ermittlung der Schadenshöhe erfolgt nach §§ 249 ff Rn 6 ff.

58 **III. Kausalität.** Im Rahmen der Kausalitätsprüfung eines Schadens wegen einer Amtspflichtverletzung ist zu prüfen, welchen Verlauf die Dinge bei pflichtgemäßem Verhalten des Amtsträgers genommen hätten und wie sich in diesem Falle die Vermögenslage des Verletzten darstellen würde (§ 249 S 1). Sofern die Pflichtverletzung in einer Unterlassung besteht, muss untersucht werden, wie die Dinge bei pflichtgemäßem positiven Handeln gelaufen wären; hat der Beamte durch positives Tun, etwa durch eine fehlerhafte Auskunft, gegen seine Amtspflichten verstoßen, muss geprüft werden, wie sich das Vermögen des Verletzten ohne die pflichtwidrige Handlung entwickelt hätte (BGH DNotZ 90, 437). Bei Ermessensfehlern liegt Kausalität vor, wenn der Schaden bei ermessensfehlerfreier Entscheidung nicht oder nicht in der Höhe entstanden wäre.

59 Wegen der Subsidiarität (Rn 40) kommt es häufig erst nach Abschluss eines gerichtlichen Verfahrens zum Amtshaftungsprozess. Für den anwaltlichen Berater des Geschädigten sollte es eine Selbstverständlichkeit sein, dem Passivlegitimierten der Amtshaftung den Streit zu verkünden. Die Kosten dieses Rechtsstreits gegen vorrangig Ersatzpflichtige sind eine adäquat ursächliche Folge der Amtspflichtverletzung, da wegen der Subsidiarität eine Klage aus fahrlässiger Amtspflichtverletzung so lange nicht gerechtfertigt ist, wie nicht feststeht, in welcher Höhe der Geschädigte auf andere Weise von einem Dritten Ersatz zu erlangen vermag. Die Behauptung der Unmöglichkeit, anderweit Ersatz zu finden, gehört zur Klagebegründung. Da der Kläger das Vorliegen dieser Voraussetzung nachzuweisen hat, sind alle seine Maßnahmen, die er vernünftigerweise ergreifen kann, um von einem möglicherweise vorrangig Ersatzpflichtigen Ersatz des ihm etwa entstandenen Schadens zu erlangen, als durch die Amtspflichtverletzung in zurechenbarer Weise verursacht anzusehen (BGH VersR 04, 479).

60 Kommt es im Erstverfahren zu einem Vergleichsabschluss, stellt sich die Frage, inwieweit dann Nachteile für das Regressverfahren entstehen. Da der eigene Entschluss des Geschädigten die Schadensentwicklung beeinflusst hat, kommt es in solchen Fällen der sog psychisch vermittelten Kausalität darauf an, ob die Handlung des Verletzten durch das haftungsbegründende Ereignis „herausgefordert" worden ist und eine nicht unge-

wöhnliche Reaktion auf dieses darstellt. Ob der Abschluss eines Vergleichs, der den Schaden erst herbeiführt, hier einzuordnen ist oder ob er den Ursachenzusammenhang unterbricht, hängt von den Umständen des Einzelfalles ab, wobei die Erfolgsaussichten des Geschädigten im Falle einer gerichtlichen Entscheidung zu berücksichtigen sind (BGH NJW-RR 03, 563). In diesem Fall können auch Hinweise des Gerichts im Erstverfahren von Bedeutung sein (BGH aaO). Verzichtet der Geschädigte ggü dem Dritten im Vergleichswege ganz oder teilweise auf seinen Anspruch, ist diese Versäumung einer Ersatzmöglichkeit ggü dem Regressschuldner in aller Regel schuldhaft, weil sie auf dem freien Entschluss des Geschädigten beruht. Von dieser Regel gibt es jedoch Ausnahmen. Bei einem insolventen Schuldner ist der Anspruchsverzicht nicht schuldhaft. Dasselbe kann dann gelten, wenn sich der Geschädigte in einer dringenden finanziellen Notlage befindet und der Vergleich mit dem Dritten für den Geschädigten die einzige Möglichkeit darstellt, die zur Behebung der Not benötigten Mittel kurzfristig zu beschaffen. Um festzustellen, ob der Vergleich wirklich den einzigen Ausweg darstellt, wird dem Geschädigten allerdings meist zuzumuten sein, sich vorab mit dem Schädiger in Verbindung zu setzen, um ihm Gelegenheit zu geben, einen der Vergleichssumme entspr Betrag dem Geschädigten – vorübergehend oder endgültig (dann gegen Abtretung des Anspruchs gegen den Dritten, § 255) – zur Verfügung zu stellen und so den Anlass für den Vergleichsschluss und den damit verbundenen Anspruchsverzicht zu beseitigen. Ein Verschulden seines Anwalts im Vorprozess ist dem Geschädigten gem § 278 zuzurechnen. Die Einschaltung des Schädigers vor Vergleichsschluss kann entbehrlich sein, falls der Geschädigte annehmen darf, dass sie nicht zum Erfolg führen wird. Diese Annahme kann dann gerechtfertigt sein, wenn der Schädiger eine Haftung von vornherein und unter allen Umständen abgelehnt hatte (BGH VersR 95, 1247).

IV. Rechtmäßiges Alternativverhalten. Nicht selten sind in Amtshaftungsprozessen die Grundsätze des rechtmäßigen Alternativverhaltens zu prüfen. Das ist der Einwand, der Schaden wäre auch bei einer ebenfalls möglichen, rechtmäßigen Verhaltensweise entstanden. Dieser Einwand kann nach der Rspr des BGH für die Zurechnung eines Schadenserfolgs beachtlich sein. Entscheidend ist der Schutzzweck der jeweils verletzten Norm (BGH VersR 00, 1368). Bei Amtshaftungsansprüchen hat der BGH rechtmäßiges Alternativverhalten insbes berücksichtigt, wenn der Behörde ein Verfahrensfehler unterlaufen war und sie bei einem ordnungsgemäßen Verfahren zu der gleichen Entscheidung hätten kommen oder sofern sie selbst eine fehlende Rechtsgrundlage pflichtgemäß hätte schaffen müssen (BGH VersR 00, 1368) oder wenn statt der unzuständigen die zuständige Behörde ebenso entschieden hätte (BGH NJW 71, 239). Damit macht der Schädiger geltend, denselben Schaden, den er pflichtwidrig verursacht hat, hätte er durch Erfüllung einer anderen, von der verletzten Amtspflicht verschiedenen, selbständigen Pflicht rechtmäßig herbeiführen können; tatsächlich hat der Schädiger dies aber unterlassen (BGH WM 396, 217). Die Berufung auf ein rechtmäßiges Alternativverhalten ist allerdings nur beachtlich, wenn der Schädiger bei pflichtgemäßem Verhalten denselben Erfolg herbeigeführt hätte; dass er ihn lediglich hätte herbeiführen können, reicht regelmäßig nicht aus (BGHZ 120, 281). Davon ist streng die Frage zu trennen, ob die Amtspflichtverletzung kausal zu einem Schaden geführt hat (BGH aaO; VersR 85, 887; 82, 275).

F. Prozessuales. I. Zuständigkeit. Bei Klagen gegen den Staat stellt sich zunächst die Frage, ob die Verwaltungs- oder die Zivilgerichte zuständig sind. Sind es die letzteren, ist die sachliche Zuständigkeit der Amts- und Landgerichte zu prüfen. Für die Frage, ob eine Streitigkeit vor die ordentlichen Gerichte oder vor die Verwaltungsgerichte gehört, kommt es nach den §§ 13 GVG, 40 I 1 VwGO immer dann, wenn eine ausdrückliche gesetzliche Rechtswegzuweisung fehlt, darauf an, ob die Streitigkeit nach der Natur des Rechtsverhältnisses, aus dem der Klageanspruch hergeleitet wird, zivilrechtlich oder öffentlich-rechtlich ist (BGH WM 00, 594; BVerwGE 97, 331). Sind an einem streitigen Rechtsverhältnis ausschl Privatrechtssubjekte beteiligt, so scheidet die Zuordnung des Rechtsstreits zum öffentlichen Recht grds aus, es sei denn, eine Partei wäre durch Gesetz oder aufgrund eines Gesetzes mit öffentlich-rechtlichen Handlungs- oder Entscheidungsbefugnissen ausgestattet und ggü der anderen Partei als beliehenes Unternehmen tätig geworden (BGH aaO).

Probleme bereitet die Konstellation, wenn sich eine juristische Person des öffentlichen Rechts und eine Privatperson iRe Vertrags ggü stehen, der die Daseinsvorsorge oder das soziale und kulturelle Wohl der Einwohner betrifft. Nach der sog Zwei-Stufen-Theorie des BVerwG handelt es sich bei Streitigkeiten über das „Ob" um eine öffentlich-rechtliche Frage, das „Wie" ist privatrechtlich gestaltet (BVerwG NVwZ 91, 59).

Streiten die Parteien über Fragen der Benutzung einer von der Kommune zur Verfügung gestellten Einrichtung, ist entscheidend, in welcher Art und Weise der Staat dem Bürger entgegentritt. Ist die Benutzung durch Satzung oder Gleichwertiges geregelt, handelt es sich um öffentliches Recht. Bei einer vertraglich ausgehandelten Vergütung gilt Privatrecht. Verhandeln die Parteien über die Übernehme öffentlicher Aufgaben auf dem Gebiet der Daseinsvorsorge oder über Fördermittel (Subventionen), handelt es sich um einen öffentlich-rechtlichen Vertrag. Zur Zuständigkeit für Schadensersatzklagen wegen Schlechterfüllung eines solchen Vertrages (pVV, § 280) wird auf Rn 8 und die Kommentierung von *Papier* (MüKo § 839 Rn 375) verwiesen. Bei der Abgrenzung des Vertragsgegenstandes vom öffentlichen zum privaten Recht ist der Vertragszweck ergänzend heranzuziehen (BVerwG MDR 76, 874).

65 Eine besondere Situation ergibt sich im Beamtenrecht. Verletzt der Staat seine beamtenrechtliche Fürsorgepflicht, ist sowohl eine Klage vor den Verwaltungs- als auch den Zivilgerichten möglich (MüKo/*Papier* § 839 Rn 379). Sofern ein Beamter ggü seinem Dienstherrn die Verletzung der Fürsorgepflicht rügt, hat er die Wahl zwischen dem öffentlich-rechtlichen Schadensersatzanspruch vor den Verwaltungsgerichten oder dem Amtshaftungsanspruch vor den Zivilgerichten. Ein laufendes Verwaltungsverfahren ist unschädlich, solange es noch nicht zu einem Verwaltungsprozess geführt hat. Es ist einem solchen nicht gleichzusetzen. Ohnehin ist es dem Zivilgericht im Amtshaftungsprozess nicht verwehrt, die Rechtswidrigkeit eines Verwaltungsaktes festzustellen (MüKo/*Papier* § 839 Rn 82; RGRK/*Kreft* § 839 Rn 579 mwN). Zwar darf es den Verwaltungsakt nicht aufheben, wohl aber Zahlung von Schadensersatz anordnen (*Papier* aaO). Anders ist es nur, wenn die Verwaltungsgerichte entschieden haben. Daran ist das Zivilgericht gebunden (BGH WM 76, 98; *Papier* aaO Rn 383; *Kreft* aaO Rn 580).

66 Das ist eine Folge der „Rechtswegspaltung". Aufgespalten wird der primäre und sekundäre Rechtsschutz des Bürgers: Der primäre Rechtsschutz findet gegen die Ausübung öffentlicher Gewalt statt. Der sekundäre Rechtsschutz behandelt evtl Schadensersatzansprüche. Kommt es sodann zum Amtshaftungsprozess, so prüft das Zivilgericht die verwaltungsrechtlichen Vorfragen. Zur Bindungswirkung s Rn 71.

67 Probleme wirft die Rechtswegspaltung für die Frage auf, ob wegen eines Lebenssachverhalts vor den Verwaltungsgerichten aus öffentlich-rechtlichem Vertrag oder wegen Verletzung beamtenrechtlicher Fürsorgepflichten und vor den Zivilgerichten aus Amtshaftung geklagt werden soll. Prozessual handelt es sich dann nicht um identische Streitgegenstände. Aufgrund des § 17 II GVG müsste das Zivilgericht die Klage unter allen rechtlichen Gesichtspunkten, also auch denen des Verwaltungsrechtsweges prüfen, während es den Verwaltungsgerichten wegen Art 34 S 3 GG verwehrt ist, Amtshaftungsansprüche zu prüfen (MüKo/*Papier* § 839 Rn 380). Soweit ein Gericht über den bei ihm anhängigen Rechtsstreit mit Rechtskraftwirkung entschieden hat, dürfte das Gericht des anderen Rechtszuges in diesem Punkt gebunden sein.

68 Für die eigentlichen Amtshaftungsklagen des § 839 sind nach § 40 II VwGO die Zivilgerichte zuständig, dort nach § 71 II Nr 2 GVG ohne Rücksicht auf den Streitwert die Landgerichte. Das wird in der Praxis häufig übersehen und so werden Ansprüche mit geringem Streitwert aus Verkehrsunfällen auf einer Dienstfahrt oder wegen Verletzungen öffentlich-rechtlicher Verkehrspflichten bei den Amtsgerichten eingeklagt. Problematisch ist die Abgrenzung, wenn bei Verkehrsunfällen allein der Halter verklagt wird. § 7 StVG steht nämlich als Anspruchsgrundlage selbständig neben § 839 (Rn 4). In solchen Fällen ist gleichwohl die – vorrangige – Zuständigkeit des Landgerichts gegeben. Bei Klagen aus Amtshaftung und Halterhaftung bei einer Dienstfahrt handelt es sich um einen einheitlichen Streitgegenstand, lediglich fußend auf zwei Anspruchsgrundlagen. Nach der heute herrschenden prozessrechtlichen Auffassung vom Streitgegenstand im Zivilprozess wird mit der Klage nicht ein bestimmter materiellrechtlicher Anspruch geltend gemacht; vielmehr ist Gegenstand des Rechtsstreits der als Rechtsschutzbegehren oder Rechtsfolgenbehauptung aufgefasste eigenständige prozessuale Anspruch. Dieser wird bestimmt durch den Klageantrag, in dem sich die vom Kläger in Anspruch genommene Rechtsfolge konkretisiert, und den Lebenssachverhalt (Anspruchsgrund), aus dem der Kläger die begehrte Rechtsfolge herleitet. Der Klagegrund geht über die Tatsachen, welche die Tatbestandsmerkmale einer Rechtsgrundlage ausfüllen, hinaus; zu ihm sind alle Tatsachen zu rechnen, die bei einer natürlichen, vom Standpunkt der Parteien ausgehenden Betrachtungsweise zu dem durch den Vortrag des Kl. zur Entscheidung gestellten Tatsachenkomplex gehören, den der Kl zur Stützung seines Rechtsschutzbegehrens dem Gericht zu unterbreiten hat (BGH NJW 96, 3151). Danach liegen mehrere Streitgegenstände vor, wenn die materiellrechtliche Regelung die zusammentreffenden Ansprüche erkennbar unterschiedlich ausgestaltet, wie es bei dem öffentlich-rechtlichen Aufopferungsanspruch ggü Ansprüchen aus Gefährdungshaftung und aus Amtspflichtverletzung der Fall ist (BGH NJW 93, 2173), während die Einheitlichkeit des Streitgegenstandes im Verhältnis zwischen dem Amtshaftungsanspruch und jeweils den Ansprüchen aus enteignungsgleichem Eingriff oder aus den Polizeigesetzen gegeben ist (BGH NJW 96, 3151). Handelt es sich somit um nur einen Streitgegenstand, ist wegen des Vorrangs der Sonderzuständigkeit die Zuständigkeit der Landgerichte auch dann gegeben, wenn der Kläger den Rechtsstreit nur nach § 7 StVG beurteilt wissen möchte.

69 Die Zuständigkeit der ordentlichen Gerichte ist historisch zu erklären und stammt aus der Zeit, als der Schutz des Bürgers durch Verwaltungsgerichte noch nicht genügend begründet war. Zurzeit besteht noch eine Rechtswegspaltung zwischen primärem und sekundärem Rechtsschutz einschl darauf beruhender Rechtskraftprobleme (s MüKo/*Papier* § 839 Rn 378 ff).

70 **II. Öffentlich-rechtliche Vorfragen, Bindung an Entscheidungen.** An verwaltungsgerichtliche Entscheidungen ist das Zivilgericht gebunden (BGH NJW 05, 748). Das beruht auf der Gleichwertigkeit der Gerichtsbarkeiten. Voraussetzung ist allerdings die Identität der Streitgegenstände. Soweit diese gegeben ist, beschränkt sich die Bindung nicht auf Verfahren inter partes (BGH DVBl 62, 753). Haben also die Verwaltungsgerichte entschieden, dass ein Verwaltungshandeln rechtmäßig oder rechtswidrig ist, steht diese Rechtsfrage für den nachfolgenden Amtshaftungsprozess fest. Weiter muss es sich um rechtskraftfähige Entscheidungen handeln, so dass verwaltungsgerichtliche Entscheidungen nach § 80 V VwGO nicht binden (BGH VersR 02, 357). Keine Bindung besteht an bestandskräftige Verwaltungsakte. Gerade solche können Gegen-

stand von Amtshaftungsklagen sein. Ebenfalls nicht bindend ist die Begründung (BGH NVwZ 85, 682). Auf Umstände, über welche das Verwaltungsgericht nicht entschieden hat, kann die Zivilklage gestützt werden (BGH NVwZ 94, 825). Soweit keine Bindung besteht, prüft das Zivilgericht uneingeschränkt die öffentlich-rechtlichen Vorfragen (BGHZ 113, 17). Wird darüber entschieden, erwächst insoweit keine Rechtskraft, da es sich um rechtliche Vorfragen handelt. Wird ein Verwaltungsgericht nachfolgend mit einer Rechtsfrage aus dem str Rechtsverhältnis noch einmal befasst, kann es frei über die Rechtmäßigkeit oder Rechtswidrigkeit entscheiden. Dasselbe gilt, wenn sich die Frage rechtmäßigen Alternativverhaltens stellt (Jena NVwZ-RR 01, 702).

Bindungswirkungen entfalten ebenfalls Entscheidungen im Verfahren nach §§ 23 ff EGGVG und der Strafvollstreckungskammern nach § 109 StVollzG (BGH NJW 05, 58). 71

III. Klageart. Da § 839 ein Schadensersatzanspruch ist, handelt es sich bei der Amtshaftung regelmäßig um eine Leistungsklage auf Geld. Es sind aber auch Unterlassungsklagen denkbar, etwa bei Äußerungen. Eine Verurteilung zu einer Handlung oder Beseitigung ist unzulässig (Rn 55). In Amtshaftungssachen ist uU leichter eine Feststellungsklage möglich. Zwar ist ein Feststellungsinteresse grds nur dann zu bejahen, wenn bei Klageerhebung eine Bezifferung des Klageanspruchs noch nicht möglich ist (Rn 70). Ausnahmsweise ist eine Feststellungsklage auch dann zulässig, wenn diese nach den Besonderheiten des Einzelfalles zu einer abschließenden, prozessökonomisch sinnvollen Entscheidung zwischen den Parteien führt. Dies wird ua dann angenommen, wenn sich der Streit sachlich nur um den Grund und nicht um die Höhe des Anspruchs dreht und zu erwarten ist, dass der Beklagte bei Feststellung seiner Leistungspflicht im Urteil zur Leistung fähig und bereit ist (Köln VersR 70, 759). Streiten die Parteien nur über den Grund des Anspruchs, ist davon auszugehen, dass ein Feststellungsurteil das Streitverhältnis abschließend beenden kann, denn aufgrund des verwaltungsrechtlichen Grundsatzes des Vorbehalts des Gesetzes ist eine Behörde dazu verpflichtet, ihr Handeln entspr den Gesetzen auszurichten und nach ihnen zu verfahren. 72

Die neuere Rspr des Bundesgerichtshofs hat die Voraussetzungen für eine Amtshaftungsklage gelockert und lässt eine Feststellungsklage bereits dann zu, wenn der Verletzte die Höhe dessen, was ihm aus einer anderweitigen Ersatzmöglichkeit zufließen könnte, ebenso wie die Höhe seiner Schäden noch nicht genau zu übersehen vermag (BGHZ 102, 246). Mindestvoraussetzung ist allerdings, dass nach der Lebenserfahrung und dem gewöhnlichen Verlauf der Dinge der Schadenseintritt hinreichend wahrscheinlich ist. Insbes wenn ein absolut geschütztes Rechtsgut bereits verletzt oder dem Kläger sogar ein Teilschaden schon entstanden ist, genügt es, wenn die spätere Verwirklichung eines weiteren Schadens in absehbarer Zeit nach der Art der Verletzung möglich erscheint. Die – summarisch zu prüfende – Wahrscheinlichkeit des Schadeneintritts gehört unter diesen Voraussetzungen zur Begründetheit der Klage. Anders verhält es sich hingegen bei einer Norm zum Schutz des Vermögens im Allgemeinen, falls zuvor eine rechtswidrige Handlung in zu vertretender Weise abgeschlossen, aber noch ungewiss ist, ob sie überhaupt einen Schaden auslösen wird. Hier gebietet es der Schutz des Beklagten, dass die Wahrscheinlichkeit für den Eintritt irgendeines Schadens für jeden einzelnen künftigen Anspruch wenigstens substantiiert dargetan wird, ehe eine Feststellungsklage anhängig gemacht werden darf. Anderenfalls würde dem möglichen Schädiger ein Rechtsstreit über gedachte Fragen aufgezwungen, von denen ungewiss wäre, ob sie jemals praktische Bedeutung erlangen könnten (BGH VersR 93, 1358). 73

IV. Klagegegner. Es ist darauf zu achten, dass die beklagte Behörde richtig bezeichnet ist. Der BGH hat eine Klage, gerichtet gegen „das Land", vertreten durch die „Stadt" nach Maßgabe der Klagebegründung ausgelegt und den richtigen Beklagten ermittelt, dem auch die Klage zugestellt worden war (BauR 05, 843). Es existieren Organisationspläne, in denen geregelt ist, wer die Behörden des Bundes und der Länder vertritt. In der Praxis wird der vorprozessuale Schriftverkehr nicht immer mit der Stelle geführt, welche die Behörde letztendlich vor Gericht vertritt. Insbes wenn Verjährung droht, ist es besonders wichtig, dass die Klage dem richtigen Beklagten zugestellt wird. 74

V. Aufrechnung. Die Behörde kann im Zivilverfahren mit einem öffentlich-rechtlichen Gegenanspruch aufrechnen. Darüber hat dann auch das Zivilgericht ohne Rücksicht auf den Rechtsweg zu befinden (sehr str; vgl *Kissel/Mayer* GVG § 17 Rn 52 f mwN). Schwebt darüber ein Verwaltungsprozess, ist das Zivilverfahren nach § 145 ZPO auszusetzen; nach BAG (BAGE 98, 384) ist durch Vorbehaltsurteil zu entscheiden und das Nachverfahren auch ohne Anhängigkeit des Aufrechnungsprozesses auszusetzen. 75

VI. Beweislast. Darlegungs- und beweispflichtig ist der Anspruchsteller. Besteht die Amtspflichtverletzung in einem Unterlassen, kann ein Ursachenzusammenhang zwischen Pflichtverletzung und Schaden nur dann bejaht werden, wenn der Schadenseintritt bei pflichtgemäßem Handeln mit an Sicherheit grenzender Wahrscheinlichkeit vermieden worden wäre; eine bloße Möglichkeit oder eine gewisse Wahrscheinlichkeit genügen nicht. Der Geschädigte hat darzulegen und zu beweisen, in welcher für ihn günstigen Weise das Geschehen bei Vornahme der gebotenen Amtshandlung verlaufen wäre (BGH VersR 05, 1079; 94, 937). Werden etwa Bäume nicht kontrolliert, so ist dies für das Schadensereignis nur dann kausal, wenn eine regelmäßige Besichtigung zur Entdeckung der Gefahr bzw der Schädigung des Baums hätte führen können (BGH NJW 04, 1381). Der 76

Geschädigte hat auch das Fehlen einer anderweitigen Ersatzmöglichkeit zu beweisen (BGH NJW 93, 2741; s.a. Rn 59, 60). Ist eine Pflichtverletzung bewiesen (zB ein zu gering dimensioniertes Abwassersystem), obliegt dem Gegner die Beweislast für ein rechtmäßiges Alternativverhalten (der Schaden wäre wegen eines „Jahrhundertregens" auch bei einer richtig bemessenen Anlage eingetreten; BGH VersR 98, 494). Im Rahmen der Verjährungseinrede hat der Schuldner die Tatsachen für den Eintritt der Verjährung darzulegen und zu beweisen, also eine so frühe Kenntnis des Gläubigers, dass vor verjährungsunterbrechenden Maßnahmen der Anspruch verjährt war (BGH VersR 00, 1026). Für die Kausalität zwischen der Nichteinlegung des Rechtsmittels und dem Schadenseintritt ist der Schädiger beweispflichtig (BGHZ 156, 294).

77 **Beweiserleichterungen:** Stehen die Amtspflichtverletzung und der zeitlich nachfolgende Schaden fest, so kann der Geschädigte der öffentlichen Körperschaft den Nachweis überlassen, dass der Schaden nicht auf die Amtspflichtverletzung zurückzuführen ist, sofern nach der Lebenserfahrung eine tatsächliche Vermutung oder eine tatsächliche Wahrscheinlichkeit für den ursächlichen Zusammenhang besteht (BGH VersR 05, 1086); anderenfalls bleibt die Beweislast beim Geschädigten (BGH NJW 04, 1381). Wird ein bestimmter Rat oder eine bestimmte Warnung geschuldet, so spricht eine Anscheinsvermutung dafür, dass die Beteiligten dem gefolgt wären. Dem Schädiger bleibt es überlassen, diesen Zusammenhang zu erschüttern (BGH NJW 95, 332; 99, 3010 für die Notarhaftung).

78 Weitere Beweiserleichterungen sind denkbar, wenn eine fiktive Entscheidung einer Behörde nachzubilden ist, wie es bei Stellenbesetzungen und Prüfungsentscheidungen sein kann. Mit Rücksicht auf den dort gegebenen weiten Ermessens- und Beurteilungsspielraum des Entscheidungsträgers wird es sich indessen ohne entspr Aufklärung regelmäßig der Kenntnis des erfolglosen Bewerbers entziehen, nach welchen Kriterien die konkrete Entscheidung getroffen wurde. Daher hat der BGH für die Frage nach dem hypothetischen Ausgang eines Wahl- oder Prüfungsverfahrens ausgesprochen, dass dem durch eine Fürsorgepflichtverletzung seines Dienstherrn oder der Mitwirkung eines voreingenommenen Prüfers in Beweisnot geratenen Geschädigten bis zur Umkehr der Beweislast gehende Beweiserleichterungen zugebilligt werden können (BGHZ 129, 226). Bei der Frage, ob durch eine Amtspflichtverletzung ein Vermögensschaden entstanden ist, handelt es sich nach der st Rspr des BGH iRd § 839 um eine Beurteilung der haftungsausfüllenden Kausalität, bei der dem Geschädigten die Beweiserleichterungen des § 287 ZPO zugute kommen (BGHZ 135, 354). Die Darlegungs- und Beweislast für die tatsächlichen Voraussetzungen einer Vorteilsausgleichung trägt der Ersatzpflichtige (BGH VersR 03, 1405).

79 **VII. Streitwert.** Für Amtshaftungsklagen gilt nichts Besonderes. Es kommt aber gelegentlich vor, dass Bürger allgemein ihren Unmut über Behörden äußern und – meist über PKH – unspezifizierte Anträge stellen. Fehlen sämtliche Angaben, ist es angemessen, den Wert des Streitgegenstandes auf 2000,– € festzusetzen. Dabei handelt es sich um den einzigen Wert, den der Gesetzgeber – allerdings für andere Streitsachen – in § 48 III GKG aufführt, wenn nichts anderes festsetzbar ist.

80 **G. Rückgriff des Staates gegen den Beamten.** Der Rückgriff gegen den Beamten setzt nach Art 34 GG Vorsatz oder grobe Fahrlässigkeit voraus. Diese müssen sich lediglich auf die Verletzung der Amtspflicht, nicht auf die Ursächlichkeit und den Schaden beziehen. Dabei ist Art 34 GG nicht die Anspruchsgrundlage für den Rückgriff, diese liegt vielmehr in dem Anstellungsverhältnis begründet. Die verminderte Haftung ist sowohl in dem Beamten- als auch dem Soldatengesetz enthalten, wie auch in den Regelungen für Angestellte (§ 14 BAT) und Arbeiter (§ 11a MTB II). Eingeschlossen von der Haftungsminderung sind auch solche unselbständige Verwaltungshelfer, denen ggü eine ähnliche Fürsorgepflicht besteht, wie den gesetzlich geschützten Personen (BGH NJW 05, 286: Schülerlotsen; im Turnunterricht helfende Schüler). Die als Verwaltungshelfer herangezogenen selbständigen privaten Unternehmen haften jedoch nach Maßgabe des mit dem Staat abgeschlossenen Vertrages ohne die Haftungsbeschränkung (BGH aaO).

81 Der Rückgriffsanspruch ist im ordentlichen Rechtsweg zu verfolgen, Art 34 S 3 GG.

82 **H. Einzelfälle. I. Abschleppunternehmer.** Nach der Werkzeugtheorie (Rn 11) handelt es sich bei einem Abschleppunternehmer, der auf polizeilicher Veranlassung ein Fahrzeug abschleppt, um einen „Beamten" iSd § 839 (BGHZ 49, 108).

83 **II. Arzt, Amtshaftung.** Unterlaufen einem beamteten Arzt Fehler, sind Amtshaftungsansprüche nur gegeben, wenn das Behandlungsverhältnis mit dem Geschädigten öffentlich-rechtlich ausgestaltet war (BGH VersR 04, 785), was selten der Fall sein dürfte. Die Heilbehandlung von Kranken ist regelmäßig nicht Ausübung eines öffentlichen Amtes iSv Art 34 GG, und zwar selbst dann nicht, wenn die Einweisung in ein Krankenhaus auf Vorgängen des öffentlichen Rechts beruht. Etwas anderes gilt nur, wenn die ärztliche Maßnahmen sich als Zwangsbehandlung darstellen oder der Arzt mit ihr unmittelbar ein ihm übertragenes öffentliches Amt ausübt (BGHR BGB § 839 I 1 Notarzt 1; Rn 120).

84 **III. Ausländerbehörden, Abschiebehaft.** Im Anschluss an die Entscheidung des BVerfG (BVerfGE 105, 239), werden zunehmend Klagen, idR vorbereitet durch Prozesskostenhilfeanträge, von Abschiebehäftlingen erhoben. Regelmäßig werden vornehmlich formelle Verfahrensfehler gerügt und hohe Entschädigungssummen verlangt. Bei der Entscheidung über den Haftantrag hat der Haftrichter zu prüfen, ob eine Ausreise-

pflicht besteht, die Abschiebungserfordernisse vorliegen, die Abschiebung durchführbar und die Haft zur Sicherung der Abschiebung erforderlich ist (BGHZ 98, 111). An die der Ausweisung und Abschiebung zugrunde liegenden Verwaltungsakte ist der Haftrichter gebunden, da Anhaltspunkte für ihre Nichtigkeit regelmäßig nicht vorliegen (BGHZ 98, 109). Abschiebehaft darf nur angeordnet werden, wenn mit einer gewissen Wahrscheinlichkeit zu erwarten ist, dass die Abschiebung des Ausländers ohne seine Inhaftierung wesentlich erschwert oder vereitelt würde (BGHZ aaO). Die Überprüfung der Entscheidung findet unter dem Begriff der „Vertretbarkeit" (Rn 31) statt.

Kann nach diesen Maßstäben ein rechtswidriges bzw schuldhaftes Verhalten der Verwaltungsbehörden oder auch der Gerichte bejaht werden, ist insbes bei bloßen Verfahrensfehlern noch zu prüfen, ob der Grundsatz des rechtmäßigen Alternativverhaltens eingreift (Rn 61). Das kann etwa der Fall sein, wenn die Voraussetzungen der Sicherungshaft nach § 57 AuslG vorliegen. Sicherungshaft setzt im Grundsatz zweierlei voraus: Ausreisepflicht und Gefahr der Vereitelung der Abschiebung. Außerdem ist der Grundsatz der Verhältnismäßigkeit wie bei der Feststellung der Haftvoraussetzungen wie bei der Dauer der Haft zu beachten (*Renner* Ausländergesetz § 57 AuslG Rn 11).

Die Durchführung der Abschiebung kann in Frage gestellt sein, wenn die Gefahr besteht, dass der Ausländer „untertaucht" oder die Abschiebung durch sein Verhalten in anderer Weise erheblich behindert. Die bloße Weigerung, freiwillig das Bundesgebiet zu verlassen, genügt nicht (BGHZ 98, 109). Eine solche Gefährdung ist jedoch anzunehmen, wenn der Ausländer die Abschiebung in der Weise behindert, die nicht durch Anwendung einfachen Zwangs überwunden werden kann (BGHZ aaO). Der Ausländer muss die Vermutung aufgrund illegaler Einreise, er werde sich der Abschiebung entziehen, glaubhaft widerlegen. Als Mittel der Glaubhaftmachung kommen zB Flugticket und Rückfahrkarte in Betracht (*Renner* aaO Rn 15). Das Untertauchen bei ähnlichem Anlass in der Vergangenheit kann einen begründeten Verdacht der Entziehung darstellen (*Renner* aaO Rn 20). Dasselbe gilt für die Weggabe der Reisedokumente vor der Inhaftierung.

IV. Bahn und Post. sind inzwischen privatrechtlich tätig.

V. Bankaufsicht. Nachweise bei BGHZ 162, 49.

VI. Bauaufsicht, Bauplanung. Die Haftung von Baubehörden hat den BGH mehrfach beschäftigt (*Lansnicke/Schwirtzek* NVwZ 96, 745; *Maser* Festschrift für Soergel S 189). Eine Haftung begründen die Versagung einer Baugenehmigung, auf die der Bauwillige einen Anspruch hat, unrichtige Auskünfte über die Bebaubarkeit eines Grundstücks, rechtswidrige Zusicherung einer Baugenehmigung (BGH NVwZ 94, 901), rechtswidrige Versagung des Einvernehmens nach § 36 BauGB durch die Gemeinde (BGH NJW 92, 2218; nicht dessen rechtswidrige Erteilung, NJW 87, 1320), Aussetzung der Vollziehung einer rechtmäßigen Baugenehmigung auf einen offensichtlich aussichtslosen Nachbarwiderspruch (Zweibr VersR 01, 1112). S.a. die Beispiele bei *Rinne/Schlick* (NJW 05, 3541).

Erlässt die Gemeinde während des Laufs des Baugenehmigungsverfahrens eine Veränderungssperre, ist es möglich, dass die Gemeinde den Zeitraum, der für eine ordnungsgemäße Bearbeitung der Bauvoranfrage ohnehin erforderlich ist, zugleich dazu nutzt, derartige Maßnahmen zu ergreifen. Liegt dann in dem Zeitpunkt, zu dem die ordnungsgemäße und zügige Bearbeitung des Gesuchs abgeschlossen sein muss, der Aufstellungsbeschluss für eine geänderte Planung vor, ist die Gemeinde nicht gehindert, eine Zurückstellung des Vorhabens zu beantragen. Eine derartige Verfahrensweise müsste vom Bauwilligen hingenommen werden (BGH NVwZ 93, 299; 02, 124).

Nach § 254 entfallen Schadensersatzansprüche, wenn jemand aufgrund einer von der Baugenehmigungsbehörde erlassenen Anordnung der sofortigen Vollziehbarkeit mit den Bauarbeiten beginnt, obwohl er weiß, dass die Baugenehmigung angefochten ist und der Gefahr der Aufhebung ausgesetzt ist. Grds darf der Bürger zwar von der Rechtmäßigkeit der Verwaltung ausgehen und darauf vertrauen, dass die Behörden das ihnen Obliegende richtig und sachgemäß verrichten (BGH VersR 89, 594; Rn 19). Demzufolge stellt die Erteilung einer rechtswidrigen Baugenehmigung eine Amtspflichtverletzung auch ggü dem Antragsteller dar, die zur Schadensersatzpflicht des Trägers der Genehmigungsbehörde führen kann (Geigel/*Kunschert* Kap 20 Rn 52). Das gleiche gilt auch für die Anordnung der sofortigen Vollziehbarkeit, die es dem Bauherrn erlaubt, ohne Rücksicht auf Rechtsbehelfe Dritter mit den Bauarbeiten zu beginnen. Allerdings geht derjenige, der die Anfechtung kennt, bewusst dasjenige Risiko ein, das er sich nach § 254 entgegenhalten lassen muss. Das kann dazu führen, dass er den gesamten Schaden selbst zu tragen hat (BGH NJW 85, 265).

Bei Bebauungs- und Flächennutzungsplänen ist zu beachten, dass nicht alle Regelungen eine drittschützende Funktion haben. Das liegt darin begründet, dass eine Gemeinde mit der Bauleitplanung grds nur Pflichten ggü der Allgemeinheit und nicht ggü den einzelnen Grundstückseigentümern wahrnimmt (BGHZ 71, 386). Drittbezogene Amtspflichten hat der BGH nur dann angenommen, wenn konkrete schutzwürdige Interessen der Planbetroffenen durch Verletzung des Abwägungsgebotes (§ 1 VI, VII BauGB) beeinträchtigt wurden oder bei der Verletzung der Pflicht, wenn den zukünftigen Bewohnern des Plangebietes aus dessen Bodenbeschaffenheit drohen (BGH NJW 90, 245). Dasselbe gilt bei Gefahren für die Sicherheit der Wohn- und Arbeitsbevölkerung (BGHZ 142, 259). Zu beachten ist, dass der

Gesetzgeber mit der Neuschaffung des § 214 IV BauGB die Möglichkeit geschaffen hat, einen aufgrund von materiellen Abwägungsfehlern fehlerhaften Flächennutzungsplan mit Rückwirkung zu heilen. Dann entfällt ein rechtswidriges Handeln.

92 **VII. Beamtenbeförderung.** Es gibt keinen Anspruch auf Beförderung (BVerwG NVwZ 91, 375). Das gilt auch dann, wenn der Dienstposten unterbewertet sein sollte (BVerwG aaO); insoweit steht dem Staat eine organisatorische Gestaltungsfreiheit zu. Schadensersatzansprüche können sich erst dann ergeben, wenn der Haushalt zu Lasten eines bestimmten Beamten manipuliert wird (BVerwG aaO) oder ansonsten eine ermessensfehlerhafte Personalauswahl stattgefunden hatte (BVerwG DVBl 00, 1128). Zum Rechtsweg s Rn 65.

93 **VIII. Finanzamt.** Im Besteuerungsverfahren hat die Finanzbehörde gem § 88 AO die Amtspflicht, den Sachverhalt von Amts wegen zu ermitteln. Sie hat alle für den Einzelfall bedeutsamen, auch die für die Beteiligten günstigen Umstände zu berücksichtigen (§ 88 II AO). Nach § 91 AO soll des Weiteren, bevor ein Verwaltungsakt erlassen wird, der in Rechte eines Beteiligten eingreift, diesem Gelegenheit gegeben werden, sich zu den für die Entscheidung erheblichen Tatsachen zu äußern (München NJW 96, 1971). Typische Schäden aus Amtspflichtverletzungen der Finanzämter sind Kosten, welche der Steuerpflichtige für die steuerliche Beratung ausgegeben hat. Der Gesetzgeber hat nämlich nur für das Verfahren vor den Finanzgerichten und nicht für das Verwaltungsvorverfahren eine Kostenerstattung vorgesehen. Zu Beschlagnahmen im Rahmen der Steuerfahndung s Rn 128 unter „Staatsanwaltschaft".

94 **IX. Freiheitsentziehungen, Ansprüche nach der Menschenrechtskonvention.** Es ist zu differenzieren, welches staatliche Organ die Freiheitsentziehung veranlasst hat. Für Polizei- und vergleichbare Beamte gelten die allgemeinen Grundsätze rechtsstaatlichen Handelns (Rn 19 ff). Handelt es sich um eine richterliche Entscheidung, kann das Spruchrichterprivileg eingreifen (Rn 46).

95 Zu beachten ist, dass Art 5 EMRK einschlägig sein kann. Danach darf die Freiheit nur auf gesetzlich vorgeschriebene Weise entzogen werden, ua aufgrund einer rechtmäßigen Festnahme zur Vorführung vor die zuständige Gerichtsbehörde, wenn hinreichender Verdacht besteht, dass die betreffende Person eine Straftat begangen hat. Die Begriffe „rechtmäßig" und „auf die gesetzlich vorgeschriebene Weise" verweisen auf das innerstaatliche Recht und beinhalten die Verpflichtung, dessen materielle und prozessuale Regeln einzuhalten (EGMR NJW 00, 2888). Infolgedessen deckt sich die Regelung des Art 5 EMRK mit der Amtshaftung nach § 839, welche den Staat ebenfalls zu rechtmäßigem Amtshandeln veranlasst. Der Unterschied beider Normen besteht allerdings ua darin, dass Art 5 EMRK kein Verschulden voraussetzt.

96 Polizeibeamte sind verpflichtet, einen Festgenommenen unverzüglich einem Richter vorzuführen. Die Gerichte haben organisatorisch Vorsorge zu treffen, dass ein Richter erreichbar ist (BVerfGE 105, 239). Gleichwohl dürfen die Polizeibehörden (Staatsanwaltschaft) die notwendigen Ermittlungen abschließen, um dem Haftrichter ein vollständiges Aktenstück vorlegen zu können. Sie dürfen auch die festgenommene Person, nach entspr Belehrungen, vernehmen. Nach hM ist eine Vernehmung des Festgenommenen durch die Polizei vor der Vorführung vor dem Richter durchaus zulässig. (BGH NStZ 90, 195; *Meyer-Goßner* StPO § 128 StPO Rn 6; einschränkend KK-*Boujong* StPO § 128 StPO Rn 5 mwN). Insoweit ist eine Differenzierung zwischen der Regelung des § 115 StPO, bei dem ein richterlicher Haftbefehl bereits vorliegt, und der des § 128 StPO, der eine vorläufige Festnahme regelt, zwingend geboten. § 128 StPO steht im Regelungszusammenhang mit §§ 133, 163 a StPO, die eine Vernehmung des Beschuldigten sogar vorschreiben. Gem § 163a III 1 StPO ist der Beschuldigte verpflichtet, bei der Staatsanwaltschaft zu erscheinen. Zwar wird man diesen Vorschriften nicht unmittelbar die Befugnis zu einer Freiheitsentziehung im Rahmen der vorläufigen Festnahme entnehmen können, jedoch sind sie geeignet, den Begriff der „Unverzüglichkeit" auszulegen, und zwar dahingehend, dass eine erstmalige Vernehmung des Beschuldigten nicht per se ausreicht, um die anschließende Vorführung für nicht mehr unverzüglich zu erachten. Die Durchführung einer solchen Vernehmung stellt jedenfalls bei einer vorläufigen Festnahme einen sachlichen Grund für die Verzögerung dar.

97 Grds ist bei Freiheitsverletzungen oder im Zusammenhang damit erfolgten Menschenrechtsverletzungen auch die Zubilligung einer immateriellen Entschädigung möglich. Aber nicht jede festgestellte Menschenrechtsverletzung fordert in jedem Fall eine zusätzliche Wiedergutmachung durch Geldentschädigung. Es muss hinzukommen, einen Anspruch auf Geldentschädigung von dem weiteren Erfordernis abhängig zu machen, dass die Beeinträchtigung nicht in anderer Weise befriedigend ausgeglichen werden kann. Dies hängt – insoweit nicht anders als beim allgemeinen Persönlichkeitsrecht, auch wenn die Erheblichkeitsschwelle bei Verletzungen der Menschenwürde generell niedriger anzusetzen ist – insbes von der Bedeutung und Tragweite des Eingriffs, ferner von Anlass und Beweggrund des Handelnden sowie von dem Grad seines Verschuldens ab (BGH NJW 05, 58).

98 Auch im Anwendungsbereich der Konvention zum Schutze der Menschenrechte und Grundfreiheiten (EMRK) ist anerkannt, dass eine – eine Wiedergutmachung durch Geldersatz nach Art 41 EMRK fordernde – unmenschliche oder erniedrigende Behandlung iSd Art 3 EMRK nur erst vorliegt, wenn sie ein Mindestmaß an Schwere erreicht. Die Beurteilung dieses Mindestmaßes ist abhängig von den Umständen des Einzelfalls, wie bspw der Dauer der Behandlung, ihren physischen oder psychischen Folgen oder von Geschlecht, Alter oder Gesundheitszustand des Opfers (BGH aaO).

Ist eine Entschädigung zu zahlen, besteht keine einheitliche Auffassung über dessen Höhe. Während das OLG 99
Kobl für einen Tag rechtswidrige Freiheitsentziehung aufgrund des PsychKG 500,– € zugesprochen hat
(OLGR Kobl 04, 226), sind nach einem Beschluss der OLG Oldenbg (InfAuslR 04, 216) und Schlesw (SchlHA
02, 113) in entspr Anwendung von § 7 StrEG pro Tag 11,– € zu zahlen.

X. Gemeinde. Die unberechtigte Verweigerung der Erteilung des Einvernehmens bei Bauvorhaben (Rn 88) 100
kann Amtshaftungsansprüche auslösen, auch wenn es eines solchen gar nicht bedarf oder sich die Genehmigungsbehörden über das fehlende Einvernehmen hätte hinwegsetzen können (BGH VersR 03, 731). Im letzteren Fall kommt eine deliktsrechtliche Gesamtschuldnerschaft zwischen der Gemeinde und der Bauaufsichtsbehörde in Betracht (BGH aaO). Durch den voreiligen Erlass eines Bußgeldbescheides verletzt eine Behörde
ihre Amtspflicht zur vollständigen Aufklärung des Sachverhalts, wenn sie ohne nähere Anhaltspunkte aus der
bloßen Haltereigenschaft auf die Täterschaft des im Anhörungsverfahren schweigenden Halters schließt und
gegen ihn einen Bußgeldbescheid erlässt. Sie verstößt gegen das Willkürverbot des Art 3 GG, wonach sachgerechte Feststellungen und Erwägungen zur Täterschaft des beschuldigten Halters zu treffen sind und missachtet damit das Schweigerecht des Klägers als beschuldigtem Halter (BVerfG NJW 94, 847; LG Frankf M. NVZ
97, 443). Es entsteht jedoch kein kausaler Schaden durch Verteidigergebühren, soweit dieser schon vorher
tätig geworden war und keine höheren Gebühren entstanden sind.

XI. Gerichtsvollzieher. Dieser ist kein Gebührenbeamter, für seine Pflichtverletzungen haftet der Staat 101
(BGHZ 146, 17).

XII. Gewässerunterhaltspflicht. s Wasser. 102

XIII. Jugendamt. s Rn 23.

XIV. Katastrophenschutz. Eine Haftung nach den Katastrophengesetzen der Länder (zB § 1 NdsKatSG) ist 103
denkbar, wenn nicht rechtzeitig zB vor Überschwemmungen gewarnt wird. Ein Katastrophenfall ist ein Notstand, bei dem Leben, Gesundheit oder die lebenswichtige Versorgung der Bevölkerung oder erhebliche
Sachwerte in einem solchen Maße gefährdet oder beeinträchtigt sind, dass seine Bekämpfung durch die
zuständigen Behörden und die notwendigen Einsatz- und Hilfskräfte eine zentrale Leitung erfordert. In Niedersachsen obliegt nach § 2 NdsKatSG der Katastrophenschutz als Aufgabe des übertragenen Wirkungskreises
den Landkreisen und kreisfreien Städten als Katastrophenschutzbehörden.

Die Behörden des Katastrophenschutzes verletzen ihre Amtspflicht, wenn sie nicht rechtzeitig die Bevölke- 104
rung bei einem drohenden Deichbruch vor der Hochwassergefahr warnen. Die Warnung der gefährdeten
Bevölkerung muss auch unter Berücksichtigung eines der Behörde zustehenden Beurteilungs- oder Ermessensspielraums bei einer am Maßstab der jeweiligen Gefahrenpotentiale orientierten Abwägung spätestens
dann erfolgen, wenn zwar noch Chancen für eine Rettung des Deiches bestehen, die Wahrscheinlichkeit eines
Dammbruchs aber aus der Sicht des Einsatzleiters vor Ort schon deutlich überwiegt und sich deswegen Zweifel an einer Beherrschung der Lage aufdrängen müssen. Die Zielrichtung einer Warnung, Keller und Tiefgaragen nicht zu betreten, ist die Vermeidung von Personenschäden. Sachschäden im Keller werden davon nicht
erfasst, sie können also nicht mit dem Argument einer unterlassenen Warnung ersetzt werden, da sich der
Schutzbereich der Amtspflicht nicht darauf erstreckt (BGH BauR 05, 687).

Genau zu prüfen ist in derartigen Fällen die Kausalität. Der Geschädigte hat darzulegen und ggf zu beweisen, 105
in welcher für ihn günstigen Weise das Geschehen bei Vornahme der gebotenen Amtshandlung verlaufen
wäre (BGH VersR 94, 935 mit ausführlicher Begründung und Beispielen). Aus dieser Entscheidung wird
gleichzeitig deutlich, dass in den einzelnen Ländern die Verantwortlichkeit für den Katastrophenschutz sehr
unterschiedlich geregelt sein kann. Im entschiedenen Fall hat der BGH eine Haftung des Landes Hessen
bejaht.

XV. Kirche. § 839 ist taugliche Anspruchsgrundlage auch soweit Handlungen von Kirchenbediensteten 106
betroffen sind. Das gilt nicht nur für Fälle, dass die Kirchen Staatsaufgaben erfüllen oder auf dem Gebiet des
Kirchensteuerrechts, sondern auch ganz allgemein in Ausübung eines „öffentlichen Amtes" tätig werden
(BGH NJW 03, 1308 für Äußerungen eines Sektenbeauftragten).

XVI. Notar. Für Notare gilt § 839 über § 19 I 3 BNotO in entspr Anwendung. Nach § 1 BNotO ist er kein 107
Beamter sondern unabhängiger Träger eines öffentlichen Amtes. Für einen Teil der Notare in Baden-Württemberg gelten allerdings Besonderheiten, § 114 BNotO. Wegen der Pflichten und der Haftung bestehen zwischen Nur-Notaren und Anwaltsnotaren keine Unterschiede. Problematisch bei Anwaltsnotaren kann die
Abgrenzung zwischen anwaltlicher und notarieller Tätigkeit sein. § 24 II BNotO enthält die Vermutung, dass
eine notarielle Tätigkeit dann vorliegt, wenn die Handlung Geschäfte zu §§ 20–23 BNotO vorbereiten
und ausführen soll. Soweit dieses nicht der Fall ist, handelt es sich im Zweifel um anwaltliche Tätigkeit, § 24 II 2
BNotO. Derartige Zweifel bestehen nicht, wenn nach den objektiven Umständen, insbes der Art der Tätigkeit,
nicht einseitige Interessenwahrnehmung in Rede steht, sondern eine neutrale, unparteiische Berücksichtigung
der Belange sämtlicher Beteiligter (BGH NJW-RR 01, 1639). Wird ein notarielles Siegel verwendet, spricht
das für eine Notarstätigkeit. Wird einer von einem Anwaltsnotar abgegebenen Erklärung das Notarsiegel

nicht beigefügt, lässt dieser Umstand allein nicht ohne weiteres die Annahme zu, der Anwaltsnotar sei als Anwalt tätig geworden (BGHZ 134, 100).

108 Die zentrale Haftungsnorm ist § 19 BNotO. Der Notar hat seine Amtspflichten persönlich zu erfüllen. Soweit er dabei sein Büropersonal einsetzen darf, haftet er bei Verletzung von Organisationspflichten (BGH VersR 95, 1246; BGHZ 31, 5). Für Amtspflichtverletzungen des Notarvertreters haften beide gesamtschuldnerisch, im Innenverhältnis der Vertreter allein, § 46 BNotO. Dasselbe gilt für den Notarassessor, soweit ihm Geschäfte der in §§ 23, 24 BNotO bezeichneten Art zur selbständigen Erledigung überlassen wurden. Der Staat haftet nicht für Amtspflichtverletzungen der Notare, wohl allerdings in bestimmten Fällen, wenn die Notaraufsicht fehlerhaft ausgeübt wurde (BGHZ 135, 354). Kein Fall der Amtshaftung sind Streitigkeiten über die Gebühren des Notars. Darüber wird im Beschwerdeverfahren nach § 156 KostO entschieden, auch wenn mit Schadensersatzansprüchen wegen fehlerhafter Amtsführung aufgerechnet wird (Jena OLG-NL 02, 214; KG 25. 5. 04 Az 1 W 472/01). Schwebt ein Amtshaftungsprozess, ist jedoch auszusetzen (vgl Rn 75).

109 Die Amtspflichten des Notars sind überwiegend in der BNotO (zB §§ 14, 18) und dem BeurkG (§§ 10 ff) geregelt. Ergänzend gilt jedoch der allgemeine Grundsatz, dass ein Amtsträger Dritte nicht schädigen und insbes deren Rechtsgüter nicht verletzen darf.

110 Nach § 14 BNotO obliegen dem Notar **Belehrungs- und Betreuungspflichten**. Es genügt nicht, in der von ihm aufgenommenen Urkunde den Willen der Erklärenden richtig und rechtswirksam wiederzugeben; seine Pflicht kann sich vielmehr auch auf Umstände erstrecken, die außerhalb des zu beurkundenden Vorgangs liegen. Diese Pflicht folgt aus der allgemeinen Betreuungspflicht. Danach ist der Notar verpflichtet, dem Beteiligten, der ihn im Vertrauen darauf angegangen hat, vor nicht bedachten Folgen seiner Erklärungen bewahrt zu bleiben, die nötige Aufklärung zu geben. Er darf es nicht geschehen lassen, dass Beteiligte, die über die rechtlichen Folgen ihrer Erklärung falsche Vorstellungen haben, durch Abgabe der Erklärung ihre Vermögensinteressen vermeidbar gefährden. Allerdings besteht diese Belehrungspflicht nur dann, wenn der Notar aufgrund besonderer Umstände des Falles Anlass zu der Vermutung haben muss, einem Beteiligten drohe ein Schaden vor allem deshalb, weil er sich wegen mangelnder Kenntnis der Rechtslage der Gefahr nicht bewusst ist. Diese dem Notar auferlegten strengen Pflichten gelten insbes dann, wenn ein Urkundsbeteiligter eine ungesicherte Vorleistung erbringen soll (BGH DNotZ 98, 637). Ob der Notar Grund zu solcher Sorge hat, hängt von den Umständen des jeweiligen Falles ab. Oft wird jedoch schon die rechtliche Anlage des von ihm beurkundeten Rechtsgeschäfts ihn veranlassen müssen, über daraus folgende Gefahren zu belehren (BGHZ 58, 343). Der Hinweis auf einen drohenden Schaden ist auch dann zu erteilen, wenn der Notar von der Schadensmöglichkeit erst nach der Beurkundung aber noch während der Abwicklung des Urkundsgeschäfts erfährt (BGH VersR 95, 1247). Wird dem Notar nämlich die Rechtswidrigkeit oder Unredlichkeit der verfolgten Zwecke eines Urkundsgeschäfts erst erkennbar, nachdem er tätig geworden ist, etwa wenn er merkt oder den verdichteten Verdacht haben muss, dass jemand arglistig getäuscht worden ist oder werden soll, hat er sodann die weitere Mitwirkung zu versagen, zB den Vollzug zu unterlassen (BGH DNotZ 87, 558) bzw den Beteiligten über die drohenden Gefahren aufzuklären und bis zur Rückäußerung weitere Verfügungen zu unterlassen. Hinter dieser Pflicht muss auch die Verschwiegenheitspflicht nach § 18 BNotO zurückstehen (BGH VersR 78, 247). Allgemein gilt, dass der Notar, wenn er nicht sicher weiß, ob die Handlung unredlichen Zielen dient, sich dies aber nach den konkreten Umständen des Falles als möglich darstellt, nachfragen muss. Erhält er keine zufrieden stellende Antwort, muss er die Tätigkeit verweigern. An Geschäften, die er in ihrer rechtlichen und wirtschaftlichen Tragweite nicht durchschaut, darf er nicht mitwirken. Auffälliges Indiz für eine Schädigung der finanzierenden Bank, dem vom Notar nachzugehen ist, kann insbes das Vorspiegeln von Sicherheiten wie Grundschulden und Abtretungen sein, die weit über dem beurkundeten tatsächlichen Kaufpreis liegen (BGH NdsRpfl 01, 237). Bei einer Beurkundung ist bereits das Fehlen der normalerweise üblichen Sicherung der Restkaufgeldes ausreichender Anlass für den Notar, pflichtgemäß nachzufragen, ob der Verkäufer wissentlich den Käufer in dieser Weise begünstigen will (BGHZ 56, 26). Diese wie jede Aufklärungspflicht entfällt nur dann, wenn der Notar mit Sicherheit annehmen kann, dass der Betroffene die sich für ihn ergebenden Gefahren erkannt hat.

111 Die Belehrung hat ggü den Beteiligten (Rn 116) zu erfolgen. Werden diese vertreten, reicht die Belehrung des Stellvertreters, es sei denn, der Notar muss mit einer Gefährdung des Vertretenen rechnen, weil der Stellvertreter erkennbar nicht beabsichtigt, Hinweise weiterzuleiten (BGH VersR 93, 1358).

112 Gem § 18 BeurkG soll der Notar die Beteiligten auf die erforderlichen **behördlichen Genehmigungen** oder etwa darüber bestehende Zweifel hinweisen. Seine danach geschuldete Tätigkeit beschränkt sich nicht auf einen allgemeinen Hinweis, sondern die konkret in Betracht kommenden Genehmigungen sind einzeln aufzuzählen. Die Beteiligten sind auch mindestens darüber aufzuklären, wie weit das Rechtsgeschäft bis zur Erteilung der Genehmigung nicht durchgeführt werden kann, sowie über die Folgen ihrer endgültigen Versagung, falls die Vertragserfüllung schon vorher eingeleitet werden soll (BGH VersR 93, 1358).

113 Ob und inwieweit zu seinen Amtspflichten bei einem Urkundenentwurf auch eine **Beratung** gehört, hängt vom Inhalt des Auftrags ab. Je nach Auftrag kann eine solche Beratung hinter der Belehrung, die der Notar bei einer Beurkundung vorzunehmen hat, zurückbleiben, mit ihr übereinstimmen oder über sie hinausgehen. Letzteres ist bspw dann der Fall, wenn die geschuldete Beratung auch wirtschaftliche oder steuerliche

Fragen umfasst, über die der Notar anlässlich einer Beurkundung grds nicht aufzuklären hat (BGH VersR 93, 1405). Die Pflicht nach § 19 BeurkG, auf das Erfordernis einer Unbedenklichkeitsbescheinigung des Finanzamts (§ 22 GrEStG) hinzuweisen, bedeutet nicht, dass der Notar über den möglichen Anfall und die Höhe einer solchen Steuer oder steuersparende Gestaltungen zu unterrichten hätte (BGH NJW-RR 92, 1178). Soweit § 8 ErbStDV einen Hinweis auf Steuern vorschreibt, hat diese Norm ersichtlich das Ziel, Vertragsparteien vor Überraschungen zu schützen. Sie sollen bei ihren Überlegungen berücksichtigen, dass Schenkungen steuerrechtliche Folgen haben können. So ist auch nicht über Einzelheiten, sondern nur darüber aufzuklären, dass möglicherweise Steuern anfallen können. Erkennt der Notar ein steuerliches Risiko oder wird er um Rat ersucht, hat er aufzuklären. Den Notar trifft keine Pflicht, die Werthaltigkeit des Vertragsobjekts oder die Liquidität der Vertragspartner zu prüfen. Ihn treffen auch keine Aufklärungspflichten wegen Sachmängeln eines verkauften Grundstücks. Das mögliche Entstehen eines Gewährleistungsanspruchs gehört nicht zur rechtlichen Tragweite des Geschäfts, sondern ist eine gesetzliche Folge davon (*Ganter* WM 96, 704). Etwas anderes gilt allerdings, wenn er erkennt, dass der Käufer geschädigt werden soll (Rn 110). Bei einer Betreuung hat der Notar das für alle Amtsgeschäfte geltende Gebot der Unparteilichkeit (§ 14 I 2 BNotO) zu beachten, gleichgültig, ob er nur für einen Auftraggeber oder für mehrere Beteiligte mit gegensätzlichen Interessen tätig wird.

Nach § 17 BeurkG soll der Notar den Willen der Beteiligten erforschen, den Sachverhalt klären, die Beteiligten über die rechtliche Tragweite des Geschäfts belehren und ihre Erklärungen klar und unzweideutig in der Niederschrift wiedergeben; bestehen Zweifel, ob das Geschäft dem Gesetz oder dem wahren Willen der Beteiligten entspricht, so sollen die Bedenken mit den Beteiligten erörtert werden. Diese Prüfungs- und Belehrungspflicht soll gewährleisten, dass der Notar eine rechtswirksame Urkunde errichtet, die den wahren Willen der Beteiligten wiedergibt. Den Willen der Vertragspartner kann der Notar nur dann richtig erfassen und in die passende rechtliche Form kleiden, wenn er den Tatsachenkern des zu beurkundenden Geschäfts aufgeklärt hat. Er darf sich aber regelmäßig auf die tatsächlichen Angaben der Beteiligten ohne eigene Nachprüfung verlassen (BGH VersR 00, 1026). Der Notar hat die rechtliche Seite der Notariatsgeschäfte zu kennen. Er hat die Rspr der obersten Gerichte, die in amtlichen Sammlungen und den für seine Amtstätigkeit wesentlichen Zeitschriften veröffentlicht ist, und die üblichen Erläuterungsbücher auszuwerten (BGH NJW-RR 94, 1021). Der Notar darf sich nicht darauf beschränken, in der Urkunde nur die Hauptleistungspflichten der Beteiligten zu regeln. Er schuldet vielmehr eine umfassende, ausgewogene und interessengerechte Vertragsgestaltung. Er muss alle regelungsbedürftigen Fragen ansprechen, die hierzu nötigen Belehrungen erteilen und bei Bedarf entspr Regelungen vorschlagen. Er kann nicht erwarten, dass die Beteiligten diese Fragen selbst erkennen und zur Diskussion stellen. Hinsichtlich aller regelungsbedürftigen Punkte, die üblicherweise zum Gegenstand vertraglicher Abreden gemacht werden, muss er sich vergewissern, ob die Beteiligten eine Regelung bewusst nicht getroffen haben oder ob dies auf einem Versehen oder Unkenntnis beruht. **114**

Nach § 24 I BNotO gehört zum Amt des Notars nicht nur die Urkundstätigkeit, sondern auch die sonstige Betreuung der Beteiligten und dabei ua auch deren Vertretung vor Verwaltungsbehörden. Zu den vom Notar übernommenen Aufgaben sind daher auch die sog Vollzugstätigkeiten, die der Sicherung des rechtlichen Erfolges eines beurkundeten Rechtsgeschäfts (zB durch Einholung von behördlichen Genehmigungen, von denen die Rechtswirksamkeit eines beurkundeten Vertrages abhängt) dienen, umfasst. Der Notar ist jedoch zur Übernahme solcher Tätigkeiten nicht verpflichtet. Voraussetzung ist stets ein entspr Auftrag (Schippel/*Reithmann* BNotO § 24 Rn 34). So soll der Notar nach § 53 BeurkG von ihm beurkundete Willenserklärungen dem Grundbuchamt vorlegen, sobald die Urkunde eingereicht werden kann, es sei denn, alle Beteiligten verlangen nach Belehrung über die damit verbundenen Gefahren etwas anderes. Liegen dem Notar sodann alle für die begehrte Eintragung erforderlichen Unterlagen vor, muss er die sog „Vollzugsreife" schaffen, indem er unverzüglich tätig wird. Dabei ist ihm ein bürointerner Bearbeitungszeitraum zuzubilligen. Für Routineangelegenheiten werden vier Arbeitstage angenommen, acht bis zehn Arbeitstage, wenn noch eine Vollzugsreife geschaffen werden muss, und kürzere Erledigungsfristen werden dann angesetzt, wenn es sich um einen ersichtlichen Eilfall handelt (Frankf NJW-RR 96, 507 mwN). Einem Notar, der eine Bescheinigung ausstellt oder eine notarielle Erklärung abgibt, obliegt die Amtspflicht zur wahren Bezeugung. Er darf nur bekunden, was er nach gewissenhafter Prüfung als zutreffend erkannt hat. Mit seinen Amtspflichten ist es unvereinbar, wenn er durch seine Tätigkeit einen falschen Anschein erweckt, durch den geschützte Dritte in die Gefahr eines folgenschweren Irrtums geraten (BGHZ 134, 100). **115**

Die Amtspflichten obliegen dem Notar nicht nur ggü den unmittelbar am Urkundsgeschäft Beteiligten. Vielmehr können alle Personen Ansprüche herleiten, deren Interessen von dem Geschäft berührt werden oder für den es bestimmt ist (BGHZ 134, 100). Für die Verjährung gelten keine Besonderheiten. Es kann daher auf die Rn 51 verwiesen werden. Dagegen kann sich ein Notar bei Pflichtverletzungen im Rahmen der Durchführung eines selbständigen Treuhandauftrags nicht auf die Subsidiarität nach § 19 I 2 BNotO berufen, da Geschäfte nach §§ 23 f BNotO ausdrücklich davon ausgeschlossen sind. Im Rahmen der Subsidiarität kann der Notar nicht darauf verweisen, dass Makler oder Steuerberater den Parteien Urkundsentwürfe gestellt haben. Ein Notar kann bei einer fehlerhaften Vertragsgestaltung die Beteiligten nur dann auf eine anderweitige Ersatzmöglichkeit wegen der Mitwirkung eines Steuerberaters verweisen, wenn letzterer in steuerlichen **116**

Dingen falsch beraten hatte. Jener hat seine Tätigkeit auf die in § 1 StBerG genannten Rechtsgebiete zu beschränken (BGH NJW 00, 69; Naumbg 12.7.05 Az 1 U 8/05; Ddorf OLGR 03, 399). Ansonsten sind in der Praxis recht häufig Fragen der Kausalität einschl des rechtmäßigen Alternativverhaltens zu beantworten (Rn 61). Bei Auszahlungsfehlern kommt als Vorteilsausgleich als anzurechnender Vorteil insbes die Tilgung anderweitiger Verbindlichkeiten in Betracht.

117 **Einzelne Pflichten:** Mit Grundstückskaufparteien muss der Notar besprechen, wer möglicherweise nicht abgerechnete Erschließungskosten zu tragen hat (BGH VersR 94, 1310). Die Belehrungspflicht entfällt erst dann, wenn der Notar mit Sicherheit annehmen kann, dass nach menschlichem Ermessen weder aus der Gestaltung des Rechtsgeschäfts noch aus der vorgesehenen Art seiner Durchführung einem Beteiligten ein Schaden erwachsen kann (Celle NdsRpfl 98, 272). Das Nichtvorlesen der Baubeschreibungen stellt eine Amtspflichtverletzung dar. Nach § 13 BeurkG („Mussvorschrift") ist das Vorlesen notwendig. Sollte die Baubeschreibung bei Abschluss des Kaufvertrags vom Vorlesungszwang ausgenommen werden, muss sie in eine andere notarielle Niederschrift gem § 13a aufgenommen werden. Bei Grundstücksübertragungen muss der Gegenstand hinreichend bestimmt sein. Bei Wohnungseigentum reichen die notarielle Teilungserklärung, die Baugenehmigung, die Baupläne und die Baubeschreibung aus. Hinreichende Bestimmtheit noch zu errichtenden Wohnungseigentums kann nicht etwa ausschl durch Vorlage und unmittelbare Einbeziehung eines Aufteilungsplans und einer Abgeschlossenheitsbescheinigung erreicht werden (Oldenbg 30.7.99 Az 13 U 29/99). Den Zahlungsplan der Makler- und Bauträgerverordnung hat der Notar zu beachten (LG Oldenbg 13.5.98 Az 5 O 3538/97). Sind Wege- und Leitungsrechte gefährdet, muss der Notar hierfür eine Regelung vorschlagen. Er hat zu beachten, dass eine Baulast keinen privatrechtlichen Duldungsanspruch begründet (BGH DNotZ 84, 176), so dass nur die Eintragung einer Grunddienstbarkeit sinnvoll ist. Risiken ergeben sich dann immer noch, wenn diese nachrangig ist und bei einer Zwangsversteigerung des dienenden Grundstücks gelöscht wird. Bei der Beurkundung von Kapitalerhöhungsbeschlüssen hat sich der Notar darüber zu vergewissern, dass die Beteiligten den Begriff, dass die Einlagen seien voll „eingezahlt", kennen (BGH DNotZ 96, 572). Ebenso heißt das, dass er sich vergewissern muss, welche Form der Kapitalerhöhung überhaupt gewollt ist. Bei übernommenen Treuhandaufgaben hat der Notar § 12 III 1 DONot zu beachten. Danach darf der Notar über Beträge eines Anderkontos nur verfügen, um sie unverzüglich dem Empfangsberechtigten zuzuführen. Bei Auszahlungsreife muss der Notar also unverzüglich auszahlen. Dieser Zeitpunkt bestimmt sich nach der vertraglichen Hinterlegungsanweisung, an die sich der Notar strikt und grds ohne Ermessensspielraum zu halten hat, sofern die Hinterlegungsanweisung über den Auszahlungszeitpunkt genaue Anweisungen trifft (Celle NdsRpfl 88, 122). Der Notar ist bei der Abwicklung von Grundstückskaufverträgen nicht verpflichtet, vor Auskehrung des Kaufpreises die Eigentumsumschreibung abzuwarten. Einer lastenfreien Eigentumsumschreibung stehen bereits dann keine Hindernisse entgegen, wenn zur Eintragung nur noch das pflichtgemäße Handeln des Notars und des Grundbuchrechtspflegers erforderlich ist (BGH DNotZ 87, 560; Celle NdsRpfl 93, 67). Zuweilen nimmt der Notar in Urkunden eine Vollmacht zugunsten von Notariatsangestellten auf, die bestimmte Maßnahmen noch durchführen sollen. Es handelt sich dabei um ein selbständiges Vollzugsgeschäft. Hilfstätigkeit zur Beurkundung ist nur die Einreichung beurkundeter Willenserklärungen beim Grundbuchamt, nur insoweit besteht eine subsidiäre Haftung (Schippel/*Reithmann* BNotO § 15 Rn 27). Wird die Beschaffung weiterer Nachweise oder Nebenerklärungen vom Notar verlangt, handelt es sich um einen besonderen Betreuungsauftrag iSd § 24 BNotO (*Reithmann* aaO Rn 29, 30). Einen solchen Auftrag hat auch der Notar und nicht etwa der Angestellte erhalten. Will der Notar von der stillschweigend von den Urkundsbeteiligten gestellten Erwartung, die Erklärungen in der Urkunde auch zu vollziehen, abweichen und die erforderlichen Tätigkeiten nicht vornehmen, so ist das klarzustellen; ansonsten ist von einem stillschweigend erteilten Vollzugsauftrag auszugehen (*Haug* aaO Rn 618). Betreut der Notar ein Anderkonto, dessen Abwicklung voraussichtlich längere Zeit beanspruchen wird, so hat er die Beteiligten hierauf und die generelle Möglichkeit einer Festgeldanlage hinzuweisen (BGH DNotZ 97, 53). Er ist aber nicht verpflichtet, von sich aus ungefragt eine Festgeldanlage zu wählen. Die Büroorganisation hat der Notar so einzurichten, dass sichergestellt ist, dass er die von den Beteiligten eingereichten Unterlagen persönlich zur Kenntnis nehmen und sich über ihren Inhalt unterrichten kann, um diesen – soweit erforderlich – bei der Errichtung der erbetenen notariellen Urkunde zu berücksichtigen (BGH DNotZ 96, 572). Dagegen ist aus rechtlichen Gründen das Wissen des Büropersonals nicht relevant. Dieses ist – soweit die Erfüllung einer Amtspflicht des Notars in Betracht kommt – weder dessen (Wissens-)Vertreter noch dessen Erfüllungs- oder Verrichtungsgehilfe (BGH NJW 89, 586).

118 **XVII. Polizei, Gefahrenabwehr.** Aufgrund der Polizeigesetze (zB §§ 1 I 1, 11 NdsGefAG) obliegt den Behörden unter besonderen Umständen eine Amtspflicht zur Gefahrenabwehr. Allerdings ist diese Pflicht nicht grenzenlos, sondern durch den der Verwaltungsbehörde gesetzlich gesteckten Ermessensspielraum begrenzt. Demnach ist – selbstverständliche – Voraussetzung einer Pflicht zum Einschreiten, dass die Maßnahme überhaupt zulässig ist. Zusätzlich muss sie zweckmäßig und verhältnismäßig sein. Ferner ist zu unterscheiden, ob die Behörde einschreiten darf oder sogar auch muss. Ein Schadensersatzanspruch entsteht also erst dann, wenn die Behörde bei einer pflichtgemäßen Ausübung des Ermessens hätte handeln müssen und auch können. Unter dieser Prämisse bedarf es für eine Verpflichtung der Behörde zum Einschreiten (in

Nds gem § 11 NdsGefAG iVm § 2 Nr 1 a NdsGefAG) einer konkreten Gefahr, dh einer Sachlage, bei der im einzelnen Fall die hinreichende Wahrscheinlichkeit bestand, dass in absehbarer Zeit ein Schaden für die öffentliche Sicherheit eintreten würde. Soll eine Pflicht zum Einschreiten begründet werden, müssen an das Wahrscheinlichkeitsurteil über den Grad der Gefährdung und über die Wahrscheinlichkeit des erwarteten Schadens strengere Anforderungen gestellt werden, als bei der Entscheidung über die bloße Zulässigkeit polizeilichen Einschreitens.

Bei derartigen polizeilichen Maßnahmen kann es an der Rechtswidrigkeit fehlen. Für die Annahme einer polizeilichen Gefahr genügt es, dass bei objektiver Betrachtung zur Zeit der polizeilichen Aktion tatsächliche Umstände auf eine drohende Gefahr hindeuten, ohne dass sofort eindeutig Klarheit geschaffen werden kann (sog Anscheinsgefahr). Schreitet die Polizei in einer solchen Lage ein, so handelt sie nicht rechtswidrig. Für die Ermittlung der Gefahr kommt es auf die Beurteilung im Zeitpunkt des polizeilichen Vorgehens, nicht aber auf eine nachträgliche Betrachtung an (BGHR Verwaltungsrecht, Allg Grundsätze Polizeirecht 1). Schadensersatzansprüche polizeigeschädigter Demonstranten behandelt *Kellner* (MDR 87, 617). 119

XVIII. Rettungsdienst. Der Rettungsdienst ist durch Länderregelungen öffentlich-rechtlich organisiert. Der damit Beauftragte hat die Aufgabe, die Kooperation in der Weise herzustellen, dass Träger geeigneter Krankenhäuser geeignete Ärzte zum Einsatz im Notarztdienst zur Verfügung stellen sollen. Es handelt sich um organisatorische Pflichten, etwa Rettungsmittel, insbes Krankenkraftwagen, sowie das erforderliche Personal bereitzuhalten und die Einsätze durchzuführen. Eine Amtshaftung kommt bei Pflichtverletzungen in Betracht, die von Rettungssanitätern oder -fahrern im Rahmen dieser Einsätze begangen werden; etwa bei schuldhaft verspätetem Eintreffen beim Notfallpatienten oder bei Verursachung eines Verkehrsunfalls auf der Rettungsfahrt. In Abänderung seiner früheren Rspr bejaht der BGH inzwischen auch die Amtsträgereigenschaft des bei Rettungseinsätzen eingesetzten Arztes (BGHZ 160, 216). Zu differenzieren bleibt aber, welches die haftende Anstellungskörperschaft ist. Es können Gemeinden, Landkreise, aber auch Zweckverbände sein (vgl BGH aaO). 120

XIX. Sachverständiger. Die Haftung gerichtlicher Sachverständiger ist in § 839 a geregelt. Für Amtshaftungsansprüche bleibt dann noch wenig Raum. Insbes werden vom Gericht zugezogene Sachverständige, auch wenn sie öffentlich bestellt oder Beamte im staatsrechtlichen Sinne sind, durch ihre Aufgabe, Gehilfen des Richters bei der Urteilsfindung zu sein, nicht Beamte im haftungsrechtlichen Sinne; sie fallen demgemäß, wenn sie schuldhaft ein objektiv unrichtiges Gutachten erstatten, weder unter § 839 II noch unter § 839 I (BGH VersR 03, 1535). Etwas anderes soll nach BGH für Mitglieder des Gutachterausschusses gelten (aaO). Der BGH hat dabei ausdrücklich offen gelassen, ob der damals noch nicht geltende § 839 a anwendbar ist. Da § 839 a eine abschließende Spezialnorm ist, dürfte dieser in ihrem Anwendungsbereich der Vorrang einzuräumen sein (§ 839 a Rn 1). 121

XX. Schulen, öffentliche Einrichtungen. Für Unfälle in Schulen und anderen öffentlichen Gebäuden besteht eine Haftung, sofern ein schulischer Bezug verbleibt. Das kann so weit reichen, dass für abhanden gekommene Garderobe anlässlich einer Elternversammlung gehaftet werden muss, wenn es dem betreffenden Elternteil nicht möglich und zumutbar ist, die mitgebrachten Sachen während der Versammlung bei sich zu behalten, und er deshalb von einem Vertreter des Schulträgers die sichere Aufbewahrung verlangt (BGH NJW 88, 1258). Im Übrigen betreffen die zahlreich zu schulischen Schäden ergangenen Entscheidungen letztlich die Verletzung normaler Verkehrssicherungspflichten. Eine Schule und sonstige öffentliche Gebäude müssen für die vorgesehene Benutzung tauglich sein (BGH NJW 63, 1828: glatter Turnhallenboden; Oldenbg Vers 68, 655 gefährliche Glasfenster). Fehlt es hingegen an einem solchen Bezug, haftet die Kommune bei der Überlassung von öffentlichen Einrichtungen nicht für Schäden, die im Rahmen einer Veranstaltung entstehen, die von einem anderen Veranstalter organisiert und durchgeführt wird, selbst wenn die Kommune zB die Schirmherrschaft übernommen hat, soweit nicht die im Rahmen einer Delegation verbleibenden Kontroll- und Überwachungspflichten verletzt werden (Rostock 23. 10. 03 Az 1 U 182/01). 122

Aufgrund des Gesetzes über die Unfallversicherung für Schüler und Studenten sowie Kinder in Kindergärten vom 18. 3. 71 sind Schüler während des Besuchs allgemeinbildender Schulen in der Unfallversicherung gegen „Arbeitsunfälle" versichert. Darunter fallen auch Unfälle, die sich auf dem Schulgelände in Schulpausen ereignen. Daraus folgt, dass wegen der Körperschäden, die ein Schüler durch einen Schulunfall erleidet, Schadens- oder Schmerzensgeldansprüche gegen den Schulträger ausgeschlossen sind, soweit der Unfall nicht vorsätzlich oder auf einem nach § 8 II Nr 1-4 versicherten Weg (Schulweg) herbeigeführt worden ist, §§ 106 I 1, 104 I SGB VII (BGH VersR 90, 404). 123

Diese Grundsätze finden auch Anwendung, wenn die Amtshaftungsklage darauf gestützt wird, ein Lehrer habe einen Schüler körperlich verletzt. Ist jedoch der Versicherungsfall vorsätzlich herbeigeführt worden, erfolgt im Hinblick auf den Unrechtsgehalt des Handelns kein Haftungsausschluss (zum Vorsatz s Rn 37). 124

XXI. Soldaten. Soldaten sind Beamte iSd § 839. Insbes wird nach Amthaftungsgesichtspunkten für Schäden auf Dienstfahrten gehaftet. Sind ausländische Soldaten beteiligt, kann das NATO-Truppenstatut einschlägig sein (vgl BGH NJW 90, 632, dgl für Tiefflüge BGH NJW 93, 2173). Wird ein Soldat allerdings durch einen 125 anderen Truppenangehörigen verletzt, ist ein Schadensersatz nur iRd § 91a SVG beschränkt möglich (BGH NJW 96, 1016; BGHZ 120, 176).

126 **XXII. Sozialbehörden.** Für sie gilt wegen vielfältiger Beratungsaufgaben im besonderen Maße die Pflicht zur Erteilung richtiger und vollständiger Auskünfte (Rn 24). Hält der Rehabilitationsberater nach dem SGB den Versicherten vom Abschluss eines Arbeitsvertrages ab, weil er sich darum selbst zu kümmern verspricht, verletzt er seine Amtspflichten, wenn er in dieser Richtung untätig bleibt und den Versicherten nicht zeitgerecht über die Notwendigkeit dessen eigener Mitwirkung unterrichtet (BGH VersR 05, 225).

127 **XXIII. Staatsanwaltschaft.** Beschlagnahmen sind bereits dann gerechtfertigt, wenn lediglich ein Anfangsverdacht vorliegt (BGH VersR 83, 37). Für die Beschlagnahme als Beweismittel reicht es aus, dass ein Gegenstand potentielle Beweisbedeutung hat, wofür die fern liegende Möglichkeit ausreicht, dass der Gegenstand für die Beweisfrage Bedeutung gewinnen kann (BGH aaO). Für Amtshaftungsansprüche bleibt noch weitergehend Raum, wenn der auch dabei zu beachtende Grundsatz der Verhältnismäßigkeit verletzt wird oder wegen amtspflichtwidriger Verzögerungen bei der Herausgabe (BGH aaO). Wird im Strafverfahren ein dinglichen Arrest angeordnet, ist für die Drittwiderspruchsklage des Dritten die (streitige) Zivilgerichtsbarkeit zuständig (BGH Beschl 22.9.05 Az IX ZB 265/04).

128 Bestimmte Maßnahmen der Staatsanwaltschaft nämlich, zu denen etwa der Erlass eines Haftbefehls oder die Entschließung zur Erhebung der öffentlichen Klage nach § 170 I StPO gehören, sind im Amtshaftungsprozess nicht auf ihre „Richtigkeit", sondern nur daraufhin zu überprüfen, ob sie – bei voller Würdigung auch der Belange einer funktionstüchtigen Strafrechtspflege – vertretbar sind (BGH NJW 00, 2673; Rn 31). Die Staatsanwaltschaft darf nur Anklage erheben, wenn die Ermittlungen genügenden Anlass bieten, dh hinreichenden Tatverdacht ergeben (BGH NJW 00, 2673). Die Staatsanwaltschaft hat nicht die Frage der Täterschaft und Schuld restlos bis in alle Einzelheiten zu klären, sondern nur einen hinreichenden Tat- und Schuldverdacht zu ermitteln, der eine Verurteilung wahrscheinlich macht. Entscheidend ist letztlich die – vertretbare – eigene Prognose des Staatsanwalts, dass er selbst nach Sach- und Rechtslage wahrscheinlich am Ende einer Hauptverhandlung zum Antrag auf Verurteilung gelangen werde (BGH NJW 00, 2673).

129 **XXIV. Straße, Straßenverkehr.** Meistens handelt es sich bei Amtshaftungsprozessen aus diesem Bereich um Verkehrsunfälle oder die Verletzung von Verkehrspflichten. Es kann daher zunächst auf die Kommentierung zu § 823 (Rn 132 ff) verwiesen werden. Auf einige Besonderheiten wird im Folgenden eingegangen.

130 Zu beachten ist, dass bei einem Verkehrsunfall anlässlich einer Dienstfahrt der Fahrer nicht persönlich belangt werden kann (Rn 14). Im Übrigen ist genauer zu prüfen, welche Körperschaft für den Zustand der Straße haftet. So sind etwa für Bundesautobahnen und -straßen nicht die Bundesrepublik, sondern die Länder passivlegitimiert. Zu verklagen ist auch nicht die Behörde, die üblicherweise den vorprozessualen Schriftverkehr führt, es ist vielmehr über die Organisationspläne der Körperschaften herauszufinden, wer diese vertritt. In Niedersachsen vertritt bspw das Niedersächsische Landesamt für Straßenbau das zu verklagende Land, auch wenn die regionalen Straßenbauämter zuvor tätig waren.

131 Bei Gemeindeflächen ist zu beachten, dass eine Amtshaftungsklage voraussetzt, dass es sich um eine gewidmete Straße handeln muss (zB §§ 6 NdsStrG, § 6 I NRWStrWG). Fehlt es daran, wie bei Plätzen, Wegen oder gar Trampelpfaden, bleibt § 823 alleinige Anspruchsgrundlage (Ddorf NVwZ-RR 92, 608).

132 Im Bereich des Straßenverkehrs ist zu unterscheiden zwischen der Aufgabe, Verkehrswege möglichst gefahrlos herzurichten und zu unterhalten (Verkehrssicherungspflicht) und derjenigen, Verkehrszeichen und -einrichtungen so einzurichten, dass der Verkehr gefahrlos und zügig fließt (**Verkehrsregelungspflicht**). Letztere obliegt den Straßenverkehrsbehörden. Diese entscheiden gem §§ 44 I, 45 III 1 und IV StVO über die Aufstellung und den Unterhalt von Verkehrszeichen. Diese Anforderungen verdichten sich zu einer dem Bürger ggü obliegenden Amtspflicht, wenn das Ermessen so weit schrumpft, dass die zu regelnde Situation aus Sicherheitsgründen ein Einschreiten erfordert (BGH DAR 81, 86). Das ist der Fall, wenn die Örtlichkeit als „gefährliche Stelle" zu bezeichnen ist, weil wegen der nicht ohne weiteres oder nicht rechtzeitig erkennbaren besonderen Beschaffenheit der Straße die Möglichkeit eines Unfalls auch für den Fall nahe liegt, dass die Verkehrsteilnehmer die im Verkehr erforderliche Sorgfalt walten lassen, wobei in schwierigen Verkehrslagen sogar eine gesteigerte Aufmerksamkeit erwartet wird. Zudem werden Kenntnisse über besondere Verkehrsgefahren vorausgesetzt. In derartigen Fällen ist eine Warnung nicht geboten, weil ein Kraftfahrer mit der erforderlichen Sorgfalt etwaige Schäden durch vorsichtiges Fahren abwenden kann (BGH aaO). Die Verantwortung für das Anbringen vorschriftsmäßiger Verkehrszeichen trägt deshalb grds nicht der Verkehrssicherungspflichtige, sondern allein die Straßenverkehrsbehörde (BGH VersR 01, 589). Darauf ist bei der Passivlegitimation zu achten.

133 Die Verkehrsregelungspflicht ist eine Amtspflicht; die **Verkehrssicherungspflicht** nicht per se. Wohl ist sie in den meisten Ländern durch die Straßengesetze als Amtspflicht ausgestaltet (Überblick bei Soergel/*Vinck* § 839 Rn 120). Inhaltlich entspricht sie der allgemeinen Verkehrssicherungspflicht (vgl BGHZ 60, 54). Ihr Umfang wird dabei von der Art und der Häufigkeit der Benutzung des Verkehrsweges und seiner Bedeutung maßgebend bestimmt. Sie umfasst die notwendigen Maßnahmen zur Herbeiführung und Erhaltung eines für den Straßenbenutzer hinreichend sicheren Straßenzustandes. Grds muss sich der Straßenbenutzer allerdings den

gegebenen Straßenverhältnissen anpassen und die Straße so hinnehmen, wie sie sich ihm erkennbar darbietet (BGH VersR 05, 660). Der Verkehrssicherungspflichtige muss in geeigneter und objektiv zumutbarer Weise alle, aber auch nur diejenigen Gefahren ausräumen und erforderlichenfalls vor ihnen warnen, die für den Benutzer, der die erforderliche Sorgfalt walten lässt, nicht oder nicht rechtzeitig erkennbar sind und auf die er sich nicht oder nicht rechtzeitig einzurichten vermag (BGH NJW 80, 2193; 79, 2043). Dabei kann eine mit zumutbaren Mitteln nicht erreichbare völlige Gefahrlosigkeit nicht verlangt werden (Sörgel/*Zeuner* § 823 Rn 195 mwN; Geigel/*Wellner* 14. Kap Rn 37). Die räumliche Reichweite wird in § 823 (Rn 134) beschreiben. Ergänzend soll noch auf BGH (NJW-RR 94, 603) verwiesen werden. Danach wird gehaftet, wenn Bäume und Hecken Verkehrszeichen verdecken, auch wenn sie auf Nachbargrundstücken stehen (BGH aaO). Häufiger werden die Gerichte mit Schadensfällen befasst, wenn ein Auto beim Durchfahren von Wasserpfützen oder -ansammlungen zu Schaden kommt, weil das Wasser tiefer als vermutet ist. In solchen Fällen dürfte ein etwaiges Verschulden des Verkehrssicherungspflichtigen, vor einem ihm selbst unbekannten, ungewöhnlich tiefen, mit Wasser gefüllten Schlagloch zu warnen, hinter dem weitaus überwiegenden Verschulden des Kraftfahrers, der darauf vertraut, dass die erkennbare Wasserpfütze kein gefährliches Ausmaß hat, völlig zurücktreten (Oldenbg 3. 6. 83 Az 6 U 319/82).

Bei Hindernissen auf und neben der Fahrbahn ist weiter zu differenzieren. Auf einer verkehrsberuhigten 134
Fahrbahn ist das zulässig. Es ist weder eine Stolperfalle für Fußgänger, noch stellen solche Verkehrsberuhigungen eine Hindernis iSd § 32 I 2 StVO dar (Ddorf NJW 95, 2172). Soweit in einem Urteil des Frankf (NJW 92, 318) angeführt wird, dass Blumenkübel und andere zur Verkehrsberuhigung aufgestellte Gegenstände Hindernisse iSd Vorschrift sein sollen, gilt das für Parkstreifen neben einer Fahrbahn. Dort bleibt es bei den allgemeinen Regeln der Verkehrssicherungspflicht. Danach dürfen nicht solche Hindernisse bereitet werden, auf die sich die Verkehrsteilnehmer nicht einstellen können. Es gilt das oben Gesagte.

Im Prinzip sollten diese Kriterien auch gelten, wenn den Verantwortlichen vorgeworfen wird, Straße und 135
Wege bei Dunkelheit nicht genügend ausgeleuchtet zu haben. Eine Beleuchtungspflicht besteht nur dort, wo Gefahrenstellen sind, die anderenfalls nicht ohne weiteres als solche erkannt werden können (*Berz* DAR 95, 350 mwN). Auf bekannte Stolperfallen, wie zB den Absatz zwischen Gehweg und Fahrbahn, muss sich ein Fußgänger einrichten, einer Beleuchtung bedarf es nicht (*Berz* aaO). Im Kern bleibt es damit bei der allgemeinen Regel: Gewarnt werden muss vor nicht rechtzeitig erkennbaren Gefahren. Uneinheitlich sind in der Rspr die Anforderungen, welche an die Eigensicherung von Verkehrsteilnehmern gestellt werden. So hat der BGH (VersR 05, 1086) die Forderung der Instanzgerichte, ein Fußgänger müsse bei Dunkelheit notfalls eine Taschenlampe verwenden, als überzogen bezeichnet. Es dürfte wohl auf den Einzelfall ankommen. Wie ein Autofahrer muss sich auch ein anderer Verkehrsteilnehmer auf die erkennbaren Gegebenheiten einstellen und darf keine übersteigerten Erwartungen haben. Gemeinden gehen angesichts der Energiesituation dazu über, Straßenlaternen früher abzuschalten, nur eine gewisse Anzahl brennen zu lassen oder leiten andere Sparmaßnahmen ein. Es wäre dann kontraproduktiv, eine flutlichtartige Ausleuchtung auch verkehrsarmer Straßen, Plätze und Wege zu verlangen. Es dürfte dann doch von einem Fußgänger verlangt werden können, schon aus Gründen der Eigensicherung auf wenig verkehrsreichen Stellen entweder sich so vorsichtig durch die Dunkelheit zu bewegen, dass er nicht stürzt, oder eben doch eine Taschenlampe mitzunehmen.

Aus dem Umstand, dass der Verkehrssicherungspflichtige eine Stelle, die zu einem Schaden geführt hat, nach 136
dem Unfall ausgebessert hat, ist auf eine vorherige Pflichtverletzung nicht zu schließen. Dem Verkehrssicherungspflichtigen bleibt es unbenommen, einen nicht pflichtwidrigen Zustand zu verbessern. Wenn der Träger der Straßenbaulast eine mögliche Gefahrenmöglichkeit auf optimale Weise sichert, steht dieses in seinem Ermessen; ein Anspruch auf die Herstellung eines solchen überobligationsgemäßen Zustandes besteht nicht (Hamm VersR 83, 466).

Soweit Schäden durch Kanaldeckel hervorgerufen werden, haftet grds der Betreiber einer Kanalisationsanlage, 137
zu der auch die Kanaldeckel zu zählen sind, für diejenigen Schäden, die auf das Vorhandensein dieser Anlage zurückzuführen sind (BGH WM 95, 1766). Eine Haftung insoweit ist jedoch nach § 2 I 2 HpflG ausgeschlossen, wenn sich die Anlage in einem ordnungsgemäßen Zustand befindet. Bei einem herausstehenden Kanaldeckel ist der Zustand ordnungsgemäß, wenn in dem vergleichbaren Fall eine Verletzung der Straßenverkehrssicherungspflicht zu verneinen ist, weil der Zustand der Straße trotz vorhandener Unebenheiten noch als verkehrssicher einzustufen ist (BGH aaO).

Lichtraumprofil: Es gibt keine allgemeinen Grundsätze, nach denen der Verkehrssicherungspflichtige generell 138
den Luftraum über den Straßen bis zur Höhe von 4 m freihalten müsse (Naumbg VRS 100, 261; Ddorf VersR 89, 273). Dies lässt sich auch nicht aus § 32 StVZO ableiten, wonach die maximal zulässige Höhe für Fahrzeuge auf 4 m begrenzt ist (BGH VersR 68, 72; Dresden VersR 97, 336; Naumbg DAR 98, 18). Wann bei Ästen, die in einer Höhe unter 4 m in den Luftraum der Straße reichen, eine Verkehrssicherungspflichtverletzung anzunehmen ist, hängt von der Verkehrsbedeutung der Straße, ihrer Breite, der Erkennbarkeit der Gefahrenquelle und der tatsächlichen Höhe des hineinragenden Astes ab (Oldenbg 18. 8. 02 Az 6 U 74/02 unter Hinweis auf umfangreiche Rspr: BGH VersR 68, 72; Oldenbg 16. 8. 02 Az 6 U 74/02; 11. 12. 98 Az 6 U 178/98; VersR 63, 1234; Dresden VersR 97, 336; Hamm VersR 95, 1206; Ddorf VersR 89, 273).

139 Nach der Rspr des BGH haftet der Straßenunterhaltspflichtige auch für Schäden, die durch **Mäharbeiten** verursacht werden, bei Fahrzeugen letztlich über § 7 StVG (VersR 05, 566; 03, 1274). Aufgrund dieser Norm und der ansonsten praktisch unerfüllbar hohen Anforderungen – Aufstellen von Planen – besteht für den Staat quasi eine Garantiehaftung, auch wenn zB das Mähen im Bereich von Straßen der Verkehrssicherheit dient. Eine Quote ist denkbar iRd § 17 StVG, eine Verweisungsmöglichkeit auf die Subsidiarität kommt nur außerhalb der Haftung nach § 7 StVG in Betracht, wenn noch ein weiterer Schädiger in Betracht kommen sollte. Die Unterscheidung zwischen Sach- und Personenschäden des LG Oldenburg (NdsRpfl 00, 5) hat sich in der Rspr nicht durchgesetzt.

140 **XXV. Straßenbäume.** Verantwortlich ist der Träger der Straßenbaulast. Dieser muss Bäume oder Teile von ihnen entfernen, die den Verkehr gefährden, insbes, wenn sie nicht mehr standsicher sind oder herabzustürzen drohen. Unerheblich ist der Standort der Bäume (BGH VersR 94, 618). Besonderheiten gelten für Waldbäume (*Tschersich* VersR 03, 172). Das Maß der Verantwortung entspricht grds der allgemeinen Verkehrpflicht für Bäume. Wegen der Einzelheiten wird auf die instruktive Entscheidung des BGH (NJW 04, 1381) verwiesen. Anders als der private Eigentümer hat der Straßenbaulastpflichtige allerdings regelmäßige Kontrollen durch geschultes und durch Fortbildung auf dem laufenden Wissensstand gehaltenes Personal durchzuführen. Nach der Rspr der OLG (Nw bei BGH aaO) haben die Kontrollen zweimal im Jahr stattzufinden; einmal im belaubten und einmal im unbelaubten Zustand. Dabei genügt eine Betrachtung der Bäume vom Boden aus. Erst wenn dadurch Schadensanzeichen erkennbar sind, ist eine weitere intensive Untersuchung erforderlich.

141 **XXVI. Streupflicht.** Für die Verletzung der Streupflicht gelten keine Besonderheiten. Es kann daher auf § 823 Rn 136 verwiesen werden.

142 **XXVII. TÜV.** Es haftet nach der Anvertrauungstheorie (Rn 15) das Land, nicht die (kommunale) Straßenverkehrsbehörde, auch wenn diese die Tätigkeit des TÜV veranlasst. Instruktive Fälle im Zusammenhang mit KFZ-Briefen hat der BGH entschieden (VersR 05, 362; 03, 1537).

143 **XXVII. Wasser: Hochwasser, Abwasserbeseitigung.** Bei Schäden durch Wasser durch Überschwemmungen, Wasserabflüsse und Hochwasser sind mehrere Anspruchsgrundlagen ggü verschiedenen Anspruchsverpflichteten denkbar.

144 Kommt das Wasser aus Leitungen, kann der Betreiber der Kanalisationsanlage nach § 2 I 1 HPflG haften. Dabei handelt es sich um eine Gefährdungshaftung. Eine städtische Abwasserkanalisation gehört zu den Rohrleitungen iSd § 2 HPflG, auch wenn es sich um einen verrohrten Bach handeln sollte (BGHZ 159, 19). Diese Norm setzt voraus, dass das Wasser aus der Anlage austritt (BGHZ 115, 141); gelangt es erst gar nicht hinein, kommt nur eine Haftung unter dem Gesichtspunkt in Betracht, dass die Pflicht zur Abwasserbeseitigung verletzt wird (Rn 147). Eine Haftung entfällt, wenn es sich bei dem Schadensereignis um höhere Gewalt handelt. Bei einem sehr seltenen Starkregen wird in der Rspr die Haftung verneint, wenn es sich um eine statistische Wiederkehr von mehr als 100 Jahren handelt. Bei einer Wiederkehr von unter 20 Jahren wurde Rspr entschieden (BGHZ 159, 19 mwN). Es kommt auf den Einzelfall an. Dabei ist auf die Definition der Rspr für Höhere Gewalt abzustellen. Diese liegt bei einem betriebsfremden, von außen durch elementare Naturkräfte oder durch Handlungen dritter Personen herbeigeführten Ereignis vor, das nach menschlicher Einsicht und Erfahrung unvorhersehbar ist, mit wirtschaftlich erträglichen Mitteln auch durch äußerste, nach der Sachlage vernünftigerweise zu erwartende Sorgfalt nicht verhütet oder unschädlich gemacht werden kann und auch nicht wegen seiner Häufigkeit vom Betriebsunternehmen in Kauf zu nehmen ist (BGH aaO). Das Merkmal der höheren Gewalt ist ein wertender Begriff, mit dem diejenigen Risiken von der Haftung ausgeschlossen werden sollen, die bei einer rechtlichen Bewertung nicht mehr dem gefährlichen Unternehmen (Bahnbetrieb, Rohrleitungsanlage usw), sondern allein dem Drittereignis zugerechnet werden können (BGH aaO). Insoweit sind die Anforderungen des HPflG strenger als diejenigen der Amtshaftung wegen unzureichender Abwasserbeseitigung. Die Gefährdungshaftung hat ihre Grenze in der wirtschaftlichen Leistungsfähigkeit der Kommunen und dem von ihnen vernünftigerweise zu erwartenden Aufwand bei der Auslegung ihres Kanalsystems (BGH aaO). Liegt allerdings ein solcher „Jahrhundertregen" vor, führt eine Unterdimensionierung der Anlage auch nicht über das HPflG zu einer Haftung (BGH aaO).

145 Bei Schäden durch einen Rückstau im Kanalsystem ist zu beachten, dass ein angeschlossener Grundstückseigentümer gehalten ist, geeignete Vorkehrungen gegen einen Rückstau bis zur Rückstauebene, dh bis zur Straßenoberkante, zu treffen (BGH VersR 99, 230). Sind also in einem Haus im Abwassersystem Wasseraustrittsmöglichkeiten wie Gullys, Wasch- oder Toilettenbecken vorhanden, deren Höhenlage unterhalb der Straßenoberfläche liegen, muss das Haus über Rückstausicherungen wie Rückschlagventile oder Hebeanlagen verfügen. Das gilt selbst dann, wenn das Kanalnetz unterdimensioniert ist, auch dann besteht keine Haftung nach dem HPflG (BGH aaO).

146 Handelt es sich bei dem schadensverursachenden Wasser um solches aus Gewässern, spricht man von Hochwasser. Die Verantwortlichkeit für Gewässer ist in den Wassergesetzen geregelt. Die Pflichten können Eigentümern, Gebietskörperschaften und auch Verbänden wie zB einer Wasseracht auferlegt sein. Dabei ist zwischen der Ausbau- und der Unterhaltspflicht zu unterscheiden. Der Amtshaftung unterliegt nur die

Ausbaupflicht. Dabei handelt es sich um Maßnahmen des Hochwasserschutzes. Sie umfassen alle erkennbar gebotenen, durchführbaren und wirtschaftlich zumutbaren Vorkehrungen zur Abwehr von Überschwemmungen (BGH VersR 99, 1412).

Bei Wasser, welches weder aus Kanälen austritt noch aus Gewässern stammt, sind Amtspflichtverletzungen 147 durch Verletzung der Pflicht, Abwasser unschädlich zu beseitigen, möglich. Hier sind ebenfalls die Wassergesetze der Länder einschlägig (zB § 149 NWG), welche auch die Verantwortlichkeit regeln. Die Pflichtaufgabe bezieht sich auf das gesamte Abwasser, dh Schmutz- und Niederschlagswasser. Letzteres ist Wasser, welches von befestigten Flächen abfließt und gesammelt wird. Wird diese enge Auslegung gewählt und ist im Gesetz nicht ein Passus aufgeführt, dass auch „sonstiges" Wasser von der Beseitigungspflicht erfasst wird, wie es in § 51 I 1 LWG RhPf geregelt ist, muss bei wild zufließenden Niederschlagswasser auf die allgemeinen Amtspflichten zurückgegriffen werden. Auf jeden Fall ist die Gemeinde verpflichtet, Wohngrundstücke iRd Zumutbaren vor den Gefahren zu schützen, die durch Überschwemmungen auftreten können, dabei darf sie bei der Erstellung der notwendigen Entwässerungsmaßnahmen nicht an den Grenzen eines Bebauungsgebietes halt machen (BGHZ 140, 380). Die Gemeinde hat danach für die erforderliche Vorflut zu sorgen. Daraus kann die Pflicht entstehen, sich nicht auf vorhandene Gewässer zu beschränken, sondern zB einen erforderlichen Graben herzustellen, wenn nach den örtlichen Verhältnissen eine Schadensverursachung durch anfallendes Wasser nur dadurch verhindert werden kann (Ermessensreduzierung auf Null). Bei der Planung des Entwässerungssystems sind die örtlichen Gegebenheiten, insbes das Höhenniveau des Gebiets, die Wasserführung, die Wahrscheinlichkeit und das Ausmaß eines zu befürchtenden Schadens im Verhältnis zur Durchführbarkeit und Wirtschaftlichkeit von Abwehrmaßnahmen zu berücksichtigen. Allgemeine Regeln gibt es nicht. Weder ist ein bestimmter Berechnungsregen noch eine bestimmte Einstauhäufigkeit maßgebend. Entscheidend ist, ob bestimmte Anhaltspunkte dafür vorliegen, dass das vorhandene Entwässerungssystem außerstande ist, das anfallende Wasser nicht in seltenen Ausnahmefällen, sondern darüber hinaus auch bei häufigeren, auch im Rahmen einer generalisierenden Betrachtungsweise zu berücksichtigenden Anlässen zu bewältigen. Maßstab ist dabei nicht der sog Berechnungsregen, wie er in der Abwasserwirtschaft und Abwassertechnik angewendet wird, sondern die Überflutungshäufigkeit (BGH VersR 98, 494). Die technischen Regeln der Abwasserwirtschaft gehen bei Neuanlagen von einem Bemessungsregen mit einer Wiederkehrzeit von 3 Jahren, bei Altanlagen von 2 Jahren aus. Treten allerdings in nicht hinnehmbaren Intervallen immer wieder Überschwemmungen auf, reicht die Einhaltung der technischen Regeln eben nicht mehr aus. Der BGH hat mehrfache Überschwemmungen innerhalb von 5 Jahren beanstandet (VersR 91, 888). Andererseits sind die Gemeinden nicht verpflichtet, ein Abwassersystem einzurichten und zu unterhalten, die alle denkbaren Niederschlagsmengen bewältigen kann. Wirtschaftliche Gründe zwingen jede Gemeinde dazu, das Fassungsvermögen einer Regenwasserkanalisation nicht so groß zu bemessen, dass diese auch für ganz selten auftretende, außergewöhnlich heftige Regenfälle ausreicht. Insbes ist eine Dimensionierung im Hinblick auf katastrophenartige Unwetter, wie sie erfahrungsgemäß nur in sehr großen Zeitabständen vorkommen, nicht erforderlich (BGH VersR 99, 1412). Es kommt also in jedem Einzelfall darauf an, welche Schäden mit welcher Wiederholungsrate vorhersehbar sind, und welche wirtschaftlich gebotenen Maßnahmen eine Abhilfe erwarten lassen. Die Herstellung von Schutzmaßnahmen kann unter diesem Gesichtspunkt nicht im Wege der Amtshaftung durchgesetzt werden, da diese nur auf Schadensersatz gerichtet ist (Rn 55). Aus diesem Grund sind auch Kosten für Vorsorgemaßnahmen des von Hochwasser bedrohten Grundstückseigentümers nicht ersatzfähig (BGH aaO). Andererseits dürfte es bei Schäden, die erstmalig aufgetreten sind, an der Vorhersehbarkeit fehlen. Des weiteren ist zu berücksichtigen, dass geeignete Maßnahmen idR eine längere Planungsphase benötigen, da die Auswirkungen von Eingriffen in das Abwassersystem auf das Gesamtgefüge beachtet werden müssen, damit nicht der hydraulische Engpässe bloß an eine andere Stelle verlagert werden. Ein Generaloberflächenentwässerungsplan kann für die Planung eines wasserwirtschaftlichen Gesamtkonzeptes für die Ortslage einer Gemeinde vier bis fünf Jahre dauern. Eine nicht unerhebliche Bedeutung nimmt die wirtschaftliche Komponente in Form der wirtschaftlichen Leistungsfähigkeit einer Gemeinde ein. Im Streitfall sind Aufwand und Nutzen konkret ggü zu stellen (BGHZ 115, 141). Schließlich ist noch zu beachten, dass die naturgegebene Lage eines Grundstücks durch seine Nähe zu einem Gewässer zu einer situationsbedingten Belastung des Grundeigentums führen kann (BGHZ 117, 240). Im Ergebnis haftet der Verpflichtete bei Überschwemmungen von ungefasstem Wasser, wenn er die in jedem Einzelfall zu ermittelnde Pflicht zur Abwasserbeseitigung schuldhaft verletzt hat, während eine Haftung nach dem HPflG für Abwasserleitungen schon dann eintritt, wenn der Beweis für einen „Jahrhundertregen" nicht geführt werden kann.

Soweit Planungs- und Ausbauleistungen in Rede stehen, ist eine Delegierung an Planer und Ausführungsun- 148 ternehmen nicht zu beanstanden. Wie bei der Delegierung von Verkehrssicherungspflichten verbleibt bei der Behörde dann nur noch die Überwachungspflicht (BGHZ 149, 206). Soweit Subunternehmer eingeschaltet wurden, wird für deren Verschulden nicht gehaftet. Eine Zurechnung etwaigen Verschuldens der Fachplaner oder des Bauunternehmers über § 831 kommt nicht in Betracht, weil selbständig tätige Ingenieure, Architekten oder Bauunternehmer regelmäßig mangels Weisungsabhängigkeit nicht als Verrichtungsgehilfen zu qualifizieren sind (RGRK/*Steffen* § 831 Rn 21).

149 Von der Gewässerausbaupflicht ist die Unterhaltspflicht zu unterscheiden. Die ist davon abhängig, welcher rechtlichen Art das Gewässer ist. Auch das ist in den Wassergesetzen geregelt. Zuweilen sind auch öffentlich-rechtliche Verbände zuständig. Für eine Verletzung der Gewässerunterhaltung wird nicht aus Amtspflichtverletzung, sondern nach allgemeinen Deliktsrecht gehaftet (BGH MDR 83, 733; NJW 96, 3208). Für Gewässer dritter Ordnung und erst recht für Gräben, welche nicht die rechtliche Qualität eines Gewässers dritter Ordnung erreichen, also nicht der Vorflut mehrerer Grundstücke dienen, ist der Eigentümer verantwortlich. Ebenso haftet der Straßenbaupflichtige für die Straßenentwässerungsgräben (BGH NJW 96, 3208) jeweils nach § 823.

150 Neben der Amtspflichtverletzung kommt bei Schäden durch Grund- oder wild abfließendes Wasser eine Haftung aufgrund Nachbarrechts in Betracht. Danach dürfen weder auf das Grundwasser eingewirkt, noch der Abfluss wild abfließenden Wasser nachteilig geändert werden. Eine Haftung der öffentlichen Hand als Nachbar bestünde zB in Niedersachsen nach §§ 823 II, 31, 89 iVm § 38 I, 29 II Nds NRG.

151 Es ist möglich, dass mehrere Verpflichtete haften, etwa wenn sich ein Rückstau über mehrere Abwassersysteme erstreckt (BGHZ 125, 19). Als Problem erweisen sich Engpässe, wenn Wasser aus der Kanalisation in Gewässer eingeleitet werden soll und letzteres nicht mehr für solche Mengen aufnahmebereit ist. Bevor nun an eine Ausbaupflicht gedacht wird, ist zu untersuchen, ob der Verlauf der Kanalisation oder der Vorflut eine Einleitung an dieser Stelle zwingend erfordern.

152 **XXIX. Zivildienst.** s Rn 12.

§ 839a Haftung des gerichtlichen Sachverständigen

(1) Erstattet ein vom Gericht ernannter Sachverständiger vorsätzlich oder grob fahrlässig ein unrichtiges Gutachten, so ist er zum Ersatz des Schadens verpflichtet, der einem Verfahrensbeteiligten durch eine gerichtliche Entscheidung entsteht, die auf diesem Gutachten beruht.
(2) § 839 Abs. 3 ist entsprechend anzuwenden.

1 **A. Systematik und Anwendungsbereich.** Die Norm ist zum 1.8.02 in das BGB eingefügt worden. Nach Art 229 § 8 I EGBGB ist sie auf schädigende Ereignisse anzuwenden, die nach dem 31.7.02 erfolgt sind, also das Rechtsgut verletzt worden ist (vgl § 839 Rn 52). Es handelt sich nicht um eine Staatshaftung, der Sachverständige nimmt keine staatlichen Aufgaben wahr und ist auch kein Beliehener. Die Vorschrift erstreckt sich auf gerichtliche Sachverständige (Rn 2), nicht jedoch soweit diese im Rahmen einer Amtshandlung hinzugezogen werden wie Amtsärzte (§ 839 Rn 83) oder der Gutachterausschuss nach §§ 192 ff BauGB (§ 839 Rn 16). Der BGH hat diese Frage zwar in seiner Entscheidung (BauR 03, 860) offen gelassen. Da § 839a einen eng umgrenzten Wirkungsbereich hat und die Amtshaftung auch vor anderen Haftungstatbeständen den Vorrang hat, kann die Begründung des BGH nur dazu führen, Behörden von § 839a auszunehmen (so auch MüKo/*Wagner* § 839a Rn 8, aA AnwK/*Huber* § 839a Rn 40). Das führt allerdings zu dem merkwürdigen Ergebnis, dass der Rechtspfleger, der für die Wertfestsetzung im ZVG-Verfahren einen nach dem – teureren – JVEG abrechnenden privaten Gutachter beauftragt, den Beteiligten höhere Kosten und schlechtere Regressmöglichkeiten, dafür aber seinem Dienstherrn keine Haftung beschert. Besser wäre es, darauf abzustellen, ob der Sachverständige vom Gericht im Wege der Amtshilfe oder wahlweise statt eines privaten Gutachters hinzugezogen wird. Str ist auch die Anwendung des § 839a auf Sachverständige des Schieds- oder Verwaltungsverfahrens, sachverständige Zeugen oder Zeugen generell (dazu MüKo/*Wagner* § 839a Rn 8).

Im Rahmen seines Anwendungsbereichs regelt § 839a die Haftung abschließend. Greift § 839a nicht ein, weil etwa das Gutachten nicht verwertet wird (Rn 3), bleibt eine Haftung nach §§ 823, 826 nach den Grundsätzen der bisherigen Rspr möglich.

2 **B. Voraussetzungen. I. Gerichtlicher Sachverständiger.** Erfasst von § 839a wird jeder Sachverständige, der durch ein staatliches Gericht unabhängig von der Verfahrensordnung und -art eingesetzt wird. Auf eine Beeidigung kommt es, im Gegensatz zur früheren Rspr, nicht an.

3 **II. Haftungsvoraussetzungen.** Das Gutachten des Sachverständigen muss unrichtig sein. Das ist der Fall, wenn er von einer falschen Tatsachenbasis ausgeht, soweit diese nicht vom Gericht vorgegeben ist. Bei der Abfassung hat der Sachverständige zwischen Tatsachen und Wertungen zu unterscheiden. Bei letzteren muss er sich an den allgemein vertretenen Auffassungen orientieren. Weicht er hiervon ab, hat er dies zu begründen. Für Fehler haftet der Sachverständige bei grober Fahrlässigkeit und Vorsatz. Nimmt er einen wissenschaftlich vertretbaren Standpunkt ein, dürfte das Gutachten schon nicht „unrichtig" sein, auf jeden Fall fehlt ein Verschulden. Bei Wertermittlungen und Kostenschätzungen kann die Rspr zur Unbilligkeit iSd § 319 als Anhaltspunkt dienen. Danach sind Abweichungen bis zu 25 % nicht „unbillig" (vgl BGH NJW 91, 2761). Zu ersetzen sind alle Schäden, auch Vermögens- oder immaterielle Schäden, die dadurch verursacht wurden, dass die gerichtliche Entscheidung auf dem Gutachten beruht. Kommt es nicht dazu, etwa weil im Hinblick auf das Gutachten die Klage zurückgenommen wird oder die Parteien sich vergleichen, kann ein Schadenser-

satzanspruch nicht auf § 839 a gestützt werden (str; MüKo/*Wagner* § 839 a Rn 19 f; aA jurisPraxK/*Zimmerling* § 839 a Rn 19 ff). Es dürfte wie bei § 839 darauf abzustellen sein, ob die gerichtliche Entscheidung Urteilsqualität hat (§ 839 Rn 46).

III. Haftungsausschluss. Die Haftung ist ausgeschlossen, wenn schuldhaft ein Rechtsmittel versäumt wurde. **4** Es kann auf die Ausführungen zu § 839 verwiesen werden (dort Rn 48 ff). Nicht schuldhaft ist es, wenn eine verständige Partei angesichts des fehlerhaften Gutachtens kein Rechtsmittel gegen die gerichtliche Entscheidung einlegt, weil bei vernünftiger Betrachtungsweise mit den zu Gebote stehenden Mitteln eine Abänderung im Rechtsmittelverfahren nicht zu erwarten ist. Das gilt besonders, wenn es sich im zweiten Rechtszug nicht um eine Tatsacheninstanz handelt.

§ 840 Haftung mehrerer

(1) Sind für den aus einer unerlaubten Handlung entstehenden Schaden mehrere nebeneinander verantwortlich, so haften sie als Gesamtschuldner.
(2) Ist neben demjenigen, welcher nach den §§ 831, 832 zum Ersatz des von einem anderen verursachten Schadens verpflichtet ist, auch der andere für den Schaden verantwortlich, so ist in ihrem Verhältnis zueinander der andere allein, im Falle des § 829 der Aufsichtspflichtige allein verpflichtet.
(3) Ist neben demjenigen, welcher nach den §§ 833 bis 838 zum Ersatz des Schadens verpflichtet ist, ein Dritter für den Schaden verantwortlich, so ist in ihrem Verhältnis zueinander der Dritte allein verpflichtet.

A. Funktion und Anwendungsbereich. I. Funktion. § 840 regelt die Haftung mehrerer, die nebeneinander **1** für einen aus unerlaubter Handlung entstehenden Schaden verantwortlich sind, im Außen- und Innenverhältnis. Er verweist auf §§ 421–426 (was insbes eine Anwendung des § 420 ausschließt) und modifiziert diese. Durch § 840 I wird das Prozess- und Insolvenzrisiko des Gläubigers zu Lasten der Schuldner verlagert (s BGHZ 85, 375, 387; Staud/*Vieweg* § 840 Rn 2; AnwK/*Katzenmeier* § 840 Rn 2; BaRoth/*Spindler* § 840 Rn 1). § 840 enthält keine eigenständige Anspruchsgrundlage, sondern setzt die Haftung mehrerer voraus (MüKo/*Wagner* § 840 Rn 2 f; AnwK/*Katzenmeier* § 840 Rn 1; BaRoth/*Spindler* § 840 Rn 2; Staud/*Vieweg* § 840 Rn 3 mwN, auch zur aA in Bezug auf Nebentäter).

II. Anwendungsbereich. 1. Verantwortlichkeit mehrerer nebeneinander. Eine Verantwortlichkeit mehre- **2** rer nebeneinander kann sich ergeben aus § 830 I 1, II (Mittäter, Anstifter, Gehilfen), § 830 I 2 (Beteiligte) oder aufgrund einer Nebentäterschaft in Bezug auf einen einheitlichen Schaden, nicht bei Verursachung separater Teilschäden (BGHZ 17, 214, 221; 30, 203, 208; 59, 97, 101; BaRoth/*Spindler* § 840 Rn 3). Ausreichend kann auch ein Zusammentreffen einzelner Schäden in einem einheitlichen Gesamtschaden sein, zB bei zwei dicht aufeinander folgenden Verkehrsunfällen (BGH VersR 64, 49).

2. Unerlaubte Handlung. Der Begriff der unerlaubten Handlung bei § 840 ist weit auszulegen und umfasst **3** sowohl Verschuldens- als auch Gefährdungshaftung, unabhängig davon, ob sich die Haftung aus dem BGB oder aus Spezialgesetzen (zB StVG, ProdHaftG, AMG, WHG) ergibt; auch eine Haftung aus § 829 kommt in Betracht. Sofern allerdings ein Spezialgesetz eigenständige Regelungen zur Haftung mehrerer enthält, gehen diese § 840 vor. Unerheblich ist – außerhalb des Anwendungsbereichs von § 840 II, III und § 841 – die Art der Haftung: § 840 erfasst das Zusammentreffen mehrerer Gefährdungshaftungen (zB Tierhalter und Kfz-Halter, BGH LM § 840 Nr 5), mehrerer Verschuldenshaftungen (zB bei mehreren Verkehrssicherungspflichtigen, BGH NJW 94, 797, 798 f) oder von Gefährdungs- und Verschuldenshaftung. Die Vorschrift ist auch anzuwenden bei Ansprüchen aus unerlaubter Handlung und nachbarrechtlichen Ausgleichsansprüchen, die auf Ersatz des gleichen Schadens gerichtet sind, nicht aber bei unterschiedlichen Schadensursachen (insbes BGHZ 85, 375, 387). Über seinen Wortlaut hinaus wird § 840 teilweise beim Zusammentreffen von Delikts- und Vertragsansprüchen entspr angewandt, wenn zwischen den Verpflichtungen ein innerer Zusammenhang besteht (RGZ 61, 56, 58 ff; BGH NJW 90, 2882, 2883 f).

B. Regelungsinhalt. I. Außenverhältnis. Im Außenverhältnis haften die Schädiger gem § 840 I als Gesamt- **4** schuldner iSd § 421 ff, dh der Gläubiger kann von jedem Ersatz des gesamten Schadens verlangen, aber insg nur einmal. Probleme ergeben sich bei Haftungsprivilegierungen einzelner Schuldner sowie bei Mitverschulden des Geschädigten.

1. Haftungsprivilegierungen. Bei **Haftungsprivilegierungen** im Außenverhältnis zugunsten einzelner Schä- **5** diger (**gestörtes Gesamtschuldverhältnis**, zB aufgrund vertraglicher oder gesetzlicher Haftungsmilderungen, Haftungsausschlüssen oder Haftungshöchstgrenzen) stellt sich die Frage, zu wessen Lasten sich diese iE auswirken. In Betracht kommen drei Möglichkeiten (dazu insbes *Medicus* Rn 929 ff): Bleibt die Privilegierung beim Rückgriff der anderen Gesamtschuldner unberücksichtigt, wird also ein (ungestörtes) Gesamtschuldverhältnis fingiert, wirkt sich dies **zu Lasten des privilegierten Schädigers** aus (so die frühere Rspr, insbes zu Haftungshöchstgrenzen und -beschränkungen, zB BGHZ 12, 213, 220; 58, 216, 219, s jetzt auch BGHZ 158,

354, 364 ff; differenzierend Staud/*Vieweg* § 840 Rn 60 ff). Berücksichtigt man hingegen die Privilegierung auch im Innenverhältnis, geht dies **zu Lasten der übrigen Schädiger** (so zB BGHZ 103, 338, 346 ff unter ausdrücklicher Aufgabe der früheren, entgegengesetzten Rspr; BGHZ 159, 318, 323; weiterhin die Rspr zu § 839 I 2, zB BGHZ 61, 351, 357 f; NJW 86, 2883, 2884 mwN). Schließlich kann auch **zu Lasten des Geschädigten** eine Kürzung seines Anspruchs gegen die übrigen Schädiger um den Betrag, der auf den privilegierten Schädiger entfiele, erfolgen und gleichzeitig der Regress im Innenverhältnis zugunsten des privilegierten Schädigers eingeschränkt werden (so die Rspr insbes in Bezug auf Haftungseinschränkungen gem §§ 104 ff SGB VII, zB BGHZ 51, 37; 155, 205, 213 f; NJW 05, 2309, 2310; 05, 3144 mwN, und für das Angehörigenprivileg bei Regressansprüchen von Versicherungsträgern, BGHZ 54, 256, 258 ff; 73, 190, 195; weiterhin zB *Stoll* FamRZ 62, 64 ff; *Medicus* Rn 933; Soergel/*Zeuner* § 840 Rn 19 ff; MüKo/*Wagner* § 840 Rn 29 ff; BaRoth/*Spindler* § 840 Rn 7; Erman/*Schiemann* § 840 Rn 6; AnwK/*Katzenmeier* § 840 Rn 14 mwN). Die dritte Lösung erscheint für alle Konstellationen des gestörten Gesamtschuldverhältnisses angemessen, da nur sie es ermöglicht, die Haftungsprivilegierung auch im Verhältnis zwischen denjenigen Personen zu berücksichtigen, unter denen sie eigentlich gelten soll. Bei den anderen Lösungen würde jeweils der Geschädigte daraus einen – ungerechtfertigten – Vorteil ziehen, dass er durch mehrere gleichzeitig geschädigt wurde.

6 **Haftungsfreistellungen im Innenverhältnis** zwischen den Schädigern wirken nach der Rspr im Verhältnis zum Geschädigten nur, wenn sie die Schadensprävention betreffen (BGH NJW 87, 2669, 2670 mwN; BGHZ 110, 114, 119; kritisch Erman/*Schiemann*).

7 **2. Mitverschulden des Geschädigten.** Ein Mitverschulden des Geschädigten führt zur Kürzung der gesamtschuldnerischen Haftung gem § 254. Bei **Mitverschulden ggü einem einzelnen Schädiger** stellt sich wiederum die Frage einer Wirkung im Verhältnis zu den anderen Schädigern. Bei **gemeinschaftlich begangenen unerlaubten Handlungen** (§ 830 I 1, II) wird überwiegend eine Gesamtabwägung vorgenommen mit der Folge, dass sich die Gesamtschuld auf den bereits gem § 254 gekürzten Betrag beschränkt (BGHZ 30, 203, 205 f). Das entspricht der hier bevorzugten Lösung bei Haftungsprivilegierungen (s.o. Rn 5) und erscheint aus den gleichen Gründen wie dort auch hier angemessen. Bei **Nebentäterschaft** kombiniert die Rspr Einzel- und Gesamtabwägung, indem sie zunächst die einzelnen Haftungsquoten der Nebentäter ermittelt; deren Summe ergibt den Betrag der Gesamtschuld. In Bezug auf etwaige verbleibende überschießende Haftungsbeträge wird eine Teilschuld iSd § 420 angenommen (s nur BGHZ 30, 203, 211 f; NJW 06, 896, 897; weitgehend zustimmend MüKo/*Wagner* § 840 Rn 24 ff). Ausnahmsweise wird jedoch ausschl eine Gesamtabwägung vorgenommen bei Haftungseinheit (wenn die Haftung der Nebentäter auf demselben Lebenssachverhalt beruht, zB Haftung nach §§ 7, 18 StVG, oder nach §§ 823, 831, zB BGH NJW 66, 1262, 1263; NJW-RR 89, 918, 920, beide mwN) oder bei Zurechnungs- bzw Tatbeitragseinheit (zB BGHZ 61, 213, 218 mwN; NJW 96, 2646; 96, 2023, 2024 mwN). Ein beträchtlicher Teil der Lit will auch hier ausschließlich eine Gesamtbetrachtung vornehmen (s Soergel/*Zeuner* § 840 Rn 17; AnwK/*Katzenmeier* § 840 Rn 29 mwN), was angesichts der Schwierigkeiten der Ermittlung solcher Ausnahmetatbestände im Interesse einer einheitlich handhabbaren Lösung angemessen erscheint.

8 **II. Innenverhältnis.** Gem § 840 I richtet sich der Ausgleich im Innenverhältnis zwischen den Gesamtschuldnern nach § 426 I 1, dh sie haften zu gleichen Anteilen, soweit nicht etwas anderes bestimmt ist. Eine andere Bestimmung kann sich insbes ergeben aus gesetzlichen Regelungen (zB §§ 17, 18 III StVG, 13 HPflG, 41 LuftVG, 5 ProdHaftG oder auch §§ 840 II, III, 841) oder vertraglicher Vereinbarung, auch aus § 254 (s nur BGHZ 12, 213, 220; NJW 80, 2348, 2349). In § 840 II, III erfolgt für den Innenausgleich eine teilweise Abstufung nach dem Grad der Verantwortlichkeit (Verschulden einerseits, vermutetes Verschulden bzw Gefährdungshaftung andererseits), die allerdings insofern nicht konsequent durchgeführt ist, als Haftung für vermutetes Verschulden und Gefährdungshaftung in III auf eine Stufe gestellt werden. Daher lässt sich aus diesen Regelungen auch **keine allgemeine Abstufung** zwischen Haftung für nachgewiesenes Verschulden, für vermutetes Verschulden und Gefährdungshaftung für die gesamtschuldnerische Haftung entnehmen (BGHZ 6, 3, 28 mwN; 6, 319, 321 f).

9 Nach § 840 II steht dem nach §§ 831 oder 832 Haftenden voller Regress gegen den Erstschädiger zu, sofern es sich im konkreten Fall nicht ausnahmsweise um eine Haftung des Geschäftsherrn oder Aufsichtspflichtigen für nachgewiesenes eigenes Verschulden handelt (s nur BGHZ 157, 9, 19 f; NJW 05, 2309, 2310; 05, 3144, 3146; Soergel/*Zeuner* § 840 Rn 28; BaRoth/*Spindler* § 840 Rn 20; AnwK/*Katzenmeier* § 840 Rn 37; Erman/*Schiemann* § 840 Rn 12). Auch der nach § 829 Haftpflichtige kann beim Aufsichtspflichtigen Regress nehmen. Eine **Ausnahme** zum Regress der Verrichtungsgehilfen (nicht aber im Verhältnis zum Geschädigten, BGH NJW 05, 2309, 2310; 05, 3144, 3146 mwN) bilden die arbeitsrechtlichen Sonderregeln über die Beschränkung der Haftung des Arbeitnehmers bei betrieblicher Tätigkeit, § 611 Rn 88 ff).

10 § 840 III privilegiert den nach §§ 833–838 Haftpflichtigen im Verhältnis zu aus anderem Rechtsgrund Haftenden. Auch diese Regelung ist jedoch einzuschränken: einerseits bei nachgewiesenem eigenen Verschulden des nach §§ 833–838 Haftpflichtigen (Staud/*Vieweg* § 840 Rn 83; Soergel/*Zeuner* § 840 Rn 31; Erman/*Schiemann* § 840 Rn 13), andererseits bei reiner Gefährdungshaftung oder Haftung für vermutetes Verschulden des Dritten (zB Hamm NJW 58, 346 f; Schlesw NJW-RR 90, 470; Staud/*Vieweg* § 840 Rn 82; Soergel/*Zeuner* § 840 Rn 31; Erman/*Schiemann* § 840 Rn 13).

§ 841 Ausgleichung bei Beamtenhaftung

Ist ein Beamter, der vermöge seiner Amtspflicht einen anderen zur Geschäftsführung für einen Dritten zu bestellen oder eine solche Geschäftsführung zu beaufsichtigen oder durch Genehmigung von Rechtsgeschäften bei ihr mitzuwirken hat, wegen Verletzung dieser Pflichten neben dem anderen für den von diesem verursachten Schaden verantwortlich, so ist in ihrem Verhältnis zueinander der andere allein verpflichtet.

§ 841 enthält eine Ausnahme zur Anwendung des § 426 I 1 für die Haftung eines Beamten und eines Privaten gem § 840 I. Er beruht auf einem ähnlichen Rechtsgedanken wie § 840 II (MüKo/*Wagner* § 841 Rn 1; AnwK/*Katzenmeier* § 841 Rn 3). Der Anwendungsbereich der Vorschrift ist allerdings begrenzt, weil in solchen Fällen die Amtshaftung häufig schon im Außenverhältnis nach § 839 I 2 entfällt (BGHZ 91, 48, 51 mwN). 1

Bsp: Privilegierung des Vormundschaftsrichters ggü dem Sorgeberechtigten, des Nachlassrichters ggü dem Nachlasspfleger, des Insolvenzrichters ggü dem Insolvenzverwalter oder des Vollstreckungsrichters ggü dem Zwangsverwalter.

§ 842 Umfang der Ersatzpflicht bei Verletzung einer Person

Die Verpflichtung zum Schadensersatz wegen einer gegen die Person gerichteten unerlaubten Handlung erstreckt sich auf die Nachteile, welche die Handlung für den Erwerb oder das Fortkommen des Verletzten herbeiführt.

A. Funktion. § 842 sagt nichts, was sich nicht schon aus den §§ 249 (Totalreparation, s § 249 Rn 4), 252 ergäbe. Das gilt insbesondere für die Regel, der Schadensersatz umfasse auch den **Fortkommensschaden:** Auch dieser wäre ja ohne den zum Ersatz verpflichtenden Umstand nicht eingetreten (§ 249 I). § 842 enthält also kein Sonderrecht für deliktische Ersatzansprüche. Er beruht wohl auf dem Irrtum des Gesetzgebers, Personenschäden seien idR aus Delikt zu ersetzen (MüKo/*Wagner* Rn 2 f). 1

B. Anwendungsbereich. Aus dem in Rn 1 Gesagten folgt, dass § 842 bestenfalls eine ins Allgemeine Schuldrecht gehörende Klarstellung bedeutet. Daher ist er auch auf Vertragsansprüche anwendbar. Zudem bedeutet es keine Einschränkung, dass ein „gegen die Person gerichtetes" Delikt vorausgesetzt wird. Vielmehr genügt es, dass irgendein zum Ersatz verpflichtender Umstand zu einer Personenverletzung führt. 2

§ 843 Geldrente oder Kapitalabfindung

(1) Wird infolge einer Verletzung des Körpers oder der Gesundheit die Erwerbsfähigkeit des Verletzten aufgehoben oder gemindert oder tritt eine Vermehrung seiner Bedürfnisse ein, so ist dem Verletzten durch Entrichtung einer Geldrente Schadensersatz zu leisten.
(2) ¹Auf die Rente findet die Vorschrift des § 760 Anwendung. ²Ob, in welcher Art und für welchen Betrag der Ersatzpflichtige Sicherheit zu leisten hat, bestimmt sich nach den Umständen.
(3) Statt der Rente kann der Verletzte eine Abfindung in Kapital verlangen, wenn ein wichtiger Grund vorliegt.
(4) Der Anspruch wird nicht dadurch ausgeschlossen, dass ein anderer dem Verletzten Unterhalt zu gewähren hat.

A. Funktion. Auch § 843 steht (ebenso wie § 842, s dort Rn 1) systematisch falsch, weil er nicht nur für Ersatzansprüche aus Delikt gilt, sondern **allgemeines Schadensrecht** enthält. Anders als § 842 beantwortet er aber auch zwei nach den §§ 249, 252 nicht ohne weiteres zu entscheidende Sachprobleme: 1
Die I–III regeln die Frage, ob der (oft viele Jahre in die Zukunft hinein) zu leistende Ersatz als Einmalzahlung oder als Rente geschuldet wird. Diese Problematik ist offenbar unabhängig vom Vorliegen einer deliktischen Anspruchsgrundlage. S u Rn 4 ff 2
IV dagegen regelt eine (ebenfalls von der Anspruchsgrundlage unabhängige) Frage der Vorteilsausgleichung (s § 249 Rn 72 ff): Wird der Schadensersatzanspruch durch Unterhaltsansprüche des Verletzten gegen Dritte gemindert? S u Rn 15 ff 3

B. Einmalzahlung oder Rente? I. Die Regel. Sie steht in I: Der Schadensersatz wird **als Geldrente** geschuldet. Das ist auch sachlich begründet. Denn der zu ersetzende Erwerbsschaden und die Kosten für vermehrte Bedürfnisse entstehen gleichfalls erst im Lauf der Zeit. Zudem mag eine sofortige Kapitalabfindung den Schädiger in die Insolvenz treiben. Endlich werden so Spekulationen über die die mutmaßliche Fortdauer der Schäden vermieden; Veränderungen können leicht über § 323 ZPO berücksichtigt werden. 4

II. Die Ausnahme. Sie steht in III: Aus wichtigem Grund soll der Geschädigte eine **sofortige Kapitalabfindung** verlangen können. Dagegen hat der Schuldner kein solches Wahlrecht, auch wenn er (etwa als Versicherer) an einer schnellen Abwicklung interessiert sein mag (s BGHZ 79, 187, 191). Bei Einigkeit ist aber jederzeit ein Abfindungsvergleich möglich und auch häufig, s MüKo/*Wagner* Rn 74. 5

6 Als **wichtiger Grund** kommt ein besonderes Interesse des Geschädigten in Betracht, der etwa seine Existenz sichern will; ebenso genügen begründete Zweifel an der Fortdauer der Leistungsfähigkeit des Schuldners. **Der Höhe nach** soll der Geschädigte den Betrag erhalten, der zusammen mit den erzielbaren Zinsen die Summe der an sich geschuldeten Rente erreicht (BGHZ 97, 187, 190). Dabei können als erster Anhalt die auf die Sterbetafeln sich gründenden Kapitalisierungstabellen herangezogen werden (BGHZ aaO S 191, etwa bei *Küppersbusch*, Ersatzansprüche bei Personenschäden, 8. Aufl 04 Anh S 238 ff).

7 Gerade bei der **Berechnung der Kapitalabfindung** sind vielfach fehleranfällige Prognosen nötig. Wenn sich diese als falsch erweisen, läßt BGHZ 79, 187, 192 f **keine Abänderungsklage** analog § 323 ZPO zu: Die Abfindung enthalte Elemente eines Vergleichs; die durch sie gewünschte Befriedung dürfe nicht nachträglich wieder beseitigt werden (aA teils die Lit, Angaben bei MüKo/*Wagner* Rn 78 Fn 297).

8 **C. Einzelheiten zur Rente. I. Voraussetzungen. 1. Minderung der Erwerbsfähigkeit.** In der ersten Alternative spricht I (anders als § 842) nicht von einer Beeinträchtigung von „Erwerb oder Fortkommen", sondern nur von der „Erwerbsfähigkeit". Das ist mißverständlich, weil es in der Sache keinen Unterschied gibt: Auch in I wird das Fortkommen so berücksichtigen, wie sich das aus § 249 I ergibt (s § 842 Rn 1). Zudem meint auch I nicht die abstrakte Erwerbsfähigkeit, sondern vor allem den **konkret entgangenen Erwerb** (BGHZ 54, 45, 50, s MüKo/*Wagner* Rn 15 f). Dieser kann bei Arbeitslosen auch in dem Verlust des Anspruchs auf Arbeitslosenhilfe liegen (BGHZ 90, 334, 336). Zudem werden Nachteile aus dem verletzungsbedingten Nichteinsatz der Arbeitskraft ersetzt, etwa bei der Hausfrau (s § 845 Rn 1). Dagegen erhält keinen Ersatz, wer seine Arbeitskraft nicht einsetzen wollte. Zu der Berechnung des Erwerbsausfalls s § 251 Rn 4 ff

9 **2. Vermehrung der Bedürfnisse.** In der zweiten Alternatvie spricht I von einer „Vermehrung der Bedürfnisse" des Verletzten. Damit sind **nicht die für die Heilung nötigen Aufwendungen** gemeint (s.u. Rn 11). Vielmehr geht es um die Kosten aus den verletzungsbedingten Bedürfnissen, wenn diese sich auch durch Heilungsmaßnahmen nicht beheben lassen: etwa orthopädische und technische Hilfsmittel, vermehrte Fahrtkosten, schmerzlindernde Medikamente (BGH NJW 56, 219, 220). Ersatzfähig sein können etwa auch die Kosten für die Anschaffung eines Kraftfahrzeugs mit Automatikgetriebe (BGH NJW 70, 1685 f) oder für den behindertengerechten Umbau eines Hauses (BGH NJW 82, 757). Endlich umfaßt I auch die Kosten für das benötigte Pflegepersonal.

10 Hier ist freilich überall zu bedenken, ob nicht die Ansprüche des Verletzten infolge der **Kongruenz mit Leistungen eines Sozialversicherungsträgers** nach § 116 I SGB X auf diesen übergegangen sind (etwa BGHZ 140, 39 ff). Von nahen Angehörigen geleistete Pflegedienste sollen idR nicht erstattungsfähig sein, weil sie keinen Marktwert haben (BGH 106, 28, 31). Abweichendes gilt aber für einzelne bezifferbare Kosten (zB Fahrtkosten, Verdienstausfall). Zu den Kosten von Krankenhausbesuchen durch nahe Angehörige s § 249 Rn 25.

11 **3. Heilungskosten.** Sie werden in § 843 nicht erwähnt, weil sich für sie die dort behandelte Frage idR nicht stellt: Sie entstehen nicht fortlaufend neu, so daß sich eine Rente für den Ersatz nicht eignet. Bei längerer Dauer können aber die Kosten von Heilmaßnahmen in Raten eingefordert werden (s § 249 Rn 24).

12 **II. Der Rentenanspruch. 1. Verweisung.** Wegen des Rentenanspruchs verweist II 1 auf § 760. Das bedeutet: Die Rente ist jeweils für drei Monate im voraus zu zahlen (§ 760 I, II). Stirbt der Gläubiger während dieser Periode, so erhält er trotzdem den vollen Dreimonatsbetrag (§ 760 III), und zwar nicht etwa auch zur Abgeltung der nach § 844 I geschuldeten Bestattungskosten.

13 **2. Sicherheitsleistung.** Auf sie hat der Geschädigte keinen Anspruch. Vielmehr liegt ihre Anordnung im Ermessen des Gerichts, II 2, doch kann dessen Ausübung vom Rechtsmittelgericht überprüft werden (MüKo/*Wagner* Rn 71). Bei einer Verschlechterung der Vermögensverhältnisse des Schuldners kann die Sicherheitsleistung oder deren Erweiterung auch nachträglich verlangt werden, § 324 ZPO.

14 **3. Einkommensteuer.** Ihr unterliegen nach § 24 Nr 1 S 1 EStG die Renten (wie auch die Kapitalabfindung) wegen eines Erwerbsschadens. Dagegen bleiben Leistungen zum Ausgleich eines Mehrbedarfs steuerfrei.

15 **D. Abs 4. Grundgedanke** von IV ist: Wenn der an Körper oder Gesundheit Verletzte außer den Ersatzansprüchen aus Delikt auch Unterhaltsansprüche gegen Dritte hat, soll das den Deliktsschuldner nicht entlasten; dieser steht der Schadenstragung nämlich näher als der Unterhaltspflichtige. Freilich drückt der Wortlaut von IV das nur unvollständig aus.

16 **Erweiterungen** sind daher in mehreren Richtungen anerkannt: (1) Nicht nur der (noch unerfüllte) Anspruch auf Unterhalt schließt den Deliktsanspruch nicht aus, sondern auch der schon **geleistete Unterhalt** (so bereits RGZ 47, 211, 212 f zum HaftpflG und RGZ 65, 162 zum BGB). – (2) Der Vorrang des Deliktsanspruchs beschränkt sich nicht auf die in § 843 genannten Schäden, sondern umfaßt zB **auch die Heilungskosten** (RGZ 65, 162). – (3) Nicht angerechnet werden **auch freiwillige Leistungen** eines nicht zum Unterhalt verpflichteten Dritten, wenn dieser nicht nach § 267 auf die Deliktsschuld zahlt. – (4) Überhaupt muss eine Drittleistung überall da für den Deliktsanspruch ohne Bedeutung bleiben, wo das Gesetz diesen mittels einer **Legalzession** auf die Leistenden oder Leistungspflichtigen überleitet, wie in den §§ 67 II VVG, 116 SGB X, 6 EFZG, 87a BBG. Denn diese Überleitung setzt denknotwendig den Fortbestand des übergegangenen Deliktsanspruchs voraus.

E. Gleiche Vorschriften. In den §§ 11 S 1 StVG, 6, 8 HaftpflG, 36, 38 LuftVG, 8, 9 ProdHaftG und noch 17
mehreren anderen finden sich Sondervorschriften über die Ersatzpflicht bei Körperverletzungen. Diese gehen
zwar formal den §§ 842, 843 vor. Sachlich enthalten sie aber keine Abweichung, so dass dort die gleichen Probleme auftreten. Wo solche Vorschriften fehlen (wie bei § 22 WHG), kann man also ohne weiteres die allgemeinen §§ 842, 843 BGB anwenden.

F. Prozessuales. Hier ist für die richterliche Bemessung der Rente zu bemerken: Deren Ausmaß hängt ja 18
nicht nur von der voraussichtlichen Lebensdauer des Verletzten ab, sondern auch von der Entwicklung seiner
Behinderung und seiner Pflegebedürfnisse sowie des Geldwertes. Zwar kann ein Rentenurteil wegen einer
wesentlichen Veränderung der Verhältnisse nachträglich über § 323 ZPO für die Zukunft angepasst werden.
Trotzdem ist es sinnvoll, Klage und Urteil von vornherein auf einen Zeitraum zu beschränken, für den eine
Prognose einigermaßen sicher ist (MüKo/*Wagner* Rn 90). Doch ist dann für den Kläger ein ergänzender Feststellungsantrag über den Grund der künftigen Ersatzpflicht zweckmäßig (s MüKo/*Wagner* Rn 93 f).

§ 844 Ersatzansprüche Dritter bei Tötung

(1) Im Falle der Tötung hat der Ersatzpflichtige die Kosten der Beerdigung demjenigen zu ersetzen, welchem die Verpflichtung obliegt, diese Kosten zu tragen.
(2) ¹Stand der Getötete zur Zeit der Verletzung zu einem Dritten in einem Verhältnis, vermöge dessen er diesem gegenüber kraft Gesetzes unterhaltspflichtig war oder unterhaltspflichtig werden konnte, und ist dem Dritten infolge der Tötung das Recht auf den Unterhalt entzogen, so hat der Ersatzpflichtige dem Dritten durch Entrichtung einer Geldrente insoweit Schadensersatz zu leisten, als der Getötete während der mutmaßlichen Dauer seines Lebens zur Gewährung des Unterhalts verpflichtet gewesen sein würde; die Vorschrift des § 843 Abs. 2 bis 4 findet entsprechende Anwendung. ²Die Ersatzpflicht tritt auch dann ein, wenn der Dritte zur Zeit der Verletzung gezeugt, aber noch nicht geboren war.

A. Funktion. Während die §§ 842, 843 bloß die §§ 249, 252 konkretisieren, weichen die §§ 844, 845 davon 1
ab: Sie bilden **eigene Anspruchsgrundlagen** für den Ersatz von Vermögensschäden Dritter, die von dem
Delikt mittelbar betroffen sind. Dabei geht es um die Beerdigungskosten (§ 844 I, und zwar ohne den Einwand, diese Kosten wären später ohnehin entstanden, s § 249 Rn 103) und um den Verlust gesetzlicher
Unterhaltsansprüche (§ 844 II) sowie gesetzlicher Ansprüche auf Dienstleistungen (§ 845). Die weitaus
größte Bedeutung hat hierbei § 844 II. Er ist wegen der nötigen Prognosen eine der am schwierigsten anzuwendenden Vorschriften des BGB, zumal sich hier Schadensersatz- und Unterhaltsrecht vermengen. Für die
Praxis vgl etwa *Schulz-Borck/Hofmann*, Schadensersatz beim Ausfall von Frauen und Müttern im Haushalt,
6. Aufl 00.

B. Beerdigungskosten, I. I. Beerdigung. meint nicht nur die Erdbestattung, sondern auch jede andere 2
Bestattungsart einschl der **Feuerbestattung** (MüKo/*Wagner* Rn 18). Zur Wahl der Bestattungsart vgl § 1968
Rn 6; bei ihr bedarf es keiner Rücksicht auf die Interessen des erstattungspflichtigen Schädigers: Der Tote
kann also so bestattet werden, wie das ohne die Ersatzpflicht eines Dritten geschehen würde. Nur müssen die
Kosten in einem angemessenen Rahmen bleiben (BGHZ 61, 238, 239; MüKo/*Wagner* Rn 18).

II. Gläubiger des Anspruchs. Das ist idR der nach § 1968 zur Kostentragung verpflichtete **Erbe.** Subsidiär 3
kommen in Betracht unterhaltsverpflichtete **Verwandte** (§§ 1360 a III, 1361 IV 4) und nach § 528 I 3 der
Beschenkte nach dem Tod des verarmten Erblassers. Genügen soll auch eine vertraglich begründete Kostentragungspflicht, zB aus einem Heimvertrag (MüKo/*Wagner* Rn 15). **Nicht ausreichend** sind dagegen ohne
Rechtspflicht getragene Bestattungskosten; insoweit kommen allenfalls Ersatzansprüche nach §§ 683, 670
oder 812 in Betracht (so MüKo/*Wagner* Rn 15, aber zwfl).

III. Umfang des Anspruchs. Dieser umfasst die **wirklich entstandenen Kosten** in den Grenzen der Angemessenheit (s.o. Rn 2). Es sind dies insbes die Kosten für eine Grabstelle (aber nicht die Mehrkosten für 4
ein Doppelgrab, BGHZ 61, 238), Sarg/Urne, Grabstein, Blumenschmuck, Traueranzeigen und -karten, Trauermahl und (mit Abzügen für die „normale" Verwendbarkeit) auch Trauerkleidung. Dagegen sind **nicht
ersatzfähig** idR die Kosten für die Anreise zur Trauerfeier (BGHZ 32, 72), die laufenden Kosten für den
Grabschmuck, die Kosten für den Verdienstausfall von Angehörigen (MüKo/*Wagner* Rn 19, str) und die
Stornokosten für eine abgesagte Urlaubsreise (BGH NJW 89, 2317, 2318).

IV. Sterbegeld. Ein dem Ersatzgläubiger zustehendes Sterbegeld, das auch die Bestattungskosten decken soll, 5
ist für den Anspruch aus § 844 I nicht als ausgleichsfähiger Posten anzurechnen (BGH NJW 78, 536). Vielmehr kommt ein gesetzlicher Übergang des Deliktsanspruchs auf den Sterbegeldschuldner in Betracht; bei
Fehlen einer Zessionsnorm wird eine Abtretungspflicht analog § 255 erwogen (MüKo/*Wagner* Rn 21 und die
dort Fn 103 Genannten, vor allem BGH aaO S 537).

6   **C. Unterhaltsschaden, II. I. Gesetzliche Unterhaltspflicht.** Voraussetzung ist, dass der Getötete einem Dritten kraft Gesetzes unterhaltspflichtig war oder hätte werden können. Solche Unterhaltspflichten beruhen auf **Verwandtschaft** (§§ 1615 II, 1615 l) oder **Ehe** (§§ 1360, 1361, nach der Scheidung §§ 1569 ff und wohl auch § 1587 g, s MüKo/*Wagner* Rn 23), zudem auf eingetragener **Lebenspartnerschaft**, LPartG §§ 5, 12, nach Aufhebung 16).

7   **Nicht ausreichend** ist dagegen eine Unterhaltspflicht aus Vertrag (etwa BGH NJW 84, 977, 978) oder aus tatsächlicher Übung, etwa iRe **nichtehelichen Lebensgemeinschaft** (str, aber wohl ohne Gesetzesänderung nicht zu erreichen, s kritisch MüKo/*Wagner* Rn 26 f). Ein Unterschied zur gesetzlichen Unterhaltspflicht besteht hier nicht bloß nach dem Gesetzeswortlaut, sondern vielfach auch in der Sache: Eine vertragliche Unterhaltspflicht kann ggf auf die Erben des Schuldners übergehen, und einer bloß tatsächlichen Übung fehlt die für eine Prognose der Fortdauer erforderliche Wahrscheinlichkeit.

8   **II. Maßgeblicher Zeitpunkt.** Da II Folgen des Todes regelt, scheint der Anspruch auch erst in diesem Zeitpunkt zu bestehen. Doch stellt BGHZ 132, 39, 42 f auf den **Zeitpunkt der Verletzung** ab, die zu dem Tod führt. Danach hat den Anspruch nicht, wer erst nach der Verletzung, aber noch vor dem Tod des Verletzten durch Heirat oder Zeugung hinzukommt (Mot II 779 f). Daß der schon gezeugte Unterhaltsgläubiger erst später geboren wird, schadet aber nach II 2 nicht.

9   **III. Inhalt des Ersatzanspruchs. 1. Geldrente.** Nach II 1 kann der geschädigte Dritte die Zahlung einer Geldrente fordern. Das gilt unabhängig davon, ob der Getötete den Unterhalt in Geld oder in natura zu gewähren hatte. Soweit dagegen die Unterhaltspflicht auf die Erben des Getöteten übergeht (§§ 1586 b I 1, 1615 l III 5, LPartG 16 II 2), soll § 844 II ausscheiden, weil die Angehörigen keinen Unterhaltsschaden haben (aber verträgt sich das mit § 843 IV?). Anders soll es jedoch liegen, wenn diese Erben nicht leistungsfähig sind (RGZ 74, 375, 377).

10 **2. Dauer der Rente.** Die Rente soll den entgehenden Unterhalt ersetzen. Daher richten sich Beginn und Ende der Rentenpflicht nach Beginn und Ende der (nur mehr fiktiven) Unterhaltspflicht. Für das **Ende** nennt II 1 ausdrücklich das Ende der „**mutmaßlichen Dauer**" des Lebens des Getöteten, weil spätestens mit diesem Tod das die Unterhaltspflicht begründende Rechtsverhältnis geendet hätte. Doch kommt nach den Regeln des Unterhaltsrechts auch ein **früheres Ende** in Betracht, insbesondere idR durch das Ende der Bedürftigkeit des Unterhaltsgläubigers oder der Leistungsfähigkeit des Unterhaltsschuldners (§§ 1602, 1603). Zudem kommen noch weitere Endigungsgründe in Betracht, etwa dass ein näher Verwandter leistungsfähig geworden ist (vgl §§ 1606 f).

11 Der **Beginn der Ersatzpflicht** fällt mit dem Tod oder dem späteren (hypothetischen) Beginn der Unterhaltspflicht zusammen. Das kommt in Betracht beim **nasciturus** (II 2) oder wenn Bedürftigkeit oder Leistungsfähigkeit erst später eingetreten sind. Das ändert aber nichts daran, dass der Grund für das Unterhaltsverhältnis schon bei der todbringenden Verletzung vorgelegen haben muss (s.o. Rn 8).

12 **3. Einzelheiten der Ersatzpflicht.** Sie ergeben sich daraus, dass II 1 am Ende auf § 843 II bis IV verweist. Danach gilt eine Pflicht zur **Vorauszahlung** für jeweils drei Monate; es genügt, dass der Gläubiger den Anfang der Dreimonatsfrist erlebt (§§ 843 II mit 760). Vom Gericht kann eine Pflicht zur **Sicherheitsleistung** bestimmt werden (§ 843 II 2). Aus wichtigem Grund kann der Gläubiger statt der Rente eine **Kapitalabfindung** verlangen (§ 843 III). Der **Deliktsanspruch** auf Unterhaltsersatz **wird nicht durch** einen anderen (nachrangigen) **Unterhaltsanspruch ausgeschlossen** (§ 843 IV). S zu allem die Erläuterungen zu § 843.

13 **4. Höhe der Rente.** Maßgeblich hierfür ist der von dem Getöteten **fiktiv geschuldete gesetzliche Unterhalt** (BGH NJW 04, 358, 359). Dafür sind idR alle Nettoeinkünfte heranzuziehen, die dem Getöteten zugeflossen wären, gleich welcher Art diese Einkünfte sind und aus welchem Anlass sie im einzelnen erzielt worden wären (BGH aaO). Dazu zählen etwa auch Eigenheim- oder Kinderzulagen (BGH aaO). **Verfehlt** ist dagegen als Ausgangspunkt der Ansatz der Kosten, die zur Unterbringung des Gläubigers in einem Heim oder einer anderen Familie notwendig wären (BGH NJW 85, 1460, 1461, doch s.a. BGH NJW 82, 2864). Der Geschädigte erhält also idR nicht mehr, als er ohne das Schadensereignis als Unterhalt hätte fordern können.

14 Dabei kann sich dieser Ersatzanspruch **im Lauf der Zeit verändern**. Insbesondere kann sich der Bedarf mit zunehmendem Alter vermehren (Ausbildung, Pflege). Auch braucht die fiktive Leistungsfähigkeit des Getöteten nicht gleichzubleiben (zB fiktive Beförderung oder Übergang in Pension oder Rente).

15 Soweit der **Unterhalt natural geschuldet** gewesen wäre (etwa §§ 1360 S 2, 1612 II), müssen die Naturalleistungen bei § 844 II in Geld umgerechnet werden. Dabei werden für Pflegedienste idR die (etwa nach BAT 14 ermittelten) **Nettoverdienste** einer einzustellenden Pflegekraft zugrunde gelegt (BGHZ 86, 372, 376 ff mit ausführlicher Begründung der Wahl nur des Nettolohns). Dass eine Anstellung deshalb unterblieben ist, weil Familienangehörige des Unterhaltsberechtigten eingesprungen sind, bleibt nach § 843 IV außer Betracht. Wird dagegen eine Ersatzkraft wirklich angestellt, soll nach BGHZ 86, 372, 376 der volle hierfür aufgewendete Betrag (also als **Bruttolohn**) gefordert werden können.

5. Ausgaben zur Vermögensbildung. Hätte der Getötete einen Teil seines Einkommens zur Vermögensbildung aufgewendet, so erhöht dies die Rente nicht (MüKo/*Wagner* Rn 50). Das gilt insbes für die Kosten zur Tilgung der Belastung eines Eigenheims. Dagegen sind **Zinsbelastungen** unterhaltsrechtlich zu berücksichtigen, sofern sie einem angemessenen Mietzins vergleichbar sind und diesen ersparen (BGH NJW 04, 358, 359; 04, 2894, 2895). Allgemein sind bloße Vermögensschäden nicht ersatzfähig, die mit dem Unterhalt nichts zu tun haben (BGH aaO). Dazu gehört etwa auch der Wegfall der Vorteile aus dem steuerlichen **Ehegattensplitting** (BGH aaO). 16

6. Vorteilsanrechnung. Eine durch den Tod etwa angefallene **Erbschaft** sowie Versicherungsleistungen mindern den Unterhaltsschaden idR nicht (s § 249 Rn 76 ff). Zweifelhaft ist dagegen die Anrechnung der Kosten, die der Unterhaltsberechtigte **durch den Tod des Unterhaltspflichtigen erspart** hat: muss sich etwa der Witwer anrechnen lassen, was er wegen des Todes seiner Ehefrau nicht mehr aufzuwenden braucht? Die Rspr bejaht das (etwa BGHZ 56, 389, 393 in Ausweitung von BGHZ 4, 123); dagegen spricht freilich, daß der einem Ehegatten gewährte Unterhalt nicht einfach bloß dessen Tätigkeit etwa im Haushalt entgelten soll. Unzweifelhaft ist dagegen die Anrechnung **eigener Einkünfte**, die dem Überlebenden durch eine jetzt zumutbar gewordene Tätigkeit zufließen (s § 254 Rn 17 f). 17

7. Mehrzahl von Hinterbliebenen. Bei einer Mehrzahl von unterhaltsberechtigten Hinterbliebenen (etwa Witwe und Kinder) gibt es **je einen eigenen Anspruch** aus § 844 II. Hierauf wendet der BGH nicht etwa § 432 an, so dass der Schuldner nur einmal zahlen müsste und die Verteilung ein Internum der Gläubiger bliebe (BGHZ 52, 304, 306 für § 843 II nach nicht tödlicher Verletzung). Vielmehr soll jeder Gläubiger für seinen Anspruch eine **eigene Quote** haben (BGH NJW 72, 1130 f). Dabei werden gleiche Anteile (etwa bei einer Witwe mit zwei Kindern je 1/3) idR abgelehnt, weil die Bedürfnisse verschieden seien (BGH NJW 88, 2365, 2368). So seien die Bedürfnisse eines Elternteils idR größer als diejenigen der Kinder, etwa hinsichtlich des Wohnbedarfs und des Anteils an der Benutzung eines Kraftfahrzeugs. Daher komme unter den genannten Umständen eher eine Teilung von 2 : 1 : 1 in Betracht. Das ist zwar im Ansatz richtig, doch lässt sich ein genaues Teilungsverhältnis wohl kaum angeben (etwa wegen der gemeinsamen Benutzung von Wohnräumen). Daher ist die Anwendung des auch vom BGH aaO genannten § 287 ZPO idR unvermeidlich. 18

D. Gleiche Vorschriften. Sie finden sich ähnlich wie bei § 843 (s dort Rn 12) in fast allen Gesetzen über eine Gefährdungshaftung, etwa in §§ 10 StVG, 5 HaftpflG, 35 LuftVG, 7 ProdHaftG und anderen. Sie gehen dann als Spezialgesetze dem § 844 vor, was aber beim Fehlen von Abweichungen keine Bedeutung hat. Wo Spezialvorschriften fehlen, kommt § 844 für nichtdeliktische Haftungsfälle nur bei besonderer Anordnung in Betracht (etwa § 618 III). 19

§ 845 Ersatzansprüche wegen entgangener Dienste

¹Im Falle der Tötung, der Verletzung des Körpers oder der Gesundheit sowie im Falle der Freiheitsentziehung hat der Ersatzpflichtige, wenn der Verletzte kraft Gesetzes einem Dritten zur Leistung von Diensten in dessen Hauswesen oder Gewerbe verpflichtet war, dem Dritten für die entgehenden Dienste durch Entrichtung einer Geldrente Ersatz zu leisten. ²Die Vorschrift des § 843 Abs. 2 bis 4 findet entsprechende Anwendung.

A. Funktion. Bei Tötung erfasst § 844 II nur einen Ersatz für den gesetzlich geschuldeten Unterhalt Dagegen bleiben gesetzlich geschuldete **Dienste, die nicht zum Unterhalt gehören**, dort außer Betracht. Diese Lücke will § 845 mit Erstreckung auf die Fälle der Körper- und Gesundheitsverletzung füllen. Dabei war zunächst vor allem an die Pflicht der Ehefrau zur Führung des gemeinsamen Haushalts gedacht worden (§ 1356 aF). BGHZ 38, 55 hat jedoch die so geschuldeten Dienste als Beitrag zum Familienunterhalt eingeordnet (§ 1360). Daher sollte bei **Tötung eines Ehegatten** der Ersatzanspruch des überlebenden jetzt unter § 844 II fallen; bei bloßer **Verletzung** habe der Verletzte selbst Ansprüche aus § 843. Die Bedeutung von § 845 ist dadurch stark zurückgegangen. In diesem engen Rahmen bildet er aber ebenso wie § 844 (s dort Rn 1) eine **eigene Anspruchsgrundlage** zum Ersatz von Vermögensschäden Dritter. 1

B. Der verbleibende Anwendungsbereich. Keine von § 845 erfasste Dienstleistungspflicht enthält § 1618 a (Bambg NJW 85, 2724). Auch vertraglich geschuldete Dienste (zB als Gesellschafter) und ohne Rechtspflicht erbrachte Dienstleistungen fallen unter § 845. 2

Übrig bleiben nach BGHZ 77, 157, 164; 137, 1 = JZ 98, 362 mit Anm *Gernhuber* die Dienstleistungspflichten der **im elterlichen Hausstand lebenden Kinder** nach § 1619 (s dort). Doch gibt es auch insoweit zwei wesentliche **Einschränkungen**: Erstens wird eine solche Pflicht des Hauskindes verneint, wenn dieses seine volle Arbeitskraft anderweit für eine entgeltliche Erwerbstätigkeit einsetzt (BGHZ 137, 1 aaO, str). Und zweitens soll nach BGHZ 69, 380, 385 der Schädiger geltend machen können, das Kind hätte sich von einem bestimmten Zeitpunkt an zu einer (den § 1619 ausschließenden) selbständigen Erwerbstätigkeit entschlossen. 3

4   **C. Die Geldrente.** Für sie gelten nach S 2 ebenso wie bei § 844 (s dort Rn 12) die II–IV von § 843. Die **Höhe der Rente** bemisst sich nach dem Wert der entgehenden Dienste (MüKo/*Wagner* Rn 14).

5   **D. Ähnliche Vorschriften.** Anders als bei § 844 (s dort Rn 19) fehlt für § 845 ganz überwiegend eine entsprechende Vorschrift in anderen Haftungsgesetzen. Eine Ausnahme bildet nur § 53 II LuftVG für die Schädigung durch ein militärisches Luftfahrzeug. Diese Gesetzeslage hat keinen ersichtlichen inneren Grund. § 845 könnte wohl gestrichen werden (s MüKo/*Wagner* Rn 2). Stattdessen könnte man manche Dienste von Kindern als Unterhaltsleistungen auffassen; dann wären die §§ 843, 844 II anwendbar.

§ 846 Mitverschulden des Verletzten

Hat in den Fällen der §§ 844, 845 bei der Entstehung des Schadens, den der Dritte erleidet, ein Verschulden des Verletzten mitgewirkt, so findet auf den Anspruch des Dritten die Vorschrift des § 254 Anwendung.

1   **A. Funktion.** Die §§ 844, 845 begründen Ersatzansprüche Dritter. Hätte bei der Schädigung eine zu verantwortende Mitwirkung des Erstgeschädigten vorgelegen, würde § 254 direkt für diese Drittansprüche nicht passen. Es wäre aber ungereimt, wenn der Schädiger dem Zweitgeschädigten mehr Ersatz leisten müsste als dem Erstgeschädigten: Auch die Drittansprüche beruhen ja auf der Haftung gegenüber dem Erstgeschädigten. Daher erstreckt § 846 den § 254 auch auf diese Drittansprüche.

2   **B. Anwendungsbereich.** Direkt (also ohne § 846) gilt § 254, soweit den nach §§ 844 f anspruchsberechtigten Dritten ein Eigenverschulden (etwa an der Ausweitung des Schadens) trifft. Zweifelhaft ist, ob § 846 auch für **Schockschäden** (s § 823 Rn 27) passt, also ob der von dem Schock Betroffene sich ein Mitverschulden der Person anrechnen lassen muss, deren Verletzung den Schock ausgelöst hat (ja MüKo/*Wagner* Rn 5, nein BGHZ 56, 163, 168 f, gegen RGZ 157, 11, doch soll über § 242 Gleiches gelten). Dagegen soll § 846 unanwendbar sein bei der Verletzung vermögensschützender **Amtspflichten**, wenn der unmittelbar Betroffene an der Schadensentstehung mitgewirkt hat (BGH NJW 56, 260 für ein Mitverschulden der Erblasserin an der schädigenden Unwirksamkeit eines Bürgermeistertestaments).

§ 847
– weggefallen –

§ 848 Haftung für Zufall bei Entziehung einer Sache

Wer zur Rückgabe einer Sache verpflichtet ist, die er einem anderen durch eine unerlaubte Handlung entzogen hat, ist auch für den zufälligen Untergang, eine aus einem anderen Grunde eintretende zufällige Unmöglichkeit der Herausgabe oder eine zufällige Verschlechterung der Sache verantwortlich, es sei denn, dass der Untergang, die anderweitige Unmöglichkeit der Herausgabe oder die Verschlechterung auch ohne die Entziehung eingetreten sein würde.

1   § 848 erweitert die Haftung desjenigen, der einem anderen eine Sache durch unerlaubte Handlung entzogen hat, auf die Fälle von zufälligem Untergang, Unmöglichkeit der Herausgabe oder Verschlechterung der Sache. Betroffen sein muss die Sachsubstanz, nicht lediglich der Sachwert (RG Recht 07 Nr 762: Kursverlust einer Aktie fällt nicht unter § 848). Da sich dieselbe Rechtsfolge beim Schadensersatz in Geld idR bereits aus § 251 I ergibt (*Meincke* JZ 80, 677; Erman/*Schiemann* § 848 Rn 1), sofern nicht der Schutzzweckzusammenhang fehlt (AnwK/*Katzenmeier* § 848 Rn 1; *Larenz/Canaris* § 83 IV), liegt die Bedeutung der Vorschrift hauptsächlich in der Möglichkeit, nach dem letzten Hs einen hypothetischen Kausalverlauf zugunsten des Schädigers zu berücksichtigen. Insoweit trifft die Beweislast den Geschädigten; die hypothetische Reserveursache müsste aber nicht gerade beim Verletzten zu einem Schaden geführt haben (Prot II, 2791).

§ 849 Verzinsung der Ersatzsumme

Ist wegen der Entziehung einer Sache der Wert oder wegen der Beschädigung einer Sache die Wertminderung zu ersetzen, so kann der Verletzte Zinsen des zu ersetzenden Betrags von dem Zeitpunkt an verlangen, welcher der Bestimmung des Wertes zugrunde gelegt wird.

1   § 849 ermöglicht für Fälle des Wertersatzes bei Entziehung oder Beschädigung einer Sache (auch bei Entziehung von Geld, BGHZ 8, 288, 298) die Geltendmachung des gesetzlichen Zinssatzes (§ 246) als Mindestschadensersatz. Die Regelung gilt für Haftungstatbestände innerhalb und außerhalb des BGB (BGHZ 87, 38, 39 ff) – bei letzteren allerdings nur, sofern keine Spezialregelung existiert. § 849 bedeutet ggü § 290 eine

Erleichterung für den Geschädigten, damit dieser beim gesetzlichen Schuldverhältnis aus unerlaubter Handlung nicht erst den Schädiger in Verzug setzen muss. Der gesetzliche Zinssatz wird ab dem Zeitpunkt der Wertbestimmung geschuldet, gemeint ist der Zeitpunkt des schädigenden Ereignisses (BGH NJW 65, 392 f; BGHZ 87, 38, 42). In Bezug auf den Nutzungsausfall im fraglichen Zeitraum kann der Geschädigte zwischen dem pauschalierten Schadensersatz nach § 849 und der Geltendmachung eines konkreten Nutzungsausfalls wählen (BGHZ 87, 38, 41 f); daneben können weitere Schäden geltend gemacht werden.

§ 850 Ersatz von Verwendungen

Macht der zur Herausgabe einer entzogenen Sache Verpflichtete Verwendungen auf die Sache, so stehen ihm dem Verletzten gegenüber die Rechte zu, die der Besitzer dem Eigentümer gegenüber wegen Verwendungen hat.

§ 850 enthält eine Rechtsgrundverweisung auf §§ 994–1003 für Ansprüche des Deliktsbesitzers auf Verwendungsersatz. Zu beachten ist, dass der Besitzer nach §§ 273 II, 1000 S 2 kein Zurückbehaltungsrecht hat, wenn er die Sache durch vorsätzlich begangene unerlaubte Handlung erlangt hat.

§ 851 Ersatzleistung an Nichtberechtigten

Leistet der wegen der Entziehung oder Beschädigung einer beweglichen Sache zum Schadensersatz Verpflichtete den Ersatz an denjenigen, in dessen Besitz sich die Sache zur Zeit der Entziehung oder der Beschädigung befunden hat, so wird er durch die Leistung auch dann befreit, wenn ein Dritter Eigentümer der Sache war oder ein sonstiges Recht an der Sache hatte, es sei denn, dass ihm das Recht des Dritten bekannt oder infolge grober Fahrlässigkeit unbekannt ist.

§ 851 schützt den gutgläubigen Deliktstäter, der Schadensersatz wegen Entziehung oder Beschädigung einer Sache an denjenigen leistet, der im Zeitpunkt der schädigenden Handlung Besitzer der Sache war, zB an den Leasingnehmer (KG VersR 76, 1160) oder Sicherungsgeber. Die Vorschrift knüpft – wie §§ 932 ff, 1006 – an den durch unmittelbaren (BaRoth/*Spindler* § 851 Rn 2) Besitz begründeten Rechtsschein an. Bei Kenntnis oder grob fahrlässiger Unkenntnis des Schadensersatzpflichtigen vom Recht des Eigentümers oder Dritten, die vom Eigentümer bzw Dritten zu beweisen ist (zu Erleichterungen der Beweislast BaRoth/*Spindler* § 851 Rn 6 mN), greift die Leistungsbefreiung nicht ein; der Sorgfaltsmaßstab ist wie bei § 932 II zu bestimmen. Der Ausgleich zwischen Leistungsempfänger und wirklich Berechtigtem erfolgt nach § 816 II.

§ 852 Herausgabeanspruch nach Eintritt der Verjährung

¹Hat der Ersatzpflichtige durch eine unerlaubte Handlung auf Kosten des Verletzten etwas erlangt, so ist er auch nach Eintritt der Verjährung des Anspruchs auf Ersatz des aus einer unerlaubten Handlung entstandenen Schadens zur Herausgabe nach den Vorschriften über die Herausgabe einer ungerechtfertigten Bereicherung verpflichtet. ²Dieser Anspruch verjährt in zehn Jahren von seiner Entstehung an, ohne Rücksicht auf die Entstehung in 30 Jahren von der Begehung der Verletzungshandlung oder dem sonstigen, den Schaden auslösenden Ereignis an.

§ 852 S 1 enthält eine eigenständige Anspruchsgrundlage (AnwK/*Katzenmeier* § 852 Rn 2 mwN) zur Abschöpfung eines durch eine unerlaubte Handlung erlangten Vorteils nach Verjährung des Deliktsanspruchs. Sie ist vor allem dann von Bedeutung, wenn der originäre Deliktsanspruch verjährt ist (insbes wegen § 199 I Nr 2) und ein Bereicherungsanspruch ebenfalls verjährt oder ausnahmsweise von den Voraussetzungen her nicht gegeben ist (zB bei unberechtigter Schutzrechtsverwarnung, BGHZ 71, 86, 98 ff). Die Regelung bezieht sich auf alle Deliktsansprüche aus §§ 823 ff sowie aus Spezialgesetzen (die häufig explizit auf § 852 verweisen, zB die immaterialgüterrechtlichen Schadensersatzregelungen). Nach der Rspr zur Vorgängervorschrift (§ 852 III aF) sowie nach dem Willen des Gesetzgebers der Schuldrechtsmodernisierung handelt es sich um einen **Deliktsanspruch** (wichtig vor allem wegen § 393) **mit Rechtsfolgenverweisung auf das Bereicherungsrecht** (BGHZ 71, 86, 98 ff; 130, 288, 297; BTDrs 14/6040, 270; Staud/*Vieweg* § 852 Rn 17 ff mwN). Daher setzt § 852 insbes keine Unmittelbarkeit der Vermögensverschiebung voraus (BGHZ 71, 86, 100; Staud/*Vieweg* § 852 Rn 9; MüKo/*Wagner* § 852 Rn 6; BaRoth/*Spindler* § 852 Rn 3; AnwK/*Katzenmeier* § 852 Rn 2 mwN). Der Anspruch verjährt nach § 852 S 2, der parallel zu § 199 III ausgestaltet ist.

§ 853 Arglisteinrede

Erlangt jemand durch eine von ihm begangene unerlaubte Handlung eine Forderung gegen den Verletzten, so kann der Verletzte die Erfüllung auch dann verweigern, wenn der Anspruch auf Aufhebung der Forderung verjährt ist.

1 § 853 erweitert die Möglichkeit der Erhebung des Einwandes der unzulässigen Rechtsausübung gem § 242 (exceptio doli) ggü einer auf unerlaubter Handlung beruhenden Forderung auf den Zeitraum nach Verjährung des Anspruchs auf Aufhebung der Forderung. Die Regelung bezieht sich auf sämtliche unerlaubten Handlungen; idR wird es um Ansprüche aus § 823 II oder § 826 iVm § 249 I gehen. Str ist, ob zwischen der unerlaubten Handlung und der Forderung lediglich ein Kausalzusammenhang bestehen muss (so zB Staud/*Vieweg* § 853 Rn 3; AnwK/*Katzenmeier* § 853 Rn 2) oder eine Zweck-Mittel-Relation (so zB MüKo/*Wagner* § 853 Rn 2; BaRoth/*Spindler* § 853 Rn 3). Der Wortlaut des § 853 spricht für die erste Lösung, die weniger strenge Anforderungen stellt. Bezieht sich der Anspruch des Geschädigten auf Aufhebung der Forderung auf einen Vertrag, muss er bei Geltendmachung der Einrede das an ihn Geleistete zurückerstatten (zu Einzelheiten Staud/*Vieweg* § 853 Rn 6 mN). § 853 ist auf Fälle der Verfristung eines Anspruchs gem § 124 (BGHZ 42, 37, 42; NJW 69, 604, 605; 79, 1983, 1984) entspr anzuwenden, sofern gleichzeitig ein Anspruch aus unerlaubter Handlung vorliegt (BGH NJW 69, 604, 605; BaRoth/*Spindler* § 853 Rn 5); in Bezug auf Fälle des § 146 I InsO (RGZ 84, 225, 227 f – zu § 41 II KO aF) ist jetzt § 146 II InsO zu beachten.

Buch 3   Sachenrecht

Abschnitt 1   Besitz

Einleitung

Literatur:
1. Kommentare: Anwaltskommentar BGB-Sachenrecht Bd 3 2004; *BaRoth* BGB 3 Bände 1. Aufl 2003; *Erman* BGB 2 Bände 11. Aufl 2004; *Jauernig* BGB 11. Aufl 2004; Juris-Praxiskommentar BGB 7 Bände 2. Aufl 2004/ 2005; Münchener Kommentar zum BGB Band 6 Sachenrecht 4. Aufl 2004; *Palandt* BGB 65. Aufl 2006; Reichsgerichtsrätekommentar BGB in Teilbänden 12. Aufl 1974–1996; *Soergel* BGB 13. Aufl Bd. 14 (§§ 854– 984), 2002 Bd 16 (§§ 1018–1296), 2001; *Staudinger* BGB Bd. 3 in 4 Teilbänden, 12. Aufl 1981/1989; ab der 13. Bearbeitung in 8 Teilen und Neubearbeitungen (2000/2002/2002/2004/1999/1994/2001/2002).   **1**
2. Lehrbücher: *Baur/Stürner* Lehrbuch des Sachrechts 17. Aufl 1999; *Brehm/Berger* Sachenrecht 2000; *Eckert* Sachenrecht 4. Aufl 2005; *Müller* Sachenrecht 4. Aufl 1997; *Schapp/Schur* Sachenrecht 3. Aufl 2002; *Schellhammer* Sachenrecht nach Anspruchsgrundlagen 2. Aufl 2005; *Schreiber* Sachenrecht 4. Aufl 2003; *Schwab/ Prütting* Sachenrecht 31. Aufl 2003; *Vieweg/Werner* Sachenrecht 2 Aufl 2005; *Weber* Sachenrecht 2005; *Westermann* Sachenrecht 7. Aufl 1998; *Westermann* Sachenrecht Schwerpunkte 11. Aufl 2005; *Wieling* Sachenrecht Bd I 1990; *Wieling* Sachenrecht 4. Aufl 2001; *Wilhelm* Sachenrecht 2. Aufl 2002; *Wolf* Sachenrecht 21. Aufl 2005.   **2**
3. Materialien: S. o. Einl Vor § 1 Rn 3.   **3**

A. Systematik. Der Gesetzgeber des Bürgerlichen Rechts hat ganz bewusst Schuld- und Sachenrecht voneinander getrennt und bereits in der Systematik die Eigenständigkeit des Sachenrechts hervorgehoben. Diese Aufteilung wurzelt im Pandektensystem des 19. Jahrh. Mit der strikten Trennung der Rechtsbeziehungen zwischen Personen (Rechtssubjekten) und Sachen (Rechtsobjekten) ist ein Kerngedanke des Bürgerlichen Rechts verwirklicht. Die Verstärkung dieser Einteilung durch das Trennungs- und das Abstraktionsprinzip macht diesen zentralen Gedanken der Systematik deutlich.   **4**

Im Einzelnen regelt das Sachenrecht die Inhaltsbestimmung und die Abgrenzung der dinglichen Rechtsinstitute sowie ihre jeweilige Entstehung, Übertragung, Belastung und Erlöschen. Hinzu kommen Regelungskreise zum Schutz der dinglichen Rechte. In gewissem Umfang hat der Gesetzgeber darüber hinaus innerhalb des Sachenrechts den Grundgedanken des Vor-die-Klammer-Ziehens allgemeiner Regeln verwirklicht, dabei in der systematischen Einteilung aber nicht in allen Bereichen glücklich agiert. Hinzu kommen mancherlei Überschneidungen, die dazu führen, dass gewisse dingliche Regelungen sich im Schuldrecht finden und umgekehrt schuldrechtliche Regelungen im Sachenrecht zu finden sind (vgl zB §§ 987 ff).   **5**

B. Begriffe des Sachenrechts. I. Rechtsobjekt und Sache. Das Gesetz geht vom Begriff der Sache als eines körperlichen Gegenstands aus (s.o. § 90). Alle nicht dem Sachbegriff unterliegenden Gegenstände werden unter dem Begriff der Forderungen und sonstigen Rechte zusammengefasst. Zusammen mit dem Sonderbereich der Tiere (§ 90a) lassen sich alle diese Bereiche unter dem Oberbegriff der Rechtsobjekte zusammenfassen. Rechtsobjekte sind dadurch gekennzeichnet, dass sie nicht Träger von Rechten und Pflichten sein können und insofern den Rechtssubjekten gegenüberstehen. Zu der Differenzierung und Aufspaltung des Begriffs der Sache und zu den Problemfällen (Software, menschlicher Körper) s.o. § 90 Rn 2 ff.   **6**

II. Dingliches Recht, dinglicher Anspruch. Der Begriff des dinglichen Rechts als eines subjektiven Rechts einer Person im Hinblick auf einen Gegenstand ist Grundbestandteil des Sachenrechts. Dieses dingliche Recht ist einerseits vom Begriff des Sachenrechts als institutioneller Rechtsmaterie abzugrenzen, andererseits ist das dingliche Recht vom dinglichen Anspruch zu unterscheiden, der aus dem dinglichen Rechtsposition fließenden konkreten Ansprüche gegen andere Personen bezeichnet. Diesen dinglichen Ansprüchen liegen in aller Regel Anspruchsgrundlagen zu Grunde. Nach ihrem Ziel richten sich diese Anspruchsgrundlagen in der Regel auf Herausgabe einer Sache, auf Schadensersatz oder entschädigenden Ausgleich, auf Nutzungsersatz, auf Verfolgung und Wegnahme von Sachen, auf Abwehr, Beseitigung oder Unterlassung von Störungen, auf Grundbuchberichtigung, auf Durchsetzung einer Vormerkung oder auf Duldung der Zwangsvollstreckung.   **7**

III. Dinglicher Vertrag. Die Änderung der dinglichen Rechtslage setzt ein Rechtsgeschäft unter den Beteiligten voraus. Ein solches, die dingliche Rechtslage umgestaltendes Rechtsgeschäft nennt man im Falle der Zweiseitigkeit dinglichen Vertrag. Das Gesetz spricht allerdings in der Regel nicht von Vertrag, sondern von Einigung (§§ 873, 929). Auf diesen dinglichen Vertrag sind die Vorschriften des Allg Teils des BGB anwendbar. Dagegen ist im Regelfalle die Anwendung schuldrechtlicher Normen ausgeschlossen.   **8**

C. Regelungsinstrumente im Sachenrecht. I. Subjektives Recht. Das Sachenrecht enthält neben der dinglichen Ausgestaltung der objektiven Rechtsordnung durchgehend subjektive Rechte, also die jeweiligen konkreten   **9**

Befugnisse, die dem einzelnen Rechtsinhaber zugewiesen sind. Auch im Sachenrecht nutzt der Gesetzgeber also die typischen Rechtsfiguren der traditionellen Privatrechtsdogmatik. Subjektive Rechte im Einzelnen sind sowohl die dinglichen Rechte an einer Sache selbst als auch die konkreten Ansprüche, die aus dem jeweiligen absoluten Recht fließen (s.o. Rn 7).

10 **II. Rechtsgeschäft.** Die Begründung, Übertragung und Beendigung dinglicher Rechte setzt in der Regel ein Rechtsgeschäft voraus. Allerdings gibt es daneben auch eine größere Anzahl gesetzlicher Erwerbstatbestände (§§ 937 ff). An dieser rechtsgeschäftlichen Ausgestaltung auch des Sachenrechts ändert es nichts, dass zusätzlich in der Regel noch Realakte erforderlich sind (Übergabe der Sache, Eintragung ins Grundbuch). Auch einseitige Rechtsgeschäfte sind dem Sachenrecht nicht fremd (zB § 959 Dereliktion).

11 **III. Rechtsgeschäftsähnliches Handeln.** Die allg Systematik zivilrechtlicher Regelungsinstrumente setzt sich auch bei den rechtsgeschäftsähnlichen Handlungen fort. Unstreitig gibt es solche Handlungen auch im Bereich des Sachenrechts. Dazu gehören bestimmte Anzeigen und Benachrichtigungen (§§ 965, 1042, 1220, 1237, 1242). Besondere Bedeutung kommt dem auf einen Besitzerwerb gerichteten natürlichen Willen zu (BGHZ 101, 186; 27, 360).

12 **IV. Realakt.** Schließlich gibt es im Sachenrecht in erheblichem Umfang rechtlich relevante Realakte. Dazu gehören insbesondere die konkrete Besitzerlangung und Besitzaufgabe, die Verbindung, Vermischung und Verarbeitung von Gegenständen sowie die Entdeckung eines Gegenstands, schließlich die Übergabe und die Eintragung ins Grundbuch.

13 **D. Prinzipien des Sachenrecht. I. Absolutheit.** Dingliche Rechte wirken ggü jedermann, sie sind also gekennzeichnet durch eine absolute Herrschaftsmacht des Berechtigten. Damit stehen sie in klarem Gegensatz zu den relativen Rechten. Folge dieser Absolutheit ist die Möglichkeit des Berechtigten, bei Eingriffen in die dingliche Rechtsposition Ansprüche gegen jedermann geltend zu machen. Umgekehrt kann im Falle der Zwangsvollstreckung oder der Insolvenz der dinglich Berechtigte gegenüber jedem auf die Sache zugreifenden Gläubiger seine Rechte wahren, sei es iRd Drittwiderspruchsklage im Bereich der Zwangsvollstreckung (§ 771 ZPO), sei es im Bereich der Insolvenz durch Aussonderung (§ 47 InsO) oder durch Absonderung (§ 49 ff InsO).

14 **II. Numerus clausus und Typenzwang.** Der Gesetzgeber hat im Bereich des Sachenrechts die dinglichen Rechte im Gesetz festgelegt und sie auf die dort normierten Typen beschränkt. Zugleich hat er die jeweiligen dinglichen Rechte ihrem Inhalt nach grds fixiert. Daher gilt im Sachenrecht ein Typenzwang bzw. eine Typenfixierung oder ein numerus clausus der Sachenrechte. Die sachenrechtliche Vertragsfreiheit bezieht sich daher nur auf die Abschlussfreiheit, nicht auf die Inhaltsfreiheit. Am deutlichsten kommt die Typenfixierung im umfassenden und unteilbaren Eigentumsbegriff zum Tragen (§ 903). Allerdings hat auch der numerus clausus der Sachenrechte die Rechtsprechung nicht daran gehindert, rechtsfortbildend dingliche Rechte zu entwickeln. Hier sind insbes die Sicherungsübereignung und Sicherungszession in ihrer modernen Ausgestaltung sowie die dem jeweiligen dinglichen Vollrecht angenäherten Anwartschaftsrechte zu nennen. Auch die treuhänderische Wahrnehmung dinglicher Rechtspositionen wird zum Teil als Ausnahme vom System des Typenzwangs angesehen.

15 **III. Trennungs- und Abstraktionsprinzip.** Mit der Einteilung und Trennung der obligatorischen Verpflichtungsgeschäfte von den dinglichen Erfüllungsgeschäften hat der deutsche Gesetzgeber zunächst das Trennungsprinzip eingeführt. Damit ist gesetzlich anerkannt, dass es grdse systematische Unterschiede zwischen einem obligatorischen und einem dinglichen Rechtsgeschäft gibt. Darüber hinaus hat der Gesetzgeber die Trennung beider Vertragsbereiche dadurch verschärft, dass das jeweilige dingliche Rechtsgeschäft abstrakt, dh in seiner Wirksamkeit unabhängig von der Wirksamkeit des Kausalgeschäfts ist. Dies führt zu der systembedingten Konsequenz, dass der dingliche Vertrag auch dann wirksam sein kann, wenn der zu Grunde liegende obligatorische Vertrag nicht oder nicht wirksam zustande gekommen ist. Es erscheint grds nicht zulässig, dieses Abstraktionsprinzip dadurch zu unterlaufen, dass man Kausalgeschäft und dinglichen Vertrag als Einheit iSv 139 ansieht oder zwischen beiden Bereichen einen Bedingungszusammenhang konstruiert. Möglich ist eine Parallelität aber im Falle der sog Fehleridentität. Ein solcher Fall liegt vor allem dann vor, wenn obligatorisches und dingliches Rechtsgeschäft von einer geschäftsunfähigen Person abgeschlossen worden sind oder wenn beide Verträge durch Täuschung oder Drohung zustande gekommen sind (§ 123). Schließlich enthält § 138 II einen Fall der Fehleridentität. Im übrigen ist diese in aller Regel abzulehnen. Die Ausgleichsnorm im Hinblick auf die Wirkungen des Abstraktionsprinzips bietet das Bereicherungsrecht (§ 812).

16 **IV. Spezialität und Bestimmtheit.** Dem Wesen des dinglichen Rechts als Zuordnungsrecht entspricht es, dass sich dingliche Rechtsgeschäfte immer auf bestimmte individualisierte Sachen beziehen. Der Gedanke der Gattungsschuld findet im Sachenrecht keinen Platz. Ergänzt wird der Grundsatz der Spezialität durch den Bestimmtheitsgrundsatz, der über die Frage des Bezugs sachenrechtlicher Regelung auf einen einzelnen Gegenstand hinaus die Konkretisierung des jeweils bestimmten Gegenstandes vornimmt. Insofern sind Bestimmtheit und Spezialität nahe aneinander liegende und sich teilweise überschneidende Grundsätze.

17 **V. Publizität.** Dem absoluten Charakter dinglicher Rechte entspricht der Grundgedanke des Sachenrechts, die jeweilige dingliche Rechtslage und ihre Veränderung für jedermann sichtbar zu machen. Dieser Publizitätsge-

danke wird bei beweglichen Sachen regelmäßig durch den unmittelbaren Besitz, bei Grundstücken und Rechten an Grundstücken durch das Grundbuch realisiert. entspr knüpft der Gesetzgeber an den Besitz bei beweglichen Sachen eine Vermutung (§ 1006) und ebenso bei Grundstücken an die Eintragung im Grundbuch (§ 891).

VI. Akzessorietät. Der Grundsatz der Akzessorietät bedeutet die Abhängigkeit eines bestimmten Rechts von einem anderen Recht. Die Akzessorietät ist typisch für Kreditsicherheiten und andere Sicherungsrechte. So sind akzessorisch die Bürgschaft (§ 767), die Hypothek (§ 1113), das Pfandrecht (§ 1204) und die Vormerkung (§ 883). Im Einzelnen gibt es dabei freilich Unterschiede zwischen einer strengen Akzessorietät und einer eingeschränkten Akzessorietät. Umgekehrt sind nicht akzessorisch und damit abstrakt die Sicherungsübereignung und Sicherungszession, die Grundschuld sowie der Garantievertrag. 18

§ 854 Erwerb des Besitzes

(1) Der Besitz einer Sache wird durch die Erlangung der tatsächlichen Gewalt über die Sache erworben.
(2) Die Einigung des bisherigen Besitzers und des Erwerbers genügt zum Erwerb, wenn der Erwerber in der Lage ist, die Gewalt über die Sache auszuüben.

A. Normzweck. Die Norm gilt (wie sämtliche Normen des Besitzes) seit 1900 unverändert. Sie ist die Grundnorm zum Erwerb des unmittelbaren Besitzes. Dabei beinhaltet der Besitz als bewusstes Gegenstück zum Eigentum die tatsächliche Herrschaft einer Person über eine Sache. Die Regelung des Besitzes im BGB macht sich vielfältige Funktionen einer tatsächlichen Herrschaft über die Sache zunutze. Deshalb haben bereits die Motive zum BGB den Besitz als Rechtsposition bezeichnet (Motive III S 78). Im Allgemeinen unterscheidet man zwischen der Publizitäts-, der Schutz- und der Kontinuitätsfunktion, daneben werden als Funktion häufig auch die Erhaltung des Rechtsfriedens sowie zum Teil eine Erwerbsfunktion genannt. Gemeint ist damit im Einzelnen, dass der Besitz im Rechtsverkehr als Indiz für bestimmte dingliche Tatbestände dient (**Publizitätsfunktion**, vgl § 929, 1006). Die **Schutzfunktion** des Besitzes bringt zum Ausdruck, dass sich der Besitzer gegen Störungen und Beeinträchtigungen seines Besitzes zur Wehr setzen kann (§§ 858 ff.). Die **Kontinuitätsfunktion** zeigt sich zB daran, dass das Besitzrecht auch ggü einem Rechtsnachfolger des Eigentümers erhalten bleibt (§ 986 II). Bei der Ersitzung wird die Kontinuitätsfunktion an § 938 sehr deutlich. Die teilweise zusätzlich genannte **Erwerbsfunktion** des Besitzes zeigt sich in Überschneidung zur Publizität bei den Akten rechtsgeschäftlicher Übertragung und dem Rechtsscheinserwerb. Eine eigenständige Erwerbsfunktion des Besitzes ergibt sich im Falle gesetzlicher Erwerbstatbestände (§§ 900, 937, 958, 965, 973). Schließlich lässt sich die vielfach genannte Funktion des Besitzes zur **Erhaltung des Rechtsfriedens** vor allem auf die Besitzschutzansprüche der §§ 858 ff stützen. Diese machen ebenso wie zB die Vermutungstatbestände deutlich, dass der Gesetzgeber von der gegebenen Sachlage ausgeht und diese bewahren will, solange nicht aus Rechtsgründen eine Veränderung erforderlich ist. Niemand soll sich sein Recht an Sachen mit Gewalt verschaffen und niemand soll eine Veränderung der tatsächlichen Zuordnung der Sachen zu Personen verlangen können, der nicht beweist, dass die geforderte Veränderung der tatsächlichen Lage dem Recht entspricht (Beweislastcharakter der Vermutungstatbestände). 1

In systematischer Hinsicht sind die gesamten Regelungen des Besitzes vom Gesetzgeber an den Beginn des Sachenrechts gestellt worden, da sie allgemeine Bedeutung haben. Sie sind sowohl für bewegliche Sachen als auch für Grundstücke anwendbar, wenngleich Fragen des Besitzes im Grundstücksrecht von untergeordneter Bedeutung sind. 2

B. Begriff und Anwendungsbereich des Besitzes. I. Begriff. Vergleicht man die verschiedenen Regelungen zum Besitz (§ 854, 855, 856, 857, 868), so wird sogleich deutlich, dass der Begriff des Besitzes unterschiedliche Bedeutungen haben kann. Dennoch erscheint es möglich, den Besitz als die tatsächliche Herrschaft über eine Sache zu definieren. Damit soll der Gegensatz zwischen der rein tatsächlichen Herrschaft (Besitz) und der rechtlichen Beziehung von Personen zu Sachen (Eigentum und beschränkte dingliche Rechte) hervorgehoben werden. Die gesetzliche Regelung der tatsächlichen Gewalt verlangt im Ergebnis eine faktische Herrschaftsbeziehung zwischen Person und Sache, wobei die Bewertung dieser Beziehung entscheidend von der Verkehrsanschauung abhängt und sich mit ihr wandeln bzw. auflockern kann. Voraussetzung des Besitzes ist also nicht das tatsächliche In-den-Händen-halten der Sache, sondern allenfalls die mögliche Einwirkung auf die Sache. 3

II. Anwendungsbereich. Der Besitz ist bei allen beweglichen und unbeweglichen Sachen ebenso von Bedeutung wie bei Tieren (§ 90 a) und bei realen Sachteilen (§ 865). Nicht anzuwenden sind die Besitzregeln auf Rechtssubjekte, auf ideelle Anteile sowie auf Forderungen und Rechte. Den Gedanken eines Rechtsbesitzes hat das BGB nicht übernommen. Vielmehr knüpft die tatsächliche Herrschaft über eine Sache zwingend an körperliche Gegenstände an. 4

III. Abgrenzungen. Im Einzelnen ist die Besitzregelung des BGB abzugrenzen vom strafrechtlichen Gewahrsambegriff und von den Einwirkungen des tatsächlichen Gewahrsams in der Zwangsvollstreckung (§§ 739, 808, 809, 886 ZPO). Besonderheiten gelten weiterhin im Erbrecht (zum Besitz des Erben vgl § 857, zum irreführenden Begriff des sog Erbschaftsbesitzes vgl § 2018). Abzutrennen von den vorliegenden Regeln ist auch der Mehrheitsbesitz im Aktienrecht (§ 16 I AktG) sowie die Besitzsteuern im Steuerrecht. Einer eigenen Definition unterliegt schließlich der Besitzbegriff im Abfallrecht (BGH MDR 85, 652; BVerwG NJW 98, 1004 ff). 5

6   **C. Arten des Besitzes.** Die Regelung des § 854 meint ausschließlich den unmittelbaren Besitz, obgleich dieser Terminus im Gesetz nicht genannt wird. Er ergibt sich in Abgrenzung zum mittelbaren Besitz (§ 868). § 854 betrifft sowohl den Eigenbesitz als auch den Fremdbesitz (§ 872). Umfasst wird weiterhin der Allein- und der Mitbesitz (§ 866), ferner der Voll- und der Teilbesitz (§ 865). Dagegen fällt der Besitzdiener (§ 855) in Abgrenzung zum Besitzer nicht unter die Besitzregelungen. Umgekehrt wird der Erbschaftsbesitz (§ 857) den Regeln des Besitzrechts unterstellt, obgleich hier eine faktische Herrschaftsbeziehung nicht erforderlich ist. Zum Nebenbesitz s.u. § 868 Rn 5.

7   **D. Erlangung der tatsächlichen Gewalt (I). I. Tatsächliche Gewalt.** Das Gesetz verlangt zum Besitzerwerb die Erlangung der tatsächlichen Gewalt über die Sache. Es geht dabei also um einen Realakt, für den keinerlei rechtsgeschäftliche Voraussetzungen bestehen; auch eine Stellvertretung ist nicht möglich (vgl aber zum Besitzdiener § 855). Im Einzelnen bedarf es zu der Bewertung, ob Besitz erlangt ist, einer Beurteilung nach der Verkehrsanschauung und der Bewertung aller Umstände (BGHZ 101, 186). Bedeutsam sind insbes die Dauer und die Festigkeit der Herrschaftsbeziehung. Nicht erforderlich ist ein körperlicher Kontakt, wichtig ist dagegen die Möglichkeit der Einwirkung auf die Sache, auch wenn sie durch einen Besitzdiener vermittelt ist oder wenn sie vor allem durch die Beachtung des Besitzes durch Dritte erfolgt. Diese Besitzsituation muss auch äußerlich sichtbar sein (s.u. Rn 12). Nicht zu verlangen ist eine ununterbrochene Einwirkungsmöglichkeit. Ebenfalls ist nicht erforderlich die gesicherte Möglichkeit, andere Personen von der Einwirkung ausschließen zu können. Ohne Bedeutung sind bestehende rechtliche Befugnisse in Bezug auf die Sache.

8   Als **Beispiele** für bestehenden Besitz sind anzusehen der gekennzeichnete Holzstapel im Wald, der Schlüsselbesitz im Hinblick auf einen Raum oder auf ein Behältnis sowie auf ein Fahrzeug, die vor einer Wohnungstür, einer Haustür oder einer Ladentür abgestellte Sache. Im abgegrenzten Bereich eines Selbstbedienungsladens hat der Geschäftsinhaber so lange unmittelbaren Besitz, bis die Ware durch die Bezahlung an der Kasse effektiv dem Kunden überlassen ist. Im Falle der Lagerung einer beweglichen Sache auf dem Grundstück eines Dritten ist isolierter Besitz an der beweglichen Sache anzunehmen, wenn diese durch besondere Bewachung oder besonderen Verschluss dem Zugriff des Grundstücksbesitzers entzogen ist.

9   Besitzerwerb ist abzulehnen, wenn anstelle eines Fahrzeugs nur der Kfz-Brief übergeben wird; wenn eine freie Parklücke durch eine Person besetzt wird; wenn es an der Dauerhaftigkeit und Festigkeit des Besitzes fehlt (Stuhl, Tisch, Besteck im Restaurant).

10 **II. Besitzbegründungswille.** Nach heute nahezu allgemeiner Meinung setzt der Besitz einen Besitzbegründungswillen voraus. Dieser muss ein nach außen hin erkennbarer genereller Wille sein. Er muss nicht auf eine spezielle Sache gerichtet werden (BGHZ 101, 186). Es genügt ein natürlicher Wille, rechtsgeschäftliche Voraussetzungen sind nicht erforderlich. Besitz können also auch Geschäftsunfähige haben. Der generelle Besitzwille erfordert noch nicht einmal die konkrete Kenntnis von der einzelnen im Herrschaftsbereich liegenden Sache (verlorener Geldschein in einem Geschäft, BGHZ 101, 186; Inhalt des Briefkastens; verlorene Sache in einer abgeschlossenen Wohnung).

11 **III. Zeitdauer.** Erforderlich für Besitzbegründung ist eine erkennbare Zeitdauer des Besitzes iVm der Festigkeit der Herrschaftsbeziehung (krit zur Dauer MüKo/*Joost* § 854 Rn 11 f). Zwar kann die verlangte Dauer nicht in konkreten Zahlen bestimmt werden, aber auch hier hilft die Verkehrsanschauung. Daher ist unstreitig Besitz zu verneinen beim Sitzen auf einer Parkbank und beim Benutzen von Gegenständen im Restaurant, dagegen ist Besitz zu bejahen beim Einkauf und sofortigen Verzehr von Lebensmitteln (zwar kurzzeitiger, aber endgültiger Besitz zum Verbrauch der Sache).

12 **IV. Erkennbarkeit.** Bereits aus der Publizitätsfunktion des Besitzes ergibt sich, dass das jeweilige tatsächliche Herrschaftsverhältnis nach außen hin erkennbar sein muss. Auch hier muss freilich die Erkennbarkeit nicht auf eine konkrete Besitzperson hinweisen, es genügt allgemeine Erkennbarkeit (abgestelltes Auto auf einem Parkplatz; kritisch hierzu wiederum MüKo/*Joost* § 854 Rn 13).

13 **E. Besitz durch Einigung (II).** Eine Erleichterung des Besitzerwerbs ist in II dadurch vorgesehen, dass nicht die volle tatsächliche Gewalt über die Sache erlangt wird, sondern der Erwerber des Besitzes durch Rechtsgeschäft in die Lage versetzt wird, künftig die tatsächliche Gewalt auszuüben. Diese Einigung ist ein Vertrag, der formfrei ist und auch stillschweigend zustande kommen kann. Geschäftsfähigkeit ist Voraussetzung, Stellvertretung möglich, auch möglich ist eine Bedingung oder eine Anfechtung (abw MüKo/*Joost* § 854 Rn 32). Als erlangt gilt der Besitz hierbei im Zeitpunkt des Wirksamwerdens der Einigung, zB im Falle eines nicht eingezäunten Grundstücks, eines Holzstapels im Wald, eines nicht abgeschlossenen Gerätes auf dem Feld.

14 **F. Besondere Besitzergruppen. I. Juristische Personen.** Die juristische Person übt einen eigenständigen unmittelbaren Besitz durch ihre Organe oder ihre sonstigen verfassungsmäßig berufenen Vertreter aus (sog Organbesitz). Diese fiktive und ausschließliche Zurechnung des Besitzes an die juristische Person bedeutet, dass das Organ selbst keinen Besitz im Rechtssinne hat (Rechtsstellung ähnlich eines Besitzdieners). Mitarbeiter der juristischen Person unterhalb der Ebene der Organe sind dagegen Besitzdiener.

II. Personengesellschaften und Gemeinschaften. Keine juristischen Personen sind die oHG, KG, Partner- 15
schaftsgesellschaft, EWIV und GBR. Deren Rechtsfähigkeit wird heute von der Praxis und hM bejaht (für die
GbR BGHZ 146, 341; für die Wohnungseigentümergemeinschaft zuletzt BGH NJW 05, 2061; im übrigen vgl
§ 124 HGB). Daher ist heute weithin anerkannt, dass alle diese rechtsfähigen Gesellschaften und Gemeinschaften ebenfalls Organbesitz haben. Der Besitz wird hierbei von den jeweiligen geschäftsführungsbefugten
Gesellschaftern ausgeübt (BGHZ 57, 166). Soweit den Gemeinschaften die Rechtsfähigkeit fehlt, kann ein
Organbesitz der jeweiligen Gemeinschaften nicht angenommen werden. Hier sind die Mitglieder Besitzer
(zur Erbengemeinschaft s Rn 18).

III. Gesetzlicher Vertreter. Der gesetzliche Vertreter einer natürlichen Person ist unmittelbarer Besitzer der 16
dem Vertretenen rechtlich zustehenden Sachen, soweit er die tatsächliche Gewalt ausüben kann. Soweit die
Sache dem Vertretenen zur eigenen Nutzung überlassen ist, ist der Vertretene selbst Besitzer.

IV. Ehegatten und nichteheliche Lebensgemeinschaften. Ehegatten haben in der Regel an der gemeinsam 17
genutzten Wohnung und den Gegenständen des gemeinsamen Haushalts Mitbesitz (BGHZ 73, 253). Ohne
Bedeutung ist auch hier die Eigentumslage. Alleinbesitz eines Ehegatten ist an Gegenständen gegeben, die
zum persönlichen Gebrauch nur dieses Ehegatten bestimmt sind. Im Hinblick auf die Schwierigkeiten bei der
äußerlichen Erkennbarkeit sind iRd Zwangsvollstreckung die Regelungen der §§ 1362 BGB, 739 ZPO zu
beachten. In gleicher Weise wie bei Ehegatten ist bei Partnern einer nichtehelichen Lebensgemeinschaft Mitbesitz an den gemeinsam genutzten Wohnräumen und Haushaltsgegenständen zu bejahen. Soweit sich in den
gemeinsam genutzten Wohnräumen von Ehegatten oder nichtehelichen Lebensgemeinschaften Kinder auf
Dauer aufhalten, haben diese an einzelnen Sachen Alleinbesitz, soweit ihr natürlicher Besitzwille reicht. Im
übrigen wird in der Regel Mitbesitz der Eltern oder je nach Fallgestaltung Mitbesitz aller Personen vorliegen.

V. Erbenbesitz und Erbengemeinschaften. Der Erbe ist (fiktiv) stets ein unmittelbarer Besitzer (§ 857). 18
Dieser Erbenbesitz nach § 857 stellt eine Ausnahme vom Erfordernis der tatsächlichen Gewalt dar. Davon zu
unterscheiden ist der Erbschaftsbesitz nach § 2018. Dort ist der Fall geregelt, dass eine Person einen Gegenstand aus einer Erbschaft erlangt hat, der in Wirklichkeit ein Erbrecht nicht zusteht. Geht die Erbschaft auf
eine Erbengemeinschaft über, die eine Gesamthandsgemeinschaft ohne Rechtsfähigkeit darstellt, so werden
die jeweiligen Mitglieder der Erbengemeinschaft Mitbesitzer (BGHZ 4, 77).

§ 855 Besitzdiener

Übt jemand die tatsächliche Gewalt über eine Sache für einen anderen in dessen Haushalt oder Erwerbsgeschäft oder in einem ähnlichen Verhältnis aus, vermöge dessen er den sich auf die Sache beziehenden Weisungen des anderen Folge zu leisten hat, so ist nur der andere Besitzer.

A. Normzweck. Die Regelung enthält eine klare Abweichung von § 854 und dem Grundgedanken des Besit- 1
zes als Ausübung der tatsächlichen Sachherrschaft. Vielmehr werden hier die Rechtsfolgen des Besitzes bei
einer bestehenden sozialen Abhängigkeit einer Person auf den Besitzherren verlagert. Da der Besitzerwerb
und die Ausübung des Besitzes durch Realakt erfolgen und somit eine Stellvertretung ausgeschlossen ist
(s § 854 Rn 7), hat die Regelung über den Besitzdiener iRd Ausübung von Besitzrechten durch Hilfskräfte
zentrale Bedeutung.

B. Voraussetzungen. I. Soziale Abhängigkeit und Weisungsgebundenheit. Der Besitzdiener muss in einem 2
sozialen Abhängigkeits- und Unterordnungsverhältnis zum Besitzherren stehen, so dass er bei der Ausübung der
tatsächlichen Gewalt an die Weisungen des Besitzherrn gebunden ist. Eine lediglich wirtschaftliche oder tatsächliche Abhängigkeit genügt nicht (BGHZ 27, 360, 363). Nicht entscheidend hierfür ist die Verkehrsanschauung
(aA Palandt/*Bassenge* § 855 Rn 1). Besitzdiener sind daher Personen, die in einem privatrechtlichen oder öffentlichrechtlichen Rechtsverhältnis abhängige Arbeit leisten, zB Hausangestellte oder auch nur vorübergehend tätige
Putzfrauen im Haushalt, Angestellte, Arbeiter, Auszubildende in privaten Betrieben, Beamte, Angestellte und
Arbeiter des öffentlichen Dienstes beim Staat oder in öffentlichrechtlichen Körperschaften. Selbst ein nichtiges
Dienst- oder Arbeitsverhältnis führt zur Besitzdienerschaft, soweit die soziale Unterordnung faktisch gegeben ist.
Im berühmten Platzanweiserinnen-Fall des BGH hat daher die Platzanweiserin bei der Entdeckung des wertvol-
len Ringes den Besitz nicht für sich, sondern für ihren Arbeitgeber erworben, da sie sich entspr ihrer vertraglich
bestehenden Pflicht verhielt, den Raum nach verlorenen Gegenständen zu durchsuchen und diese abzugeben
(BGHZ 8, 130). Dagegen wurde im Lübecker Schatzfund-Fall zu Recht der Arbeitgeber nicht als Besitzer angesehen, nachdem sein Arbeitnehmer im Rahmen von Abbrucharbeiten den Münzschatz entdeckt hatte. Denn der
Arbeiter war nicht mit einer Schatzsuche beauftragt gewesen, sondern hatte den Schatz nur zufällig bei Gelegenheit seiner vertraglichen Tätigkeit gefunden (BGHZ 103, 101).

II. Erkennbarkeit. Die Weisungsabhängigkeit des Besitzdieners muss nach außen erkennbar sein (BGHZ 27, 3
360; aA Baur/*Stürner* Sachenrecht § 7 Rn 67; MüKo/*Joost* § 855 Rn 10). Die mögliche weite räumliche Entfernung des Besitzdieners zum Besitzherrn steht dazu nicht im Widerspruch (aA MüKo/*Joost* § 855 Rn 11).

4 **III. Besitzdienerwille.** Der Streit um den Besitzdienerwillen, den die hM nicht verlangt, ist nur terminologischer Natur. Denn es ist anerkannt, dass es für den Besitzdiener ausreicht, wenn er im konkreten Fall im Rahmen seiner Weisungen handelt. Daraus läßt sich zugleich ein allg Besitzdienerwille entnehmen. Ein im Einzelfall vorhandener abweichender Wille des Besitzdieners bleibt rechtlich ohne Relevanz, so lange die tatsächliche Einfügung in die weisungsgebundene Situation besteht. Bedeutungslos ist weiterhin eine innere Willensänderung des Besitzdieners (BGH NJW 79, 714).

5 **C. Wirkungen und Rechtsfolgen. I. Besitzverhältnis.** Das Gesetz erklärt im Falle der Besitzdienerschaft nur den Besitzherren zum unmittelbaren Besitzer, während der Besitzdiener in rechtlicher Hinsicht keinerlei Besitz hat. Ihm stehen daher auch nicht die Rechte aus dem Besitz zu (Ausn § 860).

6 **II. Besitzerwerb.** Mit der tatsächlichen Annahme der Sache durch den Besitzdiener erwirbt der Besitzer den unmittelbaren Besitz. Dieser Besitzerwerb ist keine Stellvertretung, sondern eine eigenständige Wirkung des § 855. Ein entgegenstehender Wille des Besitzdieners bei der Ansichnahme der Sache ist ohne Bedeutung, solange der Besitzdiener sich iRd Weisungen des Besitzherrn hält (s.o. Rn 4). Soweit der Besitzherr durch den Besitzdiener auch das Eigentum gem § 929 erlangen will, bedarf es zusätzlich zur Übergabe der Sache an den Besitzdiener auch noch einer Vertretungsmacht des Besitzdieners für die dingliche Einigung.

7 **III. Besitzverlust.** Gibt der Besitzdiener die Ausübung der tatsächlichen Gewalt dauerhaft auf oder verliert er diese in anderer Weise (§ 856) oder wird das Abhängigkeits- und Weisungsverhältnis zum Besitzherrn beendet, so verliert der Besitzherr den Besitz an der Sache. Ebenfalls zum Besitzverlust führt es, wenn der Besitzdiener nach außen erkennbar den Willen hat, die tatsächliche Gewalt über die Sache nicht mehr für den Besitzherrn auszuüben. Eine erkennbare und auf Dauer gerichtete Willensänderung ist also für den Besitzherrn relevant. Ein Besitzverlust des Besitzherrn ist allerdings insoweit nicht gegeben, als die Sache selbst noch in einer vom allgemeinen Besitzwillen des Besitzherrn beherrschten Gewahrsamssphäre verbleibt. In einem solchen Falle würde erst das Fortschaffen der Sache zum Besitzverlust führen.

8 **IV. Besitzschutz und Vermutung.** Dem Besitzdiener stehen keinerlei Ansprüche aus dem Besitz zu. Er ist also auch nicht zur Geltendmachung der Besitzschutzansprüche (§§ 861, 862) legitimiert. Will ein Dritter auf Herausgabe der Sache klagen, so ist diese Klage ausschließlich gegen den Besitzherrn zu richten. Einzige Ausnahme für den Besitzdiener ist § 860 (Selbsthilferecht). Schließlich gilt auch die Vermutungswirkung des § 1006 nur für den Besitzherrn, nicht für den Besitzdiener.

9 **V. Kenntnis und guter Glaube.** Soweit es im Rechtssinne auf Kenntnis oder Kennenmüssen sowie auf den guten oder den bösen Glauben einer Person ankommt, ist jeweils grds auf den Besitzherrn abzustellen. Ein bösgläubiger Besitzherr kann sich also nicht auf die Gutgläubigkeit seines Besitzdieners berufen. Umgekehrt muss sich der gutgläubige Besitzherr den bösen Glauben des Besitzdieners nicht generell zurechnen lassen. Beruht allerdings das Verhalten des Besitzdieners auf der Befolgung von Weisungen des Besitzherrn, so muss eine Zurechnung bejaht werden (BGHZ 32, 53; abw noch BGHZ 16, 259, wo der Gedankengang aus § 831 angewendet wird).

10 **VI. Abhandenkommen.** Auch für die Frage des Abhandenkommens iSd § 935 ist allein der Wille des Besitzherrn entscheidend, wenn der Besitzdiener die Sache weggibt (Köln VersR 94, 1248; München NJW 87, 1830; RGZ 71, 248, 253; 106, 4, 6). Die Auffassung der Rspr und hM, wonach der Schutz Dritter hier nicht bedeutsam sei, ist berechtigt, weil es einen guten Glauben an das Bestehen des Besitzes nicht gibt (abw im Erg MüKo/*Joost* § 855 Rn 23).

§ 856 Beendigung des Besitzes

(1) Der Besitz wird dadurch beendigt, dass der Besitzer die tatsächliche Gewalt über die Sache aufgibt oder in anderer Weise verliert.
(2) Durch eine ihrer Natur nach vorübergehende Verhinderung in der Ausübung der Gewalt wird der Besitz nicht beendigt.

1 **A. Normzweck.** § 856 bildet das Gegenstück zu § 854 I, betr also wiederum nur den unmittelbaren Besitz und regelt den Besitzverlust. Zusammen mit den im Tatbestand weithin übereinstimmenden Voraussetzungen ergeben die §§ 854, 856 eine geschlossene Regelung. Zum Anwendungsbereich der Norm s.o. § 854 Rn 4.

2 **B. Aufgabe des Besitzes.** Aufgabe der tatsächlichen Gewalt über eine Sache ist die freiwillige und damit mit Aufgabewillen herbeigeführte Beendigung der tatsächlichen Sachherrschaft. Erforderlich ist also der erkennbare Aufgabewille des bisherigen Besitzers, für den wiederum die rechtsgeschäftlichen Regelungen nicht anzuwenden sind (s.o. § 854 Rn 7). Der Aufgabeakt als solcher ist Realakt, im Falle von § 854 II erfolgt die Beendigung des Besitzes durch Rechtsgeschäft (s.o. § 854 Rn 13).

3 **C. Verlust in anderer Weise.** Ein Besitzverlust in anderer Weise meint den unfreiwilligen Besitzverlust, der also ohne Willen des Besitzers eintritt. In Betracht kommt insbes Diebstahl und ähnliches Verhalten Dritter.

Der auf Grund von Willensmängeln des Besitzers herbeigeführte Besitzverlust bleibt freiwillig. Ein nachträgliches Einverständnis des früheren Besitzers macht den unfreiwilligen Besitzverlust nicht rückgängig. Unfreiwillig ist der Verlust auch im Falle des ohne Einwirkung von Dritten herbeigeführten Verlierens der Sache. Schließlich kann ein Verlust in anderer Weise auch durch Naturereignisse herbeigeführt werden. Der unfreiwillige Besitzverlust ist als Abhandenkommen rechtlich sehr bedeutsam (§§ 935, 1006 I 2, 1007 II, 1207).

D. Vorübergehende Verhinderung (II). Ebenso wie zur Besitzbegründung eine gewisse Zeitdauer und eine Festigung der Herrschaftsbeziehung erforderlich ist (s.o. § 854 Rn 11), so ist auch für die Beendigung des Besitzes der dauerhafte Verlust der Ausübung der Gewalt erforderlich. Insoweit ist wiederum die Verkehrsanschauung von besonderer Bedeutung. Ein Besitzverlust ist zu verneinen, wenn Wohnung und darin enthaltene bewegliche Sachen im Hinblick auf eine Urlaubsreise oder eine Inhaftierung verlassen werden, wenn eine hoheitliche Wohnungsbeschlagnahme stattfindet, wenn eine Sache aus Versehen zurückgelassen wird und die Wiedererlangung noch möglich erscheint. Dagegen tritt Beendigung des Besitzes ein, wenn eine Sache dauerhaft einem Dritten übergeben wird, wenn sie mit Willen weggeworfen wird, wenn eine Wohnung durch Auszug dauerhaft verlassen wird, wenn ein Gegenstand verloren wird, ohne dass der Ort bekannt wäre und damit eine Wiedererlangung aussichtsreich erscheint, wenn ein Schiff oder anderer Gegenstand gesunken ist, ohne dass eine Bergung sinnvoll und möglich erscheint. 4

§ 857 Vererblichkeit

Der Besitz geht auf den Erben über.

A. Normzweck. Die Regelung stellt eine bewusste und gewollte Ausnahme des § 854 dar, also einen Fall des Besitzes ohne jede Sachherrschaft. Dem liegt der gesetzgeberische Wunsch zu Grunde, Sachen des Nachlasses nicht besitzlos werden zu lassen. Damit ist der Schutz des Erben und seiner besonders gefährdeten Erbschaftsgegenstände verbunden. § 857 gilt für jede Besitzart (s.o. § 854 Rn 6); er gilt darüber hinaus auch für den mittelbaren Besitz. Strikt zu trennen von § 857 ist der Erbschaftsbesitz nach § 2018. 1

B. Die Besitzlage im Erbfall. Die Anwendung von § 857 setzt voraus, dass der Erblasser im Todeszeitpunkt selbst Besitzer der Sache war und dass ein Übergang dieses Besitzes tatsächlich möglich erscheint. Mit dem Tod des Erblassers endet die tatsächliche Gewalt. In diesem Zeitpunkt müsste an sich in vielen Fällen eine vorübergehende Besitzlosigkeit und damit eine gewisse Schwebelage eintreten. Wegen § 857 geht aber der Besitz auf den Erben über, selbst wenn dieser weder den Tod des Erblassers noch seine eigene Erbenstellung noch die Existenz der konkreten Sache kennt. Darin zeigt sich, dass dieser Besitz rein fiktiv ist und lediglich in einer Zurechnung von Rechtswirkungen besteht. 2

C. Wirkungen. Dem Erben stehen alle Besitzschutzansprüche ab dem Todeszeitpunkt des Erblassers zu. Bei einer Inbesitznahme durch Dritte ist die Sache dem Erben abhanden gekommen (§ 935). Schließlich stehen dem Erben alle Vermutungswirkungen zur Seite (§ 1006). 3

Kommt es nach erbrechtlichen Regelungen zum Verlust der Erbenstellung (Ausschlagung, Anfechtung, Erbunwürdigkeit), so ist damit der Verlust des Besitzes gem § 857 verbunden. Mit der Erlangung der tatsächlichen Gewalt durch den Erben endet ebenfalls der Erbenbesitz gem § 857 und es liegt nunmehr ein Besitz iS von § 854 vor. 4

§ 858 Verbotene Eigenmacht

(1) Wer dem Besitzer ohne dessen Willen den Besitz entzieht oder ihn im Besitz stört, handelt, sofern nicht das Gesetz die Entziehung oder die Störung gestattet, widerrechtlich (verbotene Eigenmacht).

(2) ¹Der durch verbotene Eigenmacht erlangte Besitz ist fehlerhaft. ²Die Fehlerhaftigkeit muss der Nachfolger im Besitz gegen sich gelten lassen, wenn er Erbe des Besitzers ist oder die Fehlerhaftigkeit des Besitzes seines Vorgängers bei dem Erwerb kennt.

A. Normzweck. § 858 ist die Grundnorm für den Besitzschutz. Zweck der Gesamtregelung ist die Sicherung des äußeren Rechtsfriedens und der bestehenden Besitzlage. Ausgeschlossen werden soll Selbsthilfe zugunsten des Rechtsinhabers (Gedanke eines possessorischen Schutzes, die petitorischen Einwendungen sind wegen § 863 ausgeschlossen). Daher ist der Besitzschutz als solcher immer nur eine vorläufige Regelung. Das jeweilige Recht zum Besitz ist insoweit unerheblich (§ 863). Angesprochen ist jeweils nur der unmittelbare Besitz. Im Folgenden ist der Regelungszusammenhang der §§ 858 bis 864 zu beachten. Nach der Grundnorm (§ 858) folgen die Selbsthilfemöglichkeiten (§§ 859, 860), sodann die Ansprüche aus dem Besitz (§§ 861, 862) und schließlich die Einwendungen (§§ 863, 864). 1

B. Verbotene Eigenmacht (I). I. Begriff und Bedeutung. Zentraler Ausgangspunkt für den gesamten Besitzschutz ist die verbotene Eigenmacht, die in I als widerrechtliche Beeinträchtigung des Besitzes ohne Willen des Besitzers definiert wird. Dabei bezieht sich die Norm wie der gesamte Besitzschutz nur auf den 2 unmittelbaren Besitzer. Kein Tatbestandsmerkmal des gesamten Besitzschutzes ist das Verschulden. Nicht möglich ist verbotene Eigenmacht ggü dem Besitzdiener oder ggü demjenigen, der ein Recht an der Sache hat (ohne unmittelbarer Besitzer zu sein).

3 **II. Beeinträchtigung.** Die verbotene Eigenmacht wird vom Gesetz als Beeinträchtigung des Besitzes entweder durch Besitzentziehung oder durch Besitzstörung verstanden. **Besitzentziehung** ist die Beendigung des Besitzes (völliger oder teilweiser Besitzverlust) mit der Konsequenz des § 861, **Besitzstörung** ist die sonstige Beeinträchtigung der tatsächlichen Sachherrschaft mit der Konsequenz des § 862 (zur Störung im Einzelnen s.u. § 1004). In allen Fällen der Beeinträchtigung kommt es weder auf ein Verschulden noch auf den guten Glauben des Handelnden oder auf ein Recht zum Besitz an. Die Beeinträchtigung wird in der Regel physischer Natur sein, sie kann im Einzelnen aber auch ohne körperlichen Eingriff, etwa durch Bestreiten oder Drohungen ausgeübt werden.

4 Im Einzelnen liegt Entziehung des Besitzes vor bei Wegnahme, Absperrung, Unterbindung des Zugangs, Ergreifen des Mitbesitzes an der ganzen Sache oder Begründung von Teilbesitz. Die Begründung von Teilbesitz durch teilweise Besitzentziehung ist zugleich sonstige Störung an der gesamten Sache (BGH NJW 67, 48). Entziehung ist schließlich das Parken auf einem fremden Parkplatz (LG Frankfurt NJW-RR 03, 311; Abgrenzung zur Störung sehr str, aber im Hinblick auf § 859 bedeutsam; Einzelheiten bei MüKo/*Joost* § 858 Rn 5). Besitzstörung deckt sich im Wesentlichen mit dem Störerbegriff des § 1004. Im Einzelnen kann sie in einer Beschädigung der Sache durch Immissionen, Lärm, Anbringen von Werbung und ähnlichem liegen. Auch ein Unterlassen des Störers kann Störung sein, zB die unterbliebene Versorgung einer Mietwohnung durch den Vermieter mit Energie, Wärme, Wasser.

5 **III. Ohne Willen.** Voraussetzung für eine zur verbotenen Eigenmacht führende Beeinträchtigung ist weiterhin, dass sie ohne Willen des Besitzers erfolgt. Damit wird nicht zwingend eine Beeinträchtigung gegen den Willen des Besitzers verlangt. Der vorhandene oder fehlende Wille ist ein natürlicher Wille, nicht ein Rechtsgeschäft. Die Zustimmung des unmittelbaren Besitzers muss zum Zeitpunkt der Beeinträchtigung tatsächlich vorhanden sein. Sie kann stillschweigend erteilt werden und bleibt auch bei Irrtum, Täuschung oder Drohung wirksam. Lediglich ein physischer Zwang oder ein ihm gleichzustellender psychischer Zwang schließt die gegebene Zustimmung aus.

6 **IV. Widerrechtlichkeit.** Eine Beeinträchtigung des Besitzes ohne Willen des unmittelbaren Besitzers ist grds widerrechtlich. Auf die Rechtslage sowie auf den Willen des Besitzdieners oder des mittelbaren Besitzers kommt es nicht an. Die Widerrechtlichkeit kann außer durch die Zustimmung des Besitzers (s.o. Rn 5) nur durch gesetzliche Gestattung entfallen. Solche gesetzlichen Gestattungen können Normen des öffentlichen Rechts oder des Privatrechts sein, zB § 127 StPO sowie die Eingriffsmöglichkeiten nach Polizei- und Ordnungsrecht; Eingriffe auf Grund von Zwangsvollstreckungsmaßnahmen, Ausübung von Selbsthilferechten (§§ 227–229, 562b, 859) sowie Ansprüche aus dem Bereich des Nachbarrechts (§§ 904–906, 910) oder Verfolgungsrechte (§ 962).

7 **C. Fehlerhaftigkeit des Besitzes (II).** Zentrale Folge der verbotenen Eigenmacht ist nach II die Fehlerhaftigkeit des durch sie erlangten Besitzes. Sie hat zur Folge, dass dem fehlerhaften Besitzer ggü dem früheren, durch die verbotene Eigenmacht bedrängten Besitzer der Schutz durch Besitzansprüche versagt wird. Die Fehlerhaftigkeit des Besitzes wirkt nur ggü dem früheren Besitzer, nicht ggü Dritten. Ggü Rechtsnachfolgern dessen, der verbotene Eigenmacht geübt hat, wirkt die Fehlerhaftigkeit im Erbfalle generell fort, im übrigen nur dann, wenn er die Fehlerhaftigkeit des Besitzes seines Vorgängers kennt. Kennen müssen einschl grob fahrlässiger Unkenntnis genügen nicht. Im Falle mehrfacher Besitznachfolge wirkt die Fehlerhaftigkeit fort, wenn bei allen Vorbesitzern Fehlerhaftigkeit vorlag und der derzeitige Besitzer dies kennt. Soweit Fehlerhaftigkeit des Besitzes gegeben ist, richten sich die Ansprüche aus §§ 861, 862 auch gegen den jeweiligen Besitznachfolger (vgl § 861 II, 862 II).

§ 859 Selbsthilfe des Besitzers

(1) Der Besitzer darf sich verbotener Eigenmacht mit Gewalt erwehren.
(2) Wird eine bewegliche Sache dem Besitzer mittels verbotener Eigenmacht weggenommen, so darf er sie dem auf frischer Tat betroffenen oder verfolgten Täter mit Gewalt wieder abnehmen.
(3) Wird dem Besitzer eines Grundstücks der Besitz durch verbotene Eigenmacht entzogen, so darf er sofort nach der Entziehung sich des Besitzes durch Entsetzung des Täters wieder bemächtigen.
(4) Die gleichen Rechte stehen dem Besitzer gegen denjenigen zu, welcher nach § 858 Abs. 2 die Fehlerhaftigkeit des Besitzes gegen sich gelten lassen muss.

1 **A. Normzweck.** Die zentralen Konsequenzen des Besitzschutzes sind zum einen die Ansprüche der §§ 861, 862, zum anderen ist dies die Möglichkeit der Selbsthilfe für den Besitzer (§§ 859, 860). Soweit die Selbsthilfe der Abwehr von Eingriffen Dritter gilt, ist die Ausübung von Gewalt in der Gestalt der Besitzwehr nach I möglich. Soweit der Besitz bereits entzogen ist, gibt das Gesetz die Möglichkeit der Besitzkehr, wobei zwi-

schen beweglichen Sachen (II) und Grundstücken (III) unterschieden wird. Die Norm ist ein Spezialfall der allgemeinen Notwehr- und Selbsthilferechte (§§ 227, 229).

B. Besitzwehr (I). Jede drohende Besitzentziehung und jede sonstige Beeinträchtigung des Besitzes (Störung) löst den Abwehranspruch des Besitzers nach I aus. Vorausgesetzt ist eine Beeinträchtigung des Besitzes durch verbotene Eigenmacht (§ 858 I) sowie gegenwärtig bestehender Besitz des Abwehrberechtigten. Ist der Besitz bereits entzogen, so gelten ausschl II und III. Eine zeitliche Grenze für die Besitzwehr kennt das Gesetz nicht, Beginn und Ende möglicher Selbsthilfemaßnahmen sind durch die tatsächlich bereits bestehende und noch andauernde Beeinträchtigung bestimmt. Aus § 864 I wird man freilich entnehmen müssen, dass die Selbsthilfe endet, wenn der Besitzer die Beeinträchtigung ein Jahr lang hingenommen hat. Soweit sich eine Abwehrmaßnahme zugleich als Wiederergreifen des entzogenen Teilbesitzes darstellt, gelten die einschränkenden Regeln von II und III (BGH NJW 67, 46, 48; streitig insbes für unberechtigtes Parken auf einem fremden Grundstück, vgl MüKo/*Joost* § 859 Rn 5). Die Gewaltanwendung darf nicht das erforderliche Maß überschreiten. Keine Voraussetzung für die Besitzwehr ist es, dass andere, insbes staatliche Hilfe nicht zu erlangen ist. 2

C. Besitzkehr (II, III). I. Bewegliche Sachen (II). II liegt vor, wenn der Besitz an einer beweglichen Sache durch verbotene Eigenmacht bereits entzogen ist und sich der (frühere) Besitzer den Besitz gewaltsam wiederbeschaffen will. Die Gewaltanwendung ist nicht subsidiär zur Erlangung anderweitiger Hilfe. Sie ist allerdings nur in einem engen zeitlichen Rahmen zulässig. Der Täter muss entweder auf frischer Tat betroffen oder verfolgt werden. Die zeitliche Grenze zwischen Besitzentziehung und Verfolgung ist nicht exakt zu bestimmen (Schlesw SchlHA 87,12 hält 30 Min für die Grenze; dies erscheint relativ eng, je nach Art des Vorganges dürfte bis zu einer Stunde in Betracht kommen). Ist die Verfolgung aufgenommen, ist ihre (ununterbrochene) Dauer unbegrenzt. 3

II. Grundstücke (III). Bei Grundstücken oder Räumen darf der Besitzer sich sofort nach der Entziehung des Besitzes durch Entsetzung des Täters wieder der Sache bemächtigen. Dabei ist wiederum nicht von Bedeutung, ob anderweitige Hilfe rechtzeitig zu erlangen ist oder ob sonst die Vereitelung oder Erschwerung des Anspruchs droht (aA Frankf NJW 94, 946). Schwierigkeiten bereitet hier der durch das Wort „sofort" begrenzte zeitliche Zusammenhang zwischen Entziehung und Besitzkehr. In der Praxis haben insbes die Fälle des unberechtigen Parkens auf fremdem Grundstück Schwierigkeiten bereitet. Entgegen dem Wort „sofort" ist hier ein Abschleppen des störenden Pkw am Abend des gleichen Tages, vier Stunden nach dem Abstellen oder sogar noch am folgenden Tag für zulässig angesehen worden (Karlsr OLGZ 78, 206; LG Frankf NJW 84, 183; AG Braunschw NJW-RR 86, 1414; zu engerer Interpretation vgl die Nachw bei MüKo/*Joost* § 859 Rn 14). Der Wortlaut des Gesetzes ist hier sicherlich überdehnt, man wird allerdings unter Berücksichtigung moderner Verhältnisse im Straßenverkehr eine solche ausdehnende Interpretation der Möglichkeiten des § 859 III zulassen müssen. 4

D. Rechtsfolgen. Im Falle der Besitzwehr ist jedes Gewaltmittel zulässig, das die verbotene Eigenmacht abwehrt, sofern das Mittel der Abwehr der Beeinträchtigung auch wirklich dient und das erforderliche Maß zur Abwehr nicht überschreitet. Im Falle der Besitzkehr kann sich der bisherige Besitzer ebenfalls jedes geeigneten und erforderlichen Mittels bedienen, um sich der Sache wieder zu bemächtigen. Soweit im Rahmen erforderlicher Maßnahmen zur Selbsthilfe des Besitzers Kosten entstehen, kann der Berechtigte diese nach den Regeln der GoA oder nach § 823 verlangen. § 858 ist SchutzG iS v § 823 II (BGHZ 73, 355). 5

§ 860 Selbsthilfe des Besitzdieners

Zur Ausübung der dem Besitzer nach § 859 zustehenden Rechte ist auch derjenige befugt, welcher die tatsächliche Gewalt nach § 855 für den Besitzer ausübt.

A. Normzweck. Die Norm wendet sich an den Besitzdiener (§ 855), der trotz ausgeübter tatsächlicher Gewalt kein Besitzer der Sache ist und dem daher keinerlei besitzrechtliche Befugnisse zustehen (s.o. § 855 Rn 8). Einzige gesetzliche Ausnahme ist das Selbsthilferecht des § 859, das aus praktischen Gründen auch dem Besitzdiener zugestanden wird. Es handelt sich allerdings nicht um ein eigenes Recht des Besitzdieners, sondern dieser übt insoweit ein Recht des Besitzherrn aus. Weisungen des Besitzherrn, zB die Untersagung von Gewaltanwendung, sind zu beachten. 1

B. Norminhalt. Der Besitzdiener hat die Rechte aus § 859 gegen jede Beeinträchtigung durch Dritte, nicht aber gegen den Besitzer selbst. Er kann Selbsthilfe auch dann üben, wenn sich eine Beeinträchtigung gegen Sachen des Besitzers (seines Arbeitgebers) richtet, die sich im tatsächlichen Herrschaftsbereich, in dem er tätig ist, befinden. 2

§ 861 Anspruch wegen Besitzentziehung

(1) Wird der Besitz durch verbotene Eigenmacht dem Besitzer entzogen, so kann dieser die Wiedereinräumung des Besitzes von demjenigen verlangen, welcher ihm gegenüber fehlerhaft besitzt.
(2) Der Anspruch ist ausgeschlossen, wenn der entzogene Besitz dem gegenwärtigen Besitzer oder dessen Rechtsvorgänger gegenüber fehlerhaft war und in dem letzten Jahre vor der Entziehung erlangt worden ist.

1 **A. Normzweck.** Der Gesetzgeber gibt dem Besitzer neben dem Selbsthilferecht (§ 859) echte Ansprüche aus dem Besitz, die gerichtlich durchsetzbar sind. Grundlage dieser Ansprüche ist der Besitz als solcher (possessorischer Schutz), nicht ein bestimmtes Recht zum Besitz (petitorischer Anspruch). Neben der Regelung in §§ 861, 862 ist dies insbes auch dem § 863 zu entnehmen. Hat der Anspruchsgegner eigene Rechte an der Sache, muss er eigenständig Gerichtsschutz suchen (s. aber u. Rn 7). In diesem Falle ist der Besitzschutz nur eine vorläufige Regelung.

2 **B. Voraussetzungen und Inhalt des Anspruchs.** Der Besitz muss dem Besitzer durch verbotene Eigenmacht (§ 858) entzogen worden sein. Ohne Bedeutung ist es, ob der Besitzer vergeblich Selbsthilfe versucht hat oder ob er Selbsthilfe nicht in Anspruch genommen hat. Ist die Besitzentziehung noch nicht vollendet, so gilt § 862. Neben dem Herausgabeanspruch kann auch ein Verfolgungsrecht nach § 867 in Betracht kommen. Der Anspruch ist auf Wiedereinräumung des Besitzes gerichtet, also auf Herausgabe an den früheren Besitzer. Dagegen richtet sich der Anspruch nicht auf Schadensersatz; dieser kann vielmehr nur bei Verschulden des Täters nach § 823 gefordert werden. Mit dem Anspruch kann nur die Herstellung des früheren Besitzes, nicht zugleich die Herstellung des früheren Zustands der Sache verlangt werden. Der Anspruch richtet sich auch nicht auf Surrogate und nicht auf Nutzungen. Ein früherer Mitbesitzer hat nur den Anspruch der Wiedereinräumung des Mitbesitzes. Der Anspruch steht auch dem mittelbaren Besitzer zu, nicht aber dem Besitzdiener.

3 **C. Einwendungen (II).** Der Beklagte kann zunächst einwenden, dass er keine verbotene Eigenmacht begangen habe (Bestreiten der Anspruchsbegründung). Weiterhin kann er nach II einwenden, dass der Kläger selbst ihm gegenüber fehlerhaft besessen habe, weil der Kläger vorher gegen ihn verbotene Eigenmacht verübt habe (§§ 861 II, 858 II). Dieser Einwand steht dem Beklagten auch zu, wenn ein Rechtsvorgänger des Klägers die verbotene Eigenmacht verübt hatte oder wenn sie gegen einen Rechtsvorgänger des Beklagten verübt worden war. Schließlich kann der Beklagte nach § 864 das Erlöschen der Besitzansprüche einwenden. Keinen Einwand stellt dagegen ein bestehendes Recht zum Besitz des Beklagten dar, sei es schuldrechtlicher oder dinglicher Natur (§ 863). Zur Widerklage mit petitorischem Inhalat s.u. Rn 7.

4 **D. Durchsetzung des Anspruchs. I. Berechtigter.** Der Anspruch steht dem früheren unmittelbaren oder mittelbaren (§ 869) Eigen- oder Fremdbesitzer zu, nicht aber dem Besitzdiener. Der Anspruch ist abtretbar und vererblich.

5 **II. Verpflichteter.** Der Anspruch richtet sich gegen denjenigen, der derzeit den Besitz inne hat und dem Kläger gegenüber fehlerhaft besitzt. Hat der fehlerhaft Besitzende seinerseits den Besitz verloren, so ist der Anspruch gegen ihn nicht mehr gegeben; er richtet sich nunmehr gegen den neuen Besitzer, falls dieser wiederum fehlerhaft besitzt.

6 **III. Prozessuale Durchsetzung.** Wird der Anspruch aus § 861 im Wege der Klage geltend gemacht, handelt es sich um eine normale Leistungsklage, mit der in Anspruchskonkurrenz zugleich die Herausgabeansprüche aus §§ 985, 1007, 823 I, 812 geltend gemacht werden können. Wird die Klage auf mehrere Anspruchsgrundlagen gestützt, handelt es sich dennoch um einen einheitlichen Streitgegenstand, nicht um einen Fall der Klagehäufung gem § 260 ZPO. Wird die im Streit befindliche Sache nach Klageerhebung weggegeben, so gelten die §§ 265, 325, 727 ZPO. Die streitbefangene Sache, die herauszugeben ist, muss in der Klageschrift so genau bezeichnet werden, dass eine Vollstreckung möglich ist. Die Beweislast für den früheren Besitz des Klägers und den Entzug des Besitzes durch verbotene Eigenmacht sowie den derzeitigen Besitz des Beklagten trägt der Anspruchsteller. Der Anspruchsgegner muss die Einwendungen nach II sowie das Erlöschen nach § 864 beweisen. Soweit zur Vorbereitung der Klage ein Auskunftsanspruch erforderlich ist, kann der Kläger diesen im Wege der Stufenklage (§ 254 ZPO) erheben. Entspr der Regelung des § 862 I 2 wird allgemein auch eine vorbeugende Unterlassungsklage gegen einen unmittelbar bevorstehenden Besitzentzug für zulässig erachtet. Soweit die prozessuale Durchsetzung im Wege einer einstweiligen Verfügung versucht wird, sind nach den §§ 935, 938, 940 ZPO an sich nur vorläufige Maßnahmen möglich. Die Rspr hat aber iRd Leistungs- oder Befriedigungsverfügung auch eine einstweilige Verfügung zur Erfüllung von Ansprüchen zugelassen. Dies gilt auch für den Herausgabeanspruch des § 861. entspr dem Ziel der Besitzschutzansprüche wird dabei neben der verbotenen Eigenmacht kein besonderer Verfügungsgrund verlangt (Köln MDR 00, 152; Stuttg NJW-RR 96, 1516; Frankf BB 81, 148).

7 **IV. Widerklage mit petitorischem Inhalt.** Gegen die auf § 861 gestützte Klage auf Wiedereinräumung des Besitzes kann der Beklagte nicht ein Recht zum Besitz einwenden (s.o. Rn 3). Dagegen ist es im Rahmen eines Prozesses möglich, gestützt auf ein Recht zum Besitz eine eigene Klage und damit auch eine Widerklage zu erheben. Diese ist eine eigenständige Klage, die allerdings mit der ursprünglichen Herausgabeklage zu

gemeinsamer Verhandlung und Entscheidung verbunden wird. Um den Grundgedanken von § 863 nicht außer Kraft zu setzen, dürfte daher die Widerklage an sich den Erfolg der Herausgabeklage nicht beeinträchtigen. Dies steht auch nicht zu befürchten, soweit die Besitzschutzklage zeitlich früher entscheidungsreif ist und durch Teilurteil (§ 301 ZPO) über sie zunächst und isoliert entschieden werden kann (und muss). Problematisch ist eine gemeinsame Entscheidung über Klage und Widerklage bei gleichzeitiger Entscheidungsreife. Hier müssten an sich beide Klagen begründet sein (so zu Recht auch MüKo/*Joost* § 863 Rn 11). Gleichwohl hält der BGH im Falle gleichzeitiger Entscheidungsreife der beiden Klagen die Besitzschutzklage für unbegründet (BGHZ 53, 166, 169; 73, 355; NJW 99, 425). Diese Auffassung ist abzulehnen. Sie lässt sich auch nicht auf § 864 II stützen. Eine Ausnahme wird man nur dann zulassen können, wenn beide Entscheidungen ausnahmsweise mit Urteilserlass rechtskräftig werden (Revisionsinstanz). Hier spricht der Gesichtspunkt aus § 864 II für Abweisung der Besitzschutzklage als unbegründet.

§ 862 Anspruch wegen Besitzstörung

(1) ¹Wird der Besitzer durch verbotene Eigenmacht im Besitz gestört, so kann er von dem Störer die Beseitigung der Störung verlangen. ²Sind weitere Störungen zu besorgen, so kann der Besitzer auf Unterlassung klagen.
(2) Der Anspruch ist ausgeschlossen, wenn der Besitzer dem Störer oder dessen Rechtsvorgänger gegenüber fehlerhaft besitzt und der Besitz in dem letzten Jahre vor der Störung erlangt worden ist.

A. Normzweck. Die Regelung schließt an § 861 sowie § 858 an und regelt den Anspruch wegen Besitzstörung (zum Begriff § 858 Rn 3). Wie in § 861 handelt es sich um einen possessorischen Schutz (§ 861 Rn 1), so dass auf die Erläuterungen dort zu verweisen ist. Bezüglich der Störung und der Störungsbeseitigung bzw Unterlassung kann auf die Erläuterungen zu § 1004 verwiesen werden. § 862 ergänzt den Anspruch auf Herausgabe und entspricht insoweit der 2. Alternative des § 858 I. 1

B. Voraussetzungen und Inhalt des Anspruchs. Es muss eine Störung des Besitzes vorliegen, die noch andauert. Diese Störung muss eine verbotene Eigenmacht darstellen. Diese entfällt insbes bei Zustimmung des Besitzers oder bei gesetzlicher Gestattung (s.o. § 858 Rn 6). Bedeutsam sind hier insbes Duldungspflichten, wie sie die §§ 904–906, 14 BImSchG enthalten. 2

Der Anspruch richtet sich auf Beseitigung des störenden Zustandes oder auf Unterlassung der Störung. Im Falle der Beseitigung hat der Störer die erforderlichen Handlungen auf eigene Kosten vorzunehmen. § 862 gibt nicht das Recht, eine Ersetzungsbefugnis zur Geldentschädigung statt der Störungsbeseitigung zu verlangen. Der Unterlassungsanspruch ist entweder darauf gerichtet, im Falle bereits eingetretener Störungen eine Unterlassung gleichartiger Störungen zu verlangen. Dies setzt eine Wiederholungsgefahr voraus. Entgegen dem engen Gesetzeswortlaut ist heute aber auch eine vorbeugende Unterlassungsklage anerkannt, wenn Störungen zwar noch nicht vorliegen, aber mit hinreichender Wahrscheinlichkeit bevorstehen. Dagegen können Inhalt des Anspruchs aus § 862 nicht ein Schadensersatz, Aufwendungsersatz, Herausgabe von Nutzungen oder Surrogate sein. 3

Zu den Einwendungen gegen den Anspruch wegen Besitzstörung und zum Ausschluss des Anspruchs nach II s.o. § 861 Rn 3. 4

C. Durchsetzung des Anspruchs. I. Berechtigter und Verpflichteter. Der Anspruch steht dem derzeitigen unmittelbaren oder mittelbaren (§ 869) Eigen- oder Fremdbesitzer zu, nicht aber dem Besitzdiener. Der Anspruch ist untrennbar mit dem Besitz verbunden; eine Abtretung des Anspruchs ohne Übergang des Besitzes ist daher nicht möglich. Der Anspruch richtet sich gegen denjenigen, von dem die Störung ausgeht. Zu den verschiedenen Arten und Formen des Störers s. die Erläuterungen zu § 1004. Wie im Falle von § 861 kann sich der Anspruch auch gegen den Eigentümer der Sache richten. 5

II. Prozessuale Durchsetzung. Die Grundsätze der prozessualen Durchsetzung stimmen mit den Erläuterungen zu § 861 überein (s.o. § 861 Rn 6). Neben § 862 kann eine Klage auf Beseitigung oder Unterlassung auch auf § 1004 gestützt werden. Dies ist kein Fall der Klagehäufung gem § 260 ZPO. Der Klageantrag muss das genaue Begehren auf Beseitigung oder Unterlassung enthalten und die jeweilige Störungsquelle genau bezeichnen. Ein allgemeiner Antrag, die Störung der widerrechtlichen Besitzausübung zu unterlassen, ist wegen Unbestimmtheit unzulässig (Ddorf NJW 86, 2512). Die genaue Bezeichnung der Störungsquelle ist insbes auch für die Zwangsvollstreckung unabdingbar. Dagegen bedarf es im Klageantrag keiner Darlegungen, welche konkreten Maßnahmen zur Beseitigung erforderlich sind. Die konkrete Durchführung der Beseitigung ebenso wie die Unterlassung ist dem Beklagten überlassen. 6

§ 863 Einwendungen des Entziehers oder Störers

Gegenüber den in den §§ 861, 862 bestimmten Ansprüchen kann ein Recht zum Besitz oder zur Vornahme der störenden Handlung nur zur Begründung der Behauptung geltend gemacht werden, dass die Entziehung oder die Störung des Besitzes nicht verbotene Eigenmacht sei.

1 **A. Normzweck.** § 863 verdeutlicht den possessorischen Charakter der Besitzschutzansprüche (s.o. § 858 Rn 1, § 861 Rn 1, 3) und stellt damit den zentralen Punkt des Besitzschutzes dar. Nur durch Ausblendung der Rechtslage bezüglich möglicher Rechte zum Besitz können die Bewahrung des Rechtsfriedens sowie das Selbsthilfeverbot realisiert werden, nur so kann ein schneller (freilich auch vorläufiger) gerichtlicher Schutz erlangt werden. Zur Ausnahme des § 864 II s dort, zum Sonderfall der petitorischen Widerklage s.o. § 861 Rn 7. Der Grundgedanke des Besitzschutzes verbietet es auch, ein mögliches Recht zum Besitz oder zur Vornahme einer störenden Handlung im Wege des § 242 einzuwenden.

2 **B. Zulässige Einwendungen.** Der Beklagte kann zunächst alle anspruchsbegründenden Merkmale bestreiten. Insb kann der Beklagte in § 861 die frühere Besitzposition des Klägers und in § 862 die derzeitige Besitzposition bestreiten. Ferner kann er die erfolgte Entziehung oder die Störung und damit seine Stellung als Verpflichteter bestreiten. Darüber hinaus kann der Beklagte alle Umstände geltend machen, die dazu führen, dass die Entziehung oder die Störung des Besitzes nicht verbotene Eigenmacht war. Schließlich kann der Beklagte die Erlöschensgründe des § 864 einwenden. Im Falle einer schuldlos oder nur fahrlässig begangenen verbotenen Eigenmacht kann sich der Beklagte außerdem auf ein mögliches Zurückbehaltungsrecht aus §§ 273 II, 1000 S 2 berufen (MüKo/*Joost* § 863 Rn 5). Zu einer Widerklage mit petitorischem Inhalt s.o. § 861 Rn 7.

3 **C. Unzulässige Einwendungen.** Der Beklagte kann keinerlei Ansprüche auf die Sache oder Besitzberechtigung einwenden, ebenso nicht fehlende Besitzberechtigung des Klägers. Keine mögliche Einwendung ist auch ein Anspruch auf Verschaffung des Besitzes oder ein vertragliches Recht zur Störung. Ohne Bedeutung ist es, ob das jeweilige Recht schuldrechtlicher oder dinglicher Natur ist. So kann der Beklagte gegen einen Anspruch aus §§ 861, 862 auch nicht sein Eigentum einwenden. Ausgeschlossen ist weiterhin die Einwendung aller dieser rechtlichen Aspekte auf dem Weg über § 242. Jedoch will die Rspr die Berücksichtigung des § 242 nicht vollkommen ausschließen (BGH NJW 78, 2157, 2158). Dies wird man aber nur bejahen können, wenn im Zusammenhang mit § 242 Gesichtspunkte geltend gemacht werden, die die gesetzliche Wertung des § 863 nicht berühren. Zur Widerklage mit petitorischem Inhalt s.o. § 861 Rn 7).

§ 864 Erlöschen der Besitzansprüche

(1) Ein nach den §§ 861, 862 begründeter Anspruch erlischt mit dem Ablauf eines Jahres nach der Verübung der verbotenen Eigenmacht, wenn nicht vorher der Anspruch im Wege der Klage geltend gemacht wird.

(2) Das Erlöschen tritt auch dann ein, wenn nach der Verübung der verbotenen Eigenmacht durch rechtskräftiges Urteil festgestellt wird, dass dem Täter ein Recht an der Sache zusteht, vermöge dessen er die Herstellung eines seiner Handlungsweise entsprechenden Besitzstands verlangen kann.

1 **A. Normzweck.** § 864 ergänzt das System der §§ 861–863 und enthält zwei sehr unterschiedliche Erlöschenstatbestände für die Besitzschutzansprüche. I verdeutlicht die enge zeitliche Begrenzung des Besitzschutzes. Dieser verliert seinen Sinn, wenn sich durch Zeitablauf ein neuer Zustand verfestigt hat. II nimmt den Fall der Rechtskraft aus dem rein possessorischen Schutzkonzept aus praktischen Gründen aus. Im Ergebnis bleibt in beiden Fällen die verbotene Eigenmacht sanktionslos.

2 **B. Zeitablauf nach I.** I ist eine echte Erlöschensfrist, keine Verjährungsfrist. Sie beginnt mit der verbotenen Eigenmacht, also mit der Vollendung der Besitzentziehung bzw dem Eintritt der Besitzstörung. Bei mehreren Störungen beginnt jeweils eine neue Frist. Kenntnis des Besitzers ist ohne Bedeutung (Ddorf OLGZ 75, 331, 333). Für die Berechnung der Jahresfrist gelten die §§ 187 I, 188 II. Fristwahrung durch Klageerhebung ist nur bei einer Besitzschutzklage möglich. Eine Leistungsklage aus anderen Gründen, eine Feststellungsklage oder ein Antrag auf einstweilige Verfügung genügen nicht (Palandt/*Bassenge* § 864 Rn 2).

3 **C. Erlöschen durch rechtskräftige Feststellung.** Hat der Täter der verbotenen Eigenmacht ein rechtskräftiges Urteil im Rahmen einer Klage oder Widerklage gegen den Besitzer erwirkt, wonach ihm an der Sache ein dingliches Recht (§ 985) oder ein schuldrechtlicher Anspruch auf Besitz oder Verschaffung oder ein Anspruch aus früherem Besitz (§ 1007) zusteht, so erlöschen die Besitzansprüche des Besitzers. Das rechtskräftige Urteil muss nach der Verübung der verbotenen Eigenmacht ergangen sein, eine analoge Anwendung auf ein vor der Besitzbeeinträchtigung ergangenes rechtskräftiges Urteil ist abzulehnen (str, Palandt/*Bassenge* § 864 Rn 6, aA MüKo/*Joost* § 864 Rn 11). Als rechtskräftige Feststellung genügt nicht die Abweisung einer auf Feststellung des Eigentums gerichteten Klage des Besitzers (weitergehend BGHZ 145, 16, 20). Ein nur vorläufig vollstreckbares Urteil reicht für II nicht aus, ebenso nicht eine einstweilige Verfügung zugunsten des Störers (str, wie hier MüKo/*Joost* § 864 Rn 10).

§ 865 Teilbesitz

Die Vorschriften der §§ 858 bis 864 gelten auch zugunsten desjenigen, welcher nur einen Teil einer Sache, insbesondere abgesonderte Wohnräume oder andere Räume, besitzt.

A. Normzweck. Die Regelungen des Besitzes in den §§ 854 ff beziehen sich grds auf die jeweils ganze Sache. Insofern verdeutlicht § 865 klarstellend, dass es auch tatsächliche Situationen geben kann, in denen der Besitz auf einen abgrenzbaren Teil der Sache beschränkt ist. In solchen Fällen enthält § 865 die ausdrückliche rechtliche Anerkennung eines solchen Teilbesitzes und unterstellt ihn den Vorschriften über den Besitzschutz. 1

B. Voraussetzungen. Teilbesitz ist die tatsächliche Sachherrschaft an einem realen Teil einer Sache. Bei dieser Sache kann es sich sowohl um eine bewegliche Sache als auch um ein Grundstück handeln. Der Teilbesitz kann Eigen- oder Fremdbesitz sein, er kann unmittelbarer oder mittelbarer Besitz sein. Auch Besitzdienerschaft an einem Realteil ist denkbar. Der Teilbesitz setzt jeweils voraus, dass Sachherrschaft an einem räumlich abgegrenzten Teil einer Sache besteht. Im Falle des unmittelbaren Besitzes muss eine tatsächliche Beherrschung dieses gesonderten Sachteils vorliegen. In der Praxis wird Teilbesitz vor allem bei Mietern einzelner Wohnungen eines Hauses vorkommen. 2

C. Rechtswirkungen. § 865 macht deutlich, dass auf den Teilbesitz die Besitzschutzvorschriften der §§ 858 bis 864 anzuwenden sind. Diese Verweisung ist zu eng. Es ist anerkannt, dass der Teilbesitz echter Besitz iSd §§ 854 ff ist. Daher sind alle Bestimmungen über den Besitz auch auf den Teilbesitz anzuwenden. Der Schutz des Teilbesitzes richtet sich auch gegen Störungen durch andere Teilbesitzer derselben Sache und geht damit über die Möglichkeiten des Mitbesitzes nach § 866 hinaus. 3

§ 866 Mitbesitz

Besitzen mehrere eine Sache gemeinschaftlich, so findet in ihrem Verhältnis zueinander ein Besitzschutz insoweit nicht statt, als es sich um die Grenzen des den einzelnen zustehenden Gebrauchs handelt.

A. Normzweck. Die Regeln des Besitzrechts gehen davon aus, dass eine Person eine Sache im Alleinbesitz hat. § 866 weicht davon ab und unterstellt selbstverständlich, dass auch mehrere Personen eine ganze Sache (im Gegensatz zu § 865) gemeinschaftlich besitzen können. Für diesen Mitbesitz gelten grds alle Regelungen der §§ 854 ff. Der Gesetzgeber hat lediglich die erforderlichen Besonderheiten für die Reichweite des Besitzschutzes normiert. Zur Abgrenzung des Mitbesitzes vom Nebenbesitz s.u. § 868 Rn 5. 1

B. Regelung und Formen. Als Mitbesitz kann jede **Besitzart** ausgeübt werden. So können die Mitbesitzer unmittelbare oder mittelbare Besitzer sein, Eigen- oder Fremdbesitzer, möglich ist auch Mitbesitz als Erbenbesitz und als Teilbesitz. Schließlich können auch mehrere Personen gemeinsam Besitzdiener sein, wobei in diesem Falle ihre fehlende Besitzqualität nicht zum Mitbesitz führen kann, sondern zu einer Mitbesitzdienerschaft. Der Mitbesitz kann sich jeweils auf bewegliche und unbewegliche Sachen beziehen. In jedem Falle muss der Mitbesitz zu einer realen Sachherrschaft aller Mitbesitzer führen, einen Mitbesitz nach ideellen Bruchteilen gibt es nicht. Nicht möglich ist ferner wegen fehlender Gleichstufigkeit (vgl § 871) Mitbesitz zwischen einem mittelbaren und einem unmittelbaren Besitzer. 2

Innerhalb der Rechtsfigur des Mitbesitzes kann man unterscheiden zwischen dem **schlichten Mitbesitz** und **qualifizierten Mitbesitz**. Soweit eine Sache jedem Mitbesitzer ohne Mitwirkung anderer zugänglich ist, übt er schlichten (einfachen) Mitbesitz aus. Qualifiziert ist dagegen der Mitbesitz, wenn die Sache den Mitbesitzern nur gemeinschaftlich zugänglich ist. Es kann sich zB ein Schließfach nur durch mehrere, verschiedenen Personen zustehende Schlüssel gemeinschaftlich öffnen lassen. Einen gesamthänderischen Mitbesitz gibt es bei unmittelbaren Besitzern nicht. Denkbar ist gesamthänderischer Besitz nur als mittelbarer Besitz, wobei die jeweilige Gesamthandsgemeinschaft nicht rechtsfähig sein darf (zB Erbengemeinschaft). Anderenfalls liegt Organbesitz vor (s.o. § 854 Rn 15). 3

In allen Fällen des (unmittelbaren) Mitbesitzes hat jeder Mitbesitzer die tatsächliche Sachherrschaft und zugleich einen eigenen Besitzwillen. Dieser Besitzwille muss kein gemeinschaftlicher sein. Die Mitbesitzer müssen also nicht zwangsläufig in einer Rechtsgemeinschaft bezüglich der Sache stehen. Auch jede andere Form gemeinschaftlicher Ergreifung der tatsächlichen Gewalt führt zu Mitbesitz. 4

C. Rechtswirkungen. Auf den Mitbesitz sind alle besitzrechtlichen Vorschriften anzuwenden. Der Mitbesitzer hat also gegen dritte Personen alle Besitzansprüche wie ein Alleinbesitzer. Umgekehrt richten sich Ansprüche Dritter gegen einen Mitbesitzer ebenfalls in gleicher Weise wie gegen den Alleinbesitzer. 5

Besonderheiten ergeben sich beim Besitzschutz. Im Verhältnis der Mitbesitzer untereinander können die Regelungen über den Besitzschutz nicht uneingeschränkt angewendet werden. Nach dem Wortlaut des Gesetzes gelten die Besitzschutzregeln jedenfalls insoweit nicht, als es sich um die Grenzen des Gebrauchs handelt. Damit sind die Grenzen des Gebrauchsumfangs im Hinblick auf zeitliche, örtliche, inhaltliche und umfangmäßige Regelungen gemeint. Soweit es nicht um diese Grenzen, sondern etwa um eine völlige Besitzentziehung geht, 6 kann ein Mitbesitzer gegenüber seinem anderen Mitbesitzer auch den Anspruch aus § 861 geltend machen (BGH DB 73, 913; Ddorf MDR 85, 497; 98, 893). Im Falle von Besitzstörungen unter Mitbesitzern gibt es in keinem Fall Besitzschutzansprüche (BGHZ 29, 372, 377; 62, 243, 249; 145, 16, 19). Unberührt bleiben zwischen Mitbesitzern alle übrigen Ansprüche außerhalb des Besitzrechts (zB deliktsrechtliche Ansprüche).

§ 867 Verfolgungsrecht des Besitzers

¹Ist eine Sache aus der Gewalt des Besitzers auf ein im Besitz eines anderen befindliches Grundstück gelangt, so hat ihm der Besitzer des Grundstücks die Aufsuchung und die Wegschaffung zu gestatten, sofern nicht die Sache inzwischen in Besitz genommen worden ist. ²Der Besitzer des Grundstücks kann Ersatz des durch die Aufsuchung und die Wegschaffung entstehenden Schadens verlangen. ³Er kann, wenn die Entstehung eines Schadens zu besorgen ist, die Gestattung verweigern, bis ihm Sicherheit geleistet wird; die Verweigerung ist unzulässig, wenn mit dem Aufschub Gefahr verbunden ist.

1 **A. Normzweck.** Dem Verfolgungsrecht des Besitzers kommt wie ähnlichen Verfolgungsrechten des Eigentümers (§§ 962, 1005) kaum praktische Bedeutung zu. Nach dem Normzweck soll § 867 eine Lücke schließen für den Fall, dass der Besitzer einer Sache auf diese nicht mehr zugreifen kann und die Wiederbeschaffung nicht möglich ist, weil eine fremde Sphäre (zB ein fremdes Grundstück) entgegensteht, gleichzeitig aber ein Herausgabeanspruch (aus §§ 861, 985, 1007) noch nicht gegeben ist, weil noch keine dritte Person Besitz von der Sache ergriffen hat.

2 **B. Abholungsanspruch.** Der in S 1 vorgesehene Anspruch auf Aufsuchung und Wegschaffung der Sache setzt zunächst voraus, dass diese Sache derzeit nicht der Einwirkungsmöglichkeit des Besitzers unterliegt. Ferner darf die Sache noch nicht von einer dritten Person in Besitz genommen worden sein. In diesem Fall enthält die Norm einen Duldungsanspruch des Grundstückseigentümers und ein Recht des Besitzers zum Aufsuchen und Wegschaffen der Sache. Dies beinhaltet zugleich ein Recht zum Betreten des fremden Grundstücks sowie aller notwendigen Vorbereitungshandlungen, um die Sache wegschaffen zu können.

3 Sobald der Inhaber des Grundstücks den Besitz der Sache ergreift, erlischt der Anspruch aus § 867 und es sind Herausgabeansprüche nach den §§ 861, 985, 1007 zu prüfen. Der Anspruchsgegner kann entweder die Abholung der Sache gestatten oder die Sache an sich nehmen und dem Besitzer übergeben. Der Anspruch aus § 867 ist possessorischer Natur (wie §§ 861, 862), es sind also Einwendungen rechtlicher Art nach den Regeln der §§ 863, 864 ausgeschlossen. Soweit unbekannt ist, auf welchem Grundstück sich die Sache befindet, steht dem Besitzer ein Besichtigungsanspruch nach § 809 zu.

4 **C. Weitere Rechtsfolgen.** Der Grundstücksbesitzer hat einen (verschuldensunabhängigen) Anspruch auf Ersatz des Schadens, der durch die Abholung entstanden ist. Es handelt sich dabei um einen gesetzlichen Entschädigungsanspruch ähnlich § 904. Tritt der durch die Abholung entstandene Schaden bei einem Dritten ein, so hat dieser den Anspruch aus § 867 S 2. Wird ein Schaden durch die Sache selbst verursacht, so ist dieser nur nach allgemeinen Regeln (§ 823) zu ersetzen. Weigert sich der Grundstücksbesitzer, die Aufsuchung und Wegschaffung zu gestatten, so trifft ihn im Falle einer rechtswidrigen und schuldhaften Verweigerung eine Schadensersatzpflicht aus § 823. In rechtmäßiger Weise kann der Grundstücksbesitzer die Duldung verweigern, wenn er Sicherheitsleistung (§§ 232 ff) verlangen kann.

§ 868 Mittelbarer Besitz

Besitzt jemand eine Sache als Nießbraucher, Pfandgläubiger, Pächter, Mieter, Verwahrer oder in einem ähnlichen Verhältnis, vermöge dessen er einem anderen gegenüber auf Zeit zum Besitz berechtigt oder verpflichtet ist, so ist auch der andere Besitzer (mittelbarer Besitzer).

1 **A. Normzweck.** Durch die Rechtsfigur des mittelbaren Besitzes wird der Grundgedanke des Besitzes als tatsächliche Sachherrschaft in erheblichem Maße durchbrochen. Hintergrund ist der Wunsch des Gesetzgebers, Besitzansprüche und insbes den Besitzschutz auch einer Person zukommen zu lassen, die durch ein sog Besitzmittlungsverhältnis oder Besitzkonstitut (s.u. Rn 7) dem unmittelbaren Besitzer eng verbunden ist. Wenn nämlich ein unmittelbarer Fremdbesitzer sein Recht zum Besitz von einer anderen Person ableitet, diese andere Person als übergeordnet anerkennt und sich ihr verantwortlich fühlt, insbes eine Verpflichtung zur Rückgabe des Besitzes hat, dann rechtfertigt es eine solche Situation, dem mittelbaren Besitzer eine besondere Art von Herrschaft über die Sache zuzuerkennen, die freilich nicht auf der tatsächlichen Einwirkung beruht, sondern wegen seiner rechtlichen Stellung gegenüber dem unmittelbaren Besitzer zustande kommt. Die Verkehrsanschauung und die sozialen Verhältnisse legen hier eine Situation nahe, in der der unmittelbare Besitzer in Anerkennung eines fremden Rechts in seiner Besitzstellung beschränkt ist und dem übergeordneten mittelbaren Besitzer im übertragenen Sinn eine gewisse Herrschaft zukommt.

B. Wesen des mittelbaren Besitzes. Der mittelbare Besitz ist geprägt durch das Rechtsverhältnis zu einem unmittelbaren Besitzer, der die Sache für den mittelbaren Besitzer besitzt. Auf Grund dieses Besitzmittlungsverhältnisses (Besitzkonstitut) besteht eine gewisse Nähe und enge Verknüpfung zum unmittelbaren Besitz. Allerdings bleibt der mittelbare Besitz ein Besitz ohne tatsächliche Gewalt über die Sache. Der unmittelbare Besitzer übt die tatsächliche Sachherrschaft für eine befristete Zeit unbeschränkt aus. Die heute überwiegend vertretene Lehre, wonach der mittelbare Besitz ebenfalls tatsächliche Sachherrschaft sei, ist abzulehnen. Sie überzeugt auch nicht in der Form, dass eine gelockerte oder entferntere Sachherrschaft besteht (Soergel/*Stadler* § 868 Rn 2 mwN). Vielmehr ist der mittelbare Besitz durch ein Rechtsverhältnis und insbes den Herausgabeanspruch des mittelbaren Besitzers geprägt.

C. Arten, Abgrenzung und Nebenbesitz. Der mittelbare Besitz kann einer einzelnen Person zustehen. Das zugrunde liegende Rechtsverhältnis kann aber auch zu mehreren Personen bestehen, die mit ihren Besitzmittlungsverhältnissen hintereinander geschaltet sind. Dadurch können sich mehrstufige mittelbare Besitzer ergeben. Denkbar ist freilich auch ein gleichstufiger mittelbarer Besitz mehrerer Personen. Im Übrigen kann der mittelbare Besitz nach allgemeinen Regeln Allein- oder Mitbesitz sein, er kann Eigen- oder Fremdbesitz sein und er ist auch als Erbenbesitz denkbar. Dagegen schließen sich unmittelbarer und mittelbarer Besitz gegenseitig aus, ebenso mittelbarer Besitz und Besitzdienerschaft.
Im Gegensatz zum Verhältnis des Besitzherrn zu seinem Besitzdiener hat der mittelbare Besitzer durch seine rechtlichen Bindungen **keinerlei unmittelbare Weisungsbefugnisse.** Für die Zeit des Besitzmittlungsverhältnisses besteht auch kein Zugriff des mittelbaren Besitzers auf die Sache. Daher sind mittelbarer Besitzer und Besitzherr/Besitzdiener strikt voneinander zu trennen. Das Besitzmittlungsverhältnis ist auch kein Fall der **Stellvertretung.** Hier ist eine strikte Trennung schon deshalb erforderlich, weil es eine Vertretung im Besitz nach allg Regeln nicht gibt (RGZ 137, 23).
Ein besonderes Problem stellt die Figur des sog **Nebenbesitzes** dar. Dem liegt der Gedanke zugrunde, dass ein unmittelbarer Besitzer zugleich zwei verschiedenen Personen den Besitz mittelt, die ohne jedes Wissen voneinander und unverbunden nebeneinander stehen. Soweit eine solche Situation anzuerkennen wäre, würde es sich um einen gleichstufigen mittelbaren Besitz handeln. Darin liegt zugleich das grundsätzliche Problem des Nebenbesitzes. Jeder mittelbare Besitz ist davon abhängig, dass ein unmittelbarer Besitzer den Willen hat, seinen Besitz auf Grund eines Besitzmittlungsverhältnisses ausüben zu wollen und seine Herausgabepflicht gegenüber dem mittelbaren Besitzer anzuerkennen. Ändert der unmittelbare Besitzer seine Willensrichtung und will er einer anderen Person den Besitz mitteln, so muss dies mit der Rspr und der hM in der Weise verstanden werden, dass damit allein dem neuen mittelbaren Besitzer der Besitz vermittelt wird und das frühere Besitzmittlungsverhältnis gelöst ist (BGHZ 28, 16, 27; 50, 45, 50; NJW 79, 2037; zur Gegenauffassung Soergel/*Stadler* § 868 Rn 20 ff mwN). Bedeutsam ist die Figur des Nebenbesitzes insbes beim gutgläubigen Erwerb im Rahmen von § 934 sowie bei der Übertragung des Anwartschaftsrechts.

D. Voraussetzungen. I. Ableitung vom unmittelbaren Besitzer. Mittelbarer Besitz setzt zwingend voraus, dass es eine andere Person gibt, die den unmittelbaren Besitz ausübt (sog Besitzmittler). Dieser unmittelbare Besitzer ist Fremdbesitzer, die Sache kann sich aber auch bei einem Besitzdiener (§ 855) befinden. Der mittelbare Besitzer muss sein Besitzrecht von dem unmittelbaren Besitzer ableiten. Dieser Gedanke der Besitzrechtsableitung ist eng verbunden mit dem Besitzmittlungswillen (s.u. Rn 8).

II. Besitzmittlungsverhältnis. Zwischen dem mittelbaren und dem unmittelbaren Besitzer muss ein besonderes Rechtsverhältnis bestehen, das sowohl privat- als öffentlichrechtlicher Natur sein kann und das auf Rechtsgeschäft oder auf Gesetz beruhen kann. Inhalt dieses Rechtsverhältnisses muss es sein, dass der unmittelbare Besitzer die Überordnung und den Herausgabeanspruch des mittelbaren Besitzers anerkennt. Das Gesetz nennt als Besitzmittlungsverhältnis (Besitzkonstitut) konkrete rechtsgeschäftliche Beziehungen (Nießbrauch, Pfandrecht, Pacht, Miete, Verwahrung). Da aber ausdrücklich auch ein „ähnliches Verhältnis" als Besitzmittlungsverhältnis genügt, können auch vielfältige andere Rechtsverhältnisse als Besitzmittlungsverhältnis dienen. Insbes stellt iRd Sicherungsübereignung der Sicherungsvertrag ein eigenes Besitzmittlungsverhältnis dar. Als Rechtsverhältnis kann das Besitzmittlungsverhältnis auch schon vor dem Besitzerwerb des unmittelbaren Besitzers vereinbart werden (antizipiertes Besitzkonstitut). Zur Wirksamkeit erforderlich ist es, dass sich das Besitzmittlungsverhältnis auf eine gegenständlich genau bestimmte Sache bezieht (Bestimmtheits- und Spezialitätsgrundsatz). Das Besitzkonstitut ist selbst bei Unwirksamkeit des zugrunde liegenden Rechtsverhältnisses anzuerkennen, soweit ein wirksamer Herausgabeanspruch des mittelbaren Besitzers gegen den unmittelbaren Besitzer besteht. Dieser Anspruch auf Herausgabe und damit die zeitliche Befristung und Unterordnung des unmittelbaren Besitzers ist von zentraler Bedeutung für das Besitzkonstitut.

III. Besitzmittlungswille. Das Bestehen des mittelbaren Besitzes verlangt vom unmittelbaren Besitzer einen Besitzmittlungswillen. Damit wird zum Ausdruck gebracht, dass der unmittelbare Besitzer seinen Besitz in Anerkennung des bestehenden Herausgabeanspruchs ausübt und dem mittelbaren Besitzer gegenüber dadurch auf Zeit zum Besitz berechtigt und verpflichtet ist. Der konkret erforderliche Besitzmittlungswille des unmittelbaren Besitzers schließt nach hM auch die Möglichkeit eines Nebenbesitzes aus (s.o. Rn 5).

9 **IV. Besitzerwerbswille.** Soweit der mittelbare Besitz als echte, wenn auch gelockerte Sachherrschaft aufgefasst wird, wird vom mittelbaren Besitzer ein eigener Besitzerwerbswille verlangt. Nach hier vertretener Auffassung ist der mittelbare Besitz ein Besitz ohne Sachherrschaft, so dass auch das Vorliegen eines eigenen Besitzwillens des mittelbaren Besitzers nicht zu bejahen ist (wie hier MüKo/Joost § 868 Rn 21).

10 **E. Erwerb, Übertragung und Verlust des mittelbaren Besitzes.** Mittelbarer Besitz wird dadurch **begründet**, dass entweder der bisherige unmittelbare Besitzer die Sachherrschaft überträgt und zum mittelbaren Besitzer wird, in dem er mit dem neuen unmittelbaren Besitzer ein Rechtsverhältnis vereinbart, das den Regeln des Besitzmittlungsverhältnisses entspricht, oder der bisherige unmittelbare Besitzer behält seine Sachherrschaft und vereinbart mit einer anderen Person ein Besitzmittlungsverhältnis, wonach er künftig für den anderen besitzt. Dies ist insbes der Fall der Eigentumsübertragung nach § 930. Schließlich kann jeder mittelbare Besitzer einen weiteren (mehrstufigen) mittelbaren Besitz dadurch begründen, dass er unter Beibehaltung seines eigenen mittelbaren Besitzes einer anderen Person gegenüber selbst zum Besitzmittler wird (im Einzelnen s.u. § 871).

11 Möglich ist auch eine **Übertragung** des mittelbaren Besitzes. Da der mittelbare Besitz den Herausgabeanspruch gegen den unmittelbaren Besitzer zur Voraussetzung hat, erfolgt die Übertragung durch Abtretung dieses Herausgabeanspruchs (§ 870), also durch ein Rechtsgeschäft. Der abgetretene Herausgabeanspruch ist derjenige, der aus dem Rechtsverhältnis hervorgeht, welches den mittelbaren Besitz nach § 868 begründet. Dabei genügt es freilich, dass der mittelbare Besitzer an dieses Rechtsverhältnis glaubt und der unmittelbare Besitzer es anerkennt. Der abgetretene Herausgabeanspruch kann insoweit auch gesetzlich entstanden sein (zB § 812). Zu einer Übertragung des mittelbaren Besitzes kommt es ferner, wenn das ihn begründende Rechtsverhältnis und der Herausgabeanspruch von Gesetzes wegen übergehen, etwa auf den Erben oder im Falle von § 566 auf den Ersteher des vermieteten Grundstücks.

12 Der mittelbare Besitz **endet** durch den Besitzverlust des unmittelbaren Besitzers. Erfolgt dieser Verlust unfreiwillig, so ist die Sache abhanden gekommen. Weiterhin ist es möglich, dass der unmittelbare Besitzer das Rechtsverhältnis und den Herausgabeanspruch, welcher den mittelbaren Besitz begründet, nicht mehr anerkennt. Dabei ist ein erkennbares Verhalten des unmittelbaren Besitzers erforderlich. Schließlich endet der mittelbare Besitz bei Eintritt einer auflösenden Bedingung.

13 **F. Rechtsfolgen.** Da das Gesetz dem mittelbaren Besitzer eine echte Besitzstellung zuerkennt, sind auf ihn alle Regeln über den Besitz anzuwenden, soweit nicht das Gesetz selbst eine Ausnahme macht oder eine solche aus Sachgründen erforderlich ist. Im Einzelnen sind die §§ 854 bis 856 auf den mittelbaren Besitz nicht anwendbar. Anwendbar ist dagegen der Besitz des Erben nach § 857. Anwendbar sind insbes auch die Besitzschutzregeln der §§ 858 bis 864 unter Berücksichtigung von § 869. Anwendbar sind schließlich die §§ 865 bis 867 sowie § 872. Die §§ 868 bis 871 befassen sich direkt mit dem mittelbaren Besitz. Im Ergebnis ist das gesamte Besitzrecht mit Ausnahme der §§ 854 bis 856 also anwendbar.

14 Darüber hinaus sind auf den mittelbaren Besitzer auch die Vorschriften der §§ 985, 1006, 1007 anzuwenden. Der mittelbare Besitzer ist also für eine Klage nach § 985 passiv legitimiert. Eingeschränkt ist dagegen der Besitzschutz des mittelbaren Besitzers gegenüber dem unmittelbaren Besitzer. Hier hat der mittelbare Besitzer weder Besitzansprüche noch den Selbstschutz, sondern er ist auf seine Ansprüche aus dem Rechtsverhältnis, welches den mittelbaren Besitz begründet, angewiesen (§ 868). Der mittelbare Besitzer kann ferner für Schäden, die der unmittelbare Besitzer verschuldet hat, von diesem keinen Schadensersatz nach § 823 I unter dem Gesichtspunkt beanspruchen, dass der Besitz als sonstiges Recht anerkannt ist (BGHZ 32, 194, 205). Modifiziert ist schließlich der Anspruch aus § 861, der auch dem mittelbaren Besitzer zusteht. Er kann vom Täter der verbotenen Eigenmacht nur die Wiedereinräumung des Besitzes an den bisherigen unmittelbaren Besitzer, nicht an sich selbst verlangen (s.u. § 869).

§ 869 Ansprüche des mittelbaren Besitzers

¹Wird gegen den Besitzer verbotene Eigenmacht verübt, so stehen die in den §§ 861, 862 bestimmten Ansprüche auch dem mittelbaren Besitzer zu. ²Im Falle der Entziehung des Besitzes ist der mittelbare Besitzer berechtigt, die Wiedereinräumung des Besitzes an den bisherigen Besitzer zu verlangen; kann oder will dieser den Besitz nicht wieder übernehmen, so kann der mittelbare Besitzer verlangen, dass ihm selbst der Besitz eingeräumt wird. ³Unter der gleichen Voraussetzung kann er im Falle des § 867 verlangen, dass ihm die Aufsuchung und Wegschaffung der Sache gestattet wird.

1 **A. Normzweck.** Der mittelbare Besitz (§ 868) ist ein echter Besitz (§ 868 Rn 13). Daher ist es nur konsequent, dass auch dem mittelbaren Besitzer die speziellen besitzrechtlichen Ansprüche zustehen. § 869 verdeutlicht dies vor allem für die Besitzschutzfragen. Allerdings modifiziert die Norm die Ansprüche des mittelbaren Besitzers.

2 **B. Besitzschutz gegenüber Dritten.** Grundsätzlich stehen dem mittelbaren Besitzer alle Besitzschutzansprüche gegen Dritte zu, die im Wege der verbotenen Eigenmacht oder unter den Voraussetzungen des § 867 als

Anspruchsgegner in Betracht kommen. Allerdings passen die Ansprüche nicht direkt. Vielmehr müssen die Voraussetzungen der §§ 861, 862 und 867 in der Person des unmittelbaren Besitzers vorliegen. Der mittelbare Besitzer muss aber auch die möglichen Einwendungen der §§ 863, 864 gegen sich gelten lassen. Im Falle der Besitzentziehung kann und muss der mittelbare Besitzer bei verbotener Eigenmacht gegen den unmittelbaren Besitzer einen Anspruch auf Wiedereinräumung des Besitzes an den bisherigen unmittelbaren Besitzer geltend machen. Nur für den Fall, dass der unmittelbare Besitzer den Besitz nicht wieder übernehmen will, kann der mittelbare Besitzer Herausgabe an sich selbst verlangen. Im Falle der Besitzstörung ist der Anspruch aus § 862 nicht modifiziert. Allerdings liegt auch hier die Störung gegenüber dem unmittelbaren Besitzer vor. Das Abholungsrecht des § 867 steht im Normalfall dem mittelbaren Besitzer nicht zu. Er kann es nur unter der Voraussetzung geltend machen, dass der unmittelbare Besitzer die Sache nicht abholen kann und nicht abholen will. Umstritten ist schließlich die Frage, ob der mittelbare Besitzer Selbsthilferechte nach § 859 hat. Überwiegend wird heute vertreten, dass auch das Selbsthilferecht dem mittelbaren Besitzer zusteht. In jedem Falle hat der mittelbare Besitzer aber die Möglichkeit, die Notwehrrechte der §§ 227 ff. geltend zu machen.

C. Interner Besitzschutz. Besonderer Betrachtung bedarf die Frage, ob es Besitzschutzansprüche innerhalb des Besitzmittlungsverhältnisses geben kann. Anerkannt ist hier, dass der unmittelbare Besitzer alle Rechte aus den §§ 858 ff. gegen den mittelbaren Besitzer geltend machen kann. Eine Beschränkung wie in § 866 ist hier nicht vorgesehen. Umgekehrt stehen dem mittelbaren Besitzer keinerlei Besitzschutzmöglichkeiten gegen den unmittelbaren Besitzer zu. Denn der unmittelbare Besitzer kann keine verbotene Eigenmacht iSd § 858 begehen. Unbenommen bleiben beiden Seiten die allgemeinen Rechte aus den §§ 227 ff sowie aus dem Deliktsschutz (§ 823). 3

§ 870 Übertragung des mittelbaren Besitzes

Der mittelbare Besitz kann dadurch auf einen anderen übertragen werden, dass diesem der Anspruch auf Herausgabe der Sache abgetreten wird.

A. Normzweck. Die Norm verdeutlicht, dass der mittelbare Besitz ein Rechtsverhältnis darstellt, das übertragbar ist. Damit kann durch Abtretung eines Herausgabeanspruchs der mittelbare Besitz unmittelbar auf einen Erwerber übergehen. Darüber hinaus ist die Übertragung des mittelbaren Besitzes die Grundlage für den Eigentumserwerb nach § 931. 1

B. Die Übertragung des mittelbaren Besitzes. Verfügender im Rahmen einer solchen Übertragung muss der mittelbare Besitzer sein. Die Übertragung erfolgt sodann durch Abtretung (§ 398). Diese Abtretung ist ein echter Vertrag, der formfrei wirksam ist. Möglich ist allerdings auch ein gesetzlicher Übergang (§§ 857, 566). Zur Übertragung des mittelbaren Besitzes ist keine Kenntnis und keine Mitwirkung des unmittelbaren Besitzers erforderlich. Der abgetretene Anspruch ist der Herausgabeanspruch aus dem Besitzmittlungsverhältnis, wobei neben vertraglichen Herausgabeansprüchen wiederum gesetzliche Ansprüche in Betracht kommen (§ 812). 2

C. Andere Formen des Rechtsübergangs. Mit der Übergabe handelsrechtlicher Traditionspapiere (Lagerschein, Ladeschein, Konnossement) wird zugleich der mittelbare Besitz an der jeweiligen Ware übertragen. Denn die handelsrechtlichen Traditionspapiere verbriefen einen Herausgabeanspruch, der durch das Indossament (§ 364 HGB) auf den Erwerber übergeht. Weiterhin ist neben der rechtsgeschäftlichen Übertragung des Herausgabeanspruchs ein gesetzlicher Übergang solcher Ansprüche möglich (s.o. Rn 2). Wird der Herausgabeanspruch gepfändet, so hängt das weitere Schicksal des mittelbaren Besitzers vom Inhalt des Überweisungsbeschlusses ab. Im Falle der Überweisung zur Einziehung (§§ 835, 836 ZPO) bleibt der Vollstreckungsschuldner Anspruchsinhaber und damit mittelbarer Besitzer. 3

§ 871 Mehrstufiger mittelbarer Besitz

Steht der mittelbare Besitzer zu einem Dritten in einem Verhältnis der in § 868 bezeichneten Art, so ist auch der Dritte mittelbarer Besitzer.

A. Normzweck. Im Rahmen des unmittelbaren Besitzes ist neben dem Normalfall des Alleinbesitzes nur ein Mitbesitz (§ 866) und ein Teilbesitz (§ 865) denkbar. Dagegen ist der mittelbare Besitz als Rechtsverhältnis auf verschiedenen Stufen möglich. Die Vorschrift bestätig diesen Sachverhalt und sieht ausdrücklich einen mehrstufigen mittelbaren Besitz vor. 1

B. Voraussetzungen. Ein mehrstufiger mittelbarer Besitz entsteht dort, wo ein mittelbarer Besitzer in einem eigenen Besitzmittlungsverhältnis zu einer dritten Person steht und diesem Dritten den Besitz mitteln will. Damit gibt es in einem solchen Fall neben dem unmittelbaren Besitzer und dem mittelbaren Besitzer erster Stufe auch einen mittelbaren Besitzer zweiter Stufe. Die Mehrstufigkeit ist beliebig ausdehnbar. 2

C. Rechtsfolgen. Alle mittelbaren Besitzer verschiedener Stufen sind Besitzer iSd § 868. Für sie gelten die dort genannten Rechtsfolgen. Insbes kann jeder mittelbare Besitzer die Sache nach § 931 übereignen. 3

§ 872 Eigenbesitz

Wer eine Sache als ihm gehörend besitzt, ist Eigenbesitzer.

1 **A. Normzweck.** Die Norm enthält eine reine Begriffsbestimmung des Eigenbesitzes und setzt damit den Begriff des Fremdbesitzes voraus, der im Gesetz nicht verwendet wird. Bedeutung hat die Norm nur für rechtliche Regelungen außerhalb des Besitzrechts (vgl etwa §§ 900, 927, 937, 955, 958).

2 **B. Begriff.** Eigenbesitzer ist derjenige, der als unmittelbarer Besitzer die tatsächliche Gewalt ausübt oder als mittelbarer Besitzer in einem Besitzmittlungsverhältnis zum unmittelbaren Besitzer steht, und der zusätzlich seine Besitzposition mit dem Willen inne hat, die Sache als ihm gehörend zu besitzen. Entscheidend für den Eigenbesitz ist also die **Willensrichtung** des Besitzers, unabhängig davon, worauf sich im Einzelnen dieser Wille stützt. Auch der Dieb kann also Eigenbesitzer sein. IRd Eigenbesitzes sind alle Besitzformen denkbar (unmittelbarer und mittelbarer Besitz, Voll- und Teilbesitz, Allein- und Mitbesitz). Der Eigenbesitzer kann nicht Besitzdiener sein, ein Besitzdiener kann aber den Eigenbesitz seines Besitzherrn begründen. Der für den Eigenbesitz entscheidende Eigenbesitzwille ist ein natürlicher Wille, der auch dem Geschäftsunfähigen zukommen kann (zur Problematik *Flume* Das Rechtsgeschäft, 4. Aufl 1992 § 13 Nr 11 c).

3 **C. Rechtsfolgen.** Der Eigenbesitz wird dadurch erworben, dass bei der Besitzbegründung der entspr Eigenbesitzwille vorliegt. Ein ursprünglicher Fremdbesitzer kann zum Eigenbesitzer werden, wenn er seine Willensrichtung erkennbar ändert. IRd Besitzregeln werden der Eigenbesitz und der Fremdbesitz gleichbehandelt. Dem Eigenbesitzer stehen also alle der in den §§ 854 ff genannten Rechte zu. Bedeutung hat die Unterscheidung von Eigen- und Fremdbesitz außerhalb der Regelung über das Besitzrecht, zB iRd Haftungsgrundlagen (§ 988), im Falle des Eigentumserwerbs (§§ 900, 927, 937, 955, 958) sowie als Grundlage von Vermutungen (§ 1006).

Abschnitt 2 Allgemeine Vorschriften über Rechte an Grundstücken

§ 873 Erwerb durch Einigung und Eintragung

(1) Zur Übertragung des Eigentums an einem Grundstück, zur Belastung eines Grundstücks mit einem Recht sowie zur Übertragung oder Belastung eines solchen Rechts ist die Einigung des Berechtigten und des anderen Teils über den Eintritt der Rechtsänderung und die Eintragung der Rechtsänderung in das Grundbuch erforderlich, soweit nicht das Gesetz ein anderes vorschreibt.
(2) Vor der Eintragung sind die Beteiligten an die Einigung nur gebunden, wenn die Erklärungen notariell beurkundet oder vor dem Grundbuchamt abgegeben oder bei diesem eingereicht sind oder wenn der Berechtigte dem anderen Teile eine den Vorschriften der Grundbuchordnung entsprechenden Eintragungsbewilligung ausgehändigt hat.

1 **A. Allgemeines.** § 873 ist die Grundnorm für den rechtsgeschäftlichen Erwerb und alle Verfügungen über Grundstücksrechte. Für die Übertragung des Eigentums an einem Grundstück wird § 873 durch § 925 ergänzt. Die Rechtsänderung tritt ein, wenn Einigung und Eintragung im Grundbuch zusammen vorliegen, wobei deren Reihenfolge unerheblich ist (BGH NJW 00, 806).

2 **I. Grundstück.** Grundstück iSv BGB, GBO/GBV und GrdstVG (BGHZ 49, 145) ist nur das Grundstück im rechtlichen Sinne. Man unterscheidet: **1. Grundstück im natürlichen Sinne** ist ein räumlich abgegrenzter Teil der Erdoberfläche (RGZ 68, 25). **2. Grundstück im katastertechnischen oder vermessungstechnischen Sinn** (Parzelle, Flurstück, Katastergrundstück) ist ein räumlich abgegrenzter Teil der Erdoberfläche, der im Liegenschaftskataster (insbes Liegenschaftsbuch und Flurkarte) einzeln ausgewiesen ist. **Zuflurstück** ist nur eine Teilfläche eines Flurstücks, die bei diesem abgeschrieben und sogleich bei einem anderen Flurstück zugeschrieben werden soll. Wegen der sofortigen Zuschreibung zu einem anderen Flurstück, wird es im Kataster nicht als selbständiges Flurstück ausgewiesen. **3. Grundstück im rechtlichen Sinne** (Grundbuchgrundstück, Buchgrundstück) ist ein räumlich abgegrenzter Teil der Erdoberfläche, der entweder alleine auf einem Grundbuchblatt gebucht ist (§ 3 I GBO) oder in einem gemeinschaftlichen Grundbuchblatt unter einer besonderen laufenden Nummer im Bestandsverzeichnis gebucht ist, §§ 4 I GBO, 6 GBV (RGZ 84, 270; BayObLG Rpfleger 81, 191). Nur ausnahmsweise ist eine Buchung entbehrlich, zB bei Grundstücken öffentlicher Gebietskörperschaften, § 3 II GBO. Ein Grundstück im Rechtssinne kann aus mehreren Flurstücken bestehen (BayObLGZ 56, 470). Ein **Zuflurstück** wird nur für Vereinigung, Zuschreibung (§ 890) und dem damit verbundenen Eigentumswechsel ausnahmsweise als Grundstück im Rechtssinne behandelt (BGH DNotZ 54, 197; BayObLG DNotZ 74, 443).

3 **II. Grundstücksrechte. 1. Grundstücksrechte** ieS sind das Eigentum an einem Grundstück und dingliche Rechte an einem Grundstück, die einen geringeren Umfang an Rechten vermitteln als das Eigentum (beschränkt dingliche Rechte, 3. Buch, Abschnitt 4 bis 7). **2. Grundstücksgleiche Rechte** sind beschränkt

dingliche Rechte an einem Grundstück, die einen ähnlichen Umfang von Rechten vermitteln wie das Eigentum an einem Grundstück und sind diesem daher materiell und formell gleichgestellt (BGHZ 23, 244). Dazu gehören das Erbbaurecht (§ 11 I ErbbauV), das Bergwerkseigentum (§ 9 I BBergG) und landesrechtliche Nutzungsrechte nach Art 196 EGBGB (zB Fischereirecht, BayObLG Rpfleger 94, 453). Das Wohnungs- bzw Teileigentum ist eine Sonderform des Eigentums (§ 1 WEG) und damit kein grundstücksgleiches Recht (str wie hier BGHZ 49, 251; BayObLGZ 93, 297; BaRoth/*Kössinger* Rn 5; aA Karlsr OLGZ 83, 405; Ddorf DNotZ 77, 307; Staud/*Gursky* § 1008 Rn 4; MüKo/*Wacke* Vor § 873 Rn 6). Eine Mischform ist das Wohnungs- oder Teilerbbaurecht (§ 30 WEG). 3. **Rechte an Grundstücksrechten** (vgl § 876) sind Rechte (Nießbrauch, Pfandrecht) an beschränkt dinglichen Rechten an einem Grundstück (zB Nießbrauch an einer Dienstbarkeit) oder an grundstücksgleichen Rechten (zB Nießbrauch am Erbbaurecht).

III. Grundbuch. Das Grundbuch ist ein Verzeichnis – kein öffentliches Register –, welches die rechtlichen Verhältnisse eines Grundstücks wiedergibt und grds beim Amtsgericht (§ 1 I GBO) für jede Gemarkung geführt wird. Ein Grundbuchblatt besteht aus Deckblatt, Bestandsverzeichnis mit der Bezeichnung des/der Grundstücke, Abteilung I, welche die Eigentumsverhältnisse wiedergibt, Abteilung II, die die Lasten und Beschränkungen des Grundstücks ausweist, die nicht Grundpfandrechte sind (insbes beschränkt dingliche Rechte, Eigentumsvormerkung, Verfügungsbeschränkungen), Abteilung III, in der die Grundpfandrechte eingetragen sind. Besondere Grundbücher werden zB angelegt über das Erbbaurecht (§ 14 ErbbauV), das Wohnungs- oder Teileigentum (§§ 7, 30 WEG), Bergwerksrecht, Fischereirecht. Eintragungsunterlagen und Verfügungen werden in den Grundakten zu jedem Grundbuchblatt aufbewahrt. Das Grundbuch gibt nicht notwendig den vollständigen Bestand an Rechten wieder, weil Rechtsänderungen ohne Eintragung auch kraft Gesetzes eintreten können. 4

IV. Grundbuchverfahren. (*Schöner/Stöber* Rn 85 ff) Das Eintragungsverfahren gehört zur Freiwilligen Gerichtsbarkeit (FGG), ist jedoch vornehmlich in der GBO nebst Grundbuchverfügung (GBV) und landesrechtlichen Vorschriften, insbes Allgemeinverfügungen der Justizministerien der Länder (vgl *Schöner/Stöber* Rn 32) geregelt. Verfahrensgrundsätze sind: 5

1. **Antragsgrundsatz.** Eine Rechtsänderung, die nicht kraft Gesetzes erfolgt (zB Universalsukzession) oder von Amts wegen (zB §§ 18 II, 23, 48, 51, 52, 53, 76, 82a, 84 ff, 90 ff, 116 GBO) eingetragen wird, soll nur aufgrund eines schriftlichen (§ 30 GBO) Antrags (§ 13 GBO) oder eines behördlichen Ersuchens (§ 38 GBO) erfolgen. Dies ist nur eine Ordnungsvorschrift, deren Verletzung das Grundbuch nicht unrichtig macht (BayObLGZ 88, 127). Der Antrag ist Verfahrenshandlung (BGHZ 141, 349). Antragsberechtigt ist jeder, dessen Recht von der Eintragung betroffen (dh rechtlich beeinträchtigt, BGHZ 66, 345) wird oder zu dessen Gunsten die Eintragung erfolgt (§ 13 I 2 GBO). Eine Antragsrücknahme ist bis zur Eintragung möglich (§ 31 GBO). 6

2. **Bewilligungsgrundsatz.** Aufgrund des formellen Konsensprinzips ist zur Änderung der Eintragung bei Rechtsänderung oder Grundbuchberichtigung nur die einseitige Bewilligung (§ 19 GBO) in öffentlich beglaubigter Form (§ 29 GBO) des von der Rechtsänderung Betroffenen erforderlich. Lediglich bei einer Auflassung oder Bestellung, Inhaltsänderung oder Übertragung eines Erbbaurechts ist dem Grundbuchamt die dingliche Einigung nachzuweisen (§ 20 GBO). Die Bewilligung ist lediglich Verfahrenshandlung, ohne dass sie die materielle Rechtslage ändert (hM *Schöner/Stöber* Rn 98 mwN). In der dinglichen Einigung ist die Eintragungsbewilligung regelmäßig enthalten, sofern nicht ausdrücklich etwas anderes vereinbart ist (hM, str, BayObLG DNotZ 75, 685; vgl BaRoth/*Kössinger* Rn 16 mwN; aA *Kesseler* ZNotP 05, 176 ff wonach die Auflassung stets die Bewilligung enthält). Das Grundbuchamt prüft von Amts wegen, ohne Ermittlungen anstellen zu müssen (§ 12 FGG, BayObLG WM 83, 1270), die Vertretungsberechtigung, Verfügungsbefugnis und Geschäftsfähigkeit. Eine Eintragung ohne dingliche Einigung macht das Grundbuch unrichtig, § 894. Das Grundbuchamt muss die Eintragung trotz des bloß formellen Konsensprinzips ablehnen, wenn das Grundbuch durch die Eintragung unrichtig wird (BGHZ 106, 110; *Schöner/Stöber* Rn 209), zB wenn sich aus den Eintragungsunterlagen ergibt, dass das zugrunde liegende Rechtsgeschäft offensichtlich unwirksam ist (BayObLG NJW-RR 02, 1669; Karlsr Rpfleger 01, 343; *Schöner/Stöber* Rn 211). 7

3. **Voreintragungsgrundsatz.** Der bewilligende Betroffene muss grds als Rechtsinhaber im Grundbuch voreingetragen sein (§ 39 I GBO, Ausnahme: §§ 39 II, 40 GBO). 8

4. **Formgrundsatz.** Die Eintragungsbewilligung sowie sonstige notwendige Erklärungen (zB § 27 GBO) bedürfen mindestens der öffentlichen Beglaubigung (§ 29 GBO). 9

5. **Ranggrundsatz.** Die im Grundbuch eingetragenen Rechte haben im Verhältnis zueinander eine bestimmte Rangfolge, vgl §§ 879, 880, 881. 10

B. Einigung. Zur rechtsgeschäftlichen Rechtsänderung ist die dingliche Einigung erforderlich. 11

I. Dinglicher Vertrag. Die Einigung iSd § 873 ist ein abstrakter dinglicher Vertrag, der auf die dingliche Rechtsänderung gerichtet ist und keiner Form bedarf (Ausnahme: §§ 925 II, 4 II 1 WEG; aber: §§ 20, 29 GBO, 11 II ErbbauV führt mittelbar dazu, dass die dingliche Einigung bezüglich eines Erbbaurechts regelmä- 11 ßig beurkundet wird). Die Vorschriften des Allgemeinen Teils sind unmittelbar anwendbar, insbes die Vorschriften über Willenserklärungen, Bedingung und Befristung (Ausnahme: §§ 925 II, 11 I 2 ErbbauV, 4 II 2 WEG), Auslegung und Umdeutung (KG OLGZ 67, 326). Vorschriften des Allgemeinen Teils des Schuldrechts sind nur nach Einzelfallprüfung anwendbar (BGHZ 49, 266; BaRoth/*Kössinger* Rn 14) und insbes ein dinglicher Vertrag zugunsten Dritter ist nicht zulässig (BGHZ 41, 95 f; BaRoth/*Kössinger* Rn 14). Vertragsgegenstand und bezweckte Rechtsänderung müssen hinreichend bestimmt sein. Die dingliche Einigung alleine begründet keinen Anspruch auf Rechtsänderung oder Vollzug der Eintragung (Hamm NJW-RR 00, 1390).

12 **II. Berechtigung und Verfügungsbefugnis. 1. Grundsatz.** Bei Vollendung des Rechtserwerbs (BGHZ 27, 366) muss der an der dinglichen Einigung Beteiligte materiell berechtigt oder bezüglich des Grundstücksrechts verfügungsbefugt (zB Insolvenzverwalter, Testamentsvollstrecker) sein (Ausn. § 878). Die materiellrechtliche Berechtigung setzt nicht die Eintragung im Grundbuch voraus, wobei jedoch der Voreintragungsgrundsatz die Eintragung hindert, wenn der materiell Berechtigte nicht im Grundbuch eingetragen ist, so dass das Grundbuch vor der Eintragung berichtigt werden muss (Ausn §§ 39 f GBO). Wenn der Verfügende Nichtberechtigter ist und auch nicht aufgrund einer Verfügungsermächtigung handelt gilt § 185 (BGH NJW 89, 521). Davon abgesehen ist ein Erwerb nach §§ 878, 892 f möglich.

13 **2. Gesetzliche Verfügungsbeschränkungen.** Kraft Gesetzes bedarf die dingliche Einigung teilweise einer privatrechtlichen (zB §§ 1365, 1424, 5 ErbbauV; 12 WEG) oder behördlichen Zustimmung (vgl *Schöner/Stöber* Rn 3800 ff). Insbes: **a) BauGB/LBauO.** Eine Teilungsgenehmigung ist nach § 19 BauGB nF nicht mehr erforderlich. Dennoch dürfen durch die Teilung keine bebauungsplanwidrigen Zustände entstehen. Aufgrund von § 19 V BauGB aF erlassene Gemeindesatzungen sind nach § 244 V 3 BauGB nicht mehr anzuwenden. Landesrechtliche Genehmigungserfordernisse bestehen weiter in Hburg, Niedersachsen und NRW (zB § 8 LBauO NRW). Weitere Verfügungsbeschränkungen nach dem BauGB bestehen ua nach §§ 22, 51, 144, 169. **b) GrdstVG.** Bei der Veräußerung land- und forstwirtschaftlicher nutzbarer Grundstücke, wobei aufgrund von § 2 III Nr 3 GrdstVG nach den jeweiligen landesrechtlichen Ausführungsgesetzen Freigrenzen bestehen (zB in NRW 1 ha). **c) GVO.** Für Grundstücke im Gebiet der neuen Bundesländer bestehen Verfügungsbeschränkungen nach der Grundstücksverkehrsordnung. **d) Kirchenrecht.** Verfügungen über Grundstücke und grundstücksgleiche Rechte der Kirche sind ohne Genehmigung der kirchlichen Aufsichtsbehörde absolut unwirksam (Hburg MDR 88, 860). Die Genehmigungserfordernisse richten sich nach den landesrechtlichen Regelungen (*Scheffler* NJW 77, 740; *Schöner/Stöber* Rn 4085 ff). **e) Kommunalrecht.** Bei Verfügungen über Grundstücke und grundstücksgleiche Rechte der Gebietskörperschaften (Städte, Gemeinde und Kreise) kann nach den jeweiligen Landesgesetzen (GO, KrO) eine Genehmigung der Aufsichtsbehörde erforderlich sein. Ohne eine erforderliche Genehmigung ist die dingliche Einigung grds absolut unwirksam (BayObLGZ 95, 226).

14 **III. Durchbrechungen.** Der Grundsatz, wonach zur dinglichen Rechtsänderung materiell-rechtlich eine dingliche Einigung erforderlich ist, ist teilweise durchbrochen. Zum Teil genügt eine einseitige Erklärung oder der Erwerb vollzieht sich kraft Gesetzes oder Staatsakt, so dass § 873 nicht anwendbar ist: **1. Einseitige Erklärungen.** Teilweise reichen einseitige Erklärungen des Betroffenen aus: §§ 885 I 1 Var 2, 875, 876, 1188, 1195. Dies gilt auch bei der Bestellung von Rechten zugunsten des Eigentümers (§§ 1196 II, 881). **2. Erwerb kraft Gesetzes oder Staatsakt.** Sofern sich der Erwerb außerhalb des Grundbuchs vollzieht, ist das Grundbuch unrichtig (§ 894). **a) Kraft Gesetzes.** Universalsukzession aufgrund Erbfolge (§§ 1922, 2139) oder Umwandlung (UmwG); An- oder Abwachsung bei Aus- oder Eintritt in eine Personengesellschaft bezüglich des Gesamthandvermögens (insbes GbR (§ 738 I 1), OHG (§ 105 III HGB), KG (§ 161 II, 105 III), PartG (§§ 9, 1 PartGG)); Ersitzung (§ 900) und Aneignung (§ 928); Vereinbarung von Gütergemeinschaft (§ 1416); Übertragung von Gesamthandsanteilen an Personengesellschaften oder Erbteilen (§ 2033 I) und zwar unabhängig davon, ob sie auf einen anderen Mitinhaber (BayObLG Rpfleger 83, 431) oder ggf vollständig (BGHZ 44, 231) auf einen Dritten (vgl BGH NJW 78, 1525) übertragen werden. Anfall des Vermögens nach §§ 45 f, 88. **b) Staatsakt.** § 90 ZVG, § 885 I 1 Var 1, §§ 71 f, 82 f BauGB, Enteignung.

15 **C. Eintragung. I. Verfahren.** Zum Eintragungsverfahren und zu den Verfahrensgrundsätzen s.o. Rn 5 ff. Liegen alle Verfahrensvoraussetzungen vor, ist das Grundbuchamt zum Vollzug des Eintragungsantrages verpflichtet (BaRoth/*Kössinger* Rn 20).

16 **II. Mindestanforderung.** Eintragung ist der Vermerk des Rechts oder der Rechtsänderung im Grundbuch (vgl *Schöner/Stöber* Rn 225). Zur Wirksamkeit muss der Vermerk mindestens das Recht oder die Rechtsänderung hinreichend bestimmt bezeichnen, wobei durch Auslegung überwindbare Zweifel oder Lücken nicht schaden (vgl BayObLG NJW 61, 1263), und mit der Unterschrift der zuständigen Personen versehen sein (§ 44 GBO; *Schöner/Stöber* Rn 225 ff). Bei einem maschinell geführten Grundbuch (EDV-Grundbuch) wird die Eintragung nach §§ 129 f GBO wirksam; eine elektronische Unterschrift ist nicht Wirksamkeitsvoraussetzung (*Schöner/Stöber* Rn 227 a). Für die Löschung von Rechten genügt die bloße „Rötung" im Grundbuch nicht, sondern es ist ein Löschungsvermerk erforderlich oder das Recht wird nicht auf ein anderes Grundbuchblatt mitübertragen (§ 46 GBO). Die Anforderungen an die Bestimmtheit richten sich nach den Vorschriften für das jeweilige Recht (vgl *Schöner/Stöber* Rn 225). Zur Konkretisierung des Rechts soll in den Fäl-

len des § 874 auf die Eintragungsbewilligung Bezug genommen werden (§ 44 II GBO). Im Übrigen macht ein Verfahrensverstoß die Eintragung nicht unwirksam (vgl Palandt/*Bassenge* Rn 14).

III. Berichtigung. Eine unrichtige aber wirksame Eintragung kann nicht nach § 53 GBO von Amts wegen gelöscht werden, sondern allein im Wege der Grundbuchberichtigung nach § 894 beseitigt oder der öffentliche Glaube durch einen Widerspruch nach § 899 zerstört werden (BaRoth/*Kössinger* Rn 21 f). Unwirksame oder inhaltlich unzulässige wie unvollständige Eintragungen müssen dagegen von Amts wegen nach § 53 GBO gelöscht werden (BaRoth/*Kössinger* Rn 21 f). 17

IV. Inhalt und Auslegung. Der Inhalt der Grundbucheintragung ergibt sich durch Auslegung nach § 133 des Eintragungsvermerkes zusammen mit der nach § 874 in Bezug genommenen Eintragungsbewilligung (BGH NJW-RR 99, 167; *Schöner/Stöber* Rn 225, 293 mwN). Dabei dürfen zur Auslegung auch nicht eingetragene Teile der nach § 874 zulässigerweise in Bezug genommenen Eintragungsbewilligung (BayObLG ZfIR 02, 1025) sowie Umstände außerhalb der Urkunde herangezogen werden, sofern sie für jedermann ohne weiteres erkennbar waren (BGH Rpfleger 03, 412, *Schöner/Stöber* Rn 293). 18

D. Übereinstimmung von Einigung und Eintragung. I. Grundsatz. Einigung und Eintragung müssen inhaltlich übereinstimmen (BGH NJW 00, 806; 73, 614 f) und zusammen bei Vollendung des Rechtserwerbs vorliegen, wobei die Reihenfolge unerheblich ist (BGH NJW 00, 806). Eine Eintragung ohne Einigung dürfte selten sein. Wegen des Voreintragungsgrundsatzes (s Rn 8) ist zur Eintragung nämlich eine Eintragungsbewilligung erforderlich, die ein gewichtiges Indiz für eine konkludente Einigung nach § 151 darstellen kann. *1. Vergleich.* Für die Übereinstimmung von Einigung und Eintragung müssen die dingliche Einigung und der Eintragungsvermerk ausgelegt (s.o. Rn 18) und inhaltlich verglichen werden (BGH NJW 90, 114). *2. Teilübereinstimmung.* Die Auslegung kann ergeben, dass eine Eintragung, die inhaltlich hinter der Einigung zurückbleibt, dennoch als abgrenzbarer Teil des Rechtsgeschäfts gelten soll (§ 140, vgl BaRoth/*Kössinger* Rn 24). Dasselbe gilt umgekehrt bei einer Eintragung, die inhaltlich über die dingliche Einigung hinausgeht (BGH NJW 90, 114; BaRoth/*Kössinger* Rn 24). 19

II. Rechtsfolgen bei Verstoß. Decken sich Einigung und Eintragung nicht, ist die Verfügung unwirksam und das Grundbuch unrichtig. Eine fehlende Einigung kann jedoch nach Eintragung – formfrei und konkludent – nachgeholt werden und führt zur Vollendung des Rechtserwerbs (BaRoth/*Kössinger* Rn 24). Ist das Grundbuch unrichtig, kann zur Verhinderung eines gutgläubigen Rechtserwerbs nach §§ 892 f die Berichtigung des Grundbuchs nach § 894 oder die Eintragung eines Widerspruchs nach § 899 verlangt werden. Ein Amtswiderspruch nach § 53 I GBO scheidet aus, wenn eine Eintragungsbewilligung vorlag (BaRoth/*Kössinger* Rn 26). 20

III. Störungen des Erwerbs. 1. Verfügungsbeschränkung. Sofern zwischen den Erwerbstatbeständen – Einigung und Eintragung – eine Verfügungsbeschränkung eintritt (zB Eröffnung des Insolvenzverfahrens) scheidet ein Erwerb unmittelbar nach § 873 aus, wenn keine Genehmigung nach § 185 oder eine neue Einigung zustande kommt (Köln MittRhNotK 81, 139 f), und es gilt § 878. 21

2. Rechtsnachfolge. Verliert der Verfügende aufgrund einer Einzelrechtsnachfolge seine materiell-rechtliche Berechtigung vor der Eintragung, so muss wegen § 185 der neue Berechtigte die Verfügung genehmigen oder die Einigung muss mit dem neuen Berechtigten wiederholt werden (BayObLGZ 56, 172). Bei Gesamtrechtsnachfolge tritt der Rechtsnachfolger auch in die bereits erfolgte Einigung ein, so dass diese für und gegen den Rechtsnachfolger wirkt (BGHZ 48, 355 f; BayObLGZ 99, 109). 22

3. Stellvertretung. Verliert der Vertretene die Verfügungsbefugnis aufgrund einer Verfügungsbeschränkung oder wegen Rechtsnachfolge, gilt das Vorstehende entspr. Sofern lediglich der Stellvertreter nach der Einigung die Vertretungsmacht verliert, bleibt die Einigung wirksam und es liegt kein Fall des § 185 vor (BayObLG DNotZ 83, 752; Celle NJW 53, 945). 23

E. Bindung an die Einigung. I. Grundsatz. Die Beteiligten sind an die dingliche Einigung nur in den Fällen des § 873 II und spätestens mit Eintragung gebunden. Im Umkehrschluss folgt daraus, dass die Einigung bis zu diesem Zeitpunkt für jeden Beteiligten durch einseitige empfangsbedürftige Erklärung frei widerruflich ist und zwar auch, wenn die Widerruflichkeit durch Vereinbarung eingeschränkt wurde (BGHZ 46, 400; München DNotZ 66, 283). Der damit erstrebte Übereilungsschutz wird jedoch dann nicht erreicht, wenn das Kausalgeschäft schon – uU formfrei – wirksam zustande gekommen ist, so dass auf Abgabe der nötigen Erklärungen geklagt werden kann. 24

II. Einzelfälle. Die Regelung in § 873 II beruht auf der Überlegung, dass ein Übereilungsschutz nicht mehr erforderlich oder zum Schutz des Rechtsverkehrs nicht gerechtfertigt ist: **1. Die notarielle Beurkundung** der – materiell-rechtlichen – Erklärungen iSd 873 II, 128 ist die Aufnahme einer Niederschrift iSd §§ 8 ff BeurkG. Diese kann nach § 127a auch durch einen gerichtlichen Vergleich ersetzt werden. Die öffentliche Beglaubigung (§ 129) ist keine Beurkundung iSd § 128. **2. Die Abgabe vor dem Grundbuchamt** ist heute ohne Bedeutung, weil die frühere Doppelzuständigkeit von Grundbuchamt und Notar zur Beurkundung von Willenserklärungen durch das BeurkG abgeschafft wurde und nun nur noch der Notar zuständig ist (§ 56 II BeurkG). **3. Einreichung beim** 25

Grundbuchamt meint die Einreichung aller materiellrechtlichen Erklärungen durch alle Beteiligten oder durch einen Bevollmächtigten (zB Notar) für die Beteiligten. Für die Auflassung gilt § 925. **4. Aushändigung einer Eintragungsbewilligung** (§ 19 GBO) in der Form des § 29 GBO durch den Betroffenen an den anderen Teil und nicht an das Grundbuchamt. Es muss das Original ausgehändigt werden, weil nur dieses die Verfahrenshandlung enthält, was durch die Anweisung an den Notar zur Aushändigung nicht ersetzt wird (Frankf DNotZ 70, 162). Original ist entweder die beglaubigte Urschrift der Bewilligung oder eine die Bewilligung enthaltende Ausfertigung einer notariellen Urkunde (§ 47 BeurkG), nicht aber eine bloß beglaubigte Abschrift von beidem. Die Aushändigung kann auch durch einen Bevollmächtigten (zB Notar) erfolgen. Der Notar kann vom Erwerber stillschweigend zum Empfang bevollmächtigt sein (BGH NJW 63, 37).

26 **III. Rechtsfolge.** Nach Eintritt der Bindungswirkung kann die dingliche Einigung nicht mehr einseitig, sondern nur durch – formlose – Einigung aller Beteiligten aufgehoben werden. Da der Verfügende bis zur Eintragung Berechtigter bleibt, hindert auch die Bindung eine weitere Verfügung über das Recht nicht. Ist jedoch die Eintragung der ersten Verfügung beim Grundbuchamt beantragt, kann die zweite Verfügung wegen §§ 17, 39 GBO nicht eingetragen werden (vgl Soergel/*Stürner* Rn 29). Der Eintragungsantrag kann jedoch auch nach Eintritt der Bindung zurückgenommen werden (BGHZ 49, 200; BayObLG Rpfleger 73, 97). Der Antrag kann insgesamt nur durch alle Antragsteller zurückgenommen werden (§ 31 GBO), wobei zu prüfen ist, ob der Antrag auch im Namen anderer Beteiligter gestellt worden ist, was bei der Antragstellung durch den Notar im Zweifel anzunehmen ist (BayObLG MittRhNotK 93, 117). Eine Eintragungsbewilligung wird mit Abgabe ggü dem Grundbuchamt oder dem anderen Teil wirksam und kann als Verfahrenshandlung dann nicht mehr widerrufen werden (BayObLG DNotZ 94, 184; *Ertl* DNotZ 67, 339 ff).

§ 874 Bezugnahme auf die Eintragungsbewilligung

Bei der Eintragung eines Rechts, mit dem ein Grundstück belastet wird, kann zur näheren Bezeichnung des Inhalts des Rechts auf die Eintragungsbewilligung Bezug genommen werden, soweit nicht das Gesetz ein anderes vorschreibt.

1 **A. Normzweck.** Durch die Bezugnahme auf die Eintragungsbewilligung soll das Grundbuch übersichtlich gehalten werden, weil nur der wesentliche Inhalt des Rechts im Eintragungsvermerk enthalten sein muss und im Übrigen auf die Eintragungsbewilligung Bezug genommen werden kann, die bei den Grundakten aufbewahrt wird. Dasselbe gilt bei der Inhaltsänderung eines eingetragenen Rechts (§ 877).

2 **B. Bezugnahme. I. Verfahren.** Entgegen dem Wortlaut des § 874 „soll" gem § 44 II GBO auf die Eintragungsbewilligung Bezug genommen. Das Wort „Bezugnahme" muss nicht verwendet werden, es genügt eine gleichbedeutende Bezeichnung wie zB „gemäß Eintragungsbewilligung vom" (*Schöner/Stöber* Rn 272). Nach § 44 II 2 GBO soll auch der Name des Notars und die Nummer der Urkundenrolle angegeben werden, damit die Bezugnahme hinreichend bestimmt ist und die Eintragungsbewilligung auch über den betreffenden Notar erreichbar bleibt (vgl BaRoth/*Kössinger* Rn 13).

3 **II. Grenzen der Bezugnahme.** Es darf nur zur näheren Bezeichnung des Rechtsinhalts auf die Eintragungsbewilligung verwiesen werden. Der wesentliche Inhalt des eingetragenen Rechts muss im Eintragungsvermerk selbst enthalten sein und es ist zumindest eine schlagwortartige Kennzeichnung erforderlich – zB „Wegerecht" bei einer Dienstbarkeit – BGHZ 35, 382; *Demharter* § 44 Rn 17; vgl aber § 49 GBO). Zu dem wesentlichen Inhalt gehört auch die Angabe des Berechtigten (BGH WM 93, 2177), das Beteiligungsverhältnis nach § 47 GBO (Palandt/*Bassenge* Rn 4), der Belastungsumfang (Nürnbg OLGZ 78, 80) oder die Bedingung oder Befristung eines Rechts (BayObLG Rpfleger 67, 11; *Schöner/Stöber* Rn 266 mwN). Ist im Hinblick auf das jeweilige Recht nach der Verkehrsauffassung nicht der wesentliche Inhalt, der dem betreffenden Recht eigentümlich ist, im Eintragungsvermerk enthalten, ist die Bezugnahme unzulässig, die Eintragung insgesamt unwirksam und von Amts wegen zu löschen (Ddorf DNotZ 58, 157; *Schöner/Stöber* Rn 274 f). Sind dagegen alle eigentümlichen Umstände im Eintragungsvermerk enthalten, aber wird dennoch unzulässigerweise wegen – nicht eigentümlicher – wesentlicher Umstände auf die Eintragungsbewilligung Bezug genommen, ist nur diese Bezugnahme isoliert unwirksam – zB Bezugnahme wegen Bedingung –, sofern das Recht nach §§ 139, 140 im Übrigen wirksam sein soll (RGZ 108, 148 f; *Schöner/Stöber* Rn 275 f). Dennoch entsteht das Recht materiell-rechtlich bedingt und lediglich das Grundbuch ist unrichtig (*Schöner/Stöber* Rn 276) und ein gutgläubiger Dritter erwirbt das Recht unbedingt nach § 892 (Ddorf OLGZ 83, 353). Die Bezugnahme ist ausdrücklich ausgeschlossen nach §§ 879 III, 881 II, 882, 1115 f, 1184, 1179a V, 1184 II, 1189 I, 1190 I, 1195, 1199 II; § 800 ZPO.

4 **III. Rechte.** Die Bezugnahme ist bei jedem Grundstücksrecht mit Ausnahme des Eigentums möglich (Palandt/*Bassenge* Rn 3). Zulässig ist die Bezugnahme auch bei Vormerkung (§ 885 II) und Widerspruch (§ 899) (*Schöner/Stöber* Rn 263). Klarstellende Sonderregelungen enthalten die §§ 14 I 2 ErbbauV, 7 III WEG, 32 II WEG, 49 GBO. § 874 gilt entspr bei der Belastung eines Rechts (KG OLGE 14, 65), bei Verfügungsbeschränkungen sowie Rangänderung und Rangvorbehalt (*Schöner/Stöber* Rn 270).

IV. Gegenstand der Bezugnahme. Es darf auf die Eintragungsbewilligung (§ 19 GBO, s § 873 Rn 7) Bezug 5
genommen werden, sowie auf alle Urkunden, die die Eintragungsbewilligung ersetzen – wie zB ein Urteil, eV oder
das Ersuchen nach § 38 GBO – (BaRoth/*Kössinger* Rn 16; Palandt/*Bassenge* Rn 7) oder auf die die Eintragungsbewilligung selber verweist (zB Plan – insbes der Aufteilungsplan bei der WEG-Aufteilung –, Zeichnung oder Karte).

C. Wirkung. Aufgrund einer zulässigen Bezugnahme gehört der Inhalt der Eintragungsbewilligung zum 6
Eintragungsvermerk und bildet mit diesem eine Einheit und damit insgesamt die „Grundbucheintragung"
(BGHZ 21, 40 f; BayObLG FGPrax 02, 151). Das gilt jedoch nicht für nicht eintragungsfähige schuldrechtliche Teile der Eintragungsbewilligung (*Schöner/Stöber* Rn 272). Der Inhalt und Umfang des eingetragenen
Rechts kann somit nur durch Auslegung des Eintragungsvermerks im Grundbuch zusammen mit der Auslegung der in Bezug genommenen Eintragungsbewilligung ermittelt werden (BGH NJW-RR 99, 167). Für den
Inhalt der Eintragungsbewilligung gelten daher dieselben Rechtsfolgen wie für den Inhalt des Eintragungsvermerks selbst (insbes für den öffentlichen Glauben nach §§ 891 ff, BayObIGZ 86, 516 f). Das gilt jedoch nicht,
wenn ein nicht durch Auslegung zu lösender Widerspruch zwischen Eintragungsvermerk und Eintragungsbewilligung besteht (BayObLGZ 86, 516 f; BaRoth/*Kössinger* Rn 19).

§ 875 Aufhebung eines Rechts

(1) ¹Zur Aufhebung eines Rechts an einem Grundstück ist, soweit nicht das Gesetz ein anderes vorschreibt,
die Erklärung des Berechtigten, dass er das Recht aufgebe, und die Löschung des Rechts im Grundbuch
erforderlich. ²Die Erklärung ist dem Grundbuchamt oder demjenigen gegenüber abzugeben, zu dessen
Gunsten sie erfolgt.
(2) Vor der Löschung ist der Berechtigte an seine Erklärung nur gebunden, wenn er sie dem Grundbuchamt gegenüber abgegeben oder demjenigen, zu dessen Gunsten sie erfolgt, eine den Vorschriften der
Grundbuchordnung entsprechende Löschungsbewilligung ausgehändigt hat.

A. Aufhebung (I). I. Vorbemerkung. § 875 ist eine Durchbrechung von § 873, da für die Aufgabe eines Rechts 1
keine Einigung, sondern grds die einseitige Erklärung des Berechtigten sowie die Löschung des Rechts im Grundbuch genügt. § 875 gilt nicht für das Erlöschen eines Rechts kraft Gesetzes außerhalb des Grundbuchs.

II. Recht an einem Grundstück. Erfasst sind alle dinglichen Rechte an einem Grundstück bis auf das Eigen- 2
tum selbst (s § 928). § 875 gilt sowohl für alle beschränkt dinglichen Rechte, grundstücksgleichen Rechte (zB
11, 26 ErbbauV), als auch für die Aufhebung von Rechten an grundstücksgleichen Rechten (MüKo/*Wacke*
Rn 5). Die Aufhebung von Miteigentumsbruchteilen ist unzulässig (Staud/*Gursky* Rn 32). § 875 gilt für Vormerkung (BGH NJW 94, 2949) und Widerspruch entspr (BaRoth/*Kössinger* Rn 3). Lediglich die Aufgabeerklärung ggü dem Berechtigten ist erforderlich für die Aufhebung eines Nießbrauchs (§§ 1064, 1072) oder
Pfandrechts (§§ 1255, 1273) an Grundstücksrechten. Für die Aufhebung von Grundstücksrechten, die mit
einem Recht belastet sind, gilt jedoch § 876.

III. Erklärung. Die Aufgabeerklärung ist eine formfreie, einseitige und empfangsbedürftige Willenserklä- 3
rung, auf die die allgemeinen Vorschriften über Willenserklärungen anwendbar sind (MüKo/*Wacke* Rn 6, 8).
Zudem ist sie bis zur Bindung nach II jederzeit widerruflich (Palandt/*Bassenge* Rn 8) – Ausnahme § 26 S 2
Hs 2 ErbbauV. Die Löschung selbst kann jedoch nur unbedingt und unbefristet erfolgen. Verfahrensrechtlich
ist eine Löschungsbewilligung nach §§ 19, 29 GBO erforderlich, der nach älterer Auffassung durch Auslegung
nach § 133 die materiell-rechtliche Aufhebungserklärung entnommen werden kann (BGHZ 60, 52) und
umgekehrt (BayObIG DNotZ 75, 685). Die Aufhebung eines Rechts kann auch nur teilweise (für das Erbbaurecht BGH NJW 74, 498) oder nur zeitweise (BaRoth/*Kössinger* Rn 1) erfolgen. In Bezug auf Grundpfandrechte muss die Erklärung des Berechtigten ausgelegt werden, ob ein Verzicht gewollt ist, so dass das Recht
auf den Eigentümer übergeht (§§ 1168, 1175, 1178 II, 1192) oder eine Aufhebung, mit der Folge, dass das
Recht mit Löschung im Grundbuch erlischt. Die Bewilligung der Löschung einer Eigentümergrundschuld
enthält idR die Aufhebungserklärung (Hamm DNotZ 77, 37 f).

IV. Erklärender. Die Erklärung muss vom im Zeitpunkt der Löschung (BGH Rpfleger 80, 336) wahren 4
Rechtsinhaber oder Verfügungsbefugten abgeben werden, auch wenn dieser (noch) nicht im Grundbuch voreingetragen ist (MüKo/*Wacke* Rn 10). Die §§ 185, 892 und § 878 gelten entspr (MüKo/*Wacke* Rn 10, 12). Eine
ohne die erforderliche Einwilligung vorgenommene Aufhebungserklärung nach §§ 111, 180, 1367, 1427, 1831
ist nicht unwirksam, sondern ausnahmsweise genehmigungsfähig (MüKo/*Wacke* Rn 9), weil die Aufhebung
des Rechts neben der Erklärung auch der Löschung im Grundbuch bedarf und die Aufgabeerklärung daher
selbst nicht rechtsgestaltend wirkt (MüKo/*Wacke* Rn 9).

V. Empfänger. Die materiell-rechtliche Aufgabeerklärung kann neben dem Grundbuchamt jedem von der 5
Aufhebung Begünstigtem – Eigentümer (Staud/*Gursky* Rn 46 ff) oder gleich- bzw nachrangiger Berechtigtem
(KGJ 48 A 187) – zugehen. Der Berechtigte kann die Erklärung auch sich selbst ggü als Vertreter des Begünstigten abgeben, wobei § 181 nicht gilt (BaRoth/*Kössinger* Rn 6).

6 **VI. Zustimmung des Eigentümers.** Die Zustimmung des Eigentümers ist erforderlich zur Aufhebung von Grundpfandrechten (§§ 1183 S 1, 1192; § 29 GBO), da möglicherweise eine Eigentümergrundschuld betroffen ist sowie bei der Aufhebung eines Erbbaurechts (§§ 11, 26 ErbbauV).

7 **VII. Löschung.** Das Recht erlischt erst mit Löschung im Grundbuch (§ 46 GBO). Eine Löschung ohne Aufgabeerklärung macht das Grundbuch unrichtig und das Recht bleibt bestehen (KGJ 33, 278 f).

8 **B. Bindung (II).** Der Berechtigte ist an seine dingliche Aufgabeerklärung – anders als an das schuldrechtliche Rechtsgeschäft – erst gebunden, wenn diese dem Grundbuchamt zugegangen ist oder dem Erklärungsempfänger (s § 873 Rn 25) eine formgerechte Löschungsbewilligung (s § 873 Rn 7) zugegangen ist, wobei die Beurkundung die Aushändigung entspr § 873 II ersetzt (MüKo/*Wacke* Rn 13 a).

§ 876 Aufhebung eines belasteten Rechts

¹Ist ein Recht an einem Grundstück mit dem Recht eines Dritten belastet, so ist zur Aufhebung des belasteten Rechts die Zustimmung des Dritten erforderlich. ²Steht das aufzuhebende Recht dem jeweiligen Eigentümer eines anderen Grundstücks zu, so ist, wenn dieses Grundstück mit dem Recht eines Dritten belastet ist, die Zustimmung des Dritten erforderlich, es sei denn, dass dessen Recht durch die Aufhebung nicht berührt wird. ³Die Zustimmung ist dem Grundbuchamt oder demjenigen gegenüber zu erklären, zu dessen Gunsten sie erfolgt; sie ist unwiderruflich.

1 **A. Allgemeines.** § 876 ergänzt § 875 für den Fall, dass durch die Aufhebung eines Rechts (Stammrecht) außer dem Berechtigten des Stammrechts und dem Eigentümer ein Dritter betroffen wird, weil dieser ein Recht an dem Stammrecht hat (Zweigrecht). Insoweit ist die Zustimmung des betroffenen Dritten erforderlich (vgl §§ 1071, 1255, 1276). § 876 gilt analog, wenn ein Zweigrecht aufgehoben werden soll, das seinerseits mit dem Rechte eines Dritten belastet ist (Staud/*Gursky* Rn 13). § 876 gilt entspr aufgrund Verweisung in §§ 877, 880 III, 1109 II, 1116 II, 1132 II, 1168 II, 1180, § 11 I ErbbauV, § 9 II WEG.

2 **B. Belastetes Grundstücksrecht (S 1). I. Recht an einem Grundstück (Stammrecht).** Das Recht an einem Grundstück kann jedes Grundstücksrechts iSd § 875 sein, insbes auch Erbbaurecht und Wohnungseigentum.

3 **II. Belastung des Rechts mit dem Recht eines Dritten (Zweigrecht).** Die Belastung eines beschränkt dinglichen Rechts (Stammrecht) kann Nießbrauch (§§ 1068 ff) oder Pfandrecht (§§ 1273 ff), insbes an Grundpfandrechten, Dauerwohnrecht und Reallasten sein. § 876 ist analog anzuwenden, wenn gegen das Stammrecht ein Widerspruch (str) oder eine Vormerkung eingetragen ist, deren vorgemerkter Anspruch sich auf das Stammrecht bezieht (BayObLG Rpfleger 87, 156; MüKo/*Wacke* Rn 4). Als Belastung eines grundstücksgleichen Rechts – wie dem Erbbaurecht – als Stammrecht, kommt dagegen jedes beschränkt dingliche Recht – wie zB eine Dienstbarkeit usw – in Betracht.

4 **C. Subjektiv-dingliches Recht (S 2). I. Grundstücksrecht (Stammrecht).** Sofern das aufzuhebende Recht dem jeweiligen Eigentümer eines anderen Grundstücks zusteht (subjektiv-dingliches Recht), ist die Zustimmung auch derjenigen Berechtigten erforderlich, die ein Recht an dem herrschenden Grundstück haben, weil deren Recht mittelbar durch die Aufhebung des subjektiv-dinglichen Rechts betroffen ist. Bsp: Grunddienstbarkeit (§ 1018), Vorkaufsrecht (§ 1094 II) und Reallast (§ 1105 II). Dabei ist es unerheblich, ob diese subjektiv-dinglichen Rechte im Grundbuch des herrschenden Grundstücks nach § 9 GBO vermerkt sind (BaRoth/*Kössinger* Rn 17 ff). Auch wenn mangels eines solchen Vermerks eine Bewilligung des mittelbar Betroffenen verfahrensrechtlich nach § 21 GBO nicht geboten ist, bleibt diese materiell-rechtlich erforderlich und das Grundbuch wird ohne die Zustimmung des nach S 2 Betroffenen unrichtig (BaRoth/*Kössinger* Rn 17 ff).

5 **II. Belastung.** Belastung des herrschenden Grundstücks kann wiederum jedes Grundstücksrecht sein, insbes Grundpfandrechte.

6 **D. Zustimmung des Dritten. I. Erklärung.** Die Zustimmung des Dritten ist eine formfreie, einseitige und empfangsbedürftige Willenserklärung, die eine Verfügung über das Recht darstellt (Ddorf Rpfleger 93, 337) und nach Zugang unwiderruflich ist (S 3 Hs 2). In den Fällen des § 21 GBO ist die Erklärung in der Form des § 29 GBO auch für den Grundbuchvollzug erforderlich (MüKo/*Wacke* Rn 7).

7 **II. Erklärender.** Entspr zur Aufhebungserklärung nach § 875 muss der Zustimmende wahrer Inhaber des Drittrechts iSv S 1 und S 2 sein, wobei der gute Glaube nach § 892 geschützt wird. Insoweit gilt § 875 Rn 3 entspr, allerdings mit der Besonderheit, dass die Zustimmung nicht im Grundbuch eingetragen wird und daher § 878 nicht zur Anwendung kommt. Auch wenn keine Eintragung der Zustimmung erfolgt, sind die §§ 111, 180, 1367, 1427 II, 1831 nicht anwendbar und die Zustimmung genehmigungsfähig (MüKo/*Wacke* Rn 8).

8 **III. Erklärungsempfänger (S 3).** Die Zustimmung muss entweder dem Grundbuchamt oder dem Begünstigten zugehen. Begünstigter ist der Berechtigte des aufzuhebenden Rechts, als auch ein gleich- oder nachrangiger Berechtigter.

IV. Entbehrlichkeit. Nach dem Wortlaut ist die Zustimmung nur iFd S 2 ausnahmsweise entbehrlich, wenn 9 das Zweigrecht durch die Löschung rechtlich – nicht wirtschaftlich – nicht beeinträchtigt wird (BGH LM ZPO § 3 Nr 40 Bl 2). Das ist idR der Fall, wenn der zustimmungspflichtige Drittberechtigte lediglich ein Nutzungsrecht (zB Dienstbarkeit) am herrschenden Grundstück hat. Darüber hinaus ist die Zustimmung entbehrlich, wenn bei Aufhebung des Erbbaurechts, das auf dem Erbbaurecht lastende Grundpfandrecht mit gleichem Rang auf dem Erbbaugrundstück lastet (BayObLG Rpfleger 87, 156; BaRoth/*Kössinger* Rn 2). Landesrechtlich ist es möglich, die Unschädlichkeit nach Art 120 EGBGB durch ein Unschädlichkeitszeugnis nachzuweisen, woran das Grundbuchamt gebunden ist (Hamm FGPrax 04, 206).

V. Wirkung. Ohne Zustimmung erlischt das Recht trotz Löschung im Grundbuch nach § 875 nicht und die 10 Löschung ist zunächst nur schwebend unwirksam, bis eine angemessene Genehmigungsfrist verstrichen ist; danach ist das Grundbuch endgültig unrichtig, s §§ 894, 899 (str, MüKo/*Wacke* Rn 12 f).

§ 877 Rechtsänderungen

Die Vorschriften der §§ 873, 874, 876 finden auch auf Änderungen des Inhalts eines Rechts an einem Grundstück Anwendung.

A. Normzweck. Die Änderung eines Grundstücksrechts wird der Bestellung, Übertragung und Aufhebung 1 eines – belasteten – Rechts an einem Grundstück gleichgestellt. Insbes „rechtserweiternde" Inhaltsänderungen eines belasteten Rechts können Drittberechtigte beeinträchtigen, so dass § 876 Anwendung findet.

B. Änderung des Inhalts eines Grundstücksrechts. I. Grundstücksrecht. Grundstücksrecht ist jedes be- 2 schränkt dingliche oder grundstücksgleiche (zB § 11 ErbbauV) Recht an einem Grundstück. § 877 gilt auch für die Inhaltsänderung von beschränkt dinglichen Rechten an grundstücksgleichen Rechten. Ferner gilt § 877 entspr für die Änderung von Miteigentum oder Wohnungs- und Teileigentum – zB bei der Änderung der Teilungserklärung – (vgl BGH NJW 00, 3644 f; BGHZ 91, 346; Soergel/*Stürner* Rn 3). Die inhaltliche Änderung eines vorgemerkten Anspruchs erfolgt lediglich nach § 305, so dass § 877 nicht gilt. Wird der vorgemerkte Anspruch erweitert, muss dies als Teilneubestellung der Vormerkung gem § 885 eingetragen werden (Soergel/ *Stürner* Rn 5; MüKo/*Wacke* Rn 3). Nicht von § 877 erfasst werden Rechte an beschränkt dinglichen Rechten.

II. Inhaltsänderung. Inhaltsänderung ist nur die rechtsgeschäftlich vereinbarte Veränderung einzelner 3 Befugnisse des Berechtigten unter Beibehaltung der Identität des veränderten Rechts, die ferner nicht Übertragung oder Belastung (§ 873), Aufhebung (§§ 875 f) oder Rangänderung ist (§ 880). Bsp: Ausschluss der Abtretbarkeit einer Grundschuld (Hamm NJW 68, 1289), Änderung von Zinssatz und Nebenleistung (BGH NJW 86, 315), Zusammenfassung mehrerer gleichrangiger Rechte mit derselben Rechtsidentität (vgl BayObLG Rpfleger 96, 445), Umwandlung von Buch- in Briefhypothek – wobei bereits § 1116 II auf § 876 verweist –, Vereinbarung oder Aufhebung von Bedingung oder Befristung (MüKo/*Wacke* Rn 4; Soergel/*Stürner* Rn 2), Verlängerung eines Erbbaurechts (BayObLG NJW 60, 1156), Spezialfälle regeln die §§ 1116 II, 1186, 1198, 1203, 1180 und § 49 GBO (s.a. Erman/*Lorenz* Rn 4). Abzugrenzen ist die rangwahrende Inhaltsänderung von der – nicht von § 877 erfassten – (Teil-)Aufhebung und/oder (Teil-)Neubegründung eines Rechts. Bspe zu Letzterem: Erhöhung oder Herabsetzung des Grundpfandrechtskapitals (RGZ 72, 366; MüKo/*Wacke* Rn 5), Umwandlung einer beschränkt persönlichen Dienstbarkeit in eine Grunddienstbarkeit und umgekehrt (Palandt/*Bassenge* Rn 3) sowie einer Wegedienstbarkeit in eine Dienstbarkeit zur Überbauung (BayObLG Rpfleger 67, 12), nachträgliche Unterwerfung unter die Zwangsvollstreckung (MüKo/*Wacke* Rn 5, str), Umwandlung eines Grundpfandrechts in ein Gesamtgrundpfandrecht infolge Grundstücksteilung oder Umwandlung von belasteten Grundeigentums in Wohnungseigentum durch Aufteilung nach §§ 3, 8 WEG (BayObLG DNotZ 59, 94; MüKo/*Wacke* Rn 5). Zustimmungspflichtige Inhaltsänderung ist aber die Umwandlung von Sondereigentum in Gemeinschaftseigentum (BayObLG DNotZ 99, 665) und umgekehrt (BayObLG Rpfleger 92, 20).

C. Anwendung von §§ 873, 874. Die Inhaltsänderung bedarf der dinglichen Einigung und Eintragung in 4 das Grundbuch (§ 873) wobei auf die Eintragungsbewilligung Bezug genommen werden darf (§ 874).

D. Anwendung von § 876. I. Zustimmung. Der gleich- oder nachrangige Berechtigte eines Grundstücks- 5 rechts muss der Änderung zustimmen (vgl § 876 Rn 6 ff). Fehlt die erforderliche Zustimmung, ist die Eintragung nicht unwirksam (Frankf Rpfleger 78, 313), jedoch hat die nicht genehmigte Inhaltsänderung Rang nach den Rechten der Drittberechtigten (RGZ 132, 110) und das Grundbuch ist unrichtig.

II. Entbehrlichkeit. Die Zustimmung ist entspr § 876 II 2 entbehrlich, wenn eine Beeinträchtigung des 6 Drittberechtigten ausgeschlossen ist (BGHZ 91, 346), wie zB bei der Verlängerung der Erbbauzeit in Bezug auf einen Grundpfandgläubiger oder allgemein, wenn das belastete Recht erweitert wird (BayObLG NJW 60, 1156). § 876 S 2 gilt in den Fällen des § 876 S 1 entspr (BGH NJW 84, 2410).

§ 878 Nachträgliche Verfügungsbeschränkungen

Eine von dem Berechtigten in Gemäßheit der §§ 873, 875, 877 abgegebene Erklärung wird nicht dadurch unwirksam, dass der Berechtigte in der Verfügung beschränkt wird, nachdem die Erklärung für ihn bindend geworden und der Antrag auf Eintragung bei dem Grundbuchamt gestellt worden ist.

1 **A. Normzweck.** Die dingliche Einigung muss zum rechtsgeschäftlichen Erwerb im Zeitpunkt der Eintragung noch vorliegen. Dies ist nicht der Fall, wenn der Berechtigte nach Einigung aber vor Eintragung in der Verfügungsbefugnis beschränkt wird und der Verfügungsbefugte der Verfügung nicht zustimmt (Ddorf DNotZ 81, 132). Für den Begünstigten ist dies eine nicht zu beeinflussende Unsicherheit, die umso größer ist, je länger das Eintragungsverfahren dauert. Da die Dauer des Eintragungsverfahrens nicht zu Lasten des Begünstigten gehen darf, ist dieser unter den Voraussetzungen des § 878 geschützt und die Eintragung wie beantragt zu vollziehen.

2 **B. Erklärung gem §§ 873, 875, 877.** Von § 878 sind rechtsgeschäftliche und diesen – aufgrund des Normzwecks – gleichgestellte Erklärungen erfasst. **I. Rechtsgeschäftliche Erklärung.** *1. Direkte Anwendung* findet § 878 auf jede Willenserklärung, die auf die dingliche Einigung zur Übertragung und Belastung (§ 873), Inhaltsänderung (§ 877) oder Aufhebung (§ 875) eines Grundstücksrechts (vgl § 873 Rn 3) gerichtet ist.

3 *2. Entsprechende Anwendung.* findet § 878 kraft Verweisung in §§ 880, 1109, 1116, 1132, 1154, 1168, 1180, 1188, 1196; §§ 3, 8, 9 SchiffsRG. § 878 gilt aufgrund des Normzwecks entspr bei anderen freiwilligen Erklärungen des Berechtigten im rechtsgeschäftlichen Verkehr, insbes auf Bewilligungen zur Eintragung von Widerspruch und Vormerkung (BGHZ 138, 186; ZIP 05, 627) und Grundbuchberichtigung (Soergel/*Stürner* Rn 2, str), nicht dagegen, wenn diese aufgrund einstweiliger Verfügung eingetragen werden sollen (KG HRR 34 Nr 167). Auf einseitige rechtsgeschäftliche Erklärungen zur Belastung, Aufhebung und Inhaltsänderung von Rechten am eigenen Grundstück sowie auf die Teilungserklärungen nach § 8 WEG ist § 878 entspr anwendbar, auch wenn kein an der Erklärung beteiligter Dritter direkt zu schützen ist (LG Leipzig MittBayNot 00, 324; Soergel/*Stürner* Rn 2; aA LG Köln MittRhNotK 84, 16; *Schöner/Stöber* Rn 113). § 878 ist nicht entspr anwendbar auf gerichtlich erzwungene Erklärungen des Berechtigten (vgl §§ 885, 899) und Verfügungen in der Zwangsvollstreckung (BGHZ 9, 252; aA MüKo/*Wacke* Rn 18 mit Streitstand). Etwas anderes gilt für fingierte Erklärungen nach §§ 894, 895 ZPO, weil diese eine Willenserklärung oder Bewilligung ersetzen und diesen damit gleichstehen (Staud/*Gursky* Rn 15).

4 **II. Wirksamkeit.** Es müssen grds alle Wirksamkeitsvoraussetzungen erfüllt sein, so dass alleine der Wegfall der Verfügungsmacht die Eintragung hindert. Es müssen etwa erforderliche privatrechtliche Genehmigungen (§§ 177, 182 ff) oder Zustimmungen Dritter (§§ 876, 880, 1071, 1178) vorliegen (MüKo/*Wacke* Rn 12). Ferner muss bei einem Briefrecht zumindest eine Vereinbarung nach § 1117 II getroffen sein (KG NJW 75, 878) und zum Erwerb einer Hypothek das Darlehen ausgezahlt sein (vgl MüKo/*Wacke* Rn 12). Nach zutreffender Ansicht (Hamm JMBl NRW 51, 93; JMBl 48, 244; Rostock EWiR 96, 839 (*Johlke*); Staud/*Gursky* Rn 38; *Schöner/Stöber* Rn 122) muss auch eine behördliche Genehmigung vor Eintritt der Verfügungsbeschränkung erteilt sein, weil der Begünstigte durch § 878 allein vor der Dauer des Eintragungsverfahrens geschützt werden soll. Ohne behördliche Genehmigung würde eine Eintragung nicht erfolgen, wenn die Eintragung zeitlich unmittelbar nach Beantragung erfolgen könnte. Es genügt daher insbes nicht, dass die behördliche Genehmigung beantragt ist und später erteilt wird (Köln NJW 55, 80; Soergel/*Stürner* Rn 5; Erman/*Lorenz* Rn 15) oder ohne beantragt zu sein, später erteilt wird (MüKo/*Wacke* Rn 12).

5 **III. Berechtigter.** Die Erklärung muss von allen Berechtigten abgegeben sein. Dies sind die materiellen Rechtsinhaber (BGHZ 49, 207) zum Zeitpunkt der Eintragung (BGH NJW 63, 36; Frankf OLGZ 80, 103). Verfügt der materielle Rechtsinhaber und verliert dieser die Rechtsinhaberschaft vor Eintragung, schützt § 878 nicht (BayObLG MittBayNot 75, 228), sondern allenfalls § 892, falls das Grundbuchamt die Eintragung dennoch vollzieht (BaRoth/*Kössinger* Rn 10).

6 *1. Verfügungsbefugter.* Berechtigter iSd § 878 ist auch ein kraft Gesetzes Verfügungsbefugter (zB Insolvenzverwalter; Soergel/*Stürner* Rn 7; MüKo/*Wacke* Rn 13).

7 *2. Buchberechtigter.* Ist der Erklärende nur Buchberechtigter – im Grundbuch eingetragener Nichtberechtigter – und wird er in der Verfügungsbefugnis beschränkt, gilt § 878 für dessen Erklärung aufgrund des Rechtsgedankens des § 892 entspr (Soergel/*Stürner* Rn 7 a; Palandt/*Bassenge* Rn 5; aA RGRK/*Augustin* Rn 2).

8 *3. Ermächtigter (§ 185 I).* Verfügt ein nicht im Grundbuch eingetragener Nichtberechtigter, der gem § 185 I vom Berechtigten ermächtigt ist (zB Auflassungsempfänger), gilt § 878 für die Erklärung des Ermächtigten entspr, wenn der Ermächtigte in der Verfügungsbefugnis beschränkt wird, weil diese Verfügung wie eine Verfügung durch den Berechtigten zu behandeln ist (KG DNotZ 34, 284; Staud/*Gursky* Rn 62; Soergel/*Stürner* Rn 7 a mwN; Palandt/*Bassenge* Rn 6; aA RGZ 135, 382 f; BayObLG NJW 61, 783). Dasselbe gilt wenn der Ermächtigende bei einer Verfügung des Ermächtigten in der Verfügungsbefugnis beschränkt wird (Staud/*Gursky* Rn 59 mwN; Palandt/*Bassenge* Rn 6).

4. Genehmigung (§ 185 II Var 1). Verfügt ein Nichtberechtigter, der nicht im Grundbuch eingetragen ist, und genehmigt der Berechtigte (§ 185 II Var 1) vor Eintritt der Verfügungsbeschränkung, gilt § 878 ebenfalls entspr (Soergel/*Stürner* Rn 7 a mwN; Palandt/*Bassenge* Rn 7). 9

5. Rechtserwerb (§ 185 II Var 2, 3). Erwirbt der verfügende Nichtberechtigte das Recht vor Eintritt der Verfügungsbeschränkung, ist er gem § 185 II Var 2 und 3 Berechtigter iSd § 878, so dass § 878 direkt anwendbar ist (Soergel/*Stürner* Rn 7 a; Palandt/*Bassenge* Rn 8). 10

C. Bindung und Antragstellung. I. Bindung. Die Erklärung muss bindend geworden sein, da sonst das Vertrauen des Begünstigten auf Rechtsänderung nicht gerechtfertigt ist. Der Eintritt der Bindungswirkung richtet sich nach §§ 873 II, 877 bzw § 875 II. Die übrigen einseitigen Erklärungen, insbes Eintragungs- und Berichtigungsbewilligung werden analog § 875 II bindend (MüKo/*Wacke* Rn 9, 16; Palandt/*Bassenge* Rn 13). 11

II. Antragstellung. Der Eintragungsantrag muss gem § 13 GBO vor Eintritt der Verfügungsbeschränkung beim Grundbuchamt eingegangen, darf nicht zurückgenommen und nicht rechtskräftig zurückgewiesen sein (BGHZ 136, 91; BayObLG NJW-RR 04, 739) und muss zur Eintragung führen. Der Antrag bleibt auch bei Eintritt der Verfügungsbeschränkung wirksam (Soergel/*Stürner* Rn 5; MüKo/*Wacke* Rn 8). Nach anderer – abzulehnender – Ansicht wird bei Eintritt einer Verfügungsbeschränkung auch der Antrag unwirksam, so dass die Schutzwirkung des § 878 entfällt; deswegen solle der Eintragungsantrag immer auch vom Begünstigten gestellt werden, damit dieser fortbesteht (BaRoth/*Kössinger* Rn 5, 18). Sofern der Antrag nicht auch im Namen des Begünstigten gestellt ist, kann er jedoch vom Betroffenen bis zur Eintragung einseitig zurückgenommen werden (BayObLGZ 72, 215; MüKo/*Wacke* Rn 8). Eine Zwischenverfügung nach § 18 GBO wegen formeller Mängel oder gar eine Antragszurückweisung sind unschädlich, wenn diese Entscheidungen auf eine Beschwerde – ohne neuen Tatsachenvortrag – aufgehoben werden (Celle OLGE 17, 353; MüKo/*Wacke* Rn 7; Schöner/*Stöber* Rn 118). Erfolgt die Aufhebung aufgrund neuen Tatsachenvortrags, gilt der Schutz des § 878 erst ab Einlegung der Beschwerde (BGHZ 136, 92 f). 12

D. Beschränkung der Verfügungsbefugnis. I. Verfügungsbefugnis. Von § 878 werden alle nicht eintragungsbedürftigen Beschränkungen des Berechtigten in der Verfügungsbefugnis bis hin zur vollständigen Entziehung erfasst und zwar absolute (§§ 134, 1365) und relative (§ 135), unabhängig davon, ob diese auf Gesetz (§§ 134 ff, 138), gerichtlicher (§§ 135, 1984, 2211; §§ 829, 857, 938 ZPO; §§ 20 ff, 147 ZVG; §§ 21 II Nr 2, 80 InsO) oder behördlicher (§ 136) Anordnung oder Rechtsgeschäft (§ 137; §§ 5, 6 ErbbauV; §§ 12, 35 WEG) beruhen (MüKo/*Wacke* Rn 19; Schöner/*Stöber* Rn 126). Für eintragungsbedürftige Verfügungsbeschränkungen, wie zB Vormerkung, gilt § 878 nicht, weil der Erwerber dadurch geschützt ist, dass das Grundbuchamt die Anträge in der Reihenfolge ihres Eingangs bearbeiten muss (Palandt/*Bassenge* Rn 10). 13

II. Amtsinhaberschaft. § 878 ist wegen der vergleichbaren Interessenlage entspr anzuwenden, wenn ein Verfügungsbefugter kraft Amtes (zB Insolvenzverwalter, Testamentsvollstrecker) die Amtsinhaberschaft und damit auch die Verfügungsbefugnis verliert (Staud/*Gursky* Rn 57; Schöner/*Stöber* Rn 124 mwN zum Streitstand; aA BayObLG MittBayNot 99, 84 (obiter dictum); Köln MittRhNotK 81, 139 f). 14

III. Sonstiges. Die Erklärung bleibt wirksam, wenn der Erklärende die Vertretungsmacht verliert (BayObLG DNotZ 83, 752), der Verfügende stirbt oder geschäftsunfähig wird (§ 130 II). Im Falle des Todes kann bereits einer mehrerer Miterben eine nicht bindende (§ 873 II) Erklärung widerrufen (Ddorf NJW 56, 876). 15

E. Rechtsfolge. Die Erklärung bleibt wirksam, so dass die Rechtsänderung mit Eintragung im Grundbuch eintritt. Dabei ist die Kenntnis des Begünstigten von der Verfügungsbeschränkung unschädlich (Staud/*Gursky* Rn 23; Soergel/*Stürner* Rn 6 mwN), zumindest wenn der Begünstigte bei Antragstellung nach § 892 II gutgläubig war (BGHZ 28, 187 f). Liegen die Voraussetzungen des § 878 nicht vor und erfährt das Grundbuchamt von der Verfügungsbeschränkung vor Eintragung, darf es die Eintragung nicht vornehmen, weil der Begünstigte das Recht nach § 892 gutgläubig erwerben würde (BGHZ 97, 186 f; BayObLG 94, 71; BaRoth/*Kössinger* Rn 21; str vgl Schöner/*Stöber* Rn 352). Das Grundbuchamt ist jedoch zum Vollzug verpflichtet, wenn die Voraussetzungen des § 878 erfüllt sind (vgl BaRoth/*Kössinger* Rn 21; MüKo/*Wacke* Rn 22; sa Schöner/*Stöber* Rn 128 f, 352). 16

§ 879 Rangverhältnis mehrerer Rechte

(1) ¹Das Rangverhältnis unter mehreren Rechten, mit denen ein Grundstück belastet ist, bestimmt sich, wenn die Rechte in derselben Abteilung des Grundbuchs eingetragen sind, nach der Reihenfolge der Eintragungen. ²Sind die Rechte in verschiedenen Abteilungen eingetragen, so hat das unter Angabe eines früheren Tages eingetragene Recht den Vorrang; Rechte, die unter Angabe desselben Tages eingetragen sind, haben gleichen Rang.
(2) Die Eintragung ist für das Rangverhältnis auch dann maßgebend, wenn die nach § 873 zum Erwerb des Rechts erforderliche Einigung erst nach der Eintragung zustande gekommen ist.
(3) Eine abweichende Bestimmung des Rangverhältnisses bedarf der Eintragung in das Grundbuch.

1 **A. Allgemeines.** Der Wert eines Rechts hängt, insbes bei der Zwangsvollstreckung (ZVG), von dessen Rang ab. Wird aus einem Grundstücksrecht die Zwangsversteigerung betrieben, fallen vorrangige Rechte in das geringste Gebot und bleiben bestehen (§§ 44, 10 ZVG), wobei gleich- und nachrangige Rechte mit der Verkündung des Zuschlagsbeschlusses (§ 90 ZVG) grds erlöschen (§§ 91, 52, 59 ZVG) und der Erlös an die Gläubiger der erlöschenden Rechte in der Reihenfolge ihres Ranges verteilt wird (§ 109 ZVG). Auch bei der Zwangsverwaltung ist der Rang für die Erlösverteilung maßgeblich (§§ 146 ff ZVG). Ferner richtet sich die Durchsetzbarkeit eines Nutzungs- oder Erwerbsrechts nach dem jeweiligen Rang (vgl §§ 1024, 1094).

2 **B. Grundstück.** Belastungsgegenstand kann nicht nur ein Grundstück, sondern auch ein Miteigentumsanteil, Wohnungs- oder Teileigentum, ein grundstücksgleiches Recht oder ein Grundstücksrecht sein, das durch Eintragung belastet werden kann (Palandt/*Bassenge* Rn 2).

3 **C. Recht. I. Rangfähig.** sind grds alle Grundstücksrechte, die im Grundbuch eingetragen werden. Rangfähig ist zumindest entspr auch eine Vormerkung (BGH DNotZ 00, 639; NJW 86, 578; aA für die Auflassungsvormerkung LG Lüneburg Rpfleger 04, 214; wN bei Palandt/*Bassenge* Rn 5), nicht jedoch Löschungsvormerkungen untereinander (MüKo/*Wacke* Rn 57). Rangfähig ist eine Miteigentümerregelung nach § 1010 (BaRoth/*Kössinger* Rn 3). Das Erbbaurecht muss gem § 10 ErbbauV immer erstrangig sein und entsteht andernfalls nicht (Hamm Rpfleger 76, 131).

4 **II. Nicht rangfähig.** iSd § 879 sind Verfügungsbeschränkungen (zB Nacherbenvermerk, Zwangsversteigerungsvermerk), weil sich deren Wirksamkeit ggü – eingetragenen – Grundstücksrechten nach deren Entstehungszeitpunkt richtet (MüKo/*Wacke* Rn 6) und keine Befriedigung in der Zwangsvollstreckung erfolgen kann. Jedoch können Begünstigte von Grundstücksrechten, die nach Wirksamwerden der Verfügungsbeschränkung eingetragen werden sollen, nach §§ 878, 892 geschützt sein. Die Wirksamkeit des späteren Rechts kann durch einen „deklaratorischen Wirksamkeitsvermerk" klargestellt werden (BayObLG NJW-RR 04, 736 f; MüKo/*Wacke* Rn 6). Ein Widerspruch ist nicht rangfähig, sondern hat den Rang des Rechts, bei dem der Widerspruch eingetragen ist (RGZ 129, 127; Soergel/*Stürner* Rn 2). Zum Rang von nicht eintragungsbedürftigen Rechten s.u. Rn 10.

5 **D. Eintragung.** Grds hat ein zeitlich früher eingetragenes Recht Vorrang vor einem später eingetragenen Recht (Prioritätsgrundsatz), sofern sich beide auf denselben Belastungsgegenstand beziehen (zur Belastungen verschiedener ideeller Miteigentumsanteile LG München I MittBayNot 03, 492; Palandt/*Bassenge* Rn 2).

6 **I. Dieselbe Abteilung (I 1).** Für Eintragungen in derselben Abteilung ergibt sich das Rangverhältnis aus der räumlichen Reihenfolge der Eintragungen (Lokusprinzip, MüKo/*Wacke* Rn 14 ff, Soergel/*Stürner* Rn 6). Das gilt auch dann, wenn Eintragungsanträge entgegen §§ 17, 45 GBO nicht in der Reihenfolge ihres Eingangs erledigt werden, weil die Eintragung konstitutive Wirkung hat (MüKo/*Wacke* Rn 10). Bei einer „antragsüberholenden Eintragung" wird das Grundbuch nicht unrichtig, der bessere Rang ist nicht kondizierbar und es bleiben nur Amtshaftungsansprüche (Soergel/*Stürner* Rn 12; MüKo/*Wacke* Rn 34). Nach hM kommt es jedoch auf den Zeitpunkt der Eintragung an (Tempusprinzip), wenn die räumliche Abfolge von der zeitlichen Reihenfolge abweicht, zB weil ein Recht später zwischen zwei bereits eingetragenen Rechte eingetragen wurde (vgl KGJ 41, 223 f; Soergel/*Stürner* Rn 6 mwN). Das Tempusprinzip gilt jedoch nur für die eingetragenen Gläubiger untereinander, so dass ein gutgläubiger Dritter das Grundstück mit dem Rangverhältnis entspr der räumlichen Reihenfolge erwirbt (Soergel/*Stürner* Rn 6 f; MüKo/*Wacke* Rn 12 f, 15 ff).

7 **II. Verschiedene Abteilungen (I 2).** Der Rang der Rechte in unterschiedlichen Abteilungen richtet sich nach dem Zeitpunkt der Eintragung, wobei die Tagesangabe und nicht die tatsächliche Eintragungszeit maßgeblich ist (hM Soergel/*Stürner* Rn 9 mwN). Für die Gläubiger untereinander gilt bei Abweichungen der Entstehungszeitpunkt (Soergel/*Stürner* Rn 10). Eintragungen unter derselben Tagesangabe haben – ggü Dritten (Soergel/*Stürner* Rn 10) – Gleichrang (Abs 1 S 2 Hs 2), sofern nicht ein abw Rangvermerk eingetragen ist (§ 45 II GBO). Fehlt eine Datumsangabe kommt es darauf an, ob sich der Eintragungszeitpunkt aus anderen Umständen ergibt (Soergel/*Stürner* Rn 10).

8 **III. Nachträgliche Einigung (§ 879 II).** Der Rang richtet sich auch dann nach der Eintragung, wenn die Einigung zeitlich nachfolgt, eine schwebend unwirksame Einigung genehmigt oder eine nichtige durch eine neue Einigung ersetzt wird (MüKo/*Wacke* Rn 27).

9 **IV. Verstoß gegen §§ 17, 45 GBO.** Sofern das Grundbuchamt gegen §§ 17, 45 GBO verstößt und die Anträge nicht in der Reihenfolge ihres Eingangs erledigt, wird das Grundbuch nicht unrichtig, es besteht kein Bereicherungsanspruch und es können Amtshaftungsansprüche bestehen (BGHZ 21, 101; Palandt/*Bassenge* Rn 12).

10 **V. Nicht eintragungsbedürftige Rechte.** Der Rang nicht eintragungsbedürftiger Rechte richtet sich nach den entspr Vorschriften (vgl §§ 914, 917) oder dem Zeitpunkt ihrer Entstehung (vgl § 1287 S 2, Soergel/*Stürner* Rn 2). Auf dem Grundstück ruhende öffentliche Lasten gehen gem § 10 ZVG dem betreibenden Gläubiger vor (MüKo/*Wacke* Rn 9).

VI. Löschung. Ein Recht bleibt außerhalb des Grundbuchs mit seinem Rang bestehen, wenn es im Grundbuch zu Unrecht gelöscht wird (MüKo/*Wacke* Rn 32). Durch Eintragung eines Grundstücksrecht für einen gutgläubigen Dritten entstehen relative Rangverhältnisse, weil das außerhalb des Grundbuchs fortbestehende Recht Rang nach dem zwischenzeitlich eingetragenen Recht hat, dieses jedoch wiederum Rang nach den übrigen voreingetragenen Rechten hat (vgl KG JW 27, 2144; MüKo/*Wacke* Rn 32 f). 11

E. Abweichende Bestimmung (§ 879 III). I. Vereinbarung. Sofern sich das Rangverhältnis nicht nach I richten soll, können die Beteiligten durch dingliche Vereinbarung entspr §§ 873, 880 II eine andere Rangfolge bestimmen, die bei der Vornahme der Eintragung zu beachten ist (§ 45 III GBO). § 879 III gilt nur für die Rangbestimmung noch nicht eingetragener Rechte, weil für eingetragene Rechte die §§ 880 f vorgehen. Die Beteiligten – bei Eigentümerrechten genügt die einseitige Erklärung des Eigentümers – können vereinbaren, dass gleichzeitig beantragte Rechte einen unterschiedlichen Rang haben sollen oder das zeitlich nacheinander beantragte Rechte gleichen Rang haben sollen (MüKo/*Wacke* Rn 28). Sofern der Notar von den Beteiligten nicht ausdrücklich ermächtigt ist, kann er eine Rangbestimmung allein wegen § 15 GBO nicht erklären (vgl BayObLG Rpfleger 93, 13). Die abw Rangbestimmung bedarf zur Wirksamkeit der Eintragung, wobei eine Bezugnahme nach § 874 nicht genügt (MüKo/*Wacke* Rn 30). Von der dinglichen Rangbestimmung ist die verfahrensrechtliche Rangbestimmung nach § 16 II GBO und die rein schuldrechtliche Verpflichtung zu unterscheiden, einen bestimmten Rang zu verschaffen (Ddorf DNotZ 50, 41 f), wie dies regelmäßig bei einer Grundpfandrechtsbestellung der Fall sein dürfte (Frankf DNotZ 81, 580). 12

II. Fehlerfolgen. (MüKo/*Wacke* Rn 31; Soergel/*Stürner* Rn 15). Eine Eintragung ohne wirksame dingliche Rangbestimmung macht das Grundbuch unrichtig. Besteht eine dingliche Einigung, aber Einigung und Eintragung fallen auseinander, ist zwar nach § 139 idR anzunehmen, dass das Recht entsteht. Die Rangfolge bestimmt sich jedoch nach Gesetz (§ 879 I), weil bezüglich der eingetragenen Rangbestimmung die Einigung und hinsichtlich der vereinbarten Rangfolge die Eintragung fehlt (BGH NJW-RR 90, 206; Soergel/*Stürner* Rn 15), so dass das Grundbuch unrichtig wird. 13

§ 880 Rangänderung

(1) Das Rangverhältnis kann nachträglich geändert werden.
(2) ¹Zu der Rangänderung ist die Einigung des zurücktretenden und des vortretenden Berechtigten und die Eintragung der Änderung in das Grundbuch erforderlich; die Vorschriften des § 873 Abs. 2 und des § 878 finden Anwendung. ²Soll eine Hypothek, eine Grundschuld oder eine Rentenschuld zurücktreten, so ist außerdem die Zustimmung des Eigentümers erforderlich. ³Die Zustimmung ist dem Grundbuchamt oder einem der Beteiligten gegenüber zu erklären; sie ist unwiderruflich.
(3) Ist das zurücktretende Recht mit dem Rechte eines Dritten belastet, so findet die Vorschrift des § 876 entsprechende Anwendung.
(4) Der dem vortretenden Rechte eingeräumte Rang geht nicht dadurch verloren, dass das zurücktretende Recht durch Rechtsgeschäft aufgehoben wird.
(5) Rechte, die den Rang zwischen dem zurücktretenden und dem vortretenden Recht haben, werden durch die Rangänderung nicht berührt.

A. Rangänderung (I). I. Allgemeines. Das Rangverhältnis von bereits im Grundbuch eingetragener Rechte oder gleichzeitig einzutragender Rechte (§ 879 III) richtet sich nach § 879, kann aber nach § 880 mit dinglicher Wirkung nachträglich rechtsgeschäftlich verändert werden (Rangänderung). Ein Rangrücktritt ist dabei auch zugunsten eines noch einzutragenden Rechts möglich (RGZ 157, 27; MüKo/*Wacke* Rn 2, 5). Eine Rangänderung ist nur hinsichtlich der nach § 879 rangfähigen Rechte möglich, nicht dagegen bei Rechten, die gesetzlich einen bestimmten Rang haben müssen (zB § 10 ErbbauV). Von der Rangänderung als dinglichem Verfügungsgeschäft ist die rein schuldrechtliche, formlos zu vereinbarende und vormerkungsfähige (vgl BayObLG NJW-RR 91, 567 f) Verpflichtung zur Rangänderung zu unterscheiden (Soergel/*Stürner* Rn 2). 1

II. Einigung. Die Rangänderung bezüglich zweier oder mehrerer Rechte bedarf einer formlosen Einigung aller materiell Berechtigten des zurücktretenden wie des vortretenden Rechts. Bei Eigentümerrechten genügt die einseitige Erklärung des Berechtigten. Für die Einigung gilt § 873 I entspr, so dass die Rangänderung auch bedingt oder befristet erfolgen kann (RG HRR 33 Nr 1585), wobei dies für die Wirkung ggü Dritten aus dem Eintragungsvermerk hervorgehen muss. Zum Rangrücktritt einer Baugeldhypothek s BGHZ 60, 229; Soergel/*Stürner* Rn 3. Auf die Einigung finden §§ 873 II und § 878 Anwendung. 2

III. Eintragung. Zur Wirksamkeit genügt die Eintragung beim zurücktretenden Recht, wobei insoweit eine bloße Bezugnahme auf die Eintragungsbewilligung nicht ausreicht (hM RG HRR 31 Nr 1871; Soergel/*Stürner* Rn 5 mwN). Davon unabhängig hat die Eintragung nach § 18 GBV verfahrensrechtlich bei allen zurück- und vortretenden Rechten zu erfolgen. Auch wenn die Einigung nach der Eintragung erfolgt, wirkt die Rangänderung gem § 879 II ab Eintragung (MüKo/*Wacke* Rn 9). Bei Briefrechten ist gem §§ 41, 42, 61 GBO die Vorlage 3 des Briefes erforderlich (BayObLG MittBayNot 79, 113; Soergel/*Stürner* Rn 5; aA LG Krefeld NJW 79, 1309), wobei der Rangrücktrittsvermerk darauf nicht konstitutiv wirkt (KG DJZ 17, 139). Für die dingliche Wirksamkeit des Rangrücktritts genügt bei Briefrechten die Eintragung im Grundbuch. Soll ein Recht lediglich zT zurücktreten, ist eine Teilung nicht erforderlich (LG Augsburg Rpfleger 84, 348).

4 **IV. Zustimmung des Eigentümers.** Nach II 2 ist bei zurücktretenden Grundpfandrechten die Zustimmung des Eigentümers erforderlich, weil durch den Rangrücktritt ein bereits bestehendes oder zukünftiges Eigentümerrecht mit dem Rang des Grundpfandrechts betroffen ist (MüKo/*Wacke* Rn 10). Die Zustimmung ist materiell-rechtlich eine formfreie, einseitige empfangsbedürftige Willenserklärung, die zur Wirksamkeit entweder einem der Beteiligten oder dem Grundbuchamt zugehen muss und danach unwiderruflich ist. Dem Grundbuchamt muss die Zustimmung in der Form des § 29 GBO nachgewiesen werden (BayObLG NJW-RR 89, 911). Zur Anwendbarkeit des § 181 vgl Soergel/*Stürner* Rn 15. Durch die Eintragung ohne die erforderliche Zustimmung wird das Grundbuch unrichtig (§§ 894, 899, §§ 22, 52 GBO). Eine Zustimmung ist entbehrlich, wenn keine Eigentümergrundschuld entstehen kann (RGZ 88, 164), lediglich eine Vormerkung zur Sicherung eines Anspruchs auf Eintragung eines Grundpfandrechts zurücktreten soll (KG JFG 13, 419 f), es sich nur um Maßnahmen der Zwangsvollstreckung in vorgehende Rechte handelt (zB Zwangshypothek, vgl Soergel/*Stürner* Rn 13) oder Teilrechte untereinander den Rang ändern (§ 1151).

5 **V. Anwendbarkeit des § 876 (III).** In den Fällen des III ist zusätzlich die Zustimmung des Drittberechtigten nach § 876 erforderlich, weil dessen Recht durch den Rangrücktritt ebenfalls beeinträchtigt wird. Diese Zustimmung ist dem Grundbuchamt ebenfalls nach §§ 19, 29 GBO nachzuweisen. Str ist, ob die Rangänderung bei Fehlen der Zustimmung absolut oder nur relativ unwirksam ist (vgl MüKo/*Wacke* Rn 13).

6 **B. Rechtsfolge. I. Allgemein.** Das vortretende Recht nimmt mit dessen schon bestehenden Zins- und anderen Nebenrechten den Rang des zurücktretenden Rechts ein, als wenn es diesen von Anfang an gehabt hätte (KGJ 20 A181; Frankf Rpfleger 80, 185). Der Rangrücktritt wirkt nur dann absolut, wenn keine Zwischenrechte bestehen oder diese ebenfalls zurücktreten (MüKo/*Wacke* Rn 16; Palandt/*Bassenge* Rn 6; Ddorf OLGZ 66, 491; MüKo/*Wacke* Rn 16, 19).

7 **II. Mehrere Rechte.** Treten mehrere Rechte im Rang vor, bleibt deren Rang untereinander unverändert (KG OLGE 29, 321; Soergel/*Stürner* Rn 18 mwN). Eines mehrerer vortretender Rechte hat jedoch Vorrang vor den anderen vortretenden Rechten, wenn es zeitlich vor den anderen vortretenden Rechten eingetragen wird (vgl § 879 II; KG HRR 31 Nr 408; Soergel/*Stürner* aaO; MüKo/*Wacke* Rn 15). Sofern mehrere Rechte im Rang zurücktreten, behalten diese untereinander ihren Rang an der schlechteren Rangstelle (KG OLGE 41, 151) und zwar unabhängig davon, wann der Rücktritt des zurücktretenden Rechts erklärt oder eingetragen wird (RGZ 79, 173 f; *Ulbrich* MittRhNotK 95, 298; MüKo/*Wacke* Rn 15; aA Soergel/*Stürner* Rn 19 mwN).

8 **III. Zwischenrechte (V).** Rechte mit Rang zwischen dem vor- und dem zurücktretenden Recht dürfen von der Rangänderung weder einen Nachteil noch einen Vorteil haben (RGZ 79, 170), so dass auch nicht die Zustimmung deren Berechtigten erforderlich ist. Existieren Zwischenrechte, entstehen relative Rangverhältnisse: Haben das vor- und das zurücktretende Recht den gleichen Umfang, tauschen die Rechte vollständig ihren Rang. Ist das vortretende Recht größer als das zurücktretende, tritt das vortretende Recht nur mit dem Betrag des zurücktretenden Rechts vor das Zwischenrecht. Mit dem übrigen Teilbetrag bleibt es mit Rang nach den Zwischenrechten aber mit Rang vor dem zurücktretenden Recht bestehen (MüKo/*Wacke* Rn 19). Ist das vortretende Recht kleiner als das zurücktretende Recht, tritt das vortretende Recht vollständig vor das Zwischenrecht, aber das zurücktretende Recht bleibt im Übrigen mit einem Teilbetrag mit Rang vor dem Zwischenrecht aber mit Rang nach dem vortretenden Recht bestehen (MüKo/*Wacke* Rn 19).

9 **IV. Erlöschen (IV).** Die Zwischenrechte dürfen auch durch das nachträgliche Erlöschen der beteiligten Rechte grds nicht betroffen werden. Daher verliert das vortretende Recht seinen günstigen Rang, wenn das zurücktretende Recht später aus nicht rechtsgeschäftlichen Gründen erlischt (zB Bedingungseintritt, Endtermin, Tod des Berechtigten, §§ 1173 ff, 1182, vgl MüKo/*Wacke* Rn 17). Allerdings behält das vortretende Recht auch dann den günstigeren Rang, wenn das zurücktretende Recht später rechtsgeschäftlich aufgehoben wird (IV, Bsp: § 875, Verzicht, Tilgung durch Zahlung), weil die Berechtigten der Zwischenrechte dadurch nicht in einer Aussicht beeinträchtigt werden. Wird das vortretende Recht rechtsgeschäftlich aufgehoben oder erlischt es kraft Gesetzes, tritt das zurücktretende Recht wieder an die günstigere Rangstelle (KG HRR 28 Nr 40).

§ 881 Rangvorbehalt

(1) Der Eigentümer kann sich bei der Belastung des Grundstücks mit einem Recht die Befugnis vorbehalten, ein anderes, dem Umfange nach bestimmtes Recht mit dem Range vor jenem Recht eintragen zu lassen.
(2) Der Vorbehalt bedarf der Eintragung in das Grundbuch; die Eintragung muss bei dem Recht erfolgen, das zurücktreten soll.
(3) Wird das Grundstück veräußert, so geht die vorbehaltene Befugnis auf den Erwerber über.

(4) Ist das Grundstück vor der Eintragung des Rechts, dem der Vorrang beigelegt ist, mit einem Recht ohne einen entsprechenden Vorbehalt belastet worden, so hat der Vorrang insoweit keine Wirkung, als das mit dem Vorbehalt eingetragene Recht infolge der inzwischen eingetretenen Belastung eine über den Vorbehalt hinausgehende Beeinträchtigung erleiden würde.

A. Allgemeines. Grund für einen Rangvorgehalt kann sein, dass ein später zu bestellendes Recht nur erstrangig bestellt werden kann (§ 10 I ErbbauV) oder sinnvollerweise nur vor- bzw erstrangig bestellt werden sollte (zB Wohnungsrecht, Dienstbarkeit) oder günstigere Konditionen ausgenutzt werden sollen, die nur bei einem besseren Rang gewährt werden. Dem Rangvorbehalt vergleichbare Wirkung haben auch der schuldrechtliche Anspruch des Eigentümers auf Rangänderung oder des zukünftigen rangschlechteren Gläubigers auf Rangrücktritt, der jeweils durch eine Vormerkung abgesichert wird (Palandt/*Bassenge* Rn 1). Soll nur ein Grundpfandrecht mit Vorrang eingetragen werden, kann dasselbe wirtschaftliche Ergebnis durch Bestellung einer Eigentümergrundschuld erreicht werden, die später in eine Fremdgrundschuld umgewandelt wird (vgl MüKo/*Wacke* Rn 2). Der Rangvorbehalt kann nur zugunsten des Eigentümers bestellt werden und ist weder veräußerbar noch pfändbar (BGHZ 12, 238). 1

B. Entstehung. I. Einigung. Der Eigentümer und der Berechtigte des mit dem Rangvorbehalt zu belastenden Rechts müssen sich über den Rangvorbehalt entweder bei der Bestellung nach § 873 oder nachträglich als Inhaltsänderung nach § 877 einigen (MüKo/*Wacke* Rn 4). Bei der Belastung von Eigentümerrechten genügt die einseitige Erklärung des Eigentümers (*Weitnauer* DNotZ 58, 356). Es kann der Vorrang oder auch der Gleichrang vorbehalten werden (KGJ 39, 194; Staud/*Kutter* Rn 3). Der Rangvorbehalt kann bedingt, befristet oder inhaltlich beschränkt bestellt werden (LG Ddorf Rpfleger 85, 100; Soergel/*Stürner* Rn 1; zu Einzelfällen Palandt/*Bassenge* Rn 3). In der Einigung muss das vorbehaltene Recht nach Art und Umfang hinreichend bestimmt sein, wobei der Berechtigte nicht angegeben werden muss. Ist Eintragung eines Grundpfandrechts vorbehalten, muss der Höchstbetrag des Kapitals, der Zinsen und Nebenleistung sowie der Zinsbeginn festgelegt werden (BGHZ 129, 4; Soergel/*Stürner* Rn 7). Mangels Zinsbeginns gilt für bereits eingetragene Rangvorbehalte der Eintragungszeitpunkt des vorbehaltenen Rechts als Zinsbeginn (BGHZ 129, 5). 2

II. Eintragung (II). Die Eintragung hat bei dem belasteten Recht zu erfolgen und bei Briefrechten auch auf dem Brief (BayObLG MittBayNot 79, 113). Das Grundbuch ist unrichtig, wenn ein Rangvorbehalt ohne Einigung eingetragen wird (Soergel/*Stürner* Rn 6). Bei ursprünglicher Bestellung des Rangvorbehalts ist lediglich die Bewilligung des Eigentümers, bei nachträglicher nur die Bewilligung des Zurücktretenden erforderlich. Der wesentliche Inhalt des vorbehaltenen Rechts muss im Eintragungsvermerk enthalten sein (§ 874). Zu Abweichungen von Einigung und Eintragung vgl Staud/*Kutter* Rn 10 ff. 3

III. Belastetes Recht. Grds kann jedes eintragbare Grundstücksrecht – auch eine Vormerkung (LG Köln MittRhNotK 96, 234) – mit einem Rangvorbehalt belastet werden, sofern es nur rechtsgeschäftlich aufgrund Bewilligung und nicht im Wege der Zwangsvollstreckung oder durch eV bestellt ist (Soergel/*Stürner* Rn 3, 4). 4

C. Veräußerung (III). Bei Veräußerung des Grundstücks geht das Recht zur vorrangigen Belastung auf den neuen Eigentümer über. 5

D. Ausnutzung des Rangvorbehalts und Wirkung. I. Ausnutzung. Zur Ausnutzung des Rangvorbehalts ist die Einigung zwischen Eigentümer und Inhaber des vortretenden Rechts erforderlich sowie die Eintragung eines Vermerks im Grundbuch, dass das vortretende Recht in Ausübung des Vorbehalts eingetragen wird (BayObLGZ 56, 463; Soergel/*Stürner* Rn 8). Diese Rangeinweisung kann auch noch nach Eintragung des Rechts erfolgen (BaRoth/*Kössinger* Rn 6). Bei Briefrechten muss die Eintragung nicht auf dem Brief des zurücktretenden Rechts vermerkt werden (BayObLG MittBayNot 79, 113). Sofern der Rangvorbehalt nicht eingeschränkt ist, kann er auch nur teilweise oder bis zum Höchstbetrag stufenweise ausgenutzt werden, wobei sich der Rang der vorgehenden Rechte untereinander nach § 879 richtet (KGJ 40, 236; MüKo/*Wacke* Rn 13). Nach Erlöschen des vorbehaltenen Rechts kann der Vorbehalt – mangels Einschränkung – auch wiederholt ausgenutzt werden (KG JFG 8, 294; *Ulbrich* MittRhNotK 95, 303; str). Mangels Pfändbarkeit kann der Rangvorbehalt auch nicht durch eine Zwangs- oder Arresthypothek ausgenutzt werden (BGHZ 12, 247; str, vgl Streitstand bei MüKo/*Wacke* Rn 8 mwN). 6

II. Wirkung. Durch die Ausnutzung des Vorbehalts erhält das vortretende Recht mit dinglicher Wirkung den Rang des zurücktretenden Rechts. Die Ausübung des Vorbehalts entspricht einer Rangänderung, so dass § 880 IV und V entspr gelten (KG JFG 8, 298; MüKo/*Wacke* Rn 15). 7

E. Zwischenbelastung (IV). Sofern ein Recht mit einem Rangvorbehalt belastet ist, aber vor Ausnutzung des Rangvorbehalts eine weitere Belastung ohne Belastung mit einem Rangvorbehalt eingetragen wird (Zwischenbelastung, RGZ 131, 206), darf der Berechtigte der Zwischenbelastung durch die Ausübung des Vorbehalts nicht beeinträchtigt werden. § 881 IV geht über § 880 V hinaus. In der Zwangsvollstreckung bedeutet dies: 1. Der Berechtigte des mit dem Vorbehalt belasteten Rechts muss sich lediglich das vortretende (= vorbehaltene) Recht, nicht aber das Zwischenrecht vorgehen lassen. Er erhält bis zur vollständigen Befriedigung 8 den Teil des Versteigerungserlöses, der den Wert des ausgenutzten Rangvorbehalts übersteigt. 2. Der Berechtigte der Zwischenbelastung muss sich wertmäßig nur das mit dem Vorbehalt belastete Recht vorgehen lassen (§ 880 V). Vom Versteigerungserlös wird daher der Betrag, der wertmäßig dem mit dem Vorbehalt belasteten Recht entspricht, abgezogen. Der so ermittelte Differenzbetrag wird an den Gläubiger der Zwischenbelastung bis zu dessen vollständiger Befriedigung verteilt. 3. Den nicht nach 1. oder 2. zu verteilenden Betrag erhält der Berechtigte des vortretenden (= vorbehaltenen) Rechts. 4. Das kann zu dem Ergebnis führen, dass der Berechtigte des vortretenden Rechts bei einem höheren Versteigerungserlös weniger erhält (vgl Soergel/*Stürner* Rn 13; Staud/*Kutter* Rn 36ff; Rechenbsp bei Palandt/*Bassenge* Rn 12; MüKo/*Wacke* Rn 18). Zur Auflösung der Probleme kann ein Rangklarstellungsverfahren gem §§ 90ff GBO eingeleitet werden.

9 **F. Erlöschen. I. Nicht ausgeübt.** Ein nicht ausgeübter Rangvorbehalt erlischt durch Aufhebung nach § 875, in der Zwangsversteigerung oder wenn das mit dem Rangvorbehalt belastete Recht – gleich aus welchem Grund – erlischt (KGJ 40, 234; MüKo/*Wacke* Rn 10).

10 **II. Ausgeübt.** Ein ausgeübter Rangvorbehalt erlischt mit Aufhebung (*Ulbrich* MittRhNotK 95, 306) oder wenn das in Ausübung des Rangvorbehalts bestellte Recht erlischt und die Auslegung unter Berücksichtigung der Eintragungsbewilligung (§ 874) ergibt, dass der Rangvorbehalt nur einmal ausgeübt werden darf (LG Aachen Rpfleger 77, 22). Im Zweifel kann ein Rangvorbehalt jedoch wiederholt ausgenutzt werden, so dass er nicht erlischt (KGJ 40, 239; MüKo/*Wacke* Rn 10 mwN). Bei Löschung des Vorbehalts bei Briefrechten ist die Vorlage des Briefes erforderlich (BayObLG Rpfleger 79, 333).

§ 882 Höchstbetrag des Wertersatzes

¹Wird ein Grundstück mit einem Recht belastet, für welches nach den für die Zwangsversteigerung geltenden Vorschriften dem Berechtigten im Falle des Erlöschens durch den Zuschlag der Wert aus dem Erlös zu ersetzen ist, so kann der Höchstbetrag des Ersatzes bestimmt werden. ²Die Bestimmung bedarf der Eintragung in das Grundbuch.

1 **A. Grundstücksrecht. I. Keine Kapitalrechte.** Die Bestimmung eines Höchstbetrages ist nur bei Rechten möglich, die nicht auf die Zahlung eines Kapitals gerichtet sind. Ausgeschlossen ist die Höchstwertbestimmung daher bei Grundpfandrechten und zwar auch bei der Rentenschuld wegen des Ablösungsbetrages nach § 1199 II 2. Sie ist möglich bei allen Rechten, bei deren Erlöschen in der Zwangsversteigerung nach § 92 ZVG ein Wertersatzanspruch am Versteigerungserlös an die Stelle des erloschenen Rechts tritt. Dies sind zB Dienstbarkeiten (Grunddienstbarkeiten, Nießbrauch, beschränkt persönliche Dienstbarkeit), Vorkaufsrechte für mehrere Verkaufsfälle, Reallasten (KG OLGE 39, 243), Vormerkungen, vor 1919 bestellte Erbbaurechte und Wohnungsrechte (§ 1093, § 31 WEG).

2 **II. Erlöschen.** Die Rechte müssen in der Zwangsversteigerung erlöschen und dürfen nicht bestehen bleiben. Nach § 52 II ZVG bleiben bestehen, auch wenn sie nicht in das geringste Gebot fallen, die Renten nach §§ 912 bis 917 und eine Erbbauzinsreallast mit ihrem Hauptanspruch im Falle des § 9 III ErbbauV sowie das Erbbaurecht selbst, § 25 ErbbauV.

3 **B. Bestellung.** Die Bestellung des Höchstwertes erfordert formlose Einigung nach § 873 und Eintragung nach § 882 S 2. Eine nachträgliche Höchstwertbestimmung ist eine Inhaltsänderung nach § 877. Die Zustimmung gleich- und nachrangiger Gläubiger ist nicht erforderlich, weil diese bei einem über dem wahren Wert liegenden eingetragenen Höchstwert, dessen Herabsetzung auf den wahren Wert nach §§ 114ff ZVG durch Widerspruch gegen den Teilungsplan erreichen können (MüKo/*Wacke* Rn 4). Jedoch ist die Zustimmung der Gläubiger von Zweigrechten an den durch einen Höchstwert begrenzten Rechten erforderlich. Die nachträgliche Erhöhung eines bereits eingetragenen Höchstwertes erfordert dagegen die Zustimmung der gleich- und nachrangigen Berechtigten.

§ 883 Voraussetzungen und Wirkung der Vormerkung

(1) ¹Zur Sicherung des Anspruchs auf Einräumung oder Aufhebung eines Rechts an einem Grundstück oder an einem das Grundstück belastenden Recht oder auf Änderung des Inhalts oder des Ranges eines solchen Rechts kann eine Vormerkung in das Grundbuch eingetragen werden. ²Die Eintragung einer Vormerkung ist auch zur Sicherung eines künftigen oder eines bedingten Anspruchs zulässig.
(2) ¹Eine Verfügung, die nach der Eintragung der Vormerkung über das Grundstück oder das Recht getroffen wird, ist insoweit unwirksam, als sie den Anspruch vereiteln oder beeinträchtigen würde. ²Dies gilt auch, wenn die Verfügung im Wege der Zwangsvollstreckung oder der Arrestvollziehung oder durch den Insolvenzverwalter erfolgt.
(3) Der Rang des Rechts, auf dessen Einräumung der Anspruch gerichtet ist, bestimmt sich nach der Eintragung der Vormerkung.

A. Allgemeines. I. Normzweck und Rechtsnatur. Durch die Vormerkung kann ein schuldrechtlicher 1
Anspruch auf dingliche Rechtsänderung abgesichert werden. Dies ist insbes erforderlich, wenn der Erwerb
eines dinglichen Rechts – wegen der noch erforderlichen Eintragung oder evtl Genehmigungen – nicht sofort
erfolgen kann (zB Eigentumsumschreibung) oder soll (zB bedingter Rückübertragungsanspruch). Der Vormerkungsberechtigte ist vor späteren Verfügungen über das Grundstück bzw Grundstücksrecht geschützt,
weil diese ihm ggü relativ unwirksam sind (II) und die Vormerkung zugleich den Rang wahrt (III). Die Vormerkung ist kein dingliches Recht, sondern ein Sicherungsmittel eigener Art (BGHZ 60, 49; vgl MüKo/*Wacke*
Rn 3 mwN) auf das die Vorschriften für dingliche Rechte vielfach entspr angewandt werden (MüKo/*Wacke*
Rn 4; Soergel/*Stürner* Rn 2: zB III, §§ 878, 892 II, 893).

II. Vergleichbare Fälle. Die Wirkung einer Vormerkung haben auch das dingliche Vorkaufsrecht (§ 1098 II) 2
sowie die Rechte nach § 1179 a I 3, §§ 130 ff ZVG, § 31 IV ErbbauV, § 20 RSiedlG und im öffentlichen Recht
§ 28 II 2 BauGB und § 34 I 3 VermG (weitere Fälle bei MüKo/*Wacke* Rn 9 f). Keine Vormerkung iSv § 883 ist
die von Amts wegen einzutragende „Vormerkung" nach § 18 II GBO, die lediglich den Rang des Eintragungsantrages wahren soll (KG JFG 23, 146) und auf die § 888, § 106 InsO nicht anwendbar sind (KGJ 39, 167).

III. Akzessorietät, Übertragung und Pfändung. 1. Akzessorietät. Die Vormerkung ist akzessorisch, also 3
in Bestand und Umfang von dem zugrunde liegenden schuldrechtlichen Anspruch abhängig (BGH NJW 02,
2314). Die Vormerkung entsteht erst mit Entstehung des schuldrechtlichen Anspruchs und besteht nicht
mehr, wenn der Anspruch erlischt, so dass das Grundbuch unrichtig wird und zu berichtigen ist (BGHZ 143,
179). Die gesicherte Forderungen kann nicht ausgewechselt werden, so dass die alte Vormerkung gelöscht
und eine neue Vormerkung bewilligt werden muss (BGH Report 01, 868). Zur Wiederverwendung einer
erloschenen Vormerkung sa § 885 Rn 8.

2. Übertragung und Pfändung. Mit Abtretung des Anspruchs (BGH NJW 94, 2947) oder Übergang der 4
Forderung im Wege der Gesamtrechtsnachfolge geht auch die Vormerkung nach §§ 413, 401 analog auf den
Rechtsnachfolger über und das Grundbuch wird unrichtig. Die „Abtretung der Vormerkung" ist als Abtretung des gesicherten Anspruchs auszulegen (BGH NJW 94, 2947). Eine Teilabtretung mit teilweisem Übergang der Vormerkung ist möglich, soweit der Schuldner nicht beeinträchtigt wird (BayObLGZ 71, 307). Der
Übergang der Vormerkung kann ausgeschlossen werden, so dass diese bei Abtretung des gesicherten
Anspruchs erlischt (KGJ 43, 209). Die Vormerkung ist nicht selbständig pfändbar, sondern die Pfändung des
gesicherten Anspruchs erstreckt sich auch auf die Vormerkung (Frankf Rpfleger 75, 177).

B. Gesicherter Anspruch (I). Durch die Vormerkung kann nur ein schuldrechtlicher Anspruch auf dingli- 5
che Rechtsänderung gesichert werden.

I. Schuldrechtlicher Anspruch. Es muss sich um einen schuldrechtlichen Anspruch des Privatrechts han- 6
deln (RGZ 60, 425; vgl aber BaRoth/*Kössinger* Rn 13 f). Der schuldrechtliche Anspruch kann auf Vertrag, einseitigem Rechtsgeschäft oder Gesetz beruhen (BGHZ 134, 184; Soergel/*Stürner* Rn 13). Dingliche Ansprüche
(zB §§ 894, 1169) alleine können nur durch Widerspruch geschützt werden (MüKo/*Wacke* Rn 13). Der
Anspruch muss nicht fällig, aber wirksam sein (Soergel/*Stürner* Rn 5). Eine Heilung nach § 311 b I 2 oder
Bestätigung nach § 141 führen zur Wirksamkeit des Anspruchs für die Zukunft, haben jedoch keine Rückwirkung (BGH NJW 83, 1545). Ein solcher Anspruch ist auch nicht als künftiger Anspruch nach I 2 gesichert
(BGH NJW 83, 1545). Das Anspruchsziel muss mindestens bestimmbar sein (BayObLG DNotZ 89, 364 ff;
Zweibr NJW-RR 05, 101; Soergel/*Stürner* Rn 5), wobei die spätere Bestimmung durch eine Vertragspartei
(BayObLG FGPrax 98, 48) oder nach §§ 315, 317 durch einen Dritten (Ddorf Rpfleger 96, 503) ausreicht. Bei
einem Anspruch auf Übertragung einer noch nicht vermessenen Teilfläche muss die Teilfläche nach Lage und
Größe hinreichend bestimmt sein (BayObLG MittBayNot 98, 340) und zwar durch Beschreibung oder
Bezugnahme auf einen Lageplan (vgl Soergel/*Stürner* Rn 22). Für die Bestimmtheit gelten dieselben Grundsätze wie für die Wirksamkeit des schuldrechtlichen Vertrages (vgl § 311 b Rn 9). Ansprüche aufgrund einer
Verfügung von Todes wegen sind vor Eintritt des Erbfalls nicht sicherbar (BGHZ 12, 115), wobei ein
Anspruch auf Bestellung einer Vormerkung nur dann besteht, wenn sich dies aus der Verfügung von Todes
wegen ergibt (BGH NJW 01, 2884; Soergel/*Stürner* Rn 17). Nicht sicherbar sind Maßnahmen der Zwangsvollstreckung, die auf die Eintragung dinglicher Rechte gerichtet sind (MüKo/*Wacke* Rn 14) oder der Anfechtungsanspruch nach § 11 AnfG, wohl aber der Rückgewähranspruch bei Insolvenzanfechtung (Soergel/*Stürner* Rn 7). Ausnahmsweise können auch mehrere Ansprüche durch eine Vormerkung gesichert werden (vgl
BayObLG Rpfleger 02, 135; NJW-RR 03, 450; Palandt/*Bassenge* Rn 5).

II. Dingliche Rechtsänderung. Der Anspruch muss auf dingliche Rechtsänderung gerichtet sein, dh durch 7
endgültige Eintragung eines eintragungsfähigen Rechts im Grundbuch erfüllt werden können (vgl Soergel/
Stürner Rn 8). Anspruchsgegenstand kann die Einräumung, Übertragung oder Aufhebung eines Rechts an
einem Grundstück – jeweils auch teilweise – sein (Verschaffung des Eigentums durch Auflassung und Eintragung), eines grundstücksgleichen Rechts (zB Übertragung eines Erbbaurecht) oder eines beschränkt dinglichen Rechts (zB Bestellung eines Grundpfandrechts; teilweise Haftentlassung KGJ 33 A 258), vgl §§ 1179 ff).

sowie eines Rechts an einem beschränkt dinglichen Rechts am Grundstück (zB Nießbrauch oder Pfandrecht). Außerdem kann Anspruchsgegenstand die Änderung des Inhalts oder des Ranges (zB Rangrücktritt KGJ 34 A 243) der vorgenannten Rechte sein. Der Anspruch kann jedoch nicht eine bloße Grundbuchberichtigung (BayObLG DNotZ 76, 106) oder nur eine obligatorische Unterlassungspflicht, insbes rechtsgeschäftliche Veräußerungs- und Belastungsverbote zum Gegenstand haben (MüKo/*Wacke* Rn 15). Sicherbar ist jedoch ein aufschiebend bedingter Anspruch auf Rückübertragung, der erst bei Verstoß gegen eine solche Vereinbarung entsteht (BGHZ 134, 186).

8 **III. Berechtigter und Verpflichteter. 1. Berechtigter.** Berechtigte der Vormerkung können alle hinreichend bestimmten oder bestimmbaren (teil-)rechtsfähigen Personen und Personenverbände sein. Berechtigter der Vormerkung und Gläubiger des gesicherten Anspruchs müssen wegen der Akzessorietät identisch sein.

a) Gläubigermehrheit
Der Gläubiger des gesicherten Anspruchs muss nicht der zukünftige Rechtsinhaber sein, so dass auch der Anspruch von Gesamtgläubigern (§ 428) durch eine Vormerkung sicherbar ist (BayObLGZ 67, 277), wobei gem § 47 GBO das Beteiligungsverhältnis anzugeben ist.

b) Sukzessiv- und Alternativberechtigung
Möglich ist, dass eine Vormerkung zunächst mehrere Gläubigern zusammen und nach Eintritt eines bestimmten Ereignisses – sukzessiv – nur einen der Gläubiger als Berechtigten schützt (BayObLG DNotZ 96, 368; s aber BayObLG DNotZ 91, 892). Wenn jedoch ein Anspruch zunächst dem einen Gläubiger alleine und nach dessen Tod einer anderen Person (zB Ehegatten) zustehen soll, soll eine nur durch zwei Vormerkungen sicherbare Alternativberechtigung vorliegen (BayObLG DNotZ 85, 702 ff; Palandt/*Bassenge* Rn 12 a f; nach zutreffender aA genügt jedoch auch in diesem Fall eine Vormerkung MüKo/*Wacke* Rn 21; *Schöner/Stöber* Rn 261 a ff mwN). Mangels Differenzierungsmöglichkeit sollte zur Sicherheit, sofern keine Gesamtberechtigung vorliegt, für jeden Berechtigten eine auflösend bzw aufschiebend bedingte Vormerkung bestellt werden (vgl *Schöner/Stöber* Rn 261 a, e ff).

c) Vertrag zugunsten Dritter
Beim unechten Vertrag zugunsten Dritter ist der Versprechensempfänger (§ 335) und beim echten Vertrag zugunsten Dritter ist neben dem Versprechensempfänger auch der Dritte (§ 328) als Berechtigter eintragbar, nicht jedoch, wenn der Dritte noch benannt werden muss (BGH NJW 83, 1543; BayObLG DNotZ 87, 101; Soergel/*Stürner* Rn 14). Der Dritte ist auch dann als Berechtigter eintragbar, wenn er zumindest nach sachlichen Kriterien bestimmbar ist (Schlesw DNotZ 57, 661). Bsp: Zugunsten eines zur Zeit der Bestellung noch unbekannten Berechtigten bzw jeweiligen Eigentümer (BGHZ 28, 103), Inhaber einer Firma (KG DNotZ 37, 331) oder zugunsten eines noch nicht erzeugten Nachkommens (RGZ 65, 282 ff, MüKo/*Wacke* Rn 20).

9 **2. Verpflichteter.** Der Schuldner des Anspruchs muss zum Zeitpunkt der Eintragung der Vormerkung Eigentümer oder Inhaber des belasteten Rechts sein (BGHZ 134, 188; MüKo/*Wacke* Rn 17; Soergel/*Stürner* Rn 16). Nicht sicherbar ist ein Anspruch auf Übertragung eines dem Verpflichteten erst künftig zustehenden Rechts oder eines Anspruchs gegen den jeweiligen Grundstückseigentümers (BGH NJW 93, 326; Soergel/*Stürner* Rn 15), wohl aber ein Anspruch, der erst gegen den zukünftigen Erben des Rechtsinhabers entsteht (zB Rückübertragungsanspruch bei Vorversterben des Zuwendungsempfängers BGHZ 134, 185; Palandt/*Bassenge* Rn 14). Dies dürfte auch auf andere Fälle der Rechtsnachfolge übertragbar sein (BaRoth/*Kössinger* Rn 33).

10 **3. Identität von Berechtigtem und Verpflichtetem.** Berechtigter der Vormerkung und Schuldner des gesicherten Anspruchs können auch dann nicht vorübergehend identisch sein, wenn mit einer Veräußerung des belasteten Rechts oder Abtretung des gesicherten Anspruchs und damit einer späteren Personenverschiedenheit gerechnet wird (aA MüKo/*Wacke* Rn 19).

11 **IV. Künftiger oder bedingter Anspruch (I 2).** Auch künftige und bedingte Ansprüche können durch Vormerkung gesichert werden. Um jedoch eine faktische Grundbuchsperre sowie Erschwerung der Zwangsvollstreckung und Belastung durch die Eintragung von Vormerkungen zu verhindern, ist eine gesicherte Rechtsgrundlage für den Anspruch erforderlich (BGH NJW 02, 2462; Soergel/*Stürner* Rn 6; *Schöner/Stöber* Rn 1489).

12 **1. Künftiger Anspruch.** Künftig iSd § 883 ist ein zwar entstandener, aber noch nicht fälliger Anspruch (Palandt/*Bassenge* Rn 15; aA MüKo/*Wacke* Rn 25) und ein aufschiebend befristeter, dh erst ab einem Anfangstermin entstehender Anspruch. Ferner Ansprüche zu deren Entstehung noch ein – rechtsgeschäftliches – Verhalten der Beteiligten erforderlich ist, sofern die Entstehung nicht mehr nur vom Willen des Verpflichteten abhängig ist (BGHZ 12, 118), dh der Verpflichtete die Anspruchsentstehung zB durch Widerruf seiner Erklärung verhindern kann (Palandt/*Bassenge* Rn 15). Dagegen ist entgegen der Rspr (BGHZ 12, 118; NJW 81, 447; offen 02, 214) nicht erforderlich, dass der Anspruch nur noch vom Willen des Berechtigten abhängt (Soergel/*Stürner* Rn 6; *Schöner/Stöber* Rn 1489; sa BGH MittBayNot 01, 490). Anspruch sicherbar bei: bindendem Verkaufsangebot, welches auch noch nach Eröffnung des Insolvenzverfahrens angenommen werden kann (BGH NJW 02, 213), bindendem Vorvertrag (BGH LM § 883 Nr 13), Anspruch in den Fällen

Voraussetzungen und Wirkung der Vormerkung § 883

des §§ 528, 530 (BGH NJW 02, 2461), fehlender Zustimmung Dritter (KG NJW 73, 430) oder behördlicher Genehmigung (BayObLG Rpfleger 87, 451), Vertrag, bei dem für den Käufer ein Vertreter ohne Vertretungsmacht gehandelt hat (Frankf NJW-RR 97, 208), Ankaufs- (BayObLG Rpfleger 93, 58) und Vorkaufsrecht (BGH JZ 00, 679, str vgl Palandt/*Bassenge* Rn 16). Nicht sicherbar: Ansprüche vor dem Erbfall (KG HRR 31 Nr 590; BGH MittBayNot 01, 490), Vertrag, bei dem für den Verkäufer ein Vertreter ohne Vertretungsmacht gehandelt hat (BayObLG Rpfleger 77, 361).

2. Bedingter Anspruch. Ein auflösend oder aufschiebend bedingter Anspruch ist sicherbar. Das gilt auch auch, wenn der Bedingungseintritt nur vom Verhalten des Berechtigten oder Verpflichteten abhängen soll (Zufalls- und Potestativbedingung), sofern sich der Verpflichtete nicht einseitig lösen kann (BayObLG Rpfleger 77, 60) und eine echte vertragliche Bindung begründet ist (BGH NJW 02, 2461; RGZ 69, 283; Hamm DNotZ 78, 356; Köln MittRhNotK 78, 172; *Schöner/Stöber* Rn 1489; aA BaRoth/*Kössinger* Rn 28). Nicht sicherbar ist ein Anspruch, bei dem der Bedingungseintritt allein vom Willen des Verpflichteten abhängt (Wollensbedingung), wohin gegen eine Wollensbedingung zugunsten des Gläubigers (zB Vor- und Ankaufsrecht) ausreichend ist (MüKo/*Wacke* Rn 22). Bsp (vgl auch Soergel/*Stürner* Rn 6): Rückübertragungsanspruch, der bei Ausübung eines freien Rückforderungsrechts entsteht (vgl zur Rückforderung wegen groben Undanks BayObLG NJW-RR 01, 1530; *Schippers* DNotZ 01, 756). Für mehrere bedingte Ansprüche muss jeweils eine Vormerkung eingetragen werden (BayObLG Rpfleger 02, 135), während für einen mehrfach bedingten Anspruch eine Vormerkung ausreicht (BGHZ 134, 182).

V. Anspruchsgegenstand 13
1. Grundstücksrecht 14
Anspruchsgegenstand kann das Eigentum und jedes Grundstücksrecht sein. Sicherbar ist der Anspruch auf Übereignung eines Grundstücks bis zur Eintragung im Grundbuch (MüKo/*Wacke* Rn 30). Steht das Grundstück im Alleineigentum des Schuldners und ist der Anspruch auf Übertragung eines ideellen Miteigentumsanteils gerichtet, muss die Vormerkung grds zu Lasten des gesamten Grundstücks bestellt werden (Ausn: BayObLG RNotZ 05, 117). Bei einer Hypothek muss der Forderungsbetrag angegeben werden (Dresden OLGE 3, 3 f). Zu Ansprüchen auf Umwandlung und Abtretung der Hypothek MüKo/*Wacke* Rn 35. Sicherbar ist auch ein Anspruch auf Eintragung einer Bauhandwerkersicherungshypothek nach § 648, sofern das Werk wenigstens begonnen wurde (BGHZ 68, 183). Ferner der Anspruch auf Bestellung einer Reallast, insbes für eine Erbbauzinserhöhung, sofern dieser hinreichend bestimmbar ist (Ddorf DNotZ 89, 578), wobei es nicht ausreicht, nur auf § 323 ZPO Bezug zu nehmen (Hamm OLGZ 87, 400).
2. Recht an Grundstücksrecht
Anspruchsgegenstand kann auch das Recht an einem Grundstücksrecht, zB Pfandrecht (München OLGE 26, 197) oder Nießbrauch sein.
3. Änderung des Inhalts oder Ranges
Auch die Änderung des Inhalts (s § 877) oder des Ranges (s § 880) ist vormerkungsfähig.

C. Wirkung (II). I. Verfügung. 1. Rechtsgeschäftliche Verfügung. Beeinträchtigende rechtsgeschäftliche 15 Verfügung ist jede Übertragung, Belastung, Inhaltsänderung oder Aufgabe (vgl aber MüKo/*Wacke* Rn 41) des mit der Vormerkung belasteten Rechts, wozu auch die Bewilligung und Eintragung einer Vormerkung gehört (Dresden NJW-RR 99, 1177). Die Verfügung ist erst im Moment ihrer Vollendung (zB Eintragung) vorgenommen, so dass eine Vormerkung auch dann schützt, wenn sie zB zwischen Auflassung und Eigentumsumschreibung eingetragen wird (RGZ 113, 407; Soergel/*Stürner* Rn 30; teilw aA MüKo/*Wacke* Rn 43). Eine Übereignungsvormerkung erstreckt sich auch auf Zubehör (§§ 311 c, 926, 1096, 1098 II), Bestandteile und Erzeugnisse des Grundstücks (Soergel/*Stürner* Rn 30), sowie auf eine nach § 1127 für ein vormerkungswidrig eingetragenes Grundpfandrecht haftende Forderung (BGHZ 99, 387). Entspr gilt II für nachträgliche Verfügungsbeschränkungen (vgl BGH NJW 66, 1509) und Grundbuchberichtigungen sowie einen Widerspruch (BGH NJW 81, 446 f; aA Palandt/*Bassenge* Rn 21). Keine Verfügung ist die Vermietung oder Verpachtung des Grundstücks (BGHZ 13, 1; NJW 89, 451; Soergel/*Stürner* Rn 30; aA die wohl hM vgl MüKo/*Wacke* Rn 42 mwN).

2. Zwangsvollstreckung und Insolvenz. Die Vormerkung schützt auch vor einer Verfügung im Wege der 16 Zwangsvollstreckung, Arrestvollziehung oder durch den Insolvenzverwalter. Die Vormerkung hindert nicht das Zwangsversteigerungsverfahren.

II. Relative Unwirksamkeit. Eine vormerkungswidrige Verfügung ist nur ggü dem Berechtigten unwirksam 17 und auch nur soweit diese den gesicherten Anspruch vereiteln oder beeinträchtigen würde (Soergel/*Stürner* Rn 28). Für den Vormerkungsberechtigten bleibt der vormerkungswidrig Verfügende Rechtsinhaber, so dass dieser weiterhin über das – nunmehr für einen Dritten eingetragene – Recht wirksam verfügen, insbes die Auflassung erklären kann (BaRoth/*Kössinger* Rn 62). Die Verfügung wird wirksam, wenn die Vormerkung erlischt (Soergel/*Stürner* Rn 35) oder der Berechtigte die Verfügung gem §§ 182, 185 genehmigt (RGZ 154, 367), wofür deklaratorisch ein Wirksamkeitsvermerk im Grundbuch eingetragen werden kann (BGH NJW 99, 2275). Ggü Dritten ist die vormerkungswidrige Verfügung voll wirksam, so dass das Grundbuch nicht unrichtig ist und §§ 894, 899 nicht anwendbar sind (MüKo/*Wacke* Rn 46). Die Vormerkung ist kein Recht iSd

§§ 771, 772 ZPO, so dass der Berechtigte lediglich nach § 888 vorgehen kann (BGH NJW 94, 128; Palandt/*Bassenge* Rn 27). Auch eine Vormerkung, die dem die Zwangsvollstreckung betreibenden Gläubiger vorgeht, ist kein Hinderungsgrund für die Zwangsvollstreckung nach §§ 37 Nr 5 oder 28 I 1 ZVG (BGH NJW 96, 3147, str). Diese fällt in das geringste Gebot, bleibt damit bestehen (§§ 48, 52 ZVG) und der Berechtigte kann vom Ersteher nach § 888 die Zustimmung zur Auflassung verlangen (BGH NJW-RR 97, 399). Der Ersteher hat dabei keinen Anspruch auf die Gegenleistung hat, kann den Anspruch jedoch pfänden (MüKo/*Wacke* Rn 51, str). Eine nachrangige Vormerkung erlischt mit dem Zuschlag (§§ 91, 52 ZVG) und der Berechtigte hat lediglich einen Wertersatzanspruch (§ 92 ZVG).

18   **III. Beginn des Schutzes.** Der Schutz beginnt mit Entstehung der Vormerkung (Bewilligung, Eintragung und Entstehung des Anspruchs), jedoch bei einer nachgeholten Bewilligung erst ab dem Zeitpunkt der Nachholung (BGH NJW 00, 805; Frankf DNotZ 95, 539; aA MüKo/*Wacke* Rn 43). Bei bedingten und künftigen Ansprüchen nicht erst mit Bedingungseintritt oder Entstehung des Anspruchs (BGH NJW 02, 213). Der Schutz erlischt nicht durch unrechtmäßige Löschung der Vormerkung (BGHZ 60, 46). Bei Verfügungsbeschränkungen (zB Insolvenzeröffnung) ist der Gläubiger nicht erst ab Eintragung (§ 106 InsO) der Vormerkung, sondern unter den Voraussetzungen von § 878 schon vorher geschützt (§ 91 II InsO; BGHZ 28, 182; MüKo/*Wacke* Rn 53). Der Insolvenzverwalter hat kein Wahlrecht nach § 103 InsO und die Vormerkung ist keine inkongruente Deckung nach § 131 InsO (zur KO BGHZ 34, 257).

19   **IV. Keine Grundbuchsperre.** Die Vormerkung hindert nicht die Eintragung vormerkungswidriger Verfügungen (RGZ 132, 424), außer es soll das belastete Recht (§ 876) gelöscht werden (Soergel/*Stürner* Rn 2, 36).

20   **D. Rang (III). I. Rang der Vormerkung.** Der Rang der Vormerkung richtet sich nach §§ 879 ff.

21   **II. Rang des Rechts.** Das Recht, auf dessen Einräumung der Anspruch gerichtet ist, erhält mit seiner Eintragung kraft Gesetzes den Rang der Vormerkung, als ob es sofort eingetragen worden wäre (Soergel/*Stürner* Rn 38). Dabei ist verfahrensrechtlich zwischen Eigentum und sonstigen Grundstücksrechten zu differenzieren (vgl BaRoth/*Kössinger* Rn 63 ff). Sichert die Vormerkung einen Anspruch auf Eigentumsübertragung, wird sie ganzspaltig in Abteilung II des Grundbuchs eingetragen (§§ 19, 12 GBV). Das Eigentum ist zwar nicht rangfähig ieS (BayObLG NJW-RR 91, 567). Wird das Eigentum jedoch umgeschrieben, so sind dem Erwerber ggü vormerkungswidrige Verfügungen relativ unwirksam, sofern diese zu einer Eintragung im Rang nach der Auflassungsvormerkung geführt haben (§ 879), dh später nach der Vormerkung eingetragen wurden (BaRoth/*Kössinger* Rn 65). Ist der gesicherte Anspruch auf Eintragung eines beschränkt dinglichen Rechts gerichtet, so wird die Vormerkung in der entspr Abteilung aber nur linksbündig halbspaltig eingetragen (§§ 19, 12 I b) und c) GBV). Wird das Recht später aufgrund der Vormerkung eingetragen, wird es in die freigelassene rechte Halbspalte neben der Vormerkung eingetragen, und zwar auch dann, wenn Zwischeneintragungen erfolgt sind. Der Rang des aufgrund der Vormerkung eingetragenen Rechts richtet sich nach dem Rang der Vormerkung (§ 879).

22   **E. Untergang der Vormerkung.** Die Vormerkung kann nach § 875 aufgehoben werden (BGH NJW 94, 2949). In diesem Fall sind alle vormerkungswidrigen Verfügungen von Anfang an (ex tunc) wirksam (Staud/*Gursky* § 886 Rn 33; MüKo/*Wacke* Rn 5). Wird der Vormerkungsberechtigte als Inhaber des vorgemerkten Rechts eingetragen (zB Eigentumsumschreibung) und sind vormerkungswidrige Verfügungen erfolgt, sollte die Vormerkung nicht gelöscht werden, sondern bis zur Löschung der Zwischenrechte eingetragen bleiben. Ferner besteht die Vormerkung wegen deren Akzessorietät nicht, wenn der gesicherte Anspruch nicht entstanden (zB §§ 117 („Schwarzkauf"), 134, 138) oder (zB durch Anfechtung, Unmöglichkeit, vollständiger Erfüllung, Erlassvertrag, Schuldübernahme (§ 418)) erloschen ist, so dass das Grundbuch unrichtig wird. Wenn der Gläubiger des gesicherten Anspruchs das belastete Recht erwirbt und damit zugleich Schuldner des Anspruchs wird, erlischt der Anspruch durch Konfusion und damit auch die Vormerkung, da § 889 nicht anwendbar ist (BaRoth/*Kössinger* Rn 41 ff). Ist ein künftiger oder bedingter Anspruch gesichert, so erlischt die Vormerkung auch, wenn der Anspruch nicht mehr entstehen kann (BayObLG Rpfleger 93, 59; BaRoth/*Kössinger* Rn 45). Sofern die Vormerkung aufgrund einer einstweiligen Verfügung eingetragen wurde, erlischt die Vormerkung mit Aufhebung der einstweiligen Verfügung (vgl § 25 GBO). Ferner erlischt die Vormerkung, wenn die gesicherte Forderung ohne Vormerkung abgetreten wird (MüKo/*Wacke* Rn 8). Zum Löschungsverfahren s § 886 Rn 1.

§ 884 Wirkung gegenüber Erben

Soweit der Anspruch durch die Vormerkung gesichert ist, kann sich der Erbe des Verpflichteten nicht auf die Beschränkung seiner Haftung berufen.

1   **A. Wirkung.** Der Erbe des Schuldners des gesicherten Anspruchs haftet für diesen nach § 884 unbeschränkt und unbeschränkbar. Die Haftungsbeschränkungen durch den Erben nach §§ 1973, 1975, 1989, 1990, 1994, 2000 und die Erhebung einer Einrede nach §§ 2016, 2014, 2015 wirken somit nicht ggü dem durch die Vormerkung gesicherten Anspruch.

B. Vormerkung. I. Eintragung vor dem Erbfall. § 884 erfasst zunächst die vor dem Erbfall wirksam entstandene Vormerkung. 2

II. Eintragung nach dem Erbfall. Sofern die Vormerkung nach dem Erbfall eingetragen wird, genügt analog §§ 878, 892 II deren Beantragung vor dem Erbfall (MüKo/*Wacke* Rn 2). Wurde die Vormerkung vom Erblasser bewilligt (§ 130 II) oder nach § 895 ZPO gegen den Erblasser erwirkt, gilt der Schutz des § 884 uneingeschränkt. Erfolgt die Eintragung nach dem Erbfall jedoch aufgrund einer einstweiligen Verfügung, sind die Einreden nach §§ 1990, 2014, 2015 nicht ausgeschlossen (vgl §§ 1990 II, 2016 II). Hat der Erbe oder der Testamentsvollstrecker die Vormerkung bewilligt, so haftet der Bewilligende – unabhängig von § 884 – unbeschränkbar (MüKo/*Wacke* Rn 3). 3

§ 885 Voraussetzung für die Eintragung der Vormerkung

(1) ¹Die Eintragung einer Vormerkung erfolgt auf Grund einer einstweiligen Verfügung oder auf Grund der Bewilligung desjenigen, dessen Grundstück oder dessen Recht von der Vormerkung betroffen wird. ²Zur Erlassung der einstweiligen Verfügung ist nicht erforderlich, dass eine Gefährdung des zu sichernden Anspruchs glaubhaft gemacht wird.
(2) Bei der Eintragung kann zur näheren Bezeichnung des zu sichernden Anspruchs auf die einstweilige Verfügung oder die Eintragungsbewilligung Bezug genommen werden.

A. Allgemeines. Abweichend von § 873 ist für die Entstehung der Vormerkung keine Einigung (BGHZ 28, 182), sondern lediglich die Bewilligung des Betroffenen, die nach § 895 ZPO durch ein Urteil ersetzt werden kann, oder eine eV erforderlich. Zur Entstehung der Vormerkung sind weiter das Entstehen eines sicherbaren Anspruchs sowie die Eintragung der Vormerkung im Grundbuch erforderlich. 1

B. Einstweilige Verfügung. Die Eintragung der Vormerkung erfolgt aufgrund einer eV, die gegen denjenigen gerichtet ist, der als Berechtigter die Eintragung der Vormerkung bewilligen müsste (vgl S 1 Hs 2). Die Zuständigkeit des Gerichts richtet sich nach §§ 937, 943 ZPO und § 942 II ZPO. Antragsberechtigt ist jeder, der einen vormerkbaren Anspruch, sowie ein Pfandrecht oder Pfändungspfandrecht daran (*Hoche* NJW 56, 146) hat. Auch wegen bedingter oder betagter Ansprüche ist eine eV möglich, nicht aber wegen eines künftigen Anspruchs (RGZ 74, 159; Soergel/*Stürner* Rn 4, aA Palandt/*Bassenge* Rn 5; vgl zu § 648 MüKo/*Wacke* Rn 5, 8). Ein materiellrechtlicher Anspruch auf Bestellung der Vormerkung ist nicht erforderlich (BaRoth/*Kössinger* Rn 11). Der sicherbare Anspruch muss gem §§ 935 f, 920 II ZPO grds (vgl § 921 ZPO) glaubhaft gemacht werden, nicht aber dessen Gefährdung (I 2). Das nach I 2 vermutete Sicherungsbedürfnis ist nur in Ausnahmefällen widerlegbar (Ddorf NJW-RR 00, 826; MüKo/*Wacke* Rn 7; aA Hamm NJW-RR 04, 379). Das Rechtsschutzbedürfnis fehlt, wenn die Vormerkung bewilligt oder nach § 895 ZPO ersetzt ist (Kiel SchlHA 25, 205; MüKo/*Wacke* Rn 9). Die eV muss den Berechtigten, den Verpflichteten, den Anspruchsinhalt und das belastete Recht bezeichnen (§ 28 GBO; BayObLG Rpfleger 81, 191). Ferner erforderlich ist die Einreichung beim Grundbuchamt (vgl § 932 III ZPO), der Eintragungsantrag des Berechtigten oder das Ersuchen des Gerichts (§§ 941 ZPO, 38 GBO) und die Beachtung der Fristen nach § 929 II, III ZPO (BGHZ 112, 356) sowie die Zustellung an den Schuldner. Eine Vormerkung ohne Beachtung der Fristen des § 929 ZPO ist nichtig (RGZ 151, 156; Köln MDR 87, 593) und kann auch nicht durch eine spätere Verfügung unter Änderung des Eintragungsdatums geheilt werden (vgl RGZ 81, 291). Die eV muss der Eintragung – anders als bei der Bewilligung – vorgehen (KGJ 46, 208; MüKo/*Wacke* Rn 4). Die Eintragung ist nach Eröffnung des Insolvenzverfahrens nicht mehr möglich (§§ 89, 88 InsO; Soergel/*Stürner* Rn 4). Mit Aufhebung der eV erlischt analog §§ 868, 932 II ZPO die Vormerkung und das Grundbuch ist unrichtig (§ 25 GBO). 2

C. Bewilligung. I. Allgemeines. Bewilligung iSd § 885 ist eine materiellrechtliche, formfreie (RG JW 26, 1955), einseitige, empfangsbedürftige Willenserklärung (vgl MüKo/*Wacke* Rn 15 f). Sie ist von der verfahrensrechtlichen Bewilligung nach § 19 GBO in der Form des § 29 GBO zu unterscheiden, aber regelmäßig darin enthalten (BaRoth/*Kössinger* Rn 3). Die Bewilligung kann – anders wie eine eV – nach der Eintragung erfolgen (BGH NJW 00, 806) und wirkt nach §§ 879 II, 883 II auf den Zeitpunkt der Eintragung zurück (MüKo/*Wacke* Rn 15). Die Bewilligung einer Vormerkung ist nicht in der dinglichen Einigung zur Rechtsänderung oder in der Eintragungsbewilligung dazu enthalten (BayObLG Rpfleger 79, 134; aA *Hieber* DNotZ 54, 67 ff). Eine bewilligte Vormerkung kann zusätzlich zu einer Vormerkung aufgrund einer eV eingetragen werden (KG HRR 27 Nr 1021), nicht aber umgekehrt (MüKo/*Wacke* Rn 9). 3

II. Anspruch auf Bewilligung. Der Anspruch auf Bewilligung einer Vormerkung muss selbständig begründet werden und entsteht nicht kraft Gesetzes mit dem Grundgeschäft, das einen Anspruch auf dingliche Rechtsänderung begründet (vgl Naumbg FGPrax 98, 1; Staud/*Gursky* § 883 Rn 25; Palandt/*Bassenge* Rn 8; aA MüKo/*Wacke* Rn 3). 4

5 **III. Erklärung.** Erklärungsempfänger ist der Gläubiger oder das Grundbuchamt und die Bewilligung wird analog § 873 II bindend (Staud/*Gursky* Rn 11; aA RG JW 26, 1955 nach § 130). Bei Tod oder Geschäftsunfähigkeit nach Abgabe gilt § 130 II (MüKo/*Wacke* Rn 17), bei Verlust der Verfügungsbefugnis gilt § 878 analog (BGHZ 28, 182; ZIP 05, 627). § 878 gilt jedoch nur für die bewilligte Vormerkung und die nach § 894 ZPO – nicht nach § 895 ZPO – ersetzte (Palandt/*Bassenge* Rn 11). Die Bewilligung kann nach § 894 f ZPO durch Urteil ersetzt werden (vgl auch § 34 VermG). Ist die Klage auf Abgabe der Bewilligung selbst gerichtet, wird diese nach § 894 ZPO – nicht nach § 895 ZPO (BayObLG Rpfleger 97, 525) – ersetzt. Ist die Klage auf Abgabe einer Erklärung zur dinglichen Rechtsänderung gerichtet, ersetzt das Urteil nach § 894 ZPO diese Erklärung und nach § 895 ZPO wird zusätzlich die Bewilligung einer Vormerkung ersetzt. Das Urteil muss nicht zugestellt werden und bedarf keiner Vollstreckungsklausel (BGH Rpfleger 69, 425; aA Soergel/*Stürner* Rn 9).

6 **IV. Bewilligungsbefugnis (I 1 Hs 2).** Bewilligen muss derjenige, dessen Recht von der Eintragung der Vormerkung betroffen ist (vgl § 19 GBO), dh dessen Recht beeinträchtigt wird. Betroffen ist der materiellrechtliche Inhaber des dinglichen Rechts, auf dessen Rechtsänderung der gesicherte Anspruch gerichtet ist, zum Zeitpunkt der Eintragung (BayObLG Rpfleger 87, 157). Das gilt auch dann, wenn sich der gesicherte Anspruch gegen dessen Erben richtet (BayObLG DNotZ 56, 206). Ist eine Erbengemeinschaft Inhaber des Rechts muss jeder Erbe bewilligen und vor Eintragung muss das Grundbuch berichtigt werden (vgl § 40 GBO; Soergel/*Stürner* Rn 7). Mangels Verfügungsbefugnis des Berechtigten hat der Verfügungsbefugte die Bewilligung zu erklären (zB Insolvenzverwalter, Testamentsvollstrecker).

7 **V. Zustimmung Dritter und behördliche Genehmigungen.** Die Zustimmung des Ehegatten ist auch im Fall des § 1365 nicht erforderlich (BayObLG NJW 76, 574; aA Soergel/*Stürner* Rn 7). Drittberechtigte müssen nicht zustimmen, weil diese durch §§ 876 f geschützt sind (MüKo/*Wacke* Rn 18). Nicht erforderlich ist eine Zustimmung des Berechtigten auch bei Bestehen einer Veräußerungsbeschränkung nach § 12 WEG (BayObLGZ 64, 237) oder nach § 5 ErbbauV (Köln NJW 68, 505). Nicht erforderlich ist eine ausstehende behördliche Genehmigung, die nach dem BauGB (BayObLG MDR 70, 233), GrdstVG (KG VIZ 92, 191), GVO (KG OLGZ 92, 260), Devisengesetzen (Soergel/*Stürner* Rn 14, str) für die endgültige Rechtsänderung erforderlich ist. Jedoch ist eine ausstehende vormundschaftsgerichtliche Genehmigung (außer § 1821 I Nr 5: BayObLG DNotZ 94, 182) auch für die Eintragung der Vormerkung erforderlich (Oldbg DNotZ 71, 484; zu § 1821 I Nr 1 Frankf Rpfleger 97, 255; vgl Soergel/*Stürner* Rn 14, aA MüKo/*Wacke* Rn 23 mwN).

8 **VI. Inhaltsänderung, Wiederverwendung.** Soll der Inhalt des gesicherten Anspruchs geändert oder erweitert werden (zB Verlängerung der Frist zur Annahme eines Kaufangebots), ist neben der Eintragung der Inhaltsänderung nach § 877 die Zustimmung der gleich- und nachrangigen Berechtigten erforderlich (KG HRR 33 Nr 1849). Eine erloschene Vormerkung kann durch erneute Bewilligung für einen neuen deckungsgleichen Anspruch ohne Berichtigung oder Neueintragung wieder verwendet werden (BGHZ 143, 175; krit Soergel/*Stürner* Rn 6), wobei für den Rang der Zeitpunkt der erneuten Bewilligung maßgeblich ist (BGHZ 143, 175; aA LG Lübeck NJW-RR 96, 915). Wegen der neueren Rspr des BGH sind Inhaltsänderungen zur Rechtsbegründung zT nicht mehr einzutragen (Staud/*Gursky* § 883 Rn 328 ff; Schöner/Stöber Rn 1519; *Amann* MittBayNot 00, 197).

9 **D. Eintragung.** Die Vormerkung entsteht erst mit Eintragung im Grundbuch. Bei der Eintragung zu Lasten eines Briefrechts (zB Löschungsvormerkung) muss auch der Brief vorgelegt werden (§§ 41 ff GBO). Die Vormerkung aufgrund einer eV kann nur innerhalb der Vollziehungsfrist beantragt werden (§ 929 ZPO). Bei der Eintragung kann auf die Bewilligung Bezug genommen werden (II, vgl § 874, § 44 II GBO). Die Bezeichnung „Vormerkung" ist nicht erforderlich (RGZ 82, 23). Das Grundbuchamt darf nur die formellen Voraussetzungen zur Eintragung der Vormerkung prüfen, außer es ist offensichtlich, dass das Grundbuch unrichtig würde (Soergel/*Stürner* Rn 11; Schöner/Stöber Rn 1514).

10 **E. Gutgläubiger Erwerb.** Einigkeit besteht darüber, dass weder ein gutgläubiger Erst- noch Zweiterwerb stattfindet, wenn der zugrunde liegende Anspruch nicht besteht, weil Forderungen grds nicht gutgläubig erworben werden können (BayObLGZ 99, 231).

11 **I. Ersterwerb.** Nach hM ist der gutgläubige Ersterwerb einer Vormerkung möglich, und zwar nicht nach § 892, weil die Vormerkung kein dingliches Recht ist, sondern nach §§ 893 Var 2, 892 analog (BGHZ 57, 343; vgl MüKo/*Wacke* Rn 66 mwN) oder direkt (Staud/*Gursky* § 883 Rn 316). Dies gilt nicht nur für die bewilligte, sondern wegen § 898 ZPO auch für die nach § 894 ZPO ersetzte Vormerkung, nicht aber auch für die nach § 895 ZPO fingierte Vormerkung (Palandt/*Bassenge* Rn 12; aA MüKo/*Wacke* Rn 69 mwN). Eine Vormerkung kann mangels rechtsgeschäftlicher Verfügung auch nicht aufgrund einer einstweiligen Verfügung gutgläubig erworben werden (RGZ 68, 153; BayObLG NJW-RR 87, 334 und 812; aA MüKo/*Wacke* Rn 70 mwN). Der Erwerber muss nach § 892 II bei Antragstellung oder einer nachfolgenden Bewilligung gutgläubig sein (vgl MüKo/*Wacke* Rn 45). Dabei ist es unschädlich, wenn der Erwerber danach bösgläubig, ein Widerspruch eingetragen oder das Grundbuch berichtigt wird (Palandt/*Bassenge* Rn 13, str).

II. Zweiterwerb. Auch ein gutgläubiger Zweiterwerb, etwa bei mangelhafter Bewilligung oder bei einem 12
wegen Bösgläubigkeit des Erwerbers gescheiterten gutgläubigen Ersterwerbs ist möglich (hM MüKo/*Wacke*
Rn 66 mwN; wobei dies nach BGHZ 25, 23 f auf den zweiten Fall beschränkt sein soll; abl Palandt/*Bassenge*
Rn 21, str). Dies gilt insbes, obwohl der Übergang der Vormerkung bei Abtretung des gesicherten Anspruchs
gem § 401 und damit formal kraft Gesetzes übergeht und der gesetzliche Erwerb gem §§ 892 f nicht geschützt
ist. Ein gutgläubiger Erwerb setzt in jedem Fall den wirksamen Forderungsübergang voraus. Dieser scheidet
daher aus, wenn die Abtretung der Forderung ausgeschlossen ist (BayObLG DNotZ 99, 736). Ein Ausschluss
der Abtretbarkeit ist im Grundbuch eintragbar, obwohl dies zur Verhinderung eines gutgläubigen Erwerbs
nicht erforderlich ist (Köln RNotZ 04, 263).

§ 886 Beseitigungsanspruch

Steht demjenigen, dessen Grundstück oder dessen Recht von der Vormerkung betroffen wird, eine Einrede zu, durch welche die Geltendmachung des durch die Vormerkung gesicherten Anspruchs dauernd ausgeschlossen wird, so kann er von dem Gläubiger die Beseitigung der Vormerkung verlangen.

A. Allgemeines. Ist der vorgemerkte Anspruch nicht wirksam entstanden oder erloschen oder ist die Vormer- 1
kung sonst nicht wirksam entstanden, ist das Grundbuch unrichtig und der Verpflichtete hat einen Anspruch
nach § 894 (vgl MüKo/*Wacke* Rn 1). Verfahrensrechtlich ist zur Löschung die Löschungsbewilligung des Berechtigten (§§ 19, 29 GBO) oder der Nachweis der Unrichtigkeit des Grundbuchs (§§ 22, 29 GBO) erforderlich (Sonderfall: § 25 GBO). Eine Löschung von Amts wegen kommt nach §§ 84 ff GBO in Betracht (Soergel/*Stürner* Rn 4
mwN). Sofern die Vormerkung jedoch wirksam entstanden, nur der gesicherte Anspruch dauernd nicht durchsetzbar ist, gibt § 886 dem Inhaber des belasteten Rechts einen Beseitigungsanspruch.

B. Dauernde Einrede. Dauernde Einrede gegen den gesicherten Anspruch können sein: §§ 214, 821, 853, 2
wobei die Einrede geltend gemacht werden muss (BGH NJW 89, 221; aA MüKo/*Wacke* Rn 3). In der Geltendmachung des Anspruchs aus § 886 liegt idR auch die Geltendmachung der Einrede (Soergel/*Stürner*
Rn 9; MüKo/*Wacke* Rn 3; aA BGH NJW 89, 221).

C. Beseitigungsanspruch. I. Gläubiger. Gläubiger des Anspruchs ist derjenige, dessen Grundstück oder 3
Recht durch die Vormerkung betroffen ist, dh dessen Grundstück oder Recht mit der Vormerkung belastet ist.
Gläubiger kann auch sein, wer nicht Schuldner des gesicherten Anspruchs ist, weil Vormerkung und gesicherter
Anspruch nachträglich auseinander gefallen sind (vgl BaRoth/*Kössinger* Rn 6; aA Staud/*Gursky* Rn 7). Anspruchs-
inhaber können daher auch vormerkungswidrige Erwerber sein, die die Einreden des Schuldners dem Vormer-
kungsberechtigten analog §§ 768, 1137, 1211 entgegenhalten können (RGZ 53, 34; MüKo/*Wacke* Rn 3).

II. Schuldner. Schuldner des Anspruchs ist der Vormerkungsberechtigte und ggf der Inhaber eines Rechts 4
an dem gesicherten Anspruch (zB Pfandrecht).

III. Anspruchsinhalt. Der Schuldner ist auf seine Kosten zur Beseitigung der Vormerkung verpflichtet. Er 5
muss nicht wie nach § 894 lediglich die Zustimmung zur Löschung abgeben, sondern selber die Beseitigung
der Vormerkung durch Aufhebungserklärung nach § 875 I analog (vgl BGHZ 60, 50; BaRoth/*Kössinger* Rn 8),
Löschungsantrag (§ 13 GBO) und Löschungsbewilligung (§§ 19, 29 GBO) herbeiführen.

§ 887 Aufgebot des Vormerkungsgläubigers

¹*Ist der Gläubiger, dessen Anspruch durch die Vormerkung gesichert ist, unbekannt, so kann er im Wege des Aufgebotsverfahrens mit seinem Recht ausgeschlossen werden, wenn die im § 1170 für die Ausschließung eines Hypothekengläubigers bestimmten Voraussetzungen vorliegen.* ²*Mit der Erlassung des Aus-
schlussurteils erlischt die Wirkung der Vormerkung.*

A. Voraussetzungen. Unbekannt ist der Gläubiger, wenn nach zumutbaren nachzuweisenden Bemühungen 1
nicht festgestellt werden kann, welche Person Gläubiger ist; ein bloß unbekannter Aufenthalt des Gläubigers
genügt nicht (BaRoth/*Kössinger* Rn 2; aA *Wehrstedt* RNotZ 01, 516). Unbekannt ist der Gläubiger auch, wenn er
sein Recht nicht in grundbuchmäßiger Form nachweisen kann (RGZ 67, 99; Staud/*Gursky* Rn 2 f) oder dessen
Erben nicht ermittelt werden können. Es müssen die weiteren Voraussetzungen des § 1170 (s dort) vorliegen.

B. Verfahren. Das Verfahren der Ausschließung richtet sich nach §§ 946 ff, 988, 983 ff, 1024 ZPO. Das Aus- 2
schlussurteil ist mit Verkündung rechtskräftig (957 ZPO) und die Vormerkung erlischt (S 2), sofern das
Urteil nach § 953 ZPO vorbehaltlos ist (vgl RGZ 67, 96). Der vorgemerkte Anspruch bleibt unberührt (BGH
Rpfleger 94, 514). Das Grundbuch ist durch Löschung der Vormerkung zu berichtigen. Das Ausschlussurteil
ist Unrichtigkeitsnachweis iSd § 22 GBO.

§ 888 Anspruch des Vormerkungsberechtigten auf Zustimmung

(1) Soweit der Erwerb eines eingetragenen Rechts oder eines Rechts an einem solchen Recht gegenüber demjenigen, zu dessen Gunsten die Vormerkung besteht, unwirksam ist, kann dieser von dem Erwerber die Zustimmung zu der Eintragung oder der Löschung verlangen, die zur Verwirklichung des durch die Vormerkung gesicherten Anspruchs erforderlich ist.
(2) Das Gleiche gilt, wenn der Anspruch durch ein Veräußerungsverbot gesichert ist.

1 **A. Allgemeines.** Nach § 883 ist eine vormerkungswidrige Verfügung dem Berechtigten der Vormerkung ggü relativ unwirksam, so dass für den Berechtigten der Anspruchsverpflichtete nach wie vor ungeschmälert Rechtsinhaber ist. Der Erfüllungsanspruch des Vormerkungsberechtigten gegen den Verpflichteten geht nicht nach § 275 unter, weil der Schuldner dem Vormerkungsberechtigten ggü wegen § 883 II verfügungsbefugt bleibt (BGHZ 105, 261). Der Verpflichtete muss nach wie vor alle zur Verschaffung des Rechts erforderlichen Erklärungen abgegeben (zB Auflassung) und ggf verklagt werden. Eine Zustimmung nach § 888 macht diese Erklärungen nicht entbehrlich (BGH NJW 90, 2460). Wird die vormerkungswidrige Verfügung im Grundbuch eingetragen, kann der Verpflichtete mangels Voreintragung (§§ 39 f GBO) das Recht jedoch nicht verschaffen und es ist die grundbuchverfahrensrechtliche Zustimmung (§ 19 GBO) des vormerkungswidrig eingetragenen Berechtigten erforderlich. Der Anspruch aus § 888 geht als unselbständiger Hilfsanspruch durch Abtretung des gesicherten Anspruchs mit der Vormerkung auf den Zessionar über (RG JW 27, 1413).

2 **B. Vormerkungswidrige Verfügung.** Vormerkungswidrig ist eine Verfügung, die den vorgemerkten Anspruch vereiteln oder beeinträchtigen könnte (vgl § 883 I 2) und im Grundbuch eingetragen (vgl Dresden NJW-RR 99, 1177) bzw ohne Grundbucheintragung wirksam ist. Das Grundbuch wird nicht unrichtig, so dass auch kein Anspruch nach § 894 besteht (RGZ 132, 424). Es entsteht auch dann kein Anspruch aus § 894, wenn der Vormerkungsberechtigte als Rechtsinhaber (zB Eigentümer) eingetragen ist (MüKo/*Wacke* Rn 11). § 888 gilt entspr bei Erlass eines vormerkungswidrigen Veräußerungsverbotes (BGH JZ 66, 526).

3 **C. Zustimmung. I. Anspruch auf Zustimmung.** Der Berechtigte hat einen Anspruch auf die zur Eintragung des Vormerkungsberechtigten nach § 19 GBO – nicht nach § 185 (MüKo/*Wacke* Rn 2; aA nur RGRK/ *Augustin* Rn 4) – erforderliche Zustimmung des vormerkungswidrig Eingetragenen (BayObLG NJW-RR 90, 722) in grundbuchmäßiger Form (§ 29 GBO) und zwar entweder zur Rechtsänderung (zB zur vorgemerkten Eigentumsumschreibung) oder zur Löschung des vormerkungswidrig eingetragenen Rechts (zB Grundpfandrecht). Die Zustimmungspflicht besteht nur, soweit die Verfügung vormerkungswidrig ist (MüKo/*Wacke* Rn 9). Es kann auch die Vorlage von Grundpfandrechtsbriefen verlangt werden (KG JFG 5, 327). Kommt der Dritterwerber mit der Abgabe der Zustimmung in Verzug, haftet er nach § 286 (aA BGHZ 49, 263; wie hier Soergel/*Stürner* Rn 3; MüKo/*Wacke* Rn 10). Der vormerkungswidrig im Grundbuch eingetragene Dritterwerber kann nach § 267 I auch alle materiell und verfahrensrechtlich erforderlichen Erklärungen anstelle des Vormerkungsverpflichteten selber abgeben (vgl MüKo/*Wacke* Rn 14). Statt bloßer Zustimmung nach § 888 muss dann die Einigung erklärt und eine Eintragungsbewilligung abgegeben werden.

4 **II. Gegenrechte.** Der Anspruch aus § 888 hängt hinsichtlich Durchsetzbarkeit und Fälligkeit (Ddorf OLGZ 77, 330) vom gesicherten Hauptanspruch ab und ist bei Rechtsmissbrauch nach § 242 einredebehaftet (BGHZ 79, 204).

5 **1. Gegen die Vormerkung.** Der Dritterwerber kann Einwendungen gegen das Bestehen der Vormerkung (zB wirksame Bestellung) erheben oder geltend machen, dass der Erwerb nicht vormerkungswidrig ist, weil der Schutzbereich der Vormerkung nicht betroffen oder der Berechtigte nach § 185 – auch konkludent – der Verfügung zugestimmt hat (vgl MüKo/*Wacke* Rn 5; Soergel/*Stürner* Rn 5). Der Anspruch aus § 888 verjährt nicht (§ 902, MüKo/*Wacke* Rn 10).

6 **2. Gegen den gesicherten Anspruch.** Der Dritterwerber kann analog §§ 768, 1137, 1211 dem Vormerkungsberechtigten die Einreden des Schuldners des vorgemerkten Anspruchs entgegenhalten (BGH NJW 00, 3496; RGZ 144, 283), sogar wenn der Schuldner auf die Einreden verzichtet hat (Celle NJW 58, 385 f) oder der Schuldner bereits rechtskräftig zur Leistung verurteilt wurde (RGZ 53, 30 f). Dies gilt auch, wenn der gesicherte Anspruch nur anfechtbar oder ein Rücktritt möglich ist und der Schuldner darauf noch nicht verzichtet hat (MüKo/*Wacke* Rn 4).

7 **3. Aus eigenem Recht.** Aus eigenem Recht können dem Dritterwerber ebenfalls Einreden zustehen (BGH LM § 883 Rn 6).

8 **III. Klagbarkeit.** Der Anspruch aus § 888 kann unabhängig vom gesicherten Hauptanspruch eingeklagt werden (BGH BB 58, 1225; aA MüKo/*Wacke* Rn 6). Bei Rechtshängigkeit wird das Grundstück streitbefangen iSd §§ 265, 266, 727 ZPO, so dass das Urteil auch gegen den Gesamtrechtsnachfolger und gegen den Sonderrechtsnachfolger wirkt, soweit letzterem die Rechtshängigkeit bekannt ist (BGHZ 39, 25 f). Wird die Klage aus dem vorgemerkten Hauptanspruch rechtskräftig abgewiesen, findet keine Rechtskrafterstreckung zugunsten des Dritterwerbers statt (RGZ 53, 28; aA MüKo/*Wacke* Rn 7), aber einer Klage aus § 888 fehlt das Rechtsschutzbedürfnis (Palandt/*Bassenge* Rn 7).

D. Weitere Ansprüche. I. Des Vormerkungsberechtigten. Nach seiner Eintragung hat der Vormerkungsberechtigte die Ansprüche aus §§ 987 ff. Vorher hat der Berechtigte gegen den Dritterwerber analog §§ 987 ff nur einen Anspruch auf Nutzungsersatz, soweit dem Berechtigten auch ggü dem Schuldner des gesicherten Anspruchs die Nutzungen zustehen (BGHZ 144, 326 ff; vgl Soergel/*Stürner* Rn 4 b; MüKo/*Wacke* Rn 16). Andere Ansprüche, insbes Schadensersatz- und Unterlassungsansprüche aus §§ 987 ff bzw §§ 823, 1004, 1132 stehen dem Berechtigten erst ab Eintragung zu (aA MüKo/*Wacke* Rn 17 mwN).

II. Des Dritterwerbers. Der Dritterwerber kann analog §§ 994 II, 995, 999, 677 ff Ersatz der notwendigen Verwendungen verlangen (BGHZ 144, 328; 75, 291). Klagt der Dritterwerber gegen den Vormerkungsberechtigten auf Besitzherausgabe aus § 985, kann letzterer den fälligen Anspruch aus § 888 nach § 242 im Wege der Widerklage entgegen halten.

E. Veräußerungsverbot (II). Ein Anspruch nach § 888 besteht auch, wenn ein gesetzliches, gerichtliches oder behördliches – nicht rechtsgeschäftliches – Veräußerungsverbot nach §§ 135, 136 besteht. Da ein gerichtliches Veräußerungsverbot (§ 938 ZPO) zur Wirksamkeit nur der fristgebundenen Zustellung des Beschlusses an den Verfügenden bedarf (§ 929 ZPO), kommt ein Anspruch nach § 888 auch ohne Eintragung in Betracht (MüKo/*Wacke* Rn 21 f). Die Eintragung ist möglich (RGZ 135, 384). Ein gutgläubiger Dritterwerber ist ohne Eintragung nach §§ 135 II, 892 geschützt. Das Veräußerungsverbot bewirkt, sofern es dem Grundbuchamt bekannt ist, vor seiner Eintragung (BayObLG NJW 73, 58; aA MüKo/*Wacke* Rn 21), nicht aber nach Eintragung (Palandt/*Bassenge* Rn 10; BaRoth/*Kössinger* Rn 17) eine Grundbuchsperre. Bei Zusammentreffen von Vormerkung und Veräußerungsverbot, erlischt das Veräußerungsverbot automatisch, wenn der vorrangige Vormerkungsberechtigte als Rechtsinhaber eingetragen wird (BGH NJW 66, 1509). Hat das Veräußerungsverbot Vorrang vor der Vormerkung, so besteht ein Anspruch aus § 888.

F. Erwerbsverbot. Ist ein Kaufvertrag nach § 311 b formnichtig, kann der Verkäufer eine bereits erfolgte Auflassung kondizieren. Der Kondiktionsanspruch erlischt jedoch mit Eintragung des Käufers im Grundbuch, weil damit nach § 311 b I 2 der Kaufvertrag geheilt wird. Um dies zu verhindern, kann der Verkäufer durch eV ein Erwerbsverbot analog § 938 II ZPO gegen den Käufer erwirken (krit MüKo/*Wacke* Rn 23 ff), welches zur Wirksamkeit dem Käufer zugestellt werden muss. Ein Erwerbsverbot kommt auch in anderen Fällen in Betracht (zB bei Anfechtung). Dadurch ist dem Verkäufer ggü der Eigentumserwerb relativ unwirksam. Umstritten ist jedoch die Eintragbarkeit eines Erwerbsverbotes (vgl Soergel/*Stürner* Rn 13 Fn 58 mwN). Wenn das Grundbuchamt jedoch das Erwerbsverbot kennt, darf es eine Eintragung nicht herbeiführen (BayObLG Rpfleger 97, 304; aA *Böttcher* BWNotZ 93, 25), unabhängig davon, wann Eintragungsantrag und/oder -bewilligung beim Grundbuchamt eingegangen sind (KG JFG 1, 379), weil § 878 nicht anwendbar ist (Palandt/*Bassenge* Rn 11). Erfolgt die Eintragung trotzdem, ist diese dem Verkäufer ggü unwirksam und das Grundbuch ist ggü dem Berechtigten unrichtig (Hamm DNotZ 70, 661).

G. Amtsvormerkung. § 888 gilt nicht für die Amtsvormerkung nach § 18 II GBO. Das vorgemerkte Recht wird ohne Zustimmung des Dritterwerbers eingetragen und das amtsvormerkungswidrig eingetragene Recht wird ohne Zustimmung des Dritterwerbers von Amts wegen gelöscht (MüKo/*Wacke* Rn 26).

§ 889 Ausschluss der Konsolidation bei dinglichen Rechten

Ein Recht an einem fremden Grundstück erlischt nicht dadurch, dass der Eigentümer des Grundstücks das Recht oder der Berechtigte das Eigentum an dem Grundstück erwirbt.

A. Kein Erlöschen. I. Nachträglicher Erwerb. Wird der Inhaber eines – beschränkt dinglichen oder grundstücksgleichen – Rechts an einem Grundstück zugleich Eigentümer dieses Grundstücks, bleibt das Recht grds unverändert bestehen. Dies gilt sowohl, wenn der Eigentümer später das Recht erwirbt als auch wenn der Rechtsinhaber nachträglich das Eigentum erwirbt. Bei einer Verfügung über das Grundstücksrecht oder das Eigentum fallen diese wieder auseinander, außer das Recht wird mit übertragen (vgl BayObLG MDR 84, 145).

II. Originärer Erwerb. Aus § 889 folgt, dass der Eigentümer ein Grundstücksrecht zu seinen Gunsten auch ursprünglich an einem ihm gehörenden Grundstück bestellen kann. Für Dienstbarkeiten ist dafür jedoch ein berechtigtes Interesse erforderlich, etwa weil das Grundstück demnächst veräußert werden soll.

B. Erlöschen. I. Ausnahmen. Ausnahmen von § 889 gelten nach §§ 914 III, 917 II, 1107, 1178 I, 1200 I.

II. Vereinigung von Grundstücksrecht und Recht daran. § 889 gilt nicht für die Vereinigung von grundstücksgleichen oder beschränkt dinglichem Grundstücksrecht und Rechten daran in einer Person. ZB kann der Nießbrauch nach §§ 1072, 1063 I und ein Pfandrecht nach §§ 1273 I, 1256 an einem Grundstücksrecht erlöschen, wenn der Berechtigte das Grundstücksrecht erwirbt. Erwirbt der Eigentümer das Recht (zB Pfandrecht, Nießbrauch) an einem Grundstücksrecht, welches einem Dritten zusteht, bleibt das Zweigrecht bestehen (KGJ 47, 194).

5   **III. Akzessorische Rechte.** Bei akzessorischen Rechten (zB Vormerkung und Hypothek) führt die Konfusion zum Erlöschen der zugrunde liegenden Forderung, so dass die Vormerkung erlischt und die Hypothek Eigentümergrundschuld wird. Das Erlöschen der Vormerkung ist kein Widerspruch zu § 889, weil diese kein Recht an einem Grundstück ist.

§ 890 Vereinigung von Grundstücken; Zuschreibung

(1) Mehrere Grundstücke können dadurch zu einem Grundstück vereinigt werden, dass der Eigentümer sie als ein Grundstück in das Grundbuch eintragen lässt.
(2) Ein Grundstück kann dadurch zum Bestandteil eines anderen Grundstücks gemacht werden, dass der Eigentümer es diesem im Grundbuche zuschreiben lässt.

1   **A. Allgemeines. I. Materiellrechtlich.** Durch Vereinigung und Bestandteilszuschreibung (Oberbegriff „Verbindung") können mehrere Grundstücke im Rechtssinne zu einem Grundstück im Rechtssinne zusammengefasst werden. Im Grundbuch erfolgt dies durch Buchung mehrerer Flurstücke unter einer laufenden Nummer im Bestandsverzeichnis. Die Rechtsfolgen von Vereinigung und Zuschreibung unterscheiden sich hinsichtlich der Belastungen in Abteilung III der Grundstücke. Davon zu unterscheiden ist die grundbuchmäßige Zusammenschreibung (§ 4 GBO) von mehreren Grundstücken auf demselben Grundbuchblatt unter separaten Nummern im Bestandsverzeichnis, wodurch deren rechtliche Selbständigkeit nicht verändert wird.

2   **II. Katasterverfahren.** Bei Vereinigung und Zuschreibung bleiben die Grundstücke im Kataster grds als selbständige Flurstücke, insbes bei unterschiedlichen Belastungen, bestehen (vgl Ddorf Rpfleger 00, 212; Soergel/*Stürner* Rn 9 a). Nach Verbindung können Sie zu einem Flurstück verschmolzen werden (Flurstücksverschmelzung), wenn die Flurstücke aneinandergrenzen (*Schöner/Stöber* Rn 596, 632 ff). Eine Grundstücksteilung setzt eine Zerlegung der Grundstücke im Kataster voraus (Flurstückszerlegung).

3   **B. Gemeinsame Voraussetzungen. I. Gegenstand.** Gegenstand einer Vereinigung oder Bestandsteilszuschreibung können neben Grundstücken auch grundstücksgleiche Rechte sein (*Schöner/Stöber* Rn 627). Möglich ist auch die Verbindung von Grundstücken mit grundstücksgleichen Rechten (BayObLGZ 93, 300; aA Staud/*Gursky* Rn 19). Verbindung ist auch bei Wohnungs- bzw Teileigentumsrechten (*Schöner/Stöber* Rn 2979 mwN), Wohnungseigentum mit Grundstücken, nicht aber von Miteigentumsanteilen (BayObLG DNotZ 95, 52) oder noch nicht verselbständigten Teilflächen möglich. Soll mit einem Grundstück ein Teilfläche verbunden werden, ist § 890 ausnahmsweise ohne Verselbständigung der Teilfläche anwendbar (sog Zuflurstück, BayObLG Rpfleger 74, 149; zur Verbindung von Zuflurstück und Zuflurstück vgl BayObLG DNotZ 72, 350; unzulässig: Soergel/*Stürner* Rn 6, 9). Die Grundstücke sollen nach §§ 5 II, 6 II GBO aneinandergrenzen (zum alten Recht noch aA RGZ 55, 215). Eine Vereinigung oder Bestandsteilszuschreibung scheidet jedoch aus, wenn Verwirrung zu besorgen ist (§§ 5 I, 6 I GBO; Ddorf ZfIR 00, 284), zB weil Belastungs- und Rangverhältnisse danach nicht mehr eindeutig sind (vgl Soergel/*Stürner* Rn 9 a). Bei unterschiedlicher Belastung darf daher keine Flurstücksverschmelzung eingeleitet, angekündigt oder beantragt sein (Ddorf Rpfleger 00, 212).

4   **II. Eigentum.** Die zu verbindenden Grundstücke müssen spätestens bei der Eintragung demselben Eigentümer in derselben Eigentumsform und ggf zu gleichen Anteilen gehören (Zweibr NJW-RR 90, 783).

5   **III. Erklärung.** Materiellrechtlich ist die formfreie Erklärung des Eigentümers und verfahrensrechtlich dessen Bewilligung (§ 19 GBO) in der Form des § 29 GBO und Antrag (§ 13 GBO) erforderlich. Der Antrag des Eigentümers in den Formen des §§ 30, 29 GBO ersetzt die Bewilligung. Im Zweifel ist die Vereinigung als Grundfall gewollt (BayObLG DNotZ 72, 350; MüKo/*Wacke* Rn 7).

6   **IV. Zustimmung Dritter.** Die Zustimmung Dritter, insbes von Grundpfandrechtsgläubigern, ist nicht erforderlich, weil deren Rechtsstellung nicht beeinträchtigt wird (Karlsr OLGE 39, 222; MüKo/*Wacke* Rn 9; aA teilw Palandt/*Bassenge* Rn 6). Zum landesrechtlichen Vorbehalt nach Art 119 EGBGB, § 136 GBO vgl *Bauer/v Oefele/Waldner* GBO §§ 5, 6 Rn 8.

7   **V. Wirksamkeit.** Die Verbindung wird mit Eintragung im Grundbuch wirksam und zwar auch bei Verstoß gegen §§ 5, 6 GBO.

8   **C. Vereinigung (I, § 5 GBO).** Durch die Vereinigung werden die ursprünglichen Grundstücke nicht wesentliche Bestandteile des neuen Grundstücks (BGH DNotZ 78, 156; BayObLGZ 54, 262). Belastungen in Abteilung II und III des Grundbuchs bleiben bezogen auf die ursprünglichen Grundstücke getrennt bestehen (BGH DNotZ 78, 156; Hamm DNotZ 03, 355) und erstrecken sich nicht auch auf den jeweils anderen Teil. Die Zwangsvollstreckung kann auch nur in den belasteten Teil betrieben werden (KG NJW-RR 89, 1362). Neue Belastungen in Abteilung II und III können nur das neue einheitliche Grundstück erfassen.

9   **D. Zuschreibung (II, § 6 GBO).** Durch die Bestandteilszuschreibung wird das zugeschriebene Grundstück unwesentlicher Bestandteil des Hauptgrundstücks (MüKo/*Wacke* Rn 4). Belastungen in Abteilung II bezogen

auf die Grundstücke bleiben getrennt bestehen und neue Belastungen können nur das neue einheitliche Grundstück erfassen. Belastungen in Abteilung III des Hauptgrundstücks erstrecken sich jedoch auf das zugeschriebene Grundstück nach §§ 1131, 1192, 1199 f ("verdeckte Nachverpfändung", MüKo/*Wacke* Rn 15), haben jedoch Rang nach den schon bestehenden Belastungen in Abteilung III des zugeschriebenen Grundstücks (§ 1131 S 2). Letztere bleiben auf das zugeschriebene Grundstück beschränkt.

E. Teilung. Teilung ist die Aufhebung einer Vereinigung oder Bestandteilszuschreibung oder die Abschreibung einer realen Teilfläche aus einem einheitlichen Grundstück und Buchung der entstehenden Grundstücke unter selbständigen Nummern im Bestandsverzeichnis des Grundbuchs. Sie ist erforderlich bei Veräußerung oder grds bei Belastung (§ 7 GBO) einer Teilfläche. Sie wird wirksam mit Eintragung im Grundbuch. Vorher können die Teilflächen jedoch mit Vormerkungen und Verfügungsbeschränkungen belastet werden (MüKo/*Wacke* Rn 16). Teilung erfordert materiellrechtlich die formfreie Erklärung des Eigentümers und verfahrensrechtliche dessen Bewilligung (§§ 19, 29 GBO) nebst Antrag (§ 13 GBO). Die Zustimmung von dinglich Berechtigten ist nicht erforderlich, weil dessen Rechtsstellung nicht beeinträchtigt wird (KG NJW 69, 470). Eine staatliche Teilungsgenehmigung ist nach § 19 BauGB nF nicht mehr (vgl aber § 19 II BauGB), allerdings noch nach §§ 51, 144, 169 BauGB und ggf nach den Bauordnungen der Länder (zB § 8 LBauO NRW) erforderlich. Durch die Teilung entstehen zwei oder mehrere Grundstücke im Rechtssinne, die wie das Ausgangsgrundstück belastet sind. Vgl zur lastenfreien Abschreibung von Kleinstgrundstücken Art 120 EGBGB. Bei Teilung des belasteten Grundstücks gelten nach §§ 1026, 1090 II, 1108 II und bei der Teilung des herrschenden Grundstücks nach §§ 1025, 1109 Sonderregelungen. 10

§ 891 Gesetzliche Vermutung

(1) Ist im Grundbuche für jemand ein Recht eingetragen, so wird vermutet, dass ihm das Recht zustehe.
(2) Ist im Grundbuch ein eingetragenes Recht gelöscht, so wird vermutet, dass das Recht nicht bestehe.

A. Allgemeines. Die Norm begründet eine nur durch den Beweis des Gegenteils (§ 292 ZPO) widerlegbare 1 Rechtsvermutung (MüKo/*Wacke* Rn 1; Staud/*Gursky* Rn 44), dass der Inhalt des Grundbuches in Bezug auf eingetragene und gelöschte Rechte richtig ist. Dagegen wird bei nur eingetragenen Rechten nicht vermutet, dass diese nicht bestehen (Staud/*Gursky* Rn 35; einschränkend MüKo/*Wacke* Rn 23). Der durch die Eintragung oder Löschung Begünstigte kann sich auf die Richtigkeit der Grundbucheintragung berufen, ohne auch die Wirksamkeit des dinglichen Geschäfts darlegen oder gar beweisen zu müssen.

B. Eintragung (I). I. Wirksamkeit, Zulässigkeit und Widerspruch. Die Eintragung muss wirksam und 2 zulässig sein und darf nicht widersprüchlich sein.

1. Wirksamkeit. Beim konventionell geführten Grundbuch muss die Eintragung insbes von den – zwei – 3 zuständigen Personen unterschrieben sein (vgl § 44 GBO). Beim maschinell geführten Grundbuch muss die Eintragung in den dafür bestimmten Datenspeicher aufgenommen und dauerhaft unverändert wiederzugeben sein (§§ 129, 130, 127 GBO iVm landesrechtlichen Regelungen). Bei gefälschten oder erpressten Eintragungen muss zur Unwirksamkeit die Unrichtigkeit nach § 44 VwVfG offensichtlich sein (BGHZ 7, 69; MüKo/*Wacke* Rn 2). Sonstige Verfahrensmängel begründen höchstens ein Indiz für die Unwirksamkeit (RG JW 36, 2400). Im Übrigen richtet sich die Nichtigkeit einer Eintragung nach § 44 VwVfG.

2. Zulässigkeit. Eine inhaltlich unzulässige Eintragung ist von Amts wegen zu löschen (§ 53 I S 2 GBO) und 4 begründet auch vor Löschung keine Vermutung, sofern die Unzulässigkeit offenkundig ist (RGZ 88, 27). Unzulässig ist auch eine unvollständige und damit unbestimmte Eintragung (Frankf Rpfleger 75, 305 f) oder Eintragung eines nicht eintragungsfähigen Rechts (BayObLG DNotZ 77, 111 f). Ist die Eintragung nach § 53 I 1 GBO nur fehlerhaft, ist ein Amtswiderspruch einzutragen und entfaltet bis dahin die Vermutung.

3. Widerspruch. Widersprechen sich zwei Eintragungen, so heben sich die Vermutungen insoweit gegensei- 5 tig auf (BaRoth/*Kössinger* Rn 13).

II. Rechte. Die Vermutungswirkung entfalten alle eintragungsfähigen privaten (RGZ 80, 367) Rechte, wozu 6 alle im BGB, ErbbauV, WEG und zT in Landesgesetzen (zB FischereiG NRW) geregelten und eintragungsfähigen dinglichen Rechte und Rechte an diesen gehören, auch wenn sie an falscher Stelle eingetragen sind (BayObLGZ 95, 413). § 891 gilt nicht für nicht eintragungsfähige Rechte (zB öffentliche Lasten oder Notweg- und Überbaurenten) und tatsächliche Angaben, insbes nicht für Angaben im Bestandsverzeichnis des Grundbuchs zu Größe, Lage, Bebauung oder Bebaubarkeit (RGZ 73, 128 f) und Angaben in Spalte 4 von Abteilung I (BGHZ 7, 67 f). Davon ausgenommen gilt § 891 jedoch für den sich aus dem Kataster ergebenden Grenzverlauf (BGH DNotI-Report 06, 41; RGZ 73, 129; Frankf Rpfleger 85, 229), sofern nicht insbes ein natürlicher Grenzverlauf (zB Bach) künstlich oder natürlich verändert wurde (vgl Soergel/*Stürner* Rn 8). Der Umfang von nach Art 187 EGBGB nicht eintragungsbedürftigen altrechtlichen Grunddienstbarkeiten wird auch hinsichtlich der Vermutungswirkung durch die spätere Eintragung nicht begrenzt (RGZ 93, 65; aA

MüKo/*Wacke* Rn 5). Die den dinglichen Rechten zugrunde liegenden schuldrechtlichen Ansprüche werden von der Vermutungswirkung nicht erfasst (MüKo/*Wacke* Rn 6). Trotz Akzessorietät wird bei der Verkehrshypothek (§§ 1138, 891; RGZ 124, 335) und der Höchstbetragshypothek (§ 1190) der Bestand des dinglichen Rechts unabhängig von der zugrunde liegenden Forderung wie eingetragen vermutet. § 891 gilt nicht für Verfügungsbeschränkungen (KGJ 52, 168) und Widersprüche (RG JW 1910, 149). Bei der Vormerkung muss wegen der Akzessorietät jedoch der Bestand des zugrunde liegenden Anspruchs bewiesen sein (Soergel/*Stürner* Rn 7 mwN). Bei subjektiv-dinglichen Rechte gilt § 891 nicht für den Vermerk im Bestandsverzeichnis des herrschenden Grundstücks (§ 9 GBO, Frankf Rpfleger 79, 418).

7 **III. Vermutungswirkung. 1. Umfang.** Es wird der Bestand, der Inhalt und der Rang des Rechts vermutet sowie, dass das Recht dem eingetragenen Berechtigten zusteht und zwar seit dem Tag der Eintragung bis zur Gegenwart (BGHZ 52, 358) und in dem angegebenen Beteiligungsverhältnis (§ 47 GBO; BayObLGZ 24, 21). Bei Briefrechten wird die Vermutung nur durch den zumindest mittelbaren Briefbesitz entfaltet (BayObLG Rpfleger 73,429). Zum Inhalt gehört auch die nach § 874 in Bezug genommene Eintragungsbewilligung. Rechtliche Eigenschaften des Berechtigten wie Geschäftsfähigkeit, Verfügungsbefugnis, güterrechtliche Verhältnisses (KG NJW 73, 430) und Vertretungsmacht werden nicht vermutet, außer die Vertreterstellung iSd § 1189 (MüKo/*Wacke* Rn 12). Auch auf die Rechtsfähigkeit des Eingetragenen erstreckt sich die Vermutung nicht (Frankf NJW-RR 97, 402; MüKo/*Wacke* Rn 12, str, mwN).

8 **2. Prozessuale Bedeutung.** Die Vermutung ist nur durch den Beweis des Gegenteils widerleglich (§ 292 ZPO) und zwar durch das Grundbuchamt (BayObLG Rpfleger 04, 417; KG NJW 73, 58) und jeden, der ein rechtliches Interesse daran hat (RGZ 92, 70). Ein bloßer Gegenbeweis oder Widerspruch (BGHZ 52, 359; NJW-RR 97, 398) genügen nicht. Es ist zu beweisen, dass die Eintragung im Grundbuch unrichtig ist und auch nicht später, etwa durch gutgläubigen Erwerb, richtig geworden ist (BGH NJW 96, 1892; MüKo/*Wacke* Rn 17 ff; Staud/*Gursky* Rn 2, 44). Auf die Vermutung kann sich jeder berufen, für den das Bestehen oder Nichtbestehen eines Rechts von Bedeutung ist (BGH JZ 70, 373 f), so dass die Vermutung auch gegen den Berechtigten wirken kann (RGZ 95, 164). Die Vermutung gilt für die Verfahren aller Rechtswege und insbes im Grundbuchverfahren und für das Grundbuchamt selbst (BayObLG DNotZ 93, 335; DNotZ 90, 741; Soergel/*Stürner* Rn 2, 13). Insbes darf das Grundbuchamt ohne neue Umstände oder offensichtliche Unrichtigkeit keine Neubewertung von Eintragungsgrundlagen (zB Erbnachweise) vornehmen (BayObLG MittRhNotK 82, 250; vgl Soergel/*Stürner* Rn 13). Das Grundbuchamt kann sich jedoch nicht auf § 891 berufen, wenn nach den Grundakten die Unrichtigkeit offenkundig ist (BayObLG NJW-RR 89, 718).

9 **C. Löschung (II).** Auch die Löschung eines Rechts muss zulässig und wirksam sein (§§ 44, 46 GBO). Die Löschung begründet die durch den Beweis des Gegenteils (§ 292 ZPO) widerlegliche Vermutung, dass das Recht ab dem Zeitpunkt der Löschung (BGHZ 52, 358 f) nicht besteht. Bis zum Zeitpunkt der Löschung wird der Bestand des Rechts vermutet, wenn feststeht, dass die Löschung keine Grundbuchberichtigung sein sollte (BGHZ 52, 358 f). Wird ein eintragungsfähiges aber nicht eintragungsbedürftiges Recht gelöscht, so begründet dies nicht die Vermutung, dass das Recht nicht besteht (MüKo/*Wacke* Rn 22). Zum Beweis des Gegenteils muss bewiesen werden, dass das Recht besteht und zu Unrecht gelöscht wurde. Im Übrigen gilt das zur Eintragung Gesagte entspr.

§ 892 Öffentlicher Glaube des Grundbuchs

(1) ¹Zugunsten desjenigen, welcher ein Recht an einem Grundstück oder ein Recht an einem solchen Recht durch Rechtsgeschäft erwirbt, gilt der Inhalt des Grundbuchs als richtig, es sei denn, dass ein Widerspruch gegen die Richtigkeit eingetragen oder die Unrichtigkeit dem Erwerber bekannt ist. ²Ist der Berechtigte in der Verfügung über ein im Grundbuch eingetragenes Recht zugunsten einer bestimmten Person beschränkt, so ist die Beschränkung dem Erwerber gegenüber nur wirksam, wenn sie aus dem Grundbuch ersichtlich oder dem Erwerber bekannt ist.
(2) Ist zu dem Erwerb des Rechts die Eintragung erforderlich, so ist für die Kenntnis des Erwerbers die Zeit der Stellung des Antrags auf Eintragung oder, wenn die nach § 873 erforderliche Einigung erst später zustande kommt, die Zeit der Einigung maßgebend.

1 **A. Allgemeines.** Während nach § 891 der Grundbuchinhalt bloß widerleglich als richtig vermutet wird, begründet § 892 zugunsten des rechtsgeschäftlichen Erwerbers eine Fiktion (RGZ 116, 181; aA unwiderlegliche Vermutung RGZ 123, 21; MüKo/*Wacke* Rn 2), dass der Grundbuchinhalt und zwar auch hinsichtlich nicht eingetragener Rechte und Verfügungsbeschränkungen richtig ist.

2 **B. Grundbuchinhalt.** Zum Inhalt des Grundbuchs bzw Sondergrundbuchs (zB Erbbaugrundbuch, Wohnungseigentumsgrundbuch) gehören alle wirksamen (s § 891 Rn 2) und zulässigen (s § 891 Rn 3) eintragungsfähigen (Soergel/*Stürner* Rn 9) Eintragungen, die den Rechtsbestand des Grundstücks betreffen (RGZ 116, 180), auch wenn die Eintragung an falscher Stelle erfolgt ist (BayObLGZ 95, 417) und nach § 874 ggf der Inhalt der Eintragungsbewilligung. Das sind insbes alle Eintragungen bezüglich Bestand, Inhalt nebst Bedin-

gung und Befristung, Rang, Inhaberschaft und Belastung des Rechts (sa § 891 Rn 5). Nicht zum Grundbuchinhalt iSd § 892 gehören die nur tatsächlichen Angaben im Bestandsverzeichnis (Wirtschaftsart, Lage und Flächenmaß), da sie nicht das Grundstück als Gegenstand begrenzen (s § 891 Rn 5; *Lutter* AcP 164, 137; Soergel/*Stürner* Rn 11). Nicht zum Grundbuchinhalt gehören der Vermerk über die Zwangsvollstreckungsunterwerfung nach § 800 ZPO (KG HRR 31 Nr 1704), die Vorlöschklausel nach § 23 II GBO (BayObLG DNotZ 85, 41), die Rechts- und Geschäftsfähigkeit (RGZ 88, 89), Vertretungsmacht oder Verfügungsbefugnis (RGZ 134, 289) sowie der Güterstand (s § 891 Rn 6). Auch der Aktivvermerk nach § 9 GBO vermittelt keinen öffentlichen Glauben (BayObLGZ 8, 535).

I. Rechte. Rechte iSd § 892 sind alle eintragungsfähigen Grundstücks- und grundstücksgleichen Rechte des BGB, WEG, ErbbauV und anderen Neben- und Landesgesetzen (s § 873 Rn 3) und Rechte an diesen Rechten. § 892 I 1 gilt für die Vormerkung entspr RGZ 113, 408 f. Zu Rechten an Grundstücksrechten gehören Pfandrecht und Nießbrauch (s § 873 Rn 3). 3

II. Relative Verfügungsbeschränkungen. Verfügungsbeschränkungen iSd § 892 I 2 sind relative Veräußerungsverbote nach §§ 135 f (RG HRR 32 Nr 618). Gleichgestellt sind Verfügungsbeschränkungen insbes Beschränkungen durch Insolvenzeröffnung und vorläufige Sicherungsmaßnahmen (§§ 80, 20 ff InsO; vgl den Verweis in §§ 24, 81 InsO, so dass dahin stehen kann, ob die Insolvenzeröffnung zu einem absoluten Verfügungsverbot führt, vgl dazu MüKo/*Wacke* Rn 63 Fn 198), Nachlassverwaltung (§ 1984), Nacherbfolge (§ 2113), Testamentsvollstreckung (§ 2211), Maßnahmen der Zwangsversteigerung und Zwangsverwaltung (§§ 23, 146 ZVG), Veräußerungs- (§ 938 II ZPO) und Erwerbsverbot (s § 888 Rn 12) und Rechtshängigkeitsvermerk (vgl Stuttg NJW 60, 1109; *v Olshausen* JZ 88, 584 ff). Gesetzliche absolute Verfügungsbeschränkungen sind nicht eintragungsfähig und wirken daher immer – auch ohne Eintragung – zu Lasten des Erwerbers (MüKo/*Wacke* Rn 62), ausgenommen die eintragungsfähige Verfügungsbeschränkung nach § 161 (BayObLG NJW-RR 99, 806). Gesetzliche absolute Verfügungsbeschränkungen, bei denen kein gutgläubiger Erwerb möglich ist, sind gesetzliche Verfügungsbeschränkungen nach § 134 (zB §§ 1365–1368). Rechtsgeschäftliche – als Ausnahme zu § 137 – vereinbarte absolute Verfügungsbeschränkungen sind dagegen erst mit Eintragung wirksam und verhindern auch erst ab Eintragung bzw Wiedereintragung nach unrichtiger Löschung einen gutgläubigen Erwerb, dazu zählen Verfügungsbeschränkungen nach § 5 ErbbRVO, §§ 12, 35 WEG oder ein Abtretungsverbot nach § 399 als Inhalt einer Grundschuld (KGJ 29 A 246 f) oder die Pfändung eines Miterbenanteils (§ 1276, BayObLGZ 59, 58). 4

C. Rechtsgeschäftlicher Erwerb. § 892 setzt einen wirksamen rechtsgeschäftlichen Erwerb aufgrund eines Verkehrsgeschäfts vom voreingetragenen Nichtberechtigten voraus. 5

I. Rechtsgeschäft. Das Rechtsgeschäft muss auf dingliche Rechtsänderung gerichtet sein (BGH DNotZ 97, 385). Der bloße Übergang der Verfügungsbefugnis genügt nicht (vgl RGZ 61, 43 f). Ebensowenig genügt ein schuldrechtliches Rechtsgeschäft, selbst wenn es – wie Miete und Pacht – verfügungsähnlich wirkt (RGZ 106, 112; aA MüKo/*Wacke* Rn 31). § 893 gilt nicht für den Erwerb kraft Gesetzes, aufgrund Hoheitsaktes und durch Enteignung (sa § 883 Rn 14). 6

1. Erwerb kraft Gesetzes. § 892 gilt nicht bei der Universalsukzession (zB §§ 738, 1416, 1922, UmwG), Erbteilsübertragung (BayObLG Rpfleger 60, 157), Erwerb von Anteilen an Gesamthandsgemeinschaften (BGH NJW 97, 861), Aneignung nach § 928 und der Legalzession einer Grundschuld nach §§ 1192, 1150, 268 III (BGH NJW 86, 1487). § 892 gilt wegen des Spezialitätsgrundsatzes jedoch bei der Einbringung eines Handelsgeschäfts in ein anderes (BayObLG NJW-RR 89, 907). Bei der Ablösung einer Hypothekenforderung geht die Hypothek auch auf den Ablösenden über, wobei dieser jedoch nach §§ 1147, 1138, 892 f geschützt ist. Auch die Vormerkung kann durch Abtretung des gesicherten Anspruchs gutgläubig erworben werden, obwohl der Rechtsübergang nach § 401 formal kraft Gesetzes erfolgt (s § 885 Rn 12). 7

2. Zwangsvollstreckung. Bei dem Erwerb kraft Zuschlag in der Zwangsversteigerung gilt § 892 nicht (BayObLG DNotZ 94, 246 f) und selbst der bösgläubige Ersteher erwirbt Eigentum (RGZ 129, 164 f; aA MüKo/*Wacke* Rn 35), wobei er jedoch uU aus § 826 zur Rückübereignung verpflichtet ist (RGZ 69, 280 f). Bei der Zwangsvollstreckung wegen Geldforderungen schützt § 892 den Vollstreckungsgläubiger nicht, so dass er keine Zwangs- oder Arresthypothek erwirbt, die an einem schuldnerfremden Grundstück eingetragen wird (BGH WM 63, 219 f; Staud/*Gursky* Rn 85), weil nicht rechtsgeschäftlich entstandene Ansprüche bezüglich des konkreten Grundstücksrechts vollstreckt werden. Werden dagegen Ansprüche auf rechtsgeschäftliche Begründung oder Übertragung eines bestimmten Grundstücksrechts vollstreckt, schützt § 892 den Vollstreckungsgläubiger (vgl §§ 894, 895, 898 ZPO; MüKo/*Wacke* Rn 34). Das gilt auch für die zwangsweise Eintragung einer Bauhandwerkersicherungshypothek (*Wilhelm* NJW 75, 2322 ff). 8

II. Verkehrsgeschäft. § 892 gilt nur für ein Verkehrsgeschäft (RGZ 136, 150). Auf Veräußerer- und Erwerberseite müssen unterschiedliche Rechtssubjekte stehen, die auch wirtschaftlich verschieden sein müssen, so dass auch wirtschaftlich eine Rechtsübertragung stattfindet. Ohne Verkehrsgeschäft ist der Erwerber nicht schutzwürdig, weil er die tatsächlichen Rechtsverhältnisse selber kennen müsste (RGZ 117, 265 f). Die Unentgeltlichkeit steht einem Verkehrsgeschäft nicht entgegen, führt aber zu der Herausgabehaftung nach § 816 I 9

2. **Kein Verkehrsgeschäft** liegt bei der Übertragung von Rechten auf einen uneigennützigen Treuhänder (*Ostendorf* NJW 74, 217 ff, str) oder bei Verfügungsgeschäften zwischen juristischen Personen und allen ihren Mitgliedern vor (RGZ 143, 206 f; vgl Soergel/*Stürner* Rn 21). Bei Verfügungen zwischen der juristischen Person und nur einzelnen ihrer Mitglieder ist § 892 grds anwendbar, selbst wenn das Mitglied mit großer Mehrheit (zB ¾) an der juristischen Person beteiligt ist (RG JW 30, 3740; JW 29, 1387 f). Kein Verkehrsgeschäft liegt ferner in der Änderung des Rechtsverhältnisses, in dem mehreren Personen ein Recht zusteht (zB Bruchteilsgemeinschaft in Gesamthandsgemeinschaft), sofern vorher und nachher dieselben oder weniger (RGZ 129, 119 ff) Personen beteiligt sind (MüKo/*Wacke* Rn 40). § 892 gilt auch nicht, wenn ein Bruchteilseigentümer einen weiteren Bruchteil erwirbt (Palandt/*Bassenge* Rn 8; aA Soergel/*Stürner* Rn 24). Grds liegt jedoch ein Verkehrsgeschäft vor, wenn auf der Erwerberseite mehr Personen als auf der Veräußererseite beteiligt sind (RGZ 117, 267). Kein Verkehrsgeschäft ist der Erwerb im Wege der vorweggenommenen Erbfolge (BayObLG NJW-RR 86, 882; RGZ 136, 150; str), die Verfügung zwischen Buchberechtigten untereinander (zB Erbauseinandersetzung unter Miterben; BayObLG JW 28, 522) oder des Bucheigentümers zu seinen Gunsten (Bestellung einer Eigentümergrundschuld; Vereinigung, Bestandteilszuschreibung (§ 890) oder Teilung von Grundstücken). Dies gilt auch, wenn sich der Veräußerer dingliche Rechte vorbehält oder zu seinen Gunsten bestellt werden (zB Restkaufpreishypothek; KG JFG 5, 432; Soergel/*Stürner* Rn 23).

10 **III. Voreintragung.** Der Verfügende muss zum Zeitpunkt der Eintragung des Rechtserwerbs im Grundbuch voreingetragen sein. § 892 gilt nicht, wenn nach Beantragung der Eintragung das Grundbuch dahin gehend berichtigt wird, dass der Verfügende nicht mehr als Rechtsinhaber eingetragen ist (MüKo/*Wacke* Rn 61).

11 **D. Kein Widerspruch.** Ist ein Widerspruch für den wahren Rechtsinhaber – nach § 899 oder von Amts wegen – eingetragen, so zerstört dieser den öffentlichen Glauben hinsichtlich der Eintragung, gegen die der Widerspruch eingetragen worden ist. Der Widerspruch verhindert nur einen gutgläubigen Erwerb, wenn er zugunsten des wahren Rechtsinhabers (Soergel/*Stürner* Rn 27) und vor der Eintragung des Erwerbers im Grundbuch eingetragen wird (RGZ 128, 55; WarnR 33 Nr 150), wobei ein Verstoß gegen § 17 GBO nicht schadet (KG JFG 2, 292). Wird der Widerspruch gelöscht oder war er nie wirksam bestellt, gilt er als nie eingetragen, so dass alle Verfügungen, die nach Eintragung des Widerspruchs erfolgt sind, rückwirkend wirksam werden (Soergel/*Stürner* Rn 27). Ein unrechtmäßig gelöschter Widerspruch wirkt nur ggü dem Bösgläubigen (MüKo/*Wacke* § 892 Rn 47, str).

12 **E. Keine Kenntnis (I, II). I. Unkenntnis (I 1).** Ein gutgläubiger Erwerb scheidet nur aus, wenn dem Erwerber die Unrichtigkeit des Grundbuchs (§ 894) positiv bekannt ist, wobei nicht erforderlich ist, dass der Erwerber die wahre Rechtslage kennt (BayObLGZ 86, 519). Trotz Tatsachenkenntnis kann ein erheblicher Rechtsirrtum die Kenntnis iSd § 982 ausschließen (RGZ 156, 128; 98, 220). Unschädlich sind insbes eine grob fahrlässige Unkenntnis von der Unrichtigkeit (RGZ 90, 398), erhebliche Zweifel an der Richtigkeit (RGZ 156, 128), Rechnen mit der Unrichtigkeit (RG JW 29, 581 f) oder billigendes in Kauf nehmen der Unrichtigkeit (LG Bayreuth MittBayNot 87, 203). Der Erwerber hat keine Erkundigungspflicht (BayObLG NJW-RR 89, 907). Zurechnen lassen muss sich die juristische Person die Kenntnis des gesetzlichen Vertreters (RGZ 59, 408), auch wenn er bei dem Geschäft nicht mitgewirkt hat (BGH Rpfleger 99, 142; BayObLG NJW-RR 89, 910) oder bereits ausgeschieden ist (BGH NJW 95, 2160), was jedoch nicht für Personengesellschaften gilt (BGH NJW 95, 2160). Ferner muss sich zurechnen lassen die Gesamthand die Kenntnis nur eines Gesamthänders (BGH NJW 01, 360) und bei Gesamtvertretung der Vertretene die Kenntnis nur eines Vertreters (RG JW 35, 2044, RGZ 59, 408). Bei der Stellvertretung kommt es nach § 166 I – vorbehaltlich einer Ausnahme nach § 166 II – auf die Kenntnis des Vertreters an (KG DNotZ 73, 305). Die Gutgläubigkeit wird vermutet und ist nur durch den Beweis des Gegenteils zu widerlegen (§ 292 ZPO), woran hohe Anforderungen gestellt werden (RGZ 123, 23). Positive Kenntnis ist anzunehmen, wenn der Erwerber die Geschäftsunfähigkeit des Veräußerers (BGH WM 70, 476) oder die Anfechtbarkeit des Erwerbs (§ 142 II) kennt.

13 **II. Zeitpunkt (II).** Der Erwerber muss grds bis zur Vollendung des Rechtserwerbs gutgläubig sein. Folgt die Einigung der Eintragung nach, kommt es auf den Zeitpunkt der Einigung an. Geht die Einigung der Eintragung voraus, kommt es jedoch nur auf den Zeitpunkt der Stellung des Eintragungsantrages an, dh Eingang beim Grundbuchamt (§ 13 III GBO). Der Antrag muss ggf nach Zwischenverfügung, aber ohne Zurückweisung zur Eintragung führen (Hamm Rpfleger 99, 385). Wird das Grundbuch erst nach Antragstellung unrichtig, kommt es auf diesen Zeitpunkt an (BGHZ 60, 53 f). Wird für den Erwerber nach Auflassung die Eintragung einer Auflassungsvormerkung beantragt, ist dieser Zeitpunkt maßgeblich und nicht die spätere Beantragung der Eigentumsumschreibung (BGHZ 57, 343). Bei Bedingungen oder Befristungen kommt es auf den Zeitpunkt der Vereinbarung und nicht auf den Eintritt der Bedingung oder des Termins an (BGH NJW 53, 1099 f). Sind zum Rechtserwerb noch andere Voraussetzungen erforderlich, wie zB die Briefübergabe nach § 1117 oder die Auszahlung des Darlehens bei der Hypothek (RGZ 141, 382; 128, 278, str), so muss die Gutgläubigkeit auch zu diesem Zeitpunkt noch vorliegen, wie sie in II genannten Umständen nachfolgen (RGZ 141, 383). Dies gilt auch, wenn eine privatrechtliche Genehmigung nach §§ 177, 185 erfolgt, die insoweit keine Rückwirkung nach § 184 hat (RGZ 134, 287 f; MüKo/*Wacke* Rn 57). Das Ausstehen einer behördlichen Genehmigung zur Wirksamkeit des Rechtsgeschäfts ist unschädlich (RGZ 142, 59; Soergel/*Stürner* Rn 38; aA MüKo/*Wacke* Rn 57).

F. Grundbuchunrichtigkeit und Fiktionswirkung. I. Unrichtigkeit. Das Grundbuch muss zum Zeitpunkt 14
der Eintragung des Rechtserwerbs und nicht bei Stellung des Eintragungsantrags (RGZ 140, 38 ff) unrichtig
sein. Unrichtig ist das Grundbuch, wenn dessen Inhalt nicht mit der materiellen Rechtslage übereinstimmt
(§ 894). Wird das Grundbuch zwischen Antragstellung und Eintragung berichtigt, ist § 892 unanwendbar.
Werden mit der Eintragung gleichzeitig weitere Eintragungen vorgenommen, sind diese als vor dem Erwerb
vorgenommen zu betrachten (BGH NJW 69, 93 f).

II. Fiktionswirkung. Der Grundbuchinhalt gilt als richtig (RGZ 116, 181) und vollständig. Bei sich wider- 15
sprechenden Eintragungen, insbes der Doppelbuchung desselben Grundstücksrechts, gilt die wahre Rechts-
lage (Hamm NJW-RR 93, 1295; Erman/*Lorenz* Rn 10; sa BGH NJW-RR 05, 10). Der Erwerber muss keine
Kenntnis vom Grundbuchinhalt gehabt haben (BGH NJW 80, 2414). Die Fiktion wirkt nur zugunsten des
Erwerbers und nicht zu dessen Lasten (Staud/*Gursky* Rn 213). Eingetragene Rechte gelten nach Bestand
(RGZ 98, 219), Inhalt (s § 874, KG HRR 31 Nr 1459), der Person des Berechtigten (RG DNotV 32, 721) sowie
Rang (RGZ 130, 68 f) als bestehend, nicht aber zu Unrecht nicht gelöschte Verfügungsbeschränkungen (vgl
Palandt/*Bassenge* Rn 16). Fehlt die Eintragung einer Bedingung, so gilt das Recht als unbedingt. Nicht oder
nie eingetragene Rechte und Verfügungsbeschränkungen gelten als nicht bestehend und erlöschen. Das gilt
für alle eintragungsfähigen Rechte, auch wenn sie nicht eintragungsbedürftig sind (MüKo/*Wacke* Rn 15 f
mwN; aA RGZ 93, 65, str). Allein nicht eingetragene altrechtliche Dienstbarkeiten nach Art 187 EGBGB bleiben bestehen (BayObLG Rpfleger 79, 381 f). Dies gilt jedoch nicht, wenn diese eingetragen und unrechtmäßig gelöscht (BGHZ 104, 139) oder entgegen einer gesetzlichen Pflicht nicht eingetragen sind (Stuttg NJW-
RR 98, 308; Soergel/*Stürner* Rn 9). Ist beim Erbfall der Erbe im Grundbuch eingetragen und stellt sich nach
dem Zeitpunkt des § 892 II heraus, dass der eingetragene Erbe nur Scheinerbe war, erwirbt der Erwerber gutgläubig. Ist der Scheinerbe jedoch nicht im Grundbuch eingetragen, erwirbt der Erwerber nur gutgläubig,
wenn der Erbe sein Erbrecht durch einen Erbschein nach §§ 2365 ff nachgewiesen hat und der im Erbschein
genannte Erblasser im Grundbuch als Berechtigter eingetragen ist (BGHZ 57, 341). Der Erwerber erwirbt das
Recht, wie es eingetragen ist und wird fortan ggü jedermann vollwertiger materiell Berechtigter und das
Grundbuch wird richtig. Der materiell Berechtigte hat gegen den Erwerber keine Ansprüche aus §§ 812, 823,
826, 1004 (Ausn: § 816 I 2), jedoch ggf gegen den Verfügenden aus §§ 678 II, 816 I, 989, 990, 823, 826. Wird
das Rechtsgeschäft rückabgewickelt und das Recht an den Verfügenden zurück übertragen, fällt das Recht
nicht an den Verfügenden, sondern an den wahren Berechtigten zurück (LG Darmstadt HRR 34 Nr 324).

III. Grundbuchverfahren. Das Grundbuchamt hat das Recht und die Pflicht, einen gutgläubigen Erwerb durch 16
Antragszurückweisung zu verhindern, wenn der Rechtspfleger die Grundbuchunrichtigkeit kennt und die beantragte Eintragung zu einem gutgläubigen Erwerb zu Lasten des materiell Berechtigten führen würde (hM BGHZ
97, 187; BayObLG MittBayNot 94, 324; Soergel/*Stürner* Rn 17; BaRoth/*Kössinger* Rn 20 ff; Palandt/*Bassenge* Rn 1;
aA Staud/*Gursky* Rn 203; MüKo/*Wacke* Rn 70 mwN). Dies gilt im Hinblick auf den Normzweck der §§ 891 ff nur,
wenn die Unrichtigkeit dem Grundbuchamt positiv bekannt oder offensichtlich ist. Nach Antragstellung kann
auch noch ein Amtswiderspruch eingetragen werden, wenn die Bösgläubigkeit des Erwerbers zum Zeitpunkt der
Antragstellung feststeht (BayObLG NJW-RR 86, 383; aA *Reuter* MittBayNot 94, 116).

§ 893 Rechtsgeschäft mit dem Eingetragenen

Die Vorschrift des § 892 findet entsprechende Anwendung, wenn an denjenigen, für welchen ein Recht im
Grundbuch eingetragen ist, auf Grund dieses Rechts eine Leistung bewirkt oder wenn zwischen ihm und
einem anderen in Ansehung dieses Rechts ein nicht unter die Vorschrift des § 892 fallendes Rechtsgeschäft
vorgenommen wird, das eine Verfügung über das Recht enthält.

A. Allgemeines. § 893 dehnt den Redlichkeitsschutz des § 892 auf Leistungen an den Buchberechtigten und 1
Verfügungsgeschäfte mit dem Buchberechtigten aus, die nicht unter § 892 fallen.

B. Leistungen. Leistungen an den im Grundbuch eingetragenen Berechtigten sind die Erfüllung und Erfül- 2
lungssurrogate von dinglichen Ansprüchen aus eingetragenen Rechten. Nicht erfasst werden Leistungen an
den Eingetragenen aufgrund schuldrechtlicher Ansprüche, auch wenn diese aus der Verletzung eines dinglichen Rechts herrühren (Staud/*Gursky* Rn 7; aA MüKo/*Wacke* Rn 4). Dasselbe gilt für Leistungen auf Miet-
und Pachtforderungen. Berechtigter iSd § 893 ist nicht der vorgemerkte Gläubiger, weil die Vormerkung nur
einen schuldrechtlichen Anspruch absichert (Staud/*Gursky* Rn 8, 24; aA MüKo/*Wacke* Rn 6). Zu den dinglichen Ansprüchen zählen in erster Linie Kapital- und Zinszahlungen auf (Buch-)grundpfandrechte und Leistungen auf Reallasten. Nach § 1185 II gelten die §§ 1138, 893 jedoch nicht für die Sicherungshypothek. Bei
Briefrechten gilt § 893 entspr, wenn an den nach § 1155 legitimierten Inhaber geleistet wird (BGH NJW 96,
1207). § 893 gilt nur für die Leistung auf das dingliche Recht und nicht für die Leistung auf die zugrunde liegende Forderung (BGH aaO). Die Auslegung wird regelmäßig ergeben, dass ein Dritter auf die Forderung
und der Schuldner des dinglichen Rechts auf dieses selbst leistet (MüKo/*Wacke* Rn 5; sa Staud/*Gursky* Rn 4).

Leistet der Schuldner und Eigentümer auf die Verkehrshypothek befreit dies von Hypothek und Forderung (BGH NJW 96, 1207 f), bei der Sicherungsgrundschuld gilt dies nicht (BGH NJW 96, 1207 f, str) und diese wird Eigentümergrundschuld. § 893 gilt auch zugunsten eines Dritten (§§ 268, 1143, 1150). Bei Grunddienstbarkeiten und beschränkt persönlichen Dienstbarkeiten ist Leistung die Duldung der Ausübung (Staud/*Gursky* Rn 5). § 893 erfasst auch Leistungen an den eingetragenen Scheinerben und iVm § 2367 Leistungen an den nicht eingetragenen Erbscheinserben.

3 **C. Verfügungen.** Verfügungen iSd § 893 sind nur diejenigen, die keinen unmittelbaren Rechtserwerb bewirken (RGZ 90, 398). § 893 gilt nur für dingliche, nicht aber schuldrechtliche Rechtsgeschäfte (RGZ 90, 399), auch wenn diese verfügungsähnlich wirken wie die Vermietung und Verpachtung mit Besitzüberlassung (RGZ 106, 113; Staud/*Gursky* Rn 23; aA teilweise MüKo/*Wacke* Rn 10). Zu den dinglichen Rechtsgeschäften zählen §§ 875 f (RGZ 90, 399), 877, 880, 1141, 1193, 1202. § 893 gilt auch für die einseitigen Erklärungen nach §§ 875 ff, wie die Zustimmung Dritter (§§ 876, 880 II, 1071, 1168 II, 1180 II), für die Zustimmung nach § 185 (RGZ 90, 399 f), die Erteilung einer unwiderruflichen Vollmacht (RGZ 90, 399) und rechtsgeschäftsähnliche Handlungen wie die Mahnung (MüKo/*Wacke* Rn 7). Sofern zulässig, genügt die Vornahme der Erklärungen ggü dem Grundbuchamt (MüKo/*Wacke* Rn 8; Staud/*Gursky* Rn 32, str). Zur Bestellung einer Vormerkung s § 885 Rn 2 ff.

4 **D. Wirkungen. I. Leistungen.** Liegen die weiteren Voraussetzungen des § 892 vor (keine Kenntnis, kein Widerspruch), wird der Leistende von seiner Verbindlichkeit befreit. Zum Rechtsübergang auf den Leistenden s *Gurksy* WM 01, 2361. Für die Kenntnis nach § 892 II kommt es nur auf den Zeitpunkt des Eintritts des Leistungserfolges (Staud/*Gursky* Rn 15; aA MüKo/*Wacke* Rn 12 „Leistungshandlung") an.

5 **II. Verfügungen.** Verfügungsgeschäfte gelten als mit dem wahren Berechtigten vorgenommen. Die Unkenntnis des anderen Teils muss bis zur Vollendung des Verfügungsgeschäfts vorliegen, wobei § 892 II entspr gilt.

§ 894 Berichtigung des Grundbuchs

Steht der Inhalt des Grundbuchs in Ansehung eines Rechts an dem Grundstück, eines Rechts an einem solchen Recht oder einer Verfügungsbeschränkung der in § 892 Abs. 1 bezeichneten Art mit der wirklichen Rechtslage nicht im Einklang, so kann derjenige, dessen Recht nicht oder nicht richtig eingetragen oder durch die Eintragung einer nicht bestehenden Belastung oder Beschränkung beeinträchtigt ist, die Zustimmung zu der Berichtigung des Grundbuchs von demjenigen verlangen, dessen Recht durch die Berichtigung betroffen wird.

1 **A. Allgemeines.** Ein unrichtiges Grundbuch begründet die Gefahr eines Rechtsverlusts durch gutgläubigen – lastenfreien – Erwerb nach § 892 und verhindert wegen § 39 GBO zumindest verfahrensrechtlich die Verfügung des Berechtigten oder die Zwangsvollstreckung gegen den nicht eingetragenen Schuldner bzw aus einem zu Unrecht gelöschten Recht. Ein gutgläubiger Erwerb kann durch Eintragung eines Widerspruchs nach § 899 verhindert werden. Im Übrigen ist die Berichtigung des Grundbuchs erforderlich. Scheidet eine Grundbuchberichtigung durch Nachweis der Unrichtigkeit nach §§ 22, 29 GBO aus, begründet § 894 den dinglichen Anspruch auf Abgabe der zur Grundbuchberichtigung verfahrensrechtlich erforderlichen Erklärung nach §§ 19, 27, 29 GBO. Daneben kann das Grundbuch von Amts wegen zu berichtigen sein, §§ 51 f, 53 I 2, 82a GBO.

2 **B. Rechte.** Gegenstand eines Berichtigungsanspruchs sind alle Grundbucheintragungen die vom öffentlichen Glauben des Grundbuchs erfasst sind (§ 892 Rn 2 ff). § 894 gilt entspr für ein Vormerkung (RGZ 163, 62) und einen zu Unrecht eingetragenen Widerspruch (BGH NJW 69, 93). § 894 gilt nur für rechtliche, nicht aber für tatsächliche Grundbuchangaben (BayObLG Rpfleger 88, 255) und Schreibfehler.

3 **C. Unrichtigkeit.** Das Grundbuch ist unrichtig, wenn die materielle Rechtslage vom Grundbuchinhalt hinsichtlich eines Rechts iSd § 894 abweicht (BGHZ 123, 300).

4 **I. Anfängliche oder nachträgliche Unrichtigkeit.** Die Unrichtigkeit kann anfänglich sein, weil zB die dingliche Einigung nicht wirksam ist (RGZ 69, 266 f), eine zur Wirksamkeit erforderliche Zustimmungserklärung fehlt (BGH NJW 85, 1025; RGZ 129, 152) oder das Recht oder das Beteiligungsverhältnis daran (§ 47 GBO) falsch eingetragen ist (RGZ 54, 87). Das Grundbuch wird nachträglich unrichtig, wenn sich Rechtsänderungen außerhalb des Grundbuchs vollziehen. Dazu zählen insbes die Fälle der Gesamtrechtsnachfolge (zB §§ 738; 1416, 1485; 1922, 2139; UmwG), der Übergang eines Rechts nach §§ 268 III, 401, 426 II, 774, 1143, 1153, der Mitgliederwechsel in Gesamthandsgemeinschaften durch Anteilsübertragung bei Personengesellschaften (GbR, OHG, KG) oder der Erbengemeinschaft sowie der Erwerb und das Erlöschen von Rechten durch Zuschlag in der Zwangsversteigerung (§§ 90, 91 ZVG). § 894 gilt ferner für das Erlöschen eines eingetragenen Rechts durch Eintritt eines Endtermins oder einer auflösenden Bedingung (MüKo/*Wacke* Rn 6) sowie für die Eintragung eines Rechts entgegen eines Veräußerungs- oder Erwerbsverbots, das nicht unter § 888 II fällt (BGH NJW 95, 2715).

II. Keine Unrichtigkeit. Das Grundbuch ist richtig, wenn lediglich das Eintragungsverfahren fehlerhaft ist, 5
aber die materielle Rechtslage mit dem Grundbuchinhalt übereinstimmt (zu § 17 GBO BayObLG NJW-RR
99, 1393), eine konstitutiv wirkende Eintragung bisher nicht erfolgt ist (KG JW 35, 712 f), lediglich ein
schuldrechtlicher Anspruch auf Änderung (RGZ 73, 175) bzw Rückgängigmachung (RGZ 51, 422) der dinglichen Rechtslage besteht oder nur das schuldrechtliche Rechtsgeschäft unwirksam ist. Keine Unrichtigkeit
liegt bei unzulässigen Eintragungen (§ 53 I 2 GBO) oder bei der unrechtmäßigen Löschung eines Widerspruchs vor. Für falsche tatsächliche Angaben (s Rn 2) oder ungenaue Eintragungen gilt § 894 nicht, diese
sind von Amts wegen zu berichtigen.

D. Anspruchsberechtigung und Prozessstandschaft. I. Anspruchsberechtigung. Anspruchsberechtigter 6
ist der gegenwärtige und wirkliche Rechtsinhaber, dessen Recht nicht oder nicht richtig eingetragen ist (RGZ
53, 410). Bei einer Verfügungsbeschränkung ist der durch die Beschränkung Geschützte anspruchsberechtigt.
Nicht anspruchsberechtigt sind frühere Rechtsinhaber (RGZ 53, 410 f). Auch gleich- und nachrangige
Berechtigte sind anspruchsberechtigt, wenn die Grundbuchberichtigung ihre Rechtsstellung verbessert (RGZ
73, 50). Dies gilt jedoch nicht für den nachrangigen Hypothekar, wenn die vorrangige Hypothek zu einer
Eigentümergrundschuld geworden ist (Soergel/*Stürner* Rn 16). Bei Miteigentum (§ 1011) oder Erbengemeinschaft (§ 2039) kann jeder einzelne Berechtigte die Berichtigung auch hinsichtlich der übrigen Berechtigten
verlangen (BGHZ 44, 370 f). Nicht anspruchsberechtigt sind Buchberechtigte oder Gläubiger, die gegen den
wahren Rechtsinhaber einen schuldrechtlichen Anspruch auf Übertragung des Rechts haben. Ein Anspruch
aus § 888 verdrängt den Anspruch aus § 894 (RGZ 132, 424).

II. Prozessstandschaft. Der wahre Berechtigte kann einen Dritten zur Geltendmachung des Berichtigungs- 7
anspruchs im eigenen Namen und zwar im Wege der Prozessstandschaft auch durch schlüssiges Handeln
ermächtigen (RGZ 112, 265; BGH WM 87, 1407). In der Erklärung der Auflassung liegt zugunsten des Auflassungsempfängers regelmäßig die Ermächtigung den Berichtigungsanspruch des Eigentümers im Wege der
Prozessstandschaft geltend zu machen (RGZ 112, 265 f). Fehlt die nach § 1365 erforderliche Zustimmung des
Ehegatten, ist Prozessstandschaft des Ehegatten nach § 1368 möglich.

E. Anspruchsverpflichteter. Anspruchsverpflichteter ist jeder, dessen Bewilligung oder Zustimmung nach 8
§§ 19, 27, 29 GBO zur Grundbuchberichtigung erforderlich ist. Dies ist regelmäßig der Buchberechtigte, dessen vermeintliches Recht durch die Grundbuchberichtigung belastet wird (BGHZ 132, 249). Der Verpflichtete muss nicht selber als Berechtigter im Grundbuch eingetragen sein (BGH NJW 96, 3006). Sind mehrere
Berechtigte eingetragen, müssen alle Buchberechtigten die Berichtigung bewilligen. Zur Löschung oder Rangänderung (str) von Grundpfandrechten ist auch die Zustimmung des Eigentümers erforderlich (§ 27 GBO,
RGZ 72, 367). Soll ein zu Unrecht gelöschtes Recht wieder eingetragen werden, muss der durch die Eintragung Belastete die Berichtigung (Eintragung, RGZ 88, 286 f) bewilligen. Soll ein zu Unrecht gelöschtes Zweigrecht wieder eingetragen werden, muss der Berechtigte des mit dem Zweigrecht belasteten Rechts die Berichtigung (Eintragung) bewilligen.

F. Berichtigungsanspruch. I. Rechtsnatur und Inhalt. Der dingliche Anspruch ist auf Abgabe der nach 9
der GBO verfahrensrechtlich erforderlichen Erklärung gerichtet, die zur Berichtigung des Grundbuchs erforderlich ist. Dies kann eine Berichtigungsbewilligung zur Löschung, Rangänderung oder Wiedereintragung
eines Rechts nach §§ 19, 29 GBO bzw bei Grundpfandrechten die Zustimmung des Eigentümers nach § 27
GBO sein (s.o. § 876 Rn 6). Für die Form gilt § 29 GBO. Eine Absicherung durch Vormerkung scheidet mangels schuldrechtlichen Anspruchs aus (BayObLG DNotZ 76, 106 f). Wegen seines dinglichen Charakters gibt
der Anspruch ein Aussonderungsrecht nach § 47 InsO (RGZ 86, 240 f). Neben § 894 haftet der Buchberechtigte dem Eigentümer nach §§ 987 ff (BGHZ 75, 291) und insbes nach §§ 990 II, 286 ff.

II. Abtretbarkeit und Pfändbarkeit. Der Berichtigungsanspruch geht mit Übertragung des unrichtig einge- 10
tragenen bzw nicht eingetragenen dinglichen Rechts auf den Erwerber über und kann nicht unabhängig von
dem dinglichen Recht abgetreten werden (BGH WM 72, 385; RGZ 78, 90 f). Der Anspruch kann mangels
Abtretbarkeit nicht verpfändet werden (§ 1274 II), unterliegt jedoch der Pfändung in den Grenzen des § 857
III ZPO analog (BGHZ 33, 83) und ist gem § 851 ZPO im Übrigen unpfändbar. Bedeutung hat die Pfändung
des Berichtigungsanspruchs wenn ein Gläubiger die Zwangsvollstreckung gegen den Eigentümer als Schuldner betreiben will, der nicht als Eigentümer eingetragen ist (BGHZ 33, 83; Staud/*Gursky* Rn 86). Die Zwangsvollstreckung setzt zuvor die Berichtigung des Grundbuchs voraus. Gläubiger des Anspruchs aus § 894 ist
jedoch nur der wirkliche Eigentümer nicht auch der die Zwangsvollstreckung betreibende Gläubiger, so dass
Pfändung, Überweisung zur Einziehung und Berichtigung (RGZ 94, 10) erforderlich sind.

III. Gegenrechte. Der Berechtigte kann auf den Berichtigungsanspruch dinglich nicht verzichten (Staud/ 11
Gursky Rn 127), jedoch einen pactum de non petendo vereinbaren oder den Anspruch verwirken (BGHZ
122, 308). Der Buchberechtigte kann uU nach § 273 ein Zurückbehaltungsrecht geltend machen, insbes wenn
er beim Grundstückskaufvertrag Schadensersatz wegen arglistiger Täuschung (BGH NJW-RR 90, 847 f) oder
die Rückzahlung des Kaufpreises verlangen kann (BGH NJW 00, 278; DNotZ 89, 760). Ein Zurückbehaltungsrecht nach §§ 273, 1000 besteht, wenn der Verpflichtete auf den Gegenstand der zu berichtigenden

Buchposition Verwendungen gemacht hat (BGHZ 75, 293; RGZ 163, 62 f; Erman/*Lorenz* Rn 33 ff). Kein Zurückbehaltungsrecht hat der Buchberechtigte einer Vormerkung bei einem formnichtigen Kaufvertrag hinsichtlich ihm bereits entstandener Finanzierungs- und Eintragungskosten (BGH JZ 92, 1131 f). Der Buchberechtigte kann die Erklärung nach § 242 verweigern, wenn er einen Anspruch auf Bestellung des unwirksam bestellten Rechts hat (BGH NJW 74, 1651; Einzelfälle bei MüKo/*Wacke* Rn 30).

12   **IV. Prozessuales.** Einer Klage aus § 894 fehlt das Rechtsschutzbedürfnis, wenn das Grundbuch durch eindeutigen (Schlesw MDR 82, 143) Unrichtigkeitsnachweis gem §§ 22, 29 GBO berichtigt werden kann (Frankf NJW 69, 1906) oder nach § 53 I 2 GBO von Amts wegen zu berichtigen ist (BGH NJW 62, 963). Die Beweislast trägt wegen § 891 der Anspruchsberechtigte (Dresden VIZ 00, 370). Die Unrichtigkeit muss im Zeitpunkt der letzten mündlichen Tatsachenverhandlung vorliegen. Ein rechtskräftiges Urteil ersetzt die zur Berichtigung des Grundbuchs erforderliche Erklärung nach §§ 894 f ZPO (KGJ 21 A 302) und stellt die materielle Berechtigung mit Rechtskraft inter partes fest (RGZ 158, 43; offen BGH NJW-RR 02, 516). Dadurch wird jedoch ein schuldrechtlicher Anspruch auf Rechtsänderung zB aus § 812 nicht ausgeschlossen.

§ 895 Voreintragung des Verpflichteten

Kann die Berichtigung des Grundbuchs erst erfolgen, nachdem das Recht des nach § 894 Verpflichteten eingetragen worden ist, so hat dieser auf Verlangen sein Recht eintragen zu lassen.

1   **A. Allgemeines.** Für die Grundbuchberichtigung nach § 894 kann es erforderlich sein, dass der die Grundbuchberichtigung nach § 894 Bewilligende zunächst selber im Grundbuch eingetragen werden muss, damit die Grundbuchberichtigung wegen des Voreintragungsgrundsatzes (§ 39 GBO) erfolgen kann. Der Anspruch besteht nicht, wenn die Voreintragung nach §§ 39 II, 40 GBO entbehrlich ist, außer das Grundbuchamt verkennt dies rechtsirrig (Erman/*Lorenz* Rn 2).

2   **B. Anspruch. I. Voraussetzungen.** Das Grundbuch muss mindestens in zweifacher Hinsicht unrichtig sein: Der von der Grundbuchberichtigung nach § 894 Betroffene ist selber nicht oder nicht richtig im Grundbuch eingetragen. Bsp: Der Eigentümer ist verstorben und der Berechtigte eines zu Unrecht gelöschten Rechts will dessen Wiedereintragung erreichen. Zur Berichtigung ist die Bewilligung der Erben (Eigentümer) erforderlich, die jedoch zunächst im Grundbuch voreingetragen werden müssen (§§ 39 f GBO).

3   **II. Inhalt.** Der Anspruch ist auf Voreintragung des Bewilligenden gerichtet, der dazu alle notwendigen Erklärungen abgeben (§ 13 GBO) und beschaffen muss (Bewilligung des seinerseits Betroffenen nach §§ 19, 29 GBO oder Unrichtigkeitsnachweis nach §§ 22, 29 GBO) sowie nach § 8 KostO einen Kostenvorschuss einzahlen muss.

4   **C. Prozessuales.** Ist die Berichtigung auch nach § 14 GBO möglich, fehlt einer Klage aus §§ 895, 894 nicht das Rechtsschutzbedürfnis (str). Ein Urteil ersetzt nach § 894 den Eintragungsantrag und ist bei zu unbestimmtem Tenor allein nach § 888 ZPO vollstreckbar (Staud/*Gursky* Rn 14). §§ 883, 886 ermöglicht die Herausgabevollstreckung von Eintragungsunterlagen (zB Grundpfandrechtsbrief). Einen Unrichtigkeitsnachweis nach § 22 GBO (zB Erbschein) kann der Gläubiger nach §§ 896, 792 ZPO anstelle des Verpflichteten selber beantragen.

§ 896 Vorlegung des Briefes

Ist zur Berichtigung des Grundbuchs die Vorlegung eines Hypotheken-, Grundschuld- oder Rentenschuldbriefes erforderlich, so kann derjenige, zu dessen Gunsten die Berichtigung erfolgen soll, von dem Besitzer des Briefes verlangen, dass der Brief dem Grundbuchamt vorgelegt wird.

1   Nur soweit nach §§ 41 f GBO die Vorlage eines Grundpfandrechtsbriefes erforderlich ist, besteht ein Anspruch aus § 896. § 896 gilt entspr iFv § 43 GBO. Anspruchsschuldner ist jeder Briefbesitzer, auch wenn er keine Berichtigungsbewilligung nach § 894 abgeben muss (RGZ 69, 42). Der Anspruch ist nicht auf Herausgabe an den Gläubiger, sondern nur auf Vorlage beim Grundbuchamt gerichtet (sa § 1145, Ausn: §§ 1144, 1167). §§ 273 II, 986 sind anwendbar (Erman/*Lorenz* Rn 6, str). Die Vollstreckung erfolgt nach § 883 ZPO durch Wegnahme des Briefes durch den Gerichtsvollzieher und Vorlage beim Grundbuchamt (Soergel/*Stürner* Rn 3).

§ 897 Kosten der Berichtigung

Die Kosten der Berichtigung des Grundbuchs und der dazu erforderlichen Erklärungen hat derjenige zu tragen, welcher die Berichtigung verlangt, sofern nicht aus einem zwischen ihm und dem Verpflichteten bestehenden Rechtsverhältnis sich ein anderes ergibt.

1   **A. Allgemeines.** § 897 gilt nicht für das Außenverhältnis ggü Gericht und Notar (KostO), sondern nur für das Innenverhältnis, soweit sich daraus (Vertrag, Delikt) nicht etwas anderes ergibt. § 897 gilt nicht für einen schuldrechtlichen Berichtigungsanspruch (Erman/*Lorenz* Rn 1).

B. Anspruch. § 897 erfasst die Kosten für die Eintragung und die nach § 29 GBO erforderliche Beglaubigungen. Kosten für einen zur Grundbuchberichtigung erforderlichen Erbschein hat der Verpflichtete zu tragen (*Gregor* NJW 60, 1286). Die Erstattung von Prozesskosten richtet sich nach den §§ 91 ff ZPO. Der Verpflichtete kann die Berichtigung verweigern, wenn ihm der Berechtigte keinen Kostenvorschuss nach §§ 369, 403 analog leistet (Köln MDR 83, 668). Die Verjährung richtet sich nach § 195. 2

§ 898 Unverjährbarkeit der Berichtigungsansprüche

Die in den §§ 894 bis 896 bestimmten Ansprüche unterliegen nicht der Verjährung.

§ 898 ist eine Sonderreglung zu §§ 196, 197. Die Ansprüche auf Grundbuchberichtigung nach § 894 und die 1
Hilfsansprüche aus §§ 895 f verjähren nicht. Die Ansprüche gehen jedoch unter, wenn dingliche Rechte nach §§ 900 f erlöschen, da das Grundbuch damit richtig wird. Trotz Unverjährbarkeit ist Verwirkung möglich.

§ 899 Eintragung eines Widerspruchs

(1) In den Fällen des § 894 kann ein Widerspruch gegen die Richtigkeit des Grundbuchs eingetragen werden.
(2) ¹Die Eintragung erfolgt auf Grund einer einstweiligen Verfügung oder auf Grund einer Bewilligung desjenigen, dessen Recht durch die Berichtigung des Grundbuchs betroffen wird. ²Zur Erlassung der einstweiligen Verfügung ist nicht erforderlich, dass eine Gefährdung des Rechts des Widersprechenden glaubhaft gemacht wird.

A. Allgemeines. Ein unrichtiges Grundbuch begründet die Gefahr eines gutgläubigen – lastenfreien – 1
Erwerbs bzw Rechtsverlusts nach §§ 892 f, 900 ff. Zur einstweiligen Vermeidung des Rechtsverlusts durch gutgläubigen lastenfreien Erwerb, ermöglicht § 899 kurzfristig die Eintragung eines Widerspruchs, der die Vermutung nach § 892 aufhebt (RGZ 128, 54 f), insbes wenn eine Grundbuchberichtigung nach § 894, §§ 19, 29 GBO oder nach § 22 GBO kurzfristig nicht möglich ist. Ein Widerspruch ist daher nur möglich, wenn auch ein gutgläubiger lastenfreier Erwerb möglich ist (Erman/*Lorenz* Rn 4 ff). Statt eines Widerspruchs kann auch ein einstweiliges Veräußerungsverbot nach § 938 II ZPO erwirkt werden.

B. Unrichtigkeit. Zur Unrichtigkeit s § 894 Rn 3 ff. Ist das Grundbuch in mehrfacher Hinsicht unrichtig, 2
muss gegen jede Unrichtigkeit ein Widerspruch eingetragen werden.

I. Gelöschte bzw nicht eingetragene Rechte. Gegen zu Unrecht gelöschte oder außerhalb des Grundbuchs 3
bestehende und nicht eingetragene Rechte und Verfügungsbeschränkungen (Staud/*Gursky* Rn 31) sowie Vormerkungen (RGZ 132, 424) ist die Eintragung eines Widerspruchs möglich. Bei Briefrechten ist ein Widerspruch auch gegen einen nicht eingetragenen Briefbesitzer möglich (Frankf Rpfleger 75, 301).

II. Eingetragene Rechte. Gegen eingetragene Rechte, die materiell rechtlich nicht oder so nicht bestehen, ist 4
ein Widerspruch nur möglich, wenn diese überhaupt nach § 892 gutgläubig erworben werden können. Gegen nicht übertragbare Rechte (zB Nießbrauch) ist ein Widerspruch wegen des Rechtsverlusts nach §§ 900 ff möglich (Köln DNotZ 58, 489).

III. Vormerkung und Verfügungsbeschränkung. Ein Widerspruch gegen eine nicht wirksam entstandene 5
Vormerkung ist möglich, jedoch unzulässig, wenn der gesicherte Anspruch nicht besteht (BGHZ 25, 24), weil dann ein gutgläubiger Erwerb nicht möglich ist. Aus demselben Grund ist nur gegen zu Unrecht gelöschte, nicht aber gegen eingetragene, aber nicht bestehende Verfügungsbeschränkungen ein Widerspruch möglich (KGJ 26, 79 f).

III. Widerspruch. Ein Widerspruch gegen einen Widerspruch ist nicht zulässig (RGZ 117, 352). Bei unrecht- 6
mäßiger Löschung eines Widerspruchs ist kein Widerspruch gegen die Löschung, sondern nur die Beschwerde nach § 71 GBO dagegen oder die Eintragung eines neuen Widerspruchs möglich (MüKo/*Wacke* Rn 6).

C. Eintragung. Bei der Eintragung des Widerspruchs müssen das betroffene und das geschützte Recht, 7
sowie dessen Inhalt und Berechtigter genau bezeichnet werden (KGJ 45, 231). Andernfalls ist die Eintragung nach § 53 I 2 GBO von Amts wegen zu löschen (BayObLGZ 55, 314). §§ 885 II, 874 gelten entspr. Die Eintragung kann auch während eines Insolvenzverfahrens erfolgen. Die Eintragung erfolgt aufgrund Bewilligung bzw einstweiliger Verfügung, verfahrensrechtlich gelten die §§ 13, 19, 29 GBO. Derselbe Widerspruch kann auch aufgrund Bewilligung und gleichlautender einstweiliger Verfügung erfolgen. Bei Briefrechten ist die Briefvorlage erforderlich (§§ 41 f GBO, Ausn § 41 I 2).

I. Einstweilige Verfügung. Für das Verfahren gelten die §§ 936 ff, 920 ff ZPO. Antragsteller kann nur der 8
Gläubiger eines Berichtigungsanspruchs nach § 894 bzw der Inhaber der Verfügungsbefugnis sein (MüKo/ *Wacke* Rn 8). Die eV ist gegen alle nach § 894 Verpflichteten des Berichtigungsanspruchs zu richten. Glaub-

haft gemacht werden muss die Unrichtigkeit des Grundbuches nach §§ 936, 920 II ZPO, nicht jedoch die Gefahr eines Rechtsverlusts (§ 899 II 2). Die Zustellung und die Vollziehungsfrist richten sich nach §§ 936, 929 ZPO und werden vom Grundbuchamt geprüft (Palandt/*Bassenge* Rn 6). Der Eingang des Eintragungsantrags nach § 13 GBO oder das Ersuchen auf Eintragung des Vollstreckungsgerichts nach §§ 941 ZPO, 38 GBO gelten als Vollziehung, §§ 936, 932 III. Bei Briefrechten kann nach §§ 41 I 2, 42 GBO die Vorlegung des Briefes entbehrlich sein.

9 **II. Bewilligung.** Die Bewilligung ist eine materiell-rechtliche (aA MüKo/*Wacke* Rn 14), einseitige, empfangsbedürftige und formlose Willenserklärung aller Verpflichteten des Berichtigungsanspruchs (§ 894). Verfahrensrechtlich gelten die §§ 19, 29 GBO. Hinsichtlich Adressat, Bindung und Verlust der Verfügungsbeschränkung sind §§ 875 I 2, 875 II (MüKo/*Wacke* Rn 14) und 878 (Soergel/*Stürner* Rn 10, str) entspr anwendbar. Die Bewilligung ist keine Verfügung (RG HRR 28 Nr 842) und kann nach § 895 ZPO ersetzt werden.

10 **III. Andere Fälle.** Eintragungsantrag und Bewilligung können durch das Ersuchen einer Behörde nach § 38 GBO, insbes bei der Genehmigung einer Grundstücksveräußerung, ersetzt werden (zB § 7 II GrdstVG). Ein Ersuchen kann auch das Vollstreckungsgericht nach § 941 ZPO stellen. Wie ein Widerspruch nach § 899 wirkt ein Amtswiderspruch nach § 53 I 1 GBO (nicht nach §§ 18, 23, 24 GBO). Ein Amtswiderspruch, der den Berechtigten nicht bezeichnet, ist nach § 53 I 2 GBO als unzulässig zu löschen (BGH NJW 85, 3070).

11 **D. Wirkung.** Der eingetragene Widerspruch hebt den öffentlichen Glauben hinsichtlich des betroffenen Rechts nach § 892 auf, so dass ein gutgläubiger – lastenfreier – Erwerb hinsichtlich des betroffenen Rechts ausgeschlossen wird. Dies gilt nur für einen Widerspruch, der zugunsten des wirklichen Inhabers eines bestehenden Berichtigungsanspruchs eingetragen ist (Soergel/*Stürner* Rn 9), der in diesem Fall auch zugunsten Dritter wirkt (MüKo/*Wacke* Rn 24). Nicht aufgehoben wird die Vermutungswirkung des § 891 bis zum Beweis des Gegenteils (BGH MDR 67, 749). Der Widerspruch bewirkt keine Grundbuchsperre und ist keine Verfügungsbeschränkung iSd § 892 (RGZ 117, 351 f). Wegen der Aufhebung des öffentlichen Glaubens sind nur Verfügungen des materiell Berechtigten wirksam und Verfügungen im Übrigen absolut unwirksam (Erman/*Lorenz* Rn 15). Der Widerspruch hat den Rang des geschützten Rechts (RGZ 129, 127). In der Zwangsversteigerung ist nach § 48 ZVG das durch Widerspruch geschützte Recht wie ein eingetragenes und bei der Verteilung des Erlöses wie ein bedingtes Recht zu behandeln (MüKo/*Wacke* Rn 26, str). S auch §§ 900 I 3, 902 II, 927 III.

12 **E. Löschung.** Der Widerspruch erlischt, wenn er im Grundbuch gelöscht wird oder die zugrunde liegende eV aufgehoben wird (§§ 895 S 2 ZPO, 25 GBO). Zur Löschung eines Widerspruchs nach II 1 ist die Bewilligung des Begünstigten ausreichend. Zur Löschung eines auf Ersuchen einer Behörde eingetragenen Widerspruchs ist das Ersuchen der Behörde auf Löschung oder ggf Nachweis der Genehmigung erforderlich. Ist der Widerspruch unrichtig, kann er nach § 22 GBO gelöscht werden und es besteht ein Anspruch analog § 894 (BGH NJW 69, 93). Das Erlöschen des Widerspruchs lässt dessen Wirkungen mit Rückwirkung entfallen (MüKo/*Wacke* Rn 31; aA Staud/*Gursky* Rn 76, str). Wird der Widerspruch unrechtmäßig gelöscht und weiß dies der Erwerber, hindert dies einen gutgläubigen Erwerb (Soergel/*Stürner* Rn 12, str).

13 **F. Rechtshängigkeitsvermerk. I. Allgemeines.** Ist eine Klage auf Grundbuchberichtigung rechtshängig, kann der Beklagte den streitbefangenen Gegenstand dennoch veräußern. Ein Urteil wirkt nach §§ 265, 325 II ZPO nur gegen den Rechtsnachfolger, wenn dieser die Rechtshängigkeit kennt. Ein Rechtshängigkeitsvermerk, der eine Rechtskrafterstreckung des Urteils bewirkt, kann im Grundbuch eingetragen werden und zwar auch neben einem Widerspruch (aA Kobl Rpfleger 92, 102).

14 **II. Eintragung.** Die Zulässigkeit und Eintragungsvoraussetzungen sind umstritten (vgl MüKo/*Wacke* Rn 32 ff). Die Eintragung erfolgt nach §§ 19, 22, 29 GBO. Nach Rechtshängigkeit kann der Vermerk auch nach §§ 22, 29 GBO durch Nachweis der Klagezustellung eingetragen werden (BayObLG NJW-RR 03, 234; München NJW-RR 00, 384; Soergel/*Stürner* Rn 14; aA MüKo/*Wacke* Rn 33). Wegen dieser Möglichkeit fehlt einer eV idR das Rechtsschutzbedürfnis (aA BayObLG NJW-RR 03, 234; MüKo/*Wacke* Rn 33). Der Vermerk wird nach §§ 19, 22, 29 GBO gelöscht.

§ 900 Buchersitzung

(1) ¹Wer als Eigentümer eines Grundstücks im Grundbuch eingetragen ist, ohne dass er das Eigentum erlangt hat, erwirbt das Eigentum, wenn die Eintragung 30 Jahre bestanden und er während dieser Zeit das Grundstück im Eigenbesitz gehabt hat. ²Die dreißigjährige Frist wird in derselben Weise berechnet wie die Frist für die Ersitzung einer beweglichen Sache. ³Der Lauf der Frist ist gehemmt, solange ein Widerspruch gegen die Richtigkeit der Eintragung im Grundbuch eingetragen ist.

(2) ¹Diese Vorschriften finden entsprechende Anwendung, wenn für jemand ein ihm nicht zustehendes anderes Recht im Grundbuch eingetragen ist, das zum Besitz des Grundstücks berechtigt oder dessen Ausübung nach den für den Besitz geltenden Vorschriften geschützt ist. ²Für den Rang des Rechts ist die Eintragung maßgebend.

A. Allgemeines. Um ein dauerndes Auseinanderfallen von Recht und Besitz zu verhindern (BGHZ 136, 242), wird der Bucheigentümer wirklicher Eigentümer, wenn er 30 Jahre lang Eigenbesitzer des Grundstücks war. § 900 erfasst vor allem die Fälle, in denen die dingliche Einigung nach §§ 925, 873 wegen Mängeln nach §§ 104 ff, 134 ff, 181 nicht wirksam ist. Falls der Beginn der Ersitzungsfrist und der Beginn der Verjährungsfrist des Herausgabeanspruches weit auseinander fallen, soll § 900 unanwendbar sein (BGH NJW 94, 1152, s aber zutr Soergel/*Stürner* Rn 2). Zur Ersitzung nach Enteignung in der DDR (BGHZ 136, 242; 132, 245). 1

B. Eigentumserwerb (I). I. Eintragung und Eigenbesitz. Eine natürliche oder juristische Person – auch des öffentlichen Rechts (BGHZ 136, 242) – muss im Grundbuch als Eigentümer, Miteigentümer (Celle RdL 57, 321) oder Inhaber eines grundstücksgleichen Rechts eingetragen sein, ohne Eigentümer bzw Inhaber zu sein. § 900 gilt auch für eine zu Unrecht eingetragene Gesamthandsgemeinschaft. Die Eintragung darf nicht widersprüchlich sein und muss Rechtsschein entfalten können (BayObLGZ 79, 112 f; Erman/*Lorenz* Rn 3). Der Eingetragene muss – zumindest mittelbarer (BayObLGZ 79, 111) – Eigenbesitzer des Grundstücks sein, dh er muss das Grundstück als ihm gehörend besitzen (§ 872), was nach § 891 vermutet wird. Bei der Umwandlung von Fremdbesitz in Eigenbesitz ist eine entspr Willenskundgabe erforderlich (BGH MDR 71, 916). Der Eingetragene muss hinsichtlich des Eigentums bzw der Inhaberschaft nicht gutgläubig sein (BGHZ 117, 292). 2

II. Fristablauf. Der Eigenbesitz muss während der gesamten dreißigjährigen Frist bestehen. Für die Berechnung, Hemmung und Unterbrechung der Frist gelten §§ 939 bis 944, wobei auch die Vermutung nach § 938 gilt (MüKo/*Wacke* Rn 5). Bei Rechtsnachfolge gilt § 943. Die Frist ist solange gehemmt, wie ein Widerspruch nach § 899 gegen die Eintragung eingetragen ist. § 939 gilt entspr für den Grundbuchberichtigungsanspruch nach § 894 (Staud/*Gursky* Rn 16). 3

III. Wirkung. Die Buchersitzung bewirkt originären Eigentumserwerb, so dass das Grundbuch richtig wird. Die unverjährbaren (§ 898) Ansprüche aus §§ 894 bis 896 erlöschen. 4

C. Rechtserwerb (II). Die Buchberechtigten von dinglichen Rechten, die ein Recht zum Besitz des Grundstücks geben oder besitzrechtlich geschützt sind, erwerben diese Rechte mit dem eingetragenen Rang (II 2) entspr I. Die zum Besitz berechtigenden Rechte sind: §§ 1036, 1093, 34 II, 31 WEG. Rechte, die Besitzschutz genießen sind: §§ 1029, 1090 II, 1029. Während der dreißigjährigen Frist muss der Berechtigte im Grundbuch eingetragen sein und bei Besitzrechten das Grundstück als ihm gehörend besessen oder bei besitzrechtlich geschützten Rechten diese im üblichen Rahmen ausgeübt haben (Jahresfrist, § 1029), was nach §§ 891, 938 vermutet wird (MüKo/*Wacke* Rn 8, str). 5

§ 901 Erlöschen nicht eingetragener Rechte

¹Ist ein Recht an einem fremden Grundstück im Grundbuch mit Unrecht gelöscht, so erlischt es, wenn der Anspruch des Berechtigten gegen den Eigentümer verjährt ist. ²Das Gleiche gilt, wenn es kraft Gesetzes entstandenes Recht an einem fremden Grundstück nicht in das Grundbuch eingetragen worden ist.

A. Gelöschtes Recht. Von S 1 werden alle eintragungsfähigen beschränkt dinglichen Rechte sowie entspr grundstücksgleiche Rechte an einem fremden Grundstück erfasst. Das Recht muss wirksam entstanden, in das Grundbuch eingetragen und später zu Unrecht gelöscht worden sein. Anspruch iSd § 901 ist der Anspruch aus dem gelöschten dinglichen Recht auf Gewährung von Besitz oder Leistungen und nicht der Berichtigungsanspruch nach § 894, weil dieser nach § 898 nicht verjährt. Anspruch ist zB bei der Hypothek der Anspruch auf Duldung der Zwangsvollstreckung (§ 1147), Zahlung des Kapitals und der Zinsen und bei dem Nießbrauch die Gewährung von Besitz und Nutzungen (vgl Erman/*Lorenz* Rn 5). Die Verjährung richtet sich nach §§ 194 ff. Die Verjährung beginnt nach §§ 199 f, aber wegen § 902 I frühestens mit Löschung des Rechts. Ist gegen die Löschung ein Widerspruch eingetragen, läuft gem § 902 II die Verjährungsfrist ebenfalls nicht. Wird ein Widerspruch oder das Recht neu eingetragen, wird die Verjährung unterbrochen und die Frist beginnt erst mit der Löschung von neuem zu laufen (MüKo/*Wacke* Rn 4). Sonderregelungen zur Verjährung: §§ 1028, 1090 II und §§ 914 II, 917 II. 1

B. Nicht eingetragenes Recht. S 2 erweitert den Anwendungsbereich von S 1 auf im Grundbuch eintragungsfähige beschränkt dingliche Rechte, die außerhalb des Grundbuchs entstehen und nicht in das Grundbuch eingetragen worden sind. Dazu gehören der nach § 1075 erworbene Nießbrauch an einem Recht und die Sicherungshypotheken nach §§ 1287 S 2; 848 II 2 ZPO. 2

C. Wirkung. Mit der Verjährung erlischt das Recht und das Grundbuch wird richtig, so dass auch Grundbuchberichtigungsansprüche nach §§ 894 ff nicht mehr bestehen. 3

§ 902 Unverjährbarkeit eingetragener Rechte

(1) ¹Die Ansprüche aus eingetragenen Rechten unterliegen nicht der Verjährung. ²Dies gilt nicht für Ansprüche, die auf Rückstände wiederkehrender Leistungen oder auf Schadensersatz gerichtet sind.
(2) Ein Recht, wegen dessen ein Widerspruch gegen die Richtigkeit des Grundbuchs eingetragen ist, steht einem eingetragenen Recht gleich.

1 **A. Allgemeines.** § 902 gilt für alle eintragungsfähigen dinglichen Rechte, die für den wahren Berechtigten bzw bei Rechtsnachfolge außerhalb des Grundbuchs für den Rechtsvorgänger (zB Erblasser) im Grundbuch wirksam eingetragen sind (Staud/*Gursky* Rn 7, allgM). Nach allgemeinen Regeln verjährt dagegen ein durch Vormerkung gesicherter Anspruch, ohne dass die Vormerkung nach § 216 bestehen bleibt (s.a. § 886). Abw von § 902 verjährt beim Erbbaurecht der Heimfallanspruch nach §§ 4, 11 ErbbauV. Leistungen aus nicht eingetragenen Rechten verjähren nach den §§ 194 ff. Die Verjährungsfrist ist jedoch wirkungslos, wenn das Recht oder ein Widerspruch eingetragen wird (II).

2 **B. Unverjährbarkeit.** Unverjährbar sind alle dinglichen Ansprüche aus dem jeweiligen Recht (zB Besitzverschaffung (zB §§ 985, 1036 I), Nutzung (§§ 1018, 1030), Duldung der Zwangsvollstreckung (§§ 1147, 1192), § 1094), sofern sie nicht unter S 2 fallen oder ausnahmsweise nach §§ 1028, 1090 erlöschen. Trotz Unverjährbarkeit ist Verwirkung möglich (*v Olshausen* JZ 83, 288 ff, str). Verjähren können bei Grundpfandrechten die zugrunde liegenden schuldrechtlichen Forderungen (§ 216 I).

3 **C. Verjährbarkeit.** Nach den §§ 194 ff verjähren – nicht notwendig regelmäßig – wiederkehrende Leistungen aus dem dinglichen Recht (§ 216 III) und Schadensersatzansprüche. Zu den wiederkehrenden Leistungen gehören bei Hypotheken und Grundschulden die Zinsen – nicht Kapitalteilbeträge – (§§ 1115, 1192), bei Rentenschuld die Renten (§ 1199) und bei der Reallast deren Leistungen (§ 1107) (vgl Erman/*Lorenz* Rn 6). Schadensersatzansprüche sind zB diejenigen aus §§ 904, 989 ff, 1057, 1065. Verjähren kann auch ein Anspruch aus § 1004 (BGHZ 60, 238, str).

Abschnitt 3   Eigentum

Titel 1   Inhalt des Eigentums

§ 903 Befugnisse des Eigentümers

¹Der Eigentümer einer Sache kann, soweit nicht das Gesetz oder Rechte Dritter entgegenstehen, mit der Sache nach Belieben verfahren und andere von jeder Einwirkung ausschließen. ²Der Eigentümer eines Tieres hat bei der Ausübung seiner Befugnisse die besonderen Vorschriften zum Schutz der Tiere zu beachten.

1 **A. Begriff, Inhalt, Gegenstand und Arten des Eigentums. I. Begriff.** Die Vorschrift enthält keine Definition des Eigentums, sondern beschreibt den wesentlichen Inhalt der dem Eigentümer zustehenden Rechte. Das Eigentum iSd BGB ist ein dingliches und damit absolutes Recht, welches ggü jedermann wirkt. Es ist das Vollrecht an einer Sache, das umfassendste Herrschaftsrecht, welches die Rechtsordnung kennt. Eine Teilberechtigung an einer Sache (Nutzungs- oder Gebrauchsrecht) ist in der Form des Eigentums nicht möglich; sie lässt sich nur durch die Einräumung beschränkter dinglicher Rechte von dem Eigentumsrecht abspalten.

2 **II. Inhalt.** Der wesentliche Inhalt des Eigentumsrechts geht in zwei Richtungen. Zum einen kann der Eigentümer mit seiner Sache nach Belieben verfahren (positive Eigentümerbefugnis). Das gilt sowohl für tatsächliche als auch für rechtliche Handlungen. Er kann also die Sache nutzen, benutzen, beschädigen, vernichten und verbrauchen; er kann auch über sie verfügen, indem er sein Recht verändert, belastet, überträgt oder aufhebt. Zum anderen kann der Eigentümer andere Personen von jeder Einwirkung auf die Sache ausschließen (negative Eigentümerbefugnis). Dies ist der bedeutendere Teil der Vorschrift. Der Umfang des Ausschließungsrechts bestimmt sich nach dem positiven Inhalt des Eigentums; deshalb kann der Eigentümer jede beliebige Einwirkung, die ihm selbst gestattet ist, abwehren. Damit gewährt das Eigentum seinem Inhaber eine umfassende Rechtsmacht sowohl in tatsächlicher als auch in rechtlicher Hinsicht.

3 Befinden sich Sachen verschiedener Eigentümer in räumlicher Nähe, kann die positive Wirkung der Vorschrift für den einen Eigentümer (mit der Sache nach Belieben zu verfahren) mit der negativen Wirkung für den anderen Eigentümer (andere von jeder Einwirkung auszuschließen) kollidieren. Es liegt auf der Hand, dass diese Konstellation in erster Linie bei der Benutzung benachbarter (nicht notwendig aneinander grenzender, RGZ 154, 161; BGH NJW 03, 1392) Grundstücke auftritt. Das erfordert die inhaltliche Begrenzung der beiden Eigentümerrechte durch ein auf die nachbarlichen Verhältnisse abgestimmtes Gebot zur gegenseitigen Rücksichtnahme. Dem tragen die §§ 905 ff Rechnung. Danach reicht das uneingeschränkte Recht des Eigentümers zur Benutzung seines Grundstücks nur so weit, wie das keine grenzüberschreitenden Einwir-

kungen auf benachbarte Grundstücke zur Folge hat. Ist die Benutzung dagegen mit einer Grenzüberschreitung verbunden, tritt das Benutzungsrecht des einen Eigentümers ggü dem Ausschließungsrecht des anderen Eigentümers zurück.

Auch der umgekehrte Fall ist denkbar, dass nämlich das Ausschließungsrecht des einen Eigentümers ggü dem Benutzungsrecht des anderen Eigentümers beschränkt ist. Dadurch wird das Eigentum an dem betroffenen Grundstück inhaltlich begrenzt. Das ist dann der Fall, wenn sich die Benutzung eines Grundstücks zwar innerhalb seiner Grenzen hält, sie aber zu negativen oder ideellen Einwirkungen auf ein benachbartes Grundstück führt. Unter negativen Einwirkungen versteht man das Abhalten natürlicher Zuführungen und Vorteile auf ein Grundstück sowie das Verhindern von natürlichen Ableitungen von einem Grundstück infolge der - nicht grenzüberschreitenden - Benutzung eines benachbarten Grundstücks; sie gelten nach hM nicht als Eigentumsbeeinträchtigung und können deshalb nicht nach § 1004 I abgewehrt werden (BGH NJW 03, 1313, 1314 mwN). Dazu gehören die Entziehung von Licht (BGH MDR 51, 726; BB 53, 373; NJW 92, 2569), Luft (Ddorf NJW 79, 2618) und Wind (Frankf NJW-RR 00, 1542), die Einschränkung des Ausblicks (BGH NJW 03, 1313, 1314), die Verhinderung des Luftabflusses von einem Grundstück (BGHZ 113, 384), die Abschattung von Funkwellen (BGHZ 88, 344), die Entziehung von Grundwasser durch die Förderung von Grundwasser auf einem benachbarten Grundstück (BayObLGZ 65, 7) und die Beeinträchtigung der Uneinsehbarkeit eines Grundstücks (Köln NJW-RR 92, 526). Unter ideellen Einwirkungen versteht man die Verletzung des ästhetischen oder sittlichen Empfindens eines Grundstückseigentümers und die Minderung des Verkehrswerts eines Grundstücks infolge von – nicht grenzüberschreitenden – Handlungen auf dem Nachbargrundstück; auch sie sind nach hM nicht abwehrbar (BGH NJW 03, 1313, 1314). Als Bsp für solche Einwirkungen sind das Nacktbaden (RGZ 76, 130) und der Betrieb eines Bordells (BGHZ 95, 307) auf dem Nachbargrundstück, die Errichtung eines Lagers für Baumaterialien in einer Wohngegend (BGHZ 51, 396) und eines Abstellplatzes für Schrottfahrzeuge neben einem Hotel (BGHZ 54, 56) sowie das Vorhandensein einer unansehnlichen Stützmauer an der Grundstücksgrenze (BGH NJW 75, 170) zu nennen.

Die Auffassung der hM zu der fehlenden Möglichkeit negative und ideelle Einwirkungen abzuwehren, sollte überdacht werden. Einerseits muss die gesetzgeberische Wertung ausreichend berücksichtigt werden, dass die positiven Eigentümerbefugnisse so lange nicht eingeschränkt werden sollen, wie die Nutzung des Grundstücks dessen Grenzen nicht überschreitet. Das darf aber nicht der einzige Gesichtspunkt bei der Beurteilung der Abwehrfähigkeit von Einwirkungen auf das Nachbargrundstück bleiben. Denn andererseits muss dem gegenseitigen Rücksichtnahmegebot entsprechend gewährleistet sein, dass die uneingeschränkte Nutzung des Eigentums nicht zu einer unzumutbaren Beeinträchtigung des Nachbargrundstücks führt. Der Nachbar muss ggü negativen Einwirkungen in demselben Maß wie ggü positiven (grenzüberschreitenden) Einwirkungen geschützt werden. Das erfordert die Gleichbehandlung der beiden Einwirkungsarten (*Wenzel* NJW 05, 241, 247). Die lässt sich bei dem Entzug von Licht, Luft und Wind ohne weiteres damit begründen, dass es sich in diesen Fällen in Wahrheit um eine - wenigstens mittelbare - positive Einwirkung handelt. Denn der Entzug von Licht erfolgt aufgrund des grenzüberschreitenden Schattenwurfs, der Entzug von Luft und Wind aufgrund der ebenfalls grenzüberschreitenden Luftverwirbelung. Eine Gleichstellung der ideellen Einwirkungen mit den positiven Einwirkungen ist dagegen schon deshalb nicht möglich, weil sie nicht messbar und objektivierbar sind. Das nimmt ihnen die Qualität einer Einwirkung iSd § 903.

Die Vorschrift enthält keine Anspruchsgrundlage. Zur Durchsetzung der negativen Eigentümerbefugnisse muss deshalb auf andere Rechtsbehelfe zurückgegriffen werden. Dazu gehören die Selbstverteidigungs- und Selbsthilferechte, also Notwehr (§ 227), Notstand (§§ 228, 904) und Selbsthilfe (§ 229). Weiter wird der Schutz des Eigentums durch diverse Anspruchsgrundlagen gewährleistet. Die wichtigsten sind diejenigen, die auf Herausgabe der Sache gerichtet sind (§ 985 oder auch § 823 I und § 823 II iVm einem Schutzgesetz, soweit es um Schadensersatz durch Naturalrestitution geht); ebenfalls bedeutsam sind die Beseitigungs- und Unterlassungsansprüche nach § 1004 I und der Grundbuchberichtigungsanspruch nach § 894. Weiter sind die auf Geldersatz gerichteten Schadensersatzansprüche nach § 823, die auf Geldersatz und Nutzungsherausgabe gerichteten Ansprüche aus dem Eigentümer- Besitzer- Verhältnis (§§ 987 ff), die speziellen nachbarrechtlichen Eigentumsstörungsansprüche nach §§ 905 ff und das Verfolgungsrecht nach § 1005 zu nennen.

III. Gegenstand. Gegenstand des Eigentums sind einzelne Sachen iSv § 90. Dazu gehören die beweglichen Sachen, also solche, die nicht Grundstücke, Grundstücksbestandteile oder den Grundstücken gleichgestellt sind, Schiffe und Luftfahrzeuge sowie die unbeweglichen Sachen, also Grundstücke. Eine aus mehreren Sachen bestehende Sachgesamtheit kann nicht Gegenstand des Eigentums sein. Dasselbe gilt für unkörperliche Gegenstände (BGHZ 44, 288, 293; 153, 182, 189).

IV. Eigentumsarten. Eigentum iSd Vorschrift ist das Alleineigentum, das Miteigentum nach Bruchteilen, das Gesamthandseigentum, das Wohnungs- und Teileigentum sowie das Bergwerkseigentum. Beim Alleineigentum ist eine einzige natürliche oder juristische Person Inhaber des Eigentumsrechts. Beim Miteigentum (§ 1008) steht das Eigentum an einer ungeteilten Sache mehreren natürlichen oder juristischen Personen zu ideellen Bruchteilen zu. Gesamthandseigentum ist die Berechtigung einer Gesamthandsgemeinschaft (nicht rechtsfähiger Verein § 54; Gesellschaft bürgerlichen Rechts §§ 705 ff; Gesamtgut bei der ehelichen Gütergemeinschaft §§

1416, 1485; Miterbengemeinschaft § 2032; offene Handelsgesellschaft §§ 105 ff HGB; Kommanditgesellschaft § 161 HGB; Reederei § 489 HGB) an einer ungeteilten Sache. Als Wohnungs- oder Teileigentum wird das Sondereigentum an einer Wohnung oder an nicht zu Wohnzwecken dienenden Räumen eines Gebäudes iVm dem Miteigentumsanteil an dem gemeinschaftlichen Grundstück bezeichnet (§ 1 I, II WEG). Das Bergwerkseigentum gibt seinem Inhaber das Recht, Bodenschätze zu gewinnen und sich anzueignen sowie dafür notwendige vorbereitende und nachfolgende Tätigkeiten vorzunehmen (§§ 8, 9 BBergG).

9 Kein besonderes Eigentum iSv 903 ist das Sicherungseigentum und das Treuhandeigentum. Das Sicherungseigentum an beweglichen Sachen ist eine Form der Kreditsicherung; es ist vollwertiges Eigentum und wird nach den Übereignungsvorschriften der §§ 929, 930 erworben, hat allerdings lediglich die Funktion eines besitzlosen Pfandrechts. Sein Schutz und seine Behandlung in der Zwangsvollstreckung folgen besonderen Regeln. Auch das Treuhandeigentum ist volles Eigentum. Dem Treuhänder stehen nach außen alle Eigentümerrechte zu; im Innenverhältnis ist er aufgrund des zwischen ihm und dem Treugeber bestehenden Treuhandvertrags jedoch in seiner Verfügungsmacht beschränkt. Deshalb spricht man auch von fiduziarischem Eigentum.

10 Nicht zu dem Eigentum iSd Vorschrift gehört das sog Vorbehaltseigentum des Käufers, der eine Sache unter Eigentumsvorbehalt gekauft hat (§ 449); denn bis zum Eintritt der für den Eigentumsübergang notwendigen Bedingung der vollständigen Kaufpreiszahlung bleibt der Verkäufer alleiniger Eigentümer der Sache.

11 **B. Eigentumsschranken.** Die schrankenlose Rechtsausübung und schrankenlose Rechte Dritter sind dem bürgerlichen Recht fremd. Deshalb beschränkt § 903 die Befugnisse des Eigentümers dadurch, dass sie ausgeschlossen sind, wenn Gesetze oder Rechte Dritter entgegenstehen. In dieser Einschränkung des Eigentumsinhalts liegt der Hauptwert der Bestimmung (*Mugdan* III 578).

12 **I. Gesetzliche Beschränkungen.** Zu den Gesetzen iSd Vorschrift gehört nach Art 2 EGBGB jede Rechtsnorm mit tatsächlicher und normativer Geltung, Außenwirkung, Drittbindung und Generalität. Das sind in erster Linie die Verfassungsgesetze, einfache Gesetze und die Rechtsverordnungen des Bundes und der Länder. Eigentumsbeschränkungen enthalten sowohl privatrechtliche als auch öffentlich-rechtliche Vorschriften.

13 **1. Privatrecht. a) Nachbarrechtliche Vorschriften.** Privatrechtliche Eigentumsbeschränkungen ergeben sich in erster Linie aus den nachbarrechtlichen Vorschriften der §§ 905 ff und aus den Vorschriften der Landesnachbarrechtsgesetze (Zusammenstellung bei *Dehner*, Nachbarrecht, A § 3 V Fn 10, VII 9). Eingriffe, die der davon betroffene Eigentümer nach diesen Vorschriften dulden muss, sind nicht rechtswidrig iSv § 823 (BGH NJW 03, 537).

14 **b) Nachbarliches Gemeinschaftsverhältnis.** Außerhalb der nachbarrechtlichen Vorschriften kann es im Einzelfall aufgrund des nachbarlichen Gemeinschaftsverhältnisses privatrechtliche Eigentumsbeschränkungen geben. Dieses von der Rspr entwickelte Rechtsinstitut verpflichtet die Nachbarn nach dem Grundsatz von Treu und Glauben (§ 242) zur gegenseitigen Rücksichtnahme und beschränkt sie in der Ausübung ihrer Rechte. Die Definition für den Inhalt und für die Rechtsfolgen des nachbarlichen Gemeinschaftsverhältnisses lautet (BGH NJW 03, 1392): „Die Rechte und Pflichten von Grundstücksnachbarn haben insbes durch die Vorschriften der §§ 905 ff und die Bestimmungen der Nachbarrechtsgesetze der Länder eine ins Einzelne gehende Sonderregelung erfahren Auch auf sie ist allerdings der allgemeine Grundsatz von Treu und Glauben anzuwenden; daraus folgt für die Nachbarn eine Pflicht zur gegenseitigen Rücksichtnahme, deren Auswirkungen auf den konkreten Fall man unter dem Begriff der nachbarlichen Gemeinschaftsverhältnisses zusammenfasst. Eine solche Pflicht zur Rücksichtnahme ist zwar mit Rücksicht auf die nachbarrechtlichen Sonderregelungen eine Ausnahme und kann nur dann zur Anwendung kommen, wenn ein über die gesetzliche Regelung hinausgehender billiger Ausgleich der widerstreitenden Interessen dringend geboten erscheint. Wenn diese Bedingungen vorliegen, ist die Ausübung eines Anspruchs aus § 1004 I unter Berücksichtigung vorrangiger Interessen des Störers unzulässig."

15 Dem objektiven Missbrauch eines zu großzügigen Rückgriffs auf das nachbarliche Gemeinschaftsverhältnis als vermeintliches Allheilmittel für die Lösung jedes nachbarlichen Interessenkonflikts versucht die höchstrichterliche Rspr dadurch zu begegnen, dass klare Grenzen für die Anwendbarkeit des Rechtsinstituts aufgezeigt werden. So besteht die Pflicht zur ausnahmsweisen Duldung eines beeinträchtigenden Verhaltens des Störers nur hinsichtlich solcher Maßnahmen, die zwar im Verhältnis zu dem gestörten Nachbarn rechtswidrig, ansonsten aber rechtmäßig sind. ZB kann der Grundstückseigentümer die Beseitigung einer von seinem Nachbarn teilweise über die Grundstücksgrenze gebauten Stützmauer verlangen, wenn sie nicht nach den Regeln der Baukunst errichtet wurde, auch wenn an sich die Voraussetzungen einer Duldungspflicht aufgrund des nachbarlichen Gemeinschaftsverhältnisses vorliegen (BGH MDR 73, 39); auch kann die Beseitigung eines in dem Grundstück verlaufenden fremden Abwasserrohrs verlangt werden, wenn die Verlegung nach öffentlichem Recht rechtswidrig war, obwohl der Grundstückseigentümer unter dem Gesichtspunkt des nachbarlichen Gemeinschaftsverhältnisses zur Duldung des Rohrs verpflichtet wäre (vgl BGH NJW 03, 1392, 1393). Schon das Reichsgericht hat darauf hingewiesen, dass der Gedanke des nachbarlichen Gemeinschaftsverhältnisses den Richter nicht dazu führen dürfe, die bestehende gesetzliche Regelung außer Acht zu lassen; vielmehr müsse diese immer die Grundlage der Entscheidung bleiben (RGZ 167, 14, 23). Dieselbe Linie verfolgt der Bundesgerichtshof in mehreren Entscheidungen, in denen er die Auffassung vertreten hat, dass das

nachbarliche Gemeinschaftsverhältnis in der Regel keine Ansprüche begründe, sondern dass sich der auf Treu und Glauben fußende Gedanke hauptsächlich als bloße Schranke der Rechtsausübung auswirke, darüber hinaus aber das Gebot der gegenseitigen Rücksichtnahme der Nachbarn untereinander nicht ohne weiteres die fehlenden Tatbestandsvoraussetzungen des § 1004 BGB und damit die Anspruchsgrundlage ersetzen könne (s nur BGH NJW 95, 2633 f). Noch einschränkender heißt es in einer anderen Entscheidung, dass das nachbarliche Gemeinschaftsverhältnis neben den besonderen Nachbarrechtsvorschriften keine selbstständige Grundlage für Rechte und Pflichten bilde, vielmehr unter den Grundstücksnachbarn nur die allgemeinen Ansprüche aus dem Eigentum sowie die allgemeinen Verkehrssicherungspflichten bestünden (BGHZ 42, 374, 378). Allerdings liegt in der Rspr des Bundesgerichtshofs eine Aufweichung des Gedankens des Reichsgerichts, indem dem nachbarlichen Gemeinschaftsverhältnis die rechtliche Qualität einer Anspruchsgrundlage lediglich für den Regelfall abgesprochen wird. Das lässt Ausnahmen zu. So hält es der BGH ausnahmsweise für zulässig, einen Anspruch unmittelbar aus dem besonderen Verhältnis von Nachbarn zu begründen, wenn dies aus zwingenden Gründen eines billigen Interessenausgleichs geboten ist (NJW-RR 01, 1208, 1209). Diese Formulierung ist bedenklich, denn sie lädt dazu ein, über das Gewollte hinaus den Blick auf die gesetzgeberischen Wertungen des Nachbarrechts zu verstellen. Diese müssen jedoch die Grenzen für die Rechtsfolgen der Heranziehung des nachbarlichen Gemeinschaftsverhältnisses bleiben (BGH MDR 51, 726).

Die Anwendung des Rechtsinstituts setzt in sachlicher Hinsicht nicht voraus, dass die benachbarten Grundstücke eine gemeinsame Grenze haben (s nur RGZ 154, 161; BGH NJW 03, 1392). Dass eine andere Sichtweise verfehlt wäre, zeigt sich insbes bei den Immissionsfällen. Die Emissionen von Industrieanlagen werden meistens weit über die unmittelbar angrenzenden Grundstücke hinweg getragen. Die Eigentümer der davon betroffenen entfernter liegenden Grundstücke können sich iRd § 906 BGB dagegen ebenso zur Wehr setzen wie die unmittelbaren Nachbarn. Eine Einschränkung des Anwendungsbereichs ist in sachlicher Hinsicht dahingehend geboten, dass die Grundsätze des nachbarlichen Gemeinschaftsverhältnisses ausschl auf die Lösung von Konflikten anzuwenden sind, die sich aus der Nutzung verschiedener Grundstücke ergeben. Für einen Interessenausgleich zwischen Nutzern ein und desselben Grundstücks, wie z.B. zwischen Mietern in einem Mehrfamilienhaus, kann das nachbarliche Gemeinschaftsverhältnis nicht herangezogen werden (vgl BGHZ 157, 188, 190 ff). In diesen Fällen fehlt es an dem für die Anwendung der nachbarrechtlichen Vorschriften notwendigen Erfordernis, dass die Beeinträchtigung des einen Grundstücks von einem anderen Grundstück herrührt. **16**

Bsp aus der Rspr für die Beschränkung der Eigentümerbefugnisse aus dem Gesichtspunkt des nachbarlichen Gemeinschaftsverhältnisses sind die Pflicht des Grundstückseigentümers, sein Gebäude weiter von der Grundstücksgrenze entfernt als beabsichtigt zu errichten, um die Fenster in der Giebelwand des Nachbarhauses nicht zu verbauen (BGH BB 53, 373), der Schadensersatzanspruch des Grundstückseigentümers, der sein Gebäude wegen einer von dem Nachbargrundstück in den Luftraum seines Grundstücks hineinragenden Brandmauer nicht – wie zulässig – auf der Grundstücksgrenze, sondern in entsprechendem Abstand davon errichten muss (BGHZ 28, 110), die Pflicht des Grundstückseigentümers, das Herabfallen von Steinbrocken auf sein Grundstück von Sprengungen auf dem Nachbargrundstück gegen Entschädigung zu dulden (BGHZ 28, 225) oder von dem Abriss einer auf seinem Grundstück stehenden Grenzwand abzusehen, weil anderenfalls das auf dem Nachbargrundstück an die Grenze gebaute Haus erheblich beeinträchtigt würde (BGHZ 68, 350), die Pflicht des Grundstückseigentümers zur Duldung einer nach § 909 an sich unzulässigen Vertiefung auf dem Nachbargrundstück (BGHZ 101, 290), der eingeschränkte Unterlassungsanspruch des geschädigten Eigentümers gegen den Benutzer des Nachbargrundstücks, eine Deponie so anzulegen, dass sie den natürlichen Abfluss von Kaltluft von seinem Grundstück verhindert (BGHZ 113, 384), die Auferlegung einer besonderen Handlungspflicht des Grundstückseigentümers zur Verhinderung von Beeinträchtigungen des Nachbargrundstücks, wenn aus zwingenden Gründen ein billiger Interessenausgleich notwendig ist (BGH NJW-RR 01, 1208, 1209), die Verpflichtung des Grundstückseigentümers, Änderungen an seinem Gebäude in die Belange der Nachbarn möglichst wenig beeinträchtigenden Weise vorzunehmen (BGH NJW-RR 03, 1313), die Unzulässigkeit des Verbietungsrechts des Eigentümers hinsichtlich des Betretens seines Grundstücks durch eine auf dem Nachbargrundstück gehaltene Katze (Köln NJW 85, 2328), die Verpflichtung des Grundstückseigentümers, eine Parabolantenne auf seinem Haus auf Verlangen des Nachbarn zu entfernen (Frankf NJW-RR 89, 464), eine Baulast zu übernehmen (Frankf OLGR 96, 211), seine Hecke herunter zu schneiden (Saarbr NJW-RR 91, 406), nicht mehr als 100 Tauben auf seinem Grundstück zu halten (LG Itzehoe NJW-RR 95, 979) oder seine an der Grundstücksgrenze stehenden Bäume zurück zu schneiden (AG Mettmann WuM 91, 576). **17**

Obwohl die höchstrichterliche Rspr mehrfach betont hat, dass das nachbarliche Gemeinschaftsverhältnis grds keine selbstständigen Ansprüche begründet, sondern sich regelmäßig als bloße Schranke der Rechtsausübung auswirkt (s.o. Rn 14), musste sie häufig als Anspruchsgrundlage auch für ein positives Tun herhalten. Das erscheint bedenklich, weil da eine Rechtsfortbildung contra legem bedeutet. Deshalb sollte insoweit auf das nachbarliche Gemeinschaftsverhältnis als Anspruchsgrundlage für den Beeinträchtigten nicht mehr zurückgegriffen werden. Die meisten Fälle lassen sich unter konsequenter Heranziehung des Störerbegriffs (dazu BGH NJW 04, 3701) und durch die Gleichstellung von negativen und positiven Immissionen auf gesetzlicher Grundlage (§ 1004 I) lösen. Soweit es dagegen um den Anspruch auf Duldung einer Beeinträchtigung geht, bietet das nachbarliche Gemeinschaftsverhältnis eine geeignete Grundlage. **18**

19 **2. Öffentliches Recht.** Die Beschränkungen der Eigentümerbefugnisse durch öffentlich-rechtliche Vorschriften sind überaus vielfältig. Hier sei nur auf baurechtliche (§§ 14, 15, 19–23, 24 ff, 30 f, 34, 35, 144, 176 ff BauGB und Landesbauordnungen), agrar- und forstrechtliche (§ 2 GrdstVG, §§ 9–12, 14 BundeswaldG und Landeswaldgesetze), umweltrechtliche (§§ 4 ff, 22–25 BImSchG, §§ 5 ff AtomG, §§ 19 a–l9l, 30 WHG und Landeswassergesetze), verkehrsrechtliche (§§ 9–11 BFStrG, §§ 1, 12–17, 18 a LuftVG, § 11 WaStrG) und strafprozessrechtliche (§§ 94 ff, 108, 111 b StPO) Beschränkungen hingewiesen.

20 **II. Beschränkung durch Rechte Dritter.** Zu den Rechten Dritter iSd Vorschrift gehören die absoluten, also die ggü jedermann wirkenden beschränkten dinglichen Rechte an Sachen. Sie schließen, soweit sie reichen, das Herrschaftsrecht des Eigentümers aus; den Rechtsinhabern gewähren sie Teilberechtigungen an der Sache. In Betracht kommen Nutzungsrechte wie das Erbbaurecht, die Dienstbarkeiten (§§ 1018–1093) und das Dauerwohnrecht (§ 31 WEG), Verwertungsrechte wie das Pfandrecht an beweglichen Sachen (§§ 1204 ff) und die Grundpfandrechte (§§ 1113–1203) sowie Erwerbsrechte wie das dingliche Vorkaufsrecht (§ 1094 ff), das Aneignungsrecht (§§ 928 II, 958 ff) und das Anwartschaftsrecht. Auch das Urheberrecht (§ 11 UrhG) gehört zu den Rechten Dritter, durch welche die Eigentümerbefugnisse beschränkt werden (BGHZ 62, 331, 332 ff).

21 Keine Rechte Dritter iSd 903 sind schuldrechtliche Ansprüche bzgl einer Sache. Sie begründen ausschl persönliche Verpflichtungen des Eigentümers ggü seinem Vertragspartner (zB Mieter oder Pächter) und beschränken ihn insoweit in seinen Befugnissen. Die Beschränkung des Eigentums als solchem ist damit jedoch nicht verbunden.

22 **III. Rechtsfolgen der Beschränkung.** Soweit die Beschränkungen des Eigentums durch privatrechtliche Vorschriften oder Rechte Dritter (Rn 13, 18) reichen, darf der Eigentümer sowohl die positiven als auch die negativen Eigentümerbefugnisse (Rn 2) nicht ausüben. Tut er es dennoch, greift er damit in unzulässiger Weise in einen fremden Rechtsbereich ein; die davon Betroffenen können sich dagegen mit dem Unterlassungs- und Beseitigungsanspruch aus § 1004 I oder mit dem Schadensersatzanspruch aus § 823 BGB zur Wehr setzen. Die aufgrund der Beschränkungen zulässigen Eingriffe in das Eigentumsrecht sind keine Eigentumsverletzungen; der Eigentümer darf sie deshalb nicht abwehren.

23 Beschränkungen der Eigentümerbefugnisse durch öffentlich-rechtliche Vorschriften (Rn 17) werden von den Verwaltungsbehörden in erster Linie in den entsprechenden Genehmigungsverfahren, aber auch durch Einschreiten gegen Verstöße durchgesetzt. Privatpersonen können von dem Eigentümer die Einhaltung öffentlich-rechtlicher Vorschriften verlangen, wenn diese einen drittschützenden Charakter haben. Das ist der Fall, wenn die Vorschrift nicht nur den Schutz des öffentlichen Interesses beabsichtigt, sondern wenigstens auch die rechtlichen Interessen eines bestimmten Personenkreises schützen will. Solche Normen finden sich hauptsächlich im Baurecht.

24 **C. Eigentum an Tieren.** Nach S 2 der Vorschrift hat der Eigentümer eines Tieres bei der Ausübung seiner Befugnisse die besonderen Vorschriften zum Schutz der Tiere zu beachten. Diese Regelung enthält ggü der in S 1 getroffenen keinen eigenständigen Inhalt. Da Tiere zwar keine Sachen sind, auf sie aber die für Sachen geltenden Vorschriften entsprechende Anwendung finden (§ 90 a), ergibt sich die Verpflichtung des Eigentümers eines Tieres zur Beachtung tierschützender Vorschriften unmittelbar aus § 903 S 1. Diese beschränken die Eigentümerbefugnisse wie jede andere gesetzliche Beschränkung auch. Dass sie – wie jede andere Norm – beachtet werden müssen, ergibt sich aus allgemeinen rechtsstaatlichen Grundsätzen und bedarf deshalb keiner besonderen Erwähnung.

§ 904 Notstand

¹Der Eigentümer einer Sache ist nicht berechtigt, die Einwirkung eines anderen auf die Sache zu verbieten, wenn die Einwirkung zur Abwendung einer gegenwärtigen Gefahr notwendig und der drohende Schaden gegenüber dem aus der Einwirkung dem Eigentümer entstehenden Schaden unverhältnismäßig groß ist. ²Der Eigentümer kann Ersatz des ihm entstehenden Schadens verlangen.

1 **A. Allgemeines.** S 1 der Vorschrift beschränkt die negativen Eigentümerbefugnisse aus § 903 (s dort Rn 2). Der Eigentümer kann Einwirkungen auf seine Sache nicht verbieten, wenn sie zur Abwendung einer gegenwärtigen Gefahr notwendig sind und der durch die Gefahr drohende Schaden ggü dem dem Eigentümer durch den Eingriff entstehenden Schaden unverhältnismäßig groß ist. Diese Beschränkung dient dem Rechtsgüterschutz dritter Personen. Für sie enthält die Vorschrift einen Rechtfertigungsgrund. Der Unterschied zu dem in § 228 geregelten Notstand besteht darin, dass hier die Gefahr nicht von der Sache des Eigentümers ausgeht; deshalb spricht man hier von dem Angriffsnotstand, dort von dem Verteidigungsnotstand.

2 § 904 S 2 gibt dem Eigentümer der Sache bei rechtmäßiger Einwirkung einen Schadensersatzanspruch. Eine schuldhafte Einwirkung ist nicht erforderlich; allein der Umstand des gerechtfertigten Eingriffs in das Eigentumsrecht begründet den Anspruch. Dieser tritt an die. Stelle des ausgeschlossenen Abwehrrechts des Eigentümers. Die Vorschrift stellt sich damit als gesetzliche Regelung des allgemeinen Aufopferungsgedankens in seiner zivilrechtlichen Ausprägung dar (BGHZ 117, 240, 251).

Die Vorschrift ist nicht nur bei Einwirkungen auf das Eigentum an einer Sache, sondern entsprechend auch bei Einwirkungen auf andere absolute Vermögensrechte anwendbar. Einwirkungen auf Personen und Eingriffe in höchstpersönliche Rechtsgüter sind dagegen selbst dann nicht nach § 904 S 1 gerechtfertigt, wenn die übrigen Voraussetzungen der Vorschrift vorliegen. Wird eine Behörde in Ausübung hoheitlicher Tätigkeit zur Gefahrenabwehr tätig, ist § 904 auf ein solches öffentliches Rechtsverhältnis nicht anwendbar (BGHZ 117, 240, 251).

B. Notstandslage. I. Gegenwärtige Gefahr. Nach allgemeiner Auffassung erfordert die Annahme einer gegenwärtigen Gefahr, dass zur Abwendung von Schäden für das Rechtsgut des Dritten sofortige Abhilfe notwendig ist (Staud/*Seiler*, Rn 12 mwN.). Einerseits muss also der Eintritt eines Schadens unmittelbar bevorstehen, andererseits müssen zur Verhinderung des Schadenseintritts umgehende Maßnahmen erforderlich sein.
Eine Gefahr liegt dann vor, wenn die Sicherheit für ein Rechtsgut so stark beeinträchtigt ist, dass der Eintritt eines Schadens droht. Für die Annahme, ein Schaden werde eintreten, reicht ein hoher Grad an Wahrscheinlichkeit aus; nicht erforderlich ist eine hypothetische Gewissheit iSe sicheren Vorhersehbarkeit. Unerheblich ist die Gefahrenursache; die Gefahr kann von Menschen, Tieren, Sachen und Naturkräften ausgehen. Liegt allerdings das Gefahrenpotenzial in der Sache, auf die eingewirkt wird, ist das kein Fall des § 904, sondern einer des § 228 (Kobl NJW-RR 89, 541). Nicht erforderlich ist, dass die Gefahr ihre Ursache in einem außergewöhnlichen Ereignis hat (aA RGZ 57, 187, 191). Ebenfalls unerheblich ist, wessen Rechtsgüter der Gefahr ausgesetzt sind; das kann sowohl derjenige sein, der den Eingriff in die fremde Sache vornimmt, als auch ein Dritter. Kein Fall des § 904 ist es, wenn der Dritte Eigentümer der Sache ist, auf die eingewirkt wird; denn der Aufopferungsgedanke (Rn 2) zielt darauf ab, die eigene Sache zur Erhaltung fremder Werte aufzugeben. Auch auf die Art des gefährdeten Rechtsguts kommt es nicht an; geschützt werden die Person und das Vermögen des Gefährdeten. Unerheblich ist auch, ob die Gefahr verschuldet oder unverschuldet ist.
Gegenwärtig ist die Gefahr, wenn sie unmittelbar bevor steht. Nicht gegenwärtig sind somit Gefahren, die erst in der Zukunft drohen oder die bereits vorüber sind. Deshalb findet § 904 zum einen nur dann Anwendung, wenn auch hinsichtlich des Zeitpunkts des Gefahreneintritts ein hoher Grad an Wahrscheinlichkeit dafür spricht, dass das in Kürze der Fall sein wird; zum anderen scheidet die Anwendung der Vorschrift aus, wenn sich eine frühere Gefahr nicht mehr oder bereits in der Vergangenheit verwirklicht hat. Unerheblich ist, wie lange die Gefahr andauert. Typischerweise sind solche Gefahren gegenwärtig, die kurzfristig auftreten wie zB Unwetter. Jedoch können auch lang andauernde Gefahren gegenwärtig sein, wenn jederzeit mit dem Eintritt eines Schadens gerechnet werden muss; Voraussetzung ist, dass es ausgeschlossen erscheint, dass die Gefahr sich nicht verwirklicht oder anders als durch den Eingriff in die fremde Sache abgewendet werden kann, und dass bei Beginn ihrer Verwirklichung ein Eingreifen voraussichtlich zu spät wäre (Braunschw OLGR 95, 207).

II. Notstandshandlung. Notstandshandlung ist die zur Gefahrenabwehr vorgenommene Einwirkung auf eine fremde Sache. Sie kann in der Benutzung, Beschädigung, Veränderung oder Zerstörung der Sache liegen. Die Einwirkung muss nicht unmittelbar erfolgen; eine nur mittelbare Einwirkung reicht aus (RGZ 57, 187, 190). Auch der entstehende Schaden muss nicht unmittelbar durch den Eingriff hervorgerufen werden, sondern kann auch dessen mittelbare Folge sein.
In subjektiver Hinsicht erfordert der gerechtfertigte Eingriff wenigstens Eventualvorsatz bei dem Eingreifenden; er muss bewusst und gewollt zur Gefahrenabwehr tätig werden. Rein zufällige Eingriffe sind nicht nach § 904 gerechtfertigt. Der Eingreifende muss sich die Schädigung der fremden Sache zumindest als mögliche Folge seines Eingriffs in den fremden Rechtskreis vorgestellt und sie billigend in Kauf genommen haben. Das folgt zum einen aus dem Wortlaut von S 1, denn die Einwirkung zur Abwendung einer gegenwärtigen Gefahr ist nur bei einer auf Ziel gerichteten und von dem Willen getragenen Handlungsweise möglich, und zum anderen schafft die Vorschrift keinen Rechtfertigungsgrund für die Rettungshandlung, sondern sie rechtfertigt die Eingriffshandlung, weshalb sich der Wille des Handelnden auf den Eingriff in den fremden Rechtskreis selbst und nicht nur auf die Vornahme der Rettungshandlung beziehen muss (BGHZ 92, 357, 359 f). Praktische Bedeutung erlangt das Problem hauptsächlich bei der Beurteilung von Gefahrensituationen im Straßenverkehr, zB wenn ein Verkehrsteilnehmer zur Vermeidung einer Kollision mit einem verkehrswidrig fahrenden Fahrzeug auf die Gegenfahrbahn ausweicht und dort ein entgegenkommendes Fahrzeug beschädigt. Hat der Ausweichende diese Beschädigung nicht von vornherein in Erwägung gezogen, sondern erfolgte sie zufällig und ungewollt, ist das kein Fall des § 904.

III. Notwendigkeit. Das Merkmal der Notwendigkeit hat eine zweifache Bedeutung. Zum einen muss die Rettungshandlung zur Gefahrenabwehr geeignet sein; ungeeignete Maßnahmen sind nicht nach § 904 S 1 gerechtfertigt. Zum anderen muss die Möglichkeit ausgeschlossen sein, dass andere geeignete Handlungen, die entweder keinen oder einen weniger schweren Eingriff in die fremde Sache zur Folge haben, zu demselben Ergebnis geführt hätten. Bei mehreren geeigneten Eingriffen ist somit nur derjenige gerechtfertigt, der die geringsten Folgen für die Verletzung des fremden Rechtsguts hat.
Welcher Eingriff nach dem soeben Gesagten notwendig ist, bestimmt sich nach objektiven Maßstäben. Die subjektiven Vorstellungen des Eingreifenden spielen keine Rolle. Beurteilt er die Geeignetheit seiner Handlung für die Gefahrenabwehr falsch oder meint er irrtümlich, seine – geeignete – Handlung führe im Vergleich zu anderen geeigneten Handlungen zu einer geringeren Verletzung des fremden Rechtsguts, ist sein Handeln nicht gerechtfertigt.

11 Die Notwendigkeit des Eingriffs wird nicht dadurch ausgeschlossen, dass die Gefahr tatsächlich nicht abgewendet wird. Auch die Einwirkung auf eine fremde Sache infolge eines erfolglosen Versuchs der Gefahrenabwehr ist nicht rechtswidrig, wenn der Eingriff zur Abwehr der gegenwärtigen Gefahr objektiv notwendig war.

12 **IV. Unverhältnismäßigkeit.** Der Vorrang des Interesses des Eingreifenden ggü dem des Eigentümers der Sache ist nur in den Fällen gerechtfertigt, in denen letzteres einen höheren Rang als ersteres hat. Deshalb ist eine Güterabwägung notwendig, welche darauf gerichtet ist, dass der durch die gegenwärtige Gefahr drohende Schaden des Einwirkenden ggü dem Schaden, welcher dem Eigentümer durch die Einwirkung entsteht, unverhältnismäßig groß sein muss. Bei dem von dem Eingriff betroffenen Eigentümer geht es ausschl um den Sachschaden; bei dem Eingreifenden geht es um die Beeinträchtigung aller von der gegenwärtigen Gefahr bedrohten Rechtsgüter. Die Abwägung erfolgt nach objektiven Kriterien. Danach ist, wenn sich Sachgüter ggüstehen, eine wertmäßige Abwägung vorzunehmen. Allerdings kommt es nicht auf den Wert der beiden Sachgüter an, sondern auf die Höhe der beiderseitigen Schäden. Übersteigt der dem Einwirkenden drohende Schaden wenigstens 50 % des dem Eigentümer durch die Einwirkung entstehenden Schadens, ist Unverhältnismäßigkeit iSd Vorschrift anzunehmen (Staud/*Seiler* Rn 27 mwN). Bei Tieren, die keine Sachen sind (§ 90a), ist neben ihrem Sachwert auch ein Affektionswert zu berücksichtigen. Stehen sich Sachen auf der Seite des betroffenen Eigentümers und immaterielle Rechtsgüter auf der Seite des Einwirkenden ggü, scheidet eine wertmäßige Abwägung aus. In diesem Fall erfolgt die Abwägung nach allgemeinen Grundsätzen. Danach sind höchstpersönliche Rechtsgüter wie Leben, Körper und Gesundheit höherwertiger als materielle Werte, also auch als hohe Sachverluste. Das gilt allerdings nicht ausnahmslos; die Höherwertigkeit ist zB zu verneinen, wenn zur Abwehr einer drohenden leichten Körperverletzung eine sehr wertvolle Sache zerstört oder beschädigt wird.

13 **C. Rechtsfolgen des Eingriffs.** Der Eingriff in das Sacheigentum ist rechtmäßig, wenn er zur Abwendung einer gegenwärtigen Gefahr notwendig war. Der Eigentümer der Sache muss die Einwirkung dulden; er darf sie nicht abwehren. Deshalb stehen ihm die Selbsthilferechte nach §§ 227, 859 nicht zu. Auch Schadensersatzansprüche des Eigentümers gegen den Einwirkenden nach § 823 sind mangels Rechtswidrigkeit der Einwirkung ausgeschlossen. Eigentums- und Besitzstörungsansprüche nach §§ 862 I, 1004 I bestehen nicht, weil der Eigentümer die Einwirkung dulden muss (§§ 1004 II, 863 iVm 859).

14 Neben dem Eigentümer sind auch diejenigen Personen zur Duldung der Einwirkung verpflichtet, denen ein dingliches oder obligatorisches Recht an der Sache zusteht (BGHZ 36, 217, 221).

15 Ansprüche des Einwirkenden gegen den Eigentümer nach §§ 228, 823 kommen in Betracht, wenn dieser die Einwirkung trotz seiner Duldungspflicht abwehrt.

16 Nach hM gewährt § 904 S 1 dem Einwirkenden einen klagbaren Anspruch gegen den Eigentümer auf Duldung der Einwirkung (Staud/*Seiler* Rn 32 mwN). Die praktischen Folgen dieser Klagemöglichkeit sind allerdings gering. Wenn zur Gefahrenabwehr – wie meistens – ein sofortiges Handeln notwendig ist, reicht die Zeit für die Beschaffung eines vollstreckbaren Titels (Urteil oder einstweilige Verfügung) nicht aus. Dauert die Gefahr jedoch länger an und muss jederzeit mit einem Schadenseintritt gerechnet werden (Rn 6), kann die Zeit für die Inanspruchnahme gerichtlicher Hilfe ausreichen.

17 Nach § 904 S 2 steht dem Sacheigentümer ein – verschuldensunabhängiger – Schadensersatzanspruch zu. Daneben sind auch der Besitzer der Sache (BGH NJW-RR 02, 1576) sowie alle dinglich Berechtigten anspruchsberechtigt, soweit sie zur Duldung der Einwirkung verpflichtet sind. Kein Anspruch besteht allerdings dann, wenn derselbe Schaden auch ohne die Einwirkung entstanden wäre (RGZ 156, 187, 191).

18 Zu ersetzen sind sowohl unmittelbare als auch mittelbare Schäden; Voraussetzung der Ersatzpflicht ist lediglich eine adäquate Schadensverursachung (BGHZ 36, 217, 221).

19 Fraglich ist, gegen wen sich der Schadensersatzanspruch bei fehlender Identität zwischen dem Einwirkenden und dem Begünstigten richtet. Diejenigen, die sich für das Prinzip der Eingriffshaftung aussprechen, also den Einwirkenden in Anspruch nehmen (BGHZ 6, 102, 105; BayObLGZ 02, 35, 44; Nürnbg OLGR 99, 324; Erman/*Hagen/Lorenz* Rn 8; Palandt/*Bassenge* Rn 5), geben ihm einen Rückgriffsanspruch nach §§ 677, 683 bzw. nach §§ 812 ff. gegen den Begünstigten. Dieser soll also letztendlich den Schaden tragen müssen. Deshalb sehen andere ihn als Anspruchsgegner an (MüKo/*Säcker* Rn 18 f; Staud/*Seiler* Rn 38). Dem ist entgegenzuhalten, dass diese Auffassung dem in der Vorschrift verkörperten Aufopferungsgedanken widerspricht. An die Stelle des ausgeschlossenen Abwehrrechts des Sacheigentümers tritt der Schadensersatzanspruch (vgl Rn 2). Das Abwehrrecht richtet sich jedoch nicht gegen den Begünstigten, sondern gegen den Einwirkenden. Deshalb ist er der Gegner des Schadensersatzanspruchs nach § 904 S 2; eine direkte Haftung des Begünstigten besteht nicht.

20 Die Haftung des Einwirkenden ist verschuldensunabhängig. Ist er für den von ihm verursachten Schaden wegen Krankheit, Rausches oder Minderjährigkeit nicht verantwortlich (§§ 827, 828), haftet er nur nach Maßgabe des § 829 (MüKo/*Säcker* Rn 18; Staud/*Seiler* Rn 39).

21 Mitverschulden des Eigentümers an dem Schadenseintritt ist nach § 254 zu berücksichtigen. Deshalb ist der Schadensersatzanspruch der Höhe nach zu mindern bzw. entfällt er vollständig, wenn der Eigentümer die zu der Einwirkung führende Gefahrenlage mit oder allein verursacht hat.

22 **D. Entsprechende Anwendung von S 2.** Liegen die Voraussetzungen des rechtfertigenden Notstands nach § 34 StGB vor, kann der Betroffene auch bei einem nach § 904 S 1 nicht gerechtfertigten Eingriff in höchst-

persönliche Rechtsgüter (vgl Rn 3) einen Schadensersatzanspruch analog § 904 S 2 haben. Dasselbe gilt, wenn der Einwirkende zwar rechtswidrig, aber nach § 35 StGB entschuldigt gehandelt hat. Auch in dem Fall des schuldlosen Irrtums über das Vorliegen der Voraussetzungen des § 903 S 1 kommt ein Schadensersatzanspruch nach S 2 der Vorschrift in Betracht.
Nicht entsprechend anwendbar ist § 904 S 2 in den Fällen der Selbstaufopferung im Straßenverkehr, wenn sich ein Kraftfahrer in einer plötzlichen Gefahrenlage selbst schädigt und dadurch einen anderen Verkehrsteilnehmer vor Schaden bewahrt (vgl BGHZ 38, 270, 274 ff). 23

§ 905 Begrenzung des Eigentums

¹Das Recht des Eigentümers eines Grundstücks erstreckt sich auf den Raum über der Oberfläche und auf den Erdkörper unter der Oberfläche. ²Der Eigentümer kann jedoch Einwirkungen nicht verbieten, die in solcher Höhe oder Tiefe vorgenommen werden, dass er an der Ausschließung kein Interesse hat.

A. Allgemeines. Die Vorschrift konkretisiert die positiven und negativen Eigentümerbefugnisse nach § 903 (s dort Rn 2). Sie gewährt jedoch kein Eigentum an der Luft über dem Grundstück und an dem Erdreich unter dem Grundstück. Vielmehr weist S 1 dem Eigentümer das Herrschaftsrecht an dem Raum über und unter seinem Grundstück zu (RGZ 132, 398). Begrenzt wird es nach S 2 dadurch, dass für seine Ausübung ein konkretes Interesse des Grundstückseigentümers bestehen muss. 1

§ 905 gilt sowohl für das private als auch für das öffentliche Eigentum an Grundstücken, also am Verwaltungsvermögen öffentlich-rechtlicher Gebietskörperschaften sowie an den aufgrund öffentlich-rechtlicher Widmung im Gemeingebrauch stehenden Straßen, Wegen und Gewässern. Ggü dem Gemeingebrauch an öffentlichen Grundstücken tritt das Eigentum zurück (RGZ 125, 108, 111). Reklameankündigungen, die von Häusern der Straßenanlieger aus in den Luftraum über der Straße reichen, sind von dem Straßeneigentümer als Ausfluss des Gemeingebrauchs unentgeltlich zu dulden (BGHZ 22, 395, 399). 2

B. Luftraum, Erdkörper. Luftraum iSd Vorschrift ist die senkrechte Luftsäule, die sich über dem Grundstück innerhalb seiner Grenzen befindet. Das Herrschaftsrecht des Grundstückseigentümers daran ist allerdings – über § 905 S 2 hinaus – aufgrund öffentlich-rechtlicher Vorschriften vielfach eingeschränkt. So muss er, entsprechend der in § 1 LuftVG normierten Freiheit des Luftraums, die Benutzung des Luftraums über seinem Grundstück durch Luftfahrzeuge entschädigungslos dulden. Hinsichtlich durch den Luftraum über dem Grundstück führender Leitungen können sich Duldungspflichten aus §§ 68, 76 TKG, aus § 32 PBefG und aus § 126 BauGB ergeben. Dagegen dürfen Energieversorgungsunternehmen den Luftraum über Grundstücken nicht ohne Zustimmung des Grundstückseigentümers benutzen (vgl BGHZ 66, 37, 40 f). 3

Erdkörper iSd Vorschrift ist das Erdreich, das sich innerhalb der Grundstücksgrenzen unter dem Grundstück befindet; auch unterirdische Hohlräume gehören dazu (BGH WM 1981, 129, 130). Das Grundwasser unter der Grundstücksoberfläche wird von dem Herrschaftsbereich des Grundstückseigentümers jedoch nicht erfasst (BVerfGE 58, 300, 332 f). Dasselbe gilt für die bergfreien Bodenschätze, die in § 3 III BBergG aufgeführt sind; nur die grundeigenen Bodenschätze iSv § 3 IV BBergG stehen im Eigentum des Grundstückseigentümers, der insoweit auch das Recht zum Abbau hat (BGHZ 90, 17, 21). Im Gegensatz zu der gesetzlich nicht gestatteten Nutzung des Luftraums (vgl Rn 3) dürfen Energieversorgungsunternehmen den Erdkörper unter dem Grundstück ihrer Abnehmer für die Verlegung von Versorgungsleitungen benutzen (AVBEltV, AVBGasV, AVBWasserV, AVBFernwärmeV – dort jeweils § 8). 4

C. Verbietungsrecht. Beschreibt S 1 der Vorschrift lediglich das Herrschaftsrecht des Grundstückseigentümers, ergibt sich aus der negativen Formulierung in S 2 ohne weiteres dessen Verbietungsrecht. Allerdings enthält § 905 keine selbstständige Anspruchsgrundlage; die Durchsetzung des Verbietungsrechts erfolgt über §§ 823, 907 ff, 1004 I. Die Einwirkung in den Luftraum oder in den Erdkörper muss nicht zwingend von einem anderen Grundstück ausgehen. 5

Wann das Verbietungsrecht wegen fehlenden Interesses des Eigentümers ausgeschlossen ist, richtet sich nach der allgemeinen Verkehrsanschauung entsprechend den Umständen des jeweiligen Einzelfalls. Dabei ist nicht nur die gegenwärtige Grundstücksnutzung maßgeblich; zu berücksichtigen sind vielmehr auch solche Umstände, die erst in der Zukunft eine Behinderung besorgen lassen (BGHZ 125, 56, 64). Nutzt der Eigentümer den Luftraum oder den Erdkörper selbst, besteht immer ein konkretes Interesse iSd Vorschrift; das gilt auch für den Fall, dass der Eigentümer die Nutzung seines Grundstücks einem Dritten überlassen hat (BGH NJW 81, 573). Selbst wenn der Grundstückseigentümer eine Einwirkung längere Zeit unbeanstandet geduldet hat, schließt das sein Verbietungsrecht nicht aus; etwas anderes gilt nur dann, wenn die Duldung ihren Grund in einer Zustimmung zu der Einwirkung hat. 6

D. Ersatzansprüche. Eine Einwirkung, die der Eigentümer nach § 905 S 1 verbieten kann, verpflichtet den Einwirkenden zum Schadensersatz nach § 823. Dasselbe gilt für erlaubte Einwirkungen (§ 905 S 2), wenn dadurch ein Schaden verursacht wird (aA Staud/*Roth* Rn 39). Ein verschuldensunabhängiger Ersatzanspruch 7 ist aus dem Gesichtspunkt des Aufopferungsgedankens (s § 904 Rn 2) gegeben, wenn der Eigentümer aus übergeordneten Interessen die Nutzung des Erdkörpers unter seinem Grundstück durch einen anderen hinnehmen muss und dadurch unzumutbar beeinträchtigt wird (BGHZ 110, 17).

§ 906 Zuführung unwägbarer Stoffe

(1) ¹Der Eigentümer eines Grundstücks kann die Zuführung von Gasen, Dämpfen, Gerüchen, Rauch, Ruß, Wärme, Geräusch, Erschütterungen und ähnliche von einem anderen Grundstück ausgehende Einwirkungen insoweit nicht verbieten, als die Einwirkung die Benutzung seines Grundstücks nicht oder nur unwesentlich beeinträchtigt. ²Eine unwesentliche Beeinträchtigung liegt in der Regel vor, wenn die in Gesetzen oder Rechtsverordnungen festgelegten Grenz- oder Richtwerte von den nach diesen Vorschriften ermittelten und bewerteten Einwirkungen nicht überschritten werden. ³Gleiches gilt für Werte in allgemeinen Verwaltungsvorschriften, die nach § 48 des Bundes-Immissionsschutzgesetzes erlassen worden sind und den Stand der Technik wiedergeben.

(2) ¹Das Gleiche gilt insoweit, als eine wesentliche Beeinträchtigung durch eine ortsübliche Benutzung des anderen Grundstücks herbeigeführt wird und nicht durch Maßnahmen verhindert werden kann, die Benutzern dieser Art wirtschaftlich zumutbar sind. ²Hat der Eigentümer hiernach eine Einwirkung zu dulden, so kann er von dem Benutzer des anderen Grundstücks einen angemessenen Ausgleich in Geld verlangen, wenn die Einwirkung eine ortsübliche Benutzung seines Grundstücks oder dessen Ertrag über das zumutbare Maß hinaus beeinträchtigt.

(3) Die Zuführung durch eine besondere Leitung ist unzulässig.

1 **A. Allgemeines.** § 906 gilt als die Generalnorm des zivilrechtlichen Nachbarschutzes (BTDrs 12/7425 S 87) und als Inhaltsbestimmung des Eigentums; geregelt wird der privatrechtliche Immissionsschutz. Die Vorschrift beschränkt die negativen Eigentümerbefugnisse aus § 903 (dort Rn 2), indem sie die dem Grundstückseigentümer zustehenden Abwehransprüche einschränkt. Dadurch wird ein Ausgleich zwischen den gleichrangigen Interessen der Eigentümer an der ungestörten Nutzung benachbarter Grundstücke geschaffen. Ziel ist es, im Interesse eines gedeihlichen nachbarlichen Zusammenlebens eine möglichst sinnvolle Grundstücksnutzung zu ermöglichen (BGHZ 88, 344, 346). Zu diesem Zweck legt I 1 dem Eigentümer die entschädigungslose Verpflichtung auf, bestimmte von einem anderen Grundstück ausgehende Einwirkungen zu dulden, wenn dadurch die Benutzung seines Grundstücks nicht oder nur unwesentlich beeinträchtigt wird. Unwesentlich ist die Beeinträchtigung idR dann, wenn die in Gesetzen oder Rechtsverordnungen festgelegten Grenz- oder Richtwerte von den nach diesen Vorschriften ermittelten und bewerteten Einwirkungen nicht überschritten werden (I 2). Nach I 3 gilt das Gleiche für Werte in allgemeinen Verwaltungsvorschriften, die nach § 48 BImSchG erlassen worden sind und den Stand der Technik wieder geben.

2 Nach II 1 muss der Eigentümer daneben auch solche Einwirkungen hinnehmen, welche die Benutzung seines Grundstücks zwar wesentlich beeinträchtigen, die aber durch die ortsübliche Benutzung des anderen Grundstücks herbeigeführt werden und nicht durch wirtschaftlich zumutbare Maßnahmen verhindert werden können. In diesem Fall ist der Duldungspflichtige zu entschädigen, wenn die Einwirkung die ortsübliche Benutzung seines Grundstücks oder dessen Ertrag über das zumutbare Maß hinaus beeinträchtigt (II 2).

3 Die Zuführung unwägbarer Stoffe und ähnlicher Einwirkungen durch besondere Leitungen muss der Eigentümer in keinem Fall dulden (III), also selbst dann nicht, wenn dadurch die Benutzung seines Grundstücks nicht beeinträchtigt wird.

4 Die Vorschrift enthält keine selbstständige Anspruchsgrundlage; die im Zusammenhang mit Beeinträchtigungen stehenden Abwehransprüche des Grundstückseigentümers ergeben sich aus §§ 907, 1004 I.

5 Neben dem privatrechtlichen Immissionsschutz steht der öffentlichrechtliche. Er ist in einer Vielzahl von öffentlich-rechtlichen Normen geregelt (s die Übersicht bei Palandt/*Bassenge* Rn 2) und bezweckt teilweise auch den Ausgleich widerstreitender Interessen von Privatpersonen. Insoweit tritt der öffentlich-rechtliche Immissionsschutz in Konkurrenz zu § 906. Für den betroffenen Grundstückseigentümer bedeutet dies, dass er die Vornahme immissionsschutzrechtlicher Maßnahmen durch die Verwaltungsbehörde vor den Verwaltungsgerichten verlangen und daneben die Abwehrklage aus §§ 907, 1004 I oder den quasi-negatorischen Beseitigungsanspruch aus §§ 823 II iVm 1004 I vor den ordentlichen Gerichten erheben kann (vgl BGH NJW 95, 132); das gilt allerdings nicht in den Fällen, in denen die privatrechtlichen Abwehransprüche durch öffentlich-rechtliche Vorschriften ausgeschlossen sind.

6 **B. Einwirkungen. I. Gegenstand.** Die von der Vorschrift erfassten Einwirkungen stimmen darin überein, dass sie in ihrer Ausbreitung weitgehend unkontrollierbar und unbeherrschbar sind, in ihrer Intensität schwanken und damit andere Grundstücke überhaupt nicht, nur unwesentlich oder auch wesentlich beeinträchtigen (BGHZ 117, 110, 112). In I 1 sind beispielhaft solche Stoffe genannt, deren Zuführung als Einwirkung iSd Vorschrift anzusehen ist, nämlich Gase und Dämpfe wie Schwefeldioxyd (BGHZ 15, 146; 30, 273) oder Fluor (BGHZ 70, 102), Gerüche wie die von einer Kläranlage (BGHZ 91, 20), von einem Schweinemast-

betrieb (BGHZ 140, 1), von einem Müllbehälter (Kobl MDR 80, 578) oder von einer Bäckerei (Karlsr NJW-RR 01, 1236), Rauch, Ruß, Wärme, Geräusche zB von Fahrzeugen (BGH NJW 82, 440; 84, 124; MDR 71, 203), von einer Freilichtbühne (BGH MDR 69, 744), von einem Volksfest (BGHZ 111, 63), von einem Zivilflugplatz (BGHZ 79, 45) oder von einem Militärflugplatz (BGHZ 129, 124), von Straßenbauarbeiten (BGHZ 97, 114), von einer Gaststätte (BGH NJW 63, 2020), von einer Stadtparkfontäne (BGH MDR 68, 312), von einer Fabrik (BGHZ 46, 35), von einem Tennisplatz (BGH NJW 83, 751), von Kirchenglocken (BVerwGE 90, 163 = NJW 92, 2779), von Tieren (Frösche: BGHZ 120, 239; Hunde: Ddorf NJW-RR 95, 542; Vögel: Frankf NJW-RR 87, 1166 und Hamm MDR 88, 966) und Erschütterungen infolge Bauarbeiten (BGHZ 72, 289; 85, 375), Sprengungen (BGH NJW 99, 1029) oder durch einen Gewerbebetrieb (BGH MDR 69, 648). Entgegen der Gesetzesüberschrift sind nicht alle Stoffe unwägbar (Rauch, Ruß).

Die Aufzählung ist nicht erschöpfend (BGHZ 90, 255, 259). Das Gesetz stellt der Zuführung dieser Stoffe „ähnliche Einwirkungen" gleich. Der Aufzählung ist zu entnehmen, dass solche Einwirkungen auf der Zuführung unkörperlicher oder leichter körperlicher Stoffe beruhen müssen. Demnach zählen dazu zB das Abfallen von Laub, Nadeln, Blüten und Zapfen von Sträuchern und Bäumen (BGHZ 157, 33), der Bienenanflug und die dadurch bewirkte Blütenbestäubung (BGHZ 117, 110), der Anflug von anderen Insekten wie Fliegen (RGZ 160, 381) oder Wollläusen (BGH NJW 95, 2633), die Staubeinwirkung (BGHZ 62, 186, 190 ff), Feuerwerksrückstände (RG JW 27, 45), Lichtreflexe (RGZ 76, 130), die Strahlung durch elektromagnetische Felder (BGH NJW 04, 1317), Lichtreklame (Hamburg MDR 72, 1034) und die Straßenbeleuchtung (OVG Kobl NJW 86, 953). 7

Grobimmissionen, also Einwirkungen von größeren festkörperlichen Gegenständen, gehören nicht zu den ähnlichen Einwirkungen iSv I 1. Deshalb muss der Grundstückseigentümer zB das Herabfallen von Schrotblei (BGHZ 111, 158, 162) oder von Steinbrocken aus Sprengungen (BGHZ 28, 225), die Zuführung von Geröll (BGHZ 58, 149, 159) sowie das Betreten seines Grundstücks durch größere Tiere wie Katzen, Hunde, Hühner und Kaninchen grds nicht dulden. Auch der Wasserfluss ist keine ähnliche Einwirkung iSd Vorschrift (BGHZ 90, 255, 258). 8

Negative Einwirkungen (Entzug von Licht, Luft, Wind, Aussicht und Abschattung von Funkwellen) werden nach hM ebenfalls nicht von I 1 erfasst (§ 903 Rn 4). Diese Auffassung ist nicht haltbar; eine Gleichbehandlung von negativen und positiven Einwirkungen ist notwendig (§ 903 Rn 5). Dagegen sind ideelle Einwirkungen, also solche, die das ästhetische oder sittliche Empfinden des Nachbarn stören, nicht abwehrbar, weil es sich nicht um Zuführungen iSd § 906 und deshalb auch nicht um Einwirkungen handelt (§ 903 Rn 5). 9

II. Herkunft. Die Einwirkungen müssen von einem anderen Grundstück ausgehen. Deshalb unterliegen zB Beeinträchtigungen einer Mietwohnung, die von einer anderen Mietwohnung innerhalb desselben Grundstücks ausgehen, nicht den Regelungen des § 906 (BGHZ 157, 188, 190 f); dasselbe gilt, wenn sich mehrere Benutzer verschiedener Anlagen auf demselben Grundstück gegenseitig beeinträchtigen (aA Staud/*Roth* Rn 113). In beiden Fällen fehlt es an der Voraussetzung einer die Grundstücksgrenzen überschreitenden Einwirkung. Sie ist jedoch gegeben, wenn innerhalb einer Eigentumswohnungsanlage die Benutzung einer Sonder- oder Teileigentumseinheit zu der Beeinträchtigung der Benutzung einer anderen Einheit führt. Nicht notwendig ist, dass das Grundstück, von welchem die Beeinträchtigungen ausgehen, unmittelbar an das davon betroffene Nachbargrundstück angrenzt (RGZ 154, 161; BGH NJW 03, 1392); ein gewisser räumlicher Zusammenhang der beiden Grundstücke reicht aus. Unerheblich ist die Art der beeinträchtigenden Grundstücksnutzung; sie muss nicht im Zusammenhang mit einer wirtschaftlichen Betätigung stehen. 10

C. Duldungspflicht des beeinträchtigten Grundstückseigentümers. I. Keine oder unwesentliche Beeinträchtigung. Einwirkungen, welche die Benutzung des von ihm betroffenen benachbarten (nicht notwendig unmittelbar angrenzenden) Grundstücks nicht beeinträchtigen, müssen hingenommen werden. Entgegen der aus § 903 folgenden negativen Befugnis des Grundstückseigentümers, andere von jeder Einwirkung auszuschließen, wird hier eine die Eigentümerbefugnisse einschränkende Duldungspflicht normiert. Das geschieht im Interesse einer sinnvollen Grundstücksnutzung iRe gedeihlichen nachbarlichen Zusammenlebens (Rn 1). Die grundlose Ausübung des an sich bestehenden Abwehrrechts aus § 1004 I wird untersagt, ohne dass die Schwelle des Schikaneverbots (§ 226) überschritten sein muss. 11

Ebenfalls müssen solche Einwirkungen geduldet werden, welche die Benutzung des betroffenen Grundstücks nur unwesentlich beeinträchtigen. Wann das der Fall ist, beurteilt sich nach dem Empfinden eines „verständigen Durchschnittsmenschen" und dem, was diesem unter Würdigung anderer öffentlicher und privater Belange zuzumuten ist; damit können auch wertende Momente, wie zB die Beachtung des Naturschutzes und des Umweltbewusstseins der Bevölkerung, in die Beurteilung einbezogen werden (BGHZ 157, 33, 43). Eine entscheidende Rolle spielt auch die Natur und die tatsächliche Zweckbestimmung des von der Beeinträchtigung betroffenen Grundstücks in seiner konkreten Beschaffenheit (BGHZ 111, 63, 65). 12

Eine unwesentliche Beeinträchtigung liegt nach I 2, 3 idR dann vor, wenn die in Gesetzen, Rechtsverordnungen oder aufgrund des § 48 BImSchG erlassenen Verwaltungsvorschriften festgelegten Grenz- oder Richtwerte von den nach diesen Vorschriften ermittelten und bewerteten Einwirkungen nicht überschritten werden. Das Einhalten solcher Werte hat Indizwirkung für die Unwesentlichkeit der gleichwohl aufgetretenen Beeinträchtigung (BGH NJW 04, 3017). Die Wesentlichkeitsgrenze kann selbst dann nicht mathematisch exakt, sondern nur aufgrund wertender Beurteilung festgelegt werden, wenn die Stärke der Beeinträchtigung – wie zB bei 13

Geräuschimmissionen – messtechnisch bestimmt werden kann (BGH NJW 03, 3699). Demnach können bspw Lärmimmissionen trotz der Überschreitung von Richtwerten unwesentlich sein, wenn sie von einer für das gesellschaftliche Zusammenleben bedeutsamen und nur an einem Tag des Jahres stattfindenden Veranstaltung ausgehen (BGH NJW 03, 3699).

14 Zu den Gesetzen iSd Vorschrift gehören – abweichend von Art 2 EGBGB – nur Parlamentsgesetze des Bundes und der Länder; gemeindliche Satzungsvorschriften gehören nicht dazu. Das Gesetz zum Schutz gegen Fluglärm (Fluglärmgesetz) fällt nicht unter I 2, 3, weil es nicht der Beurteilung individueller Lärmbeeinträchtigungen dient, sondern lediglich eine Grundlage für die Festlegung von Lärmschutzzonen bietet (BGH NJW 05, 660, 663). Rechtsvorschriften iSd Vorschrift sind insbes die förmlichen Verordnungen, welche auf der Grundlage der §§ 7, 23 BImSchG erlassen worden sind. Sie enthalten Anforderungen an die Errichtung, die Beschaffenheit, den Betrieb, den Zustand nach Betriebseinstellung und die betreibereigene Überwachung genehmigungsbedürftiger Anlagen bzw an die Errichtung, die Beschaffenheit und den Betrieb nicht genehmigungsbedürftiger Anlagen zum Schutz der Allgemeinheit und der Nachbarschaft vor schädlichen Umwelteinwirkungen und zur Verhütung schwerer Unfälle. Zu nennen sind beispielhaft die 1. BImSchVO (VO über Kleinfeuerungsanlagen), die 4. BImSchVO (VO über genehmigungsbedürftige Anlagen), die 8. BImSchVO (VO über Rasenmäherlärm), die 13. BImSchVO (VO über Großfeuerungsanlagen), die 16. BImSchVO (Verkehrslärmschutz VO) und die 18. BImSchVO (Sportanlagenlärm VO). Verwaltungsvorschriften nach § 48 BImSchG sind zB die TA-Luft und die TA-Lärm; beide enthalten Anforderungen zur Erfassung, Bewertung und Begrenzung von Immissionen und Emissionen. Solche Verwaltungsvorschriften sind nur dann maßgeblich, wenn sie aufgrund des in § 48 BImSchG vorgeschriebenen Verfahrens erlassen worden sind und den Stand der Technik wiedergeben, also den Entwicklungsstand von Verfahren, Einrichtungen und Betriebsweisen, der nach deutlich überwiegender Meinung führender Fachleute die Erreichung des vorgegebenen Ziels gesichert erscheinen lässt (BTDrs 12/425 S 88).

15 Keine Vorschriften iSv I 2, 3 sind die DIN-, VDE- und VDI-Normen sowie die den Freizeitlärm betreffenden LAI-Hinweise; sie können jedoch den Gerichten bei der Bewertung der Unwesentlichkeit oder Wesentlichkeit von Einwirkungen als Entscheidungshilfe dienen (BGH NJW 03, 3699, 3670).

II. Wesentliche Beeinträchtigung durch ortsübliche, mit wirtschaftlich zumutbarem Aufwand nicht zu
16 **verhindernde Grundstücksnutzung.** Wesentliche Beeinträchtigungen der Grundstücksbenutzung sind nur dann zu dulden, wenn sie durch die ortsübliche Benutzung des Grundstücks, von dem die Beeinträchtigungen ausgehen, herbeigeführt werden und nicht durch Maßnahmen verhindert werden können, die Benutzern dieser Art wirtschaftlich zumutbar sind (II 1).

17 **1. Wesentlichkeit.** Für die Beurteilung der Wesentlichkeit gelten dieselben Grundsätze wie für die Beurteilung der Unwesentlichkeit (Rn 12 ff). Auf das subjektive Empfinden des Beeinträchtigten kommt es somit nicht an, sondern auf das eines verständigen Durchschnittsbenutzers des betroffenen Grundstücks. Damit wird ein Gleichlauf zwischen privatrechtlichem und öffentlichrechtlichem Immissionsschutz hergestellt; denn wesentliche Beeinträchtigungen iSv § 906 sind identisch mit erheblichen Belästigungen iSv § 3 I BImSchG (BGH NJW 03, 3699).

18 Für die Beurteilung der Wesentlichkeit ist eine Güterabwägung notwendig, bei der ein objektiver Maßstab anzulegen ist. Allerdings ist in jedem Fall die konkrete Situation des Grundstücks zu berücksichtigen, zB seine Lage, seine Ausstattung und seine Zweckbestimmung. Die wesentliche Beeinträchtigung der Nutzung eines Wohnhauses setzt nicht voraus, dass es unbewohnbar wird; es reicht aus, dass die mit der konkreten Wohnnutzung verbundenen Annehmlichkeiten beeinträchtigt werden und dadurch der Wert des Hauses gemindert wird (BGH MDR 80, 655). Geräusch- und Geruchsbeeinträchtigungen durch Kraftfahrzeuge führen bereits dann zu einer wesentlichen Beeinträchtigung, wenn ein durchschnittlicher Nutzer des betroffenen Grundstücks sie ohne weiteres wahrnimmt und empfindet (BGH NJW 82, 440, 441). In jedem Fall ist die Wesentlichkeitsgrenze dann überschritten, wenn die Einwirkungen zu einer Gesundheitsgefährdung führen (BGH NJW 04, 1317) oder objektiv festgestellte physische Auswirkungen auf das Eigentum des betroffenen Grundstückseigentümers haben (BGHZ 157, 33, 43 f), zB wenn sprengungsbedingte Erschütterungen einen erheblichen Sachschaden an einem Gebäude des Nachbargrundstücks verursacht haben (BGH NJW 99, 1029) oder die Dacheinläufe und Dachrinnen eines Wohnhauses durch herab fallende Bestandteile von auf dem Nachbargrundstück wachsenden Bäumen verstopft werden (BGHZ 157, 33, 44).

19 Eine Mehrheit von Störungsquellen kann zu einer wesentlichen Beeinträchtigung führen, auch wenn durch die einzelnen Einwirkungen die Wesentlichkeitsgrenze nicht überschritten wird (BGH MDR 71, 203).

20 Werden die in I 2, 3 genannten Grenz- oder Richtwerte (Rn 14 f) überschritten, indiziert das die Wesentlichkeit der Beeinträchtigung (BGH MDR 05, 328; Palandt/*Bassenge* Rn 18). Eine wesentliche Beeinträchtigung kann allerdings auch dann vorliegen, wenn die Werte unterschritten werden (BGH NJW 99, 1029). Das ist die Folge des Grundsatzes, dass es für die Beurteilung der Wesentlichkeit auf das Empfinden eines verständigen Durchschnittsbenutzers des betroffenen Grundstücks ankommt (Rn 17). Bei Immissionen, die Luftverschmutzungen zur Folge haben, kommt es deshalb in erster Linie nicht auf die – zur Beurteilung der Wesentlichkeit jedoch auch heranzuziehenden – Werte nach der TA-Luft an, sondern auf das Gesamterscheinungsbild. Bei

Lärmimmissionen ist – neben den Werten der TA-Lärm – die Lästigkeit der Geräusche maßgeblich, die sich ua nach dem Zeitpunkt ihrer Zuführung (BGHZ 148, 261, 265 f), nach ihrer Dauer und Häufigkeit (BGH NJW 03, 3699, 3700), nach ihrer Eigenart wie zB hohe Frequenzen (BGH MDR 69, 744) oder plötzliches Auftreten und An- und Abschwellen (BGHZ 120, 239, 258) sowie nach ihrem Impulscharakter (BGH NJW 83, 751) beurteilt (Einzelfälle s bei Staud/*Roth* Rn 197). Bei Geruchsimmissionen entscheidet die Ekelerregung über die Wesentlichkeit (BGHZ 140, 1, 8).

Die Ermittlung der – als Anhaltspunkt für die Beurteilung der Wesentlichkeit dienenden – Grenz- oder Richtwerte erfolgt bei Lärmimmissionen danach, in welchem Gebiet sich das beeinträchtigende und das beeinträchtigte Grundstück befinden. Beim Zusammentreffen von Gebieten unterschiedlicher Qualität und Schutzwürdigkeit (zB allgemeines Wohngebiet und Industriegebiet) ist jede Grundstücksnutzung mit einer spezifischen Pflicht zur Rücksichtnahme belastet, so dass für die Ermittlung der maßgebenden Grenz- und Richtwerte ein Mittelwert gefunden werden muss (BGHZ 148, 261, 264). 21

Bei der Beurteilung der Wesentlichkeit ist auch zu berücksichtigen, ob die störende Anlage mit behördlicher Genehmigung betrieben wird. Zwar schließt die Genehmigung idR den Anspruch aus § 1004 I nicht aus; aber das Fehlen einer notwendigen behördlichen Genehmigung ist für die Prüfung der Wesentlichkeit einer von der nicht genehmigten Anlage ausgehenden Einwirkung auf benachbarte Grundstücke jedenfalls so lange von Bedeutung, wie die uneingeschränkte Genehmigungsfähigkeit nicht feststeht, denn das Genehmigungsverfahren dient auch dazu, die Beeinträchtigung von Nachbarn gering zu halten (BGHZ 140, 1, 6 f). Eine fehlende Genehmigung stellt für die Frage der Wesentlichkeit der Beeinträchtigung nur ein Kriterium von mehreren dar; entscheidend ist eine Würdigung aller Umstände, ausgerichtet am Empfinden eines „verständigen Durchschnittsmenschen", insbes unter Berücksichtigung der nach I 2, 3 maßgeblichen Werte (BGH ZflR 2006, 104). 22

2. Ortsübliche Benutzung des störenden Grundstücks. Die Pflicht zur Duldung einer wesentlichen Beeinträchtigung setzt voraus, dass die Benutzung des Grundstücks, von welchem die Beeinträchtigung ausgeht, ortsüblich ist. Das ist dann der Fall, wenn eine Mehrheit von Grundstücken in der Umgebung mit einer nach Art und Ausmaß einigermaßen gleich bleibenden Einwirkung benutzt wird (BGHZ 120, 239, 260). 23

Als Vergleichsgebiet ist grds das gesamte Gemeindegebiet, in welchem das emittierende Grundstück liegt, zu betrachten. Allerdings kommt im Einzelfall sowohl eine Erweiterung des Vergleichsgebiets über die Gemeindegrenzen hinaus in Betracht, wenn eine bestimmte Grundstücksnutzung (zB Bergbau) ein räumlich großes Gebiet prägt (BGHZ 30, 273, 277), als auch eine Begrenzung auf einzelne Teile des Gemeindegebiets, wenn diese wegen der dort typischen Grundstücksnutzung (zB Villen- oder Industrieviertel) ein erkennbar eigentümliches, von anderen Ortsteilen verschiedenes Gepräge aufweisen (BGH NJW 59, 1632, 1633). Überörtliche Verkehrsanlagen müssen in sich als Ganzes iVm dem verkehrsmäßig zu erschließenden Raum gewürdigt werden; ein einzelner Teil der Anlage (zB Straße) kann nicht nur im Zusammenhang mit einem Gebiet von bestimmtem Charakter beurteilt werden (BGHZ 54, 384, 390). Andererseits kann ein einziges Grundstück aufgrund seiner spezifischen Nutzung den Gebietscharakter prägen (Flughafen: BGHZ 69, 105, 111). 24

Die einmalige Nutzung des störenden Grundstücks in dem Vergleichsgebiet führt idR nicht zur Ortsüblichkeit; die Benutzungen müssen öfter geschehen (BGH MDR 78, 1005). Ausnahmen hiervon sind jedoch möglich, wenn bereits das Halten der Anlage auf dem Grundstück, von welchem die Beeinträchtigung ausgeht, ortsüblich ist; das kommt zB in Betracht bei Arbeiten zur Erhaltung eines die Umgebung prägenden Baudenkmals (BGH MDR 77, 128), bei Abbrucharbeiten (BGH NJW 62, 1342) oder bei Straßenbauarbeiten (BGHZ 72, 289, 296). In diesen Fällen sind auch die vorübergehend erhöhten Einwirkungen ortsüblich, weil sie durch die normale ortsübliche Benutzung des Grundstücks herbeigeführt werden. Das gilt allerdings nicht für besonders starke Einwirkungen, die bei gleichartigen Maßnahmen üblicherweise nicht auftreten (BGHZ 54, 384, 391 f). 25

Ortsüblich sind auch erhöhte Einwirkungen, die auf einer intensiveren Nutzung des störenden Grundstücks beruhen. In erster Linie gilt das für Steigerungen des Verkehrsaufkommens auf Straßen (BGHZ 49, 148, 151) und im Luftverkehr (BGHZ 69, 105, 111). Erhöhte Einwirkungen, die von einem Wechsel der Bewirtschaftungsart des beeinträchtigenden Grundstücks herrühren, können ebenfalls ortsüblich sein, zB wenn die Bewirtschaftung eines Bauernhofs der modernen Betriebsführung angepasst wird; wenn jedoch der landwirtschaftliche Betrieb in einen gewerblichen Betrieb umgewandelt wird, sind die danach auftretenden Einwirkungen nicht mehr ortsüblich (BGHZ 48, 31, 33 f). 26

Nur für gleichartige Einwirkungen kann die Ortsüblichkeit bejaht werden. Grundstücke, von denen unterschiedliche Einwirkungen (zB Geräusche und Gerüche) ausgehen, dürfen nicht in die Beurteilung einbezogen werden. Die Quelle der Einwirkungen muss dagegen nicht dieselbe sein; entscheidend ist nur die Gleichartigkeit, zB Fabrik- und Straßenlärm (BGHZ 46, 35, 38). 27

Die Ortsüblichkeit einer Einwirkung beurteilt sich – ebenso wie die der Wesentlichkeit (Rn 17 ff) – nach den in dem maßgeblichen Vergleichsgebiet im Zeitpunkt der letzten mündlichen Verhandlung in der Tatsacheninstanz tatsächlichen Verhältnissen (BGHZ 148, 261, 267). Grds ist es unerheblich, ob mit der Benutzung des beeinträchtigten Grundstücks früher oder später als mit der Benutzung des beeinträchtigenden Grundstücks begonnen wurde. Dem Gedanken der zeitlichen Priorität kommt bei dem primären Rechtsschutz nach §§ 1004 I iVm 906 II 1 idR keine Bedeutung zu. Unter dem Gesichtspunkt der aus dem nachbarlichen Gemeinschaftsverhältnis (§ 903 Rn 14 ff) folgenden Mitverantwortung des beeinträchtigten Grundstückssei- 28 gentümers für einen vorhersehbaren Konflikt kann sich jedoch für ihn eine gesteigerte Duldungspflicht ggü solchen Einwirkungen ergeben, von denen sein Grundstück bereits vor der von ihm begonnenen Benutzung betroffen war. Das erlangt vor allen Dingen in den Fällen Bedeutung, in denen eine Wohnbebauung nahe an ein Industriegebiet heranrückt (BGHZ 148, 261, 269).

29 Eine öffentlich-rechtliche Genehmigung der Anlage, von welcher die Beeinträchtigung ausgeht, begründet nicht automatisch die Ortsüblichkeit; ihr Fehlen schließt jedoch die Ortsüblichkeit aus (BGHZ 140, 1, 9).

30 **3. Wirtschaftliche Unzumutbarkeit der Verhinderung von wesentlichen Beeinträchtigungen.** Schließlich besteht die Pflicht des Grundstückseigentümers zur Duldung wesentlicher Beeinträchtigungen (Rn 17 ff), die von der ortsüblichen Benutzung benachbarter Grundstücke herrühren (Rn 23 ff), nur dann, wenn die Beeinträchtigungen nicht durch Maßnahmen verhindert werden können, welche dem Benutzer des beeinträchtigenden Grundstücks wirtschaftlich zumutbar sind. Wann das der Fall ist, bestimmt sich nach einem differenziert-objektiven Maßstab. In die Beurteilung sind die nachbarlichen Verhältnisse, die Vor- und Nachteile der technischen oder organisatorischen Maßnahmen für beide Seiten und die finanzielle Leistungsfähigkeit eines durchschnittlichen Benutzers des beeinträchtigenden Grundstücks einzubeziehen. Auf die wirtschaftlichen Verhältnisse des konkreten Benutzers kommt es nicht an.

31 Die Maßnahmen müssen dazu geeignet sein, die Einwirkungen auf das betroffene Grundstück so weit zu reduzieren, dass sie dessen Benutzung nicht mehr oder nur noch unwesentlich beeinträchtigen (Frankf NJW-RR 01, 1364, 1366). Sie müssen technisch möglich und wirksam sein (Nürnbg MDR 80, 667, 668). In Betracht kommen auch organisatorische Maßnahmen wie die zeitliche Begrenzung von Einwirkungen (Zweibr DWW 91, 305, 307).

32 Unzumutbarkeit iSd Vorschrift ist gegeben, wenn die notwendigen Maßnahmen (Rn 30) solche Kosten verursachen, dass ein dem konkreten Grundstücksnutzer vergleichbarer durchschnittlicher Benutzer keinen angemessenen Gewinn aus der Grundstücksnutzung mehr erzielen könnte. Bei Betrieben, die Teil eines Unternehmens mit mehreren Betriebsstätten sind, kommt es nicht auf die wirtschaftlichen Verhältnisse der einzelnen störenden Betriebsstätte, sondern auf die des gesamten Unternehmens an. Unzumutbarkeit ist nicht ohne weiteres bereits dann anzunehmen, wenn der Grundstücksnutzer die notwendigen Maßnahmen nicht aus laufenden Einnahmen bezahlen kann; in diesem Fall kommt auch die Gewährung einer Frist in Betracht, so dass die Durchführung der Gesamtmaßnahme zeitlich gestreckt wird (Schlesw NJW-RR 96, 399).

33 **4. Nachbarrechtlicher Ausgleichsanspruch nach II 2.** An Stelle des durch die Duldungspflicht ausgeschlossenen Abwehranspruchs erhält der beeinträchtigte Grundstückseigentümer gegen den Benutzer des beeinträchtigenden Grundstücks einen verschuldensunabhängigen Ausgleichsanspruch in Geld, wenn die Einwirkung eine ortsübliche Benutzung seines Grundstücks oder dessen Ertrag über das zumutbare Maß hinaus beeinträchtigt (nachbarrechtlicher Ausgleichsanspruch). Die Vorschrift dient dem Interessenausgleich unter Nachbarn und beruht auf dem Gedanken von Treu und Glauben (§ 242) im nachbarlichen Gemeinschaftsverhältnis (BGHZ 157, 188, 193). Der Ausgleichsanspruch ist ggü dem verschuldensabhängigen Schadensersatzanspruch subsidiärer Natur (BGHZ 120, 239, 249).

34 **a) Ortsüblichkeit der Benutzung des beeinträchtigten Grundstücks.** Im Gegensatz zu den Voraussetzungen der Duldungspflicht nach II 1 kommt es hier nicht auf die ortsübliche Benutzung des Grundstücks, von welchem die Einwirkungen ausgehen, sondern auf die des beeinträchtigten Grundstücks an. Die Voraussetzungen, unter denen die Ortsüblichkeit zu bejahen ist, sind hier jedoch dieselben wie dort (s Rn 23 ff). Zusätzlich ist allerdings anzumerken, dass eine besonders immissionsanfällige Grundstücksnutzung die Ortsüblichkeit nicht ohne weiteres ausschließt (vgl BGHZ 90, 255), sondern nur dann, wenn diese Nutzung in der Umgebung einzigartig und deshalb nicht ortsüblich ist (BGHZ 117, 110, 114). Zur Abwehr von unzumutbaren Beeinträchtigungen sind dem betroffenen Grundstückseigentümer je nach den die Ortsüblichkeit bestimmenden Umständen selbst aufwändige Maßnahmen zuzumuten; das geht jedoch nicht so weit, dass Abwehrmaßnahmen in einem solchen Ausmaß verlangt werden können, dass jede schädigende Einwirkung verhindert wird (BGHZ 66, 70, 78).

35 **b) Unzumutbare Beeinträchtigungen.** Ausgleichspflichtig ist nur eine über das zumutbare Maß hinausgehende Beeinträchtigung. Ob diese Voraussetzung vorliegt, bestimmt sich nicht nach den konkreten Verhältnissen des beeinträchtigten Grundstücks. Vielmehr ist auf einen verständigen durchschnittlichen Benutzer dieses Grundstücks in seiner konkreten Beschaffenheit, Ausgestaltung und Zweckbestimmung abzustellen. Damit gilt hier derselbe Maßstab wie für die Beurteilung der Unwesentlichkeit iSv I 1 (Rn 12 ff). Weiter sind die konkreten Umstände des Einzelfalls zu berücksichtigen, so dass es eine Rolle spielen kann, ob etwaige Besonderheiten zu der Sphäre des Einwirkenden oder zu der des Beeinträchtigten gehören (BGHZ 49, 148, 153). Die Unzumutbarkeit ist nicht erst dann zu bejahen, wenn dem Beeinträchtigten die Vernichtung der wirtschaftlichen Existenz droht oder wenn er in seinem wirtschaftlichen Fortkommen schwer beeinträchtigt wird (BGHZ 49, 148, 154). Für die Unzumutbarkeit der Beeinträchtigung kann es auch darauf ankommen, ob die beeinträchtigte Grundstücksnutzung in Kenntnis des Vorhandenseins einer Immissionsquelle aufgenommen wurde (BGH NJW 77, 894). Bei der Beurteilung der Unzumutbarkeit spielen Gesichtspunkte wie

der, dass derjenige Grundstückseigentümer, der die mit dem „Wohnen im Grünen" verbundenen Annehmlichkeiten in Anspruch nimmt, bis zu einem gewissen Grad auch die damit verbundenen Nachteile, soweit sie auf natürlichen Gegebenheiten beruhen, in Kauf nehmen müsse, oder das gewachsene Umweltbewusstsein der Bevölkerung jedenfalls dann keine Rolle, wenn die Einwirkungen auf der nicht ordnungsgemäßen Benutzung des emittierenden Grundstücks beruhen (BGHZ 157, 33, 46 f).

c) Anspruchshöhe. Der nachbarrechtliche Ausgleichsanspruch gewährt dem Beeinträchtigten eine angemessene Entschädigung in Geld, deren Höhe sich nach den Grundsätzen der Enteignungsentschädigung berechnet; das kann im Einzelfall die Höhe des vollen Schadenersatzes erreichen, wenn die zu duldende Einwirkung (Rn 16–32) zu einer Substanzschädigung geführt hat (BGHZ 142, 66, 70). Von einem Schadensersatzanspruch unterscheidet sich der Ausgleichsanspruch darin, dass der Ausgleich die durch die zu duldende Einwirkung eingetretene Vermögenseinbuße beseitigen soll, während der Schadensersatz auf die Wiederherstellung des Zustands gerichtet ist, der bestünde, wenn die Einwirkung nicht zu der unzumutbaren Beeinträchtigung geführt hätte (BGHZ 147, 45, 53). Ausgeglichen wird nur der unzumutbare Teil der Beeinträchtigung (Rn 35), weil der Beeinträchtigte die Einwirkungen bis zur Grenze der Unzumutbarkeit entschädigungslos hinnehmen muss (BGHZ 62, 361, 371 f). Eine Minderung des Ausgleichsanspruchs kommt in Betracht, wenn das beeinträchtigte Grundstück vor der Einwirkung bereits schadensanfällig war (BGH NJW 92, 2884). 36

Bei einem von dem Beeinträchtigten selbst bewohnten Haus umfasst der Anspruch auch einen Ausgleich für konkrete Beeinträchtigungen in der Nutzung dieses Hauses (BGHZ 91, 20). Bei vermieteten Grundstücken kann der beeinträchtigte Mieter einen Ausgleich für die während der Dauer der Nutzungsbeeinträchtigung angefallenen Kosten und Gewinneinbußen verlangen, welche durch die Einwirkung hervorgerufen wurden; der Ersatz von Mietkosten kommt daneben regelmäßig nicht in Betracht, weil sie durch die von Gesetzes wegen eintretende Mietminderung (§ 536) ausgeglichen werden (BGHZ 147, 45, 53 f). 37

d) Anspruchsinhaber und Anspruchsgegner. Den Ausgleichsanspruch kann zum einen der Eigentümer des beeinträchtigten Grundstücks geltend machen. Zum anderen steht der Anspruch auch dem Besitzer zu (BGHZ 157, 188, 190), und zwar jedem Besitzer, der einen primären Abwehranspruch nach § 862 I hat. Der bloße Benutzer des Grundstücks ist allerdings nicht anspruchsberechtigt; der Ausgleichsanspruch leitet sich aus dem Grundstückseigentum her, so dass Anspruchsinhaber nur ein dinglich oder obligatorisch Berechtigter an dem beeinträchtigten Grundstück sein kann. Ebenfalls nicht anspruchsberechtigt sind Mieter desselben Grundstücks untereinander (BGHZ 157, 188), obwohl sie an sich zu dem Kreis der obligatorisch Berechtigten gehören. Der Anspruchsausschluss beruht hier auf dem Umstand, dass es an einer grenzüberschreitenden Immission fehlt, so dass § 906 nicht anwendbar ist (Rn 9). 38

Zum Ausgleich verpflichtet ist nach häufigem Sprachgebrauch der „Störer". Das ist missverständlich, weil dieser Begriff für die Fälle der rechtswidrigen Einwirkung besetzt ist (§ 1004 I); hier geht es jedoch um eine zu duldende und damit rechtmäßige Einwirkung. Genauer ist es deshalb, von dem „Benutzter" des emittierenden Grundstücks als Anspruchsverpflichtetem zu sprechen. Benutzer ist jeder, der die Nutzungsart des beeinträchtigenden Grundstücks bestimmt (BGHZ 155, 99, 102). Das ist neben dem Eigentümer und sonstigen dinglichen Berechtigten ohne weiteres auch der Besitzer wie ein Mieter oder ein Pächter (BGHZ 147, 45, 50). Der Bauunternehmer, der Arbeiten auf dem Grundstück ausführt, gehört grds nicht zu dem Kreis der Ausgleichspflichtigen (BGHZ 72, 289, 297); etwas anderes gilt nur dann, wenn er hinsichtlich des Standorts, des Aufbaus des Gebäudes oder der Anlage und ihrer Handhabung eigenverantwortlich handeln darf und er allein das Risiko einer Beeinträchtigung des Grundstücksnachbarn trägt (BGHZ 113, 384, 392). 39

Bei mehreren (summierten) Einwirkungen ist zu unterscheiden: Ist jede Beeinträchtigung für sich wesentlich und verhindert sie die ungestörte ortsübliche Benutzung des betroffenen Grundstücks, ist jeder Einwirkende entsprechend seinem Anteil an der Beeinträchtigung zur Zahlung des Ausgleichs verpflichtet; der einzelne Ursachenbeitrag eines jeden Einwirkenden ist nach § 287 ZPO zu schätzen (BGHZ 66, 70, 71). Im Fall der sog „progressiven Schadenssteigerung", in welchem die wesentliche Beeinträchtigung erst durch das Zusammenwirken mehrerer Einwirkender hervorgerufen wird, sind alle Einwirkenden als Gesamtschuldner ausgleichspflichtig (BGHZ 85, 375, 387). 40

5. Nachbarrechtlicher Ausgleichsanspruch in entsprechender Anwendung von II 2. Der direkte Anwendungsbereich des II 2 ist im Wege der richterlichen Rechtsfortbildung stark erweitert worden. Nach ständiger Rspr des BGH ist der nachbarrechtliche Ausgleichsanspruch immer dann gegeben, wenn von einem Grundstück iRs privatwirtschaftlichen Benutzung rechtswidrige Einwirkungen auf ein anderes Grundstück ausgehen, welche dessen Eigentümer oder Besitzer zwar nicht dulden muss, die er aber aus besonderen tatsächlichen oder rechtlichen Gründen nicht nach §§ 862 I, 1004 I unterbinden kann, sofern er hierdurch Nachteile erleidet, die das zumutbare Maß einer entschädigungslos hinzunehmenden Beeinträchtigung übersteigen (s nur BGHZ 157, 33, 45). Unter diesen Voraussetzungen ist der Ausgleichsanspruch auch bei anderen Einwirkungen als den in I 1 genannten gegeben, zB bei Grobimmissionen wie Schrotblei (BGHZ 111, 158) und Wasser (BGHZ 155, 99). Auch für die durch einen technischen Defekt an elektrischen Leitungen verursachten Brandschäden an einem benachbarten Haus ist ein Ausgleich zu zahlen (BGH NJW 99, 2896, 2897). Eine unzulässige Vertiefung (§ 909) kann ebenfalls den Ausgleichsanspruch begründen (BGHZ 147, 45, 50). 41

42 Wie im direkten Anwendungsbereich von II 2 ist auch der außerhalb der Vorschrift begründete nachbarrechtliche Ausgleichsanspruch subsidiär. Er setzt voraus, dass der Eigentümer oder Besitzer des beeinträchtigten Grundstücks (Rn 38) aus besonderen Gründen gehindert war, die Einwirkung nach §§ 862 I, 1004 I rechtzeitig zu unterbinden. Das kann sowohl auf rechtlichen als auch auf tatsächlichen Gründen beruhen. Als rechtliche Hinderungsgründe kommen alle öffentlich- und privatrechtlichen Duldungspflichten in Betracht, also auch die aus dem nachbarlichen Gemeinschaftsverhältnis (§ 903 Rn 14 ff) und die auf dem Ablauf von Ausschlussfristen für die Geltendmachung von Abwehransprüchen beruhenden Duldungspflichten (BGHZ 157, 33). Tatsächliche Hinderungsgründe begründen einen sog „faktischen Duldungszwang". Er kann sich zB daraus ergeben, dass der Abwehranspruch mangels Erkennbarkeit und Kenntnis von der bevorstehenden Beeinträchtigung nicht rechtzeitig geltend gemacht werden konnte (BGHZ 155, 99, 103) oder dass der Beeinträchtigte auf die Zusage des Beeinträchtigenden vertraute, die Beeinträchtigung zu beseitigen, und sie durch das Geltendmachen des Abwehranspruchs nicht schneller beseitigt würde als durch die von dem Beeinträchtigenden versprochenen Maßnahmen (BGH NJW 95, 714).

43 Der Höhe nach ist der Anspruch auf den Ausgleich solcher Einwirkungen beschränkt, die das entschädigungslos zu duldende Maß überschreiten. Ausgeglichen wird – wie bei der direkten Anwendung von II 2 (Rn 36 f) – nach den Grundsätzen der Enteignungsentschädigung; der Ausgleich soll die durch die Beeinträchtigung eingetretene Vermögenseinbuße beseitigen.

44 Hinsichtlich des Ausgleichsberechtigten und des Ausgleichsverpflichteten gelten dieselben Grundsätze wie im direkten Anwendungsbereich von II 2 (Rn 38 ff).

45 **D. Prozessuales.** Im Rechtsstreit obliegt es dem beeinträchtigten Grundstückseigentümer bzw -besitzer (Rn 38), die Einwirkung als solche (Rn 6 ff) und die dadurch hervorgerufene wesentliche Beeinträchtigung der Grundstücksnutzung (Rn 16 ff) darzulegen und zu beweisen (BGHZ 70, 102; 95, 307). Werden die Grenz- oder Richtwerte nach I 2, 3 überschritten, spricht das in der Regel für die Kausalität zwischen der Einwirkung und der Beeinträchtigung (BGHZ 121, 248, 251). Macht der beeinträchtigte Grundstückseigentümer oder -besitzer den nachbarrechtlichen Ausgleichsanspruch nach II 2 geltend, muss er auch die Ortsüblichkeit der Nutzung seines Grundstücks und die Unzumutbarkeit der Beeinträchtigung (Rn 34 f) beweisen.

46 Der Beeinträchtigende ist darlegungs- und beweispflichtig für die Unwesentlichkeit (Rn 11 f) der Beeinträchtigung (BGHZ 120, 239, 257). Die Einhaltung oder Unterschreitung der Werte nach I 2, 3 indiziert die Unwesentlichkeit; in diesem Fall muss der Beeinträchtigte allerdings nicht die nach seiner Auffassung gleichwohl gegebene Wesentlichkeit, sondern lediglich Tatsachen darlegen und beweisen, welche die Indizwirkung zB durch wissenschaftlich begründete Zweifel an der Richtigkeit der Werte und den fundierten Verdacht einer erheblichen Beeinträchtigung erschüttern (BGH NJW 04, 1317). Kann der Beeinträchtigende die Unwesentlichkeit nicht beweisen, obliegt ihm die Darlegungs- und Beweislast für die Ortsüblichkeit seiner Grundstücksnutzung (Rn 23 ff) und für die wirtschaftliche Unzumutbarkeit der Verhinderung von wesentlichen Beeinträchtigungen des Nachbargrundstücks (Rn 30 ff).

§ 907 Gefahr drohende Anlagen

(1) ¹Der Eigentümer eines Grundstücks kann verlangen, dass auf den Nachbargrundstücken nicht Anlagen hergestellt oder gehalten werden, von denen mit Sicherheit vorauszusehen ist, dass ihr Bestand oder ihre Benutzung eine unzulässige Einwirkung auf sein Grundstück zur Folge hat. ²Genügt eine Anlage den landesgesetzlichen Vorschriften, die einen bestimmten Abstand von der Grenze oder sonstige Schutzmaßregeln vorschreiben, so kann die Beseitigung der Anlage erst verlangt werden, wenn die unzulässige Einwirkung tatsächlich hervortritt.

(2) Bäume und Sträucher gehören nicht zu den Anlagen im Sinne dieser Vorschriften.

1 **A. Allgemeines.** Die Vorschrift enthält eine selbstständige Anspruchsgrundlage, die für den speziellen Fall der Eigentumsbeeinträchtigung durch Anlagen auf dem Nachbargrundstück neben dem allgemeinen Beseitigungs- und Unterlassungsanspruch aus § 1004 I besteht. Beide Ansprüche sind auf unterschiedliche Rechtsfolgen gerichtet. Nach § 907 kann bereits die Errichtung einer Anlage untersagt und die Beseitigung einer bestehenden Anlage verlangt werden; § 1004 I gibt dem Beeinträchtigten lediglich das Recht, die Unterlassung der störenden Benutzung einer Anlage zu verlangen. Somit geht der Anspruch aus § 907 weiter als der aus § 1004 I.

2 Der Eigentümer des Grundstücks, auf dem die Anlage errichtet werden soll oder auf dem sie sich befindet, wird durch § 907 in seinen sich aus § 903 ergebenden positiven Eigentümerbefugnissen (§ 903 Rn 2) beschränkt, indem ihm unter bestimmten Voraussetzungen die beliebige Nutzung seines Grundstücks verboten wird.

3 **B. Anspruchsinhaber und Anspruchsgegner. I. Anspruchsinhaber.** Der Unterlassungs- und Beseitigungsanspruch aus I steht dem Eigentümer des Grundstücks zu, welches durch die Anlage in unzulässiger Weise beeinträchtigt wird. Daneben sind alle dinglich Berechtigten anspruchsberechtigt, denen die Eigentumsansprüche in entsprechender Anwendung zustehen; das sind der Nießbraucher (§ 1065), der Berechtigte einer Grunddienstbarkeit (§ 1027) und einer beschränkten persönlichen Dienstbarkeit (§§ 1090 II, 1027) sowie der Erbbauberechtigte (§ 11 ErbbauV).

Obligatorisch Berechtigte, denen ein dem Unterlassungs- und Beseitigungsanspruch nach § 1004 I gleichartiger Anspruch zusteht, können ebenfalls die Ansprüche aus § 907 geltend machen; das sind der Mieter und der Pächter eines Grundstücks, weil sie gegen Störungen ihres Besitzes nach § 862 I vorgehen können (Erman/*A Lorenz* Rn 5; Staud/*Roth* Rn 6). Die entsprechende Anwendung der Vorschrift auf diesen Personenkreis führt zu dem notwendigen Gleichlauf mit dem nachbarrechtlichen Ausgleichsanspruch nach § 906 II 2 (dazu § 906 Rn 33 ff). Es gibt keine Rechtfertigung dafür, dem Mieter und dem Pächter den Ausgleichsanspruch zuzubilligen (BGHZ 157, 188, 190), nicht aber die Ansprüche aus § 907.

II. Anspruchsgegner. Nach dem Wortlaut des Gesetzes richtet sich der Anspruch gegen denjenigen, der eine Anlage herstellen will oder der eine bereits errichtete Anlage hält. Beides wird von dem Störerbegriff des § 1004 umfasst. In erster Linie sind der Eigentümer des Grundstücks, auf welchem die Anlage errichtet werden soll oder errichtet wurde, und der Eigentümer der Anlage – ohne Rücksicht darauf, wer sie errichtet hat – anspruchsverpflichtet. Daneben kommen auch die an dem Grundstück dinglich (Nießbraucher, Dienstbarkeitsberechtigte, Erbbauberechtigte) oder obligatorisch Berechtigten (Mieter, Pächter) als Anspruchsgegner in Betracht. Fallen das Eigentum an der Anlage und das Recht zu ihrer Nutzung auseinander, richten sich sowohl der Unterlassungs- als auch der Beseitigungsanspruch gegen den Nutzer, wenn er Handlungsstörer ist. Geht es um die Haftung des Zustandsstörers, ist Anspruchsgegner derjenige, der für den ordnungsgemäßen Zustand der Anlage verantwortlich ist; das kann entweder ihr Eigentümer oder ihr Nutzer sein.

Wird eine störende Anlage von niemandem mehr genutzt, kommt nur der Eigentümer des Grundstücks, auf welchem sie sich befindet, als Anspruchsgegner in Betracht. Wer sie hergestellt hat, ist in diesem Fall für die Anspruchsverpflichtung unerheblich (aA wohl Staud/*Roth* Rn 10).

C. Anspruchsvoraussetzungen. I. Anlage. Anlagen sind von Menschenhand künstlich geschaffene Werke von gewisser Selbstständigkeit und Dauer (BGH BB 65, 1125). Nicht erforderlich ist, dass die Anlagen für einen bestimmten Zweck benutzt werden. Der Anlagenbegriff erfasst in erster Linie Bauwerke wie Gebäude und Gebäudeteile, aber auch zB Gartenteiche (BGHZ 120, 239, 250), Erdaufschüttungen und eine Vielzahl beweglicher Sachen, wenn sie zur dauerhaften Lagerung aufgeschichtet wurden.

Nicht zu den Anlagen iSd Vorschrift gehören die natürliche Bodenbeschaffenheit wie zB ein Felshang (RGZ 134, 231, 234 f), Bodenvertiefungen iSd § 909, einzelne bewegliche Sachen wie Baumaterialien (BGH DB 69, 920, 921) und alles, was nicht von Menschenhand, sondern von Naturgewalten (zB Erdbeben) geschaffen wurde.

Nach der ausdrücklichen Regelung in II gehören Bäume und Sträucher nicht zu den Anlagen iSd Vorschrift. Die durch sie hervorgerufenen Einwirkungen auf benachbarte Grundstücke fallen unter §§ 910, 911, 923.

II. Nachbargrundstücke. Nicht nur unmittelbar an das beeinträchtigte Grundstück angrenzende Grundstücke fallen unter den Begriff „Nachbargrundstücke", sondern alle Grundstücke, deren Anlagen auf andere Grundstücke einwirken können.

III. Bestand und Nutzung. Die Vorschrift findet nicht nur dann Anwendung, wenn von der Benutzung der Anlage unzulässige Einwirkungen ausgehen, sondern auch, wenn die Einwirkungen ausschl auf dem Vorhandensein (Bestand) der Anlage beruhen. Das ist zB bei künstlich angelegten Gewässern hinsichtlich der von ihnen ausgehenden Feuchtigkeit der Fall.

IV. Unzulässige Einwirkungen. Was unzulässige Einwirkungen iSd Vorschrift sind, ergibt sich aus den allgemeinen Vorschriften über Eigentum und Nachbarrecht. In erster Linie sind hier die §§ 903, 905, 906 zu nennen (BGHZ 113, 384, 386). Anders als bei § 906 (dort Rn 7) erfasst der Begriff der Einwirkungen hier auch Grobimmissionen. Ebenso wie dort (§ 906 Rn 8) können jedoch auch hier ideelle Einwirkungen wie die Verletzung des sittlichen oder ästhetischen Empfindens nicht abgewehrt werden. Vielmehr müssen die Anlagen in sinnlich wahrnehmbarer Weise über die Grundstücksgrenze auf die benachbarten Grundstücke unmittelbar positiv einwirken können (BGHZ 113, 384, 386). Das soll nach hM die Abwehr negativer Einwirkungen (Entzug von Licht, Luft, Wind, Aussicht und Abschattung von Funkwellen) ausschließen. Diese Ansicht ist nicht haltbar; ebenso wie bei § 906 (dort Rn 8) ist auch hier die Gleichbehandlung von negativen und positiven Einwirkungen notwendig (§ 903 Rn 5).

Ist landesrechtlich bestimmt, dass gewisse Beeinträchtigungen, die von einer Anlage auf dem Nachbargrundstück ausgehen, nicht abgewehrt werden können, kann das Verbietungsrecht des Nachbarn nicht aus § 907 hergeleitet werden. Denn die landesgesetzlichen Vorschriften sind als spezielle Sondernormen anzusehen, welche abschließend bestimmen, was als unzulässige Einwirkung iSd § 907 anzusehen ist (BGH NJW-RR 00, 537, 538).

V. Sichere Voraussehbarkeit. Die unzulässige Einwirkung ist dann mit Sicherheit vorauszusehen, wenn ihr Eintritt in einem Maß wahrscheinlich ist, welches der Sicherheit gleichsteht (RGZ 154, 254, 256). Das ist weniger als die unbedingte Gewissheit, welche hinsichtlich künftiger Ereignisse sowieso nicht zu erreichen ist. Deshalb reicht die sichere Möglichkeit aus.

Die sichere Voraussehbarkeit stellt auf den ordnungsgemäßen Zustand und auf die ordnungsgemäße Benutzung der Anlage ab (BGHZ 51, 396, 399). Sie fehlt deshalb grds bei ordnungsgemäß verlegten Rohrleitungen zur Durchleitung von Gas (RGZ 172, 156, 158) oder Wasser (Oldenburg NJW 58, 1096). Anders ist es jedoch, wenn sicher voraussehbar ist, dass die Anlage nicht ordnungsgemäß benutzt werden wird und die unzulässigen Einwirkungen darauf zurückzuführen sind; in diesem Fall ist § 907 anwendbar (Staud/*Roth* Rn 30). Die beinahe schon zur Gewissheit erstarkte Voraussehbarkeit, dass jede technische Anlage irgendwann einmal versagen und dadurch eine unzulässige Einwirkung hervorrufen kann, genügt nicht, um das Tatbestandsmerkmal der sicheren Voraussehbarkeit zu bejahen.

16 **D. Anspruchsinhalt. I. Unterlassung.** Der Unterlassungsanspruch dient dazu, die Errichtung der Anlage zu verhindern. Er entsteht nicht erst dann, wenn mit der Errichtung begonnen wurde, sondern bereits in dem Zeitpunkt, in welchem die Absicht der Errichtung zu Tage tritt wie zB bei der Einreichung eines Bauantrags (München NJW 54, 513). Der Anspruch ist allerdings bis zum Auftreten der unzulässigen Einwirkungen ausgeschlossen, wenn die geplante Anlage den landesgesetzlichen Vorschriften über den Grenzabstand oder über sonstige Schutzmaßregeln genügt (s Rn 18 ff).

17 **II. Beseitigung.** Der Beseitigungsanspruch zielt nicht lediglich auf die Einstellung der Benutzung der Anlage, sondern auf ihre vollständige Entfernung. Er geht damit über den Beseitigungsanspruch aus § 1004 I hinaus, denn dort kann idR nur die Beseitigung einer bestimmten Beeinträchtigung, nicht aber die Beseitigung der störenden Anlage verlangt werden. Als ein weniger ggü dem gesetzlichen Anspruchsinhalt kann der von der unzulässigen Einwirkung Beeinträchtigte allerdings auch anstelle der Beseitigung der Anlage die Unterlassung ihrer störenden Benutzung verlangen (RGZ 104, 81, 84).

18 Wenn die Anlage solchen landesgesetzlichen Vorschriften genügt, welche einen bestimmten Grenzabstand oder sonstige Schutzmaßregeln vorschreiben, dann muss der Nachbar ihren Bestand zunächst dulden; auch wenn mit Sicherheit vorauszusehen ist (Rn 14 f), dass von der Anlage unzulässige Einwirkungen (Rn 12 f) auf andere Grundstücke ausgehen werden, muss der Nachbar abwarten und darf die Beseitigung der Anlage erst nach dem tatsächlichen Auftreten unzulässiger Einwirkungen verlangen (I 2). Das trägt dem Umstand Rechnung, dass solche landesgesetzlichen Vorschriften idR auch den Schutz der Nachbarschaft vor unzulässigen Einwirkungen bezwecken.

19 In Betracht kommen nachbar-, bauordnungs-, feuerpolizei- und gesundheitsrechtliche Vorschriften. Sie müssen allgemein geeignet sein, unzulässige Einwirkungen iSd § 907 zu verhindern. Deshalb ist es zB kein Fall von I 2, wenn bauordnungsrechtliche Vorschriften über die Statik eines Gebäudes eingehalten worden sind, die unzulässige Einwirkung jedoch in Lärm- oder Geruchsimmissionen besteht.

20 Der Beseitigungsanspruch ist ebenfalls bis zum tatsächlichen Eintritt der mit Sicherheit vorherzusehenden unzulässigen Einwirkungen ausgeschlossen, wenn die Anlage bundesrechtlichen Vorschriften genügt, welche allgemein geeignet sind, die von § 907 erfassten Einwirkungen zu verhindern (Staud/*Roth* Rn 41).

21 **III. Schadensersatz.** Neben der Unterlassung der Errichtung der Anlage und ihrer Beseitigung kann der gestörte Nachbar Schadensersatz aus § 823 II verlangen, denn § 907 ist ein Schutzgesetz iS jener Vorschrift (BGH NJW-RR 01, 1208). Ein Schadensersatzanspruch nach § 823 I kommt in Betracht, wenn das Abwehrrecht des § 907 verletzt wird, denn es ist ein sonstiges Recht iS jener Vorschrift.

22 **E. Prozessuales.** Der Anspruchsinhaber (Rn 3 f) trägt die Darlegungs- und Beweislast für die (geplante) Errichtung der Anlage, für die sichere Voraussehbarkeit des Auftretens von Einwirkungen (Rn 14 f) und für deren Unzulässigkeit (Rn 12 f). Das ist anders als bei § 906; dort muss nicht der Beeinträchtigte die Wesentlichkeit, sondern der Beeinträchtigende die Unwesentlichkeit der Beeinträchtigung darlegen und beweisen (§ 906 Rn 46).

23 Der Anspruchsgegner muss die Einhaltung der in I 2 genannten Vorschriften beweisen, gelingt ihm das, muss der Anspruchsinhaber das Auftreten der unzulässigen Einwirkungen darlegen und beweisen.

§ 908 Drohender Gebäudeeinsturz

Droht einem Grundstück die Gefahr, dass es durch den Einsturz eines Gebäudes oder eines anderen Werkes, das mit einem Nachbargrundstück verbunden ist, oder durch die Ablösung von Teilen des Gebäudes oder des Werkes beschädigt wird, so kann der Eigentümer von demjenigen, welcher nach dem § 836 Abs. 1 oder den §§ 837, 838 für den eintretenden Schaden verantwortlich sein würde, verlangen, dass er die zur Abwendung der Gefahr erforderliche Vorkehrung trifft.

1 **A. Allgemeines.** Die Vorschrift erweitert den Schutz benachbarter Grundstückseigentümer nach § 907 hinsichtlich spezieller Gefahren, die von einem Gebäude oder Werk ausgehen. Im Gegensatz zu dort (§ 907 Rn 14 f) ist hier nicht erforderlich, dass das schädigende Ereignis mit Sicherheit vorauszusehen ist. Ausreichend ist vielmehr die drohende Gefahr des Einsturzes eines Gebäudes bzw eines anderen mit dem Grundstück verbundenen Werkes oder der Ablösung von Teilen desselben.

2 § 908 ist das negatorische Gegenstück zu dem deliktsrechtlichen Anspruch aus § 836. Jener verschuldensabhängige Schadensersatzanspruch greift nach dem Einsturz oder dem Ablösen von Teilen eines Gebäudes bzw eines anderen mit dem Grundstück verbundenen Werkes, während hier der verschuldensunabhängige Anspruch bereits präventiv geltend gemacht werden kann.

Im Verhältnis zu § 1004 ist § 908 eine Spezialvorschrift; sie konkretisiert die dort allgemein geregelten Eigentumsbeeinträchtigungen, indem sie ausschl auf den Einsturz eines Gebäudes bzw eines anderen mit dem Grundstück verbundenen Werkes und auf die Ablösung von Teilen derselben abstellt. 3

B. Anspruchsinhaber und Anspruchsgegner. Der Anspruch steht dem Eigentümer des Grundstücks zu, welchem durch die Gefahr des Einsturzes oder der Ablösung von Teilen eine Beschädigung droht. Daneben sind alle dinglich Berechtigten anspruchsberechtigt, die Eigentumsansprüche in entsprechender Anwendung geltend machen können; das sind der Nießbraucher (§ 1065), der Berechtigte einer Grunddienstbarkeit (§ 1027) und einer beschränkten persönlichen Dienstbarkeit (§§ 1090 II, 1027) und der Erbbauberechtigte (§ 11 ErbbauV). Obligatorisch Berechtigte wie Mieter und Pächter eines Grundstücks können den Anspruch aus § 908 ebenfalls geltend machen. 4

Der Anspruch richtet sich gegen denjenigen, der bei Verschulden nach den §§ 836 I, 837, 838 schadensersatzpflichtig wäre. Das ist nicht nur der Grundstückseigentümer, sondern jeder Eigenbesitzer, der das Grundstück als ihm gehörend besitzt (§§ 836 I, 872). Dazu zählt zB der zu Unrecht als Eigentümer im Grundbuch eingetragene Besitzer. Anspruchsverpflichtet ist nur der gegenwärtige Eigenbesitzer, nicht der frühere; das folgt daraus, dass die dessen Haftung regelnde Vorschrift des § 836 II in § 908 nicht genannt ist. 5

Anstelle des Grundstücksbesitzers ist derjenige zur Erfüllung des Anspruchs verpflichtet, der auf einem fremden Grundstück in Ausübung eines Rechts ein Gebäude oder ein Werk besitzt (§ 837). Dazu gehören sowohl die dinglich Berechtigten wie Nießbraucher, Berechtigte aus einer Dienstbarkeit und Erbbauberechtigte als auch die lediglich obligatorisch Berechtigten wie Mieter oder Pächter; letztere allerdings nur dann, wenn sie vertraglich die Verantwortung für die Sicherung des Gebäudes bzw des Werkes gegen Einsturz oder gegen das Ablösen von Teilen übernommen haben. 6

Schließlich ist auch derjenige anspruchsverpflichtet, der die Unterhaltung des Gebäudes bzw des Werkes für den Grundstücksbesitzer übernommen oder das Gebäude bzw das Werk kraft eines ihm zustehenden Nutzungsrechts zu erhalten hat (§ 838). Das sind in erster Linie die Mieter und Pächter, welche ggü dem Vermieter und Verpächter die Pflicht zur Unterhaltung des Gebäudes bzw des Werkes übernommen haben. 7

Auch der Verwalter von Wohnungseigentum, der gem § 27 I Nr 2 WEG für die ordnungsgemäße Instandhaltung des gemeinschaftlichen Eigentums zu sorgen hat, ist insoweit dem Anspruch aus § 908 ausgesetzt (BGH NJW 93, 1782). 8

C. Anspruchsvoraussetzungen. I. Gebäude und Gebäudeteile. Gebäude ist ein Bauwerk, das fest mit dem Erdboden verbunden und allseitig durch Wände und Dach umschlossen ist und den Eintritt von Menschen ermöglicht sowie Schutz gegen äußere Einflüsse gewährt. Gebäudeteil ist eine Sache, wenn sie zur Herstellung eines Gebäudes eingefügt ist oder wenn sie in einem so festen baulichen Zusammenhang mit dem Gebäude steht, dass sich daraus nach der Verkehrsanschauung ihre Zugehörigkeit zu dem ganzen Bauwerk ergibt (BGH NJW 85, 2588). 9

II. Mit dem Grundstück verbundenes Werk und Teile davon. Andere mit dem Grundstück verbundene Werke sind die von Menschenhand in Verbindung mit dem Erdboden nach bestimmten Regeln der Technik und der Erfahrung errichteten, einem bestimmten Zweck dienenden Einrichtungen und Anlagen (vgl BGH NJW 61, 1670, 1672). Nicht erforderlich ist eine dauerhafte Verbindung mit dem Grundstück; die Herstellung zu einem vorübergehenden Zweck reicht aus. 10

Teile eines solchen Werkes sind Sachen, die zur Herstellung des Werkes organisch eingefügt oder aus baulichen Gründen und zu baulichen Zwecken angebracht worden sind (RGZ 107, 337, 339). Natürliche Gegebenheiten sind keine Werke iSd Vorschrift. 11

III. Einsturz und Ablösung von Teilen. Einsturz bedeutet das Zusammenbrechen des ganzen Gebäudes bzw des Werkes (RGZ 97, 112, 114) aufgrund der Beschaffenheit oder des Erhaltungszustands (RGZ 70, 200, 206). Worauf diese zurückzuführen sind, ist unerheblich. Ein Verschulden des für den ordnungsgemäßen Zustand des Gebäudes bzw Werkes Verantwortlichen (Rn 5 ff) ist nicht erforderlich. 12

Eine Ablösung von Teilen des Gebäudes bzw des Werkes liegt dann vor, wenn die Teile vollständig vom Ganzen getrennt werden. Keine Ablösung ist es, wenn sich ein Teil nur lockert oder lediglich in seinem inneren Zusammenhalt oder Zusammenhang beeinträchtigt wird (aA München NJW-RR 95, 540; Staud/*Roth* Rn 5). Diese Merkmale spielen erst für den Begriff der drohenden Gefahr eine Rolle (dazu sogleich Rn 14 f). 13

IV. Drohende Gefahr der Beschädigung. Die Vorschrift findet nur Anwendung, wenn die Gefahr des Einsturzes oder der Ablösung von Teilen auf die Beschaffenheit oder auf den Erhaltungszustand des Gebäudes bzw des Werkes zurückzuführen ist. Beruht die Gefahr dagegen ausschl auf menschlicher Tätigkeit wie zB auf Abbrucharbeiten, besteht der Anspruch nicht (RGZ 70, 200, 206). Wird die Gefahr, die in der Beschaffenheit oder in dem Erhaltungszustand angelegt ist, durch menschliches Zutun (RG WarnR 19, 169) oder durch Naturereignisse (BGHZ 58, 149, 153) hervorgerufen, ist das allerdings ein Fall des § 908. 14

Eine Gefahr droht, wenn die Möglichkeit der Beschädigung nicht ganz entfernt liegt. Die objektiven Umstände müssen geeignet sein, einen „verständigen und ruhig überlegenden Menschen" zur Geltendmachung seines Abwehranspruchs zu veranlassen (Staud/*Roth* Rn 9). 15

16 **V. Nachbargrundstück.** Die Gefahr kann nur dann abgewehrt werden, wenn sie von einem Gebäude bzw Werk auf einem Nachbargrundstück ausgeht. Das ist nicht nur das an das gefährdete Grundstück unmittelbar angrenzende Grundstück; Nachbargrundstück iSd Vorschrift ist vielmehr jedes Grundstück, von dem aus der drohende Einsturz eines Gebäudes bzw Werkes oder die drohende Ablösung von deren Teilen ein anderes Grundstück beschädigen kann. Können sich zB bei einem Sturm infolge der baufälligen Beschaffenheit eines Gebäudes Teile davon ablösen und auf ein weiter entferntes Grundstück fliegen, so ist das Grundstück, auf dem das Gebäude steht, Nachbargrundstück iSd § 908.

17 Nicht richtig ist die häufig gebrauchte Erläuterung, unter Nachbargrundstück iSd Vorschrift seien alle Grundstücke zu verstehen, die in dem betreffenden Gefährdungsbereich liegen (s nur MüKo/*Säcker* Rn 2; Staud/*Roth* Rn 6). Das geht von einem falschen Ausgangspunkt aus, nämlich von dem gefährdenden Grundstück, und beschreibt die räumliche Lage der gefährdeten Grundstücke. Um die geht es aber nach dem Gesetzestext nicht, sondern um das Grundstück, auf dem sich das Gebäude bzw das Werk befindet.

18 **D. Anspruchsinhalt.** Der Anspruch ist darauf gerichtet, die zur Abwendung der Gefahr erforderlichen Vorkehrungen zu treffen. Welche Maßnahmen dafür ergriffen werden müssen, entscheidet der Anspruchsgegner (Rn 5ff). Er kann wählen, ob er das Gebäude bzw das Werk repariert, so dass davon künftig keine Gefährdungen mehr ausgehen können; er kann sich aber auch für die Beseitigung des Gebäudes bzw des Werkes entscheiden.

19 Da § 908 ein Schutzgesetz iSd § 823 II ist, kommen auch Schadensersatzansprüche in Betracht.

20 Wenn die Gefahr nur mit wirtschaftlich unzumutbaren Maßnahmen abgewendet werden kann, besteht für den gefährdeten Grundstücksbesitzer ausnahmsweise aus dem Gesichtspunkt des nachbarlichen Gemeinschaftsverhältnisses (dazu § 903 Rn 14 ff) die Verpflichtung, seinen Abwehranspruch nicht geltend zu machen und den Gefahr drohenden Zustand zu dulden. Das ist zB dann angenommen worden, wenn der Verpflichtete die Gefahr wegen bevorstehender Neubauarbeiten in Kürze sowieso beseitigen will (BGHZ 58, 149, 161 f). In diesem Fall steht dem gefährdeten Grundstücksbesitzer ein nachbarrechtlicher Ausgleichsanspruch nach § 906 II 2 analog (dazu § 906 Rn 41 ff) zu, wenn sich die Gefahr verwirklicht und dadurch sein Grundstück beschädigt wird (BGHZ 58, 149, 159 f). Das folgt ohne weiteres aus dem Gedanken der Aufopferung, denn der Grundstücksbesitzer ist zu Gunsten des Anspruchsverpflichteten aus Rechtsgründen gehindert, seinen vorbeugenden Abwehranspruch geltend zu machen.

21 Dasselbe gilt für den Fall, dass der gefährdete Grundstücksbesitzer aus tatsächlichen Gründen an der Geltendmachung des Abwehranspruchs gehindert war, weil er zB die drohende Gefahr nicht erkennen konnte (BGH WM 85, 1041). Das bedeutet kein Unterlaufen der Verschuldenshaftung aus § 836 (so aber Staud/*Roth* Rn 19). Hier spielt eine verschuldensabhängige Haftung keine Rolle, sondern es geht ausschl um die verschuldensunabhängige Haftung desjenigen, der bei Verschulden nach §§ 836 ff für den eintretenden Schaden verantwortlich wäre. Der Verweis auf die §§ 836 ff dient lediglich der Konkretisierung des Verpflichteten; er zieht aber nicht das Merkmal des Verschuldens in § 908 hinein.

22 **E. Prozessuales.** Da es dem Verpflichteten überlassen bleibt, unter mehreren gleich geeigneten Maßnahmen zur Beseitigung der Gefahr zu wählen (Rn 18), darf der Klageantrag nicht auf die Vornahme einer bestimmten Handlung gerichtet sein (RGZ 65, 73, 76). Erst im Zwangsvollstreckungsverfahren kann der Anspruchsinhaber (Rn 4) als Gläubiger bestimmen, welche konkrete Vorkehrung zum Schutz vor der drohenden Gefahr des Einsturzes oder der Ablösung von Teilen auf Kosten des Verpflichteten als Schuldner getroffen werden soll (§ 887 ZPO).

23 Der gefährdete Grundstücksbesitzer trägt die Darlegungs- und Beweislast für seine Anspruchsberechtigung (Rn 4), für die Verpflichtung des von ihm in Anspruch genommenen Beklagten (Rn 5 ff) und für sämtliche Anspruchsvoraussetzungen (Rn 9 ff). Dem Anspruchsgegner (Rn 5 ff) obliegt die Darlegungs- und Beweislast für diejenigen Umstände, welche seine Behauptung stützen, er habe die zur Abwendung der Gefahr erforderlichen Vorkehrungen bereits getroffen.

§ 909 Vertiefung

Ein Grundstück darf nicht in der Weise vertieft werden, dass der Boden des Nachbargrundstücks die erforderliche Stütze verliert, es sei denn, dass für eine genügende anderweitige Befestigung gesorgt ist.

1 **A. Allgemeines.** Die Vorschrift enthält keine Anspruchsgrundlage, sondern formuliert lediglich ein Verbot (aA Palandt/*Bassenge* Rn 9); die Anspruchsgrundlage zur Durchsetzung des Verbots ist § 1004 I (BGHZ 85, 375, 384).

2 § 909 beschränkt die aus § 903 folgende positive Befugnis des Eigentümers, mit seinem Grundstück nach Belieben zu verfahren, indem ihm an sich zustehende Eingriffe im Interesse der Festigkeit des Bodens benachbarter Grundstücke untersagt werden (BGHZ 103, 39, 42).

3 Durch § 909 wird die natürliche bodenphysikalische Stütze gesichert, die sich benachbarte Grundstücke gegenseitig gewähren; die Vorschrift dient dem Schutz von Grundstückseigentümern vor unzulässigen Vertiefungen, welche Dritte auf einem Nachbargrundstück vornehmen (BGHZ 91, 282, 284 f).

B. Berechtigter und Verpflichteter. I. Berechtigter. Die Vorschrift schützt nicht nur den Eigentümer des beeinträchtigten Grundstücks, sondern alle dinglich Berechtigten, denen der Eigentumsanspruch aus § 1004 I in entsprechender Anwendung zusteht. Dazu gehören der Nießbraucher (§ 1065), der Dienstbarkeitsberechtigte (§§ 1027, 1090 II) und der Erbbauberechtigte (§ 11 I ErbbauV). 4

Hat der Eigentümer des beeinträchtigten Grundstücks die Vertiefung auf einem Nachbargrundstück vorgenommen, welches ihm ebenfalls gehört, ist das keine unzulässige Vertiefung. Denn § 909 will den Eigentümer eines Grundstücks nur vor solchen Vertiefungen schützen, die ein Dritter auf einem Nachbargrundstück vornimmt. Der Eigentümer selbst kann aber nicht Dritter sein. Deshalb kommt der Schutz der Vorschrift auch nicht demjenigen zugute, der nach der Vertiefung das beeinträchtigte Grundstück von dem Eigentümer erwirbt, der die Vertiefung vorgenommen hat (BGHZ 91, 282, 285). 5

Ebenfalls in den Schutzbereich des § 909 ist der anwartschaftsberechtigte Käufer des beeinträchtigten Grundstücks einbezogen (BGHZ 114, 161). Das folgt aus dem Umstand, dass das Anwartschaftsrecht dem Vollrecht ähnelt. Es ist ein dem Eigentum wesensähnliches Recht, eine selbstständig verkehrsfähige Vorstufe des Grundeigentums, deren Entwicklung zum Vollrecht nur noch von der Eintragung in das Grundbuch abhängt, welche der Veräußerer grds nicht mehr verhindern kann, und das durch Auflassung nach § 925 übertragen wird (BGHZ 114, 161, 164). 6

Neben dem Eigentümer des beeinträchtigten Grundstücks und den daran dinglich Berechtigten (Rn 4) sowie dem Anwartschaftsberechtigten (Rn 6) genießen auch die obligatorisch Berechtigten den Schutz des § 909, wenn ihnen ein dem Unterlassungs- und Beseitigungsanspruch aus § 1004 I gleichartiger Anspruch zusteht. Das ist bei Mietern und Pächtern der Fall, weil sie gegen Störungen ihres Besitzes mit dem Abwehranspruch aus § 862 I vorgehen können (BGHZ 147, 45, 51). 7

II. Verpflichteter. Der auf § 909 gestützte Unterlassungs- und Beseitigungsanspruch nach § 1004 I richtet sich in erster Linie gegen denjenigen, der im Zeitpunkt der Störung, also dann, wenn das benachbarte Grundstück die erforderliche Stütze verliert, Eigentümer (RGZ 103, 174, 176) oder Besitzer (RGZ 167, 14, 28) des Grundstücks ist, welches vertieft wurde. Der frühere Eigentümer oder Besitzer, der die Vertiefung vorgenommen hat, kann nicht in Anspruch genommen werden, weil er zur Unterlassung oder Beseitigung der aufgrund der Vertiefung eingetretenen Störung des Nachbargrundstücks nicht mehr in der Lage ist. 8

Daneben richtet sich das Verbot des § 909 an jeden, der das Grundstück vertieft oder an der Vertiefung mitwirkt; das sind zB der Architekt, der Bau leitende Ingenieur, der Bauunternehmer und der Statiker, dessen Berechnungen die Grundlage für den Bodenaushub und die dabei zu beachtenden Sicherungsmaßnahmen bilden (BGH NJW 96, 3205, 3206). 9

C. Tatbestand. I. Vertiefung. Unter Vertiefung iSd Vorschrift ist jede Einwirkung auf ein Grundstück zu verstehen, die zur Folge hat, dass der Boden des Nachbargrundstücks in der Senkrechten den Halt verliert oder dass dort die Festigkeit der unteren Bodenschichten in ihrem waagerechten Verlauf beeinträchtigt wird (BGHZ 101, 106, 109). Diese Definition ist nicht ganz vollständig; es fehlt der Hinweis darauf, dass die Einwirkung auf das Grundstück auf eine menschliche Handlung zurückzuführen sein muss. Vertiefungen infolge von Naturereignissen wie zB das Abschwemmen von Boden durch starken Regen werden von § 909 nicht erfasst. 10

Welches Ausmaß die Vertiefung hat, spielt keine Rolle; auch ein Bohrloch ist eine Vertiefung (Palandt/*Bassenge* Rn 3). 11

Die Vertiefung einer bereits bestehenden Vertiefung gehört ebenfalls hierher (BGH WM 79, 1216). 12

Unerheblich ist, zu welchem Zweck die Vertiefung erfolgt und wie lange sie besteht (BGHZ 57, 370, 374). 13

Auch die nur vorübergehende Vertiefung wie das Ausheben eines Grabens, in welchem Rohrleitungen verlegt werden und der danach wieder zugeschüttet wird, fällt unter § 909 (BGH NJW 78, 1051, 1052).

Ein Bodenaushub ist für die Annahme einer Vertiefung iSd Vorschrift nicht erforderlich. Deshalb gehören zB die Absenkung der Grundstücksoberfläche infolge Lagerung von Bauschutt und Erdaushub (BGH NJW 71, 935) oder infolge der Bodenbelastung durch ein Gebäude (BGHZ 101, 290, 292), das Abgraben eines Hangfußes (BGH MDR 72, 404) und der Abbruch eines Kellers (BGH NJW 80, 224) ebenfalls hierher. 14

Sinkt durch eine Vertiefung der zuvor bezeichneten Art der Grundwasserspiegel auf dem Nachbargrundstück, ist das ebenfalls ein Fall von § 909 (BGHZ 57, 370, 374). Dasselbe gilt für den Fall, dass der Grundwasserspiegel durch eine Vertiefung (Kanalisationsarbeiten) zwar nicht verändert wird, aber die von den Kanalisationsrohren ausgehende Drainagewirkung das Austrocknen des Nachbargrundstücks bewirkt (BGH NJW 81, 50, 51). 15

Nicht zu den Vertiefungen gehören Erhöhungen der Oberfläche eines Grundstücks, zB die Höherlegung einer Straße (BGH NJW 74, 53, 54). 16

II. Unzulässigkeit. 1. Stützverlust. Der Stützverlust kann sich darin zeigen, dass der Boden nach unten oder zur Seite hin absinkt; er kann auch darin liegen, dass sich der Boden von dem Grundstück her, auf dem die Vertiefung erfolgte, in Bewegung setzt und in sich den Halt verliert (BGHZ 44, 130, 135). Der Boden hat bereits die erforderliche Stütze verloren, wenn die Gefahr einer Bodenbewegung besteht, welche durch die Lockerung der Bodenbestandteile hervorgerufen wird. 17

Ursache für den Stützverlust muss immer die Vertiefung sein. Wird dem Boden die Stütze infolge von Erschütterungen entzogen, welche bei Vertiefungsarbeiten auftreten, ist das kein Fall des § 909 (BGHZ 101, 106, 109). 18

19 Die Vorschrift verbietet nur den Entzug der „erforderlichen" Stütze. Welche das ist, lässt sich nicht generell beantworten. Es kommt jeweils auf die Umstände des Einzelfalls, in erster Linie natürlich auf die örtlichen Gegebenheiten an. Entscheidend ist, welche Befestigung das Nachbargrundstück nach seiner tatsächlichen Beschaffenheit benötigt; demnach ist eine Vertiefung auch dann unzulässig, wenn die Beeinträchtigung des Nachbargrundstücks darauf beruht, dass ein Gebäude auf einem schlechten Baugrund steht und deshalb weniger tragfähige Fundamente hat, oder dass das Gebäude besonders schadensanfällig ist (BGHZ 101, 290, 293).

20 **2. Nachbargrundstück.** Das Nachbargrundstück, welches durch die Vertiefung die erforderliche Stütze verliert, muss nicht unbedingt an das Grundstück angrenzen, auf welchem die Vertiefung vorgenommen wurde. Der Schutzbereich des § 909 erstreckt sich vielmehr auf alle Grundstücke, die von den Auswirkungen der Vertiefung betroffen sein können (BGH NJW-RR 96, 852).

21 Nur die Festigkeit des Bodens wird durch die Vorschrift geschützt, nicht aber die Bebauung auf dem Nachbargrundstück, die durch andere Ursachen als den Stützverlust des Bodens wie zB den Abbruch eines Nachbarhauses beschädigt wird (BGHZ 12, 75; BGH NJW 79, 1166; aA Staud/*Roth* Rn 23).

22 „Boden" ist der Erdkörper mit seinen natürlichen Bestandteilen. Wesentliche Bestandteile des Grundstücks wie Gebäude oder Bäume gehören nicht dazu.

23 **3. Genügende anderweitige Befestigung.** Die Vertiefung (Rn 10 ff) ist dann nicht unzulässig, wenn sie zwar zu dem Verlust der erforderlichen Stütze (Rn 17 ff) des Nachbargrundstücks führen kann, aber für eine genügende anderweitige Befestigung gesorgt ist. Die dafür notwendigen Maßnahmen muss der Vertiefende auf seinem eigenen Grundstück vornehmen; das Nachbargrundstück darf er grds nicht in Anspruch nehmen (BGH NJW 97, 2595). Allerdings kann der Nachbar unter dem Gesichtspunkt des nachbarlichen Gemeinschaftsverhältnisses (dazu § 903 Rn 14 ff) verpflichtet sein, für die Dauer der Herstellung der anderweitigen Befestigung die Benutzung seines Grundstücks zu dulden. Das kommt zB dann in Betracht, wenn die Befestigung auf andere Weise nicht oder nur mit unverhältnismäßig hohen Kosten hergestellt werden kann. In diesem Fall steht dem Nachbarn ein nachbarrechtlicher Ausgleichsanspruch nach § 906 II 2 analog zu (dazu § 906 Rn 41 ff). Soweit es lediglich um das Betreten des Nachbargrundstücks zum Zweck der Herstellung der anderweitigen Befestigung geht, ergibt sich für den Vertiefenden das entsprechende Recht auch aus landesrechtlich eingeräumten Hammerschlags- und Leiterrechten (s die Übersicht bei Staud/*Roth* Rn 33).

24 Die anderweitige Befestigung muss den durch die Vertiefung hervorgerufenen Stützverlust vollständig ausschließen, also die erforderliche Stütze ersetzen. Welche Maßnahmen dafür notwendig sind, richtet sich nach physikalisch-technischen Anforderungen. Dabei ist sowohl die gegenwärtige als auch die zukünftige – ggf gesteigerte – Nutzung des Nachbargrundstücks zu berücksichtigen; lediglich eine ganz außergewöhnliche, den Rahmen bestimmungsmäßiger Inanspruchnahme offensichtlich überschreitende Ausnutzung des Grund und Bodens hat außer Betracht zu bleiben (BGHZ 63, 176, 179 f).

25 Die anderweitige Befestigung muss im Zeitpunkt der Vertiefung vorhanden sein, damit jeder Sützverlust – sei er auch nur vorübergehend – ausgeschlossen ist. Dafür hat der Vertiefende alle notwendigen Maßnahmen zu ergreifen, auch wenn sie die Vertiefungsarbeiten mehr als üblich erschweren (vgl BGH NJW 69, 2140, 2142). Welcher Art diese Maßnahmen sind, bleibt der Auswahl des Vertiefenden überlassen. Er muss dafür sorgen, dass die anderweitige Befestigung den Stützverlust so lange ausschließt, wie die Vertiefung zu einem Verlust der Stütze führen kann; zB muss er eine Stützmauer ständig in einem ordnungsgemäßen Zustand halten, weil es anderenfalls an einer ausreichenden anderweitigen Befestigung fehlte und die Vertiefung unzulässig würde (BGH NJW 80, 224).

26 § 909 gibt dem Grundstücksnachbarn keinen Anspruch gegen den Vertiefenden auf Herstellung einer anderweitigen Befestigung; Letzterer hat vielmehr nur das Recht dazu (RGZ 132, 58).

27 **D. Rechtsfolgen der unzulässigen Vertiefung. I. Unterlassungs- und Beseitigungsanspruch.** Bei einer bevorstehenden ersten oder wiederholten unzulässigen Vertiefung hat der Berechtigte (Rn 4 ff) gegen alle Verpflichteten (Rn 8 f) einen Anspruch auf Unterlassung der Vertiefung nach § 1004 I. Die Unzulässigkeit der Vertiefungshandlung (Rn 17 ff) muss zumindest wahrscheinlich sein; aufgrund der örtlichen Bodengegebenheiten müssen Umstände vorliegen, welche die konkrete Annahme rechtfertigen, dass dem Boden des Nachbargrundstücks (Rn 20 ff) durch die Vertiefung die erforderliche Stütze entzogen wird.

28 Nach erfolgter Vertiefung hat der Berechtigte (Rn 4 ff) gegen den derzeitigen Eigentümer oder Besitzer des Grundstücks, auf dem die Vertiefung erfolgte (Rn 8), einen Beseitigungsanspruch nach § 1004 I. Dieser Anspruch ist auf die Beseitigung der Beeinträchtigung gerichtet. Damit ist die Wiederherstellung der Festigkeit des Bodens des Nachbargrundstücks gemeint. Die Auswahl unter mehreren dafür geeigneten Maßnahmen obliegt dem in Anspruch genommenen Eigentümer oder Besitzer.

29 **II. Schadensersatzanspruch.** § 909 ist Schutzgesetz iSv § 823 II (BGH NJW 96, 3205, 3206). Deshalb hat der Berechtigte gegen alle Verpflichteten (Rn 8 f) einen verschuldensabhängigen Schadensersatzanspruch. Verschulden ist dann anzunehmen, wenn der Vertiefende vorhergesehen hat oder bei Anwendung der im Verkehr erforderlichen Sorgfalt (§ 276) vorhersehen konnte, dass gerade dem Boden des geschädigten Nachbarn und nicht nur dem Nachbargelände überhaupt durch die Vertiefung die erforderliche Stütze entzogen würde und er gleichwohl

nicht die gebotenen Vorsichtsmaßnahmen getroffen hat, um diese Folge der Vertiefung zu vermeiden (BGH NJW 77, 763, 764). Ggf müssen auch ungewöhnliche Sicherungsmaßnahmen ergriffen werden.

Dem Eigentümer bzw Besitzer, der die Vertiefungsarbeiten auf seinem Grundstück ausführen lässt, trifft eine eigenverantwortliche Pflicht zur Überprüfung, ob die beabsichtigten Maßnahmen zu einer Beeinträchtigung der Standfestigkeit des Nachbargrundstücks führen können; dieser Pflicht kommt er allerdings regelmäßig schon dadurch nach, dass er mit der Lösung der anfallenden bautechnischen Aufgaben und mit deren sachgemäßen Durchführung sorgfältig ausgewählte, fachkundige Architekten, Ingenieure und Bauunternehmer betraut (BGHZ 147, 45, 48). Ist jedoch erkennbar eine erhöhte Gefahrenlage gegeben oder besteht Anlass zu Zweifeln, ob die beauftragten Personen die Gefahren und Sicherungserfordernisse ausreichend berücksichtigen werden, reicht die sorgfältige Auswahl der Fachleute zur Entlastung des Eigentümers bzw Besitzers des Grundstücks, auf dem die Arbeiten ausgeführt werden, nicht aus (BGH NJW-RR 97, 1374). Sind dem Eigentümer bzw Besitzer durch Hinweise des Nachbarn besondere Gefahren bekannt geworden, muss er die von ihm beauftragten Fachleute unverzüglich darüber informieren (RGZ 132, 51, 60). 30

An die Sorgfaltspflicht des Architekten, dem die Bauplanung und Bauleitung übertragen ist, sind hohe Anforderungen zu stellen; er muss bei der Planung und Überwachung von Vertiefungsarbeiten diejenigen einen Stützverlust des Bodens benachbarter Grundstücke ausschließenden Maßnahmen ergreifen, die von einem gewissenhaften und aufmerksamen Architekten bei dem beabsichtigten Vorhaben vorausgesetzt und erwartet werden können (BGH NJW-RR 96, 852). Fehlen dem Architekten besondere Kenntnisse, die für eine Risikoabschätzung erforderlich sind, muss er einen Bodengutachter hinzuziehen, wenn er anders nicht zu der Überzeugung gelangen kann, dass die Vertiefung keine Gefahr für die Nachbargrundstücke bedeutet. Ihn trifft dann kein Schuldvorwurf, wenn er die in einem Gutachten zur Bodenbeschaffenheit und zur Durchführung der Vertiefung enthaltenen Anweisungen befolgt und diese sich später als unzutreffend erweisen (BGH NJW-RR 96, 852, 853). 31

Der mit der Durchführung der Vertiefung beauftragte Bauunternehmer handelt schuldhaft, wenn er voraussehen musste, dass der Boden des Nachbargrundstücks die erforderliche Stütze verlieren kann (BGH NJW 81, 50, 51). Auf die Statik (Köln BauR 87, 472) und auf Weisungen des Architekten (BGH NJW 61, 1523) darf er sich nicht verlassen. Ggf muss er auf der Einholung eines Bodengutachtens bestehen (BGH NJW 73, 2207, 2208). 32

Der Statiker schuldet nicht nur die rechnerische Richtigkeit seiner Berechnungen. Er muss sich hinsichtlich notwendiger Vertiefungen auch um den Baugrund kümmern und sich Klarheit über die Bodenverhältnisse verschaffen, damit er beurteilen kann, welche Gründungsmaßnahmen aufgrund der örtlichen Gegebenheiten erforderlich sind (BGH WM 71, 682, 684). 33

Alle Verpflichteten (Rn 8 f) haften bei Verschulden als Gesamtschuldner (§ 840 I). Die gesamtschuldnerische Haftung von Eigentümer bzw Besitzer und Architekt tritt auch ein, wenn die ersteren einen verschuldensunabhängigen nachbarrechtlichen Ausgleichsanspruch (dazu sogleich Rn 32 f) schulden und den letzteren eine deliktsrechtliche Haftung (Rn 31) trifft (BGHZ 147, 45, 56). § 830 I 2, wonach jeder für den Schaden verantwortlich ist, wenn sich nicht ermitteln lässt, wer von mehreren Beteiligten ihn durch seine Handlung verursacht hat, gilt ebenfalls bei der Haftung eines der Verpflichteten aus unerlaubter Handlung und eines anderen aus § 906 II 2 analog (BGHZ 101, 106, 111). 34

Zu ersetzen sind die Wiederaufbau- und Aufräumungskosten sowie der durch den Stützverlust hervorgerufene Minderwert des Nachbargrundstücks (vgl BGH NJW 97, 2595, 2596). Ist das beschädigte Gebäude baufällig gewesen, ist nur der durch die Vertiefung zusätzlich entstandene Schaden zu ersetzen (BGH NJW 66, 42, 43). Ein Mitverschulden (§ 254) des geschädigten Grundstücksnachbarn kann den Schadensersatzanspruch mindern, wenn er seine Unterhaltungspflicht hinsichtlich beschädigter Gebäude verletzt hat (BGHZ 73, 176, 182). 35

III. Nachbarrechtlicher Ausgleichsanspruch. Im Anwendungsbereich des § 909 kommt ein verschuldensunabhängiger nachbarrechtlicher Ausgleichsanspruch nach § 906 II 2 analog (dazu § 906 Rn 41 ff) in Betracht, wenn die unzulässige Vertiefung aus tatsächlichen oder aus rechtlichen Gründen nicht rechtzeitig abgewehrt werden konnte; dieser Anspruch steht sowohl dem Eigentümer als auch dem Besitzer des geschädigten Grundstücks zu (BGHZ 147, 45, 49). Der Anspruch richtet sich nur gegen den Eigentümer bzw Besitzer des vertieften Grundstücks, nicht auch gegen den Bauunternehmer, Architekten, Statiker oder Bauleitenden Ingenieur (BGHZ 101, 290, 294). 36

Der Anspruch setzt voraus, dass der Geschädigte durch die fehlende Möglichkeit der Abwehr der unzulässigen Vertiefung solche Nachteile erleidet, die das zumutbare Maß einer entschädigungslos hinzunehmenden Einwirkung übersteigen (BGHZ 147, 45, 50). 37

Die Höhe des Ausgleichsanspruchs berechnet sich nach den Grundsätzen der Enteignungsentschädigung. Das kann im Einzelfall die Höhe des vollen Schadensersatzes erreichen, wenn die unzulässige Vertiefung zu einer Substanzschädigung geführt hat (vgl BGHZ 142, 166). Ausgeglichen wird nur der unzumutbare Teil der Beeinträchtigung, weil der Beeinträchtigte Einwirkungen bis zur Grenze der Unzumutbarkeit entschädigungslos hinnehmen muss (BGHZ 62, 361, 371). Eine Minderung des Ausgleichsanspruchs kommt in Betracht, wenn das beeinträchtigte Grundstück vor der unzulässigen Vertiefung bereits schadensanfällig war und wenn der Grundstücksnachbar – schuldhaft oder schuldlos – die Vertiefungsschäden mit verursacht hat (BGH NJW-RR 88, 136). 38

39 E. Prozessuales. Bei der Unterlassungsklage (Rn 27) darf der Klageantrag nicht auf die Verurteilung zum Unterlassen der Vertiefung schlechthin gerichtet sein, denn der Verpflichtete (Rn 8 f) ist zur Vertiefung berechtigt, wenn er für eine ausreichende anderweitige Befestigung (Rn 23 ff) sorgt. Deshalb muss die zu unterlassende Vertiefung zB in Anlehnung an den Gesetzestext umschrieben werden, damit klar wird, dass nur eine unzulässige Vertiefung verhindert werden soll. Der Kläger muss darlegen und beweisen, dass die Gefahr einer unzulässigen Vertiefung droht.

40 Die Beseitigungsklage (Rn 28) darf nur darauf gerichtet sein, dass die Festigkeit des Bodens wieder herzustellen ist; konkrete Maßnahmen dafür dürfen nicht verlangt werden (BGH NJW 78, 1584 f), weil ihre Auswahl dem Verpflichteten obliegt. Erst im Zwangsvollstreckungsverfahren kann der Berechtigte als Gläubiger bestimmen, welche konkreten Maßnahmen auf Kosten des Verpflichteten als Schuldner durchgeführt werden sollen (§ 887 ZPO). Der Kläger muss die Vertiefung als solche, seine Berechtigung hinsichtlich des Nachbargrundstücks und den Stützverlust infolge der Vertiefung darlegen und beweisen. Dem Beklagten obliegt die Darlegungs- und Beweislast dafür, dass für eine genügende anderweitige Befestigung gesorgt ist.

41 Verlangt der Geschädigte Schadensersatz (Rn 29 ff), muss er die Unzulässigkeit der Vertiefung (Rn 17 ff) und den eingetretenen Schaden sowie die Kausalität der Vertiefung für den Schaden darlegen und beweisen. Für den Bereich der haftungsausfüllenden Kausalität kann das Gericht von der Möglichkeit der Schadensschätzung nach § 287 ZPO Gebrauch machen (BGHZ 85, 375, 383). Bei typischen Geschehensabläufen kann auf die Grundsätze über den Anscheinsbeweis zurückgegriffen werden (BGH WM 83, 943, 944). Der Vertiefende muss darlegen und beweisen, dass ihn kein Verschulden trifft.

§ 910 Überhang

(1) ¹Der Eigentümer eines Grundstücks kann Wurzeln eines Baumes oder eines Strauches, die von einem Nachbargrundstück eingedrungen sind, abschneiden und behalten. ²Das Gleiche gilt von herüberragenden Zweigen, wenn der Eigentümer dem Besitzer des Nachbargrundstücks eine angemessene Frist zur Beseitigung bestimmt hat und die Beseitigung nicht innerhalb der Frist erfolgt.
(2) Dem Eigentümer steht dieses Recht nicht zu, wenn die Wurzeln oder die Zweige die Benutzung des Grundstücks nicht beeinträchtigen.

1 A. Allgemeines. § 910 konkretisiert die negativen Eigentümerbefugnisse (§ 903 Rn 2). Die Vorschrift gibt dem Beeinträchtigten ein Selbsthilferecht, mit dem er sich gegen Wurzeln und Zweige von Bäumen und Sträuchern, die zwar auf dem Nachbargrundstück stehen, aber in das betroffene Grundstück hineinwachsen bzw herüberragen, zur Wehr setzen kann. Der Sinn und Zweck der Vorschrift besteht darin, nachbarliche Konflikte möglichst ohne die Anrufung staatlicher Gerichte zu lösen.

2 Das Selbsthilferecht schließt den Beseitigungsanspruch des betroffenen Grundstückseigentümers aus § 1004 I 1 nicht aus (BGH NJW 04, 603). Beide Regelungen stehen gleichrangig nebeneinander. Der Betroffene ist nicht gehindert, gegen seinen Nachbarn den Beseitigungsanspruch geltend zu machen anstatt zur Selbsthilfe zu greifen.

3 B. Berechtigter. Neben dem im Gesetz ausdrücklich genannten Eigentümer steht das Selbsthilferecht auch den an dem betroffenen Grundstück dinglich Berechtigten zu, soweit sie aufgrund ihres Rechts eigentumsähnliche Ansprüche haben. Das sind der Nießbraucher (§ 1065), der Dienstbarkeitsberechtigte (§§ 1027, 1090 II) und der Erbbauberechtigte (§ 11 ErbbauV).

4 Obligatorisch Berechtigte wie Mieter und Pächter dürfen das Selbsthilferecht nicht ausüben; sie können allerdings durch den Berechtigten (Rn 3) zur Ausübung ermächtigt werden.

5 Wohnungseigentümern untereinander steht das Selbsthilferecht nicht zu; sie können jedoch einen Beseitigungsanspruch haben, den sie durch die Anrufung des Wohnungseigentumsgerichts geltend machen können (Ddorf NJW-RR 02, 81). Das ist eine Folge des gemeinschaftlichen Bruchteileigentums. Ist den Wohnungseigentümern jedoch ein Sondernutzungsrecht an Gartenflächen eingeräumt, die im gemeinschaftlichen Bruchteileigentum stehen, und dürfen sie diese Flächen auch äußerlich sichtbar von den anderen Sondernutzungsflächen abgrenzen, steht ihnen das Selbsthilferecht in analoger Anwendung von § 910 zu (KG NZM 2005, 745 f).

6 C. Tatbestand. I. Wurzeln. Die Wurzeln müssen in das betroffene Grundstück hinüber gewachsen sein; eine Grenzüberschreitung ist notwendig.

7 II. Zweige. Auch hinsichtlich der Zweige muss eine Grenzüberschreitung vorliegen; sie müssen also in den Luftraum über dem betroffenen Grundstück herüberragen. Das Selbsthilferecht ist nicht auf Zweige bis zu einer bestimmten Höhe beschränkt, vielmehr dürfen herüberragende Zweige in jeder Höhe abgeschnitten werden.

8 III. Beseitigungsfrist. Der Berechtigte (Rn 3) darf herüberragende Zweige erst dann abschneiden, wenn er zuvor dem Besitzer des Nachbargrundstücks eine angemessene Frist zur Beseitigung bestimmt hat und die Beseitigung nicht innerhalb der Frist erfolgte (I 2). Das Beseitigungsverlangen hat gärtnerisch-botanische Belange zu berücksichtigen. Deshalb darf ein Abschneiden während der Wachstumsperiode oder während der Zeit des Fruchtstandes nicht verlangt werden (MüKo/*Säcker* Rn 4; Palandt/*Bassenge* Rn 2; aA Staud/*Roth* Rn 13).

Die Dauer der Frist richtet sich nach den Umständen des Einzelfalls. Zu berücksichtigen sind sowohl der Aufwand, der für das Abschneiden erforderlich ist, als auch das Interesse des Berechtigten, den Luftraum über dem Grundstück frei von herüberragenden Zweigen zu haben. 9

Die Frist ist dem Besitzer des Nachbargrundstücks zu setzen. Das ist derjenige, der tatsächlich und rechtlich in der Lage ist, dem Beseitigungsverlangen nachzukommen. Somit ist jeder, der das Nachbargrundstück bewirtschaftet, also neben dem Eigentümer auch der Nießbraucher, der Erbbauberechtigte, der Pächter und ggf – je nach vertraglicher Gestaltung – der Mieter Adressat des Verlangens. 10

Keiner vorherigen Fristsetzung bedarf es, wenn der Berechtigte (Rn 3) die auf das Grundstück hinüber gewachsenen Wurzeln abschneiden will. Allerdings kann er nach dem Grundsatz von Treu und Glauben (§ 242) verpflichtet sein, den Besitzer des Nachbargrundstücks (Rn 10) von dem bevorstehenden Abschneiden der Wurzeln in Kenntnis zu setzen. Denn diesem obliegt es, nach dem Abschneiden die notwendigen Maßnahmen zu ergreifen, um weitere Schäden an dem Baum oder Strauch zu verhindern. 11

IV. Beeinträchtigung. Nach II besteht das Selbsthilferecht nur, wenn die hinüber gewachsenen Wurzeln und die herüberragenden Zweige die Benutzung des betroffenen Grundstücks beeinträchtigen. Bei der Beurteilung, ob eine Beeinträchtigung vorliegt, ist ein objektiver Maßstab anzulegen (BGHZ 157, 33, 39). Sie ist jedenfalls dann gegeben, wenn die wirtschaftliche Verwertung des Grundstücks beeinträchtigt wird. Aber auch jede andere Art der Beeinträchtigung reicht aus. Sie muss nicht die Grenze der Wesentlichkeit (dazu § 906 Rn 17 ff) erreichen oder überschreiten; auch ganz unerhebliche Beeinträchtigungen müssen nicht hingenommen werden (offen gelassen in BGHZ 157, 33, 39). 12

Der Eigentümer kann frei darüber entscheiden, wie er sein Grundstück nutzt. Auf die Ortsüblichkeit der Grundstücksnutzung (dazu § 906 Rn 23 ff) kommt es ebenso wenig an wie auf ihre Zweckmäßigkeit. Auch ist es nicht erforderlich, dass der Eigentümer eine einmal begonnene Nutzung für immer ohne Änderung fortsetzt. Für das Bestehen des Selbsthilferechts reicht es aus, wenn die Beeinträchtigung erst infolge einer Nutzungsänderung eintritt (BGHZ 135, 235, 241). 13

V. Gewächse. Neben den im Gesetz genannten Bäumen und Sträuchern können auch die hinüber gewachsenen Wurzeln oder die herüberragenden Zweige anderer Gewächse wie Ranken, Stauden oder Unkraut abgeschnitten werden. 14

VI. Naturschutzrechtliche Verbote. Das Selbsthilferecht kann durch naturschutzrechtliche Verbote insbes in Baumschutzsatzungen beschränkt oder ausgeschlossen sein. Das hindert jedoch nicht von vornherein seine Ausübung, weil vielfach Ausnahmegenehmigungen erteilt werden können. Nicht nur der Besitzer des Nachbargrundstücks, von welchem die Grenzüberschreitung durch Wurzeln oder Zweige ausgeht, sondern auch der beeinträchtigte Grundstückseigentümer kann die Befreiung von öffentlich-rechtlichen Verboten beantragen (OVG Lüneburg NJW 96, 3225). Wird keine Ausnahmegenehmigung erteilt, darf der Betroffene sein Selbsthilferecht nicht ausüben. In diesem Fall kommt ein nachbarrechtlicher Ausgleichsanspruch nach § 906 II 2 analog (dazu § 906 Rn 41 f) in Betracht, wenn der Betroffene durch die hinüber gewachsenen Wurzeln oder durch die herüberragenden Zweige einen Schaden erleidet (vgl BGH NJW 04, 3701). 15

D. Rechtsinhalt. I. Abschneiden. Das Selbsthilferecht erlaubt dem beeinträchtigten Grundstückseigentümer oder sonstigen Berechtigten (Rn 3) das Abschneiden in das Grundstück hinüber gewachsener Wurzeln oder herüberragender Zweige. Die Abtrennung darf höchstens bis zur Grundstücksgrenze vorgenommen werden, auch wenn ein Abschneiden an anderer Stelle auf dem Nachbargrundstück aus gärtnerisch-botanischer Sicht sinnvoller wäre. Das Betreten des Nachbargrundstücks zur Ausübung des Selbsthilferechts ist ohne Gestattung nicht erlaubt. 16

II. Behalten. Die abgeschnittenen Wurzeln oder Zweige darf der Berechtigte (Rn 3) behalten; er erwirbt das Eigentum daran. Er darf sie nicht auf das Nachbargrundstück hinüberwerfen, sondern muss sich selbst um ihre Entsorgung kümmern. 17

E. Beseitigungskosten. Macht der Berechtigte (Rn 3) von seinem Selbsthilferecht Gebrauch, kann er die dafür entstandenen Kosten von dem Besitzer des Nachbargrundstücks (Rn 10) nach § 812 I 1 erstattet verlangen (BGH NJW 04, 603). Streng genommen ist das allerdings kein Ersatz der Kosten, die dem Betroffenen durch die Ausübung seines Selbsthilferechts entstanden sind; denn es sind die Kosten, die der Besitzer des Nachbargrundstücks für die Beseitigung der Wurzeln oder Zweige hätte aufwenden müssen, wenn er dem gleichrangig neben dem Selbsthilferecht stehenden Anspruch aus § 1004 I 1 ausgesetzt gewesen wäre. 18

F. Prozessuales. Die Darlegungs- und Beweislast dafür, dass von hinüber gewachsenen Wurzeln oder von herüberragenden Zweigen keine Beeinträchtigung (vgl Rn 12) ausgeht, trägt der Besitzer des Nachbargrundstücks (BGHZ 157, 33, 39). Der Berechtigte (Rn 3) muss das Hinüberwachsen der Wurzeln und das Herüberragen der Zweige über die Grundstücksgrenze sowie das Setzen und Nichteinhalten der angemessenen Beseitigungsfrist (Rn 8 ff) darlegen und beweisen. 19

§ 911 Überfall

¹Früchte, die von einem Baume oder einem Strauche auf ein Nachbargrundstück hinüberfallen, gelten als Früchte dieses Grundstücks. ²Diese Vorschrift findet keine Anwendung, wenn das Nachbargrundstück dem öffentlichen Gebrauch dient.

1 Nach § 953 gehören Erzeugnisse und sonstige Bestandteile einer Sache auch nach der Trennung grds dem Eigentümer der Sache. Davon macht § 911 hinsichtlich der Früchte von Bäumen und Sträuchern eine Ausnahme. Damit soll Streitigkeiten zwischen Nachbarn wegen der Eigentumsverhältnisse an Fallobst oä vorgebeugt werden.

2 ‚Früchte' wird hier nicht iSv § 99 gebraucht, sondern im natürlichen Sinn. Gemeint sind die Erzeugnisse von Bäumen und Sträuchern wie Obst, Beeren, Nüsse usw. Andere Bestandteile wie zB Zweige und Äste gehören nicht dazu.

3 ‚Hinüberfallen' meint in erster Linie, dass die Früchte direkt von dem Baum oder Strauch auf das Nachbargrundstück fallen. Das ist nicht nur der Fall, wenn sie von herüberragenden Zweigen abfallen, sondern auch dann, wenn sie erst infolge von Windeinwirkung auf das Nachbargrundstück gelangen. Daneben reicht es auch aus, wenn die Früchte zunächst auf dem Boden des Grundstücks auftreffen, auf welchem der Baum oder der Strauch steht, und erst danach auf das Nachbargrundstück hinüberrollen.

4 Unerheblich ist der Grund für das Abfallen der Früchte. Es kann sowohl auf Naturkräfte als auch auf menschliches Verhalten zurückzuführen sein. Selbst wenn der Eigentümer seinen Baum oder Strauch schüttelt und die Früchte dabei auf das Nachbargrundstück gelangen, findet § 911 Anwendung. Etwas anderes gilt jedoch, wenn der Nachbar den Baum oder Strauch schüttelt. Die dabei auf sein Grundstück fallenden Früchte gehören weiterhin dem Eigentümer des Baumes oder Strauches. Auch darf der Nachbar Früchte von den auf sein Grundstück herüberragenden Zweigen nicht abpflücken.

5 Dient das Nachbargrundstück, auf welches die Früchte hinüber fallen (Rn 3), dem öffentlichen Gebrauch, gelten die Früchte nicht als solche dieses Grundstücks. Sie gehören also weiterhin dem Eigentümer des Baumes oder Strauches, von welchem sie abgefallen sind. Deshalb dürfen solche Früchte nicht ohne weiteres von Dritten aufgesammelt werden, sondern nur dann, wenn der Eigentümer etwa durch längeres Liegenlassen zu erkennen gegeben hat, dass er mit der Aneignung (§ 958) durch jedermann einverstanden ist, oder wenn die Früchte offensichtlich für den Eigentümer keinen wirtschaftlichen Wert haben (zB Kastanien von Straßenbäumen).

6 Dem öffentlichen Gebrauch dienen zB öffentliche Straßen, Wege, Plätze, Flüsse und Seen.

§ 912 Überbau; Duldungspflicht

(1) Hat der Eigentümer eines Grundstücks bei der Errichtung eines Gebäudes über die Grenze gebaut, ohne dass ihm Vorsatz oder grobe Fahrlässigkeit zur Last fällt, so hat der Nachbar den Überbau zu dulden, es sei denn, dass er vor oder sofort nach der Grenzüberschreitung Widerspruch erhoben hat.

(2) ¹Der Nachbar ist durch eine Geldrente zu entschädigen. ²Für die Höhe der Rente ist die Zeit der Grenzüberschreitung maßgebend.

1 **A. Allgemeines.** Auch diese Vorschrift ist von dem Bemühen des Gesetzgebers gezeichnet, nachbarliche Konflikte in einer die Interessen beider Seiten gleichermaßen berücksichtigenden Weise zu lösen. Im Vordergrund steht der Gedanke der Werterhaltung von Gebäuden (BGHZ 157, 301, 304). Dazu legt das Gesetz dem beeinträchtigten Grundstückseigentümer nicht nur eine Duldungspflicht auf, welche sowohl seine positiven als auch seine negativen Eigentümerbefugnisse nach § 903 (dort Rn 2) einschränkt; es verhindert auch den nach den allgemeinen Vorschriften (§§ 93, 94 I, 946) an sich eintretenden Eigentumserwerb an dem Überbau. Vor einer einseitigen Bevorzugung des Überbauenden schützt die Vorschrift durch das für das Entstehen der Duldungspflicht notwendige Erfordernis, dass der Überbauende weder vorsätzlich noch grob fahrlässig gehandelt hat (I), und durch die Normierung einer Entschädigungspflicht zugunsten des Nachbarn (II).

2 **B. Berechtigter und Verpflichteter.** Nur ein von dem Eigentümer des Grundstücks, von welchem aus die Grenze überbaut wurde, errichteter Überbau muss unter den Voraussetzungen des I geduldet werden. Der Erbbauberechtigte ist dem Eigentümer gleichgestellt (§ 11 ErbbauV). Dagegen muss der Überbau eines anderen dinglich Berechtigten wie Nießbraucher oder eines obligatorisch Berechtigten wie Pächter nicht geduldet werden, auch nicht der von einem bloßen Besitzer des Grundstücks errichtete Überbau (Staud/*Roth* Rn 11; aA MüKo/*Säcker* Rn 11). Jedoch kann der Grundstückseigentümer die Zustimmung zu der Errichtung eines Gebäudes durch diese Personen erteilen; in diesem Fall gilt es als sein Gebäude mit der Folge, dass der Nachbar den Überbau ggf dulden muss.

3 Bei der Beurteilung, wessen Überbau geduldet werden muss, kommt es darauf an, wer nach der Verkehrsanschauung ‚Geschäftsherr' des Bauvorhabens ist, dh in wessen Namen und in wessen wirtschaftlichem Interesse gebaut wurde (BGHZ 110, 298, 302). Die Person desjenigen, der das Gebäude handwerklich oder auch als Baubetreuer im eigenen Namen errichtet hat, ist nicht entscheidend für die Geschäftsherreneigenschaft.

Duldungspflichtig ist der Eigentümer des Nachbargrundstücks, welches überbaut wurde. Kraft ausdrücklicher 4
gesetzlicher Regelung stehen ihm der Erbbauberechtigte und der Dienstbarkeitsberechtigte gleich (§ 916).

C. Tatbestand. I. Gebäude. Gebäude ist ein Bauwerk, das fest mit dem Erdboden verbunden und allseitig 5
durch Wände und Dach verschlossen ist und den Eintritt von Menschen ermöglicht sowie Schutz gegen äußere
Einflüsse gewährt. Unerheblich ist, ob das Gebäude für dauernd oder nur zu einem vorübergehenden Zweck
errichtet wurde (§ 95 I 1). Nach dem Sinn und Zweck der Vorschrift (Rn 1) ist § 912 auch auf andere größere Bauwerke als Gebäude wie zB Brücken anzuwenden, nicht aber auf leicht versetzbare Gebäude wie zB Gartenhäuser.
§ 912 findet nur auf einheitliche Gebäude Anwendung. Bei der Beurteilung der Einheitlichkeit kommt es 6
sowohl auf die körperliche bautechnische Beschaffenheit als auch auf die funktionale Einheit an (BGHZ 110,
298, 301). Können Teile eines Gebäudes nicht voneinander getrennt werden, ohne dass der eine oder der
andere Teil zerstört oder in seinem Wesen verändert wird, handelt es sich um ein einheitliches Gebäude
(BGH NJW 82, 756).
Die Vorschrift ist nicht erst nach der Fertigstellung des Gebäudes anzuwenden. Sie greift bereits dann ein, 7
wenn die Errichtung des Gebäudes so weit fortgeschritten ist, dass eine Werterhaltung (Rn 1) aus wirtschaftlicher Sicht sinnvoll erscheint.

II. Überbau, Stammgrundstück. Das Gebäude (Rn 5 ff) muss von einem Grundstück aus (Stammgrund- 8
stück) teilweise über die Grenze auf das Nachbargrundstück gebaut worden sein. Welches das Stammgrundstück ist, bestimmt sich allein nach den Absichten und wirtschaftlichen Interessen des Geschäftsherrn (Rn 2)
im Zeitpunkt der Inanspruchnahme des Nachbargrundstücks (BGH NJW 89, 789, 790). Die Größe oder die
Wichtigkeit des über die Grundstücksgrenze gebauten Gebäudeteils im Verhältnis zu dem auf dem Grundstück des Geschäftsherrn stehenden Gebäudeteil spielt für die Bestimmung des Stammgrundstücks keine
Rolle (BGHZ 110, 298, 302). Kein Überbau iSd Vorschrift ist es, wenn es an einem Stammgrundstück fehlt
(BGH NJW 85, 789, 790).
Wird das Gebäude innerhalb der Grenzen eines Grundstücks errichtet und entsteht erst später durch Grund- 9
stücksteilung die Überbausituation, ist die unmittelbare Anknüpfung an die Absichten des Geschäftsherrn idR
nicht möglich. In diesem Fall muss das Stammgrundstück nach objektiven Kriterien bestimmt werden; danach
ist als Stammgrundstück das Grundstück anzusehen, auf welchem sich der nach Umfang, Lage und wirtschaftlicher Bedeutung eindeutig maßgebende Teil des Gebäudes befindet (BGHZ 110, 298, 302 f).
An die Absichten des Geschäftsherrn kann ebenfalls dann nicht unmittelbar angeknüpft werden, wenn der Eigen- 10
tümer zweier Grundstücke bei der Errichtung eines Gebäudes einen Teil über die Grundstücksgrenze gebaut hat.
Doch können sich seine Absichten aus den objektiven Gegebenheiten erschließen (BGHZ 110, 298, 303).
Da sich das Eigentumsrecht des Nachbarn auch auf den Raum über der Oberfläche und auf den Erdkörper 11
unter der Oberfläche seines Grundstücks erstreckt (§ 905), liegt ein Überbau iSv § 912 immer dann vor,
wenn ein Gebäude die Grundstücksgrenze im Luftraum, auf dem Erdboden oder unter der Erdoberfläche
überschreitet. Deshalb können zB Erker, Dachvorsprünge, Balkone, Mauerausbuchtungen, eine geneigte
Wand, Keller und Fundamente ein Überbau sein.
Nicht erforderlich ist es, dass der Überbau bei der Errichtung des Gebäudes entsteht. Es reicht aus, wenn spä- 12
tere Anbauten wie zB Balkone über die Grundstücksgrenze ragen.

III. Verschulden des Überbauenden. Die Duldungspflicht des Nachbarn besteht nur dann, wenn der Über- 13
bauende (Rn 2) ohne Vorsatz und ohne grobe Fahrlässigkeit über die Grundstücksgrenze gebaut hat. War er
sich dagegen der Grenzüberschreitung bewusst oder hat er sich bei der Errichtung des Gebäudes im Hinblick
auf den Verlauf der Grundstücksgrenze und auf das Erfordernis, diese nicht zu überbauen, besonders unsorgfältig verhalten, indem zB bei zweifelhaftem Grenzverlauf eine Vermessung unterlassen und die Grenze deshalb überbaut wurde (BGH NJW 03, 3621), braucht der Nachbar den Überbau nicht zu dulden. Die grobe
Fahrlässigkeit kann sich auch darauf beziehen, dass sich der Geschäftsherr für berechtigt hält, über die
Grundstücksgrenze zu bauen, indem er das Einverständnis des Nachbarn annimmt.
Für vorsätzliches oder grob fahrlässiges Handeln seines Architekten, dem der Überbauende (Rn 2) die Planung 14
und Ausführung des Bauvorhabens übertragen hat, ist der Geschäftsherr nach § 166 analog verantwortlich (BGHZ
42, 63; aA Staud/*Roth* Rn 27). Ein Verschulden des Bauunternehmers und seiner Mitarbeiter an der Überschreitung der Grundstücksgrenze wird dem Geschäftsherrn dagegen nicht zugerechnet (BGH NJW 77, 375).

IV. Widerspruch des Nachbarn. Hat der Überbauende schuldlos oder lediglich fahrlässig (§ 276 II) gehan- 15
delt, muss der Nachbar den Überbau nur dann dulden, wenn er nicht rechtzeitig Widerspruch erhoben hat.
Dafür ist es ausreichend, dass er – auch ohne Kenntnis von der Grenzüberschreitung – deutlich zum Ausdruck bringt, dass er mit der Errichtung des Gebäudes nicht einverstanden ist (BGHZ 59, 191, 194). In
Kenntnis der Grenzüberschreitung kann der Nachbar auch Teilen des Überbaus widersprechen, die zB über
einen bestimmten Abstand von der Grenze hinaus oder in einer bestimmten Höhe in sein Grundstück
hineinragen (RGZ 109, 107, 109).
Rechtzeitig ist der Widerspruch, wenn er bereits vor der Grenzüberschreitung oder sofort danach erhoben 16
wurde. Der Nachbar darf also nicht abwarten, bis das Gebäude vollständig errichtet oder sogar fertig gestellt
ist. Entscheidend ist vielmehr der Zeitpunkt, in welchem der Gedanke der Werterhaltung (Rn 1) wegen des

Bautenstands noch keine Geltung beansprucht. Unerheblich ist, ob der Nachbar Kenntnis von der Grenzüberschreitung hat oder haben kann; unterbleibt ein Widerspruch, tritt die Duldungspflicht von selbst und unwiderruflich ein, ohne dass es darauf ankommt, aus welchen Gründen der Nachbar der Grenzüberschreitung nicht widersprochen hat (BGHZ 97, 292, 294).

17 Der Widerspruch ist eine formlose, einseitige und empfangsbedürftige Willenserklärung, welche ggü dem Überbauenden abgegeben werden muss.

18 **D. Rechtsfolgen. I. Duldungspflicht des Nachbarn.** Hat der Überbauende hinsichtlich der Grenzüberschreitung weder vorsätzlich noch grob fahrlässig gehandelt (Rn 13 f) und fehlt es an einem Widerspruch des Nachbarn gegen die Überbauung (Rn 15 f), ist dieser zur Duldung des Überbaus verpflichtet. Er verliert seinen Abwehranspruch aus §§ 903, 1004 I; darin liegt eine unmittelbar aus dem Gesetz folgende Eigentumsbeschränkung. Sie hat - ohne Eintragung im Grundbuch - dingliche Wirkung und trifft den jeweiligen Eigentümer des Nachbargrundstücks. Die Duldungspflicht besteht so lange, wie der Überbau (Rn 8 ff) existiert. Sie endet jedoch vorher, wenn der Nachbar etwa aufgrund eines zeitlich befristeten Mietvertrags die Inanspruchnahme seines Grundstücks nur vorübergehend gestattet hat; in diesem Fall endet die Duldungspflicht des Nachbarn mit dem Zeitablauf (BGHZ 157, 301, 307 f).

19 Die Duldungspflicht des Nachbarn lässt nicht nur seinen Abwehranspruch aus § 1004 I entfallen, sondern auch seinen Herausgabeanspruch aus § 985; der Überbauende (Rn 2 f) hat hinsichtlich der von dem Überbau betroffenen Grundstücksfläche ein Recht zum Besitz iSd § 986 (BGHZ 27, 204, 206).

20 **II. Rentenpflicht des Überbauenden (II).** Als Ausgleich für den ausgeschlossenen Abwehranspruch aus §§ 903, 1004 I hat der Überbauende (Rn 2 f) den betroffenen Nachbarn durch die Zahlung einer Geldrente zu entschädigen (II 1). Das gilt auch zugunsten des Nachbarn, dessen Sonderrechtsvorgänger der Errichtung des Überbaus zugestimmt hat (NJW 83, 1112). Die Überbaurente soll den Nutzungsverlust ausgleichen, welchen der betroffene Nachbar durch die Überbauung seines Grundstücks erleidet (BGHZ 65, 395, 398).

21 Der Anspruch entsteht in dem Zeitpunkt, in welchem die Grundstücksgrenze überbaut wird. Auf die Kenntnis des Überbauenden oder des Nachbarn von der Grenzüberschreitung kommt es nicht an. Wird diese erst später entdeckt, ist die Rente entsprechend nachzuzahlen.

22 Für die Höhe der Rente ist ebenfalls ausschl die Zeit der Grenzüberschreitung maßgebend (II 2); unerheblich sind der Zeitpunkt, in welchem der Nachbar erstmals durch den Überbau beeinträchtigt wird, sowie nach der Grenzüberschreitung eintretende Wertveränderungen (BGHZ 97, 292, 297). Eine Anpassung der Rente an veränderte Umstände scheidet demnach aus (BGHZ 57, 304, 305).

23 Die Höhe der Überbaurente bemisst sich nach dem Verkehrswert der überbauten Fläche, der in der üblichen Weise zu ermitteln ist (BGHZ 57, 304, 306). Er ist angemessen zu verzinsen. Auch die Angemessenheit beurteilt sich nach den Verhältnissen im Zeitpunkt der Grenzüberschreitung.

24 Neben der Überbaurente kommt ein Schadensersatzanspruch des Nachbarn gegen den Überbauenden, auch wenn diesem einfache Fahrlässigkeit vorzuwerfen ist, oder ein nachbarrechtlicher Ausgleichsanspruch nach § 906 II 2 analog (dazu § 906 Rn 41 ff) nicht in Betracht (BGHZ 97, 292, 295); § 912 II ist in seinem Anwendungsbereich eine abschließende gesetzliche Sonderregelung. Geht es dagegen um eine Eigentumsverletzung, die über den Entzug der Bodennutzung hinausgeht, hat der Nachbar einen Schadensersatzanspruch gegen den fahrlässig Überbauenden aus § 823 I (BGHZ 57, 304, 308 f). Hat der Überbauende nicht einmal fahrlässig, sondern schuldlos gehandelt, kommt als Ersatz für andere Schäden als für den Verlust der Bodennutzung ein nachbarrechtlicher Ausgleichsanspruch nach § 906 II 2 analog in Betracht (BGHZ 28, 110, 114, 116).

25 Wegen der fehlenden Haftung des Überbauenden für ein Verschulden des mit der Errichtung des Gebäudes beauftragten Bauunternehmers (Rn 14) soll ein Schadensersatzanspruch des Nachbarn gegen diesen aus § 823 I nicht ausgeschlossen sein (vgl BGHZ 57, 304, 308). Die Gegenauffassung stützt sich darauf, dass es keinen Unterschied machen könne, ob der Überbauende selbst oder unter Einschaltung eines Dritten überbaut habe (Soergel/*Baur* Rn 22; Staud/*Roth* Rn 51). Dem ist zu folgen. Die Auffassung des BGH führt dazu, dass dem Nachbarn wegen ein und derselben Beeinträchtigung zwei verschiedene Schuldner aus zwei unterschiedlichen Anspruchsgrundlagen haften, ohne dass das dadurch entstehende Problem der Anspruchskonkurrenz gelöst wird.

26 **E. Eigentumsverhältnisse.** § 912 sagt nichts über die Eigentumsverhältnisse an dem überbauten Grundstücksteil aus; wer dessen Eigentümer ist, ergibt sich nach dem Willen des Gesetzgebers jedoch als mittelbare Folge der Vorschrift (BGHZ 110, 298, 300). Danach gilt Folgendes:

27 Liegen die Voraussetzungen des § 912 I vor und muss der Nachbar demnach den Überbau dulden, unterliegt der übergebaute Gebäudeteil nicht der Grundregel der §§ 94 I, 946, wonach der Nachbar das Eigentum an dem Gebäudeteil erwürbe; vielmehr tritt entsprechend § 95 I 2 die Wirkung ein, dass der Gebäudeteil als Scheinbestandteil des überbauten Nachbargrundstücks wesentlicher Bestandteil (§§ 93, 94 II) des Stammgrundstücks (Rn 8 ff) bleibt, von welchem aus über die Grenze hinweggebaut wurde (BGHZ 110, 298, 300). Das Eigentum an dem übergebauten Gebäudeteil steht somit dem Eigentümer des Stammgrundstücks zu. Das gilt auch, wenn das Stammgrundstück veräußert wird (BGHZ 157, 301, 307).

28 Fehlt es an den Voraussetzungen des § 912 I, kommt die Anwendung des § 95 I 2 nicht in Betracht; der übergebaute Gebäudeteil gilt nach § 94 I als wesentlicher Bestandteil des überbauten Nachbargrundstücks. Der

Gebäudeteil wird auf der Grundstücksgrenze lotrecht geteilt mit der Folge, dass die beiden Teile nach § 946 dem Eigentümer der jeweiligen Grundstücksfläche gehören (BGH NJW 85, 789, 791; aA Soergel/*Baur* Rn 24). In diesem Fall kann der Nachbar die Beseitigung des ‚Überbaus' aus § 1004 I und die Herausgabe der überbauten Fläche aus § 985 verlangen. Ausnahmsweise kann allerdings eine Duldungspflicht aus dem Gesichtspunkt des nachbarlichen Gemeinschaftsverhältnisses (dazu § 903 Rn 14 ff) bestehen.

Der Überbau lässt die Eigentumsverhältnisse an dem überbauten Grundstück unberührt; der Nachbar behält 29 das Eigentum auch hinsichtlich der Fläche, welche von dem Überbau in Anspruch genommen wird. Eine Verschiebung der Grenzlinie findet nicht statt (RGZ 160, 166, 183).

F. Gestatteter Überbau. Hat der Nachbar dem Überbauenden das Überbauen der Grundstücksgrenze gestattet, 30 folgt die Duldungspflicht unmittelbar aus § 1004 II; § 912 ist in diesem Fall nicht anwendbar. Unerheblich ist, ob die Gestattung durch die Einräumung eines dinglichen Rechts (Nießbrauch, Dienstbarkeit, Erbbaurecht) oder lediglich schuldrechtlich (Miet- oder Pachtvertrag) erfolgte. In beiden Fällen muss auch ein Rechtsnachfolger im Eigentum an dem Nachbargrundstück den Überbau dulden. Für den aufgrund eines dinglichen Rechts errichteten Überbau folgt das daraus, dass diese Rechte ggü jedermann wirken. Für den Rechtsnachfolger eines die schuldrechtliche Zustimmungen Erteilenden ergibt sich die Duldungspflicht, wenn der Überbau vor dem Eintritt der Rechtsnachfolge errichtet wurde, direkt aus § 912 I, weil der Überbau in Folge der Zustimmung des Rechtsvorgängers entschuldigt ist und der Nachbar nicht rechtzeitig widersprochen (Rn 15 ff) hat.

Die Rentenpflicht des Überbauenden (Rn 20 ff) richtet sich ausschl nach der Vereinbarung mit dem Nach- 31 barn. § 912 II ist auf den gestatteten Überbau nicht anwendbar (BGH NJW 83, 1112, 1113), soweit sich der Überbauende iRd Vereinbarung hält; überschreitet er diesen, indem er zB auch außerhalb der ihm eingeräumten Fläche auf dem Nachbargrundstück baut, findet § 912 I direkt Anwendung mit der Folge, dass sich die Rentenpflicht insoweit nach II der Vorschrift richtet (BGH NJW 71, 426). Auch der zur Duldung verpflichtete Rechtsnachfolger des Gestattenden (Rn 30) hat einen Anspruch auf Zahlung der Überbaurente, solange seine Duldungspflicht besteht (BGH NJW 83, 1112).

Das Eigentum an dem Überbau steht auch in den Fällen des gestatteten Überbaus dem Überbauenden zu; 32 insoweit besteht kein Unterschied zu dem gesetzlich geregelten Überbau (BGHZ 157, 301, 304). Mit dem zeitlichen Ende der Gestattung wird der Überbau nicht ohne weiteres Bestandteil des überbauten Grundstücks und damit Eigentum des Nachbarn; vielmehr bleibt der Überbauende Eigentümer des überbauten Gebäudeteils und kann frei darüber entscheiden, ob er ihn abreißt oder das Eigentum daran auf den Nachbarn überträgt (BGHZ 157, 301, 305 f). Allerdings endet mit dem Ablauf der Gestattung die Duldungspflicht des Nachbarn (Rn 18), so dass er von da an die Beseitigung des Überbaus nach § 1004 I verlangen kann.

G. Eigengrenzüberbau. § 912 ist entsprechend anzuwenden, wenn der Eigentümer zweier Grundstücke bei der 33 Bebauung des einen über die Grenze baut und später die Grundstücke in das Eigentum verschiedener Personen gelangen (BGHZ 110, 298, 300). Dasselbe gilt für den Fall, dass ein Grundstück in der Weise aufgeteilt wird, dass ein bereits errichtetes Gebäude von der Grenze der beiden neu entstandenen Grundstücke durchschnitten wird und diese Grundstücke im Eigentum verschiedener Personen stehen. In beiden Fällen bleibt ein Gebäudeteil, der sich nach der Grundstücksteilung auf dem anderen Grundstück befindet, mit dem Eigentum an dem Grundstück verbunden, auf welchem sich der nach Umfang, Lage und wirtschaftlicher Bedeutung eindeutig maßgebende Teil des gesamten Gebäudes befindet (BGHZ 102, 311, 314). Dies trifft auch dann zu, wenn nach der Grundstücksteilung einzelne Räume zweier selbstständiger Gebäude in das Nachbargrundstück hineinragen. Bei der Veräußerung des Grundstücks, in welches die Räume hineinragen, ist nicht davon auszugehen, dass sich die Übertragung auch auf diese Räume erstrecken soll (BGH NJW 02, 54). Werden die Räume eines Gebäudes durch die Grundstücksteilung von der Grenze durchschnitten, stehen sie im Eigentum desjenigen Grundstückseigentümers, auf dem das Gebäude steht, welchem die Räume bei natürlicher Betrachtung zuzuordnen sind; ein entgegenstehender Wille der Beteiligten ist unbeachtlich (BGH WM 04, 1340).

Die entsprechende Anwendung des § 912 auf den Eigengrenzüberbau (Rn 33) hat zur Folge, dass die Dul- 34 dungspflicht des Nachbarn (Rn 18 f) und die Rentenzahlungspflicht des Überbauenden (Rn 20 ff) im Zeitpunkt der Grenzüberschreitung entsteht. Selbstverständlich ruht sie jedoch so lange, wie die beiden Grundstücke nicht in das Eigentum verschiedener Personen gelangt sind.

§ 913 Zahlung der Überbaurente

(1) Die Rente für den Überbau ist dem jeweiligen Eigentümer des Nachbargrundstücks von dem jeweiligen Eigentümer des anderen Grundstücks zu entrichten.
(2) Die Rente ist jährlich im Voraus zu entrichten.

A. Rentenberechtigter. Die Überbaurente (§ 912 Rn 21 ff) steht dem jeweiligen Eigentümer des überbauten 1 Grundstücks zu. Kraft besonderer gesetzlicher Bestimmung (§ 916) können auch der Erbbauberechtigte und der Dienstbarkeitsberechtigte die Zahlung einer Überbaurente verlangen, wenn ihre Rechte durch den Überbau beeinträchtigt werden.

2 Das Recht auf Zahlung der Überbaurente ist ein subjektives dingliches Recht; es kann von dem Eigentum an dem überbauten Grundstück nicht getrennt werden. Es gilt als Bestandteil des überbauten Grundstücks (§ 96); deshalb ist das Rentenrecht nicht selbstständig abtretbar, verpfändbar oder pfändbar. Etwas anderes gilt jedoch für den Anspruch auf die einzelnen Raten (§§ 914 III, 1107).

3 **B. Rentenpflichtiger.** Der jeweilige Eigentümer des Stammgrundstücks (§ 912 Rn 8 ff) muss die Überbaurente (§ 912 Rn 21 ff) zahlen. Die Rentenpflicht gehört zum Inhalt des Eigentums an dem Stammgrundstück.

4 Für die während der Dauer seines Eigentums fällig werdenden Raten (II) haftet der Eigentümer auch persönlich (§§ 1114 III, 1108 I); eine Veräußerung des Stammgrundstücks ändert daran nichts.

5 Bei der Veräußerung des Stammgrundstücks haftet der Erwerber für die ab dem Eigentumserwerb fällig werdenden Raten (II) sowohl dinglich als auch persönlich, für die Rückstände – neben dem Veräußerer (Rn 4) – nur dinglich. Der gutgläubige Erwerb des Stammgrundstücks ohne Rentenpflicht ist nicht möglich.

6 **C. Vorauszahlung.** Nach II ist die Überbaurente (§ 912 Rn 21 ff) jährlich im Voraus zu zahlen (zur Rentenhöhe s § 912 Rn 23 f). Rentenberechtigter und Rentenpflichtiger können allerdings abweichende Vereinbarungen treffen, die nur bei Eintragung in das Grundbuch dingliche Wirkung haben.

§ 914 Rang, Eintragung und Erlöschen der Rente

(1) ¹Das Recht auf die Rente geht allen Rechten an dem belasteten Grundstück, auch den älteren, vor. ²Es erlischt mit der Beseitigung des Überbaus.
(2) ¹Das Recht wird nicht in das Grundbuch eingetragen. ²Zum Verzicht auf das Recht sowie zur Feststellung der Höhe der Rente durch Vertrag ist die Eintragung erforderlich.
(3) Im Übrigen finden die Vorschriften Anwendung, die für eine zugunsten des jeweiligen Eigentümers eines Grundstücks bestehende Reallast gelten.

1 **A. Rang und Erlöschen des Rentenrechts.** Das Rentenrecht (§ 913 Rn 1 f) geht allen anderen an dem überbauten Grundstück bestehenden Rechten vor; es erlischt nur mit der Beseitigung des Überbaus (I). Durch Zuschlag in der Zwangsversteigerung erlischt das Rentenrecht auch dann nicht, wenn es in dem geringsten Gebot nicht berücksichtigt ist (§ 52 II 1 ZVG). Landesrechtliche Ablöseregelungen finden keine Anwendung (Art 116 EGBGB). Ein früheres Erlöschen kann allerdings zwischen den Beteiligten vereinbart werden.

2 **B. Fehlende Grundbucheintragung.** Das Rentenrecht wird nicht in das Grundbuch eingetragen (II 1), weil es zu dem Eigentum an dem überbauten Grundstück gehört (§ 912 Rn 2). Auch die Bewilligung des betroffenen Eigentümers kann nicht zur Eintragung führen. Das Recht nimmt nicht am öffentlichen Glauben des Grundbuchs (§§ 892, 893) teil.

3 Eintragungsfähig und eintragungsbedürftig sind dagegen alle Vereinbarungen zwischen Rentenberechtigtem (§ 913 Rn 1 f) und Rentenpflichtigem (§ 913 Rn 3 ff) über die von der gesetzlichen Regelungen abweichende Höhe und Zahlungsweise der Überbaurente.

4 **C. Verzicht auf das Rentenrecht.** Auch der Verzicht auf das Rentenrecht ist in das Grundbuch einzutragen (II 2 Alt 1). Das gilt allerdings nur, wenn der Verzicht nicht nur schuldrechtliche, sondern auch dingliche Wirkung haben soll (BGH NJW 83, 1112, 1113). Die Eintragung des Verzichts erfolgt in Abteilung II des für das Stammgrundstück (§ 912 Rn 8 ff) angelegten Grundbuchs (BayObLGZ 98, 152); daneben kann der Verzicht entsprechend § 9 GBO auch in dem Grundbuch des überbauten Grundstücks vermerkt werden (KG Rpfleger 68, 52, 54; Staud/*Roth* Rn 4; aA BayObLGZ aaO).

5 **D. Vereinbarung über die Rentenhöhe.** Vereinbarungen über die Höhe der Rente (zur gesetzlichen Höhe s § 912 Rn 23 f) bedürfen ebenfalls der Eintragung in das Grundbuch, wenn sie nicht nur schuldrechtlich, sondern auch dinglich wirken sollen (II 2 Alt 2). Ebenso wie der Verzicht (Rn 4) wird auch die von der gesetzlichen Regelung abweichende Rentenhöhe in Abteilung II des Grundbuchs eingetragen, in welchem das Stammgrundstück (§ 912 Rn 8 ff) gebucht ist. § 9 GBO ist auch hier entsprechend anwendbar; die vereinbarte Rentenhöhe kann in dem für das überbaute Grundstück angelegten Grundbuch vermerkt werden.

6 Die an dem überbauten Grundstück dinglich Berechtigten, insbes Grundpfandrechtsgläubiger, müssen der Vereinbarung über die Rentenhöhe zustimmen, wenn die vereinbarte Rente niedriger ist als die gesetzliche.

7 **E. Entsprechende Anwendung der Vorschriften über die Reallast.** III stellt die Überbaurente (§ 912 Rn 21 ff) in einzelnen Beziehungen der subjektiven dinglichen Reallast (§§ 1105 ff) gleich. Die Verweisung führt zur Anwendbarkeit der §§ 1107 (Einzelleistungen), 1108 (persönliche Haftung des Eigentümers), 1109 III (Grundstücksteilung) und 1110 (Verbindung mit dem Eigentum). Die §§ 1111, 1112 finden dagegen keine Anwendung.

§ 915 Abkauf

(1) ¹Der Rentenberechtigte kann jederzeit verlangen, dass der Rentenpflichtige ihm gegen Übertragung des Eigentums an dem überbauten Teil des Grundstücks den Wert ersetzt, den dieser Teil zur Zeit der Grenzüberschreitung gehabt hat. ²Macht er von dieser Befugnis Gebrauch, so bestimmen sich die Rechte und Verpflichtungen beider Teile nach den Vorschriften über den Kauf.
(2) Für die Zeit bis zur Übertragung des Eigentums ist die Rente fortzuentrichten.

A. Berechtigter und Verpflichteter. Der Eigentümer des überbauten Grundstücks bleibt Eigentümer auch hinsichtlich der Fläche, auf welcher sich der Überbau befindet (§ 912 Rn 30). Er kann jedoch von dem Rentenpflichtigen, also von dem jeweiligen Eigentümer des Stammgrundstücks (§ 913 Rn 3), jederzeit den Abkauf der überbauten Fläche verlangen. Miteigentümer können das Verlangen nur gemeinsam aussprechen; § 1011 gilt nicht, weil ein einzelner die anderen Miteigentümer nicht zur Übereignung verpflichten kann. 1
Erbbau- und Dienstbarkeitsberechtigte, denen ebenfalls ein Anspruch auf Zahlung der Überbaurente zustehen kann (§ 913 Rn 1), können den Abkauf nicht verlangen; sie haben kein Recht, eine Verpflichtung des Grundstückseigentümers zur Übereignung zu begründen. 2
Der Rentenpflichtige kann den Ankauf der überbauten Grundstücksfläche nicht verlangen. 3

B. Abkaufverlangen. Die Ausübung des Rechts geschieht durch die Abgabe einer einseitigen Willenserklärung des Eigentümers des überbauten Grundstücks, die dem Eigentümer des Stammgrundstücks zugehen muss; sie ist an keine Form gebunden (RGZ 74, 90). 4
Voraussetzung für das Bestehen des Rechts ist die Rentenpflicht des Eigentümers des Stammgrundstücks. Ist diese durch Verzicht des Berechtigten erloschen (§ 914 Rn 4), hat dies – trotz fortbestehenden Überbaus – das Erlöschen des Abkaufverlangens zur Folge. 5

C. Rechtsfolgen des Abkaufverlangens. Verlangt der Eigentümer des überbauten Grundstücks von dem Eigentümer des Stammgrundstücks den Abkauf der überbauten Fläche, entsteht zwischen ihnen ein Rechtsverhältnis, auf welches die Vorschriften über den Kauf (§§ 433 ff) anwendbar sind. Ein Kaufvertrag kommt durch das bloße Verlangen jedoch nicht zustande; er kann allerdings in Erfüllung des Verlangens abgeschlossen werden. Gehen die Beteiligten diesen Weg nicht, hat der Rentenberechtigte gegen den Rentenverpflichteten aus dem durch das Verlangen begründeten besonderen Rechtsverhältnis einen Anspruch auf Zahlung des Verkehrswerts der überbauten Fläche; im Gegenzug ist der Berechtigte verpflichtet, dem Verpflichteten lastenfreies Eigentum an der überbauten Fläche zu übertragen. 6
Die Höhe des Wertersatzes für die Eigentumsübertragung bemisst sich nach dem Verkehrswert, den die überbaute Fläche zur Zeit der Grenzüberschreitung gehabt hat. Spätere Wertveränderungen sind nicht zu berücksichtigen. Auf den Verkehrswert im Zeitpunkt des Abkaufverlangens kommt es nicht an. 7

D. Fortentrichtung der Überbaurente. Die Überbaurente (§ 912 Rn 21 ff) ist bis zur Übertragung des Eigentums an der überbauten Fläche auf den Eigentümer des Stammgrundstücks, also bis zur Eigentumsumschreibung im Grundbuch, weiter zu zahlen (II). Auf den Wertersatz (Rn 7) ist die Zahlung der Rente zwischen dem Ausspruch des Abkaufverlangens und der Eigentumsübertragung nicht anzurechnen. 8
Abweichend von der gesetzlichen Regelung (Rn 8) erlischt der Anspruch auf Zahlung der Überbaurente nach hM bereits mit der Bezahlung des Wertersatzes, auch wenn das Eigentum an der überbauten Fläche erst später übertragen wird (s nur Palandt/*Bassenge* Rn 1). 9

§ 916 Beeinträchtigung von Erbbaurecht oder Dienstbarkeit

Wird durch den Überbau ein Erbbaurecht oder eine Dienstbarkeit an dem Nachbargrundstück beeinträchtigt, so finden zugunsten des Berechtigten die Vorschriften der §§ 912 bis 914 entsprechende Anwendung.

Die Inhaber von Erbbaurechten und Dienstbarkeiten an dem überbauten Grundstück müssen – ebenso wie der Eigentümer – den Überbau unter den Voraussetzungen des § 912 I dulden. Für jeden von ihnen entsteht ein selbstständiges Rentenrecht. 1
Das Abkaufrecht (§ 915) steht den Erbbau- und Dienstbarkeitsberechtigten nicht zu. 2
Die entsprechende Anwendung der Vorschrift auf andere Realberechtigte wie Grundpfandrechtsgläubiger ist nicht möglich; sie können auf das Rentenrecht (§ 913 Rn 1 f) als Haftungsobjekt zugreifen (§§ 96, 1107, 1126). 3

§ 917 Notweg

(1) ¹Fehlt einem Grundstück die zur ordnungsmäßigen Benutzung notwendige Verbindung mit einem öffentlichen Wege, so kann der Eigentümer von den Nachbarn verlangen, dass sie bis zur Hebung des Mangels die Benutzung ihrer Grundstücke zur Herstellung der erforderlichen Verbindung dulden. ²Die Richtung des Notwegs und der Umfang des Benutzungsrechts werden erforderlichenfalls durch Urteil bestimmt.
(2) ¹Die Nachbarn, über deren Grundstücke der Notweg führt, sind durch eine Geldrente zu entschädigen. ²Die Vorschriften des § 912 Abs. 2 Satz 2 und der §§ 913, 914, 916 finden entsprechende Anwendung.

1 **A. Allgemeines.** Die Vorschrift beschränkt die positiven Befugnisse des Eigentümers (§ 903 Rn 2) des Grundstücks, über welches der Notweg führt, indem sie ihn zur Duldung der Benutzung seines Grundstücks durch den Nachbarn verpflichtet, dessen Grundstück keine Verbindung mit einem öffentlichen Weg hat. Als Ausgleich erhält der Duldungspflichtige eine Entschädigung in Form einer Geldrente (II).

2 Maßgeblicher Gesichtspunkt für die Regelung ist das überwiegende Interesse an einer sinnvollen Nutzung des verbindungslosen Grundstücks. Allerdings geht der Schutz des Eigentümers des verbindungslosen Grundstücks nicht so weit, dass ihm ein eigenmächtiges Benutzungsrecht iSv § 858 I eingeräumt wird. Vielmehr gewährt die Vorschrift lediglich einen Anspruch auf Duldung der Benutzung des Nachbargrundstücks, der ggf gerichtlich durchgesetzt werden muss.

3 § 917 gilt nicht nur für einen Weg über das Nachbargrundstück; Inhalt des Rechts kann auch die Befugnis sein, Ver- und Entsorgungsleitungen über das Nachbargrundstück zu führen (BGHZ 79, 307, 308). In diesem Fall spricht man von einem Notleitungsrecht. Vielfach bedarf es dafür allerdings keines Rückgriffs auf § 917 (BGH NJW 91, 176), weil insoweit sonstiges Bundesrecht und auch Landesrecht eingreift, wonach die Benutzung fremder Grundstücke an weniger enge Voraussetzungen geknüpft ist (Näheres bei Staud/*Roth* Rn 4 ff).

4 **B. Berechtigter und Verpflichteter.** Der Anspruch auf Duldung der Benutzung des Nachbargrundstücks (Rn 2) steht dem Eigentümer des verbindungslosen Grundstücks zu. Mehrere Miteigentümer können ihn – abweichend von § 1011 – nur gemeinsam geltend machen, weil anderenfalls in einziger Miteigentümer die Verpflichtung der anderen Miteigentümer zur Zahlung der Notwegrente (II) begründen könnte. Das ist jedoch unzulässig. Neben dem Eigentümer steht der Duldungsanspruch auch dem Erbbauberechtigten zu, nicht aber anderen dinglich oder obligatorisch Berechtigten wie Nießbrauchern, Dienstbarkeitsberechtigten, Mietern und Pächtern (aA MüKo/*Säcker* Rn 16); sie sind allerdings berechtigt, den dem Grundstückseigentümer zustehenden Notweg zu benutzen (BGH NJW 63, 1917, 1918).

5 Duldungspflichtig ist der Eigentümer des Grundstücks, welches zwischen dem verbindungslosen Grundstück und dem öffentlichen Weg liegt. Handelt es sich um mehrere Grundstücke, muss jeder ihrer Eigentümer die Benutzung seines Grundstücks dulden. Erbbau- und Dienstbarkeitsberechtigte an dem Grundstück, über welches der Notweg verläuft, können nicht allein auf Duldung in Anspruch genommen werden, sondern nur zusammen mit dem Grundstückseigentümer (§ 917 II 2 iVm § 916). Von anderen dinglich und von obligatorisch Berechtigten kann die Duldung der Benutzung des Grundstücks nicht verlangt werden; sie müssen jedoch ein bestehendes Notwegrecht respektieren.

6 **C. Tatbestand des I. I. Fehlende Verbindung mit einem öffentlichen Weg.** Die Verbindung fehlt, wenn die tatsächliche oder die rechtliche Zugangsmöglichkeit zu einem öffentlichen Weg nicht gegeben ist. Besteht ein Wegerecht, reicht das aus, um die fehlende Verbindung zu verneinen.

7 Die Verbindung fehlt zum einen dann, wenn das Grundstück überhaupt keine Verbindung mit einem öffentlichen Weg hat, weil andere Grundstücke dazwischen liegen. Sie fehlt zum anderen auch dann, wenn die vorhandene Verbindung für die ordnungsmäßige Benutzung des Grundstücks nicht ausreicht (BGH NJW 54, 1321). Das ist zB der Fall, wenn die Verbindung von Fußgängern, nicht aber von Fahrzeugen benutzt werden kann, die Grundstücksnutzung jedoch eine Zu- und Abfahrt von Fahrzeugen erfordert. Kommt eine vorhandene Verbindung mit dem öffentlichen Weg unter wirtschaftlichen Gesichtspunkten als Zugang nicht in Betracht, fehlt dem Grundstück ebenfalls die notwendige Verbindung; davon ist allerdings nicht bereits dann auszugehen, wenn die Benutzung des vorhandenen Weges umständlicher, weniger bequem oder kostspieliger als ein Notweg über das Nachbargrundstück ist, sondern erst dann, wenn durch die Benutzung der bestehenden Verbindung die Wirtschaftlichkeit der Grundstücksnutzung in unzumutbarer Weise beeinträchtigt wird, was sich danach beurteilt, in welchem Verhältnis die entstehenden Kosten zu dem Gesamtertrag des Grundstücks stehen (BGH NJW 64, 1321).

8 Die Verbindung mit dem öffentlichen Weg muss nicht auf Dauer fehlen; eine vorübergehende Verbindungslosigkeit reicht aus (RGZ 79, 116, 120). Unerheblich ist, in welchem Zeitpunkt die Verbindungslosigkeit eingetreten ist.

9 Es muss die Verbindung mit einem öffentlichen Weg fehlen. Das ist auch dann der Fall, wenn zunächst eine Verbindung mit einem Privatweg besteht, der erst zu einem öffentlichen Weg führt. Öffentlich ist ein Weg nur dann, wenn er dem öffentlichen Verkehr gewidmet ist. Daran fehlt es, wenn der Eigentümer eines Privatwegs dessen Benutzung durch jedermann, also den öffentlichen Verkehr duldet. Ob ein Weg öffentlich ist, haben die Zivilgerichte in dem Streit über das Bestehen eines Notwegrechts zu klären. Unerheblich ist die Art des öffentlichen Weges; es muss sich nicht um eine ausgebaute Straße handeln, vielmehr reicht zB auch ein unbefestigter, jedoch befahrbarer öffentlicher Feldweg aus.

10 Hat nur ein Teil des Grundstücks eine Verbindung mit einem öffentlichen Weg, ein anderer, nicht unwesentlicher Teil aber nicht, fehlt die Verbindung ebenfalls, so dass ein Notwegrecht bestehen kann (BGH NJW 54, 1321). Das ist zB der Fall, wenn durch ein Gebäude die Zufahrt von dem öffentlichen Weg zu dem dahinter liegenden Grundstücksteil unmöglich ist.

11 **II. Ordnungsmäßige Benutzung des verbindungslosen Grundstücks.** Welche Benutzung des verbindungslosen Grundstücks ordnungsmäßig ist, richtet sich allein nach objektiven Gesichtspunkten; die persönlichen Bedürfnisse des Grundstückseigentümers sind unerheblich. Der Duldungsanspruch (Rn 2) besteht nur für

eine objektiv dem Grundstück angemessene, den wirtschaftlichen Verhältnissen entsprechende Nutzung (BGH WM 78, 1293, 1294). Eine generelle Aussage zur ordnungsmäßigen Benutzung kann nicht getroffen werden; entscheidend sind immer die Umstände des Einzelfalls (BGH NJW 64, 1321).

Eine Abwägung zwischen den Interessen des Eigentümers des verbindungslosen Grundstücks und denen 12 des Eigentümers des Nachbargrundstücks hinsichtlich der ordnungsmäßigen Benutzung des verbindungslosen Grundstücks findet nicht statt; der Gesichtspunkt der Verhältnismäßigkeit spielt insoweit keine Rolle, sondern nur die objektiven Bedürfnisse des verbindungslosen Grundstücks (BGH NJW 64, 1321, 1323). Für die Durchsetzung des Duldungsanspruchs reicht es deshalb nicht aus, dass die Beeinträchtigung des Nachbargrundstücks durch den Notweg nur gering ist, wenn die sonstigen Voraussetzungen des Rechts nicht vorliegen.

Die ordnungsmäßige Benutzung setzt voraus, dass die Art der Benutzung öffentlich-rechtlich und privat- 13 rechtlich zulässig ist. Sie darf nicht gegen bau-, straßen- und naturschutzrechtliche Vorschriften und auch nicht gegen Nutzungsbeschränkungen infolge von Dienstbarkeiten verstoßen.

Auch eine vorübergehende außergewöhnliche Benutzung kann ordnungsmäßig sein, zB für die Dauer von 14 Baumaßnahmen. In diesem Fall besteht ein zeitlich befristeter Duldungsanspruch des Nachbarn.

Eine Änderung der bisherigen Nutzungsart kann den Duldungsanspruch (Rn 2) begründen, wenn sie der 15 technischen und der wirtschaftlichen Entwicklung sowie den örtlichen Verhältnissen entspricht (BGH WM 59, 1461). Allerdings muss auch die neue Nutzung ordnungsmäßig iSd Vorschrift sein.

III. Notwendigkeit der Verbindung mit einem öffentlichen Weg. Der Nachbar muss die Benutzung seines 16 Grundstücks nur so weit dulden, wie es die notwendige Verbindung des verbindungslosen Grundstücks mit dem öffentlichen Weg erfordert. Die Notwendigkeit kann nicht generell, sondern nur für den jeweiligen Einzelfall beurteilt werden. So sieht es der BGH nicht als notwendig an, dass Wohngrundstücke mit Kraftfahrzeugen zu erreichen sind, wenn diese in benachbarten Straßen abgestellt werden können (BGHZ 75, 314, 319f). Etwas anderes gilt für den Fall, dass sich auf dem Wohngrundstück PKW-Stellplätze befinden (Frankf OLGR 99, 262). Bei einem Gewerbegrundstück wird man dagegen die Notwendigkeit der Erreichbarkeit mit Kraftfahrzeugen eher annehmen müssen (vgl BGH MDR 58, 592).

IV. Inhalt des Notwegrechts. Der Verlauf des Notwegs ist unter Berücksichtigung der Interessen des Eigen- 17 tümers des verbindungslosen Grundstücks und denen des Eigentümers des Nachbargrundstücks zu bestimmen. Es muss nicht die kürzeste Strecke zu dem öffentlichen Weg gewählt werden; die Art der Benutzung des Nachbargrundstücks kann eine andere, ggf auch aufwändigere Streckenführung erfordern.

Der Notweg muss nicht unbedingt auf dem Boden des Nachbargrundstücks verlaufen. Zweckmäßiger und 18 einfacher kann auch eine in dem Luftraum oder unter der Erdoberfläche befindliche Verbindung wie zB eine Seilbahn oder eine Tiefgaragenzufahrt sein.

Die Art des Notwegs (befestigt oder unbefestigt), seine Breite und die Häufigkeit seiner Benutzung richten 19 sich danach, was für die ordnungsmäßige Benutzung des verbindungslosen Grundstücks (Rn 11 ff) notwendig ist. Danach reicht das Spektrum von einem bloßen Trampelpfad über einen einfachen Fahrweg bis zu einer mit schweren Fahrzeugen befahrbaren Straße.

§ 917 I gibt dem Eigentümer des verbindungslosen Grundstücks über den Duldungsanspruch (Rn 2) hinaus 20 kein Recht, das Nachbargrundstück in anderer Weise als zum Überqueren zu benutzen. Er darf sich dort nicht aufhalten. Fahrzeuge, welche den Notweg berechtigterweise benutzen, dürfen nicht auf dem Nachbargrundstück be- oder entladen werden (BGHZ 31, 159).

Der Eigentümer des verbindungslosen Grundstücks muss den Notweg auf eigene Kosten herstellen und 21 unterhalten. Benutzt der Eigentümer des Nachbargrundstücks, über welches der Notweg verläuft, den Notweg mit, sind die Unterhaltungskosten zwischen beiden Eigentümern aufzuteilen.

V. Durchsetzung des Notwegrechts. Zur Durchsetzung des Notwegrechts ist zunächst ein „Verlangen" des 22 Eigentümers des verbindungslosen Grundstücks erforderlich. In dieser empfangsbedürftigen Willenserklärung braucht der genaue Verlauf des Notwegs nicht bezeichnet zu werden; er bleibt der Vereinbarung mit dem Eigentümer des Nachbargrundstücks vorbehalten. Diese Vereinbarung wirkt nur zwischen den Parteien, nicht aber für oder gegen ihre Sonderrechtsnachfolger.

Einigen sich die Eigentümer nicht, muss der Eigentümer des verbindungslosen Grundstücks Klage auf Dul- 23 dung des Notwegs erheben. Die Richtung des Notwegs und der Umfang des Benutzungsrechts werden von dem Gericht in dem Urteil bestimmt (I 2).

Das Notwegrecht kann nicht in das Grundbuch eingetragen werden, solange die Duldungspflicht des Nach- 24 barn nicht über die gesetzliche Regelung hinausgeht.

Besteht ein Notweg, kann sich der Berechtigte (Rn 4) gegen Behinderungen und Beeinträchtigungen, auch 25 seitens des Eigentümers des Nachbargrundstücks, mit der Unterlassungs- und Beseitigungsklage nach § 1004 I zur Wehr setzen. Die Besitzschutzrechte nach §§ 861, 862 stehen dem Berechtigten dagegen nicht zu (Staudinger/*Roth* Rn 47; aA Soergel/*Baur* Rn 15).

Das Notwegrecht erlischt in dem Zeitpunkt, in welchem die Verbindung des Grundstücks mit einem öffentli- 26 chen Weg nicht mehr fehlt. Das kann zB der Fall sein, wenn der Eigentümer des verbindungslosen Grundstücks ein anderes Grundstück erwirbt, über welches er von dem verbindungslosen Grundstück aus einen öffentlichen Weg erreichen kann.

27 **D. Rentenpflicht des Notwegberechtigten (II).** Als Ausgleich für die Duldungspflicht hat der Berechtigte (Rn 4) den Nachbarn, über dessen Grundstück der Notweg verläuft, durch die Zahlung einer Geldrente zu entschädigen (II 1). Der Anspruch entsteht mit dem Notwegrecht und setzt deshalb das Verlangen des Berechtigten nach Duldung des Notwegs (Rn 22) voraus (BGHZ 94, 160, 162 f). Auf den Zeitpunkt der Rechtskraft des Urteils, mit dem die Duldungspflicht des Nachbarn festgestellt wird, kommt es nicht an (aA RGZ 87, 424, 425). Unerheblich ist auch, ob und in welchem Umfang der Berechtigte den Notweg tatsächlich benutzt.

28 Für die Höhe der Rente kommt es nicht auf den Vorteil oder Nutzen an, den der Notweg für den Berechtigten (Rn 4) hat, sondern auf den Umfang der dem Verpflichteten (Rn 5) durch die Duldungspflicht entstehenden Beeinträchtigungen, welche er in der Nutzung des Grundstücks erleidet; maßgebend ist die Minderung des Verkehrswerts, den das gesamte Grundstück durch den Notweg erleidet (BGHZ 113, 32, 34 ff). Es kommt auf die Verhältnisse im Zeitpunkt der Entstehung der Rentenpflicht (Rn 27) an (BGHZ 113, 32, 36). Die Höhe der Rente kann sich deshalb nur dann ändern, wenn sich der Umfang der Duldungspflicht ändert. Das setzt ein neues Verlangen des Berechtigten (Rn 22) voraus.

29 Anders als bei dem Überbau (s § 915) kann der Nachbar, über dessen Grundstück der Notweg verläuft, von dem Berechtigten (Rn 4) nicht den Abkauf der Fläche verlangen, welche für den Notweg in Anspruch genommen wird.

30 Im Übrigen wird hinsichtlich der Notwegrente auf die Erläuterungen zu §§ 913, 914 und 916 verwiesen.

§ 918 Ausschluss des Notwegrechts

(1) Die Verpflichtung zur Duldung des Notwegs tritt nicht ein, wenn die bisherige Verbindung des Grundstücks mit dem öffentlichen Wege durch eine willkürliche Handlung des Eigentümers aufgehoben wird.
(2) ¹Wird infolge der Veräußerung eines Teils des Grundstücks der veräußerte oder der zurückbehaltene Teil von der Verbindung mit dem öffentlichen Wege abgeschnitten, so hat der Eigentümer desjenigen Teils, über welchen die Verbindung bisher stattgefunden hat, den Notweg zu dulden. ²Der Veräußerung eines Teils steht die Veräußerung eines von mehreren demselben Eigentümer gehörenden Grundstücken gleich.

1 **A. Willkürliche Aufhebung der Verbindung (I).** Hat der Eigentümer des Grundstücks, welchem die für die ordnungsmäßige Benutzung notwendige Verbindung mit einem öffentlichen Weg fehlt (§ 917 Rn 6 ff), die verbindungslose Situation willkürlich herbeigeführt, besteht kein Anspruch gegen den Nachbarn auf Duldung der Benutzung des Nachbargrundstücks (§ 917 Rn 2) mit einem Notweg. Willkür liegt dann vor, wenn die Handlung, welche zu der Verbindungslosigkeit geführt hat, bei der gebotenen Rücksichtnahme auf die Interessen des Nachbarn für die ordnungsmäßige Benutzung des nunmehr verbindungslosen Grundstücks (§ 917 Rn 11 ff) nicht notwendig war.

2 Willkürlich ist es zB, wenn die bisherige Verbindung zu einem öffentlichen Weg ohne zwingende Gründe durch ein Bauwerk oder durch eine andere Anlage abgeschnitten wird, ohne dass sich der Grundstückseigentümer eine andere entsprechende Verbindung verschafft (BGH DB 75, 2469). Es ist ebenfalls willkürlich, wenn der Eigentümer ein bestehendes Wegerecht oder einen bereits bestehenden Notweg aufgibt (BGHZ 53, 166, 171 f).

3 Willkürliches Handeln des Eigentümers wirkt auch zu Lasten seines Einzelrechtsnachfolgers; anderenfalls könnte der Eigentümer die für sein Grundstück nachteiligen Folgen seines Handelns durch Veräußerung abwenden (BGH DB 75, 2469).

4 Nicht willkürlich ist es, wenn die verbindungslose Situation durch die objektiv ordnungsmäßige Änderung der Nutzungsart des Grundstücks (RG JW 14, 529) oder durch die öffentlich-rechtlich geforderte Änderung von Grundstücksgrenzen (LG Frankf MDR 69, 925) eintritt.

5 **B. Verbindungsverlust durch Veräußerung eines Grundstücksteils (II).** Wird die Verbindung mit dem öffentlichen Weg dadurch abgeschnitten, dass der Eigentümer einen Teil seines Grundstücks veräußert, gewährt ihm II 1 ein Notwegrecht ggü dem Erwerber des Grundstücksteils, über welchen bisher der öffentliche Weg erreicht werden konnte; dasselbe gilt nach II 2 für den Fall, dass der Eigentümer eines von mehreren ihm gehörenden Grundstücken veräußert. Das schließt einen Duldungsanspruch (§ 917 Rn 2) gegen andere Nachbarn aus (BGHZ 53, 166, 170 f).

6 Nicht notwendig ist, dass der Eigentümer den veräußerten Grundstücksteil bis zur Veräußerung tatsächlich als Zugang zu seinem Restgrundstück genutzt hat; ausreichend ist vielmehr die bloße tatsächliche und rechtliche Möglichkeit des Zugangs über den Grundstücksteil, auch wenn der Eigentümer vor der Veräußerung ohne ein entsprechendes dingliches oder obligatorisches Recht oder lediglich aufgrund eines obligatorischen Rechts über ein ihm nicht gehörendes Nachbargrundstück zu seinem Grundstück gelangt war (BGHZ 53, 166, 171).

7 Der Duldungsanspruch (§ 917 Rn 2) erfordert auch in diesem Fall, dass sämtliche Voraussetzungen für das Entstehen des Notwegrechts nach § 917 I erfüllt sind (dazu § 917 Rn 6 ff). Das Merkmal der Willkür iSv I (Rn 2 ff) spielt insofern eine Rolle, als sich zwar die anderen Nachbarn, nicht aber der Erwerber des Grund-

stücksteils, über welchen die Verbindung zu dem Restgrundstück bisher erfolgte, darauf berufen können, die Veräußerung des Grundstücksteils sei willkürlich.
Die Duldungspflicht nach II führt zur Rentenpflicht des Berechtigten (§ 917 Rn 27 ff). 8

§ 919 Grenzabmarkung

(1) Der Eigentümer eines Grundstücks kann von dem Eigentümer eines Nachbargrundstücks verlangen, dass dieser zur Errichtung fester Grenzzeichen und, wenn ein Grenzzeichen verrückt oder unkenntlich geworden ist, zur Wiederherstellung mitwirkt.
(2) Die Art der Abmarkung und das Verfahren bestimmen sich nach den Landesgesetzen; enthalten diese keine Vorschriften, so entscheidet die Ortsüblichkeit.
(3) Die Kosten der Abmarkung sind von den Beteiligten zu gleichen Teilen zu tragen, sofern nicht aus einem zwischen ihnen bestehenden Rechtsverhältnis sich ein anderes ergibt.

Die Vorschrift gewährt einen zu dem Grundstückseigentum gehörenden Anspruch auf Mitwirkung bei der 1 Errichtung, Erneuerung oder Wiederherstellung fester Grenzzeichen. Er setzt die Unkenntlichkeit des genauen Grenzverlaufs voraus und dient seiner Sichtbarmachung nach außen.
Anspruchsberechtigt und anspruchsverpflichtet sind nur die jeweiligen Eigentümer von einander angrenzen- 2 den Grundstücken, nicht aber die daran dinglich oder obligatorisch Berechtigten. Erbbauberechtigten steht der Anspruch nur hinsichtlich der von dem Erbbaurecht betroffenen Fläche zu.
Die Anwendung der Vorschrift setzt voraus, dass der Grenzverlauf zwischen den Nachbarn nicht str ist (Celle NJW 3 56, 632). Das ist auch dann der Fall, wenn ein Eigentümer zwar den Grenzverlauf bestreitet, dieser sich jedoch unzweifelhaft aus dem Liegenschaftskataster ergibt (Staud/*Roth* Rn 7). Ist der Grenzverlauf streitig, muss er zunächst geklärt werden; erst danach kann ein Grundstückseigentümer den Anspruch nach I geltend machen.
Unabhängig von den Voraussetzungen des I bestehen in den Bundesländern aufgrund landesgesetzlicher 4 Regelungen Abmarkungspflichten; diese können sogar dazu führen, dass einer Klage nach § 919 das Rechtsschutzbedürfnis fehlt (Näheres bei Staud/*Roth* Rn 2 f).
Die Art der Abmarkung und das Verfahren bestimmen sich nach den Landesgesetzen (Zusammenstellung bei 5 *Dehner* B § 5 II, III), in Ermangelung solcher nach der Ortsüblichkeit.
Die Abmarkung ändert den wahren Grenzverlauf nicht. Sie dient jedoch als Beweismittel dafür, auf welche 6 Grundstücksfläche sich das Eigentum der Nachbarn erstreckt.
Die gesetzliche Vermutung des § 891 widerlegt die Abmarkung, wenn die in dem Grundbuch eingetragene 7 Grenze mit der abgemarkten Grenze nicht übereinstimmt. Die Kenntnis der Nichtübereinstimmung schließt einen gutgläubigen Erwerb nach § 892 aus.
Die Kosten der Abmarkung sind von den Beteiligten zu gleichen Teilen zu tragen, wenn sich nicht aus einem 8 zwischen ihnen bestehenden Rechtsverhältnis etwas anderes ergibt (III). Letzteres kommt in Betracht bei einer vertraglichen Vereinbarung über die Kostenpflicht, aber auch beim Bestehen einer Kostenpflicht aufgrund Deliktsrecht (§ 823 II iVm § 274 I Nr 3 StGB).

§ 920 Grenzverwirrung

(1) ¹Lässt sich im Falle einer Grenzverwirrung die richtige Grenze nicht ermitteln, so ist für die Abgrenzung der Besitzstand maßgebend. ²Kann der Besitzstand nicht festgestellt werden, so ist jedem der Grundstücke ein gleich großes Stück der streitigen Fläche zuzuteilen.
(2) Soweit eine diesen Vorschriften entsprechende Bestimmung der Grenze zu einem Ergebnis führt, das mit den ermittelten Umständen, insbesondere mit der feststehenden Größe der Grundstücke, nicht übereinstimmt, ist die Grenze so zu ziehen, wie es unter Berücksichtigung dieser Umstände der Billigkeit entspricht.

Die Vorschrift greift ein, wenn der Verlauf der Grenze zwischen zwei aneinander grenzenden Grundstücken str ist. 1 Das ist nicht schon dann der Fall, wenn die Nachbarn unterschiedliche Ansichten über den Grenzverlauf haben; notwendig ist vielmehr, dass die wirkliche Grenzlinie anhand objektiver Kriterien nicht bestimmt werden kann.
§ 920 kann nicht angewendet werden, soweit und solange die gesetzliche Vermutung des § 891 besteht; denn 2 an dem öffentlichen Glauben des Grundbuchs (§ 892) nehmen auch die rechtlich erheblichen Bestandsangaben teil, die eine bestimmte Grundstücksfläche als zu einem bestimmten Grundstück gehörend ausweisen (Celle NJW 56, 632). Dazu gehören die aus dem Liegenschaftskataster ersichtlichen Grundstücksgrenzen.
Die Vorschrift gibt den Eigentümern der aneinander angrenzenden Grundstücke gegen den jeweils anderen 3 Eigentümer einen dinglichen Grenzscheidungsanspruch (Palandt/*Bassenge* Rn 2; aA Staud/*Roth* Rn 1: Gestaltungsrecht). Andere dinglich oder obligatorisch Berechtigte sind weder aktiv noch passiv legitimiert.
Mit der Grenzscheidungsklage muss die Abgrenzung der Grundstücke durch Urteil beantragt werden (BGH NJW 4 67, 37). Unschädlich ist auch der Antrag auf Feststellung eines bestimmten Grenzverlaufs; allerdings darf der Richter in diesem Fall – unter Beachtung von § 308 ZPO – eine andere Grenzlinie bestimmen (BGH NJW 67, 37).

5 Für die gerichtliche Entscheidung ist in erster Linie der Besitzstand zur Zeit des Urteilserlasses maßgebend, wenn der wirkliche Grenzverlauf nicht festgestellt werden kann (I 1). Hat einer der Eigentümer den Besitz an der Grundstücksfläche durch verbotene Eigenmacht (§ 858) erlangt, ist der frühere Besitzstand maßgebend. Auch in einem solchen Fall kommt es jedoch auf den Besitzstand zur Zeit des Urteilserlasses an, wenn eine Besitzklage durch Zeitablauf (§ 864) ausgeschlossen wäre.

6 Kann ein Besitzstand nicht festgestellt werden, sind also die Eigentums- und Besitzverhältnisse an der streitigen Fläche nicht aufzuklären, wird jedem Grundstück ein gleich großes Stück der Fläche zugeteilt (I 2). Auf den Wert der beiden Teile kommt es nicht an.

7 Nach II ist die nach Besitzstand (Rn 5) oder nach hälftiger Teilung (Rn 6) vorgenommene Grenzziehung darauf zu überprüfen, ob sie unter Berücksichtigung aller ermittelten Umstände der Billigkeit entspricht. Als einen solchen Umstand nennt das Gesetz beispielhaft die feststehende Größe der Grundstücke. Darunter ist der tatsächliche Flächeninhalt und nicht die sich aus dem Grundbuch oder aus dem Liegenschaftskataster ergebende Größe zu verstehen (BGH WM 69, 563). Haben die aneinander angrenzenden Grundstücke eine unterschiedliche Größe, entspricht nicht allein die proportionale Aufteilung der streitigen Fläche der Billigkeit. Vielmehr können auch natürliche Gegebenheiten wie ein Bach, eine Hecke oder ein Erdwall den Grenzverlauf bestimmen.

8 Das Urteil, in welchem der Grenzverlauf konkret beschrieben werden muss, hat konstitutive Wirkung; es weist damit den Parteien unmittelbar das Eigentum an dem auf ihr Grundstück entfallenden Teil der streitigen Fläche zu. Es dient zur Berichtigung des Grundbuchs nach § 22 GBO.

9 Statt durch gerichtliche Entscheidung können die Eigentümer die Grenzverwirrung durch einen Grenzfeststellungsvertrag beseitigen. Soll er lediglich eine bestehende Ungewissheit über den Grenzverlauf beseitigen, ist der Vertrag formlos wirksam; meint jedoch einer der Eigentümer, er übereigne ein ihm gehörendes Teilstück oder er erwerbe ein ihm nicht gehörendes Teilstück, bedarf der Vertrag der Beurkundung (§ 311b I). Der Vertrag hat, wie das Gestaltungsurteil (Rn 8), konstitutive Wirkung.

§ 921 Gemeinschaftliche Benutzung von Grenzanlagen

Werden zwei Grundstücke durch einen Zwischenraum, Rain, Winkel, einen Graben, eine Mauer, Hecke, Planke oder eine andere Einrichtung, die zum Vorteil beider Grundstücke dient, voneinander geschieden, so wird vermutet, dass die Eigentümer der Grundstücke zur Benutzung der Einrichtung gemeinschaftlich berechtigt seien, sofern nicht äußere Merkmale darauf hinweisen, dass die Einrichtung einem der Nachbarn allein gehört.

1 **A. Allgemeines.** Die Vorschrift schafft eine gesetzliche Vermutung für das Recht von Grundstücksnachbarn zur gemeinschaftlichen Benutzung von Grenzanlagen; damit sollen in erster Linie Nachbarstreitigkeiten vermieden werden, weil der Ursprung der Anlagen oft weit zurückreicht und angesichts der Lage zwischen den Grundstücken und dem unsicheren Grenzverlauf die rechtlichen Verhältnisse schwierig zu ermitteln sind und deshalb leicht str werden können (BGHZ 143, 1, 3 f).

2 **B. Tatbestand. I. Grenzanlagen.** Eine Grenzanlage iSd Vorschrift ist eine natürliche oder von Menschenhand geschaffene Anlage, die von der zwischen aneinander angrenzenden Grundstücken verlaufenden Grenzlinie durchschnitten wird und dem Vorteil beider Grundstücke dient.

3 Das Gesetz nennt nur beispielhaft einige Arten von Grenzanlagen. Daneben kommen alle denkbaren baulichen (zB Weg, BGHZ 154, 139, 145) oder natürlichen Anlagen (zB Hecke: BGHZ 143, 1) in Betracht. Keine Grenzanlagen sind dagegen auf oder über die Grenze gebaute Teile eines Gebäudes.

4 **II. Vorteil für beide Grundstücke.** Alle Arten von Vorteilen kommen in Betracht wie zB ein Lärm- und Sichtschutz (BGHZ 143, 1, 5). Bei der Beurteilung der Vorteilhaftigkeit ist ein objektiver Maßstab anzulegen; der Vorteil muss äußerlich erkennbar sein. Er kann, muss aber nicht eine grenzscheidende Wirkung haben (BGHZ 154, 139).

5 **III. Einverständnis des Nachbarn.** Die Anwendung der Vorschrift setzt weiter voraus, dass der Nachbar der Grenzüberschreitung (Rn 2) ausdrücklich oder stillschweigend zugestimmt hat. Dieses – nicht im Gesetzeswortlaut enthaltene – Erfordernis ist deshalb notwendig, weil es nicht dem Belieben eines Grundstückseigentümers überlassen bleiben kann, ohne oder gegen den Willen seines Nachbarn eine Grenzanlage zu schaffen, dafür dessen Grund und Boden in Anspruch zu nehmen und ihn auch noch mit Unterhaltungskosten zu belasten (BGHZ 143, 1, 5).

6 In der Mitbenutzung durch den Nachbarn ist sein Einverständnis jedenfalls dann zu sehen, wenn ihm bekannt ist oder wenn er wenigstens damit rechnet, dass sich die Anlage auf der Grenze befindet. Unter dieser Voraussetzung kann auch die bloße Duldung der Benutzung durch den anderen Grundstückseigentümer als Einverständnis gewertet werden.

7 **IV. Grenzscheidung.** Die Anlage muss von der gemeinsamen Grenze der benachbarten Grundstücke durchschnitten werden; überschreitet sie die Grenze nicht, fehlt es an einer Grenzanlage iSd Vorschrift (BGH NJW-RR 01, 1528). Nicht erforderlich ist, dass die Grenze genau in der Mitte der Anlage verläuft; unschädlich ist auch, wenn sich ein Teil der Anlage vollständig auf einem der beiden Grundstücke befindet (BGHZ 143, 1, 3).

C. Rechtsfolgen. Die Vorschrift begründet die Vermutung, dass beide Grundstückseigentümer gemein- 8
schaftlich zur Nutzung der Grenzanlage berechtigt sind. Die Art und Weise sowie der Umfang der Benutzung
ergeben sich aus § 922. Die Vermutung kann durch äußere Merkmale widerlegt werden, welche auf das
Alleineigentum eines der beiden Grundstückseigentümer hinweisen. Das kommt nur bei einem ungewissen
Grenzverlauf in Betracht. Steht dieser dagegen fest, kann die Vermutung ohne weiteres durch den Beweis des
Alleineigentums widerlegt werden.

§ 921 trifft keine Aussage über die Eigentumsverhältnisse an der Grenzanlage; sie bestimmen sich nach den 9
allgemeinen Vorschriften. Danach ist jeder Nachbar Eigentümer des sich auf seinem Grundstück befindenden
Teils der Anlage, wenn es sich um bloße Grenzflächen handelt. Dasselbe gilt nach §§ 94 I, 946 für solche
Anlagen, welche mit dem Grundstück fest verbunden sind; sie werden vertikal auf der Grundstücksgrenze
geteilt (RGZ 162, 209, 212; Ddorf NJW-RR 91, 656, 657). Bruchteilseigentum beider Grundstückseigentümer
kommt in Betracht, wenn die Anlagen nicht fest mit dem Boden verbunden sind wie zB ein lose aufgeschichteter Steinwall.

D. Nachbarwand. Der wichtigste Anwendungsfall des § 921 ist die Nachbarwand; sie wird auch halbschei- 10
dige Giebelmauer oder Kommunmauer genannt. Darunter versteht man eine Mauer, die von einem Grundstückseigentümer (idR) zur Hälfte auf seinem und zur anderen Hälfte auf dem Nachbargrundstück errichtet
wurde, wobei beide Eigentümer darüber einig waren oder wenigstens der Erbauer erwartet hat, dass der
Nachbar die Mauer für den Bau seines Hauses benutzen kann. Regelungen zur Nachbarwand – mit Ausnahme zur Eigentumslage – enthalten die Landesnachbargesetze (Übersicht bei Staud/Roth Rn 20).

Die Errichtung der teilweise grenzüberschreitenden Nachbarwand setzt die Zustimmung des Nachbarn 11
voraus. Ohne sie kann er nach § 912 I 1 zur Duldung der Grenzüberschreitung verpflichtet sein; allerdings ist
er dann durch die Zahlung einer Überbaurente zu entschädigen (§ 912 II). In diesem Fall handelt es sich
nicht um eine Grenzanlage iSv § 921, denn der Erbauer ist Alleineigentümer der Wand (BGHZ 57, 245, 248)
und hat sie nicht im Einverständnis mit dem Nachbarn errichtet.

Das Recht des Nachbarn zur Benutzung der Wand für sein eigenes Gebäude kann sich entweder aus einer Verein- 12
barung mit dem Erbauer oder aus § 921 ergeben. Letzteres kommt allerdings nur in Betracht, wenn der Erbauer
vorsätzlich oder grob fahrlässig über die Grundstücksgrenze gebaut hat (unentschuldigter Überbau, § 912 Rn 14);
denn in diesem Fall wird das Eigentum an der Wand lotrecht geteilt mit der Folge, dass der Nachbar Alleineigentümer des auf seinem Grundstück stehenden Teils der Wand ist (BGHZ 57, 245, 248 f). In den anderen Fällen der
weder vorsätzlich noch grob fahrlässig (entschuldigter Überbau) und der mit Zustimmung des Nachbarn (rechtmäßiger Überbau) errichteten Wand erwirbt der Erbauer das Alleineigentum, somit auch das Eigentum an dem
über die Grundstücksgrenze übergebauten Teil (BGHZ 57, 245, 248). Zur Benutzung dieses Teils als Wand seines
eigenen Gebäudes bedarf der Nachbar der Zustimmung des Erbauers.

Hat der Nachbar seinerseits an die Wand angebaut, wird sie mit dem Anbau Miteigentum der beiden Grund- 13
stückseigentümer; das gilt unabhängig davon, ob es sich bei der Errichtung der Wand um einen entschuldigten, einen unentschuldigten oder um einen rechtmäßigen Überbau gehandelt hat (BGHZ 57, 245, 248 f). Die
Größe der Miteigentumsanteile bestimmt sich nach dem Verhältnis der von dem Anbau bedeckten Fläche der
Wand zu ihrer Gesamtfläche (BGHZ 36, 46, 54). Voraussetzung ist allerdings, dass die Wand mit dem Anbau
auch wesentlicher Bestandteil des Nachbargebäudes wird. Das ist dann der Fall, wenn der Anbau ohne die
Wand statisch unselbstständig ist (BGHZ 36, 46, 52).

Nach dem Anbau durch den Nachbarn ändert sich an den Eigentumsverhältnissen an der Wand (Rn 13) nichts, 14
wenn später eines der beiden Häuser zerstört oder abgerissen wird, falls alsbald ein neues Gebäude an die Wand
angebaut werden soll (BGHZ 57, 245). Dasselbe gilt für den Fall, dass der Anbau eines neuen Hauses unterbleibt, der Nachbar die Wand jedoch anders für seine Zwecke nutzt (Reklamefläche: BGH DB 75, 1843).

Mit dem Anbau auf dem Nachbargrundstück wird die Wand zur Grenzanlage iSd § 921. Von diesem Zeit- 15
punkt an gilt die Vermutung des Rechts der gemeinschaftlichen Benutzung (Rn 8).

Werden beide Gebäude einschl der Wand zerstört oder abgerissen und baut einer der beiden Grundstückseigen- 16
tümer ein neues Haus wiederum mit einer Wand über die Grenze, wird er zunächst Alleineigentümer der Wand
(Köln NJW-RR 93, 87, 88). Mit dem Anbau eines Nachbarhauses entsteht wieder Bruchteilseigentum (Rn 13).

Für den Eigentumsverlust infolge des Anbaus auf dem Nachbargrundstück (Rn 13) erhält der Erbauer der 17
Wand nach den Grundsätzen der ungerechtfertigten Bereicherung Wertersatz in Höhe des der Größe des von
dem Nachbarn erlangten Miteigentumsanteils (Rn 13) entsprechenden Wertes der Wand, den sie zur Zeit des
Anbaus hat (BGHZ 27, 197, 203).

§ 922 Art der Benutzung und Unterhaltung

¹Sind die Nachbarn zur Benutzung einer der in § 921 bezeichneten Einrichtungen gemeinschaftlich berechtigt, so kann jeder sie zu dem Zwecke, der sich aus ihrer Beschaffenheit ergibt, insoweit benutzen, als nicht
die Mitbenutzung des anderen beeinträchtigt wird. ²Die Unterhaltungskosten sind von den Nachbarn zu
gleichen Teilen zu tragen. ³Solange einer der Nachbarn an dem Fortbestand der Einrichtung ein Interesse

hat, darf sie nicht ohne seine Zustimmung beseitigt oder geändert werden. ⁴Im Übrigen bestimmt sich das Rechtsverhältnis zwischen den Nachbarn nach den Vorschriften über die Gemeinschaft.

1 Die Vorschrift regelt die Art und den Umfang der Benutzung von Grenzanlagen iSd § 921 (dort Rn 2 f). Sie findet auch auf den Fall Anwendung, dass das Recht zur gemeinschaftlichen Benutzung nicht nur nach § 921 vermutet wird, sondern auf einer Vereinbarung der beiden Grundstückseigentümer beruht.

2 Das Benutzungsrecht jedes der beiden Grundstückseigentümer erstreckt sich auf die gesamte Anlage, nicht nur auf den Teil, der sich auf dem eigenen Grundstück befindet. Von dem Recht zur Benutzung ist jedoch der Boden des Nachbargrundstücks, der von der Anlage überdeckt wird, ausgenommen.

3 Die Benutzung muss dem Zweck entsprechen, der sich aus der Beschaffenheit der Anlage ergibt. Eine Nachbarwand (§ 921 Rn 10 ff) darf deshalb von dem Nachbarn nur zum Anbau eines eigenen Gebäudes oder zu einem anderen Zweck wie zB zum Gebrauch als Reklamefläche (BGHZ 43, 127, 134) benutzt werden. Der Erbauer der Wand darf keine Fenster in sie einfügen. Das widerspräche zwar nicht ohne weiteres dem Zweck einer Nachbarwand, führte aber zu einer Beeinträchtigung der Mitbenutzung durch den Nachbarn. Diese braucht er nicht zu dulden, sondern kann sie nach § 1004 I abwehren (BGHZ 154, 139, 146).

4 Die Unterhaltungskosten sind von beiden Grundstückseigentümern zu gleichen Teilen zu tragen. Eine Ausnahme davon ist für den Fall zu machen, dass der eine Eigentümer an eine bereits errichtete Nachbarwand (§ 921 Rn 10 ff) anbaut, dabei jedoch nicht die gesamte Wandfläche in Anspruch nimmt. Da die Beteiligung an den Unterhaltungskosten der Ausgleich für das Mitbenutzungsrecht (§ 921 Rn 8) ist, wäre die hälftige Kostentragungspflicht unbillig. Deshalb schuldet der Nachbar nur anteilige Unterhaltungskosten entsprechend seinem Anteil an der benutzten Wandfläche (Karlsr NJW-RR 90, 1164, 1165).

5 Ein Grundstückseigentümer darf die Grenzanlage nur mit Zustimmung des anderen Eigentümers beseitigen oder verändern, wenn dieser ein Interesse an ihrem Fortbestand hat. Dem Vorbehalt der Zustimmung unterliegen auch Veränderungen in der äußeren Beschaffenheit und in dem Erscheinungsbild der Anlage (BGH NJW 85, 1458). Wird eine Grenzanlage ohne die erforderliche Zustimmung des Nachbarn entfernt, hat dieser einen Anspruch auf Neuerrichtung (BGH NJW 85, 1458).

6 Soweit § 922 keine Regelungen über die Art der Benutzung und Unterhaltung von Grenzanlagen enthält, gelten die Vorschriften der §§ 741 ff über die Gemeinschaft. Danach steht die Verwaltung der Anlage beiden Grundstückseigentümern gemeinschaftlich zu (§ 744 I). Jeder Eigentümer darf die zur Erhaltung der Anlage notwendigen Maßnahmen auch ohne Zustimmung des anderen Eigentümers treffen (§ 744 II); dieser ist zur anteiligen Kostentragung verpflichtet. Lediglich zweckmäßige Maßnahmen dürfen die Eigentümer nicht allein durchführen; sie können aber von dem anderen Eigentümer die Mitwirkung verlangen (§ 745 II). An den aus der Grenzanlage gezogenen Früchten (§ 99) gebührt jedem Eigentümer ein in seinem Miteigentumsanteil (§ 921 Rn 13) entsprechender Anteil (§ 743 I); Früchte, die aus dem Teil der Anlage gezogen werden, der sich auf seinem Grundstück befindet, stehen dem Eigentümer allein zu (BGHZ 43, 127, 133).

7 Nicht anwendbar ist § 747 S 1, weil das gemeinschaftliche Benutzungsrecht (§ 921 Rn 8) Bestandteil des Grundstückseigentums ist und deshalb darüber nicht isoliert verfügt werden kann. Auch die Vorschriften über die Aufhebung der Gemeinschaft (§§ 749 ff) sind nicht anwendbar; insoweit geht § 922 S 3 (s Rn 5) vor.

§ 923 Grenzbaum

(1) Steht auf der Grenze ein Baum, so gebühren die Früchte und, wenn der Baum gefällt wird, auch der Baum den Nachbarn zu gleichen Teilen.

(2) ¹Jeder der Nachbarn kann die Beseitigung des Baumes verlangen. ²Die Kosten der Beseitigung fallen den Nachbarn zu gleichen Teilen zur Last. ³Der Nachbar, der die Beseitigung verlangt, hat jedoch die Kosten allein zu tragen, wenn der andere auf sein Recht an dem Baume verzichtet; er erwirbt in diesem Falle mit der Trennung das Alleineigentum. ⁴Der Anspruch auf die Beseitigung ist ausgeschlossen, wenn der Baum als Grenzzeichen dient und den Umständen nach nicht durch ein anderes zweckmäßiges Grenzzeichen ersetzt werden kann.

(3) Diese Vorschriften gelten auch für einen auf der Grenze stehenden Strauch.

1 Als Grenzbaum iSd Vorschrift wird ein Baum bezeichnet, dessen Stamm, wo er aus dem Boden heraustritt, von der Grundstücksgrenze durchschnitten wird (BGHZ 160, 18). Es kommt weder darauf an, ob diese Situation bereits im Zeitpunkt des Anpflanzens oder des natürlichen Aufwuchses des Baumes vorhanden war, noch darauf, auf welchem der beiden Grundstücke sich das Wurzelwerk des Baumes befindet (BGHZ 116, 18, 21).

2 Die Vorschrift sagt nichts über das Eigentum an einem Grenzbaum, der noch nicht gefällt ist. Aus I und aus der Entstehungsgeschichte ergibt sich jedoch, dass in diesem Fall vertikal geteiltes Eigentum besteht; dh, jedem Eigentümer der Teil des Baumes gehört, der sich auf seinem Grundstück befindet (BGHZ 160, 18, 21 f). Für diesen Teil ist der Eigentümer in demselben Umfang verkehrssicherungspflichtig wie für einen vollständig auf seinem Grundstück stehenden Baum (BGHZ 160, 18).

Wurde der Baum gefällt, gehört sein Holz beiden Grundstückseigentümern je zur Hälfte (I; über Ausnahmen 3
s Rn 7). Dasselbe muss auch gelten, wenn der Baum infolge von Naturereignissen wie zB Sturm oder Blitzschlag umfällt. Unerheblich ist, wie weit der Baum vorher auf dem Grundstück des einen und des anderen Eigentümers stand und in welchem Umfang er nach dem Fällen bzw Umstürzen auf den Grundstücken liegt.
Die Früchte des Baumes gehören sowohl vor als auch nach dem Fällen bzw dem Umstürzen den Nachbarn 4
zu gleichen Teilen. Das gilt auch dann, wenn sich der einzige fruchttragende Ast vollständig über einem der beiden Grundstücke befindet. Bei der Ernte der Früchte müssen beide Eigentümer mitwirken. Für herab gefallene Früchte gilt § 911.
Jeder Eigentümer kann die Beseitigung des Baumes verlangen. Der andere Eigentümer darf die Zustimmung 5
nicht grundlos verweigern. §§ 226, 242 können dem Beseitigungsverlangen allerdings entgegengehalten werden. Auf öffentliches Naturschutzrecht, wie es zB vielfach in Baumschutzsatzungen enthalten ist, kann sich der Zustimmungspflichtige nicht ohne weiteres berufen, sondern nur dann, wenn Ausnahmen von einem Beseitigungsverbot nicht zulässig sind. Die eigenmächtige Beseitigung eines Grenzbaums ohne Zustimmung des Nachbarn ist unzulässig.
Der Anspruch auf Beseitigung ist ausgeschlossen, wenn der Baum als Grenzzeichen dient und nicht durch ein 6
anderes zweckmäßiges Grenzzeichen ersetzt werden kann (II 4). Praktische Relevanz besitzt diese Vorschrift heute kaum noch.
Die Kosten der Beseitigung müssen beide Eigentümer zu gleichen Teilen tragen (II 2). Derjenige, der die 7
Beseitigung nicht verlangt, kann sich jedoch der Kostenpflicht entziehen, wenn er auf sein Recht an dem Baum (Rn 3) verzichtet; in diesem Fall muss der die Beseitigung verlangende Eigentümer die Kosten allein tragen, allerdings erwirbt er dafür das Alleineigentum an dem gefällten Baum (II 3).
I und II gelten auch für einen auf der Grenze stehenden Strauch (III). 8
§ 923 ist entsprechend auf die Beseitigung von Grenzanlagen iSv § 921 (dort Rn 2 ff) anwendbar, wenn das 9
dem bisherigen Eigentum (§ 921 Rn 9) entsprechende Wertverhältnis nicht festgestellt werden kann.

§ 924 Unverjährbarkeit nachbarrechtlicher Ansprüche

Die Ansprüche, die sich aus den §§ 907 bis 909, 915, dem § 917 Abs. 1, dem § 918 Abs. 2, den §§ 919, 920 und dem § 923 Abs. 2 ergeben, unterliegen nicht der Verjährung.

Der Ausschluss der Verjährbarkeit nachbarrechtlicher Ansprüche soll die gesetzliche Wertung zum Ausdruck 1
bringen, dass solche Ansprüche fortwährend neu entstehen; die Unverjährbarkeit des Anspruchs auf Abmarkung der Grenze (§ 919) und die der Grenzscheidungsklage (§ 920) soll darüber hinaus im öffentlichen Interesse liegen (MüKo/*Säcker* § 924; Palandt/*Bassenge* Rn 1; aA Staud/*Roth* Rn 1). Diese Auffassung geht teilweise ins Leere. Denn wenn ein Anspruch fortwährend neu entsteht, kann er nicht verjähren. Der Beginn der Verjährungsfrist setzt das Entstehen des Anspruchs voraus (§§ 199 I, 200); das hat zur Folge, dass seine Geltendmachung (vgl §§ 203, 204) immer rechtzeitig ist, weil sie den gerade erst entstandenen Anspruch betrifft.
Mangels Verweisung auf §§ 912 II, 917 II verjähren die Ansprüche auf Zahlung der Raten einer Überbaurente 2
(dazu § 912 Rn 21 ff) und einer Notwegrente (dazu § 917 Rn 27 ff) in der regelmäßigen Verjährungsfrist des § 195. Dasselbe gilt für den Kostenerstattungsanspruch nach § 919 III (s dort Rn 8).

Titel 2 Erwerb und Verlust des Eigentums an Grundstücken

§ 925 Auflassung

(1) ¹Die zur Übertragung des Eigentums an einem Grundstück nach § 873 erforderliche Einigung des Veräußerers und des Erwerbers (Auflassung) muss bei gleichzeitiger Anwesenheit beider Teile vor einer zuständigen Stelle erklärt werden. ²Zur Entgegennahme der Auflassung ist, unbeschadet der Zuständigkeit weiterer Stellen, jeder Notar zuständig. ³Eine Auflassung kann auch in einem gerichtlichen Vergleich oder in einem rechtskräftig bestätigten Insolvenzplan erklärt werden.
(2) Eine Auflassung, die unter einer Bedingung oder einer Zeitbestimmung erfolgt, ist unwirksam.

A. Allgemeines. § 925 ergänzt § 873 hinsichtlich Form (I) und Verbot von Bedingungen und Befristungen 1
(II) für die dingliche Einigung (Auflassung) bei der rechtsgeschäftlichen Übertragung des Eigentums an einem Grundstück. Dadurch sollen Übereilungsschutz, die Gültigkeit der Erklärung sowie die Richtigkeit des Grundbuchs (vgl § 20 GBO) gewährleistet werden (BGHZ 29, 11; *Kanzleiter* DNotZ 94, 283).

B. Eigentumsübertragung an einem Grundstück. § 925 gilt nur für die rechtsgeschäftliche Übertragung des 2
Eigentums an einem Grundstück. § 925 gilt nicht, wenn das Eigentum kraft Gesetzes oder Staatsakt übergeht (§ 873 Rn 14). Zum Erwerb kraft Gesetzes gehören insbes Umwandlungen nach dem UmwG und die An- bzw

Abwachsung bei Ein- bzw Austritt in einer Gesamthand sowie die Umorganisation von Gebietskörperschaften durch Gesetz oder Hoheitsakt (Erman/*Lorenz* Vor § 925 Rn 4). Zur kirchlichen Umorganisation s Rn 4.

3 I. Eigentum. Erfasst ist die Übertragung von Allein- und Miteigentum. Die Übertragung von Wohnungs- und Teileigentum ist von § 925 unmittelbar erfasst, weil dabei ebenfalls Miteigentumsanteile an einem Grundstück – verbunden mit Sondereigentum – übertragen werden. § 925 gilt ferner für die Einräumung und Aufhebung von Sondereigentum (§ 4 II WEG), die Übertragung von Sondereigentum in Gemeinschaftseigentum und umgekehrt (BGH DNotZ 99, 661) sowie von Gebäudeeigentum iSd DDR-ZGB (Art 233 § 4 I; 231 § 5 EGBGB, vgl MüKo/ *Kanzleiter* Rn 5), nicht jedoch für das Erbbaurecht unter Geltung der ErbbauV (§ 11 I ErbbauV) und die Übertragung von Anteilen an einer Gesamthand, zu deren Vermögen ein Grundstück gehört.

4 II. Übertragung. Eigentumsübertragung ist nur die rechtsgeschäftliche Übertragung des Eigentums von einem Rechtsträger auf einen anderen. Ein Unterfall des Rechtsträgerwechsels ist die Änderung der Eigentumsform, auch wenn die beteiligten Personen jeweils dieselben sind (zB Wechsel zwischen Bruchteilseigentum und Gesamthandseigentum; RGZ 105, 251). Bleibt der Rechtsträger gleich und ändert sich nur dessen Rechtsform (zB Umwandlung einer GbR in OHG oder KG bzw einer OHG in KG; vgl Erman/*Lorenz* Rn 12) oder wird eine Vorgesellschaft (VorGmbH, VorAG, VorVerein) im Handelsregister bzw Vereinsregister eingetragen (BGHZ 91, 148) gilt § 925 nicht. Unterschiedliche Rechtsträger sind jedoch die Vorgründungsgesellschaft und die spätere VorGesellschaft bzw Gesellschaft (zur GmbH BGH NJW 84, 2164). Insofern erfolgt ein Rechtsübergang nicht automatisch, sondern nur nach §§ 873, 925. Keine Identität des Rechtsträgers liegt bei der Übertragung von Miteigentum auf eine Gesamthand (RGZ 65, 233) oder der Auseinandersetzung einer Gesamthand (zB Erbengemeinschaft, GbR; s Erman/*Lorenz* Rn 15) vor, auch wenn jeweils dieselben Personen beteiligt sind. Dasselbe gilt für die Übertragung von einer Gesamthand auf eine andere personengleiche Gesamthand (RGZ 136, 406 f).

5 III. Grundstück. Grundstück iSd § 925 ist zunächst das Grundstück im Rechtssinne (s § 873 Rn 2), auch wenn es nach § 3 II GBO buchungsfrei oder öffentlich-rechtlich gewidmet (BGH NJW 69, 1437) ist. Buchungsfreie Grundstücke müssen zunächst im Grundbuch gebucht werden, es sei denn der Erwerber ist nach § 3 II GBO ebenfalls vom Buchungszwang befreit (vgl Art 127 EGBGB, Palandt/*Bassenge* Rn 7). Kirchliche Grundstücke können iRe innerkirchlichen Umorganisation auch durch Kirchengesetz übertragen werden (Hburg NJW 83, 2572; aA Oldbg DNotZ 72, 492; vgl Erman/*Lorenz* Rn 6). Bei der Übertragung eines realen Grundstücksteils (Teilfläche, s § 873 Rn 2), ist eine Auflassung auch schon vor katastermäßigen Vermessung und Fortschreibung möglich, wenn die Teilfläche hinreichend bestimmt ist (BGHZ 90, 326; ZfIR 02, 485; MüKo/*Kanzleiter* Rn 22; Erman/*Lorenz* Rn 7). Zur Verurteilung auf Abgabe der Auflassungserklärung genügt die hinreichend bestimmte Bezeichnung (BGH NJW 88, 415), zur Abgabe der Eintragungsbewilligung muss jedoch zumindest der Veränderungsnachweis vorliegen (s § 28 GBO, BGHZ 90, 327; NJW 02, 1039). Sobald der Veränderungsnachweis vorliegt, muss dem Grundbuchamt in der Form des § 29 GBO nachgewiesen werden, dass die aufgelassene Teilfläche mit der fortgeschriebenen übereinstimmt. Dies ist nur entbehrlich, wenn keine vernünftigen Zweifel an der Identität von aufgelassener und fortgeschriebener Teilfläche bestehen (Köln DNotZ 92, 153). Wenn dies – wie regelmäßig – nicht durch die amtliche Karte des Katasteramtes nachgewiesen werden kann, ist wegen § 28 GBO entweder eine Erklärung der Beteiligten über die Übereinstimmung in der Form des § 29 GBO (Identitätserklärung) oder die Wiederholung der Auflassung erforderlich. Weicht die Größe des fortgeschriebenen Grundstücks nur geringfügig von der angenommenen ungefähren Größe ab und ist das Grundstück im Übrigen (zB Lageplan) hinreichend bestimmt bezeichnet, wirkt die Auflassung auch dafür (LG Wuppertal MittRhNotK 84, 167). Bei nicht nur geringfügigen Abweichungen besteht kein Anspruch auf Abnahme bzw. Auflassung oder Abgabe der Identitätserklärung, weil das vermessene Teilstück nicht mit dem verkauften Teilstück übereinstimmt (BGH NJW 95, 957) und eine Auflassungsvollmacht im Kaufvertrag gibt keine Vertretungsmacht (BayObLG DNotZ 89, 373; *Schöner/Stöber* Rn 880). In diesem Fall muss eine Änderungsvereinbarung mit erneuter Auflassung beurkundet werden (*Schöner/Stöber* Rn 885, 880).

6 C. Auflassung. Bei der dinglichen Einigung über den Eigentumsübergang (Auflassung) sind über § 873 hinaus folgende Anforderungen zu beachten.

7 I. Anwesenheit. Veräußerer und Erwerber müssen gleichzeitig, nicht notwendig im selben Raum (RG JW 28, 2519), bei einer zuständigen Stelle anwesend sein, andernfalls ist die Auflassung nach § 125 nichtig (BGHZ 29, 9 ff). Dies schließt eine Stellvertretung – auch beider Teile – mit und ohne Vertretungsmacht nicht aus (BayObLG Rpfleger 84, 11). Beide Teile können unter Befreiung von § 181 auch durch dieselbe Person vertreten werden (BGH NJW 75, 1885). Vollmacht (§ 167 II) und Genehmigung (§§ 182 II, 177 I, 185 II) ggü dem anderen Teil bedürfen materiell-rechtlich keiner Form. Ein Notar kann ausdrücklich oder konkludent zur Entgegennahme der Genehmigung für die Beteiligten bevollmächtigt sein (BGHZ 29, 371). Für den Nachweis beim Grundbuchamt (§ 20 GBO) ist jedoch eine Vollmachtsbestätigung oder eine Genehmigungserklärung in der Form des § 29 GBO erforderlich. Eine Vollmacht ist ausnahmsweise beurkundungsbedürftig, wenn der Vollmachtgeber durch die Unwiderruflichkeit der Vollmacht (BGH WM 67, 1039) oder der Umstände faktisch bereits endgültig gebunden wird (BGH NJW 75, 39). Allein die Befreiung von § 181 begründet keine Beurkundungsbedürftigkeit (BGH DNotZ 79, 684; sa Soergel/*Stürner* Rn 25). Nur ein Teil muss anwesend sein und seine Erklärung abgeben, wenn die Erklärung des anderen Teils durch ein Urteil nach § 894 ZPO ersetzt wird. Dazu muss entweder eine Ausfertigung des rechtskräftigen Urteils oder bei einer Zug-um-Zug-Verurteilung eine vollstreckbare Ausfertigung des Urteils (§§ 894, 726 ZPO) vorliegen (BayObLG Pfleger 83, 390). Kraft landesrechtlicher Regelung nach Art 143 II EGBGB kann bei der notariellen Versteigerung von Grundstücken die Anwesenheit beider Teile entbehrlich sein, wenn die Auflassung im Versteigerungstermin erklärt wird (Erman/*Lorenz* Rn 34).

II. Zuständige Stelle. Nur deutsche Notare und im Ausland mit Beurkundungszuständigkeit ausgestattete Personen (Konsularbeamte, §§ 10, 12 KonsG) sowie Gerichte in den Fällen des Abs 1 S 3 sind zuständig, die Auflassung bezüglich eines in Deutschland belegenen Grundstücks entgegen zu nehmen (ganz hM KG Rpfleger 86, 428 f; Köln Rpfleger 72, 134; aA *Heinz* ZNotP 01, 460; vgl Erman/*Lorenz* Rn 16 ff). Überschreitet der Notar seinen Amtsbereich, ist die Beurkundung wirksam, sofern diese im Inland erfolgt (§ 2 BeurkG). Nach Abs 1 S 2 kann die Auflassung auch in einem – wegen Abs 2 unwiderruflichen – gerichtlichen Vergleich (s § 127a; §§ 159 ff ZPO) erklärt werden und zwar in allen Rechtswegen und Instanzen, soweit in dem gerichtlichen Verfahren ein Vergleich zulässig ist (BGHZ 14, 387; Palandt/*Bassenge* Rn 8). Das gilt auch, wenn funktional der Rechtspfleger zuständig ist (Palandt/*Bassenge* Rn 8). Durch die Auflassung im Vergleich muss der Prozess ganz oder zumindest teilweise beigelegt werden (Erman/*Lorenz* Rn 21). Die Auflassung ist ferner wirksam erklärt (§ 228 InsO), wenn ein Insolvenzplan rechtskräftig bestätigt worden ist (§§ 254, 248, 252 f InsO). Nicht mehr zuständig sind Grundbuchämter und Amtsgerichte, soweit keine vorstehende Ausnahme gilt. 8

III. Erklärung. Die Auflassung muss weder mündlich noch ausdrücklich, sondern kann auch stillschweigend oder konkludent erklärt werden (heute hM MüKo/*Kanzleiter* Rn 20; Staud/*Pfeifer* Rn 86; aA die früher hM zB RG JW 28, 2519), zB wenn der Eigentümer die Eigentumsumschreibung bewilligt und der Erwerber diese beantragt (RGZ 54, 383) oder dem Notar eine schriftliche Erklärung übergeben wird (MüKo/*Kanzleiter* Rn 20; aA Palandt/*Bassenge* Rn 3) oder der eine Teil nur die Erklärung des anderen Teils mitunterschreibt (MüKo/*Kanzleiter* Rn 20; aA BayObLG FGPrax 01, 13). Der Notar hat das Verfahren nach §§ 8 ff BeurkG einzuhalten, formal ist die Beachtung des Verfahrens jedoch nicht Wirksamkeitsvoraussetzung, sofern die Auflassung nur vor dem zur Entgegennahme bereiten Notar erklärt wird (BGHZ 7, 64; NJW 92, 1101). Für den Nachweis der Auflassung ggü dem Grundbuchamt gilt jedoch §§ 29, 20 GBO. 9

IV. Inhalt. Die Auflassung ist ein dinglicher Vertrag, in dem Veräußerer und Erwerber über den Eigentumsübergang einig sein müssen. Auf diesen Vertrag sind die §§ 104 ff, 116 ff, 119 ff, 154 ff und die Grundsätze über die Auslegung (BayObLG DNotZ 95, 57 f) und die falsa demonstratio non nocet (BGH DNotZ 83, 618; 01, 846; NJW 02, 1038; *Bergermann* RNotZ 02, 557) anwendbar. Wird jedoch nur das falsch bezeichnete Grundstück im Grundbuch umgeschrieben, findet mangels Umschreibung des gemeinten Grundstücks – gar – kein Eigentumserwerb statt (RGZ 133, 281). Die Eigentumsumschreibung des gemeinten Grundstücks wird idR an § 20 GBO scheitern. Soll die richtige Eintragung erfolgen, muss das Grundbuch zunächst berichtigt werden (RGZ 133, 282). Die Erwerbsverhältnisse müssen zumindest durch Auslegung zu ermitteln sein (BGHZ 82, 346) und kann durch Verweis auf den schuldrechtlichen Vertrag angegeben werden (Ddorf MittBayNot 77, 66). Das Verhältnis der Veräußerer ist idR entbehrlich. Falls jedoch mehrere Veräußerer nicht ihre gesamten Miteigentumsanteile übertragen, muss angegeben werden, welcher Veräußerer wie viel überträgt. Eine Auslegungsregel, dass mehrere Veräußerer jeweils zu gleichen Teilen veräußern, besteht nicht (aA BayObLG DNotZ 78, 238). Leben die erwerbenden Eheleute in Gütergemeinschaft, kann dieses Erwerbsverhältnis auch dann im Grundbuch eingetragen werden, wenn die Auflassung nur an einen Ehegatten zu Alleineigentum (BayObLGZ 75, 709) oder beide Ehegatten zu Miteigentum erfolgt (BGHZ 82, 346), sofern das Grundstück nach § 1416 Gesamtgut wird. Nach § 140 kann eine Auflassung an Eheleute in Gütergemeinschaft in eine Auflassung in Bruchteilseigentum umgedeutet werden, wenn keine Gütergemeinschaft bestand (BayObLGZ 83, 123 ff). 10

V. Wirkung und Anwartschaftsrecht. 1. Eigentumsübergang. Sa § 873 Rn 11. Das Eigentum geht erst über, wenn zusätzlich zur Auflassung die Eintragung im Grundbuch (Ausn Art 127 EGBGB für buchungsfreie Grundstücke) erfolgt ist und die Auflassung zu diesem Zeitpunkt noch wirksam ist, der Veräußerer noch verfügungsbefugt ist (§ 878) und sich Auflassung und Eintragung inhaltlich decken. Die Reihenfolge von Auflassung und Eintragung ist unerheblich. 11

2. Bindung und Wirkung. Für die Bindung an die Auflassung gilt § 873 II (BGHZ 106, 112; BayObLGZ 73, 141). Selbst die bindende Auflassung bewirkt keine Verfügungsbeschränkung (BGHZ 49, 200). Die Auflassung ist weder ein sonstiges Recht iSd § 823 I (BGHZ 45, 192) noch gibt sie ein Recht zum Besitz iSd § 986 (Celle NJW 58, 870 f) oder eine in der Insolvenz des Veräußerers geschützte Rechtsposition (vgl § 106 InsO). Die Auflassung gewährt – anders als der Auflassungsanspruch – auch keine übertragbare oder pfändbare Rechtsposition (BGHZ 106, 111). In der Auflassung liegt – vorbehaltlich einer anderen auch konkludenten Vereinbarung (BGH DNotZ 98, 281) – die Ermächtigung des Auflassungsempfängers nach § 185 das Grundstück weiter zu veräußern (Kettenauflassung, BGHZ 106, 112). Die Auflassung enthält regelmäßig nicht auch die Ermächtigung, das Grundstück mit einer Vormerkung zugunsten des Zweiterwerbers und zulasten des 12

Ersterwerbers (BayObLG DNotZ 73, 298) oder sonst mit dinglichen Rechten (BayObLG NJW 71, 1140) zu belasten. Bei der Kettenauflassung erwirbt der Zweiterwerber mit seiner Eintragung direkt vom Veräußerer, ohne dass der Ersterwerber im Grundbuch eingetragen wird (BGHZ 49, 197; sa *Monath* RNotZ 04, 362 ff).

13 **3. Anwartschaftsrecht.** Auf zwei verschiedene Wege kann ein Anwartschaftsrecht entstehen. Ist die Auflassung bindend und hat der Erwerber – nicht der Veräußerer – einen Eigentumsumschreibungsantrag gestellt, ist zugunsten des Erwerbers ein Anwartschaftsrecht entstanden (BGHZ 49, 201 f; 106, 111; in Lit str). Ein Anwartschaftsrecht entsteht ferner, wenn die Auflassung bindend und eine wirksame Vormerkung im Grundbuch eingetragen (BGHZ 83, 399; 106, 111; 114, 161; str vgl MüKo/*Kanzleiter* Rn 36 f) oder eine bewilligte Vormerkung durch den Begünstigten zur Eintragung beantragt ist (Ddorf DNotZ 81, 130). Das Anwartschaftsrecht ist entspr § 925 übertragbar (BGHZ 49, 197 ff; 114, 164), nach §§ 1274, 873, 925 ohne Anzeige nach § 1280 verpfändbar und nach § 857 ZPO durch Zustellung allein an den Inhaber pfändbar (BGHZ 49, 203; sa BaRoth/*Grün* Rn 48), gewährt eine Rechtsposition iSd § 823 I (BGHZ 49, 201; 114, 161), nicht aber ein Recht zum Besitz iSd § 986 (Celle NJW 58, 870 f). Zur Pfändung bzw Übertragung des Anwartschaftsrechts aufgrund Vormerkung muss auch der Auflassungsanspruch gepfändet bzw abgetreten werden (Palandt/*Bassenge* Rn 27; *Reinicke/Tiedtke* NJW 82, 2281 ff: Abtretung erfolgt konkludent). Allein der Übergang des vorgemerkten Anspruchs, nicht auch die Pfändung oder Abtretung des Anwartschaftsrechts, sind im Grundbuch eintragbar (Staud/*Pfeifer* Rn 129, str). Mit Eintragung des Anwartschaftsberechtigten als Eigentümer im Grundbuch erwirbt der Pfändungsgläubiger kraft Gesetzes eine Sicherungshypothek nach § 1287 S 2 (BGHZ 49, 205). Das Anwartschaftsrecht aufgrund Umschreibungsantrages des Erwerbers erlischt durch Rücknahme des Eintragungsantrages oder dessen – auch rechtswidrige (BGHZ 45, 191) – Zurückweisung oder Eigentumserwerbs eines Dritten. Das Anwartschaftsrecht aufgrund Vormerkung erlischt durch Aufhebung der Auflassung oder Löschung der Vormerkung, nicht aber durch einen vormerkungswidrigen Eigentumserwerb oder die Rücknahme oder Zurückweisung des Umschreibungsantrages (LG Ddorf MittRhNotK 85, 147).

14 **4. Aufhebung.** Bis zur Umschreibung des Eigentums kann, auch wenn ein Anwartschaftsrecht besteht, die Auflassung durch formlose Vereinbarung aufgehoben werden (BGH MittRhNotK 93, 312; *Reinicke/Tiedtke* NJW 82, 2281; aA *Lehmann* DNotZ 87, 147 ff), wohingegen die Aufhebung des schuldrechtlichen Rechtsgeschäfts der Form des § 311 b bedarf, wenn ein Anwartschaftsrecht besteht (BGHZ 127, 173).

15 **VI. Wirksamkeit.** Zur Wirksamkeit des Eigentumsübergangs und ggf erforderliche behördliche oder gerichtliche Genehmigungen s § 873 Rn 13. Die Umschreibung erfolgt erst, wenn dem Grundbuchamt die Unbedenklichkeitsbescheinigung des Finanzamtes (§ 22 GrEStG) und die Vorkaufsrechtsverzichtserklärung der Gemeinde (§ 28 BauGB) vorliegen.

16 **D. Bedingung und Befristung (II). I. Materiell-rechtlich.** Eine Auflassung, die unter einer Bedingung oder Befristung (§§ 158 ff) erklärt ist, ist nichtig. Das gilt entspr für die Vereinbarung eines Widerrufs- oder Rücktrittsrechts (Soergel/*Stürner* Rn 39), insbes für die Auflassung in einem widerruflichen Prozessvergleich (BGHZ 88, 366 f; aA BVerwG NJW 95, 2180) oder eines auf die Rechtskraft der Scheidung bedingten gerichtlichen Scheidungsfolgenvergleichs (KG KGR Berlin 03, 318). Enthält das Kausalgeschäft eine vorgenannte Einschränkung, ist durch Auslegung zu ermitteln, ob diese auch für die Auflassung gelten soll (MüKo/*Kanzleiter* Rn 26), was bei einem Rücktrittsrecht im Zweifel nicht anzunehmen ist (Oldbg Rpfleger 93, 330). Zulässig ist jedoch die echte Rechtsbedingung (BGH NJW 52, 1330), wie die Erteilung einer zur Wirksamkeit der Auflassung erforderlichen Genehmigung des vollmachtlos Vertretenen (BayObLG Rpfleger 84, 11) oder des Familien- oder Vormundschaftsgerichts (BaRoth/*Grün* Rn 35) oder dass der Erwerber als juristische Person oder Personenhandelsgesellschaft entsteht (BayObLG NJW 84, 497).

17 **II. Verfahrensrechtlich.** Trotz des Bedingungs- und Befristungsverbots kann der Grundbuchvollzug der Auflassung an weitere Umstände geknüpft werden (BGH LM § 925 Nr 3; Hamm Rpfleger 75, 250), zB dass zugleich ein Recht für den Veräußerer zur Eintragung beantragt wird (KGJ 43, 200, § 16 II GBO). Der Grundbuchvollzug kann hinausgeschoben werden: Der Notar kann von den Beteiligten angewiesen werden, diesen – beim Kaufvertrag insbes dem Käufer – vor Eintritt eines bestimmten Ereignisses (zB Nachweis der Kaufpreiszahlung) keine Ausfertigung oder beglaubigte Abschrift der Auflassung zu erteilen (§ 51 II BeurkG; *Schmidt* DNotZ 92, 265) oder erst danach die Umschreibung zu beantragen (Hamm DNotZ 75, 686). Solange die Beteiligten nicht mindestens eine beglaubigte Abschrift der Auflassung erhalten, können sie die Umschreibung nicht beantragen (§§ 29, 20 GBO). Zwar enthält die Einigung grds auch die Bewilligung (RGZ 141, 376; BayObLG DNotZ 75, 685), doch die Auflassung kann zunächst ausdrücklich ohne Bewilligung der Eigentumsumschreibung erklärt werden (str, vgl Schöner/*Stöber* Rn 97 mwN; *Weser* MittBayNot 93, 254; *Ertl* Rpfleger 80, 41; zweifelnd MüKo/*Kanzleiter* Rn 30; aA instruktiv *Kesseler* ZNotP 05, 176). Zur Vermeidung jeglicher Unsicherheiten kann der schuldrechtliche Vertrag ohne Auflassung beurkundet und die Auflassung nachgeholt werden, wenn die Voraussetzungen für die Eigentumsumschreibung erfüllt sind (MüKo/*Kanzleiter* Rn 30 aE). Diese Gestaltung verursacht jedoch zusätzliche Kosten (§ 38 II Nr 6 a KostO) und wird daher teilweise abgelehnt (Ddorf 90, 674). Daneben ist ein Verzicht der Beteiligten auf ihr Recht zur Beantragung der Eigentumsumschreibung unwirksam (Staud/*Pfeifer* Rn 145; *Ertl* DNotZ 75, 644; aA Hamm DNotZ 75, 686).

§ 925a Urkunde über Grundgeschäft

Die Erklärung einer Auflassung soll nur entgegengenommen werden, wenn die nach § 311b Abs.1 Satz 1 erforderliche Urkunde über den Vertrag vorgelegt oder gleichzeitig errichtet wird.

§ 925a gilt nur, soweit die Auflassung zu einem nach § 311b I 1 beurkundungspflichtigen Grundgeschäft 1
erklärt werden soll. Es soll verhindert werden, dass die Beurkundungspflicht nach § 311b I 1 durch die Heilungsmöglichkeit nach § 311b I 2 unterlaufen wird. Bei Missachtung der Ordnungsvorschrift ist die Auflassung gleichwohl wirksam. Die Urkundsperson hat die Wirksamkeit des Grundgeschäfts nicht zu prüfen (Staud/*Pfeifer* Rn 8; teilweise aA MüKo/*Kanzleiter* Rn 3). Das Grundbuchamt muss sich nach § 20 GBO nur die Auflassung nachweisen lassen und darf nicht auch die Vorlage der Urkunde über das Grundgeschäft verlangen (Schlesw SchlHA 60, 341).

§ 926 Zubehör des Grundstücks

(1) ¹Sind der Veräußerer und der Erwerber darüber einig, dass sich die Veräußerung auf das Zubehör des Grundstücks erstrecken soll, so erlangt der Erwerber mit dem Eigentum an dem Grundstück auch das Eigentum an den zur Zeit des Erwerbs vorhandenen Zubehörstücken, soweit sie dem Veräußerer gehören. ²Im Zweifel ist anzunehmen, dass sich die Veräußerung auf das Zubehör erstrecken soll.
(2) Erlangt der Erwerber auf Grund der Veräußerung den Besitz von Zubehörstücken, die dem Veräußerer nicht gehören oder mit Rechten Dritter belastet sind, so finden die Vorschriften der §§ 932 bis 936 Anwendung; für den guten Glauben des Erwerbers ist die Zeit der Erlangung des Besitzes maßgebend.

A. Allgemeines. Aufgrund § 926 geht das Eigentum an Zubehörstücken mit dem Eigentum am Grundstück 1
über, ohne dass es einer Einzelübertragung bedarf. Ähnliche Regelungen gelten in §§ 1031, 1020. § 926 ist das dingliche Gegenstück zu § 311c, wonach im Zweifel Zubehörstücke einer Sache mitverkauft sind (*Schulte-Thoma* RNotZ 04, 61).

B. Erstreckung auf Zubehör. I. Zubehör. Was Zubehör ist, richtet sich nach §§ 97f. Obligatorische Rechte 2
fallen nicht unter § 926 (BayObLG DNotZ 91, 667). § 926 gilt analog für alle nicht wesentlichen Grundstücksbestandteile (RGZ 158, 368). Veräußerer und Erwerber müssen sich darüber einig sein, dass das Zubehör mit übereignet werden soll, was nach der Auslegungsregel Abs 1 S 2 widerlegich vermutet wird. Der Veräußerer muss Eigentümer des Zubehörs sein. § 878 gilt für das Zubehör entspr (Soergel/*Stürner* Rn 2). Die Zubehöreigenschaft muss zum Zeitpunkt des Eigentumserwerbs vorliegen (Augsburg OLGRspr 34, 178) und wird nicht nach I S 2 vermutet (Ddorf DNotZ 93, 342, str). Fehlt diese, ist auch kein gutgläubiger Erwerb nach II möglich (KG OLGRspr 14, 80).

II. Eigentumserwerb. Mit Eigentumserwerb an dem Grundstück erwirbt der Erwerber das Eigentum an 3
dem Zubehör zum Grundstück und zwar unabhängig von den §§ 929ff. Es ist weder erforderlich, dass der Veräußerer Besitzer ist, noch dass der Erwerber den Besitz erwirbt. Bevor ein Eigentumserwerb nach § 926 stattfindet, kann ein Eigentumsübergang nach §§ 929ff erfolgen und zwar auch bedingt oder befristet.

C. Gutgläubiger Erwerb. Gehört zum Zeitpunkt des Eigentumsübergangs am Grundstück das Zubehör 4
nicht dem Veräußerer, erwirbt der Erwerber gutgläubig Eigentum unter den Voraussetzungen des §§ 932ff. Da Abs 1 S 2 nur für Zubehör im Eigentum des Veräußerers gilt, müssen sich Veräußerer und Erwerber über den Eigentumsübergang am Zubehör einig sein (LG Gießen NJW-RR 99, 1538). Zusätzlich muss der Erwerber den Besitz oder Besitzsurrogate erlangen und dabei gutgläubig sein (§ 935), was bei der Übereignung kurzer Hand der Zeitpunkt des Eigentumsübergangs des Grundstücks ist. Gehört das Zubehör zwar dem Veräußerer, ist es jedoch mit Rechten Dritter belastet, erlöschen diese Rechte nach § 936 frühestens mit Besitzerlangung (Erman/*Lorenz* Rn 7).

§ 927 Aufgebotsverfahren

(1) ¹Der Eigentümer eines Grundstücks kann, wenn das Grundstück seit 30 Jahren im Eigenbesitz eines anderen ist, im Wege des Aufgebotsverfahrens mit seinem Recht ausgeschlossen werden. ²Die Besitzzeit wird in gleicher Weise berechnet wie die Frist für die Ersitzung einer beweglichen Sache. ³Ist der Eigentümer im Grundbuch eingetragen, so ist das Aufgebotsverfahren nur zulässig, wenn er gestorben oder verschollen ist und eine Eintragung in das Grundbuch, die der Zustimmung des Eigentümers bedurfte, seit 30 Jahren nicht erfolgt ist.
(2) Derjenige, welcher das Ausschlussurteil erwirkt hat, erlangt das Eigentum dadurch, dass er sich als Eigentümer in das Grundbuch eintragen lässt.
(3) Ist vor der Erlassung des Ausschlussurteils ein Dritter als Eigentümer oder wegen des Eigentums eines Dritten ein Widerspruch gegen die Richtigkeit des Grundbuchs eingetragen worden, so wirkt das Urteil nicht gegen den Dritten.

1 **A. Allgemeines.** Nach § 900 kann ein als Eigentümer eingetragener Eigenbesitzer das Eigentum am Grundstück durch Ersitzung erwerben. § 927 ermöglicht daneben den Eigentumserwerb des Eigenbesitzers eines Grundstücks unabhängig davon, ob der Eigenbesitzer im Grundbuch als Eigentümer eingetragen ist (vgl BGH WM 78, 194; *Saenger* MDR 01, 134; *Böhringer* NotBZ 01, 197). § 927 gilt für Allein- und Miteigentum an Grundstücken, Wohnungs- und Teileigentum sowie realen Grundstücksteilen (Staud/*Pfeifer* Rn 4), nicht aber für den einzelnen Anteil an einer Gesamthandsgemeinschaft (hM LG Aurich NJW-RR 94, 1170; aA MüKo/*Kanzleiter* Rn 3) und nach Art 233 § 4 I 1 EGBGB nicht für das Gebäudeeigentum. Auf den Ausschluss einer Gesamthand insgesamt ist § 927 dagegen anwendbar (Bambg NJW 66, 1414).

2 **B. Eigenbesitz.** Der Erwerber muss unmittelbarer oder mittelbarer Eigenbesitzer (§ 872) des Grundstücks sein. Die Bösgläubigkeit des Eigenbesitzers schadet nicht (BaRoth/*Grün* Rn 2; anders § 937 II). Der Eigenbesitz muss 30 Jahre bestanden haben, wobei die Frist nach §§ 939 ff berechnet wird. Bei Rechtsnachfolge gilt § 943.

3 **C. Aufgebotsverfahren.** Alle Eigenbesitzer zusammen (§ 979 ZPO) müssen das Aufgebotsverfahren nach §§ 946 ff, 977 ff, 1024 ZPO beantragen, wobei der Antragsteller die Voraussetzungen glaubhaft machen muss (§ 980 ZPO). Antragsteller kann auch der wahre Eigentümer sein. Das Antragsrecht kann gepfändet werden (RGZ 76, 357). Ist zum Zeitpunkt der Antragstellung (RG JW 36, 2399) der wahre Eigentümer im Grundbuch als Eigentümer eingetragen, so ist weitere Zulässigkeitsvoraussetzung, dass der Eigentümer verstorben oder verschollen (VerschG) ist und in den letzten dreißig Jahren keine Eintragung im Grundbuch erfolgt ist, zu der der Eigentümer hätte zustimmen müssen. Entspr muss eine juristische Person aufgelöst (BGH MDR 03, 924) oder deren Organe nicht zu ermitteln sein (insoweit offen BGH aaO). Nicht Voraussetzung ist, dass die Erben bzw Erbeserben unbekannt oder nicht feststellbar sind (LG Köln MittRhNotK 85, 215). Die weitere Voraussetzung gilt nicht, wenn kein Eigentümer oder nur ein Nichteigentümer im Grundbuch eingetragen ist (BGH WM 78, 194). Ist eine durch den Eigentümer zustimmungsbedürftige Eintragung im Grundbuch erfolgt, ist unerheblich, ob die Zustimmung des Eigentümers tatsächlich vorgelegen hat oder ob die Eintragung ohne die Zustimmung überhaupt erfolgen durfte (MüKo/*Kanzleiter* Rn 4; Staud/*Pfeifer* Rn 11). Die Eintragung aufgrund einer Erklärung eines Bevollmächtigten nach dem Tod des Eigentümers (LG Flensburg SchlHA 62, 246; aA MüKo/*Kanzleiter* Rn 4) oder eines Abwesenheitspflegers unterbricht die Frist nicht (AG Berlin-Schöneberg MittBayNot 75, 22), da keine Erklärung vorliegt, die die Eintragung bestätigt.

4 **D. Ausschlussurteil und Eigentumserwerb. I. Ausschlussurteil.** Mit Erlass des Ausschlussurteils (vgl § 957 ZPO) verliert der wahre Eigentümer sein Eigentumsrecht und das Grundstück wird herrenlos (RGZ 76, 359) und es erlöschen die das Eigentum betreffenden Verfügungsbeschränkungen (Staud/*Pfeifer* Rn 15). Dies gilt nicht für im Urteil nach § 953 ZPO vorbehaltene Rechte (BGHZ 76, 171). Das Urteil wirkt ggü jedermann.

5 **II. Eigentumserwerb.** Das Ausschlussurteil bewirkt nur dann unmittelbar einen Eigentumserwerb des Antragstellers, wenn der Antragsteller bereits als Eigentümer im Grundbuch eingetragen ist (BGH WM 78, 194; MüKo/*Kanzleiter* Rn 7 mwN). Andernfalls gibt das Ausschlussurteil lediglich ein nach § 925 – ohne Eintragung – übertragbares, pfändbares und verpfändbares Aneignungsrecht (MüKo/*Kanzleiter* Rn 8). Der Berechtigte erwirbt unbeschränktes und originäres (RGZ 76, 359) Eigentum dann erst mit seiner Eintragung als Eigentümer (II; RG JW 13, 204). Dazu genügt ein formloser Antrag des Aneignungsberechtigten, in dem der Aneignungswille zum Ausdruck kommt, und Vorlage einer Ausfertigung des Ausschlussurteils (Oldbg NdsRpfl 05, 119; MüKo/*Kanzleiter* Rn 7 mwN, str). Die Vorlage einer Unbedenklichkeitsbescheinigung kann nicht verlangt werden (Zweibr NJW-RR 86, 1461). Belastungen bleiben unverändert bestehen. Sind im Urteil Rechte Dritter vorbehalten, ist deren Zustimmung zur Eintragung erforderlich, die auch nach § 894 ZPO ersetzt werden kann (RGZ 67, 95). Die §§ 892 f gelten für den Eigentumserwerb nicht (MüKo/*Kanzleiter* Rn 7). § 566 gilt entspr (MüKo/*Kanzleiter* Rn 7).

6 **III. Ausnahme (III).** Wird während des Aufgebotsverfahrens ein Dritter als Eigentümer eingetragen, kann der Aneignungsberechtigte nicht im Grundbuch eingetragen werden (Soergel/*Stürner* Rn 3). Ein Widerspruch hindert nicht die Eintragung (KGJ 33 A 212), allerdings kann der Widerspruchsberechtigte durch Nachweis seines Eigentums (§ 891) die Berichtigung des Grundbuchs erreichen.

§ 928 Aufgabe des Eigentums, Aneignung des Fiskus

(1) Das Eigentum an einem Grundstück kann dadurch aufgegeben werden, dass der Eigentümer den Verzicht dem Grundbuchamt gegenüber erklärt und der Verzicht in das Grundbuch eingetragen wird.
(2) ¹Das Recht zur Aneignung des aufgegebenen Grundstücks steht dem Fiskus des Bundesstaats zu, in dessen Gebiete das Grundstück liegt. ²Der Fiskus erwirbt das Eigentum dadurch, dass er sich als Eigentümer in das Grundbuch eintragen lässt.

1 **A. Eigentum.** Die Eigentumsaufgabe (Dereliktion) ist möglich bei Eigentum an Grundstücken im Rechtssinne oder an realen Grundstücksteilen (Palandt/*Bassenge* Rn 1) sowie bei Gesamthandseigentum, nicht aber bei einzelnen Miteigentumsanteilen (hM BGHZ 115, 1; Soergel/*Stürner* Rn 1; aA MüKo/*Kanzleiter* Rn 2),

Wohnungs- und Teileigentum (BayObLG NJW 91, 1962; Celle MDR 04, 29; aA MüKo/*Kanzleiter* Rn 4) und beim Erbbaurecht (§§ 11 I 1, 26 ErbbauV) sowie Gebäudeeigentum (Art 233 § 4 I 1 EGBGB). Sondervorschriften gelten für Grundstücke im Zusammenhang mit der Abwicklung der Bodenreform nach Art 233 § 15 EGBGB. Bei Bruchteils- oder Gesamthandseigentum ist ein Verzicht aller Eigentümer erforderlich.

B. Eigentumsaufgabe. Die Aufgabe erfordert Verzichtserklärung und Eintragung in das Grundbuch.

I. Verzicht. Die Verzichtserklärung ist eine bedingungs- und befristungsfeindliche (vgl § 925 II), einseitige und empfangsbedürftige Willenserklärung, die mit Zugang beim Grundbuchamt wirksam wird (BGHZ 115, 1). Sie ist materiell-rechtlich formfrei, bedarf für den Grundbuchvollzug der Form des § 29 GBO (BayObLG Rpfleger 83, 308). Der Verzicht ist mit Eingang beim Grundbuchamt nach § 130 I, III unwiderruflich (RGZ 82, 74), aber der Eintragungsantrag kann bis zur Eintragung zurück genommen werden (KGJ 48, 256). § 878 gilt entspr. Die Verzichtserklärung muss von allen im Grundbuch als Eigentümer Eingetragenen abgegeben werden. Eine Aufgabe ist auch möglich, wenn der Eigentümer sich lediglich von öffentlich-rechtlichen Pflichten (Altlastensanierung, Abgaben und Steuern) befreien will (BayObLG Rpfleger 83, 308; Soergel/*Stürner* Rn 1), die jedoch fortbestehen können (Staud/*Pfeifer* Rn 33). Der Verzicht einer Gemeinde kann nach § 134 unwirksam sein (BayObLG Rpfleger 83, 308).

II. Eintragung. Die Dereliktion wird erst wirksam mit Eintragung in das Grundbuch. Neben dem formlosen Eintragungsantrag (§ 13 GBO) ist auch eine Eintragungsbewilligung (§ 19 GBO) des Eigentümers erforderlich (str), die idR in der Verzichtserklärung in der Form des § 29 GBO enthalten ist (BayObLG Rpfleger 83, 308).

III. Wirkung. Mit der Aufgabe wird das Grundstück herrenlos und der alte Eigentümer verliert sein Besitzrecht. Zubehör wird nur nach § 959 herrenlos. Sämtliche Grundstücksrechte bleiben bestehen, auch soweit sie dem alten Eigentümer zustehen (RGZ 82, 74; Staud/*Pfeifer* Rn 27). Eine Eigentümergrundschuld wandelt sich in eine Fremdgrundschuld zugunsten des alten Eigentümers (MüKo/*Kanzleiter* Rn 11, str). Dingliche Belastungen können gegen den alten Eigentümer nicht mehr geltend gemacht werden (RGZ 89, 367) und es erlischt auch die persönliche Haftung aus § 1108 (MüKo/*Kanzleiter* Rn 11). Davon unberührt bleiben übernommene persönliche Verpflichtungen, wie zB die Haftung für eine Hypothekenforderung. Bei der Zahlung auf eine Hypothekenforderung durch den alten Eigentümer als persönlicher Schuldner gilt § 1164 und bei der Zahlung durch den neuen Eigentümer gilt § 1163, nicht jedoch § 1143 (Staud/*Pfeifer* Rn 28; Soergel/*Stürner* Rn 2; aA MüKo/*Kanzleiter* Rn 11). Zur Durchsetzung von Belastungen gegen den – nicht existenten – Eigentümer, muss gem §§ 58, 787 ZPO ein gesetzlicher Vertreter (nicht Partei kraft Amtes, München MDR 72, 155, str) des künftigen Eigentümers bestellt werden. § 1913 ist unanwendbar (KGJ 50, 53, str).

C. Aneignung. Das Bundesland, in dem das Grundstück liegt, hat ein Aneignungsrecht (vgl aber Art 129, 190 EGBGB). Das Recht ist in der Form des § 925 abtretbar (Staud/*Pfeifer* Rn 20), ein sonstiges Recht iSd § 823 I (Schlesw NJW 94, 949) und wird durch Beschädigung des herrenlosen Grundstücks verletzt (Palandt/*Bassenge* Rn 4). Die §§ 987 ff gelten jedoch nicht (Schlesw NJW 94, 949; aA MüKo/*Kanzleiter* Rn 13). Verzichtet das Bundesland auf das Aneignungsrecht, kann sich jeder Dritte das Grundstück ohne weiteres aneignen (BGHZ 108, 278). Der Verzicht ist eintragungsfähig, muss zur Wirksamkeit aber nicht eingetragen werden (LG Hburg NJW 66, 1715; Erman/*Lorenz* Rn 11, str). Die Erklärung bedarf wie die Verzichtserklärung nur zum Grundbuchvollzug der Form des § 29 GBO (Staud/*Pfeifer* Rn 22). Der Aneignungsberechtigte erwirbt das Eigentum erst mit Eintragung in das Grundbuch und zwar originär, so dass §§ 892 f nicht anwendbar sind (RGZ 82, 74). § 566 gilt entspr (RGZ 103, 168).

Titel 3   Erwerb und Verlust des Eigentums an beweglichen Sachen

Untertitel 1   Übertragung

§ 929 Einigung und Übergabe

¹Zur Übertragung des Eigentums an einer beweglichen Sache ist erforderlich, dass der Eigentümer die Sache dem Erwerber übergibt und beide darüber einig sind, dass das Eigentum übergehen soll. ²Ist der Erwerber im Besitz der Sache, so genügt die Einigung über den Übergang des Eigentums.

A. Normzweck und Regelungsgegenstand. Die §§ 929 ff sind Teil des 3. Abschnitts über das Eigentum. In diesem Bereich ist systematisch der allgemeine Inhalt des Eigentums (§§ 903 ff) von den Grundstücksregelungen (§§ 925 ff) und den beweglichen Sachen (§§ 929 ff) abgetrennt. Die weiteren Teile des 3. Titels sind dem gesetzlichen Erwerb des Eigentums gewidmet (§§ 937–984). Demgegenüber ist der folgende Abschnitt dem **rechtsgeschäftlichen Erwerb** zuzuordnen. Neben Rechtsgeschäft und gesetzlichem Erwerb gibt es (außerhalb des BGB) auch einen Eigentumserwerb durch Hoheitsakt (insbes im Wege der Zwangsvollstreckung). Die folgenden Tatbestände zum Eigentumserwerb an beweglichen Sachen dienen vor allem der Rechtsklarheit. Der Gesetzgeber hat einen zweiaktigen Tatbestand (Einigung und Übergabe) gewählt, um vor allem die Publizität und die Bestimmtheit (Spezialität) zu sichern (s.o. Einl vor § 854 Rn 16). Insgesamt sind im Folgenden vier verschiedene Tatbestände des Eigentumserwerbs an beweglichen Sachen vom Berechtigten geregelt (§§ 929 S 1, 929 S 2, 930, 931). Daran schließen sich ebenfalls vier parallele Gutglaubensvorschriften an. In diesem Gesamtsystem bildet § 929 S 1 den **Grundtatbestand**, auf den sich alle weiteren Formen der rechtsgeschäftlichen Übertragung von Eigentum beziehen.

2 Nach dem gesetzlichen Leitbild bezieht sich § 929 auf natürliche Personen und eine tatsächliche Übergabe der jeweiligen Sache. Übertragungsformen bei juristischen Personen und Gesamthandsgemeinschaften, die von diesem Leitbild erkennbar abweichen, müssen in das gesetzliche System eingepasst werden. Ebenfalls bedarf das Gesetz der Anpassung an moderne Formen der Lieferung und Übertragung von Gegenständen. Die Normen der §§ 929 bis 936 sind (abgesehen von der nachträglichen Einfügung der §§ 929a, 932a) seit 1900 unverändert.

3 **B. Anwendungsbereich.** Gegenstand der Übereignung gem § 929 ff sind zunächst bewegliche Sachen, also körperliche Gegenstände (§ 90) sowie Tiere (§ 90 a). Ausgeschlossen sind wesentliche Bestandteile von Grundstücken (§§ 93, 94) sowie Grundstücke selbst und im Zweifel auch Grundstückszubehör (§§ 97, 926). Zum Anwendungsbereich von § 929 gehören ferner Scheinbestandteile (§ 95) sowie jede Form und Art von Geld (auch ausländisches Geld). Aus dem Bereich der Wertpapiere werden nach § 929 die Inhaberpapiere übertragen. Dagegen bedürfen die Orderpapiere einer besonderen Übertragungsform durch Indossament und die Rektapapiere werden nach § 952 behandelt, ihr Eigentum wechselt also mit der jeweils abgetretenen Forderung. Wertpapiere im Depot können nach § 931 übertragen werden, möglich ist aber auch der Erwerb durch Übersendung eines Stückverzeichnisses (§§ 18, 26 DepotG). Die rechtsgeschäftliche Übereignung von Körperteilen des Menschen kommt nur insoweit in Betracht, als sie durch Trennung vom Körper zu einer Sache iSd §§ 929 ff geworden sind. Zur Übertragung von Schiffen und Schiffsbauwerken s.u. § 929 a. Für die Übergabe beweglicher Sachen im Rahmen handelsrechtlicher Traditionspapiere (Lagerschein, Ladeschein, Konnossement) vgl §§ 363, 364 HGB. Zur Übertragung des Anwartschaftsrechts s.u. Rn 22.

4 **C. Einigung. I. Rechtsnatur.** Die Einigung ist ein abstrakter dinglicher Vertrag (BGHZ 26, 16). Daher gelten für die Einigung alle Regelungen der Willenserklärungen sowie des Zustandekommens von Verträgen. Relevante Mängel müssen dem dinglichen Vertrag selbst anhaften, vom Grundgeschäft ist das dingliche Geschäft abzutrennen (Abstraktionsprinzip).

5 **II. Form, Gegenstand, Auslegung.** Die Einigung ist formfrei möglich. Sie kann neben ausdrücklicher Erklärung auch konkludent oder stillschweigend erklärt werden. Die (konkludente) Erklärung ist auch zusammen mit dem Kaufvertrag möglich. Die Erklärung der Einigung ist nach allg Regeln für Willenserklärungen aus der Sicht des Empfängers auszulegen. In der Übersendung von Sachen liegt regelmäßig ein Angebot zur Einigung. Dessen Annahme wird sich in der Praxis häufig nach § 151 richten, bedarf allerdings auch dort einer mindestens konkludenten Annahme, die lediglich dem Antragenden nicht zugehen muss. Im Rahmen der dinglichen Einigung muss der Bestimmtheitsgrundsatz und das Spezialitätsprinzip beachtet werden. Soll eine Sachgesamtheit (Warenlagen) übereignet werden, so genügt eine Sammelbezeichnung, die verdeutlicht, dass sich die Übereignung auf alle Gegenstände des Warenlagers bezieht. Daher kann eine Sachgesamtheit zB durch ein Inventarverzeichnis übereignet werden. Möglich ist auch eine Übereignung im Rahmen von Raumsicherheiten (s.u. § 930 Rn 2).

6 **III. Inhalt.** Inhalt der Einigung ist der Eigentumsübergang an der konkret bestimmten Sache auf einen konkreten Erwerber. Möglich und zulässig ist es, die dingliche Einigung unter eine (aufschiebende oder auflösende) Bedingung zu stellen. Zulässig ist auch eine Befristung (zur aufschiebenden Bedingung beim Eigentumsvorbehalt s.u. Rn 15). Neben der Bestimmtheit der übereigneten Sache gehören auch die Person des Veräußerers und des Erwerbers zum notwendigen Inhalt der Einigung. Eine Ausnahme wird beim Geschäft für den, den es angeht, zugelassen. Voraussetzung ist hierbei ein normales Alltagsgeschäft, wobei dem Veräußerer die konkrete Person des Erwerbers erkennbar ohne Bedeutung ist.

7 **IV. Zeitpunkt.** Das Eigentum geht nach § 929 S 1 auf den Erwerber über, wenn der letzte Akt vollendet ist und der zuerst erfolgte Akt noch besteht. Bei zunächst erfolgender Einigung geht das Eigentum also mit der Übergabe auf den Erwerber über, wenn die Parteien zu diesem Zeitpunkt noch einig sind. Bei zunächst erfolgender Übergabe geht das Eigentum mit der dinglichen Einigung über, wenn der Erwerber noch im Besitz der Sache ist.

8 **V. Mängel.** Die dingliche Einigung ist abstrakt und daher von Mängeln des Grundgeschäftes nicht abhängig. Unwirksam ist die dingliche Einigung, wenn bei ihrer Vornahme einer Partei die Geschäftsfähigkeit fehlt, wenn Willensmängel gerade der dinglichen Einigung zur Anfechtung des dinglichen Geschäftes führen, wenn die dingliche Einigung selbst gegen ein gesetzliches Verbot verstößt (§ 134) oder wenn die dingliche Einigung nach § 138 I oder II sittenwidrig ist. Dies ist für § 138 II eindeutig, muss aber für § 138 I jedenfalls dann gelten, wenn gerade in der dinglichen Einigung ein sittlich anstößiges Rechtsgeschäft zu sehen ist. Dies dürfte allerdings selten sein (BGH NJW 85, 3006).

VI. Widerruf. Die isolierte dingliche Einigung bzw die ihr zu Grunde liegenden Willenserklärungen sind bis zur endgültigen Verwirklichung des Übereignungstatbestandes frei widerrufbar. Dies wird allgemein aus einem Umkehrschluss zu § 873 II entnommen. Mit der Vollendung des Übereignungstatbestandes wird die Einigung unwiderruflich, wenn sie nicht vorher erklärt worden und dem Gegner zugegangen ist.

D. Übergabe. Die Übergabe gem S 1 erfordert einen von beiden Vertragsparteien gewollten und durchgeführten Wechsel des unmittelbaren Besitzes. Die Verschaffung von Mitbesitz genügt nicht (BGH NJW 79, 714). Der Besitzwechsel kann in allen Formen des § 854 I durch einen Realakt erfolgen, aber auch gem § 854 II durch Rechtsgeschäft. Auf beiden Seiten können die Parteien selbst oder jeweilige Besitzdiener handeln. Eine Übergabe stellt es ferner dar, wenn der Veräußerer als mittelbarer Besitzer den unmittelbaren Besitzer **anweist**, die Sache dem Erwerber zu übergeben. Möglich ist weiterhin die Übergabe dadurch, dass der unmittelbare Besitzer auf Veranlassung des Veräußerers die Sache dem Erwerber übergibt, obwohl zwischen unmittelbarem Besitzer und Veräußerer ein Besitzmittlungsverhältnis nicht besteht. Dazu bedarf es dann allerdings einer Unterordnung des Besitzers unter das Geheiß des Veräußerers. Durch das Rechtsinstitut des **Geheißerwerbs** lassen sich auch die sog Streckengeschäfte durchführen, wobei in einer Kette von Kaufverträgen jeder Verkäufer die Sache an seinen Käufer weiter übereignen will und die Sache selbst unabhängig von der Anzahl der Zwischenhändler vom Hersteller direkt an den Endabnehmer durchgeliefert wird. Schließlich kann die Übergabe einer Sache, die sich im unmittelbaren Besitz eines Dritten befindet, auch dadurch geschehen, dass der veräußernde mittelbare Eigenbesitzer den Dritten anweist, von nun an für den Erwerber zu besitzen (BGH NJW 59, 1536).

E. Berechtigung des Veräußerers. Die Übereignung nach § 929 setzt voraus, dass der Veräußerer berechtigt ist, über die Sache zu verfügen. Diese Berechtigung ergibt sich in aller Regel aus der Eigentümerstellung des Veräußerers. Daneben kann die Berechtigung zur Verfügung sich aus Gesetz ergeben (Insolvenzverwalter, Testamentsvollstrecker). Möglich ist auch eine gewillkürte Verfügungsberechtigung gem § 185.

F. Bloße Einigung (S 2). Für den Fall, dass der Erwerber bereits im Besitz der Sache ist, genügt nach der ausdrücklichen Regelung des S 2 die bloße Einigung zum Eigentumsübergang (brevi manu traditio). Diese Einigung ist wiederum ein dinglicher Vertrag und mit der Einigung nach § 1 identisch (s.o. Rn 4 ff). Erforderlich ist ferner wie bei § 1 die Berechtigung des Veräußerers zur Verfügung (s.o. Rn 11). Der Erwerber muss entweder unmittelbarer Besitzer oder mittelbarer Besitzer der Sache sein. Ein durch Besitzdienerschaft vermittelter Besitz reicht aus. Ausreichend kann sogar Mitbesitz sein, wenn der weitere Mitbesitzer nicht der Veräußerer selbst ist. Ist der Erwerber zur Zeit des Erwerbs Besitzdiener, geht das Eigentum ebenfalls durch bloße Einigung nach § 2 über. In diesem Falle wandelt sich im Zeitpunkt der Einigung die Besitzdienerschaft in einen unmittelbaren Besitz um. Anerkannt ist schließlich heute, dass Eigentumserwerb durch bloße Einigung auch möglich ist, wenn die übereignete Sache derzeit besitzlos ist. Die Gegenauffassung hält eine Übereignung besitzloser Sachen nach § 931 für möglich (*Avenarius* JZ 94, 511).

G. Erwerb durch Stellvertretung. I. Unmittelbare Stellvertretung. Im Rahmen der Einigung ist nach allgemeinen rechtsgeschäftlichen Regeln eine unmittelbare Stellvertretung (§ 164) sowie eine Übermittlung von Willenserklärungen durch Boten möglich und zulässig. Bei der Übergabe (Realakt) ist dagegen Stellvertretung und Botenschaft ausgeschlossen; dort kann als Hilfsperson ein Besitzdiener auf einer oder auf beiden Seiten agieren (s.o. § 855 Rn 6). Soweit auf beiden Seiten der Übereignung dieselbe Person handelt, ist § 181 zu beachten. In allen Formen der Übereignung durch Vertretungspersonen ist die Wirkung ein Direkterwerb des Eigentums durch den Erwerber.

II. Mittelbare Stellvertretung. Eine mittelbare (verdeckte) Stellvertretung ist bei der Eigentumsübertragung grundsätzlich auf der Veräußererseite wie auf der Erwerberseite möglich. Handelt für den Berechtigten auf der Veräußererseite ein mittelbarer Stellvertreter im eigenen Namen, so ist die Übereignung unter den Voraussetzungen des § 185 wirksam, bei späterer Genehmigung kann die Übereignung nach § 185 II wirksam werden. Eine mittelbare (verdeckte) Stellvertretung auf der Erwerberseite führt zunächst zum Erwerb des Stellvertreters. Dieser kann an den Geschäftsherrn nach den Regeln der §§ 929 ff später oder bei vorweggenommener Einigung zeitgleich eine Übertragung vornehmen. In allen Fällen kommt es jedoch zu einem Durchgangserwerb. Eine Ausnahme davon ist die Übereignung an den, den es angeht. Hier haben Rspr und hM unter Durchbrechung der Offenkundigkeit der Stellvetretung einen Direkterwerb des Erwerbers in Fällen mittelbarer Stellvertretung anerkannt, wenn es sich um ein Alltagsgeschäft handelt und dem Veräußerer die konkrete Person des Erwerbers ohne Bedeutung ist.

H. Eigentumsvorbehalt und Anwartschaftsrecht. I. Einfacher Eigentumsvorbehalt. 1. Grundlagen. Der einfache Eigentumsvorbehalt (EV) ist ein Rechtsverhältnis zwischen Verkäufer und Käufer einer beweglichen Sache. Zu Grunde liegt ein unbedingt abgeschlossener Kaufvertrag. Die dinglichen Erfüllungsgeschäfte (Übereignung der Kaufsache und Zahlung des Kaufpreises) werden in der Weise abgewickelt, dass die Sache sogleich übergeben wird und die Parteien eine dingliche Einigung iSv § 929 erklären. Diese dingliche Einigung wird unter der aufschiebenden Bedingung (§ 158 I) geschlossen, dass der Kaufpreis vollständig gezahlt wird. Sodann wird vereinbart, dass der Kaufpreis in bestimmten Raten oder in bestimmter zeitlicher Frist zu zahlen ist (und damit die Bedingung eintritt). Der EV ist ein zentrales Sicherungsmittel des Vorbehaltsverkäufers, der in Zwangsvollstreckung und Insolvenz weiterhin durch die Eigentümerposition gesichert ist. Der Eigentumsvorbehalt ist aber auch für den Käufer ein außerordentlich wesentliches Hilfsmittel, da dieser bereits vor Zahlung des Kaufpreises die Sache nutzen kann und entgegen dem Grundgedanken von § 320 die Leistung des Besitzes an der Sache erhält, ohne selbst sogleich leisten zu müssen. Darüber hinaus ist durch vielfältige Regelungen die Position des Käufers und Erwerbers der Sache bereits jetzt geschützt (Anwartschaftsrecht).

16 **2. Gesetzliche Regelung.** Die schuldrechtliche Seite des Eigentumsvorbehalts hat in § 449 I eine Regelung in der Form einer Auslegungsregel erhalten. Danach ist beim Vorbehalt des Verkäufers am Eigentum der verkauften Sache im Zweifel anzunehmen, dass dieses Eigentum unter der aufschiebenden Bedingung vollständiger Zahlung des Kaufpreises übertragen wird. Darüber hinaus enthält § 449 II eine Abwicklungsregelung bei Rückforderung der Sache durch den Verkäufer und III enthält das Verbot des Konzernvorbehalts. Außerhalb des BGB ist der einfache EV in § 107 InsO geregelt.

17 **3. Vertragliche Vereinbarung.** Der EV bedarf einer rechtsgeschäftlichen Grundlage. Regelmäßig muss er im Kaufvertrag vereinbart worden sein. Möglich ist allerdings auch eine stillschweigende Vereinbarung, wenn im Rahmen ständiger Geschäftsverbindungen frühere Lieferungen des Verkäufers ausschließlich unter EV ausgeführt worden waren. Dagegen kann man trotz der Häufigkeit des EV nicht unterstellen, dass alle Kreditkäufe mit der stillschweigenden Vereinbarung eines EV verbunden sind (aA LG Aachen MDR 58, 514).

18 Häufig finden sich Eigentumsvorbehalte in AGB. Hier stellt sich vor allem das Problem der wirksamen Einbeziehung dieser AGB in den Vertrag. Bei Geschäften mit Verbrauchern verlangt eine Einbeziehung solcher AGB die Beachtung von § 305 II (ausdrücklicher Hinweis oder sichtbarer Aushang sowie Möglichkeit zumutbarer Kenntnisnahme und Einverständnis der Gegenpartei). Im unternehmerischen Geschäftsverkehr kann gegen § 310 I auch ein stillschweigender Hinweis sowie insbes ein branchenüblicher Hinweis oder bestehende laufende Geschäftsverbindung zur Einbeziehung von AGB-Klauseln führen. Darüber hinaus können solche AGB im Rahmen des Schweigens auf ein kaufmännisches Bestätigungsschreiben oder im Rahmen von Handelsbräuchen zum Vertragsinhalt werden. Im Falle kollidierender AGB gilt wegen § 150 zunächst die Theorie des letzten Wortes (BGH NJW 63, 1248). Im Einzelfall kann allerdings das Schweigen nicht als stillschweigende Zustimmung gewertet werden (BGH NJW 85, 1838). In solchen Fällen soll an Stelle der kollidierenden AGB gem § 306 II das dispositive Recht gelten; im Einzelfall kann auch eine ergänzende Vertragsauslegung in Betracht kommen (BGHZ 90, 69, 74; 117, 92, 98).

19 Ist schuldvertraglich ein EV nicht vereinbart, so ist die Übergabe der Kaufsache grundsätzlich eine Form der Übereignung ohne Bedingung. Hat allerdings der Verkäufer im Rahmen der Übereignung ausdrücklich einen (an sich vertragswidrigen) EV erklärt, so ist dieser nachträgliche EV dinglich wirksam, auch wenn dies eine Verletzung des schuldrechtlichen Vertrages sein kann. Dagegen ist ein nach Übergabe der Kaufsache einseitig erklärter EV (zB auf der nachträglich übersandten Rechnung) grundsätzlich wirkungslos. Sind sich die Vertragsparteien einig, kann allerdings auch nachträglich ein EV vereinbart werden (Rückübertragung des Eigentums an den Verkäufer gem §§ 929, 930 unter auflösender Bedingung der vollständigen Kaufpreiszahlung).

20 **II. Rechtsstellung des Verkäufers.** Bei wirksamer Vereinbarung eines einfachen EV ist der Verkäufer verpflichtet, die verkaufte Sache zu übergeben und unter der aufschiebenden Bedingung der vollständigen Kaufpreiszahlung zu übereignen. Damit tritt zugleich eine Bindung der Parteien an die dingliche Einigung ein. Eventuelle Gewährleistungspflichten treffen den Vorbehaltsverkäufer wegen Sach- und Rechtsmängeln nach allg Regeln. Allerdings schuldet der Verkäufer die Verschaffung des lastenfreien Eigentums erst mit dem Zeitpunkt des Eintritts der Bedingung. Will der Verkäufer wegen Verzug des Käufers vom Vertrag zurücktreten, muss er gem § 323 zunächst erfolglos eine Frist gesetzt haben. Ohne diesen Rücktritt kann der Verkäufer bei Zahlungsverzug des Käufers nicht die Herausgabe der verkauften Sache verlangen (§ 449 II). Verweigert der Käufer die Zahlung des Restkaufpreises wegen Verjährung, so kann der Verkäufer gem § 216 II 2 dennoch vom Vertrag zurücktreten. Neben dem Rücktrittsrecht bei Verzug des Käufers kann der Verkäufer auch Schadensersatz statt der Leistung gem § 281 verlangen.

21 **III. Das Anwartschaftsrecht und die Rechtsstellung des Käufers.** Beim Verkauf unter EV handelt es sich wegen der aufschiebenden Bedingung der dinglichen Einigung und der Stundung des Kaufpreises um einen **gestreckten Rechtserwerb.** In diesem Falle vollzieht sich der dingliche Erwerb in mehreren Etappen, so dass sich die Frage ergibt, wie die Rechtsstellung des Käufers in der Schwebelage zu beurteilen ist (der Verkäufer bleibt bis zum Eintritt der Bedingung Eigentümer). Entscheidend hierfür ist, dass der Erwerber gem § 161 I gegen Zwischenverfügungen des Veräußerers und Eigentümers geschützt ist. Dieser Schutz ist trotz § 161 III wegen § 936 III auch im Falle von Zwischenverfügungen an einen Redlichen gegeben. Daneben gelten für den Versuch treuwidriger Vereitelung des Bedingungseintritts die §§ 162 I, 242, 378. Die verschiedenen Schutzmomente führen beim Käufer als Besitzer der Sache zu einer Rechtsposition, die durch einseitige Erklärung des Veräußerers nicht mehr zerstört werden kann. Es hat sich daher die Auffassung durchgesetzt, diese unzerstörbare Position des Käufers als **Anwartschaftsrecht** zu bezeichnen. Seinem Wesen nach ist dieses Anwart-

schaftsrecht kein eigenständiges dingliches Recht, sondern eine Vorstufe zum Erwerb des endgültigen Eigentums (Vollrechts) für den Käufer, also ein wesensgleiches Minus zur Eigentümerstellung. Daher sind auf das Anwartschaftsrecht die Normen über das Eigentum an beweglichen Sachen analog anzuwenden.

Im Einzelnen kann der Eigentümer und Verkäufer dem Käufer ein Anwartschaftsrecht an einer beweglichen 22 Sache nach §§ 929, 158 I **übertragen**. Ein Anwartschaftsberechtigter und Käufer kann sein Anwartschaftsrecht durch Einigung und Übergabe der Sache analog § 929 übertragen. Im Falle des Bedingungseintritts erwirbt der Dritterwerber das Eigentum direkt (kein Durchgangserwerb). Vom Scheineigentümer kann ein Anwartschaftsrecht analog § 932 nach den allg Regeln der §§ 929, 158 I erworben werden, wobei es für den Zeitpunkt der Gutgläubigkeit auf den Zeitpunkt ankommt, in dem die bedingte Einigung und Übergabe vollzogen werden. Außerordentlich streitig ist die Frage, ob ein Anwartschaftsrecht gutgläubig durch Übertragung von einem Scheinanwartschaftsberechtigten erworben werden kann. Dies ist (wenn überhaupt) nur möglich, soweit ein schuldrechtliches Band besteht, so dass durch Zahlung der Eintritt einer aufschiebenden Bedingung ermöglicht wird. In diesem Falle ist auch ein gutgläubiger Erwerb des Anwartschaftsrechts zuzulassen.

Die rechtsgeschäftliche **Verpfändung** des Anwartschaftsrechts ist zulässig und vollzieht sich nach den 23 §§ 1204, 1205 analog. Auch eine Pfändung im Rahmen der Zwangsvollstreckung ist durch sog Doppelpfändung möglich (s.u. Rn 33).

Der **Schutz** des Anwartschaftsrechts ist heute in vielfältiger Weise gewährleistet. Der Schutz gegen Zwischen- 24 verfügungen des Verkäufers vollzieht sich nach § 161 I, III mit § 936 III und § 986 II. Die Vereitelung des Bedingungseintritts lässt sich durch die §§ 162 I, 242, 378 abwehren. Gegenüber Herausgabeansprüchen des Verkäufers ist der Anwartschaftsberechtigte durch den Kaufvertrag geschützt. Bei Herausgabeansprüchen Dritter kann § 986 II eingreifen, darüber hinaus besteht nach hM ein dingliches Recht zum Besitz (aA BGHZ 10, 69, wobei dort über § 242 geholfen wird). Weiterhin stehen dem Vorbehaltskäufer und Anwartschaftsberechtigten gegenüber jedermann die Ansprüche auf Herausgabe nach § 985 sowie die Abwehr von Störungen nach § 1004 zur Seite. Im Bereich des deliktischen Schutzes ist das Anwartschaftsrecht als sonstiges absolutes Recht nach § 823 I anerkannt. Zum Schutzumfang in der Zwangsvollstreckung und der Insolvenz s.u. Rn 33, 34.

Auch ohne die Heranziehung des Anwartschaftsrechts ergibt sich für den Käufer auf Grund des Kaufvertrags 25 ein **Recht zum Besitz** und zur Nutzung der Kaufsache. Damit entsteht zwischen Verkäufer und Käufer ein Besitzmittlungsverhältnis nach § 868. Der Verkäufer bleibt als Eigentümer zugleich mittelbarer Eigenbesitzer, während der Käufer unmittelbarer Fremdbesitzer ist. Damit stehen dem Käufer alle Besitz- und Besitzschutzansprüche der §§ 854 ff (§§ 861, 862, 867) zur Seite.

IV. Formen und Erweiterungen des Eigentumsvorbehalts. 1. Einfacher Eigentumsvorbehalt. Der einfa- 26 che EV wirkt zunächst nur zwischen Verkäufer und Käufer und beruht schuldrechtlich auf einem unbedingten Kaufvertrag iVm der Auslegungsregel des § 449 I. Dinglich ist der einfache EV durch eine Übereignung unter der aufschiebenden Bedingung der vollständigen Zahlung des Kaufpreises gekennzeichnet (§§ 929, 158 I). Der einfache EV kann in der Wirtschaftspraxis in vielfältiger Weise verlängert, erweitert oder ausgedehnt werden.

2. Verlängerter Eigentumsvorbehalt. Von Verlängerung des EV wird gesprochen, wenn dem Verkäufer der 27 Verlust seiner Sicherheit durch Weiterveräußerung der Sache vom Käufer an einen Dritten oder durch Verarbeitung nach § 950 droht. Im Einzelnen kann ein Verlust des Eigentums für den Verkäufer dadurch eintreten, dass der Käufer nach § 185 berechtigt ist, die Vorbehaltsware im ordnungsgemäßen Geschäftsgang weiter zu veräußern. Liegt die Erlaubnis zur Veräußerung nicht vor, kann dennoch ein Dritter nach den Vorschriften über den gutgläubigen Erwerb Eigentümer werden. Schließlich sind verschiedene gesetzliche Erwerbstatbestände hinter dem Käufer oder bei Dritten nach den §§ 946 ff, insbes nach § 950 möglich. Dem kann der Verkäufer durch eine Vorausabtretungsklausel (im Falle des Weiterverkaufs) oder durch eine Verarbeitungsklausel begegnen. Die Vorausabtretungsklausel ermächtigt den Käufer zur Weiterveräußerung der Ware unter gleichzeitiger Abtretung des künftigen Kaufpreisanspruchs gegen den Dritten an den Verkäufer (zu Einzelheiten Soergel/*Henssler* Anh § 929 Rn 113 ff). Schwierigkeiten ergeben sich bei der Vorausabtretung vor allem, soweit sie mit anderen Sicherungsrechten, insbes mit einer Globalzession kollidiert. In einem solchen Fall mehrerer Abtretungen gilt zunächst der Grundsatz der Priorität. Allerdings hat die Rspr diesen Grundsatz durch die sog Vertragsbruchtheorie korrigiert, wonach mit der Globalzession die bewusste Gefahr heraufbeschworen wird, dass bei späterem Kauf von Waren unter verlängertem EV bewusst in Kauf genommen wird, dass die vereinbarte Vorausabtretung scheitert (BGHZ 30, 149, 153; 32, 361, 366; 51, 113, 118; 55, 34, 36; 72, 308, 310; 98, 303, 307; 109, 240). Die Praxis begegnet der Gefahr, dass aus diesem Grund die Globalzession gem § 138 oder gem § 307 unwirksam ist, durch einen dinglichen Verzicht des Kreditgebers auf diejenigen Forderungen, die im Rahmen des verlängerten EV abzutreten sind. Bei Verarbeitung nach § 950 wird durch Verarbeitungsklauseln die Person des Herstellers iSv § 950 rechtsgeschäftlich bestimmt bzw modifiziert. Dadurch wird der Verkäufer, der bei Verarbeitung das Eigentum an der von ihm gelieferten Rohware verliert, im gleichen Augenblick Eigentümer des verarbeiteten Fertigprodukts. Soweit solche Verarbeitungsklauseln nicht durchgreifen, bleibt nur ein antizipiertes Besitzkonstitut zu Gunsten des Verkäufers. Dies hat allerdings die Konsequenz, dass der die Verarbeitung durchführende Käufer oder Dritte im Wege des Durchgangserwerbs für einen Augenblick Eigentümer wird.

28 **3. Erweiterter Eigentumsvorbehalt.** Die Formen der Erweiterung des EV sind dadurch gekennzeichnet, dass die aufschiebende Bedingung nicht nur an die vollständige Kaufpreiszahlung geknüpft ist, sondern dass darüber hinaus alle Forderungen des Verkäufers gegen den Käufer Gegenstand der Bedingung sind (Kontokorrentvorbehalt) oder dass noch weitergehend der Kreis der gesicherten Forderungen über die Ansprüche des Verkäufers hinaus sich auf alle mit dem Verkäufer konzernrechtlich verbundenen Unternehmen bezieht (Konzernvorbehalt). Der zuletzt genannte Konzernvorbehalt ist gem § 449 III unzulässig und damit unwirksam. Dagegen ist der Kontokorrentvorbehalt jedenfalls dann zulässig, wenn er alle bereits entstandenen Forderungen trifft. Möglich ist aber auch eine Einbeziehung künftiger Lieferungen des Verkäufers an den Käufer und der daraus entstehenden künftigen Kaufpreisforderungen. Darüber hinaus erkennt die Rspr auch den Kontokorrentvorbehalt in der Form an, dass alle, auch alle künftigen Forderungen aus der Geschäftsverbindung zwischen Verkäufer und Käufer betroffen sind (BGHZ 42, 53, 58; NJW 78, 632; aA Soergel/*Henssler* Anh § 929 Rn 151).

29 **4. Weitergabe des Eigentumsvorbehalts an Dritte.** Rechtlich zulässig sind Formen der Weitergabe des EV durch den Käufer an dritte Personen. Dies kann durch einen weitergeleiteten EV erfolgen, wonach der Käufer sein Anwartschaftsrecht an eine dritte Person verkauft und überträgt. Möglich ist aber auch ein nachgeschalteter EV, bei dem der Verkäufer die Sache erneut unter einfachem EV verkauft und überträgt.

30 **5. Das Streckengeschäft.** Beim Verkauf einer Sache in einer längeren Veräußerungskette kann sich jeder Verkäufer das Eigentum bis zur Bezahlung des ihm geschuldeten Kaufpreises gegenüber seinem Käufer vorbehalten. Damit erlangt der Endabnehmer Eigentum an der Kaufsache erst dann, wenn alle Kaufpreisforderungen beglichen sind oder er von seinem Verkäufer das Eigentum gutgläubig erwirbt. Die Eigentumsübertragung in dieser Veräußerungskette vollzieht sich in der Praxis in der Weise, dass die jeweiligen Vertragspartner die dingliche Einigung bereits mit dem Abschluss des Kaufvertrags erklären und dass je nach Art und Form der Lieferung der Sache vom Hersteller an den Endabnehmer die Besitzverschaffung in der Form des Geheißerwerbs vollzogen wird (s.o. Rn 10). Jeder Verfügende in dieser Veräußerungskette verfügt allerdings so lange als Nichtberechtigter, so lange er selbst und alle vorgeschalteten Zwischenerwerber ihren Kaufpreis noch nicht vollständig beglichen haben.

31 **6. Der Sicherheitenpool.** Mehrere Verkäufer können sich ebenso wie Kreditgeber durch eine eigenständige Poolvereinbarung in der Weise zusammenschließen, dass die beteiligten Gläubiger (in der Form einer GbR) ihre jeweiligen Forderungen und Sicherungsrechte in den Pool einbringen und damit übertragen. Sie können damit Beweisschwierigkeiten ausschalten und durch gemeinsames Vorgehen kostengünstig ihre Sicherungsrechte (insbes im Rahmen einer Insolvenz) geltend machen. Diese Poolverträge werden in der Rspr als wirksam angesehen (BGH NJW 89, 895; ZIP 1993, 271; ZIP 98, 793, 799).

32 **7. Uneigentlicher oder schuldrechtlicher Vorbehalt.** Neben den unterschiedlichen Formen dinglich wirkender Eigentumsvorbehalte ist es auch möglich, durch eine Vereinbarung eine schuldrechtliche Verpflichtung des Käufers in der Weise herbeizuführen, dass dieser nicht vor endgültiger Bezahlung der Kaufpreisschuld über die Sache verfügt. Eine solche Vereinbarung ist zulässig (BGH NJW 70, 699), kann aber wegen § 137 nur schuldrechtliche Bedeutung haben.

33 **V. Der Eigentumsvorbehalt in Zwangsvollstreckung und Insolvenz.** Will ein Gläubiger des Verkäufers im Wege der Zwangsvollstreckung auf das Eigentum des Verkäufers an der Kaufsache zugreifen, so ist er wegen des unmittelbaren Besitzes des Käufers (§§ 808, 809 ZPO) auf eine Pfändung des Herausgabeanspruchs beschränkt (§ 847 ZPO). Soweit die Gläubiger des Käufers die Zwangsvollstreckung betreiben, entsteht mangels Eigentum des Schuldners kein Pfändungspfandrecht bei einer Sachpfändung nach § 808 ZPO. Dagegen ist eine Rechtspfändung des Anwartschaftsrecht nach § 857 ZPO zulässig, allerdings ist sie nach hM isoliert nicht hilfreich, weil sich das Pfandrecht an dem Anwartschaftsrecht nach Eintritt der Bedingung nicht als Pfandrecht an der Sache selbst fortsetzt. Daher verlangt die hM und die Praxis eine Doppelpfändung (BGH NJW 54, 1325).

34 In der Insolvenz des Verkäufers wird der anwartschaftsberechtigte Käufer nach § 107 I InsO geschützt. Er kann entgegen § 103 InsO die Erfüllung des Kaufvertrags verlangen und den Bedingungseintritt durch vollständige Zahlung des Kaufpreises erzwingen. Damit ist im heutigen Insolvenzrecht der Käufer auch für diesen Fall geschützt. Das Anwartschaftsrecht ist insoweit insolvenzfest. In der Insolvenz des Käufers steht dem Verwalter dagegen nach § 103 InsO ein Wahlrecht zu. Der Verwalter kann die Ausübung dieses Wahlrechts aufschieben, bis die Gläubiger im Gerichtstermin über den Fortgang der Insolvenz entschieden haben. Wählt der Insolvenzverwalter danach Erfüllung, ist der Kaufpreis aus der Masse in voller Höhe als Masseschuld zu begleichen (§ 55 S 1 Nr 2 InsO). Zugleich fällt mit Eintritt der Bedingung das Eigentum in die Insolvenzmasse. Wählt dagegen der Insolvenzverwalter Nichterfüllung, so kann der Verkäufer die Aussonderung der Kaufsache gem § 47 InsO verlangen. In diesem Falle erlischt das Anwartschaftsrecht, da ein Bedingungseintritt nicht mehr möglich ist.

§ 929a Einigung bei nicht eingetragenem Seeschiff

(1) Zur Übertragung des Eigentums an einem Seeschiff, das nicht im Schiffsregister eingetragen ist, oder an einem Anteil an einem solchen Schiff ist die Übergabe nicht erforderlich, wenn der Eigentümer und der Erwerber darüber einig sind, dass das Eigentum sofort übergehen soll.
(2) Jeder Teil kann verlangen, dass ihm auf seine Kosten eine öffentlich beglaubigte Urkunde über die Veräußerung erteilt wird.

A. Systematik. Das Sachenrecht der Schiffe ist von einer komplizierten Systematik und Regelungstechnik geprägt. Zu unterscheiden sind zunächst die Seeschiffe (für Hochsee geeignete und regelmäßig auf hoher See benutzte Schiffe) von den Binnenschiffen (zB Ausflugsdampfer, Lastkahn, Yacht) sowie den kleinen Ruder- und Segelbooten, Flößen, Schiffswracks, die nicht unter den Begriff der Schiffe fallen. Ferner ist bei den echten Schiffen zu trennen zwischen den im Schiffsregister eingetragenen Schiffen und den nicht im Schiffsregister eingetragenen Schiffen. Die Eintragung und deren Rechtsfolgen richten sich nach dem SchiffsrechteG v 15.11.40 und der SchiffsRegO v 26.05.94. Schließlich ist zu unterscheiden zwischen den Schiffen im o.g. Sinn, einem Miteigentumsanteil an Schiffen (§ 1008), den Schiffsbauwerken (im Bau befindliches Schiff auf einer Schiffswerft) sowie der Schiffspart (einem Anteil an einer Partenreederei nach § 489 HGB). 1

B. Normzweck. § 929a (und ebenso § 932a) betrifft nur die nicht eingetragenen Seeschiffe, die grundsätzlich als bewegliche Sachen gelten und auf die somit § 929 anzuwenden ist. § 929a bringt eine Erleichterung der Eigentumsübertragung an diesen Schiffen und will damit erkennbar die Mobilität nicht eingetragener Seeschiffe fördern. 2

C. Norminhalt. Die nicht eingetragenen Seeschiffe werden entweder nach den §§ 929ff nach allg Regeln wie bewegliche Sachen übertragen oder nach der Sondervorschrift des § 929a durch bloße Einigung. Für nicht eingetragene Binnenschiffe und für nicht eingetragene Schiffsbauwerke gilt § 929a nicht, so dass diese ausschließlich nach den §§ 929ff übereignet werden. Sind Schiffe im Schiffsregister eingetragen, so werden Seeschiffe nach § 2 SchiffsrechteG durch bloße Einigung und eingetragene Binnenschiffe nach § 3 SchiffsrechteG durch Einigung und Eintragung übereignet. Ebenfalls durch Einigung und Eintragung wird eine Schiffspart nach § 503 HGB übertragen. Miteigentumsanteile iSd § 1008 werden wie Alleineigentum behandelt. Alle kleinen Wasserfahrzeuge (Ruderboot), die nach ihrer Größe noch nicht den Begriff des Schiffes erfüllen, werden ausschließlich als normale bewegliche Sachen iSd §§ 929ff behandelt. 3

§ 930 Besitzkonstitut

Ist der Eigentümer im Besitz der Sache, so kann die Übergabe dadurch ersetzt werden, dass zwischen ihm und dem Erwerber ein Rechtsverhältnis vereinbart wird, vermöge dessen der Erwerber den mittelbaren Besitz erlangt.

A. Normzweck. Die Norm schließt inhaltlich an § 929 an und regelt einen weiteren eigenständigen Erwerbstatbestand (s.o. § 929 Rn 1). Die Norm knüpft auch äußerlich an die Regelung in § 929 an und setzt damit das dort vorgegebene Grundkonzept eines zweigliedrigen Tatbestands aus Einigung und Übergabe fort, wobei in § 930 die Übergabe durch ein Surrogat ersetzt wird (s.u. Rn 5). Ist danach die Regelung systematisch eine Ergänzung zu § 929, so schränkt sie im Ergebnis die Publizität des Rechts der beweglichen Sachen massiv ein, ermöglicht den Parteien zugleich aber auch unter sehr erleichterten Bedingungen eine Übereignung und trägt damit erheblich zur Flexibilisierung der Eigentumsübertragung bei. 1

B. Anwendungsbereich. § 930 bezieht sich wie § 929 auf bewegliche Sachen in jeder Art und Form, soweit sie nicht ausnahmsweise dem Grundstücksrecht zuzuordnen sind (zB wesentlicher Bestandteil). Besondere Bedeutung gewinnt § 930 bei **Sachgesamtheiten** (Warenlager). Hier hat die Rspr den Grundsatz der Bestimmtheit aufgelockert und lässt Bestimmbarkeit ausreichen. Das jeweilige Besitzmittlungsverhältnis kann sich also auf alle Sachen in einem Raum beziehen (Raumsicherung) oder auf alle individuell gekennzeichneten Sachen (Markierungsverträge) oder auf alle Sachen, die erkennbar eine bestimmte Eigenschaft oder Qualität aufweisen (zB alle Container einer bestimmten Größe, BGH ZIP 95, 451) oder auf eine durch Inventarliste gekennzeichnete Sachgesamtheit. 2

C. Tatbestand. I. Der Veräußerer als Besitzer. Grundvoraussetzung des Tatbestandes ist es, dass der Veräußerer und bisheriger Eigentümer im Besitz der Sache ist. Dieser Besitz muss Eigenbesitz (§ 872) sein. Es kann sowohl unmittelbarer als auch mittelbarer Besitz sein (BGHZ 111, 142). Mit der Übereignung nach § 930 wird der Veräußerer zum Fremdbesitzer (BGHZ 75, 253). Ist der Veräußerer im Zeitpunkt des gewünschten Eigentumsübergangs nicht Besitzer der Sache, so kommt eine Übereignung nur nach § 931 in Betracht. 3

II. Einigung. § 930 trifft keine Aussage über die Einigung. Er regelt lediglich den Ersatz der Übergabe durch Besitzkonstitut, so dass nach allg Meinung § 930 nur mit § 929 zusammen anwendbar ist und die dingliche Einigung nach den dort dargestellten Grundsätzen erforderlich bleibt (s.o. § 929 Rn 4ff). Bedeutsam für die 4

Form der Übereignung nach § 930 ist es, dass die Einigung sich auf eine bestimmte Sache bezieht (zum Bestimmtheitsproblem s.o. Rn 2 sowie § 929 Rn 1).

5 **III. Besitzkonstitut als Übergabeersatz.** Nach § 930 kann die Übergabe der Sache dadurch ersetzt werden, dass zwischen dem Veräußerer und dem Erwerber ein Besitzmittlungsverhältnis vereinbart wird. Dabei handelt es sich um ein Verhältnis, wie es in § 868 beschrieben wird. Es muss also nunmehr der Erwerber den mittelbaren Eigenbesitz an der Sache erhalten, während der Veräußerer nunmehr Fremdbesitzer ist, der für den Erwerber besitzt. Der Veräußerer kann dabei selbst unmittelbarer oder mittelbarer Besitzer sein. Das Besitzmittlungsverhältnis kann auf einer vertraglichen, einer gesetzlichen oder einer rein faktischen Basis beruhen. In jedem Falle muss aber ein Herausgabeanspruch des Erwerbers gegenüber dem Veräußerer bestehen. Teilweise wird weitergehend sogar für ausreichend angesehen, dass allein eine tatsächliche Bereitschaft zur Herausgabe des Veräußerers besteht (BGHZ 56, 263, 265).

6 Das Besitzmittlungsverhältnis muss nicht ausdrücklich vereinbart sein. Es kann aus konkludentem Verhalten oder aus einer Auslegung der Umstände sowie aus der Verkehrssitte zu entnehmen sein. In der Praxis der Sicherungsübereignung wird als Besitzmittlungsverhältnis üblicherweise die Sicherungsabrede gesehen.

7 Das Besitzmittlungsverhältnis und damit die Übereignung nach § 930 müssen den Anforderungen an die Bestimmtheit und die Spezialität genügen (s.o. Rn 2 sowie § 929 Rn 1). Dies ist bei Übereignung eines einzelnen Gegenstandes unproblematisch. In der Praxis ergeben sich Bestimmtheitsprobleme bei der Übereignung von Sachgesamtheiten und insbes Warenlagern. Da die Rechtsprechung auch eine Sicherungsübereignung künftig zu erwerbender Waren für zulässig ansieht, genügt insoweit die Bestimmbarkeit bei der Hereinnahme der Ware in das konkrete Warenlager. Die künftige Übereignung erfolgt dann in der Weise, dass die dingliche Einigung bereits antizipiert erklärt wird und die Übertragung des Eigentums mit der Zuführung der Sache zur jeweiligen Sachgesamtheit wirksam wird.

8 **IV. Berechtigung zur Verfügung.** Wie in § 929 muss der Veräußerer im Zeitpunkt des Eigentumsübergangs der zur Verfügung Berechtigte sein. Anderenfalls wäre § 933 zu prüfen. Diese Verfügungsberechtigung des Veräußerers ergibt sich in der Regel aus seiner Eigentümerstellung. Verfügungsberechtigt sind aber auch Parteien kraft Amtes wie der Insolvenzverwalter oder der Testamentsvollstrecker. Eine gewillkürte Verfügungsberechtigung kann sich aus der Zustimmung nach § 185 ergeben.

9 **D. Sicherungsübereignung.** Die Sicherungsübereignung als der mit Abstand wichtigste Anwendungsfall des § 930 ist (ebenso wie die Sicherungszession) nicht ausdrücklich im BGB geregelt. Sie kann deshalb auch nicht aus § 930 hergeleitet werden. Dennoch und trotz des numerus clausus der Sachenrechte ist die Sicherungsübereignung heute allgemein anerkannt. Denn sie wird in § 216 II 1 ebenso vom Gesetzgeber vorausgesetzt wie in § 51 Nr 1 InsO. Es handelt sich also nicht um eine unzulässige Gesetzesumgehung von §§ 1204 ff. Wirtschaftlich wirkt die Sicherungsübereignung allerdings wie ein besitzloses Pfandrecht, das es im BGB nicht gibt. Heute ist die Sicherungsübereignung gewohnheitsrechtlich anerkannt und verfestigt.

10 Eine Sicherungsübereignung kann nach allen Übertragungsformen der §§ 929 ff stattfinden. In der Praxis wird sie aber in aller Regel nach § 930 durchgeführt. Deshalb wird die Sicherungsübereignung in der Regel auch im Zusammenhang mit § 930 erläutert. Bei näherer Prüfung muss sie allerdings als eine dem Pfandrecht sehr nahestehende Kreditsicherheit bezeichnet werden. Zu den weiteren Einzelheiten s.u. Anhang § 1204.

§ 931 Abtretung des Herausgabeanspruchs

Ist ein Dritter im Besitz der Sache, so kann die Übergabe dadurch ersetzt werden, dass der Eigentümer dem Erwerber den Anspruch auf Herausgabe der Sache abtritt.

1 **A. Normzweck.** Die Norm schließt an die §§ 929, 930 an und regelt einen zusätzlichen und eigenständigen Erwerbstatbestand (s.o. § 929 Rn 1). Die Norm knüpft wie § 930 an die Regelung in § 929 an und setzt damit das dort vorgegebene Grundkonzept eines zweigliedrigen Tatbestands aus Einigung und Übergabe fort, wobei in § 931 die Übergabe wiederum durch ein Übergabesurrogat ersetzt wird. Dies ermöglicht es dem Eigentümer, sein Eigentum an einen Erwerber zu übertragen, selbst wenn er nicht Besitzer der Sache ist. Soweit der Eigentümer mittelbarer Besitzer ist, kann er bei der Übertragung des Eigentums zwischen §§ 929 S 1, 930 und 931 wählen. Darüber hinaus gibt § 931 dem Eigentümer selbst dann die Möglichkeit der Eigentumsübertragung, wenn er nicht Besitzer der Sache ist und noch nicht einmal den Aufenthalt der Sache kennt (Übereignung einer gestohlenen Sache).

2 **B. Tatbestand. I. Besitz des Dritten.** Der Besitz des Veräußerers ist nicht Voraussetzung für die Übereignung nach § 931. Hat der Veräußerer unmittelbaren Besitz, so scheidet § 931 generell aus. Hat eine dritte Person unmittelbaren Besitz der Sache, so ist eine Übereignung nach § 931 möglich, unabhängig davon, ob der Veräußerer mittelbarer Besitzer oder ohne jeden Besitz ist. Ist die Sache besitzlos (ein Dieb hat die Sache weggeworfen), so kommt ebenfalls eine Übereignung nach § 931 in Betracht.

II. Einigung. § 931 trifft keine Aussage über die Einigung. Er regelt lediglich den Ersatz der Übergabe durch 3
Abtretung eines Herausgabeanspruchs, so dass nach allg Meinung § 931 nur mit § 929 zusammen anwendbar ist und die dingliche Einigung nach den dort dargestellten Grundsätzen erforderlich bleibt (s.o. § 929 Rn 4 ff).

III. Abtretung des Herausgabeanspruchs. Zentrales Merkmal der Eigentumsübertragung nach § 931 ist die 4
Abtretung des dem Veräußerer zustehenden Herausgabeanspruchs. Herausgabeanspruch in diesem Sinne ist jede Rechtsgrundlage, durch die der Veräußerer und nach Abtretung der Erwerber von einem Dritten die Verschaffung des Besitzes verlangen kann. Ohne Bedeutung ist dabei das konkrete Anspruchsziel (Herausgabe, Verschaffung, Abtretung von Ansprüchen, Duldung der Wegnahme). Es ist nicht von Bedeutung, ob der Herausgabeanspruch bedingt, befristet oder einredebehaftet ist. Daher kann unstreitig der Eigentumsvorbehaltsverkäufer sein noch bestehendes Eigentum an eine dritte Person nach § 931 übertragen. Als Rechtsgrund des Herausgabeanspruchs kommt ein Rechtsgeschäft, ebenso aber auch ein gesetzlicher Anspruch (§§ 812, 823, 861) in Betracht. Ausgeschlossen ist dagegen die Abtretung des Anspruchs aus § 985, da dieser Anspruch nicht selbständig abtretbar ist und nicht vom Eigentum getrennt werden kann. Bedeutungslos ist es weiterhin, ob der im Besitz befindliche Dritte dem Veräußerer den Besitz vermittelt. So kann auch der Herausgabeanspruch gegen den Dieb (§§ 823, 861) abgetreten werden. Gegenstand der Abtretung kann schließlich auch ein künftiger Herausgabeanspruch sein.
Die Abtretung als solche ist ein **Rechtsgeschäft** (§ 398). Stellvertretung ist auf beiden Seiten möglich. Der 5
Gegenstand der Abtretung muss hinreichend bestimmt sein. Im übrigen gelten die Anforderungen gem § 398.
Bei **fehlendem Besitz** des Veräußerers oder bei einer sonstigen Situation, in der dem Veräußerer nur der 6
Anspruch auf Herausgabe gem § 985 zusteht, ist dennoch eine Eigentumsübertragung nach § 931 möglich. Zwar ist nach heute anerkannter Auffassung § 985 als Anspruch nicht isoliert abtretbar, in einem solchen Falle ist aber die positive Abtretung eines speziellen Anspruchs nicht erforderlich. Vielmehr kann die Eigentumsübertragung faktisch durch bloße Einigung erfolgen (*Avenarius* JZ 94, 511). Im Ergebnis wird also das Merkmal der Abtretung des Herausgabeanspruchs heute in einer negativen Weise ausgelegt, dass als Mindesttatbestand auf der Seite des Veräußerers die Entledigung aller Ansprüche auf den Besitz an der Sache steht und auf der Erwerberseite der Erwerb aller Ansprüche. Damit hat die Abtretung nur eine negative Bedeutung im Hinblick auf die Lösung jeglicher Besitzbeziehung des Veräußerers, sie ist nicht konstitutiv für den Erwerb (*MüKo/Quack* § 931 Rn 6).
Besonderheiten sind zu beachten, wenn Besitz und Übertragung von Sachen durch **Wertpapiere** realisiert 7
werden. Soweit dabei der Besitz selbst durch Traditionspapiere übertragen wird (§§ 424, 450, 647 HGB), vollzieht sich die Übereignung nach § 929, nicht nach § 931. Zu den Besonderheiten der sog Güterpapiere (Warenpapiere) vgl *Helm* FS Hefermehl 76, 63; *MüKo/Quack* § 931 Rn 22. Dagegen werden Wertpapiere in Sammelverwahrung (Depot) in der Regel nach § 931 übertragen. Andere Wertpapiere und Urkunden, die nicht mit dem Besitz der Sache in Verbindung stehen, führen durch Übergabe nicht zu einer Abtretung. Allerdings kann die Übergabe einer solchen Urkunde als konkludente Abtretung auszulegen sein. Gibt etwa der Eigentümer und mittelbare Besitzer eines Kfz den Kfz-Brief an eine dritte Person weiter, so wird man dies als Abtretung des Herausgabeanspruchs auslegen können.

IV. Berechtigung zur Verfügung. Wie in § 929 muss der Veräußerer im Zeitpunkt des Eigentumsübergangs 8
der zur Verfügung Berechtigte sein. Anderenfalls könnte ein gutgläubiger Erwerb nach § 934 in Betracht kommen. Die Verfügungsberechtigung des Veräußerers ergibt sich im Normalfall aus seiner Eigentümerstellung. Verfügungsberechtigt sind aber auch Parteien kraft Amtes wie der Insolvenzverwalter oder der Testamentsvollstrecker. Schließlich kann sich eine gewillkürte Verfügungsberechtigung aus § 185 ergeben.

§ 932 Gutgläubiger Erwerb vom Nichtberechtigten

(1) ¹Durch eine nach § 929 erfolgte Veräußerung wird der Erwerber auch dann Eigentümer, wenn die Sache nicht dem Veräußerer gehört, es sei denn, dass er zu der Zeit, zu der er nach diesen Vorschriften das Eigentum erwerben würde, nicht in gutem Glauben ist. ²In dem Falle des § 929 Satz 2 gilt dies jedoch nur dann, wenn der Erwerber den Besitz von dem Veräußerer erlangt hatte.
(2) Der Erwerber ist nicht in gutem Glauben, wenn ihm bekannt oder infolge grober Fahrlässigkeit unbekannt ist, dass die Sache nicht dem Veräußerer gehört.

A. Normzweck. Die Möglichkeit gutgläubigen Erwerbs nach den §§ 932 ff dient dem Verkehrsschutz. Sie 1
erleichtert den allg Warenverkehr und entlastet den redlichen Erwerber von Vorsichtsmaßnahmen und Nachforschungen nach der jeweiligen Rechtslage. Damit wird das Vertrauen in die Wirksamkeit von Rechtsgeschäften gestärkt. Legitimation des gutgläubigen Erwerbs bei beweglichen Sachen ist einerseits der Besitz (§ 1006) und andererseits das Prinzip der Freiwilligkeit der Weggabe (§ 935).

B. Systematik. Der rechtsgeschäftliche Erwerb beweglicher Sachen vollzieht sich durch vier verschiedene Tat- 2
bestände (§§ 929 S 1, 929 S 2, 930, 931). Diesen vier Tatbeständen stehen ebenfalls vier parallele Gutglaubensvorschriften gegenüber (§§ 932 I 1, 932 I 2, 933, 934). Ebenso wie § 929 S 1 beim Erwerb des Eigentums an

beweglichen Sachen vom Berechtigten den Grundtatbestand darstellt, so gibt § 932 I 1 beim gutgläubigen Erwerb diesen Grundtatbestand wieder, auf den sich jeweils alle weiteren Erwerbstatbestände beziehen. Zusätzlich regelt § 932 II für alle Gutglaubensvorschriften von beweglichen Sachen die Frage, was guter Glaube im Einzelnen bedeutet (s.u. Rn 8 ff). Durch den ausdrücklichen Bezug auf § 929 setzt § 932 I 1 alle Merkmale des § 929 S 1 voraus, also Einigung und Übergabe. Lediglich die Berechtigung des Veräußerers fehlt hier.

3 **C. Allgemeine Voraussetzungen.** Gutgläubiger Erwerb setzt den jeweiligen Grundtatbestand der Veräußerung vom Berechtigten voraus. Vorausgesetzt wird ferner die Feststellung fehlender Berechtigung. Darüber hinaus setzt gutgläubiger Erwerb an beweglichen Sachen einige grundlegende Merkmale voraus, die für alle Normen des Gutglaubensschutzes gelten.

4 **I. Rechtsgeschäft.** Gutgläubiger Erwerb beweglicher Sachen setzt zunächst eine **rechtsgeschäftliche** Verfügung voraus. Im Falle eines **gesetzlichen** Erwerbs (zB nach den §§ 937 ff, 946 ff, 952, 953 ff) sind die Normen der §§ 932 ff nicht anwendbar. Gutgläubiger Erwerb kommt ferner nicht in Betracht bei gesetzlicher Gesamtnachfolge (Erbfall, eheliche Gütergemeinschaft) und beim Erwerb im Wege der Zwangsvollstreckung. Ausnahmsweise lässt das Gesetz in § 366 III HGB den gutgläubigen Erwerb gesetzlicher Pfandrechte des Handelsrechts zu. Schließlich muss das jeweilige Rechtsgeschäft privatrechtlicher Natur sein.

5 **II. Verkehrsgeschäft.** Das dem gutgläubigen Erwerb zu Grunde liegende Rechtsgeschäft muss ein sog Verkehrsgeschäft sein. Es darf also nicht auf Veräußerer- und Erwerberseite rechtlich oder wirtschaftlich dasselbe Rechtssubjekt stehen. Eine solche Personenidentität liegt nicht vor, wenn einer Personen- oder Kapitalgesellschaft Gegenstände von einem Mitgesellschafter übertragen werden oder umgekehrt. Auch bei einer noch im Gründungsstadium befindlichen Gesellschaft ist gutgläubiger Erwerb insoweit möglich (BGH, MDR 03, 223). Hintergrund dieser teleologischen Reduktion des Normwortlauts auf das Verkehrsgeschäft ist der Zweck der Norm. Gutgläubiger Erwerb soll dem Verkehrsschutz dienen und das Vertrauen von Erwerbern schützen. Ein solcher Schutz muss bei Identität von Veräußerer und Erwerber ausscheiden. Ausgeschlossen ist gutgläubiger Erwerb mangels Verkehrsgeschäft also bei Übereignungen einer GmbH auf ihren Alleingesellschafter und umgekehrt, bei Übertragung von Erbschaftsgegenständen durch eine Erbengemeinschft auf die einzelnen Miterben sowie eine Übertragung von beweglichen Sachen des Nachlasses von den Erben auf eine durch die Erben gebildete oHG.

6 **III. Kein Fall des sog Rückerwerbs.** Grundsätzlich ist das einmal gutgläubig erworbene Eigentum endgültig und voll wirksam (s.u. Rn 14). Daher ist die Übertragung des Eigentums von einem gutgläubigen Erwerber auf eine dritte Person selbst dann wirksam, wenn der Dritte im Hinblick auf den ursprünglichen Erwerbstatbestand bösgläubig war. Hat allerdings der Dritte den gutgläubigen Ersterwerber zum Erwerb vom Nichteigentümer veranlasst und diesen Weg gewählt, weil er bei einem unmittelbaren Erwerb vom Nichtberechtigten im Hinblick auf seinen eigenen bösen Glauben Eigentum nicht erwerben konnte, so ist ein Erwerb des Dritten abzulehnen. Das Gleiche gilt, wenn ein Nichtberechtigter eine Sache einem gutgläubigen Erwerber übereignet und dabei eine Rückübertragung dieses Eigentums an sich selbst veranlasst. Schließlich ist Eigentumserwerb zu verneinen, wenn der Nichtberechtigte das Eigentum an einen gutgläubigen Erwerber überträgt, die Sache aber später an den Veräußerer wegen Rücktritts oder Eintritts einer Bedingung durch Rückabwicklung zurückfällt.

7 **IV. Kein Abhandenkommen.** Schließlich ist allg Voraussetzung des gutgläubigen Erwerbs an beweglichen Sachen, dass diese dem Eigentümer nicht gestohlen, verloren gegangen oder sonst abhanden gekommen sind (§ 935). Diese Regelung zeigt, dass gutgläubiger Erwerb nicht allein auf dem Vertrauensschutz und dem Besitz als Rechtsschein beruht, sondern dass die freiwillige Veranlassung durch den Berechtigten hinzukommen muss. Zu den Einzelheiten sowie den Ausnahmen im Falle des Abhandenkommens s.u. § 935.

8 **D. Guter Glaube des Erwerbers. I. Begriff.** Für den Erwerb vom nicht berechtigten Veräußerer wird nach der amtl Überschrift der Norm guter Glaube des Erwerbers vorausgesetzt. Nach der sprachlichen Gestaltung der Norm selbst ist jedoch umgekehrt der Erwerb bei Bösgläubigkeit ausgeschlossen. Denn der gute Glaube wird nicht als Tatbestandsvoraussetzung formuliert, sondern es wird durch den „Es sei denn"-Satz der Bösgläubigkeit als Ausschlusstatbestand angefügt. Diese Formulierung des Gesetzestextes hat unstreitig Beweislastqualität, so dass es in Wahrheit nicht auf die Gutgläubigkeit des Erwerbers ankommt, sondern bei Überzeugung des Richters vom bösen Glauben des Erwerbers der Rechtserwerb ausgeschlossen ist. Diese Beweislastsituation führt in der Praxis dazu, dass nicht selten formuliert wird, der gute Glaube des Erwerbers werde vermutet und die Bösgläubigkeit müsse bewiesen werden (BGHZ 50, 52). Diese mit dem Gesetzestext nicht übereinstimmende Formulierung ist sachlich unschädlich, wenn damit auf eine gesetzliche Vermutung iSv § 292 ZPO angespielt werden soll, die ebenfalls demjenigen die Beweislast überbürdet, der die Vermutung widerlegen will. Gegenstand des guten bzw bösen Glaubens ist ausschließlich das Eigentum des Veräußerers, nicht dessen Geschäftsfähigkeit oder dessen Verfügungsbefugnis (zu abw Regelungen s.u. Rn 15).

9 **II. Böser Glaube.** Bösgläubigkeit bedeutet nach II, dass dem Erwerber entweder die fehlende Eigentümerstellung des Veräußerers positiv bekannt ist oder dass sie ihm infolge grober Fahrlässigkeit unbekannt ist. Kenntnis ist das Wissen um die Rechtslage. Soweit nur eine Kenntnis der Tatsachen vorliegt, aus denen sich

die fehlende Eigentümerstellung des Veräußerers erschließen lässt, liegt keine Kenntnis vor. Die Kenntnis der Umstände wird allerdings nicht selten grobe Fahrlässigkeit begründen können. Grob fahrlässige Unkenntnis des Erwerbers setzt voraus, dass dieser die im Verkehr erforderliche Sorgfalt in ungewöhnlich hohem Maße verletzt und diejenigen Umstände unbeachtet gelassen hat, die sich im gegebenen Falle jedem hätten aufdrängen müssen (BGH NJW 05, 1365). Dabei sind objektive Kriterien anzulegen, eine allg Nachforschungspflicht des Erwerbers besteht nicht (BGH NJW 75, 735), die konkreten Umstände des Einzelfalles und ihre Würdigung sind von ausschlaggebender Bedeutung.

III. Merkmale der Bösgläubigkeit. Die Abhängigkeit der Beurteilung von Gut- und Bösgläubigkeit von den jeweiligen Einzelumständen des Falles schließt eine echte Systematisierung der Kriterien aus. Benennen lassen sich allerdings typische Merkmale, die auf grobe Fahrlässigkeit hinweisen oder diese umgekehrt noch nicht erfüllen. So kann insbes die konkrete **Veräußerungssituation** grobe Fahrlässigkeit nahe legen (nächtlicher Kaufvertrag im Bahnhofsviertel). Zur Bösgläubigkeit führt in aller Regel auch jeder **Erwerb wertvoller Gegenstände auf der Straße** oder in einer Umgebung, in der mit solchen Gegenständen üblicherweise nicht gehandelt wird (Erwerb von Schmuck, Wertpapieren, Kunstgegenständen oder Antiquitäten auf der Straße). Von Bedeutung ist weiterhin die **Verkehrsüblichkeit** der Abwicklung des Geschäfts. Muss etwa mit dem Bestehen eines weit verbreiteten Eigentumsvorbehalts oder einer Sicherungsübereignung in naheliegender Weise gerechnet werden, so ist dem Erwerber eine Erkundigung zuzumuten (BGH JZ 70, 187; JZ 73, 27). Von Bedeutung für die Beurteilung sind weiterhin die Person und die **geschäftliche Erfahrung** des Erwerbers (strengere Anforderungen an einen Rechtsanwalt, einen Kaufmann oder einen Bankier). Weiterhin wichtige Kriterien sind die Vermögenssituation und das geschäftliche Verhalten des Veräußerers. Ist dem Erwerber die besonders schlechte Vermögenssituation des Veräußerers bekannt und ergeben sich weitere kritische Indizien, so kann dies für Bösgläubigkeit sprechen. Bedeutsam ist schließlich auch die konkrete Ausgestaltung des Geschäfts. So kann der geforderte Preis bei ganz **ungewöhnlicher Abweichung vom üblichen Marktpreis** ein Indiz für Bösgläubigkeit sein. Besonders strenge Voraussetzungen hat die Rspr im **Gebrauchtwagenhandel** aufgestellt. Bösgläubigkeit muss hier bejaht werden, wenn sich der Erwerber nicht den Kfz-Brief vorlegen lässt und sich nicht davon überzeugt, dass der Veräußerer eingetragen ist (BGH NJW 96, 2226). Besondere Verdachtsmomente müssen sich aufdrängen, wenn eine Veräußerung zum Verschrotten vorgenommen wird oder wenn ein Erwerb über die Grenze hinweg erfolgt, wobei im ausländischen Staat ein Kfz-Brief nicht bekannt ist, ferner wenn sich der Verdacht einer Fälschung des Kfz-Briefs aufdrängt oder wenn nur eine Tageszulassung gegeben ist (Celle JZ 79, 608; KG OLGR 03, 302; BGH NJW 94, 2022; Ddorf NJW-RR 97, 246).

IV. Personale Zurechnung. Soweit der dingliche Erwerb durch Stellvertreter durchgeführt wird, ist deren guter Glaube entscheidend (§ 166 I). Die Kenntnis des Organs einer juristischen Person ist dieser selbst unmittelbar zuzurechnen. Wird der Besitz nicht vom Erwerber, sondern von einem Besitzdiener oder einem Besitzmittler übernommen, so kommt es auf die Gutgläubigkeit des Erwerbers selbst an. Böser Glaube des Besitzdieners schadet nicht (RGZ 137, 28). Erfolgt der Eigentumserwerb durch Gesamthänder, so schadet bereits die Bösgläubigkeit eines der handelnden Gesamthänder. Dagegen ist beim Erwerb mehrerer zu Miteigentum die Bösgläubigkeit jedes einzelnen isoliert zu prüfen.

V. Zeitpunkt. Für die Beurteilung der Bösgläubigkeit ist auf denjenigen Zeitpunkt abzustellen, in dem der letzte Akt des Rechtserwerbs erfüllt ist. Im Falle der §§ 929, 932 muss also guter Glaube noch in dem Augenblick vorliegen, in dem Einigung und Übergabe erfolgt sind. Ist die Einigung unter einer Bedingung erklärt, so ist auch in diesem Fall der Zeitpunkt der Abgabe der bedingten Einigung entscheidend, nicht der Eintritt der Bedingung. Wird der Erwerber nach bedingter Einigung und Übergabe bösgläubig, so hindert das den endgültigen Rechtserwerb durch Bedingungseintritt nicht.

E. Veräußerung durch bloße Einigung (I 2). Die Regelung in I 2 knüpft an § 929 S 2 an. Dort wird bei bestehendem Besitz des Erwerbers die bloße dingliche Einigung zur Rechtsübertragung für ausreichend erklärt. Dies gilt auch im Falle des gutgläubigen Erwerbs vom Nichtberechtigten, soweit der Erwerber den Besitz von dem Veräußerer erlangt hatte. Das Gesetz gibt damit den Hinweis, dass der Erwerb des Besitzes von dritter Seite besondere Risiken enthält, die nicht Grundlage für das Vertrauen des Erwerbers sein sollen. Hat allerdings der Dritte den Besitz zuvor vom Veräußerer erlangt und überträgt er den Besitz auf den Erwerber, so ist gutgläubiger Erwerb möglich (Palandt/*Bassenge* § 932 Rn 4).

F. Rechtsfolge. Durch einen gutgläubigen Erwerb wird der Erwerber in gleicher Weise Eigentümer wie beim Erwerb vom Berechtigten. Eine Beschränkung seiner Rechtsstellung wegen gutgläubigen Erwerbs ist ausgeschlossen. Ansprüche des früheren Eigentümers gegen ihn aus unerlaubter Handlung sind ausgeschlossen. Dies gilt insbes auch bei leicht fahrlässiger Eigentumsverletzung. Hier muss in § 823 I der Haftungsmaßstab der groben Fahrlässigkeit aus § 932 II übertragen werden. Der Erwerb ist derivativ. Später eintretende Bösgläubigkeit des Erwerbers ist in jedem Falle unschädlich. Bei Weiterveräußerung durch den gutgläubigen Erwerber erwirbt der Dritte vom Eigentümer (aber s.o. Rn 6). Die rechtlichen Möglichkeiten des früheren Eigentümers, der durch die Veräußerung des Nichtberechtigten sein Eigentum verloren hat, beschränken sich auf § 816 I. Hat der Veräußerer die Verfügung entgeltlich vorgenommen, so kann der frühere Eigentümer Herausgabe des durch die Verfügung Erlangten vom Veräußerer verlangen (§ 816 I 1). Hat der Veräußerer die Verfügung unentgeltlich vorgenommen, so kann der frühere Eigentümer sich ausnahmsweise mit seinem Anspruch auf Herausgabe des durch die Verfügung Erlangten an den Erwerber wenden (§ 816 I 2).

15 **G. Ähnliche Regelungen.** Ist der Veräußerer Kaufmann, so wird die Möglichkeit des gutgläubigen Erwerbs durch § 366 HGB auf diejenigen Fälle ausgedehnt, in denen der Erwerber an die Verfügungsbefugnis des Veräußerers glaubt. Der gute Glaube an das Eigentum wird ferner geschützt in den §§ 934, 1032, 1207. Darüber hinaus gibt es einen Schutz des guten Glaubens an die Verfügungsbefugnis des tatsächlich Berechtigten in den §§ 135 II, 136, 161 III, 2113 II, 2129 II, 2211 II. Im Grundstücksbereich ist auf die abw Regelungen der §§ 892, 893, 1138, 1155 hinzuweisen. Der gute Glaube an die Richtigkeit des Erbscheins wird geschützt durch §§ 2366, für das Handelsregister vgl § 15 HGB, für das Vereinsregister §§ 68, 70, für das Güterrechtsregister § 1412, schließlich im Prozessrecht vgl § 325 II ZPO.

§ 932 a Gutgläubiger Erwerb nicht eingetragener Seeschiffe

Gehört ein nach § 929 a veräußertes Schiff nicht dem Veräußerer, so wird der Erwerber Eigentümer, wenn ihm das Schiff vom Veräußerer übergeben wird, es sei denn, dass er zu dieser Zeit nicht in gutem Glauben ist; ist ein Anteil an einem Schiff Gegenstand der Veräußerung, so tritt an die Stelle der Übergabe die Einräumung des Mitbesitzes an dem Schiff.

1 **A. Systematik.** § 932 a ist zus#mmen mit § 929 a nachträglich in das Gesetz eingefügt worden und baut auf § 929 a auf. Im Einzelnen sind daher die unterschiedlichen Situationen bzgl der verschiedenen Schiffe zu trennen (s.o. § 929 a Rn 1). § 932 a betrifft (wie § 929 a) nur die nicht eingetragenen Seeschiffe, für die die Norm einen gutgläubigen Erwerb ermöglicht. Dagegen werden eingetragene Schiffe gem §§ 15 ff SchiffsrechteG nach dem jeweiligen Inhalt des Registers behandelt, das öffentlichen Glauben genießt.

2 **B. Norminhalt.** Der Erwerb nach § 932 a setzt voraus, dass das Eigentum an einem nicht eingetragenen Seeschiff übertragen wird, dass die Übereignung nach den Regeln des § 929 a erfolgt (bloße dingliche Einigung), ferner dass der Erwerber im Zeitpunkt des Eigentumsübergangs gutgläubig ist und schließlich, dass ihm die Sache vom Veräußerer übergeben wird. § 932 a verweist damit für den gutgläubigen Erwerb auf die Grundsätze des § 932.

§ 933 Gutgläubiger Erwerb bei Besitzkonstitut

Gehört eine nach § 930 veräußerte Sache nicht dem Veräußerer, so wird der Erwerber Eigentümer, wenn ihm die Sache von dem Veräußerer übergeben wird, es sei denn, dass er zu dieser Zeit nicht in gutem Glauben ist.

1 **A. Systematik.** § 933 ist die parallele Gutglaubensnorm zu § 930. Sie regelt daher die Frage, ob und unter welchen Umständen im Falle der Eigentumsübertragung durch Besitzkonstitut ein gutgläubiger Erwerb in Betracht kommt. Die Formulierung des Gesetzes hält gutgläubigen Erwerb für möglich. Dabei wird allerdings zusätzlich die Übergabe der Sache vom Veräußerer an den Erwerber verlangt, so dass faktisch die Voraussetzung des § 929 S 1 gegeben ist. Dies bedeutet im Ergebnis, dass im Normalfall des § 930 ein **gutgläubiger Erwerb ausgeschlossen ist.**

2 **B. Tatbestand.** Gutgläubiger Erwerb nach § 933 setzt voraus, dass zunächst der vollständige Tatbestand von §§ 929, 930 verwirklicht ist, dass also eine dingliche Einigung und Begründung eines Besitzmittlungsverhältnisses vorliegen. Darüber hinaus müssen die allg Anforderungen an den gutgläubigen Erwerb (Rechtsgeschäft, Verkehrsgeschäft, kein Rückerwerb, kein Abhandenkommen) gegeben sein. Schließlich muss guter Glaube iSv § 932 II vorliegen.

3 Sind alle diese Merkmale gegeben, so wird Eigentum nach § 933 erworben, wenn zusätzlich dem Erwerber die Sache von dem Veräußerer übergeben wird. Gemeint ist hier eine Übergabe iSv § 929 S 1. Ausreichend ist also sowohl die Übertragung des unmittelbaren Besitzes vom Veräußerer auf den Erwerber als auch die Übergabe durch Besitzdiener oder durch einen Dritten auf Anweisung des Veräußerers. Auch die Übergabe der Sache vom Veräußerer an einen Besitzdiener oder Besitzmittler des Erwerbers genügt. Entscheidend ist, dass der Erwerber den Besitz vom Veräußerer mit dessen Willen erhält. Nach der Übergabe muss der Veräußerer den Besitz vollständig verloren haben. Mitbesitz oder mittelbarer Besitz des Veräußerers schaden (BGH NJW 59, 2206). Ausreichend ist schließlich die Wegnahme der Sache durch den Erwerber mit dem Einverständnis des Veräußerers (MüKo/*Quack* § 933 Rn 11). Für die Beurteilung der Gutgläubigkeit ist nach allg Regeln der Zeitpunkt entscheidend, in dem der Eigentumsübergang erfolgt.

§ 934 Gutgläubiger Erwerb bei Abtretung des Herausgabeanspruchs

Gehört eine nach § 931 veräußerte Sache nicht dem Veräußerer, so wird der Erwerber, wenn der Veräußerer mittelbarer Besitzer der Sache ist, mit der Abtretung des Anspruchs, anderenfalls dann Eigentümer, wenn er den Besitz der Sache von dem Dritten erlangt, es sei denn, dass er zur Zeit der Abtretung oder des Besitzerwerbs nicht in gutem Glauben ist.

A. Normzweck. § 934 dehnt die Möglichkeit des gutgläubigen Erwerbs auf den Erwerbstatbestand des § 931 aus und erweitert damit die Möglichkeiten des Verkehrsschutzes. Die Norm knüpft (jedenfalls in ihrer ersten Alternative) an ein bestehendes Besitzmittlungsverhältnis an und behandelt dieses wie den unmittelbaren Besitz des Veräußerers. Dies stellt eine nicht unerhebliche Ausdehnung des Gutglaubensschutzes dar. 1

B. Systematik. § 934 ist die parallele Gutglaubensnorm zu § 931, den sie voraussetzt. Im Falle der Eigentumsübertragung nach § 931 ist anerkannt, dass die Norm sowohl demjenigen Veräußerer zur Seite steht, der als Eigentümer keinen Besitz hat als auch demjenigen, der mittelbarer Besitzer ist. An diese in § 931 nicht ausdrücklich zum Ausdruck gebrachten Alternativen knüpft § 934 an und trennt in seinen beiden Alternativen die Fälle, dass der Veräußerer mittelbarer Besitzer ist und die Situation, dass ein Besitz des Veräußerers nicht vorliegt. Beide Alternativen müssen wegen ihrer unterschiedlichen Tatbestandsvoraussetzungen beim Erwerb des Eigentums strikt getrennt werden. 2

C. Veräußerer ist mittelbarer Besitzer. Voraussetzung der ersten Alternative des § 934 ist es, dass der Veräußerer mittelbarer Besitzer der Sache ist. Darüber hinaus müssen nach allg Regeln die sämtlichen Voraussetzungen des § 931 vorliegen. Zusätzlich bedarf es der allg Voraussetzungen für den gutgläubigen Erwerb (Rechtsgeschäft, Verkehrsgeschäft, kein Rückerwerb, kein Abhandenkommen). Im Einzelnen bedeutet dies, dass zwischen dem Veräußerer als mittelbarem Besitzer und dem unmittelbaren Besitzer ein Besitzmittlungsverhältnis iSv § 868 besteht, wobei der unmittelbare Besitzer dem mittelbaren den Besitz mittelt und somit aktuellen Fremdbesitzwillen hat. Nicht ausreichend ist es, wenn der unmittelbare Besitzer unterschiedlichen Personen den Besitz mittelt, so dass Nebenbesitz zu bejahen ist (zum Nebenbesitz s. § 868 Rn 5). In diesem Falle ist wegen des nicht ungeteilten Besitzmittlungsverhältnisses ein Rechtserwerb nach § 934 nicht möglich. Aus dem bestehenden Besitzmittlungsverhältnis muss sich ein Herausgabeanspruch ergeben, der abgetreten wird. In der ersten Alternative des § 934 muss der abgetretene Herausgabeanspruch so beschaffen sein, dass er sich aus einem ein Besitzmittlungsverhältnis konstituierenden Schuldverhältnis ergeben kann. Ein gesetzlicher Anspruch aus Bereicherungsrecht, unerlaubter Handlung oder aus § 985 kann für die erste Alternative nicht ausreichen. Die Abtretung selbst muss wirksam vorgenommen sein, frühere Abtretungen oder Abtretungsverbote schließen den Erwerb aus. Zusätzlich zum bestehenden Besitzmittlungsverhältnis und zur Abtretung ist auch bei § 934 Voraussetzung, dass eine dingliche Einigung iSd § 929 vorliegt und dass der Erwerber gutgläubig iSv § 932 II ist. Mit der Erfüllung aller Tatbestandsmerkmale des § 931 tritt der Eigentumserwerb ein. 3

D. Veräußerer ist nicht Besitzer. Die zweite Alternative des § 934 geht davon aus, dass der Veräußerer keinen Besitz an der Sache hat. Auch in diesem Falle ist vom Berechtigten ein Erwerb nach § 931 möglich. Im Falle des § 934 knüpft die zweite Alternative an diesen Tatbestand an und erklärt den gutgläubigen Erwerb ebenfalls für möglich, soweit der Erwerber den Besitz der Sache von der dritten Person erlangt. Auch hierbei wird zunächst der Tatbestand des § 931 vorausgesetzt, also bei fehlendem Besitz des Veräußerers muss jedenfalls ein Herausgabeanspruch an den Erwerber abgetreten sein. In dieser Alternative genügt als Herausgabeanspruch aber auch ein gesetzlicher Anspruch aus Bereicherung oder Delikt. Der Fall, dass dem Veräußerer nur der Herausgabeanspruch nach § 985 zusteht, ist bei gutgläubigem Erwerb nicht denkbar. Wird bei vorliegender dinglicher Einigung nach § 929 und Erfüllung der Voraussetzungen des § 931 sowie Gutgläubigkeit des Erwerbers ein Eigentumserwerb nach der zweiten Alternative von § 934 in Betracht gezogen, so verlangt das Gesetz in dieser Variante zusätzlich, dass der Erwerber den Besitz der Sache von dem Dritten erlangt hat. Besitzerwerb meint hier den Eigenbesitz an der Sache unter Ausschluss jeglicher Besitzbeziehung des Veräußerers. In Betracht kommen also auch die Übertragung des unmittelbaren Eigenbesitzes vom Dritten an den Erwerber, ferner die Übertragung des Besitzes mit Hilfe eines Besitzdieners. Ausreichend ist aber auch die Übertragung des mittelbaren Besitzes, soweit das Besitzmittlungsverhältnis nicht eine Besitzbeziehung zum Veräußerer eröffnet. Schließlich genügt nach str Auffassung auch die nachträgliche Begründung eines Besitzmittlungsverhältnisses zwischen dem Dritten als unmittelbaren Besitzer und dem Erwerber (*Tiedtke* WM 69, 1142; MüKo/*Quack* § 934 Rn 15; aA BGH NJW 79, 2037). 4

E. Das Verhältnis von § 934 zu § 933. Die Möglichkeiten des gutgläubigen Erwerbs nach § 934 und die deutlich engere Regelung in § 933 haben zu einem Streit darüber geführt, ob die gesetzliche Regelung im Verhältnis von §§ 933 und 934 einen Wertungswiderspruch enthält (so insbes *Wacke* Das Besitzkonstitut als Übergabesurrogat in Rechtsgeschichte und Rechtsdogmatik 1974, 50 ff). Denn während beim gutgläubigen Erwerb nach § 933 zur erforderlichen Vereinbarung eines Besitzmittlungsverhältnisses noch die Übergabe der Sache hinzutreten muss, genügt in der ersten Alternative des § 934 die blanke Übertragung dieses mittelbaren 5

Besitzes. Eine Übergabe wie in § 933 und § 934 zweite Alternative ist nicht erforderlich. Dies hat etwa in dem berühmten Fräsmaschinen-Fall des BGH (BGHZ 50, 45) dazu geführt, dass der Eigentumsvorbehaltskäufer mit der Einräumung des Sicherungseigentums an den Erwerber wegen § 933 kein volles Eigentum übertragen konnte, während der Erwerber der Sache vom Eigentumsvorbehaltskäufer auf Grund des bestehenden Besitzkonstituts bei der Übertragung seiner Rechtsposition an einen gutgläubigen Vierten diesem gem §§ 931, 934 erste Alternative Eigentum verschaffen konnte. Der für dieses Ergebnis behauptete Wertungswiderspruch ist zu verneinen. Deshalb ist auch eine korrigierende Auslegung der Normen nicht gerechtfertigt (Soergel/*Henssler* § 934 Rn 3; zweifelnd MüKo/*Quack* § 934 Rn 1). Zunächst ist festzustellen, dass der scheinbare Wertungswiderspruch der ausdrücklichen Anordnung des Gesetzes entspricht. Sodann ist darauf hinzuweisen, dass der Gesetzgeber mit gutem Grund die erstmalige Vereinbarung eines Besitzmittlungsverhältnisses der Übertragung des bereits bestehenden Besitzmittlungsverhältnisses nicht gleichstellt. Die größere Nähe des Erwerbers zum unmittelbaren Besitzer im Falle von §§ 930, 933 sowie die besonderen Gefahren, die der Erwerber nach § 930 im Hinblick auf die fehlende Publizität auslöst, rechtfertigen die bewusst unterschiedliche Behandlung beider Fälle durch den Gesetzgeber.

§ 935 Kein gutgläubiger Erwerb von abhanden gekommenen Sachen

(1) ¹Der Erwerb des Eigentums auf Grund der §§ 932 bis 934 tritt nicht ein, wenn die Sache dem Eigentümer gestohlen worden, verloren gegangen oder sonst abhanden gekommen war. ²Das Gleiche gilt, falls der Eigentümer nur mittelbarer Besitzer war, dann, wenn die Sache dem Besitzer abhanden gekommen war.
(2) Diese Vorschriften finden keine Anwendung auf Geld oder Inhaberpapiere sowie auf Sachen, die im Wege öffentlicher Versteigerung veräußert werden.

1 **A. Normzweck.** Die Norm grenzt die Sphäre der Schutzbedürftigkeit des ursprünglichen Eigentümers vom Verkehrsschutz und den Möglichkeiten zum gutgläubigen Erwerb ab. Entscheidend ist dabei der Gedanke, dass die freiwillige Weggabe der Sache durch den Eigentümer als Veranlassung eines möglichen Rechtsscheins zu werten ist und damit der Vertrauensschutz des Erwerbers und der Schutz des Rechtsverkehrs die Interessen des Eigentümers überwiegt. Umgekehrt hat der Gesetzgeber die Wertung getroffen, dass bei unfreiwilliger Besitzaufgabe durch den Eigentümer der Bestandsschutz des Eigentums Vorrang vor dem Vertrauensschutz des Rechtsverkehrs genießt. Demgegenüber ist es die besondere Umlauffähigkeit von Geld und Wertpapieren, die den Gesetzgeber veranlasst hat, in II eine Ausnahme von der Regelung des § 935 I zu machen.

2 **B. Anwendungsbereich.** Kraft ausdrücklicher gesetzlicher Anordnung ist das Abhandenkommen der Sache nur beim rechtsgeschäftlichen Erwerb auf Grund der §§ 932 bis 934 von Bedeutung. Dagegen ist ein gesetzlicher Eigentumserwerb durch Ersitzung, Verbindung, Vermischung, Verarbeitung und Fund auch an abhanden gekommenen Sachen möglich.

3 **C. Abhandenkommen.** Nach allg Auffassung ist eine Sache abhanden gekommen, wenn entweder der Eigentümer oder sein Besitzmittler den unmittelbaren Besitz ohne seinen Willen verloren hat. Nicht erforderlich ist ein Besitzverlust **gegen** den Willen des Eigentümers. Das Gesetz nennt ausdrücklich Diebstahl und Verlust der Sache, macht aber mit dem Hinweis auf ein sonstiges Abhandenkommen deutlich, dass für § 935 I jede Form des Besitzverlustes ohne den Willen des Eigentümers relevant ist. Für den Besitzverlust kommt es allein auf den unmittelbaren Besitz an. Ein Besitzverlust beim mittelbaren Besitzer führt nicht zu einem Abhandenkommen. Erleidet der unmittelbare Besitzer, der dem Eigentümer nicht den Besitz vermittelt, einen unfreiwilligen Besitzverlust, so begründet dies kein Abhandenkommen für den Eigentümer. Besonders bedeutsam ist die Tatsache, dass auch der **Besitz des Erben** gem § 857 durch § 935 I geschützt ist. Kommt also eine Sache abhanden, ohne dass der Erbe dem zustimmt, ist an dieser Sache gutgläubiger Erwerb nicht möglich.

4 **D. Sonderprobleme des Abhandenkommens. I. Geschäftsunfähigkeit des Besitzers.** Wird die Sache von einem Geschäftsunfähigen freiwillig weggegeben, so ist dies iSv I dennoch ein Fall des Abhandenkommens. Den im Besitzrecht entscheidenden natürlichen Willen kann zwar auch ein Geschäftsunfähiger haben, insoweit überwiegen nach hM aber die Schutzgesichtspunkte (München NJW 91, 2571). Bei beschränkter Geschäftsfähigkeit soll die jeweilige Urteilsfähigkeit maßgeblich sein (MüKo/*Quack* § 935 Rn 9). Angesichts des bei beschränkt Geschäftsfähigen in aller Regel in beachtlicher Weise vorliegenden natürlichen Willens wird man aber das Abhandenkommen wohl stets verneinen müssen.

5 **II. Irrtum, Täuschung und Drohung.** Ein Irrtum des Besitzers oder seine Täuschung durch Dritte lässt nicht die Freiwilligkeit entfallen, auch wenn rechtsgeschäftlich ein Anfechtungsgrund vorliegt. Bei Drohungen ist zu unterscheiden, ob die Art der Drohung in der Weise auf die Besitzlage einwirkt, dass deren Aufgabe als unfreiwillig anzusehen ist. Dies muss man jedenfalls bei unwiderstehlicher Gewalt annehmen, aber auch in anderen Fällen des Raubs der Sache durch Drohung (Staud/*Wiegand* § 935 Rn 11). Daraus ergibt sich zugleich, dass nicht jede Drohung iSv § 123 zum Abhandenkommen führt.

III. Nichtiges Rechtsgeschäft. Die Wirksamkeit eines dem Besitzwechsel zu Grunde liegenden Rechtsgeschäfts steht nicht mit der Frage des Abhandenkommens in Verbindung. Hat der Besitzer die Sache also freiwillig, aber auf Grund eines nichtigen Rechtsgeschäfts weggegeben, so ist die Sache nicht abhanden gekommen (Palandt/*Bassenge* § 935 Rn 6). 6

IV. Hoheitsakt. Wird die Sache dem Besitzer auf Grund eines Hoheitsaktes entzogen (etwa im Wege der Zwangsvollstreckung oder der öffentlichrechtlichen Beschlagnahme), so führt dies nicht im zivilrechtlichen Sinne zum Abhandenkommen der Sache. Vielmehr vollzieht sich der Verlust des Besitzes auf Grund öffentlicher Gewalt außerhalb der Privatrechtsordnung (MüKo/*Quack* § 935 Rn 13). 7

V. Besitzdiener. Hat ein Besitzdiener die Sache ohne Willen des Besitzherrn weggegeben oder durch Wechsel der Willensrichtung unterschlagen, so ist dies für den Besitzherrn ein unfreiwilliger Besitzverlust und damit ein Abhandenkommen (Köln VersR 94, 1428; Frankf OLGZ 89, 198). Anders ist der Fall zu beurteilen, wenn der Besitzdiener dabei auf Weisung des Besitzherrn handelt, wenn er zur Weggabe ermächtigt ist (§ 185) oder wenn sich eine Befugnis aus § 56 HGB (Ladenangestellter) ergibt. 8

VI. Besitzmittler. Ist der Eigentümer mittelbarer Besitzer, dann ist für die Frage des Abhandenkommens der natürliche Wille des unmittelbaren Besitzers und Besitzmittlers gem I 2 entscheidend. Bei unfreiwilligem Besitzverlust des Besitzmittlers ist also ein Abhandenkommen nur dann zu verneinen, wenn nicht ausnahmsweise der Eigentümer der Wegnahme der Sache zustimmt. Umgekehrt ist gutgläubiger Erwerb an einer Sache möglich, wenn der Besitzmittler sie freiwillig aufgibt, ohne dass dies dem Willen des Eigentümers entspricht (BGH NJW-RR 05, 280). 9

VII. Mitbesitzer. Im Fall des Mitbesitzes mehrerer Personen an einer Sache ist das Abhandenkommen bereits dann zu bejahen, wenn bei einem einzigen Mitbesitzer ein unfreiwilliger Besitzverlust vorliegt. 10

VIII. Erbenbesitz (§ 857). Besonders bedeutsam ist die besitzrechtliche Stellung des Erben nach § 857. Denn diese vom Gesetz eingeräumte Besitzstellung des Erben führt dazu, dass auch jede freiwillige Weggabe des Besitzes an einem Erbschaftsgegenstand durch eine dritte Person für den wirklichen Erben ein Abhandenkommen darstellt. Damit ist selbst vor Kenntnis des Eintritts der Erbschaft und der eigenen Erbenstellung der Erbe gegen gutgläubigen Erwerb dritter Personen an Erbschaftsgegenständen weithin geschützt. Dieser Schutz entfällt erst dann, wenn es einem Scheinerben gelingt, einen Erbschein zu erhalten. In diesem Fall wird der gutgläubige Erwerber nach § 2366 geschützt. 11

IX. Juristische Personen und Gemeinschaften. Bei juristischen Personen und allen rechtsfähigen Gesellschaften und Gemeinschaften wird der Besitz in Form des Organbesitzes durch die zur Vertretung berufenen Organe oder Gesellschafter ausgeübt (s.o. § 854 Rn 14 f). Die freiwillige Weggabe einer Sache durch ein Organ ist daher für die juristische Person oder die sonstige Gemeinschaft kein Abhandenkommen, selbst wenn die Weggabe der Sache unbefugt ist (BGHZ 57, 166). Dies muss auch für die in der Praxis nunmehr für rechtsfähig angesehene GbR gelten (aA Palandt/*Bassenge* § 935 Rn 10). 12

E. Die Ausnahmen des II. Aus Gründen der besonderen Umlauffähigkeit macht II eine Ausnahme für Geld, Inhaberpapiere und Sachen, die im Wege öffentlicher Versteigerungen veräußert werden. Als Geld sind insoweit alle inländischen und ausländischen Münzen und Scheine anzusehen, nicht aber Geld, das als Zahlungsmittel außer Kraft getreten ist. Unter II fallen also insbes nicht wertvolle Gold- und Silbermünzen früherer Zeiten, die heute als Sammlerstücke gehandelt werden. Ist eine Münze aktuell zum Zahlungsverkehr offiziell zugelassen, so ist II auf sie anzuwenden, selbst wenn sie in der Praxis überwiegend als Sammlerstück behandelt wird. 13

Als Inhaberpapiere iSv II sind die Inhaberaktien, Schuldverschreibungen auf den Inhaber, Investmentanteilsscheine, darüber hinaus auch Lotterielose und Inhabermarken (Theaterkarten, Fahrkarten) sowie aktuell gültige und nicht entwertete Briefmarken anzusehen. Dagegen sind nicht unter II zu subsumieren die Orderpapiere, selbst wenn sie blanco indossiert und auf den Inhaber ausgestellt sind. Ebenso wenig hierher gehören Rektapapiere (vgl § 952) sowie die qualifizierten Legitimationspapiere des § 808, also vor allem auch nicht Sparkassenbücher. 14

Als öffentliche Versteigerung nach II ist nur die (freiwillige oder gesetzlich angeordnete) bürgerlichrechtliche Versteigerung nach § 383 III 1 anzusehen, die durch einen für den Versteigerungsort bestellten Gerichtsvollzieher, durch einen zur Versteigerung befugten anderen Beamten oder durch einen öffentlichen Versteigerer in öffentlicher Weise erfolgt (BGH NW 90, 899). Nicht hierher gehören Zwangsversteigerungen nach ZPO und ZVG. 15

§ 936 Erlöschen von Rechten Dritter

(1) ¹Ist eine veräußerte Sache mit dem Recht eines Dritten belastet, so erlischt das Recht mit dem Erwerb des Eigentums. ²In dem Falle des § 929 Satz 2 gilt dies jedoch nur dann, wenn der Erwerber den Besitz von dem Veräußerer erlangt hatte. ³Erfolgt die Veräußerung nach § 929a oder § 930 oder war die nach § 931 veräußerte Sache nicht im mittelbaren Besitz des Veräußerers, so erlischt das Recht des Dritten erst dann, wenn der Erwerber auf Grund der Veräußerung den Besitz der Sache erlangt.

(2) Das Recht des Dritten erlischt nicht, wenn der Erwerber zu der nach Absatz 1 maßgebenden Zeit in Ansehung des Rechts nicht in gutem Glauben ist.
(3) Steht im Falle des § 931 das Recht dem dritten Besitzer zu, so erlischt es auch dem gutgläubigen Erwerber gegenüber nicht.

1 **A. Normzweck.** Die Gründe des Gesetzgebers für eine generelle Zulassung des gutgläubigen Erwerbs (s.o. § 932 Rn 1) führen nicht nur zum Erwerb des Eigentums, sondern sie legen in gleicher Weise auch die Lastenfreiheit des Erwerbs nahe. Anderenfalls hätten die beschränkten dinglichen Rechte größere Bestandskraft als das Eigentum selbst.

2 **B. Belastungen mit dem Recht eines Dritten.** Als Belastung der Sache mit dem Recht eines Dritten meint der Gesetzgeber im Kontext des § 936 ausschließlich dingliche Rechte. Daher fallen unter I der Nießbrauch, das Pfandrecht, die dinglichen Aneignungsrechte, die gesetzlichen Pfandrechte des BGB und des HGB sowie das Pfändungspfandrecht (BGH WM 62, 1117). Ferner gehören die Anwartschaftsrechte hierher. Dagegen werden von § 936 nicht berührt öffentlichrechtliche Lasten oder Beschränkungen der Sache, alle schuldrechtlichen Ansprüche gegen den Besitzer, die Insolvenzbeschlagnahme sowie familienrechtliche Verfügungsbeschränkungen.

3 **C. Voraussetzungen des Erlöschens.** Die belastete Sache muss zunächst rechtsgeschäftlich wirksam veräußert sein (sei es nach den §§ 929 ff oder §§ 932 ff). Auf gesetzliche Erwerbstatbestände ist § 936 nicht anzuwenden. Die jeweilige dingliche Belastung muss zum Zeitpunkt der rechtsgeschäftlich wirksamen Veräußerung bereits bestehen. Weiterhin darf der Erwerber die Belastung gem II nicht positiv kennen. Für den in II genannten guten Glauben gilt § 932 II, so dass dem Erwerber auch grobe Fahrlässigkeit schadet. Wird etwa ein Einrichtungsgegenstand aus einer Mietwohnung erworben, so ist nach der Rspr in aller Regel Bösgläubigkeit hinsichtlich eines bestehenden Vermieterpfandrechts anzunehmen (BGH NJW 72, 33). Schließlich scheidet Lastenfreierwerb aus, wenn die Sache dem Berechtigten abhanden gekommen ist (§ 935). In den Fällen von I 2 und 3 muss zusätzlich die Besitzerlangung hinzutreten.

4 **D. Rechtsfolge.** Bei Erfüllung der tatbestandlichen Voraussetzungen wird das Eigentum an der Sache ohne Belastung erworben. Das vor der Veräußerung vorhandene beschränkte dingliche Recht geht also unter. Der Erwerb der Lastenfreiheit kann mit dem gutgläubigen Erwerb der Sache selbst einhergehen, Lastenfreiheit kann aber auch isoliert an einer beweglichen Sache erworben werden, die nach § 929 übereignet worden ist.

5 **E. Sonderfälle.** Einen Sonderfall regelt III, wonach lastenfreier Erwerb ausscheidet, wenn die Eigentumsübertragung nach den Regeln des § 931 erfolgt und dem dritten Besitzer ein Recht an der Sache zusteht. In diesem Falle wird auch vom gutgläubigen Erwerber nicht lastenfrei erworben. Der Fall des § 936 III hat erhebliche Bedeutung für den Schutz des Anwartschaftsrechts. Hat nämlich ein Dritter vom Vorbehaltsverkäufer das vorbehaltene Eigentum nach § 931 in der Schwebezeit erworben, so könnte er an sich im Hinblick auf § 161 III gutgläubig lastenfrei erworben haben. Damit würde das Anwartschaftsrechts des Vorbehaltskäufers entfallen. Davor schützt den Käufer § 936 III. Ebenso ist § 936 III auch auf das Eigentum anzuwenden, falls der Eigentümer dem zu Unrecht nach § 934 Verfügenden den Besitz mittelt.

6 Zu weiteren Regelungen von beweglichen Sachen als Grundstückszubehör vgl § 1121, weitere Sondervorschriften finden sich in § 1242 II, §§ 15, 77 SchiffsrechteG, § 5 PachtKrG.

Untertitel 2 Ersitzung

§ 937 Voraussetzungen, Ausschluss bei Kenntnis

(1) Wer eine bewegliche Sache zehn Jahre im Eigenbesitz hat, erwirbt das Eigentum (Ersitzung).
(2) Die Ersitzung ist ausgeschlossen, wenn der Erwerber bei dem Erwerb des Eigenbesitzes nicht in gutem Glauben ist oder wenn er später erfährt, dass ihm das Eigentum nicht zusteht.

1 **A. Praktische Bedeutung.** Die Ersitzung hat aufgrund der Zulassung des gutgläubigen Erwerbs nur wenig praktische Bedeutung. Sie spielt nur da ein Rolle, wo ein gutgläubiger Erwerb nicht möglich ist, folglich nur beim Erwerb von abhanden gekommenen Sachen; oder wenn der Mangel der Übertragung nicht im Fehlen des Eigentums beim Veräußerer lag, sondern in anderen Umständen, zB der mangelnden Vertretungsmacht der für den Veräußerer als Vertreter handelnden Person oder bei Veräußerung durch oder an Geschäftsunfähige; oder wenn sich der Besitzerwerb ohne Zusammenhang mit einem Veräußerungsgeschäft vollzogen hat. Aufgrund der langen Zeit bis zum Eintritt der Ersitzung haben auch diese Fälle allerdings eher geringe praktische Bedeutung.

2 Die Ersitzung gilt nur für bewegliche Sachen. Sie ist als Eigentumserwerbsgrund an drei Voraussetzungen gebunden: den Eigenbesitz des Erwerbers, den guten Glauben und den Zeitablauf. Der Erwerb tritt aufgrund Gesetzes ein.

Zweck der Ersitzung ist es, Rechtssicherheit und Rechtsklarheit hinsichtlich der Eigentumslage zu schaffen, wenn sich eine Sache über einen bestimmten Zeitraum im Eigenbesitz einer Person befand.

B. Voraussetzungen. Zehnjähriger Eigenbesitz (I): Unmittelbarer oder mittelbarer Eigenbesitz iSd § 872. Fristberechnung: §§ 187 ff. Die Frist beginnt mit Erfüllung des Tatbestandes des redlichen Eigenbesitzes. Die Frist wird gehemmt unter den Voraussetzungen des § 939, unterbrochen gem § 940 ff. Beweislast für die wirksame Ersitzung hat, wer sich auf die Ersitzung beruft. Nicht gutgläubig (II) ist, wer bei Besitzerwerb weiß oder infolge grober Fahrlässigkeit nicht weiß, dass er nicht Eigentümer wird, oder wer dies nachträglich erkennt. Nachträgliche Gutgläubigkeit ist möglich. Beweislast hat, wer die Ersitzung bestreitet.

C. Wirkungen. I. Lastenfreier Eigentumserwerb. Wirkung der Ersitzung ist der Erwerb des Eigentums kraft Gesetzes. Das Eigentum wird lastenfrei erworben, sofern sich die Redlichkeit des Erwerbers auch auf das Fehlen des beschränkten dinglichen Rechts erstreckt, § 945. Möglich ist auch eine isolierte Ersitzung der Lastenfreiheit.

II. Kondiktionsfestigkeit des Eigentumserwerbs. Str ist, ob das verlorene Eigentum aufgrund schuldrechtlicher Beziehungen (Vertrag, Bereicherung, Delikt) zurückgefordert werden kann. Nach ganz hM (Palandt/*Bassenge* Vor § 937 Rn 2, *Baur/Stürner* § 53 h III 2 a) bleiben vertragliche Rückgabe- oder Schadensersatzansprüche auch nach der Ersitzung bestehen. Ansprüche nach § 823 sind nach Ersitzung dagegen ausgeschlossen, da das Gesetz den gutgläubigen Eigenbesitzer im Schuldmaß durch die §§ 937 II, 932 II begünstigt (Palandt/*Bassenge* Vor § 937 Rn 2). Bzgl der Bereicherungsansprüche ist zu differenzieren. Liegt bzgl des Besitzes eine Leistungsbeziehung vor, ist eine Kondiktion nach § 812 möglich, während ein Anspruch aus Nichtleistungskondiktion ausgeschlossen ist. Grund hierfür ist, dass für den Fall, dass sowohl Verpflichtungs- als auch Verfügungsgeschäft unwirksam sind, der Veräußerer nicht schlechter stehen darf, als für den Fall, dass nur das Verpflichtungsgeschäft unwirksam ist (*Baur/Stürner* § 53 h III 2 a). Ergebnis: Besitzkondiktion, die sich nach § 818 I auf Herausgabe des aufgrund des Besitzes erlangten Eigentums erstreckt (RGZ 130, 69).

§ 938 Vermutung des Eigenbesitzes

Hat jemand eine Sache am Anfang und am Ende eines Zeitraums im Eigenbesitz gehabt, so wird vermutet, dass sein Eigenbesitz auch in der Zwischenzeit bestanden habe.

Der Eigenbesitz muss grds die ganze Zeit hindurch andauern, doch wird er, wenn er zu Beginn und am Ende eines Zeitraums feststeht, für die Zwischenzeit vermutet. Beweis des Gegenteils ist möglich (§ 292 ZPO).

§ 939 Hemmung der Ersitzung

(1) ¹Die Ersitzung ist gehemmt, wenn der Herausgabeanspruch gegen den Eigenbesitzer oder im Falle eines mittelbaren Eigenbesitzes gegen den Besitzer, der sein Recht zum Besitz von dem Eigenbesitzer ableitet, in einer nach den §§ 203 und 204 zur Hemmung der Verjährung geeigneten Weise geltend gemacht wird. ²Die Hemmung tritt jedoch nur zugunsten desjenigen ein, welcher sie herbeiführt.
(2) Die Ersitzung ist ferner gehemmt, solange die Verjährung des Herausgabeanspruchs nach den §§ 205 bis 207 oder ihr Ablauf nach den §§ 210 und 211 gehemmt ist.

In die Ersitzungszeit des § 937 I wird die Zeit, in der die Verjährung des Herausgabeanspruchs aus § 985 nach § 203 oder § 204 bzgl der in I 1 genannten Personen gehemmt ist, nicht eingerechnet. Die schon verstrichene Zeit behält aber ihre Bedeutung, nach Ende der Hemmung läuft die bereits begonnene Ersitzungsfrist weiter. Nach I 2 wirkt die Hemmung nur zugunsten desjenigen, der sie herbeigeführt hat.

Hemmung nach II: In die Ersitzungszeit des § 937 I werden die Zeiten nicht eingerechnet, in denen der Herausgabeanspruch aus § 985 gegen die in I 1 genannten Besitzer nach §§ 205–207 gehemmt ist. So lange der Ablauf der Verjährung für diesen Herausgabeanspruch nach §§ 210, 211 gehemmt ist, kann eine Ersitzung nicht vollendet werden.

§ 940 Unterbrechung durch Besitzverlust

(1) Die Ersitzung wird durch den Verlust des Eigenbesitzes unterbrochen.
(2) Die Unterbrechung gilt als nicht erfolgt, wenn der Eigenbesitzer den Eigenbesitz ohne seinen Willen verloren und ihn binnen Jahresfrist oder mittels einer innerhalb dieser Frist erhobenen Klage wiedererlangt hat.

Beweislast nach I hat, wer die Ersitzung bestreitet. Beweislast nach II, wer sich auf Ersitzung beruft.

§ 941 Unterbrechung durch Vollstreckungshandlung

¹Die Ersitzung wird durch Vornahme oder Beantragung einer gerichtlichen oder behördlichen Vollstreckungshandlung unterbrochen. ²§ 212 Abs. 2 und 3 gilt entsprechend.

1 Unterbrechung bedeutet, dass die Ersitzungsfrist des § 937 I mit der Unterbrechungshandlung erneut beginnt (§ 942). Die vor Neubeginn bereits verstrichene Frist kommt nicht zur Anrechnung. Sowohl die Zwangsvollstreckung des Gläubigers als auch der hierauf ergehende Akt des Vollstreckungsorgans unterbrechen (BGH NJW 85, 1711). Vollstreckt werden muss der Herausgabeanspruch, dessen gerichtliche Geltendmachung die Ersitzung nach § 939 gehemmt hat. Die Unterbrechung gilt entspr § 212 II, III als nicht eingetreten bei Aufhebung der Vollstreckungshandlung oder Abweisung/Rücknahme des Vollstreckungsantrages.

§ 942 Wirkung der Unterbrechung

Wird die Ersitzung unterbrochen, so kommt die bis zur Unterbrechung verstrichene Zeit nicht in Betracht; eine neue Ersitzung kann erst nach der Beendigung der Unterbrechung beginnen.

1 Wirkung entspr § 217. Aber neue Ersitzung nur dann möglich, wenn der Besitzer auch gutgläubig ist (§ 937 II Alt 1).

§ 943 Ersitzung bei Rechtsnachfolge

Gelangt die Sache durch Rechtsnachfolge in den Eigenbesitz eines Dritten, so kommt die während des Besitzes des Rechtsvorgängers verstrichene Ersitzungszeit dem Dritten zugute.

1 Tritt ein Wechsel im Eigenbesitz aufgrund von Rechtsnachfolge ein, so kommt die beim Rechtsvorgänger verstrichene Ersitzungszeit dem Rechtnachfolger zugute, wenn auch bei ihm sämtliche Voraussetzungen (§ 937 Rn 4) des Eigenbesitzes erfüllt sind, dh insbes auch bei ihm redlicher Eigenbesitz vorliegt. Die Rechtsnachfolge kann dabei entweder in Form der Sondernachfolge, durch Einigung mit dem Vorbesitzer oder durch Gesamtnachfolge erfolgen. Anzurechnen ist die Ersitzungszeit des Vorgängers sodann gem §§ 939 ff. Bei mehrfacher Nachfolge gilt § 943 auch.

§ 944 Erbschaftsbesitzer

Die Ersitzungszeit, die zugunsten eines Erbschaftsbesitzers verstrichen ist, kommt dem Erben zustatten.

1 Die Ersitzungszeit des Erbschaftsbesitzers kann, wenn dieser gutgläubig annahm, die Sache gehöre zum Nachlass, sich der Erbe anrechnen lassen (Anm bei Soergel/*Mühl* § 944).

§ 945 Erlöschen von Rechten Dritter

¹Mit dem Erwerb des Eigentums durch Ersitzung erlöschen die an der Sache vor dem Erwerb des Eigenbesitzes begründeten Rechte Dritter, es sei denn, dass der Eigenbesitzer bei dem Erwerb des Eigenbesitzes in Ansehung dieser Rechte nicht in guten Glauben ist oder ihr Bestehen später erfährt. ²Die Ersitzungsfrist muss auch in Ansehung des Rechts des Dritten verstrichen sein; die Vorschriften der §§ 939 bis 944 finden entsprechende Anwendung.

1 § 945 regelt das Erlöschen vor Erwerb des Eigenbesitzes begründeter Rechte Dritter iSd § 936. Mit dem Erwerb des Eigentums durch Ersitzung erlöschen nach § 945 die an der Sache vor dem Erwerb des Eigenbesitzes begründeten Reche. Danach begründete Rechte bleiben bestehen. Beweislast hat, wer sich auf die Lastenfreiheit beruft.

2 Mangelnde Gutgläubigkeit iSd § 937 II bzgl Belastungen hindert deren Erlöschen. Beweislast hat, wer die Lastenfreiheit bestreitet; dies gilt auch für eine den Eigentumserwerb hindernde Bösgläubigkeit. § 936 III gilt entspr.

Untertitel 3 Verbindung, Vermischung, Verarbeitung

§ 946 Verbindung mit einem Grundstück

Wird eine bewegliche Sache mit einem Grundstück dergestalt verbunden, dass sie wesentlicher Bestandteil des Grundstücks wird, so erstreckt sich das Eigentum an dem Grundstück auf diese Sache.

1 **A. Allgemeines.** Nach § 93 können Bestandteile einer Sache, die voneinander nicht getrennt werden können, ohne dass der eine oder andere zerstört oder in seinem Wesen verändert wird (sog wesentliche Bestandteile), nicht Gegenstand besonderer Rechte sein. Nach diesem Grundsatz können daher bei der Verbindung einer

beweglichen Sache mit einem Grundstück, wenn erste wesentlicher Bestandteil wird, die ursprünglichen Eigentumsverhältnisse nicht fortbestehen, sondern das Eigentum an der unbeweglichen und der beweglichen Sache kann in Zukunft kraft der zwingenden Vorschriften der §§ 93, 94 nur noch ein einheitliches sein. Hierbei gilt die unbewegliche Sache stets als die Hauptsache. Auf das Wertverhältnis kommt es nicht an. Da diese Regel zwingend ist (RGZ 130, 310), kann ein EV an der beweglichen Sache nicht wirksam bleiben (*Serick* BB 73, 1405).

B. Voraussetzung. Verbindung einer beweglichen Sache mit einem Grundstück zu dessen wesentlichem Bestandteil iSd §§ 93–96. Wesentliche Bestandteile eines Grundstücks sind nach § 94 nur solche Sachen, die mit dem Grund und Boden fest verbunden sind oder die zur Herstellung in das Gebäude eingefügt wurden. Dabei darf kein vorübergehender Zweck iSd § 95 vorliegen, da dann lediglich sog Scheinbestandteile vorliegen (bzgl Einzelheiten s §§ 94, 95). Die unter § 95 fallenden Gegenstände sind sonderrechtsfähig. Ob im Einzelfall ein wesentlicher Bestandteil oder nur ein Scheinbestandteil gegeben ist, entscheidet die Verkehrsauffassung. Einem Grundstück gleich iSd § 946 steht ein Gebäude, das wesentlicher Grundstücksbestandteil ist (§ 94 II), und ein eingetragenes Schiff (BGHZ 26, 225); nicht aber ein Gebäude, das nur Grundstücksscheinbestandteil (§ 95) ist. Nachträglicher Fortfall der Scheinbestandteileigenschaft ändert an den Eigentumsverhältnissen nichts. In diesem Fall ist eine Übereignung nach §§ 929 ff notwendig (BGH aaO). 2

C. Wirkung. Der Grundstückseigentümer erwirbt mit der Verbindung Eigentum an der verbundenen beweglichen Sache und ist damit Eigentümer der Gesamtsache. Wer die Verbindung vorgenommen hat, ob sie gut- oder bösgläubig erfolgt, ist gleichgültig. Die Verbindung ist kein Rechtsgeschäft, der Eigentumserwerb tritt kraft Gesetzes ein. Der Eigentumsverlust ist endgültig. Wird die Verbindung später wieder aufgehoben, so lebt das frühere Eigentum an der beweglichen Sache nicht wieder auf. Ausgleich für Rechtsverlust ergibt sich aus § 951. Auch nachträgliche Unterlegung mit einem vorübergehenden Zweck gem § 95 ändert an den Eigentumsverhältnissen nichts (vgl BGH LM § 94 Nr 16). § 946 ist zwingend. Seine Rechtsfolge ist nicht durch Parteivereinbarung abdingbar. Mit dem Eigentumserwerb nach § 946 erlöschen gem § 949 S 1 auch Rechte Dritter an der Sache (zB EV an der beweglichen Sache). Bestehen an dem Grundstück Rechte Dritter, so erstrecken sich diese nach § 949 S 3 nun auch auf die wesentlichen Bestandteile. 3

D. Praktische Probleme. Die zwingenden Folgen des § 946 sind vor allem für Baustofflieferanten und Bauhandwerker problematisch, da ein einfacher EV an ihren beweglichen Sachen unter den Voraussetzungen des § 946 erlischt. Für Bauhandwerker besteht diesbezüglich die Möglichkeit, sich über § 648a abzusichern. Für Baustofflieferanten besteht eine Sicherungsmöglichkeit dahingehend, dass sie sich einen Teil der Forderungen des Bauunternehmers gegen den Bauherrn abtreten lassen, sofern diese nicht schon zuvor an andere abgetreten wurden (vgl BGHZ 26, 178). Dabei ist zu beachten, dass keine Übersicherung des Baustofflieferanten eintreten darf, eine uneingeschränkte Abtretung des Werklohnanspruchs an den Baustofflieferanten im Rahmen Allgemeiner Geschäftsbedingungen des Baustofflieferanten ist unwirksam. Es ist also eine dem Wert der Kaufpreisforderung entsprechende Teilabtretung des Werklohnanspruchs vorzunehmen (vgl BGHZ 98, 303; zum Ganzen *Munz* BauR 03, 621 ff). Diese Sicherungsmöglichkeit in AGB versagt allerdings im Falle kollidierender AGB. 4

E. Insolvenz. In der Insolvenz teilen wesentliche Bestandteile das Schicksal des Grundstücks, zu dem sie gehören. Bei Scheinbestandteilen oder sonstigen beweglichen Sachen kommt es entscheidend darauf an, ob es sich um Zubehör iSd § 97 handelt, welches dem Haftungsverband des Grundstücks unterliegt. 5

Bzgl der Möglichkeit eines Baustofflieferanten (BL), einen verlängerten EV mit Weiterveräußerungsbefugnis zu vereinbaren, stellt sich die Frage, welche Konsequenzen sich hieraus in der Insolvenz des Bauunternehmers (BU) ergeben, wenn dieser die unter EV gelieferten Stoffe auf dem Grundstück seines Kunden (K) in dessen Gebäude verbaut hat, der Kunde die Forderungen des Bauunternehmers beglichen hat und in dem Vertrag zwischen BU und K ein Abtretungsverbot bzgl sämtlicher Forderungen vereinbart ist. Eine Ersatzaussonderung des von K an BU gezahlten Geldes nach § 48 InsO scheidet aus, da sich § 48 InsO nur auf Gegenstände bezieht, deren Aussonderung aus der Insolvenzmasse hätte beansprucht werden können. Ein verlängerter EV gewährt aber nur ein Absonderungsrecht nach § 51 Nr 1 analog. BL ist jedoch ersatzabsonderungsberechtigt gem § 48 InsO analog. Voraussetzung dafür ist, dass die gelieferten Stoffe von BU unberechtigt weiterveräußert wurden; gleichgültig ist dann, ob das Material über § 946 auf K übergeht oder zuvor schon rechtsgeschäftlich übereignet wurde. Zu beachten ist in dieser Konstellation aber stets auch § 354a HGB. Im Falle des § 354a HGB wäre der Einbau rechtmäßig gewesen und ein Ersatzabsonderungsrecht bestünde nicht. Vielmehr bestünde dann ein Absonderungsrecht gem § 51 Nr 1 InsO oder sofern der Insolvenzverwalter die Forderung bereits eingezogen hat, ein Anspruch aus § 55 I Nr 3 InsO. 6

§ 947 Verbindung mit beweglichen Sachen

(1) Werden bewegliche Sachen miteinander dergestalt verbunden, dass sie wesentliche Bestandteile einer einheitlichen Sache werden, so werden die bisherigen Eigentümer Miteigentümer dieser Sache; die Anteile bestimmen sich nach dem Verhältnis des Wertes, den die Sachen zur Zeit der Verbindung haben.
(2) Ist eine der Sache als Hauptsache anzusehen, so erwirbt ihr Eigentümer das Alleineigentum.

1 **A. Voraussetzung.** Verbindung beweglicher Sachen zu wesentlichen Bestandteilen iSd § 93 einer Gesamtsache. § 947 gilt auch bei Verbindung mit einem Gebäude, das nur Grundstücksscheinbestandteil ist. In der Rspr (Köln NJW 91, 2570; Zusammenstellung bei Soergel/*Mühl* § 93 Rn 8 ff) besteht diesbezüglich die Tendenz, zum Schutz zB des Eigentumsvorbehaltsverkäufers, die Eigenschaft als wesentlicher Bestandteil zu verneinen (zB der serienmäßige Motor eines Kraftfahrzeuges; bzgl weiterer Beispiele s § 94).

2 **B. Wirkung.** Ist keine der Sachen als Hauptsache anzusehen, so tritt Miteigentum (§§ 1008 ff) der bisherigen Eigentümer an der verbundenen Sache ein, und zwar im Verhältnis des Wertes der einzelnen verbunden Sachen. Ist eine verbundene Sache als Hauptsache anzusehen, wird deren Eigentümer Alleineigentümer der ganzen Sache. Das Eigentum an der anderen verbundenen Sache erlischt, ebenso die an ihr bestehenden Rechte, § 947 II. Ob der eine oder andere Fall vorliegt, entscheidet die Verkehrsanschauung. Das Wertverhältnis spielt dabei naturgemäß eine Rolle, ist aber nicht allein ausschlaggebend. Nach der Ansicht des BGH (BGH NJW 56, 788) liegt eine Hauptsache nur vor, wenn die übrigen Bestandteile fehlen könnten, ohne dass das Wesen der Sache dadurch beeinträchtigt würde. Eine Vereinbarung darüber, welche Sache als Hauptsache anzusehen ist, ist nichtig. Ausgleich für Rechtsverlust nach § 951. Ein Warenkreditgeber kann sich aber durch eine sog Verbindungsklausel absichern. Konstruktiv ist dies durch ein antizipiertes Besitzkonstitut in der Weise möglich, dass sich der frühere Eigentümer der Nebensache für den Fall der Verbindung schon im Voraus das Alleineigentum oder einen Miteigentumsanteil an der verbundenen Sache übereignen lässt (vgl *Scholz/Lwowski* Rn 971). Diese Verbindungsklausel versagt allerdings, wenn nicht der Warenkreditnehmer, sondern ein Dritter Eigentümer der Hauptsache ist. Im Falle der Kollision mit Einkaufs-AGB kommt eine Verbindungsklausel in den Verkaufs-AGB ebenfalls nicht zur Wirkung.

3 **C. Praktische Bedeutung.** Die praktische Bedeutung des § 947 ist eingeschränkt, weil die Verbindung häufig zur Entstehung einer neuen Sache iSd Rechtsverkehrs führt und in diesem Fall eine Verarbeitung nach § 950 vorliegt. § 950 kommt dann, wenn der Schwerpunkt auf dem Verarbeitungsvorgang liegt, vorrangig zur Anwendung. Bedeutung haben aber die Spezialfälle des Sammellagergeschäfts (§ 419 HGB) und der Sammelverwahrung von Wertpapieren (§§ 5 ff DepotG).

§ 948 Vermischung

(1) Werden bewegliche Sachen miteinander untrennbar vermischt oder vermengt, so findet die Vorschrift des § 947 entsprechende Anwendung.
(2) Der Untrennbarkeit steht es gleich, wenn die Trennung der vermischten oder vermengten Sachen mit unverhältnismäßigen Kosten verbunden sein würde.

1 **A. Allgemeines.** § 948 will wirtschaftlich sinnlose Maßnahmen zur Aufrechterhaltung des Einzeleigentums vermeiden. Zudem soll die durch die tatsächliche oder wirtschaftliche Untrennbarkeit entstandene Konfliktlage gelöst werden. Vermischung/Vermengung ist Tathandlung, nicht rechtsgeschäftliche Verfügung (zB iSd § 816; Frankf NJW-RR 87, 310). § 948 ist unabdingbar und wird von § 950 verdrängt (RGZ 161, 109, 113); er gilt nicht, wenn die Vermischung/Vermengung Übergabe nach § 929 ist (RG Warn 18 Nr 117). Beweislast: Wer sich auf Eigentumserwerb nach § 948 beruft, muss dessen Voraussetzungen beweisen.

2 **B. Voraussetzung.** Voraussetzung ist, dass die verschiedenen Eigentümern gehörigen Sachen überhaupt nicht oder nur mit unverhältnismäßigen Kosten getrennt werden können. Bei untrennbarer Vermischung verlieren die Sachen ihre körperliche Abgrenzung; zB Gase, Flüssigkeiten. Bei untrennbarer Vermengung behalten sie diese, lassen sich aber mangels natürlicher Unterscheidbarkeit oder Kennzeichnung nicht mehr dem bisherigen Eigentümer zuordnen; zB Geld (RG Warn 18 Nr 117), Münzen (BGH NJW 93, 935), Getreide, Baumaterial, Tiere, nichtvertretbare Wertpapiere. Unerheblich ist, wer vermischt/vermengt.

3 **C. Wirkung.** Es entsteht Miteigentum nach §§ 741 ff, 1008 ff an der Gesamtmenge entspr dem Wertverhältnis der Einzelmengen zur Zeit der Vermischung/Vermengung. Die Entstehung des Miteigentums wird nicht dadurch ausgeschlossen, dass sich das Wertverhältnis der Anteile nicht mehr sicher feststellen lässt (BGH MDR 58, 687). Über dingliche Rechte an den Einzelmengen (auch bei Vermischung/Vermengung eigener Sachen) und Fortgeltung von § 935 vgl § 949; Teilungsrecht des besitzenden Miteigentümers entspr § 469 III HGB nur bei Geld (ganz hM).
Alleineigentum des früheren Eigentümers der Hauptmenge entspr § 947 II bei verschiedenartigen Sachen (zB Leder und Gerbstoff; Schlesw SchlHA 56, 239) oder bei sehr großen Mengenunterschieden gleichartiger Sachen (BGH 14, 114, aA Baur/*Stürner* § 53 Rn 11). Über dingliche Rechte (auch bei Vermischung/Vermengung eigener Sachen) und Fortgeltung von § 935 vgl § 949. Ausgleich für Rechtsverlust durch § 951. Dies gilt auch, wenn Erwerber bösgläubig ist oder die Nebenmenge abhanden gekommen war sowie bei Vermischungs-/Vermengungsverbot eines Eigentümers oder fehlendem Erwerbswillen. Aufhebung der Vermischung/Vermengung iFv II ändert Eigentumsverhältnisse nicht.

Sondervorschriften: Sammellagergeschäft und Sammelverwahrung. Für die Sammellagerung von Waren ist § 469 HGB maßgebend. Diese Bestimmung enthält zunächst ein Verbot der Vermischung. Der Lagerhalter ist zur Vermischung befugt, wenn die beteiligten Einlagerer ausdrücklich einverstanden sind. Für die Sammelverwahrung von Wertpapieren gelten die §§ 5 ff DepotG. Auch hier ist die Sammelverwahrung nur mit Ermächtigung des Hinterlegers zulässig.

§ 949 Erlöschen von Rechten Dritter

¹Erlischt nach den §§ 946 bis 948 das Eigentum an einer Sache, so erlöschen auch die sonstigen an der Sache bestehenden Rechte. ²Erwirbt der Eigentümer der belasteten Sache Miteigentum, so bestehen die Rechte an dem Anteil fort, der an die Stelle der Sache tritt. ³Wird der Eigentümer der belasteten Sache Alleineigentümer, so erstrecken sich die Rechte auf die hinzutretende Sache.

A. Allgemeines. Die Wirkungen des § 949 treten mit denen der §§ 946–948 ein, § 949 ist zwingend. § 949 gilt auch für Anwartschaftsrechte an einer Sache und bei Verbindung/Vermischung eigener Sachen.

B. Wirkung. Mit Erlöschen des Eigentums (S 1) nach §§ 946, 947 II, 948 erlöschen die sonstigen Rechte an der Sache (zB Anwartschaftsrecht); war sie abhanden gekommen, so gilt § 935 für die Gesamtsache nicht. Ausgleich für Rechtsverlust § 951.

Bei Erwerb von Miteigentum (S 2) nach §§ 947 I, 948 setzen sich die sonstigen Rechte am Miteigentum fort (daher kein Ausgleich nach § 951); war die Einzelsache/Teilmenge abhanden gekommen, so ergreift § 935 nicht den ihr entsprechenden Miteigentumsanteil (KG OLG 12, 125; LG Bielefeld MDR 51, 164; aA Staud/ *Wiegand* Rn 5).

Bei Verbindung eigener Sachen Fortbestand an einem Miteigentumsanteil, der dem Wert der belasteten Sache entspricht (RG 67, 421, 425; Staud/*Wiegand* Rn 6).

Bei Erwerb vom Alleineigentümer (S 3) nach §§ 946, 947 I, 948 Rn 4 erstrecken sich die sonstigen Rechte am Grundstück bzw der Hauptsache/menge auf die Gesamtsache/menge. War die Hauptsache/menge abhanden gekommen, so gilt § 935 für die Gesamtsache/menge.

Aufhebung der Verbindung usw: Im Fall von Rn 3 leben die sonstigen Rechte nicht wieder auf, da das Eigentum nicht wieder auflebt; nach dessen rechtsgeschäftlicher Wiederbegründung kann schuldrechtlich ein Neubestellungsanspruch entstehen. Im Fall von Rn 4 bleiben die sonstigen Rechte am Miteigentumsanteil bestehen, denn dieser bleibt bestehen. Im Fall von Rn 5 erlöschen die sonstigen Rechte nicht, da sich die Eigentumsverhältnisse nicht ändern.

§ 950 Verarbeitung

(1) ¹Wer durch Verarbeitung oder Umbildung eines oder mehrerer Stoffe eine neue bewegliche Sache herstellt, erwirbt das Eigentum an der neuen Sache, sofern nicht der Wert der Verarbeitung oder der Umbildung erheblich geringer ist als der Wert des Stoffes. ²Als Verarbeitung gilt auch das Schreiben, Zeichnen, Malen, Drucken, Gravieren oder eine ähnliche Bearbeitung der Oberfläche.
(2) Mit dem Erwerb des Eigentums an der neuen Sache erlöschen die an dem Stoffe bestehenden Rechte.

A. Allgemeines. I. Problemstellung. Bei der Verarbeitung eines fremden Stoffes zu einer neuen beweglichen Sache stellt sich die Frage, ob sie dem Hersteller oder dem Eigentümer des verarbeiteten Stoffs gehören soll. § 950 löst den Konflikt zwischen dem Rohstoffeigentümer und Hersteller (bzw zwischen Herstellern verschiedener Verarbeitungsstufen) zu Gunsten des Herstellers (BGHZ 56, 90). Dem liegt keine sozialpolitische, sondern allein eine wirtschaftspolitische Erwägung zugrunde (BGHZ 56, 90). Das Gesetz bevorzugt damit aber nicht nur den Hersteller, sondern in der Praxis bedeutend, auch dessen Gläubiger (vor allem Banken) vor dem Stofflieferanten, sofern sie sich das Eigentum an der verarbeitenden Sache verschafft haben, zB durch antizipierte Sicherungsübereignung. Diese Bevorzugung wird somit insbes in der wirtschaftlichen Krise des Herstellers deutlich. Als Gegenmittel bleibt dem Stofflieferanten die Möglichkeit der Verarbeitungs- oder Herstellerklausel (Rn 6 f). Unter Umständen hilft dem Stofflieferanten auch eine eventuelle Unwirksamkeit der Sicherungsübereignung der Bank, bspw bei einer die Unwirksamkeit der Sicherungsübereignung begründenden anfänglichen Übersicherung. Bei nachträglichen Übersicherungen und revolvierenden Zessionen/Sicherungsübereignungen hat dagegen nur der Hersteller einen Sicherheitenfreigabeanspruch (BGH GrS NJW 98, 671). Im Sicherungsübereignungsvertrag kann darüber hinaus vereinbart werden, dass nicht sämtliche Gegenstände von der Sicherungsübereignung erfasst sind.

II. Verhältnis zu anderen Vorschriften. Er geht §§ 947–949 vor, während § 946 ihm vorgeht.

III. Realakt. Verarbeitung ist Tathandlung, nicht rechtsgeschäftliche Verfügung.

4 **IV. Beweislast.** Wer sich auf Eigentumserwerb nach § 950 beruft, muss dessen Voraussetzungen beweisen (BGH NJW 83, 2022); wer sich auf Nichterwerb nach I 1 Hs 2 beruft, muss diese Voraussetzungen beweisen (Baumgärtel/*Laumen* Rn 2).

B. Voraussetzungen (kumulativ). I. Verarbeitung oder Umbildung eines oder mehrerer Stoffe durch
5 **menschliche Arbeit.** Arbeit setzt dabei eine manuelle und eine mehr oder minder intensive geistige Leistung voraus. Es genügt aber auch eine im Wesentlichen geistige Arbeit. Ohne eine solche Arbeitsleistung gilt § 950 nicht (ggf aber §§ 947-949). Es genügt beispielhaft das Zusammenfügen von Bauteilen (BGHZ 18, 226) oder das Zerlegen einer Sache. Verarbeitung ist auch die Bearbeitung der Oberfläche, I 2.

6 **II. Herstellen neuer beweglicher Sache.** Die verarbeitete Sache muss neu sein. Diesbezüglich ist die Verkehrsauffassung nach wirtschaftlichen Gesichtspunkten maßgebend; Wertsteigerung alleine nicht maßgebend. Sie liegt idR bei Erzielung einer höheren Verarbeitungsstufe vor (so dass mit jeder Stufe neuer Eigentumserwerb; Stuttg NJW 01, 2889); daher reicht auch ein Zwischenfabrikat aus. Für eine Neuheit spricht, dass die hergestellte Sache einen neuen Namen trägt (Köln NJW 97, 2187) oder eine Formveränderung gegeben ist. Entscheidend ist, dass die Verarbeitung das Wesen des Stoffes verändert hat. Bei mehrstufiger Produktion sind auch die Zwischenfabrikate (Halbfabrikate) „neue" Sachen. Durchläuft ein Grundstoff mehrere Stufen einer einheitlichen Verarbeitung, so ist dagegen eine neue Sache erst mit Abschluss der Verarbeitung hergestellt (BGH LM § 947 Nr 4). Ob ein Produktionsvorgang mehrstufig oder einheitlich ist, entscheidet die Verkehrsauffassung. Auch bei I 2 muss eine neue Sache entstehen. Einzelbeispiele: Verarbeitung zu bejahen bei: Belichtung und Entwicklung von Fotopapier; Bau eines Schiffs/Kfz aus Einzelteilen, Ergänzung eines Motorblocks zu Komplettmotor (BGH NJW 95, 2633). Zu verneinen bei: Einbau eines Motors in ein Förder-/Beladegerät (Köln NJW 91, 2570) oder von Fahrgestellrahmen und Motorgehäuse in Kfz (KG NJW 61, 1026); Reparatur stark beschädigter Sache (RG 138, 45, 50), weil dadurch keine Wesensänderung eintritt.

7 **C. Wirkung. I. Lastenfreier Eigentumserwerb (I 1, II).** Hersteller erwirbt originäres Eigentum an der neuen Sache; auch wenn er zuvor schon Stoffeigentümer war. Dies gilt auch, wenn er bösgläubig oder der verarbeitete Stoff abhanden gekommen war (Köln NJW 97, 2187) sowie bei Verarbeitungsverbot des Stoffeigentümers (BGH NJW 89, 3213) oder fehlendem Erwerberwillen. Das Eigentum des Stofflieferanten erlischt, ebenso die an dem Stoff etwa bestehenden weiteren dinglichen Rechte einschl der Anwartschaftsrechte (II). Dies gilt wiederum auch bei Verarbeitung eigenen Stoffs. Ausgleich für Rechtsverlust durch § 951 oder durch entsprechende vertragliche Vereinbarungen.

8 **II. Ausnahme I 1 Hs 2.** Gilt auch im Fall von I 2. Der Hersteller erwirbt kein Eigentum (ggf aber §§ 947-949), wenn der Wert der Verarbeitung erheblich geringer ist als der Wert des Stoffes. Das Wertverhältnis wird ermittelt, indem man vom Wert der neuen Sache den Wert der verarbeiteten Stoffe abzieht; das Ergebnis ist dann der Wert der Verarbeitung (BGH 56, 88). Ein wesentlicher Minderwert der Verarbeitung ist jedenfalls bei Verhältnis von 60: 100 anzunehmen (vgl BGH NJW 95, 2633). Maßgebend ist der Wert der Ausgangsstoffe der Verarbeitung; daher ist bei mehrstufiger einheitlicher Verarbeitung der Wert der Grundstoffe und bei Verarbeitung eines Zwischenfabrikats dessen Wert entscheidend. Werden Fertigerzeugnisse verarbeitet, so ist ihr Verkehrswert maßgebender Stoffwert; dies gilt auch, wenn sie iRe einheitlichen Verarbeitungsvorgangs zwischenzeitlich auf die Rohstoffe zurückgeführt waren. Bei I 1 Hs 2 können sich in der Praxis erhebliche Schwierigkeiten ergeben, wenn der Hersteller einer Maschine Teile von mehreren Zulieferern unter EV geliefert bekommt und seine Leistung mehr oder weniger im Zusammenbau der Teile liegt (Assembler). Da es für das Wertverhältnis nicht auf den Verkaufspreis der neuen Sache, sondern auf seinen objektiven Wert ankommt, würde der Hersteller nicht Eigentümer werden, wenn seine Leistung erheblich geringer ist als der Wert der unter EV gelieferten Sachen. Auch wenn die Zulieferer keinen verlängerten EV vereinbart haben, so würden sie dennoch Eigentümer der Maschine werden, obwohl sie gerade keinen verlängerten EV vereinbart haben. Dies ist aber regelmäßig von den Vertragsparteien nicht gewollt, wenn gerade bewusst auf einen verlängerten EV verzichtet wurde. Es wird somit vertreten, dass in solchen Fällen die vertragliche Vereinbarung den in § 950 getroffenen Regelungen vorgeht (Baur/*Stürner* § 53 B III, Rn 19).

9 **D. Hersteller.** Wer Hersteller ist, bestimmt sich nach dem Sprachgebrauch und der Verkehrsauffassung vom Standpunkt eines mit den Verhältnissen vertrauten objektiven Beobachters (BGH 112, 243), so dass fremdwirkende Verarbeitung möglich ist. Die notwendigen objektiven Kriterien können darin gesehen werden, dass der nicht selbst Verarbeitende im Wesentlichen das Produktions- und Absatzrisiko trägt (Staud/*Wiegand* Rn 34) bzw die ökonomische Lenkung der Produktion hat und das Verwendungsrisiko trägt. Eine solche Verschiebung der Herstellerfunktion ist aber der Ausnahmefall. Daraus ergibt sich für die Hauptfälle: Weisungsgebundene Tätigkeit: Arbeitnehmer und Beamte, die die im Rahmen weisungsgebundener Tätigkeit die Verarbeitung ausführen, sind nicht Hersteller. Hersteller ist der Arbeitgeber/Dienstherr. Werkvertrag: Der Besteller ist Hersteller, wenn die Verarbeitung in seinem Auftrag mit von ihm gelieferten Stoffen erfolgt (BGH 14, 114). Das belegt auch die Vorschrift des § 647, denn das gesetzliche Pfandrecht des Werkunternehmers wäre sodann idR überflüssig, wenn der Werkunternehmer nach § 950 Eigentümer der Sache würde.

Eng mit dem Herstellerbegriff ist auch die Frage nach der Rechtsnatur des § 950 verbunden. Umstritten ist **10** hier, ob § 950 zwingendes Recht ist oder die Person des Herstellers durch Parteivereinbarung bestimmt werden kann. Diese Frage hat insbes beim verlängerten EV Bedeutung, wenn eine sog Verarbeitungs- oder Herstellerklausel vereinbart ist. Die hM (vgl Baur/*Stürner* § 53 B III 3) hält § 950 für dispositiv. Als Begründung wird vor allem angeführt, dass § 950 den Interessenskonflikt zwischen Eigentümer und Hersteller lösen wolle, wenn zwischen beiden keine Vereinbarung besteht. Dies ist überzeugend. Sofern eine Vereinbarung vorhanden ist, hat sie § 950 vorzugehen, da dadurch der Interessenskonflikt zwischen den Parteien nach deren Willen geregelt ist. Es ist kein Grund ersichtlich, über die Vereinbarung hinweg, dem tatsächlich Verarbeitenden das Eigentum über § 950 aufzuzwingen, wenn er es nicht will. Die Rspr (BGHZ 20, 159, 163) hält demgegenüber zwar am zwingenden Charakter des § 950 fest, sie ist aber der Auffassung, dass durch Parteivereinbarung bestimmt werden könne, wer Hersteller ist. Dies führt im Ergebnis aber ebenso zur dispositiven Natur des § 950. In beiden Fällen erwirbt der Eigentümer der hergestellten Sache direkt, ohne Durchgangserwerb des tatsächlich Verarbeitenden. Wird ein Stoff somit unter EV geliefert und vereinbaren Lieferant und Verarbeiter, dass die unter EV gelieferte Ware im Auftrag des Lieferanten verarbeitet wird, Hersteller also der Lieferant sein soll (sog Hersteller- oder Verarbeitungsklausel), so bewirkt dies nach hM, dass der Lieferant ohne Durchgangserwerb des Verarbeiters Eigentümer der Fertigware wird (BGHZ 20, 159); wird die neue Sache aus Stoffen verschiedener Vorbehaltseigentümer hergestellt, so erwerben sie mangels besonderer Abrede Allein- oder Miteigentum nach §§ 947, 948. Verarbeitungs- bzw Herstellerklausel können dabei auch iRv AGB gestellt werden. Problematisch ist dies bei kollidierenden AGB (zB VerkaufsAGB des Lieferanten und EinkaufsAGB mit Abwehrklausel des Käufers). In diesem Fall bleibt es bei der gesetzlichen Regelung; über § 950 wird der tatsächlich Verarbeitende Eigentümer, die Verarbeitungs- bzw Herstellerklausel geht ins Leere.

Die Möglichkeit, dass § 950 disponibel ist, ist gerade auch für Gläubiger des Stofflieferanten von Bedeutung, **11** da dieser bei entsprechender Vereinbarung das Eigentum durch den Verarbeitungsvorgang nicht verliert. Erhebliche Bedeutung hat diese Möglichkeit auch in dem in der Praxis zunehmenden Zentralregulierungsgeschäft. Bei der Zentralregulierung handelt es sich um ein Abrechnungssystem, das sich idR auf den Zahlungsverkehr zwischen Herstellern (Lieferanten) und Einkäufern/Mitgliedern (sog Anschlusshäuser) einer Einkaufsgemeinschaft (sog Kooperations- oder Verbundgruppe) des Einzel- und/oder Großhandels bezieht. Im klassischen Zentralregulierungs- und Delkredergeschäft übernimmt die Verbundgruppe regelmäßig die Haftung für die Bonität der Anschlusshäuser. Sie bezahlt die Forderungen der Lieferanten und belastet sodann die Anschlusshäuser (Inkassofunktion). Im Falle der Insolvenz eines Anschlusshauses sichert sie sich dadurch ab, dass sie sich im Zentralregulierungsvertrag vom Lieferanten die Rechte aus der vom Lieferanten mit Eigentumsvorbehaltsklausel an das Anschlusshaus gelieferten Ware zur Sicherheit abtreten lässt. Dieser Schutz aus der Sicherungsübereignung ginge nun verloren, wenn die Anschlusshäuser die Ware verarbeiten würden und dadurch automatisch Eigentum über § 950 erlangen würden. Wiederum geht die Sicherung des Zentralregulierers ins Leere, wenn der zwischen Lieferant und Anschlusshaus (in AGB) vereinbarte umfassende EV mit Verarbeitungsklausel wegen unwirksamer Formulierung oder der Kollision von VerkaufsAGB des Lieferanten mit den EinkaufsAGB des Anschlusshauses ins Leere geht. Dieser in der Praxis sehr häufig auftretenden Problematik ist im Sicherungsinteresse des Zentralregulierers zu begegnen.

Mit dem Erwerb des Eigentums erlöschen die an dem Stoff bestehenden Rechte Dritter nach § 950 II. **12** Umstritten ist, ob dies auch für das Anwartschaftsrecht des Vorbehaltskäufers gilt, der eine Verarbeitungs-/ Herstellerklausel mit dem Vorbehaltsverkäufer vereinbart hat. § 950 II hätte hier die Folge, dass der Vorbehaltskäufer nach der Verarbeitung sein Anwartschaftsrecht verliert. Dies ist nicht interessengerecht. Nach überzeugender Auffassung (*Nierwetberg* NJW 83, 2235f) ist bei einer Verarbeitungs-/Herstellerklausel iRe verlängerten EV eine ggf auch stillschweigende antizipierte Übereignung nach §§ 929 S 2, 158 I anzunehmen, so dass der Vorbehaltsverkäufer nur für eine juristische Sekunde unbelastetes Eigentum erhält.

§ 951 Entschädigung für Rechtsverlust

(1) ¹Wer infolge der Vorschriften der §§ 946 bis 950 einen Rechtsverlust erleidet, kann von demjenigen, zu dessen Gunsten die Rechtsänderung eintritt, Vergütung in Geld nach den Vorschriften über die Herausgabe einer ungerechtfertigten Bereicherung fordern. ²Die Wiederherstellung des früheren Zustands kann nicht verlangt werden.

(2) ¹Die Vorschriften über die Verpflichtung zum Schadensersatz wegen unerlaubter Handlungen sowie die Vorschriften über den Ersatz von Verwendungen und über das Recht zur Wegnahme einer Einrichtung bleiben unberührt. ²In den Fällen der §§ 946, 947 ist die Wegnahme nach den für das Wegnahmerecht des Besitzers gegenüber dem Eigentümer geltenden Vorschriften auch dann zulässig, wenn die Verbindung nicht von dem Besitzer der Hauptsache bewirkt worden ist.

A. Allgemeines. Die dinglichen Rechtsänderungen infolge Verbindung usw sind die sachenrechtliche Anerkennung von im Wesentlichen faktischen Veränderungen. Sie sollen zwar erhalten bleiben, doch tragen sie **1** nicht den Rechtsgrund in sich (vgl BGHZ 55, 178). § 951 I regelt folglich den schuldrechtlichen Ausgleich zwischen dem, der einen Rechtsverlust nach den §§ 946-950 erlitten hat, und dem, der hierdurch einen Rechtserwerb erlangt hat. § 951 ist daher Rechtsfortwirkungsanspruch ggü § 985. Andere Ansprüche über die Verpflichtung zum Schadensersatz wegen unerlaubter Handlungen sowie die Vorschriften über den Ersatz von Verwendungen und über das Recht zur Wegnahme einer Einrichtung bleiben davon unberührt (II).

2 In der Insolvenz desjenigen, zu dessen Gunsten die Rechtsänderung eintrat, hat der Verlierende nur eine einfache Insolvenzforderung, es sei denn, er hat sich wirksam durch umfassenden EV abgesichert. Der Entschädigungsanspruch ist abdingbar (BGH LM Nr 9, 28), dh ausschließbar und modifizierbar (einschl Begründung eines Wiederherstellungsanspruchs des Verlierenden).

3 Die Vorschrift stellt dabei nach ganz hM eine Rechtsgrundverweisung auf § 812 dar (BGHZ 41, 159; 55, 178; Palandt/*Bassenge* § 951, Rn 2). Es müssen somit alle Voraussetzungen eines Bereicherungsanspruchs nach §§ 812 ff vorliegen.

4 **B. Ausgleichsansprüche bei Leistungsverhältnissen.** Beteiligung von zwei Personen: Ein Bereicherungsanspruch gem § 951 ist ausgeschlossen, soweit der Rechtsverlust unmittelbar oder mittelbar auf einer Leistung (zB vertragliche Verpflichtung) des Verlierers beruht, denn im Fall einer Leistung beruht der Rechtserwerb auf dem Willen des Leistenden, mag er sich auch nach den §§ 946 ff vollziehen. Leistung ist eine bewusste und zweckgerichtete Vermehrung fremden Vermögens, wobei sich der Zuwendungszweck nach den übereinstimmenden Vorstellungen der Beteiligten und bei divergierenden Vorstellungen aus der Empfängersicht bei objektiver Betrachtung bestimmt (BGH NJW 99, 1393). Ist der Vertrag zwischen verlierendem Eigentümer und gewinnendem Eigentümer unwirksam, dann kann der Verlierende im Wege der Leistungskondiktion Wertersatz verlangen. Solche Fälle sind im Regelfall unproblematisch. Ein Ausschluss des Bereicherungsanspruchs kann sich hier nur durch vertragliche Abreden oder das Bestehen eines Eigentümer-Besitzer-Verhältnisses ergeben, wenn der verlierende Eigentümer als unrechtmäßiger Besitzer die Verbindung vorgenommen hat. Beteiligung von mehreren Personen: Die Beteiligung mehrer Personen, die untereinander entweder alle oder nur zum Teil durch Vertragsbeziehungen verbunden sind, wirft dagegen schwierige und umstrittene Fragen auf. In diesen Konstellationen gilt es grds zu entscheiden, ob der verlierende Eigentümer gegen den gewinnenden Eigentümer eine Eingriffskondiktion hat oder ob nur solche Beteiligte etwas voneinander fordern können, zwischen denen ein Leistungsverhältnis besteht. Auch hier kommt es für die Bestimmung, in welchem Verhältnis eine Leistungsbeziehung besteht, wiederum auf den Zuwendungszweck an. Für die Zweckbestimmung ist folglich wiederum maßgebend, zwischen wem ein Leistungsverhältnis besteht und ggf ein Bereicherungsausgleich stattfindet (BGH NJW 89, 900; 93, 1578).

Augenscheinlich wird diese Problematik in der bekannten Fallkonstellation: Eine Baumateriengroßhandlung (E) liefert Baumaterial unter EV an den Bauunternehmer (U), der damit auf dem Grundstück des (B) ein Gebäude errichtet (vgl BGH NJW 54, 793). In dieser Konstellation sind drei Fälle zu unterscheiden. Wirksame Vertragsverhältnisse: Der Anspruch aus § 951 ist nicht gegeben, wenn der Gewinn des Eigentums des B seine Rechtfertigung in den gültigen Vertragsverhältnissen E-U und U-B findet. Ganz oder teilweise unwirksame Vertragsverhältnisse: Ist das Vertragsverhältnis zwischen (E) und (U) unwirksam, so kann sich (E) nur an (U) und nicht an (B) halten. Ist das Vertragsverhältnis zwischen (U) und (B) unwirksam, kommt nach allgemeiner Meinung lediglich ein Anspruch (U) gegen (B) aus § 812 I Alt 1, nicht jedoch ein Durchgriff (E) gegen (B) in Betracht. Im Verhältnis (E) gegen (U) verbleibt es bei vertraglichen Ansprüchen. Auch in den Fällen des Doppelmangels ist nach heute hM (Staud/*Gursky* Rn 8) ein unmittelbarer Anspruch (E) gegen (B) ausgeschlossen, denn das Vertrauen des B, nur mit seinem Vertragspartner (U) abrechnen zu müssen, ist schutzwürdig. Deshalb wird ausschl innerhalb der beiden Leistungsbeziehungen abgewickelt.

5 **C. Ausgleichsansprüche bei Eigentumsverlust ohne Leistung des verlierenden Eigentümers.** Hat der Entreicherte das Eigentum dagegen auf andere Weise als durch Leistung verloren, so unterliegt der gewinnende Eigentümer der Eingriffskondiktion, zB bei Einbau von gestohlenem Material. Die Rechtfertigung für die Eingriffskondiktion findet sich darin, dass der gewinnende Eigentümer ohne den Einbau des Materials dem Herausgabeanspruch des verlierenden Eigentümers ausgesetzt gewesen wäre.

6 Ein solcher Fall liegt auch vor, wenn das verlorene Recht zwar Gegenstand von Leistungsbeziehungen war, der Rechtsverlust aber eintrat, ohne dass der Verlierende sein Recht als Leistung zweckgerichtet in den Rechtsverkehr brachte. Erwerb einer dem Verlierenden abhanden gekommenen Sache: Veräußerte D eine dem V abhanden gekommene Sache an E (kein Eigentumserwerb: § 935) und erwirbt E sie später nach §§ 946 ff, so hat V gegen E den Anspruch aus §§ 951, 812 I (BGH 55, 176); V kann die Veräußerung genehmigen und von D den Erlös nach § 816 kondizieren (BGHZ 56, 131). Letzteres gilt auch, wenn D eine dem V abhanden gekommene Sache aufgrund eines Werkvertrages mit E mit dessen Grundstück verband, obwohl die Verbindung keine rechtsgeschäftliche Verfügung ist (Palandt/*Bassenge* Rn 8; Staud/*Gursky* Rn 17). Erwerb einer Sache, die der Verlierende ohne auf das Eigentum bezogene Leistung weggab: Veräußerte D eine von V geliehene Sache an den bösgläubigen E (kein Eigentumserwerb: § 932) und erwirbt E sie später nach §§ 946 ff, so gelten die obigen Ausführungen entspr. Gleiches gilt, wenn D eine von V geliehene Sache aufgrund eines Werkvertrages mit dem bösgläubigen E mit dessen Grundstück verband (Staud/*Gursky* Rn 17). War E gutgläubig, so erwarb er schon vor einem Realakt nach §§ 946 ff das Eigentum und ist durch § 932 vor Kondiktion geschützt, so dass V nur von D

nach § 816 kondizieren kann. Dies gilt entspr, wenn D eine von V geliehene Sache aufgrund eines Werkvertrages mit dem gutgläubigen E mit dessen Grundstück verband (BGH NJW-RR 91, 343), denn E kann in diesem Fall nicht schlechter stehen als bei vorherigem Erwerb nach §§ 929, 932.

Enttäuschte Erwartung späteren Erwerbs der Hauptsache: zB V verband seine Sache mit dem Grundstück des 7
E unter Eigentumsverlust nach §§ 946 ff in der E bekannten, aber nicht erfüllten Erwartung, das Grundstück oder ein Erbbaurecht an ihm später zu erwerben: Nach einer Auffassung handelt es sich um eine Leistungskondiktion, wobei str ist, ob nach § 812 I 2 Alt 1 (Staud/*Gursky* Rn 50) oder Alt 2 (Soergel/*Mühl* Rn 5). Nach anderer Auffassung handelt es sich um eine Eingriffskondiktion nach §§ 951, 812 I 1 Alt 2 (Palandt/*Sprau*, § 812, Rn 89). Die neuere Rspr lässt offen, ob § 812 I 1 Alt 2 oder I 2 Alt 2 und wendet § 951 an (BGH NJW 70, 136; 89, 2745), da für sie alle Fälle des § 812 erfasst werden.

D. Vergütungsanspruch. Sein Gegenstand ist der Wert der durch einen Rechtserwerb nach §§ 946 ff erlang- 8
ten Substanz. Es wird also nicht der dem Entreicherten erwachsene Schaden ersetzt. Arbeitsaufwand bei der Verbindung durch den Verlierenden begründet einen unmittelbaren Anspruch aus § 812 (BGH LM § 946, Nr 6). In dem Wertzuwachs ist beides enthalten, was nach der Rspr zu einem einheitlichen Kondiktionsanspruch führt (BGHZ 35, 356; NJW 89, 2745).

I. Anspruchsberechtigt. Wer Eigentum oder beschränkt dingliches Recht (einschl Anwartschaftsrecht, zB 9
bei EV) verloren hat. Nicht aber der, dessen Alleineigentum sich in Miteigentum umgewandelt hat (KG OLG 12, 125) bzw dessen beschränkt dingliches Recht sich am Miteigentumsanteil fortsetzt.

II. Anspruchsverpflichtet. Wer Eigentum erworben hat; Miteigentümer am Grundstück (Hauptsa- 10
che/-menge) haften nur entspr ihrem Anteil (BGH NJW 77, 44, 46), während Eigentümer und Anwartschaftsberechtigter (bei unter EV veräußerter Hauptsache) als Gesamtschuldner haften. Bei Veräußerung besteht die Verpflichtung fort (§ 818 II), der Erwerber haftet nur im Fall von § 822 (BGH LM Nr 28). Ein dinglich Berechtigter, dessen Recht sich nach § 949 S 3 auf die ganze Sache erstreckt, haftet nicht (RGZ 62, 423; KG WM 02, 688).

III. Anspruchsinhalt. Nur Vergütung in Geld (I 1). Wiederherstellung des alten Zustandes kann der Verlie- 11
rende nicht verlangen (I 2); das schützt den Erwerbenden vor Zerstörung der Sache und steht daher seinem Beseitigungsverlangen nicht entgegen. Nur bei nachträglicher Aufhebung der Verbindung richtet sich der Anspruch (soweit noch nicht durch Geldvergütung erfüllt) auf Rückübertragung des verlorenen Rechts, weil der Schutzzweck von I 2 entfallen ist.

1. Umfang. Maßgebend ist der Vermögenszuwachs des Erwerbenden, der die Vermögenseinbuße des Verlie- 12
renden übersteigen oder unterschreiten kann. Sein Umfang ergibt sich aus der nach objektiven Gesichtspunkten zu beurteilenden Steigerung des Verkehrswerts (BGH LM Nr 16), die sich nicht aus den Kosten der Verbindung ergibt. Bei Bau auf fremdem Grundstück gibt es keine zwingende Methode der Wertermittlung; je nach Lage des Falles ist das Sachwertverfahren (zB Einfamilienhaus) oder das Ertragswertverfahren (Gewerbegebäude) oder eine Kombination anzuwenden. Erwerbskosten sind nicht abziehbar (BGHZ 47, 130; 55, 176).

2. Maßgebender Zeitpunkt. Entstehung des Anspruchs und damit idR der Eintritt der Rechtsänderung 13
nach §§ 946 ff. Bei Gebäudeerrichtung ist die Vollendung maßgebend (BGH LM Nr 17), wobei bei mehreren Gebäuden einer Wirtschaftseinheit die Vollendung des letzten maßgebend ist (BGH LM Nr 16).

3. Nutzungen. Ab Rechtserwerb nutzt der Erwerbende seine eigene Sache. Der Verlierende kann nicht die Nut- 14
zungen bis zur Zahlung der Vergütung beanspruchen (BGH LM Nr 13); § 818 I wird durch I ausgeschlossen. In den Fällen der enttäuschten Erwartung späteren Erwerbs der Hauptsache kann nach BGHZ 35, 356 der Verlierende zwar nicht Verzinsung der Wertsteigerung in der Zeit zwischen Eigentumsverlust und Anspruchentstehung, wohl aber die aus der Wertsteigerung tatsächlich vom Erwerbenden gezogenen Nutzungen verlangen.

Aus der Gesamtverweisung auf §§ 812 ff folgt die Anwendbarkeit von §§ 818 III, IV, 819 (BGH LM Nr 13), 822; 15
§ 818 I wird durch § 951 ersetzt, so dass der Anspruch einen § 818 II entsprechenden Inhalt hat (vgl BGH LM Nr 16, 17). Der Ausschluss der §§ 812 ff durch §§ 987 ff gilt auch ggü § 951 I, wenn der Verlierende als nichtberechtigter Besitzer der Sache des Erwerbenden auf diese eine Verwendung machte, indem er sie mit seiner Sache unter Verlust seines Eigentums nach § 946 ff verband (BGH NJW 96, 52); nicht aber, wenn der Erwerbende nichtberechtigter Besitzer einer Sache war, die er dann nach §§ 946 ff erwarb (BGHZ 55, 176).

E. Aufgedrängte Bereicherung. Eine aufgedrängte Bereicherung liegt vor, wenn die objektive Wertsteige- 16
rung dem subjektiven Interesse des Bereicherten nicht entspricht. In diesem Fall kollidiert sein Selbstbestimmungsrecht mit dem Bereicherungsausgleich. §§ 814, 815 sind nicht anwendbar. In den Fällen einer aufgedrängten Bereicherung kann der Bereicherungsanspruch des Verlierers abgewehrt oder verkürzt werden; das „wie" ist dabei str (vgl Staud/*Gursky* Rn 39 ff).

Zum einen kann ein Beseitigungsanspruch aus §§ 823, 249 oder § 1004 gegen den Verlierenden geltend gemacht werden (zB kraft Vertrages) und damit der Vergütungsanspruch abgewehrt werden (BGH LM Nr 21). Fraglich kann sein, ob das Eigentum des Erwerbenden durch Verbindung usw verletzt/beeinträchtigt ist. Richtet er sich nicht gegen den Verlierenden, so befreit erst die vollzogene Beseitigung (§ 818 III). Wird der Anspruch nicht geltend gemacht, so wird volle Vergütung geschuldet. Verweisung auf Wegnahme: der Erwerbende kann den Vergütungsanspruch entspr § 1001 S 2 durch Verweisung des Verlierenden auf die Wegnahme abwehren, wenn der Erwerb ohne seine Zustimmung erfolgte und für ihn erst nach weiteren Aufwendungen nutzbar ist (BGHZ 23, 61). Wird der Vermögenszuwachs übernommen, so wird volle Vergütung geschuldet. Subjektiver Nutzen: Versagen obige Abwehrmittel, weil Beseitigung/Wegnahme tatsächlich unmöglich ist, ein Beseitigungsanspruch gegen den Verlierenden nicht besteht oder Beseitigung/Wegnahme unzulässig ist, so ist gleichwohl ein Vergütungsanspruch nach § 951 nicht gegeben. Dies ergibt sich aus der Tatsache, dass die Fälle der aufgedrängten Bereicherung sich als eine Einmischung in den Rechtskreis des Eigentümers gegen dessen Willen kennzeichnen. Aus § 996 sowie aus den Vorschriften über die Geschäftsführung ohne Auftrag iVm § 670 lässt sich der allgemeine Rechtsgedanke entnehmen, dass die Verpflichtung zum Wertersatz entfällt, wenn diese Einmischung unbefugt und unter Verstoß gegen die erforderliche Sorgfalt erfolgt (Baur/*Stürner* § 53 C III 2 c). Liegen diese Voraussetzungen nicht vor, ist also ein Bereicherungsanspruch gegeben, so ist der Eigentümer als Schuldner des Vergütungsanspruchs dadurch zu schützen, dass der Umfang des Anspruchs auf den dem Eigentümer zugeflossenen und verbleibenden wirtschaftlichen Nutzen des Werks beschränkt wird. Oberste Grenze ist dabei in jedem Fall der Wert der Aufwendungen, die der verlierende Teil gehabt hat. Für völligen Vergütungsausschluss bei wissentlich unbefugter Verbindung (Staud/*Gursky* Rn 46–49).

17 **F. Weitergehende Rechte des Verlierenden (II).** Sie sind in II 1 nur unvollständig aufgeführt.

18 **I. Schadensersatz.** Aus §§ 823 ff möglich (soweit nicht durch §§ 987 ff ausgeschlossen); dem Wiederherstellungsanspruch aus § 249 steht I 2 nicht entgegen, unter Umständen aber § 251 II. Schadensersatz aus §§ 987 ff möglich, wenn Erwerbender vor Rechtserwerb nicht berechtigter Besitzer der Sache des Verlierenden war.

19 **II. Verwendungsersatz.** ZB aus §§ 536 a II, 539 I, 601 II, 683, 693, 1049, 1216. Beruht die Vermögensverschiebung auf einer Verwendung, die der Verlierende als nicht berechtigter Besitzer der Sache gemacht hat, so werden §§ 951, 812 durch §§ 944 ff ausgeschlossen. Soweit die Rspr (BGHZ 41, 157) die Vermögensverschiebung wegen grundlegender Veränderung der Sache des Erwerbenden nicht als Verwendung ansieht, gibt sie dem Verlierenden weder einen Anspruch aus §§ 951, 812 noch aus §§ 949 ff, sondern entspr § 997 ein Wegnahmerecht und bei dessen Ausschluss nach öffentlichem Recht angemessenen Geldausgleich aus § 242.

20 **III. Wegnahmerechte.** Durch Sondervorschriften begründete Wegnahmerechte bleiben unberührt. Das stellt II 1 klar. Ein selbständiges Wegnahmerecht begründet II 2 für jeden, der im Fall eines Eigentumsverlustes nach §§ 946, 947 einen Anspruch nach §§ 951, 812 I 1 Alt 2 hat. Dadurch wird I 2 nicht sinnlos, denn der Eigentümer kann die Wegnahme durch Wertersatz abwenden (§ 997 II) und ist des Weiteren durch § 258 geschützt. Das Wegnahmerecht ist ausgeschlossen, wenn der Anspruch aus 1 den Wert der wegzunehmenden Sache einschl der Kosten nach § 258 erreicht, da der Rechtsgedanke von I 2 dann vorrangig ist. Der Vergütungsanspruch aus 1 erlischt erst mit tatsächlicher Wegnahme und nicht schon mit Geltendmachung des Wegnahmerechts (BGH NJW 54, 265). Das Wegnahmerecht beinhaltet einen schuldrechtlichen Anspruch gegen den Eigentümer auf Duldung der Trennung (kein Aussonderungsrecht in der Insolvenz und keine Gestattung iSd § 862 I) und ein dingliches Aneignungsrecht bzgl der abgetrennten Sache; nach § 949 erloschene Rechte leben mit der Aneignung nicht wieder auf, es besteht uU nur ein schuldrechtlicher Neubestellungsanspruch.

21 **Verhältnis zu Ansprüchen aus dem EBV:** Ein Anspruch aus § 951 I 1 wird durch die Sonderregelung der §§ 987–993 nicht ausgeschlossen. Auch der gutgläubige Besitzer soll den Wert der Sache, welcher an die Stelle des verlorenen Eigentums tritt, nicht behalten dürfen. Die Vorschriften über Nutzungsersatz (§§ 987, 988, 993) sind aber leges speciales zu § 951. § 951 wird durch die §§ 994 ff insoweit ausgeschlossen, als die Bereicherung zugleich eine Verwendung des unrechtmäßigen Besitzers auf die Sache darstellt (vgl BGH NJW 64, 1125).

§ 952 Eigentum an Schuldurkunden

(1) ¹Das Eigentum an dem über eine Forderung ausgestellten Schuldschein steht dem Gläubiger zu. ²Das Recht eines Dritten an der Forderung erstreckt sich auf den Schuldschein.
(2) Das Gleiche gilt für Urkunden über andere Rechte, kraft deren eine Leistung gefordert werden kann, insbesondere für Hypotheken-, Grundschuld- und Rentenschuldbriefe.

1 **A. Allgemeines.** Für Urkunden als bewegliche Sachen gelten grds §§ 929 ff, 950. Ausnahme durch § 952 für Urkunden über Forderungsrecht, nicht aber für Urkunden, die gegenseitige Ansprüche mehrerer Personen enthalten. § 952 stellt somit eine Sondervorschrift ggü den §§ 929 ff dar. Seine Stellung im Anschluss an die §§ 946 ff erklärt sich dadurch, dass, nachdem zuvor die Verbindung mehrerer Sachen geregelt wurde, § 952 nunmehr eine Regelung für die Fälle enthält, in denen die Verbindung von einer Sache mit einem Recht in Rede steht. Urschrift notarieller Urkunden bleibt Eigentum des Notars; ihre Ausfertigung wird Eigentum dessen, dem sie gem §§ 51, 52 BeurkG erteilt ist. § 952 ist als gesetzliche Eigentumszuordnung unabdingbar.

2 **B. Geltungsbereich.** Als Arten der von § 952 umfassten Urkunden kommen in Betracht: Schuldscheine, Hypotheken-, Grundschuld- und Rentenbriefe, also Urkunden über dingliche Rechte, die mit einer Forderung verbunden sind, Urkunden nach § 808, Fahrzeugbriefe nach der StVZO. Inhaberpapiere, Wechsel und andere Orderpapiere fallen dagegen nicht unter § 952. Schuldschein ist eine vom Schuldner ausgestellte

Urkunde, die seine Schuld begründet oder zur Beweissicherung bestätigt; er kann aus mehreren inhaltlich zusammengehörenden und aufeinander Bezug nehmenden Urkunden bestehen. Grundpfandrechtsbriefe, sofern sie nicht auf den Inhaber ausgestellt sind. Sonstige: Papiere des § 808 wie Versicherungsschein auch in Form von § 4 VVG, Sparbuch, Leihhauspfandschein, Depotschein der Bank, Rektapapiere wie Anweisung, nicht an Order gestellte Papiere des § 363 HGB, Wechsel/Scheck mit negativer Orderklausel, GmbH-Anteilsschein. Nicht erfasst werden: Abtretungsurkunden, Legitimationspapiere, Inhaberpapiere, Orderpapiere. Bei Orderpapieren ist § 952 anwendbar, wenn sie ohne Indossament durch Forderungsabtretung nach § 398 mit Papierübergang übertragen werden (Staud/*Gursky* Rn 5).

C. Wirkung. Die Urkunde gehört dem Inhaber des Rechts („Das Recht am Papier folgt dem Recht aus dem Papier"). Eigentum: Gläubiger wird bei schon bestehender Forderung mit Urkundenausstellung kraft Gesetzes Eigentümer, bei vorheriger Ausstellung mit Forderungsentstehung. Gläubigermehrheit erwirbt das Eigentum im gleichen Rechtsverhältnis. Bei echtem Vertrag zugunsten Dritter entsteht Miteigentum von Versprechensempfänger und Drittem (str). Mit Übergang der Forderung geht kraft Gesetz auch das Eigentum an der Urkunde über, wobei es gleichgültig ist, wo sich die Urkunde befindet, gleichgültig auch, ob der Rechtsübergang auf Rechtsgeschäft oder Gesetz beruht; bei Teilabtretung entsteht Miteigentum, nicht aber bei bloßer Abtretung der Zinsforderung (Kiel OLGR 6, 267). Bei Erlöschen der Forderung durch Tilgung ist § 952 ebenfalls anwendbar (Erman/*Hefermehl* Rn 6; aA Palandt/*Bassenge* Rn 4) Daneben hat er einen schuldrechtlichen Anspruch nach § 371. Rechte an der Forderung ergreifen kraft Gesetz die Urkunde. Selbständige Verfügungen (Übereignung, Belastung) über die Urkunde sind unwirksam. Kein Erwerb nach §§ 932 ff, 937 ff. Zulässig ist die Einräumung eines schuldrechtlichen Rückbehaltungsrechts auch im Fall einer Leihe; es wirkt aber nicht ggü Pfändungsgläubiger oder Sondernachfolger im Eigentum. Sicherungsübereignung/Verpfändung idR in Zurückbehaltungsrecht umzudeuten. 3

D. Entsprechende Anwendung. Auf Fahrzeugbrief iSd § 25 StVZO (BGH NJW 87, 1854) und Betriebserlaubnis nach §§ 18 III, 21 StVZO (KG OLGR 96, 81); Fahrzeug tritt dabei an die Stelle der Schuld. Unwirksam ist daher ein selbständiger EV/Sicherungsübereignung/Verpfändung (Stuttgart DAR 71, 13); Umdeutung in Zurückbehaltungsrecht möglich. Gesetzliches Pfandrecht am Fahrzeug ergreift auch den Brief (Köln MDR 77, 51). Auf sonstige Sachbriefe/Pässe, für die keine § 25 StVZO entsprechende Vorschriften bestehen, ist § 952 nicht entspr anwendbar (Staud/*Gursky* Rn 9; aA MüKo/*Quack* Rn 9). Ebenso keine entsprechende Anwendung auf personenbezogene Papiere (zB Waffenbesitzkarte). 4

Untertitel 4 Erwerb von Erzeugnissen und sonstigen Bestandteilen einer Sache

Vorbemerkung vor §§ 953 ff

Vor der Trennung sind Erzeugnisse wesentliche Bestandteile der beweglichen oder unbeweglichen Muttersache mit der Folge der Sonderrechtsunfähigkeit (§ 93). Erst durch Trennung werden sie selbständige Sachen und damit sonderrechtsfähig. Daher muss das Gesetz für diese Fälle entscheiden, wem sie nach der Trennung gehören. §§ 953–957 regeln folglich, wer nach der Trennung Eigentümer der dort genannten Gegenstände ist; sie regeln nicht, ob der Erwerber das Eigentum behalten darf und ob er lastenfrei erwirbt. Öffentlich-rechtliche Trennungsverbote stehen dem Eigentumserwerb nicht entgegen, wenn sie ihn verhindern sollen. Geltungsbereich: §§ 953–957 gelten für Erzeugnisse iSd § 99 I, wesentliche Bestandteile und im Eigentum des Eigentümers der Muttersache stehende nichtwesentliche Bestandteile. Sondervorschriften: § 911 geht §§ 953–957 vor. BBergG: §§ 953–957 gelten nur für grundeigene Bodenschätze (BBergG 3 II 1, IV). Bergfreie Bodenschätze (BBergG 3 II 2, III) sind bis zur Aneignung durch einen Berechtigten nach BBergG 7 I Nr 2, 8 I Nr 1, 2, 9 herrenlos. WaldG, die die Aneignung von Waldfrüchten usw gestatten berühren §§ 953–957 nicht, sondern betreffen die Aneignung nach Trennung. 1

§ 953 Eigentum an getrennten Erzeugnissen und Bestandteilen

Erzeugnisse und sonstige Bestandteile einer Sache gehören auch nach der Trennung dem Eigentümer der Sache, soweit sich nicht aus den §§ 954 bis 957 ein anderes ergibt.

Nach dem Grundsatz des § 953 erwirbt der Eigentümer der Hauptsache mit der Trennung auch Eigentum an Erzeugnissen und sonstigen Bestandteilen, soweit sich aus §§ 954–957 nichts anderes ergibt. Eigentum wird dabei iSd Fortbestands mit Vollendung der Trennung, egal durch wen und wodurch, vorbehaltlich durch den Eigentümer der Muttersache in gleicher Rechtsform erworben. Besitz der Muttersache oder Besitzerwerb am Trennstück ist nicht notwendig. Belastungen der Muttersache, die an beweglichen Sachen bestehen können, setzen sich am Trennstück fort. Zur Pfandhaftung §§ 1120–1122; 1192, 1212. 1

§ 954 Erwerb durch dinglich Berechtigten

Wer vermöge eines Rechts an einer fremden Sache befugt ist, sich Erzeugnisse oder sonstige Bestandteile der Sache anzueignen, erwirbt das Eigentum an ihnen, unbeschadet der Vorschriften der §§ 955 bis 957, mit der Trennung.

1 Ist einem Dritten ein dingliches Nutzungsrecht an der Sache eingeräumt, so erwirbt nicht der Eigentümer, sondern der dinglich Nutzungsberechtigte das Eigentum an Erzeugnissen und sonstigen Bestandteilen, mit deren Trennung von der Hauptsache, sofern sich nicht aus den §§ 955–957 etwas anderes ergibt. Eigentumserwerb mit Vollendung der Trennung dabei egal durch wen oder wodurch, sofern Nutzungsrecht keine Abweichung vorsieht und soweit die Trennstücke den Gegenstand des Rechts bilden. Besitz der Muttersache oder Besitzerwerb am Trennstück nicht notwendig; Besitzerwerb am Trennstück aber notwendig, wenn Berechtigter nicht ausschl berechtigt. Nutzungsrechte: Nießbrauch, Dienstbarkeit, Nutzungspfandrecht, Erbbaurecht, Landesrecht nach EG 68 (sofern es keine Erwerbsvorschrift enthält). Übermaßtrennstücke: Eigentumserwerb nur in Form vom § 1039, bei Gutgläubigkeit Erwerb nach § 955 II möglich. Sonst gilt für gegenständliche konkretisierbares Übermaß § 953, während andernfalls Miteigentum nach §§ 947 II, 948 entsteht. Belastungen der Muttersache. Grundpfandrechte setzen sich auch bei Vorrang nicht fort; andere Rechte, die an beweglichen Sachen bestehen können, setzen sich bei Vorrang fort.

§ 955 Erwerb durch gutgläubigen Eigenbesitzer

(1) ¹Wer eine Sache im Eigenbesitz hat, erwirbt das Eigentum an den Erzeugnissen und sonstigen zu den Früchten der Sache gehörenden Bestandteilen, unbeschadet der Vorschriften der §§ 956, 957, mit der Trennung. ²Der Erwerb ist ausgeschlossen, wenn der Eigenbesitzer nicht zum Eigenbesitz oder ein anderer vermöge eines Rechts an der Sache zum Fruchtbezug berechtigt ist und der Eigenbesitzer bei dem Erwerb des Eigenbesitzes nicht in gutem Glauben ist oder vor der Trennung den Rechtsmangel erfährt.
(2) Dem Eigenbesitzer steht derjenige gleich, welcher die Sache zum Zwecke der Ausübung eines Nutzungsrechts an ihr besitzt.
(3) Auf den Eigenbesitz und den ihm gleichgestellten Besitz findet die Vorschrift des § 940 Abs. 2 entsprechende Anwendung.

1 Geltungsbereich: Die §§ 955–957 bilden sowohl ggü § 953 als auch ggü § 954 die spezielleren Tatbestände. § 955 tritt dabei als allgemeiner Tatbestand hinter § 956 zurück. Hauptfälle des § 955 sind fehlgeschlagene Übereignung, fehlgeschlagene Bestellung eines Nutzungsrechts. § 955 gilt für Erzeugnisse und abweichend von §§ 953, 954, 956, 957 nur für solche Bestandteile, die bestimmungsgemäß Ausbeute sind (zB Kies); nicht aber für andere Bestandteile.

2 Eigentumserwerb mit Vollendung der Trennung, egal durch wen und wodurch, vorbehaltlich eines Drittwerbs nach §§ 956, 957. Dem gutgläubigen Eigenbesitzer (I 1) der Muttersache steht der besitzende Eigentümer gleich, der bzgl des Nichtbestehens eines Rechts iS von § 954 gutgläubig ist. Treffen mittelbarer Eigenbesitzer und unmittelbarer Besitzer iSd II zusammen, so geht II vor (Staud/*Gursky* Rn 13). Dem gutgläubigen Fremdbesitzer der Muttersache, der ein Recht iSd § 954 zu haben glaubt, steht der besitzende Berechtigte iSd § 954 gleich, der bzgl des Nichtbestehens eines vorrangigen Rechts iSd § 954 gutgläubig ist. Der Besitz der Muttersache muss bei Trennung bestehen und darf nicht bloßer Rechtsbesitz sein. Mittelbarer Besitz genügt, wenn der unmittelbare Besitzer nicht Berechtigter iSd § 954 ist. Bei Mitbesitz wird Miteigentum erworben. Nichtbesitz schadet unter den Voraussetzungen des § 940 II nicht (III). Die oben Genannten erwerben bei Trennung aufschiebend bedingtes und die in §§ 953, 954 Genannten auflösend bedingtes Eigentum; Bedingung ist dabei die Wiedererlangung des Besitzes der Muttersache. III gilt aber nicht, wenn ein zwischenzeitlicher Besitzer nach §§ 929 ff oder §§ 953–955 Eigentum erworben hat. Erwerbshindernisse: Bösgläubigkeit (I 2). Kein Eigentumserwerb, wenn bei Besitzerwerb der Muttersache Fehlen des Eigentums oder Nutzungsrecht bzw Bestehen vorrangiger Nutzungsrechte bekannt oder grob fahrlässig unbekannt ist oder dies nach Besitzerlangung bekannt wird. Beweislast hat, wer sich auf den Nichterwerb beruft. Nach hM (vgl Palandt/*Bassenge* Rn 1) gilt für den gutgläubigen Erwerb im Verhältnis zu § 935 Folgendes: Der Eigentumserwerb von Bestandteilen ist zu verneinen, der Fruchterwerb zu bejahen, und zwar auch dann, wenn die Frucht schon im Augenblick des Abhandenkommens oder Diebstahls vorhanden war.

3 Belastungen: Bei Erwerb nach I gelten die Ausführungen zu § 953, bei Erwerb nach II die Ausführungen zu § 954 entspr.

§ 956 Erwerb durch persönlich Berechtigten

(1) ¹Gestattet der Eigentümer einem anderen, sich Erzeugnisse oder sonstige Bestandteile der Sache anzueignen, so erwirbt dieser das Eigentum an ihnen, wenn der Besitz der Sache ihm überlassen ist, mit der Trennung, anderenfalls mit der Besitzergreifung. ²Ist der Eigentümer zu der Gestattung verpflichtet, so kann er sie nicht widerrufen, solange sich der andere in dem ihm überlassenen Besitz der Sache befindet.
(2) Das Gleiche gilt, wenn die Gestattung nicht von dem Eigentümer, sondern von einem anderen ausgeht, dem Erzeugnisse oder sonstige Bestandteile einer Sache nach der Trennung gehören.

Nach § 956 erwirbt auch derjenige mit der Trennung Eigentum an Erzeugnissen oder sonstigen Bestandteilen, dem die Aneignung durch den Eigentümer gestattet worden ist, wenn er in diesem Zeitpunkt Besitzer der Hauptsache ist, ansonsten mit der Besitzergreifung. 1

Erwerbsgestattung: Gestattungsberechtigt sind der Eigentümer der Muttersache (I) und die nach §§ 954–957 Erwerbsberechtigten (II); von ihnen im Einzelfall derjenige, dem das Trennstück ohne die Gestattung gehören würde. Bei Gestattung durch einen gutgläubig Berechtigten nach §§ 955, 957 erwirbt auch ein bösgläubiger Gestattungsempfänger, weil Gestattender selbst auch erwerben würde. Bei Gestattung durch einen Berechtigten nach §§ 956, 957 schadet gesetzliches (zB §§ 540, 581 II) oder vertragliches Weitergestattungsverbot gem § 137 nicht, vorbehaltlich § 957 aber der zulässige Widerruf der ihm selbst erteilten Gestattung. Die Gestattung ist eine Einigungserklärung des Gestattenden iSd § 929 S 1, so dass sich der Erwerb nach §§ 929 ff wie bei Übereignung künftiger Sachen vollzieht (RGZ 78, 35). Als Verfügungsgeschäft zu unterscheiden von der Gestattungsverpflichtung aus dem Grundgeschäft. Die Gestattung kann auch bedingt sein. Der Inhalt der Gestattung bestimmt den Umfang des Eigentumserwerbs. 2

Eigentumserwerb vorbehaltlich Dritterwerbs nach § 957. Mit Vollendung der Trennung, wenn Gestattungsempfänger die Muttersache bei Trennung mit Willen des Gestattenden besitzt (I 1 Alt 1); § 940 II wie bei § 955 entspr anwendbar. Mittelbarer Besitz genügt, wenn Gestattender nicht unmittelbarer Besitzer ist (BGHZ 27, 360). Bei Mitbesitz ist maßgebend, wem Gestattung erteilt ist. Teilbesitz an noch ungetrennten Teilen genügt (RGZ 108, 269). Mit Besitzergreifung an den Trennstücken durch den Gestattungsempfänger, wenn diesem der Besitz der Muttersache nicht überlassen war (I 1 Alt 2); entgegenstehender Wille des Gestattenden schadet nur, wenn darin Widerruf liegt. 3

Maßgebender Zeitpunkt für die Gestattungsberechtigung ist der oben beschriebene Eigentumsübergang (RGZ 78, 35; BGHZ 27, 360). Bei vorherigem Erlöschen ist Erwerb nach § 957 möglich (RGZ 108, 269). Bei vorheriger Übereignung der Muttersache wird Eigentum nur erworben, wenn Erwerber an Gestattung gebunden ist. Bei vorheriger Insolvenz über das Vermögen des Gestattenden wird im Fall von I 1 Alt 1 kein Eigentum erworben; wohl aber im Fall von I 1 Alt 2, wenn Insolvenzverwalter nach §§ 103, 108 InsO an Gestattungspflicht gebunden und daher die Gestattung unwiderruflich ist. Bei vorheriger Beschlagnahme der Muttersache (§§ 20 I, 146 I ZVG) ist der Eigentumserwerb dem Vollstreckungsgläubiger ggü unwirksam (§ 23 ZVG), der Pächter erwirbt aber beschlagnahmefrei (§§ 21 III, 152 II ZVG). Bei vorheriger Pfändung ungetrennter Grundstücksfrüchte (§ 810 ZPO) wird pfandbelastetes Eigentum erworben. Bei Pfändung durch Gläubiger des Gestattenden kann besitzender Gestattungsempfänger nach §§ 766, 809 ZPO vorgehen; nach § 771 ZPO nur bei unwiderruflicher Gestattung, zB besitzender Pächter. Bei Pfändung durch Gläubiger des Gestattungsempfängers kann Gestattender (auch als Eigentümer) bei unwiderruflicher Gestattung nicht nach § 771 ZPO vorgehen; § 805 ZPO, zB wegen Verpächterpfandrecht, bleibt unberührt.

Widerruf der Gestattung: Die Gestattung muss im Zeitpunkt des Eigentumsübergangs vorliegen. Einseitiger Widerruf (I 2) unzulässig, wenn Gestattungspflicht besteht (zB Verpachtung) und Gestattungsempfänger im überlassenen Besitz der Muttersache ist; § 940 wie bei § 955 entspr anwendbar. Sonstiger Eigentumserwerb verhindernder Widerruf ist aber zulässig (BGHZ 27, 360). Eigentumsverschaffungsanspruch bleibt dadurch unberührt. Bei vertraglichem Verzicht erwirbt der Gestattende. 4

Rechtsnachfolger an Gestattung gebunden, wenn er als Erbe, Schuldübernehmer oder gem §§ 566, 581 II auch gestattungspflichtig ist oder die Gestattung genehmigt hat (RG 78, 35) und im Übrigen I 2 erfüllt ist. Belastungen der Muttersache: Wie bei § 954; § 936 anwendbar. 5

§ 957 Gestattung durch den Nichtberechtigten

Die Vorschrift des § 956 findet auch dann Anwendung, wenn derjenige, welcher die Aneignung einem anderen gestattet, hierzu nicht berechtigt ist, es sei denn, dass der andere, falls ihm der Besitz der Sache überlassen wird, bei der Überlassung, anderenfalls bei der Ergreifung des Besitzes der Erzeugnisse oder der sonstigen Bestandteile nicht in gutem Glauben ist oder vor der Trennung den Rechtsmangel erfährt.

§ 956 verlangt die Gestattung durch den Berechtigten. § 957 ermöglicht in dessen Ergänzung den Eigentumserwerb bei Gestattung durch den Nichtberechtigten. § 956 gilt in diesem Fall entspr. 1

2 Eigentumserwerb nach § 956 bei Gestattung durch einen Nichtberechtigten, wenn der Gestattungsempfänger bzgl der Gestattungsberechtigung gutgläubig ist. Wer Eigentumserwerb bestreitet, muss Bösgläubigkeit beweisen. Dem Erwerb durch Trennung schaden Kenntnis und grob fahrlässige Unkenntnis der fehlenden Berechtigung bei Besitzüberlassung der Muttersache oder spätere (vor Trennung) Kenntnis. Dem Erwerb durch Besitzergreifung schaden Kenntnis und grob fahrlässige Unkenntnis der fehlenden Berechtigung bei Besitzergreifung. Erwerbshindernisse entsprechen dem Rechtsgedanken der §§ 932 ff. Nichtbesitz des Gestattenden an der Muttersache bei Besitzüberlassung oder Besitzergreifung. Bei abhanden gekommener Muttersache kein Erwerb an Bestandteilen, an Früchten aber entspr § 955.
Belastungen der Muttersache: Ausführungen bei § 956 gelten entspr.

Untertitel 5 Aneignung

§ 958 Eigentumserwerb an beweglichen herrenlosen Sachen

(1) Wer eine herrenlose bewegliche Sache in Eigenbesitz nimmt, erwirbt das Eigentum an der Sache.
(2) Das Eigentum wird nicht erworben, wenn die Aneignung gesetzlich verboten ist oder wenn durch die Besitzergreifung das Aneignungsrecht eines anderen verletzt wird.

1 Nach § 958 I kann an herrenlosen Sachen oder Sachen, die herrenlos werden, durch den Realakt der Aneignung Eigentum erworben werden. Herrenlosigkeit einer beweglichen Sache liegt vor, wenn sie noch nie in jemandes Eigentum stand oder nicht mehr steht.
2 Eigentumserwerb (I), ursprünglicher/originärer Eigentumserwerb kraft Gesetzes, Rechte Dritter erlöschen nicht (vgl aber § 945). Eigenbesitzerwerb auch durch Besitzdiener/Besitzmittler möglich. Geschäftsfähigkeit nicht notwendig, weil Eigentumserwerb die gesetzliche Folge des Eigenbesitzererwerbs ist. Irrtum, die Sache sei nicht herrenlos, hindert den Eigentumserwerb nicht (Königsberg OLGR 39, 227).
3 Kein Eigentumserwerb (II) bei gesetzlichem Aneignungsverbot oder Verletzung des Aneignungsrechts eines Dritten; die Sache bleibt dann herrenlos. Gesetzliche Aneignungsverbote: zB § 42 BNatSchG, Verbot durch PolizeiVO genügt ebenfalls. Bei Verletzung von Aneignungsrechten zB des Jagd- oder Fischereiberechtigten. Eigentumserwerb erst durch Aneignung des Berechtigten, dieser kann aufgrund seines Aneignungsrechts vom Besitzer Herausgabe verlangen, zB Jagdberechtigter vom Wilderer, in dessen Hand Wild herrenlos bleibt. Aber Gutgläubiger (§§ 932 ff gelten nur entspr) kann vom Wilderer Eigentum erwerben, da Wild dem Jagdberechtigten nicht abhanden gekommen sein kann. Wilderer, der nicht mehr im Besitz ist, haftet dem Berechtigten aus § 823; auch Bereicherungsansprüche möglich.

§ 959 Aufgabe des Eigentums

Eine bewegliche Sache wird herrenlos, wenn der Eigentümer in der Absicht, auf das Eigentum zu verzichten, den Besitz der Sache aufgibt.

1 Im Gegensatz zu § 958 liegt hier ein Rechtsgeschäft vor, das aus einer nicht empfangsbedürftigen Willenserklärung des Berechtigten und dem Realakt der Besitzaufgabe besteht. Für die Eigentumsaufgabe ist deshalb Geschäftsfähigkeit und Verfügungsbefugnis erforderlich. Der Verzichtswille muss erkennbar betätigt werden. Anfechtung (§§ 119 ff) ggü Aneignendem möglich; sie vernichtet aber nur die Willenserklärung, der § 935 ausschließende Realakt der freiwilligen Besitzaufgabe bleibt. Verzicht zu Gunsten Dritter nicht möglich; ist idR dann Übereignung. Notwendig ist ferner Aufgabe oder früher Verlust des unmittelbaren Besitzes; mittelbarer Besitzer kann nicht durch Verzicht auf Herausgabeanspruch Eigentum aufgeben (str). Ob aus Besitzaufgabe auf den Verzichtswillen geschlossen werden kann, hängt von den Umständen ab (vgl RGSt 57, 337; *Faber* JR 87, 313; LG Ravensburg NJW 87, 3142). Eigentumsaufgabe steht nicht entgegen, dass Eigentümer sich missbräuchlich öffentlich-rechtlichen Verpflichtungen entzieht (BayObLG Rpfleger 83, 308).

§ 960 Wilde Tiere

(1) ¹Wilde Tiere sind herrenlos, solange sie sich in der Freiheit befinden. ²Wilde Tiere in Tiergärten und Fische in Teichen oder anderen geschlossenen Privatgewässern sind nicht herrenlos.
(2) Erlangt ein gefangenes wildes Tier die Freiheit wieder, so wird es herrenlos, wenn nicht der Eigentümer das Tier unverzüglich verfolgt oder wenn er die Verfolgung aufgibt.
(3) Ein gezähmtes Tier wird herrenlos, wenn es die Gewohnheit ablegt, an den ihm bestimmten Ort zurückzukehren.

1 Wild ist ein Tier, das seiner Art nach sich menschlicher Herrschaft entzieht; auf die Gefährlichkeit des Tieres kommt es nicht an. In Freiheit sind sie bis zur Aneignung herrenlos (I 1). In Gefangenschaft sind sie nicht herrenlos (I 2). Tiergärten sind wildsicher umschlossene Flächen, in denen Tiere ohne Bejagung eingefangen

werden können. Im Gegensatz dazu stehen eingehegte Reviere, dort gilt I 1. Privatgewässer sind geschlossen, wenn sie einen Wechsel in andere Gewässer nicht erlauben. Diese Tiere, auch ihre Abwürfe, gehören dem, der sie gefangen hält, wenn er aneignungsberechtigt ist, § 958. Brechen sie aus, so werden sie wieder herrenlos (II), wenn der Eigentümer sie nicht unverzüglich verfolgt. Zur Verfolgung zählen alle zur Wiedererlangung geeigneten Maßnahmen, wie zB auch Suchanzeigen. Unverzüglich § 121 I 1; maßgebend ist, ob Verfolgung unverzüglich nach Kenntnis der Freiheitserlangung beginnt.

Gezähmte Tiere (III) sind von Natur wilde, aber durch lediglich psychische Mittel derart vom Menschen beherrschte Tiere, dass sie die Gewohnheiten angenommen haben, an den ihnen bestimmten Ort zurückzukehren (Palandt/*Bassenge*, Rn 2). Sie werden herrenlos, wenn sie diese Gewohnheit endgültig ablegen; nicht aber, wenn sie nach Wiedererlangung der Freiheit unverzüglich und dauerhaft verfolgt werden (LG Bonn NJW 93, 940).

Für zahme Tiere (Haustier, Tauben) gilt § 959. Diese werden folglich nicht herrenlos, wenn sie streunen und verwildern (vgl RGSt 50, 183). Die Gewohnheit zur Rückkehr kann aber für den Besitz von Bedeutung sein.

§ 961 Eigentumsverlust bei Bienenschwärmen

Zieht ein Bienenschwarm aus, so wird er herrenlos, wenn nicht der Eigentümer ihn unverzüglich verfolgt oder wenn der Eigentümer die Verfolgung aufgibt.

Die §§ 961–964 gelten nur für Bienen iSv Tieren (§ 90a) in Bienenstöcken. § 961 entspricht § 960 II. Herrenlose Bienenschwärme unterliegen der freien Aneignung; gewohnheitsrechtlich symbolische Besitzergreifung ausreichend (Legen einer Sache unter den Baum). Wichtiger als diese Fragen sind die Rechtsprobleme, die sich aus der Beeinträchtigung der Bienen durch die Industrie (chemische Abgase) oder durch die modernen chemischen Schädlingsbekämpfungsmittel ergeben. Bei unsachgemäßer Anwendung von Pflanzenschutzmitteln entsteht ein Anspruch aus § 831 (BGH LM § 831 (Fc) Nr 6), bei sachgemäßer Verwendung wurde ein Aufopferungsanspruch verneint (*Schack* JuS 63, 263).

§ 962 Verfolgungsrecht des Eigentümers

¹Der Eigentümer des Bienenschwarms darf bei der Verfolgung fremde Grundstücke betreten. ²Ist der Schwarm in eine fremde nicht besetzte Bienenwohnung eingezogen, so darf der Eigentümer des Schwarmes zum Zwecke des Einfangens die Wohnung öffnen und die Waben herausnehmen oder herausbrechen. ³Er hat den entstehenden Schaden zu ersetzen.

§ 963 Vereinigung von Bienenschwärmen

Vereinigen sich ausgezogene Bienenschwärme mehrerer Eigentümer, so werden die Eigentümer, welche ihre Schwärme verfolgt haben, Miteigentümer des eingefangenen Gesamtschwarms; die Anteile bestimmen sich nach der Zahl der verfolgten Schwärme.

§ 964 Vermischung von Bienenschwärmen

¹Ist ein Bienenschwarm in eine fremde besetzte Bienenwohnung eingezogen, so erstrecken sich das Eigentum und die sonstigen Rechte an den Bienen, mit denen die Wohnung besetzt war, auf den eingezogenen Schwarm. ²Das Eigentum und die sonstigen Rechte an dem eingezogenen Schwarme erlöschen.

Untertitel 6   Fund

Vorbemerkung vor §§ 965 ff

Dem Finder einer verlorenen Sache legt das Gesetz Pflichten im Interesse des Verlierers auf, die denen aus einer Geschäftsbesorgung ohne Auftrag entsprechen. Als gesetzliches Geschäftsbesorgungsverhältnis gehört das Fundrecht systematisch eigentlich ins Schuldrecht. Begriffe: Gegenstand des Fundes sind verlorene, dh besitzlos, aber nicht herrenlos gewordene Sachen. Nicht verloren sind liegen gelassene und versteckte Sachen, deren Lage bekannt und deren jederzeitige Wiedererlangung möglich ist; sowie gestohlene Sachen, ferner verlegte Sachen, deren Lage noch nicht endgültig vergessen ist. Freiwillige Besitzaufgabe durch Eigentümer genügt, sofern darin ausnahmsweise (zB bei Geschäftsunfähigkeit; Anfechtung) keine Eigentumsaufgabe liegt; verloren sind aber Sachen, die der Besitzdiener/-mittler ohne Willen des Eigentümers oder der Dieb (Hamm NJW 79, 725) wegwirft. Finder ist, wer eine verlorene Sache nach (nicht notwendig eigener) Entdeckung in

Besitz nimmt. Aufheben zur Besichtigung genügt nicht, vielmehr ist ein Besitzbegründungswille nötig. Finden setzt als Tathandlung Geschäftsfähigkeit nicht voraus. Besitzdiener findet für Besitzherren (BGHZ 8, 130), soweit er im Rahmen seines Pflichtenkreis handelt. Empfangsberechtigter ist, wer Besitzrecht und daher Herausgabeanspruch hat. Zuständige Behörde ist mangels Sondervorschrift (BaWü AGBGB 5a, Bay VO v 12.7.77 [GVBl. 386], Brandbg AGBGB 13, Bremen AGBGB 28, NRW VO v 27.9.77 [GV 350], RhPf VO v 20.9.77 [GVBl. 340], Saarl AGJuG 28, SchlH VO v 18.10.76 [GVBl. 266], Thür VO v 25.5.99 [GVBl 373]) die Gemeinde. Schuldrechtliche Beziehungen: Durch den Fund entsteht ein gesetzliches Schuldverhältnis, auf das §§ 677 ff ergänzend anwendbar sind (Hburg OLGR 8, 112); es entsteht aber kein Besitzmittlungsverhältnis. Durch §§ 965 ff sind ggü ehrlichem Finder §§ 987 ff ausgeschlossen. Sondervorschrift für Strandgut: RStrandgutsO v 17.5.1874, BGBl III 9516-1. IPR: Recht des Fundorts maßgebend.

§ 965 Anzeigepflicht des Finders

(1) Wer eine verlorene Sache findet und an sich nimmt, hat dem Verlierer oder dem Eigentümer oder einem sonstigen Empfangsberechtigten unverzüglich Anzeige zu machen.
(2) ¹Kennt der Finder die Empfangsberechtigten nicht oder ist ihm ihr Aufenthalt unbekannt, so hat er den Fund und die Umstände, welche für die Ermittlung der Empfangsberechtigten erheblich sein können, unverzüglich der zuständigen Behörde anzuzeigen. ²Ist die Sache nicht mehr als zehn Euro wert, so bedarf es der Anzeige nicht.

1 Pflicht zur unverzüglichen (§ 121 I 1) Anzeige an einen Empfangsberechtigten. Ist oder wird dieser nicht bekannt, hilfsweise an die zuständige Behörde; nur diese Anzeige kann bei Kleinfund unterbleiben. Pflicht zur Verwahrung: § 966. Verletzung der Pflichten: §§ 871 II, 973, 823 ff.

§ 966 Verwahrungspflicht

(1) Der Finder ist zur Verwahrung der Sache verpflichtet.
(2) ¹Ist der Verderb der Sache zu besorgen oder ist die Aufbewahrung mit unverhältnismäßigen Kosten verbunden, so hat der Finder die Sache öffentlich versteigern zu lassen. ²Vor der Versteigerung ist der zuständigen Behörde Anzeige zu machen. ³Der Erlös tritt an die Stelle der Sache.

1 Pflicht zur Verwahrung gem § 688 ff; notfalls zur Erhaltung und Fruchtziehung. Der Finder kann sich von der Verwahrungspflicht befreien, durch Ablieferung der Sache an die zuständige Behörde. Dadurch wird er auch von der Auseinandersetzung mit dem Empfangsberechtigten befreit.
2 Pflicht zur öffentlichen Versteigerung; vgl §§ 156, 383 III, 385. Ersteher wird Eigentümer, weil Finder zur Versteigerung berechtigt ist; Finder handelt kraft gesetzlicher Ermächtigung. Dingliche Surrogation: II 3. Liegt ein Fall des II S 1 nicht vor, gilt § 1244 entspr (Staud/*Gursky* Rn 6). Vgl ferner § 935 II.

§ 967 Ablieferungspflicht

Der Finder ist berechtigt und auf Anordnung der zuständigen Behörde verpflichtet, die Sache oder den Versteigerungserlös an die zuständige Behörde abzuliefern.

1 Der Finder wird durch Ablieferung an die zuständige Behörde von seinen Pflichten frei, behält aber seine Rechte (§ 975). Ablieferungsanordnung durch allgemeinverbindliche Anordnung oder im Einzelfall durch Verwaltungsakt ggü Finder. Verpflichtung der Behörde nach §§ 973, 975, 976 und nach öffentlichem Recht (vgl Palandt/*Bassenge* Rn 1).

§ 968 Umfang der Haftung

Der Finder hat nur Vorsatz und grobe Fahrlässigkeit zu vertreten.

1 IRd gesetzlichen Schuldverhältnisses und der §§ 823 ff. Vgl § 680 und den entspr anwendbaren § 682 bei Nichtgeschäftsfähigen. Wenn ein Empfangsberechtigter an den Finder mit dem Verlangen der Auslieferung der Sache herantritt, hat er mit verkehrsüblicher Sorgfalt eine Prüfung vorzunehmen, zB nach dem Gegenstand und Art des Verlusts zu fragen oder einen Ausweis zu verlangen.

§ 969 Herausgabe an den Verlierer
Der Finder wird durch die Herausgabe der Sache an den Verlierer auch den sonstigen Empfangsberechtigten gegenüber befreit.

Durch die Herausgabe an den Verlierer wird der Finder ggü den anderen Empfangsberechtigten befreit. Hat ein Besitzdiener die Sache verloren, so befreit die Herausgabe an ihn, wenn das Verhältnis aus § 855 noch besteht. Haftung für Herausgabe an einen Nichtempfangsberechtigten nach § 968.

§ 970 Ersatz von Aufwendungen
Macht der Finder zum Zwecke der Verwahrung oder Erhaltung der Sache oder zum Zwecke der Ermittlung eines Empfangsberechtigten Aufwendungen, die er den Umständen nach für erforderlich halten darf, so kann er von dem Empfangsberechtigten Ersatz verlangen.

Der Finder hat einen Anspruch auf Ersatz der zur Verwahrung oder Erhaltung oder zum Zwecke der Ermittlung des Empfangsberechtigten gemachten Aufwendungen, die er den Umständen nach für erforderlich halten durfte. § 994 I 2 gilt entspr, soweit Finder Nutzungen verbleiben. Vgl im Übrigen §§ 256, 257, 972, 974. Ansprüche der Behörde richten sich nach öffentlichem Recht.

§ 971 Finderlohn
(1) ¹Der Finder kann von dem Empfangsberechtigten einen Finderlohn verlangen. ²Der Finderlohn beträgt von dem Werte der Sache bis zu 500 Euro fünf vom Hundert, von dem Mehrwert drei vom Hundert, bei Tieren drei vom Hundert. ³Hat die Sache nur für den Empfangsberechtigten einen Wert, so ist der Finderlohn nach billigem Ermessen zu bestimmen.
(2) Der Anspruch ist ausgeschlossen, wenn der Finder die Anzeigepflicht verletzt oder den Fund auf Nachfrage verheimlicht.

Der Finderlohn belohnt die Ehrlichkeit und Mühewaltung des Finders. Daneben besteht der Anspruch aus § 970. Maßgebend ist der Wert der Sache oder der Versteigerungserlös zum Zeitpunkt der Herausgabe. (Palandt/*Bassenge* Rn 1). Für Sparbücher/Kreditkarten gilt I S 3, da Gegenstand des Fundes die Sache und nicht die Forderung ist. Ausschluss bei mindestens grob fahrlässiger (§ 968) Verletzung der Anzeigepflicht (§ 965) oder bei Verheimlichung auf Nachfrage eines glaubhaften Empfangsberechtigten. Wohl nicht beim geschäftsunfähigen Finder (Staud/*Gursky* Rn 4). Geltendmachung § 972.

§ 972 Zurückbehaltungsrecht des Finders
Auf die in den §§ 970, 971 bestimmten Ansprüche finden die für die Ansprüche des Besitzers gegen den Eigentümer wegen Verwendungen geltenden Vorschriften der §§ 1000 bis 1002 entsprechende Anwendung.

Wegen seiner Ansprüche hat der Finder ein Zurückbehaltungsrecht, §§ 273 III, 274, 1000 S 1; vgl auch § 975 S 3. § 1000 S 2 nicht anwendbar. Klagerecht entspr §§ 1001, 1002; Empfangsberechtigter kann sich durch Rückgabe der Sache befreien.

§ 973 Eigentumserwerb des Finders
(1) ¹Mit dem Ablauf von sechs Monaten nach der Anzeige des Fundes bei der zuständigen Behörde erwirbt der Finder das Eigentum an der Sache, es sei denn, dass vorher ein Empfangsberechtigter dem Finder bekannt geworden ist oder sein Recht bei der zuständigen Behörde angemeldet hat. ²Mit dem Erwerb des Eigentums erlöschen die sonstigen Rechte an der Sache.
(2) ¹Ist die Sache nicht mehr als zehn Euro wert, so beginnt die sechsmonatige Frist mit dem Fund. ²Der Finder erwirbt das Eigentum nicht, wenn er den Fund auf Nachfrage verheimlicht. ³Die Anmeldung eines Rechts bei der zuständigen Behörde steht dem Erwerb des Eigentums nicht entgegen.

§ 973 statuiert einen originären Eigentumserwerb des Finders, wenn seit der Anzeige des Fundes bei der zuständigen Behörde sechs Monate verstrichen sind und der Empfangsberechtigte weder sein Recht bei der Polizeibehörde angemeldet hat noch dem Finder bekannt geworden ist. Eigentumserwerb des Finders ex nunc (str) an der Sache nebst inzwischen gezogenen Früchten oder am Versteigerungserlös. Rechte Dritter erlöschen. Bereicherungsanspruch gem § 977. Der Finder oder die Behörde muss aber die Sache (oder den Erlös) noch in Besitz haben (RG JW 31, 930). Für Ansprüche gegen Behörde auf Herausgabe gilt der Zivilrechtsweg (§ 40 II 1, VwGO; VGH Bremen DVBl 56, 628 überholt). Vor Fristablauf hat Finder ein übertragbares Anwartschaftsrecht (RG JW 31, 930), ohne dass damit Erwerber in die volle Stellung des Finders im gesetzlichen Schuldverhältnis mit Verlierer einrückt; seine Beziehungen zum Eigentümer regeln sich nach §§ 987 ff; Übertragung entspricht Eigentumsübertragung; Erwerber erwirbt damit nach Fristablauf unmittelbares Eigentum; passivlegitimiert für Ansprüche aus § 977 bleibt aber der Finder, (außer im Fall des § 822) da Eigentumserwerb des neuen Anwärters Folge der Leistung des Finders ist (Palandt/*Bassenge* Rn 1, Schwab/*Prütting* Rn 503). Ausnahmen: Vor Ablauf der Frist: Verzichtet der Finder auf sein Recht, § 976 I; oder wenn ihm das Recht des Empfangsberechtigten bekannt wird. Im Falle I: der Empfangsberechtigte meldet sein Recht bei einer zuständigen Behörde an; im Falle II: Finder verheimlicht Fund trotz Nachfrage.

§ 974 Eigentumserwerb nach Verschweigung

¹Sind vor dem Ablauf der sechsmonatigen Frist Empfangsberechtigte dem Finder bekannt geworden oder haben sie bei einer Sache, die mehr als zehn Euro wert ist, ihre Rechte bei der zuständigen Behörde rechtzeitig angemeldet, so kann der Finder die Empfangsberechtigten nach der Vorschrift des § 1003 zur Erklärung über die ihm nach den §§ 970 bis 972 zustehenden Ansprüche auffordern. ²Mit dem Ablauf der für die Erklärung bestimmten Frist erwirbt der Finder das Eigentum und erlöschen die sonstigen Rechte an der Sache, wenn nicht die Empfangsberechtigten sich rechtzeitig zu der Befriedigung der Ansprüche bereit erklären.

1 Aufforderung an alle Empfangsberechtigten notwendig. Verschweigen sich alle, erwirbt der Finder Eigentum wie nach § 973. Genehmigt auch nur einer, hat der Finder das Klagerecht nach §§ 972, 1001. Bestreitet einer den Anspruch, ist zunächst Feststellungsklage zu erheben und danach neue Aufforderung, vgl § 1003. Hier setzt eine unangemessene Frist die angemessene nicht in Lauf, vielmehr muss eine neue gesetzt werden, damit der Zeitpunkt des Eigentumserwerbs bestimmt ist (Staud/*Gursky* Rn 1, Palandt/*Bassenge* Rn 1).

§ 975 Rechte des Finders nach Ablieferung

¹Durch die Ablieferung der Sache oder des Versteigerungserlöses an die zuständige Behörde werden die Rechte des Finders nicht berührt. ²Lässt die zuständige Behörde die Sache versteigern, so tritt der Erlös an die Stelle der Sache. ³Die zuständige Behörde darf die Sache oder den Erlös nur mit Zustimmung des Finders einem Empfangsberechtigten herausgeben.

1 Die Befugnis der Behörde zur Versteigerung richtet sich nach öffentlichem Recht. Zustimmung gem S 3 tritt an Stelle des Zurückbehaltungsrechts aus § 972; Nachweis notfalls durch Urteil (§ 894). Herausgabe des Funds ist auch ohne Zustimmung wirksam, dann aber ggf Haftung aus § 839.

§ 976 Eigentumserwerb der Gemeinde

(1) Verzichtet der Finder der zuständigen Behörde gegenüber auf das Recht zum Erwerb des Eigentums an der Sache, so geht sein Recht auf die Gemeinde des Fundorts über.
(2) Hat der Finder nach der Ablieferung der Sache oder des Versteigerungserlöses an die zuständige Behörde auf Grund der Vorschriften der §§ 973, 974 das Eigentum erworben, so geht es auf die Gemeinde des Fundorts über, wenn nicht der Finder vor dem Ablauf einer ihm von der zuständigen Behörde bestimmten Frist die Herausgabe verlangt.

1 Durch formlosen Verzicht des Finders auf sein Eigentumserwerbsrecht geht dieses auf die Gemeinde des Fundorts über. Im Falle I ist ein Vorbehalt der Ansprüche aus §§ 970, 971 möglich. Im Falle II sind sie erloschen; Angemessenheit der Frist ist nicht gerichtlich prüfbar (Staud/*Gursky* Rn 3) Bei unbekanntem Aufenthalt des Finders gilt § 983.

§ 977 Bereicherungsanspruch

¹Wer infolge der Vorschriften der §§ 973, 974, 976 einen Rechtsverlust erleidet, kann in den Fällen der §§ 973, 974 von dem Finder, in den Fällen des § 976 von der Gemeinde des Fundorts die Herausgabe des durch die Rechtsänderung Erlangten nach den Vorschriften über die Herausgabe einer ungerechtfertigten Bereicherung fordern. ²Der Anspruch erlischt mit dem Ablauf von drei Jahren nach dem Übergang des Eigentums auf den Finder oder die Gemeinde, wenn nicht die gerichtliche Geltendmachung vorher erfolgt.

1 Der Eigentumserwerb des Finders wird als ungerechtfertigte Bereicherung ggü dem früheren Eigentümer behandelt. Dadurch ist seine Rechtsstellung entwertet. Anspruchsberechtigte sind der frühere Eigentümer und ein ehemals dinglich Berechtigter, aber nicht der Finder iFv § 976 II. Schuldner ist der Finder (§§ 973,

974) oder die Gemeinde (§ 976) oder ein Dritter nach § 822. Vgl im Übrigen §§ 812 I 2, 818, 819; nach hM Haftung nach § 819 nur bei Kenntnis der Person des Empfangsberechtigten (Staud/*Gursky* Rn 3; *Edenfeld* JR 01, 485). Gem S 2 tritt keine Verjährung ein, vielmehr erlischt der Anspruch.

§ 978 Fund in öffentlicher Behörde oder Verkehrsanstalt

(1) ¹Wer eine Sache in den Geschäftsräumen oder den Beförderungsmitteln einer öffentlichen Behörde oder einer dem öffentlichen Verkehr dienenden Verkehrsanstalt findet und an sich nimmt, hat die Sache unverzüglich an die Behörde oder die Verkehrsanstalt oder an einen ihrer Angestellten abzuliefern. ²Die Vorschriften der §§ 965 bis 967 und 969 bis 977 finden keine Anwendung.
(2) ¹Ist die Sache nicht weniger als 50 Euro wert, so kann der Finder von dem Empfangsberechtigten einen Finderlohn verlangen. ²Der Finderlohn besteht in der Hälfte des Betrages, der sich bei Anwendung des § 971 Abs. 1 Satz 2, 3 ergeben würde. ³Der Anspruch ist ausgeschlossen, wenn der Finder Bediensteter der Behörde oder der Verkehrsanstalt ist oder der Finder die Ablieferungspflicht verletzt. ⁴Die für die Ansprüche des Besitzers gegen den Eigentümer wegen Verwendungen geltende Vorschrift des § 1001 findet auf den Finderlohnanspruch entsprechende Anwendung. ⁵Besteht ein Anspruch auf Finderlohn, so hat die Behörde oder die Verkehrsanstalt dem Finder die Herausgabe der Sache an einen Empfangsberechtigten anzuzeigen.
(3) ¹Fällt der Versteigerungserlös oder gefundenes Geld an den nach § 981 Abs. 1 Berechtigten, so besteht ein Anspruch auf Finderlohn nach Absatz 2 Satz 1 bis 3 gegen diesen. ²Der Anspruch erlischt mit dem Ablauf von drei Jahren nach seiner Entstehung gegen den in Satz 1 bezeichneten Berechtigten.

Abweichend geregelt ist der Fund von Sachen in den Geschäftsräumen oder Beförderungsmitteln einer öffentlichen Behörde oder einer dem öffentlichen Verkehr dienenden Verkehrsanstalt. 1

Fundort: Hierunter fallen alle Geschäftsräume der Gerichte und Verwaltungsbehörden, öffentliche Schulen, Kirchen, Krankenhäuser, Museen einschl ihrer Nebenräume wie Treppen, Flure, Restaurationsräume, Aborte, Höfe, Bahnsteige. Verkehrsanstalt für öffentlichen Verkehr; hier nur die öffentliche oder private Transportanstalt, nicht aber Gaststätten (RGZ 108, 259), Warenhäuser (vgl dazu BGHZ 101, 186). Privatbanken (aA Hamburg SeuffA 63, 105), auch nicht Betriebe. 2

Ablieferungspflicht des Finders (I 1); unverzüglich: § 121 I 1. Haftungsmaßstab iRv § 968. Bei Verletzung: kein Finderlohn (II 3). Finderlohn (Höhe: II 2) nur bei Sachen ab 50 € Wert. Maßgebend ist der objektive Verkehrswert im Zeitpunkt der Wiedererlangung durch Empfangsberechtigten oder Versteigerungserlös; mangels solchen Wertes ist der Wert für den Empfangsberechtigten maßgebend. Schuldner: Empfangsberechtigter, solange Voraussetzungen des § 981 I noch nicht gegeben (II 1) sind, aber erst nachdem dieser die Sache wiedererlangt oder Anspruch genehmigt hat (II 4 mit § 1001); vorher keine Aufrechnung möglich. Durch Rückgabe an Behörde/Verkehrsanstalt vor Genehmigung kann Empfangsberechtigter sich vom Anspruch befreien (II 4 mit § 1001). Durch Wiedererlangung oder Genehmigung unbedingt gewordener Anspruch verjährt nach § 195; § 1002 nicht anwendbar. Eigentümer des Geldes, der dies nach § 981 I erworben: Finder hat keinen Anspruch auf Versteigerung. Rechtzeitig (III 2) geltend gemachter Anspruch (nicht notwendig gerichtlich) verjährt nach § 195; ordentlicher Rechtsweg. Ausschluss (II 3): Bedienstete der Behörde/Verkehrsanstalt (auch zB Angestellte einer beauftragten Reinigungsfirma, Palandt/*Bassenge* Rn 4) haben keinen Anspruch. Ebenso Finder, der mindestens grob fahrlässig (§ 968) Ablieferungspflicht verletzt. Verheimlichung ggü Empfangsberechtigtem unschädlich, ebenso unverzügliche Ablieferung an diesen; wegen geschäftsunfähigen Finders vgl § 971 Rn 1. Benachrichtigungspflicht der Behörde/Verkehrsanstalt (II 5), damit Finder Anspruch geltend machen kann. Bei Verletzung § 839 oder § 276 (private Verkehrsanstalt). 3

§ 979 Öffentliche Versteigerung

(1) ¹Die Behörde oder die Verkehrsanstalt kann die an sie abgelieferte Sache öffentlich versteigern lassen. ²Die öffentlichen Behörden und die Verkehrsanstalten des Reichs, der Bundesstaaten und der Gemeinden können die Versteigerung durch einen ihrer Beamten vornehmen lassen.
(2) Der Erlös tritt an die Stelle der Sache.

Öffentliche Versteigerung. Vgl § 966 und §§ 980–982. Statt ‚Reichs' und ‚Bundesstaaten' jetzt Bundesrepublik und Länder. Verkehrsanstalten zB Post, Bundesbahnen. §§ 979, 980 gelten gem § 30 VII WaStrG für beseitigte Gegenstände, die ein Schiffshindernis bilden. II: II enthält eine dingliche Surrogation. 1

§ 980 Öffentliche Bekanntmachung des Fundes

(1) Die Versteigerung ist erst zulässig, nachdem die Empfangsberechtigten in einer öffentlichen Bekanntmachung des Fundes zur Anmeldung ihrer Rechte unter Bestimmung einer Frist aufgefordert worden sind und die Frist verstrichen ist; sie ist unzulässig, wenn eine Anmeldung rechtzeitig erfolgt ist.
(2) Die Bekanntmachung ist nicht erforderlich, wenn der Verderb der Sache zu besorgen oder die Aufbewahrung mit unverhältnismäßigen Kosten verbunden ist.

1 Vgl § 982. Ist die Versteigerung unzulässig, erwirbt nur der gutgläubige Ersteher nach § 935 II oder entspr § 1244 Eigentum (Palandt/*Bassenge* Rn 1).

§ 981 Empfang des Versteigerungserlöses

(1) Sind seit dem Ablauf der in der öffentlichen Bekanntmachung bestimmten Frist drei Jahre verstrichen, so fällt der Versteigerungserlös, wenn nicht ein Empfangsberechtigter sein Recht angemeldet hat, bei Reichsbehörden und Reichsanstalten an den Reichsfiskus, bei Landesbehörden und Landesanstalten an den Fiskus des Bundesstaates, bei Gemeindebehörden und Gemeindeanstalten an die Gemeinde, bei Verkehrsanstalten, die von einer Privatperson betrieben werden, an diese.
(2) ¹Ist die Versteigerung ohne die öffentliche Bekanntmachung erfolgt, so beginnt die dreijährige Frist erst, nachdem die Empfangsberechtigten in einer öffentlichen Bekanntmachung des Fundes zur Anmeldung ihrer Rechte aufgefordert worden sind. ²Das Gleiche gilt, wenn gefundenes Geld abgeliefert worden ist.
(3) Die Kosten werden von dem herauszugebenden Betrag abgezogen.

§ 982 Ausführungsvorschriften

Die in den §§ 980, 981 vorgeschriebene Bekanntmachung erfolgt bei Reichsbehörden und Reichsanstalten nach den von dem Bundesrat, in den übrigen Fällen nach den von der Zentralbehörde des Bundesstaates erlassenen Vorschriften.

1 Statt Reichsbehörde/Anstalt jetzt Bundesbehörde/Anstalt, statt Bundesrat jetzt zuständiger Bundesminister und statt Bundesstaat jetzt Bundesland. Für Bundesbehörden gilt Bekanntmachung vom 16.6.1896 (BGBl III 403-5). BaWü VO 29.9.81 (GBl 510), Bay VO v 12.7.77 (GVBl 386), Brandbg AGBGB 14, Hburg VO v 19.11.62 (GVBl 183), Niedersachsen AGBGB 25, Saarland VO v 31.3.92 (ABl 386), Schleswig Holstein VO v 18.10.76 (GVBL 266).

§ 983 Unanbringbare Sachen bei Behörden

Ist eine öffentliche Behörde im Besitz einer Sache, zu deren Herausgabe sie verpflichtet ist, ohne dass die Verpflichtung auf Vertrag beruht, so finden, wenn der Behörde der Empfangsberechtigte oder dessen Aufenthalt unbekannt ist, die Vorschriften der §§ 979 bis 982 entsprechende Anwendung.

1 ZB für Überführungsstücke, deren Eigentümer unbekannt ist. Vgl auch § 976 Rn 1. Für vertragliche Ansprüche bestehen Sondervorschriften zB in HintO 19 ff. Für Private gelten nur die §§ 372 ff.

§ 984 Schatzfund

Wird eine Sache, die so lange verborgen gelegen hat, dass der Eigentümer nicht mehr zu ermitteln ist (Schatz), entdeckt und infolge der Entdeckung in Besitz genommen, so wird das Eigentum zur Hälfte von dem Entdecker, zur Hälfte von dem Eigentümer der Sache erworben, in welcher der Schatz verborgen war.

1 Als Schatz gilt eine Sache, die so lange verborgen gelegen hat, dass ihr Eigentümer nicht mehr zu ermitteln ist. Es braucht sich nicht um Kostbarkeiten oder Altertumssachen zu handeln. Verborgen ist eine (bewegliche) Sache, wenn sie ohne ein weiteres sinnlich wahrnehmbar ist; offen liegende Gegenstände sind nicht verborgen, wenn ihre Auffindung durch Verhältnisse wesentlich erschwert ist (Köln OLGZ 92, 253; NJW 92, 2576). Die Sache muss so lange verborgen gewesen sein, dass gerade deshalb der Eigentümer nicht zu ermitteln ist (Hburg MDR 82, 409). Zum Fossilienfund BVerwG NJW 97, 1172f. Bergende Sache kann auch beweglich sein (Geheimfach). Entdeckung (erfordert als Tathandlung keine Geschäftsfähigkeit) ist Wahrnehmung ohne Rücksicht auf deren Anlass (zB Straftat). Bei planmäßiger, gezielter Nachforschung iRe Arbeits-, Auftrags-

oder Werkvertrages ist der Arbeitgeber Entdecker, andernfalls der Arbeitnehmer (BGHZ 103, 101). Eigentum wird aber erst mit Inbesitznahme (vgl dazu Celle NJW 92, 2576) aufgrund der Entdeckung (nicht notwendig durch Entdecker) erworben. Entdecker und Eigentümer der Sache, in der Schatz bei Bloßlegung verborgen war, werden Miteigentümer iSd § 1008.
Landesrecht: Art 73 EGBGB; ferner Ausgrabungsgesetze und Denkmalschutzgesetze der Länder.

Titel 4 Ansprüche aus dem Eigentum

§ 985 Herausgabeanspruch
Der Eigentümer kann von dem Besitzer die Herausgabe der Sache verlangen.

A. Grundsätzliches. Der sog **Vindikations–** bzw **Herausgabeanspruch** des Eigentümers, der die in seinem Eigentum stehende unbewegliche oder bewegliche Sache, §§ 90 ff, nicht in seinem Besitz hat, dient der Verwirklichung seiner originären Interessen: Solange und soweit ihm der Besitz entzogen oder vorenthalten wird, kann er mit der Sache nicht „nach Belieben" verfahren, § 903. Das Eigentumsrecht ist damit insoweit eingeschränkt. **1**

B. Begriffe und allgemeiner Regelungsinhalt. Die Anspruchsformulierung („verlangen") stützt sich auf vier wesentliche Begriffe: „Eigentümer, Besitzer, Sache und Herausgabe". Maßgeblich ist damit nur der Umstand, dass der Besitzer eine fremde Sache rechtsgrundlos im Besitz hat. Ohne Belang hingegen ist die Frage, aus welchen Gründen er die tatsächliche Gewalt über die Sache erlangt hat: Bei der Unterschlagung oder dem Diebstahl kommt es notwendig nicht auf die Straftat, sondern allein auf die Besitzbegründung an. Sobald kein Recht zum Besitz nach § 986 oder Zurückbehaltungsrecht nach § 1000 (mehr) besteht, ist die Vindikationslage gegeben: Der Besitzer muss dem Eigentümer die Sache herausgeben, wenn dieser das verlangt. **2**

I. Eigentümer. Anspruchsgläubiger ist der Eigentümer, also der Inhaber des **umfassenden Rechts an einer Sache**, das auch als **dingliches Vollrecht** bezeichnet werden kann. Es besteht keine Hierarchie wie beim Besitzrecht (unmittelbarer, mittelbarer Besitzer bzw Besitzdiener). Wirtschaftliche bzw steuerrechtliche Zuordnungsfragen – etwa beim Leasinggeber oder Sicherungsnehmer – spielen keine Rolle. Zu unterscheiden ist jedoch zwischen dem Allein- und dem Miteigentümer (Bruchteilseigentümer, §§ 1008–1011), ferner dem Gesamthandseigentümer, dem Sicherungseigentümer (auch Treuhandseigentümer) und weiter dem Vorbehalts- sowie dem Wohnungseigentümer, § 13 I WEG (BGHZ 49, 250 = NJW 68, 499). Der Eigentümer kann, muss aber nicht Besitz – in welcher Form auch immer – gehabt haben, um den Anspruch auf Herausgabe geltend machen zu können. Denn **Eigentum** beschreibt die **rechtliche**, **Besitz** die **tatsächliche Herrschaft** über eine Sache, weshalb der Besitzer für den Herausgabeanspruch nach § 861 I notwendig „Vorbesitz" gehabt haben muss, nicht aber der Eigentümer für den Anspruch aus § 985. Dem Eigentümer gleichgestellt sind der **Nießbraucher**, § 1065, der **Pfandrechtsgläubiger**, § 1227, und der **Erbbauberechtigte**, § 11 I ErbbauV. **3**

Ob der **Anwartschaftsberechtigte** den dinglichen Herausgabeanspruch geltend machen kann, ist str (juris-PraxK/*Habermeier* § 985 Rn 4 mwN). Hält man sich an den Wortlaut, so ist mangels Eigentümerstellung auch kein Anspruch gegeben. Es besteht auch kein Bedürfnis, den Anwartschaftsberechtigten, gleich, ob hinsichtlich einer beweglichen Sache – etwa bei Eigentumsvorbehalt – oder einer Immobilie im Zeitraum zwischen Auflassung und Eintragung über eine analoge Anwendung zu schützen: Analogien sind nur dann zulässig, wenn keine andere Lösung durch das Gesetz vorgegeben wird. Eine solche besteht im Falle des Besitzverlustes durch den Anwartschaftsberechtigten jedoch über §§ 861, 1007, zumal § 1007 III 2 ausdrücklich die §§ 986–1003 für entspr anwendbar erklärt. Hatte der Anwartschaftsberechtigte (noch) keinen eigenen Besitz, so bestehen zwar die genannten Herausgaberechte nicht, es kann dann jedoch das Herausgabeverlangen im Wege einer – auch konkludenten – Ermächtigung zur Vindikation für den (Noch-)Eigentümer geltend gemacht werden (MüKo/*Medicus* § 985 Rn 4). **4**

Die Eigentümerstellung muss erst zum **Zeitpunkt** der Erfüllung der Herausgabepflicht bestehen. Zur prozessualen Situation s unten G.

II. Besitzer. Anspruchsschuldner auf Herausgabe ist der Besitzer, mithin derjenige, der die tatsächliche Gewalt über eine Sache erworben und diese nicht wieder aufgegeben oder in anderer Weise verloren hat, § 856 I. Besitzdienerschaft, § 855, oder eine ihrer Natur nach nur vorübergehende Verhinderung in der Ausübung der tatsächlichen Gewalt ändern an der Besitzerstellung nichts, § 856 II. Insbes kommt es auch nicht auf die Besitzform an: **Besitzer** ist sowohl der Eigen- wie der Fremdbesitzer, § 872, der Teilbesitzer, § 865, der Mitbesitzer, § 866, der unmittelbare und der (auch mehrstufige) mittelbare Besitzer, §§ 868, 871, gleichgültig ob gut- oder bösgläubig: Entscheidend ist letztlich allein, ob es sich um einen (noch) berechtigten oder (schon) nicht (mehr) berechtigten Inhaber der tatsächlichen Gewalt über eine bewegliche oder unbewegliche Sache handelt. Dazu zählt jedoch nicht der Besitzdiener, da dieser die Gewalt für den Besitzer ausübt, § 855. **5**

6 **Mitbesitzer**, § 866, haften bei schlichtem Mitbesitz nur auf Herausgabe des jeweiligen Besitzanteils, denn eine gesamtschuldnerische Haftung nach § 431 entfällt deshalb, weil es sich nicht um eine unteilbare Leistung handelt. Gleiches gilt beim qualifizierten Mitbesitz: Hier kann zwar nur die Sache insgesamt, also ungeteilt, herausgegeben werden, dennoch aber sind unterschiedliche **Herausgabehandlungen** erforderlich. Diese können ausschl von den zur Herausgabe verpflichteten Mitbesitzern vorgenommen bzw verlangt werden (MüKo/*Medicus* § 985 Rn 12). Bei **Gesamthandsgemeinschaften**, zB Personengesellschaften oder Vereinen, üben die Organe den Besitz aus. Hingegen besteht bei der Erbengemeinschaft Mitbesitz aller Miterben, § 857. Bei der Gütergemeinschaft kommt es auf die Verwaltungsregelung an.

7 **III. Sache.** Unter einer Sache versteht das Gesetz nur körperliche Gegenstände, § 90, gleich ob beweglich (Mobiliar) oder unbeweglich (Immobiliar), vertret- oder verbrauchbar, §§ 91, 92, bzw einen nicht wesentlichen Bestandteil eines Grundstücks, § 95 oder auch Zubehör, § 97. Obwohl Tiere ausdrücklich keine Sachen sind, ist der Herausgabeanspruch ebenso nach § 985 geltend zu machen: Die für Sachen geltenden Vorschriften werden entspr angewendet, § 90 a. Auch Geldscheine und -münzen sind Sachen. Sobald eine Vermischung mit Geldzeichen anderer Eigentümer erfolgt, kann Miteigentum entstehen, §§ 948, 947.

8 **IV. Herausgabe.** Etwas hergeben oder herausgeben setzt – wie der Wortbestandteil geben verdeutlicht – **aktives Tun** des Besitzers und nicht nur passives Dulden einer **Wegnahme** voraus, wie auch der Unterschied von § 883 ZPO und § 890 ZPO belegt. Insbes kennt § 985 kein dem § 859 II und III entspr Gewaltanwendungsrecht des Eigentümers. Der die Herausgabe schuldende Besitzer muss demnach dem Eigentümer den unmittelbaren Besitz der Sache einräumen. Bei beweglichen Sachen geschieht dies im Regelfall durch Aushändigung (auch an den Besitzdiener des in den Besitz gelangenden Eigentümers), bei unbeweglichen Sachen ua durch Ermöglichung des ungehinderten Zugangs und Über- bzw Bekanntgabe aller Schließhilfen wie Schlüssel, Codebuchstaben oder -zahlen, Sendegeräte bei Automatiktüren bzw Codekarten. Nicht verwechselt werden darf die Herausgabe jedoch mit der **Räumung**. Diese stellt ein „Mehr" dar (MüKo/*Medicus*, § 935 Rn 20): Zur bloßen Herausgabe der Miet- oder Pachtsache kommt ua die Verpflichtung zur Freimachung von Gegenständen aller Art bis hin zur besenreinen Säuberung hinzu.

C. Besonderer Regelungsinhalt. I. Inhaber des Herausgabeanspruchs bei Miteigentümerstellung sowie
9 **im Fall des § 986 I 2.** Solange der Eigentümer nur zusammen mit anderen Eigentümern das Vollrecht an der Sache hat (Miteigentum), kann nach § 985 lediglich Mitbesitzeinräumung verlangt werden. Dies gilt sowohl ggü den Miteigentümern als auch dem Besitzer. Herausgabe kann deshalb nach § 1011 auch nur an alle Miteigentümer verlangt werden (Prozessstandschaft), ausnahmsweise jedoch zu Alleinbesitz, wenn die anderen Miteigentümer den Mitbesitz nicht mit übernehmen wollen oder aus tatsächlichen Gründen nicht können. Schließlich bleibt der (Mit-)Eigentümer auch im Fall der Herausgabeverpflichtung des unmittelbaren Besitzers an den mittelbaren Besitzer gem § 986 I 2 Inhaber des Herausgabeanspruchs.

10 **II. Besonderheiten der Herausgabe beim mittelbaren Besitzer.** Wie der Formulierung des § 991 I zu entnehmen ist, kann der Eigentümer auch vom mittelbaren Besitzer Herausgabe verlangen, obwohl dieser die herausverlangte Sache begriffsnotwendig nicht „in Händen hält". Da der Anspruch somit nur auf Einräumung des mittelbaren Besitzes durch **Abtretung des Herausgabeanspruchs** gerichtet werden kann, § 870, und eine solche Abtretung nach § 894 ZPO mit Eintritt der Rechtskraft eines entspr Urteils als erfolgt gilt, könnte es zu einem nicht vollstreckbaren Titel kommen: Der mittelbare Besitzer verlangt vorher vom unmittelbaren Besitzer die Sache heraus, so dass die Abtretung ins Leere gehen würde und der Eigentümer nochmals mit berichtigtem Antrag Klage erheben müsste, um dann nach § 883 ZPO vollstrecken zu können. Diesen Umweg erspart die hM dem Eigentümer.

11 Er kann **sofort** auch gegen den mittelbaren Besitzer **auf Herausgabe** klagen. Umfasst wird von einem solchen Antrag sowohl das Verlangen nach Herausgabe der Sache durch Verschaffung des unmittelbaren Besitzes als auch die Einräumung mittelbaren Besitzes. Liegt im Zeitpunkt der Vollstreckung (wieder) unmittelbarer Besitz vor, vollstreckt der Gerichtsvollzieher das Urteil auf Herausgabe durch einfache Wegnahme und Übergabe der Sache an den Eigentümer gem § 883 ZPO. Besteht jedoch immer noch oder schon wieder mittelbarer Besitz, zB durch einen Mietvertrag oder einen Leihvertrag, so erfolgt aus dem Titel eine **Pfändung des Herausgabeanspruchs** des mittelbaren Besitzers gegen den unmittelbaren Besitzer (zB Mieter oder Entleiher) und eine Überweisung des gepfändeten Anspruchs an den Eigentümer zur Einziehung gem § 886 ZPO. § 894 ZPO ist bei einem Herausgabeurteil nicht anwendbar, da keine Willenserklärung vorliegt, die durch den Titel zu ersetzen ist.

12 **III. Herausgabezustand, Ort, Kosten, Sachgesamtheit. 1. Herausgabezustand** der Sache ist stets der Ist-Zustand zu dem Zeitpunkt, in dem die Herausgabe erfolgt. Veränderungen, insbes Verschlechterungen ggü dem „Ur-Zustand", können über den rein dinglichen Herausgabeanspruch nicht berücksichtigt werden.

13 **2. Herausgabeort** ist bei beweglichen Sachen – bei den unbeweglichen ist ohnehin der Besitz- zugleich der Herausgabeort – der Ort, an dem sich die Sache letztmals vor dem Eintritt der Vindikationslage befand. Dies ist jeder beliebige Ort beim gutgläubigen bzw unverklagten Besitzer, eingeschränkt beim bösgläubigen bzw verklagten Besitzer auf die Örtlichkeit, wo sich die Sache zum Zeitpunkt des Eintritts der Bösgläubigkeit bzw

Rechtshängigkeit befand und schließlich reduziert auf den ursprünglichen Ort der Sache bei deliktischer Erlangung des Besitzes gem § 992. Diese Fixierung des maßgeblichen Herausgabeortes ergibt sich letztlich aus einer Verbindung der Bestimmungen über den Leistungsort gem § 269, der grds am Wohn- bzw Gewerbebetriebsort liegt und damit eine Holschuld begründen würde. Jedoch ist, worauf *Medicus* richtig hinweist (MüKo § 985 Rn 23 f im Unterschied zu Palandt/*Bassenge* § 985 Rn12), der Ort, an dem sich die herauszugebende Sache befindet, nicht notwendig einer der in § 269 aufgeführten Orte. Für den redlichen Besitzer können § 697 und § 811 entspr angewedet werden.

Es ist damit auf die tatsächliche Örtlichkeit, an dem sich die Sache befindet, abzustellen, die zur Vermeidung einer Wechselmöglichkeit je nach der Qualität des Besitzes mit dem Eintritt der Bösgläubigkeit bzw Rechtshängigkeit zu fixieren ist. Dass beim deliktischen Besitzer immer der ursprüngliche Ort der Sache auch der Herausgabeort ist, ergibt sich über §§ 992, 823 ff, 249 I. Denn zum ursprünglichen Zustand, der wiederherzustellen ist, zählt auch die Rückführung der Sache an den ursprünglichen Ort. Da § 242 auch auf dingliche Ansprüche anwendbar ist, kann im Einzelfall der Eigentümer auch vom redlichen Besitzer die Verpackung und Versendung transportabler Sachen verlangen, allerdings nur gegen Kostenerstattung und Gefahrtragung durch den Eigentümer (MüKo/*Medicus* § 985 Rn 25). 14

3. Herausgabekosten können sowohl beim Besitzer – etwa durch den Transport der Sache zum Herausgabeort (BGH NJW 88, 3264) – als auch beim Eigentümer für die Abholung anfallen. Soweit der Eigentümer Kosten im Zusammenhang mit der Herausgabe verauslagt, die den Besitzer treffen, steht ihm nach BGH NJW 81, 752 ein Erstattungsanspruch nach §§ 684, 812, nicht aber nach §§ 989 ff zu. In der Praxis muss im Einzelfall die Prüfung der Kostentragung vorgenommen werden, wobei hier § 242 von besonderer Bedeutung sein kann. 15

4. Sachgesamtheit also eine aus mehreren Sachen bestehende, übergeordnete Sache, zB eine zahlreiche Bücher umfassende Bibliothek oder ein Geschäft mit Einrichtung und Warenlager, ist **nicht vindizierbar**. Vielmehr muss in solchen Fällen **jede Sache individualisiert** herausverlangt werden bzw iR **objektiver Klagehäufung** gem § 260 ZPO jedes einzelne Buch oder Inventarstück bzw jede Ware genau bezeichnet werden, etwa durch eine Bestands- oder Inventarliste. Das Besichtigungsrecht gem § 809 kann bei der Ermittlung der einzelnen Sachen weiterhelfen. Zudem eröffnet hier § 242 einen erweiterten Auskunftsanspruch (MüKo/*Medicus* § 985 Rn 25). 16

D. Herausgabeansprüche bei Geldzeichen und Inhaberpapieren. I. Vindikation von Geld. Münzen und Geldscheine werden grds als Sachen ebenso vom Herausgabeanspruch erfasst. Sobald jedoch eine Vermischung mit Geldzeichen anderer Eigentümer nach §§ 948, 947 erfolgt, führt dies zu Mit- oder auch Dritteigentum. Gem § 935 II kann auch bei gestohlenem Geld ein Eigentumsverlust eintreten. Ein Geldwert an sich, ohne Geldzeichen, die diesen verkörpern, ist nicht Gegenstand der Vindikation, da sonst eine Besserstellung ggü anderen Sacheigentümern in der Insolvenz eintreten würde, §§ 47 f InsO. Unabhängig davon stellt der Wert an sich auch keine Sache dar. 17

II. Vindikation von Schuldurkunden. Schuldscheine über Forderungen, aber auch Urkunden über andere Rechte, wie etwa Hypotheken-, Grundschuld- und Rentenschuldbriefe, können nur vom Gläubiger (auch Abtretungs- bzw Pfändungsgläubiger) der Forderungen bzw Rechte nach § 985 herausverlangt werden, da gem § 952 das Recht am Papier dem Recht aus dem Papier folgt (vgl auch BGH NJW 05, 2222). 18

E. Anwendbarkeit schuldrechtlicher Regelungen. Da der Herausgabeanspruch nach § 985 ein dinglicher Anspruch ist, kommen die Regelungen des allgemeinen Schuldrechts, §§ 241–432, grds nicht zur Anwendung. So kann hinsichtlich der Herausgabepflicht keine Schuldübernahme, §§ 414 ff, erfolgen, da allein der tatsächliche Besitz maßgeblich ist. Auch eine Abtretung des Herausgabeanspruchs nach § 398 ist nicht möglich, da das Vollrecht Eigentum unabdingbar Anspruchsgrundlage ist. Im Abtretungsfall würden das Vollrecht und der Herausgabeanspruch auseinander fallen. Zulässig ist jedoch die Bevollmächtigung zur prozessualen Geltendmachung des Anspruchs iR einer Prozessstandschaft. Auch die Folgen vertretbarer Unmöglichkeit einer Herausgabe richten sich nicht nach den §§ 275 IV, 280 ff, sondern ausschl nach den Sonderregelungen der §§ 989 ff, da andernfalls die mit dem EBV geschaffene Privilegierung des redlichen Besitzers, § 993 I, entfallen würde: Dieser ist weder zur Herausgabe von Nutzungen noch zum Schadensersatz verpflichtet. 19

F. Konkurrenzen. I. Vertragliche Ansprüche. Das Schuldrecht stellt eine Reihe von gesetzlichen Rückgewähransprüchen zur Verfügung, so zB § 546 (Rückgabe der Mietsache), §§ 581 II, 546 (Rückgabe der Pachtsache), § 582a III (Rückgabe Inventar), § 596 (Rückgabe Landpachtsache), § 604 I (Rückgabe Leihsache), § 667 (Herausgabepflicht bei Auftrag), § 695 (Rückforderung hinterlegter Sachen), § 732 (Rückgabe Gesellschaftsgegenstände). 20

II. Sonstige Ansprüche. Sind sowohl das schuldrechtliche als auch das dingliche Rechtsgeschäft nichtig, so kann der Eigentümer bei Veräußerung und Übergabe der Sache diese sowohl nach § 985 als auch nach § 812 I 1 (Besitzkondiktion) heraus verlangen. In diesem Fall stärkt das Recht aus § 985 die Stellung des Eigentümers nicht nur hinsichtlich der Haftung und Beweislast, sondern auch in der Insolvenz des Besitzers, da der dingliche Anspruch zur Aussonderung gem § 47 InsO berechtigt. Bei Verlust des Besitzes durch eine strafbare Handlung bestehen neben § 985 auch Ansprüche aus §§ 823 II, 826, 249 (Naturalrestitution in Form der Rückgabe) sowie § 812 I 1, Fall 2. Anwendbar sind auch § 816 II (Herausgabe durch den Nichtberechtigten), 21

§ 852 (Herausgabe bei unerlaubter Handlung) sowie die §§ 861, 1007 (Ansprüche des früheren Besitzers) und §§ 2018, 2029 (Erbschaftsansprüche).

22 **III. Verdrängung und Ausschluss des Herausgabeanspruchs nach § 985. 1. § 771 ZPO.** verdrängt den Anspruch aus § 985 bei einer Pfändung der Sache durch den Gläubiger des Besitzers. Der Gläubiger wird zwar durch die Pfändung mittelbarer Besitzer, der Eigentümer kann aber dennoch nicht unmittelbar vom Gläubiger die Herausgabe der Sache verlangen, sondern muss Drittwiderspruchsklage erheben und dann mit Hilfe eines obsiegenden Urteils nach §§ 775 Nr 1, 776 ZPO vorgehen. Gleichzeitig mit der Klage gegen den Gläubiger des Besitzers kann die Herausgabeklage gegen diesen erhoben werden, § 771 II ZPO.

23 **2. § 241 a** schließt seinem Wortlaut nach den Herausgabeanspruch des Unternehmers, § 14, aus, der eine unbestellte Sache an einen Verbraucher, § 13 liefert, und hat deshalb unter verfassungsrechtlichen Gesichtspunkten (Art 14 GG) Bedenken ausgelöst. Denn „durch die Lieferung unbestellter Sachen" wird demnach ausdrücklich „ein Anspruch gegen diesen", also den Verbraucher, „nicht begründet". Damit kann auch kein Herausgabeanspruch entstehen, obwohl der Unternehmer trotz Übersendung weiter Eigentümer der Sache ist. Denn die Zusendung unbestellter Waren stellt zwar ein konkludentes Angebot auf Übereignung nach §§ 929 ff dar, dieses ist jedoch aufschiebend bedingt (Angebotsannahme durch Kaufpreiszahlung). Obwohl also der Verbraucher die tatsächliche Gewalt über die Sache ausüben kann, er also unmittelbarer Besitzer (und nicht nur Besitzdiener) durch die in seinen Herrschaftsbereich gelangte Sache wird, kann nach dem klaren Wortlaut des § 241 a kein Herausgabeanspruch entstehen. Nachdem gleichermaßen auch kein Kondiktionsanspruch gegeben ist, da jeder Anspruch ausgeschlossen wird und zudem schon gem § 814 wegen Kenntnis der Nichtschuld die §§ 812 ff entfallen würden, steht der Unternehmer rechtlos da – Eigentum und Besitz fallen auf Dauer auseinander. Eine Ersitzung nach § 937 kommt wegen des notwendigen Eigenbesitzes nicht in Betracht.

24 Aber auch eine Annahme der Aufgabe des Eigentums gem § 959 mit der Folge der Herrenlosigkeit und einer Aneignungsmöglichkeit durch Eigenbesitznahme ist nicht nachvollziehbar: Der Unternehmer will einen Kaufvertrag herbeiführen, nicht aber auf sein Eigentum verzichten. Zu einem solchen Verzicht würde er aber bei wörtlicher Anwendung des § 241 a gezwungen. In Abwägung des Grundrechts aus Art 14 GG einerseits und des Verbraucherschutzgedankens, der § 74 StGB (Einziehungsmöglichkeit bei Straftaten) insoweit ähnlich ist, andererseits, muss **§ 241a deshalb restriktiv ausgelegt werden:** Die Vorschrift gibt dem Verbraucher kein Recht zum Besitz iSd § 986 und verhindert auch nicht den Herausgabeanspruch des Unternehmers gegen Dritte, denen der Verbraucher Besitz verschafft. War der Unternehmer selbst nur Vorbehaltseigentümer, so führt die Abwägung der Verbraucherrechte einerseits und der Rechte aus dem Eigentumsvorbehalt andererseits zu einer Vindikationslage zu Gunsten des Eigentümers. Denn der Verbraucher wird über mögliche Schadensersatzansprüche aus §§ 241 II, 311 II, 280 ff und zudem durch den vollständigen Anspruchsausschluss – zB hinsichtlich von Nutzungen – nach § 241 a ausreichend geschützt (*Berger* JuS 01, 649). Der Unternehmer selbst hat hinsichtlich der unbestellten Sache bei verfassungskonformer Auslegung zwar keinen Herausgabeanspruch, das Rücksichtnahmegebot des § 241 II gebietet jedoch ebenso wie Treu und Glauben, § 242, im Einzelfall die Gewährung einer Abholungsmöglichkeit.

25 **G. Prozessuale Besonderheiten.** Sofern nach Klageerhebung der Eigentümer die herausverlangte Sache nach den §§ 873, 929, 930, 931 an einen Dritten übereignet, ist dies iR eines Herausgabeprozesses ohne Einfluss auf den Verfahrensverlauf, § 265 II 1 ZPO. Der Rechtsnachfolger wird durch § 325 I ZPO an die Rechtskraft des Urteils gebunden und kann nach einer Titel übertragenden Umschreibung der Vollstreckungsklausel gem §§ 727, 731 ZPO selbst die Zwangsvollstreckung betreiben. Überträgt der Beklagte den Besitz nach Klageerhebung an einen Dritten, ist dies ebenso gem § 265 II 1 ZPO ohne Einfluss auf das Verfahren, so dass keine Antragsumstellung notwendig ist. Prozessual wird die Übertragung als nicht geschehen behandelt. Die Rechtskraft des Herausgabeurteils wirkt automatisch auch gegen den neuen Besitzer, wobei auch hier gem §§ 727, 731 ZPO eine Vollstreckungsklausel herbeigeführt werden kann.

26 **H. Verjährung von Herausgabeansprüchen. I. Bewegliche Sachen.** Ansprüche auf Herausgabe von **beweglichen Sachen** verjähren gem § 197 I Nr 1 in **30 Jahren**, beginnend mit der Entstehung des Anspruchs aus § 985 (§ 200), wobei die beim unrechtmäßigen Vorbesitzer verstrichene Zeit auch dem Anspruchsschuldner angerechnet wird, § 198. In dieser Bestimmung wird dafür ausdrücklich ein „dinglicher Anspruch" als Voraussetzung genannt.

27 **II. Unbewegliche Sachen.** Ansprüche auf Herausgabe von unbeweglichen Sachen verjähren gem § 902 nicht, wenn sich das Eigentum an der Sache auf im Grundbuch eingetragene Rechte gründet. Dies ist bei Grundstücken regelmäßig der Fall.

28 **I. Beweislast. I. Eigentum.** Im Prozess entscheidet im Falle des Bestreitens des Vorliegens der Anspruchsvoraussetzungen die Erfüllung der Darlegungs- und Beweislast über den Erfolg einer Herausgabeklage. Der Kläger muss vortragen und beweisen, dass er Eigentümer – in welcher Form auch immer, s oben B. I. – der herausverlangten Sache ist. Während dies bei Grundstücken über die Vorlage eines Grundbuchauszuges bzw eine amtliche Auskunft des Grundbuchamtes ohne weiteres möglich ist, kommt bei beweglichen Sachen gerade mit Blick auf die zu widerlegende Eigentumsvermutung des Besitzers gem § 1006 dem Eigentumsbeweis durch andere Beweismittel besondere Bedeutung zu. So kann beim Verlangen auf Herausgabe eines Sparbuchs zwar nicht der dort

aufgeführte Name, wohl aber der Nachweis der Kontoeröffnung auf den Namen des Klägers und damit dessen Gläubigerstellung ggü der Bank ausreichend für den Eigentumsnachweis sein. Denn mit dieser Stellung ist gem § 952 zugleich das Eigentum an dem für das bestimmte Konto ausgestellten Sparbuch verbunden. (BGH NJW 05, 2222). Weitere Beweismittel – auch nach den Grundsätzen des Beweises des ersten Anscheins – sind Vertrags- und Rechnungsunterlagen sowie Zeugenaussagen zum Erwerb des Eigentums bzw Verlust des Besitzes, durch die wiederum im Wege des Anscheinsbeweises auf das Eigentum geschlossen werden kann.

II. Besitz. Bestreitet der Beklagte den Besitz, so muss der Kläger diesen zum Zeitpunkt der Rechtshängigkeit 29 beweisen. Dies gelingt entweder durch die Einvernahme von Zeugen, möglichst unterlegt mit einer Foto- oder Filmdokumentation, oder im Wege der Parteieinvernahme des Beklagten. Behauptet der Beklagte, lediglich Besitzdiener, § 855, zu sein, so trifft ihn insoweit die Beweislast (Palandt/*Bassenge* § 985 Rn 19).

§ 986 Einwendungen des Besitzers

(1) ¹Der Besitzer kann die Herausgabe der Sache verweigern, wenn er oder der mittelbare Besitzer, von dem er sein Recht zum Besitz ableitet, dem Eigentümer gegenüber zum Besitz berechtigt ist. ²Ist der mittelbare Besitzer dem Eigentümer gegenüber zur Überlassung des Besitzes an den Besitzer nicht befugt, so kann der Eigentümer von dem Besitzer die Herausgabe der Sache an den mittelbaren Besitzer oder, wenn dieser den Besitz nicht wieder übernehmen kann oder will, an sich selbst verlangen.
(2) Der Besitzer einer Sache, die nach § 931 durch Abtretung des Anspruchs auf Herausgabe veräußert worden ist, kann dem neuen Eigentümer die Einwendungen entgegen setzen, welche ihm gegen den abgetretenen Anspruch zustehen.

A. Begriffe und allgemeiner Regelungsinhalt. § 986 ist die Korrektivnorm zum bedingungslos formulierten 1 Herausgabeanspruch des Eigentümers aus § 985: Wenn und solange der Besitzer dem Eigentümer ggü zum Besitz berechtigt ist, steht ihm gegen den Herausgabeanspruch eine Einwendung zu (BGH NJW 99, 3716; MüKo/*Medicus* § 986 Rn 26 f), dh der Anspruch auf Herausgabe entsteht entweder nicht oder er wird – bei Entstehung eines Besitzrechts bis zum Zeitpunkt der letzten mündlichen Verhandlung – durch eine von Amts wegen vom Gericht zu beachtende Einwendung vernichtet, so dass sich auch aus dem Vorbringen des Eigentümers zur Besitzsituation eine Klageabweisung als richtig erweisen kann.

I. Recht zum Besitz. Die Herausgabe der Sache kann dann verweigert werden, wenn ein absolutes oder rela- 2 tives Recht zum Besitz besteht. Die Palette möglicher Besitzrechte ist dabei groß und erfordert in der Rechtspraxis die jeweils konkrete Prüfung aller „Besitz-Umstände", soweit sich das Besitzrecht nicht ohnehin unmittelbar aus dem Gesetz ergibt. Dies ist zB auch der Fall, wenn der Eigentümer einem Dritten ein umfassendes Nutzungsrecht einräumt (vgl § 185) und der Besitzer vom Dritten den Besitz eingeräumt erhält.

1. Positive Feststellung. a) Beschränkte dingliche Rechte. Der Nießbraucher ist zum Besitz der Sache 3 berechtigt, § 1036 I. Gleiches gilt über die Verweisung in § 1093 I beim dinglichen Wohnrecht. Beim Mobiliarpfandrecht ergibt sich das Recht zum Besitz gem §§ 1205, 1253 I (*Peters* JZ 95, 390) und beim Erbbaurecht aus der Verweisung auf die Eigentumsvorschriften in § 11 I ErbbauVO. § 31 I WEG gibt beim Dauerwohnrecht ein unmittelbares Besitzrecht, ebenso § 31 II, III WEG beim Dauernutzungsrecht. Auch § 912 I gibt in Form der Duldungspflicht des Nachbareigentümers beim Überbau ein Recht zum Besitz.

b) Wesentliche rechtsgeschäftliche Besitzrechte. Sowohl ausdrücklich als auch konkludent können Besitz- 4 rechte schuldrechtlicher Art begründet werden, die dem Herausgabeverlangen des Eigentümers – oft nur vorübergehend – entgegenwirken. Dies ist insbes bei der Miete und Pacht (§§ 535 I, 581) sowie beim Leasingvertrag, aber auch beim Leihvertrag nach § 598 für den vereinbarten Zeitraum der Fall. Mit Ablauf der jeweils vereinbarten Dauer der Überlassung entfällt das Besitzrecht. Ist eine Zeit nicht vereinbart, zB beim Mietverhältnis auf unbestimmte Zeit, so bedarf es der wirksamen Kündigung bzw mit dem Herausgabeverlangens der Leihe nach § 604 III. Beim Verwahrungsvertrag hingegen besteht ebenso das aus § 688 abgeleitete Besitzrecht, ist jedoch nicht geeignet, dem Herausgabeverlangen nach § 985 entgegengesetzt zu werden, da selbst bei Vereinbarung einer Verwahrungszeit der Hinterleger jederzeit die Rückgabe verlangen kann, § 695 (aA MüKo/*Medicus* § 986 Rn 13; jurisPraxK/*Habermeier* § 986 Rn 4). Beim vom Käufer nicht erfüllten Vorbehaltskauf, § 449 I, besteht das Besitzrecht nach Verschaffung der Kaufsache gem § 433 so lange, bis der Verkäufer vom Vertrag zurückgetreten ist, § 449 II. Gleiches gilt gem § 480 beim Tausch.

c) Sonderformen von Besitzrechten. Das Unternehmerpfandrecht, § 647, zählt in der Praxis zu einem der 5 bedeutendsten Besitzrechte. Auch durch einen Vorvertrag sowie sogar ohne jegliche vertragliche Grundlage iR einer Ehe bzw Lebenspartnerschaft können Besitzrechte entstehen (s § 1353 BGB, § 8 LPartG), die jedoch nur ggü dem Eigentümer-(Ehe-)Partner während bestehender Ehe oder Partnerschaft wirken (MüKo/*Medicus* § 986 Rn 11). Schließlich begründen Verwaltungspflichten absolute Besitzrechte (Insolvenzverwalter, § 148 I InsO; Testamentsvollstrecker, § 2205; Nachlassverwalter, §§ 1985 I; 1986 I; Gesamtgutverwalter, § 1422).

6   Str ist, ob Zurückbehaltungsrechte nach §§ 273, 972, 1000 sowie §§ 369 ff HGB ein Recht zum Besitz iSd § 986 geben (Palandt/*Bassenge* § 986 Rn 4). Die herrschende Lit verneint dies unter Hinweis auf die Zug-um-Zug-Verurteilung in diesen Fällen, während der BGH (NJW 02, 1050 unter Verweis auf BGH NJW-RR 86, 282) dies bejaht. Dem ist zu folgen: Ein Zurückbehaltungsrecht gibt schon dem Wortlaut nach ein Recht zum Behalten, mithin auch zum Besitzen. Solange demnach der Eigentümer die dem Besitzer gebührende Leistung, § 273 I, nicht bewirkt bzw diesen wegen zu ersetzender Verwendungen nicht befriedigt, § 1000, besteht das Recht zur Verweigerung der Herausgabe, mithin ein fortbestehendes Besitzrecht, das dem Anspruch aus § 985 entgegengesetzt werden kann. Auf die Zug-um-Zug-Leistung nach § 274 I als nur prozessrechtliche Abwicklungsvorgabe kommt es deshalb materiell-rechtlich nicht an.

7   **2. Negative Abgrenzung.** Kein Recht zum Besitz geben eine Reallast, ein Grundpfandrecht und eine Grunddienstbarkeit, sofern diese nicht ausdrücklich eine Besitznahme zum Inhalt haben. Auch ein Vorkaufsrecht kann keine Besitzqualität aufweisen (MüKo/*Medicus* § 986, Rn 8). Gleiches gilt für ein Besitzrecht aus formunwirksamen Verträgen (Ausnahme: Treuwidrigkeit, BGHZ 29, 6) sowie bei Gesellschaftereinlagen, § 706, und beim unregelmäßigen Verwahrungsvertrag, § 700. Auch früherer Besitz, die Einräumung einer Räumungsfrist (§ 721 ZPO) oder die Gewährung von Vollstreckungsschutz (§ 765 a ZPO) führen nicht zu einem Besitzrecht. Auch § 241 a gibt kein Recht zum Besitz (s § 985 Rn 24).

8   **II. Mehrstufiges Besitzrecht, § 986 I Alt 2.** Leitet der Besitzer sein Besitzrecht vom mittelbaren Besitzer ab, so greift nach dem Wortlaut der Norm in § 986 I 2 die Einwendung gegen den Herausgabeanspruch unter drei Voraussetzungen: (1.) Der mittelbare Besitzer muss ein Besitzrecht ggü dem Eigentümer haben und (2.) diesem ggü auch berechtigt sein, den Besitz weiter zu überlassen. Schließlich muss auch (3.) der unmittelbare Besitzerwerb rechtmäßig erfolgt sein. Fehlt die Befugnis des mittelbaren Besitzers zur Überlassung des Besitzes an den unmittelbaren Besitzer, so steht dem Eigentümer zunächst nur der Anspruch gegen den unmittelbaren Besitzer zu, die Herausgabe des Besitzes an den mittelbaren Besitzer vorzunehmen, § 986 I 2 Alt 1. Nur wenn der mittelbare Besitzer den Besitz nicht wieder übernehmen kann oder will – in der Praxis ist dies vor dem Herausgabeverlangen abzuklären –, kommt eine direkte Besitzeinräumung vom unmittelbaren Besitzer an den Eigentümer selbst in Betracht, § 986 I 2 Alt 2. Von Alt 2 werden auch die Fälle umfasst, bei denen der mittelbare Besitzer selbst nicht Besitzer war bzw kein Besitzmittlungsverhältnis zwischen dem unmittelbaren Besitzer und dem mittelbaren Besitzer besteht (BGH NJW 90, 1914).

9   **III. Die Schutzvorschrift § 986 II: Abtretungsfälle, § 931.** § 404 (Einwendungen des Schuldners bei der Abtretung) schützt den unmittelbaren Besitzer ggü einem nach § 931 durch Abtretung des Herausgabeanspruchs neu an die Stelle des bisherigen Eigentümers tretenden Eigentümer nicht. Denn der Herausgabeanspruch des neuen Eigentümers entsteht gerade erst durch Abtretung. § 986 II stellt damit eine Schutzvorschrift für den unmittelbaren Besitzer beim Eigentümerwechsel dar. Dies ist nur iR relativer, nicht aber auch dinglicher Besitzrechte relevant. Denn bei Letzteren setzt sich das Besitzrecht unabhängig vom Eigentumsübergang automatisch fort. Aus dem Wortlaut folgt die Notwendigkeit des Bestehens von Einwendungen (Besitzrecht) zum Zeitpunkt der Veräußerung der Sache gem § 931. Diese Einwendungen bestehen unverändert auch ggü dem neuen Eigentümer fort, §§ 404, 407 werden entspr angewendet (BGHZ 64, 122 = NJW 75, 1121). Bei Grundstücken, die nicht nach §§ 930, 931 veräußerbar sind, ist § 986 II nicht anwendbar. Hier gelten Sonderbestimmungen wie zB § 566 („Kauf bricht nicht Miete") (vgl auch BGH v 29. 6. 01 – V ZR 215/00) oder §§ 57 ff ZVG.

10 Von besonderer Bedeutung ist die Schutzvorschrift iRv Eigentumsvorbehaltsfällen: § 986 II schützt hier den Vorbehaltskäufer, dem das Eigentum unter der aufschiebenden Bedingung der vollständigen Kaufpreiszahlung übertragen wurde, vor Zwischenverfügungen des Vorbehaltsverkäufers: Dieser kann bis zum Bedingungseintritt zwar als Berechtigter über die noch in seinem Eigentum stehende Sache nach §§ 929, 931 verfügen und damit einem Dritten das Eigentum verschaffen. Jedoch steht dem Anwartschaftsberechtigten – solange der Kaufvertrag durch (Raten-)Zahlung erfüllt wird – ggü dem Dritten ein fortdauerndes Recht zum Besitz aus dem Kaufvertrag zu.

11 **IV. Analoge Anwendung bei vergleichbaren Konstellationen.** Zur Vermeidung der Umgehung des § 986 II wendet die hM diese Bestimmung auch entspr an beim Besitzkonstitut (§ 930), dem Erwerberbesitz (§ 929 S 2) sowie der Bestellung eines Nießbrauchs (§§ 931, 1032) sowie Pfandrechts (§§ 931, 1205 S 2) und auch bei Zubehör nach § 926 (jurisPraxK/*Habermeier* § 986 Rn 16).

12 **B. Prozessuale Besonderheiten.** Das Bestehen eines Besitzrechts hat der Besitzer darzulegen und zu beweisen. Gleiches gilt für die Vorbesitzkette. Gelingt im Bestreitensfalle der Nachweis, muss die Herausgabeklage abgewiesen werden – sofern das Recht zum Besitz zum Zeitpunkt der letzten mündlichen Verhandlung noch besteht. Da das Recht zum Besitz eine Einwendung, mithin im Rechtsstreit von Amts wegen zu beachten ist, muss gerade im Säumnisverfahren (§§ 330 ff ZPO) dieser Vortrag geprüft werden. Ergibt sich – auch aus dem klägerischen Vortrag – ein Recht zum Besitz, kann kein Urteil auf Herausgabe erlassen werden.

13 **C. Insolvenzverfahren.** Absolute Besitzrechte führen zum Absonderungsanspruch (§§ 49, 50 InsO). Bei relativen Rechten steht dem Insolvenzverwalter wegen der Abhängigkeit des Besitzrechts vom zu Grunde liegenden Schuldverhältnis ein Wahlrecht zu (§ 107 InsO).

Vorbemerkungen vor §§ 987 bis 1003

Regelungsziel der §§ 987 ff ist die Auflösung der Interessenlagen für die Fälle, in denen der Besitzer entweder 1
nie ein Recht zum Besitz hatte oder dieses Recht später verloren hat, mithin § 986 nicht (mehr) einschlägig
sein kann. Insoweit besteht einerseits ein Interesse des Eigentümers am Erhalt möglichst aller Nutzungen,
die der Besitzer gezogen hat, und andererseits auch – sofern der Besitzer Nutzungen, die er ziehen hätte können,
nicht gezogen hat, oder wenn während des Besitzes Schaden an der Sache eingetreten ist – an entspr Schadloshaltung. Umgekehrt kann aber auch der Besitzer ein Interesse daran haben, für Aufwendungen, die er zur
Erhaltung oder sogar Wertsteigerung der herauszugebenden Sache getätigt hat, einen Ersatz zu erhalten, der
ihm Zug um Zug mit der Herausgabe der Sache zu leisten ist. Die Voraussetzungen zur Durchsetzung der
jeweiligen Interessen finden sich in einem kompliziert formulierten Regelwerk, das nicht nur durch mehrere
Querverweise, sondern auch durch den Einbezug zivilprozessualer Voraussetzungen (Rechtshängigkeit) die
Anwendung in der Praxis erschwert. Vorab ist deshalb die Systematik der §§ 987 zu bestimmen: Erster Prüfungsschritt ist immer die Feststellung, ob (noch) ein Recht zum Besitz gem § 986 besteht, das den Anspruch
nach § 985 ausschließt. Wird dies verneint, muss der (frühere und derzeitige) Besitzer-Status geprüft werden.
Denn die §§ 986 ff bezwecken in erster Linie den Schutz des rechtmäßigen, gutgläubigen, nicht verklagten
und entgeltlichen, insbes aber auch nicht deliktischen Eigenbesitzers vor Nutzungs- bzw Schadensersatzansprüchen. Hinzu kommt für diese Besitzer die Zubilligung von Ansprüchen auf Verwendungsersatz.
Deshalb ist die Abgrenzung zum nicht rechtmäßigen, bösgläubigen, (berechtigt) mit einer Klage überzogenen 2
oder deliktischen Eigenbesitzer als zweiter Schritt unumgänglich. Dazu ist auch – als dritte Prüfungsstufe – die
Zeitschiene, oftmals auch iRd Nachvollzugs des Besitz-Weges („Besitzbrücke"), aufzuzeigen. Ist diese Prüfung
abgeschlossen, folgt – für den Eigentümer – die Untersuchung hinsichtlich des Vorliegens von Nutzungen bzw
nicht umgesetzter Nutzungsmöglichkeiten. Gleiches gilt für Schäden – soweit diese vom Besitzer selbst verschuldet wurden. Abzugrenzen davon sind aber Ansprüche des Eigentümers zB wegen Verarbeitung, Veräußerung
oder Verbrauch der Sache durch den Besitzer: Dafür gelten die allgemeinen Ansprüche zB auf Schadensersatz,
§§ 249 ff, nicht aber greifen die Besitzer-Schutzregelungen der §§ 987 ff. Umgekehrt sind Verwendungen des Besitzers auf die Sache nach Art, Umfang, Notwendigkeit, Zeit und Kosten festzustellen. Nach diesem vierten Schritt
der Vorfeststellungen eröffnen die §§ 987 ff die Möglichkeit zur Bestimmung der einschlägigen Ansprüche. Diese
stellen keine dinglichen, sondern auf einem gesetzlichen Schuldverhältnis beruhende Ansprüche dar, die folglich
vom Eigentumsrecht getrennt werden können und so bei einem Eigentumswechsel nicht automatisch auf den
Neueigentümer übergehen. Insbes sind damit auch allgemeine schuldrechtliche Regeln, zB zur Verjährung oder
zum Verzug, anwendbar, soweit nicht die Sonderregelungen der §§ 987 ff vorgehen.
Nach der Rspr des BGH (NJW 2002, 1050, 10521 Sp) werden die §§ 987 ff auch dann angewendet, wenn dem 3
Besitzer ein auf § 273 I begründetes Zurückbehaltungsrecht zusteht, das – entgegen der hM in der Lit – ein
Recht zum Besitz gibt (s oben § 986 Rn 6). Denn auch beim rechtmäßigen Besitzer könne und müsse ergänzend auf die Anwendung dieser Vorschriften zurückgegriffen werden, soweit das Rechtsverhältnis, welches
das Besitzrecht begründet, eine Regelung der Ansprüche auf Herausgabe der Nutzungen und Verwendungsersatz nicht enthält (s auch BGH NJW 95, 2627). Da der rechtmäßige Besitzer nicht schlechter gestellt werden kann, als der – jetzt – nicht mehr berechtigte Besitzer, zu dessen Schutz in erster Linie die §§ 987 ff in das
BGB aufgenommen wurden, ist dieser Gesetzesanwendung der Vorzug zu geben (zum Meinungsstreit:
MüKo/*Medicus* Vor §§ 987–1003 Rn 13).
Eine entspr Anwendung der §§ 987 ff ist auch iRd § 894 (Grundbuchberichtigung) und des § 1004 (Unterlas- 4
sung) angezeigt, da diese Bestimmungen keine eigenen Abwicklungsregelungen enthalten, obwohl sie ebenfalls dingliche Ansprüche beinhalten. Die hM bejaht dies insbes für Verwendungen auf ein Grundstück, hinsichtlich dessen ein Berichtigungsanspruch geltend gemacht wird (BGHZ 41, 30; 75, 288).

§ 987 Nutzungen nach Rechtshängigkeit

(1) Der Besitzer hat dem Eigentümer die Nutzungen herauszugeben, die er nach dem Eintritt der Rechtshängigkeit zieht.
(2) Zieht der Besitzer nach dem Eintritt der Rechtshängigkeit Nutzungen nicht, die er nach den Regeln
einer ordnungsmäßigen Wirtschaft ziehen könnte, so ist er dem Eigentümer zum Ersatz verpflichtet, soweit
ihm ein Verschulden zur Last fällt.

A Regelungsinhalt. Der einfach strukturierte I enthält vier wesentliche Vorgaben: Ein Besitzer (s § 985 1
Rn 5 f) hat dem Eigentümer (s § 985 Rn 3 f) (nur) die Nutzungen (vgl § 100 mit Rückverweis ua auf § 99)
herauszugeben (s § 985 Rn 8), die er nach dem Eintritt der Rechtshängigkeit zieht (dh ab dem Zeitpunkt der
Zustellung einer auf das Eigentum (nicht bloß Besitz gem § 861; s aber § 1007 III 2) gestützten Herausgabeklage bzgl einer ganz bestimmten Sache, §§ 261 I, 253 I ZPO). II erweitert die Anspruchsmöglichkeiten des
Eigentümers um fiktiv gezogene Nutzungen, sofern der Besitzer schuldhaft, §§ 276, 278, mögliche Nutzungen
nicht gezogen hat, die herausgegeben werden hätten müssen.

2   Der Regelungsinhalt geht somit dahin, dass ein Besitzer, sobald er auf Herausgabe einer Sache gem § 985 verklagt ist, auch als redlicher Besitzer von einem (künftig) fehlenden Besitzrecht ausgehen muss. Dies rechtfertigt die Aufhebung des primären Schutzes für den redlichen Besitzer: Er darf nicht mehr vom Behaltendürfen der Nutzungen ausgehen. Vielmehr muss er mit Zustellung der Klage – selbst wenn die Klage zunächst unzulässig, später der Zulässigkeitsmangel geheilt und der Herausgabeanspruch begründet ist – von der Möglichkeit der Herausgabeverpflichtung ausgehen und deshalb alle Anstrengungen unternehmen, Nutzungen im Interesse des Eigentümers zu ziehen. Eine erweiterte Haftung für Schaden, der dadurch entsteht, dass die Sache aus dem Verschulden des Besitzers nach Rechtshängigkeit verschlechtert wird, untergeht oder aus einem anderen Grunde nicht mehr herausgegeben werden kann, enthält § 989.

3   **I. Nutzungen/Schuldhafte Nichtnutzung.** Da sich § 987 I und II ausschl mit den Folgen des EBV befasst, können unter Nutzungen gem § 100 (Legaldefinition) auch nur Sachnutzungen gem § 99 I und III sowie Vorteile aus dem Sachgebrauch gem § 100 verstanden werden. Bsp: Feldfrüchte, Miete, Pacht, ersparte Aufwendungen beim Kfz-Gebrauch etc. Dabei kommt es nur auf (mögliche) Nutzungen durch den Besitzer, nicht aber auch darauf an, ob der Eigentümer überhaupt im Besitzfalle Nutzungen gezogen hätte (MüKo/*Medicus* § 987 Rn 19). IRd II hat der Besitzer auch Nutzungen zu ersetzen, die nach den Regeln einer ordnungsgemäßen Wirtschaft hätten gezogen werden können, aber schuldhaft nicht gezogen wurden.

4   Schuldhaft handelt der Besitzer, wenn das Besitzrecht objektiv eine Nutzung ermöglichen würde, er aber dennoch seine Pflicht zur Bewirtschaftung – zB zur Vermietung einer Eigentumswohnung (BGH NJW 02, 1052) – nicht erfüllt. Sofern der Eigentümer mit dazu beiträgt, dass eine Nutzung unterbleibt, kann eine Mithaftung nach § 254 in Betracht kommen, da iRd §§ 987 ff die allgemeinen schuldrechtlichen Regeln anwendbar sind und eine Sonderregelung insoweit nicht besteht. Zudem ist nicht nachvollziehbar, aus welchen Gründen der Eigentümer nur deshalb besser gestellt sein soll, weil hier kein echter Schadensersatzanspruch vorliegt (aA MüKo/*Medicus* § 987 Rn 24). Insbes bei Untervermietung stellen sich häufig Nutzungsersatzfragen im Zusammenhang mit Insolvenzverfahren (s LG Stuttgart NJW-RR 90, 654).

5   **II. Herausgabe.** Erweiternd ggü dem Begriff der Herausgabe gem § 985 umfasst § 987 I auch Wertersatz, wenn Nutzungen zwar noch beim Besitzer vorhanden, aber nicht mehr unterscheidbar (für unterscheidbare Nutzungen vgl §§ 955, 957) sind. Gleiches gilt beim Sachgebrauch durch Eigennutzung (RGZ 93, 281), wobei hier § 102 (Gewinnungskosten) die Saldierung ermöglicht. Verbleibt dem Besitzer jedoch auch kein Wert, so findet § 818 III keine Anwendung, da § 987 I keine Verweisung auf die §§ 812 ff – im Unterschied zu § 988 – kennt. Mehr noch: Aus § 987 II, aber auch § 989, folgt, dass beim Wegfall des Wertes nur dann eine Haftung des Besitzers besteht, wenn er schuldhaft, §§ 276, 278, den Wegfall des Wertes zu vertreten hat. Befindet sich der Besitzer allerdings schon im Verzug gem § 990, dann besteht die volle Wertersatzhaftung auch bei Wegfall des Wertes. Ob Verschulden vorliegt, ist in jedem Einzelfall zu prüfen. Der Vortrag, von der Rechtshängigkeit keine Kenntnis gehabt zu haben, kann nicht genügen. Denn diese in mehrfacher Hinsicht wesentliche Zäsur bei der Verfolgung von Ansprüchen (ua Beginn der Prozesszinspflicht, § 291) darf auch iRd EBV nicht aufgeweicht werden: Der Wortlaut ist ebenso eindeutig („Rechtshängigkeit") wie auch die Praxis „Zustellungsbevollmächtigte" kennt, deren Kenntnis sich der Besitzer zurechnen lassen muss (aA Palandt/*Bassenge* § 987 Rn 8).

6   **III. Auskunftsanspruch des Eigentümers.** Der in § 987 normierte Anspruch läuft im Regelfall ins Leere, wenn der Besitzer nicht verpflichtet werden kann, Auskunft über die gezogenen Nutzungen bzw den erlangten Wert zu geben. Hier hilft die Rspr – über den Wortlaut hinaus – mit der Anwendung des § 260 (BGHZ 27, 204), sofern der Nutzungswert bzw Wertersatz nicht geschätzt werden kann, § 287 ZPO (BGHZ 32, 97).

7   **B. Prozessuale Besonderheiten/Verjährung.** Verweigert der Besitzer Auskünfte zur Nutzung, so kann der Eigentümer im Wege der Stufenklage vorgehen. Die Zustellung einer solchen Klage löst ebenfalls die Rechtsfolgen des § 987 aus. Für die Höhe des (auch fiktiven) Nutzungs- oder Wertersatzanspruchs ist der Eigentümer beweispflichtig (BGH NJW 02, 1052). Umgekehrt muss der Besitzer bei der Saldierung mit einem Investitionsmehrwert diesen beweisen (BGH NJW 95, 2627). Der Anspruch auf Herausgabe der Nutzungen verjährt zusammen mit dem Anspruch auf Herausgabe der Sache, wenn beide Ansprüche gleichzeitig geltend gemacht werden, § 217. Bei isolierter Geltendmachung der Ansprüche auf Nutzung(-sersatz) gilt hingegen die regelmäßige Verjährungsfrist gem § 195 (3 Jahre) iVm § 199 I: Diese beginnt mit Schluss des Jahres, in dem der Anspruch entstanden und bekannt geworden ist. Ohne Rücksicht auf Kenntnis oder Unkenntnis verjähren die Ansprüche in jedem Falle mit dem Ablauf von 10 Jahren von ihrer Entstehung an, § 199 IV.

§ 988 Nutzungen des unentgeltlichen Besitzers

Hat ein Besitzer, der die Sache als ihm gehörig oder zum Zwecke der Ausübung eines ihm in Wirklichkeit nicht zustehenden Nutzungsrechts an der Sache besitzt, den Besitz unentgeltlich erlangt, so ist er dem Eigentümer gegenüber zur Herausgabe der Nutzungen, die er vor dem Eintritt der Rechtshängigkeit zieht, nach den Vorschriften über die Herausgabe einer ungerechtfertigten Bereicherung verpflichtet.

A. Regelungsinhalt. Während § 987 beim redlichen, gutgläubigen Eigen- oder Fremdbesitzer, dem kein 1
Recht zum Besitz (mehr) zusteht, Ansprüche aus Nutzungen erst mit Rechtshängigkeit des Herausgabeanspruchs hinsichtlich der Sache regelt, verlagert § 988 den durch Wertersatz (s § 987 Rn 5) erweiterten Herausgabeanspruch bzgl der gezogenen Nutzungen auf die Zeit schon ab Besitzerlangung bis zum Eintritt der Rechtshängigkeit. Danach ist § 987 anzuwenden, ohne dazu auf § 818 IV zurückgreifen zu müssen. Wichtigste Voraussetzung dafür: Der Besitzer muss den Besitz unentgeltlich, also ohne von ihm erbrachte Gegenleistung, zB einen Kaufpreis, erlangt haben. Ist dies zu bejahen, dann müssen die gezogenen – nicht aber die fiktiven – Nutzungen an den Eigentümer nach Bereicherungsrecht herausgegeben werden, obwohl kein Konditionsanspruch zwischen Eigentümer und Besitzer besteht. Denn § 988 verweist lediglich auf die Rechtsfolgen, wobei der Vorrang der Leistungsbeziehungen hier nicht gilt: Da der Besitzer durch die Unentgeltlichkeit des Besitzerwerbs (zB bei Schenkung) im Verhältnis zum Eigentümer nicht schutzwürdig ist, gibt § 988 als Sonderregelung dem Eigentümer einen direkten Anspruch gegen den Besitzer.

B. Bereicherungsrückabwicklung. Über die Rechtsfolgenverweisung in § 988 gelten hinsichtlich gezogener 2
Nutzungen § 818 I und II, wobei § 818 III für den redlichen Besitzer ein Korrektiv sein kann: Wo für den Besitzer bzw zu dessen Gunsten keine Nutzungen aus der Vergangenheit mehr fortwirken, entfällt die Verpflichtung zur Herausgabe mangels vorliegender Bereicherung.

C. Geltung für entgeltliche, aber unwirksame Geschäfte. Die umfassend diskutierte Frage, ob § 988 auch 3
für die Fälle des Vorliegens von entgeltlichen, aber unwirksamen Geschäften – also entgegen dem Wortlaut „unentgeltlich" – anzuwenden ist (MüKo/*Medicus* § 988 Rn 6 ff; jurisPraxK/*Habermeier* § 988 Rn 13; Palandt/*Bassenge* § 988 Rn 8 ff), hat keine praktische Relevanz. Denn § 993 I schließt die Leistungskondiktion nicht aus, so dass die Nutzungen des Besitzers, der rechtsgrundlos Besitz erlangt hat, nach §§ 812, 818 I durch den kondiziert werden können, der geleistet hat. Damit werden gerade im Hinblick auf Vorbesitzer, die nicht Eigentümer waren, mit Treu und Glauben nicht zu vereinbarende Rechtsfolgen vermieden.

D. Berechnungsgrundlagen. Herauszugebende Nutzungen kann der Besitzer um Aufwendungen kürzen, 4
die er während der Redlichkeitsphase berechtigt zum Erhalt oder zur Wertverbesserung der Sache machen durfte (BGH JZ 98, 685). Der Schutzgedanke des § 988 durch Rechtsfolgenverweisung lässt auch iRd § 818 III die Anrechnung von Kosten im Zusammenhang mit dem Besitzerwerb richtig erscheinen (so auch RGZ 163, 360). Im Übrigen folgt die Berechnung den Vorgaben des § 987 zur Wertersatzfeststellung sowie den §§ 812 ff.

E. Prozessuale Besonderheiten. Wie schon bei § 987 hat dem Eigentümer die Voraussetzungen des 5
Anspruchs auf Herausgabe der Nutzungen darzulegen und zu beweisen. Dazu zählt insbes der Vortrag zur Unentgeltlichkeit des Besitzerwerbs. In der Praxis wird der Klage meist ein Auskunftsverlangen vorausgehen. Kommt der Besitzer seiner Pflicht nach § 260 nicht nach, so bleibt nur der Weg der Stufenklage. Wendet der Besitzer Entreicherung nach § 818 III ein, so trifft dafür ihn die Beweislast.

§ 989 Schadensersatz nach Rechtshängigkeit

Der Besitzer ist von dem Eintritt der Rechtshängigkeit an dem Eigentümer für den Schaden verantwortlich, der dadurch entsteht, dass infolge seines Verschuldens die Sache verschlechtert wird, untergeht oder aus einem anderen Grunde von ihm nicht herausgegeben werden kann.

A. Regelungsinhalt. § 989 stellt eine weitere Schutzbestimmung zu Gunsten des redlichen Besitzers, der kein 1
Recht zum Besitz (mehr) hat, dar: Erst mit Eintritt der Rechtshängigkeit (s § 987 Rn 1) kann der Eigentümer Schadensersatz gem §§ 249 ff vom Besitzer verlangen, wenn und soweit dieser schuldhaft die Verschlechterung der Sache, deren Untergang oder die Nichtherausgabe zu vertreten hat. Voraussetzung ist damit zunächst Besitz an der Sache, so dass ein Schädiger, der keinen Besitz inne hatte, stets nach §§ 823 ff zum Ersatz verpflichtet ist, mithin die Rechtshängigkeit keine Rolle spielen kann. Der unredliche oder deliktische Besitzer haftet strenger gem §§ 990, 992 (s dort). Maßgeblich ist alleine eine Verschlechterung, der Untergang der Sache oder ein anderer Grund, weshalb die Sache nicht herausgegeben werden kann.

I. Verschlechterung der Sache. Das BGB kennt den Begriff **Verschlechterung** in mehreren Paragraphen (vgl 2
§§ 292, 347, 602, 606, 644 I, 645, 848, 1050, 1057, 1133, 1135, 1226, 2132), ohne eine Legaldefinition zu geben. Dem Wortstamm „schlecht" ist dabei an sich noch keine Aussage zu entnehmen: Ob etwas als schlecht oder gut zu bezeichnen ist, bleibt subjektive Frage. Entscheidend ist demnach hier – wie in allen anderen Bestimmungen, die eine Verschlechterung bzw ein Verschlechtern zum Inhalt haben – die Veränderung einer Sache vom status quo zum Zeitpunkt der Rechtshängigkeit in Richtung eines anderen, nach der Verkehrsanschauung und objektiv betrachtet, geringeren (Wert-)Zustandes, der insoweit Nachteile für den Eigentümer mit sich bringt. Deshalb zählt auch die (weitere) Abnutzung durch Gebrauch nach Rechtshängigkeit als Verschlechterung. Dabei ist die Abgrenzung zum Nutzungsanspruch nach § 987 zu beachten. Zu den häufigsten Gründen für eine Verschlechterung zählen Nichteinhaltung von Wartungsintervallen, unterlassene Reparaturen mit einhergehender Substanzbeeinträchtigung oder auch die bloße Beschädigung durch (weiteren) Gebrauch.

3   Im Ergebnis kann damit eine Definition gegeben werden wie folgt: Eine Sache wird verschlechtert, wenn der Besitzer durch Tun oder Unterlassen deren Zustand ggü dem Zustand zum Zeitpunkt des Eintritts der Rechtshängigkeit so verändert, dass sich der objektive Verkehrswert ggü dem Wert vor dem Eintritt der Rechtshängigkeit vermindert. Dies gilt auch bei der Belastung des Eigentums mit einem Recht (MüKo/*Medicus* § 989 Rn 4).

4   **II. Untergang der Sache.** Der Untergang einer Sache wird im BGB ebenfalls an mehreren Stellen geregelt (vgl §§ 292, 644, 645, 848, 2023, 2375). Zunächst bedeutet dies entweder eine tatsächliche oder wirtschaftliche Zerstörung der Sache, so dass eine Wiederherstellung – etwa durch Reparatur – nicht mehr möglich ist. Über den Wortlaut hinaus geht jedoch eine Sache auch durch Verbrauch sowie Verbindung, Verarbeitung und Vermischung gem §§ 946 ff unter, da insoweit das Eigentumsrecht geändert (Miteigentum, § 947 I) oder gänzlich entzogen werden kann. All diesen Fällen ist gemeinsam, dass das ursprünglich eigenständige Rechtsobjekt in Wegfall kommt, also untergeht.

5   **III. Unvermögen bzw Unmöglichkeit zur Herausgabe aus anderen Gründen.** Die dritte Alternative des § 989, wonach Schadensersatz auch dann geschuldet wird, wenn der Besitzer aus einem anderen Grunde als dem Untergang der Sache diese nicht mehr herausgeben kann, stellt mit ihrer weiten Formulierung eine Auffangregelung dar, die insbes alle Formen des Besitzverlustes, der zum Unvermögen nach § 275 I (in Ausnahmefällen sogar zur objektiven Unmöglichkeit) führt, umfasst: Die Sache selbst ist weiterhin vorhanden, jedoch nicht mehr im Besitz des Anspruchsgegners, so dass ein Herausgabeanspruch gem § 985 nicht unmittelbar gegen den – bisherigen – Besitzer durchgesetzt werden kann, sondern über den Weg der Rechtskrafterstreckung gegen den neuen Besitzer vollstreckt werden muss, §§ 325, 727 ZPO. Allerdings wird man hier einen längeren Zeitraum des „Nicht-Mehr-Besitzens" fordern müssen, so dass eine nur kurzzeitige Unmöglichkeit der Herausgabe – etwa bei Einschluss der Sache in ein Gebäude oder Behältnis und dafür vorübergehend fehlender Aufschließmöglichkeit – keine Unmöglichkeit der Herausgabe begründet.

6   **B. Verschulden als Voraussetzung; Anwendung des § 254.** § 989 verwendet den Begriff „verantwortlich" als Adjektiv zu Verantwortlichkeit. Damit wird die Verzahnung mit den Bestimmungen zum Schadensersatz nach den §§ 823 ff einerseits und auch mit den §§ 276, 278 verdeutlicht, so dass die Anwendung des § 277 (Sorgfalt in eigenen Angelegenheiten) nach dem Regelungsinhalt des § 989 ausgeschlossen ist: Spätestens ab Eintritt der Rechtshängigkeit des Herausgabeverlangens muss der Besitzer – auch wenn er weiterhin ein Recht zum Besitz für sich reklamiert – davon ausgehen, die Sache herausgeben zu müssen. Deshalb greift ab diesem Zeitpunkt die unbeschränkte Verantwortlichkeit iS jeder Fahrlässigkeit, § 287, und des Vorsatzes. Allerdings können für den Besitzer die Verantwortungsfreizeichnungs- bzw -minderungsregelungen der §§ 276 I 2; 827, 828 mit der Korrektivnorm § 829 gelten, die in der Praxis stets zu prüfen sind. Ebenso stellt sich die Frage eines Mitverschuldens des Eigentümers gem § 254 (für Erfüllungsgehilfen § 254 II iVm § 278). So etwa, wenn er über die Notwendigkeit besonderer Wartungs- oder Pflegearbeiten nicht aufgeklärt oder aber bei einem Tier, für das die Regelungen des EBV entspr gelten, § 90 a, gesundheitserhaltende Hinweise – etwa zur Verabreichung einer bestimmten Medizin – nicht gegeben hat.

7   **C. Inhalt des Schadensersatzanspruchs.** Aus dem Wortlaut des § 989 ergibt sich ein Ersatzanspruch nur insoweit, als ein Schaden dadurch entsteht, dass die Sache verschlechtert wird, untergeht oder aus einem anderen Grunde nicht herausgegeben werden kann. Es muss demnach stets differenziert werden, ob unmittelbar betreffend der Sache Ansprüche geltend gemacht werden (auch Prozesskosten bei Geltendmachung von Ansprüchen gegen einen Dritten aus der Sache heraus) oder ob sich der Anspruch aus der Vorenthaltung der Sache ergibt. Letztere wird von § 989 nicht umfasst, insoweit können die §§ 990 II, 992 weiterhelfen.

8   **D. Prozessuale Besonderheiten.** Der Eigentümer muss darlegen und beweisen, dass eine Vindikationslage zum Zeitpunkt des Eintrittes der Rechtshängigkeit bestanden hat, sowie dass eine Verschlechterung der Sache ggü dem Zustand vor Rechtshängigkeit eingetreten ist. Gleiches gilt hinsichtlich eines behaupteten Untergangs oder anderweitiger Unmöglichkeit der Herausgabe. Schließlich muss der Eigentümer auch den ursächlich durch die Verschlechterung, den Untergang oder die anderweitige Unmöglichkeit der Herausgabe der Sache eingetretenen Schaden darlegen (beziffern) und diesen Schaden beweisen. Für das Verschulden gilt jedoch die Beweislastregel zu § 280 I entspr: Steht fest, dass die herauszugebende Sache verschlechtert wurde, untergegangen ist oder aus anderen Gründen nicht mehr herausgegeben werden kann, dann obliegt es dem Besitzer, hinsichtlich seiner Verantwortlichkeit den Entlastungsbeweis zu führen.

9   Denn der Schuldner hat nach dem eindeutigen Wortlaut die Darlegungs- und Beweislast für ein Nichtvertretenmüssen gem § 280 I 2 im Schuldverhältnis (hier: Herausgabeanspruch des Eigentümers). Eine Aufteilung nach Gefahren- oder Verantwortungsbereichen ist ausdrücklich nicht mehr gegeben (BTDrs 14/6857, S 49 zu § 280). Der Besitzer hat zudem den Anscheinsbeweis gegen sich, wonach die Sache zum Zeitpunkt des Eintritts der Rechtshängigkeit gebrauchstauglich und altersentsprechend in Ordnung war. Schließlich muss er auch Auskunft erteilen hinsichtlich des Vorhandenseins der Sache, §§ 249 I, 260 analog, 242. Ergibt sich während des gerichtlichen Verfahrens, dass eine Herausgabe nicht (mehr) möglich ist, so kann eine Klageumstellung nach § 264 Nr 3 ZPO auf Schadensersatz erfolgen, die keine Klageänderung darstellt. Im Übrigen ist § 32 ZPO nicht einschlägig, da der Anspruch aus § 989 nicht aus unerlaubter Handlung folgt. Der Schadensersatzanspruch verjährt innerhalb der regelmäßigen Frist von 3 Jahren, §§ 195, 199.

§ 990 Haftung des Besitzers bei Kenntnis

(1) ¹War der Besitzer bei dem Erwerb des Besitzes nicht in gutem Glauben, so haftet er dem Eigentümer von der Zeit des Erwerbs an nach den §§ 987, 989. ²Erfährt der Besitzer später, dass er zum Besitz nicht berechtigt ist, so haftet er in gleicher Weise von der Erlangung der Kenntnis an.
(2) Eine weitergehende Haftung des Besitzers wegen Verzugs bleibt unberührt.

A. Regelungsinhalt. § 990 beinhaltet beim bösgläubigen Besitzer nicht nur eine vorverlagerte (§ 990 I), sondern auch eine verschärfte Haftung (§ 990 II) vom Zeitpunkt des Erwerbs (I 1) bzw der Erlangung der Kenntnis eines nicht bestehenden Besitzrechts an (I 2). Damit tritt – im Unterschied zum gutgläubigen Besitzer – nicht erst mit der Rechtshängigkeit, sondern bereits zum frühestmöglichen Zeitpunkt, nämlich dem Besitzerwerb (§§ 854, 857) bzw der erstmaligen Kenntniserlangung, dass ein Besitzrecht nicht besteht, die Haftung für Nutzungen oder nicht gezogene, aber mögliche Nutzungen, § 987, und auf Schadensersatz, § 989, ein (Rechtsgrundverweisung). Die weiter gehende Haftung gem II, die beim gutgläubigen Besitzer gem § 993 I Hs 2 ausdrücklich ausgeschlossen ist, unterstreicht den gesetzgeberischen Willen, bösgläubige Besitzer in keiner Weise zu privilegieren.

I. Guter Glaube; Kenntnis bzw grob fahrlässige Unkenntnis des fehlenden Besitzrechts. Maßgeblich für die Anwendung des § 990 ist der fehlende gute Glauben des Besitzers an ein bestehendes Besitzrecht, sei es als Eigen- oder Fremdbesitzer, geltend für jede Form von Besitz (vgl § 985 Rn 5 f). Dazu enthält das BGB in § 932 II für den Eigentumserwerb die Vorgabe, dass ein Erwerber nicht in gutem Glauben ist, wenn ihm bekannt oder in Folge grober Fahrlässigkeit unbekannt ist, dass die Sache nicht dem Veräußerer gehört. Übertragen auf den Besitzerwerb bedeutet dies, dass der Besitzer dann nicht in gutem Glauben hinsichtlich eines Besitzrechts beim Besitzerwerb ist, wenn er positive Kenntnis oder grob fahrlässige Unkenntnis vom fehlenden Besitzrecht hat. Dabei genügt – im Hinblick auf den Schutzzweck der Norm – die Kenntnis bzw Unkenntnis bzgl der maßgeblichen Umstände im Zusammenhang mit der Begründung des Besitzes. Kenntnis liegt nach der Rspr (BGHZ 32, 76, 92; Ddorf VersR 00, 460) vor, „wenn der Besitzer über den Mangel seines Rechts in einer Weise aufgeklärt worden ist, dass ein redlich Denkender, der vom Gedanken an den eigenen Vorteil nicht beeinflusst ist, sich der Überzeugung seiner Nichtberechtigung nicht verschließen würde".

Grob fahrlässig beim Besitzerwerb handelt der Besitzer, wenn er die erforderliche Sorgfalt nach den gesamten Umständen in ungewöhnlich großem Maße verletzt hat und dabei das unbeachtet geblieben ist, was im gegebenen Fall jedem hätte einleuchten müssen (BGHZ 10, 14, 16). Maßgeblich ist jedoch immer die Einzelfallbetrachtung: Darf ein Besitzer auch bei Kenntnis der Unwirksamkeit eines Kaufvertrages, zB im Hinblick auf § 125, noch mit dem Eigentumsübergang rechnen, so ist nicht per se von Bösgläubigkeit auszugehen (RG JW 1936, 2912; BGH NJW 1977, 31). Die Anforderungen an die Bejahung des fehlenden guten Glaubens sind damit sehr hoch.

II. Zurechnungskriterien: Besitzer, Besitzdiener, Vertreter, Verwalter, Erbfall. Erwirbt nicht der Besitzer unmittelbar den Besitz, so dass die Frage der Bösgläubigkeit direkt auf dessen Person hin geprüft werden könnte, so ist zu unterscheiden: Ist der Besitzdiener oder Besitzmittler gut-, der Besitzer selbst aber bösgläubig, so liegt ein Fall des § 990 I vor. Umgekehrt wendet die Rspr § 166 I analog an (BGHZ 135, 202). Besonderheiten gelten beim Besitzerwerb durch Minderjährige: Erwirbt der gesetzliche Vertreter für den Minderjährigen den Besitz oder erlangt er später Kenntnis von der Nichtberechtigung, dann gilt ebenso § 166 I analog. Erwirbt hingegen der Minderjährige unmittelbar den Besitz, so ist § 828 anzuwenden. Bei Verwaltungskonstellationen ist auf das Wissen des Nachlass- bzw Insolvenzverwalters oder des Testamentsvollstreckers abzustellen, unbeschadet der Kenntnis des Rechtsinhabers. Handeln Organe oder Vertreter bei juristischen Personen, Gesellschaften, Vereinen etc, so kommt es auf den guten Glauben der den Besitz nehmenden natürlichen Person an. § 31 ist analog anwendbar. Allerdings haften die Organe etc nicht unmittelbar gem § 990, da sie selbst nicht Besitz für sich nehmen. Insoweit kommt jedoch eine eigenständige Delikthaftung in Betracht (BGHZ 56, 73). Für Rechtsnachfolger, insbes Erben, ist § 858 II 2 einschlägig: Danach haftet der rechtsnachfolgende Besitzer nicht nur für eigene, sondern auch für die vorausgegangene Bösgläubigkeit des Rechtsvorgängers bzw Erblassers.

B. Verzugshaftung, II. Die verschärfte Haftung bei Verzug greift – vom Ausnahmefall des § 286 IV abgesehen –, wenn der bösgläubige Besitzer die Herausgabe der Sache nach § 985 trotz Mahnung oder Rechtshängigkeit der Herausgabeklage, § 286 I, weiterhin unterlässt. Dies führt ua dazu, dass der sog Vorenthaltungsschaden einschl der nur vom Eigentümer ziehbaren Nutzungen zu ersetzen ist. Auch haftet der Besitzer für Zufall, § 287 S 2. Beim unberechtigten Grenzüberbau und dadurch verzögerter Verwirklichung des eigenen Bauvorhabens des Eigentümers gibt § 990 II einen Ersatzanspruch bzgl des Verzögerungsschadens (BGH NJW 64, 2414; BGHZ 120, 204, 214 = NJW 93, 389; NJW 2003, 3621). Danach handelt bösgläubig (grob fahrlässig), wer im Bereich der Grundstücksgrenze baut und sich nicht – etwa durch Einschaltung eines Vermessungsingenieurs – darüber vergewissert, ob der für die Bebauung vorgesehene Baugrund auch ihm gehört und er die Grenzen seines Grundstücks nicht überschreitet. Die §§ 912 ff (Überbau) schließen einen Ersatzanspruch nur aus, wenn eine Duldungspflicht nach § 912 besteht (BGH NJW 86, 2639; 03, 3621).

6   **C. Prozessuale Besonderheiten.** Ein Mahnverfahren kommt bei Herausgabeansprüchen nach § 688 I ZPO nicht in Betracht. Die Beweislast für Bösgläubigkeit sowie die Verzugsvoraussetzungen liegt beim Eigentümer. Ansprüche nach § 990 verjähren nach den §§ 195, 199 in drei Jahren.

7   **D. Exkurs: Abhanden gekommener Inhaber- oder Orderscheck.** Die Fälle der Einlösung von Inhaber- bzw Orderschecks durch Banken haben eine umfangreiche Kasuistik ausgelöst, die iRd § 990 zur Haftung der Geldinstitute Vorgaben macht (Zusammenstellung der Rspr bei jurisPraxK/*Habermeier* § 990 Rn 22 ff; Palandt/*Bassenge* § 990 Rn 10 ff). Entscheidend ist dazu das Verständnis, dass gem Art 21 ScheckG weder ein gutgläubiger Erwerb des Scheckpapiers noch der im Scheck verbrieften Forderung möglich ist. Deshalb sind die einen Scheck entgegennehmenden Banken zu besonderer Sorgfalt in mehrfacher Hinsicht verpflichtet: Das Persönlichkeitsbild des Scheckeinreichers, das Scheckpapier selbst und die Umstände (Betrag, Ausstellungszeit und -ort, Schriftbild etc) können Anlass zur gewissenhaften Überprüfung der Besitznahme sein. Gewinnt im Rechtsstreit das Gericht die Überzeugung, dass die Bank beim Erwerb des Schecks nicht in gutem Glauben war, so haftet diese ggü dem Eigentümer des Schecks nach § 990.

§ 991 Haftung des Besitzmittlers

(1) Leitet der Besitzer das Recht zum Besitz von einem mittelbaren Besitzer ab, so findet die Vorschrift des § 990 in Ansehung der Nutzungen nur Anwendung, wenn die Voraussetzungen des § 990 auch bei dem mittelbaren Besitzer vorliegen oder diesem gegenüber die Rechtshängigkeit eingetreten ist.
(2) War der Besitzer bei dem Erwerb des Besitzes in gutem Glauben, so hat er gleichwohl von dem Erwerb an den im § 989 bezeichneten Schaden dem Eigentümer gegenüber insoweit zu vertreten, als er dem mittelbaren Besitzer verantwortlich ist.

1   **A. Regelungsinhalt.** § 991 regelt nach seiner amtlichen Überschrift die Haftung des Besitzmittlers, mithin des gem § 854 unmittelbaren Besitzers, der – auch im mehrstufigen Besitzverhältnis, § 871 – für einen mittelbaren Besitzer (§ 868) den Besitz mittelt (zB Untermieter – Mieter – Zwischenvermieter – Vermieter). I bestimmt dabei die Voraussetzungen für Ansprüche des Eigentümers auf Herausgabe von (auch möglichen, aber nicht) gezogenen Nutzungen gem §§ 990, 987. In II hingegen werden die Anforderungen für einen Schadensersatzanspruch – im Unterschied zu § 993 I Hs 2, der beim redlichen Besitzer derartige Ansprüche ausschließt – des Eigentümers gegen den gutgläubigen unmittelbaren Besitzer iR eines Besitzmittlungsverhältnisses geregelt: Haftet der Besitzmittler ggü dem mittelbaren Besitzer für die Verschlechterung, den Untergang oder einen anderen Grund dafür, dass die Sache nicht mehr herausgegeben werden kann, dann soll der Eigentümer nicht schlechter als der mittelbare Besitzer gestellt werden. Im Ergebnis schützt damit I den redlichen Besitzmittler und II den Eigentümer beim Vorliegen eines Besitzmittlungsverhältnisses.

2   **B. Anwendungsvoraussetzungen I.** Nutzungen gem § 987 kann der Eigentümer vom Besitzmittler nach dem Wortlaut des § 991 I („auch") nur dann herausverlangen, wenn sowohl bei diesem als auch beim mittelbaren Besitzer die Voraussetzungen des § 990 bejaht werden können. Es hat demnach eine doppelte Prüfung stattzufinden: (1) War der Besitzmittler beim Erwerb des unmittelbaren Besitzes hinsichtlich der Besitzberechtigung des mittelbaren Besitzers nicht in gutem Glauben, so dass er auch nicht von berechtigtem unmittelbaren Besitz ausgehen durfte? (2) War der mittelbare Besitzer im Hinblick auf sein Besitzrecht ggü dem Eigentümer nicht in gutem Glauben, so dass auch die Besitzübertragung an den Besitzmittler nicht berechtigt vorgenommen werden konnte bzw bestand bereits Rechtshängigkeit einer gegen diesen gerichteten Herausgabeklage? Wird eine dieser beiden Voraussetzungen verneint, so ist § 990 in Ansehung der Nutzungen ggü dem Besitzmittler nicht anwendbar.

3   **C. Anwendungsvoraussetzungen II.** Ist der Besitzmittler gutgläubig in den Besitz der Sache gelangt, ohne dass ein Recht zum Besitz begründet werden konnte (Vindikationslage), so haftet er – im Unterschied zu § 993 I Hs 2 – dennoch insoweit auf Schadensersatz, wie er ggü dem mittelbaren Besitzer für einen Schaden nach § 989 einzustehen hätte. Damit wird einerseits vorausgesetzt, dass Gutgläubigkeit **bei dem Erwerb des Besitzes** bestand, andererseits aber auch eine unmittelbare Haftung im Verhältnis zwischen dem Besitzmittler und dem mittelbaren Besitzer gefordert. Nur diese ist Maßstab für die Feststellung des Haftungsumfangs, so dass zB vereinbarte Haftungsgrenzen (zB Beschränkung auf grobe Fahrlässigkeit oder Erweiterung auch für Zufall) zu beachten sind.

4   **D. Praxisauswirkungen.** Die Regelungen des § 991 führen zu zwei getrennten Ansprüchen für den Eigentümer: Liegen die Voraussetzungen des § 990 sowohl ggü dem Besitzmittler als auch dem mittelbaren Besitzer vor, kann der Eigentümer Herausgabe der Nutzungen bzw Wertersatz gem §§ 991 I, 987 von jedem der Besitzer verlangen, insgesamt jedoch nur einmal. Dabei entsteht kein Gesamtschuldverhältnis. IRd II kann durch den Verweis auf § 989 Verzögerungsschaden nicht verlangt werden. Leistet der Besitzmittler, da er den mittelbaren Besitzer für den Eigentümer hält, Schadensersatz gem § 989 an diesen, so wird er insoweit ggü dem Eigentümer von einer (nochmaligen) Verpflichtung zur Leistung frei, §§ 851, 893. Soweit sich aus anderen

Bestimmungen der §§ 987 ff direkte Ansprüche des Eigentümers gegen den (unmittelbaren) Besitzmittler ergeben, bestehen diese unabhängig von § 991, soweit sie nicht durch diese Bestimmung modifiziert werden. Auch gibt II dem Besitzmittler keine Besserstellung ggü dem mittelbaren Besitzer: Dieser kann aus dem Besitzmittlungsverhältnis unbeschränkt Ansprüche gegen den Besitzmittler durchsetzen.

E. Prozessuale Besonderheiten. Der Eigentümer muss iRd I sowohl die Vindikationslage, als auch das Besitz- 5
mittlungsverhältnis sowie die doppelte Bösgläubigkeit darlegen und beweisen. Für einen Anspruch aus II erstreckt sich diese Pflicht auch auf die Schadensursächlichkeit und die Haftung des Besitzmittlers ggü dem mittelbaren Besitzer. Ansprüche nach § 991 verjähren gem §§ 195, 199 in drei Jahren. Allerdings sind gerade im Besitzmittlungsverhältnis bestehende kürzere Verjährungsfristen, zB im Mietrecht (6 Monate gem § 548), zu beachten.

§ 992 Haftung des deliktischen Besitzers

Hat sich der Besitzer durch verbotene Eigenmacht oder durch eine Straftat den Besitz verschafft, so haftet er dem Eigentümer nach den Vorschriften über den Schadensersatz wegen unerlaubter Handlungen.

A. Regelungsinhalt. § 992 stellt letztlich eine Selbstverständlichkeit klar: Wer sich eigenmächtig (Legaldefini- 1
tion § 858 I) oder sogar in strafrechtlich relevanter Weise den Besitz an einer Sache verschafft, erhält iRd EBV keinerlei Besserstellung ggü dem Recht der unerlaubten Handlungen, das in den §§ 823 ff umfassend normiert ist. Da es sich um eine Rechtsgrundverweisung handelt, ergeben sich direkt aus § 992 keine Ansprüche.

B. Verbotene Eigenmacht. Verbotene Eigenmacht iSd § 992 liegt vor, wenn dem (bisherigen) Besitzer – 2
gleich welcher Besitzform – ohne dessen Willen der unmittelbare Besitz entzogen und die Entziehung nicht durch das Gesetz gestattet wird, § 858 I. Es kommt dabei nach dem klaren Wortlaut der Legaldefinition, die kein Verschulden, sondern nur eine Widerrechtlichkeit postuliert, grds nicht auf die Frage nach einer vorsätzlichen oder fahrlässigen Entziehung des Besitzes an, auch wenn im Kontext mit der in § 992 ebenfalls genannten Straftat sich das Verschuldensmoment aufdrängt. Denn zur Feststellung des Vorliegens einer verbotenen Eigenmacht genügt der Besitzwechsel gegen den Willen des bisherigen Besitzers und ohne gesetzlicher Grundlage. Zudem muss iRd §§ 823 ff ohnehin das Verschuldensmoment unter dem Aspekt der Vorwerfbarkeit nach § 276 geprüft werden.

C. Straftat. Der Begriff **Straftat** ist ua in § 25 I StGB genannt. Er stellt eine abgrenzende Bezeichnung ggü 3
der Ordnungswidrigkeit dar. Allerdings ergeben sich nicht nur aus dem StGB mögliche Straftaten iSd § 992, wenngleich die wesentlichen Bestimmungen hier zu finden sind. Denn maßgeblich ist – wie der Wortlaut „durch eine Straftat den Besitz verschafft" vorgibt – die Unmittelbarkeit zwischen Begehung einer Straftat und Besitzverschaffung. Dazu zählen zB im klassischen Sinn Diebstahl, §§ 242–248a StGB, und Raub, §§ 249–252 StGB, aber auch der unbefugte Gebrauch von Fahrzeugen, § 248 b StGB, die Hehlerei, §§ 259–260a StGB, die Erpressung, §§ 253 und 255 StGB, die Nötigung zur Herausgabe einer Sache, § 240 StGB, und ebenso der Betrug, § 263 StGB, bzw die Urkundenfälschung, § 267 StGB, sofern damit die Herausgabe einer Sache bewirkt wird. Umstr ist, ob auch bei Unterschlagung, § 246, bzw Untreue, § 266 StGB, eine Besitz verschaffende Straftat vorliegt oder nicht (so jurisPraxK/*Habermeier* § 992 Rn 6). Da § 992 auf das **Sich-Verschaffen** abstellt, wird man unabhängig von der Zielrichtung einer Straftat auch die Unterschlagung und Untreue als ausreichend anzusehen haben, um die Voraussetzungen des § 992 bejahen zu können. Denn in beiden Fällen bewirkt letztlich das Handeln des Täters eine Inbesitznahme einer Sache.

D. Praktische Umsetzung. Wegen der Rechtsgrundverweisung muss iRd EBV lediglich die Besitzverschaffung 4
in verbotener Eigenmacht bzw durch eine Straftat geprüft werden. Ist dies zu bejahen, so sind die weiteren Voraussetzungen für Ansprüche nach den §§ 823 ff zu prüfen. Es kommt deshalb auch nicht auf die Streitfrage an, ob der Besitzer iR eines Schadensersatzanspruches dem Eigentümer auch die Nutzungen zu erstatten hat, die gezogen werden hätten können, vom Eigentümer aber ebenso nicht gezogen worden wären, so dass dieser keinen Schaden erlitten hätte. Maßgeblich ist allein die Beurteilung nach den §§ 823 ff iVm 249 ff.

E. Beweislast. Der Eigentümer hat die verbotene Eigenmacht bzw das Vorliegen einer Straftat zur Besitzver- 5
schaffung darzulegen und zu beweisen.

§ 993 Haftung des redlichen Besitzers

(1) Liegen die in den §§ 987 bis 992 bezeichneten Voraussetzungen nicht vor, so hat der Besitzer die gezogenen Früchte, soweit sie nach den Regeln einer ordnungsmäßigen Wirtschaft nicht als Ertrag der Sache anzusehen sind, nach den Vorschriften über die Herausgabe einer ungerechtfertigten Bereicherung herauszugeben; im Übrigen ist er weder zur Herausgabe von Nutzungen noch zum Schadensersatz verpflichtet.
(2) Für die Zeit, für welche dem Besitzer die Nutzungen verbleiben, findet auf ihn die Vorschrift des § 101 Anwendung.

1 **A. Regelungsinhalt.** Der redliche, durch Entgelt (arg § 988) in den nicht (mehr) berechtigten Besitz der Sache gelangte Besitzer, der (noch) nicht verklagt ist, wird durch § 993 bis zum Zeitpunkt der Kenntnis oder grob fahrlässigen Unkenntnis hinsichtlich des tatsächlichen Besitzrechts bzw. der Rechtshängigkeit der Herausgabeklage weitgehend geschützt: Solange der Besitzer gutgläubig von einem Besitzrecht ausgehen darf, mithin die in den §§ 987 bis 992 bezeichneten Voraussetzungen nicht vorliegen, soll er weder zur Herausgabe von Nutzungen bzw Wertersatz dafür, insbes aber auch nicht zum Schadensersatz im Hinblick auf die Sache selbst – solange es nicht zum Fremdbesitzerexzess kommt (dann Anwendung der vertraglichen und gesetzlichen Haftungsregelungen) – verpflichtet werden können. Gleiches gilt beim gutgläubigen Eigenbesitzer. Dies gibt § 993 I Hs 2 ausdrücklich so vor. Die einzige Einschränkung gilt hinsichtlich gezogener Früchte, § 99: Soweit solche im Übermaß gewonnen werden (die also „nach den Regeln einer ordnungsmäßigen Wirtschaft" nicht als Ertrag der Sache anzusehen sind"), stellen sie nicht nur eine Nutzung, sondern darüber hinausgehend einen Substanzeingriff dar. Dieser – und nur dieser – wird nach den Vorschriften der §§ 812 ff zu Gunsten des Eigentümers ausgeglichen (Rechtsfolgeverweisung). II stellt schließlich eine Abgrenzungshilfe durch die Verweisung auf die Verteilung der Früchte gem § 101 bis zum Wegfall der Redlichkeit dar; dabei ist der Ersatz der Gewinnungskosten gem § 102 zu Gunsten des Besitzers zu berücksichtigen.

2 **B. Überschreitung des vermeintlichen Besitzrechts.** Der Wortlaut schließt die Haftung des redlichen Besitzers mit Ausnahme der Übermaßfruchtziehung praktisch aus. Dies kann jedoch den Fällen der Überschreitung eines vermeintlichen Besitzrechts nicht gerecht werden: Wer als nicht berechtigter, gutgläubiger und nicht verklagter Fremdbesitzer die Schranken überschreitet, die nach seiner eigenen Besitzvorstellung bzw nach dem der Besitzverschaffung zu Grunde liegenden (unwirksamen) Rechtsgeschäft bestehen, kann nicht besser gestellt sein als bei berechtigtem Besitz. In letzterem Fall müsste der Besitzer zB Nutzungen herausgeben, Schadensersatz leisten etc. Deshalb ist eine teleologische Reduktion des § 993 I Hs 2 nötig. Danach werden diese Fälle nach den allgemeinen Regelungen zum Bereicherungs- und Deliktsrecht gelöst (BGHZ 46, 140, 146; jurisPraxK/*Habermeier* § 993 Rn 6).

Vorbemerkung vor §§ 994 bis 1003

1 Während die §§ 987 mit 993 die Ansprüche des Eigentümers gegen den nicht (mehr) berechtigten Besitzer regeln (Herausgabe bzw Wertersatz von Nutzungen, Schadensersatzansprüche, Übermaßfruchtregelung), bestimmen die §§ 994 mit 1003 mögliche Ersatzansprüche des Besitzers für Verwendungen sowie Erhaltungs- bzw Bestellungskosten. Sie geben aber auch die Voraussetzungen für ein Wegnahme- sowie Zurückbehaltungsrecht des Besitzers vor. Dabei handelt es sich um eine abschließende Regelung zwischen dem Eigentümer und dem nicht berechtigten Besitzer. Diese ist nicht nur erschöpfend, sondern sie schließt auch die Anwendbarkeit des allgemeinen Bereicherungsrechts aus (BGH NJW 64, 1125). Das gilt auch für Wert erhaltende oder Wert erhöhende Baumaßnahmen auf fremden Grundstücken in der begründeten Erwartung eines späteren Eigentumserwerbs (BGH NJW 96, 52), wenn eine Vindikationslage besteht.

§ 994 Notwendige Verwendungen

(1) ¹Der Besitzer kann für die auf die Sache gemachten notwendigen Verwendungen von dem Eigentümer Ersatz verlangen. ²Die gewöhnlichen Erhaltungskosten sind ihm jedoch für die Zeit, für welche ihm die Nutzungen verbleiben, nicht zu ersetzen.
(2) Macht der Besitzer nach dem Eintritt der Rechtshängigkeit oder nach dem Beginn der in § 990 bestimmten Haftung notwendige Verwendungen, so bestimmt sich die Ersatzpflicht des Eigentümers nach den Vorschriften über die Geschäftsführung ohne Auftrag.

1 **A. Regelungsinhalt.** § 994 regelt sowohl den Ersatz von notwendigen Verwendungen für die Zeit gutgläubigen, nicht berechtigten Besitzes (I), als auch für die Zeit ab Rechtshängigkeit bzw Kenntnis, der gem § 990 iVm § 932 II die grob fahrlässige Unkenntnis gleichgesetzt ist (II). Während der Besitzer nach I vollen Ersatz für notwendige Verwendungen verlangen kann, eingeschränkt nur durch I 2 (keine gewöhnlichen Erhaltungskosten für die Zeit des Nutzungsverbleibs), trifft den bösgläubigen Besitzer die Beschränkung der Vorschriften gem §§ 677 ff.

2 **B. Notwendige Verwendungen.** Das Gesetz unterscheidet zwischen notwendigen und (nur) nützlichen Verwendungen, §§ 994, 996.
Notwendig ist eine Verwendung – dh Erbringung einer vermögenswerten (auch: Arbeits-)Leistung durch den Besitzer, die der Wartung, Erhaltung, Sanierung, Reparatur, Wiederherstellung oder Verbesserung/Verschönerung iS eines objektiv erkennbaren und bezifferbaren Werterhalts der Sache dient – dann, wenn sie dem Zweck der Erhaltung der Sache dient (MüKo/*Medicus* § 994 Rn 15 mwN). Es kommt demnach nicht auf den subjektiven Willen des Eigentümers an. Damit wird die Privilegierung des gutgläubigen Besitzers, der gem I Anspruchsinhaber ist, konsequent umgesetzt. Umgekehrt kommt dem Eigentümer beim bösgläubigen oder

verklagten Besitzer nach II die Ersatzpflichtbeschränkung über die Anwendbarkeit der §§ 677 ff entgegen: Nur wenn die notwendigen Verwendungen auch dem Interesse und dem wirklichen oder mutmaßlichen Willen des Eigentümers entsprachen, kann sich ein Ersatzanspruch für die Aufwendungen ergeben.

C. Gewöhnliche Erhaltungskosten. I 2 stellt eine Korrektivbestimmung iRd grds unbeschränkt bestehenden Ersatzanspruchs des gutgläubigen Besitzers dar: Wenn und solange er gem § 987 ff die Nutzungen aus der Sache behalten kann, soll er auch die gewöhnlichen Erhaltungskosten – vgl auch § 103 (Lasten) – tragen. Gewöhnlich sind Kosten, die nach dem regelmäßigen Verlauf der Benutzung einer Sache anfallen, zB beim Pkw die Versicherung, aber auch normale, im Zuge des Gebrauchs allgemein durch Verschleiß aufzubringende Reparaturkosten – etwa für einen neuen Auspuff – bzw Abnutzungskosten (zB neue Autoreifen). Letztlich ist in jedem Einzelfall die Prüfung vorzunehmen, ob es sich noch um gewöhnliche Erhaltungskosten oder um außergewöhnliche Aufwendungen handelt, mit denen bei objektiver Beurteilung iR eines bestimmungsgemäßen Gebrauchs der Sache jedenfalls nicht regelmäßig zu rechnen ist. Abzugrenzen davon sind betriebsbedingte Aufwendungen (etwa Benzin oder Öl für einen Motor): Diese dienen alleine dem Betrieb der Sache, so dass insoweit schon keine Erhaltungskosten vorliegen können. 3

D. Berechnung des Ersatzes. Grds steht dem Besitzer ein Anspruch auf vollen Ersatz der notwendigen Verwendungen zu. Allerdings ist die Berechnung der Höhe des Ersatzes nur in den Fällen einfach durchzuführen, in denen zB über Rechnungsbelege Dritter der Nachweis der Verwendungsauslagen geführt werden kann. Geht es um zB die eigene Arbeitskraft, so kommt in entspr Anwendung des § 632 die übliche Vergütung für eine vergleichbare Leistung in Betracht, die im Streitfall das Gericht mit Hilfe eines Sachverständigen ermitteln kann. Jedoch findet der Ersatzanspruch der Höhe nach seine Beschränkung in dem Wert, der sich zum Zeitpunkt der Herausgabe der Sache noch in dieser manifestiert hat: Hat der Besitzer ein Mehr ggü dem in der Sache realisierten und für den Eigentümer nützlichen Wert erbracht, so darf der Eigentümer, jedenfalls solange er dieses „Mehr" nicht für sich nutzt, nicht zum Ersatz verpflichtet werden (Gedanke der aufgedrängten Bereicherung). Umgekehrt darf der Besitzer auch nicht daraus Profit ziehen, dass ihn eine Verwendung auf die Sache weniger kostet, als sie den Wert der Sache erhöht. 4

E. Prozessuale Besonderheiten. Die Ansprüche des Besitzers nach § 994 stehen unter der deutlichen Einschränkung der §§ 1001, 1002: Grundvoraussetzung ist danach, dass der Eigentümer die Sache wieder in Besitz oder die Verwendungen genehmigt hat. Insbes sind auch die sehr kurzen Verjährungsfristen des § 1002 zu beachten: 1 Monat bei bewegliche Sachen bzw 6 Monate bei Grundstücken, berechnet ab dem Zeitpunkt der Herausgabe. IRd Prüfung von Ansprüchen des Besitzers gegen den Eigentümer sind vorrangig immer mögliche vertragliche Ansprüche zu untersuchen: Ergibt sich aus einem Vertragsverhältnis, das vor Eintritt der Vindikationslage bestand, auch eine Regelung hinsichtlich von Verwendungen, die nach dem Wegfall eines ursprünglichen Besitzrechts gemacht werden (müssten), so gehen diese fortwirkenden vertraglichen Regelungen einem Anspruch nach § 994 vor. 5

§ 995 Lasten

¹Zu den notwendigen Verwendungen im Sinne des § 994 gehören auch die Aufwendungen, die der Besitzer zur Bestreitung von Lasten der Sache macht. ²Für die Zeit, für welche dem Besitzer die Nutzungen verbleiben, sind ihm nur die Aufwendungen für solche außerordentliche Lasten zu ersetzen, die als auf den Stammwert der Sache gelegt anzusehen sind.

A. Regelungsinhalt. § 995 ist eine Komplementärnorm zu § 994. Sie stellt einerseits klar, dass auch Lasten, die im Zusammenhang mit der Sache stehen, notwendige Verwendungen und dementsprechend gem § 994 zu ersetzen sind, soweit der Besitzer diese getragen hat. Andererseits verdeutlicht S 2 entspr § 994 I 2, dass ein Ersatz von Lasten für die Zeit, während der Nutzungen gezogen werden dürfen, nur unter zwei Voraussetzungen in Betracht kommen kann: Es muss sich um **außerordentliche Lasten** handeln. Und diese dürfen nur dem „Stammwert der Sache" zu Gute gekommen sein. 1

B. Lasten. Das BGB kennt den Begriff der **öffentlichen Lasten** ua in § 436 (s dort): Dort werden als solche Lasten auch Erschließungsbeiträge, sonstige Anliegerbeiträge und andere öffentliche Abgaben aufgeführt. § 1047 (s dort) regelt die Lastentragung für den Nießbrauch. In dieser Bestimmung wird auch der Begriff **privatrechtliche Lasten** näher präzisiert: Darunter fallen insbes Zinsen von Hypothekenforderungen und Grundschulden sowie die auf Grund einer Rentenschuld zu entrichtenden Leistungen. Auf eine Unterscheidung kommt es iRd § 995 letztlich aber nicht an: Immer dann, wenn eine öffentlich-rechtliche oder privatrechtliche Verpflichtung zur Bezahlung von Abgaben, Steuern, Beiträgen, Gebühren, Kosten, Zinsen etc besteht, die an die Sache unmittelbar anknüpft, liegt eine Last vor. Deshalb sind auch Kfz-Steuern und Pflichtversicherungsbeiträge, ebenso wie die Hundesteuer (über § 91 a), derartige Lasten. 2

3 **C. Außerordentliche Lasten.** S 2 führt – wie auch §§ 2126, 2379 (s dort) – den Begriff der außerordentlichen Lasten als Regulativ des Aufwendungsersatzes für den Fall gezogener und verbleibender Nutzungen ein. **Außerordentliche Lasten** sind demnach nur solche Verpflichtungen im Zusammenhang mit einer Sache, die weder im Zusammenhang mit laufenden Ausgaben iRd Nutzung stehen noch regelmäßig wiederkehren. Wie die Verknüpfung – auch in § 2126 – mit dem „Stammwert" der Sache zeigt, muss es sich demnach regelmäßig um einmalige, wertbildende bzw -erhaltende Aufwendungen handeln, die dem Vermögenswert der Sache unabhängig von der Nutzung durch den Besitzer zugeschrieben werden können. Dazu zählen etwa einmalige Erschließungskosten: Sobald diese bezahlt sind, kann, einhergehend mit dem Wegfall der öffentlichen Last, ein höherer Verkaufswert für das Grundstück erzielt werden (BGH v 28. 4. 94 – AZ IX ZR 161/93). Gleiches gilt für die Beiträge in Flurbereinigungs- und Umlegungsverfahren (MüKo/*Medicus* § 995 Rn 10), aber auch Zahlungen für die Ablösung von Grundschulden, Hypotheken etc (zur Tilgung vgl BGH NJW 04, 2981).

4 **D. Stammwert der Sache.** Unter dem **Stammwert der Sache** versteht man den Vermögenswert der Sache im Zeitpunkt vor der Aufwendung. Dies ist damit der „Stamm", auf den die Aufwendung durch den Besitzer „aufgesetzt" wird und so die Sache einen höheren Wert erhält: Bezahlt der Besitzer die auf dem „Stamm-Grundstück" als öffentliche Lasten ruhenden einmaligen Erschließungskosten, so ändert sich zwar deshalb nicht das Grundstück, aber dessen Stammwert erhöht sich, da diese Lasten wegfallen. Deshalb ist auch, trotz Nutzungsziehung, ein Ersatz hinsichtlich dieser außerordentlichen Lasten in § 995 S 2 vorgesehen: Der Eigentümer, dessen Sache im Stammwert erhöht wird, soll nicht durch die Tragung derartiger außerordentlicher Lasten seitens des Besitzers bereichert werden.

5 **E. Prozessuale Besonderheiten.** Die Beweislast hinsichtlich des Vorliegens einer gewöhnlichen (S 1) bzw außergewöhnlichen Last (S 2) trifft den Besitzer, der Verwendungsersatz nach §§ 994, 995 verlangt. Dabei ist die Feststellung, ob schon eine Last – und wenn ja: welche – vorliegt, eine nach den einschlägigen Gesetzen, Verordnungen oder Satzungen zu beantwortende Rechtsfrage. Im Rechtsstreit hat der Besitzer unter Beachtung der §§ 1001, 1002 darzulegen und zu beweisen, an wen er wann und warum Zahlungen im Zusammenhang mit dem Besitz der Sache geleistet hat. Wird für die Zeit der Nutzung Ersatz für außerordentliche Lasten verlangt, so muss zudem die Auswirkung der Aufwendung auf den Stammwert der Sache dargelegt und bewiesen werden.

§ 996 Nützliche Verwendungen

Für andere als notwendige Verwendungen kann der Besitzer Ersatz nur insoweit verlangen, als sie vor dem Eintritt der Rechtshängigkeit und vor dem Beginn der in § 990 bestimmten Haftung gemacht werden und der Wert der Sache durch sie noch zu der Zeit erhöht ist, zu welcher der Eigentümer die Sache wiedererlangt.

1 **A. Regelungsinhalt.** In Abgrenzung zu den notwendigen Verwendungen nach §§ 994, 995 regelt § 996 Ersatzansprüche des Besitzers für nur nützliche Verwendungen. Liegen solche vor, bedarf es des Vorliegens von zwei Voraussetzungen für die Entstehung des Anspruchs: Einmal kann ein Ersatzanspruch nur für Verwendungen gegeben sein, die vor Eintritt der Rechtshängigkeit bzw vor Kenntnis iSd § 990 I gemacht wurden. Kumulativ dazu ist eine (fortbestehende) Werterhöhung der Sache auch noch zum Zeitpunkt der Herausgabe an den Eigentümer erforderlich.

2 **B. Nützliche Verwendung.** Nützliche Verwendungen sind solche Aufwendungen auf die Sache, die zwar nicht zu deren Erhaltung dienen, die aber den Wert der Sache steigern. Dazu gehört zB die Errichtung einer Garage auf einem Grundstück oder das Aufbringen einer Wärmedämmtapete an der Wand eines Gebäudes. Zu den nützlichen Verwendungen gehören auch die Kosten einer ordnungsgemäßen Bewirtschaftung iSd § 998. Abzugrenzen sind die sog Luxusverwendungen: Diese sind weder wertsteigernd noch zur Erhaltung der Sache erforderlich. Eine solche liegt etwa vor, wenn ein PKW-Besitzer einen blauen Wagen aus rein ästhetischen Gründen grün lackieren lässt, obwohl der alte Lack noch keine Mängel hatte.

3 **C. Werterhöhung.** Der gutgläubige Besitzer kann Ersatz nur dann verlangen, wenn der Wert der Sache im Zeitpunkt der Wiedererlangung durch den Eigentümer noch erhöht ist. Erste Voraussetzung ist eine Kausalität von (nützlicher) Verwendung und Werterhöhung. Die zweite Voraussetzung bildet der Fortbestand der Werterhöhung. Diese wird durch einen Vergleich des Jetzt-Wertes (im Wiedererlangungszeitpunkt) zum Vorher-Wert (Wert ohne nützliche Verwendung) festgestellt und bildet zugleich die Höchstgrenze des Ersatzanspruchs. Die Streitfrage, ob es auf einen objektiven oder den bloß subjektiven Wert aus Sicht des Eigentümers ankommt (ausf dazu MüKo/*Medicus* § 996 Rn 9 ff) kann mit Blick auf das gesamte Regelwerk zum EBV und das Primat des Eigentumsrechts ggü dem nicht einmal (mehr) bestehenden Besitzrecht unter Berücksichtigung der Grundsätze zum Recht der aufgedrängten Bereicherung beantwortet werden:

4 Grds kann die Wertbestimmung nicht allgemein objektiv vorgenommen werden. Vielmehr ist auf den Wert aus der Sicht des Eigentümers unter Berücksichtigung der Gesamtumstände abzustellen, dh es ist sein mutmaßliches Interesse festzustellen. Mutmaßlich ist dasjenige Interesse des Eigentümers, das bei objektiver Beurteilung aller gegebenen Umstände durch einen verständigen Betrachter vorauszusetzen ist (ähnlich BGH NJW-RR 04,

449 für mutmaßlichen Willen). Die Bestimmung der Werterhöhung wird damit immer unter Berücksichtigung des § 242 und entspr Anwendung der §§ 315 ff erfolgen müssen, wobei die Obergrenze stets von dem tatsächlichen Aufwand des Besitzers gebildet wird: Dieser darf kein „Geschäft machen" (vgl § 994 Rn 4).

D. Prozessuale Besonderheiten. Den Besitzer treffen iRd § 996 umfassende Darlegungs- und Beweispflichten hinsichtlich des Umfangs und des Zeitpunkts (vor Rechtshängigkeit bzw Kenntnis) der nützlichen Verwendungen, aber auch in Bezug auf den Fortbestand der Werterhöhung zum Zeitpunkt der Wiedererlangung der Sache durch den Eigentümer. Akzeptiert der Eigentümer den Wertansatz nicht, so muss er die Gründe für einen geringeren (subjektiven) Wert darlegen, um dem Gericht eine Festlegung zu ermöglichen. Andernfalls kommt der objektive Wertzuwachs in Ansatz. Die Verjährung richtet sich nach den §§ 195, 199. 5

§ 997 Wegnahmerecht

(1) ¹Hat der Besitzer mit der Sache eine andere Sache als wesentlichen Bestandteil verbunden, so kann er sie abtrennen und sich aneignen. ²Die Vorschrift des § 258 findet Anwendung.
(2) Das Recht zur Abtrennung ist ausgeschlossen, wenn der Besitzer nach § 994 Abs. 1 Satz 2 für die Verwendung Ersatz nicht verlangen kann oder die Abtrennung für ihn keinen Nutzen hat oder ihm mindestens der Wert ersetzt wird, den der Bestandteil nach der Abtrennung für ihn haben würde.

A. Regelungsinhalt. Das in § 997 normierte Wegnahmerecht des Besitzers, das aus einem **Abtrennungs-** **und Aneignungsrecht** besteht, gibt diesem für Sachen, die er mit der herauszugebenden Sache des Eigentümers als **wesentlichen** Bestandteil verbunden hat, §§ 93 f, 946, 947 II, 951 II, unter **besonderen Umständen** an Stelle von Verwendungsersatzansprüchen einen weiter gehenden Vermögensschutz. Allerdings sind die tatsächlichen und rechtlichen Hürden dafür sehr hoch: Zunächst muss überhaupt eine **Abtrennung möglich** sein, **ohne dass die Hauptsache** zerstört oder irreparabel beschädigt wird. Weiter hat der Besitzer bei einer evtl Wegnahme zu beachten, dass die Hauptsache im Falle der Wegnahme der iR einer Verwendung damit verbundenen Sache wieder in den **vorigen Zustand** versetzt werden muss, § 997 I 2 iVm § 258 S 1. Dies kann bereits zu höheren Kosten führen, als die wegzunehmende Sache wert ist, weshalb gem § 258 S 2 der Eigentümer für den Fall, dass er bereits wieder Besitz erlangt hat, die Wegnahme auch von einer **Sicherheitsleistung**, §§ 232 ff, abhängig machen kann. 1

Schließlich ist gem II das **Recht des Besitzers zur Abtrennung in drei Fällen** ausgeschlossen: (1) wenn dem Besitzer Nutzungen verblieben sind und er deshalb für diese Zeit keinen Verwendungsersatzanspruch hat, § 997 II iVm § 994 I 2. (2) wenn die Abtrennung dem Besitzer **keinen Nutzen** bringt (dabei ist auf den objektiven Nutzen abzustellen). (3) wenn der Eigentümer bereit ist, dem Besitzer den **Wert** zu **ersetzen**, den die abzutrennende Sache für ihn nach der Abtrennung haben würde (dazu muss der Besitzer vor der Abtrennung dem Eigentümer die Möglichkeit der Wertfeststellung und -ersetzung durch entspr **Benachrichtigung** geben, § 242). Mit diesen zahlreichen Einschränkungen ist § 997 nur von untergeordneter Bedeutung und mehr wissenschaftlich als praktisch relevant. 2

B. Prozessuale Besonderheiten. Bei der prozessualen Behandlung des Wegnahmerechts nach § 997 sind zwei Fallkonstellationen grds zu unterscheiden: Entweder hat der Besitzer die verbundene Sache (zB das Gartenhaus auf dem herauszugebenden Grundstück) bereits abgetrennt und sich (wieder) angeeignet, so dass mangels fortbestehender Verbindung auch kein wesentlicher Bestandteil der herauszugebenden Hauptsache mehr besteht. Dann beurteilen sich mögliche Ansprüche des Eigentümers nach Vertragsrecht bzw nach den §§ 823 ff unter Berücksichtigung des § 997 iVm §§ 249 ff: Der Besitzer läuft demnach Gefahr, im Wege des Schadensersatzes die nach § 997 II ausgeschlossene Abtrennung und damit Voraussetzung für die Aneignung rückgängig machen zu müssen. So etwa, wenn der Eigentümer bei dem vorgenannten Gartenhaus Wertersatz Zug um Zug gegen die Wiederaufstellung anbietet. Fallkonstellation 2 geht von der in der Praxis kaum umsetzbaren Vorgehensweise aus, wonach der Besitzer vor einer Abtrennung dem Eigentümer die Möglichkeit zur Überprüfung bzw Herbeiführung eines Ausschlusses des Rechts zur Abtrennung gibt. Dem gleichgestellt ist die Gesamtherausgabe mit gleichzeitiger bzw nachträglicher, fristgemäßer (§ 1002 analog) Aufforderung zur Duldung der Abtrennung und Aneignung. In diesen Fällen hat der Besitzer die Abtrennbarkeit der beanspruchten Sache und die Wiederherstellbarkeit des vorigen Zustands der Hauptsache (Argument aus § 258) darzulegen und zu beweisen. Umgekehrt liegt die Beweislast für Ausschlussgründe beim Eigentümer. Das Wegnahmerecht verjährt gem § 194 iVm §§ 195, 199. 3

§ 998 Bestellungskosten bei landwirtschaftlichem Grundstück

Ist ein landwirtschaftliches Grundstück herauszugeben, so hat der Eigentümer die Kosten, die der Besitzer auf die noch nicht getrennten, jedoch nach den Regeln einer ordnungsmäßigen Wirtschaft vor dem Ende des Wirtschaftsjahrs zu trennenden Früchte verwendet hat, insoweit zu ersetzen, als sie einer ordnungsmäßigen Wirtschaft entsprechen und den Wert dieser Früchte nicht übersteigen.

1 **A. Regelungsinhalt.** Ergänzend zu § 102 gibt § 998 bei noch nicht getrennten Früchten dem Besitzer, gleich ob gut- oder bösgläubig, einen Verwendungsersatzanspruch für die **nützlichen Kosten** (vgl § 996) der **Feld-, Wald-** bzw **Gartenbestellung**. Da das Gesetz nur das landwirtschaftliche Grundstück aufführt, könnten forstwirtschaftliche Grundstücke nicht umfasst sein (Palandt/*Bassenge* § 998 Rn 1). Allerdings stellt § 585 III forstwirtschaftliche Grundstücke unter der Voraussetzung der Nutzung in einem überwiegend landwirtschaftlichen Betrieb jedenfalls pachtrechtlich gleich. Dementsprechend besteht kein Anlass, dem Besitzer, der ein Waldgrundstück herauszugeben hat, den Kostenersatz zu verweigern. Insgesamt dürfen die **Kosten** jedoch **nicht höher** sein als der **Wert** der noch zu erntenden Feld- bzw Waldfrüchte.

2 **B. Kostengruppen.** Unter der Voraussetzung ordnungsmäßiger Bewirtschaftung kommen folgende Kosten für die Ausbringung und Pflege der Saat in Betracht: Saatgut, Pflänzlinge, Maschineneinsatz (Zeit, Treibstoff, Öl etc), Bewässerung, Düngung, Arbeitskräfte zur Pflanzung, Unkrautbefreiung. Nicht auf die Früchte verwendet werden jedoch Reparaturkosten für Geräte, aber auch Beiträge zur Berufsgenossenschaft und Versicherung. Dabei handelt es sich um notwendige Verwendungen iSd § 994.

3 **C. Abwicklung.** Da zwar die Kosten der Bewirtschaftung bei Herausgabe der land- bzw forstwirtschaftlichen Grundstücke feststehen, nicht aber schon der Wert der Früchte vor der (Miss-)Ernte festgestellt werden kann, ist der Anspruch auf Kostenerstattung erst mit dem Zeitpunkt der Ernte fällig. Denn § 998 enthält letztlich eine Saldierungsregel: Wird die Ernte durch ein Unwetter vernichtet, so reduziert sich der Ersatzanspruch auf Null. Mithin kann auch der Lauf der Verjährung gem § 1002 erst mit Abschluss der Ernte beginnen.

§ 999 Ersatz von Verwendungen des Rechtsvorgängers

(1) Der Besitzer kann für die Verwendungen eines Vorbesitzers, dessen Rechtsnachfolger er geworden ist, in demselben Umfang Ersatz verlangen, in welchem ihn der Vorbesitzer fordern könnte, wenn er die Sache herauszugeben hätte.
(2) Die Verpflichtung des Eigentümers zum Ersatz von Verwendungen erstreckt sich auch auf die Verwendungen, die gemacht worden sind, bevor er das Eigentum erworben hat.

1 **A. Regelungsinhalt.** § 999 regelt zwei unterschiedliche Sachverhalte. I gibt dem Besitznachfolger die gleichen Verwendungsersatzansprüche gem §§ 994 ff, wie sie der Vorbesitzer fiktiv gegen den Eigentümer geltend machen könnte, falls er die Sache herauszugeben hätte. Maßgeblich ist dabei, dass der Besitz im Wege der Rechtsnachfolge – und nicht nur auf tatsächliche Art und Weise – übergegangen ist (zB durch einen Mietvertrag, aber auch als Erbschaftsbesitzer). II hingegen beinhaltet mit Blick auf die Überschrift etwas anderes: Damit wird klargestellt, dass auch solche Verwendungen vom (derzeitigen) Eigentümer unter den Voraussetzungen der §§ 994 ff ersetzt werden müssen, die – möglicherweise schon lange – vor dem Eigentumswechsel vom (auch früheren, I) Besitzer gemacht worden sind. II beinhaltet damit eine gesetzliche Schuldübernahme, I hingegen einen gesetzlichen Anspruchsübergang.

2 **B. Praktische Folgen.** Da § 999 keine Anspruchsgrundlage darstellt, jedoch bei der Besitznachfolge der Durchsetzung von Ersatzansprüchen dient, nachdem der frühere – aufwendende – Besitzer nicht mehr die Rechte aus den §§ 1000, 1001 und 1003 anwenden kann, muss der Besitzer zusammen mit seinem Rechtsvorgänger im Besitz bemüht sein, sämtliche Nachweise für getätigte Aufwendungen und Kosten zusammen zu tragen. Denn die Durchsetzung von Ersatzansprüchen wird mit jeder Stufe des Besitzwechsels schwieriger. Allerdings steht der frühere Besitzer möglicherweise als Zeuge für den Nachweis von Voraussetzungen eines Anspruchs zur Verfügung. Dementsprechend enthält II für den (neuen) Eigentümer einen Warnhinweis dahin gehend, zu prüfen, ob etwaige latente Verwendungsansprüche, die kraft Gesetzes von ihm erfüllt werden müssten, aus der Zeit des Voreigentümers bestehen. Umgekehrt wird mit II der Schutz des Besitzers erweitert: Er kann sich mit Ersatzansprüchen sowohl an den oder die früheren als auch den neuen Eigentümer wenden. Es entsteht insoweit eine Gesamtschuldnerschaft.

§ 1000 Zurückbehaltungsrecht des Besitzers

¹Der Besitzer kann die Herausgabe der Sache verweigern, bis er wegen der ihm zu ersetzenden Verwendungen befriedigt wird. ²Das Zurückbehaltungsrecht steht ihm nicht zu, wenn er die Sache durch eine vorsätzlich begangene unerlaubte Handlung erlangt hat.

1 **A. Regelungsinhalt.** Der nur rechtstechnisch neben § 273 notwendige § 1000, dessen Rechtsfolgen praktisch identisch mit den Vorgaben des § 273 sind, gibt dem Besitzer das Recht, die Herausgabe der Sache iSv § 985 so lange zu verweigern (ohne damit ein Recht zum Besitz iSd § 986 zu begründen!), bis sein Verwendungsersatzanspruch erfüllt wird. Die unterschiedlichen Interessen können im Prozess nur durch eine Zug-um-Zug-Verurteilung nach oft aufwändigem Feststellen der berechtigten Ersatzansprüche befriedigt werden: Der

Eigentümer erhält die Sache, der Besitzer die Verwendungen. Allerdings befindet sich bis zur Herausgabe der Besitzer im Vorteil: Er hat weiterhin die Sache in seiner tatsächlichen Verfügungsgewalt, während der Eigentümer diese im Hinblick auf den geltend gemachten Verwendungsersatz noch nicht einmal prüfen kann. Etwas anderes gilt nach S 2 für den Fall, dass sich der Besitzer vorsätzlich und unerlaubt die Sache etwa durch einen Diebstahl beschafft hat. Das insoweit nicht gegebene Zurückbehaltungsrecht ist die Fortführung des Sanktionsgedankens bei deliktisch begründetem Besitz.

B. Praktische Handhabung. Da § 273 generell das Zurückbehaltungsrecht regelt und deshalb auch iRd § 1000 anwendbar ist, kommt § 273 III zur Anwendung: Der gut beratene Eigentümer wird deshalb dem Zurückbehaltungsrecht des Besitzers sofort eine Sicherheit gem §§ 232 ff – unter Ausschluss von Bürgen, § 273 III 2 – entgegensetzen und insoweit Zug um Zug die Herausgabe der Sache verlangen. Dann kann die Feststellung des evtl gegebenen Verwendungsersatzanspruches ohne die Gefahr für die Sache selbst erfolgen. Die Höhe der Sicherheit bestimmt sich nach dem voraussichtlich berechtigten Anspruch des Besitzers. Mit Blick auf § 999 steht im Übrigen dem Besitzer ein Zurückbehaltungsrecht auch für Verwendungsersatzansprüche des Vorbesitzers zu. Durch das Zurückbehaltungsrecht entsteht ein Absonderungsrecht nach § 51 Nr 2 InsO, wonach wiederum ein Recht zur Befriedigung gem § 173 InsO iVm § 1003 bei beweglichen Sachen entsteht.

§ 1001 Klage auf Verwendungsersatz

¹Der Besitzer kann den Anspruch auf den Ersatz der Verwendungen nur geltend machen, wenn der Eigentümer die Sache wiedererlangt oder die Verwendungen genehmigt. ²Bis zur Genehmigung der Verwendungen kann sich der Eigentümer von dem Anspruch dadurch befreien, dass er die wiedererlangte Sache zurückgibt. ³Die Genehmigung gilt als erteilt, wenn der Eigentümer die ihm von dem Besitzer unter Vorbehalt des Anspruchs angebotene Sache annimmt.

A. Regelungsinhalt. Das in der Überschrift enthaltene Wort „Klage" ist irreführend: Die Bestimmung regelt nicht das Klageverfahren an sich, sondern alleine die Voraussetzungen – iS einer Fälligkeit dem Grunde nach – für die Geltendmachung von Verwendungsersatzansprüchen gem §§ 994 ff. Durch die Verwendung des Wortes „nur" ergibt sich die Einschränkung auf lediglich zwei Konstellationen, die alternativ vorliegen müssen, um den Weg für einen Ersatzanspruch frei zu machen: Entweder wird der Herausgabeanspruch des Eigentümers nach § 985 erfüllt bzw dieser gelangt auf sonstige Weise in den unmittelbaren Besitz der Sache, so dass diese „wiedererlangt" ist. Oder der Eigentümer „genehmigt" die Verwendungen dem Grunde nach, ohne damit ein Schuldanerkenntnis hinsichtlich der geltend gemachten Höhe abgegeben zu haben; gerade diese ist bei Verwendungsersatzansprüchen häufig strittig. Um den Eigentümer vor im Einzelfall untragbaren Ersatzansprüchen zu schützen, gibt S 2 ihm das Recht, die Sache an den einen Ersatzanspruch stellenden früheren Besitzer zurückzugeben und sich damit der ihm ggü geltend gemachten Ansprüche zu entziehen. Diese Möglichkeit entfällt jedoch mit Erteilung der Genehmigung (dem Grunde nach). Das Gesetz fördert damit die Herbeiführung von Rechtsklarheit. Gleiches gilt für S 3: Danach gilt die Genehmigung – fiktiv – als erteilt, wenn der Eigentümer vom Besitzer in Kenntnis eines vorbehaltenen Ersatzanspruchs die Sache annimmt.

B. Sonderfragen. I. Wiedererlangung. bedeutet – entgegen dem Wortlaut – nicht, dass der Eigentümer früher Besitzer gewesen sein muss. Vielmehr hebt dies die grds Notwendigkeit der nunmehrigen Begründung unmittelbaren Besitzes durch den Eigentümer hervor. Denn nur der Eigentümer selbst – nicht aber ein bloß mittelbarer Besitzer oder nur Besitzdiener – ist in der Lage, die rechtsgeschäftsähnliche Erklärung der Genehmigung von Verwendungen oder auch bzgl einer Anspruchsbefreiung durch Rückgabe abzugeben. Hat der Besitzmittler eine ausdrückliche Vollmacht hierfür, so kann auch dieser an Stelle des Eigentümers den Besitz erlangen.

II. Genehmigung. (vgl § 684 S 2; Legaldefinition: § 184 I) ist die nachträgliche Zustimmung zu den getätigten Verwendungen (dem Grunde nach). Da jedoch auch schon vor der Wiedererlangung der Sache und zudem vor einer Verwendung die „Genehmigung" durch den Eigentümer erteilt werden kann, ist hier zutreffender vom Oberbegriff der **Zustimmung**, § 182, auszugehen (BGH NJW 02, 2875; MüKo/*Medicus* § 1001 Rn 11). Voraussetzung für jede Genehmigung ist zudem die genaue Bezifferung und Nachweisführung hinsichtlich der Höhe des Ersatzanspruchs: Der Besitzer kann nicht verlangen, dass ein Eigentümer Verwendungen „ins Blaue hinein" genehmigt, ohne wenigstens Anhaltspunkte für die zu erwartende (Maximal-)-Höhe zu haben. Die insoweit erteilte Genehmigung schließt jedoch nicht schon ein Schuldanerkenntnis für die vom Besitzer geforderte Höhe ein: Dem Eigentümer bleibt es vielmehr unbenommen, zur Höhe Einwendungen vorzubringen. Näheres dazu s § 1003.

III. Rückgabe der Sache. darf nicht mit Eigentumsaufgabe gleichgesetzt werden: Auch wenn der Eigentümer zur Befreiung von gegen ihn gerichteten Verwendungsersatzansprüchen die Sache an den (Vor-)Besitzer zurückgibt, bleibt er Eigentümer mit der Konsequenz, dass er jederzeit (wieder) den Herausgabeanspruch geltend machen kann. Dies hat praktische Bedeutung für den Fall, dass Verwendungen zwischenzeitlich durch Nutzungen des Besitzers ausgeglichen werden, so dass bei einer späteren Herausgabe keine oder geringere Ersatzansprüche bestehen.

5   **IV. Annahme.** nach Vorbehalt führt nach S 3 zu einer fiktiven Genehmigung, die als gesetzliche Rechtsfolge weder anfechtbar noch durch Verwahrung gegen Ansprüche umgehbar ist. Die Anforderungen an einen solchen Vorbehalt sind allerdings hoch: Der beanspruchte Verwendungsersatz ist möglichst konkret und mit Unterlagen belegt darzustellen. Bloße allgemeine Floskeln genügen nicht. Die Anforderungen an einen solchen Vorbehalt können in entspr Weise § 640 II entnommen werden. Im Hinblick auf die endgültige Rechtsfolge einer Genehmigungsfiktion muss jedoch wie bei der unmittelbaren Genehmigung eine genaue Bezifferung des Anspruches verlangt werden: Wenn und solange der Eigentümer nicht die Höhe der auf ihn zukommenden Ersatzansprüche kennt, kann im Hinblick auf das mit der fiktiven Genehmigung automatisch entfallende Rückgaberecht nach S 2 keine Fiktion eintreten, auch wenn aus S 3 kein materieller Anspruch auf Zahlung von Aufwendungen folgt (BGH NJW 59, 528).

6   **V. Prozessuale Besonderheiten.** Der Besitzer hat die Besitzrückgabe an den Eigentümer bzw dessen Genehmigung, im Fall des S 3 auch die Vorbehaltserklärung, darzulegen und zu beweisen. Sofern sich der Eigentümer auf S 2 beruft, muss er die Rückgabe der Sache beweisen.

§ 1002 Erlöschen des Verwendungsanspruchs

(1) Gibt der Besitzer die Sache dem Eigentümer heraus, so erlischt der Anspruch auf den Ersatz der Verwendungen mit dem Ablauf eines Monats, bei einem Grundstück mit dem Ablauf von sechs Monaten nach der Herausgabe, wenn nicht vorher die gerichtliche Geltendmachung erfolgt oder der Eigentümer die Verwendungen genehmigt.
(2) Auf diese Fristen finden die für die Verjährung geltenden Vorschriften der §§ 206, 210, 211 entsprechende Anwendung.

1   **A. Regelungsinhalt.** Wie schon § 1001 dient auch § 1002 der zeitnahen Schaffung von Rechtsklarheit und Rechtsfrieden: Wenn der Besitzer die Sache freiwillig ohne Vorbehalt (vgl §§ 1002 I iVm 1001 S 3) oder in Folge eines (auch nur vorläufig vollstreckbaren) Herausgabeurteils (RGZ 109, 104, 107) an den Eigentümer (oder dessen Besitzmittler) herausgegeben hat, so bestehen nur sehr kurze Ausschlussfristen zur Geltendmachung von Verwendungsersatzansprüchen: 1 Monat bei Mobilien, 6 Monate bei Immobilien, berechnet ab dem Zeitpunkt der Herausgabe (§§ 187, 188 II u III) und von Amts wegen zu beachten, so dass es auf eine entspr Einrede des Eigentümers nicht ankommt. Versäumt der Besitzer diese Fristen für die rechtzeitige gerichtliche Geltendmachung bzw Einholung der Genehmigung des Eigentümers nach § 1001 S 1, so erlischt jeglicher Verwendungsersatzanspruch. **Gerichtliche Geltendmachung** meint nicht nur das Mahn- bzw Klageverfahren, sondern auch – nach dem hier anzuwendenden Katalog des § 204 – die Aufrechnung im Prozess bzw die Anmeldung einer entsprechenden Ersatzforderung in einem Insolvenzverfahren des Eigentümers als Maßnahmen, die die Ausschlussfrist beseitigen. Ein weiteres Regulativ zu Gunsten des Besitzers findet sich in II durch den Verweis auf die entspr Anwendung der Hemmung bei höherer Gewalt nach § 206 bzw der Ablaufhemmung bei geschäftsunfähigen bzw in der Geschäftsfähigkeit beschränkten Personen und in Nachlassfällen gem §§ 210, 211.

2   **B. Praxisvorgaben.** Im Hinblick auf die Bedeutung des Herausgabezeitpunktes ist dieser vom Eigentümer nachweisbar festzuhalten (zB Tag, Uhrzeit, Übergabeprotokoll, Zeugen) und im Prozessfall darzulegen und zu beweisen. Beruft sich der Beklagte auf eine gerichtliche Geltendmachung bzw eine Genehmigung vor Ablauf der Ausschlussfrist, so trägt er dafür die Darlegungs- und Beweislast. Soweit die Fristen des § 1002 nicht greifen, gelten die §§ 195, 199.

§ 1003 Befriedigungsrecht des Besitzers

(1) ¹Der Besitzer kann den Eigentümer unter Angabe des als Ersatz verlangten Betrags auffordern, sich innerhalb einer von ihm bestimmten angemessenen Frist darüber zu erklären, ob er die Verwendungen genehmige. ²Nach dem Ablauf der Frist ist der Besitzer berechtigt, Befriedigung aus der Sache nach den Vorschriften über den Pfandverkauf, bei einem Grundstück nach den Vorschriften über die Zwangsvollstreckung in das unbewegliche Vermögen zu suchen, wenn nicht die Genehmigung rechtzeitig erfolgt.
(2) Bestreitet der Eigentümer den Anspruch vor dem Ablauf der Frist, so kann sich der Besitzer aus der Sache erst dann befriedigen, wenn er nach rechtskräftiger Feststellung des Betrags der Verwendungen den Eigentümer unter Bestimmung einer angemessenen Frist zur Erklärung aufgefordert hat und die Frist verstrichen ist; das Recht auf Befriedigung aus der Sache ist ausgeschlossen, wenn die Genehmigung rechtzeitig erfolgt.

1   **A. Regelungsinhalt.** Im Zusammenhang mit der in § 1001 benannten Möglichkeit, Verwendungsersatzansprüche durchzusetzen, gibt § 1003 I eine komplizierte und in der Praxis nur schwierig umzusetzende mehrstufige Regelung zur Ersetzung einer Genehmigung von Verwendungen vor: (1) Setzung einer angemessenen

Frist zur Genehmigung des begehrten Verwendungsersatzanspruchs unter gleichzeitiger nachvollziehbarer Bezifferung desselben. (2) Erfolgt die Genehmigung nach Grund und Höhe nicht innerhalb der Frist, ist die Einleitung der öffentlichen Versteigerung bei beweglichen Sachen nach den Bestimmungen des Pfandverkaufs, §§ 1234–1247, bzw – bei Immobilien – nach vorheriger Titelbeschaffung auf Duldung der Zwangsvollstreckung mit anschließender Zwangsversteigerung oder -verwaltung möglich, §§ 704 I, 794 ZPO iVm § 16 I ZVG; § 864 ZPO iVm § 1, 15, 146 ZVG. (Zur Herausgabepflicht hinsichtlich des Kfz-Briefes für ein zu verwertendes Fahrzeug s BGHZ 34, 122 ff).

Der Fristablauf nach I hindert eine spätere Genehmigung der Verwendungen zur Vermeidung von (weiteren) Verwertungsmaßnahmen nicht. Der Eigentümer kann diese vielmehr jederzeit erklären mit der Folge der Beendigung des Pfandverkaufs bzw der Erledigterklärung bei Gericht oder in späterem Stadium der Einstellung der Zwangsvollstreckung bei Kostentragung durch den Eigentümer (vgl §§ 91, 91 a ZPO). Der Ansicht von *Medicus*, wonach mit Ablauf der Genehmigungsfristen der Eigentümer nicht mehr die Herausgabe der Sache verlangen können soll (MüKo/*Medicus* § 1003 Rn 16), kann insoweit nicht gefolgt werden: Solange die Sache im Zuge der Verwertung noch nicht in neues Eigentum überführt wurde, geht das Eigentumsrecht vor. § 1003 ist keine Strafnorm, sondern dient allein – wie auch die Überschrift zeigt – der Befriedigung des Besitzers. Erfolgt diese durch die Genehmigung seiner Verwendungen, dann ist für ein Vorenthalten der Sache kein Raum mehr. Jedoch hat der Ablauf der Frist ohne nachweisbares Bestreiten des geltend gemachten Anspruchs durch den Eigentümer (vgl II) für diesen dennoch einschneidende Wirkungen: Der angegebene Betrag gilt als festgestellt, so dass er weder dem Grunde noch der Höhe nach noch bestritten werden kann. Mehr noch: Dem Besitzer steht mit Ablauf der Frist auch ein Recht zum Besitz iSd § 986 bis zur Verwertung bzw nachträglichen Genehmigung der Verwendungen zu (BGHZ 34, 122, 134). 2

Da die Verwertung einer Sache deren Besitz voraussetzt, kommt § 1003 nur für den 2. Fall der Durchsetzung von Verwendungsersatzansprüchen nach § 1001 S 1 in Betracht, sofern nicht die dort geregelte Genehmigungsfiktion greift. Allerdings schränkt § 1003 II die Rechte des Besitzers aus I stark ein: Sobald der Eigentümer den Anspruch dem Grunde und/oder der Höhe nach bestreitet, hat der Besitzer vor einer Befriedigung seiner Ansprüche aus der Sache einen weiteren komplizierten und zeitaufwändigen Weg zu gehen: (1) Erhebung einer Feststellungsklage mit dem Antrag, Ersatzansprüche für ganz bestimmte und bezifferte Verwendungen auf die herauszugebende Sache festzustellen; (2) Urteil mit Rechtskraftvermerk; (3) angemessene Fristsetzung (also bereits zum zweiten Mal nach der ursprünglichen Fristsetzung gem § 1003 I), verbunden mit der Aufforderung, die Genehmigung zu erklären; (4) Ablauf dieser Frist nach (3). II Hs 2 schließt bei rechtzeitiger Genehmigung – also innerhalb der gesetzten Frist – das Befriedigungsrecht aus. 3

Hier muss jedoch, wie bei I, ebenso über den engen Wortlaut hinaus eine Auslegung des Wortes „rechtzeitig" dahingehend vorgenommen werden, dass **rechtzeitig** letztlich **vor Abschluss der Verwertung** bedeutet. Insoweit ist das Ablösungsrecht des § 1249 entspr heranzuziehen: Der Eigentümer würde durch die Verwertung der Sache das (stärkste) Recht an der Sache verlieren. Deshalb muss es ihm möglich sein, jederzeit – auch nach Ablauf der Genehmigungsfrist – die Genehmigung zu erteilen und den Besitzer im Hinblick auf dessen Verwendungen zu befriedigen, Zug um Zug gegen Herausgabe der Sache. 4

B. Praxishinweise. Das mit hohen Kosten und großem Zeitaufwand verbundene, in der Praxis nur schwierig umsetzbare Verwertungsverfahren nach § 1003 muss durch die Herbeiführung des Annahmeverzugs (Angebot der Herausgabe der Sache Zug um Zug gegen Erstattung bezifferter Verwendungsersatzansprüche) in Bezug auf Haftungs- und Kostenfragen gem §§ 300 I, 302–304 zusätzlich abgesichert werden. Dies auch mit Blick auf die aus dem EBV resultierende Vorgabe, dass sich jegliche Realisierung eines Verwendungsersatzanspruchs ausschl auf die jeweilige Sache beschränkt, mithin der Ersatzanspruch nie über den für die Sache zu erlösenden Betrag hinaus durchgesetzt werden kann: Der Anspruch folgt der Sache, nicht dem Eigentümer, so dass dessen sonstiges Vermögen ohne Interesse für den Besitzer bleibt. Dies ist auch der Grund für die (nur) auf das Befriedigungsrecht aus der Sache gerichtete Feststellungsklage nach § 256 ZPO an Stelle einer sonst notwendigen Leistungsklage auf Zahlung. Zweckmäßig ist eine damit verbundene (§ 260 ZPO) Fristsetzung zur Genehmigung nach § 1003 II gem § 255 I ZPO und damit einhergehend die Feststellung der Duldungspflicht des Eigentümers nach fruchtlosem Fristablauf (RGZ 137, 98, 101; MüKo/*Medicus* § 1003 Rn 19). 5

§ 1004 Beseitigungs- und Unterlassungsanspruch

(1) ¹Wird das Eigentum in anderer Weise als durch Entziehung oder Vorenthaltung des Besitzes beeinträchtigt, so kann der Eigentümer von dem Störer die Beseitigung der Beeinträchtigung verlangen. ²Sind weitere Beeinträchtigungen zu besorgen, so kann der Eigentümer auf Unterlassung klagen.
(2) Der Anspruch ist ausgeschlossen, wenn der Eigentümer zur Duldung verpflichtet ist.

A. Regelungsinhalt. § 1004 zählt als Schutznorm des Eigentums (Art 14 GG; § 903) neben § 242 zu den „Auffang-Paragraphen" und damit zu den für die Praxis wichtigsten Bestimmungen des BGB überhaupt. Dementsprechend ist die Zahl der wissenschaftlichen Veröffentlichungen (ausf MüKo/*Medicus* § 1004) dazu 1 ebenso groß wie die der Urteile, denen – auch in entspr Anwendung – diese Regelung (mit) zu Grunde liegt. Eine entspr Regelung für den Besitzschutz gibt § 862 vor.

2 I. Kernvorgabe. I 1 stellt zunächst, wie die Umschreibung „in anderer Weise" aufzeigt, eine – wichtige – Ergänzung des § 985 dar, der nur die Fälle der Entziehung oder Vorenthaltung des Besitzes durch den Herausgabeanspruch regelt: Wird auf das Eigentum in anderer Weise nachteilig eingewirkt, so kann vom Störer die Beseitigung der Beeinträchtigung verlangt werden. I 2 erweitert dies für die Zukunft zu befürchtende („zu besorgende") Beeinträchtigungen durch die Möglichkeit einer Unterlassungsklage (ausf: *Lettl* JuS 05, 871). Ebenso wie § 986 ggü dem Herausgabeanspruch nach § 985 enthält auch II ein Regulativ: Wenn der Eigentümer zur Duldung verpflichtet ist, steht ihm weder ein Beseitigungsanspruch noch die Möglichkeit einer Unterlassungsklage als Abwehrmaßnahme zur Verfügung. Darüber hinaus ergänzt § 1004 I auch die Regelungen des § 823 I und II: Während Schadensersatzansprüche zwingend Verschulden (§§ 276, 278) voraussetzen, genügt hinsichtlich des Beseitigungsanspruchs allein schon die Rechtswidrigkeit, wie aus II im Umkehrschluss zu entnehmen ist. Ausdrücklich für anwendbar wird § 1004 für die Beeinträchtigung von Grunddienstbarkeiten in § 1027 erklärt. Über Verweisungen ist die Norm insbes auch zu berücksichtigen iRd §§ 1065, 1090 II, 1227 sowie der §§ 8 PachtkreditG, 11 I 1 ErbbauVO und 34 II WEG.

3 II. Erweiterter Anwendungsbereich. Über den Wortlaut des I hinaus haben Rspr und Lehre den § 1004 zu einem allgemeinen Abwehranspruch gegen Beeinträchtigungen nicht nur des Eigentums an sich, sondern auch von absoluten Rechten und Rechtsgütern iSd § 823 I (insbes Persönlichkeitsrecht; Recht am eingerichteten und ausgeübten Gewerbebetrieb) entwickelt. Dementsprechend häufig wird eine Gesamtanalogie zu den §§ 12, 862, 823, 1004 zitiert. § 1004 erhält so den Status einer Generalregelung, deren Vorgaben in entspr Anwendung Grundlage für die Lösung einer Vielzahl von Fallkonstellationen (s unten C) sind.

4 III. Störer. In Rspr und Lehre unterscheidet man zunächst zwischen den Oberbegriffen Handlungsstörer bzw Zustandsstörer. Dadurch erfolgt eine Abgrenzung zwischen aktivem Tun oder Unterlassen einerseits und der Herrschaft über eine Sache andererseits. Die Kasuistik zu diesen Begriffen ist nahezu unübersehbar, zumal auch die Begrifflichkeiten selbst als nicht praxiskonform bezeichnet und deshalb zum Teil durch den „Tätigkeitsstörer" bzw den „Untätigkeitsstörer" ersetzt werden (MüKo/*Medicus* § 1004 Rn 42 ff). Nach der Rspr ist **Handlungsstörer**, wer eine Beeinträchtigung des Eigentums eines anderen durch seine Handlung unmittelbar oder mittelbar bzw ebenso durch Unterlassen notwendigen Handelns adäquat verursacht hat (BGH NJW-RR 01, 232). **Zustandsstörer** hingegen ist, wer als Eigentümer, Besitzer oder sonst Verfügungsberechtigter nicht verhindert, dass durch den Zustand einer Sache das Eigentum eines anderen beeinträchtigt wird, obwohl Gegenmaßnahmen ergriffen werden könnten (vgl ua BGH NJW 03, 2377; NJW-RR 01, 1208). Im Hinblick auf die der Lebenswirklichkeit zu entnehmenden unzähligen Konstellationen von Störungsmöglichkeiten sollte in der Praxis eine Reduzierung selbst der Definitionen dahingehend erfolgen, dass der im Gesetz ausdrücklich aufgeführte Störer dem Wortsinn her zugleich die **Grenzziehung zum Nichtstörer** bildet: Störer ist damit jeder Mensch (unabhängig vom Alter bzw der Geschäftsfähigkeit), der Eigentum sowie Rechtsgüter und absolute Rechte eines Anderen rechtswidrig nicht achtet, obwohl er diese Achtung aufbringen und damit zum Nichtstörer werden könnte. Gehen Störungen dinglicher Rechte vom Besitzer oder vom Zustand eines Grundstücks aus, so macht das Eigentum am Grundstück den Eigentümer nur dann zum Zustandsstörer, wenn er noch Einwirkungsmöglichkeiten hat (BGH NJW 98, 3278).

5 IV. Beeinträchtigung. Der Begriff der Beeinträchtigung findet sich mehrfach im BGB (zB §§ 906, 916, 1027, 1065), ohne dass dafür eine Legaldefinition vorgegeben wird. Da § 1004 die Beeinträchtigung des Eigentums – nicht aber des Eigentümers – als eine der Voraussetzungen für das Verlangen nach deren Beseitigung (bzw künftigen Unterlassung) aufführt, kann es zunächst nicht auf das subjektive Befinden des Eigentümers selbst, sondern nur auf die objektive Beeinträchtigung des Eigentumsrechts an sich ankommen. Im Hinblick auf die von Rspr und Lehre entwickelte Erweiterung des Anwendungsbereichs des § 1004 muss jedoch gerade im Hinblick auf die absoluten Rechte und Rechtsgüter auch auf subjektive Merkmale abgestellt werden. Der Begriff der Beeinträchtigung lässt sich demnach – auch unter Einbeziehung der verschiedenen Regelungsbereiche – wie folgt definieren: Beeinträchtigt ist, wem der Schutz der Gesetze (zB des Strafgesetzbuches, des Urheberrechtsgesetzes, etc) in Hinblick auf seine Persönlichkeit und/oder die Ausübung seines Eigentumsrechtes streitig gemacht wird und sich dadurch für ihn Nachteile ggü dem Zustand einstellen, der ohne das Tun oder Unterlassen des Störers bestehen würde. Aus dieser Definition lassen sich die weiteren Voraussetzungen für die Bejahung des Vorliegens einer Beeinträchtigung iSd § 1004 ableiten: Die Beeinträchtigung muss von einem Menschen – dem Störer – beherrschbar sein, mithin von Menschen auch beseitigt werden können. Damit entfallen alle naturgegebenen Beeinträchtigungen, deren Ursache und/oder Wirkungen nicht durch Menschen verhindert werden können. Weiterhin darf es sich nicht nur um eine Besitzvorenthaltung als Störung handeln, dafür gilt § 985. Schließlich bedarf es für die Bejahung einer Beeinträchtigung auch einer Fortdauer in die Zukunft. Andernfalls könnte keine Beseitigung mehr verlangt werden: Wo keine Beeinträchtigung mehr besteht, bedarf es keiner Abhilfe! Aus der vorstehenden Definition ergibt sich auch die Berücksichtigung von Beeinträchtigungen, die ohne unmittelbare Einwirkung auf Eigentumsrechte hervorgerufen werden (zB durch das Abstellen eines Pkw vor die Grundstücksausfahrt: Karlsr NJW 78, 274).

V. Beseitigungsanspruch. Beseitigen setzt aktives Handeln durch den Störer oder von diesem Beauftragter 6
voraus. Die Beseitigungspflicht umfasst alles, was zur Beendigung der immer noch fortdauernden Beeinträchtigung notwendig ist. Sie darf allerdings nicht mit einem Schadensersatzanspruch und der damit einhergehenden Naturalrestitution des § 249 verwechselt werden (näher: *Armbrüster* NJW 03, 3088). Allerdings geht auch der Beseitigungsanspruch sehr weit und umfasst zB auch unmittelbare Weiterungen der Beeinträchtigung. Sickert zB Öl in den Boden, so muss nicht nur das weitere Einsickern unterbunden, sondern auch die notwendige Bodenreinigung vom Störer veranlasst werden (BGHZ 98, 235). In der Wahl der Beseitigungsmaßnahmen ist der Störer grds frei. Auch kann eine Mitverursachung durch den Eigentümer zu einer Beteiligungspflicht an Kosten führen. § 254 ist dabei analog anwendbar (MüKo/*Medicus* § 1004 Rn 68). Auf die Höhe der Aufwendungen des Störers kommt es grds nicht an, allenfalls kann eine Korrektur über den Gedanken rechtsmissbräuchlicher Anspruchsdurchsetzung gem §§ 251 II, 242 als Ausnahme vorgenommen werden. In diesen Fällen muss jedoch ein finanzieller Ausgleich nach § 906 II analog erfolgen. Bei der Beeinträchtigung von Persönlichkeitsrechten führt der Beseitigungsanspruch nach entspr Güter- und Interessenabwägung beim Überwiegen der privaten Interessen des Betroffenen zu einem Anspruch auf Widerruf unwahrer Behauptungen und – iRv Veröffentlichungen (Presserecht) – auf Abdruck einer Gegendarstellung (BGHZ 99, 133).

VI. Unterlassungsanspruch. I 2 gibt bei Wiederholungsgefahr dem Eigentümer (Inhaber absoluter Rechte/ 7
von Rechtsgütern) die Möglichkeit, auf Unterlassung zu klagen. Die Rspr weitet die Klagemöglichkeit jedoch im Hinblick auf den präventiven Charakter der Norm auf die Sachverhalte aus, wenn Beeinträchtigungen erkennbar bevorstehen (vorbeugende Unterlassungsklage). So muss ein Nachbar nicht erst abwarten, bis im Zuge der Herstellung einer Baugrube Risse an seinem Haus auftreten. Vielmehr kann er Aushubarbeiten im Wege der vorbeugenden Unterlassungsklage verhindern, wenn sich zB aus den ihm vorliegenden Plänen die Wahrscheinlichkeit eines Schadenseintritts durch ungenügende Befestigung gem § 909 ergibt (vgl *Englert/ Grauvogl/Maurer* Handbuch des Baugrund- und Tiefbaurechts Rn 1304 ff).

B. Duldungspflichten, II. Die Regelung in II ist eindeutig: Wenn und solange der Eigentümer bzw Rechtsgut- 8
haber zur Duldung verpflichtet ist, besteht weder ein Beseitigungs- noch ein Unterlassungsanspruch. Damit rückt die Prüfung der Voraussetzungen des II in der Praxis an die Spitze der Untersuchung. Duldungspflichten – oft verbunden mit Entschädigungsregelungen – finden sich insbes in § 906 (Immissionen), § 912 (Überbau), § 917 (Notwegerecht), § 228 (Notstand), § 904 (Gefahrenabwehr), § 1027 (Abwehrrechte des Grunddienstbarkeitsberechtigten), § 986 (Recht zum Besitz in analoger Anwendung), § 14 BImSchG (genehmigte Anlage) sowie § 193 StPO (Interessenwahrung), § 11 WHG, § 32 II PBefG und § 57 TKG (Telekommunikation). Bei der Beurteilung von Duldungspflichten sind wertende Momente einzubeziehen, insbes auch die Ausstrahlungswirkungen des Diskriminierungsverbotes gem Art 3 III 2 GG (Köln NJW 98, 763 Lärm von Behinderten).

C. Rechtsprechungsübersicht. I. Grundstücksbeeinträchtigungen. Die Anwendung des § 1004 wird im 9
Hinblick auf immer wiederkehrende Fallkonstellationen durch den Rückgriff auf wesentliche Urteile erleichtert: Nichteinhaltung der Abstandsflächen (Brandbg 21.9.05 – 4 U 174/04 – BauR 05, 1822; IBR 06, 115); Diaprojektion an Hauswand (Dresden NJW 05, 1871); Bodenkontamination (BGH IBR 05, 711; BGH NJW 96, 845); Entzug von Sonnenlicht (BGH 11.7.03 – V ZR 199/02 – NJW-RR 03, 1313); Wurzeln (BGHZ 97, 231;106, 142; 134, 235; BGH NJW 95, 395); Hanggrundstück (BGH NJW-RR 96, 659); Elektrosmog (BVerfG NJW 97, 2509); Schweinemast (BGH NJW 99, 356; BGHZ 67, 252); zugemauerte Tür (BGH NJW-RR 01, 232); Wollläuse (BGH NJW 95, 2633); Baumsturz (BGHZ 122, 283); Froschquaken (BGHZ 120, 239); Sportlärm (BVerwGE 81, 197); Bordell (BGHZ 95, 307); Fernsehempfang (BGHZ 88, 344); Tiefgaragen-Überbau (BGHZ 68, 372); Notkamin (BGH NJW 97, 55); Ballettschule (BGH NJW 93, 1580); Tankstelle (BGHZ 98, 235); Hochspannungsleitung (BGHZ 60, 119); Mobilfunkanlage (BGH BauR 05, 74).

II. Persönlichkeitsbeeinträchtigungen. Ehrverletzung („Caroline-Urteile" BGHZ 128,1; NJW 96, 984; 10
BGHZ 131, 332); Börsenjournalist (BGH NJW 94, 2614); Sorgfaltspflichtverletzung Presse (BGHZ 132, 13); Zeuge Ehrenschutz (BGH NJW 86, 2502); Bismarck (RGZ 45, 170); verdeckte Tatsachenbehauptung (BVerfG NJW 04, 1942); Haarfarbe (BVerfG NJW 04, 589).

III. Sonstige Beeinträchtigungen. E-Mail-Werbung (Ddorf 22.9.04 – 15 U 41/04); Abmahnungskosten 11
(BGHZ 52, 393); Befüllung von Fremdbehältern/Gas (BGH NJW 03, 3702); Unterlassungsanspruch Gewinnzusagen (LG Saarbrücken 25.3.03 – 1 O 429/00).

D. Prozessuale Hinweise. Die Formulierung des Klageantrages muss sowohl beim Beseitigungs- als auch 12
beim Unterlassungsanspruch so gewählt werden, dass eindeutig feststellbar ist, welche störende Maßnahme beseitigt bzw unterlassen werden soll. Die Art der Beseitigung ist dabei nicht anzugeben, es sei denn, es kommt nur eine Möglichkeit in Betracht. Zudem muss der Gerichtsweg geprüft werden: Liegt eine hoheitliche, beeinträchtigende und nicht zu duldende Maßnahme vor, geht der Verwaltungsrechtsweg dem grds gegebenen Zivilrechtsweg gem § 13 GVG vor.

§ 1005 Verfolgungsrecht

Befindet sich eine Sache auf einem Grundstück, das ein anderer als der Eigentümer der Sache besitzt, so steht diesem gegen den Besitzer des Grundstücks der in § 867 bestimmte Anspruch zu.

1 **A. Regelungsinhalt.** Das Verfolgungsrecht beschränkt sich auf die seltenen Fälle, dass eine Sache auf ein Grundstück gelangt, das im Besitz eines anderen Eigentümers steht und dieser zwar nicht die Herausgabe der Sache verweigert, damit selbst Besitz an dieser Sache begründet, jedoch ein **Betreten** seines Grundstücks **untersagt**. Dann greift § 1005 an Stelle des § 985 (bei Besitznahme) bzw des § 1004 (bei Eigentumsbeeinträchtigung): Der Eigentümer der Sache hat dann das Verfolgungsrecht nach § 867.

2 **B. Praxisumsetzung.** Unabhängig von der Frage, aus welchen Gründen die Sache auf das Grundstück gelangt ist, das im Besitz eines anderen Eigentümers steht, hat der Eigentümer ein Abholungsrecht. Diesem kann ein Schadensersatz- und evtl vor der Ermöglichung der Abholung ein Sicherungsanspruch gem § 867 ggü stehen.

§ 1006 Eigentumsvermutung für Besitzer

(1) ¹Zugunsten des Besitzers einer beweglichen Sache wird vermutet, dass er Eigentümer der Sache sei. ²Dies gilt jedoch nicht einem früheren Besitzer gegenüber, dem die Sache gestohlen worden, verloren gegangen oder sonst abhanden gekommen ist, es sei denn, dass es sich um Geld oder Inhaberpapiere handelt.
(2) Zugunsten eines früheren Besitzers wird vermutet, dass er während der Dauer seines Besitzes Eigentümer der Sache gewesen sei.
(3) Im Falle eines mittelbaren Besitzes gilt die Vermutung für den mittelbaren Besitzer.

1 **A. Regelungsinhalt.** § 1006, anwendbar nur für **bewegliche Sachen** und **Tiere** (§ 90a), für Immobilien gilt allein § 891; bei Schuldurkunden, Wertpapieren und dem Kfz-Brief als in der Praxis häufigstem Fall greift die Bestimmung ebenfalls nicht: Der BGH (NJW 72, 2268; 78, 1854) stellt eine **widerlegliche Vermutung** für ein **Eigentumsrecht** zu Gunsten des unmittelbaren, aber auch des früheren (II) sowie mittelbaren Besitzers (III) auf. Dabei ergibt sich zunächst schon aus dem Wortlaut die **Vermutungsreihenfolge**: Der mittelbare Besitzer wird primär vor dem unmittelbaren Besitzer, und dieser vor dem früheren Besitzer als Eigentümer vermutet. Die Vermutung greift jedoch nach I 2 ggü einem früheren Besitzer nicht, wenn diesem die Sache **gestohlen** worden oder bei ihm sonst **abhanden gekommen** bzw **verloren** gegangen ist (zu diesen Voraussetzungen s näher oben § 935).

2 Diese Einschränkung gilt jedoch nicht bei **Geld oder Inhaberpapieren**, dh hier besteht trotz Nachweises eines Diebstahls oder Verlustes durch einen früheren Besitzer die Eigentumsvermutung zu Gunsten des derzeitigen (Eigen-)Besitzers weiter. Die Verknüpfung des II mit I 2 ergibt sich über die **Brücke des früheren Besitzes**: Kann der frühere Besitzer den Nachweis des Diebstahls, Verlustes oder sonstigen Abhandenkommens führen, so spricht für ihn die Eigentumsvermutung des II. Damit kehrt sich die Widerlegungsregel um: Der nunmehrige unmittelbare oder mittelbare Besitzer muss nun seinerseits den Nachweis des Eigentumserwerbs führen. Dazu steht in den Fällen des I 2 nur der Weg über eine **Ersitzung**, § 937, bzw **Verbindung, Vermischung** oder **Verarbeitung**, §§ 946 ff offen. Im Ergebnis gibt § 1006 damit nicht nur entsprechend dem Wortlaut nach dem Besitzer mehr Schutz als dem Eigentümer. Denn während für den Besitzer alleine das Besitzen, im Regelfall also das In-Händen-Halten ausreicht, um die Eigentümerstellung für sich zu reklamieren, muss der Eigentümer die Schwierigkeiten exakter Nachweisführung hinsichtlich seines Eigentumserwerbs einerseits und des fortbestehenden Eigentums andererseits überwinden, um die Vermutungswirkung zu widerlegen.

3 **B. Praktische Handhabung.** Trägt der Besitzer vor, ursprünglich Fremdbesitz und erst danach Eigenbesitz begründet zu haben, so entfällt die Vermutungswirkung (BGH LM Nr 17 zu § 1006). In diesem Fall muss der Besitzer seinen Eigentumserwerb darlegen und beweisen. Da die Vermutungsregelung für den Besitzer grds nur den Nachweis seines Besitzes erfordert, nicht aber Vortrag zum Eigentums- und Eigenbesitzerwerb selbst notwendig ist, genügt im Streitfall der einfache Satz „der Besitzer ist Eigentümer, § 1006 BGB". Soll dies bestritten werden, so muss diese Vermutung durch Urkunden oder Zeugen widerlegt werden. Dies ist in der Praxis oft nur schwierig umzusetzen. Deshalb sollten Eigentümer bei der Besitzüberlassung – auch an Besitzmittler – stets für eine klare Dokumenten- und Beweislage zum Fortbestand ihres Eigentums sorgen. Dies gilt verstärkt bei Ehegatten gem § 1362 bzw Lebenspartnerschaften gem § 8 LPartG, für die eine Eigentumsvermutung zu Gunsten von Gläubigern eines Teils gilt. Weiter ist zu beachten: Soweit Mitbesitz besteht, gibt § 1006 die Vermutung von Miteigentum vor. Entspr gilt für Gesamthandsgemeinschaften.

4 **C. Prozessuale Besonderheiten.** Wenn die Eigentumsvermutung widerlegt werden soll, steht die Möglichkeit offen, den Eigentumserwerb durch qualifizierten Sachvortrag zu bestreiten und so den Besitzer zu zwingen, Umstände seines Eigentumserwerbs vorzutragen. Damit wird zwar keine Beweislast zum Eigentumserwerb selbst begründet, jedoch dem Prozessgegner, nachdem er die Eigentumsvermutung zu widerlegen hat, die Beschränkung auf den vom Besitzer behaupteten Erwerbsgrund ermöglicht (BGH FamRZ 70, 586; s auch BGH NJW 02, 2102; MüKo/*Medicus* § 1006 Rn 16).

§ 1007 Ansprüche des früheren Besitzers, Ausschluss bei Kenntnis

(1) Wer eine bewegliche Sache im Besitz gehabt hat, kann von dem Besitzer die Herausgabe der Sache verlangen, wenn dieser bei dem Erwerb des Besitzes nicht in gutem Glauben war.
(2) ¹Ist die Sache dem früheren Besitzer gestohlen worden, verloren gegangen oder sonst abhanden gekommen, so kann er die Herausgabe auch von einem gutgläubigen Besitzer verlangen, es sei denn, dass dieser Eigentümer der Sache ist oder die Sache ihm vor der Besitzzeit des früheren Besitzers abhanden gekommen war. ²Auf Geld und Inhaberpapiere findet diese Vorschrift keine Anwendung.
(3) ¹Der Anspruch ist ausgeschlossen, wenn der frühere Besitzer bei dem Erwerb des Besitzes nicht in gutem Glauben war oder wenn er den Besitz aufgegeben hat. ²Im Übrigen finden die Vorschriften der §§ 986 bis 1003 entsprechende Anwendung.

A. Regelungsinhalt. Die systematisch an unrichtiger Stelle eingefügte Regelung – richtig wäre die Zuordnung iRd Besitzvorschriften gem §§ 854 ff – entspricht von der Rechtsfolge her dem Anspruch aus § 985, weshalb III auch die §§ 986–1003 als entspr anwendbar benennt. Dieser „**kleine Herausgabeanspruch**" beschränkt sich auf den **früheren Besitzer**, der vom derzeitigen Besitzer die Herausgabe einer **beweglichen Sache** entweder verlangen kann, weil dieser beim Erwerb des Besitzes **nicht in gutem Glauben** war (Legaldefinition § 932 II), I, oder – unabhängig vom guten Glauben – weil die Sache dem früheren Besitzer gestohlen worden, verloren gegangen oder sonst **abhanden** gekommen ist, II (zu diesen Voraussetzungen oben § 935). Insoweit ist allerdings die **Einschränkung** im Hinblick auf **bestehendes Eigentum** des gutgläubigen Besitzers bzw des **Abhandenkommens** in II Hs 2 zu beachten. Ebenso ergeben sich aus III Anspruchsausschlüsse bei **Besitzaufgabe** (§ 856 I) bzw **fehlendem guten Glauben** beim eigenen Besitzerwerb des früheren Besitzers. 1

B. Praxisrelevanz. § 1007 hat praktisch kaum Relevanz. Im Regelfall kann der Besitzer nach § 861 und, wenn er zugleich Eigentümer ist, nach § 985 vorgehen. Zudem besteht Anspruchskonkurrenz auch zu §§ 812, 823 und 1018. 2

Titel 5 Miteigentum

Vorbemerkung vor §§ 1008 bis 1011

In den §§ 1009–1011 finden sich auf Grund der Geltungsverweisungsnorm des § 1008 im 3. Buch unter Titel 5 im unmittelbaren Anschluss an die im Titel 4 enthaltenen „Ansprüche aus dem Eigentum" Vorgaben zum Bruchteilseigentum. Diese stellen lediglich ergänzende Normen zu den für die Bruchteilsgemeinschaft geltenden Bestimmungen der §§ 741–758 dar. Denn das in den §§ 1008 ff aufgeführte „Miteigentum nach Bruchteilen" ist eine solche Bruchteilsgemeinschaft, beschränkt auf eine bewegliche oder unbewegliche Sache (BGHZ 36, 187). Die wesentlichen Regelungen betreffen dabei die Möglichkeiten der Belastung der gemeinschaftlichen Sache (§ 1009), die Fortgeltung von Belastungen für Sondernachfolger (§ 1010) und die Geltendmachung von Ansprüchen aus dem Miteigentum (§ 1011). Liegt allerdings Wohnungseigentum als in der Praxis bedeutendste Form des Bruchteilseigentums vor, so geht das WEG gem § 10 I WEG vor, wonach subsidiär nur auf die §§ 741 ff verwiesen wird, nicht aber auch auf die §§ 1008 ff. Die praktische Relevanz der §§ 1008 ff ist damit insgesamt nicht groß. 1

§ 1008 Miteigentum nach Bruchteilen

Steht das Eigentum an einer Sache mehreren nach Bruchteilen zu, so gelten die Vorschriften der §§ 1009 bis 1011.

A. Regelungsinhalt. Die §§ 1009 ff gelten nur dann, wenn das Eigentum an einer **beweglichen oder unbeweglichen Sache** bzw einem **Tier** (§§ 90 ff) **mehreren** (also wenigstens 2) Personen **nach Bruchteilen** zusteht. Abzugrenzen davon ist demnach das **Gesamthandseigentum**, das ungeteilt der Gesamthand – zB der Erbengemeinschaft oder einem nicht rechtsfähigen Verein – zusteht und gerade nicht aus Bruchteilen besteht. 1

B. Bruchteilseigentum. Für das Bruchteilseigentum gelten grds alle Bestimmungen, die das Eigentum regeln. Denn Bruchteilseigentum ist nichts anderes als Eigentum an einer Sache, das ideell auf mindestens zwei Rechtspersönlichkeiten aufgeteilt ist (BGHZ 101, 24). Dabei spielt die Höhe der jeweiligen Bruchteile zwar für die Zuordnung zum Bruchteilseigentum keinerlei Rolle. Jedoch bestimmt die Miteigentumsquote gem § 745 I 2 das Stimmrecht hinsichtlich der Verwaltung und Benutzung der Sache (BGHZ 36, 365). Bruchteilseigentum entsteht entweder durch Rechtsgeschäft oder (automatisch) von Gesetzes wegen (s näher dazu bei den §§ 741 ff). Auch wenn ein Bruchteilseigentümer seinen Anteil an mehrere Eigentümer wiederum zu Bruchteilen veräußert, entsteht nicht eine zusätzliche Bruchteilsuntergemeinschaft. Typische gesetzliche Entstehungstatbestände sind die §§ 947, 948 (Verbindung; Vermischung), (s auch §§ 963, 984; evtl § 937 bei 2 gemeinsamer Ersitzung durch mehrere Personen). Das Bruchteilseigentum endet automatisch mit Vereinigung aller Bruchteile in einer Hand.

3 **C. Sonderfälle.** Neben dem speziell im WEG geregelten Wohnungseigentum finden sich Sonderfälle zum Bruchteilseigentum insbes im Bankenbereich. Hier greifen ebenfalls Sonderregelungen, etwa zur Girosammelverwahrung, ein – insbes durch das DepotG –, so dass die §§ 1008 ff verdrängt werden (näher dazu: MüKo/*Schmidt* § 1008 Rn 24 ff).

§ 1009 Belastung zugunsten eines Miteigentümers

(1) Die gemeinschaftliche Sache kann auch zugunsten eines Miteigentümers belastet werden.
(2) Die Belastung eines gemeinschaftlichen Grundstücks zugunsten des jeweiligen Eigentümers eines anderen Grundstücks sowie die Belastung eines anderen Grundstücks zugunsten der jeweiligen Eigentümer des gemeinschaftlichen Grundstücks wird nicht dadurch ausgeschlossen, dass das andere Grundstück einem Miteigentümer des gemeinschaftlichen Grundstücks gehört.

1 **A. Regelungsinhalt.** § 1009 ist eine Klarstellungsregelung: Nach I kann eine bewegliche oder unbewegliche Sache, an der Bruchteilseigentum besteht, auch zu Gunsten eines Miteigentümers belastet werden. Dieser steht damit praktisch auf zwei Seiten, so dass die Vorschrift im Hinblick auf das Selbstkontrahierungsverbot des § 181 als eine Art Befreiungsregel gesehen wird (RGZ 47, 202, 209). Richtiger erscheint jedoch mit Blick auf § 747 S 2 wonach eine Belastung nur von allen Miteigentümern gemeinsam vorgenommen werden kann, in I eine Unbedenklichkeitsbestimmung zu sehen: Auch wenn die Belastung einen (oder mehrere) der Miteigentümer (zB mit einem Pfandrecht oder Nießbrauch an beweglichen Sachen) begünstigt, kann nichts anderes gelten als bei Belastung zu Gunsten eines Dritten.

2 In II wird dieser Gedanke speziell für Grundstücke und unabhängig davon fortgeführt, ob eine Belastung des gemeinschaftlichen Grundstücks zu Gunsten eines anderen Grundstücks erfolgt oder ein anderes Grundstück zu Gunsten der Miteigentümer des gemeinschaftlichen Grundstücks belastet wird: Auch hier hindert die Stellung als Bruchteilseigentümer des anderen Grundstücks nicht die wirksame Belastung zB mit einem Vorkaufsrecht, einer Hypothek, Grundschuld oder Reallast.

3 **B. Umsetzung in der Praxis.** Die Konstellation, dass ein Bruchteilsmiteigentümer gleichzeitig Gläubiger und durch die Belastung Begünstigter ist, erklärt § 1009 ausdrücklich für möglich. Dementsprechend kann und darf der Miteigentümer als Gläubiger auch die belastete Sache verwerten, wenn seine Ansprüche, die der Belastung zu Grunde liegen, nicht erfüllt werden. Allerdings kann sich aus dem Gemeinschaftsverhältnis selbst, oft auch aus spezifischen Vereinbarungen, eine Einschränkung ergeben. Die §§ 1177, 1197 bilden hier aber trotz der Miteigentümerstellung des Gläubigers keinen Vollstreckungsausschluss, da andernfalls § 1009 ohne Bedeutung wäre. Allerdings greift dieser Ausschluss dann, wenn der Miteigentümer nur in seinen eigenen Bruchteilsanteil vollstrecken würde.

§ 1010 Sondernachfolger eines Miteigentümers

(1) Haben die Miteigentümer eines Grundstücks die Verwaltung und Benutzung geregelt oder das Recht, die Aufhebung der Gemeinschaft zu verlangen, für immer oder auf Zeit ausgeschlossen oder eine Kündigungsfrist bestimmt, so wirkt die getroffene Bestimmung gegen den Sondernachfolger eines Miteigentümers nur, wenn sie als Belastung des Anteils im Grundbuch eingetragen ist.
(2) Die in den §§ 755, 756 bestimmten Ansprüche können gegen den Sondernachfolger eines Miteigentümers nur geltend gemacht werden, wenn sie im Grundbuch eingetragen sind.

1 **A. Regelungsinhalt.** § 1010 verschärft bei einer Bruchteilsgemeinschaft die **Anforderungen für die Verwaltungs- und Benutzungsregelungen bei Grundstücken.** Gleiches gilt im Hinblick auf einen permanenten oder temporären Ausschluss eines **Aufhebungsverlangens** oder bei Bestimmung einer **Kündigungsfrist.** Während die §§ 746, 751 derartige Regelungen automatisch für und gegen Sondernachfolger eines Miteigentümers wirken lassen, schränkt § 1010 im Hinblick auf die Bedeutung derartiger Gemeinschaftsbestimmungen bei Grundstücken diesen Automatismus ein: Nur dann, wenn eine derartige Bestimmung als Belastung des Anteils, an dem Sondernachfolge eintritt, im **Grundbuch** eingetragen ist, §§ 873 ff, 19 ff GBO (Abteilung II), muss sich der Sondernachfolger dieser Bestimmung unterwerfen. Fehlt eine Eintragung, so tritt selbst bei Kenntnis des Sondernachfolgers von der Bestimmung keine Wirkung ihm ggü ein. Das Gesetz folgt hier dem Eintragungsgrundsatz bei Grundstücken, zudem ist der Wortlaut „nur" eindeutig. Dies umso mehr, als es nur um **gegen** den **Sondernachfolger,** also zu dessen Lasten, gerichtete Bestimmungen geht. Deshalb ist im Umkehrschluss eine Bestimmung, die **zu Gunsten** des Sondernachfolgers besteht, **nicht unwirksam,** wenn diese nicht im Grundbuch Niederschlag gefunden hat.

II beinhaltet eine weitere **Schutznorm** zu Gunsten eines Sondernachfolgers: Entgegen den Voraussetzungen des § 755 II bei der Berichtigung einer Gesamtschuld bzw des § 756 S 2 iVm § 755 II bei der Teilhaberschuld können die Berichtigungsansprüche gegen einen Sondernachfolger eines Miteigentümers ebenfalls nur dann geltend gemacht werden, wenn sie im Grundbuch ersichtlich sind.

B. Praxishinweise. Da sich § 1010 ausdrücklich nur mit dem Sondernachfolger eines Miteigentümers befasst, bleiben Regelungen, die ursprünglich zwischen allen Miteigentümern getroffen wurden – auch wenn sie nicht im Grundbuch eingetragen sind – für diese, ausgenommen den Sondernachfolger, weiterhin verbindlich. Nachdem § 1010 ausdrücklich eine Eintragung der genannten Bestimmungen im Grundbuch zur Fortgeltung ggü Sondernachfolgern verlangt, ist jeder Miteigentümer verpflichtet, an der Eintragung mitzuwirken (BGHZ 40, 326; Frankf DNotZ 90, 298).

§ 1011 Ansprüche aus dem Miteigentum

Jeder Miteigentümer kann die Ansprüche aus dem Eigentum Dritten gegenüber in Ansehung der ganzen Sache geltend machen, den Anspruch auf Herausgabe jedoch nur in Gemäßheit des § 432.

A. Regelungsinhalt. § 1011 gibt jedem Miteigentümer das Recht, gemeinschaftliche Ansprüche in **gesetzlicher Prozessstandschaft** im eigenen Namen geltend zu machen. Soweit allerdings der Anspruch auf Herausgabe der **beweglichen oder unbeweglichen Sache** nach § 985 bzw hinsichtlich von Surrogaten dieses Anspruchs geltend gemacht wird, kann nur **Herausgabe** bzw Zahlung **an alle Miteigentümer** verlangt werden, § 432 I.

I. Ansprüche aus dem Eigentum. Die weite Fassung des § 1011 eröffnet den Weg zur Anwendung aller gesetzlichen Bestimmungen, die Ansprüche aus dem Eigentum gewähren. Mithin besteht keine Einschränkung nur auf die §§ 985, 987 ff, 1004, 1027 (BGHZ 92, 351). Vielmehr fallen darunter auch Besitzansprüche (§§ 859, 861 f, 867, 1007) als Minus zum Eigentumsrecht und Surrogatansprüche zu den §§ 985, 1004 wie etwa Schadensersatzansprüche (BGHZ 121, 22) oder Bereicherungsansprüche (BGH LM Nr 15 zu § 812 BGB).

II. Dritten gegenüber. Die Einschränkung „Dritten ggü" stellt die Selbstverständlichkeit klar, dass im Innenverhältnis der Miteigentümer nur die für die Bruchteilsgemeinschaft geltenden Regelungen der §§ 741, 1008 ff gelten.

B. Prozessuale Besonderheiten. Die Eigentumsvermutung gem § 1006 gilt auch beim Miteigentum. Bestreitet ein Beklagter das Miteigentum, so muss der Kläger Beweis für die Miteigentümerstellung nicht nur für sich selbst, sondern auch für alle anderen Miteigentümer führen, wenn § 1006 nicht greift. Besondere Bedeutung kommt der Rechtskraft zu: Diese wirkt wegen der Prozessstandschaft nur im Verhältnis zwischen dem klagenden Miteigentümer und dem Dritten, nicht aber auch ggü den übrigen Miteigentümern. Diese sind deshalb nicht gehindert, selbst nochmals gegen den Dritten im Wege einer Klage vorzugehen.

§§ 1012–1017
– weggefallen –

Abschnitt 4   Dienstbarkeiten

Titel 1   Grunddienstbarkeiten

§ 1018 Gesetzlicher Inhalt der Grunddienstbarkeit

Ein Grundstück kann zugunsten des jeweiligen Eigentümers eines anderen Grundstücks in der Weise belastet werden, dass dieser das Grundstück in einzelnen Beziehungen benutzen darf oder dass auf dem Grundstücke gewisse Handlungen nicht vorgenommen werden dürfen oder dass die Ausübung eines Rechtes, ausgeschlossen ist, das sich aus dem Eigentum an dem belasteten Grundstücke dem anderen Grundstücke gegenüber ergibt (Grunddienstbarkeit).

A. Der Rechtstyp. Dienstbarkeiten sind auf ein Dulden oder Unterlassen gerichtet; aktives Handeln (Leistungspflicht) kann nicht Hauptinhalt, sondern nur Nebenpflicht sein, s.u. Rn 11. Grunddienstbarkeit und beschränkte persönliche Dienstbarkeit (§§ 1090 ff) unterscheiden sich in der Bindung an den Berechtigten (hier: subjektivdinglich), die sich bei der b-p Dienstbarkeit in der Unübertragbarkeit und Unvererblichkeit verdichtet.

B. Dingliches Recht und schuldrechtliche Beziehungen. Die Dienstbarkeit ist ggü dem Verpflichtungsgeschäft abstrakt. Zugrunde liegen können Kauf, Schenkung oder Verpflichtungen sui generis.

3 In der Rspr des BGH ist das Institut der **Sicherungsdienstbarkeit** entwickelt worden, mit der langjährige Bezugspflichten (Bier, Mineralöl) gesichert werden sollen. Causa ist nicht der Bezugsvertrag, sondern die Sicherungsvereinbarung (BGHZ 74, 293; NJW 79, 2149; 81, 343; 83, 115; 88, 2362). Besteht keine Sicherungsabrede, zB weil eine Bezugsverpflichtung erst begründet werden soll, so spricht man von **isolierten Dienstbarkeiten** (BGH WM 92, 951; NJW 88, 2362, NJW-RR 89, 519). Mängel der Bezugsvereinbarung wirken sich nicht (mehr, im Gegensatz zu früherer Rspr) auf das dingliche Recht aus. Sie können über die Sicherungsabrede oder nach den §§ 812 ff geltend gemacht werden. S auch u. Rn 23 ff.

4 Bei jeder Dienstbarkeit besteht ein **gesetzliches Schuldverhältnis** zwischen den jeweiligen Parteien des dinglichen Rechts (BGH NJW 85, 2944; DNotZ 89, 565, ausf *Amann* DNotZ 89, 531). Sein Inhalt sind die Sorgfalts- und Schutzpflichten der §§ 1020–1023 sowie etwaige besonders vereinbarte Nebenpflichten dieser Art.

5 **C. Belastungsgegenstand.** Grundstücke und grundstücksgleiche Rechte; Wohnungseigentumsberechtigung. Der reale Teil eines Grundstücks kann unter der Voraussetzung des § 7 II GBO belastet werden; es kann jedoch auch bei Belastung des ganzen Objekts die Ausübung auf bestimmte reale Teile beschränkt werden. Der Ausübungsbereich kann dann der tatsächlichen Ausübung überlassen werden (BGH Rpfleger 81, 286; 84, 277); üblich ist die Festlegung in der Bewilligung (dazu BGH Rpfleger 69, 128; 82, 16; BayObLG MittBayNot 92, 399).

6 Unzulässig ist die Belastung von Miteigentumsanteilen oder Gesamthandsanteilen.

7 Gesamtbelastung mehrerer Objekte zulässig, wenn das Recht nur unter gleichzeitiger Inanspruchnahme aller Objekte ausgeübt werden kann (BayObLGZ 55, 170; DNotZ 91, 254).

8 **D. Berechtigter.** Der jeweilige Eigentümer eines anderen (des „herrschenden") Objekts (o Rn 5; nicht jedoch realer Teil). Unzulässig Bestellung zugunsten eines Miteigentumsanteils oder eines Nutzungsberechtigten (Frankf Rpfleger 02, 515). Da Eigentümer auch eine Personenmehrheit sein kann (Köln NJW-RR 93, 982), hält sie das Recht dann in dem Rechtsverhältnis, das dem Eigentum am herrschenden Objekt entspricht. Bei der Bestellung für die jeweiligen Eigentümer mehrerer Grundstücke können diese gem § 428 oder § 432 miteinander verbunden sein; § 420 dürfte regelmäßig ausscheiden, weil teilbare Leistungsgegenstände nur ausnahmsweise vorliegen werden (BayObLG MittBayNot 02, 289).

9 Eigentümerdienstbarkeit ist zulässig (BGH NJW 88, 2362).

10 **E. Inhalt. I. Grundsätze.** Die Duldungs- und Unterlassungspflichten des Eigentümers werden in drei großen Fallgruppen konkretisiert, die nachstehend in Rn 13 bis 27 dargestellt sind.

11 Aktives Handeln des Eigentümers kann nicht Hauptinhalt sein (BGH NJW-RR 03, 733). Jedoch ist positives Tun als Nebenpflicht zulässig. Einmal folgen solche Pflichten aus §§ 1021–1023, daneben sind auch Vereinbarungen zulässig, die der Erhaltung des Objekts in einem der übernommenen Duldungspflicht entspr Zustand dienen (BGH DNotZ 59, 240; WM 85, 1003); zulässig sind also alle Handlungspflichten, die die Ausübung des Rechts gewährleisten oder erleichtern (Ausf MüKo/*Falckenberg* § 1018 Rn 41–43).

12 Entgeltregelungen können nicht Rechtsinhalt sein (BayObLG 79, 278). Sie können aber über eine auflösende Bedingung verdinglicht werden; auch kann bei Nichtleistung ein Rückgewähranspruch vereinbart werden (Köln RhNotK 98, 131).

13 **II. Die Benutzungsdienstbarkeit (Alt 1).** Als erste der drei Hauptgruppen regelt das Gesetz die Benutzung in einzelnen Beziehungen. „Benutzung" ist jeder nicht nur einmalige Gebrauch (BGHZ 41, 209). Zu nennen sind:

14 Benutzung von Bauwerken u technischen Anlagen (KG NJW 73, 1128: Netzstation; BGH WM 76, 274: Gleisanlage; BGH DNotZ 59, 240: Seilbahn; BGH Rpfleger 04, 561: Zaun); Immissionsduldungspflicht (BayObLG Rpfleger 04, 561); Kellernutzungsrecht (BayObLG Rpfleger 05, 247);

15 Gewerbeausübung (BayObLG NJW-RR 90, 208); Warenvertriebsrecht (BGH NJW 85, 2474);

16 Entnahme von Bodenbestandteilen (BGH NJW 74, 2123: Kies; BayObLGZ 60, 167: Wasser; BayObLGZ 76, 58: Forstrecht).

17 Wege- und Fahrtrechte. Sie können nach allg M auch von Dritten ausgeübt werden (BGH DNotZ 71, 471; ausf *Löscher* Rpfleger 62, 432), die in einer besonderen Beziehung zum Eigentümer stehen, also Familienangehörige, Gäste, Kunden, Mieter.

18 „Einzelne Beziehungen" bedeutet, dass dem Eigentümer nicht jegliche wirtschaftlich sinnvolle Nutzung entzogen werden darf (BayObLGZ 65, 181, DNotZ 91, 254; Köln DNotZ 82, 442). Ein umfassendes („beliebiges") Benutzungsrecht ist nur als Nießbrauch zulässig (BayObLG ZfJR 03, 597).

19 **III. Die Unterlassungsdienstbarkeit (Alt 2).** Grundtatbestand ist die Unterlassung bestimmter tatsächlicher Handlungen, die an sich dem Eigentümer nach § 903 zustünden. Es muss sich jedoch stets um tatsächliche Nutzung handeln, nicht nur um Beschränkungen der rechtsgeschäftlichen Verfügungsfreiheit (BGH NJW-RR 03, 733). Ein schuldrechtlicher Erlaubnisvorbehalt (BGH NJW 83, 115) oder eine schuldrechtliche Befreiung (BayObLG Rpfleger 83, 391) sind möglich.

20 Unzulässig ist die Dienstbarkeit dort, wo bereits eine gesetzliche Unterlassungspflicht gleichen Inhalts besteht (ausf *Quack* Rpfleger 79, 281). Typisches Bsp: LG Siegen Rpfleger 84, 58 (Verbot der Lagerung von ABC-Waffen auf dem Grundstück!).

Zulässige Beschränkungen: Bebauungs- und Gestaltungsbeschränkungen (BGH NJW 02, 1797; 83, 115); Wohnungsbesetzungsbeschränkungen (BayObLG FG Prax 00, 134; BGH NJW-RR 03, 733); Verbot anderer Beheizung als mit Gas (Zweibr Rpfleger 01, 485). Wesentlich ist, dass dem Eigentümer nur bestimmte einzelne Handlungen verboten sind, die ihm jedoch andere, sinnvolle Handlungen offen lassen. 21

Unzulässige Beschränkungen: Verbot, über das Grundstück zu verfügen (BayObLGZ 53, 84); Teilungsverbot (KGJ 51, 297); Wohnungsbenutzung nur durch Eigentümer (BayObLG Rpfleger 82, 273); Unterlassung von Wärmebezug (München Rpfleger 05, 308). 22

Sonderkomplex: **Sicherung von Wettbewerbsbeschränkungen**. Sie spielt eine große Rolle beim Absatz von Mineralölprodukten und Getränken. Wirtschaftliches Ziel ist, eine Bezugs- u Ausschließlichkeitsbindung auf dinglichem Wege zu erreichen. 23

Dies ist heute im Grundsatz anerkannt. Dem Eigentümer kann verboten werden, eine Tankstelle oder Gaststätte zu betreiben; schuldrechtlich wird gleichzeitig vereinbart, dass er davon insoweit freigestellt wird, als er die erforderlichen Produkte ausschließlich beim Berechtigten bezieht (BGHZ 29, 244; 74, 293; DNotZ 90, 169). 24

Der schuldrechtliche Vertrag unterliegt den Beschränkungen aus § 138 I (Zeitschranke v 15–20 Jahren, BGH NJW 88, 2362; 92, 2145) und §§ 1, 18, 34 GWB (BGH NJW 88, 2362) sowie Art 85 EGV (EuGH NJW 91, 2204; BGH NJW 92, 2145; NJW-RR 92, 593). Auch hier gilt das Abstraktionsprinzip; das dingliche Recht bleibt idR davon unberührt. Es sichert eine Bezugsverpflichtung, neben die eine Sicherungsabrede tritt (BGH NJW-RR 92, 593). Besteht die schuldrechtliche Bezugspflicht nicht mehr, so ist der Eigentümer des belasteten Grundstücks berechtigt, die Löschung des Rechts zu verlangen (BGHZ 74, 293), s auch o Rn 3. 25

Wesentliche Literatur: *Prütting* GS Schulz, 1987, 287; *Walter/Maier* NJW 88, 377; *Münch* ZHR 157 (1993), 559; *Stürner* AcP 194 (1994), 265. 26

F. Der Ausschluss von Rechten (Alt 3). Eigentumsrechte (§ 903) ggü dem herrschenden Grundstück können ausgeschlossen werden. Erforderlich ist eine Rechtsbeziehung, die sich aus der Lage der Grundstücke zueinander ergibt (MüKo/*Falckenberg* § 1018 Rn 38). Bsp: Duldung von Einwirkungen (BayObLG FG Prax 03, 203); Verzicht auf Entschädigungsansprüche zB nach § 114 BBergG (Hamm Rpfleger 86, 364), nach § 14 BImschG (LG Kreuznach Rpfleger 89, 448). Unzulässig sind Beschränkungen der Verpflichtungs- und Verfügungsbefugnis. 27

G. Entstehen; Erlöschen. I. Rechtsentstehung. Das Recht entsteht nach § 873. Der Eintragungsvermerk muss den Rechtsinhalt schlagwortartig angeben (BGHZ 35, 378; Nürnbg NJW-RR 00, 1257: mehrere Inhalte). 28

II. Erlöschen. a) Durch Aufhebung, §§ 875, 876; b) Kraft Gesetzes bei Eintritt eines Endtermins oder einer Bedingung, uU bei Teilung des herrschenden (§ 1025 S 2) oder des belasteten Grundstücks (§ 1026, gem § 1028 S 2); c) bei Zwangsversteigerung des belasteten Grundstücks, wenn das Recht nicht ins geringsteGebot fiel, §§ 52, 91 ZVG (auch bei Versteigerung nur eines Miteigentumsanteils, Frankf Rpfleger 79, 149); d) wenn Ausübung dauernd unmöglich (BGH NJW 03, 3769) oder der Vorteil für das herrschende Grundstück auf Dauer entfällt. 29

§ 1019 Vorteil des herrschenden Grundstücks

¹Eine Grunddienstbarkeit kann nur in einer Belastung bestehen, die für die Benutzung des Grundstücks des Berechtigten Vorteil bietet. ²Über das sich hieraus ergebende Maß hinaus kann der Inhalt der Dienstbarkeit nicht erstreckt werden.

Der Vorteil für das herrschende Grundstück ist zwingende Voraussetzung der Existenz des Rechts: Fehlt er von Anfang an, ist Bestellung nichtig (München NJW 57, 1765); fällt er später weg, erlischt das Recht (BGH NJW-RR 88, 1229). 1

Es muss sich um einen Vorteil privater, wirtschaftlicher Natur handeln (BGH NJW 83, 115). Das Recht muss für die Benutzung des herrschenden Grundstücks objektiv nützlich sein. 2

§ 1020 Schonende Ausübung

¹Bei der Ausübung einer Grunddienstbarkeit hat der Berechtigte das Interesse des Eigentümers des belasteten Grundstücks tunlichst zu schonen. ²Hält er zur Ausübung der Dienstbarkeit auf dem belasteten Grundstück eine Anlage, so hat er sie in ordnungsmäßigem Zustand zu erhalten, soweit das Interesse des Eigentümers es erfordert.

Die Rechtsausübung soll nur in dem objektiv erforderlichen Maß geschehen (BGH VIZ 04, 330: Interessenabwägung!), S 1. 1

„Anlage" iSv S 2 ist eine dem Grundstück angefügte Einrichtung, der der Benutzung dient (BGH NJW 02, 678). Bsp: Befestigter Weg (Celle MDR 00, 81); Gartengestaltung (KG JFG 6, 282); Stromleitungen (BayObLG JurBüro 80, 375). 2

3 „Halten" der Anlage liegt vor, wenn sie für die Zwecke der Dienstbarkeit verwendet wird. Auf die Eigentumslage kommt es nicht an. Mitbenutzung durch Eigentümer schließt S 2 **nicht** aus (BGH ZfJR 05, 357).
4 Der Berechtigte hat die Anlage in einem ordnungsgemäßen Zustand zu erhalten; für ordentliches Aussehen und Verkehrssicherheit zu sorgen.

§ 1021 Vereinbarte Unterhaltungspflicht

(1) ¹Gehört zur Ausübung einer Grunddienstbarkeit eine Anlage auf dem belasteten Grundstücke, so kann bestimmt werden, dass der Eigentümer dieses Grundstücks die Anlage zu unterhalten hat, soweit das Interesse des Berechtigten es erfordert. ²Steht dem Eigentümer das Recht zur Mitbenutzung der Anlage zu, so kann bestimmt werden, dass der Berechtigte die Anlage zu unterhalten hat, soweit es für das Benutzungsrecht des Eigentümers erforderlich ist.
(2) Auf eine solche Unterhaltungspflicht finden die Vorschriften über die Reallasten entsprechende Anwendung.

1 Die Norm regelt Unterhaltspflichten für „Anlagen" (dazu § 1020 Rn 2). Während die Erhaltpflicht nach § 1020 S 2 eine gesetzliche ist, ermöglicht die Norm Vereinbarungen über die Unterhaltspflicht.
2 Soll der **Eigentümer** unterhaltspflichtig sein, (I 1), dann hat er die Anlage benutzungsfähig zu halten, damit die Dienstbarkeit ausgeübt werden kann (Ddorf RNotZ 03, 455).
3 Soll der **Berechtigte** unterhaltspflichtig sein (I 2), so ist eine dahingehende Vereinbarung nur möglich bei beiderseitiger Mitbenutzung (Köln Rpfleger 90, 409). Ausf *Volmer* MittBayNot 00, 387.
4 Auf die vereinbarten Unterhaltspflichten finden die Vorschriften über die Reallasten Anwendung, II. Sie können also aus dem Grundstück des Verpflichteten verlangt werden; auch § 1108 ist anwendbar. Eine Eintragung als Reallast ist aber entbehrlich, da die Leistungspflicht dinglicher Inhalt der Dienstbarkeit ist.

§ 1022 Anlagen auf baulichen Anlagen

¹Besteht die Grunddienstbarkeit in dem Recht, auf einer baulichen Anlage des belasteten Grundstücks eine bauliche Anlage zu halten, so hat, wenn nicht ein anderes bestimmt ist, der Eigentümer des belasteten Grundstücks seine Anlage zu unterhalten, soweit das Interesse des Berechtigten es erfordert. ²Die Vorschrift des § 1021 Abs 2 gilt auch für diese Unterhaltungspflicht.

1 Die Norm regelt den seltenen Fall, dass auf einer baulichen Anlage eine bauliche Anlage gehalten wird. Diese Situation muss Hauptinhalt der Dienstbarkeit sein.
2 Liegt keine Vereinbarung vor, so trifft die Unterhaltspflicht für die sog tragende Anlage den Eigentümer in dem Umfang, der notwendig ist, damit der Berechtigte sein Recht ausüben kann. Für die Unterhaltspflicht bzgl der getragenen Anlage gilt § 1020 S 2; bei Mitbenutzung ist § 1021 S 2 anzuwenden.

§ 1023 Verlegung der Ausübung

(1) ¹Beschränkt sich die jeweilige Ausübung einer Grunddienstbarkeit auf einen Teil des belasteten Grundstücks, so kann der Eigentümer die Verlegung der Ausübung auf eine andere, für den Berechtigten ebenso geeignete Stelle verlangen, wenn die Ausübung an der bisherigen Stelle für ihn besonders beschwerlich ist; die Kosten der Verlegung hat er zu tragen und vorzuschießen. ²Dies gilt auch dann, wenn der Teil des Grundstücks, auf den sich die Ausübung beschränkt, durch Rechtsgeschäft bestimmt ist.
(2) Das Recht auf die Verlegung kann nicht durch Rechtsgeschäft ausgeschlossen oder beschränkt werden.

1 **A. Norminhalt.** Die Norm regelt eine Verlegung des Ausübungsbereichs bei einer Dienstbarkeit, die nur auf einem Grundstücksteil ausgeübt werden kann, jedoch das ganze Objekt belastet, vgl § 1018 Rn 5. Sie hängt eng zusammen mit dem Gebot des § 1020 S 1.
2 **B. Voraussetzungen.** Bei Vorliegen einer Ausübungsbeschränkung (o Rn 1) muss die derzeitige Ausübung für den Eigentümer besonders beschwerlich sein, dh sie muss erhebliche Nachteile – nicht nur Unbequemlichkeiten – mit sich bringen (Ddorf ZfIR 00, 966).
3 Die neue Ausübungsstelle muss dem Berechtigten im Wesentlichen die gleiche Nutzungsqualität bieten.
4 **C. Die Verlegung.** Der Eigentümer des belasteten Grundstücks hat ein Recht auf Verlegung; auch dem Eigentümer des herrschenden Grundstücks kann aus § 242 ein solches Recht zustehen (MüKo/*Falckenberg* § 1023 Rn 7). Verlegung ist Inhaltsänderung nach §§ 877, 873. Bei Weigerung klagt der Eigentümer auf Einigung und Bewilligung (§ 894 ZPO). Bei bloß schuldrechtlicher Ausübungsbeschränkung ist nach § 1004 vorzugehen; Eintragungsfähigkeit u -bedürftigkeit liegen dann nicht vor (KG NJW 73, 1128).

Ausnahmsweise kann auch die Verlegung auf ein anderes Grundstück verlangt werden (MüKo/*Falckenberg* § 1023 Rn 6 mwN). Dann handelt es sich allerdings um die Aufhebung des bisherigen und die Bestellung eines neuen Rechts.

§ 1024 Zusammentreffen mehrerer Nutzungsrechte

Trifft eine Grunddienstbarkeit mit einer anderen Grunddienstbarkeit oder einem sonstigen Nutzungsrecht an dem Grundstück dergestalt zusammen, dass die Rechte nebeneinander nicht oder nicht vollständig ausgeübt werden können, und haben die Rechte gleichen Rang, so kann jeder Berechtigte eine den Interessen aller Berechtigten nach billigem Ermessen entsprechende Regelung der Ausübung verlangen.

Das Zusammentreffen mehrerer dinglicher Nutzungsrechte (Grunddienstbarkeit, Nießbrauch, b-p Dienstbarkeit, Erbbaurecht, Dauerwohn- u Nutzungsrecht) ist problemlos, wenn sie untereinander Vor- und Nachrang haben. Dann geht das besserrangige Recht vor.

Die Norm regelt deshalb nur das Zusammentreffen gleichrangiger Rechte, die nebeneinander nicht oder nicht vollständig ausgeübt werden können. Die Berechtigten haben dann gegeneinander Anspruch auf einen angemessenen Ausgleich der Interessen, der zB die Befugnisse in räumlicher und/oder zeitlicher Hinsicht aufteilt. Umstritten ist, ob eine solche Regelung eine – eintragungsbedürftige – Inhaltsänderung (§§ 877, 873) darstellt (vgl dazu MüKo/*Falckenberg* § 1024 Rn 3). Gegen eine Eintragungsbedürftigkeit spricht, dass die Regelung das Verhältnis zum Eigentümer des belasteten Grundstücks unberührt lässt.

§ 1025 Teilung des herrschenden Grundstücks

¹Wird das Grundstück des Berechtigten geteilt, so besteht die Grunddienstbarkeit für die einzelnen Teile fort; die Ausübung ist jedoch im Zweifel nur in der Weise zulässig, dass sie für den Eigentümer des belasteten Grundstücks nicht beschwerlicher wird. ²Gereicht die Dienstbarkeit nur einem der Teile zum Vorteil, so erlischt sie für die übrigen Teile.

Die Norm regelt die Folgen der Teilung des herrschenden Grundstücks; wegen der Teilung des belasteten Grundstücks s § 1026.

Durch die Teilung wird die Dienstbarkeit nicht etwa in Teilrechte aufgesplittert, sondern bleibt ein einheitliches Recht (BayObLG NJW-RR 90, 1043). Die Eigentümer der herrschenden Grundstücke bilden eine Bruchteilsgemeinschaft. Nach S 2 darf die nunmehrige Ausübungsart jedoch für den Eigentümer nicht beschwerlicher werden (vgl § 1020); der Eigentümer kann ggf gem § 1004 vorgehen.

Im Innenverhältnis der mehreren Berechtigten gelten die §§ 741 ff; die Berechtigten können untereinander die Ausübung regeln. Str ist, ob dies gem § 745 (Mehrheitsentscheidung) geschehen kann, oder ob § 1024 entspr anzuwenden ist (zum Streitstand s MüKo/*Falckenberg* § 1025 Rn 2). Letzteres dürfte wegen Vergleichbarkeit der Interessenlagen zutreffen; der Einwand, § 1025 enthalte eine gesetzliche Ausübungsbeschränkung, steht dem nicht entgegen, denn die Beschränkung besteht nur im Verhältnis zum Eigentümer, nicht aber im Verhältnis der mehreren Berechtigten zueinander.

War das Recht in seiner Ausübung auf einen Teil des bisherigen (ungeteilten) Grundstücks beschränkt (§ 1018 Rn 5), so kann es sein, dass nach der Teilung nur bei einem (oder einigen) der neu gebildeten Grundstücke der Ausübungsvorteil besteht. Dann erlischt das Recht (§ 1019 Rn 1) an den anderen Grundstücken.

§ 1026 Teilung des dienenden Grundstücks

Wird das belastete Grundstück geteilt, so werden, wenn die Ausübung der Grunddienstbarkeit auf einen bestimmten Teil des belasteten Grundstücks beschränkt ist, die Teile, welche außerhalb des Bereichs der Ausübung liegen, von der Dienstbarkeit frei.

Während § 1025 die Folgen einer Teilung des herrschenden Grundstücks regelt, behandelt § 1026 die Teilung des dienenden (belasteten) Grundstücks.

Grds sind nach Teilung alle neu gebildeten Grundstücke mit inhaltsgleichen Dienstbarkeiten belastet; es entsteht ein Gesamtrecht (BayObLG Rpfleger 83, 143). Bei der Abschreibung neu gebildeter Grundstücke ist das Recht von Amts wegen mit zu übertragen; unterbleibt das, so gilt es als gelöscht (§ 46 II GBO), das Grundbuch ist dann unrichtig, denn das Recht besteht ja weiter.

Das Recht erlischt jedoch auf den neu gebildeten Grundstücken, die außerhalb des Ausübungsbereichs liegen. Es ist dies der Fall, wenn der Berechtigte nach der Art der Dienstbarkeit (Nutzung einer Wasserquelle: BayObLG Rpfleger 83, 143) örtlich gebunden ist oder wenn er aufgrund Vereinbarung dauernd rechtlich gehindert ist, bestimmte Teile zu benutzen (KG NJW 69, 470). Es kann genügen, wenn ein Entnahmerecht zunächst flächenmäßig unbegrenzt eingeräumt, dann aber durch einverständliche tatsächliche Ausübung konkretisiert wurde (BGH NJW 02, 3021). Das Recht aus § 1023 schließt die Anwendung von § 1026 nicht aus, weil es sich nach Teilung um die Verlegung auf ein neues Grundstück handelt, die ohnehin das Erlöschen des Rechts und seine Neubestellung voraussetzt (§ 1023 Rn 5). Das kraft Gesetzes erloschene Recht wird bei der Abschreibung des Grundstückes nicht mit übertragen.

4 Unabhängig von § 1026 kann ein Grundstücksteil von der Belastung befreit werden, wenn die zuständige Behörde ein sog Unschädlichkeitszeugnis erteilt. Nach Art 120 EGBGB kann das Landesrecht entspr Regelungen vorsehen; eine Übersicht findet sich bei Staud/*Mayer* Art 120 EGBGB Rn 50 ff.

§ 1027 Beeinträchtigung der Grunddienstbarkeit

Wird eine Grunddienstbarkeit beeinträchtigt, so stehen dem Berechtigten die in § 1004 bestimmten Rechte zu.

1 Beeinträchtigung ist jede Störung oder Behinderung der rechtmäßigen Dienstbarkeitsausübung. Sie ist zu unterscheiden von Beeinträchtigungen des belasteten Grundstücks durch exzessive Rechtsausübung, für diese gilt § 1020 (BGH Rpfleger 99, 122).

2 Gegen den Störer bestehen: a) Anspruch auf Beseitigung/Unterlassung gem § 1004; b) Ansprüche auf Besitzschutz gem §§ 858 ff; c) Schadensersatzansprüche, gegen den Eigentümer nach §§ 281 I, 282, 280 I wegen Verletzung der Sorgfaltspflichten aus dem gesetzlichen Schuldverhältnis (§ 1018 Rn 4), gegen Dritte aus § 823 I.

3 Anspruchsinhaber ist der Eigentümer des herrschenden Grundstücks; bei Miteigentum: § 1011. Ist das herrschende Grundstück mit einem Nutzungsrecht belastet, das sich auch auf die Dienstbarkeitsberechtigung erstreckt, so ist auch der Nutzungsberechtigte zur Anspruchsausübung berechtigt (zB Nießbraucher, § 1065).

4 Anspruchsgegner ist, wer die Beeinträchtigung aktiv oder durch pflichtwidriges Unterlassen herbeigeführt hat oder aufrechterhält (BGH WM 66, 1300). Störer kann der Eigentümer des belasteten Grundstücks sein (BGH NJW 92, 1101) oder ein Dritter.

§ 1028 Verjährung

(1) ¹Ist auf dem belasteten Grundstück eine Anlage, durch welche die Grunddienstbarkeit beeinträchtigt wird, errichtet worden, so unterliegt der Anspruch des Berechtigten auf Beseitigung der Beeinträchtigung der Verjährung, auch wenn die Dienstbarkeit im Grundbuch eingetragen ist. ²Mit der Verjährung des Anspruchs erlischt die Dienstbarkeit, soweit der Bestand der Anlage mit ihr in Widerspruch steht.
(2) Die Vorschrift des § 892 findet keine Anwendung.

1 Die Norm enthält zunächst eine Verjährungsregelung. Sie gilt jedoch nicht nur für den in I 1 geregelten Spezialfall, sondern für alle Fälle des § 1027 (MüKo/*Falckenberg* § 1028 Rn 1; Palandt/*Bassenge* Rn 1). Die Verjährung richtet sich nach §§ 195, 199 I, IV, V; die Frist beträgt also regelmäßig drei Jahre, höchstens (§ 199 IV, V) zehn Jahre.

2 Handelt es sich um den in I 1 beschriebenen Beseitigungsanspruch, dann hat der Verjährungseintritt nicht nur das Einrederecht aus § 214 I, sondern auch den in S 2 geregelten Wegfall der Dienstbarkeit zur Folge. Das Erlöschen der Dienstbarkeit tritt nur in dem Umfang ein, in dem ihre Ausübung durch die Anlage (§ 1020 Rn 2) beeinträchtigt wird (BayObLGZ 59, 478). Das Erlöschen ist an den Verjährungseintritt als solchen geknüpft; Einredeerhebung ist nicht erforderlich. Andere Fälle des § 1027 als der in I 1 geregelte führen nicht zum Wegfall des Rechts.

3 Nach II ist Gutglaubensschutz für einen Erwerber des herrschenden Grundstücks ausgeschlossen, wenn er in Unkenntnis der laufenden Frist oder des Erlöschens erwirbt. Auch nach Beseitigung der Anlage ist späterer Erwerber nicht geschützt (MüKo/*Falckenberg* § 1028 Rn 3; aA Palandt/*Bassenge* Rn 2; Soergel/*Stüner* Rn 2), denn der Ausschluss des Erwerbers beruht nicht darauf, dass das Vorhandensein der Anlage das Vertrauen in den Grundbuchinhalt erschüttere, sondern auf dem Verwirkungsgedanken.

§ 1029 Besitzschutz des Rechtsbesitzers

Wird der Besitzer eines Grundstücks in der Ausübung einer für den Eigentümer im Grundbuch eingetragenen Grunddienstbarkeit gestört, so finden die für den Besitzschutz geltenden Vorschriften entsprechende Anwendungen, soweit die Dienstbarkeit innerhalb eines Jahres vor der Störung, sei es auch nur einmal ausgeübt worden ist.

1 Die Besonderheit der Norm liegt im Schutz des sog Rechtsbesitzes: Der Besitzer (unmittelbarer oder mittelbarer, Eigen- oder Fremdbesitzer, Allein- oder Mitbesitzer) des **herrschenden** Grundstücks, der in der Ausübung der Dienstbarkeit durch den Eigentümer des belasteten Grundstücks oder einen Dritten gestört wird, genießt wie ein Sachbesitzer Besitzschutz entspr §§ 858 ff.

Voraussetzung ist, dass das Recht innerhalb eines Jahres vor der Störung ausgeübt worden ist; wer ausgeübt 2
hat, ist ohne Belang, sofern es nur eine dazu befugte Person war. Bei einer Unterlassungsdienstbarkeit genügt,
dass der Verpflichtete nicht zuwiderhandelt. Der Besitzschutz muss dann innerhalb eines Jahres seit der Störung in Anspruch genommen werden, § 864 I.
Wer in Ausübung der Dienstbarkeit das **belastete** Grundstück besitzt, genießt unmittelbaren Besitzschutz 3
gem §§ 858 ff.

Titel 2 Nießbrauch

Untertitel 1 Nießbrauch an Sachen

§ 1030 Gesetzlicher Inhalt des Nießbrauchs an Sachen

(1) Eine Sache kann in der Weise belastet werden, dass derjenige, zu dessen Gunsten die Belastung erfolgt, berechtigt ist, die Nutzungen der Sache zu ziehen (Nießbrauch).
(2) Der Nießbrauch kann durch den Ausschluss einzelner Nutzungen beschränkt werden.

A. Der Rechtstyp. Der Nießbrauch ist ein Nutzungsrecht. Systematisch als eine der Dienstbarkeitsarten eingeordnet unterscheidet er sich deutlich von den anderen durch die umfassende, auf Ziehung der gesamten Nutzungen gerichtete Befugnis. Er ist das einzige dingliche Recht, das an allen Gegenständen (Immobilien, Mobilien, Rechte) bestellt werden kann, sofern sie nutzbar sind und übertragen werden können. In den §§ 1030–1067 ist zunächst der Nießbrauch an Sachen geregelt. 1

B. Belastungsgegenstand. Belastbar sind Sachen, also bewegliche Sachen (auch Tiere, § 90 a), Grundstücke, 2
grundstücksgleiche Rechte, Miteigentumsanteile, Wohnungseigentumsberechtigung (BGH NJW 02, 1647), Schiffe (dazu: *Dobberahn* MittRhNotK 98, 145) und nicht eingetragene Luftfahrzeuge (§ 9 LuftfzRG).
Reale Teile sind isoliert belastbar, wenn sie **nicht wesentliche Bestandteile** sind. Praktische Bedeutung hat 3
dies bei realen Grundstücksteilen (Zweibr DNotZ 82, 444; LG Tübingen BWNotZ 81, 140); eintragbar unter der Voraussetzung des § 7 II GBO. Häufig ist jedoch in solchen Fällen die Belastung des ganzen Grundstücks mit einer vereinbarten Ausübungsbeschränkung, vgl § 1018 Rn 5.
Reale Teile, die **wesentliche Bestandteile** sind, können wegen § 93 nicht isoliert belastet werden (zB Gebäude 4
oder einzelne Wohnung).
Von der Belastung eines ideellen Anteils (o Rn 2) zu unterscheiden ist der sog **Quotennießbrauch**. Er belastet 5
die ganze Sache, dem Nießbraucher steht jedoch nur ein bestimmter Bruchteil der Nutzungen zu (BGH NJW-RR 03, 1290). Zwischen dem Nießbraucher und dem Eigentümer besteht dann in Bezug auf die Nutzungsbefugnis eine Gemeinschaft entspr §§ 741 ff.
Sollen mehrere Grundstücke belastet werden, so ist ein Gesamtrecht nicht möglich; es sind jeweils Einzelrechte zu 6
bestellen (LG Ddorf MittRhNotK 73, 658; LG Verden Nds Rpfl 65, 252; ausf *Böttcher* MittBayNot 93, 129).

C. Berechtigter. I. Fremdberechtigung. Eine bestimmte natürliche oder juristische Person oder rechtsfähige Personengesellschaft (BGHZ 50, 307); auch die sog Außen-GbR (*Lautner* MittBayNot 01, 425). Eine subjektiv-dingliche Bestellung ist ausgeschlossen. 7
Mehrere Berechtigte können eine Gesamthandsgemeinschaft (GbR-Innengesellschaft; Gütergemeinschaft) bilden, eine Bruchteilsgemeinschaft oder eine Gesamtgläubigerschaft nach § 428 (Frankf NJWE-FER 00, 292). Eine Mitberechtigung nach § 432 ist, wegen nicht gegebener Unteilbarkeit, ausgeschlossen (Hamm Rpfleger 80, 21). 8

II. Eigentümerrecht. a) Bei **Immobilien** ergibt sich die zulässige derivative Eigentümerberechtigung aus 9
§ 889. Die originäre Bestellung ist unstreitig möglich (Köln NJW-RR 99, 239), umstritten ist nur, ob ein besonderes, schutzwürdiges Interesse nachgewiesen werden muss. (Saarbr Rpfleger 92, 16; LG Frankf Rpfleger 92, 150; LG Verden Nds Rpfl 70, 208) oder nicht (Köln aaO; MüKo/*Pohlmann* § 1030 Rn 24; Palandt/*Bassenge* Rn 4; Staud/*Frank* Rn 31). Letzterem ist zuzustimmen. Das Argument der Rangwahrung (MüKo/*Pohlmann* aaO) hilft dazu angesichts der Nichtübertragbarkeit nur in den Ausnahmefällen von § 1059; überzeugend ist die Schwierigkeit der Prüfung im Eintragungsverfahren (Soegel/*Stürner* Rn 3) und die letztlich ohnehin anerkannte Subjektivität der Eigentümerentscheidung.
b) Bei **Mobilien** ist der derivative Erwerb in § 1063 gesondert geregelt; s Erl dort. Die originäre Belastung ist 10
so lange funktionslos, wie der Eigentümer nicht über die Sache, insbes durch Veräußerung, verfügt. In diesem Zusammenhang kann ein Vorbehaltsnießbrauch die Eigentümerinteressen hinreichend wahren (*Kanzleiter* Anm zu Ddorf DNotZ 99, 440).

D. Rechtsinhalt. I. Gesetzlicher Inhalt. Der Nießbraucher ist berechtigt, die Nutzungen der Sache zu ziehen. 11
Das sind nach § 100 die Früchte der Sache (§ 99) sowie die Gebrauchsvorteile. Vgl insoweit die Erl zu §§ 99, 100. Die unmittelbaren Früchte erwirbt der Nießbraucher nach § 954, die mittelbaren (zB Miete) durch Einziehung.

Der Nießbraucher ist ab Entstehen des Nießbrauchs Gläubiger der Mietforderungen; seine Gläubiger können diese pfänden, nicht jedoch Gläubiger des Eigentümers (*Stöber* Forderungspfändung Rn 234).

12 **II. Ausschluss von Nutzungen (II).** Einzelne Nutzungsbefugnisse (zB Besitz, Ziehung bestimmter Früchte) können ausgeschlossen werden (BGHZ 13, 203); die Rechtsnatur als umfassendes Nutzungsrecht muss erhalten bleiben, das verbietet den Ausschluss aller denkbaren Nutzungen bis auf eine oder einzelne (BayObLGZ 79, 361, Rpfleger 81, 439).

13 Häufig ist die Beschränkung auf Grundstücksteile. Soweit es sich um **nicht wesentliche** Bestandteile handelt, bestehen keine Bedenken, vgl o Rn 3. **Wesentliche** Bestandteile können jedoch wegen § 93 nicht ausgeschlossen werden. Der in der Praxis häufige Fall, dass der Eigentümer eine von mehreren Wohnungen weiter selbst nutzen will, kann über II nicht gelöst werden (BayObLG Rpfleger 80, 17); möglich ist ein vorrangiges Eigentümerwohnungsrecht (*Ertl* MittBayNot 88, 53).

14 **III. Andere Inhaltsvereinbarungen.** 1. Ein Sicherungsnießbrauch läge vor, wenn das Recht das Befriedigungsinteresse eines Forderungsgläubigers durch den unmittelbaren Zugriff, zB auf die Mietforderungen, sichern soll. Eine derartige dingliche Abrede wird abgelehnt (BGH WM 66, 653). Schuldrechtlich ist eine solche Verwendungsabrede zulässig. Möglich ist ihre Koppelung mit einer auflösenden Bedingung durch Forderungstilgung (RGZ 106, 109) oder einer durch Löschung zu erfüllenden Rückgewährvereinbarung (BGH aaO). Unberührt davon bleibt aber stets der unabdingbare § 1061. Bei Zession der gesicherten Forderung ist der Zedent verpflichtet, das Recht zur Löschung zu bringen (MüKo/*Pohlmann* § 1030 Rn 75; aA Palandt/*Bassenge* Rn 7).

15 2. Eine Entgeltregelung kann nicht dinglicher Inhalt sein (*Schön* S 329 ff; *Stürner* AcP 194, 265; aA BayObLG 79, 273), weil das dann bei Nichtzahlung dem Eigentümer zustehende Zurückbehaltungsrecht die ordnungsgemäße Bewirtschaftung (§§ 1036, 1041) hindern müsste. Möglich ist eine schuldrechtliche Vereinbarung, verbunden mit einer auflösenden Bedingung.

16 3. Ein sog Dispositionsnießbrauch läge vor, wenn der Nießbraucher über §§ 1048 I 1, 1074, 1077, 1087 II 2 hinaus mit Verfügungsbefugnis ausgestattet würde. Dinglicher Rechtsinhalt kann das nicht sein (BGH NJW 82, 31). Möglich ist jedoch eine Ermächtigung nach § 185 (Celle DNotZ 74, 731) oder eine Bevollmächtigung (Westermann/Gursky § 21 III 3).

17 **E. Entstehen; Erlöschen. I. Mobilien. 1. Entstehen.** Rechtsgeschäftlich gem § 1032 (s Erl dort), kraft Gesetzes gem §§ 1033, 1048 I 2, 1066 III.

18 **2. Erlöschen.** a) Tod des Berechtigten; § 1061; b) durch Eintritt eines Endtermins oder einer auflösenden Bedingung; c) Aufhebung, § 1064; d) Konsolidation § 1062 I, es sei denn § 1062 II (vgl Erl dort); e) Untergang der Sache (evtl Surrogation gem § 1046! Vgl Erl dort); f) lastenfreier Eigentumserwerb Dritter (§§ 936, 945, 949 S 1, 950 II).

19 **II. Immobilien. 1. Entstehen.** Rechtsgeschäftlich gem § 873, kraft Gesetzes gem § 900 II, § 1066 III, § 68 I FlurbG, § 63 I 1 BauGB.

20 **2. Erlöschen.** a) Wie oben Rn 18 Sodann: b) Aufhebung, §§ 875, 876; c) bei lastenfreiem Eigentumserwerb Dritter (§§ 892); d) durch Zuschlag in der Zwangsversteigerung, wenn das Recht nicht im geringsten Gebot berücksichtigt war, §§ 52, 91 ZVG.

§ 1031 Erstreckung auf Zubehör

Mit dem Nießbrauch an einem Grundstück erlangt der Nießbraucher den Nießbrauch an dem Zubehör nach der für den Erwerb des Eigentums geltenden Vorschrift des § 926.

1 Beim Grundstücksnießbrauch wird das Zubehör nach Maßgabe des § 926 miterfasst; vgl Erl dort.
2 Für bewegliche Sachen s § 1032 Rn 1.

§ 1032 Bestellung an beweglichen Sachen

¹Zur Bestellung des Nießbrauchs an einer beweglichen Sache ist erforderlich, dass der Eigentümer die Sache dem Erwerber übergibt und beide darüber einig sind, dass diesem der Nießbrauch zustehen soll. ²Die Vorschriften des § 929 Satz 2, der §§ 930 bis 932 und der §§ 933 bis 936 finden entsprechende Anwendung; in den Fällen des § 936 tritt nur die Wirkung ein, dass der Nießbrauch dem Recht des Dritten vorgeht.

1 **A. Anwendungsbereich.** Die Norm regelt das Bestellungsgeschäft bei beweglichen Sachen u bei nicht eingetragenen Schiffen (mit Ausschluss v §§ 929 a, 932 a: MüKo/*Pohlmann* Rn 2). Da es für das Zubehör einer beweglichen Sache an einer § 1031 vergleichbaren Regelung fehlt, gilt die Norm auch insoweit.

B. Norminhalt. Die Bestellung erfordert Einigung und Übergabe (S 1). Die Übergabe ist bei Sachbesitz des 2
künftigen Nießbrauchers entbehrlich (§ 929 S 2); die Übergabesurrogate (§§ 930, 931) gelten entspr; vgl die
Erl dort.
Ein gutgläubiger Erwerb ist entspr §§ 932, 933–935 möglich; vgl Erl dort. Modifiziert ist in S 2 Hs 2 die Regel 3
des § 936: Bei Gutgläubigkeit des Nießbrauchers bzgl einer Belastung erlischt diese nicht, sondern wird ggü
dem Nießbrauch nachrangig; bei Bösgläubigkeit ist der Nießbrauch nachrangig. Behält sich der Nichteigentümer bei Veräußerung den Nießbrauch vor, kann er ihn mangels Verkehrsgeschäfts nicht erwerben; er entsteht dann für den wahren Eigentümer (MüKo/*Pohlmann* § 1033 Rn 11).

§ 1033 Erwerb durch Ersitzung

¹Der Nießbrauch an einer beweglichen Sache kann durch Ersitzung erworben werden. ²Die für den Erwerb
des Eigentums durch Ersitzung geltenden Vorschriften finden entsprechende Anwendung.

Scheitert ein gutgläubiger Nießbrauchserwerb an § 935, oder liegen Mängel im Erwerbsgeschäft vor, so kann 1
das Recht ersessen werden.
S 2 verweist auf die §§ 937–945. Unanwendbar sind §§ 943, 944 wegen §§ 1059, 1061. Trotzdem wird allgemein – 2
wie in § 943 – eine Zusammenrechnung der Ersitzungszeiten bejaht. Vgl im Übrigen die Erl zu §§ 937 ff.

§ 1034 Feststellung des Zustands

¹Der Nießbraucher kann den Zustand der Sache auf seine Kosten durch Sachverständige feststellen lassen.
²Das Gleiche Recht steht dem Eigentümer zu.

Zur Vermeidung von Beweisschwierigkeiten können bei Bestellung oder später der Berechtigte und der 1
Eigentümer den Zustand der Sache (bewegl oder Immobilie) durch einen Sachverständigen feststellen lassen;
der andere Teil ist zur Duldung verpflichtet.
Vollstreckung des Duldungsanspruchs: § 890 ZPO. Feststellungsverfahren: § 164 FGG. 2

§ 1035 Nießbrauch an Inbegriff von Sachen; Verzeichnis

¹Bei dem Nießbrauch an einem Inbegriff von Sachen sind der Nießbraucher und der Eigentümer einander verpflichtet, zur Aufnahme eines Verzeichnisses der Sachen mitzuwirken. ²Das Verzeichnis ist mit der Angabe des
Tages der Aufnahme zu versehen und von beiden Teilen zu unterzeichnen; jeder Teil kann verlangen, dass die
Unterzeichnung öffentlich beglaubigt wird. ³Jeder Teil kann auch verlangen, dass das Verzeichnis durch die
zuständige Behörde oder durch einen zuständigen Beamten oder Notar aufgenommen wird. ⁴Die Kosten hat
derjenige zu tragen und vorzuschießen, welcher die Aufnahme oder die Beglaubigung verlangt.

Zur Vermeidung von Streitigkeiten und Beweisschwierigkeiten kann ein Verzeichnis der vom Recht erfassten 1
Gegenstände verlangt werden. „Inbegriff v Sachen" ist eine Sachgesamtheit. Entspr anwendbar bei §§ 1068 II,
1085, 1089.
Vollstreckung des titulierten Anspruchs: § 888 ZPO (Hamm Rpfleger 83, 144). Beglaubigung durch Notar 2
(§ 20 I 1, 2 BNotO) oder nach Landesrecht iRv § 61 I Nr 2 BeurkG.

§ 1036 Besitzrecht; Ausübung des Nießbrauchs

(1) Der Nießbraucher ist zum Besitz der Sache berechtigt.
(2) Er hat bei der Ausübung des Nutzungsrechts die bisherige wirtschaftliche Bestimmung der Sache aufrechtzuerhalten und nach den Regeln einer ordnungsmäßigen Wirtschaft zu verfahren.

A. Das Besitzrecht (I). Der Nießbraucher ist ggü dem Eigentümer und jedem Dritten besitzberechtigt; er 1
genießt den Besitzschutz gem §§ 859–862, 869, 1004, 1007. Zu § 985 vgl § 1065 Rn 1, 3.
Die Besitzart bestimmt sich nach der Ausgestaltung des Rechts. Regelmäßig wird es der unmittelbare Besitz sein; 2
bei vermietetem/verpachtetem Grundstück ist es der mittelbare Besitz (vgl §§ 567, 566–566 e, 578 I, 581 II).
B. Bestimmungsgemäße Bewirtschaftung (II). Die wirtschaftliche Bestimmung, die das Objekt zzt der 3
Bestellung hatte, muss im Wesentlichen aufrechterhalten werden. Der Nießbraucher ist verpflichtet, das
Objekt nach objektiven Maßstäben ordnungsgemäß zu bewirtschaften.

§ 1037 Umgestaltung

(1) Der Nießbraucher ist nicht berechtigt, die Sache umzugestalten oder wesentlich zu verändern.
(2) Der Nießbraucher eines Grundstücks darf neue Anlagen zur Gewinnung von Steinen, Kies, Sand, Lehm, Ton, Mergel, Torf und sonstigen Bodenbestandteilen errichten, sofern nicht die wirtschaftliche Bestimmung des Grundstücks dadurch wesentlich verändert wird.

1 **A. Umgestaltung, Veränderung (I).** Dem Nießbraucher ist jede Umgestaltung verboten (BGH NJW 83, 932: Umbau großer Wohnung in mehrere kleine). Maßnahmen, die dem wirtschaftlichen Zweck dienen (Dacheindeckung, Tünchen, neuer Verputz), sind zulässig, nicht jedoch Um- oder Neubauten. Ein Unternehmensnießbraucher kann einzelne Betriebszweige aufgeben (BGH NJW 02, 434).

2 **B. Anlagenerrichtung (II).** Einschränkung von I zur Sicherung des auf Ausbeutung von Bodenbestandteilen gerichteten Rechts. Unzulässig also (ohne ausdrückliche Gestattung) jede Anlage (§ 1020 Rn 2), die nicht unmittelbar dem Gewinnungszweck dient, also zB Bürogebäude.

§ 1038 Wirtschaftsplan für Wald und Bergwerk

(1) ¹Ist ein Wald Gegenstand des Nießbrauchs, so kann sowohl der Eigentümer als der Nießbraucher verlangen, dass das Maß der Nutzung und die Art der wirtschaftlichen Behandlung durch einen Wirtschaftsplan festgestellt werden. ²Tritt eine erhebliche Änderung der Umstände ein, so kann jeder Teil eine entsprechende Änderung des Wirtschaftsplans verlangen. ³Die Kosten hat jeder Teil zur Hälfte zu tragen.
(2) Das Gleiche gilt, wenn ein Bergwerk oder eine andere auf Gewinnung von Bodenbestandteilen gerichtete Anlage Gegenstand des Nießbrauchs ist.

1 Bei Waldgrundstücken (I), Bergwerken oder anderen Anlagen zur Ausbeute von Bodenbestandteilen (II) kann jeder der Vertragspartner einen Wirtschaftsplan verlangen, der Streitigkeiten über die ordnungsgemäße Bewirtschaftung (§ 1036 II) vermeiden soll. Planänderung kann verlangt werden bei wesentlicher Veränderung der tatsächlichen Verhältnisse.
2 Durchsetzung: Klage auf Zustimmung zum Plan des Klägers. Vollstreckung: § 894 ZPO.

§ 1039 Übermäßige Fruchtziehung

(1) ¹Der Nießbraucher erwirbt das Eigentum auch an solchen Früchten, die er den Regeln einer ordnungsmäßigen Wirtschaft zuwider oder die er deshalb im Übermaß zieht, weil dies infolge eines besonderen Ereignisses notwendig geworden ist. ²Er ist jedoch, unbeschadet seiner Verantwortlichkeit für ein Verschulden, verpflichtet, den Wert der Früchte dem Eigentümer bei der Beendigung des Nießbrauchs zu ersetzen und für die Erfüllung dieser Verpflichtung Sicherheit zu leisten. ³Sowohl der Eigentümer als der Nießbraucher kann verlangen, dass der zu ersetzende Betrag zur Wiederherstellung der Sache insoweit verwendet wird, als es einer ordnungsmäßigen Wirtschaft entspricht.
(2) Wird die Verwendung zur Wiederherstellung der Sache nicht verlangt, so fällt die Ersatzpflicht weg, soweit durch den ordnungswidrigen oder den übermäßigen Fruchtbezug die dem Nießbraucher gebührenden Nutzungen beeinträchtigt werden.

1 **A. Fruchterwerb (I 1).** Der Nießbraucher erwirbt das Eigentum nicht nur an vertragsmäßig gezogenen Früchten, sondern auch an Übermaßfrüchten. Solche liegen vor bei Verstoß gegen § 1036 II, aber auch bei notwendigen Maßnahmen wegen eines besonderen Ereignisses (zB Notschlachtung wegen Seuchengefahr). Verstoß gegen Wirtschaftsplan (§ 1038) ist stets Übermaß, es sei denn, es liegt eine tatsächliche Veränderung vor.
2 **B. Wertersatzpflicht (I 2).** Der Wert gezogener Übermaßfrüchte (Rn 1) ist nach Nießbrauchsbeendigung zu ersetzen; bis dahin sicherzustellen (§§ 232 ff). Diese Ersatzpflicht entfällt (II) bei Beeinträchtigung der ordnungsgemäßen Nutzung iSv § 1036 II.
3 Eigentümer und Nießbraucher können verlangen, dass der Ersatzbetrag zur Wiederherstellung der Sache iRd § 1036 II verwendet wird.

§ 1040 Schatz

Das Recht des Nießbrauchers erstreckt sich nicht auf den Anteil des Eigentümers an einem Schatze, der in der Sache gefunden wird.

1 Regelung klarstellender Natur. Der in der Sache entdeckte Schatz ist weder Zubehör, noch Bestandteil, auch keine Frucht. Er unterliegt daher nicht dem Nießbrauch.

§ 1041 Erhaltung der Sache

¹Der Nießbraucher hat für die Erhaltung der Sache in ihrem wirtschaftlichen Bestand zu sorgen. ²Ausbesserungen und Erneuerungen liegen ihm nur insoweit ob, als sie zu der gewöhnlichen Unterhaltung der Sache gehören.

A. Grundsatz. Die Norm gilt im Verhältnis Eigentümer/Nießbraucher und sie wirkt begrenzend für Ersatzpflichten zwischen Miteigentümern bei Anteilsbelastung (BGH NJW 66, 1707). 1

B. Bestandserhaltung (S 1). Sie trifft als Vornahme- und Kostentragungspflicht den Nießbraucher. Er hat alles zu tun, was der wirtschaftliche Bestand erfordert (Tiere füttern; Acker bestellen). 2

C. Ausbesserung, Erneuerung (S 2). Gewöhnliche Unterhaltungsmaßnahmen treffen den Nießbraucher. Es sind dies solche, die regelmäßig und in kürzeren Perioden üblicherweise und vorhersehbar auftreten (BGH NJW-RR 03, 1290: normale Verschleißreparaturen; BayObLG MDR 77, 1019: Aufforstung nach Kahlschlag); hierher gehören die Erneuerung des Anstrichs, Dachreparatur, Verputzausbesserungen. 3

Außergewöhnliche Maßnahmen treffen den Nießbraucher nur, wenn dies vereinbart ist. Hierher gehören: Wiederaufbau eines Hauses (BGH NJW 91, 837); Dacherneuerung (Kobl NJW-RR 95, 15); Heizungserneuerung (BFH/NV 91, 157). 4

§ 1042 Anzeigepflicht des Nießbrauchers

¹Wird die Sache zerstört oder beschädigt oder wird eine außergewöhnliche Ausbesserung oder Erneuerung der Sache oder eine Vorkehrung zum Schutze der Sache gegen eine nicht vorhergesehene Gefahr erforderlich, so hat der Nießbraucher dem Eigentümer unverzüglich Anzeige zu machen. ²Das Gleiche gilt, wenn sich ein Dritter ein Recht an der Sache anmaßt.

Anzeigepflicht in den im Text genannten Fällen. „Außergewöhnliche Ausbesserung" s § 1041 Rn 4. Rechtsanmaßung (S 2) kann wörtlich geschehen oder durch rechtswidriges Handeln. Die Pflicht besteht auch dann, wenn der Nießbraucher die Maßnahme selbst vornimmt; wohl nicht, wenn der Eigentümer bereits Kenntnis hat. 1

Anzeige ist unverzüglich (§ 121) zu erstatten. Bei schuldhafter Verletzung Haftung gem § 280 I 1 aus dem gesetzlichen Schuldverhältnis. 2

§ 1043 Ausbesserung oder Erneuerung

Nimmt der Nießbraucher eines Grundstücks eine erforderlich gewordene außergewöhnliche Ausbesserung oder Erneuerung selbst vor, so darf er zu diesem Zwecke innerhalb der Grenzen einer ordnungsmäßigen Wirtschaft auch Bestandteile des Grundstücks verwenden, die nicht zu den ihm gebührenden Früchten gehören.

Der Nießbraucher ist zu außergewöhnlichen Maßnahmen nicht verpflichtet, § 1041 Rn 4. Er darf sie jedoch vornehmen. Er kann dann Grundstücksbestandteile verwenden, die entweder keine Früchte sind, oder die ihm (zB nach dem Wirtschaftsplan) nicht gebühren. Die Verwendung darf jedoch nur eine unmittelbare sein; nicht zulässig ist die Finanzierung der Maßnahme durch Veräußerung der Bestandteile. 1

Die Grenzen ordnungsgemäßer Wirtschaft sind auch hier zu wahren; der Nießbraucher hat so zu handeln, wie ein verständiger Eigentümer handeln würde (Staud/*Frank* Rn 2). 2

§ 1044 Duldung von Ausbesserungen

Nimmt der Nießbraucher eine erforderlich gewordene Ausbesserung oder Erneuerung der Sache nicht selbst vor, so hat er dem Eigentümer die Vornahme und, wenn ein Grundstück Gegenstand des Nießbrauchs ist, die Verwendung der in § 1043 bezeichneten Bestandteile des Grundstücks zu gestatten.

Erfasst sind sowohl gewöhnliche wie außergewöhnliche Unterhaltungsmaßnahmen, vgl § 1041 Rn 3, 4: Nimmt der Nießbraucher sie nicht vor, so hat der Eigentümer einen Duldungsanspruch gegen den Nießbraucher, dass ihm seinerseits die Vornahme ermöglicht werde. Der Nießbraucher muss alle Handlungen dulden, die objektiv zu Vorbereitung und Durchführung der Maßnahme erforderlich sind. Der Nießbraucher muss auch die Verwendung der in § 1043 genannten Bestandteile dulden, ebenso die Verwendung der dem Nießbraucher zustehenden Früchte für gewöhnliche Erhaltungsmaßnahmen (MüKo/*Pohlmann* Rn 3). 1

Durchsetzung mit Duldungsklage. Vollstreckung: §§ 890, 892 ZPO. Vornahme gegen den Willen des Nießbrauchers ohne Duldungstitel ist verbotene Eigenmacht. 2

§ 1045 Versicherungspflicht des Nießbrauchers

(1) ¹Der Nießbraucher hat die Sache für die Dauer des Nießbrauchs gegen Brandschaden und sonstige Unfälle auf seine Kosten unter Versicherung zu bringen, wenn die Versicherung einer ordnungsmäßigen Wirtschaft entspricht. ²Die Versicherung ist so zu nehmen, dass die Forderung gegen den Versicherer dem Eigentümer zusteht.
(2) Ist die Sache bereits versichert, so fallen die für die Versicherung zu leistenden Zahlungen dem Nießbraucher für die Dauer des Nießbrauchs zur Last, soweit er zur Versicherung verpflichtet sein würde.

1 Versicherungspflicht des Nießbrauchers zur Aufnahme einer Sachversicherung für fremde Rechnung (I 2). Nach hM gilt Norm auch für Hagelversicherung (MüKo/*Pohlmann* Rn 6).
2 Die Pflichten aus dem Versicherungsverhältnis treffen den Nießbraucher. Bestand ein Versicherungsverhältnis bei Bestellung des Nießbrauchs bereits, so trifft den Nießbraucher im Verhältnis zum Eigentümer (nicht zur Versicherung!) die Prämientragungspflicht (II).

§ 1046 Nießbrauch an der Versicherungsforderung

(1) An der Forderung gegen den Versicherer steht dem Nießbraucher der Nießbrauch nach den Vorschriften zu, die für den Nießbrauch an einer auf Zinsen ausstehenden Forderung gelten.
(2) ¹Tritt ein unter die Versicherung fallender Schaden ein, so kann sowohl der Eigentümer als der Nießbraucher verlangen, dass die Versicherungssumme zur Wiederherstellung der Sache oder zur Beschaffung eines Ersatzes insoweit verwendet wird, als es einer ordnungsmäßigen Wirtschaft entspricht. ²Der Eigentümer kann die Verwendung selbst besorgen oder dem Nießbraucher überlassen.

1 Besteht eine Versicherung iSv § 1045, so erstreckt sich bei Eintritt des Versicherungsfalles der Nießbrauch auf die Forderung gegen den Versicherer. Es gelten die §§ 1070–1072, 1076–1079 (I).
2 Jede Vertragspartei kann jedoch die zweckgebundene Verwendung der Versicherungssumme fordern (II), dies bindet auch den anderen Vertragspartner.

§ 1047 Lastentragung

Der Nießbraucher ist dem Eigentümer gegenüber verpflichtet, für die Dauer des Nießbrauchs die auf der Sache ruhenden öffentlichen Lasten mit Ausschluss der außerordentlichen Lasten, die als auf den Stammwert der Sache gelegt anzusehen sind, sowie diejenigen privatrechtlichen Lasten zu tragen, welche schon zur Zeit der Bestellung des Nießbrauchs auf der Sache ruhten, insbesondere die Zinsen der Hypothekenforderungen und Grundschulden sowie die auf Grund einer Rentenschuld zu entrichtenden Leistungen.

1 **A. Grundsatz.** Die Norm regelt im Innenverhältnis Eigentümer/Nießbraucher die Lastentragungspflicht. Unmittelbare Ansprüche der jeweiligen Gläubiger gegen den Nießbraucher werden nicht begründet. Gläubiger können jedoch den Anspruch des Eigentümers pfänden (MüKo/*Pohlmann* Rn 2).
2 **B. Öffentliche Lasten.** Hierunter fallen nur Lasten, die an die Sache (deren Größe, Wert oder Ertrag) anknüpfen, nicht aber an die Person des Abgabepflichtigen. Die sog Betriebskosten, die aus der Tätigkeit des Nießbrauchers entstehen (zB Gewerbesteuer), trägt er ohnehin selbst.
3 Auf den **Nießbraucher** entfallen: Grundsteuer, Kommunalabgaben (*Schippers* MittRhNotK 96, 197), Schornsteinfegergebühren.
4 Auf den **Eigentümer** entfallen alle außergewöhnlichen Lasten (BGH NJW 56, 1070). Hierher gehören zB Anlieger- und Erschließungskostenbeiträge, Umlegungs- und Ausgleichsbeiträge nach dem BauGB.
5 **C. Privatrechtliche Lasten.** Im Gegensatz zu den öffentlichen Lasten, für die keine zeitliche Abgrenzung besteht, treffen die privatrechtlichen den Nießbraucher nur, wenn sie zur Zeit der Nießbrauchsbestellung bereits auf der Sache ruhten.
6 Den **Nießbraucher** treffen die Zinsen von Grundpfandrechten. Ein Eigentümerrecht wird gem § 1197 II nicht verzinst. Der Nießbraucher trägt ferner die Einzelleistungen aus einer Reallast sowie Überbau- und Notwegrenten.
7 Den **Eigentümer** treffen die Tilgungsleistungen bei Grundpfandrechten sowie Strafzinsen bei verspäteter Tilgung.

§ 1048 Nießbrauch an Grundstück mit Inventar

(1) ¹Ist ein Grundstück samt Inventar Gegenstand des Nießbrauchs, so kann der Nießbraucher über die einzelnen Stücke des Inventars innerhalb der Grenzen einer ordnungsmäßigen Wirtschaft verfügen. ²Er hat für den gewöhnlichen Abgang sowie für die nach den Regeln einer ordnungsmäßigen Wirtschaft ausscheidenden Stücke Ersatz zu beschaffen; die von ihm angeschafften Stücke werden mit der Einverleibung in das Inventar Eigentum desjenigen, welchem das Inventar gehört.

(2) Übernimmt der Nießbraucher das Inventar zum Schätzwert mit der Verpflichtung, es bei der Beendigung des Nießbrauchs zum Schätzwert zurückzugewähren, so findet die Vorschrift des § 582 a entsprechende Anwendung.

Belastet ein Nießbrauch Grundstück und Inventar (zum Begriff s Erl zu § 582), so erlangt der Nießbraucher iRd § 1036 II die Verfügungsbefugnis über die Inventarstücke. 1

Veräußert er oder wird ein Inventarstück im Rahmen ordnungsgemäßer Wirtschaft unbrauchbar, so ist das Stück zu ersetzen (I 2). Die neu beschafften Ersatzstücke werden im Wege dinglicher Surrogation Eigentum des Inventareigentümers. Der Erwerb tritt ein mit der „Einverleibung", dh mit der Herstellung des der Funktion des Stückes entspr räumlichen Verhältnisses zum Grundstück. Er tritt aber nur bei den Stücken ein, zu deren Beschaffung der Nießbraucher verpflichtet war. 2

Abw von I kann die Inventarübernahme bei Nießbrauchsbeginn und dessen Rückgewähr bei Rechtsbeendigung vereinbart werden, II. Der Nießbraucher wird nicht Eigentümer der Inventarstücke; die gegenseitigen Rechte und Pflichten ergeben sich aus § 582 a. 3

§ 1049 Ersatz von Verwendungen

(1) Macht der Nießbraucher Verwendungen auf die Sache, zu denen er nicht verpflichtet ist, so bestimmt sich die Ersatzpflicht des Eigentümers nach den Vorschriften über die Geschäftsführung ohne Auftrag.
(2) Der Nießbraucher ist berechtigt, eine Einrichtung, mit der er die Sache versehen hat, wegzunehmen.

Verwendungen (zum Begriff s BGH NJW 61, 499) die nicht nach Vereinbarung oder gem §§ 1041, 1045, 1047, 1048 vom Nießbraucher zu tragen sind, hat der Eigentümer zu ersetzen. Str ist, ob dies der Eigentümer zzt der Verwendungsvornahme (Soergel/*Stürner* Rn 1) oder der im Zeitpunkt der Rückgabe (Staud/*Frank* Rn 9) ist. Nach richtiger Auffassung (MüKo/*Pohlmann* Rn 6) ist es der jeweilige Eigentümer, von dem der Nießbraucher, sofort oder erst am Ende, Ersatz verlangt. 1

Anspruchsgrundlagen sind – aufgrund partieller Rechtsgrundverweisung in I – die §§ 683, 684, 812 ff. 2
Beim entgeltlichen Nießbrauch besteht Verzinsungspflicht gem § 256 S 2. 3
Einrichtungen (s Erl zu § 258) kann der Nießbraucher wegnehmen. Das Recht soll auch bei einem wesentlichen Bestandteil bestehen (Palandt/*Bassenge* Rn 2); praktisch dürfte dies beim Grundstücksnießbrauch wegen § 95 keine Bedeutung haben. 4

§ 1050 Abnutzung

Veränderungen oder Verschlechterungen der Sache, welche durch die ordnungsmäßige Ausübung des Nießbrauchs herbeigeführt werden, hat der Nießbraucher nicht zu vertreten.

Hält sich der Nießbraucher an die gesetzlichen und vereinbarten Ausübungsschranken, so haftet er – ähnlich wie der Mieter, § 538 – für die normale Abnutzung der Sache nicht. 1
Zur ordnungsgemäßen Ausübung gehören jedoch auch die Pflichten aus §§ 1041, 1048 I 2; ihre Erfüllung wird durch § 1050 nicht suspendiert. 2

§ 1051 Sicherheitsleistung

Wird durch das Verhalten des Nießbrauchers die Besorgnis einer erheblichen Verletzung der Rechte des Eigentümers begründet, so kann der Eigentümer Sicherheitsleistung verlangen.

Das Verhalten des Nießbrauchers (oder des Ausübungsberechtigten) muss objektiv eine erhebliche Verletzung der Eigentümerrechte besorgen lassen. Verschulden ist nicht erforderlich. 1
Der Nießbraucher hat nach §§ 232 ff Sicherheit zu leisten. Anspruchsberechtigt: Eigentümer, § 1011 anwendbar. 2

§ 1052 Gerichtliche Verwaltung mangels Sicherheitsleistung

(1) ¹Ist der Nießbraucher zur Sicherheitsleistung rechtskräftig verurteilt, so kann der Eigentümer statt der Sicherheitsleistung verlangen, dass die Ausübung des Nießbrauchs für Rechnung des Nießbrauchers einem von dem Gericht zu bestellenden Verwalter übertragen wird. ²Die Anordnung der Verwaltung ist nur zulässig, wenn dem Nießbraucher auf Antrag des Eigentümers von dem Gericht eine Frist zur Sicherheitsleistung bestimmt worden und die Frist verstrichen ist; sie ist unzulässig, wenn die Sicherheit vor dem Ablauf der Frist geleistet wird.

(2) ¹Der Verwalter steht unter der Aufsicht des Gerichts wie ein für die Zwangsverwaltung eines Grundstücks bestellter Verwalter. ²Verwalter kann auch der Eigentümer sein.
(3) Die Verwaltung ist aufzuheben, wenn die Sicherheit nachträglich geleistet wird.

1 Ist der Nießbraucher zur Sicherheitsleistung rechtskräftig verurteilt, so kann der Eigentümer anstelle der Vollstreckung (§ 887 ZPO) die gerichtliche Verwaltung betreiben. Die dazu notwendige Fristsetzung (I 2) kann gem § 255 II ZPO bereits im Urteil geschehen; ansonsten gem § 764 ZPO durch das Vollstreckungsgericht. Bei besonderer Dringlichkeit besteht die Möglichkeit des § 935 ZPO.
2 Die Verwaltung berührt den Nießbrauch nur insoweit, als der Nießbraucher seine Rechte nicht mehr selbst ausüben kann. Verwalterbestellung (auch Eigentümer, I 1) und -beaufsichtigung geschehen durch das Vollstreckungsgericht analog § 150–154 ZVG.

§ 1053 Unterlassungsklage bei unbefugtem Gebrauch

Macht der Nießbraucher einen Gebrauch von der Sache, zu dem er nicht befugt ist, und setzt er den Gebrauch ungeachtet einer Abmahnung des Eigentümers fort, so kann der Eigentümer auf Unterlassung klagen.

1 Hält sich der Nießbraucher nicht an die Grenzen seiner gesetzlichen und/oder vertraglichen Befugnisse, so ist eine Unterlassungsklage wegen unbefugten Sachgebrauchs (Verschulden wird nicht verlangt) erst nach Abmahnung begründet; erst dann besteht der Unterlassungsanspruch. In analoger Anwendung wird die Norm auch gegen den Ausübungsberechtigten, § 1059 S 2, gerichtet (MüKo/*Pohlmann* Rn 2).

§ 1054 Gerichtliche Verwaltung wegen Pflichtverletzung

Verletzt der Nießbraucher die Rechte des Eigentümers in erheblichem Maße und setzt er das verletzende Verhalten ungeachtet einer Abmahnung des Eigentümers fort, so kann der Eigentümer die Anordnung einer Verwaltung nach § 1052 verlangen.

1 Die gerichtliche Verwaltung des § 1052 ist nicht nur bei unterbliebener Sicherheitsleistung möglich, sondern – erst recht – bei bereits eingetretenen erheblichen Verletzungen der Eigentümerrechte. Verschulden ist nicht erforderlich, wohl aber Fortsetzung des rechtswidrigen Verhaltens nach Abmahnung.
2 Während bei § 1052 auf Sicherheitsleistung geklagt wird, ist Klagegegenstand hier unmittelbar die Duldung einer gerichtlichen Verwaltung. Mit dem vollstreckbaren Urteil kann beim Vollstreckungsgericht die Anordnung der Verwaltung beantragt werden, vgl § 1052 Rn 2.

§ 1055 Rückgabepflicht des Nießbrauchers

(1) Der Nießbraucher ist verpflichtet, die Sache nach der Beendigung des Nießbrauchs dem Eigentümer zurückzugeben.
(2) Bei dem Nießbrauch an einem landwirtschaftlichen Grundstück finden die Vorschriften des § 596 Abs. 1 und des § 596 a, bei dem Nießbrauch an einem Landgut finden die Vorschriften des § 596 Abs. 1 und der §§ 596 a, 596 b entsprechende Anwendung.

1 **A. Der Rückgabeanspruch (I).** Nach Beendigung des Nießbrauchs (§ 1030 Rn 18, 20) ist die Sache in dem Zustand zurückzugeben, in dem sie sich bei ordnungsgemäßer Bewirtschaftung befinden müsste (MüKo/*Pohlmann* Rn 3 mwN). Rückgabepflichtig ist der Nießbraucher, nach dessen Tod der Erbe. Zur Rückgabe gehört beim Grundstücksnießbrauch auch die Löschung des Rechts.
2 **B. Ersatzansprüche.** Bei Unmöglichkeit der Herausgabe als solcher haftet der Nießbraucher gem §§ 280, 283.
3 Bei Herausgabe in einem ungenügenden Zustand (o Rn 1) besteht Schadensersatzpflicht gem § 280 (Soergel/*Stürner* Rn 2).
4 **C. Anspruchkonkurrenzen.** Neben § 1055 können vertragliche Herausgabeansprüche bestehen. Nach hM besteht daneben auch der Anspruch aus § 985 (MüKo/*Pohlmann* Rn 7; Westermann/*Gursky* § 121 IV 2e).
5 Die §§ 987 ff sind ergänzend zu den Abwicklungsregeln des gesetzlichen Schuldverhältnisses jedenfalls subsidiär anwendbar (Sorgel/*Stürner* Rn 1).
6 **D. Landwirtschaftliche Grundstücke, Landgüter.** Für sie wird in II auf das Pachtrecht verwiesen. Vgl die Kommentierung zu §§ 596 I, 596a, 596b. Pachtjahr iSv § 596 a ist das Wirtschaftsjahr.

§ 1056 Miet- und Pachtverhältnisse bei Beendigung des Nießbrauchs

(1) Hat der Nießbraucher ein Grundstück über die Dauer des Nießbrauchs hinaus vermietet oder verpachtet, so finden nach der Beendigung des Nießbrauchs die für den Fall der Veräußerung von vermietetem Wohnraum geltenden Vorschriften der §§ 566, 566 a, 566 b Abs. 1 und der §§ 566 c bis 566 e, 567 b entsprechende Anwendung.
(2) ¹Der Eigentümer ist berechtigt, das Miet- oder Pachtverhältnis unter Einhaltung der gesetzlichen Kündigungsfrist zu kündigen. ²Verzichtet der Nießbraucher auf den Nießbrauch, so ist die Kündigung erst von der Zeit an zulässig, zu welcher der Nießbrauch ohne den Verzicht erlöschen würden.
(3) ¹Der Mieter oder der Pächter ist berechtigt, den Eigentümer unter Bestimmung einer angemessenen Frist zur Erklärung darüber aufzufordern, ob er von dem Kündigungsrecht Gebrauch mache. ²Die Kündigung kann nur bis zum Ablauf der Frist erfolgen.

A. Grundsatz. Die Norm schützt den Mieter/Pächter eines Grundstücks, der den Miet- oder Pachtvertrag mit dem Nießbraucher abgeschlossen hat, davor, nach Beendigung des Nießbrauchs das Objekt an den Eigentümer herausgeben zu müssen. Der Schutz geschieht durch eine entspr Anwendung der §§ 566 ff. 1
Der Mieter/Pächter einer beweglichen Sache ist nicht geschützt. Der von ihm mit dem Nießbraucher 2 geschlossene Vertrag gewährt nach Wegfall des Nießbrauchs kein Besitzrecht iSv § 986 ggü dem Eigentümer.
Auf die Ausübungsüberlassung (§ 1059 S 2) ist die Norm nicht (auch nicht entspr) anwendbar (BGH NJW 3 90, 443); mit dem Ende des Stammrechts erlischt auch die Ausübungsbefugnis (BGH aaO; krit mit beachtenswerten Argumenten (*Wacke* FS Gernhuber, S 489).
B. Der Vertragseintritt (I). Voraussetzungen für die entspr Anwendung der §§ 566 ff sind: a) Vermietung 4 oder Verpachtung eines Grundstückes oder Grundstücksteiles (auch: Wohnungseigentumsberechtigung) durch den Nießbraucher. Bei Vermietung/Verpachtung durch den Eigentümer vor Nießbrauchsbeginn ist der Nießbraucher gem § 567 b gebunden; der Eigentümer ist es ohnehin.
b) Die Vermietung/Verpachtung muss sich über die Dauer des Nießbrauchs hinaus erstrecken. 5
Der Nießbrauch muss erloschen sein, zB durch Tod (§ 1061), durch Eintritt eines Endtermins oder einer auflö- 6 senden Bedingung, durch Aufhebung (§ 875) oder durch Zuschlag in der Zwangsversteigerung (§§ 52, 91 ZVG). Im Zeitpunkt der Nießbrauchsbeendigung muss das Objekt dem Mieter/Pächter überlassen sein (BGH NJW 7 90, 443). Der Begriff der Überlassung ist der des § 566 I, vgl Erl dort.
Als **Rechtsfolgen** regelt das Gesetz den Eintritt des Eigentümers in die vertraglichen Rechte und Pflichten; die 8 Wirksamkeit des Vertrages bleibt unberührt (BGH aaO). Der Eigentümer erlangt die Miet-(Pacht-)Zinsforderungen ab Eintritt kraft eigenen Rechts, nicht als Rechtsnachfolger des Nießbrauchers (BGH NJW 70, 752); Mietzinszessionen verlieren ihre Wirksamkeit nach Maßgabe des § 566 b. Es gelten im Übrigen die §§ 566 a– 567 b; vgl die Kommentierungen dort.
C. Das Kündigungsrecht (II, III). I. Grundsatz. Die Norm enthält ein Sonderkündigungsrecht des Eigen- 9 tümers. Auf den Mieter/Pächter ist es nicht anwendbar; für ihn gelten die allgemeinen Regeln.
II. Eigentümerkündigung. Der Eigentümer kann unter Einhaltung der gesetzlichen Frist (§ 573 d) kündigen. 10 Von Bedeutung ist das insbes, wenn das Vertragsverhältnis auf bestimmte Zeit eingegangen wurde. Das Kündigungsrecht muss nicht zum ersten möglichen Termin ausgeübt werden; es besteht während der gesamten Mietzeit.
Die besonderen Kündigungsschutzvorschriften gelten auch hier (LG Münster WuM 96, 37). 11
Eine Besonderheit gilt (II 2), wenn der Nießbrauch durch **Verzicht** des Berechtigten (§ 875) eintritt. Die Kündi- 12 gung ist hier erst von dem Zeitpunkt an zulässig, zu welchem das Recht ohne den Verzicht erlöschen würden.
Um dem Mieter/Pächter Gewissheit über die Absichten des Eigentümers zu verschaffen, kann er diesen unter 13 Setzung einer angemessenen Frist zur Erklärung auffordern (III). Ist dies geschehen, so besteht das Kündigungsrecht aus II nur noch innerhalb der gesetzten Frist.
Ein Kündigungsrecht des Eigentümers besteht **nicht**, wenn er selbst abgeschlossen hat, dem Vertrag beigetre- 14 ten ist oder die Verbindlichkeiten aus dem Vertrag übernommen hat (BGH NJW 90, 443). Umstritten ist das Kündigungsrecht, wenn der Eigentümer Erbe des Nießbrauchers ist. Der BGH lehnt es ab (BGH aaO); im Schrifttum wird es vereinzelt bejaht (vgl MüKo/*Pohlmann* Rn 18 mwN). Die Ablehnung des Kündigungsrechts ist im Hinblick auf § 1967 I gerechtfertigt.

§ 1057 Verjährung der Ersatzansprüche

¹Die Ersatzansprüche des Eigentümers wegen Veränderungen oder Verschlechterungen der Sache sowie die Ansprüche des Nießbrauchers auf Ersatz von Verwendungen oder auf Gestattung der Wegnahme einer Einrichtung verjähren in sechs Monaten. ²Die Vorschrift des § 548 Abs. 1 Satz 2 und 3, Abs. 2 findet entsprechende Anwendung.

Die Norm enthält eine kurze Verjährungsfrist für die Ansprüche des **Eigentümers** aus §§ 1036 II, 1037 I, II, 1041 1 S 1 u 2, iVm §§ 280 ff, 823. Nicht erfasst sind der Anspruch auf Rückgabe u der Schadensersatz wegen deren Unmöglichkeit. Die Norm gilt für die Ansprüche des **Nießbrauchers** aus § 1049. § 902 I 1 ist nicht anwendbar.

2 Unabhängig von S 1 verjähren Eigentümeransprüche nach S 2 dann, wenn der Rückgabeanspruch verjährt ist, § 548 I 3. Der Anspruch aus § 1055 verjährt nach § 195 in drei Jahren.
3 Verjährungsbeginn ist für Eigentümeransprüche der Zeitpunkt der Rückgabe, § 548 I 2; für Nießbraucheransprüche die Beendigung des Rechts.

§ 1058 Besteller als Eigentümer

Im Verhältnis zwischen dem Nießbraucher und dem Eigentümer gilt zugunsten des Nießbrauchers der Besteller als Eigentümer, es sei denn, dass der Nießbraucher weiß, dass der Besteller nicht Eigentümer ist.

1 Die Norm gilt für das gesetzliche Schuldverhältnis Nießbraucher/Eigentümer, wenn Letzterer nicht der Besteller ist. Den gutgläubigen Erwerb des Rechts vom Nichteigentümer regeln die §§ 1032, 932 ff (Mobilie) bzw §§ 873, 892 (Immobilie).
2 Die Norm schützt den Nießbraucher durch die Fiktion, der Bestellter gelte als Eigentümer, es sei denn, der Nießbraucher hat positive Kenntnis vom wahren Sachverhalt. Die Fiktion ist bedeutsam bei Leistungen des Nießbrauchers an den Besteller, beim Verwendungsersatz des § 1049, auch bei Änderungen des gesetzlichen Schuldverhältnisses.
3 Zwischen Besteller und Nießbraucher vereinbarte Leistungspflichten treffen den Eigentümer jedoch nach hM nicht (MüKo/*Pohlmann* Rn 6).

§ 1059 Unübertragbarkeit; Überlassung der Ausübung

¹Der Nießbrauch ist nicht übertragbar. ²Die Ausübung des Nießbrauchs kann einem anderen überlassen werden.

1 **A. Die Unübertragbarkeit (S 1).** Das dingliche Recht ist nicht übertragbar; dies gilt auch für den schuldrechtlichen Anspruch auf Bestellung, wie der Umkehrschluss aus § 1059 e ergibt.
2 Weil nicht übertragbar, kann es nicht verpfändet (§ 1274 II) oder seinerseits mit einem Nießbrauch belastet werden (§ 1069 II). Seine Pfändbarkeit ist als solche grds anerkannt, freilich herrscht in Einzelheiten viel Streit (MüKo/*Pohlmann* Rn 19 ff; ausf *Eickmann* FS Gerhardt S 211).
3 Ausnahme regelt § 1059 a.
4 Weitgehende Annäherung an eine Übertragung kann erreicht werden durch einen vormerkungsgesicherten Bestellungsanspruch bei Erlöschen des Rechts (LG Traunstein NJW 62, 2207), durch eine Kombination von auflösender und aufschiebender Bedingung oder durch die Erstreckung des Rechts auf den „Erwerber" als Gesamtberechtigten (Ddorf RhNotK 79, 191).
5 **B. Die Überlassung zur Ausübung (S 2). I. Rechtsnatur.** Die Überlassung wirkt nach hM rein schuldrechtlich (BGHZ 55, 111), sie ist deshalb nicht eintragungsfähig (BGH aaO). Davon zu unterscheiden ist die Überlassungsbefugnis; sie ist dinglicher Rechtsinhalt, kann aber mit dinglicher Wirkung ausgeschlossen werden. Dieser Ausschluss ist eintragungsbedürftig (BGH NJW 85, 2827).
6 **II. Vereinbarung.** Sie ist nach hM abzugrenzen ggü bloßer Vermietung/Verpachtung (BGH NJW 90, 443); Letzteres ist Selbstausübung durch das Ziehen mittelbarer Sachfrüchte. Für die Vertragsgestaltung sind deshalb eindeutige Formulierungen unerlässlich. Die Überlassung kann formfrei vereinbart werden.
7 **III. Rechtsfolgen.** Der Ausübungsberechtigte erwirbt die Früchte mit der Trennung, § 956 II.
8 Der Nießbraucher ist zur Duldung der Ausübung verpflichtet. Im Verhältnis zum Eigentümer besteht das gesetzliche Schuldverhältnis weiter; verpflichtet bleibt der Nießbraucher, der Dritte ist sein Erfüllungsgehilfe, § 278.
9 Gegen den Dritten können dem Eigentümer Ansprüche aus §§ 823, 1004 zustehen, Letztere jedoch nur mit der Einschränkung aus § 1053 (vgl dort Rn 1).
10 **IV. Erlöschen der Ausübung.** Das Ausübungsrecht ist vom Bestand des Nießbrauchs abhängig (BGH NJW 71, 422; 90, 443); es erlischt mit diesem. Deshalb ist im Hinblick auf § 1056 eine eindeutige Abgrenzung ggü Miete/Pacht erforderlich (s.o. Rn 6).

§ 1059 a Übertragbarkeit bei juristischer Person oder rechtsfähiger Personengesellschaft

(1) Steht ein Nießbrauch einer juristischen Person zu, so ist er nach Maßgabe der folgenden Vorschriften übertragbar:
1. Geht das Vermögen der juristischen Person auf dem Wege der Gesamtrechtsnachfolge auf einen anderen über, so geht auch der Nießbrauch auf den Rechtsnachfolger über, es sei denn, dass der Übergang ausdrücklich ausgeschlossen ist.

2. ¹Wird sonst ein von einer juristischen Person betriebenes Unternehmen oder ein Teil eines solchen Unternehmens auf einen anderen übertragen, so kann auf den Erwerber auch ein Nießbrauch übertragen werden, sofern er den Zwecken des Unternehmens oder des Teils des Unternehmens zu dienen geeignet ist. ²Ob diese Voraussetzungen gegeben sind, wird durch eine Erklärung der obersten Landesbehörde oder der von ihr ermächtigten Behörde festgestellt. ³Die Erklärung bindet die Gerichte und die Verwaltungsbehörden.
(2) Einer juristischen Person steht eine rechtsfähige Personengesellschaft gleich.

Ausnahmsweise Übertragbarkeit des Nießbrauchs zugunsten juristischer Personen und rechtsfähiger Personengesellschaften (§ 14 II) bei Gesamtrechtsnachfolge (s.u. Rn 2) und bei Unternehmensübertragung (s.u. Rn 3). 1

Bei Gesamtrechtsnachfolge geht der Nießbrauch automatisch mit über, es sei denn, der Übergang ist bei der Rechtsbestellung oder später ausdrücklich ausgeschlossen worden. Gesamtrechtsnachfolge liegt vor bei Verschmelzung, Spaltung und bei Vermögensübertragung, je nach dem UmwG; bei § 142 HGB; bei §§ 45 III, 46, 88. Keine Gesamtrechtsnachfolge stellt die lediglich formwechselnde Umwandlung (§§ 190 ff UmwG) dar, § 202 I UmwG. 2

Bei einer Unternehmensübertragung (I 2) wird § 1059 ebenfalls durchbrochen; im Unterschied zu oben Rn 2 ist jedoch hier ein ausdrückliches Übertragungsgeschäft bzgl des Nießbrauches erforderlich. Zum Unternehmen und Unternehmensteil ausf *Wessel* DB 94, 1605. Der Nießbrauch muss den Zwecken des Unternehmens(-teiles) zu dienen geeignet sein. Diese Erfordernisse werden in einem besonderen Verfahren geprüft, S 2. Zuständig: LG-Präsident, in Hburg und Berlin der AG-Präsident. 3

§ 1059 b Unpfändbarkeit

Ein Nießbrauch kann auf Grund der Vorschrift des § 1059 a weder gepfändet noch verpfändet noch mit einem Nießbrauch belastet werden.

Die Norm hat lediglich klarstellende Bedeutung insoweit, als mit § 1059 a nicht beabsichtigt war, die Rechtslage bzgl Pfändung, Verpfändung oder Belastung zu verändern. Vgl insoweit § 1059 Rn 2. 1

§ 1059 c Übergang oder Übertragung des Nießbrauchs

(1) ¹Im Falle des Übergangs oder der Übertragung des Nießbrauchs tritt der Erwerber anstelle des bisherigen Berechtigten in die mit dem Nießbrauch verbundenen Rechte und Verpflichtungen gegenüber dem Eigentümer ein. ²Sind in Ansehung dieser Rechte und Verpflichtungen Vereinbarungen zwischen dem Eigentümer und dem Berechtigten getroffen worden, so wirken sie auch für und gegen den Erwerber.
(2) Durch den Übergang oder die Übertragung des Nießbrauchs wird ein Anspruch auf Entschädigung weder für den Eigentümer noch für sonstige dinglich Berechtigte begründet.

Die Norm regelt den Eintritt in das gesetzliche Schuldverhältnis (I 1) oder in schuldrechtliche Vereinbarungen (I 2). Entschädigungsansprüche sind ausgeschlossen (II). 1

§ 1059 d Miet- und Pachtverhältnisse bei Übertragung des Nießbrauchs

Hat der bisherige Berechtigte das mit dem Nießbrauch belastete Grundstück über die Dauer des Nießbrauchs hinaus vermietet oder verpachtet, so sind nach der Übertragung des Nießbrauchs die für den Fall der Veräußerung von vermietetem Wohnraum geltenden Vorschriften der §§ 566 bis 566 e, 567 a und 567 b entsprechend anzuwenden.

Die Norm überträgt den Rechtsgedanken des § 1056 auch auf die Vorgänge des § 1059 a. Erweiternd gelten hier jedoch auch § 566 b II und § 567 a. Ein Kündigungsrecht wie in § 1056 II besteht hier nicht. 1

§ 1059 e Anspruch auf Einräumung des Nießbrauchs

Steht ein Anspruch auf Einräumung eines Nießbrauchs einer juristischen Person oder einer rechtsfähigen Personengesellschaft zu, so gelten die Vorschriften der §§ 1059 a bis 1059 d entsprechend.

§ 1059 verbietet auch die Abtretung des schuldrechtlichen Bestellungsanspruchs (vgl § 1059 Rn 1), iRd § 1059 a besteht für die dort genannten Fälle keine Notwendigkeit zu solcher Einschränkung. 1

§ 1060 Zusammentreffen mehrerer Nutzungsrechte

Trifft ein Nießbrauch mit einem anderen Nießbrauch oder mit einem sonstigen Nutzungsrecht an der Sache dergestalt zusammen, dass die Rechte nebeneinander nicht oder nicht vollständig ausgeübt werden können, und haben die Rechte gleichen Rang, so findet die Vorschrift des § 1024 Anwendung.

1   Der Regelungsgegenstand entspricht dem in § 1024, auf den wegen des Norminhalts verwiesen ist. Vgl die Erl dort.

§ 1061 Tod des Nießbrauchers

¹Der Nießbrauch erlischt mit dem Tode des Nießbrauchers. ²Steht der Nießbrauch einer juristischen Person oder einer rechtsfähigen Personengesellschaft zu, so erlischt er mit dieser.

1   **A. Die natürliche Person.** Die Norm trägt der besonderen Vertrauensstellung des Nießbrauchers Rechnung; zusammen mit § 1059 schafft sie eine für die Lebenszeit des Nießbrauchers unauflösliche persönliche Bindung. Sie endet mit der Aufhebung des Rechts oder mit dem Tode des Nießbrauchers, S 1.
2   Dem Tode steht die Todeserklärung nach dem VerschG gleich. Nach § 5 I 1 GBBerG gilt ein Nießbrauch mit Ablauf von 110 Jahren seit dem Geburtstag des Berechtigten als erloschen.
3   Beim Tode eines von mehreren Bruchteilsberechtigten erlischt das Recht anteilig, insoweit ist der Eigentümer wieder nutzungsberechtigt (Ddorf Rpfleger 75, 409); er bildet zusammen mit den verbleibenden Nießbrauchern eine Nutzungsgemeinschaft nach §§ 743–745.
4   Bei Gesamthandsgemeinschaften ist zu unterscheiden: Die rechtsfähige Gemeinschaft fällt unter S 2. Bei nicht rechtsfähigen Gemeinschaften wächst der Anteil des Verstorbenen dem/den anderen Teilhabern an (BayObLGZ 55, 155).
5   Das Recht erlischt mit dem Tode; der Besitz des Nießbrauchers geht auf den Erben über, § 857. Dieser tritt auch in die Rechte und Pflichten aus dem Rückabwicklungsverhältnis ein, s § 1055 Rn 1.
6   § 1061 ist unabdingbar. Gestaltungsmöglichkeiten im Hinblick auf eine Nacheinander-Berechtigung s § 1059 Rn 4.
7   **B. Die juristische Person und Personengesellschaft.** *Pohlmann* (MüKo Rn 8) weist zu Recht darauf hin, dass nach mittlerweile hM die juristische Person nicht mit bloßer Löschung, sondern erst auf Grund des Doppeltatbestandes von Vermögenslosigkeit und Löschung erlischt. Folgt man ihr, dann hat S 2 keinen Anwendungsbereich, denn solange der Nießbrauch noch besteht, ist die Gesellschaft nicht vermögenslos; wird er bereits iRd Liquidation aufgehoben, so erlischt er schon dadurch. Einen praktischen Sinn behält § 1061 S 2 nur dann, wenn man an der tradierten Auffassung festhält, dass die juristische Person/Personengesellschaft allein durch die Löschung im Register erlischt. Das BGB hat insoweit die dogmatische Weiterentwicklung des Gesellschaftsrechts nicht nachvollzogen.

§ 1062 Erstreckung der Aufhebung auf das Zubehör

Wird der Nießbrauch an einem Grundstück durch Rechtsgeschäft aufgehoben, so erstreckt sich die Aufhebung im Zweifel auf den Nießbrauch an dem Zubehör.

1   Der Nießbrauch am Zubehör (§ 1031) kann beim Grundstücksnießbrauch dadurch enden, dass das Recht als solches aufgehoben wird. Die Aufhebung lässt dann, bei Fehlen gegenteiliger Vereinbarung, das Recht auch am Zubehör erlöschen.
2   Der Nießbrauch kann jedoch, unter Fortbestand am Grundstück, allein am Zubehör aufgehoben werden, s § 1064.

§ 1063 Zusammentreffen mit dem Eigentum

(1) Der Nießbrauch an einer beweglichen Sache erlischt, wenn er mit dem Eigentum in derselben Person zusammentrifft.
(2) Der Nießbrauch gilt als nicht erloschen, soweit der Eigentümer ein rechtliches Interesse an dem Fortbestehen des Nießbrauchs hat.

1   Die Norm regelt den Zusammenfall von Nießbrauch und Eigentum an einer beweglichen Sache. Die Folge ist das Erlöschen des Nießbrauchs, I.
2   Die Regelung in II ist keine Ausnahme, denn – ebenso wie bei § 1256 II – ist davon auszugehen, dass das Recht erloschen ist, jedoch kraft Fiktion als bestehend angesehen wird, soweit die Interessen des Eigentümers dies verlangen. Dies kann bei nachrangigen Nutzungsrechten der Fall sein.

§ 1064 Aufhebung des Nießbrauchs an beweglichen Sachen
Zur Aufhebung des Nießbrauchs an einer beweglichen Sache durch Rechtsgeschäft genügt die Erklärung des Nießbrauchers gegenüber dem Eigentümer oder dem Besteller, dass er den Nießbrauch aufgebe.

An einer beweglichen Sache kann der Nießbrauch lasten, wenn sie Zubehör eines Grundstücks ist; die bewegliche Sache kann aber auch alleiniger Belastungsgegenstand sein. Im ersteren Fall kann der Nießbrauch auch gem § 1062 erlöschen. 1

In jedem Fall erlischt das Recht an der beweglichen Sache durch entspr Aufhebungserklärung. Sie ist an den Eigentümer zu richten; die Erklärung ggü dem Nichteigentümer-Besteller genügt auch dann, wenn Nießbraucher die Eigentumslage kennt. Bei Bestehen eines Pfändungspfandrechts ist die Zustimmung des Gläubigers erforderlich. 2

§ 1065 Beeinträchtigung des Nießbrauchsrechts
Wird das Recht des Nießbrauchers beeinträchtigt, so finden auf die Ansprüche des Nießbrauchers die für die Ansprüche aus dem Eigentum geltenden Vorschriften entsprechende Anwendung.

A. Ansprüche gegen Dritte. Der Nießbraucher genießt Rechtsschutz wie ein Eigentümer. a) §§ 985 ff. Herausgabe (§§ 985, 986); Nutzungen (§§ 987, 990 I, II, 991 I, 993 I, 988); Schadensersatz (§§ 991 II, 989, 990 I u II, 992). b) Andere Ansprüche: Besitzschutz (§ 858 iVm § 1036), petitorische (§ 1007 iVm § 1036); Schadensersatz (§ 823), Unterlassung (§ 1004). 1

Obwohl nicht angesprochen, gilt der Verweis nach hM auch für Gegenansprüche auf Verwendungsersatz (§§ 994 I, II, 995 ff). 2

B. Ansprüche gegen den Eigentümer. Neben den Ansprüchen aus dem gesetzlichen Schuldverhältnis sowie aus §§ 823, 1004 besteht nach richtiger Auffassung auch der Anspruch auf Besitzeinräumung nach § 985 (MüKo/*Pohlmann* Rn 8). Die Konkurrenz der Regeln des gesetzlichen Schuldverhältnisses mit den §§ 987 ff (allg zur Problematik: *Schwab/Prütting* § 48 VIII) sollte dahin aufgelöst werden, dass das Vindikationsrecht anwendbar ist, aber inhaltlich begrenzt durch die Regeln des gesetzlichen Schuldverhältnisses (MüKo/*Pohlmann* Rn 9; Palandt/*Bassenge* Rn 3). 3

Die vorgenannten Regelungen finden auch Anwendung auf den Besteller, der nicht Eigentümer ist. 4

§ 1066 Nießbrauch am Anteil eines Miteigentümers
(1) Besteht ein Nießbrauch an dem Anteil eines Miteigentümers, so übt der Nießbraucher die Rechte aus, die sich aus der Gemeinschaft der Miteigentümer in Ansehung der Verwaltung der Sache und der Art ihrer Benutzung ergeben.
(2) Die Aufhebung der Gemeinschaft kann nur von dem Miteigentümer und dem Nießbraucher gemeinschaftlich verlangt werden.
(3) Wird die Gemeinschaft aufgehoben, so gebührt dem Nießbraucher der Nießbrauch an den Gegenständen, welche an die Stelle des Anteils treten.

A. Grundsatz. Der Nießbrauch am Miteigentumsanteil gilt als Sachnießbrauch. Das gilt nach hM auch für das Recht an einem einfachen ideellen Bruchteil (LG Wuppertal MittRhNotK 96, 234; Staud/*Frank* Rn 1, 15; aA MüKo/*Pohlmann* Rn 4). Auf eine Wohnungseigentumsberechtigung ist die Norm **nicht** anwendbar (BGH NJW 02, 1647). Sie gilt gleichfalls nicht beim Quotennießbrauch (Staud/*Frank* Rn 21) und bei Belastung eines realen Teils (Soergel/*Stürner* Rn 1a). Begrifflich scheidet sie aus bei mehrfacher Berechtigung an einem die ganze Sache erfassenden Recht. 1

B. Ausübung (I). Der Nießbraucher übt anstelle des Miteigentümers die Rechte aus §§ 743–745, 1011 aus. Vor Nießbrauchsbeginn getroffene Vereinbarungen muss der Nießbraucher gegen sich gelten lassen (§ 746); bei Grundstücken aber nur gem § 1010 I (BGH NJW 64, 648). Lasten trägt der Nießbraucher nur iRv §§ 1041, 1047 (BGH NJW 66, 1707). 2

C. Aufhebung der Gemeinschaft (II). § 749 wird durch II modifiziert: Das Aufhebungsverlangen können Nießbraucher und Miteigentümer nur gemeinsam stellen; sie sind einander jeweils zur Mitwirkung im Rahmen ordnungsgemäßer Wirtschaft verpflichtet. Wegen der sog Teilungsversteigerung (§§ 180–185 ZVG) vgl *Eickmann* § 29 IV. 3

D. Surrogation (III). Nach Aufhebung (II) wird geteilt. An den dann entstehenden Surrogaten gebührt dem Nießbraucher ein Nießbrauchsrecht, soweit sie an die Stelle des belasteten Anteils treten, das kann sein ein realer Teil (Teilung in Natur) am Erlösanspruch und letztlich am realen Teil des Erlöses. 4

5 Nach inzwischen hM besteht nicht nur ein Anspruch, sondern es tritt dingliche Surrogation ein (BGH NJW 69, 1347; 72, 1045; vgl auch Ddorf ZfJR 04, 927).
6 Zur Besonderheit in der sog Teilungsversteigerung vgl *Eickmann* § 34 II 2.

§ 1067 Nießbrauch an verbrauchbaren Sachen

(1) ¹Sind verbrauchbare Sachen Gegenstand des Nießbrauchs, so wird der Nießbraucher Eigentümer der Sachen; nach der Beendigung des Nießbrauchs hat er dem Besteller den Wert zu ersetzen, den die Sachen zur Zeit der Bestellung hatten. ²Sowohl der Besteller, als der Nießbraucher kann den Wert auf seine Kosten durch Sachverständige feststellen lassen.
(2) Der Besteller kann Sicherheitsleistung verlangen, wenn der Anspruch auf Ersatz des Wertes gefährdet ist.

1 Für verbrauchbare Sachen (§ 92) gelten Besonderheiten, die wohl darauf beruhen, dass solche Sachen häufig verderblich sind, jedenfalls aber durch Zeitablauf an Wert verlieren. Die Regelungen verlassen mangels Entstehen eines Rechts an der Sache des Eigentümers das Nießbrauchsrecht („uneigentlicher Nießbrauch"; „Quasi-Nießbrauch").
2 Unmittelbare Rechtsfolge ist der Eigentumsübergang auf den „Nießbraucher" (I 1 Hs 1).
3 Zugleich entsteht ein gesetzliches Schuldverhältnis zwischen dem „Nießbraucher" und dem Besteller, denn dieser verliert regelmäßig sein Eigentum. Bei Verfügung eines Nichtberechtigten verliert zwar der wahre Eigentümer das Eigentum, trotzdem ist er nicht in das Schuldverhältnis einbezogen (MüKo/*Pohlmann* Rn 6).
4 Eine Aufhebung des „Nießbrauchs" ist begrifflich ausgeschlossen, weil eine Belastung nicht besteht. Der „Nießbraucher" muss gem §§ 929 ff zurück übereignen.
5 Nach Beendigung des gesetzlichen Schuldverhältnisses (entspr §§ 1061, 1063, 1064) besteht ein Wertersatzanspruch Besteller/"Nießbraucher" (I 1 Hs 2). Wertfeststellung: § 164 FGG. War der Besteller nicht der Eigentümer, so steht ihm der Ersatzanspruch trotzdem zu; der Eigentümer hat Anspruch aus § 816 I. Bei Gefährdung des Ersatzanspruches kann Sicherheit verlangt werden, II.

Untertitel 2 Nießbrauch an Rechten

§ 1068 Gesetzlicher Inhalt des Nießbrauchs an Rechten

(1) Gegenstand des Nießbrauchs kann auch ein Recht sein.
(2) Auf den Nießbrauch an Rechten finden die Vorschriften über den Nießbrauch an Sachen entsprechende Anwendung, soweit sich nicht aus den §§ 1069 bis 1084 ein anderes ergibt.

1 **A. Der Rechtsnießbrauch. I. Grundsätze.** Auch Rechte können mit einem Nießbrauch belastet werden, sofern sie übertragbar (§ 1069 Rn 2) und nutzbar (s.u. Rn 5) sind. Diesen Rechtsnießbrauch regeln die §§ 1068–1084, freilich unter weitgehendem Rekurs auf die §§ 1030–1067 (s.u. Rn 8).
2 Praktisch bedeutsam sind insbes der Nießbrauch an Gesellschaftsanteilen und an Immaterialgüterrechten.
3 Nach hM ist der Rechtsnießbrauch ein dingliches Recht (Westermann/*Gursky* § 140, 3 mwN), also ein Recht am Recht.
4 **II. Belastbare Rechte.** Das zu belastende Recht muss fungibel sein, § 1069 II, s dort Rn 3.
5 Das Recht muss begriffsnotwendig ein nutzbares sein. Hierher gehören: Aktien, Gesellschaftsanteile, Patentrechte, Geschmacksmusterrechte, Gebrauchsmusterrechte, Markenrechte, Grundpfandrechte, Reallasten (aber nicht als Inhalt eines Altenteils, s Rn 6), Forderungen (auch unverzinsliche, vgl §§ 1074, 1076); auch der Anspruch auf Verschaffung einer Sache, wenn diese ihrer Natur nach nutzbar ist.
6 Auch das Altenteil ist nutzbar, es ist jedoch nicht übertragbar, vgl § 1069 Rn 5.
7 Nicht nutzbar sind Verkaufs- und Wiederkaufsrechte.
8 **III. Anwendbare Vorschriften.** Durch die Verweisung in II sind grds anwendbar: §§ 1030, 1035, 1036, 1039, 1045–1047, 1049–1055, 1057–1059c, 1059e–1061, 1063–1067. Freilich ist, je nach dem Gegenstand des Rechtsnießbrauchs, im Einzelfall zu prüfen, ob die Anwendung einer Norm zu sinnvollen Ergebnissen führt. Typisch insoweit die Nichtanwendung von § 1066 beim Nießbrauch an einem Gesellschaftsanteil, s.u. Rn 10.
9 Nicht anwendbar: §§ 1031–1034, 1037, 1038, 1040–1044, 1048, 1056, 1062.
10 **B. Praktisch bedeutsame Fälle. I. Aktien, GmbH-Anteile.** Der Gewinnanteil steht dem Nießbraucher zu (MüKo/*Pohlmann* Rn 49). Keine Früchte des Nießbrauchs sind jedoch **Bezugsrechte** (§ 186 AktG, § 55 GmbHG), sie stehen dem Aktionär (Gesellschafter) zu (BGHZ 58, 316). Verliert der belastete Anteil durch die Kapitalerhöhung an Wert, so besteht Anspruch auf Bestellung des Nießbrauchs auch am neuen Anteil. Bei einer Kapitalerhöhung aus Gesellschaftsmitteln erfasst der Nießbrauch nach hM jedoch unmittelbar die

neuen Aktien (Gesellschaftsanteile) im Wege dinglicher Surrogation (Soergel/*Stürner* Rn 9 b). Nach richtiger Auffassung steht das **Stimmrecht** allein dem Aktionär (Gesellschafter) zu (zum Meinungsstand u Argumentation: MüKo/*Pohlmann* Rn 69–81). Das gilt aber auch für sonstige Mitverwaltungsrechte (Versammlungsteilnahme, Beschlussanfechtung). Informations- u Kontrollrechte verbleiben beim Aktionär (Gesellschafter); jedoch hat jedenfalls bei der GmbH der Nießbraucher ggü der Gesellschaft ein eigenes Informationsrecht (*K. Schmidt* GesR § 61 II 3). Der **Liquidationserlös** (§ 271 AktG, § 72 GmbHG) steht zwar dem Aktionär (Gesellschafter) zu, ist aber mit dem Nießbrauch belastet (MüKo/*Pohlmann* Rn 47).

II. Personengesellschaften. a) Nießbrauch am Anspruch auf Gewinnanteil und Auseinandersetzungsguthaben. 11
Er ist rechtlich möglich, wirtschaftlich aber wenig sinnvoll, denn er gewährt nur die Nutzungen der Ansprüche, nicht aber diese selbst. Es gelten §§ 1074, 1075, 1067; dem Nießbraucher verbleibt nur der Zinsvorteil.
b) Nießbrauch am Gewinnstammrecht. Er soll die oben Rn 11 aufgezeigte Problematik durch entspr Anwendung von § 1073 überwinden. Nach hM ist er jedoch unzulässig (vgl *Kruse* RNotZ 02, 69 mwN), weil eine Spaltung von Verwaltungsrechten und vermögensrechtlicher Beteiligung gesellschaftsrechtlich nicht möglich ist. 12
c) Nießbrauch an der Mitgliedschaft (Gesellschaftsanteil). Er setzt voraus, dass die Mitgliedschaft übertragbar ist, § 169 II. Sie ist das wegen § 719 I (§§ 105 III, 161 II HGB) nur bei entspr Vereinbarung; es kann aber auch der Belastung mit einem Nießbrauch im Gesellschaftsvertrag oder durch einstimmigen Beschluss zugestimmt werden. 13
Der Nießbraucher hat Anspruch auf den entnahmefähigen Gewinn (BGHZ 58, 316; DNotZ 75, 735), dazu gehören idR auch die Zinsen (BGH WM 85, 1343). 14
Außerordentliche Erträge aus der Auflösung stiller Reserven durch Veräußerung von Anlagevermögen sind keine Früchte, denn sie sind keine „bestimmungsgemäßen Erträge" iSv § 99 II. Sie stehen dem Gesellschafter unmittelbar zu (BFH NJW 95, 1918). Anders ist dies bei der Auflösung und Ausschüttung von Rücklagen; sie sind Früchte. 15
Das Entnahmerecht aus § 122 I HGB steht dem Nießbraucher dann zu, wenn die zu entnehmenden Beträge vom Gewinn gedeckt sind (MüKo/*Pohlmann* Rn 61). 16
Für das Stimmrecht, die Bezugsrechte und den Liquidationserlös (§§ 733 I, 734) gilt das oben Rn 10 Gesagte entspr. 17

§ 1069 Bestellung

(1) Die Bestellung des Nießbrauchs an einem Recht erfolgt nach den für die Übertragung des Rechts geltenden Vorschriften.
(2) An einem Recht, das nicht übertragbar ist, kann ein Nießbrauch nicht bestellt werden.

A. Die Rechtsbestellung. I. Grundsatz. Die Rechtsbestellung unterliegt den Übertragungsregeln (I). Ein Nießbrauch am eigenen Recht wird an Grundstücksrechten bei Vorliegen eines rechtlichen Interesses zugelassen (Staud/*Frank* Rn 9; Soergel/*Stürner* Rn 4). 1
Ein gutgläubiger Erwerb ist möglich, wenn das zu belastende Recht seinerseits gutgläubig erworben werden kann (§§ 892, 1138, 2366, 405). 2
II. Einzelfälle. a) Forderungen u sonstige Rechte: §§ 398, 413. Wegen des Eigentumsverschaffungsanspruchs an einer Immobilie s § 1075 Rn 3. b) Grundstücksrechte: § 873, bei Briefgrundpfandrechten § 1154 I, II. c) Anwartschaftsrechte: wie Übertragung des Vollrechts. d) Inhaberpapiere u Orderpapiere mit Blankoindossament: Wie bei beweglichen Sachen (§ 1032). Mitbesitz reicht aber aus, § 1081 II. e) Andere Orderpapiere: Einigung u Papierübergabe; Indossament entbehrlich. f) Namens- u Legitimationspapiere: wie das verbriefte Recht. g) Anteil an Personengesellschaft: § 398. h) GmbH-Anteil: § 15 III GmbHG. i) Erbanteil: § 2033 I 2. 3
B. Nicht übertragbare Rechte (II). I. Gesetzliche Unübertragbarkeit. Gesetzliche Verbote ergeben sich aus §§ 399 Fall 1, 400, 613 S 2, 664 II, 1059 S 1, 1092 I 1. Zu § 719 s § 1068 Rn 13. Unübertragbar sind auch die Grunddienstbarkeit und die subjektiv-dingliche Reallast (auch Erbbauzins) wegen der untrennbaren Verknüpfung mit dem Eigentum. 4
Wegen § 400 ist die Altenteilsreallast nicht übertragbar, denn sie ist nicht pfändbar, § 850 b I Nr 3 ZPO. Das Altenteilswohnungsrecht ist nicht übertragbar nach § 1092 I 1. Somit kann das Altenteil insgesamt oder eines seiner Teilrechte nicht mit einem Nießbrauch belastet werden. Dass es in § 1073 noch genannt ist, liegt an fehlender Koordination nach Einfügung von § 850 b ZPO. 5
Ein Nießbrauch am Ausübungsrecht (§ 1059 S 2; § 1092 I 2) kann durch den Nießbraucher nicht bestellt werden, wohl aber durch den Dritten, dem die Ausübung überlassen ist (MüKo/*Pohlmann* Rn 14). 6
II. Vertragliche Unübertragbarkeit. Hier ist die Norm Auslegungsregel. Ein Abtretungsausschluss (§ 399 Fall 2) beinhaltet im Zweifel auch den Ausschluss einer Nießbrauchsbelastung; es kann sich aber ergeben, dass nur die Übertragung ausgeschlossen werden sollte, dann ist II nicht anwendbar. 7

§ 1070 Nießbrauch an Recht auf Leistung

(1) Ist ein Recht, kraft dessen eine Leistung gefordert werden kann, Gegenstand des Nießbrauchs, so finden auf das Rechtsverhältnis zwischen dem Nießbraucher und dem Verpflichteten die Vorschriften entsprechende Anwendung, welche im Falle der Übertragung des Rechts für das Rechtsverhältnis zwischen dem Erwerber und dem Verpflichteten gelten.
(2) ¹Wird die Ausübung des Nießbrauchs nach § 1052 einem Verwalter übertragen, so ist die Übertragung dem Verpflichteten gegenüber erst wirksam, wenn er von der getroffenen Anordnung Kenntnis erlangt oder wenn ihm eine Mitteilung von der Anordnung zugestellt wird. ²Das Gleiche gilt von der Aufhebung der Verwaltung.

1 **A. Grundsatz.** Die Norm schütz den Schuldner eines nießbrauchbelasteten Rechts. Er soll nicht schlechter stehen als bei einer Übertragung des Rechts.
2 **B. Der Schuldnerschutz.** Bei einem schuldrechtlichen oder dinglichen Recht, kraft dessen eine Leistung (Tun oder Unterlassen) verlangt werden kann und das mit einem Nießbrauch belastet ist, gelten zugunsten des Schuldners die §§ 404–411, 1156, 1158, 1159 entspr. „Neuer Gläubiger" ist hier der Nießbraucher, „bisheriger Gläubiger" ist hier der Rechtsinhaber.
3 Zugunsten des Nießbrauchers gelten § 796, §§ 364 II, 365 HGB, Art 16, 17, 40 WG; sie schränken den Schuldnerschutz ein.
4 Aufrechnung des Schuldners ggü dem Nießbraucher mit einer Forderung gegen den Rechtsinhaber: § 406. Aufrechnung mit einer Forderung gegen den Nießbraucher: zulässig, soweit Nießbraucher die Nutzungen geltend macht; bei Einziehung gem § 1074 fehlt es an der Gegenseitigkeit, § 387.
5 Bei Verwaltung (§ 1052) wird der Schuldner nach II geschützt, freilich genügt auch bloße Zustellung, um den Schuldner bösgläubig zu machen. Bei Zustellungsmängeln gilt § 189 ZPO.

§ 1071 Aufhebung oder Änderung des belasteten Rechts

(1) ¹Ein dem Nießbrauch unterliegendes Recht kann durch Rechtsgeschäft nur mit Zustimmung des Nießbrauchers aufgehoben werden. ²Die Zustimmung ist demjenigen gegenüber zu erklären, zu dessen Gunsten sie erfolgt; sie ist unwiderruflich. ³Die Vorschrift des § 876 Satz 3 bleibt unberührt.
(2) Das Gleiche gilt im Falle einer Änderung des Rechts, sofern sie den Nießbrauch beeinträchtigt.

1 Die Norm befasst sich mit Verfügungen über das belastete Recht, die das Nießbrauchsrecht beeinträchtigen. Hierher gehören neben der Aufhebung auch Inhaltsänderungen, soweit sie das Recht verschlechtern. Beim Nießbrauch an einem Gesellschaftsanteil erfasst die Norm die Kündigung, nachteilige Vertragsänderungen oder einen Auslösungsbeschluss; eine Kündigung aus wichtigem Grund wird jedoch nicht erfasst (*Schön* ZHR 158, 229). Grds wird bei einer Vereinigung von Forderung und Verbindlichkeit zugunsten des Nießbrauchers die Forderung als weiter bestehend fingiert (MüKo/*Pohlmann* Rn 3), so dass entspr Verfügungen nicht unter die Norm fallen. Fraglich ist, ob dies auch gilt, wenn nießbrauchsbelastete GbR-Anteile sich in der Person eines Gesellschafters vereinigen und die GbR erlischt (Bejahend: Palandt/*Bassenge* Rn 2, aA Ddorf NJW-RR 99, 619). Der ablehnenden Auffassung ist, angesichts der Komplexität einer solchen Fiktion im Gesellschaftsrecht, zuzustimmen.
2 Das schädliche Rechtsgeschäft ist zustimmungsbedürftig. Bei Gesellschafterbeschlüssen bezieht sich das jedoch nur auf die Stimmabgabe des Gesellschafters, an dessen Mitgliedschaft der Nießbrauch lastet (MüKo/*Pohlmann* Rn 10).
3 **Folge** einer fehlenden Zustimmung ist nach hM grds die **relative Unwirksamkeit** des Rechtsgeschäfts (Staud/*Frank* Rn 2; Soergel/*Stürner* Rn 1; MüKo/*Pohlmann* Rn 12).
4 IRv § 876 (also bei **Grundstücksrechten**) ist Folge fehlender Zustimmung jedoch absolute Unwirksamkeit. Das sollte wegen der sachenrechtlichen Besonderheit auch hier gelten (MüKo/*Pohlmann* Rn 12; aA Staud/*Frank* Rn 1; Palandt/*Bassenge* Rn 1).
5 Im **Gesellschaftsrecht** verneint die hM jedwede Form der Unwirksamkeit, sondern knüpft an die fehlende Zustimmung nur Schadensersatzpflichten des Gesellschafters (Ddorf NJW-RR 99, 619; Hamm BB 71, 13; MüKo/*Pohlmann* Rn 13; aA Staud/*Frank* Anh zu §§ 1068, 1069 Rn 101).

§ 1072 Beendigung des Nießbrauchs

Die Beendigung des Nießbrauchs tritt nach den Vorschriften der §§ 1063, 1064 auch dann ein, wenn das dem Nießbrauch unterliegende Recht nicht ein Recht an einer beweglichen Sache ist.

1 Die Beendigung des Nießbrauchs richtet sich gem § 1068 II nach den §§ 1061–1064. Die Norm stellt klar, dass §§ 1063, 1064 auch dann gelten, wenn das nießbrauchsbelastete Recht nicht an einer beweglichen Sache, sondern zB an einem Grundstück besteht.

Bei Vereinigung des belasteten Rechts und des Nießbrauchs (§ 1063) erlischt der Nießbrauch grds. Das gilt auch bei Grundstücksrechten; § 889 ist nicht anwendbar.

Die Aufhebung des Rechtsnießbrauchs (§ 1064) geschieht durch formlose Aufhebungserklärung. Dies gilt auch dann, wenn das belastete Recht ein Grundstücksrecht ist. § 875 ist nicht anwendbar, so dass eine konstitutiv wirkende Löschung im Grundbuch entfällt. Die Löschung ist daher Grundbuchberichtigung.

§ 1073 Nießbrauch an einer Leibrente

Dem Nießbraucher einer Leibrente, eines Auszugs oder eines ähnlichen Rechts gebühren die einzelnen Leistungen, die auf Grund des Rechts gefordert werden können.

Die Norm soll klarstellen, dass bei den von ihr erfassten Rechten zwischen dem Stammrecht und den aus ihm fließenden Einzelansprüchen zu unterscheiden ist: Das Erstere ist Nießbrauchsgegenstand, die Einzelansprüche sind die Nutzungen. Diese Auffassung ist heute ohnehin hM, vgl zB § 1105 Rn 2.

Erfasste Rechte sind: die Reallast als solche; als Teil eines Auszuges (Leibgedinge, Leibzucht, heute allgemein: Altenteil) ist sie unübertragbar (s § 1069 Rn 5); Leibrente (§ 759). **Nicht** erfasst werden Raten eines Kapitals, auch nicht das Gewinnstammrecht, vgl § 1068 Rn 12.

§ 1074 Nießbrauch an einer Forderung; Kündigung und Einziehung

¹Der Nießbraucher einer Forderung ist zur Einziehung der Forderung und, wenn die Fälligkeit von einer Kündigung des Gläubigers abhängt, zur Kündigung berechtigt. ²Er hat für die ordnungsmäßige Einziehung zu sorgen. ³Zu anderen Verfügungen über die Forderung ist er nicht berechtigt.

A. Anwendungsbereich. Die Norm befasst sich nur mit unverzinslichen Forderungen; für verzinsliche verweist § 1076 auf § 1077–1079. Da die unverzinsliche Forderung keine Nutzungen abwirft, wird sie über § 1075 nutzbar.

B. Rechte des Nießbrauchers. I. Einziehung. Die Norm gibt dem Nießbraucher eine gesetzliche Einziehungsermächtigung. Er verlangt Leistung an sich, dh Vornahme der Leistungshandlung ihm ggü; der Leistungserfolg tritt aber in der Person des Gläubigers ein, sofern nicht verbrauchbare Sachen geschuldet werden, § 1075.

Prozessual folgt aus der Ermächtigung eine gesetzliche Prozessstandschaft (Rosenberg/Schwab/*Gottwald* § 46 II 2).

Der Gläubiger ist nicht gehindert, Leistung an den Nießbraucher zu verlangen; nicht aber kann er Leistung an sich beanspruchen. Wegen der Rechtskraftwirkungen bei Klage des Nießbrauchers bzw des Gläubigers s MüKo/*Pohlmann* Rn 7, 10.

Die Einziehungsermächtigung umfasst neben der ausdrücklich genannten Kündigung (s.u. Rn 7) alle erforderlichen Maßnahmen: Mahnung, Klageerhebung (Geltendmachung im Mahnverfahren), Zwangsvollstreckung, Forderungsanmeldung in der Schuldnerinsolvenz.

Zu den üblichen Durchsetzungsmaßnahmen ist der Nießbraucher dem Gläubiger ggü verpflichtet, S 2.

II. Kündigung. Sie ist in S 1 ausdrücklich genannt. Str ist, ob der Nießbraucher auch passiv zum Adressaten einer Kündigung des Schuldners wird (RGRK/*Rothe* Rn 3; aA Staud/*Frank* Rn 8). Das ist abzulehnen; der Nießbraucher ist insoweit nicht schutzbedürftig.

III. Andere Verfügungen. Sie sind in S 3 ausgeschlossen. Vereinzelt wird die **Stundung** davon ausgenommen, weil sie den Gläubiger angesichts der Nutzungsbefugnis des Nießbrauchers nicht beeinträchtige (MüKo/*Pohlmann* Rn 12). Zur **Aufrechnung** durch den Nießbraucher gilt nichts anderes als bei einer Aufrechnung des Schuldners (s § 1070 Rn 4): Sie scheitert an der fehlenden Gegenseitigkeit (Palandt/*Heinrichs* § 387 Rn 5; aA Palandt/*Bassenge* Rn 5). Dies muss auch im Falle des § 1075 II gelten, weil die Rückwirkung des § 389 uU den Wertersatz des § 1067 I 1 nachteilig beeinflusst.

§ 1075 Wirkung der Leistung

(1) Mit der Leistung des Schuldners an den Nießbraucher erwirbt der Gläubiger den geleisteten Gegenstand und der Nießbraucher den Nießbrauch an dem Gegenstand.
(2) Werden verbrauchbare Sachen geleistet, so erwirbt der Nießbraucher das Eigentum; die Vorschrift des § 1067 findet entsprechende Anwendung.

A. Anwendungsbereich. Die Norm ist eine Weiterführung von § 1074, gilt also wie dieser nur für unverzinsliche Forderungen.

B. Leistung des Schuldners. I. Leistung an Nießbraucher. Gemeint ist die Vornahme der erforderlichen Leistungshandlungen ggü dem Nießbraucher (s § 1074 Rn 2). Da der Leistungserfolg jedoch beim Gläubiger eintritt (s.u. Rn 4), wird der Vorgang zutreffend als rechtsgeschäftlicher Erwerb verstanden, bei dem der Nießbraucher als gesetzlicher Vertreter des Gläubigers handelt (MüKo/*Pohlmann* Rn 2, 3). Eine vergleichbare Situation findet sich in § 848 II ZPO.

3 Bewegliche Sachen werden übereignet, indem der Nießbraucher sich namens des Gläubigers mit dem Schuldner einigt und die Sache als Besitzmittler (§ 868) entgegennimmt. Bei Immobilien beinhaltet die Auflassung, dass Nießbraucher als Vertreter des Gläubigers und der Schuldner sich über den Eigentumsübergang an den Gläubiger einig sind. Der Eintragungsantrag ist Einziehungshandlung, kann mithin vom Nießbraucher gestellt werden. Da die Vertretungsmacht, die aus dem Nießbrauch fließt, nach Maßgabe des § 29 GBO nachzuweisen ist (§ 30 GBO gilt nur für die Vollmacht!), empfiehlt sich, dass der Nießbrauch am Eigentumsverschaffungsanspruch in entspr Form bestellt wird.

4 Rechtsfolgen sind der Erwerb des Rechts oder der Sache durch den Gläubiger sowie das gesetzliche Entstehen eines Nießbrauchs am Leistungsgegenstand (I). Bei einer Immobilie kann der entstandene Grundstücksnießbrauch (BGH RdL 53, 138) im Berichtigungswege eingetragen werden, was zweckmäßig zugleich mit der Eigentumsumschreibung beantragt wird. Unrichtigkeitsnachweis iSv § 22 GBO ist die § 29 GBO genügende Nießbrauchsbestellung; ist formgerechter Nachweis nicht möglich, muss Gläubiger (= Eigentümer) bewilligen. Der Nießbrauch enthält den Rang, den der Nießbrauch am Anspruch hatte (MüKo/*Pohlmann* Rn 5). Wegen der Gleichheit der Interessenlagen können Judikatur u Lit zu § 848 II ZPO Anwendung finden (vgl *Haegele/Schöner/Stöber* GBR, Rn 1562, 1597; *Böttcher* Rpfleger 88, 252).

5 **II. Leistung an Gläubiger.** Wegen der Schutzwirkung des § 1074 erlischt die nießbrauchsbelastete Forderung (und damit der Nießbrauch an ihr) grds nicht. Etwas anderes gilt, wenn der Nießbraucher zustimmt oder die Leistung nach §§ 1070, 407 wirksam ist (MüKo/*Pohlmann* Rn 6); dann entsteht für den Nießbraucher der Nießbrauch am geleisteten Gegenstand.

6 **III. Besonderheit bei verbrauchbaren Sachen (II).** Ist die Forderung auf Leistung verbrauchbarer Sachen (§ 92) gerichtet, so erwirbt bei Leistung an ihn der Nießbraucher das Eigentum; er hat dann die Wertersatzpflicht des § 1067. Bei Leistung an den Gläubiger wird der Nießbraucher nur dann Eigentümer, wenn sie ihm ggü wirksam ist (wie oben Rn 5).

§ 1076 Nießbrauch an verzinslicher Forderung

Ist eine auf Zinsen ausstehende Forderung Gegenstand des Nießbrauchs, so gelten die Vorschriften der §§ 1077 bis 1079.

1 **Anwendungsbereich:** Im Gegensatz zu §§ 1074, 1075 erfasst die Norm nur verzinsliche Forderungen; gemeint sind rechtsgeschäftlich vereinbarte Zinsen, die vereinbarungsgemäß als Nutzungen zugewendet werden sollen.
2 Anzuwenden sind dann die §§ 1077–1079.

§ 1077 Kündigung und Zahlung

(1) ¹Der Schuldner kann das Kapital nur an den Nießbraucher und den Gläubiger gemeinschaftlich zahlen. ²Jeder von beiden kann verlangen, dass an sie gemeinschaftlich gezahlt wird; jeder kann statt der Zahlung die Hinterlegung für beide fordern.
(2) ¹Der Nießbraucher und der Gläubiger können nur gemeinschaftlich kündigen. ²Die Kündigung des Schuldners ist nur wirksam, wenn sie dem Nießbraucher und dem Gläubiger erklärt wird.

1 **A. Leistung des Schuldners.** Sie kann nur ggü Gläubiger u Nießbraucher gemeinsam geschehen; sonst wirkt sie nur bei Zustimmung oder §§ 1070, 407 befreiend (I 1).
2 Das Leistungsverlangen oder Hinterlegungsverlangen steht jedem alleine zu; verlangt werden kann jedoch nur Erfüllung an beide. Klagen sie zusammen, so sind sie notwendige Streitgenossen (§ 62 I, Fall 1 ZPO), weil der Streitgegenstand unteilbar ist (Staud/*Frank* §§ 1077, 1078 Rn 8; aA MüKo/*Pohlmann* Rn 3).
3 Leistungsfolge ist der Eigentumserwerb des Gläubigers und der Nießbrauchserwerb am Leistungsgegenstand, wie in § 1075 I (s dort); bei Hinterlegung erwirbt der Gläubiger die Herausgabeforderung; an ihr entsteht der Nießbrauch. Nicht anwendbar ist § 1075 II, weil angesichts der Nutzbarkeit des verzinslichen Rechts (vgl § 1079) jede Rechtfertigung für einen Eigentumserwerb des Nießbrauchers fehlt.

4 **B. Kündigung, Mahnung.** Kündigung muss gemeinschaftlich geschehen (II 1). Ob dies in einer gemeinsamen Erklärung geschieht, in voneinander unabhängigen Erklärungen oder ob einer der Erklärung des anderen zustimmt, ist nach dem Telos der Norm (gemeinsamer Kündigungswille!) ohne Belang. Die Kündigung des Schuldners ist beiden ggü zu erklären (II 2).
5 Die Mahnung kann nach allg M von einem der beiden wirksam geschehen.

§ 1078 Mitwirkung zur Einziehung

¹Ist die Forderung fällig, so sind der Nießbraucher und der Gläubiger einander verpflichtet, zur Einziehung mitzuwirken. ²Hängt die Fälligkeit von einer Kündigung ab, so kann jeder Teil die Mitwirkung des anderen zur Kündigung verlangen, wenn die Einziehung der Forderung wegen Gefährdung ihrer Sicherheit nach den Regeln einer ordnungsmäßigen Vermögensverwaltung geboten ist.

Wegen der in § 1077 statuierten Notwendigkeit gemeinsamen Handelns bei Leistungsannahme u Kündigung begründet die Norm eine Mitwirkungspflicht. Bei Inhaber- u Orderpapieren s § 1083. Bei Kündigung besteht sie erst, wenn die Einziehung gefährdet erscheint. 1

Bei schuldhafter Pflichtverletzung gilt § 280. 2

§ 1079 Anlegung des Kapitals

¹Der Nießbraucher und der Gläubiger sind einander verpflichtet, dazu mitzuwirken, dass das eingezogene Kapital nach den für die Anlegung von Mündelgeld geltenden Vorschriften verzinslich angelegt und gleichzeitig dem Nießbraucher der Nießbrauch bestellt wird. ²Die Art der Anlegung bestimmt der Nießbraucher.

Ziel der §§ 1076–1079 ist die Verschaffung des Zinsgenusses an den Nießbraucher. Die nach Leistung des Schuldners eingetretene Lage (§ 1077 Rn 3) ist nur ein Transitorium. Es wird mit § 1079 beendet; das eingezogene Kapital ist gemeinsam nach Maßgabe des § 1807 zu hinterlegen. Die Art der Anlage bestimmt der Nießbraucher. Erklärt er sich nicht, kann er vom Gläubiger verklagt werden; Vollstreckung: § 887 ZPO. 1

Am Kapital ist erneut ein Nießbrauch zu bestellen; keine dingliche Surrogation. 2

§ 1080 Nießbrauch an Grund- oder Rentenschuld

Die Vorschriften über den Nießbrauch an einer Forderung gelten auch für den Nießbrauch an einer Grundschuld und an einer Rentenschuld.

Die §§ 1068 ff gelten auch hier. Bei Unverzinslichkeit s §§ 1074, 1075; bei Verzinslichkeit § 1076. Bei einer Hypothek erfasst der Nießbrauch an der Forderung kraft Akzessorietät das Recht; dessen Alleinbelastung ist unzulässig. 1

§ 1081 Nießbrauch an Inhaber- oder Orderpapieren

(1) ¹Ist ein Inhaberpapier oder ein Orderpapier, das mit Blankoindossament versehen ist, Gegenstand des Nießbrauchs, so steht der Besitz des Papiers und des zu dem Papier gehörenden Erneuerungsscheins dem Nießbraucher und dem Eigentümer gemeinschaftlich zu. ²Der Besitz der zu dem Papier gehörenden Zins-, Renten- oder Gewinnanteilscheine steht dem Nießbraucher zu.

(2) Zur Bestellung des Nießbrauchs genügt anstelle der Übergabe des Papiers die Einräumung des Mitbesitzes.

Für Inhaberpapiere und blankoindossierte Orderpapiere (§§ 793–807; Art 11 WG; Art 14 SchG; § 363 HGB) gelten Besonderheiten bzgl der Rechtsbestellung und der Besitzrechte. Letztere stehen am Papier und am Talon dem Nießbraucher und dem Eigentümer gemeinsam zu. Die sich auf die Nutzungen beziehenden Scheine (I 2) stehen dem Nießbraucher zu Alleinbesitz zu. 1

Die Bestellung des Nießbrauchs erfolgt wie bei beweglichen Sachen, es genügt aber die Einräumung des Mitbesitzes. 2

§ 1082 Hinterlegung

¹Das Papier ist nebst dem Erneuerungsschein auf Verlangen des Nießbrauchers oder des Eigentümers bei einer Hinterlegungsstelle mit der Bestimmung zu hinterlegen, dass die Herausgabe nur von dem Nießbraucher und dem Eigentümer gemeinschaftlich verlangt werden kann. ²Der Nießbraucher kann auch Hinterlegung bei der Reichsbank, bei der Deutschen Zentralgenossenschaftskasse¹⁾ oder bei der Deutschen Girozentrale (Deutsche Kommunalbank) verlangen.

Zur Herstellung des Mitbesitzes (§ 1081) ist Hinterlegung vorgeschrieben. Hinterlegungsstellen: Amtsgerichte (§ 1 II HintO), Staatsbanken (§ 27 I 1 HintO: Deutsche Bundesbank, Landeszentralbanken). 1

Nach S 2 kann Nießbraucher andere Stellen bestimmen. Ob an die Stelle der „Reichsbank" die Bundesbank getreten ist, ist str, aber letztlich belanglos, weil diese schon von S 1 erfasst wird. Die beiden anderen Institute sind, nach Verschmelzungen und Umfirmierungen, heute die DZ-Bank AG (Frankf) und die DGZ-Deka Bank (ebenda). 2

§ 1083 Mitwirkung zur Einziehung

(1) Der Nießbraucher und der Eigentümer des Papiers sind einander verpflichtet, zur Einziehung des fälligen Kapitals, zur Beschaffung neuer Zins-, Renten- oder Gewinnanteilscheine sowie zu sonstigen Maßnahmen mitzuwirken, die zur ordnungsmäßigen Vermögensverwaltung erforderlich sind.
(2) ¹Im Falle der Einlösung des Papiers findet die Vorschrift des § 1079 Anwendung. ²Eine bei der Einlösung gezahlte Prämie gilt als Teil des Kapitals.

1 Die Norm ergänzt für die Papiere des § 1081 den § 1078 und erweitert die Mitwirkungspflicht auf die Vermögensverwaltung. Neben Umtausch und Kraftloserklärung zählt dazu auch der Verkauf bei Gefährdung.

§ 1084 Verbrauchbare Sachen

Gehört ein Inhaberpapier oder ein Orderpapier, das mit Blankoindossament versehen ist, nach § 92 zu den verbrauchbaren Sachen, so bewendet es bei der Vorschrift des § 1067.

1 Sind die Papiere des § 1081 verbrauchbare Sachen (§ 92), so gilt § 1067. Erfasst sind vor allem Banknoten; auch das Umlaufvermögen eines Handelsgeschäfts gehört hierher.

Untertitel 3 Nießbrauch an einem Vermögen

§ 1085 Bestellung des Nießbrauchs an einem Vermögen

¹Der Nießbrauch an dem Vermögen einer Person kann nur in der Weise bestellt werden, dass der Nießbraucher den Nießbrauch an den einzelnen zu dem Vermögen gehörenden Gegenständen erlangt. ²Soweit der Nießbrauch bestellt ist, gelten die Vorschriften der §§ 1086 bis 1088.

1 **A. Grundsatz.** Der Nießbrauch an einem Vermögen ist, wie S 1 verdeutlicht, sachenrechtlich kein einheitliches Recht, sondern die Summe einzelner Nießbrauchsrechte an den erfassten Sachen und Rechten.

2 **B. Verpflichtung, Bestellung.** Die schuldrechtliche Verpflichtung ist ein einheitliches Geschäft; sie unterliegt nach § 311 b III der notariellen Beurkundung.

3 Das dingliche Bestellungsgeschäft erfordert so viele Einzelakte, wie Gegenstände vorhanden sind, S 1 (Spezialitätsgrundsatz). Die Art der Bestellungsakte richtet sich nach den jeweiligen Regeln (§§ 873, 1031, 1032, 1067, 1069 I, 1081 II, § 9 SchiffsRG); § 1069 II gilt auch hier. Kommen Gegenstände neu ins Vermögen, sind sie gesondert zu belasten (Bremen DB 70, 1436); ausscheidende Gegenstände bleiben belastet.

4 **C. Anzuwendende Vorschriften.** Es gelten zunächst die §§ 1030–1084. Sie werden ergänzt durch die Gläubigerschutzregeln der §§ 1086–1088. Obwohl deutlich dem aufgehobenen § 419 nachgebildet, sind sie nach wie vor bei Bestand (vgl MüKo/*Pohlmann* Rn 5).

5 **D. Der Unternehmensnießbrauch. I. Grundsatz.** Zu unterscheiden: Ertragsnießbrauch (bei ihm kommen dem Nießbraucher nur die Nutzungen zu) und Vollnießbrauch, bei dem der Nießbraucher selbst unternehmerisch tätig ist. Letzterer ist nachstehend zu erörtern.

6 **II. Verpflichtung, Bestellung.** Die Verpflichtung bedarf nur dann der Beurkundung nach § 311 b III, wenn das Unternehmen das gesamte Vermögen des Bestellers ist (BGH NJW 57, 1514). Die Bestellung geschieht wie oben Rn 3. Anmeldung zum Handelsregister: BayObLG DNotZ 74, 241.

7 **III. Vermögenszuordnung.** Das **Umlaufvermögen** wird Eigentum des Nießbrauchers (BGH NJW 02, 434); bei Ende des Nießbrauchs gilt dann § 1067 I 1 Hs 2 (dazu Staud/*Frank* Anh zu §§ 1068, 1069 Rn 46). Das **Anlagevermögen** bleibt Eigentum des Bestellers (BGH aaO); § 1048 gilt entspr. Aus ihm werden auch Reinvestitionspflichten des Nießbrauchers abgeleitet (BGH aaO). **Forderungen** aus der Zeit vor Bestellung stehen nach dem Grundgeschäft regelmäßig dem Nießbraucher zu (MüKo/*Pohlmann* Rn 23); bei Firmenfortführung (§ 22 II HGB) folgt dies aus § 25 I 1 HGB. Forderungen, die der Nießbraucher begründet, stehen ihm ohnehin zu.

8 **IV. Haftung.** Bei Firmenfortführung haftet der Nießbraucher gem § 25 I 1 HGB; Ausschluss: § 25 II HGB. Ggü dem Besteller gilt § 1047. Bei Betriebskrediten trägt der Nießbraucher die Zinsen, nicht aber die Tilgung (BGH NJW 02, 434). Für von ihm eingegangene Verbindlichkeiten haftet er allein.

9 **V. Nutzungen.** Dem Nießbraucher gebührt der Reingewinn, der nach Abzug aller Aufwendungen verbleibt, das ist der in der Jahresbilanz ermittelte Gewinn nach Abzug von Abschreibungen und Rückstellungen (*Baur* JZ 68, 79; MüKo/*Pohlmann* Rz 28).

§ 1086 Rechte der Gläubiger des Bestellers

¹Die Gläubiger des Bestellers können, soweit ihre Forderungen vor der Bestellung entstanden sind, ohne Rücksicht auf den Nießbrauch Befriedigung aus den dem Nießbrauch unterliegenden Gegenständen verlangen. ²Hat der Nießbraucher das Eigentum an verbrauchbaren Sachen erlangt, so tritt an die Stelle der Sachen der Anspruch des Bestellers auf Ersatz des Wertes; der Nießbraucher ist den Gläubigern gegenüber zum sofortigen Ersatz verpflichtet.

A. Grundsatz. Die Norm enthält eine Gläubigerschutzvorschrift; sie ist zeitlich anwendbar, „soweit der Nießbrauch bestellt ist", § 1085 S 2. Nach hM findet bei einer schrittweisen Belastung die Norm schon mit der ersten Belastung Anwendung (Staud/*Frank* § 1085 Rn 19, 23). Davon zu unterscheiden ist, welche Forderungen geschützt sind, s.u. Rn 3. 1

Subjektiv wird vorausgesetzt, dass der Nießbraucher Kenntnis davon hat, es werde im Wesentlichen das gesamte Vermögen des Bestellers belastet (MüKo/*Pohlmann* § 1085 Rn 2). 2

B. Das Befriedigungsrecht. I. Geschützte Forderungen. Die Forderung gegen den Besteller muss **vor** der dinglichen Bestellung entstanden sein. Da regelmäßig mehrere Bestellungsakte vorliegen, stellt die hM auf den ersten ab (MüKo/*Pohlmann* Rn 2); bei Grundstücken ist nach dem Rechtsgedanken des § 878 die Antragstellung entscheidend. 3

Das „Entstehen" der Forderung beurteilt sich ebenso wie bei § 38 InsO; entscheidend ist das Bestehen des Rechtsgrundes (Einzelheiten s HK-InsO/*Eickmann* § 38 Rn 16 ff). 4

II. Rechtsinhalt. Der Gläubiger hat den Anspruch auf Duldung der Zwangsvollstreckung in die belasteten Gegenstände. Persönliche Haftung nur gem § 1088. Vollstreckung: Leistungstitel gegen Besteller; gegen Nießbraucher Duldungstitel (evtl § 794 II iVm I Nr 5 ZPO; ggf Klausel gem § 738 ZPO). 5

S 2 ist mit Ausnahme der Fälligkeitsregel überflüssig. Der Wertersatzanspruch des § 1067 I 1 ist eine Forderung des Bestellers gegen den Nießbraucher, sie ist ohne weiteres für Gläubiger des Bestellers gem § 829 ZPO pfändbar; der Nießbraucher ist Drittschuldner, seiner Duldung bedarf es nicht. Auch vor Fälligkeit könnte die Pfändung erfolgen; die sofortige Fälligstellung erlaubt die sofortige Einziehung nach Überweisung (§§ 835, 836 ZPO). 6

§ 1087 Verhältnis zwischen Nießbraucher und Besteller

(1) ¹Der Besteller kann, wenn eine vor der Bestellung entstandene Forderung fällig ist, von dem Nießbraucher Rückgabe der zur Befriedigung des Gläubigers erforderlichen Gegenstände verlangen. ²Die Auswahl steht ihm zu; er kann jedoch nur die vorzugsweise geeigneten Gegenstände auswählen. ³Soweit die zurückgegebenen Gegenstände ausreichen, ist der Besteller dem Nießbraucher gegenüber zur Befriedigung des Gläubigers verpflichtet.

(2) ¹Der Nießbraucher kann die Verbindlichkeit durch Leistung des geschuldeten Gegenstands erfüllen. ²Gehört der geschuldete Gegenstand nicht zu dem Vermögen, das dem Nießbrauch unterliegt, so ist der Nießbraucher berechtigt, zum Zwecke der Befriedigung des Gläubigers einen zu dem Vermögen gehörenden Gegenstand zu veräußern, wenn die Befriedigung durch den Besteller nicht ohne Gefahr abgewartet werden kann. ³Er hat einen vorzugsweise geeigneten Gegenstand auszuwählen. ⁴Soweit er zum Ersatz des Wertes verbrauchbarer Sachen verpflichtet ist, darf er eine Veräußerung nicht vornehmen.

Die Norm regelt in Bezug auf § 1086 das Innenverhältnis Nießbraucher/Besteller. Vertragliche Vereinbarungen gehen vor. 1

Als Vollstreckungsabwendung ist der Nießbraucher zur Rückgabe der objektiv erforderlichen Gegenstände verpflichtet; an ihnen ist der Nießbrauch aufzuheben. Bei der Auswahl ist Rücksicht auf den Nießbraucher zu nehmen (I). 2

Wird ein Gegenstand im Besitz des Nießbrauchers geschuldet, so kann er den Gläubiger unmittelbar befriedigen (II 1). In den anderen Fällen kann nach Maßgabe von S 2 ein Nießbrauchsgegenstand verwertet werden. Dies gilt nicht bei verbrauchbaren Sache, hier ist der Wertersatz zur Befriedigung zu verwenden. 3

§ 1088 Haftung des Nießbrauchers

(1) ¹Die Gläubiger des Bestellers, deren Forderungen schon zur Zeit der Bestellung verzinslich waren, können die Zinsen für die Dauer des Nießbrauchs auch von dem Nießbraucher verlangen. ²Das Gleiche gilt von anderen wiederkehrenden Leistungen, die bei ordnungsmäßiger Verwaltung aus den Einkünften des Vermögens bestritten werden, wenn die Forderung vor der Bestellung des Nießbrauchs entstanden ist.

(2) Die Haftung des Nießbrauchers kann nicht durch Vereinbarung zwischen ihm und dem Besteller ausgeschlossen oder beschränkt werden.

(3) ¹Der Nießbraucher ist dem Besteller gegenüber zur Befriedigung der Gläubiger wegen der im Absatz 1 bezeichneten Ansprüche verpflichtet. ²Die Rückgabe von Gegenständen zum Zwecke der Befriedigung kann der Besteller nur verlangen, wenn der Nießbraucher mit der Erfüllung dieser Verbindlichkeit in Verzug kommt.

1 Die Norm regelt eine persönliche, unabdingbare (II) Haftung des Nießbrauchers für (gesetzliche oder vertragliche) Zinsen einer bei Nießbrauchsbestellung verzinslichen Forderung (I 1). Dasselbe gilt für bereits fällig gewordene, vor Nießbrauchsbestellung entstandene wiederkehrende Leistungen, die ein ordentlicher Verwalter aus den Einkünften deckt (Versorgungsleistungen, Prämien, Abgaben, Tilgungsraten).

2 Im Innenverhältnis besteht eine Pflicht des Nießbrauchers, die entspr Gläubiger zu befriedigen (III, 1). Darüber hinaus wird angenommen, dies gelte über I hinaus für alle Lasten, die ein ordentlicher Verwalter aus den Einkünften deckt (Ddorf OLGZ 75, 34), also auch für die laufenden. Die Rückgabe des § 1087 I kann nur bei Verzug des Nießbrauchers verlangt werden.

§ 1089 Nießbrauch an einer Erbschaft

Die Vorschriften der §§ 1085 bis 1088 finden auf den Nießbrauch an einer Erbschaft entsprechende Anwendung.

1 **A. Grundsatz.** Die Gläubigerschutzvorschriften der §§ 1085–1088 gelten auch beim Nießbrauch an einer Erbschaft; der Nachlassgläubiger (§ 1967 II) soll nicht wegen des Nießbrauchs den Zugriff auf den Nachlass verlieren.

2 **B. Nießbrauch an einer Erbschaft. I. Voraussetzung.** Er ist gegeben bei Bestellung an der Gesamtheit der Gegenstände; bei Bestellung an nicht allen Gegenständen, wenn sie den wesentlichen Wert ausmachen und der Nießbraucher das wusste oder wissen musste. Zu unterscheiden vom Nießbrauch an Erbanteil, s.u. Rn 7.

3 **II. Verpflichtung, Bestellung.** Die Verpflichtung ergibt sich aus Vermächtnis (§ 2174) oder aus Vertrag, der entspr § 311b III der notariellen Beurkundung bedarf. Zur Auslegung letztwilliger Verfügungen vgl *Petzold* BB 75 Beilage 6.

4 Für die Bestellung gilt § 1085.

5 **III. Haftung.** §§ 1085 S 2, 1086, 1088 I, II gelten entspr. Geschützt sind jedoch nicht alle Gläubiger des Bestellers, sondern nur die Nachlassgläubiger. Die Verbindlichkeit muss nicht – wie bei § 1086 Rn 3 – vor Nießbrauchsbestellung entstanden sein, § 1967 II.

6 **IV. Innenverhältnis.** Die §§ 1087, 1088 III gelten entspr. Bei Rückgabepflicht nach § 1087 können diese Gegenstände von vornherein auf Verlangen des Erben vom Nießbrauch ausgenommen werden (BGHZ 19, 309).

7 **C. Nießbrauch am Erbanteil.** Er ist Rechtsnießbrauch gem §§ 1068 ff. Die Verpflichtung bedarf nach hM der notariellen Beurkundung nach §§ 2371, 2385 (Staud/*Frank* Rn 26); die Bestellung ist gleichfalls beurkundungsbedürftig, §§ 1069 I, 2033 I 2.

8 Als Nutzung gebührt dem Nießbraucher der Reinerlös des Erbteils (Westermann/*Gursky* § 141, 3).

9 Entspr anwendbar sind §§ 1066, 1071. Ob §§ 1086–1088 auch anzuwenden sind, ist str (vgl MüKo/*Pohlmann* Rn 15). Da die Gläubiger am Zugriff auf die Nachlassgegenstände nicht gehindert sind (das Nießbrauchsrecht lastet nicht an ihnen, sondern am Erbteil, vgl § 2033), besteht für eine Anwendung kein Bedürfnis.

Titel 3 Beschränkte persönliche Dienstbarkeiten

§ 1090 Gesetzlicher Inhalt der beschränkten persönlichen Dienstbarkeit

(1) Ein Grundstück kann in der Weise belastet werden, dass derjenige, zu dessen Gunsten die Belastung erfolgt, berechtigt ist, das Grundstück in einzelnen Beziehungen zu benutzen, oder dass ihm eine sonstige Befugnis zusteht, die den Inhalt einer Grunddienstbarkeit bilden kann (beschränkte persönliche Dienstbarkeit).
(2) Die Vorschriften der §§ 1020 bis 1024, 1026 bis 1029, 1061 finden entsprechende Anwendung.

1 **A. Der Rechtstyp.** Die beschränkte-persönliche (b-p) Dienstbarkeit ist eines der Nutzungsrechte. Von der Grunddienstbarkeit unterscheidet sie die personenbezogene Berechtigung, vom Nießbrauch die Beschränkung auf einzelne Nutzungsarten. Das Wohnungsrecht (§ 1093) ist eine Sonderform der b-p Dienstbarkeit mit besonders starkem Nießbrauchsbezug.

2 **B. Inhalt.** Er ist identisch mit dem nach § 1018 zulässigen Inhalt; s Erl dort. An die Stelle von § 1019 tritt § 1091. Zum Inhalt des Wohnungsrechts § 1093 Rn 4.

3 **C. Berechtigter.** Eine bestimmte natürliche oder juristische Person oder rechtsfähige Personengesellschaft. Wegen der str Grundbuchfähigkeit der GbRs KEHE/*Dümig* Einl B 59 ff.

Für mehrere Berechtigte sind entspr viele rang- u inhaltsgleiche Rechte zulässig (BGH 46, 253; BayObLG Rpfleger 80, 151). Es können aber auch mehrere Berechtigte in Bezug auf ein Recht Gesamtberechtigte gem § 428 sein (BGHZ 46, 253, BayObLGZ 91, 431), bei teilbarem Gegenstand Bruchteilsberechtigte nach § 420, bei unteilbarem Gegenstand Mitberechtigte nach § 432. Unterlassungs- u Duldungspflichten als Rechtsgegenstand sind regelmäßig unteilbar (Köln DNotZ 65, 686).
Ein Eigentümerrecht ist zulässig. Die Rspr verlangt ein besonderes schutzwürdiges Interesse (BGHZ 41, 209), zB wegen bevorstehender Veräußerung (Frankf Rpfleger 84, 264) oder zur Vermeidung von Streitigkeiten (LG Frankf Rpfleger 92, 246; vgl auch Saarbr OLGZ 92, 5).

D. Belastungsgegenstand. Wie bei der Grunddienstbarkeit, vgl § 1018 Rn 5–7.

E. Entstehung. Als dingliches Recht gem § 873; beim Eigentümerrecht tritt an die Stelle der Einigung die einseitige Belastungserklärung. Auflösende u aufschiebende Bedingung zulässig. Die Eintragung muss den Rechtsinhalt schlagwortartig wiedergeben (BGHZ 35, 378) zB „Wegerecht", „Baubeschränkung", „Tankstellenbetriebsrecht" u.Ä.
Wegen der Beschränkung auf einen Grundstücksteil s § 1018 Rn 5.

F. Erlöschen. Das Recht erlischt: a) durch Aufhebung (§ 875); b) durch Eintritt einer Bedingung oder Befristung; c) wenn Ausübung infolge Grundstücksveränderung dauernd unmöglich (BGH NJW 03, 3769); d) bei Teilung des Grundstücks, wenn ein Teil außerhalb des Ausübungsbereiches liegt, § 1026, § 1090 II; e) gem § 1028 I 2, § 1090 II, vgl Erl zu § 1028; f) mit dem Tode es Berechtigten; § 1061, § 1090 II. Ihm steht das Erlöschen einer juristischen Person oder einer Personengesellschaft gleich; g) gem §§ 52, 91 ZVG durch Zuschlag in der Zwangsversteigerung, wenn Recht nicht in das geringste Gebot aufgenommen ist; h) gem § 5 I GBBerG, wenn seit dem Geburtstag des Berechtigten (bei dessen Nichteintragung: seit der Eintragung des Rechts) 110 Jahre verstrichen sind.

G. Ergänzende Vorschriften. Nach II sind die dort genannten Vorschriften aus dem Recht der Grunddienstbarkeit u des Nießbrauchs entspr anzuwenden. Erl dazu bei den einzelnen Vorschriften.
Wegen des zwischen Eigentümer und Berechtigtem bestehenden gesetzlichen Schuldverhältnisses (BGH NJW 85, 2944; Hamm NJW-RR 01, 1099) s § 1018 Rn 4.

§ 1091 Umfang

Der Umfang einer beschränkten persönlichen Dienstbarkeit bestimmt sich im Zweifel nach dem persönlichen Bedürfnis des Berechtigten.

Die Norm gibt eine Auslegungsregel, sofern Vereinbarungen fehlen (BGHZ 41, 209).
Belastungen, die niemand Vorteil gewähren, sind unzulässig; fällt der Vorteil auf Dauer weg, erlischt das Recht. Ein rechtsschutzwürdiges Interesse fehlt, wenn sich die Berechtigung bereits aus dem Gesetz ergibt (Köln Rpfleger 82, 463; *Quack* Rpfleger 79, 281).
Persönliche Bedürfnisse iS der Norm können auch solche des Geschäftsbetriebes oder Haushalts sein.
Das Gebot der schonenden Ausübung (§ 1020, § 1090 II) verlangt im Einzelfall Interessenabwägung (vgl München NJWE-MietR 96, 193).

§ 1092 Unübertragbarkeit; Überlassung der Ausübung

(1) ¹Eine beschränkte persönliche Dienstbarkeit ist nicht übertragbar. ²Die Ausübung der Dienstbarkeit kann einem anderen nur überlassen werden, wenn die Überlassung gestattet ist.
(2) Steht eine beschränkte persönliche Dienstbarkeit oder der Anspruch auf Einräumung einer beschränkten persönlichen Dienstbarkeit einer juristischen Person oder einer rechtsfähigen Personengesellschaft zu, so gelten die Vorschriften der §§ 1059a bis 1059d entsprechend.
(3) ¹Steht einer juristischen Person oder einer rechtsfähigen Personengesellschaft eine beschränkte persönliche Dienstbarkeit zu, die dazu berechtigt, ein Grundstück für Anlagen zur Fortleitung von Elektrizität, Gas, Fernwärme, Wasser, Abwasser, Öl oder Rohstoffen einschließlich aller dazugehörigen Anlagen, die der Fortleitung unmittelbar dienen, für Telekommunikationsanlagen, für Anlagen zum Transport von Produkten zwischen Betriebsstätten eines oder mehrerer privater oder öffentlicher Unternehmen oder für Straßenbahn- oder Eisenbahnanlagen zu benutzen, so ist die Dienstbarkeit übertragbar. ²Die Übertragbarkeit umfasst nicht das Recht, die Dienstbarkeit nach ihren Befugnissen zu teilen. ³Steht ein Anspruch auf Einräumung einer solchen beschränkten persönlichen Dienstbarkeit einer der in Satz 1 genannten Personen zu, so ist der Anspruch übertragbar. ⁴Die Vorschriften der §§ 1059b bis 1059d gelten entsprechend.

A. Die Übertragung des Rechts. I. Grundsatz (I1). Die für eine natürliche Person bestellte b-p Dienstbarkeit ist nicht übertragbar. Dasselbe gilt für ein Recht zugunsten einer juristischen Person oder einer Personengesellschaft, wenn die Ausnahmen nach II, III (s.u. Rn 4 ff) nicht erfüllt sind.

2 Abw Gestaltungen sind, teilw bedenklich, zugelassen: a) Vormerkungsgesicherter Anspruch auf Bestellung bei Erlöschen (BGH 28, 99); b) Bestellung durch dasselbe Ereignis auflösend sowie (für einen anderen) aufschiebend bedingt (KG JFG 20, 6); c) durch Erstreckung auf Gesamtberechtigte, die nach Ausscheiden der anderen das Recht alleine halten (Ddorf RhNotK 79, 191; LG Landshut MittBayNot 98, 261; im Gegensatz zu a) und b) bedenklich, weil hier dasselbe Recht weitergegeben wird!).

3 Dieser Personengebundenheit entspricht konsequent die Unvererblichkeit, §§ 1061, 1090 II. Rechtsnachfolgeklauseln („... für x und dessen Rechtsnachfolger ...") sind hier ebenso wie zur Umgehung des Übertragungsverbots unzulässig (BGH NJW 65, 393). Die oben Rn 2 dargestellten Konstruktionen werden jedoch auch hier anerkannt (MüKo/*Joost* § 1092 Rn 4).

4 **II. Übertragbarkeit bei bestimmten Berechtigten (II).** Bei juristischen Personen und rechtsfähigen Personengesellschaften ist – ohne Rücksicht auf den Inhalt der Dienstbarkeit – deren Übertragbarkeit eingeschränkt gegeben: Nach § 1059 a I Nr 1 automatisch bei Gesamtrechtsnachfolge; bei § 1059 a I Nr 2 unter den dort genannten Voraussetzungen durch Rechtsgeschäft. Vgl dazu die Erl zu § 1059 a.

5 **III. Übertragbarkeit bei besonderem Rechtsinhalt (III).** Auch diese Regelung setzt voraus, dass das Recht einer juristischen Person oder rechtsfähigen Personengesellschaft zusteht.

6 Erforderlich sind daneben inhaltliche Besonderheiten (sog Leitungs- u Transportrechte; vgl dazu: *Bassenge* NJW 96, 2777; *Heller/Schulten* VIZ 96, 503; *Götting* ZfJR 05, 344).

7 Soweit III einschlägig ist, kann das Recht übertragen werden, ohne dass die Voraussetzungen von § 1059 a vorliegen. Der Zweck der Übertragung ist ohne Belang. Einer Mitwirkung des Grundstückseigentümers bedarf es nicht.

8 Das Recht kann nur einheitlich übertragen werden; eine Abspaltung einzelner Befugnisse ist ausgeschlossen, III 2.

9 Die §§ 1059 b–d gelten entspr; s die Erl dort.

10 Soweit die bestellte Dienstbarkeit übertragbar wäre, ist es bereits der schuldrechtliche Einräumungsanspruch, III 3.

11 **B. Die Überlassung der Ausübung.** Im Gegensatz zum Nießbrauchsrecht ist hier die Überlassung nicht generell möglich, sondern nur bei Gestattung durch den Eigentümer, I 2. Die Gestattung kann ursprünglich oder gem § 877 zum Rechtsinhalt gemacht werden. Sie kann auch einzelfallbezogen erteilt werden.

12 Die Überlassung geschieht durch formlosen (Hburg OLGR 99, 362) Vertrag zwischen Berechtigten und Dritten.

§ 1093 Wohnungsrecht

(1) ¹Als beschränkte persönliche Dienstbarkeit kann auch das Recht bestellt werden, ein Gebäude oder einen Teil eines Gebäudes unter Ausschluss des Eigentümers als Wohnung zu benutzen. ²Auf dieses Recht finden die für den Nießbrauch geltenden Vorschriften der §§ 1031, 1034, 1036, des § 1037 Abs. 1 und der §§ 1041, 1042, 1044, 1049, 1050, 1057, 1062 entsprechende Anwendung.
(2) Der Berechtigte ist befugt, seine Familie sowie die zur standesmäßigen Bedienung und zur Pflege erforderlichen Personen in die Wohnung aufzunehmen.
(3) Ist das Recht auf einen Teil des Gebäudes beschränkt, so kann der Berechtigte die zum gemeinschaftlichen Gebrauch der Bewohner bestimmten Anlagen und Einrichtungen mitbenutzen.

1 **A. Die Rechtsnatur.** Das Wohnungsrecht ist kein eigenständiger Rechtstyp im Kanon des Numerus clausus; es ist eine spezielle Ausformung der b-p Dienstbarkeit mit starken Bezügen zum Nießbrauch.

2 Neben den in I 2 genannten Vorschriften gelten deshalb auch die in § 1090 II genannten.

3 In der Praxis ist das Wohnungsrecht häufig Inhalt eines Altenteils (Leibgedinges); vgl dazu § 1105 Rn 20 ff.

4 **B. Inhalt. I. Wohnen als Hauptzweck.** Andersartige Nutzung kann nur Nebenzweck sein (BGH LM Nr 3). Der Eigentümer muss von der Benutzung des Gebäudes oder Gebäudeteils ausgeschlossen sein; ist dies nicht der Fall, so liegt eine gewöhnliche b-p Dienstbarkeit vor (Kobl NZM 01, 1095). Mitbenutzung des Eigentümers ist aber zulässig an nicht bebauten Grundstücksteilen (Frankf OLGZ 83, 31) oder an Räumen, die dem Wohnungsrecht nicht unterliegen (LG Osnabrück Rpfleger 72, 308). Aber auch insoweit ist ein Eigentümerausschluss möglich (Schlesw SchlHA 66, 67; LG Freiburg BWNotZ 74, 85).

5 **II. Gebäudeunterhalt.** Er trifft den Berechtigten (I 2: § 1041); Eigentümer ist nicht verpflichtet (BayObLGZ 85, 414), Nebenkosten (Heizung, Wasser, Müllabfuhr) trägt der Berechtigte (LG Duisburg WuM 88, 167). Dies wird auch für das sog Hausgeld beim Wohnungseigentum zu gelten haben.

6 Es kann jedoch als Nebenpflicht des Eigentümers mit dinglicher Wirkung vereinbart werden, dass dieser Unterhaltungspflichten übernimmt (BayObLGZ 80, 176; Köln RhNK 86, 264; Hamm RhNK 96, 225; Schlesw DNotZ 94, 895). In der Praxis häufig ist die Übernahme der Heiz- u Beleuchtungskosten. Es muss sich jedoch stets um Nebenpflichten iSv § 1018 Rn 11 handeln.

7 **III. Mitbenutzung durch Dritte.** Zu unterscheiden: Mitbenutzung aufgrund Überlassung (§ 1092 I 2) und gesetzlicher Befugnis (II).

Die gesetzliche Mitbenutzung erfasst Familienmitglieder iSd allgemeinen Sprachgebrauchs; Unterhaltspflicht 8
wird nicht vorausgesetzt. Bei Lebenspartnerschaft vgl § 11 LPartG. Nichteheliche Lebensgemeinschaft soll
auch darunter fallen (BGH NJW 82, 1868, krit dazu mit beachtenswerten Argumenten *Stürner* FamRZ 82,
775). Erfasst ist ferner das übliche Hauspersonal. IRv II ist jedoch nur eine Mitbenutzung neben dem Berechtigten zulässig; eine Überlassung zur Alleinbenutzung ist unzulässig.

Anderen Personen darf die Benutzung nur bei einer Gestattung nach § 1092 I 2 eingeräumt werden. Liegt 9
eine Gestattung nicht vor, so kann der Eigentümer vom Berechtigten Unterlassung verlangen (§ 1004) oder
Nutzungsentschädigung (Oldbg NJW-RR 94, 467). Vermietet der Wohnungsberechtigte ohne Gestattung, so
steht die Miete nach Auffassung des BGH (NJW 72, 1416) dem Wohnungsberechtigten zu; die Gegenmeinung (*Baur* JZ 72, 630; *Schmidt-Futterer* ZMR 67, 163) überzeugt.

Die gesetzliche und die gestattete (Mit-)Benutzung verleihen lediglich ein abgeleitetes Recht. Beim Tod des 10
Berechtigten (§ 1061, § 1090 II) verlieren die (Mit-)Benutzer ihre Befugnisse.

IV. Entgelt. Eine Gegenleistungsvereinbarung kann nicht Rechtsinhalt sein (BayObLG NJW-RR 93, 283; 11
Hamm MittBayNot 97, 230). Das Entgelt kann jedoch schuldrechtlich vereinbart und die Nichtleistung als
auflösende Bedingung für das dingliche Recht bestimmt werden (MüKo/*Joost* § 1090 Rn 29).

C. Belastungsgegenstand. Grds wie bei Grunddienstbarkeit, vgl § 1018 Rn 5–7. Nach hM soll auch ein 12
unbebautes Grundstück belastet werden können (BayObLG Rpfleger 81, 353; Hamm DNotZ 76, 229); jedenfalls wird verlangt werden müssen, dass eine baureife Planung vorliegt, die es ermöglicht, den Ausübungsbereich konkret zu bezeichnen.

Belastet ist stets das gesamte Grundstück; das uU eingeschränkte Benutzungsrecht ist eine räumliche Ausübungsbeschränkung (BGH WM 68, 37). Die insoweit erfassten Gebäudeteile sind in der Bewilligung genau 13
zu bezeichnen (BayObLG NJW-RR 99, 1691). Eine spätere Auswahl durch Eigentümer oder Berechtigten ist
nicht möglich.

Ein Gesamtrecht ist zulässig, wenn sich auf jedem Grundstück ein dem Wohnungsrecht unterliegendes 14
Gebäude oder eine mit zu benutzende Einrichtung befindet (BayObLG DNotZ 76, 227; Hamm DNotZ 76,
229; Zweibr FGPrax 98, 84).

Nach dem Gesetzeswortlaut berechtigt das Recht nur zur Nutzung des Gebäudes. Dazu gehört idR eine sich 15
anschließende Terrasse (Hamm NJW-RR 00, 1403). Ist Belastungsobjekt eine Wohnungseigentumsberechtigung, so soll sich das Benutzungsrecht ohne weiteres auf die damit verbundenen Sondernutzungsrechte
erstrecken (BayObLG Rpfleger 98, 68; Nürnbg MDR 02, 26; bedenklich!).

Anlagen und Einrichtungen außerhalb des Gebäudes, die dem Wohnzweck dienen (Zugangswege; Versor- 16
gungsleitungen), unterliegen der Benutzung stets, wenn sonst eine sinnvolle Nutzung nicht möglich wäre
und das Wohnrecht das **ganze** Gebäude erfasst (MüKo/*Joost* § 1093 Rn 6). Nach hM fällt ein Garten nicht
darunter (Zweibr Rpfleger 98, 68; LG Freiburg WuM 02, 151).

Ist die Rechtsausübung auf einen **Teil** des Gebäudes beschränkt, so gilt III: Gemeinschaftsanlagen können 17
mitbenutzt werden. Hierher gehören: Ver- u Entsorgungsanlagen (BayObLG Rpfleger 92, 57); Sammelheizung (BGH NJW 69, 1847); Keller (LG Verden NdsRpfl 65, 84); „Hof; Treppenhaus; Waschküche, Trockenboden. Parkflächen und Garagen unterliegen der Gemeinschaftsnutzung nur dann, wenn sie für die Fahrzeuge
aller Bewohner ausreichen (LG Ellwangen Rpfleger 65, 12). Gartenmitbenutzung fällt nicht unter III (BayObLG FGPrax 00, 54; LG Freiburg WuM 02, 151).

In allen anderen Fällen, in denen ein Benutzungsrecht nach Rn 16, 17 ausscheidet, kann es nur durch eine 18
ausdrückliche Vereinbarung erlangt werden.

D. Berechtigter. Berechtigt sein kann jede natürliche Person. 19

Nach hM auch juristische Personen (BGH NJW 67, 627), obwohl diese nicht „wohnen" können. Die seit KGJ 20
53, A 157 tradierte Auffassung umgeht dies, indem sie den Zweck des Rechts in der Überlassung zur Ausübung an andere (natürliche) Personen erblickt. Stimmt man dem zu, dann wird die nach §§ 1092 I 2 erforderliche Gestattung bereits in der Rechtsbestellung zu erblicken sein (vgl Hburg OLGR 99, 362).

Die Bestellung für den Eigentümer ist jedenfalls bei Vorliegen eines schutzwürdigen Interesses möglich 21
(Oldbg Rpfleger 67, 410; LG Lüneburg NJW-RR 90, 1037); auch für einen oder mehrere Miteigentümer
(BayObLGZ 91, 431; LG Frankf NJW-RR 92, 600).

Mehrere Berechtigte können Gesamthandsberechtigte (zB Ehegattengesellschaft, BGH NJW 82, 170), sie kön- 22
nen Gesamt- (§ 428) oder Mitberechtigte (§ 432) sein. Bruchteilsberechtigung soll wegen Unteilbarkeit nicht
zulässig sein (BayObLGZ 57, 322; Köln DNotZ 65, 686; aA *Schwab/Prütting* Rn 933).

E. Entstehen; Erlöschen. I. Entstehung. Das Recht entsteht gem § 873; die Eintragung kann neben dem 23
Schlagwort „Wohnungsrecht" gem § 874 Bezug nehmen (KG OLGZ 68, 295). Einzutragen ist auch das Mitbenutzungsrecht nach Rn 18 (Frankf Rpfleger 82, 465).

II. Erlöschen. Durch Aufhebung (§ 875), Eintritt eines Endtermins oder einer Bedingung; Tod bzw Erlö- 24
schen der juristischen Person (§ 1061, § 1090 II) s.a. § 1090 Rn 9.

25 Die Zerstörung und Unbewohnbarkeit des Gebäudes führen nach Auffassung der Rspr zum Erlöschen des Rechts (BGHZ 7, 268; DNotZ 54, 383; 56, 40; MDR 72, 500); das Schrifttum widerspricht vielfach (*Kürzel* BlGBW 70, 128; *Dammertz* MittRhNotK 70, 105). Da jedoch der Eigentümer nicht zum Wiederaufbau verpflichtet ist (BGHZ 7, 268), wäre das Weiterbestehen (Ruhen) des Rechts ohne praktischen Sinn.

Abschnitt 5 Vorkaufsrecht

§ 1094 Gesetzlicher Inhalt des dinglichen Vorkaufsrechts

(1) Ein Grundstück kann in der Weise belastet werden, dass derjenige, zu dessen Gunsten die Belastung erfolgt, dem Eigentümer gegenüber zum Vorkauf berechtigt ist.
(2) Das Vorkaufsrecht kann auch zugunsten des jeweiligen Eigentümers eines anderen Grundstücks bestellt werden.

1 **A. Der Rechtstyp.** Das Vorkaufsrecht ist ein Gestaltungsrecht; es ermöglicht dem Berechtigten den Erwerb, wenn der Eigentümer „sich von der Sache trennen will" (MüKo/*H.P.Westermann* § 1094 Rn 1).

2 Vom schuldrechtlichen Vorkaufsrecht (§§ 463–473), an das es konstruktiv angelehnt ist (vgl § 1098 I 1), unterscheidet es sich zunächst im Belastungsgegenstand (s.u. Rn 6), vor allem aber in der dinglichen Sicherung des Berechtigten durch § 1098 II.

3 **B. Die Rechtsentstehung.** Dass das auf die Bestellung gerichtete Verpflichtungsgeschäft der Form des § 311b bedarf, ist unstreitig (BGH DNotZ 68, 93); str ist, ob dies auch für das Bestellungsgeschäft des § 873 gilt (so wohl BGH NJW-RR 91, 205; Ddorf OLGR 02, 62; aA MüKo/*H.P. Westermann* § 1094 Rn 7; Soergel/*Stürner* § 1094 Rn 7).

4 Mehrere Vorkaufsrechte an einem Grundstück sind jedenfalls dann zulässig, wenn Vor- u Nachrang besteht (BGHZ 35, 146); im Vorkaufsfall setzt sich das rangbeste durch. Str ist die Zulässigkeit mehrerer Rechte im Gleichrang. Konsequenz dieses Gleichranges könnte bei Ausübung Mehrerer nur ein Bruchteilserwerb sein (*Lüdtke/Handjery* DB 74, 517), was kaum je gewollt ist. Deshalb ist die Zulässigkeit zu verneinen (MüKo/ *H.P.Westermann* § 1094 Rn 8; Staud/*Mader* § 1094 Rn 12; Soergel/*Stürner* § 1094 Rn 4; aA Hamm NJW-RR 89, 912; Ddorf Rpfleger 81, 479).

5 **C. Der Berechtigte.** Das Recht kann für eine oder mehrere natürliche oder juristische Personen oder rechtsfähige Personengesellschaften bestellt werden. Nach II kann das Recht auch subjektiv-dinglich bestellt werden; berechtigt können sein der jeweilige Eigentümer eines Grundstücks, Miteigentumsanteils (BayObLG Rpfleger 82, 274), Wohnungseigentums, Erbbaurechts.

6 **D. Der Belastungsgegenstand.** Belastbar sind: Grundstücke (wegen Zubehör s § 1096) – deren reale Teile sind nicht als solche belastbar (vgl § 1095 Rn 3) – Miteigentumsanteile, Wohnungseigentumsberechtigung, Erbbaurecht.

7 Gesamtrecht kann nicht bestellt werden (Bay ObLGZ 75, 365); es entstehen Einzelrechte (*Böttcher* MittBayNot 93, 129).

8 **E. Erlöschen.** Das auf einen Verkaufsfall beschränkte Recht (vgl § 1097) erlischt: a) mit ordnungsgemäßer Ausübung; b) durch Nichtausübung bei Vorkaufsfall; c) durch Übereignung an einen Dritten bei Nichtvorliegen eines Vorkaufsfalls (vgl auch § 1097 Rn 1); d) durch Erlassvertrag mit Verpflichtetem (BGH DNotZ 57, 306) oder dem Dritten (BGH WM 66, 893); e) durch Aufhebung (§ 875); f) durch Zuschlag in der Zwangsversteigerung, §§ 52, 91 ZVG; g) durch Eintritt einer Bedingung oder Befristung; h) beim Tod des Berechtigten eines persönlichen Rechts, sofern nicht Vererblichkeit vereinbart (§ 473 S 1).

9 Das für mehrere Fälle bestellte Recht erlischt: In den Fällen Rn 8 a), c), d), e) g) u h). Im Falle der Zwangsversteigerung bleibt das Recht bestehen, wenn es ins geringste Gebot aufgenommen ist.

§ 1095 Belastung eines Bruchteils

Ein Bruchteil eines Grundstücks kann mit dem Vorkaufsrecht nur belastet werden, wenn er in dem Anteil eines Miteigentümers besteht.

1 **Ideelle Teile** sind (wie in §§ 1106, 1113) nur belastbar, wenn sie Miteigentumsanteile nach §§ 741ff, §§ 1008ff sind.

2 **Nicht selbstständig belastbar** sind Gesamthandsanteile sowie Bruchteile eines Alleineigentümers oder Bruchteile eines Bruchteils.

3 **Reale Teile** eines Grundstücks können **nicht** als solche isoliert belastet werden, weil § 7 II GBO das Vorkaufsrecht nicht nennt. Es ist entweder Teilung erforderlich (§ 7 I GBO) oder es wird das ganze Grundstück belastet, die Ausübung des Rechts jedoch auf einen genau zu bezeichnenden Teil beschränkt (BayObLG NJW-RR 98, 86).

§ 1096 Erstreckung auf Zubehör

¹Das Vorkaufsrecht kann auf das Zubehör erstreckt werden, das mit dem Grundstück verkauft wird. ²Im Zweifel ist anzunehmen, dass sich das Vorkaufsrecht auf dieses Zubehör erstrecken soll.

Grundstück und Zubehör werden vom Gesetz, der Verkehrsanschauung entspr, als wirtschaftliche Einheit behandelt, vgl §§ 311 c, 926. Ohne abw Vereinbarung erfasst das Vorkaufsrecht am Grundstück auch das Zubehör, selbst wenn es im Dritteigentum steht. 1

Wird jedoch das Zubehör isoliert veräußert, so besteht kein Vorkaufsrecht (MüKo/*H.P. Westermann* § 1096 Rn 3). 2

Gegen den Willen der Vertragsparteien kann der Berechtigte nicht den Erwerb des Zubehörs ablehnen, §§ 464 II, 311c. 3

§ 1097 Bestellung für einen oder mehrere Verkaufsfälle

Das Vorkaufsrecht beschränkt sich auf den Fall des Verkaufs durch den Eigentümer, welchem das Grundstück zur Zeit der Bestellung gehört, oder durch dessen Erben; es kann jedoch auch für mehrere oder für alle Verkaufsfälle bestellt werden.

A. Der Grundsatz. Ohne abw Vereinbarungen (s.u. Rn 2) kann das Recht nur ausgeübt werden, wenn der Besteller oder dessen Erbe (auch: Erbeserbe) erstmals einen Vorkaufsfall (u. Rn 3) schafft. Es erlischt mithin, wenn bei diesem ersten Vorkaufsfall nicht ausgeübt wird, oder wenn Besteller (Erbe) in einer Art veräußert, die keinen Vorkaufsfall (s.u. Rn 4) darstellt. 1

Abw Vereinbarungen sind zulässig; sie bedürfen der Eintragung (Köln Rpfleger 82, 16). Abgeändert werden kann die Zahl der Ausübungsfälle ebenso wie Personengebundenheit in Hs 1 (also zB Vorkaufsfall, wenn erst Sondernachfolger des Bestellers veräußert). Bedingungen u Befristungen sind zulässig. 2

B. Der Vorkaufsfall. Ein Vorkaufsfall liegt vor, wenn nach Entstehen des Rechts (BGH JZ 57, 578) mit einem Dritten ein wirksamer Kaufvertrag geschlossen wird. Hierher gehören auch die Nachlassversteigerung der §§ 175 ff ZVG und die Teilungsversteigerung der §§ 180 ff ZVG (BGHZ 13, 133; Miteigentümer ist kein „Dritter"!). Die Insolvenzverwalterversteigerung (§§ 172 ff ZVG) gehört nicht hierher, wohl aber der freihändige Verkauf durch ihn, § 1098 I 2. 3

Kein Vorkaufsfall liegt vor: a) bei sog Erbengeschäften, also mit gesetzl Erben (§§ 470, 1098 I 1), bei Erbauseinandersetzung (BGH DNotZ 70, 423) und Übertragung in der Gesamthandsgemeinschaft (BGH BB 70, 1073), auch nicht bei Erbteilsübertragung, wenn zu ihm das Grundstück gehört (BGH DNotZ 70, 423), selbst wenn es einziger Nachlassgegenstand ist (LG München MittBayNot 86, 179); b) bei anderen als Kaufverträgen, also bei Tausch (BGH NJW 64, 541); bei Schenkung, auch gemischter (BGH WM 57, 1162; NJW 87, 890). 4

§ 1098 Wirkung des Vorkaufsrechts

(1) ¹Das Rechtsverhältnis zwischen dem Berechtigten und dem Verpflichteten bestimmt sich nach den Vorschriften der §§ 463 bis 473. ²Das Vorkaufsrecht kann auch dann ausgeübt werden, wenn das Grundstück von dem Insolvenzverwalter aus freier Hand verkauft wird.
(2) Dritten gegenüber hat das Vorkaufsrecht die Wirkung einer Vormerkung zur Sicherung des durch die Ausübung des Rechts entstehenden Anspruchs auf Übertragung des Eigentums.
(3) Steht ein nach § 1094 Abs. 1 begründetes Vorkaufsrecht einer juristischen Person oder einer rechtsfähigen Personengesellschaft zu, so gelten, wenn seine Übertragbarkeit nicht vereinbart ist, für die Übertragung des Rechts die Vorschriften der §§ 1059 a bis 1059 d entsprechend.

A. Der Grundsatz. Es gelten kraft der Verweisung in I, 1 die §§ 463–473. Während diese jedoch bei unmittelbarer Anwendung kraft ihrer Natur als schuldrechtliche Normen dispositiv sind, gilt dies hier nicht: Durch ihre Transformation ins Sachenrecht unterliegen sie dem hier geltenden Änderungsverbot. Unzulässig also zB Vorkaufsrecht mit limitiertem Kaufpreis (BGH DB 66, 1351; NJW 01, 2883). 1

B. Die Ausübung. I. Frist. Gem § 469 II zwei Monate ab Empfang der Mitteilung (§ 469 I, § 1099). Diese setzt voraus, dass der Kaufvertrag voll wirksam, also behördlich genehmigt sein muss (BGHZ 67, 395). Zum Inhalt der Mitteilung s BGH DB 66, 1351. 2

II. Ausübungserklärung. Sie ist eine einseitige, empfangsbedürftige Willenserklärung ggü dem Eigentümer. Ungeachtet der Fassung von § 311 b I 1, der auch die Erklärung von Erwerbsinteressenten dem Formzwang unterwirft, ist die Ausübungserklärung gem § 464 I 2 formfrei (Frankf NJW-RR 99, 16; MüKo/*H.P. Westermann* § 1098 Rn 4; aA Staud/*Mader* § 1094 Rn 33; *Wufka* DNotZ 90, 339). 3

III. Ausübungsfolgen. Mit Zugang der Ausübungserklärung entsteht ein weiterer Kaufvertrag („Theorie von Doppelverkauf"). Es bestehen also zwei Kaufverträge (Eigentümer/Dritter u Eigentümer/Berechtigter, BGH 4

JR 77, 241); sie sind inhaltsgleich, § 464 II. Nur in Bezug auf diese Inhaltsgleichheit kann von einem „Eintritt" in den ersten Vertrag gesprochen werden; konstruktiv handelt es sich um zwei selbstständige Verträge.

5 C. Die Vertragserfüllung. I. Verhältnis Eigentümer/Berechtigter. Hat der Eigentümer noch nicht wirksam zugunsten des Dritten verfügt, so erfüllt er zweckmäßig sogleich an den Berechtigten. Wegen der Vormerkungswirkung (II) hat der Eigentümer im Ergebnis – anders als beim schuldrechtlichen Vorkaufsrecht! – keine Wahl, an wen er erfüllen will. Es gelten die allgemeinen Regeln (§§ 873, 925); wegen Genehmigungen s.u. Rn 10.

6 Hat der Eigentümer bereits an den Dritten voll erfüllt, so ist er trotzdem aus dem Kaufvertrag mit dem Berechtigten diesem ggü zur Auflassung verpflichtet. Er verfügt dann zwar als Nichtberechtigter, die Genehmigung des Dritten heilt dies jedoch, dazu u. Rn 8.

7 II. Verhältnis Berechtigter/Dritter. Ist der Käufer im Besitz des Grundstücks, ohne das Eigentum erlangt zu haben, so hat der Berechtigte ab Ausübung den Herausgabeanspruch nach § 1100 (BGH NJW 92, 236). Die §§ 987 ff gelten entspr (BGHZ 87, 296; Lüke ZfJR 97, 245). Bösgläubig iSv § 990 ist der Käufer, wenn er das Vorkaufsrecht bei Besitzerlangung kennt; Ausübung wird nicht vorausgesetzt (BGHZ 87, 296).

8 Ist an den Dritten aufgelassen worden, so hindert das Vorkaufsrecht die Eintragung nicht; der Dritte wird Eigentümer. Er ist jedoch gem §§ 1098 II, 888 verpflichtet, der Eintragung des Berechtigten zuzustimmen; diese Zustimmung führt zur Konvaleszenz (§ 185) der vom Verkäufer erteilten Auflassung (s.o. Rn 6). Auch eine dem Dritten bewilligte Vormerkung ändert daran nichts, denn sie ist naturgemäß rangschlechter als das Vorkaufsrecht, dessen Inhalt gleichfalls eine Vormerkungswirkung ist. Diese Schutzwirkung jedoch setzt bei Übereignung bereits mit dem Zeitpunkt des Entstehens des Vorkaufsrechts ein (BGHZ 60, 275). Natürlich kann der Dritte auch unmittelbar an den Berechtigten auflassen.

9 III. Verhältnis Berechtigter/Inhaber von Belastungen. Die Vormerkungswirkung nach II gilt auch bei Belastungen des Grundstücks. Sie setzt jedoch – anders als oben Rn 8 – erst ein mit Eintritt der Vorkaufslage, also nach Abschluss eines wirksamen (Genehmigungen!) Kaufvertrages (BGHZ 60, 275). Vor diesem Zeitpunkt entstandene Belastungen sind dem Vorkaufsberechtigten ggü wirksam.

10 IV. Öffentlich-rechtliche u privatrechtliche Genehmigungen. Für den durch Ausübung entstandenen Vertrag (s.o. Rn 4) gelten grds die allgemeinen Regeln. Er ist, ungeachtet der Genehmigung des Erstvertrages, jedenfalls dann (erneut) genehmigungsbedürftig, wenn das Genehmigungserfordernis personenbezogen ist. Das ist der Fall bei § 12 WEG, § 5 I ErbbauVO, § 2 GrdstVG. Zweifelhaft ist es bei § 2 GVO, weil hier nur zu prüfen ist, ob ein anhängiges Restitutionsverfahren der Veräußerung entgegensteht. Ist dies bereits beim ersten Kaufvertrag durch Genehmigungserteilung verneint worden, so sollte das genügen.

11 D. Übertragbarkeit. Grds ist das persönliche Vorkaufsrecht vor Ausübung nicht übertragbar, § 473, § 1098 I. Eine abw Vereinbarung ist jedoch ausdrücklich zugelassen; sie bedarf der Eintragung.

12 Ist eine solche Vereinbarung nicht getroffen, so gelten bei juristischen Personen und rechtsfähigen Personengesellschaften die §§ 1059 a–1059 d entspr (III).

§ 1099 Mitteilungen

(1) Gelangt das Grundstück in das Eigentum eines Dritten, so kann dieser in gleicher Weise wie der Verpflichtete dem Berechtigten den Inhalt des Kaufvertrages mit der in § 469 Abs. 2 bestimmten Wirkung mitteilen.
(2) Der Verpflichtete hat den neuen Eigentümer zu benachrichtigen, sobald die Ausübung des Vorkaufsrechts erfolgt oder ausgeschlossen ist.

1 Die Norm ergänzt § 469 I, indem sie die dortige Mitteilung auch dann für wirksam erklärt, wenn sie nicht vom Käufer des den Vorkaufsfall auslösenden Vertrages stammt – er wäre ohnehin nach § 469 I 2 dazu berechtigt! –, sondern von jedem Eigentümer des belasteten Grundstücks, (I).

2 Die Ausübung geschieht ungeachtet des Eigentumswechsels ggü dem Verpflichteten. Dieser ist verpflichtet, die Ausübung oder die Fristversäumnis dem neuen Eigentümer mitzuteilen, (II).

§ 1100 Rechte des Käufers

¹Der neue Eigentümer kann, wenn er der Käufer oder ein Rechtsnachfolger des Käufers ist, die Zustimmung zur Eintragung des Berechtigten als Eigentümer und die Herausgabe des Grundstücks verweigern, bis ihm der zwischen dem Verpflichteten und dem Käufer vereinbarte Kaufpreis, soweit er berichtigt ist, erstattet wird. ²Erlangt der Berechtigte die Eintragung als Eigentümer, so kann der bisherige Eigentümer von ihm die Erstattung des berichtigten Kaufpreises gegen Herausgabe des Grundstücks fordern.

1 Die Norm regelt die Behandlung der Kaufpreisverbindlichkeit im Dreiecksverhältnis Käufer (= Dritter iSv § 463/Verkäufer (= Verpflichteter)/Berechtigter.

2 Grundgedanke ist, dass der ausübende Berechtigte den Kaufpreis aus dem Kaufvertrag des § 464 II an den Verpflichteten zu zahlen hat, unabhängig davon, ob der Dritte seine Verpflichtung schon erfüllt hat.

War der Dritte (oder sein Rechtsnachfolger) schon als neuer Eigentümer eingetragen (dazu BGH NJW 92, 3
236), so vereinfachen die §§ 1100 ff die Abwicklung. Ist der Kaufpreis von Dritten bereits bezahlt, so hat der
Dritte gegen den Berechtigten einen Erstattungsanspruch; dieser wird ggü dem Verkäufer frei, § 1101.
Der Dritte (oder sein Rechtsnachfolger) hat ggü dem Berechtigten ein Zurückbehaltungsrecht in Bezug auf 4
dessen Ansprüche (Zustimmung gem § 888, vgl § 1098 Rn 8 sowie der sich aus der Norm mittelbar ergebende
Herausgabeanspruch, vgl § 1098 Rn 7), S 1.
Ist der Berechtigte seinerseits eingetragen, so hat der Dritte einen Anspruch auf Kaufpreiserstattung gegen ihn, S 2. 5
Wegen der Ansprüche auf Ersatz von Verwendungen, Nutzen und Schäden s MüKo/*H.P. Westermann* § 1100 Rn 5 ff. 6

§ 1101 Befreiung des Berechtigten

Soweit der Berechtigte nach § 1100 dem Käufer oder dessen Rechtsnachfolger den Kaufpreis zu erstatten
hat, wird er von der Verpflichtung zur Zahlung des aus dem Vorkauf geschuldeten Kaufpreises frei.

Nach § 1100 S 2 hat der Berechtigte dem Dritten Kaufpreiserstattung zu leisten, die auch bereits vor Eintra- 1
gung des Berechtigten über das Zurückbehaltungsrecht des § 1100 S 1 erzwungen werden kann. Hat der
Berechtigte an den Dritten bezahlt (also im Falle von § 1100 S 1: MüKo/*H.P. Westermann* § 1101 Rn 2) oder
ist der Erstattungsanspruch des § 1100 S 2 entstanden, so wird der Berechtigte ggü dem Verkäufer frei.

§ 1102 Befreiung des Käufers

Verliert der Käufer oder sein Rechtsnachfolger infolge der Geltendmachung des Vorkaufsrechts das Eigentum, so wird der Käufer, soweit der von ihm geschuldete Kaufpreis noch nicht berichtigt ist, von seiner Verpflichtung frei; den berichtigten Kaufpreis kann er nicht zurückfordern.

Das System der §§ 1100 ff setzt voraus, dass der Dritte den Kaufpreis bereits bezahlt hat (vgl § 1100 Rn 3); dies ent- 1
spricht dem Normalfall. Hat der Dritte das Eigentum jedoch erlangt ohne Kaufpreiszahlung, so stehen ihm ggü
dem Berechtigten die Rechte aus § 1100 nicht zu (vgl § 1100 S 1: „... soweit er berichtigt ist ..."!). Deshalb entfällt
mit dem Eigentumserwerb des Berechtigten die Kaufpreispflicht ggü dem Verkäufer, **Hs 1**.
Ist der Kaufpreis teilweise bezahlt, so gilt im Umfang des Bezahlten § 1100; das Bezahlte kann nicht zurückge- 2
fordert werden (**Hs 2**); es wird vom Berechtigten erstattet.

§ 1103 Subjektiv-dingliches und subjektiv-persönliches Vorkaufsrecht

(1) Ein zugunsten des jeweiligen Eigentümers eines Grundstücks bestehendes Vorkaufsrecht kann nicht
von dem Eigentum an diesem Grundstück getrennt werden.
(2) Ein zugunsten einer bestimmten Person bestehendes Vorkaufsrecht kann nicht mit dem Eigentum an
einem Grundstück verbunden werden.

Das persönliche Recht kann nicht in ein subjektiv-dingliches umgewandelt werden und umgekehrt. Nach hM 1
sind Aufhebung und Neubestellung notwendig, was uU mit Rangverlust verbunden ist.
Zur Übertragbarkeit des persönlichen Rechts s § 1098 Rn 11. Das subjektiv-dingliche Recht kann nur zusam- 2
men mit dem herrschenden Grundstück übertragen werden.

§ 1104 Ausschluss unbekannter Berechtigter

(1) ¹Ist der Berechtigte unbekannt, so kann er im Wege des Aufgebotsverfahrens mit seinem Recht ausgeschlossen werden, wenn die in § 1170 für die Ausschließung eines Hypothekengläubigers bestimmten
Voraussetzungen vorliegen. ²Mit der Erlassung des Ausschlussurteils erlischt das Vorkaufsrecht.
(2) Auf ein Vorkaufsrecht, das zugunsten des jeweiligen Eigentümers eines Grundstücks besteht, finden
diese Vorschriften keine Anwendung.

Ist der Berechtigte in Person unbekannt (unbekannter Aufenthalt genügt nicht, BGH NJW-RR 04, 664), so 1
kann das Aufgebotsverfahren der §§ 946 ff ZPO durchgeführt werden. Für subjektiv-dingliche Rechte gilt das
nicht (II). Das Ausschlussurteil bewirkt das Erlöschen des Rechts.
Im Beitrittsgebiet gilt die Sonderregelung des § 6 Ia GBBerG; sie ermöglicht das Aufgebot auch bei unbe- 2
kanntem Aufenthalt des Berechtigten und bei subjektiv-dinglichen Rechten, sofern das Recht vor dem
3.10.90 begründet wurde.
Die Besonderheit nach Rn 2 kann gem § 6 III 2 GBBerG durch das Landesrecht auch in den alten Bundeslän- 3
dern in Kraft gesetzt werden, s NRW-VO v 13.2.01, GVBl 69.

Abschnitt 6 Reallasten

§ 1105 Gesetzlicher Inhalt der Reallast

(1) ¹Ein Grundstück kann in der Weise belastet werden, dass an denjenigen, zu dessen Gunsten die Belastung erfolgt, wiederkehrende Leistungen aus dem Grundstück zu entrichten sind (Reallast). ²Als Inhalt der Reallast kann auch vereinbart werden, dass die zu entrichtenden Leistungen sich ohne weiteres an veränderte Verhältnisse anpassen, wenn anhand der in der Vereinbarung festgelegten Voraussetzungen Art und Umfang der Belastung des Grundstücks bestimmt werden können.
(2) Die Reallast kann auch zugunsten des jeweiligen Eigentümers eines anderen Grundstücks bestellt werden.

1 **A. Der Rechtstyp.** Die Reallast gehört zur Gruppe der sog Verwertungsrechte: Der Eigentümer hat wiederkehrende Leistungen (s.u. Rn 3) zu erbringen; die Formulierung „aus dem Grundstück" bedeutet keinen natürlichen Leistungszusammenhang mit dem Grundstück, sondern ist die gesetzestypische Beschreibung des Rechts des Berechtigten, ggf die Immobiliarvollstreckung zu betreiben (BGH Rpfleger 78, 207).

2 Zu unterscheiden: a) Die Reallast als dingliches Recht („Stammrecht"), für das die allgemeinen Regeln gelten und das in Haupt- und Nebenansprüchen nur einen einheitlichen Rang haben kann (s § 1107 Rn 8), b) die aus ihm fließenden Einzelleistungen, s § 1107, c) die persönliche Leistungspflicht des Eigentümers, § 1108, d) die Verpflichtung des Bestellers aus dem Schuldverhältnis, das der Bestellung zugrunde liegt (s § 1108 Rn 5).

3 **B. Der Rechtsinhalt. I. Wiederkehrende Leistungen.** Leistungsgegenstand ist aktives Tun des Eigentümers: Zahlung einer Geldrente (eintragbar nach Maßgabe von § 28 II GBO); Entrichtung von Naturalien (ohne notwendigen Bezug zum Grundstück, Schlesw DNotZ 75, 720; Ddorf MittRhNot 72, 708); Verrichtung persönlicher Dienste (zB Pflegeleistung, Karlsr FamRZ 01, 1455), auch von unvertretbaren Handlungen (BGH NJW 95, 2780); Grabpflege (BayObLG Rpfleger 88, 98).

4 Str ist die Sicherung von Abnahmepflichten. Sie ist abzulehnen, weil die bloße Abnahmehandlung keinen wirtschaftlichen Wert beinhaltet; dieser folgt vielmehr aus der schuldrechtlichen Gegenleistung (MüKo/*Joost* § 1105 Rn 16; *Prütting* GS-Schulz 87, 287. AA Celle JZ 79, 269; Palandt/*Bassenge* § 1105 Rn 4). Gleiches hat für Gebrauchsgewährungen zu gelten.

5 „Wiederkehrend" bedeutet zunächst den Ausschluss nur einmaliger Leistungen. Etwas anderes gilt nur dann, wenn eine einmalige Leistung im Zusammenhang mit solchen steht, die dauernd oder für eine gewisse Zeit zu entrichten sind (Hamm Rpfleger 73, 98; Westermann/*Gursky* § 124 II 1; aA MüKo/*Joost* § 1105 Rn 20). Die Leistungen müssen nicht regelmäßig zu entrichten sein, auch ihre Höhe kann unterschiedlich sein (BGH Rpfleger 75, 56).

6 Die Leistungen brauchen nicht im Voraus bestimmt zu sein, es genügt, dass sie bestimmbar sind (BGHZ 22, 54; BGH NJW 95, 2780). Bestehen sie nicht in Geld, so müssen sie einen Geldwert haben; dieser muss aus den Angaben in Grundbuch und Eintragungsbewilligung errechenbar sein, wobei auch außen liegende Umstände herangezogen werden können, sofern sie allgemein zugänglich sind (BGHZ 111, 324; 130, 342). Zur Wertsicherung s.u. Rn 7.

7 **II. Wertsicherungsvereinbarungen.** Zu unterscheiden sind: a) unmittelbar wirkende Leistungsänderung bei Veränderung des ungleichartigen Wertmessers („echte Wertsicherungsklausel"); b) unmittelbar wirkende Leistungsänderung bei Veränderung des gleichartigen Wertmessers („Spannungsklausel"); c) schuldrechtliche Abrede, dass bei Veränderung des Wertmessers über rechtsgeschäftliche Leistungsanpassung verhandelt wird („Leistungsvorbehalt"). Die Varianten zu a und b sind nunmehr durch I 2 ausdrücklich als Rechtsinhalt anerkannt; Variante c ist rein schuldrechtlicher Natur.

8 Die echte Wertsicherungsklausel (nicht also Spannungsklausel und Leistungsvorbehalt) ist gem § 2 PaPkG genehmigungspflichtig, sofern es sich bei der gesicherten Leistung um eine Geldschuld handelt; Naturalleistungen werden vom Gesetz nicht erfasst. In § 3 PrKV sind für Reallasten bestimmte Genehmigungsgrundsätze formuliert. Genehmigungsbehörde ist das Bundesamt für Wirtschaft in Eschborn.

9 Bei den Gleitklauseln (o. Rn 7, Varianten a u b) führt die Indexveränderung zu einer unmittelbaren Veränderung des Leistungsumfangs; Grundbucheintragung ist entbehrlich. Eine Erhöhung teilt den Rang des Stammrechts. Wird aufgrund des Leistungsvorbehalts eine Umfangveränderung vereinbart, so unterliegt sie §§ 873, 877. Eine Erhöhung kann den Rang des Stammrechts nur teilen, wenn der Erhöhungsanspruch vorgemerkt ist (§ 883 III), ansonsten mit Zustimmung gleich- u nachrangig Berechtigter.

10 **C. Belastungsgegenstand.** Grundstücke, grundstücksgleiche Rechte, Miteigentumsbruchteile (s § 1106), wegen realer Grundstücksteile s § 1106 Rn 3.

11 Eine Gesamtreallast ist zulässig (Oldbg Rpfleger 78, 411; Hamm DNotZ 76, 229; *Böttcher* MittBayNot 93, 129).

12 **D. Berechtigter.** Persönlich: Zugunsten bestimmter natürlicher oder juristischer Person oder rechtsfähiger Personengesellschaft. Wegen der str Grundbuchfähigkeit der GbR s KEHE/*Dümig* Einl B 59 ff. Mehrere Berechtigte: § 47 GBO.

Subjektiv-dinglich (II): Zugunsten des jeweiligen Eigentümers eines anderen Grundstücks, grundstücksgleichen Rechts oder einer Wohnungseigentumsberechtigung, nicht aber eines schlichten Miteigentumsanteils (BayObLG DNotZ 91, 398).
Ein Eigentümerrecht ist zulässig. Es kann als solches bestellt werden (MüKo/Joost § 1105 Rn 54; Westermann/Gursky § 124 IV 1; ganz allgM); es entsteht bei Konsolidation (§ 889).

E. Entstehung und Erlöschen. I. Die Bestellung. Für das dingliche Recht gilt § 873 (beim ursprünglichen Eigentümerrecht: einseitige Bestellungserklärung und Eintragung). Das schuldrechtliche Grundgeschäft ist formfrei; häufig ist es ein Versorgungsvertrag, Sicherung einer Unterhaltsverpflichtung, aber auch Schenkung oder Kaufpreissicherung. Akzessorietät besteht nicht (Köln Rpfleger 94, 292).

II. Das Erlöschen. Das Recht kann grds ohne zeitliche oder sonstige Beschränkung bestellt werden (sog Ewigkeitsreallast). Es ist dann (wiederholt) vererblich. Erlöschen kann es durch Aufhebung (§ 875), durch Ablösung (s.u. Rn 23), durch Ausschluss (§ 1112), durch die Zuschlagswirkung des § 91 ZVG oder durch den Untergang des Belastungsobjekts.
Das persönlich bestellte Recht ist nicht kraft Gesetzes auf Lebenszeit des Berechtigten beschränkt, es kann jedoch bei Bestellung oder später (§ 877) entspr beschränkt werden. Dann erlischt es beim Tode; die Löschung im Grundbuch geschieht nach § 22 GBO, jedoch ist § 23 GBO zu beachten.
Das Recht kann auch befristet oder auflösend bedingt werden. Dann erlischt es durch Zeitablauf oder Bedingungseintritt. Auch in diesen Fällen gelten §§ 22, 23 GBO.
In den Fällen der Rn 18, 19 erlischt das Recht auch unter den in Rn 16 genannten Voraussetzungen.

F. Das Altenteil. Als solches bezeichnet man Nutzungen und Leistungen (zumeist: Wohnungsrecht und Reallast), die zu Versorgungszwecken gewährt werden und eine regelmäßig lebenslange Verbindung des Berechtigten mit dem Grundstück bezwecken (BGH NJW 62, 2249); charakteristische Elemente sind die Aufgabe der wirtschaftlichen Selbstständigkeit des Berechtigten (BGH NJW 70, 282), die Verknüpfung der beiderseitigen Lebensverhältnisse (MüKo/Pecher Art 96 EGBGB Rn 6, 14) und die ständige räumliche Beziehung zum Grundstück (BayObLGZ 75, 132).
Das Altenteil kann unter dieser Bezeichnung (auch: Leibgedinge, Auszug) im Grundbuch eingetragen werden (§ 49 GBO), freilich ist dies weder positiv noch negativ konstitutiv (Hamm Rpfleger 86, 270; Fuchs Rpfleger 87, 76).
Die Besonderheit der Rechtsgestaltung zeigt sich in seiner Ausnahmestellung in der Zwangsversteigerung; vgl dazu ausf Eickmann Zwangsversteigerungsrecht § 11 II.

G. Landesrecht. Es beeinflusst die Rechtsgestaltung teilweise sehr stark. Zu beachten sind: Art 113 EGBGB (Ablösung, Einschränkung, Umwandlung); Art 114 EG (Ausnahmen vom Eintragungsgrundsatz); Art 115 EG (Inhaltliche Verbote u Beschränkungen); Art 117 EG (Wertgrenzen); Art 120, 121 EG (Teilung des Grundstücks). Die dazu ergangenen Bestimmungen sind zusammengestellt bei MüKo/Joost § 1105 Rn 71.

§ 1106 Belastung eines Bruchteils

Ein Bruchteil eines Grundstücks kann mit einer Reallast nur belastet werden, wenn er in dem Anteil eines Miteigentümers besteht.

Ideelle Teile eines Grundstückes sind (wie in §§ 1095, 1113) nur belastbar, wenn sie Miteigentumsanteile nach §§ 741 ff, §§ 1008 ff sind.
Nicht selbstständig belastbar sind Gesamthandsanteile sowie Bruchteile eines Alleineigentümers oder Bruchteile eines Bruchteiles; letztgenannte Gestaltungen können jedoch entstehen, wenn ein belasteter Bruchteil nachträglich hinzu erworben wird.
Reale Teile eines Grundstückes können belastet werden, wenn Verwirrung nicht zu besorgen ist, § 7 II GBO. Ein Verstoß gegen § 93 ist nicht gegeben, weil Grundstücksteilflächen keine wesentlichen Bestandteile sind (BayObLGZ 24, 294). Verwirrungsgefahr besteht jedenfalls dann nicht, wenn die zu belastende Fläche katastertechnisch selbstständig ist (Flurstück).

§ 1107 Einzelleistungen

Auf die einzelnen Leistungen finden die für die Zinsen einer Hypothekenforderung geltenden Vorschriften entsprechende Anwendung.

A. Sonderregeln für Einzelleistungen. I. Grundsatz. Die jeweiligen Einzelleistungen verhalten sich zum Stammrecht wie die Hypothekenzinsen zum Kapital. Nach hM erfasst die Norm rückständige und erst fällig werdende Leistungen (Staud/Amann § 1107 Rn 20; Soergel/Stürner § 1107 Rn 2; aA MüKo/Joost § 1107 Rn 3). Für sie gelten die im BGB und anderen Gesetzen (BayObLG NJW 59, 1876) getroffenen Regeln für Hypothekenzinsen.

2 **II. Dinglicher Anspruch.** Der dingliche Anspruch (BGH Rpfleger 65, 223) ist kein Leistungsanspruch; er ist auf Duldung der Zwangsvollstreckung gerichtet. Eine Unterwerfung gem § 800 ZPO ist nach hM nicht möglich (BayObLG NJW 59, 1876; Staud/*Amann* § 1107 Rn 17; aA mit beachtenswerter Argumentation MüKo/*Joost* § 1107 Rn 13). Bei klageweiser Geltendmachung ist nicht die Leistung selbst, sondern Duldung der Vollstreckung zu beantragen. Zur Vollstreckung s.u. Rn 7 ff.
3 Verzugs- und Prozesszinsen werden nicht geschuldet. Dies wird überwiegend aus §§ 289 S 1, 191 abgeleitet (BGH NJW 90, 2380), folgt jedoch bzgl § 288 schon aus dem Fehlen eines (dingl) Leistungsanspruches (anders bei § 1108!), so dass Verzug begrifflich ausscheidet. Deshalb wird auch kein Schadensersatz nach §§ 280 I, II, 286 geschuldet (MüKo/*Joost* § 1107 Rn 6).
4 Einzelleistungen verjähren nach § 902 I 2, § 195 in drei Jahren; Beginn: § 199 I.
5 **III. Verfügungen.** Verzicht auf künftige Leistungen: § 875; bei rückständigen Leistungen gilt § 1178 II.
6 Für Abtretung, Verpfändung und Pfändung ist zunächst Übertragbarkeit Voraussetzung, vgl dazu § 1110 Rn 2 u § 1111 Rn 4. Ist sie gegeben, dann gilt: Abtretung künftiger Leistungen regeln §§ 873, 1158, bei rückständigen Leistungen gelten §§ 398 ff, 1159. Pfändung künftiger Leistungen fällt unter §§ 829, 830 I 3, 835, 837 I 2 ZPO; bei rückständigen Leistungen gelten §§ 829, 830 III 1, 837 II 1 ZPO. Verpfändung künftiger Leistungen regeln §§ 873, 1274; bei Rückständen gelten §§ 398 ff, 1274, 1280.
7 **B. Zwangsvollstreckung. I. Voraussetzungen.** Es gelten die allgemeinen Vollstreckungsvoraussetzungen. Titel kann sein eine persönliche Unterwerfung (§ 794 I Nr 5, II ZPO; wegen § 800 ZPO s.o. Rn 2) oder ein Duldungsurteil (-vergleich). Für die Klage gilt § 24 ZPO; sie kann im Urkundenprozess erhoben werden, wenn die Reallast auf Geld oder vertretbare Sachen lautet, §§ 592 ff ZPO.
8 **II. Verfahren.** Nach § 1147 iVm § 866 I ZPO können Zwangsversteigerung sowie Zwangsverwaltung (auch nebeneinander, § 866 II ZPO) betrieben werden. Betreibt der Berechtigte aus der Reallast die Versteigerung, so ist Folge davon – unabhängig vom Umfang der Befriedigung – das Erlöschen des Stammrechts, §§ 52, 91, 44 ZVG. Zur Vermeidung dieses Ergebnisses kann nicht vereinbart werden, dass die rückständigen Leistungen materiellen Nachrang hinter dem Stammrecht haben sollen (BGH NJW 04, 361). Eine Aufnahme des Stammrechts ins geringste Gebot kann über § 59 ZVG erreicht werden (dazu *Stöber* NotBZ 04, 265), durch Betreiben aus dem persönlichen Anspruch des § 1108 (in Rangklasse 5 des § 10 ZVG!) oder durch Betreiben aus einer nachrangig bestellten Grundschuld (dazu *Oppermann* RNotZ 04, 84).
9 Naturalleistungen müssen in der Versteigerung nach hM vor Antragstellung in einen Geldanspruch (§§ 280, 281) umgewandelt werden (*Stöber* § 15 ZVG Rn 9.1.), § 46 ZVG ist nicht anwendbar, weil er nur Ansprüche betrifft, die ins geringste Gebot aufzunehmen sind.
10 In der Zwangsverwaltung werden Naturalleistungen nicht in Geld umgerechnet, sondern in Natur erfüllt (*Stöber* § 146 ZVG Rn 10, 11).

§ 1108 Persönliche Haftung des Eigentümers

(1) Der Eigentümer haftet für die während der Dauer seines Eigentums fällig werdenden Leistungen auch persönlich, soweit nicht ein anderes bestimmt ist.
(2) Wird das Grundstück geteilt, so haften die Eigentümer der einzelnen Teile als Gesamtschuldner.

1 **A. Persönliche Haftung aufgrund Eigentums.** Jeder Eigentümer haftet kraft Gesetzes während der Dauer des Eigentums auch persönlich für die fällig werdenden Einzelleistungen. Diese Haftung ist zu unterscheiden von der dinglichen Haftung aus § 1107, die auch für Rückstände aus der Zeit vor dem Eigentumserwerb besteht (BGH NJW 90, 2380). Sie ist ferner zu unterscheiden von der Haftung aus der gesicherten Forderung, s.u. Rn 5. Während die Haftung nach § 1107 nur in das Grundstück realisiert werden kann, ist die Haftung des § 1108 ins gesamte Vermögen durchsetzbar.
2 Die Haftung erfasst alle nach Eigentumsübergang fällig werdenden Leistungen; sie ist auflösend bedingt durch den Eigentumsverlust (BGH Rpfleger 78, 207). Auf die Art des Erwerbes kommt es nicht an, die Norm gilt auch für den Ersteher in der Zwangsversteigerung, wenn das Recht bestehen blieb (BGHZ 123, 178).
3 Die Haftung entspricht in Art und Umfang der dinglichen nach § 1107. Sie unterliegt mithin auch den Veränderungen bei einer Wertsicherung (BGH NJW-RR 89, 1098).
4 Bei Eigentumswechsel ergibt sich, sofern Rückstände bestehen, eine Haftung mehrerer Personen: Der Veräußerer haftet für die Rückstände aus § 1108 weiter, für die haftet der Erwerber dinglich; war der Veräußerer nicht der Besteller des Rechts, so besteht auch noch die Haftung aus der gesicherten Forderung, s.u. Rn 5. Zwischen den Verpflichteten besteht regelmäßig ein Gesamtschuldverhältnis (BGHZ 123, 178). Der Ausgleich richtet sich bei Fehlen entspr Vereinbarungen nach § 426 bzw § 56 S 2 ZVG (BGH NJW 93, 2617).
5 **B. Haftung aus gesicherter Forderung.** Der Besteller der Reallast haftet regelmäßig aus dem Schuldgrund, der durch die Reallast besichert werden sollte (zB Kaufpreisanspruch; Unterhaltsverpflichtung uÄ). Für diese Haftung gilt § 1108 nicht (BGH NJW-RR 89, 1098). Sie besteht auch nach Eigentumswechsel fort, sofern nicht eine befreiende Schuldübernahme vereinbart wird. Wegen der Ausgleichspflicht s.o. Rn 4.

C. Teilung des belasteten Grundstücks. Wird das Objekt real geteilt, entsteht mangels anderer Vereinbarungen eine Gesamtreallast. Nach II besteht im Verhältnis zum Berechtigten eine gesamtschuldnerische persönliche Haftung der Eigentümer. Der Ausgleich im Innenverhältnis bemisst sich, sofern nichts anderes vereinbart, ist analog § 1109 I 2 (Soergel/*Stürner* § 1108 Rn 2; MüKo/*Joost* § 1108 Rn 10). Das Landesrecht kann abw Regelungen enthalten, vgl Art 120, 121 EGBGB. 6

§ 1109 Teilung des herrschenden Grundstücks

(1) ¹Wird das Grundstück des Berechtigten geteilt, so besteht die Reallast für die einzelnen Teile fort. ²Ist die Leistung teilbar, so bestimmen sich die Anteile der Eigentümer nach dem Verhältnis der Größe der Teile; ist sie nicht teilbar, so findet die Vorschrift des § 432 Anwendung. ³Die Ausübung des Rechts ist im Zweifel nur in der Weise zulässig, dass sie für den Eigentümer des belasteten Grundstücks nicht beschwerlicher wird.
(2) ¹Der Berechtigte kann bestimmen, dass das Recht nur mit einem der Teile verbunden sein soll. ²Die Bestimmung hat dem Grundbuchamt gegenüber zu erfolgen und bedarf der Eintragung in das Grundbuch; die Vorschriften der §§ 876, 878 finden entsprechende Anwendung. ³Veräußert der Berechtigte einen Teil des Grundstücks, ohne eine solche Bestimmung zu treffen, so bleibt das Recht mit dem Teil verbunden, den er behält.
(3) Gereicht die Reallast nur einem der Teile zum Vorteil, so bleibt sie mit diesem Teil allein verbunden.

A. Grundsätzliche Teilungsfolgen. Die Norm regelt die Folgen einer Teilung des herrschenden Grundstücks; sie ist also nur auf ein subjektiv-dinglich bestelltes Recht (§ 1105 II) anwendbar. Die Teilung des belasteten Grundstücks ist in § 1108 II geregelt. Erfasst wird jede Teilung iSv § 7 I GBO; sei es mit oder ohne gleichzeitige Veräußerung. 1

Grds bleibt das Stammrecht als einheitliches Recht bestehen; die Eigentümer bilden eine Rechtsgemeinschaft nach I 2 oder 3: Bei teilbarer Leistung (§ 420, zB Geldrente) steht ihnen das Recht nach dem Verhältnis der Größe der neu gebildeten Grundstücke zu; bei nicht teilbarer Leistung (zB Leistung v Diensten) gilt § 432. Da die Teilung jedoch weder Inhalt noch Umfang des Rechts verändert, hat die Rechtsgemeinschaft nur für die Einzelleistungen Bedeutung; die dingliche Haftung bedeutet so oder so, dass die Befriedigung aus dem Grundstück an alle zu geschehen hat (MüKo/*Joost* § 1109 Rn 2). 2

Der Grundsatz der Stammrechtserhaltung erfährt Ausnahmen bei anderweitiger Bestimmung (II, s.u. Rn 4), bei Veräußerung eines Teiles ohne Bestimmung (s.u. Rn 5) und bei ortsbezogenen Rechten (III, s.u. Rn 6). 3

B. Rechtsgeschäftliche Bestimmung. Durch einseitiges eintragungsbedürftiges Rechtsgeschäft kann der Berechtigte bestimmen, dass das Recht nur mit einem der (künftigen) Teile verbunden sein soll; werden mehr als zwei Teile geschaffen, so wird auch eine Bestimmung zulässig sein, dass das Recht zugunsten mehrerer Teile fortbesteht. 4

Wird eines der neu zu bildenden Grundstücke zusammen mit der Teilung veräußert, so kann der Berechtigte nach dem oben Rn 4 Gesagten bestimmen, dass das Recht dem zu veräußernden Teil zustehen soll. Trifft er keine Bestimmung, so verbleibt es dem Teil, den er behält (II 3). Zulässig muss aber auch eine Bestimmung sein, die das Recht an beiden Teilen belässt. 5

C. Ortsbezogene Reallast. Ist das Recht nur für eines der neuen Grundstücke von Vorteil (zB bei Unterhaltung einer Anlage), so bleibt es nur mit diesem Teil verbunden und erlischt an den anderen (BayObLGZ 73, 21). 6

§ 1110 Subjektiv-dingliche Reallast

Eine zugunsten des jeweiligen Eigentümers eines Grundstücks bestehende Reallast kann nicht von dem Eigentum an diesem Grundstück getrennt werden.

Die subjektiv-dingliche Reallast wird zum wesentlichen Bestandteil des herrschenden Grundstücks (BayObLGZ 73, 21). Die Verbindung soll unauflöslich sein, dh die Reallast kann nicht mit einem anderen Grundstück verbunden werden (BayObLGZ 90, 212) und sie kann nicht in ein persönliches Recht umgewandelt werden. 1

Nach richtiger Auffassung erfasst die Regel auch die Einzelansprüche (MüKo/*Joost* § 1110 Rn 4; aA RGRK/*Rothe* § 1110 Rn 2). Künftig fällig werdende Einzelansprüche sind nicht abtretbar oder pfändbar; bereits fällige (rückständige) Einzelleistungen sind wegen §§ 1107, 1159 nach einfachem Abtretungsrecht zu behandeln und mithin auch pfändbar (MüKo/*Joost* § 1110 Rn 4; Staud/*Amann* § 1110 Rn 3). 2

§ 1111 Subjektiv-persönliche Reallast

(1) Eine zugunsten einer bestimmten Person bestehende Reallast kann nicht mit dem Eigentum an einem Grundstück verbunden werden.
(2) Ist der Anspruch auf die einzelne Leistung nicht übertragbar, so kann das Recht nicht veräußert oder belastet werden.

1   Korrespondierend mit § 1110 verbietet die Norm die Umwandlung einer persönlichen Reallast in eine subjektiv-dingliche.
2   Grds ist das persönliche Recht übertragbar und pfändbar. Ersteres unterliegt § 873; Letzteres geschieht gem § 830 I 3, II ZPO. Ausnahme (III) s.u. Rn 4.
3   Die persönliche Reallast ist vererblich, sofern sie nicht rechtsgeschäftlich auf Lebenszeit beschränkt ist, oder sich diese Beschränkung aus der Natur der Leistung (Versorgungsleistungen/Altenteil) ergibt (BGH LM Nr 1; BayObLG DNotZ 85, 41 u 89, 567, Köln Rpfleger 94, 292).
4   Die dinglichen Einzelleistungen sind grds übertragbar u damit pfändbar. Ausnahmen gelten: a) bei Inhaltsveränderung (§ 399), zB bei persönlichen Dienstleistungen; b) bei rechtsgeschäftlichem (eingetragenen!) Ausschluss (§ 399), c) bei Unpfändbarkeit (§ 400), vgl zB § 850 b I Nr 3 ZPO, d) kraft Landesrechts, Art 115 EGBGB.

§ 1112 Ausschluss unbekannter Berechtigter

Ist der Berechtigte unbekannt, so findet auf die Ausschließung seines Rechts die Vorschrift des § 1104 entsprechende Anwendung.

1   Entspr § 1104 ist bei unbekanntem Berechtigten das Aufgebotsverfahren der §§ 946 ff ZPO möglich. Wegen § 1104 II gilt dies jedoch nicht für subjektiv-dingliche Reallasten. Die Wirkung des Ausschlussurteils ist das Erlöschen der Reallast.
2   Im Beitrittsgebiet gilt die Sonderregelung des § 6 Ia GBBerG; sie ermöglicht das Aufgebot auch bei unbekanntem Aufenthalt des Gläubigers und bei subjektiv-dinglichen Rechten. Voraussetzung ist in beiden Fällen, dass das Recht vor dem 3. 10. 90 begründet wurde.
3   Die Besonderheit nach Rn 2 kann gem § 6 III 2 GBBerG durch Landesrecht auch in den alten Bundesländern in Kraft gesetzt werden, s NRW-VO v 13. 2. 01, GVBl 69.

Abschnitt 7   Hypothek, Grundschuld, Rentenschuld

Titel 1   Hypothek

§ 1113 Gesetzlicher Inhalt der Hypothek

(1) Ein Grundstück kann in der Weise belastet werden, dass an denjenigen, zu dessen Gunsten die Belastung erfolgt, eine bestimmte Geldsumme zur Befriedigung wegen einer ihm zustehenden Forderung aus dem Grundstück zu zahlen ist (Hypothek).
(2) Die Hypothek kann auch für eine künftige oder eine bedingte Forderung bestellt werden.

1   **A. Arten der Grundpfandrechte; Begriff der Hypothek.** Für das Pfandrecht an Immobilien stellt das Gesetz die Formen der Hypothek, der Grundschuld und der Rentenschuld zur Verfügung. Alle belasten das Eigentum an einem oder mehreren (§ 1131) Grundstücken und ermöglichen dem Gläubiger, die **Zwangsvollstreckung in das Grundstück** zu betreiben (§ 1147); einen Zahlungsanspruch gewähren sie trotz der missverständlichen Formulierung „eine bestimmte Geldsumme aus dem Grundstück zu zahlen" nicht (BGH NJW 52, 1175; aA MüKo/*Eickmann* § 1147 Rn 4 f; Staud/*Wolfsteiner* Einl zu §§ 1113 ff Rn 25 f). Während die Rentenschuld von Anfang an bedeutungslos war, stellte die Hypothek historisch das gebräuchlichere Sicherungsrecht dar. Noch Mitte der Zwanzigerjahre spielte so dass der historische Gesetzgeber die Hypothek an den Anfang stellte und die Grundschuld durch Verweisung auf die Hypothekenvorschriften regelte, was freilich schon in den Beratungen zum BGB nicht unumstritten war. Sollte einmal ein grenzüberschreitendes Grundpfandrecht eingeführt werden, so wird dies voraussichtlich nicht akzessorisch ausgestaltet sein (vgl *Wolfsteiner/Stöcker* DNotZ 99, 451).
2   Die **Hypothek** wurde zunächst beim Immobiliarkredit für Kreditinstitute und heute auch bei der Sicherung der Forderungen von Privatleuten nahezu **völlig durch die Grundschuld verdrängt**, da die Forderungsakzessorietät zunehmend als Hindernis empfunden wurde; die Möglichkeit der Forderungsauswechslung (§ 1180) ist für den modernen Kreditverkehr bei weitem zu umständlich und zu kostspielig; an die Stelle der gesicherten Forderung tritt bei der Grundschuld die Sicherungsabrede, die aber nicht Inhalt des dinglichen Rechts ist.

Soweit Hypotheken überhaupt noch bestellt werden, sind sie dadurch denaturiert, dass an die Stelle der wirklich bestehenden Forderung ein sicherungshalber gegebenes abstraktes Schuldversprechen (oder – noch absurder – ein inhaltlich unrichtiges Anerkenntnis über den Erhalt der Darlehenssumme vgl BGH NJW 01, 2096) für den Betrag der Hypothek getreten ist; von einer Akzessorietät zwischen dinglichem Recht und (tatsächlich bestehender) Forderung kann bei dieser Konstruktion ebenso wenig die Rede sein wie bei der Grundschuld. „Echte" Hypotheken sind im Grunde nur noch die im **Zwangswege** entstehenden (vgl insbes §§ 866 ff, 932 ZPO; § 128 ZVG; § 322 AO; § 6 JBeitrO; § 61 BauGB).

§ 1113 definiert die Hypothek als ein **akzessorisches** Grundpfandrecht. Hierin liegt der grds Unterschied zwischen Hypothek und Grundschuld. Die Hypothek folgt der Forderung; der Gläubiger der Forderung und der Gläubiger der Hypothek müssen grds identisch sein (zu Ausnahmen § 1138 Rn 2; § 1153 Rn 2). Hingegen kann eine Hypothek mehrere (auch voneinander unabhängige) Forderungen gegen mehrere Schuldner nebeneinander sichern (BGH NJW 00, 1861), ohne dass eine auch nur teilweise Personenidentität zwischen Forderungsschuldner und Grundstückseigentümer bestehen müsste; unzulässig ist dagegen die alternative Sicherung mehrerer Forderungen (zB des Darlehensanspruchs und für den Fall der Nichtigkeit des Darlehensvertrags des Bereicherungsanspruchs des Darlehensgebers; so bereits RG JW 11, 653). Die Akzessorietät ist aber bei der gewöhnlichen Hypothek (sog **Verkehrshypothek**) vielfach durchbrochen; streng akzessorisch ist nur die Sicherungshypothek (§ 1184); die Höchstbetragshypothek (§ 1190) „gilt" als Sicherungshypothek, ohne eine solche zu sein. 3

Die Hypothek lautet auf eine **bestimmte Geldsumme** in €, der Währung eines EU-Mitgliedstaats, in dem der € nicht eingeführt ist, Schweizer Franken oder US-$ (VO vom 30.10.97, BGBl S 2683). Vor dem 1.1.02 in DM eingetragene Hypotheken werden anlässlich sonstiger Eintragungen in das Grundbuch von Amts wegen gebührenfrei umgestellt, sonst nur auf Antrag und gebührenpflichtig (§ 26 a GBMaßnG). Auch zwischen 1920 und 1936 bestellte Hypotheken können in fremder Währung eingetragen sein. Das Erfordernis der bestimmten Geldsumme schließt eine wie auch immer geartete Wertsicherung aus; gesetzliche Vorschriften, die wertbeständige Hypotheken zugelassen hatten, sind am 31.12.68 außer Kraft getreten. 4

B. Entstehung der Hypothek. Die Hypothek entsteht durch (formlose) Einigung und Eintragung (§ 873; Ausnahme: Wertpapierhypothek, § 1188). Ohne Einigung zwischen Eigentümer und Gläubiger entsteht nach hM keine Hypothek (RGZ 106, 136). Überzeugender erscheint die Ansicht, dass auch bei fehlender oder unwirksamer Einigung über die Bestellung einer Hypothek eine Eigentümergrundschuld (§ 1163 I 1) entsteht (Staud/*Wolfsteiner* Einl zu §§ 1113 ff Rn 62), zumal bei Briefrechten die Einigung in der Rechtswirklichkeit tatsächlich erst bei der Übergabe des Briefes erfolgt. 5

Unstreitig ist jedenfalls, dass für die Entstehung der Hypothek das **Abstraktionsprinzip** gilt: Mängel der schuldrechtlichen Bestellungsabrede zwischen Gläubiger und Eigentümer und ggf der Vereinbarung zwischen Eigentümer und (von diesem verschiedenen) Schuldner, zB deren Sittenwidrigkeit, sind für die Entstehung der Hypothek grds bedeutungslos (BGH NJW-RR 00, 1431); entsteht die Forderung nicht, so fehlt nicht etwa ein Tatbestandsmerkmal der Entstehung des dinglichen Rechts, vielmehr steht die Hypothek dann dem Eigentümer zu (§ 1163). 6

Die Eintragung der Hypothek erfordert eine Eintragungsbewilligung des eingetragenen Eigentümers; die Erklärung der Auflassung enthält nicht die Ermächtigung des künftigen Eigentümers zur Grundstücksbelastung (*Schöner/Stöber* Rn 3312). Soll der Grundstückskäufer die Möglichkeit haben, zur Kaufpreisfinanzierung eine Hypothek zu bestellen, bedarf er deshalb einer Vollmacht des Verkäufers. 7

Zugelassen ist die Bestellung einer Hypothek für eine bedingte oder künftige Forderung. (§ 1113 II). Bei der auflösenden Bedingung (zB Erlöschen mit dem Tod des Gläubigers, häufig in Grundstücksschenkungen) steht die Hypothek zunächst dem Gläubiger zu und wird mit Bedingungseintritt zum Eigentümerrecht (§ 1163 I 2); ist die Forderung aufschiebend bedingt oder künftig, so besteht ein vorläufiges Eigentümerrecht bis zum Bedingungseintritt (§ 1163 I 2). Auch künftige Forderungen müssen aber ausreichend individualisiert sein; zweifelhaft ist das bei Hypotheken zugunsten der Forderung eines noch nicht existenten Gläubigers (vgl dazu Staud/*Wolfsteiner* § 1113 Rn 63) oder den zukünftigen Zugewinnausgleichs (*Gaul* FamRZ 63, 132). Keine „künftige Forderung" ist die gegenwärtige Forderung gegen den Grundstückskäufer auf Zahlung des noch offenen Restkaufpreises (Zweibr Rpfleger 90, 15); die **Restkaufpreishypothek** kann daher erst mit Eigentumsumschreibung auf den Käufer eingetragen werden. 8

Die Bestellung der Hypothek ist eine Verfügung über das Grundstück (auch iSd § 1365: BGH NJW 93, 2441; § 1365 Rn 12 und der §§ 1821 I Nr 1, 1643). Die Hypothek kann nicht nur für eine bedingte oder befristete Forderung bestellt werden, sie kann auch selbst bedingt oder befristet sein; je nachdem, ob man eine Einigung für erforderlich hält, muss man beim Ausfall der Bedingung das Erlöschen der Hypothek oder deren Umwandlung in eine Eigentümergrundschuld annehmen. 9

Die Bestellung der Hypothek bedarf mitunter einer staatlichen Genehmigung, insbes im städtebaulichen Sanierungsgebiet (§ 144 BauGB). 10

Eine Hypothek kann auch kraft Gesetzes entstehen (§ 1287 S 2; § 848 II ZPO), also ohne Eintragung; bis zu dieser kann ein gutgläubiger Dritter aber das Grundstück unbelastet von der Hypothek erwerben. Im Wege der Zwangsvollstreckung kann eine **Zwangshypothek** (§ 866 ZPO) oder eine **Arresthypothek** (§ 932 ZPO) eingetragen wer- 11 den; im Fall des § 88 InsO entsteht eine Eigentümergrundschuld (BayObLG NJW-RR 01, 47). Möglich ist ferner die Entstehung der Hypothek durch Verwaltungsakt im Umlegungsverfahren (§§ 45 ff BauGB), nicht aber durch Ersitzung (§ 900 II).

12 Die rechtsgeschäftliche Bestellung einer Hypothek löst Kosten beim Notar für die Beglaubigung der Unterschrift unter die Eintragungsbewilligung (1/4-Gebühr aus § 45 KostO), bei Zwangsvollstreckungsunterwerfung für die vollstreckbare Urkunde (10/10-Gebühr aus § 36 I KostO) aus. Für die Eintragung in das Grundbuch wird in beiden Fällen eine 10/10-Gebühr erhoben (§ 62 KostO).

13 **C. Inhalt der Hypothek.** Die Hypothek ermöglicht die Zwangsvollstreckung in das Grundstück und nach Maßgabe der §§ 1120-1130 in die dort bezeichneten mithaftenden Gegenstände. Andere Verwertungsabreden sind im Voraus unzulässig (§ 1149). An einem Grundstück können für dieselbe Forderung nicht mehrere Hypotheken bestellt werden (Verbot der Doppelsicherung, Köln NJW-RR 96, 1106, 1107), wohl aber für eine Forderung eine **Gesamthypothek** an mehreren Grundstücken (§ 1132).

14 Gegenstand der Belastung können auch Wohnungseigentum, Erbbaurecht und andere grundstücksgleiche Rechte sein, nicht aber Dauerwohn- und Dauernutzungsrechte (§ 31 WEG). Die Aufteilung eines Grundstücks in Wohnungs- und Teileigentum lässt das Recht des Hypothekengläubigers unberührt, auch wenn gleichzeitig eine Veräußerungsbeschränkung nach § 12 WEG vereinbart wird (Frankf FGPrax 96, 139).

15 Typische Formen der Hypothek, die die Rückzahlung eines in Teilbeträgen fälligen Darlehens sichert, sind – wenn nicht die Hypothek ohnehin für die Forderung aus einem abstrakten Schuldversprechen bestellt wird (vgl Rn 2) – die Abzahlungshypothek, die Tilgungshypothek und die Tilgungsfondshypothek. Bei der **Abzahlungshypothek** ist ein konstanter Tilgungsbetrag vereinbart, während der Zinsbetrag infolge der fortschreitenden Tilgung laufend abnimmt. Demgegenüber sind bei der **Tilgungshypothek** gleichmäßige jährliche Raten (**Annuitäten**) zu zahlen, bei denen aber mit fortschreitender Tilgung der Zinsanteil zugunsten des Tilgungsanteils immer weiter abnimmt. Hier können den Eigentümer benachteiligende Zinsverrechnungsklauseln (insbes die Weiterberechnung von Zinsen auf einen durch Tilgung bereits verminderten Kapitalstand) mit § 307 in Konflikt kommen (zu den Grenzen solcher Zinsverrechnungsklauseln vgl BGH NJW 92, 179; 93, 3261). In Höhe der jeweils getilgten Kapitalbeträge entstehen Eigentümergrundschulden, die jeweils dem Eigentümer zur Zeit der Tilgung zustehen und Rang nach dem Gläubigerrecht haben (§ 1176); wechselt das Eigentum, wird die Eigentümergrundschuld Fremdgrundschuld; mehrere aus der Hypothek entstandene Eigentümerrechte haben gleichen Rang (aA Palandt/ *Bassenge* Rn 33: Vorrang der jüngeren Rechte vor den älteren). Bei der **Tilgungsfondshypothek** werden in gleicher Weise Annuitäten entrichtet; das Erlöschen der Forderung ist aber durch vertragliche Vereinbarung bis zu ihrer vollständigen Tilgung aufgeschoben, indem Zahlungen in einen Tilgungsfonds fließen, der erst bei vollständiger Tilgung der Forderung mit dieser verrechnet wird.

16 **D. Rang der Hypothek.** Der Rang der Hypothek ist für ihren wirtschaftlichen Wert das entscheidende Kriterium, gehört aber nicht zum Inhalt des Rechts. Besondere Bedeutung hat der Rang deshalb, weil er nicht nur der konkret eingetragenen Hypothek zukommt, sondern eine Reihe wirtschaftlich bedeutsamer Veränderungen (Zinsen bis zu 5%, § 1119; Umwandlung in eine Grundschuld, § 1198) ohne Zustimmung gleich- oder nachrangiger Berechtigter erfolgen können. Eine Änderung des Rangs bedarf – außer im Fall des § 1151 – der Zustimmung des Eigentümers (§ 880 II 2). Eine der Hypothek im Rang vorgehende Auflassungsvormerkung macht die Hypothek wirtschaftlich wertlos (§ 888); der Hypothekengläubiger muss bei der Kaufpreisfinanzierungshypothek deshalb darauf bestehen, dass sein Recht Rang vor der Auflassungsvormerkung des Käufers erhält oder der Vormerkungsberechtigte der Belastung zustimmt (§ 185 II); diese Zustimmung kann durch einen Wirksamkeitsvermerk verlautbart werden (BGH NJW 99, 2275). Gefahr droht dem wirtschaftlichen Wert einer Hypothek auch bei erster Rangstelle von öffentlich-rechtlichen Beschränkungen, insbes Baulasten, die der Eigentümer wirksam ohne Zustimmung des Hypothekengläubigers bestellen kann.

17 **E. Zahlungen an den Gläubiger.** Die Akzessorietät der Hypothek wirkt sich auch auf die Rechtsfolgen von Zahlungen an den Gläubiger aus, die differenziert geregelt ist. Ein Erlöschen der Hypothek tritt nur dann ein, wenn der Gläubiger aus dem Grundstück befriedigt wird (§ 1181). Wird durch einen Eigentümer, der nicht persönlicher Schuldner ist, **auf die Hypothek** gezahlt, gehen Forderung und Hypothek auf ihn über (§§ 1143; 1177 II). Der persönliche Schuldner zahlt (auch wenn er mit dem Eigentümer personenidentisch ist) regelmäßig auf die Forderung. Diese erlischt für die Hypothek, §§ 1163, 1164. Auch auf Dritte kann die Hypothek übergehen, wenn sie den Gläubiger befriedigen (§ 1150).

18 **F. Veränderungen der Hypothek. I. Übertragung, Ausschluss der Übertragbarkeit.** Die grds Übertragbarkeit von Forderung und Hypothek (§ 1153) kann sowohl durch Vereinbarung nach § 399 ausgeschlossen werden als auch durch eine Vereinbarung über einen Abtretungsausschluss oder eine Abtretungsbeschränkung als Inhalt des dinglichen Rechts; § 137 S 1 steht nicht entgegen (Hamm NJW 68, 1289). Wird die Abtretung der Hypothek ausgeschlossen, ohne dass die Abtretung der Forderung ausgeschlossen ist, geht im Fall der Abtretung der Forderung die Hypothek abweichend von § 1153 nicht mit der Forderung über, sondern wird Eigentümergrundschuld. Der Ausschluss der Abtretbarkeit bedarf der Eintragung in das Grundbuch; Bezugnahme auf die Eintragungsbewilligung ist gesetzlich nicht ausgeschlossen und deshalb zwar möglich

(*Schöner/Stöber* Rn 2379; aA Staud/*Wolfsteiner* Einl zu §§ 1113 ff Rn 95), aber nicht empfehlenswert, weil die nahe liegende Gefahr besteht, dass das nur durch Bezugnahme eingetragene Abtretungsverbot übersehen wird. Ist die Abtretung der Hypothek ausgeschlossen, kann zwar die Forderung nach § 851 II ZPO gepfändet werden, nicht aber die Hypothek.

II. Teilung, Vereinigung. Sichern mehrere Hypotheken, die gleichen oder unmittelbar aufeinander folgen- 19
den Rang haben, eine einheitliche Forderung, so können sie zu einer **Einheitshypothek** zusammengefasst werden (RGZ 145, 47, 49; Hamm Rpfleger 92, 13), wenn Zinssatz (nicht Zinsbeginn) und Zahlungsbestimmungen gleich sind; dies ist keine Neubestellung, sondern lediglich eine Inhaltsänderung der zusammengefassten Rechte. Eine Hypothek kann auch **geteilt** werden, ohne dass der Eigentümer dem zustimmen müsste; auch die Festlegung eines Rangverhältnisses der entstehenden Teile ist nicht zustimmungspflichtig (Hamm Rpfleger 88, 58, 59).

G. Ende der Hypothek. Die Hypothek erlischt durch **Aufhebung** (§ 1183), die einer Aufhebungserklärung 20
des Gläubigers und der Zustimmung des Eigentümers bedarf. Einseitig kann der Gläubiger die Hypothek nicht aufheben, sondern nur auf sie verzichten (§ 1168); dadurch erlischt die Hypothek jedoch nicht, sondern geht als Grundschuld auf den Eigentümer über (Ausnahme beim Gesamtrecht, § 1175 I 2). Die Hypothek erlischt weiterhin durch **Zuschlag in der Zwangsversteigerung** (§ 1181; Ausnahme: § 1182), wenn sie nicht nach den Versteigerungsbedingungen bestehen bleibt (§ 91 I ZVG). **Verjähren** kann das Hypothekenkapital nicht (§ 216 I), während die Hypothekenzinsen der gewöhnlichen Verjährung unterliegen (§ 216 III).

§ 1114 Belastung eines Bruchteils

Ein Bruchteil eines Grundstücks kann außer in den in § 3 Abs. 6 der Grundbuchordnung bezeichneten Fällen mit einer Hypothek nur belastet werden, wenn er in dem Anteil eines Miteigentümers besteht.

A. Grundsatz. § 1114 beschränkt die selbständigen Belastungen von Miteigentumsanteilen im Interesse der 1
Vermeidung dadurch begründeter Schwierigkeiten bei der Grundbuchführung und im Fall der Zwangsversteigerung. Für Zwangsrechte treffen §§ 864 II, 932 II ZPO eine entspr Regelung. Ist Wohnungs- und Teileigentum begründet, gilt § 1114 für Miteigentumsanteile an diesem, aber selbstverständlich nicht für die mit Sondereigentum verbundenen Miteigentumsanteile am Grundstück selbst. § 1114 betrifft nicht die Belastung realer Teile eines Grundstücks; diese können selbständig belastet werden, müssen dazu aber zunächst rechtlich verselbständigt werden (§ 7 GBO).

Für die Frage, ob eine zulässige Belastung des Anteils eines Miteigentümers oder eine unzulässige Belastung 2
eines Teils einer einheitlichen Berechtigung vorliegt, kommt es auf den Zeitpunkt der Eintragung der Hypothek an (Staud/*Wolfsteiner* Rn 5; aA Palandt/*Bassenge* Rn 1: auch auf den Zeitpunkt der Einigung). Ein Miteigentümer, der einen weiteren oder alle weiteren Miteigentumsanteile erworben hat, kann von da an weder seinen ursprünglichen noch weitere Miteigentumsanteile selbständig belasten, auch nicht mit einer Restkaufpreishypothek (Zweibr NJW-RR 90, 147; widersprüchlich Staud/*Wolfsteiner* Rn 14 einerseits und Rn 18 andererseits); auch eine Zwangshypothek kann an einem der Anteile dann nicht mehr eingetragen werden (Oldbg Rpfleger 96, 242).

Veränderungen nach Eintragung der Hypothek sind ohne Bedeutung, und zwar sowohl beim Zuerwerb wei- 3
terer oder aller weiteren Miteigentumsanteile durch den Besteller als auch bei Aufhebung der Buchung nach § 3 VI GBO, die ohne materiell-rechtliche Wirkung ist (Bauer/v Oefele/*Waldner* § 3 GBO Rn 36).

B. Ausnahmen. § 1114 muss als Ordnungsvorschrift zurücktreten, wenn übergeordnete Gesichtspunkte die 4
Möglichkeit der Belastung eines Miteigentumsanteils gebieten.

I. Gesetzliche Ausnahmen. 1. Selbständig gebuchte Miteigentumsanteile. Durch das RegVBG ist in § 3 5
VI GBO eine schon zuvor in der Grundbuchpraxis übliche Buchung von Miteigentumsanteilen an einem Grundstück gesetzlich normiert worden; dies hat der Gesetzgeber zum Anlass genommen, eine schon zuvor weithin anerkannte (BayObLG NJW 75, 40; Frankf NJW-RR 88, 463) Ausnahme von § 1114 zu kodifizieren: Sind Miteigentumsanteile an einem Grundstück auf verschiedenen Grundbuchblättern gebucht, können sie auch dann selbständig belastet werden, wenn mehrere oder alle ein und demselben Eigentümer gehören.

2. Flurbereinigung, Umlegung. Gesetzliche Ausnahmen bestimmen außerdem § 68 II FlurbG und § 62 II 6
BauGB: Hier kann ein Grundstück zu einem Bruchteil belastet werden, wenn die Hypothek ursprünglich auf einem umgelegten Grundstück lastete, das nur einen geringeren Wert als das Ersatzgrundstück hatte.

II. Weitere Ausnahmen. 1. Zwangsrechte. Wird ein Miteigentumsanteil zwangsversteigert, so kann eine 7
Sicherungshypothek für die Forderung gegen den Ersteher (§ 128 ZVG) an ihm auch dann eingetragen werden, wenn dem Ersteher weitere Miteigentumsanteile gehören; weder kann der Gläubiger die Belastung des ganzen Grundstücks verlangen noch kann die Eintragung überhaupt abgelehnt werden (KG JW 33, 626 m zust Anm *Bernhöft*; Breslau OLGR 25, 257; aA noch KG KGJ 23 A 230).

8 Ähnlich ist es, wenn der Erwerb eines Miteigentumsanteils nach dem AnfG anfechtbar ist, dem Erwerber aber noch weitere Miteigentumsanteile gehören. Der Gläubiger kann hier eine Sicherungshypothek auf dem anfechtbar erworbenen Miteigentumsanteil eintragen lassen (vgl BGH NJW 84, 1968).

9 **2. Gutgläubiger Erwerb.** Ist ein Alleineigentümer irrtümlich als Miteigentümer eingetragen und belastet er den Miteigentumsanteil, der für ihn eingetragen ist, mit einer Hypothek, so erwirbt diese der gutgläubige Gläubiger nach § 892, ohne dass § 1114 entgegensteht (*Wolff/Raiser* § 133 Fn 3).

10 **3. Vorerbe.** Erwirbt der Miteigentümer eines Grundstücks einen weiteren Miteigentumsanteil als Vorerbe, kann er den ihm schon vor dem Vorerbfall gehörenden Miteigentumsanteil selbständig mit einer Hypothek belasten (BayObLG NJW 68, 1431).

11 **C. Folgen eines Verstoßes.** Angesichts der Tatsache, dass Ausnahmen von § 1114 anerkannt sind, deren Grenzen sich aber nicht immer leicht bestimmen lassen, verbietet es sich, bei einem Verstoß gegen § 1114 Nichtigkeit der Eintragung anzunehmen (i Erg ebenso Staud/*Wolfsteiner* Rn 6; aA RGZ 88, 21; BayObLG OLGR 30, 18). Es handelt sich nicht um eine inhaltlich unzulässige Eintragung, die der Amtslöschung unterliegen würde; heute ergibt sich das bereits daraus, dass im Fall des § 3 VI GBO die Zulässigkeit der Belastung von einer Art der Buchung abhängt, für die reine Zweckmäßigkeitserwägungen maßgeblich sind, die also auch nachträglich erfolgen, aber auch nachträglich wieder aufgehoben werden kann, ohne dass davon die Wirksamkeit eines dinglichen Rechts abhängen könnte. An eine nichtige Eintragung könnte sich zudem kein gutgläubiger Erwerb anschließen (so tatsächlich RGZ 88, 21, 27; KG OLGR 20, 406), was den Verkehrsschutz unerträglich beeinträchtigen würde, weil der Erwerber nach Grundbuchumschreibung stets auch das Grundbuch einsehen müsste, in dem die Hypothek erstmals eingetragen wurde.

12 **D. Grundschuld, Rentenschuld.** § 1114 ist auf die Grundschuld und die Rentenschuld entspr anwendbar (§ 1192 I).

§ 1115 Eintragung der Hypothek

(1) Bei der Eintragung der Hypothek müssen der Gläubiger, der Geldbetrag der Forderung und, wenn die Forderung verzinslich ist, der Zinssatz, wenn andere Nebenleistungen zu entrichten sind, ihr Geldbetrag im Grundbuch angegeben werden; im Übrigen kann zur Bezeichnung der Forderung auf die Eintragungsbewilligung Bezug genommen werden.
(2) Bei der Eintragung der Hypothek für ein Darlehen einer Kreditanstalt, deren Satzung von der zuständigen Behörde öffentlich bekannt gemacht worden ist, genügt zur Bezeichnung der außer den Zinsen satzungsgemäß zu entrichtenden Nebenleistungen die Bezugnahme auf die Satzung.

1 **A. Zweck der Vorschrift.** § 1115 bestimmt, welche Angaben bei der Eintragung einer Hypothek in das Grundbuch selbst eingetragen werden müssen. Dort nicht genannte Angaben aus der Eintragungsbewilligung können nach § 874 in Bezug genommen werden, soweit nicht andere Bestimmungen (§§ 1116 II 3; 1184 II, 1189 I 2; § 800 I 2 ZPO) die Eintragung verlangen. Für die Verfügungsbeschränkung nach §§ 70, 72 VAG (Zugehörigkeit zu einem Deckungsstock) fehlt eine ausdrückliche Vorschrift; nach dem Zweck der Regelung (Schutz vor unzulässigen Verfügungen) muss hier aber ebenso die Eintragung erfolgen (LG Bonn DNotZ 79, 309) wie bei der Vereinbarung, dass die Abtretung der Forderung der Zustimmung des Grundstückseigentümers bedarf.

2 **B. Eintragungspflichtige Angaben. I. Gläubiger.** Als Gläubiger muss der Inhaber der gesicherten Forderung eingetragen werden, mit dem die Einigung (§ 873) über die Hypothekenbestellung erfolgt ist. Bei einer Zwangshypothek ist derjenige einzutragen, der im Vollstreckungstitel als Vollstreckungsgläubiger ausgewiesen ist (BGH NJW 01, 3627; BayObLG Rpfleger 05, 309); lautet der Titel auf Leistung an einen Dritten, so ist auch das einzutragen (Karlsr Rpfleger 98, 158). Eine andere Person als der Gläubiger kann nicht eingetragen werden. Fehlerhaft ist deshalb die Eintragung des Treugebers, wenn ein Treuhandverhältnis besteht. Der Gläubiger wird entweder dem Namen nach eingetragen; wer aber noch eine andere Bezeichnung genügt („die künftigen Abkömmlinge des A", KGJ 29, 153; „die unbekannten Erben des B", KGJ 36, 226), bei der Hypothek für eine Inhaberschuldverschreibung (§ 1187) ist Gläubiger „der Inhaber"; BGH Rpfleger 05, 521 m Anm *Dümig* ergibt sich die Möglichkeit der Eintragung einer Hypothek für „die Wohnungseigentümergemeinschaft"; (so ausdrücklich LG Hamburg Rpfleger 06, 10); die GbR ist auch nicht als Gläubigerin einer Hypothek eintragungsfähig (aA BaRoth/*Rohe* Rn 7; v Ditfurth hier § 705 Rn 37). Bei der Eintragung des Fiskus ist aus praktischen Gründen die Eintragung der vertretenden Behörde (Klammerzusatz) üblich und zulässig (aA Ddorf Rpfleger 77, 167).

3 **II. Geldbetrag, Zinsen, Nebenleistungen. 1. Geldbetrag.** Der Geldbetrag der Forderung muss zahlenmäßig als bestimmte Summe eingetragen werden; Berechenbarkeit genügt nicht (KGJ 36, 229).

4 **2. Zinsen.** Üblicherweise werden die Zinsen als jährlich (Eintragung nicht notwendig, da selbstverständlich, Frankf Rpfleger 80, 18) zu entrichtender Prozentsatz der Forderung angegeben; die Angabe anderer Zinszah-

lungszeiträume, verschiedene Zinshöhe für verschiedene Teile der Hypothek (Celle Rpfleger 72, 97) oder Angabe der Zinsen in einer festen Geldsumme ist aber nicht unzulässig. Ohne Hauptforderung können aber auch keine Zinsen geschuldet sein. Bei variablen und/oder bedingten Zinsen muss die maximale Belastung ziffernmäßig aus dem Grundbuch ersichtlich sein; es genügt aber die Anknüpfung an den Basiszinssatz (§ 247), zumal das Grundstück nach § 1146 im Verzugsfall ohnehin für Zinsen in Höhe von 5 Prozentpunkten über dem Basiszinssatz gesetzlich haftet; die Angabe eines Höchstzinssatzes ist daneben nicht erforderlich (Hamm NotBZ 06, 25 [Vorlage an den BGH]; LG Schweinfurt Rpfleger 04, 623 m Anm *Böhringer*; LG Traunstein MittBayNotK 04, 440; Staud/*Wolfsteiner* Einl zu §§ 1113 ff Rn 41; *Wagner* Rpfleger 04, 668, 672 f; aA Schleswig FGPrax 03, 58; LG Gera NotBZ 04, 401). Die Voraussetzungen, unter denen Zinsen bis zur Höhe des eingetragenen Höchstzinssatzes zu zahlen sind, können aber durch Bezugnahme (§ 874) eingetragen werden (BGH NJW 75, 1314); auch ein Leistungsbestimmungsrecht des Gläubigers ist zulässig, solange keine willkürliche Änderung möglich ist (BGH DNotZ 1963, 436). Der Zinsbeginn kann vor oder nach der Eintragung liegen (BGH NJW 86, 314); üblich ist Zinsbeginn mit dem Tag der Errichtung der Hypothekenurkunde; das ist auch dann zulässig, wenn die Auszahlung des Darlehens auf einen späteren Termin festgelegt ist, eine frühere Auszahlung aber nicht ausgeschlossen ist (BayObLG Beschl v 15. 4. 04 – 2 ZBR 79/04). Der Zinsbeginn muss nicht kalendermäßig festgelegt werden, wenn nur die Eintragungsbewilligung den frühestmöglichen Zeitpunkt bestimmbar angibt (BayObLG DNotZ 01, 701, 702; FGPrax 04, 205); „ab Darlehenshingabe" reicht deshalb nicht (BayObLG Rpfleger 99, 530). Ohne Angabe (und Bezugnahme) laufen die Zinsen ab dem Eintragungstag.

3. Andere Nebenleistungen. Zwischen Zinsen und anderen Nebenleistungen besteht rechtlich kein grds Unterschied (BGHZ 47, 41); die nur für andere Nebenleistungen bestehende Möglichkeit der Bezugnahme auf die Satzung einer Kreditanstalt (II) hat keine praktische Bedeutung. Nebenleistungen können bspw ein Agio (Karlsr Rpfleger 68, 353), Vertragsstrafen bei Verzug mit der Zinszahlung (BayObLG Rpfleger 81, 297) oder „Zinsen" sein, die von dem ursprünglichen Hypothekenkapital trotz zwischenzeitlicher teilweiser Tilgung (und sogar Löschung) der Hypothek zu zahlen sind (Ddorf FGPrax 95, 218), was bei der Eintragung kenntlich gemacht werden sollte. Andere Nebenleistungen können einmalig oder periodisch, bedingt oder unbedingt zu zahlen sein; eingetragen werden muss – wie bei den Zinsen – nur der maximale Belastungsumfang („10 % Nebenleistung einmalig", „bis zu 1,5 % Nebenleistung jährlich"), im Übrigen ist Bezugnahme (§ 874) möglich. Mehrere andere Nebenleistungen können in einer Eintragung zusammengefasst werden; ob auch Zinsen und Nebenleistungen zusammengefasst werden dürfen, ist str (bejahend KG Rpfleger 66, 303; verneinend MüKo/*Eickmann* Rn 40). Nicht eintragungsfähig sind aber „Nebenleistungen", die in Wahrheit eine (teilweise) Tilgung des Hypothekenkapitals darstellen.

C. Nicht eintragungspflichtige Angaben. Alle übrigen Angaben können durch Bezugnahme (§ 874) eingetragen werden. Insbes bedarf es nicht der Eintragung des Schuldners, auch nicht, wenn er vom Eigentümer personenverschieden ist (aA Naumbg JW 30, 846) oder des in der Bewilligung angegebenen Schuldgrundes.

D. Folgen der Verletzung. I. Fehlende Angaben. Fehlen nach § 1115 erforderliche Angaben, ist die Hypothek grds nicht wirksam entstanden; die Eintragung unterliegt als inhaltlich unzulässig der Amtslöschung (§ 53 I 2 GBO). Diese Regel wird aber mit Recht dahin eingeschränkt, dass das Fehlen der Angaben zu Zinsen und/oder anderen Nebenleistungen (nur) zur Folge hat, dass Zinsen und/oder andere Nebenleistungen nicht geschuldet sind, die Hypothek aber entstanden ist (RGZ 113, 229). Enthält die Eintragungsbewilligung keinen Schuldgrund, ist die Hypothek zumindest dann wirksam entstanden, wenn – wie stets – ein (richtiger oder falscher) Schuldgrund zu ermitteln ist; allerdings lehnt das Grundbuchamt, wenn es die fehlende Angabe erkennt, die Eintragung ab (Colmar OLGR 16, 154).

II. Fehlerhafte Angaben. Wird statt des Inhabers der Forderung eine andere Person als Gläubiger eingetragen, dann ist die Hypothek nicht wirksam entstanden; anders dagegen, wenn der Gläubiger nur falsch bezeichnet ist, aber seine Identität unzweifelhaft ist. So ist als wirksam angesehen worden: die Bezeichnung eines Kaufmanns mit seiner Firma statt mit seinem bürgerlichen Namen (BayObLG DNotZ 81, 578), falsche Rechtsformzusätze, zB eK statt OHG (Hburg DNotZ 55, 148 m Anm *Hoche*); GmbH statt OHG (Bremen DNotZ 65, 566); Finanzamt statt des dadurch vertretenen Bundeslands (Schleswig JZ 55, 619; Karlsr DNotZ 55, 544); A als Insolvenzverwalter über das Vermögen des B statt B (Palandt/*Bassenge* Rn 6). Eintragung des Treugebers bei dem als Gläubiger eingetragenen Treuhänder ist ebenfalls unschädlich. Ohne Bedeutung für die Wirksamkeit sind auch Verletzung von § 15 GBVfg oder fehlende Angabe des Gemeinschaftsverhältnisses mehrerer Gläubiger entgegen § 47 GBO.

Ist der Schuldgrund unrichtig angegeben, so muss der Gläubiger den wirklichen Schuldgrund beweisen; weder ist aber die Wirksamkeit der Hypothek betroffen noch dürfte das Grundbuchamt, wenn es die Unrichtigkeit der Angabe kennt, die Eintragung ablehnen (aA LG Hof Rpfleger 65, 367).

D. Grundschuld, Rentenschuld. § 1115 ist auf die Grundschuld und die Rentenschuld entspr anwendbar (§ 1192 I); statt des Geldbetrags der Forderung ist der Geldbetrag der Grundschuld einzutragen. Die Angabe eines Schuldgrunds ist weder nötig noch zulässig; die Eintragungsbewilligung darf Zinsen und andere Nebenleistungen nicht als solche der Forderung bezeichnen; es können nur solche der Grundschuld eingetragen werden, deshalb nicht „Vorfälligkeitsentschädigung" bei einer sofort fälligen Grundschuld (LG Oldenburg WM 82, 283). Auch bei Nebenleistungen braucht ihre Art nicht angegeben zu werden (LG Bielefeld Rpfleger 99, 388; aA MüKo/*Eickmann* Rn 44); es darf sich aber – wie bei der Hypothek (Rn 5) – nicht in Wahrheit um Zahlungen auf das Grundschuldkapital handeln.

§ 1116 Brief- und Buchhypothek

(1) Über die Hypothek wird ein Hypothekenbrief erteilt.
(2) ¹Die Erteilung des Briefes kann ausgeschlossen werden. ²Die Ausschließung kann auch nachträglich erfolgen. ³Zu der Ausschließung ist die Einigung des Gläubigers und des Eigentümers sowie die Eintragung in das Grundbuch erforderlich; die Vorschriften des § 873 Abs. 2 und der §§ 876, 878 finden entsprechende Anwendung.
(3) Die Ausschließung der Erteilung des Briefes kann aufgehoben werden; die Aufhebung erfolgt in gleicher Weise wie die Ausschließung.

1 **A. Briefhypothek.** Die Erteilung eines Hypothekenbriefes ist – außer bei der Sicherungshypothek (§ 1284) – die gesetzliche Regel. In der Praxis überwiegen dagegen bei weitem die Buchrechte, einerseits wegen der zusätzlichen Kosten der Brieferteilung beim Grundbuchamt (§ 71 KostO), andererseits wegen der Umstände, die mit einer sicheren Verwahrung des Briefes verbunden sind, der im Verlustfall in einem langwierigen und kostspieligen Verfahren aufgeboten werden muss; die Vorteile der Briefhypothek (einfachere Übertragbarkeit, § 1154; Schutz des Eigentümers bei nicht entstandener Forderung, § 1117 I 2) haben demgegenüber geringeres Gewicht.

2 Der Hypothekenbrief ist kein echtes Wertpapier; Grundlage des Gläubigerrechts ist die Eintragung im Grundbuch, nicht der Hypothekenbrief, der zwar den öffentlichen Glauben des Grundbuchs zerstören kann (§ 1140), aber selbst keinen öffentlichen Glauben genießt: Ggü dem richtigen Grundbuch kann sich der Briefbesitzer nicht auf den unrichtigen Brief berufen; Zahlungen an den Briefbesitzer haben keine befreiende Wirkung (*Neumann/Duesberg* BB 66, 308). Der Hypothekenbrief kann nicht durch Indossament übertragen werden; ein auf den Hypothekenbrief gesetztes Indossament kann jedoch als Abtretungserklärung angesehen werden (Staud/*Wolfsteiner* Rn 3). Der Hypothekenbrief ist ein Rektapapier, eine „Urkunde, kraft deren eine Leistung gefordert werden kann" (§ 952 II), da zur Ausübung des Rechts die Vorlage des Briefes erforderlich ist (§ 1160); Eigentümer des Grundschuldbriefes ist deshalb der Hypothekengläubiger; ist die Hypothek Eigentümergrundschuld, dann ist der Grundstückseigentümer zugleich Eigentümer des Hypothekenbriefs. Ist die Hypothek teilweise valutiert, besteht Miteigentum nach Bruchteilen (RGZ 69, 40). Dingliche Rechte, die nicht gleichzeitig an der Hypothek bestehen, können nicht selbständig am Grundschuldbrief begründet werden; auch ein Zurückbehaltungsrecht nach § 369 HGB ist ausgeschlossen (RGZ 149, 93, 95). Ob ein (schuldrechtliches) Zurückbehaltungsrecht an dem Brief vereinbart werden kann (bejahend Staud/*Wolfsteiner* Rn 7; Ddorf DNotZ 81, 642), ist zweifelhaft.

3 Da die Briefhypothek der gesetzliche Regelfall ist, muss die Tatsache, dass ein Hypothekenbrief erteilt wurde, nicht in das Grundbuch eingetragen werden. Den Hypothekenbrief erteilt das Grundbuchamt; zur Erteilung von Teilhypothekenbriefen ist auch der Notar zuständig (§ 61 GBO; § 20 II BNotO). Den notwendigen Inhalt des Hypothekenbriefs und weitere Verfahrensvorschriften enthalten die §§ 41, 43, 56 ff GBO und § 47 ff GBVfg. Seit 1.1.78 wird der Belastungsgegenstand auf dem Hypothekenbrief nur noch nach Grundbuchblatt und laufender Nummer des Bestandsverzeichnisses bezeichnet. Ist über die Forderung eine Schuldurkunde errichtet, wird sie mit dem Hypothekenbrief verbunden (§ 58 GBO); die Ausstellung einer Schuldurkunde ist aber nicht erforderlich. Über mehrere gleichrangige oder im Rang unmittelbar aufeinander folgende Hypotheken kann ein gemeinschaftlicher Brief erteilt werden (§ 66 GBO), was allerdings selten gewünscht wird.

4 **B. Buchhypothek.** Die Entstehung einer Buchhypothek setzt neben der Einigung über die Entstehung der Hypothek die Einigung über den Ausschluss der Brieferteilung voraus. Eintragung in das Grundbuch ist erforderlich; Bezugnahme nach § 874 genügt nicht. Üblich ist die Eintragung „Hypothek ohne Brief" oder „brieflos eingetragen"; aber auch die Eintragung als „Buchhypothek" ist nicht zu beanstanden. Die Einigung bedarf keiner Form; für das Grundbuchamt genügt die einseitige Bewilligung (§ 19 GBO) des Briefausschlusses durch den Grundstückseigentümer. Decken sich Einigung und Eintragung nicht, ist idR keine Hypothek entstanden (§ 139), und zwar sowohl dann, wenn Buchhypothek vereinbart, aber Briefhypothek eingetragen ist (aA Palandt/*Bassenge* Rn 3: nur „ausnahmsweise"), als auch dann, wenn Briefhypothek vereinbart, aber Buchhypothek eingetragen ist (aA Staud/*Wolfsteiner* Vor § 1113 Rn 83: Briefhypothek entstanden; Grundbuch jedoch unrichtig). Ist eine Buchhypothek vereinbart und eingetragen, aber versehentlich ein Brief erteilt worden, ist dieser bedeutungslos; gutgläubiger Erwerb durch Briefübergabe ist ausgeschlossen (Rn 2).

5 **C. Umwandlung.** Die Briefhypothek kann in die Buchhypothek umgewandelt werden und umgekehrt (II 2; III). Die Umwandlung wird mit der Eintragung in das Grundbuch wirksam. Bestehen Rechte Dritter an der Hypothek, dann müssen diese zustimmen (§ 876). Das Grundbuchamt berücksichtigt solche Rechte aller-

dings nur dann, wenn es das Bestehen positiv kennt. Auch wenn entgegen § 69 GBO der Brief nicht unbrauchbar gemacht wird, hat er ab diesem Zeitpunkt keine rechtliche Bedeutung mehr (KG JFG 7, 419); insbes ist kein gutgläubiger Erwerb durch Briefübergabe möglich (Rn 2).
Bei der Umwandlung einer Sicherungshypothek in eine Verkehrshypothek bleibt diese mangels abweichender Bestimmung Buchhypothek (Dresden OLGR 29, 371; aA Planck/*Strecker* Anm 2; widersprüchlich Staud/ *Wolfsteiner* Rn 43 einerseits und § 1186 Rn 6 andererseits). 6

D. Grundschuld, Rentenschuld. § 1116 ist auf Grundschuld und Rentenschuld entspr anwendbar (§ 1192 I). Grundschuldbriefe können auch auf den Inhaber lauten (§ 1195); mit Grundschuldbriefen wird keine Schuldurkunde verbunden (§ 58 GBO). 7

§ 1117 Erwerb der Briefhypothek

(1) Der Gläubiger erwirbt, sofern nicht die Erteilung des Hypothekenbriefes ausgeschlossen ist, die Hypothek erst, wenn ihm der Brief von dem Eigentümer des Grundstücks übergeben wird. Auf die Übergabe finden die Vorschriften des § 929 Satz 2 und der §§ 930, 931 Anwendung.
(2) Die Übergabe des Briefes kann durch die Vereinbarung ersetzt werden, dass der Gläubiger berechtigt sein soll, sich den Brief von dem Grundbuchamt aushändigen zu lassen.
(3) Ist der Gläubiger im Besitz des Briefes, so wird vermutet, dass die Übergabe erfolgt sei.

A. Briefübergabe. § 1117 I liegt die Vorstellung zugrunde, der Gläubiger solle die Hypothek Zug um Zug gegen Hingabe des Darlehens erhalten. Dementspr entsteht die Hypothek bereits mit der Eintragung, steht aber bis zur Briefübergabe dem Eigentümer zu (§§ 1163 II, 1177). Die Briefübergabe muss zur Entstehung der Forderung hinzukommen; ist zum Zeitpunkt der Briefübergabe die Forderung noch nicht entstanden, steht die Hypothek nach wie vor dem Eigentümer zu (§ 1163 I). 1

Die Übergabe kann entweder durch den Eigentümer oder auf dessen Bestimmung durch das Grundbuchamt nach § 60 II GBO erfolgen; sind mehrere Eigentümer vorhanden, müssen alle mit der Übergabe einverstanden sein (RGZ 52, 360). Keine Übergabe ist die Aushändigung des Briefs durch einen Unbefugten (RGZ 75, 221) oder durch das Grundbuchamt entgegen § 60 I GBO; erst recht genügt es nicht, dass der Gläubiger anderweitig in den Besitz des Briefes gelangt (BGH NJW-RR 93, 369; *Reinicke/Tiedtke* NJW 94, 345). 2

B. Übergabesurrogat. Die Übergabe kann durch die Übergabesurrogate der §§ 929 S 2, 930 oder 931 ersetzt werden. Dabei kommt § 929 S 2 nur im Fall fehlerhaften Verhaltens des Grundbuchamts (Aushändigung des Briefs an andere Person als den Eigentümer ohne Aushändigungsvereinbarung) oder eigenmächtiger Besitzergreifung durch den Gläubiger in Frage; erforderlich ist dann Einigung über die Entstehung der Hypothek, wodurch der Besitzer zugleich Eigentümer wird (§ 952 II); mittelbarer Besitz genügt und kommt insbes dann vor, wenn sich der Hypothekenbrief beim Notar befindet und dieser dem Gläubiger den Besitz vermittelt. Die Vereinbarung eines Besitzmittlungsverhältnisses (§ 930) verschafft dem Gläubiger die Hypothek frühestens mit Aushändigung des Briefs an den Eigentümer. Die Abtretung des Herausgabeanspruchs ist von der Aushändigungsvereinbarung nach II zu unterscheiden, kann aber auch in der Abtretung des Anspruchs gegen das Grundbuchamt – auch schon vor Briefbildung (RG SeuffArch 92, 152) – nach § 60 I GBO bestehen. Die Abtretung kann auch bedingt erfolgen (RG JW 29, 583); die Überweisung zur Einziehung in der Zwangsvollstreckung ist jedoch keine Abtretung eines Herausgabeanspruchs (RGZ 63, 214). 3

C. Vereinbarung der Aushändigung. Bei Hypotheken zugunsten von Banken ist eine Aushändigungsvereinbarung nach II heute die Regel; sie kann ohne Verstoß gegen § 307 auch formularmäßig getroffen werden. In diesem Fall erwirbt der Gläubiger die Hypothek mit der Eintragung (RGZ 89, 161), frühestens aber mit Entstehung der Forderung, aber ohne Rücksicht darauf, wann der Brief hergestellt und ob er dem richtigen Empfänger übergeben wird (BayOLGZ 87, 97). Die Aushändigungsvereinbarung darf nicht mit der Anweisung an das Grundbuchamt nach § 60 II GBO verwechselt werden, die zusätzlich erfolgen muss. Fehlt sie, muss das Grundbuchamt den Brief an den Eigentümer aushändigen (KG KGJ 40, 322); die Aushändigungsvereinbarung ist keine Abtretung eines Herausgabeanspruchs nach § 931 (Ddorf NJW-RR 02, 711; aA *Derleder* DNotZ 71, 272). Eine Vereinbarung zu Gunsten Dritter ist – da es sich um einen dinglichen Vertrag handelt – nicht möglich (RG JW 30, 3545). Dagegen steht der Wirksamkeit der Vereinbarung nicht entgegen, dass sie vor der Herstellung des Briefes durch das Grundbuchamt abgeschlossen wurde, wenn nur die Hypothek bereits bestellt ist (RGZ 84, 314). 4

D. Vermutung der Übergabe. Vermutet wird nach III lediglich die Übergabe; kommt es – zB nach § 878 – auf den Zeitpunkt der Übergabe an, ergibt sich aus III dafür nichts (KG KGJ 40, 278). Mittelbarer Besitz ist allerdings ausreichend. Die Vermutung gilt auch ggü dem Grundbuchamt, wenn die Unrichtigkeit des Grundbuchs nachzuweisen ist (§ 22 GBO), und für die Frage, ob ein Amtswiderspruch eingetragen werden darf (§ 53 GBO; aA Oldbg Rpfleger 66, 174). Dem eingetragenen Gläubiger, der den Brief nicht besitzt, kommt auch nicht die Vermutung des § 891 zugute (BayOLGZ 73, 246). Ob III gewissermaßen „umgekehrt" 5 für den Fall gilt, dass der Eigentümer noch im Besitz des Briefes ist und die Hypothek unter Vorlage des Briefes wegen Unrichtigkeit des Grundbuchs (§ 22 GBO) gelöscht haben will, ist str (vgl dazu Staud/*Wolfsteiner* Rn 14 f mwN).

6 **E. Grundschuld, Rentenschuld.** § 1117 ist auf Grundschuld und Rentenschuld entspr anwendbar (§ 1192 I), jedoch nicht auf Grundschuldbriefe, die auf den Inhaber lauten (§ 1195). Der Gläubiger erwirbt die Grundschuld ohne Rücksicht auf das Bestehen einer zu sichernden Forderung.

§ 1118 Haftung für Nebenforderungen

Kraft der Hypothek haftet das Grundstück auch für die gesetzlichen Zinsen der Forderung sowie für die Kosten der Kündigung und der die Befriedigung aus dem Grundstücke bezweckenden Rechtsverfolgung.

1 **A. Haftung ohne Eintragung.** § 1118 legt eine gesetzliche Haftung fest, die ohne Eintragung in das Grundbuch und neben der Haftung für die vereinbarten Zinsen nach § 1115 besteht. Außer für die Nebenforderungen des § 1118 haftet das Grundstück für die Verzugszinsen bei Verzug des Eigentümers (§ 1146) und für die Eintragungskosten einer Zwangshypothek (§ 867 I 3 ZPO). Das Grundbuch wird dadurch entlastet, weil eine Eintragung derartiger Nebenforderungen unnötig ist. Sie ist aber nicht inhaltlich unzulässig, das Grundbuch deshalb nicht unrichtig und eine Amtslöschung nicht veranlasst (KG ZfIR 03, 106).

2 **B. Umfang der Haftung. I. Zinsen.** Das Grundstück haftet zunächst für die „gesetzlichen" Zinsen, also für die auf die Forderung entfallenden Zinsen bis zur Höhe des gesetzlichen Zinssatzes, normalerweise 4 % (§ 246) oder 5 % (§ 352 HGB), aber auch 5, 8 oder 2 1/2 Prozentpunkte über dem Basiszinssatz (§§ 288 I, 497 I 2). Für höhere Zinsen – insbes auch als Verzugsschaden nach § 288 III – haftet das Grundstück nicht (Hburg OLGR 14, 100); die Verjährung der Zinsen wird durch § 1118 nicht berührt. Die Beschränkung der Haftung für Zinsen nach § 1190 II geht § 1118 vor.

3 **II. Kosten.** Zu den Kosten, für die gehaftet wird, gehören die Kosten der Kündigung (§ 1141: Zustellung, Kosten für die Ermittlung des Eigentümers, Vertreterbestellung), nicht aber für die Beauftragung eines Anwalts zu diesem Zweck (aA MüKo/*Eickmann* Rn 12), und die Kosten der Rechtsverfolgung. Voraussetzung ist, dass sie erforderlich waren (entspr Anwendung von §§ 91, 788 ZPO) und der Befriedigung aus dem Grundstück dienten. Der Erfolg ist nicht entscheidend (BGH WM 66, 326), ebenso wenig ist entscheidend, ob der eingetragene Eigentümer tatsächlich der Berechtigte ist (arg § 1148 S 1; KG JW 37, 3159); wird die Rechtsverfolgung aber abgebrochen, fehlt an dieser Voraussetzung (KG JW 33, 708). Die Haftung betrifft insbes die Kosten der Klage auf Duldung der Zwangsvollstreckung und deren Durchführung, auch im Wege der Zwangsverwaltung (§ 1147) oder des Beitritts zu anderweit betriebenen Vollstreckungsmaßnahmen (KG JW 37, 3159) oder der Anmeldung der Forderung, aber auch einer Klage gegen den Eigentümer nach § 731 ZPO (Dresden OLGR 18, 163) oder einer Verteidigung gegen eine erfolglose Vollstreckungsabwehrklage des Eigentümers nach § 767 ZPO (Königsberg SeuffArch 62, 73).

4 **III. Nicht erfasste Aufwendungen.** Nicht unter § 1118 fallen die Kosten der Klage gegen den persönlichen Schuldner aus der Forderung (RGZ 90, 171), auf Durchführung von Maßnahmen nach § 1134 II (RGZ 72, 332; str), für die Eintragung der Hypothek (außer im Fall des § 867 I 3 ZPO), für verauslagte Brandversicherungsprämien, für die Verteidigung gegen eine Drittwiderspruchsklage nach § 771 ZPO (Rostock OLGR 25, 247; str) oder gar für den Erwerb des Grundstücks durch Abgabe von Geboten in der Zwangsversteigerung (KG JW 34, 777). In allen diesen Fällen handelt es sich zwar um Maßnahmen zur Sicherung und/oder Befriedigung des Gläubigers, jedoch nicht „aus dem Grundstück".

5 **C. Grundschuld, Rentenschuld.** § 1118 ist auf Grundschuld und Rentenschuld entspr anwendbar (§ 1192 I), jedoch kommen hier Zinsen wegen des Verzugs mit der gesicherten Forderung nicht in Betracht.

§ 1119 Erweiterung der Haftung für Zinsen

(1) Ist die Forderung unverzinslich oder ist der Zinssatz niedriger als fünf vom Hundert, so kann die Hypothek ohne Zustimmung der im Range gleich- oder nachstehenden Berechtigten dahin erweitert werden, dass das Grundstück für Zinsen bis zu fünf vom Hundert haftet.
(2) Zu einer Änderung der Zahlungszeit und des Zahlungsorts ist die Zustimmung dieser Berechtigten gleichfalls nicht erforderlich.

1 **A. Bedeutung.** Die in § 1119 genannten Änderungen sind Inhaltsänderungen der Hypothek iSd § 877. Jede Zinserhöhung und jede den Eigentümer belastende Änderung der Zahlungsbestimmungen würde deshalb der Zustimmung der gleich- und nachrangigen Berechtigten voraussetzen, um den Rang der Hypothek zu haben. Ohne diese Zustimmung könnten Zinsen nur Rang nach diesen Berechtigten erhalten (§ 879), Änderungen der

Zahlungsbestimmungen gar nicht eingetragen werden. Zur Erleichterung solcher Änderungen bestimmt § 1119 Ausnahmen von der Zustimmungspflicht in Fällen, in denen gleich- oder nachrangige Berechtigte nicht erheblich beeinträchtigt werden. Die praktische Bedeutung der Vorschrift ist heute sehr gering, da Hypotheken heute idR Schuldanerkenntnisse über sofort fällige Forderungen sichern und von Anfang an mehr als 5 % Zinsen vereinbart sind. Eine entspr Anwendung auf andere Änderungen des Inhalts einer Hypothek, die gleich- oder nachrangige Gläubiger nur unwesentlich betreffen, kommt nicht in Betracht (aA MüKo/*Eickmann* Rn 13).

B. Zinserhöhungen. Die Zustimmung anderer Gläubiger ist auch dann nicht erforderlich, wenn höhere Zinsen bis 5 % rückwirkend vereinbart werden (KGJ 37 A 295), bedingte Zinsen durch unbedingte Zinsen (bis 5 %) ersetzt werden (aA KG JFG 11, 234) und bei der Umwandlung einer Höchstbetragshypothek (§ 1190) neben dem bisherigen Höchstbetrag Zinsen von bis zu 5 % eingetragen werden sollen (aA KGJ 44, 298: nur ab Umwandlung fällige Zinsen). 2

§ 1119 ist nicht anwendbar, wenn statt oder neben Zinsen andere Nebenleistungen iSd § 1115 eingetragen werden sollen oder wenn die Zinsen über 5 % eingetragen, gleichzeitig aber die Hypothekensumme so herabgesetzt werden soll, dass sich die Zinssumme je Zinsperiode nicht erhöht (KG HRR 32, 320). 3

Zur Eintragung der Zinsänderung muss der Hypothekenbrief vorgelegt werden (§§ 41, 62 GBO). Die Zustimmung an der Hypothek Berechtigter (§ 876) ist in keinem Fall erforderlich, weil sich ihre Rechtsstellung durch die Zinserhöhung lediglich verbessert. Bei einer Gesamthypothek kann die Zinserhöhung an einem der belasteten Grundstücke ohne Zustimmung der Eigentümer der übrigen Grundstücke eingetragen werden (RGZ 145, 48). 4

C. Änderung der Zahlungsbestimmungen. Unter II fällt bspw die Vereinbarung laufender Tilgungsbeträge bei einer Hypothek, die zunächst bei Fälligkeit in einer Summe zu tilgen war (KG RJA 11, 248). 4

D. Grundschuld, Rentenschuld. § 1119 ist auf Grundschuld und Rentenschuld entspr anwendbar (§ 1192 I); bei der Rentenschuld betrifft I das Verhältnis der einzelnen Leistungen zum Ablösungsbetrag (§ 1200 I; KGJ 40, 342). 5

§ 1120 Erstreckung auf Erzeugnisse, Bestandteile und Zubehör

Die Hypothek erstreckt sich auf die von dem Grundstück getrennten Erzeugnisse und sonstigen Bestandteile, soweit sie nicht mit der Trennung nach den §§ 954 bis 957 in das Eigentum eines anderen als des Eigentümers oder des Eigenbesitzers des Grundstücks gelangt sind, sowie auf das Zubehör des Grundstücks mit Ausnahme der Zubehörstücke, welche nicht in das Eigentum des Eigentümers des Grundstücks gelangt sind.

A. Bedeutung der Vorschrift. Die Haftung des Grundstücks für die Hypothek wird durch §§ 1120, 1123–1127 auf weitere Gegenstände erweitert und durch §§ 1121, 1122 wieder eingeschränkt. Die Haftung nach § 1120 ist eine gesetzliche, sie kann daher weder durch Rechtsgeschäft erweitert (allgM) noch beschränkt werden (RGZ 125, 362; aA Staud/*Wolfsteiner* Rn 2). Das hat besondere Bedeutung bei Eigentümergrundschulden: Sachen, die nach § 1120 für eine Eigentümergrundschuld haften, unterliegen dem Zugriff eines späteren Grundschuldgläubigers auch dann, wenn sie vor der Grundschuldabtretung sicherungsübereignet (aber nicht vom Grundstück entfernt) wurden (BGH NJW 79, 2514). 1

Das Grundstück, seine (wesentlichen und unwesentlichen) ungetrennten Bestandteile und Erzeugnisse und Rechte, die mit dem Grundstück verbunden sind (zB der Erbbauzins, wenn an dem Grundstück ein Erbbaurecht besteht), haften der Hypothek ohnehin, und zwar unabhängig davon, ob sie vor oder nach Entstehung der Hypothek diesen Charakter erworben haben. Entscheidend ist die wirkliche Rechtslage; ob der Hypothekengläubiger die Gegenstände als mithaftend ansieht, spielt keine Rolle. Weder nutzt ihm guter Glaube an die Bestandteilseigenschaft (aA RGRK/*Mattern* Anm 2), wenn es sich in Wahrheit nicht um Bestandteile usw handelt, noch schadet ihm eine Fehlvorstellung. Sollten ungetrennte Bestandteile im Wege der Mobiliarvollstreckung gepfändet werden (§ 810 ZPO: Früchte auf dem Halm), kann der Hypothekengläubiger nach § 771 ZPO oder § 805 ZPO vorgehen. Ob bei Wohnungseigentum das Verwaltungsvermögen, insbes die Instandhaltungsrücklage, der Hypothekenhaftung unterliegt oder darüber gesonderte Verfügungen möglich sind, ist str (vgl KG NJW-RR 88, 844 einerseits und BayObLG FGPrax 01, 93 andererseits). 2

§ 1120 erweitert nun diese Haftung auf getrennte Bestandteile und Zubehör (umgekehrt Staud/*Wolfsteiner* Rn 20: die Vorschrift beschränke die Haftung für Bestandteile, die in das Eigentum eines anderen gelangt sind). 3

B. Haftung getrennter Bestandteile. Ohne Rücksicht auf die Eigentumsverhältnisse haften solche Bestandteile nicht, die bereits vor der Begründung der Hypothek vom Grundstück getrennt wurden (Stettin OLGR 11, 122: vor Hypothekenbestellung abgeholzte Waldbäume). Nach der Hypothekenbestellung getrennte Bestandteile haften weiter, wenn sie im Eigentum des Grundstückseigentümers verbleiben oder (nach § 955 I) in das Eigentum eines Eigenbesitzers gelangt sind. Sie werden dagegen von der Haftung frei, wenn sie in das Eigentum des dinglich (§ 955 II) oder schuldrechtlich (§§ 956, 957) Nutzungsberechtigten gelangen (Marienwerder OLGR 14, 104: gebrochene Steine). Auch in der Zwangsversteigerung oder Zwangsverwaltung bleiben die Rechte eines Pächters unberührt (§§ 21 III, 146, 148 ZVG); dafür haftet der Pachtzins für die Hypothek (§ 1123 I). Dagegen geht bei Vorrang der Hypothek vor einem Nießbrauch das Recht des Hypothe- 4 kengläubigers in der Zwangsverwaltung dem Nießbrauch vor. Die Beweislast für die Eigentumsverhältnisse trifft denjenigen, der das Erlöschen der Haftung behauptet (*Rosenberg* Beweislast, 5. Aufl 65, § 13 II 2).

5 Die Haftung getrennter Bestandteile endet unter den Voraussetzungen der §§ 1121, 1122.

6 Für getrennte land- und forstwirtschaftliche Erzeugnisse besteht die Besonderheit, dass sie zwar noch für die Hypothek haften, aber nur der Zwangsverwaltung und der Mobiliarzwangsvollstreckung unterliegen, nicht dagegen der Zwangsversteigerung des Grundstücks (§§ 21 I, 148 ZVG). Sie werden also nicht mit beschlagnahmt und können von persönlichen Gläubigern gepfändet werden (§ 865 II ZPO), soweit nicht nach § 811 Nr 4 ZPO Pfändungsschutz besteht. Andere getrennte Bestandteile unterliegen nach der Beschlagnahme dagegen nur noch der Hypothekenhaftung; der Hypothekengläubiger kann bei einer Pfändung nach §§ 771, 805 ZPO vorgehen.

7 **C. Haftung des Zubehörs. I. Eigenes und fremdes Zubehör.** Zubehör (§§ 97, 98) unterliegt der hypothekarischen Haftung, soweit es dem Grundstückseigentümer zum Zeitpunkt der Hypothekenbestellung gehört oder dieser es später erwirbt; Miteigentum des Grundstückseigentümers genügt; ggf haftet der Miteigentumsanteil (vgl auch RGZ 132, 321 und Naumbg OLGR 20, 413). Fremdes Zubehör, auch solches im Eigentum des Eigenbesitzers, haftet nicht. Davon bestehen aber praktisch wichtige Ausnahmen: Zubehör, bei dem es sich zugleich um abgetrennte Bestandteile handelt (zB aufgezogenes Vieh als Zubehör eines landwirtschaftlichen Grundstücks, § 98 Nr 2), haftet nach den Regeln Rn 4–6. Fremdes Zubehör, dessen Eigentümer sein Recht nicht geltend macht, wird in der Zwangsversteigerung wegen der Vermutung des § 1006 mitversteigert (§§ 37 Nr 5, 55 II ZVG). Die Beweislast für die Eigentumsverhältnisse trifft denjenigen, der das Erlöschen der Haftung behauptet (Colmar OLGR 6, 270). Ob ein Gegenstand vor oder nach der Eintragung der Hypothek Zubehör geworden ist, spielt für die Haftung keine Rolle; allerdings geht ein Vermieterpfandrecht des Nießbrauchers, von dem der Eigentümer gemietet hat, im Rang vor, wenn es vor der Haftung für die Hypothek entstanden ist (BGH BB 57, 94; Hamm OLGR 27, 153).

8 **II. Anwartschaftsrecht.** Hat der Grundstückseigentümer ein Zubehörstück unter Eigentumsvorbehalt erworben, dann haftet es mangels Eigentums des Grundstückseigentümers nicht für die Hypothek, es haftet jedoch das Anwartschaftsrecht (BGH MDR 61, 680 m Anm *Reinicke*); mit der Entstehung des Vollrechts haftet die Sache für die Hypothek, mit dem Erlöschen des Anwartschaftsrechts wird das hypothekarische Recht gegenstandslos. Wird die Sache vom Grundstückseigentümer sicherungsübereignet, verbleibt aber auf dem Grundstück, haftet sie weiter. In der Zwangsversteigerung erlischt das Vorbehaltseigentum jedoch mit dem Zuschlag (§§ 37 Nr 5, 55 II ZVG; aA *Graba/Teufel* Rpfleger 79, 401). Wird die Sache für den Vorbehaltsverkäufer zwangsweise verwertet, so unterliegt der Übererlös der hypothekarischen Haftung (aA Bambg JZ 64, 518 m abl Anm *Grunsky*).

9 **III. Erlöschen der Haftung.** Die Haftung von Zubehörstücken endet durch Veräußerung iRd § 1121; beim Anwartschaftsrecht tritt dessen Übertragung an die Stelle der Veräußerung. Zu der Frage, ob die Aufhebung des Anwartschaftsrechts der Zustimmung des Hypothekengläubigers bedarf oder ebenso wie eine Übertragung zu behandeln ist, s § 1276 Rn 5. Die Haftung endet ferner durch Aufhebung der Zubehöreigenschaft (§ 1122 II).

10 **D. Grundschuld, Rentenschuld.** § 1120 ist auf Grundschuld und Rentenschuld entspr anwendbar (§ 1192 I).

§ 1121 Enthaftung durch Veräußerung und Entfernung

(1) Erzeugnisse und sonstige Bestandteile des Grundstücks sowie Zubehörstücke werden von der Haftung frei, wenn sie veräußert und von dem Grundstück entfernt werden, bevor sie zugunsten des Gläubigers in Beschlag genommen worden sind.

(2) Erfolgt die Veräußerung vor der Entfernung, so kann sich der Erwerber dem Gläubiger gegenüber nicht darauf berufen, dass er in Ansehung der Hypothek in gutem Glauben gewesen sei. Entfernt der Erwerber die Sache von dem Grundstück, so ist eine vor der Entfernung erfolgte Beschlagnahme ihm gegenüber nur wirksam, wenn er bei der Entfernung in Ansehung der Beschlagnahme in gutem Glauben nicht in gutem Glauben ist.

1 **A. Regelungsumfang der Vorschrift.** § 1121 regelt den Interessenwiderstreit zwischen dem Erwerber von Gegenständen, die für die Hypothek haften, und dem Hypothekengläubiger. Ohne Veräußerung kann die hypothekarische Haftung unter den Voraussetzungen des § 1122 erlöschen. § 1121 betrifft nur das dingliche Recht; sie schließt Schadensersatzansprüche des Hypothekengläubigers gegen den Erwerber solcher Gegenstände nach §§ 823 ff nicht aus (BGH NJW 91, 695), ebenso wenig die Anfechtung der Veräußerung solcher Gegenstände durch den Hypothekengläubiger nach dem AnfG (Wolff/*Raiser* § 135 II Fn 912). Sie hindert auch nicht die Verpflichtung des Insolvenzverwalters, den Erlös einer nach § 1121 zum Erlöschen der Haftung führenden Veräußerung an den Gläubiger herauszugeben, wenn Zubehör entgegen den Regeln einer ordnungsgemäßen Wirtschaft vom Grundstück entfernt wurde (BGH NJW 73, 1701).

2 **B. Veräußerung und Entfernung vor Beschlagnahme.** Sind sowohl Veräußerung als auch Entfernung vor Beschlagnahme erfolgt, dann erlischt die hypothekarische Haftung (I). Unter **Veräußerung** ist dabei die Übertra-

gung des Eigentums an den mithaftenden Sachen zu verstehen; der Abschluss eines schuldrechtlichen Vertrags, insbes eines Kaufvertrags ist nicht ausreichend (RG Warn 16, 282). Entspr Anwendung ist geboten, wenn der Eigentümer das Grundstück ohne die mithaftenden Sachen veräußert (Staud/*Wolfsteiner* Rn 11). **Entfernung** ist ein rein tatsächlicher Vorgang, nämlich das Wegschaffen der Gegenstände. Keine Entfernung ist das Wegschaffen zu einem nur vorübergehenden Zweck, auch wenn das in § 1121 (anders als in § 1122 I letzter Hs) nicht ausdrücklich gesagt wird. Ob der Erwerber Besitzer wird, ist unerheblich, so dass keine Entfernung vorliegt, wenn der Eigentümer Sachen an den Pächter veräußert, der sie auf dem Grundstück belässt (LG Freiburg ZIP 82, 1368). Ob die Entfernung im Zusammenhang mit der Veräußerung stehen muss (so BGH NJW 73, 997), ist str und zweifelhaft. **Beschlagnahme** ist vor allem die Anordnung der Zwangsversteigerung oder Zwangsverwaltung (§§ 20, 21, 146, 148 ZVG) des Grundstücks, aber auch die Pfändung der mithaftenden Sachen in der Mobiliarzwangsvollstreckung, sofern sie wegen des dinglichen Anspruchs des Gläubigers durchgeführt wird.

Weitere Voraussetzungen bestehen nicht. Sind die Voraussetzungen des I erfüllt, erlischt die Haftung auch dann, wenn Veräußerung und Entfernung nicht iRd ordnungsmäßen Wirtschaft erfolgten (Naumbg Seuff-Arch 59, 82) und der Erwerber von der Hypothek wusste (Braunschw OLGR 26, 151). 3

C. Veräußerung und/oder Entfernung nach Beschlagnahme. Liegen die Voraussetzungen des I nicht vor, 4
kann ein Erwerber nur kraft guten Glaubens erwerben, da die Beschlagnahme ein Veräußerungsverbot zur Folge hat (§ 23 I ZVG), das aber durch guten Glauben überwunden werden kann (§ 135 II). Maßgeblich sind – da es sich um den Erwerb beweglicher Sachen handelt – die §§ 932 II, 936 II, nicht §§ 892, 893. Entscheidend ist jeweils die nicht grob fahrlässige Unkenntnis von der erfolgten Beschlagnahme. Ob der Erwerber von der Eintragung der Hypothek wusste, ist ohne Bedeutung, da ein gutgläubiger Erwerb der Lastenfreiheit nach § 936 allein wegen der Veräußerung durch II 1 ausgeschlossen wird, bei einer Veräußerung nach Entfernung die Haftung aber unabhängig davon erlischt, ob der Erwerber von der Hypothek weiß. II 1 schließt aber den gutgläubigen Erwerb der Lastenfreiheit nur aus, wenn die Hypothek im Grundbuch eingetragen ist; ist die Übertragung der Hypothek bei einer Grundbuchumschreibung vergessen worden oder wurde sie versehentlich gelöscht, ist nach der allgemeinen Regel des § 936 gutgläubiger Erwerb der Lastenfreiheit möglich (*Plander* JuS 75, 345, 350). Denkbar ist auch guter Glaube daran, dass die Sache nicht zu den Gegenständen gehört, die für die Hypothek haften (aA MüKo/*Eickmann* Rn 33). Ohne Bedeutung ist, ob nur die Veräußerung oder nur die Entfernung oder beide Ereignisse nach der Beschlagnahme erfolgt sind. Hinsichtlich der Reihenfolge sind jedoch zwei Fälle zu unterscheiden:

I. Entfernung vor der Veräußerung. Wird die bereits entfernte Sache veräußert, ist guter Glaube hinsicht- 5
lich der Beschlagnahme noch zum Zeitpunkt der Veräußerung erforderlich. Dieser ist ausgeschlossen, wenn der Erwerber Kenntnis vom Versteigerungsantrag hatte oder der Zwangsversteigerungsantrag im Grundbuch eingetragen war (§§ 23 II, 146 I ZVG; vgl *Plander* JuS 75, 345, 350).

II. Entfernung nach der Veräußerung. Da bei der noch auf dem Grundstück erfolgenden Veräußerung die 6
Haftung durch die Veräußerung ohne Kenntnis des Erwerbers von der Hypothek allein nicht aufgehoben wird (II 1), andererseits für die Entfernung als rein tatsächliche Handlung § 135 II nicht gilt, ordnet II 2 ausdrücklich an, dass es in diesem Fall auf den guten Glauben des Erwerbers zum Zeitpunkt der Entfernung ankommt; wer die Sache auf dem Grundstück belässt, verdient nach Auffassung des Gesetzgebers keinen Schutz.

D. Grundschuld, Rentenschuld. § 1121 ist auf Grundschuld und Rentenschuld entspr anwendbar (§ 1192 I). 7

§ 1122 Enthaftung ohne Veräußerung

(1) Sind die Erzeugnisse oder Bestandteile innerhalb der Grenzen einer ordnungsmäßigen Wirtschaft von dem Grundstück getrennt worden, so erlischt ihre Haftung auch ohne Veräußerung, wenn sie vor der Beschlagnahme von dem Grundstück entfernt werden, es sei denn, dass die Entfernung zu einem vorübergehenden Zwecke erfolgt.
(2) Zubehörstücke werden ohne Veräußerung von der Haftung frei, wenn die Zubehöreigenschaft innerhalb der Grenzen einer ordnungsmäßigen Wirtschaft vor der Beschlagnahme aufgehoben wird.

A. Bedeutung der Vorschrift. § 1122 lässt Bestandteile, Erzeugnisse und Zubehörstücke unter bestimmten 1
Voraussetzungen auch dann aus der Haftung für die Hypothek ausscheiden, wenn die Voraussetzungen des § 1121 nicht gegeben sind. Maßgebend sind hier nicht Gesichtspunkte des Verkehrsschutzes, sondern das Entfallen der die hypothekarische Haftung rechtfertigenden Gründe. Eine Erweiterung oder Beschränkung der Haftung ist mit dinglicher Wirkung nicht möglich (RGZ 125, 362).

B. Getrennte Erzeugnisse oder Bestandteile. Erzeugnisse und Bestandteile, die veräußert und entfernt wor- 2
den sind, werden bereits nach § 1121 I von der Haftung frei. Während aber eine Veräußerung ohne Entfernung in keinem Fall genügt, führt eine Entfernung ohne Veräußerung nach § 1122 I zur Freiheit von der Haftung, wenn – was bei § 1121 I nicht nötig ist (§ 1121 Rn 3) – die Trennung (nicht notwendigerweise die

Entfernung, RGZ 143, 249) iRd ordnungsmäßigen Wirtschaft erfolgt, also die Bewirtschaftung des Grundstücks fortgesetzt wird. Keine ordnungsgemäße Wirtschaft ist die Aufgabe der Bewirtschaftung des Grundstücks oder die Stilllegung des Betriebs (BGH NJW 96, 835), selbst wenn diese wirtschaftlich notwendig ist (Kiel SchlHA 14, 120). Dass ein Wegschaffen zu einem nur vorübergehenden Zweck keine „Entfernung" ist, wird in § 1122 (anders als in § 1121, dort Rn 2) ausdrücklich gesagt; beweisen muss den Umstand der vorübergehenden Entfernung der Hypothekengläubiger.

3   **C. Ehemaliges Zubehör.** Andere Anforderungen stellt § 1122 II an Zubehörstücke, deren Zubehöreigenschaft aufgehoben wurde, bspw durch Aussonderung technisch überholten Geräts (vgl etwa *Reischl* AgrarR 97, 277) oder durch Änderung der Bewirtschaftungsart, durch die bisherige Zubehörstücke überflüssig werden. Eine Veräußerung, die die Zweckbestimmung der Zubehörstücke nicht verändert (zB Sicherungsübereignung), hebt die Zubehöreigenschaft nicht auf (BGH NJW 79, 2514; aA Marienwerder OLGR 8, 471). Eine Entfernung vom Grundstück ist nicht Voraussetzung für das Erlöschen der Haftung; allerdings muss sich die Aufhebung der Zubehöreigenschaft innerhalb der Grenzen einer ordnungsmäßigen Wirtschaft halten. Das ist jedenfalls dann der Fall, wenn für das ausgeschiedene Stück Ersatz angeschafft wurde, wobei es nicht darauf ankommt, ob der Hypothekengläubiger auf das Ersatzstück Zugriff nehmen kann (zB Erwerb des neuen Zubehörstücks unter Eigentumsvorbehalt oder durch Finanzierungsleasing; *Reischl* AgrarR 97, 277), nicht dagegen, wenn der Betrieb stillgelegt wird (BGH NJW 96, 835).

4   **D. Grundschuld, Rentenschuld.** § 1122 ist auf Grundschuld und Rentenschuld entspr anwendbar (§ 1192 I).

§ 1123 Erstreckung auf Miet- oder Pachtforderung

(1) Ist das Grundstück vermietet oder verpachtet, so erstreckt sich die Hypothek auf die Miet- oder Pachtforderung.
(2) ¹Soweit die Forderung fällig ist, wird sie mit dem Ablauf eines Jahres nach dem Eintritt der Fälligkeit von der Haftung frei, wenn nicht vorher die Beschlagnahme zugunsten des Hypothekengläubigers erfolgt. ²Ist die Miete oder Pacht im Voraus zu entrichten, so erstreckt sich die Befreiung nicht auf die Miete oder Pacht für eine spätere Zeit als den zur Zeit der Beschlagnahme laufenden Kalendermonat erfolgt die Beschlagnahme nach dem 15. Tage des Monats, so erstreckt sich die Befreiung auch auf den Miet- oder Pachtzins für den folgenden Kalendermonat.

1   **A. Bedeutung der Vorschrift.** Die Haftung der Miet- und Pachtzinsen für die Hypothek rechtfertigt sich daraus, dass die Rechte der Mieter und Pächter durch die Beschlagnahme unberührt bleiben; deshalb soll dem Hypothekengläubiger auch der Gegenwert der Nutzung zufließen. § 1122 bestimmt eine gesetzliche Haftung, die durch Vertrag mit dem Hypothekengläubiger weder beschränkt noch ausgeschlossen werden kann (aA Staud/*Wolfsteiner* Rn 2).

2   **B. Umfang der Haftung.** Die Haftung beginnt mit der Eintragung der Hypothek (Köln ZIP 96, 828) und umfasst nicht nur die Forderungen, die auf die Zeit seit der Eintragung entfallen, sondern auch auf rückständige Beträge aus der Zeit vorher und auch Forderungen aus Mietverträgen, die nach der Eintragung der Hypothek abgeschlossen wurden (Karlsr NJW-RR 98, 1569). Allerdings muss sie der Hypothekengläubiger durch Beschlagnahme geltend machen; andernfalls können die Forderungen nach §§ 1123 II, 1124 von der Haftung frei werden, wenn der Eigentümer in den durch §§ 1123 II, 1124 II gezogenen Grenzen darüber verfügt. Ohne Bedeutung ist, ob der Eigentümer, der Nießbraucher oder ein anderer vermietet hat; der Anspruch des Hypothekengläubigers auf die Miete wird allerdings durch einen der Hypothek im Rang vorgehenden Nießbrauch ausgeschlossen (Kiel OLGR 15, 366).

3   Die Einleitung der Zwangsversteigerung bewirkt keine Aufhebung eines Miet- oder Pachtverhältnisses und auch keine **Beschlagnahme** der Miet- oder Pachtzinsforderungen (§ 21 II ZVG); hierfür ist Zwangsverwaltung erforderlich; die Beschlagnahme wird hier dem Schuldner der Mietzinsforderungen ggü erst mit Kenntnis oder Zustellung des Zahlungsverbots wirksam (§ 22 II ZVG). Die Beschlagnahme kann auch durch Forderungspfändung wegen des dinglichen Anspruchs erfolgen (RGZ 103, 137, 139; BGH BGHR 05, 1229; Saarbr Rpfleger 93, 80); die Pfändung ist aber – ohne Rücksicht auf den Rang der Rechte – ggü einem anderen Hypothekengläubiger, der die Zwangsverwaltung einleitet, in dem in § 1124 II bestimmten Umfang unwirksam. Auch in der Insolvenz des Grundstückseigentümers kann der Hypothekengläubiger die Mietzinsforderungen pfänden, da § 89 InsO sich nicht auf Absonderungsberechtigte nach § 49 InsO bezieht (Brandbg ZflR 99, 700). Vom Zuschlag in der Zwangsversteigerung an stehen die Mietzinsforderungen dem Ersteher zu (§ 56 ZVG); gegebenenfalls sind sie zwischen dem Ersteher und den ausgefallenen Hypothekengläubigern zeitanteilig zu verteilen (RGZ 86, 365).

4   Stets haften nur Mietzinsforderungen (samt Nebenrechten, insbes einer Mietkaution). Ist die Forderung beglichen worden, haftet die gezahlte Geldsumme auch dann nicht mehr, wenn sie noch unvermischt mit anderen Geldern beim Vermieter vorhanden sein sollte. Ebenso wenig kann § 1123 I auf laufende Entgelte

entspr angewendet werden, die der Inhaber eines dinglichen Rechts (insbes Nießbrauch, Wohnungsrecht) für die Ausübung des Rechts vertragsgemäß zu zahlen hat (München Rpfleger 91, 331 m abl Anm *Puff*) und auch nicht auf an den Mieter zu zahlende Untermietzinsen (Bambg OLGR 05, 215; LG Bonn ZIP 81, 730; aA Staud/*Wolfsteiner* Rn 8). Dagegen spielt es keine Rolle, in welcher Form die Miete beglichen wird (vgl etwa BGH NJW 00, 2987: Mietvorauszahlung, die als Kaufpreisnachlass bezeichnet ist).

C. Zeitliche Grenzen der Haftung. Mietzinsforderungen, die zum Zeitpunkt der Beschlagnahme noch nicht erfüllt und weniger als ein Jahr rückständig sind, unterliegen der vorstehend beschriebenen hypothekarischen Haftung. Zahlt der Mieter nach dem nach § 22 II ZVG maßgeblichen Zeitpunkt an den Eigentümer, so kann der Hypothekengläubiger nochmals Zahlung verlangen. Zahlt der Mieter rückständige Miete aus der Zeit vor der Beschlagnahme an den Hypothekengläubiger, so kann der Eigentümer nicht nochmals Zahlung an sich unter dem Gesichtspunkt des Verzugsschadens verlangen (BGH WM 68, 947). Ist eine Mietzinsforderung jedoch ein Jahr nach der Fälligkeit noch nicht erfüllt (sonst § 1124 I 1), wird er von einer nachfolgenden Beschlagnahme grds nicht erfasst (§ 1123 II 1). § 1123 II 2 befasst sich mit dem praktisch sehr seltenen Fall eines mehr als ein Jahr rückständigen, für mehr als ein Jahr vorauszuzahlenden Mietzinses. Er wird nur bis zum Monat der Beschlagnahme bzw bis zum Folgemonat von der Haftung frei, unterliegt aber im Übrigen trotz der mehr als ein Jahr zurückliegenden Fälligkeit der hypothekarischen Haftung. 5

D. Grundschuld, Rentenschuld. § 1123 ist auf Grundschuld und Rentenschuld entspr anwendbar (§ 1192 I). 6

§ 1124 Vorausverfügung über Miete oder Pacht

(1) ¹Wird die Miete oder Pacht eingezogen, bevor sie zugunsten des Hypothekengläubigers in Beschlag genommen worden ist, oder wird vor der Beschlagnahme in anderer Weise über sie verfügt, so ist die Verfügung dem Hypothekengläubiger gegenüber wirksam. ²Besteht die Verfügung in der Übertragung der Forderung auf einen Dritten, so erlischt die Haftung der Forderung; erlangt ein Dritter ein Recht an der Forderung, so geht er der Hypothek im Range vor.
(2) Die Verfügung ist dem Hypothekengläubiger gegenüber unwirksam, soweit sie sich auf die Miete oder Pacht für eine spätere Zeit als den zur Zeit der Beschlagnahme laufenden Kalendermonat bezieht; erfolgt die Beschlagnahme nach dem fünfzehnten Tage des Monats, so ist die Verfügung jedoch insoweit wirksam, als sie sich auf die Miete oder Pacht für den folgenden Kalendermonat bezieht.
(3) Der Übertragung der Forderung auf einen Dritten steht es gleich, wenn das Grundstück ohne die Forderung veräußert wird.

A. Verhältnis zu § 1123. § 1124 enthält eine Ausnahme zu § 1123: Obwohl sich die Hypothek auch auf den Miet- oder Pachtzins erstreckt, kann der Eigentümer darüber unter den in § 1124 genannten Voraussetzungen wirksam verfügen; der Hypothekengläubiger kann nicht etwa auf ein Surrogat, insbes nicht auf den zur Tilgung bezahlten Geldbetrag zugreifen (s auch § 1123 Rn 4). 1

Grundvoraussetzung ist dabei eine Verfügung vor der Beschlagnahme (§ 1124 I); wird nach Beschlagnahme verfügt, insbes vom Mieter an den Eigentümer gezahlt, ist diese Verfügung wirkungslos (§§ 135, 136 BGB); der Mieter muss nochmals an den Hypothekengläubiger zahlen, es sei denn, dass die Beschlagnahme ihm ggü noch unwirksam ist (§ 22 II ZVG; § 1123 Rn 3); letzterenfalls bestehen nur Bereicherungs- oder Schadensersatzansprüche des Hypothekengläubigers gegen den Verfügenden. 2

Auch eine Verfügung vor Beschlagnahme ist allerdings unwirksam, wenn sie sich auf die Zeit nach der Beschlagnahme bezieht, wobei § 1124 II einen Interessenausgleich zwischen dem Schutz des Gläubigers und dem Schutz des Mieters bezweckt. IdR behält der Eigentümer das Grundstück und verfügt über die Mietzinsforderung; § 1124 III stellt klar, dass im umgekehrten Fall (Behalten der Mietzinsforderung und Behalten des Grundstücks) angesichts der gleichen Interessenlage nichts anderes gelten kann. 3

B. Wirksame Verfügungen. *Einziehung* iSd § 1124 I ist nicht nur die Erfüllung des Anspruchs durch Zahlung des Mietzinses (auch bei Zahlung an den Insolvenzverwalter), sondern auch jede Handlung des Mieters, die zum Erlöschen der Forderung führt, insbes die Hinterlegung (str für den Fall der Hinterlegung mit Verzicht auf das Rücknahmerecht, vgl Staud/*Wolfsteiner* Rn 4). *Anderweitige Verfügungen* sind Übertragung und Belastung der Forderung durch den Vermieter, aber auch die Stundung (BGH NJW 99, 577; NJW-RR 00, 925), nicht aber die Aufgabe von Sicherungsrechten (RGZ 151, 380), ebenso wenig die Beendigung des Mietverhältnisses (durch Aufhebungsvertrag ebenso wie durch Kündigung) und auch nicht die Einräumung eines Nießbrauchs, weil die Person des Vermieters für die hypothekarische Haftung ohne Bedeutung ist (§ 1123 Rn 2). Im letzteren Fall ist aber ein Titel gegen den Nießbraucher auf Duldung der Zwangsvollstreckung erforderlich (LG Krefeld Rpfleger 88, 325; für den der Hypothek nachrangigen Nießbrauch str; vgl Staud/*Wolfsteiner* Rn 12). Die Verfügung kann sowohl rechtsgeschäftlich als auch durch Zwangsvollstreckungsmaßnahmen gegen den Vermieter erfolgen (RGZ 103, 140). 4

5 Die Folgen einer wirksamen Verfügung ergeben sich aus § 1124 I 2: Bei Übertragung auf einen Dritten endet die Haftung, beim Erwerb eines Rechts durch den Dritten (auch durch Pfändung, Posen OLGR 8, 208) ist dieser zuerst zu befriedigen.

6 **C. Unwirksame Verfügungen.** Verfügungen für die Zeit nach der Beschlagnahme erklärt § 1124 II zum Schutz des Hypothekengläubigers vor für ihn nachteiligen Vereinbarungen – nicht notwendig „schädlichen Machenschaften" (so aber Staud/*Wolfsteiner* Rn 17) – grds für unwirksam. Der Mieter wird aber in jedem Fall davor geschützt, für den laufenden Monat doppelt zahlen zu müssen, bei einer Beschlagnahme in der zweiten Monatshälfte im Hinblick auf übliche Zahlungsgebräuche auch für den folgenden Monat; diese Verfügungen sind wirksam.

7 Die Unwirksamkeit besteht nur im Verhältnis zum Hypothekengläubiger (relative Unwirksamkeit); anders als im Fall Rn 2 aE bestehen deshalb keine Bereicherungsansprüche gegen einen Dritten, an den im Voraus gezahlt wurde.

8 Sehr umstritten ist seit langem, ob auch Vorauszahlungen unwirksam sind, die in Übereinstimmung mit dem abgeschlossenen Mietvertrag erfolgten, insbes Abreden über einen Baukostenzuschuss mit der Maßgabe, dass keine oder eine niedrigere Miete zu zahlen ist, bis dieser „abgewohnt" ist. Teilweise wird danach differenziert, ob die Miete für die ganze Vertragsdauer in einem im Voraus fälligen Betrag zu zahlen ist oder ob die nach Zeitabschnitten bemessene Miete vertragsgemäß ganz oder teilweise im Voraus zu zahlen ist. Die Frage ist jedoch unabhängig von der Ausgestaltung der Vereinbarung im Einzelnen zu verneinen (so bereits RGZ 144, 194; jetzt BGH NJW 98, 595 für § 566 c; KG ZMR 04, 257; aA Rostock ZfIR 00, 655; LG Hamburg Rpfleger 95, 124): Es handelt sich bei Vorauszahlungsabreden im Mietvertrag nicht um „Verfügungen" über den Mietzins; vielmehr entsteht der Anspruch bereits in der vereinbarten Form. Auch spätere Abänderungen des Mietvertrags können nicht anders beurteilt werden (insoweit aA BGH NJW 98, 595); eine „Verfügung" liegt nur dann vor, wenn die Abänderung nach Eintragung der Hypothek erfolgt ist. Die Frage hat dadurch Bedeutung verloren, dass Baukostenzuschüsse des Mieters heute kaum noch üblich sind.

9 **D. Konkurrenz von Verfügung und Rang.** Zweifelhaft und umstritten ist, ob die Verfügung auch dann von Bedeutung ist, wenn ein rangschlechterer Hypothekengläubiger damit auf einen Mietzins zugreifen will, der einem rangbesseren Berechtigten zusteht, insbes, ob die Abtretung von Mietzins an einen rangbesseren Hypothekar für die Zeit nach der Beschlagnahme durch einen rangschlechteren Hypothekar wirksam ist (bejahend: Hburg OLGR 18, 165, 168; KG KGR 04, 514; verneinend: BGH BGHR 05, 1229; Frankf OLGR 18, 169, 171), und ob ein der Hypothek im Rang vorgehender Nießbraucher auch nach Beschlagnahme den Anspruch auf den Mietzins behält (bejahend: Kiel OLGR 15, 166). Zweifelsfrei dürfte sein, dass bei Pfändungen des Mietzinses durch mehrere Hypothekengläubiger der Zeitpunkt der Pfändung, nicht der Rang der Hypotheken ausschlaggebend ist, solange es nicht um die durch § 1124 II geregelte Zeit geht.

10 **E. Grundschuld, Rentenschuld.** § 1124 ist auf Grundschuld und Rentenschuld entspr anwendbar (§ 1192 I).

§ 1125 Aufrechnung gegen Miete oder Pacht

Soweit die Einziehung der Miete oder Pacht dem Hypothekengläubiger gegenüber unwirksam ist, kann der Mieter oder der Pächter nicht eine ihm gegen den Vermieter oder den Verpächter zustehende Forderung gegen den Hypothekengläubiger aufrechnen.

1 Auch gegen eine beschlagnahmte Forderung kann aufgerechnet werden, soweit § 392 diese Aufrechnung nicht ausschließt. § 1125 beschränkt das Aufrechnungsrecht des Mieters oder Pächters darüber hinaus, um dessen Rechte mit den Regeln des § 1124 zu harmonisieren: Der Hypothekengläubiger ist einer Aufrechnung mit einer Gegenforderung gegen den Vermieter nur dann ausgesetzt, wenn er auch die Einziehung der Miete hinnehmen müsste; gegen eine Mietforderung für einen späteren als den sich aus § 1124 II ergebenden Monat kann also nicht aufgerechnet werden.

2 Für die Wirksamkeit der Einziehung gilt – insbes für die Maßgeblichkeit des Zeitpunkts der Kenntniserlangung des Mieters von der Beschlagnahme – dasselbe wie bei §§ 1123, 1124 (§ 1123 Rn 3).

3 Da § 1125 einen Gleichlauf von Einziehungs- und Aufrechnungsverbot bezweckt, ist die Vorschrift nicht anwendbar, wenn die Aufrechnung einer vor Eintragung der Hypothek im Mietvertrag getroffenen Vereinbarung zwischen Vermieter und Mieter entspricht (wie § 1124 Rn 8; Karlsr JW 30, 2986; aA Stuttg JW 30, 2989 und hM).

4 § 1125 ist auf Grundschuld und Rentenschuld entspr anwendbar (§ 1192 I).

§ 1126 Erstreckung auf wiederkehrende Leistungen

¹Ist mit dem Eigentum an dem Grundstück ein Recht auf wiederkehrende Leistungen verbunden, so erstreckt sich die Hypothek auf die Ansprüche auf diese Leistungen. ²Die Vorschriften des § 1123 Abs. 2 Satz 1, des § 1124 Abs. 1, 3 und des § 1125 finden entsprechende Anwendung. ³Eine vor der Beschlagnahme erfolgte Verfügung über den Anspruch auf eine Leistung, die erst drei Monate nach der Beschlagnahme fällig wird, ist dem Hypothekengläubiger gegenüber unwirksam.

Rechte auf wiederkehrende Leistungen sind nach § 96 Grundstücksbestandteile; daher haften Ansprüche, die sich aus ihnen ergeben, für die Hypothek, und zwar ohne Rücksicht auf den Zeitpunkt, zu dem sie Grundstücksbestandteil wurden (§ 1120 Rn 2). § 1126 regelt das Erlöschen dieser Haftung in Anlehnung an die Vorschriften für Miet- und Pachtzinsforderungen.

Im Unterschied zu Miet- und Pachtzinsforderungen werden aber Beträge, die mehr als ein Jahr rückständig sind, stets von der Haftung frei (keine Verweisung auf § 1123 II 2) und anstelle der Regelung des § 1124 II ist in § 1126 S 3 ein fester Zeitpunkt bestimmt.

§ 1126 ist auf Grundschuld und Rentenschuld entspr anwendbar (§ 1192 I).

§ 1127 Erstreckung auf die Versicherungsforderung

(1) Sind Gegenstände, die der Hypothek unterliegen, für den Eigentümer oder den Eigenbesitzer des Grundstücks unter Versicherung gebracht, so erstreckt sich die Hypothek auf die Forderung gegen den Versicherer.
(2) Die Haftung der Forderung gegen den Versicherer erlischt, wenn der versicherte Gegenstand wiederhergestellt oder Ersatz für ihn beschafft ist.

A. Voraussetzungen der Haftung. § 1127 ermöglicht dem Hypothekengläubiger den Zugriff auf eine Versicherungsforderung, begründet aber keine Verpflichtung des Eigentümers zur Versicherung; eine frühere landesrechtliche Bestimmung in Hessen, wonach Hypotheken an bebauten Grundstücken nur nach Vorlage einer Brandversicherungsurkunde eingetragen werden konnten (vgl dazu Frankf OLGZ 81, 34) ist seit 93 abgeschafft. Weitere Vorbehalte für das Landesrecht in Art 75, 100, 120 EGBGB haben keine Bedeutung mehr. § 1127 begründet auch keine Pflichten des Versicherers ggü dem Hypothekengläubiger im Fall eines Erlöschens des Versicherungsschutzes; bestand nie eine wirksame Versicherung oder ist der Versicherungsschutz bei Eintritt des Versicherungsfalls erloschen, besteht keine Forderung, auf die sich die Hypothek erstrecken könnte.

§ 1127 bezieht sich nur auf Versicherungsforderungen. Eine entspr Anwendung auf andere Ersatzansprüche, die dem Eigentümer hinsichtlich der hypothekarisch belasteten Gegenstände zustehen, kommt nicht in Betracht (BGH NJW 89, 212, auch nicht auf einen Schadensersatzanspruch gegen den Versicherer wegen Verschuldens bei Vertragsschluss (BGH 9.11.05 – IVZR 224/03). Wann der Versicherungsvertrag abgeschlossen wurde, spielt keine Rolle; der Schaden muss nach Eintragung der Hypothek entstanden sein (BGH NJW-RR 97, 406), und zwar zu einem Zeitpunkt, zu dem die Haftung des Gegenstands für die Hypothek noch nicht nach §§ 1120 ff erloschen war. Ist diese Voraussetzung erfüllt, haften alle Forderungen gegen die Versicherung bis zur Höhe der durch die Hypothek gesicherten Forderung; die Haftung ist nicht auf die Höhe des konkreten Schadens beschränkt. Eine Beschränkung oder Erweiterung der Haftung ist mit dinglicher Wirkung nicht möglich.

Der Eigentümer oder Eigenbesitzer des belasteten Grundstücks muss Gläubiger der Versicherung sein, weil sich die Hypothek nicht auf Rechte Dritter erstrecken kann. Es genügt aber, wenn er Versicherter nach §§ 74 ff VVG ist; Versicherungsnehmer braucht er nicht zu sein (Hamm NJW-RR 03, 1612).

B. Erlöschen der Haftung. Der Hypothekengläubiger hat nur Anspruch auf Wiederherstellung seiner ursprünglichen Sicherheit. Deshalb erlischt die Haftung, wenn diese erfolgt ist; umgekehrt hat der Hypothekengläubiger keinen gesetzlichen Anspruch auf Wiederherstellung, wohl aber idR nach den vertraglichen Bestimmungen. Nach dem Zweck des § 1127 beurteilt sich auch, wann **Wiederherstellung** anzunehmen ist: Es genügt eine teilweise Herstellung, wenn diese eine gleichwertige Sicherheit bietet (RG Warn. 09, 144); die Wiederherstellung eines zerstörten Gebäudes braucht nicht an derselben Stelle des belasteten Grundstücks zu erfolgen (Königsberg OLGR 31, 345); erreicht der Wert der Wiederherstellung die frühere Sicherheit nicht, so erlischt die Haftung der Versicherungsforderung anteilig (RGZ 78, 23).

Teleologische Reduktion des § 1127 ist geboten, wenn die Wiederherstellung erfolgt ist, aber das Grundstück versteigert wurde, ohne dass der Hypothekengläubiger befriedigt worden wäre. In diesem Fall bleibt die Haftung der Versicherungsforderung bestehen (RGZ 102, 350).

C. Grundschuld, Rentenschuld. § 1127 ist auf Grundschuld und Rentenschuld entspr anwendbar (§ 1192 I). Bei der Grundschuld haftet dem Gläubiger die Versicherungssumme bis zur Höhe des Grundschuldbetrags (RGZ 124, 91).

§ 1128 Gebäudeversicherung

(1) ¹Ist ein Gebäude versichert, so kann der Versicherer die Versicherungssumme mit Wirkung gegen den Hypothekengläubiger an den Versicherten erst zahlen, wenn er oder der Versicherte den Eintritt des Schadens dem Hypothekengläubiger angezeigt hat und seit dem Empfang der Anzeige ein Monat verstrichen ist. ²Der Hypothekengläubiger kann bis zum Ablauf der Frist dem Versicherer gegenüber der Zahlung widersprechen. ³Die Anzeige darf unterbleiben, wenn sie untunlich ist; in diesem Falle wird der Monat von dem Zeitpunkt an berechnet, in welchem die Versicherungssumme fällig wird.

(2) Hat der Hypothekengläubiger seine Hypothek dem Versicherer angemeldet, so kann der Versicherer mit Wirkung gegen den Hypothekengläubiger an den Versicherten nur zahlen, wenn der Hypothekengläubiger der Zahlung schriftlich zugestimmt hat.
(3) Im Übrigen finden die für eine verpfändete Forderung geltenden Vorschriften Anwendung; der Versicherer kann sich jedoch nicht darauf berufen, dass er eine aus dem Grundbuch ersichtliche Hypothek nicht gekannt habe.

1 A. **Verhältnis zu anderen Vorschriften.** § 1128 ist eine Sondervorschrift ggü § 1129, wenn eine Gebäudeversicherung vorliegt; I und II gelten aber nicht, wenn iRd Versicherung die übliche Wiederherstellungsklausel vereinbart wurde (dann § 1130). Die praktische Bedeutung ist deshalb außerordentlich gering. § 1128 wird hinsichtlich der Feuerversicherung von Gebäuden durch §§ 101 ff VVG ergänzt; insbes bestimmt § 104 VVG den Übergang der Hypothek auf den Versicherer, soweit er den Hypothekengläubiger befriedigt, allerdings im Rang nach allen durch §§ 102, 107 b VVG privilegierten Gläubigern (§ 104 S 2 VVG), und dies auch dann, wenn der Versicherer die von ihm geschuldete Leistung vollständig erbracht hat (BGH NJW-RR 05, 1054).

2 B. **Voraussetzungen.** § 1128 setzt eine Versicherung eines Gebäudes (vor allem, aber nicht ausschließlich, gegen Feuer) voraus; er gilt auch für Zubehör (zB Maschinen eines gewerblich genutzten Grundstücks), wenn es iRd Gebäudeversicherungsvertrags mitversichert ist, nicht aber, wenn dafür eine selbständige Versicherung besteht (RGZ 156, 316). Infolge teleologischer Reduktion ist § 1128 nicht anwendbar, wenn die zerstörten Gebäude ohne Inanspruchnahme der Versicherungsleistung wiederhergestellt wurden (RGZ 95, 207). Entgegen § 1128 erfolgte Zahlungen sind dem Hypothekengläubiger ggü unwirksam, nicht aber anderen Personen (BGH VersR 84, 1137); geschützt wird der Hypothekengläubiger aber nur dann, wenn die Forderung tatsächlich besteht BGH NJW 81, 1671). Eine Beschlagnahme ist nicht erforderlich.

3 C. **Stellung des Hypothekengläubigers. I. Anwendung der Pfandrechtsvorschriften.** § 1128 III verweist wegen der Rechtsstellung des Hypothekengläubigers auf die Bestimmungen über das Pfandrecht an Forderungen (§§ 1279 ff); diese Stellung erwirbt er kraft Gesetzes mit Abschluss des Versicherungsvertrags (nicht erst mit Eintritt des Versicherungsfalls; aA LG Darmstadt VersR 79, 418) und ohne Beschlagnahme. Er kann deshalb vor Fälligkeit der Hypothek Zahlung an den Versicherten und sich selbst gemeinschaftlich (§ 1281) verlangen; eine Zahlung an den Versicherten allein ist dem Hypothekengläubiger ggü unwirksam (vgl BGH NJW-RR 01, 525). Nach Fälligkeit der Hypothek kann er Zahlung an sich selbst verlangen, soweit dies zu seiner Befriedigung erforderlich ist (§ 1282 I); zahlt der Versicherer, so wird die Hypothek Eigentümergrundschuld (RGZ 56, 322; aA Staud/*Wolfsteiner* § 1181 Rn 7: erlischt entspr § 1181 III). Ggü der Pfändung durch einen persönlichen Gläubiger steht ihm die Drittwiderspruchsklage (§ 771 ZPO) zu (BGH VersR 84, 1137). Der Versicherer kann ggü dem Zahlungsverlangen des Hypothekengläubigers wie bei jedem Pfandrecht alle Einwendungen des Versicherten erheben (Nichtvalutierung der Hypothek, Verjährung etc), soweit sich aus §§ 102 ff VVG nichts anderes ergibt; insbes bestimmt § 102 VVG eine Verpflichtung ggü dem Hypothekengläubiger auch bei Leistungsfreiheit ggü dem Versicherten bis zur Höhe der hypothekarisch gesicherten Forderung. Bei mehreren Hypotheken richtet sich das Recht zur Einziehung nach dem Rang der Hypotheken (§ 1290; BGH NJW 81, 1671; vgl auch BGH NJW-RR 05, 1054, 1055).

4 Zugunsten des Hypothekengläubigers gilt auch § 1276: Der Versicherte kann ohne Zustimmung des Hypothekengläubigers deshalb nicht mit einer eigenen Schuld ggü dem Versicherer gegen die Versicherungsforderung aufrechnen und dem Versicherer die Schuld nicht erlassen; dagegen kann der Versicherer selbstverständlich mit einer Schuld des Versicherten aufrechnen. Aufhebung oder Kündigung des Versicherungsverhältnisses im Ganzen oder seine Anfechtung fallen nicht unter § 1276 (Palandt/*Bassenge* Rn 4; str).

5 II. **Geltendmachung der Rechte des Hypothekengläubigers.** Um sich seine Rechte (Rn 4-5) zu erhalten, muss der Hypothekengläubiger einer Zahlung an den Versicherten innerhalb einer Monatsfrist nach Anzeige widersprechen (§ 1128 I 2); dieser Widerspruch wirkt nur zugunsten des Widersprechenden und ist auch vor einer Schadensanzeige an den Hypothekengläubiger möglich (Königsberg OLGR 2, 147). Voraussetzung für den Beginn der Frist ist jedoch eine wirksame Benachrichtigung vom Schaden. Sie kann in jedem Fall an den eingetragenen Gläubiger erfolgen (§ 891); zu Nachforschungen nach dem wahren Gläubiger ist der Versicherer nicht verpflichtet. Der Versicherer muss sich aber über den aktuellen Grundbuchstand unterrichten; seine Unkenntnis von einer eingetragenen Hypothek wird auch dann nicht geschützt, wenn sie nicht auf Fahrlässigkeit beruht: § 1128 III ordnet gewissermaßen die „umgekehrte" Anwendung des § 892 an; entscheidend ist der Zeitpunkt der Anzeige; ein späterer Gläubigerwechsel bei der Hypothek ist vom Versicherer nicht zu berücksichtigen.

6 Die Haftung der Versicherungsforderung für die Hypothek erlischt nicht schon mit Fristablauf (Breslau OLGR 14, 110), sondern erst mit Zahlung an den Versicherten, die im Fall der Anmeldung der Hypothek beim Versicherer nur mit seiner schriftlichen Zustimmung wirksam ist (§ 1128 II). Wird das Grundstück zwangsversteigert, geht die Versicherungsforderung auf den Ersteher über (§ 90 II ZVG).

7 D. **Grundschuld, Rentenschuld.** § 1128 ist auf Grundschuld und Rentenschuld entspr anwendbar (§ 1192 I). Bei der Grundschuld besteht die Verpflichtung aus § 102 VVG (s Rn 1) bis zum vollen Nennbetrag der Grundschuld, auch wenn sie nicht valutiert sein sollte (Hamm NJW-RR 88, 217; aA Saarbr NJW-RR 98, 1486). Der Versicherer kann dem Grundschuldgläubiger bei der auf § 1282 I gestützten Klage auch die Einwendung des Eigentümers aus der Sicherungsabrede entgegenhalten (RGZ 124, 93).

§ 1129 Sonstige Schadensversicherung

Ist ein anderer Gegenstand als ein Gebäude versichert, so bestimmt sich die Haftung der Forderung gegen den Versicherer nach den Vorschriften des § 1123 Abs. 2 Satz 1 und des § 1124 Abs. 1, 3.

Für die Versicherung anderer Gegenstände als Gebäude gilt § 1128 nicht; stattdessen ist in § 1129 die Anwendung von Bestimmungen für Miet- und Pachtforderungen angeordnet. Der Versicherer braucht hier bei der Zahlung an den Versicherten die Hypothek also nicht zu beachten, und andere Gläubiger des Eigentümers können ohne weiteres in die Versicherungsforderung vollstrecken. Die Haftung der Versicherungsforderung für die Hypothek kann deshalb nur durch vorherige Beschlagnahme der Forderung (s § 1123 Rn 3) realisiert werden; bei späterer Beschlagnahme gehen frühere Verfügungen, auch solche im Weg der Zwangsvollstreckung, dem Hypothekengläubiger vor. 1

Der Hypothekengläubiger kann die Versicherungsforderung auch nicht selbst einziehen (anders bei § 1128; s § 1128 Rn 3), sondern muss sie pfänden und sich überweisen lassen oder die Zwangsversteigerung oder Zwangsverwaltung des Grundstücks beantragen; bei der Zwangsversteigerung ist § 21 I ZVG zu beachten. 2

Infolge der in der Vorschrift enthaltenen Verweisungen erlischt die Haftung nicht nur durch Verfügung über die Forderung (§ 1124 I), sondern in jedem Fall ein Jahr nach Fälligkeit der Forderung (§ 1123 II 1) und bei Veräußerung des Grundstücks ohne die Forderung (§ 1124 III). 3

§ 1129 ist auf Grundschuld und Rentenschuld entspr anwendbar (§ 1192 I). 4

§ 1130 Wiederherstellungsklausel

Ist der Versicherer nach den Versicherungsbestimmungen nur verpflichtet, die Versicherungssumme zur Wiederherstellung des versicherten Gegenstandes zu zahlen, so ist eine diesen Bestimmungen entsprechende Zahlung an den Versicherten dem Hypothekengläubiger gegenüber wirksam.

§ 1130 stellt klar, dass die in der Gebäudeversicherung sehr verbreitete Wiederherstellungsklausel auch dem Hypothekengläubiger ggü wirksam ist. Die Klausel kann sich aus dem Versicherungsvertrag, aber auch aus einer gesetzlichen Vorschrift ergeben (vgl Art 75 EGBGB und § 193 I VVG). § 1130 gilt für alle Versicherungen. Ist eine solche Klausel auf den Versicherungsvertrag anwendbar, wird der Versicherer durch Zahlung an den Versicherten, die dessen Bedingungen entspricht, auch dann von der Haftung frei, wenn sie nicht zur Wiederherstellung verwendet wird. 1
Eine praktisch wichtige Ausnahme besteht nach §§ 97, 100, 107 VVG in der Gebäudeversicherung mit Wiederherstellungsklausel: Hier kann der Versicherer ohne Sicherstellung der bestimmungsgemäßen Verwendung des Geldes nur zahlen, wenn der Hypothekengläubiger schriftlich zugestimmt hat, sofern dieser seine Hypothek beim Versicherer angemeldet hat. Der Hypothekengläubiger kann zur Realisierung seines Anspruchs die Zwangsverwaltung beantragen; der Verwalter muss dann die Versicherungsforderung einziehen und zur Wiederherstellung verwenden.

Ist die Wiederherstellung unmöglich, kann der Hypothekengläubiger Zahlung an sich selbst verlangen, soweit die Voraussetzungen des § 1128 gegeben sind (teleologische Reduktion; RGZ 133, 177). 2

Die Versicherungsforderung kann im Fall des § 1130 nicht gepfändet werden, weil sie dadurch ihrem Zweck, der Wiederherstellung zu dienen, entzogen würde (Staud/*Wolfsteiner* Rn 10; str); anders ist es, wenn die Wiederherstellung unmöglich ist sowie im Fall von § 98 VVG. Wird das Grundstück zwangsversteigert, steht die Versicherungssumme dem Ersteher zu, der sie mit dem Zuschlag erwirbt (§ 90 II ZVG). 3

§ 1130 hindert nicht die **Verweigerung des Wiederaufbaus** durch den Eigentümer. Diese führt nicht dazu, dass der Versicherer an den Hypothekengläubiger zahlen darf oder gar muss (differenzierend Palandt/*Bassenge* Rn 4). Vielmehr muss der Hypothekengläubiger, der die Wiederherstellung ausreichender Sicherheit durchsetzen will, nach § 1134 II vorgehen und veranlassen, dass das Gericht einen Verwalter bestellt, der berechtigt ist, die Versicherungssumme zu verlangen. 4

§ 1130 ist auf Grundschuld und Rentenschuld entspr anwendbar (§ 1192 I). 5

§ 1131 Zuschreibung eines Grundstücks

¹Wird ein Grundstück nach § 890 Abs. 2 einem anderen Grundstück im Grundbuch zugeschrieben, so erstrecken sich die an diesem Grundstück bestehenden Hypotheken auf das zugeschriebene Grundstück. ²Rechte, mit denen das zugeschriebene Grundstück belastet ist, gehen diesen Hypotheken im Range vor.

Weder die Vereinigung von Grundstücken (§ 890 I) noch die Bestandteilszuschreibung eines Grundstücks zu einem anderen (§ 890 II) führt zu einer Erstreckung von Belastungen der einzelnen Grundstücksteile: Verliert ein belastetes Grundstück durch Vereinigung mit einem anderen seine Selbstständigkeit, so ruhen die Belastungen auf dem Teil des neuen Grundstücks, der vor der Vereinigung Belastungsgegenstand war (BGH 24.11.05 – VZB 1

23/05; Hamm Rpfleger 98, 154, 155). Von diesem Grundsatz macht § 1131 für Hypotheken eine Ausnahme: § 1131 stellt eine gesetzliche Nachverpfändung des zugeschriebenen Grundstücks dar. Die Hypotheken, die auf das zugeschriebene Grundstück erstreckt werden, behalten untereinander ihren unterschiedlichen Rang; str ist, ob sich ein Rangvorbehalt bei einer erstreckten Hypothek ebenfalls auf das Bestandteilsgrundstück erstreckt (bejahend: *Bleutge* Rpfleger 74, 387; verneinend: *Haegele* Rpfleger 75, 153, 158), Eine Unterwerfung unter die sofortige Zwangsvollstreckung erstreckt sich auf das zugeschriebene Grundstück (BayOLGZ 29, 162). Erstreckte Hypotheken sind keine Gesamthypotheken iSd § 1132; eine vor der Vereinigung an beiden Grundstücken lastende Hypothek wird Einzelhypothek.

2 Rechte an dem Hauptgrundstück erstrecken sich auf das zugeschriebene Grundstück, aber nicht umgekehrt. Eine einheitliche Belastung besteht also in diesem Fall nur dann, wenn die Rechte am zugeschriebenen Grundstück rechtsgeschäftlich pfanderstreckt werden. Ob dies erforderlich ist, bestimmt sich nicht nach § 1131, sondern nach § 6 GBO: Ist durch die unterschiedliche Belastung Verwirrung zu besorgen, muss die Bestandteilszuschreibung unterbleiben (zu den Einzelheiten Bauer/v Oefele/*Waldner* § 5, § 6 GBO Rn 25 ff). Bleibt es bei unterschiedlicher Belastung, kann das zugeschriebene Grundstück selbständig zwangsversteigert werden; wird das ganze Grundstück aufgrund eines einheitlichen Gebots versteigert, ist der Erlös auf beide Grundstücke zu verteilen (§ 112 ZVG entspr).

3 § 1131 ist auf Grundschuld und Rentenschuld entspr anwendbar (§ 1192 I).

§ 1132 Gesamthypothek

(1) ¹Besteht für die Forderung eine Hypothek an mehreren Grundstücken (Gesamthypothek), so haftet jedes Grundstück für die ganze Forderung. ²Der Gläubiger kann die Befriedigung nach seinem Belieben aus jedem der Grundstücke ganz oder zu einem Teil suchen.
(2) ¹Der Gläubiger ist berechtigt, den Betrag der Forderung auf die einzelnen Grundstücke in der Weise zu verteilen, dass jedes Grundstück nur für den zugeteilten Betrag haftet. ²Auf die Verteilung finden die Vorschriften der §§ 875, 876, 878 entsprechende Anwendung.

1 **A. Voraussetzungen.** Die Gesamthypothek ermöglicht die Belastung mehrerer Grundstücke (oder Miteigentumsanteile an solchen) wegen einer einzigen Forderung in einer der Gesamtschuld vergleichbaren Weise; sie begünstigt den Gläubiger zu Lasten des Schuldners, der idR nachrangigen Kredit wieder nur in Form einer Gesamtbelastung erhalten kann, da das Wahlrecht des Gläubigers der Gesamthypothek (§ 1132 I 2) den wirtschaftlichen Wert von Einzelgrundschulden an den belasteten Grundstücken unkalkulierbar macht. Die Legitimation dieses Rechtsinstituts (das bspw in Spanien nicht existiert, *Meyer* ZfIR 00, 431) ist deshalb zweifelhaft. Die Rspr mildert diese Nachteile für den Eigentümer allerdings dadurch, dass sie einen Freigabeanspruch hinsichtlich eines Grundstücks anerkennt, wenn die restlichen, belastet bleibenden Grundstücke zur Sicherung ersichtlich ausreichend sind und sich deswegen die Weigerung, ein Grundstück freizugeben, als unzulässige Rechtsausübung darstellt (BGH NJW 00, 1861).

2 Gesichert werden kann durch eine Gesamthypothek nur eine einheitliche Forderung. Die belasteten Grundstücke müssen im Inland liegen (Colmar Recht 03, 960); die Rechte müssen auf allen Grundstücken gleichartig sein (Buch- oder Briefrecht, Verkehrs- oder Sicherungshypothek, Hypothek oder Grundschuld, wobei Letzteres umstr ist). Zins- und Zahlungsbestimmungen können dagegen unterschiedlich sein; ebenso kann die Hypothek auf dem einen Grundstück vollstreckbar sein, auf dem anderen nicht. Nicht erforderlich ist gleicher Rang an den einzelnen Grundstücken (BGHZ 80, 119); es ist daher auch – mit Zustimmung des Eigentümers dieses Grundstücks (§ 880 I 2) – eine Einräumung des Vorrangs an einem Grundstück möglich, während es an den anderen Grundstücken bei den bisherigen Rangverhältnissen verbleibt. Ebenso wenig muss hinsichtlich des Anspruchs aus § 1179 a Gleichheit hergestellt werden (BGH NJW 81, 1503). Auch ein Widerspruch kann sich gegen die Eintragung an (nur) einem Grundstück richten, wenn damit nicht das Bestehen der Forderung, sondern der Mithaftung dieses Grundstücks bestritten werden soll (KG HRR 29, 605).

3 Im Grundbuch muss bei einer Gesamthypothek in jedem Grundbuch ein Mithaftvermerk angebracht werden (§ 48 GBO); dieser ist lediglich deklaratorisch: Fehlt er, ist eine Gesamthypothek entstanden (Bauer/v Oefele/*Wegmann* § 48 GBO Rn 26), aber gutgläubiger Erwerb von Einzelhypotheken an jedem Grundstück möglich (aA Staud/*Wolfsteiner* Rn 9: Eintragung nur am ersten Grundstück wirksam, bei gleichzeitiger Eintragung insgesamt unwirksam). Über eine Gesamtbriefhypothek soll nur ein Hypothekenbrief erteilt werden; bei Grundstücken im Bezirk mehrerer Grundbuchämter sind zwar mehrere Briefe auszustellen, diese aber miteinander zu verbinden (§ 59 GBO).

4 **B. Entstehung der Gesamthypothek. I. Ursprüngliche Gesamthypothek.** Eine Gesamthypothek entsteht durch Einigung und Eintragung an allen Grundstücken (oder Miteigentumsanteilen), an denen nach Einigung von Eigentümer und Gläubiger die Hypothek lasten soll; allerdings entspricht es idR dem Willen der Parteien, dass bereits mit der Eintragung an dem ersten Grundstück eine Einzelhypothek entsteht (BGH DNotZ 75, 152). Die meisten in der Praxis verwendeten Formulare regeln die Frage ausdrücklich in diesem Sinne.

Durch Zwangsvollstreckung kann eine ursprüngliche Zwangshypothek grds nicht entstehen (§ 867 II ZPO), ist aber ausnahmsweise bei einem Titel gegen mehrere Eigentümer zuzulassen, die als Gesamtschuldner haften (Ddorf Rpfleger 04, 39 m zust Anm *Deimann*; *Hintzen* ZIP 91, 479), ebenso dann, wenn der Schuldner zugleich Eigentümer des Grundstücks und des Gebäudeeigentums an diesem Grundstück ist (Jena Rpfleger 97, 431 wegen § 78 I 1 SachenRBerG); auch die Erstreckung auf einen weiteren Miteigentumsanteil, den der Vollstreckungsschuldner nach der Eintragung auf einem Miteigentumsanteil hinzu erworben hat, ist zulässig (aA Oldbg Rpfleger 96, 242). Wegen dieser Ausnahmen kann eine fehlerhafte Eintragung auch nicht als inhaltlich unzulässig angesehen werden (aA Ddorf Rpfleger 90, 60 und hM).

II. Nachträgliche Gesamthypothek. 1. Grundstücksteilung. Durch Teilung eines mit einer Einzelhypothek belasteten Grundstücks entsteht ohne weiteres eine Gesamthypothek; wird eines der durch die Teilung entstehenden Grundstücke auf ein anderes Grundbuchblatt übertragen, muss dort die Hypothek erneut eingetragen werden; andernfalls erlischt sie durch Nichtübertragung (§ 46 II GBO). Eine versehentlich unterbliebene Mitübertragung kann nachgeholt werden, solange keine nachrangigen Rechte eingetragen worden sind (BayOLG NJW-RR 86, 380; str).

2. Veräußerung von Miteigentumsanteilen. Veräußert der Alleineigentümer einen, mehrere oder alle Miteigentumsanteile, entsteht in gleicher Weise eine Gesamthypothek wie bei der Teilung eines Grundstücks. Erwirbt eine Person alle Miteigentumsanteile, an denen eine (ursprüngliche oder nachträgliche) Gesamthypothek besteht, wird diese zur Einzelhypothek, sofern sie an allen Grundstücken gleichen Rang hat; andernfalls bleibt sie Gesamthypothek (Karlsr OLGR 39, 223).

3. Pfanderstreckung. Als Pfanderstreckung oder Nachverpfändung wird die Bestellung einer Hypothek für eine Forderung bezeichnet, für die bereits eine Hypothek an einem anderen Grundstück besteht. Sind beide Grundstücke auf einem Grundbuchblatt eingetragen, so genügt hierzu ein entspr Eintrag in der Veränderungsspalte, der – anders als im Fall Rn 3 – konstitutive Bedeutung hat. Ist das Grundstück, das nachverpfändet wird, bereits anderweit belastet, ist ein Rangvermerk anzubringen; andernfalls ist davon auszugehen, dass die eingetragenen Rechte den Rang haben, der sich aus der Reihenfolge der Grundbucheintragung ergibt. Eine Unterwerfung unter die sofortige Zwangsvollstreckung muss zwar für das nachverpfändete Grundstück gesondert erklärt, aber nicht besonders eingetragen werden.
Eine Pfanderstreckung auch dann möglich, wenn eine andere Person als der Inhaber der Hypothek im Grundbuch eingetragen ist (ursprüngliche oder nachträgliche Eigentümergrundschuld nach § 1163 oder Abtretung der Forderung außerhalb des Grundbuchs nach § 1154), sog „verdeckte Nachverpfändung". Das Grundbuch wird dadurch nicht unrichtig (aA Palandt/*Bassenge* § 1196 Rn 8 für außerhalb des Grundbuchs abgetretene Eigentümergrundschuld; vgl auch Bauer/v Oefele/*Mayer* AT IV Rn 30 f).

4. Zwangsvollstreckung. Für eine Forderung, für die bereits eine rechtsgeschäftlich bestellte Hypothek eingetragen ist, kann zusätzlich an einem anderen Grundstück eine Zwangshypothek eingetragen werden; es handelt sich dann um eine Gesamthypothek (für die die Erfordernisse Rn 2 ggf nicht gelten), so dass bei beiden Rechten ein Mithaftvermerk eingetragen werden muss (iE sehr str; vgl Staud/*Wolfsteiner* Rn 24–27 m zahlreichen Nachw).

C. Wirkung der Gesamtbelastung. Die Gesamthypothek gewährt dem Gläubiger das Wahlrecht, aus welchem Grundstück er sich befriedigen will; in der Zwangsversteigerung gelten die §§ 44, 64 ZVG. Wird der Gläubiger durch Vollstreckung in ein Pfandobjekt befriedigt, werden die anderen Grundstücke von der Haftung frei. Ebenso ist eine (freiwillige) Entlassung eines Grundstücks aus der Mithaft durch den Gläubiger möglich.
Der Gläubiger ist aber auch berechtigt, die Gesamthypothek in beliebiger Weise auf die einzelnen Grundstücke zu verteilen; sofern der Gesamtbetrag der Teilrechte mit dem der Gesamthypothek übereinstimmt, ist die Zustimmung des Eigentümers hierzu weder nach materiellem Recht noch nach § 27 GBO erforderlich. Durch die Verteilung entstehen selbständige Einzelhypotheken (BGH NJW 00, 1861).Möglich ist auch eine Verteilung in der Weise, dass mehrere (aber nicht alle) der bisher belasteten Grundstücke für einen Grundstücksteil haften.

D. Grundschuld, Rentenschuld. § 1132 ist auf Grundschuld und Rentenschuld entspr anwendbar (§ 1192 I). Allerdings ist hier eine einheitliche Forderung naturgemäß nicht Voraussetzung; eine an mehreren Grundstücken lastende Grundschuld ist dann Gesamtgrundschuld, wenn sie als solche bestellt wird. Der Mithaftvermerk ist auch hier deklaratorisch.

§ 1133 Gefährdung der Sicherheit der Hypothek

¹Ist infolge einer Verschlechterung des Grundstücks die Sicherheit der Hypothek gefährdet, so kann der Gläubiger dem Eigentümer eine angemessene Frist zur Beseitigung der Gefährdung bestimmen. ²Nach dem Ablauf der Frist ist der Gläubiger berechtigt, sofort Befriedigung aus dem Grundstück zu suchen, wenn nicht die Gefährdung durch Verbesserung des Grundstücks oder durch anderweitige Hypothekenbestellung beseitigt worden ist. ³Ist die Forderung unverzinslich und noch nicht fällig, so gebührt dem Gläubiger nur die Summe, welche mit Hinzurechnung der gesetzlichen Zinsen für die Zeit von der Zahlung bis zur Fälligkeit dem Betrag der Forderung gleichkommt.

1 **A. Verhältnis zu anderen Vorschriften.** § 1133 schützt – ebenso wie §§ 1134, 1135 – den Hypothekengläubiger vor bestimmten Verschlechterungen seiner Sicherheit, hat aber andere Voraussetzungen als diese Vorschriften. Beruht die Gefährdung der Sicherheit auf einem Verschulden, dann können daneben auch Ansprüche wegen der Verletzung des Hypothekenrechts als eines absoluten Rechts nach § 823 I geltend gemacht werden; ob § 1133 auch ein Schutzgesetz iSd § 823 II ist, ist umstritten (bejahend MüKo/*Eickmann* Rn 22; verneinend Staud/*Wolfsteiner* Rn 2). § 1133 betrifft nur Verschlechterungen vor Fälligkeit der Hypothek; nach Fälligkeit kann der Hypothekengläubiger unmittelbar nach § 1147 Zwangsverwaltung beantragen, um weitere Gefährdungen seiner Sicherheit zu verhindern.

2 **B. Voraussetzungen.** § 1133 stellt lediglich auf eine **Verschlechterung** des belasteten Grundbesitzes ab; die Ursache ist gleichgültig. Es kommen also sowohl Handlungen des Eigentümers (zB Gebäudeabbruch, Rostock OLGR 41, 17) als auch Naturereignisse in Betracht. In jedem Fall muss es sich um tatsächliche Ereignisse handeln; Beeinträchtigungen der rechtlichen Situation (zB Pfändung von Mieten, Breslau OLGR 18, 171; Kündigung der Feuerversicherung, aA BGH NJW 89, 1034) sind ebenso wenig eine Verschlechterung wie die gewöhnliche Wertminderung eines Gebäudes durch Zeitablauf (anders, wenn der Eigentümer das Gebäude verfallen lässt, München OLGR 32, 389). Die Verschlechterung muss das Grundstück selbst betreffen; eine Verschlechterung von Zubehör fällt unter § 1135; allerdings kann eine Entfernung von Zubehör eine Verschlechterung des Grundstücks selbst sein (KG OLGR 29, 359).

3 Die Verschlechterung hat nur dann Rechtsfolgen, wenn sie zu einer **Gefährdung** der Hypothek führt, deren Inhaber die Rechte aus § 1133 geltend machen will. Ob sie zu bejahen ist, kann deshalb nicht objektiv bestimmt werden, sondern ist je nach dem Rang und der Höhe der Hypothek verschieden.

4 Erforderlich ist weiter eine **Fristsetzung** durch den Gläubiger; die Setzung einer unangemessen kurzen Frist setzt eine angemessene Frist in Lauf (wie § 281 Rn 6); die Fristsetzung ist entbehrlich, wenn der Eigentümer die Beseitigung der Gefährdung von vornherein ablehnt (wie § 281 II). Mit fruchtlosem Fristablauf ist der Anspruch des Gläubigers entstanden und erlischt auch bei späterer Verbesserung grds nicht; eine Fortsetzung der Zwangsvollstreckung nach erfolgter Verbesserung kann aber gegen Treu und Glauben verstoßen.

5 Der Anspruch des Hypothekengläubigers setzt weiter voraus, dass **keine anderweitige Hypothekenbestellung** erfolgt ist. Denkbar ist sowohl eine Hypothekenbestellung an einem anderen Grundstück des Eigentümers als auch am Grundstück eines Dritten. Nach dem Sinn und Zweck der Vorschrift kann auch eine Rangverbesserung der (unveränderten) Hypothek ausreichend sein (MüKo/*Eickmann* Rn 17).

6 **C. Rechtsfolgen.** Nach Ablauf der Frist kann der Hypothekengläubiger auch ohne Fälligkeit der Forderung Befriedigung iSd § 1147 wegen des dinglichen Anspruchs – nicht wegen der persönlichen Forderung – verlangen; bei unverzinslichen Forderungen sind 4% jährliche Zwischenzinsen (§ 246) abzuziehen, nicht etwa Verzugszinsen, da § 497 nicht anwendbar ist.

7 Ist die Hypothek zugunsten einer Hypothekenbank bestellt, gelten §§ 10 ff HypBG.

8 Eine entspr Anwendung von § 1133 auf den Pfandgläubiger an einer Hypothek kommt nicht in Betracht (aA Breslau JW 28, 2474 m abl Anm *Walsmann*).

9 **D. Grundschuld, Rentenschuld.** § 1133 ist auf Grundschuld und Rentenschuld entspr anwendbar (§ 1192 I). Für Rentenschulden gilt zusätzlich § 1201 II 2.

§ 1134 Unterlassungsklage

(1) Wirkt der Eigentümer oder ein Dritter auf das Grundstück in solcher Weise ein, dass eine die Sicherheit der Hypothek gefährdende Verschlechterung des Grundstücks zu besorgen ist, so kann der Gläubiger auf Unterlassung klagen.

(2) ¹Geht die Einwirkung von dem Eigentümer aus, so hat das Gericht auf Antrag des Gläubigers die zur Abwendung der Gefährdung erforderlichen Maßregeln anzuordnen. ²Das Gleiche gilt, wenn die Verschlechterung deshalb zu besorgen ist, weil der Eigentümer die erforderlichen Vorkehrungen gegen Einwirkungen Dritter oder gegen andere Beschädigungen unterlässt.

1 § 1134 I begründet einen Unterlassungsanspruch und ist zugleich Schutzgesetz iSd § 823 II (BGH NJW 85, 376; *Tiedtke* NJW 85, 1305). Ein positives Tun zur Beseitigung eingetretener Veränderungen kann aus § 1134 I nicht verlangt werden (aA Staud/*Wolfsteiner* Rn 7), insoweit kommen nur die Maßregeln nach § 1134 II in Betracht.

2 § 1134 erfordert wie § 1133 eine die Sicherheit der Hypothek gefährdende Verschlechterung. Sie muss auf einer Einwirkung des Eigentümers (§ 1134 I) oder einer Unterlassung (§ 1134 II 2) beruhen.

3 § 1134 II 2 setzt voraus, dass der Eigentümer dem Hypothekengläubiger ggü verpflichtet ist, Vorkehrungen gegen „Beschädigungen" zu treffen. Wie bei § 1133 (s § 1133 Rn 2) geht es nur um tatsächliche Ereignisse; deshalb verpflichtet § 1134 II 2 nicht zu einer wirtschaftlich sinnvollen Nutzung und auch nicht zur Aufrechterhaltung von Versicherungen. Allerdings kann eine Versicherung die Besorgnis einer Gefährdung beseitigen und damit Ansprüche aus § 1134 II 2 ausschließen.

Welche Maßnahmen angeordnet werden können, richtet sich nach der Art der Gefährdung; ausgeschlossen 4
ist in jedem Fall ein Veräußerungsverbot (arg § 1136; aA Rostock OLGR 36, 178). IdR wird die Anordnung
durch einstweilige Verfügung (§§ 935 ff ZPO) erfolgen.
§ 1134 ist auf Grundschuld und Rentenschuld entspr anwendbar (§ 1192 I). 5

§ 1135 Verschlechterung des Zubehörs
Einer Verschlechterung des Grundstücks im Sinne der §§ 1133, 1134 steht es gleich, wenn Zubehörstücke, auf die sich die Hypothek erstreckt, verschlechtert oder den Regeln einer ordnungsgemäßen Wirtschaft zuwider von dem Grundstück entfernt werden.

§ 1135 begründet **ohne Beschlagnahme** ein Recht des Hypothekengläubigers, die ihm nach §§ 1133, 1134 zuste- 1
henden Rechte auch hinsichtlich von Zubehör auszuüben. Wann Zubehör für die Hypothek haftet, ergibt sich
aus § 1120; wann die Haftung erlischt, aus §§ 1121, 1122. Von Bedeutung ist insbes, dass die Haftung durch Aufhebung der Zubehöreigenschaft erlischt (§ 1122 II); hierin allein liegt keine Verschlechterung des Grundstücks.
Ob eine Entfernung oder Aufhebung der Zubehöreigenschaft entgegen den Regeln einer ordnungsmäßigen
Wirtschaft zugleich eine Verschlechterung des Grundstücks darstellt – was nicht immer der Fall ist –, bleibt
wegen § 1135 unerheblich. Für Früchte, Miet- und Pachtzinsforderungen gilt § 1135 nicht.
§ 1135 ist auf Grundschuld und Rentenschuld entspr anwendbar (§ 1192 I). 2

§ 1136 Rechtsgeschäftliche Verfügungsbeschränkung
Eine Vereinbarung, durch die sich der Eigentümer dem Gläubiger gegenüber verpflichtet, das Grundstück nicht zu veräußern oder nicht weiter zu belasten, ist nichtig.

Die in § 1136 genannte Verfügungsbeschränkung kann nicht dinglicher Inhalt der Hypothek sein; § 1136 1
erklärt darüber hinaus auch eine derartige schuldrechtliche Vereinbarung für nichtig. Die Norm ergänzt das
in § 1149 enthaltene Verbot der Verfallsvereinbarung. Ob bei einer nach § 1136 nichtigen Vereinbarung auch
die Hypothekenbestellung nichtig ist, beurteilt sich nach § 13, idR ist die Hypothekenbestellung wirksam.
§ 1136 betrifft jedes unmittelbare oder mittelbare Veräußerungs- und Nachbelastungsverbot (vor, bei oder nach 2
Bestellung der Hypothek) und deshalb auch Bedingungen, die hieran anknüpfen. Nicht verboten ist dagegen die
Einräumung eines Vorkaufsrechts für den Hypothekengläubiger (aA Staud/*Wolfsteiner* Rn 5), ebenso wenig die
Vereinbarung, dass die Forderung bei Veräußerung oder weiterer Belastung fällig sein soll (BGH NJW 80, 1625),
solange damit nicht ein mittelbarer Zwang ausgeübt werden soll, derartige Verfügungen zu unterlassen.
§ 1136 ist auf Grundschuld und Rentenschuld entspr anwendbar (§ 1192 I). Nicht durch § 1136 verboten ist 3
bei Grundschulden die Abtretung von Rückgewähransprüchen hinsichtlich vor- und gleichrangiger Grundschulden, die der Wertung der §§ 1179 a, 1179 b entspricht, wenn sie das Ziel haben, den Rang der eigenen
Grundschuld zu verbessern (BGH NJW 90, 1177), unwirksam hingegen die Abtretung der Rückgewähransprüche hinsichtlich nachrangiger Grundschulden.

§ 1137 Einreden des Eigentümers
(1) ¹Der Eigentümer kann gegen die Hypothek die dem persönlichen Schuldner gegen die Forderung sowie die nach § 770 einem Bürgen zustehenden Einreden geltend machen. ²Stirbt der persönliche Schuldner, so kann sich der Eigentümer nicht darauf berufen, dass der Erbe für die Schuld nur beschränkt haftet.
(2) Ist der Eigentümer nicht der persönliche Schuldner, so verliert er eine Einrede dadurch, dass dieser auf sie verzichtet.

Die praktische Bedeutung des § 1137 wird durch § 1138 sehr eingeschränkt: Zwar hat der – mit dem persönli- 1
chen Schuldner nicht identische – Eigentümer dessen Einreden; ggü einem späteren Hypothekar aber nur
dann, wenn sie diesem bekannt sind. Besteht eine dilatorische Einrede, gewährt sie ein Leistungsverweigerungsrecht gegen den Anspruch des Hypothekengläubigers aus § 1147; andernfalls kann der Verzicht auf die
Hypothek verlangt werden (§ 1169). Bei sofort vollstreckbaren Hypotheken kann der Eigentümer die Klage
aus § 767 ZPO auf diese Einreden stützen.
Auf § 1137 braucht sich der Eigentümer nur zu berufen, soweit die Einrede sich nicht gegen den Bestand der 2
Forderung richtet; fehlt es dagegen schon an einer Forderung, kann er einwenden, dass ihm die Hypothek
zusteht (§ 1163 I). § 1137 benötigt er hingegen, wenn er Stundung, ein Zurückbehaltungsrecht, ein Leistungsverweigerungsrecht des Schuldners oder die Abweisung der Forderungsklage gegen ihn einwenden will. Nicht
eingewandt werden kann nach § 1137 I 2 die Einrede der beschränkten Erbenhaftung und nach § 223 I die
Verjährung der gesicherten Forderung. Dagegen ergeben sich aus § 146 II InsO (zum alten Insolvenzrecht

ebenso Hamm MDR 77, 668, 669) ebenso wenig Einschränkungen des Einrederechts wie aus dem Verzicht des persönlichen Schuldners (§ 1137 II).

3 Dem Eigentümer stehen weiterhin die Einreden aus § 770 – nicht die aus § 771 – zu; er kann also ein Zurückbehaltungsrecht bis zur Ausübung der Gestaltungsrechte aus dieser Vorschrift geltend machen. Hierfür gilt § 1137 II nicht; verzichtet der persönliche Schuldner also auf die (rechtzeitige) Ausübung seiner Rechte, erlischt die Einrede (BaRoth/*Rohe* Rn 5).

4 § 1137 ist eine Folge der Akzessorietät der Forderung und daher auf Grundschuld und Rentenschuld nicht entspr anwendbar.

§ 1138 Öffentlicher Glaube des Grundbuchs

Die Vorschriften der §§ 891 bis 899 gelten für die Hypothek auch in Ansehung der Forderung und der dem Eigentümer nach § 1137 zustehenden Einreden.

1 Wegen der Akzessorietät der Hypothek und § 404 müsste im Streitfall der Hypothekengläubiger das Bestehen der Forderung beweisen, ein gutgläubiger Erwerb einer Hypothek, der keine Forderung zugrunde liegt, wäre nicht möglich und Rechtsgeschäfte zwischen dem Buchberechtigten und dem Eigentümer dem wahren Hypothekengläubiger ggü unwirksam. Diese Konsequenzen sind bei der Sicherungshypothek berechtigt; eine gewöhnliche Hypothek würde hierdurch dagegen ihre Verkehrsfähigkeit verlieren. § 1138 lässt die Anwendung der für die Verkehrsfähigkeit eines dinglichen Rechts unentbehrlichen §§ 891–899 daher nicht am Nichtbestehen der Forderung scheitern; konsequenterweise gilt die Vorschrift für die Sicherungshypothek nicht (§ 1185 II). Trotz des missverständlichen Wortlauts hat § 1138 keine Bedeutung für die Geltendmachung der Forderung; klagt der Gläubiger aus der persönlichen Forderung, muss er deren Bestehen beweisen.

2 Infolge der Geltung des § 891 wird der Bestand der eingetragenen Forderung vermutet. Der Eigentümer muss ihr Nichtentstehen oder Erlöschen beweisen, nicht etwa der Hypothekengläubiger ihren Bestand (anders, wenn nach der Eintragung eine bedingte oder künftige Forderung gesichert ist), wenn er aus der Hypothek klagt. § 892 ermöglicht den Erwerb einer Hypothek durch den hinsichtlich des Bestehens einer Forderung gutgläubigen Erwerber, auch wenn die Forderung nicht besteht (nicht aber von Ansprüchen auf rückständige Nebenleistungen, § 1159 II); erworben wird eine „forderungsentkleidete Hypothek", nicht etwa eine Grundschuld (Staud/*Wolfsteiner* Rn 5; aA Wolff/*Raiser* § 137 II 3). Besteht die Forderung, steht sie aber nicht dem eingetragenen Hypothekengläubiger zu, führt § 1138 zu einer Spaltung von Hypothek und Forderung (Staud/ *Wolfsteiner* Rn 6; aA BaRoth/*Rohe* Rn 5: in diesem Fall gutgläubiger Erwerb auch der Forderung). Vor einer Doppelzahlung schützt Eigentümer und Schuldner die dem Schuldner ggü dem persönlichen Gläubiger zustehende Einrede, er müsse nur Zug um Zug gegen Übergang der Hypothek nach §§ 1163, 1164 zahlen – welche Bedingung der Zahlung Verlangende nicht erfüllen kann. Auch bei einer Tilgungshypothek kommt es nicht auf die planmäßige Tilgung an, sondern auf den Tilgungsumfang, der dem Erwerber bekannt oder aus dem Hypothekenbrief ersichtlich ist (RG JW 34, 1043). Hinsichtlich Einreden gegen die Forderung schadet nur positive Kenntnis der diese begründenden Tatsachen und selbst diese nicht, wenn infolge Rechtsirrtums daraus nicht auf das Bestehen einer Einrede geschlossen wird (BGHZ 25, 27). Wegen § 893 müssen der wahre Eigentümer und der wahre Hypothekengläubiger Rechtsgeschäfte mit dem Bucheigentümer bzw dem Buchhypothekengläubiger gegen sich gelten lassen.

3 Die angeordnete Geltung der §§ 894–899 gibt dem Eigentümer Grundbuchberichtigungsansprüche gegen den Hypothekengläubiger und umgekehrt, wenn sich die Unrichtigkeit des Grundbuchs (nur) daraus ergibt, dass die Forderung nicht besteht oder falsch eingetragen ist, und das Recht, deswegen die Eintragung eines Widerspruchs zu verlangen (in § 1139 für den dort geregelten Fall erleichtert).

4 § 1138 ist eine Folge der Akzessorietät der Forderung; für Grundschuld und Rentenschuld gilt die Vorschrift daher nicht, was insbes dann Bedeutung hat, wenn der Eigentümer auf die Forderung zahlt; ist der Empfänger des Geldes nicht Inhaber der Forderung, wird der Zahlende nicht geschützt (BGH NJW 96, 1207; krit *Tiedtke* NJW 97, 851).

§ 1139 Widerspruch bei Darlehensbuchhypothek

¹Ist bei der Bestellung einer Hypothek für ein Darlehen die Erteilung des Hypothekenbriefs ausgeschlossen worden, so genügt zur Eintragung eines Widerspruchs, der sich darauf gründet, dass die Hingabe des Darlehens unterblieben sei, der von dem Eigentümer an das Grundbuchamt gerichtete Antrag, sofern er vor dem Ablauf eines Monats nach der Eintragung der Hypothek gestellt wird. ²Wird der Widerspruch innerhalb des Monats eingetragen, so hat die Eintragung die gleiche Wirkung, wie wenn der Widerspruch zugleich mit der Hypothek eingetragen worden wäre.

1 Der Eigentümer, dem das Darlehen nicht ausgezahlt wurde und der den gutgläubigen Erwerb der Hypothek durch einen Dritten verhindern will, kann nach §§ 1138, 899 einen Widerspruch in das Grundbuch eintragen lassen. § 1139 erleichtert diese Eintragung, wenn sie innerhalb Monatsfrist beantragt wird und gibt dem

Widerspruch eine zusätzliche Wirkung, wenn innerhalb der gleichen Frist auch die Eintragung erfolgt ist. Die Vorschrift gilt nicht für die Briefhypothek (auch nicht bei Vorliegen einer Vereinbarung nach § 1117 II; aA Staud/*Wolfsteiner* Rn 12), weil sich der Eigentümer hier selbst dadurch schützen kann, dass er den Brief nur Zug um Zug gegen Erhalt der Darlehensvaluta übergibt. Daran, dass die Beweislast für die Nichthingabe des Darlehens den Eigentümer trifft (§§ 1138, 891), ändert § 1139 nichts.

§ 1139 verlangt einen Antrag des Eigentümers an das Grundbuchamt, für den die Formvorschrift des § 29 GBO gilt (Bauer/v Oefele/*Schaub* § 30 GBO Rn 19; aA *Schöner/Stöber* Rn 2641). Nachweise sind daneben nicht erforderlich. Die Frist ist gewahrt, wenn der Antrag bis zum Ablauf des letzten Fristtages beim Grundbuchamt eingegangen ist; er muss dazu nicht von einem Präsentatsbeamten entgegengenommen worden sein (Bauer/v Oefele/*Waldner* § 1 GBO Rn 24). 2

Wird der Antrag so rechtzeitig gestellt, dass er noch innerhalb der Monatsfrist eingetragen werden kann, hat der Widerspruch **Rückwirkung** auf den Tag der Eintragung. Der Erwerber einer Hypothek kann sich also erst einen Monat nach deren erster Eintragung auf den Bestand des von ihm erworbenen Rechts verlassen. 3

§ 1139 setzt voraus, dass das Entstehen einer Darlehensforderung für das Entstehen des Rechts erforderlich ist; für Grundschuld und Rentenschuld gilt die Vorschrift daher nicht. 4

§ 1140 Hypothekenbrief und Unrichtigkeit des Grundbuchs

¹Soweit die Unrichtigkeit des Grundbuchs aus dem Hypothekenbrief oder einem Vermerk auf dem Briefe hervorgeht, ist die Berufung auf die Vorschriften der §§ 892, 893 ausgeschlossen. ²Ein Widerspruch gegen die Richtigkeit des Grundbuchs, der aus dem Briefe oder einem Vermerk auf dem Briefe hervorgeht, steht einem im Grundbuch eingetragenen Widerspruch gleich.

Bei Briefrechten verdient auch ein Gutgläubiger keinen Schutz, wenn er aus dem Brief ersehen kann, dass das Grundbuch unrichtig ist. Der Brief und Vermerke auf dem Brief genießen deshalb zwar keinen öffentlichen Glauben, zerstören aber den öffentlichen Glauben des Grundbuchs. Zu Lasten des Eigentümers kann § 1140 aber nicht angewendet werden, wenn § 1160 abbedungen ist und ihm deshalb der Brief nicht vorgelegt werden muss (s § 1160 Rn 1). 1

Vermerke auf dem Brief (auf der mit dem Brief verbundenen Schuldurkunde genügen sie nicht) können durch das Grundbuchamt erfolgen, aber auch privater Natur sein; vorgesehen sind sie in § 1145, auf den §§ 1150, 1167 verweisen. Sie schaden dem Dritten, wenn sie begründete Zweifel an der Richtigkeit des Grundbuchs wecken, etwa dann, wenn der Gläubiger den Erhalt der Darlehensforderung oder eines Teils davon auf dem Brief quittiert hat, auf dem Brief die Stundung der Forderung vermerkt ist oder eine Abtretungserklärung auf den Brief gesetzt ist. Auch ein Vermerk, der den Aussteller nicht erkennen lässt, kann diese Wirkung haben (aA MüKo/*Eickmann* Rn 11). Ob der Dritte vom Inhalt des Briefs zur Kenntnis genommen hat, spielt – wie auch sonst bei § 892 – keine Rolle. Die Zweifel entfallen (insbes bei einer Quittung auf dem Brief) idR nicht, wenn der Vermerk wieder durchgestrichen worden ist (aA Palandt/*Bassenge* Rn 2, wenn die Streichung „erkennbar vom Aussteller" herrührt). 2

Dass ein Widerspruch iSd § 899 aus dem Brief hervorgeht, aber im Grundbuch nicht eingetragen ist, wird kaum jemals vorkommen. § 1140 S 2 bezieht sich nur auf solche; private „Widersprüche" auf dem Brief fallen bereits unter § 1140 S 1 (Staud/*Wolfsteiner* Rn 8; aA BaRoth/*Rohe* Rn 5). 3

§ 1140 ist auf Grundschuld und Rentenschuld entspr anwendbar (§ 1192 I). 4

§ 1141 Kündigung der Hypothek

(1) ¹Hängt die Fälligkeit der Forderung von einer Kündigung ab, so ist die Kündigung für die Hypothek nur wirksam, wenn sie von dem Gläubiger dem Eigentümer oder von dem Eigentümer dem Gläubiger erklärt wird. ²Zugunsten des Gläubigers gilt derjenige, welcher im Grundbuch als Eigentümer eingetragen ist, als der Eigentümer.
(2) Hat der Eigentümer keinen Wohnsitz im Inland oder liegen die Voraussetzungen des § 132 Abs. 2 vor, so hat auf Antrag des Gläubigers das Amtsgericht, in dessen Bezirk das Grundstück liegt, dem Eigentümer einen Vertreter zu bestellen, dem gegenüber die Kündigung des Gläubigers erfolgen kann.

§ 1141, der für die Sicherungshypothek nicht gilt (§ 1185 II), ist zwingendes Recht (LG Hamburg Rpfleger 57, 114, 116). Eine Vereinbarung, wonach nicht gekündigt zu werden braucht, kann aber als Vereinbarung sofortiger Fälligkeit ausgelegt werden. Die Vorschrift schützt den Eigentümer, der nicht zugleich persönlicher Schuldner ist. Sie gilt nur für die Hypothek; die Forderung wird durch eine derartige Kündigung nicht fällig (RGZ 104, 352, 357). Umgekehrt ist eine Kündigung der Forderung wirksam, auch wenn die Kündigung der Hypothek nicht wirksam erfolgt ist (Königsberg OLGR 18, 172); der Eigentümer ist dann zur Ablösung nach § 1142 berechtigt. 1

Die Kündigung ist formlos möglich, sie kann einseitig nicht zurückgenommen werden (Hburg Rpfleger 59, 379), kann bei einem Mündel oder Betreuten nur mit Genehmigung des Vormundschaftsgerichts erfolgen (§ 1812 III) und wirkt ohne weiteres gegen Rechtsnachfolger. Sie muss bei Mitberechtigung von bzw ggü allen Mitberechtig- 2 ten erfolgen; der kündigende Grundstückserwerber muss bereits als Eigentümer eingetragen sein; die Eintragung einer Auflassungsvormerkung genügt nicht (vgl Rostock OLGR 34, 214). Bei Belastung der Forderung gelten §§ 1074, 1077 II, 1283, 1286; steht die Forderung einem Vorerben zu, gilt § 2114; ferner sind nach Art 117 I EGBGB unberührt bleibende landesrechtliche Vorschriften zu beachten. Öffentliche Zustellung an den Eigentümer ist in keinem Fall erforderlich, da nach § 1141 II ein Vertreter bestellt werden kann. Dessen Kosten schuldet der Eigentümer; Kosten des Gläubigers kann dieser nach § 1118 erstattet verlangen. Hingegen kann für den Gläubiger kein Vertreter bestellt werden; hier helfen nur die öffentliche Zustellung nach § 132 I, das Aufgebotsverfahren nach § 1171 oder – in den neuen Bundesländern – § 10 GBBerG.

3 Eine dem Bucheigentümer ggü erklärte Kündigung ist – auch bei Kenntnis der Unrichtigkeit des Grundbuchs – wirksam; auch der Gläubiger kann sich nicht auf die Unwirksamkeit berufen. Vom Bucheigentümer erklärte Kündigung ist hingegen unwirksam (einschränkend BaRoth/*Rohe* Rn 5: Hypothekengläubiger müsse sie nicht gegen sich gelten lassen). Bei der dem oder von dem Buchgläubiger erklärten Kündigung ist der Eigentümer durch § 893 geschützt, hier jedoch nur bei Gutgläubigkeit. Dass ein Widerspruch iSd § 899 aus dem Brief hervorgeht, aber im Grundbuch nicht eingetragen ist, wird kaum jemals vorkommen. § 1140 S 2 bezieht sich nur solche; private „Widersprüche" auf dem Brief fallen bereits unter § 1140 S 1 (Staud/*Wolfsteiner* Rn 8; aA BaRoth/*Rohe* Rn 5).

4 § 1141 ist auf Grundschuld und Rentenschuld nicht entspr anwendbar; es gelten die Sondervorschriften §§ 1177 I 2, 1193, 1201, 1202.

§ 1142 Befriedigungsrecht des Eigentümers

(1) Der Eigentümer ist berechtigt, den Gläubiger zu befriedigen, wenn die Forderung ihm gegenüber fällig geworden oder wenn der persönliche Schuldner zur Leistung berechtigt ist.
(2) Die Befriedigung kann auch durch Hinterlegung oder durch Aufrechnung erfolgen.

1 § 1142 ergänzt § 267 (da der Eigentümer keine Zahlung schuldet, hat er nach § 267 kein Recht zur Erfüllung) und ist keiner dinglich wirkenden anderweitigen Vereinbarung zugänglich (BGH NJW 90, 258, 260; LG Aachen Rpfleger 88, 99). Allerdings sind schuldrechtliche Vereinbarungen möglich, die die Aufrechnung ausschließen, und ebenso der Ausschluss des Bestimmungsrechts nach § 366 II; andernfalls wäre eine „Zwangsvollstreckung wegen eines zuletzt zu zahlenden Betrags" (§ 1191 Rn 14) nicht sinnvoll. Er gilt sowohl für den vom persönlichen Schuldner verschiedenen als auch für den mit ihm identischen Eigentümer (Hburg OLGR 10, 123, 124; aA Posen OLGR 39, 130; *Wolfsteiner* DNotZ 97, 387). Zweck der Norm ist es, dem Eigentümer ein Mittel zur Abwendung der Zwangsvollstreckung an die Hand zu geben, wenn er über andere Vermögensgegenstände verfügt, ohne dass der Schuldner widersprechen könnte.

2 § 1142 setzt eine fällige Forderung voraus. § 271 II ist unanwendbar, da er nur dem Zweck des persönlichen Schuldners dient (KG JW 35, 1641); Fälligkeitseintritt nach § 41 I InsO reicht aber. Dagegen kann nach dem Normzweck eine Befriedigung nach Zuschlag in der Zwangsversteigerung nicht mehr erfolgen (RGZ 127, 350). § 1142 II gestattet auch die Befriedigung durch Hinterlegung oder Aufrechnung mit einer persönlichen Forderung gegen den Gläubiger (obwohl dessen Anspruch kein Geldanspruch ist!). Forderungen des persönlichen Schuldners geben dem Gläubiger dagegen nur die Rechte aus § 1137. Auch der Gläubiger kann nicht mit seinem Anspruch aus § 1147 gegen den Eigentümer aufrechnen, da er gegen diesen keine Forderungen hat, da die Forderungen nicht gleichartig sind (Königsberg OLGR 12, 305); zudem steht dem Gläubiger volle Befriedigung nicht zu, wenn die Hypothek nach ihrer Rangstelle gar nicht werthaltig ist. Ablösungsberechtigt ist auch ein Miteigentümer.

3 Erforderlich ist eine vollständige Befriedigung des Gläubigers, und zwar auch im Fall der Aufrechnung (BGH NJW 90, 258, 260; Naumbg OLGR 28, 90). Jedoch schließt § 1142 die Anwendung von § 1150 nicht aus, so dass dann, wenn der Gläubiger wegen eines Teilbetrags die Zwangsversteigerung betreibt, Leistung dieses Betrags genügt.

4 § 1142 ist – mit Ausnahme von I letzter Hs – auf Grundschuld und Rentenschuld entspr anwendbar (§ 1192 I). Entscheidend ist hier die Fälligkeit der Grundschuld; Fälligkeit der gesicherten Forderung reicht nicht (KG JW 35, 1641). Schließt der Sicherungsvertrag Zahlungen auf die Grundschuld aus, gilt dies jedenfalls dann nicht, wenn der Gläubiger aus der Grundschuld vorgeht (BGH NJW 86, 2108); zu der Frage, ob die Erklärung des Leistenden, auf die Grundschuld zu zahlen, darüber hinaus Bedeutung hat, s § 1191 Rn 16.

§ 1143 Übergang der Forderung

(1) ¹Ist der Eigentümer nicht der persönliche Schuldner, so geht, soweit er den Gläubiger befriedigt, die Forderung auf ihn über. ²Die für einen Bürgen geltende Vorschrift des § 774 Abs. 1 findet entsprechende Anwendung.
(2) Besteht für die Forderung eine Gesamthypothek, so gilt für diese die Vorschrift des § 1173.

1 **A. Allgemeines.** § 1143 geht – ebenso wie § 1225 – davon aus, dass bei Personenverschiedenheit von Eigentümer und Schuldner regelmäßig der Schuldner derjenige ist, der im wirtschaftlichen Ergebnis belastet sein soll. Während eine dinglich wirkende anderweitige Vereinbarung nicht möglich ist, kann schuldrechtlich das

Gegenteil vereinbar sein; diese Vereinbarung ändert nichts an den Rechtsfolgen des § 1143, sondern gibt dem Schuldner eine Einrede gegen die Geltendmachung der nach § 1143 I übergegangen Forderung (RGZ 143, 278; aA Soergel/*Konzen* Rn 3). § 1143 unterscheidet zwischen Einzelhypothek und Gesamthypothek.

B. Einzelhypothek. I. Voraussetzungen. Die Befriedigung des Gläubigers kann freiwillig (nach § 1142) oder durch Zwangsvollstreckung (nach § 1147) erfolgt sein; auch eine Zahlung für Rechnung des Eigentümers (KGJ 41, 249, 251) oder eine einvernehmliche Befreiung des Eigentümers von der Forderung durch den Gläubiger genügt (BGH WM 69, 1102). Sie muss durch den wahren Eigentümer erfolgen; Befriedigung durch den Bucheigentümer oder den künftigen Eigentümer (an den bereits aufgelassen, der aber noch nicht eingetragen ist) löst die Rechtsfolge des § 1143 I nicht aus (aA Staud/*Wolfsteiner* Rn 11). Befriedigung des Buchgläubigers kann dagegen nach §§ 1155, 893 wirksam sein. Erforderlich ist weiterhin eine Zahlung auf die Hypothek. Zahlt der Eigentümer auf die Forderung (zB weil er hierzu nach § 415 III verpflichtet ist), erlischt die Forderung; für die Hypothek gelten §§ 1163 I 2, 1177 I (KG OLGZ 65, 92).

II. Folgen für die Forderung. Durch die Befriedigung geht die Forderung auf den Eigentümer in ihrem Bestand bei Befriedigung des Gläubigers (ggf also mit Kosten und Zinsen) auf den Eigentümer über, bei teilweiser Befriedigung aber nur teilweise und im Rang nach dem Recht des Gläubigers (§ 774 I 2) und mit den Einwendungen des Schuldners (§ 774 I 3). Bei mehreren gesamtschuldnerisch Haftenden erwirbt der Eigentümer die Forderung gegen alle. Ist die Forderung mehrfach (durch Hypothek und Bürgschaft/Pfandrecht) gesichert, gehen auch die weiteren Sicherungen bei der Befriedigung über (§§ 404, 412); sie können aber nur insoweit in Anspruch genommen werden, wie es mit dem anderen Sicherungsgeber vereinbart ist. Besteht keine Vereinbarung, wenden BGH NJW 89, 2530 und JR 93, 322 m Anm *Lüke* auf das Verhältnis des Eigentümers zum anderen Sicherungsgeber § 426 I 1 an (krit Staud/*Wolfsteiner* Rn 36 ff).

III. Folgen für die Hypothek. Die Hypothek geht – mit der Wirkung des § 1177 II – auf den Eigentümer über (§ 1153); in den Fällen der §§ 1178 und 1181 erlischt sie. Auch hier ist bei teilweiser Befriedigung das verbleibende Recht des Gläubigers vorrangig (§ 1176). Der Eigentümer muss trotz § 1138 die dem persönlichen Schuldner gegen die Forderung zustehenden Einreden und die Einreden des § 1137 gegen sich gelten lassen, da es sich um einen Erwerb kraft Gesetzes handelt und er sich in Folge dessen nicht auf § 892 berufen kann.

Schwierig ist die Anwendung des § 1153 bei **Gesamthandseigentümern,** wenn nur ein Gesamthänder mit eigenen Mitteln den Gläubiger befriedigt. Sind die Gesamthänder hier persönliche Schuldner, dann erwirbt der Befriedigende Forderung und Hypothek in Höhe seines Ausgleichsanspruchs nach § 426 II; im Übrigen erlischt die Forderung (KGJ 50, 206; aA Staud/*Wolfsteiner* Rn 56). Sind die Gesamthänder nicht persönliche Schuldner, dann erwirbt der Befriedigende die ganze Forderung mit der Hypothek (aA KGJ 50, 206: Forderung erlischt); ebenso erwirbt der Vorerbe, der den Gläubiger aus eigenen Mitteln befriedigt, Forderung und Hypothek ohne die Beschränkung des Nacherbenrechts (BGH Rpfleger 93, 493).

C. Gesamthypothek. § 1143 II bestimmt die Anwendung des § 1173 in dem Fall, dass bei der Gesamthypothek nur einer von mehreren Eigentümern den Gläubiger befriedigt. Entscheidend ist hiernach, ob der Befriedigende von den anderen Ersatz verlangen kann. Befriedigen die Eigentümer den Gläubiger dagegen gemeinschaftlich, dann geht die Hypothek an allen Grundstücken mit der übergegangenen Forderung über (§ 1153).

D. Grundschuld, Rentenschuld. § 1143 ist auf Grundschuld und Rentenschuld nicht anwendbar; bei Befriedigung durch den Eigentümer erwirbt dieser bei der Sicherung fremder Schuld die gesicherte Forderung also nicht; seine Rechte bestimmen sich ausschließlich nach dem der Sicherung zugrunde liegenden Rechtsverhältnis (sog „Deckungsverhältnis"), vgl weiter § 1191 Rn 8.

§ 1144 Aushändigung der Urkunden

Der Eigentümer kann gegen Befriedigung des Gläubigers die Aushändigung des Hypothekenbriefs und der sonstigen Urkunden verlangen, die zur Berichtigung des Grundbuchs oder zur Löschung der Hypothek erforderlich sind.

§ 1144 gibt dem Eigentümer über § 894 hinaus das Recht, die Berichtigungs- bzw Löschungsunterlagen Zug um Zug gegen Befriedigung des Gläubigers zu verlangen. Sowohl der allgemeine Berichtigungsanspruch als auch die besondere Regelung des § 1144 sind zwingend (BaRoth/*Rohe* Rn 1; aA Staud/*Wolfsteiner* Rn 4); ein Zurückbehaltungsrecht wegen anderer, durch die Hypothek nicht gesicherter Ansprüche hat der Gläubiger nicht (BGH NJW 88, 3260, 3261). Es handelt sich um einen gesetzlichen Anspruch; der Gläubiger braucht daher die Aushändigung der Urkunden bei einer Klage auf Befriedigung nicht anzubieten (Posen OLGR 29, 365, 366). Das Wahlrecht zwischen Berichtigung und Löschung steht dem Eigentümer zu. Erforderliche Unterlagen sind neben der Bewilligung für das Grundbuchamt und dem Hypothekenbrief bspw nicht im Grundbuch eingetragene Abtretungen, Erbfolgenachweise oder die Zustimmung des Nacherben, wenn der Hypothekengläubiger Vorerbe ist (RGZ 69, 260). Die Kosten der Erstellung der auszuhändigenden Bewilligung hat der Eigentümer zu tragen; eine darüber hinausgehende Vergütung steht dem Gläubiger nicht zu und kann in AGB und Verbraucherverträgen nach § 307 auch nicht vereinbart werden (BGH NJW 91, 1953; AG Steinfurt NJW-RR 94, 1259). Kosten für den Nachweis der eigenen Berechtigung (zB Erbschein) hat dagegen der Gläubiger zu tragen. Ist der Hypothekenbrief abhanden gekommen, muss der Gläubiger auf seine Kosten einen neuen beschaffen.

2 Wählt der Eigentümer die Löschung, so genügt eine Erklärung des Gläubigers, dass er diese bewillige; bei Gesamtgläubigern müssen alle die Löschung bewilligen. In einer solchen Löschungsbewilligung darf die Befriedigung nicht erwähnt werden, da damit dem Grundbuchamt offen gelegt wäre, dass der Gläubiger im Zeitpunkt der Abgabe der Löschungsbewilligung nicht mehr der Berechtigte war (LG Aachen Rpfleger 85, 489). Ob gezahlt wurde oder warum die Hypothek gelöscht werden soll, hat das Grundbuchamt hier nicht zu prüfen.

3 Möchte der Eigentümer die Hypothek auf sich umgeschrieben haben, dann benötigt er hingegen eine Quittung, aus der sich ergibt, dass der Gläubiger vom Eigentümer durch Zahlung befriedigt worden ist (bei Eigentümerwechsel auch der Zeitpunkt der Befriedigung, bei Gesamthypotheken wegen §§ 1172, 1173 auch, ob alle oder nur ein Eigentümer befriedigt hat); will der Eigentümer die Hypothek übertragen, muss die Quittung auch die Angabe enthalten, ob der Eigentümer persönlicher Schuldner war, da hiervon abhängt, ob er das Recht als Grundschuld oder Hypothek (§ 1177) erworben hat (*Schöner/Stöber* Rn 366). Mit dieser Quittung kann der Eigentümer außer der Umschreibung auch die Löschung vornehmen lassen (daher „**löschungsfähige Quittung**"). Fehlt die Angabe des Zahlenden, ist die Quittung unbrauchbar, weil die Möglichkeit besteht, dass die Hypothek auf den persönlichen Schuldner oder auf einen Dritten übergegangen ist (§§ 1150, 1164; Hamm Rpfleger 05, 252; großzügiger LG Hof Rpfleger 82, 174: Erklärung bleibe als Löschungsbewilligung verwendbar). Ist Gläubiger eine Wohnungseigentümergemeinschaft, kann der Verwalter die Quittung erteilen (BayObLG Rpfleger 01, 296).

4 § 1144 ist auf Grundschuld und Rentenschuld entspr anwendbar (§ 1192 I). Da hier § 1163 I nicht gilt, muss eine löschungsfähige Quittung die Angabe erhalten, dass auf die Grundschuld (nicht auf die Forderung) gezahlt wurde (Frankf FGPrax 97, 11).

§ 1145 Teilweise Befriedigung

(1) ¹Befriedigt der Eigentümer den Gläubiger nur teilweise, so kann er die Aushändigung des Hypothekenbriefs nicht verlangen. ²Der Gläubiger ist verpflichtet, die teilweise Befriedigung auf dem Briefe zu vermerken und den Brief zum Zwecke der Berichtigung des Grundbuchs oder der Löschung dem Grundbuchamt oder zum Zwecke der Herstellung eines Teilhypothekenbriefs für den Eigentümer der zuständigen Behörde oder einem zuständigen Notar vorzulegen.

(2) ¹Die Vorschrift des Absatzes 1 Satz 2 gilt für Zinsen und andere Nebenleistungen nur, wenn sie später als in dem Kalendervierteljahr, in welchem der Gläubiger befriedigt wird, oder dem folgenden Vierteljahre fällig werden. ²Auf Kosten, für die das Grundstück nach § 1118 haftet, findet die Vorschrift keine Anwendung.

1 § 1145 setzt voraus, dass der Gläubiger eine Teilleistung angenommen hat, ändert aber nichts an § 266, dem Eigentümer Teilleistungen ohne Zustimmung des Gläubigers verwehrt (BGH NJW 97, 190). Er gilt nur für Briefrechte und kann nicht mit dinglicher Wirkung abbedungen werden.

2 Der Eigentümer, der den Gläubiger teilweise befriedigt hat, ist Miteigentümer des Hypothekenbriefs; § 1145 schließt das Recht auf Einräumung des Mitbesitzes gleichwohl aus, gibt dem Eigentümer aber stattdessen das Recht, über den auf ihn übergegangenen Teil der Hypothek selbständig zu verfügen und schützt ihn vor einem gutgläubigen Erwerb seines Hypothekenteils durch einen Dritten. Ist die Forderung teilweise nicht entstanden, gilt § 1145 nicht; die Rspr (RGZ 69, 40) gibt dem Eigentümer aber entspr Rechte.

3 § 1145 gilt für Hypotheken aller Art. Auch beim Tilgungsdarlehen kann der Eigentümer bei jeder Teilzahlung den Vermerk auf dem Brief verlangen (aA MüKo/*Eickmann* Rn 9). Was der Eigentümer verlangt, hängt davon ab, wie er weiter verfahren will. Soll nur eine Verfügung über den auf ihn übergegangenen Teil der Hypothek vermieden werden, genügt eine privatschriftliche Quittung auf dem Brief, die gutgläubigen Erwerb durch einen Dritten verhindert (§§ 892, 1140). Möchte er diesen Teil der Hypothek löschen lassen, muss er Teillöschungsbewilligung oder Quittung in der Form des § 29 GBO und Vorlage des Briefs an das Grundbuchamt verlangen. Einen Teilhypothekenbrief benötigt der Eigentümer dann, wenn er über die Hypothek weiter verfügen will. Hierfür sind das Grundbuchamt und jeder Notar (§ 20 II BNotO) zuständig.

4 Für die in II bezeichneten Nebenleistungen und Kosten gilt § 1145 nicht, da der Eigentümer hier durch §§ 1158, 1159 geschützt ist.

5 § 1145 ist auf Grundschuld und Rentenschuld entspr anwendbar (§ 1192 I).

§ 1146 Verzugszinsen

Liegen dem Eigentümer gegenüber die Voraussetzungen vor, unter denen ein Schuldner in Verzug kommt, so gebühren dem Gläubiger Verzugszinsen aus dem Grundstück.

Da der Eigentümer keine Zahlung schuldet, kann er auch nicht mit einer Zahlungspflicht in Verzug kommen. 1
§ 1146 behandelt den Eigentümer aber ebenso wie einen Geldschuldner, fingiert also eine Geldschuld und lässt das Grundstück für die Verzugszinsen ohne Rücksicht darauf haften, ob der persönliche Schuldner in Verzug ist. Weitergehende Ansprüche auf einen Verzugsschaden bestehen gegen den Eigentümer nicht; sie können sich nur gegen den persönlichen Schuldner richten. Für die Wirksamkeit der Mahnung ist es ohne Bedeutung, ob sie an den wahren Eigentümer oder an den Bucheigentümer gerichtet wurde, den der Gläubiger für den wahren Eigentümer hält (§§ 892, 893), § 1146 wird nur praktisch, wenn der Zinssatz unter dem gesetzlichen Zinssatz liegt (bei Fälligkeit vor dem 1.5.00 4 %, seitdem 5 Prozentpunkte über dem Basiszinssatz, Art 229 § 1 EGBGB); es sind nicht etwa zusätzlich Verzugszinsen zu eingetragenen (höheren) Zinsen geschuldet (§ 288 III; vgl Ddorf DNotZ 01, 705). Da § 1146 ausdrücklich von Verzugszinsen spricht, erfasst er nicht Prozesszinsen nach § 291, wenn der Beklagte – ausnahmsweise – durch die Klageerhebung nicht in Verzug kommt (aA Staud/*Wolfsteiner* Rn 6).

§ 1146 bestimmt nur eine dingliche Haftung des Grundstücks; der Eigentümer haftet nicht persönlich für die 2
Verzugszinsen (Soergel/*Konzen* Rn 2; aA Staud/*Wolfsteiner* Rn 7 und hM).

§ 1146 ist auf die Grundschuld entspr anwendbar (§ 1192 I), auf die Rentenschuld bezüglich der Ablösungs- 3
summe (nicht der einzelnen Leistungen; § 1200 I).

§ 1147 Befriedigung durch Zwangsvollstreckung

Die Befriedigung des Gläubigers aus dem Grundstück und den Gegenständen, auf die sich die Hypothek erstreckt, erfolgt im Wege der Zwangsvollstreckung.

Aus § 1147 ergibt sich, dass der Eigentümer keine Zahlung, sondern lediglich Duldung der Zwangsvollstre- 1
ckung in das Grundstück schuldet (vgl weiter § 1113 Rn 1); der Gläubiger kann deshalb auch nicht mit einer Geldforderung gegen den Eigentümer aufrechnen. Der Duldungsanspruch ist nicht abdingbar (LG Saarbrücken Rpfleger 00, 213), kann aber beschränkt werden (Eintragung als Einrede iSd § 1157). Auch ohne vertragliche Beschränkung muss der Gläubiger die berechtigten Belange des Sicherungsgebers berücksichtigen und darf sich insbes einem Verkauf nicht verschließen, bei dem ein höherer Erlös als in der Zwangsversteigerung zu erwarten ist (BGH NJW 97, 1063). Vom Insolvenzverfahren über das Vermögen des Eigentümers ist der Anspruch nicht betroffen; der Gläubiger hat das Recht auf abgesonderte Befriedigung nach § 49 InsO (vgl aber § 147a ZVG und dazu *Stöber* NJW 00, 3600). Auch der Insolvenzverwalter kann die Zwangsvollstreckung betreiben (§§ 165 InsO; 172ff ZVG).

Voraussetzung der Zwangsvollstreckung ist ein **Duldungstitel**, und zwar entweder ein vollstreckbares Urteil 2
auf Duldung der Zwangsvollstreckung oder eine vollstreckbare Urkunde (§ 794 I Nr 5 ZPO; kritisch zum Erfordernis eines Duldungstitels Staud/*Wolfsteiner* Einl zu §§ 1113 ff Rn 122). Wegen der mit der Erwirkung eines Duldungstitels verbundenen Kosten und Verzögerungen der Zwangsvollstreckung verlangen Banken idR die Unterwerfung unter die Zwangsvollstreckung in vollstreckbarer Urkunde. Ist dies nicht geschehen, ist der Eigentümer zur Errichtung einer vollstreckbaren Urkunde nicht verpflichtet (aA Marienwerder OLGR 1, 261). Hat der Eigentümer zwischen Bestellung der Hypothek und Beginn der Zwangsvollstreckung gewechselt, muss der Titel auf den Rechtsnachfolger umgeschrieben werden. Bei vollstreckbaren Urkunden kann eine solche Umschreibung nur erfolgen, wenn sich der Eigentümer der Zwangsvollstreckung gegen den jeweiligen Eigentümer des Grundstücks unterworfen hat (§ 800 ZPO). Diese Unterwerfungserklärung kann der Erwerber eines Grundstücks bereits vor der Eigentumsumschreibung auf ihn abgeben (BGH DNotZ 90, 586). Zur Vollstreckung gegen einen Rechtsnachfolger – nicht auch zur Vollstreckung gegen denjenigen, der die Unterwerfungserklärung abgegeben hat (aA *Mümmler* JurBüro 87, 1285) – muss sie in das Grundbuch eingetragen werden; nach Umwandlung der Hypothek in eine Eigentümergrundschuld kann aus dem alten Unterwerfungstitel nicht mehr vollstreckt werden (Hamm Rpfleger 87, 297). Verzichtet der Eigentümer vor dem Prozess auf sein Eigentum, muss der Gläubiger einen Vertreter nach § 58 ZPO bestellen lassen; erfolgt der Verzicht während des Prozesses, dürfte dagegen § 265 ZPO anzuwenden sein. Die Kosten des Prozesses zur Erlangung eines Duldungsurteils trägt unter den Voraussetzungen des § 93 ZPO der Kläger, wenn er den Beklagten nicht vorher erfolglos zur Errichtung einer vollstreckbaren Urkunde aufgefordert hat (Karlsr OLGZ 87, 250; aA Köln NJW 77, 256: nur, wenn der Eigentümer die Errichtung der vollstreckbaren Urkunde angeboten hat). Für die dem Kläger auferlegten Prozesskosten haftet das Grundstück nicht (Posen OLGR 19, 71). Die Vollstreckung aus Zwangshypotheken bedarf keines Duldungstitels (§ 867 III ZPO).

Die Zwangsvollstreckung erfolgt durch Zwangsversteigerung oder Zwangsverwaltung; für Letztere genügt ein 3
Titel gegen den Eigenbesitzer (§ 1147 ZVG); widerspricht der Eigenbesitzer der Vollstreckung aus einem Titel

gegen den Eigentümer, ist ein Titel gegen ihn erforderlich (Rostock OLGR 35, 188, 189) und ebenso in jedem Fall zur Vollstreckung in getrennte Erzeugnisse, die dem Eigenbesitzer gehören. Vor der Beschlagnahme kann in die mithaftenden Gegenstände (ausgenommen Zubehör, § 865 II ZPO) im Wege der Mobiliarvollstreckung vollstreckt werden. Durch den Zuschlag in der Zwangsversteigerung erlischt die Hypothek; der Gläubiger wird im Verteilungsverfahren (§§ 156 ff ZVG) durch Auszahlung des auf ihn entfallenden Teils des Erlöses befriedigt. Bei Ausfall in der Zwangsversteigerung verbleiben dem Gläubiger die Rechte gegen den persönlichen Schuldner (Ausnahme: § 1166).

4 § 1147 ist auf Grundschuld und Rentenschuld entspr anwendbar (§ 1192 I); für die Eigentümergrundschuld gilt allerdings § 1197 I. Bei Grundschulden genügt eine vollstreckbare Urkunde auch nach einer Änderung der Zweckbestimmung (BGH NJW 97, 2320).

§ 1148 Eigentumsfiktion

¹Bei der Verfolgung des Rechts aus der Hypothek gilt zugunsten des Gläubigers derjenige, welcher im Grundbuch als Eigentümer eingetragen ist, als der Eigentümer. ²Das Recht des nicht eingetragenen Eigentümers, die ihm gegen die Hypothek zustehenden Einwendungen geltend zu machen, bleibt unberührt.

1 Die Fiktion des § 1148 ist von der Kenntnis des Gläubigers von der Unrichtigkeit des Grundbuchs und der Eintragung eines Widerspruchs unabhängig. Sowohl der Bucheigentümer als auch der wirkliche Eigentümer (§ 1148 S 2) können ihre jeweiligen Einwendungen gegen die Hypothek geltend machen, der wahre Eigentümer insbes auch den Einwand, die Hypothek sei gar nicht entstanden. Kennt der Gläubiger den wahren Eigentümer, so kann er (muss aber nicht) diesen verklagen und nach § 14 GBO eintragen lassen.

2 § 1148 erleichtert nur dem Gläubiger das Vorgehen, gestaltet aber die Rechtslage nicht um. Deshalb erwirkt ein gegen den Bucheigentümer ergangenes Urteil keine Rechtskraft gegen den wirklichen Eigentümer; im Prozess kann er die Hauptintervention erheben, im Zwangsversteigerungsverfahren die Drittwiderspruchsklage (§ 771 ZPO), nicht aber den Einwand, es liege kein Titel gegen ihn vor. Hat er sein Eigentum durch Zuschlag in der Zwangsversteigerung verloren, setzen sich seine Rechte am Erlös fort (§ 37 Nr 5 ZVG). Wird der wirkliche Eigentümer während des Prozesses eingetragen, ist § 266 I ZPO entspr anzuwenden (Hamm NJW 99, 1038; Rostock NJW-RR 01, 1024).

3 § 1148 ist auf Grundschuld und Rentenschuld entspr anwendbar (§ 1192 I).

§ 1149 Unzulässige Befriedigungsabreden

Der Eigentümer kann, solange nicht die Forderung ihm gegenüber fällig geworden ist, dem Gläubiger nicht das Recht einräumen, zum Zwecke der Befriedigung die Übertragung des Eigentums an dem Grundstück zu verlangen oder die Veräußerung des Grundstücks auf andere Weise als im Wege der Zwangsvollstreckung zu bewirken.

1 Eine Verfallvereinbarung kann nicht Inhalt der Hypothek sein; § 1149 verbietet (mit der Wirkung des § 134) darüber hinaus zum Schutz des Eigentümers vor wucherischen Geschäften auch eine schuldrechtliche Abrede dieses Inhalts. Eine gleichartige Bestimmung besteht in § 1229 für das Pfandrecht an beweglichen Sachen; auf nicht hypothekengesicherte Forderungen ist die Vorschrift aber auch nicht entspr anwendbar (BGH NJW 03, 1041). Ob bei einer unzulässigen Befriedigungsabrede auch die Bestellung der Hypothek unwirksam ist, beurteilt sich nach § 139; normalerweise ist die Hypothekenbestellung wirksam.

2 Unzulässige Befriedigungsabreden sind oft in die Form von Umgehungsgeschäften gekleidet (vgl Staud/*Wolfsteiner* Rn 10 f m Bsp); ein Rücktrittsrecht des Verkäufers bei Nichtzahlung des Kaufpreises, zu dessen Sicherung eine Hypothek bestellt wurde, fällt aber nicht hierunter, da durch den Rücktritt die Forderung nicht befriedigt wird, sondern erlischt. Nach dem Sinn der Vorschrift ist bei einer Hypothek, die nicht die eigentliche Forderung, sondern ein zu deren Sicherung abgegebenes abstraktes Schuldanerkenntnis sichert, auf die Fälligkeit der eigentlichen Forderung abzustellen.

3 § 1149 ist auf Grundschuld und Rentenschuld entspr anwendbar (§ 1192 I); vgl BayObLG NJW-RR 97, 590. Bei der Sicherungsgrundschuld kommt es dabei nicht auf die Fälligkeit der Grundschuld, sondern der durch sie gesicherten Forderung an.

§ 1150 Ablösungsrecht Dritter

Verlangt der Gläubiger Befriedigung aus dem Grundstück, so finden die Vorschriften der §§ 268, 1144, 1145 entsprechende Anwendung.

1 **A. Zweck und Voraussetzungen des Ablösungsrechts.** § 1150 ermöglicht es Personen, die befürchten müssen, ein dingliches Recht an dem Grundstück oder den Besitz (vor allem als Mieter oder Pächter) zu verlieren, den Hypothekengläubiger zu befriedigen. Dafür genügt – um nicht sinnlose Zwangsvollstreckungskosten entstehen

zu lassen – bereits das Befriedigungsverlangen des Gläubigers, der Anspruch muss noch nicht gerichtlich geltend gemacht sein. Auch die Zwangsverwaltung berechtigt zur Ablösung. Entspr anwendbar ist § 1150 auf die Ablösung öffentlicher Lasten (KG JW 37, 3181; str). Ein Rechtsverlust droht dann, wenn das Recht des Ablösenden im Fall der Zwangsversteigerung nicht in das geringste Gebot fallen würde; dann ist aber auch eine Ablösung (nur) zum Zweck der Verbesserung des eigenen Rangs wirksam (LG Memmingen NJW-RR 98, 1512); der Berechtigte einer Auflassungsvormerkung darf auch ablösen, wenn die Vormerkung in das geringste Gebot fallen würde (BGH NJW 94, 1475). § 1150 kann nicht mit dinglicher Wirkung abbedungen werden.

B. Durchführung der Ablösung. Der Ablösende muss den Gläubiger ganz oder teilweise befriedigen, was auch durch Hinterlegung oder Aufrechnung geschehen kann (§ 268 II). Bei vollständiger Befriedigung erwirbt er die Forderung (§ 268 III) und zugleich die Hypothek (§§ 412, 401); bei Letzterer ist auch gutgläubiger Erwerb möglich (aA BGH NJW 86, 1487m abl Anm *Canaris*; BGH NJW 97, 190; s § 1157 Rn 4). Bietet der Ablösende nur teilweise Befriedigung an, kann der Gläubiger diese ablehnen (§ 266); nimmt er sie an, hat die dem Gläubiger verbleibende Hypothek für den Rest Rang vor dem auf den Ablösenden übergegangenen Recht (§ 268 III 2). 2

Nicht geregelt ist, welche Zinsen der Ablösende bei einer verzinslichen Hypothek neben dem Kapital abzulösen hat (vgl dazu Staud/*Wolfsteiner* Rn 25). Richtigerweise sind das nur diejenigen Zinsen, die dem Eigentümer ggü noch nicht verjährt sind; der Gläubiger soll durch die Ablösung nicht schlechter, aber auch nicht besser gestellt werden, als wenn der Eigentümer leisten würde. 3

Der Ablösende kann die Ablösung von der Bedingung abhängig machen, dass ihm kein Löschungsanspruch nach § 1179a zusteht. Ebenso wie bei der Teilablösung kann der Gläubiger eine solche bedingte Ablösung zurückweisen; nimmt er sie aber an, dann wird die Ablösung nur bei Eintritt der Bedingung wirksam (BGH NJW 97, 2597). 4

C. Grundschuld, Rentenschuld. § 1150 ist auf Grundschuld und Rentenschuld entspr anwendbar (§ 1192 I); hier kann mangels Akzessorietät nur die Grundschuld auf den Ablösenden übergehen. Abzulösen ist auch bei der Sicherungsgrundschuld der volle Betrag des dinglichen Rechts (nicht nur in Höhe der gesicherten Forderung); ist die Grundschuld nicht voll valutiert, steht der Differenzbetrag dem Eigentümer (bzw dem Inhaber des Rückgewähranspruchs, § 1191 Rn 13, 18) zu (BGH Rpfleger 05, 555). 5

§ 1151 Rangänderung bei Teilhypotheken

Wird die Forderung geteilt, so ist zur Änderung des Rangverhältnisses der Teilhypotheken untereinander die Zustimmung des Eigentümers nicht erforderlich.

Die Forderung kann jederzeit ohne Zustimmung des Eigentümers geteilt werden; dadurch wird auch die Hypothek geteilt. Praktisch wird die Teilung vor allem dann, wenn ein Teil der Hypothek abgetreten wird oder kraft Gesetzes übergeht. Bei der Abtretung haben die Teile der Hypothek mangels abweichender Bestimmung gleichen Rang (BGH Rpfleger 90, 378); in der Praxis wird aber regelmäßig ein unterschiedlicher Rang der durch die Teilung entstandenen Teilhypotheken gewünscht. § 1151 gestattet dem Gläubiger, auch ohne Zustimmung des Eigentümers eine derartige Rangbestimmung zu treffen (Ausnahme von § 880 II 2, 3); die Rangänderung kann auch nach der Teilung erfolgen, solange der Inhalt der Teilrechte unverändert ist. Bei Briefhypotheken bedarf die Rangänderung auch nicht der Eintragung in das Grundbuch (Hamm NJW-RR 98, 461, 462; Ddorf NJW-RR 91, 685, 686; aA Staud/*Wolfsteiner* Rn 10). 1

§ 1151 ist auf Grundschuld und Rentenschuld entspr anwendbar (§ 1192 I); hier wird mangels Akzessorietät nur die Grundschuld geteilt. 2

§ 1152 Teilhypothekenbrief

¹**Im Falle einer Teilung der Forderung kann, sofern nicht die Erteilung des Hypothekenbriefs ausgeschlossen ist, für jeden Teil ein Teilhypothekenbrief hergestellt werden; die Zustimmung des Eigentümers des Grundstücks ist nicht erforderlich.** ²**Der Teilhypothekenbrief tritt für den Teil, auf den er sich bezieht, an die Stelle des bisherigen Briefes.**

Teilhypothekenbriefe können sowohl bei der Teilung der Hypothek, als auch zu einem späteren Zeitpunkt hergestellt werden. Sind Teile der Hypothek abgetreten, ist für die nachträgliche Teilbriefbildung die Zustimmung des früheren Gläubigers der ungeteilten Hypothek nicht erforderlich (str). Die Bildung von Teilbriefen, für die § 61 GBO gilt, steht im Belieben der Beteiligten; wünschen sie diese nicht, können die Abtretungsvermerke dann auf den ursprünglichen Brief gesetzt werden, der im Miteigentum der Gläubiger steht (§ 952). Wegen § 1154 ist aber die Einräumung des Mitbesitzes (§ 866) oder die Begründung eines Besitzmittlungsverhältnisses erforderlich; das ist meist wenig praktisch. 1

§ 1152 ist auf Grundschuld und Rentenschuld entspr anwendbar (§ 1192 I). 2

§ 1153 Übertragung von Hypothek und Forderung

(1) Mit der Übertragung der Forderung geht die Hypothek auf den neuen Gläubiger über.
(2) Die Forderung kann nicht ohne die Hypothek, die Hypothek kann nicht ohne die Forderung übertragen werden.

1 Die Bestimmung soll ein Auseinanderfallen von Forderung und Hypothek verhindern. Ein ausdrücklicher Ausschluss des Übergangs der Hypothek bei Übertragung der Forderung oder umgekehrt führt deshalb zur Wirkungslosigkeit der Erklärung. Allerdings ist, wenn „die Hypothek" abgetreten wird, damit regelmäßig eine Abtretung der Forderung samt der Hypothek gemeint (RG JW 38, 44).

2 Der zwingende Zusammenhang von Hypothek und Forderung ist aufgehoben in § 1159 (für Rückstände von Zinsen und Nebenleistungen), in § 1168 (bei Verzicht auf die Hypothek), §§ 1173, 1174, 1182 (bei Gesamthypotheken), § 1180 (bei Auswechslung der Forderung), § 1190 (bei der Höchstbetragshypothek) und § 1198 (bei der Umwandlung in eine Grundschuld).

3 § 1153 ist auf Grundschuld und Rentenschuld mangels Akzessorietät nicht entspr anwendbar.

§ 1154 Abtretung der Forderung

(1) Zur Abtretung der Forderung ist Erteilung der Abtretungserklärung in schriftlicher Form und Übergabe des Hypothekenbriefes erforderlich; die Vorschrift des § 1117 findet Anwendung. Der bisherige Gläubiger hat auf Verlangen des neuen Gläubigers die Abtretungserklärung auf seine Kosten öffentlich beglaubigen zu lassen.
(2) Die schriftliche Form der Abtretungserklärung kann dadurch ersetzt werden, dass die Abtretung in das Grundbuch eingetragen wird.
(3) Ist die Erteilung des Hypothekenbriefs ausgeschlossen, so finden auf die Abtretung der Forderung die Vorschriften der §§ 873, 878 entsprechende Anwendung.

1 **A. Buch- und Briefhypothek.** § 1154 unterwirft die Abtretung der Forderung bei der Hypothek bestimmten Formvorschriften. Während die Abtretung der Forderung bei der Buchhypothek in der gleichen Weise wie die Übertragung eines Rechts an einem Grundstück erfolgt, wird die Publizität der Rechtsübertragung bei der Briefhypothek durch das Erfordernis der Briefübergabe sichergestellt. Die Abtretung der Forderung (und damit der Hypothek) kann (ausgenommen im Fall des § 354 a HGB) durch Vereinbarung auch vollständig ausgeschlossen oder beschränkt werden; sehr häufig wird die Abtretung von der Zustimmung des Grundstückseigentümers abhängig gemacht. Möglich ist auch eine Beschränkung der Abtretung der Hypothek selbst (die dann auch im Fall des § 354 a HGB wirksam ist). Es empfiehlt sich, jede Abtretungsbeschränkung in das Grundbuch ausdrücklich eintragen zu lassen, da eine Bezugnahme auf die Eintragungsbewilligung leicht übersehen wird. Die Abtretung kann auch bedingt oder befristet erfolgen (und schon vor Bedingungseintritt in das Grundbuch eingetragen werden; Bauer/v Oefele/*Kohler* § 26 Rn 13), was aber ohne praktische Bedeutung ist. Möglich ist auch eine Blankoabtretung, die mit Ausfüllen des Blanketts wirksam wird (BGH NJW 57, 137); die Rspr zur Formbedürftigkeit der Ausfüllung des Blanketts bei der Bürgschaft (§ 776 Rn 13) ist nicht hierher übertragbar. Im Rechtsverkehr wird oft ungenau von der „Abtretung der Hypothek" gesprochen; dies ist allerdings idR als Abtretung der Forderung auszulegen (§ 1153 Rn 1).

2 **B. Briefhypothek: Abtretungserklärung, Briefübergabe.** Die Abtretung der Forderung setzt eine Einigung zwischen Zedenten und Zessionar voraus; die Erklärung des Letzteren kann aber konkludent in der Weise erfolgen, dass er den Grundschuldbrief in der Absicht entgegennimmt, das Recht zu erwerben. Dagegen bedarf die Erklärung des Zedenten der **Schriftform** (§ 126). Da die Erklärung „erteilt", also ausgehändigt sein muss, dürfte eine Abtretung in elektronischer Form ausgeschlossen sein. Die Erklärung muss die zur Individualisierung der Forderung erforderlichen Angaben erhalten, also Vertragsparteien und Gegenstand der Abtretung. Die Grundbuchpraxis verlangte bis vor kurzem eine kalendermäßige Bezeichnung, ab wann Zinsen abgetreten sind (so noch Frankf Rpfleger 93, 486); inzwischen ist anerkannt, dass auch die Formulierung „mit allen Zinsen" beim ersten Hypothekengläubiger oder „mit allen Zinsen, die an mich abgetreten sind" bei einem späteren Gläubiger dem sachenrechtlichen Bestimmtheitsgrundsatz entspricht (*Schöner/Stöber* Rn 2384); wird dagegen nur „die Hypothek" abgetreten, dann bleiben die Zinsen beim bisherigen Gläubiger (BayObLG Rpfleger 97, 258). Die Angabe des Datums der Abtretung ist nicht erforderlich.

3 Der neue Gläubiger kann öffentliche **Beglaubigung** verlangen; die Kostenregelung in § 1154 I 2 (in Abweichung von § 403 S 2) ist abdingbar und in der Praxis meist abbedungen. Eine Verurteilung, die Beglaubigung vornehmen zu lassen, ersetzt die Beglaubigung nicht; § 894 ZPO ist nicht anwendbar (BayObLG NJW-RR 97, 1015, 1016). Für die Wirksamkeit der Abtretung ist die Beglaubigung ohne jede Bedeutung; dass dies vielen Gläubigern unbekannt ist, wird mitunter in betrügerischer Absicht ausgenutzt. Die unverzügliche Beglaubigung ist schon deshalb sehr ratsam, weil im Fall der Insolvenz des Zedenten der Zeitpunkt der Abtretungserklärung sonst anderweitig nachgewiesen werden muss (Hamm Rpfleger 95, 292).

Die **Übergabe** des Briefes (Realakt) kann infolge der Verweisung auf § 1117 in jeder der dort zugelassenen Formen 4
erfolgen (vgl § 1117 Rn 3 f); bei der Vereinbarung, der neue Gläubiger möge sich den Brief vom Grundbuchamt
aushändigen lassen, erwirbt dieser die Hypothek mit der Aushändigung ohne Rückwirkung (str). Auch die Vermutung des § 1117 III kommt dem Briefbesitzer zugute. Eine Übergabe des Briefes ohne Abtretungserklärung
verhindert praktisch Verfügungen über die Forderung durch den Berechtigten, hat aber ebenso wenig rechtliche
Bedeutung wie die (ohne Übergang der Forderung nicht mögliche, § 952) Übertragung des Eigentums am Brief.
Die Übergabe von auf das Grundbuch zurückführenden Abtretungserklärungen (vgl § 1155) ist nicht Wirksamkeitsvoraussetzung, kann aber vom Zessionar verlangt werden (§ 402). Ist der Brief abhanden gekommen, kann
vor Kraftloserklärung eine Abtretung der Forderung in keiner Weise erfolgen.

Die Eintragung der Abtretung in das Grundbuch ist möglich und wird in der Bankpraxis oft verlangt, jedoch 5
für die Wirksamkeit der Abtretung nicht erforderlich. § 1153 ist auf Grundschuld und Rentenschuld mangels
Akzessorietät nicht entspr anwendbar.

Fehlt es entweder an der Schriftform der Abtretungserklärung oder an der Briefübergabe, ist die Abtretung 6
unwirksam. Sie wird auch dann nicht als Forderungsabtretung wirksam, wenn die Hypothek später erlischt; ein
späterer gutgläubiger Erwerb von einem solchen Erwerber ist nicht möglich (BGH NJW-RR 93, 369, 370). Allerdings wird der Mangel der Schriftform durch Eintragung in das Grundbuch geheilt (§ 1154 II), so dass der öffentliche Glaube des Grundbuchs unter einer unwirksamen Abtretung bei Briefübergabe nicht leidet.

Eine **Teilabtretung** ist möglich, setzt aber voraus, dass der Zessionar Allein- oder Mitbesitz am Hypothekenbrief 7
erhält (wobei zweifelhaft ist, ob die Vereinbarung eines Besitzmittlungsverhältnisses zwischen Zendent und Zessionar genügt; ablehnend BGH NJW 83, 568) oder dass Teilhypothekenbriefe (§ 1152) hergestellt werden.

C. Buchhypothek: Einigung, Eintragung. Die zur Abtretung der Forderung bei einer Buchhypothek erforderliche Einigung braucht dem Grundbuchamt nicht nachgewiesen zu werden; Eintragungsbewilligung des 8
Zedenten genügt (§ 19 GBO). In der Bewilligung liegt zugleich eine Einwilligung in Verfügungen des Zessionars nach § 185, so dass auch „Kettenabtretungen" ohne Zwischeneintragung möglich sind (LG Detmold
Rpfleger 01, 299).

D. Grundschuld, Rentenschuld. § 1154 ist auf Grundschuld und Rentenschuld entspr anwendbar (§ 1192 9
I); abgetreten wird hier mangels Akzessorietät aber das dingliche Recht selbst.

§ 1155 Öffentlicher Glaube beglaubigter Abtretungserklärungen

¹Ergibt sich das Gläubigerrecht des Besitzers des Hypothekenbriefes aus einer zusammenhängenden, auf
einen eingetragenen Gläubiger zurückführenden Reihe von öffentlich beglaubigten Abtretungserklärungen,
so finden die Vorschriften der §§ 891 bis 899 in gleicher Weise Anwendung, wie wenn der Besitzer des Briefes als Gläubiger im Grundbuch eingetragen wäre. ²Einer öffentlich beglaubigten Abtretungserklärung steht
gleich ein gerichtlicher Überweisungsbeschluss und das öffentlich beglaubigte Anerkenntnis einer kraft
Gesetzes erfolgten Übertragung der Forderung.

Die durch § 1154 geschaffene Möglichkeit der Übertragung der Briefhypothek außerhalb des Grundbuchs 1
wäre sinnlos, wenn gleichwohl (vorbehaltlich entgegenstehender Vermerke auf dem Brief, § 1140) zugunsten
eines redlichen Erwerbers weiterhin (nur) der im Grundbuch Eingetragene als Gläubiger gelten würde. Deshalb ist § 1155 eine **Fiktion** der Grundbucheintragung des durch eine Abtretungskette ausgewiesenen Briefbesitzers; entspr ist die Vorschrift ohne Bedeutung, wenn der Berechtigte die Abtretung im Grundbuch hat
eintragen lassen. § 1155 geht der Vermutung des § 891 dann vor, wenn sich der Gläubiger nach § 1160 durch
den Brief legitimieren muss; § 891 bleibt aber anwendbar, wenn die Verpflichtungen nach § 1160 ausgeschlossen worden sind. Der Schutz des guten Glaubens an die Gläubigerschaft des Briefbesitzers wird nicht
beschränkt; er gilt auch dann, wenn der Brief abhanden gekommen war (BGH NJW-RR 97, 910). Ebenso
wenig, wie der Schutz des § 892 davon abhängt, dass der Erwerber das Grundbuch eingesehen hat (§ 892
Rn 15), ist Voraussetzung für § 1155, dass die Abtretungserklärungen dem Briefbesitzer vorgelegt wurden.
Ebenso wenig ist entscheidend, ob die Abtretungserklärungen materiell wirksam sind. § 1155 gilt auch im
Verhältnis ggü dem Grundbuchamt, allerdings nur bei Eintragungen, für die der Brief vorzulegen ist (BayOLG NJW-RR 96, 721, 723).

Öffentliche Beglaubigung ist nur die Beglaubigung durch einen Notar; eine Beglaubigung der Unterschrift 2
des Zessionars durch eine aufgrund des § 63 BeurkG befugte Stelle genügt ebenso wenig wie die gesiegelte
Abtretungserklärung eines öffentlich-rechtlichen Kreditinstituts. Dagegen haben im Inland anzuerkennende
ausländische Beglaubigungen die gleiche Wirkung wie die durch einen deutschen Notar. Vollmachten müssen
in gleicher Weise öffentlich beglaubigt sein. Auch **Fälschungen** vermitteln gutgläubigen Erwerb, wenn sie
nicht von der Person herstammen, die im Beglaubigungsvermerk bezeichnet ist, nicht dagegen, wenn der
Beglaubigungsvermerk selbst gefälscht ist (Staud/*Wolfsteiner* Rn 13; anders BaRoth/*Rohe* Rn 9: wenn die Fälschung „äußerlich erkennbar" ist).

3 Für den guten Glauben des Erwerbers ist eine **vollständige Kette** beglaubigter Erklärungen erforderlich, die vom im Grundbuch eingetragenen Gläubiger bis zum Rechtsvorgänger des Erwerbers führt. Weder schadet es dem Erwerber, wenn er weiß, dass ein ordnungsgemäß dokumentierter Übertragungsakt materiell unwirksam war, noch nutzt es ihm, wenn ein nicht dokumentierter Übertragungsakt wirksam war. Die Abtretung auf den Erwerber selbst braucht für § 892 nicht beglaubigt zu sein; die Vermutung des § 891 gilt freilich nur, wenn auch die Abtretung an den Erwerber beglaubigt ist. Eine Gesamtrechtsnachfolge, insbes ein Erbfall, unterbricht die Kette nicht, wenn sie durch den wirklichen Erben fortgesetzt wird.

4 Nach § 1155 S 2 stehen ein gerichtlicher Überweisungsbeschluss (auch wenn er rechtswidrig ist) und das dort bezeichnete Anerkenntnis der beglaubigten Abtretungserklärung gleich. Nach § 894 ZPO genügt auch ein Urteil auf Abgabe der Abtretungserklärung, nicht dagegen ein Feststellungsurteil, dass die nicht beglaubigte Abtretungserklärung vom Zedenten stammt (wie § 1154 Rn 3). Das Anerkenntnis kann – da rechtsgeschäftlicher Erwerb erforderlich ist – nur den Vormann des Erwerbers, nicht diesen selbst legitimieren.

5 § 1154 ist auf Grundschuld und Rentenschuld entspr anwendbar (§ 1192 I); abgetreten wird hier mangels Akzessorietät aber das dingliche Recht selbst.

§ 1156 Rechtsverhältnis zwischen Eigentümer und neuem Gläubiger

¹Die für die Übertragung der Forderung geltenden Vorschriften der §§ 406 bis 408 finden auf das Rechtsverhältnis zwischen dem Eigentümer und dem neuen Gläubiger in Ansehung der Hypothek keine Anwendung. ²Der neue Gläubiger muss jedoch eine dem bisherigen Gläubiger gegenüber erfolgte Kündigung des Eigentümers gegen sich gelten lassen, es sei denn, dass die Übertragung zur Zeit der Kündigung dem Eigentümer bekannt oder im Grundbuch eingetragen ist.

1 § 1156 ist wegen der Akzessorietät der Hypothek notwendig. Ohne diese Vorschrift müsste der Erwerber einer Hypothek Änderungen in der Person des Forderungsgläubigers auch gegen sich gelten lassen, wie dies bei der Sicherungshypothek tatsächlich der Fall ist (§ 1185 II). Damit wäre die Verkehrsfähigkeit der Hypothek aber erheblich vermindert. § 1156 schützt den Erwerber gegen sein Recht beeinträchtigende Handlungen nach seinem Rechtserwerb; gegen Handlungen, die seinem Rechtserwerb vorangehen, ist er bereits durch § 892, ggf iVm § 1138 geschützt. Für rückständige und kurzfristig fällig werdende Nebenleistungen gelten die Ausnahmevorschriften der §§ 1158, 1159.

2 Die §§ 406–408 gelten infolge des § 1156 nur dann, wenn aus der Forderung vorgegangen wird; dem Anspruch aus der Hypothek können die dort genannten Vorgänge nicht entgegengesetzt werden. Da § 1156 keine Einschränkung enthält, gilt er auch bei einem unentgeltlichen Erwerb der Hypothek (Königsberg OLGR 10, 124, 125; aA Ba/Roth/*Rohe* Rn 2: entspr Anwendung des § 816 I 2).

3 § 1156 ist auf Grundschuld und Rentenschuld entspr anwendbar (§ 1192 I).

§ 1157 Fortbestehen der Einreden gegen die Hypothek

Eine Einrede, die dem Eigentümer auf Grund eines zwischen ihm und dem bisherigen Gläubiger bestehenden Rechtsverhältnisses gegen die Hypothek zusteht, kann auch dem neuen Gläubiger entgegengesetzt werden. Die Vorschriften der §§ 892, 894 bis 899, 1140 gelten auch für diese Einrede.

1 Bei der Forderungsabtretung sorgt § 404 dafür, dass der Schuldner dem neuen Gläubiger die ihm gegen den Zedenten zustehenden Einreden entgegensetzen kann. Solche Einreden wirken aber nicht automatisch im Verhältnis zwischen dem Gläubiger und dem Eigentümer. § 1157 ordnet deshalb an, dass der Eigentümer dem neuen Gläubiger seine persönlichen Einreden gegen die Hypothek entgegenhalten kann, es sei denn, der neue Gläubiger habe gutgläubig einredefrei erworben. Solche Einreden sind zB eine Stundungsabrede, ein Abtretungsverbot oder die Verpflichtung zur Entlassung von Grundstücken aus der Mithaft. § 1157 schützt nur den Eigentümer, nicht den von ihm personenverschiedenen persönlichen Schuldner, der sich auf die genannten Einreden nicht berufen kann.

2 Ggü einem gutgläubigen Zessionar wirkt eine solche Einrede aber nur, wenn sie ihm bekannt ist oder aus dem Grundbuch, dem Grundschuldbrief oder den in § 1155 genannten Übertragungsurkunden hervorgeht. Dabei kommt es stets auf den konkreten Erwerbsvorgang an. Bei mehreren Hypothekenabtretungen schadet dem letzten Erwerber nicht, dass er Einreden kannte, hinsichtlich derer ein früherer Erwerber einredefrei erworben hat (BGH ZIP 01, 367). Ob eine Einrede als Widerspruch oder als Inhaltsänderung der Hypothek einzutragen wäre, ist zweifelhaft.

4 § 1157 S 2 verweist auf § 892, aber nicht auf § 893. Die Vorschrift schützt also ihrem Wortlaut nach den, der durch Zahlung an den Nichtberechtigten eine Hypothek erwirbt, die dem Zahlungsempfänger nicht zusteht (§ 892), nicht aber den, der den wirklichen Hypothekengläubiger ablöst, die Hypothek aber mit allen Einreden erwirbt, die dem Eigentümer gegen diesen zustehen (was nur unter § 893 fallen würde). Dieser Wer-

tungswiderspruch muss dadurch behoben werden, dass der Zahlende auch im letzteren Fall einredefrei erwirbt (aA BGH NJW 86, 1487 m abl Anm *Canaris*).
§ 1157 ist auf Grundschuld und Rentenschuld entspr anwendbar (§ 1192 I). 5

§ 1158 Künftige Nebenleistungen

Soweit die Forderung auf Zinsen oder andere Nebenleistungen gerichtet ist, die nicht später als in dem Kalendervierteljahr, in welchem der Eigentümer von der Übertragung Kenntnis erlangt, oder dem folgenden Vierteljahr fällig werden, finden auf das Rechtsverhältnis zwischen dem Eigentümer und dem neuen Gläubiger die Vorschriften der §§ 406 bis 408 Anwendung; der Gläubiger kann sich gegenüber den Einwendungen, welche dem Eigentümer nach den §§ 404, 406 bis 408, 1157 zustehen, nicht auf die Vorschrift des § 892 berufen.

Zinsen für das laufende und das folgende Quartal kann der Eigentümer bedenkenlos an den ihm bekannten 1
Gläubiger zahlen; er muss nicht befürchten, deshalb nochmals an einen neuen Gläubiger leisten zu müssen, weil hierüber im Grundbuch nichts vermerkt ist. Es handelt sich um eine Ausnahme von § 1156 S 1. § 1158 betrifft nur die Übertragung noch nicht fälliger Zinsen an den neuen Gläubiger, für rückständige Zinsen gilt § 1159; Tilgungsleistungen sind in keinem Fall betroffen, auch wenn bei einer Tilgungshypothek gleich bleibende Beträge für Zins und Tilgung gezahlt werden. Maßgebend ist nach dem eindeutigen Wortlaut die Fälligkeit der Zinsen, nicht der Zeitraum, für den sie gezahlt werden (aA Braunschw OLGR 4, 73), und die Kenntniserlangung des Eigentümers, nicht der Zeitpunkt der Abtretung.
§ 1158 ist auf Grundschuld und Rentenschuld entspr anwendbar (§ 1192 I). 2

§ 1159 Rückständige Nebenleistungen

(1) ¹Soweit die Forderung auf Rückstände von Zinsen oder anderen Nebenleistungen gerichtet ist, bestimmt sich die Übertragung sowie das Rechtsverhältnis zwischen dem Eigentümer und dem neuen Gläubiger nach den für die Übertragung von Forderungen geltenden allgemeinen Vorschriften. ²Das Gleiche gilt für den Anspruch auf Erstattung von Kosten, für die das Grundstück nach § 1118 haftet.
(2) Die Vorschrift des § 892 findet auf die im Absatz 1 bezeichneten Ansprüche keine Anwendung.

§ 1159 ist eine Ausnahme sowohl von § 1154 als auch von § 1156. Die Abtretung rückständiger Nebenleistun- 1
gen und Kosten unterliegt damit keiner Form; vom öffentlichen Glauben des Grundbuchs sind diese Ansprüche völlig ausgeschlossen. Der Eigentümer kann dem neuen Gläubiger ohne Rücksicht auf eine Grundbucheintragung alle Einwendungen gegen den bisherigen Gläubiger entgegensetzen (§ 404), er kann aufrechnen (§ 406) und bis zur Kenntnis von der Abtretung an den bisherigen Gläubiger befreiend leisten (§ 407). Durch die Abtretung der Rückstände geht die dafür bestehende Hypothek ebenfalls über (§ 401), soweit dieser Übergang nicht vertraglich ausgeschlossen wird. Die Bildung eines Teilhypothekenbriefs ist aber nicht möglich (Braunschw OLGR 15, 338); die Vorlage des Briefs zur Geltendmachung ist folgerichtig entbehrlich (§ 1160 III). In das Grundbuch wird die Abtretung nur eingetragen, wenn sie zusammen mit noch nicht fälligen Zinsen erfolgt, entweder durch Angabe des Kalendertags, ab dem die Zinsen dem neuen Gläubiger zustehen oder durch die Angabe „mit allen Zinsen" (ggf soweit sie dem Zessionar zustanden). Mit der Hypothek für die Hauptforderung erlischt die Hypothek für Rückstände von selbst (str).
§ 1159 ist auf Grundschuld und Rentenschuld entspr anwendbar (§ 1192 I). 2

§ 1160 Geltendmachung der Briefhypothek

(1) Der Geltendmachung der Hypothek kann, sofern nicht die Erteilung des Hypothekenbriefs ausgeschlossen ist, widersprochen werden, wenn der Gläubiger nicht den Brief vorlegt; ist der Gläubiger nicht im Grundbuch eingetragen, so sind auch die im § 1155 bezeichneten Urkunden vorzulegen.
(2) Eine dem Eigentümer gegenüber erfolgte Kündigung oder Mahnung ist unwirksam, wenn der Gläubiger die nach Absatz 1 erforderlichen Urkunden nicht vorlegt und der Eigentümer die Kündigung oder die Mahnung aus diesem Grunde unverzüglich zurückweist.
(3) Diese Vorschriften gelten nicht für die im § 1159 bezeichneten Ansprüche.

Die Vorschrift dient dem Schutz des Schuldners, der ohne Vorlage der den Gläubiger legitimierenden Urkun- 1
den nicht zu leisten braucht; die in § 1155 genannten Urkunden müssen in notariell beglaubigter Form vorgelegt werden. Bei Hypotheken, die zugunsten von Kreditinstituten bestellt werden, wird § 1160 idR abbedungen, was zulässig ist (Frankf DNotZ 77, 112; KG JW 31, 3282, 3284; aA für § 1160 I früher KG OLGR 10, 421), aber dazu führen muss, dass § 1140 zu Lasten des Eigentümers nicht angewendet werden kann (weitergehend Staud/*Wolfsteiner* Rn 17).

2 „Geltendmachung der Hypothek" ist außer der Hypothekenklage auch die Aufrechnung durch den Gläubiger (Königsberg OLGR 12, 305). Die Vorlage ist – außer im Urkundenprozess – nicht Voraussetzung einer Klage aus der Hypothek und gehört auch nicht zu ihrer Schlüssigkeit; es kann daher ein Versäumnisurteil gegen den Beklagten ergehen (aA MüKo/*Eickmann* Rn 5). Werden die Urkunden aber im Prozess nicht vorgelegt, obwohl es der Beklagte verlangt, wird die Klage als zur Zeit unbegründet abgewiesen; werden sie vorgelegt und erkennt der Beklagte sodann sofort an, trägt der Kläger die Kosten (§ 93 ZPO); auch ohne sofortiges Anerkenntnis können den Kläger Kosten treffen (§ 94 ZPO).
3 Bei Kündigung und Mahnung durch den Gläubiger bedarf es unverzüglicher Zurückweisung; ist diese nicht erfolgt, kann sie später nicht nachgeholt werden. Damit ist aber nur die Geltendmachung der Unwirksamkeit der Mahnung ausgeschlossen; der Geltendmachung der Hypothek im Wege der Klage kann gleichwohl widersprochen werden.
4 Die Rechte aus § 1144 stehen dem Eigentümer unabhängig von § 1160 zu. Verlangt der Eigentümer also Herausgabe des Hypothekenbriefs und der weiteren Urkunden, wird er nur Zug um Zug verurteilt (§ 274).
5 Da bei den in § 1159 genannten Rückständen der Eigentümer vor der Geltendmachung eines Nichtberechtigten geschützt ist, ist hier – wie § 1160 III konsequenterweise bestimmt – die Urkundenvorlage entbehrlich.
6 § 1160 ist auf Grundschuld und Rentenschuld entspr anwendbar (§ 1192 I).

§ 1161 Geltendmachung der Forderung

Ist der Eigentümer der persönliche Schuldner, so findet die Vorschrift des § 1160 auch auf die Geltendmachung der Forderung Anwendung.

1 § 1161 schützt den mit dem Eigentümer personenidentischen Schuldner über die Bestimmung des § 410 hinaus: Mit anderen als den in § 1160 genannten Urkunden kann der Gläubiger auch seine Ansprüche aus der Forderung nicht verfolgen, wenn der Schuldner widerspricht; ausgenommen sind – da auf den ganzen § 1160 und damit auch auf § 1160 III verwiesen wird – Ansprüche auf rückständige Nebenleistungen.
2 § 1161 setzt eine Forderung voraus und ist deshalb auf Grundschuld und Rentenschuld nicht entspr anwendbar.

§ 1162 Aufgebot des Hypothekenbriefes

Ist der Hypothekenbrief abhanden gekommen oder vernichtet, so kann er im Wege des Aufgebotsverfahrens für kraftlos erklärt werden.

1 Wenn der Brief abhanden gekommen oder vernichtet ist, erlischt zwar die Hypothek nicht; der Berechtigte kann sein Recht aber nicht ausüben. Ein neuer Brief darf erst nach Kraftloserklärung des alten erteilt werden (§ 67 GBO); den Weg hierzu eröffnet § 1162. Sonderregelungen bestehen für Hypothekenbriefe, die durch Kriegsereignisse in Verlust geraten sind (§ 26 GBBerG); auch bei der Ablösung nach § 10 GBBerG ist ein Aufgebot nicht erforderlich. Dagegen ermöglicht § 136 ZVG ein Aufgebotsverfahren auch noch nach der Löschung der Hypothek, wenn der Nachweis des Berechtigten hiervon abhängig ist.
2 Das Aufgebotsverfahren steht nicht nur dann zur Verfügung, wenn der Brief vernichtet oder sein Verbleib unbekannt ist, sondern auch dann, wenn der Brief von seinem (bekannten) Besitzer aus tatsächlichen Gründen nicht erlangt werden kann (zB aussichtslose Zwangsvollstreckung im Ausland; str).
3 Das Aufgebotsverfahren richtet sich im Einzelnen nach §§ 946–959, 1003-1024 ZPO. Antragsberechtigt ist derjenige, der das Recht aus dem abhanden gekommenen Brief geltend machen kann (§ 1004 II ZPO). Im praktisch wichtigsten Fall, dass der Gläubiger dem Eigentümer nach Tilgung der Forderung Löschungsbewilligung erteilt, der Brief aber beim Eigentümer oder auf dem Postweg abhanden gekommen ist, ist dessen Antragsberechtigung hiernach zweifelhaft. In der Praxis wird aber davon ausgegangen, der im Besitz einer Löschungsbewilligung des eingetragenen Gläubigers befindliche Eigentümer sei antragsberechtigt (Zöller/ *Geimer* § 1004 ZPO Rn 2); richtigerweise lässt sich dies mit der Stellung des Antrags in zulässiger gewillkürter Prozessstandschaft für den Eigentümer begründen. Das Ausschlussurteil wird sofort rechtskräftig; ein Rechtskraftzeugnis für das Grundbuchamt ist daher entbehrlich. Wird nur die Löschung des Rechts gewünscht, genügt die Vorlage des Urteils (§ 41 II GBO); soll die Hypothek wieder verwendet werden, muss ein neuer Brief erteilt werden. Befanden sich Vermerke, insbes Abtretungserklärungen, auf dem Brief, können diese im Aufgebotsverfahren nicht ersetzt und daher auf den neuen Brief nicht eingetragen werden.
4 § 1162 ist auf Grundschuld und Rentenschuld entspr anwendbar (§ 1192 I). Eine Sonderregelung besteht für Eigentümergrundschuldbriefe in §§ 1195, 799. Angesichts der massenhaften Postversendung und Verwaltung von Grundschuldbriefen durch Kreditinstitute hat das Aufgebotsverfahren bei Grundschuldbriefen beträchtliche praktische Bedeutung.

§ 1163 Eigentümerhypothek

(1) ¹Ist die Forderung, für welche die Hypothek bestellt ist, nicht zur Entstehung gelangt, so steht die Hypothek dem Eigentümer zu. ²Erlischt die Forderung, so erwirbt der Eigentümer die Hypothek.
(2) Eine Hypothek, für welche die Erteilung des Hypothekenbriefs nicht ausgeschlossen ist, steht bis zur Übergabe des Briefes an den Gläubiger dem Eigentümer zu.

Da die Hypothek bereits durch Einigung und Eintragung im Grundbuch entsteht (§ 873 BGB), bedarf es der Regelung, wem sie bis zur Entstehung der Forderung und – bei der Briefhypothek – der Übergabe des Hypothekenbriefes zusteht; dies regelt § 1163 I 1, II. Anders als nach dem ZGB der früheren DDR erlischt die Hypothek aber auch nicht, wenn die Forderung erlischt, sondern geht auf den Eigentümer über (§ 1163 I 2). Ob es sich bei dem Recht des Eigentümers um eine Hypothek ohne Forderung handelt (dafür spricht die neue amtliche Überschrift) oder um eine Eigentümergrundschuld (so hM), hat nur terminologische Bedeutung. Nach der Intention des historischen Gesetzgebers sorgt § 1163 dafür, dass der Eigentümer über die Rangstelle einer einmal eingetragenen Hypothek verfügen kann. Diese Absicht ist heute aber durch §§ 1179a, 1179b bis zur Bedeutungslosigkeit relativiert. Deshalb hat auch die frühere Funktion des Eigentümerrechts, der Beschaffung von Zwischenkredit zu dienen (so noch heute BaRoth/*Rohe* Rn 7), heute keinerlei praktische Bedeutung mehr. § 1163 ist zwar nach allgM zwingendes Recht, kann aber leicht umgangen werden (Rn 2). 1

Das Eigentümerrecht ist entweder ein **vorläufiges** (wenn die gesicherte Forderung bei Eintragung der Hypothek noch nicht entstanden ist) oder ein **endgültiges** (wenn die Forderung nicht mehr entstehen kann, § 1163 I 1) oder ein **nachträgliches** (wenn die Forderung erloschen ist, § 1177 I; hier handelt es sich zweifelsfrei um eine Grundschuld). Eine Forderung besteht auch dann nicht, wenn ein Darlehen zwar ausgezahlt, der Darlehensanspruch aber (zB wegen Wuchers) nicht wirksam ist; die Hypothek sichert in diesem Fall nicht etwa die Bereicherungsansprüche des Darlehensgebers (*Schwab/Prütting* § 55 I 2; wohl auch BGH NJW 86, 1275; str). Das Entstehen eines vorläufigen Eigentümerrechts kann dadurch vermieden werden, dass die Hypothek zur Sicherung eines dem Gläubiger erteilten abstrakten Schuldversprechens oder Schuldanerkenntnisses erteilt wird. Eine nachträgliche Eigentümergrundschuld entsteht nicht, wenn eine mit Erlöschen der Forderung auflösend bedingte Hypothek bestellt wird. Ausnahmen von der nachträglichen Eigentümergrundschuld ordnen die §§ 1178, 1181 und für die Gesamthypothek zusätzlich die §§ 1173, 1174 an. Bei Hypotheken an früheren Reichsheimstätten, die am 1.10.93 bereits eingetragen waren, ist Art 6 § 1 I 2 des Gesetzes vom 17.6.93 (BGBl I S 912) zu beachten: Mit dem Erlöschen der Forderung erlischt auch die Hypothek. 2

Vor Entstehung der Forderung hat der Gläubiger ein **Anwartschaftsrecht** auf Erwerb der Hypothek, das mit Entstehung der Forderung von selbst zur Hypothek wird. Es ist übertragbar; auch gutgläubiger Erwerb ist möglich, wenn der Gläubiger die vermeintliche Forderung an einen Dritten abtritt, der nicht weiß, dass sie (noch) nicht entstanden ist (§ 1138). Verfügungen des Eigentümers über das vorläufige Eigentümerrecht sind nur möglich, soweit sie das Anwartschaftsrecht nicht beeinträchtigen (§ 161), und nur bei der Briefhypothek; bei der Buchhypothek scheitern sie an § 39 GBO. Kein Anwartschaftsrecht hat der Gläubiger bei der Briefhypothek vor Übergabe des Briefes (Hamm Rpfleger 80, 483; str). 3

Bei einem Tilgungsdarlehen entsteht die nachträgliche Eigentümergrundschuld nach dem Gesetz mit jeder einzelnen Tilgungszahlung, ausgenommen bei der sog Tilgungsfondshypothek (zum Begriff s § 1113 Rn 9). Ist eine solche vereinbart, hat vor Entstehen der Eigentümergrundschuld der Eigentümer noch keine Rechtsstellung, die abgetreten, gepfändet oder verpfändet werden könnte, also keine Anwartschaft (aA Staud/*Wolfsteiner* Rn 46: „eine Art Anwartschaft"). 4

Eine **Zwangshypothek** (§ 868 ZPO) erwirbt der Eigentümer als Eigentümergrundschuld, wenn die zu vollstreckende Entscheidung und ihre vorläufige Vollstreckbarkeit aufgehoben wird, nicht aber, wenn ein Versäumnisurteil durch kontradiktorisches Urteil in der Weise aufrechterhalten wird, dass es nur noch gegen Sicherheitsleistung vollstreckbar ist (Brandbg Rpfleger 01, 487). 5

§ 1163 I beruht auf der Akzessorietät der Hypothek und ist deshalb auf Grundschuld und Rentenschuld nicht entspr anwendbar. Hingegen gilt § 1163 II für Briefgrundschuld und Briefrentenschuld entspr (§ 1192 I). Art 6 § 1 I 2 des Gesetzes vom 17.6.93 (BGBl I S 912) gilt jedoch auch für Grundschulden; was dort „die Forderung" ist, bleibt freilich unerfindlich. 6

§ 1164 Übergang der Hypothek auf den Schuldner

(1) ¹Befriedigt der persönliche Schuldner den Gläubiger, so geht die Hypothek insoweit auf ihn über, als er von dem Eigentümer oder einem Rechtsvorgänger des Eigentümers Ersatz verlangen kann. ²Ist dem Schuldner nur teilweise Ersatz zu leisten, so kann der Eigentümer die Hypothek, soweit sie auf ihn übergegangen ist, nicht zum Nachteil der Hypothek des Schuldners geltend machen.
(2) Der Befriedigung des Gläubigers steht es gleich, wenn sich Forderung und Schuld in einer Person vereinigen.

Die durch §§ 1165-1166 ergänzte Vorschrift gewährleistet den Schutz des Schuldners, soweit er nach der zwischen ihm und dem Eigentümer getroffenen Abrede ganz oder teilweise Ersatz vom Eigentümer verlangen kann, nachdem der Gläubiger befriedigt wurde. § 1164 ist damit das Gegenstück zum Übergang der Forde- 1 rung nach § 1143; wie Formulierung und Stellung im Gesetz zeigen, geht das BGB davon aus, dass ein Übergang der Forderung auf den Eigentümer die Regel, ein Ersatzanspruch des Schuldners dagegen die Ausnahme ist. Praktisch kommt er dann vor, wenn beim Kaufvertrag eine Hypothek in Anrechnung auf den Kaufpreis übernommen, die Schuldübernahme vom Gläubiger aber nicht genehmigt wird und dann der Verkäufer als persönlicher Schuldner an den Gläubiger zahlt. § 1164 ist zwar nicht mit dinglicher Wirkung abdingbar, setzt aber eine auf Ersatz gerichtete Abrede voraus (die allerdings, wie § 1164 I 1 klarstellt, auch mit einem früheren Eigentümer – sogar einem nicht eingetragenen Zwischenerwerber; RGZ 150, 28, 34 – getroffen sein kann); er gilt also nicht, wenn ein Ersatzanspruch vertraglich ausgeschlossen ist (dann wird die Hypothek mit Erlöschen der Forderung Eigentümergrundschuld, § 1163 I 2).

2 § 1164 knüpft an die Befriedigung des Gläubigers an; wie diese erfolgt ist, spielt keine Rolle. Deshalb gilt § 1164 auch, wenn der Gläubiger diese durch Zwangsvollstreckung in das Vermögen des persönlichen Schuldners bewirkt hat, wenn ein anderer für den persönlichen Schuldner auf diese Schuld geleistet hat (aber nur dann, wenn nicht die Forderung und damit nach § 1153 die Hypothek auf diesen anderen übergegangen ist) und auch, wenn der Gläubiger dem persönlichen Schuldner die Schuld erlassen hat.

3 Rechtsfolge des § 1164 ist der Übergang der Hypothek auf den persönlichen Schuldner; die Hypothek sichert jetzt dessen Ersatzanspruch im Wege einer gesetzlichen Forderungsauswechslung. § 1164 geht dem § 1178 vor; es geht also auch die Hypothek für Zinsen und Kosten auf den Schuldner über (RGZ 143, 278, 286).

4 Das Rangverhältnis bei teilweiser Befriedigung und teilweisem Ersatzanspruch regeln §§ 1164 I 2 und 1176: Bleibt ein Teil der Forderung ungetilgt, so bleibt der Gläubiger erstrangig; hinsichtlich des getilgten Teils hat der Schuldner, wenn er teilweise Ersatz verlangen kann, mit seiner Hypothek Rang vor der Eigentümergrundschuld für den Betrag, wegen dessen er keinen Ersatz verlangen kann.

5 § 1164 beruht auf dem Nebeneinander von Hypothek und Forderung und ist deshalb auf Grundschuld und Rentenschuld nicht anwendbar.

§ 1165 Freiwerden des Schuldners

Verzichtet der Gläubiger auf die Hypothek oder hebt er sie nach § 1183 auf oder räumt er einem anderen Recht den Vorrang ein, so wird der persönliche Schuldner insoweit frei, als er ohne diese Verfügung nach § 1164 aus der Hypothek hätte Ersatz erlangen können.

1 Nachteilige Verfügungen des Gläubigers sollen sich nicht auf den Schuldner auswirken, der vom Eigentümer Ersatz verlangen kann. § 1165 erreicht das dadurch, dass der Schuldner im Umfang des von ihm zu erlangenden Ersatzes ohne weiteres leistungsfrei wird, auch wenn er nach Erlöschen der Hypothek in Anspruch genommen wird (RGZ 58, 425, 427); leistet er in Unkenntnis des § 1165 oder der Sachlage trotzdem, kann er seine Leistung zurückfordern (§ 812). Die praktische Bedeutung der Vorschrift ist vor allem deshalb sehr gering, weil der Schuldner beweisen muss, dass er sich ohne die nachteilige Verfügung aus der Hypothek hätte befriedigen können; maßgeblich sind die Verhältnisse zum Zeitpunkt der Verfügung, spätere Veränderungen bleiben außer Betracht. § 1165 kann nicht mit dinglicher Wirkung abbedungen werden; der in den früher verwendeten Hypothekenformularen häufige Ausschluss des Rechts dürfte heute gegen § 307 verstoßen.

2 Unter § 1165 fallen neben den in der Vorschrift genannten Verfügungen auch andere Rechtshandlungen, wie Pfandfreigaben, Forderungsauswechslung (§ 1180) und Umwandlung in eine Grundschuld (§ 1198), nicht aber tatsächliche Handlungen, wie das Unterlassen der Geltendmachung von Rechten nach §§ 1133, 1134. Auch Zwangsvollstreckungsmaßnahmen fallen nicht unter § 1165. Eine absichtliche oder willentliche Benachteiligung des Schuldners ist nicht Voraussetzung, die objektive Eignung genügt (BaRoth/*Rohe* Rn 3; aA RG HRR 29, 199).

3 § 1165 ist auf Grundschuld und Rentenschuld ebenso wenig anwendbar wie § 1164. Allerdings wird die Auslegung des Sicherungsvertrags, wenn Grundschuldbesteller und Schuldner personenverschieden sind, meist zu einem gleichliegenden Ergebnis führen (BGH NJW 89, 1732).

§ 1166 Benachrichtigung des Schuldners

¹Ist der persönliche Schuldner berechtigt, von dem Eigentümer Ersatz zu verlangen, falls er den Gläubiger befriedigt, so kann er, wenn der Gläubiger die Zwangsversteigerung des Grundstücks betreibt, ohne ihn unverzüglich zu benachrichtigen, die Befriedigung des Gläubigers wegen eines Ausfalls bei der Zwangsversteigerung insoweit verweigern, als er infolge der Unterlassung der Benachrichtigung einen Schaden erleidet. ²Die Benachrichtigung darf unterbleiben, wenn sie untunlich ist.

1 Der persönliche Schuldner, der von einem Zwangsversteigerungsverfahren oder anderen Verwertungsmaßnahmen – soweit solche nach § 1149 zulässig sind – nicht notwendig Kenntnis erlangt, soll unverzüglich benachrichtigt werden, damit er seine Interessen wahrnehmen kann. § 1166 statuiert eine Obliegenheit des Gläubigers hierzu, indem er die Möglichkeit des Zugriffs auf den Schuldner verhindert, wenn dieser durch

die fehlende Information einen Schaden erlitten hat. § 1166 kann nicht mit dinglicher Wirkung abbedungen werden; der in den früher verwendeten Hypothekenformularen häufige Ausschluss der Verpflichtung des Gläubigers dürfte heute gegen §§ 307, 309 Nr 7 b) verstoßen.

Dass dem Schuldner ein Schaden entstanden ist, muss dieser beweisen (RGZ 54, 369, 374). Für diesen Beweis wird es allerdings jedenfalls beim Vorhandensein weiterer Bieter ausreichen vorzutragen, dass er im Fall der Benachrichtigung mitgeboten hätte und das Grundstück entweder selbst ersteigert hätte oder es zu einem die Gläubigerforderung deckenden Preis zugeschlagen worden wäre. Anders ist es allerdings, wenn das Grundstück dem Gläubiger unter der 7/10-Grenze des § 74 a ZVG zugeschlagen wird und dieser in der Höhe von 7/10 des Verkehrswerts als befriedigt gilt (§ 114 a ZVG). 2

Die unverzügliche (§ 121) Benachrichtigung kann wirksam nicht vor Beginn der Zwangsvollstreckung erfolgen; sie darf nur unterbleiben, wenn sie untunlich ist (§ 1166 S 2). Hierfür ist ein strenger Maßstab anzulegen; regelmäßig müssen die Voraussetzungen der öffentlichen Zustellung (§ 132) vorliegen (BaRoth/*Rohe* Rn 5; aA Naumbg OLGR 31, 352: keine Nachforschungspflicht, wenn Schreiben als unbestellbar zurückkommt). 4

§ 1166 ist auf Grundschuld und Rentenschuld ebenso wenig anwendbar wie § 1164. 5

§ 1167 Aushändigung der Berichtigungsurkunden

Erwirbt der persönliche Schuldner, falls er den Gläubiger befriedigt, die Hypothek oder hat er im Falle der Befriedigung ein sonstiges rechtliches Interesse an der Berichtigung des Grundbuchs, so stehen ihm die in den §§ 1144, 1145 bestimmten Rechte zu.

Die Rechte aus §§ 1144, 1145 stehen dem Eigentümer gegen den Hypothekengläubiger zu. Der persönliche Schuldner, auf den die Hypothek übergeht, – gleichgültig, ob nach §§ 1164, 1174 oder nach § 426 II – soll aber in gleicher Weise berechtigt sein, die Grundbuchberichtigung zu veranlassen. § 1167 erkennt ihm deshalb diese Rechte – unabhängig von einem rechtlichen Interesse – ebenfalls zu (§ 1167 Alt 1). Ist die Hypothek durch die Befriedigung nicht auf den persönlichen Schuldner übergegangen, so hat er die gleichen Rechte, hier freilich nur bei Vorliegen eines rechtlichen Interesses (§ 1167 Alt 2), das sich bspw aus § 442 II ergeben kann. 1

§ 1167 nimmt Bezug auf den Übergang der Hypothek auf den persönlichen Schuldner und ist deshalb auf Grundschuld und Rentenschuld nicht anwendbar. 2

§ 1168 Verzicht auf die Hypothek

(1) Verzichtet der Gläubiger auf die Hypothek, so erwirbt sie der Eigentümer.
(2) Der Verzicht ist dem Grundbuchamt oder dem Eigentümer gegenüber zu erklären und bedarf der Eintragung in das Grundbuch. Die Vorschriften des § 875 Abs. 2 und der §§ 876, 878 finden entsprechende Anwendung.
(3) Verzichtet der Gläubiger für einen Teil der Forderung auf die Hypothek, so stehen dem Eigentümer die im § 1145 bestimmten Rechte zu.

Ebenso wie das Erlöschen der Forderung führt auch der Verzicht des Gläubigers auf die Hypothek anders als nach der Regel des § 875 nicht zu deren Untergang (und damit zur automatischen Rangverbesserung etwa vorhandener nachrangiger Belastungen); dem Eigentümer bleibt vielmehr die Verfügungsmöglichkeit über die Rangstelle dadurch erhalten, dass die Hypothek auf ihn übergeht. Durch §§ 1179 a, 1179 b ist die Vorschrift freilich weitgehend praktisch bedeutungslos. Für solche Hypotheken, die am 3.10.90 in den neuen Bundesländern bestanden, gilt sie nicht, da das ZGB der DDR einen Übergang der Hypothek auf den Eigentümer nicht kannte (Art 233 § 6 EGBGB; s § 1163 Rn 1). Der Verzicht ist materiell-rechtlich formlos gültig; damit die in § 1168 II 1 vorgeschriebene Eintragung in das Grundbuch erfolgen kann, muss allerdings die Form des § 29 GBO eingehalten werden. Der Verzicht unterliegt auch bei Erklärung ggü dem Grundbuchamt den Beschränkungen des § 181, wenn er vom Eigentümer namens des Gläubigers erklärt wird (BGH JR 80, 412 m Anm *Kuntze*). Vom Verzicht zu unterscheiden ist die Aufhebung der Hypothek (§ 1183), die anders als der Verzicht der Zustimmung des Eigentümers bedarf und zum Erlöschen des Rechts führt. Eine Löschungsbewilligung des Gläubigers ist regelmäßig nicht als Verzicht auf die Hypothek auszulegen (Hamm NJW-RR 99, 741, 742). 1

Durch den Verzicht auf die Hypothek bleibt – wenn nicht zugleich ein Erlass der Forderung erfolgt oder der Verzicht auf die Hypothek so auszulegen ist – die Forderung unberührt; allerdings wird der persönliche Schuldner unter den Voraussetzungen des § 1165 von der Haftung frei. Der Eigentümer erwirbt die Hypothek als Eigentümergrundschuld (§ 1177 I). Eine Sonderregelung für den Verzicht auf eine Gesamthypothek enthält § 1175, für die Rückstandshypothek gilt § 1178; ein Verzicht kann – wie sich aus § 1168 III ergibt – auch teilweise erfolgen. Für den Verzicht eines von mehreren Gesamtgläubigern gelten §§ 429, 423 entspr. 2

3 Die Eintragung im Grundbuch lautet dahin, dass der Gläubiger auf die Hypothek verzichtet hat; ohne zusätzlichen Grundbuchberichtigungsantrag ist die Eintragung des Übergangs der Hypothek auf den Eigentümer weder zulässig noch notwendig (Schöner/Stöber Rn 2709; aA Staud/Wolfsteiner Rn 14). Bei Briefhypotheken ist hierzu der Brief vorzulegen (zum Urteil den Verzicht zu erklären vgl BayObLG NJW-RR 98, 18).

4 Der Verzicht ist auch noch nach Zuschlag in der Zwangsversteigerung möglich und führt dazu, dass der Anteil am Erlös dem Vollstreckungsschuldner zufällt; die Eintragung im Grundbuch ist in diesem Fall nicht erforderlich (BGH NJW 63, 1497). Auch auf eine Hypothek an einem herrenlosen Grundstück kann verzichtet werden; zweifelhaft ist nur, ob die Hypothek dann erlischt oder dem letzten Eigentümer vor Eintritt der Herrenlosigkeit zusteht.

5 § 1168 knüpft nicht an die Forderung an und ist deshalb auf Grundschuld und Rentenschuld entspr anwendbar (§ 1192 I). Eine Eigentümergrundschuld erlischt, wenn auf sie verzichtet wird; hier kann die Erklärung nur ggü dem Grundbuchamt abgegeben werden und unterscheidet sich nicht von der Löschungsbewilligung.

§ 1169 Rechtszerstörende Einrede

Steht dem Eigentümer eine Einrede zu, durch welche die Geltendmachung der Hypothek dauernd ausgeschlossen wird, so kann er verlangen, dass der Gläubiger auf die Hypothek verzichtet.

1 An dem Fortbestehen einer nicht durchsetzbaren Hypothek hat der Gläubiger kein schutzwürdiges Interesse; der Eigentümer wird dadurch aber an der Verwendung des Grundstücks als Kreditunterlage gehindert. Deshalb gibt § 1169 dem Eigentümer das Recht, den Verzicht des Gläubigers zu verlangen. § 1169 ist entspr auf den Fall anwendbar, dass bei einer Zwangshypothek der Titel seine Vollstreckbarkeit dauernd verliert (BayObLG Rpfleger 98, 437).

2 Die Einreden können sowohl solche gegen die Forderung als auch solche gegen die Hypothek sein; insbes kommen derartige Ansprüche bei der Restkaufpreishypothek in Betracht, wenn der Käufer den Kaufpreis wegen Mängel der Sache gemindert hat, aber auch die Abweisung der Klage wegen der Forderung gegen den persönlichen Schuldner (Rosenberg/Schwab/Gottwald § 152). Nicht eingewendet werden können die Einreden der Verjährung und der beschränkten Erbenhaftung (§§ 216, 1137 I 2; BGH JZ 00, 891 m Anm Peters). Ob der Eigentümer über den entstandenen Anspruch durch Abtretung verfügen kann, ist zweifelhaft (vgl Staud/Wolfsteiner Rn 11 f).

3 Will der Eigentümer gutgläubigen Erwerb der einredebehafteten Hypothek verhindern, muss er einen Widerspruch in das Grundbuch eintragen lassen.

4 § 1169 knüpft nicht an die Forderung an und ist deshalb auf Grundschuld und Rentenschuld entspr anwendbar (§ 1192 I), aber natürlich nur hinsichtlich der Einreden gegen die Grundschuld (BGH NJW 85, 800). Bei der Grundschuld kann der Eigentümer statt des Verzichts auch Rückgabe verlangen (BGH NJW 89, 2536).

§ 1170 Ausschluss unbekannter Gläubiger

(1) ¹Ist der Gläubiger unbekannt, so kann er im Wege des Aufgebotsverfahrens mit seinem Recht ausgeschlossen werden, wenn seit der letzten sich auf die Hypothek beziehenden Eintragung in das Grundbuch zehn Jahre verstrichen sind und das Recht des Gläubigers nicht innerhalb dieser Frist von dem Eigentümer in einer nach § 212 Abs. 1 Nr. 1 zum Neubeginn der Verjährung geeigneten Weise anerkannt worden ist. ²Besteht für die Forderung eine nach dem Kalender bestimmte Zahlungszeit, so beginnt die Frist nicht vor dem Ablauf des Zahlungstags.
(2) ¹Mit der Erlassung des Ausschlussurteils erwirbt der Eigentümer die Hypothek. ²Der dem Gläubiger erteilte Hypothekenbrief wird kraftlos.

1 Während § 1162 nur das Abhandenkommen des Hypothekenbriefs betrifft, ermöglicht § 1170 nach Ablauf der Zehnjahresfrist den Ausschluss des eingetragenen Gläubigers insgesamt. Ohne Ablauf der Zehnjahresfrist besteht eine Ausschlussmöglichkeit nur nach § 1171 oder durch die Bestellung eines Pflegers (§§ 1911, 1913, 1960 f; vgl Böhringer NJW 94, 303). Die Hauptbedeutung des § 1170 liegt in den Fällen, in denen der Eigentümer nicht nachweisen kann, aber auch nicht auszuschließen ist, dass die Forderung erloschen und damit die Hypothek auf ihn übergegangen ist (§ 1163). Kann er diesen Nachweis erbringen, dann besteht die Möglichkeit der Grundbuchberichtigung (§ 894). Bei Gesamthypotheken ist § 1175 II zu beachten. Bei Hypotheken für Forderungen aus Schuldverschreibungen auf den Inhaber gilt § 1188 II. Für ZGB-Hypotheken im Beitrittsgebiet gilt § 6 I GBBerG.

2 Voraussetzung des Aufgebotsverfahrens ist, dass der **Gläubiger unbekannt** ist. Über das normale Maß hinausgehende Nachforschungen nach dem Gläubiger braucht der Eigentümer hierfür nicht anzustellen. Ausreichend ist zudem, dass der bekannte Gläubiger unbekannten Aufenthalts ist (LG Aachen NJW-RR 98, 87; LG Erfurt Rpfleger 94, 310; str) oder dass ein möglicher bekannter Gläubiger keine Auskunft darüber gibt, ob und wie er an der Hypothek berechtigt ist (LG Düsseldorf NJW-RR 95, 1232), der eingetragene Gläubiger den Brief nicht vorlegen oder der Briefbesitzer sich nicht nach § 1155 als Berechtigter legitimieren kann.

Das Aufgebotsverfahren richtet sich nach den §§ 946–959, 982–986, 1024 ZPO (s § 1162 Rn 3). Der Antragsteller braucht nicht zu behaupten oder gar zu beweisen, dass die Forderung erloschen ist. Ist dies nicht der Fall, bleibt sie auch durch das Ausschlussurteil unberührt und kann weiterhin geltend gemacht werden.

§ 1170 ist auf Grundschuld und Rentenschuld entspr anwendbar (§ 1192 I). Hier stellt – da mangels gesicherter Forderung der Übergang der Grundschuld auf den Eigentümer selten erfolgt und noch seltener bewiesen werden kann – § 1170 die einzige Möglichkeit dar, das Grundbuch ohne Zahlung (sonst § 1171) von nicht mehr bestehenden Rechten zu bereinigen.

§ 1171 Ausschluss durch Hinterlegung

(1) ¹Der unbekannte Gläubiger kann im Wege des Aufgebotsverfahrens mit seinem Recht auch dann ausgeschlossen werden, wenn der Eigentümer zur Befriedigung des Gläubigers oder zur Kündigung berechtigt ist und den Betrag der Forderung für den Gläubiger unter Verzicht auf das Recht zur Rücknahme hinterlegt. ²Die Hinterlegung von Zinsen ist nur erforderlich, wenn der Zinssatz im Grundbuch eingetragen ist; Zinsen für eine frühere Zeit als das vierte Kalenderjahr vor der Erlassung des Ausschlussurteils sind nicht zu hinterlegen.
(2) ¹Mit der Erlassung des Ausschlussurteils gilt der Gläubiger als befriedigt, sofern nicht nach den Vorschriften über die Hinterlegung die Befriedigung schon vorher eingetreten ist. ²Der dem Gläubiger erteilte Hypothekenbrief wird kraftlos.
(3) Das Recht des Gläubigers auf den hinterlegten Betrag erlischt mit dem Ablauf von 30 Jahren nach der Erlassung des Ausschlussurteils, wenn nicht der Gläubiger sich vorher bei der Hinterlegungsstelle meldet; der Hinterleger ist zur Rücknahme berechtigt, auch wenn er auf das Recht zur Rücknahme verzichtet hat.

§ 1171 ermöglicht die Löschung der Hypothek bereits vor Ablauf der Zehnjahresfrist des § 1170, wenn der Gläubiger unbekannt ist und durch Hinterlegung des Betrags der gesicherten Forderung eine Beeinträchtigung des Gläubigerrechts ausgeschlossen werden kann. Für die Verwertung des Grundstücks kann der Ausschluss entscheidend sein; das Recht des Eigentümers, nach § 1171 vorzugehen, kann deshalb auch gepfändet werden (Frankf NJW 62, 640).

Der Gläubiger muss unbekannt sein (wie § 1170 Rn 2); der Eigentümer muss zur Kündigung (§ 1141) oder zur Befriedigung (§ 1142) des Gläubigers berechtigt sein. Das Gesetz verlangt die Hinterlegung des Betrags der Forderung und ggf der Zinsen für einen Zeitraum, der an die vor 2002 geltende Verjährungsregelung für Zinsen anknüpft; die Vorschrift ist aber durch das SchRMoG nicht geändert worden und enthält daher nunmehr eine eigenständige, vom Verjährungsrecht unabhängige Regelung, die zum Ausgleich der Interessen von Gläubiger und Schuldner eine bestimmte zeitliche Grenze für die Hinterlegung von Zinsen anordnet.

Der Gläubiger gilt im Fall der zulässigen Hinterlegung bereits nach Maßgabe der §§ 378, 379 als befriedigt, andernfalls mit Erlass des Ausschlussurteils (§ 1171 II 1). Die Rechtsfolgen des Ausschlusses für die Hypothek hängen von der Stellung des Eigentümers ab: Ist er zugleich persönlicher Schuldner, so erwirbt er die Hypothek als Eigentümergrundschuld (§§ 1163 I 2; 1177), ist er nicht persönlicher Schuldner, dann gehen Forderung (§ 1143) und damit auch Hypothek auf ihn über. Bei der Briefhypothek kann ein neuer Brief beantragt werden (§ 67 GBO).

Das Aufgebotsverfahren richtet sich nach den §§ 946-959, 982-985, 987, 1024 ZPO.

In den **neuen Bundesländern** können Hypotheken bis zu (umgerechnet) 6000 € auch dann durch Hinterlegung zum Erlöschen gebracht werden, wenn der Gläubiger bekannt ist (so ausdrückl KG Rpfleger 96, 283). Zu hinterlegen sind – außer bei der Höchstbetragshypothek (§ 1190) – vier Drittel des Nennbetrags (§ 10 GBBerG).

§ 1171 ist auf Grundschuld und Rentenschuld entspr anwendbar (§ 1192 I).

§ 1172 Eigentümergesamthypothek

(1) Eine Gesamthypothek steht in den Fällen des § 1163 den Eigentümern der belasteten Grundstücke gemeinschaftlich zu.
(2) ¹Jeder Eigentümer kann, sofern nicht ein anderes vereinbart ist, verlangen, dass die Hypothek an seinem Grundstück auf den Teilbetrag, der dem Verhältnis des Wertes seines Grundstücks zu dem Werte der sämtlichen Grundstücke entspricht, nach § 1132 Abs. 2 beschränkt und in dieser Beschränkung ihm zugeteilt wird. ²Der Wert wird unter Abzug der Belastungen berechnet, die der Gesamthypothek im Range vorgehen.

§§ 1172–1175 enthalten Sondervorschriften für das Eigentümerrecht, wenn eine Gesamthypothek vorliegt. Sie sollen verhindern, dass sich in diesem Fall der Betrag der Belastung vervielfältigt. Für die Befriedigung aus dem Grundstück gelten in diesem Fall die §§ 1181 II, 1182.

Ein Gesamteigentümerrecht entsteht nicht nur dann, wenn die Forderung nicht zur Entstehung gelangt ist, sondern auch dann, wenn die Forderung von mehreren Eigentümern gemeinsam (sonst: § 1173) getilgt wird, auch in der Weise, dass jeder abredegemäß einen Teilbetrag zahlt (BGH NJW-RR 86, 233). Die Auseinandersetzung dieser Gemeinschaft richtet sich nicht nach den Vorschriften über die Auseinandersetzung einer Bruchteils- oder Gesamthandsgemeinschaft, sondern ist in § 1172 II besonders geregelt; der darauf gerichtete Anspruch – der jedem einzelnen Eigentümer selbständig zusteht – ist pfändbar (AG Obernburg MDR 64, 846). Ein Berechnungsbeispiel für die Höhe der zuzuteilenden Einzelrechte bei Staud/*Wolfsteiner* Rn 18.

3 § 1172 ist auf Grundschuld und Rentenschuld entspr anwendbar (§ 1192 I), soweit keine Abhängigkeit von einer Forderung besteht, also beim Eigentümerrecht vor Briefübergabe (§ 1163 II) und dann, wenn die mehreren Eigentümer auf die Grundschuld (nicht auf die Forderung) zahlen (aA Palandt/*Bassenge* Rn 7: unanwendbar).

§ 1173 Befriedigung durch einen der Eigentümer

(1) ¹Befriedigt der Eigentümer eines der mit einer Gesamthypothek belasteten Grundstücke den Gläubiger, so erwirbt er die Hypothek an seinem Grundstück; die Hypothek an den übrigen Grundstücken erlischt. ²Der Befriedigung des Gläubigers durch den Eigentümer steht es gleich, wenn das Gläubigerrecht auf den Eigentümer übertragen wird oder wenn sich Forderung und Schuld in der Person des Eigentümers vereinigen.
(2) Kann der Eigentümer, der den Gläubiger befriedigt, von dem Eigentümer eines der anderen Grundstücke oder einem Rechtsvorgänger dieses Eigentümers Ersatz verlangen, so geht in Höhe des Ersatzanspruchs auch die Hypothek an dem Grundstücke dieses Eigentümers auf ihn über; sie bleibt mit der Hypothek an seinem eigenen Grundstück Gesamthypothek.

1 § 1173 behandelt die Befriedigung durch einen der mehreren Eigentümer; bei gemeinsamer Befriedigung gilt § 1172 (s § 1172 Rn 2). Als Befriedigung ist es auch anzusehen, wenn der Gläubiger einem Schuldner, der zugleich einer von mehreren Eigentümern ist, die Schuld erlässt, ohne das Schuldverhältnis nach § 423 aufzuheben (Staud/*Wolfsteiner* Rn 7; str).

2 Die Hypothek erlischt an den anderen mitbelasteten Grundstücken kraft Gesetzes, so dass eine Zustimmung von deren Eigentümern nicht erforderlich ist; das Grundbuch wird unrichtig. Bei teilweiser Befriedigung gilt für den Rang der dem Gläubiger verbleibenden Resthypothek § 1176. Die in § 1173 I 2 genannte Vereinigung von Forderung und Schuld setzt voraus, dass der Eigentümer persönlicher Schuldner ist; beerbt der Gläubiger also einen der Eigentümer, der nicht sein persönlicher Schuldner ist, so bleiben Forderung und Hypothek bestehen (RGZ 77, 149).

3 Der Ersatzanspruch nach § 1173 II kann nur ein solcher aus der schuldrechtlichen Beziehung der Eigentümer sein, nicht dagegen dinglicher Inhalt der Hypothek; ohne eine derartige schuldrechtliche Beziehung ist ein Übergang der Gesamthypothek nicht möglich (BGH NJW-RR 95, 589). Die Hypothek sichert am Grundstück des Ersatzpflichtigen im Wege der gesetzlichen Forderungsauswechslung jetzt die Ersatzforderung; das Recht bleibt daher Hypothek. Bei nur teilweisem Ersatzanspruch besteht erstrangig (§ 1176) eine Gesamtteilhypothek für den Ersatzbetrag und nachrangig das Einzelrecht am Grundstück des Befriedigenden; insoweit ist die Hypothek an den anderen Grundstücken erloschen (Hburg MDR 60, 321).

4 § 1173 I 1 ist auf Grundschuld und Rentenschuld entspr anwendbar (§ 1192 I), nicht aber § 1173 I 2. Auch § 1173 II ist nicht anwendbar, da bei der Grundschuld die Vereinbarung eines Ausgleichs zwischen mehreren Sicherungsgebern nicht Rechtsinhalt sein kann (BGH NJW 90, 903; aA Palandt/*Bassenge* Rn 11).

§ 1174 Befriedigung durch den persönlichen Schuldner

(1) Befriedigt der persönliche Schuldner den Gläubiger, dem eine Gesamthypothek zusteht, oder vereinigen sich bei einer Gesamthypothek Forderung und Schuld in einer Person, so geht, wenn der Schuldner nur von dem Eigentümer eines der Grundstücke oder von einem Rechtsvorgänger des Eigentümers Ersatz verlangen kann, die Hypothek an diesem Grundstück auf ihn über; die Hypothek an den übrigen Grundstücken erlischt.
(2) Ist dem Schuldner nur teilweise Ersatz zu leisten und geht deshalb die Hypothek nur zu einem Teilbetrag auf ihn über, so hat sich der Eigentümer diesen Betrag auf den ihm nach § 1172 gebührenden Teil des übrig bleibenden Betrags der Gesamthypothek anrechnen zu lassen.

1 § 1174 ergänzt § 1164 für den Fall der Gesamthypothek; hier wie dort ist die Rechtsstellung eines persönlichen Schuldners geregelt, der nicht zugleich Eigentümer eines der Grundstücke ist. Wie im Fall des § 1173 erlischt die Hypothek an den Grundstücken der Eigentümer, von denen der Schuldner keinen Ersatz verlangen kann, kraft Gesetzes (wie § 1173 Rn 2). Bei nur teilweiser Befriedigung oder nur teilweisem Ersatzanspruch sind die §§ 1172, 1174 nebeneinander anzuwenden (Berechnungsbeispiel bei Staud/*Wolfsteiner* Rn 6). Die Hypothek des persönlichen Schuldners hat letzten Rang (nach der Restgesamthypothek des Gläubigers und der Eigentümergesamtgrundschuld für den Betrag, für den der Schuldner keinen Ersatz verlangen kann).

2 § 1174 beruht wie § 1164 auf dem Nebeneinander von Hypothek und Forderung und ist deshalb Grundschuld und Rentenschuld nicht anwendbar.

§ 1175 Verzicht auf die Gesamthypothek

(1) ¹Verzichtet der Gläubiger auf die Gesamthypothek, so fällt sie den Eigentümern der belasteten Grundstücke gemeinschaftlich zu; die Vorschrift des § 1172 Abs. 2 findet Anwendung. ²Verzichtet der Gläubiger auf die Hypothek an einem der Grundstücke, so erlischt die Hypothek an diesem.
(2) Das Gleiche gilt, wenn der Gläubiger nach § 1170 mit seinem Recht ausgeschlossen wird.

§ 1175 ergänzt § 1168 für den Fall der Gesamthypothek. Die getroffene Regelung ist eine Folge der in § 1132 getroffenen Entscheidung, die es dem freien Belieben des Gläubigers überlässt, welches der belasteten Grundstücke er in Anspruch nimmt. 1

Die Regelung von § 1175 I 1 Hs 1 für den Verzicht auf die Hypothek an allen Grundstücken oder auch den Erlass der Forderung ggü allen Schuldnern ergibt sich bereits aus § 1172 I, der ebenfalls den Übergang auf die mehreren Eigentümer gemeinschaftlich anordnet. Wollen die Eigentümer die Hypothek löschen lassen, bedarf dies der Zustimmung aller Eigentümer. 2

Durch den Verzicht auf die Hypothek an nur einem der belasteten Grundstücke (als solche ist eine sog **Pfandfreigabe-**, Pfandentlassungs- oder Entpfändungserklärung auszulegen, Hamm NJW-RR 99, 741) erlischt die Hypothek dagegen kraft Gesetzes, ohne dass es der Zustimmung eines Eigentümers bedarf; nötig ist jedoch die Vorlage des Hypothekenbriefs (*Schöner/Stöber* Rn 2711; aA Celle Rpfleger 85, 398). Nachrangige Rechte rücken auf, so dass der Gläubiger deren Wert nach seiner freien Entscheidung beeinflussen kann; zugunsten eines Eigentümers, der zugleich persönlicher Schuldner ist, ist aber § 1165 entspr anwendbar, falls er aus der erloschenen Hypothek hätte Ersatz verlangen können (aA möglicherweise BGH NJW 69, 1426). Zulässig ist auch ein Verzicht wegen eines Teils der Hypothek an einem einzelnen Grundstück. 3

Verzichtet der Gläubiger in einer Erklärung auf die Hypothek an allen Grundstücken, so kann der Eigentümer diese gleichwohl als Pfandfreigabe an einzelnen Grundstücken vollziehen lassen; in dem Verzicht auf das ganze Recht liegt der Verzicht an jedem der Grundstücke (Hamm Rpfleger 98, 511; aA *Schöner/Stöber* Rn 2724 a). Darin liegt keine Aufhebung der Hypothek nach § 1183, so dass auch in diesem Fall der Eigentümer nicht in der Form von § 27 GBO zustimmen muss (aA Staud/*Wolfsteiner* Rn 6). Auf die Bezeichnung der Gläubigererklärung kommt es in keinem Fall an: Eine „Pfandfreigabe" ist als Verzicht auf die ganze Hypothek auszulegen, wenn diese – zB nach vorherigem Vollzug weiterer Pfandfreigaben – nur noch an einem Grundstück lastet (LG Leipzig NotBZ 01, 71) und umgekehrt eine „Löschungsbewilligung" als Verzicht auf die Hypothek an dem in ihr genannten Grundstück, wenn dieses noch an weiteren Grundstücken lastet. 4

§ 1175 ist auf Grundschuld und Rentenschuld entspr anwendbar (§ 1192 I). 5

§ 1176 Eigentümerteilhypothek; Kollisionsklausel

Liegen die Voraussetzungen der §§ 1163, 1164, 1168, 1172 bis 1175 nur in Ansehung eines Teilbetrags der Hypothek vor, so kann die auf Grund dieser Vorschriften dem Eigentümer oder einem der Eigentümer oder dem persönlichen Schuldner zufallende Hypothek nicht zum Nachteil der dem Gläubiger verbleibenden Hypothek geltend gemacht werden.

§ 1176 ordnet an, dass der Gläubiger in den Fällen, in denen ein Teil seines Rechts auf einen anderen übergeht, den Vorrang vor dem übergegangenen Recht behält. § 1176 betrifft nur die Resthypothek des Gläubigers, nicht aber eine andere Hypothek oder ein anderes Recht (BGH ZIP 02, 1390) und nur den Übergang kraft Gesetzes, nicht einer rechtsgeschäftlichen Teilabtretung, wenn in dieser keine Rangbestimmung getroffen wird. 1

Hat sich der Eigentümer nur wegen eines Teils einer Hypothek der sofortigen Zwangsvollstreckung unterworfen oder der Gläubiger nur wegen eines Teils einen Duldungstitel erwirkt, ergibt sich aus § 1176, dass eine Teilzahlung zunächst auf den nicht titulierten Teil erfolgt. Allerdings kann der Zahlende bestimmen, dass er auf den titulierten Teil leistet (§ 366 II entspr); den Verlust seines Titels kann der Gläubiger dann nur dadurch vermeiden, dass er die Teilzahlung ablehnt. 2

Als Inhalt der Hypothek können jedoch **abweichende Vereinbarungen** getroffen werden, also etwa der Gleichrang des Rechts des Ablösenden mit dem des Gläubigers. Praktische Bedeutung hat vor allem die Abrede, dass – abweichend von der Regel (s Rn 2) – Teilzahlungen auf eine nur teilweise titulierte Hypothek stets zunächst auf den nicht titulierten Teil erfolgen und das Bestimmungsrecht des Zahlenden nach § 366 II ausgeschlossen ist (BGH NJW 90, 258); zweifelhaft ist allerdings, ob diese Vereinbarung gegen nach § 1150 Ablösungsberechtigte wirkt. 3

§ 1176 ist auf Grundschuld und Rentenschuld entspr anwendbar (§ 1192 I), soweit die dort genannten Vorschriften auf die Grundschuld anwendbar sind. 4

§ 1177 Eigentümergrundschuld, Eigentümerhypothek

(1) ¹Vereinigt sich die Hypothek mit dem Eigentum in einer Person, ohne dass dem Eigentümer auch die Forderung zusteht, so verwandelt sich die Hypothek in eine Grundschuld. ²In Ansehung der Verzinslichkeit, des Zinssatzes, der Zahlungszeit, der Kündigung und des Zahlungsorts bleiben die für die Forderung getroffenen Bestimmungen maßgebend.
(2) Steht dem Eigentümer auch die Forderung zu, so bestimmen sich seine Rechte aus der Hypothek, solange die Vereinigung besteht, nach den für eine Grundschuld des Eigentümers geltenden Vorschriften.

1 Mangels einer Forderung wird die Hypothek, die sich mit dem Eigentum vereinigt, zwangsläufig Grundschuld. Die Bedeutung von § 1177 I liegt hiernach in der Anordnung, dass nicht die §§ 1193, 1194, sondern die für die Forderung getroffenen Bestimmungen gelten. Der Eigentümer kann die entstandene Grundschuld im Grundbuch auf sich umschreiben lassen; hiefür muss er den Erwerb des Rechts in der Form des § 29 GBO nachweisen; keine Rolle spielt, ob er das Recht als Hypothek oder als Grundschuld erworben hat (KG OLGR 18, 179). Auch wenn der Eigentümer das Recht weiter abtritt, bleibt es Grundschuld, wenn es nicht nach § 1198 wieder unter Verbindung mit einer anderen Forderung in eine Hypothek verwandelt wird.

2 Im Fall der Befriedigung des Gläubigers durch den Eigentümer, der nicht persönlicher Schuldner ist (§ 1143), bleibt das Recht Hypothek (Eigentümerhypothek, § 1177 II). Der Eigentümer kann aber seine Rechte aus der Hypothek nur in den Grenzen des § 1197 ausüben, also insbes nicht die Zwangsvollstreckung in das Grundstück betreiben. Der Eigentümer kann jedoch die Forderung (und damit die Hypothek, § 1153) abtreten; veräußert er das Grundstück, wird die Eigentümerhypothek zur Fremdhypothek.

3 § 1177 beruht auf dem Nebeneinander von Hypothek und Forderung und ist deshalb auf Grundschuld und Rentenschuld nicht anwendbar.

§ 1178 Hypothek für Nebenleistungen und Kosten

(1) ¹Die Hypothek für Rückstände von Zinsen und anderen Nebenleistungen sowie für Kosten, die dem Gläubiger zu erstatten sind, erlischt, wenn sie sich mit dem Eigentum in einer Person vereinigt. ²Das Erlöschen tritt nicht ein, solange einem Dritten ein Recht an dem Anspruch auf eine solche Leistung zusteht.
(2) ²Zum Verzicht auf die Hypothek für die im Absatz 1 bezeichneten Leistungen genügt die Erklärung des Gläubigers gegenüber dem Eigentümer. ²Solange einem Dritten ein Recht an dem Anspruch auf eine solche Leistung zusteht, ist die Zustimmung des Dritten erforderlich. ³Die Zustimmung ist demjenigen gegenüber zu erklären, zu dessen Gunsten sie erfolgt; sie ist unwiderruflich.

1 Nachrangige Hypotheken sollen nicht durch Eigentümergrundschulden beeinträchtigt werden, die durch Tilgung von Rückständen an Kosten und Zinsen entstehen. Deshalb bestimmt § 1178 in Abweichung von § 1163, dass aus der Tilgung von Nebenforderungen, für die das Grundstück haftet (§ 1118), keine Eigentümerrechte entstehen, sondern die Hypothek vielmehr erlischt. § 1178 gilt nur für Nebenforderungen; wird für sie eine besondere (Höchstbetrags) Hypothek bestellt, gilt die allgemeine Regel des § 1163 (Ddorf HRR 36, 404). § 1178 gilt entspr, wenn bedingte Nebenleistungen nicht mehr entstehen können (BayObLG DNotZ 01, 701; str).

2 Das Erlöschen der Hypothek tritt auch dann ein, wenn die Forderung nach § 1143 auf den Eigentümer übergeht; § 1178 I 2 gilt hier ebenso wenig entspr wie bei einer Befriedigung eines Hypothekengläubigers durch den Insolvenzverwalter; auch dieser ist nicht „Dritter" (Celle OLGR 9, 378).

3 Auch ohne Tilgung der Forderung erlischt die Hypothek für die in § 1178 I bezeichneten Nebenforderungen durch Verzicht des Gläubigers (§ 1178 II), der nicht den Formvorschriften des § 1168 unterliegt und – wegen seiner Gestaltungswirkung – unwiderruflich ist.

4 § 1178 ist auf Grundschuld und Rentenschuld entspr anwendbar (§ 1192 I), jedoch nicht auf Höchstbetragshypotheken (§ 1190 II).

§ 1179 Löschungsvormerkung

Verpflichtet sich der Eigentümer einem anderen gegenüber, die Hypothek löschen zu lassen, wenn sie sich mit dem Eigentum in einer Person vereinigt, so kann zur Sicherung des Anspruchs auf Löschung eine Vormerkung in das Grundbuch eingetragen werden, wenn demjenigen, zu dessen Gunsten die Eintragung vorgenommen werden soll,
1. ein anderes gleichrangiges oder nachrangiges Recht als eine Hypothek, Grundschuld oder Rentenschuld am Grundstück zusteht oder
2. ein Anspruch auf Einräumung eines solchen anderen Rechts oder auf Übertragung des Eigentums am Grundstück zusteht; der Anspruch kann auch ein künftiger oder bedingter sein.

§ 1179 aF

Verpflichtet sich der Eigentümer einem anderen ggü, die Hypothek löschen zu lassen, wenn sie sich mit dem Eigentum in einer Person vereinigt, so kann zur Sicherung des Anspruchs auf Löschung eine Vormerkung in das Grundbuch eingetragen werden.

A. Anwendungsbereich. Die nF der durch das Gesetz vom 22.6.77 geänderten Vorschrift gilt für alle Löschungsvormerkungen, deren Eintragung seit dem 1.1.78 in das Grundbuch beantragt wurde. Hingegen unterliegen alle vor dem 1.1.78 zur Eintragung beantragten Löschungsvormerkungen ohne zeitliche Begrenzung der aF, so dass diese noch lange Zeit praktische Bedeutung haben wird. Nach § 1179 aF konnte eine Löschungsvormerkung zugunsten eines beliebigen Berechtigten eingetragen werden; nach § 1179 nF kommen Berechtigte eines Grundpfandrechts nicht mehr in Betracht; diese fallen unter §§ 1179a, 1179b. Bereits eingetragene Löschungsvormerkungen nach § 1179 aF behalten ihre Wirkung (und müssen deshalb bei Löschung eines „Altrechts" gesondert zur Löschung bewilligt und beantragt werden); aus Anlass von Rangänderungen können Löschungsvormerkungen nach § 1179 aF neu eingetragen werden (BayObLG Rpfleger 79, 261). Auf die Nachverpfändung weiterer Belastungsgegenstände nach dem 1.1.78 ist § 1179 aF dagegen nicht anwendbar (BGH NJW 81, 1503); hinsichtlich des mitbelasteten Grundstücks hat der Gläubiger den gesetzlichen Löschungsanspruch nach §§ 1179a, 1179b.

§ 1179 erweitert § 883. Nach § 883 können nur Ansprüche vorgemerkt werden, die sich gegen den gegenwärtigen Schuldner des von der Vormerkung betroffenen Rechts richten (s § 883 Rn 9). Im Fall des § 1179 richtet sich der Anspruch jedoch gegen den Eigentümer als künftigen Inhaber der nach § 1163 entstehenden Eigentümergrundschuld; Ansprüche gegen künftige Inhaber eines Rechts sind aber nach § 883 nicht vormerkungsfähig, wohl aber nach § 1179.

Die Vorschrift bezweckt eine Verstärkung der Rechte nachrangiger Berechtigter, wird aber diesem Zweck nur sehr unzureichend gerecht (ebenso Staud/*Wolfsteiner* Rn 6), da bei der Tilgungsfondshypothek (§ 1163 Rn 3) das Entstehen eines Eigentümerrechts bis zur vollständigen Tilgung unterbleibt; zu Grundschulden s.u. Rn 7. Inwiefern § 1179 „die Führung des Grundbuchs vereinfacht" (so BaRoth/*Rohe* Rn 1), ist nicht zu erkennen.

B. Tatbestandsvoraussetzungen. Berechtigter der Löschungsvormerkung kann nur ein namentlich bezeichneter Berechtigter, nicht der jeweilige Eigentümer eines Rechts sein (BayObLG NJW 81, 2582; aA KG DNotZ 80, 487), ausgenommen bei subjektiv dinglichen Rechten (auch insoweit ablehnend Staud/*Wolfsteiner* Rn 15). Wird das Recht übertragen, so ist das idR so auszulegen, dass auch der Löschungsanspruch übertragen wird; mit ihm geht die Vormerkung über (§ 401). Ob der Anspruch statt auf Löschung auch auf Rangrücktritt gerichtet sein kann, ist umstr (allg bejahend Staud/*Wolfsteiner* Rn 16; nur für den Fall fehlender Zwischenrechte BaRoth/*Rohe* Rn 5; allg ablehnend RG 84, 78, 84). Sicher ist dagegen, dass der Löschungsanspruch inhaltlich auf bestimmte Fälle der Vereinigung von Hypothek und Eigentum beschränkt werden kann; teilweise wird angenommen, auch ohne ausdrückliche Vereinbarung beziehe sich § 1179 nur auf eine „endgültige" Vereinigung (wie § 1179a II; vgl etwa BaRoth/*Rohe* Rn 3).

Unter § 1179 Nr 1 fallen alle beschränkt dinglichen Rechte, die keine Grundpfandrechte sind. Ansprüche nach § 1179 Nr 2 müssen glaubhaft gemacht werden (§ 29a GBO). Unter diese Vorschrift fällt auch der Heimfallanspruch des Grundstückseigentümers am Erbbaurecht, so dass auch zu dessen Gunsten eine Löschungsvormerkung nach § 1179 eingetragen werden kann (Hamm NJW-RR 02, 738).

Die Eintragung erfordert die Bewilligung des Eigentümers (§ 19 GBO), aber nicht die Zustimmung des Gläubigers des betroffenen Rechts. Bei Briefrechten braucht zur Eintragung der Löschungsvormerkung der Brief nicht vorgelegt zu werden (§ 41 I 3 GBO); sie wird auch nicht in den Brief eingetragen (§ 62 I 2 GBO). Die Wirkung der eingetragenen Löschungsvormerkung richtet sich nach §§ 883, 888. Ist eine Eigentümergrundschuld entstanden, aber noch der frühere Gläubiger der Hypothek eingetragen, ist str, ob der Vormerkungsberechtigte einen eigenen Anspruch auf Grundbuchberichtigung (§ 894) hat (so Staud/*Wolfsteiner* Rn 47) oder lediglich einen Anspruch gegen den Eigentümer, auf Berichtigung hinzuwirken (so RGZ 93, 114).

C. Grundschulden, Rentenschulden. § 1179 ist auf Grundschuld und Rentenschuld entspr anwendbar (§ 1192 I). Die praktische Bedeutung ist bei der Grundschuld sehr gering, da die Vereinigung von Grundpfandrecht und Eigentum normalerweise unterbleibt (selbst Neuvalutierung ist ohne Zustimmung des Vormerkungsberechtigten ist wirksam, BGH NJW-RR 91, 1197) und damit der vormerkungsgesicherte Anspruch nicht entsteht. In der Praxis sichern sich nachrangige Berechtigte heute nicht mehr durch eine Löschungsvormerkung ab, sondern durch Abtretung der gegenwärtigen und künftigen Rückgewähransprüche des Eigentümers gegen den Grundschuldgläubiger.

§ 1179a Löschungsanspruch bei fremden Rechten

(1) ¹Der Gläubiger einer Hypothek kann von dem Eigentümer verlangen, dass dieser eine vorrangige oder gleichrangige Hypothek löschen lässt, wenn sie im Zeitpunkt der Eintragung der Hypothek des Gläubigers mit dem Eigentum in einer Person vereinigt ist oder eine solche Vereinigung später eintritt. ²Ist das Eigentum nach der Eintragung der nach Satz 1 begünstigten Hypothek durch Sondernachfolge auf einen anderen übergegan-

gen, so ist jeder Eigentümer wegen der zur Zeit seines Eigentums bestehenden Vereinigungen zur Löschung verpflichtet. ³Der Löschungsanspruch ist in gleicher Weise gesichert, als wenn zu seiner Sicherung gleichzeitig mit der begünstigten Hypothek eine Vormerkung in das Grundbuch eingetragen worden wäre.
(2) ¹Die Löschung einer Hypothek, die nach § 1163 Abs. 1 Satz 1 mit dem Eigentum in einer Person vereinigt ist, kann nach Absatz 1 erst verlangt werden, wenn sich ergibt, dass die zu sichernde Forderung nicht mehr entstehen wird; der Löschungsanspruch besteht von diesem Zeitpunkt ab jedoch auch wegen der vorher bestehenden Vereinigungen. ²Durch die Vereinigung einer Hypothek mit dem Eigentum nach § 1163 Abs. 2 wird ein Anspruch nach Absatz 1 nicht begründet.
(3) Liegen bei der begünstigten Hypothek die Voraussetzungen des § 1163 vor, ohne dass das Recht für den Eigentümer oder seinen Rechtsnachfolger im Grundbuch eingetragen ist, so besteht der Löschungsanspruch für den eingetragenen Gläubiger oder seinen Rechtsnachfolger.
(4) Tritt eine Hypothek im Range zurück, so sind auf die Löschung der ihr infolge der Rangänderung vorgehenden oder gleichstehenden Hypothek die Absätze 1 bis 3 mit der Maßgabe entsprechend anzuwenden, dass an die Stelle des Zeitpunkts der Eintragung des zurückgetretenen Rechts der Zeitpunkt der Eintragung der Rangänderung tritt.
(5) ¹Als Inhalt einer Hypothek, deren Gläubiger nach den vorstehenden Vorschriften ein Anspruch auf Löschung zusteht, kann der Ausschluss dieses Anspruchs vereinbart werden; der Ausschluss kann auf einen bestimmten Fall der Vereinigung beschränkt werden. ²Der Ausschluss ist unter Bezeichnung der Hypotheken, die dem Löschungsanspruch ganz oder teilweise nicht unterliegen, im Grundbuch anzugeben; ist der Ausschluss nicht für alle Fälle der Vereinigung vereinbart, so kann zur näheren Bezeichnung der erfassten Fälle auf die Eintragungsbewilligung Bezug genommen werden. ³Wird der Ausschluss aufgehoben, so entstehen dadurch nicht Löschungsansprüche für Vereinigungen, die nur vor dieser Aufhebung bestanden haben.

1 **A. Grund der Einfügung, Anwendungsbereich.** Bei Hypotheken zugunsten von Kreditinstituten wurde von den Gläubigern seit langem bei jeder Hypothek die Eintragung von Löschungsvormerkungen nach § 1179 aF gefordert; diese war auch im Übrigen gängige Formularpraxis. Zur Entlastung der Grundbuchämter wurde deshalb durch das Gesetz vom 22.6.77 das Regel-Ausnahme-Verhältnis umgekehrt: Zugunsten jedes Hypothekengläubigers besteht nun ein gesetzlicher Löschungsanspruch, der wie durch eine Vormerkung gesichert ist; der Anspruch kann aber als Inhalt der Hypothek ausgeschlossen werden. Die sprachlich wenig geglückte Vorschrift versucht einen Teil der Kasuistik zu § 1179 aF zu positivieren. Sie gilt für alle Hypotheken, die ab dem 1.1.78 zur Eintragung in das Grundbuch beantragt wurden; der Tag der Eintragung ist ohne Bedeutung. Für vorher zur Eintragung beantragte Rechte gilt zeitlich unbeschränkt § 1179 aF weiter (s § 1179 Rn 1).
2 § 1179a gilt nicht für die Arresthypothek (§ 932 I 2 ZPO) und nicht für die Hypothek für Inhaberschuldverschreibungen (§ 1187 S 4).
3 Die Vorschrift ist verfassungsrechtlich nicht unbedenklich, da sie es der Willkür eines Dritten, nämlich des Gläubigers einer nachrangigen Hypothek, überlässt zu entscheiden, wem der Veräußerungs- bzw Versteigerungserlös eines Grundstücks zugute kommt, da er seine gesetzlichen Rechte aus § 1179a ohne Rücksicht auf ein eigenes Sicherungsinteresse nach seinem Belieben ausüben oder deren Ausübung unterlassen kann und § 1179a III – wörtlich genommen (s aber Rn 5) – diese Befugnis sogar einem Nichtberechtigten zugesteht Da der Löschungsanspruch als Inhalt einer begünstigten Hypothek ausgeschlossen werden kann (§ 1179a V), ihre Wirkungen also nicht zwingend sind, dürfte eine Verfassungswidrigkeit jedoch ausscheiden (im Erg ebenso BGH NJW 87, 2078; aA Staud/*Wolfsteiner* Rn 7).
4 **B. Löschungsanspruch.** Der Löschungsanspruch, der gesetzlicher Inhalt der begünstigten Hypothek ist (BayObLG NJW-RR 92, 306; krit Staud/*Wolfsteiner* Fn 12), entsteht mit ihrer Eintragung und erlischt mit ihrer Löschung (s aber Rn 6 wegen der Fortsetzung am Versteigerungserlös). Seine Geltendmachung ist nur ausnahmsweise rechtsmissbräuchlich (LG Ansbach Rpfleger 98, 212). Jede Vereinigung von Eigentum und Hypothek löst den Löschungsanspruch nach § 1179a für Gläubiger aus, denen eine gleich- oder nachrangige Hypothek zusteht und zwar auch in dem Fall, dass das Rangverhältnis erst durch Rangrücktritt entstanden ist (§ 1179a IV); Gläubiger von Zwischenrechten sind hiervon nicht betroffen (*Rambold* Rpfleger 95, 284), auch wenn die dadurch entstehenden relativen Rangverhältnisse naturgemäß Auswirkungen auf die Verteilung eines Versteigerungserlöses haben können. Bei einer Gesamthypothek kann sich ein Löschungsanspruch naturgemäß auch für einzelne Belastungsgegenstände ergeben (BGH NJW 81, 1503).
5 Ausgenommen vom Löschungsanspruch ist die vorläufige Eigentümergrundschuld (§ 1179a II 1); hier kann der Löschungsanspruch erst geltend gemacht werden, wenn sicher ist, dass die Forderung nicht mehr entstehen kann. Bei der Höchstbetragshypothek (§ 1190) ist hiervon nur auszugehen, wenn überhaupt keine Forderungen aus dem gesicherten Verhältnis mehr entstehen können. Ebenso ist vom Löschungsanspruch ausgenommen die Eigentümergrundschuld bei der Briefhypothek vor Briefübergabe (§ 1179a II 2) und zwar (anders als bei § 1179a II 1) nach dem klaren Wortlaut des Gesetzes und in Übereinstimmung mit § 1196 III auch dann, wenn sicher ist, dass die Forderung nicht mehr entstehen kann (aA contra legem MüKo/*Eickmann* Rn 24).

Gänzlich unverständlich ist § 1179 a III, der den Anspruch auch dem eingetragenen Gläubiger einer begünstigten Hypothek gewährt, die in Wahrheit Eigentümerrecht ist. Würde man die Vorschrift wörtlich nehmen, müsste man sie in der Tat für verfassungswidrig halten. Indessen wird § 1179 a III dahin teleologisch reduziert, dass der Anspruch nur demjenigen als Hypothekengläubiger Eingetragenen zusteht, der das Recht später auch erwirbt; die Wirkung beschränkt sich hiernach darauf, dass die Vormerkungswirkung (§ 1179 a I 3) bereits mit dem Zeitpunkt der Eintragung eintritt (*Stöber* Rpfleger 77, 425; aA Staud/*Wolfsteiner* Rn 47).

Die Vormerkungswirkung beginnt mit der Eintragung des begünstigten Rechts für die dann bestehenden und auch die künftigen Vereinigungen. Schuldner des Anspruchs ist jeder Eigentümer, in dessen Eigentumszeit eine Vereinigung eingetreten ist; unter mehreren Verpflichteten hat der Gläubiger die Wahl. Bleibt bei der Zwangsversteigerung das betroffene Recht bestehen, während die begünstigte Hypothek durch den Zuschlag erlischt, bleiben Löschungsansprüche bestehen, die zum Zeitpunkt der Beschlagnahme bereits entstanden waren (§ 91 IV ZVG). Erlöschen dagegen durch den Zuschlag beide Rechte, erlischt mit dem Zuschlag auch der Anspruch; für eine „Fortsetzung" durch einen entspr Anteil am Versteigerungserlös fehlt eine gesetzliche Grundlage (richtig BGH Rpfleger 05, 717; aA *Hintzen/Böhringer* Rpfleger 05, 661); dies hat besondere Bedeutung bei der Grundschuld.

Nicht vormerkungswidrig ist die Bildung einer Einheitshypothek (§ 1113 Rn 19) aus mehreren vorrangigen Hypotheken, ebenso wenig eine Forderungsauswechslung nach § 1180 oder die Umwandlung einer Sicherungshypothek in eine gewöhnliche Hypothek. Hierdurch verringert sich nur faktisch die Aussicht für den Berechtigten der begünstigten Hypothek; sein wie durch eine Vormerkung gesichertes Recht bleibt unberührt.

Der Anspruch ist „insolvenzfest", auch wenn er erst nach Eröffnung des Insolvenzverfahrens entsteht (BGH Rpfleger 05, 249). Das rechtfertigt sich daraus, dass das dingliche Recht selbst bereits mit der Eintragung der begünstigten Hypothek entsteht; nur der schuldrechtliche Löschungsanspruch setzt die Vereinigung von Eigentum und belasteter Hypothek voraus.

C. Ausschluss des Löschungsanspruchs. Ausgeschlossen werden kann der Löschungsanspruch jeweils als Inhalt eines (potentiell) begünstigten Rechts; dabei müssen die Rechte, denen ggü der Anspruch ausgeschlossen wird, bezeichnet werden. Dies können sowohl bei Eintragung bereits vorrangige als auch nachrangige, später möglicherweise im Rang vorrückende Rechte sein; nicht möglich ist dagegen – ohne dass es dafür einen vernünftigen Grund geben würde – die Bestellung einer Hypothek, der der Löschungsanspruch generell fehlt. Nicht möglich ist es auch, das betroffene Recht selbst mit dem Inhalt auszustatten, dass ihm ggü keine Löschungsansprüche bestehen (BayObLG NJW-RR 92, 306, 307). Soll ein Eigentümerrecht bestehen bleiben, muss deshalb bei jeder Neubestellung eines nachrangigen Rechts daran gedacht werden, den Löschungsanspruch auszuschließen. Der Löschungsanspruch kann bei der Gesamthypothek auch nur hinsichtlich einzelner Grundstücke ausgeschlossen werden (BGH NJW 81, 1503). Ebenso kann beim Rangvorbehalt der Ausschluss für die vom Vorbehalt betroffene Hypothek vereinbart und vor dem vorbehaltenen Recht eingetragen werden (*Jerschke* DNotZ 77, 708, 727; aA *Stöber* Rpfleger 77, 425).

Der Ausschluss erfolgt regelmäßig bei der Bestellung des begünstigten Rechts; allerdings ist auch ein nachträglicher Ausschluss möglich (Inhaltsänderung nach § 877). Möglich ist zudem eine Aufhebung des Ausschlusses. Sie bedarf nicht der Zustimmung anderer Hypothekengläubiger oder anderer dinglich Berechtigter.

D. Grundschulden, Rentenschulden. § 1179 a ist auf Grundschuld und Rentenschuld entspr anwendbar (§ 1192 I), jedoch nicht auf die Inhabergrundschuld nach § 1195 als belastetes Recht (§ 1187 S 4 entspr). Für die Eigentümergrundschuld gilt die Sonderregelung des § 1196 III. Bei der Fremdgrundschuld ist § 1179 a II mangels Forderung nicht anwendbar; der Löschungsanspruch ihr ggü entsteht also unabhängig davon, ob sie valutiert war oder nicht (BGH NJW 89, 2536), jedoch kann der Eintritt der Folgen des § 1179 a hier sehr leicht dadurch verhindert werden, dass der Eigentümer den Rückgewähranspruch (s § 1191 Rn 11) als Sicherheit abtritt; Grundschuld und Eigentum vereinigen sich dann nicht. Ein solches Vorgehen ist keine unzulässige Rechtsausübung (BGH NJW 81, 1505; aA *Vollkommer* NJW 80, 1052). Wenn der Gläubiger einer durch den Zuschlag erloschenen Grundschuld erst im Verteilungsverfahren für den nicht valutierten Teil seines Rechts auf den Erlös verzichtet und der Eigentümer auf die Forderung gezahlt hatte (s dazu § 1191 Rn 15), kann ein gleich- oder nachrangiger Gläubiger der Zuteilung dieses Erlöses an den Eigentümer nicht widersprechen, da ihm kein Löschungsanspruch zusteht (s Rn 7).

Der Löschungsanspruch entsteht auch für eine Eigentümergrundschuld als begünstigtes Recht mit der Eintragung (Braunschw DNotZ 87, 515 m Anm *Schelter*; aA *Schwab/Prütting* § 62 IV 2 c), kann also auch bereits von Anfang an ausgeschlossen werden (BayObLG NJW-RR 90, 306).

§ 1179 a beeinträchtigt die Verkehrsfähigkeit der Briefgrundschuld erheblich, da kein Erwerber sicher feststellen kann, ob sie nicht seit ihrer Bestellung von einem Gläubiger außerhalb des Grundbuchs auf den Eigentümer und von diesem wieder auf einen Gläubiger übergegangen ist. In diesem Fall erwirbt ein späterer Erwerber die Briefgrundschuld auch bei einer ununterbrochenen Abtretungskette nach § 1155 ohne Rücksicht auf seinen guten Glauben mit dem Löschungsanspruch belastet, da durch § 1155 nur der gute Glaube an die Gläubigerstellung des Legitimierten, nicht aber der an die Vollständigkeit der Dokumentation der Abtretungsvorgänge geschützt wird.

§ 1179b Löschungsanspruch bei eigenem Recht

(1) Wer als Gläubiger einer Hypothek im Grundbuch eingetragen oder nach Maßgabe des § 1155 als Gläubiger ausgewiesen ist, kann von dem Eigentümer die Löschung dieser Hypothek verlangen, wenn sie im Zeitpunkt ihrer Eintragung mit dem Eigentum in einer Person vereinigt ist oder eine solche Vereinigung später eintritt.
(2) § 1179a Abs. 1 Satz 2, 3, Absatz 2, 5 ist entsprechend anzuwenden.

1 Bei Hypotheken zugunsten von Kreditinstituten wurde früher von den Gläubigern regelmäßig nicht nur die Eintragung von Löschungsvormerkungen für vor- und gleichrangige Hypotheken, sondern auch für das bestellte Recht selbst gefordert. § 1179b hat deshalb auch diese Bankpraxis in einen Anspruch verwandelt, der zum gesetzlichen Inhalt der Hypothek gehört, aber ausgeschlossen werden kann. Der Sinn des § 1179b erschließt sich schwer, zumal der Eigentümer der Geltendmachung des Anspruchs idR seinen Grundbuchberichtigungsanspruch (§ 894 ZPO) entgegensetzen kann und mit der Grundbuchberichtigung der Anspruch des Gläubigers erlischt. Mangelnder Sinn macht eine Vorschrift freilich noch nicht verfassungswidrig (für Verfassungswidrigkeit hingegen Staud/*Wolfsteiner* Rn 5).

2 § 1179b hat den gleichen zeitlichen Anwendungsbereich wie § 1179a (s § 1179a Rn 1, § 1179 Rn 1). Er gilt nicht für die Arresthypothek (§ 932 I 2 ZPO) und nicht für die Hypothek für Inhaberschuldverschreibungen (§ 1187 S 4).

3 Ausgeschlossen werden kann der Löschungsanspruch ebenso wie im Fall des § 1179a (s § 1179a Rn 7).

4 § 1179b ist auf Grundschuld und Rentenschuld entspr anwendbar (§ 1192 I); zu Inhabergrundschuld und Eigentümergrundschuld vgl § 1179a Rn 9. Bei der Grundschuld kann jedoch der Eintritt der Folgen des § 1179b ebenso wie der der Folgen des § 1179a sehr leicht dadurch verhindert werden, dass der Eigentümer den Rückgewähranspruch (s § 1191 Rn 11) als Sicherheit abtritt; Grundschuld und Eigentum vereinigen sich dann nicht.

§ 1180 Auswechslung der Forderung

(1) ¹An die Stelle der Forderung, für welche die Hypothek besteht, kann eine andere Forderung gesetzt werden. ²Zu der Änderung ist die Einigung des Gläubigers und des Eigentümers sowie die Eintragung in das Grundbuch erforderlich; die Vorschriften des § 873 Abs. 2 und der §§ 876, 878 finden entsprechende Anwendung.
(2) ¹Steht die Forderung, die an die Stelle der bisherigen Forderung treten soll, nicht dem bisherigen Hypothekengläubiger zu, so ist dessen Zustimmung erforderlich; die Zustimmung ist dem Grundbuchamt oder demjenigen gegenüber zu erklären, zu dessen Gunsten sie erfolgt. ²Die Vorschriften des § 875 Abs. 2 und des § 876 finden entsprechende Anwendung.

1 § 1180 unterscheidet zwischen der Forderungsauswechslung ohne (§ 1180 I) und mit (§ 1180 II) Gläubigerwechsel. Die Forderungsauswechslung ist auch bei der Eigentümerhypothek (§ 1177 II) zulässig. Es handelt sich beim Eigentümer jeweils um eine Verfügung über das (ggf künftige) Eigentümerrecht, nicht um eine Verfügung über das Grundstück (so dass Genehmigungen zur Belastung nicht nochmals erforderlich sind; aA Schleswig SchlHA 60, 57). Die praktische Bedeutung ist sehr gering, da in allen Fällen, in denen eine Forderungsauswechslung in Betracht kommt, die Bestellung einer Grundschuld bevorzugt wird. Der Nennbetrag der neuen Forderung darf den der Hypothek nicht übersteigen.

2 Die Eintragung in das Grundbuch setzt eine Bewilligung des Eigentümers und im Fall des Gläubigerwechsels die des bisherigen Gläubigers – nicht aber des neuen Gläubigers – voraus. Der Hypothekenbrief ist vorzulegen; die Änderung wird dort vermerkt, die bisherige Schuldurkunde abgetrennt und eine neue Schuldurkunde mit dem Brief verbunden, soweit nicht überhaupt die Erteilung eines neuen Briefes beantragt wird (§ 65 GBO). Der geänderte oder neue Brief wird dem Eigentümer ausgehändigt. Die Zustimmung des Schuldners ist in keinem Fall erforderlich; er wird durch § 1165 geschützt.

3 Die Hypothek besteht sodann nur noch für die neue Forderung; Einwendungen kann der Eigentümer nur aus dem neuen Schuldverhältnis erheben (§ 1137). Die bisherige Forderung steht – nun nicht mehr dinglich gesichert – dem bisherigen Gläubiger zu; die Hypothekenvorschriften gelten für sie nicht mehr. Die Unterwerfung des Eigentümers unter die sofortige Zwangsvollstreckung (§§ 794 I Nr 1, 800 ZPO) ist forderungsbezogen und muss daher auch für das dingliche Recht erneut erklärt (allgM) und ins Grundbuch eingetragen werden (insoweit aA Staud/*Wolfsteiner* Rn 27). Damit fallen die Kosten für die Bestellung der Hypothek (§ 1113 Rn 12) nochmals an, so dass die Forderungsauswechslung nur ausnahmsweise sinnvoll ist.

4 § 1180 I beruht auf dem Nebeneinander von Forderung und Hypothek und ist daher auf Grundschulden und Rentenschulden nicht entspr anwendbar, wohl aber § 1180 II bei der (kaum praktisch werdenden) Umwandlung einer Fremdgrundschuld in eine Hypothek; hier ist die Zustimmung des bisherigen Grundschuldgläubigers erforderlich.

§ 1181 Erlöschen durch Befriedigung aus dem Grundstück

(1) Wird der Gläubiger aus dem Grundstück befriedigt, so erlischt die Hypothek.
(2) Erfolgt die Befriedigung des Gläubigers aus einem der mit einer Gesamthypothek belasteten Grundstücke, so werden auch die übrigen Grundstücke frei.
(3) Der Befriedigung aus dem Grundstück steht die Befriedigung aus den Gegenständen gleich, auf die sich die Hypothek erstreckt.

„Befriedigung aus dem Grundstück" ist nur die Befriedigung im Wege der Zwangsvollstreckung (§ 1147), 1 wozu auch die Teilungsversteigerung gehört. Wird der Gläubiger freiwillig befriedigt, ist § 1181 nicht anwendbar. Die Hypothek erlischt in den Fällen des § 91 I ZVG in jedem Fall mit dem Zuschlag in der Zwangsversteigerung, setzt sich dann aber am Erlös fort; auch besteht unabhängig davon die Hypothek an den nach §§ 1120 ff mithaftenden Sachen; nach Maßgabe des § 91 IV ZVG kann auch ein Löschungsanspruch nach § 1179a bestehen bleiben. Wird ein Bestehenbleiben der Hypothek nach § 91 II ZVG vereinbart, so ist gleichwohl eine „Befriedigung aus dem Grundstück" erfolgt (§ 91 III 2 ZVG). Fällt die Hypothek in der Zwangsversteigerung aus, so ist keine Befriedigung eingetreten; fällt sie teilweise aus, so ist der Gläubiger teilweise befriedigt. Die Löschung der Hypothek im Grundbuch ist nur deklaratorisch; angesichts des Zwangsversteigerungsvermerks kann sie nach dem Zuschlag auch nicht gutgläubig (§ 892) erworben werden.

Ein freihändiger Verkauf durch den Insolvenzverwalter (§ 160 II Nr 1 InsO) ist keine Befriedigung aus dem 2 Grundstück, wohl aber eine Verwertung nach § 165 InsO. „Befriedigung aus dem Grundstück" ist auch die Einziehung der Gebäudeversicherungsforderung nach § 1128.

Ist der Eigentümer zugleich persönlicher Schuldner, so erlischt mit der Befriedigung des Gläubigers auch die 3 persönliche Schuld; bei Personenverschiedenheit gilt dagegen § 1143. Wird eine Vereinbarung nach § 91 II ZVG getroffen, so bedarf es auch einer Vereinbarung über die persönliche Schuld. Diese kann in einer Schuldübernahme durch den Ersteher ebenso bestehen wie in der Verwendung des Grundpfandrechts für eine neu zu begründende Darlehensforderung; erfolgt letzterenfalls keine Forderungsauswechslung, wird die Hypothek Grundschuld.

Bei der **Gesamthypothek** gilt § 1181 II. Die Hypothek erlischt – da ihr keine Forderung zugrunde liegt – ins- 4 gesamt; es entstehen nicht etwa Eigentümergrundschulden an den nicht versteigerten Grundstücken. Auch mit Zustimmung des Eigentümers kann diese Rechtsfolge nicht geändert werden (Braunschw OLGR 14, 124); da aber kein Zwangsversteigerungsvermerk eingetragen ist, ist hier gutgläubiger Erwerb möglich. Die Löschung erfolgt nur auf Veranlassung der Beteiligten, nicht auf Ersuchen des Vollstreckungsgerichts, da das Vollstreckungsgericht nicht entscheiden kann, ob ein Fall des § 1182 vorliegt.

§ 1181 ist auf Grundschuld und Rentenschuld entspr anwendbar (§ 1192 I). 5

§ 1182 Übergang bei Befriedigung aus der Gesamthypothek

¹Soweit im Falle einer Gesamthypothek der Eigentümer des Grundstücks, aus dem der Gläubiger befriedigt wird, von dem Eigentümer eines der anderen Grundstücke oder einem Rechtsvorgänger dieses Eigentümers Ersatz verlangen kann, geht die Hypothek an dem Grundstück dieses Eigentümers auf ihn über. ²Die Hypothek kann jedoch, wenn der Gläubiger nur teilweise befriedigt wird, nicht zum Nachteil der dem Gläubiger verbleibenden Hypothek und, wenn das Grundstück mit einem im Range gleich- oder nachstehenden Recht belastet ist, nicht zum Nachteil dieses Rechts geltend gemacht werden.

§ 1182 stellt eine Ausnahme zu § 1181 II dar. Hat der Gläubiger das Grundstück eines Eigentümers in 1 Anspruch genommen, der im Innenverhältnis der mehreren Eigentümer nicht allein verpflichtet ist, wäre dessen Ausgleichsanspruchs bei einem Erlöschen der Hypothek ungesichert. Deshalb ordnet § 1182 das Fortbestehen der Hypothek insoweit an, als es zur Sicherung des Ausgleichsanspruchs erforderlich ist. Der Ersatzanspruch kann auch die Forderung sein, die nach § 1143 auf den Eigentümer übergegangen ist, wenn der persönliche Schuldner einer der Grundstückseigentümer ist (RGZ 81, 78). Ob die fortbestehende Hypothek Gesamthypothek bleibt oder in Einzelhypotheken auf den nicht versteigerten Grundstücken wird, hängt von dem Verhältnis ab, in dem sie Ausgleich schulden (Gesamt- oder Teilschuld). Die dafür etwa erforderlichen Erklärungen müssen die Beteiligten selbst in grundbuchmäßiger Form (§ 29 GBO) beschaffen; das Vollstreckungsgericht ist dafür nicht zuständig.

Die fortbestehende Hypothek geht allen anderen dinglichen Belastungen – nicht nur anderen Hypotheken – 2 im Rang nach (§ 1182 S 2). Diese Regelung ist schwer verständlich, da ein Wertungswiderspruch zu dem Fall besteht, dass der versteigerte Eigentümer den Gläubiger freiwillig befriedigt hätte; dann würde nämlich dieser Rechtsverlust nicht eintreten (§ 1173).

§ 1182 ist auf Grundschuld und Rentenschuld entspr anwendbar (§ 1192 I). 3

§ 1183 Aufhebung der Hypothek

¹Zur Aufhebung der Hypothek durch Rechtsgeschäft ist die Zustimmung des Eigentümers erforderlich. ²Die Zustimmung ist dem Grundbuchamt oder dem Gläubiger gegenüber zu erklären; sie ist unwiderruflich.

1 Einseitig kann der Gläubiger nur auf die Hypothek verzichten (§ 1168), dadurch wird sie Eigentümerrecht. Erlöschen kann das Recht rechtsgeschäftlich nur durch Aufhebung, die ohne Zustimmung des Eigentümers nicht wirksam ist. § 1168 verwirklicht dadurch das dem § 1163 zugrunde liegende Rangwahrungsprinzip: Ohne Zustimmung des Eigentümers kann die Hypothek nicht erlöschen und können nachrangige Rechte demnach auch nicht aufrücken. Deshalb handelt es sich bei der Zustimmung um eine Verfügung über die Anwartschaft auf das Eigentümerrecht, nicht um eine Verfügung über das Grundstück (BayObLG Rpfleger 73, 404; aA BaRoth/*Rohe* Rn 3), so dass in den Fällen des § 1812 die Genehmigung des Vormundschaftsgerichts erforderlich ist (BayObLG Rpfleger 85, 24), aber nicht die Zustimmung des nichtverwaltenden Ehegatten bei der Gütergemeinschaft.

2 Durch §§ 1179 a, 1179 b hat die Rangwahrungsfunktion ihre tatsächliche Bedeutung weitgehend eingebüßt; die Notwendigkeit der Eigentümerzustimmung wird deshalb vielfach als lästige Formalität empfunden. Grundpfandrechtsbestellungsformulare von Banken enthalten teilweise bereits Vollmachten für den Gläubiger, diese namens des Eigentümers zu erklären; sie können freilich nur verwendet werden, wenn nicht in der Zwischenzeit das Eigentum gewechselt hat. In der Kautelarpraxis wird die Aufhebungserklärung des Hypothekengläubigers als **Löschungsbewilligung** bezeichnet. Erklärt der Eigentümer irrtümlich, er bewillige die Löschung, dann enthält diese im Zweifel die Zustimmung zur Löschung (BayObLG Rpfleger 73, 404).

3 Geht die Zustimmung nicht vom wirklichen Eigentümer aus, ist sie unwirksam. § 892 gilt nicht, da es sich nicht um ein Verkehrsgeschäft handelt (BayObLG Rpfleger 85, 24); das Grundbuch ist also unrichtig, wenn der Bucheigentümer die Zustimmung erklärt hat und infolgedessen die Hypothek gelöscht wurde. Die fortbestehende Hypothek geht allen anderen dinglichen Belastungen – nicht nur anderen Hypotheken – im Rang nach (§ 1182 S 2). Diese Regelung ist schwer verständlich, da ein Wertungswiderspruch zu dem Fall besteht, dass der versteigerte Eigentümer den Gläubiger freiwillig befriedigt hätte; dann würde nämlich dieser Rechtsverlust nicht eintreten (§ 1173).

4 Auf das Verhältnis von Gläubiger und Eigentümer bei der Zustimmung (§ 1183 S 2) ist § 181 anwendbar (aA Staud/*Wolfsteiner* Rn 6). Gibt der Gläubiger die Eigentümerzustimmung sich selbst oder dem Grundbuchamt ggü zugleich als zugleich als Vertreter des Eigentümers ab, ist sie deshalb nur wirksam, wenn er von den Beschränkungen des § 181 befreit ist; handelt dagegen der Eigentümer für sich und zugleich als Vertreter des Gläubigers, ist sie ohne weiteres wirksam (kein rechtlicher Nachteil für den Vertretenen, s § 181 Rn 9; genau umgekehrt Palandt/*Bassenge* Rn 6).

5 Die Erklärung bedarf bei eingetragenem Nacherbenvermerk der Zustimmung des Nacherben (§ 2114 S 3), soweit dieser beeinträchtigt sein kann (aA Hburg Rpfleger 04, 617 m abl Anm *Hintzen/Alff*); beim befreiten Vorerben ist allerdings zu prüfen, ob es sich um eine unentgeltliche Verfügung handelt (LG Aachen Rpfleger 86, 260); eine Beeinträchtigung des Nacherben ist zudem von vornherein ausgeschlossen, wenn kein nachrangiges Recht vorhanden ist (KG HRR 37, 1016).

6 In formeller Hinsicht ist eine Eintragungsbewilligung des Eigentümers erforderlich (§ 27 GBO), die auch vor der Abgabe der Löschungsbewilligung erfolgen kann. Der Brief ist vorzulegen (§ 41 GBO); zur Vollstreckung der Verurteilung zur Löschung einer Briefhypothek vgl BayObLG NJW-RR 98. 18. Aus der in § 1183 S 2 angeordneten Unwiderruflichkeit ergibt sich, dass der Insolvenzverwalter an eine vor Insolvenzeröffnung abgegebene Zustimmung des Eigentümers gebunden ist (RGZ 52, 411, 411; aA Staud/*Wolfsteiner* Rn 12); bei einem Eigentumswechsel vor der Löschung ist jedoch die Zustimmung des neuen Eigentümers erforderlich. Bei einer Gesamthypothek ist die Zustimmung aller Eigentümer erforderlich (aA Staud/*Wolfsteiner* Rn 17); allerdings kann dieses Erfordernis leicht dadurch umgangen werden, dass zunächst die Grundstücke der nicht zustimmenden Eigentümer pfandfrei gegeben werden (Wirkung: § 1175 I 2) und dann die Hypothek am Grundstück des zustimmenden Eigentümers gelöscht wird.

7 § 1183 ist auf Grundschuld und Rentenschuld entspr anwendbar (§ 1192 I). Bei der Grundschuld ist die Aufhebungserklärung des Gläubigers idR dahin auszulegen, dass zugleich auf die Ansprüche aus einem gleichzeitig mit der Grundschuldbestellung abgegebenen abstrakten Schuldversprechen für den Grundschuldbetrag verzichtet wird; will der (nicht vollständig befriedigte) Gläubiger sich solche Rechte vorbehalten, ist es ratsam, dies in der Aufhebungserklärung ausdrücklich zu erklären.

§ 1184 Sicherungshypothek

(1) Eine Hypothek kann in der Weise bestellt werden, dass das Recht des Gläubigers aus der Hypothek sich nur nach der Forderung bestimmt und der Gläubiger sich zum Beweis der Forderung nicht auf die Eintragung berufen kann (Sicherungshypothek).
(2) Die Hypothek muss im Grundbuch als Sicherungshypothek bezeichnet werden.

1 Die Sicherungshypothek ist dasjenige Grundpfandrecht, das den Eigentümer am wenigsten belastet, da jede über die Forderung hinausgehende Verpflichtung ausgeschlossen ist: Auch bei einer Übertragung der Forderung an

Dritte erwirbt der Zessionar die Hypothek nur insoweit, wie die Forderung besteht (Ausschluss des § 1138 durch § 1184 II). Deshalb sind die kraft Gesetzes entstehenden Hypotheken Sicherungshypotheken. Durch Rechtsgeschäft entstehende Sicherungshypotheken haben dagegen kaum noch Bedeutung; auch zur Sicherung von privaten Forderungen wird die nur mit Zustimmung des Eigentümers abtretbare Grundschuld bevorzugt.

Auch bei einer Sicherungshypothek ist allerdings gutgläubiger Erwerb (§ 892) möglich, wenn die Unrichtigkeit 2 des Grundbuchs nicht auf dem Fehlen einer Forderung, sondern darauf beruht, dass der Begründungsakt unwirksam ist. Deshalb kann auch gegen die Eintragung einer Sicherungshypothek ein Widerspruch in das Grundbuch eingetragen werden (BayObLG BayVBl 95, 29). Besteht ein Widerspruch zwischen Einigung und Eintragung insofern, als eine gewöhnliche Hypothek bestellt, aber eine Sicherungshypothek eingetragen wurde, ist eine Sicherungshypothek als minus entstanden (RGZ 123, 169, 170 f); ebenso bei entsprem Dissens. In allen anderen Fällen einer Diskrepanz zwischen Einigung und Eintragung oder eines Dissenses entsteht eine Eigentümergrundschuld (aA Palandt/*Bassenge* Rn 6: bei Eintragung einer gewöhnlichen Hypothek entstehe diese).

§ 1184 II schließt die Umwandlung einer Sicherungshypothek durch Bezugnahme auf die Eintragungsbewilligung 3 aus; wegen der Bedeutung für den Rechtsverkehr ist die Eintragung im Grundbuch selbst erforderlich.

Hinsichtlich von Einwendungen des Erwerbers eines mit einer Sicherungshypothek belasteten Grundstücks ist zu 4 unterscheiden: Bei einer Zwangshypothek wirkt die Rechtskraft des zugrunde liegenden Titels auch gegen den Erwerber (BGH NJW 88, 828), ebenso ein dinglicher Titel gegen den früheren Eigentümer (§ 325 III ZPO), nicht dagegen ein Titel wegen der Forderung (aA KG JW 31, 1932 mit abl Anm *Rosenberg*). In jedem Fall beschränkt sich die Wirkung auf die zugrunde liegenden titulierten Forderungen; sind diese erloschen, dann müssen sekundäre Ansprüche (zB auf Schadensersatz) neu tituliert werden (Ddorf NJW-RR 93, 1430, 1431).

§ 1184 beruht auf dem Nebeneinander von Forderung und Hypothek; er gilt deshalb nicht für die Siche- 5 rungsgrundschuld und die Sicherungsrentenschuld.

§ 1185 Buchhypothek; unanwendbare Vorschriften

(1) Bei der Sicherungshypothek ist die Erteilung des Hypothekenbriefs ausgeschlossen.
(2) Die Vorschriften der §§ 1138, 1139, 1141, 1156 finden keine Anwendung.

Der Ausschluss der Brieferteilung ergibt sich aus dem Zweck des Briefes, die Übertragung der Hypothek zu 1 erleichtern und den Eigentümer gegen Verfügungen des Gläubigers bis zur Darlehensauszahlung zu sichern. Beide Gesichtspunkte entfallen bei der Sicherungshypothek. Da sich aus der Eintragung als Sicherungshypothek ergibt, dass kein Brief ausgestellt sein kann, ist die Brieflosigkeit im Grundbuch weder eintragungsfähig noch eintragungsbedürftig.

Da § 1138 unanwendbar ist, hat der Gläubiger die Entstehung der Forderung mit anderen Beweismitteln als der 2 Hypothekeneintragung zu beweisen (BGH NJW 86, 53); dagegen ändert sich nichts daran, dass bei nachweislich entstandener Forderung der Eigentümer deren Erlöschen beweisen muss. Die Unanwendbarkeit des § 1138 kann aber auch zu Lasten des Eigentümers wirken: Hat er an den Buchgläubiger gezahlt, wird er nicht durch § 893 geschützt. Den Schutz des § 1139 benötigt der Eigentümer bei der Sicherungshypothek nicht. Da § 1141 nicht gilt, ist die Kündigung ggü dem Eigentümer, der nicht persönlicher Schuldner ist, weder erforderlich noch ausreichend. Die Anwendung des § 54 ZVG ist dagegen auch in diesem Fall nicht ausgeschlossen (RG LZ 28, 1060). Da § 1156 nicht gilt, kann sich der Eigentümer auf alle Einwendungen aus §§ 406–408 berufen.

§ 1185 setzt eine Sicherungshypothek voraus und ist deshalb auf Grundschuld und Rentenschuld nicht entspr 3 anwendbar.

§ 1186 Zulässige Umwandlungen

¹Eine Sicherungshypothek kann in eine gewöhnliche Hypothek, eine gewöhnliche Hypothek kann in eine Sicherungshypothek umgewandelt werden. ²Die Zustimmung der im Range gleich- oder nachstehenden Berechtigten ist nicht erforderlich.

§ 1186 geht davon aus, dass es sich bei den einzelnen Hypothekenarten nur um unterschiedliche Ausprägungen 1 des gleichen Rechts handelt. Da die Höchstbetragshypothek als Sicherungshypothek gilt (§ 1190 III), ist auch die Umwandlung aus einer oder in eine Höchstbetragshypothek zulässig. Die Umwandlung ist Inhaltsänderung (§ 877) und bedarf daher der (formlosen) Einigung und Eintragung in das Grundbuch; der Rang bleibt erhalten.

Durch die Umwandlung einer Sicherungshypothek entsteht eine Buchhypothek (str; vgl § 1116 Rn 6); Eintra- 2 gung des Briefausschlusses im Grundbuch ist notwendig (aA Palandt/*Bassenge* Rn 2: nur „zweckmäßig"). Bei der Umwandlung einer Briefhypothek in eine Sicherungshypothek ist der Brief vorzulegen, vom Grundbuchamt unbrauchbar zu machen und mit der damit verbundenen Schuldurkunde nach § 69 GBO zu verfahren. Gutgläubiger Erwerb aufgrund eines versehentlich nicht zurückgegebenen Briefes ist ausgeschlossen.

Die Fiktion des § 1186 S 2, dass gleich- und nachrangige Berechtigte durch die Umwandlung nicht als beein- 3 trächtigt gelten, gilt auch für die Löschungsansprüche gleich- und nachrangig Berechtigter aus §§ 1179,

1179 a oder vertraglichen Vereinbarungen und bedarf daher nicht deren Zustimmung (§ 1179 a Rn 7; aA Palandt/*Bassenge* Rn 4 für die Umwandlung einer Sicherungs- in eine Verkehrshypothek).

4 § 1186 ist nicht auf Grundschuld und Rentenschuld anwendbar; hierfür gelten die §§ 1198, 1203.

§ 1187 Sicherungshypothek für Inhaber- und Orderpapiere

¹Für die Forderung aus einer Schuldverschreibung auf den Inhaber, aus einem Wechsel oder aus einem anderen Papier, das durch Indossament übertragen werden kann, kann nur eine Sicherungshypothek bestellt werden. ²Die Hypothek gilt als Sicherungshypothek, auch wenn sie im Grundbuch nicht als solche bezeichnet ist. ³Die Vorschrift des § 1154 Abs. 3 findet keine Anwendung. Ein Anspruch auf Löschung der Hypothek nach den §§ 1179 a, 1179 b besteht nicht.

1 Die Hypothek des § 1187 (sog **Wertpapierhypothek**) ist ohne jede praktische Bedeutung. Bis 1990 beruhte dies darauf, dass die Ausgabe von Inhaberschuldverschreibungen staatlicher Genehmigungen bedurfte, aber auch seitdem wird von dieser Art der unmittelbaren dinglichen Sicherung eines Wertpapiers kein Gebrauch gemacht. Die Hypothek muss die Forderung aus dem Wertpapier unmittelbar sichern; sie kann auch als Höchstbetragshypothek bestellt werden (KG JW 26, 1642).

2 Zur Eintragung in das Grundbuch ist das gesicherte Wertpapier vorzulegen (§ 43 GBO entspr; aA Colmar OLGR 6, 105: erst bei Folgeeintragungen); einzutragen ist bei Inhaberpapieren „der Inhaber", bei Orderpapieren der erste Berechtigte „und jeder durch Indossament ausgewiesene Inhaber". Gläubiger ist bei Inhaberpapieren der Besitzer, der keinen Nachweis benötigt, bei Orderpapieren der durch eine Kette von Indossamenten Ausgewiesene (materiell-rechtlich genügt Schriftform, dem Grundbuchamt ggü ist Nachweis in der Form des § 29 GBO erforderlich). Eintragung in das Grundbuch ist nicht erforderlich (Ausschluss von § 1154 III durch § 1187 S 2).

3 Gutgläubige Erwerber werden zwar nur beschränkt geschützt (§ 1185 II), dafür kommt ihnen der wertpapierrechtliche Schutz (zB § 796) zugute, der regelmäßig noch weitergehend ist. Entspr § 1155 genügt für gutgläubigen Erwerb bei Orderpapieren eine ununterbrochene Indossamentenkette; allerdings ist auch § 1140 entspr anwendbar, so dass Einreden, die aus dem Wertpapier selbst ersichtlich sind, den guten Glauben zerstören.

4 § 1187 ist nicht auf Grundschuld und Rentenschuld anwendbar; hierfür gilt § 1195.

§ 1188 Sondervorschrift für Schuldverschreibungen auf den Inhaber

(1) Zur Bestellung einer Hypothek für die Forderung aus einer Schuldverschreibung auf den Inhaber genügt die Erklärung des Eigentümers gegenüber dem Grundbuchamt, dass er die Hypothek bestelle, und die Eintragung in das Grundbuch; die Vorschrift des § 878 findet Anwendung.
(2) ¹Die Ausschließung des Gläubigers mit seinem Recht nach § 1170 ist nur zulässig, wenn die im § 801 bezeichnete Vorlegungsfrist verstrichen ist. ²Ist innerhalb der Frist die Schuldverschreibung vorgelegt oder der Anspruch aus der Urkunde gerichtlich geltend gemacht worden, so kann die Ausschließung erst erfolgen, wenn die Verjährung eingetreten ist.

1 Da die Person des ersten Inhabers bei Inhaberschuldverschreibungen ohne rechtliche Bedeutung ist, verzichtet § 1188 auf dessen Mitwirkung, wenn für sie eine Hypothek bestellt werden soll. Bestellung durch Einigung mit dem ersten Inhaber (§ 873) bleibt daneben möglich („genügt"). Eine nach Stellung des Eintragungsantrags eintretende Verfügungsbeschränkung ist für die Wirksamkeit der Bestellung ohne Bedeutung (§ 1188 I letzter Hs).

2 § 1188 II verhindert, dass die Ausschließung des Gläubigers einer solchen Hypothek vor dem Ende der Vorlegungsfrist und der sich an die Vorlegung anschließenden Verjährungsfrist erfolgen kann. Die Vorlegungsfrist kann die gesetzliche Frist des § 801 I 1 oder die vom Aussteller bestimmte des § 801 III sein.

3 § 1188 gilt entspr für die Inhabergrundschuld des § 1195 (§ 1192 I).

§ 1189 Bestellung eines Grundbuchvertreters

(1) ¹Bei einer Hypothek der im § 1187 bezeichneten Art kann für den jeweiligen Gläubiger ein Vertreter mit der Befugnis bestellt werden, mit Wirkung für und gegen jeden späteren Gläubiger bestimmte Verfügungen über die Hypothek zu treffen und den Gläubiger bei der Geltendmachung der Hypothek zu vertreten. ²Zur Bestellung des Vertreters ist die Eintragung in das Grundbuch erforderlich.
(2) Ist der Eigentümer berechtigt, von dem Gläubiger eine Verfügung zu verlangen, zu welcher der Vertreter befugt ist, so kann er die Vornahme der Verfügung von dem Vertreter verlangen.

1 § 1189 ermöglicht die Bestellung eines Vertreters für den jeweiligen Gläubiger einer Wertpapierhypothek (sog Grundbuchvertreter). Die Möglichkeit, nach dem Gesetz betreffend die gemeinsamen Rechte der Besitzer von

Schuldverschreibungen andere (nicht ins Grundbuch einzutragende) Vertreter zu bestellen, bleibt von § 1189 unberührt. Die Bestellung ist zulässig, aber nicht vorgeschrieben; sinnvoll ist sie insbes bei einer Vielzahl einzelner Gläubiger von Teilschuldverschreibungen. Der Bestellte ist rechtsgeschäftlicher, nicht gesetzlicher Vertreter. Außer dem Eigentümer kann jede natürliche oder juristische Person zum Grundbuchvertreter bestellt werden. Die Bestellung gehört zum Inhalt der Hypothek; nachträgliche Änderungen sind Inhaltsänderungen (§ 877). Die Bestellung und der Name des Vertreters müssen ins Grundbuch eingetragen werden; wegen seiner Befugnisse ist Bezugnahme auf die Eintragungsbewilligung möglich (RGZ 113, 231). Der Grundbuchvertreter kann abberufen werden; bis zur Eintragung der Abberufung wird der gute Glaube an seine Vertretungsberechtigung geschützt (§ 892).

Der Grundbuchvertreter hat die Befugnis der Vertretung des Gläubigers bei der Geltendmachung der Hypothek (gesetzlicher Inhalt) und die Verfügungsbefugnisse, die ihm im Einzelnen eingeräumt sind (zB Befugnis zu Rangrücktritts- und Pfandfreigabeerklärungen, Kündigung); diese Befugnisse können immer nur das dingliche Recht, nicht die persönliche Forderung betreffen. Die Bestellung des Grundbuchvertreters schließt das Recht des Gläubigers nicht aus, die betreffenden Handlungen selbst vorzunehmen. Ein vom Grundbuchvertreter erstrittenes Urteil wirkt für und gegen alle Gläubiger. 2

Der Grundbuchvertreter hat die Interessen des Gläubigers (nicht des Eigentümers) wahrzunehmen; hiernach bestimmt sich auch, ob er eine Pflichtverletzung begangen hat. Dies gilt auch im Fall des § 1189 II, der lediglich aus praktischen Gründen eine Verpflichtung des Grundbuchvertreters ggü dem Eigentümer bestimmt, damit dieser erforderlichenfalls nicht gegen (womöglich zahlreiche) Gläubiger klagen muss, sondern gegen den Grundbuchvertreter klagen kann. Unter § 1189 II fällt bspw die Verpflichtung, einen Grundstücksteil pfandfrei zu geben, wenn dies bei Bestellung der Hypothek so vereinbart ist. 3

§ 1189 gilt entspr für die Inhabergrundschuld des § 1195 (§ 1192 I). 4

§ 1190 Höchstbetragshypothek

(1) ¹Eine Hypothek kann in der Weise bestellt werden, dass nur der Höchstbetrag, bis zu dem das Grundstück haften soll, bestimmt, im Übrigen die Feststellung der Forderung vorbehalten wird. ²Der Höchstbetrag muss in das Grundbuch eingetragen werden.

(2) Ist die Forderung verzinslich, so werden die Zinsen in den Höchstbetrag eingerechnet.

(3) Die Hypothek gilt als Sicherungshypothek, auch wenn sie im Grundbuch nicht als solche bezeichnet ist.

(4) ¹Die Forderung kann nach den für die Übertragung von Forderungen geltenden allgemeinen Vorschriften übertragen werden. ²Wird sie nach diesen Vorschriften übertragen, so ist der Übergang der Hypothek ausgeschlossen.

Die Höchstbetragshypothek sichert beliebig viele Einzelforderungen, die bei der Bestellung der Hypothek 1 noch nicht bestimmt und nicht einmal bestimmbar sein müssen und in ihrer Höhe den eingetragenen Höchstbetrag sowohl über- als auch unterschreiten können, bis zu der eingetragenen Höhe; wechseln die gesicherten Forderungen innerhalb der durch die Bestellungsabrede gezogenen Rahmens, stellt dies keine Forderungsauswechslung (§ 1180) dar. Diese Flexibilität machte die Höchstbetragshypothek besonders geeignet zur Sicherung von Kontokorrentforderungen in ständig wechselnder Höhe, insbes Kontokorrentkredite von Banken. Heute hat die Höchstbetragshypothek ihre praktische Bedeutung fast völlig verloren; an ihre Stelle ist die Sicherungsgrundschuld getreten. Als besonders nachteilig wird neben der Unmöglichkeit der dinglichen Sicherung von Zinsen (§ 1190 II) die Tatsache empfunden, dass eine Unterwerfung unter die sofortige Zwangsvollstreckung wegen des Höchstbetrags nicht möglich ist (Rn 5).

Die zu sichernde Forderung darf der Höhe nach nicht bestimmt sein; es genügt, wenn die Nebenleistungen 2 unbestimmt sind (Bremen NJW 53, 1025). Möglich ist auch eine Sicherung aller gegenwärtigen und künftigen Forderungen des Gläubigers gegen den Besteller (RGZ 75, 245). Ist die Forderung dagegen nach Grund und Höhe vollständig bestimmt, liegt eine gewöhnliche Sicherungshypothek vor; eine Höchstbetragshypothek kann nicht bestellt werden (BayObLG NJW-RR 89, 1467, 1468). Erst die Feststellung der gesicherten Forderung ermöglicht die Geltendmachung der Höchstbetragshypothek; hierzu sind Gläubiger und Eigentümer aus der der Bestellung zugrunde liegenden Vereinbarung gegenseitig verpflichtet. Diese Vereinbarung bestimmt, welche Forderungen gesichert sind; ist der Eigentümer nicht der persönliche Schuldner, sind mit diesem getroffene Vereinbarungen ohne Bedeutung für das dingliche Recht.

Solange die Forderung nicht zur Entstehung gelangt ist, steht die Höchstbetragshypothek wie jede andere 3 Hypothek dem Eigentümer zu (§§ 1163, 1167). Mit Erlöschen der Forderung wird die Höchstbetragshypothek jedoch bis zur Feststellung der Forderung Eigentümergrundschuld nur unter der auflösenden Bedingung, dass nicht noch weitere Forderungen bei der endgültigen Abrechnung festgestellt werden. Erst mit Feststellung der Forderung entstehen eine endgültige Hypothek des Gläubigers, die Höchstbetragshypothek bleibt (Colmar OLGR 18, 182), und ein endgültiges Eigentümerrecht des Bestellers, das dem Anspruch aus §§ 1179 a, 1179 b ausgesetzt ist. Da das Grundbuchamt nicht wissen kann, wann die Forderung festgestellt wurde, ist zur Aufhebung nach dem Eigentumswechsel die Bewilligung des früheren Eigentümers oder ein

Nachweis, dass die Hypothek zum Zeitpunkt des Eigentumsübergangs in vollem Umfang Fremdrecht war, erforderlich (aA LG Hamburg Rpfleger 04, 348 m abl Anm *Meyer-König*).

4 Angesichts dieser Besonderheiten ist die Höchstbetragshypothek nicht Sicherungshypothek, sondern „gilt" als solche (§ 1190 III), so dass die allgemeinen Vorschriften für Hypotheken und die §§ 1184 ff für sie gelten, soweit in § 1190 keine besondere Regelung getroffen ist. Dies ist insbes in § 1190 IV für die Abtretung der Forderung geschehen; § 1154 gilt also für die Höchstbetragshypothek nicht. Wird die Forderung in dieser Weise abgetreten, wird die Hypothek Eigentümerrecht; wird sie teilweise abgetreten, sichert sie mit dem gesamten eingetragenen Höchstbetrag die verbleibenden Forderungen. Neben dem Höchstbetrag haftet die Hypothek nicht für Zinsen (§ 1190 II), wohl aber für die Kosten des § 1118 (RGZ 90, 171, 172).

5 Die Unterwerfung unter die sofortige Zwangsvollstreckung (§ 794 I Nr 5 ZPO) wegen des gesamten Höchstbetrags ist ausgeschlossen (aA Staud/*Wolfsteiner* Rn 45). Entweder besteht zum Zeitpunkt der Unterwerfung bereits eine bestimmte Forderung in dieser Höhe, dann ist die Bestellung einer Höchstbetragshypothek für diesen Betrag nicht zulässig, oder es besteht keine derartige Forderung, dann fehlt es vor der Feststellung der Forderung an einem Anspruch, dessentwegen eine Vollstreckungsunterwerfung möglich wäre. Dagegen ist die Unterwerfung wegen eines Teils der Forderung ohne weiteres möglich (BayObLG DNotZ 90, 594; *Hornung* NJW 91, 1649), wenn dieser Teil die bestimmte Forderung oder einen Teil einer solchen darstellt.

6 Keine Höchstbetragshypothek ist die sog **verdeckte Höchstbetragshypothek.** Hierbei handelt es sich um eine Hypothek für eine wechselnde Forderung mit der Abrede, dass die Hypothek den sich nach Abrechnung der Forderung ergebenden Saldo sichern soll. Veränderungen der Forderungshöhe bis zu diesem Zeitpunkt führen demnach nicht zu einer Eigentümergrundschuld. Die verdeckte Höchstbetragshypothek ist demnach eine gewöhnliche Verkehrshypothek für eine künftige bedingte Forderung (vgl RGZ 152, 213, 219; Brandbg WM 98, 283, 288). Die Beschränkungen aus der Bestellungsabrede muss ein gutgläubiger Erwerber nur gegen sich gelten lassen, wenn er sie gekannt hat (§ 892).

7 § 1190 beruht auf dem Nebeneinander von Forderung und Hypothek; eine Höchstbetragsgrundschuld oder eine Höchstbetragsrentenschuld gibt es demgemäß nicht.

Titel 2   Grundschuld, Rentenschuld

Untertitel 1   Grundschuld

§ 1191 Gesetzlicher Inhalt der Grundschuld

(1) Ein Grundstück kann in der Weise belastet werden, dass an denjenigen, zu dessen Gunsten die Belastung erfolgt, eine bestimmte Geldsumme aus dem Grundstück zu zahlen ist (Grundschuld).
(2) Die Belastung kann auch in der Weise erfolgen, dass Zinsen von der Geldsumme sowie andere Nebenleistungen aus dem Grundstück zu entrichten sind.

1 **A. Verhältnis zur Hypothek, Arten der zugrunde liegenden Rechtsverhältnisse.** Wie die Hypothek ist die Grundschuld eine Grundstücksbelastung, kraft welcher der Eigentümer die Zwangsvollstreckung in das Grundstück zu dulden hat; einen Zahlungsanspruch hat der Gläubiger nicht (Weiteres s § 1113 Rn 1). Abweichend von der Hypothek ist aber die Sicherung einer Forderung nicht Voraussetzung; dient die Grundschuld zur Forderungssicherung, ist die sich darauf beziehende Abrede nicht Inhalt des dinglichen Rechts und kann es auch nicht sein (BGH NJW 86, 53; unklar BGH NJW 00, 2021). Das schließt jedoch nicht aus, Vereinbarungen über die Geltendmachung der Grundschuld zu treffen und – damit sie gegen Rechtsnachfolger wirken (§ 1157) – in das Grundbuch eintragen zu lassen. Deshalb kann zB – wie bei der Hypothek (s § 1113 Rn 17) – eingetragen werden, dass die Abtretung ausgeschlossen ist oder der Zustimmung des Eigentümers bedarf, nicht aber, dass die Abtretung der Grundschuld ohne gleichzeitige Abtretung der Forderung unzulässig ist. Eingetragen werden könnte – was praktisch allerdings nicht vorkommt – die Höhe der Valutierung.

2 Die Bestellung der Grundschuld kann auf einem Rechtsgeschäft beruhen, das unmittelbar hierzu verpflichtet. So ist es bspw, wenn jemandem eine Grundschuld schenkungsweise zugewendet wird. Es kann eine Grundschuld einem Gläubiger, insbes einem Kreditinstitut auch vorsorglich – ohne konkrete Absicht der Darlehensaufnahme – bestellt werden, um bei auftretendem Kreditbedarf ohne Verzögerung eine dingliche Sicherheit anbieten zu können und für diese ggü später auftretenden Gläubigern den Rang zu sichern.

3 Beide Fälle sind verhältnismäßig selten. In der großen Mehrzahl der Fälle dient die Grundschuld der Sicherung einer Darlehensforderung, sog **„Sicherungsgrundschuld".** Die Terminologie ist nicht sehr glücklich, suggeriert sie doch einen rechtlichen Zusammenhang zwischen Grundschuld und Sicherungsvertrag, der aber angesichts der Abstraktheit des dinglichen Rechts nicht gegeben ist, hat sich aber allgemein durchgesetzt (kritisch Staud/*Wolfsteiner* Rn 9). Einzelheiten s Rn 7 ff.

B. Entstehung der Grundschuld. Die Grundschuld entsteht wie die Hypothek (Weiteres s § 1113 Rn 4) 4
durch (formlose) Einigung und Eintragung (§ 873; Ausnahme: Inhabergrundschuld, § 1195; Eigentümergrundschuld, § 1196). Die Einigung über das Entstehen des Rechts ist von der Wirksamkeit des sie veranlassenden Geschäfts grds unabhängig (BGH NJW 81, 1505; aA *Vollkommer* NJW 80, 1052). Ist deshalb ein Darlehensvertrag wegen Sittenwidrigkeit (§ 138 I) unwirksam, so ist die Grundschuldbestellung gleichwohl wirksam und sichert dann den bereicherungsrechtlichen Anspruch auf Rückgewähr der Darlehensvaluta (BGH NJW-RR 00, 1431). Beim wucherischen Geschäft ergreift die Nichtigkeit dagegen auch das Erfüllungsgeschäft des Bewucherten (§ 138 Rn 64), also die Grundschuldbestellung.

Hiervon zu unterscheiden ist die Verknüpfung von Grundschuld und Sicherungsabrede, die sich typischerweise in der **Vollmacht** findet, die der Grundstücksverkäufer dem Käufer zur Finanzierung des Kaufpreises 5
erteilt. Hier erfordert es der Schutz des Verkäufers, dass die Erklärung des Käufers zur Grundschuldbestellung eine Einschränkung jedes Sicherungsvertrags enthalten muss, wonach die Grundschuld bis zur vollständigen Kaufpreiszahlung nur den hierfür gewährten Kredit sichert. Hierin liegt keine Ausnahme von der Abstraktheit der Grundschuldbestellung: Enthalten die Erklärungen des Bevollmächtigten die erforderliche Einschränkung nicht, lehnt das Grundbuchamt die Eintragung der Grundschuld als von der Vollmacht nicht gedeckt ab. Ist die Einschränkung enthalten, darf der Gläubiger die Grundschuld nur behalten, wenn er die Einschränkung beachtet; andernfalls ist er um sie ungerechtfertigt bereichert, die Grundschuld selbst aber wirksam entstanden.

Die Grundschuld kann für einen oder mehrere Gläubiger in beliebigen Gemeinschaftsverhältnissen bestimmt 6
werden. Während sich bei der Hypothek das Gemeinschaftsverhältnis ohne weiteres aus der Beteiligung an der gesicherten Forderung bestimmt, muss es bei der Grundschuld zum Inhalt der Einigung gemacht werden; möglich sind sowohl Mitberechtigung nach Bruchteilen als auch ein Gesamthandsverhältnis oder Gesamtgläubigerschaft (BGH NJW 96, 2230); eine Änderung des Gemeinschaftsverhältnisses bedarf jedenfalls dann der Zustimmung des Eigentümers, wenn es ihn zusätzlich belasten kann (insbes die Vereinbarung von Gesamtgläubigerschaft; aA Staud/*Wolfsteiner* Rn 15). Für den jeweiligen Eigentümer eines anderen Grundstücks kann eine Grundschuld nicht eingetragen werden.

C. Sicherungsgrundschuld. I. Sicherungsvertrag. Bei der Sicherungsgrundschuld wird das dingliche Recht 7
im Hinblick auf einen – vorher, nachher oder gleichzeitig geschlossenen – Sicherungsvertrag (auch **Zweckerklärung** oder Zweckbestimmungserklärung genannt) bestellt, der zusätzlich zum Darlehensvertrag abgeschlossen wird. Dessen Vertragsparteien sind, wenn Eigentümer und Schuldner identisch sind, die Parteien des Sicherungsvertrags; er wird meist gleichzeitig, wenn auch idR in getrennten Urkunden, abgeschlossen und stellt das wegen der fehlenden Akzessorietät erforderliche Bindeglied zwischen Grundschuld und Forderung dar.

1. Folgen von Mängeln. Kommt es nicht zum Abschluss des Sicherungsvertrags oder ist dieser unwirksam, 8
ist die Grundschuldbestellung gleichwohl wirksam, der Grundschuldgläubiger aber um diese ungerechtfertigt bereichert und deshalb zur Rückgewähr an den Besteller verpflichtet (§ 812 I 1); allerdings kann der Sicherungsvertrag auch stillschweigend geschlossen werden (Saarbr OLGR 05, 139, 141; zu weitgehend aber BGH NJW 04, 158). Steht fest, dass die Grundschuld im Hinblick auf den Abschluss eines Sicherungsvertrags bestellt wurde, ist es Sache des Gläubigers, dessen Zustandekommen und Inhalt darzulegen und zu beweisen; andernfalls ist es Sache des Eigentümers zu beweisen, dass es sich um eine Sicherungsgrundschuld handelt (BGH NJW-RR 91, 759, 760). Dieser Zusammenhang wird häufig missverständlich dahin formuliert, der Eigentümer trage die Beweislast für die Eigenschaft als Sicherungsgrundschuld (zB BaRoth/*Rohe* § 1192 Rn 60); das ist nur dann richtig, wenn nicht der Charakter als Sicherungsgrundschuld vorauszusetzen ist (richtig BGH NJW 90, 392), wie bei einer Grundschuld, die zur Sicherung fremder Verbindlichkeiten bestellt wird. Die Tatsache, dass ein Sicherungsvertrag besteht, kann nicht in das Grundbuch eingetragen werden; dies wäre mit der fehlenden Akzessorietät der Grundschuld nicht vereinbar (BGH NJW 86, 53).

2. Deckungsverhältnis bei Sicherung fremder Schuld. Ist ein anderer als der persönliche Schuldner Sicherungsgeber, so besteht neben dem Kreditvertrag und dem Sicherungsvertrag meist noch eine Vereinbarung 9
zwischen Schuldner und Sicherungsgeber (sog Deckungsverhältnis). Aus diesem ergibt sich, warum der Sicherungsgeber die Sicherheit stellt; dieser Rechtsgrund kann zB Auftrag, Geschäftsführung ohne Auftrag, Schenkung oder ein Gesellschaftsverhältnis sein. Aus diesem Rechtsverhältnis ergibt sich, ob und unter welchen Voraussetzungen der Sicherungsgeber vom Schuldner Ersatz verlangen kann, wenn er auf die Grundschuld oder auf die Forderung zahlt (Saarbr OLGR 05, 139, 140). Besteht kein Deckungsverhältnis, so ist der Schuldner um Zahlungen des Sicherungsgebers ungerechtfertigt bereichert.

3. Pflichten des Gläubigers. Typischer-, aber nicht notwendigerweise begrenzt der Sicherungsvertrag zudem 10
die Befugnisse des Grundschuldgläubigers, da das dingliche Recht über die Ansprüche des Gläubigers aus dem gesicherten Rechtsverhältnis hinausgeht. So werden insbes Grundschulden für Kreditinstitute typischerweise als sofort fällige bestellt und mit Grundschuldzinsen ausgestattet, die die geschuldeten Zinsen bei weitem übersteigen. Hieraus ergeben sich auch Pflichten des Grundschuldgläubigers, die er insbes in der Zwangsversteigerung des Grundstücks zu beachten hat: Er ist verpflichtet dafür zu sorgen, dass die auf die Grundschuld zuzuteilenden Beträge, die er nicht für seine eigene Befriedigung benötigt, dem Eigentümer (nicht nachrangigen Gläubigern)

zufließen und muss deshalb in der Zwangsversteigerung das gesamte Kapital (München NJW 80, 1051) einschl rückständiger Zinsen (insofern aA München NJW 80, 1051) anmelden und den Teil, den er zu seiner Befriedigung nicht benötigt, an den Eigentümer herausgeben (BGH NJW 03, 2673); soweit er von dieser Pflicht formularmäßig freigestellt wird, verstößt dies gegen § 307. Bei einem freihändigen Verkauf – soweit dieser überhaupt vereinbart werden kann (§ 1149) – darf er den Erlös nicht durch Provisionsvereinbarungen mindern (BGH NJW 97, 2672, 2673). Ebenso verbietet der Sicherungsvertrag dem Gläubiger, die Grundschuld anders als zusammen mit der gesicherten Forderung abzutreten (BGH NJW-RR 87, 139, 141); geschieht dies trotzdem, ist zwar die Abtretung wirksam, der Gläubiger aber wegen Verletzung des Sicherungsvertrags schadensersatzpflichtig (§ 280 I).

11 **4. Kreis der gesicherten Forderungen.** In der Kreditpraxis lautet der Sicherungsvertrag häufig dahin, dass die Grundschuld mit ihren Nebenleistungen der **Sicherung aller gegenwärtigen und künftigen Ansprüche** des Gläubigers gegen den Schuldner dient. Ist der Sicherungszweck so weit gefasst, werden auch Bereicherungsansprüche im Fall der Unwirksamkeit des Darlehens (BGH NJW 04, 158, 159) gesichert. Eine derartige Vereinbarung wird von der Rspr nicht beanstandet (BGH NJW 87, 946 und 2228; vgl BGH NJW 92, 896), soweit der Eigentümer zugleich Schuldner der gesicherten Forderung ist, denn als Schuldner haftet der Sicherungsgeber für diese Verbindlichkeiten ohnehin mit seinem gesamten Vermögen. Wenn es sich um eigene Forderungen des Sicherungsgebers oder – bei einem Kreditinstitut – um solche aus der bankenmäßigen Geschäftsverbindung handelt (wozu bei einer Bausparkasse auch abgetretene Forderungen aus einer Zwischenfinanzierung durch ein anderes Kreditinstitut gehören), ist die Klausel auch weder überraschend noch unangemessen (BGH MDR 05, 1124).

12 Wird die konkrete Verbindlichkeit eines Dritten gesichert, die Anlass für den Abschluss des Sicherungsvertrags war, bestehen ebenfalls keine Bedenken. Werden hingegen alle gegenwärtigen und zukünftigen Ansprüche gegen den Dritten gesichert, handelt es sich idR um eine überraschende Klausel nach § 305 c I, insbes dann, wenn der Umfang der Haftung für den Sicherungsgeber nicht hinreichend kalkulierbar ist (BGH NJW 92, 1882); die Forderung, die Anlass des Sicherungsvertrags war, bleibt aber wirksam gesichert (Kobl NJW-RR 99, 1178). Ausnahmsweise kann es an einer überraschenden Klausel fehlen, wenn Sicherungsgeber und Schuldner rechtlich (nicht nur tatsächlich) so eng miteinander verbunden sind, dass künftige Kreditaufnahmen des Schuldners für den Sicherungsgeber berechenbar und vermeidbar sind (BGH MDR 96, 59); eine Ehe reicht dafür nicht aus (BGH MDR 89, 434). Die früher erwogene Inhaltskontrolle nach § 307 nimmt die Rspr bei der Prüfung des Sicherungsumfangs nicht mehr vor (BGH NJW 02, 2633). In jedem Fall muss angenommen werden, dass der Eigentümer einen solchen Vertrag jederzeit kündigen kann (aA MüKo/*Eickmann* Rn 35: nur aus wichtigem Grund) mit der Folge, dass nur die bis zum Wirksamwerden der Kündigung entstandenen Forderungen gesichert sind. Ebenso fallen in der Insolvenz des Eigentümers Forderungen, die der Gläubiger nach Eröffnung des Verfahrens erwirbt, nicht unter die Grundschuld (BGH NJW 91, 1286, 1287).

13 **5. Übersicherung.** Ein besonderes Problem stellt die Übersicherung des Grundschuldgläubigers dar, die unterschiedliche Ursachen haben kann. Mitunter wird eine Sicherungsgrundschuld in einer Höhe bestellt, die die zu erwartende Höhe der Forderung deutlich übersteigt, um es dem Sicherungsgeber unmöglich zu machen, sich über den Grundbesitz anderweit Kredit zu beschaffen. § 138 kann hier allerdings nur selten angewendet werden, da bei Erwartung weiterer Kreditaufnahme die sofortige Eintragung eines höheren Rechts nicht nur unbedenklich, sondern wegen der Kostendegression der Gerichts- und Notargebühren auch im Kosteninteresse sinnvoll ist. Bedenklicher ist der Fall, dass der Gläubiger die Sicherungsgrundschuld am gesamten Grundbesitz des Sicherungsgebers eintragen lässt, obwohl dessen Wert den Betrag der Grundschuld bei weitem übersteigt und die Absicherung an einzelnen Grundstücken ausreichend wäre. Geschieht dies aus dem nicht billigenswerten Motiv, die wirtschaftliche Tätigkeit des Sicherungsgebers kontrollieren zu können, kommt Nichtigkeit des Sicherungsvertrags nach § 138 in Betracht. Eine nachträgliche Übersicherung (zB durch Rückführung der Forderung ohne Freigabe von nicht mehr benötigten Sicherheiten) führt dagegen nicht zur Unwirksamkeit der Sicherheitenbestellung (BGH NJW 98, 671), sondern lediglich zu einem Freigabeanspruch.

14 **6. Abtretung anderer Rückgewähransprüche.** Häufig sieht der Sicherungsvertrag vor, dass Ansprüche auf Rückgewähr vor- und gleichrangiger Grundschulden an den Gläubiger abgetreten werden. Dabei handelt es sich wirtschaftlich betrachtet um einen Ersatz für den bei Grundschulden selten gegebenen Anspruch auf Löschung aus § 1179 a, da bei Zahlung auf die Forderung (nicht auf die Grundschuld) das Recht in der Hand des Gläubigers verbleibt und kein Löschungsanspruch ausgelöst wird. Aus diesem Zweck ergibt sich, dass dem Zessionar des Rückgewähranspruchs dieser nur zur Rangverbesserung, nicht als zusätzliche Sicherheit dienen soll (aA BGH NJW 90, 1177: Auslegungsfrage). Die Abtretung der Ansprüche auf Rückgewähr **nachrangiger** Grundpfandrechte berührt in ihrer wirtschaftlichen Auswirkung den Schutzbereich des § 1136 und ist daher jedenfalls im Formular- und Verbrauchervertrag als unangemessene Benachteiligung des Eigentümers iSv § 307 unwirksam.

15 **II. Abstraktes Schuldversprechen.** Aus Anlass der Bestellung einer Sicherungsgrundschuld wird häufig vom Gläubiger ein **abstraktes Schuldversprechen** für den Betrag der Grundschuld samt Unterwerfung unter die sofortige Zwangsvollstreckung in das gesamte Vermögen verlangt, so dass nicht nur das Grundstück haftet, sondern der Sicherungsgeber mit seinem gesamten Vermögen. Auch hierin liegt regelmäßig (nur) eine Ver-

stärkung der Sicherheit, nicht eine Verdopplung der Haftung (BGH NJW 88, 707, 708); das Gegenteil müsste ausdrücklich vereinbart sein. Deshalb ist Geschäftswert einer Urkunde, in der eine Grundschuld bestellt und ein abstraktes Schuldversprechen für den Grundschuldbetrag abgegeben wird, lediglich der einfache Grundschuldbetrag (§ 44 I a) KostO). Zur Abgabe eines abstrakten Schuldversprechens ist der Darlehensnehmer nur verpflichtet, wenn dies in der Sicherungsabrede ausdrücklich vereinbart ist; andernfalls ist der Gläubiger um ein gleichwohl abgegebenes Schuldanerkenntnis ungerechtfertigt bereichert (Saarbr OLGR 05, 582). Auch beim Verbraucherkreditvertrag bestehen gegen diese zusätzliche Sicherung keine Bedenken; § 496 II ist auch nicht entspr anwendbar (BGH BGHR 05, 1121).

Die Übernahme der persönlichen Haftung selbst ist für eigene Verbindlichkeiten auch formularmäßig wirksam; es handelt sich weder um eine überraschende Klausel (BGH BGHR 04, 108 m Anm *Griziwotz*) noch um eine unangemessene Benachteiligung des Schuldners (BGH MDR 05, 937). Dies gilt ohne Rücksicht auf die Relation zwischen ihrer Höhe und der finanziellen Leistungsfähigkeit des Sicherungsgebers; die zur Sittenwidrigkeit einer Bürgschaft entwickelten Grundsätze sind auf die Bestellung einer Sicherungsgrundschuld für eigenen Kredit nicht übertragbar (BGH NJW 02, 2633), und zwar auch nicht, wenn der Kredit dazu verwendet wird, die Gelder einem Angehörigen zur Verfügung zu stellen (Celle OLGR 04, 604, 605). Dagegen kann es gegen § 307 verstoßen, wenn Verbindlichkeiten eines Dritten gesichert werden, an denen der Sicherungsgeber kein eigenes Interesse hat (BGH NJW 91, 1677; krit BaRoth/*Rohe* § 1192 Rn 128; für Anwendung von § 305c Oldbg WM 91, 221). 16

Mit dem Erlöschen des Sicherungsvertrags oder mit der vollständigen Befriedigung aus der Grundschuld erlischt auch der Anspruch aus dem abstrakten Schuldversprechen. Der Anspruch erlischt dagegen nicht, wenn die Grundschuld nicht in das Grundbuch eingetragen wird (BGH NJW 92, 971) oder in der Zwangsversteigerung ganz oder teilweise ausfällt (BGH NJW 91, 286). 17

Die Unterwerfung unter die sofortige Zwangsvollstreckung kann (zur Ersparung von Notarkosten; vgl § 36 I mit § 45 KostO) auf Teilbeträge der Grundschuld bestellt werden, wenn diese hinreichend bestimmt sind. Hiernach ist zulässig die Unterwerfung wegen eines „zuletzt zu zahlenden Teilbetrages" (BGH DNotZ 90, 586), dagegen nicht wegen des „letztrangigen Teilbetrages"; hierzu müsste die Grundschuld geteilt werden. 18

III. Ende des Sicherungsvertrags. 1. Rückgewähranspruch. Nach Erfüllung der gesicherten Forderung steht dem Sicherungsgeber aus dem Sicherungsvertrag der **Anspruch auf Rückgewähr** der Grundschuld zu, der durch Abtretung, Verzicht oder Aufhebung der Grundschuld erfüllt werden kann. Das Wahlrecht steht dem Sicherungsgeber zu, wird aber in der Bankpraxis häufig in der Weise beschränkt, dass der Sicherungsgeber auf den Löschungsanspruch beschränkt wird. Darin liegt jedenfalls dann eine unangemessene Benachteiligung des Sicherungsgebers, wenn nach Zuschlag in der Zwangsversteigerung das Eigentum gewechselt hat und durch Löschung oder Verzicht die Grundschuld nicht mehr dem Sicherungsgeber, sondern dem neuen Eigentümer zugute käme (BGH NJW 89, 1349). Ein Rückgewähr besteht auch bei teilweiser Erfüllung der gesicherten Forderung, soweit das Begehren nicht wegen der Geringfügigkeit des Betrags rechtsmissbräuchlich ist; entspr § 1176 kann aber jeweils nur die Rückgabe des ranglezten Teils gefordert werden (BGH NJW 86, 2108); bei mehreren Grundschulden kann der Sicherungsnehmer wählen, welche er zurückgewährt. Ist dem Sicherungsgeber die Erfüllung des Rückgewähranspruchs durch sein Verschulden unmöglich geworden (insbes, weil er statt der Rückgabe an den Sicherungsgeber die Löschung bewilligt hat), ist er dem Sicherungsgeber zum Schadensersatz verpflichtet (Saarbr OLGR 05, 627). Der Rückgewähranspruch kann durch eine Vormerkung im Grundbuch gesichert werden (BGH Rpfleger 04, 717, 718); nur dann ist der Berechtigte dagegen gesichert, dass ein Gutgläubiger auch diejenigen Teile der Grundschuld erwirbt, die keine Forderung sichern. 19

2. Tilgung. Der Sicherungsgeber kann **Zahlungen** entweder auf die Grundschuld oder auf die gesicherte Forderung leisten. Häufig schließt der Sicherungsvertrag Zahlungen auf die Grundschuld jedoch aus. Leistet der Sicherungsgeber gleichwohl ausdrücklich auf die Grundschuld, dann tilgt er diese, nicht die gesicherte Forderung (BGH NJW 76, 2132; Saarbr OLGR 05, 139, 144; aA anscheinend BGH NJW-RR 95, 1257). Zweifelsfrei ist das beim Insolvenzverwalter, bei dem auch ohne ausdrückliche Erklärung von einer Zahlung auf die Grundschuld auszugehen ist (BGH NJW 94, 2692), und jedenfalls unwirksam ist eine Bestimmung in AGB, wonach der Gläubiger Zahlungen nach seinem Belieben auf die Grundschuld oder auf die gesicherte Forderung verrechnen darf (BGH NJW 84, 2520). Ist kein Wille des Leistenden ausdrücklich erklärt, ist die Interessenlage zu ermitteln, wobei der Leistende im Zweifel das ihm günstigste Ergebnis erreichen will (BGH NJW 83, 2502). 20

Zahlt der **Eigentümer auf die Grundschuld**, so erwirbt er sie als Eigentümerrecht (BGH NJW-RR 03, 11). Will er die Grundschuld auf sich umschreiben lassen, so kann das Grundbuchamt eine Erklärung des Gläubigers verlangen, es sei auf die Grundschuld gezahlt worden. Ist er nicht der persönliche Schuldner, so erlischt die gesicherte Forderung nicht und geht auch nicht auf den Eigentümer über, darf jedoch vom Gläubiger in Höhe des gezahlten Betrages nicht mehr geltend gemacht werden (BGH MDR 88, 1044); der Gläubiger muss dem Eigentümer die Forderung auf Verlangen abtreten, wenn dieser einen Rückgriffsanspruch gegen den Schuldner hat (BGH NJW-RR 99, 504; NJW 01, 2327). Ist er zugleich der persönliche Schuldner, so erlischt die Forderung (nicht „auch" die Forderung, wie BGH NJW 92, 3229 meint). 21

Zahlt ein ablösungsberechtigter **Dritter auf die Grundschuld,** so erwirbt er sie (§§ 1150, 1192 I). Die Forderung bleibt davon unberührt; es kann jedoch wie bei der Zahlung durch den Eigentümer, der nicht Schuldner ist, ein Rückgriffsanspruch gegen den Schuldner bestehen. 22

23 Zahlt der **Eigentümer auf die Forderung**, so erlischt diese (§§ 267 I, 362 I); an der Grundschuld ändert sich nichts, sie verbleibt unverändert beim Gläubiger. Allerdings ist ihr Sicherungszweck nun ganz oder (bei mehreren gesicherten Forderungen) teilweise entfallen und muss dem Sicherungsgeber zurückgewährt werden (Rn 16).

24 Zahlt der **Schuldner auf die Forderung**, so verbleibt die Grundschuld ebenfalls beim Gläubiger, da § 1164 nicht entspr anwendbar ist. Wenn der Schuldner aber einen Ersatzanspruch gegen den Eigentümer hat, kann er vom Eigentümer Abtretung des Rückgewähranspruchs bzw der Grundschuld verlangen.

25 Erhält der Gläubiger Befriedigung im Wege der **Zwangsvollstreckung**, dann erlischt die Grundschuld (§ 1181) und – wenn der Eigentümer zugleich persönlicher Schuldner ist – auch die Forderung (BGH NJW 87, 503). Ist der Eigentümer nicht persönlicher Schuldner, erlischt die Forderung nicht; im Fall eines Ersatzanspruchs kann – wie im Fall der freiwilligen Zahlung durch den Eigentümer (s Rn 21) – deren Abtretung an den Eigentümer verlangt werden.

26 **3. Mehrere Sicherheiten.** Bestehen für eine Forderung mehrere Sicherheiten (insbes Bürgschaft und Grundschuld), richtet sich der Ausgleich unter den Sicherungsgebern nach § 426 (obwohl keine Gesamtschuld besteht, BGH NJW 92, 3228). Getroffene Vereinbarungen gehen nicht ohne weiteres auf einen späteren Eigentümer des Grundstücks über (BGH NJW 02, 1491).

27 **IV. Rechtsnachfolge.** Wird die Sicherungsgrundschuld an einen Dritten übertragen, wird dieser in seinem **guten Glauben** an die Einredefreiheit der Grundschuld geschützt (§ 892), soweit Einreden ihm nicht positiv bekannt oder im Grundbuch eingetragen sind. Der gute Glaube fehlt nur dann, wenn der Zessionar sowohl die Eigenschaft der Grundschuld als Sicherungsgrundschuld als auch die (ggf teilweise) fehlende Valutierung kennt (BGH NJW-RR 90, 588, 589), nur ausnahmsweise kann allein die Kenntnis des Sicherungscharakters zu Bösgläubigkeit führen. Ebenso kann der Ersteher in der Zwangsversteigerung dem Gläubiger keine Einreden aus dem Sicherungsvertrag entgegenhalten, so dass der Grundstückserwerber nicht auf Kosten des Voreigentümers bereichert ist (BGH NJW 03, 2673; aA noch BGH NJW 71, 1750; 75, 1126). Der Gläubiger ist berechtigt und im Verhältnis zum Sicherungsgeber auch verpflichtet, den Ersteher in voller Höhe in Anspruch zu nehmen und den Unterschiedsbetrag zur Höhe der gesicherten Forderung an den Eigentümer herauszugeben

§ 1192 Anwendbare Vorschriften

(1) Auf die Grundschuld finden die Vorschriften über die Hypothek entsprechende Anwendung, soweit sich nicht daraus ein anderes ergibt, dass die Grundschuld nicht eine Forderung voraussetzt.
(2) Für Zinsen der Grundschuld gelten die Vorschriften über die Zinsen einer Hypothekenforderung.

1 Dazu, welche Hypothekenvorschriften auf die Grundschuld – ggf in welchem Umfang – anwendbar sind, s jeweils bei §§ 1114-1190.

2 Da eine Forderung nicht Voraussetzung für das Bestehen der Grundschuld ist, muss § 1192 II die Geltung der Vorschriften über Hypothekenzinsen ausdrücklich anordnen. Ebenso wie das Grundschuldkapital von der gesicherten Forderung sind auch die Grundschuldzinsen von den **Zinsen** der gesicherten Forderung unabhängig (BGH NJW 99, 3705). Bei der Sicherungsgrundschuld wird man aber annehmen müssen, dass in der Entgegennahme der vertragsgemäß entrichteten Zinsen für die gesicherte Forderung ein Verzicht des Gläubigers auf die Grundschuldzinsen für denselben Zeitraum (mit der Wirkung des § 1178 II) zu sehen ist, die Grundschuldzinsen also nicht mit fortschreitender Zeit der Eintragung der Grundschuld bis zur (möglicherweise gehemmten oder von neuem beginnenden) Verjährung immer weiter auflaufen (Staud/*Wolfsteiner* Vor §§ 1191 ff Rn 82). Die Frage ist allerdings dadurch entschärft, dass nach neuerer Rspr (BGH NJW 99, 3705; aA noch BGH NJW 96, 253, 256) auch bei der Sicherungsgrundschuld die Zinsen ohne Hemmung bis zum Eintritt des Sicherungsfalls nach § 197 II verjähren. Verzugszinsen (§ 1118) können nur bei Verzug mit den Grundschuldzinsen gefordert werden; Verzug bei der gesicherten Forderung ist ohne Bedeutung.

3 § 1192 II erwähnt nur die Zinsen; es können aber anlässlich einer Grundschuldbestellung auch **andere Nebenleistungen** vereinbart werden, ohne dass deren Art näher bestimmt werden müsste. Die Grundbuchpraxis gestattet auch, sie lediglich mit einem Prozentsatz des Grundschuldkapitals anzugeben (*Schöner/Stöber* Rn 2298; s auch § 1115 Rn 10).

§ 1193 Kündigung

(1) ¹Das Kapital der Grundschuld wird erst nach vorgängiger Kündigung fällig. ²Die Kündigung steht sowohl dem Eigentümer als dem Gläubiger zu. Die Kündigungsfrist beträgt sechs Monate.
(2) Abweichende Bestimmungen sind zulässig.

1 Mangels einer vorausgesetzten Forderung bedarf es bei der Grundschuld ebenso wie für die Zinsen Regelung über die Fälligkeit. Hierfür trifft § 1193 I eine vollständig dispositive (§ 1193 II) Bestimmung. Sie gilt nicht für Eigentümergrundschulden nach § 1177 (§ 1177 I 2). Abweichende Bestimmungen müssen ins Grundbuch

"fremden" Miteigentumsanteile richten kann; sind sie dagegen Gesamtgläubiger, kann jeder in das ganze Grundstück vollstrecken; in Gütergemeinschaft lebende Ehegatten müssen die Grundschuld hierfür zum Vorbehaltsgut erklären (BayObLG Rpfleger 63, 410).
Da weder die Zwangsvollstreckung noch der Zinslauf bei der Eigentümergrundschuld ausgeschlossen sind, können bei bereits bei der Bestellung die Unterwerfung unter die sofortige Zwangsvollstreckung nach § 800 ZPO (BGH NJW 64, 316) und Zinsen ab jedem nach § 1115 zulässigen Zeitpunkt eingetragen werden (BGH NJW 75, 1356). Teilweise wird sogar ein Schuldversprechen wegen des Grundschuldbetrags samt Zwangsvollstreckungsunterwerfung ggü dem ersten Zessionar der Grundschuld für zulässig gehalten (Angebot durch Aushändigung der Bestellungsurkunde, das nach § 151 S 1 angenommen werde; BGH NJW 91, 228; aA Staud/*Wolfsteiner* § 1196 Rn 14); zweckmäßig ist das jedenfalls nicht. 5

§ 1198 Zulässige Umwandlungen

¹Eine Hypothek kann in eine Grundschuld, eine Grundschuld kann in eine Hypothek umgewandelt werden. ²Die Zustimmung der im Range gleich- oder nachstehenden Berechtigten ist nicht erforderlich.

Durch § 1198 S 1 wird klargestellt, dass die einzelnen Arten der Grundpfandrechte nicht verschiedene Rechte, sondern verschiedene Ausprägungen eines einheitlichen Rechts sind und deshalb beim Wechsel zwischen dem einen und dem anderen Typ Löschung und Neubestellung nicht erforderlich sind und damit der Rang nicht verloren geht. § 1198 S 2 geht darüber noch hinaus, indem er fingiert, dass gleich- und nachrangige Berechtigte durch die Umwandlung in ihren Rechten nicht beeinträchtigt werden und deshalb nicht zustimmen müssen. Auch der persönliche Schuldner ist nicht betroffen; für ihn gilt § 1165. Da der gesetzliche Löschungsanspruch nach § 1179 a Inhalt des Rechts ist, ist die Zustimmung eines gleich- und nachrangigen Berechtigten schon deshalb nicht erforderlich; auch der durch eine Löschungsvormerkung nach § 1179 aF wie § 1179 nF Gesicherte ist aber nicht betroffen, da nicht sein Recht, sondern nur die Wahrscheinlichkeit seines Eintritts betroffen ist. Erforderlich ist dagegen die Zustimmung von Berechtigten an dem Recht, das umgewandelt werden soll (§ 876). Die praktische Bedeutung der Vorschrift ist gering: Umwandlungen von Grundschulden in Hypotheken kommen nicht mehr, solche von Hypotheken in Grundschulden nur selten, da bei Fehlen gleich- und nachrangiger Rechte die Neubestellung der Grundschuld bevorzugt wird, während bei ihrem Vorhandensein die Hypothek idR einem Löschungsanspruch nach § 1179 a oder aus einer Löschungsvormerkung nach § 1179 aF ausgesetzt ist. 1

Zur Eintragung in das Grundbuch sind darauf gerichtete Eintragungsbewilligungen von Gläubiger und Eigentümer erforderlich; eine ausdrückliche Umwandlungserklärung ist nicht erforderlich, jedoch konnte die Übernahme von Grundschulden in Anrechnung auf den Kaufpreis schon früher (und heute erst recht) nicht als Umwandlung in eine Restkaufpreishypothek ausgelegt werden (KG OLGR 45, 314). Die Unterwerfung unter die sofortige Zwangsvollstreckung (§ 794 I Nr 5 ZPO) wegen des dinglichen Rechts bleibt weiter wirksam und muss weder wiederholt noch gar erneut in das Grundbuch eingetragen werden (LG Bonn Rpfleger 98, 34; aA Staud/*Wolfsteiner* Rn 14); davon zu unterscheiden ist der persönliche Anspruch, der bei einer Umwandlung typischerweise geändert wird und aus diesem Grund einer erneuten Vollstreckungsunterwerfung bedarf. 2

Die Umwandlung einer Hypothek in eine Grundschuld und einer Eigentümergrundschuld in eine Hypothek kann auch kraft Gesetzes eintreten (§§ 1163, 1177). Hierauf ist § 1198 nicht anwendbar; die Rechtsänderung tritt durch den sie auslösenden Umstand außerhalb des Grundbuchs ein. 3

Untertitel 2 Rentenschuld

§ 1199 Gesetzlicher Inhalt der Rentenschuld

(1) Eine Grundschuld kann in der Weise bestellt werden, dass in regelmäßig wiederkehrenden Terminen eine bestimmte Geldsumme aus dem Grundstück zu zahlen ist (Rentenschuld).
(2) ¹Bei der Bestellung der Rentenschuld muss der Betrag bestimmt werden, durch dessen Zahlung die Rentenschuld abgelöst werden kann. ²Die Ablösungssumme muss im Grundbuch angegeben werden.

Der neben Hypothek und Grundschuld dritte Typ eines Grundpfandrechts hat keinerlei praktische Bedeutung erlangt, da die Regelung der §§ 1199–1203 die Interessen des Gläubigers stärker hinter das Interesse des Eigentümers zurücksetzt, als es den Verhältnissen auf dem Markt für Realkredite entspricht. Insbes beschränkt sich der Anspruch des Gläubigers auf die Einzelleistungen; nur diese können durch Zwangsvollstreckung in das Grundstück beigetrieben werden; eine Wertsicherung der Einzelleistungen ist ebenso wenig möglich wie die Vereinbarung eines Rechts des Gläubigers, die Ablösung zu verlangen (§ 1201 II 1). Die Eintragung einer Vormerkung zur Sicherung erhöhter Einzelleistungen wäre zwar möglich, ist aber im Hinblick auf nachrangige Gläubiger wenig 1 praktisch. Die Finanzierungspraxis bevorzugt deshalb die Grundschuld (§§ 1191 ff), sollen private Rentenansprüche gesichert werden, wählt man meist die flexibler auszugestaltende Reallast (§§ 1105 ff).

2 Das Gesetz sieht in der Rentenschuld eine besondere Form der Grundschuld; neben den §§ 1199–1203 gelten für die Rentenschuld daher die §§ 1191–1198, so etwa für den Zahlungsort § 1194 und für die Eigentümerrentenschuld § 1197. Wie bei der Grundschuld sind auch eine Sicherungsrentenschuld (Frankf NJW-RR 95, 785) und eine Inhaberrentenschuld (§ 1195) möglich. Daneben gelten die Vorschriften aus dem Hypothekenrecht, die auch auf die Grundschuld anwendbar sind. Die Einzelzahlungen können befristet werden und müssen untereinander nicht gleich, jedoch von vornherein bestimmt sein.

3 Die Besonderheit der Rentenschuld besteht in dem Nebeneinander von Einzelzahlungen und Ablösungssumme. Diese sind voneinander unabhängig, können also ein beliebiges Verhältnis aufweisen (Bremen OLGZ 1965, 74, 78); auch eine Abhängigkeit der Ablösungssumme vom Zeitpunkt der Ablösung ist möglich. Ob die Ablösungssumme im Wege der Inhaltsänderung der Rentenschuld mit Zustimmung der nachrangigen Berechtigten nachträglich erhöht werden kann, ist str (bejahend Staud/*Wolfsteiner* Rn 10; verneinend KGJ 40, 342, 344 f). Die Ablösungssumme kann nicht durch Bezugnahme (§ 874) Grundbuchinhalt werden (§ 1199 II 2).

4 Zur Umwandlung von Grundpfandrechten des bayerischen Landesrechts in Rentenschulden vgl BayOLGZ 52, 127; 53, 89; 55, 60.

§ 1200 Anwendbare Vorschriften

(1) Auf die einzelnen Leistungen finden die für Hypothekenzinsen, auf die Ablösungssumme finden die für ein Grundschuldkapital geltenden Vorschriften entsprechende Anwendung.
(2) Die Zahlung der Ablösungssumme an den Gläubiger hat die gleiche Wirkung wie die Zahlung des Kapitals einer Grundschuld.

1 Bei der angeordneten Anwendung der Vorschriften für Hypothekenzinsen auf die Einzelleistungen werden vor allem die §§ 1115 I (LG Braunschweig NJW 54, 883, 884; aA anscheinend BaRoth/*Rohe* §§ 1199–1203 Rn 3: die zu § 9 ErbbauVO entwickelten Maßstäbe gelten) und 1119 I (KGJ 40, 342, 343) praktisch relevant.

2 Aufgrund des § 1200 II entsteht bei Zahlung der Ablösungssumme durch den Eigentümer eine Eigentümerrentenschuld, bei einer Sicherungsrentenschuld freilich nur, wenn auf die Rentenschuld (und nicht auf die gesicherte Forderung) gezahlt worden ist. Umgekehrt kann sich aus dem Sicherungsvertrag ergeben, dass die gesicherte Forderung auch nach Zahlung der Ablösungssumme fortbesteht (BGH Rpfleger 80, 337).

§ 1201 Ablösungsrecht

(1) Das Recht zur Ablösung steht dem Eigentümer zu.
(2) ¹Dem Gläubiger kann das Recht, die Ablösung zu verlangen, nicht eingeräumt werden. ²Im Falle des § 1133 Satz 2 ist der Gläubiger berechtigt, die Zahlung der Ablösungssumme aus dem Grundstück zu verlangen.

1 Das Ablösungsrecht des Eigentümers kann nicht ausgeschlossen werden; es kann lediglich nach Maßgabe des § 1202 II von einer Kündigungsfrist abhängig gemacht werden. Das Landesrecht kann weitere Beschränkungen vorsehen (Art 117 II EGBGB).

2 Der Gläubiger kann die Ablösung nur in den Fällen der §§ 1133 S 2 und 1202 III sowie der §§ 92 I, III, 158 ZVG verlangen.

§ 1202 Kündigung

(1) ¹Der Eigentümer kann das Ablösungsrecht erst nach vorgängiger Kündigung ausüben. ²Die Kündigungsfrist beträgt sechs Monate, wenn nicht ein anderes bestimmt ist.
(2) Eine Beschränkung des Kündigungsrechts ist nur soweit zulässig, dass der Eigentümer nach 30 Jahren unter Einhaltung der sechsmonatigen Frist kündigen kann.
(3) Hat der Eigentümer gekündigt, so kann der Gläubiger nach dem Ablauf der Kündigungsfrist die Zahlung der Ablösungssumme aus dem Grundstück verlangen.

1 Abweichende Vereinbarungen nach § 1202 I bedürfen der Eintragung in das Grundbuch, widrigenfalls sind sie ggü einem gutgläubigen Rechtsnachfolger unwirksam (§ 892).

2 Ist eine unkündbare Rentenschuld bestellt, darf sie das Grundbuchamt nicht eintragen. Bei einer gleichwohl eingetragenen Rentenschuld gilt § 1202 II (Schlesw SchlHA 70, 57).

3 Die Kündigung ist auch noch nach der Beschlagnahme des Grundstücks zulässig (RGZ 86, 255, 259).

4 Der Anspruch auf Zahlung der Ablösungssumme (§ 1202 III) entsteht außer durch Kündigung auch durch einverständliche Fälligstellung.

§ 1203 Zulässige Umwandlungen

¹Eine Rentenschuld kann in eine gewöhnliche Grundschuld, eine gewöhnliche Grundschuld kann in eine Rentenschuld umgewandelt werden. ²Die Zustimmung der im Range gleich- oder nachstehenden Berechtigten ist nicht erforderlich.

Die Umwandlungsmöglichkeit entspricht der des § 1198. Erfolgt die Umwandlung, dann entspricht die Ablösungssumme dem Grundschuldkapital, die Rente den Zinsen. Es kann ein geringerer, aber selbstverständlich kein höherer Betrag vereinbart werden. Auch die unmittelbare Umwandlung aus oder in eine Hypothek ist möglich. 1

Die Umwandlungsmöglichkeit von der Rentenschuld in eine Grundschuld bedeutet für die gleich- oder nachrangigen Berechtigten, dass sie bei der Bewertung des ihm im Rang vorgehenden oder gleichstehenden Rechts kumulativ den Ablösungsbetrag und die Nebenleistungen, die den gleichen Rang wie das Hauptrecht haben, berücksichtigen müssen. Ansprüche aus § 826 wegen einer nach § 1203 zulässigen Umwandlung (Hburg OLGR 36, 137) sind nur ausnahmsweise denkbar. 2

Abschnitt 8 Pfandrecht an beweglichen Sachen und an Rechten

Vorbemerkungen vor §§ 1204 ff

A. Einführung. I. Rechtsnatur und Inhalt des Pfandrechts. Das Pfandrecht an einer Sache ist ein beschränkt dingliches, streng akzessorisches Recht mit dem Inhalt, die Sache bei Pfandreife (§ 1228 II) zu verwerten und sich aus dem Erlös wegen der gesicherten Forderung zu befriedigen (§ 1204 I). Als streng akzessorisches Recht ist es in Entstehung (§ 1204 I), Fortbestand (§ 1252), Umfang (§ 1210) und Durchsetzbarkeit (§ 1211) von der gesicherten Forderung abhängig. Es kann nicht ohne sie übertragen werden (§ 1250 I und II). 1

Als dingliches Recht ist es gegen Beeinträchtigungen zivilrechtlich (§ 1227; § 1007) und strafrechtlich (§ 289 StGB) geschützt. In der Einzelzwangsvollstreckung gegen den Pfandeigentümer kann der Pfandgläubiger abgesonderte Befriedigung (§ 805 ZPO) verlangen und unter den Voraussetzungen des § 771 ZPO Drittwiderspruchsklage erheben. In der Insolvenz des Eigentümers hat er nach Maßgabe der §§ 166–173 InsO ein Absonderungsrecht (§ 50 I InsO). 2

II. Arten des Pfandrechts. Das geltende Recht kennt je nach Entstehungsform drei Arten von Pfandrechten: Das rechtsgeschäftlich bestellte (§§ 1204–1259), das gesetzliche und das Pfändungspfandrecht (§ 804 ZPO). Für gesetzliche Pfandrechte gelten nach § 1257 die Vorschriften über das rechtsgeschäftlich bestellte Pfandrecht entspr zum Pfändungspfandrecht § 1257 Rn 9. 3

III. Wirtschaftliche Bedeutung. Wirtschaftliche Bedeutung hat das Pfandrecht als gesetzliches, weniger als vertraglich bestelltes. Weil dem Pfandeigentümer die wirtschaftliche Nutzung der Sache nicht möglich ist, hat die Sicherungsübereignung (Rn 15 ff) das Pfandrecht in den meisten Branchen verdrängt. Praktische Bedeutung hat das Pfandrecht wegen Nr 14 AGB-Banken und Nr 21 AGB-Sparkassen im Kredit-, im Speditions- (Nr 20 ADSp) und im Pfandleihgewerbe (Einf Rn 12). 4

IV. Entstehung, Untergang und Verwertung. 1. Entstehung. Das rechtsgeschäftlich bestellte Pfandrecht entsteht durch formlosen abstrakten dinglichen Vertrag zwischen Gläubiger und Verpfänder, dass an einer Sache ein Pfandrecht zur Sicherung einer bestimmten Forderung entstehen soll, sowie durch Besitzverschaffung (§§ 1205, 1206). Mit der Pfandbestellung entsteht zwischen Verpfänder und Pfandgläubiger ein gesetzliches Schuldverhältnis (§§ 1216–1219), das die wesentlichen Pflichten der Parteien regelt (RGZ 74, 151, 154; 101, 47, 49). 5

2. Untergang. Das Pfandrecht erlischt mit Eintritt einer auflösenden Bedingung (§ 158 II), Fristablauf (§ 163), einwilligungsloser Schuldübernahme (§ 418 I), lastenfreiem Erwerb (§§ 936, 945, 949, 950 II, 955 ff, 973 I 2), rechtmäßiger Pfandveräußerung (§ 1242 II 1), gutgläubigem Erwerb bei unrechtmäßiger Pfandveräußerung (§ 1244), Abtretung der Forderung unter Ausschluss des Pfandrechts (§ 1250 II), Erlöschen der Forderung (§ 1252), Pfandrückgabe (§ 1253), Pfandaufhebung (§ 1255), Vereinigung von Pfandrecht und Eigentum (§ 1256) sowie mit Untergang oder dauernder Wertlosigkeit (RGZ 96, 184, 185) der Pfandsache. 6

3. Verwertung. Der Gläubiger kann das Pfand nach seiner Wahl durch Verkauf nach §§ 1234–1240 (§ 1233 I), bei einem Duldungstitel auch durch einen gerichtlichen Pfandverkauf nach der ZPO (§ 1233 II) und bei einem Zahlungstitel gegen den Schuldner durch Vollstreckung in die Pfandsache nach der ZPO verwerten; eine Klage des mit dem Schuldner nicht identischen Eigentümers der Pfandsache aus § 771 ZPO ist unbegründet (RGZ 143, 275, 277). 7

V. Beteiligte. An einer Verpfändung können außer Hilfskräften maximal vier verschiedene Personen beteiligt sein. Dem Pfandgläubiger, der stets Inhaber der gesicherten Forderung und des dinglichen Pfandrechts ist, stehen der Verpfänder, der Schuldner der gesicherten Forderung und der Eigentümer der Pfandsache ggü. 8

Partner des Pfandvertrages mit dem Pfandgläubiger ist der Verpfänder, der mit dem Schuldner und/oder Eigentümer personenidentisch sein kann, aber nicht muss; eine Verpfändung durch einen Nichteigentümer kommt nach § 185 und § 1207 in Betracht. Partner des schuldrechtlichen Sicherungsvertrages mit dem Gläubiger kann der persönliche Schuldner oder aber der Eigentümer sein.

9 **VI. Sonderregelungen. 1. Schiffe und Luftfahrzeuge.** Die Verpfändung im Schiffsregister eingetragener Schiffe und Schiffsbauwerke erfolgt nach § 8 des Gesetzes über Rechte an eingetragenen Schiffen und Schiffsbauwerken v 15.11.40 (RGBl I 1499) ähnlich wie bei Immobilien (BGHZ 26, 225, 228 = NJW 58, 457) durch Bestellung einer Schiffshypothek, einer Sicherungshypothek (dazu Staud/*Nöll* § 8 SchiffsRG Rn 1 ff), die in der Luftfahrzeugrolle eingetragener Luftfahrzeuge nach § 5 I des Gesetzes über Rechte an Luftfahrzeugen v 26.2.59 (BGBl I 57) durch Bestellung eines der Schiffshypothek nachgebildeten Registerpfandrechts (dazu *Rehm* NJW 59, 709; *Schmidt-Räntsch* DB 59, 563; *Wendt* MDR 63, 448; *Schwenk* BB 66, 477; *Haupt* NJW 74, 1457; v. *Kistowsky* ZLW 89, 214; *Schölermann/Schmid-Burgh* WM 1990, 1137; *Dobberahn* RhNotK 98, 145), die nicht eingetragener Schiffe und Luftfahrzeuge nach §§ 1204 ff.

10 **2. Landwirtschaftliches Inventar.** Nach §§ 1, 2, 3 Pachtkreditgesetz (PKrG) v 5.8.51 (BGBl I 494, zuletzt geändert am 8.11.85 BGBl I 2065; dazu BGHZ 35, 53 = NJW 61, 1259; 41, 6 = 64, 495; 51, 337 = 69, 1113; 54, 319 = 70, 2212; 120, 268 = 93, 179; MDR 69, 215; *Westermann/Gursky* § 134; *Sichtermann* PachtkreditG 1954) kann der Pächter eines landwirtschaftlichen Grundstücks einer Bank schriftlich unter Niederlegung der Urkunde beim zuständigen Amtsgericht ein besitzloses Pfandrecht am gesamten bestehenden und künftigen Inventar einschl der Anwartschaftsrechte bestellen. Das Pfandrecht, das grds auch an pächterfremdem Inventar entsteht (§ 4 PKrG), erlischt nach § 5 PKrG, wenn das Inventar iR ordnungsgemäßer Bewirtschaftung veräußert und entfernt wird.

11 **3. Früchte.** § 1 des Gesetzes zur Sicherung der Düngemittel-und Saatgutversorgung v 19.1.49 (BGBl III 403-11; dazu BGHZ 29, 280 = NJW 59, 1127; 41, 6 = 64, 495; 120, 268 = 93, 1791; WM 01, 1628; Oldbg RdL 63, 25; Ddorf NJW 59, 1227; *Eller* Kommentar zum Früchte-Pfandrecht 1988; Staud/*Emmerich/Veit* vor § 581 Rn 76 ff; *Ebeling* WM 55, 1686; *Werner* AgrarR 72, 333), verlängert am 30.7.51 (BGBl I 476), gewährt Lieferanten von Düngemitteln und Saatgut sowie Darlehensgebern ein gesetzliches besitz- und publizitätsloses Pfandrecht an der nächsten Ernte, soweit pfändbar (§ 1 I 2), das nach § 2 I 1 mit Entfernung der Früchte grds erlischt.

12 **4. Pfandleiher.** Die Verordnung über den Geschäftsbetrieb der gewerblichen Pfandleiher v 1.2.61 idF v 1.6.76 (BGBl I 1334; dazu *Damrau* Pfandleihverordnung 1990; Staud/*Wiegand* Anh zu § 1257 Rn 30 ff; *Hammen* WM 95, 185; *Schulze-Werner/Hendricks* GewArch 00, 269), zuletzt geändert am 14.11.01 (BGBl I 3073) enthält, gestützt auf § 34 GewO, öffentlich-rechtliche Vorschriften zum Schutze des Verpfänders. Nach § 5 I Nr 1 darf sich der Pfandleiher wegen seiner Darlehensforderung nebst Zinsen und Kosten nur aus dem Pfand befriedigen, und zwar frühestens einen Monat nach Eintritt der Fälligkeit des Darlehens (§ 9 I) und spätestens 6 Monate nach Pfandreife (§ 9 II). Der Pfandleiher hat dem Verpfänder einen Pfandschein auszuhändigen (§ 6) und die Pfandsache zu versichern (§ 8). Eine Scheckvorfinanzierung ist Pfandleihern nicht erlaubt (OVG Münster WM 02, 32, 33).

13 **VII. Landes-, Übergangs- und Kollisionsrecht. 1. Landesrechtliche Vorbehalte.** Sie enthalten Art 89, 94, 97 EGBGB. Nach Art 66 bay AGBGB v 20.9.82 (GVBl 803) kann eine öffentliche Pfandleihanstalt, die nach §§ 1207, 935 I kein Pfandrecht erworben hat, dem Eigentümer die Herausgabe der Sache bis zur Tilgung des auf die Sache gewährten Darlehens nebst Zinsen verweigern.

14 **2. Übergangs- und Kollisionsrecht.** Nach Art 233 § 3 EGBGB gilt für Inhalt und Rang eines in der ehemaligen DDR begründeten Pfandrechts deren Recht. Internationalprivatrechtlich ist für die Entstehung und Verwertung grds das Recht der belegenen Sache maßgebend (Art 43 I EGBGB). Bei einem Gebietswechsel bleibt auch ein besitzloses Pfandrecht wirksam, seine Verwertung richtet sich aber nach dem neuen Statut (BGHZ 39, 173, 174 f = NJW 63, 1200 für franz Registerpfandrecht; BGH NJW 91, 1415, 1416 für ital Autohypothek; BGH WM 91, 862, 864 für venezol Schiffspfandrecht; Karlsr WM 03, 584 für us-amer Autopfandrecht). Die Akzessorietät des Pfandrechts bewirkt nicht, dass die Forderung die Belegenheit des Pfandrechts nach sich zieht (BGHZ 17, 89, 94 = NJW 55, 827).

15 **B. Sicherungsübereignung. I. Grundlagen. 1. Begriff und Rechtsnatur.** Sicherungsübereignung ist die Übereignung einer Sache oder die Übertragung eines Anwartschaftsrechts daran zur Sicherung einer Forderung idR des Erwerbers gegen den Sicherungsgeber oder einen Dritten. Bei Nichterfüllung der gesicherten Forderung darf der Sicherungsnehmer das Sicherungseigentum verwerten und den Gläubiger aus dem Erlös befriedigen. Sicherungseigentum ist ebenso wie eine sicherungshalber abgetretene Forderung keine akzessorische Sicherheit (BGH NJW 84, 1184, 1186; 00, 957, 958).

16 Sicherungseigentum und Sicherungsabtretung sind stets fiduziarische eigennützige Sicherheiten. Jeder Vertrag über die Bestellung von Sicherungseigentum oder die Sicherungsabtretung begründet auch ohne ausdrückliche Vereinbarung ein Treuhandverhältnis (BGHZ 137, 212, 218 f = NJW 98, 671). Der Sicherungsnehmer darf von seiner vollen Eigentümerposition bzw Gläubigerstellung nur nach Maßgabe der Sicherungs-

abrede Gebrauch machen. Diese Abrede bewirkt schuldrechtlich eine Aufteilung der Eigentumsfunktionen in eine dem Sicherungsnehmer zustehende Sicherungsfunktion und eine beim bisherigen Eigentümer verbleibende Nutzungsfunktion.

2. Wirtschaftliche Bedeutung. Die Sicherungsübereignung hat das Faustpfandrecht bei der Sicherung von Geldkrediten weitgehend verdrängt, weil sie dem Sicherungsgeber anders als dieses (§ 1205) die weitere Nutzung der Sache und die Geheimhaltung ggü Dritten ermöglicht, Sicherungseigentum einfacher verwertet werden kann und damit den wirtschaftlichen Interessen der Beteiligten besser Rechnung trägt. 17

3. Beteiligte. An einer Sicherungsübereignung können außer Vertretern und Hilfskräften maximal fünf verschiedene Personen beteiligt sein: Der Eigentümer, der Sicherungsgeber, der Schuldner der gesicherten Forderung, der Sicherungsnehmer und der Gläubiger der gesicherten Forderung. In der Praxis sind Gläubiger und Sicherungsnehmer fast immer, Schuldner, Sicherungsgeber und Eigentümer idR personengleich. 18

II. Übereignung des Sicherungsguts. 1. Sicherungsgut. Sicherungsgut können sein fremde bewegliche Sachen (§ 90), iRd § 138 auch unpfändbare (§§ 811, 812, 865 II ZPO; BGH WM 61, 243, 244), auch Sachgesamtheiten wie etwa Warenlager, Tiere (§ 90 a; BGH NJW 96, 2654), auch Zubehör (§ 97) sowie Scheinbestandteile (§ 95) (zu Windkraftanlagen Flensburg WM 00, 2112; *Goecke/Gamon* WM 00, 1309 ff; *Ganter* WM 02, 105 ff; *Peters* WM 02, 110 ff; *Diekamp* ZBB 04, 10 ff), auch Schiffe und Flugzeuge (*Schölermann/Schmidt-Burgk* WM 90, 1137, 1146 f), auch Wertpapiere zB Schecks, auch Anwartschaftsrechte an beweglichen Sachen und Miteigentumsanteile, auch künftig entstehende Sachen mit deren Übergabe. Sicherungsübereignung eines Grundstücks ist möglich, aber unüblich. 19

2. Übereignung. Die Sicherungsübereignung als abstraktes Verfügungsgeschäft erfolgt durch formfreie (BGH NJW 56, 1918) dingliche Einigung (§ 929 Rn 4–9) und Besitzverschaffung nach §§ 929 ff. Zur Widerruflichkeit § 929 Rn 9. 20

a) Einigung. Die formfreie Einigung (§ 929 Rn 4–9) kann auf beiden Seiten mit Hilfe von Vertretern erfolgen. 21

aa) Bedingte Einigung. Die Parteien können die Sicherungsübereignung durch Vereinbarung einer aufschiebenden und einer auflösenden Bedingung an den Bestand der gesicherten Forderung binden und so akzessorietätsähnlich ausgestalten. Ob das gewollt ist, ist Auslegungsfrage (BGH NJW 86, 977). Eine aufschiebende Bedingung ist selten vereinbart (vgl BGH NJW 91, 353 f). Bei Sicherung einer bestimmten Geldforderung kommt eine auflösende Bedingung zwar eher in Betracht als bei der einer Forderungsmehrheit (BGH NJW 84, 1184, 1186), ist aber idR nicht vereinbart (BGH NJW 00, 957, 958), so dass bei Erlöschen der gesicherten Forderung nur ein Rückgewähranspruch (Rn 57 ff) besteht. 22

bb) Bestimmtheitserfordernis. Auch bei Sachgesamtheiten, insbes Warenlagern (mit wechselndem Bestand), muss die (antizipierte) Einigung nach § 929 S 1 dem sachenrechtlichen Bestimmtheitserfordernis (§ 929 Rn 5) genügen (BGHZ 21, 52, 55 = NJW 56, 1315). Das ist der Fall, wenn es infolge der Wahl einfacher äußerer Abgrenzungskriterien für jeden, der die Parteiabreden in dem für den Eigentumsübergang vorgesehenen Zeitpunkt (BGH NJW 58, 945; WM 60, 1223, 1227) kennt, ohne weiteres ersichtlich ist, welche individuell bestimmten Sachen übereignet sind (BGHZ 73, 253, 254 = NJW 79, 976; 84, 803, 804; WM 88, 346, 347; NJW 91, 2144, 2146; 92, 1161; 94, 133, 134; 00, 2898; Frankf WM 94, 2151). Bis zu diesem Zeitpunkt kann der Vertrag auch mündlich ergänzt werden. Beweisschwierigkeiten hinsichtlich der erfassten Sachen berühren die Wirksamkeit nicht (BGHZ 73, 253, 255). 23

Bestimmbarkeit anhand außerhalb des Vertrages liegender Umstände, etwa Rechnungen, Warenbücher oder Bestandslisten, **reicht** auch bei Bezugnahme **nicht** (BGH NJW 86, 1985, 1986; 91, 2144, 2146; 95, 2348, 2350), ebenso wenig nachträgliche oder einseitige Markierung (Kobl ZIP 92, 420, 421) oder Bestimmbarkeit durch den Sicherungsgeber oder einen Lagerhalter (Frankf WM 94, 2151). 24

Es genügt die Übereignung aller vereinbarungsgemäß (nicht) in einem bestimmten Raum oder sonst gesondert gelagerter Sachen auch bei wechselndem Bestand (BGH WM 60, 1223, 1226 f; 79, 300, 301; NJW 84, 803; 96, 2654; 00, 2898), des gesamten Inventars eines Hauses (BGH NJW 86, 1985, 1986) nur bei Übereignung an den Ehegatten (BGHZ 73, 253, 254 f = NJW 79, 976; *Gehrlein* MDR 01, 911, 913), ebenso die aller vereinbarungsgemäß (nicht) markierten (BGH NJW 92, 1161, 1162) oder anhand besonderer Merkmale, zB Gattung, Typ, Größe oder Marke, konkret bezeichneten Sachen (BGH NJW 91, 2144, 2146; 94, 133, 134). Auch Übereignung des gesamten Warenlagers mit schuldrechtlicher Verpflichtung zur Rückübereignung eines Teils genügt (BGH NJW 00, 2898). Unbestimmt bleiben kann, ob der Sicherungsgeber Eigentümer oder nur Anwartschaftsberechtigter ist (BGHZ 28, 16, 22 = NJW 58, 1133; WM 65, 1248, 1249). 25

Nicht ausreichend sind zur Kennzeichnung nicht sicherungsübereigneter Teilmengen rechtliche Merkmale, wie unter Eigentumsvorbehalt stehende, unpfändbare oder mit Rechten Dritter belastete Sachen (BGHZ 21, 52, 56 = NJW 56, 1315; 28, 16, 20 = 58, 1133; WM 77, 218, 219; NJW 86, 1985, 1986; NJW-RR 88, 565; WM 89, 1904, 1906; NJW 92, 1156, 1157; 96, 2654), nicht getrennt gehaltene und nicht markierte Tiere (BGH NJW 84, 803, 804; 86, 2654, 2655). Gleiches gilt für äußerlich nicht erkennbare funktionale Sachen wie zB „Handbibliothek Kunst" (BGH NJW 92, 1161; NJW-RR 94,1537) oder Mengen-, Gewichts-, Prozent- oder 26

Wertangaben (BGHZ 21, 52, 55 = NJW 56, 1315; WM 59, 52; 77, 218, 219; NJW 94, 133, 134) sowie eine bloße Deklarierungspflicht (BGH NJW 91, 2144, 2146).

27 **b) Besitzverschaffung.** Sie erfolgt idR nach § 930 (Rn 5–7), damit dem Sicherungsgeber als unmittelbarem Besitzer die Nutzungsmöglichkeit bleibt, gelegentlich nach § 931 (BGH NJW 84, 803), beim Scheckinkasso oft nach § 929 S 1 (BGHZ 102, 316, 317 = NJW 88, 911). Die Sicherungsabrede enthält auch ohne nähere Regelung ein ausreichendes Besitzmittlungsverhältnis (§ 868, BGH NJW 79, 2037, 2038; 89, 2542, 2543; WM 98, 2294, 2295). Das gilt auch dann, wenn die Sicherungsabrede nichtig ist (vgl BGHZ 96, 61, 65 = NJW 86, 2438).

28 Bei antizipierter Einigung mit antizipiertem Besitzkonstitut müssen die Einigung bei Bedingungseintritt und der Fremdbesitzwille des Sicherungsgebers bei Erlangung des Besitzes fortbestehen (*Geibel* WM 05, 962, 965). Dies wird vermutet (BGH WM 60, 1223, 1227; 65, 1248, 1249; 65, 1254 f; 77, 218, 219). Bei mehrfacher antizipierter Sicherungsübereignung will der Sicherungsgeber im Zweifel für den Sicherungsnehmer besitzen, mit dem er die Sicherungsübereignung zuletzt vereinbart hat (str BGH WM 60, 1223, 1227; *Geibel* WM 05, 962, 965; aA *Giesen* AcP 203, 210, 219 ff).

29 Ferner bedarf es (str) einer Ausführungshandlung, die den Eigentumsübergang an bestimmten Sachen manifestiert (BGHZ 21, 52, 56 = NJW 56, 1315; 28, 16, 19 = 58, 1133; NJW 86, 1985, 1986). Die Verschaffung von Mitbesitz reicht nicht.

30 **c) Verfügungsberechtigung.** Sicherungseigentum erwirbt der Sicherungsnehmer nur bei Verfügungsberechtigung des Sicherungsgebers oder bei Gutgläubigkeit nach §§ 932 ff. War der Sicherungsgeber Anwartschaftsberechtigter, erwirbt der Sicherungsnehmer das Anwartschaftsrecht, wenn §§ 932 ff nicht vorliegen (*Geibel* WM 05, 962 f). Mit Bezahlung des Kaufpreises wird er ohne Durchgangserwerb unmittelbar Sicherungseigentümer (§ 929 Rn 22).

31 Kollidiert eine Raumsicherungsübereignung mit einer Zubehörhaftung nach § 1120 oder einem Vermieterpfandrecht, gilt das Prioritätsprinzip (*Weber/Rauscher* NJW 88, 1571; *Riggert* NZI 00, 241, 242). Bei antizipierter Raumsicherungsübereignung ist das übertragene Sicherungseigentum jedoch mit einem Vermieterpfandrecht belastet, soweit das Sicherungsgut erst nach der Sicherungsübereignung in gemietete Räume eingebracht wird (BGHZ 117, 200, 206 ff = NJW 92, 1156; 118, 201, 207 ff = 92, 2014; Ddorf NJW-RR 98, 559, 560). Gleiches dürfte bei entspr zeitlicher Abfolge für Sicherungseigentum gelten, das Zubehör wird und nach § 1120 für Grundpfandrechte haftet (aA *Riggert* NZI 00, 241, 242 quotale Haftung).

32 Bei Vereinbarung eines Besitzkonstituts muss der gute Glaube des Sicherungsnehmers noch bei Erwerb des unmittelbaren Besitzes vorhanden sein (§ 933). Daran sowie an fehlender Besitzübertragung scheitert der gutgläubige Erwerb idR. Näheres zum Gutglaubenserwerb § 932 Rn 3–14; § 933 Rn 1–3; § 934 Rn 1–5).

33 **III. Gesicherte Forderung.** Als gesicherte, auch künftige oder bedingte Forderung kommt grds jeder Anspruch in Betracht. In der Praxis handelt es sich idR um (künftige) Darlehensforderungen, nicht notwendig gegen den Sicherungsgeber. Eine Verjährung der gesicherten Forderung hindert den Sicherungsnehmer nicht, sich aus dem Sicherungseigentum zu befriedigen (§ 216 II 1). Anderes gilt bei Verjährung von Zinsansprüchen (§ 216 III, BGH NJW 93, 3318, 3320).

34 Entsteht die gesicherte Forderung nicht, ist die Sicherungsübereignung grds gleichwohl wirksam, es sei denn, die Übereignung erfolgte unter der aufschiebenden Bedingung der Entstehung der Forderung. Erlischt die gesicherte Forderung, fällt das Sicherungseigentum nur bei Vereinbarung einer auflösenden Bedingung automatisch an den Sicherungsgeber zurück. Andernfalls hat der Sicherungsgeber nur einen schuldrechtlichen Rückübereignungsanspruch (BGHZ 100, 95, 105 = NJW 87, 1880). Die Rückübereignung in der Form des § 929 S 2 kann auch stillschweigend erfolgen.

35 Mangels Akzessorietät geht Sicherungseigentum nicht automatisch mit der gesicherten Forderung auf den Zessionar über; es besteht aber grds eine schuldrechtliche Verpflichtung des Zedenten zur Übertragung (BGHZ 42, 53, 56 = NJW 64, 1788 für Vorbehaltseigentum; 80, 228, 232 = 81, 1554 für Sicherungsgrundschuld).

36 **IV. Sicherungsabrede. 1. Rechtsnatur und Funktion.** Die im BGB nicht geregelte Sicherungsabrede, stets eine Treuhandabrede, auch Sicherungsvertrag oder Zweckerklärung genannt, ist ein schuldrechtlicher Vertrag, der als selbständiges Rechtsgeschäft oder Teil eines Vertragswerks den Rechtsgrund (BGHZ 124, 371, 375 = NJW 94, 861) der Sicherungsübereignung bildet, die Rechte und Pflichten vor allem in Bezug auf die sicherungsübereignete Sache regelt und das Sicherungseigentum mit der gesicherten Forderung verknüpft.

37 **2. Abschluss und Parteien.** Die Sicherungsabrede kann grds formfrei, anders bei §§ 311 b, 492 I 5 Nr 7, 502 I Nr 6, auch stillschweigend (BGH WM 91, 86, 87 für Sicherungsgrundschuld) geschlossen werden. Partner kann (Auslegungsfrage) der persönliche Schuldner oder aber der Eigentümer sein.

38 Sind Sicherungsgeber und persönlicher Schuldner nicht identisch, besteht zwischen ihnen idR ein Auftrag, GoA (BGH NJW 94, 2885) oder ein Schenkungsvertrag. Sicherungsnehmer ist idR der Gläubiger. Wenn das nicht der Fall ist, besteht zwischen Sicherungsnehmer und Gläubiger ein Treuhandverhältnis.

39 **3. Nichtigkeitsgründe.** Nichtigkeitsgründe ergeben sich vor allem aus §§ 134 und 138 I. Diese schlagen auf die Sicherungsübereignung durch. Die Nichtigkeit der Sicherungsübereignung beeinflusst die Wirksamkeit der Sicherungsabrede grds nicht, Ausnahme § 139 (BGH NJW 94, 2885).

Sittenwidrigkeit (§ 138 I) setzt in objektiver Hinsicht eine anstößige Schädigung des Sicherungsgebers bzw **40** der Gläubiger und in subjektiver Hinsicht grobe Fahrlässigkeit (Gewissenlosigkeit) (BGH NJW 93, 1587, 1588) und eine verwerfliche Gesinnung des Sicherungsnehmers voraus (BGHZ 10, 228, 233 = NJW 53, 1665). Zur Beurteilung der Sittenwidrigkeit hat eine umfassende Gesamtwürdigung aller für den Vertragsabschluss wesentlichen äußeren Umstände sowie der inneren Einstellung der Parteien im Einzelfall zu erfolgen (BGH WM 62, 527, 529; WM 87, 1172, 1173; NJW 91, 353, 354).

Die Sicherungsübereignung unpfändbarer Sachen ist nicht sittenwidrig (BGH WM 61, 243, 244; Frankf NJW **41** 73, 104, 105; Bambg MDR 81, 50). Gleiches dürfte für eine antizipierte Sicherungsübereignung gelten, die mit einem verlängerten Eigentumsvorbehalt kollidiert (*Geibel* WM 05, 962, 968).

Die Rspr hat zur Beurteilung der Sittenwidrigkeit die Fallgruppen der Knebelung, Gläubigergefährdung (Kre- **42** dittäuschung) und anfänglichen Übersicherung gebildet, denen die Bedeutung eines Anhaltspunkts zukommt (BGH WM 58, 590, 591; NJW 70, 657; 91, 353, 354).

a) Sittenwidrige Knebelung. Sie liegt vor, wenn die wirtschaftliche Entfaltung des Sicherungsgebers in **43** einem Maße beschnitten wird, dass er seine Selbständigkeit und wirtschaftliche Entschließungsfreiheit im Ganzen oder in einem wesentlichen Teil einbüßt (BGHZ 44, 158, 161 = NJW 65, 2147; 55, 1272, 1273; WM 59, 406, 408; NJW 62, 102, 103; NJW-RR 88, 1012; NJW 93, 1587, 1588; Köln WM 86, 452, 453), er zB anfallende Sozialabgaben nicht mehr bezahlen kann (BGHZ 19, 12, 18 = NJW 56, 337). Maßgeblich sind der Umfang der Sicherungsübereignung und das Ausmaß der Kontroll- und Eingriffsbefugnisse des Sicherungsnehmers (BGH NJW 93, 1587, 1588). Die Übereignung des gesamten Maschinenparks (BGH NJW 56, 585) oder letzter freier Vermögensteile ist allein noch keine Knebelung (BGHZ 20, 43, 49 f = NJW 56, 706). Gleiches gilt für die Sicherungsabtretung sämtlicher Unternehmensforderungen (Stuttg NJW 64, 666).

b) Anfängliche Übersicherung. Sie liegt vor, wenn bereits bei Vertragschluss feststeht, dass im noch unge- **44** wissen Verwertungsfall zwischen dem realisierbaren Wert der Sicherheit und der gesicherten Forderung ein krasses, auffälliges Missverhältnis bestehen wird. Die für den Freigabeanspruch bei nachträglicher Übersicherung entwickelte Deckungsgrenze (Rn 54) soll insoweit bedeutungslos sein, die Sittenwidrigkeit sich vielmehr allein aufgrund der Gesamtwürdigung von Inhalt, Beweggrund, Zweck und verwerflicher Gesinnung des Sicherungsnehmers im Einzelfall bestimmen (BGH NJW 98, 2047; 01, 1417, 1418; WM 03, 1367, 1369; *Ganter* WM 98, 2045 ff; *ders.* WM 99, 1741, 1742; *ders* WM 01, 1, 3; aA *Nobbe* FS Schimansky S 433, 451; *Tetzlaff* ZIP 03, 1826, 1830 ff; *Rimmelspacher* WuB I F 4.-1.98). Bei der Beurteilung sind alle Sicherheiten des Gläubigers zu berücksichtigen. Eine sittenwidrige anfängliche Übersicherung, die in der Praxis selten ist (s aber Hamm WM 02, 451, 453), kommt bei Sicherungsübereignung einer einzigen Sache nicht in Betracht (Ddorf WM 93, 784, 785 f; Hamm WM 93, 1590, 1592; Frankf InVO 01, 220). Die Beweislast trägt der Sicherungsgeber. Zur nachträglichen Übersicherung Rn 53 f.

c) Gläubigergefährdung. Eine Gläubigerbenachteiligung führt grds nur zur Anfechtbarkeit der Sicherungs- **45** übereignung (BGHZ 138, 291, 299 = NJW 98, 2592; 93, 2041, WM 02, 1186, 1189). § 138 I greift nur ein, wenn weitere Umstände hinzukommen, etwa Täuschungsabsicht, Schädigungsvorsatz oder grob fahrlässiges Hinwegsetzen über Belange anderer Gläubiger (BGHZ 10, 228, 233 = NJW 53, 1665; 19, 12, 17 f = 56, 337; 20, 43, 50 ff = 56, 706; 77, 2261 f; 84, 728; WM 87, 1172, 1173; NJW 95, 1668).

Die Sicherungsübereignung des letzten freien Vermögens an einen Kreditgeber ist insbes sittenwidrig, wenn **46** dadurch gegenwärtige oder künftige Gläubiger über die Kreditwürdigkeit des Schuldners getäuscht werden und die Vertragspartner bei dieser Täuschung zusammengewirkt haben (BGH MDR 51, 604, 605; NJW 91, 353, 355; 95, 1668; Köln WM 97, 762, 764). Solange der Sicherungsnehmer, den eine Prüfungspflicht trifft (BGH NJW 95, 1668), davon ausgehen darf, der Sicherungsgeber werde mit dem neu ausgereichten Kredit eine Krise überwinden und seine Schulden bedienen können, fehlt es an der Sittenwidrigkeit (BGH NJW 84, 728 f; Hamm WM 00, 518, 519; Dresden WM 00, 1689, 1691; Köln WM 03, 1070, 1071).

Die Gläubigergefährdung kann zusätzlich einen Kreditbetrug darstellen und die Sicherungsübereignung des- **47** halb auch nach § 134 nichtig sein. Auch unter dem Gesichtspunkt der Insolvenzverschleppung kann die Sicherungsübereignung sittenwidrig sein (Köln ZIP 84, 1472, 1474, WM 03, 1070, 1071 f).

4. AGB-Kontrolle. Eine formularmäßige weite Sicherungszweckerklärung, dass Sicherungseigentum bzw **48** sicherungshalber abgetretene Rechte der Sicherung aller bestehenden und künftigen Forderungen etwa des Kreditgebers dient, ist grds überraschend (§ 305 c), wenn **Sicherungsgeber** nicht der Kreditnehmer, sondern ein **Dritter** ist. Diese für Sicherungsgrundschulden (BGHZ 83, 56, 59 = NJW 82, 1035; 106, 19, 24 = 89, 831; 126, 174, 177 = 94, 2145; 92, 1822, 1823; 97, 2320, 2321; 01, 1416, 1417 u 1417, 1419) entwickelte und alsdann auf Bürgschaften (BGHZ 130, 19, 30 = NJW 95, 2553; 143, 95, 97 ff = 00, 658; 96, 3205; 02, 956) ausgedehnte Rspr lässt sich auf Sicherungsübereignungen übertragen (Staud/*Wiegand* Anh zu §§ 929 ff Rn 176; Soergel/*Henssler* Anh § 930 Rn 86). Das Sicherungseigentum bzw das sicherungshalber abgetretene Recht sichert dann nur die Forderung, die Anlass für die Sicherungsübereignung war. Eine Verlängerung der Sicherungsübereignung durch Vorausabtretung an die Stelle des Sicherungseigentums getretener Kaufpreis- oder Werklohnforderungen ist nicht überraschend.

49 Der Inhaltskontrolle nach § 307 hält eine formularmäßige weite Sicherungszweckerklärung stand, da es mangels einer gesetzlichen Regelung an einem Kontrollmaßstab fehlt (BGH WM 96, 2233, 2234; NJW 97, 2320, 2322 für Sicherungsgrundschulden; WM 05, 1168, 1169).

50 **5. Kündigung.** Die Sicherungsabrede ist nach Ablauf eines gewissen Zeitraums (*Lwowski* FS Kümpel S 349, 364), wegen Wegfalls der Geschäftsgrundlage (*Mankowski* WuB I F 2.-1.03) oder aus wichtigem Grund kündbar (BGH NJW 03, 61). Die Kündigung bewirkt die Verpflichtung zur Rückgabe des Sicherungsguts Zug um Zug gegen Tilgung der bei Wirksamwerden der Kündigung bestehenden Verbindlichkeiten des Schuldners. Verletzt der Sicherungsnehmer seine Pflichten aus dem Sicherungsvertrag schwer, kommt eine Kündigung der Sicherungsabrede nach § 314 in Betracht (vgl BGH NJW 86, 252, 253).

51 **6. Inhalt. a) Bestimmbarkeit.** Die Sicherungsabrede muss die gesicherten Forderungen und die zu übereignenden Sachen bzw Anwartschaftsrechte bestimmbar bezeichnen und bei einer Übereignung nach § 930 ein Besitzkonstitut enthalten. Die Bestimmbarkeit ist bei Erfassung aller bestehenden und künftigen, auch bedingten Forderungen aus einer Geschäftsverbindung gewahrt (BGHZ 130, 19, 21 f = NJW 95, 2553). Eine solche weite formularmäßige Sicherungsabrede ist zulässig (BGH NJW 84, 1184, 1186). Bei einem Drittsicherungsgeber ist § 305 c zu beachten (Rn 48).

52 **b) Reichweite.** Ob die Sicherungsrede auch Ersatzforderungen wie etwa Schadensersatz- oder Bereicherungsansprüche erfasst, ist Auslegungsfrage. Bei einer weiten Sicherungszweckvereinbarung ist dies zu bejahen. Gleiches gilt, soweit ein Bürge für die Ersatzforderung haften würde (MüKo/*Oechsler* Anh §§ 929–936 Rn 27).

53 **c) Freigabepflicht.** Der Sicherungsabrede ist – ggf im Wege ergänzender Auslegung – unter Berücksichtigung des fiduziarischen Charakters von Sicherungseigentum bzw sicherungshalber abgetretener Forderungen eine ermessensunabhängige Freigabepflicht des Sicherungsgebers bei nachträglicher Übersicherung zu entnehmen. Eine ausdrückliche ermessensunabhängige Regelung der Freigabepflicht ist auch bei formularmäßig bestellten revolvierenden Globalsicherungen, etwa Sicherungsübereignungen von Warenlagern oder Globalzessionen, keine Wirksamkeitsvoraussetzung der Sicherungsübereignung (BGHZ 137, 212, 219 = NJW 98, 671 (GSZ); 138, 367, 371 = 98, 2206). Das gilt auch bei der Abtretung von Arbeitseinkommen (BGH WM 05, 1168, 1169). Die frühere abw Rspr des VII., VIII. und IX. ZS des BGH ist durch die Entscheidung des GZS überholt. Auch bei Vereinbarung einer gegen § 307 verstoßenden Freigaberegelung gelten folgende Grundsätze:

54 Eine nachträgliche Übersicherung kann durch Verminderung der gesicherten Forderung oder durch eine Erhöhung des Wertes des Sicherungsguts eintreten. Sie besteht vorbehaltlich einer wirksamen anders lautenden vertraglichen Regelung, wenn der Wert des Sicherungsgutes bzw der sicherungshalber abgetretenen Forderungen die gesicherten Hauptforderungen zuzüglich gesicherter Zinsansprüche und 10 % Verwertungs- und Verwaltungspauschale übersteigt (BGHZ 137, 212, 224 = NJW 98, 671). Die Deckungsgrenze beträgt also 110 % der gesicherten Forderungen. Bei einer gesicherten, nicht ausgeschöpften Kreditlinie kommt es auf das Kreditlimit zuzüglich 10 % an (BGH NJW 87, 847, 848; Köln BB 97, 697, 698).

55 Der realisierbare Wert des Sicherungsguts bestimmt sich nach dem Marktpreis im Zeitpunkt der Beurteilung des Freigabeanspruchs. Bei Waren ohne einen solchen Preis ist auf den Einkaufspreis bzw den geschätzten Herstellungspreis abzustellen (BGHZ 137, 212, 234 = NJW 98, 671; sa BGH NJW 95, 2348, 2349), bei sicherungshalber abgetretenen Forderungen auf den Nennwert (BGHZ 137, 212, 234 = NJW 98, 671). Ein Freigabeanspruch besteht bei mehreren oder teilbaren Sicherungsgütern regelmäßig dann, wenn der so ermittelte Wert des Sicherungsguts die Deckungsgrenze um 50 % übersteigt. Dabei handelt es sich um eine Orientierungshilfe. Wer geltend macht, die Freigabegrenze von 150 % sei im Streitfall unangemessen, muss dies darlegen und beweisen (BGHZ 137, 212, 235 f = NJW 98, 671).

56 Die Auswahl, welche von mehreren Sicherheiten freigegeben wird, trifft nach § 262 und dem Rechtsgedanken des § 1230 S 1 der Sicherungsnehmer (BGHZ 137, 212, 219 = NJW 98, 671). Bei unteilbaren Einzelgegenständen kommt ein Austauschanspruch des Sicherungsgebers aus § 242 in Betracht.

57 **d) Rückgewährpflicht.** Nach endgültigem Wegfall des Sicherungszwecks, insbes Erlöschen der gesicherten Forderung, ist das Sicherungsgut, wenn die Sicherungsübereignung bzw Sicherungsabtretung – wie üblich – nicht auflösend bedingt ist, an den Sicherungsgeber (Rn 37) zurück zu übertragen (BGH NJW 96, 1213, 1215; 97, 3434, 3436). Dies geschieht oft stillschweigend (BGH NJW 86, 977), bei Sicherungseigentum idR nach § 929 S 2. Die Verpflichtung trifft den Sicherungsnehmer, auch wenn er das Sicherungsgut weiter übereignet hat und der Erwerber die Rückgewährpflicht nicht im Wege der Schuldübernahme übernommen hat (BGH WM 97, 13, 16). Der Rückgewähranspruch, der Zug um Zug gegen Zahlung der gesicherten Forderung (BGH NJW 82, 2768, 2769 für Sicherungsgrundschuld) besteht, kann abgetreten oder verpfändet werden.

58 Bei einer auflösend bedingten Sicherungsübereignung kann die dann bestehende Rückfallanwartschaft (BGH NJW 84, 1184, 1185) schon vor Eintritt der Bedingung nach §§ 929 ff übertragen werden. Bei Eintritt der Bedingung, dh Tilgung der gesicherten Forderung, geht das Eigentum ohne Durchgangserwerb auf den Erwerber über (BGHZ 20, 88 ff = NJW 56, 665).

Zahlt der mit dem Schuldner nicht identische Sicherungsgeber aufgrund seines Ablösungsrechts, hat der 59
Sicherungsnehmer ihm auch die gesicherte Forderung abzutreten (Soergel/*Henssler* Anh § 930 Rn 88; *Reinicke/Tiedtke* Kreditsicherung Rn 519).

e) Sonstige Pflichten. Die Sicherungsabrede regelt außerdem die Rechte und Pflichten der Parteien, insbes 60
Besitz-, Nutzungs- und ggf Verarbeitungs- und Veräußerungsrechte des Sicherungsgebers, Letztere gegen
Vorausabtretung der aus der Veräußerung resultierenden Ansprüche, seine Pflichten zur ordnungsgemäßen
Verwahrung (Frankf NJW 60, 827), Erhaltung und Versicherung, zur Anzeige einer Zerstörung oder Pfändung des Sicherungsguts, seinen Herausgabeanspruch und ggf ein Wegnahmerecht (BGH WM 55, 470; 61,
1297, 1298) im Verwertungsfall sowie die Modalitäten der Verwertung des Sicherungsguts (BGH NJW 80,
226; Rn 64 ff). Diese Rechte und Pflichten können der Sicherungsabrede im Wege der Auslegung nach § 157,
242 zu entnehmen sein. Ergänzend sind §§ 662 ff, insbes §§ 666, 667, heranzuziehen (BGH NJW 94, 2285,
2286; *Lwowski* FS Kümpel S 349, 352).

V. Verfügungen. 1. Abtretung der gesicherten Forderung. Bei Abtretung der gesicherten Forderung geht 61
das Sicherungsgut nicht nach § 401, sondern nur kraft gesonderter Übereignung auf den Zessionar über. Dieser kann die Übereignung bei Übernahme aller Verpflichtungen aus der Sicherungsabrede grds verlangen
(§ 401 Rn 5). Der Erwerber ist allen Einreden aus der Sicherungsabrede ausgesetzt (§ 404).

2. Weiterübereignung des Sicherungsguts. Der Sicherungsnehmer kann das Sicherungsgut, auch ein 62
Anwartschaftsrecht, nach §§ 929 ff weiter übertragen. Wenn der Sicherungsnehmer dem Erwerber nicht die
Verpflichtungen aus der Sicherungsabrede auferlegt, ist er dem Sicherungsgeber aus § 280 schadensersatzpflichtig (BGH WM 97, 13, 16). Die Erfüllung der gesicherten Forderung wird nur gegen Rückgewähr des
Sicherungsguts geschuldet. Bei Übertragung des Eigentums nach § 930 ist § 986 II entspr anzuwenden
(BGHZ 111, 142, 146 = NJW 90, 1914 f).

3. Verfügung des Sicherungsgebers. Verfügt der Sicherungsgeber über das Sicherungsgut, verletzt er die 63
Sicherungsabrede, soweit er das Sicherungsgut danach nicht veräußern darf. Er ist dem Sicherungsnehmer
dann aus § 280 schadensersatzpflichtig. Verfügen kann der Sicherungsgeber über seinen Rückgewähranspruch
(BGH NJW 86, 977) bzw seine Rückfallanwartschaft.

VI. Verwertung des Sicherungsguts. 1. Regelung in der Sicherungsabrede. Die Verwertung bestimmt sich 64
nach der (AGB-)Sicherungsabrede (RGZ 143, 113, 116; BGH NJW 80, 226). Eine unangemessene Verwertungsregelung in AGB wie etwa in Nr 20 AGB-Banken 1988 berührt die Wirksamkeit der Sicherungsübereignung – anders
als die einer Lohnzession (Rn 25 vor § 1273) – nicht (BGHZ 124, 380, 391 f = NJW 94, 864; 130, 59, 67 f = 95, 2219;
130, 115, 120 = 95,1221; 94, 1796, 1797; 96, 847). An die Stelle der unwirksamen Regelung treten die gesetzlichen
Vorschriften über den Pfandverkauf (BGH NJW 94, 1796), soweit sie bei der Sicherungsübereignung passen.
Der Sicherungsnehmer kann die vertraglich vorgesehene Verwertung ohne Beteiligung des Sicherungsgebers 65
vornehmen (BGH NJW 97, 1063, 1064). Eine andere Verwertung etwa durch Nutzziehung, Verfall des Sicherungseigentums oder Selbsteintritt des Sicherungsnehmers (BGH WM 60, 171; Hamm OLGR 99, 317) erfordert die Zustimmung des Sicherungsgebers (BGH NJW 80, 226, 227). Eine Verfallklausel ist angesichts des
§ 1229 nicht generell verboten, sondern an §§ 138 und 307 zu messen (str RGZ 83, 50, 53; BGH NJW 80, 226,
227; Erman/*Michalski* Anh §§ 929–932 Rn 15; BaRoth/*Sosnitza* § 1229 Rn 4; *Vollmer* EWiR 03, 1081, 1082; aA
Staud/*Wiegand* Anh zu §§ 929 Rn 234; Soergel/*Henssler* Anh § 930 Rn 80).
Auch wenn dem Sicherungsgeber bei Eintritt des Sicherungsfalles ein freies Verwertungsrecht eingeräumt ist, 66
hat er die Interessen des Sicherungsgebers in angemessener und zumutbarer Weise zu berücksichtigen, soweit
nicht seine schutzwürdigen Sicherungsinteressen entgegenstehen (BGH WM 62, 393, 394 und 673, 674; NJW
66, 2009; 70, 701, 704; 91, 1946, 1947; 97, 1063, 1064; 00, 352, 353; 00, 3273, 3274). Verletzt er die Pflicht zur
bestmöglichen Verwertung schuldhaft, so ist er dem Sicherungsgeber aus § 280 schadensersatzpflichtig (BGH
WM 62, 673, 674; NJW 00, 352, 353; Ddorf WM 90, 1062). Eine solche Pflichtverletzung liegt nicht schon
darin, dass Sicherungsgegenstände nicht einzeln, sondern im Paket verkauft werden und der Erlös unter der
Summe der Verkehrswerte aller Einzelstücke liegt (BGH NJW 97, 1063, 1064; WM 56, 1091, 1092). Stimmt
der Sicherungsgeber der Art und Weise der Veräußerung zu, liegt eine Pflichtverletzung, zu deren Vermeidung die Einholung eines Wertgutachtens notwendig sein kann, grds nicht vor (BGH NJW 97, 1063, 1064).
Der Sicherungsnehmer darf Sicherungsgut nur im erforderlichen Umfang verwerten (BGH WM 61, 243, 67
244). Eine Verwertungspflicht besteht nicht (BGH NJW 80, 226).Ggü anderen Sicherungsgebern besteht nur
die Pflicht aus § 242, bei der Verwertung nicht willkürlich zu ihrem Schaden zu handeln (BGHZ 78, 137,
143 f = NJW 81, 748; BGH WM 87, 853, 856; NJW 00, 3273, 3274).
Der Nettoverwertungserlös, also ohne Umsatzsteuer (BGH WM 04, 121, 123), abzüglich Verwertungs- und 68
Vermittlungskosten (BGH WM 62, 393, 394), ist mit der gesicherten Forderung zu verrechnen, ein Übererlös
an den Sicherungsgeber auszukehren (BGH NJW 02, 2316, 2317). Eine Aufrechnung des Sicherungsnehmers
mit weiteren ungesicherten Ansprüchen ist ausgeschlossen, es sei denn, der Sicherungsgeber ist insolvent
(BGHZ 139, 325, 331 = NJW 99, 55; NJW 94, 2885, 2886) oder hatte für den zur Aufrechnung gestellten
Anspruch Sicherheit zu leisten.

69 Der Sicherungsnehmer ist rechnungslegungspflichtig (§ 666; BGH WM 66, 1037, 1039). Die Rechnungslegung muss über die verwerteten Gegenstände und die erzielten Erlöse Auskunft geben (BGH WM 56, 563, 565; Hamm OLGR 99, 317, 318; *Ganter* WM 99, 1741, 1742).

70 **2. Fehlen einer vertraglichen Regelung.** Fehlt eine vertragliche Regelung, sind für das Innenverhältnis von Sicherungsgeber und -nehmer die Vorschriften über den Pfandverkauf teilweise ergänzend heranzuziehen (Frankf NJW-RR 86, 44). Dies gilt nicht, soweit sie auf der akzessorischen Natur des Pfandrechts beruhen.

71 **a) Verwertungsreife.** Verwertungsreife tritt erst mit Verzug (RGZ 142, 139, 141; BFH NVwZ 84, 468, 469; Soergel/*Henssler* Anh § 930 Rn 68; *Ganter* Bankrechts-Handbuch § 90 Rn 541; *Bülow* ZIP 99, 985, 987; *Reinicke/Tiedtke* Kreditsicherung Rn 515), nicht bereits mit Fälligkeit (so aber Staud/*Wiegand* Anh §§ 929 ff Rn 230, wohl auch BGH NJW-RR 95, 1369) der gesicherten Forderung ein. Notwendig ist idR außerdem eine Androhung der Verwertung mit angemessener Frist (§ 1234 I analog).

72 Nach Eintritt der Verwertungsreife hat der Sicherungsgeber das Sicherungsgut auf Verlangen des Sicherungsnehmers herauszugeben (BGH NJW 91, 1415, 1416; 80, 226, 227), auch wenn die gesicherte Forderung verjährt ist (§ 216 I). § 803 I 2 ZPO findet keine entspr Anwendung (BGH WM 61, 243, 244). Mit der Verweigerung der Herausgabe wird der Sicherungsgeber unberechtigter Besitzer und haftet nach §§ 987 ff (BGH NJW 80, 225, 226). Verletzt der Sicherungsgeber wesentliche Pflichten der Sicherungsabrede, besteht ein Herausgabeanspruch erst nach Kündigung (§ 314; MüKo/*Oechsler* Anh zu §§ 929 ff Rn 48).

73 Ein Wegnahmerecht des Sicherungsnehmers besteht nicht. Nimmt der Sicherungsnehmer das Sicherungsgut gegen den Willen des Sicherungsgebers an sich, liegt verbotene Eigenmacht vor (§ 858).

74 **b) Verwertungsart.** Die Verwertung kann durch freihändigen Verkauf, öffentliche Versteigerung (§ 1233; Hamm OLGR 99, 317), aber auch durch Zwangsvollstreckung nach §§ 808 ff ZPO aufgrund eines Zahlungstitels erfolgen. Im Falle der Zwangsvollstreckung ist § 811 ZPO zu beachten. Eine sicherungshalber abgetretene Forderung kann der Sicherungsnehmer einziehen, aber auch veräußern. Zu wählen hat der Sicherungsnehmer die Art, die das beste Ergebnis verspricht (Ddorf WM 90, 1062).

VII. Sicherungsgut in Zwangsvollstreckung und Insolvenz. 1. des Sicherungsnehmers. a) Zwangsvoll-
75 **streckung.** Vollstrecken Gläubiger des Sicherungsnehmers in das Sicherungsgut bzw die sicherungshalber abgetretene Forderung (BGH NJW 59, 1223, 1224), so steht dem Sicherungsgeber die Drittwiderspruchsklage zu (§ 771 ZPO), gleichgültig ob er ein Rückfallanwartschaftsrecht oder bei Tilgung der gesicherten Forderung nur einen schuldrechtlichen Rückgewähranspruch hat (BGHZ 55, 20, 26 = NJW 71, 799). Das Widerspruchsrecht des Sicherungsgebers entfällt mit Eintritt der Verwertungsreife (BGHZ 72, 141, 143, 146 = NJW 78, 1859; 03, 1182, 1183). Wenn der Sicherungsgeber unmittelbarer Besitzer des Sicherungsguts ist, kann er auch Vollstreckungserinnerung einlegen (§ 766 ZPO).

76 **b) Insolvenz.** In der Insolvenz des Sicherungsnehmers steht dem Sicherungsgeber ein Aussonderungsrecht nach § 47 InsO zu, wenn er die gesicherte Forderung getilgt hat oder deren Erfüllung anbietet, auch wenn er nur einen schuldrechtlichen Rückgewähranspruch hat. Übt er diese Rechte nicht aus, verwertet der Insolvenzverwalter das Sicherungsgut nach Eintritt der Verwertungsreife und kehrt einen etwaigen Übererlös als Masseverbindlichkeit (§ 55 I Nr 3 InsO) an den Sicherungsgeber aus.

77 **2. des Sicherungsgebers. a) Zwangsvollstreckung.** Vollstrecken Gläubiger des Sicherungsgebers in das Sicherungsgut bzw die sicherungshalber abgetretene Forderung, so hat der Sicherungsnehmer bis zur Befriedigung der gesicherten Forderung (BGHZ 100, 95, 105 = NJW 87, 1880) die Drittwiderspruchsklage (§ 771 ZPO; BGHZ 12, 232, 234 = NJW 54, 673; 72, 141, 146 = 78, 1859; 80, 296, 299 = 81, 1835; 118, 201, 206 f = 92, 2014; 87, 1880). Dieser kann der Gläubiger bei einer Übersicherung, die einen Freigabeanspruch auslöst, § 242 entgegenhalten mit der Folge, dass der Sicherungsnehmer nur vorzugsweise Befriedigung erhält (Staud/*Wiegand* Anh zu §§ 929 ff Rn 252).

78 **b) Insolvenz.** In der Insolvenz des Sicherungsgebers steht dem Sicherungsnehmer nur ein Absonderungsrecht zu (§§ 50, 51 Nr 1 InsO). Der Insolvenzverwalter kann das Sicherungsgut selbst verwerten (§ 166 I InsO), eine vom Schuldner sicherungshalber abgetretene Forderung auch noch nach Offenlegung (BGH NJW 02, 3475, 3476) einziehen (§ 166 II InsO; BGH NJW 05, 2231, 2232), aber auch dem Sicherungsnehmer die Verwertung überlassen (§ 170 II InsO). Das Verwertungsrecht des Insolvenzverwalters erstreckt sich nicht auf dinen vor Insolvenzeröffnung von Drittschuldner hinterlegten Forderungserlös (BGH WM 06, 241) Der vorläufige Insolvenzverwalter hat kein Einziehungsrecht (BGHZ 146, 165, 172 f = NJW 01, 1496; 154, 72, 79 = 03, 2240). Ein Tilgungsbestimmungsrecht hat der Insolvenzverwalter nicht (LG Darmstadt ZIP 05, 456, 457). Zur dem Insolvenzverwalter zustehenden Feststellungskosten- und Verwertungskostenpauschale: BGHZ 154, 72, 76 ff = NJW 03, 2240; 02, 3475, 3477; WM 04, 39, 40 f; 05, 126, 127. Zur Umsatzsteuerpflicht des Insolvenzverwalters: FG Brandbg ZIP 04, 2249.

Titel 1   Pfandrecht an beweglichen Sachen

§ 1204 Gesetzlicher Inhalt des Pfandrechts an beweglichen Sachen

(1) Eine bewegliche Sache kann zur Sicherung einer Forderung in der Weise belastet werden, dass der Gläubiger berechtigt ist, Befriedigung aus der Sache zu suchen (Pfandrecht).
(2) Das Pfandrecht kann auch für eine künftige oder eine bedingte Forderung bestellt werden.

A. Normzweck und Inhalt des Pfandrechts. § 1204 I enthält die Definition des Pfandrechts und anerkennt ein solches beschränktes dingliches, akzessorisches (Vorbem Rn 1) Recht zur Sicherung einer Forderung und zu deren Befriedigung durch Verwertung des Pfands. Es begründet keine Pflicht zur Zahlung, sondern zur Duldung der Verwertung; Beschränkung der Haftung des persönlichen Schuldners auf das Pfand ist zulässig. Nicht geregelt ist der Sicherungsvertrag (§ 1205 Rn 2 ff). 1

B. Bewegliche Sache. Gegenstand eines vertraglichen Pfandrechts können sein nur fremde (ganz hM s Soergel/*Habersack* Rn 5) bewegliche Sachen (zu Schiffen und Luftfahrzeugen Einf Rn 9), auch vertretbare (§ 91), verbrauchbare (§ 92), unpfändbare (§§ 811, 812, 865 II ZPO), auch Zubehör (§ 97) sowie Scheinbestandteile (§ 95), auch Anwartschaftsrechte an beweglichen Sachen (BGHZ 35, 85, 93 = NJW 61, 1349) sowie Miteigentumsanteile (§ 1258 I), auch künftig entstehende Sachen mit deren Übergabe (§§ 1205, 1206), nicht aber wesentliche Bestandteile einer anderen (§§ 93, 94) oder Sachgesamtheiten wie zB Unternehmen oder Warenlager als solche (RGZ 53, 218, 220; 68, 49, 51 f; 77, 201, 207), wohl aber die einzelnen dazu gehörenden Sachen (BGH NJW 68, 392, 393). Eine die Einzelsachen hinreichend benennende Sammelbezeichnung genügt (Karlsr WM 99, 2451, 2456). Bei wechselndem Warenlagerbestand können hinzukommende als künftige Sachen verpfändet (BGHZ 128, 295, 298 f = NJW 95, 1085) und ausscheidende durch Vereinbarung einer auflösenden Bedingung oder nach §§ 1253, 1254 pfandfrei werden. 2

Anders als Inhaber- (§ 1293) und Orderpapiere (§ 1292) können Namenspapiere und Beweisurkunden wie zB Hypotheken- und Grundschuldbriefe (BGHZ 60, 174, 175 = NJW 73, 514, dazu *Kollhosser* JR 73, 315), Versicherungsscheine (RGZ 51, 83, 86), Sparbücher (RGZ 68, 277, 282), Pfand-, Hinterlegungs- und Schuldscheine, KfZ-Briefe (BGH NJW 78, 1854) und Ausweispapiere als solche nicht verpfändet werden. In Betracht kommen Auslegung oder Umdeutung (§ 140) in eine Verpfändung des verbrieften Rechts, in eine Ermächtigung oder in ein vertragliches Zurückbehaltungsrecht (RGZ 66,24, 26; 124, 28, 30), allerdings nicht bei Ausweispapieren (Karlsr NJW 96,1416). 3

C. Gesicherte Forderung. I. Geldforderung. Gesichert werden können durch ein Pfandrecht, das als streng akzessorisches Recht ohne gesicherte Forderung nicht bestehen kann (BGH NJW 98, 2592, 2596), nur erfüllbare (BGHZ 23, 293, 299 = NJW 57, 672),Geldforderungen des Pfandgläubigers oder solche, die in Geldforderungen übergehen können (§ 1228 II 2), gegen den Verpfänder oder einen Dritten, auch verjährte, nicht aber unvollkommene etwa aus §§ 656, 762, 764 (hM, Staud/*Wiegand* Rn 16). Eine Forderungsauswechselung ohne Neubestellung des Pfandrechts ist nicht möglich (BGH WM 72, 283, 287). 4

II. Bestimmbarkeit; künftige Forderung. Die Forderung muss zumindest dem Grunde nach bestimmbar sein (BGHZ 86, 340, 346 = NJW 83, 1123), was bei Pfandrechtsbestellung für alle auch künftigen oder bedingten Forderungen (§ 1204 II) eines bestimmten Gläubigers der Fall ist (RGZ 78, 26, 27 f). Das Pfandrecht entsteht, soweit nicht wie in Nr 21 III 3 AGB-Sparkassen (BGH WM 98, 2463) etwas anderes bestimmt ist (BGHZ 86, 300, 310 = NJW 83, 1114), rangwahrend (§ 1209) bereits mit Einigung und Übergabe der Pfandsache (BGHZ 86, 340, 347 = NJW 83, 1123; 93, 71, 76 = 85, 863; NJW 83, 1619, 1620; 98, 2592, 2597), erlischt aber, wenn die künftige Forderung nicht mehr entstehen kann oder die Bedingung ausfällt (RGZ 145, 328, 336). 5

III. Ersatzforderung. Ob anstelle einer nichtigen Forderung ein Bereicherungs- oder Schadensersatzanspruch gesichert ist, ist Auslegungsfrage (BGH NJW 68, 1134), bei Leistungskondiktion aber idR zu bejahen. 6

IV. Beweislast. Die Beweislast für das Entstehen der Forderung trägt, wer das Pfandrecht geltend macht (BGH NJW 86, 2426, 2427). 7

D. Irreguläres Pfandrecht. Ein irreguläres Pfandrecht liegt vor, wenn der Pfandgläubiger Eigentümer der übergebenen Pfandsache werden und nach Erlöschen des Pfandrechts nicht diese, sondern eine andere Sache derselben Art zurückgeben muss. Auf dieses Pfandrecht sind die §§ 1204 ff entspr anwendbar (BGHZ 127, 138, 140 = NJW 94, 3287). 8

I. Geld (Kaution). An Geld wird ein echtes Pfandrecht nur begründet, wenn der Verpfänder Eigentümer bestimmter dem Gläubiger verpfändeter Zahlungsmittel bleiben soll. Bei einer Barkaution ist idR, insbes bei einer verzinslichen (Ddorf NJW 78, 2511), ein irreguläres Pfandrecht gewollt, auf das die §§ 1204 ff, insbes §§ 1213, 1214 (BGHZ 127, 138, 140 f = NJW 94, 3287), 1223, 1247 S 2, 1252 und 1254 entspr anzuwenden sind. Das gilt auch bei Leistung einer Kaution durch Sperrung eines Bankguthabens zugunsten des Gläubigers (Hamm BB 63, 1117; Kobl BB 74, 199; zur Rückerstattung: BGH NJW 72, 721, 722 f). 9

10 II. **Flaschenpfand.** Das Flaschenpfand ist idR kein irreguläres Pfandrecht, sondern der Kaufpreis für die leere Flasche, die dem Erwerber übereignet wird, unter Vereinbarung einer Rückkaufspflicht des Händlers (hM: Soergel/*Habersack* Rn 33; BaRoth/*Sosnitza* Rn 13; aA *Baur* ZIP 80, 1101, 1102). Passivlegitimiert sind sowohl der Abfüller als auch der Vertreiber des Produkts (Frankfurt NJW 05, 3148). Ein irreguläres Pfandrecht kommt nur in Betracht (str), wenn der Händler ein besonderes Interesse am Rückerhalt hat (vgl BGH NJW 56, 298; Karlsr NJW-RR 88, 370, 371; Staud/*Wiegand* Rn 59; aA MüKo/*Damrau* Rn 8).

§ 1205 Bestellung

(1) ¹Zur Bestellung des Pfandrechts ist erforderlich, dass der Eigentümer die Sache dem Gläubiger übergibt und beide darüber einig sind, dass dem Gläubiger das Pfandrecht zustehen soll. ²Ist der Gläubiger im Besitz der Sache, so genügt die Einigung über die Entstehung des Pfandrechts.
(2) Die Übergabe einer im mittelbaren Besitz des Eigentümers befindlichen Sache kann dadurch ersetzt werden, dass der Eigentümer den mittelbaren Besitz auf den Pfandgläubiger überträgt und die Verpfändung dem Besitzer anzeigt.

1 A. **Grundlagen.** § 1205 regelt entspr § 929 nur die Voraussetzungen der Pfandrechtsbestellung durch den Eigentümer, dessen Vertreter oder Ermächtigten (§ 185), nicht durch einen Nichtberechtigten (§ 1207).
2 B. **Sicherungsabrede.** Der Pfandbestellung liegt als Kausalgeschäft idR ein oftmals stillschweigend getroffener, schuldrechtlicher Sicherungsvertrag zugrunde (BGH NJW-RR 91, 305), der von der gesicherten Forderung zu unterscheiden ist. Partner des Gläubigers beim Sicherungsvertrag kann (Auslegungsfrage) der persönliche Schuldner oder aber der Eigentümer sein.
3 Bei einer auf einer Haustürsituation beruhenden Sicherungsabrede besteht ein Widerrufsrecht nach § 312 I 1 auch, wenn der persönliche Schuldner nicht Verbraucher und seine Schuld nicht in einer Haustürsituation begründet worden ist (BGH WM 06, 377, 378 f; *Reinicke/Tiedtke* DB 98, 2001, 2003; *Drexl* JZ 98, 1046, 1056; *Mayen* FS Schimansky S 415, 423).
4 Aus der Sicherungsabrede ergibt sich keine Beratungs- und grds auch keine Aufklärungspflicht der Bank, da sie Sicherheiten und die Folgen der Sicherheitenbestellung nur im eigenen Interesse, nicht in dem des Kunden prüft (BGH NJW 02, 3695, 3697; WM 06, 377, 380).
5 Die Sicherungsabrede ist als Dauerschuldverhältnis nach Ablauf eines gewissen Zeitraums (*Lwowski* FS Kümpel S 349, 364), wegen Wegfalls der Geschäftsgrundlage (*Mankowski* WuB I F 2.-1.03) oder aus wichtigem Grund kündbar (BGH NJW 03, 61 dazu *Gursky* JZ 05, 385, 398). Die Kündigung bewirkt die Verpflichtung zur Rückgabe des Pfandes Zug um Zug gegen Tilgung der bei dem Wirksamwerden der Kündigung bestehenden Verbindlichkeiten des Schuldners.
6 Fehlt ein wirksamer Sicherungsvertrag oder ist dieser richtig, greift § 812 I 1 Alt 1 (*Gursky* JZ 05, 385, 398). Sind Schuldner und Verpfänder nicht identisch, besteht zwischen beiden idR ein Auftrag (§ 662) oder GoA (§ 677).
7 C. **Einigung.** Die Einigung ist ein formfreier abstrakter dinglicher Vertrag, in dem dem Gläubiger ein dingliches Verwertungsrecht an einem vom Verpfänder gestellten bestimmten Pfandgegenstand zur Sicherung einer zumindest bestimmbaren Forderung bestellt wird. Die Einigung, auf die die allgemeinen rechtsgeschäftlichen Grundsätze anwendbar sind, kann bedingt (§ 158) oder befristet (§ 163) erfolgen, in AGB (BGHZ 128, 295, 298 f = NJW 95, 1085) oder in einer Satzung (Braunschw WM 97, 487, 488) enthalten sein. Sie muss bei Übergabe der Sache noch andauern.
8 Nr 14 AGB-Banken und Nr 21 AGB-Sparkassen sind AGB-rechtlich unbedenklich. Zu ihrer Einbeziehung bedarf es auch ggü ausländischen Banken keiner ausdrücklichen Erklärung (BGH WM 04, 1177). Kein AGB-Pfandrecht der Bank bei vorübergehender Verwahrung von Schmuck (BGH NJW 59, 142 f).
9 § 929 Rn 4–14 gelten entspr. § 312 I ist nicht anwendbar (AnwK/*Bülow* Rn 21).
10 D. **Übergabe. I. Übergabe (I 1).** Die Übergabe nach I 1, die – wie bei § 929 (Rn 10) – auf beiden Seiten unter Einschaltung von Besitzdienern, Besitzmittlern und Geheißpersonen erfolgen kann, erfordert, dass der Eigentümer den unmittelbaren Besitz zur Verpfändung willentlich und erkennbar tatsächlich aufgibt (RGZ 77, 201, 208), etwa durch Aushändigung angeblich aller Schlüssel zu einem Lagerraum (RGZ 103, 100, 101), und der Gläubiger ihn in solcher Weise nach § 854 I oder II erlangt. Daran fehlt es – anders als bei § 808 ZPO – auch bei Anbringung eines Pfandzeichens (RGZ 74, 146, 148; BGH NJW 58, 1723), wenn der Eigentümer auf ausgesonderte Hölzer auf seinem Betriebsgrundstück weiterhin Zugriff hat (BGHZ 27, 360, 362 = NJW 58, 1286). Übergabesurrogat nach § 930 genügt nicht, anders als bei § 929 aber die Einräumung von Mitbesitz an den Gläubiger (§ 1206).
11 II. **Brevi manu traditio (I 2).** Wie bei § 929 S 2 (Rn 12) bedarf es der Übergabe nicht, wenn der Gläubiger schon Allein- oder Mitbesitzer (§ 1206) der Pfandsache ist. Mittelbarer Besitz reicht aus (BGH NJW 97, 2110, 2111; *Gursky* JZ 97, 1154, 1163 f), wenn der Eigentümer nicht Besitzmittler ist (RGZ 118, 250, 253).

III. Mittelbarer Besitz (II). Ist der Eigentümer mittelbarer (Mit-)Besitzer (§ 1206), so kann die Übergabe 12
durch Abtretung des Herausgabeanspruchs aus dem Besitzmittlungsverhältnis an den Gläubiger (§ 870) und
formfreie Anzeige der Verpfändung an den unmittelbaren Besitzer erfolgen (Karlsr WM 99, 2451, 2455). Anweisung des Eigentümers an den Besitzmittler, den Besitz künftig nur dem Pfandgläubiger zu vermitteln, und
Begründung eines neuen Besitzmittlungsverhältnisses ist Übergabe nach I 1 (str; BGH NJW 59, 1536, 1539; WM
68, 1144, 1145; Staud/*Wiegand* Rn 24; Soergel/*Habersack* Rn 25; aA RGZ 103, 151, 153; MüKo/*Damrau* Rn 18).
Die formfreie Verpfändungsanzeige des Verpfänders ist eine empfangsbedürftige Willenserklärung (RGZ 89, 13
289, 291). Zur Abgabe kann der Verpfänder den Gläubiger bevollmächtigen; die Verpfändungserklärung enthält noch keine Vollmacht (RGZ 85, 431, 437; Köln NJW-RR 90, 485, 486). Die Anzeige hat an den unmittelbaren Besitzer (Karlsr WM 99, 2451, 2455), bei gestuftem mittelbaren Besitz an den nächsten Besitzmittler zu
erfolgen. Sie ist nur mit Zustimmung des Pfandgläubigers rücknehmbar (§ 409 II analog; BaRoth/*Sosnitza*
Rn 9). Inhaltlich genügt ohne Hinweis auf die Verpfändung die Weisung an den Besitzmittler, den Besitz
nunmehr für den Pfandgläubiger auszuüben (Staud/*Wiegand* Rn 29; aA MüKo/*Damrau* Rn 20).
Bei fehlender oder unwirksamer Verpfändungsanzeige kommt eine Umdeutung (§ 140) der unwirksamen 14
Verpfändung in eine Sicherungsübereignung nicht in Betracht (BGH WM 56,258, 259), da die Sicherungsübereignung weiter reicht (aA Staud/*Wiegand* Rn 31).

§ 1206 Übergabeersatz durch Einräumung des Mitbesitzes

Anstelle der Übergabe der Sache genügt die Einräumung des Mitbesitzes, wenn sich die Sache unter dem Mitverschluss des Gläubigers befindet oder, falls sie im Besitz eines Dritten ist, die Herausgabe nur an den Eigentümer und den Gläubiger gemeinschaftlich erfolgen kann.

A. Normzweck und Inhalt. Als Übergabeersatz lässt § 1206 in Ergänzung des § 1205 die Einräumung 1
gesamthänderischen Mitbesitzes durch Mitverschluss oder Einschaltung eines Pfandhalters genügen.
B. Unmittelbarer Mitbesitz – Mitverschluss (Alt 1). Als Übergabeersatz reicht Mitbesitz des Pfandgläubi- 2
gers nur, wenn sich die Pfandsache unter seinem Mitverschluss befindet, so dass der Verpfänder bzw sein
Besitzmittler, Besitzdiener oder seine Geheißperson die Sachherrschaft tatsächlich nicht ohne Mitwirkung des
Gläubigers bzw seiner vorgenannten Personen ausüben kann (BGHZ 86, 300, 308 = NJW 83, 1114; Anm
Brunotte LM § 1205 Nr 1; WM 63, 560, 561; RGZ 77, 201, 207). Besitz durch einen gemeinsamen Besitzdiener genügt nicht (hM).
Bei einem Banksafe hat der Kunde Alleinbesitz am Inhalt, auch wenn es nur vom Kunden und der Bank 3
gemeinsam geöffnet werden kann (RGZ 141, 99, 101). Das AGB-Pfandrecht ergreift deshalb anders als § 562
den Inhalt nicht.
C. Mittelbarer Mitbesitz – Pfandhalter (Alt 2). Als Übergabeersatz genügt ferner, dass der unmittelbare 4
Besitzer (Pfandhalter) verpflichtet ist, die Pfandsache nur an den Eigentümer und den Gläubiger gemeinsam
bzw nur mit Zustimmung des jeweils anderen an einen von ihnen herauszugeben (RGZ 85, 431, 438 f; 87, 36,
39, 41; 118, 34, 37). Der Pfandhalter darf nicht nur Besitzdiener des Eigentümers sein (RGZ 66, 258, 261 f).

§ 1207 Verpfändung durch Nichtberechtigten

Gehört die Sache nicht dem Verpfänder, so finden auf die Verpfändung die für den Erwerb des Eigentums geltenden Vorschriften der §§ 932, 934, 935 entsprechende Anwendung.

A. Normzweck, Inhalt und Anwendungsbereich. § 1207 regelt in Ergänzung der §§ 1205 f, deren Vorausset- 1
zungen – vom Eigentum abgesehen – vorliegen müssen, durch Verweisung auf § 932 (s Rn 1–14) für § 1205
I und § 1206 Alt 1, auf § 934 (s Rn 1–5) für § 1205 II und § 1206 Alt 2 sowie auf § 935 (s Rn 1–15) den vertraglichen, auch AGB-vertraglichen, gutgläubigen Erwerb vom Nichteigentümer (BGHZ 86, 300, 305 = NJW
83, 1114). § 933 ist nicht anwendbar, da ein Besitzkonstitut nicht ausreicht (s § 1205 Rn 9). Für gesetzliche
BGB-Pfandrechte (§ 1257 Rn 3) und das Pfändungspfandrecht (BGHZ 119, 75, 82 ff = NJW 92, 2570) gilt
§ 1207 nicht, wohl aber bei einer Verurteilung zur Pfandbestellung (§§ 897 I, 898 ZPO).
B. Sonderregelungen. § 366 III HGB lässt gutgläubigen Erwerb bestimmter gesetzlicher HGB-Pfandrechte 2
zu. Nach § 4 I 1 DepotG (Ausnahmen: § 4 II und III) gelten Wertpapiere bei Drittverwahrung nicht als Eigentum des Zwischenverwahrers. Vor einem Pfandrecht des Drittverwahrers für Vergütungsansprüche aus der Verwahrung ist der Eigentümer nicht geschützt (§ 4 I 2). § 12 regelt eine Ermächtigung des Verwahrers zur
Verpfändung. Sonderregelungen enthalten auch das SchiffsRG, das LuftfzG, das PachtkreditG und das DüngemittelsicherungsG, s dazu Einf Rn 9 ff
C. Gutgläubigkeit. Geschützt wird der gute Glaube (§ 932 II) des Gläubigers an das Eigentum, nach § 366 3
I HGB auch an die Verfügungsbefugnis des Verpfänders, bei der Vollendung des Erwerbstatbestands. Bei

einer aufschiebend bedingten Verpfändung kommt es anders als bei einer solchen für künftige oder bedingte Forderungen (BGHZ 86, 300, 310 = NJW 83, 1114) jedoch auf den Zeitpunkt der Einigung an (BGHZ 10, 69, 73 = NJW 53, 1099; 30, 374, 377 = 60, 34). Wie bei § 932 gibt es keine allgemeine **Erkundigungsobliegenheit** etwa nach einer Sicherungsübereignung (BGHZ 86, 300, 311 f = NJW 83, 1114). Eine solche besteht jedoch bei konkreten Anhaltspunkten aus der Person des Verpfänders, zB bei kaufmännisch inkorrektem Verhalten (BGH NJW 81, 227, 228), aus der verpfändeten Ware (BGH aaO), zB bei Verpfändung fabrikneuer, üblicherweise unter Eigentumsvorbehalt gelieferter Ware (RGZ 141, 129, 133; Nürnbg WM 62, 95, 96), oder aus sonstigen Umständen, etwa bei Geschäften außerhalb des gewöhnlichen Geschäftsbetriebs (BGH NJW 99, 425, 426) oder in Krisenzeiten. Pfandleihern obliegt besondere Sorgfalt (vgl BGH NJW 82, 38, 39 (zahlreiche Teppiche); Hburg MDR 89, 66, 67; LG Bochum NJW 61, 1971; LG Hburg MDR 58, 690).

4 Eine Kfz-Werkstatt erwirbt ein vertragliches Pfandrecht für die Werklohnforderung aufgrund von AGB grds auch dann gutgläubig, wenn sie sich den Kfz-Brief nicht vorlegen lässt (BGHZ 68, 323, 326 = NJW 77, 1240; 87, 274, 280 = 83, 2140; 100, 95, 101 = 87, 1880; 119, 75, 90 = 92, 2570; NJW 81, 226 f; str, aA zB *Gursky* JZ 84, 607, 611). Etwas anderes gilt beim Händlerleasing für die mit dem Händler verbundene Werkstatt (Hamm NJOZ 04, 2353, 2354; *Weber* NJW 05, 2195, 2199).

5 Die Beweislast für Bösgläubigkeit trägt, wer den gutgläubigen Rechtserwerb bestreitet (§ 932 II; BGH NJW 82, 38, 39). § 367 HGB enthält eine widerlegliche Vermutung für Bösgläubigkeit.

§ 1208 Gutgläubiger Erwerb des Vorrangs

¹Ist die Sache mit dem Recht eines Dritten belastet, so geht das Pfandrecht dem Recht vor, es sei denn, dass der Pfandgläubiger zur Zeit des Erwerbs des Pfandrechts in Ansehung des Rechts nicht in gutem Glauben ist. ²Die Vorschriften des § 932 Abs. 1 Satz 2, des § 935 und des § 936 Abs. 3 finden entsprechende Anwendung.

1 **A. Normzweck, Inhalt und Sondervorschriften.** § 1208, der § 936 entspricht, regelt in Ergänzung des § 1207 durch Verweisung auf §§ 932 I 2 (Rn 13), 935 (Rn 1–15) und 936 III (Rn 5) den gutgläubigen Erwerb des Vorrangs eines nach §§ 1205–1207 erworbenen Pfandrechts vor älteren beschränkten dinglichen Rechten eines Dritten. Sonderregelungen enthalten § 366 II HGB und §§ 4, 5 und 11 PachtkreditG (Einf Rn 10).

2 **B. Gutgläubigkeit.** Der gute Glaube (§ 932 II; Rn 9–12) des Gläubigers muss sich auf das Nichtbestehen des älteren beschränkt dinglichen Rechts beziehen. Zum maßgeblichen Zeitpunkt § 1207 Rn 3, zur Beweislast § 1207 Rn 5. Rechtsfolge ist, dass das ältere Recht im Rang hinter das Pfandrecht des Erwerbers zurücktritt.

§ 1209 Rang des Pfandrechts

Für den Rang des Pfandrechts ist die Zeit der Bestellung auch dann maßgebend, wenn es für eine künftige oder eine bedingte Forderung bestellt ist.

1 **A. Normzweck und Rangverhältnis.** § 1209 regelt anknüpfend an das Prioritätsprinzip den Vorrang des älteren beschränkten dinglichen Rechts vor dem jüngeren (BGHZ 52, 99, 107 = NJW 69, 1347). Entscheidend für das Rangverhältnis auch zu gesetzlichen Pfandrechten und zum Pfändungspfandrecht ist der Zeitpunkt der Bestellung, nicht die Entstehung der gesicherten künftigen oder bedingten Forderung (BGHZ 86, 340, 346 = NJW 83, 1123; 93, 71, 76 = 85, 863; 123, 183, 190 = 93, 2876). Das gilt nach hM, wie § 161 ergibt, auch bei bedingter Pfandrechtsbestellung (Staud/*Wiegand* Rn 6). Gleichzeitig bestellte Pfandrechte haben gleichen Rang. Die Parteien können wegen des zwingenden Charakters des § 1209 mit dinglicher Wirkung nichts anderes vereinbaren (str Staud/*Wiegand* Rn 9; Erman/*Michalski* Rn 1; aA MüKo/*Damrau* Rn 2; BaRoth/*Sosnitza* Rn 3; vermittelnd Soergel/*Habersack* Rn 5). Bei Erlöschen eines Rechts rückt das rangnächste auf.

2 **B. Ausnahmen und Sonderregelungen.** Ein gutgläubiger Erwerb des Vorrangs ist nach § 1208 und § 366 II HGB möglich. Sonderregelungen enthalten § 357 S 1 HGB (BGH NJW 97, 2322, 2323), § 443 HGB, § 76 I AO, § 7 LuftfzG (Einf Rn 9), §§ 11, 12 PachtkreditG (Einf Rn 10; sa RGZ 143, 1, 11) und § 2 IV und V DüngemittelsicherungsG (Einf Rn 11).

§ 1210 Umfang der Haftung des Pfandes

(1) ¹Das Pfand haftet für die Forderung in deren jeweiligem Bestand, insbesondere auch für Zinsen und Vertragsstrafen. ²Ist der persönliche Schuldner nicht der Eigentümer des Pfandes, so wird durch ein Rechtsgeschäft, das der Schuldner nach der Verpfändung vornimmt, die Haftung nicht erweitert.
(2) Das Pfand haftet für die Ansprüche des Pfandgläubigers auf Ersatz von Verwendungen, für die dem Pfandgläubiger zu ersetzenden Kosten der Kündigung und der Rechtsverfolgung sowie für die Kosten des Pfandverkaufs.

A. Regelungsgehalt. Die Norm regelt teilweise in Abweichung von § 767 vorbehaltlich anders lautender Vereinbarung, die auch einen Haftungshöchstbetrag vorsehen kann, dem akzessorischen Charakter Rechnung tragend den Umfang der Pfandhaftung. 1

B. Umfang der Pfandhaftung. Bei einer Verpfändung einer eigenen Sache für eine eigene Schuld haftet das 2
Pfandrecht, auch mit Wirkung ggü nachrangig Berechtigten (hM, Staud/*Wiegand* Rn 6) sowie einem Erwerber der Pfandsache (hM, Staud/*Wiegand* Rn 9), nach I 1 auch für jede nachträgliche Erweiterung der Schuld durch Vertrag, Verschulden, vertragliche oder gesetzliche Zinsen, Vertragsstrafen, Verzicht auf Einreden, nach II zudem für Kosten für Verwendungen (§ 1216), Verwahrung, Kündigung, dingliche und persönliche Rechtsverfolgung (Hburg MDR 59, 580, 581) und Verwertung. I 1 gilt auch, wenn der Gläubiger den Verpfänder gutgläubig für den Eigentümer hält (hM).
Eine formularmäßige Verpfändung mit weiter Zweckerklärung für eine fremde Schuld verstößt idR gegen 3
§ 305 c, nicht aber gegen § 307 (BGH WM 02, 919 m Anm *Wagenknecht* WuB I F 2.-2.03). Das Pfandrecht sichert in einem solchen Fall nur den Anlasskredit, bei einem limitierten Kontokorrentkredit das vereinbarte Kreditlimit (LG Bonn WM 96, 1538, 1539 m Anm *Batereau* WuB I F 2.-2.96). Ein Pfandrecht für eine fremde Schuld haftet nach der dispositiven Regelung des § 1210 I 2 entspr § 767 I 3 nicht für nachträgliche rechtsgeschäftliche Erweiterungen (*Rösler/Fischer* BKR 06, 50, 56).

§ 1211 Einreden des Verpfänders

(1) ¹Der Verpfänder kann dem Pfandgläubiger gegenüber die dem persönlichen Schuldner gegen die Forderung sowie die nach § 770 einem Bürgen zustehenden Einreden geltend machen. ²Stirbt der persönliche Schuldner, so kann sich der Verpfänder nicht darauf berufen, dass der Erbe für die Schuld nur beschränkt haftet.
(2) Ist der Verpfänder nicht der persönliche Schuldner, so verliert er eine Einrede nicht dadurch, dass dieser auf sie verzichtet.

A. Normzweck und Inhalt. Die Vorschrift, die § 768 weitgehend entspricht, regelt nur die Geltendmachung 1
forderungsbezogener echter Einreden. Forderungs- und pfandbezogene Einwendungen sowie pfandbezogene Einreden stehen dem Verpfänder ohnehin zu.

B. Einreden. I erfasst forderungsbezogene Einreden aus §§ 242, 273, 320, 343, 655, 821 und 853 sowie Stundung und Erlassverpflichtung, nicht aber die Einrede der Verjährung (§ 216 I) und der beschränkten Haftung 2
(§§ 1971, 1973 ff., § 254 II InsO). Außerdem gibt er dem Verpfänder die dilatorischen Einreden des Bürgen aus § 770, wenn der Schuldner bestehende Gestaltungsrechte, nicht nur Anfechtungsrechte, noch nicht ausgeübt hat oder der Gläubiger oder der Schuldner ein Aufrechnungsrecht hat.
Ist der Verpfänder nicht der Schuldner, wirkt dessen Verzicht auf eine Einrede nicht gegen ihn; II gilt allerdings 3
nicht für die Einreden aus § 770. Ein Urteil, das dem Schuldner eine Einrede oder ein Gestaltungsrecht abspricht, wirkt nicht gegen einen solchen Verpfänder (BGHZ 24, 97, 99 = NJW 57, 986; 107, 92, 96 = 89, 1276), während sich der Verpfänder auf ein dem Gläubiger ungünstiges Urteil gegen den Schuldner berufen kann

C. Rechtsfolgen. Aufschiebende Einreden, selbstverständlich auch Einwendungen, kann der Verpfänder der 4
Klage aus § 1231 S 1 entgegenhalten oder zur Grundlage einer Klage auf Unterlassung der Pfandverwertung machen. Bei dauernden Einreden können der Verpfänder und auch der Eigentümer die Herausgabe der Pfandsache verlangen (§ 1254).

§ 1212 Erstreckung auf getrennte Erzeugnisse

Das Pfandrecht erstreckt sich auf die Erzeugnisse, die von dem Pfande getrennt werden.

Erzeugnisse (§ 99 I) werden, dinglich nicht abdingbar, unabhängig von Eigentum und Besitz anders als beim 1
Nutzungspfandrecht nach § 1213 vom Pfandrecht auch nach Trennung von der Pfandsache erfasst, soweit nicht §§ 936, 945, 949, 954 oder 956 eingreifen. Auf Zivilfrüchte (§ 99 III) sowie Versicherungsforderungen erstreckt sich das Pfandrecht nicht. Das Pfandrecht umfasst wesentliche (§ 93), idR auch unwesentliche **Bestandteile.** Zubehör haftet nur, wenn es mit der Hauptsache verpfändet wurde (§§ 1205 f), wozu im Zweifel eine Verpflichtung besteht (§ 311 c).
Surrogate werden nur nach §§ 1219 II, 1247, 1287 und Art 52 EGBGB (Enteignungsentschädigung: RGZ 94, 2
20, 22) erfasst. Schadensersatz- und Versicherungsforderungen (RG HRR 34 Nr 1677) für zerstörte Pfandsachen unterliegen nicht dem Pfandrecht. Auch § 285 gilt nicht. In Betracht kommt ein eigener Schadensersatzanspruchs des Pfandgläubigers gegen den Schädiger aus § 823 I.

§ 1213 Nutzungspfand

(1) Das Pfandrecht kann in der Weise bestellt werden, dass der Pfandgläubiger berechtigt ist, die Nutzungen des Pfandes zu ziehen.
(2) Ist eine von Natur fruchttragende Sache dem Pfandgläubiger zum Alleinbesitz übergeben, so ist im Zweifel anzunehmen, dass der Pfandgläubiger zum Fruchtbezug berechtigt sein soll.

1 Ein Nutzungspfand erfordert stets eine **besondere Vereinbarung**. Für eine solche besteht bei fruchtbringenden Sachen und Alleinbesitz des Pfandgläubigers (§ 1205 II und II) nach II eine Vermutung, allerdings nicht bei Übergabe nach § 1231. Das gilt nicht beim Pfändungspfandrecht. Fehlt es an einer Nutzungspfandvereinbarung, hat der Pfandgläubiger gezogene Nutzungen (§ 100) dem Verpfänder nach § 816 I 1 sowie nach §§ 280, 823 I zu erstatten.
2 Der Pfandgläubiger erwirbt bis zum Erlöschen des Pfandrechts abw von § 1212 an Sachfrüchten mit der Trennung (§ 954) **Eigentum**, an mittelbaren Zivilfrüchten (§ 99 III) mit Übereignung der Leistung. Die Verteilung regelt § 101. Geld ist keine von Natur fruchtbringende Sache (BGHZ 84, 345, 348 = NJW 82, 2186; 127, 138, 141 = 94, 3287). Für Kaution bei Wohnungsmiete gilt § 551 III 3, bei gewerblicher Miete s BGHZ 127, 138, 142 und § 1204 Rn 9.

§ 1214 Pflichten des nutzungsberechtigten Pfandgläubigers

(1) Steht dem Pfandgläubiger das Recht zu, die Nutzungen zu ziehen, so ist er verpflichtet, für die Gewinnung der Nutzungen zu sorgen und Rechenschaft abzulegen.
(2) Der Reinertrag der Nutzungen wird auf die geschuldete Leistung und, wenn Kosten und Zinsen zu entrichten sind, zunächst auf diese angerechnet.
(3) Abweichende Bestimmungen sind zulässig.

1 Der Nutzungspfandgläubiger (§ 1213) ist – abdingbar (III) – zur mindestens jährlichen Rechenschaft (§§ 259, 261), zur Nutzung und Unterhaltung der Pfandsache iR ordnungsgemäßer Geschäftsführung sowie zu den dazu notwendigen Verwendungen verpflichtet. Bei einem schuldhaften Verstoß gegen diese Pflichten, etwa durch übermäßige oder unterlassene Nutzung, ist er dem Verpfänder schadensersatzpflichtig (§ 280).
2 Der Reinertrag, dh bei Eigenverbrauch der objektive Verkehrswert minus Gewinnungs- und gewöhnlicher Unterhaltungskosten, bei Verwertung minus auch der Verwertungskosten, ist in der Reihenfolge des II anzurechnen. Bei einem Minusbetrag haftet die Pfandsache nur für die notwendigen Verwendungen (§§ 1210 II, 1216). Bei einer Nutzziehung ohne Berechtigung gilt II entspr (RGZ 105, 408, 409; Frankf NJW-RR 96,585), nicht aber bei unentgeltlicher Überlassung der Nutzung von dem Vermieterpfandrecht unterliegendem Mobiliar (Ddorf MDR 89, 546).

§ 1215 Verwahrungspflicht

Der Pfandgläubiger ist zur Verwahrung des Pfandes verpflichtet.

1 **A. Grundlagen.** Die Verwahrungspflicht ist Ausfluss des mit der Verpfändung zwischen Pfandgläubiger und Verpfänder entstehenden, in §§ 1215–1221, 1223–1226 dispositiv geregelten gesetzlichen Schuldverhältnisses. Für das nicht besonders geregelte Rechtsverhältnis zwischen Pfandgläubiger und Eigentümer kommt im Einzelfall eine entspr Anwendung dieser Normen in Betracht (Staud/*Wiegand* Rn 5).
2 **B. Verwahrungspflicht.** Die Verwahrungspflicht entsteht mit wirksamer Pfandrechtsbestellung und unmittelbarem Alleinbesitz des Pfandgläubigers und erlischt mit Rückgabe bzw Verwertung des Pfandes, nicht bereits mit Erlöschen des Pfandrechts. Bei mittelbarem Besitz hat der Gläubiger die für die Verwahrung erforderlichen sachgerechten Weisungen zu erteilen. Bei bloßem Mitbesitz ist der Verpfänder für die Verwahrung verantwortlich. Eine Verwaltungs-, Erhaltungs- und Versicherungspflicht trifft Gläubiger mit Ausnahme von Pfandleihern (§ 8 PfandleihVO) idR nicht.
3 §§ 688 ff finden, soweit nichts anderes vereinbart ist, entspr Anwendung (RGZ 103, 171, 173; BGH WM 67, 343). Dies gilt nicht für §§ 689, 690, der Gläubiger haftet vielmehr nach §§ 276, 278. Statt § 693 gilt § 1216, statt §§ 695, 697 § 1223. Außerdem darf der Gläubiger die Sache entgegen § 691 S 1 in Drittverwahrung geben. Die Übergabe eines Schlüssels für eine Halle begründet keine Obhutspflicht des Gläubigers für dort lagernde nicht verpfändete Sachen (BGH WM 67, 343, 344).
4 Im Falle einer Pflichtverletzung ist der Gläubiger dem Verpfänder nach §§ 280, 823 ff **schadensersatzpflichtig**, dem Eigentümer nur nach §§ 823 ff iRd § 991 II; der Verpfänder kann allerdings einen Schaden des Eigentümers im Wege der Drittschadensliquidation geltend machen (Soergel/*Habersack* Rn 7). Alle diese Ansprüche verjähren nach § 1226.

§ 1216 Ersatz von Verwendungen
¹Macht der Pfandgläubiger Verwendungen auf das Pfand, so bestimmt sich die Ersatzpflicht des Verpfänders nach den Vorschriften über die Geschäftsführung ohne Auftrag. ²Der Pfandgläubiger ist berechtigt, eine Einrichtung, mit der er das Pfand versehen hat, wegzunehmen.

Die Vorschrift, die nicht für Verwendungen zur Nutzungsgewinnung (§ 1213 f) gilt, regelt das Wegnahmerecht (§ 258) des Pfandgläubigers und verweist wegen der Ersatzpflicht des Verpfänders, nicht des Eigentümers, für Verwendungen (§ 994 Rn 1–3) des Gläubigers, wie zB Lagerkosten, nicht aber Kosten zur Ablösung eines vorrangigen Berechtigten, auf §§ 677 ff, 683, 670. 1

Der Verpfänder haftet aus §§ 677 ff ohne Fremdgeschäftsführungswillen des Gläubigers. Die Verwendungen müssen aber dem Interesse und dem wirklichen oder mutmaßlichen Willen des Verpfänders entsprechen. Das ist bei Zahlungsunfähigkeit des Schuldners oder Überbelastung des Pfandes nicht der Fall. In Betracht kommt dann ein Anspruch aus §§ 684 S 1, 812 ff. Für diese Ansprüche, die nach § 1226 verjähren, haftet das Pfand (§ 1210 II). 2

Eine Haftung des Eigentümers aus §§ 677 ff kommt nur bei Fremdgeschäftsführungswillen des Verpfänders sowie aus § 812 I 1 Alt 2, nicht aber aus § 994 in Betracht, da der Gläubiger berechtigter Besitzer ist. Soweit Verpfänder und Eigentümer haften, besteht Gesamtschuld. 3

§ 1217 Rechtsverletzung durch den Pfandgläubiger
(1) Verletzt der Pfandgläubiger die Rechte des Verpfänders in erheblichem Maße und setzt er das verletzende Verhalten ungeachtet einer Abmahnung des Verpfänders fort, so kann der Verpfänder verlangen, dass das Pfand auf Kosten des Pfandgläubigers hinterlegt oder, wenn es sich nicht zur Hinterlegung eignet, an einen gerichtlich zu bestellenden Verwahrer abgeliefert wird.
(2) ¹Statt der Hinterlegung oder der Ablieferung der Sache an einen Verwahrer kann der Verpfänder die Rückgabe des Pfandes gegen Befriedigung des Gläubigers verlangen. ²Ist die Forderung unverzinslich und noch nicht fällig, so gebührt dem Pfandgläubiger nur die Summe, welche mit Hinzurechnung der gesetzlichen Zinsen für die Zeit von der Zahlung bis zur Fälligkeit dem Betrag der Forderung gleichkommt.

I erfordert als **Voraussetzungen** eine erhebliche Rechtsverletzung etwa durch unberechtigte Nutzung, Weiterverpfändung oder mangelhafte Verwahrung der Pfandsache und eine formfreie erfolglose Abmahnung, nicht aber ein Verschulden des Gläubigers oder einen Schaden. 1

Als **Rechtsfolge** gewährt I dem Verpfänder, nicht dem Eigentümer, in Ergänzung allgemeiner Vorschriften (§§ 280, 823 ff, 1004) einen Anspruch auf Hinterlegung (§§ 372 ff), bei nicht hinterlegungsfähiger Sache auf Ablieferung an einen nach § 165 FGG bestellten Verwahrer (§§ 688 ff), II statt dessen nach Wahl des Verpfänders ein Recht auf vorzeitige Pfandeinlösung, bei unverzinslicher, nicht fälliger Forderung unter Abzug von Zwischenzinsen (zur Berechnung s BGHZ 115, 307, 310 = NJW 91, 3274). Alle diese Rechte verjähren nach § 1226. 2

§ 1218 Rechte des Verpfänders bei drohendem Verderb
(1) Ist der Verderb des Pfandes oder eine wesentliche Minderung des Wertes zu besorgen, so kann der Verpfänder die Rückgabe des Pfandes gegen anderweitige Sicherheitsleistung verlangen; die Sicherheitsleistung durch Bürgen ist ausgeschlossen.
(2) Der Pfandgläubiger hat dem Verpfänder von dem drohenden Verderb unverzüglich Anzeige zu machen, sofern nicht die Anzeige untunlich ist.

§ 1219 Rechte des Pfandgläubigers bei drohendem Verderb
(1) Wird durch den drohenden Verderb des Pfandes oder durch eine zu besorgende wesentliche Minderung des Wertes die Sicherheit des Pfandgläubigers gefährdet, so kann dieser das Pfand öffentlich versteigern lassen.
(2) ¹Der Erlös tritt an die Stelle des Pfandes. ²Auf Verlangen des Verpfänders ist der Erlös zu hinterlegen.

§ 1220 Androhung der Versteigerung
(1) ¹Die Versteigerung des Pfandes ist erst zulässig, nachdem sie dem Verpfänder angedroht worden ist; die Androhung darf unterbleiben, wenn das Pfand dem Verderb ausgesetzt und mit dem Aufschub der Versteigerung Gefahr verbunden ist. ²Im Falle der Wertminderung ist außer der Androhung erforderlich, dass der Pfandgläubiger dem Verpfänder zur Leistung anderweitiger Sicherheit eine angemessene Frist bestimmt hat und diese verstrichen ist.
(2) Der Pfandgläubiger hat den Verpfänder von der Versteigerung unverzüglich zu benachrichtigen; im Falle der Unterlassung ist er zum Schadensersatz verpflichtet.
(3) Die Androhung, die Fristbestimmung und die Benachrichtigung dürfen unterbleiben, wenn sie untunlich sind.

§ 1221 Freihändiger Verkauf

Hat das Pfand einen Börsen- oder Marktpreis, so kann der Pfandgläubiger den Verkauf aus freier Hand durch einen zu solchen Verkäufen öffentlich ermächtigten Handelsmäkler oder durch eine zur öffentlichen Versteigerung befugte Person zum laufenden Preis bewirken.

1 **A. Besorgnis eines Verderbs oder einer Wertminderung.** Gemeinsame Voraussetzung der §§ 1218–1221 ist die Besorgnis des Verderbs oder der Wertminderung der Pfandsache vor Pfandreife. Verderb ist der Verlust oder die körperliche Verschlechterung der Sache. Eine wesentliche Wertminderung liegt bei einem erheblichen Rückgang des Kurses oder Preises infolge veränderter (Markt-)Verhältnisse vor. Bei volatilen Wertpapieren bedarf es insoweit nicht nur Kursschwankungen, sondern eines voraussehbaren stetigen Kursverfalls (LG Nürnbg-Fürth NJW-RR 03, 184). Dass der Kursverfall von anderen Aktienwerten abweicht, ist ohne Belang (aA *Saenger/Bergjan* EWiR 03, 321, 322).

**B. Rechtsfolgen der Besorgnis eines Verderbs oder einer Wertminderung. I. Rechte des Verpfänders und
2 Eigentümers.** Der Gläubiger hat dem Verpfänder den drohenden Verderb, nicht eine wesentliche Wertminderung, anzuzeigen (§ 1218 II). Andernfalls macht er sich schadensersatzpflichtig, bei einem Schaden des Eigentümers Drittschadensliquidation durch den Verpfänder.

3 Verpfänder und Eigentümer (str MüKo/*Damrau* § 1218 Rn 1; Erman/*Michalski* § 218 Rn 5; aA RGRK/*Kregel* § 1218 Rn 1) können die Pfandsache Zug um Zug gegen eine andere die gesicherte Forderung abdeckende Sicherheit (§§ 232 I; 233–238, 240), bei Unterdeckung durch das bisherige Pfand gegen eine mindestens gleichwertige, austauschen, nicht jedoch gegen eine Bürgschaft (§ 1218 I Hs 2). Dieses Recht hat Vorrang vor den Rechten des Gläubigers nach §§ 1219–1221.

4 Insbes wenn der Verpfänder zur Stellung einer solchen anderen Sicherheit nicht in der Lage ist, aber auch dann, wenn sich eine ganz besonders günstige Verkaufsmöglichkeit bietet, kann er nach § 242 vom Gläubiger verlangen, dass er das Pfand freihändig verkauft, sich aus dem Erlös befriedigt oder davon eine andere Sicherheit erwirbt (RGZ 74, 151, 154; 101, 47, 49). Gleiches gilt, wenn der Gläubiger anderweitig ausreichend gesichert ist (BGH DB 56, 183; 66, 378). Kommt der Gläubiger dem nicht nach, ist er schadensersatzpflichtig (§ 280). Ohne Verlangen des Verpfänders kommt eine Verkaufspflicht des Gläubigers grds nicht in Betracht (MüKo/*Damrau* § 1218 Rn 4; Soergel/*Habersack* § 1218 Rn 6; zu weitgehend RGZ 109, 181, 182 f).

5 **II. Rechte des Pfandgläubigers.** Unter der zusätzlichen Voraussetzung der Gefährdung seiner Sicherheit (s § 237 S 1) kann der Gläubiger das Pfand öffentlich versteigern (§§ 1219 I, 383 III, 1236–1246) oder, wenn das Pfand einen Börsen- oder Marktpreis (§ 385 Rn 1; sowie *A Wittig* FS Kümpel S 587, 601) hat, vor der Pfandreife iSv § 1228 II nach § 1221 durch einen öffentlich ermächtigten Handelsmäkler (§ 93 HGB), Börsenhändler (§ 16 II BörsG), Gerichtsvollzieher (§ 383 III), öffentlichen Versteigerer (§ 34 b V GewO) oder Notar (§ 20 III BNotO) freihändig zum laufenden Preis verkaufen lassen. Bei Veräußerung unter Marktpreis ist der Verkauf wirksam (hM, Staud/*Wiegand* § 1221 Rn 4; AnwK/*Bülow* § 1221 Rn 4; BaRoth/*Sosnitza* § 1221 Rn 2; aA Soergel/*Habersack* § 1221 Rn 2), kann aber bei Verschulden zu einem Schadensersatzanspruch des Verpfänders aus § 280 und des Eigentümers aus §§ 823 ff führen. Gläubiger, Verpfänder, Eigentümer und Schuldner dürfen mitbieten (§ 1239 I).

6 Die Versteigerung ist nach dem zwingenden § 1220 I grds (Ausnahme: I 1 S 1 Hs 2; III) erst nach **Androhung** (dazu *Mülbert* ZBB 90, 144, 156) ggü dem Verpfänder und dem Eigentümer (hM) und bei drohender Wertminderung nach erfolglosem Setzen einer angemessenen Frist zur Leistung einer anderweitigen Sicherheit zulässig. Andernfalls ist der Gläubiger dem Verpfänder, der den Schaden des Eigentümers liquidieren kann, nach § 280, dem Eigentümer nach §§ 823 ff schadensersatzpflichtig. Außerdem sind die Versteigerung und der Eigentumserwerb vorbehaltlich § 1244 sonst unwirksam (hM Staud/*Wiegand* § 1220 Rn 5; Westermann/*Gursky* § 129 II 6; aA Erman/*Michalski* § 1220 Rn 2).

7 Von **Ort und Zeit der Versteigerung** hat der Gläubiger den Verpfänder und den Eigentümer grds (Ausnahme: § 1220 III) unverzüglich zu unterrichten (§ 1220 II). Andernfalls ist er schadensersatzpflichtig (§ 1220 II Hs 2), die Versteigerung aber gleichwohl wirksam. Über das Ergebnis der Versteigerung hat der Gläubiger den Verpfänder und den Eigentümer zu unterrichten (§ 1241).

8 An die Stelle des Pfandes tritt im Wege dinglicher Surrogation der **Erlös** (RGZ 94, 20, 24), der auf Verlangen des Verpfänders bzw des Eigentümers (str AnwK/*Bülow* § 1219 Rn 9; Erman/*Michalski* § 1219 Rn 2; aA Soergel/*Habersack* § 1219 Rn 5) auf Kosten des Verlangenden zu hinterlegen ist (§ 1219 II).

§ 1222 Pfandrecht an mehreren Sachen

Besteht das Pfandrecht an mehreren Sachen, so haftet jede für die ganze Forderung.

1 Der dispositive **Grundsatz der ungeteilten Pfandhaftung** für die ganze Forderung gilt kraft Gesetzes bei Trennung von Bestandteilen, aber auch, wenn mehrere Verpfänder verschiedene Sachen für eine Forderung verpfänden, nicht aber, wenn ein Pfand nur für die Hauptforderung, ein anderes nur für Zinsen oder Kosten

haftet. An allen verpfändeten Gegenständen entsteht für ein und dieselbe Forderung ein einziges Gesamtpfandrecht. Zum Ausgleich bei mehreren Verpfändern s § 1225 Rn 6 ff. Zum Gesamtpfandrecht beim Unternehmenskauf: *Schrell/Kirchner* BKR 03, 444 ff.

Eine bei mehreren Pfandsachen nicht ausgeschlossene anfängliche oder nachträgliche **Übersicherung** nimmt das Gesetz grds hin (BGH DB 66, 378). Etwas anderes gilt nach § 242 ausnahmsweise dann, wenn die Deckung der Schuld durch mehrere Sachen ersichtlich ausreicht und sich die Weigerung des Gläubigers, einen Teil freizugeben, als unzulässige Rechtsausübung darstellt (BGHZ 128, 295, 300 = NJW 95, 1085 m Anm *Rimmelspacher* JZ 95, 678 ff.; WM 56, 217, 218; *Wiegand/Brunner* NJW 95, 2513, 2520; *Schrell/Kirchner* BKR 03, 444, 448). Nach Nr 16 II AGB-Banken, 22 II AGB-Sparkassen hat der Kunde bei nicht nur vorübergehender Übersicherung einen Anspruch auf Freigabe gem § 1255. Die Auswahl der zurückzugebenden und der zu verwertenden Sachen trifft der Gläubiger (§ 1230). 2

§ 1223 Rückgabepflicht; Einlösungsrecht

(1) Der Pfandgläubiger ist verpflichtet, das Pfand nach dem Erlöschen des Pfandrechts dem Verpfänder zurückzugeben.
(2) Der Verpfänder kann die Rückgabe des Pfandes gegen Befriedigung des Pfandgläubigers verlangen, sobald der Schuldner zur Leistung berechtigt ist.

A. Rückgabepflicht des Pfandgläubigers (I). I. Rechte des Verpfänders. Aus dem mit dem Pfandgläubiger bestehenden gesetzlichen dispositiven Schuldverhältnis (§ 1215 Rn 1), aber auch aus dem schuldrechtlichen Sicherungsvertrag kann der Verpfänder mit Erlöschen des vertraglichen oder gesetzlichen Pfandrechts nach §§ 158 II, 163, 418, 1250 II, 1252-1256 die Herausgabe der Pfandsache verlangen. Das gilt grds auch dann, wenn der Verpfänder ggü dem Eigentümer kein Recht zum Besitz hat (BGHZ 73, 317, 321 ff = NJW 79, 1203 m Anm *Hiddemann* LM § 1223 Nr 1; *Schubert* JR 79, 417 f; *Osterle* JZ 79, 634 ff; aA Soergel/*Habersack* Rn 4). Etwas anderes kann nach § 242 anzunehmen sein, wenn der Gläubiger den Mangel des Besitzrechts des Verpfänders kennt und die Sache dem Eigentümer nach Rückgabe an den Verpfänder (endgültig) verloren ginge (BGH aaO 323). 1

Eine Bank, die eine Prozessbürgschaft übernommen hat, ist zur Herausgabe des Pfandes erst nach Rückgabe der Bürgschaftsurkunde oder ausdrücklicher Entlassung aus der Bürgschaft verpflichtet (BGH NJW 71, 701, 702). 2

Zur Erfüllung der Rückgabepflicht hat der Gläubiger dem Verpfänder den Alleinbesitz bzw bei mittelbarem Besitz vor Bestellung des Pfandrechts diesen wieder zu verschaffen (RGZ 92, 265, 267). Erfüllungsort ist der Wohnsitz des Gläubigers (§ 269).

Ist der Pfandgläubiger zur Rückgabe schuldhaft nicht in der Lage, hat er dem mit dem Eigentümer identischen Verpfänder nach § 280 und ggf § 823 I den Wert der Sache abzüglich seiner gesamten Forderung zu ersetzen (RGZ 117, 51, 57), dem mit dem Eigentümer nicht identischen Verpfänder aus § 280 nur den Besitzwert (RGZ 116, 266, 268). Das Erlöschen des Pfandrechts hat der Verpfänder zu beweisen. 3

II. Rechte des Eigentümers. Der Eigentümer als solcher kann die Herausgabe der Pfandsache nur nach § 985 verlangen, und zwar an den Verpfänder, wenn dieser ihm ggü ein Recht zum Besitz hat, sonst an sich selbst (Soergel/*Habersack* Rn 5). Allerdings kann der Verpfänder seinen Anspruch aus I an den Eigentümer abtreten. 4

III. Rechte des Schuldners. Der persönliche Schuldner als solcher hat keinen Rückgabeanspruch. 5

B. Befriedigungsrecht des Verpfänders (II). II gibt auch dem Verpfänder als Partei des gesetzlichen Schuldverhältnisses (§ 1215 Rn 1), nicht dem Schuldner, ein Befriedigungsrecht (RGZ 90, 72; 92 280), sobald der Schuldner zur Leistung berechtigt ist (§ 271). Bei der gerichtlichen Geltendmachung reicht das Angebot, die gerichtlich festgestellte Schuld zu zahlen (RGZ 140, 345, 346). Das Befriedigungsrecht kann als Ganzes auch an den Eigentümer, dem § 1249 ein Ablösungsrecht gewährt, abgetreten werden. § 267 II gilt nicht. 6

Der Gläubiger, der die Forderung einklagt, muss die Rückgabe des Pfandes nicht anbieten. Der Verpfänder kann auf Rückgabe der Pfandsache, auch wenn er nicht Eigentümer ist, Zug um Zug gegen volle Befriedigung des Gläubigers klagen (§ 273; BGHZ 73, 317, 319 f = NJW 79, 1203; NJW 99, 3716, 3717), ohne die Forderung des Gläubigers beziffern zu müssen (RGZ 92, 280, 282 f; 140, 345, 346). War er nur Verpfänder, geht mit der Befriedigung die Forderung mit Pfandrecht auf ihn über (§ 1225), war er auch Eigentümer, nicht aber Schuldner, erwirbt er nach § 1225 die Forderung ohne das Pfandrecht (§ 1256), war er auch Schuldner und Eigentümer, erlöschen mit der Befriedigung die gesicherte Forderung (§ 362 I) und das Pfandrecht (§ 1252). 7

Die Beweislast für die Höhe der Forderung trägt der Gläubiger (RGZ 92, 280, 283). 8

§ 1224 Befriedigung durch Hinterlegung oder Aufrechnung

Die Befriedigung des Pfandgläubigers durch den Verpfänder kann auch durch Hinterlegung oder durch Aufrechnung erfolgen.

1 Die Vorschrift ermöglicht dem Verpfänder die Hinterlegung sowie die Aufrechnung mit eigenen Forderungen, nicht solchen des Schuldners (dazu §§ 1211, 770), gegen den Gläubiger, obwohl er nicht Schuldner ist.

§ 1225 Forderungsübergang auf den Verpfänder

¹Ist der Verpfänder nicht der persönliche Schuldner, so geht, soweit er den Pfandgläubiger befriedigt, die Forderung auf ihn über. ²Die für einen Bürgen geltende Vorschrift des § 774 findet entsprechende Anwendung.

1 **A. Forderungsübergang (S 1).** Mit der Befriedigung des Gläubigers durch den mit dem Schuldner nicht identischen **Verpfänder** gehen, soweit nicht anders vereinbart (RGZ 71, 324, 329), die Forderung und das Pfandrecht (§§ 401, 412, 1250), auch ein gesetzliches und ein nur kraft guten Glaubens erworbenes, auf den Verpfänder über. Dieser kann Herausgabe der Pfandsache an sich verlangen (§§ 1227, 985). Ist der Verpfänder auch Eigentümer, erwirbt er nur die Forderung, das Pfandrecht erlischt (§ 1256).

2 Befriedigt der **Eigentümer**, der weder Verpfänder noch Schuldner ist, den Gläubiger, so kann er die Forderung nach §§ 268 III, 426, 774, 1249 erwerben. Wird das Pfand verwertet, so gilt die Forderung als vom Eigentümer berichtigt (§ 1247) und geht analog § 1249 S 2 ebenfalls auf ihn über, da er das Opfer erbracht hat (MüKo/*Damrau* Rn 4; Soergel/*Habersack* § 1247 Rn 8; BaRoth/*Sosnitza* Rn 2; aA (auf Verpfänder gem § 1288 II) RG Recht 18 Nr 244; Staud/*Wiegand* Rn 3; AnwK/*Bülow* Rn 2; Palandt/*Bassenge* Rn 7).

3 Befriedigt der **Schuldner** die Forderung, so erlöschen sie (§ 362 I) und das Pfandrecht (§ 1252).

4 **B. Regress des Verpfänders (S 2).** Der Forderungsübergang darf nicht zum Nachteil des Gläubigers geltend gemacht werden (§ 774 I S 2). Bei einer Teilbefriedigung geht das restliche Pfandrecht des Gläubigers dem des Verpfänders trotz Gleichrangigkeit mit der Folge faktisch vor, dass der Gläubiger dem Herausgabeanspruch des Verpfänders (§ 1251 I) ein Zurückbehaltungsrecht entgegenhalten kann. Zur Konkurrenz der Forderungen § 774 Rn 20 f.

5 Neben der übergegangenen Forderung hat der Verpfänder einen Aufwendungsersatzanspruch aus § 670, wenn er die Sache im Auftrag des Schuldners verpfändet hat oder die Voraussetzungen der GoA vorliegen. Die Einwendungen des Schuldners aus dem Rechtsverhältnis mit dem Verpfänder bleiben auch insoweit erhalten (§ 774 I 3, dort Rn 23 f).

6 **C. Ausgleich bei mehrfacher Sicherung.** Für den Ausgleich unter mehreren auf gleicher Stufe stehenden Sicherungsgebern bei Befriedigung des Gläubigers durch einen von ihnen kommt es nicht darauf an, wer den Gläubiger als erster befriedigt. Der Ausgleich hat sich, soweit nichts anderes vereinbart ist oder eine bestimmte Sicherheit aufgrund einer Vereinbarung mit dem Sicherungsnehmer nur nachrangig haften soll (BGH WM 90, 1556, 1558), vielmehr nach ganz hM nach den Regeln über die Gesamtschuld (§ 426 I) zu vollziehen (BGHZ 108, 179, 183 ff = NJW 89, 2530; 91, 399, 400; 92, 3228, 3229).

7 Der Ausgleich unter mehreren Verpfändern hat entspr §§ 774 II, 426 zu erfolgen. Das bedeutet, dass der leistende Verpfänder durch die Befriedigung des Gläubigers und damit auch alle dafür bestellten Pfandrechte zwar in vollem Umfang erwirbt (§§ 401, 412), er diese aber nur in Höhe der jeweiligen Ausgleichsquote gegen die anderen Verpfänder geltend machen kann. Soweit nichts anderes vereinbart ist, relevant sein kann insoweit auch eine unterschiedliche Haftungshöhe (BGH WM 91, 399, 401; Stuttg ZIP 90, 445, 446; Hamm WM 90, 1238, 1239), nicht aber der Wert der Pfandsache (Staud/*Wiegand* Rn 22), haften alle Verpfänder nach ganz hM nach Kopfteilen (BGHZ 108, 179, 184).

8 Der Ausgleichsanspruch ist auf die Haftung jedes Verpfänders mit der von ihm verpfändeten Sache beschränkt. Durch die Aufgabe eines Pfandrechts seitens des Gläubigers kann das Ausgleichsverhältnis nach BGH WM 91, 399, 400 nicht beeinflusst werden; in einem solchen Falle soll sich der auf Befriedigung aus der Sicherheit gerichtete Ausgleichsanspruch in einen dessen Wert entspr Zahlungsanspruch umwandeln. Die Ansicht des BGH überzeugt nicht; sie stellt den entlassenen Verpfänder aufgrund der Zahlungspflicht schlechter als vor Aufgabe des Pfandrechts und belastet die übrigen Verpfänder mit dem Risiko seiner Insolvenz. Richtiger Ansicht nach ist bei Aufgabe einer Sicherheit durch den Gläubiger § 776 entspr anzuwenden (Staud/*Wiegand* Rn 23 f, 39; MüKo/*Damrau* Rn 9; Soergel/*Habersack* Rn 10; AnwK/*Bülow* Rn 12; *Finger* BB 74, 1416, 1422; *Gursky* JZ 97, 1154, 1165).

9 Die vorstehenden Ausgleichsregeln gelten entspr, wenn eine Forderung neben einem Pfandrecht mit einem Grundpfandrecht (Staud/*Wiegand* Rn 25, 37) und/oder einer Bürgschaft oder einer anderen Personalsicherheit gesichert ist; die Bürgschaft ist nicht privilegiert (hM, BGHZ 108, 179, 182 f).

§ 1226 Verjährung der Ersatzansprüche

¹Die Ersatzansprüche des Verpfänders wegen Veränderungen oder Verschlechterungen des Pfandes sowie die Ansprüche des Pfandgläubigers auf Ersatz von Verwendungen oder auf Gestattung der Wegnahme einer Einrichtung verjähren in sechs Monaten. ²Die Vorschrift des § 548 Abs. 1 Satz 2 und 3, Abs. 2 findet entsprechende Anwendung.

Die Vorschrift erfasst die Ansprüche des Verpfänders und des Gläubigers aus §§ 1215 f, nicht solche des Eigentümers. Die Frist beginnt im Falle des § 1215 mit der Rückgabe der Pfandsache (§ 548 I 2, II), im Falle des § 1216 mit der Beendigung des dinglichen Rechtsverhältnisses über die Pfandsache (§ 548 I 2; str Soergel/*Habersack* Rn 2; aA Staud/*Wiegand* Rn 2). Wird die Pfandsache nicht zurückgegeben, verjähren die Ansprüche aus § 1215 mit dem Rückgabeanspruch (§ 548 I 3), dh in 30 Jahren nach Erlöschen des Pfandrechts (§ 197 I Nr 1). In § 1226 nicht genannte Ansprüche verjähren nach allgemeinen Vorschriften.   1

§ 1227 Schutz des Pfandrechts

Wird das Recht des Pfandgläubigers beeinträchtigt, so finden auf die Ansprüche des Pfandgläubigers die für die Ansprüche aus dem Eigentum geltenden Vorschriften entsprechende Anwendung.

Die Vorschrift gewährt dem Pfandgläubiger Schutz gegen Beeinträchtigungen seines dinglichen Rechts.   1
Der Pfandgläubiger kann entspr §§ 985, 986 von jedem unberechtigten Besitzer, auch vom Eigentümer und   2
vom Verpfänder, die Wiederherstellung der zur Begründung des Pfandrechts geschaffenen Besitzlage verlangen (RG JW 38, 867; BGH WM 56, 158, 160), soweit nicht § 1254 eingreift. Bei gemeinschaftlichem Pfandrecht gilt § 1011 entspr. Der Anspruch umfasst auch Erzeugnisse (§ 1212) und bei einem Nutzungspfandrecht (§ 1213) Nutzungen.
Schadensersatz kann der Pfandgläubiger nach §§ 987–993, die die §§ 812 ff und 823 ff teilweise verdrängen,   3
vor Pfandreife nur in Form eines vom Verpfänder aufgrund des Sicherungsvertrages zu bestellenden Pfandrechts an der Ersatzforderung des Eigentümers verlangen, nach Pfandreife nur iRs Sicherungsinteresses. Im Übrigen kann der Eigentümer liquidieren. Verwendungsersatz kann der Besitzer, nicht aber der Eigentümer, Verpfänder oder Schuldner, nach §§ 994 ff verlangen, soweit das Sicherungsinteresse des Pfandgläubigers reicht.
Der Pfändungspfandgläubiger, dem die Vermutung des § 1006 zugute kommt, hat außerdem die Rechte aus   4
§§ 1004 f, 1007 und §§ 858 ff (RGZ 57, 323, 325) auch gegen den Eigentümer sowie Ansprüche gegen Verpfänder aus dem gesetzlichen Schuldverhältnis (§ 1215 Rn 1) und aus dem Sicherungsvertrag und im Falle einer Pfändung der Pfandsache die Rechte aus §§ 771 und 805 ZPO. In der Insolvenz hat der Gläubiger ein Absonderungsrecht (§ 50 I InsO). Zur Insolvenzanfechtung bei Pfandrechten nach Nr 14 AGB-Banken und Nr. 21 AGB-Sparkassen: BGH WM 04, 1576; *Feuerborn* ZIP 02, 290 ff.

§ 1228 Befriedigung durch Pfandverkauf

(1) Die Befriedigung des Pfandgläubigers aus dem Pfande erfolgt durch Verkauf.
(2) ¹Der Pfandgläubiger ist zum Verkauf berechtigt, sobald die Forderung ganz oder zum Teil fällig ist. ²Besteht der geschuldete Gegenstand nicht in Geld, so ist der Verkauf erst zulässig, wenn die Forderung in eine Geldforderung übergegangen ist.

A. Art und Weise der Pfandverwertung (I). Bei Pfandreife (II) erfolgt die Verwertung des Pfandes ohne   1
Titel idR durch privaten Verkauf (§§ 1233–1240, 1245), bei Geld als Pfandsache abw von § 1229 durch Aneignung. Der Gläubiger kann auch gegen den Schuldner einen Zahlungstitel erwirken und daraus vollstrecken oder sich gegen den Eigentümer einen Titel auf Duldung der Verwertung verschaffen (§ 1233 II) und diesen zum gerichtlichen Pfandverkauf nach ZPO nutzen. Anders als sonst besteht nach § 9 II PfandleihVO (Einf Rn 12) eine Verwertungspflicht. Nach § 777 ZPO kann der Schuldner der Vollstreckung in sein Vermögen widersprechen, soweit die Schuld durch das Pfand gedeckt ist. Nach § 772 II muss der Gläubiger vor Inanspruchnahme des Bürgen das Pfand verwerten.

B. Pfandreife (II). Pfandreife tritt, soweit diese vereinbarungsgemäß nicht von weiteren Voraussetzungen   2
abhängig ist (erleichternde Vereinbarungen sind unwirksam), bei einer Geldforderung (S 1) auch nach § 9 I PfandleihVO (BGH WM 87, 185, 186) mit deren Fälligkeit, nicht erst mit Verzug ein. Annahmeverzug des Gläubigers ändert nichts; die Verwertung kann in einem solchen Falle aber eine Schadensersatzpflicht des Gläubigers auslösen. Bei einer Nichtgeldforderung setzt die Pfandreife außerdem voraus, dass sich die Forderung in einen Geldanspruch umgewandelt hat. Der Befreiungsanspruch eines Bürgen (§ 775) geht mit seiner erfolgreichen Inanspruchnahme in eine Geldforderung über (RGZ 78, 26, 34; 143, 192, 193). Bei Verstoß gegen II ist die Veräußerung rechtswidrig (§ 1243 I).

§ 1229 Verbot der Verfallvereinbarung

Eine vor dem Eintritt der Verkaufsberechtigung getroffene Vereinbarung, nach welcher dem Pfandgläubiger, falls er nicht oder nicht rechtzeitig befriedigt wird, das Eigentum an der Sache zufallen oder übertragen werden soll, ist nichtig.

1 Eine Verfallvereinbarung liegt vor, wenn der (aufschiebend bedingte) Eigentumserwerb oder eine schuldrechtliche (Vertragsstrafen-)Verpflichtung des Verpfänders zur Eigentumsverschaffung an die Nichterfüllung der gesicherten Forderung trotz Fälligkeit anknüpft und der Befriedigung des Gläubigers dient (BGHZ 130, 101, 105 = NJW 95, 2635; RGZ 92, 101, 105; 130, 227, 228; BayObLG DNotZ 93, 386, 387 f). Zulässig ist dagegen die Vereinbarung eines Rechts des Gläubigers, zwischen der rechtzeitig angebotenen geschuldeten Leistung und dem Erwerb der Pfandsache zu wählen (RGZ 130, 227, 228), sowie eine vom Eintritt der Pfandreife unabhängige Übereignungspflicht (RG JW 35, 2886).
2 Eine Verfallklausel kann die vereinbarungsgemäße Erstreckung des Pfandrechts bei Nichtigkeit der gesicherten Forderung auf Bereicherungsansprüche enthalten (BGH NJW 68, 1134).
3 Eine solche vor Eintritt der Pfandreife (§ 1228 II) vereinbarte Verfallklausel ist außerhalb des Anwendungsbereichs des § 1259 (Rn 2) außer bei verpfändetem Geld nach § 1229 **nichtig**, macht idR aber nicht den gesamten Pfandvertrag unwirksam (§ 139). Eine nach Pfandreife getroffene Verfallvereinbarung ist bis zur Grenze des § 138 wirksam.
4 Auf Vereinbarungen mit dinglich nicht gesicherten Gläubigern ist das Verbot der Verfallabrede nicht analog anwendbar (BGHZ 130, 101, 104 ff).

§ 1230 Auswahl unter mehreren Pfändern

¹Unter mehreren Pfändern kann der Pfandgläubiger, soweit nicht ein anderes bestimmt ist, diejenigen auswählen, welche verkauft werden sollen. ²Er kann nur so viele Pfänder zum Verkauf bringen, als zu seiner Befriedigung erforderlich sind.

1 § 1230 S 1 gibt dem Gläubiger im Anschluss an § 1222 bis zur Grenze des Rechtsmissbrauchs (RGZ 98, 70, 74; BGH WM 66, 115, 117 f) das Recht, die zu verwertende Pfandsache frei auszuwählen. Er muss nicht in erster Linie die vom Schuldner gestellten Pfandsachen verwerten (RG HRR 42 Nr 64; Soergel/*Habersack* Rn 2; aA LG Bonn WM 96, 1538, 1540).
2 Nach dem dispositiven (*Schrell/Kirchner* BKR 03, 444, 446) § 1230 S 2, der auch bei Sachmengen gilt, ist ein übermäßiger Verkauf rechtswidrig iSv § 1243 I (RGZ 118, 250, 252; 145, 204, 212), macht den Gläubiger schadensersatzpflichtig (§ 280), beeinträchtigt den gutgläubigen Erwerber aber nicht (§ 1244).

§ 1231 Herausgabe des Pfandes zum Verkauf

¹Ist der Pfandgläubiger nicht im Alleinbesitz des Pfandes, so kann er nach dem Eintritt der Verkaufsberechtigung die Herausgabe des Pfandes zum Zwecke des Verkaufs fordern. ²Auf Verlangen des Verpfänders hat an Stelle der Herausgabe die Ablieferung an einen gemeinschaftlichen Verwahrer zu erfolgen; der Verwahrer hat sich bei der Ablieferung zu verpflichten, das Pfand zum Verkauf bereitzustellen.

1 S 1 gewährt dem Gläubiger bei Verpfändung nach § 1206 und Pfandreife (§ 1228 II) einen Herausgabeanspruch nur gegen den mitbesitzenden Verpfänder oder dessen Nachfolger, nicht gegen einen anderen Pfandgläubiger (s dazu § 1232). Er richtet sich im Falle des § 1206 Hs 2 auf Übertragung des mittelbaren Alleinbesitzes und Ermächtigung des Pfandhalters, das Pfand an den Gläubiger allein herauszugeben (RG JW 38, 867, 869). Bei Verpfändung nach § 1205 II hat der Gläubiger den nach § 870 abgetretenen Herausgabeanspruch gegen den Besitzmittler. Für einen Herausgabeanspruch gegen Dritte gilt § 1227. Für gleichrangige Gläubiger s § 1232 Rn 2.
2 Der Verpfänder kann dem Herausgabeverlangen mit dem Begehren nach Ablieferung der Pfandsache an einen gemeinsamen, notfalls vom Prozessgericht zu bestimmenden Verwahrer begegnen, der sie zum Verkauf bereitzustellen hat.

§ 1232 Nachstehende Pfandgläubiger

¹Der Pfandgläubiger ist nicht verpflichtet, einem ihm im Range nachstehenden Pfandgläubiger das Pfand zum Zwecke des Verkaufs herauszugeben. ²Ist er nicht im Besitz des Pfandes, so kann er, sofern er nicht selbst den Verkauf betreibt, dem Verkauf durch einen nachstehenden Pfandgläubiger nicht widersprechen.

1 Bei **verschiedenrangigen Gläubigern** (§ 1209) hat ein nachrangiger einen Anspruch auf Herausgabe des Pfandes gegen den besitzenden vorrangigen auch dann nicht (S 1), wenn nur für sein Pfandrecht Pfandreife

besteht, wohl aber der vorrangige gegen jenen (RGZ 97, 34, 41 f), es sei denn, er kann oder will den Pfandverkauf nicht betreiben (S 2; RGZ 87, 321, 325; 97, 34, 42). Der nachrangige kann sich dessen Pfandverwertung anschließen oder das vorrangige Pfandrecht ablösen (§ 1249).
Bei **gleichrangigen Gläubigern** und gemeinschaftlichem Besitz ist jeder berechtigt, die Herausgabe zum Verkauf des Pfandes zu verlangen (§§ 749, 753). Besitzt nur einer, so haben die anderen mindestens dieselben Rechte wie nicht besitzende nachrangige und überdies einen Anspruch auf Mitbesitzeinräumung zur Beteiligung am Pfandverkauf (§§ 747 S 2, 1011, 432). 2

§ 1233 Ausführung des Verkaufs
(1) Der Verkauf des Pfandes ist nach den Vorschriften der §§ 1234 bis 1240 zu bewirken.
(2) Hat der Pfandgläubiger für sein Recht zum Verkauf einen vollstreckbaren Titel gegen den Eigentümer erlangt, so kann er den Verkauf auch nach den für den Verkauf einer gepfändeten Sache geltenden Vorschriften bewirken lassen.

A. Pfandverkauf ohne Titel (I). IdR geschieht die Pfandverwertung nach I durch Privatverkauf (§ 433) nach den §§ 1234–1240. Diese sind iRd §§ 1245 f, 1259 dispositiv. Der Verkauf erfolgt idR durch öffentliche Versteigerung (§ 1235 I) im Namen des Gläubigers, aber für Rechnung des Eigentümers und ist mit dem Zuschlag (§ 156 S 1) perfekt. Die Übereignung erfolgt nach §§ 929 ff. 1
Der Gläubiger haftet für Rechtsmängel, in der Praxis hat die Haftung wegen § 1242 II nur geringe Bedeutung. Für Sachmängel hat der Gläubiger außer im Fall des § 474 I 1, II nur bei Arglist oder Garantieübernahme einzustehen (§ 445). 2
B. Pfandverkauf mit Titel (II). Anstelle des privaten Pfandverkaufs kann der Gläubiger nach Erwirken eines Titels auf Duldung der Pfandverwertung gegen den Eigentümer, in den die gesicherte Forderung aufzunehmen ist (BGHZ 68, 323, 330 = NJW 77, 1240), den Pfandverkauf nach seiner Wahl ohne Pfändung der Sache nach §§ 814, 816 I, III und IV, 817 I–III, 821–823, 825 ZPO durch einen Gerichtsvollzieher durchführen lassen. Anstelle des § 816 II ZPO tritt § 1236, anstelle des § 817 IV ZPO § 1239 I 2, anstelle des § 818 ZPO § 1230 S 2 und anstelle des § 819 ZPO § 2147. Für die Wirkungen des Verkaufs gelten §§ 1242, 1244. Die Identität von Verpfänder und Eigentümer wird iRd § 1248 fingiert. 3
C. Vollstreckung mit Zahlungstitel. Schließlich kann der Gläubiger aufgrund der gesicherten Forderung einen Zahlungstitel gegen den Schuldner erwirken und in dessen Vermögen einschl der ihm gehörenden Pfandsache vollstrecken (§§ 803 ff, 809). Eine Drittwiderspruchsklage des mit dem Schuldner nicht identischen Eigentümers verstößt in einem solchen Falle wegen des Verwertungsrechts des Gläubigers aus § 1204 I gegen § 242 (RGZ 143, 275, 277 f; offen gelassen in BGHZ 118, 207). 4

§ 1234 Verkaufsandrohung; Wartefrist
(1) ¹Der Pfandgläubiger hat dem Eigentümer den Verkauf vorher anzudrohen und dabei den Geldbetrag zu bezeichnen, wegen dessen der Verkauf stattfinden soll. ²Die Androhung kann erst nach dem Eintritt der Verkaufsberechtigung erfolgen; sie darf unterbleiben, wenn sie untunlich ist.
(2) ¹Der Verkauf darf nicht vor dem Ablauf eines Monats nach der Androhung erfolgen. ²Ist die Androhung untunlich, so wird der Monat von dem Eintritt der Verkaufsberechtigung an berechnet.

Die an den Eigentümer (Eigentumsfiktion in § 1248) zu richtende, verzichtbare (§ 1245 II) Androhung des Verkaufs (§ 1235) in I ist eine empfangsbedürftige Willenserklärung, die erst nach Pfandreife (§ 1228 II) erfolgen kann. Sie und die auch bei Wertpapieren (LG Nürnbg-Fürth NJW-RR 03, 184) geltende Wartefrist von einem Monat (II), bei beiderseitigem Handelsgeschäft von einer Woche (§ 368 I 1 HGB), nach Nr 20.3 ADSp von zwei Wochen sollen dem Eigentümer die Erhebung von Einwendungen sowie eine Pfandablösung (§ 1249) ermöglichen. 1
Ein formularmäßiger Verzicht auf die Androhung oder die Wartepflicht, die nach II 1 mit dem Zugang der Androhung beginnt, verstößt gegen § 307 (BGH NJW 94, 2754, 2755; 95, 1085, 1086), macht die Verpfändung als solche aber nicht unwirksam (BGHZ 124, 380, 391 f = NJW 94, 864; 130, 115, 120 f = 95, 2221). 2
Untunlich ist die Androhung, wenn sie dem Gläubiger nicht zuzumuten ist, insbes bei unbekanntem Aufenthalt des Eigentümers. 3
Ein Verstoß gegen I und II macht die Veräußerung zwar nicht rechtswidrig (§ 1243 I), den Gläubiger aber schadensersatzpflichtig (§ 1243 II; RGZ 109, 324, 327; 145, 204, 211; LG Osnabrück WM 93, 1628, 1629 f; LG Nürnbg-Fürth NJW-RR 03, 184, 185). Der Gläubiger kann nachweisen, dass auch bei Einhaltung des § 1234 kein höherer Erlös erzielt worden wäre (RGZ 77, 201, 205; JW 30, 134, 135). 4

§ 1235 Öffentliche Versteigerung

(1) Der Verkauf des Pfandes ist im Wege öffentlicher Versteigerung zu bewirken.
(2) Hat das Pfand einen Börsen- oder Marktpreis, so findet die Vorschrift des § 1221 Anwendung.

1 Im Normalfall der Pfandverwertung erfolgt die **öffentliche Versteigerung (I)** durch einen Gerichtsvollzieher (§ 383 III) als Vertreter des Gläubigers. Abbedingung ist erst nach Pfandreife zulässig (§ 1245 II). An der Öffentlichkeit fehlt es schon dann, wenn ein Gebot rechtswidrig nicht berücksichtigt wird.
2 Der Kaufvertragsschluss (§ 433) erfolgt durch Zuschlag (§ 156), die Übereignung nach §§ 929 ff Zug um Zug gegen Barzahlung (§ 1238 I). Bei Pfandsachen mit einem Börsen- oder Marktpreis (§ 385 Rn 1 sowie *A Wittig* FS Kümpel S 587, 601) ist nach Wahl des Gläubigers auch ein freihändiger Verkauf (dazu *Bülow* WM 85, 405 ff) durch eine zur öffentlichen Versteigerung befugte Person (§ 383 III) zum laufenden Preis zulässig (§§ 1218–1221 Rn 5).
3 Bei einem **Verstoß** gegen § 1235 ist der Verkauf unwirksam (§ 1243 I), ein gutgläubiger Erwerb nicht möglich (§ 1244) und der Gläubiger schadensersatzpflichtig (§ 280).

§ 1236 Versteigerungsort

¹Die Versteigerung hat an dem Orte zu erfolgen, an dem das Pfand aufbewahrt wird. ²Ist von einer Versteigerung an dem Aufbewahrungsort ein angemessener Erfolg nicht zu erwarten, so ist das Pfand an einem geeigneten anderen Orte zu versteigern.

1 Die Versteigerung bzw im Fall des § 1235 II der freihändige Verkauf hat vorbehaltlich von S 2 und einer anderweitigen Vereinbarung (§ 1245 I 1) am Aufbewahrungsort, dh der örtlichen politischen Gemeinde, zu erfolgen. Ein Verstoß macht den Verkauf nicht unwirksam (§ 1243 I), den Gläubiger aber schadensersatzpflichtig (RG JW 30, 134, 135).

§ 1237 Öffentliche Bekanntmachung

¹Zeit und Ort der Versteigerung sind unter allgemeiner Bezeichnung des Pfandes öffentlich bekannt zu machen. ²Der Eigentümer und Dritte, denen Rechte an dem Pfande zustehen, sind besonders zu benachrichtigen; die Benachrichtigung darf unterbleiben, wenn sie untunlich ist.

1 Die ortsübliche öffentliche Bekanntmachung, idR durch Zeitungsanzeige, mit dem Inhalt des § 1237, auf die erst nach Pfandreife (§ 1228 II) verzichtet werden kann (§ 1245 II), ist Wirksamkeitsvoraussetzung für den Pfandverkauf (§ 1243 I), ein gutgläubiger Erwerb aber möglich (§ 1244).
2 Die Pflicht zur Benachrichtigung nach S 2 ist eine bloße Ordnungsvorschrift, deren Verletzung die Wirksamkeit des Pfandverkaufs nicht berührt, sondern allenfalls eine Schadensersatzpflicht begründet (§ 1243 II). IRd § 1248 wird die Identität von Eigentümer und Verpfänder fingiert.

§ 1238 Verkaufsbedingungen

(1) Das Pfand darf nur mit der Bestimmung verkauft werden, dass der Käufer den Kaufpreis sofort bar zu entrichten hat und seiner Rechte verlustig sein soll, wenn dies nicht geschieht.
(2) ¹Erfolgt der Verkauf ohne diese Bestimmung, so ist der Kaufpreis als von dem Pfandgläubiger empfangen anzusehen; die Rechte des Pfandgläubigers gegen den Ersteher bleiben unberührt. ²Unterbleibt die sofortige Entrichtung des Kaufpreises, so gilt das Gleiche, wenn nicht vor dem Schluss des Versteigerungstermins von dem Vorbehalte der Rechtsverwirkung Gebrauch gemacht wird.

1 Nach I sind bei Versteigerung oder freihändigem Verkauf (§ 1235) **Barzahlung** Zug um Zug gegen Pfandübergabe und die Verwirkung der Rechte (§ 354) bei ausbleibender Barzahlung zu vereinbaren. I ist abdingbar (§ 1245), allerdings nicht formularmäßig (§ 307; Soergel/*Habersack* Rn 2).
2 Bei **Verstoß** gegen I oder bei Aushändigung der Pfandsache an den Ersteher ohne Barzahlung (II 2) wird der Empfang des vereinbarten Kaufpreises nach II 1 im Verhältnis zum Eigentümer, Verpfänder, Schuldner und einem am Pfand dinglich Berechtigten mit der Rechtsfolge aus §§ 1247, 1252 fingiert. Ist der vereinbarte Kaufpreis höher als die gesicherte Forderung, hat der bisherige Eigentümer einen Anspruch auf den Mehrbetrag. Dingliche Rechte setzen sich daran fort. Vom Ersteher kann der Gläubiger weiterhin den vereinbarten Kaufpreis (§ 433 II) oder Schadensersatz verlangen oder den Rücktritt erklären (§ 354). Die zurückgegebene Pfandsache wird dann Eigentum des Gläubigers.

§ 1239 Mitbieten durch Gläubiger und Eigentümer

(1) ¹Der Pfandgläubiger und der Eigentümer können bei der Versteigerung mitbieten. ²Erhält der Pfandgläubiger den Zuschlag, so ist der Kaufpreis als von ihm empfangen anzusehen.
(2) ¹Das Gebot des Eigentümers darf zurückgewiesen werden, wenn nicht der Betrag bar erlegt wird. ²Das Gleiche gilt von dem Gebot des Schuldners, wenn das Pfand für eine fremde Schuld haftet.

Mitbieten dürfen der Eigentümer, der Verpfänder, der Schuldner, alle Pfandgläubiger und Dritte, nicht aber der Versteigerer und seine Gehilfen. Der **verwertende Gläubiger** erwirbt die Pfandsache als Ersteher mit dem Zuschlag zu Eigentum; § 1244 findet entspr Anwendung. II 2 gilt nur für ihn, nicht andere Pfandgläubiger. Übersteigt der Kaufpreis die gesicherte Forderung, ist der Mehrbetrag an den Eigentümer zu entrichten; dingliche Rechte setzen sich an diesem Anspruch fort. 1

Der **Eigentümer** erwirbt die Pfandsache als Ersteher lastenfrei; § 1244 gilt. Er und der **Schuldner** müssen den gebotenen Betrag an den Versteigerer in bar vorschießen, sonst kann ihr Gebot zurückgewiesen werden. Für den Verpfänder gilt dies nur, wenn er nach § 1248 als Eigentümer zu behandeln ist. 2

§ 1240 Gold- und Silbersachen

(1) Gold- und Silbersachen dürfen nicht unter dem Gold- oder Silberwert zugeschlagen werden.
(2) Wird ein genügendes Gebot nicht abgegeben, so kann der Verkauf durch eine zur öffentlichen Versteigerung befugte Person aus freier Hand zu einem den Gold- oder Silberwert erreichenden Preis erfolgen.

Gold- und Silbersachen sind nur solche, die nach der Verkehrsauffassung hauptsächlich aus diesen Metallen bestehen (RG Recht 35 Nr 7996); bloße Verzierung in Gold oder Silber reicht nicht. Die analoge Anwendung auf andere Edelmetalle ist str. Ein Zuschlag unter dem aktuellen Metallwert ist rechtswidrig (§ 1243 II), gutgläubiger Erwerb bei Verletzung des I, nicht bei der des II, möglich (§ 1244). Abbedingung des § 1240 ist erst nach Pfandreife zulässig (§ 1245 II). 1

§ 1241 Benachrichtigung des Eigentümers

Der Pfandgläubiger hat den Eigentümer von dem Verkauf des Pfandes und dem Ergebnis unverzüglich zu benachrichtigen, sofern nicht die Benachrichtigung untunlich ist.

Die Pflicht zur unverzüglichen (§ 121 I), formlosen Benachrichtigung des Eigentümers, nicht anderer Personen, gilt ohne Rücksicht auf die Art für alle Fälle eines erfolgten Verkaufs. IRd § 1248 gilt der Verpfänder als Eigentümer. Ein Verzicht darauf ist schon vor Pfandreife zulässig (§ 1245 I). Zur Untunlichkeit § 1234 Rn 3. Bei schuldhaftem Verstoß ist der Gläubiger schadensersatzpflichtig (§ 1243 II). 1

§ 1242 Wirkungen der rechtmäßigen Veräußerung

(1) ¹Durch die rechtmäßige Veräußerung des Pfandes erlangt der Erwerber die gleichen Rechte, wie wenn er die Sache von dem Eigentümer erworben hätte. ²Dies gilt auch dann, wenn dem Pfandgläubiger der Zuschlag erteilt wird.
(2) ¹Pfandrechte an der Sache erlöschen, auch wenn sie dem Erwerber bekannt waren. ²Das Gleiche gilt von einem Nießbrauch, es sei denn, dass er allen Pfandrechten im Range vorgeht.

Eine **rechtmäßige Pfandveräußerung** erfordert ein Pfandrecht des Gläubigers (RGZ 100, 274, 277; BGH NJW-RR 87, 317), die Übereignung der Pfandsache (§§ 929 ff), bei § 1239 (Rn 1) den Zuschlag (§ 1242 I 2), und die Einhaltung der in § 1243 I genannten Vorschriften, soweit nicht §§ 1245 f eingreifen. Fehlt eine Voraussetzung, s § 1244. 1

Durch eine rechtmäßige Pfandveräußerung erlangt der Ersteher auch bei einer abhanden gekommenen Sache (§ 935) **pfandfreies Eigentum**; ein vorrangiges Nießbrauchsrecht bleibt bestehen (II 2), es sei denn, §§ 1244, 936 greifen ein. Erloschene Rechte setzen sich am Erlös fort (§ 1247). 2

Bei einem freihändigen Verkauf (§§ 1221, 1235 II, 1240 II), bei einer Versteigerung nur iRd § 445, und **Rückgängigmachung der Veräußerung** leben die gesicherten Forderungen, aber auch die alten Eigentums- und dinglichen Rechte wieder auf (hM, Soergel/*Habersack* Rn 6; Erman/*Michalski* Rn 6). 3

§ 1243 Rechtswidrige Veräußerung

(1) Die Veräußerung des Pfandes ist nicht rechtmäßig, wenn gegen die Vorschriften des § 1228 Abs. 2, des § 1230 Satz 2, des § 1235, des § 1237 Satz 1 oder des § 1240 verstoßen wird.
(2) Verletzt der Pfandgläubiger eine andere für den Verkauf geltende Vorschrift, so ist er zum Schadensersatz verpflichtet, wenn ihm ein Verschulden zur Last fällt.

1 **A. Unrechtmäßige Veräußerung (I).** Außer in den in I genannten Fällen ist die Veräußerung vorbehaltlich §§ 1245 f auch dann nicht rechtmäßig, wenn es an einem Pfandrecht fehlt (BGH NJW-RR 87, 317; WM 98, 1133, 1136). Eine unrechtmäßige Veräußerung ist nur unter den Voraussetzungen des § 1244 wirksam.

2 Bei unwirksamer Veräußerung bleibt das Eigentum an der Pfandsache unverändert. Der Gläubiger ist aus § 280 und §§ 823 ff schadensersatzpflichtig (RGZ 77, 201, 205; 100, 274, 278; BGH WM 98, 1133, 1136). Der Ersteher hat die Sache dem Gläubiger herauszugeben und kann von diesem seinerseits Schadensersatz wegen Nichterfüllung verlangen (RGZ 100, 274, 278).

3 Dem Eigentümer obliegt der Beweis für die unrechtmäßige Veräußerung und den Schaden; der Gläubiger hat nachzuweisen, dass auch bei Einhaltung der Vorschriften kein höherer Erlös erzielt worden wäre (RGZ 77, 201, 205; BGH NJW-RR 98, 543, 544; Frankf WM 86, 75, 76).

4 **B. Verletzung von Ordnungsvorschriften (II).** Eine vom Eigentümer zu beweisende Verletzung in I nicht genannter Ordnungsvorschriften berührt die Wirksamkeit der Veräußerung nicht (BGH RGZ 100, 274, 278; WM 98, 1133, 1135), löst nach II aber bei Verschulden eine Schadensersatzpflicht aus. Mangelndes Verschulden hat der Gläubiger zu beweisen.

5 **C. Nachträgliche Genehmigung.** Eine nachträgliche Genehmigung des Verhaltens durch den Eigentümer heilt die Verstöße gegen I und II; es tritt dann dieselbe Rechtslage wie bei ordnungsgemäßer Pfandveräußerung ein (BGH NJW 95, 1350, 1351; WM 98, 1133, 1136).

§ 1244 Gutgläubiger Erwerb

Wird eine Sache als Pfand veräußert, ohne dass dem Veräußerer ein Pfandrecht zusteht oder den Erfordernissen genügt wird, von denen die Rechtmäßigkeit der Veräußerung abhängt, so finden die Vorschriften der §§ 932 bis 934, 936 entsprechende Anwendung, wenn die Veräußerung nach § 1233 Abs. 2 erfolgt ist oder die Vorschriften des § 1235 oder des § 1240 Abs. 2 beobachtet worden sind.

1 War die Veräußerung nach § 1243 I unrechtmäßig oder hatte der Gläubiger kein Pfandrecht, so findet ein gutgläubiger lastenfreier Erwerb des Eigentums an der Pfandsache nur statt, wenn sie aufgrund eines Duldungstitels nach § 1233 II (Rn 3), durch öffentliche Versteigerung gem § 1235 I (Rn 1) oder § 1219 oder freihändig in der Form der §§ 1235 II, 1240 II oder 1221 erfolgte. Bei freihändigem Verkauf aufgrund besonderer Vereinbarung (§ 1245) oder gerichtlicher Anordnung (§ 1246) ist ein gutgläubiger Erwerb nicht möglich (RGZ 100, 274, 278).

2 Geschützt werden bei dinglicher Einigung und Übergabe der Pfandsache nach §§ 929 ff, auch wenn sie abhanden gekommen war (§ 935; vgl BGH NJW 90, 899, 900), der gutgläubige Ersteher, auch wenn dies der Gläubiger, der persönliche Schuldner oder der Eigentümer ist.

3 Gutgläubig ist der Ersteher, wenn er den Mangel des Pfandrechts (RGZ 100, 274, 277; 104, 300, 302; BGHZ 119, 75, 89 = NJW 92, 2570) und/oder die Nichteinhaltung der in § 1243 I genannten Vorschriften bei Besitzerwerb nicht kannte und seine Unkenntnis nicht auf grober Fahrlässigkeit beruht (§ 932 II); zur Versteigerung eines gebrauchten Pkw BGHZ 119, 75, 89 ff. Die Bösgläubigkeit des Erstehers berührt die Wirksamkeit des Kaufvertrages nicht.

4 Fehlte es am Pfandrecht, so steht der Erlös dem früheren Eigentümer der Sache zu; fehlte es an den Rechtmäßigkeitsvoraussetzungen, so setzt sich das Pfandrecht am Erlös fort (§ 1247 S 2); war bereits Pfandreife eingetreten (§ 1228 II), steht der Erlös bis zur Höhe seiner Forderung dem betreibenden Gläubiger zu. Die Beweislast für die Voraussetzungen des § 1244 trägt mit Ausnahme seiner Gutgläubigkeit der Ersteher.

5 Beim Pfändungspfandrecht erwirbt der Ersteher bei öffentlicher Versteigerung durch einen Gerichtsvollzieher kraft Hoheitsrechts auch bei Bösgläubigkeit originäres Eigentum (BGHZ 55, 20, 25 = NJW 71, 799; 100, 85, 98 = 87, 1880; 119, 75, 76 = 92, 2570). Dagegen sind §§ 1242, 1244 anwendbar, wenn die Sache auf gerichtliche Anordnung nach § 825 II ZPO durch einen privaten Versteigerer versteigert wird (BGHZ 119, 75, 85).

§ 1245 Abweichende Vereinbarungen

(1) ¹Der Eigentümer und der Pfandgläubiger können eine von den Vorschriften der §§ 1234 bis 1240 abweichende Art des Pfandverkaufs vereinbaren. ²Steht einem Dritten an dem Pfande ein Recht zu, das durch die Veräußerung erlischt, so ist die Zustimmung des Dritten erforderlich. ³Die Zustimmung ist demjenigen gegenüber zu erklären, zu dessen Gunsten sie erfolgt; sie ist unwiderruflich.

(2) Auf die Beobachtung der Vorschriften des § 1235, des § 1237 Satz 1 und des § 1240 kann nicht vor dem Eintritt der Verkaufsberechtigung verzichtet werden.

Die formfreie Vereinbarung nach I, die den Pfandverkauf (§§ 1235–1240) erschweren, iRd II sowie der §§ 1230 S 2 (BaRoth/*Sosnitza* Rn 2) und 1259 (Rn 3 ff) aber auch erleichtern kann (RG JW 35, 2886), ändert den Inhalt des Pfandrechts mit dinglicher Wirkung und damit auch für Rechtsnachfolger. Erschwerungen sind idR nur Ordnungsvorschriften (§ 1243 II). Dritte iSv I 2 müssen der Vereinbarung ggü dem Begünstigten (S 3) zustimmen (§§ 183 f). IRd § 1248 gilt der Verpfänder als Eigentümer. 1

Ein Verstoß gegen II, der im Anwendungsbereich des § 1259, was §§ 1235 und 1237 S 1 angeht, nicht gilt, macht einen Pfandverkauf unrechtmäßig (§ 1243 I). Die Pfandrechtsbestellung als solche ist wirksam, auch wenn II dabei nicht beachtet wurde (RGZ 100, 274, 276). Ein gutgläubiger Erwerb richtet sich nach § 1244. 2

Eine Abweichung von anderen Vorschriften ist nur mit schuldrechtlicher Wirkung zulässig. Ein Verstoß gegen eine solche Vereinbarung macht den Pfandverkauf nicht unrechtmäßig, sondern löst lediglich eine Schadensersatzpflicht aus. 3

§ 1246 Abweichung aus Billigkeitsgründen

(1) Entspricht eine von den Vorschriften der §§ 1235 bis 1240 abweichende Art des Pfandverkaufs nach billigem Ermessen den Interessen der Beteiligten, so kann jeder von ihnen verlangen, dass der Verkauf in dieser Art erfolgt.
(2) Kommt eine Einigung nicht zustande, so entscheidet das Gericht.

Die Vorschrift gewährt in Ergänzung des § 1245 dem Eigentümer, einem dinglich Berechtigten sowie dem Gläubiger, nicht aber dem Verpfänder oder dem persönlichen Schuldner einen schuldrechtlichen Anspruch auf eine von §§ 1235-1240 sowie § 1230 S 2, nicht aber von § 1234 **abw Art des Pfandverkaufs**, wenn sie nach billigem Ermessen dem Interesse des Anspruchstellers entspricht. Das ist der Fall, wenn sie für ihn vorteilhaft ist, ohne andere Beteiligten zu benachteiligen (BGH NJW-RR 05, 916, 919; BayObLG Rpfleger 83, 393, 394). Im Falle der Einigung gilt § 1245. 1

Für die **Entscheidung nach II**, nicht für die bei einem Streit über das Recht zum Pfandverkauf, ist der Rechtspfleger (§ 3 Nr 1 b RpflG) des Amtsgerichts des Aufbewahrungsortes zuständig (§ 166 FGG). § 1245 II ist dabei zu beachten. Eine nicht rechtmäßige Pfandveräußerung kann nicht nach § 1246 II gebilligt werden (Köln EWiR 95, 753 m Anm *Medicus*). 2

§ 1247 Erlös aus dem Pfande

¹Soweit der Erlös aus dem Pfande dem Pfandgläubiger zu seiner Befriedigung gebührt, gilt die Forderung als von dem Eigentümer berichtigt. ²Im Übrigen tritt der Erlös an die Stelle des Pfandes.

A. Regelungsinhalt und Anwendungsbereich. Die Vorschrift regelt in Anknüpfung an §§ 1242, 1244 die dingliche Rechtslage am Verwertungserlös sowie die Tilgungswirkung nur bei wirksamer Pfandveräußerung. Nur soweit der Barerlös dem Gläubiger nicht gebührt, tritt dingliche Surrogation ein (S 2). Bei unbarem Erlös gelten § 1238 (Rn 2) und § 1239. 1

B. Dingliche Rechtslage am Verwertungserlös. I. Wirksame Pfandveräußerung. Bei nach § 1242 oder § 1244 wirksamer Pfandverwertung gebührt der Erlös dem betreibenden Gläubiger, soweit er die gesicherte Forderung nebst Zinsen und Kosten (§ 1210) nicht übersteigt und keine dinglichen Rechte Dritter vorgehen. Der Gläubiger wird dann Alleineigentümer des Barerlöses. Nachrangige Pfandrechte erlöschen ersatzlos. 2

1. Fehlende Pfandreife. Bestand kein Pfandrecht, so erwirbt der ehemalige Eigentümer den Erlös zu Alleineigentum. Gleiches gilt bei bestehendem Pfandrecht, aber mangelnder Pfandreife (§ 1228 II) mit der Maßgabe, dass sich das Pfandrecht des Gläubigers am Erlös fortsetzt (S 2), der Gläubiger die Herausgabe des Erlöses bis zur Pfandreife verweigern (§ 986) und sich den Erlös alsdann aneignen darf. 3

2. Übererlös. Übersteigt der Barerlös die gesicherte Forderung, ohne dass vorrangige Rechte bestehen, so erwerben der Gläubiger und der ehemalige Eigentümer daran Miteigentum im Verhältnis von Erlös (= 100 %) und Forderung. Nachrangige Pfandrechte inhaber setzen sich nachrangig am Erlös fort. Der Gläubiger darf seinen Anteil zu Alleineigentum entnehmen (§ 752). Der Übererlös wird dann Alleineigentum des ehemaligen Pfandeigentümers belastet mit nachrangigen Rechten. Bei Vermischung des Erlöses mit eigenem Geld des Gläubigers gelten §§ 948, 947. 4

3. Vorrangige Rechte. Bestehen vorrangige Rechte und übersteigt der Barerlös diese nicht, so erhält der betreibende Gläubiger nichts. Das vorrangige Recht setzt sich am Erlös fort (RGZ 119, 265, 269), dessen Alleineigentümer der ehemalige Eigentümer der Pfandsache wird; bei vorrangigem Nießbrauch gilt § 1067. 5

6 Übersteigt der Barerlös das vorrangige Recht, so gebührt dem betreibenden Gläubiger der überschießende Betrag bis zur Höhe seiner Forderung. Im Verhältnis des Überschussbetrages zum Erlös (= 100%) erwerben er und der ehemalige Eigentümer daran Miteigentum. Am Miteigentumsanteil des Eigentümers setzt sich das vorrangige Recht fort (S 2).

7 **II. Unwirksame Pfandveräußerung.** Bei unwirksamer Veräußerung erwirbt der Ersteher kein Eigentum, dieses bleibt vielmehr beim bisherigen Eigentümer. Am Erlös erwirbt der betreibende Gläubiger, der dem Ersteher wegen Nichterfüllung schadensersatzpflichtig ist, Alleineigentum.

8 **C. Tilgungswirkung.** Soweit der Erlös dem betreibenden Gläubiger gebührt, gilt die gesicherte Forderung bei wirksamer Pfandveräußerung als vom ehemaligen Eigentümer berichtigt (S 1), ohne dass für eine Tilgungsbestimmung des Schuldners Raum ist. Reicht der Erlös nicht zur Tilgung der gesamten Forderung, gilt § 366 II entspr (LG Darmstadt ZIP 05, 456, 457). Bei unrechtmäßiger, aber nach § 1244 wirksamer Pfandveräußerung gilt dies erst nach Eintritt der Pfandreife (§ 1228 II). Vorher setzt sich das Pfandrecht am Erlös, den der ehemalige Pfandeigentümer zu Eigentum erwirbt, fort (S 2).

9 Die gesicherte Forderung erlischt, wenn der Eigentümer zugleich Schuldner ist. Andernfalls geht sie in entspr Anwendung des § 1249 S 2, nach aA analog § 1225, auf den Eigentümer über. Bei unwirksamer Veräußerung bleibt die gesicherte Forderung bestehen. Reicht der Erlös bei gleichrangigen Pfandrechten nicht für alle, so ist er nicht nach Kopfteilen, sondern nach dem Verhältnis der Forderungen zu verteilen (RGZ 60, 70, 74).

§ 1248 Eigentumsvermutung

Bei dem Verkauf des Pfandes gilt zugunsten des Pfandgläubigers der Verpfänder als der Eigentümer, es sei denn, dass der Pfandgläubiger weiß, dass der Verpfänder nicht der Eigentümer ist.

1 Beim Pfandverkauf (§§ 1233 II, 1234-1241, 1245 f, 1259) sowie bei der Aushändigung eines Erlösüberschusses (Soergel/*Habersack* Rn 2), nicht aber sonst, besteht zum Schutz des Gläubigers, nicht zugunsten anderer Beteiligter, die Fiktion, dass der Verpfänder auch der Eigentümer ist, wenn der Gläubiger die Personenverschiedenheit nicht positiv kennt. Unkenntnis des Gläubigers wird vermutet. Grobfahrlässige Unkenntnis schadet ihm nicht.

2 Eine in Unkenntnis fehlender Identität von Verpfänder und Eigentümer abgegebene Erklärung muss nach Kenntniserlangung ggü dem Eigentümer nicht wiederholt werden.

§ 1249 Ablösungsrecht

¹Wer durch die Veräußerung des Pfandes ein Recht an dem Pfande verlieren würde, kann den Pfandgläubiger befriedigen, sobald der Schuldner zur Leistung berechtigt ist. ²Die Vorschrift des § 268 Abs. 2, 3 findet entsprechende Anwendung.

1 **A. Ablösungsvoraussetzungen.** S 1 gilt wegen §§ 362 I, 1252 nur für den mit dem Schuldner nicht personengleichen Eigentümer sowie – auch bei Haftung als Bürge (RGZ 70, 405, 409; BGH NJW 56, 1197) – ohne Rücksicht auf ihren Rang andere dinglich Berechtigte (RGZ 167, 298, 299) und Inhaber eines kaufmännischen Zurückbehaltungsrechts (str), deren Rechte nach § 1242 II erlöschen würden. Ihr Ablösungsrecht besteht im Zeitpunkt des § 271 (dort Rn 1–8) und erlischt mit dem Eigentumserwerb des Erstehers. Der Gläubiger muss die Leistung zur Vermeidung von Annahmeverzug annehmen (RGZ 83, 390, 391). Eine Teilablösung ist nur iRd § 266 (Rn 4–8) zulässig. Der Verpfänder kann nach § 1223 II (Rn 6) ablösen.

2 **B. Rechtsfolgen.** Rechtsfolge der Befriedigung des Gläubigers nach S 1, die auch durch Hinterlegung oder Aufrechnung (§ 1224) erfolgen kann (§ 268 II), ist ohne Rücksicht auf die Willensrichtung des Ablösenden (RGZ 70, 405, 409; BGH NJW 56, 1197) der Übergang der gesicherten Forderung (§ 268 III) und des Pfandrechts (§§ 1250, 401, 412) auf den Ablösenden. Dieser kann nach Befriedigung des Gläubigers, nicht Zug um Zug, die Herausgabe der Pfandsache, bei mehreren Sachen alle (RGZ 83, 390, 391), verlangen (§ 1251 I). Bei Ablösung durch den Eigentümer erlischt das Pfandrecht idR (§ 1256 I 1).

3 Der Übergang kann bei zulässigen Teilleistungen nicht zum Nachteil des Gläubigers geltend gemacht werden (§ 268 III 2; RGZ 126, 178, 181 f für Zurückbehaltungsrecht). Das auf den Ablösenden übergegangene Pfandrecht geht dem verbleibenden des Gläubigers nach (Celle NJW 68, 1139 m abl Anm *Bronsch* NJW 68, 1936). Es gilt § 1225 Rn 4 entspr. Der Ablösende kann deshalb nicht die Herausgabe der Pfandsache nach § 1251 I verlangen. Zum Ausgleich unter mehreren Verpfändern § 1225 Rn 6 ff.

§ 1250 Übertragung der Forderung

(1) ¹Mit der Übertragung der Forderung geht das Pfandrecht auf den neuen Gläubiger über. ²Das Pfandrecht kann nicht ohne die Forderung übertragen werden.
(2) Wird bei der Übertragung der Forderung der Übergang des Pfandrechts ausgeschlossen, so erlischt das Pfandrecht.

A. Übertragung der Forderung (I 1). In Ausprägung des Akzessorietätsprinzips bestimmt I, dass das Pfandrecht ohne besondere Abrede der durch Rechtsgeschäft (§ 398), kraft Gesetzes (§ 412) oder Gerichtsbeschlusses (§ 835 II ZPO) übertragenen Forderung folgt, es sei denn, der Übergang des Pfandrechts wird nach II rechtsgeschäftlich ausgeschlossen. Mit Übergang des Pfandrechts erwirbt der neue Gläubiger einen Anspruch auf Herausgabe der Pfandsache (§ 1251 I). 1

Bei Abtretung eines Forderungsteils oder einer von mehreren gesicherten Forderungen entstehen gleichrangige Pfandrechte (hM, MüKo/*Damrau* Rn 2; Staud/*Wiegand* Rn 5 (aA Gesamtpfandrecht); bei §§ 1225, 1249 kann das Recht des Zessionars nicht zum Nachteil des Zedenten geltend gemacht werden. Haftet das Pfandrecht für alle auch künftigen Ansprüche aus einer (bankmäßigen) Geschäftsbeziehung und wird nur eine Einzelforderung daraus übertragen, so geht das Pfandrecht nicht mit über (Westermann/*Gursky* § 132 I 1 a; Soergel/*Habersack* Rn 4). 2

Einen gutgläubigen Zweiterwerb des Pfandrechts als solches kennt das Gesetz nicht; ein solcher ist deshalb nur möglich, wenn der Mangel nur in der nicht existierenden Forderung lag und diese ausnahmsweise nach § 405, Art 16 WG oder Art 21 ScheckG gutgläubig erworben werden kann (hM). 3

B. Übertragung des Pfandrechts (I 2). Eine isolierte Übertragung des Pfandrechts ist nichtig (S 2). Sie kann idR nicht in eine Abtretung der Forderung umgedeutet werden (RG JW 38, 44). Zur ergänzenden Vertragsauslegung in einem solchen Fall BGH WM 90, 1202, 1204). Auch eine isolierte Pfändung des Pfandrechts ist nicht möglich (Nürnbg MDR 01, 1133 f). 4

C. Ausschluss des Pfandrechtsübergangs (II). Bei Ausschluss des Pfandrechtsübergangs geht die Forderung ohne das erloschene Pfandrecht auf den Zessionar über. Behält sich der Zedent lediglich den Besitz der Pfandsache oder die Pfandverwertung vor, liegt kein Ausschluss des Pfandrechtsübergangs vor (RGZ 135, 272, 273 f). 5

§ 1251 Wirkung des Pfandrechtsübergangs

(1) Der neue Pfandgläubiger kann von dem bisherigen Pfandgläubiger die Herausgabe des Pfandes verlangen.
(2) ¹Mit der Erlangung des Besitzes tritt der neue Pfandgläubiger anstelle des bisherigen Pfandgläubigers in die mit dem Pfandrechte verbundenen Verpflichtungen gegen den Verpfänder ein. ²Erfüllt er die Verpflichtungen nicht, so haftet für den von ihm zu ersetzenden Schaden der bisherige Pfandgläubiger wie ein Bürge, der auf die Einrede der Vorausklage verzichtet hat. ³Die Haftung des bisherigen Pfandgläubigers tritt nicht ein, wenn die Forderung kraft Gesetzes auf den neuen Pfandgläubiger übergeht oder ihm auf Grund einer gesetzlichen Verpflichtung abgetreten wird.

A. Herausgabeanspruch des neuen Pfandgläubigers (I). Da der Erwerb des Pfandrechts nach § 1250 I keine Besitzübertragung erfordert, verpflichtet I den Zedenten zur Herausgabe der Pfandsache. Dieser hat dem Zessionar stets die Besitzposition zu verschaffen, die er selbst innehatte. 1

B. Rechtsfolgen der Herausgabe (II). Mit Besitzerlangung tritt der Zessionar in das gesetzliche Schuldverhältnis mit dem Verpfänder (§ 1215) ein (S 1). Der Zessionar haftet dabei nach S 2 nur für eigene Pflichtverletzungen. 2

Der Zedent haftet bei rechtsgeschäftlicher Forderungsübergang für Pflichtverletzungen des Zessionars sowie seiner Rechtsnachfolger ggü dem Verpfänder, nicht ggü dem am gesetzlichen Schuldverhältnis unbeteiligten Eigentümer (hM), wie ein selbstschuldnerischer Bürge (§ 773 I Nr 1). Dies gilt nicht bei gesetzlichem Forderungsübergang oder gesetzlicher Abtretungspflicht (S 3). Bei Überweisung nach §§ 1233 II, 835 ZPO greift § 838 ZPO ein. 3

§ 1252 Erlöschen mit der Forderung

Das Pfandrecht erlischt mit der Forderung, für die es besteht.

Als akzessorisches Sicherungsrecht erlischt das Pfandrecht mit der Forderung. Sichert es auch alle künftigen Ansprüche aus einer Geschäftsverbindung, bleibt es bestehen, auch wenn alle bisherigen Forderungen erloschen sind (Dresden WM 01, 803, 805); anders ist dies bei Beendigung der Geschäftsverbindung (BGHZ 86, 340, 347 = NJW 83, 1123). Erlischt die Forderung nur teilweise, haftet das Pfand für die Restforderung; in Betracht kommt bei mehreren Pfandsachen aber ein Rückgabeanspruch aus § 242. 1

Einreden lassen das Pfandrecht unberührt; bei einer dauernden Einrede, nicht aber bei einer Verjährungseinrede (§ 216 II 1), haben der Verpfänder und der Eigentümer aber Anspruch auf Rückgabe der Pfandsache (§ 1254 I). 2

3 Gründe für das Erlöschen der Forderung finden sich insbes in §§ 158, 163, 362 I, 397. Zu anderen Gründen für das Erlöschen des Pfandrechts s Einf Rn 6. Entfällt der Erlöschensgrund etwa durch Anfechtung rückwirkend, lebt das Pfandrecht wieder auf, wenn die Pfandsache noch nicht zurückgegeben wurde (§ 1253 I).
4 Mit dem Erlöschen der Forderung kann der Verpfänder die Rückgabe der Pfandsache verlangen (§ 1223 I). Die Beweislast für das Erlöschen trägt derjenige, der es geltend macht (BGH NJW 86, 2426).

§ 1253 Erlöschen durch Rückgabe

(1) ¹Das Pfandrecht erlischt, wenn der Pfandgläubiger das Pfand dem Verpfänder oder dem Eigentümer zurückgibt. ²Der Vorbehalt der Fortdauer des Pfandrechts ist unwirksam.
(2) ¹Ist das Pfand im Besitz des Verpfänders oder des Eigentümers, so wird vermutet, dass das Pfand ihm von dem Pfandgläubiger zurückgegeben worden sei. ²Diese Vermutung gilt auch dann, wenn sich das Pfand im Besitz eines Dritten befindet, der den Besitz nach der Entstehung des Pfandrechts von dem Verpfänder oder dem Eigentümer erlangt hat.

1 **A. Rückgabe (I).** Als Faustpfand (§§ 1205 f) erlischt es auch bei einem Vorbehalt (S 2) ohne Rücksicht auf den Rechtsfolgewillen des Gläubigers mit der freiwilligen Rückgabe der Pfandsache durch den Gläubiger an den Verpfänder oder Eigentümer oder auf ihr Geheiß an deren Besitzmittler, Besitzdiener oder Geheißperson (RGZ 92, 265, 267; 108, 163, 164).
2 Eine freiwillige Rückgabe liegt vor, wenn der Gläubiger seinen zur Begründung des Pfandrechts erforderlichen Besitz und die damit verbundene Kontrollmöglichkeit willentlich aufgibt (BGH NJW 97, 2110, 2111 m Anm *Bülow* WuB I F 2-2.97; Karlsr WM 00, 521 m Anm *Meder* WuB I F 2.-1.00) oder eine solche Veränderung der Besitzlage durch den Eigentümer, den Verpfänder oder einen Dritten gestattet oder genehmigt (RGZ 57, 323, 326; 67, 421, 423) und die Pfandsache in deren Machtbereich gelangt. Eine kurzfristige Aushändigung der Sache an Eigentümer oder Verpfänder soll keinen Besitzverlust begründen (hM Staud/*Wiegand* Rn 12; Palandt/*Bassenge* Rn 4; aA Soergel/*Habersack* Rn 6). Das Belassen der Sache bei einem Dritten genügt als Rückgabe ebenso wenig (BGHZ 39, 173, 178 = NJW 63, 1200) wie die irrtümliche Aushändigung der Sache durch den Versteigerer an den Verpfänder. Gleiches gilt für die Gutschrift des Einlösungsbetrages verpfändeter Wertpapiere auf dem Konto des Verpfänders (BGH NJW 97, 2110, 2111).
3 Bei unmittelbarem Besitz des Gläubigers ist die Rückgabe ein Realakt (hM). Es genügt natürlicher **Besitzaufgabewille**. Eine Anfechtung nach §§ 119 ff ist nicht möglich (Staud/*Wiegand* Rn 10; Soergel/*Habersack* Rn 5; aA BaRoth/*Sosnitza* Rn 3). Bei mittelbarem Besitz (§ 1205 II) und Abtretung des Herausgabeanspruchs (§ 870) liegt ein Rechtsgeschäft vor, das eine wirksame Willenserklärung erfordert. Bei irrtümlicher Rückgabe der Pfandsache insbes infolge Täuschung (RG JW 12, 459) kommt ein Anspruch des Gläubigers aus §§ 823 ff auf Neubestellung in Betracht (RG JW 29, 2514, 2515).
4 Mit der Rückgabe erlöschen auch Rechte Dritter, mit denen das Pfandrecht belastet ist. Das Pfandrecht lebt mit Wiedererlangung des Besitzes durch den Gläubiger nicht wieder auf (RG JW 12, 459, 460). Es bedarf vielmehr ebenso wie bei einem Austausch der Pfandsache (RGZ 67, 423) oder der gesicherten Forderung (BGHZ 87, 274, 280 f = NJW 83, 2140) einer Neubestellung nach §§ 1205 f (Celle NJW 53, 1470, 1472). Das Erlöschen des Pfandrechts berührt die Forderung nicht.
5 **B. Rückgabevermutung (II).** Die widerlegbare (§ 292 ZPO) Rückgabevermutung besteht unter den Voraussetzungen des II unabhängig von denen des I. Die Vermutung gilt nicht, wenn die Sache sich nach einer zwischenzeitlichen anderen Besitzlage wieder beim Gläubiger befindet (RG JW 12, 911). Auf die Vermutung kann sich jeder berufen.

§ 1254 Anspruch auf Rückgabe

¹Steht dem Pfandrecht eine Einrede entgegen, durch welche die Geltendmachung des Pfandrechts dauernd ausgeschlossen wird, so kann der Verpfänder die Rückgabe des Pfandes verlangen. ²Das gleiche Recht hat der Eigentümer.

1 Voraussetzung für den Rückgabeanspruch ist eine dauernde Einrede, nicht Einwendung, gegen die Forderung oder das Pfandrecht als solches etwa aus §§ 821, 853. Die Verjährungseinrede genügt nicht (§ 216 I). Verpfänder und Eigentümer sind wie Gesamtgläubiger (§ 428) zu behandeln. Mit der Rückgabe erlischt das Pfandrecht (§ 1253 I).

§ 1255 Aufhebung des Pfandrechts

(1) Zur Aufhebung des Pfandrechts durch Rechtsgeschäft genügt die Erklärung des Pfandgläubigers gegenüber dem Verpfänder oder dem Eigentümer, dass er das Pfandrecht aufgebe.
(2) ¹Ist das Pfandrecht mit dem Recht eines Dritten belastet, so ist die Zustimmung des Dritten erforderlich. ²Die Zustimmung ist demjenigen gegenüber zu erklären, zu dessen Gunsten sie erfolgt; sie ist unwiderruflich.

A. Aufhebung des Pfandrechts (I). Die Aufhebung erfordert nur eine einseitige, formlose, empfangsbedürftige Aufgabeerklärung ggü allen Verpfändern oder allen Eigentümern, ein stillschweigender Verzicht ein unzweideutiges Verhalten, das der Erklärungsempfänger als Aufgabe des Rechts verstehen darf (BGH NJW 97, 2110, 2111). Der Rückgabe der Pfandsache bedarf es nicht; nach Aufgabe des Pfandrechts hat der Verpfänder einen Herausgabeanspruch aus § 1223 I, der Eigentümer einen solchen aus § 985. Die gesicherte Forderung wird von der Aufgabe des Pfandrechts nicht berührt (Köln BB 00, 2277), sondern erlischt nur bei Erlass (§ 397). 1

B. Zustimmung Dritter (II). Die bei einer Belastung des Pfandrechts erforderliche formlose, unwiderrufliche, einseitige Zustimmungserklärung des Dritten muss als Annex der Aufgabeerklärung des Gläubigers ggü deren Adressaten erfolgen (str, Soergel/*Habersack* Rn 4; BaRoth/*Sosnitza* Rn 3; aA Staud/*Wiegand* Rn 5: Eigentümer, Verpfänder oder nachrangig Berechtigter). Ohne die Zustimmungserklärung (§ 182) ist die Aufhebung absolut (str) unwirksam, die Aufgabeerklärung kann aber eine schuldrechtliche Verpflichtung enthalten, das Pfandrecht nicht auszuüben. 2

§ 1256 Zusammentreffen von Pfandrecht und Eigentum

(1) ¹Das Pfandrecht erlischt, wenn es mit dem Eigentum in derselben Person zusammentrifft. ²Das Erlöschen tritt nicht ein, solange die Forderung, für welche das Pfandrecht besteht, mit dem Recht eines Dritten belastet ist.
(2) Das Pfandrecht gilt als nicht erloschen, soweit der Eigentümer ein rechtliches Interesse an dem Fortbestehen des Pfandrechts hat.

A. Zusammentreffen von Pfandrecht und Eigentum (Konsolidation). Eine Konsolidation liegt vor, wenn der mit dem Schuldner nicht identische Eigentümer (sonst tritt Konfusion mit der Folge des § 1252 ein) nachträglich Inhaber der gesicherten Forderung etwa nach § 398, § 1225 oder §§ 1249 S 2, 268 III wird, oder der Pfandgläubiger das Alleineigentum an der Pfandsache etwa nach §§ 929 ff erwirbt (BGHZ 27, 227, 233 = NJW 58, 1282; Celle MDR 65, 831, 833). 1

B. Rechtsfolgen. Die Konsolidation bewirkt grds das Erlöschen des Pfandrechts (I 1). Das gilt nach I 2 – auch bei Konfusion (Rn 1) – mit absoluter Wirkung (hM) nicht, solange die gesicherte Forderung mit einem Pfandrecht oder einem Nießbrauchsrecht eines Dritten belastet ist. 2
Anders als I 2 fingiert II das Pfandrecht nur mit relativer Wirkung zu Gunsten des Eigentümers, nicht Dritter (BGHZ 27, 227, 233 = NJW aaO) als fortbestehend, soweit dieser daran ein rechtliches Interesse hat. Ein solches Interesse ist etwa gegeben, wenn die Pfandsache mit nachrangigen dinglichen Rechten belastet ist, die mit dem Erlöschen des vorrangigen Rechts des Eigentümers aufrücken würden. Gleiches gilt, wenn der Eigentümer seine durch das Pfandrecht gesicherte Forderung abtreten will oder wenn sein Eigentumserwerb anfechtbar ist (RGZ 154, 378, 383). Außerdem sind die erbrechtlichen §§ 1976, 1991 II, 2143, 2175 und 2377 zu beachten. 3

§ 1257 Gesetzliches Pfandrecht

Die Vorschriften über das durch Rechtsgeschäft bestellte Pfandrecht finden auf ein kraft Gesetzes entstandenes Pfandrecht entsprechende Anwendung.

A. Gesetzliche Pfandrechte. Gesetzliche Pfandrechte an Sachen sehen im BGB vor: § 233 für Hinterlegungsberechtigte (RGZ 124, 218, 219), § 562 für Vermieter, § 581 II iVm § 562, § 592 für Verpächter, § 583 für Pächter, § 647 für Werkunternehmer, § 704 für Gastwirte, im HGB: (ohne Seehandelsrecht) §§ 397, 404 für Kommissionäre, § 441 für Frachtführer, § 464 für Spediteure, § 475 b für Lagerhalter; im BinnSchG §§ 77, 89, 103 ff; das Düngemittelsicherungsgesetz (Vorbem § 1204 Rn 11). Das fiskalische Vorrecht nach § 76 AO ist einem gesetzlichen Pfandrecht gleichgestellt. 1
Kein gesetzliches Pfandrecht ist das Pfändungspfandrecht (Rn 9). Auch AGB-Pfandrechte etwa nach Nr 14 AGB-Banken, Nr 21 AGB-Sparkassen oder Nr 20 ADSp (BGHZ 17, 1, 2 = NJW 55, 1145) sind keine gesetzlichen, sondern rechtsgeschäftlich begründete Pfandrechte. 2

B. Entsprechende Anwendung. I. Entstehung und Rang. Die Entstehung gesetzlicher Pfandrechte richtet sich, wie schon der Wortlaut („entstandenes Pfandrecht") zeigt, nicht nach §§ 1205-1208 (BGH NJW 99, 3716, 3717), sondern nach den jeweiligen Sonderregelungen. Ein **gutgläubiger Erwerb** gesetzlicher Pfand- 3 rechte ist nach feststehender Rspr (BGHZ 34, 122, 126 f = NJW 61, 499; 34, 153, 154 f = 61, 502; 35, 53, 61 = 61, 1259; 87, 274, 280 = 83, 2140; 100, 95, 101 = 87, 1880; 119, 75, 89 = 92, 2570) auch bei gesetzlichen Besitzpfandrechten – außerhalb des § 366 III HGB – nicht möglich, da es an der dafür erforderlichen rechtsgeschäftlichen Handlung des Bestellers fehlt. Die hM in der Literatur (Staud/*Wiegand* § 1257 Rn 14; MüKo/*Damrau* Rn 3; Soergel/*Habersack* Rn 6; BaRoth/*Sosnitza* Rn 5; *Baur/Stürner* § 55 Rn 40; aA AnwK/*Bülow* Rn 6; Palandt/*Bassenge* Rn 2; *Westermann/Gursky* § 133 I; *Schwab/Prütting* Rn 790) teilt diese Ansicht nicht. Für Pfandrechte nach § 233 (Rn 1) und § 583 (Rn 3) spielt die Streitfrage keine Rolle; das Pfandrecht nach § 583 entsteht ohne Rücksicht darauf, wer Eigentümer der Pfandsache ist (BGHZ 34, 153, 157).

4 Das gesetzliche Pfandrecht, auch das besitzlose, ergreift auch **Anwartschaftsrechte** des Schuldners, wenn dieser eine Sache unter Eigentumsvorbehalt erworben oder auflösend bedingt sicherungsübereignet hat (BGHZ 35, 85, 87 ff = NJW 61, 1349 für Grundpfandrecht; 54, 319, 331 = 70, 2212; 117, 200, 205 = 92, 1156). Mit dem Erstarken zum Vollrecht, setzt sich das Pfandrecht analog § 1287 am Eigentum fort (BGH NJW 65, 1475). Mit dem Untergang des Anwartschaftsrechts entfällt auch das Pfandrecht.

5 § 1209 gilt für gesetzliche Pfandrechte untereinander und im Verhältnis zum vertraglichen Pfandrecht entspr.

6 **II. Pfandrechtsverhältnis.** Die §§ 1209–1232 sind mit Ausnahme des § 1213 entspr anwendbar, soweit nicht Sonderregelungen Ausnahmen enthalten. § 1215 gilt bei besitzlosen Pfandrechten nur, wenn der Gläubiger die Pfandsache in Besitz genommen hat (RGZ 102, 77, 81 f). Das Vermieterpfandrecht ist kein Nutzungspfandrecht (Frankf NJW-RR 96, 585). Die §§ 1211, 1224 und 1225 sind anwendbar, soweit ein gesetzliches Pfandrecht an schuldnerfremden Sachen etwa nach § 366 III HGB erworben werden kann (Staud/*Wiegand* Rn 20).

7 **III. Verwertung.** Die §§ 1233–1248 sind anwendbar, § 1248 allerdings nur, soweit ein gesetzliches Pfandrecht an schuldnerfremden Sachen erworben werden kann (Staud/*Wiegand* Rn 20). Zu § 1247 RGZ 119, 265, 269.

8 **IV. Ablösung, Übertragung und Untergang.** Die §§ 1249–1256 sind anwendbar, soweit nicht Sonderregelungen zB § 441 HGB, Ausnahmen enthalten, § 1253 allerdings nur bei Besitzpfandrechten (RGZ 134, 116, 120; BGHZ 87, 274, 280 = NJW 83, 2140; Ddorf MDR 89, 546; hM BaRoth/*Sosnitza* Rn7; aA (auch bei besitzlosen vom Gläubiger in Besitz genommenen Pfandsachen MüKo/*Damrau* Rn 8). Bei Herausgabe einer vom Vermieter in Besitz genommenen Pfandsache kann aber Aufhebung nach § 1255 vorliegen (*Jauernig* Rn 3). Zu § 1249 Celle NJW 68, 1139, 1140, zu § 1256 Celle MDR 65, 831, 833.

9 **C. Pfändungspfandrecht.** Auf das Pfändungspfandrecht, das nach der ganz herrschenden gemischt privatöffentlichrechtlichen Theorie außer einer wirksamen Verstrickung voraussetzt, dass die titulierte Forderung dem Gläubiger zusteht und die gepfändete Sache im Eigentum des Schuldners steht (BGHZ 119, 75, 84 ff = NJW 92, 2570 mwN), sind die §§ 1204 ff nur anzuwenden, soweit die Regelungen der ZPO nicht entgegenstehen (RGZ 97, 34, 40; 108, 318, 320; 114, 384, 386; 156, 395, 397). §§ 1210, 1212, 1216, 1222, 1227 (RGZ 161, 119, 120; BGH WM 56, 158, 161, Herausgabe an den Gerichtsvollzieher), §§ 1250, 1253 (RGZ 156, 395, 397), 1255 und 1258 sind entspr anwendbar, nicht aber § 1207 (BGHZ 119, 75, 82 ff = NJW 92, 2570), § 1208, § 1211, §§ 1213-1215, sowie §§ 1217-1221, §§ 1223-1226, §§ 1228-1249, 1251, 1252, 1254 und 1256.

§ 1258 Pfandrecht am Anteil eines Miteigentümers

(1) Besteht ein Pfandrecht an dem Anteil eines Miteigentümers, so übt der Pfandgläubiger die Rechte aus, die sich aus der Gemeinschaft der Miteigentümer in Ansehung der Verwaltung der Sache und der Art ihrer Benutzung ergeben.
(2) ¹Die Aufhebung der Gemeinschaft kann vor dem Eintritt der Verkaufsberechtigung des Pfandgläubigers nur von dem Miteigentümer und dem Pfandgläubiger gemeinschaftlich verlangt werden. ²Nach dem Eintritt der Verkaufsberechtigung kann der Pfandgläubiger die Aufhebung der Gemeinschaft verlangen, ohne dass es der Zustimmung des Miteigentümers bedarf; er ist nicht an eine Vereinbarung gebunden, durch welche die Miteigentümer das Recht, die Aufhebung der Gemeinschaft zu verlangen, für immer oder auf Zeit ausgeschlossen oder eine Kündigungsfrist bestimmt haben.
(3) Wird die Gemeinschaft aufgehoben, so gebührt dem Pfandgläubiger das Pfandrecht an den Gegenständen, welche an die Stelle des Anteils treten.
(4) Das Recht des Pfandgläubigers zum Verkauf des Anteils bleibt unberührt.

1 **A. Normzweck und Anwendungsbereich.** Das Gesetz behandelt ein Pfandrecht an einem Miteigentumsanteil nicht als Rechts-, sondern als Sachpfand (RGZ 146, 334, 335 f). §§ 1204 ff sind anwendbar. § 1258 enthält ergänzende Regelungen zur Verwaltung und Auflösung der Bruchteilsgemeinschaft. Er gilt auch für die Verpfändung eines Miteigentumsanteils an sammelverwahrten Wertpapieren (§ 6 DepotG) und nach § 1273 für die eines Gesamthandanteils entspr (BGHZ 52, 99, 103 = NJW 69, 1347; RGZ 83, 27, 30; 84, 395, 396 f).

2 **B. Entstehung.** Ein Pfandrecht an einem Miteigentumsanteil kann durch Verpfändung durch einen Allein- oder Miteigentümer nach § 1205 f, durch Verbindung (§ 947) oder Vermischung (§ 948; RGZ 67, 421, 425)

einer verpfändeten Sache oder bei einem gesetzlichen Pfandrecht entstehen, wenn der Mieter etc nur Miteigentümer der Sache ist (RGZ 146, 334, 335). Die Verpfändung eines Depotanteils nach Nr 1 AGB-Banken, 22 AGB-Sparkassen erfolgt nach § 1205 I 2, da die Bank bereits mittelbaren Alleinbesitz hat (BGH NJW 97, 2110, 211). (Stückelose) Wertrechte werden wie Wertpapiere behandelt (§ 9a DepotG; BGHZ 5, 27 ff = NJW 52, 1012); erforderlich ist eine Anzeige nach § 1205 II an die Depotbank (BGH NJW 96, 1675, 1676). Ein Fondsanteil wird nach § 33 II InvG durch Übergabe des Anteilsscheins verpfändet, der Rücknahmeanspruch kann mitverpfändet werden (§ 37 I InvG).

C. Verwaltungsrechte (I). Die Verwaltungsrechte nach §§ 744–746 stehen dem Pfandgläubiger zu, nicht aber die Benutzung des Anteils, es sei denn, es liegt ein Nutzungspfandrecht vor (§ 1213 f). An von §§ 744 ff abw Vereinbarungen der Miteigentümer ist der Gläubiger gebunden (RGZ 146, 334, 337). Entscheidungen, die die Substanz der Sache verändern, bedürfen stets der Zustimmung des Miteigentümers (vgl BGH NJW 83, 932 f; Staud/*Wiegand* Rn 7). 3

D. Aufhebung der Gemeinschaft (II). Vor Eintritt der Pfandreife (§ 1228 II) kann die Aufhebung der Gemeinschaft (§ 749) nur von Miteigentümer und Pfandgläubiger gemeinsam verlangt werden (S 1), danach vom Pfandgläubiger allein und – abw von § 751 S 1 – auch wenn die Miteigentümer die Aufhebung ausgeschlossen oder beschränkt haben (S 2). Der Aufhebungsausschluss nach § 38 V InvG gilt weiterhin. Bei sammelverwahrten Wertpapieren tritt an die Stelle des Aufhebungsanspruchs der Auslieferungsanspruch (§§ 7, 8 DepotG). 4

E. Surrogation (III). Nach Aufhebung der Gemeinschaft durch Realteilung oder Teilungsverkauf setzt sich das Pfandrecht trotz des Wortlauts „gebührt" im Wege dinglicher Surrogation am Trennstück (§ 752) bzw am Erlösanteil (§ 753) des Miteigentümers fort (hM, BGHZ 52, 99, 105 f = NJW 69, 1347; Staud/*Wiegand* Rn 11; Soergel/*Habersack* Rn 5). 5

F. Verkauf. Die Verwertung des verpfändeten Miteigentumsanteils kann, was IV klarstellt, auch durch dessen Veräußerung nach §§ 1228 ff erfolgen. 6

§ 1259 Verwertung des gewerblichen Pfandes

¹Sind Eigentümer und Pfandgläubiger Unternehmer, juristische Personen des öffentlichen Rechts oder öffentlich-rechtliche Sondervermögen, können sie für die Verwertung des Pfandes, das einen Börsen- oder Marktpreis hat, schon bei der Verpfändung vereinbaren, dass der Pfandgläubiger den Verkauf aus freier Hand zum laufenden Preis selbst oder durch Dritte vornehmen kann oder dem Pfandgläubiger das Eigentum an der Sache bei Fälligkeit der Forderung zufallen soll. ²In diesem Fall gilt die Forderung in Höhe des am Tag der Fälligkeit geltenden Börsen- oder Marktpreises als von dem Eigentümer berichtigt. ³Die §§ 1229 und 1233 bis 1239 finden keine Anwendung.

A. Grundlagen. Die durch Art 3 Nr 2 des am 9.4.04 in Kraft getretenen Gesetzes vom 5.4.04 (BGBl I 502) eingefügte Vorschrift (Begründung des Regierungsentwurfs in ZIP 03, 1563, 1571) setzt Art 4 I und IV der Richtlinie 2002/47/EG vom 6.6.02 über Finanzsicherheiten (ABl Nr L 168 S 43) durch eine Erleichterung der Pfandverwertung abw von §§ 1229, 1233–1239 und 1245 um. 1

B. Anwendungsbereich. Die Vorschrift erfasst nur gewerbliche Geschäfte (*Kollmann* WM 04, 1012, 1018 f) von Unternehmern (§ 14), insbes Kreditinstituten, juristischen Personen des öffentlichen Rechts und von öffentlich-rechtlichen Sondervermögen als Eigentümer und Pfandgläubiger untereinander. Verpfänder kann auch ein Verbraucher (§ 13) sein. Der Pfandgegenstand muss außerdem einen Börsen- oder Marktpreis haben (§ 385 Rn 1; sowie *A Wittig* FS Kümpel S 587, 601). Das trifft insbes bei Wertpapieren und anderen Finanzinstrumenten iSv § 1 Nr 17 KWG (dazu *Kollmann* WM 04, 1012, 1013 ff) zu. 2

C. Verwertungserleichterung. Die Erleichterung der Verwertung liegt vor allem darin, dass ein freihändiger Verkauf durch den Pfandgläubiger selbst zum aktuellen Börsen- oder Marktpreis etwa über die Börse ohne Androhung und Wartefrist entgegen § 1245 II schon vor Pfandreife (§ 1228 II), insbes schon bei der Verpfändung, vereinbart werden kann. Ein Verkauf unter dem aktuellen Börsen- oder Marktpreis begründet einen Schadensersatzanspruch des Verpfänders aus § 280 und des Eigentümers aus §§ 823 ff. 3

Außerdem erlaubt § 1259 in Abweichung von § 1229 die Vereinbarung eines Verfalls der Pfandsache bei Fälligkeit der gesicherten Forderung und Anrechnung des dann aktuellen Börsen- oder Marktwertes auf die gesicherte Forderung (S 2). Ist diese niedriger als der vorgenannte Wert, gilt § 1247 S 2. 4

§§ 1260–1272

– *weggefallen* –

Aufgehoben durch Art 1 der DVO v 21.12.40 (RGBl I 1609) zum SchiffsRG vom 15.11.40 (RGBl I 1499).

Titel 2   Pfandrecht an Rechten

Vorbemerkungen vor §§ 1273 ff

1 **A. Einführung. I. Rechtsnatur und Inhalt des Pfandrechts.** Ein Pfandrecht an einem Recht ist ein streng akzessorisches Recht mit dem Inhalt, die übertragbaren Rechte des Verpfänders auszuüben und sich hieraus wegen der gesicherten Forderung zu befriedigen. Es teilt den Charakter des belasteten Rechts. Ein Pfandrecht an einer Forderung ist somit schuldrechtlicher Natur, das die Forderung dem Pfandgläubiger allerdings mit absoluter Wirkung zuordnet und ihn insbes vor vollstreckungsrechtlichen Eingriffen Dritter schützt (§ 805 ZPO, § 50 InsO).

2 **II. Arten des Pfandrechts.** Das geltende Recht kennt je nach Entstehungsform drei Arten von Pfandrechten an Rechten: Das rechtsgeschäftlich bestellte Pfandrecht (§§ 1274–1296), das gesetzliche Pfandrecht und das Pfändungspfandrecht (§ 804 ZPO). Für kraft Gesetzes entstehende Pfandrechte an Rechten gelten die Vorschriften über das rechtsgeschäftlich bestellte Pfandrecht entspr (§§ 1273 II, 1257, 1204 ff), für Pfändungspfandrechte (§§ 829 ff, 857 ff ZPO) subsidiär.

3 **III. Wirtschaftliche Bedeutung.** Die wirtschaftliche Bedeutung des Pfandrechts an Rechten ist nicht sehr hoch. Die Sicherungsabtretung (Rn 7 ff) hat es in erheblichem Umfang verdrängt; Grund dafür ist vor allem die nach § 1280 notwendige, dem Verpfänder unangenehme Offenlegung. Nicht unerhebliche praktische Bedeutung hat das Pfandrecht noch aufgrund von Nr 14 AGB-Banken und Nr 21 AGB-Sparkassen insbes bei Wertpapieren.

4 **IV. Entstehung, Untergang und Verwertung. 1. Entstehung und Untergang.** Das rechtsgeschäftlich bestellte Pfandrecht entsteht durch abstrakten dinglichen Vertrag zwischen Gläubiger und Verpfänder nach den Regeln, die für die Übertragung des verpfändeten Rechts gelten (zB § 15 GmbHG), mit dem Inhalt, dass an diesem Recht ein Pfandrecht zur Sicherung einer bestimmten Forderung entstehen soll, sowie Anzeige gem § 2180 oder Übergabe nach §§ 1292, 1293, 1274 I 2, 1205 f. Mit der Pfandbestellung entsteht nach ganz hM zwischen Verpfänder und Pfandgläubiger ein gesetzliches Schuldverhältnis, das die wesentlichen Pflichten der Parteien regelt (RGZ 74, 151, 154; 101, 47, 49).

5 Zum Untergang gelten die Ausführungen Einf Rn 6 entspr.

6 **2. Verwertung.** Die Verwertung erfolgt idR aufgrund eines dinglichen Duldungstitels (§ 1277), durch Einziehung der verpfändeten Forderung ohne Titel nach § 1282, § 1291 oder § 1294, außerdem bei Orderpapieren durch Pfandverkauf §§ 1293, 1228 ff und bei Inhaberpapieren durch freihändigen Verkauf nach §§ 1293, 1235 II, 1221 sowie bei einem Zahlungstitel gegen den Schuldner durch Vollstreckung nach der ZPO.

7 **B. Sicherungsabtretung. I. Grundlagen. 1. Begriff und Rechtsnatur.** Sicherungsabtretung ist die Abtretung eines Rechts zur Sicherung einer Forderung idR des Erwerbers gegen den Sicherungsgeber oder einen Dritten. Sicherungshalber abgetretene Rechte sind nichtakzessorische fiduziarische Sicherheiten (BGHZ 137, 212, 218 f = NJW 98, 671).

8 Die Sicherungsabtretung ist eine abstrakte Verfügung; Rechtsgrund ist die Sicherungsabrede, die grds nur schuldrechtliche Beziehungen zwischen Sicherungsgeber und Sicherungsnehmer begründet. In der Praxis sind Gläubiger und Sicherungsnehmer fast immer, Schuldner, Sicherungsgeber und Gläubiger des abgetretenen Rechts idR personengleich.

9 **2. Wirtschaftliche Bedeutung.** Die Sicherungsabtretung hat das Pfandrecht an Rechten in vielen Bereichen verdrängt, weil sie anders als dieses ohne Anzeige nach § 1280 wirksam ist, die Bonität des Sicherungsgebers deshalb nicht gefährdet, und weil die Verwertungsregelung bei Pfandrechten praktischen Bedürfnissen nicht voll gerecht wird. Wirtschaftlich ist es eine pfandrechtliche Erscheinung (*Nobbe* FS Schimansky S 433, 446).

10 **II. Abtretung des Sicherungsmittels. 1. Sicherungsmittel.** Sicherungsmittel können abtretbare gegenwärtige, künftige, bedingte, befristete und ungewisse Forderungen (§ 398 Rn 13–16), aber auch sonstige übertragbare Rechte (§ 413 Rn 2–8) sein, wie zB Grundschulden (BGH NJW 74, 185) oder Gesellschaftsanteile (dazu *Ganter* Bankrechts-Handbuch § 96 Rn 112 ff). Zur Abtretbarkeit § 399 Rn 1–15.

11 **2. Abtretung.** Die Sicherungsabtretung als abstraktes Verfügungsgeschäft erfolgt grds formlos nach § 398 und wird dem Schuldner der abgetretenen Forderung idR nicht angezeigt (stille Sicherungszession).

12 **a) Bedingte Einigung.** Die Parteien können die Sicherungsabtretung durch Vereinbarung einer aufschiebenden oder auflösenden Bedingung an den Bestand der gesicherten Forderung binden und so akzessorietätsähnlich ausgestalten. Ob das gewollt ist, ist Auslegungsfrage (BGH NJW 86, 997), idR aber nicht vereinbart (BGH NJW 00, 957, 958; anders BGH NJW 82, 275, 276; Erman/*Westermann* § 398 Rn 27), insbes nicht bei Abtretung an eine Bank oder einer Mehrheit gesicherter Forderungen (BGH WM 60, 1407 f; NJW 84, 1184, 1186).

13 **b) Bestimmbarkeit.** Auch bei der Sicherungsabtretung (künftiger) mehrerer Forderungen (in AGB) muss die (antizipierte) Abtretung die abgetretene Forderung bestimmbar bezeichnen, sonst ist die Sicherungsabtretung nichtig (BGH NJW 00, 276, 277). Ausreichend ist, wenn die abgetretene Forderung spätestens im Zeitpunkt ihrer

Entstehung nach Gegenstand, Umfang und Schuldner bestimmbar ist (BGHZ 71, 75, 78 = NJW 78, 1050; 108, 98, 105 = 89, 1086). Dabei darf auch auf Umstände außerhalb der ggf auslegungsbedürftigen Abtretungsvereinbarung zurückgegriffen werden (BGHZ 7, 365, 368 f = NJW 53, 21; 95, 1668, 1669; 00, 276, 277).
Die Abtretung aller Forderungen erfasst idR nur gegenwärtig bestehende Ansprüche (BGH NJW 95, 1668, 14 1669; NJW-RR 03, 1691). Die Abtretung auch aller künftigen Forderungen ist bestimmt genug, kann aber sittenwidrig sein.
Dem Bestimmbarkeitserfordernis genügen: Abtretung aller Ansprüche aus einem bestimmten Zeitraum, 15 auch wenn einzelne ausgenommen sind (BGH WM 66, 13, 14), oder aus einem bestimmten Geschäft oder aus einer bestimmten Art von Geschäften (Stuttg NJW 64, 666) oder einer bestimmten Geschäftsbeziehung (BGH WM 61, 350, 351) oder gegen bestimmte Schuldner (BGH NJW 99, 940) oder eines bestimmten Teilbetrags (BGH NJW 67, 751, 752), ebenso die Abtretung des pfändbaren Teils von Arbeitseinkommen (BAG WM 68, 1047, 1048; BGH NJW 95, 2289) sowie eine Mantelzession mit Übergabe der Listen über die abgetretenen Forderungen (LG Berlin WM 84, 224, 225).
Hinreichende Bestimmbarkeit fehlt bei Teilabtretung mehrerer Forderungen, wenn nicht erkennbar ist, auf 16 welche Forderungen oder Forderungsteile sie sich bezieht (BGH WM 70, 848; 75, 977, 978), bei vereinbartem Nachrücken von Forderungen bis zu einem bestimmten Höchstbetrag ohne klare Nachrückregelung (BGHZ 71, 75, 79 = NJW 78, 1050), bei Verknüpfung der Abtretung mit dem Volumen gesicherter Forderungen, wenn für den Schuldner unklar ist, an wen er leisten muss (RGZ 92, 238, 239; BGH NJW 65, 2197, 2198; 00, 276, 278 kritisch dazu *Lorenz* EWiR 00, 213; Dresden NJW-RR 97, 1070; Hburg NJW-RR 99, 1316).
3. Rechtsfolgen der Sicherungsabtretung. Mit der Sicherungsabtretung scheidet die Forderung zwar im 17 Rechtssinne aus dem Vermögen des Zedenten aus; wirtschaftlich gehört sie aber weiterhin dazu. Der Sicherungsnehmer darf mit ihr nur unter Wahrung des Sicherungszwecks verfahren (BGH NJW 03, 1182, 1183), dh erst bei Nichterfüllung der gesicherten Forderung verwerten, um sich aus dem Erlös zu befriedigen.
Die Sicherungsabtretung einer Lebensversicherung beseitigt ein bestehendes Bezugsrecht nicht vollständig, 18 sondern lässt es nur in dem durch den Sicherungszweck bestimmten Umfang hinter die Rechte des Sicherungsnehmers zurücktreten, während es im Übrigen voll wirksam bleibt (BGHZ 109, 67, 69 ff = NJW 90, 256; WM 01, 1513, 1514; 02, 335, 336)
III. Gesicherte Forderung. Als gesicherte, auch künftige oder bedingte Forderung kommt wie bei der Siche- 19 rungsübereignung (Vorbem § 1204 Rn 33–35) grds jeder Anspruch in Betracht. Entsteht die gesicherte Forderung nicht, ist die Sicherungsabtretung gleichwohl wirksam, es sei denn, die Sicherungsabtretung erfolgte unter der aufschiebenden Bedingung der Entstehung der gesicherten Forderung. Erlischt die gesicherte Forderung, fällt die sicherungshalber abgetretene Forderung nur bei Vereinbarung einer auflösenden Bedingung an den Zedenten zurück. Grds besteht nur ein Rückabtretungsanspruch aus der Sicherungsabrede (BGHZ 42, 53, 56 = NJW 64, 1788 für Vorbehaltseigentum; 80, 228, 232 = 81, 1554 für Sicherungsgrundschuld). Die Rückabtretung kann stillschweigend erfolgen (BGH NJW 86, 977).
IV. Sicherungsabrede. Für die im BGB nicht geregelte, formfreie Sicherungsabrede gelten Vorbem § 1204 20 Rn 36 ff, sowie ergänzend Folgendes:s
1. Kollision von Globalzession mit verlängertem Eigentumsvorbehalt. Es gilt zwar der Grundsatz zeitli- 21 cher Priorität (BGHZ 30, 149, 151 = NJW 59, 1533; 32, 361, 363 = 60, 1716; 104, 123, 126 = 88, 3203; 05, 1192, 1193 m Anm *Mordhorst* EWiR 05, 691). Aber die Sicherungsinteressen der Warenlieferanten werden in Höhe der Lieferung und ihrer wirtschaftlichen Surrogate höher bewertet als die anderer Gläubiger (BGH NJW 77, 2261, 2262). Eine zeitlich vorrangige Globalzession zugunsten einer Bank oder eines Warenlieferanten ist deshalb wegen Gläubigerbenachteiligung bzw Verleitung des Zedenten zum Vertragsbruch insoweit als sittenwidrig und nichtig anzusehen, als sie Forderungen erfasst, die der Schuldner seinen Lieferanten aufgrund eines verlängerten Eigentumsvorbehalts abtreten muss und abtritt (st Rspr BGHZ 30, 149, 152 f = NJW 59, 1533; 32, 361, 365 = 60, 1716; 72, 308, 310 = 79, 365; 98, 303, 315 = 87, 487; 100, 353, 358 = 87, 1878; 74, 942; 77, 2261 f; 83, 2502, 2504; 91, 2144, 2147; 95, 1668, 1669; 99, 940 und 2588). Das gilt auch, wenn die Abtretungen der Zustimmung des Drittschuldners bedürfen (BGHZ 55, 34, 35 = NJW 71, 372).
Nichtig ist auch eine Klausel, nach der der Globalzessionar Zahlstelle des Zedenten ist (BGHZ 72, 316, 320 22 = NJW 79, 371). Hinsichtlich nicht vom verlängerten Eigentumsvorbehalt erfasster Forderungen bleibt die Globalzession wirksam (BGHZ 72, 308,315 = NJW 79, 365, 366; WM 67, 68; NJW 74, 942, 943). Die vorgenannte Rspr gilt nicht bei Kollision einer Globalzession an eine Bank mit einer nachfolgenden Abtretung zu Gunsten des Vermieters (BGH NJW 05, 1192, 1193 f m zust Anm *Siol* WuB I F 4.-1.05 und *Mordhorst* EWiR 05, 691). Die Ergebnisse der Rspr sind weitgehend anerkannt (*Eidenmüller/Engert* FS Kollhosser S 103, 109 ff), nicht aber die Begründung (vgl MüKo/*Roth* § 398 Rn 159 ff; Erman/*Westermann* § 398 Rn 21; *Geibel* WM 05, 962, 968).
Nicht sittenwidrig ist eine Globalzession, wenn es ausnahmsweise an einer verwerflichen Gesinnung des Zes- 23 sionars fehlt, zB weil ein verlängerter Eigentumsvorbehalt branchenunüblich ist, er damit deshalb nicht rechnen muss (BGHZ 32, 361, 366 = NJW 60, 1716; 55, 34, 35 = 71, 372; 98, 303, 314 f = 87, 487; 91, 2144; 95,

1668, 1669; 99, 940 und 2588, 2589) oder wenn der verlängerte Eigentumsvorbehalt aufgrund einer dinglichen **Teilverzichtsklausel** den Vorrang hat (BGHZ 98, 303, 314 f = NJW 87, 487; 91, 2144, 2147; 99, 2588, 2589). Eine schuldrechtliche Teilverzichtsklausel genügt nicht (BGHZ 72, 307, 310 = NJW 79, 365; 74, 942, 943; 83, 2502, 2504; 95, 1668, 1669; 99, 940, 941). Die Diskontierung eines Wechsels über eine vom verlängerten Eigentumsvorbehalt erfasste Kausalforderung ist nicht sittenwidrig (BGH NJW 79, 1704, 1705).

24 Leistet der Schuldner an die Bank als Zahlstelle des Zedenten und Sicherungsgebers, ist dies grds keine Einziehung der Forderung durch die Bank (BGHZ 53, 139, 141 = NJW 70, 464). Hat die Bank die Zahlstellenfunktion iRe Globalzession verlangt, muss sie sich nach Treu und Glauben so behandeln lassen, als hätte sie die Forderung eingezogen (BGHZ 72, 316, 320 = NJW 79, 371).

25 **2. Unangemessene Verwertungsregelung bei Lohnzession.** Insgesamt nichtig ist eine formularmäßige Sicherungsabtretung aller pfändbaren Ansprüche eines Kreditnehmers aus einem Arbeitsverhältnis, wenn für die Verwertung Nr 20 AGB-Banken 1988 gelten soll. Die existenziellen Interessen des Arbeitnehmers sind nur gewahrt, wenn die Verwertung der Forderung so rechtzeitig angekündigt wird, dass er sich noch bemühen kann, die weitreichenden Folgen der Offenlegung abzuwenden (BGHZ 108, 98, 104 ff = NJW 89, 2383; 92, 2626, 2627; 94, 2754 f; NJW-RR 05, 1408 m Anm Langbein WuB I F 4.-205; aA *Ulmer/Brandner/Hensen* § 6 AGBG Rn 54 a; *Pfeiffer* WuB I F 4.-10.92). Dies gilt nicht bei Lohnabtretung zur Abwendung der Vollstreckung (BGH NJW 95, 2289) und bei ärztlichen Honorarforderungen (BGHZ 130, 59, 63 = NJW 95, 2219). Die Offenlegung einer unwirksamen Sicherungsabtretung stellt eine pVV dar (BGH NJW 94, 2754, 2755).

26 **V. Verfügungen und Aufrechnung.** Zur Abtretung der gesicherten Forderung Einf Rn 61. Eine Weiterabtretung der sicherungshalber abgetretenen Forderung ist wirksam, auch wenn sie gegen die Sicherungsabrede verstößt (BGH WM 82, 482, 483; 97, 13, 16). Der Schuldner kann aus (der Verletzung) der Sicherungsabrede grds keine Rechte herleiten (RGZ 102, 385, 386 f; BGH NJW 74, 185, 186). Die Erfüllung der gesicherten Forderung wird nur gegen Rückabtretung der sicherungshalber abgetretenen Forderungen geschuldet. Der Sicherungsgeber kann über seinen Rückgewähranspruch verfügen (BGH NJW 86, 977). Erwirbt der Sicherungsgeber die abgetretene Forderung zurück, greift § 406 Hs 2 auch dann nicht ein, wenn der Sicherungsfall eingetreten und die Sicherungsabtretung offen gelegt war (BGH NJW 03, 1182, 1183 f m Anm *Kesseler* NJW 03, 2211).

27 **VI. Verwertung der sicherungshalber abgetretenen Forderung. 1. Regelung in der Sicherungsabrede.** Die Verwertung bestimmt sich nach der (AGB-)Sicherungsabrede (RGZ 143, 113, 116; BGH NJW 80, 226). Eine unangemessene Verwertungsregelung berührt die Wirksamkeit der Sicherungsabtretung nur bei Lohn- und Gehaltszessionen (Rn 25). Im Übrigen gelten Vorbem § 1204 Rn 64 ff zur Sicherungsübereignung.

28 **2. Fehlen einer besonderen vertraglichen Regelung. a) Bis zur Verwertungsreife.** ist der Sicherungsgeber bei einer stillen Sicherungszession berechtigt (§§ 185 I, 362 II), die sicherungshalber abgetretene Forderung im eigenen Namen ggf unter vorheriger Ausübung eines Gestaltungsrechts einzuziehen, dabei Leistung an sich zu verlangen, gerichtlich in gewillkürter Prozessstandschaft geltend zu machen und im Wege der Zwangsvollstreckung durchzusetzen (BGHZ 120, 387, 395 = NJW 93, 1396; 80, 2527, 2528; 89, 1932, 1933; 99, 2110, 2111; 01, 231; 02, 1568, 1569). Ein Verzugsschaden bemisst sich nach der Person des Sicherungsgebers (BGHZ 128, 371, 378 = NJW 95, 1282).

29 Der Sicherungsgeber verliert seine Einziehungsbefugnis mit Eröffnung des Insolvenzverfahrens, nicht bereits mit Eintritt der finanziellen Krise oder der Stellung des Insolvenzantrags (BGHZ 144, 192, 198 f = NJW 00, 1950). Der Widerruf der Einziehungsermächtigung durch den Sicherungsnehmer ist zwar wirksam, verstößt aber gegen die Sicherungsabrede.

30 Bei einer offenen oder offen gelegten Sicherungszession muss der Sicherungsgeber Leistung an den Zessionar verlangen (BGHZ 32, 67, 71 = NJW 60, 1105; 96, 151, 155 = 86, 850; 81, 678, 679; 89, 1932, 1933; 90, 1117; 95, 3186; 99, 2110, 2111), sofern er nicht zusätzlich zur Einziehung ermächtigt ist.

31 **b) Nach Verwertungsreife.** Dh nicht bereits mit Fälligkeit, sondern bei Verzug des Sicherungsgebers mit der Erfüllung der gesicherten Forderung (str RGZ 142, 139, 141; BFH NVwZ 84, 468, 469; MüKo/*Roth* § 398 Rn 108; aA wohl BGH NJW-RR 95, 1369), darf der Sicherungsnehmer die Sicherungsabtretung offen legen und die Forderung einziehen bzw anderweitig verwerten. Der Sicherungsnehmer kann dabei im Wege der Drittschadensliquidation auch einen Verzugsschaden des Zedenten liquidieren (BGHZ 128, 371, 378 = NJW 95, 1282), einen eigenen Verzugsschaden nur in Höhe eines hypothetischen Schaden des Zedenten (Erman/*Westermann* § 398 Rn 33). Soweit der eingezogene Betrag die gesicherte Forderung übersteigt, hat er den Übererlös an den Sicherungsgeber herauszugeben (BGH NJW 02, 2316, 2317).

32 **VII. Sicherungshalber abgetretene Forderungen in Zwangsvollstreckung und Insolvenz.** S Vorbem § 1204 Rn 75 ff.

§ 1273 Gesetzlicher Inhalt des Pfandrechts an Rechten

(1) Gegenstand des Pfandrechts kann auch ein Recht sein.
(2) ¹Auf das Pfandrecht an Rechten finden die Vorschriften über das Pfandrecht an beweglichen Sachen entsprechende Anwendung, soweit sich nicht aus den §§ 1274 bis 1296 ein anderes ergibt. ²Die Anwendung der Vorschriften des § 1208 und des § 1213 Abs. 2 ist ausgeschlossen.

A. Gegenstand des Pfandrechts (I). Verpfändbar sind nach §§ 1273 ff alle subjektiven selbständig übertragbaren (§ 1274 II) und verwertbaren Vermögensrechte, wie etwa Forderungen gegen Banken (*Fischer/Dissen* DZWiR 04, 368), einschl einer offenen Kreditlinie (BGHZ 147, 193, 195 ff = NJW 01, 898, auch Forderungen des Verpfänders gegen den Pfandgläubiger (BGHZ 93, 71, 76 = NJW 85, 863; 83, 2701, 2702; BB 04, 732), auch Immaterialgüterrechte, auch Aktien (RGZ 86, 154, 155), Gesellschaftsanteile (RGZ 100, 274, 275 f; 157, 52, 55; *Lux* GmbHR 03, 938 ff), das Auseinandersetzungsguthaben eines Gesellschafters (BGH MDR 72, 414) oder Genossen (Braunschw WM 97, 487, 488), Miterbenanteile (§ 2033; RGZ 90, 232, 234; BGHZ 52, 99, 102 = NJW 69, 1347), Nacherbenrechte (RGZ 83, 434, 437), Pflichtteilsansprüche, Grund- und Rentenschulden (§ 1291), Reallasten (§ 1105), soweit übertragbar, und Anwartschaftsrechte aus einer Auflassung (BGHZ 49, 197, 202 = NJW 68, 493). 1

Auch **bedingte oder künftig entstehende, selbständig übertragbare Rechte** sind bei Bestimmbarkeit (§ 398 Rn 13) verpfändbar. Das Pfandrecht wird erst mit der Entstehung des verpfändeten Rechts begründet (BGH NJW 98, 2592, 2597; Köln NJW-RR 88, 239; s auch BGHZ 32, 367, 369 = NJW 60, 1715), allerdings nur wenn die Verfügungsbefugnis des Verpfänders fortdauert (BGH WM 96, 2250, 2251). Der Rang bestimmt sich nach dem Zeitpunkt der Verpfändung (§ 1209 Rn 1). 2

Nicht verpfändbar sind der Titel einer Zeitschrift (RGZ 68, 49, 55), die Firma oder ein Unternehmen als solches (RGZ 68, 49, 55; 70, 226, 231; 95, 235, 236) sowie das Vermögen einer Person, ferner Allein- und Miteigentum (§ 1258) sowie Anwartschaftsrechte bei beweglichen Sachen, für die §§ 1204 ff gelten, Grunddienstbarkeiten sowie grundstücksgleiche Rechte wie zB das Wohnungseigentum oder das Erbbaurecht. 3

B. Anzuwendende Vorschriften. Außer den in § 1273 II genannten, in erster Linie anwendbaren Vorschriften der §§ 1274–1296 sind von den §§ 1204-1259 entspr anwendbar: §§ 1204 (RGZ 136, 422, 424), § 1209, § 1210, § 1211 (BGH WM 56, 217), 1213 I, 1214, 1218–1221 (str), 1222, 1223 II (RGZ 121, 74, 77), 1224, 1225, 1228 II; 1229, 1232 (RGZ 87, 321, 325; 97, 34, 42), 1249 (RGZ 167, 298, 299), 1250, 2152 (RGZ 100, 274, 277), 1254, 1255, 1256 (RGZ 154, 378, 383), § 1257, § 1258 (BGHZ 52, 99, 105 = NJW 69, 1347) und § 1259. 4

Beschränkt anwendbar sind, wenn das Pfandrecht auch die Sache erfasst (§ 952) oder die Übergabe der Sache zur Pfandbestellung erforderlich ist (§ 1274 I 2): §§ 1205, 1206, 1215, 1216, 1217, 1223 I (RGZ 100, 274, 277), 1226, 1227, 1251 und 1253 (RGZ 92, 265, 266; 100, 274, 277). Außerdem finden die Vorschriften über den Pfandverkauf beschränkte Anwendung, wenn dieser vereinbarungsgemäß zulässig (§ 1277) oder nach § 844 ZPO angeordnet ist (RGZ 61, 330, 333; 100, 274, 276). 5

Unanwendbar sind: §§ 1207, 1208 (Ausnahme § 1274 Rn 7), 1212, 1213 II, 1228 I und 1246. 6

§ 1274 Bestellung

(1) ¹Die Bestellung des Pfandrechts an einem Recht erfolgt nach den für die Übertragung des Rechts geltenden Vorschriften. ²Ist zur Übertragung des Rechts die Übergabe einer Sache erforderlich, so finden die Vorschriften der §§ 1205, 1206 Anwendung.
(2) Soweit ein Recht nicht übertragbar ist, kann ein Pfandrecht an dem Recht nicht bestellt werden.

A. Grundlagen. § 1274 regelt die rechtsgeschäftliche Bestellung des Pfandrechts an einem Recht durch Bezugnahme auf die Vorschriften der Vollrechtsübertragung. Die Pfandrechtsbestellung erfolgt durch Einigung zwischen Verpfänder und Gläubiger und erfordert je nach der Art des zu verpfändenden Rechts weitere Voraussetzungen. Sie bewirkt die Belastung des verpfändeten Rechts mit einem beschränkt dinglichen Recht. 1

Der Bestellung liegt wie bei § 1205 (Rn 1) idR ein oftmals stillschweigend getroffener, formloser (RGZ 58, 223, 226), kündbarer (BGH NJW 03,61) schuldrechtlicher Sicherungsvertrag zugrunde (BGH NJW-RR 91, 305). Mit der Verpfändung entsteht zwischen dem Verpfänder und dem Gläubiger ein gesetzliches Schuldverhältnis, das die wesentlichen Pflichten der Parteien regelt (Einf. vor § 1204 Rn 5). 2

B. Einigung. Die Einigung ist ebenso wie bei § 1205 ein abstrakter dinglicher Vertrag, in dem dem Gläubiger ein dingliches Verwertungsrecht an einem vom Verpfänder gestellten zumindest bestimmbaren Recht zur Sicherung einer zumindest bestimmbaren gegenwärtigen oder künftigen Forderung (RGZ 78, 26, 27 f; 136, 422, 425; Karlsr WM 00, 521; Dresden WM 01, 803, 804) bestellt wird. Die Einigung kann bedingt (§ 158) oder befristet (§ 163) erfolgen, in AGB, zB AGB-Banken (BGHZ 128, 295, 298 f = NJW 95, 1085; Dresden WM 01, 803, 804) oder in einer Satzung (Braunschw WM 97, 487, 488) enthalten sein. 3

4 Verpfänder und persönlicher Schuldner müssen nicht identisch sein; der Verpfänder muss aber über das verpfändete Recht verfügen können. Der Pfandgläubiger, zB eine Bank, und der Gläubiger oder der Schuldner der verpfändeten Forderung können identisch sein (BGHZ 93, 71, 76 = NJW 85, 863; BGH WM 62, 183, 185; NJW 83, 2701, 2702; 88, 3269, 3262; 03, 360, 361; 04, 1660, 1661).

5 Die Einigung, auf die die allgemeinen rechtsgeschäftlichen Grundsätze anwendbar sind, ist gem §§ 133, 157 auslegungsfähig und nach § 140 umdeutbar. In einer als Abtretung bezeichneten Erklärung (RG JW 28, 174, 175), in der Einräumung eines Vorrangs (RG JW 34, 221, 222), in der Hinterlegung eines Hypothekenbriefes (RG HRR 32 Nr 1748) kann eine Verpfändung liegen. Die nur zwischen dem Inhaber eines Sparbuchs und der Sparkasse vereinbarte Sperre eines Sparbuchs für den Gläubiger begründet für diesen kein Pfandrecht, da ein Pfandrecht nicht zu Gunsten Dritter bestellt werden kann (RGZ 124, 217, 221; BGH NJW 84, 1749, 1750; *Canaris* NJW 73, 825, 829). Anders zu beurteilen sein kann dies bei einer Beteiligung des Gläubigers (BGH NJW 84, 1749, 1750). Ein Pfandrecht an einem Festgeldguthaben oder an Wertpapieren erfasst nach den banküblichen Formularen auch das daraus resultierende Guthaben auf einem Verrechnungskonto (Karlsr WM 00, 521 m Anm *Meder* WuB I F 2.-1.00).

6 Eine formularmäßige Verpfändung mit weiter Sicherungszweckerklärung zur Sicherung aller gegenwärtigen und künftigen Verbindlichkeiten des mit dem Schuldner identischen Verpfänders aus einer bankmäßigen Geschäftsverbindung ist AGB-rechtlich unbedenklich (Dresden WM 01, 803, 804). Bei einer Drittverpfändung verstößt eine weite Sicherungszweckerklärung idR gegen § 305 c mit der Folge, dass nur der Anlasskredit gesichert ist (Einf Rn 48). Die Wirksamkeit der Verpfändung ist nicht von der Vereinbarung einer Deckungsgrenze mit Freigabeklausel abhängig (Dresden WM 01, 803, 804).

7 Ein gutgläubiger Erwerb des Pfandrechts ist nur möglich, soweit das verpfändete Recht selbst gutgläubig erworben werden kann, zB bei der Verpfändung im Grundbuch eingetragener Rechte (§§ 892, 1138, 1155) oder bei Orderpapieren (§ 1292). Dann ist auch § 1208 anwendbar. Zum gutgläubigen Erwerb bei Inhaberpapieren § 1293 Rn 2.

8 **C. Form und sonstige Erfordernisse.** Die Einigung bedarf der für die Vollrechtsübertragung notwendigen Form (zB § 15 III GmbHG). Diese muss alle wesentlichen Punkte des Pfandvertrages einschl der gesicherten Forderung umfassen (RGZ 136, 422, 424; 148, 349, 353). Eine unvollkommene Bezeichnung genügt, wenn sich die gesicherte Forderung aus Umständen außerhalb der Urkunde ermitteln lässt.

9 Wenn der Vollrechtsübertragung die Übergabe einer Sache erfordert oder an weitere Voraussetzungen gebunden ist, so gilt dies auch für die Verpfändung. §§ 1205 f sind zu beachten (I 1).

10 Für die im Übrigen formlose Verpfändung einer Forderung schreibt § 1280 in Abweichung von § 1274 I 1 eine Anzeige des Gläubigers der verpfändeten Forderung an den Schuldner vor.

11 Die Bestellung eines Pfandrechts für Forderungen aus verbindlichen Börsentermingeschäften durch einen Dritten setzte dessen Termingeschäftsfähigkeit voraus (BGHZ 148, 297, 299 ff = NJW 01, 3258 m Anm *Oechsler* LM § 1204 Nr 7).

12 **D. Einzelne verpfändbare Rechte. I. Hypothek. 1. Buchhypothek und -grundschuld.** Die Verpfändung einer durch eine Buchhypothek gesicherten Forderung oder eines Teils der Forderung (RG JW 36, 1136) sowie einer Buchgrundschuld (§ 1291) erfordert nur eine formlose Einigung sowie die Eintragung im Grundbuch aller belasteten Grundstücke (§§ 1154 III, 873 I; RGZ 63, 74, 75), aber keine Anzeige nach § 1280. Das Pfandrecht erstreckt sich ohne weiteres auch auf Zinsen des verpfändeten Grundpfandrechts (§ 1289 S 1) sowie auf eine erst später bestellte Hypothek. Der Anspruch auf Rückübertragung einer Grundschuld ist wie eine Forderung mit Anzeige nach § 1280 verpfändbar.

13 **2. Briefhypothek und -grundschuld.** Die Verpfändung einer durch eine Briefhypothek gesicherten Forderung sowie einer Briefgrundschuld (§ 1291) erfordert eine schriftliche Verpfändungserklärung des Verpfänders, eine formlose Annahmeerklärung des Gläubigers und die Übergabe des Briefes gem § 1205 f (RGZ 85, 431, 436) an den Pfandgläubiger (§ 1205 I 1). Bei einer Vereinbarung nach § 1117 II bedarf es einer Anzeige nach § 1205 II an das Grundbuchamt (Soergel/*Habersack* Rn 16). An die Stelle der schriftlichen Verpfändungserklärung kann nach § 1154 II die Eintragung der Verpfändung im Grundbuch treten.

14 Der Brief als solcher ist nicht Gegenstand eines eigenen Pfandrechts (§ 952). Die nichtige Bestellung eines Pfandrechts an einem Brief kann in ein vertragliches Zurückbehaltungsrecht (RGZ 66, 24, 27; 124, 28, 31) oder in eine Verpflichtung zum Abschluss eines Pfandvertrages umdeutbar sein.

15 **3. Eigentümergrundschuld.** Eine bestehende, auch eine vorläufige, nicht aber eine künftige (str RGZ 145, 343, 353; BGHZ 53, 60, 64 f = NJW 70, 322; aA AnwK/*Bülow* Rn 19) Eigentümergrundschuld kann verpfändet werden. Wandelt sich die vorläufige Eigentümergrundschuld mit Valutierung der gesicherten Forderung in eine Fremdhypothek um, erlischt das Pfandrecht.

16 **II. Auflassungsanspruch und Anwartschaftsrecht.** Der Auflassungsanspruch kann bis zur Umschreibung des Grundbuchs formlos, aber mit Anzeige nach § 1280 an den Auflassungsschuldner verpfändet werden (RGZ 111, 298, 300; BayObLG NJW 76, 1895, 1896; zum ebenfalls formlosen Sicherungsvertrag vgl. BGHZ 89, 41, 46 = NJW 84, 973). Im Falle einer eingetragenen Auflassungsvormerkung ist die Eintragung eines

Verpfändungsvermerks im Grundbuch zulässig, aber für das Pfandrecht nicht notwendig (BayObLG NJW 68, 705; DNotZ 96, 554, 556 m Anm *Ludwig*).

Die Verpfändung eines **Anwartschaftsrechts** des Auflassungsempfängers hat durch Auflassung in der Form des § 925 zu erfolgen; einer Eintragung im Grundbuch (BGHZ 49, 197, 202 = NJW 68, 493; 114, 161, 164 = 91, 2019) oder einer Anzeige nach § 1280 bedarf es nicht. Mit der Erstarkung des Anwartschaftsrechts zum Vollrecht erwirbt der Pfandgläubiger in Anlehnung an § 1287 eine Sicherungshypothek am Grundstück (BGHZ 49, 197, 205). Die Verpfändung eines Anwartschaftsrechts an einer beweglichen Sache richtet sich nach §§ 1204 ff.

III. Miterbenanteil. Ein Miterbenanteil, auch ein Teil davon (BGH NJW 63, 1610, 1611), kann durch notariell beurkundete Einigung ohne Anzeige nach § 1280 verpfändet werden (§ 2033 I; RGZ 84, 395, 397 f; 90, 232, 234). Die Rechte des Miterben (§ 2038 f) darf der Pfandgläubiger ausüben (§ 1258 I; BGHZ 52, 99, 103 = NJW 69, 1347; NJW 68, 2059, 2060). Das gilt auch für die Mitwirkung bei der Auseinandersetzung (§ 2042), die ohne seine Zustimmung ihm ggü nicht wirksam ist (RGZ 83, 27, 30; 90, 232, 236; BGHZ 52, 99, 103). Eine Vereinbarung, dass der Pfandgläubiger ein Verwertungsrecht hat, der Schuldner aber zur Tilgung der gesicherten Forderung nicht berechtigt sein soll, ist unwirksam (BGHZ 23, 293, 300 = NJW 57, 672).

IV. Gesellschaftsanteile. 1. Aktien. Inhaberaktien sind gem §§ 1293, 1204 ff verpfändbar, Namensaktien nach §§ 1292, 68 I AktG oder ohne Übergabe durch Verpfändung des verbrieften Rechts nach §§ 1274, 398, 413. Bei vinkulierten Namensaktien ist die Zustimmung der Gesellschaft notwendig (§ 68 II AktG). Teilhabe- und Kontrollrechte, Dividenden- und Bezugsrechte stehen auch nach Verpfändung dem Aktionär zu (RGZ 157, 52, 55). Die vermögensrechtlichen Ansprüche können gesondert verpfändet werden (§§ 1279 ff; RGZ 98, 318, 320).

2. GmbH-Anteile. Die Verpfändung eines GmbH-Anteils erfolgt nur durch notariell beurkundete Einigung (§ 15 III GmbHG) ohne Anzeige nach § 1280 (RGZ 57, 414, 415) sowie Anmeldung nach § 16 I GmbHG. Der schuldrechtliche Sicherungsvertrag ist formfrei (RGZ 58, 223, 225; RG JW 37, 2118). Auch eine Teilverpfändung ist nach hM (Staud/*Wiegand* Rn 55; MüKo/*Damrau* Rn 52; *Mertens* ZIP 98, 1787, 1788; *Leuschner* WM 05, 2161) zulässig. Mitgliedschafts- und Gewinnbezugsrechte stehen weiterhin dem Gesellschafter zu (RGZ 139, 224, 227 f; 157, 52, 55; BGHZ 119, 191, 194 f = NJW 92, 3035; aA *Roth* ZGR 00, 187, 210, 219). Die Verwertung erfolgt nach § 1277 S 1 (dazu *Reimer/Webering* BB 03, 1631).

3. Personengesellschafts-Anteile. Solche Anteile sind nur verpfändbar, wenn der Gesellschaftsvertrag eine Übertragung oder Belastung vorsieht (II) oder alle Gesellschafter zustimmen (BGHZ 13, 179, 182 = NJW 54, 1155; 71, 296, 299 = 78, 1525; 81, 82, 84 = 81, 2747). Die Verpfändung erfolgt durch formlose Einigung ohne Anzeige nach § 1280. Gewinn- und Ansprüche auf das Auseinandersetzungsguthaben und aus Geschäftsführung können wie eine Forderung unter Anzeige nach § 1280 verpfändet werden (§ 717 S 2; Stuttg NZG 01, 88, 90). Mitgliedschafts- und Verwaltungsrechte werden von der Verpfändung nicht berührt. Zum Pfandrecht an Gesellschaftsanteilen in der Insolvenz des Gesellschafters *Guido Meyer* ZfIR 04, 763 ff.

V. Genossenschaftsanteile. Sie sind nicht übertragbar und deshalb nicht verpfändbar. Etwas anderes gilt für Ansprüche auf das Auseinandersetzungsguthaben (Braunschw WM 97, 487, 488), das laufende Geschäftsguthaben (§ 76 I GenG) und den Gewinn. Insoweit ist neben einer Einigung jeweils eine Anzeige nach § 1280 notwendig, für die Verpfändung des Geschäftsguthabens außerdem Schriftform.

VI. Bank- und Versicherungsforderungen. Ein Sparguthaben kann durch bloße formlose Einigung und Anzeige nach § 1280 verpfändet werden. Es wird ebenso wie andere Kontenguthaben vom AGB-Pfandrecht (Nr 14 AGB-Banken; Nr 21 AGB-Sparkassen) erfasst (*Fischer/Dissen* DZWiR 04, 368); einer Anzeige nach § 1280 bedarf es dann nicht. Eine Übergabe des Sparbuchs ist nicht notwendig (§ 952; RGZ 124, 217, 220). In der Übergabe des Sparbuchs kann eine Verpfändung liegen.

Ansprüche aus **Versicherungen**, insbes Lebensversicherungen, sind grds (Ausnahmen: §§ 15, 98 VVG) ohne Übergabe des Versicherungsscheins (§ 952) verpfändbar. Beschränkungen können sich aus den AVB ergeben. Eine schriftliche (§ 13 IV ALB) Anzeige nach § 1280 ist erforderlich. Die verpfändete Lebensversicherung kann nur noch mit Zustimmung des Pfandgläubigers gekündigt werden (*Elfring* NJW 05, 2192, 2193). Ist bei einer Lebensversicherung ein Bezugsberechtigter benannt, so ist die Verpfändung ausgeschlossen, wenn die Benennung nicht widerrufen werden kann (RGZ 127, 269, 271). Der Lebensversicherungsbegünstigte erwirbt den Anspruch auf die Versicherungssumme nicht aus dem Vermögen des Versicherungsnehmers, sondern hat einen Anspruch gegen die Versicherung, der nicht mit einem Pfandrecht belastet ist, wenn die Bezugsberechtigung nicht widerrufen wurde (München WM 64, 778, 779). In der Anzeige nach § 1280 liegt regelmäßig ein solcher Widerruf.

VII. Immaterialgüterrechte. Patent- (§ 15 PatG; RGZ 75, 225, 227; 126, 280, 284), Gebrauchs- (§ 22 GebrMG) und Geschmacksmusterrechte (§ 29 GeschmMG) sowie Marken (§§ 27, 29 I Nr 1 MarkenG) können durch formlosen Vertrag verpfändet werden (dazu *Lwowski/Hoes* WM 99, 771, 773). Verlegerrechte sind ebenfalls formlos verpfändbar. Beim Urheberrecht kommt nicht eine Verpfändung des Rechts als solches, sondern nur die von übertragbaren Nutzungsrechten (§§ 31, 34 UrhG) in Betracht. Die Verwertung erfolgt nach § 1277. Ob Internet-Domains verpfändbar sind, ist str (ja: LG Essen Rpfleger 00, 168; LG Ddorf CR 01,

468 m Anm *Hartmann/Kloos*; LG Mönchengladbach MDR 05, 118; *Welzel* MMR 01, 321; nein: LG München CR 01, 342, 343m Anm *Hanloser* differenzierend BGH NJW 05, 3353 m Anmn *Beyerlein* EWiR 05, 811).

26 **E. Nicht verpfändbare Rechte (II).** Nicht verpfändbar sind Rechte, die nach einem Gesetz, zB §§ 38, 473, 613, 664, 717, 719, 1059, 1059, 1059b, 1092, 1098, 1103, 1110, 1378 III 1, 1419, 1487, 2033 nicht übertragen oder verpfändet werden können. Dazu gehören auch die Firma (RGZ 68, 49, 55) und ein Zeitungstitel (RGZ 95, 235, 236). Wurde ein Nießbrauch oder eine beschränkt persönliche Dienstbarkeit einem Dritten zur Ausübung überlassen (§§ 1059 S 2, 1092 I 2), so kann dieser das ihm überlassene Recht verpfänden (BaRoth/*Sosnitza* Rn 5).

27 Auch unpfändbare Rechte können nicht übertragen (§§ 400, 413) und damit nicht verpfändet werden. Pfändungsverbote enthalten insbes §§ 850 ff ZPO, nicht aber § 14 I KO und § 89 InsO (BGHZ 125, 116, 120 ff = NJW 94, 1057). In einem solchen Fall ist die Verpfändung absolut unwirksam (BGHZ 40, 156, 159 ff = NJW 64, 243; 112, 387, 389 = 91, 559); eine nachträgliche Genehmigung ändert daran nichts (RG JW 17, 34, 35).

28 Die Verpfändung ist ferner ausgeschlossen (§ 399 Alt 1, 413), wenn die Leistung an den Pfandgläubiger eine Inhaltsänderung bewirken würde, zB §§ 257, 1018, oder wenn die Abtretbarkeit eines Rechts vertraglich wirksam ausgeschlossen wurde (§ 399 Alt 2). Die Genehmigung des Schuldners beseitigt die Unpfändbarkeit ex nunc (str); zwischenzeitliche Pfändungen (§ 851 II ZPO) bleiben wirksam (BGHZ 70, 299, 303 = NJW 78, 813; 102, 293, 301 = NJW 88, 1210; 108, 172, 177 = NJW 90, 109).

§ 1275 Pfandrecht an Recht auf Leistung

Ist ein Recht, kraft dessen eine Leistung gefordert werden kann, Gegenstand des Pfandrechts, so finden auf das Rechtsverhältnis zwischen dem Pfandgläubiger und dem Verpflichteten die Vorschriften, welche im Falle der Übertragung des Rechts für das Rechtsverhältnis zwischen dem Erwerber und dem Verpflichteten gelten, und im Falle einer nach § 1217 Abs. 1 getroffenen gerichtlichen Anordnung die Vorschrift des § 1070 Abs. 2 entsprechende Anwendung.

1 Zum Schutz des Schuldners der verpfändeten Forderung gelten bei einer **Forderungspfändung** (RGZ 87, 412, 415f) **oder -verpfändung** die §§ 404-411 entspr, dh, der Pfandgläubiger wird wie ein Zessionar behandelt, bei der Verpfändung von Inhaber- oder Orderpapieren die §§ 364 II, 365 HGB, Art 16, 17, 40 WG. Bei hypothekarisch gesicherten Forderungen gelten die §§ 404–411 nur für den persönlichen Anspruch, für die dingliche Forderung werden sie durch §§ 1138, 1156 f modifiziert. In einem aus Anlass der Verpfändung abgegebenen Schuldanerkenntnis kann ein Verzicht auf § 406 liegen (RGZ 71, 184, 187). Die Anzeige nach § 1280 bewirkt einerseits, dass dem Schuldner § 407 I in aller Regel nicht zugute kommt, andererseits, dass er bei einer Leistung an den Pfandgläubiger auch dann frei wird, wenn das Pfandrecht nicht bestand (§ 409).

2 Die **Verweisung auf § 1070 II** betrifft nur Fälle, in denen die Ausübung des Pfandrechts einem Verwalter übertragen wurde (§ 1217 I, § 165 FGG).

§ 1276 Aufhebung oder Änderung des verpfändeten Rechts

(1) ¹Ein verpfändetes Recht kann durch Rechtsgeschäft nur mit Zustimmung des Pfandgläubigers aufgehoben werden. Die Zustimmung ist demjenigen gegenüber zu erklären, zu dessen Gunsten sie erfolgt; sie ist unwiderruflich. ²Die Vorschrift des § 876 Satz 3 bleibt unberührt.
(2) Das Gleiche gilt im Falle einer Änderung des Rechts, sofern sie das Pfandrecht beeinträchtigt.

1 **A. Normzweck und Inhalt.** Zum Schutz des Pfandgläubigers bedürfen beeinträchtigende Änderungen (II) und die rechtsgeschäftliche Aufhebung des verpfändeten Rechts, nicht aber dessen Übertragung oder weitere Belastung seiner Zustimmung. Fehlt sie, ist die Verfügung dem Pfandgläubiger ggü (relativ) unwirksam (BGH NJW 67, 200, 201; BayObLG NJW 59, 1780, 1782 f). Aufhebungen als lediglich mittelbare Folge eines Rechtsgeschäfts, wie zB der Beendigung eines Mietvertrages, werden nicht erfasst. Im Falle der Konfusion, etwa bei Veräußerung der Mietsache an den Mieter, bleibt der verpfändete Anspruch zugunsten des Pfandgläubigers bestehen (vgl RGZ 77, 250, 254). § 1275 und der Untergang des Pfandrechts durch lastenfreien gutgläubigen Erwerb (RGZ 84, 395, 399) bleiben unberührt.

2 Die nicht formbedürftige Zustimmung des Pfandgläubigers ist abw von § 182 I dem Begünstigten ggü zu erklären und abw von § 183 S 1 auch als Einwilligung unwiderruflich. Die Aufhebung eines im Grundbuch eingetragenen Rechts kann auch dem Grundbuchamt ggü erklärt werden (§ 876 S 3).

3 **B. Einzelfälle. I. Anwartschaftsrecht.** Die Vorschrift findet zugunsten des Pfandgläubigers bei der rechtsgeschäftlichen Aufhebung oder Beeinträchtigung eines Anwartschaftsrechts an einer beweglichen Sache durch Vereinbarung entspr Anwendung (hM MüKo/*Damrau* § 1204 Rn 12; Soergel/*Habersack* Rn 2; AnwK/*Bülow* Rn 6; Erman/*Michalski* Rn 7; *Reinicke* MDR 61, 681, 682; *Kollhosser* JZ 85, 370 ff; *Tiedtke* NJW 85, 1305 ff und 88, 28 f; *Marotzke* AcP 186 (1986), 490, 494 ff). Der gegenteiligen Ansicht BGHZ 92, 280, 290 f = NJW 85,376 (s auch Staud/*Wiegand* Rn 12; *Wilhelm* NJW 87, 1785 ff; *Ludwig* NJW 89, 1458 ff; *Scholz* MDR 90, 679 ff), der

Rechtspfandgläubiger dürfte nicht stärker geschützt werden als der Sachpfandgläubiger, ist nicht zu folgen. Sie behandelt § 1276 unter Missachtung des § 185 I als Sonderregelung und vermengt ohne Grund Rechts- und Sachpfand. Fällt das Anwartschaftsrecht etwa bei Rücktritt vom Kaufvertrag weg, erlischt auch das Pfandrecht.

II. Miterbenanteil. Die Verpfändung hindert nicht eine Veräußerung des Erbteils, da das Pfandrecht dadurch nicht berührt wird. Etwas anderes gilt allerdings dann, wenn ein Miterbe oder ein Dritter alle Erbteile erwirbt (BayObLG NJW 59, 1780, 1781). Verfügungen über Nachlassgegenstände beeinträchtigen das Pfandrecht und bedürfen deshalb der Zustimmung des Pfandgläubigers (RGZ 90, 232, 236; BayObLG aaO). Wird ein Nachlassgrundstück durch einen persönlichen Gläubiger zwangsversteigert, ist ein Duldungstitel gegen den Pfandgläubiger notwendig, wenn die Verpfändung im Grundbuch eingetragen ist (BayObLG aaO 1782). 4

III. Gesellschaftsanteil. Der Gesellschafter kann über seinen verpfändeten Anteil verfügen und auch den Gesellschaftsvertrag ohne Zustimmung des Pfandgläubigers kündigen (AnwK/*Bülow* Rn 2; MüKo/*Damrau* Rn 8; str). Das Pfandrecht setzt sich im Anspruch auf das Auseinandersetzungsguthaben fort (§ 1287 S 1; RGZ 95, 231, 232; 142, 373, 378 f; BGHZ 104, 351, 353 = NJW 89, 458; Stuttg NZG 04, 766; s. auch BGH NJW 97, 2110, 2111). 5

IV. Lebensversicherung. Eine verpfändete Lebensversicherung kann der Versicherungsnehmer nur mit Zustimmung des Pfandgläubigers kündigen. Dies gilt auch für den Insolvenzverwalter bei Insolvenz des Versicherungsnehmers (Elfring NJW 05, 2192, 2193 f). 6

§ 1277 Befriedigung durch Zwangsvollstreckung

¹Der Pfandgläubiger kann seine Befriedigung aus dem Recht nur auf Grund eines vollstreckbaren Titels nach den für die Zwangsvollstreckung geltenden Vorschriften suchen, sofern nicht ein anderes bestimmt ist. ²Die Vorschriften des § 1229 und des § 1245 Abs. 2 bleiben unberührt.

A. Gesetzliche Regelverwertung. Nach Pfandreife (§ 1228 II) erfordert die Verwertung abw von §§ 1233 ff grds einen Duldungstitel (RGZ 103, 137, 139) oder Titel auf Gestattung der Befriedigung aus dem verpfändeten Recht auch in Form einer vollstreckbaren Urkunde gegen den Inhaber des verpfändeten Rechts; ein Zahlungstitel genügt nicht. Das Pfand haftet für die Prozesskosten (§ 1210). Zu deren Vermeidung München NJW 68, 556 und Köln NJW 77, 256. 1

Der Titel wird nach Maßgabe der §§ 828 ff, 844, 857 ZPO vollstreckt. Obwohl bereits ein Pfandrecht besteht, bedarf es einer Pfändung (hM, RGZ 103, 137, 139; MüKo/*Damrau* Rn 4). Für den Rang ist das bestellte Pfandrecht maßgeblich. Ordnet das Vollstreckungsgericht nach § 844 öffentliche Versteigerung oder freihändigen Verkauf durch eine Privatperson an, gelten die Vorschriften über den Pfandverkauf (§§ 1242–1244). 2

Allerdings enthalten §§ 1281 ff für ein Pfandrecht an Forderungen, § 1291 für ein Pfandrecht an Grund- und Rentenschulden sowie §§ 1293 ff für ein Pfandrecht an Inhaber- und Orderpapieren Sondervorschriften. Der Pfandgläubiger kann allerdings auch dann nach § 1277 vorgehen. 3

B. Vereinbarte Verwertung. Der Pfandvertrag kann eine von § 1277 abw Verwertung vorsehen, etwa einen Verkauf des Pfandes ohne Titel (RGZ 100, 274, 276). Eine Verfallabrede (§ 1229) und ein Verzicht auf eine öffentliche Versteigerung (§ 1245 II) sind erst nach Pfandreife zulässig. 4

§ 1278 Erlöschen durch Rückgabe

Ist ein Recht, zu dessen Verpfändung die Übergabe einer Sache erforderlich ist, Gegenstand des Pfandrechts, so findet auf das Erlöschen des Pfandrechts durch die Rückgabe der Sache die Vorschrift des § 1253 entsprechende Anwendung.

Die Vorschrift greift insbes bei der Rückgabe eines Hypotheken- oder Grundschuldbriefs oder eines Orderpapiers, etwa eines Wechsels auch ohne Rückindossament, nicht aber eines Rektapapiers, wie zB eines Sparbuchs, durch den Pfandgläubiger ein. Mit der erneuten Übergabe lebt das Pfandrecht nicht wieder auf, sondern muss nach § 1274 neu bestellt werden. Dazu genügt die erneute Aushändigung der alten Verpfändungserklärung (RGZ 78, 26, 31). Weitere Erlöschensgründe in §§ 1250 II, 1252, 1254–1256 und 1276. 1

§ 1279 Pfandrecht an einer Forderung

¹Für das Pfandrecht an einer Forderung gelten die besonderen Vorschriften der §§ 1280 bis 1290. ²Soweit eine Forderung einen Börsen- oder Marktpreis hat, findet § 1259 entsprechende Anwendung.

Die Vorschriften der §§ 1280–1290 ergänzen und modifizieren die §§ 1273 ff für Pfandrechte an Forderungen aller Art, auch soweit sie durch Hypotheken gesichert sind, nicht aber für solche an Anwartschaftsrechten, Miterben- und Gesellschaftsanteilen sowie Immaterialgüterrechten. Grund- und Rentenschulden stehen For- 1 derungen gleich (§ 1291). Auch ein Pfandrecht an eigener Schuld des Pfandgläubigers ist möglich (Nr 14 I 1 AGB-Banken; Nr 21 I 3 AGB-Sparkassen; BGHZ 93, 71, 76 = NJW 85, 863; 88, 3260, 3262; 03, 360, 361; 04, 1660, 1661), bei teilbaren Forderungen auch eine Teilverpfändung.

2 Nach der Terminologie des BGB sind an der Forderungsverpfändung beteiligt der Pfandgläubiger, dh der Inhaber der gesicherten Forderung, der Gläubiger, dh der Inhaber der verpfändeten Forderung, sowie der Schuldner, dh der aus der verpfändeten Forderung Verpflichtete. Der Verpfänder und der Gläubiger müssen nicht personengleich sein.

3 S 2 wurde durch Art 3 Nr 3 des am 9. 4. 04 in Kraft getretenen Gesetzes vom 5. 4. 04 (BGBl I 502) zur Umsetzung der Richtlinie 2002/47/EG vom 6. 6. 02 über Finanzsicherheiten (ABl Nr L 168 S 43) eingefügt und hat nur klarstellende Bedeutung.

§ 1280 Anzeige an den Schuldner

Die Verpfändung einer Forderung, zu deren Übertragung der Abtretungsvertrag genügt, ist nur wirksam, wenn der Gläubiger sie dem Schuldner anzeigt.

1 **A. Notwendigkeit der Anzeige.** Aus Gründen des Schutzes des Pfandgläubigers, aber auch des Schuldners, setzt eine Forderungsverpfändung neben der Einigung zwingend eine Anzeige der Verpfändung voraus. Eine anderweitige Kenntnis des Schuldners von der Verpfändung genügt nicht (RGZ 68, 277, 281; 89, 289, 290).

2 Sind der Schuldner und der Pfandgläubiger identisch, bedarf es der Anzeige nicht (BGHZ 93, 71, 76 = NJW 85, 863; 88, 3260, 3262; Dresden WM 01, 803, 804). Eine Anzeige ist auch nicht erforderlich bei der Verpfändung von Forderungen, die wie zB Inhaber- oder Orderpapiere, Hypotheken, Grund- und Rentenschulden oder Bundesschatzbriefe (LG Konstanz WM 88, 1124, 1125), nicht durch formlosen Abtretungsvertrag übertragen werden können. Bei ihnen wird der Schuldner dadurch geschützt, dass er nur gegen Aushändigung der Urkunde leisten muss bzw das Grundbuch einsehen kann. Bei der Verpfändung von Spar- (RGZ 68, 277, 281; 124, 217, 220) oder Versicherungsforderungen (RGZ 51, 83, 86; 79, 306, 307) ist die Anzeige nicht entbehrlich.

3 **B. Anforderungen an die Anzeige.** Die Anzeige ist eine empfangsbedürftige formfreie Willenserklärung (RGZ 89, 289, 290 f). Sie muss durch den Inhaber der verpfändeten Forderung bzw seinen Vertreter, nicht durch den Pfandgläubiger, nach der Verpfändung (MüKo/Damrau Rn 5) an den Schuldner oder dessen Vertreter erfolgen und erkennen lassen, dass der Forderungsinhaber die Verpfändung gegen sich gelten lassen will (RGZ 68, 277, 282; 89, 289, 290; Köln NJW-RR 90, 485, 486). Dazu genügt auch die Übersendung des Verpfändungsvertrages (Köln aaO). Bevollmächtigter Vertreter des Gläubigers kann auch der Pfandgläubiger sein (RGZ 79, 306, 308; 85, 431, 437; 89, 289, 290; Köln aaO). Der Verpfändungsurkunde kann idR keine Vollmacht entnommen werden (RGZ 85, 431, 437; Köln aaO).

4 **C. Rechtsfolgen bei fehlender oder unzureichender Anzeige.** Ohne Anzeige ist die Forderungsverpfändung schwebend unwirksam (RGZ 79, 306, 309; BGHZ 137, 267, 278 = WM 98, 275). Der Verpfänder ist aus dem Sicherungsvertrag verpflichtet, für eine wirksame Anzeige zu sorgen (RGZ 85, 431, 437; München WM 64, 778, 779). Diese kann nachgeholt werden, solange der Gläubiger noch verfügungsberechtigter Inhaber der verpfändeten Forderung ist (vgl RGZ 89, 289, 291). Eine Umdeutung (§ 140) der Forderungsverpfändung in eine Sicherungsabtretung kommt nicht in Betracht (RGZ 79, 306, 308 f). Ist die Verpfändung mangels Anzeige endgültig unwirksam, kann an einem dem Pfandgläubiger ausgehändigten Sparbuch ein persönliches Zurückbehaltungsrecht bestehen (RGZ 51, 83, 87; 66, 24, 26 f; 68, 277, 282; 124, 28, 31 f).

§ 1281 Leistung vor Fälligkeit

¹Der Schuldner kann nur an den Pfandgläubiger und den Gläubiger gemeinschaftlich leisten. ²Jeder von beiden kann verlangen, dass an sie gemeinschaftlich geleistet wird; jeder kann statt der Leistung verlangen, dass die geschuldete Sache für beide hinterlegt oder, wenn sie sich nicht zur Hinterlegung eignet, an einen gerichtlich zu bestellenden Verwahrer abgeliefert wird.

1 **A. Inhalt und Anwendungsbereich.** Die abdingbare (§ 1284), durch Nr 14 II AGB-Banken nicht abbedungene (BGH NJW 04, 1660, 1661) Vorschrift regelt die Stellung des Pfandgläubigers vor Pfandreife (§ 1228 II), § 1282 seine Stellung nach Pfandreife. § 1281 wird durch §§ 1287 und 1288 I ergänzt. Er gilt auch für Pfändungspfandrechte, solange eine Überweisung an den Gläubiger noch nicht erfolgt ist (RGZ 104, 34, 36; 108, 318, 320). Für Inhaber- und Orderpapiere enthält § 1294 eine Spezialregelung.

2 **B. Leistung vor Pfandreife (S 1).** Vor Pfandreife kann der Schuldner mit befreiender Wirkung nur an den Pfandgläubiger und den Gläubiger gemeinschaftlich leisten. Wird die Übereignung einer beweglichen Sache geschuldet, so hat der Schuldner dem Gläubiger das Eigentum zu übertragen und dem Pfandgläubiger unmittelbaren oder mittelbaren einfachen, nicht gesamthänderischen (str) Mitbesitz zu verschaffen.

Bei Grundstücken genügt die Übereignung und Übergabe an den Gläubiger, da der Pfandgläubiger damit nach § 1287 S 2 eine Sicherungshypothek erwirbt. Der Auflassung muss der Pfandgläubiger bei einem durch Vormerkung gesicherten Auflassungsanspruch allerdings zustimmen (BayObLG NJW 68, 705, 706 f; NJW-RR 87, 793, 794; aA *Weidemann* NJW 68, 1335). War das Pfandrecht im Grundbuch vermerkt, bedarf es auch der Eintragungsbewilligung des Pfandgläubigers (BayObLG NJW-RR 87, 793). 3

Bei Überweisung eines Geldbetrages auf das Konto des Gläubigers erwirbt der Pfandgläubiger nach § 1287 S 1 ein Pfandrecht am Anspruch des Gläubigers auf Gutschrift gegen seine Bank und alsdann am Anspruch aus der Gutschrift (BGH WM 96, 2250, 2252). 4

Leistet er an den Gläubiger allein, so wird er dem Pfandgläubiger ggü nur im Falle der Gutgläubigkeit (§§ 1275, 407, 408) frei (RGZ 77, 250, 254). Nur dann setzt sich das Pfandrecht des Pfandgläubigers nach § 1287 fort (Staud/*Wiegand* § 1287 Rn 7; Erman/*Michalski* Rn 3; *Westermann/Gursky* § 137 II 3a; aA MüKo/*Damrau* Rn 7; Soergel/*Habersack* § 1287 Rn 3, da es am Besitz des Pfandgläubigers fehle). Wird eine Speziessache entgegen § 1281 S 1 allein an den Gläubiger geleistet, so ist str, ob der Gläubiger daran Eigentum erwirbt (so unter Berufung auf den Wortlaut „kann nur" MüKo/*Damrau* Rn 5; Palandt/*Bassenge* Rn 5; *Stöber* DNotZ 85, 587), oder ob die Übereignung ggü dem Pfandgläubiger unwirksam ist (so BayObLG NJW 68, 705, 707; Erman/*Michalski* Rn 3). Bei einem Verstoß gegen § 1281 S 1 kann der Pfandgläubiger vom Schuldner nochmalige Leistung nach Maßgabe der §§ 1281, 1282 und evtl Schadensersatz aus § 280 oder aus § 823 I (Pfandrecht als sonstiges Recht, so RGZ 108, 318, 321; 138, 252, 255; Staud/*Wiegand* Rn 4; aA Soergel/*Habersack* Rn 4) fordern. Außerdem kommt ein Schadensersatzanspruch aus § 280 sowie ein Bereicherungsanspruch aus § 816 II gegen den Gläubiger in Betracht. 5

C. Geltendmachung der verpfändeten Forderung (S 2). Der Gläubiger und der Pfandgläubiger können die verpfändete Forderung jeweils allein aus eigenem Recht (BGHZ 5, 251, 253 = NJW 52, 786) geltend machen, insbes einklagen, aber Leistung nur an beide gemeinsam (Hs 1) oder Hinterlegung für beide (§§ 373 ff) bzw bei nicht hinterlegungsfähigen Sachen Ablieferung an einen vom Gericht (§ 165 FGG) bestellten Verwahrer (Hs 2) fordern. 6

Bei einem Pfandrecht einer Bank an eigener Schuld kann der Gläubiger, dh der Bankkunde, nicht Leistung an sich (BGH WM 56, 217, 218; NJW 04, 1660, 1661) oder auf seine Anweisung an einen Dritten verlangen. § 1281 S 2 Hs 1 führt hier faktisch zu einer Sperre des Kontos, soweit nicht nach Treu und Glauben wegen Übersicherung ein Freigabeanspruch besteht. Die Kontosperre unterliegt nicht der Insolvenzanfechtung, wenn das Pfandrecht insolvenzfest ist (BGH NJW 04, 1660, 1661 m Anm Berger LMK 04, 116; *Fischer/Dissen* DZWiR 04, 368, 369). Ansprüche aus einer von der Bank übernommenen Bürgschaft sichert das AGB-Pfandrecht erst mit deren Fälligkeit (BGH WM 04, 371, 372). § 1285 I verpflichtet beide zur Mitwirkung bei der Einziehung, § 1288 I beide zur Mitwirkung bei der Anlegung eines eingezogenen Geldbetrages. 7

§ 1282 Leistung nach Fälligkeit

(1) ¹Sind die Voraussetzungen des § 1228 Abs. 2 eingetreten, so ist der Pfandgläubiger zur Einziehung der Forderung berechtigt und kann der Schuldner nur an ihn leisten. ²Die Einziehung einer Geldforderung steht dem Pfandgläubiger nur insoweit zu, als sie zu seiner Befriedigung erforderlich ist. ³Soweit er zur Einziehung berechtigt ist, kann er auch verlangen, dass ihm die Geldforderung an Zahlungs statt abgetreten wird.

(2) Zu anderen Verfügungen über die Forderung ist der Pfandgläubiger nicht berechtigt; das Recht, die Befriedigung aus der Forderung nach § 1277 zu suchen, bleibt unberührt.

A. Inhalt und Anwendungsbereich. Die abdingbare (§ 1284) Vorschrift regelt die Stellung des Pfandgläubigers nach Eintritt der Pfandreife (§ 1228 II), § 1281 die vor Pfandreife. Sie ermöglicht abw von § 1277 eine Verwertung des Pfandes ohne Titel und wird durch §§ 1287 und 1288 II ergänzt. Bei mehrfacher Verpfändung gilt § 1290. § 1295 enthält für Inhaber- und Orderpapiere eine Sondervorschrift. 1

B. Leistung nach Pfandreife. Nach Pfandreife (§ 1228 II) kann der Schuldner mit befreiender Wirkung nur an den Pfandgläubiger leisten, soweit nicht §§ 275, 407, 408 eingreifen. Nur dann setzt sich das Pfandrecht des Pfandgläubigers nach § 1287 fort. Ist eine bewegliche Sache zu übereignen, so handelt der Pfandgläubiger bei der Übereignung als gesetzlicher Vertreter des Gläubigers, die Übergabe erfolgt an den Pfandgläubiger. Dieser erwirbt ein Pfandrecht an der übereigneten Sache (§ 1287 S 1). Ist Geld zu übereignen, so handelt der Pfandgläubiger iRd § 1288 II im eigenen Namen. 2

Ist ein Grundstück zu übereignen, so hat die Auflassung und Übergabe an den Gläubiger zu erfolgen. Der Pfandgläubiger wirkt daran als gesetzlicher Vertreter des Gläubigers mit. Nur mit Zustimmung des Pfandgläubigers kann der Gläubiger die Auflassung entgegennehmen. An dem Grundstück erwirbt der Pfandgläubiger mit dem Übergang des Eigentums auf den Gläubiger eine Sicherungshypothek (§ 1287 S 2). 3

Leistet der Schuldner nicht an den Pfandgläubiger, sondern an den Gläubiger, so wird er dem Pfandgläubiger ggü nur im Falle der Gutgläubigkeit (§§ 1275, 407, 408) frei. Zu weiteren Rechtsfolgen einer fehlerhaften Leistung § 1281 Rn 5. 4

5 **C. Einziehungsrecht des Pfandgläubigers.** Der Pfandgläubiger kann erst nach Pfandreife (§ 1228 II), die er zu beweisen hat (RGZ 78, 26, 34), die verpfändete Forderung selbst einziehen oder durch einen Dritten einziehen lassen (hM, BaRoth/*Sosnitza* Rn 2). Ist die gesicherte Forderung nicht fällig, steht das Verwertungsrecht dem Insolvenzverwalter zu; dieser hat den Erlös in Höhe der gesicherten Forderung zurückzuhalten und vorrangig zu hinterlegen, bis die gesicherte Forderung fällig wird (BGH NJW 05, 2231, 2232 f; *Bitter* NZI 00, 399, 400).

6 Der Einziehungsberechtigte darf nach I 1 die verpfändete Forderung kündigen (§ 1283 III), wozu er nach § 1285 II 1 sogar verpflichtet ist, mahnen, gegen eine Forderung des Schuldners aufrechnen (RGZ 58, 105, 107 f; 97, 34, 39 f), im eigenen Namen einklagen und aus einer verpfändeten Hypothekenforderung oder Grundschuld die Zwangsversteigerung des Grundstücks betreiben. Das gilt auch bei Verpfändung einer Eigentümergrundschuld; § 1197 I gilt für den Pfandgläubiger nach hM nicht (BGHZ 103, 30, 37 = NJW 88, 1026; Köln NJW 59, 2167, 2168; *Soergel/Habersack* Rn 8). Einen bereits vorhandenen Titel kann der Pfandgläubiger nach § 727 ZPO auf sich umschreiben lassen.

7 Nicht erlaubt sind ihm Erlass, Vergleich, Novation oder Abtretung (RGZ 58, 105, 107; 97, 34, 39) der verpfändeten Forderung (II Hs 1). Solche Verfügungen sind ohne Zustimmung des Gläubigers schwebend unwirksam.

8 Bei verpfändeten Geldforderungen einschl Hypotheken- und Grundschuldforderungen ist der Pfandgläubiger nur iRd I 2 und des § 1210 einziehungsberechtigt, hinsichtlich des restlichen Anspruchs nur der Gläubiger. Bei einem Pfandrecht an einer Schuld geschieht die Einziehung durch eine einfache Erklärung des Pfandgläubigers ggü dem Gläubiger (Ddorf WM 92, 1937, 1939).

9 Soweit der Pfandgläubiger einziehungsberechtigt ist, kann er auch die Abtretung der verpfändeten Forderung an Zahlungs statt verlangen (I 3), diese erlassen oder in anderer Weise über diese verfügen mit der Folge, dass er insoweit als befriedigt gilt (§ 1288 II), soweit die verpfändete Forderung besteht, auch wenn die Forderung uneinbringlich ist.

10 **D. Rechtsstellung des Gläubigers.** Der Gläubiger kann, soweit das Einziehungsrecht des Pfandgläubigers reicht, aus eigenem Recht nur Leistung an diesen verlangen, die verpfändete Forderung kündigen (§ 1283 III), mahnen und im eigenen Namen auf Leistung an den Pfandgläubiger klagen (RGZ 77, 141, 145; BGH NJW-RR 91, 537). Eine Pflicht des Gläubigers besteht dazu anders als bei § 1281 nicht.

§ 1283 Kündigung

(1) Hängt die Fälligkeit der verpfändeten Forderung von einer Kündigung ab, so bedarf der Gläubiger zur Kündigung der Zustimmung des Pfandgläubigers nur, wenn dieser berechtigt ist, die Nutzungen zu ziehen.
(2) Die Kündigung des Schuldners ist nur wirksam, wenn sie dem Pfandgläubiger und dem Gläubiger erklärt wird.
(3) Sind die Voraussetzungen des § 1228 Abs. 2 eingetreten, so ist auch der Pfandgläubiger zur Kündigung berechtigt; für die Kündigung des Schuldners genügt die Erklärung gegenüber dem Pfandgläubiger.

1 Die abdingbare (§ 1284) Vorschrift, die durch § 1286 ergänzt wird, regelt die Ausübung eines anderweitig (Ddorf WM 92, 1937, 1940) begründeten Rechts zur Kündigung der verpfändeten Forderung vor und nach Pfandreife (§ 1228 II). Für Inhaber- und Orderpapiere enthält § 1294 eine Sonderregelung.

2 Vor der Pfandreife ist nur der Gläubiger kündigungsberechtigt, nur beim Nutzungspfand (§ 1213 f) bedarf er nach I der Zustimmung (§§ 182 ff) des Pfandgläubigers. Zustimmungspflicht besteht unter den Voraussetzungen des § 1286 S 2. Eine Kündigung des Schuldners muss ggü dem Pfandgläubiger und dem Gläubiger erklärt werden (II), nicht notwendig gleichzeitig.

3 Nach Pfandreife (§ 1228 II) ist der Gläubiger (Ddorf WM 92, 1937, 1940), aber auch der Pfandgläubiger zur Ausübung eines bestehenden Kündigungsrechts berechtigt (III Hs 1). Das gilt auch für die Kündigung einer Lebensversicherung nach § 165 VVG, da das Kündigungsrecht kein höchstpersönliches Recht des Versicherungsnehmers ist (BGHZ 45, 162, 168 = NJW 66, 1071; MüKo/*Damrau* Rn 4; *Soergel/Habersack* Rn 3; aA Staud/*Wiegand* Rn 4; Erman/*Michalski* Rn 3). Für die Kündigung des Schuldners genügt eine Erklärung ggü dem Pfandgläubiger (II Hs 2).

§ 1284 Abweichende Vereinbarungen

Die Vorschriften der §§ 1281 bis 1283 finden keine Anwendung, soweit der Pfandgläubiger und der Gläubiger ein anderes vereinbaren.

1 Die grds nicht formbedürftige abw Vereinbarung, die auch noch nach Bestellung des Pfandrechts erfolgen kann, muss § 1277 S 2 beachten (RGZ 90, 255, 256). Eine Anzeige an den Schuldner ist nicht erforderlich, da § 1275 ihn schützt.

§ 1285 Mitwirkung zur Einziehung

(1) Hat die Leistung an den Pfandgläubiger und den Gläubiger gemeinschaftlich zu erfolgen, so sind beide einander verpflichtet, zur Einziehung mitzuwirken, wenn die Forderung fällig ist.
(2) ¹Soweit der Pfandgläubiger berechtigt ist, die Forderung ohne Mitwirkung des Gläubigers einzuziehen, hat er für die ordnungsmäßige Einziehung zu sorgen. ²Von der Einziehung hat er den Gläubiger unverzüglich zu benachrichtigen, sofern nicht die Benachrichtigung untunlich ist.

In Ergänzung des § 1281 schreibt I bei Meidung von Schadensersatz eine einklagbare gegenseitige Mitwirkungspflicht von Gläubiger und Pfandgläubiger bei der Einziehung vor, zB durch Einrichtung eines gemeinsamen Kontos oder die Bestimmung eines Treuhänders. 1

II sieht in Ergänzung des § 1282 eine Pflicht des Gläubigers zur Einziehung und zur Benachrichtigung des Gläubigers vor. Diese umfasst nicht die Pflicht des Gläubigers zu anderweitigen Vollstreckungsmaßnahmen (RGZ 169, 321, 323). Bei Leistung eines Kostenvorschusses, zu der der Gläubiger verpflichtet ist, besteht eine Pflicht, die verpfändete Forderung einzuklagen. Durch eine schuldhafte Verletzung dieser Pflichten macht sich der Pfandgläubiger schadensersatzpflichtig. 2

§ 1286 Kündigungspflicht bei Gefährdung

¹Hängt die Fälligkeit der verpfändeten Forderung von einer Kündigung ab, so kann der Pfandgläubiger, sofern nicht das Kündigungsrecht ihm zusteht, von dem Gläubiger die Kündigung verlangen, wenn die Einziehung der Forderung wegen Gefährdung ihrer Sicherheit nach den Regeln einer ordnungsmäßigen Vermögensverwaltung geboten ist. ²Unter der gleichen Voraussetzung kann der Gläubiger von dem Pfandgläubiger die Zustimmung zur Kündigung verlangen, sofern die Zustimmung erforderlich ist.

Die § 1283 ergänzende Vorschrift normiert bei Gefährdung der Sicherheit der verpfändeten Forderung etwa durch schlechte Vermögensverhältnisse des Schuldners, auch wenn sie schon bei Pfandrechtsbestellung bestanden, eine einklagbare und nach § 894 ZPO vollstreckbare Pflicht des Gläubigers zur Kündigung (S 1) sowie, soweit erforderlich, eine ebensolche Pflicht des Pfandgläubigers, der Kündigung zuzustimmen (S 2). Eine schuldhafte Verletzung dieser Pflichten begründet einen Schadensersatzanspruch aus § 280. 1

§ 1287 Wirkung der Leistung

¹Leistet der Schuldner in Gemäßheit der §§ 1281, 1282, so erwirbt mit der Leistung der Gläubiger den geleisteten Gegenstand und der Pfandgläubiger ein Pfandrecht an dem Gegenstand. ²Besteht die Leistung in der Übertragung des Eigentums an einem Grundstück, so erwirbt der Pfandgläubiger eine Sicherungshypothek; besteht sie in der Übertragung des Eigentums an einem eingetragenen Schiff oder Schiffsbauwerk, so erwirbt der Pfandgläubiger eine Schiffshypothek.

A. Inhalt und Anwendungsbereich. § 1287 regelt in Ergänzung der §§ 1281, 1282 und 1284 (*Ludwig* DNotZ 92, 339, 348) die Wirkung der Leistung auf die wirksam verpfändete Forderung. Da diese erlischt (§ 362 I), fällt das Verpfändungsobjekt weg. An seine Stelle tritt grds der geleistete Gegenstand, an dem sich das Pfandrecht im Wege dinglicher Surrogation fortsetzt (S 1) bzw an dem der Pfandgläubiger eine Hypothek erwirbt (S 2). Für verpfändete Geldforderungen enthält § 1288 weitere Regelungen. Zu Wirkungen einer gegen §§ 1281, 1282 verstoßenden Leistung s § 1281 Rn 5. 1

§ 1287 ist analog anwendbar, wenn sich der Pfandgegenstand in eine Forderung umwandelt, zB bei Einlösung eines Wertpapiers (BGH NJW 97, 2110, 2111), bei einem verpfändeten GmbH-Anteil in einen Anspruch auf den Liquidationserlös oder die Abfindung (RGZ 142, 373, 378 f) oder bei einem Miterbenanteil in eine Forderung gegen die Hinterlegungsstelle, bei der der Teilungserlös hinterlegt ist (BGHZ 52, 99, 107 = NJW 69,1347). An dieser Forderung setzt sich das Pfandrecht fort, nicht jedoch an einem zu Alleineigentum zugeteilten Nachlassgegenstand (RGZ 84, 395, 397). 2

Ein Pfandrecht an einem Anwartschaftsrecht setzt sich mit dessen Erstarken zum Vollrecht analog § 1287 am Eigentum fort (BGHZ 35, 85, 94 = NJW 61, 1349), das Pfandrecht an einer hypothekarisch gesicherten Forderung mit Erlöschen in der Zwangsversteigerung an der nach § 128 I ZVG entstehenden Sicherungshypothek (RGZ 60, 221, 223 f). 3

Bestand an der Forderung kein Pfandrecht, so greift § 1287 nicht ein; für den vermeintlichen Pfandgläubiger kommt dann neben einem Anspruch auf Bestellung eines Pfandrechts nur ein Zurückbehaltungsrecht an der geleisteten Sache in Betracht (RGZ 51, 83, 86; 66, 24, 27). Bei Leistung einer schuldnerfremden Sache gilt § 932. 4

B. Leistung einer beweglichen Sache. An einer nach § 1282 geleisteten Sache erlangt der Gläubiger Eigentum, der Pfandgläubiger mit dem unmittelbaren Besitz (§ 1205) ein Pfandrecht. An einer nach § 1281 geleisteten Sache erlangt der Gläubiger Eigentum und der Pfandgläubiger ein Pfandrecht, wenn er mindestens einfachen Mitbesitz erwirbt (MüKo/*Damrau* Rn 4; AnwK/*Bülow* Rn 5; aA Soergel/*Habersack* Rn 5; BaRoth/*Sosnitza* Rn 3). 5

6 **C. Leistung von Forderungen und Rechten.** Ist die verpfändete Forderung auf Übertragung eines Anspruchs oder Rechts gerichtet, so erwirbt der Gläubiger mit der Übertragung des Rechts, der Pfandgläubiger gleichzeitig ohne Anzeige nach § 1280 ein Pfandrecht daran (§ 1287 S 1).

7 **D. Leistung eines Grundstücks, Rechts an einem Grundstück oder Schiffs. I. Auflassungsanspruch.** Bei der Erfüllung eines verpfändeten Auflassungsanspruchs erlangt der Pfandgläubiger nach § 1287 II Hs 1 eine Sicherungshypothek am übereigneten Grundstück. Entspr gilt bei der Leistung eines Schiffs für die Schiffshypothek. Die Hypothek geht allen Rechten, die erst mit der Umschreibung des Grundbuchs eintragbar sind, im Rang vor (BGHZ 49, 197, 207 f = NJW 68, 493 m Anm *Rose* 1087; Jena DNotZ 97, 158, 161). Für eine zu Gunsten des Verkäufers bewilligte Restkaufgeldhypothek soll dies nach hM nicht gelten (BayObLGZ 72, 46, 49 f; LG Fulda Rpfleger 88, 253; Staud/*Wiegand* Rn 15; aA Soergel/*Habersack* Rn 8; *Just* JZ 98, 120, 123 ff m beachtlichen Argumenten). Die Eintragung der Sicherungshypothek stellt eine Berichtigung des Grundbuchs dar (BayObLG NJW-RR 91, 567).

8 **II. Anwartschaftsrecht.** War ein Anwartschaftsrecht aus bereits erfolgter Auflassung Pfandgegenstand, so erwirbt der Pfandgläubiger in Anlehnung an § 1287 mit Erstarken des Anwartschaftsrechts zum Vollrecht eine Sicherungshypothek am Grundstück (BGHZ 49, 197, 205 = NJW 68, 493).

9 **III. Anspruch auf Bestellung eines Rechts an einem Grundstück.** War ein solcher Anspruch verpfändet, so entsteht mit der Eintragung bzw deren Rückübertragung kraft Gesetzes ein Pfandrecht an der Grundschuld bzw Eigentümergrundschuld (BGHZ 108, 237, 246 = NJW 89, 2536; Celle JR 56, 145, 146).

§ 1288 Anlegung eingezogenen Geldes

(1) ¹Wird eine Geldforderung in Gemäßheit des § 1281 eingezogen, so sind der Pfandgläubiger und der Gläubiger einander verpflichtet, dazu mitzuwirken, dass der eingezogene Betrag, soweit es ohne Beeinträchtigung des Interesses des Pfandgläubigers tunlich ist, nach den für die Anlegung von Mündelgeld geltenden Vorschriften verzinslich angelegt und gleichzeitig dem Pfandgläubiger das Pfandrecht bestellt wird. ²Die Art der Anlegung bestimmt der Gläubiger.
(2) Erfolgt die Einziehung in Gemäßheit des § 1282, so gilt die Forderung des Pfandgläubigers, soweit ihm der eingezogene Betrag zu seiner Befriedigung gebührt, als von dem Gläubiger berichtigt.

1 **A. Einziehung einer Geldforderung vor Pfandreife.** Bei Leistung vor Pfandreife (§ 1228 II) erwirbt der Gläubiger das Eigentum und der Pfandgläubiger nach § 1287 S 1 ein Pfandrecht am Geld, bei unbarer ein Pfandrecht an der Forderung gegen die kontoführende Bank. Nach I sind beide verpflichtet, bei der mündelsicheren Anlage (§ 1807) von Geld und der Bestellung eines Pfandrechts für den Pfandgläubiger daran mitzuwirken. Bei der Anlageart hat der Gläubiger auf die Interessen des Pfandgläubigers Rücksicht zu nehmen (*Meder* WuB I F 2.-1.00).

2 **B. Einziehung einer Geldforderung nach Pfandreife.** Bei Leistung nach Pfandreife (§ 1228 II) wird der Pfandgläubiger Alleineigentümer des Geldes, soweit es zur Befriedigung der gesicherten Forderung erforderlich ist. Diese erlischt ebenso wie die verpfändete Forderung und daran bestehende nachrangige Pfandrechte, es sei denn, der Verpfänder ist mit dem persönlichen Schuldner nicht identisch.

3 Dann geht die gesicherte Forderung auf den Verpfänder über (§§ 1273 II 1, 1225 S 1; RG Recht 18 Nr 246).

4 Leistet der Schuldner einen die gesicherte Forderung übersteigenden Betrag an den Pfandgläubiger, wird der Schuldner nach hM ggü dem Gläubiger nicht frei (hM, Soergel/*Habersack* Rn 5; RGRK/*Kregel* Rn 2; Erman/*Michalski* Rn 2), sondern muss den überzahlten Betrag beim Pfandgläubiger kondizieren (§ 812 I 1 Alt 1). Der Schuldner muss also die Reichweite des Einziehungsrechts des Pfandgläubigers klären und den geschuldeten Betrag ggf hinterlegen (§ 372).

5 Bestand kein Pfandrecht, so muss der Schuldner den geleisteten Betrag beim Pfandgläubiger kondizieren, es sei denn, die Verpfändung der Forderung wurde ihm angezeigt (§ 1280). Dann ist der Schuldner durch seine Leistung an den Pfandgläubiger dem Gläubiger ggü frei geworden (§§ 1275, 409) und der Gläubiger muss sich an den Pfandgläubiger halten (§ 816 II).

§ 1289 Erstreckung auf die Zinsen

¹Das Pfandrecht an einer Forderung erstreckt sich auf die Zinsen der Forderung. ²Die Vorschriften des § 1123 Abs. 2 und der §§ 1124, 1125 finden entsprechende Anwendung; an die Stelle der Beschlagnahme tritt die Anzeige des Pfandgläubigers an den Schuldner, dass er von dem Einziehungsrecht Gebrauch mache.

1 **A. Inhalt und Anwendungsbereich.** Die dispositive auch für Pfändungspfandrechte (Ddorf WM 84, 1431) geltende Regelung erstreckt das Pfandrecht auf die nach seiner Entstehung fällig werdenden Zinsen aller Art, auf rückständige Zinsen nur bei besonderer Vereinbarung (Ddorf WM 84, 1431). § 1289 gilt nicht beim Nut-

zungspfandrecht (§ 1213), bei gesonderter Verpfändung des Zinsanspruchs (RGZ 74, 78, 81) sowie bei Verpfändung einer Höchstbetragshypothek mit eingerechneten Zinsen (RG Recht 14 Nr 2877). Für Wertpapiere s die Sonderregelung in § 1296.

B. Entsprechende Anwendung der §§ 1123 II, 1124 und 1125. Zinsen werden wie Miet- und Pachtzinsforderungen bei der Hypothek behandelt, wobei an die Stelle der Beschlagnahme die Anzeige des Pfandgläubigers an den Schuldner tritt, dass er von seinem Einziehungsrecht (§§ 1281, 1282) Gebrauch macht. Erst mit der Anzeige wird die Haftung der Zinsansprüche wirksam. Vorher darf der Gläubiger über die Zinsen verfügen. Zum Umfang der Haftung und Enthaftung sowie zur Wirksamkeit von Vorausverfügungen s § 1123 Rn 5, § 1124 Rn 4–8 und § 1125 Rn 2 f. 2

§ 1290 Einziehung bei mehrfacher Verpfändung
Bestehen mehrere Pfandrechte an einer Forderung, so ist zur Einziehung nur derjenige Pfandgläubiger berechtigt, dessen Pfandrecht den übrigen Pfandrechten vorgeht.

A. Einziehungsrecht bei mehrfacher Verpfändung. Zur Einziehung (§§ 1281 f) und Kündigung (§ 1283) ist nur der **erstrangige** (§§ 1273 II, 1209) **Pfandgläubiger** berechtigt, auch soweit die Forderung zu seiner Befriedigung nicht benötigt wird. Der nachrangige Pfandgläubiger kann nach Pfandreife (§ 1228 II) nur Leistung an den erstrangigen (§ 1282 I), vor Pfandreife nur an diesen und den Gläubiger gemeinschaftlich (§ 1281 S 1) verlangen. Der erstrangige Pfandgläubiger kann sein Einziehungsrecht auf einen nachrangigen übertragen (BGH NJW 81, 1671, 1672), da § 1290 dispositiv ist. Nach Erlöschen des rangersten Pfandrechts steht das Einziehungsrecht dem nächstrangigen Pfandgläubiger zu. 1
Gleichrangige Pfandgläubiger können eine unteilbare Leistung nur an alle verlangen (§ 432). Bei teilbaren Forderungen, insbes Geldforderungen, kann jeder Pfandgläubiger den ihm gebührenden quotenmäßigen Anteil einziehen (Staud/*Wiegand* Rn 5; Soergel/*Habersack* Rn 4; BaRoth/*Sosnitza* Rn 3; aA AnwK/*Bülow* Rn 4; Palandt/*Bassenge* Rn 1). 2

B. Zusammentreffen mit Pfändungspfandrecht. Bei Zusammentreffen von Vertrags- und Pfändungspfandrecht gilt § 1290 nicht (RGZ 97, 34, 40). Das Einziehungsrecht hat vielmehr der Pfändungspfandgläubiger. Das Vertragspfandrecht setzt sich nach § 1287 am Erlös fort. Ein vorrangiger Pfandgläubiger kann daraus vorzugsweise Befriedigung verlangen (§ 805 ZPO; Hamm NJW-RR 90, 233). Ein Nutzungspfandgläubiger hat ein Widerspruchsrecht nach § 771 ZPO (RGZ 87, 321, 323). Bei Zusammentreffen mehrerer Pfändungspfandrechte gelten §§ 804, 853 ff ZPO. 3

§ 1291 Pfandrecht an Grund- oder Rentenschuld
Die Vorschriften über das Pfandrecht an einer Forderung gelten auch für das Pfandrecht an einer Grundschuld und an einer Rentenschuld.

Die Vorschrift stellt Grundschulden einer Forderung auf Zahlung eines bestimmten Betrages, Rentenschulden einer auf eine Geldrente gerichteten Forderung gleich und verweist auf §§ 1281–1290. Schuldner ist der Grundstückseigentümer. Die Renten werden als Zinsen behandelt (§ 1200). Für Hypotheken, die wegen ihrer Akzessorietät nicht selbst verpfändet werden können, gilt § 1291 nicht. 1
Die Verpfändung von Grund- und Rentenschulden erfolgt nach §§ 1274 I 1, 1154. Nr 14 AGB-Banken erfasst Grundschulden nicht; eine selbständige Verpfändung eines Grundschuldbriefs ist ausgeschlossen (BGHZ 60, 174, 175 = NJW 73, 514), eine Anzeige nach § 1280 entbehrlich. Das Pfandrecht an einer Forderung, die durch eine Grundschuld gesichert ist, ergreift die Grundschuld nicht (RGZ 135, 272, 274). 2
Die Verwertung bestimmt sich nach §§ 1281 f, dh, der Pfandgläubiger muss nach Pfandreife einen Duldungstitel erwirken und daraus vollstrecken. Das gilt trotz § 1197 auch bei Verpfändung einer Eigentümergrundschuld (BGHZ 103, 30, 37 = NJW 88, 1026; Köln NJW 59, 2167, 2168). 3

§ 1292 Verpfändung von Orderpapieren
Zur Verpfändung eines Wechsels oder eines anderen Papiers, das durch Indossament übertragen werden kann, genügt die Einigung des Gläubigers und des Pfandgläubigers und die Übergabe des indossierten Papiers.

A. Inhalt und Verpfändungsarten. § 1292 regelt die Verpfändung von Orderpapieren, dh Wechseln, Orderschecks (Art 14 I ScheckG), Namensaktien (§ 68 I AktG), Namensinvestmentanteilsscheinen (§ 33 I InvG) und Papieren nach § 363 HGB, auf wertpapierrechtlichem Wege durch formfreie Einigung über die Pfandrechtsbestellung, Übergabe des Papiers gem § 1205 f (RGZ 126, 348, 352) sowie Indossament. Einer Anzeige 1 nach § 1280 bedarf es nicht. Bei Namensaktien und Namensinvestmentanteilsscheinen kann die Verpfändung zustimmungsbedürftig sein (§ 68 II AktG).

2 Das Indossament kann sein ein offenes, auch blanko mögliches Pfandindossament (Art 19 WG) oder ein verdecktes Pfandindossament, also dem äußeren Anschein nach ein Vollindossament. Ein offenes Vollmachtsindossament (Art 18 WG, 23 ScheckG) reicht nicht aus, weil es nur eine Bevollmächtigung verbrieft (MüKo/*Damrau* Rn 12; Soergel/*Habersack* Rn 5; BaRoth/*Sosnitza* Rn 3; aA Staud/*Wiegand* Rn 10; AnwK/*Bülow* Rd. 11).

3 Eine Verpfändung der verbrieften Forderung ist ferner nach § 1274 I 2 durch Einigung und Übergabe (BGHZ 104, 145, 149 = NJW 88, 1979; BGH NJW 58, 302, 303 m Anm *Tank* 658) des nicht indossierten Papiers ohne Anzeige nach § 1280 möglich. Eine solche Verpfändung sehen Nr 14 I AGB-Banken und Nr 21 I AGB-Sparkassen vor. Möglich ist selbstverständlich ferner eine wertpapier- oder eine zivilrechtliche Sicherungsübertragung eines Orderpapiers. Ob sie oder aber eine Verpfändung gewollt ist, ist Auslegungsfrage (BGH WM 61, 57).

4 **B. Wirkungen der verschiedenen Verpfändungsarten. I. Offenes Pfandindossament.** Bei einer Verpfändung mittels offenen Pfandindossaments kann der Pfandgläubiger alle Rechte aus dem Orderpapier geltend machen; ein von ihm ausgestelltes Indossament hat die Wirkung eines Vollmachtsindossaments (Art 19 I). Es gelten die Vermutung und der Schutz des gutgläubigen Pfandrechtserwerbs nach Art 16 WG, 19, 21 ScheckG und § 365 I HGB. Die aus dem Orderpapier Verpflichteten können dem redlichen Pfandgläubiger Einwendungen aus ihren unmittelbaren Beziehungen zum Gläubiger nicht entgegensetzen (Art 19 II WG, 22 ScheckG, § 364 II HGB). Das Nichtbestehen eines Pfandrechts, etwa weil die gesicherte Forderung nicht bestehe, kann eingewandt werden. Der Pfandindossatar kann gegen den Pfandindossanten nicht wertpapierrechtlich vorgehen (RGZ 120, 205, 210).

5 **II. Verdecktes Pfandindossament.** Da eine Verpfändung mit einem Vollindossament (auch blanko) vorliegt, erwirbt der Pfandgläubiger keinen wertpapierrechtlichen Anspruch gegen den Verpfänder (RGZ 120, 205, 210), sondern nur dieselben Rechte wie beim offenen Pfandindossament. Da ein Vollindossament vorliegt, erwirbt ein Gutgläubiger das Orderpapier als solches, nicht nur das Pfandrecht daran. Wird ein Wechsel an eine Bank zum Diskont indossiert, liegt kein verdecktes Pfandindossament vor (Nr 14 III AGB-Banken, Nr 21 II AGB-Sparkassen; BGH WM 68, 695; 84, 1391, 1392; 86, 610, 611).

6 **III. Verpfändung nach § 1274.** Bei einer Verpfändung der verbrieften Forderung durch Einigung und Übergabe des nicht indossierten Papiers bleiben dem Schuldner alle Verteidigungsmöglichkeiten nach §§ 1275, 404 erhalten.

7 **C. Verwertung des indossierten, verpfändeten Orderpapiers.** Für die Verwertung gelten neben §§ 1294–1296 die §§ 1279 ff und ergänzend die §§ 1273 ff, dh, die Befriedigung des Pfandgläubigers erfolgt grds durch Klage auf Duldung der Zwangsvollstreckung in das Papier (§ 1277) und dessen anschließende Pfändung.

§ 1293 Pfandrecht an Inhaberpapieren

Für das Pfandrecht an einem Inhaberpapier gelten die Vorschriften über das Pfandrecht an beweglichen Sachen.

1 **A. Inhaberpapier als Sachpfand.** Inhaberpapiere, dh Inhaberschuldverschreibung (§ 793), kleine Inhaberpapiere (§ 807), Inhaberscheck (Art 5 ScheckG), Inhabergrund- und Inhaberrentenschuldbrief (§§ 1195, 1199), Inhaberaktie (§ 10 AktG) und Inhaberinvestmentanteilsschein (§ 33 I InvG), stehen bei der Verpfändung beweglichen Sachen gleich. Wie Inhaberpapiere sind Schuldbuchforderungen und Bundesschatzbriefe zu behandeln (BGH NJW 86, 1675, 1675; sa BundeswertpapierverwaltungsG v 11.12.01 (BGBl I 3519).

2 **B. Verpfändung.** Die Verpfändung erfolgt durch Einigung und Übergabe nach §§ 1205 f (BGH NJW 97, 2110, 2111 f). Indossament und Anzeige nach § 1280 sind entbehrlich. Gutgläubiger Pfandrechtserwerb nach §§ 1207, 935 II sowie §§ 366 f HGB ist möglich. Eine Verpfändung der verbrieften Forderung kann auch nach §§ 1273, 1279 durch Einigung und Übergabe ohne Anzeige nach § 1280 erfolgen.

3 Bei Inhaberpapieren in Sammelverwahrung (§ 5 DepotG) wird der Miteigentumsanteil (§ 1258) verpfändet; die Verpfändung ist der Wertpapiersammelbank anzuzeigen (§ 1205 II). Bei globalverbrieften Aktien (§ 10 V AktG) fehlt mittelbarer Besitz des Verpfänders; sie lassen sich deshalb nur nach §§ 1274 I 1, 398 und Anzeige nach § 1280 verpfänden (*Habersack/Mayer* WM 00, 1678, 1680 ff; AnwK/*Bülow* Rn 7).

4 Durch die Verpfändung entsteht zwischen Verpfänder und Pfandgläubiger ein gesetzliches Schuldverhältnis (§§ 1215 ff). Der Pfandgläubiger ist daraus zur Einlösung fälliger und zur Beschaffung neuer Zinsscheine (§ 803) und ggf zum Umtausch von Aktien verpflichtet (§§ 1218 f). Das Pfandrecht setzt sich an den Ersatzstücken fort (RGZ 116, 198, 203), nicht aber an neuen Aktien aufgrund eines Bezugsrechts (RGZ 139, 224, 229; aA MüKo/*Damrau* Rn 8).

5 **C. Verwertung.** Die Verwertung erfolgt durch Pfandverkauf nach §§ 1228, 1235 I, gem § 1233 II, durch Einziehung der Forderung nach § 1294 oder nach § 1277 sowie bei entspr Vereinbarung (§§ 1245, 1259) durch freihändigen Verkauf oder Verfall. Das Pfandrecht setzt sich am Erlös bzw am Einlösungsbetrag fort (§ 1287; BGH NJW 97, 2110, 2111).

§ 1294 Einziehung und Kündigung

Ist ein Wechsel, ein anderes Papier, das durch Indossament übertragen werden kann, oder ein Inhaberpapier Gegenstand des Pfandrechts, so ist, auch wenn die Voraussetzungen des § 1228 Abs. 2 noch nicht eingetreten sind, der Pfandgläubiger zur Einziehung und, falls Kündigung erforderlich ist, zur Kündigung berechtigt und kann der Schuldner nur an ihn leisten.

Abw von §§ 1281, 1283 hat der Pfandgläubiger bei Inhaber- und Orderpapieren auch bei Verpfändung nach § 1274 I 1 schon vor Pfandreife (§ 1228 II) das alleinige Einziehungs- und Kündigungsrecht ohne Rücksicht auf die Höhe der eigenen Forderung. § 1285 II gilt. Zu diesem Zweck kann der Pfandgläubiger, der nur Mitbesitzer ist, die Einräumung von Alleinbesitz verlangen (§ 1231). Ein Anspruch auf Abtretung an Zahlungs statt besteht nur iRv § 1282 I 3. Das Kündigungsrecht des Schuldners regelt § 1283 II und III. 1

Der Schuldner kann mit befreiender Wirkung nur an den Pfandgläubiger leisten; geschieht dies, erlischt das Pfandrecht. Der Gläubiger wird Eigentümer geleisteten Geldes bzw Gläubiger des Anspruchs auf Gutschrift gegen die kontoführende Bank, der Pfandgläubiger erwirbt ein Pfandrecht daran (§ 1287 S 1; BGH NJW 97, 2110, 2111). An dem Anspruch des Kontoinhabers aus der Gutschrift entsteht nachrangig ein Pfandrecht nach Nr 14 I 2 AGB-Banken, Nr 21 I 3 AGB-Sparkassen (BGH NJW 03, 360, 361). Vor Pfandreife gilt § 1288 I, nach Pfandreife § 1288 II. 2

§ 1295 Freihändiger Verkauf von Orderpapieren

¹Hat ein verpfändetes Papier, das durch Indossament übertragen werden kann, einen Börsen- oder Marktpreis, so ist der Gläubiger nach dem Eintritt der Voraussetzungen des § 1228 Abs. 2 berechtigt, das Papier nach § 1221 verkaufen zu lassen. ²§ 1259 findet entsprechende Anwendung.

Die Vorschrift erleichtert die Verwertung von Orderpapieren (§ 1292 Rn 1) mit einem Markt- oder Börsenpreis (§ 385 Rn 1) nach Pfandreife auch bei Verpfändung nach § 1274. Der freihändige Verkauf (§ 1221), der neben die Verwertungsmöglichkeiten nach §§ 1294 und 1277 tritt, setzt grds Verkaufsandrohung (§ 1234) und Benachrichtigung (§ 1241) voraus (*Schuler* NJW 57, 1049, 1052; *Wittig* FS Kümpel S 587, 595). § 1244 findet Anwendung (RGZ 61, 330, 333). Der Pfandgläubiger kann die Papiere selbst erwerben. Ein Verfall ist nur nach §§ 1229, 1259 zulässig. 1

§ 1296 Erstreckung auf Zinsscheine

¹Das Pfandrecht an einem Wertpapier erstreckt sich auf die zu dem Papiere gehörenden Zins-, Renten- oder Gewinnanteilscheine nur dann, wenn sie dem Pfandgläubiger übergeben sind. ²Der Verpfänder kann, sofern nicht ein anderes bestimmt ist, die Herausgabe der Scheine verlangen, soweit sie vor dem Eintritt der Voraussetzungen des § 1228 Abs. 2 fällig werden.

In Abweichung von § 1289 erstreckt sich ein Pfandrecht insbes bei Order- und Inhaberpapieren auf zugehörige Zins-, Renten und Gewinnanteilscheine, dh selbständig übertrag- und verpfändbare Wertpapiere (RGZ 77, 333, 335), nur, wenn sie dem Pfandgläubiger übergeben wurden (§ 1205 f). Aufgrund des Verpfändungsvertrages kann der Verpfänder zur Herausgabe verpflichtet sein. Für Zinserneuerungsscheine gilt § 1296 zwar nicht (RGZ 74, 339, 341), im Zweifel erstreckt sich das Pfandrecht aber auch auf sie (RGZ 58, 162, 165). 1

Soweit nicht – wie etwa in Nr 14 IV AGB-Banken – anderes vereinbart ist, kann der Verpfänder die Rückgabe vor Pfandreife fällig werdender Zinsscheine verlangen (S 2), es sei denn, es wurde ein Nutzungspfand (§ 1213) vereinbart. Hatte der Pfandgläubiger Zinsscheine bereits eingelöst, muss er den eingezogenen Betrag herausgeben. 2

Buch 4 Familienrecht

Abschnitt 1 Bürgerliche Ehe

Titel 1 Verlöbnis

Vorbemerkungen vor § 1297 Nichteheliche Lebensgemeinschaft

1 **A. Allgemeines.** Die nichteheliche Lebensgemeinschaft wird von der Rspr dahingehend definiert, dass es sich um eine heterosexuelle Beziehung handeln muss, die auf unbestimmte Dauer angelegt ist, sich durch innere Bindungen der Partner zueinander auszeichnet und neben sich keine weiteren Lebensgemeinschaften gleicher Art zulässt (BGH FamRZ 93, 533; BSG FamRZ 93, 1315; BVerfG FamRZ 93, 164). Die Bindungen der Partner zueinander müssen so eng sein, dass sie auch in den Not- und Wechselfällen des Lebens füreinander einstehen und Verantwortung übernehmen (BVerfG FamRZ 93, 163). Die nichteheliche Lebensgemeinschaft wird deshalb auch als Verantwortungs- und Einstehensgemeinschaft bezeichnet (*Grziwotz* FamRZ 94, 1217). Sie weist somit zwar weitgehende Ähnlichkeit mit der Ehe auf, unterscheidet sich von dieser aber durch den Mangel an Form (Ddorf FamRZ 81, 1077).

2 In einigen sozialrechtlichen Vorschriften (zB §§ 7 III Nr 3 b SGB II, 20 SGB XII) wird der Begriff der nichtehelichen Lebensgemeinschaft weiter gefasst, um auf diese Weise eine Benachteiligung der Ehe ggü anderen Formen des Zusammenlebens im Hinblick auf die Gewährung staatlicher Leistungen zu verhindern. Hier reicht iA das Bestehen einer reinen Wohn- und Wirtschaftsgemeinschaft (BSG FamRZ 88, 1261; BVerwG FamRZ 91, 327) aus, um die gesetzlich bestimmten Folgen nichtehelichen Zusammenlebens auszulösen.

3 Die nichteheliche Lebensgemeinschaft ist kein Verlöbnis, da es ihr an dem für § 1297 erforderlichen Eheversprechen fehlt. Anderseits schließen Verlöbnis und nichteheliche Lebensgemeinschaft sich nicht aus, wenn die zusammen lebenden Partner die spätere Eheschließung vereinbart haben (Staud/*Strätz* Anh zu § 1297 Rn 32). Im Fall der Trennung konkurrieren dann ggf die von der Rspr entwickelten Grundsätze zur Rückabwicklung von Zuwendungen mit Ansprüchen aus § 1301 (vgl *Grziwotz* FamRZ 99, 413).

4 Häufig schwierig zu ermitteln ist der Beginn des nichtehelichen Zusammenlebens, weil es anders als in der Ehe keinen nach außen sichtbaren Akt des Entstehens gibt. Die äußeren Formen – Begründung einer gemeinsamen Wohnung, gemeinsames Wirtschaften – schaffen zwar Indizien, lassen allein aber noch keinen sicheren Schluss auf den maßgeblichen Willen der Partner zu einer auf Dauer angelegten und durch innere Bindungen ausgezeichneten Partnerschaft zu. Gleichwohl wird es idR zulässig sein, von äußeren Umständen auf die innere Einstellung der Partner zueinander zu schließen (BVerfG FamRZ 93, 164; Hamm NJW-RR 99, 1233).

5 Die Dauer des nichtehelichen Zusammenlebens begründet Rückschlüsse auf die Tiefe der Bindungen und die Ernsthaftigkeit der Partnerschaft, so dass der Zeitfaktor eine erhebliche, zumindest indizielle Bedeutung hat. Weil aber auch ein kurzes Zusammenleben nicht zwingend gegen eine eheähnliche Bindung spricht, ist stets eine Einzelfallprüfung geboten. Danach kann auch nach einem sehr kurzen Zusammenleben eine eheähnliche Bindung angenommen werden, wenn der schließlich maßgebliche Wille auf eine auf Dauer angelegte durch innere Bindungen ausgezeichnete Partnerschaft gerichtet war.

6 **B. Rechtslage während des Bestehens der nichtehelichen Lebensgemeinschaft. I. Beziehungen der Partner untereinander. 1. Partnerschaftsverträge und vermögensrechtliche Beziehungen.** Das unverheiratete Zusammenleben der Partner wird heute nicht mehr als generell sittenwidrig angesehen, auch dann, wenn einer von beiden noch verheiratet ist (BGH FamRZ 91, 168). Deshalb können die Partner auch Partnerschaftsverträge miteinander abschließen, mit denen sie ihr Zusammenleben gestalten. Derartige Verträge sind wirksam, solange sich nicht einzelne Regelungen als sittenwidrig erweisen (BGH FamRZ 91, 168; Hamm FamRZ 88, 618; Karlsr FamRZ 89, 866). Das gilt auch für Verfügungen von Todes wegen, sofern nicht mit diesen ausschl der Zweck verfolgt wird, den Ehegatten oder Kinder aus einer noch bestehenden Ehe zu benachteiligen (BGH FamRZ 69, 323, 70, 368).

7 Auch Unterhaltsverträge begegnen keinen Bedenken (BGH FamRZ 86, 145), wobei allerdings die Unverbindlichkeit und die damit verbundene Möglichkeit der jederzeitigen Beendigung der Partnerschaft ohne Einhaltung bestimmter Fristen eines der maßgeblichen Unterscheidungsmerkmale zwischen Ehe und nichtehelicher Lebensgemeinschaft ist, weshalb Regelungen untersagt sind, durch die die Lösung der Partnerschaft verhindert oder über Gebühr erschwert wird (Hamm FamRZ 88, 618 für den Fall der Vereinbarung einer unangemessenen Abfindung bei einseitiger Trennung). Anderseits ist die Vereinbarung einer pauschalierten Ersatzleistung an Stelle einer detaillierten Vermögensauseinandersetzung zulässig (*Burhoff* Rn 102), weshalb die Grenzziehung im Einzelfall schwierig sein kann. Unzulässig ist eine Vereinbarung, wenn in ihr eine Sanktion mit Vertragsstrafencharakter zu sehen ist (Hamm NJW 88, 2474), zulässig eine solche, durch die dem wirtschaftlich schwächeren Partner das finanzielle Risiko einer Weiterführung der gemeinsamen Beziehung abgenommen werden soll (Köln FamRZ 01, 1608).

Vertraglich vereinbaren lässt sich auch eine Altersvorsorge zu Gunsten des wirtschaftlich schwächeren Partners, ohne dass allerdings die Möglichkeit der Übertragung von Anrechten aus der gesetzlichen Rentenversicherung oder der Beamtenpension besteht, weil diese nicht zur Disposition der Berechtigten stehen (MüKo/*Wacke* nach § 1302 Rn 47). Zulässig ist aber die Begründung eines Zahlungsanspruchs gegen den Bezieher der Rente oder Pension, der Abschluss einer Lebensversicherung zu Gunsten des Partners oder dessen freiwillige Versicherung in der gesetzlichen Rentenversicherung. 8

Schließen die Partner eine Vereinbarung für den Fall der Trennung, so handelt es sich dabei um eine unbenannte Zuwendung (BGH FamRZ 95, 1060; 97, 933), weshalb sie keiner Form bedarf (Köln FamRZ 01, 1608). Auf sie finden weder das eheliche Güterrecht noch die Regeln über den Versorgungsausgleich entspr Anwendung. 9

Bestehen keine Vereinbarungen, so ist weder das Ehe- noch das Verlöbnisrecht entspr anwendbar. Aus der Begründung eines gemeinsamen Haushalts allein kann auch noch nicht auf einen konkludent geschlossenen umfassenden Kooperationsvertrag zwischen den Partnern geschlossen werden, da durch den nur faktischen Zusammenschluss noch keine Rechtsgemeinschaft begründet wird (BGH FuR 98, 56). Auch ist nicht anzunehmen, dass sie sich den verbindlichen Regeln des Gesellschaftsrechts unterstellen wollen (BGH NJW 80, 1520; 82, 2863; 83, 2375; 92, 427; München FamRZ 80, 239), zumal eine danach bei Trennung stattfindende, dem Zugewinnausgleich ähnliche Auseinandersetzung dem mutmaßlichen Willen der Partner nicht entsprechen dürfte. 10

2. Unterhalt. Gegenseitige Unterhaltspflichten bestehen – abgesehen vom Fall des § 1615 l – nicht; weder § 1360 a, noch § 1361 oder §§ 1569 ff sind analog anwendbar. Deshalb gibt es unter den Partnern auch keine Prozesskostenvorschusspflicht (MüKo/*Wacke* nach § 1302 Rn 27). 11

Zulässig ist aber der Abschluss eines Vertrages zur Übernahme von Unterhaltspflichten. IRd Auslegung eines derartigen Vertrages können die Regelungen der §§ 1570 ff mit herangezogen werden. Bei der Annahme eines konkludent geschlossenen Unterhaltsvertrages ist aber Zurückhaltung geboten. So ist insbes das Vertrauen auf die Fortdauer faktisch gewährten Unterhalts wegen der beiden Partnern gegebenen Möglichkeit der jederzeitigen Beendigung der Gemeinschaft nicht schützenswert. Leistet ein Partner seiner bedürftigen Partnerin Unterhalt, so kann er diesen nach § 33 a EStG von seinem zu versteuernden Einkommen abziehen, soweit der Partnerin mit Rücksicht auf die Unterhaltsleistungen öffentliche Mittel gekürzt worden sind (BFH FamRZ 04, 1642). 12

Wegen des Unterhaltsanspruchs aus § 1615 l wird auf die Ausführungen zu dieser Norm verwiesen. 13

3. Versicherungsrecht. Das Familienprivileg des § 67 I VVG findet weder auf Verlobte noch auf nichteheliche Lebensgemeinschaften Anwendung (BGH VersR 86, 233; Hamm r+s 99, 470; *van Bühren* MDR 02, 1410; aA Brandbg NJW 02, 1581 bei langjähriger Lebensgemeinschaft, aus der ein Kind hervorgegangen ist). 14

II. Haftung. 1. Haftung gegenüber Dritten. a) Vertretung. Jeder Partner kann grds nur sich selbst rechtsgeschäftlich verpflichten. Die Regelung der für Ehegatten begründeten Möglichkeit der Mitverpflichtung iRd sog Schlüsselgewalt (§ 1357) findet keine (analoge) Anwendung (Staud/*Strätz* Anh zu § 1297 Rn 46), da die Möglichkeit, den Partner ohne weiteres zu verpflichten, dem Wesen der nichtehelichen Lebensgemeinschaft widerspricht, diese sich von der Ehe gerade durch das Fehlen wechselseitiger Pflichten unterscheidet (Hamm FamRZ 99, 616). 15

Eine Verpflichtung des anderen kommt somit nur im Falle ausdrücklicher Vollmachtserteilung und des Handelns im fremden Namen (§ 164) in Betracht. Ggf kann auch an die Anwendung der Grundsätze der Duldungs- und Anscheinsvollmacht gedacht werden. Dabei kann für den Umfang einer nicht ausdrücklich erteilten Vollmacht auf § 1357 zurückgegriffen werden (Staud/*Strätz* Anh zu § 1297 Rn 46). 16

b) Bürgschaft. Verbürgt sich ein Partner für Verbindlichkeiten des anderen, so findet die Rspr zur Bürgschaft finanziell überforderter Ehegatten idR entspr Anwendung (BGH FamRZ 97, 481; *Bauer* FuR 03, 481, 487). Voraussetzung ist aber, dass dem Gläubiger die enge persönliche Bindung zwischen Schuldner und Bürgen bekannt ist. 17

2. Haftung der Partner untereinander. Da die nichteheliche Lebensgemeinschaft durch die enge persönliche Verbundenheit der Partner zueinander geprägt ist, haften die Partner untereinander nur für Vorsatz oder grobe Fahrlässigkeit, wobei diese Haftungsbegrenzung mit einer entspr stillschweigenden Vereinbarung iRd § 277 (Oldbg NJW 86, 2259; Karlsr FamRZ 92, 940) oder dem allgemeinen aus §§ 1664, 1359, 708 abgeleiteten Rechtsgedanken begründet wird, dass im Bereich enger persönlicher Verbundenheit mit Nachlässigkeiten und Fehlern des anderen zu rechnen ist (Staud/*Strätz* Anh zu § 1297 Rn 49 mwN). 18

Diese Haftungsbegrenzung hat allerdings keine Gültigkeit im Straßenverkehr, denn für individuelle Fehler und Nachlässigkeiten ist hier kein Raum (BGHZ 46, 313; 53, 352; 63, 51, 57). Anders als ein Ehegatte ist der Partner der nichtehelichen Lebensgemeinschaft auch nicht wegen der aus § 1353 abgeleiteten Verpflichtung zur ehelichen Lebensgemeinschaft daran gehindert, seinen Schadensersatzanspruch während des Zusammenlebens durchzusetzen (vgl für Ehegatten: BGH NJW 88, 1208). 19

20 Die Haftungsbegrenzung greift ferner nicht, wenn sich die Partner wie Dritte gegenüberstehen, also über das Zusammenleben hinaus ein Rechtsverhältnis zueinander begründen, zB durch Abschluss eines Arbeitsvertrages. Die nichteheliche Lebensgemeinschaft begründet auch keinen Deliktsschutz und keinen Rechtfertigungsgrund, zB für Körperverletzungen (Kobl NJW-RR 95, 24).

21 Hat ein Partner die getroffene Abrede zum Gebrauch empfängnisverhütender Mittel verletzt und kommt es deshalb zur Geburt eines gemeinsamen Kindes, so begründet dies keine Schadensersatzansprüche, weil die Abrede einer rechtsgeschäftlichen Regelung nicht zugänglich ist (BGH FamRZ 86, 773).

22 **III. Gemeinsame Kinder.** Durch das am 1.7.1998 in Kraft getretene neue Kindschaftsrecht ist die von der Lit geforderte und durch die Rspr des BVerfG unerlässlich gewordene Reform umgesetzt worden. Durch die Neugestaltung des Abstammungsrechts ist die Unterscheidung zwischen ehelicher und nichtehelicher Abstammung zu Gunsten einer einheitlichen Regelung aufgegeben worden. Das gilt auch für das Verfahren, so dass das Familiengericht für alle Kindschaftssachen, sämtliche die elterliche Sorge und das Umgangsrecht betreffenden Verfahren sowie alle sich aus der Ehe und Verwandtschaft ergebenden Unterhaltsansprüche, also auch diejenigen des Kindes nicht miteinander verheirateter Eltern, zuständig ist (§§ 23 b I 2 Nr. 2, 3, 5, 12 und 13 GVG). Wegen der Ausgestaltung des Sorgerechts im Einzelnen wird auf die Ausführungen zu §§ 1626 ff, wegen der des Umgangsrechts auf diejenigen zu §§ 1626 III, 1684 verwiesen.

IV. Nichteheliche Lebensgemeinschaft und Dritte. 1. Haftung Dritter im Falle der Tötung oder Verlet-
23 **zung eines Partners.** Da innerhalb der nichtehelichen Lebensgemeinschaft – mit Ausnahme des Anspruchs aus § 1615 l – keine gesetzlichen Unterhaltsansprüche bestehen, hat der hinterbliebene Partner nach der durch einen Dritten erfolgten Tötung des Lebensgefährten gegen den Dritten keinen Anspruch aus § 844 II, auch dann nicht, wenn die Partner die Absicht späterer Heirat hatten. Da die Partner einander auch nicht kraft Gesetzes zu Leistungen im Haushalt oder Gewerbe verpflichtet sind, gilt dasselbe im Falle der Verletzung oder Tötung auch für Ansprüche aus § 845 (Nürnbg FamRZ 05, 2069). Str ist, ob der Schädiger zum Ersatz der Fahrtkosten verpflichtet ist, die nach einer Verletzung des Lebensgefährten für dessen Besuche im Krankenhaus erforderlich sind (abl LG Oldenburg ZfS 89, 45; zust LG Münster NJW 98, 1801).

24 **2. Krankheit des Lebenspartners.** Im Falle der Erkrankung eines Partners besteht für Ärzte und Pflegepersonal die ärztliche Schweigepflicht auch ggü einem langjährigen Lebenspartner (*Grziwotz* FamRZ 03, 1418, 1421; anders im Fall der Aidserkrankung, nach der dem Rechtsgut Leben des Partners ggü dem Geheimhaltungsinteresse des Erkrankten der Vorrang einzuräumen ist, Frankf MDR 99, 1444). Bei Betreuungsbedürftigkeit und Bestellung eines Betreuers steht dem Lebensgefährten analog § 69 g I FGG ein Beschwerderecht zu (Köln FamRZ 00, 116; aA Schlesw FamRZ 02, 750).

25 **V. Wohnung.** Haben beide Partner den Mietvertrag über die gemeinsam genutzte Wohnung abgeschlossen, so sind sie dem Vermieter ggü Gesamtschuldner der zu zahlenden Miete.

26 Nimmt einer der Partner den anderen in die von ihm gemietete Wohnung auf, so stellt dies eine selbständige Gebrauchsüberlassung iSd § 553 dar (BGH FamRZ 85, 42; Hamm FamRZ 83, 273). Der aufgenommene Partner soll dort nicht als jederzeit ausquartierbarer Besucher, sondern nach dem Willen beider mit selbständigem Mitgebrauch ausgestattet sein.

27 Vor der Aufnahme des Lebensgefährten in die Mietwohnung, zu der der Mieter regelmäßig berechtigt ist (BVerfG FamRZ 00, 1356), sind im Einzelfall die Interessen des Mieters und des Vermieters sorgfältig gegeneinander abzuwägen (BGH FamRZ 85, 42; aA Hamm NJW 82, 2876 das den Interessen des Mieters stets Vorrang einräumt). Das Interesse des Mieters an der Aufnahme des Lebensgefährten ist dem des Vermieters gegenüberzustellen. Diese können in berechtigter Ablehnung der Person des Lebensgefährten oder in einer durch die Aufnahme bedingten Überbelegung der Wohnung gesehen werden, während Tendenzschutzerwägungen kirchlicher Einrichtungen unerheblich sind (Hamm NJW 92, 513). Fällt die vorzunehmende Abwägung zu Gunsten des Mieters aus, ist eine Vertragsklausel, die ihm ein nichteheliches Zusammenleben verbietet, unwirksam (MüKo/*Wacke* nach § 1302 Rn 34; Soergel/*Lange* NEhelG Rn 46). Nach der berechtigten Aufnahme des Partners hat der Vermieter diesem ggü die gleichen Schutzpflichten wie ggü dem Mieter selbst (BVerfG FamRZ 00, 1356).

28 Duldet der Vermieter die Aufnahme des Partners in die Wohnung, so belegt dies idR die Zumutbarkeit (§ 553 II), so dass nach Ablauf einer längeren Frist die Kündigung nicht mehr auf diesen Umstand gestützt werden kann. Dasselbe gilt zu Gunsten des Inhabers eines dinglichen Wohnrechts, der gem § 1093 II befugt ist, seine Familie mit aufzunehmen. Diese Regelung ist auf die auf Dauer angelegte nichteheliche Lebensgemeinschaft entspr anzuwenden (BGH FamRZ 82, 774).

29 Ist der Mieter nicht Mit- oder Untermieter geworden, hat er ggü dem anderen kein eigenständiges Besitzrecht an der Wohnung (Braunschw DtZ 97, 163; Staud/*Strätz* Anh zu § 1297 Rn 188; aA Palandt/*Brudermüller* vor § 1297 Rn 20). Nach Beendigung der Partnerschaft kann er somit von dem Mieter ohne weiteres aus der Wohnung gewiesen werden, ohne dass es einer Kündigung bedarf oder ein Zurückbehaltungsrecht wegen eigener Zahlungsansprüche besteht (Hamm NJW 86, 728). Ein Selbsthilferecht besteht jedoch nicht, so dass der Mieter auf Räumungsklage angewiesen ist, gegen die dem Nichtmieter ggf Räumungsschutz zusteht (§ 721 V ZPO).

Möchte der Vermieter das Mietverhältnis beenden, so muss er die Kündigung ggü beiden aussprechen, wenn 30
beide Mitmieter sind. Sonst reicht die Kündigung ggü dem Vertragspartner, wobei ein ggf zwischen den Partnern anzunehmendes Untermietverhältnis mit dem Hauptmietverhältnis endet (§ 546 II).
Ist es der Eigentümer selbst, der einen Partner in eine nichteheliche Lebensgemeinschaft aufnehmen will, so 31
rechtfertigt dies das Recht des Vermieters zur Eigenbedarfskündigung iSd § 573 II Nr 2 (Karlsr FamRZ 82, 599).

VI. Prozessuale Fragen. Da die Partner einer nichtehelichen Lebensgemeinschaft nicht miteinander verlobt 32
sind noch sonst in einer iSd § 383 ZPO oder § 52 StPO engen persönlichen Beziehung zueinander stehen, steht ihnen in einem den anderen betreffenden Rechtsstreit kein Zeugnisverweigerungsrecht zu (zum Streitstand: Staud/*Strätz* Anh zu § 1297 Rn 185; MüKo/*Wacke* nach § 1302 Rn 61). Der Partner ist auch kein Angehöriger iSd § 157 StGB, so dass die in dieser Norm vorgesehene Strafmilderung bei Aussagedelikten zu Gunsten eines Angehörigen nicht greift (*Tröndle* StGB 48. Aufl. § 157 Rn 9; *Müller-Christmann* JuS 97, 922, 924).
Nach § 178 I ZPO können Zustellungen dann, wenn der Zustellungsempfänger in seiner Wohnung nicht 33
angetroffen wird, an einen erwachsenen Familienangehörigen, eine in seiner Wohnung beschäftigte Person oder einen erwachsenen ständigen Mitbewohner erfolgen, worunter gerade auch unverheiratete Paare fallen.
Das Bestehen einer nichtehelichen Lebensgemeinschaft wirkt sich auf die Gewährung von PKH nicht aus. 34
Zwar gehören zum Einkommen iSd § 115 ZPO alle Einkünfte in Geld oder Geldeswert, ohne Rücksicht darauf, ob hierauf ein Rechtsanspruch besteht, doch werden andererseits die iRd nichtehelichen Lebensgemeinschaft dem anderen erbrachten Leistungen nicht als Abzüge anerkannt, da der zu § 114 ZPO bestehenden Tabelle über Einkommensgrenzen nur gesetzliche Unterhaltspflichten zu Grunde gelegt sind (Köln FamRZ 88, 306; Zöller/*Philippi* § 115 Rn 8; aA Stuttg MDR 05, 413 das für den Partner einen Abzug in Höhe des Freibetrages für Ehegatten vornehmen will). Deshalb findet weder eine Anrechnung der Einkünfte des Partners statt, noch muss sich der Partner der nichtehelichen Lebensgemeinschaft so behandeln lassen, als habe er einen Anspruch auf Prozesskostenvorschuss (Köln FamRZ 88, 306; Karlsr JurBüro 04, 382).
Da Leistungen an den Partner der nichtehelichen Lebensgemeinschaft nicht in Erfüllung gesetzlicher Unterhaltspflichten erfolgen, führen sie nicht zu einer Erhöhung der Pfändungsfreigrenzen nach § 850 c ZPO oder 35
auch nur zur Berücksichtigung als besonderer Umstand iSd § 765 a ZPO (LG Osnabrück Rpfleger 99, 34). Soll auf Räumung von Wohnraum vollstreckt werden, setzt dies einen Titel gegen beide Partner voraus, sofern die Wohnung an beide vermietet ist oder ein Partner später mit Zustimmung des Vermieters aufgenommen worden ist (KG NJW-RR 94, 713; Zöller/*Stöber*, ZPO, § 885 Rn 5 e). Ist von der Sachherrschaft nur eines Partners auszugehen, genügt der Titel gegen diesen einen.

C. Auflösung der nichtehelichen Lebensgemeinschaft. I. Beendigungsfreiheit. Wesentliches Merkmal der 36
nichtehelichen Lebensgemeinschaft ist deren Unverbindlichkeit. Jeder Partner kann sich jederzeit ohne Angabe von Gründen aus ihr entfernen, weshalb Vereinbarungen, durch die die Auflösung unmöglich gemacht oder wesentlich erschwert werden, unwirksam sind. Da auch kein Vertrauensschutz gewährt wird, kann aus der Auflösung als solcher kein Schadensersatzanspruch hergeleitet werden, solange nicht schädigende Handlungen im Zusammenhang mit der Trennung begangen werden, etwa durch Entgegennahme einer Zuwendung, wenn der Zuwendungsempfänger bereits fest entschlossen ist, den anderen zu verlassen (Celle NJW 83, 1065) oder Trennung zur Unzeit, unmittelbar vor dem Examen, der Niederkunft oder nach dem Eintritt einer schweren Erkrankung (MüKo/*Wacke* nach § 1302 Rn 329; Staud/*Strätz* § 826 Rn 60; aA *Diederichsen* NJW 83, 1017).

II. Auseinandersetzung. Wird eine nichteheliche Lebensgemeinschaft beendet, so werden hiervon die Beziehungen zu Dritten nicht berührt. Von Bedeutung ist die Auflösung deshalb vorrangig für das Verhältnis der 37
Partner untereinander. Haben sie den Fall der Beendigung nicht vertraglich geregelt, so sind Ausgleichsansprüche wegen der dem anderen gewährten Leistungen jedoch grds ausgeschlossen, weil die nichteheliche Lebensgemeinschaft keine umfassende Rechtsgemeinschaft ist (BGH NJW 80, 1520; 81, 1502; 83, 1055).
Einen allgemeinen Anspruch auf Vermögensausgleich gibt es nicht; die Regeln über den Zugewinnausgleich 38
sind auch nicht analog anwendbar, weil die Rechtsordnung in Übereinstimmung mit Art 6 GG nur den Partnern einer rechtsgültigen Ehe im Falle deren Beendigung Rechte am Vermögen des anderen zugesteht (Frankf FamRZ 82, 265; Saarbr FamRZ 79, 796). Ansprüche kommen aber im Einzelfall in Betracht.

1. Verrechnungsverbot. Die nichteheliche Lebensgemeinschaft ist eine Verbindung zweier Menschen, die 39
durch ihre zueinander bestehenden persönlichen Beziehungen geprägt ist. Ihr entscheidendes Merkmal ist ihre Unverbindlichkeit. Dies führt dazu, dass innerhalb der Gemeinschaft rechtliche Bindungen und rechtlich verbindliche Geschäfte idR nicht gewollt sind und die Ausnahme darstellen (BGH FamRZ 83, 1213; Ddorf FamRZ 97, 1110). Auch in wirtschaftlicher Hinsicht besteht somit keine Rechtsgemeinschaft, weshalb – sofern nicht etwas anderes vereinbart ist – weder persönliche noch wirtschaftliche Leistungen gegeneinander aufgerechnet werden (BGH FamRZ 83, 791).
Für Leistungen, die ein Partner iRd nichtehelichen Lebensgemeinschaft erbracht hat, hat er nach deren Beendigung deshalb regelmäßig gegen den anderen keinen Ausgleichsanspruch, zumal dieser gleichwertige Leistungen erbracht haben dürfte. Etwas anderes gilt nur dann, wenn die Leistungen über das iRd Lebensgemeinschaft zu Erwartende hinaus gehen (vgl unten Rn 49 ff). 40

41 **2. Wohnung.** Auf die Zuweisung der Wohnung nach der Trennung finden weder § 1361 b noch die HausratsVO (entspr) Anwendung (Hamm FamRZ 05, 2085). Im Falle der Anwendung oder Androhung von Gewalt geben die Vorschriften des GewSchG eigene Ansprüche. Im Übrigen ist zu differenzieren:

42 Ist nur ein Partner Mieter der gemeinsam genutzten Wohnung, so hat der andere diese auf Verlangen zu räumen, da er dem Mieter ggü über die Beendigung der Lebensgemeinschaft hinaus kein eigenständiges Recht zum Besitz hat (Staud/*Strätz* Anh zu § 1297 Rn 188; aA Palandt/*Brudermüller* Einf vor § 1297 Rn 20). Allerdings ist der Mieter auf die Räumungsklage angewiesen, gegen die der andere ggf Räumungsschutz nach § 721 ZPO geltend machen kann. Dasselbe gilt, wenn die Partner in einem im Alleineigentum eines Partners stehenden Haus wohnen. Hier ist allerdings zu prüfen, ob zwischen ihnen ggf auch konkludent ein Mietverhältnis begründet worden ist.

43 Sind beide Partner Mieter der Wohnung, so müssen sie das Mietverhältnis auch gemeinsam beenden. Die Möglichkeit der einseitigen Kündigung besteht ebenso wenig wie die des Abschlusses eines Aufhebungsvertrages ohne Beteiligung des Mitmieters. Verlässt ein Partner die Wohnung ohne vorherige Regelung, so haftet er dem Vermieter weiterhin auf Zahlung des Mietzinses. Trägt der andere aber nichts dazu bei, das Mietverhältnis zu beenden und gibt er zu erkennen, dass er die Wohnung allein nutzen möchte, ist er im Innenverhältnis verpflichtet, die Miete allein zu tragen; insoweit besteht ggf ein Freistellungsanspruch (Ddorf FamRZ 98, 739). Dasselbe gilt für denjenigen der Partner, der die gemeinsame Wohnung entgegen den früheren Planungen allein übernimmt (LG Kobl FamRZ 00, 95). Haben die Partner allerdings den Mietvertrag im Hinblick auf die baldige Heirat gemeinsam abgeschlossen und ist es ihnen nicht möglich, vorzeitig aus dem Vertrag entlassen zu werden, so haften beide zu gleichen Teilen (Dresden FamRZ 03, 158).

44 Beanspruchen nach der Beendigung der Partnerschaft beide die Wohnung für sich, so bleibt nur die Möglichkeit der gemeinsamen Kündigung des Mietvertrages. Die Mitwirkung an der Kündigung kann jeder in entspr Anwendung gesellschaftsrechtlicher Vorschriften (Staud/*Strätz* Anh zu § 1297 Rn 140) jederzeit verlangen, da das dem Mietvertrag zu Grunde liegende Gesellschaftsverhältnis jederzeit ohne wichtigen Grund gekündigt oder aufgehoben werden kann (LG Karlsr FamRZ 95, 94). Beide Partner sind deshalb verpflichtet, an der Kündigung der Wohnung mitzuwirken (Ddorf FamRZ 93, 575), wobei der sich weigernde Partner ggf auf Abgabe einer entspr Willenserklärung zu verklagen ist (§ 894 ZPO).

45 Endet die nichteheliche Lebensgemeinschaft durch den Tod eines Partners, wird das Mietverhältnis über die gemeinsame Wohnung nach § 563 a mit dem überlebenden Partner fortgesetzt, sofern dieser es nicht binnen 1 Monat nach Kenntnis vom Tod kündigt (§ 563 a II). Stirbt der Alleinmieter, kann der nichteheliche Lebenspartner gem § 563 I in das Mietverhältnis eintreten.

46 **3. Hausrat, Kraftfahrzeug.** Auch hinsichtlich der Hausratsverteilung finden § 1361 a oder die Vorschriften der HausratsVO keine (analoge) Anwendung. Jeder kann somit gem § 985 sein Eigentum herausverlangen. Miteigentum wird nach Gemeinschaftsvorschriften auseinander gesetzt. Wer sich auf sein Alleineigentum beruft, hat dieses zu beweisen. An denjenigen Gegenständen, die einem Partner von Dritten geschenkt oder die ererbt worden sind, besteht im Zweifel Alleineigentum. Im Übrigen ist zu prüfen, an wen bei Übergabe übereignet worden ist. Über das „Geschäft für den, den es angeht" wird jedenfalls beim Erwerb von Hausrat häufig Miteigentum begründet worden sein (BGH FamRZ 91, 923 für die gleiche Situation bei Ehegatten).

47 Indizien, die auf einen Eigentumsbegründungswillen schließen lassen können, sind Anwesenheit beim Kauf, Mitwirkung an der Kaufentscheidung oder die Finanzierung (Köln FamRZ 96, 614), sofern ihr nicht gleichwertige Gegenleistungen des anderen etwa in Form der Haushaltsführung gegenüberstehen (Ddorf MDR 99, 233). Lassen sich die Eigentumsverhältnisse danach nicht klären, kann die Beweisregel der §§ 1006, 1008 greifen, die bei Mitbesitz Miteigentum vermuten lässt (BGH NJW 93, 935).

48 Wurde ein Kfz von einem Partner in die Partnerschaft eingebracht, so besteht an ihm und dem aus eigenen Mitteln bezahlten Ersatzfahrzeug Alleineigentum. Wegen des in der Partnerschaft erworbenen Wagens ist auf die bei Erwerb abgegebenen Erklärungen abzustellen. Indizielle Bedeutung haben die Eintragung als Erwerber im Kaufvertrag oder als Halter in Fahrzeugbrief oder –schein, das Aussuchen des Fahrzeugs, das Tragen der Kosten oder auch die überwiegende Nutzung durch nur einen Partner. Wurde das Kfz zum Alleineigentum eines Partners erworben, jedoch von dem anderen finanziert, so entsteht zwischen beiden ein Auftragsverhältnis, in dessen Rahmen ein Aufwendungsersatzanspruch besteht (§ 670). Die zu erstattenden Aufwendungen sind in den geleisteten Ratenzahlungen zu sehen, wegen des Verrechnungsverbotes jedoch nur für die nach der Trennung fällig gewordenen (BGH FamRZ 81, 530).

49 **4. Rückgewähr von Leistungen.** Während des Zusammenlebens erbrachte Leistungen oder Zuwendungen können wegen des Verrechnungsverbotes nur im Ausnahmefall ersetzt verlangt werden, in keinem Fall für Tätigkeiten, die das tägliche Zusammenleben ermöglicht haben, zB im Haushalt. Für derlei Leistungen wird regelmäßig Bezahlung nicht erwartet (München FamRZ 80, 239). Das gilt auch für Pflegeleistungen (Frankf FamRZ 82, 265), die Übernahme von Handwerksarbeiten im Haus des anderen (BGH FamRZ 83, 349) oder die Finanzierung des Zusammenlebens durch Kredite (BGH FamRZ 82, 1213; Oldbg NJW 86, 1817). Gehen die Leistungen weit über das Maß dessen hinaus, was iRd Zusammenlebens üblich ist, können ausnahmsweise Ausgleichsansprüche begründet sein.

Bereicherungsrechtliche Ansprüche sowohl nach § 812 I 1 Alt 1 (Staud/*Strätz* Anh zu § 1297 Rn 40) als auch 50
nach I 2 Alt 2 (BGH FamRZ 92, 408; Hamm FamRZ 90, 625; Köln NJW-RR 96, 518) scheiden regelmäßig aus, sofern nicht die Vorstellungen der Partner über die Erwartung vom Fortbestand der nichtehelichen Lebensgemeinschaft hinausgingen, etwa weil die Eheschließung vereinbart (Stuttg FamRZ 77, 545) oder Erbeinsetzung erwartet war (Frankf FamRZ 81, 253). Dasselbe gilt für Ansprüche wegen Wegfalls der Geschäftsgrundlage (§ 313), da es sich bei dem Zusammenschluss zur nichtehelichen Lebensgemeinschaft um einen tatsächlichen Vorgang handelt, der keine Rechtsgemeinschaft begründet (BGH FuR 98, 56; FamRZ 96, 1141) und weil sich die Partner der Möglichkeit der jederzeitigen Beendigung der Gemeinschaft bewusst waren und deshalb das Risiko des Wegfalls der Geschäftsgrundlage einkalkuliert haben (BGH FamRZ 91, 168; 83, 349).
Verfolgen die Partner mit dem Erwerb von Vermögensgegenständen oder der Beteiligung am Unternehmen des 51
anderen im Innenverhältnis den über die Lebensgemeinschaft hinausgehenden Zweck, einen wirtschaftlichen Wert schaffen zu wollen, den sie für die Dauer ihrer Partnerschaft gemeinsam nutzen wollen und der ihnen nach ihrer Vorstellung gemeinsam gehören soll, erfolgt zur Auflösung einer im Einzelfall als ungerecht angesehenen Situation ein Ausgleich über die entspr Anwendung gesellschaftsrechtlicher Vorschriften (BGH FuR 98, 56; FamRZ 92, 408), ohne dass vom Bestehen einer Gesellschaft ausgegangen wird. Unerheblich ist, ob ein ausdrücklicher oder stillschweigender Abschluss eines Vertrages festgestellt werden kann oder ob sich die Partner überhaupt darüber bewusst waren, dass ihre Beziehung als Innengesellschaft eingeordnet werden könnte (BGH FamRZ 05, 1151; Schlesw FamRZ 02, 96). Die Anwendung gesellschaftsrechtlicher Normen bezieht sich stets nur auf einzelne Gegenstände (BGH FamRZ 89, 599). Im Ergebnis wird ein Ausgleichsanspruch danach angenommen, wenn der den Anspruch stellende Partner objektiv einen wesentlichen Beitrag geleistet hat und subjektiv beide Partner die Absicht verfolgt haben, einen „gemeinschaftlichen" Wert zu schaffen.
Die Frage der objektiven Wesentlichkeit hängt maßgeblich von der Art des geschaffenen Vermögenswertes 52
und den finanziellen Verhältnissen der Partner in der konkreten Lebenssituation ab (BGH NJW-RR 96, 1473). Für die subjektive Absicht, einen gemeinschaftlichen Wert zu schaffen, kommt es nicht auf die formaldingliche Zuordnung (BGH FamRZ 97, 1533 = FuR 98, 56), sondern darauf an, dass die Partner mit dem Erwerb des Vermögensgegenstandes die Absicht verfolgt haben, den geschaffenen Wert für die Dauer der Partnerschaft gemeinsam zu nutzen. Sie müssen die Vorstellung gehabt haben, der Vermögenswert werde ihnen bei wirtschaftlicher Betrachtung gemeinsam gehören (BGH FamRZ 93, 939). Die Absicht der gemeinsamen Wertschöpfung kann sich aus ausdrücklichen Absprachen, im Übrigen aus einer Würdigung der Umstände des Falles ergeben, wobei die Wesentlichkeit des Beitrages ein Indiz auch für die Absicht gemeinsamer Wertschöpfung ist (BGH FamRZ 97, 1533). Handelt es sich bei den Leistungen um fortlaufende, etwa Zuwendungen, die der Alters- oder Krankenvorsorge dienen, und die jederzeit frei widerruflich sind, kommt ein Ausgleich insbes dann nicht in Betracht, wenn sie auch nach dem Scheitern der Gemeinschaft weiterhin erbracht werden (BGH FamRZ 96, 1141).
Häufiger Anwendungsfall ist der Fall des Baus eines Hauses auf dem Grundstück eines Partners, an dem der 53
andere sich mit Geld- oder Arbeitsleistungen beteiligt hat (BGH FamRZ 99, 1580; FamRZ 92, 408; Schlesw FamRZ 03, 96). Auch hier kommt es nicht entscheidend auf die dingliche Zuordnung, sondern auf die Absicht der Partner an, das geschaffene Vermögen fortan gemeinsam zu nutzen. Der Erwerb des Grundstücks durch nur einen und der Beitrag des anderen zu den Erwerbskosten allein begründet noch nicht die Anwendung gesellschaftsrechtlicher Normen (BGH NJW 83, 2375), während der Erwerb von Alleineigentum an dem bislang gemeinschaftlichen Grundstück mit wesentlichen Beiträgen des anderen nicht gegen deren Anwendung spricht (BGH NJW 92, 906). Zu den damit maßgeblichen Umständen des Einzelfalles zählen die finanziellen Verhältnisse der Partner und die Bedeutung des geleisteten Beitrages (BGH NJW-RR 96, 1473; 93, 774). Weiter ist erforderlich, dass die Früchte der erbrachten Leistung bei der Auflösung der Gesellschaft bei dem anderen noch vorhanden sind (Schlesw FamRZ 02, 884), was bei Arbeitsleistungen schwer festzustellen sein wird. Reine Handlangertätigkeit führt weder zu einem messbaren verbliebenen Vermögensvorteil, noch stellt sie einen objektiv wesentlichen Beitrag dar (Schlesw FamRZ 02, 884).
Weiterer Anwendungsfall ist die Auseinandersetzung nach gemeinsamem Aufbau oder Betreiben eines als 54
gemeinsamer Wert betrachteten und behandelten Unternehmens durch beiderseitige Arbeit, finanzielle Aufwendungen oder sonstige Leistungen (BGH FamRZ 97, 1533; 82, 1065). Nur gelegentliche Mitarbeit oder Aushilfe stellt keinen wesentlichen Beitrag dar. Da ein Über- oder Unterordnungsverhältnis der Innengesellschaft fremd ist, setzt sie weiter die faktische Gleichrangigkeit der Partner voraus, die sich nach außen in geeigneter Weise manifestiert hat, etwa bei einem 17 Jahre dauernden Aufbau eines Hotelbetriebes (Hamm FamRZ 80, 1530) oder unentgeltlicher Überlassung von Werkstatträumen zum Betrieb des anderen und 14 Jahre dauernder Mitarbeit darin (BGH FamRZ 82, 1065).
Die Abwicklung erfolgt in entspr Anwendung der §§ 730 ff, jedoch können die Partner anders als dort ihre 55
Ansprüche isoliert geltend machen (Schlesw FamRZ 02, 96). Die Höhe der zu zahlenden Abfindung richtet sich nach dem Wert des aufzuteilenden Vermögens im Zeitpunkt der Auseinandersetzung (BGH FamRZ 83, 791). Zur Vereinfachung kann sich der Ausgleichsberechtigte auch darauf beschränken, die Erstattung seiner Einlagen zu verlangen (§ 733 II), wobei anerkannt ist, dass dies entgegen § 733 II 3 auch für werk- und dienstvertragsähnliche Leistungen gilt, soweit diese sich als bleibender Wert niedergeschlagen haben (BGH

FamRZ 85, 1232). Haben die Partner ein Unternehmen betrieben, ist für den Tag der Beendigung der Lebensgemeinschaft eine Bilanz zu erstellen. Von dem sich nach Abzug der Verbindlichkeiten und Erstattung der Einlagen errechnenden Überschuss steht jedem Partner ein seinem Anteil entspr Betrag als Geldforderung zu (§ 738 I 2). Unterschiedliche Beteiligung am Unternehmen ist durch unterschiedliche Quotierung zu berücksichtigen (BGH FamRZ 82, 1065). Eine Beteiligung an Fehlbeträgen scheidet aber aus, da § 735 nur ausnahmsweise bei Vorliegen besonderer Umstände Anwendung findet (Nürnbg FamRZ 00, 97).

56 **5. Dienstvertrag.** Die nichteheliche Lebensgemeinschaft steht der Zulässigkeit der Vereinbarung von Beschäftigungsverhältnissen untereinander nicht entgegen (Staud/*Strätz* Anh zu § 1297 Rn 89 mwN). Ein solches ist anzunehmen, wenn ein Partner es in verbindlicher Form übernimmt, den anderen in Zukunft zu pflegen und der andere dafür Gegenleistungen erbringt (Köln FamRZ 97, 1113). Es kann auch aus den Umständen des Falles gefolgert werden, zB dann, wenn ein Unternehmer jahrelang Sozialversicherungsbeiträge für die Partnerin gezahlt und deren Gehalt als Betriebsausgaben steuerlich geltend gemacht hat (Bremen FamRZ 99, 227).

57 Fehlt es an besonderen Absprachen, ist idR anzunehmen, dass Dienstleistungen iR einer nichtehelichen Lebensgemeinschaft nicht zum Zweck des Gelderwerbs, sondern altruistisch erbracht werden. Das gilt auch für in einem kleinen Familienbetrieb geleistete Arbeit, zumal dann, wenn der Lohn erst nach Beendigung der Gemeinschaft eingefordert wird (LAG Köln MDR 99, 1331). Leistungen, die wie Hausarbeit, Krankenpflege oder Betreuung der Kinder das tägliche Zusammenleben ermöglichen, können nicht ausgeglichen werden (Köln FamRZ 97, 1113). Etwas anderes gilt dann, wenn die Dienstleistung im Hinblick auf die Übernahme zB eines Ausgleichs durch materielle Zukunftssicherung, wie Versprechen einer späteren Heirat, Beteiligung am Unternehmen oder spätere Erbeinsetzung, erbracht worden ist. Schlägt diese auf einer derartigen Zusage beruhende Erwartung fehl, kann die gem §§ 611, 612 angemessene Vergütung verlangt werden (BAG Betrieb 65, 1562; *Haussleiter/Schulz* Kap 8 Rn 29).

58 **6. Auftrag.** Standen die Leistungen nicht in unmittelbarem Zusammenhang mit der Lebensgemeinschaft (BGH FamRZ 83, 349; Oldbg NJW 86, 1817), können Ausgleichsansprüche aus Auftrag bestehen, etwa dann, wenn ein Partner dem anderen darlehensweise beschafftes Geld für die Anschaffung eines in seinem Alleineigentum stehenden PKW gibt, jedoch nur für die nach der Trennung fällig werdenden Raten (Saarbr FamRZ 98, 738; Celle NJW 83, 1065; Oldbg FamRZ 86, 465), anders dann, wenn der von einem Partner finanzierte Gegenstand im Miteigentum stand (Oldbg FamRZ 86, 465). Ein Aufwendungsersatzanspruch kann auch bestehen, wenn der Partner das von dem anderen aufgenommene Darlehen bedient (Frankf NJW 85, 810), jedenfalls soweit keine Schenkung vorliegt (Karlsr FamRZ 86, 1095), oder bei Übernahme einer Bürgschaft für den Partner (Celle NJW 83, 1063; Palandt/*Sprau* § 774 Rn 2). Im letztgenannten Fall steht der Aufwendungsersatzanspruch neben dem nach § 774 übergegangenen aus der Hauptforderung (Palandt/*Sprau* § 774 Rn 4).

59 **7. Schenkungswiderruf.** Schenkungswiderruf nach § 530 kommt nur in Betracht, wenn die Zuwendung eine Schenkung iSd § 516 war, was bei Beiträgen, die der gemeinsamen Lebensführung dienen, wie Zurverfügungstellung von Konsumgütern, nicht der Fall ist. Schenkung liegt nur vor, wenn die Zuwendung dem Empfänger ausschl allein zugute kommt und über das zur Verwirklichung der Lebensgemeinschaft Erforderliche hinausgeht. Den Widerruf rechtfertigender grober Undank durch eine schwere Verfehlung liegt nicht in der Auflösung der nichtehelichen Lebensgemeinschaft als solcher und der Zuwendung zu einem neuen Partner (Karlsr FamRZ 86, 1095). Anderes gilt für Bedrohungen, körperliche Misshandlungen, grundlose, uU sogar für auf zweifelhafte Verdachtsmomente gestützte Strafanzeigen (BGH FamRZ 91, 168), grundloses Anschwärzen ggü dem Arbeitgeber oder schwerwiegende Beleidigungen. Der Widerruf kann auch gerechtfertigt sein, wenn der Beschenkte noch wertvolle Geschenke entgegennimmt, obwohl er innerlich fest zur Trennung entschlossen ist (Celle NJW 83, 1065), oder wenn er zum Zeitpunkt der Zuwendung heimlich bereits eine neue Beziehung begründet hatte (Hamm NJW 78, 224).

60 Nicht widerrufen werden können Pflicht- und Anstandsschenkungen, zB Gelegenheitsgeschenke zu Weihnachten, Geburtstag oder aus sonstigen Anlässen. Gerade in einer von gegenseitigen Rechten und Pflichten freigehaltenen Beziehung wird der Schenker eher einer sittlichen Pflicht entsprechen als in der Ehe (Staud/*Strätz* Anh zu § 1297 Rn 104).

61 **8. Vermögen.** Hat ein Partner dem anderen Vollmacht zur Verfügung über sein Konto gegeben, erlischt diese im Zeitpunkt der Trennung (BGH FamRZ 88, 476 für Eheleute). Nach außen bleibt die Vollmacht jedoch wirksam, bis ihr Erlöschen angezeigt wurde (§ 170). Verfügungen in Ausnutzung dieser Situation können Schadensersatzansprüche nach §§ 823 II, 266 I StGB begründen. Berechtigt am Guthaben ist der jeweilige Kontoinhaber, gleich, aus wessen Vermögen die Einzahlungen stammen, da anzunehmen ist, dass es sich um Leistungen für die Gemeinschaft handelt (Frankf FamRZ 82, 265). Etwas anderes gilt nur, wenn sich auf dem Konto ein vom Bestand der Gemeinschaft unabhängiges größeres Vermögen befindet, das der gemeinsamen Altersversorgung dienen soll – dann gesellschaftsrechtliche Ansprüche –, oder wenn ein Partner das Vermögen des anderen treuhänderisch verwaltet – dann Anspruch nach § 670 (zum Haftungsumfang vgl Zweibr OLGR 05, 132).

Sind beide Partner Kontoinhaber, sind sie Gesamtgläubiger (§ 428) und im Zweifel je hälftig berechtigt 62
(§ 430). Für die Annahme gleicher Berechtigung kommt es nicht auf die Herkunft der Mittel noch darauf an,
aus welchen Gründen das Konto eingerichtet wurde (BGH FamRZ 90, 370 für Eheleute). Zum Stichtag der
Beendigung der Lebensgemeinschaft ist das Guthaben zu gleichen Teilen aufzuteilen (Celle FamRZ 82, 63).
Das gilt auch beim Tod eines Partners (Celle FamRZ 82, 63).

9. Schulden. Sind die Partner nach außen Gesamtschuldner, haften sie intern zu gleichen Teilen, solange 63
nichts anderes vereinbart ist (§ 426 I 2). Für die Zeit des Zusammenlebens wird ein Ausgleich auch dann
nicht geschuldet, wenn die gemeinsamen Verbindlichkeiten von einem getilgt werden (BGH FamRZ 80, 664),
sofern nicht anderes vereinbart ist (Saarbr FamRZ 98, 738). Anderes gilt für die Zeit nach der Trennung,
wobei die Ausgleichspflicht ohne vorherige Geltendmachung einsetzt (Celle OLGR 00, 25). Intern ist es von
§ 426 I 2 abw gerechtfertigt, einem Partner die volle Haftung aufzuerlegen, wenn mit einem gemeinsam aufgenommenen Kredit Schulden nur eines Partners getilgt wurden, es sei denn, die Tilgung stellte ein Geschenk
dar (Karlsr FamRZ 86, 1095).

D. Erbrecht. Da beim Tod eines Partners der nichtehelichen Lebensgemeinschaft die §§ 1931, 1932, 1371 64
nicht entspr anzuwenden sind, fällt der gesamte Nachlass den gesetzlichen Erben auch dann zu, wenn darin
wesentliche Werte des überlebenden Partners enthalten sind (Saarbr NJW 79, 2050; Frankf FamRZ 81, 253).
Erbansprüche des überlebenden Partners können nur auf Grund Verfügung von Todes wegen entstehen,
wobei Testamente, durch die der Partner der nichtehelichen Lebensgemeinschaft bedacht wird, nicht gegen
die guten Sitten verstoßen, solange durch sie nicht der Zweck der Belohnung oder Förderung geschlechtlicher
Hingabe verfolgt wird (BGHZ 53, 375; 77, 59; 112, 262; FamRZ 83, 53) oder in ihnen eine familienfeindliche
Gesinnung zum Ausdruck kommt (BGH NJW 70, 1273; Frankf FamRZ 79, 347; MüKo/*Wacke* nach § 1302
Rn 40).
Die Errichtung eines gemeinschaftlichen Testamentes ist nicht möglich (zur Verfassungskonformität BVerfG 65
NJW 89, 1986). Wenn die Formerfordernisse erfüllt sind, kann ein gleichwohl errichtetes ggf in ein einseitiges
umgedeutet werden, sofern der Wille des Erblassers dahin ging, den anderen auch ohne wechselseitige
Begünstigung zum Erben einzusetzen (BGH NJW-RR 87, 1410). Wollten die Partner dagegen die Erbfolge
zueinander unter Ausschluss der gesetzlichen Erbfolge regeln, ist eine Umdeutung ausgeschlossen (Hamm
FamRZ 97, 55). Endet die nichteheliche Lebensgemeinschaft vor dem Tod eines Partners, findet § 2077 I
keine Anwendung. Bei Erbeinsetzung des Partners und Beendigung der Partnerschaft vor dem Tod müssen
im Übrigen die gesetzlichen Erben beweisen, dass der Wille des Erblassers dahin ging, den Partner nur für
den Fall des Fortbestehens der Gemeinschaft bis zum Tod zu bedenken (BayObLG FamRZ 83, 1226; MüKo/
Leipold § 2077 Rn 11; Palandt/*Edenhofer* § 2077 Rn 2; Staud/*Strätz* Anh zu § 1297 Rn 111; aA MüKo/Wacke
nach § 1302 Rn 41).

§ 1297 Unklagbarkeit, Nichtigkeit eines Strafversprechens

(1) Aus einem Verlöbnis kann nicht auf Eingehung der Ehe geklagt werden.
(2) Das Versprechen einer Strafe für den Fall, dass die Eingehung der Ehe unterbleibt, ist nichtig.

A. Begriff des Verlöbnisses. Verlöbnis ist das gegenseitige Versprechen zweier Personen verschiedenen 1
Geschlechts, in Zukunft miteinander die Ehe einzugehen. Verlobte stehen in einem rechtlich geregelten personenrechtlichen Gemeinschaftsverhältnis (BGH FamRZ 92, 160). In §§ 1297 ff sind dazu lediglich der Ausschluss von Einklagbarkeit und Strafversprechen (§ 1297) sowie die Rechtsfolgen der Auflösung (§§ 1298–
1302) geregelt. Zustandekommen und Wirksamkeit des Verlöbnisses richten sich mangels spezieller Regelungen nach den allgemeinen Vorschriften über das Wirksamwerden von Rechtsgeschäften, da das wechselseitige
Heiratsversprechen nach hM als Vertrag iSd §§ 137 ff, 145 ff zu qualifizieren ist (zum praktisch bedeutungslo-
sen Theorienstreit zur Rechtsnatur s MüKo/*Wacke* Rn 4–6 mwN).
Vom Verlöbnis zu unterscheiden ist die nichteheliche Lebensgemeinschaft, bei der es an dem für § 1297 erfor- 2
derlichen Eheversprechen fehlt. §§ 1297 ff sind auf solche Lebensgemeinschaften weder direkt noch analog
anzuwenden. Das schließt nicht aus, dass zwischen zusammenlebenden Partnern zugleich ein Verlöbnis
besteht. In einem solchen Fall konkurrieren dann §§ 1297 ff mit den von der Rspr entwickelten Grundsätzen
zur Rückabwicklung von Leistungen (s dazu näher vor § 1297 Rn 3).
Dem gesetzlichen Verlöbnisbegriff unterfällt nicht das Versprechen zweier Personen gleichen Geschlechts, 3
eine Lebenspartnerschaft zu begründen. Nach § 1 III LPartG jedoch sind auf ein solches Versprechen die Ver-
löbnisvorschriften entspr anzuwenden.

B. Wirksamkeitsvoraussetzungen. Das **Zustandekommen** eines Verlöbnisses erfordert übereinstimmende 4
Willenserklärungen des Mannes und der Frau, die das ernsthafte gegenseitige Versprechen beinhalten, einander zu heiraten. Ein bloßes Liebesgeständnis oder Zusammenleben reichen nicht. Die Erklärungen müssen
wechselseitig zugehen. Eine Form ist gesetzlich nicht vorgeschrieben. Weder öffentliche Bekanntmachung
oder Erklärung ggü Dritten noch der Austausch von Verlobungsringen sind erforderlich. Die gegenseitige

Erklärung des Eheversprechens kann konkludent erfolgen. Schlüssiges Verhalten, aus dem sich die einvernehmliche Heiratsabsicht ergibt, sind zB religiöse Eheschließung vor standesamtlicher Trauung, Anmeldung der Eheschließung beim Standesamt, gemeinsame Hochzeitsvorbereitungen, Einladung von Gästen zum Polterabend oder zur Hochzeitsfeier. Hingegen reicht die Selbstbezeichnung zusammenlebender Partner als „Verlobte" nicht, wenn kein ernstliches Eheversprechen vorliegt (BayObLG FamRZ 83, 1226).

5 Stellvertretung wie auch gesetzliche **Vertretung** sind angesichts der höchstpersönlichen Natur des Eheversprechens ausgeschlossen. Die Verknüpfung mit einer **Bedingung** ist, anders als nach § 1312 S 2 für die Eheschließung, möglich (RGZ 80, 88). Ebenso zulässig ist **Zeitbestimmung** auf einen Anfangstermin iSv § 163, nicht aber die Befristung auf einen Endtermin.

6 Als Rechtsgeschäft erfordert das Verlöbnis **Geschäftsfähigkeit** beider Partner. Ein Geschäftsunfähiger kann sich nicht verloben. Bei beschränkter Geschäftsfähigkeit gelten §§ 106 ff. Der Minderjährige bedarf daher der Zustimmung seines gesetzlichen Vertreters. Ein ohne dessen Einwilligung erklärtes Verlöbnis ist schwebend unwirksam; mit Genehmigung des gesetzlichen Vertreters oder der Genehmigung des volljährig Gewordenen wird es rückwirkend wirksam. Eine solche mit Rückwirkung verbundene Genehmigung ist auch dann noch möglich, wenn zwischenzeitlich ein grundloser Rücktritt des volljährigen Partners erfolgt war (MüKo/*Wacke* Rn 7). Auch ohne Vorliegen der erforderlichen Zustimmung des gesetzlichen Vertreters ist der volljährige Partner des Minderjährigen, der um dessen Minderjährigkeit wusste, an das Verlöbnis gebunden (§ 109 II). Unter dem Gesichtspunkt des Minderjährigenschutzes gilt dies auch dann, wenn ihm die Minderjährigkeit nicht bekannt war (im Ergebnis ebenso Erman/*Heckelmann* Rn 10, 11; BaRoth/*Lohmann* Rn 10; MüKo/*Wacke* Rn 7). Da beschränkte Geschäftsfähigkeit bereits mit sieben Jahren beginnt (§ 106) und die Vorschriften über die Ehemündigkeit (§ 1303) auf das Verlöbnis nicht anzuwenden sind, ist fraglich, inwieweit Kinderverlobungen rechtliche Anerkennung finden können. Im Hinblick auf das verfassungsrechtliche Kinderschutzgebot (Art 6 II GG) kann das „Eheversprechen" eines Kindes, welches mangels **Reife und Einsichtsfähigkeit** über eine Partnerwahl und die rechtlichen Folgen eines Verlöbnisses nicht selbstbestimmt entscheiden kann, keine Wirksamkeit entfalten. Dies gilt auch dann, wenn pflichtvergessene oder an Wertvorstellungen anderer Kulturkreise orientierte Eltern der „Verlobung" zustimmen (vgl BaRoth/*Lohmann* Rn 9; Palandt/*Brudermüller* Einf vor § 1297 Rn 1). Von daher wird man die Fähigkeit zur Abgabe eines rechtlich relevanten Eheversprechens kaum vor Vollendung des 14. Lebensjahres ansetzen können.

7 Die Nichtigkeitsgründe der §§ 134 (**gesetzliches Verbot**) und 138 I (**Sittenwidrigkeit**) gelten auch für das Verlöbnis. Sind die Partner Geschwister oder in gerader Linie miteinander verwandt – auch nur infolge einer Adoption –, führt der damit verbundene Verstoß gegen die Eheverbote in §§ 1307, 1308 I zur Nichtigkeit des Verlöbnisses. Sittenwidrig ist stets das Verlöbnis mit einem Verheirateten; die daraus folgende Nichtigkeit ist auch dann gegeben, wenn die Scheidungsvoraussetzungen vorliegen und die Scheidung betrieben wird (BGH FamRZ 84, 386). Indes schließt eine solche Nichtigkeit nicht aus, dass der gutgläubige Partner, der auf die Gültigkeit des Verlöbnisses vertraut hat, durch analoge Anwendung der §§ 1298 ff in seinem Vertrauen geschützt wird (Karlsr NJW 88, 3023). Das behebbare Ehehindernis der mangelnden Ehemündigkeit (§ 1303 I, II) sowie dasjenige für Adoptivgeschwister (§ 1308 II) führen nicht zur Nichtigkeit, wenn die beabsichtigte Eheschließung von der Behebung abhängig gemacht wird (Erman/*D.Heckelmann* Rn 14 mwN).

8 Auf das Verlöbnis anwendbar sind die Vorschriften zur Wirksamkeit bei verheimlichtem **Vorbehalt** (§ 116 S 1) sowie zur Nichtigkeit bei erkanntem Vorbehalt (§ 116 S 2), beim **Scheingeschäft** (§ 117) und bei **Mangel der Ernstlichkeit** (§ 118 mit Schadensersatzpflicht aus § 122). Nicht anwendbar sind die Vorschriften zur **Anfechtung** von Rechtsgeschäften (§§ 119 ff, 142 f); nach zutreffender hM (LG Saarbrücken NJW 70, 327; MüKo/*Wacke* Rn 11; BaRoth/*Lohmann* Rn 12 mwN) werden sie durch §§ 1298 f als spezielle Regelung zum Rücktritt vom Verlöbnis verdrängt.

9 **C. Wirkungen. I. Kein Zwang zur Eingehung der Ehe.** Die aus einem wirksam zustande gekommenen Verlöbnis resultierende **Verpflichtung zur Eingehung der Ehe** ist zwar materiell-rechtlich wirksam und mit den in §§ 1298 ff geregelten Rechtsfolgen verbunden, jedoch prozessual **nicht einklagbar** (I). Dies entspricht der durch Art 6 I GG gewährleisteten Freiheit, die Ehe mit einem selbst gewählten Partner einzugehen, ohne auch nur mittelbar zur Ehe mit einem anderen Partner gezwungen zu sein (vgl BVerfG FamRZ 04, 765). Der Klagbarkeitsausschluss ist Verfahrenshindernis, eine Klage solchen Inhalts ist unzulässig. Ein dennoch ergangenes Urteil ist nicht vollstreckbar (§§ 888 III, 894 II ZPO). Ein ausländisches Urteil diesen Inhalts ist als ordre-public-widrig nicht anerkennungsfähig (§ 328 I Nr 4 ZPO). Zulässig ist hingegen eine Klage auf Feststellung der Wirksamkeit – oder Unwirksamkeit – des Verlöbnisses (Erman/*D Heckelmann* Rn 1).

10 Weiteres Mittel zur Verhinderung eines auch nur mittelbaren Zwangs zur Eheschließung ist die in II normierte **Nichtigkeit von Strafvereinbarungen** für den Fall, dass die Eingehung der Ehe unterbleibt.

11 **II. Sonstige Wirkungen.** Im **Familienrecht** beschränkt sich das Gesetz (§§ 1298–1302) auf die Regelung von Schadensersatz- und Rückgewähransprüchen bei Beendigung des Verlöbnisses (s dazu Rn 1 ff). Außer der nicht einklagbaren Verpflichtung zur Eingehung der Ehe und einer gegenseitigen Beistandspflicht hat das nicht aufgelöste Verlöbnis keine familienrechtlichen Wirkungen. Es gibt keine Unterhaltspflicht und kein Güterrecht für Verlobte. Verlobung vermittelt keine Schwägerschaft.

Im **Erbrecht** existieren etliche Sondervorschriften für Verlobte. Dies gilt für den Erbverzicht (§§ 2347 I, 2351, 12 2352), den Erbvertrag (§§ 2275 III, 2276 II, 2279 II, 2290 III) und das Unwirksamwerden der Bedenkung des Partners bei Auflösung des Verlöbnisses (§ 2077 II). Insoweit gelten für Verlobte die gleichen Besonderheiten wie für Ehegatten. Sie können jedoch kein gemeinschaftliches Testament errichten (§ 2265). Ein gesetzliches Erbrecht des überlebenden Verlobten gibt es nicht.

Das **Prozessrecht** gewährt Verlobten wie Eheleuten Verweigerungsrechte (§§ 383 Nr 1, 385 I ZPO, 52 I Nr 1, 13 55, 61 Nr 2, 63 StPO) sowie das Recht zur Verweigerung des Gutachtens (§§ 408 I ZPO, 76 I StPO).

Verlobte sind „Angehörige" iS des **Strafrechts** (§ 11 I Nr 1 a StGB), was ua für bestimmte Entschuldigungs-, 14 Strafausschluss- und Strafmilderungsgründe von Bedeutung ist. Hingegen haben Verlobte keinen Anspruch auf Witwenversorgung iSd Gesetzes über die Entschädigung für Opfer von Gewalttaten (BSG FamRZ 92, 808).

D. Beendigung. I. Voraussetzungen. Das Verlöbnis endet durch Rücktritt oder einverständliche Entlo- 15 bung, durch anderweitige Verlobung oder Heirat sowie durch den Tod eines der Verlobten.

Rücktritt ist, wie aus der speziellen Regelung in §§ 1298, 1299 abzuleiten ist, die einseitige Erklärung eines 16 Verlobten, nicht mehr an das Eheversprechen gebunden zu sein. Der Rücktritt kann formlos und konkludent erfolgen; die Erklärung muss dem anderen Verlobten zugehen. Sowohl rechtsgeschäftliche als auch gesetzliche Vertretung sind ausgeschlossen (LG Saarbrücken NJW 70, 327). Im Hinblick auf die Eheschließungsfreiheit ist der Rücktritt jederzeit möglich, ein Grund nicht erforderlich. Ein minderjähriger Verlobter bedarf nicht der Zustimmung seines gesetzlichen Vertreters (RGZ 98, 13).

Die **einverständliche Entlobung** erfolgt durch formlos und konkludent möglichen Aufhebungsvertrag, zu 17 dem ein minderjähriger Verlobter der Zustimmung seines gesetzlichen Vertreters nicht bedarf.

II. Rechtsfolgen. Bei Beendigung des Verlöbnisses zu Lebzeiten beider Verlobter entsteht der wechselseitige 18 Anspruch auf **Rückgabe der einander gemachten Geschenke** (§ 1301 S 1). Bei Beendigung durch den Tod eines Verlobten ist ein solcher Anspruch im Zweifel ausgeschlossen (§ 1301 S 2). S dazu § 1301 Rn 1 ff.

Bei Rücktritt vom Verlöbnis kommen Ansprüche auf **Schadensersatz** in Betracht. Anspruchsgrundlagen hier- 19 für sind §§ 1298, 1299 – s dazu § 1298 Rn 1 ff, § 1299 Rn 1 ff. Daneben können Ansprüche aus unerlaubter Handlung (§§ 823 ff) gegeben sein. Ansprüchen aus Leistungsstörung hingegen steht die Spezialität der §§ 1298 ff entgegen. Dasselbe gilt für die schuldrechtlichen Rücktrittsfolgen, so dass §§ 346 ff auf den Rücktritt vom Verlöbnis nicht anwendbar sind.

E. Auslandsbezug/DDR. Zum Verlöbnisstatut gibt es weder supranationale noch innerstaatlich kodifizierte 20 Regelungen. Nach hM ist auf das Zustandekommen des Verlöbnisses Art 13 I EGBGB analog anzuwenden (BGH FamRZ 59, 105; Palandt/*Heldrich* Art 13 EGBGB Rn 30 mwN).Vorfragen sind selbstständig anzuknüpfen, so die Form nach Art 11 EGBGB, die Geschäftsfähigkeit nach Art 7 EGBGB, die gesetzliche Vertretung durch Eltern nach Art 21 EGBGB (zu den Besonderheiten bei Vormundschaft s Böhmer/Finger IntFamR/ *Rausch* Art 24 EGBGB Rn 8–16). Für Ansprüche aus Beendigung des Verlöbnisses ist maßgeblich das Heimatrecht des Verlobten, gegen den solche Ansprüche vom anderen Teil geltend gemacht werden (BGH FamRZ 05, 1151). Die internationale Zuständigkeit zur Geltendmachung solcher Ansprüche folgt aus der örtlichen Zuständigkeit (BGH FamRZ 05, 1151).

Seit dem Inkrafttreten des Familiengesetzbuchs der DDR am 1.4.66 kannte das Recht der DDR keine Rege- 21 lungen zu Rechtsfolgen des Verlöbnisses. §§ 1298 ff BGB gelten nicht für vor dem 3.10.90 unter Geltung des DDR-Rechts geschlossene Verlöbnisse (Art 234 § 2 EGBGB).

§ 1298 Ersatzpflicht bei Rücktritt

(1) ¹Tritt ein Verlobter von dem Verlöbnis zurück, so hat er dem anderen Verlobten und dessen Eltern sowie dritten Personen, welche anstelle der Eltern gehandelt haben, den Schaden zu ersetzen, der daraus entstanden ist, dass sie in Erwartung der Ehe Aufwendungen gemacht haben oder Verbindlichkeiten eingegangen sind. ²Dem anderen Verlobten hat er auch den Schaden zu ersetzen, den dieser dadurch erleidet, dass er in Erwartung der Ehe sonstige sein Vermögen oder seine Erwerbsstellung berührende Maßnahmen getroffen hat.

(2) Der Schaden ist nur insoweit zu ersetzen, als die Aufwendungen, die Eingehung der Verbindlichkeiten und die sonstigen Maßnahmen den Umständen nach angemessen waren.

(3) Die Ersatzpflicht tritt nicht ein, wenn ein wichtiger Grund für den Rücktritt vorliegt.

A. Anwendungsbereich. Die Vorschrift regelt den Ausgleich für durch **einseitige Beendigung eines Verlöb-** 1 **nisses nutzlos gewordene Aufwendungen** oder sonstige Maßnahmen, die der betroffene Verlobte, seine Eltern oder anstelle der Eltern Handelnde in Erwartung der Ehe getätigt haben. Sie normiert einen Anspruch auf Schadensersatz und knüpft diesen an den Rücktritt vom Verlöbnis, den der in Anspruch genommene Verlobte erklärt hat. Zu diesem Ersatzanspruch werden Voraussetzungen und Grenzen bestimmt.

Zur **Konkurrenz** der Schadensersatzpflicht aus § 1298 mit anderen Anspruchsgrundlagen s § 1297 Rn 19.

2 **B. Anspruchsvoraussetzungen.** Gesetzliche Voraussetzung ist zunächst ein **wirksames Verlöbnis** – s dazu § 1297 Rn 4–8.
3 Darüber hinaus sind §§ 1298, 1299 **analog anwendbar**, wenn zwar kein wirksames Verlöbnis vorliegt, jedoch ein minderjähriger oder gutgläubiger Partner auf die Gültigkeit eines wegen fehlender Zustimmung des gesetzlichen Vertreters unwirksamen oder nach § 138 I nichtigen Verlöbnisses vertraut hat und deswegen schutzbedürftig ist. Dies ist der Fall, wenn der gutgläubige „Verlobte" den Nichtigkeitsgrund – etwa eine bestehende Ehe seines Partners – nicht kannte oder der volljährige Partner des Minderjährigen um dessen Minderjährigkeit wusste (Rechtsgedanke des § 109 II). Unter dem Gesichtspunkt des Minderjährigenschutzes gilt dies auch dann, wenn dem volljährigen Partner die Minderjährigkeit nicht bekannt war (im Ergebnis ebenso Erman/*Heckelmann* vor § 1297 Rn 10, 11; BaRoth/*Lohmann* vor § 1297 Rn 10; MüKo/*Wacke* § 1297 Rn 7).
4 Voraussetzung ist stets, dass der **Rücktritt** vom Verlöbnis erklärt worden ist – s dazu näher § 1297 Rn 16. In Fällen analoger Anwendbarkeit der Norm muss sich der Rücktritt auf das vermeintliche Verlöbnis bezogen haben. Bei einverständlicher Entlobung ist § 1297 – wie auch § 1298 – nicht anwendbar.
5 **Anspruchsberechtigt** ist der von der Rücktrittserklärung betroffene Verlobte. Auch die Eltern des Verlobten sind anspruchsberechtigt, allerdings in geringerem Umfang als der Verlobte (s Rn 6). Den Eltern stehen dritte Personen gleich, die anstelle der Eltern, dh aus persönlicher Bindung und sittlichem Empfinden wie Eltern gehandelt haben – zB Großeltern, Stiefelternteile, Pflegeeltern, ältere Geschwister. Sonstige Dritte sind nicht anspruchsberechtigt.
6 **Ersatzfähig** sind bestimmte Maßnahmen, die der Anspruchsberechtigte im Hinblick auf die künftige Eheschließung getätigt hat. Für den Verlobten sind dies in Erwartung der Ehe gemachte Aufwendungen, aus diesem Grunde eingegangene Verbindlichkeiten (I S 1) sowie sonstige ehebezogene Maßnahmen, die sein Vermögen oder seine Erwerbsstellung berühren (I S 2). Andere Schäden – insbes immaterieller Art – können über § 1297 nicht liquidiert werden. Für Eltern und an deren Stelle handelnde Dritte sind nur in Erwartung der Ehe gemachte Aufwendungen oder aus diesem Grund eingegangene Verbindlichkeiten ersatzfähig (I S 1), nicht aber sonstige Maßnahmen.
7 **Aufwendungen** sind vom Anspruchsteller aus seinem Vermögen in Erwartung der Ehe erbrachte Leistungen (BGH FamRZ 61, 424). Vermögensopfer dieser Art sind zB Anschaffungen für den Haushalt, Zahlung von Miete oder Kaufpreis für eine Wohnung oder ein Wohngrundstück, Umzugskosten in Erwartung des Zusammenlebens nach der Heirat, Kauf des Brautkleids, Kosten der Verlobungsfeier, geldwerte Arbeitsleistungen bei unbezahltem Urlaub, unentgeltlich erbrachte freiberufliche oder gewerbliche Dienste (BGH aaO), Finanzierung einer Ausbildung des Verlobten (MüKo/*Wacke* Rn 4).
8 Als ehebezogene **Verbindlichkeiten** kommen in Betracht die Bestellung von Lieferungen oder Dienstleistungen für Verlobungs- oder Hochzeitsfeier, die Aufnahme von Kredit zum Erwerb von Hausrat, Eigentumswohnung oder Eigenheim sowie der Abschluss dahingehender Miet- oder Kaufverträge, soweit dies nicht nur dem Zusammenleben in der Partnerschaft vor Eingehung der Ehe dient (vgl Köln FamRZ 95, 1142).
9 Zugunsten des betroffenen Verlobten sind neben ehebezogenen Aufwendungen und Verbindlichkeiten auch **sonstige Maßnahmen** ersatzfähig, die er in Erwartung der Ehe in Bezug auf sein Vermögen oder seine Erwerbsstellung getroffen hat (I 2). Hierunter fallen die Aufgabe einer Erwerbstätigkeit, die Kündigung der bisherigen Wohnung, die Veräußerung von bisher genutztem Hausrat oder von Wertgegenständen, der Verzicht auf Unterhaltsansprüche aus früherer Ehe (RGZ 163, 280).
10 Aufwendungen, Verbindlichkeiten oder sonstige Vermögensdispositionen müssen **in Erwartung der Ehe** getätigt worden sein. Hierzu ist die Feststellung erforderlich, dass die Maßnahme bei Wissen um das Scheitern der Verlobung vernünftigerweise unterblieben wäre. Dies ist nicht gegeben, wenn eine Verlobte ihre Berufstätigkeit infolge Schwangerschaft und damit nicht im Hinblick auf die erwartete Eheschließung aufgibt; der Ausgleich der durch die Schwangerschaft bedingten finanziellen Nachteile wird vom Schutzzweck des § 1298 nicht erfasst (Hamm FamRZ 95, 296) – § 1615 l ist spezialgesetzliche Regelung. Eine zur Schwangerschaft führende „Hingabe" der Verlobten allein im Vertrauen auf die Einlösung des Eheversprechens kommt angesichts heute verbreiteter Vorstellungen zu Sexualität und Partnerschaft kaum noch in Betracht (aA noch MüKo/*Wacke* Rn 6).
11 Die getätigten Aufwendungen, Verbindlichkeiten oder sonstigen Maßnahmen sind nur insoweit ersatzfähig, als sie den Umständen nach **angemessen** waren (§ 1298 II). Sie müssen den persönlichen und wirtschaftlichen Verhältnissen der Verlobten entspr und in Relation zur Dauer der Verlobung und zur zeitlichen Nähe des Hochzeitstermins stehen. Unangemessen ist daher die Aufgabe einer gesicherten Erwerbstätigkeit nach nur kurzer Verlobungsdauer und bei noch nicht absehbarer Eheschließung (BGH FamRZ 61, 424; Stuttg NJW 77, 1779).
12 **C. Schadensersatz.** Zu ersetzen sind nicht die getätigten Aufwendungen, Verbindlichkeiten oder Maßnahmen selbst, sondern nur der durch solche Dispositionen dem Anspruchsberechtigten entstandene Schaden. Hierfür gelten die allgemeinen Regeln zum Schadensersatz, also §§ 249 ff, insbes auch § 254 und die Rspr zur Vorteilsausgleichung (vgl BGH NJW-RR 04, 79). Der Ersatzanspruch ist abtretbar, verzichtbar, pfändbar und vererblich (MüKo/*Wacke* Rn 17 mwN).

D. Ausschluss der Ersatzpflicht. Die Verpflichtung des vom Verlöbnis zurückgetretenen Verlobten zum **13**
Schadensersatz ist ausgeschlossen, wenn ein **wichtiger Grund zum Rücktritt** gegeben war (§ 1298 III). Ein
solcher Rücktrittsgrund liegt vor, wenn sich Tatsachen ergeben, die den Zurücktretenden bei verständiger
Würdigung von der Verlobung abgehalten hätten (Palandt/*Brudermüller* Rn 8). Auf ein Verschulden des
anderen Verlobten kommt es hierbei nicht an, wohl steht eigenes Verschulden des Zurücktretenden der
Annahme eines wichtigen Grundes entgegen. Als Rücktrittsgründe kommen in Betracht: Bruch der Verlöbnistreue (vgl Kobl FamRZ 95, 1068); schwere Erkrankung des anderen Verlobten (insbes HIV-Infektion);
gewichtige Persönlichkeitsstörungen des anderen Verlobten; grundlose Verzögerung der Eheschließung;
Schläge, Beleidigungen oder grundlose Verdächtigungen seitens des anderen Verlobten; ernsthafte Zerwürfnisse zwischen den Verlobten; Täuschung bezüglich der persönlichen oder wirtschaftlichen Verhältnisse des
anderen Verlobten; Nichteinhaltung dem Zurücktretenden gemachter und für diesen wichtiger Zusagen. Hingegen ist das Erlöschen der emotionalen Zuneigung nach zutreffender hM (BaRoth/*Lohmann* Rn 12, 13;
MüKo/*Wacke* Rn 10 mwN) kein wichtiger Grund zum Rücktritt.

§ 1299 Rücktritt aus Verschulden des anderen Teils

Veranlasst ein Verlobter den Rücktritt des anderen durch ein Verschulden, das einen wichtigen Grund für
den Rücktritt bildet, so ist er nach Maßgabe des § 1298 Abs. 1, 2 zum Schadensersatz verpflichtet.

Gibt ein Verlobter dem anderen schuldhaft Anlass zu dessen Rücktritt aus wichtigem Grund, hat der Zurück- **1**
getretene seinerseits Anspruch auf Schadensersatz gegen den Veranlasser. Schuldhaftes Veranlassen liegt vor,
wenn der Verlobte vorsätzlich oder fahrlässig (§ 276) gegen die aus dem Verlöbnis resultierenden Pflichten –
insbes: Verlöbnistreue, Fürsorge und Beistandsleistung, Eheschließung – verstößt. Dieses Verschulden muss
ursächlich für den Rücktritt sein. Zur Erklärung des Rücktritts sowie zum Umfang der Ersatzfähigkeit und
des zu ersetzenden Schadens gilt § 1298 I, II entspr – s dazu § 1298 Rn 2–12. Zum wichtigen Grund s § 1298
Rn 13.
Haben beide Teile einen wichtigen Grund für den Rücktritt verschuldet, bestehen nach zutreffender hM **2**
(Zweibr FamRZ 86, 354; Palandt/*Brudermüller* § 1298 Rn 8; Erman/*D Heckelmann* § 1298 Rn 9) beidseits
keine Ansprüche auf Schadensersatz (aA MüKo/*Wacke* Rn 4).

§ 1300
– *weggefallen* –

§ 1301 Rückgabe der Geschenke

¹Unterbleibt die Eheschließung, so kann jeder Verlobte von dem anderen die Herausgabe desjenigen, was er
ihm geschenkt oder zum Zeichen des Verlöbnisses gegeben hat, nach den Vorschriften über die Herausgabe
einer ungerechtfertigten Bereicherung fordern. ²Im Zweifel ist anzunehmen, dass die Rückforderung ausgeschlossen sein soll, wenn das Verlöbnis durch den Tod eines der Verlobten aufgelöst wird.

Als selbstständiger Bereicherungstatbestand (BGH FamRZ 96, 601) regelt die Vorschrift die Pflicht der Ver- **1**
lobten, zum Zeichen der Verlobung gegebene oder sonst einander geschenkte Gegenstände bei Beendigung
des Verlöbnisses gegenseitig wieder zurückzugeben. Aufgrund der Rechtsfolgenverweisung in S 1 sind
§§ 814 ff – mit Ausnahme von §§ 819 II, 820 – anwendbar. Die Norm gilt für jeden Fall der Beendigung des
Verlöbnisses (vgl § 1297 Rn 15 ff).
Rückgabepflichtige **Geschenke** sind unentgeltliche Zuwendungen eines Verlobten an den anderen, die mit der **2**
Auflösung des Verlöbnisses ihre Grundlage verlieren. Dieser Schenkungsbegriff ist weit auszulegen (BGH
FamRZ 05, 1151). Außer der Zuwendung von Sachen können Gegenstand der Schenkung sein die Befreiung
von Verbindlichkeiten, der Erlass von Ansprüchen oder die Erbringung von Arbeitsleistungen ohne anderwei-
tigen Verdienstausfall. Ausgenommen sind kleinere Gelegenheitsgeschenke (§ 814). Nicht unter § 1301 fallen
Aufwendungen, die mit einem Vermögensopfer verbunden sind; für diese gelten die speziellen Regelungen
zum Schadensersatz bei Rücktritt in §§ 1298, 1299. Ebenso wenig fallen Unterhaltsbeiträge unter Verlobten,
die bereits vor der Heirat einen gemeinsamen Haushalt führen, in den Anwendungsbereich der Norm (BGH
aaO).
Anspruchsberechtigt ist der zuwendende Verlobte. Für Zuwendungen Dritter gilt die Vorschrift ihrem klaren **3**
Wortlaut nach nicht und ist auf diese auch nicht analog anwendbar (Erman/*D Heckelmann* Rn 7; BaRoth/
Lohmann Rn 8; Palandt/*Brudermüller* Rn 1 – aA MüKo/*Wacke* § 1297 Rn 7). Schenkungen Dritter können ggf
nach § 530 widerrufen werden. Der Rückforderungsanspruch eines Verlobten ist entspr § 815 ausgeschlossen,
wenn er die Eheschließung wider Treu und Glauben verhindert hat (BGH NJW 66, 1653).

4 Ansprüche aus § 1301 sind vererblich, übertragbar, pfändbar und abdingbar. Wird das Verlöbnis durch Tod beendet, ist nach der Auslegungsregel in S 2 im Zweifel anzunehmen, dass die Verlobten den Rückforderungsanspruch für diesen Fall ausgeschlossen haben.

§ 1302 Verjährung

Die in den §§ 1298 bis 1301 bestimmten Ansprüche verjähren in zwei Jahren von der Auflösung des Verlöbnisses an.

1 Als § 197 I Nr 2 vorgehende Sonderregelung normiert § 1302 die kurze Verjährungsfrist von zwei Jahren für die in §§ 1298–1301 geregelten Schadensersatz- und Rückgabeansprüche. Auf konkurrierende Ansprüche (vgl § 1297 Rn 19, § 1301 Rn 3) ist die Vorschrift nicht anwendbar.

2 Verjährungsbeginn ist die Auflösung des Verlöbnisses. Bei Rücktritt ist dies der Zeitpunkt des Zugangs der Rücktrittserklärung. Bei Auflösung aus anderem Grunde ist das auflösende Ereignis (einverständliche Entlobung, anderweitige Verlobung, anderweitige Heirat oder Tod eines Verlobten) maßgeblich; auf dessen Kenntnis kommt es im Hinblick auf Normtext und Normzweck – Vermeidung hinausgeschobener Auseinandersetzungen nach Auflösung des Verlöbnisses – nicht an (Palandt/*Brudermüller* Rn 1 – str).

Titel 2 Eingehung der Ehe

Untertitel 1 Ehefähigkeit

§ 1303 Ehemündigkeit

(1) Eine Ehe soll nicht vor Eintritt der Volljährigkeit eingegangen werden.
(2) Das Familiengericht kann auf Antrag von dieser Vorschrift Befreiung erteilen, wenn der Antragsteller das 16. Lebensjahr vollendet hat und sein künftiger Ehegatte volljährig ist.
(3) Widerspricht der gesetzliche Vertreter des Antragstellers oder ein sonstiger Inhaber der Personensorge dem Antrag, so darf das Familiengericht die Befreiung nur erteilen, wenn der Widerspruch nicht auf triftigen Gründen beruht.
(4) Erteilt das Familiengericht die Befreiung nach Absatz 2, so bedarf der Antragsteller zur Eingehung der Ehe nicht mehr der Einwilligung des gesetzlichen Vertreters oder eines sonstigen Inhabers der Personensorge.

1 **A. Ehemündigkeit.** Die Vorschrift behandelt die vom **Lebensalter** abhängige Ehemündigkeit als besondere Ehefähigkeitsvoraussetzung. Sie ist zu unterscheiden von der in § 1304 geregelten weiteren Voraussetzung der Geschäftsfähigkeit. Die Ehemündigkeit ist an die Erlangung der Volljährigkeit geknüpft (I), sofern nicht das Familiengericht hiervon Befreiung erteilt (II). Volljährigkeit tritt ein mit Vollendung des 18. Lebensjahres (§ 2). Da Befreiung vom Erfordernis der Volljährigkeit nur einem Verlobten und auch diesem nicht vor Vollendung des 16. Lebensjahres erteilt werden kann, ist eine Eheschließung nie zulässig, wenn beide Verlobte noch nicht 18 Jahre alt sind oder einer zwar das 18. Lebensjahr vollendet hat, der andere aber noch nicht 16 Jahre alt ist.

2 **B. Befreiung. I. Voraussetzungen.** Die familiengerichtliche Befreiung vom Erfordernis der Ehemündigkeit hat zur unabdingbaren Voraussetzung, dass zum Zeitpunkt der Eheschließung **ein Verlobter mindestens 18 Jahre und der andere mindestens 16 Jahre alt ist**. **Auf das Geschlecht kommt es hierbei nicht an**, so dass Befreiung auch möglich ist, wenn eine volljährige Frau einen minderjährigen Mann heiraten will. Eine ggf vorliegende Zustimmung des gesetzlichen Vertreters des Minderjährigen zur Eheschließung macht die Befreiung nicht entbehrlich.

3 Die Befreiung setzt einen beim Familiengericht zu stellenden **Antrag** voraus. Antragsberechtigt ist der hierfür selbst verfahrensfähige Minderjährige. Im Hinblick auf die Höchstpersönlichkeit der Eheschließungsfreiheit und den Gesetzeswortlaut, der in III den „Antragsteller" von dessen gesetzlichem Vertreter abgrenzt, hat Letzterer entgegen der hM (Hamm FamRZ 65, 562; Palandt/*Brudermüller* Rn 4; MüKo/*Müller-Gindullis* Rn 13) kein eigenes Antragsrecht (wie hier Erman/*A. Roth* Rn 4; *Bienwald* FamRZ 75, 957). Der Antrag kann bereits vor Erreichen des Mindestalters gestellt werden.

4 Das nach §§ 64, 43, 36 FGG zuständige **Familiengericht** hat gem § 50 a FGG die Eltern des Minderjährigen, gem § 50 b FGG den Minderjährigen selbst und gem §§ 49 a I Nr 1 iVm 49 III, IV FGG das Jugendamt **anzuhören**. In der Regel wird es erforderlich sein, auch den volljährigen Verlobten anzuhören (§ 12 FGG).

5 Kriterium zur Entscheidung über den Befreiungsantrag ist das **Wohl des minderjährigen Verlobten** (vgl § 1697a). Hierfür sind die konkreten Umstände, insbes auch die Person des volljährigen Partners maßgebend, da die Befreiung nicht allgemein, sondern nur zur Eheschließung mit einem bestimmten Partner erteilt werden kann. Der möglicherweise nachdrücklich geäußerte Heiratswille des Minderjährigen kann für sich alleine die Befreiung nicht rechtfertigen, da die grds lebenslangen Konsequenzen einer Eheschließung mangels Reife im Überschwang der Gefühle zuweilen nicht hinreichend bedacht werden. Auch das Vorliegen einer Schwangerschaft ist angesichts der Abschaffung des Statusunterschieds zwischen ehelichen und nichtehelichen Kindern und der Möglichkeit, auch ohne Ehe ein Sorgerecht des Vaters zu begründen (vgl §§ 1626 a I Nr 1, 1626 b II, 1678 I), heute kein bedeutsamer Befreiungsgrund mehr (ähnlich Palandt/*Brudermüller* Rn 8; Erman/*A Roth* Rn 6). Die Prüfung des Minderjährigenwohls gebietet die Abwägung aller Umstände, die das weitere seelische und körperliche Befinden des noch minderjährigen Verlobten bei Eingehung der Ehe voraussichtlich beeinflussen werden. Hierfür sind ua auffällige Charaktereigenschaften, Vorstrafen, Ausbildungsstand und wirtschaftliche Situation des volljährigen Partners sowie der Altersunterschied von Bedeutung; eine Ehe, die nicht einigermaßen Bestand erwarten lässt oder in der Gewalt oder Erniedrigung zu befürchten ist, kann dem Minderjährigenwohl nicht dienlich sein. Heute kann es auch kein Argument mehr sein, dass Eltern zur Heirat drängen. Indes kann zu erwartender Sozialhilfebezug für sich alleine kein Verweigerungsgrund sein (Karlsr FamRZ 00, 819). Notwendig ist hingegen, dass der Minderjährige die Entscheidung zu heiraten in voller Erkenntnis ihrer Tragweite getroffen hat (Jena FamRZ 97, 1274). Eine wechselseitige Bindung muss erkennbar und die ordnungsgemäße Erziehung eines gemeinsamen Kindes zu erwarten sein. Bei insgesamt positivem Ergebnis dieser Prüfung und Zustimmung des gesetzlichen Vertreters ist die Befreiung zu erteilen – kein Ermessen, sondern gebundene Entscheidung (MüKo/*Müller-Gindullis* Rn 12; Palandt/*Brudermüller* Rn 5).

Widerspricht der Personensorgeberechtigte dem Antrag des Minderjährigen, ist nach III die Erteilung der Befreiung ausgeschlossen, wenn der Widerspruch auf **triftigen Gründen** beruht. Da einziger Maßstab zur Entscheidung über den Befreiungsantrag das Wohl des Minderjährigen ist, kommen als in diesem Sinne triftige Gründe nur solche Umstände in Betracht, die den Person des Minderjährigen oder seines Partners zum Gegenstand haben oder die beabsichtigte Ehe betreffen. Unbeachtlich sind persönliche Interessen des Sorgeberechtigten, sonstiger Angehöriger oder Dritter, insbes auch religiöse Einstellungen, aufgrund deren eine konfessionsfremde oder nicht religiöse Ehe oder Kindeserziehung verhindert werden soll. Dies bedeutet, dass als Entscheidungskriterien letztlich dieselben Gesichtspunkte wie vorstehend (Rn 5) dargestellt maßgeblich sind. Die Bedeutung der Regelung in III liegt damit lediglich darin, dass bei Zustimmung des Personensorgeberechtigten und dem Fehlen offensichtlicher Gegenargumente im Zweifel die Befreiung zu erteilen ist, bei Widerspruch hingegen beachtenswerte Bedenken im Zweifel zur Ablehnung des Befreiungsantrags führen; der Sache nach handelt sich um eine Regelung für den non-liquet-Fall (MüKo/*Müller-Gindullis* § 1303 Rn 19). 6

Ist die familiengerichtliche Befreiung erteilt worden, **bedarf es zur Eheschließung nicht mehr der Einwilligung des Inhabers des Sorgerechts** (IV). Dies gilt unabhängig davon, ob seine Zustimmung zur Befreiung vorgelegen, evtl später widerrufen wurde oder die Befreiung nach III gegen den Widerspruch des Personensorgeberechtigten erfolgt ist. 7

II. Wirksamkeit der Ehe. Eine entgegen § 1303 ohne familiengerichtliche Befreiung geschlossene Ehe ist nach § 1314 I BGB aufhebbar und, wie sich aus § 1313 S 2 ergibt, erst mit Rechtskraft des Aufhebungsurteils aufgelöst. Nach § 1315 I Nr 1 ist die Aufhebung ausgeschlossen, wenn das Familiengericht nachträglich die Eheschließung genehmigt oder der bei Eheschließung Minderjährige nach Erreichen der Volljährigkeit zu erkennen gibt, dass er die Ehe fortsetzen will ("Bestätigung"). Eine unter Verstoß gegen § 1303 geschlossene Ehe ist daher **wirksam**. 8

III. Auslandsbezug. S dazu Art 13 EGBGB Rn 4 ff. 9

§ 1304 Geschäftsunfähigkeit

Wer geschäftsunfähig ist, kann eine Ehe nicht eingehen.

Die Vorschrift normiert neben der in § 1303 geregelten lebensaltersabhängigen Ehemündigkeit die **Geschäftsfähigkeit** als weitere **Voraussetzung der Ehefähigkeit**. Danach ist eheunfähig, wer geschäftsunfähig ist. 1

Geschäftsunfähigkeit bestimmt sich nach § 104. Gem § 104 Nr 1 ist geschäftsunfähig, wer nicht das 7. Lebensjahr vollendet hat. Dieser Tatbestand hat indes keine praktische Bedeutung für den Ausschluss der Ehefähigkeit, da Kinder diesen Alters ohnehin nicht ehemündig sind. Bedeutsam hingegen ist die **natürliche Geschäftsunfähigkeit** iSv § 104 Nr 2. Sie kommt in Betracht bei volljährigen sowie bei mindestens 16 Jahre alten minderjährigen – und damit unter den Voraussetzungen des § 1303 ggf ehemündigen – Heiratswilligen. Geschäftsunfähigkeit in diesem Sinne ist unterschieden von Zuständen der Bewusstlosigkeit oder vorübergehenden Störung der Geistestätigkeit (§ 105 II), die § 1304 nicht unterfallen und daher der Ehefähigkeit nicht entgegenstehen, allerdings einen besonderen Aufhebungsgrund (§ 1314 II Nr 1) ergeben. Zu den Einzelvoraussetzungen natürlicher Geschäftsunfähigkeit und deren Abgrenzung zu Zuständen der Bewusstlosigkeit oder vorübergehenden Störung der Geistestätigkeit s § 104 Rn 4, § 105 Rn 4. 2

3 Geschäftsfähigkeit iSv § 1304 ist unter Berücksichtigung der in Art 6 I GG garantierten Eheschließungsfreiheit als „Ehegeschäftsfähigkeit" zu beurteilen. Daher kommt es einzig darauf an, ob der Verlobte in der Lage ist, das Wesen der Ehe zu begreifen und insoweit eine freie Willensentscheidung zu treffen. Seine sonstigen Verstandesfähigkeiten sind nicht ausschlaggebend. Die Bestellung eines Betreuers ist kein Indiz für Geschäftsunfähigkeit und somit auch nicht für Eheunfähigkeit. Eine erhebliche geistige Behinderung muss nicht die Einsichtsfähigkeit in das Wesen der Ehe und die freie Willensentscheidung zur Eheschließung ausschließen, mag auch die Einsichtsfähigkeit für andere Rechtsgeschäfte fehlen. Zur Ehefähigkeit reicht daher eine insoweit vorhandene **partielle Geschäftsfähigkeit** aus (BayObLG FamRZ 97, 294 und 03, 373).

4 Die entgegen § 1304 von einem Geschäftsunfähigen geschlossene Ehe ist nach § 1314 I BGB aufhebbar und, wie sich aus § 1313 S 2 ergibt, erst mit Rechtskraft des Aufhebungsurteils aufgelöst. Nach § 1315 I Nr 2 ist die Aufhebung ausgeschlossen, wenn der Ehegatte nach Wegfall der Geschäftsunfähigkeit zu erkennen gibt, dass er die Ehe fortsetzen will („Bestätigung"). Eine unter Verstoß gegen § 1304 geschlossene Ehe ist daher **wirksam**.

5 **Auslandsbezug:** Ehefähigkeit wie auch Geschäftsfähigkeit bestimmen sich gem Art 13 I und 7 EGBGB nach dem Heimatrecht des Verlobten. Bei danach gegebener Ehefähigkeit, jedoch fehlender Ehegeschäftsfähigkeit iSv § 1304 – wie auch im umgekehrten Falle – kommt ein ordre-public-Verstoß (Art 6 EGBGB) in Betracht.

§ 1305
– weggefallen –

Untertitel 2 Eheverbote

§ 1306 Bestehende Ehe oder Lebenspartnerschaft

Eine Ehe darf nicht geschlossen werden, wenn zwischen einer der Personen, die die Ehe miteinander eingehen wollen, und einer dritten Person eine Ehe oder eine Lebenspartnerschaft besteht.

1 **A. Eheschließungsverbot.** Die Vorschrift wurde durch das EheschlRG mit Wirkung vom 1.7.98 in das BGB eingefügt. Sie löst die zuvor geltenden entspr Vorschriften des EheG (dort insbes §§ 5, 20, 23) ab und gilt damit uneingeschränkt für alle Eheschließungen, die seit dem 1.7.98 vorgenommen werden. Das in § 5 EheG normierte Eheverbot war als solches inhaltsgleich mit § 1306 BGB.

2 Die Norm statuiert ausnahmslos das Verbot der Eheschließung, wenn zumindest einer der Verlobten mit einem Dritten wirksam verheiratet ist. Als **zweiseitiges Verbot** gilt es bei Eheschließung im Inland auch dann, wenn ein ausländischer Verlobter nach seinem Heimatrecht mehrere Ehen eingehen darf. Adressat der Vorschrift sind zunächst die Heiratswilligen selbst, wie sich aus der Strafbarkeit der Doppelehe nach § 172 StGB ergibt. Als Ehehindernis gilt die Vorschrift in gleicher Weise für den Standesbeamten, der vor Vornahme einer Eheschließung von Amts wegen zu prüfen hat, ob zum Zeitpunkt der Eheschließung eine anderweitige Ehe vorliegt (§ 5 II PStG). Soweit dies der Fall ist, muss die Vornahme der neuen Eheschließung verweigert werden, es sei denn, die Auflösung der anderweitigen Ehe durch Tod des früheren Ehegatten oder aufgrund rechtskräftiger Scheidung, Aufhebung oder Nichtigerklärung ist festzustellen. Die Beweisführung dazu ist geregelt in § 5 I u III PStG. Zur Inlandsanerkennung im Ausland ergangener Scheidungsurteile s Art 17 EGBGB Rn 17.

3 **B. Wirksamkeitsfrage. I. Eheschließung seit dem 1.7.98.** Ist eine Ehe unter Verstoß gegen das in § 1306 normierte Ehehindernis geschlossen worden, fragt sich, inwieweit eine solche Ehe dennoch wirksam ist. **Seit dem 1.7.98 bigamisch geschlossene Ehen** sind nach § 1314 I aufhebbar, jedoch **wirksam bis zur Rechtskraft des Aufhebungsurteils** (§ 1313 S 2). Bei rechtskräftiger Aufhebung tritt ex nunc (BGH FamRZ 01, 685) Unwirksamkeit ein; für die Vergangenheit bleibt die Ehe voll gültig. Nach dem Tod eines Ehegatten ist eine Aufhebung nicht mehr möglich: § 619 ZPO gilt – im Gegensatz zu dem bis zum 30.6.98 geltenden Recht (§ 24 I 2 EheG) – auch hier.

4 Zur Aufhebung der bigamischen Ehe **antragsberechtigt** sind nach § 1316 I Nr 1 jeder Ehegatte, die zuständige Verwaltungsbehörde und „die dritte Person", also der Partner der vorangehenden Ehe. Dessen Aufhebungsantrag ist allerdings unzulässige Rechtsausübung, wenn die erste Ehe im Zeitpunkt der Entscheidung über die Aufhebung der bigamischen Ehe bereits aufgelöst war (BGH FamRZ 02, 604).

5 Die unterhaltsrechtlichen und güterrechtlichen **Folgen einer rechtskräftigen Aufhebung** sowie diejenigen zu Versorgungsausgleich, Ehewohnung und Hausrat ergeben sich aus § 1318 I-IV. Ein gesetzliches Erbrecht des Überlebenden besteht nicht, falls die Ehe vor dem Erbfall rechtskräftig aufgehoben worden ist (vgl § 1931 I). Bei bloßer Aufhebbarkeit ist das Erbrecht nur unter den besonderen Voraussetzungen des § 1933 S 2 oder des § 1318 V ausgeschlossen. Liegen diese Voraussetzungen nicht vor, ist – auch – der überlebende Ehegatte einer bigamischen Ehe gesetzlicher Erbe.

Heilung der wegen Bigamie fehlerhaften Eheschließung iS eines **Ausschlusses der Aufhebbarkeit** ergibt sich 6
nach § 1315 II Nr 1 für den Fall, dass bei Eingehung der bigamischen Ehe ein Scheidungs- oder Aufhebungsurteil bezüglich der früheren Ehe bereits ausgesprochen worden, jedoch noch nicht rechtskräftig war. Mit dessen Rechtskraft ist die Aufhebung der späteren Ehe ausgeschlossen. Ein weiterer, allerdings eingeschränkter Ausschluss der Aufhebbarkeit folgt aus §§ 1319, 1320. Nach § 1319 I können weder die Partner der bigamischen Ehe noch der frühere Ehegatte noch die zuständige Verwaltungsbehörde die Aufhebung beantragen, wenn die neue Eheschließung nach unrichtiger Todeserklärung bezüglich eines der früheren Ehegatten erfolgt ist und zumindest einer der nunmehr Eheschließenden nicht wusste, dass der für tot Erklärte noch lebt. Die neue Ehe erlangt Bestandsschutz dadurch, dass die frühere Ehe gem. § 1319 II aufgelöst wird (BGH FamRZ 94, 498 zum inhaltsgleichen § 38 EheG). Allerdings kann der Ehepartner, welcher mit dem zu Unrecht für tot Erklärten verheiratet war, gem. § 1320 I fristgebunden die Aufhebung betreiben, jedoch nur, wenn er bei Eingehung der Zweitehe nicht wusste, dass der für tot Erklärte noch lebt.

Darüber hinaus gibt es keine Heilung der bigamischen Ehe. Deren Partnern bleibt es unbenommen, nach 7
Aufhebung ihrer Ehe und Auflösung der entgegenstehenden anderweitigen Ehe einander erneut zu heiraten und auf diesem Wege für die Zukunft eine nicht aufhebbare Ehe zu begründen.

II. Altehen. Bei bigamischer **Eheschließung vor dem 1.7.98** ergab sich aus §§ 5, 20 I, 23 EheG „Nichtigkeit", 8
welche allerdings **erst mit Rechtskraft** des die Nichtigkeit aussprechenden Urteils rückwirkend eintrat; ohne ein solches Urteil galt die Ehe als wirksam. Die Nichtigerklärung war auch noch nach dem Tode eines der Ehegatten möglich (§ 24 EheG). Übergangsregelung zur Nichtigerklärung/Aufhebung solcher Ehen ist, wenn diese nicht bereits vor dem 1.7.98 erfolgt ist, Art 226 II, III EGBGB. Danach ist grds neues Recht auf die Aufhebung anzuwenden (Art 226 III), also keine rückwirkende Nichtigerklärung mehr möglich. Nur für am 1.7.98 bereits rechtshängige Nichtigkeitsklagen verblieb es beim alten Recht (Art 226 II).

Besonderheiten gelten für vor dem 3.10.90 auf dem Gebiet der damaligen **DDR** geschlossene bigamische Ehen. 9
Nach Anlage I Kap III Sachgebiet B Abschnitt III Nr 11 a des Vertrages zur Herstellung der deutschen Einheit vom 30.9.90 gelten §§ 1–21 EheG nicht für vor dem 3.10.90 geschlossene Ehen. Die Wirksamkeit solcher Ehen bestimmt sich nach dem bis dahin auf dem Gebiet der ehemaligen DDR geltenden Recht. Bis zum Erlass der VO über Eheschließung und Eheauflösung vom 24.11.55 war dies das EheG (idF des KontrollratsG Nr 16 vom 20.2.46), seit dem 1.4.66 das FGB, welches bis zum Beitritt galt (BGH FamRZ 01, 685). Diese Regelungen waren, was die Nichtigkeit der Doppelehe betraf, letztlich inhaltsgleich mit denjenigen im EheG.

III. Auslandsbezug. Kollisionsnorm zur Anknüpfung der **materiell-rechtlichen** Voraussetzungen der Ehe- 10
schließung unter Einschluss der Wirksamkeitsfrage bei materiell-rechtlich fehlerhafter Eheschließung ist Art 13 I, II EGBGB. Davon zu unterscheiden ist das Statut für die Eingehung der Ehe, welches selbstständig anzuknüpfen ist; es beinhaltet auch die Anknüpfung zur Wirksamkeitsfrage bei Verletzung von Formvorschriften. Dessen Regelung findet sich in Art 13 III EGBGB, allerdings nur für den Fall der Eheschließung im Inland. Bei Eheschließung im Ausland ergibt sich das Formstatut aus Art 11 I EGBGB. S dazu Art 13 EGBGB Rn 9–15, zur internationalen Zuständigkeit für das Aufhebungsverfahren KKFamR/*Rausch* Art 13 EGBGB Rn 14.

§ 1307 Verwandtschaft

¹Eine Ehe darf nicht geschlossen werden zwischen Verwandten in gerader Linie sowie zwischen vollbürtigen und halbbürtigen Geschwistern. ²Dies gilt auch, wenn das Verwandtschaftsverhältnis durch Annahme als Kind erloschen ist.

A. Eheschließungsverbot. Die Vorschrift wurde durch das EheschlRG mit Wirkung vom 1.7.98 in das BGB 1
eingefügt. Sie löst die zuvor maßgeblichen Vorschriften des EheG (dort §§ 4, 21, 23) ab und gilt damit uneingeschränkt für alle Eheschließungen, die seit 1.7.98 vorgenommen werden. Das in § 4 EheG normierte Eheverbot war insoweit weitergehend als § 1307, als es – im Gegensatz zum nunmehrigen Recht – auch eine Eheschließung zwischen miteinander in gerader Linie Verschwägerten ausschloss.

§ 1307 statuiert ausnahmslos das Verbot der Eheschließung, wenn die Verlobten miteinander **in gerader Linie** 2
verwandt oder Geschwister sind. Als **zweiseitiges Verbot** gilt es bei Eheschließung im Inland zB auch dann, wenn ein ausländischer Verlobter nach seinem Heimatrecht eine Geschwisterehe eingehen darf. Das Eheverbot korrespondiert mit der Strafbarkeit des Beischlafs zwischen in dieser Weise miteinander Verwandten (§ 173 StGB). Als Ehehindernis gilt es insbes auch für den Standesbeamten, der vor Vornahme einer Eheschließung von Amts wegen zu prüfen hat, ob Verwandtschaft iSv § 1307 vorliegt (§ 5 II PStG). Soweit dies der Fall ist, muss er die Vornahme der Eheschließung verweigern.

Verwandtschaft in gerader Linie bestimmt sich grds nach § 1589 S 1. Voraussetzung ist die Abstammung von- 3
einander. Auf den Grad der Verwandtschaft kommt es nicht an. Über § 1589 hinaus bedeutet „Abstammung" hierbei nicht nur die über §§ 1591 ff anknüpfende rechtliche Abstammung, sondern **jede genetische Abstammung**. Dasselbe gilt für vollbürtige und halbbürtige Geschwister, also Personen, die unmittelbar von zumindest einem gemeinsamen Elternteil abstammen.

4 In bestimmtem gesetzlich geregeltem Umfang entsteht bei **Adoption** rechtliche Verwandtschaft zwischen idR nicht durch genetische Abstammung verbundenen Personen, während zu anderen Personen bestehende Verwandtschaft ggf erlischt. Hierbei gilt als Grundsatz die Regelung in § 1754 I u II, wonach das adoptierte Kind die rechtliche Stellung eines Kindes des Annehmenden erhält und damit im Rechtssinne mit diesem verwandt wird, was sich auf die Verwandten des Annehmenden sowie des Angenommenen erstreckt. Umgekehrt erlöschen grds die Verwandtschaftsverhältnisse des angenommenen Kindes und seiner Abkömmlinge zu seinen bisherigen Verwandten (§ 1755). Ausnahmen gelten bei der Verwandten- und der Stiefkindadoption (§ 1756) sowie bei der Adoption Volljähriger (§ 1770). Besonderheiten gelten für vor dem 1.1.77 Adoptierte (Art 12 §§ 1–3 AdoptG v 2.7.76 [BGBl I S 1749]). **Nach S 2 bleibt das Eheverbot bei adoptionsrechtlich bedingtem Erlöschen eines Verwandtschaftsverhältnisses bestehen.** Auf adoptionsrechtlich bedingtes Entstehen von Verwandtschaft ist § 1307 nicht anwendbar; das dahingehende Ehehindernis findet seine spezielle Regelung in § 1308.

5 Eine Befreiung vom Eheverbot des § 1307 ist nicht möglich.

6 **B. Wirksamkeitsfrage. I. Eheschließung seit dem 1.7.98.** Fraglich ist, welche Auswirkung der Verstoß gegen § 1307 auf die Wirksamkeit einer dennoch geschlossenen Ehe hat. **Seit dem 1.7.98** entgegen dem Eheverbot des § 1307 **geschlossene Ehen** sind gem § 1314 I aufhebbar, jedoch **wirksam bis zur Rechtskraft des Aufhebungsurteils** (§ 1313 S 2). Bei rechtskräftiger Aufhebung tritt ex nunc (BGH FamRZ 01, 685) Unwirksamkeit ein; für die Vergangenheit bleibt die Ehe voll gültig. Nach dem Tod eines Ehegatten ist eine Aufhebung nicht mehr möglich: § 619 ZPO gilt – im Gegensatz zu dem bis zum 30.6.98 geltenden Recht (§ 24 I 2 EheG) – auch hier.

7 Die unterhaltsrechtlichen und güterrechtlichen **Folgen einer rechtskräftigen Aufhebung** sowie diejenigen zu Versorgungsausgleich, Ehewohnung und Hausrat ergeben sich aus § 1318 I-IV. Ein gesetzliches Erbrecht des Überlebenden besteht nicht, falls die Ehe vor dem Erbfall rechtskräftig aufgehoben worden ist (vgl § 1931 I). Bei bloßer Aufhebbarkeit ist das Erbrecht nur unter den besonderen Voraussetzungen des § 1933 S 2 oder des § 1318 V ausgeschlossen. Liegen diese Voraussetzungen nicht vor, ist der überlebende Ehegatte einer verbotswidrig zwischen Verwandten geschlossenen Ehe gesetzlicher Erbe.

8 Die Aufhebbarkeit einer entgegen § 1307 geschlossenen Ehe erfährt keine Ausnahme: **Heilung ist ausgeschlossen.**

9 **II. Altehen.** Bei **Eheschließung vor dem 1.7.98** ergab sich aus §§ 5, 20 I, 23 EheG „Nichtigkeit" der verbotswidrig geschlossenen Verwandtenehe, welche allerdings **erst mit Rechtskraft des die Nichtigkeit aussprechenden Urteils rückwirkend** eintrat; ohne ein solches Urteil galt die Ehe als wirksam. Die Nichtigerklärung war auch noch nach dem Tode eines der Ehegatten möglich (§ 24 EheG). Übergangsregelung zur Nichtigerklärung/Aufhebung solcher Ehen ist, wenn diese nicht bereits vor dem 1.7.98 erfolgt ist, Art 226 II, III EGBGB. Danach ist grds neues Recht auf die Aufhebung anzuwenden (Art 226 III), also keine rückwirkende Nichtigerklärung mehr möglich. Nur für am 1.7.98 bereits rechtshängige Nichtigkeitsklagen verblieb es beim alten Recht (Art 226 II).

10 Besonderheiten gelten für vor dem 3.10.90 auf dem Gebiet der damaligen **DDR** geschlossene Ehen. Nach Anlage I Kap III Sachgebiet B Abschnitt III Nr 11 a des Vertrages zur Herstellung der deutschen Einheit vom 30.9.90 gelten §§ 1–21 EheG nicht für vor dem 3.10.90 geschlossene Ehen. Die Wirksamkeit solcher Ehen bestimmt sich nach dem bis dahin auf dem Gebiet der ehemaligen DDR geltenden Recht. Bis zum Erlass der VO über Eheschließung und Eheauflösung vom 24.11.55 war dies das EheG (idF des KontrollratsG Nr 16 vom 20.2.46), seit dem 1.4.66 das FGB, welches bis zum Beitritt galt (BGH FamRZ 01, 685). Diese Regelungen waren, was die Nichtigkeit der Verwandtenehe betraf, letztlich inhaltsgleich mit denjenigen im EheG.

11 **Auslandsbezug:** s § 1306 Rn 10.

§ 1308 Annahme als Kind

(1) ¹Eine Ehe soll nicht geschlossen werden zwischen Personen, deren Verwandtschaft im Sinne des § 1307 durch Annahme als Kind begründet worden ist. ²Dies gilt nicht, wenn das Annahmeverhältnis aufgelöst worden ist.
(2) ¹Das Familiengericht kann auf Antrag von dieser Vorschrift Befreiung erteilen, wenn zwischen dem Antragsteller und seinem künftigen Ehegatten durch die Annahme als Kind eine Verwandtschaft in der Seitenlinie begründet worden ist. ²Die Befreiung soll versagt werden, wenn wichtige Gründe der Eingehung der Ehe entgegenstehen.

1 Während § 1307 den Umfang des Ehehindernisses wegen leiblicher Verwandtschaft iSv § 1589 regelt, betrifft § 1308 die Frage, inwieweit **durch Adoption entstandene Verwandtschaft** der Eheschließung entgegensteht (**Ehehindernis**). Ein solches Verwandtschaftsverhältnis ergibt sich bei Annahme Minderjähriger aus § 1754 I, II, bei Annahme Volljähriger aus §§ 1767 II, 1754 I, II, 1770 I 1, 1772 I. Das Ehehindernis besteht zwischen Adoptiveltern und -kindern, Adoptiv(ur)großeltern und -enkeln sowie zwischen Adoptivgeschwistern. Der

Standesbeamte hat dies von Amts wegen zu prüfen (§ 5 II PStG) und muss zutreffendenfalls die Eheschließung ablehnen. Das Ehehindernis besteht nicht mehr, wenn das Annahmeverhältnis aufgehoben worden ist.
Gem II kann bei einer zwischen **Adoptivgeschwistern** beabsichtigten Eheschließung durch das Familiengericht **Befreiung** erteilt werden. Für durch Adoption in gerader Linie miteinander Verwandte ist dies nicht möglich. Maßstab für die Entscheidung über die Befreiung ist, ob der beabsichtigten Eheschließung „wichtige Gründe" entgegenstehen (S 2). Die Befreiung ist die Regel, ihre Verweigerung die Ausnahme. Das Gericht hat kein Ermessen, sondern ist lediglich zur Prüfung des unbestimmten Rechtsbegriffs „wichtige Gründe" berechtigt und verpflichtet. Solche Gründe müssen in der Sphäre des bestehenden Familienverbands liegen; Aspekte aus dem persönlichen Verhältnis der Heiratswilligen – etwa: Prognose der neuen Ehe, Altersunterschied – sind nicht maßgebend (vgl KG FamRZ 84, 582 und FamRZ 86, 993 zur gleichgelagerten Problematik im vormaligen § 4 III EheG). 2

Wird eine **Ehe** unter Verletzung des Ehehindernisses in § 1308 geschlossen, ist sie **wirksam** und nicht aufhebbar. Falls die Ehe zwischen einem Adoptivelternteil und dem Adoptivkind (oder Adoptivenkel) geschlossen wurde, ist das Annahmeverhältnis aufgehoben (§ 1766). 3

Untertitel 3 Ehefähigkeitszeugnis

§ 1309 Ehefähigkeitszeugnis für Ausländer

(1) ¹Wer hinsichtlich der Voraussetzungen der Eheschließung vorbehaltlich des Artikels 13 Abs. 2 des Einführungsgesetzes zum Bürgerlichen Gesetzbuche ausländischem Recht unterliegt, soll eine Ehe nicht eingehen, bevor er ein Zeugnis der inneren Behörde seines Heimatstaats darüber beigebracht hat, dass der Eheschließung nach dem Recht dieses Staates kein Ehehindernis entgegensteht. ²Als Zeugnis der inneren Behörde gilt auch eine Bescheinigung, die von einer anderen Stelle nach Maßgabe eines mit dem Heimatstaat des Betroffenen geschlossenen Vertrags erteilt ist. ³Das Zeugnis verliert seine Kraft, wenn die Ehe nicht binnen sechs Monaten seit der Ausstellung geschlossen wird; ist in dem Zeugnis eine kürzere Geltungsdauer angegeben, ist diese maßgebend.

(2) ¹Von dem Erfordernis nach Absatz 1 Satz 1 kann der Präsident des Oberlandesgerichts, in dessen Bezirk der Standesbeamte, bei dem die Eheschließung angemeldet worden ist, seinen Sitz hat, Befreiung erteilen. ²Die Befreiung soll nur Staatenlosen mit gewöhnlichem Aufenthalt im Ausland und Angehörigen solcher Staaten erteilt werden, deren Behörden keine Ehefähigkeitszeugnisse im Sinne des Absatzes 1 ausstellen. ³In besonderen Fällen darf sie auch Angehörigen anderer Staaten erteilt werden. ⁴Die Befreiung gilt nur für die Dauer von sechs Monaten.

A. Geltungsbereich. Die Vorschrift steht im Kontext mit der kollisionsrechtlichen Regelung zum Eheschließungsstatut in Art 13 I EGBGB. Danach ergeben sich die materiellen Voraussetzungen der Eheschließung – unabhängig vom Ort der Eheschließung – für jeden Verlobten aus dem Recht des Staates, dem er unmittelbar vor der Eheschließung angehörte (BGH NJW 66, 1811). Anknüpfungspunkt ist die jeweilige Staatsangehörigkeit. Da auf das jeweilige Heimatrecht beider Verlobter verwiesen wird, darf die Ehe nur dann geschlossen werden, wenn alle Voraussetzungen nach den aufgrund der doppelten Verweisung berufenen Rechtsordnungen vorliegen. Liegt nach nur einer Rechtsordnung ein Ehehindernis vor, nach der anderen jedoch nicht, steht dies der Eheschließung entgegen. Nach § 5 II PStG hat der Standesbeamte von Amts wegen zu prüfen, ob der Eheschließung ein Ehehindernis entgegensteht; er muss also auch feststellen, dass bei einem ausländischen Verlobten kein nach dessen Heimatrecht bestehendes Hindernis vorliegt. Zur Erleichterung dieser Prüfung normiert § 1309 für ausländische Verlobte die Verpflichtung, dem Standesbeamten ein **Ehefähigkeitszeugnis** vorzulegen, welches von der zuständigen Behörde seines Heimatstaats ausgestellt worden ist und bescheinigt, dass nach dem Recht dieses Staats kein Ehehindernis besteht. 1

Wie sich aus dem Wortlaut von I 1 ergibt, ist die Norm – entgegen dem missverständlichen Wortlaut der Überschrift: „für Ausländer" – nicht auf jeden Nichtdeutschen anwendbar, sondern nur auf denjenigen **Verlobten, für den Art 13 I EGBGB** ausländisches Recht hinsichtlich der Voraussetzungen der Eheschließung beruft. Damit besteht keine Verpflichtung zur Vorlage eines Ehefähigkeitszeugnisses für solche Nichtdeutsche, deren Personalstatut sich nicht nach der Staatsangehörigkeit, sondern ihrem gewöhnlichen Aufenthalt im Inland bestimmt. Dabei handelt es sich um Staatenlose und Personen, deren Staatsangehörigkeit nicht festgestellt werden kann (heimatlose Ausländer); für diesen Personenkreis ist gem dem New Yorker UN-Übereinkommen über die Rechtsstellung der Staatenlosen v 28. 9. 54 sowie nach Art 5 II EGBGB Ersatzanknüpfungspunkt anstelle der Staatsangehörigkeit der gewöhnliche Aufenthalt. Dasselbe gilt für Flüchtlinge, die unter das Genfer UN-Abkommen über die Rechtsstellung der Flüchtlinge v 28. 7. 51 iVm dem New Yorker Protokoll v 31. 1. 67 oder unter das Gesetz über Maßnahmen für im Rahmen humanitärer Hilfsaktionen aufgenommene Flüchtlinge v 22. 7. 80 (Kontingentflüchtlinge) fallen. Nach § 3 AsylVG gilt dies auch für anerkannte Asylberechtigte, und zwar rückwirkend für die Zeit vor der stattgebenden Asylentscheidung ab Aufenthaltsbegründung im Inland (BGH FamRZ 93, 48). 2

3 Für **Doppelstaater/Mehrstaater** ist zu unterscheiden: Nach Art 5 I 1 EGBGB kommt es grds auf die effektive Staatsangehörigkeit an, also darauf, zu welchem Staat die engste persönliche Beziehung besteht (s dazu BGH FamRZ 80, 673; KKFamR/*Rausch* Art 5 EGBGB Rn 4). Besitzt jedoch der Doppelstaater/Mehrstaater auch die deutsche Staatsangehörigkeit, darf nicht auf die effektive Staatsangehörigkeit abgestellt werden; gem Art 5 I 2 EGBGB ist allein die deutsche Staatsangehörigkeit maßgeblich, völlig unabhängig davon, ob sie für den Betroffenen auch tatsächlich die effektive darstellt. Für einen Verlobten, der mehreren Staaten angehört, ist daher grds die Beibringung eines Ehefähigkeitszeugnisses desjenigen Staats erforderlich, mit dem er am engsten verbunden ist. Dies gilt jedoch nicht, wenn er auch die deutsche Staatsangehörigkeit besitzt.

4 Die Verweisung auf das Heimatrecht der Verlobten ist Gesamtverweisung iSv Art 4 I EGBGB (BGH NJW 66, 1811), dh in dessen **Kollisionsrecht**, was zur grundsätzlichen Beachtlichkeit von Rück- und Weiterverweisungen führt. Dennoch ist § 1309, da er dem Standesbeamten die Prüfung erleichtern und soweit wie möglich sicherstellen soll, dass das Heimatrecht insgesamt richtig angewendet wird, auch dann anwendbar, wenn ins deutsche Recht zurückverwiesen wird (Erman/*A Roth* Rn 3 mwN).

5 Für **deutsche** Verlobte generell sowie für heimatlose Ausländer, ausländische Flüchtlinge und Asylberechtigte mit gewöhnlichem Aufenthalt im Inland (s.o. Rn 2) gilt § 1309 nicht. Für diesen Personenkreis ermöglicht § 69 b PStG die Ausstellung eines Ehefähigkeitszeugnisses durch den deutschen Standesbeamten, falls es eines solchen zur Eheschließung im Ausland bedarf.

6 Die Regelungen in §§ 1309 BGB und 69b PStG werden ergänzt durch das Münchener **CIEC-Übereinkommen** über die Ausstellung von Ehefähigkeitszeugnissen v 5. 9. 97 (BGBl 1997 II S 1087). Das Übereinkommen normiert die Verpflichtung der Vertragsstaaten (zzt – neben Deutschland – Italien, Luxemburg, Niederlande, Österreich, Portugal, Schweiz, Spanien, Türkei), Ehefähigkeitszeugnisse gem einem einheitlichen Muster auszustellen und die hierfür zuständigen Behörden bekannt zu geben. Inhaltlich wird § 1309 durch das Übereinkommen nicht betroffen.

7 Auflistung der Staaten, die Ehefähigkeitszeugnisse ausstellen: § 166 IV Dienstanweisung (DA) für die Standesbeamten.

8 **B. Wirksamkeit des Ehefähigkeitszeugnisses.** Für den Standesbeamten ist ein beigebrachtes Ehefähigkeitszeugnis nur dann beachtlich, wenn es von der zuständigen Behörde des Heimatstaats ausgestellt (I S 1 u 2) und noch nicht durch Zeitablauf kraftlos geworden ist (I 3). Zur Ausstellung **zuständig** ist nach I 1 die „innere" Behörde des Heimatstaats, grds also keine andere Stelle, insbes keine diplomatische Vertretung. Nach I 2 indes kann das Zeugnis auch von einer anderen Stelle, ggf einer diplomatischen Vertretung ausgestellt werden, wenn ein zwischen der Bundesrepublik Deutschland und dem Heimatstaat geschlossener Vertrag dies vorsieht. Ein solcher Vertrag ist das CIEC-Übereinkommen v 5. 9. 97 (o Rn 5); zu daraus folgenden anderweitigen Zuständigkeiten s DA für die Standesbeamten § 166 IV.

9 Das Ehefähigkeitszeugnis wird 6 Monate nach seiner Ausstellung **kraftlos**, wenn bis dahin keine Eheschließung erfolgt ist. Bei im Zeugnis angegebener kürzerer Geltungsdauer tritt mit deren Ablauf Kraftlosigkeit ein (I 3).

10 **C. Befreiung.** Angehörigen von Staaten, die kein Ehefähigkeitszeugnis kennen, muss es – insbes im Hinblick auf die grundrechtlich gewährleistete Eheschließungsfreiheit (BVerfG FamRZ 04, 765) – möglich sein, auch ohne die Vorlage eines Ehefähigkeitszeugnisses im Inland eine Ehe eingehen zu können. Die Regelung dazu findet sich in II. Sie gilt auch für Staatenlose mit gewöhnlichem Aufenthalt im Ausland und sieht eine **förmliche Befreiungsentscheidung** durch den Präsidenten des OLG, in dessen Bezirk der zuständige Standesbeamte seinen Sitz hat, vor (II 1). Der Standesbeamte hat dafür erforderlichen Antrag entgegenzunehmen und die Entscheidung der OLG-Präsidenten vorzubereiten (§ 5 a PStG).

11 Maßstab für die Erteilung der Befreiung ist vorrangig die **Frage, ob das Heimatrecht des Verlobten der geplanten Eheschließung entgegensteht.** Der OLG-Präsident muss demgemäß entspr § 12 FGG von Amts wegen ermitteln (BaRoth/*F Lohmann* Rn 24) und feststellen, dass nach dem gem Art 13 I EGBGB anwendbaren Recht kein Ehehindernis besteht. Dies gilt auch für ein nur aufschiebendes Eheverbot und ist unabhängig davon, ob die Verletzung des Ehehindernisses die Gültigkeit der gleichwohl geschlossenen Ehe beeinträchtigt oder nicht (BGH FamRZ 71, 366).

12 Besteht nach dem Heimatrecht des Verlobten ein Ehehindernis, ist dennoch Befreiung zu erteilen, wenn das zusätzlich zu berücksichtigende deutsche Recht diesem Ehehindernis aus Gründen des **ordre public** die Anerkennung versagt (Art 6 EGBGB). Der Eheschließungsfreiheit entgegenstehende Regelungen fremden Rechts (zB absolute Unauflöslichkeit einer früheren Ehe sowie das Verbot der Eheschließung bei unterschiedlicher Religionszugehörigkeit – zu Letzterem BGH FamRZ 71, 366; Kobl FamRZ 94, 1262) sind hierzu Anlass. Soweit die Unauflöslichkeit einer früheren Ehe entgegensteht, ist Art 13 II Nr 3 EGBGB für Eheschließungen ab dem 1. 9. 86 als konkrete Ausprägung von Art 6 EGBGB heranzuziehen. Soweit die Ehe vor diesem Zeitpunkt geschlossen worden ist, kommt Art 6 EGBGB direkt zur Anwendung (BGH FamRZ 97, 542). Danach ist ordre-public-Widrigkeit des Festhaltens an der Unauflösbarkeit als weiterwirkendem Eheverbot immer gegeben, wenn die Scheidung der früheren Ehe im Inland rechtskräftig geworden oder anzuerkennen ist.

Ausnahmsweise kann eine Befreiung auch Angehörigen von Staaten, die ein Ehefähigkeitszeugnis kennen, erteilt werden. Nach II 3 ist dies **in besonderen Fällen** möglich. Damit gemeint sind Sachverhalte, bei deren Vorliegen die Beschaffung des Ehefähigkeitszeugnisses im Heimatstaat undurchführbar oder unzumutbar ist, etwa bei Krieg, Naturkatastrophen oder wegen politischer Verhältnisse (vgl Oldbg NJW-RR 89, 774; Köln NJW 90, 644). Das Interesse, Formalitäten oder Kosten zu sparen, reicht nicht zur Annahme eines besonderen Falles. 13

Die Befreiung wird 6 Monate nach ihrer Erteilung **kraftlos**, wenn bis dahin keine Eheschließung erfolgt ist (II 4). 14

Rechtsbehelf gegen die Versagung der Befreiung ist der Antrag auf gerichtliche Entscheidung gem Art 23 ff. EGGVG. 15

D. Ehehindernis, Ehewirksamkeit. Die Erforderlichkeit der Vorlage eines Ehefähigkeitszeugnisses bedeutet ein vom Standesbeamten gem § 5 II PStG zu beachtendes **aufschiebendes Ehehindernis**, das nur bei Beibringung des Zeugnisses oder mit der Befreiungsentscheidung des OLG-Präsidenten entfällt. 16

Eine unter Verletzung der Pflicht zur Beibringung des Ehefähigkeitszeugnisses **gleichwohl geschlossene Ehe ist wirksam**: § 1309 ist der Ehewirksamkeit nicht entgegenstehende Sollvorschrift. 17

Untertitel 4 Eheschließung

§ 1310 Zuständigkeit des Standesbeamten, Heilung fehlerhafter Ehen

(1) ¹Die Ehe wird nur dadurch geschlossen, dass die Eheschließenden vor dem Standesbeamten erklären, die Ehe miteinander eingehen zu wollen. ²Der Standesbeamte darf seine Mitwirkung an der Eheschließung nicht verweigern, wenn die Voraussetzungen der Eheschließung vorliegen; er muss seine Mitwirkung verweigern, wenn offenkundig ist, dass die Ehe nach § 1314 Abs. 2 aufhebbar wäre.

(2) Als Standesbeamter gilt auch, wer, ohne Standesbeamter zu sein, das Amt eines Standesbeamten öffentlich ausgeübt und die Ehe in das Heiratsbuch eingetragen hat.

(3) Eine Ehe gilt auch dann als geschlossen, wenn die Ehegatten erklärt haben, die Ehe miteinander eingehen zu wollen, und

1. der Standesbeamte die Ehe in das Heiratsbuch oder in das Familienbuch eingetragen hat,
2. der Standesbeamte im Zusammenhang mit der Beurkundung der Geburt eines gemeinsamen Kindes der Ehegatten einen Hinweis auf die Eheschließung in das Geburtenbuch eingetragen hat oder
3. der Standesbeamte von den Ehegatten eine familienrechtliche Erklärung, die zu ihrer Wirksamkeit eine bestehende Ehe voraussetzt, entgegengenommen hat und den Ehegatten hierüber eine in Rechtsvorschriften vorgesehene Bescheinigung erteilt worden ist

und die Ehegatten seitdem zehn Jahre oder bis zum Tode eines der Ehegatten, mindestens jedoch fünf Jahre, als Ehegatten miteinander gelebt haben.

A. Obligatorische Zivilehe. Eine Ehe iSd § 1310 – wie auch der §§ 1303–1309, 1311, 1312 – kann nur zwischen **Mann und Frau** geschlossen werden. Partner gleichen Geschlechts können keine Ehe eingehen (BVerfG FamRZ 93, 1419); ihnen steht die Begründung einer vom Ehebegriff zu unterscheidenden Lebenspartnerschaft offen (§ 1 LPartG). 1

I 1 normiert die zwingende Notwendigkeit der **Eheschließung vor dem Standesbeamten.** Vor einem Religionsdiener oder einer sonstigen Trauungsperson geschlossene Ehen zeitigen für das staatliche Recht keine Wirkungen (vgl auch § 1588). Dass die Eheschließung „vor" dem Standesbeamten erfolgen muss, bedeutet iVm der in § 1311 S 1 normierten Pflicht zur persönlichen Anwesenheit das Verbot der Ferntrauung. 2

Standesbeamter ist, wer für einen bestimmten Standesamtsbezirk förmlich zum Standesbeamten bestellt worden ist (§ 53 PStG). Die Wahrnehmung der Geschäfte des zuständigen Standesbeamten kann vorübergehend einem anderweitig bestellten Standesbeamten übertragen werden (§ 56 PStG). Gem II gilt ein nicht zum Standesbeamten Bestellter als Standesbeamter, wenn er das Amt des Standesbeamten tatsächlich ausübt und die Ehe in das Heiratsbuch einträgt. 3

Die Regelung in I 1 gilt uneingeschränkt für die Eheschließung deutscher Verlobter **im Inland**. Für hier vorgenommene Eheschließungen von Ausländern kann sich bei Vorliegen der in Art 13 III 2 EGBGB normierten besonderen Voraussetzungen eine Ausnahme ergeben (s. Art 13 EGBGB Rn 12). Das Formstatut für im Ausland vorgenommene Eheschließungen richtet sich nach Art 11 I EGBGB (s. Art 13 EGBGB Rn 14). 4

Liegen keine Ehehindernisse vor, kann der Standesbeamte seine **Mitwirkung an der Eheschließung** nur verweigern, wenn für ihn offenkundig ist, dass die Ehe nach § 1314 II aufhebbar wäre (I 2). Dies ist der Fall bei Bewusstlosigkeit oder vorübergehender Störung der Geistestätigkeit eines Verlobten, bei fehlendem Wissen eines Verlobten vom Stattfinden einer Eheschließung, bei arglistiger Täuschung oder Drohung ggü einem Verlobten sowie bei Absicht der Verlobten, lediglich eine Scheinehe zu schließen. 5

6 **B. Nichtehe, Heilung.** Verstöße gegen I 1, also **Eheschließung durch gleichgeschlechtliche Partner** oder **Eheschließung ohne Mitwirkung des Standesbeamten**, stehen ipso jure dem Zustandekommen einer Ehe entgegen – eine dennoch geschlossene „Ehe" ist absolut nichtig und zeitigt keine Rechtswirkungen (Nichtehe). Ein Aufhebungsverfahren kommt mangels Vorliegens einer Ehe nicht in Betracht. Jedoch kann die Unwirksamkeit mit einer Klage auf Feststellung des Nichtbestehens einer Ehe geltend gemacht werden (§§ 606, 632 ZPO).

7 Eine ohne Mitwirkung des Standesbeamten geschlossene (Nicht-)Ehe kann mit der Rechtsfolge rückwirkender Wirksamkeit (Palandt/*Brudermüller* Rn 14) **geheilt** werden, wenn die in III normierten besonderen Voraussetzungen vorliegen. Dazu ist erforderlich, dass der Standesbeamte trotz Unwirksamkeit der Ehe bestimmte **ehebezogene Amtshandlungen** vorgenommen hat **und** die vermeintlichen Ehegatten über einen bestimmten Zeitraum **als Ehegatten miteinander gelebt** haben. Als Amtshandlungen des Standesbeamten kommen in Betracht die Eintragung der Ehe in das Heirats- oder Familienbuch (III Nr 1), die Eintragung eines Hinweises auf die Eheschließung im Geburtenbuch bei Beurkundung der Geburt eines gemeinsamen Kindes (III Nr 2) sowie die Entgegennahme von eheabhängigen familienrechtlichen – zB namensrechtlichen – Erklärungen nebst Erteilung einer dahingehenden Bescheinigung (III Nr 3). Hinzukommen muss eheliches Zusammenleben über einen Zeitraum von 10 Jahren seit Vornahme der Amtshandlung. Ist ein Ehegatte gestorben, reicht es, wenn das Zusammenleben mindestens 5 Jahre bis zu seinem Tode angedauert hat (III aE). Die Heilung kann mit einer Klage auf Feststellung des Bestehens einer Ehe geltend gemacht werden (§§ 606, 632 ZPO).

§ 1311 Persönliche Erklärung

¹Die Eheschließenden müssen die Erklärungen nach § 1310 Abs. 1 persönlich und bei gleichzeitiger Anwesenheit abgeben. ²Die Erklärungen können nicht unter einer Bedingung oder Zeitbestimmung abgegeben werden.

1 Bei der Eheschließung vor dem Standesbeamten müssen beide Verlobte **gleichzeitig anwesend** sein (S 1 aE). Sukzessivbeurkundung ist nicht möglich.

2 Die Erklärung der Verlobten, miteinander die Ehe eingehen zu wollen, ist **höchstpersönlicher** Natur (S 1). Vertretung – Stellvertretung oder gesetzliche Vertretung – wie auch Erklärung durch Boten ist ausgeschlossen. Wenn ein Vertreter oder Bote handeln will, muss der Standesbeamte, wenn er dies erkennt, seine Mitwirkung verweigern (BaRoth/*F.Lohmann* Rn 1; DA für die Standesbeamten § 184 I 5). Erfolgt gleichwohl die Erklärung der Eheschließung durch einen Vertreter, steht dies der Wirksamkeit der Ehe nicht entgegen (s.u. Rn 4). Ist die Vertretung dem anderen Verlobten bekannt, kommt die Ehe mit dem nicht erschienenen Vertretenen zustande. Ist die Vertretung dem anderen Verlobten nicht bekannt (verdeckte Vertretung), kommt es darauf an, ob dieser seiner Vorstellung nach den tatsächlich Erschienenen oder den – möglicherweise mit dem Erschienenen verwechselten – Vertretenen heiraten will: im ersten Fall kommt die Ehe mit dem erschienenen Vertreter zustande, im zweiten Fall mit dem verdeckt Vertretenen (Erman/*A Roth* Rn 4; Palandt/*Brudermüller* Rn 5 mwN; Karlsr StAZ 94, 286 zum insoweit inhaltsgleichen griechischen Recht).

3 Die Erklärung der Eheschließung ist **bedingungs- und befristungsfeindlich** (S 2). Soll eine Bedingung oder Befristung mit der Erklärung verbunden werden, muss der Standesbeamte, wenn er dies erkennt, seine Mitwirkung verweigern (o Rn 2). Für den Standesbeamten nicht erkennbare Bedingungen, Befristungen oder Vorbehalte sind unwirksam (BayObLG FamRZ 82, 603), die Ehe hingegen wirksam.

4 Eine unter Verstoß gegen § 1311 geschlossene Ehe ist gem § 1314 I **aufhebbar**, jedoch **bis zur Rechtskraft des Aufhebungsurteils wirksam** (§ 1313 S 2). Bei rechtskräftiger Aufhebung tritt ex nunc (BGH FamRZ 01, 685) Unwirksamkeit ein; für die Vergangenheit bleibt die Ehe voll gültig. Bei Vorliegen der Voraussetzungen in § 1315 II Nr 2 ist die Aufhebung ausgeschlossen. Nach dem Tod eines Ehegatten ist die Aufhebung nicht mehr möglich (§ 619 ZPO).

§ 1312 Trauung, Eintragung

(1) ¹Der Standesbeamte soll bei der Eheschließung die Eheschließenden einzeln befragen, ob sie die Ehe miteinander eingehen wollen, und, nachdem die Eheschließenden diese Frage bejaht haben, aussprechen, dass sie nunmehr kraft Gesetzes rechtmäßig verbundene Eheleute sind. ²Die Eheschließung kann in Gegenwart von einem oder zwei Zeugen erfolgen, sofern die Eheschließenden dies wünschen.
(2) Der Standesbeamte soll die Eheschließung in das Heiratsbuch eintragen.

1 I 1 regelt die vom Standesbeamten bei der Eheschließung durchzuführende **Trauung** und die dabei einzuhaltenden Förmlichkeiten. Die Vorschrift wird ergänzt durch die in §§ 8 PStG, 187 der Dienstanweisung (DA) für die Standesbeamten enthaltenen Anweisungen zur würdigen Ausgestaltung der Eheschließung. Da es sich bei diesen Rechtsgrundlagen und bei I 1 um Soll-Vorschriften handelt, sind **Verstöße folgenlos**. Sie stehen der Wirksamkeit der Ehe nicht entgegen und ergeben keinen Aufhebungsgrund.

Seit der Eheschließungsrechtsreform 1998 ist die Anwesenheit von **Trauzeugen** nicht mehr vorgeschrieben. 2
Auf Wunsch der Eheschließenden können Trauzeugen anwesend sein (I 2).
Die Eheschließung ist gem 9 PStG zu **beurkunden** und gem II iVm § 11 PStG in das **Heiratsbuch** einzutra- 3
gen. Nach § 12 PStG ist zudem das Familienbuch anzulegen. **Verstöße** hiergegen sind **folgenlos**; sie stehen der
Wirksamkeit der Ehe nicht entgegen und ergeben keinen Aufhebungsgrund.

Titel 3 Aufhebung der Ehe

Vorbemerkungen vor §§ 1313 bis 1320

A. Allgemeines. Eine Ehe kann nur durch den Tod aufgelöst oder durch gerichtliches Gestaltungsurteil 1
geschieden (§ 1564 I 1) oder aufgehoben (§ 1313 I 1) werden. Vorausgesetzt ist eine wirksam geschlossene
Ehe, mag sie auch fehlerhaft zustande gekommen sein. Ausnahme: **Nichtehe** (zB Eheschließung vor einem
Bediensteten, der nicht das Amt eines Standesbeamten ausübt, § 1310 II oder vor einem Geistlichen). Sie ist
wegen schwerwiegender formeller oder materieller Fehler ohne jede familienrechtliche Wirkung.
Das Gesetz kennt seit dem 1. 7. 98 neben der Scheidung als wichtigstem Auflösungsgrund nur noch die Ehe- 2
aufhebung. Die Nichtigerklärung der Ehe wurde mit der Beseitigung des EheG durch Art 14 Nr 1 des
EheschlRG abgeschafft. Die früheren Ehenichtigkeitsgründe (zB wegen Formnichtigkeit, Mangel an
Geschäfts- oder Urteilsfähigkeit oder Doppelehe) sind jetzt in den Katalog der Aufhebungsgründe aufgenommen. Fehlerhaft zustande gekommene Ehen sind nicht mehr wie früher rückwirkend vernichtbar, sondern
können ausschl ex nunc mit Rechtskraft des Urteils aufgehoben werden (§ 1313 S 2). Bis zu diesem Zeitpunkt
ist die aufhebbare Ehe voll gültig (BGH FamRZ 01, 685, 686; MDR 02, 520).
B. Unterschiede: Ehescheidung – Eheaufhebung. I. Materielles Recht. Während bei der Scheidung die 3
Ehe aus Gründen geschieden wird, die **nach** der Eheschließung liegen und die Ehe zum Scheitern gebracht
haben („zerrüttete Ehe"), erfolgt die Eheaufhebung aus Gründen die **bei** der Eheschließung vorgelegen
haben („fehlerhafte Ehe"). Einziger Scheidungsgrund ist das Gescheitertsein der Ehe (§ 1565 I). Die verschiedenen Aufhebungsgründe sind (abschließend) in § 1314 aufgezählt.
II. Verfahrensrecht. Das Aufhebungsverfahren ist seit dem 1. 7. 98 weitgehend dem Scheidungsverfahren 4
(§§ 606–620g ZPO) nachgebildet (§ 631 ZPO). Im ersten Rechtszug gelten die Bestimmungen vor den Land-
gerichten entsprechend (§ 608 ZPO). Das Aufhebungsverfahren ist Ehesache, insbes gelten dieselben Regelungen für die sachliche und örtliche Zuständigkeit (§ 606 ZPO) sowie die Vorschriften über die Antragsschrift
(§ 622 II 2, III ZPO). Die Parteien heißen Antragsteller und Antragsgegner (§ 622 III ZPO). Allerdings kennt
das Aufhebungsverfahren nicht den Verfahrensverbund nach § 623 ZPO.
Es empfiehlt sich im Aufhebungsverfahren hilfsweise den Scheidungsantrag zu stellen. Der Hilfsantrag kann 5
zulässigerweise auch erstmals im Berufungsverfahren gestellt werden (Köln FamRZ 00, 819, 820). Ein Ehegatte kann umgekehrt – nach bestrittener Auffassung – auch innerhalb eines Scheidungsverfahrens hilfsweise
Eheaufhebung begehren (BGH FamRZ 89, 153, 155; Zöller/*Philippi* § 631 Rn 17 mwN).
III. Drittbeteiligte. Während die Scheidung ausschl von Ehegatten beantragt werden kann (§ 1564 S 1), sind 6
bei den meisten Aufhebungsgründen zusätzlich die **zuständige Verwaltungsbehörde** und im Falle der Bigamie ein **Dritter** (der Ehegatte aus der anderen Ehe) antragsberechtigt (§ 1316). Die Drittanträge sind gegen
beide Ehegatten zu richten (§ 631 III ZPO).
IV. Kosten. Kosten werden gem § 93 a III ZPO verteilt und können ggf dem bösgläubigen und unredlichen 7
Ehegatten auferlegt werden. Unterliegt die als Partei aufgetretene zuständige Verwaltungsbehörde, hat die
Staatskasse die Kosten zu tragen (§ 631 V ZPO). Dasselbe gilt für die Kosten eines erfolglosen Rechtsmittels
der Behörde (Karlsr FamRZ 91, 92 betr StA). Zu erstatten sind die außergerichtlichen Auslagen, nicht die
Gerichtskosten (§ 2 V GKG nF).
V. Vorteile des Aufhebungsverfahrens ggü der Scheidung. Die Eheaufhebung kann ohne Einhaltung des 8
Trennungsjahres (§ 1565 II) beantragt werden. Das Aufhebungsverfahren ist nicht mit Folgesachen belastet,
da die Verbundvorschriften (§ 623 ZPO) nicht gelten. Schließlich finden die Scheidungsfolgevorschriften nur
eingeschränkt Anwendung (§ 1318).
C. Übergangsrecht. Das durch das EheschlRG zum 1. 7. 98 neu geschaffene Aufhebungsrecht (zB § 1314 II 9
Nr 5 = Scheinehe) gilt nur für die nach dem 30. 6. 98 geschlossenen Ehen (Art 228 I EGBGB). Im Übrigen
finden die neuen Aufhebungsvorschriften auch auf die vor dem 1. 7. 98 geschlossenen Ehen Anwendung
(Art 226 III EGBGB).

§ 1313 Aufhebung durch Urteil

¹Eine Ehe kann nur durch gerichtliches Urteil auf Antrag aufgehoben werden. ²Die Ehe ist mit der Rechtskraft des Urteils aufgelöst. ³Die Voraussetzungen, unter denen die Aufhebung begehrt werden kann, ergeben sich aus den folgenden Vorschriften.

1 **A. Allgemeines.** Die Vorschrift gilt auch für die vor dem 1. 7. 98 geschlossenen Ehen (Art 226 III EGBGB; vor § 1313 Rn 9). Die Aufhebung erfolgt wie die Scheidung (vgl § 1564) durch rechtskräftiges Gestaltungsurteil. Das Gesetz zählt die Aufhebungstatbestände abschließend auf.

2 **B. Die materiellen Voraussetzungen der Eheaufhebung.** Ehe bedeutet eine familienrechtlich wirksam zustande gekommene Ehe. Eine Nichtehe (vor § 1313 Rn 1) kann nicht aufgehoben werden. Ob eine bereits geschiedene Ehe aufgehoben werden kann, ist str (§ 1317 Rn 5). Aufhebungsgrund sind die in § 1314 abschließend geregelten Aufhebungstatbestände. Die Aufhebung darf nicht ausgeschlossen sein (§ 1315). Die Antragsfrist (Jahresfrist) muss bei einigen Tatbeständen beachtet werden (§ 1317). Erforderlich ist der Antrag eines Antragberechtigten (§ 1316). Die Rechtsfolgen der Aufhebung regelt § 1318.

§ 1314 Aufhebungsgründe

(1) Eine Ehe kann aufgehoben werden, wenn sie entgegen den Vorschriften der §§ 1303, 1304, 1306, 1307, 1311 geschlossen worden ist.
(2) Eine Ehe kann ferner aufgehoben werden, wenn
1. ein Ehegatte sich bei der Eheschließung im Zustand der Bewusstlosigkeit oder vorübergehender Störung der Geistestätigkeit befand;
2. ein Ehegatte bei der Eheschließung nicht gewusst hat, dass es sich um eine Eheschließung handelt;
3. ein Ehegatte zur Eingehung der Ehe durch arglistige Täuschung über solche Umstände bestimmt worden ist, die ihn bei Kenntnis der Sachlage und bei richtiger Würdigung des Wesens der Ehe von der Eingehung der Ehe abgehalten hätten; dies gilt nicht, wenn die Täuschung Vermögensverhältnisse betrifft oder von einem Dritten ohne Wissen des anderen Ehegatten verübt worden ist;
4. ein Ehegatte zur Eingehung der Ehe widerrechtlich durch Drohung bestimmt worden ist;
5. beide Ehegatten sich bei der Eheschließung darüber einig waren, dass sie keine Verpflichtung gemäß § 1353 Abs. 1 begründen wollen.

1 **A. Allgemeines.** § 1314 enthält eine abschließende Aufzählung aller Aufhebungsgründe (§ 1313 S 3). Die in I aufgeführten Aufhebungsgründe beziehen sich auf Verstöße gegen Eheschließungsvorschriften. II Nr 1–4 betrifft Fehler bei der Bildung des Eheschließungswillens. Neu ist der Aufhebungsgrund der Scheinehe (II Nr 5).
2 Wenn offenkundig ist, dass die beabsichtigte Eheschließung nach II aufhebbar wäre, muss der Standesbeamte seine Mitwirkung an der Eheschließung ablehnen (§ 1310 I 2 – 2. Hs –).
3 Die Rechtsfolgen der Aufhebung richten sich nach § 1318.
4 **B. Eheschließungsfehler (I). I. Verstoß gegen § 1303 I (Ehemündigkeit).** Aufhebbar ist eine Ehe, wenn in Ehegatte bei Eheschließung minderjährig war. Das FamG kann aber Befreiung vom Erfordernis der Ehemündigkeit erteilen, wenn der minderjährige Heiratswillige das 16. Lebensjahr vollendet hat und der künftige Ehegatte volljährig ist (§ 1303 II). Der Sorgerechtsinhaber kann der Ehemündigerklärung aus triftigen Gründen widersprechen (§ 1303 III). Wird der Dispens erteilt, kann der ehemündig gewordene Minderjährige ohne Einwilligung des Sorgerechtsinhabers die Ehe schließen (§ 1303 IV).
5 Wird die Ehe ohne Dispens geschlossen, entfällt die Aufhebbarkeit, wenn entweder dem minderjährigen Verlobten nachträglich der Dispens erteilt wird (§ 1315 I 1 Nr 1–1. Alt –) oder der bei Eheschließung minderjährige Ehegatte inzwischen volljährig geworden ist und die Ehe bestätigt (§ 1315 I 1 Nr 1–2. Alt –).
6 Antragsberechtigt ist jeder Ehegatte sowie die nach Landesrecht zuständige Verwaltungsbehörde (§ 1316 I 1 Nr 1), die aber von der Antragstellung absehen kann (§ 1316 III gilt nicht). Der minderjährige Ehegatte kann den Aufhebungsantrag ohne Zustimmung seines gesetzlichen Vertreters stellen (§ 1316 II 2). Der Aufhebungsantrag ist nicht befristet (Umkehrschluss aus § 1317 I).
7 **II. Verstoß gegen § 1304 (Geschäftsunfähigkeit).** Die Ehe des bei Eheschließung Geschäftsunfähigen (§ 104 Nr 2) ist wirksam, aber aufhebbar. Für beschränkt Geschäftsfähige (§ 106) gilt § 1303. Die Geschäftsunfähigkeit muss ehebezogen sein („Ehegeschäftsunfähigkeit"). Es kommt deshalb darauf an, ob bei dem Verlobten Einsichtsfähigkeit für das Wesen der Ehe besteht und ob er in der Lage ist, seine Entscheidung zur Eheschließung von vernünftigen Erwägungen abhängig zu machen (Ddorf FamRZ 97, 294, 295). Bei ernst zu nehmendem Heiratswillen kann auch bei einer stark debilen Person eine Eheschließung in Betracht kommen (AG Rottweil FamRZ 90, 626), ebenso in einem „lichten Augenblick" oder wenn trotz Geistesschwäche partielle Geschäftsfähigkeit für die Eheschließung besteht (BayObLG FamRZ 97, 297).

Der Standesbeamte muss Zweifeln an der Geschäftsfähigkeit von Amts wegen nachgehen. Dazu besteht in der 8
Regel Veranlassung, wenn für den Betroffenen ein Betreuer bestellt ist, insbes wenn ein Einwilligungsvorbehalt (§ 1903) besteht, der allerdings speziell für die Erklärung zur Eheschließung nicht angeordnet werden
darf (§ 1903 II – 1. Alt –). Bei fortbestehenden Zweifeln muss der Standesbeamte durch Einschaltung des
Amtsgerichts die Geschäftsfähigkeit durch Gutachten klären lassen (§ 45 II PStG). Teilt das Amtsgericht seine
Zweifel nicht, kann es den Standesbeamten zur Vornahme der Eheschließung veranlassen (§ 45 I PStG). Bei
nur vorübergehender Geistesstörung liegt keine Geschäftsunfähigkeit vor (§ 104 Nr 2 – 2. Hs –) Der Standesbeamte muss gleichwohl die Eheschließung ablehnen, weil sie gem § 1314 II Nr 1 – 2. Alt – aufhebbar wäre.
Die Aufhebbarkeit entfällt, wenn der nicht mehr Geschäftsunfähige die Ehe bestätigt (§ 1315 I Nr 2). 9
Antragsberechtigt sind die Eheleute und die zuständige Verwaltungsbehörde (§ 1316). Für den zur Zeit des 10
Aufhebungsverfahrens geschäftsunfähigen Ehegatten kann nur der gesetzliche Vertreter den Antrag stellen
(§ 1316 II), der selbst kein eigenes Antragsrecht hat. Die Verwaltungsbehörde soll nur in Härtefällen von der
Antragstellung absehen (§ 1316 III; Rn 6).
Der Aufhebungsantrag ist nicht befristet (Umkehrschluss aus § 1317 I 1). 11

III. Verstoß gegen Eheverbote (§§ 1306, 1307, 1311). 1. Doppelehe/Bigamie (§ 1306). Die Doppelehe mit 12
einem Dritten (nicht mit demselben Partner) ist aufhebbar. Sonderregelungen gelten bei Wiederheirat nach
unrichtiger Todeserklärung (§§ 1390, 1320). Eine aufhebbare Zweitehe liegt vor, wenn die Erstehe bei Eingehung der Zweitehe besteht. Das wird auch angenommen, wenn die Erstehe bei Zustandekommen der Zweitehe zwar aufgelöst war, jedoch das Scheidungs- oder Aufhebungsurteil nachträglich (zB in einem Wiederaufnahmeverfahren BGH FamRZ 76, 336) unwirksam geworden ist.
Wurde die Erstehe im Ausland aufgelöst, kommt es auf die Anerkennung der ausländischen Scheidung im 13
Inland nach Art 14 EG-VO Nr 1347/2000 bzw Art 7 § 1 FamRÄndG, § 328 ZPO an (vgl Art 13 II Nr 3, 2. Hs
3. Alt EGBGB). Wurde die Erstehe des Ausländers aber im Inland aufgelöst, ist allein diese Entscheidung
maßgebend, auch wenn das Heimatrecht des Ausländers das deutsche Urteil nicht anerkennen sollte (Art 13
II Nr 3, 2. Hs 2. Alt EGBGB).
Die Aufhebungsmöglichkeit blieb nach bisherigem Recht auch nach späterer Auflösung der Erstehe grds 14
bestehen (BGH FamRZ 86, 879, 880). Mit dem Eheschließungsgesetz hat sich die Ausgangslage jedoch verändert. Da die Eheaufhebung nur noch „ex nunc" wirkt, vermag die Aufhebung auch für die Vergangenheit
bestehenden Konkurrenz zur Erstehe nichts mehr zu ändern. Deshalb stellt der Aufhebungsantrag im Regelfall eine unzulässige Rechtsausübung dar, wenn die erste Ehe im Zeitpunkt der Entscheidung über die Aufhebung der bigamischen Ehe bereits aufgelöst ist (BGH MDR 02, 520). Bei der Geltendmachung eigener
Belange des früheren Ehegatten soll ein Aufhebungsantrag ausnahmsweise zulässig sein BGH MDR 02, 520
unter Hinweis auf BGH FamRZ 01, 685).
Die Aufhebbarkeit der Zweitehe entfällt im Übrigen dann, wenn die Erstehe aufgrund eines Urteils aufgelöst 15
wird, das bei Schließung der Zweitehe schon verkündet war (§ 1315 II Nr 1) aber erst nach diesem Zeitpunkt
rechtskräftig wird. Liegt dieser Ausnahmefall nicht vor, können die Eheleute nur durch erneute Heirat mit
ex-nunc-Wirkung die Aufhebbarkeit der Zweitehe beseitigen. Antragsberechtigt ist jeder Ehegatte, der (frühere) Ehegatte der Erstehe sowie die zuständige Verwaltungsbehörde, die nur in Härtefällen von der Antragstellung absehen soll (§ 1316 Rn 6).
Der Aufhebungsantrag ist nicht befristet (Umkehrschluss aus § 1317 I 1). 16

2. §§ 1307, 1308 (Ehe unter Blutsverwandten und Adoptierten). Das Eheverbot der blutsmäßigen Abstam- 17
mung betrifft die Eheschließung zwischen Personen, deren eine von der anderen abstammt (§ 1589 S 1),
sowie zwischen Geschwistern und Halbgeschwistern, mag das Verwandtschaftverhältnis auch durch Adoption
(§ 1755) eines Beteiligten später erloschen sein (§ 1307 S 2). Entfällt dagegen das Verwandtschaftsverhältnis
rückwirkend wegen Anfechtung der Abstammung, entfällt mit ex-nunc-Wirkung auch das Eheverbot, so dass
keine Aufhebung (mehr) möglich ist (Johannsen/*Henrich* § 1314 Rn 28).
Die gesetzliche Verwandtschaft ist der blutsmäßigen Verwandtschaft gleichzustellen. Deshalb kann der Ehe- 18
mann die von seiner Frau im Ehebruch empfangene Tochter nicht heiraten, solange er nicht seine Vaterschaft
(§ 1592 Nr 1) wirksam angefochten hat (MüKo/*Müller-Gindullis* § 1307 Rn 5). Die Gleichstellung gilt auch in
den Fällen der Leihmutterschaft (vgl § 1591 Rn 5). Deshalb darf der Sohn seine Mutter – die Leihmutter –
nicht heiraten, obwohl er mit ihr genetisch nicht verwandt ist (Palandt/*Brudermüller* § 1307 Rn 5).
Das Eheverbot gilt gem § 1308 I 1 für den in § 1307 beschriebenen Personenkreis auch dann, wenn das Ver- 19
wandtschaftsverhältnis auf Adoption beruht (§ 1754). Das Verbot entfällt bei nachträglicher Auflösung der
Adoption (§ 1308 I 2 iVm §§ 1759, 1760, 1763). Der Richter (§ 15 Nr 18 RpflG) kann adoptierten Geschwistern auf Antrag vom Eheverbot Befreiung erteilen (§ 1308 II 1), die nur aus wichtigen Gründen versagt werden darf (§ 1308 II 2).
Seit In-Kraft-Treten des EheschlRG besteht kein Eheverbot der Schwägerschaft mehr (früher: § 4 EheG). 20
Ebenso sind die Eheverbote der Wartezeit und des fehlenden Auseinandersetzungszeugnisses (früher: §§ 8
u 9 EheG) entfallen.

Antragsberechtigt ist jeder Ehegatte sowie die zuständige Verwaltungsbehörde, die nur in Härtefällen von der Antragstellung absehen soll (§ 1316 III Rn 6). Der Aufhebungsantrag ist nicht befristet (Umkehrschluss aus § 1317 I 1).

21 **3. Verstoß gegen Formvorschriften (§ 1311).** Während die Regelung über den Trauvorgang (§ 1312) nur Ordnungscharakter hat, führt ein Verstoß gegen § 1311 zur Aufhebbarkeit der Ehe (§ 1314 I).

22 Die Aufhebungsmöglichkeit entfällt durch Zeitablauf, wenn die Eheleute 5 Jahre zusammengelebt haben. Zeiten des Getrenntlebens (vgl § 1567) hemmen den Fristablauf. Tritt der Fristablauf während des Aufhebungsverfahrens ein, bleibt die Aufhebung zulässig (§ 1315 II 2). Die Aufhebungsmöglichkeit entfällt weiterhin, wenn ein Ehegatte stirbt, die Eheleute aber bis zu dessen Tod 3 Jahre zusammengelebt haben. Der Tod eines Ehegatten während des Aufhebungsverfahrens berührt nicht die Zulässigkeit der Aufhebung (§ 1315 II 2).

23 Antragsberechtigt sind die Ehegatten sowie die zuständige Verwaltungsbehörde, die aber von der Antragstellung absehen kann. § 1316 III gilt nicht. Der Aufhebungsantrag ist nicht befristet (Umkehrschluss aus § 1317 I Nr 1).

24 **C. Willensfehler (II Nr 1 und 2). I. Bewusstlosigkeit, Geistesstörung (II Nr 1).** Die Grenze zwischen Bewusstlosigkeit und vorübergehender Störung der Geistestätigkeit (§ 105 II) ist fließend, so dass eine graduelle Abstufung zwischen Bewusstlosigkeit und hochgradiger Bewusstseinstrübung (Johannsen/*Henrich* § 4 Rn 38) entbehrlich erscheint. Entscheidend ist, ob die freie Willensbildung ausgeschlossen ist. Beispiele: Drogeneinfluss, Alkoholeinfluss, Hypnose, Fieber.

25 Besteht der Willensdefekt nicht mehr, kann der betreffende Ehegatte die Fortsetzung seiner Ehe bestätigen und dadurch deren Aufhebbarkeit beseitigen (§ 1315 I Nr 3). Ist er noch minderjährig, muss sein gesetzlicher Vertreter zustimmen, im Weigerungsfalle kann die Zustimmung gerichtlich ersetzt werden (§ 1315 I 3).

26 Antragsberechtigt ist jeder Ehegatte und die zuständige Verwaltungsbehörde, die nur in Härtefällen von der Antragstellung absehen soll (§ 1316 III). Der Antrag ist nicht befristet (Umkehrschluss aus § 1317 I Nr 1).

27 **II. Eheschließungsirrtum (II Nr 2).** Eheschließungsirrtum liegt vor, wenn der Ehegatte die Bedeutung des Vorgangs als Eheschließung nicht erkannt („gewusst") hat. Zweifel genügen nicht. Beispiel: Irrtum eines ausländischen Verlobten, für den die kirchliche Trauung maßgebend ist und der wegen unzureichender Deutschkenntnisse die Erklärungen vor dem Standesbeamten nur als bürokratische Vorstufe der kirchlichen Trauung ansieht.

28 Der Irrtum über persönliche Eigenschaften des anderen Ehegatten (früher: § 32 I EheG) oder über dessen Person (Identität) (früher: § 31 I 2 EheG) ist seit In-Kraft-Treten des EheschlRG kein Aufhebungsgrund mehr, kann jedoch im Falle arglistiger Täuschung zur Aufhebbarkeit nach § 1314 II Nr 3 führen.

29 Die Aufhebbarkeit entfällt wenn der Ehegatte, der sich geirrt hat, nach Entdeckung des Irrtums die Fortsetzung der Ehe bestätigt (§ 1315 I Nr 4).

30 Antragsberechtigt ist allein der Ehegatte, der sich geirrt hat (§ 1316 I Nr 2). Der Antrag ist auf 1 Jahr befristet (§ 1317 I 1). Die Frist beginnt mit der Kenntnis der Aufhebungstatsachen (BGH FamRZ 67, 372).

31 **D. Arglistige Täuschung (II Nr 3).** Arglistige Täuschung ist der in der Praxis bei weitem häufigste Aufhebungsgrund. Er liegt vor, wenn der täuschende Verlobte durch Vorspiegelung falscher oder Unterdrückung wahrer Tatsachen, die für den anderen erkennbar von Bedeutung sind, den anderen Ehegatten zur Eheschließung veranlasst hat. Die Täuschung muss für die Eheschließung ursächlich und erheblich gewesen sein. Zu fragen ist, ob der Getäuschte durch Umstände zur Eheschließung veranlasst worden ist, die ihn bei Kenntnis der Sachlage (subjektiver Aspekt) und verständiger Würdigung des Wesens der Ehe (objektiver Aspekt) von der Eheschließung abgehalten hätten (Johannsen/*Henrich* Rn 57–60) Täuschung über Vermögensverhältnisse nimmt das Gesetz aus, ebenso die Täuschung durch einen Dritten (zB Heiratsvermittler) (II Nr 3 – 2. Hs –), sofern er nicht mit dem anderen Verlobten kollusiv zusammengewirkt hat.

32 Beispiele: Täuschung über frühere Ehen, erhebliche Vorstrafen, Vorhandensein von Kindern, Schwangerschaft von einem Dritten (vgl § 1599 Rn 17), Beischlafunfähigkeit, Sterilität, gleichgeschlechtliche Veranlagung, erhebliche Krankheiten (Multiple Sklerose, Parkinson, AIDS, TB), eigene berufliche Stellung.

33 Die bloße Behauptung, der Ehegatte habe subjektive Empfindungen nur vorgespiegelt (hier: das Fehlen von Liebe und ehelicher Gesinnung) reicht zur schlüssigen Darlegung der Eheaufhebungstatsachen nicht aus (Hamm FamRZ 04, 545, LS), wenn nicht zugleich Tatsachen vorgetragen werden, aus welchen der die Aufhebung begehrende Ehegatte vernünftigerweise auf das tatsächliche Vorliegen dieser subjektiven Empfindungen schließen durfte (Zweibr FamRZ 02, 1560).

34 Fortfall der Aufhebungsmöglichkeit bei Bestätigung der Ehe durch den Getäuschten nach Entdeckung der Täuschung (§ 1315 I Nr 4), zB durch Beischlaf (Köln FamRZ 03, 375). Antragsberechtigt ist nur der Getäuschte (§ 1316 I Nr 2). Der Antrag ist auf 1 Jahr befristet (§ 1317 I 1). Zum Fristbeginn vgl Rn 30. Dem Getäuschten muss auch die Täuschungsabsicht bekannt geworden sein.

35 **E. Drohung (II Nr 4).** Durch Drohung (§ 123) gegen den Verlobten oder dessen Angehörigen muss die Eheschließung herbeigeführt worden sein. Beispiele: Androhung von Gewalt, Selbstmord, Strafanzeige, Enterbung.

36 Die Aufhebungsmöglichkeit entfällt bei Bestätigung der Ehe durch den Bedrohten nach Beendigung der Zwangslage (§ 1315 I Nr 4).

Antragsberechtigt ist nur der Bedrohte (§ 1316 I Nr 2). Der Antrag ist auf 1 Jahr befristet (§ 1317 I 1). Die Frist beginnt mit dem Aufhören der Zwangslage (§ 1317 II Nr 4).

F. Scheinehe (II Nr 5). Eine Scheinehe liegt vor, wenn die Eheleute nur formal geheiratet haben, in Wirklichkeit aber eine eheliche Lebensgemeinschaft im Sinne einer Verantwortungsgemeinschaft (§ 1353 I 2 – 2. Hs –) ablehnen. Beispiele: Aufenthalts-Ehe (BVerwG FamRZ 05, 1671), Staatsangehörigkeits-Ehe, Namens-Ehe, Versorgungs-Ehe, Ehe nur aus steuerlichen Gründen.

Prozesskostenhilfe für einen Aufhebungsantrag kann wegen Mutwilligkeit verweigert werden, wenn die Schließung und Aufhebung der Ehe von vornherein von einem einheitlichen Willen umfasst war (str; wie hier: Kobl FamRZ 04, 548; Zöller/*Philippi* § 114 Rn 53; aA Stuttg FamRZ 02, 890). Ein in diesem Fall – wie regelmäßig – für die Eingehung der Ehe gezahltes Entgelt muss zur Bestreitung der Prozesskosten eingesetzt werden und rechtfertigt häufig die Verweigerung der Prozesskostenhilfe wegen selbstverschuldeter Hilfsbedürftigkeit (BVerfG 84, 1205; Brandbg FamRZ 06, 132; Zöller/*Philippi* § 114 Rn 45).

Der Standesbeamte muss seine Mitwirkung an der Eheschließung verweigern, wenn aufgrund konkreter Umstände offenkundig eine Scheinehe geschlossen werden soll (§ 1310 I 2 – 2. Hs –). Er muss den Sachverhalt von Amts wegen zu klären suchen (§ 5 IV PStG) und kann die Sache im Zweifelsfalle dem Amtsgericht vorlegen (§ 45 II PStG) (Thüringen FamRZ 00, 1365). Lehnt er wegen seiner Zweifel die Vornahme der Eheschließung ab, so kann er dazu auf Antrag der Verlobten oder der Aufsichtsbehörde angehalten werden (§ 45 I PStG).

Die Aufhebung der Ehe ist ausgeschlossen, wenn die Ehegatten die Verantwortungsgemeinschaft aufnehmen (§ 1315 I Nr 5), die Ehe also wechselseitig bestätigen. Maßgebend ist der äußere Eindruck einer auf Dauer angelegten Lebensgemeinschaft, ohne dass es auf die tatsächliche Dauer des Zusammenlebens ankommt (Celle FamRZ 04, 949).

Antragsberechtigt ist jeder Ehegatte und die zuständige Verwaltungsbehörde (§ 1316 I Nr 5), die nur in Härtefällen von der Antragstellung absehen soll (§ 1316 III). Der Antrag ist nicht befristet (Umkehrschluss aus § 1317 I).

Die Partner einer Scheinehe haben die Wahl zwischen Eheaufhebung und Scheidung. Im Falle der Aufhebung können keine Unterhaltsansprüche geltend gemacht werden. Außerdem ist das Trennungsjahr (§ 1565 II BGB) nicht zu beachten. Die Durchführung der Scheidung dauert dagegen länger, eröffnet aber die Chance von Unterhaltsansprüchen.

§ 1315 Ausschluss der Aufhebung

(1) ¹Eine Aufhebung der Ehe ist ausgeschlossen
1. bei Verstoß gegen § 1303, wenn die Voraussetzungen des § 1303 Abs. 2 bei der Eheschließung vorlagen und das Familiengericht, solange der Ehegatte nicht volljährig ist, die Eheschließung genehmigt oder wenn der Ehegatte, nachdem er volljährig geworden ist, zu erkennen gegeben hat, dass er die Ehe fortsetzen will (Bestätigung),
2. bei Verstoß gegen § 1304, wenn der Ehegatte nach Wegfall der Geschäftsunfähigkeit zu erkennen gegeben hat, dass er die Ehe fortsetzen will (Bestätigung),
3. im Falle des § 1314 Abs. 2 Nr. 1, wenn der Ehegatte nach Wegfall der Bewusstlosigkeit oder der Störung der Geistestätigkeit zu erkennen gegeben hat, dass er die Ehe fortsetzen will (Bestätigung),
4. in den Fällen des § 1314 Abs. 2 Nr. 2 bis 4, wenn der Ehegatte nach Entdeckung des Irrtums oder der Täuschung oder nach Aufhören der Zwangslage zu erkennen gegeben hat, dass er die Ehe fortsetzen will (Bestätigung),
5. in den Fällen des § 1314 Abs. 2 Nr. 5, wenn die Ehegatten nach der Eheschließung als Ehegatten miteinander gelebt haben.

²Die Bestätigung eines Geschäftsunfähigen ist unwirksam. ³Die Bestätigung eines Minderjährigen bedarf bei Verstoß gegen § 1304 und im Falle des § 1314 Abs. 2 Nr. 1 der Zustimmung des gesetzlichen Vertreters; verweigert der gesetzliche Vertreter die Zustimmung ohne triftige Gründe, so kann das Familiengericht die Zustimmung auf Antrag des Minderjährigen ersetzen.

(2) Eine Aufhebung der Ehe ist ferner ausgeschlossen
1. bei Verstoß gegen § 1306, wenn vor der Schließung der neuen Ehe die Scheidung oder Aufhebung der früheren Ehe ausgesprochen ist und dieser Ausspruch nach der Schließung der neuen Ehe rechtskräftig wird;
2. bei Verstoß gegen § 1311, wenn die Ehegatten nach der Eheschließung fünf Jahre oder, falls einer von ihnen vorher verstorben ist, bis zu dessen Tode, jedoch mindestens drei Jahre als Ehegatten miteinander gelebt haben, es sei denn, dass bei Ablauf der fünf Jahre oder zur Zeit des Todes die Aufhebung beantragt ist.

A. Allgemeines. § 1315 regelt die Voraussetzungen, unter denen die Aufhebung einer nach § 1314 aufhebbaren Ehe ausgeschlossen ist. Der Ausschluss bewirkt, dass der Aufhebungsantrag unbegründet ist und die Ehe trotz aller Mängel uneingeschränkt gültig bleibt. Der Ausschluss gilt für alle Antragsberechtigten iSv § 1316.

2 Die Ausschlusstatbestände treffen für jeden einzelnen Aufhebungsgrund des § 1314 eine separate Regelung. Wegen der Einzelheiten wird auf die Erläuterungen der Einzeltatbestände des § 1314 verwiesen.

3 **B. Ausschluss durch Bestätigung.** Die Aufhebbarkeit wegen Minderjährigkeit oder gestörtem Eheschließungswillen infolge Geschäftsunfähigkeit, Bewusstlosigkeit, Störung der Geistestätigkeit, Irrtum, Täuschung oder Drohung kann durch „Bestätigung" geheilt werden (I Nr 1–4), es sei denn, der Bestätigende ist geschäftsunfähig (I 2). Grds kann auch der Minderjährige die Ehe bestätigen (Umkehrschluss aus I 3).

4 Nur in den Fällen der früheren Geschäfsunfähigkeit, Bewusstlosigkeit oder vorübergehenden Störung der Geistestätigkeit ist die Zustimmung des gesetzlichen Vertreters zur Bestätigung notwendig (I 3), weil der Minderjährige nach Beseitigung seines Willensdefekts erstmals eine einer Genehmigung zugängliche Willenserklärung abgeben konnte.

5 Bestätigung bedeutet die Manifestation des Festhaltewillens. Beispiele: Eheverkehr, erstmaliges Zusammenleben oder Wiederaufnahme der Verantwortungsgemeinschaft. Verbale Streicheleinheiten reichen regelmäßig nicht aus. Ein mehrmonatiges Zusammenleben nach Feststellen der Zeugungsunfähigkeit kann allerdings dann nicht als Bestätigung gewertet werden, wenn der Ehegatte durchgehend aber vergeblich versucht hat, den anderen zur Teilnahme an medizinischen Maßnahmen zur Behebung der Zeugungsunfähigkeit zu veranlassen (Stuttg FamRZ 05, 33).

6 Die Bestätigung muss spätestens bis zur letzten mündlichen Verhandlung in der Ehesache erfolgen.

7 Das Gesetz fingiert eine Doppelbestätigung, wenn beide Eheleute die Verantwortungsgemeinschaft aufnehmen, nachdem sie bisher nur eine Scheinehe geführt haben (I 1 Nr 5). Maßgebend für das Merkmal des Miteinanderlebens ist der äußere Eindruck, ohne dass die tatsächliche Dauer des Zusammenlebens entscheidend ist (Celle FamRZ 04, 949).

8 **C. Sonstige Ausschließungsgründe.** Zum Ausschluss der Aufhebbarkeit bei Bigamie (§ 1306) und fehlerhafter Eheschließungserklärung (§ 1311) wird auf § 1314 Rn 16, 29 verwiesen.

§ 1316 Antragsberechtigung

(1) ¹Antragsberechtigt
1. sind bei Verstoß gegen die §§ 1303, 1304, 1306, 1307, 1311 sowie in den Fällen des § 1314 Abs. 2 Nr. 1 und 5 jeder Ehegatte, die zuständige Verwaltungsbehörde und in den Fällen des § 1306 auch die dritte Person. ²Die zuständige Verwaltungsbehörde wird durch Rechtsverordnung der Landesregierungen bestimmt. ³Die Landesregierungen können die Ermächtigung nach Satz 2 durch Rechtsverordnung auf die zuständigen obersten Landesbehörden übertragen;
2. ist in den Fällen des § 1314 Abs. 2 Nr. 2 bis 4 der dort genannte Ehegatte.

(2) ¹Der Antrag kann für einen geschäftsunfähigen Ehegatten nur von seinem gesetzlichen Vertreter gestellt werden. ²In den übrigen Fällen kann ein minderjähriger Ehegatte den Antrag nur selbst stellen; er bedarf dazu nicht der Zustimmung seines gesetzlichen Vertreters.

(3) Bei Verstoß gegen die §§ 1304, 1306, 1307 sowie in den Fällen des § 1314 Abs. 2 Nr. 1 und 5 soll die zuständige Verwaltungsbehörde den Antrag stellen, wenn nicht die Aufhebung der Ehe für einen Ehegatten oder für die aus der Ehe hervorgegangenen Kinder eine so schwere Härte darstellen würde, dass die Aufrechterhaltung der Ehe ausnahmsweise geboten erscheint.

1 **A. Allgemeines.** Die Vorschrift regelt abschließend, wer den Aufhebungsantrag stellen darf. Antragsberechtigte können sein: einer oder beide Ehegatten, die zuständige Verwaltungsbehörde oder – bei Bigamie – der andere Ehegatte der Erstehe. Zur Antragsberechtigung vgl im Übrigen die Einzelerläuterungen zu § 1314.

2 **B. Antragsberechtigte.** Antragsberechtigt ist jeder Ehegatte bei Verstoß gegen §§ 1303, 1304, 1306, 1307, 1311, 1314 II Nr 1 u. 5 (I Nr 1), zusätzlich die zuständige Verwaltungsbehörde in den Fällen des I Nr 1, der Ehegatte der in § 1314 II Nr 2 u. 4 genannt ist (I Nr 2) sowie zusätzlich der Erstehegatte im Falle der Bigamie (I Nr 1).

3 **C. Eingeschränkte Geschäftsfähigkeit.** Für den bei Antragstellung geschäftsunfähigen Ehegatten (§ 104 Nr 2) kann nur der gesetzliche Vertreter, der kein eigenes Antragsrecht hat, den Antrag stellen (II 1). Das Vormundschaftsgericht muss genehmigen (§§ 607 II 2 – 2. Hs – ZPO). Bei Geschäftsfähigkeit können Minderjährige kraft gesetzlicher Prozessfähigkeit (§ 607 I ZPO) nur selbst die Aufhebung beantragen und bedürfen auch keiner Zustimmung des gesetzlichen Vertreters.

4 **D. Verwaltungsbehörden.** sind die nach dem Recht der einzelnen Bundesländer bestimmten Behörden. Sie sind an die Stelle der bisher antragsberechtigten Staatsanwaltschaften getreten.

5 **I. Landesrechtliche Zuständigkeiten.** Zuständig sind in: Hamburg die Bezirksämter (AO v 1. 8. 98, AA 2450), Niedersachsen die Bezirksregierungen (Nds Mbl 98, 1334), Nordrhein-Westfalen die Bezirksregierungen Köln u Arnsberg (VO v 26. 5. 98, GVBl S 391), Rheinland-Pfalz die Bezirksregierung Trier (VO v 3. 7. 98,

GVBl S 197), Saarland der Stadtverband und die Stadt Saarbrücken (G v 24. 6. 98, Abl 518), Sachsen die Regierungspräsidien (VO v 26. 6. 98, GVBl S 265), Sachsen-Anhalt die Landkreise und kreisfreien Städte (§ 1 I Nr 14 VO v 7. 5. 94/9. 12. 98; GVBl 94, 568; 98, 476), Schleswig-Holstein die Landräte und Bürgermeister kreisfreier Städte (VO v 26. 5. 98, GVBl S 199), Thüringen das Landesverwaltungsamt (VO v 1. 1. 99, GVBl S 52).

II. **Aufhebungsantrag der Behörde.** Die Antragstellung steht im pflichtgemäßen Ermessen der Verwaltungsbehörde (BVerwG NJW 86, 3083). Bei Verstößen gegen § 1303 und § 1311 soll von der Antragstellung abgesehen werden, wenn zu erwarten ist, dass der Mangel gem § 1315 I Nr 1 oder II Nr 2 geheilt wird. In allen anderen Anwendungsfällen soll die Behörde den Antrag stellen und nur in Härtefällen davon absehen (III). Sie kann auch ein Wiederaufnahmeverfahren einleiten. Die Behörde ist postulationsfähig und unterliegt nicht dem Anwaltszwang. 6

Unterbleibt die Antragstellung, kann die Behörde auch von keinem Dritten zur Antragstellung gezwungen werden (Ddorf FamRZ 96, 109 betr StA). Andererseits ist in dem durch die Behörde betriebenen Aufhebungsverfahren zu überprüfen, ob der Antrag ermessensfehlerhaft gestellt ist (MüKo/*Müller-Gindullis* Rn 9). 7

In einem von der Verwaltungsbehörde wegen Doppelehe betriebenen Eheaufhebungsverfahren sind die Eheleute notwendige Streitgenossen (§ 62 ZPO). Zuständig ist das Familiengericht am Sitz der Verwaltungsbehörde, wenn die Ehe kinderlos blieb und die Eheleute zu keiner Zeit einen gemeinsamen Aufenthalt im Inland hatten (Dresden FamRZ 04, 952). 8

III. **Beteiligung der Behörde ohne eigenen Antrag.** Stellt die Verwaltungsbehörde keinen Antrag, obwohl sie antragsberechtigt wäre (§ 1316 I Nr 1; vgl Rn 2), ist sie vom Familiengericht von der Antragstellung zu benachrichtigen, damit sie am Verfahren mitwirken kann (§ 631 IV 1 ZPO). Die Behörde kann dann das Verfahren selbständig betreiben, Anträge stellen und Rechtsmittel einlegen (631 IV 2 ZPO), auch insoweit ohne Anwaltszwang. Ist sie im ersten Rechtszug in das Verfahren eingetreten, muss sie die für die Parteien laufenden Rechtsmittelfristen einhalten (BayObLG FamRZ 66, 640 betr StA). Die Beteiligung der Behörde kann auf den Bestand oder die Aufhebung der Ehe abzielen (Karlsr FamRZ 91, 92 betr StA). 9

E. **„Dritte Person" bei Doppelehe.** „Dritte Person" ist der Erstehegatte des Bigamisten, wobei es nach dem Gesetzeswortlaut nicht darauf ankommt, ob die frühere Ehe noch besteht (BGH FamRZ 02, 604, 605). Da die Aufhebung der Ehe bloß ex nunc wirkt (BGH FamRZ 01, 685, 686), können die Rechte des Erstehegatten durch die zweite Eheschließung nur beeinträchtigt werden, wenn die Erstehe im Zeitpunkt der Aufhebung der bigamischen Ehe noch besteht. Ist die Erstehe in diesem Zeitpunkt bereits aufgelöst, setzt der Aufhebungsantrag die Geltendmachung eigener Belange des Erstehegatten voraus. 10

Diese sind nur beachtlich, wenn seinen objektiven Interessen an der Aufhebung der Ehe (zB Renten- und Versorgungsansprüche) auch ggü den Belangen der Ehegatten der Zweitehe und der daraus hervorgegangenen Kinder der Vorzug zu geben ist (BGH FamRZ 02, 604, 605 mit Anm von *Oehlmann/Stille* FuR 03, 494). 11

§ 1317 Antragsfrist

(1) ¹Der Antrag kann in den Fällen des § 1314 Abs. 2 Nr. 2 bis 4 nur binnen eines Jahres gestellt werden. ²Die Frist beginnt mit der Entdeckung des Irrtums oder der Täuschung oder mit dem Aufhören der Zwangslage; für den gesetzlichen Vertreter eines geschäftsunfähigen Ehegatten beginnt die Frist jedoch nicht vor dem Zeitpunkt, in welchem ihm die den Fristbeginn begründenden Umstände bekannt werden, für einen minderjährigen Ehegatten nicht vor dem Eintritt der Volljährigkeit. ³Auf den Lauf der Frist sind die §§ 206, 210 Abs. 1 Satz 1 entsprechend anzuwenden.
(2) Hat der gesetzliche Vertreter eines geschäftsunfähigen Ehegatten den Antrag nicht rechtzeitig gestellt, so kann der Ehegatte selbst innerhalb von sechs Monaten nach dem Wegfall der Geschäftsunfähigkeit den Antrag stellen.
(3) Ist die Ehe bereits aufgelöst, so kann der Antrag nicht mehr gestellt werden.

A. **Allgemeines.** Die Eheaufhebung bei Irrtum, arglistiger Täuschung und Drohung (§ 1314 II Nr 2–4) kann nur binnen eines Jahres gestellt werden (I 1). Daraus folgt im Umkehrschluss, dass bei allen anderen Aufhebungsgründen der Antrag nicht befristet ist. Die nach §§ 187 I, 188 II zu berechnende Ausschlussfrist unterliegt nicht der Parteidisposition (RGZ 164, 109). Nach Fristablauf erlischt die Aufhebungsmöglichkeit (BGHZ 25, 74). Beweislast: Der Antragsgegner muss den (früheren) Fristbeginn beweisen (RGZ 160, 19). Der Antragsteller trägt die Beweislast für die Wahrung der Frist und deren Hemmung (vgl I 3) (Palandt/*Brudermüller* Rn 6, 7). 1

B. **Fristbeginn und Fristwahrung.** Bei einem geschäftsunfähigen Ehegatten kommt es für den Fristbeginn auf die Kenntnis seines gesetzlichen Vertreters an (I 2 – 2. Hs –). Versäumt dieser die Frist, kann der Ehegatte – sofern seine Geschäftsunfähigkeit entfällt – noch 6 Monate lang selbst anfechten (II). Für den minderjährigen Ehegatten beginnt die Frist erst mit dessen Volljährigkeit (I 2 – letzte Alt –). 2

3 Die Fristwahrung erfolgt durch Zustellung des Aufhebungsantrags, ggf schon mit Einreichung des Antrags, wenn dieser alsbald zugestellt wird (§ 270 III ZPO). Soweit für den Aufhebungsantrag die Genehmigung des VormG notwendig ist (vgl § 1316 Rn 2), muss auch diese Genehmigung fristgerecht eingehen (Johannsen/ Henrich Rn 8).

4 **C. Keine Aufhebung nach Eheauflösung.** Eine bereits aufgelöste Ehe kann nicht mehr aufgehoben werden (III). Deshalb kann eine aufgehobene Ehe nicht aus einem neuen Aufhebungsgrund (erneut) aufgehoben werden.

5 Auch eine geschiedene Ehe kann nicht aufgehoben werden, wenn sich später herausstellt, dass sie aufhebbar war. Das gilt jedenfalls dann, wenn (nur) angestrebt wird, aus ethischen Gründen oder wegen des gesellschaftlichen Ansehens das Scheidungsurteil durch ein Aufhebungsurteil „ersetzt" zu erhalten (BGH FamRZ 96, 1209, 1210 zu § 37 II EheG). Allerdings können sich bei unterschiedlichen Rechtsfolgen von Scheidung und Aufhebung (vgl § 1318) Rechtsnachteile für den an sich Aufhebungsberechtigten ergeben. Er kann in diesem Fall ein schutzwürdiges Interesse haben, durch Feststellungsklage klären zu lassen, dass die Ehe aufhebbar war und dass deshalb die Rechtsfolgen der Scheidung nicht eingetreten sind (BGH FamRZ 96, 1209, 1211; Palandt/*Brudermüller* Rn 10).

§ 1318 Folgen der Aufhebung

(1) Die Folgen der Aufhebung einer Ehe bestimmen sich nur in den nachfolgend genannten Fällen nach den Vorschriften über die Scheidung.

(2) ¹Die §§ 1569 bis 1586b finden entsprechende Anwendung
1. zugunsten eines Ehegatten, der bei Verstoß gegen die §§ 1303, 1304, 1306, 1307 oder 1311 oder in den Fällen des § 1314 Abs. 2 Nr. 1 oder 2 die Aufhebbarkeit der Ehe bei der Eheschließung nicht gekannt hat oder der in den Fällen des § 1314 Abs. 2 Nr. 3 oder 4 von dem anderen Ehegatten oder mit dessen Wissen getäuscht oder bedroht worden ist;
2. zugunsten beider Ehegatten bei Verstoß gegen die §§ 1306, 1307 oder 1311, wenn beide Ehegatten die Aufhebbarkeit kannten; dies gilt nicht bei Verstoß gegen § 1306, soweit der Anspruch eines Ehegatten auf Unterhalt einen entsprechenden Anspruch der dritten Person beeinträchtigen würde.

²Die Vorschriften über den Unterhalt wegen der Pflege oder Erziehung eines gemeinschaftlichen Kindes finden auch insoweit entsprechende Anwendung, als eine Versagung des Unterhalts im Hinblick auf die Belange des Kindes grob unbillig wäre.

(3) Die §§ 1363 bis 1390 und die §§ 1587 bis 1587p finden entsprechende Anwendung, soweit dies nicht im Hinblick auf die Umstände bei der Eheschließung oder bei Verstoß gegen § 1306 im Hinblick auf die Belange der dritten Person grob unbillig wäre.

(4) Die Vorschriften der Hausratsverordnung finden entsprechende Anwendung; dabei sind die Umstände bei der Eheschließung und bei Verstoß gegen § 1306 die Belange der dritten Person besonders zu berücksichtigen.

(5) § 1931 findet zugunsten eines Ehegatten, der bei Verstoß gegen die §§ 1304, 1306, 1307 oder 1311 oder im Falle des § 1314 Abs. 2 Nr. 1 die Aufhebbarkeit der Ehe bei der Eheschließung gekannt hat, keine Anwendung.

1 **A. Allgemeines.** Die Rechtsfolgen der Aufhebung richten sich nach Maßgabe von II ff nach den Vorschriften über die Scheidungsfolgen (I). Danach können entsprechend anwendbar sein die Vorschriften über Unterhalt (II), Versorgungsausgleich (III), Zugewinnausgleich (III), Hausrat und Ehewohnung (IV), Namensführung (str, vgl Rn 14). V regelt als Sonderfall schließlich den erweiterten Ausschluss des Ehegattenerbrechts.

2 Das Gesetz regelt positiv für jeden einzelnen Aufhebungstatbestand, mit welcher Modifikation und für welchen Ehegatten die Scheidungsvorschriften Anwendung finden. Dadurch können sich unterschiedliche Rechtsfolgen ergeben, je nachdem, ob ein Scheidungs- oder ein Aufhebungsantrag gestellt wird. Die Unterschiede können je nach Parteirolle den Ausschlag dafür geben, ob eine Ehescheidung oder ein Aufhebungsverfahren betrieben wird. Wegen der bei den verschiedenen Aufhebungstatbeständen anwendbaren einzelnen Scheidungsfolgen-Regelungen wird auf die Einzelerläuterungen zu § 1314 verwiesen.

3 **B. Unterhalt (§§ 1569–1586b). I. Grundsätze.** Das Gesetz unterscheidet zwischen zwei Gruppen von Aufhebungstatbeständen: Liegen die Voraussetzungen der §§ 1303, 1304, 1206, 1311 und 1314 II Nr 1 u 2 vor, kann im Fall der Eheaufhebung grds nur der bei Eheschließung gutgläubige bzw. getäuschte oder bedrohte Ehegatte nachehelichen Unterhalt verlangen (II 1 Nr 1), in den Fällen der §§ 1306, 1307 und 1311 können beide Ehegatten Unterhaltsgläubiger sein (II 1 Nr 2).

4 **II. Kenntnis.** bedeutet Kenntnis der Aufhebungstatsachen, nicht die rechtliche Wertung dieser Tatsachen als Aufhebungsgrund (Johannsen/*Henrich* Rn 4; aA MüKo/*Müller-Gindullis* Rn 4, „laienhafte Kenntnis der Rechtsfolgen erforderlich"). Maßgebend ist die bei Eheschließung vorhandene und nicht die später erlangte Kenntnis.

III. Beweislast. Die Gutgläubigkeit wird vermutet. Wer den guten Glauben bestreitet, muss die Bösgläubigkeit beweisen (RGZ 78, 589).

IV. Privilegierte Kindesbetreuung. Der nach II 1 unterhaltsrechtlich an sich ausgeschlossene Ehegatte kann ausnahmsweise Unterhalts gem § 1570 beanspruchen, wenn und soweit er gemeinsame Kinder versorgt und eine Unterhaltsversagung mit Blick auf die Kindesbelange grob unbillig wäre (II 2). Zur „Wahrung der Kindesbelange" ist auf die Rspr zu § 1579 zu verweisen.

C. Güterrecht und Versorgungsausgleich. Die güterrechtlichen Vorschriften (gemeint sind die §§ 1372–1390) und die Regelungen über den Versorgungsausgleich (VA) gelten entsprechend, wenn nicht grobe Unbilligkeit vorliegt (III). Die Billigkeitsklausel ergänzt die §§ 1381, 1587 c durch zusätzliche Berücksichtigung der Aufhebungsumstände.

Im Falle der Doppelehe (§ 1306) sind darüber hinaus die Belange des 1. Ehegatten zu berücksichtigen, wenn der 2. Ehegatte bei Eheschließung bösgläubig war oder die Durchführung des VA zu seinen Gunsten mit Rücksicht auf die Belange der 1. Ehefrau grob unbillig wäre (Palandt/*Brudermüller* Rn 12 und 13).

Die Stichtage (§§ 1587 II, 1384) werden durch die Rechtshängigkeit des Aufhebungsantrags bestimmt (BGH FamRZ 89, 153 zu § 1587 II) und bleiben maßgebend, wenn an Stelle der Aufhebung die Scheidung beantragt wird (Palandt/*Brudermüller* Rn 13).

D. Ehewohnung und Hausrat. IV wiederholt die früher in § 26 HausratsVO geregelte sinngemäße Anwendung der Vorschriften der HausratsVO bei Eheaufhebung. Es gilt das zu III Gesagte (Rn 7, 8), das die Billigkeitsvorschrift des § 2 HausratsVO ergänzt.

E. Ehegattenerbrecht. V enthält abweichend von den vorangehenden Absätzen keine Verweisung auf anzuwendendes Scheidungsfolgenrecht für den Fall der Eheaufhebung, sondern regelt einen erbrechtlichen Sonderfall. Er erweitert den in § 1933 S 1 und 2 geregelten Ausschluss des Ehegattenerbrechts bei einer durch Tod aufgelösten aufhebbaren Ehe.

I. Normaler Erbrechtsausschluss. Das Ehegattenerbrecht (§ 1931) ist gem § 1933 S 1 und 2 ausgeschlossen, wenn der Erblasser zur Eheaufhebung berechtigt und sein Aufhebungsantrag zugestellt war (BGH FamRZ 90, 1109 betr. Scheidungsantrag). Die Einreichung eines PKH-Gesuchs für einen beabsichtigten Aufhebungantrag erfüllt diese Voraussetzungen nicht. Entfällt das Ehegattenerbrecht, ist der überlebende Ehegatte auf Unterhaltsansprüche gegen die Erben angewiesen (§ 1933 S 3), deren Haftung gem § 1586 b I 3 beschränkt ist.

II. Erweiterter Erbrechtsausschluss (V). War der Erblasser zur Eheaufhebung berechtigt, ist sein Aufhebungsantrag zu Lebzeiten aber nicht rechtshängig geworden, verbliebe es bei bloßer Anwendung des § 1933 beim Ehegattenerbrecht (Rn 12). V schließt jedoch das gesetzliche Erbrecht des überlebenden Ehegatten auch bei noch nicht rechtshängigem Aufhebungsantrag des Verstorbenen aus, wenn der Überlebende bei Eheschließung die Aufhebbarkeit seiner Ehe wegen Geschäftsunfähigkeit, Bigamie, Verwandtschaft, Formverstoß oder Geistesstörung kannte. Diese Regelung verhindert, dass der bösgläubige Ehegatte durch den Tod des anderen Ehegatten besser gestellt wird, als er stehen würde, wenn die Ehe noch zu Lebzeiten des anderen Ehegatten aufgehoben oder dessen Aufhebungsantrag zugestellt worden wäre.

F. Namensrecht. Namensrechtliche Folgen der Eheaufhebung sind gesetzlich nicht geregelt. Ob eine ausfüllungsbedürftige Lücke besteht, ist umstritten (verneinend: MüKo/*Müller-Gindullis* Rn 15). Wer eine Lücke bejaht (Palandt/*Brudermüller* Rn 16), gelangt bei Gutgläubigkeit des Überlebenden zur analogen Anwendung des § 1355 V. Das neue Ehenamensrecht sieht nicht mehr die Möglichkeit vor, dem anderen Ehegatten die Fortführung des Ehenamens nach Anfechtung der Ehe zu untersagen. Denkbar sind allerdings Ausnahmen in krassen Einzelfällen unter dem Gesichtspunkt des Rechtsmissbrauchs gem § 242 BGB (BGH FamRZ 05, 1658).

Titel 4 Wiederverheiratung nach Todeserklärung

§ 1319 Aufhebung der bisherigen Ehe

(1) Geht ein Ehegatte, nachdem der andere Ehegatte für tot erklärt worden ist, eine neue Ehe ein, so kann, wenn der für tot erklärte Ehegatte noch lebt, die neue Ehe nur dann wegen Verstoßes gegen § 1306 aufgehoben werden, wenn beide Ehegatten bei der Eheschließung wussten, dass der für tot erklärte Ehegatte im Zeitpunkt der Todeserklärung noch lebt.

(2) ¹Mit der Schließung der neuen Ehe wird die frühere Ehe aufgelöst, es sei denn, dass beide Ehegatten der neuen Ehe bei der Eheschließung wussten, dass der für tot erklärte Ehegatte im Zeitpunkt der Todeserklärung noch lebte. ²Sie bleibt auch dann aufgelöst, wenn die Todeserklärung aufgehoben wird.

§ 1320 Aufhebung der neuen Ehe

(1) ¹Lebt der für tot erklärte Ehegatte noch, so kann unbeschadet des § 1319 sein früherer Ehegatte die Aufhebung der neuen Ehe begehren, es sei denn, dass er bei der Eheschließung wusste, dass der für tot erklärte Ehegatte zum Zeitpunkt der Todeserklärung noch gelebt hat. ²Die Aufhebung kann nur binnen eines Jahres begehrt werden. ³Die Frist beginnt mit dem Zeitpunkt, in dem der Ehegatte aus der früheren Ehe Kenntnis davon erlangt hat, dass der für tot erklärte Ehegatte noch lebt. ⁴§ 1317 Abs. 1 Satz 3, Abs. 2 gilt entsprechend.
(2) Für die Folgen der Aufhebung gilt § 1318 entsprechend.

1 **A. Allgemeines.** Schließt ein Ehegatte, nachdem sein Ehepartner für tot erklärt worden ist, eine neue Ehe, stellt sich nachträglich heraus, dass er eine Doppelehe führt, wenn die Todeserklärung falsch war. Die Rechtsfolgen dieses Bigamieproblems regeln die §§ 1319, 1320. Die Bedeutung der Vorschriften ist in Friedenszeiten gering. Die §§ 1319, 1320 treffen als lex specialis ggü §§ 1306, 1314 I unterschiedliche Rechtsfolgen für die Aufhebung der Erstehe (§ 1319) und der Zweitehe (§ 1320).

2 **B. Aufhebung der bisherigen Ehe (§ 1319). I. Inhalt.** Die Aufhebung der bisherigen Ehe hängt davon ab, ob die Ehegatten bei Abschluss der Zweitehe wussten, dass der für tot erklärte Ehegatte im Zeitpunkt der Todeserklärung noch lebte. Waren die Eheleute bösgläubig, kann die Zweitehe wie jede Doppelehe aufgehoben werden. Durch die gutgläubig geschlossene Zweitehe wird dagegen die Erstehe endgültig aufgelöst. Daran vermag auch eine spätere Aufhebung der Todeserklärung nichts zu ändern (II 2).

3 **II. Rechtsfolgen.** Der fälschlich für tot erklärte Ehegatte hat im Falle der Aufhebung der Zweitehe gegen seinen bösgläubigen Ehegatten einen Anspruch auf Unterhalt und Durchführung des Versorgungsausgleichs in entsprechender Anwendung der gesetzlichen Vorschriften. Außerdem kann er die elterliche Sorge im früher innegehabten Umfang beanspruchen (vgl § 1681 II). Auf die Namensführung wird § 1355 V entsprechend angewandt.

4 **C. Aufhebung der neuen Ehe (§ 1320). I. Inhalt.** Die Vorschrift ermöglicht dem gutgläubigen Bigamisten die Aufhebung seiner Zweitehe, obwohl er durch deren Abschluss bereits die Auflösung der Erstehe herbeigeführt hat, sofern er den Aufhebungsantrag binnen Jahresfrist ab Kenntnis der falschen Todeserklärung stellt.

5 **II. Rechtsfolgen.** Die Rechtsfolgen nach Aufhebung der Zweitehe richten sich nach § 1318.

§§ 1321–1352

– *weggefallen* –

Titel 5 Wirkungen der Ehe im Allgemeinen

§ 1353 Eheliche Lebensgemeinschaft

(1) ¹Die Ehe wird auf Lebenszeit geschlossen. ²Die Ehegatten sind einander zur ehelichen Lebensgemeinschaft verpflichtet; sie tragen füreinander Verantwortung.
(2) Ein Ehegatte ist nicht verpflichtet, dem Verlangen des anderen Ehegatten nach Herstellung der Gemeinschaft Folge zu leisten, wenn sich das Verlangen als Missbrauch seines Rechts darstellt oder wenn die Ehe gescheitert ist.

1 **A. Allgemeines.** § 1353 stellt klar, dass die Ehe auf Lebenszeit geschlossen ist. Darüber hinaus begründet die Norm in sehr allgemeiner Form die Verpflichtung zur ehelichen Lebensgemeinschaft. Sie ist damit die Grundnorm für das Verhalten in der Ehe. Sie fasst die aus der Eheschließung folgenden Rechte und Pflichten generalklauselhaft zusammen; die Pflicht zur ehelichen Lebensgemeinschaft und zur Verantwortung füreinander ist eine Rechtspflicht (BVerfG NJW 88, 2032). Außerdem kommt dem Begriff Bedeutung bei der Auslegung anderer die Ehe ausfüllender Normen zu.

2 **B. Lebenszeitehe.** Das Gesetz geht trotz der durch die Einführung der Zerrüttungsvermutungen eingeführten Erleichterungen der Auflösung der Ehe weiterhin von einem auf Lebenszeit angelegten Bund aus. Trotzdem sind aber Zweckehen, in denen wenigstens ein Ehegatte neben der ehelichen Lebensgemeinschaft auch andere Zwecke, etwa den Erwerb einer Aufenthaltserlaubnis erstrebt, rechtsgültig (Staud/*Hübner* Rn 70).

3 Der Standesbeamte hat aber seine Mitwirkung zu verweigern, wenn die Eheleute sich bei der Eheschließung darüber einig sind, dass sie keine eheliche Lebensgemeinschaft wollen (§§ 1310 I Nr 2, 1314 II Nr 5). Ist es gleichwohl zu einer derartigen Scheinehe gekommen, so ist diese zwar wirksam, aber aufhebbar.

C. Verpflichtung zur ehelichen Lebensgemeinschaft. I. Pflicht zur häuslichen Gemeinschaft. Mit der Eheschließung begründen die Ehegatten die Pflicht, in häuslicher Gemeinschaft zusammenzuleben, sofern die Lebensverhältnisse dem nicht entgegen stehen (Staud/*Hübner* Rn 13). Die eheliche Lebensgemeinschaft setzt zwar nicht zwingend einen räumlichen Ehemittelpunkt voraus (BGH FamRZ 80, 127), doch verbietet sie es den Ehegatten, ohne Notwendigkeit einen Wohnsitzwechsel vorzunehmen, sofern durch diesen die Gemeinschaft zerstört wird (Staud/*Hübner/Voppel* Rn 70). 4

Aus der Pflicht zur häuslichen Gemeinschaft folgt andererseits, unabhängig von Eigentumsverhältnissen oder Güterstand, das Recht zur Mitbenutzung von Hausrat und Wohnung (Ddorf FamRZ 81, 545). Dadurch wird Mitbesitz an diesen begründet, der Besitzschutzansprüche nach § 866 oder ggf Ansprüche nach §§ 823, 1004, 1007 auslösen kann (BaRoth/*Lohmann* Rn 5). 5

II. Pflicht zur Geschlechtsgemeinschaft. Die Eheleute sind einander zur Geschlechtsgemeinschaft verpflichtet (BGH FamRZ 67, 1078; Schlesw NJW 93, 2945), die aber nicht Gegenstand einer Herstellungsklage sein kann (§ 888 III ZPO). Sie besteht entspr den jeweiligen individuellen Verhältnissen, dem Alter, der gesundheitlichen und psychischen Disposition der Ehegatten (BGH NJW 67, 1079). 6

Die einseitige Weigerung zu Zeugung oder Empfängnis von Kindern stellt nach hM eine Verletzung der Ehepflicht dann dar, wenn dem sich weigernden Ehegatten keine schutzwürdigen Belange zur Seite stehen (Soergel/*Lange* Rn 11; Staud/*Hübner* Rn 39). Maßnahmen der Familienplanung sollten nur gemeinsam getroffen werden (Palandt/*Brudermüller* Rn 7), doch ist weder die Abrede zum Gebrauch empfängnisverhütender Mittel noch zu deren Absetzung justiziabel (Staud/*Hübner* Rn 144). Jeder Ehegatte kann sich von der einmal getroffenen Abrede jederzeit wieder lossagen (BGH FamRZ 01, 541). 7

Die Sterilisation bedarf der Zustimmung des Ehegatten (Staud/*Hübner* Rn 42), zu der dieser jedoch bei medizinischer Indikation verpflichtet ist (Soergel/*Lange* Rn 11). 8

III. Pflicht zur Haushaltsführung und Funktionsteilung. Das Recht und die Pflicht zur Haushaltsführung und Betreuung gemeinsamer oder einvernehmlich im Haushalt aufgenommener Kinder (Hburg FamRZ 67, 103; Karlsr FamRZ 61, 371) folgt nicht mehr aus einem gesetzlichen Leitbild der Ehe sondern ist dem gegenseitigen Einvernehmen der Eheleute übertragen (§ 1356 I, 1618a). Fehlt es an einer Einigung, so folgt die Pflicht zur anteiligen Haushaltsführung und Mitwirkung beider Ehegatten in angemessenem Umfang aus § 1353 I (*Rauscher* § 14 Rn 242; BGH JZ 60, 371). 9

Die Befugnis zur einvernehmlichen Regelung der Haushaltsführung und Kinderbetreuung ist nur durch die „Hausmanns Rechtsprechung" eingeschränkt, nach der Ehegatten, die anderen Unterhalt schulden, bei der zu treffenden Rollenwahl auch die Interessen der außerhalb der Ehe stehenden gleichrangigen Unterhaltsschuldner zu berücksichtigen haben (BGH FamRZ 96, 797). 10

D. Die Verantwortungsgemeinschaft. I. Gefahrenabwehr und Hilfe in Notfällen. Über die jeden treffende und strafbewehrte (§ 323 StGB) Pflicht zur Hilfeleistung hinaus, trifft die Ehegatten die Pflicht, dem jeweils anderen drohende Gefahren abzuwehren, soweit ihm dies zumutbar ist. Insoweit erwächst den Ehegatten eine Garantenstellung iSv § 13 StGB (LK/*Jescheck* § 13 StGB Rn 22). 11

Danach besteht die Pflicht, den anderen davon abzuhalten, betrunken ein Kraftfahrzeug zu führen (BGH NJW 54, 1818; Köln NJW 73, 861), eine sonst strafbare Handlung zu begehen (Frankf FamRZ 87, 381), dafür Sorge zu tragen, dass der im Auto befindliche hilflose und betrunkene Ehegatte angeschnallt wird (Frankf FamRZ 87, 381) oder den anderen vom geplanten Suizid abzuhalten (BGH NJW 57, 1943). 12

Eine Pflicht zur Pflege des schwerstbehinderten Ehegatten besteht nicht (BGH NJW 95, 1486). Der Ehegatte hat es zu unterlassen, den anderen wegen des Verdachts einer Straftat oder eines Steuervergehens anzuzeigen (BGH MDR 64, 911), jedenfalls dann, wenn dies aus Rachsucht, Gehässigkeit oder in Schädigungsabsicht erfolgt (Staud/*Hübner* Rn 60). Etwas anderes gilt bei Anzeige eines geplanten Verbrechens oder dann, wenn der Anzeigende schwerwiegende berechtigte Eigeninteressen verfolgt (BGH FamRZ 63, 515; 64, 493, 495). 13

II. Beistand und Rücksichtnahme in persönlichen Angelegenheiten. Da jeder Ehegatte aus der ehelichen Lebensgemeinschaft auf die berechtigten Interessen des anderen Rücksicht zu nehmen hat, sind die Eheleute zB verpflichtet, die Aufnahme von Verwandten des anderen, insbes Kindern aus früheren Ehen oder Beziehungen zu dulden (*Rauscher* § 14 Rn 244), häusliche Gewalt zu unterlassen (*Schwab* FamRZ 99, 1317) und Alkohol- und Medikamentenmissbrauch einzustellen (Frankf FamRZ 82, 484). Die Privat- und Intimsphäre des anderen ist zu respektieren, das Briefgeheimnis zu wahren, sofern dem nicht besonders gewichtige Interessen entgegenstehen (BGH FamRZ 70, 589). Auf die religiösen und sittlichen Anschauungen des Ehegatten ist Rücksicht zu nehmen (Schlesw MDR 54, 417) und es ist zu unterlassen, dem anderen die eigenen Lebensformen aufzuoktroyieren (BGH NJW 60, 1447). 14

III. Beistand und Rücksichtnahme in wirtschaftlichen Angelegenheiten. Obwohl Ehegatten voneinander getrennte Vermögen haben und nicht für die Verbindlichkeiten des jeweils anderen einstehen müssen, besteht die Pflicht, den anderen oder dessen Eigentum unabhängig vom jeweiligen Güterstand vor Schaden zu bewahren. Deshalb darf ein gemeinsamer Verkauf des im Miteigentum stehenden Hauses nicht aus unsachlichen Gründen verhindert (Frankf OLGR 01, 66) werden (AG Hannover FamRZ 03, 938). Ein Verstoß kann 15

Schadensersatzansprüche nach § 826 begründen. Der Ehegatte kann gehalten sein, den anderen nicht dahingehend zu drängen, sich für eine ausschl im eigenen Namen begründete Verbindlichkeit zu verbürgen (BGH NJW 94, 1726; 95, 562).

16 Aus der Pflicht zu Minimierung finanzieller Lasten des Ehepartners sowie aus der nach der Ehescheidung nachwirkenden ehelichen Solidarität folgen steuerrechtliche Aufklärungs- und Mitwirkungspflichten. Danach ist jeder Ehegatte verpflichtet, dem anderen die für die Steuererklärung notwendigen Auskünfte zu erteilen. Sofern ihm hieraus keine Nachteile erwachsen, ist er verpflichtet, der gemeinsamen Veranlagung (§ 26 I EStG) zuzustimmen (BGH FamRZ 88, 143; Frankf FamRZ 04, 877). Diese Pflicht besteht auch bei zu erwartenden steuerlichen Nachteilen, wenn der andere sich verpflichtet, diese zu ersetzen (BGH FamRZ 02, 1024; 92, 1050; Stuttg FamRZ 93, 191; Frankf FamRZ 04, 877). Dabei ist, solange das Begehren nicht schikanös ist und der Ehegatte offensichtlich keine Vorteile aus der Zusammenveranlagung erzielen kann, nicht zu prüfen, ob die steuerrechtlichen Voraussetzungen zur gemeinsamen Veranlagung erfüllt sind, da dies den Finanzbehörden obliegt (BGH FamRZ 05, 182 = FuR 05, 183). Die Zustimmung kann auch nicht unter Hinweis auf Rückforderungsansprüche des Finanzamts verweigert werden (Bremen FamRZ 05, 800). Ein Anspruch des zustimmenden Ehegatten auf Leistung einer Sicherheit besteht zumindest dann nicht, wenn keine konkreten Anhaltspunkte dafür ersichtlich sind, dass die Nachteile nicht ersetzt werden (AG Konstanz FamRZ 03, 761).

17 Desgleichen besteht die Pflicht zur Zustimmung zum begrenzten Realsplitting (§ 10 I Nr 1 EStG) (BGH FamRZ 98, 953; Nürnbg OLGR 04, 173), wobei Streit über die Höhe der erbrachten Unterhaltsleistungen oder deren steuerrechtliche Anerkennungsfähigkeit der Pflicht nicht entgegensteht (Bremen FamRZ 01, 1371).

18 Die grundlose Verweigerung der gemeinsamen Veranlagung oder zum begrenzten Realsplitting verpflichtet zum Schadensersatz dahingehend, dem anderen die aus der realen Veranlagung erwachsenen Nachteile zu ersetzen (BGH FamRZ 93, 1304; Hamm FamRZ 01, 98; 98, 241).

19 Für Klagen auf Erteilung der Zustimmung ist die Zuständigkeit der Familiengerichte gegeben, da die Anspruchsgrundlage in einer familienrechtlichen Norm zu sehen ist, während für Schadensersatzklagen das allgemeine Prozessgericht zuständig ist (so auch: Soergel/*Lange* Rn 26; aA Hamm FamRZ 79, 607; Karlsr FuR 03, 86; Frankf FamRZ 80, 274; Kobl FamRZ 82, 942, die von einer generellen Zuständigkeit des Prozessgerichts ausgehen).

20 Unabhängig von steuerlichen Belangen sind Ehegatten einander zur Erteilung von Auskünften über Vermögensbewegungen jedenfalls in groben Zügen verpflichtet (Hamm FamRZ 00, 228), wobei dieser Anspruch nicht so weit geht wie der aus § 1379. Auch kann es geboten sein, den Ehegatten in Rechtsangelegenheiten zu beraten (BGH FamRZ 01, 1521).

21 **E. Wegfall der Herstellungspflicht (II).** Nach II ist ein Ehegatte nicht verpflichtet, dem Verlangen des anderen nach Herstellung der Gemeinschaft Folge zu leisten, wenn sich das Verlangen als Missbrauch darstellt oder wenn die Ehe gescheitert ist. Diese Vorschrift ist unter Berücksichtigung der Scheidungsvorschriften ohne praktische Bedeutung, zumal das Herstellungsverlangen ohnehin nicht vollstreckbar wäre (§ 888 III ZPO).

22 **F. Schutz vor Störungen. I. Unterlassungs- und Beseitigungsansprüche.** Der sog räumlich gegenständliche Bereich der Ehe gibt ein absolutes Recht iSv § 823 (BGH NJW 56, 1149, 1150). Der Schutzbereich umfasst die Ehewohnung (Staud/*Hübner* Rn 115), uU aber auch gewerblich genutzte Räume (BGH FamRZ 61, 432; Köln FamRZ 84, 267; Celle FamRZ 63, 295) sowie getrennte Räumlichkeiten innerhalb derselben Wohnung (Celle FamRZ 80, 242; Karlsr FamRZ 80, 139).

23 Störungen des räumlich gegenständlichen Bereichs der Ehe begründen einen Unterlassungs- und Beseitigungsanspruch (BGHZ 6, 360; 34, 80), ggf auch einen Schadensersatzanspruch, wobei dieser auch auf § 823 II gestützt werden kann, da das Schutzgesetz in Art 6 GG gesehen wird (BGHZ 6, 360, 366).

24 **II. Schadensersatzansprüche. 1. Störungen im höchstpersönlichen Bereich.** Pflichtverletzungen, die dem höchstpersönlichen Bereich der Ehe zuzurechnen sind, begründen keine Schadensersatzansprüche, weil die Erfüllung dieser Pflichten nur durch die eheliche Gesinnung gewährleistet werden kann und auch nur indirekter staatlicher Zwang auf die Eheleute damit nicht vereinbar wäre (Palandt/*Brudermüller* Rn 14). Deshalb kann die eheliche Untreue nicht Grundlage einer Schadensersatzforderung sein (BGH FamRZ 72, 33, 34), selbst dann, wenn der Ehemann wegen der Ehelichkeitsvermutung des § 1592 für die aus der ehelichen Untreue entstammenden Kinder Unterhalt zu leisten hat (BGH FamRZ 90, 367; FamRZ 57, 133; vgl aber Rn 25). Kein Schadensersatzanspruch besteht auch bei Herbeiführung einer Schwangerschaft trotz einvernehmlicher Abrede zur Empfängnisverhütung (BGH FamRZ 86, 773) oder bei Schwangerschaft in Folge einer In-vitro-Fertilisation trotz zurückgezogenen Einverständnisses durch den Ehemann (BGH FamRZ 01, 541).

25 **2. Störungen im geschäftsmäßigen Bereich.** Schadensersatzansprüche auslösen können aber Störungen der ehelichen Lebensgemeinschaft durch rein geschäftsmäßige Handlungen, wie die unberechtigte Verweigerung der Zustimmung zur steuerlichen Veranlagung oder die Verletzung der Mitwirkungspflicht beim begrenzten Realsplitting (vgl oben Rn 15 ff). Dasselbe gilt, wenn zu der Verletzung der Pflicht zur ehelichen Treue wei-

tere schädigende Handlungen hinzutreten, wenn zB die Ehefrau ihrem Ehemann ausdrücklich vorspiegelt, nur er komme als Erzeuger des erwarteten Kindes in Betracht und ihn damit von der Erhebung der Anfechtungsklage abhält (BGH FamRZ 81, 531). Die Anspruchsgrundlage kann dafür sowohl in § 823 II iVm § 263 StGB als auch in § 826 gesehen werden (BGH FamRZ 91, 367; 81, 531).

§ 1354
– weggefallen –

§ 1355 Ehename

(1) ¹Die Ehegatten sollen einen gemeinsamen Familiennamen (Ehenamen) bestimmen. ²Die Ehegatten führen den von ihnen bestimmten Ehenamen. ³Bestimmen die Ehegatten keinen Ehenamen, so führen sie ihren zur Zeit der Eheschließung geführten Namen auch nach der Eheschließung.
(2) Zum Ehenamen können die Ehegatten durch Erklärung gegenüber dem Standesbeamten den Geburtsnamen oder den zur Zeit der Erklärung über die Bestimmung des Ehenamens geführten Namen der Frau oder des Mannes bestimmen.
(3) ¹Die Erklärung über die Bestimmung des Ehenamens soll bei der Eheschließung erfolgen. ²Wird die Erklärung später abgegeben, so muss sie öffentlich beglaubigt werden.
(4) ¹Ein Ehegatte, dessen Name nicht Ehename wird, kann durch Erklärung gegenüber dem Standesbeamten dem Ehenamen seinen Geburtsnamen oder den zur Zeit der Erklärung über die Bestimmung des Ehenamens geführten Namen voranstellen oder anfügen. ²Dies gilt nicht, wenn der Ehename aus mehreren Namen besteht. ³Besteht der Name eines Ehegatten aus mehreren Namen, so kann nur einer dieser Namen hinzugefügt werden. ⁴Die Erklärung kann gegenüber dem Standesbeamten widerrufen werden; in diesem Falle ist eine erneute Erklärung nach Satz 1 nicht zulässig. ⁵Die Erklärung und der Widerruf müssen öffentlich beglaubigt werden.
(5) ¹Der verwitwete oder geschiedene Ehegatte behält den Ehenamen. ²Er kann durch Erklärung gegenüber dem Standesbeamten seinen Geburtsnamen oder den Namen wieder annehmen, den er bis zur Bestimmung des Ehenamens geführt hat, oder dem Ehenamen seinen Geburtsnamen oder den zur Zeit der Bestimmung des Ehenamens geführten Namen voranstellen oder anfügen. ³Absatz 4 gilt entsprechend.
(6) Der Geburtsname ist der Name, der in die Geburtsurkunde eines Ehegatten zum Zeitpunkt der Erklärung gegenüber dem Standesbeamten einzutragen ist.

A. Einleitung. Seit Inkrafttreten des FamiliennamensrechtsG am 1.4.94 ist den Eheleuten freigestellt, ob sie einen gemeinsamen Familiennamen, den Ehenamen, führen. Die Regelung des § 1355 I ist nur noch als Sollvorschrift ausgestaltet. Das KindschaftsrechtsreformG vom 16.12.97 ermöglichte die Bestimmung des Ehenamens auch noch nach der Eheschließung. Das Gesetz zur Änderung des Ehe- und Lebenspartnerschaftsnamensrechts vom 6.2.05 setzt die Entscheidung des BVerfG vom 18.2.04 (FamRZ 04, 515) um und gibt den Ehegatten nunmehr auch die Möglichkeit, durch eine frühere Eheschließung erworbene Namen zum Ehenamen zu bestimmen. Der Kindesname ist in §§ 1616–1618 geregelt. 1

B. Die Gestaltungsalternativen. I. Ehegatten ohne gemeinsamen Namen (I 3). Da die Eheleute einen gemeinsamen Namen nur bestimmen sollen, ist die Möglichkeit eröffnet, hiervon auch abzusehen. Bestimmen sie bei der Eheschließung keinen gemeinsamen Namen, führt jeder seinen zu dem Zeitpunkt geführten Namen weiter. 2

II. Ehegatten mit gemeinsamen Namen. 1. Einfacher Name (II). Das Gesetz geht in § 1355 I davon aus, dass die Eheleute regelmäßig einen gemeinsamen Namen zum Ehenamen bestimmen. Eine der dafür gegebenen Möglichkeiten besteht darin, einen der Geburtsnamen zu wählen. Eine Kombination beider Geburtsnamen (unechter Doppelname) ist dagegen nicht zulässig, was keinen verfassungsrechtlichen Bedenken begegnet (BVerfG FamRZ 02, 530). Der Sinn dieses Verbots liegt darin, in der Generationsfolge mehrgliedrige Namensketten zu vermeiden (BTDrs 12/5982, 18). Zusammengesetzte Namen (echte Doppelnamen) oder Adelsprädikate können jedoch wie einfache Namen zum Ehenamen bestimmt werden. 3

Zulässig ist es auch, den zum Zeitpunkt der Erklärung über die Bestimmung des Ehenamens geführten Namen, der nicht Geburtsname eines der Ehepartner ist, zum neuen Ehenamen zu bestimmen. Damit kann also der Ehename eines der Ehegatten aus einer geschiedenen Ehe zum neuen Ehenamen bestimmt werden, solange nicht dem Ehegatten die Fortführung des Namens unter dem Gesichtspunkt des Rechtsmissbrauchs untersagt werden kann (BGH FamRZ 05, 1658=FuR 06, 44). Wird dieser Name nach der Scheidung gem § 1355 V 5 abgelegt und nimmt der geschiedene Partner den Namen aus einer früheren Ehe wieder an, so gilt das auch für diesen Namen (zu den Wahlmöglichkeiten *Wagenitz/Bornhofen* FamRZ 05, 1425). 4

5   **2. Zusammengesetzte Namen (IV).** Falls der Ehename nur aus einem Namen besteht, kann derjenige, dessen Name nicht zum Ehenamen bestimmt worden ist, seinen Geburtsnamen oder zum Zeitpunkt der Bestimmung geführten Namen dem Ehenamen als Begleitnamen voranstellen oder anfügen. Der Begleitname wird nicht Bestandteil des Ehenamens (KG FamRZ 00, 53) und darf nur aus einem Namen bestehen. Hat der Ehegatte einen Doppelnamen geführt, kann nur einer der Doppelnamen zum Begleitnamen bestimmt werden (IV 3). Der Begleitname kann widerrufen werden (IV 4). Unzulässig ist aber der Widerruf mit dem Ziel, die Reihenfolge von Ehe- und Begleitnamen zu ändern (BayObLG FamRZ 99, 162).

6   **III. Der Name nach Verwitwung oder Scheidung (V).** Der verwitwete oder geschiedene Ehegatte behält grds seinen bis zum Ende der Ehe geführten Namen. Nach V 2 kann er jedoch durch Erklärung ggü dem Standesbeamten seinen Ehenamen abwählen und seinen Geburtsnamen oder denjenigen Namen wieder annehmen, den er bis zur Bestimmung des Ehenamens geführt hat, also etwa den aus einer früheren Ehe. Weiter hat er die Möglichkeit, einen der genannten Namen seinem Ehenamen als Begleitnamen voranzustellen oder anzufügen.

7   **IV. Verfahren.** Die Wahl des Namens erfolgt durch mündliche Erklärung ggü dem Standesbeamten (I 2), wobei die Erklärung zur Vermeidung sonst notwendig werdender Namensänderungen bei der Eheschließung abgegeben werden soll (III 1). Zuvor abgegebene Bekundungen sind frei widerruflich (AnwK/*Wellenhofer* Rn 8).

8   Allein die Bestimmung des Ehenamens bei der Eheschließung ist formlos möglich. Alle anderen Erklärungen, die spätere Bestimmung des Ehenamens (III 2), die Wahl oder der Widerruf des Begleitnamens (IV 5), die Erklärungen des geschiedenen oder verwitweten Ehegatten (V3 iVm IV 5) müssen öffentlich beglaubigt werden (vgl FAFamR/*Pieper* Kap 3 Rn 16).

9   Streitig ist, ob die Namensbestimmung ein Rechtsgeschäft ist (so Palandt/*Brudermüller* Rn 4). Auch dann aber ist eine Anfechtung der Erklärung über die Ehenamenswahl nach hM nicht möglich, weil die Norm in IV und V spezielle Regelungen für den Widerruf der getroffenen Wahl enthält (Zweibr FamRZ 00, 1361; BayObLG NJW 93, 337; Braunschw NJW 79, 1463; FAFamR/*Pieper*, Kap 3 Rn 16; aA: AnwK/*Wellenhofer* Rn 9).

§ 1356 Haushaltsführung, Erwerbstätigkeit

(1) ¹Die Ehegatten regeln die Haushaltsführung im gegenseitigen Einvernehmen. ²Ist die Haushaltsführung einem der Ehegatten überlassen, so leitet dieser den Haushalt in eigener Verantwortung.

(2) ¹Beide Ehegatten sind berechtigt, erwerbstätig zu sein. ²Bei der Wahl und Ausübung einer Erwerbstätigkeit haben sie auf die Belange des anderen Ehegatten und der Familie die gebotene Rücksicht zu nehmen.

1   **A. Allgemeines.** Den Ehegatten obliegt es, sich um eine Einigung über die Bewältigung der im Haushalt anfallenden Aufgaben zu bemühen, während der Gesetzgeber bewusst auf ein gesetzliches Leitbild der Ehe verzichtet hat (BTDrs 7/650, 75). Die Norm stellt eine Konkretisierung von § 1353 I dar.

2   **B. Haushaltsführung.** Die Ehegatten können in autonomer Selbstbestimmung darüber entscheiden, wer in welchem Umfang erwerbstätig ist und wer die Haushaltsführung und ggf die Kinderbetreuung übernimmt. Eingeschränkt wird die Freiheit allerdings ggf wegen bestehender Unterhaltspflichten (**zur sog Hausmannsrspr vgl FamKK/*Klein* § 1603 Rn 84 ff**). Wird die Aufgabe einem Ehegatten allein übertragen, liegt eine Hausfrauen- bzw Hausmannsehe vor. Die zu treffende Einigung stellt ein Rechtsgeschäft dar (Palandt/*Brudermüller* Rn 2; *Haas* FamRZ 02, 205). Es kann nicht verlangt werden, dass die Einigung auf unbestimmte Zeit aufrechtzuerhalten ist, weil der auf eine entspr Verpflichtung abzielende Wille fehlt (MüKo/*Wacke* Rn 7). Bei der Wahl der Rollenverteilung wie auch dem Verlangen einer Neubestimmung ist das Gebot der Rücksichtnahme bei der Gestaltung des Ehelebens zu beachten. Kommt es zu keiner Einigung, obliegt die Haushaltsführung beiden Ehegatten (BGH FamRZ 74, 367).

3   Der den Haushalt führende Ehegatte leitet diesen in eigener Verantwortung, I 2. Durch die Führung des Haushalts erfüllt der Ehegatte seine gesetzliche Unterhaltspflicht (§§ 1360 S 2; 1606 II 2) ggü der Familie. Für den Umfang der Pflicht zur Mithilfe durch den anderen ist maßgeblich der Umfang der Erwerbstätigkeit der Eheleute sowie der Zuschnitt des Haushalts und die Zahl und Betreuungsbedürftigkeit der Kinder. Auch diese haben ggf die Pflicht zur Mithilfe, §§ 1618a, 1619.

4   **C. Erwerbstätigkeit, II. I. Berechtigung.** Beide Ehegatten sind grds berechtigt, erwerbstätig zu sein, wobei das Recht nach II 2 unter dem Vorbehalt der Familienverträglichkeit steht. Zur Familie idS gehören nicht nur die Mitglieder der häuslichen Gemeinschaft, sondern auch weitere Personen, denen ggü eine sittliche Verpflichtung zur Pflege und Betreuung besteht (BTDrs 7/4361, 26). Bestehende Unterhaltspflichten können einerseits eine Pflicht zur Erwerbstätigkeit begründen, andererseits aber auch Einschränkungen bewirken, wenn der andere Ehegatte seinerseits durch vermehrte Erwerbstätigkeit Unterhaltspflichten zu erfüllen hat (vgl. oben Rn 2). Die Pflicht zur Rücksichtnahme bezieht sich auch auf politische (BGHZ 43, 384) oder gemeinnützige Tätigkeiten (AnwK/*Wellenhofen* Rn 11).

II. Mitarbeit im Beruf oder Geschäft des Ehegatten. 1. Mitarbeitspflicht als Ausnahme. Anders als noch 5
nach § 1356 II aF ist eine Pflicht zur Mitarbeit nicht mehr gesetzlich vorgeschrieben. Sie kann sich aber in
Ausnahmefällen aus der ehelichen Beistandspflicht (§ 1353) ergeben (Palandt/*Brudermüller* § 1356 Rn 6;
MüKo/*Wacke*, Rn 20), etwa beim Aufbau eines Betriebes (BGH FamRZ 59, 454), fehlenden Mitteln für die
Einstellung einer Hilfskraft (BGHZ 46, 385) oder vorübergehendem Personalmangel, wobei der Ehegatte
nicht gezwungen werden kann, deshalb auf eine einträglichere Existenz zu verzichten (BGH FamRZ 67, 611).
Eine Verpflichtung zur Beschäftigung des Ehegatten besteht umgekehrt nicht, insbes nicht im Interesse von 6
Gläubigern (AnwK/*Wellenhofen* Rn 12). Ausnahmen sind nur in Notfällen denkbar, etwa bei Arbeitslosigkeit
des Ehegatten, dessen ausreichender Qualifikation und gleichzeitiger Vakanz einer geeigneten Stelle (Staud/
Hübner/Voppel Rn 38).

2. Vergütung. Sind von den Ehegatten Vereinbarungen (vgl unten a, b, c) zur Mitarbeit getroffen, sind diese 7
zu beachten (BGH FamRZ 90, 1219; NJW 95, 3383). Im Übrigen ist regelmäßig von der Vergütungspflicht
auszugehen (MüKo/*Wacke* Rn 24). Unentgeltlichkeit kann allenfalls bei unbedeutenden oder nur gelegentlichen Hilfstätigkeiten angenommen werden (BGHZ 127, 48), folgt aber nicht allein aus der Üblichkeit der
Mitarbeit (Palandt/*Brudermüller* Rn 8). Unterhaltsrechtlich geschuldete Mitarbeit ist nicht zu vergüten
(AnwK/*Wellenhofer* Rn 13).

a) Arbeitsverhältnis. Grundlage der Mitarbeit wird zumeist ein Arbeitsverhältnis sein, das uU auch konklu- 8
dent begründet sein kann (BGH NJW 82, 2236), etwa bei ständiger Zahlung von Sozialversicherungsbeiträgen für den mitarbeitenden Ehegatten oder bei steuerlicher Berücksichtigung des Ehegattengehalts als
Betriebsausgaben (Bremen FamRZ 99, 227). Steuerrechtlich werden solche Arbeitsverhältnisse nur anerkannt, soweit sie auch mit Dritten vereinbart worden wären (BFH NJW 89, 319; *Genthe* FuR 92, 207) und
die Vergütung tatsächlich ausgezahlt wird (BFH BB 68, 1029), sei es auch auf ein Ehegatten-Oder-Konto (BVerfG
BStBl II 96, 34).

b) Ehegatteninnengesellschaft. Geht die Tätigkeit des Ehegatten über das Bestreben hinaus, die eheliche 9
Lebensgemeinschaft zu verwirklichen, so können die Voraussetzungen einer Ehegatteninnengesellschaft
erfüllt sein, die nach der Trennung Ausgleichsansprüche entspr §§ 705 ff auslösen (vgl KKFamR/*Weinreich*
§ 1372 Rn 21 ff).

c) Ausgleichsanspruch wegen Wegfalls der Geschäftsgrundlage. Kann das Bestehen eines Arbeitsvertrages 10
nicht festgestellt werden, kann uU ein familienrechtlicher Vertrag sui generis Grundlage der Mitarbeit gewesen sein, dessen Geschäftsgrundlage nach dem Scheitern der Ehe entfallen ist. Bei Gütertrennung bejaht die
Rechtsprechung Ausgleichsansprüche bei erheblichen, unterhaltsrechtlich nicht geschuldeten und über das
Übliche klar hinausgehenden Arbeitsleistungen eines Ehegatten im Betrieb des anderen. Die Höhe des
Anspruchs bemisst sich nach dem Umfang der Leistungen, ist aber beschränkt auf die bei dem anderen noch
vorhandene Vermögensvermehrung. Im gesetzlichen Güterstand wird durch den Zugewinnausgleich regelmäßig eine angemessene Beteiligung der Ehegatten an der Vermögensvermehrung des anderen anzunehmen
sein (vgl KKFamR/*Weinreich* § 1372 Rn 36 ff).

§ 1357 Geschäfte zur Deckung des Lebensbedarfs

(1) ¹Jeder Ehegatte ist berechtigt, Geschäfte zur angemessenen Deckung des Lebensbedarfs der Familie mit
Wirkung auch für den anderen Ehegatten zu besorgen. ²Durch solche Geschäfte werden beide Ehegatten
berechtigt und verpflichtet, es sei denn, dass sich aus den Umständen etwas anderes ergibt.
(2) ¹Ein Ehegatte kann die Berechtigung des anderen Ehegatten, Geschäfte mit Wirkung für ihn zu besorgen, beschränken oder ausschließen; besteht für die Beschränkung oder Ausschließung kein ausreichender
Grund, so hat das Vormundschaftsgericht sie auf Antrag aufzuheben. ²Dritten gegenüber wirkt die
Beschränkung oder Ausschließung nur nach Maßgabe des § 1412.
(3) Absatz 1 gilt nicht, wenn die Ehegatten getrennt leben.

A. Allgemeines. Die durch das 1. EheRG zum 1.7.77 umgestaltete Vorschrift ist an die Stelle der bis dahin 1
geltenden Regelung über die sog Schlüsselgewalt getreten. Dieser lag das Leitbild der Hausfrauenehe zu
Grunde, das jetzt aufgegeben ist. Die Norm erfasst einen nicht nur auf den Haushalt bezogenen erweiterten
Wirkungskreis („Geschäfte zur angemessenen Deckung des Lebensbedarfs der Familie"). Überdies kann nunmehr jeder Ehegatte Geschäfte mit Wirkung auch für den anderen besorgen. Nach I 2 werden dadurch beide
Ehegatten berechtigt und verpflichtet.
Daraus erwachsende Bedenken im Hinblick auf die Vereinbarkeit der Regelung mit Art 3 I, 6 I GG hat das 2
BVerfG zerstreut und die Norm als verfassungskonform befunden (BVerfG NJW 90, 175 m Anm *Derleder*
FuR 90, 104). Den durch die Gesamthaftung der Eheleute bewirkten Gläubigerschutz (BVerfG aaO; MüKo/
Wacke Rn 3) hat es als wichtigen, aber nicht vorrangigen oder gar alleinigen Zweck der Regelung bezeichnet
und die Vorschrift als Ausgestaltung der Ehe in wirtschaftlicher Hinsicht gewertet. So soll sie dazu dienen, die

Kreditwürdigkeit der Familie (MüKo/*Wacke* Rn 2) oder die Chancengleichheit in der Familie zu erhöhen (BaRoth/*Lohmann* Rn 2).

3 **B. Voraussetzungen. I. Ehe.** Die Möglichkeit der Verpflichtung auch des anderen Ehegatten besteht nur innerhalb einer wirksamen Ehe, also noch nicht während der Verlobungszeit und nicht mehr nach dem Ehezeitende, wobei es auf den Güterstand nicht ankommt (München NJW 72, 542).

4 **II. Kein Getrenntleben, III.** Nach III gilt die Regelung nicht, wenn die Eheleute getrennt leben. Die Möglichkeit, den anderen mit zu verpflichten, setzt also die Führung eines gemeinsamen Haushalts voraus. Wegen des Trennungsbegriffs kann auf § 1567 verwiesen werden, so dass auch das Getrenntleben innerhalb der Ehewohnung ausreichend ist (MüKo/*Wacke* Rn 45). Haben die Eheleute von Anfang an keinen gemeinsamen Hausstand, so treten die Wirkungen des § 1357 überhaupt nicht erst ein (BGH NJW 91, 2958; Hamm NJW-RR 72, 542). Bei nur vorübergehender Trennung, etwa bei Antritt der Strafhaft, wird die häusliche Gemeinschaft nicht zwingend aufgehoben (Hamm FamRZ 75, 346).

5 Entscheidend für die Wirkungen der Norm ist allein das Zusammen- bzw Getrenntleben zum Zeitpunkt des Geschäftes. Wird das Getrenntleben beendet und wieder ein gemeinsamer Haushalt begründet, so treten die Wirkungen ex tunc wieder ein. Eine Rückwirkung auf während der Trennung geschlossene Geschäfte erfolgt nicht. Eine erst nach Abschluss des Geschäftes erfolgte Trennung beseitigt umgekehrt die zuvor eingetretenen Rechtswirkungen nicht. Das Vertrauen auf die Verpflichtungsbefugnis ist nicht geschützt (LG Tübingen FamRZ 84, 50; *Dörr* NJW 89, 813).

6 **III. Geschäfte zur angemessenen Deckung des Lebensbedarfs der Familie.** Geschäfte iSd Norm sind Rechtsgeschäfte, die nach ihrer Art objektiv der Deckung des privaten Lebensbedarfs dienen, also einen Bezug zur familiären Konsumgemeinschaft aufweisen, womit an den Familienunterhalt nach §§ 1360, 1360a angeknüpft wird (MüKo/*Wacke* Rn 18; AnwK/*Wellenhofen* Rn 13). Geschäfte im Berufs- oder Erwerbsbereich fallen unabhängig von Art und Umfang der Tätigkeit nicht darunter (LG Hannover FamRZ 84, 268). Betreffen die Geschäfte das Kfz, ist entscheidend, ob dieses der Familie zu dienen bestimmt ist oder für berufliche Zwecke genutzt wird (LG Freiburg FamRZ 88, 1052).

7 Auch dann, wenn es sich um Geschäfte zur Deckung des privaten Lebensbedarfs der Familie handelt, kommt eine Mitverpflichtung des Ehegatten nur bei Angemessenheit in Betracht. Diese liegt vor, wenn nach Art und Umfang des Geschäfts eine vorherige Abstimmung der Ehegatten nicht notwendig oder üblich erscheint und in der Regel auch nicht stattfindet (Köln FamRZ 91, 434; Frankf FamRZ 83, 913). Sie fehlt dagegen, wenn die Geschäfte ohne Schwierigkeit zurückgestellt werden können, größeren Umfang aufweisen und eine vorherige Vereinbarung angezeigt ist (MüKo/*Wacke* Rn 20). Maßgebend ist der äußere Zuschnitt des Haushalts, der individuelle, äußerlich erkennbare Konsumstil (BGH NJW 85, 1394), wobei hilfsweise auf die bei Familien in vergleichbarer sozialer Lage üblichen Verbrauchsgewohnheiten abzustellen ist (BGH NJW 85, 1394).

8 Von der Norm erfasst sind: Kauf von Lebensmitteln und notwendiger Kleidung (RGZ 61, 78), Kauf von Haushaltsgeräten, Hausrat und hierauf bezogene Reparaturaufträge, Kauf von Spielzeug, Schulbedarf und Geschenken in angemessenem Umfang (LG Stuttgart MDR 67, 45), Verträge mit Telefon- und Kommunikationsgesellschaften (LG Stuttgart FamRZ 01, 1610), betreffend Energieversorgung (Ddorf NJW-RR 98, 490) und Heizmaterial, Beauftragung von Handwerkern für Reparaturarbeiten in der Ehewohnung (Ddorf NJW-RR 01, 1084) sowie Tierarzt für Haustiere (AG Kerpen FamRZ 89, 619), Anstellung und Kündigung der Haushaltshilfe, Beauftragung eines Wohnraummaklers (LG Braunschweig FamRZ 86, 61), in dringenden Fällen eines Rechtsanwalts. Unerheblich ist, ob es sich um Fernabsatz- oder Haustürgeschäfte handelt (Staud/*Hübner*/*Voppel* Rn 72).

9 Zurückhaltung ist bei der Buchung von Urlaubsreisen geboten, weil diese typischerweise abgesprochen werden (Köln FamRZ 91, 434; LG Hamburg NJW 02, 1055). Eine Verpflichtung wird nur dann angenommen werden können, wenn die Buchungen im Einzelfall tatsächlich üblicherweise von einem Ehegatten allein vorgenommen werden.

10 Nicht von der Norm erfasst sind: Veräußerungsgeschäfte, auch dann nicht, wenn der Erlös für den Familienunterhalt eingesetzt wird (AnwK/*Wellenhofen* Rn 17; einschränkend MüKo/*Wacke* Rn 25, der die Norm auf einzelne Veräußerungsgeschäfte anwenden möchte), Vertrag über Bau oder Kauf eines Hauses (BGH FamRZ 89, 35) einschl damit verbundene Darlehensaufnahme (LG Aachen FamRZ 89, 1176), langfristige Pachtverträge einschl deren Kündigung (Kobl NJW-RR 91, 66; BGH NJW 51, 309), Anmietung einer Wohnung (LG Mannheim FamRZ 94, 445), Kündigung (AG Münster MDR 90, 900) oder Aufhebung des Mietverhältnisses (LG Köln FamRZ 90, 744), Maßnahmen zur Vermögensanlage und -verwaltung (MüKo/*Wacke* Rn 24), Aufwendungen für einen Umzug zum Zweck des Getrenntlebens (LG Aachen FamRZ 80, 996). Erwerb oder Leasing eines Kfz fällt regelmäßig nicht unter § 1357 (Ddorf OLGR 01, 508), es sei denn, Anschaffungen dieser Art werden regelmäßig von einem Ehegatten getätigt.

11 Unter § 1357 fallen Verträge über die ärztliche Behandlung gemeinsamer Kinder, solche über die Behandlung des Ehegatten nur dann, wenn der Ehegatte sich nicht ausschl selbst verpflichten wollte und die Angemessenheit angesichts der Dringlichkeit und Art der Behandlung gewahrt ist, wobei medizinisch notwendige und unaufschiebbare ärztliche Behandlungen stets als angemessen gelten (BGH NJW 92, 909; Schlesw FamRZ 94, 444). Der Ehegatte, der durch die Vertretung des anderen bei Vertragsschluss eine kostenintensive privatärzt-

liche Behandlung akzeptiert, haftet nach § 1357, sofern er nicht seine Ablehnung einer Mithaft zweifelsfrei klarstellt (Köln FamRZ 99, 1134).

Etwas anderes gilt, wenn sich aus den Umständen ergibt, dass der Ehegatte nicht mithaften möchte (I 2). Das ist der Fall, wenn er diesen Willen ausdrücklich erklärt (BGH NJW 92, 909) oder wenn dieser Wille sich daraus ergibt, dass eine kostendeckende Krankenversicherung besteht (Köln MDR 93, 55). Eine Mitverpflichtung scheidet auch aus, wenn der Ehegatte erklärt, er sei bei dem anderen mitversichert (Köln VersR 94, 107). Schließt ein Ehemann den gynäkologischen Behandlungsvertrag im Namen seiner Frau, so muss er seinen Willen, die Mithaft für beanspruchte Wahlleistungen nicht mit zu übernehmen, ausdrücklich erklären (BGH NJW 85, 1394). Zur Mitverpflichtung kommt es ferner dann nicht, wenn die Kosten der ärztlichen Behandlung die wirtschaftliche Leistungsfähigkeit der Familie eindeutig überschreiten (Saarbr NJW 01, 1798; Köln FamRZ 99, 1662). 12

C. Rechtsfolgen. Folge der Annahme eines Geschäftes nach § 1357 ist, dass beide Ehegatten aus ihm berechtigt und verpflichtet sind (I 2). Ggf muss der mitverpflichtete Ehegatte sich die Kenntnis des anderen zurechnen lassen (BGH FamRZ 82, 776). Beide Ehegatten haften als Gesamtschuldner, wobei sich die Mithaft auch auf Ansprüche aus Pflichtverletzungen (pVV, cic) erstreckt (AnwK/*Wellenhofer* Rn 23). Etwas anderes gilt allerdings für Schäden aus unerlaubter Handlung, zB nach Ladendiebstahl (Palandt/*Brudermüller* Rn 21). Ist der Vertrag nichtig, so haften beide Ehegatten bereicherungsrechtlich als Teilschuldner auf das jeweils Erlangte (MüKo/*Wacke* Rn 21). 13

Im Hinblick auf die Berechtigung sind beide Ehegatten Gesamtgläubiger (MüKo/*Wacke* Rn 36). Rechte wie Anfechtung, Kündigung oder Gewährleistungsansprüche kann jeder Ehegatte allein geltend machen (MüKo/*Wacke* Rn 36). Dasselbe gilt für den Widerruf bei Verbraucherkreditverträgen (Staud/*Hübner/Voppel* Rn 76; MüKo/*Wacke* Rn 29; zur Thematik vgl auch: *Berger* FamRZ 05, 1129). 14

Eine dingliche Wirkung kommt der Norm nicht zu (BGH NJW 91, 2283; MüKo/*Wacke* Rn 37; Palandt/*Brudermüller* Rn 20), so dass die Ehegatten an einem erworbenen Gegenstand nicht automatisch Miteigentum erwerben. Hinsichtlich des Eigentumserwerbs gelten die allgemeinen Regeln, bei Bargeschäften des täglichen Lebens insbes auch die des Geschäfts für den, den es angeht. Bei Erwerb von Hausrat geht der Wille der Ehegatten im Zweifel dahin, gemeinsames Eigentum zu erwerben (Kobl FamRZ 92, 1303). 15

Im Innenverhältnis sind die Ehegatten im Zweifel berechtigt, den anderen mit zu verpflichten, wobei die Befugnis so weit geht, wie dem Ehegatten Haushaltsführungsfunktionen übertragen sind. Insoweit ist der Ehegatte Weisungen des anderen nicht unterworfen, während dieser ihm das dafür erforderliche Haushaltsgeld iRs Unterhaltspflicht im Voraus zur Verfügung zu stellen hat. Wird der angemessene Rahmen überschritten, kommen Schadensersatzansprüche aus §§ 677 ff in Betracht (Palandt/*Brudermüller* Rn 23). 16

D. Ausschluss und Beschränkung der Verpflichtungsbefugnis. Nach II 1 kann jeder Ehegatte die sog Schlüsselgewalt des anderen einseitig ggü diesem oder Dritten (§ 168 S 3) beschränken oder aufheben, ohne dass das Recht auf Haushaltsführung im Übrigen davon betroffen wäre. Diese Maßnahme ist nur berechtigt, wenn der haushaltsführende Ehegatte zur Führung der Geschäfte nicht fähig ist oder ernstliche Gründe gegen seinen guten Willen sprechen. Dritten ggü ist diese Maßnahme nur wirksam, wenn sie diesem bekannt oder im Güterrechtsregister eingetragen ist (II2, § 1412). 17

Der Antrag ist von dem Ehegatten allein an das gem § 45 FGG zuständige Vormundschaftsgericht zu richten, welches die Rechtmäßigkeit der Maßnahme zu prüfen hat. 18

§ 1358

– weggefallen –

§ 1359 Umfang der Sorgfaltspflicht

Die Ehegatten haben bei der Erfüllung der sich aus dem ehelichen Verhältnis ergebenden Verpflichtungen einander nur für diejenige Sorgfalt einzustehen, welche sie in eigenen Angelegenheiten anzuwenden pflegen.

A. Einleitung. Die Vorschrift dient der Erhaltung des Rechtsfriedens in der ehelichen Lebensgemeinschaft (MüKo/*Wacke* Rn 2), die typischerweise durch engen räumlichen und persönlichen Kontakt und daraus folgend gegenseitige Einflussnahme auf die Vermögensinteressen der Ehepartner gekennzeichnet ist. Der strenge Haftungsmaßstab des § 276 würde das Zusammenleben über Gebühr belasten. Hinzu kommt, dass jeder Ehegatte den anderen mit seinen persönlichen Eigenschaften gewählt hat (MüKo/*Wacke* Rn 2; Staud/*Hübner/Voppel* Rn 5). Die Norm ist letztlich Ausdruck der in § 1353 I 2 normierten Pflicht zur gegenseitigen Rücksichtnahme. Vergleichbare Haftungsbeschränkungen sind in den §§ 690, 708, 1664 und 2131 sowie in § 4 LPartG enthalten. 1

2 **B. Anwendungsbereich. I. Persönlich.** Die Norm regelt das Verhältnis zwischen Ehegatten. Jedenfalls nach Scheidung der Ehe ist sie deshalb nicht mehr anwendbar. Eine entspr Anwendung auf Verlobte oder nichtehelich Zusammenlebende ist mangels einer rechtlich verfestigten Lebensgemeinschaft abzulehnen (Soergel/*Lange* Rn 2 für Verlobte; aA MüKo/*Wacke* Rn 2). Sieht man den maßgeblichen Grund für die Haftungsbeschränkung in dem engen Zusammenleben in der ehelichen Lebensgemeinschaft, kann die Norm auch für die Zeit dauerhafter Trennung keine Anwendung finden (ebenso Staud/*Hübner/Voppel* Rn 14; Johannsen/Henrich/*Brudermüller* § 1361 a Rn 33; aA Soergel/*Lange* Rn 2; MüKo/*Wacke* Rn 89).

3 **II. Sachlich.** Die Haftungsbeschränkung bezieht sich nur auf die Erfüllung der sich aus dem ehelichen Verhältnis ergebenden Verpflichtungen, zu denen die typischen ehelichen Pflichten in Bezug auf den Unterhalt, den ehelichen Beistand (§ 1353 I 2) ggf einschl einer daraus ableitbaren Pflicht zur Mitarbeit, die Haushaltsführung (§ 1356) und Geschäfte zur Bedarfsdeckung (§ 1357) sowie die Vermögensverwaltung iRd Gütergemeinschaft und konkurrierende deliktische Ansprüche einschl derjenigen aus § 833 (KG MDR 02, 35) gehören.

4 Die Regelung gilt nicht im Bereich rechtsgeschäftlicher Absprachen, die die Ehegatten wie Dritte treffen, zB Pacht- oder Darlehensverträge, Arbeits- und Gesellschaftsverträge (Staud/*Hübner/Voppel* Rn 16; MüKo/*Wacke* Rn 15). Bei Gefälligkeitsverträgen (Auftrag) wird eine (stillschweigend vereinbarte) Haftungsbegrenzung anzunehmen sein.

5 Die Regelung gilt ferner nicht für den Bereich des Verkehrsunfallrechts (BGHZ 53, 352, 355; 61, 101, 105; 63, 51,57). Denn der schädigende Ehegatte kann sich im heutigen Straßenverkehr nicht darauf berufen, sich ständig verkehrswidrig zu verhalten. Auf diese Weise wird die Möglichkeit eröffnet, dass nach Verkehrsunfällen die Haftpflichtversicherung des schädigenden Ehegatten in Anspruch genommen werden kann (ausf dazu: Erman/*Heckelmann* Rn 6; MüKo/*Wacke* Rn 18). Auch ein Amtshaftungsanspruch wird dadurch nicht gefährdet, weil das Verweisungsprivileg des § 839 I 2 nicht mehr für durch Amtsträger verursachte Verkehrsunfälle gilt (BGHZ 368, 217).

6 Der schädigende Ehegatte wird durch diese Rechtsprechung nicht unangemessen benachteiligt, weil ein Rückgriff des Versicherers gegen ihn gem § 67 II VVG ausscheidet, der auf andere Fälle der Legalzession (§§ 116 SGB X, 87 a BBG, 6 EntgeltfortzG) entspr anwendbar ist (MüKo/*Wacke* Rn 22; Staud/*Hübner/Voppel* Rn 26). Sofern kein Versicherungsschutz besteht, ist der schädigende Ehegatte durch die Stillhaltepflicht des Geschädigten geschützt (BGH FamRZ 88, 476).

7 **C. Regelungsinhalt. I. Haftungserleichterung.** Die Norm bildet keinen selbständigen Haftungsgrund, sondern modifiziert § 276 II iSe Haftungserleichterung. Eine Haftungsverschärfung tritt auch dann nicht ein, wenn der Ehegatte in eigenen Angelegenheiten üblicherweise besonders sorgfältig verfährt (MüKo/*Wacke* Rn 6). Die Grenze nach unten bildet die grobe Fahrlässigkeit (§ 277).

8 **II. Haftungsmaßstab und Haftungsvereinbarungen.** Die Norm stellt nur auf die tatsächlich angewandte Sorgfalt ab, nicht auf ein dem Ehegatten bei gehöriger Anstrengung mögliches Verhalten, wobei § 277 den notwendigen Schutz vor zu großer Nachlässigkeit bietet.

9 Die Regelung kann unter Beachtung des § 276 III durch Vereinbarungen verschärft oder noch weiter gemildert werden (Palandt/*Brudermüller* Rn 3; BaRoth/*Lohmann* Rn 3; aA MüKo/*Wacke* Rn 14; Staud/*Hübner/Voppel* Rn 11). Außerhalb des Anwendungsbereichs des § 1359 sind auch Haftungsausschlüsse bis zur Vorsatzgrenze denkbar, jedoch etwa bei gemeinsamen PKW-Fahrten und bestehendem Versicherungsschutz nicht ohne weiteres anzunehmen (Soergel/*Lange* Rn 8).

10 **D. Beweislast.** Während der Geschädigte zunächst den Nachweis der im Verkehr erforderlichen Sorgfalt zu beweisen hat, obliegt es dem Schädiger, dann nachzuweisen, dass er nicht anders gehandelt hat, als üblicherweise in eigenen Angelegenheiten.

§ 1360 Verpflichtung zum Familienunterhalt

¹Die Ehegatten sind einander verpflichtet, durch ihre Arbeit und mit ihrem Vermögen die Familie angemessen zu unterhalten.
²Ist einem Ehegatten die Haushaltsführung überlassen, so erfüllt er seine Verpflichtung, durch Arbeit zum Unterhalt der Familie beizutragen, in der Regel durch die Führung des Haushalts.

1 **A. Grundlagen.** §§ 1360, 1360 a begründen einen **familienrechtlichen Unterhaltsanspruch**. Als Ausfluss des § 1353 I 2 stellt § 1360 klar, dass die Unterhaltspflicht bei bestehender Lebensgemeinschaft nicht nur eine sittliche, sondern eine **Rechtspflicht** ist, auf die sich Ehegatten auch ggü Dritten berufen können (BSG FamRZ 75, 162).

2 Jeder Ehegatte hat seinen Beitrag zum Familienunterhalt entspr der in der Ehe übernommenen Funktion (etwa Haushaltsführung, Arbeitsleistung, Pflege kranker Angehöriger) zu leisten (vgl § 1360 a Rn 2). In **Ausnahmefällen** ist Familienunterhalt in Form einer **Geldrente** zu leisten (Ddorf NJW 02, 1353) oder in Geld zu veranschlagen (BGH FamRZ 06, 26; 03, 860).

Bei **Tod** oder **Verletzung** eines Ehegatten kommt es darauf an, in welchem Umfang der getötete oder verletzte Ehegatte dem anderen zur Leistung von Familienunterhalt verpflichtet war. Zur Bemessung der Entschädigung (§§ 844 II 1, 845 I) des anderen Ehegatten (vgl BGH FamRZ 93, 411) bedarf es der Monetarisierung des bisher natural geleisteten Unterhalts.
Soweit es zur Bezifferung des Anspruchs erforderlich ist, kann jeder Ehegatte vom anderen **Auskunft** über dessen Einkommens- und Vermögensverhältnisse nach §§ 242, 1353 verlangen (Karlsr FamRZ 90, 161).
Der Familienunterhalt ist konkret nach den **jeweiligen Bedürfnissen der Familie** zu bestimmen. Die Vorschriften über den Trennungsunterhalt (§ 1361) oder nachehelichen Unterhalt (§§ 1569 ff) sind grds nicht anwendbar, da diese Bestimmungen von der Unterhaltspflicht eines Ehegatten ggü dem anderen ausgehen. Beim Familienunterhalt hingegen ist jeder Ehegatte **zugleich Unterhaltsberechtigter und Unterhaltsverpflichteter** (BGH FamRZ 97, 380; 95, 537). 3

Jeder Ehegatte kann Leistung an sich, nicht in eine gemeinsame Kasse, verlangen. Nicht anspruchsberechtigt ist die Familie als solche; ihr fehlt die Rechtsfähigkeit (BAG FamRZ 86, 573). 4
Kommt ein Elternteil der Verpflichtung zum Familienunterhalt nicht nach, können **Kinder** keine eigenen Ansprüche aus § 1360 herleiten (BGH NJW 97, 735). Sie müssen ihre Ansprüche nach §§ 1601 ff geltend machen. Die Gegenansicht, wonach § 1360 auch einen Anspruch der gemeinsamen Kinder begründet (*Schrade* FamRZ 57, 342; *Krüger* FamRZ 60, 180), verkennt, dass der eindeutige Wortlaut des § 1360 nur die Ehegatten als Gläubiger und Schuldner des Unterhaltsanspruchs nennt.

Der Familienunterhalt soll den Lebensunterhalt der Ehegatten und der Kinder bei **bestehender Lebensgemeinschaft** sichern. Maßgeblicher Endpunkt ist nicht die Scheidung (sodann §§ 1569 ff), sondern die Trennung (nach Trennung: § 1361). 5

§ 1360 gilt bei jedem **Güterstand**. Für die Gütergemeinschaft enthält § 1420 eine Sonderregelung hinsichtlich der Reihenfolge, in der die Einkünfte zur Befriedigung des Familienunterhalts verwendet werden müssen. Die Verpflichtung zum Familienunterhalt besteht unabhängig davon, ob gemeinschaftliche Kinder vorhanden sind (Celle FamRZ 00, 1430). 6
Eine **Verwirkung** des Familienunterhalts (§§ 1361 III, 1579 analog) ist ausgeschlossen (Ddorf FamRZ 92, 943).
Die Verpflichtung zur Leistung von Familienunterhalt kann nicht abbedungen werden (BGH FamRZ 01, 1066). **Vereinbarungen** über Umfang sowie Art und Weise des Unterhalts sind jedoch, auch formfrei (ggf auch konkludent), zulässig.

B. Anspruchsvoraussetzungen. I. Eheliche Lebensgemeinschaft. Familienunterhalt wird während bestehender Lebensgemeinschaft geschuldet. Sie beginnt (frühestens) mit **Eheschließung** (§ 1310) und endet mit **Trennung** der Ehegatten (§ 1567 I) oder dem Tod eines Ehegatten (§ 1615 I). Nehmen die Ehegatten ihre eheliche Lebensgemeinschaft nach Trennung wieder auf, tritt der Unterhaltsanspruch aus § 1360 wieder an die Stelle des Unterhaltsanspruchs bei Getrenntleben (§ 1361). 7
Allein die räumliche Trennung schließt die eheliche Lebensgemeinschaft nicht aus, etwa bei auswärtiger Arbeit eines Ehegatten oder Strafhaft. Andererseits können Ehegatten auch getrennt in derselben Wohnung (§ 1587 I 2) leben. Entscheidend ist, ob sie an der Ehe festhalten und entspr der von ihnen selbst gesetzten Ordnung und der von ihnen vereinbarten Aufgabenverteilung leben (**intakte eheliche Lebensgemeinschaft**). Haben Ehegatten von vornherein keine Lebensgemeinschaft geplant oder eine ursprünglich geplante Lebensgemeinschaft später nicht realisiert, besteht kein Anspruch auf Familienunterhalt.

II. Bedürftigkeit/Leistungsfähigkeit. Der Anspruch auf Familienunterhalt dient der **Deckung des Bedarfs der gesamten Familie**, nicht nur eines Ehegatten. Die Bedürftigkeit eines Ehegatten ist nicht Anspruchsvoraussetzung. Die Bedürftigkeit einzelner Familienmitglieder (etwa Pflegebedürftigkeit) kann sich allerdings auf den Umfang des angemessenen Familienunterhalts auswirken (BGH FamRZ 93, 411; Ddorf NJW 02, 1353). 8
Der Anspruch auf Familienunterhalt setzt voraus, dass der in Anspruch genommene Ehegatte überhaupt in der Lage ist, durch Erwerbstätigkeit und/oder aus seinem Vermögen oder durch Haushaltsführung zum Familienunterhalt beizutragen. Der Anspruch hängt jedoch nicht ab von der **Leistungsfähigkeit** des Verpflichteten iSd §§ 1581, 1603 I. Auf die notwendigen oder angemessenen Selbstbehaltsätze nach den Tabellen und Leitlinien der Oberlandesgerichte kann nicht abgestellt werden. 9
Bei Leistungsunfähigkeit eines Ehegatten können Verwandte unter den Voraussetzungen der §§ 1601 ff, 1608 in Anspruch genommen werden. Leisten Dritte den Familienunterhalt, können sie im Wege der **Ausfall- oder Ersatzhaftung** (§ 1607) regressieren. 10

III. Leistungspflichten und Aufgabenverteilung. Jeder Ehegatte hat für den angemessenen Unterhalt der Familie seine **Arbeitskraft** und ggf sein **Vermögen** einzusetzen. Auf welche Weise jeder Ehegatte die ihm obliegende Unterhaltsverpflichtung zu erfüllen hat, hängt im Wesentlichen von der Aufgabenverteilung in der Ehe ab (BGH FamRZ 95, 537; 85, 576). Der Gesetzgeber hat auf ein Leitbild bewusst verzichtet (BTDrs 7/650 S 100). Die **Rollenverteilung** können Ehegatten untereinander weitgehend frei gestalten (BVerfG FamRZ 02, 537; BGH FamRZ 01, 986). Die Dispositionsfreiheit darf jedoch nicht zu Lasten minderjähriger oder privilegiert volljähriger Kinder oder eines vorrangigen früheren Ehegatten (§ 1582) gehen (BGH FamRZ 96, 796). Der 11 von dem einzelnen Ehegatten für den Familienunterhalt zu leistende Anteil bestimmt sich nach den beiderseitigen Einkommens- und Vermögensverhältnissen (**Proportionalitätsgrundsatz**, BGH FamRZ 67, 380). Je nach Arbeitskraft und Vermögen des jeweiligen Ehegatten kann die Höhe des jeweiligen Beitrages zum Familienunterhalt unterschiedlich hoch sein. Die Eheleute können jedoch vereinbaren, dass ein Ehegatte weniger zum Familienunterhalt beiträgt als er nach dem Grundsatz der verhältnismäßigen Inanspruchnahme schuldet, solange der andere Ehegatte den Unterschiedsbetrag erbringt (BGH FamRZ 04, 795).

12 In der **Haushaltsführungsehe** (Einverdienerehe) führt einer der Ehegatten den Haushalt und betreut ggf Kinder, während der verdienende Ehegatte durch Erwerbstätigkeit die für den Unterhalt der Familie erforderlichen Geldmittel aufbringt. Nach § 1360 II sind Haushaltsführung des einen und Erwerbstätigkeit des anderen Ehegatten gleichwertig. Der Haushalt führende Ehegatte leistet regelmäßig einen gleichwertigen und nicht ergänzungsbedürftigen Beitrag zum Familienunterhalt. Kein Ehegatte darf sich allerdings stringent auf seinen Pflichtenkreis zurückziehen. So ist auch der erwerbstätige Ehegatte nach § 1353 I 2 beistandspflichtig, etwa zur Mithilfe im Haushalt oder über § 1626 I 2 verpflichtet, sich um die Kindererziehung (mit) zu kümmern. Auch der Haushalt führende Ehegatte darf sich iRd **Gegenseitigkeitsverhältnisses** nicht immer auf seinen häuslichen Pflichtenkreis beschränken. Die Vereinbarung, dass allein ein Ehegatte den Haushalt führen soll, bedarf der Korrektur, wenn sie nicht mehr dem Willen beider entspricht oder wenn das Erwerbseinkommen des einen Ehegatten und die etwaigen Vermögenserträge im Falle einer Notlage für den Unterhalt nicht mehr ausreichen.

13 In der **Doppelverdienerehe** sind beide Eheleute erwerbstätig. Jeder Ehegatte ist entspr seinem Einkommen am Familienunterhalt beteiligt (BGH NJW 74, 1238; FamRZ 67, 380). Mehrverdienst, der nicht anteilig für den Familienunterhalt benötigt wird, darf für persönliche Zwecke oder Vermögensbildung verwendet werden. An der Tätigkeit im Haushalt und an der Kinderbetreuung haben sich die Ehegatten entspr dem jeweiligen Zeitaufwand für die Erwerbstätigkeit bzw der jeweiligen beruflichen Belastung zu beteiligen.

14 In der **Zuverdienstehe** ist ein Ehegatte voll erwerbstätig, während der andere die Haushaltsführung übernommen hat, jedoch durch Nebentätigkeit einen Zuverdienst erzielt. Eine Beteiligung am Unterhalt erfolgt im Verhältnis der beiderseitigen Einkünfte (Celle FamRZ 78, 589), es sei denn, der Zuverdienst soll lediglich ein Taschengeld sichern (BGH FamRZ 99, 608). Kommt der vollschichtig erwerbstätige Ehegatte seinen Pflichten nicht nach oder reicht das Einkommen des vollverdienenden Ehegatten für eine angemessene Lebenshaltung nicht aus, muss sich der Zuverdiener mit seinem Zuverdienst anteilig am Familienunterhalt beteiligen.

15 Eheleute führen eine **Nichterwerbstätigenehe**, wenn keiner der beiden Ehegatten erwerbstätig ist, sondern beide Eheleute von eigenen und/oder fremden Versorgungen, von öffentlichen Leistungen und/oder von Vermögenserträgen leben. Beide Ehegatten sind sodann verpflichtet, den Haushalt gemeinsam zu führen und entspr ihren Einkünften zum Familienunterhalt beizutragen.

16 **IV. Sonderfragen.** Der Anspruch auf Familienunterhalt ist mit dem Anspruch auf Trennungsunterhalt oder nachehelichen Unterhalt **nicht identisch** (Frankf NJW 70, 1882 zur Nichtidentität von Familien- und Trennungsunterhalt). Dies bedingt, dass für die einzelnen Zeiträume Unterhaltsansprüche jeweils neu geltend gemacht und tituliert werden müssen (Hamm FamRZ 88, 1512). Es muss jeweils eine **erneute Inverzugsetzung** erfolgen (BGH FamRZ 92, 920; 88, 370).
Die **Vollstreckung** aus einem Titel wegen Familienunterhalt ist für die Zeit ab Trennung unzulässig (München FamRZ 81, 450). Entspr gilt für die Vollstreckung aus einem Trennungsunterhaltstitel nach erneutem Zusammenleben (Ddorf FamRZ 92, 943).
Wird für die Zeit nach Rechtskraft der Scheidung noch wegen laufenden Unterhalts aus einem Urteil über Trennungsunterhalt vollstreckt, muss hiergegen mit der **Vollstreckungsgegenklage** vorgegangen werden (BGH FamRZ 80, 1099; Hamm FamRZ 99, 725).

17 Eine Unterhaltsleistung an eine andere Person als den unterhaltsberechtigten Ehegatten würde eine Inhaltsänderung des Anspruchs bewirken. Der Unterhaltsanspruch des jeweiligen Ehegatten aus § 1360 1 ist nach § 399 grds nicht abtretbar und daher nach § 851 ZPO unpfändbar (MüKo/*Wacke* § 1360 Rn 24; aA jedoch Palandt/*Brudermüller* § 1360 Rn 5).
Der Anspruch **verjährt** nach §§ 197 II, 195, 199 in drei Jahren. Die Verjährung ist nach § 207 I 1 allerdings gehemmt, solange die Ehe besteht.

18 Schlüssiger Vortrag iR einer Klage auf Zahlung von Familienunterhalt erfordert **substantiierten Vortrag** zur Gestaltung der Lebensgemeinschaft der Familie, zum gesamten Familienbedarf und zu den Einkommensverhältnissen der Ehegatten. Sachvortrag lediglich zum Bedarf eines Ehegatten genügt nicht (zu Einzelheiten vgl Hamm FamRZ 89, 947; Bambg FamRZ 99, 849). Bei bezifferten Ansprüchen ist die Leistungsklage die richtige Klageart. Die grds subsidiäre Herstellungsklage und die Feststellungsklage (§ 256 ZPO) kommen in Betracht, wenn es um die nichterzwingbare konkrete Ausgestaltung der ehelichen Lebensgemeinschaft durch Unterhaltsgewährung geht, etwa um die ehegerechte Art und Weise der Erfüllung des Anspruchs auf Haushaltsführung und Kinderbetreuung.

§ 1360a Umfang der Unterhaltspflicht

(1) Der angemessene Unterhalt der Familie umfasst alles, was nach den Verhältnissen der Ehegatten erforderlich ist, um die Kosten des Haushalts zu bestreiten und die persönlichen Bedürfnisse der Ehegatten und den Lebensbedarf der gemeinsamen unterhaltsberechtigten Kinder zu befriedigen.
(2) ¹Der Unterhalt ist in der Weise zu leisten, die durch die eheliche Lebensgemeinschaft geboten ist. ²Die Ehegatten sind einander verpflichtet, die zum gemeinsamen Unterhalt der Familie erforderlichen Mittel für einen angemessenen Zeitraum im Voraus zur Verfügung zu stellen.
(3) Die für die Unterhaltspflicht der Verwandten geltenden Vorschriften der §§ 1613 bis 1615 sind entsprechend anzuwenden.
(4) ¹Ist ein Ehegatte nicht in der Lage, die Kosten eines Rechtsstreits zu tragen, der eine persönliche Angelegenheit betrifft, so ist der andere Ehegatte verpflichtet, ihm diese Kosten vorzuschießen, soweit dies der Billigkeit entspricht. ²Das Gleiche gilt für die Kosten der Verteidigung in einem Strafverfahren, das gegen einen Ehegatten gerichtet ist.

A. Grundlagen. Die Norm bestimmt den Umfang der Verpflichtung zum Familienunterhalt. § 1360a I definiert als Maß des Unterhalts den gesamten Lebensbedarf der Familie. § 1360a II 1 regelt die Art der Unterhaltsleistung. § 1360a II 2 bestimmt die jeweiligen Leistungspflichten. Die Verweisungsnorm des § 1360a III erklärt die für die Unterhaltspflichten von Verwandten geltenden §§ 1613–1615 für entspr anwendbar. § 1360a IV normiert den Anspruch auf Prozesskostenvorschuss.

B. Maß des Familienunterhalts. Jeder Ehegatte hat seinen Beitrag zum Familienunterhalt entspr seiner nach dem individuellen Ehebild übernommenen Funktion zu leisten. Der Anspruch umfasst den **gesamten Lebensbedarf** der Familie, nicht nur der Ehegatten, sondern auch der gemeinsamen Kinder und der ihnen gleichstehenden Personen (§§ 1719, 1757), soweit sie unterhaltsberechtigt sind. Hierzu zählen nach § 1360a I vornehmlich die Bestreitung der Kosten des Haushalts sowie die Befriedigung persönlicher Bedürfnisse der Ehegatten und der anspruchsberechtigten Kinder (BGH FamRZ 98, 608; 85, 353).
Das Maß des Familienunterhalts bestimmt sich nach den familiären Verhältnissen. § 1578 kann als Orientierungshilfe herangezogen werden (BGH FamRZ 06, 26; 04, 420; 04, 24; 03, 860; 03, 363 m Anm *Scholz*).
Bei der Bestimmung des angemessenen Unterhalts ist ein **objektiver Maßstab** anzulegen. Maßgebend sind neben dem Einkommen die berufliche und soziale Stellung der Unterhaltsberechtigten und dessen Herkunft, Ausbildung und Bildung (BGH FamRZ 04, 370; 795: „sozialer Rahmen"). Eine zu üppige Lebenshaltung bleibt ebenso außer Betracht wie eine zu dürftige (BGH FamRZ 82, 151). Da regelmäßig die Einkünfte beider Ehegatten die Unterhaltpflicht auch begrenzen, kann der Anspruch nach §§ 1360, 1360a unter angemessene oder notwendige Selbstbehaltsätze sinken (BGH NJW 95, 537).
Übersicht zu den üblichen finanziellen Aufwendungen iRd **Haushaltsführung** (vgl BGH FamRZ 92, 291) und zu den zu deckenden **persönlichen Bedürfnissen**:
– Aufwendungen für das Wohnen (Miete, Mietnebenkosten, Zahlung der Annuitäten für das Familienheim). Der Erwerb eines Eigenheims hingegen ist Vermögensbildung und wird unterhaltsrechtlich auch bei hohen Einkünften nicht geschuldet (BGH FamRZ 04, 795)
– Kosten des Haushalts, etwa Aufwendungen für Verpflegung, Kleidung, Reinigung, Körper- und Gesundheitspflege
– Aufwendungen für Erholung, Urlaub, Freizeitgestaltung und gesellschaftliche Verpflichtungen (Ddorf FamRZ 67, 43)
– Beiträge für Verbände, Organisationen, Aufwand für geistige, künstlerische (BGH FamRZ 95, 537), politische Aktivitäten
– Aufwendungen für Krankheits- und Altersvorsorge (BGH FamRZ 04, 366)
– Beiträge für sonstige Versicherungen (Haftpflicht-, Hausrat-, Rechtsschutzversicherung)
– Anschaffung und Betrieb eines Kraftfahrzeugs (BGH FamRZ 92, 291; Stuttg FamRZ 94, 444), etwa Steuer, Versicherung, Benzin, Reparaturen etc bzw Kosten für öffentliche Verkehrsmittel.
– Krankheitskosten, die nicht anderweitig gedeckt sind, etwa iR einer Krankenversicherung (BGH NJW 85, 1394; Braunschw FamRZ 96, 288; Hamm FamRZ 87, 1142). Auch die Kosten einer medizinisch-indizierten Kur oder Aufwendungen für eine besondere Ernährung durch Diät- oder Schonkost (Karlsr FamRZ 98, 1435) können zum Unterhaltsbedarf zählen, soweit nicht ein vorrangiger Anspruch gegen die Versicherungsgesellschaft besteht (Ddorf FamRZ 94, 396).
– Kosten für die Pflege eines kranken oder behinderten Familienmitglieds, soweit diese Kosten nicht anderweitig sichergestellt sind (BGH FamRZ 93, 411; Ddorf NJW 02, 1353)
– Aufwendungen für persönliche Bedürfnisse (Sport, Hobbys etc, vgl BGH FamRZ 84, 169; 83, 351)
– Die Ausbildung eines Ehegatten, wenn dies dem gemeinsamen Lebensplan oder aus anderen Gründen bei objektiver Betrachtung dem Gebot vernünftiger Lebensgestaltung entspricht (Arg: Wenn die Verantwortung der Ehegatten füreinander und ihre weiterwirkende Solidarität auch nach der Trennung oder gar der Scheidung einen derartigen Ausbildungsanspruch rechtfertigt, muss dies erst recht während intakter Ehe

gelten). Ein einseitig ohne triftigen Grund gefasster Entschluss, eine weitere Ausbildung zu absolvieren, kann dagegen keine Finanzierungspflicht des Ehegatten auslösen (BGH FamRZ 85, 353; 81, 439).
- Auch der Lebensbedarf gemeinsamer unterhaltsberechtigter Kinder ist sicherzustellen. Da § 1360 a I nicht von ehelichen Kindern spricht, sind auch voreheliche Kinder erfasst, sofern sie gemeinsame Kinder beider Eheleute sind. Die Eigenschaft als gemeinsames Kind entfällt mit rechtskräftiger Feststellung des Nichtbestehens der Vaterschaft nach §§ 1599, 1600 d IV. Ein adoptiertes Kind ist ein gemeinsames Kind, §§ 1741 II 2, 1754 I. Auch der Bedarf eines Pflegekindes ist von den Ehegatten sicherzustellen (BGH FamRZ 99, 367). Für Stiefkinder schuldet weder der Ehegatte, der nicht Elternteil ist, noch der leibliche Elternteil einen Beitrag zum Familienunterhalt. Der leibliche Elternteil schuldet seinem Kind Unterhalt nach §§ 1601 ff, der Stiefelternteil schuldet keinen Unterhalt. Die Ehegatten können allerdings die Unterhaltspflicht aus §§ 1360 I, 1360a vertraglich auf Stiefkinder erstrecken (*Muscheler* FamRZ 04, 913). Zurückhaltung ist allerdings bei der Annahme eines konkludent geschlossenen Unterhaltsvertrages geboten. Allein die Aufnahme des Stiefkindes in die eheliche Wohnung reicht nicht (BGH FamRZ 69, 599; Nürnbg FamRZ 65, 217).
- Der Ehemann, der einer heterologen Insemination bei seiner Ehefrau zugestimmt hat, kann auf vertraglicher Grundlage dem daraus hervorgegangenen Kind zum Unterhalt verpflichtet sein, selbst wenn er später dessen Ehelichkeit angefochten hat (BGH FamRZ 95, 861).
- Der Lebensbedarf der Kinder umfasst Aufwendungen für Kleidung, Gesundheitsfürsorge, ihr seelisches Wohlergehen und die Kosten ihrer Erziehung (Spielzeug, Bücher, Musikinstrumente, Sportgeräte, Kosten für Klassenfahrten, Schüleraustausch (Köln FamRZ 99, 531), Kindergarten (Celle FamRZ 03, 323; Stuttg FamRZ 99, 884; zweifelhaft aber für Kosten eines Kinderhorts, vgl Karlsr NJW-RR 99, 4).
- Familienunterhalt erfasst nicht Aufwendungen zur Vermögensbildung. Familienunterhalt wird auch nicht zur Regulierung von Schulden eines Ehegatten oder von Kindern geschuldet. Das gilt auch für Steuerschulden (BGH FamRZ 79, 115). Unterhalt soll den Bedürftigen nicht von einer Schuldenlast befreien, sondern ihm ein Leben trotz Schulden ermöglichen (BGH FamRZ 90, 280).

4 **C. Art der Unterhaltsgewährung. I. Grundsatz: Naturalleistung.** Der Unterhaltsanspruch geht regelmäßig nicht auf Geld, sondern ist als **Naturalunterhalt** geschuldet (BGH FamRZ 04, 24; 186). Aufgrund vereinbarter Pflichtenteilung kann der Unterhalt durch Haushaltsführung, Betreuung gemeinsamer Kinder etc geleistet werden. Er ist als gegenseitiger Anspruch der Ehegatten darauf gerichtet, dass jeder von ihnen seinen Beitrag zum Familienunterhalt entspr seiner nach dem individuellen Ehebild übernommenen Funktion leistet (BGH FamRZ 95, 537). Im Fall der Konkurrenz mit anderen Unterhaltsansprüchen ist der Anspruch auf Familienunterhalt auf die einzelnen Familienmitglieder aufzuteilen und in Geldbeträgen zu veranschlagen (BGH FamRZ 06, 26; 03, 860).

5 **II. Wirtschaftsgeld.** Nach § 1360 a II 2 hat ein Ehegatte Anspruch auf Überlassung des Wirtschaftsgeldes, das er für die ihm nach § 1356 I 2 obliegende **eigenverantwortliche Haushaltsführung** benötigt.
Er muss das Wirtschaftsgeld für den Familienunterhalt verwenden. Ersparnisse aus dem Wirtschaftsgeld darf er für sich nur verwenden, wenn der andere Ehegatte hiermit einverstanden ist und damit der Unterhalt nicht beeinträchtigt wird (Hamm FamRZ 88, 947; Frankf NJW 70, 1882). Erhält er neben dem Wirtschaftsgeld kein Taschengeld (vgl hierzu Rn 7), kann er Beträge, die als Taschengeld angemessen wären, jedoch für sich behalten.
Das Wirtschaftsgeld wird nur **treuhänderisch** überlassen (BGH FamRZ 86, 668). Der Anspruch auf Wirtschaftsgeld ist nach § 399 nicht abtretbar. Er ist wegen §§ 1274 II, 851 ZPO auch **nicht pfändbar**. Eine Verpflichtung des haushaltsführenden Ehegatten, Rechenschaft abzulegen (§ 666), besteht nicht (BGH FamRZ 01, 23). Jedoch besteht eine familienrechtliche Obliegenheit, dem anderen Ehegatten Einblick in die Ausgabengestaltung zu geben und wichtige Angelegenheiten zu besprechen.

6 Die **Höhe des Wirtschaftsgeldes** bestimmt sich nach den zur Deckung des Lebensbedarfs der Familie ohne Taschengeld erforderlichen Geldmitteln unter Berücksichtigung des Einkommens und Vermögens beider Ehegatten. Maßgebend sind ferner die Absprachen der Parteien. Bei Streit über die Höhe des Wirtschaftsgeldes ist zu klären, welche Ausgaben hiervon zu bestreiten sind und welche Kosten vom erwerbstätigen Ehegatten unmittelbar getragen werden. Aufwendungen für einmalige größere Anschaffungen (Kraftfahrzeug oä) sowie Sonderbedarf sind im Wirtschaftsgeld, das nur dem laufenden Bedarf decken soll, nicht enthalten. Für derartige Anschaffungen muss der erwerbstätige Ehegatte iR seiner Leistungsfähigkeit zusätzlich aufkommen bzw, sofern beide Ehegatten Einkünfte erzielen, anteilig. Bei beiderseitiger Erwerbstätigkeit sind beide Ehegatten zur Haushaltsführung und zu finanziellen Beiträgen verpflichtet und berechtigt. Deshalb gibt es für sie nur einen anteiligen Anspruch auf Wirtschaftsgeld.
Nach Trennung der Ehegatten erlischt der Anspruch auf Wirtschaftsgeld. Es kann weder für die Zeit nach der Trennung noch für den davor liegenden Zeitraum verlangt werden, da es nicht mehr für den Bedarf der Familie treuhänderisch verwendet werden kann (Hamm FamRZ 88, 947; Köln FamRZ 84, 1089). Ausnahmsweise kann für die Zeit vor der Trennung ein Anspruch bestehen, wenn der haushaltsführende Ehegatte zur Deckung des Familienunterhalts einen Kredit aufgenommen oder eigene Ersparnisse verwendet hat. Dann

kann ein familienrechtlicher Ausgleichsanspruch in Betracht kommen, der oftmals jedoch an den fehlenden Voraussetzungen des § 1360 b scheitern wird.

III. Taschengeld. Jeder Ehegatte hat einen Anspruch auf einen angemessenen Teil des Gesamteinkommens 7 als Taschengeld. Dieses soll die Befriedigung persönlicher Bedürfnisse nach eigenem Gutdünken des Ehegatten und freier Wahl unabhängig von einer Mitsprache des anderen Ehegatten ermöglichen (BGH FamRZ 04, 2450; 366; 98, 608; *Haumer* FamRZ 96, 193; *Braun* NJW 00, 97).
Auch der verdienende Ehegatte hat einen Anspruch auf Taschengeld. Dieser Anspruch wird idR dadurch erfüllt, dass er den entspr Betrag von seinem Verdienst zur Verwendung für persönliche Zwecke einbehält (BGH FamRZ 98, 608). Der weniger verdienende Ehegatte kann das Taschengeld von seinem Verdienst einbehalten und hat einen Anspruch gegen den anderen Ehegatten, wenn sein Eigenverdienst zur Befriedigung nicht ausreicht (BGH FamRZ 98, 608 = FuR 98, 172). Ein alkoholabhängiger Ehegatte hat keinen Anspruch auf Taschengeld, wenn er das Geld nur in alkoholische Getränke zur Befriedigung der Sucht umsetzt (Hburg FamRZ 98, 182).
Taschengeld kann auch für Unterhaltszwecke – etwa iRd Elternunterhalts – herangezogen werden (BGH FamRZ 04, 366; Köln FamRZ 01, 437). Auch iRd Prozesskostenhilfe ist Taschengeld zu berücksichtigen (Kobl FamRZ 05, 466; Zweibr FamRZ 01, 1470; Kobl MDR 96, 287).
Die **Höhe des Taschengeldes** richtet sich nach den Einkünften und Vermögensverhältnissen, dem Lebensstil 8 und der Zukunftsplanung der Ehegatten und ist oftmals pauschalierend mit 5 % des bereinigten Einkommens anzusetzen (BGH FuR 98, 172 = FamRZ 98, 608; Ddorf NJW 02, 1353; Köln FamRZ 01, 437; Nürnbg FamRZ 99, 505; Hamm FamRZ 90, 547). Berechnungsbasis ist das um Steuern, Sozialabgaben und sonstige Aufwendungen verminderte, verteilungsfähige Einkommen.
Ein Anspruch auf Taschengeld besteht nicht, wenn das Einkommen nur zur Deckung des notwendigen Familienunterhalts ausreicht (BGH FamRZ 98, 608). Der Anspruch auf Taschengeld besteht auch dann nicht, wenn der Unterhaltsberechtigte Gefahr läuft, das Taschengeld in einer sich selbst gefährdenden Weise auszugeben, etwa bei Alkoholkrankheit (Hburg FamRZ 98, 182), Drogen- oder Spielsucht des Berechtigten.
Nach Trennung kann Taschengeld für einen vor der Trennung liegenden Zeitraum noch zugesprochen werden (Hamm FamRZ 88, 947), sofern sich der andere Ehegatte in Verzug befindet (§§ 1360 a III, 1613 I).
Der Taschengeldanspruch ist nach hM gem § 850 b II ZPO **bedingt pfändbar** (BGH FuR 05, 76; FamRZ 04, 9 1784; 1279; vgl auch *Büttner* FamRZ 94, 1433; für Unpfändbarkeit jedoch *Braun* AcP 95, 311; krit auch Palandt/*Brudermüller* § 1360 a Rn 4). Dem **Billigkeitserfordernis** des § 850 b II ZPO ist vor allem dadurch Rechnung zu tragen, dass die Pfändung des Taschengeldanspruchs nur anteilig und zeitlich begrenzt zugelassen wird (so bereits Stuttg FamRZ 97, 1494). Der BGH (FamRZ 04, 1784) verlangt eine „unfassende und nachvollziehbare" Würdigung aller in Betracht kommenden Umstände des Einzelfalls. Entscheidend ist, wie viel Taschengeld dem Schuldner verbleibt und wie lange die Pfändung dauert. Je geringer der gepfändete Anteil des Taschengeldanspruchs ist, desto eher ist auch Billigkeit iSv § 850 b II ZPO zu bejahen. Eine Pfändung ist regelmäßig im Übrigen nur möglich, wenn sie voraussichtlich in einem überschaubaren Zeitrahmen, etwa 4-5 Jahre, zur Tilgung führt: Eine Pfändung über Jahrzehnte ist zu weitgehend (Nürnbg FamRZ 99, 505; gegen eine derartige (zeitliche) Obergrenze jedoch Stuttg FamRZ 97, 1497; zu weiteren Einzelheiten vgl *Balthasar* FamRZ 05, 85). Eine Pfändung des Taschengeldes scheidet auch aus, wenn die gesamte, in einen Zahlungsanspruch umgerechnete Unterhaltsforderung des Ehegatten der Pfändung nicht unterläge (LG Koblenz FamRZ 05, 468).
Bei einem dem Ehegatten zufließenden Taschengeld handelt es sich um anrechenbares Einkommen iSd § 115 ZPO, das auch maßgebend ist für die Frage, ob und welche Ratenzahlungen zur Rückführung der Prozesskosten zu leisten sind (Kobl NJW-RR 05, 1167). Bei Abgabe der eidesstattlichen Versicherung muss der Schuldner nähere Angaben zum Taschengeld und zum Nettoeinkommen des Ehepartners machen (BGH FuR 05, 81; FamRZ 04, 1279; KG NJW 00, 149). Einwendungen gegen die Zulässigkeit der Pfändung können nur mit vollstreckungsrechtlichen Rechtsbehelfen geltend gemacht werden (Bambg FamRZ 88, 948). Der Gläubiger ist darlegungs- und beweispflichtig, dass überhaupt ein Taschengeldanspruch besteht, darüber hinaus für alle Umstände, welche die Billigkeit der Pfändung begründen (BGH FamRZ 04, 1784; München JurBüro 99, 605).

IV. Verweisungen. IRd Familienunterhalts sind die für die Unterhaltspflicht der Verwandten geltenden Vor- 10 schriften der §§ 1613–1615 entspr anwendbar (§ 1360 a III). Auch beim Familienunterhalt tritt **Verzug** für die Vergangenheit nur ein ab Mahnung oder Rechtshängigkeit oder Aufforderung zur Auskunftserteilung. **Sonderbedarf** hingegen kann innerhalb eines Jahres nach seinem Entstehen verlangt werden.
Nach § 1614 I kann auf Familienunterhalt für die Zukunft nicht verzichtet werden. Zulässig sind hingegen **Vereinbarungen** über Art und Weise sowie die Höhe des Familienunterhalts.
Nach § 1615 I erlischt der Anspruch auf Familienunterhalt mit dem **Tod** eines Ehegatten. Der Verpflichtete muss für die Beerdigungskosten aufkommen, wenn sie nicht vom Erben getragen werden (§ 1615 II).
Bei **Vorauszahlungen** handelt der Schuldner auf eigene Gefahr, wenn er für eine längere Zeit als drei Monate im Voraus Unterhalt zahlt (§§ 1614 II, 760 II). Leistet er für einen längeren Zeitraum voraus und benötigt der berech-

tigte Ehegatte nach Ablauf von drei Monaten erneut Mittel für den Unterhalt der Familie, etwa weil Vorauszahlungen nicht richtig eingeteilt wurden, muss der Verpflichtete erneut leisten (BGH FamRZ 93, 1186).
§ 1360 a III verweist zwar nicht auf § 1605 BGB, gleichwohl wird ein **Auskunftsanspruch** de lege ferenda bejaht (Palandt/*Brudermüller* § 1360 a Rn 6; *Kleffmann* in Scholz/Stein, Teil G Rn 179).

11 **V. Prozesskostenvorschuss.** Der Anspruch auf Familienunterhalt umfasst auch den Anspruch auf Prozesskostenvorschuss. Ist ein Ehegatte nicht in der Lage, die Kosten eines Rechtsstreits zu tragen, der eine persönliche Angelegenheit betrifft, so ist der andere verpflichtet, ihm diese Kosten vorzuschießen, soweit dies der Billigkeit entspricht (§ 1360 a IV 1). Das Gleiche gilt für die Kosten der Verteidigung in einem Strafverfahren, das gegen einen Ehegatten gerichtet ist (§ 1360 a IV 2).

12 **1. Grundlagen.** Die Pflicht, dem anderen Ehegatten Prozesskostenvorschuss zu leisten, ist als **Ausdruck familiärer Solidarität** Ausfluss der Unterhaltspflicht (BGH FamRZ 90, 491; 86, 40).
Eine Prozesskostenvorschusspflicht (zu Einzelheiten vgl *Klein* FuR 96, 69, 147; *Bißmaier* FamRZ 02, 863; *Huber* FamRZ 02, 1541; *Caspary* NJW 05, 2577) besteht zwischen nicht getrennt lebenden Ehegatten (§ 1360 a IV).
Eine Prozesskostenvorschussverpflichtung besteht auch zwischen getrennt lebenden Ehegatten, da § 1361 IV 3 auf § 1360 a IV verweist. Das Gleiche gilt für **getrennt lebende Lebenspartner** (§ 12 II 2 LPartG, § 1364 IV 3, 1360 a IV). **Geschiedene Ehegatten** sind – ebenso wie Lebenspartner nach Aufhebung ihrer Partnerschaft – nicht verpflichtet, Prozesskosten vorzuschießen. § 1360 a IV ist insoweit nicht, auch nicht analog, anwendbar. Die Prozesskostenvorschusspflicht endet daher mit der Scheidung (BGH FamRZ 90, 280; 84, 148; Zweibr FamRZ 00, 757) oder Aufhebung der Partnerschaft. In analoger Anwendung des § 1360 a IV steht **minderjährigen Kindern** ein Anspruch ggü ihren Eltern auf Zahlung eines Prozesskostenvorschusses zu (BGH FamRZ 04, 1633; Kobl NJWE-FER 00, 173). Dies gilt gleichermaßen für eheliche wie nichteheliche Kinder. Auch der betreuende Elternteil kann grds zur Zahlung eines Prozesskostenvorschusses herangezogen werden (Köln FamRZ 99, 792; Jena FamRZ 98, 1302; vgl jedoch auch München FamRZ 91, 347).
In entspr Anwendung des § 1360 a IV schulden Eltern ihren **volljährigen Kindern** Vorschuss für die Kosten eines Rechtsstreits in persönlichen Angelegenheiten, wenn die Kinder wegen der Fortdauer ihrer Ausbildung noch keine eigene Lebensstellung erreicht haben (BGH FamRZ 05, 883; Zweibr FamRB 05, 200).
Kinder sind ihren Eltern nicht prozesskostenvorschusspflichtig (München FamRZ 93, 821).
Die nichteheliche Mutter hat keinen Anspruch auf Prozesskostenvorschuss gegen den Kindesvater, da § 1615 l III auf die Vorschriften über den Verwandtenunterhalt verweist, nicht jedoch auf § 1360 a IV. Nichtverheiratete Eltern können auch nicht stärker miteinander verbunden sein als geschiedene Ehegatten (*Wendl/Scholz* § 6 Rn 22; aA München FamRZ 02, 1279).

13 Wird ein **Verbundurteil** durch Berufung oder Beschwerde nur hinsichtlich einer oder mehrerer Folgesachen angegriffen und wird der Scheidungsausspruch während des Verfahrens im zweiten Rechtszug rechtskräftig (§ 629 a III ZPO), kann ein Prozesskostenvorschuss nicht mehr durch einstweilige Anordnung nach § 620 Nr 10 ZPO zugesprochen werden, da der Anspruch erloschen ist (München FamRZ 97, 1542; aber str, aA Nürnbg FamRZ 90, 421). Der bedürftige Ehegatte kann jedoch über §§ 280, 286 II einen Schadensersatzanspruch geltend machen, wenn er den Verpflichteten vor Rechtskraft der Scheidung in Verzug gesetzt hat.
Ist vor Rechtskraft der Scheidung der Prozesskostenvorschuss tituliert worden, kann auch in der nachfolgenden Zeit hieraus vollstreckt werden (Frankf FamRZ 93, 1465). **Prozesskostenhilfe** ist **subsidiär**. Ein Anspruch auf Zahlung eines Prozesskostenvorschusses stellt iRd Prozesskostenhilfe einzusetzendes Vermögen dar und geht einem öffentlich-rechtlichen Anspruch auf PKH jedenfalls dann vor, wenn er mühelos und zeitnah durchsetzbar ist (Brandbg FamRZ 04, 120; KG FamRZ 03, 773; München FamRZ 94, 1126; Ddorf FamRZ 90, 420; Köln FamRZ 85, 1067). Vorwerfbares Unterlassen der rechtzeitigen Geltendmachung eines Prozesskostenvorschussanspruchs kann zur Festsetzung von aus dem Vermögen zu zahlenden Beträgen iRd PKH führen (Zweibr FuR 02, 272).

14 **2. Anspruchsvoraussetzungen.** Der Prozesskostenvorschussanspruch setzt voraus:
– eine bestehende Ehe
– einen Rechtsstreit in einer persönlichen Angelegenheit
– ausreichende Erfolgsaussicht der Rechtsverfolgung
– Bedürftigkeit des PKV begehrenden Ehegatten
– Leistungsfähigkeit des auf PKV in Anspruch genommenen Ehegatten

15 **a) Bestehende Ehe.** Der Prozesskostenvorschussanspruch besteht während einer wirksam geschlossenen Ehe. Kein Anspruch besteht (mehr) nach Ehescheidung (BGH FamRZ 90, 280).
Ein Prozesskostenvorschuss kann auch vom jetzigen Ehegatten zur Geltendmachung von Ansprüchen gegen einen früheren Ehegatten verlangt werden (Hamm FamRZ 89, 277; Frankf FamRZ 83, 588; aA Ddorf FamRZ 84, 388).

16 **b) Rechtsstreit als persönliche Angelegenheit.** Rechtsstreit ist jedes gerichtliche Verfahren (BSG NJW 70, 352 sozialgerichtliches Verfahren; LAG Berlin MDR 82, 436 arbeitsrechtliche Streitigkeit; OVG Lüneburg FamRZ 73, 145 verwaltungsrechtliche Streitigkeit) in jeder Verfahrensart (Karlsr FamRZ 84, 584; Frankf FamRZ 83, 588) und auf jeder Prozessseite (Kobl FamRZ 86, 466).

Der Rechtstreit muss eine **persönliche Angelegenheit** betreffen, damit eine genügend enge Verbindung zur Person des betreffenden Ehegatten besteht (BGH FamRZ 64, 197). Ausgehend vom Zweck des IV, die Familiensolidarität vor die staatliche Fürsorge zu stellen, wird der Begriff der persönlichen Angelegenheit weit verstanden. Auch **vermögensrechtliche Ansprüche** können hierunter fallen, selbst wenn sie sich gegen einen Dritten richten, jedoch ihre Wurzel in den aus der Ehe erwachsenen persönlichen oder wirtschaftlichen Beziehungen haben (BGH FamRZ 03, 1651).

Übersicht zu Verfahren in **persönlichen Angelegenheiten**:
- Ehesachen und Familiensachen iSd § 621 ZPO, insbes Unterhaltssachen. Hierzu zählen auch Verfahren, in denen ein Ehegatte Unterhaltsansprüche eines aus einer früheren Ehe stammenden Kindes abwehren will (Karlsr FamRZ 05, 1744).
- Ansprüche auf Auseinandersetzung des Vermögens zwischen Eheleuten, einschl des sie vorbereitenden Auskunftsprozesses (BGH FamRZ 60, 130)
- Ansprüche auf Nutzungsentgelt für eine von einem Ehegatten bewohnte Immobilie, die dem anderen Ehegatten gehört (aA Frankf FamRZ 01, 1148 mit abl Anm *Carnap*)
- Insolvenzverfahren mit dem Ziel der Restschuldbefreiung, wenn die Insolvenz nicht vorwiegend auf vorehelichen Schulden beruht (BGH FamRZ 03, 1651)
- Vormundschafts-, Pflegschafts-, Betreuungs- und Unterbringungssachen
- Alle Statusverfahren (Karlsr FamRZ 96, 872; Hburg FamRZ 96, 224)
- Ansprüche auf Ersatz eines Körperschadens einschl Schmerzensgeld (Köln FamRZ 94, 1109)
- Ansprüche auf Ausbildungsförderung
- Prozesse um Renten aus der Sozialversicherung (BSG NJW 60, 502)
- Kündigungsschutzprozesse (LAG Berlin MDR 82, 436)
- Die Verteidigung in Strafverfahren
- Ansprüche auf Sozialhilfe (OVG Münster JurBüro 92, 185)
- Anfechtung von Ausweisungs- und Abschiebungsverfügungen der Ausländerbehörden

Als persönliche Angelegenheit wurden nicht angesehen: 17
- Die Geltendmachung eines gesellschaftsrechtlichen Auseinandersetzungsguthabens ggü Dritten (BGHZ 41, 104)
- Ein Anspruch aus Mithaftung zusammen mit dem früheren Ehegatten ggü Dritten (Ddorf FamRZ 84, 388)
- Ein Anspruch auf Aufwendungsersatz ggü dem früheren Ehegatten (Nürnbg FamRZ 86, 697)
- Anspruch auf vorzeitigen Erbausgleich (Köln FamRZ 79, 178)
- Der Pflichtteilsergänzungsanspruch eines Abkömmlings gegen die Stiefmutter (Köln NJW-RR 89, 967)

c) Hinreichende Erfolgsaussicht. Die beabsichtigte Rechtsverfolgung muss hinreichende Aussicht auf Erfolg 18 bieten und darf nicht mutwillig sein. Es sind dieselben Anforderungen zu stellen wie iRd Prüfung von Prozesskostenhilfe (§ 114 ZPO). Die Prozesskostenvorschusspflicht kann nicht an geringere Voraussetzungen als die Prozesskostenhilfe geknüpft werden und darf nicht schon dann eingreifen, wenn die Rechtsverfolgung nicht offensichtlich aussichtslos erscheint (grundlegend BGH FamRZ 01, 1363 = FuR 01, 318; zu Einzelheiten vgl *Bißmaier* FamRZ 02, 863). Der **Gleichlauf mit der Prozesskostenhilfe** gilt auch für die weitere Voraussetzung fehlenden Mutwillens.

d) Bedürftigkeit. Der berechtigte Ehegatte muss bedürftig sein, dh außerstande sein, die Kosten des Rechts- 19 streits selbst zu tragen. Maßstab hierfür sind nicht §§ 114 ff ZPO, sondern die Billigkeit, nach der sich auch der Anspruch auf Zahlung eines Prozesskostenvorschusses richtet. Ein Prozesskostenvorschuss wird daher nicht erst bei Beeinträchtigung des notwendigen Unterhalts, sondern schon bei Gefährdung des angemessenen Unterhalts geschuldet (Hburg NJW 60, 1768). Ein Prozesskostenvorschussanspruch kommt auch in Betracht, wenn die Vermögenslage des auf Prozesskostenvorschuss in Anspruch genommenen Ehegatten **wesentlich günstiger** ist als die des Berechtigten und dieser einen vorhandenen Vermögensstamm (gegenwärtig) nur schwer verwerten kann. Grds bedingen sich Bedürftigkeit des Berechtigten und Leistungsfähigkeit des Pflichtigen. Je leistungsfähiger der Pflichtige ist, desto geringere Anforderungen sind an die Bedürftigkeit des Berechtigten zu stellen und umgekehrt (Hamm NJW-RR 02, 1585). Bei der Geltendmachung von **Quotenunterhalt** scheidet ein Anspruch auf Prozesskostenvorschuss regelmäßig aus, weil andernfalls der Halbteilungsgrundsatz verletzt wäre (Köln FuR 02, 529; vgl auch Zweibr NJW-RR 99, 796).

Im Übrigen besteht kein Prozesskostenvorschussanspruch bei nicht unerheblichen eigenen Einkünften des Prozesskostenvorschuss begehrenden Ehegatten (Hamm NJW-RR 90, 1286). Auch muss der Bedürftige zunächst den Stamm seines Vermögens angreifen, sofern dieser nicht einer angemessenen Vorsorge für Krankheit und Alter dient. Eine Verpflichtung zur Verwertung des Vermögensstamms scheidet aus, wenn der Unterhaltsberechtigte den Vermögensstamm nur unter Schwierigkeiten verwerten kann, etwa bei der Festanlage von Geld.

e) Leistungsfähigkeit. Nur der leistungsfähige Ehegatte schuldet Prozesskostenvorschuss (Köln NJW-RR 01, 20 1585). Die Leistungsfähigkeit richtet sich, wie die Bedürftigkeit, nicht nach § 114 ZPO, sondern ist nach **Billigkeitsgesichtspunkten** zu bestimmen. Der auf Prozesskostenvorschuss in Anspruch genommene Ehegatte ist

nicht leistungsfähig, wenn er nicht über eigenes Schonvermögen übersteigendes Vermögen verfügt und dieses zumutbar nicht angreifen muss (Ddorf FamRZ 99, 1673) oder wenn sein eigener angemessener Unterhalt gefährdet ist (BGH FamRZ 90, 491; Köln FamRZ 99, 792). Laufende Unterhaltsverpflichtungen sind genauso zu berücksichtigen wie Darlehensverbindlichkeiten.
Der BGH (FamRZ 04, 1633 mzN) hat sich der Auffassung angeschlossen, dass ein Prozesskostenvorschuss auch dann geschuldet wird, wenn der Vorschusspflichtige den gesamten Betrag zwar nicht einer Summe, jedoch in **Raten** zahlen kann.

21 **f) Höhe des Prozesskostenvorschusses.** Die Höhe des Prozesskostenvorschusses ergibt sich aus den Gebühren, die sich nach dem Streitwert des beabsichtigten Rechtsstreits oder des beabsichtigten Verfahrens ergeben. Der Anspruch auf Prozesskostenvorschuss umfasst die notwendigen gerichtlichen und außergerichtlichen Kosten, Gebühren und Auslagen. IRd Schlüssigkeitsprüfung hat das Gericht auch die Höhe der voraussichtlich anfallenden Kosten und Gebühren zu überprüfen (München FamRZ 76, 697). Besteht für das Verfahren kein Anwaltszwang, sind Anwaltskosten nur vorzuschießen, soweit die Einschaltung eines Rechtsanwalts erforderlich und billig ist.

22 **3. Verfahren.** Der Prozesskostenvorschuss ist vor dem **Familiengericht** geltend zu machen (§§ 23 a Nr 2, 23 b I 2 Nr 6 GVG). Er kann im ordentlichen Rechtsstreit oder im Wege der **einstweiligen Anordnung** (§ 127 a ZPO mit §§ 621 Nr 5, 620 a II 1 ZPO) erwirkt werden, und zwar im Verbundverfahren für die Ehesache und die Folgesachen (§ 620 Nr 10 ZPO), in Unterhaltssachen (§ 127 a ZPO) und in sonstigen Familiensachen (§ 621 f I ZPO).
Wird ein Kostenvorschuss für einen Prozess vor einem Zivil- oder einem allgemeinen oder besonderen Verwaltungsgericht begehrt, steht dem Berechtigten der Weg der einstweiligen Verfügung, die beim Familiengericht zu beantragen ist, offen.

23 Der Anspruch auf Prozesskostenvorschuss ist **nicht übertragbar** (§ 399). Er ist damit auch **nicht pfändbar** (§ 851 I ZPO) und unterliegt nicht der Aufrechnung (§ 394) (vgl BGH NJW 85, 2263; Köln FamRZ 93, 1462). Prozesskostenvorschuss kann nicht für die Vergangenheit verlangt werden (BGH FamRZ 85, 902; Nürnbg FamRZ 98, 489; Köln FamRZ 91, 847).Arg: Hat der Berechtigte in dem angeschlossenen Verfahren Rechtsschutz erlangt, ist der Zweck des Prozesskostenvorschusses erfüllt.
Hingegen kann aus einem Prozesskostenvorschusstitel auch nach Beendigung des Verfahrens noch die **Zwangsvollstreckung** betrieben werden (BGH NJW 85, 2263).

24 **4. Rückforderung des Prozesskostenvorschusses.** Ein Prozesskostenvorschuss kann grds nicht zurückgefordert werden. Insbes führt die Tatsache, dass der Rechtsstreit gegen den anderen Ehegatten zugunsten des Berechtigten ausgegangen ist und diesem die Kosten auferlegt worden sind, nicht zu einer Rückzahlungsverpflichtung. Daher kann selbst nach einer solchen Kostenentscheidung noch aus dem Titel vollstreckt werden (BGH NJW 85, 2263). Die Behandlung des Prozesskostenvorschusses im **Kostenfestsetzungsverfahren** ist zweifelhaft. Zum Teil wird vertreten, der bezahlte Vorschuss sei im Kostenfestsetzungsverfahren zu berücksichtigen (München FamRZ 94, 1604; Stuttg FamRZ 92, 1462; Zweibr NJW-RR 98, 1535: Berücksichtigung entspr der Kostenquote). Nach herrschender und zutr Ansicht (BGH FamRZ 71, 360; Oldbg NJW-RR 94, 1499) ist eine Festsetzung im Kostenerstattungsverfahren jedoch nicht möglich. Berücksichtigt werden kann der Rückzahlungsanspruch im Kostenfestsetzungsverfahren jedoch unzweifelhaft, wenn der rückzahlungspflichtige Ehegatte dem zustimmt (Brandbg FamRZ 04, 120; KG FamRZ 03, 773).
Ein Prozesskostenvorschuss ist nur dann zurückzuzahlen, wenn die Voraussetzungen für den Anspruch nicht mehr gegeben sind, insbes wenn sich die wirtschaftlichen Verhältnisse des unterhaltsberechtigten Ehegatten, etwa nach Durchführung eines Zugewinnausgleichsverfahrens, wesentlich verbessert haben (BGH FamRZ 90, 491; Kobl FamRZ 00, 1219; Hamm FamRZ 92, 672) oder die Rückzahlung aus anderen Gründen der **Billigkeit** entspricht (BGH NJW 90, 1476; BGH FamRZ 86, 40). Ein Rückzahlungsanspruch ist auch dann gegeben, wenn sich nachträglich herausstellt, dass die Voraussetzungen für die Gewährung des Vorschusses nicht gegeben waren, etwa wenn das Einkommen des Verpflichteten die Zahlung eines Vorschusses nicht zuließ (BGH FamRZ 90, 491). Der Rückforderungsanspruch ist ein **Anspruch eigener Art** und nicht aus §§ 812 ff herzuleiten. Deshalb gelten §§ 814, 818 III nicht (BGH FamRZ 90, 491; Graba FamRZ 90, 1045).
Die Rückzahlung ist durch selbstständige Erstattungsklage vor dem Familiengericht geltend zu machen (BGH FamRZ 90, 491; München FamRZ 78, 601).

§ 1360 b Zuvielleistung

Leistet ein Ehegatte zum Unterhalt der Familie einen höheren Beitrag als ihm obliegt, so ist im Zweifel anzunehmen, dass er nicht beabsichtigt, von dem anderen Ehegatten Ersatz zu verlangen.

1 **A. Grundlagen.** Die Vorschrift beinhaltet eine **widerlegbare Vermutung** (*Johannsen/Henrich/Büttner* § 1361 Rn 134; aA und für Auslegungs- oder Beweisregel jedoch *Gernhuber/Coester/Waltjen* Rn 21 III 4) und schafft keinen familienrechtlichen Ersatzanspruch (BGH FamRZ 84, 767).

Ein Ehegatte, der für den Unterhalt freiwillig mehr geleistet hat, als es seiner Verpflichtung entsprach, kann die zuviel geleisteten Beträge im Zweifel nicht zurückverlangen. Eheleute wirtschaften nach der Lebenserfahrung gemeinsam, so dass von einem **Verzicht auf Ersatzansprüche** auszugehen ist (grundlegend BGH FamRZ 02, 730; vgl auch Oldbg NJW-RR 05, 1018; Karlsr FamRZ 99, 744). Die Ausschaltung gegenseitiger Ersatzansprüche soll dem Ehefrieden dienen (BGH FamRZ 68, 450).
Unerheblich ist, ob es sich um laufende Unterhaltsleistungen oder einmalige Zahlung handelt, ob sie aus laufenden Einkünften oder aus dem Vermögen (BGH FamRZ 83, 351) bestritten werden. Erfasst werden auch Leistungen eines Ehegatten iRd Haushaltsführung oder Kindesbetreuung sowie Dienste, die Ehegatten über den eigentlichen Unterhalt einander leisten (BGH FamRZ 92, 300), etwa überobligationsmäßige Pflegeleistungen (BGH FamRZ 95, 537).
§ 1360 b gilt auch für den Trennungsunterhalt (§ 1361 IV 4), nicht jedoch beim nachehelichen Unterhalt (Celle NJW 74, 504; *Wohlfahrt* FamRZ 01, 1185).
Die Vorschrift ist **lex specialis** zu anderen bürgerlich-rechtlichen (Regress-)Ansprüchen. Kann der Unterhaltsschuldner die Vermutung nicht widerlegen (vgl Rn 3), dann sind auch Ansprüche aus §§ 677 ff, 812 ff, 530 ff ausgeschlossen (BGHZ 50, 270; Karlsr FamRZ 90, 744).
Eine nach § 1360 b nicht zu erstattende Leistung kann jedoch als **Vorausempfang** nach § 1380 anrechenbar sein (BGH FamRZ 83, 351).

B. Abgrenzung zu anderen Leistungen. Nicht unter § 1360 b fallen Leistungen, die keine Unterhaltsleistungen darstellen, etwa Aufwendungen zur Vermögensbildung. Haften Ehegatten als **Gesamtschuldner**, ohne dass die zu tilgende Schuld der Deckung des Familienunterhalts dient, greift § 1360 b nicht. Grds besteht im Innenverhältnis zwischen den Eheleuten eine Ausgleichspflicht, nach der jeder Ehegatte die Hälfte der Schulden tragen muss. In der intakten Ehe begründen die Eheleute aber durch ihre eheliche Lebensgestaltung eine abw Handhabung iSd § 426 I Hs 2. Will sich ein Ehegatte die Rückforderung von Mehrleistungen für den Fall der Trennung vorbehalten, muss er dies zum Ausdruck bringen (BGH FamRZ 02, 739; vgl auch Oldbg NJW-RR 05, 1018). 2
Die Auslegungsregel gilt auch für überobligatorische Leistungen, für die keine laufende Vergütungspflicht besteht (BGH NJW 95, 1486). Bei **Mitarbeit** im Erwerbsgeschäft des anderen Ehegatten ist zu berücksichtigen, dass eine derartige Tätigkeit regelmäßig schon keine Unterhaltsleistung darstellt und (Vergütungs-)Ansprüche entweder aus Vertrag, Ehegatteninnengesellschaft oder ausnahmsweise nach § 313 wegen Wegfalls der Geschäftsgrundlage in Betracht kommen. Nur für den Ausnahmefall, in dem unterhaltsrechtlich eine Mitarbeit geschuldet wird, ein Ehegatte aber mehr mitarbeitet als er unterhaltsrechtlich schuldet, greift § 1360 b mit der Folge, dass er Ersatz für die Mehrleistung im Zweifel nicht verlangen kann.

C. Vermutung. Nach § 1360 b wird vermutet, dass ein Ehegatte, der zum Unterhalt der Familie einen höheren Beitrag leistet, als ihm obliegt, im Zweifel nicht beabsichtigt, von dem anderen Ehegatten Ersatz zu verlangen. 3
Diese Vermutung ist **widerlegbar**, wenn der Unterhaltsschuldner nachweist, dass er mehr als den geschuldeten Unterhalt geleistet hat und dass zum Zeitpunkt der Unterhaltsleistung (BGHZ 50, 266; BGH FamRZ 79, 115) ein **Ersatzverlangen** beabsichtigt war. Ein ausdrücklicher Vorbehalt ist nicht nötig. Das Ersatzverlangen kann sich auch aus den Umständen ergeben.

D. Darlegungs- und Beweislast. Der Ersatz begehrende Ehegatte hat darzulegen und ggf zu beweisen, dass er höheren Unterhalt geleistet hat als ihm obliegt, dass im Zeitpunkt der Leistung Ersatz beabsichtigt war und dass diese Absicht dem anderen Ehegatten von vornherein oder den Umständen nach bekannt war (Karlsr FamRZ 90, 744). 4

E. Zuständigkeit. Für Klagen auf Rückforderung oder Ersatz zuviel geleisteten Unterhalts ist gem § 23 b I 2 Nr 5 u 6 GVG das **Familiengericht** zuständig. 5

§ 1361 Unterhalt bei Getrenntleben

(1) ¹Leben die Ehegatten getrennt, so kann ein Ehegatte von dem anderen den nach den Lebensverhältnissen und den Erwerbs- und Vermögensverhältnissen der Ehegatten angemessenen Unterhalt verlangen; für Aufwendungen infolge eines Körper- oder Gesundheitsschadens gilt § 1610 a. ²Ist zwischen den getrenntlebenden Ehegatten ein Scheidungsverfahren rechtshängig, so gehören zum Unterhalt vom Eintritt der Rechtshängigkeit an auch die Kosten einer angemessenen Versicherung für den Fall des Alters sowie der verminderten Erwerbsfähigkeit.
(2) Der nichterwerbstätige Ehegatte kann nur dann darauf verwiesen werden, seinen Unterhalt durch eine Erwerbstätigkeit selbst zu verdienen, wenn dies von ihm nach seinen persönlichen Verhältnissen, insbesondere wegen einer früheren Erwerbstätigkeit unter Berücksichtigung der Dauer der Ehe, und nach den wirtschaftlichen Verhältnissen beider Ehegatten erwartet werden kann.

(3) Die Vorschrift des § 1579 Nr. 2 bis 7 über die Herabsetzung des Unterhaltsanspruchs aus Billigkeitsgründen ist entsprechend anzuwenden.
(4) ¹Der laufende Unterhalt ist durch Zahlung einer Geldrente zu gewähren. ²Die Rente ist monatlich im Voraus zu zahlen. ³Der Verpflichtete schuldet den vollen Monatsbetrag auch dann, wenn der Berechtigte im Laufe des Monats stirbt. ⁴§ 1360 a Abs. 3, 4 und die §§ 1360 b, 1605 sind entsprechend anzuwenden.

1 **A. Grundlagen.** Durch das Getrenntleben der Ehegatten wird das eheliche Pflichtenverhältnis verändert, aber nicht beendet. Die Unterhaltspflichten unter Getrenntlebenden unterscheiden sich sowohl in den Voraussetzungen als auch in der Art und Weise der Erfüllung von denen bei bestehender häuslicher Gemeinschaft. An die Stelle des Familienunterhalts (zu Einzelheiten vgl § 1360 a Rn 1) tritt der individuelle Unterhaltsanspruch eines Ehegatten gegen den anderen nach § 1361 (zur Nichtidentität von Familien- und Trennungsunterhalt vgl Ddorf FamRZ 92, 1993). Der Trennungsunterhalt ist nicht identisch mit dem Geschiedenenunterhalt (BGH FamRZ 85, 908), der ab Rechtskraft der Scheidung zu zahlen ist. Leben Ehegatten nach einer Zeit der Trennung wieder zusammen, muss bei erneuter Trennung ein neuer Titel erwirkt werden (Karlsr FamRZ 03, 1104 m Anm *Bergschneider*), es sei denn die Parteien haben etwas anderes vereinbart.
Der Trennungsunterhaltsanspruch ist unabhängig vom Güterstand (BGH FamRZ 90, 851; Zweibr FamRZ 98, 239; zu Einzelheiten vgl Rn 19).

2 § 1361 I definiert den Umfang des Unterhaltsanspruchs, II konkretisiert die Erwerbsobliegenheit des Unterhaltsberechtigten. III verweist auf die Möglichkeiten der Einschränkung des Anspruchs, IV regelt die Zahlungsmodalitäten.
Trotz der Trennung der Ehegatten ist oftmals nicht vorhersehbar, ob die Ehe geschieden wird oder ob sich die Ehegatten wieder versöhnen. § 1361 soll den wirtschaftlich schwächeren Ehegatten, der auf den Fortbestand der gemeinsamen Planung vertraut hat, jedenfalls für eine gewisse Zeit vor nachteiligen Veränderungen der ehelichen Lebensverhältnisse schützen (BGH FamRZ 81, 439). Dieser vom Trennungsverschulden losgelöste **Schutzgedanke** ist verfassungskonform (BVerfG NJW 81, 1771; vgl auch BGH FamRZ 79, 569). Trennungsgründe und -verschulden berühren den Anspruch nach § 1361 grds nicht, sind ausnahmsweise in Fällen grober Unbilligkeit aber über § 1361 III iVm § 1579 Nr 2–7 zu berücksichtigen.

3 **B. Unterhaltstatbestand. I. Wirksam geschlossene Ehe.** § 1361 verlangt eine **rechtswirksam** geschlossene Ehe (zur „hinkenden" Ehe vgl BVerfG FamRZ 83, 668; BGH FuR 03, 516 und KK-FamR/*Klein* § 1361 Rn 10). Ob und inwieweit die Ehegatten ihre eheliche Lebensgemeinschaft verwirklicht und ihre beiderseitigen Lebensdispositionen aufeinander abgestimmt haben, ist grds unerheblich (BGH FamRZ 89, 838; Köln NJW 95, 1157). Auch die Dauer der Ehe (FamRZ 89, 838; 87, 572) und die Dauer der Trennung (BGH FamRZ 85, 376) sind grds nicht maßgeblich und spielen erst iRd Erwerbsobliegenheit (§ 1361 II) eine Rolle. Andererseits setzt ein Trennungsunterhaltsanspruch ein Mindestmaß an zuvor praktizierter ehelicher Solidarität voraus. Ist diese nicht gegeben, scheidet, ggf über § 1579 Nr 7, ein Anspruch aus (BGH FamRZ 94, 558; die Ehegatten hatte sich wegen kirchlich nicht aufgelöster Vorehe trotz standesamtlicher Trennung als noch nicht „verheiratet" betrachtet); München FamRZ 03, 874 zum nachehelichen Unterhalt, wenn Eheleute 24 Jahre getrennt gelebt und in dieser Zeit faktisch nicht kommuniziert haben).

4 **II. Getrenntleben.** Eheleute leben getrennt, wenn **objektiv** zwischen ihnen keine häusliche Gemeinschaft mehr besteht und **subjektiv** zumindest ein Ehegatte sie erkennbar nicht herstellen will, weil er die eheliche Lebensgemeinschaft ablehnt (vgl im Übrigen Legaldefinition in § 1567 und die dortige Kommentierung, insbes Rn 2).
Grds ist die häusliche Gemeinschaft zum Zwecke einer Trennung im Rechtssinne vollständig aufzuheben (Bremen FamRZ 00, 1417; Köln FamRZ 99, 93; München FamRZ 98, 826). Die Eheleute müssen verschiedene Haushalte führen und in ihnen leben. Bei einer Trennung innerhalb der ehelichen Wohnung (§ 1567 I 2) muss die Trennung auch für einen Dritten nach außen erkennbar zutage treten. Die Trennung muss sich in allen Lebensbereichen dokumentieren, so dass allenfalls geringe untergeordnete Gemeinsamkeiten, etwa wegen Kindesbetreuung (Köln FamRZ 02, 1341; Stuttg FamRZ 92, 1435; kein Getrenntleben jedoch bei regelmäßiger Einnahme der Mahlzeiten, München FamRZ 01, 1457), verbleiben. Ein zeitlich begrenzter **Versöhnungsversuch** (zu Einzelheiten vgl § 1567 II und die Kommentierung in § 1567 Rn 9) beendet auch das unterhaltsrechtliche Getrenntleben nicht. Die unschädliche Zeitgrenze ist bei etwa drei Monaten anzusiedeln (Hamm NJW-RR 86, 554). Das Getrenntleben wird nicht dadurch ausgeschlossen, dass einer der Ehegatten dem anderen in geringerem Umfang Versorgungsleistungen (waschen von Wäsche, putzen der Wohnung etc) „aufdrängt" (Thüringen FamRZ 02, 99; München FamRZ 98, 826). Bei „aufgedrängter" Hilfe bedürfen die Trennungsvoraussetzungen jedoch eingehender Prüfung im Einzelfall (Jena FamRZ 02, 99).

5 **III. Leistungsfähigkeit.** § 1361 enthält, anders als etwa § 1581 für den Geschiedenenunterhalt und § 1603 für den Verwandtenunterhalt, keine spezielle Regelung zur Leistungsfähigkeit des Verpflichteten. Gleichwohl ist die **Leistungsfähigkeit** auch beim Trennungsunterhalt unverzichtbarer **Bestandteil des Unterhaltsrechtsverhältnisses** (BGH FamRZ 86, 556; vgl auch *Graba* FamRZ 01, 1257). Es gelten die gleichen Grundsätze wie beim nachehelichen Unterhalt, allerdings mit der Maßgabe, dass die vor der Scheidung noch bestehende grö-

ßere Verantwortung der Ehegatten füreinander zu berücksichtigen ist (BVerfG FamRZ 03, 661 = FuR 03, 533; vgl auch BGH FamRZ 05, 97 zur Obliegenheit, den Vermögensstamm für den Trennungsunterhalt zu verwerten). Die finanzielle Leistungsfähigkeit endet jedenfalls dort, wo der Unterhaltsschuldner nicht mehr in der Lage ist, seine eigene Existenz zu sichern (BVerfG FamRZ 02, 1397 = FuR 02, 409). Die Leistungsfähigkeit wird durch den Betrag begrenzt, den der Verpflichtete für seinen eigenen Unterhalt und den Unterhalt der vorrangig Berechtigten benötigt. In der Praxis werden diese Beträge durch die **Selbstbehaltsätze** gegriffen. Sie sollen dazu dienen, dem Unterhaltspflichtigen einen bestimmten Einkommensteil zu sichern. Ggü Ehegatten gilt grds der eheangemessene Selbstbehalt (vgl Ziff 21.4 der Leitlinien). Untergrenze ist stets der notwendige Selbstbehalt. Dieser ist maßgeblich, wenn der unterhaltsberechtigte Ehegatte wegen Betreuung minderjähriger Kinder ebenso hilfsbedürftig ist wie ein minderjähriges Kind (vgl Ziff 21.4.1 der Leitlinien). Ohne derartige Kindesbetreuung ist beim Trennungsunterhalt vorbehaltlich der Einzelfallumstände dem Verpflichteten ein sog billiger Selbstbehalt zu gewähren (BVerfG NJW 02, 2701; Kobl NJW 03, 1816). Dieser wird mit einem Mittelwert zwischen dem notwendigen und dem angemessenen Selbstbehalt, wie er ggü volljährigen Kindern gilt, angesetzt werden können. Im absoluten Mangelfall wird das über dem notwendigen Selbstbehalt des Pflichtigen liegende Resteinkommen in Bezug gesetzt zu einem Bedarf, der dem Existenzminimum der Berechtigten entspricht und der aus den Bedarfssätzen der Unterhaltstabellen entnommen wird. Aus diesem Verhältnis wird sodann ein Kürzungsfaktor errechnet, um den die Unterhaltseinsatzbeträge gekürzt werden (BGH FamRZ 03, 363; zu Einzelheiten vgl § 1581 Rn 22).
Im Übrigen wird wegen der maßgeblichen Selbstbehaltsätze auf die Regelungen in Ziff 21.4 der Leitlinien der Oberlandesgerichte (vgl Beilage zu Heft 7/2005 der NJW) verwiesen.
Die Leistungsunfähigkeit oder die eingeschränkte Leistungsfähigkeit ist als **Einwendung** ausgestaltet. Der Unterhaltsverpflichtete trägt die **Darlegungs- und Beweislast** für eine von ihm behauptete fehlende oder eingeschränkte Leistungsfähigkeit (BGH FamRZ 90, 283 und ständig; Hamm FamRZ 96, 1216).

IV. Bedürftigkeit. Der Unterhaltsanspruch bei Getrenntleben setzt wie der Anspruch nach der Scheidung Bedürftigkeit des Berechtigten voraus. Der Bedarf des Unterhalt begehrenden Ehegatten richtet sich nach den Einkommens- und Vermögensverhältnissen der Eheleute (zu Einzelheiten der unterhaltsrechtlichen Einkommensermittlung vgl vor § 1577 Rn 1 ff), nicht nach festen Bedarfssätzen. Bedürftig ist ein Ehegatte, wenn er diesen Bedarf nicht decken kann. Während iRd nachehelichen Unterhalts grds die gleichen Anforderungen an die Erwerbsobliegenheiten von Unterhaltsgläubiger und Unterhaltsschuldner zu stellen sind (**Grundsatz der Gegenseitigkeit**), kann ein getrennt lebender Ehegatte grds unterhaltsrechtlich nicht schlechter gestellt werden als ein geschiedener (BGH FamRZ 01, 350; 90, 283). Nach § 1361 II kann ein getrennt lebender Ehegatte nur unter wesentlich engeren Voraussetzungen als nach §§ 1569, 1577, 1574 II darauf verwiesen werden, seinen Unterhalt durch Erwerbstätigkeit selbst zu verdienen (BGH FamRZ 91, 416; 83, 670). Geboten ist eine umfassende **Zumutbarkeitsabwägung** (BGH FamRZ 91, 416; 90, 283). Der getrennt lebende Ehegatte kann nur dann darauf verwiesen werden, seinen Unterhalt durch eine Erwerbstätigkeit ganz oder teilweise selbst zu verdienen, wenn dies von ihm nach seinen persönlichen Verhältnissen, insbes wegen einer früheren Erwerbstätigkeit unter Berücksichtigung der Dauer der Ehe und nach den wirtschaftlichen Verhältnissen beider Ehegatten, erwartet werden kann. Zumindest für eine geraume Zeit in der Trennungsphase sind die ehelichen Lebensverhältnisse zu perpetuieren, schon um nicht das endgültige Scheitern der Ehe zu fördern, in dem Scheidungsfolgen vorweggenommen und damit die Trennung vertieft wird (BGH FamRZ 05, 23; 81, 439; München FamRZ 93, 328). § 1361 II ist eine **Schutznorm für den Unterhaltsgläubiger** (BGH FamRZ 01, 350; Kobl NJW 03, 1816; Bremen NJWE-FER 00, 76; *Graba* FamRZ 02, 715). Hingegen nähern sich die Voraussetzungen für die Verpflichtung zur Aufnahme einer Erwerbstätigkeit mit zunehmender Verfestigung der Trennung, insbes wenn die Scheidung nur noch eine Frage der Zeit ist, immer mehr den Maßstäben der §§ 1569 ff (BGH FamRZ 05, 23 = FuR 04, 543; FamRZ 01, 350; Kobl NJW 05, 686).
Zahlt der Unterhaltsschuldner jedoch, ggf nach Ende der Kinderbetreuung, den Unterhalt weiter und beruft er sich nicht auf eine Erwerbsobliegenheit des anderen Ehegatten, wird ein Vertrauenstatbestand geschaffen, der den Beginn der Erwerbsobliegenheit verschieben kann (Karlsr FuR 05, 329; Köln FamRZ 99, 853; Hamm FamRZ 95, 1580; vgl auch BGH FamRZ 90, 496). Für die Zumutbarkeitsabwägung sind vornehmlich folgende Umstände maßgeblich:

1. Kindesbetreuung. Die Pflicht des Unterhalt begehrenden Ehegatten zur Aufnahme einer Erwerbstätigkeit wird maßgeblich durch die Notwendigkeit der Kinderbetreuung beeinflusst. Eine Erwerbsobliegenheit scheidet aus, wenn entspr den zu § 1570 entwickelten Grundsätzen wegen des Alters des oder der Kinder eine Erwerbstätigkeit nicht erwartet werden kann. Die vom BGH (etwa FamRZ 89, 487) entwickelten Grundsätze zur Erwerbsobliegenheit bei Kinderbetreuung haben in Ziff 17 der unterhaltsrechtlichen **Leitlinien** der Oberlandesgerichte (Beilage zu Heft 7/2005 der NJW) teilweise unterschiedlich Niederschlag gefunden:

Bamberg   keine Erwerbsobliegenheit bis das jüngste Kind in die dritte Grundschulklasse kommt; ab Beginn der dritten Grundschulklasse bis zur Vollendung des 15. Lebensjahres des jüngsten Kindes regelmäßig teilschichtige Erwerbsobliegenheit, danach vollschichtige Erwerbsobliegenheit

§ 1361   Unterhalt bei Getrenntleben

SüdLL, Frankfurt, Hamburg:	keine Erwerbsobliegenheit bis zum Beginn der dritten Grundschulklasse des jüngsten Kindes, bis Vollendung des 15. Lebensjahres des jüngsten Kindes Obliegenheit zu teilweisen, danach zur vollen Erwerbstätigkeit
KG:	nach den Umständen des Einzelfalls, sonst wie SüdLL
Brandenburg und Dresden:	Umstände des Einzelfalls
Bremen:	Umstände des Einzelfalls, sonst wie SüdLL
Celle:	Umstände des Einzelfalls; solange aber ein Kind die Grundschule besucht, wird im Regelfall von der Unzumutbarkeit einer Erwerbstätigkeit ausgegangen
Düsseldorf:	Umstände des Einzelfalls; bei Betreuung nur eines Kindes Erwerbstätigkeit erst ab achten Lebensjahr des Kindes, nach der Grundschulzeit wird eine teilschichtige Berufstätigkeit als zumutbar angesehen, mit Vollendung des 16. Lebensjahres ist Vollzeittätigkeit zumutbar
Frankfurt:	keine Erwerbsobliegenheit, bevor das jüngste Kind in die dritte Grundschulklasse kommt; ab Beginn der dritten Grundschulklasse bis Vollendung des 15. Lebensjahres Verpflichtung zur teilweisen, danach zur vollen Erwerbstätigkeit
Hamburg:	bei Betreuung eines Kindes regelmäßig keine Erwerbsobliegenheit, bis das jüngste Kind in die dritte Grundschulklasse kommt; ab Beginn der dritten Grundschulklasse bis Vollendung des 15. Lebensjahres des jüngsten Kindes Obliegenheit zur teilweisen, danach zur vollen Erwerbstätigkeit
Hamm:	keine Erwerbsobliegenheit während der Grundschulzeit, ab 16. Lebensjahr des Kindes eine Vollzeittätigkeit
Jena:	keine Regelung
Karlsruhe:	wie SüdLL
Koblenz:	bei Betreuung eines Kindes regelmäßig keine Erwerbsverpflichtung bis zur Einschulung, danach Erwerbsverpflichtung in geringem Umfang, nach der Grundschulzeit Halbtagstätigkeit zumutbar; nach Vollendung des 15. Lebensjahres des Kindes vollschichtige Erwerbsverpflichtung
Köln:	Unzumutbarkeit bei einem Kind unter acht Jahren und mehreren Kindern unter 14 Jahren, Teilerwerbstätigkeit bei einem Kind zwischen 8 und 16 Jahren sowie mehreren Kindern zwischen 14 und 18 Jahren, danach besteht Verpflichtung zur Aufnahme einer vollschichtigen Tätigkeit.
München:	wie SüdLL
Naumburg:	keine Erwerbsobliegenheit während der Grundschulzeit des Kindes, sodann Teilzeitbeschäftigung zumutbar
Nürnberg:	wie SüdLL
Oldenburg:	Regelmäßige Obliegenheit zur Teilerwerbstätigkeit bei Versorgung eines Kindes zwischen 8 und 15 Jahren, mehrerer Kinder zwischen 13 und 16 Jahren; danach besteht regelmäßig eine Obliegenheit zur Vollerwerbstätigkeit.
Rostock:	Hinweis auf Zahl der Kinder, deren Alter, etwaige Schulprobleme und andere Betreuungsmöglichkeiten
Schleswig:	Erwerbsobliegenheit, wenn das jüngste Kind das 9. Lebensjahr vollendet hat; ab dem 12. Lebensjahr Obliegenheit zur halbschichtigen Erwerbstätigkeit, ab Vollendung des 15. Lebensjahres des jüngsten Kindes regelmäßig Obliegenheit zur vollen Erwerbstätigkeit

Im Gegensatz zum nachehelichen Unterhalt ist auch die Betreuung **nicht gemeinschaftlicher Kinder** geschützt (BGH NJW 81, 448; FamRZ 79, 569). Entsteht ein Anspruch auf Trennungsunterhalt gem § 1361 (nur) dadurch, dass die Ehefrau die bisher ausgeübte Erwerbstätigkeit wegen der Geburt eines Kindes, das nicht von ihrem Ehemann abstammt, aufgibt, so tritt der Anspruch auf Trennungsunterhalt hinter einen gleichzeitig bestehenden Anspruch aus § 1615l zurück (Bremen FamRZ 05, 213; Kobl FamRZ 05, 804; zur Prüfung der ehelichen Lebensverhältnisse für derartige Konstellationen grundlegend BGH NJW 99, 717; vgl im Übrigen Rn 23).

Nach übereinstimmender Auffassung muss den besonderen Gegebenheiten des Einzelfalls Rechnung getragen werden, etwa ob das oder die Kinder in besonderem Maße betreuungsbedürftig sind (schulische, gesundheitliche Probleme etc, vgl BGH FamRZ 97, 671).

Die **Betreuung** muss in jedem Fall **berechtigt** erfolgen (Frankf FamRZ 95, 234). Steht die Betreuung im Widerspruch zu einer etwaigen Sorgerechtsregelung, entfällt ein Unterhaltsanspruch wegen Kindesbetreuung.

8 **2. Sonstige persönliche Verhältnisse.** IRd umfassenden Zumutbarkeitsprüfung (BGH NJW 05, 61) sind darüber hinaus das **Alter** des Unterhalt begehrenden Ehegatten (BGH FamRZ 91, 416; Hamm FamRZ 95, 1580), **der Gesundheitszustand** (BGH FamRZ 91, 416; Stuttg FamRZ 97, 358; München FamRZ 93, 328) und seine **Berufsausbildung** zu berücksichtigen (Ddorf FamRZ 91, 76).

Auch eine **frühere Erwerbstätigkeit** ist ein in § 1361 II ausdrücklich erwähntes Merkmal. Für die Beurteilung der Zumutbarkeit der Aufnahme einer Erwerbstätigkeit ist entscheidend, wie lange die frühere Erwerbstätigkeit zurückliegt und welche Schwierigkeiten sich aus der Arbeitspause für eine Wiedereingliederung in das Berufsleben ergeben. Unerheblich ist, ob die frühere Tätigkeit vor oder während der Ehe ausgeübt worden ist (BGH FamRZ 82, 148). Die Aufnahme einer Erwerbstätigkeit ist unabhängig von der Dauer der Arbeitspause zumutbar, wenn die Wiedereingliederung in das Erwerbsleben unproblematisch ist, etwa wenn die frühere Tätigkeit zwischenzeitlich inhaltlich und unter technischen Gesichtspunkten in der Art ihrer Ausführung im Wesentlichen unverändert geblieben ist (BGH FamRZ 81, 17). IdR ist dem getrennt lebenden Ehegatten die Fortsetzung der während des Zusammenlebens ausgeübten Erwerbstätigkeit in deren bisherigem Umfang zumutbar (München FamRZ 82, 270). Der Ehegatte muss sich nur um die Aufnahme einer **eheangemessenen** Tätigkeit bemühen. Die Beurteilung, welche Erwerbstätigkeit angemessen ist, hängt von einer **Gesamtwürdigung der Umstände**, insbes Ausbildung, Lebensalter und Fähigkeiten des Ehegatten, ab. Die Berufsausbildung des Berechtigten für sich allein ist nicht entscheidend (BGH FuR 04, 543 = FamRZ 05, 23). Auch wenn ein Ehegatte eine abgeschlossene Ausbildung für einen bestimmten Beruf absolviert hat, in dem erlernten Beruf aber nie eine geregelte Beschäftigung gefunden hat, kann nicht hierauf, sondern nur auf den letztlich in der Ehe ausgeübten Beruf abgestellt werden (BGH FuR 04, 543 = FamRZ 05, 23).

3. Dauer der Ehe. Das Kriterium der Ehedauer ist iRd § 1361 II sehr bedeutsam (BGH FamRZ 80, 876; 79, 569; Schlesw MDR 01, 1414), da § 1361 III ausdrücklich § 1579 Nr 1 und damit auch § 1579 Nr 7 (Auffangtatbestand) ausschließt und der Anspruch auf Trennungsunterhalt bei kurzer Ehe mithin ausschl über § 1361 II begrenzt werden kann. Zu prüfen ist, ob und inwieweit der Berechtigte in seiner Arbeitsbiografie durch die Ehe eine Unterbrechung erfahren musste. Je länger diese Unterbrechung gedauert hat, desto mehr muss dies bei der Zumutbarkeit der Aufnahme einer Erwerbstätigkeit und bei der Gesamtbewertung eine Rolle spielen (München FamRZ 02, 462; KG FamRZ 91, 1188). Für den Begriff „Dauer der Ehe" wird man auf den Zeitraum abstellen müssen, in dem der Ehegatte etwa einer vormals ausgeübten Erwerbstätigkeit wegen der ehelichen Lebensgemeinschaft nicht nachgegangen ist (BGH NJW 80, 2247). Maßgeblich ist mithin die **Zeit der ehebedingten Erwerbsbehinderung**. Je kürzer die Ehedauer, desto eher besteht eine Erwerbsobliegenheit (Hamm FamRZ 97, 1536: Obliegenheit zur Erwerbstätigkeit schon im ersten Trennungsjahr bei kurzer Ehedauer). Bei längerer Ehedauer kommen längere Übergangszeiten in Betracht (KG FamRZ 91, 1188: zweijährige Übergangszeit bei langer Ehe). Der BGH (FamRZ 05, 23 = FuR 04, 543) hat eine Einkommensfiktion nach 1 ½ jähriger Trennung bei einer 13-jährigen kinderlosen Ehe nicht beanstandet. Korrespondierend hiermit spielt auch die **Dauer der Trennung** eine Rolle (Kobl NJW 05, 686: Erwerbsobliegenheit nach einjähriger Trennung). Je länger die Trennung dauert, desto geringer ist das schutzwürdige Vertrauen in den Fortbestand der Ehe und umso mehr verstärkt sich die Erwerbsobliegenheit (BGH FamRZ 01, 350 = FuR 01, 262; BGH FamRZ 90, 283; vgl auch Hburg FamRZ 02, 753; Köln FamRZ 96, 1215; Kobl FamRZ 94, 1253).

4. Wirtschaftliche Verhältnisse. Auch die wirtschaftlichen Verhältnisse haben auf die Zumutbarkeit der Erwerbstätigkeit unmittelbare Auswirkungen. Bei **beengten wirtschaftlichen Verhältnissen** ist die Erwerbsobliegenheit verschärft (BGH FamRZ 82, 23; Kobl FamRZ 94, 1253; Bambg FamRZ 92, 1295 (jeweils hohe Verschuldung des in Anspruch genommenen Ehegatten); Hamm OLGR 97, 95). Andererseits kann bei **gehobenem Lebensstandard** der Parteien eine großzügigere Betrachtungsweise geboten sein (BGH FamRZ 90, 283).

V. Lebensbedarf. Der Unterhaltsbedarf eines getrennt lebenden Ehegatten richtet sich nach den **individuell** ermittelten Lebens-, Einkommens- und Vermögensverhältnissen(BGH FamRZ 90, 280). Dieser in § 1361 I normierte Begriff der „ehelichen Lebensverhältnisse" ist identisch mit dem Maßstab für den nachehelichen Unterhalt (vgl iE § 1578 Rn 2).
Die ehelichen Lebensverhältnisse markieren die Obergrenze des Lebenszuschnitts. Nach der Trennung soll der Ehegatte nicht besser gestellt sein als während des Zusammenlebens. Der Ansatz eines pauschalierenden Mindestbetrages kommt nicht in Betracht (BGH FamRZ 03, 363; 98, 1501). Die ehelichen Lebensverhältnisse können geprägt sein durch finanzielle, berufliche, aber auch gesundheitliche oder familiäre Faktoren. Die ehelichen Lebensverhältnisse werden (nur) aufgrund des tatsächlich erzielten Familieneinkommens bzw sonstiger Faktoren bestimmt, soweit hierdurch der gemeinsame Lebensstandard beider Ehegatten nachhaltig geprägt war (BGH FamRZ 82, 360; Hamm FamRZ 86, 1102). Eine Hinzurechnung nur gedachter wirtschaftlicher Verhältnisse verbietet sich (BGH FamRZ 97, 281).
Diese **individuelle Bedarfsermittlung** wird dahin modifiziert, dass eine extrem sparsame Wirtschafts- und/oder Lebensführung (Hamm FamRZ 93, 1089), aber auch eine verschwenderische Lebensführung (Ddorf FamRZ 96, 1418), zurückgeführt werden auf einen objektivierten Maßstab (BGH NJW 97, 735) einer vernünftigen Lebensführung.
Einkommensteile, die nicht der Bedarfsdeckung, sondern der Vermögensbildung gedient haben, sind bei der Unterhaltsbemessung nicht zu berücksichtigen.
Maßgeblicher **Zeitpunkt für die Bedarfsbemessung** beim Trennungsunterhalt sind die gegenwärtigen wirtschaftlichen Verhältnisse. Auszugehen ist von den Lebensverhältnissen im Zeitpunkt der Trennung. Die eheli-

chen Lebensverhältnisse sind jedoch wandelbar. Veränderungen nach der Trennung beeinflussen grds die ehelichen Lebensverhältnisse, es sei denn, sie beruhen auf einer unerwarteten und vom Normalverlauf erheblich abw Entwicklung. Sofern nach der Trennung eintretende Veränderungen lediglich Umstände in den ehelichen Lebensverhältnissen surrogieren (etwa Erwerbseinkommen nach Haushaltsführung/Kinderbetreuung oder Haushaltsführung für einen neuen Partner) (BGH FamRZ 04, 1170; 04, 1173; 01, 1693), prägen sie die ehelichen Lebensverhältnisse.

13 Trennungsunterhalt umfasst den gesamten **regelmäßigen Lebensbedarf** des bedürftigen Ehegatten. Hierzu zählen im Wesentlichen die Aufwendungen für Wohnung, Verpflegung, Kleidung, Freizeitgestaltung, Erholung sowie für sonstige persönliche und gesellschaftliche Bedürfnisse. Die zur Deckung solcher regelmäßigen Aufwendungen erforderlichen Mittel beinhalten den **Elementarunterhalt** (§ 1361 I 1).

14 Bei **außergewöhnlich guten Einkommensverhältnissen** lässt sich der Teilhabegedanke nicht iS einer quotalen Verteilung des Gesamteinkommens ohne Rücksicht auf die tatsächlichen Bedürfnisse des berechtigten Ehegatten konkretisieren. Hier ist eine **konkrete Bemessung** des eheangemessenen Unterhalts vorzunehmen (BGH NJW 94, 2618; Köln FamRZ 02, 326; Kobl FamRZ 02, 887; Hamm FamRZ 95, 1578; vgl zum Ganzen *Kleffmann* in Scholz/Stein Teil H Rn 228 ff). Die **quantitative Grenze** ab der eine quotale Berechnung nicht mehr zulässig ist, sondern der Bedarf konkret zu ermitteln ist, wird in einigen Leitlinien konkret beziffert vgl etwa Ziff 15.3 der Leitlinien des OLG Jena (relative Sättigungsgrenze bei 1840 €) und Ziff 15.3 der Leitlinien des OLG Frankf (relative Sättigungsgrenze bei 2200 €). Zum Teil wird auch an den (Höchst-)Wert nach der Düsseldorfer Tabelle angeknüpft. Danach endet die Möglichkeit quotaler Bedarfsbemessung dort, wo ein Einkommen nach der höchsten Gruppe (gegenwärtig 4800 €) erreicht wird (Hamm FamRZ 05, 719; vgl *Scholz* FamRZ 93, 125, 136). In der Praxis sollte ab Erreichen derartiger Einkommensgrenzen quotal und hilfsweise der Bedarf konkret errechnet werden.
Nur solche Lebensbedürfnisse werden berücksichtigt, die dem eheangemessenen Bedarf zuzurechnen sind, nicht jene, die der Vermögensbildung oder dem Luxus zugehören (Karlsr NJW-RR 00, 1026; Hamm FamRZ 99, 723). Den Unterhaltsberechtigten trifft die **Darlegungs- und Beweislast** für die Bedarfspositionen (Bambg FamRZ 99, 513; Hamm FamRZ 99, 723).
Die **Einzelbedürfnisse** können naturgemäß nicht abschließend aufgelistet werden. Berücksichtigungsfähig sind (vgl zu weiteren Einzelheiten *Büte* FuR 05, 385 und *Kleffmann* in Scholz/Stein Teil H Rn 229):
- allgemeiner Lebensbedarf: zwischen 380 € und 920 € monatlich (Köln FamRZ 93, 64, 65: 750 DM zzgl 100 DM Haushaltsbedarf und 250 DM Kleinkosten; Köln FamRZ 92, 322, 323: 1800 DM; Ddorf FamRZ 91, 77: 1700 DM
- Wohnbedarf: zwischen 510 € und 1020 € (Köln FamRZ 92, 322, 324: 1800 DM; Frankf FamRZ 92, 823 = NJWRR 93, 7: 2000 DM), im Übrigen ist stets auf die jeweiligen Lebensverhältnisse abzustellen, etwa ob die Anmietung eines Reihenhauses oder einer Doppelhaushälfte als „angemessen" angesehen werden kann (Köln FamRZ 92, 322, 324; Hamm FamRZ 92, 1175, 1176)
- Nebenkosten: cirka 250 € (Köln FamRZ 93, 64, 65)
- Telefonkosten: zwischen 50 € und 75 € (Köln FamRZ 93, 64, 65: 150 DM; Hamm FamRZ 92, 1175, 1176: 100 DM)
- Kleidung zwischen 230 € und 350 € (Köln FamRZ 93, 64, 65: 75 € bis 150 €, Bambg FamRZ 99, 513: 300 € für Haushaltshilfe, 200 € für Gartenarbeit; Köln FamRZ 92, 322, 324: 700 DM)
- Kosmetika: bis 75 € monatlich (Kobl FamRZ 95, 479, 480: 150 DM; Köln FamRZ 93, 64, 65, 200 DM (einschl Friseur)
- Haushaltshilfe: bei überdurchschnittlichen Einkommensverhältnissen grds anzuerkennen, und zwar selbst dann, wenn in der Zeit des ehelichen Zusammenlebens eine Haushaltshilfe noch nicht beschäftigt war (Hamm FamRZ 92, 1175, 1177; Hamm FamRZ 99, 721: 15 300 € sollen bei sehr guten wirtschaftlichen Verhältnissen nicht übersetzt sein). Es wurden Beträge in der Größenordnung von 350 DM berücksichtigt (Köln FamRZ 92, 322, 324; vgl auch Hamm FamRZ 92, 1175, 1177; Köln FamRZ 93, 64, 65: 150 bis 300 DM)
- Kraftfahrzeug: Monatspauschalen von 230 € bis 560 € wurden anerkannt (Köln FamRZ 93, 64, 65: 500 DM; Ddorf FamRZ 91, 77: 1000 DM; Hamm FamRZ 92, 1175, 1177: 1100 DM)
- Urlaub: anerkannt wurden Monatsbeträge zwischen 200 € bis 760 € (Köln FamRZ 93, 64, 65: 650 DM; Köln FamRZ 92, 322, 324: 1500 DM; Hamm FamRZ 92, 1175, 1177)
- Sport, Hobbys: je nach Einzelfall, soweit entschieden, zwischen 35 und 100 € (Ddorf FamRZ 91, 77: 70 DM; Kobl FamRZ 85, 479, 480: 200 DM)
- kulturelle Veranstaltungen: je nach Einzelfall, regelmäßig zwischen 35 und 100 € (Köln FamRZ 92, 322, 324: 70 DM; Ddorf FamRZ 91, 77: 70 DM; Kobl FamRZ 85, 479, 480: 200 DM)
- Restaurantbesuche: je nach Einzelfall bis 100 € (Köln FamRZ 93, 64, 65)
- Zeitschriften und Fachliteratur: bis 50 € (Köln FamRZ 92, 322, 324)
- Auffangbetrag für Kleinkosten: bis ca. 110 € (Köln FamRZ 93, 64, 65)

15 Ein Anspruch auf **Ausbildungsunterhalt** bei Trennung kommt in Betracht, wenn die Ausbildung dem im Lauf der Ehe einvernehmlich entwickelten gemeinsamen Lebensplan der Eheleute entspricht. Dabei ist es unerheblich, ob es sich um eine Erst- oder Zweitausbildung handelt (BGH FamRZ 85, 782).

Fehlt ein entspr gemeinsamer Lebensplan, kann in der Trennungsphase ausnahmsweise Ausbildungsunterhalt unter Heranziehung der Grundsätze zum Scheidungsunterhalt begründet sein, weil getrennt lebende Ehegatten im Zweifel nicht schlechter gestellt werden dürfen als sie im Fall der Scheidung stünden. Während der Trennung kommt ein Anspruch auf Ausbildungsunterhalt nur insoweit in Betracht, als er sich nicht nach den Kriterien der §§ 1573 I iVm 1574 III begründen lässt. Der Bedürftige muss verpflichtet sein, sich einer zur Erlangung einer angemessenen Erwerbstätigkeit erforderlichen Ausbildung zu unterziehen, damit bei Scheidung eine baldige (Wieder-)Eingliederung in das Erwerbsleben möglich wird (BGH FamRZ 01, 350; 88, 1145; München FamRZ 98, 553: Ausbildungsunterhaltsanspruch während des Getrenntlebens, wenn der berechtigte Ehegatte wegen der Geburt eines Kindes eine Ausbildung abgebrochen hatte).
Ein Anspruch entspr § 1575 während der Trennungszeit kann im Vorgriff auf dessen Voraussetzungen bejaht werden, wenn das endgültige Scheitern der Ehe feststeht (BGH FamRZ 01, 350) und die Aufnahme einer Ausbildung für die Ausübung einer angemessenen Erwerbstätigkeit erforderlich ist (zu Einzelheiten vgl § 1575 Rn 5).

Zum Zweck einer lückenlosen „sozialen Biografie" kann der Berechtigte ab Monatsanfang der Rechtshängigkeit des Ehescheidungsverfahrens nach § 1361 I 2 **Altersvorsorgeunterhalt** verlangen. Altersvorsorgeunterhalt dient nicht der laufenden Deckung des Lebensbedarfs; er ist ggü dem Elementarunterhalt nachrangig. Besteht während der Trennung ausnahmsweise ein Anspruch auf Ausbildungsunterhalt, erstreckt er sich grds auch auf den Anspruchsteil „Altersvorsorge". Die Beschränkung des § 1578 III gilt insoweit nicht (BGH FamRZ 88, 1145). Bedürftigkeit hinsichtlich des Altervorsorgeunterhalts entfällt erst, wenn für den berechtigten Ehegatten eine Altersversorgung zu erwarten ist, welche diejenige des Unterhaltsschuldners erreicht (BGH FamRZ 81, 442).

16

Der Vorsorgeunterhalt ist mittels der **Bremer Tabelle** (BGH FamRZ 85, 471; 83, 888, 81, 442; *Gutdeutsch* FamRZ 06, 167 = FuR 06, 20; zu weiteren Einzelheiten vgl KKFamR/*Klein* § 1361 Rn 67 ff) grds dreistufig zu berechnen:
1. Stufe: Ermittlung des Elementarunterhalts als Recheneinheit
2. Stufe: Hochrechnung dieses Nettobetrages nach der Bremer Tabelle zu einem fiktiven Bruttoeinkommen als Recheneinheit. Aus dieser Recheneinheit ist als Vorsorgeunterhalt der Beitrag zur gesetzlichen Rentenversicherung zu entnehmen.
3. Stufe: Dieser Vorsorgeunterhalt ist sodann vom bereinigten Nettoeinkommen des Unterhaltsschuldners abzuziehen; sodann ist der endgültige Elementarunterhalt zu errechnen.

Mit einer **Angemessenheitskontrolle** ist schließlich zu prüfen, ob dem unterhaltsbedürftigen Ehegatten für den laufenden Lebensbedarf ausreichende Mittel zur Verfügung stehen oder ob eine Kürzung des an sich nachrangigen Altersvorsorgeunterhalts erforderlich ist (BGH NJW 99, 717).
Reicht der Elementarunterhalt für den Bedarf nicht, entfällt ein Anspruch auf Vorsorgeunterhalt (BGH FamRZ 87, 684). Der mehrstufigen Berechnung des neben dem Altersvorsorgeunterhalt geschuldeten Elementarunterhalts bedarf es nicht, soweit im Wege der Anrechnungsmethode Einkünfte von der Unterhaltsquote abzuziehen sind (BGH FamRZ 99, 372; BGH FamRZ 88, 1145; München FamRZ 94, 1459).
Zur Vermeidung der komplizierten Berechnung hat *Gutdeutsch* eine **tabellarische Übersicht** zum Direktabgriff des Altersvorsorgeunterhalts entwickelt (zuletzt FamRZ 06, 168 = FuR 06, 21; FamRZ 05, 167 = FuR 05, 21; zur Verwendung vgl *Gutdeutsch/Hampel* FamRZ 92, 1028 = FuR 92, 216).
Zur Berechnung des Vorsorgeunterhalts bei großzügigen Lebensverhältnissen vgl München NJW 04, 2533; Bambg FamRZ 99, 513 und Ddorf FamRZ 91, 806.

Trotz Trennung bleibt der Unterhaltsgläubiger grds in der gesetzlichen Krankenversicherung des Pflichtigen versichert (zu Einzelheiten vgl *Husheer* FamRZ 91, 264). Ist der Unterhaltsgläubiger nicht (mehr) selbst versichert oder beim Unterhaltsschuldner mitversichert, umfasst der Lebensbedarf auch die Kosten für die angemessene **Kranken- und Pflegevorsorge**. Dieser Bedarfsteil ist unselbständiger Teil des elementaren Lebensbedarfs. Er ist gleichrangig neben dem Elementarunterhalt geltend zu machen und nicht – wie der Vorsorgeunterhalt – nachrangig (BGH FamRZ 89, 483). Die Höhe des Anspruchs richtet sich nach den bereits während des Zusammenlebens angefallenen Kosten (BGH FamRZ 88, 1145) bzw bei Neuversicherungen nach den angemessenen Kosten einer entspr Krankenversicherung. War der Unterhaltsgläubiger bereits vor der Trennung zusammen mit dem Unterhaltsschuldner privat kranken- und pflegeversichert, kann er auch nach der Trennung beanspruchen, in gleicher Weise weiter versichert zu sein, da diese Form des Krankenversicherungsschutzes den ehelichen Lebensverhältnissen entspricht (zu Einzelheiten vgl Büte FuR 05, 481 und *Husheer* FamRZ 91, 264). Dies gilt auch für die Fortführung einer Zusatzversicherung.
Dem Unterhaltsschuldner obliegt – zumindest bis zur Scheidung – die Fortzahlung einer privaten Kranken- und Pflegeversicherung für den Unterhaltsgläubiger. Kündigt er eine bestehende Kranken- und Pflegeversicherung, kann der Unterhaltsgläubiger nicht nur die entstehenden Beitragslasten als trennungsbedingten Mehrbedarf geltend machen, sondern auch die Kosten der Heilbehandlung als Sonderbedarf.
Solange noch eine Mitversicherung besteht, ist der Unterhaltsschuldner verpflichtet, Arztrechnungen der Krankenversicherung vorzulegen und erstattete Beträge weiterzuleiten (Schlesw FamRZ 83, 394). Bei Vereinbarung des Realsplittings ist der Unterhalt krankenversicherungsrechtlich als Einkommen anzusehen

17

(BSG FamRZ 94, 1239; *Böhmel* FamRZ 95, 270). Der getrennt lebende Ehegatte kann dadurch krankenversicherungspflichtig werden.
Die Kosten der Pflegevorsorge sind ebenso wie die Kosten der Krankenvorsorge Bestandteil des Lebensbedarfs des Berechtigten und können in gleicher Form geltend gemacht werden (Saarbr FamRZ 99, 382; *Büttner* FamRZ 95, 193).

18 **Mehrbedarf** ist ein regelmäßig auftretender Bedarf, der zusätzlich zum Elementarbedarf entsteht und durch besondere Umstände wie Unfall, Krankheit, Alter, Pflegebedürftigkeit, Gebrechlichkeit oder aufgrund einer Ausbildung, Fortbildung oder Umschulung entsteht. Er ist konkret zu ermitteln oder nach § 287 II ZPO zu schätzen (BGH FamRZ 82, 255). Der getrennt lebende Ehegatte darf nicht schlechter gestellt werden als der geschiedene. Aus den nachehelichen Unterhaltstatbeständen können Maßstäbe für die Beurteilung des Trennungsunterhalts entnommen werden (BGH FamRZ 01, 350). Da der Mehrbedarf Teil eines einheitlich zu betrachtenden Lebensbedarfs ist (BGH FamRZ 82, 255), muss er vorab abgezogen werden und steht nicht der Quotierung zur Verfügung.

19 Trennen sich Ehegatten, entstehen regelmäßig auf beiden Seiten oftmals nicht unerhebliche Mehrkosten (Umzugskosten, doppelte Haushaltsführung etc). Dieser sog **trennungsbedingte Mehrbedarf** (BGH FamRZ 90, 258; 88, 701) ist beim Unterhaltsgläubiger unselbstständiger Teil des Bedarfs. Beim Unterhaltsschuldner schränkt er die Leistungsfähigkeit ein (BGH FamRZ 90, 979). Die Bedarfsermittlung wird durch trennungsbedingten Mehrbedarf nicht berührt (München FamRZ 02, 462).
Der Unterhaltsgläubiger kann mangels weiterer verfügbarer Mittel iRd Bedürftigkeit trennungsbedingten Mehrbedarf nur dann geltend machen, wenn neben dem prägenden Einkommen oder – aufgrund von Vermögensbildung während der Ehe – noch zusätzliches Einkommen vorhanden ist (BGH FamRZ 95, 343; 82, 892). Trennungsbedingter Mehrbedarf kann nicht nach festen Pauschalbeträgen oder einem prozentualen Anteil des Bedarfs angesetzt werden, sondern ist konkret zu berechnen und ggf darzulegen und zu beweisen (BGH FamRZ 90, 979; 90, 258). Eine Schätzung über § 287 ZPO ist zulässig (BGH FuR 01, 326 = FamRZ 01, 1603). Ob trennungsbedingter Mehrbedarf künftig überhaupt noch anzuerkennen ist, erscheint fraglich (krit zu Recht *Gerhardt* FamRZ 03, 272; *Graba* FamRZ 02, 857; Hamm FamRZ 06, 124 für krankheitsbedingten Mehrbedarf). Trennen sich Ehegatten, findet allein schon durch die Trennung der Haushaltsführung ein Absinken des beiderseitigen Lebensstandards statt. Nur auf diesem abgesenkten Niveau kann der Lebensstandard erhalten bleiben. Finanzielle Einbußen hat jeder der Ehegatten hinzunehmen. Die Benachteiligung der haushaltsführenden Ehefrau ist durch die Surrogatrspr des BGH beseitigt (zu Einzelheiten im Übrigen § 1578 Rn 9).

20 **VI. Die Art der Unterhaltsleistung.** Nach § 1361 IV ist der laufende Unterhalt durch Zahlung einer **Geldrente** zu gewähren. Die Geldrente ist monatlich im Voraus zu zahlen, es sei denn, es ist etwas anderes vereinbart (BGH FamRZ 97, 484). Die Ausnahme des § 1612 I 2 (Recht zur Bestimmung der Gewährung des Unterhalts in anderer Form aus besonderen Gründen) gilt nur für den Verwandtenunterhalt und ist beim Ehegattenunterhalt nicht, auch nicht analog, anwendbar. Der Verpflichtete schuldet den vollen Monatsbetrag auch, wenn der Berechtigte im Laufe des Monats stirbt.
Der Anspruch auf Trennungsunterhalt besteht auch, wenn die Ehegatten im Güterstand der **Gütergemeinschaft** leben. Zum Gesamtgut gehört auch das Erwerbseinkommen der Ehegatten (München FamRZ 96, 166). § 1420 gilt auch für den Trennungsunterhalt. Ist das Gesamtgut zum Unterhalt zu verwenden und verwalten die Parteien das Gesamtgut gemeinsam (§ 1421), kann der unterhaltsberechtigte Ehegatte von dem anderen nicht Zahlung einer Geldrente, sondern nach § 1451 (nur) Mitwirkung zu den Maßregeln verlangen, die zur ordnungsgemäßen Verwendung des Gesamtguts für den Unterhalt erforderlich sind (BGH FamRZ 90, 851), sofern sich nicht ausnahmsweise der Zahlungsanspruch nach den konkreten Verhältnissen ohne weiteres errechnen und durchsetzen lässt (Ddorf FamRZ 99, 1348; *Weinreich* FuR 99, 49).

21 **VII. Sonderfragen.** § 1361 IV 4 enthält zahlreiche **Verweisungen** auf das Recht des Familienunterhalts und Verwandtenunterhalts.
Über § 1361 IV 4 und § 1360a III gilt § 1613 I auch für den Trennungsunterhalt. Nach § 1613 I 2 wird Unterhalt ab dem ersten des Monats geschuldet, jedoch nur dann, wenn der Unterhaltsanspruch dem Grunde nach zu diesem Zeitpunkt bestanden hat, mithin frühestens taggenau ab der Trennung. Str ist, ob bezüglich rückständiger Ansprüche auf Zahlung von Trennungsunterhalt die Frist des § 1585b III analog anzuwenden ist (vgl zum Meinungsstand KK-FamR/*Klein* § 1361 Rn 99 zugleich auch zur Problematik der Verwirkung von länger als einem Jahr zurückliegender Ansprüche auf Trennungsunterhalt).
Der getrennt lebende Ehegatte kann neben dem laufenden Unterhalt unter bestimmten Voraussetzungen auch **Sonderbedarf** geltend machen (§§ 1361 IV 4, 1360 III, 1613 II, grundlegend BGH FamRZ 83, 29, vgl im Übrigen § 1613 Rn 8).
Trennungsunterhalt ist für die Zukunft nur beschränkt disponibel (§§ 1361 IV 3, 1360a III, 1614). Für die Vergangenheit hingegen ist ein **Unterhaltverzicht** zwar möglich. Hinsichtlich des laufenden Unterhalts ist eine Verzichtsvereinbarung jedoch unwirksam, wenn eine gewisse **Toleranzgrenze** überschritten wird. Diese wird bei 20 % bis 33 % des nach den ehelichen Lebensverhältnissen angemessenen Bedarfs anzusetzen sein

(Hamm FuR 00, 280; Ddorf NJWE-FER 00, 307). Ein (unzulässiger) Verzicht kann nicht durch einen pactum de non petendo umgangen werden (*Deisenhofer* FamRZ 00, 1368; vgl auch *Bäumel* FPR 01, 132; aA wohl Köln FamRZ 00, 609).
Allein die Nichtgeltendmachung von Trennungsunterhalt impliziert keinen Unterhaltsverzicht (BGH FamRZ 81, 763; zu denkbaren Vereinbarungen vgl im Übrigen *Schwackenberg* FPR 01, 107).
Anders als beim nachehelichen Unterhalt kann der Unterhaltsgläubiger während der Trennung keine Kapitalabfindung (§ 1585 II) verlangen.
Vorausleistungen sind gem §§ 1360a III, 1614 II, 760 III nur für drei Monate wirksam (BGH NJW 93, 2105).
Der Anspruch auf Trennungsunterhalt **erlischt** mit Rechtskraft der Scheidung (Grundsatz der Nichtidentität von Trennungsunterhalt und nachehelichem Unterhalt, BGH FamRZ 88, 1137; 81, 242), bei Versöhnung der Eheleute mit endgültiger, nicht nur vorübergehender Aufhebung des Getrenntlebens (Nichtidentität von Familien- und Trennungsunterhalt) (Hamm FamRZ 99, 30; Ddorf FamRZ 92, 43), bei Tod des Unterhaltsgläubigers oder des Unterhaltsschuldners und bei grober Unbilligkeit (§ 1361 III iVm § 1579).
Der Anspruch auf **Prozesskostenvorschuss** ist Vermögen iSd § 115 ZPO und geht einem Anspruch auf Prozesskostenhilfe vor.
Die in § 1605 normierten Ansprüche auf Auskunft und Belegvorlage gelten über die Verweisungsnorm des § 1361 IV auch iRd Trennungsunterhalts (wegen der Einzelheiten vgl § 1605 Rn 1 ff).
Der Unterhalt begehrende Ehegatte trägt die **Darlegungs- und Beweislast** für die anspruchsbegründenden Tatsachen. Hierzu gehören die ehelichen Lebensverhältnisse, aus denen er seinen Bedarf ableitet (BGH FamRZ 84, 149), und seine Bedürftigkeit (vgl auch BGH NJW 80, 393; Köln FamRZ 98, 1427; Karlsr FamRZ 97, 1011). Die fehlende oder eingeschränkte Leistungsfähigkeit hingegen hat der Schuldner als rechtshindernden Einwand darzulegen und ggf zu beweisen (BGH FamRZ 80, 126; Köln FamRZ 98, 1427). Korrespondierend hiermit trägt der Unterhaltsschuldner auch die Darlegungs- und Beweislast für unterhaltsrelevante Abzugsposten, etwa für die unterhaltsrechtliche Erheblichkeit von Verbindlichkeiten (BGH FamRZ 90, 283). Besteht eine Erwerbsobliegenheit, trägt die Darlegungs- und Beweislast für hinreichende Bemühungen (zu Einzelheiten vgl *Kleffmann* FuR 00, 454), ggf auch deren Erfolglosigkeit (BGH NJW 86, 718), der dazu Verpflichtete. Zweifel an der Ernsthaftigkeit von Erwerbsbemühungen und daran, ob bei sachgerechten Bemühungen eine nicht ganz von der Hand zu weisende reale Beschäftigungschance besteht oder bestanden hätte, gehen zu Lasten des Arbeitsuchenden. Steht fest, dass sich der Unterhaltsverpflichtete unzureichend um Arbeit bemüht hat, muss er darlegen und beweisen, dass seine (hypothetischen) Bemühungen erfolglos gewesen wären (Braunschw NJW-RR 96, 454).
Behauptet der Unterhaltsschuldner, der Gläubiger lebe mit einem neuen Partner zusammen und müsse sich iRd Anspruchs auf Trennungsunterhalt Versorgungsleistungen anrechnen lassen, dann muss er beweisen, dass eine derartige Lebensgemeinschaft besteht. Der Berechtigte wiederum muss den Vortrag des Pflichtigen widerlegen, er erbringe dem Partner Versorgungsleistungen und müsse sich hierfür eine Vergütung anrechnen lassen (BGH NJW 95, 717). Bei Nichtaufklärbarkeit des Zeitpunkts des Zusammenlebens in neuer Partnerschaft gelten die allgemeinen Beweislastregeln (Hamm FamRZ 02, 1627).
Verwirkungsgründe sind vom Pflichtigen darzulegen und zu beweisen (BGH NJW 91, 1290). Der Verpflichtete trägt auch die Darlegungs- und Beweislast, dass es sich bei einer bereits in der Ehe ausgeübten Tätigkeit um keine unzumutbare Tätigkeit handelt (BGH FamRZ 98, 1501).
Der Anspruch auf Trennungsunterhalt tritt ggü dem Anspruch aus § 1615l zurück, wenn die Ehefrau ihre Erwerbstätigkeit wegen eines nicht vom Ehemann abstammenden Kindes aufgibt (Brem FamRZ 05, 213). Betreut die getrennt lebende Ehefrau sowohl ein eheliches als auch ein nach der Trennung geborenes, nicht vom Ehemann abstammendes Kind, so sind beide Väter in entspr Anwendung des § 1606 III 1 anteilig unterhaltsverpflichtet (BGH FamRZ 98, 541 vgl zum Ganzen auch *Wever/Schilling* FamRZ 02, 581; *Büttner* FamRZ 00, 781). Das Maß der jeweiligen Verpflichtung knüpft an die beiderseitigen Erwerbs- und Vermögensverhältnisse an. Insbes sind auch Anzahl, Alter, Entwicklung und Betreuungsbedürftigkeit der jeweiligen Kinder zu berücksichtigen (FamRZ 05, 1276). Haben die ehelichen Kinder bereits ein Alter erreicht, das der Aufnahme einer (Teil-)Erwerbstätigkeit nicht mehr entgegensteht und kann eine solche nur wegen des erhöhten Betreuungsbedürfnisses des neugeborenen außerehelichen Kindes nicht verlangt werden, besteht eine anteilige Mithaftung des Ehemannes nur insoweit, als er auch ohne Geburt des neuen Kindes auf Unterhalt in Anspruch genommen werden könnte. Das neben der Betreuung des ehelichen Kindes erzielbare Einkommen ist der Mutter sodann fiktiv zuzurechnen (Kobl FamRZ 05, 804; vgl auch Hamm FamRZ 00, 637).

VIII. Begrenzung des Trennungsunterhalts. Allein die Trennung als solche erlaubt es nicht, Ehegattenunterhalt zu verweigern (BGH FamRZ 86, 434). Trennungsunterhalt kann nach § 1361 III nur ausgeschlossen oder herabgesetzt werden, wenn einer der Härtegründe des § 1579 Nr 2-7 vorliegt. Andere Herabsetzungsgründe als beim nachehelichen Unterhalt (§ 1573 oder § 1578) gibt es beim Trennungsunterhalt nicht. Auch der Ausschlussgrund der kurzen Ehedauer nach § 1579 Nr 1 ist ausdrücklich ausgenommen (BGH FamRZ 79, 569; Hamm FamRZ 97, 417). Allerdings kann eine **kurze Ehedauer** sowohl für die Frage der Erwerbsobliegenheit (§ 1361 II) als auch iRd Billigkeitsabwägung iRd Anwendung anderer Verwirkungstatbestände

bedeutsam sein (Köln FamRZ 99, 93; Celle FamRZ 90, 519). Eine Begrenzung des Trennungsunterhalts kommt nur in Betracht, wenn
– ein Verwirkungstatbestand nach § 1579 Nr 2–7 vorliegt,
– die Verpflichtung zur Leistung von Unterhalt grob unbillig wäre,
– die Wahrung der Belange eines dem Unterhaltsgläubiger zur Pflege oder Erziehung anvertrauten gemeinschaftlichen Kindes die Begrenzung des Trennungsunterhalts erlaubt.

Der Schuldner muss alle vorgenannten Voraussetzungen darlegen und beweisen (BGH FamRZ 91, 670). Ein Trennungsunterhalt kann nach §§ 1361 III iVm 1579 Nr 7 zu versagen sein, wenn sich die Ehegatten vor der Eheschließung darüber einig waren, dass keine Gemeinschaft aufgenommen werden sollte und ein Zusammenleben deshalb unterblieb (BGH FamRZ 94, 558). Lebt der unterhaltsbedürftige Ehegatte in einer neuen Verbindung, die sich als „eheglich" Gemeinschaft darstellt, ist die Härteklausel des § 1579 Nr 7 entspr anwendbar. Der Anwendung der Klausel steht nicht entgegen, dass eine Eheschließung mit dem neuen Partner in der Trennungsphase nicht möglich ist (BGH FamRZ 02, 810). Entscheidend ist allein die Vergleichbarkeit der neuen Beziehung mit einer Ehe. Bei langjähriger Trennung (Richtschnur: 10 Jahre und mehr) kann ein Trennungsunterhalt unter dem Gesichtspunkt des § 1579 Nr 7 verwirkt sein (Frankf FamRZ 04, 1574). Der Härtegrund einer mutwilligen Herbeiführung der Bedürftigkeit in § 1579 Nr 2 ist durch die Trennung als solche nicht erfüllt (BGH FamRZ 86, 434).

IRd zur Beurteilung der groben Unbilligkeit iSd § 1579 anzustellenden Interessenabwägung sind die Belange eines der vom Unterhaltsgläubiger betreuten Kindes zu wahren. Dem betreuenden Ehegatten müssen jedenfalls diejenigen Mittel verbleiben, die er zur Deckung seines Mindestbedarfs benötigt.

Wegen der Einzelheiten wird verwiesen auf die Kommentierung zu § 1579 Rn 3 ff.

Darüber hinaus kommt für Unterhaltsrückstände eine **Verwirkung** nach allgemeinen Grundsätzen über § 242 in Betracht, wenn die entspr Voraussetzungen (Zeit- und Umstandsmoment) vorliegen (BGH FamRZ 99, 1422; 88, 370; vgl auch § 1585 b Rn 6).

§ 1361 a Hausratsverteilung bei Getrenntleben

(1) ¹Leben die Ehegatten getrennt, so kann jeder von ihnen die ihm gehörenden Haushaltsgegenstände von dem anderen Ehegatten herausverlangen. ²Er ist jedoch verpflichtet, sie dem anderen Ehegatten zum Gebrauch zu überlassen, soweit dieser sie zur Führung eines abgesonderten Haushalts benötigt und die Überlassung nach den Umständen des Falles der Billigkeit entspricht.
(2) Haushaltsgegenstände, die den Ehegatten gemeinsam gehören, werden zwischen ihnen nach den Grundsätzen der Billigkeit verteilt.
(3) ¹Können sich die Ehegatten nicht einigen, so entscheidet das zuständige Gericht. ²Dieses kann eine angemessene Vergütung für die Benutzung der Haushaltsgegenstände festsetzen.
(4) Die Eigentumsverhältnisse bleiben unberührt, sofern die Ehegatten nichts anderes vereinbaren.

1 **A. Allgemeines.** Die Norm gibt die Möglichkeit der vorläufigen Regelung von Besitz und Nutzungen von im Haushalt sich befindendem Hausrat für die Zeit von der Trennung bis zur Rechtskraft der Ehescheidung. Die endgültige Verteilung des Hausrates nach der Ehescheidung erfolgt nach §§ 8 und 9 HausratsVO.

2 Die Zuweisung erfolgt nur zur Gebrauchsüberlassung, weshalb weder in Eigentumsrechte noch in Rechte Dritter eingegriffen wird. Deshalb ist auch nicht die Anordnung einer Ausgleichszahlung, sondern nur die einer Nutzungsentschädigung möglich.

3 Anders als nach der HausratsVO ist auch die Zuweisung nur einzelner Gegenstände zulässig, da die Wiederaufnahme der ehelichen Lebensgemeinschaft nicht dadurch erschwert werden soll, dass der gesamte Hausrat bereits verteilt ist (Palandt/*Brudermüller* Rn 2). Deshalb muss anders als im Verfahren nach der HausratsVO auch nicht zum Hausrat insgesamt vorgetragen werden (Brandbg FamRZ 00, 1102; Ddorf FamRZ 99, 1270).

4 Da die Norm keine vermögensrechtliche Auseinandersetzung der Eheleute bezweckt, kann nach ihr nicht die Herausgabe von Bargeld, Sparbüchern, Wertpapieren und Dokumenten oder die Überlassung von Bankguthaben verlangt werden (Hamm FamRZ 80, 708; FA-FamR/*Klein* Kap 8 Rn 161).

5 **B. Der Begriff des Haushaltsgegenstandes.** Der Begriff des Haushaltsgegenstandes deckt sich mit dem gleichlautenden des § 1369 und mit dem Begriff des Hausrates in § 1 HausratsVO. Haushaltsgegenstände sind danach alle beweglichen Gegenstände, die nach den Vermögens- und Lebensverhältnissen der Eheleute und ihrer Kinder üblicherweise für die Wohnung, die Hauswirtschaft und das Zusammenleben der Familie einschl der Freizeitgestaltung bestimmt sind, also der gemeinsamen Lebensführung dienen. Anschaffungsmotiv (Ddorf FamRZ 86, 1132) und Wert des Gegenstandes (BGH FamRZ 84, 575) sind ohne Bedeutung. Kein Haushaltsgegenstand liegt aber vor, wenn der Gegenstand nicht in der Ehezeit oder davor im Hinblick auf die Eheschließung angeschafft worden ist (Brandbg FamRZ 03, 532). Die eher ungenaue Abgrenzung zwischen Hausrat und sonstigem Vermögen ist angesichts der unterschiedlichen wirtschaftlichen Ergebnisse der Aufteilung unbefriedigend.

Zum Hausrat gehören danach Möbel, Teppiche, Herde, Kühlschränke, Küchen- und Haushaltsgeräte, Lampen, Bilder und Wandschmuck, Gardinen, Vorhänge, Bett- und Tischwäsche, Rundfunk-, Fernseh- und Videogeräte, Tonträger, Filme, Bücher, Gartenmöbel, Nähmaschinen und Klaviere, soweit sie nicht der Berufsausübung eines oder beider Ehegatten dienen, ferner Ansprüche gegen Sachversicherer (KG FamRZ 60, 239) oder Dritte wegen Zerstörung oder unbefugter Veräußerung des Hausrates, nicht dagegen Schadensersatzansprüche gegen den Ehegatten (BGH FamRZ 91, 43; 83, 794; KG FamRZ 03, 1927; Karlsr FamRZ 01, 760; München FuR 97, 353; Ddorf FamRZ 92, 1445). 6

Das Kraftfahrzeug ist regelmäßig kein Hausrat, sofern es nicht ausnahmsweise unabhängig von den Eigentumsverhältnissen kraft Widmung für den gemeinsamen Haushalt zum Zweck der Haushalts- und privaten Lebensführung (Einkäufe, Kinderbetreuung) genutzt worden ist (Zweibr FamRZ 05, 902; Kobl NJW-RR 94, 516; Ddorf FamRZ 92, 60; Köln FamRZ 92, 696; Celle FamRZ 92, 1300). Dasselbe gilt unabhängig vom jeweiligen Wert auch für die von der Familie genutzte Segelyacht (LG Ravensburg FamRZ 95, 1585), Fahrräder und Sportgeräte. 7

Einbauküchen und -möbel sind kein Hausrat, wenn sie wesentlicher Bestandteil des Gebäudes und damit Grundstücks sind, § 94 II (Zweibr FamRZ 93, 82; Hamm FamRZ 91, 89; Frankf FamRZ 82, 938). Ob dies der Fall ist, ist eine Frage des Einzelfalls und bestimmt sich auch nach regionalen Besonderheiten (Hamm FamRZ 98, 1028), wobei die Montagekosten kein maßgebliches Kriterium bilden (Zweibr FamRZ 93, 82). 8

Kunstgegenstände und Antiquitäten sind dann Hausrat, wenn sie nach ihrer Zweckbestimmung und dem Lebenszuschnitt der Eheleute der Möblierung oder Ausschmückung der Wohnung dienen, dagegen nicht, wenn sie vorrangig als Kapitalanlage beschafft worden sind (BGH FamRZ 84, 144; 575; Brandbg FamRZ 03, 532; Bambg FamRZ 97, 378). 9

Auf Haustiere finden die Regeln über den Hausrat entspr Anwendung (Bambg FamRZ 04, 559; Zweibr FuR 98, 235 = FamRZ 98, 1432; Schlesw NJW 98, 3127). Nutzvieh ist jedoch ebenso wenig wie Hausrat zu behandeln wie aus Liebhaberei gehaltene Tiere (Naumbg FamRZ 01, 481). 10

Keine Haushaltsgegenstände sind Sachen, die ausschl beruflichen Zwecken nur eines Ehegatten oder lediglich seinen individuellen Bedürfnissen oder persönlichen Interessen zu dienen bestimmt sind, wie etwa der beruflich genutzte Computer (Hburg FamRZ 90, 1118), das Musikinstrument des Musiklehrers, Fachliteratur, Briefmarken- (Hamm FamRZ 80, 683) oder Münzsammlungen (Ddorf FamRZ 86, 1134), Schmuck, Kleidung und Andenken. 11

C. Zuweisungsvoraussetzungen. Eine Zuweisung von Hausratsgegenständen kommt nur im Falle des Getrenntlebens der Eheleute in Betracht. Die bloße Absicht der Trennung reicht, anders als für die Zuweisung der Ehewohnung nach § 1361b, nicht aus. Wegen des Begriffs des Getrenntlebens wird im Übrigen auf die Erläuterungen zu § 1567 verwiesen. 12

Die Norm gibt drei unterschiedliche Ansprüche, den auf Herausgabe des im Alleineigentum des antragstellenden Ehegatten stehenden Hausrats (I 1), den auf Herausgabe des im Alleineigentum des anderen stehenden Hausrats (I 2) und den auf vorläufige Verteilung des im gemeinsamen Eigentum stehenden Hausrats. § 1361a ist lex specialis ggü § 985 (BGH FamRZ 76, 691). Auch die allgemeinen Vorschriften über das Eigentümer- Besitzer-Verhältnis sind wegen des Hausrates zwischen den Ehepartnern nicht anwendbar (BGH FamRZ 82, 1200; 84, 575; Ddorf FamRZ 87, 1994; Zweibr FamRZ 91, 848). 13

I. Im Alleineigentum stehender eigener Hausrat. Er kann nach I 1 nach der Trennung von jedem Ehegatten jederzeit heraus verlangt werden. Das aus § 1353 folgende Recht des anderen zum Mitbesitz kann dem Herausgabeverlangen nicht mehr entgegen gehalten werden (BGH FamRZ 84, 557). Anders als der Herausgabeanspruch nach § 985 ist dieser Anspruch jedoch durch die in der Norm enthaltene Billigkeitsregelung modifiziert. 14

II. Hausrat im Alleineigentum des anderen Ehegatten. Er kann nach I 2 ausnahmsweise dann heraus verlangt werden, wenn der Nichteigentümer ihn zur Führung seines abgesonderten Haushalts benötigt und die Überlassung der Billigkeit entspricht. 15

Ein abgesonderter Haushalt besteht dann, wenn ein Ehegatte entweder von dem anderen in der früheren Ehewohnung getrennt oder – ggf auch mit Dritten – in einer eigenen Wohnung lebt und dort seinen Haushalt führt. Lebt er nach der Trennung zunächst bei Verwandten, kann er Herausgabe beanspruchen, wenn er sich mit den heraus verlangten Gegenständen seinen Haushalt erst schaffen will (FAFamR/*Klein* Kap 8 Rn 208). 16

Ob der Ehegatte den Haushaltsgegenstand zur Führung seines eigenen Haushalts benötigt, richtet sich nach den ehelichen Lebensverhältnissen, den Erwerbs- und Vermögensverhältnissen sowie den Bedürfnissen minderjähriger Kinder (Köln FamRZ 80, 249; 86, 703). Benötigen setzt keine besondere Dringlichkeit voraus. Eine Überlassung kommt aber nicht in Betracht, wenn der Nichteigentümer nach seinen wirtschaftlichen Verhältnissen in der Lage wäre, sich den geforderten Haushaltsgegenstand selbst zu beschaffen. Benötigen beide Ehegatten den Gegenstand, so ist nach Billigkeit zu entscheiden, wobei dem Eigentümer im Zweifel der Vorrang einzuräumen ist. 17

18 Auch dann, wenn der Nichteigentümer den Haushaltsgegenstand benötigt, besteht ein Überlassungsanspruch nur, wenn die Überlassung der Billigkeit entspricht. Dabei ist auf die Umstände des Einzelfalles abzustellen, insbes die Bedürfnisse der minderjährigen Kinder (BayObLG FamRZ 72, 139). Unbillig wäre die Überlassung, wenn zu erwarten ist, dass der Nichteigentümer den Hausrat nicht ordnungsgemäß nutzen oder nicht pfleglich behandeln wird (FAFamR/*Klein* Kap 8 Rn 207). IRd Billigkeitsprüfung können auch die Gründe für die Trennung berücksichtigt werden. So kann der Nichteigentümer nicht verlangen, dass ihm der andere eine den bisherigen Lebensverhältnissen entspr Wohnung einrichtet und die zur Führung des Haushalts mit einem Dritten erforderlichen Gegenstände verschafft, insbes dann nicht, wenn der Bedarf erst durch das Zusammenleben mit dem neuen Partner entsteht (Palandt/*Brudermüller* Rn 14).

19 I 2 gibt nur einen Anspruch auf Gebrauchsüberlassung, dies auch nur hinsichtlich des vorhandenen Hausrats, nicht etwa auf Beschaffung benötigten Hausrats. Die Eigentumsverhältnisse werden durch die Entscheidung nicht berührt. An die Stelle des aus § 1353 folgenden Rechts zum (Mit-)Besitz tritt ein eigenständiges Recht zum Besitz des gebrauchsberechtigten Ehegatten. Der berechtigte Ehegatte ist für die Dauer der Nutzung zur Pflege und Erhaltung des Haushaltsgegenstandes verpflichtet und kann sich nicht mehr auf die Haftungserleichterung des § 1359 berufen (FAFamR/*Klein* Kap 8 Rn 203; aA Soergel/*Lange* Rn 9).

20 **III. Hausrat im Miteigentum beider Ehegatten.** wird gem II nach Billigkeit zur vorläufigen Nutzung für die Dauer des Getrenntlebens zugewiesen. Dabei ist anders als nach I 2 nicht darauf abzustellen, ob ein Ehegatte den Gegenstand benötigt. Ob die Überlassung billig ist, bestimmt sich wie nach § 2 HausratsVO im Wesentlichen nach dem Interesse der in der Ehe lebenden Kinder sowie den wirtschaftlichen Verhältnissen der Ehegatten.

21 Für das Bestehen von Miteigentum spricht die gesetzliche Vermutung des § 8 II HausratsVO, der analog anzuwenden ist.

22 Auch nach II erfolgt nur eine vorläufige Zuweisung der Nutzungsmöglichkeit. Die Eigentumsverhältnisse bleiben unberührt, was in IV ausdrücklich geregelt ist. Nur dann, wenn die Eheleute etwas anderes vereinbaren, kann Alleineigentum begründet werden.

23 **IV. Zahlung einer Nutzungsvergütung** kann nach III 2 im Fall der Überlassung des Gebrauchs von im Alleineigentum des anderen Ehegatten und von im gemeinsamen Eigentum stehenden Hausrat angeordnet werden. Da die Gebrauchsüberlassung die Eigentumsverhältnisse unberührt lässt, ist nur die Nutzung als solche auszugleichen, nicht etwa wie nach § 8 III HausratsVO auch der Verlust des Eigentums.
Die Höhe der Nutzungsvergütung bestimmt sich nach Billigkeitsgesichtspunkten. Dazu ist außer auf den Mietwert des Hausratsgegenstandes, der nicht überschritten werden darf, auch auf dessen Verkehrswert zum Zeitpunkt der Entscheidung (Stuttg FamRZ 93, 1461) sowie auf die Einkommens- und Vermögensverhältnisse der Ehegatten abzustellen. Diese können es aus geboten erscheinen lassen, von der Anordnung einer Nutzungsvergütung ganz abzusehen (München FamRZ 98, 1230 = FuR 97, 353).

24 Neben einer Nutzungsvergütung kommt auch die Anordnung in Betracht, die für den Gegenstand – zB das Kraftfahrzeug – anfallenden Steuern und Versicherungen zu übernehmen (München FamRZ 98, 1230 = FuR 97, 353).

25 **D. Besonderheiten. I. Prozessuales.** Für das Verfahren ist nach §§ 23 b I Nr 8 GVG, 621 I Nr 7 ZPO, 18 a HausratsVO die Zuständigkeit des Familiengerichts gegeben. Das Gericht ist gehalten, iRe mündlichen Verhandlung auf eine gütliche Einigung hinzuwirken.

26 Die Entscheidung verliert ihre Wirksamkeit, wenn die Eheleute die eheliche Lebensgemeinschaft wieder aufnehmen oder die Ehe rechtskräftig geschieden wird (Brandbg FamRZ 00, 1102). Haben sich die Eheleute über die Hausratsverteilung anlässlich ihrer Trennung geeinigt, so stellt auch diese Einigung im Zweifel nur eine Nutzungsregelung dar (Köln FamRZ 02, 322).

27 Die Eigentumsverhältnisse können im Verfahren offen bleiben, wenn der antragstellende Ehegatte den Hausratsgegenstand wenigstens auch deshalb bekommt, weil er ihn zur Führung seines abgesonderten Haushalts benötigt (Brandbg FamRZ 00, 1102).

28 Der Zuweisungsbeschluss muss so gefasst sein, dass die dem Ehegatten zugewiesenen Gegenstände ohne weiteres individualisierbar sind (Köln FamRZ 01, 174). Dazu ist nicht ausreichend, nur den jederzeit veränderbaren Aufstellungsort der Sachen zu benennen (Brandbg FamRZ 03, 532). Der Vergütungsanspruch kann in einem nach §§ 18 a, 16 III HausratsVO vollstreckbaren Titel gesondert festgesetzt werden. Vorläufiger Rechtsschutz ist nach § 621 g ZPO gegeben. Die Kostenentscheidung folgt aus § 20 HausratsVO (Schlesw OLGR 05, 409).

29 **II. Problem des eigenmächtig entnommenen Hausrats.** Bei der Behandlung verbotener Eigenmacht am Hausrat ist das Verhältnis von § 1361 a zu §§ 858 ff streitig. Einerseits wird vertreten, dass die Normen zueinander in echter Anspruchskonkurrenz stehen. Solange der Ehegatte nur die Wiedereinräumung des Mitbesitzes begehrt, ist danach der possessorische Besitzanspruch schon wegen der ggü § 1361 a unterschiedlichen Zielrichtung nicht ausgeschlossen (Frank FamRZ 03, 47; Bambg FamRZ 93, 335; KG FamRZ 87, 1147; Ddorf FamRZ 83, 1163; Hburg FamRZ 80, 250). Nach dieser Meinung ist je nach Zielrichtung entweder die beim

Zivilgericht zu erhebende Klage auf Wiedereinräumung des Mitbesitzes und als Mittel vorläufigen Rechtsschutzes die einstweilige Verfügung oder der beim Familiengericht zu stellende Antrag auf Hausratsteilung nach § 1361 a mit der Möglichkeit der einstweiligen Anordnung nach § 621 g ZPO gegeben.
Nach wohl herrschender Auffassung verdrängt § 1361 a als lex specialis die Regelung des § 861. Nach dieser 30
schon aus Gründen der Prozessökonomie vorzuziehenden Meinung sind allein die Familiengerichte für alle Streitigkeiten getrennt lebender Eheleute über den Hausrat zuständig, so dass als Anspruchsgrundlage allein § 1361 a sowie als Mittel vorläufigen Rechtsschutzes § 621 ZPO gegeben ist (BGH FamRZ 91, 928; FamRZ 82, 1200; Köln FamRZ 01, 1174; Stuttg FamRZ 96, 172; Oldbg FamRZ 94, 1254; Frankf FamRZ 88, 399; Zweibr FamRZ 87, 1146; Hamm FamRZ 87, 483; Ddorf FamRZ 94, 390).
Persönliche Gegenstände gehören jedoch nicht zum Hausrat, so dass deren Herausgabe gem § 985 beim Zivil- 31
gericht geltend zu machen ist.

§ 1361 b Ehewohnung bei Getrenntleben

(1) ¹Leben die Ehegatten voneinander getrennt oder will einer von ihnen getrennt leben, so kann ein Ehegatte verlangen, dass ihm der andere die Ehewohnung oder einen Teil zur alleinigen Benutzung überlässt, soweit dies auch unter Berücksichtigung der Belange des anderen Ehegatten notwendig ist, um eine unbillige Härte zu vermeiden. ²Eine unbillige Härte kann auch dann gegeben sein, wenn das Wohl von im Haushalt lebenden Kindern beeinträchtigt ist. ³Steht einem Ehegatten allein oder gemeinsam mit einem Dritten das Eigentum, das Erbbaurecht oder der Nießbrauch an dem Grundstück zu, auf dem sich die Ehewohnung befindet, so ist dies besonders zu berücksichtigen; Entsprechendes gilt für das Wohnungseigentum, das Dauerwohnrecht und das dingliche Wohnrecht.
(2) ¹Hat der Ehegatte, gegen den sich der Antrag richtet, den anderen Ehegatten widerrechtlich und vorsätzlich am Körper, der Gesundheit oder der Freiheit verletzt oder mit einer solchen Verletzung oder der Verletzung des Lebens widerrechtlich gedroht, ist in der Regel die gesamte Wohnung zur alleinigen Benutzung zu überlassen. ²Der Anspruch auf Wohnungsüberlassung ist nur dann ausgeschlossen, wenn keine weiteren Verletzungen und widerrechtlichen Drohungen zu besorgen sind, es sei denn, dass dem verletzten Ehegatten das weitere Zusammenleben mit dem anderen wegen der Schwere der Tat nicht zuzumuten ist.
(3) ¹Wurde einem Ehegatten die Ehewohnung ganz oder zum Teil überlassen, so hat der andere alles zu unterlassen, was geeignet ist, die Ausübung dieses Nutzungsrechts zu erschweren oder zu vereiteln. ²Er kann von dem nutzungsberechtigten Ehegatten eine Vergütung für die Nutzung verlangen, soweit dies der Billigkeit entspricht.
(4) Ist nach der Trennung der Ehegatten im Sinne des § 1567 Abs. 1 ein Ehegatte aus der Ehewohnung ausgezogen und hat er binnen sechs Monaten nach seinem Auszug eine ernstliche Rückkehrabsicht dem anderen Ehegatten gegenüber nicht bekundet, so wird unwiderleglich vermutet, dass er dem in der Ehewohnung verbliebenen Ehegatten das alleinige Nutzungsrecht überlassen hat.

A. Allgemeines. Die Norm ist durch das UÄndG vom 20. 2. 86 (BGBl I 301) eingeführt und durch das 1
GewSchG (BGBl I 3513) zum 1. 1. 02 umfassend geändert worden. Durch die Neufassung ist der bis dahin maßgebliche Begriff der schweren Härte durch den der unbilligen Härte ersetzt worden, wodurch insbes bei Gewalttaten die Schwelle zum Eingriff in das Recht an der ehelichen Wohnung herabgesetzt worden ist. Während nach altem Recht eine schwere Härte nur anzunehmen war, wenn die vorläufige Zuweisung der Ehewohnung an einen Ehegatten die ultima ratio war, sind mit der Einführung des Begriffs der unbilligen Härte die Kriterien denen des § 3 HausratsVO angeglichen worden (zu den Voraussetzungen: Stuttg FamRZ 04, 876).
§ 1361 b ermöglicht – wie § 1361 a für den Hausrat – nur eine vorläufige Regelung der Nutzungsverhältnisse 2
an der Ehewohnung für die Dauer des Getrenntlebens. Es darf weder in Eigentums- noch in bestehende Mietverhältnisse (Hamm FamRZ 00, 1102) eingegriffen werden, weshalb im Verfahren Dritte nicht zu beteiligen sind.
Eine analoge Anwendung auf vergleichbare Lebenssachverhalte – insbes die nichteheliche Lebensgemein- 3
schaft – kommt nicht in Betracht (Staud/*Hübner/Volpel* Rn 4; Palandt/*Brudermüller* Rn 5). Für die eingetragene Lebenspartnerschaft enthält § 14 LPartG eine eigenständige Regelung.

B. Der Begriff der Ehewohnung. ist weit auszulegen und identisch mit dem des § 1 HausratsVO. Er umfasst 4
unabhängig von den Eigentums- und güterrechtlichen Verhältnissen alle Räume, in denen die Ehegatten wohnen, gewohnt haben oder bestimmungsgemäß wohnen wollten (BGH FamRZ 90, 987). Zur Ehewohnung rechnen auch Nebenräume wie der Dachboden, der Keller, Sport- oder Fitnessräume (Jena NJW-RR 04, 435) und die Garage, der Hausgarten (BGH FamRZ 90, 987, Jena NJW-RR 04, 435) und ggf Gartenlauben (Naumbg FamRZ 05, 1269). Entscheidend sind die tatsächlichen Verhältnisse sowie der gemeinsame Plan der Nutzung als Ehewohnung, mag er auch letztlich nicht realisiert worden sein (München FamRZ 86, 1919). Unerheblich ist neben den Eigentumsverhältnissen auch, ob die Wohnung satzungsgemäß nur Mitgliedern

einer Genossenschaft oder eines Vereins zusteht (München FamRZ 91, 1452), oder ob das Nutzungsrecht durch Verwaltungsakt begründet wurde (Stuttg FamRZ 90, 1354).

5 Ferienwohnung und Wochenendhaus können Ehewohnung sein, wenn sie häufig genug genutzt worden sind, um den räumlichen Mittelpunkt der Ehe darzustellen (Naumbg FamRZ 94, 389; München FamRZ 94, 131; Frankf FamRZ 82, 398; Zweibr FamRZ 81, 259; nicht bei einer nur für wenige Wochen im Jahr genutzten Ferienwohnung im Ausland Bambg FamRZ 01, 1316).

6 Ausschl oder ganz überwiegend beruflich oder gewerblich genutzte Räume wie Werkstätten oder Praxisräume gehören nicht zur Ehewohnung.

7 Verlässt ein Ehegatte die Ehewohnung als Folge ehelicher Spannungen, so ändert das an ihrer Qualifikation nichts (Jena NJW-RR 04, 435; Karlsr FamRZ 99, 1087). Hat der Ehegatte aber zu erkennen gegeben, dass er die Wohnung nicht mehr für sich beansprucht, kann eine entspr Einigung vorliegen, wobei auf die Fristenregelung des IV hinzuweisen ist. Überdies kann die Wohnung ihren Charakter als Ehewohnung verlieren (Köln FamRZ 05, 1993)

8 **C. Zuweisungsvoraussetzungen. I. Der Begriff des Getrenntlebens** ist mit dem in § 1567 verwendeten identisch, so dass auf die Ausführungen zu dieser Norm verwiesen wird. Anders als für die Zuweisung von Hausrat reicht hier aber auch bereits die ernsthafte Absicht der Trennung. Diese liegt vor, wenn mindestens einer der Ehegatten die eheliche Lebensgemeinschaft ablehnt und deshalb die häusliche Gemeinschaft aufheben will (FA-FamR/*Klein* Kap 8 Rn 80), wogegen eine Scheidungsabsicht nicht erforderlich ist (Staud/*Hübner/Voppel* Rn 7).

9 **II. Der Begriff der unbilligen Härte** kann nicht isoliert von den Gegebenheiten des Falles gesehen werden. So sind einerseits die Belange der Ehegatten und der im Haushalt lebenden Kinder abzuwägen. Angesichts der Schwere des Eingriffs bedürfen sodann der Grundsatz der Verhältnismäßigkeit sowie nach I 3 die dinglichen Rechte an der Wohnung besonderer Beachtung.

10 **1. Gewalt und andere Störungen** stellen ein in II die Wohnungszuweisung rechtfertigendes Regelbeispiel dar. Danach ist jede Androhung oder Anwendung von Gewalt gegen den antragstellenden Ehegatten oder im Haushalt lebende Kinder grds geeignet, die Zuweisung der Wohnung an den Ehegatten zu begründen. Hierunter fallen auch schon nach altem Recht schwere Störungen des Familienlebens als Folge von Ängstigungen durch massive und ernsthafte, subjektiv stark belastende Drohungen (Köln FamRZ 06, 126; Karlsr FamRZ 91, 1440 für Morddrohungen), Gewalttätigkeiten (München FamRZ 96, 730), Misshandlungen des 1-jährigen Kindes (Köln FamRZ 96, 1220) oder Gewalt gegen Kinder (Kobl FamRZ 00, 28), die körperliche Misshandlung der Ehefrau (KG EzFamRaktuell 97, 301) oder auch nur eine einmalige tätliche Entgleisung bei Wiederholungsgefahr (München FamRZ 99, 1270 = FuR 99, 230). Im Fall grob rücksichtslosen, besonders unbeherrschten und unberechenbaren Verhaltens eines Ehegatten braucht es nicht zu unmittelbaren Gefahren für Leib oder Leben des anderen gekommen zu sein (Köln FamRZ 01, 761).

11 Unabhängig von Gewalt ist eine schwere Härte auch in folgenden Umständen zu sehen: dauernde Störung der Nachtruhe (Ddorf FamRZ 88, 1058), schwere Störungen des Familienlebens wegen Alkohol- oder Drogenabhängigkeit (Celle FamRZ 92, 676), Aufnahme des neuen Lebensgefährten in die Ehewohnung nach Zurückweisung des Antrages auf Zuweisung der Ehewohnung (Hamm FamRZ 93, 1442), eigenmächtige Entziehung der Nutzungsmöglichkeit für den unter multipler Sklerose leidenden Ehegatten (Hamm FamRZ 96, 1411).

12 Auch nach der Herabsenkung der Eingriffsschwelle stellt der Alkoholmissbrauch als solcher noch keine unbillige Härte dar, sofern nicht alkoholbedingte Störungen wie aggressives Verhalten, Entwendungen von Geld oder Wertsachen, mangelnde Hygiene oder auch Selbstzerstörungstendenzen hinzu kommen (*Haussleiter/Schulz* Kap 4 Rn 23).

13 Unerheblich ist, ob die die Härte begründenden Umstände schuldhaft herbei geführt worden sind. Deshalb kann uU auch in den Auswirkungen einer psychischen Erkrankung (Bambg EzFamRaktuell 00, 94) oder in der das weitere Zusammenleben belastenden lebensbedrohenden Tumorerkrankung (Jena FamRZ 97, 559) eine unbillige Härte gesehen werden.

14 Die Wohnungszuweisung kommt auch in Betracht, wenn die die Härte begründenden Umstände nicht nur auf das Verhalten eines Ehegatten zurückzuführen sind (Jena FamRZ 97, 559; Bambg FamRZ 90, 1353; Ddorf FamRZ 88, 1058; Kobl FamRZ 87, 852). Sind die Verursachungsbeiträge allerdings etwa gleichmäßig auf beiden Seiten zu suchen, ist vorbehaltlich des Kindeswohls darauf abzustellen, wen der Verlust der Wohnung persönlich oder beruflich härter trifft und wer wirtschaftlich eher in der Lage ist, eine angemessene neue Wohnung zu finden (Palandt/*Brudermüller* Rn 12).

15 **2. Das Wohl der Kinder.** In I 2 ist die Beeinträchtigung des Wohls der Kinder ausdrücklich als ein die unbillige Härte begründender Umstand genannt. Danach ist es für die Zuweisung der Wohnung an einen Elternteil schon ausreichend, dass allein die Kinder unter den Spannungen und Streitigkeiten zwischen den Eltern leiden. Ist ein erträgliches Auskommen der Familie unter einem Dach nicht möglich, so haben die Bedürfnisse der Kinder an einer geordneten, ruhigen und entspannten Familiensituation Vorrang ggü den

Interessen der Eltern daran, weiter in der Wohnung zu leben (Nürnbg FuR 05, 573; *Haussleiter/Schulz*, Kap 4 Rn 19). Kann die Familie in einer Wohnung nicht mehr zusammenleben, weil Streit und Hass die häusliche Atmosphäre unerträglich vergiften und ist den Kindern nicht zuzumuten, das Heim und die gewohnte Umgebung samt Freunden oder die Schule zu verlassen, so bleibt mit den Kindern derjenige Elternteil in der Wohnung, der sie betreut (*Brudermüller* FamRZ 03, 1795, 1797). Zu den zu berücksichtigenden Kindern zählen auch die Stiefkinder (KG FamRZ 91, 467; Schlesw FamRZ 91, 1301).

3. Die dingliche Rechtsposition an der Ehewohnung ist nach I 3 besonders zu berücksichtigen. Als solche kommen in Betracht: Alleineigentum eines Ehegatten, Erbbaurecht, Nießbrauchsrecht, Wohnungseigentum, Dauerwohnrecht, dingliches Wohnrecht. Der jeweils alleinigen Berechtigung eines Ehegatten steht die mit einem Dritten gleich. Die besondere Berücksichtigung der dinglichen Rechtsposition führt zu einer Herabsetzung der Eingriffsschwelle zu Gunsten des dinglich Berechtigten (Köln FamRZ 94, 632), insbes dann, wenn die Rechtsposition schon vor der Eheschließung bestanden hat (Hamm FamRZ 89, 739). Beantragt der Nichteigentümer die Zuweisung, sind an die unbillige Härte entspr strengere Anforderungen zu stellen (*Brudermüller* FamRZ 99, 129, 133). Haben etwa beide Ehegatten gleichermaßen die Ursache für die unbillige Härte gesetzt, ist die Wohnung dem dinglich berechtigten zuzuweisen (Köln FamRZ 94, 632). 16

Die dingliche Rechtsposition soll lediglich berücksichtigt werden, begründet aber keinen Vorrang ggü anderen Rechtspositionen. Hinter den Kinderschutzinteressen hat sie zurückzutreten, etwa dann, wenn der in der Wohnung alleine lebende Ehegatte minderjährige, nicht zwingend gemeinschaftliche Kinder betreut (FA-FamR/*Klein* Kap 8 Rn 73). 17

Die Zuweisung kann stets nur zum Zwecke der Nutzung beansprucht werden, weshalb der Alleineigentümer nicht die Besitzeinräumung zum Zweck der Vermietung (Frankf FamRZ 04, 875) oder mit der Begründung verlangen kann, er sei aus wirtschaftlichen Gründen gezwungen, die Ehewohnung zu veräußern (Saarbr OLGR 04, 515). Dies würde zu einer endgültigen Regelung schon während der Dauer des Getrenntlebens führen (Karls FamRZ 99, 1087; Hamm FamRZ 98, 1172; Köln FamRZ 97, 943). In extremen Ausnahmefällen kann dies, etwa um den wirtschaftlichen Ruin zu verhindern, ggf anders gesehen werden (Hburg FamRZ 92, 1298). 18

4. Zeitmoment und Freiwilligkeit (IV). Der bisherige Besitz an der ehelichen Wohnung rechtfertigt zwar die Zuweisung an den Besitzer noch nicht (Ddorf FamRZ 98, 1171), doch sind die Anforderungen der Zuweisung an denjenigen Ehegatten, der die Wohnung bis zur Trennung allein besitzt umso geringer, je länger die Trennung anhält. Die Schwelle zum Eingriff zu Lasten des in der Wohnung verbliebenen Ehegatten ist zunehmend höher anzusetzen (Köln FamRZ 96, 547). Hat der aus der Ehewohnung ausgezogene Ehegatte gar nicht binnen 6 Monaten nach Verlassen der Wohnung dem anderen ggü seine ernsthafte Rückkehrabsicht bekundet, so wird nach IV unwiderlegbar vermutet, dass er dem anderen das alleinige Nutzungsrecht überlassen hat. Mit dieser Regelung soll möglichst schnell Rechtssicherheit geschaffen werden. Außerdem wird dem Umstand Rechnung getragen, dass die Eheleute sich innerhalb der genannten Frist auf neue Lebensumstände eingestellt haben. 19

Hat ein Ehegatte die Wohnung freiwillig verlassen, so ist das ein iRd Billigkeitserwägungen zu überprüfender Umstand (Hamm FamRZ 98, 1172), wobei das freiwillige Verlassen nicht automatisch dazu führt, dass der in der Wohnung verbliebene Ehegatte eine höhere Berechtigung hat als der andere. Das gilt insbes dann, wenn das Verlassen der Wohnung allein der Herbeiführung der Trennung diente. 20

5. Belange des anderen Ehegatten (I 1). Die ausdrückliche Erwähnung der Belange des anderen Ehegatten zwingt zu einer Gesamtabwägung der Interessen beider Ehegatten. In diese sind alle Umstände des Falles einzubeziehen, die das Verhältnis der Ehegatten zueinander, ihre gegenwärtigen Lebensbedingungen und ihre Beziehungen zu ihrer Ehewohnung betreffen. Hierzu zählen auch Alter und Gesundheitszustand der Eheleute (Jena FamRZ 97, 559; Celle FamRZ 92, 465; KG FamRZ 91, 465; Kobl FamRZ 87, 853) sowie ihre wirtschaftlichen Verhältnisse (KG FamRZ 88, 182; Karlsr FamRZ 81, 1087). Maßgebend ist auch, ob ein Ehegatte auf die räumliche Lage der Wohnung oder ihre besondere Ausstattung angewiesen ist (Hamm FamRZ 93, 1441) oder ob ein Ehegatte die Wohnung schon vor der Eheschließung besaß und Eigenleistungen zu deren Ausbau erbracht hat (KG FamRZ 88, 182) oder wie die Eheleute sich zueinander bei der Durchsetzung ihrer Rechte verhalten, ob sie sich insbes über getroffene Vereinbarungen hinweg gesetzt (Braunschw NJW-RR 96, 578) oder gar Zwang gegen den anderen ausgeübt haben (Hamm Fam RZ 96, 1411). 21

D. Regelungsinhalt. Jede Entscheidung nach § 1361 b hat immer nur vorläufigen Charakter für die Dauer des Getrenntlebens. Eine weitergehende Regelung, etwa die endgültige Zuweisung der Ehewohnung oder eine Umgestaltung der vertraglichen Grundlagen scheidet selbst dann aus, wenn ein Ehegatte kein Interesse an der Nutzung mehr hat (Zweibr FamRZ 90, 55; Hamm FamRZ 85, 706), oder wenn beide Ehegatten übereinstimmend eine Änderung des Mietverhältnisses entspr § 5 HausratsVO begehren (München FamRZ 96, 674; Köln FamRZ 94, 632). 22

1. Wohnungszuweisung. Mit der Zuweisungsentscheidung ist der Ehegatte, der die Wohnung verlassen muss, von Amts wegen und ausdrücklich zu verpflichten, sie zu räumen und an den anderen herauszugeben (BGH FamRZ 94, 98, 101). Die bloße Zuweisung ohne gleichzeitige Herausgabeverpflichtung stellt keinen 23 vollstreckbaren Räumungstitel dar (Zöller/*Stöber* § 885 Rn 2; Staud/*Hübner/Voppel* Rn 55), wobei die Vollstreckung nach den Vorschriften der ZPO erfolgt (§ 16 III HausratsVO), während ein Auszug nicht mit Zwangsgeld oder Zwangshaft erzwungen werden kann (Saarbr FuR 05, 574).

24 Nach § 885 II ZPO werden mit der Räumung auch bewegliche Sachen, die nicht Gegenstand der Zwangsvollstreckung sind, weggeschafft. Soll dies verhindert werden, muss dies ausdrücklich angeordnet und klargestellt werden, dass § 885 II ZPO nicht anzuwenden ist (Karlsr FamRZ 94, 1185; KG FamRZ 87, 1290).

25 **2. Aufteilung der Wohnung.** Aus dem iRd Zuweisungsentscheidung zu beachtenden Grundsatz der Verhältnismäßigkeit folgt, dass die Zuweisung der gesamten Wohnung an einen Ehegatten dann unzulässig ist, wenn weniger einschneidende Maßnahmen in Betracht kommen. Deshalb ist die Wohnung unter beiden Eheleuten aufzuteilen, wenn ein erträgliches Miteinander noch möglich ist (München FuR 99, 230; Ddorf FamRZ 88, 1058; Zweibr FamRZ 87, 508; Frankf FamRZ 87, 159) und es im Interesse der Kinder liegt, beide Elternteile in unmittelbarer Nähe zu haben (AG Saarbr FamRZ 03, 530). Liegt die unbillige Härte allerdings in der Anwendung oder Androhung von Gewalt, ist dem verletzten Ehegatten nach II regelmäßig die gesamte Wohnung zur alleinigen Benutzung zu überlassen, um neue Konflikte zu vermeiden. Etwas anderes gilt nur dann, wenn die Wohnverhältnisse so großzügig bemessen sind, dass mit einem Zusammentreffen der Eheleute nach der Aufteilung nicht mehr zu rechnen ist (BTDrs 14/5429, 21, 43).

26 **3. Nutzungsvergütung.** Um einen Ausgleich dafür zu schaffen, dass der aus der Wohnung verdrängte Ehegatte bis zur Rechtskraft der Ehescheidung auf sein Recht zum Mitbesitz verzichten muss, kann, soweit dies der Billigkeit entspricht, von dem anderen beginnend ab Geltendmachung des Zahlungsbegehrens (München FamRZ 99, 1270; Köln FuR 98, 398; Braunschw FamRZ 96, 548) die Zahlung einer Nutzungsentschädigung verlangt werden. Der Anspruch besteht aber nur gegen den Ehegatten, nicht auch gegen dessen dort aufgenommenen neuen Lebensgefährten (LG Bielefeld FamRZ 03, 158). Für sonstige Ausgleichszahlungen, insbes Abstandsleistungen wegen in der Wohnung verbliebener Möbel, bietet § 1361 b keine Anspruchsgrundlage (Hamm FamRZ 89, 7, Hburg FamRZ 88, 80), wogegen der Ehegatte auch im Falle freiwilligen Verlassens der Ehewohnung einen Anspruch haben kann, weil die Verpflichtung zur Überlassung der Wohnung nach III 2 kein Tatbestandsmerkmal mehr ist.

27 Die Nutzungsvergütung wird regelmäßig in monatlich fällig werdenden Teilbeträgen festgesetzt, doch kann auch eine einmalige Abstandszahlung, oder die Freistellung von künftigen Mietzinsforderungen oder – im Falle finanzierten Wohneigentums – Kreditraten im Innenverhältnis angeordnet werden (Naumbg FamRZ 03, 1748).

28 Ob überhaupt und ggf in welcher Höhe eine Nutzungsvergütung festzusetzen ist, bestimmt sich nach den Gesamtumständen des Falles. Danach ist die Anordnung zur Zahlung einer Nutzungsvergütung dann regelmäßig billig, wenn die Wohnung im Alleineigentum des weichenden Ehegatten oder seiner Eltern steht (Naumbg FamRZ 98, 1529; Köln FamRZ 92, 440; München FamRZ 90, 530; Bambg FamRZ 90, 179). Nicht billig ist sie, wenn die Alleinnutzung einer für einen der Ehegatten viel zu großen Wohnung aufgedrängt ist (Naumbg OLGR 01, 141; Hamm FamRZ 96, 1476), wenn der nutzende Ehegatte minderjährige Kinder zu betreuen hat und deswegen nicht erwerbstätig ist (Brandbg FamRZ 02, 396; Köln FamRZ 97, 943), wenn der Vorteil unentgeltlichen Wohnens dem nutzungsberechtigten Ehegatten iRd Unterhaltsregelung als fiktives Einkommen angerechnet worden ist (BGH FamRZ 97, 484; 94, 1100; Köln FamRZ 05, 639; FAFamR/*Gerhardt* Kap 6 Rn 236) oder wenn der in der Wohnung verbliebene Ehegatte die gemeinsamen minderjährigen Kinder betreut und von dem anderen keinen Unterhalt bekommt (Köln FamRZ 97, 943). Vor Ablauf des ersten Trennungsjahres wird regelmäßig nicht der ungekürzte Mietwert zugesprochen (BGH NJW 00, 284), weil nichts unternommen werden soll, die Trennung zu vertiefen.

29 Für die Bestimmung der Höhe der Nutzungsvergütung ist maßgeblich auf die wirtschaftlichen Verhältnisse der Eheleute, die bisherige Lebensführung und die Höhe der bestehenden Belastungen sowie darauf abzustellen, wer diese trägt (Frankf FamRZ 92, 677; Celle FamRZ 92, 677; München FamRZ 90, 530). Im Übrigen ist regelmäßig vom halben Mietwert auszugehen (Frankf EzFamR aktuell 02, 107; BayObLG FamRZ 74, 22), der jedoch bei aufgedrängter Alleinnutzung (Hamm FamRZ 96, 1476) – hier bis zur Höhe des angemessenen Wohnwertes (*Haussleiter/Schulz* Kap 4 Rn 59) – oder schlechten wirtschaftlichen Verhältnissen (Schlesw FamRZ 88, 722; Ddorf FamRZ 85, 949) unterschritten werden kann. Obergrenze ist stets die ortsübliche Miete (BGH FamRZ 94, 822). Trägt der nutzende Ehegatte die Hauslasten einschl der verbrauchsunabhängigen Kosten, so ist die geschuldete Nutzungsvergütung um diese Beträge zu kürzen (Ddorf FamRZ 99, 1271; Braunschw FamRZ 96, 548; Celle FamRZ 02, 465; Frankf FamRZ 92, 677).

30 Steht die eheliche Wohnung im Miteigentum beider Ehegatten, so erfolgt die Zuweisung des Nutzungsrechts als solches nach hR nach § 1361 b, während eine Nutzungsvergütung unter Miteigentümern aber nur als Folge einer Neuregelung der Verwaltung und Nutzung durch Beschluss nach § 745 II angeordnet werden kann, der ggf vor dem Prozessgericht geltend zu machen ist (BGH FamRZ 96, 931; 94, 822; 82, 355; Brandbg FamRZ 01, 427; Celle NJW 00, 1425; KG FamRZ 00, 304; Köln FamRZ 99, 1272; Bambg FamRZ 90, 17; Kobl FamRZ 89, 85; aA: Palandt/*Brudermüller* Rn 27; MüKo/*Wacke* Rn 2; FAFamR/*Klein* Kap 8 Rn 80).

4. Schutzanordnungen (III 1). Dem die Wohnung verlassenden Ehegatten kann aufgegeben werden, alles 31
zu unterlassen, was geeignet ist, die Ausübung des Nutzungsrechts zu erschweren oder zu vereiteln. Zu den
danach möglichen Anordnungen zählen das Verbot der Kündigung des Mietverhältnisses oder die Wohnung
anderweitig zu vermieten, das Verbot, die Wohnung nochmals zu betreten, das Gebot, sämtliche Schlüssel
auszuhändigen, Belästigungs- oder Misshandlungsverbote oder auch das Verbot, mit dem in der Wohnung
verbliebenen Ehegatten Kontakt aufzunehmen. Insoweit ergibt sich eine Parallele zu den nach dem GewSchG
möglichen Anordnungen. Die Norm bietet keine Grundlage für ein Veräußerungsverbot, weil sie nicht die
Möglichkeit gibt, in die Eigentumsverhältnisse an der Ehewohnung einzugreifen (*Brudermüller* FamRZ 03,
1705, 1709).

E. Besonderheiten. 1. Das Verfahren. Das Verfahren kann nicht als Folgesache mit der Ehescheidung 32
geführt werden, weil die Norm nur die Möglichkeit einer vorläufigen Regelung bis zur Rechtskraft der Ehescheidung
gibt. Das Verfahren richtet sich nach den Normen der HausratsVO (§ 18 a HausratsVO). Eine
Beteiligung Dritter kommt nicht in Betracht, doch kann es geboten sein, die in der Wohnung lebenden Kinder
anzuhören (Staud/*Hübner/Voppel* Rn 51). Mit der Wohnungszuweisung können auch Annexentscheidungen
getroffen werden (§ 15 HausratsVO), wie die Anordnung der Räumung und Herausgabe, die Einräumung
einer Räumungsfrist oder Ge- und Verbote zur sachgerechten Nutzungsregelung (Dresden FamRZ 93,
183; Karlsr FamRZ 94, 1185; KG FamRZ 91, 467). Für den Streitwert ist auf den einjährigen Mietwert abzustellen,
bei den einstweiligen Rechtsschutz auf den dreimonatigen (Karlsr FamRZ 05, 230; Frankf FamRZ 05,
230; Bambg FamRZ 03, 267).

Bei Anhängigkeit eines Verfahrens nach § 1361 b besteht die Möglichkeit des Erlasses einstweiliger Anordnungen 33
(§ 621 g ZPO). Mit der Auflösung der Ehe endet das Getrenntleben, so dass die Entscheidungen nach
§ 1361 b ebenso wie einstweilige Anordnungen nach § 621 g ZPO unwirksam werden, wogegen einstweilige
Anordnungen nach § 620 I 7 ZPO gem § 620 f ZPO erst mit dem Wirksamwerden anderweitiger Regelungen
außer Kraft treten.

2. Darlegungs- und Beweislast. Die den Antrag stützenden Umstände sind vom Antragsteller substanziiert 34
darzulegen. Dazu sind die einzelnen die Wohnungszuweisung begründenden Vorfälle nach Zeit, Ort, näheren
Umstände und konkreten Folgen genau zu schildern (*Haussleiter/Schulz* Kap 4 Rn 28). Nicht ausreichend ist
der Vortrag, der Antragsgegner habe wiederholt bedroht, misshandelt oder vergewaltigt (Ddorf FamRZ 88,
1058), er habe ständig geschimpft und gedroht (Karlsr FamRZ 91, 1440) oder der antragstellende Ehegatte
habe während der Ehe mehrfach Gewalt und Demütigungen erlitten (Brandbg FamRZ 96, 743; Köln FamRZ
94, 632; Hamm FamRZ 89, 739).

Zweifel an dem die Begründetheit des Zuweisungsantrages stützenden Vortrag gehen zu Lasten des Antrag- 35
stellers. Steht fest, dass es zu einer Gewalttat gekommen ist, ist es Sache des Täters, darzulegen und zu beweisen,
dass weitere Verletzungshandlungen von ihm nicht zu befürchten sind (II 2), wobei an die Widerlegung
der aus dem Gesetz folgenden Vermutung der Wiederholungsgefahr hohe Anforderungen zu stellen sind
(BTDrs 14/5429, 19).

Auch dann, wenn eine Wiederholungsgefahr nicht besteht, ist dem antragstellenden Ehegatten die Wohnung 36
zu belassen, wenn ihm das weitere Zusammenleben allein wegen der Schwere der begangenen Tat nicht zuzumuten
ist (II 2, 2. HS). Der Gesetzgeber hat dabei insbes an Fälle schwerer Körperverletzung, Vergewaltigung
oder versuchten Totschlags gedacht (BTDrs 14/5429, 31).

3. Bei eigenmächtiger Änderung der Nutzungsverhältnisse. sind Ansprüche aus § 985 ausgeschlossen, weil 37
diese ebenso wie Ansprüche aus dem Eigentümer – Besitzerverhältnis durch § 1361 b ausgeschlossen sind
(BGH FamRZ 76, 691; Hamm FamRZ 98, 1172; Köln FamRZ 87, 77 jeweils zu § 985; Frankf FamRZ 92, 677
zum Eigentümer – Besitzerverhältnis).

Die Besitzschutzvorschriften sind dagegen nach hM anwendbar, wenn der ausgeschlossene Ehegatte nur die 38
Wiedereinräumung seines Mitbesitzes begehrt (Staud/*Hübner/Voppel* § 1361 b Rn 29; MüKo/*Wacke* Rn 3,
FAFamR/*Klein* Kap 8 Rn 15; aA: Palandt/*Brudermüller* Rn 18; *Menter* FamRZ 97, 76). Wegen der Sachnähe
der Ansprüche zueinander und aus Gründen der Prozessökonomie ist die Zuständigkeit des Familiengerichts
aber auch für Besitzschutzansprüche gegeben (Staud/*Hübner/Voppel* Rn 29; MüKo/*Wacke* Rn 3; Soergel/*Lange*
Rn 8), mindestens dann, wenn der Antragsgegner sein Verhalten damit verteidigt, die Aussperrung sei zum
Zweck des Getrenntlebens erfolgt (FAFamR/*Klein* Kap 8 Rn 15).

4. Verhältnis zum GewSchG. Die weitergehende Vorschrift des § 1361 b schließt die Anwendung des § 2 39
GewSchG nicht aus. Zwar gibt § 1361 b die unbefristete Möglichkeit der Wohnungsüberlassung, doch enthält
das GewSchG einige bedeutsame Erleichterungen. So können die Entscheidungen nach § 64 FGG für
sofort vollstreckbar erklärt werden. Außerdem gibt es Erleichterungen für die Umsetzung einstweiliger
Anordnungen.

§ 1362 Eigentumsvermutung

(1) ¹Zugunsten der Gläubiger des Mannes und der Gläubiger der Frau wird vermutet, dass die im Besitz eines Ehegatten oder beider Ehegatten befindlichen beweglichen Sachen dem Schuldner gehören. ²Diese Vermutung gilt nicht, wenn die Ehegatten getrennt leben und sich die Sachen im Besitz des Ehegatten befinden, der nicht Schuldner ist. ³Inhaberpapiere und Orderpapiere, die mit Blankoindossament versehen sind, stehen den beweglichen Sachen gleich.
(2) Für die ausschließlich zum persönlichen Gebrauch eines Ehegatten bestimmten Sachen wird im Verhältnis der Ehegatten zueinander und zu den Gläubigern vermutet, dass sie dem Ehegatten gehören, für dessen Gebrauch sie bestimmt sind.

1 **A. Allgemeines.** Die Norm enthält eine Regelung des Gläubigerschutzes. Durch sie wird dem Außenstehenden der sonst oft nur schwer zu führende Nachweis des Eigentums gerade eines der Ehegatten erleichtert. Die Norm gilt im Außenverhältnis, nicht auch zwischen den Ehegatten selbst; hier gilt § 1006 (Oldbg FamRZ 91, 814).

2 **B. Voraussetzungen.** Die Eigentumsvermutung setzt das Bestehen einer Ehe voraus und gilt nach I 2 nicht mehr nach der Trennung der Eheleute (wegen des Begriffs des Getrenntlebens vgl § 1567). Sie gilt für alle beweglichen Sachen, also auch Geld, und nach I 3 auch für Orderpapiere, die mit Blanoindossament versehen sind, hingegen nicht für Grundstücke oder Forderungen. Sie gilt ferner nicht für ausschl zum persönlichen Gebrauch eines Ehegatten bestimmte Sachen wie Kleidung, Arbeitsgerät oder Schmuck (Saarbr OLGR 03, 75), für die nach II vermutet wird, dass sie dem Ehegatten gehören, für dessen Gebrauch sie bestimmt sind.

3 **C. Prozessuales.** Um die Vermutung des I auszulösen, muss der Gläubiger die Voraussetzungen der Norm darlegen und beweisen, während es dem jeweils anderen Ehegatten obliegt, den vollen Nachweis seines Eigentums zu führen. Dieser Nachweis ist nicht durch Vorlage des Kfz-Briefes geführt (BGH NJW 70, 1002).

4 Besondere Bedeutung erlangt die Norm im Fall der Zwangsvollstreckung, in der sie ihre Entsprechung in § 739 ZPO findet, oder in der Insolvenz eines Ehegatten. Gegen die Vollstreckung hat der nicht schuldende Ehegatte die Möglichkeit der Klage nach § 771 ZPO.

5 Anders als die nach I gilt die Vermutung nach II auch über die Trennung und Eheauflösung hinaus (BaRoth/Beutler Rn 12). Dabei hat derjenige Ehegatte, der sich auf die Vermutung beruft, den Nachweis der Bestimmung der Sache zu seinem ausschl persönlichen Gebrauch zu erbringen, wobei neben Lebenserfahrung auch die Umstände des Falles herangezogen werden können (BGH FamRZ 71, 24; Nürnbg FamRZ 00, 1220 für den Fall des Damenschmucks).

Titel 6   Eheliches Güterrecht

Vorbemerkungen vor §§ 1363 ff

1 Das Güterrecht regelt die vermögensrechtlichen Beziehungen der Ehegatten zueinander, soweit sie auf dem Bestehen der Ehe beruhen. Treten sich die Eheleute wie Dritte ggü, sind die in diesem Zusammenhang begründeten Rechtsverhältnisse nicht dem Güterrecht zuzuordnen. Hierzu rechnen zB Ansprüche auf Ausgleich von Gesamtschulden (§ 426), Ausgleichsansprüche iRe Ehegatteninnengesellschaft, Ansprüche aus Miteigentum, Ansprüche aus Beteiligung an Steuererstattungen oder Steuernachzahlungen. Vom Güterrecht getrennt sind daneben allgemeine Regelungen mit vermögensrechtlichem Bezug, die den „Wirkungen der Ehe im Allgemeinen" (§§ 1356, 1357, 1362) zugeordnet sind, zB der Versorgungsausgleich oder das Unterhaltsrecht.

2 Nach dem Inkrafttreten des BGB galt zunächst der Güterstand der ehemännlichen Verwaltung und Nutznießung als gesetzlicher. Da dieser mit Art 3 II GG unvereinbar war, galt vom 1.4.53 bis zum Wirksamwerden des Gleichberechtigungsgesetzes am 30.6.58 Gütertrennung, seit dem 1.7.58 sodann die Zugewinngemeinschaft als gesetzlicher Güterstand. Daneben gibt es den außerordentlichen gesetzlichen Güterstand der Gütertrennung (§ 1408) und als weiteren gesetzlichen Güterstand die Gütergemeinschaft (§§ 1415–1518).

3 Hinsichtlich einer in der früheren DDR geschlossenen Ehe gilt, dass die Eheleute seit dem 3.10.90 im gesetzlichen Güterstand der Zugewinngemeinschaft leben, sofern sie nichts anderes vereinbart haben (Art 234 § 4 I EGBGB). Im Fall der Scheidung einer solchen Ehe ist deshalb zunächst eine Vermögensauseinandersetzung nach §§ 39, 40 FGB DDR per 2.10.90 durchzuführen. Die sich danach ergebenden Ansprüche der Eheleute stellen deren Anfangsvermögen in der Zugewinngemeinschaft dar (Jena FamRZ 97, 1015). Haben die Eheleute von der bis zum 2.10.92 gegebenen Möglichkeit Gebrauch gemacht, durch einseitige Erklärung die Überleitung auszuschließen, gilt für sie nach wie vor die Eigentums- und Vermögensgemeinschaft des FGB DDR (wegen weiterer Einzelheiten vgl FamKK/Weinreich vor § 1363 Rn 3 ff).

4 Haben die Eheleute ihren gewöhnlichen Aufenthalt vor dem 3.10.90 von der DDR in die Bundesrepublik verlegt, so erfolgt die Überleitung des Güterstandes in den der Zugewinngemeinschaft gem § 3 des Gesetzes

über den ehelichen Güterstand von Vertriebenen und Flüchtlingen (BGBl I 1969, 1067) mit Beginn des 4. Monats nach Begründung des gewöhnlichen Aufenthalts in der Bundesrepublik.
Wegen der güterrechtlichen Regelungen für den Fall, dass ein Ehegatte kein Deutscher ist oder beide einem anderen Staat angehören, wird auf Art 15 EGBGB verwiesen.
Die Zugewinngemeinschaft ist ein dogmatisch modifiziertes System der Gütertrennung, in dem jeder sein Alleineigentum behält und auch nur für seine Schulden haftet. Jeder kann, von den Einschränkungen der §§ 1365, 1369 abgesehen, frei über sein Vermögen verfügen und nur der während des Bestehens der Ehe erzielte Zugewinn wird aufgeteilt, wobei für den Fall der Beendigung durch Tod eines Ehegatten Besonderheiten gelten (§ 1371).
Die güterrechtlichen Vorschriften sind wie folgt gegliedert: 1. Geltungsbereich, 2. Grundsatz der Vermögenstrennung (§ 1363), 3. Verwaltung des Vermögens (§§ 1364–1370), 4. Auflösung der Zugewinngemeinschaft durch Tod (§ 1371), 5. Beendigung der Zugewinngemeinschaft in sonstigen Fällen (§§ 1372–1390).

Untertitel 1 Gesetzliches Güterrecht

§ 1363 Zugewinngemeinschaft

(1) Die Ehegatten leben im Güterstand der Zugewinngemeinschaft, wenn sie nicht durch Ehevertrag etwas anderes vereinbaren.
(2) ¹Das Vermögen des Mannes und das Vermögen der Frau werden nicht gemeinschaftliches Vermögen der Ehegatten; dies gilt auch für Vermögen, das ein Ehegatte nach der Eheschließung erwirbt. ²Der Zugewinn, den die Ehegatten in der Ehe erzielen, wird jedoch ausgeglichen, wenn die Zugewinngemeinschaft endet.

A. Geltung der Regeln über den Zugewinnausgleich. Solange die Ehegatten nicht etwas anderes bestimmt haben, leben sie im Güterstand der Zugewinngemeinschaft, wobei I den gesetzlichen Güterstand zur Disposition stellt. Sie beginnt mit dem Wirksamwerden der Eheschließung oder des die Zugewinngemeinschaft begründenden Ehevertrages. Wegen der Form des Ehevertrages vgl §§ 1408 ff.
Da nur auf die formale Rechtsposition abzustellen ist, gilt die Zugewinngemeinschaft auch nach fehlerhafter Eheschließung (BGH FamRZ 80, 768 für den Fall der bigamischen Ehe) oder wenn die Ehegatten die eheliche Lebensgemeinschaft nicht verwirklicht haben.
Die Zugewinngemeinschaft endet mit dem Tod eines Ehegatten (§ 1371), bei Wirksamwerden der Aufhebung oder Scheidung der Ehe (§§ 1313 ff, 1318 III, 1564 ff) mit der Rechtskraft des Urteils, das einer Klage auf vorzeitigen Ausgleich des Zugewinns stattgibt (§§ 1385 ff, 1388) oder mit dem Wirksamwerden eines auf Beendigung der Zugewinngemeinschaft gerichteten Ehevertrages (§§ 1408 I, 1414). Endet die Zugewinngemeinschaft durch den gleichzeitigen Tod beider Ehegatten, findet ein Zugewinnausgleich nicht statt, da Ausgleichsansprüche nur in der Person des Ehegatten entstehen können (BGH FamRZ 78, 678; aA: Palandt/*Brudermüller* § 1371 Rn 13).
Wegen der Möglichkeit der vertraglichen Änderung des Güterstandes vgl § 1408.
B. Grundsatz der Vermögenstrennung (II). Weder das von den Ehegatten in die Ehe eingebrachte noch das von einem Ehegatten während der Ehe erworbene Vermögen wird gemeinsames Eigentum. Jeder Ehegatte haftet für vor und während der Ehe begründete Verbindlichkeiten selbst und nur mit seinem Vermögen. Wegen der Verwaltung des Vermögens wird auf § 1364 verwiesen.
C. Prozessuales. Da der gesetzliche Güterstand die Regel bildet, trägt jeder Ehegatte für die Behauptung der Vereinbarung eines Ehevertrages und den Ausschluss der Zugewinngemeinschaft die Beweislast.

§ 1364 Vermögensverwaltung

Jeder Ehegatte verwaltet sein Vermögen selbständig; er ist jedoch in der Verwaltung seines Vermögens nach Maßgabe der folgenden Vorschriften beschränkt.

Da der Güterstand der Zugewinngemeinschaft eine spezielle Ausformung der Gütertrennung darstellt (§ 1363 II 1), bleibt folgerichtig nicht nur das Vermögen der Eheleute getrennt; daneben ist auch jeder grds frei in dessen Verwaltung. Beschränkungen in der Verwaltungsfreiheit aber folgen aus §§ 1365–1369, aus der Verpflichtung zur ehelichen Lebensgemeinschaft (BGHZ 1, 87, 92; 53, 352, 356; FamRZ 76, 691), aus den Schutzvorschriften der §§ 1375 II, 1384, 1386 sowie im Fall des Getrenntlebens aus § 1361 a, 18 a HausratsVO. Jeder Ehegatte ist im Übrigen frei, mit dem anderen oder Dritten in rechtsgeschäftliche Beziehungen zu treten und handelt dabei im eigenen Namen. Nur bei Geschäften zur angemessenen Deckung des Lebensbedarfs der Familie kann er auch den anderen verpflichten (§ 1357). Außerdem besteht die Möglichkeit der rechtsgeschäftlichen Bevollmächtigung, auch aufgrund von Duldungs- oder Anscheinsvollmacht. Gemeinschaftliches Vermögen unterliegt, solange nichts anderes bestimmt ist, der gemeinschaftlichen Verwaltung.

2 Rechtsstreitigkeiten führt jeder Ehegatte allein, wobei eine gewillkürte Prozessstandschaft des ermächtigten Ehegatten bei eigenem Rechtsschutzinteresse anerkannt wird, die regelmäßig aus der ehelichen Lebensgemeinschaft zu bejahen ist (BGH FamRZ 61, 435; Staud/*Thiele* Rn 12).

3 Die Vermögensverwaltung kann auch formlos dem anderen Ehegatten überlassen werden (MüKo/*Koch* Rn 13). Es gelten dann, wenn ausnahmsweise Rechtsbindungswillen feststellbar ist, die Regeln über das Auftragsrecht, §§ 662 ff (*Haussleiter/Schulz* Kap 6 Rn 338). Die Übertragung der Vermögensverwaltung kann jederzeit formlos widerrufen werden, § 1413, sofern nicht durch Ehevertrag anderes bestimmt ist.

§ 1365 Verfügung über Vermögen im Ganzen

(1) ¹Ein Ehegatte kann sich nur mit Einwilligung des anderen Ehegatten verpflichten, über sein Vermögen im Ganzen zu verfügen. ²Hat er sich ohne Zustimmung des anderen Ehegatten verpflichtet, so kann er die Verpflichtung nur erfüllen, wenn der andere Ehegatte einwilligt.
(2) Entspricht das Rechtsgeschäft den Grundsätzen einer ordnungsmäßigen Verwaltung, so kann das Vormundschaftsgericht auf Antrag des Ehegatten die Zustimmung des anderen Ehegatten ersetzen, wenn dieser sie ohne ausreichenden Grund verweigert oder durch Krankheit oder Abwesenheit an der Abgabe einer Erklärung verhindert und mit dem Aufschub Gefahr verbunden ist.

1 **A. Allgemeines.** Die Norm schränkt die in § 1364 begründete Freiheit der Ehegatten in der Verwaltung ihrer Vermögen ein. Sie bezweckt, die wirtschaftliche Grundlage der Ehe und der Familiengemeinschaft zu wahren (BGHZ 35, 135) sowie den Schutz des ausgleichsberechtigten Ehegatten (BGHZ 132, 218; 101, 225; BayObLG NJW 75, 833). Die Gesetzesfassung abstrahiert jedoch von diesen Zwecken, so dass die Norm unabhängig davon anwendbar ist, ob der nicht verfügende Ehegatte im Falle künftiger Auflösung der Ehe ausgleichsberechtigt wäre und ob die Verfügung dem Gläubiger wegen Überschuldung des Ehegatten überhaupt zugute kommt (BGH FamRZ 00, 744 = FuR 00, 485). Sie gilt auch für Dritte, sofern sie – wie der Stellvertreter – ihre Rechtsmacht vom Ehegatten ableiten (Staud/*Thiele* Rn 12), nicht jedoch für Amtstreuhänder wie den Insolvenz-, Nachlass- oder Zwangsverwalter.

2 Die Vorschrift wirkt absolut, so dass dem übergangenen Ehegatten neben der Revokationsklage (§ 1368) die Möglichkeit zum vorzeitigen Zugewinnausgleich (§ 1386 II Nr 1) gegeben ist. Die Vorschriften über den Gutglaubensschutz (§§ 892, 932 ff, 1032, 1207) finden keine Anwendung. Durch den subjektiven Tatbestand der Norm ist jedoch ein vergleichbarer Schutz des Dritten gewährleistet.

3 Die Norm ist abdingbar, weshalb die Ehegatten die Verfügungsbeschränkung durch förmlichen Ehevertrag (Palandt/*Brudermüller* Rn 1) einvernehmlich zeitlich beschränken, ganz (BGHZ 41, 370; Hburg DNotZ 64, 229; *Olzen* Jura 88, 13) oder hinsichtlich bestimmter Gegenstände auf sie verzichten können (*Mülke* AcP 161, 160; *Knur* DNotZ 57, 470). Unzulässig ist aber die Vereinbarung einer Verfügungsbeschränkung über den Rahmen der Norm hinaus, während formlos auf die Berufung zur Einwilligung oder deren Verweigerung verzichtet werden kann (Palandt/*Brudermüller* Rn 1).

4 Die Norm bindet nur Ehegatten die im Zeitpunkt der Verfügung im Güterstand der Zugewinngemeinschaft gelebt haben, gilt mithin nicht für Geschäfte, durch die die Ehegatten sich noch als Verlobte verpflichtet haben (Palandt/*Brudermüller* Rn 1), auch dann nicht, wenn die Erfüllung in die Ehezeit fällt. Sie gilt auch nicht für nach der Rechtskraft der Ehescheidung abgeschlossene Rechtsgeschäfte (Bambg FamRZ 00, 1167; Köln OLGR 00, 484; Saarbr FamRZ 87, 1248; Hamm FamRZ 87, 591), während vor diesem Zeitpunkt vorgenommene Verfügungen auch danach noch zustimmungspflichtig sind (BGH FamRZ 78, 591). Ist die Ehe zwar rechtskräftig geschieden, der Zugewinnausgleichsanspruch aber noch nicht erfüllt, so besteht die Zustimmungsbedürftigkeit fort (Celle NJW-RR 03, 1661; Köln EzFamRaktuell 00, 301; Hamm FamRZ 84, 53; aA MüKo/*Koch* Rn 6). Stirbt der zustimmungsberechtigte Ehegatte, ist das Geschäft wirksam, weil der Schutzzweck der Norm nicht mehr besteht (BGH FamRZ 96, 820).

5 **B. Objektiver Tatbestand. I. Vermögen im Ganzen.** Hierzu rechnet das vorhandene Aktivvermögen, nicht das Nettovermögen als Differenz zwischen Aktiva und Passiva, weshalb die Überschuldung eines Ehegatten die Anwendbarkeit der Norm nicht ausschließt (BGH FamRZ 00, 744 = FuR 00, 485). Besteht das Aktivvermögen nur aus unbedeutenden Wirtschaftsgütern, findet die Norm keine Anwendung, weil diese nicht die wirtschaftliche Grundlage der Familie sein können (RGZ 137, 349). Damit bleiben Passiva zwar grds unberücksichtigt, nicht jedoch dingliche Lasten, da diese, solange sie valutieren, den Wert der Sache mindern (BGH FamRZ 80, 765) oder ggf ganz aufzehren (BGH FamRZ 93, 1302). Hat das Rechtsgeschäft nicht das Vermögen en bloc zum Gegenstand, sondern machen verschiedene Rechtsgeschäfte über Einzelstücke in der Summe das mindestens nahezu ganze Vermögen aus, so kommt die Norm nach der sog Einzeltheorie bei der das letzte größere Vermögensstück betreffenden Verfügung zur Anwendung (BGH FamRZ 80, 765), sofern nicht enger zeitlicher und sachlicher Zusammenhang die Verfügungen zu einem einheitlichen Lebensvorgang machen, bei der § 1365 schon von vornherein Anwendung findet (BGH FamRZ 67, 382; Brandbg FamRZ 96, 1015).

Laufende oder künftige Arbeits- und Renteneinkommen sind kein Vermögen iSd Norm und werden nicht 6 mit in den Wertevergleich einbezogen (BGH FamRZ 96, 792; NJW 90, 112; FamRZ 87, 909; 89, 1051; Celle FamRZ 87, 942), da sie keinen iRd Zugewinnausgleichs zu berücksichtigenden Vermögenswert darstellen (BGH FamRZ 87, 909).

Der Einwilligung bedürfen nicht solche Rechtsgeschäfte, die wie eine Verpfändung zwar den Vermögensbe- 7 stand gefährden, den Ehegatten aber nicht zu einer Verfügung über sein Vermögen verpflichten (BGH FamRZ 00, 744 = FuR 00, 485). Andererseits wird nicht auf eine faktische Einbuße abgestellt, so dass die Norm auch anwendbar ist, wenn eine Gegenleistung, zB ein Kaufpreis, vereinbart wird (BGHZ 35, 145; 43, 174). Es wird nur auf die Verfügung, nicht das Gegengeschäft abgestellt (BGHZ 35, 135, 145).

Maßgeblich ist die Relation der objektiven Werte zu denen der verbliebenen Werte, während die faktische 8 Bedeutung der Sache für die Familie ohne Belang ist (BGH FamRZ 80, 765). Zulässig ist es, hierfür feste Grenzen zu ziehen (BGH FamRZ 80, 765; *Dörr* NJW 89, 814), die jedoch von der Größe des insgesamt vorhandenen Vermögens abhängig sind. In der Regel erscheinen 10 % Mindestrestvermögen sowohl für kleinere als auch für größere Vermögen im Grenzbereich (BGH FamRZ 77, 293; München FamRZ 05, 272). Verneint worden ist die Zustimmungspflicht bei einem Restvermögen von 15 % (BGH FamRZ 80, 765; Köln NJW-RR 05, 4; FamRZ 88, 174; Frankf FamRZ 84, 698), 16 % (München FamRZ 79, 396), 20 % (Stuttg Justiz 84, 104). Bejaht wurde sie bei einem verbleibenden Restvermögen von 13 % (Köln NJW 76, 717) oder bei Übereignung eines ¾ Miteigentumsanteils an einem Hausgrundstück, wenn der verbleibende Rest praktisch wertlos ist (Hamm FamRZ 04, 1648).

II. Verfügung. Nur ein- oder zweiseitig begründete rechtsgeschäftliche Verpflichtungen unterliegen dem 9 Zustimmungserfordernis, nicht solche kraft Gesetzes, behördlicher oder gerichtlicher Verfügungen (Staud/*Thiele* Rn 5). Die Beschränkungen beziehen sich auch nicht auf Vollstreckungsanträge der Gläubiger eines Ehegatten (Köln NJW-RR 89, 325).

Die Verpflichtung auf eine Verfügung über das Vermögen als Ganzes muss sich unmittelbar aus dem Rechts- 10 geschäft ergeben, was bei bloßer Begründung von Zahlungspflichten nach einem Kauf (BGH FamRZ 83, 455; Rostk FamRZ 95, 1583; Frankf MDR 68, 923) oder der bloßen Begründung von Zahlungspflichten nicht der Fall ist (Rostock FamRZ 95, 1583). Der Ehegatte kann also etwa sein gesamtes Barvermögen für den Kauf eines Gegenstandes ausgeben, diesen aber dann ggf nicht wieder zustimmungsfrei verkaufen (FAFamR/*v Heintschel-Heinegg* Kap 9 Rn 13).

Ist das Verpflichtungsgeschäft wirksam, kann der Ehegatte auch die zur Erfüllung erforderlichen Verfügungen 11 vornehmen; die Zustimmung zum Verpflichtungsgeschäft deckt auch das Verfügungsgeschäft (BGH FamRZ 90, 970; NJW 89, 1609). Die Zustimmung zu Realakten (Abbruch des Hauses) bedarf nicht der Einwilligung (MüKo/*Koch* Rn 43; Staud/*Thiele* Rn 9). Die Führung von Rechtsstreitigkeiten ist keine Verfügung, anders deren Beendigung durch Prozessvergleich (Staud/*Thiele* Rn 10). Verfügungen von Todes wegen fallen nicht unter § 1365 (BGH FamRZ 69, 323; 64, 25).

III. Einzelfälle. Anwartschaftsrecht kann ein relevanter Vermögenswert sein (BGH FamRZ 94, 792). Für die 12 Bewertung ist der Wert des Kaufgegenstandes um den Betrag zu mindern, der aufgebracht werden muss, um das Recht zum Vollrecht erstarken zu lassen. Veräußerung eines Miteigentumsanteils an einem Hausgrundstück ist dann zustimmungspflichtig, wenn der verbleibende Anteil wirtschaftlich praktisch wertlos ist (Hamm FamRZ 04, 1648), die Belastung eines Grundstücks mit einer Hypothek, Grundschuld, Dienstbarkeit, dinglichem Wohnrecht oder Nießbrauch (Schlesw JurBüro 85, 1695) dann, wenn deren Wert den Grundstückswert im Wesentlichen aufzehrt (BGH FamRZ 93, 1302). Langfristige Vermietung und Verpachtung sind zustimmungsfrei (BGH FamRZ 89, 1051), ebenso Bestellung einer Eigentümergrundschuld (Hamm FamRZ 00, 276; Frank FamRZ 00, 500), oder Bewilligung einer Restkaufgeldhypothek oder Grundschuld zur Sicherung einer Kaufpreisforderung (Hamm FamRZ 59, 166) sowie die Einräumung eines Vorkaufsrechts (BGH NJW 82, 1099).

Der Antrag auf Teilungsversteigerung ist zwar keine rechtsgeschäftliche Verfügung, doch findet auch auf ihn 13 § 1365 Anwendung (Köln FamRZ 00, 1167; Celle NJW-RR 00, 265; Frankf FamRZ 99, 524; BayObLG FamRZ 96, 1013; Ddorf FamRZ 95, 309; Bremen FamRZ 84, 272; aA: *Sudhoff* FamRZ 94, 1152). Das gilt jedoch nicht für den Gläubiger eines Ehegatten, der dessen Anspruch auf Aufhebung der Gemeinschaft gepfändet hat (Karlsr FamRZ 04, 629). Der Ehegatte darf die Zustimmung regelmäßig verweigern, solange das Ehescheidungs- und Zugewinnausgleichsverfahren noch nicht abgeschlossen sind (Köln OLGR 00, 422). Dem übergangenen Ehegatten steht die Drittwiderspruchsklage (§ 771 ZPO) zur Verfügung, die Familiensache iSv § 621 I Nr 8 ZPO ist (München FamRZ 00, 365; Köln FamRZ 00, 1167; Hburg FamRZ 00, 1290). Daneben ist die Erinnerung (§ 766 ZPO) gegeben (Frankf FamRZ 99, 524; FamRZ 97, 1490; Bremen FamRZ 84, 272; Hamm FamRZ 79, 128). Das Fehlen der Zustimmung macht aber den Antrag nicht unwirksam, so dass sie bis zum Zuschlag nachgeholt werden kann (Frankf FamRZ 97, 1490).

Die Führung eines Rechtsstreits (Staud/*Thiele* Rn 10; MüKo/*Koch* Rn 47) fällt ebenso wenig wie die Zwangs- 14 vollstreckung (Ddorf NJW 91, 851; Hburg NJW 70, 952), Klageverzicht oder Anerkenntnis (MüKo/*Koch* Rn 48) unter § 1365. Anderes gilt für den Prozessvergleich (Staud/*Thiele* Rn 10; MüKo/*Koch* Rn 47). Schenkungen von Todes wegen sind zustimmungsfrei, soweit auf sie § 2301 I Anwendung findet. Dasselbe gilt für Verfügungen von Todes wegen (BGH FamRZ 69, 323; 64, 25) oder Erbverträge (BGH FamRZ 69, 323; NJW 64, 347). Um den Wert von Unternehmen zu gewichten, ist auf dessen Ertragswert abzustellen, wobei dieser realisierbar sein muss (BGH NJW 77, 378; 949; FamRZ 67, 382). Der Wert von Unternehmensbeteiligungen bestimmt sich allein nach objektiven Kriterien, nicht nach den persönlichen Verhältnissen und Eigenschaften der Eheleute (BGH FamRZ 80, 765). Änderungen von Gesellschaftsverträgen bedürfen regelmäßig nicht der Einwilligung (MüKo/*Koch* Rn 73), es sei denn, sie führen zur Änderung der Mitgliedschaft (Hburg FamRZ 70, 407). Nicht zustimmungspflichtig ist die Änderung der Bezugsberechtigung aus einer Lebensversicherung (BGH FamRZ 67, 382).

15 **C. Subjektiver Tatbestand.** Die Norm ist um ein ungeschriebenes Tatbestandsmerkmal dahingehend zu ergänzen, dass ihre Voraussetzungen nur dann erfüllt sind, wenn der Vertragspartner positiv weiß, dass es sich bei dem fraglichen Gegenstand um das gesamte oder nahezu gesamte Vermögen des Ehegatten handelt, oder wenn er die Verhältnisse kennt, aus denen sich die Identität von Einzelgegenstand und Gesamtvermögen ergibt (BGH FamRZ 93, 1302; NJW 84, 609; FamRZ 80, 765; WM 75, 865; FamRZ 69, 322; LG München FamRZ 00, 1153). Entscheidend ist die Kenntnis zum Zeitpunkt der Abgabe der maßgeblichen Willenserklärung (BGH FamRZ 90, 970; NJW 89, 1609). Spätere Zeitpunkte wie der des Verpflichtungsgeschäfts (BGH FamRZ 89, 970; NJW 89, 1609), Umschreibung im Grundbuch (LG Osnabrück FamRZ 73, 652); Eingang des Eintragungsantrags für die Auflassungsvormerkung (*Tiedtke* FamRZ 76, 320, 322) sind unerheblich.

16 Die Beweislast für die Kenntnis des Dritten trifft denjenigen Ehegatten, der sich auf die Unwirksamkeit des Rechtsgeschäfts beruft (BGH NJW 65, 909), wobei die Kenntnis aus den Umständen gefolgert werden kann, etwa einem dauernden Kontakt unter nahen Verwandten (Celle FamRZ 87, 942).

17 **D. Einwilligung.** Die Einwilligung (§§ 182 ff) ist eine empfangsbedürftige einseitige rechtsgeschäftliche Willenserklärung und bedarf keiner Form; sie kann ausdrücklich oder stillschweigend, ggü dem Ehegatten oder dem Dritten, vor der Verfügung (Zustimmung, § 182) oder danach (Genehmigung, § 184) erteilt werden. Das gilt auch für formbedürftige Verträge (KG NJW 62, 1062). Ggü dem Grundbuchamt ist der Nachweis allerdings in der Form des § 29 GBO zu erbringen. Die Zustimmung kann bis zur Vornahme des Rechtsgeschäfts widerrufen werden, § 183, dagegen nicht deren Verweigerung (BGHZ 125, 355).

18 Die bedingt erteilte Einwilligung ist nicht deren Verweigerung (so aber: KG OLGE 4, 346; Staud/*Thiele* Rn 79), da sie mit Eintritt der Bedingung wirksam wird (MüKo/*Koch* Rn 88). Verweigert der Ehegatte seine Zustimmung, so wird der bis dahin schwebend unwirksame Vertrag von Anfang an unwirksam, § 1366. Ein späterer Widerruf der Verweigerung ist unwirksam (BGH FamRZ 94, 819).

19 **E. Ersetzung der Zustimmung (II).** Nach II kann die durch den Ehegatten verweigerte Zustimmung durch das Vormundschaftsgericht ersetzt werden. Dazu muss das Geschäft den Grundsätzen einer ordnungsgemäßen Verwaltung entspr und der Ehegatte sie ohne ausreichenden Grund verweigert haben oder durch Krankheit oder Abwesenheit an der Zustimmung gehindert gewesen sein. Ersetzt werden kann auch die Genehmigung bereits getätigter Geschäfte (Palandt/*Brudermüller* Rn 20), aber nur zu Lebzeiten des zustimmungsberechtigten Ehegatten (BGHZ 125, 355). Ist ein Geschäft bereits unwirksam, kann es nicht mehr genehmigt werden (§ 1367).

20 Ein Geschäft entspricht den genannten Grundsätzen, wenn es ein ordentlicher Wirtschafter mit rechter ehelicher Gesinnung abschließen würde (BayObLG FamRZ 85, 1040; 68, 315; 63, 521). Maßgebend für die Beurteilung ist die letzte mündliche Verhandlung in der Tatsacheninstanz (BGH NJW 78, 1381; BayObLG FamRZ 68, 315), wobei eine Einzelfallabwägung unter Berücksichtigung des Wesens der Ehe und von Zweckmäßigkeitsgesichtspunkten erforderlich ist, während es nicht darauf ankommt, ob das Geschäft notwendig ist (BayObLG NJW 63, 521). Abzuwägen sind die beiderseitigen Interessen der Eheleute unter besonderer Berücksichtigung des Normzwecks, wobei an die Genehmigungsentscheidung nach längerer Trennung geringere Anforderungen zu stellen sind (BayObLG NJW 75, 833).

21 Verweigert der Ehegatte die Zustimmung ohne ausreichenden Grund, widerruft er eine bereits erteilte Zustimmung oder erteilt er sie nur unter Bedingungen, kann sie durch das Vormundschaftsgericht ersetzt werden. Ein ausreichender Grund liegt vor, wenn das Geschäft mit den Schutzzwecken des § 1365 nicht zu vereinbaren ist. Die Norm begründet kein Zurückbehaltungsrecht, so dass die Verweigerung nicht dazu dienen kann, eigene Ansprüche durchzusetzen (Hamm FamRZ 67, 572). Ausreichend sind in erster Linie wirtschaftliche Gründe. So kann die Zustimmung verweigert werden, wenn das Geschäft den Interessen des Ehegatten nicht entspricht oder ihm gar schadet (Palandt/*Brudermüller* Rn 23). Dasselbe gilt, wenn eine Gefährdung der wirtschaftlichen Grundlagen der Familie oder der möglichen künftigen Ausgleichsforderung nicht unwahrscheinlich ist (Köln NJW-RR 05, 4; Saarbr FamRZ 87, 1248; BayObLG FamRZ 85, 1040), bei streitigem Zugewinnausgleichsverfahren durch das Geschäft vollendete Tatsachen bezüglich des Vermögens eines Ehegatten geschaffen würden (Köln FamRZ 97, 677; Ddorf FamRZ 95, 309) oder ein schon bestehender Zugewinnausgleichsanspruch danach nicht mehr realisierbar wäre (BGH NJW 78, 1381; Saarbr FamRZ 87, 1248).

22 Auch ideelle oder persönliche Gründe können die Verweigerung rechtfertigen, so, wenn das Geschäft den häuslichen oder Familienfrieden beeinträchtigt oder die Zustimmung sonst unzumutbar ist (Hamm FamRZ

67, 573), nicht jedoch rein eigensüchtige Interessen (Hamm FamRZ 62, 162). Auch das Interesse an der Ehewohnung und deren Zuweisung gibt keinen ausreichenden Grund zur Verweigerung der Zustimmung (Stuttg NJW 83, 634).
Der Verweigerung der Zustimmung stehen die Verhinderung des Ehegatten oder dessen Abwesenheit oder Krankheit gleich. Die Verhinderung muss nicht dauernd sein (RGZ 103, 126) und die (physische oder psychische) Erkrankung einen Grad erreicht haben, der eine rechtzeitige Erklärung ausgeschlossen erscheinen lässt. Weitere Voraussetzung ist in diesen Fällen, dass mit dem Aufschub des Rechtsgeschäfts Gefahr verbunden ist, sei es auf vermögensrechtlichem Gebiet oder auch für die gemeinsamen Kinder. 23
Für das Ersetzungsverfahren ist das Vormundschaftsgericht zuständig (BGH FamRZ 82, 785). Es richtet sich nach dem FGG. Den notwendigen Antrag kann nur der Ehegatte, nicht auch der Dritte stellen. 24

§ 1366 Genehmigung von Verträgen

(1) Ein Vertrag, den ein Ehegatte ohne die erforderliche Einwilligung des anderen Ehegatten schließt, ist wirksam, wenn dieser ihn genehmigt.
(2) ¹Bis zur Genehmigung kann der Dritte den Vertrag widerrufen. ²Hat er gewusst, dass der Mann oder die Frau verheiratet ist, so kann er nur widerrufen, wenn der Mann oder die Frau wahrheitswidrig behauptet hat, der andere Ehegatte habe eingewilligt; er kann auch in diesem Fall nicht widerrufen, wenn ihm beim Abschluss des Vertrages bekannt war, dass der andere Ehegatte nicht eingewilligt hatte.
(3) ¹Fordert der Dritte den Ehegatten auf, die erforderliche Genehmigung des anderen Ehegatten zu beschaffen, so kann dieser sich nur dem Dritten gegenüber über die Genehmigung erklären; hat er sich bereits vor der Aufforderung seinem Ehegatten gegenüber erklärt, so wird die Erklärung unwirksam. ²Die Genehmigung kann nur innerhalb von zwei Wochen seit dem Empfang der Aufforderung erklärt werden; wird sie nicht erklärt, so gilt sie als verweigert. ³Ersetzt das Vormundschaftsgericht die Genehmigung, so ist sein Beschluss nur wirksam, wenn der Ehegatte ihn dem Dritten innerhalb der zweiwöchigen Frist mitteilt; andernfalls gilt die Genehmigung als verweigert.
(4) Wird die Genehmigung verweigert, so ist der Vertrag unwirksam.

A. Allgemeines. Ein ohne die erforderliche Einwilligung des anderen Ehegatten geschlossener Vertrag ist schwebend unwirksam. Er wird erst mit der Genehmigung wirksam (II). Bis zu seiner Genehmigung oder deren Ersetzung können aus ihm keine Rechte hergeleitet werden, er begründet keine Leistungspflichten. Die Norm gilt nur für Verträge, nicht für einseitige nach § 1365 zustimmungspflichtige Rechtsgeschäfte (§ 1367) oder Verfügungen über Haushaltsgegenstände (§ 1369 III). 1

B. Genehmigung. Die Genehmigung kann sowohl dem Ehegatten als auch dem Dritten ggü erklärt werden (§ 182 I). Sie ist unwiderruflich (BGHZ 40, 164) und wirkt auf den Zeitpunkt der Vornahme des Rechtsgeschäfts zurück (§ 184). Sie bedarf keiner Form, kann schlüssig erteilt werden, setzt aber voraus, dass der genehmigende Ehegatte Kenntnis des wesentlichen Inhalts und der Art des Rechtsgeschäfts hatte (BGH NJW 80, 1100). Auch ein Grundstücksgeschäft kann formlos genehmigt werden, jedoch ist die Genehmigung gem § 29 GBO grundbuchrechtlich nur verwertbar, wenn sie öffentlich beglaubigt ist. Sie ist nicht an eine Frist gebunden, solange der Dritte nicht nach III verfährt. 2

C. Ende des gesetzlichen Güterstandes im Schwebezustand. Stirbt der zustimmungsberechtigte Ehegatte während des Schwebezustandes, wird der geschlossene Vertrag wirksam, weil eine Bindung iSv § 1365 nicht mehr besteht (BGH NJW 82, 1099). Stirbt der andere Ehegatte, bleibt es auch dann bei der schwebenden Unwirksamkeit, wenn der überlebende Ehegatte Alleinerbe des anderen ist (Karlsr FamRZ 78, 505). Wird die Ehe während des Schwebezustandes geschieden, wird der Vertrag nicht ohne Genehmigung wirksam, wenn durch ihn der Zugewinnausgleich konkret gefährdet würde (Karlsr FamRZ 76, 695) oder wenn sich dessen Gefährdung nicht ausschließen lässt (BGH NJW 78, 1380; aA BayObLG NJW 72, 1786). 3

D. Verweigerung der Genehmigung (IV). Wie die Genehmigung kann auch deren Verweigerung dem Ehegatten oder dem Dritten ggü erklärt werden. Allgemeine Äußerungen, die auf eine Verweigerung schließen lassen könnten, reichen nicht aus (BGH NJW 82, 1099). War in dem genehmigungspflichtigen Geschäft eine Frist vereinbart, mit deren Ablauf der bis dahin nicht genehmigte Vertrag unwirksam werden sollte, tritt diese Folge mit Fristablauf ein, gleich, ob der Ehegatte informiert ist oder nicht. Mit der Verweigerung der Genehmigung wird der zustimmungspflichtige Vertrag unwirksam (IV), es sei denn, sie wird ohne ausreichenden Grund verweigert und durch Beschluss ersetzt. 4

Die Verweigerung der Genehmigung ist wie diese einseitige empfangsbedürftige nicht formgebundene Willenserklärung und nicht widerruflich (BGH FamRZ 94, 819). Wegen der bereits auf den Vertrag erbrachten Leistungen besteht ein Rückgewähranspruch aus § 812 I 1, 1. Alt (BGH NJW 76, 104). War das zustimmungspflichtige Geschäft ein dingliches und bestand es in der Übereignung von Eigentum, besteht ein Herausgabeanspruch nach § 985. 5

6 Obwohl die Anerkennung von Schadensersatzansprüchen des Dritten gegen den verfügenden Ehegatten dem Schutzzweck des § 1365 entgegenstehen könnte (Staud/*Thiele* Rn 98), werden auf das negative Interesse beschränkte anerkannt (MüKo/*Koch* Rn 40; Palandt/*Brudermüller* § 1365 Rn 16). Demggü bestehen keine Ansprüche gegen den die Einwilligung verweigernden Ehegatten, weil die Zugewinngemeinschaft keine Pflicht kennt, an der ordnungsgemäßen Verwaltung des Partnervermögens mitzuwirken; die Interessen des Partners werden ggf durch das Vormundschaftsgericht gewahrt.

7 **E. Möglichkeiten des Dritten. I. Widerruf des Vertrages (II).** Während des Schwebezustandes kann der Dritte den Vertrag widerrufen. War die Genehmigung bereits erteilt, besteht die Möglichkeit nicht mehr, auch dann nicht, wenn der Ehegatte – ggf ohne Kenntnis des Dritten – bereits zuvor in das Rechtsgeschäft eingewilligt hatte. Sofern nach der Verweigerung der Genehmigung diese noch durch das Vormundschaftsgericht ersetzt werden kann, ist der Widerruf bis zur Rechtskraft dessen Entscheidung möglich. Wird der Widerruf während des Ersetzungsverfahrens erklärt, ist der Ersetzungsantrag zurückzuweisen, weil der Vertrag jetzt in jedem Fall nichtig ist.

8 Widerrufsberechtigt ist nur derjenige, der nicht gewusst hat, dass sein Vertragspartner verheiratet ist, oder davon zwar wusste, jedoch davon ausgehen konnte, dass der zustimmungspflichtige Ehegatte in das Geschäft eingewilligt hatte. Erforderlich ist für die erste Alternative positive Kenntnis.

9 Der Widerruf ist wie die Genehmigung eine einseitige empfangsbedürftige Willenserklärung, die aber an den Vertragspartner gerichtet sein muss, nicht an den anderen Ehegatten (Staud/*Thiele* Rn 17). Durch ihn wird der Vertrag wirkungslos und kann auch nicht mehr genehmigt werden.

10 **II. Aufforderung zur Beschaffung der Genehmigung (III).** Nach III kann der Dritte seinen Vertragspartner, nicht dessen Ehegatten, auffordern, die Genehmigung zu beschaffen, um den Schwebezustand zu beenden. Die Aufforderung ist eine geschäftsähnliche Handlung, keine Willenserklärung (Staud/*Thiele* Rn 27). Mit ihr kann sich der zustimmungspflichtige Ehegatte fortan wirksam nur noch ggü dem Dritten erklären (III 1), während die Verweigerung auch an den Ehegatten gerichtet sein kann. Die Aufforderung ist wie die Genehmigung oder deren Verweigerung nicht an eine Form gebunden (Palandt/*Brudermüller* Rn 9).

11 War die Einwilligung oder deren Verweigerung bereits vor der Aufforderung nach III erklärt, war der Schwebezustand bereits beendet, womit die Aufforderung ohne Wirkung ist. Dasselbe gilt, wenn der Güterstand innerhalb der Zwei-Wochen-Frist endet. Eine nach dem Rechtsgeschäft und vor der Aufforderung nur dem Ehegatten, nicht dem Dritten ggü erklärte Genehmigung oder deren Verweigerung wird durch die Aufforderung unwirksam (BGH FamRZ 94, 819).

12 Die Frist des III kann durch einseitige Erklärung des Dritten verlängert werden (*Böttcher* RPfleger 84, 381; MüKo/*Koch* Rn 19; aA Palandt/*Brudermüler* Rn 8, der einen Vertrag für erforderlich hält), während die Verkürzung das Einverständnis des vertragschließenden Ehegatten voraussetzt. Wird die Genehmigung durch vormundschaftsgerichtliche Entscheidung ersetzt, bleibt diese nur wirksam, wenn sie dem Dritten innerhalb der Zwei-Wochen-Frist mitgeteilt wird. Mit der Verweigerung der Genehmigung ist der Vertrag endgültig unwirksam. Das gilt auch, wenn der Güterstand beendet wird, sei es durch den Tod des Ehegatten (*Reinecke* NJW 73, 305) oder durch Scheidung der Ehe (BayObLG NJW 72, 2272).

§ 1367 Einseitige Rechtsgeschäfte

Ein einseitiges Rechtsgeschäft, das ohne die erforderliche Einwilligung vorgenommen wird, ist unwirksam.

1 Einseitige Rechtsgeschäfte iSd Norm sind nur die Dereliktion, die Auslobung und das Stiftungsgeschäft. Auf die Ausübung von Anfechtungs- und Rücktrittsrechten findet sie keine Anwendung. Zwar handelt es sich dabei auch um einseitige Rechtsgeschäfte, doch entspricht es nicht dem Sinn der Norm, Ehegatten bei der Geltendmachung von Willensmängeln und Leistungsstörungen aneinander zu binden (MüKo/*Koch* Rn 6; aA Palandt/*Brudermüller* Rn 1; Staud/*Thiele* Rn 2; Soergel/*Lange* Rn 2). Nicht unwirksam ist auch die Ausschlagung von Erbschaft oder Vermächtnis (MüKo/*Koch* Rn 6; Staud/*Thiele* Rn 42). Wirksam ist der auf das Vermögen als Ganzes bezogene Überweisungsauftrag im Bankenverkehr, mag auch das ihr zu Grunde liegende Rechtsgeschäft zustimmungspflichtig gewesen sein (aA: *Westermann* FamRZ 67, 545, 546).

2 Ist für die Einwilligung eine besondere Form vorgesehen (§ 29 GBO), muss diese mindestens gleichzeitig mit dem einseitigen Rechtsgeschäft erfüllt sein (KG OLGE 7, 49, 53), wobei allerdings dem Ehegatten die Möglichkeit der Nachreichung gegeben werden muss (RGZ 50, 212). Nimmt ein Ehegatte ein einseitiges Rechtsgeschäft ohne erforderliche Genehmigung vor, ist es von Anfang an unwirksam. Es kann auch nicht durch spätere Genehmigung oder Beendigung des Güterstandes geheilt werden (RGZ 146, 316).

§ 1368 Geltendmachung der Unwirksamkeit

Verfügt ein Ehegatte ohne die erforderliche Zustimmung des anderen Ehegatten über sein Vermögen, so ist auch der andere Ehegatte berechtigt, die sich aus der Unwirksamkeit der Verfügung ergebenden Rechte gegen den Dritten gerichtlich geltend zu machen.

A. Allgemeines. Die Norm gewährt dem übergangenen Ehegatten ein sog Revokationsrecht, dessen es bedarf, da § 1365 für das Vermögen und § 1369 für den Hausrat zwar die Unwirksamkeit des nicht genehmigten Rechtsgeschäftes regeln, nicht aber die Rückabwicklung zwar unwirksamer, aber bereits vollzogener Verfügungen. § 1368 gibt dem übergangenen Ehegatten dann die Möglichkeit der gerichtlichen Geltendmachung des Rückabwicklungsanspruchs, gleich ob der verfügende Ehegatte dazu bereit ist oder nicht. Der Anspruch besteht auch nach Rechtskraft der Ehescheidung (BGH FamRZ 83, 1101), ist aber ansonsten untrennbar mit der Zugewinngemeinschaft verbunden, so dass er nicht durch die Erben des übergangenen Ehegatten geltend gemacht werden kann (BayObLG FamRZ 80, 571). 1

Die Norm gibt keinen Unterlassungsanspruch (BGH FamRZ 80, 571), so dass der übergangene Ehegatte über sie weder die Unwirksamkeit der Verfügung geltend machen noch deren zukünftige Vornahme verhindern kann. Soweit das Feststellungsinteresse besteht, kann jedoch auf Feststellung der Unwirksamkeit des Verpflichtungsgeschäftes geklagt werden (BGH FamRZ 90, 970). Die Norm ist nicht anwendbar, wenn ein Ehegatte über im Alleineigentum des anderen stehendes Vermögen verfügt (Staud/*Thiele* Rn 12). 2

B. Rechte des nicht verfügenden Ehegatten. §§ 1365 ff bieten ein in sich geschlossenes Schutzsystem, in dem als Folge des Prinzips der Gütertrennung eigene Rechte des übergangenen Ehegatten nicht vorgesehen sind. Der Revokationsanspruch ist somit auch kein eigener Anspruch des übergangenen Ehegatten. Dieser hat weder einen eigenen (Unterlassungs-)Anspruch, noch sind §§ 1365, 1369 Schutzgesetze iSv § 823 II (aA: Celle NJW 70, 1882). Der übergangene Ehegatte kann aber in Prozessstandschaft für den anderen im eigenen Namen tätig werden (Brandbg FamRZ 96, 1015; MüKo/*Koch* Rn 3) und alle sich aus der Unwirksamkeit ergebenden Rechte in jeder Verfahrensart im eigenen Namen geltend machen (Brandbg FamRZ 96, 1015). Hierzu gehören Arrest, einstweilige Verfügung, negative Feststellungsklage (BGH FamRZ 90, 970) oder Vollstreckungsgegenklage (§ 771 ZPO). Bei Fehlen der Zustimmung zu einem Grundstücksgeschäft kommt auch der Amtswiderspruch in Betracht (BayObLG FamRZ 88, 503). Ein Grundbuchberichtigungsanspruch besteht zu Gunsten des verfügenden Ehegatten (BGH NJW 84, 609). 3

Etwas anderes gilt dann, wenn der betroffene Gegenstand im Allein- oder Miteigentum des übergangenen Ehegatten stand oder wenn er einen Anspruch als Allein- oder Mitbesitz geltend macht. Diese Ansprüche haben ihre Grundlage nicht im ehelichen Güterrecht und bestehen in der Form, in der sie vom verfügenden Ehegatten hätten geltend gemacht werden können. Herausgabe kann somit nur an den verfügenden Ehegatten, oder wenn dieser sie nicht mehr zurück nehmen will, wegen der subsidiären Befugnis zur Übernahme ausnahmsweise an den anderen beansprucht werden (Palandt/*Brudermüller* Rn 4; *Rimmelspacher* NJW 69, 1998; aA Köln FamRZ 59, 460 Herausgabe an beide Ehegatten). 4

C. Stellung des verfügenden Ehegatten. Auch der verfügende Ehegatte selbst kann seine Rechte aus der Unwirksamkeit des Vertrages geltend machen. Ein durch einen Ehegatten erstrittenes Urteil hat materielle Rechtskraftwirkung, so dass in einem ggf zweiten Rechtsstreit des anderen Ehegatten nicht anders entschieden werden kann. Will der Gläubiger sich seinerseits vor einer zweiten Inanspruchnahme schützen, so steht ihm die Möglichkeit der negativen Feststellungsklage offen (*Baur* FamRZ 58, 257). 5

D. Stellung des Dritten. Der gute Glaube des Dritten an das Fehlen von Verfügungsbeschränkungen ist nicht geschützt, sogar dann nicht, wenn der andere die Zustimmungsfreiheit oder die erklärte Zustimmung wider besseres Wissen versichert (Palandt/*Brudermüller* Rn 2). Solange nicht beide Ehegatten dem Dritten ggü arglistig gehandelt haben, kann der Dritte ggü der Geltendmachung des Revokationsanspruchs auch nicht den Einwand unzulässiger Rechtsausübung erheben. Der Dritte hat auch kein Zurückbehaltungsrecht (§ 273) etwa wegen eines gezahlten Kaufpreises, den er nur von dem verfügenden Ehegatten, nicht auch von dem übergangenen fordern kann. Dasselbe gilt für die Zurückbehaltung wegen eines Schadensersatzanspruchs (Köln MDR 68, 586; Palandt/*Brudermüller* Rn 4) oder Verwendungsersatzanspruchs nach § 1000 (MüKo/*Koch* § 1368 Rn 19; Staud/*Thiele* Rn 51; aA: Ermann/*Heckelmann* Rn 6; Soergel/*Lange* Rn 14), da der Familienschutz ggü dem Drittschutz vorrangig ist. Zulässig ist aber die Aufrechnung gegen den Revokationsanspruch (BGH FamRZ 00, 744 = FuR 00, 485). 6

F. Prozessuales. Das Revokationsverfahren nach § 1368 ist Familiensache, weil es zu den Streitigkeiten aus dem ehelichen Güterrecht zählt, § 23 b I 2 Nr. 9 GVG (BGH FamRZ 81, 1045; Hamm MDR 01, 219; Ddorf FamRZ 85, 721). Das gilt auch für die Drittwiderspruchsklage gegen die Teilungsversteigerung des im Miteigentum stehenden Grundstücks, sofern sie über die Geltendmachung einer bloßen Miteigentümerposition hinausgeht (Hburg FamRZ 00, 1290). Die Darlegungs- und Beweislast trägt derjenige, der sich auf die Unwirksamkeit beruft (München OLGR 93, 153). Der Streitwert bemisst sich an dem Wert des Gegenstandes, über den ohne Zustimmung verfügt worden ist (Köln JurBüro 95, 368). 7

§ 1369 Verfügungen über Haushaltsgegenstände

(1) Ein Ehegatte kann über ihm gehörende Gegenstände des ehelichen Haushalts nur verfügen und sich zu einer solchen Verfügung auch nur verpflichten, wenn der andere Ehegatte einwilligt.
(2) Das Vormundschaftsgericht kann auf Antrag des Ehegatten die Zustimmung des anderen Ehegatten ersetzen, wenn dieser sie ohne ausreichenden Grund verweigert oder durch Krankheit oder Abwesenheit verhindert ist, eine Erklärung abzugeben.
(3) Die Vorschriften der §§ 1366 bis 1368 gelten entsprechend.

1 **A. Allgemeines.** Die Norm enthält neben § 1365 eine weitere Einschränkung des in § 1364 begründeten Grundsatzes der selbständigen Verfügungsmacht über das eigene Vermögen. Sowohl Verfügungs- als auch Verpflichtungsgeschäft betreffend Gegenstände des ehelichen Haushalts setzen entweder die Einwilligung des Nichteigentümers oder deren Ersetzung durch das Vormundschaftsgericht voraus. Der Sinn der Norm besteht darin, die stoffliche Substanz des Familienzusammenlebens gegen einseitige Maßnahmen durch einen Ehegatten zu sichern (Palandt/*Brudermüller* Rn 1), Schmälerungen der Zugewinnausgleichsforderung vorzubeugen und die Hausratsverteilung iRd Ehescheidung zu sichern (BayObLG FamRZ 80, 571). Deshalb gilt sie auch nach Trennung fort (Kobl FamRZ 91, 1302), wobei solche Gegenstände ausgenommen sind, die kurz vor oder nach der Trennung speziell für den abgesonderten Haushalt angeschafft worden sind (BGHZ 89, 137). Auch nach der Ehescheidung bleibt das vorher vorgenommene Rechtsgeschäft zustimmungsbedürftig, zumindest dann, wenn durch die Verfügung die Verteilung vorhandenen oder wieder zu erlangenden Hausrats beeinträchtigt würde (BayObLG FamRZ 80, 571; Palandt/*Brudermüller* Rn 3).

2 § 1369 kann nicht durch Ehevertrag etwa auf Gegenstände die der Berufsausübung oder der Kapitalanlage dienen, erweitert werden. Andererseits kann sie ebenso wie § 1365 durch Ehevertrag beschränkt oder abbedungen werden. Im Gebiet der früheren DDR gilt sie unabhängig von der Option der Eheleute für ihren früheren Güterstand (BaRoth/*Mayer* Rn 2).

3 **B. Gegenstände des ehelichen Haushalts.** Der Begriff des Gegenstandes des ehelichen Haushalts ist identisch mit dem des Haushaltsgegenstands, wie er in §§ 1361 a, 1370, 1640 I 3 Verwendung findet und entspricht dem des Hausrats iSd HausratsVO (Hamm FamRZ 91, 89). Hausratsgegenstände sind danach bewegliche Sachen (§ 90) einschl wesentlicher Bestandteile (§ 93) und Zubehör (§ 97), aber auch den Hausrat betreffende Rechte, sofern sie der gemeinsamen Lebensführung im privaten Bereich einschl der Freizeitgestaltung dienen oder zu dienen bestimmt sind. Wegen der Begriffsbestimmung wird im Übrigen auf § 1361 a Rn 5 ff verwiesen. Nicht zum Hausrat gehört die Ehewohnung, weshalb ein Ehegatte, der die eheliche Wohnung allein gemietet hat, auch das Mietverhältnis allein kündigen kann (LG Stuttgart FamRZ 77, 200).

4 Zu den die Haushaltsgegenstände betreffenden Rechten zählen etwa Forderungen, die wie Schadensersatzansprüche (BGH NJW 66, 1707; Kobl FamRZ 92, 1303) oder Leistungen aus den Hausrat betreffenden Sachversicherungen (Palandt/*Brudermüller* § Rn 6; Staud/*Thiele* Rn 23), an die Stelle von Hausrat getreten sind. Dasselbe gilt für Forderungen aus dem Kauf beweglicher Sachen, die dem Haushalt zu dienen bestimmt sind, nicht dagegen für Dienstleistungen im Haus, so dass das Arbeitsverhältnis mit einer Haushaltshilfe auch von einem Ehegatten allein gekündigt werden kann (*Rittner* FamRZ 61, 188).

5 Zwar werden nach dem Wortlaut der Norm nur solche Gegenstände erfasst, die dem verfügenden Ehegatten gehören, doch ist die Norm extensiv auszulegen. Steht Hausrat im Miteigentum beider Ehegatten, bedarf die Verfügung ohnehin der Zustimmung des Miteigentümers. Die Norm findet aber auch Anwendung auf Gegenstände, die im Eigentum Dritter stehen. Das gilt für das Besitzrecht an geliehenem oder gemietetem Hausrat (Palandt/*Brudermüller* Rn 6), allerdings nur so lange, wie es um die Herauslösung aus dem Haushalt geht, nicht dagegen für Maßnahmen, die wie Kündigung oder Rückgabe iRd Schuldverhältnisses anfallen. Weiter findet sie Anwendung auf das bei Erwerb unter Eigentumsvorbehalt erworbene Anwartschaftsrecht (Saarbr OLGZ 67, 4). Erwirbt der Dritte von einem Ehegatten einen im Alleineigentum des anderen stehenden Hausratsgegenstand, so scheitert ein Gutglaubenserwerb bei Mitbesitz bereits an § 935. Stand der Gegenstand dagegen ausnahmsweise im Alleinbesitz des verfügenden Ehegatten, so findet § 1369 gleichfalls Anwendung, da nicht ersichtlich ist, weshalb der Dritte durch die Nichtanwendung der Norm auf diesen Fall besser gestellt wäre, wenn er statt vom tatsächlichen vom vermeintlichen Eigentümer erwirbt (Schlesw SchlHA 74, 111; Köln MDR 68, 586; FAFamR/*v Heintschel-Heinegg* Kap 9 Rn 27; aA Soergel/*Lange* Rn 16).

6 **C. Zustimmungsbedürftigkeit.** Zustimmungsbedürftig sind alle ein- und mehrseitigen Verpflichtungs- und Verfügungsgeschäfte, die Hausrat zum Gegenstand haben. Das gilt auch dann, wenn mit ihnen ein Sicherungszweck verfolgt wird, wobei eine Ausnahme für Sicherungsübereignungen gilt, die Teil eines Rechtsgeschäfts sind, das den Erwerb von Haushaltsgegenständen zum Ziel hat (Sicherungsübereignung eines gekauften Gegenstandes iRe finanzierten Abzahlungskaufs). Nicht zustimmungsbedürftig sind Prozesshandlungen wie Klageerhebung, Anerkenntnis, Verzicht. Anderes gilt für den Prozessvergleich. Nicht zustimmungsbedürftig sind Verpflichtungsgeschäfte, die nicht unmittelbar den Verlust des Eigentums zur Folge haben, jedoch ein gesetzliches Pfandrecht auslösen. Dasselbe gilt für die Verpflichtung, einem Dritten Gegenstände des ehelichen Haushalts zum Gebrauch zu überlassen, wie Leihe oder Miete.

Handelt der Ehegatte nicht selbst, sondern durch einen Vertreter, so ist dieser durch § 1369 gebunden. Frei 7
von den Bindungen des § 1369 sind dagegen Amtstreuhänder wie der Nachlass-, der Insolvenz-, der Zwangs-
verwalter oder der Testamentsvollstrecker sowie solche Gläubiger, die die Zwangsvollstreckung wegen einer
Geldforderung betreiben (Palandt/*Brudermüller* Rn 1; *Schmidt* NJW 74, 323). Die Vorschriften über die
Haushaltsführung und die Schlüsselgewalt begründen keine Einschränkung des Zustimmungserfordernisses
(Staud/*Thiele* Rn 4; MüKo/*Koch* Rn 30; aA Palandt/*Brudermüller* Rn 7).

D. Zustimmung und deren Fehlen. Wegen der Zustimmung gilt das zu §§ 1356, 1366 Dargestellte. Macht 8
der Ehegatte über einen längeren Zeitraum die Unwirksamkeit des Rechtsgeschäfts nicht geltend, ist regelmäßig von einer konkludenten Zustimmung auszugehen (Palandt/*Brudermüller* Rn 8).

Der Tatbestand der Norm erfährt keine subjektive Einschränkung; der Vertragspartner muss also nicht wis- 9
sen, dass es sich bei dem veräußerten Gegenstand um einen Haushaltsgegenstand handelt (FAFamR/*v Heintschel-Heinegg* Kap 9 Rn 25), dass der verfügende Ehegatte verheiratet ist oder dass es an der Zustimmung
fehlt. Der geringere Schutz des Dritten ist damit zu begründen, dass seine Gefährdung geringer ist als bei
Gesamtvermögensgeschäften, und dass sich die Widmung für den Haushalt leicht erfragen lässt (MüKo/*Koch*
Rn 27). Erfolgt die Veräußerung durch einen Kaufmann iRs Handelsgeschäfts, ist sowohl das Verpflichtungs-
als auch das Verfügungsgeschäft unwirksam, weil § 366 HGB in diesem Fall nicht anwendbar ist (Staud/*Thiele*
Rn 71; aA MüKo/*Koch* Rn 28).

Wie nach § 1365 kann das Vormundschaftsgericht auch nach II die fehlende Zustimmung des Ehegatten 10
ersetzen, wenn dieser sie ohne ausreichenden Grund verweigert oder in Folge Krankheit oder Abwesenheit
verhindert ist, eine Erklärung abzugeben. Der Tatbestand ist ggü § 1365 aber verkürzt, indem nicht zu prüfen
ist, ob die Verfügung einer ordnungsgemäßen Verwaltung entspricht. Sie wird jedoch dann nicht ersetzt,
wenn der Haushaltsgegenstand nicht entbehrlich ist, die vereinbarte Gegenleistung unangemessen niedrig ist,
zu befürchten steht, dass der Erlös nicht ordnungsgemäß verwendet wird oder sonst eine Schädigung der
Familieninteressen zu besorgen ist (BayObLG FamRZ 68, 317; 60, 157; Hamm FamRZ 57, 572). Dasselbe gilt,
wenn der Anspruch des Ehegatten auf eine gerechte und zweckmäßige Hausratsteilung nach der Ehescheidung gefährdet würde (BayObLG FamRZ 80, 1001). Generell ist iRd Entscheidung auf den Schutzzweck der
Norm abzustellen, wobei der maßgebliche Zeitpunkt der der vormundschaftsgerichtlichen Entscheidung ist
(BayObLG FamRZ 80, 1001; 68, 315; 60, 156). Die Genehmigung kommt deshalb insbes bei Entbehrlichkeit
des Hausrats, Vornahme struktureller Veränderungen oder zum Zweck der Beseitigung einer Notlage in
Betracht. Im Fall der Krankheit oder Abwesenheit eines Ehegatten bedarf es nicht der Feststellung mit dem
Aufschub des Rechtsgeschäfts verbundener Gefahr.

Im Übrigen verweist III auf die Vorschriften der §§ 1366 bis 1368, derentwegen auf die obigen Ausführungen 11
verwiesen werden kann.

§ 1370 Ersatz von Haushaltsgegenständen

**Haushaltsgegenstände, die anstelle von nicht mehr vorhandenen oder wertlos gewordenen Gegenständen
angeschafft werden, werden Eigentum des Ehegatten, dem die nicht mehr vorhandenen oder wertlos gewordenen Gegenstände gehört haben.**

A. Allgemeines. Der Sinn der Norm liegt darin, den Ehegatten, die gem § 1353 sogar verpflichtet sind, in 1
ihrem Alleineigentum stehenden Hausrat zum gemeinsamen Gebrauch zur Verfügung zu stellen, die Last der
Abnutzung und des Verbrauchs zu nehmen. Das Eigentum wird unabhängig von den dinglichen Erklärungen
begründet, auch unabhängig davon, aus wessen Mitteln die Anschaffung finanziert wird (Palandt/*Brudermüller* Rn 1). Die Norm ist vorrangig ggü § 8 II HausratsVO sowie §§ 1357 und 1362. Mit der Ersatzbeschaffung
verbundene Quantitäts- oder Qualitätsverbesserungen gehen zu Gunsten des Ehegatten, der Alleineigentümer des ersetzten Hausrats war.

Die Norm findet nur Anwendung, wenn die Ersatzbeschaffung während des Güterstandes erfolgt. Sie findet 2
keine Anwendung, wenn die Eheleute vor der Ehe aus gemeinsamen Mitteln Ersatz für im Alleineigentum
eines der Partner stehenden Hausrat erworben haben (Hamm FamRZ 98, 1028). Abweichende Vereinbarungen sind durch Ehevertrag (§ 1408) unter den Eheleuten möglich. Zulässig sind auch formlose Vereinbarungen über den Ausschluss der Surrogation im Einzelfall (BayObLG FamRZ 70, 31).

B. Ersatz von Haushaltsgegenständen. Wegen des Begriffs des Haushaltsgegenstandes wird auf § 1361 a 3
Rn 5 ff verwiesen. Der Surrogation unterfallen im Übrigen auch solche Gegenstände, die selbst schon Surrogate sind, auch dann, wenn an ihnen nach Kauf unter Eigentumsvorbehalt noch kein Eigentum erworben
worden ist.

Die Haushaltsgegenstände sind dann nicht mehr vorhanden, wenn sie dem Haushalt dauernd entzogen sind, 4
wobei der Grund dafür unerheblich ist, weshalb die Surrogation auch bei schuldhaftem Verhalten des Eigentümers greift. Folgt aus dem Verlust des Haushaltsgegenstandes ein Ersatzanspruch gegen Dritte, hindert das
die Surrogation nicht, doch ist der Ehegatte ggf verpflichtet, seine Ansprüche an seinen Partner abzutreten,

wenn dieser den Surrogationserwerb ganz oder teilweise aus eigenen Mitteln betreibt. Ist lediglich die Funktion eines Gegenstandes geändert, ist dieser noch vorhanden und nicht zu surrogieren (MüKo/*Koch* Rn 7).

5 Ein Haushaltsgegenstand ist dann wertlos, wenn er nicht mehr geeignet ist, die ihm im Haushalt zugedachte Funktion zu erfüllen, wobei Maßstab der an der Widmung orientierte Gebrauchswert, nicht der Vermögenswert ist (Nürnbg FamRZ 64, 297). Nach heutiger Wirtschafts- und Lebensauffassung genügt es bereits, dass der Gegenstand den Eheleuten nicht mehr „modern" genug erscheint und er deshalb bei Anschaffung eines wertvolleren Ersatzgegenstandes in Zahlung gegeben wird (Kobl MDR 94, 589).

6 Ersatzbeschaffung ist jeder rechtsgeschäftliche Erwerb – nicht der von Todes wegen (Stuttg FamRZ 82, 485) – eines funktionsidentischen, nicht notwendig gleichartigen oder gleichwertigen (BayObLG FamRZ 70, 31) Haushaltsgegenstandes durch einen oder beide Ehegatten mit – auch faktischer – Ersatzwidmung (MüKo/*Koch* Rn 10; Soergel/*Lange* Rn 12).

7 Als Folge der Surrogation geht der ersatzweise angeschaffte Gegenstand in das Alleineigentum des Ehegatten, der Alleineigentümer des ersetzten war. Bestand an dem surrogierten Gegenstand Miteigentum, geht auch der Ersatzgegenstand in das Miteigentum beider Ehegatten (Kobl MDR 94, 589).

8 **C. Prozessuales.** Die Beweislast für alle Tatbestandselemente der Norm trägt derjenige Ehegatte, der den Surrogationserwerb behauptet, wobei es ausreicht, wenn er beweist, dass er einen gleichartigen Gegenstand im Alleineigentum hatte, der nicht mehr vorhanden oder wertlos ist. Damit wird auch die Miteigentumsvermutung aus § 8 II HausratsVO widerlegt.

§ 1371 Zugewinnausgleich im Todesfall

(1) Wird der Güterstand durch den Tod eines Ehegatten beendet, so wird der Ausgleich des Zugewinns dadurch verwirklicht, dass sich der gesetzliche Erbteil des überlebenden Ehegatten um ein Viertel der Erbschaft erhöht; hierbei ist unerheblich, ob die Ehegatten im einzelnen Falle einen Zugewinn erzielt haben.
(2) Wird der überlebende Ehegatte nicht Erbe und steht ihm auch kein Vermächtnis zu, so kann er Ausgleich des Zugewinns nach den Vorschriften der §§ 1373 bis 1383, 1390 verlangen; der Pflichtteil des überlebenden Ehegatten oder eines anderen Pflichtteilsberechtigten bestimmt sich in diesem Fall nach dem nicht erhöhten gesetzlichen Erbteil des Ehegatten.
(3) Schlägt der überlebende Ehegatte die Erbschaft aus, so kann er neben dem Ausgleich des Zugewinns den Pflichtteil auch dann verlangen, wenn dieser ihm nach den erbrechtlichen Bestimmungen nicht zustünde; dies gilt nicht, wenn er durch Vertrag mit seinem Ehegatten auf sein gesetzliches Erbrecht oder sein Pflichtteilsrecht verzichtet hat.
(4) Sind erbberechtigte Abkömmlinge des verstorbenen Ehegatten, welche nicht aus der durch den Tod dieses Ehegatten aufgelösten Ehe stammen, vorhanden, so ist der überlebende Ehegatte verpflichtet, diesen Abkömmlingen, wenn und soweit sie dessen bedürfen, die Mittel zu einer angemessenen Ausbildung aus dem nach Absatz 1 zusätzlich gewährten Viertel zu gewähren.

1 **A. Allgemeines.** Während §§ 1372 ff den Ausgleich des Zugewinns im Allgemeinen regeln, stellt § 1371 eine Sonderregelung für den Fall der Beendigung der Zugewinngemeinschaft durch den Tod eines Ehegatten dar. Dabei verbindet die Norm das Ehegüterrecht mit dem Erbrecht. Nach der erbrechtlichen Lösung (I) erfolgt der Zugewinnausgleich dadurch, dass der gesetzliche Erbanspruch des Überlebenden pauschal um ein Viertel erhöht wird, gleich ob überhaupt ein Zugewinn und wenn, ggf. auf welcher Seite eingetreten ist. Diese Regel ändert nichts an dem Recht des überlebenden Ehegatten am Voraus (§ 1932). Mit der erbrechtlichen Lösung soll im Interesse des Familienfriedens verhindert werden, dass der Überlebende verpflichtet ist, iRe Zugewinnausgleichsklage gegen die Erben den Nachweis zu führen, dass auf Seiten des Verstorbenen ein Zugewinn entstanden ist.

2 Die Norm führt zu einer erheblichen Besserstellung des Ehegatten ggü Miterben, weshalb IV einen gewissen Ausgleich zu Gunsten der nicht aus der Ehe stammenden Abkömmlinge des verstorbenen Ehegatten schafft. Sie findet nur Anwendung, wenn neben deutschem Güterrecht auch deutsches Erbrecht zur Anwendung kommt (Stuttg FamRZ 05, 1711).

3 Wird der überlebende Ehegatte nicht Erbe und steht ihm auch kein Vermächtnis zu, so greift die güterrechtliche Lösung, die zum Inhalt hat, dass der überlebende Ehegatte gegen die Erben einen Zugewinnausgleichsanspruch nach Maßgabe der §§ 1373 bis 1383, 1390 hat. Daneben steht ihm der sog kleine Pflichtteil zu. Besteht neben dem Pflichtteil ein hoher Zugewinnausgleichsanspruch, kann der überlebende Ehegatte im Ergebnis besser stehen als nach der erbrechtlichen Lösung. Da er aber nicht gegen seinen Willen Erbe werden kann, tritt die erbrechtliche Lösung nicht gegen seinen Willen ein.

4 Für den Todeszeitpunkt ist in Übereinstimmung mit der medizinischen Wissenschaft der Eintritt des Gesamthirntodes maßgeblich, also der vollständige irreversible Ausfall der Funktionen von Großhirn, Kleinhirn und Hirnstamm (Köln NJW-RR 92, 1480; Frankf FamRZ 98, 190, BayObLG NJW-RR 99, 1309).

Die Norm findet nur Anwendung, wenn die Ehegatten im Zeitpunkt des Todes im gesetzlichen Güterstand 5
der Zugewinngemeinschaft gelebt haben. Dasselbe gilt, wenn der Tod eintritt, nachdem ein Ehegatte Scheidungsantrag gestellt hat, aber bevor das Scheidungsurteil rechtskräftig geworden ist, oder wenn ein Ehegatte Klage auf vorzeitigen Ausgleich des Zugewinns gestellt hat, hierüber aber noch nicht rechtskräftig entschieden ist. Für die Berechnung des Endvermögens ist im Fall des Todes während des laufenden Scheidungsverfahrens auf den Stichtag des § 1384 abzustellen, wenn die Ehe voraussichtlich geschieden worden wäre (BGH FamRZ 04, 527 = FuR 04, 258). Das gilt auch dann, wenn der überlebende Ehegatte durch Testament als Erbe ausgeschlossen ist und den güterrechtlichen Zugewinnausgleich beansprucht. Sterben beide Ehegatten (zB nach einem Verkehrsunfall) gleichzeitig, findet weder die erb- noch die güterrechtliche Regelung Anwendung, da kein Ehegatte den anderen beerben kann (§ 1923 I). Da ebenso wenig ein Ehegatte Nacherbe oder Vermächtnisnehmer sein kann, ist für erbrechtliche Lösungen kein Raum (BGHZ 75, 85). Da der Zugewinn nur zu Gunsten eines überlebenden Ehegatten und nicht der Erben ausgeglichen werden kann (Zweibr FamRZ 97, 683), findet auch ein Zugewinnausgleich nach der güterrechtlichen Lösung nicht statt (BGHZ 75, 85; *Werner* FamRZ 76, 251; aA Palandt/*Brudermüller* Rn 13).

Die Folgen der erbrechtlichen Lösung können testamentarisch oder durch Ehevertrag ausgeschlossen oder 6
abgeändert werden. Haben die Ehegatten die Zugewinngemeinschaft ausgeschlossen, so betrifft dies auch den Zugewinnausgleich von Todes wegen nach I wie auch den nach II und III (Staud/*Thiele* Rn 137; MüKo/*Koch* Rn 19). Zulässig ist es auch, die erb- oder güterrechtliche Lösung insgesamt oder nur die nach I vorgesehene pauschale Erhöhung durch Ehevertrag auszuschließen (Staud/*Thiele* Rn 137). Der Ausschluss kann auch auf die Folgen nach I beschränkt werden, so dass beim Tode eines Ehegatten nur die güterrechtliche Regelung greift. Nicht zulässig ist die Vereinbarung einer von I abweichenden Erhöhungsquote (Staud/*Thiele* Rn 137); insoweit bleibt nur eine Änderung durch erbrechtliche Gestaltungsmöglichkeiten. Nicht zulässig ist der Ausschluss des Ausbildungsunterhalts nach IV durch Ehevertrag (BaRoth/*Mayer* Rn 52). Soll dieser entfallen, bleibt nur der Ausschluss der Zugewinngemeinschaft.

In den Bundesländern, in denen die Höfeordnung gilt, sind deren Regelungen vorrangig, so dass sich hinsichtlich landwirtschaftlicher Betriebe Änderungen ggü den güterrechtlichen Regelungen nach II und III ergeben können. 7

B. Erbrechtliche Lösung (I). I. Der Ehegatte ist Erbe oder Vermächtnisnehmer. 1. Ehegatte als Erbe. I findet nur Anwendung, wenn der Ehegatte Erbe oder Vermächtnisnehmer des Verstorbenen ist (BGHZ 37, 58), da der gesetzliche Erbteil erhöht wird. Dasselbe gilt, wenn er Vor- (BGH FamRZ 65, 604) oder Nacherbe ist. Hinsichtlich der Anwendung der Norm ist dem Gericht kein Ermessen eingeräumt, so dass die Gründe für die Eheschließung ebenso unbedeutend sind wie die Ehedauer (Bambg OLGR 99, 265). 8

2. Ehegatte als Vermächtnisnehmer. Aus II folgt, dass I auch dann anzuwenden ist, wenn dem überlebenden Ehegatten ein Vermächtnis zugewandt wurde, das jedoch einen Mindestwert erreichen muss. Hat es praktisch nur einen Erinnerungswert, liegt eine Enterbung vor, durch die der Weg für die güterrechtliche Regelung frei ist (Palandt/*Brudermüller* Rn 2). 9

3. Ehegatte als Pflichtteilsberechtigter. Ist dem Ehegatten der Pflichtteil zugewandt worden, ist nach der 10
Auslegungsregel des § 2304 von einem Vermächtnis auszugehen. Ob ein Fall der Enterbung vorliegt, richtet sich dann danach, ob dem überlebenden Ehegatten der „kleine" oder „große" Pflichtteil zugedacht war. Die Zuwendung des kleinen Pflichtteils steht einer Enterbung gleich (Palandt/*Brudermüller* Rn 2), so dass der Weg für die güterrechtliche Lösung frei ist. Der kleine Pflichtteil bemisst sich gem § 2303 I 2 auf die Hälfte des sich nach § 1931 errechnenden Erbteils ohne Berücksichtigung des Aufschlages nach I.

Der „große" Pflichtteil besteht aus der Hälfte des sich nach § 1931 errechnenden gesetzlichen Erbteils unter Einbeziehung des Aufschlages nach I. Da der Ehegatte neben Verwandten der ersten Ordnung (Kinder des Verstorbenen, § 1924) zu einem Viertel und neben solchen der zweiten Ordnung (Eltern des Verstorbenen, § 1925) zur Hälfte erbberechtigt ist, stehen ihm unter Einbeziehung des Aufschlages nach I neben Verwandten der ersten Ordnung insgesamt die Hälfte, neben solchen der zweiten Ordnung drei Viertel des Nachlasses zu, so dass der große Pflichtteil sich neben Verwandten der ersten Ordnung auf ein Viertel und neben Verwandten der zweiten Ordnung auf drei Achtel errechnet, während der kleine Pflichtteil ein Achtel bzw. ein Viertel beträgt. 11

II. Rechtsfolge. Findet I Anwendung, wird der gesetzliche Erbteil pauschal um ein Viertel erhöht; eine konkrete Berechnung des Zugewinns findet nicht statt. Da die Vorschriften über den Zugewinnausgleich nicht angewandt werden, bleiben auch dem Ehegatten zu Lebzeiten gemachte Zuwendungen (§ 1380) unberücksichtigt. 12

Mit dem Tod des Verstorbenen geht dessen Nachlass, obwohl der Anspruch auf verschiedenen Grundlagen 13
beruht (§§ 1931, 1371 I), in Höhe des gesetzlichen Erbteils einschl des Erhöhungsbetrages nach I auf den Ehegatten über, der auch dinglich berechtigt ist. Eine Teilausschlagung kommt nicht in Betracht (Staud/*Thiele* Rn 10). Nach § 5 I 1 ErbStG ist das zusätzliche Viertel aber nur in Höhe des Betrages erbschaftsteuerfrei, der dem überlebenden Ehegatten im Fall güterrechtlicher Abwicklung zufiele (zur Berechnung: BFH NJW 94, 150).

14 **C. Güterrechtliche Lösung (II). I. Ehegatte ist nicht Erbe.** Ist der überlebende Ehegatte weder gesetzlicher Erbe noch durch Testament bedacht (BGHZ 42, 182) und steht ihm auch kein Vermächtnis zu, greift die güterrechtliche Lösung nach II. Hat er allerdings die Erbschaft ausgeschlagen, enthält III die einschlägigen Regelungen.

15 **1. Ausschluss durch Verfügung von Todes wegen.** Da die Testierfreiheit der Eheleute nicht beschränkt ist, ist es jedem unbenommen, den anderen zu enterben (§ 1938). Dem testamentarisch Enterbten steht derjenige gleich, der auf den kleinen Pflichtteil verwiesen wird (s.o. Rn 10).

16 **2. Gesetzlicher Ausschluss.** Der Ehegatte ist dann von Gesetzes wegen von der Erbschaft ausgeschlossen, wenn der Verstorbene im Zeitpunkt seines Todes selbst die Scheidung beantragt oder der von dem anderen Ehegatten beantragten Scheidung zugestimmt hatte und wenn die Voraussetzungen der Ehescheidung vorlagen (§ 1933). Dasselbe gilt, wenn der Erblasser die Aufhebung der Ehe beantragt hatte und deren Voraussetzungen vorlagen. Nimmt der überlebende Ehegatte seinen begründeten Scheidungsantrag zurück, dem der andere zugestimmt hatte, so hat dies keinen Einfluss mehr auf den Ausschluss von der Erbfolge nach § 1933 (Frankf FamRZ 98, 190). Ist der überlebende Ehegatte während der Ehe testamentarisch bedacht worden, gilt dasselbe, sofern nicht anzunehmen ist, dass der Erblasser ihn auch für den Fall der Auflösung der Ehe hat bedenken wollen (§ 2077).

17 **3. Erbunwürdigkeit.** II greift ferner auch dann, wenn der überlebende Ehegatte durch rechtskräftiges Urteil für erbunwürdig erklärt worden ist (§ 2339). Ist der überlebende Ehegatte nicht Erbe, sondern Vermächtnisnehmer, gilt dasselbe (§ 2345). Der Erbunwürdigkeit steht die Entziehung des Ehegattenpflichtteils (§ 2335) gleich. Will der überlebende Ehegatte den Gefahren der Anfechtung entgehen, kann er das Erbe ausschlagen, was den Weg über III ebnet.

18 **4. Erbverzicht.** Gemäß § 2346 können Ehegatten durch Vertrag mit dem Erblasser auf ihr gesetzliches Erbteil verzichten. Der Verzichtsvertrag bedarf der notariellen Form (§ 2348) und hat zur Folge, dass der Überlebende nicht Erbe ist, somit seine Rechte aus II beanspruchen kann.

19 **II. Rechtsfolge.** Liegen die Voraussetzungen von II vor, kann der überlebende Ehegatte gem §§ 1931, 2304 den kleinen Pflichtteil beanspruchen (zur Berechnung vgl. Rn 10), ohne dass ihm insoweit ein Wahlrecht zukäme (BGH NJW 82, 2497; Palandt/*Brudermüller* Rn 15; Staud/*Thiele* Rn 62). Daneben kann er von den Erben des Verstorbenen den Ausgleich des Zugewinns gem §§ 1373 ff beanspruchen. Hinsichtlich der Verjährung gelten §§ 1378 IV, 2332, so dass der Anspruch in drei Jahren von dem Zeitpunkt an verjährt, zu dem der überlebende Ehegatte Kenntnis vom Tod des anderen und von der letztwilligen Verfügung, mit der er enterbt worden ist, erlangt. Die Klage auf Zahlung des großen Pflichtteils hemmt die Verjährung des Anspruchs aus II nicht (BGH FamRZ 83, 27; Frankf FamRZ 86, 807).

20 Für die Berechnung der Zugewinnausgleichsforderung ist auf das Ende des Güterstandes abzustellen, also den Zeitpunkt des Todes. War zu diesem Zeitpunkt jedoch schon die Ehescheidung oder die Klage auf vorzeitigen Ausgleich des Zugewinns rechtshängig, so ist in analoger Anwendung der §§ 1384, 1387 auf den Zeitpunkt der Rechtshängigkeit abzustellen, sofern die Klage erfolgreich gewesen wäre, da die Norm in diesem Punkt ersichtlich eine Regelungslücke enthält, die durch die Analogie zu schließen ist (BGHZ 99, 304).

21 Die Anwendung der §§ 1373 ff hat zur Folge, dass gem § 1380 auch Vorausempfänge angerechnet werden können, alternativ über § 2315 auch auf den Pflichtteil. Die Erbunwürdigkeit kann im Übrigen Anlass geben, die Voraussetzungen des § 1381 zu prüfen.

22 Die Zugewinnausgleichsforderung ist eine Nachlassverbindlichkeit (§ 1967 II), die sich gegen die Erben richtet. Sie geht den Vermächtnissen, Auflagen und Pflichtteilsansprüchen vor (MüKo/*Koch* Rn 45; Staud/*Thiele* Rn 69; Palandt/*Brudermüller* Rn 17). Sie rechnet nicht zum steuerpflichtigen Erwerb iSv § 5 II ErbStG.

23 **D. Ausschlagung der Erbschaft (III).** Schlägt der Ehegatte die Erbschaft aus (vgl §§ 1942 ff), wird er nach III so behandelt, als sei er nicht Erbe geworden, weshalb auch jetzt die güterrechtliche Lösung greift. Mit dieser Regelung erkennt das Gesetz das Interesse des Ehegatten daran an, die Erbschaft im Hinblick auf den Zugewinnausgleich auszuschlagen (Staud/*Thiele* Rn 85). Damit hat der Ehegatte faktisch die Möglichkeit der Wahl, ob er seinen gesetzlichen Erbteil mit der Erhöhung nach I beansprucht, oder sich mit seinem Pflichtteil begnügt und den Ausgleich des Zugewinns gegen die Erben geltend macht.

24 III greift nur dann, wenn der überlebende Ehegatte nach der Ausschlagung weder Erbe noch Vermächtnisnehmer ist, weshalb die güterrechtliche Regelung dann nicht anzuwenden ist, wenn der Ehegatte zwar die Erbschaft ausgeschlagen, ein ihm zugedachtes Vermächtnis aber behalten hat. Dasselbe gilt, wenn er die testamentarische Erbschaft ausschlägt, sein gesetzliches Erbe aber annimmt. Sie gilt auch dann nicht, wenn der überlebende Ehegatte durch Vertrag mit dem Verstorbenen auf sein gesetzliches Erb- oder Pflichtteilsrecht verzichtet hat (III 2.Hs).

25 Durch die Ausschlagung der Erbschaft verliert der überlebende Ehegatte grds auch seinen Pflichtteilsanspruch. Diese Konsequenz wird nach III vermieden, wenn der überlebende Ehegatte mit dem Verstorbenen bis zu dessen Tod im Güterstand der Zugewinngemeinschaft gelebt hat. Denn er erhält nach III seinen

Pflichtteil auch dann, wenn er ihm nach den erbrechtlichen Vorschriften nicht zustünde. Deshalb wird das Pflichtteilsrecht des überlebenden Ehegatten durch die Norm erweitert. Der Gesetzeswortlaut ist allerdings zu korrigieren, da die im Gesetz genannten „erbrechtlichen Vorschriften" nur diejenigen sind, die die Entstehung des Pflichtteils an die Ausschlagung der Erbschaft knüpfen. Diejenigen Vorschriften, die die Entstehung des Pflichtteilsanspruchs überhaupt verhindern oder dessen Fortfall herbeiführen, sind auch weiterhin anwendbar (Staud/*Thiele* Rn 88). Dem Ehegatten steht somit entgegen dem Wortlaut der Norm dann kein Pflichtteil zu, wenn ihm dieser entzogen oder er für erbunwürdig erklärt worden ist.

Wegen der Berechnung des Pflichtteils wird auf oben Rn 10 verwiesen, wegen der Berechnung des Zugewinnausgleichsanspruchs auf Rn 20 ff. 26

E. Ausbildungsunterhalt für Stiefabkömmlinge (IV). Nach IV wird eine Unterhaltspflicht außerhalb eines Verwandtschaftsverhältnisses begründet, da die erbberechtigten Abkömmlinge, die nicht aus der durch den Tod dieses Ehegatten aufgelösten Ehe stammen, entweder Kinder des Verstorbenen aus früheren Ehen, Kinder aus der Beziehung zu einem Elternteil, mit dem der Verstorbene nicht verheiratet war oder gem §§ 1741 ff angenommene Kinder bzw deren Abkömmlinge sind. Der Sinn der Regelung liegt darin, die mit der Erhöhung des gesetzlichen Erbteils nach I verbundene Benachteiligung der Kinder zu begrenzen. 27

Voraussetzung für einen Anspruch aus IV ist die gesetzliche Erbberechtigung der Abkömmlinge; die testamentarische Erbeinsetzung reicht nicht aus. Die Berechtigten dürfen die Erbschaft nicht ausgeschlagen (*Boehmer* FamRZ 61, 47) oder auf sie verzichtet haben. Nicht erbberechtigt sind sie auch, wenn sie für erbunwürdig erklärt wurden (§§ 2339 ff) oder gem § 1924 II von der Erbfolge ausgeschlossen sind. 28

Der Ehegatte haftet nur dann, wenn er gesetzlicher Erbe des Verstorbenen ist, also die erbrechtliche Lösung nach I greift. Da der Ehegatte diese Lösung durch Ausschlagung der Erbschaft verhindern kann, hat er es in der Hand, sich auch der Haftung nach IV zu entziehen. 29

Ob ein Unterhaltsbedarf besteht, richtet sich nach den allgemeinen Vorschriften (§§ 1602, 1610). Der Anspruch umfasst neben den eigentlichen Ausbildungskosten auch die in der Zeit der Ausbildung anfallenden Lebenshaltungskosten (Palandt/*Brudermüller* Rn 9). Er besteht nicht, wenn der Abkömmling seinen Bedarf zB durch Einsatz auch des Stammes des ererbten Vermögens decken kann (Staud/*Thiele* Rn 105). Der Unterhaltsanspruch nach IV schließt den gegen einen Dritten, zB einen noch lebenden Elternteil, nicht aus (MüKo/*Koch* Rn 85; Palandt/*Brudermüller* Rn 9; *Rittner* DNotZ 57, 483; aA: Staud/*Thiele* Rn 105; RGRKom/ *Finke* Rn 56). Die auf den Erben entfallende Unterhaltsquote ist dadurch zu ermitteln, dass der fiktive Anspruch gegen den Verstorbenen für den Fall seines Weiterlebens berechnet wird (vgl im Übrigen FamKK/ *Weinreich* Rn 56). Sind mehrere nach IV Berechtigte vorhanden, sind die vorhandenen Mittel, wenn sie nicht zur vollen Bedarfsdeckung ausreichen, proportional nach den Ausbildungsbedürfnissen zu quotieren (MüKo/ *Koch* Rn 73). 30

Die Zahlungspflicht des überlebenden Ehegatten ist auf das ihm nach I zugeflossene Viertel begrenzt. Ist dieses durch die Unterhaltszahlungen verbraucht, endet die Zahlungspflicht. 31

§ 1372 Zugewinnausgleich in anderen Fällen

Wird der Güterstand auf andere Weise als durch den Tod eines Ehegatten beendet, so wird der Zugewinn nach den Vorschriften der §§ 1373 bis 1390 ausgeglichen.

A. Allgemeines. Da das Familienrecht vom Grundsatz der Halbteilung beherrscht wird, ist – von Ausnahmefällen wie dem des privilegierten Erwerbs (§ 1374 II) abgesehen – das während des Bestehens des Güterstandes erworbene Vermögen unter den Ehegatten hälftig aufzuteilen. §§ 1373 ff sind dabei Auffangtatbestand für alle Fälle, in denen die Ehe nicht durch den Tod endet. IRd Güterrechts wird ein auf Geldzahlung gerichteter Ausgleichsanspruch begründet, für den, bezogen auf genau festgelegte Stichtage, für beide Ehegatten die Vermögensstände getrennt festzuhalten sind. Dabei kommt es nicht darauf an, ob und in welcher Höhe ein Ehegatte einen Beitrag zum Zugewinn des anderen geleistet hat. 1

Der Zugewinnausgleich nach §§ 1373 ff findet statt, wenn der Güterstand durch Scheidung der Ehe (§§ 1564 – 1568), Aufhebung der Ehe (§§ 1313 – 1318), vorzeitigen Ausgleich des Zugewinns (§§ 1385 – 1388) oder Ehevertrag endet. 2

B. Zugewinnausgleich und andere Regelungen. I. Abgrenzung zum Hausrats- und Versorgungsausgleichsverfahren sowie Verhältnis zum Unterhalt. Während Ehewohnung und Hausrat nach der HausratsVO und die Versorgungsanwartschaften und -aussichten wegen Alters oder Berufs- und Erwerbsunfähigkeit im Versorgungsausgleichsverfahren verteilt werden, unterfällt das sonstige Vermögen dem Zugewinnausgleich. 3

1. Hausrat. Hinsichtlich des Hausrats ist streitig, wie dieser im Verhältnis zum Zugewinn steht. Einerseits wird vertreten, dass er generell nicht in den Zugewinn fällt (so Karlsr FamRZ 82, 277; Hamm FamRZ 82, 937; Köln FamRZ 83, 709). Nach der hM gehört zwar auch der Hausrat grds zum Anfangs- oder Endvermögen, 4 doch scheidet er aus dem Zugewinnausgleich aus, soweit er den Vorschriften der HausratsVO unterliegt (BGH FamRZ 84, 144; Ddorf FamRZ 05, 273; 92, 60; Bambg FamRZ 89, 408). Dasselbe gilt für eine nach der HausratsVO zu leistende Ausgleichszahlung (BGH FamRZ 84, 144), während im Alleineigentum eines Ehegatten stehende Hausratsgegenstände im Endvermögen zu berücksichtigen sind (BGH FamRZ 84, 144), sofern sie nicht ausnahmsweise gem § 9 HausratsVO dem anderen Ehegatten zugewiesen werden können (Ddorf FamRZ 05, 273).

5 2. **Versorgungsausgleich.** Nach § 1587 III ist wegen der dem Versorgungsausgleich unterliegenden Anrechte ein güterrechtlicher Ausgleich von vornherein ausgeschlossen, unabhängig davon, ob ein Versorgungsausgleich stattfindet oder zB aufgrund einer Vereinbarung (§§ 1408 II, 1587o) oder der Anwendung der Härteklausel (§§ 1587 c, 1587 h) ausscheidet (FamKK/*Rehme* § 1587 Rn 72).

6 Abgrenzungsprobleme gibt es im Verhältnis zu privaten Lebensversicherungen, die dem Versorgungsausgleich dann nicht unterliegen, wenn sie weder mit Hilfe des Vermögens noch durch Arbeit der Eheleute begründet worden sind (BGH NJW 92, 1888 für den Fall einer aus Mitteln des vorzeitigen Zugewinnausgleichs begründeten Lebensversicherung). Im Übrigen fallen solche Lebensversicherungen, die nicht der Altersvorsorge, sondern der Vermögensbildung dienen, nicht in den Versorgungsausgleich. Das gilt etwa für die Kapitallebensversicherung, solange nicht ein evtl Rentenwahlrecht ausschl und unwiderruflich ausgeübt worden ist (BGH FamRZ 93, 684; 84, 156). Rentenversicherungen mit Kapitalwahlrecht unterliegen dagegen grds dem Versorgungsausgleich, solange nicht bis zum Stichtag das Kapitalwahlrecht ausgeübt worden ist (BGH FamRZ 03, 923 = FuR 03, 369; FamRZ 03, 664 = FuR 03, 367 mit Anm *Deisenhofer* FamRZ 03, 745; zu den Konsequenzen vgl auch *Büte* FuR 03, 400).

7 In das Endvermögen fällt auch eine vom Arbeitgeber iRd betrieblichen Altersvorsorge als Direktversicherung abgeschlossene Kapitallebensversicherung, wenn deren Bezugsrecht unwiderruflich ist (Köln FamRZ 01, 158) oder wenn es sich um eine befreiende Lebensversicherung nach § 1 II 1, 1 I BetrAVG handelt (BGH FamRZ 93, 1303).

8 3. **Unterhalt.** Laufender Unterhalt fällt mangels Fälligkeit nicht in das Endvermögen (BGH FamRZ 03, 1544 = FuR 04, 85). Anderes gilt aber für am Stichtag bereits fällige Unterhaltsrückstände, die beim Berechtigten in das Aktiv- und beim Verpflichteten in das Passivvermögen fallen (BGH FamRZ 03, 1544 = FuR 04, 85; Celle FamRZ 91, 944; Frankf FamRZ 90, 998). Dasselbe gilt für Kontoguthaben, das dazu dient, einen nur wenige Tage später fällig werdenden Unterhaltsanspruch zu befriedigen (BGH FamRZ 03, 1544).

9 **II. Sonstige Ausgleichsregelungen. I. Ausschließlichkeitsprinzip.** Neben dem Zugewinnausgleich kommen grds keine anderen vermögensrechtlichen Ausgleichsansprüche in Betracht (BGHZ 89, 137; FAFamR/*v Heintschel-Heinegg* Kap 9 Rn 34). Er verdrängt Ansprüche aus ungerechtfertigter Bereicherung (BGH FamRZ 89, 147; 82, 246; MüKo/*Koch* vor § 1363 Rn 22) und regelmäßig auch solche wegen Wegfalls der Geschäftsgrundlage, § 313 (BGH FamRZ 82, 246). Unberührt bleiben dagegen ausgleichsfremde Ansprüche, wobei zu beachten ist, dass sich diese und die Zugewinnausgleichsansprüche wechselseitig beeinflussen (zu den Problemen daraus: *Schürmann/Weinreich* FuR 03, 60 ff).

10 **1. Gesamtschuldnerausgleich, Gesamtgläubigerschaft.** Da die Zugewinngemeinschaft keinen Verlustausgleich vorsieht, kommt dem Güterrecht kein Vorrang ggü § 426 zu (vgl: *Kotzur* NJW 89, 817, 818; FAFamR/*v Heintschel-Heinegg* Kap 9 Rn 38). Zum Ausgleich von Gesamtschulden allgemein vgl FamKK/*Brudermüller* § 426 Rn 13 ff, zur Haftung für Steuerschulden BGH FamRZ 02, 729 = FuR 02, 263; MDR 02, 1252; FamRZ 79, 115, 117; NJW 63, 2067; Karlsr FamRZ 91, 834; Hamm FamRZ 96, 1413; Köln NJW 98, 3785.

11 Auch § 430 wird durch die Regeln über den Zugewinnausgleich nicht verdrängt (BGH NJW 00, 2347). Zur Berechtigung der Gesamtgläubiger an Forderungen allgemein vgl FamKK/*Brudermüller* § 430 Rn 7 ff; zur Auseinandersetzung von Gemeinschaftskonten („Oder-Konten") BGHZ 95, 187; 93, 320; NJW 00, 2347; Ddorf FamRZ 98, 165; Karlsr NJW-RR 90, 1285; Kobl NJW-RR 90, 1386.

12 **2. Miteigentum.** Gemeinschaftsrechtliche Ansprüche werden durch das Güterrecht nicht verdrängt (Hamm FamRZ 89, 740; FAFamR/*v Heintschel-Heinegg* Kap 9 Rn 40). Zum Recht der Gemeinschaft bei Auseinandersetzung von Ehen vgl FamKK/*Brudermüller* § 745 Rn 9 ff.

13 **3. Gesellschaftsrechtliche Ansprüche.** Wenn die beiderseitigen Vermögensdispositionen über den durch § 1353 I 2 gesteckten Rahmen der ehelichen Lebensgemeinschaft hinaus gehen, kann uU eine „Ehegatten-Innengesellschaft" angenommen werden (BGHZ 65, 320; FamRZ 89, 147), zB bei Einsatz von Arbeit und Vermögen für den Aufbau eines Unternehmens oder gemeinsamer beruflicher oder gewerblicher Tätigkeit (BGH FamRZ 90, 973, 89, 147; 87, 907), allerdings dann nicht, wenn dem ausdrückliche Vereinbarungen entgegen stehen (BGH FamRZ 95, 1002) oder die Leistung nur dazu dient, das Privatvermögen nur eines Ehegatten zu fördern (BGH FamRZ 99, 1580=FuR 00, 241). Indizien für die Annahme einer Ehegatteninnengesellschaft sind Planung, Umfang und Dauer der Vermögensbildung sowie Absprachen über die Verwendung und Wiederanlage erzielter Vermögenserträge (BGH FuR 03, 40). Weitere Voraussetzung ist die annähernde Gleichwertigkeit der Beiträge, wie gleichberechtigte Mitarbeit im Geschäft des anderen, Berechtigung,

auf Kassen und Konten zuzugreifen (Ddorf FamRZ 99, 228). Gilt der Einsatz dem Bestreben, die Voraussetzungen für die Verwirklichung der ehelichen Lebensgemeinschaft zu schaffen, zB durch den Bau eines Familienheims, oder geht die Mitarbeit nicht über das Übliche hinaus, scheidet eine Ehegatten-Innengesellschaft aus (BGH FamRZ 99, 1580; 95, 1062; 89, 147; 84, 361; 75, 35), anders, wenn mit der Tätigkeit auch der Lebensunterhalt gesichert werden soll.

4. Rückgewähr von Zuwendungen. Ehebedingte oder unbenannte Zuwendungen stellen ein ehebezogenes Rechtsgeschäft eigener Art dar. Scheitert die Ehe, so kommen Rückgewähransprüche nach § 313 in Betracht, wenn der durch die einseitige Zuwendung geschaffene Vermögensstand unter Berücksichtigung der Ehedauer, von Art und Umfang der erbrachten Leistungen und der Höhe der hierdurch bedingten Vermögensmehrung für den zuwendenden Ehegatten unzumutbar ist (BGH FamRZ 03, 230; 88, 481; 82, 910). Die Grenze der Zumutbarkeit ist nicht zu niedrig anzusetzen, um keine „Zugewinngemeinschaft kraft Richterrechts" zu schaffen (BGH FamRZ 90, 855). Neben dem Zugewinnausgleich kommt eine Rückabwicklung unbenannter Zuwendungen regelmäßig nicht in Betracht (Ddorf FamRZ 03, 872), es sei denn, er führt zu einem für die Betroffenen untragbaren Ergebnis (BGH FamRZ 03, 23; Beispielsfälle: BGH FamRZ 91, 1169; FamRZ 94, 503; Stuttg FamRZ 94, 1326; München FamRZ 99, 1663). Unbenannte Zuwendungen werden im Gegensatz zur Schenkung, deren Rückabwicklung ggf nach §§ 528, 530 erfolgt, nicht altruistisch erbracht, sondern um der Ehe willen und als Beitrag zur ehelichen Lebensgemeinschaft, in der sie ihre Geschäftsgrundlage haben (BGH FamRZ 93, 1047). Bloße Arbeitsleistungen sind keine Zuwendungen (BGH FamRZ 94, 1167; 82, 910). Der Ausgleich erfolgt durch Zahlung in Geld (BGH FamRZ 89, 599), wobei die Höhe des Anspruchs von den Umständen des Einzelfalles abhängt (BGH FamRZ 02, 949; 99, 365; 90, 855). Nur in Ausnahmefällen kommt eine dingliche Rückgewähr in Betracht (München FamRZ 02, 393 verneint bei besonders emotionaler Bindung an ein Haus; BGH FamRZ 02, 949 = FuR 02, 449 bejaht bei kurzer Ehedauer und sonst fehlender Altersabsicherung). Der Rückgewähranspruch setzt nicht voraus, dass die Zuwendung schon vollzogen ist (BGH FamRZ 03, 230).

Beispielsfälle: Erwerb eines Grundstücks zu jeweils hälftigem Miteigentum, obwohl das investierte Eigenkapital von nur einem Ehegatten stammt, der auch Zins- und Tilgungsleistungen übernimmt (BGH FamRZ 89, 599; Bambg FamRZ 95, 234), Übertragung der Grundstückshälfte an den Ehepartner (Ddorf NJW-RR 96, 467; Bambg FamRZ 96, 1221), Hingabe eines größeren nicht rückzahlbaren Geldbetrages zur Einrichtung einer Arztpraxis (BGH NJW 74, 2045), zur Einzahlung auf einen Bausparvertrag (Schlesw FamRZ 88, 165) oder zur Investition in eine im Alleineigentum stehende Immobilie (BGH FamRZ 89, 147), Übertragung von Wertpapieren zum Zwecke der Altersvorsorge oder um sie den Gläubigern zu entziehen (BGH FamRZ 94, 503; 91, 1169), Einräumung des Bezugsrechts an einer Lebensversicherung (BGH FamRZ 95, 229) und bei Güterstandswechsel Verzicht auf Zugewinnausgleichsansprüche (BGH FamRZ 97, 933).

5. Schadensersatz. Weder die Ehe noch die Zugewinngemeinschaft schließen das Bestehen von Schadensersatzansprüchen der Eheleute untereinander aus; sie sind sogar besonders geschützt, indem die Verjährung während bestehender Ehe gehemmt ist (§ 207 I). Ansprüche aus § 823 können bestehen zB wegen Zerstörung, Beiseiteschaffens oder Veräußerung von Hausrat (Köln FamRZ 02, 322; Ddorf FamRZ 86, 1134), Verschenkens gemeinschaftlichen Vermögens (KG FamRZ 92, 1429), in Höhe der Detektivkosten bei Kindesentführung (BGH FamRZ 90, 966; Kobl FamRZ 03, 238) oder in Höhe vergeblich aufgewendeter Kosten bei Vereitelung des Umgangs mit dem Kind (BGH FamRZ 02, 1720; Karlsr FamRZ 02, 1056). Wegen Schadensersatzansprüchen bei der Verweigerung gemeinsamer steuerlicher Veranlagung oder Verletzung der ehelichen Treuepflicht vgl § 1353 Rn 15 ff.

6. Ansprüche von und gegen Schwiegereltern. Auf Zuwendungen der Schwiegereltern an die Ehegatten findet die Rechtsprechung zur Rückabwicklung unbenannter Zuwendungen entspr Anwendung (BGH FamRZ 95, 1060; Nürnbg FuR 05, 429; München FamRZ 04, 196; Celle FamRZ 03, 1657). Rückabwicklung kommt in Betracht, wenn den Schwiegereltern die Aufrechterhaltung der bestehenden wirtschaftlichen Lage nicht zuzumuten ist (BGH FamRZ 99, 353; Oldbg NJW 94, 1539; Köln NJW 94, 1540; Ddorf FamRZ 94, 1384), wobei nichts anderes gilt, wenn die Zuwendung in der früheren DDR erfolgte (BGH FamRZ 98, 669; Dresden FamRZ 97, 739). Haben die Schwiegereltern umfangreiche Arbeitsleistungen erbracht, kommt die Annahme eines familienrechtlichen Kooperationsvertrages in Betracht, dessen Geschäftsgrundlage durch das Scheitern der Ehe entfallen ist (BGH FamRZ 82, 910; LG Marburg FamRZ 04, 1099 m Anm *Wever*). Erfolgt unter den Eheleuten ein Ausgleich des Zugewinns, kommt eine Inanspruchnahme durch die Schwiegereltern zumeist nicht in Betracht (Celle FamRZ 03, 1657). Gefordert werden kann eine Ausgleichszahlung (BGH FamRZ 98, 669), bei Verfolgung eigener Zwecke ggf auch in voller Höhe (Oldbg FamRZ 92, 308). Hat ein Ehegatte in das Haus der Schwiegereltern investiert, in dem die Eheleute gelebt haben, war Rechtsgrund für unentgeltliches Wohnen ein Leihvertrag, so dass nach Scheitern der Ehe und Verlassen der Wohnung Ansprüche aus ungerechtfertigter Bereicherung bestehen können (BGH FamRZ 85, 150).

Die unter 1. bis 6. genannten Ansprüche sind keine familienrechtlichen, so dass sie in die Zuständigkeit der Zivilgerichte fallen.

20 **II. Verbot der Doppelberücksichtigung.** Es darf keine zweifache Teilhabe eines Ehegatten an der gleichen Rechtsposition geben, was zB für den Versorgungsausgleich nach § 1587 III schon von Gesetzes wegen sichergestellt ist. Auch ein güterrechtlicher Ausgleich findet aber dann nicht statt, wenn ein Ausgleich bereits auf andere Weise, unterhaltsrechtlich oder im Wege des Versorgungsausgleichs, stattgefunden hat (BGH FamRZ 03, 432; FamRZ 04, 1352 mAnm *Bergschneider* FuR 05, 39; Zweibr FamRZ 04, 642; einschränkend Karlsr FamRZ 05, 909). Ob dem unterhalts- und zugewinnausgleichsberechtigten Ehegatten daraus ein Wahlrecht erwächst (bejahend: *Kogel* FamRZ 04, 1614; ablehnend *Gerhardt/Schulz* FamRZ 05, 145), ist für die Praxis ohne Bedeutung. Eine einem Ehegatten ausgezahlte Arbeitnehmerabfindung bleibt somit im Zugewinnausgleich unberücksichtigt, wenn und soweit der andere unterhaltsrechtlich bereits beteiligt ist (BGH FamRZ 04, 1352 = FuR 05, 39; München FamRZ 05, 714; Frankf FamRZ 00, 611; vgl aber oben Rn 8).

§ 1373 Zugewinn

Zugewinn ist der Betrag, um den das Endvermögen eines Ehegatten das Anfangsvermögen übersteigt.

1 Die Norm stellt die für die Zugewinnausgleichsberechnung maßgebliche Begriffsbestimmung auf. Um den Zugewinn ermitteln zu können, müssen mit dem Anfangs- (§ 1374) und dem Endvermögen zwei weitere Rechengrößen mit herangezogen werden.
2 Der Zugewinn ist eine mathematische Rechengröße, die dadurch zu ermitteln ist, dass der Überschuss des End- ggü dem Anfangsvermögen eines jeden Ehegatten zu errechnen ist (BGH FamRZ 88, 373). Er stellt keine besondere Vermögensmasse dar und beträgt immer wenigstens Null, auch dann, wenn das End- geringer als das Anfangsvermögen ist. Da die Zugewinngemeinschaft keine Verlustgemeinschaft ist (München FamRZ 76, 26; FAFamR/*v Heintschel-Heinegg* Kap 9 Rn 48), findet ein Verlustausgleich nicht statt.
3 Auf welche Weise der Zugewinn zustande gekommen ist, ist unerheblich. Die Ermittlung der Ausgleichsforderung ist ein reines Bilanzierungsproblem.
4 Auszugleichen ist nur der echte oder nominelle Zugewinn. Da der Währungsverfall nur zu einem nicht auszugleichenden scheinbaren Zugewinn führt, erfolgt, um die Vergleichbarkeit von Anfangs- und Endvermögen herzustellen, eine Korrektur des Anfangsvermögens durch Indexierung.

§ 1374 Anfangsvermögen

(1) Anfangsvermögen ist das Vermögen, das einem Ehegatten nach Abzug der Verbindlichkeiten beim Eintritt des Güterstandes gehört; die Verbindlichkeiten können nur bis zur Höhe des Vermögens abgezogen werden.
(2) Vermögen, das ein Ehegatte nach Eintritt des Güterstandes von Todes wegen oder mit Rücksicht auf ein künftiges Erbrecht, durch Schenkung oder als Ausstattung erwirbt, wird nach Abzug der Verbindlichkeiten dem Anfangsvermögen hinzugerechnet, soweit es nicht den Umständen nach zu den Einkünften zu rechnen ist.

1 **A. Allgemeines.** Das Anfangsvermögen, das kein reales Vermögen, sondern nur eine Rechengröße ist, ist dasjenige Vermögen, das einem Ehegatten nach Abzug der Verbindlichkeiten zum Stichtag des Eintritts in den Güterstand gehört. Durch II wird sichergestellt, dass bestimmte, mit der ehelichen Lebensgemeinschaft nicht im Zusammenhang stehende Vermögensbestandteile außer Betracht bleiben. Wegen der Wertermittlung wird auf § 1376 verwiesen, wegen der Bedeutung des Verzeichnisses über das Anfangsvermögen auf § 1377.
2 § 1374 ist durch formgebundenen Ehevertrag abdingbar. Es ist zB zulässig, das Anfangsvermögen wertmäßig festzulegen (Staud/*Thiele* Rn 39), einzelne Vermögensbestandteile durch Zurechnung zum Anfangsvermögen dem Zugewinnausgleich zu entziehen (BGH FamRZ 97, 800) oder einen abweichenden Berechnungszeitpunkt zu vereinbaren (Hamburg NJW 64, 1076; Palandt/*Brudermüller* Rn 3). Heben die Ehegatten die einmal vereinbarte Gütertrennung rückwirkend auf, kann der Beginn der Zugewinngemeinschaft auf den Beginn der Ehe vorverlegt werden (BGH FamRZ 98, 903).
3 **B. Vermögensbegriff. I. Aktivvermögen.** Das Aktivvermögen besteht aus der Summe aller geldwerten Sachen und Rechte, die dem Ehegatten am Stichtag gehörten bzw bereits entstanden waren. Zum Stichtag vorhandene Forderungen gegen den anderen Ehegatten rechnen mit zum Anfangsvermögen. Vor der Eheschließung erbrachte Leistungen des einen Ehegatten an den anderen können zwar dessen Anfangsvermögen beeinflussen, später wegen solcher Leistungen entstehende Ausgleichsansprüche sind dagegen irrelevant (BGHZ 115, 261). Ebenso ohne Bedeutung sind solche Ansprüche, die, wie zB die Abfindung für eine Witwenrente nach Wiederverheiratung (§ 107 SGB VI), erst mit der Wiederverheiratung entstehen (BGH NJW 82, 279). Gehört ein Vermögensgegenstand beiden Eheleuten gemeinsam, zählt der jeweilige Miteigentumsanteil zum Anfangsvermögen.

II. Abzug von Verbindlichkeiten. Verbindlichkeiten sind nach I 1 vom Aktivvermögen abzuziehen, jedoch 4
allenfalls bis zu dessen Höhe, so dass das Anfangsvermögen immer wenigstens gleich Null beträgt. Kein Ehegatte muss somit mehr als die Hälfte seines Zugewinns für den Zugewinnausgleich einsetzen (BGH FamRZ 95, 990). (zur Kritik vgl: KKFam/*Weinreich* Rn 10). Auch Verbindlichkeiten müssen zum Stichtag bereits entstanden sein, während es auf die Fälligkeit nicht ankommt (BGH FamRZ 91, 46). Anderes gilt für Verbindlichkeiten aus Dauerschuldverhältnissen (zB Miete, Unterhalt), die nur in Höhe der zum Stichtag fälligen Beträge zu berücksichtigen sind (BaRoth/*Mayer* Rn 8).

C. Eintritt in den Güterstand. Maßgebender Zeitpunkt für die Berechnung des Anfangsvermögens ist der 5
Eintritt in den Güterstand, also zB der Tag der Eheschließung (§ 1310) oder des Wirksamwerdens des vertraglich begründeten Güterstandes. Ist die Ehe bereits vor dem 30. 6. 58 geschlossen worden, leben die Eheleute erst seit dem 1. 7. 53 in der Zugewinngemeinschaft (Art 8 I Nr. 3, II Nr. 4 GleichberechtigungsG). Ist die Ehe vor dem 3. 10. 90 in der DDR geschlossen worden und haben die Eheleute nichts anderes bestimmt, leben sie seit diesem Tag in der Zugewinngemeinschaft (wegen der Berechnung in dem Fall vgl vor § 1363 Rn 3).

D. Indexierung. Um die auf dem Kaufkraftschwund des Geldes beruhende nur nominelle, unechte oder 6
scheinbare Wertsteigerung, die keinen zu berücksichtigenden Zugewinn darstellt, herauszurechnen und die Vergleichbarkeit des Anfangs- mit dem Endvermögen herzustellen, muss das Anfangsvermögen auf den Geldwert zum Zeitpunkt der Beendigung des Güterstandes umgerechnet werden. Dies geschieht nach der Formel **Wert des Anfangsvermögens × Preisindex Endstichtag: Preisindex Anfangsstichtag = bereinigtes Endvermögen.**
Zur Indexierung werden nicht einzelne Gegenstände herausgegriffen; es wird das Anfangsvermögen als einheitliche Summe insgesamt umgerechnet, ohne dass zwischen Sachwerten, Geld, Geldforderungen und Geldschulden unterschieden würde (BGH NJW 84, 434; Hamm FamRZ 84, 275). Unerheblich ist auch, ob Teile des Anfangsvermögens eine überdurchschnittlich sinkende Werttendenz haben oder ob sie im Endvermögen noch vorhanden sind (Hamm FamRZ 84, 275). 7
Für die Indexierung wurde zunächst der Preisindex für einen 4-Personen Arbeitnehmerhaushalt mit mittlerem Einkommen verwendet (BGH FamRZ 74, 83), während sodann der erst seit 1991 ermittelte Verbraucherpreisindex zu Grunde gelegt wurde, der jedoch wegen der Sondereinflüsse in den neuen Bundesländern teilweise als nicht repräsentativ angesehen wurde (Jena FamRZ 98, 1028). Für die Zeit ab 1. 1. 03 steht nur noch ein Preisindex für Deutschland insgesamt zur Verfügung, den das Statistische Bundesamt für die Zeit ab 1991 auf das Basisjahr 2000 = 100 umgestellt hat (wegen der fortlaufenden Aktualisierung vgl www.destatits.de). Wenn der Stichtag für die Berechnung des Anfangsvermögens in eine Zeit fällt, für die der aktuelle Index noch nicht errechnet ist, kann auf die vom Statistischen Bundesamt im Hinblick auf die Bedürfnisse der familiengerichtlichen Praxis veröffentlichte Tabelle mit jährlichen Werten der verketteten Indizes auf der Basis des Jahres 2000 zurückgegriffen werden (zum Problem der Indexierung: *Gutdeutsch* FamRZ 03, 1061). 8
Die iRd Zugewinnausgleichsverfahrens übliche Pauschalierung lässt es nach hM gerechtfertigt erscheinen, 9
stets den Jahresindex zu verwenden und keine Differenzierung nach Monaten vorzunehmen (BGHZ 61, 385; Palandt/*Brudermüller* § 1376 Rn 28; aA *Gutdeutsch/Zieroth* FamRZ 96, 475).

1958	1959	1960	1961	1962	1963	1964	1965	1966	1967	1968	1969	1970
28,8	29,0	29,5	30,2	31,0	31,9	32,7	33,7	34,8	35,5	36,1	36,7	38,0

1971	1972	1973	1974	1975	1976	1977	1978	1979	1980	1981	1982	1983
40,0	42,2	45,2	48,3	51,2	53,3	55,3	56,8	59,2	62,3	66,3	69,8	72,0

1984	1985	1986	1987	1988	1989	1990	1991	1992	1993	1994	1995	1996
73,8	75,3	75,2	75,4	76,3	78,5	80,6	83,6	86,9	90,0	92,4	93,9	95,3

1997	1998	1999	2000	2001	2002	2003	2004	2005				
97,1	98,0	98,6	100,0	102,0	103,4	104,5	106,2	108,3				

10

E. Hinzurechnungen (II). Nach dem Grundgedanken des gesetzlichen Güterrechts beschränkt sich der 11
Zugewinnausgleich auf das gemeinsam Erwirtschaftete, während die Eheleute nicht an solchen Zuwendungen beteiligt werden sollen, die allein auf persönlichen Beziehungen eines Ehegatten beruhen oder ihm aufgrund ähnlicher Umstände zufließen, an denen der andere keinen Anteil hat und die in keinem Zusammenhang mit der ehelichen Lebens- und Wirtschaftsgemeinschaft stehen (BGH FamRZ 95, 1562). Dieser Ausschluss wird dadurch erreicht, dass der Wert dieses Erwerbs dem Anfangsvermögen hinzugerechnet wird, wodurch der Ehegatte andererseits an realen Wertsteigerungen des erworbenen Vermögens beteiligt wird, was bei einer Ausklammerung des privilegierten Erwerbs aus dem Zugewinnausgleich nicht hätte erreicht werden können.

12 Die in II genannten Fallgruppen sind abschließend; eine analoge Anwendung auf ähnlich gelagerte Lebenssachverhalte ist unzulässig (BGH FamRZ 95, 1562; Staud/*Thiele* Rn 22). Deshalb werden Anrechte auf Zahlung eines Schmerzensgeldes (BGH FamRZ 81, 755), Toto-, Lotto- und Lotteriegewinne (BGH FamRZ 77, 124), Unfallabfindungen (BGH FamRZ 82, 148), Rechte aus einer Kriegsopferversorgung (BGH FamRZ 81, 239) oder die bloße Wertsteigerung (BGH FamRZ 82, 593) nicht dem Anfangsvermögen hinzugerechnet. Zulässig ist es aber, im Wege der Auslegung der in II genannten Rechtsbegriffe Vermögenswerte zu privilegieren, die Anwendungsfälle der genannten Erwerbsvorgänge sind, zB die Lebensversicherungssumme, die ein Ehegatte als Bezugsberechtigter aus der Versicherung eines ihm nahe stehenden Dritten erhalten hat (BGH FamRZ 95, 1562).

13 Eine Besonderheit stellt die Belastung eines ins Anfangsvermögen fallenden Grundstücks mit einem darauf lastenden Nießbrauch dar, dessen stetig sinkender Wert zu einer Steigerung des Grundstückswertes führt. Dieses bleibt wie ein lebenslanges Wohnrecht oder Leibgedinge (= Altenteil) sowohl im Anfangs- als auch im Endvermögen unberücksichtigt (BGH FamRZ 05, 1974, 1876 = FuR 06, 27; 90, 603; 90, 1083; Bambg FamRZ 95, 607). Anderes gilt, wenn auf das Recht Geld oder geldwerte Leistungen zu erbringen sind, die jeweils zu kapitalisieren und vom Anfangs- wie vom Endvermögen abzuziehen sind (BGH FamRZ 05, 1974, 1977).

14 War der Ehegatte zu Beginn des Güterstandes überschuldet, wird der nach II privilegierte Erwerb nicht mit den vorhandenen Schulden verrechnet. Sein Anfangsvermögen ist auch für die Berücksichtigung der Hinzurechnung mit Null zu bewerten (BGH FamRZ 95, 990; Bambg FamRZ 88, 506; zum Streitstand: Staud/*Thiele* Rn 32).

15 Der spätere Verlust des ererbten oder geschenkten Vermögens steht der Anwendung von II ebenso wenig entgegen wie dessen Surrogation. Spätere Gewinne aus dem privilegierten Vermögen erhöhen den Zugewinn, Verluste mindern ihn (BGHZ 87, 367).

16 Nach II privilegierter Erwerb wird mit den für den Zeitpunkt des Erwerbs maßgeblichen Indexzahlen umgerechnet (BGH FamRZ 87, 791). Sind anzurechnende Zuwendungen zu verschiedenen Zeiten erfolgt, ist jeweils gesondert zu indexieren.

17 **I. Von Todes wegen erworben.** Vermögen, das ein Ehegatte nach der Eheschließung aufgrund gesetzlicher oder gewillkürter Erbfolge erhält, wird ebenso wie das, was ihm in Erfüllung eines Pflichtteilsanspruchs oder eines Vermächtnisses zufällt, nach II dem Anfangsvermögen hinzugerechnet. Das gilt auch dann, wenn ein Ehegatte seinen Gläubiger beerbt und deshalb von einer Verbindlichkeit befreit wird (BGHZ 130, 377; Ddorf FamRZ 88, 287). Der Erwerb muss nicht direkt über den Nachlass vollzogen werden. Privilegiert ist auch die für den Verzicht auf ein Erbrecht, einen Pflichtteil oder Erbersatzanspruch oder die Ausschlagung eines Vermächtnisses gezahlte Abfindung (Palandt/*Brudermüller* Rn 10). Dasselbe gilt für das aufgrund eines im Erbschaftsstreit abgeschlossenen Vergleichs Geleistete (BGHZ 130, 377) oder für Entgelte und Abfindungen für den Verlust bereits angefallener erbrechtlicher Positionen (MüKo/*Koch* Rn 17).

18 Nach der Wiedervereinigung Deutschlands nach den Vorschriften des Vermögensgesetzes mit Rücksicht auf ein Erbrecht erworbenes Vermögen ist als erbrechtlicher Vermögenszuwachs privilegiert (Ddorf FamRZ 05, 1835; *Lipp* FamRZ 98, 597; vgl aber zur Berücksichtigung von Restitutionsansprüchen BGH FamRZ 04, 781). Ein Erwerb von Todes wegen ist auch im Abfindungsanspruch des weichenden Erben aus §§ 12–14 HöheO zu sehen (Palandt/*Brudermüller* Rn 10).

19 Der Erwerb der Anwartschaft auf eine Nacherbschaft stellt einschl der realen Wertsteigerungen bis zum Eintritt des Nacherbfalls einen Erwerb von Todes wegen dar (BGH FamRZ 83, 882; *Haussleiter/Schulz* Kap 1 Rn 25). Tritt der Nacherbfall allerdings vor dem Stichtag für die Berechnung des Endvermögens ein, ist der gesamte Nachlasswert dem Anfangsvermögen zuzurechnen. Bei Bewertung nur der Anwartschaft ist auf deren realen Wert unter Berücksichtigung von Wertsteigerungen oder Wertverlusten abzustellen (BGH NJW 83, 2244; Palandt/*Brudermüller* Rn 12;aA Staud/*Thiele* Rn 23, der mangels hinreichender Sicherheit des Erwerbs keine Hinzurechnung vornehmen will). Im Ergebnis hat das zur Folge, dass die Anwartschaft im Anfangs- und Endvermögen mit demselben Wert einzusetzen ist und deshalb bei der Zugewinnausgleichsberechnung vernachlässigt werden kann.

20 Hat der erbende Ehegatte Werte in der Erwartung, sie später durch Erbgang wieder zu bekommen, in das Vermögen des Erblassers investiert, scheidet eine Privilegierung des späteren (Rück-)Erwerbs aus (MüKo/ *Koch* Rn 17; aA Köln FamRZ 83, 71). Das gilt zB beim Bau eines Hauses aus eigenen Mitteln eines Ehegatten auf dem Grundstück seiner Eltern. Bei Eintritt des Erbfalles ist nur der Grundstückswert ohne Bebauung dem Anfangsvermögen zuzurechnen (BGH FamRZ 92, 1160).

21 **II. Mit Rücksicht auf ein künftiges Erbrecht erworben.** Ein Erwerb mit Rücksicht auf ein späteres Erbrecht liegt vor, wenn die vertragschließenden Parteien mit der Vermögensübertragung einen erst zukünftigen Erbgang haben vorwegnehmen wollen (BGH FamRZ 90, 1083; *Haussleiter/Schulz* Kap 1 Rn 26), gleich, ob der begünstigte Ehegatte gesetzlicher oder gewillkürter Erbe ist. Die Voraussetzungen liegen regelmäßig vor, wenn ein Ehegatte von seinen Eltern ein Grundstück, ein landwirtschaftliches Anwesen oder ein Unternehmen übertragen bekommt, wobei Indiz für die Vorwegnahme des Erbgangs die Einräumung eines Leibgedinges, die Übernahme späterer Beerdigungskosten und Grabpflege sowie die Verpflichtung zu Ausgleichszahlungen an Geschwister ist (BGH FamRZ 90, 1083).

Unentgeltlichkeit ist nicht unbedingt Voraussetzung (BGH NJW 95, 1349), doch darf regelmäßig keine vollwertige Gegenleistung geschuldet werden (Bambg FamRZ 90, 408). Dient die Gegenleistung dem Zweck, den Lebensabend des Übertragenden zu sichern, so führt diese wie auch die Übernahme von Ausgleichszahlungen an Geschwister zu einem erbschaftsbezogenen Erwerb, der typisch für Vereinbarungen ist, die ein späteres Erbrecht vorwegnehmen und der Privilegierung nicht entgegenstehen (BGH FamRZ 90, 1083). Unerheblich ist die äußere Form der Vereinbarung (BGH FamRZ 78, 334 für Kaufvertrag).

III. Durch Schenkung oder als Ausstattung erworben. Der Begriff der Schenkung entspricht dem des § 516, so dass unbenannte Zuwendungen nicht unter II fallen und keinen privilegierten Erwerb darstellen (BGH FamRZ 95, 1060; Nürnbg FuR 05, 429=FamRZ 06, 38). Auch unentgeltliche Arbeitsleistungen oder Gebrauchsüberlassungen sind keine Schenkung, anders die hierfür vereinbarte, aber erlassene Vergütung (BGH FamRZ 87, 910). Schenkungen an beide Ehegatten fallen anteilig in das Anfangsvermögen beider Ehegatten (Hamm FamRZ 02, 1404; Kobl NJW 03, 1675), gemischte Schenkungen sind in Höhe des Wertes des unentgeltlichen Anteils privilegierter Erwerb (BGH FamRZ 92, 1160).

Auf Schenkungen unter den Eheleuten findet II keine Anwendung. Die Privilegierung gilt nur für Schenkungen von dritter Seite (BGH FamRZ 88, 373). Zuwendungen der Eltern an das Schwiegerkind sind regelmäßig unbenannte Zuwendungen und damit dessen Anfangsvermögen zuzurechnen (BGHZ 129; 259; Ddorf FamRZ 94, 1384). Freiwillige Leistungen des Arbeitgebers sind keine Schenkungen, sondern finden ihren Grund im Arbeitsverhältnis (München FamRZ 95, 1069).

Ausstattung ist dasjenige, was einem Kind mit Rücksicht auf seine Verheiratung oder auf die Erlangung einer selbständigen Lebensstellung zur Begründung oder zum Erhalt der Wirtschaft oder der Lebensstellung vom Vater oder der Mutter zugewendet wird (§ 1624 I). Maßgeblich ist der Zweck der Zuwendung, der aus den Umständen rekonstruierbare oder der mutmaßliche Wille der Eltern (AG Stuttg FamRZ 99, 655), während es auf die Notwendigkeit zur Erreichung des Zwecks nicht ankommt (BGHZ 4, 91).

IV. Zu den Einkünften zu rechnen. Nicht privilegiert sind einmalige oder regelmäßige Zuwendungen, die nicht der Vermögensbildung, sondern dem laufenden Verbrauch der Familie zu dienen bestimmt sind (Zweibr FamRZ 84, 276), wie Zahlungen für den Erholungsurlaub der Familie, zum Erwerb des Führerscheins oder eines Kraftfahrzeugs, Zuschüsse zum Erwerb einer Wohnungseinrichtung oder zum Haushalt (Palandt/*Brudermüller* Rn 18). Nicht zu den Einkünften zu rechnen sind Zuschüsse zur Finanzierung des Eigenheims (Bremen OLGR 98, 205 für Zuschüsse zum Erwerb von Baumaterial; *Haussleiter/Schulz* Kap 1 Rn 32). Maßgeblich für die Beurteilung im Einzelfall sind die wirtschaftlichen Verhältnisse des Beschenkten und der Anlass der Zuwendung (BGH FamRZ 87, 910).

F. Prozessuales. Wer für sich das Vorhandensein von Anfangsvermögen behauptet, hat dieses substantiiert darzulegen und ggf zu beweisen, sofern nicht ein Verzeichnis über das Anfangsvermögen erstellt ist (§ 1377 I). Zu beweisen sind auch die Voraussetzungen für die Hinzurechnung nach II (BGH FamRZ 05, 1660=FuR 06, 35), wobei kein Erfahrungssatz dahingehend besteht, dass privilegierte Zuwendungen eher aus der Sicht des Zuwendenden näher stehenden Ehegatten erfolgen (BGH FamRZ 95, 1060). Ist Hausrat oder Geld für dessen Anschaffung zugewandt, besteht die Vermutung der Zuwendung an beide Ehegatten (Ddorf FamRZ 94, 1384). Im Übrigen vgl § 1377.

§ 1375 Endvermögen

(1) ¹Endvermögen ist das Vermögen, das einem Ehegatten nach Abzug der Verbindlichkeiten bei der Beendigung des Güterstandes gehört. ²Die Verbindlichkeiten werden, wenn Dritte gemäß § 1390 in Anspruch genommen werden können, auch insoweit abgezogen, als sie die Höhe des Vermögens übersteigen.
(2) Dem Endvermögen eines Ehegatten wird der Betrag hinzugerechnet, um den dieses Vermögen dadurch vermindert ist, dass ein Ehegatte nach Eintritt des Güterstandes
1. unentgeltliche Zuwendungen gemacht hat, durch die er nicht einer sittlichen Pflicht oder einer auf den Anstand zu nehmenden Rücksicht entsprochen hat,
2. Vermögen verschwendet hat oder
3. Handlungen in der Absicht vorgenommen hat, den anderen Ehegatten zu benachteiligen.
(3) Der Betrag der Vermögensminderung wird dem Endvermögen nicht hinzugerechnet, wenn sie mindestens zehn Jahre vor Beendigung des Güterstandes eingetreten ist oder wenn der andere Ehegatte mit der unentgeltlichen Zuwendung oder der Verschwendung einverstanden gewesen ist.

A. Allgemeines. Das Endvermögen ist in § 1375 als Nettovermögen definiert, also dasjenige, was dem Ehegatten nach Abzug der Verbindlichkeiten an dem jeweiligen Stichtag gehört. Da die Zugewinngemeinschaft keine Verlustgemeinschaft ist (FAFamR/*v Heintschel-Heinegg* Kap 9 Rn 96), ist von einem nicht vorhandenen Endvermögen auszugehen, wenn die Passiva die Aktiva übersteigen; ein Ausgleich von Verlusten findet mit Ausnahme des in I 2 normierten Falles nicht statt.

2 Das Endvermögen ist nur ein in Geld ausgedrückter Rechnungsfaktor für die Ermittlung des Zugewinns; einzelne Vermögensgegenstände sind nur Rechnungsposten auf dem Weg zur Errechnung des Endvermögens (BGH NJW 96, 2152).

3 Die Norm ist in den Grenzen des § 138 durch formgebundenen Ehevertrag abdingbar. So ist es zulässig, bestimmte Vermögensgegenstände dem Zugewinn zu entziehen, das Endvermögen auf einen Höchstbetrag zu begrenzen oder bestimmte Rechengrößen sowie einen von § 1384 abweichenden Stichtag zu vereinbaren. Nicht abdingbar ist allerdings die Regelung des II (Staud/*Thiele* Rn 40; aA: MüKo/*Koch* Rn 37).

4 **B. Begriff des Endvermögens. I. Aktivvermögen.** Zum Endvermögen rechnen alle am Stichtag (§ 1384) vorhandenen rechtlich geschützten Positionen von wirtschaftlichem Wert, alle Sachen, soweit sie nicht der HausratsVO (vgl § 1372 Rn 4) und alle bewertbaren Rechte, soweit sie nicht dem Versorgungsausgleich unterliegen (§ 1587 III). Dazu rechnet auch Vermögen, das keinen Bezug zur ehelichen Lebensgemeinschaft hat, wie Lottogewinne (BGHZ 68, 43) oder ein Anspruch auf Schmerzensgeld (BGHZ 80, 149). Zum Endvermögen gehören auch Vermögensgegenstände aus dem privilegierten Anfangsvermögen der Ehegatten sowie am Stichtag vorhandenes Kontoguthaben, das dazu bestimmt gewesen ist, einen nur wenige Tage später fällig werdenden Unterhaltsanspruch zu befriedigen (BGH FamRZ 03, 1544 = FuR 05, 85).

5 **II. Abzug von Verbindlichkeiten.** Von dem am Stichtag vorhandenen Aktivvermögen sind an diesem Tage vorhandene Verbindlichkeiten bis maximal zur Höhe des Aktivvermögens abzuziehen. Es gibt jedoch kein negatives Endvermögen. Unerheblich ist, ob die Verbindlichkeit bereits fällig ist. Abzustellen ist allein auf das Entstehen (BGH NJW 91, 1547). Nicht zu berücksichtigen sind sittliche Verpflichtungen (Palandt/*Brudermüller* Rn 14; aA: Frankf FamRZ 90, 998). Ist die Verbindlichkeit verjährt, bleibt sie unberücksichtigt, wenn die Verjährungseinrede am Stichtag erhoben war. Verbindlichkeiten, die mit dem Hausrat zusammenhängen (§ 10 HausratsVO), sind abzuziehen, obwohl der zu Grunde liegende Vermögenswert als Hausratsgegenstand dem Zugewinn entzogen ist (BGH NJW-RR 86, 1325; Bambg FamRZ 94, 958; aA Palandt/*Brudermüller* Rn 16).

6 Ansprüche der Ehegatten untereinander sind für den Gläubiger aktives Endvermögen und für den anderen als Verbindlichkeit abzuziehen (BGH NJW 88, 1208 für Schadensersatzansprüche; Celle FamRZ 91, 944; Hamm FamRZ 92, 679 für Unterhaltsansprüche). Haften die Eheleute gesamtschuldnerisch, so ist der intern auf jeden entfallende Anteil abzuziehen (BGH FamRZ 87, 1239; FamRZ 91, 43 für Steuerschulden; Karlsr FamRZ 05, 909). Ein in diesem Fall bestehender Ausgleichsanspruch gehört auf einer Seite zum aktiven Endvermögen, auf der anderen dagegen zu den Verbindlichkeiten. Wird jedoch ein Ehegatte vom Gläubiger voraussichtlich allein in Anspruch genommen und erscheinen Ausgleichsansprüche gegen den anderen nicht realisierbar, so kann die Verbindlichkeit in voller Höhe bei ihm angesetzt werden (BGH FamRZ 89, 835; FamRZ 97, 487).

7 Eine Ausnahme gilt nach I 2 für den Fall, dass Dritte gem § 1390 in Anspruch genommen werden können. Steht einem Ehegatten ein Zugewinnausgleichsanspruch deshalb nicht zu, weil bei Beendigung des Güterstandes ein Vermögen nicht mehr vorhanden ist (§ 1378 II), besteht im Fall benachteiligender unentgeltlicher Zuwendungen ein Herausgabeanspruch gegen den Dritten (§ 1390), den dieser gem § 1390 I 2 durch Zahlung des fehlenden Betrages abwenden kann. Da ein Zugewinnausgleichsanspruch gem § 1378 II bei überschuldetem Endvermögen nicht besteht, liegt die Bedeutung des I 2 darin, den nach § 1390 I 2 zur Abwendung des Herausgabeanspruchs zu zahlenden Betrag zu errechnen (vgl AnwK/*Limbach* Rn 21).

8 **C. Hinzurechnungen (II).** Zwar ist jeder Ehegatte – abgesehen von den Einschränkungen der §§ 1365, 1367 – frei, über sein Vermögen nach seinem Gutdünken zu verfügen. Gewisse illoyale Verfügungen, durch die der Ehegatte sein Vermögen willkürlich und unredlich geschmälert hat, werden jedoch als ungeschehen betrachtet, um auf diese Weise den Zugewinnausgleichsanspruch des anderen zu erhalten. Eine Hinzurechnung findet auch dann, wenn die Voraussetzungen des II erfüllt sind, nicht mehr statt, wenn die Vermögensminderung mindestens 10 Jahre vor Beendigung des Güterstandes eingetreten ist (III). Diese Frist endet bereits mit Rechtshängigkeit des zum Ende des Güterstandes führenden Verfahrens (Palandt/*Brudermüller* Rn 29). Andererseits kommt es für den Fristbeginn auf den Zeitpunkt der wirksamen Verpflichtung, nicht den der Erfüllung des vermögensmindernden Aktes an.

9 Eine Hinzurechnung nach II scheidet aus, wenn der andere Ehegatte mit der unentgeltlichen Zuwendung oder Verschwendung einverstanden war. Dazu muss er seine Billigung zu erkennen gegeben haben, wobei das Einverständnis auch stillschweigend erklärt werden kann. Bloße Resignation, fehlender Widerspruch oder bloßes Stillschweigen genügen jedoch nicht (Staud/*Thiele* Rn 29).

10 Die Aufzählung der die Hinzurechnung rechtfertigenden Umstände ist abschließend. Eine analoge Anwendung auf vergleichbare Sachverhalte kommt nicht in Betracht (Karlsr FamRZ 04, 461 für aus einer Vergewaltigung entstandene Zahlungspflichten; Karlsr FamRZ 86, 167). Die Norm gilt nur für Vermögensminderungen vor der Rechtshängigkeit des die Beendigung des Güterstandes einleitenden Verfahrens und ist nicht analog auf illoyale Vermögensminderungen während des Scheidungsverfahrens anwendbar (Staud/*Thiele* Rn 32; *Haussleiter/Schulz* Kap 1 Rn 78).

Anders als bei der Hinzurechnung zum Anfangsvermögen erfolgt die Anrechnung bei überschuldetem Endvermögen zunächst auf die Passiva (Staud/*Thiele* Rn 33; MüKo/*Koch* Rn 33). Begrenzt wird die Hinzurechnung im Ergebnis durch die Höhe des bei Beendigung des Güterstandes vorhandenen Vermögens (§ 1378 II). Um die Vergleichbarkeit einer in der Vergangenheit erfolgten Vermögensminderung herzustellen, ist diese ebenso wie das Anfangsvermögen zu indexieren (Palandt/*Brudermüller* Rn 23). 11

I. Unentgeltliche Zuwendungen. Der Begriff der Zuwendung deckt sich mit dem der Schenkung iSv § 516 (Karlsr FamRZ 74, 306). Dazu rechnen auch Ausstattungen (§ 1624), Spenden und Stiftungen. Lag der Zuwendung eine Verpflichtung zu Grunde, fehlt es an der Unentgeltlichkeit (BGH FamRZ 86, 565), die aber uU in der Eingehung der Verpflichtung gesehen werden kann (Palandt/*Brudermüller* Rn 25). Ein vor Eintritt in den Güterstand gegebenes Schenkungsversprechen, das erst danach erfüllt wird, ist keine illoyale Vermögensverfügung iSv II. Dasselbe gilt für die Erfüllung einer verjährten Forderung (MüKo/*Koch* Rn 23). 12

Ob die Erfüllung eines Vertrages zu Gunsten Dritter eine unentgeltliche Zuwendung ist, bestimmt sich nach dem Valutaverhältnis (MüKo/*Koch* Rn 21). So können zB die Prämienzahlungen auf eine Lebensversicherung zu Gunsten Dritter unter II fallen (Hamm FamRZ 93, 1446). Eine Abfindungsklausel in einem Gesellschaftsvertrag, nach der bei Ausscheiden eines Ehegatten aus der Gesellschaft eine Abfindung nicht gezahlt werden soll, ist dann unentgeltliche Zuwendung, wenn sie ohne berechtigte Differenzierung nicht für alle Gesellschafter gilt (BGHZ 22, 186; Palandt/*Brudermüller* Rn 25; aA: *Benthin* FamRZ 82, 338, 346). Bei einer getarnten Schenkung und einem auffälligen Missverhältnis zwischen Leistung und Gegenleistung ist der Wertüberschuss dem Endvermögen hinzuzurechnen, wobei bei dessen Ermittlung nicht ein objektiver Maßstab anzulegen, sondern auf die Sicht der Vertragspartner abzustellen ist (BGH FamRZ 86, 565; Bambg FamRZ 90, 408). Ist in einem Vertrag nur aus steuerrechtlichen Gründen ein Entgelt vereinbart worden, liegt eine unentgeltliche Zuwendung dann vor, wenn die Parteien tatsächlich eine Schenkung gewollt haben (BGH FamRZ 86, 565; Karlsr FamRZ 93, 1444). Rechtsgrundlose Zuwendungen stehen den unentgeltlichen dann gleich, wenn die Leistung erfolgte, obwohl dem Leistenden positiv bekannt war, dass eine Pflicht zur Leistung nicht bestand. 13

Zuwendungen an den anderen Ehegatten fallen nach Sinn und Zweck der Norm nicht unter II (MüKo/*Koch* Rn 18). 14

Auch unentgeltliche Zuwendungen sind dem Endvermögen nicht zuzurechnen, wenn es sich um Pflicht- und Anstandsschenkungen handelt. Generell gehört es zur Freiheit eines Ehegatten, in angemessenem Rahmen unentgeltliche Zuwendungen zu machen, wobei für die Beurteilung dessen, was für die Eheleute angemessen ist, auf die konkrete Vermögens- und Lebenssituation der Beteiligten sowie ihre persönlichen Beziehungen abzustellen ist (BGH FamRZ 63, 292; München FamRZ 85, 814). 15

Zu den Anstandsschenkungen gehören Trinkgelder (BGH NJW 84, 2939; WM 80, 1336) und Gelegenheitsgaben wie Weihnachts- oder Geburtstagsgeschenke (MüKo/*Koch* Rn 26). Eine sittliche Pflicht ist anzuerkennen bei Ausstattungen der Kinder, Unterstützung bedürftiger Verwandter, Spenden an karitative Einrichtungen und Errichtung gemeinnütziger Stiftungen jeweils in einem angemessenen Rahmen (Staud/*Thiele* Rn 22). 16

II. Vermögensverschwendung. Verschwendet ist die Summe aller Beträge, die der Ehegatte unnütz, übermäßig oder ziellos in einem Maße verausgabt hat, das in keinem Verhältnis zu seinen Einkommens- und Vermögensverhältnissen stand (Karlsr FamRZ 86, 167; Ddorf FamRZ 81, 806). Auf die Motive des Ehegatten kommt es nicht an (Rostk FamRZ 00, 228). Allein ein großzügiger Lebensstil oder ein Leben über die Verhältnisse reicht nicht aus (BGH NJW 00, 2347). Teilnahme an Glücksspielen ist nur verschwenderisch, wenn das Verspielen des Vermögens als leichtfertig zu bewerten ist (*Haussleiter/Schulz* Kap 1 Rn 73). Auch die steuerliche Mehrbelastung durch die Wahl getrennter Veranlagung kann Verschwendung sein (BGH FamRZ 77, 38; aA Palandt/*Brudermüller* Rn 27). 17

III. Benachteiligende Handlungen. Hierzu rechnen Realakte wie die Beschädigung oder Zerstörung von Vermögensgegenständen (Rostock FamRZ 00, 228 bei Verbrennen von Geld; Frankf FamRZ 84, 1097) in Benachteiligungsabsicht (RGZ 54, 162). Der Wille, den anderen Ehegatten zu benachteiligen, muss der leitende, wenn auch nicht der ausschle Beweggrund des Handelns gewesen sein (BGH NJW 00, 2347; KG FamRZ 88, 171; Ddorf FamRZ 81, 806). Übergeordnete oder gleichrangige Motive schließen die Hinzurechnung aus (Frankf FamRZ 84, 1097 bei Sachbeschädigung im Zusammenhang mit Suizidversuch). Weil die Benachteiligungsabsicht schwer nachweisbar ist, hat der Täter der objektiv benachteiligenden Handlung den Entlastungsbeweis zu führen (Köln FamRZ 88, 174). 18

D. Prozessuales. Der auf Zugewinnausgleich klagende Ehegatte hat die Voraussetzungen seines Anspruchs darzulegen und zu beweisen. Dazu gehört auch das Vorhandensein von Endvermögen des anderen und dessen Wert (BGH FamRZ 89, 954; 86, 1196; Brandbg FamRZ 05, 991). Behauptet der andere die Belastung seines Endvermögens mit Verbindlichkeiten, so hat die klagende Partei diesen Vortrag zu widerlegen (Köln NJW-RR 99, 239; Hamm FamRZ 98, 237; Stuttg FamRZ 93, 192), was jedoch hinreichend substantiierten Vortrag des Gegners voraussetzt (Brandbg FamRZ 04, 1029; Stuttg FamRZ 93, 192). 19

§ 1376 Wertermittlung des Anfangs- und Endvermögens

(1) Der Berechnung des Anfangsvermögens wird der Wert zu Grunde gelegt, den das beim Eintritt des Güterstandes vorhandene Vermögen in diesem Zeitpunkt, das dem Anfangsvermögen hinzuzurechnende Vermögen im Zeitpunkt des Erwerbes hatte.
(2) Der Berechnung des Endvermögens wird der Wert zu Grunde gelegt, den das bei Beendigung des Güterstandes vorhandene Vermögen in diesem Zeitpunkt, eine dem Endvermögen hinzuzurechnende Vermögensminderung in dem Zeitpunkt hatte, in dem sie eingetreten ist.
(3) Die vorstehenden Vorschriften gelten entsprechend für die Bewertung von Verbindlichkeiten.
(4) Ein land- oder forstwirtschaftlicher Betrieb, der bei der Berechnung des Anfangsvermögens und des Endvermögens zu berücksichtigen ist, ist mit dem Ertragswert anzusetzen, wenn der Eigentümer nach § 1378 Abs. 1 in Anspruch genommen wird und eine Weiterführung oder Wiederaufnahme des Betriebes durch den Eigentümer oder einen Abkömmling erwartet werden kann; die Vorschrift des § 2049 Abs. 2 ist anzuwenden.

1 **A. Allgemeines.** Die Norm stellt – abgesehen von den in IV enthaltenen Vorgaben für land- und forstwirtschaftliche Betriebe – keine verbindlichen Bewertungsmaßstäbe auf. Die Auswahl der Bewertungsmethoden steht deshalb im pflichtgemäßen Ermessen des Tatrichters, dessen Bewertung nur darauf überprüft wird, ob sie auf rechtsfehlerhaften Erwägungen beruht oder gegen Denkgesetze verstößt (BGH FamRZ 93, 1183; FamRZ 86, 37). Die für die Bewertung maßgebliche Methode hängt im Wesentlichen vom Charakter des zu bewertenden Objekts ab (Zweibr FamRZ 98, 235; Hamm FamRZ 98, 235).

2 Ist der Vermögensbestand ermittelt, muss jeder einzelne Gegenstand in € bewertet werden. Ein Gegenstand darf nicht deshalb unberücksichtigt bleiben, weil er sowohl im Anfangs- als auch im Endvermögen vorhanden ist, weil andernfalls die dem Zugewinnausgleich unterliegenden Verkehrswertsteigerungen unberücksichtigt blieben.

3 Die Norm ist dispositiv und kann durch formgebundenen Ehevertrag abbedungen werden (BaRoth/*Mayer* Rn 3). IRd gerichtlichen Verfahrens ist es zulässig, sich auf bestimmte Werte oder Bewertungsmethoden zu einigen.

4 **B. Bewertungsstichtage. I. Anfangsvermögen (I).** Maßgeblicher Zeitpunkt für die Bewertung des Anfangsvermögens ist der des Eintritts in den Güterstand. Insoweit wird auf die Ausführungen zu § 1374 Rn 5 verwiesen. Stichtag für die Bewertung des gem § 1374 II privilegierten Erwerbs ist derjenige Zeitpunkt, in dem der Erwerbstatbestand vollendet worden ist, weshalb der Wert einer dem Anfangsvermögen hinzuzurechnenden Schenkung nicht dadurch gemindert wird, dass später Pflichtteilsergänzungsansprüche geltend gemacht worden sind (Stuttg FamRZ 90, 750). Um die auf dem Kaufkraftschwund des Geldes beruhende nur nominelle Wertsteigerung herauszurechnen, ist das Anfangsvermögen einschl der Hinzurechnungen auf den Geldwert zum Zeitpunkt der Beendigung des Güterstandes umzurechnen, vgl § 1374 Rn 6 ff.

5 **II. Endvermögen (II).** Maßgeblicher Zeitpunkt für die Bewertung des Endvermögens ist der der Beendigung des Güterstandes. Dieser endet mit der Rechtskraft der Ehescheidung oder Eheaufhebung, durch rechtskräftiges Urteil auf vorzeitigen Ausgleich des Zugewinns (§§ 1385 – 1387) oder durch Ehevertrag. Im Fall der Ehescheidung oder des vorzeitigen Zugewinnausgleichs ist der maßgebliche Zeitpunkt gem §§ 1384, 1387 auf die jeweilige Rechtshängigkeit vorverlagert. Maßgeblicher Zeitpunkt für die Bewertung des gem § 1375 II hinzuzurechnenden Vermögens ist der des vermögensmindernden Verpflichtungsgeschäfts.

6 **III. Verbindlichkeiten (III).** Für den Zeitpunkt der Bewertung von Verbindlichkeiten gilt dasselbe wie für die des Anfangs- oder Endvermögens.

7 **C. Bewertungsgrundsätze. I. Allgemeine Bewertungsgrundsätze.** Abzustellen ist immer auf den Verkehrswert des Vermögensgegenstandes, also den Wert, der als Erlös bei einer Veräußerung oder sonstigen Verwertung unter Ausnutzung aller Marktchancen erzielt werden könnte (BVerfG FamRZ 85, 256, 260;BGH FamRZ 86, 37, 39), wobei unerheblich ist, ob dieser sich sogleich verwirklichen lässt (BGH FamRZ 89, 1051). Ggf sind für den Fall der Veräußerung (fiktiv) anfallende Steuern oder Verwertungskosten zu berücksichtigen (BGH FamRZ 89, 1051).

8 Der Verkehrswert wird bestimmt durch den Sach- und Ertragswert, wobei die Bedeutung des Ertragswertes umso geringer ist, je mehr das jeweilige Objekt eigengenutzt ist. Auf den Liquidationswert als die Summe derjenigen Werte, die bei einer Veräußerung der einzelnen Bestandteile des zu bewertenden Vermögens abzüglich der Verbindlichkeiten (*Haussleiter/Schulz* Kap 1 Rn 112) zu erzielen wären, ist nur dann abzustellen, wenn die Liquidation zB eines Unternehmens die zwangsläufige Folge des Zugewinnausgleichs ist (BGH NJW 95, 2781) oder wenn es später ohne Erlös tatsächlich liquidiert worden ist (BGH NJW 82, 2497). Im Übrigen vgl zu den Bewertungsmethoden FamKK/*Weinreich* Rn 12 ff.

9 **II. Einzelne Vermögensgegenstände und Verbindlichkeiten. a) Abfindungen** sind in die Ausgleichsbilanz einzustellen, soweit sie am Stichtag vorhanden sind, auch wenn sie im Zusammenhang mit Vorruhestandsregelungen oder Sozialplänen stehen und Versorgungsfunktion haben (BGH FamRZ 82, 148). Wird sie dagegen

ggf stillschweigend auch unterhaltsrechtlich als fortlaufendes Einkommen behandelt und findet sie deshalb ganz oder teilweise bereits Berücksichtigung iRd Unterhaltsberechnung, scheidet eine Einstellung in das Endvermögen wegen des Verbots der Doppelverwertung aus (BGH FamRZ 04, 1352 = FuR 05, 39; FamRZ 04, 1866; vgl § 1372 Rn 20 mwN).

b) Anwartschaftsrechte stellen einen objektivierbaren Wert dar, der in der Vermögensbilanz zu berücksichtigen ist, sofern der Ehegatte durch sie in bestimmter und bewertbarer Weise bereichert ist (BGH FamRZ 90, 1217). Ist nicht sicher, dass sie zum Vollrecht erstarken, hat eine Abzinsung zu erfolgen (*Haussleiter/Schulz* Kap 1 Rn 137). 10

c) Darlehensansprüche gehören zu den Aktiva, Darlehnsverpflichtungen zu den Passiva. Haften beide Ehegatten gesamtschuldnerisch, ist die am Stichtag noch offene Forderung jeweils anteilig in Abzug zu bringen. Bei gegenseitigen Darlehen stellen diese auf der einen Seite einen Aktivposten und auf der anderen eine Verbindlichkeit dar (BGH FamRZ 89, 835). 11

d) Geldforderungen und Verbindlichkeiten sind mit ihrem Nennwert einzusetzen, wenn nicht der Zeitpunkt der Fälligkeit erheblich nach dem maßgeblichen Stichtag liegt, dann erfolgt Abzinsung (BGH FamRZ 90, 1217; wegen deren Berechnung *Haussleiter/Schulz* Kap 1 Rn 310 ff). Auflösend oder aufschiebend bedingte Rechte werden entgegen § 2313 unter Würdigung aller Umstände geschätzt (BGH FamRZ 92, 1157), ebenso unsichere Rechte (Karlsr FamRZ 03, 682), die bei Insolvenz des Schuldners ganz unberücksichtigt bleiben können (*Haussleiter/Schulz* Kap 1 Rn 300). Ansprüche aus Dauerschuldverhältnissen (Unterhalt, Arbeitseinkommen) werden nur mit dem am Stichtag fälligen Rückstand berücksichtigt (BGH FamRZ 03, 1544; FamRZ 01, 278; vgl im Übrigen § 1372 Rn 8). 12

e) Hausrat und persönliches Gut werden, soweit sie überhaupt Berücksichtigung finden (vgl § 1372 Rn 4), mit dem Anschaffungspreis bewertet, von dem ein angemessener Abschlag vorzunehmen ist (Staud/*Thiele* Rn 35). 13

f) Immobilien sind mit dem Verkehrswert als dem hypothetischen Verkaufswert anzusetzen, für dessen Ermittlung vorwiegend auf den Substanzwert abzustellen ist, der ggf durch den Ertragswert modifiziert werden kann (BGH NJW 70, 2018; vgl. im Übrigen VO über Ermittlung der Verkehrswerte von Gebäuden vom 6. 12. 1988 BGBl I 2209). Bei Renditeobjekten ist vorrangig auf den Ertragswert abzustellen (Ddorf FamRZ 89, 280; Frankf FamRZ 89, 280; 80, 576), bei eigengenutzten Objekten dagegen auf den Substanzwert, der im Einzelfall um den Gebrauchswert erhöht werden kann (BGH FamRZ 86, 37). Wertmindernde Faktoren können durch Abzüge berücksichtigt werden (BGH FamRZ 93, 1183; BGHZ 75, 195 für Wiederkaufsrecht). Bei ungünstiger Marktlage können Wertabschläge vorgenommen werden, jedoch nicht bei nur vorübergehendem nicht rezessionsbedingtem Preisrückgang und nicht, wenn das Objekt weiter zu eigenen Wohnzwecken genutzt werden soll (BGH FamRZ 86, 40; Celle FamRZ 92, 1300). Hat ein Ehegatte das Grundstück vor dem Bewertungsstichtag gekauft und bebaut, ist dieses auch dann mit dem vollen Wert anzusetzen, wenn der Eigentumserwerb erst nach dem Stichtag erfolgt (Ddorf FamRZ 89, 1181). Ist das Grundstück von den Eltern geschenkt und dabei eine Rückfallklausel für den Fall der Veräußerung oder Belastung vereinbart, so ist deren Wert mit einem Schätzwert als Bruchteil des Verkehrswertes einzustellen (München FamRZ 00, 1152). Durch den Ausbau von Räumen in im Alleineigentum eines Elternteils stehenden Haus zum Zweck der Nutzung als Ehewohnung entsteht keine vermögenswerte Position (Kobl OLGR 05, 86). Für Grundstücke im Gebiet der früheren DDR gelten keine Besonderheiten. Ein in der früheren DDR enteignetes Grundstück stellt weder als solches noch in Form des späteren Restitutionsanspruchs einen in das Anfangsvermögen fallenden Wert dar (BGH FamRZ 04, 781). 14

g) Kunstgegenstände, Schmuck, Sammlungen und Bibliotheken werden mit dem unter Privatpersonen erzielbaren Erlös in die Bilanz eingestellt, soweit ein Markt vorhanden ist, im Übrigen ist auf den Wert für den Anbieter abzustellen, der sich des Fachhandels bedienen muss (MüKo/*Koch* Rn 12). 15

h) Leasingverträge können einen im Zugewinnausgleich zu berücksichtigenden Vermögenswert beinhalten (Karlsr FamRZ 04, 1028; Bambg FamRZ 96, 549). 16

i) Lebensversicherungsverträge werden nur dann mit dem Rückkaufwert als Liquidationswert bewertet, wenn sie nicht fortgeführt werden sollen. Im Übrigen ist auf den Kapitalwert der am Stichtag eingezahlten Prämien zuzüglich evtl Gewinnanteile abzüglich des Wertes ggf schon gewährter Versicherungsleistungen abzustellen (BGH FamRZ 95, 1270; Stuttg FamRZ 93, 192; Ddorf FamRZ 93, 192). Ist eine Lebensversicherung zur Sicherung an den Kreditgeber abgetreten, muss ihr Wert unberücksichtigt bleiben, doch mindert sich die Schuldenlast entspr (BGH FamRZ 92, 1155 für ein Berlin-Darlehen). Wegen der Berücksichtigungsfähigkeit im Zugewinn überhaupt vgl § 1372 Rn 5 ff. 17

k) Mietwohnungen begründen bei bezahlter Miete eine Nutzungsmöglichkeit, weshalb deren Wert berücksichtigungsfähig ist (BGH FamRZ 91, 43). 18

19 l) **Nießbrauch und Wohnrecht** sind rechtlich geschützte Positionen von wirtschaftlichem Wert und deshalb in die Bilanz mit aufzunehmen (BGH FamRZ 86, 1186). Für die Bewertung ist vom fiktiven Nettomietwert auszugehen, der unter Berücksichtigung der statistischen Lebenserwartung des Berechtigten und der Restnutzungsdauer des Gebäudes zu kapitalisieren ist (BGH FamRZ 88, 593; zur Berechnung: BGH FuR 04, 425).

20 m) **Praxen von Freiberuflern** werden nach dem Umsatzverfahren bewertet (BGH FamRZ 99, 361; 91, 43). Für die Bewertung von Arzt- und Zahnarztpraxen (Kobl OLGR 99, 206), für die Rechtsanwaltskanzlei (BGH FamRZ 91, 43; Frankf FamRZ 98, 485; München NJW-RR 88, 262; Saarbr FamRZ 84, 794; BRAK-Mitteilungen 04, 222; *Römermann/Schröder* NJW 03, 2709), für das Steuerberaterbüro (BGH FamRZ 99, 361; Ddorf FamRZ 04, 1106), für das Architekturbüro (München FamRZ 84, 1086). Wegen weiterer Einzelheiten wird auf FamKK/*Weinreich* Rn 40 ff verwiesen.

21 n) **Schmerzensgeld und Schmerzensgeldansprüche** sind mit ihrem vollen Wert zu berücksichtigen. § 1374 II ist nicht anwendbar (BGH FamRZ 81, 755), doch kann uU an § 1381 gedacht werden.

22 o) **Steuerschulden** entstehen gem §§ 25 I, 26 I, 51 a EStG erst mit Ablauf des Jahres, in dem die zu versteuernden Einkünfte erzielt worden sind. Sie bleiben unberücksichtigt, wenn der Stichtag vor diesem Zeitpunkt liegt (Ddorf FamRZ 04, 1106). Dasselbe gilt für Steuererstattungen, die auch erst mit Ablauf des jeweiligen Veranlagungszeitraums entstehen, bei gemeinsamer Veranlagung bei den Ehegatten in Höhe des ihnen im Innenverhältnis zustehenden Anteils (Köln FamRZ 99, 656 = FuR 98, 368).

23 p) **Unternehmen und Unternehmensbeteiligungen** werden nicht nach stets gleichen Regeln bewertet. Maßgeblich ist der objektive Unternehmenswert einschl der Forderungen und stillen Reserven sowie des inneren Wertes („good will"), nicht der subjektbezogene Wert als Einkommensquelle des Unternehmers (BGHZ 70, 114). Ausgangspunkt der Bewertung ist stets der Ertragswert (Hamm FamRZ 98, 235) oder ein Mittelwert aus einer Kombination zwischen Ertrags- und Substanzwert (BGH FamRZ 77, 386). Nicht betriebsnotwendiges Vermögen kann von der Gesamtbewertung des Unternehmens ausgenommen und mit seinem Liquidationswert dem Gesamtwert hinzugerechnet werden (BGH FamRZ 05, 99). Bei Handwerksbetrieben (BGHZ 70, 224; Ddorf FamRZ 84, 699), personenbezogenen Unternehmen (MüKo/*Koch* Rn 26) und entspr Beteiligungen kann darüber hinaus ein innerer Wert („good will") zu addieren sein. Bei der Bewertung von Unternehmensbeteiligungen ist bei börsennotierten auf den mittleren Tageskurs am Stichtag und ansonsten auf den Wert des Unternehmens als solchem sowie den Umfang der Beteiligung daran abzustellen. Ist die Beteiligung nicht frei veräußerbar, bestimmt sich der Wert der Beteiligung nach dem für den Stichtag zu ermittelnden Auseinandersetzungsguthaben, zu dem ggf innere Werte zu addieren ist und Abschläge für Abfindungsklauseln vorzunehmen sind (BGH FamRZ 86, 1196; 80, 37; Ddorf FamRZ 81, 48; *Reimann* FamRZ 89, 1248). Maßgeblich sind immer die am Stichtag bekannten und erkennbaren Verhältnisse (Hamm FamRZ 98, 235). Wegen weiterer Einzelheiten vgl FamKK/*Weinreich* Rn 45 ff.

24 **D. Land- und forstwirtschaftliche Betriebe (IV).** Der Zweck der Regelung des IV besteht darin, landwirtschaftliche Betriebe im Falle der Ehescheidung durch den Ansatz des in der Regel geringeren Ertragswertes zu schützen und im öffentlichen Interesse zu erhalten (BVerfG NJW 85, 1329; BGHZ 113, 325). Eine analoge Anwendung der Norm etwa auf die Gütergemeinschaft findet nicht statt (BGH FamRZ 86, 776).

25 **I. Begriff.** Land- und forstwirtschaftliche Betriebe sind solche, die eine zum selbständigen Betrieb der Landwirtschaft, einschl der Viehzucht oder der Forstwirtschaft, geeignete und bestimmte Wirtschaftseinheit darstellen und mit den nötigen Wohn- und Wirtschaftsgebäuden versehen sind (BGH NJW 64, 1414). Außer Ackerbau und Viehzucht rechnen dazu auch Betriebe des Wein-, Obst- und Gemüseanbaus, gärtnerischer Nutzung wie Blumenzucht, Milch- und Viehwirtschaftsbetriebe, Geflügelhaltung und Pferdezucht, während zur Forstwirtschaft auch Betriebe zur Gewinnung von Nutz- und Brennholz rechnen sowie Baumschulen (Staud/*Thiele* Rn 15).

26 Zum Betrieb gehören dessen Zubehör (§ 98 Nr 2), sämtliche Gegenstände, die zum ordnungsgemäßen Betrieb erforderlich und in ihn eingegliedert sind (MüKo/*Koch* Rn 38) sowie die betrieblichen Erzeugnisse (Staud/*Thiele* Rn 16). Nebenbetriebe sind zu berücksichtigen, soweit sie unselbständig sind (MüKo/*Koch* Rn 41), wie zB bei der mit der Landwirtschaft verbundene Gastwirtschaft, Reitschule oder der Beherbungsbetrieb für Feriengäste, solange die gewerbliche Betätigung Annex des land- oder forstwirtschaftlichen Betriebes ist. Dasselbe gilt für Aktien an einer Zuckerfabrik, die mit dem Recht und der Pflicht zur Zuckerlieferung verbunden sind (BGH FamRZ 91, 1266).

27 Während der Ehe hinzu erworbene Flächen nehmen an der Privilegierung nicht teil (FAFamR/*v Heintschel-Heinegg* Kap 9 Rn 71). Etwas anderes gilt dann, wenn der Hinzuerwerb zur Erhaltung der Lebensfähigkeit des Betriebs erforderlich war (BGH FamRZ 91, 1266).

28 **II. Voraussetzungen.** Der Ehegatte muss Inhaber des Betriebes sein, was auch der Fall ist, wenn der Betrieb zwar teilweise verpachtet ist, aber im Wesentlichen vom Eigentümer genutzt wird (Schlesw FamRB 04, 37). Ist er dagegen nur Pächter, kommt ein Ansatz des Betriebes im Zugewinnausgleich nicht in Betracht.

Es muss die Weiterführung oder Wiederaufnahme des Betriebs durch den Eigentümer oder dessen Abkömmling erwartet werden. Besteht bei realistischer Betrachtung keine Anhaltspunkte für diese Prognoseentscheidung, weil zB nur noch Grund und Boden vorhanden sind, scheidet eine Ertragswertberechnung aus (BVerfG NJW 85, 1329). 29

Der Betrieb muss schl sowohl im Anfangs- als auch im Endvermögen vorhanden sein, wobei Identität von Anfangs- und Endvermögen nicht erforderlich ist, die Privilegierung also auch dann erfolgt, wenn ein Betrieb während der Ehezeit durch einen anderen ersetzt wird. 30

III. Ertragswert. Für die Berechnung des Ertragswertes ist von dem Reinertrag auszugehen, den der Betrieb nach seiner bisherigen wirtschaftlichen Bestimmung bei ordnungsgemäßer Bewirtschaftung nachhaltig gewähren kann (§ 2049 II). Landesrechtliche Vorschriften bleiben gem Art 137 EGBGB unberührt (Ertragswert = 25-facher, in Bayern 18-facher jährlicher Reingewinn; *Steffen* AgrarR 85, 99). Erleidet der Betrieb während der Ehezeit einen Wertverlust, ist dieser von dem Wert des übrigen hoffreien Vermögens abzuziehen (Schlesw OLGR 04, 40). 31

E. Prozessuales. Die Partei, die Zugewinnausgleichsansprüche geltend macht, trägt die Darlegungs- und Beweislast für Höhe und Vorhandensein des beiderseitigen Endvermögens (BGH FamRZ 89, 839), während – von den Besonderheiten des § 1377 abgesehen – jede Partei für ihr eigenes Anfangsvermögen darlegungs- und beweispflichtig ist (BGH FamRZ 91, 1166). Die Wertangaben einer Partei dürfen auch bei unsubstantiiertem Bestreiten durch die andere nur bei vorhandener Sachkunde des Gerichts Grundlage der Berechnung sein; andernfalls bedarf es der Einholung eines Sachverständigengutachtens (BGH FamRZ 89, 954). Besteht zwischen einem Ehegatten und einem Dritten Streit über das Bestehen einer Forderung und deren Höhe, so kann das Zugewinnausgleichsverfahren bis zur Entscheidung über diesen Streit ausgesetzt werden (Palandt/*Brudermüller* Rn 30). 32

Wer die Privilegierung des IV für sich in Anspruch nimmt, hat alle die Prognoseentscheidung begründenden Umstände darzulegen und zu beweisen (BGH FamRZ 89, 1276). 33

§ 1377 Verzeichnis des Anfangsvermögens

(1) Haben die Ehegatten den Bestand und den Wert des einem Ehegatten gehörenden Anfangsvermögens und der diesem Vermögen hinzuzurechnenden Gegenstände gemeinsam in einem Verzeichnis festgestellt, so wird im Verhältnis der Ehegatten zueinander vermutet, dass das Verzeichnis richtig ist.
(2) ¹Jeder Ehegatte kann verlangen, dass der andere Ehegatte bei der Aufnahme des Verzeichnisses mitwirkt. ²Auf die Aufnahme des Verzeichnisses sind die für den Nießbrauch geltenden Vorschriften des § 1035 anzuwenden. ³Jeder Ehegatte kann den Wert der Vermögensgegenstände und der Verbindlichkeiten auf seine Kosten durch Sachverständige feststellen lassen.
(3) Soweit kein Verzeichnis aufgenommen ist, wird vermutet, dass das Endvermögen eines Ehegatten seinen Zugewinn darstellt.

A. Allgemeines. Die Norm beinhaltet im Wesentlichen eine Beweislastregel. Im Übrigen will sie die Eheleute bewegen, eine gemeinsame Inventarisierung der in die Zugewinngemeinschaft eingebrachten Sachen vorzunehmen, um spätere Beweisprobleme zu vermeiden. 1

B. Verzeichnis über das Anfangsvermögen. Um die Wirkung des I auszulösen, sind die am Stichtag vorhandenen Vermögensgegenstände gemeinsam aufzulisten und zu bewerten. Dasselbe gilt für die nach § 1374 II im Wege privilegierten Erwerbs hinzu gekommenen Vermögenswerte, die mit Angabe des Tages der Aufnahme in das Vermögen aufzunehmen und zu bewerten sind. Fehlt es an einer Auflistung der einzelnen Vermögensgegenstände, liegt kein wirksames Verzeichnis nach I vor, möglicherweise aber eine Vereinbarung über den Wert des Anfangsvermögens. Ist nur der Bestand ohne Angabe der Werte aufgelistet, bezieht sich die Vermutung nur auf diesen (AnwK/*Limbach* Rn 3). Wie die Aktiva sind auch die Verbindlichkeiten als den Wert des Anfangsvermögens bestimmend mit aufzulisten. Sind sie im Verzeichnis nicht enthalten, wird vermutet, dass keine Verbindlichkeiten bestanden. 2

Aus der Verweisung auf § 1035 folgt, dass für die Wirksamkeit des Verzeichnisses dessen Unterzeichnung durch beide Ehegatten oder die Aufnahme durch einen Notar erforderlich ist. Anzugeben ist auch das Datum. 3

Jeder Ehegatte ist verpflichtet, an der Aufstellung des Verzeichnisses über das jeweils eigene Vermögen mitzuwirken, wobei ihm die Möglichkeit der Einsichtnahme in die vorhandenen Belege gegeben werden muss (Staud/*Thiele* Rn 5). Auch hat jeder Ehegatte ein berechtigtes Interesse an Einsicht in die Grundakten des anderen (LG Stuttgart NJW-RR 96, 532). Vollstreckt wird der Mitwirkungsanspruch gem § 888 ZPO. 4

Nach II 3 kann jeder Ehegatte den Wert der Vermögensgegenstände und Verbindlichkeiten durch Sachverständige feststellen lassen, wobei derjenige die dafür notwendigen Kosten trägt, der diese Form der Wertermittlung beansprucht (Naumbg OLGR 01, 34; Karlsr FamRZ 81, 458). 5

6 **C. Wirkung des Verzeichnisses.** Die Vermutung des I gilt nur zwischen den Eheleuten, nicht auch ggü Dritten. Bestreitet ein Ehegatte die Richtigkeit des Verzeichnisses, trägt er die Beweislast für die Unrichtigkeit (§ 293 ZPO). Besteht kein Verzeichnis, hat jeder Ehegatte für sich selbst das Vorhandensein und den Wert seines Anfangsvermögens zu beweisen (BGH FamRZ 91, 1166). Etwas anderes gilt nur dann, wenn es der anderen Partei aufgrund besserer Kenntnisse, deren Offenbarung ihr zumutbar ist, unschwer möglich wäre, die Beweisschwierigkeiten zu beheben (BGH FamRZ 02, 606 = FuR 02, 259). Behauptet ein Ehegatte, dass das Anfangsvermögen des anderen mit Verbindlichkeiten belastet war, hat der andere deren Fehlen zu beweisen (Karlsr FamRZ 86, 1105). Der Gegner muss die behaupteten Verbindlichkeiten jedoch genau darlegen. Auch sind an die Beweislast für das Fehlen von Verbindlichkeiten keine hohen Anforderungen zu stellen (*Haussleiter/Schulz* Kap 1 Rn 53).

§ 1378 Ausgleichsforderung

(1) Übersteigt der Zugewinn des einen Ehegatten den Zugewinn des anderen, so steht die Hälfte des Überschusses dem anderen Ehegatten als Ausgleichsforderung zu.
(2) Die Höhe der Ausgleichsforderung wird durch den Wert des Vermögens begrenzt, das nach Abzug der Verbindlichkeiten bei Beendigung des Güterstandes vorhanden ist.
(3) ¹Die Ausgleichsforderung entsteht mit der Beendigung des Güterstandes und ist von diesem Zeitpunkt an vererblich und übertragbar. ²Eine Vereinbarung, die die Ehegatten während eines Verfahrens, das auf die Auflösung der Ehe gerichtet ist, für den Fall der Auflösung der Ehe über den Ausgleich des Zugewinns treffen, bedarf der notariellen Beurkundung; § 127a findet auch auf eine Vereinbarung Anwendung, die in einem Verfahren in Ehesachen vor dem Prozessgericht protokolliert wird. ³Im Übrigen kann sich kein Ehegatte vor der Beendigung des Güterstandes verpflichten, über die Ausgleichsforderung zu verfügen.
(4) ¹Die Ausgleichsforderung verjährt in drei Jahren; die Frist beginnt mit dem Zeitpunkt, in dem der Ehegatte erfährt, dass der Güterstand beendet ist. ²Die Forderung verjährt jedoch spätestens 30 Jahre nach der Beendigung des Güterstandes. ³Endet der Güterstand durch den Tod eines Ehegatten, so sind im Übrigen die Vorschriften anzuwenden, die für die Verjährung seines Pflichtteilsanspruchs gelten.

1 **A. Allgemeines.** Die Norm bestimmt in I den Grundsatz für die Errechnung der Höhe der Ausgleichsforderung und statuiert in II eine Ausnahmeregelung sowie in III den Zeitpunkt des Entstehens der Forderung, auf die der spätere Gläubiger bis dahin auch noch kein Anwartschaftsrecht hat (MüKo/*Koch* Rn 16; einschränkend Staud/*Thiele* Rn 14).

2 Die Forderung auf Ausgleich des Zugewinns unterliegt weder der Schenkungs- noch der Erbschaftssteuer (Palandt/*Brudermüller* Rn 2). Sie ist steuerlich neutral und rechnet nicht zum Einkommen (wegen der steuerlichen Behandlung vgl im Übrigen: FamKK/*Weinreich* Rn 5 ff).

3 **B. Höhe der Ausgleichsforderung.** Schuldner der Ausgleichsforderung ist der Ehegatte, der den höheren Zugewinn erwirtschaftet hat. Erlittene Verluste sind belanglos, weil das Gesetz keine Beteiligung eines Ehegatten an den Verlusten des anderen kennt (MüKo/*Koch* Rn 5). Der Anspruch ist stets auf Zahlung von Geld gerichtet (Ausnahme: § 1383). Es besteht auch nicht die Möglichkeit, die Forderung ganz oder teilweise in Sachwerten zu erfüllen (Staud/*Thiele* Rn 2).

4 **C. Begrenzung der Höhe (II).** Übersteigt die Zugewinnausgleichsforderung den Wert des bei Beendigung des Güterstandes vorhandenen Nettovermögens des Schuldners, kann sie auf den Betrag des Nettovermögens gekürzt werden, weshalb sie bei gänzlich fehlendem Vermögen auch ganz entfallen kann. Dieser Möglichkeit bedarf es wegen der Vorverlagerung des Zeitpunktes für die Errechnung des Endvermögens (§§ 1384, 1387) sowie der Möglichkeit der Hinzurechnungen zum Endvermögen (§ 1375 II). Die Regelung dient dem Schutz der Gläubiger des Ehegatten (BGH FamRZ 88, 925) und findet auch bei Ehescheidung uneingeschränkt Anwendung (BGH FamRZ 88, 925). Nicht berührt wird die Norm dadurch, dass der Gläubiger Sicherheitsleistung nach § 1379 erlangt hat, da anderenfalls der Schutzzweck der Norm nicht gewährleistet wäre und die Sicherheitsleistung akzessorisch ist (BGH FamRZ 88, 925).

5 Für die Ermittlung des Nettovermögens bleiben solche Verbindlichkeiten unberücksichtigt, die ggü der Ausgleichsforderung nachrangig sind, wie zB die Erbfallschulden bei Beendigung des Güterstandes durch den Tod eines Ehegatten und Abwicklung per güterrechtlicher Lösung (MüKo/*Koch* § 1375 Rn 15). Nicht berücksichtigt werden auch Bewertungsprivilegien wie das in § 1376 IV (Staud/*Thiele* Rn 9).

6 Wegen der Höhe des Vermögens ist abzustellen auf den Zeitpunkt der letzten mündlichen Verhandlung im Ehescheidungsverfahren. Ändern sich die Verhältnisse bis zur Rechtskraft erneut, kann der Ausgleichsschuldner Vollstreckungsgegenklage erheben (*Winckelmann* FuR 98, 14, 18) oder der berechtigte Ehegatte erneut klagen, ohne dass die Rechtskraft des zuvor ergangenen Urteils entgegenstünde (Palandt/*Brudermüller* Rn 21). Ändern sich die wirtschaftlichen Verhältnisse des Schuldners erst nach Beendigung des Güterstandes, geht dies allein zu seinen Lasten.

7 II beinhaltet eine Einrede, so dass die Voraussetzungen des II vom Schuldner darzulegen und zu beweisen sind (AnwKo/*Groß* Rn 22). Die Vorschrift ist nicht abdingbar (Palandt/*Brudermüller* Rn 8).

D. Entstehen der Ausgleichsforderung und Vereinbarungen über sie (III). I. Entstehen der Ausgleichsforderung. Die Ausgleichsforderung entsteht mit der Beendigung des Güterstandes, gleich aus welchem Grund, ob also durch Ehevertrag, Rechtskraft eines die Ehe oder den Güterstand beendenden Urteils oder Tod. Im Fall der Scheidung können Prozesszinsen deshalb erst ab Rechtskraft des Scheidungsurteils verlangt werden, auch bei Geltendmachung im Verbund (Palandt/*Brudermüller* Rn 3). Die gem §§ 1384, 1387 für die Berechnung des Zugewinns maßgeblichen Zeitpunkte sind für das Entstehen der Forderung ohne Bedeutung. Verstirbt ein Ehegatte vor der Rechtskraft der Scheidung, hinterlässt er seinen Erben somit keine Zugewinnausgleichsforderung (BGH FamRZ 95, 597).

Die Forderung entsteht unmittelbar kraft Gesetzes und wird mit der Beendigung des Güterstandes unabhängig vom Willen des Gläubigers fällig (BaRoth/*Mayer* Rn 6). Heiraten die Ehegatten erneut, bleibt ein aus der früheren Ehe bestehender Anspruch bestehen und ist gem § 207 I 1 sogar besonders geschützt (Nürnbg MDR 80, 668).

Gegen die Zugewinnausgleichsforderung kann die Aufrechnung erklärt werden. Wird umgekehrt mit dem Zugewinnausgleichsanspruch aufgerechnet, ist dies nicht deshalb treuwidrig, weil das Ausgleichsverfahren langwierig und kompliziert ist (BGH FuR 02, 32; 00, 221). Zum Erlöschen des Gegenanspruchs führt die Aufrechnung aber erst mit dem Entstehen der Zugewinnausgleichsforderung (Karlsr FamRZ 02, 315).

II. Vereinbarungen. Die Zugewinnausgleichsforderung stellt ein nur beschränkt verkehrsfähiges Recht dar. Rechtsgeschäfte, die gegen § 1378 III verstoßen, sind nichtig (MüKo/*Koch* Rn 20), ohne dass die Nichtigkeit geheilt werden könnte (BGH FamRZ 04, 1353). Sinn der Regelung ist es, jedes Drittinteresse an der Beendigung des Güterstandes auszuschließen, weshalb Verträge mit Dritten auch dann unter III 3 subsumiert werden, wenn beide Ehegatten an ihnen beteiligt sind (BGH FamRZ 04, 1353 = FuR 05, 41).

Vor Beendigung des Güterstandes ist die Forderung dem Rechtsverkehr grds entzogen, weshalb sowohl Verpflichtungs- als auch Verfügungsgeschäfte untersagt sind (BGH JZ 83, 554). Das gilt auch für Rechtsgeschäfte der Ehegatten untereinander, auch dann, wenn sie vor der Eheschließung getroffen wurden (Schlesw FamRZ 04, 808). Nach III 2 sind aber Verträge zulässig, die während eines auf Auflösung der Ehe gerichteten Verfahrens selbst gerichtlich protokolliert oder notariell beurkundet werden.

Im Übrigen unterfallen Eheverträge dem III 3 nur dann, wenn sie eine Vereinbarung über die Zugewinnausgleichsforderung oder eine dieser nahe kommende Regelung enthalten, was bei Modifizierungen des Güterstandes nicht der Fall ist. So können formfrei Vermögensgegenstände – etwa das Betriebsvermögen, dessen Surrogate oder Erträge – dem Zugewinnausgleich entzogen werden (BGH FamRZ 97, 800), es kann eine von der gesetzlichen Regelung abweichende Teilung vereinbart (BGH FamRZ 83, 157) und Regelungen zur Vermögensauseinandersetzung außerhalb des Güterrechts getroffen werden (Köln FamRZ 04, 1584). Wegen der Ausgestaltung der Vereinbarung zur Regelung der güterrechtlichen Verhältnisse im Übrigen vgl die Ausführungen zu § 1408.

E. Verjährung. Die Verjährungsfrist von 3 Jahren beginnt in dem Zeitpunkt, in dem der ausgleichsberechtigte Ehegatte erfährt, dass der Güterstand beendet ist. Unabhängig davon verjährt der Anspruch in 30 Jahren. Dies gilt auch dann, wenn der Zugewinnausgleich vertraglich geregelt ist (Karlsr FamRZ 84, 894).

Kenntnis von der Beendigung des Güterstandes bedeutet im Fall der Ehescheidung Kenntnis von der Rechtskraft des Scheidungsurteils (BGH FamRZ 89, 954; 87, 570; Jena FamRZ 05, 1994; Köln FamRZ 86, 482; Celle FamRZ 81, 1065). Diese liegt nur vor, wenn die die Beendigung des Güterstandes begründenden Tatsachen und deren rechtliche Bedeutung erfasst werden, wobei von der Kenntnis der genannten Umstände regelmäßig auf das Erfassen der rechtlichen Bedeutung geschlossen werden kann (Celle FamRZ 02, 1030). Die Anwesenheit der Eheleute bei der Verkündung des Scheidungsurteils und beim Verzicht auf Rechtsmittel und Anschlussrechtsmittel reichen allein nicht aus (BGH FamRZ 97, 804; aA: Celle FamRZ 02, 1030). Nicht erforderlich ist, dass der Ehegatte Kenntnis vom Bestehen der Ausgleichsforderung hat (Staud/*Thiele* Rn 28).

Wird der Güterstand durch den Tod eines Ehegatten beendet (§ 1371), beginnt die Verjährung nicht sogleich mit der Kenntnis vom Ende des Güterstandes, sondern erst dann, wenn der überlebende Ehegatte auch von der ihn beeinträchtigenden letztwilligen Verfügung weiß (§§ 1378 IV 3, 2332 I), mag auch der Einblick in den Nachlass fehlen (Frankf FamRZ 86, 807). Auch dieses Wissen reicht aber dann noch nicht, wenn der überlebende Ehegatte die letztwillige Verfügung für unwirksam hält, ohne dass seine Auffassung von vornherein abwegig wäre (BGH FamRZ 85, 797; 84, 655).

Auf den Lauf der Verjährungsfristen sind die §§ 194 ff ohne Besonderheiten anzuwenden. Deshalb wird der Ablauf der Frist durch Erhebung auch einer unschlüssigen Klage gehemmt (BGH FamRZ 96, 1271), sogar dann, wenn sie vor dem unzuständigen Gericht erhoben und an das zuständige verwiesen wird (Naumbg NJW-RR 03, 1662). Auch die Erhebung der Stufenklage hemmt den Fristablauf (BGH FamRZ 95, 797; 92, 1163; Jena FamRZ 05, 1994; Brandbg NJW-RR 05, 871), sogar dann, wenn der Auskunftsantrag von einem falschen Stichtag ausgeht, dieser aber berichtigt wird (KG FamRZ 01, 105; Zweibr NJW-RR 01, 865; aA: Hamm FamRZ 96, 864), nicht dagegen die isolierte Auskunftsklage (Celle FamRZ 96, 678) oder Klage auf Zahlung des großen Pflichtteils (BGH FamRZ 83, 27; Frankf FamRZ 86, 807).

18 Hemmung tritt auch ein, wenn die Eheleute Stillhaltung vereinbart haben (BGH FamRZ 99, 571 = FuR 99, 289), nicht aber bei der Vereinbarung, ein Wertgutachten einzuholen (Zweibr NJW-RR 95, 260). Gem § 207 tritt Hemmung ein, wenn die Eheleute vor der Realisierung des Anspruchs wieder heiraten (Hamm FamRZ 81, 1065; Nürnbg MDR 80, 668). Leben sie nach der Scheidung über längere Zeit wieder zusammen, kann der Verjährungseinrede der Einwand unzulässiger Rechtsausübung entgegenstehen (Palandt/*Brudermüller* Rn 12). Wird das Zugewinnausgleichsverfahren nicht weiter betrieben, kommt es gem § 204 II 2 zu einer Beendigung der Verjährungshemmung auch dann, wenn das Verfahren wegen außergerichtlicher Vergleichsverhandlungen nicht betrieben wird (BGH FamRZ 99, 571 = FuR 99, 289); im Fall der Stufenklage endet die Hemmung durch Nichtbetreiben des Verfahrens nach Erledigung der vorangegangenen Stufe (Jena OLGR 05, 580). Die Auskunft stellt im Hinblick auf den Leistungsanspruch kein Anerkenntnis iSv § 212 I Nr 1 dar (BGH FamRZ 99, 571 = FuR 99, 289; Karlsr OLGR 01, 198).

19 Die Hemmung endet dann, wenn der Zahlungsanspruch nicht beziffert wird (BGH FamRZ 96, 853). Im Übrigen setzt die Hemmung die Individualisierung des Anspruchs voraus (BGH FamRZ 96, 853).

20 Ist die Ehe noch in der früheren DDR geschlossen, entsteht der Auseinandersetzungsanspruch nach § 40 FGB erst mit der Rechtskraft der Ehescheidung, so dass auch auf ihn IV anzuwenden ist (BGH FamRZ 02, 1097 = FuR 02, 498; Naumbg FamRZ 03, 160). Da der Anspruch nach § 40 FGB nicht identisch mit dem Zugewinnausgleichsanspruch ist, hemmt die Zugewinnausgleichsklage nicht die Verjährung des Ausgleichsanspruchs nach § 40 FGB (Rostk FamRG 05, 2).

21 **F. Prozessuales.** Zur Schlüssigkeit der Zugewinnausgleichsklage gehört Vortrag zu den beiderseitigen Endvermögen, während jede Partei hinsichtlich ihres eigenen Anfangsvermögens darlegungs- und beweispflichtig ist. Die Voraussetzungen des II sind vom Schuldner darzulegen.

22 Auch im Verbundverfahren kann der Einwand des II geltend gemacht werden. Die Folgesache Zugewinnausgleich kann dann ggf gem § 628 I Nr 1 ZPO abgetrennt und vorab über die Scheidung entschieden werden (Oldbg FamRZ 88; aA Palandt/*Brudermüller* Rn 21, der aber eine Abtrennung nach § 628 I Nr. 4 ZPO für möglich hält). Können vor der Rechtskraft der Ehescheidung eintretende Vermögenseinbußen nicht mehr berücksichtigt werden, kann der Einwand des II iRe Vollstreckungsgegenklage geltend gemacht werden (MünchKomm/*Koch* § 1378 Rn 33).

23 Zulässig ist es, zunächst einen Teilbetrag der Gesamtforderung einzuklagen (BGH FamRZ 96, 853; 94, 1095). Ist über den Zugewinnausgleich rechtskräftig entschieden, können im Fall der offenen Teilklage Nachforderungen erhoben werden (BGH FamRZ 96, 853; 94, 1095), im Fall verdeckter Teilklage aber nur dann, wenn die klagende Partei erkennen lassen hat, dass nur ein Teilbetrag geltend gemacht wird (BGH NJW 61, 917; Palandt/*Brudermüller* Rn 18). Im Falle der Insolvenz eines Ehegatten ist die Auskunftsklage gegen diesen und die Zahlungsklage gegen den Insolvenzverwalter zu richten (Naumbg FamRZ 03, 386).

§ 1379 Auskunftspflicht

(1) ¹Nach der Beendigung des Güterstandes ist jeder Ehegatte verpflichtet, dem anderen Ehegatten über den Bestand seines Endvermögens Auskunft zu erteilen. ²Jeder Ehegatte kann verlangen, dass er bei der Aufnahme des ihm nach § 260 vorzulegenden Verzeichnisses zugezogen und dass der Wert der Vermögensgegenstände und der Verbindlichkeiten ermittelt wird. ³Er kann auch verlangen, dass das Verzeichnis auf seine Kosten durch die zuständige Behörde oder durch einen zuständigen Beamten oder Notar aufgenommen wird.

(2) Hat ein Ehegatte die Scheidung oder die Aufhebung der Ehe beantragt, gilt Absatz 1 entsprechend.

1 **A. Allgemeines.** Die Norm gibt vier voneinander zu unterscheidende Ansprüche, die einzeln oder kumulativ nebeneinander geltend gemacht werden können, den Auskunftsanspruch (I 1), den Anspruch auf Aufnahme des Bestandsverzeichnisses (I 3), den auf Hinzuziehung zur Erstellung des Bestandsverzeichnisses (I 2, Hs 1) und den Wertermittlungsanspruch (I 2 Hs 2).

2 Die Norm ist nicht abdingbar, auch nicht durch Ehevertrag (Palandt/*Brudermüller* Rn 1; MüKo/*Koch* Rn 35). Zulässig ist es jedoch, dem Ehegatten nach Beendigung des Güterstandes die bestehende Schuld zu erlassen (BGH FamRZ 83, 157).

B. Auskunftsanspruch. I. Inhalt, Umfang und Grenzen. 1. Dem Zugewinn unterliegendes Endvermö-
3 **gen.** Auskunft ist nur über den Bestand des Endvermögens zum hierfür maßgeblichen Stichtag zu erteilen. Ein Auskunftsanspruch betreffend das Anfangsvermögen besteht weder unmittelbar noch analog § 1379 (Nürnbg FamRZ 86, 272; Karlsr FamRZ 81, 458; *Büte* FuR 04, 289) noch nach § 242 (Karlsr FamRZ 86, 1105; aA Schlesw FamRZ 83, 1126). Dem mit der Offenbarung bislang unbekannten Anfangsvermögens verbundenen Kostenrisiko kann die beklagte Partei durch sofortiges Anerkenntnis, die klagende Partei durch Verzicht entspr § 93 ZPO begegnen (Frankf JurBüro 93, 1126; Palandt/*Brudermüller* Rn 2). Der Auskunftsanspruch bezieht sich nur auf das in den Zugewinnausgleich fallende Vermögen, mithin nicht auf Versorgungsanwartschaften oder Hausrat, der der HausratsVO unterliegt (BGH FamRZ 84, 144: Karlsr FamRZ 82, 277; Hamm FamRZ 82, 937).

2. Entfallen des Anspruchs. Ein Auskunftsanspruch besteht nicht (mehr), wenn der die Auskunft begehrende 4
Ehegatte aus ihr Rechtsfolgen nicht mehr herleiten kann (BGHZ 44, 163; 75, 195; Brandbg FamRZ 98, 174).
Verweigert werden kann er aber nur dann, wenn evident ein Zugewinn nicht erzielt worden ist (Kobl FamRZ
85, 286; München NJW 69, 881), wobei äußerst strenge Maßstäbe anzulegen sind (BGH NJW 80, 1462), so,
wenn ohne Rücksicht auf das Ergebnis der Auskunft feststeht, dass ein Zahlungsanspruch nicht besteht
(Brandbg FamRZ 98, 174), weil zB Verjährung eingetreten ist, auf die der Schuldner sich bereits berufen hat
(Frankf FamRZ 87, 1147; München FamRZ 69, 881). Kein Auskunftsanspruch besteht ferner, wenn die Ausgleichsforderung abschließend vertraglich geregelt wurde (Ddorf FamRZ 89, 182), wenn ein Zugewinn klar
erkennbar nicht erzielt wurde (Kobl FamRZ 85, 286; München NJW 69, 881), wenn mit der Vereinbarung der
Gütertrennung der Ausgleich des bis dahin entstandenen Zugewinns ausgeschlossen ist (Köln FuR 01, 438)
oder wenn die Auskunft ersichtlich zweckfremd beansprucht wird, nur noch Selbstzweck ist und deshalb nicht
mehr der Berechnung des Zugewinnausgleichsanspruchs dient (Nürnbg FamRZ 69, 287), so dass durch die Geltendmachung des Anspruchs gegen das Schikaneverbot verstoßen würde (Celle FamRZ 02, 1030). Nicht eingewendet werden kann, dem die Auskunft begehrenden Ehegatten seien die im Endvermögen vorhandenen
Gegenstände bekannt (BGH FamRZ 96, 1271), zB aus dem Unterhaltsverfahren (Kobl FamRZ 05, 902).
Verweigert werden kann die Auskunft, wenn die Ehe niemals voll verwirklicht oder nach nur kurzer Dauer 5
wieder geschieden worden ist (BGH NJW 72, 433). Dasselbe gilt, wenn der gesamte Zugewinn erwirtschaftet
wurde, als die Ehegatten keine Lebensgemeinschaft mehr geführt haben (MüKo/*Koch* Rn 7). Die Berufung
auf grobe Unbilligkeit (§ 1381) steht der Auskunftspflicht nicht entgegen, weil zumeist erst nach der Auskunft
beurteilt werden kann, in welchem Umfang die Leistung verweigert werden kann (BGH FamRZ 80, 768;
anders nur, wenn ein Ausgleichsanspruch evident nicht besteht BGH FamRZ 72, 488).

3. Bestandsverzeichnis und Spezifizierung. Die Auskunft hat durch Vorlage eines geordneten, nachprüfba- 6
ren Verzeichnisses zu erfolgen (§ 260). Eine Folge einzelner Angaben in Schriftsätzen oder während einer
Korrespondenz erfüllt den Anspruch nicht (Hamm FamRZ 83, 812; 81, 482; Ddorf FamRZ 79, 808), doch
können, sofern die Übersichtlichkeit gewahrt bleibt, mehrere Teilverzeichnisse vorgelegt werden (Karlsr
FamRZ 04, 106). Wertangaben oder -berechnungen werden nicht geschuldet (BGH FamRZ 03, 597 = FuR
03, 47; FamRZ 89, 157; FamRZ 84, 144; FamRZ 82, 682), doch müssen die wertbildenden Faktoren so genau
angegeben werden, dass der Ehegatte in die Lage versetzt wird, die Werte annähernd selbst zu bestimmen
(Celle NJW 75, 1568). Der Zuziehung eines Steuerberaters oder Sachverständigen (BGH FamRZ 03, 598 =
FuR 03, 47) bedarf es nicht. Bei Verbindlichkeiten sind im Hinblick auf § 1375 II auch Angaben zum Verwendungszweck erforderlich (Ddorf FamRZ 86, 168).
Der auskunftspflichtige Ehegatte hat das Bestandsverzeichnis so vollständig zu erstellen, wie ihm dies mög- 7
lich ist. Begrenzt wird der Anspruch durch Gedächtnislücken, Mangel an vorhandenen Aufzeichnungen oder
Informationsquellen anderer Art. Abgesehen von den zu nennenden Ausnahmen besteht keine Verpflichtung
zur Vorlage von Belegen, auch nicht zu Kontrollzwecken (BGH NJW 80, 229; Brem MDR 00, 360; Karlsr
FamRZ 98, 761; 86, 1105).
Sachgesamtheiten und Inbegriffe von Gegenständen können als solche benannt werden, soweit eine Auf- 8
schlüsselung nicht üblich und dem auskunftsberechtigten Ehegatten eine ausreichende Orientierung möglich
ist. Das gilt etwa für Unternehmen, Sammlungen (Stuttg FamRZ 82, 282), Bibliotheken oder Zimmereinrichtungen (BGH NJW 84, 485). Einzelgegenstände sind anhand aller Faktoren zu individualisieren, die für ihre
Bewertung erheblich sind, beim PKW Fabrikat, Modell, Baujahr, Kilometerleistung, Unfälle (Hamm OLGR
99, 50; Schlesw SchlHA 79, 17), beim Grundstück Lage, Größe und Art der Bebauung (Ddorf FamRZ 86,
168), bei Maschinen pp das Fabrikat, Herstellungsjahr, Erhaltungszustand. Zu Lebensversicherungen sind das
Jahr des Abschlusses, Höhe der monatlichen Prämie und zugesagte Leistung zu erklären, wobei auch die
Angabe der Rückkaufwerte und Überschussanteile ausreicht (BGH FamRZ 03, 1267 = FuR 03, 410), während
die endgültige Bewertung später zu prüfen ist (Köln FamRZ 02, 1406 = FuR 02, 568; FamRZ 98, 1515).
Bei Unternehmen und Unternehmensbeteiligungen umfasst die Auskunft nach Treu und Glauben (Naumbg 9
FamRZ 01, 1303) in analoger Anwendung des § 2314 auch die Vorlage der zur Beurteilung der Ertragslage
nötigen Bilanzen bzw Gewinn- und Verlustrechnungen (BGH FamRZ 80, 37) im Regelfall der letzten 3
bis 5 Jahre (BGH FamRZ 80, 37; Bambg FamRZ 80, 573; Brem FamRZ 79, 434). Bei Unternehmensbeteiligungen, für die der Gesellschaftsanteil ausdrücklich nur dem buchmäßigen Guthaben entspr soll, ist trotzdem auch über die für den inneren Wert maßgeblichen Verhältnisse Auskunft zu erteilen (Naumbg FamRZ
01, 1303; Ddorf FamRZ 81, 48). Übt der auskunftspflichtige Ehegatte einen freien Beruf aus, hat er neben
den Sozietäts- oder Gesellschaftsverträgen auch die für die Bewertung maßgeblichen Gewinn- und Verlustrechnungen für mehrere Jahre vor dem Stichtag vorzulegen (Hamm FamRZ 83, 812: 2 Jahre; Kobl FamRZ
82, 280 und Ddorf FamRZ 99, 1070: 5 Jahre). Für eine Arztpraxis istAuskunft zu erteilen über die Praxiseinrichtung, den Umsatz, die Anzahl der Krankenscheine und Privatpatienten sowie die Einnahme- und Überschussrechnungen der letzten 5 Jahre vorzulegen (BGH FamRZ 89, 157; Kobl FamRZ 82, 280). Für landwirtschaftliche Betriebe genügt regelmäßig die Vorlage der betriebswirtschaftlichen Jahresabschlüsse der letzten
beiden Wirtschaftsjahre mit der Auskunft über Betriebsflächen, Nutzungsart und Bonität des Bodens sowie
Betriebsmittel (Ddorf FamRZ 86, 680).

10 Würde durch Vorlage der vollständigen Unterlagen Einblick in die Vermögensverhältnisse Dritter gewährt werden, können jene Teile abgedeckt werden, die sich ausschl mit den Dritten befassen. Dasselbe gilt für zusammenfassende Angaben, die nicht aufgeschlüsselt sind und damit keinen Einblick in die Verhältnisse des Schuldners geben (BGH FamRZ 83, 680). Dagegen schränken vertraglich übernommene Schweigepflichten die Auskunftspflicht nicht ein (Saarbr FamRZ 84, 794; Hamm FamRZ 83, 812).

11 Ist einmal das Gerüst einer Zusammenstellung des Vermögens erstellt, reicht es aus, in nachfolgender Korrespondenz Angaben nachzuschieben; ein jeweils neues Gesamtverzeichnis kann nicht verlangt werden (Zweibr FamRZ 01, 763). Maßstab für das, was der Ehegatte an Form beanspruchen kann, ist das, was erforderlich ist, um die Berechnung des Auskunftsanspruchs ohne übermäßigen Aufwand zu ermöglichen (KG FamRZ 00, 1292; *Kleffmann* FuR 99, 403, 405). Regelmäßig wird es erforderlich sein, das Verzeichnis zu unterschreiben (Hamm FamRZ 01, 763; vgl aber Zweibr FamRZ 01, 763), doch ist die Unterschrift dann entbehrlich, wenn es Zweifel an der Person., von der die Auskunft stammt, nicht gibt (KG FamRZ 97, 503) oder wenn der bevollmächtigte Anwalt sie namens des Auskunftspflichtigen erteilt (Nürnbg FuR 00, 294).

12 **4. Illoyale Vermögensverfügungen.** Es besteht keine Pflicht, Auskunft über die Entwicklung des Vermögens in der Zeit des Bestehens des Güterstandes oder den Verbleib einmal vorhandener Vermögensgegenstände zu erteilen (BGH FamRZ 05, 689 = FuR 05, 269; Schlesw SchlHA 80, 43). Dasselbe gilt für Vermögensgegenstände, die beim Zugewinnausgleich nicht zu berücksichtigen sind, wie nach dem Stichtag erzielte Gewinne oder erlittene Verluste, dies auch dann nicht, wenn der auskunftspflichtige Ehegatte seine Ausgleichsschuld nach § 1378 II kürzen will (Staud/*Thiele* Rn 11).

13 Nur im Ausnahmefall kann Auskunft über illoyale Vermögensminderungen beansprucht werden, die noch vor dem Stichtag erlitten wurden. Ein solcher aus § 242 abgeleiteter Anspruch besteht dann, wenn der auskunftsberechtigte Ehegatte konkrete Tatsachen vorträgt, die ein unter § 1375 II fallendes Handeln nahe legen und wenn nur der auskunftsverpflichtete Ehegatte über den Verbleib des Vermögens Auskunft erteilen kann (BGH FamRZ 05, 689 = FuR 05, 269; FamRZ 00, 948; FamRZ 97, 800; Köln FamRZ 99, 1071). An den Vortrag dürfen keine übertriebenen Anforderungen gestellt werden (BGH FamRZ 05, 689), so dass es ausreichend ist, wenn der Auskunftsverpflichtete kurz vor dem Stichtag ein Grundstück veräußert und keine Angaben über die Verwendung des Verkaufserlöses macht (Köln FamRZ 99, 1071) oder wenn an den Ehegatten zeitnah vor dem Stichtag eine Lebensversicherung mit einem hohen Rückkaufwert ausgezahlt worden ist und über deren Verwendung keine oder widersprüchliche Angaben gemacht werden (Köln FamRZ 05, 274; Karlsr OLGR 01, 106). Nicht ausreichend ist ein großzügiger Lebensstil oder ein Leben über die Verhältnisse. Es muss vielmehr die Benachteiligungsabsicht das leitende Motiv gewesen sein (BGH FamRZ 00, 948 = FuR 00, 488). Besteht ein Auskunftsanspruch, ist dieser erfüllt, wenn erklärt wird, dass keine illoyalen Verfügungen vorgenommen worden sind (Nürnbg FuR 00, 294).

14 **5. Unterrichtungsanspruch.** Aus §§ 1353, 1386 II folgt daneben der Anspruch des Ehegatten, über während des Bestehens der ehelichen Lebensgemeinschaft getätigte Vermögensverfügungen in groben Zügen unterrichtet zu werden. Dieser Anspruch besteht bis zur Auflösung der Ehe (BGH FamRZ 78, 677; Karlsr FamRZ 90, 161), jedoch nicht mehr nach deren Scheitern und einem mehr als 1-jährigen Getrenntleben (Karlsr FuR 03, 86) und bleibt inhaltlich hinter den Erfordernissen des § 260 zurück, weshalb auch keine Unterlagen verlangt werden können (Palandt/*Brudermüller* Rn 4). Die Klage ist als Leistungsklage vor dem Familiengericht zu erheben (*Haussleiter/Schulz* Kap 1 Rn 459; MüKo/*Koch* § 1386 Rn 24; anders noch Schlesw SchlHA 74, 112; Hburg FamRZ 67, 100).

15 **II. Entstehen und Fälligkeit des Anspruchs.** Der Auskunftsanspruch entsteht grds mit der Beendigung des Güterstandes und ist sofort fällig (§ 271), wobei dem auskunftspflichtigen Ehegatten ein Zeitraum zur Verfügung steht, der ihm objektiv zur Vorbereitung der Auskunft zugebilligt werden muss. Endet der Güterstand durch Ehescheidung oder -aufhebung, entsteht der Anspruch mit der Rechtshängigkeit der entspr Klage

16 **III. Anspruch auf Zuziehung bei der Aufstellung des Bestandsverzeichnisses (I 2).** Jeder Ehegatte hat ein Recht auf Hinzuziehung bei der Erstellung des Bestandsverzeichnisses, wobei das Recht kein höchstpersönliches ist, so dass die Ausübung durch sachverständige Dritte zulässig ist. Der Anspruch besteht auch dann noch, wenn der Schuldner es bereits erstellt hat (KG FamRZ 98, 761), um dem Berechtigten die Möglichkeit zu geben, es auch im Nachhinein auf seine Richtigkeit zu überprüfen.

17 **C. Aufnahme des Bestandsverzeichnisses (I 3).** Der auskunftsberechtigte Ehegatte hat nach I 3 einen Anspruch auf Aufnahme des Bestandsverzeichnisses in einer durch das Gesetz bestimmten besonderen Form, nämlich durch die zuständige Behörde, einen zuständigen Beamten oder einen Notar. Die zuständige Behörde bestimmt sich nach Landesrecht (§ 200 FGG).

18 **D. Wertermittlungsanspruch (I 2).** Der Wertermittlungsanspruch ist ein zusätzlicher, der neben dem Auskunftsanspruch ggf auch im Wege der Stufenklage gesondert geltend gemacht werden muss (Naumbg OLGR 01, 34). IRd Anspruchs ist der auskunftspflichtige Ehegatte nur verpflichtet, die Verkehrswerte der in sein Endvermögen fallenden Gegenstände zu ermitteln und anzugeben, soweit er hierzu selbst imstande ist (BGH FamRZ 91, 316). Die Norm sieht nicht die Wertermittlung durch sachverständige Dritte vor (Karlsr MDR 98, 53).

Ist jedoch eine zuverlässige Wertermittlung nicht möglich, hat der Auskunftsberechtigte auch das Recht, Dritte zur Wertermittlung einzuschalten (BGH FamRZ 91, 316). Das kommt insbes bei der Bewertung von Grundstücken, Unternehmen und Unternehmensbeteiligungen in Betracht. Den Auftrag an den Sachverständigen hat dabei der Auskunftsberechtigte zu erteilen (BGH FamRZ 82, 682), während der auskunftspflichtige Ehegatte die Tätigkeit des Sachverständigen zu dulden und unterstützen sowie die notwendigen Daten zur Verfügung zu stellen hat (München FamRZ 82, 279).

Die Kosten der Wertermittlung durch Dritte hat derjenige zu tragen, in dessen Interesse die Wertermittlung erfolgt, also regelmäßig der Gläubiger, wobei es sich dabei um Kosten der Prozessvorbereitung handelt, die ggf nach einem späteren Rechtsstreit gem § 91 ZPO ersetzt verlangt werden können (München MDR 86, 324; Soergel/*Lange* Rn 10).

Ein Zurückbehaltungsrecht mit der eigenen Auskunft bis zu dem Zeitpunkt, zu dem der andere seiner Auskunftspflicht nachgekommen ist, besteht nicht (Jena FamRZ 97, 1335; Frankf FamRZ 85, 483; Stuttg FamRZ 84, 273).

E. Prozessuales und Durchsetzung des Anspruchs. Der Klageantrag auf Auskunftserteilung sollte, um spätere Probleme iRd Vollstreckung zu vermeiden, möglichst präzise gefasst sein. Rechnet zum Endvermögen ein Unternehmen oder eine Unternehmensbeteiligung, so ist schon im Klageantrag aufzunehmen, welche im Einzelnen zu bezeichnenden Belege – Bilanzen und Gewinn- und Verlustrechnungen – vorzulegen sind (Zweibr FamRZ 01, 763). Wird Wertermittlung beansprucht, ist dies im Klageantrag auszudrücken. Die Klage kann als isolierte Auskunftsklage und im Verbund mit der Ehescheidung, hier aber nur als Stufenklage (KG FamRZ 00, 1292), erhoben werden. Wird gleichwohl im Verbund auf isolierte Auskunft geklagt, ist das Verfahren gem § 145 ZPO abzutrennen (BGH FamRZ 97, 811; Hamm FamRZ 94, 773). Etwas anderes gilt, wenn der Zugewinnausgleich bereits Folgesache ist. Dann kann die Auskunftswiderklage im Verbund geltend gemacht werden (Zweibr FamRZ 96, 749).

Die Rechtskraft des Auskunftsurteils steht einer neuerlichen Auskunftsklage nicht entgegen, wenn die klagende Partei an ihr wegen besonderer Umstände ein besonderes Interesse hat (Zweibr FamRZ 97, 1), weil zB der vollstreckbare Titel nicht wiederherstellbar untergegangen ist (BGH FamRZ 52, 705) oder weil Streit über die Tragweite einer zu Zweifeln Anlass gebenden Urteilsformel besteht (BGH FamRZ 62, 17).

Der Auskunftsanspruch wird nach § 888 ZPO vollstreckt (Zöller/*Stöber* § 888 Rn 3), der auf Wertermittlung und Wertfeststellung durch einen Sachverständigen nach § 887 ZPO (Bambg FamRZ 99, 312 = FuR 99, 33; Palandt/*Brudermüller* Rn 19).

Die für die Berufung maßgebliche Beschwer richtet sich bei Klageabweisung nach dem Interesse an der Auskunftserteilung, bei Verurteilung nach dem Interesse daran, die Auskunft nicht zu erteilen, das sich regelmäßig nach dem voraussichtlichen Aufwand an Zeit und Kosten, die mit der Auskunftserteilung verbunden sind, bestimmt (BGH FamRZ 92, 535; FamRZ 91, 315). Die Kosten für die notwendige Hinzuziehung sachverständiger Dritter können nach substantiierter Darlegung der Notwendigkeit berücksichtigt werden (BGH FamRZ 03, 1267=FuR 03, 674).

§ 1380 Anrechnung von Vorausempfängen

(1) ¹Auf die Ausgleichsforderung eines Ehegatten wird angerechnet, was ihm von dem anderen Ehegatten durch Rechtsgeschäft unter Lebenden mit der Bestimmung zugewendet ist, dass es auf die Ausgleichsforderung angerechnet werden soll. ²Im Zweifel ist anzunehmen, dass Zuwendungen angerechnet werden sollen, wenn ihr Wert den Wert von Gelegenheitsgeschenken übersteigt, die nach den Lebensverhältnissen der Ehegatten üblich sind.

(2) ¹Der Wert der Zuwendung wird bei der Berechnung der Ausgleichsforderung dem Zugewinn des Ehegatten hinzugerechnet, der die Zuwendung gemacht hat. ²Der Wert bestimmt sich nach dem Zeitpunkt der Zuwendung.

A. Allgemeines. Unentgeltliche Zuwendungen unter Ehegatten sind in der Regel für einen später durchzuführenden Zugewinnausgleich ohne Bedeutung, weil der Erhöhung des Endvermögens des Zuwendungsempfängers eine entspr Reduzierung desjenigen des Zuwendenden ggü steht. Etwas anderes gilt allerdings dann, wenn einer der Ehegatten nur einen negativen Zugewinn erwirtschaftet hat, da dieser mit 0 zu bewerten ist, weshalb die Zuwendung unberücksichtigt bliebe. Ähnliches gilt, wenn der Zugewinn die Höhe der Zuwendung nicht erreicht. Die Norm hat deshalb Bedeutung dann, wenn die Zuwendung sich mangels positiven Zugewinns im Übrigen im Zugewinnausgleich nicht oder nicht vollständig neutralisieren würde.

Die Regelung des I 1 ist nicht abdingbar (Palandt/*Brudermüller* Rn 1). Im Falle beiderseitiger Zuwendungen dürfte es richtig sein, den Saldo zwischen beiden dann nach § 1380 anzurechnen, wenn der Ehegatte mit den höheren Zuwendungen ausgleichspflichtig ist (*Haussleiter/Schulz* Kap 1 Rn 400).

B. Begriff der Zuwendung. Zuwendungen iSd Norm sind nur rechtsbeständige unentgeltliche, die den Wert von Gelegenheitsgeschenken übersteigen (Köln FamRZ 98, 1515), auch solche, die dem anderen als Anerkennung und Ausgleich für familiäre Leistungen gegeben sind (BGH FamRZ 01, 413 = FuR 01, 271; FamRZ 82, 246), auch die Freistellung von Lasten (BGH FamRZ 82, 246). Ausreichend ist, wenn ein Ehegatte dem anderen den Vorteil mittels eines Dritten verschafft. Verfügungen von Todes wegen bleiben aber wegen § 1371 II außer Betracht (Staud/*Thiele* Rn 6). Die Unterscheidung zwischen unbenannter Zuwendung und echter Schenkung spielt in diesem Zusammenhang keine Rolle (BGH FamRZ 83, 351; 82, 246).

4   Nicht anzurechnen sind nicht beständige Zuwendungen, wie Schenkungen, die wirksam widerrufen wurden oder kondizierte oder nach § 313 zurückgeforderte ehebedingte Zuwendungen (MüKo/*Koch* vor § 1363 Rn 9). Dasselbe gilt für entgeltliche Leistungen, auch wenn die Gegenleistung gering ist (Staud/*Thiele* Rn 7). Anderes gilt dagegen für gemischte Schenkungen, für die nur der geschenkte Anteil Zuwendung ist (München FamRZ 87, 67). Wird eine Zuwendung von einem gemeinsamen Konto bezahlt, ist nur der auf den Zuwendenden entfallende Anteil anzurechnen (Köln FamRZ 98, 1514).

5   Vorausempfänge sind nur freiwillige Leistungen, wie die Übertragung von Anrechten an einem Wertpapierkonto (Karlsr FamRZ 03, 361), aber auch freiwillige, nach § 1360 b nicht zurückzufordernde Unterhaltsleistungen, da das Gesetz die Anrechnung nicht auf Leistungen, die der Vermögensbildung dienen, beschränkt (BGH FamRZ 83, 351).

6   Die Zuwendung muss während des gesetzlichen Güterstandes erfolgt sein, wobei dessen Ende mit dem Tag der Rechtshängigkeit des Scheidungsantrages angenommen wird (Palandt/*Brudermüller* Rn 4). Für vor der Ehe getätigte Zuwendungen kommt eine Anrechnung nicht in Betracht. Erfolgt die Zuwendung nach der Rechtshängigkeit des Scheidungsantrages, wird sie im Regelfall als Leistung auf die Zugewinnausgleichsforderung an Erfüllung Statt anzusehen sein (Staud/*Thiele* Rn 10; MüKo/*Koch* Rn 14).

7   Ein Vorausempfang ist nur zu berücksichtigen, wenn er vom Ausgleichspflichtigen geleistet wurde. Stammt er vom Ausgleichsberechtigten, kann ein Ausgleich nur nach den allgemeinen Regeln der §§ 1372 ff erfolgen, weil er schon begrifflich nicht von einer Ausgleichsforderung abgesetzt werden kann (BGH FamRZ 82, 778; Oldbg FamRZ 91, 814; Karlsr FamRZ 81, 556).

8   **C. Anrechnung.** Die nach I 1 erforderliche Zuwendungsbestimmung ist ein einseitiges empfangsbedürftiges Rechtsgeschäft, das mindestens zeitgleich mit der Zuwendung als solcher erfolgen muss (hM: *Haussleiter/ Schulz* Kap 1 Rn 381). Die rechtzeitige Zuwendungsbestimmung bedarf keiner Form und kann konkludent erfolgen. Erfolgt die Zuwendung zum erklärten Zweck der Vermögensauseinandersetzung nach dem Scheitern der Ehe, ist hierin die stillschweigende Bestimmung zu sehen, dass eine Anrechnung auf die Ausgleichsforderung erfolgen soll, wenn der Zuwendungsempfänger nach der Ehe Zugewinnausgleich beansprucht (BGH FamRZ 01, 757 = FuR 01, 271).

9   Nach erfolgter Zuwendung können sich die Ehegatten auch noch dahingehend einigen, dass eine Zuwendung als Vorausempfang angerechnet werden soll, aber nur in der Form eines Ehevertrages, da durch diese Einigung die Zugewinnausgleichsforderung unmittelbar berührt wird (BaRoth/*Mayer* Rn 12; RGRK/*Finke* Rn 3; Soergel/*Lange* Rn 5; Ermann/*Heckelmann* Rn 4; aA: Staud/*Thiele* Rn 15 formlos).

10 Nach I 2 ist im Zweifel anzunehmen, dass eine Anrechnung erfolgen soll, wenn der Wert der Zuwendung den von Gelegenheitsgeschenken übersteigt. Diese Norm findet dann Anwendung, wenn die Auslegung nach I 1 scheitert. Was unter Gelegenheitsgeschenken zu verstehen ist, bestimmt sich nach dem Wert, nicht dem Gegenstand der Zuwendung, wobei darauf abzustellen ist, was nach den Lebensverhältnissen der Eheleute üblich ist. Gelegenheitsgeschenke sind zB die aus besonderen Anlässen wie Weihnachten, Geburtstag usw.

11 Die Anrechnung erfolgt in vier Schritten (Karls FamRZ 04, 1033): 1. Die Zuwendung ist dem Zugewinn des zuwendenden Ehegatten hinzuzurechnen (II). 2. Sodann wird die Zuwendung vom Zugewinn des Zuwendungsempfängers abgezogen, wobei es unerheblich ist, ob der Vermögenswert tatsächlich noch vorhanden ist (BGH FamRZ 82, 246; FamRZ 87, 791). 3. Auf der Basis der korrigierten Zugewinne wird die fiktive Ausgleichsforderung errechnet. 4. Von der fiktiven Ausgleichsforderung wird der Wert der Zuwendung abgezogen.

12 Eine Indexierung des Zuwendungswertes muss nicht erfolgen, weil sich diese durch die vorzunehmenden Rechenschritte selbst neutralisieren würde (Staud/*Thiele* Rn 26; MüKo/*Koch* Rn 22; Soergel/*Lange* Rn 13; BaRoth/*Mayer* Rn 6; aA: Palandt/*Brudermüller* Rn 18; AnwK/*Groß* Rn 29). Erfährt der zugewendete Vermögensgegenstand während der Ehezeit dagegen einen echten Wertzuwachs, so handelt es sich dabei um eine ausgleichspflichtige Mehrung des Endvermögens.

13 **D. Prozessuales.** Derjenige Ehegatte, der Rechte aus der Zuwendung als solcher herleitet, hat diese zu beweisen (Ddorf FamRZ 88, 63). Der andere trägt die Beweislast dafür, dass die Zuwendung nicht als Vorausempfang angerechnet werden sollte (Palandt/*Brudermüller* Rn 18).

§ 1381 Leistungsverweigerung wegen grober Unbilligkeit

(1) Der Schuldner kann die Erfüllung der Ausgleichsforderung verweigern, soweit der Ausgleich des Zugewinns nach den Umständen des Falles grob unbillig wäre.

(2) Grobe Unbilligkeit kann insbesondere dann vorliegen, wenn der Ehegatte, der den geringeren Zugewinn erzielt hat, längere Zeit hindurch die wirtschaftlichen Verpflichtungen, die sich aus dem ehelichen Verhältnis ergeben, schuldhaft nicht erfüllt hat.

A. Allgemeines. Die gesetzliche Zugewinnausgleichsregelung ist bewusst schematisch getroffen worden. Sie lässt für individualisierende Wertungen keinen Raum. Für Fälle, in denen das Ergebnis des Zugewinnausgleichs dem Gerechtigkeitsempfinden in unerträglicher Weise widersprechen würde, gibt die Norm jedoch die Möglichkeit, die Zugewinnausgleichsforderung herabzusetzen oder ganz entfallen zu lassen. Dabei dürfen nicht die in der Systematik des Zugewinnausgleichs angelegten Mängel nach Billigkeitsmaßstäben behoben werden (Staud/*Thiele* Rn 2). Eine Billigkeitskorrektur ist vielmehr nur möglich, wenn die Grundlagen des Zugewinnausgleichs gestört sind (MüKo/*Koch* Rn 3) oder wenn der nach den gesetzlichen Vorgaben ermittelte Zugewinnausgleich im Einzelfall den Sinn und den Gerechtigkeitsgehalt der Vermögensteilhabe unter Ehegatten grob verfehlt (BGH FamRZ 92, 787), dem Gerechtigkeitsempfinden in unerträglicher Weise widersprechen würde (BGH FamRZ 92, 787; 80, 877). Die Norm wird daher eher einschränkend ausgelegt. 1

Die Anforderungen sind strenger als die im Rahmen der §§ 242 oder 1579 (BGH FamRZ 92, 787; FamRZ 80, 877; Celle FamRZ 92, 1300; Bambg FamRZ 90, 408). Die grobe Unbilligkeit kann nur der Ausgleichsschuldner für sich reklamieren, während sie nicht zur Begründung oder Erhöhung eines Anspruchs herangezogen werden kann (Palandt/*Brudermüller* Rn 1; aA *Kogel* MDR 97, 1000). 2

Das Leistungsverweigerungsrecht ist eine Einrede, die die Durchsetzbarkeit des Anspruchs auf Dauer hindert. Auf sie kann durch einseitige formlose Erklärung verzichtet werden (BGHZ 22, 267), antezepiert aber nur in den Grenzen des § 1378 III (Palandt/*Brudermüller* Rn 8). Sie kann auch von den Erben des ausgleichspflichtigen Ehegatten ausgeübt werden (BGH FamRZ 02, 606 = FuR 02, 259). Hat der Schuldner schon geleistet, kann er in den Grenzen des § 814 einen Bereicherungsanspruch aus § 813 haben. 3

In ihrem Anwendungsbereich stellt die Norm eine Generalklausel dar, die die Anwendung des § 242 ausschließt (BGH FamRZ 89, 1276), jedoch nicht außerhalb, weshalb zB wegen späterer Ereignisse der Einwand der unzulässigen Rechtsausübung oder Verwirkung geltend gemacht werden kann (BGH FamRZ 77, 38). 4

B. Grobe Unbilligkeit. I. Der Begriff. Die grobe Unbilligkeit darf nicht nur vorübergehend zu bejahen sein, weil andernfalls die Möglichkeit der Stundung nach § 1382 besteht (BGH NJW 70, 1600). Maßstab für die Billigkeitskorrektur ist die idealgerechte Durchführung des Zugewinnausgleichs auf der Grundlage des vom Gesetz angenommenen Grundmusters. Deshalb ist sie nicht gegeben, wenn ein Ehegatte Vermögen nur durch seine besondere Tüchtigkeit erworben hat, oder wenn dem Vermögenserwerb jegliche innere Beziehung zur ehelichen Lebensgemeinschaft fehlt, zB bei Grundstückserwerb nur wenige Wochen vor dem Ende der Ehezeit und Finanzierung des vollen Kaufpreises (aA: Celle FamRZ 92, 1300). 5

Der ausgleichspflichtige Ehegatte muss auf wirtschaftlichem Gebiet schuldhaft gehandelt haben, objektiv grobe Unbilligkeit reicht nicht aus (BGH FamRZ 92, 787; 80, 877). Dabei ist der konkrete Sorgfaltsmaßstab des § 1359 heranzuziehen, während es nicht erforderlich ist, dass die Pflichtverletzung unentschuldbar iSv unverzeihlich ist (Staud/*Thiele* Rn 12). Andererseits fordert die Norm nicht stets ein schuldhaftes Verhalten (BGH FamRZ 02, 606 = FuR 02, 259), insbes nicht bei aus anderen als wirtschaftlichen Gründen für grob unbillig gehaltenem Verhalten. 6

Die Pflichtwidrigkeiten müssen länger andauern, wobei hinsichtlich des Zeitraums auf die Dauer der Ehe oder des Güterstandes abzustellen ist (BGH FamRZ 80, 877; Celle FamRZ 79, 431). Je länger die Ehe dauert, desto höher sind die Anforderungen an die Dauer der Pflichtverletzungen (BGH FamRZ 80, 877), während es auf die Dauer der Ehe allein nicht ankommt (*Haussleiter/Schulz* Kap 1 Rn 426). 7

Hat der Schuldner das Verhalten des Ehegatten gebilligt, ist § 1381 nicht anzuwenden. Das duldende Gewährenlassen ist aber noch keine Billigung, da Ehegatten nicht zum Widerspruch berechtigt oder gar verpflichtet sind (MüKo/*Koch* Rn 19). 8

Nicht berücksichtigt werden können nacheheliche Umstände, da mit der Beendigung der Ehe jede güterrechtliche Bindung zueinander endet (Staud/*Thiele* Rn 5; MüKo/*Koch* Rn 21; Palandt/*Brudermüller* Rn 6; aA: Ddorf FamRZ 95, 3183, 87, 821). Nicht herangezogen werden kann auch Verhalten nach der Zustellung des Scheidungsantrages, weil die Zeit zwischen der Rechtshängigkeit der Ehescheidung und deren Rechtskraft zugewinnausgleichsrechtlich ohne Belang ist (Brem FamRZ 98, 245; Staud/*Thiele* Rn 19; Palandt/*Brudermüller* Rn 6; aA Köln FamRZ 98, 1370; Ddorf FamRZ 87, 821; Soergel/*Lange* Rn 15). 9

II. Anwendungsfälle. 1. Nichterfüllung sich aus dem ehelichen Verhältnis ergebender wirtschaftlicher Verpflichtungen. Die schuldhafte Verletzung der sich aus dem ehelichen Verhältnis ergebenden wirtschaftlichen Verpflichtungen ist als Regelbeispiel normiert. Dazu rechnet vorrangig die Verletzung gesetzlicher Unterhaltspflichten wie auch die der Absprachen über Haushaltsführung und Erwerbstätigkeit (Bremen FamRZ 98, 245). 10

2. Sonstiges ökonomisches Fehlverhalten. Es besteht nicht die Pflicht der Ehegatten, ihr Vermögen in angemessener Weise mit dem Ziel der Mehrung des Zugewinns oder in einer allein am Wohl der Familie orientierten Weise zu verwalten, weshalb das Bestehen des Zugewinnausgleichsanspruchs nicht von der Feststellung der Mitwirkung an der Vermögensmehrung abhängt (BGH FamRZ 92, 787; 80, 877). Deshalb scheitert der Zugewinnausgleichsanspruch nicht daran, dass der Gläubiger nicht ausreichend für den eigenen Zugewinn gesorgt hat; die Fälle vorwerfbarer Vermögensminderung werden durch § 1375 II geregelt (Palandt/*Brudermüller* Rn 16; aA: Staud/*Thiele* Rn 13). 11

12 **3. Fehlverhalten im persönlichen Bereich.** Ein ehezerstörendes Verhalten, das entweder durch die Erstreckung über einen im Vergleich zur Dauer des Güterstandes längeren Zeitraum oder durch die Schwere eines einmaligen oder kürzer andauernden Verhaltens ganz besonders ins Gewicht fällt, kann die grobe Unbilligkeit begründen (BGH FamRZ 80, 768; NJW 70, 1600; 66, 2109). Eine nur heimliche eheliche Untreue und die innere Abwendung von der Ehe reichen nicht aus (Ddorf FamRZ 81, 262), während als grobe Unbilligkeit begründend angesehen worden sind vielfacher und jahrelang andauernder schwerer Ehebruch (Hamm FamRZ 90, 627; 89, 1188; Celle FamRZ 79, 431), jahrzehntelange Unterdrückung und Missachtung des ausgleichspflichtigen Ehegatten (Bambg NJW-RR 97, 1435) oder gar dessen Tötung (Karlsr FamRZ 87, 823), die Geburt von 4 Kindern und das Verheimlichen, dass der Ehemann, der jahrelang Unterhalt geleistet hat, nicht der Vater ist (Celle FamRZ 79, 431).

13 Haben sich die Eheleute getrennt oder eine eheliche Lebensgemeinschaft von vornherein nicht begründet, ist grobe Unbilligkeit nicht anzunehmen, weil der ausgleichspflichtige Ehegatte mindestens auf vorzeitigen Zugewinn hätte klagen können (MüKo/*Koch* Rn 23; Soergel/*Lange* Rn 18; Differenzierung BGH FamRZ 80, 877; aA: Staud/*Thiele* Rn 24).

14 **4. Einkommens- und Vermögensverhältnisse.** Die beiderseitigen Einkommens- und Vermögensverhältnisse spielen iRd Billigkeitsprüfung grds keine Rolle (BGH NJW 73, 749). Bringt die sofortige Erfüllung der Ausgleichsforderung den Schuldner in wirtschaftliche Schwierigkeiten, kann eine Korrektur über § 1382 erfolgen. Nur ausnahmsweise gilt etwas anderes, wenn der ausgleichspflichtige Ehegatte durch die Erfüllung der Ausgleichsforderung unterhaltsberechtigt oder seine unterhaltsrechtliche Versorgungslage gefährdet würde, diejenige des ausgleichsberechtigten Ehegatten aber ungefährdet bliebe (BGH NJW 73, 749; Ddorf FamRZ 83, 921). Das gilt etwa, wenn der ausgleichspflichtige Ehegatte keine Berufsausbildung hat und sein Zugewinn allein aus der Wertsteigerung einer im Wege vorweg genommener Erbfolge erworbenen Haushälfte besteht (Schlesw NJW-RR 98, 1225; Frankf FamRZ 83, 921) oder wenn der Ehemann pflegebedürftig und auf Dauer erwerbsunfähig ist, keine Versorgungsanwartschaften besitzt und auf sein Vermögen angewiesen ist, während die Ehefrau, die ihn in dieser Situation verlassen hat, außerstande ist, ihm Unterhalt zu leisten (BGH FamRZ 73, 254).

15 Der Zugewinnausgleich kann auch grob unbillig sein, wenn der Ausgleichsschuldner in der Vergangenheit in erheblicher Höhe Unterhalt überzahlt hat und wenn die rechnerische Höhe der Ausgleichsforderung durch die ungewöhnlich sparsame Lebensführung des Ausgleichspflichtigen maßgeblich beeinflusst wird (Köln FamRZ 98, 1370), nicht dagegen schon dann, wenn wegen eines über längere Zeit überzahlten Unterhalts kein Rückzahlungsanspruch besteht, weil nicht durch § 1381 eine möglicherweise fehlerhafte Unterhaltsentscheidung korrigiert werden kann (aA: Brandbg FamRZ 04, 106). Ebenso wenig kann grobe Unbilligkeit begründet sein, weil der ausgleichsberechtigte Ehegatte das gemeinschaftliche Haus iRd Teilungsversteigerung besonders günstig erworben hat (BaRoth/*Mayer* R, 6; aA Schlesw FamRZ 98, 281).

16 Eine erhebliche Ausweitung der sonst eher restriktiven Anwendung der Norm ist in der Annahme eines Leistungsverweigerungsrechts wegen grober Unbilligkeit darin zu sehen, dass der Zugewinn im Wesentlichen aus einer Abfindung für materielle oder immaterielle Schadensersatzansprüche aus einem Verkehrsunfall besteht (so: Stuttg OLGR 01, 220).

17 **C. Rechtsfolge.** Sind die Voraussetzungen des § 1381 erfüllt, kann der Zugewinnausgleichsanspruch ganz entfallen oder, sofern nur die Erfüllung des vollen Anspruchs grob unbillig wäre, teilweise verweigert werden. Das ist eine Frage des Einzelfalls.

18 Die Norm begründet eine Einrede. Der Schuldner hat diejenigen Tatsachen zu beweisen, die die Unbilligkeit des Zugewinnausgleichsanspruchs begründen (BGH FamRZ 88, 593).

§ 1382 Stundung

(1) ¹Das Familiengericht stundet auf Antrag eine Ausgleichsforderung, soweit sie vom Schuldner nicht bestritten wird, wenn die sofortige Zahlung auch unter Berücksichtigung der Interessen des Gläubigers zur Unzeit erfolgen würde. ²Die sofortige Zahlung würde auch dann zur Unzeit erfolgen, wenn sie die Wohnverhältnisse oder sonstigen Lebensverhältnisse gemeinschaftlicher Kinder nachhaltig verschlechtern würde.
(2) Eine gestundete Forderung hat der Schuldner zu verzinsen.
(3) Das Familiengericht kann auf Antrag anordnen, dass der Schuldner für eine gestundete Forderung Sicherheit zu leisten hat.
(4) Über Höhe und Fälligkeit der Zinsen und über Art und Umfang der Sicherheitsleistung entscheidet das Familiengericht nach billigem Ermessen.
(5) Soweit über die Ausgleichsforderung ein Rechtsstreit anhängig wird, kann der Schuldner einen Antrag auf Stundung nur in diesem Verfahren stellen.
(6) Das Familiengericht kann eine rechtskräftige Entscheidung auf Antrag aufheben oder ändern, wenn sich die Verhältnisse nach der Entscheidung wesentlich geändert haben.

A. Allgemeines. Die Norm gibt neben § 1381 die Möglichkeit, die Folgen des Zugewinnausgleichs im Härtefall zu Gunsten des Ausgleichsschuldners zu mildern, indem iRd Erfüllung bestehende Schwierigkeiten abgefangen werden. Die Anwendung des § 1381 kommt nicht mehr in Betracht, wenn die Unbilligkeit bereits durch Stundung beseitigt werden kann (BGH NJW 70, 1600). Die Anwendung des § 242 ist auch durch § 1382 ausgeschlossen, weil auch diese Norm eine spezielle Ausprägung des Grundsatzes von Treue und Glauben ist. 1

Die durch § 1382 eingeräumten Möglichkeiten können durch Rechtsgeschäft abbedungen werden (Palandt/*Brudermüller* Rn 1), vor der Beendigung des Güterstandes aber nur in der Form des Ehevertrages, während eines auf Auflösung der Ehe gerichteten Verfahrens gem § 1378 III 2. Der völlige Ausschluss oder die Beschränkung der Stundungsmöglichkeit sind sittenwidrig (Staud/*Thiele* Rn 49; Soergel/*Lange* Rn 8). 2

Der Stundungsantrag kann jederzeit und unbefristet gestellt werden, wobei ein längerer Zeitablauf zwischen der Fälligkeit der Ausgleichsforderung und der Antragstellung aber ein Hinweis darauf ist, dass dem Schuldner die sofortige Erfüllung zumutbar ist. 3

Die Norm findet Anwendung iRd Zugewinnausgleichs nach §§ 1372 ff, des vorzeitigen Zugewinnausgleichs nach §§ 1385, 1386 und des dem Zugewinnausgleich gleichgestellten Verfahrens im Todesfall nach § 1371 II, nicht aber bei der pauschalen Erhöhung des gesetzlichen Erbteils nach § 1371 I (Palandt/*Brudermüller* Rn 1). 4

B. Stundungsvoraussetzungen. Die Stundungsentscheidung setzt eine umfassende Abwägung der Interessen des Schuldners, des Gläubigers und der Belange der gemeinsamen Kinder voraus, wobei kein Vorrang der einen oder anderen Seite besteht. Ohne Bedeutung sind in diesem Zusammenhang die Umstände, die zur Beendigung des Güterstandes geführt haben, insbes persönliche Pflichtwidrigkeiten des Schuldners. 5

I. Belange des Schuldners. Die Stundung der Ausgleichsforderung kommt ausnahmsweise nur dann in Betracht, wenn die sofortige Zahlung „zur Unzeit" erfolgen würde. Zur Ausfüllung des Begriffs kann auf § 2331 a zurückgegriffen werden, nach dem Stundung dann verlangt werden kann, wenn die sofortige Erfüllung den Schuldner ungewöhnlich hart treffen, wenn sie ihn zur Aufgabe seiner Familienwohnung oder zur Veräußerung eines Wirtschaftsguts zwingen würde, das für den Schuldner und seine Familie die Lebensgrundlage bildet. Die sofortige Zahlung soll den Schuldner nicht zu Dispositionen zwingen, die ihn ökonomisch oder persönlich über jenes Maß hinaus belasten, das mit jeder Auseinandersetzung am Ende des Güterstandes verbunden ist. 6

Die Stundung ist gerechtfertigt, wenn die besonderen Probleme des Schuldners durch die spätere Fälligkeit beseitigt oder zumindest gemildert werden können (Hamm FamRZ 81, 1065), während sie nicht in Betracht kommt, wenn die mit der Leistung bestehenden Probleme auch später bestehen würden (Palandt/*Brudermüller* Rn 2). Nicht notwendig ist, dass die Ausgleichsforderung aus den laufenden Einkünften bezahlt werden kann, da die Notwendigkeit der Vermögensverwertung eher die Regel als die Ausnahme ist. Anders beurteilt sich die Situation nur, wenn der Schuldner zu überstürzter und unwirtschaftlicher Veräußerung, zB in einer vorübergehenden Baisse, gezwungen wäre. 7

Übermäßig hart getroffen würde der Schuldner dann, wenn er ein unverfallbares Versorgungsanrecht aus einer zu seiner betrieblichen Altersversorgung abgeschlossenen Direktversicherung zu liquidieren oder sonst verwerten gezwungen wäre (BGH FamRZ 92, 411), wenn er lange krank war und krankheitsbedingt in eine atypische wirtschaftliche Situation geraten ist, in der sich die Erfüllung der Ausgleichsforderung einschneidender auswirkt als sie sich ohne Krankheit ausgewirkt hätte oder wenn ein behinderter Ausgleichsschuldner bei sofortiger Erfüllung zur Aufgabe seiner behindertengerecht ausgebauten Wohnung verpflichtet wäre. 8

Eine Stundung zu Gunsten Dritter ist ausgeschlossen, weshalb es nicht gerechtfertigt wäre, die Stundung anzuordnen, um ein Unternehmen im Interesse seiner Mitarbeiter zu erhalten (MüKo/*Koch* Rn 14). Hat der Schuldner die übermäßige Belastung selbst (mit) verursacht, kann er sich nicht auf den Schutz des § 1382 berufen (MüKo/*Koch* Rn 14). 9

II. Belange des Gläubigers. Von Bedeutung ist hier in erster Linie der sofortige Geldbedarf des Gläubigers, weshalb es einer Stundung entgegensteht, wenn der ausgleichsberechtigte Ehegatte während der Ehezeit berufliche Nachteile hingenommen hat und sich nach der Ehe mit Kapitalbedarf eine neue Existenz aufbauen muss oder wenn er im Hinblick auf hohe Zugewinnausgleichsleistungen auf nachehezeitlichen Unterhalt verzichtet hat. 10

Ohne Bedeutung sind dagegen die Umstände, die zur Beendigung des Güterstandes geführt haben, insbes persönliche Pflichtwidrigkeiten, oder das Interesse an einer sicheren Vermögensanlage. 11

III. Belange gemeinschaftlicher Kinder. Zu den Interessen der gemeinschaftlichen Kinder rechnen zB die schulischen Belange, die berührt wären, hätte die Erfüllung der Ausgleichsforderung zur Folge, dass die bisherige Wohnung zu veräußern wäre, was mit einem für das Kind schädlichen Wohnungs- und Schulwechsel einher ginge (MüKo/*Koch* Rn 13). Die Vorschrift schützt auch im Haushalt des Schuldners lebende volljährige Kinder (Palandt/*Brudermüller* Rn 3). 12

C. Verzinsung (II). Die gestundete Ausgleichsforderung hat der Schuldner zu verzinsen, wobei das Gericht den Zinssatz nach billigem Ermessen bestimmt (IV). Eine Bindung an den gesetzlichen Zinssatz besteht 13 nicht; dieser stellt aber die unterste dem Gläubiger zuzumutende Grenze dar (MüKo/*Koch* Rn 21). Die Verzinsung sollte den Sätzen des Kapitalmarktes für solche Anlagen angepasst werden, deren Laufzeit dem Zeitraum der Stundung entspricht, kann jedoch auch den speziellen Interessen des Gläubigers angepasst werden, wenn Anlage und Anlageform durch den Gläubiger feststehen.

14 **D. Sicherheitsleistung (III).** Wird die Leistung einer Sicherheit für die gestundete Forderung angeordnet, ist die Sicherheitsleistung Wirksamkeitsvoraussetzung für die Stundung, weshalb die Ausgleichsforderung nicht einredebehaftet ist, solange die Sicherheit nicht geleistet wurde (MüKo/*Koch* Rn 23). Art und Höhe der Sicherheitsleistung bestimmt das Gericht, §§ 232 ff gelten nicht (BaRoth/*Mayer* Rn 12; MüKo/*Koch* Rn 23).

15 **E. Prozessuales.** Für das Verfahren ist die Zuständigkeit des Familiengerichts gegeben (§§ 23 b I Nr 10 GVG, 621 I Nr 9 ZPO). Es unterliegt den Vorschriften des FGG (§ 621 a I ZPO). Der Antrag ist ein Verfahrensantrag, der nicht dem § 253 ZPO genügen muss, weshalb er auch als unbestimmter zulässig ist (Palandt/*Brudermüller* Rn 5). Mit der Stundungsentscheidung sind der gestundete Betrag, der Zinssatz und der Stundungszeitraum sowie ggf Stundungsmodalitäten (evtl Ratenzahlungen mit Verfallklausel) festzulegen.

16 Ist die Zugewinnausgleichsforderung zwischen den Parteien nicht (mehr) streitig, ist die Stundung in einem isolierten Verfahren (§ 53 a FGG) geltend zu machen, für das der Rechtspfleger zuständig ist, der auf Antrag des Gläubigers auch die Verpflichtung zur Zahlung aussprechen kann (§ 53 a IV FGG), selbst dann, wenn der Stundungsantrag unbegründet ist (Soergel/*Lange* Rn 15). Gegen die Entscheidung ist befristete Beschwerde gegeben (§ 621 e I ZPO).

17 Ist die Zugewinnausgleichsforderung streitig, kann der Stundungsantrag als Hilfsantrag im Rechtsstreit – ggf auch im Verbund mit der Ehescheidung (Palandt/*Brudermüller* Rn 5) – gestellt werden (V). Über die Forderung und die Stundung wird sodann einheitlich durch Urteil entschieden (§ 621 a II 1 ZPO), wobei die Stundungsentscheidung isoliert durch Beschwerde angefochten werden kann (§§ 621 a II 2, 629 a II, 621 e ZPO). Der Antrag auf Stundung einer bestrittenen Forderung kann nur während des Rechtsstreits über diese gestellt werden, es sei denn, die Verhältnisse haben sich nach der letzten mündlichen Verhandlung über die Ausgleichsforderung geändert (Palandt/*Brudermüller* Rn 5).

18 Das mit dem Stundungsantrag befasste Gericht kann einstweilige Anordnungen treffen, wenn hierfür Rechtsschutzinteresse besteht. Mit ihnen darf die Endentscheidung nicht vorweg genommen werden. Anfechtbar sind sie nur mit der Endentscheidung (§ 53 a III FGG).

19 VI gibt die Möglichkeit der Änderung der Entscheidung über die Stundung und ihre Modalitäten, wenn sich die Verhältnisse nach der Entscheidung wesentlich geändert haben. Wie im Verfahren nach § 323 ZPO können dabei nur solche Umstände berücksichtigt werden, die bei der ursprünglichen Entscheidung noch keine Berücksichtigung haben finden können, so dass eine Stundung nicht in Betracht kommt, wenn die Voraussetzungen schon während des Zugewinnausgleichsverfahrens vorlagen, aber erst nach dessen Abschluss vorgetragen werden (Nürnbg FamRZ 03, 375). Die zu berücksichtigen Umstände können sowohl in der Sphäre des Schuldners als auch des Gläubigers zu suchen sein.

§ 1383 Übertragung von Vermögensgegenständen

(1) Das Familiengericht kann auf Antrag des Gläubigers anordnen, dass der Schuldner bestimmte Gegenstände seines Vermögens dem Gläubiger unter Anrechnung auf die Ausgleichsforderung zu übertragen hat, wenn dies erforderlich ist, um eine grobe Unbilligkeit für den Gläubiger zu vermeiden, und wenn dies dem Schuldner zugemutet werden kann; in der Entscheidung ist der Betrag festzusetzen, der auf die Ausgleichsforderung angerechnet wird.
(2) Der Gläubiger muss die Gegenstände, deren Übertragung er begehrt, in dem Antrage bezeichnen.
(3) § 1382 Abs. 5 gilt entsprechend.

1 **A. Allgemeines.** Die Norm durchbricht für Ausnahmefälle den Grundsatz, dass die Zugewinnausgleichsforderung eine reine Geldforderung ist. Sie bietet wie §§ 1381, 1382 eine Möglichkeit der Billigkeitskorrektur der im Übrigen starren Ausgleichsregelungen, und zwar zu Gunsten des Gläubigers. Die Norm ist nicht abdingbar, steht aber einer ehevertraglichen Regelung zu Gunsten des Gläubigers nicht entgegen (Palandt/*Brudermüller* Rn 3). Die Übertragung von Vermögensgegenständen kann nur der Gläubiger beanspruchen, während der Schuldner auf die Hausratsverteilung, Rückabwicklung ehebedingter Zuwendungen oder Schenkungswiderruf zu verweisen ist.

2 Bei im Alleineigentum eines Ehegatten stehendem Hausrat ist § 1383 neben § 9 HausratsVO (Staud/*Thiele* Rn 33), bei Miteigentum beider Ehegatten neben § 8 HausratsVO anwendbar (Staud/*Thiele* Rn 33; MüKo/*Koch* Rn 36; aA Palandt/*Brudermüller* Rn 2; Soergel/*Lange* Rn 19).

3 **B. Bestimmte Gegenstände des Schuldnervermögens.** „Bestimmte Gegenstände" iSv § 1383 sind alle geldwerten Objekte, die Gegenstand einer rechtsgeschäftlichen Verfügung sein können, nicht dagegen Rechte, wie die Beteiligung an einer Personengesellschaft (Palandt/*Brudermüller* Rn 5) oder Anrechte an einer Kapitalle-

bensversicherung (BGH FamRZ 95, 1272). Übertragungsfähig sind auch Sachinbegriffe wie gewerbliche Unternehmen oder landwirtschaftliche Betriebe. Dasselbe gilt für einen Bruchteil am Eigentum an einer Sache, wie etwa dem Miteigentumsanteil an einer beiden Eheleuten gehörenden Immobilie.
Der Wert des zu übertragenden Gegenstandes darf den der Zugewinnausgleichsforderung einschl Zinsen nicht übersteigen und muss zum Vermögen des Schuldners gehören. 4

C. Billigkeitserwägungen und Entscheidung. Der Rechtsbegriff der groben Unbilligkeit verlangt die Anlegung eines strengen Maßstabes. Allein aus auf wirtschaftlichem Gebiet liegenden Umständen lässt sich eine grobe Unbilligkeit nur herleiten, wenn ihnen ein ganz erhebliches Gewicht beizumessen ist (Frankf FamRZ 78, 687). 5

Grobe Unbilligkeit auf Seiten des Gläubigers kann im Übrigen vorliegen, wenn sich der Gläubiger nach dem Zerfall der Familie von bestimmten Gegenständen trennen muss, die zwar im Eigentum des Schuldners stehen, zu denen er aber eine besonders enge Beziehung hat, weil sie von ihm erstellt oder benutzt worden sind, oder weil sie aus seiner Familie stammen und mit deren Tradition eng verbunden sind. Maßgeblich ist dann das Affektionsinteresse (Hamm FamRZ 78, 687). Grobe Unbilligkeit kann ferner dann vorliegen, wenn der Gläubiger eine Abwicklung der Ausgleichsforderung ganz oder zum Teil in Sachwerten vorzieht, um einen langwierigen Geldtransfer zu vermeiden, der angesichts der Vermögenslage des Schuldners möglicherweise erhebliche Risiken in sich birgt (Staud/*Thiele* Rn 6). 6

Daneben muss die Übertragung von Vermögensgegenständen dem Schuldner zumutbar sein. Das ist insbes dann nicht der Fall, wenn der Schuldner die Gegenstände selbst nicht entbehren kann oder wenn er seinerseits ein besonderes Affektionsinteresse an ihnen hat. Je dringlicher im Übrigen das Interesse des Gläubigers an den Vermögensgegenständen ist, desto höher sind die Anforderungen an die Feststellung der Unzumutbarkeit für den Schuldner (Staud/*Thiele* Rn 8). 7

Nach rechtskräftiger Anordnung der Übertragung besteht die Geldforderung in Höhe des anzurechnenden Betrages nicht mehr. Treten iRd danach geänderten Schuldverhältnisses Störungen ein, ergeben sich die Folgen hieraus aus den allgemeinen Vorschriften über Leistungsmängel. Für Sach- und Rechtsmängel haftet der Schuldner entspr § 365 nach den Vorschriften über das Kaufrecht (MüKo/*Koch* Rn 33). 8

In der Entscheidung ist von Amts wegen der Betrag festzusetzen, der auf die Ausgleichsforderung angerechnet wird. Maßgeblich ist der Verkehrswert zum Zeitpunkt der Entscheidung, nicht der Beendigung des Güterstandes (Staud/*Thiele* Rn 25). 9

D. Prozessuales. Wegen des Verfahrens kann auf die Ausführungen zu § 1382 verwiesen werden, wobei der Gläubiger im Antrag die Gegenstände, deren Übertragung er begehrt, bestimmt bezeichnen muss (BGH FamRZ 90, 1219), nicht deren Wert. 10

§ 1384 Berechnungszeitpunkt bei Scheidung

Wird die Ehe geschieden, so tritt für die Berechnung des Zugewinns an die Stelle der Beendigung des Güterstandes der Zeitpunkt der Rechtshängigkeit des Scheidungsantrages.

A. Allgemeines. Der Güterstand der Zugewinngemeinschaft endet mit dem Tod eines der Ehegatten, mit der Aufhebung (§ 1313) oder Scheidung der Ehe (§ 1564), bei vorzeitigem Zugewinnausgleich (§ 1388) oder mit der wirksamen Vereinbarung eines anderen oder Ausschluss des gesetzlichen Güterstandes (§§ 1408I, 1414). Für den Fall der Beendigung des Güterstandes durch Scheidung der Ehe wird der Zeitpunkt der Beendigung des Güterstandes nur für die Berechnung des Endvermögens auf den der Rechtshängigkeit des Scheidungsantrages vorgelagert. 1

Mit der Norm soll der Gefahr begegnet werden, dass ein Ehegatte sein Vermögen zum Nachteil des anderen zu verringern sucht. Möglichen Manipulationen soll vorgebeugt werden (BGH FamRZ 87, 353). Daneben soll dem Umstand Rechnung getragen werden, dass nach der Rechtshängigkeit des Scheidungsantrages kein vernünftiger Grund mehr besteht, den anderen Ehegatten an Vermögensänderungen teilhaben zu lassen (Palandt/*Brudermüller* Rn 1). 2

Die Norm ist dispositiv. Sie kann in den Grenzen des § 138 durch Ehevertrag abbedungen werden (Staud/*Thiele* Rn 14). Sie gilt unmittelbar nur für die Ehescheidung, doch steht der Antrag auf Eheaufhebung dem der Scheidung gleich (§ 1318 III). Nicht anwendbar ist sie auf den Fall der Beendigung der Ehe durch den Tod eines Ehegatten (§ 1371) und für den Zeitpunkt der Bewertung des Gesamtgutes im Fall der Auseinandersetzung der Gütergemeinschaft (BGH FamRZ 84, 254). War zum Zeitpunkt des Todes eines Ehegatten zwischen ihnen ein Scheidungsantrag oder eine Aufhebungsklage rechtshängig, gilt § 1384 auch für die güterrechtliche Lösung nach § 1371 II (BGH FuR 04, 425; FamRZ 87, 353). 3

B. Rechtshängigkeit des Scheidungsantrages. Die Rechtshängigkeit tritt mit der Erhebung der Klage ein (§ 261 I ZPO), die durch die Zustellung der Klageschrift erfolgt (§ 253 I ZPO). Dem steht die Geltendmachung des Anspruchs in der mündlichen Verhandlung gleich (§ 261 II ZPO), zB dann, wenn der Scheidungs- 4 antrag nicht zugestellt wird (BGH NJW 72, 1373). Der Zugang einer Abschrift eines Gesuchs auf Bewilligung von Prozesskostenhilfe begründet die Rechtshängigkeit nicht.

5 Dieser Grundsatz gilt auch bei längerem Ruhen des Verfahrens, zB wegen zwischenzeitlicher Aussöhnung (BGH FamRZ 83, 350, 4 Jahre; Hamm FamRZ 92, 1180, 9 Jahre; FamRZ 80, 1637, 5 Jahre) und erneutem Zusammenleben (BGH FamRZ 83, 350; aA Karlsr FamRZ 80, 1119) und auch im Fall der Aussetzung des Verfahrens (Staud/*Thiele* Rn 4). Nur dann, wenn der Ehegatte, zu dessen Nachteil sich die Berechnung des Endvermögens nach dem genannten Stichtag auswirkt, nicht die Möglichkeit einer Klagerücknahme gehabt hätte, erscheint es angemessen, ausnahmsweise auf die Stellung des neuen Scheidungsantrages abzustellen, (Brem FamRZ 98, 1516).

6 Maßgeblich ist aber nur der Antrag, der schl zur Scheidung führt, weshalb ein bereits erledigter Antrag in einer Ehesache auch dann belanglos ist, wenn die eheliche Lebensgemeinschaft nach dem neuen, schl zur Scheidung führenden Antrag nicht wieder aufgenommen wurde (BGH FamRZ 79, 905; Kobl FamRZ 81, 260). Haben beide Ehegatten die Scheidung beantragt, ist auf den früher gestellten Antrag abzustellen, auch dann, wenn die Ehe nur auf den anderen geschieden wurde (BGHZ 46, 251). Der Zeitpunkt der Rechtshängigkeit bleibt auch maßgeblich, wenn das Zugewinnausgleichsverfahren gem § 626 II ZPO als Verfahren auf vorzeitigen Zugewinnausgleich fortgeführt wird (Bambg FamRZ 97, 91).

7 Folge der Vorverlagerung des Berechnungszeitpunktes ist, dass danach eintretende Vermögensänderungen ohne Bedeutung sind. Vermögensminderungen führen nicht mehr zur Hinzurechnung nach § 1375 II, Vermögenszuwendungen nicht mehr zur Anrechnung nach § 1380. Mit der Rechtshängigkeit besteht der Anspruch auf Auskunft über das vorhandene Endvermögen (§ 1379 II). Weiter kann schl auf Sicherheitsleistung geklagt werden (§§ 1389, 1390 IV).

8 **C. Prozessuales.** Beruft sich ein Ehegatte auf die Vereinbarung eines abweichenden Stichtages, hat er hierfür die Darlegungs- und Beweislast (Palandt/*Brudermüller* Rn 10).

Vorbemerkungen vor §§ 1385 bis 1388

1 **A. Allgemeines.** Die §§ 1385–1388 geben den Ehegatten die Möglichkeit, das Dauerrechtsverhältnis der Zugewinngemeinschaft einseitig zu beenden, ohne zugleich die Scheidung der Ehe betreiben zu müssen. Sie tragen dem Umstand Rechnung, dass es Situationen gibt, in denen es unzumutbar erscheint, am gesetzlichen Güterstand festzuhalten. Die vom Gesetzgeber für erheblich gehaltenen Gründe sind in den Tatbeständen der §§ 1385, 1386 I abschließend genannt. Eine analoge Anwendung etwa auf den Fall des Vermögensverlustes durch einen Ehegatten oder Eintritt dessen Geschäftsunfähigkeit kommt nicht in Betracht. Auch die Androhung des ausgleichspflichtigen Ehegatten, er werde dafür sorgen, dass der andere kein Geld bekomme, rechtfertigen den vorzeitigen Zugewinnausgleich nicht (Hamm FamRZ 00, 228).

2 Das Recht auf vorzeitigen Ausgleich des Zugewinns kann nicht durch Ehevertrag ausgeschlossen oder beschränkt werden. Zulässig ist aber die Vereinbarung der Erweiterung der Möglichkeiten vorzeitigen Zugewinnausgleichs (Palandt/*Brudermüller* § 1386 Rn 2).

3 **B. Prozessuales.** Ziel der Geltendmachung eines Anspruchs aus §§ 1385, 1386 ist nicht die Verurteilung zu einer Zahlung, sondern die Beendigung des Güterstandes und damit Eintritt der Gütertrennung durch Richterspruch. Zulässig ist es aber, die Gestaltungsklage mit einer Zahlungsklage, ggf auch in Form der Stufenklage (Celle FamRZ 83, 171; Schlesw SchlHA 75, 104) oder der Auskunftsklage (KG FamRZ 05, 805) zu verbinden.

4 Der Klage fehlt nicht das Rechtsschutzinteresse, wenn der beklagte Ehegatte schon vor Klageerhebung bereit war, Gütertrennung zu vereinbaren und einen dem § 1387 entspr Stichtag festzulegen. Der Ehegatte kann der Klage ggf durch sofortiges Anerkenntnis begegnen (Palandt/*Brudermüller* § 1386 Rn 8; aA MüKo/*Koch* § 1386 Rn 32; Staud/*Thiele* § 1386 Rn 17). Zulässig ist eine Widerklage des anderen Ehegatten, wenn etwa der Klage nach § 1385 mit einer solchen nach § 1386 begegnet wird, nicht aber, wenn Klage und Widerklage auf denselben Sachverhalt gestützt werden (Staud/*Thiele* § 1386 Rn 19; BaRoth/*Mayer* § 1386 Rn 3; MüKo/*Koch* § 1386 Rn 33).

5 Mit der Rechtskraft des Gestaltungsurteils tritt Gütertrennung ein (§ 1388). Außerdem entsteht die Zugewinnausgleichsforderung (§ 1378 III), wobei diese ggf auch der Höhe nach begrenzt ist (§ 1378 II).

6 Funktionell zuständig für das Verfahren ist das Familiengericht (§§ 23 b I Nr. 9 GVG, 621 I Nr. 8 ZPO). Das Verfahren ist nicht Scheidungsfolgesache und kann auch nicht mit einer Ehesache verbunden werden (KG FamRZ 01, 166). Wird eine als Folgesache erhobene Zugewinnausgleichsklage in zulässiger Weise in eine solche auf vorzeitigen Zugewinnausgleich geändert, führt dies zur Aufhebung des Verbundes insoweit, ohne dass es einer Rücknahme der Zugewinnausgleichsklage bedürfte (Ddorf FamRZ 03, 388; 02, 1572). Wird während des laufenden Verfahren nach §§ 1385 ff die Ehe rechtskräftig aufgelöst, ist es in der Hauptsache erledigt (Ddorf aaO).

Zulässig ist es, die Klage auf vorzeitigen Ausgleich des Zugewinns mit einer solchen auf Erteilung der Auskunft über das Endvermögen zu verbinden (Celle FamRZ 00, 1369). In diesem Fall darf über die Stufenklage erst befunden werden, wenn zuvor rechtskräftig über die Klage nach §§ 1385 ff entschieden ist (Celle FamRZ 83, 171). 7

§ 1385 Vorzeitiger Zugewinnausgleich bei Getrenntleben

Leben die Ehegatten seit mindestens drei Jahren getrennt, so kann jeder von ihnen auf vorzeitigen Ausgleich des Zugewinns klagen.

§ 1385 bildet einen von insgesamt 5 Fällen, in denen der vorzeitige Ausgleich des Zugewinns möglich ist. Voraussetzung ist, dass die Eheleute seit mindestens drei Jahren voneinander getrennt leben. Danach wird das Scheitern der Ehe ohnehin unwiderlegbar vermutet (§ 1566 II). 1

Wegen des Begriffs der Trennung wird auf § 1567 verwiesen. 2

Die Dreijahresfrist muss spätestens im Zeitpunkt der letzten mündlichen Verhandlung über den Antrag auf vorzeitigen Zugewinnausgleich abgelaufen sein, wobei die Trennung drei Jahre ununterbrochen angedauert haben muss. Haben die Eheleute im Verlauf der Frist wieder zusammengelebt, unterbricht oder hemmt dies den Fristablauf dann nicht, wenn die Voraussetzungen des § 1567 II erfüllt sind. 3

Unerheblich ist, ob ein Ehegatte die Trennung schuldhaft herbeigeführt hat. Auch dann, wenn die Trennung durch schuldhafte schwere Eheverfehlungen des klagenden Ehegatten herbeigeführt worden ist, kann dieser nach Fristablauf Klage auf vorzeitigen Zugewinnausgleich erheben (Staud/*Thiele* Rn 12). 4

§ 1386 Vorzeitiger Zugewinnausgleich in sonstigen Fällen

(1) Ein Ehegatte kann auf vorzeitigen Ausgleich des Zugewinns klagen, wenn der andere Ehegatte längere Zeit hindurch die wirtschaftlichen Verpflichtungen, die sich aus dem ehelichen Verhältnis ergeben, schuldhaft nicht erfüllt hat und anzunehmen ist, dass er sie auch in Zukunft nicht erfüllen wird.

(2) Ein Ehegatte kann auf vorzeitigen Ausgleich des Zugewinns klagen, wenn der andere Ehegatte
1. ein Rechtsgeschäft der in § 1365 bezeichneten Art ohne die erforderliche Zustimmung vorgenommen hat oder
2. sein Vermögen durch eine der in § 1375 bezeichneten Handlungen vermindert hat

und eine erhebliche Gefährdung der künftigen Ausgleichsforderung zu besorgen ist.

(3) Ein Ehegatte kann auf vorzeitigen Ausgleich des Zugewinns klagen, wenn der andere Ehegatte sich ohne ausreichenden Grund beharrlich weigert, ihn über den Bestand seines Vermögens zu unterrichten.

A. Die Tatbestände des § 1386. I. Schuldhafte Nichterfüllung der sich aus dem ehelichen Verhältnis ergebenden wirtschaftlichen Verpflichtungen (I). Zu den sich aus dem ehelichen Verhältnis ergebenden Verpflichtungen zählen in erster Linie die Unterhaltspflicht (§ 1360), die Pflicht zur Besorgung des ehelichen Haushalts iRd zwischen den Ehegatten getroffenen einvernehmlichen Regelung (§ 1356 I) sowie die aus § 1353 abgeleiteten Pflichten wirtschaftlichen Inhalts. Mit der Verletzung persönlicher Ehepflichten kann die Klage auf vorzeitigen Zugewinnausgleich nicht begründet werden. 1

Die Nichterfüllung umfasst jedes Tun oder Unterlassen, wozu auch die nur unregelmäßige, unvollständige oder grundlos verzögerte Pflichterfüllung rechnet (Staud/*Thiele* Rn 5). Das Unterlassen muss über längere Zeit angedauert haben, wobei für die Bemessung des Zeitraums die Dauer der Ehe einerseits und die Schwere der Pflichtverletzung, die schuldhaft iRd Verschuldensmaßstabs der § 1359 gewesen sein muss (Palandt/*Brudermüller* Rn 4), andererseits zu berücksichtigen sind. 2

Anhand der Umstände des Einzelfalls ist festzustellen, ob die ökonomischen Pflichten auch in Zukunft nicht erfüllt werden. Bei der somit erforderlichen Prognose sind zu berücksichtigen Art und Umfang, Dauer und Schwere der bisherigen Pflichtwidrigkeiten sowie die subjektive Einstellung des Ehegatten. Unerheblich ist, ob das schuldhafte Tun oder Unterlassen bereits Einfluss auf den Zugewinn gehabt hat. 3

II. Gefährdungstatbestände des II. Die Tatbestände des II beruhen auf der Gefährdung des zukünftigen Ausgleichsanspruchs als Folge der in der Norm genannten Verhaltensweisen. 4

Gemeinsames Tatbestandsmerkmal des II ist es, dass als Folge der Verfügungen oder vermögensmindernden Handlungen eine erhebliche Gefährdung der künftigen Zugewinnausgleichsforderung zu besorgen ist. Für diese Annahme ist es ausreichend, dass die nahe liegende Möglichkeit einer Beeinträchtigung des Zugewinnausgleichsanspruchs in Entstehung, Umfang oder Durchsetzung besteht. 5

Im Fall des Gesamtvermögensgeschäfts ist dies dann zu bejahen, wenn nicht sicher ist, ob das Geschäft in vollem Umfang rückgängig zu machen oder wenn nicht klar ist, ob der Ehegatte zur Revokation bereit oder in der Lage ist. Bei illoyalen Vermögensminderungen folgt die Gefährdung des Zugewinnausgleichsanspruchs 6 insbes aus der Möglichkeit des Ausgleichsschuldners, sich auf die Begrenzung des Anspruchs nach § 1378 II zu berufen.

7 Stets muss die Gefahr real sein, wobei maßgeblich der Zeitpunkt der letzten mündlichen Verhandlung in der Tatsacheninstanz ist (Frankf FamRZ 84, 895).

8 Anwendung findet die Norm nur dann wenn die Interessen des Ausgleichsgläubigers berührt sind, nicht auch dann, wenn der künftige Schuldner eine unbillige Benachteiligung verhindern möchte (Palandt/*Brudermüller* Rn 5; Soergel/*Lange* Rn 16; BaRoth/*Mayer* Rn 5; aA Staud/*Thiele* Rn 15).

9 **1. Vornahme eines Rechtsgeschäftes der in § 1365 bezeichneten Art ohne Zustimmung (II Nr 1).** Wegen des Begriffs des Gesamtvermögensgeschäfts wird auf § 1365 und die dortigen Erläuterungen verwiesen. Der Zustimmung des Ehegatten hierzu steht deren Ersetzung durch richterliche Entscheidung nach § 1365 II gleich, weshalb die Klage auf vorzeitigen Zugewinnausgleich gem § 148 ZPO auszusetzen ist, wenn der verfügende Ehegatte einen Antrag nach § 1365 II gestellt hat (Staud/*Thiele* Rn 11). Dass die Zustimmung noch ersetzt werden kann, steht der Zulässigkeit der Klage nach § 1386 aber nicht entgegen (Staud/*Thiele* Rn 11). Ohne Belang ist, ob der verfügende Ehegatte schuldhaft gehandelt hat.

10 **2. Vermögensminderung (II Nr 2).** Vermindert ein Ehegatte sein Vermögen durch illoyale Handlungen iSv § 1375 II, so kann auch dies das Recht zum vorzeitigen Zugewinnausgleich begründen. Wegen des Begriffs der Vermögensminderung wird auf § 1375 II und die Erläuterungen dazu verwiesen. Ein vorzeitiger Zugewinnausgleich kommt aber nicht in Betracht, wenn der klagende Ehegatte mit der Vermögensminderung einverstanden war oder wenn diese mehr als 10 Jahre zurückliegt, § 1375 III (Staud/*Thiele* Rn 12; Palandt/*Brudermüller* Rn 5). Sonstige Vermögensminderungen, die lediglich die Gefahr einer Kürzung der Ausgleichsforderung nach sich ziehen, begründen für sich noch nicht die Klage auf vorzeitigen Zugewinnausgleich (Frankf FamRZ 84, 895).

11 **III. Weigerung, Auskunft zu erteilen (III).** Das eheliche Güterrecht verpflichtet die Ehegatten nur iRd § 1379, einander Auskunft über den Bestand des eigenen Vermögens zu erteilen, somit erst nach Beendigung des Güterstandes und nur bezogen auf die jeweiligen Stichtage (§§ 1384, 1387). Unabhängig vom Güterstand folgt aus § 1353, sog. Verpflichtung zur wechselseitigen Information aber aus § 1353, sog. Unterrichtungsanspruch (BGH FamRZ 78, 677; 76, 516; Karlsr FamRZ 03, 86, Hamm FamRZ 00, 228; vgl im Übrigen § 1379 Rn 14). Diese Information wird nur auf Verlangen geschuldet und geht auch nur dahin, einen Überblick über wesentliche Bestandteile des Vermögens und ihren Wert in groben Rastern zu vermitteln, ohne dass Angaben im Einzelnen oder gar Nachweise geschuldet würden (Hamm FamRZ 00, 228; Celle FamRZ 83, 171).

12 Verweigert ein Ehegatte die geforderten Informationen ohne ausreichenden Grund beharrlich, eröffnet dies nach III die Möglichkeit zur Klage auf vorzeitigen Zugewinnausgleich. Eine beharrliche Weigerung wird regelmäßig erst nach wiederholtem fruchtlosen Verlangen oder dann angenommen werden können, wenn der Schuldner sich bereits nach dem ersten Auskunftsverlangen mit besonderer Intensität gegen die Auskunftsverpflichtung wehrt. Beides begründet den nicht zu widerlegenden Verdacht, dass der auskunftsberechtigte Ehegatte an Vermögenszuwächsen nicht beteiligt werden soll (Celle FamRZ 00, 1369; vgl *Weinreich* FuR 04, 65).

13 Weitere Voraussetzung des III ist die Verweigerung der geschuldeten Information ohne ausreichenden Grund. Ein ausreichender Grund zur Verweigerung liegt etwa dann vor, wenn ein Anspruch auf Unterrichtung nach dem endgültigen Scheitern der Ehe nicht mehr besteht, § 1353 II (Karlsr FuR 03, 86), wenn zu befürchten ist, dass der informationsberechtigte Ehegatte die ihm mitgeteilten vertraulichen Daten nicht entspr behandeln würde, oder wenn sonst die reale Gefahr des Missbrauchs der mitgeteilten Daten gegeben ist (BaRoth/*Mayer* Rn 6).

14 Ebenso wie nach I ist auch nach III nicht erforderlich, dass die Ausgleichsforderung gefährdet ist.

§ 1387 Berechnungszeitpunkt bei vorzeitigem Ausgleich

Wird auf vorzeitigen Ausgleich des Zugewinns erkannt, so tritt für die Berechnung des Zugewinns an die Stelle der Beendigung des Güterstandes der Zeitpunkt, in dem die Klage auf vorzeitigen Ausgleich erhoben ist.

1 Die Norm beinhaltet eine parallele Regelung zu § 1384 für den Fall einer Klage auf vorzeitigen Zugewinnausgleich. Wie dort wird der Berechnungszeitpunkt von der Beendigung des Güterstandes vorverlagert auf den der Rechtshängigkeit der Klage auf vorzeitigen Zugewinnausgleich. Sie hat wie § 1384 Bedeutung nur für den Berechnungszeitpunkt, während wegen aller anderen an die vorzeitige Beendigung anknüpfenden Folgen auf die Beendigung des Güterstandes mit Eintritt der Rechtskraft der Entscheidung abzustellen ist.

2 Die Norm ist wie § 1384 dispositiv (Palandt/*Brudermüller* Rn 2), jedoch haben die Parteien während des bestehenden Güterstandes die Form des Ehevertrages zu wahren. Wer eine von § 1387 abweichende Regelung behauptet, hat diese auch zu beweisen (Palandt/*Brudermüller* Rn 6).

3 Zu Einzelheiten wird auf die Ausführungen zu § 1384 verwiesen. Konkurrieren Klage auf vorzeitigen Zugewinnausgleich und Ehescheidungsantrag miteinander, ist derjenige Zeitpunkt maßgeblich, zu dem die Zustel-

lung des jeweils ersten Antrages erfolgt ist, sofern über die damit rechtshängig gewordene Sache positiv entschieden wird oder worden wäre (Hamm FamRZ 82, 609).

Stirbt ein Ehegatte während des laufenden Verfahrens, ist der Rechtsstreit in der Hauptsache erledigt. Der 4 Güterstand endet dann durch den Tod des Ehegatten. Trotzdem ist § 1387 analog anzuwenden, wenn der überlebende Ehegatte und die Erben des verstorbenen den Zugewinnausgleich gem § 1371 II durchführen, sofern die Klage auf vorzeitigen Zugewinnausgleich fiktiv erfolgreich gewesen wäre (Staud/*Thiele* Rn 6; BaRoth/*Mayer* Rn 2).

Endet der Rechtsstreit durch Vergleich, indem die Ehegatten für die Zukunft zur Gütertrennung übergehen, 5 ist – vorbehaltlich einer abweichenden Vereinbarung – ebenfalls auf den Tag der Rechtshängigkeit der Klage abzustellen, da der Normzweck an den Rechtsstreit anknüpft, nicht an die mehr zufällige Art der Erledigung (Palandt/*Brudermüller* Rn 6).

§ 1388 Eintritt der Gütertrennung

Mit der Rechtskraft des Urteils, durch das auf vorzeitigen Ausgleich des Zugewinns erkannt ist, tritt Gütertrennung ein.

A. Allgemeines. Mit der Rechtskraft der gestaltenden Entscheidung über die Klage auf vorzeitigen Zuge- 1 winnausgleich endet der gesetzliche Güterstand der Zugewinngemeinschaft und es tritt Gütertrennung ein. Die Regelung ist verfassungskonform (KG FamRZ 95, 152). Kommt es nach der Rechtskraft der Entscheidung zu einer Aussöhnung der Eheleute, ist die Fortsetzung der Zugewinngemeinschaft nur als Folge eines Ehevertrages möglich.

Eine einstweilige Verfügung mit dem Inhalt des § 1388 ist unzulässig, da es der Norm an der Vollstreckbarkeit 2 fehlt und die Verfügung die Gestaltungswirkung des Urteils vorwegnehmen würde sowie in ihren Wirkungen nicht mehr rückgängig zu machen wäre (Staud/*Thiele* Rn 6; Palandt/*Brudermüller* Rn 5). Möglichkeiten zum Schutz der Eheleute vor unlauteren Vermögensminderungen sind durch § 1389 und dem mit dieser Norm eröffneten Mittel des einstweiligen Rechtsschutzes gegeben.

B. Tatbestand und Rechtsfolge. Das auf die Klage auf vorzeitigen Zugewinnausgleich ergehende Urteil ist 3 Gestaltungsurteil, das güterstandsändernde Wirkung hat. Endet der Rechtsstreit durch Vergleich, tritt Gütertrennung nur ein, wenn sie formgerecht vereinbart ist.

Mit der Rechtskraft des Urteils enden auch die erbrechtlichen Wirkungen des § 1371. Der nach der Rechts- 4 kraft erwirtschaftete Gewinn unterfällt nicht mehr dem Zugewinnausgleich. Andererseits entsteht die Zugewinnausgleichsforderung (§ 1378 II 1), die aber gesondert geltend gemacht werden muss.

Da in den §§ 1385 ff eine den §§ 1449 II, 1470 II entspr Vorschrift zur Wirkung der Entscheidung ggü Dritten 5 fehlt, ist § 1412 nicht anwendbar (hM: Staud/*Thiele* Rn 10; Soergel/*Lange* Rn 7; Palandt/*Brudermüller* Rn 4). Etwas anderes gilt, wenn das Verfahren durch Vergleich endet; dann ist § 1412 unmittelbar anwendbar. Die Möglichkeit der Eintragung der Gütertrennung ins Güterrechtsregister besteht jedoch stets (BGH NJW 76, 1258).

§ 1389 Sicherheitsleistung

Ist die Klage auf vorzeitigen Ausgleich des Zugewinns erhoben oder der Antrag auf Scheidung oder Aufhebung der Ehe gestellt, so kann ein Ehegatte Sicherheitsleistung verlangen, wenn wegen des Verhaltens des anderen Ehegatten zu besorgen ist, dass seine Rechte auf den künftigen Ausgleich des Zugewinns erheblich gefährdet werden.

A. Allgemeines. Solange ein Verfahren auf Ehescheidung oder Aufhebung der Ehe nicht eingeleitet ist, 1 besteht außerhalb des Rd §§ 1365 ff keine Möglichkeit, die künftige Forderung auf Ausgleich des Zugewinns vor Manipulationen oder Vermögensminderungen zu schützen (zu praktischen Schutzmaßnahmen:*Derleder* FuR 94, 164). Selbst Verschwendungen können nicht verhindert werden. § 1375 II bietet ebenfalls nur unzureichenden Schutz, da eine Hinzurechnung zum Endvermögen auch nur bis zur Höhe des bei Beendigung des Güterstandes tatsächlich noch vorhandenen Vermögens möglich ist (§ 1378 II).

Für die Zeit ab Rechtshängigkeit des Antrages auf Ehescheidung bzw der Klage auf Aufhebung der Ehe oder 2 vorzeitigen Ausgleich des Zugewinns stellt § 1389 ein Sicherungsinstrument für den Fall zur Verfügung, dass das Verhalten des Ehegatten eine Gefährdung des Rechts auf künftigen Zugewinnausgleich besorgen lässt. Der Anspruch auf Sicherheitsleistung entsteht frühestens mit Beginn des Rechtsstreits und endet mit dem Güterstand. Nach Rechtskraft der den Güterstand beendenden Entscheidung kann die nunmehr entstandene Geldforderung ggf durch Arrest (§ 916 ZPO) gesichert werden.

Der Schuldner der Sicherheitsleistung kann dem Anspruch des Gläubigers wegen eigener Ansprüche aus dem 3 ehelichen Lebensverhältnis ein Zurückbehaltungsrecht entgegenhalten, da die Stellung des Sicherungsgläubigers nicht stärker sein kann als die des Gläubigers der eigentlichen Ausgleichsforderung (Palandt/*Brudermüller* Rn 2).

4   § 1389 ist nicht abdingbar, da sich niemand seines Schutzes gegen absichtliche Benachteiligungen entäußern kann. Zulässig sind aber Vereinbarungen über einen bereits entstandenen Anspruch auf Sicherheitsleistung.
5   Die Norm zu kennen, gehört zu den anwaltlichen Sorgfaltspflichten (Hamm FamRZ 03, 758; 92, 430).
6   **B. Tatbestandsvoraussetzungen. I. Rechtshängigkeit der Klage.** Rechtshängigkeit tritt mit der Erhebung der Klage durch Zustellung der Klageschrift (§§ 261 I, 253 I ZPO) oder Geltendmachung des Anspruchs in der mündlichen Verhandlung ein (§ 261 II ZPO). Ausreichend ist es, die Klage auf Sicherheitsleistung zeitgleich mit dem Ehescheidungsantrag oder der Klage auf vorzeitigen Zugewinnausgleich rechtshängig werden zu lassen (Soergel/*Lange* Rn 5; Staud/*Thiele* Rn 8). Nicht erforderlich ist Erfolgsaussicht des auf Beendigung des Güterstandes gerichteten Verfahrens, solange es nur nicht evident aussichtslos ist (Karlsr FamRZ 99, 663).
7   Der Anspruch besteht nur während der Dauer des Verfahrens, das zur Beendigung des Güterstandes führt. Wird der Antrag in jenem Verfahren zurückgenommen oder abgewiesen, kann eine Sicherheitsleistung ebensowenig gefordert werden wie nach Rechtskraft der Scheidung. Jetzt kommt allenfalls eine Sicherung des Zugewinnausgleichsanspruchs als solchem in Betracht (Celle NJW-RR 03, 1661).
8   **II. Bestehen der zukünftigen Ausgleichsforderung.** Antragsberechtigt ist nur der Gläubiger der späteren Ausgleichsforderung, gleich, ob er auch in dem auf die Beendigung des Güterstandes gerichteten Verfahren Kläger oder Antragsteller ist (Palandt/*Brudermüller* Rn 1). Die Interessen des ausgleichspflichtigen Ehegatten werden dagegen durch § 1375 II sowie §§ 1384, 1387 gewahrt (Staud/*Thiele* Rn 3).
9   Das Bestehen der voraussichtlichen Ausgleichsforderung hat der Ehegatte darzulegen und zu beweisen, der die Sicherheitsleistung beansprucht. Dabei dürfen keine zu hohen Anforderungen gestellt werden, zumal der Ehegatte nach der Trennung keinen Einblick mehr in das Vermögen des anderen hat und ein Auskunftsanspruch nach § 1379 noch nicht durchgesetzt sein muss. Ausreichend ist deshalb Vortrag zu den maßgeblichen Stichtagen und dahingehend, dass das Bestehen und die Höhe des Ausgleichsanspruchs wahrscheinlich scheinen (Ddorf FamRZ 91, 351; Köln FamRZ 83, 709). Bietet die Zugewinnausgleichsklage keine Erfolgsaussicht, besteht auch kein Anspruch auf Sicherheitsleistung (Karlsr FamRZ 99, 663). Dem Schuldner steht es frei, den Klagevortrag durch Offenbarung seiner Vermögensverhältnisse zu widerlegen oder Gründe vorzutragen, die nach § 1381 zum Ausschluss oder zur Minderung der Ausgleichsforderung führen (Staud/*Thiele* Rn 17).
10 **III. Besorgnis der erheblichen Gefährdung der künftigen Ausgleichsforderung.** Für die anzustellende Prognose ist es ausreichend, dass ein objektiver Beobachter unter Berücksichtigung aller Umstände des Falles, insbes des bisherigen Verhaltens des Schuldners, zu der Prognose gelangt, dass ein erhebliches Misstrauen gerechtfertigt ist. Schuldhaftes Verhalten des Ehegatten ist ebenso wenig erforderlich wie Benachteiligungsabsicht. Es genügt ein auf Unerfahrenheit oder Ungeeignetheit beruhendes Verhalten.
11 Allein das Bestehen einer neuen Lebensgemeinschaft begründet die Besorgnis jedenfalls so lange nicht, wie nicht bereits unentgeltliche Zuwendungen an den neuen Partner erfolgt sind (MüKo/*Koch* Rn 10; Palandt/*Brudermüller* Rn 4; aA Soergel/*Lange* Rn 6). In der Regel reichen aus die Verschleierung von Teilen des Vermögens (Frankf FamRZ 96, 747), wissentlich falsche Auskunft über das Endvermögen (Frankf FamRZ 96, 747), Inhaftierung des Zugewinnausgleichsschuldners (BaRoth/*Mayer* Rn 4), arglistige Täuschung beim Ehevertrag (Ddorf FamRZ 91, 2038), Vorbereitung des Verkaufs eines Grundstücks, das wesentlicher Bestandteil des Endvermögens ist (Köln FamRZ 83, 709). Erfüllt der Schuldner die Tatbestände des § 1386 II, ist die Besorgnis stets gerechtfertigt, erfüllt er den des § 1386 III, ist in der Regel von der Besorgnis der Gefährdung auszugehen. Die übrigen, einen vorzeitigen Zugewinnausgleich begründenden Tatbestände rechtfertigen die Besorgnis für sich dagegen nicht. Eine Gefährdung des Ausgleichsanspruchs aus anderen, nicht auf dem Verhalten des Schuldners beruhenden Umständen bleibt unberücksichtigt.
12 Die Besorgnis muss erheblich sein, wobei sich die Erheblichkeit sowohl auf den Grad der Gefährlichkeit als auch das bei Verwirklichung der Gefahr zu besorgende Ausmaß der Benachteiligung des Gläubigers bezieht (Soergel/*Lange* Rn 6).
13 **C. Rechtsfolge: Sicherheitsleistung.** Der Schuldner hat gem § 232 die Wahl unter den dort genannten Arten von Sicherheitsleistung, also zwischen Hinterlegung von Geld oder Wertpapieren, Verpfändung von Forderungen, Hypotheken oder Grundschulden und beweglicher Sachen oder der Bestellung von Hypotheken. Wegen der Einzelheiten wird auf §§ 232 ff verwiesen. § 1382 IV, nach dem im Fall der Stundung der Zugewinnausgleichsforderung eine Sicherheit nach billigem Ermessen des Familiengerichts bestimmt werden kann, gilt hier nicht. Die Klage ist deshalb nur auf Sicherheit in bestimmter Höhe, nicht auf eine bestimmte Sicherheit zu richten.
14 Die Höhe der Sicherheit bestimmt sich in erster Linie nach dem Ausmaß der Gefährdung der zu sichernden vermutlichen Ausgleichsforderung (Celle FamRZ 84, 1231; MüKo/*Koch* Rn 14; BaRoth/*Mayer* Rn 6; aA Köln FamRZ 83, 709 das auf die Höhe der Forderung abstellt; Palandt/*Brudermüller* Rn 6 für den Höhe der Forderung und Gefährdung maßgeblich sind), wobei die Höhe der Ausgleichsforderung die Obergrenze der zu leistenden Sicherheit bildet (Celle FamRZ 84, 1231; Staud/*Thiele* Rn 17). Da verlässliche Daten in diesem frühen Verfahrensstadium kaum vorliegen, ist umfassend von der Möglichkeit des § 287 ZPO Gebrauch zu machen. Hat der Gläubiger der Zugewinnausgleichsforderung bereits Gegenstände des Schuldners in seinem

Besitz, entfällt das Sicherungsbedürfnis nicht, weil bloßer Besitz kein Verwertungsrecht bietet (MüKo/*Koch* Rn 14; Staud/*Thiele* Rn 18; Palandt/*Brudermüller* Rn 6; aA Hburg NJW 64, 1076).
Wird eine geleistete Sicherheit im nachhinein auch ohne Verschulden des Schuldners unzureichend, kann der Gläubiger gem § 240 Ergänzung oder Stellung einer anderen Sicherheit beanspruchen, jedoch dann nicht, wenn die Parteien das Ausmaß der Gefährdung von vornherein falsch eingeschätzt haben.

D. Rückgewähr oder Verwertung der Sicherheitsleistung. Ist der Ehescheidungsantrag oder die Klage auf vorzeitigen Ausgleich des Zugewinns rechtskräftig abgewiesen oder der Antrag oder die Klage zurückgenommen, ist die gegebene Sicherheit zurückzugewähren, gleich, ob damit auch die Besorgnis der erheblichen Gefährdung der Ausgleichsforderung entfallen ist. Endet der Güterstand, wird Rückgewähr der Sicherheit dann nicht geschuldet, wenn weiterhin um die Existenz der Ausgleichsforderung gestritten wird (Köln FamRZ 88, 1273). Dasselbe gilt, wenn jetzt fest steht, dass die Ausgleichsforderung tatsächlich entstanden ist. Ist sie fällig und besteht sie einredefrei, hat der Gläubiger, die Möglichkeit der Verwertung der Sicherheit, wenn der Schuldner nicht erfüllt.

E. Prozessuales. I. Klage und Vollstreckung. Der Anspruch auf Sicherheitsleistung ist durch selbständige Klage vor dem Familiengericht zu verfolgen (§ 623 I Nr 8 ZPO). Die Klage kann nicht Folgesache werden, weil Entscheidung gerade nicht nur für den Fall der Scheidung begehrt wird, kann aber mit einer Klage auf vorzeitigen Zugewinnausgleich verbunden werden.
Die klagende Partei hat die erhebliche Gefährdung der künftigen Ausgleichsforderung darzulegen und zu beweisen sowie die Ausgleichsforderung als solche wahrscheinlich zu machen.
Die Vollstreckung erfolgt nach § 887 ZPO (*Haussleiter/Schulz* Kap 1 Rn 532). Hat der Schuldner sein iRd § 232 bestehendes Wahlrecht noch nicht ausgeübt, kann der Gläubiger die Sicherheit in analoger Anwendung des § 264 selbst wählen (Ddorf FamRZ 84, 704).

II. Einstweiliger Rechtsschutz. Str ist, in welcher Form der Anspruch auf Sicherheitsleistung vorläufig gesichert werden kann. Eine einstweilige Anordnung kommt jedenfalls nicht in Betracht, weil sie in dem Katalog des § 620 ZPO nicht vorgesehen ist.

1. Vorläufige Sicherung des zukünftigen Anspruchs auf Zugewinnausgleich. Am weitesten geht die Meinung, der erst künftig entstehende Anspruch auf Zugewinnausgleich könne unmittelbar bereits ab Rechtshängigkeit der Ehescheidung durch Arrest (§ 916 ZPO) gesichert werden, da die Anordnung eines Arrestes auch wegen eines Anspruchs möglich ist, der in eine Geldforderung übergeht (Karlsr FamRZ 99, 663; Hamm FamRZ 97, 181; Karlsr FamRZ 95, 622; Ddorf FamRZ 94, 114; Zöller/*Vollkommer* § 916 Rn 8; Thomas/*Putzo* § 916 Rn 5).

2. Vorläufige Sicherung des Anspruchs auf Sicherheitsleistung. Da die Zugewinnausgleichsforderung als solche im Moment des Entstehens des Sicherungsbedürfnisses noch nicht existent ist, erscheint die unmittelbare Sicherung dieses Anspruchs durch Arrest problematisch. Danach besteht aber die Möglichkeit der Sicherung des Anspruchs auf Sicherheitsleistung im Wege einstweiligen Rechtsschutzes, wobei es teilweise als zulässig angesehen wird, diesen Anspruch durch Arrest (§ 916 ZPO) zu sichern (Celle FamRZ 96, 1429; Stuttg NJW-RR 96, 181; Ddorf FamRZ 91, 351; Hamm FamRZ 85, 71; Köln FamRZ 83, 709).
Da der Anspruch auf Sicherheitsleistung jedoch weder eine Geldforderung darstellt, noch in eine solche übergehen kann, dürfte zutreffender Weise nur die einstweilige Verfügung das in Betracht kommende Mittel einstweiligen Rechtsschutzes sein, zumal auch nur sie dem Schuldner das gem § 232 bestehende Wahlrecht belässt (so: Kobl FamRZ 99, 97; KG FamRZ 94, 1478; Ddorf NJW 91, 2028; Hburg FamRZ 88, 964; MüKo/*Koch* Rn 15). Auch danach ist es aber unzulässig, im Wege einstweiliger Anordnung ein Verfügungsverbot oder die Sequestration anzuordnen (Staud/*Thiele* Rn 21; Palandt/*Brudermüller* Rn 9).

§ 1390 Ansprüche des Ausgleichsberechtigten gegen Dritte

(1) ¹Soweit einem Ehegatten gemäß § 1378 Abs. 2 eine Ausgleichsforderung nicht zusteht, weil der andere Ehegatte in der Absicht, ihn zu benachteiligen, unentgeltliche Zuwendungen an einen Dritten gemacht hat, ist der Dritte verpflichtet, das Erlangte nach den Vorschriften über die Herausgabe einer ungerechtfertigten Bereicherung an den Ehegatten zum Zwecke der Befriedigung wegen der ausgefallenen Ausgleichsforderung herauszugeben. ²Der Dritte kann die Herausgabe durch Zahlung des fehlenden Betrages abwenden.
(2) Das Gleiche gilt für andere Rechtshandlungen, wenn die Absicht, den Ehegatten zu benachteiligen, dem Dritten bekannt war.
(3) ¹Der Anspruch verjährt in drei Jahren nach der Beendigung des Güterstandes. ²Endet der Güterstand durch den Tod eines Ehegatten, so wird die Verjährung nicht dadurch gehemmt, dass der Anspruch erst geltend gemacht werden kann, wenn der Ehegatte die Erbschaft oder ein Vermächtnis ausgeschlagen hat.
(4) Ist die Klage auf vorzeitigen Ausgleich des Zugewinns erhoben oder der Antrag auf Scheidung oder Aufhebung der Ehe gestellt, so kann ein Ehegatte von dem Dritten Sicherheitsleistung wegen der ihm nach den Absätzen 1 und 2 zustehenden Ansprüche verlangen.

1 **A. Allgemeines.** § 1390 zählt zu den Normen, durch die die Interessen des ausgleichsberechtigten Ehegatten auf ungeschmälerten Zugewinnausgleich geschützt werden. Sie ergänzt § 1375 II, indem sie dem durch illoyale Handlungen benachteiligten Ehegatten Ausgleichsansprüche zubilligt, wenn sich die Hinzurechnung zum Endvermögen wegen § 1378 II nicht auswirkt. Allerdings besteht der Schutz nur dann, wenn entweder die Zuwendung unentgeltlich oder dem Dritten die Benachteiligungsabsicht bekannt war. Die Norm schützt auch vor benachteiligenden Verfügungen nach den Stichtagen für die Berechnung des Endvermögens (§§ 1384, 1387), aber nicht vor Verfügungen nach Beendigung des Güterstandes.

2 Die Aufzählung der Haftungstatbestände des § 1390 ist abschließend; eine analoge Anwendung auf andere Formen oder Zeitpunkte der Vermögensminderung kommt nicht in Betracht (Staud/*Thiele* Rn 13) Die Norm ist nicht abdingbar (MüKo/*Koch* Rn 29).

3 Der zugewinnausgleichsberechtigte Ehegatte hat gegen den Dritten einen auf § 242 basierenden Auskunftsanspruch, sofern er sich nicht in zumutbare Weise die erforderliche Kenntnis verschaffen und der Dritte die Auskunft unschwer erteilen kann (BGHZ 61, 180; 58; 237).

4 **B. Nichtzustehen der Ausgleichsforderung.** Ein Anspruch gegen den Dritten besteht nur, wenn dem ausgleichsberechtigten Ehegatten eine Ausgleichsforderung gem § 1378 II nicht zusteht, weil der andere in der Absicht, ihn zu benachteiligen, unentgeltliche Zuwendungen an einen Dritten gemacht hat. Wegen der Begrenzung der Ausgleichsforderung nach § 1378 II wird auf die Ausführungen dazu verwiesen.

5 Der Begriff der unentgeltlichen Zuwendung ist nicht identisch mit dem der Schenkung. Er umfasst vielmehr alle Zuwendungen, für die nach den Vorstellungen der Parteien kein oder kein ausreichendes Äquivalent gewährt wird. Nicht anwendbar ist die Norm bei Pflicht- oder Anstandsschenkungen (MüKo/*Koch* Rn 9; Palandt/*Brudermüller* Rn 2).

6 Der ausgleichspflichtige Ehegatte muss in Benachteiligungsabsicht gehandelt haben, die dann vorliegt, wenn die Absicht, die Rechte des ausgleichsberechtigten Ehegatten zu schmälern, das bestimmende, wenn auch nicht das alleinige Motiv für sein Handeln war. Nicht ausreichend ist, wenn andere Motive mindestens gleichrangig hinzutraten. Kenntnis hiervon muss der Dritte nicht gehabt haben.

7 **C. Anspruch gegen den Dritten.** Gegen den Dritten hat der Ehegatte einen Bereicherungsanspruch in Form eines Anspruches auf Herausgabe des Erlangten, der mit der Beendigung des Güterstandes entsteht. Da die Verweisung auf §§ 812 ff eine Rechtsfolgenverweisung ist, kann der Dritte sich auf § 818 III berufen. Andererseits haftet er ab Kenntnis der Benachteiligungsabsicht oder Rechtshängigkeit verschärft (§§ 819 I, 818 IV, 292, 987 ff). Der Anspruch geht also auf Duldung der Zwangsvollstreckung in die erlangten Gegenstände (*Haussleiter/Schulz* Kap 1 Rn 449), der Nutzungen und Surrogate mit umfasst (Palandt/*Brudermüller* Rn 6). Hat der Dritte Geld erhalten, geht der Anspruch unmittelbar auf Zahlung dieses Betrages.

8 Nach I 2 hat der Dritte die Möglichkeit der Ersetzung der Herausgabe durch Zahlung des fehlenden Betrages. Darunter ist jener Betrag zu verstehen, um den die Zugewinnausgleichsforderung gem § 1378 II gekürzt ist; er besteht also in der Differenz zwischen dem ungekürzten Zugewinnausgleichsanspruch und dem nach § 1378 II durchsetzbaren. Die Ersetzungsbefugnis ist auf Antrag des Dritten im Urteil vorzubehalten (*Haussleiter/Schulz* Kap 1 Rn 451).

9 **D. Rechtshandlungen in Benachteiligungsabsicht, die dem Dritten bekannt war (II).** Anders als nach I sind hier auch entgeltliche Geschäfte umfasst. Die praktische Bedeutung dieser Regelung ist gering, da unentgeltliche Geschäfte unter I fallen und entgeltliche zumeist nicht vermögensmindernd wirken. In Betracht kommen insbes entgeltliche Geschäfte mit Dritten oder Darlehensgewährungen an Dritte, deren Zahlungsunfähigkeit bewusst in Kauf genommen wird, sowie die Veräußerung von Vermögen an Dritte in der Absicht, das leichter auszugebende Bargeld zu verschleudern (BaRoth/*Mayer* Rn 4; Staud/*Thiele* Rn 11).

10 Die Benachteiligungsabsicht des Ehegatten muss dem Dritten positiv bekannt gewesen sein, wobei die Kenntnis im Zeitpunkt des Eintritts der Rechtswirkungen der benachteiligenden Handlung vorhanden gewesen sein muss. Wegen des Umfangs der Haftung des Dritten wird auf oben 7 ff verwiesen.

11 **E. Verjährung (III).** Der Anspruch gegen den Dritten verjährt in drei Jahren, beginnend mit der Beendigung des Güterstandes. Dasselbe gilt im Fall des Todes eines Ehegatten, wenn der überlebende Ehegatte die güterrechtliche Lösung nach § 1371 II gewählt hat. Da auch hier die Interessen des Dritten an Klarheit und Sicherheit schwerer wiegen, wird die Verjährung nicht dadurch gehemmt, dass der Anspruch erst nach der Ausschlagung der Erbschaft oder des Vermächtnisses geltend gemacht werden kann.

12 **F. Anspruch auf Sicherheitsleistung (IV).** Hat ein Ehegatte Klage auf vorzeitigen Ausgleich des Zugewinns erhoben oder den Antrag auf Scheidung oder Aufhebung der Ehe gestellt, kann er gleichzeitig von dem Dritten wegen seiner aus I oder II folgenden Ansprüche die Stellung einer Sicherheitsleistung beanspruchen. Die Besorgnis einer erheblichen Gefährdung des Anspruchs ist nicht erforderlich (*Haussleiter/Schulz* Kap 1 Rn 453). Die Voraussetzung ist zB erfüllt bei der Übertragung eines Grundstücks auf den neuen Lebenspartner (AG Meppen NJW-RR 94, 4). Die Leistung der Sicherheit folgt den Regeln der §§ 232 ff.

G. Prozessuales. Die Darlegungs- und Beweislast für den Anspruch aus I oder II trägt der Ehegatte, der 13
diese Ansprüche für sich geltend macht, diejenige für die Verjährung nach III der Ehegatte, der sich auf den
Eintritt der Verjährung beruft (Palandt/*Brudermüller* Rn 9). Für die Rechte aus I und II kommt einstweiliger
Rechtsschutz erst nach Beendigung des Güterstandes in Betracht, der Anspruch auf Sicherheitsleistung kann
dagegen durch Arrest oder einstweilige Verfügung gesichert werden.

§§ 1391–1407
– *weggefallen* –

Untertitel 2   Vertragliches Güterrecht

Kapitel 1   Allgemeine Vorschriften

§ 1408   Ehevertrag, Vertragsfreiheit

(1) Die Ehegatten können ihre güterrechtlichen Verhältnisse durch Vertrag (Ehevertrag) regeln, insbesondere auch nach der Eingehung der Ehe den Güterstand aufheben oder ändern.
(2) ¹In einem Ehevertrag können die Ehegatten durch eine ausdrückliche Vereinbarung auch den Versorgungsausgleich ausschließen. ²Der Ausschluss ist unwirksam, wenn innerhalb eines Jahres nach Vertragsschluss Antrag auf Scheidung der Ehe gestellt wird.

A. Allgemeines. Eheverträge können mit Rücksicht auf die geplante oder bestehende Ehe getroffen werden. 1
Mit ihnen können die sich aus dem Gesetz ergebenden familienrechtlichen Folgen modifiziert oder ausgeschlossen werden. Die Verträge können Regelungen zum Inhalt haben, die die Ehezeit umfassen. Mit ihnen
können aber auch Regelungen für die Trennungszeit oder auch Scheidungsfolgenvereinbarungen getroffen
werden. Zeitlich können sie vor, zu Beginn oder während der Ehe, aber auch in einer ehelichen Krisensituation oder im Hinblick auf eine bevorstehende Ehescheidung geschlossen werden.
Wird der Vertrag vor der Eheschließung abgeschlossen, kann er mit einem Partnerschaftsvertrag zur Regelung 2
der vermögensrechtlichen Vorgänge vor der Ehe verbunden werden. Während einer ehelichen Krisensituation
oder im Hinblick auf eine bevorstehende Ehescheidung können Trennungsvereinbarungen getroffen werden,
durch die die Verpflichtung zur Unterhaltszahlung, die Nutzung der ehelichen Wohnung oder einzelner Vermögensgegenstände geregelt werden. Scheidungsfolgenvereinbarungen im Hinblick auf eine bevorstehende
oder bereits anhängige Ehescheidung sind gem § 630 I Nr 3 ZPO Voraussetzung für eine einverständliche
Scheidung iSv § 1566 I, wobei in diesen Fällen auch der Mindestinhalt der Regelung gesetzlich vorgegeben ist.
Inhaltlich kann sich die Vertragsgestaltung auf die güterrechtlichen Verhältnisse einschl der Vermögensver- 3
waltung, den Versorgungsausgleich, die allgemeinen Ehewirkungen oder die gesetzliche Unterhaltspflicht
beziehen. Möglich ist auch die Verbindung von Ehevertrag und Erbvertrag (§ 2276 II).
Im Allgemeinen werden alle Vereinbarungen der genannten Art Eheverträge genannt (FAFamR/*Bergschneider* 4
Kap 12 Rn 4). Nach der Legaldefinition des I liegt ein Ehevertrag aber nur dann vor, wenn durch ihn die
güterrechtlichen Verhältnisse geregelt werden oder eine Vereinbarung zum Versorgungsausgleich getroffen
wird (II).
Formlos möglich sind Vereinbarungen über das Ausmaß der in der Ehe bestehenden Pflicht, zum Familien- 5
unterhalt beizutragen (§ 1360), der Verzicht auf einen Unterhaltsanspruch nach evtl späterer Ehescheidung
(§ 1585 c), Vereinbarungen über die scheidungsbedingte Auseinandersetzung gemeinschaftlichen Vermögens,
solange nicht die Übertragung eines konkreten Vermögensgegenstandes zB gem § 311 b formbedürftig ist
(Ddorf FamRZ 01, 765), die Erteilung der nach Eheguterrecht erforderlichen Zustimmung eines Ehegatten
zu Verfügungen durch den anderen (§§ 1365, 1369, 1423–1425) sowie Vereinbarungen, die auch mit Dritten
formlos möglich wären, wie solche über die Rückabwicklung eines Dienst- oder Arbeitsverhältnisses oder
gesellschaftsrechtliche Regelungen.
Nur unter Einhaltung gesetzlicher Formvorschriften möglich sind dagegen die Regelung der güterrechtlichen 6
Verhältnisse (§§ 1408 II, 1410), Vereinbarungen über den Versorgungsausgleich (§§ 1408 II, 1410, 1587o),
Ausschluss oder Einschränkung der Überlassung der Vermögensverwaltung (§ 1413) sowie Vereinbarungen
über den Zugewinn während eines Ehescheidungsverfahrens (§ 1378 III 2).

B. Vertrag zur Regelung der güterrechtlichen Verhältnisse (I). Ein Ehevertrag iSv I liegt dann vor, wenn 7
die Ehegatten den gesetzlichen Güterstand der Zugewinngemeinschaft einvernehmlich aufheben, für
eine noch zu schließende Ehe ausschließen (Schlesw FamRZ 04, 808) oder für die existierende ändern, sei es auch
nur in Bezug auf einen einzelnen Gegenstand (BGH NJW 78, 1923). Aufgehoben wird der gesetzliche Güterstand durch Vereinbarung von Gütertrennung, der Gütergemeinschaft oder eines anderen Güterstandes. So

lassen sich durch die Erklärung des gesamten bei der Eheschließung vorhandenen Vermögens oder des unbeweglichen Vermögens zu Vorbehaltsgut die wesentlichen Rechtswirkungen der früheren Errungenschaftsgemeinschaft oder der Fahrnisgemeinschaft erreichen (MüKo/*Kanzleiter* Rn 16). Allerdings können Errungenschafts- als auch Fahrnisgemeinschaft als solche nicht unmittelbar vereinbart werden, weil dadurch die durch § 137 gesteckten Grenzen überschritten würden (Staud/*Thiele* Rn 17). Im Übrigen würden derartige Vereinbarungen ebenso wie die des Güterrechts der früheren DDR eine Verweisung auf nicht mehr geltendes Recht darstellen und deshalb gem § 1409 ausgeschlossen sein.

8 Außer dem Ausschluss der Zugewinngemeinschaft ist auch deren rückwirkende Wiederherstellung nach vorherigem Ausschluss (BGH FamRZ 98, 902) sowie die Beschränkung auf bestimmte Fälle wie etwa die Ehescheidung oder die Beendigung des Güterstandes durch den Tod zulässig und möglich. Im letzteren Fall führt die Regelung im Fall der Ehescheidung zur Gütertrennung.

9 Zulässig ist auch die Modifikation der Regeln über den Zugewinnausgleich. So kann vereinbart werden, dass die Regeln über den Zugewinnausgleich nur wirksam werden, wenn die Ehe eine Mindestzeit Bestand gehabt hat. Es kann vereinbart werden, dass bestimmte Vermögenswerte – etwa das Betriebsvermögen eines Ehegatten (BGH FamRZ 97, 800) – dem Zugewinnausgleich entzogen oder dem Anfangsvermögen hinzugerechnet werden (Grziwotz MDR 98, 129, 131). Hinsichtlich einzelner Vermögensbestandteile können die Werte festgelegt, zumindest aber Wertvorgaben gemacht oder die Wertermittlungsmethode festgelegt werden. Um nicht das Gefüge des Zugewinnausgleichs zu sprengen, sollte jedoch bedacht werden, dass die Festlegungen für das Anfangs- und Endvermögen jeweils gleich erfolgen (FAFamR/*Bergschneider* Kap 12 Rn 113).

10 Die Modifizierung kann auch dahin gehen, dass die gesetzlichen Zahlungsmodalitäten des Zugewinnausgleichs geändert werden, zB die Ausgleichsforderung gestundet wird oder der Ausgleich in anderer Form als durch einmalige Geldzahlung, zB in Form einer Rente oder durch Übertragung von Vermögensgegenständen erfolgt. Zulässig ist es auch, die Verfügungsbeschränkungen des § 1365 auszuschließen oder einzuschränken (MüKo/*Kanzleiter* Rn 14).

11 IRd Gütergemeinschaft sind nur die Regeln über das Innenverhältnis zwischen den Eheleuten modifizierbar, während diejenigen über das Außenverhältnis zu Lasten Dritter nicht abgeändert werden dürfen. Zwingend sind auch die Regeln über die Zuordnung einzelner Vermögensgegenstände zu den Vermögensmassen.

12 Der Ehevertrag entfällt, wenn er durch einen anderen ersetzt wird. Im Fall der Scheidung verliert er seine Wirksamkeit für die Zukunft ebenso wie bei Aufhebung des Güterstandes (BaRoth/*Mayer* Rn 5). Ist die Vereinbarung eng mit anderen Rechtsgeschäften verbunden, sind auch die Grundsätze über den Wegfall der Geschäftsgrundlage anwendbar (BaRoth/*Mayer* Rn 5). Eine Kündigung (auch aus wichtigem Grund) ist dagegen nicht möglich (Staud/*Thiele* Rn 39).

13 **C. Grenzen der Regelungsbefugnis.** Begrenzt wird die Regelungsbefugis durch § 1409 als auch die aus allgemeinen Regeln (§§ 134, 137, 138) folgenden Beschränkungen. Eine weitergehende besondere güterrechtliche Einschränkung etwa dahingehend, dass die Vereinbarung dem Wesen des Güterstandes nicht widersprechen darf, besteht nicht (MüKo/*Kanzleiter* Rn 13; Staud/*Thiele* Rn 17).

14 Der Ausschluss des gesetzlichen Güterstandes als solcher ist nicht sittenwidrig (BGH FamRZ 97, 156 = FuR 97, 89). Das gilt insbes unter Berücksichtigung des Umstandes, dass die Gütertrennung ein vom Gesetz zur Verfügung gestellter Güterstand ist. Das ist etwa bei Vereinbarungen über den Versorgungsausgleich oder den nachehelichen Unterhalt von vornherein anders, weil deren Regelungsgehalt normtypisch die Ausgestaltung der gesetzlichen Ansprüche und nur ausnahmsweise den Ausschluss jeglichen Anspruchs beinhaltet. Deshalb kann die Vereinbarung der Gütertrennung inhaltlich nur dann beanstandet werden, wenn der ausgleichsberechtigte Ehegatte veranlasst wird, ohne Gegenleistung und Absicherung im Übrigen auf bereits erworbene Rechte zu verzichten. Die durch die Zugewinngemeinschaft eröffnete Rechtsposition ist nicht in gleicher Weise schutzwürdig wie das elementare Recht auf Unterhalt und auf einen angemessenen Anteil an der Altersversorgung durch den Versorgungsausgleich (BGH FamRZ 04, 601 = FuR 04, 119).

15 Die Sittenwidrigkeit des Ausschlusses eines Zugewinnausgleichs folgt nicht schon daraus, dass ein Ehegatte absehbar einen Ausgleichsanspruch erzielt hätte (BGH FamRZ 97, 800, 802). Selbst die Tatsache, dass der Gütervertrag vor der Ehescheidung geschlossen und durch ihn objektiv ein grobes Missverhältnis zwischen den Leistungen der Eheleute mit Rücksicht auf die beiderseitigen Vermögensverhältnisse geschaffen wurde, begründet nicht ohne weiteres die Sittenwidrigkeit der Vereinbarung (Kobl FamRZ 96, 1212). Da die Verbindung von persönlichen und wirtschaftlichen Motiven für Eheverträge nicht ungewöhnlich ist, hat jeder Partner vor Eingehung der Ehe das Recht, sich auch gegen sie zu entscheiden, weshalb die Drohung, ohne Ehevertrag nicht heiraten zu wollen, diesen nicht verwerflich macht (BGH NJW 97, 126). Dasselbe gilt bei gescheiterter Ehe für den Fall der Drohung mit der Ehescheidung, falls es nicht zum Abschluss eines Ehevertrages kommt (BGH NJW 97, 156). Die bestehende Schwangerschaft bei Abschluss des Vertrages kann dagegen ein Indiz für eine vertragliche Disparität der Partner sein (Celle FamRZ 04, 1483).

16 Sehr viel genauer ist die Frage des die Sittenwidrigkeit begründenden groben Missverhältnisses zu prüfen, wenn außer dem Zugewinnausgleich auch der Versorgungsausgleich und/oder der Unterhalt ausgeschlossen werden sollen. Das gilt insbes für die Fälle des Globalverzichts (BVerfG FamRZ 01, 343; 985). Wegen weiterer Einzelheiten wird insoweit auf Rn 23 ff verwiesen.

Erweist sich ein Ehevertrag als teilweise unwirksam, führt dies in der Regel zur Gesamtnichtigkeit, weil durch 17
die Herauslösung einzelner Bestimmungen aus einem frei gewählten System die güterrechtlichen Vermögensbelange nicht mehr umfassend geregelt werden (Stuttg FamRZ 87, 1034; Hburg FamRZ 85, 1985; Staud/*Thiele* Rn 44).
Wird durch einen Ehevertrag das Vermögen eines Ehegatten gemindert, kann dessen Gläubiger ggf gem § 3 18
AnfG oder der Insolvenzverwalter nach §§ 130 ff InsO die Anfechtung des Rechtsgeschäfts erklären.

D. Ehevertragliche Vereinbarungen über den Versorgungsausgleich (II). I. Allgemeines (begrenzte Vertragsfreiheit; Anwendungsbereich). Das in vielen Teilen starre System des VA wird als Ausdruck der 19
Vertragsfreiheit (**Dispositionsfreiheit**) durch II u § 1587 o aufgelockert. Die **Abgrenzung** beider Normen erfolgt nach hM ausschl nach dem formalen Kriterium des Fristablaufs gem II 2 unabhängig v subjektiven Kriterien (Scheidungsabsicht; BGH FamRZ 86, 788, 789; Köln FamRZ 97, 1539, 1540; iE Staud/*Rehme* § 1408 Rn 51 mwN). Die **Einhaltung der Jahresfrist ist Rechtsbedingung** für den Bestand des Vertrages (*Rehme* aaO Rn 86). Die Stellung eines Scheidungsantrags vor Ablauf der Frist (Rn 22) ermöglicht ohne weiteres die Lösung vom Vertrag (zu entspr anwaltlichen Prüfungspflichten u Haftungsrisiken KK-FamR/*Rehme* vor § 1587 Rn 26 mwN). Die (vorläufige) Unwirksamkeit entfällt rückwirkend (§ 269 III ZPO) durch Rücknahme des Scheidungsantrags (BGH FamRZ 86, 788; iE Staud/*Rehme* Rn 91 mwN; str). Das gilt nicht bei Verträgen nach Rechtshängigkeit des Scheidungsantrags, weil hier die Rechtsbedingung von vornherein ausgefallen ist (hM; BGH FamRZ 87, 467; *Finger* FuR 02, 149, 154; KK-FamR/*Rehme* Rn 31; aA Palandt/*Brudermüller* Rn 20); auch ein bei Rechtshängigkeit mangels erforderlicher Zustimmung/Genehmigung (zB gem § 1411 I) schwebend unwirksamer Vertrag kann nicht rückwirkend geheilt werden (Kobl FamRZ 89, 07; aA *Brudermüller* aaO Rn 29). II 1 erfordert deshalb stets einen **im Zeitpunkt der Rechtshängigkeit wirksamen Vertrag**.

II. Formelle Voraussetzungen. Form: Der Abschluss erfolgt durch **Ehevertrag iSv § 1410** (wegen der güter- 20
rechtlichen Außenwirkung ist auch die Aufhebung formbedürftig; AG Seligenstadt FamRZ 02, 829; zu § 1587 o s dort Rn 4) bei „gleichzeitiger Anwesenheit" der Erklärenden (ggf auch durch grds formlos Bevollmächtigte; §§ 167 II, 177, 182 II; zu Ausnahmen Staud/*Thiele* § 1410 Rn 5) und ohne gerichtliche Genehmigung (auch nicht im Fall des § 1411 I 3; zu Recht krit KK-FamR/*Weinreich* § 1411 Rn 9 mwN).
Zeitliche Voraussetzungen; Allgemeines: Der Vertrag kann (m Wirkung ab Eheschließung; Staud/*Thiele* 21
Rn 4, 31, 34) **vor oder während der Ehe** geschlossen werden. **Nach Rechtskraft der Scheidung** sind formlose Vereinbarungen möglich, die jedoch die rechtsgestaltenden Wirkungen einer Entscheidung über den VA nicht beseitigen können (iE § 1587 o Rn 2 mwN).
Jahresfrist (II 2): Die Einhaltung der – nur für Anträge auf Scheidung, nicht auf Aufhebung geltenden 22
(Staud/*Rehme* Rn 87 mwN) – Frist ist nicht abdingbar. **Fristbeginn** ist der der Beurkundung folgende Tag (§ 187 I), auch bei Vertragsschluss durch beschränkt Geschäftsfähige (§ 1411 iVm § 184 I; vgl aber Rn 19 aE). Das **Fristende** (§ 188 II) wird bestimmt durch die Zustellung des Scheidungsantrags (hM; BGH FamRZ 05, 598 mwN; zur Zustellung im Ausland *Finger* FuR 02, 149, 153 f). Zur Herbeiführung der Unwirksamkeit (Rn 19) genügt gem **§ 167 ZPO** eine „demnächst" erfolgende Zustellung (ausf BGH aaO; Hamm FamRZ 04, 1973; zu weiteren Einzelheiten – Postulationsfähigkeit, Stellung eines unbedingten Scheidungsantrags, keine rückwirkende Heilung prozessual unzureichender Anträge – KK-FamR/*Rehme* Rn 38 mwN, ua BGH FamRZ 87, 365; 99, 155). Eine Abweisung des Scheidungsantrags ist unschädlich (Stuttg NJW 83, 458; *Finger* aaO 154 f; ausf Staud/*Rehme* Rn 92 mN zur Gegenmeinung; zur Rücknahme Rn 19). – Die Unwirksamkeit (Rn 19) tritt **rückwirkend** ein (hM; Staud/*Rehme* Rn 93 mwN), ebenso entfällt rückwirkend die Gütertrennung gem § 1414 S 2. Der Vertrag kann (bei feststellbarem Parteiwillen) mit einer hilfsweise (ersatzweise) geltenden Vereinbarung gem § 1587 o verbunden werden; eine bloße Umdeutung in eine entspr Abrede ist wegen der unterschiedlichen Ausgangslage nicht möglich (Hburg u Kobl FamRZ 91, 1067; 04, 1970, 1971; *Rehme* aaO mwN).

III. Materielle Voraussetzungen (Inhalte u Grenzen der Eheverträge über den VA). Mögliche Inhalte: Der 23
Wortlaut erlaubt einen **Totalausschluss** des VA. Zulässig sind (inzwischen nahezu unstr; iE Staud/*Rehme* Rn 53, 55 mwN) Bedingungen (zB i Bezug auf ein Scheidungsverschulden), Befristungen und Rücktrittsvorbehalt sowie eine Rückbeziehung der Wirkungen eines späteren Vertrages auf den Zeitpunkt der Eheschließung, ferner in vielfältiger Weise **Teilausschluss u Modifikation** des VA (BGH FamRZ 86, 890, 892; 90, 273; § 1587 o Rn 3 mwN). Der Ausschluss kann **einseitig** erfolgen und ohne Vereinbarung einer Gegenleistung (zB BGH FamRZ 96, 1536). In allen genannten Fällen kann jedoch, insbes bei einseitiger Benachteiligung des sozial Schwächeren, die Frage der Sittenwidrigkeit zu prüfen sein (Rn 25 ff).
Grenzen der Vertragsfreiheit, Allgemeines: Zu beachten sind wie bei § 1587 o die dem System des VA imma- 24
nenten Schranken (zB Unveränderlichkeit des Bewertungsstichtags Ehezeitende; vor § 1587 Rn 12) sowie das Verbot des Super-Splittings (iE § 1587 o Rn 2 f mwN) u die allgemeinen Begrenzungen der Vertragsfreiheit (insbes §§ 116 ff, 123, 134 ff).
Prüfung u Rechtsfolgen einer Sittenwidrigkeit: Die klassischen Fälle der Sittenwidrigkeit (unzulässige Ein- 25
flussnahme auf die Entscheidungsfreiheit, insbes bei Ausbeutung einer Zwangslage; zB Karlsr NJW-RR 91, 452; AG Rheine u Nürnbg FamRZ 05, 451 u 454) sind wie bisher nach § 138 I zu lösen. **Rechtsunsicherheit**

bestand zunächst, inwieweit die **Entscheidungen des BVerfG** zu Vereinbarungen zwischen Verlobten und Ehegatten über die vermögensrechtlichen Folgen der Scheidung (FamRZ 01, 343 u 985; ausf dazu Palandt/ *Brudermüller* Rn 8 ff) eine eigenständige, an spezifisch familienrechtlichen u -soziologischen Kategorien ausgerichtete Neustrukturierung der Rspr zur Frage der Sittenwidrigkeit und ihren Rechtsfolgen erfordert. Die vom BVerfG aufgestellten leerformelhaften u missverständlichen Kriterien (näher dazu KK-FamR/*Rehme* Rn 49) schienen dies nahe zu legen und haben Entscheidungen begünstigt, die die Vertragsfreiheit mit verfehlten Argumenten aufheben (*Rehme* aaO mwN).

26 Inzwischen hat die vielfach kommentierte (Nachw i BGH FamRZ 05, 1444, 1446) **Grundsatzentscheidung des BGH v 11.2.04** (FamRZ 04, 601) mit ihrer insgesamt ausgewogenen Orientierung am objektiven Ergebnis des Vertrages (Eingriff in das Scheidungsfolgenrecht m größerem oder geringerem Gewicht entspr einer differenzierten Rangabstufung; ausf *Rehme* aaO Rn 50 ff; dort auch zur Abgrenzung v **Wirksamkeits- u Ausübungskontrolle**) zu einer praktisch handhabbaren Herausbildung von **Leitgedanken und Fallgruppen** geführt, die in weiteren Entscheidungen des BGH u der OLGe präzisiert worden sind. Danach gibt es grds keinen unverzichtbaren Mindeststandard an Scheidungsfolgen, kein schlechthin verbindliches Leitbild (BGH FamRZ 05, 1444, 1447) und dementspr keinen allgemeinen (nur bei „sachlicher" Rechtfertigung einschränkbaren) Grundsatz der Halbteilung der in der Ehe geschaffenen Vermögenswerte (iE *Münch* FamRZ 05, 570, 573; anders noch München NJW 03, 592; dazu *Rehme* aaO Rn 49 m Fn 75 mwN, auch zu abw Auffassungen, insbes *Dauner-Lieb* FF 04, 65 66 f u JZ 04, 1027 f).

27 Mit Rücksicht auf diese zutreffende Betonung der **grds Dispositionsfreiheit** wird die **Wirksamkeitskontrolle** idR nur in Extremfällen zum Verdikt der Sittenwidrigkeit führen (Beispiel: Celle FamRZ 04, 1489); sie sind **in Anlehnung an § 138** (iE *Münch* aaO 571) gekennzeichnet durch eine **Zwangslage in objektiver Hinsicht** (evident einseitige, durch die individuelle Lebensplanung nicht gerechtfertigte Lastenverteilung) **und in subjektiver Hinsicht** (konkrete subjektive Unterlegenheit in der Form einer stark ausgeprägten wirtschaftlichen u sozialen Abhängigkeit; zB BGH aaO 1447 u FamRZ 05, 691, 692; Hamm FamRZ 05, 1181 u 1567). Eine Nichtigkeit ist zwar auch über § 139 BGB möglich (BGH FamRZ 05, 1444, 1447), wegen der (wie bei § 1587 o; dort Rn 7) maßgeblichen **Gesamtschau** (BGH aaO 1446; Hamm FamRZ 05, 1567) kann jedoch zB ein isolierter Ausschluss des VA durch die den Vertragsschluss bestimmenden gemeinsamen Vorstellungen und Beweggründe (auch in einer Krisensituation; Hamm FamRZ 05, 1181 u 1567) legitimiert oder durch andere Leistungen ausreichend kompensiert werden. Im Ergebnis ist deshalb die neueste Rspr auch bei gänzlichem Ausschluss von einzelnen oder mehreren Teilen der Scheidungsfolgenregelung (auch in Bezug auf den Kernbereich) zu Recht zurückhaltend bei der Annahme einer Sittenwidrigkeit (zB bei fehlender Vorhersehbarkeit der künftigen Bedürftigkeit oder maßvoller Einschränkung der Unterhaltstatbestände, BGH FamRZ 05, 691, 692; 1444, 1447 f; 1449, 1450; Hamm FamRZ 05, 1567, 1568; ferner zur Verneinung der Nichtigkeit: Hamm FamRZ 05, 1181; Celle FamRZ 04, 1202; Karlsr FamRZ 04, 1789; Kobl FamRZ 05, 40; AG Hambg-Altona NJW-RR 05, 1380; Bejahung der Sittenwidrigkeit: Celle FamRZ 04, 1789; Kobl NJW-RR 04, 1445; Saarbr OLGR 04, 450).

28 Der Schwerpunkt der Prüfung wird deshalb im Allgemeinen bei der **Ausübungskontrolle** (Missbrauchskontrolle; BGH FamRZ 05, 1449, 1450) liegen. Dabei geht es, nach Bejahung der Wirksamkeit, dh bei grds Respektierung des im Vertrag ausgedrückten Willens zur eigenen Gestaltung der vermögensrechtlichen Beziehungen, vor allem darum, nachträgliche grundlegende Abweichungen von der ursprünglichen, dem Vertrag zugrunde liegenden Lebensplanung zu berücksichtigen (BGH FamRZ 05, 691, 693; 1444, 1446, 1448; 1449, 1451; Hamm FamRZ 05, 1567, 1568), allerdings nur, soweit das – nach der Rangordnung der Scheidungsfolgen bemessene – Gewicht des vertraglichen (Teil-)Ausschlusses dies gebietet (ausf BGH FamRZ 05, 1449, 1451). Ziel der (häufig, aber nicht nur; vgl BGH FamRZ 05, 1449, 1451) entspr den Grundsätzen des Wegfalls der Geschäftsgrundlage vorzunehmenden **Vertragsanpassung** (BGH FamRZ 05, 185, 187; 1444, 1448; dazu *Münch* aaO 572) ist deshalb (wie bei Rn 26) nicht eine Angleichung an gesetzliche Leitbilder (keine allgemeine Leitbildabweichungskontrolle; *Münch* aaO 574), dh kein Austausch des spezifischen vertraglichen durch den gesetzlichen (idR durch den Teilhabegedanken bestimmten) Ausgleichsmechanismus (der lediglich die Obergrenze bildet; BGH FamRZ 05, 185, 188). IRd Korrektur unzumutbar gewordener Folgen einer zunächst wirksamen Regelung kann nur die Beseitigung des Rechtsmissbrauchs durch den begünstigten Ehegatten erreicht werden. Hierzu genügt ein **Ausgleich der konkreten ehebedingten Nachteile** unter weitgehender Aufrechterhaltung der ehevertraglichen Absichten (BGH FamRZ 05, 185, 187 – Berechnung VA –; 05, 1444, 1448, 1449, 1451 f – Berechnung Altersvorsorgeunterhalt –; zust *Münch* aaO 572 f).

§ 1409 Beschränkung der Vertragsfreiheit

Der Güterstand kann nicht durch Verweisung auf nicht mehr geltendes oder ausländisches Recht bestimmt werden.

1 **A. Verweisung auf nicht mehr geltendes Recht.** Die Norm beinhaltet im Interesse der Rechtsklarheit eine Einschränkung der Vertragsfreiheit dahin, dass die Eheleute durch Verweisung nur einen der im BGB genannten Güterstände vereinbaren dürfen. Das sind außer dem gesetzlichen Güterstand der Zugewinnge-

meinschaft die Gütergemeinschaft und die Gütertrennung. Die Bestimmung eines Güterstandes durch Verweisung auf nicht mehr geltendes Recht ist ausgeschlossen. Dazu zählen insbes das Güterrecht der früheren DDR sowie die vor dem Inkrafttreten des GleichberechtigungsG am 1.7.58 im Gesetz genannten Güterstände der Verwaltung und Nutznießung sowie der Errungenschafts- und Fahrnisgemeinschaft (Staud/*Thiele* Rn 8). Haben die Eheleute bis zum 2.10.92 in wirksamer Weise für die Fortgeltung des in der früheren DDR geltenden Güterstandes optiert, bleibt diese Option wirksam. Haben sie den Güterstand jedoch aufgehoben oder von der Optionsmöglichkeit keinen Gebrauch gemacht, können sie ihn nicht wieder herstellen (MüKo/*Kanzleiter* Rn 2 mwN). 2

Keine Bedenken bestehen gegen die Übernahme einzelner Regelungen aus früher bekannten Güterständen (MüKo/*Kanzleiter* Rn 1), da die Norm nur ein formales Verweisungsverbot enthält, die inhaltliche Gestaltungsfreiheit der Eheleute aber nicht einschränkt (Staud/*Thiele* Rn 2). 3

Ein Verstoß gegen § 1409 führt zur Nichtigkeit der getroffenen Vereinbarung (§ 134) mit der Folge, dass entweder der gesetzliche oder der bis zur Vereinbarung geltende vertragliche Güterstand gilt. 4

B. Verweisung auf geltendes ausländisches Recht. Auch die Vereinbarung eines einem ausländischen Recht bekannten Güterstandes durch Verweisung auf dieses Recht ist nicht zulässig. Das gilt allerdings dann nicht, wenn deutsches Recht gar nicht anwendbar ist. Außerdem ergeben sich Besonderheiten aus dem Kollisionsrecht des Art 15 II Nr 2 EGBGB. Danach kann auf ein ausländisches Recht verwiesen werden, wenn auch nur einer der Ehegatten den Mittelpunkt seines Lebens im Ausland hat, wobei die Rechtswahl der Form des Art 15 III, Art 14 IV 2 EGBGB, nicht der des § 1410 bedarf. Dieser Rechtswahl steht § 1409 nicht entgegen (Staud/*Thiele* Rn 12). 5

Hat eine Vereinbarung wie die der islamischen Morgengabe sowohl güterrechtlichen als auch unterhaltsrechtlichen Bezug, ist darauf abzustellen, worin das Schwergewicht des Ehevertrages zu sehen ist (zur Morgengabe: Köln IPRax 83, 73). 6

§ 1410 Form

Der Ehevertrag muss bei gleichzeitiger Anwesenheit beider Teile zur Niederschrift eines Notars geschlossen werden.

Über die in § 128 geregelte Form der notariellen Beurkundung hinaus regelt § 1410, dass der Ehevertrag nur bei gleichzeitiger Anwesenheit beider Ehegatten vor dem Notar geschlossen werden kann. Dadurch sollen die Ehegatten vor Übereilung geschützt und eine sachkundige Belehrung gesichert werden. Darüber hinaus dient die Norm der Beweissicherung und der Gewährleistung weitest möglicher Gültigkeit der getroffenen Vereinbarung (BaRoth/*Mayer* Rn 1). Getrennte Beurkundung von Angebot und Annahme sind somit hier nicht zulässig. 1

Gleichzeitige Anwesenheit ist nicht gleichbedeutend mit persönlicher Anwesenheit, weshalb Stellvertretung möglich ist. Lässt sich ein Ehegatte bei der Beurkundung vertreten – ggf auch durch einen vom Selbstkontrahierungsverbot befreiten Bevollmächtigten (LG Braunschweig NdsRpfl 00, 34) –, so soll die Vollmacht der Verhandlungsniederschrift entweder in Urschrift oder in beglaubigter Abschrift beigefügt werden (§ 12 S 1 BeurkG). Wegen der Fälle gesetzlicher Vertretung vgl § 1411. 2

Eheverträge iSd Norm sind solche zur Regelung der güterrechtlichen Verhältnisse (§ 1408 I) oder zum Ausschluss des Versorgungsausgleichs (§ 1408 II) einschließlich der Vereinbarung deren Aufhebung (Frankf FamRZ 01, 1523). Dazu rechnet aber auch der auf den Abschluss eines Ehevertrages gerichtete Vorvertrag (BGH FamRZ 66, 492) oder die einem Dritten gegenüber übernommene Verpflichtung zu dessen Abschluss (BGH FamRZ 04, 1353=FuR 05, 41; BaRoth/*Mayer* Rn 2), nicht aber die widerruflich erteilte Vollmacht zum Abschluss eines Ehevertrages (BaRoth/*Mayer* Rn 3) oder die nachträgliche Genehmigung des von einem vollmachtlosen Vertreter geschlossenen Vertrages (BGH NJW 98, 1857). 3

Da § 127a auch für Eheverträge gilt, kann die in § 1410 vorgesehene Form auch durch Protokollierung eines gerichtlichen Vergleichs ersetzt werden (MüKo/*Kanzleiter* Rn 7). Bei Anhängigkeit der Ehesache ist ein Ehevertrag iS § 1408 allerdings nur noch eine Regelung, die güterrechtlichen Verhältnisse für die Zeit vom Vertragsschluss bis zur Rechtskraft der Ehescheidung regelt. 4

Die Formbedürftigkeit erstreckt sich auf den gesamten Inhalt des Vertrages einschließlich aller Nebenabreden. Ein Verstoß gegen die Formvorschriften führt gem § 125 zur Gesamtnichtigkeit des Vertrages. 5

§ 1411 Eheverträge beschränkt Geschäftsfähiger und Geschäftsunfähiger

(1) ¹Wer in der Geschäftsfähigkeit beschränkt ist, kann einen Ehevertrag nur mit Zustimmung seines gesetzlichen Vertreters schließen. ²Dies gilt auch für einen Betreuten, soweit für diese Angelegenheit ein Einwilligungsvorbehalt angeordnet ist. ³Ist der gesetzliche Vertreter ein Vormund oder Betreuer, so ist außer der Zustimmung des gesetzlichen Vertreters die Genehmigung des Vormundschaftsgerichts erforderlich, wenn der Ausgleich des Zugewinns ausgeschlossen oder eingeschränkt oder wenn Gütergemeinschaft vereinbart oder aufgehoben wird. ⁴Der gesetzliche Vertreter kann für einen in der Geschäftsfähigkeit beschränkten Ehegatten oder einen geschäftsfähigen Betreuten keinen Ehevertrag schließen.

(2) ¹Für einen geschäftsunfähigen Ehegatten schließt der gesetzliche Vertreter den Vertrag; Gütergemeinschaft kann er nicht vereinbaren oder aufheben. ²Ist der gesetzliche Vertreter ein Vormund oder Betreuer, so kann er den Vertrag nur mit Genehmigung des Vormundschaftsgerichts schließen.

1   A. **Allgemeines.** Wegen der langfristigen und tiefgreifenden Auswirkungen des Ehevertrages auf die vermögensrechtlichen und persönlichen Verhältnisse der Ehegatten ist der gesetzliche Vertreter nicht befugt, für den Vertretenen einen Ehevertrag abzuschließen. Ist ein Ehegatte beschränkt geschäftsfähig oder als Betreuter nicht geschäftsunfähig, kann er den Ehevertrag nur selbst abschließen, bedarf dazu aber der Zustimmung des gesetzlichen Vertreters oder Betreuers, die unter bestimmten Voraussetzungen ihrerseits hierzu die Zustimmung des Vormundschaftsgerichts benötigen. Für geschäftsunfähige Ehegatten ist der Abschluss eines Ehevertrages mit bestimmt vorgegebenen Inhalten ausgeschlossen.

B. **Die Regelungen im Einzelnen. I. Der Ehegatte ist beschränkt geschäftsfähig oder steht als Geschäfts-**
2   **fähiger unter Betreuung (I).** Dieser Ehegatte kann den Ehevertrag nur selbst abschließen, nach I 4 niemals der gesetzliche Vertreter oder Betreuer. Der Ehegatte benötigt jedoch die Zustimmung des gesetzlichen Vertreters oder Betreuers, wobei zu differenzieren ist:

3   **1. Der Ehegatte ist minderjährig.** In diesem Fall benötigt der Ehegatte unabhängig vom Inhalt des Vertrages die Zustimmung seines gesetzlichen Vertreters (I 1).

4   **2. Der Ehegatte steht unter Betreuung.** Dieser Ehegatte benötigt die Zustimmung des Betreuers nur dann, wenn das Vormundschaftsgericht gem § 1903 einen entspr Einwilligungsvorbehalt angeordnet hat (I 2). Andernfalls ist die Anordnung der Betreuung für die Möglichkeit des Abschlusses eines Ehevertrages ohne Relevanz. Besteht ein Einwilligungsvorbehalt, gilt nicht § 1903 III, weshalb die Zustimmung des Betreuers losgelöst von der Frage der Vorteilhaftigkeit der Regelung erforderlich ist (Palandt/*Brudermüller* Rn 3).

5   **3. Erfordernis der Genehmigung durch das Vormundschaftsgericht.** Wird der beschränkt geschäftsfähige Ehegatte nicht durch seine Eltern, sondern einen Vormund vertreten oder liegt ein Fall der Betreuung mit entsprechendem Einwilligungsvorbehalt vor, bedürfen sowohl der Vormund als auch der Betreuer für ihre Zustimmung zum Ehevertrag der Genehmigung des Vormundschaftsgerichts, wenn
6   der Zugewinnausgleich ausgeschlossen oder eingeschränkt werden soll,
7   die Gütergemeinschaft vereinbart oder aufgehoben werden soll.
Nicht in I 3 aufgenommen ist der Ausschluss des Versorgungsausgleichs, was angesichts der Bedeutung einer derartigen Vereinbarung nicht verständlich ist und vermuten lässt, dass der Gesetzgeber diesen übersehen hat (Staud/*Thiele* Rn 14). Da der Versorgungsausgleich gem § 1414 S 2 jedoch auch zur Gütertrennung und damit zum Ausschluss des Zugewinnausgleichs führt, dürfte auch diese Vereinbarung genehmigungsbedürftig sein (Staud/*Thiele* Rn 14; Palandt/*Brudermüller* Rn 4; aA MüKo/*Kanzleiter* Rn 3).

8   **II. Der Ehegatte ist geschäftsunfähig (II).** In diesem Fall kann der gesetzliche Vertreter für ihn den Ehevertrag abschließen. Wird er allerdings nicht durch einen Elternteil, sondern durch einen Vormund oder Betreuer vertreten, bedürfen diese ihrerseits der Genehmigung des Vormundschaftsgerichts (II 2). In keinem Fall kann der gesetzliche Vertreter für den geschäftsunfähigen Ehegatten die Gütergemeinschaft vereinbaren oder eine bestehende Gütergemeinschaft aufheben.

§ 1412 Wirkung gegenüber Dritten

(1) Haben die Ehegatten den gesetzlichen Güterstand ausgeschlossen oder geändert, so können sie hieraus einem Dritten gegenüber Einwendungen gegen ein Rechtsgeschäft, das zwischen einem von ihnen und dem Dritten vorgenommen worden ist, nur herleiten, wenn der Ehevertrag im Güterrechtsregister des zuständigen Amtsgerichts eingetragen oder dem Dritten bekannt war, als das Rechtsgeschäft vorgenommen wurde; Einwendungen gegen ein rechtskräftiges Urteil, das zwischen einem der Ehegatten und dem Dritten ergangen ist, sind nur zulässig, wenn der Ehevertrag eingetragen oder dem Dritten bekannt war, als der Rechtsstreit anhängig wurde.

(2) Das gleiche gilt, wenn die Ehegatten eine im Güterrechtsregister eingetragene Regelung der güterrechtlichen Verhältnisse durch Ehevertrag aufheben oder ändern.

1   A. **Allgemeines.** Da durch Eheverträge die Verpflichtungs- und Verfügungsbefugnisse der Ehegatten, ihre Haftung für Verbindlichkeiten und sogar die dingliche Zuordnung von Vermögensgegenständen berührt sein können, können sie Auswirkungen auch auf das Außenverhältnis zu Dritten haben, weshalb es des Schutzes dieser Dritten bedarf.

Der Dritte soll aber nur auf das Schweigen des Güterrechtsregisters vertrauen dürfen (negative Publizität). 2
Solange es keine entgegenstehenden Eintragungen enthält, kann der Dritte darauf vertrauen, dass für die Ehegatten der gesetzliche Güterstand der Zugewinngemeinschaft gilt. Die Norm gilt auch nur für materiellrechtlich tatsächlich eingetretene Änderungen der güterrechtlichen Verhältnisse. Ergeben sich Einwendungen eines Ehegatten aus der Unwirksamkeit eines von einem Dritten für wirksam gehaltenen Ehevertrages, will der Ehegatte sich zB auf dessen Nichtigkeit berufen, kann er dies ohne Rücksicht darauf tun, ob die unwirksame Änderung der güterrechtlichen Verhältnisse im Register eingetragen war.

Die Eintragung ins Güterrechtsregister hat keine konstitutive Wirkung; Eheverträge bedürfen zu ihrer Wirksamkeit nicht der Eintragung ins Güterrechtsregister, wie umgekehrt diese Eintragung einen unwirksamen Vertrag nicht wirksam werden lässt. Auch für das Innenverhältnis der Ehegatten zueinander ist allein die wirkliche güterrechtliche Situation maßgeblich, nicht der Inhalt des Güterrechtsregisters. 3

Vorschriften über das Güterrechtsregister als solches enthalten die §§ 1558 ff. 4

B. Inhalt und Wirkung des Schutzes der Eintragung. In das Güterrechtsregister können eingetragen werden der Ausschluss und die Aufhebung des gesetzlichen Güterstandes mit der Folge, dass Gütertrennung eintritt (§ 1414), die Beendigung der Zugewinngemeinschaft kraft Gesetzes (zB gem § 1388), die Modifizierung der Zugewinngemeinschaft zB dahingehend, dass bei Auflösung der Ehe auf andere Weise als durch den Tod eines Ehegatten kein Zugewinnausgleich stattfindet (Köln FamRZ 94, 1256=FuR 94, 377 m Anm *Derleder*), die Aufhebung der Gütergemeinschaft und damit gem § 1412 S 2 subsidiärer Eintritt der Gütertrennung, Aufhebung der Gütergemeinschaft kraft Gesetzes auf Grund entspr Aufhebungsurteils (§ 1470) sowie Änderungen der Verwaltungsbefugnisse innerhalb der Gütergemeinschaft (§ 1418 IV). Eintragungsfähig sind auch Änderungen im Hinblick auf die gesetzliche Vertretungsbefugnis nach § 1357, also deren Beschränkung oder gänzlicher Ausschluss (Palandt/*Brudermüller* Rn 4), nicht aber Modifikationen der Gütertrennung in Richtung auf eine Zugewinngemeinschaft (Schlesw FamRZ 95, 1586). 5

Die Eintragung bewirkt nur einen Schutz für rechtsgeschäftliches Handeln und auch hier nur dahingehend, dass der Dritte grds davon ausgehen kann, dass zwischen Eheleuten der gesetzliche Güterstand gilt. Hiervon abweichende Vereinbarungen sind dem Dritten gegenüber nur dann wirksam, wenn sie im Güterrechtsregister eingetragen oder ihm sonst bekannt sind. 6

Der Schutz erstreckt sich nicht auf Rechtsgeschäfte der Ehegatten untereinander und auch nicht auf diejenigen Dritter zueinander, die etwa miteinander ein Rechtsgeschäft im Vertrauen auf die Richtigkeit einer Eintragung im Güterrechtsregister vereinbart haben. Ausgeschlossen sind nur Einwendungen der Ehegatten gegen die Wirksamkeit eines Rechtsgeschäftes gegenüber dem Partner eben dieses Geschäftes, während es im Übrigen auf die tatsächliche Rechtslage ankommt (MüKo/*Kanzleiter* Rn 5). Der Schutz des Registers umfasst auch nicht weitergehende Ansprüche und Rechtsverhältnisse, zB Ansprüche aus unerlaubter Handlung, auf gesetzlichen Unterhalt und gilt auch nicht für die Zwangsvollstreckung (BaRoth/*Mayer* Rn 7). 7

Voraussetzung für den Schutz durch das Güterrechtsregister ist weiter, dass die Registereintragung zum Zeitpunkt der Vornahme des Rechtsgeschäfts oder der Anhängigkeit des Rechtsstreits bereits erfolgt war. Kommt es auf die tatsächliche Kenntnis des Dritten von der güterrechtlichen Verhältnissen an, so müssen diesem die wesentlichen Tatsachen bekannt sein, aus denen sich der Schluss auf die Änderung der Rechtsverhältnisse ergibt (MüKo/*Kanzleiter* Rn 8). Fahrlässige, auch grob fahrlässige Unkenntnis steht dem nicht gleich. 8

C. Ausschluss und Ende des Schutzes der Eintragung. Der durch das Güterrechtsregister gegebene Schutz endet mit der Änderung, der Löschung der Eintragung, der Beendigung der Ehe und gem § 1559 mit der Verlegung des Wohnsitzes, wenn an dem für den neuen Wohnsitz zuständigen Registergericht keine entspr Eintragung vorgenommen wird. 9

D. Verhältnis zu ähnlich gelagerten Vorschriften. Neben § 1412 sind die Vorschriften über den Schutz gutgläubiger Dritter, insbes diejenigen über den gutgläubigen Erwerb im Sachenrecht uneingeschränkt anwendbar. Welche Norm jeweils Anwendung findet, hängt davon ab, worauf sich der gute Glaube stützt. 10

§ 1413 Widerruf der Überlassung der Vermögensverwaltung

Überlässt ein Ehegatte sein Vermögen der Verwaltung des anderen Ehegatten, so kann das Recht, die Überlassung jederzeit zu widerrufen, nur durch Ehevertrag ausgeschlossen oder eingeschränkt werden; ein Widerruf aus wichtigem Grund bleibt gleichwohl zulässig.

A. Allgemeines. Jeder Ehegatte kann dem anderen die Befugnis einräumen, sein Vermögen als Ganzes oder Teile davon zu verwalten. Der Verwaltervertrag ist kein Ehevertrag und bedarf deshalb nicht der Form der §§ 1410, 1411. 1

Wie der Verwaltervertrag selbst ist auch der Widerruf der Verwaltungsbefugnis jederzeit formlos möglich (RGZ 91, 363). Nur dann, wenn die Widerrufsmöglichkeit ausnahmsweise eingeschränkt oder ausgeschlossen werden soll, bedarf es hierzu eines Ehevertrages in der Form des § 1410. Auch dann, wenn von dieser Möglichkeit Gebrauch gemacht worden ist, bleibt der Widerruf aus wichtigem Grund jederzeit möglich. 2

3 **B. Vermögensverwaltung durch den anderen Ehegatten. I. Zustandekommen des Verwaltervertrages.** Die Überlassung der Vermögensverwaltung erfolgt durch schuldrechtlichen Vertrag, der auch durch schlüssiges Handeln zustande kommen kann (Haussleiter/*Schulz* Kap 6 Rn 338). Vorhanden sein muss aber Rechtsbindungswillen beider Ehegatten, das bei reinen Gefälligkeitsverhältnissen fehlt und zB dann nicht angenommen werden kann, wenn der Ehegatte iRd Beistandspflicht (§ 1353) oder aus Gefälligkeit faktisch die finanziellen Angelegenheiten des anderen erledigt (BGH FamRZ 88, 42; NJW 86, 1871), auch nicht über einen längeren Zeitraum (Karlsr FamRZ 83, 1250). Bloßes Dulden von Vermögensverwaltungshandlungen eines Ehegatten, der dem anderen dessen Vermögen vorenthält (Staud/*Thiele* Rn 5) reicht für die Annahme eines Verwaltervertrages nicht aus, ebenso Erteilung von Bankvollmachten (BGH FamRZ 01, 23, 24=FuR 00, 491), Dulden der Vereinnahmung von Bargeld bei Mitarbeit in einer Arztpraxis (BGH FamRZ 86, 558) oder Erteilung einer Generalvollmacht, da Vollmachten nur Dritten gegenüber Vertretungsmacht begründen, aber keinen Schluss auf einen im Innenverhältnis bestehenden Rechtsbindungswillen zulassen (BGH FamRZ 01, 23, 24=FuR 00, 491). Übernimmt ein Ehegatte einvernehmlich die Wirtschaftsführung allein, so entsteht daraus auch dann kein Auftragsverhältnis, wenn die verfügbaren Mittel im Wesentlichen aus den Einkünften des anderen rühren (BGH FamRZ 01, 3=FuR 00, 491; Frankf OLGR 94, 246).

4 An die Feststellung eines Verwaltervertrages dürfen keine geringen Anforderungen gestellt werden (BGH FamRZ 86, 558, 559), weshalb Rechtsbindungswille unter Eheleuten regelmäßig nicht festzustellen und ein Verwaltervertrag nur ausnahmsweise anzunehmen sein wird. Denn durch die Regelung der Aufgabenbereiche schenken sich Ehegatten besonderes Vertrauen, weshalb dem wirtschaftenden Teil nicht einseitig das Risiko auferlegt werden kann, im Nachhinein Aufgaben möglicherweise nicht mehr mit der gleichen Genauigkeit angeben und belegen zu können, wie das in Rechtsverhältnissen ohne Inanspruchnahme personalen Vertrauens erforderlich und geboten ist (BGH FamRZ 01, 23=FuR 00, 491 m zust Anm *Kogler* MDR 00, 1436). Ist ein Ehegatte bei Abschluss des Verwaltervertrages in seiner Geschäftsfähigkeit eingeschränkt, gelten §§ 107 ff, nicht § 1411 (Staud/*Thiele* Rn 5).

5 **II. Rechtsstellung des Verwalters.** Das Rechtsverhältnis zwischen den Ehegatten bestimmt sich bei Überlassung der Vermögensverwaltung nach Auftragsrecht, wenn eine Vergütung nicht geschuldet wird (BGHZ 31, 204). Bei Vergütungspflicht ist die Vermögensverwaltung entgeltliche Geschäftsbesorgung iS § 675, auf die gleichfalls Auftragsrecht Anwendung findet. Deshalb trifft den verwaltenden Ehegatten die Rechtspflicht zur ordnungsgemäßen Verwaltung. Verletzt er diese, ist er dem Vermögensinhaber zum Schadensersatz verpflichtet, wobei er aber nur für Vorsatz und grobe Fahrlässigkeit haftet (§§ 1359, 277). Der Vermögensinhaber ist weisungsbefugt (§ 665). Den Verwalter trifft nach § 666 die Pflicht, Auskunft zu erteilen und Rechenschaft zu legen (Köln FamRZ 99, 298). Daneben ist er zur Herausgabe des aus der Verwaltung Erlangten verpflichtet (§ 667). Ansprüche aus unerlaubter Handlung bleiben unberührt.

6 **C. Einschränkung oder Ausschluss der Widerrufsmöglichkeit.** Der Widerruf der Überlassung der Vermögensverwaltung ist jederzeit möglich und zulässig, die Beschränkung oder der Ausschluss dieser Möglichkeit dagegen regelmäßig nicht, es sei denn, Beschränkung oder Ausschluss der Widerrufsmöglichkeit sind in der Form des Ehevertrages (§§ 1410, 1411) vereinbart. Auch dann bleibt der Widerruf aus wichtigem Grund stets zulässig. Ein solcher liegt vor, wenn dem die Verwaltung überlassenden Ehegatten die Fortsetzung des Verwaltervertrages unter Berücksichtigung der Umstände des Einzelfalles unzumutbar ist (Staud/*Thiele* Rn 24). Das ist zB bei Scheitern der Ehe oder Verstoß gegen die Grundsätze ordnungsgemäßer Verwaltung der Fall.

7 **D. Prozessuales.** Die Beweislast für die Überlassung der Vermögensverwaltung trägt der Ehegatte, der sich auf sie beruft. Eine Vermutung hierfür besteht nicht und folgt auch nicht daraus, dass die Eheleute in gutem Einvernehmen leben. Dies spricht eher für fehlenden Rechtsbindungswillen.

Kapitel 2 Eintritt der Gütertrennung

§ 1414 Eintritt der Gütertrennung

¹Schließen die Ehegatten den gesetzlichen Güterstand aus oder heben sie ihn auf, so tritt Gütertrennung ein, falls sich nicht aus dem Ehevertrag etwas anderes ergibt. ²Das gleiche gilt, wenn der Ausgleich des Zugewinns oder der Versorgungsausgleich ausgeschlossen oder die Gütergemeinschaft aufgehoben wird.

1 **A. Allgemeines.** Die Norm erwähnt die Gütertrennung nur und gestaltet sie als Auffangtatbestand aus, ohne Wesen und Inhalt der Gütertrennung zu regeln. Wird umgekehrt die Gütertrennung aufgehoben, gilt die Zugewinngemeinschaft (Staud/*Thiele* vor § 1414 Rn 25). Die Vereinbarung der Gütertrennung kann ins Güterrechtsregister eingetragen werden (Schlesw FamRZ 95, 1586).

2 Das Wesen der Gütergemeinschaft besteht darin, dass sich die Eheleute wie Unverheiratete gegenüber stehen. Die Ehegatten haben volle Freiheit über ihr Vermögen miteinander oder mit Dritten Vereinbarungen zu tref-

fen. Besonderheiten gelten nur für Ehewohnung und Hausrat. Bei Gütertrennung erlangen die wechselseitigen vermögensrechtlichen Ansprüche außerhalb des Güterrechts besondere Bedeutung.

B. Eintritt der Gütertrennung. Gütertrennung tritt in folgenden Fällen ein: 3
1. Die Ehegatten schließen den gesetzlichen Güterstand durch Ehevertrag (§§ 1408, 1411) bereits vor der Eheschließung aus, ohne einen anderen Güterstand vereinbart zu haben (S 1).
2. Die Ehegatten heben während laufender Ehe den bereits bestehenden gesetzlichen Güterstand durch Ehevertrag (§§ 1408, 1410) auf, ohne einen anderen Güterstand vereinbart zu haben (S 1).
3. Die Ehegatten heben während laufender Ehe die zwischen ihnen bestehende Gütergemeinschaft auf, ohne etwas anderes, nämlich die Zugewinngemeinschaft, vereinbart zu haben (S 2).
4. Die Ehegatten belassen es zwar im Grundsatz beim gesetzlichen Güterstand, schließen aber durch Ehevertrag den Ausgleich des Zugewinns aus (S 2). In diesem Fall entfällt die der Zugewinngemeinschaft eigentümliche vermögensrechtliche Gemeinschaft. Gütertrennung tritt nur dann nicht ein, wenn der Ehevertrag ausdrücklich etwas anderes vorsieht.
5. Ein Urteil auf vorzeitigen Ausgleich des Zugewinns wird rechtskräftig (§§ 1385 ff, 1388).
6. Ein Urteil auf Aufhebung der Gütergemeinschaft wird rechtskräftig (§§ 1449 I, 1470 I).
7. Die Ehegatten schließen den Versorgungsausgleich aus, ohne im Ehevertrag sicherzustellen, dass der damit von Gesetzes wegen verbundene Eintritt der Gütertrennung nicht gewollt ist (S 2). Der Sinn dieser Regelung ist nicht ohne weiteres erkennbar. Nachvollziehbar ist aber, dass bei Ehegatten, die den für die Altersvorsorge bedeutsamen Versorgungsausgleich nicht wollen, vermutet werden kann, dass sie auch die der Zugewinngemeinschaft zu Grunde liegende Gleichteilungsidee ablehnen (*Rauscher* § 18 Rn 443). Den den Ehevertrag beurkundenden Notar trifft die Amtspflicht, über die Rechtsfolge des S 2 zu belehren. Wird der Versorgungsausgleich unwirksam, weil zB innerhalb eines Jahres Scheidungsantrag gestellt wird, entfällt die hieran gekoppelte Gütertrennung (Ba*Roth/Mayer* Rn 6).

Die Norm ist auf die Aufhebung anderer, individuell gestalteter Güterstände entspr anwendbar (*Rauscher* § 18 4
Rn 443).

C. Wesen der Gütertrennung. In der Gütergemeinschaft fehlen güterrechtliche Bindungen und Beziehun- 5
gen der Eheleute zueinander. Ihre Vermögen bleiben voneinander getrennt, was aber die Bildung von Gemeinschaftsvermögen nicht ausschließt. Die Verfügungsbeschränkungen der §§ 1365 ff gelten nicht. Es gibt nach Beendigung der Ehe durch Scheidung keinen Ausgleichsanspruch nach § 1378 I und im Falle des Todes eines Ehegatten keine Erhöhung des gesetzlichen Erbteils nach § 1371 I.

Gleichwohl bestehen vermögensrechtliche Verflechtungen der Eheleute, die sich aus dem Wesen der Ehe und 6
dem gemeinsamen Wirtschaften ergeben. Diese folgen aus der gesetzlichen Verpflichtung zum Familienunterhalt beizutragen (§ 1360) und aus der aus § 1353 folgenden Pflicht zur ehelichen Lebensgemeinschaft, nach der dem Ehegatten die Mitbenutzung auch der im Alleineigentum stehenden Ehewohnung oder des im Alleineigentum stehenden Hausrats ermöglicht werden muss. Auch bei Gütertrennung gilt für in der Ehe angeschafften Hausrat die Miteigentumsvermutung des § 8 II HausratsVO.

Die Gütertrennung lässt keine güterrechtlichen Vereinbarungen zu. Insbes kann die Gütertrennung nicht 7
dahingehend modifiziert werden, dass wesentliche Inhalte des gesetzlichen Güterstandes der Zugewinngemeinschaft übernommen werden (Schlesw FamRZ 95, 1586).

Eine spezielle Pflicht zur Auskunftserteilung über die eigenen Vermögensverhältnisse besteht nicht. Es gilt 8
jedoch auch hier § 1353 I, weshalb auch hier die aus dieser Norm folgende Unterrichtungspflicht gilt (BGH FamRZ 76, 516, 517).

Im Fall der Auflösung der Ehe gewinnen vermögensrechtliche Ausgleichsansprüche außerhalb des Güter- 9
rechts (Gesamtschuldnerausgleich, Auseinandersetzung von Miteigentum, Rückgewähr ehebedingter Zuwendungen, Ansprüche aus Ehegatteninnengesellschaft) besondere Bedeutung.

Die Gütertrennung endet durch Ehevertrag, mit dem ein anderer Güterstand vereinbart wird, wobei auch die 10
Vereinbarung rückwirkender Aufhebung und Geltung der Zugewinngemeinschaft wirksam ist (BGH FamRZ 98, 903). Sie endet ferner mit Auflösung der Ehe durch den Tod eines Ehegatten oder den Eintritt der Rechtskraft eines Urteils auf Aufhebung oder Scheidung der Ehe.

Kapitel 3   Gütergemeinschaft

Vorbemerkungen vor §§ 1415 ff

(*Literatur zur Gütergemeinschaft: Wittich, Die Gütergemeinschaft und ihre Auseiandersetzung, Neuwied, 2000*)
Das Wesen der Gütergemeinschaft besteht darin, dass das in die Ehe eingebrachte und später erworbene Ver- 1
mögen beider Eheleute zu einem gemeinschaftlichen Vermögen zusammengefasst wird, dem Gesamtgut, das regelmäßig gemeinschaftlich verwaltet wird, solange nicht durch Vertrag etwas Anderes bestimmt ist. Insbesondere ist es zulässig, die Verwaltung auch einem Ehegatten allein zu übertragen.

2 Neben dem Gesamtgut gibt es das Sondergut beider Ehegatte, das aus deren rechtsgeschäftlich nicht übertragbaren Vermögensgegenständen zusammengesetzt ist, sowie ihr jeweiliges Vorbehaltsgut.

3 Wegen der weitgehenden Vereinigung der beiderseitigen Vermögensmassen wurde die Gütergemeinschaft als der vollkommenste Ausdruck der idealen Ehe angesehen (*Bosch* FamRZ 54, 149, 154), weshalb sie vor dem Inkrafttreten des BGB weit verbreitet war. Gleichwohl ist sie nicht zum Regelgüterstand erhoben worden. Heute ist sie der einzige vom Gesetz geregelte Wahlgüterstand, der gewisse Parallelen zu der bis zum 1.7.58 geltenden Errungenschaftsgemeinschaft aufweist. Angesichts der Kompliziertheit ihrer Regeln und wegen der mit ihr verbundenen Risiken und Abhängigkeiten der Partner voneinander kommt ihr jedoch keine große praktische Bedeutung mehr zu. Anzutreffen ist sie am ehesten noch in den ländlichen Bereichen Süddeutschlands.

4 Die Gütergemeinschaft gewährt den Ehegatten bei gemeinsamer Verwaltung einen erheblich besseren Schutz vor Vermögensverfügungen des jeweils anderen, der in der Zugewinngemeinschaft durch § 1365 nur unzureichend zur Verfügung steht. Besser ausgeprägt ist auch der Schutz des in einen landwirtschaftlichen Betrieb einheiratenden Ehegatten, da der Gütergemeinschaft eine Privilegierung wie die nach § 1376 IV fremd ist. Zu berücksichtigen sind andererseits erbrechtliche Konsequenzen. So gilt die Erhöhung des gesetzlichen Erbteils des Ehegatten gem § 1371 I ausdrücklich nur für die Zugewinngemeinschaft, während § 1931 IV eine gesonderte Besserstellung des Ehegatten nur für den Fall der Gütertrennung beinhaltet. Aus steuerrechtlicher Sicht ist zu beachten, dass derjenige Ehegatte, der das geringere Vermögen in die Gütergemeinschaft einbringt, durch sie eine Bereicherung erfährt, die nach § 7 I Nr 4 EStG schenkungssteuerpflichtig sein kann. Überlebt derjenige Ehegatte, der das größere Vermögen eingebracht hat und wird er zum Erben des anderen, so kann, sofern die Freigrenzen der §§ 16 I Nr 1, 17 I EStG überschritten sind, der Rückerwerb seines früheren Alleinvermögens der Erbschaftssteuer unterworfen sein (*Bergschneider* Verträge in Familiensachen Rn 611).

5 Wegen der weitgehenden praktischen Bedeutungslosigkeit der Gütergemeinschaft wird im Folgenden von einer umfassenderen Kommentierung der zahlreichen Vorschriften abgesehen.

Unterkapitel 1   Allgemeine Vorschriften

§ 1415   Vereinbarung durch Ehevertrag

Vereinbaren die Ehegatten durch Ehevertrag Gütergemeinschaft, so gelten die nachstehenden Vorschriften.

1 Die Gütergemeinschaft wird durch Ehevertrag begründet. Dieser bedarf gem § 1410 der notariellen Beurkundung. Ein ohne Beachtung dieser Form geschlossener Vertrag ist nichtig.

2 Um Wirkungen gegenüber Dritten begründen zu können, ist daneben die Eintragung des Ehevertrages in das Güterrechtsregister des zuständigen AG erforderlich (§ 1412).

§ 1416   Gesamtgut

(1) ¹Das Vermögen des Mannes und das Vermögen der Frau werden durch die Gütergemeinschaft gemeinschaftliches Vermögen beider Ehegatten (Gesamtgut). ²Zu dem Gesamtgut gehört auch das Vermögen, das der Mann oder die Frau während der Gütergemeinschaft erwirbt.

(2) Die einzelnen Gegenstände werden gemeinschaftlich; sie brauchen nicht durch Rechtsgeschäft übertragen zu werden.

(3) ¹Wird ein Recht gemeinschaftlich, das im Grundbuch eingetragen ist oder in das Grundbuch eingetragen werden kann, so kann jeder Ehegatte von dem anderen verlangen, dass er zur Berichtigung des Grundbuchs mitwirke. ²Entsprechendes gilt, wenn ein Recht gemeinschaftlich wird, das im Schiffsregister oder im Schiffsbauregister eingetragen ist.

1 Hinsichtlich des Vermögens ist zwischen dem Sondergut, dem Vorbehaltsgut und dem Gesamtgut zu unterscheiden. Grundsätzlich gilt das Vermögen als gemeinsames, so dass alles Gesamtgut ist, was nicht ausdrücklich Sonder- oder Vorbehaltsgut ist. Für Verbindlichkeiten gilt dasselbe. Für die Zugehörigkeit des Vermögens zum Gesamtgut streitet somit eine Vermutung.

2 Zum Gesamtgut zählen zB Grundstücke, Sparbücher, das regelmäßige Arbeits- oder Renteneinkommen, Einkünfte aus Vermietung und Verpachtung (BGH NJW 90, 2253) und der gesamte Hausrat, persönliche Bedarfsgegenstände wie Kleidung und dem Hobby dienende Gegenstände (*Haussleiter/Schulz* Kap 2 Rn 4). Dasselbe gilt für Schadensersatzansprüche aus einem Verkehrsunfall eines Ehegatten (BGH FamRZ 94, 295).

3 Unerheblich ist, ob die Gegenstände von Beginn der Gütergemeinschaft an vorhanden waren oder erst später hinzuerworben worden sind. Im Fall der Zuerwerbs vollzieht sich der Rechtsübergang nach II kraft Gesetzes, so dass es auch nicht darauf ankommt, ob der Erwerber überhaupt für die Gemeinschaft hat erwerben wol-

len (Palandt/*Brudermüller* § 1416 Rn 3). An im Güterstand der Gütergemeinschaft lebende Ehegatten sind Grundstücke deshalb auch an beide aufzulassen (BGH FamRZ 82, 356). Es wird kein Bruchteilseigentum begründet, so dass in das Grundbuch die gemeinschaftliche Berechtigung der Eheleute unter Angabe der für sie maßgeblichen Rechtsverhältnisse einzutragen ist (§ 47 GBO).

Hinsichtlich des Gesamtguts besteht zwischen den Ehegatten eine Gemeinschaft zur gesamten Hand (RGZ 129, 120). Beide Ehegatten sind Miteigentümer der zum Gesamtgut zählenden Vermögensgegenstände. Sie können somit weder über ihren Anteil am Gesamtgut verfügen, noch können sie dessen Teilung verlangen.

Die Verwaltung des Gesamtguts richtet sich nach §§ 1422 – 1449 wenn es durch nur einen Ehegatten verwaltet wird und nach §§ 1450 – 1470, wenn die Verwaltung durch beide erfolgt.

§ 1417 Sondergut

(1) Vom Gesamtgut ist das Sondergut ausgeschlossen.
(2) Sondergut sind die Gegenstände, die nicht durch Rechtsgeschäft übertragen werden können.
(3) ¹Jeder Ehegatte verwaltet sein Sondergut selbständig. ²Er verwaltet es für Rechnung des Gesamtguts.

Zum Sondergut zählt dasjenige Vermögen, das nicht durch Rechtsgeschäft übertragen werden kann. Das sind zB gem §§ 399, 400 nicht abtretbare oder unpfändbare Ansprüche wie die nicht abtretbaren Teile der Lohn- und Gehaltsansprüche, Unterhaltsansprüche, soweit sie iSd §§ 850 ff ZPO unpfändbar sind, sowie Forderungen aus Urheberrechten. Dasselbe gilt für Nießbrauchsrechte und persönliche Dienstbarkeiten, die gem § 1059 bzw § 1092 I nicht übertragbar sind. Zum Sondergut rechnen weiter Gesellschaftsanteile an einer OHG oder die als persönlich haftende Gesellschafter einer KG.

Nicht zum Sondergut gehören dagegen solche Rechte, die nicht ihrem Wesen nach, sondern nur kraft Parteivereinbarung nicht übertragbar sind (Palandt/*Brudermüller* § 1417 Rn 3). Denn der Umfang des Sonderguts ist durch das Gesetz erschöpfend festgelegt, so dass eine entsprechende Anwendung auf andere Vermögensgegenstände nicht in Betracht kommt.

Gem III verwaltet jeder Ehegatte sein Sondergut selbst. Er bleibt auch dessen Alleineigentümer. Die Verwaltung erfolgt jedoch für Rechnung des Gesamtguts, so dass diesem auch die Nutzungen zufallen, soweit sie durch Rechtsgeschäft übertragbar sind. Ebenso wie die Nutzungen des Gesamtguts sind sie vorrangig für den Familienunterhalt einzusetzen. Wirtschaftlich ist das Sondergut deshalb dem Gesamtgut zuzurechnen.

§ 1418 Vorbehaltsgut

(1) Vom Gesamtgut ist das Vorbehaltsgut ausgeschlossen.
(2) Vorbehaltsgut sind die Gegenstände,
1. die durch Ehevertrag zum Vorbehaltsgut eines Ehegatten erklärt sind,
2. die ein Ehegatte von Todes wegen erwirbt oder die ihm von einem Dritten unentgeltlich zugewendet werden, wenn der Erblasser durch letztwillige Verfügung, der Dritte bei der Zuwendung bestimmt hat, dass der Erwerb Vorbehaltsgut sein soll,
3. die ein Ehegatte auf Grund eines zu seinem Vorbehaltsgut gehörenden Rechts oder als Ersatz für die Zerstörung, Beschädigung oder Entziehung eines zum Vorbehaltsgut gehörenden Gegenstandes oder durch ein Rechtsgeschäft erwirbt, das sich auf das Vorbehaltsgut bezieht.
(3) ¹Jeder Ehegatte verwaltet das Vorbehaltsgut selbständig. ²Er verwaltet es für eigene Rechnung.
(4) Gehören Vermögensgegenstände zum Vorbehaltsgut, so ist dies Dritten gegenüber nur nach Maßgabe des § 1412 wirksam.

A. Wesen des Vorbehaltsguts. Vorbehaltsgut steht im Alleineigentum jeweils eines Ehegatten und wird von ihm selbständig und auf eigene Rechnung verwaltet (III). Der Ehegatte hat das alleinige Verfügungsrecht und auch das Recht, die Nutzungen zu ziehen. Nur hilfsweise stehen sie für den Familienunterhalt zur Verfügung (§ 1420).

Wegen der Trennung des Vorbehaltsguts vom Gesamtgut und dem Vermögen des anderen Ehegatten besteht insoweit zwischen den Eheleuten Gütertrennung.

B. Begründung des Vorbehaltsguts. Begründet werden kann Vorbehaltsgut auf dreierlei Weise:

I. Ehevertrag (II Nr. 1). Durch den in der Form des § 1410 geschlossenen Ehevertrag kann vereinbart werden, dass einzelne Vermögensgegenstände nicht in das Gesamtgut fallen und damit Vorbehaltsgut werden. Diese Möglichkeit besteht auch für Inbegriffe von Vermögen, die nach gewissen Kriterien bestimmt sein können. So ist es zB möglich, das Vorbehaltsgut nach dem Erwerbsgrund zu bestimmen und zu regeln, dass zu ihm all das zählt, was ein Ehegatte dem anderen schenkt (KG OLGR 12, 310).

5 **II. Bestimmung Dritter (II Nr. 2).** Vermögen kann dann Vorbehaltsgut eines Ehegatten werden, wenn dieser es von einem Dritten erhält, sei es durch unentgeltliche Zuwendung oder durch letztwillige Verfügung. Voraussetzung ist dabei aber, dass der Dritte bei der Zuwendung zum Ausdruck bringt, dass der zugewendete Gegenstand nicht in das Gesamtgut fallen soll.

6 **III. Erwerb eines Ersatzstückes (II Nr. 3).** Dem Ehegatten soll die Möglichkeit verbleiben, sein Vorbehaltsgut ungeschmälert zu erhalten. Wird deshalb ein Teil des Vorbehaltsguts zerstört, beschädigt oder entzogen, fällt auch der aus der Entschädigung – etwa der Versicherungsleistung – angeschaffte Ersatz in das Vorbehaltsgut. Dasselbe gilt für den Fall, dass aus Mitteln des Vorbehaltsguts Anschaffungen getätigt werden. Hierbei ist allerdings Voraussetzung, dass subjektiv die Absicht besteht, dass der angeschaffte Gegenstand dem Vorbehaltsgut zufallen soll. Unter dieser Voraussetzung fällt schließlich auch dasjenige in das Vorbehaltsgut, was aus dessen Erträgen erworben worden ist.

7 **C. Wirksamkeit gegenüber Dritten (IV).** Solange das Vorbehaltsgut nicht als solches in das Güterrechtsregister eingetragen ist, können hierauf Dritten gegenüber keine Einwendungen gestützt werden (IV iVm § 1412). Deshalb sollten die zum Vorbehaltsgut erklärten Gegenstände aus Gründen der Beweissicherung listenmäßig erfasst und die Listen zum Bestandteil des Ehevertrages gemacht werden (*Bergschneider* Rn 623).

§ 1419 Gesamthandsgemeinschaft

(1) Ein Ehegatte kann nicht über seinen Anteil am Gesamtgut und an den einzelnen Gegenständen verfügen, die zum Gesamtgut gehören; er ist nicht berechtigt, Teilung zu verlangen.
(2) Gegen eine Forderung, die zum Gesamtgut gehört, kann der Schuldner nur mit einer Forderung aufrechnen, deren Berichtigung er aus dem Gesamtgut verlangen kann.

§ 1420 Verwendung zum Unterhalt

Die Einkünfte, die in das Gesamtgut fallen, sind vor den Einkünften, die in das Vorbehaltsgut fallen, der Stamm des Gesamtguts ist vor dem Stamm des Vorbehaltsguts oder des Sondergutes für den Unterhalt der Familie zu verwenden.

1 Der Unterhalt der Familie ist vorrangig aus den in das Gesamtgut fallenden Einkünften, danach aus den Einkünften, die in das Vorbehaltsgut fallen, danach aus dem Stamm des Gesamtguts und zuletzt aus dem Stamm des Vorbehalts- und des Sonderguts zu bezahlen. Dieser Umstand hat erhebliche Auswirkungen auf die Durchsetzung von Unterhaltsansprüchen während des Bestehens der Gütergemeinschaft, da das für den Unterhalt relevante Vermögen beiden Ehegatten gleichermaßen gesamthänderisch zur Verfügung steht. Aus diesem Grunde sind unterhaltsrechtliche Fragen in der Gütergemeinschaft auf der Ebene der Verwaltung des Gesamtgutes zu lösen (vgl *Eschenbruch* Rn 1939 mwN).

2 Die Vorschrift des § 1420 gilt nicht nur für den Familienunterhalt gem § 1360, sondern auch für den Trennungsunterhalt nach § 1361 (BGH NJW 90, 2253), so dass auch dieser vorrangig aus dem Gesamtgut zu befriedigen ist. Da dieses im Regelfall gemeinschaftlich verwaltet wird, folgt daraus, dass der unterhaltsbedürftige Ehegatte den erforderlichen Unterhalt auch dann nicht einfach dem Gesamtgut entnehmen darf, wenn er im Besitz von Teilen des Vermögensstammes ist, sondern auch in dem Fall der Mitwirkung des anderen bedarf, sofern ihm nicht ausdrücklich oder konkludent das Recht eingeräumt worden ist, das gemeinsame Vermögen zur Deckung des eigenen Unterhaltsbedarfs zu verwenden (München FamRZ 96, 166).

3 Auch wenn er nicht im Besitz des Vermögensstammes ist, kann er nicht auf Zahlung des angemessenen Unterhalts klagen, da er aus diesem Titel nur in das Sonder- oder Vorbehaltsgut des unterhaltspflichtigen Ehegatten vollstrecken könnte, das aber gerade nicht für den Unterhalt verwendet werden soll (BGH NJW 90, 2253). Deshalb wäre eine Klage auf Zahlung des angemessenen Unterhalts unzulässig (Zweibrücken FamRZ 98, 239).

4 Beansprucht werden kann stattdessen nur die Mitwirkung des anderen Ehegatten an einer ordnungsgemäßen Verwaltung (§ 1451), zu der auch die Mitwirkung an solchen Maßnahmen gehört, die zur Verwendung des Gesamtguts für den angemessenen Ehegattenunterhalt erforderlich sind (BGH NJW 90, 239). Zu klagen ist deshalb ggf auf Zustimmung zu einer solchen Maßnahme, während ein Anspruch auf Zahlung einer Geldrente nicht besteht (zu weiteren Einzelheiten sowie den notwendigen Anträgen vgl *Weinreich* FuR 99, 49 ff).

5 Auch hinsichtlich des Anspruchs auf Kindesunterhalt handelt es sich um eine Gesamtgutsverbindlichkeit, für die beide Eltern persönlich haften (§ 1459 II). Deshalb wäre, leben die Eltern voneinander getrennt, die Klage des volljährigen Kindes auf Zahlung von Unterhalt, der wiederum dem Gesamtgut zu entnehmen ist (§ 1420), gegen beide Eltern zu richten, sofern das Gesamtgut von beiden verwaltet wird. Wird das Gesamtgut von einem Elternteil verwaltet, ist die Klage gegen den verwaltenden Elternteil zu richten. Für das minderjährige Kind gilt dasselbe (vgl *Weinreich* FuR 99, 49, 52).

§ 1421 Verwaltung des Gesamtguts

¹Die Ehegatten sollen in dem Ehevertrag, durch den sie die Gütergemeinschaft vereinbaren, bestimmen, ob das Gesamtgut von dem Mann oder der Frau oder von ihnen gemeinschaftlich verwaltet wird. ²Enthält der Ehevertrag keine Bestimmung hierüber, so verwalten die Ehegatten das Gesamtgut gemeinschaftlich.

Das Gesamtgut der Gütergemeinschaft wird im Regelfall durch beide Ehegatten gemeinsam verwaltet, es sei denn, durch Ehevertrag in der Form des § 1410 wird etwas anderes bestimmt. 1

Die Verwaltung des Gesamtguts durch nur einen Ehegatten wird in den §§ 1422–1449, die durch beide Ehegatten in den §§ 1450–1470 geregelt. 2

Unterkapitel 2 Verwaltung des Gesamtgutes durch den Mann oder die Frau

§ 1422 Inhalt des Verwaltungsrechts

¹Der Ehegatte, der das Gesamtgut verwaltet, ist insbesondere berechtigt, die zum Gesamtgut gehörenden Sachen in Besitz zu nehmen und über das Gesamtgut zu verfügen; er führt Rechtsstreitigkeiten, die sich auf das Gesamtgut beziehen, im eigenen Namen. ²Der andere Ehegatte wird durch die Verwaltungshandlungen nicht persönlich verpflichtet.

§ 1423 Verfügung über das Gesamtgut im Ganzen

¹Der Ehegatte, der das Gesamtgut verwaltet, kann sich nur mit Einwilligung des anderen Ehegatten verpflichten, über das Gesamtgut im Ganzen zu verfügen. ²Hat er sich ohne Zustimmung des anderen Ehegatten verpflichtet, so kann er die Verpflichtung nur erfüllen, wenn der andere Ehegatte einwilligt.

§ 1424 Verfügung über Grundstücke, Schiffe oder Schiffsbauwerke

¹Der Ehegatte, der das Gesamtgut verwaltet, kann nur mit Einwilligung des anderen Ehegatten über ein zum Gesamtgut gehörendes Grundstück verfügen; er kann sich zu einer solchen Verfügung auch nur mit Einwilligung seines Ehegatten verpflichten. ²Dasselbe gilt, wenn ein eingetragenes Schiff oder Schiffsbauwerk zum Gesamtgut gehört.

§ 1425 Schenkungen

(1) ¹Der Ehegatte, der das Gesamtgut verwaltet, kann nur mit Einwilligung des anderen Ehegatten Gegenstände aus dem Gesamtgut verschenken; hat er ohne Zustimmung des anderen Ehegatten versprochen, Gegenstände aus dem Gesamtgut zu verschenken, so kann er dieses Versprechen nur erfüllen, wenn der andere Ehegatte einwilligt. ²Das Gleiche gilt von einem Schenkungsversprechen, das sich nicht auf das Gesamtgut bezieht.
(2) Ausgenommen sind Schenkungen, durch die einer sittlichen Pflicht oder einer auf den Anstand zu nehmenden Rücksicht entsprochen wird.

§ 1426 Ersetzung der Zustimmung des anderen Ehegatten

Ist ein Rechtsgeschäft, das nach den §§ 1423, 1424 nur mit Einwilligung des anderen Ehegatten vorgenommen werden kann, zur ordnungsmäßigen Verwaltung des Gesamtguts erforderlich, so kann das Vormundschaftsgericht auf Antrag die Zustimmung des anderen Ehegatten ersetzen, wenn dieser sie ohne ausreichenden Grund verweigert oder durch Krankheit oder Abwesenheit an der Abgabe einer Erklärung verhindert und mit dem Aufschub Gefahr verbunden ist.

§ 1427 Rechtsfolgen fehlender Einwilligung

(1) Nimmt der Ehegatte, der das Gesamtgut verwaltet, ein Rechtsgeschäft ohne die erforderliche Einwilligung des anderen Ehegatten vor, so gelten die Vorschriften des § 1366 Abs. 1, 3, 4 und des § 1367 entsprechend.
(2) ¹Einen Vertrag kann der Dritte bis zur Genehmigung widerrufen. ²Hat er gewusst, dass der Ehegatte in Gütergemeinschaft lebt, so kann er nur widerrufen, wenn dieser wahrheitswidrig behauptet hat, der andere Ehegatte habe eingewilligt; er kann auch in diesem Falle nicht widerrufen, wenn ihm beim Abschluss des Vertrages bekannt war, dass der andere Ehegatte nicht eingewilligt hatte.

§ 1428 Verfügungen ohne Zustimmung

Verfügt der Ehegatte, der das Gesamtgut verwaltet, ohne die erforderliche Zustimmung des anderen Ehegatten über ein zum Gesamtgut gehörendes Recht, so kann dieser das Recht gegen Dritte gerichtlich geltend machen; der Ehegatte, der das Gesamtgut verwaltet, braucht hierzu nicht mitzuwirken.

§ 1429 Notverwaltungsrecht

¹Ist der Ehegatte, der das Gesamtgut verwaltet, durch Krankheit oder durch Abwesenheit verhindert, ein Rechtsgeschäft vorzunehmen, das sich auf das Gesamtgut bezieht, so kann der andere Ehegatte das Rechtsgeschäft vornehmen, wenn mit dem Aufschub Gefahr verbunden ist; er kann hierbei im eigenen Namen oder im Namen des verwaltenden Ehegatten handeln. ²Das Gleiche gilt für die Führung eines Rechtsstreits, der sich auf das Gesamtgut bezieht.

§ 1430 Ersetzung der Zustimmung des Verwalters

Verweigert der Ehegatte, der das Gesamtgut verwaltet, ohne ausreichenden Grund die Zustimmung zu einem Rechtsgeschäft, das der andere Ehegatte zur ordnungsmäßigen Besorgung seiner persönlichen Angelegenheiten vornehmen muss, aber ohne diese Zustimmung nicht mit Wirkung für das Gesamtgut vornehmen kann, so kann das Vormundschaftsgericht die Zustimmung auf Antrag ersetzen.

§ 1431 Selbständiges Erwerbsgeschäft

(1) Hat der Ehegatte, der das Gesamtgut verwaltet, darin eingewilligt, dass der andere Ehegatte selbständig ein Erwerbsgeschäft betreibt, so ist seine Zustimmung zu solchen Rechtsgeschäften und Rechtsstreitigkeiten nicht erforderlich, die der Geschäftsbetrieb mit sich bringt. Einseitige Rechtsgeschäfte, die sich auf das Erwerbsgeschäft beziehen, sind dem Ehegatten gegenüber vorzunehmen, der das Erwerbsgeschäft betreibt.
(2) Weiß der Ehegatte, der das Gesamtgut verwaltet, dass der andere Ehegatte ein Erwerbsgeschäft betreibt, und hat er hiergegen keinen Einspruch eingelegt, so steht dies einer Einwilligung gleich.
(3) Dritten gegenüber ist ein Einspruch und der Widerruf der Einwilligung nur nach Maßgabe des § 1412 wirksam.

§ 1432 Annahme einer Erbschaft; Ablehnung von Vertragsantrag oder Schenkung

(1) ¹Ist dem Ehegatten, der das Gesamtgut nicht verwaltet, eine Erbschaft oder ein Vermächtnis angefallen, so ist nur er berechtigt, die Erbschaft oder das Vermächtnis anzunehmen oder auszuschlagen; die Zustimmung des anderen Ehegatten ist nicht erforderlich. ²Das Gleiche gilt von dem Verzicht auf den Pflichtteil oder auf den Ausgleich eines Zugewinns sowie von der Ablehnung eines Vertragsantrags oder einer Schenkung.
(2) Der Ehegatte, der das Gesamtgut nicht verwaltet, kann ein Inventar über eine ihm angefallene Erbschaft ohne Zustimmung des anderen Ehegatten errichten.

§ 1433 Fortsetzung eines Rechtsstreits

Der Ehegatte, der das Gesamtgut nicht verwaltet, kann ohne Zustimmung des anderen Ehegatten einen Rechtsstreit fortsetzen, der beim Eintritt der Gütergemeinschaft anhängig war.

§ 1434 Ungerechtfertigte Bereicherung des Gesamtguts

Wird durch ein Rechtsgeschäft, das ein Ehegatte ohne die erforderliche Zustimmung des anderen Ehegatten vornimmt, das Gesamtgut bereichert, so ist die Bereicherung nach den Vorschriften über die ungerechtfertigte Bereicherung aus dem Gesamtgut herauszugeben.

§ 1435 Pflichten des Verwalters

¹Der Ehegatte hat das Gesamtgut ordnungsmäßig zu verwalten. ²Er hat den anderen Ehegatten über die Verwaltung zu unterrichten und ihm auf Verlangen über den Stand der Verwaltung Auskunft zu erteilen. ³Mindert sich das Gesamtgut, so muss er zu dem Gesamtgut Ersatz leisten, wenn er den Verlust verschuldet oder durch ein Rechtsgeschäft herbeigeführt hat, das er ohne die erforderliche Zustimmung des anderen Ehegatten vorgenommen hat.

§ 1436 Verwalter unter Vormundschaft oder Betreuung

Steht der Ehegatte, der das Gesamtgut verwaltet, unter Vormundschaft oder fällt die Verwaltung des Gesamtguts in den Aufgabenkreis seines Betreuers, so hat ihn der Vormund oder Betreuer in den Rechten und Pflichten zu vertreten, die sich aus der Verwaltung des Gesamtguts ergeben. Dies gilt auch dann, wenn der andere Ehegatte zum Vormund oder Betreuer bestellt ist.

§ 1437 Gesamtgutsverbindlichkeiten; persönliche Haftung

(1) Aus dem Gesamtgut können die Gläubiger des Ehegatten, der das Gesamtgut verwaltet, und, soweit sich aus den §§ 1438 bis 1440 nichts anderes ergibt, auch die Gläubiger des anderen Ehegatten Befriedigung verlangen (Gesamtgutsverbindlichkeiten).
(2) ¹Der Ehegatte, der das Gesamtgut verwaltet, haftet für die Verbindlichkeiten des anderen Ehegatten, die Gesamtgutsverbindlichkeiten sind, auch persönlich als Gesamtschuldner. ²Die Haftung erlischt mit der Beendigung der Gütergemeinschaft, wenn die Verbindlichkeiten im Verhältnis der Ehegatten zueinander dem anderen Ehegatten zur Last fallen.

§ 1438 Haftung des Gesamtguts

(1) Das Gesamtgut haftet für eine Verbindlichkeit aus einem Rechtsgeschäft, das während der Gütergemeinschaft vorgenommen wird, nur dann, wenn der Ehegatte, der das Gesamtgut verwaltet, das Rechtsgeschäft vornimmt oder wenn er ihm zustimmt oder wenn das Rechtsgeschäft ohne seine Zustimmung für das Gesamtgut wirksam ist.
(2) Für die Kosten eines Rechtsstreits haftet das Gesamtgut auch dann, wenn das Urteil dem Gesamtgut gegenüber nicht wirksam ist.

Gesamtgutsverbindlichkeiten, persönliche Haftung. Das Gesamtgut haftet für alle Verbindlichkeiten aus den während der Gütergemeinschaft vorgenommenen Rechtsgeschäften, wenn sie durch den das Gesamtgut allein verwaltenden Ehegatten vorgenommen worden sind oder wenn der Verwalter oder der Ehegatte ihnen zugestimmt hat oder wenn sie gem § 1438 I ohne seine Zustimmung wirksam sind. 1

Nach § 1437 II haftet der das Gesamtgut verwaltende Ehegatte auch persönlich gesamtschuldnerisch neben dem Gesamtgut, also auch mit seinem Sonder- oder Vorbehaltsgut, für solche Verbindlichkeiten, die Gesamtgutsverbindlichkeiten sind. Hierzu zählen auch Unterhaltsschulden. 2

Wird das Gesamtgut gemeinsam verwaltet, so gilt Ähnliches. § 1460 begründet die Haftung des Gesamtguts für solche Rechtsgeschäfte, die während der Gütergemeinschaft vorgenommen worden und entweder wegen der Mitwirkung beider Ehegatten oder ggf auch ohne Zustimmung eines Ehegatten wirksam sind. § 1459 II begründet sodann die gesamtschuldnerische Haftung der Ehegatten persönlich neben dem Gesamtgut. 3

Sind die Verbindlichkeiten nur in der Person eines Ehegatten entstanden, so fallen sie im Innenverhältnis auch nur diesem allein zur Last (§§ 1441, 1463), wobei der daraus resultierende Ausgleichsanspruch erst nach der Beendigung der Gütergemeinschaft fällig wird (§§ 1446, 1468). 4

§ 1439 Keine Haftung bei Erwerb einer Erbschaft

Das Gesamtgut haftet nicht für Verbindlichkeiten, die durch den Erwerb einer Erbschaft entstehen, wenn der Ehegatte, der Erbe ist, das Gesamtgut nicht verwaltet und die Erbschaft während der Gütergemeinschaft als Vorbehaltsgut oder als Sondergut erwirbt; das Gleiche gilt beim Erwerb eines Vermächtnisses.

§ 1440 Haftung für Vorbehalts- oder Sondergut

¹Das Gesamtgut haftet nicht für eine Verbindlichkeit, die während der Gütergemeinschaft infolge eines zum Vorbehaltsgut oder Sondergut gehörenden Rechts oder des Besitzes einer dazu gehörenden Sache in der Person des Ehegatten entsteht, der das Gesamtgut nicht verwaltet. ²Das Gesamtgut haftet jedoch, wenn das Recht oder die Sache zu einem Erwerbsgeschäft gehört, das der Ehegatte mit Einwilligung des anderen Ehegatten selbständig betreibt, oder wenn die Verbindlichkeit zu den Lasten des Sonderguts gehört, die aus den Einkünften beglichen zu werden pflegen.

§ 1441 Haftung im Innenverhältnis

Im Verhältnis der Ehegatten zueinander fallen folgende Gesamtgutsverbindlichkeiten dem Ehegatten zur Last, in dessen Person sie entstehen:
1. die Verbindlichkeiten aus einer unerlaubten Handlung, die er nach Eintritt der Gütergemeinschaft begeht, oder aus einem Strafverfahren, das wegen einer solchen Handlung gegen ihn gerichtet wird;
2. die Verbindlichkeiten aus einem sich auf sein Vorbehaltsgut oder sein Sondergut beziehenden Rechtsverhältnis, auch wenn sie vor Eintritt der Gütergemeinschaft oder vor der Zeit entstanden sind, zu der das Gut Vorbehaltsgut oder Sondergut geworden ist;
3. die Kosten eines Rechtsstreits über eine der in den Nummern 1 und 2 bezeichneten Verbindlichkeiten.

§ 1442 Verbindlichkeiten des Sonderguts und eines Erwerbsgeschäfts

^{1}Die Vorschrift des § 1441 Nr. 2, 3 gilt nicht, wenn die Verbindlichkeiten zu den Lasten des Sonderguts gehören, die aus den Einkünften beglichen zu werden pflegen. ^{2}Die Vorschrift gilt auch dann nicht, wenn die Verbindlichkeiten durch den Betrieb eines für Rechnung des Gesamtguts geführten Erwerbsgeschäfts oder infolge eines zu einem solchen Erwerbsgeschäft gehörenden Rechts oder des Besitzes einer dazu gehörenden Sache entstehen.

§ 1443 Prozesskosten

(1) Im Verhältnis der Ehegatten zueinander fallen die Kosten eines Rechtsstreits, den die Ehegatten miteinander führen, dem Ehegatten zur Last, der sie nach allgemeinen Vorschriften zu tragen hat.

(2) ^{1}Führt der Ehegatte, der das Gesamtgut nicht verwaltet, einen Rechtsstreit mit einem Dritten, so fallen die Kosten des Rechtsstreits im Verhältnis der Ehegatten zueinander diesem Ehegatten zur Last. ^{2}Die Kosten fallen jedoch dem Gesamtgut zur Last, wenn das Urteil dem Gesamtgut gegenüber wirksam ist oder wenn der Rechtsstreit eine persönliche Angelegenheit oder eine Gesamtgutsverbindlichkeit des Ehegatten betrifft und die Aufwendung der Kosten den Umständen nach geboten ist; § 1441 Nr. 3 und § 1442 bleiben unberührt.

§ 1444 Kosten der Ausstattung eines Kindes

(1) Verspricht oder gewährt der Ehegatte, der das Gesamtgut verwaltet, einem gemeinschaftlichen Kind aus dem Gesamtgut eine Ausstattung, so fällt ihm im Verhältnis der Ehegatten zueinander die Ausstattung zur Last, soweit sie das Maß übersteigt, das dem Gesamtgut entspricht.

(2) Verspricht oder gewährt der Ehegatte, der das Gesamtgut verwaltet, einem nicht gemeinschaftlichen Kind eine Ausstattung aus dem Gesamtgut, so fällt sie im Verhältnis der Ehegatten zueinander dem Vater oder der Mutter zur Last; für den Ehegatten, der das Gesamtgut nicht verwaltet, gilt dies jedoch nur insoweit, als er zustimmt oder die Ausstattung nicht das Maß übersteigt, das dem Gesamtgut entspricht.

§ 1445 Ausgleichung zwischen Vorbehalts-, Sonder- und Gesamtgut

(1) Verwendet der Ehegatte, der das Gesamtgut verwaltet, Gesamtgut in sein Vorbehaltsgut oder in sein Sondergut, so hat er den Wert des Verwendeten zum Gesamtgut zu ersetzen.

(2) Verwendet er Vorbehaltsgut oder Sondergut in das Gesamtgut, so kann er Ersatz aus dem Gesamtgut verlangen.

§ 1446 Fälligkeit des Ausgleichsanspruchs

(1) Was der Ehegatte, der das Gesamtgut verwaltet, zum Gesamtgut schuldet, braucht er erst nach der Beendigung der Gütergemeinschaft zu leisten; was er aus dem Gesamtgut zu fordern hat, kann er erst nach der Beendigung der Gütergemeinschaft fordern.

(2) Was der Ehegatte, der das Gesamtgut nicht verwaltet, zum Gesamtgut oder was er zum Vorbehaltsgut oder Sondergut des anderen Ehegatten schuldet, braucht er erst nach der Beendigung der Gütergemeinschaft zu leisten; er hat die Schuld jedoch schon vorher zu berichtigen, soweit sein Vorbehaltsgut und sein Sondergut hierzu ausreichen.

§ 1447 Aufhebungsklage des nicht verwaltenden Ehegatten

Der Ehegatte, der das Gesamtgut nicht verwaltet, kann auf Aufhebung der Gütergemeinschaft klagen,
1. wenn seine Rechte für die Zukunft dadurch erheblich gefährdet werden können, dass der andere Ehegatte zur Verwaltung des Gesamtguts unfähig ist oder sein Recht, das Gesamtgut zu verwalten, missbraucht,
2. wenn der andere Ehegatte seine Verpflichtung, zum Familienunterhalt beizutragen, verletzt hat und für die Zukunft eine erhebliche Gefährdung des Unterhalts zu besorgen ist,
3. wenn das Gesamtgut durch Verbindlichkeiten, die in der Person des anderen Ehegatten entstanden sind, in solchem Maße überschuldet ist, dass ein späterer Erwerb des Ehegatten, der das Gesamtgut nicht verwaltet, erheblich gefährdet wird,
4. wenn die Verwaltung des Gesamtguts in den Aufgabenkreis des Betreuers des anderen Ehegatten fällt.

§ 1448 Aufhebungsklage des Verwalters

Der Ehegatte, der das Gesamtgut verwaltet, kann auf Aufhebung der Gütergemeinschaft klagen, wenn das Gesamtgut infolge von Verbindlichkeiten des anderen Ehegatten, die diesem im Verhältnis der Ehegatten zueinander zur Last fallen, in solchem Maße überschuldet ist, dass ein späterer Erwerb erheblich gefährdet wird.

§ 1449 Wirkung des Aufhebungsurteils

(1) Mit der Rechtskraft des Urteils ist die Gütergemeinschaft aufgehoben; für die Zukunft gilt Gütertrennung.
(2) Dritten gegenüber ist die Aufhebung der Gütergemeinschaft nur nach Maßgabe des § 1412 wirksam.

A. Umfang der Verwalterbefugnisse. Ist ein Ehegatte allein zur Verwaltung des Gesamtgutes befugt, kann er grundsätzlich auch allein hierüber verfügen. Rechtsstreitigkeiten führt er als Prozessstandschafter im eigenen Namen, kann allerdings nur das Gesamtgut, nicht auch den anderen Ehegatten persönlich verpflichten (§ 1422). Sofern allerdings eine Prozesshandlung zugleich ein Rechtsgeschäft beinhaltet (zB Prozessvergleich, Verzicht oder Anerkenntnis), das unter §§ 1423 – 1425 fällt, also eine Verfügung über das Gesamtgut im Ganzen (§ 1423), über Grundstücke, Schiffe oder Schiffsbauwerke (§ 1424) oder eine Schenkung (§ 1425) ist, ist die Zustimmung des anderen Ehegatten erforderlich (Staud/*Thiele* § 1422 Rn 27). 1

In Passivprozessen ist der Verwalter persönlich zu verklagen, wobei das gegen ihn erstrittene Urteil die Vollstreckung in das Gesamtgut ermöglicht. 2

B. Rechte und Pflichten des Verwalters. Der Verwalter ist zur umfassenden Verwaltung des Gesamtguts berechtigt (§ 1422), aber auch verpflichtet. Ihn trifft die Pflicht zur ordnungsgemäßen Verwaltung, zur Erhaltung und Mehrung des Wertes des Gesamtguts und zur Auskunftserteilung gegenüber dem nicht verwaltenden Ehegatten (§ 1435). 3

Mindert sich der Wert des Gesamtguts durch unerlaubte einseitige Maßnahmen (§§ 1423–1425) oder durch schuldhaftes Verhalten des Verwalters, so begründet dies die Verpflichtung zur Leistung von Schadensersatz (§ 1435 III). Wegen des Verschuldensmaßstabes gilt allerdings die Haftungserleichterung nach § 1359. 4

Der Verwalter ist insbesondere berechtigt, das Gesamtgut allein in Besitz zu nehmen, wobei das Besitzrecht nicht schrankenlos ist und unter dem Vorbehalt der Anforderungen nach § 1353 steht (Staud/*Thiele* § 1422 Rn 13). Deshalb sind alle Gegenstände dem Alleinbesitz des Verwalters entzogen, die dem gemeinsamen Gebrauch gewidmet sind, wie die Ehewohnung oder der Hausrat. Insoweit besteht Mitbesitz beider Ehegatten (Staud/*Thiele* § 1422 Rn 13). 5

C. Schutz des nicht verwaltenden Ehegatten. I. Allgemeines. Dem Schutz des nicht verwaltenden Ehegatten dienen die Vorschriften der §§ 1427, 1428, die Regelungen für den Fall der Überschreitung der Verwalterbefugnisse beinhalten und im Übrigen § 1435 S 3, der den Verwalter ggf zur Leistung von Schadensersatz verpflichtet. 6

II. Zustimmungspflichtige Verfügungen. 1. Erfordernis der Zustimmung durch den nicht verwaltenden Ehegatten (§§ 1424, 1425). Verwehrt ist dem Verwalter die Alleinverfügung über das Gesamtgut im Ganzen, wozu er der Einwilligung des nicht verwaltenden Ehegatten bedarf (§ 1423). Der Begriff des Gesamtgutes im Ganzen ist ähnlich wie der des Vermögens im Ganzen zu verstehen, wie er in § 1365 für die Zugewinngemeinschaft verwendet wird. Über das Gesamtgut im Ganzen wird deshalb dann nicht verfügt, wenn – je nach wirtschaftlichen Verhältnissen – nach der Verfügung noch zwischen 10 und 15 % des Gesamtguts verbleiben (BGH NJW 91, 1739). 7

8 Der Zustimmung des nicht verwaltenden Ehegatten bedürfen darüber hinaus auch Verfügungen über zum Gesamtgut gehörende Grundstücke (§ 1424) sowie Schenkungen aus dem Gesamtgut (§ 1425). Von Letzteren ausgenommen sind Schenkungen, durch die einer sittlichen Pflicht oder einer auf den Anstand zu nehmenden Rücksicht entsprochen wird (§ 1425 II).

9 **2. Ersetzung der Zustimmung des nicht verwaltenden Ehegatten (§ 1426).** Ist ein zustimmungspflichtiges Rechtsgeschäft zur ordnungsmäßigen Verwaltung des Gesamtguts erforderlich und verweigert der nicht verwaltende Ehegatte seine Zustimmung hierzu ohne ausreichenden Grund oder weil er durch Krankheit oder Abwesenheit an der Abgabe der Zustimmungserklärung gehindert ist, so kann diese auf Antrag des Verwalters durch das Vormundschaftsgericht ersetzt werden, wenn mit dem Aufschub Gefahr verbunden wäre (§ 1426). Das ist zB dann der Fall, wenn ein Anspruch zu verjähren droht oder wenn das Unterlassen eines Rechtsgeschäfts die Verpflichtung auslösen würde, Schadensersatz wegen Nichterfüllung zu leisten (Staud/Thiele § 1426 Rn 18).

10 **3. Ersetzung der Zustimmung des verwaltenden Ehegatten (§§ 1429, 1430).** Der nichtverwaltende Ehegatte hat dagegen im Falle der Verhinderung des Verwalters ein „Notverwaltungsrecht" (§ 1429). Dieses ermächtigt ihn iSe gesetzlichen Stellvertretung auf das Gesamtgut bezogene Rechtsgeschäfte vorzunehmen, wenn mit deren Aufschub Gefahr verbunden wäre. Nach § 1430 kann die Zustimmung des Verwalters zu solchen Rechtsgeschäften durch das Vormundschaftsgericht ersetzt werden, die der nicht verwaltende Ehegatte zur ordnungsgemäßen Besorgung persönlicher Angelegenheiten vornehmen muss, ohne die Zustimmung des Verwalters aber nicht vornehmen kann. Hierzu rechnen etwa die Vorbereitung und Erledigung von Ehesachen (KG JW 34, 908) oder die Durchsetzung von Unterhaltsansprüchen gegen den Verwalter oder Dritte (Staud/Thiele § 1430 Rn 8).

11 **4. Rechtsgeschäfte ohne die Zustimmung des Verwalters (§§ 1431 – 1433).** Schließlich kann der nicht verwaltende Ehegatte in bestimmten Fällen auch ohne die Zustimmung des Verwalters tätig werden. Nach § 1431 bedarf es der Zustimmung des Verwalters nämlich nicht, wenn der Verwalter darin eingewilligt hat, dass der andere Ehegatte ein Erwerbsgeschäft betreibt und dieser Rechtsgeschäfte oder Rechtsstreitigkeiten vornehmen bzw führen möchte, die dieses Erwerbsgeschäft mit sich bringt. Weiter ist der nicht verwaltende Ehegatte nach § 1432 berechtigt, ohne Zustimmung des Verwalters eine Erbschaft oder ein Vermächtnis anzunehmen oder auszuschlagen, auf einen Pflichtteil oder den Ausgleich des Zugewinns zu verzichten, einen Vertragsantrag oder eine Schenkung abzulehnen sowie nach § 1433 einen Rechtsstreit fortzuführen, der beim Eintritt der Gütergemeinschaft bereits anhängig war.

Unterkapitel 3   Gemeinschaftliche Verwaltung des Gesamtguts durch die Ehegatten

§ 1450 Gemeinschaftliche Verwaltung durch die Ehegatten

(1) ¹Wird das Gesamtgut von den Ehegatten gemeinschaftlich verwaltet, so sind die Ehegatten insbesondere nur gemeinschaftlich berechtigt, über das Gesamtgut zu verfügen und Rechtsstreitigkeiten zu führen, die sich auf das Gesamtgut beziehen. ²Der Besitz an den zum Gesamtgut gehörenden Sachen gebührt den Ehegatten gemeinschaftlich.
(2) Ist eine Willenserklärung den Ehegatten gegenüber abzugeben, so genügt die Abgabe gegenüber einem Ehegatten.

§ 1451 Mitwirkungspflicht beider Ehegatten

Jeder Ehegatte ist dem anderen gegenüber verpflichtet, zu Maßregeln mitzuwirken, die zur ordnungsmäßigen Verwaltung des Gesamtguts erforderlich sind.

§ 1452 Ersetzung der Zustimmung

(1) Ist zur ordnungsmäßigen Verwaltung des Gesamtguts die Vornahme eines Rechtsgeschäfts oder die Führung eines Rechtsstreits erforderlich, so kann das Vormundschaftsgericht auf Antrag eines Ehegatten die Zustimmung des anderen Ehegatten ersetzen, wenn dieser sie ohne ausreichenden Grund verweigert.
(2) Die Vorschrift des Absatzes 1 gilt auch, wenn zur ordnungsmäßigen Besorgung der persönlichen Angelegenheiten eines Ehegatten ein Rechtsgeschäft erforderlich ist, das der Ehegatte mit Wirkung für das Gesamtgut nicht ohne Zustimmung des anderen Ehegatten vornehmen kann.

§ 1453 Verfügung ohne Einwilligung

(1) Verfügt ein Ehegatte ohne die erforderliche Einwilligung des anderen Ehegatten über das Gesamtgut, so gelten die Vorschriften des § 1366 Abs. 1, 3, 4 und des § 1367 entsprechend.

(2) ¹Einen Vertrag kann der Dritte bis zur Genehmigung widerrufen. ²Hat er gewusst, dass der Ehegatte in Gütergemeinschaft lebt, so kann er nur widerrufen, wenn dieser wahrheitswidrig behauptet hat, der andere Ehegatte habe eingewilligt; er kann auch in diesem Falle nicht widerrufen, wenn ihm beim Abschluss des Vertrages bekannt war, dass der andere Ehegatte nicht eingewilligt hatte.

§ 1454 Notverwaltungsrecht

¹Ist ein Ehegatte durch Krankheit oder Abwesenheit verhindert, bei einem Rechtsgeschäft mitzuwirken, das sich auf das Gesamtgut bezieht, so kann der andere Ehegatte das Rechtsgeschäft vornehmen, wenn mit dem Aufschub Gefahr verbunden ist; er kann hierbei im eigenen Namen oder im Namen beider Ehegatten handeln. ²Das Gleiche gilt für die Führung eines Rechtsstreits, der sich auf das Gesamtgut bezieht.

§ 1455 Verwaltungshandlungen ohne Mitwirkung des anderen Ehegatten

Jeder Ehegatte kann ohne Mitwirkung des anderen Ehegatten
1. eine ihm angefallene Erbschaft oder ein ihm angefallenes Vermächtnis annehmen oder ausschlagen,
2. auf seinen Pflichtteil oder auf den Ausgleich eines Zugewinns verzichten,
3. ein Inventar über eine ihm oder dem anderen Ehegatten angefallene Erbschaft errichten, es sei denn, dass die dem anderen Ehegatten angefallene Erbschaft zu dessen Vorbehaltsgut oder Sondergut gehört,
4. einen ihm gemachten Vertragsantrag oder eine ihm gemachte Schenkung ablehnen,
5. ein sich auf das Gesamtgut beziehendes Rechtsgeschäft gegenüber dem anderen Ehegatten vornehmen,
6. ein zum Gesamtgut gehörendes Recht gegen den anderen Ehegatten gerichtlich geltend machen,
7. einen Rechtsstreit fortsetzen, der beim Eintritt der Gütergemeinschaft anhängig war,
8. ein zum Gesamtgut gehörendes Recht gegen einen Dritten gerichtlich geltend machen, wenn der andere Ehegatte ohne die erforderliche Zustimmung über das Recht verfügt hat,
9. ein Widerspruchsrecht gegenüber einer Zwangsvollstreckung in das Gesamtgut gerichtlich geltend machen,
10. die zur Erhaltung des Gesamtguts notwendigen Maßnahmen treffen, wenn mit dem Aufschub Gefahr verbunden ist.

§ 1456 Selbständiges Erwerbsgeschäft

(1) ¹Hat ein Ehegatte darin eingewilligt, dass der andere Ehegatte selbständig ein Erwerbsgeschäft betreibt, so ist seine Zustimmung zu solchen Rechtsgeschäften und Rechtsstreitigkeiten nicht erforderlich, die der Geschäftsbetrieb mit sich bringt. ²Einseitige Rechtsgeschäfte, die sich auf das Erwerbsgeschäft beziehen, sind dem Ehegatten gegenüber vorzunehmen, der das Erwerbsgeschäft betreibt.

(2) Weiß ein Ehegatte, dass der andere ein Erwerbsgeschäft betreibt, und hat er hiergegen keinen Einspruch eingelegt, so steht dies einer Einwilligung gleich.

(3) Dritten gegenüber ist ein Einspruch und der Widerruf der Einwilligung nur nach Maßgabe des § 1412 wirksam.

§ 1457 Ungerechtfertigte Bereicherung des Gesamtguts

Wird durch ein Rechtsgeschäft, das ein Ehegatte ohne die erforderliche Zustimmung des anderen Ehegatten vornimmt, das Gesamtgut bereichert, so ist die Bereicherung nach den Vorschriften über die ungerechtfertigte Bereicherung aus dem Gesamtgut herauszugeben.

§ 1458 Vormundschaft über einen Ehegatten

Solange ein Ehegatte unter elterlicher Sorge oder unter Vormundschaft steht, verwaltet der andere Ehegatte das Gesamtgut allein; die Vorschriften der §§ 1422 bis 1499 sind anzuwenden.

§ 1459 Gesamtgutsverbindlichkeiten; persönliche Haftung

(1) Die Gläubiger des Mannes und die Gläubiger der Frau können, soweit sich aus den §§ 1460 bis 1462 nichts anderes ergibt, aus dem Gesamtgut Befriedigung verlangen (Gesamtgutsverbindlichkeiten).
(2) ¹Für die Gesamtgutsverbindlichkeiten haften die Ehegatten auch persönlich als Gesamtschuldner. ²Fallen die Verbindlichkeiten im Verhältnis der Ehegatten zueinander einem der Ehegatten zur Last, so erlischt die Verbindlichkeit des anderen Ehegatten mit der Beendigung der Gütergemeinschaft.

§ 1460 Haftung des Gesamtguts

(1) Das Gesamtgut haftet für eine Verbindlichkeit aus einem Rechtsgeschäft, das ein Ehegatte während der Gütergemeinschaft vornimmt, nur dann, wenn der andere Ehegatte dem Rechtsgeschäft zustimmt oder wenn das Rechtsgeschäft ohne seine Zustimmung für das Gesamtgut wirksam ist.
(2) Für die Kosten eines Rechtsstreits haftet das Gesamtgut auch dann, wenn das Urteil dem Gesamtgut gegenüber nicht wirksam ist.

§ 1461 Keine Haftung bei Erwerb einer Erbschaft

Das Gesamtgut haftet nicht für Verbindlichkeiten eines Ehegatten, die durch den Erwerb einer Erbschaft oder eines Vermächtnisses entstehen, wenn der Ehegatte die Erbschaft oder das Vermächtnis während der Gütergemeinschaft als Vorbehaltsgut oder als Sondergut erwirbt.

§ 1462 Haftung für Vorbehalts- oder Sondergut

¹Das Gesamtgut haftet nicht für eine Verbindlichkeit eines Ehegatten, die während der Gütergemeinschaft infolge eines zum Vorbehaltsgut oder zum Sondergut gehörenden Rechts oder des Besitzes einer dazu gehörenden Sache entsteht. ²Das Gesamtgut haftet jedoch, wenn das Recht oder die Sache zu einem Erwerbsgeschäft gehört, das ein Ehegatte mit Einwilligung des anderen Ehegatten selbständig betreibt, oder wenn die Verbindlichkeit zu den Lasten des Sondergut gehört, die aus den Einkünften beglichen zu werden pflegen.

§ 1463 Haftung im Innenverhältnis

Im Verhältnis der Ehegatten zueinander fallen folgende Gesamtgutsverbindlichkeiten dem Ehegatten zur Last, in dessen Person sie entstehen:
1. die Verbindlichkeiten aus einer unerlaubten Handlung, die er nach Eintritt der Gütergemeinschaft begeht, oder aus einem Strafverfahren, das wegen einer solchen Handlung gegen ihn gerichtet wird,
2. die Verbindlichkeiten aus einem sich auf sein Vorbehaltsgut oder sein Sondergut beziehenden Rechtsverhältnis, auch wenn sie vor Eintritt der Gütergemeinschaft oder vor der Zeit entstanden sind, zu der das Gut Vorbehaltsgut oder Sondergut geworden ist,
3. die Kosten eines Rechtsstreits über eine der in den Nummern 1 und 2 bezeichneten Verbindlichkeiten.

Wegen der Haftung des Gesamtguts sowie der persönlichen Haftung der Eheleute für Gesamtgutsverbindlichkeiten wird auf § 1438 Rn 1 ff verwiesen.

§ 1464 Verbindlichkeiten des Sondergutes und eines Erwerbsgeschäfts

¹Die Vorschrift des § 1463 Nr. 2, 3 gilt nicht, wenn die Verbindlichkeiten zu den Lasten des Sonderguts gehören, die aus den Einkünften beglichen zu werden pflegen. ²Die Vorschrift gilt auch dann nicht, wenn die Verbindlichkeiten durch den Betrieb eines für Rechnung des Gesamtguts geführten Erwerbsgeschäfts oder infolge eines zu einem solchen Erwerbsgeschäft gehörenden Rechts oder des Besitzes einer dazu gehörenden Sache entstehen.

§ 1465 Prozesskosten

(1) Im Verhältnis der Ehegatten zueinander fallen die Kosten eines Rechtsstreits, den die Ehegatten miteinander führen, dem Ehegatten zur Last, der sie nach allgemeinen Vorschriften zu tragen hat.
(2) ¹Führt ein Ehegatte einen Rechtsstreit mit einem Dritten, so fallen die Kosten des Rechtsstreits im Verhältnis der Ehegatten zueinander dem Ehegatten zur Last, der den Rechtsstreit führt. ²Die Kosten fallen jedoch dem Gesamtgut zur Last, wenn das Urteil dem Gesamtgut gegenüber wirksam ist oder wenn der Rechtsstreit eine persönliche Angelegenheit oder eine Gesamtgutsverbindlichkeit des Ehegatten betrifft und die Aufwendung der Kosten den Umständen nach geboten ist; § 1463 Nr. 3 und § 1464 bleiben unberührt.

§ 1466 Kosten der Ausstattung eines nicht gemeinschaftlichen Kindes

Im Verhältnis der Ehegatten zueinander fallen die Kosten der Ausstattung eines nicht gemeinschaftlichen Kindes dem Vater oder der Mutter des Kindes zur Last.

§ 1467 Ausgleichung zwischen Vorbehalts-, Sonder- und Gesamtgut

(1) Verwendet ein Ehegatte Gesamtgut in sein Vorbehaltsgut oder in sein Sondergut, so hat er den Wert des Verwendeten zum Gesamtgut zu ersetzen.

(2) Verwendet ein Ehegatte Vorbehaltsgut oder Sondergut in das Gesamtgut, so kann er Ersatz aus dem Gesamtgut verlangen.

§ 1468 Fälligkeit des Ausgleichsanspruchs

Was ein Ehegatte zum Gesamtgut oder was er zum Vorbehaltsgut oder Sondergut des anderen Ehegatten schuldet, braucht er erst nach Beendigung der Gütergemeinschaft zu leisten; soweit jedoch das Vorbehaltsgut und das Sondergut des Schuldners ausreichen, hat er die Schuld schon vorher zu berichtigen.

§ 1469 Aufhebungsklage

Jeder Ehegatte kann auf Aufhebung der Gütergemeinschaft klagen,
1. wenn seine Rechte für die Zukunft dadurch erheblich gefährdet werden können, dass der andere Ehegatte ohne seine Mitwirkung Verwaltungshandlungen vornimmt, die nur gemeinschaftlich vorgenommen werden dürfen,
2. wenn der andere Ehegatte sich ohne ausreichenden Grund beharrlich weigert, zur ordnungsmäßigen Verwaltung des Gesamtguts mitzuwirken,
3. wenn der andere Ehegatte seine Verpflichtung, zum Familienunterhalt beizutragen, verletzt hat und für die Zukunft eine erhebliche Gefährdung des Unterhalts zu besorgen ist,
4. wenn das Gesamtgut durch Verbindlichkeiten, die in der Person des anderen Ehegatten entstanden sind und diesem im Verhältnis der Ehegatten zueinander zur Last fallen, in solchem Maße überschuldet ist, dass sein späterer Erwerb erheblich gefährdet wird,
5. wenn die Wahrnehmung eines Rechts des anderen Ehegatten, das sich aus der Gütergemeinschaft ergibt, vom Aufgabenkreis eines Betreuers erfasst wird.

§ 1470 Wirkung des Aufhebungsurteils

(1) Mit der Rechtskraft des Urteils ist die Gütergemeinschaft aufgehoben; für die Zukunft gilt Gütertrennung.

(2) Dritten gegenüber ist die Aufhebung der Gütergemeinschaft nur nach Maßgabe des § 1412 wirksam.

A. Gemeinsame Verwaltung des Gesamtguts. Verwalten die Eheleute das Gesamtgut gemeinsam, so müssen alle Verfügungen gemeinsam getroffen werden. Dieses Erfordernis kann nur durch gegenseitige Bevollmächtigungen aufgelockert werden. Einseitig vorgenommene Verfügungen sind unwirksam (§§ 1453 I, 1366). Nur für die Entgegennahme von Willenserklärungen reicht es nach § 1450 II aus, dass diese nur einem Ehegatten gegenüber abgegeben werden. Der Besitz an zum Gesamtgut rechnenden Sachen gebührt beiden Ehegatten gemeinschaftlich (§ 1450 I 2). 1 2

B. Ersetzung der Mitwirkung des anderen Ehegatten. Streiten die Eheleute über Verwaltungsmaßnahmen und kann die für eine Verfügung erforderliche Gemeinsamkeit nicht hergestellt werden, so kann die zu treffende Entscheidung ggf durch das Vormundschaftsgericht ersetzt werden (§ 1452). Die Voraussetzung hierfür ist dann gegeben, wenn ein Ehegatte seine Mitwirkung ohne ausreichenden Grund verweigert, obwohl iRe ordnungsgemäßen Verwaltung des Gesamtgutes ein Rechtsgeschäft vorzunehmen oder ein Rechtsstreit zu führen wäre. Hierzu rechnen auch Streitigkeiten um den Trennungsunterhaltsanspruch eines Ehegatten (BGH FamRZ 91, 468; BayObLG FamRZ 01, 1214; vgl o § 1420 Rn 1 ff). 3

C. Verwaltungshandlungen ohne Mitwirkung des anderen. 1. Notverwaltungsrecht. In Ausnahmefällen kann auch bei gemeinschaftlicher Verwaltung ein Ehegatte allein tätig werden. Das gilt einmal für das „Notverwaltungsrecht" im Falle der Verhinderung des anderen Ehegatten (§ 1454). Hiernach ist das Alleinhandeln dann zulässig, wenn mit dem Aufschub Gefahr verbunden wäre. 4

5 **2. Entbehrlichkeit der Mitwirkung in sonstigen Fällen.** Weiter begründet § 1455 ein Recht zur alleinigen Verwaltung im jeweils persönlichen Bereich der Ehegatten. Danach kann jeder Ehegatte allein eine ihm angefallene Erbschaft oder ein ihm angefallenes Vermächtnis annehmen oder ausschlagen, auf seinen Pflichtteil oder den Zugewinnausgleich verzichten, einen ihm angetragenen Vertragsantrag oder eine Schenkung ablehnen sowie einen beim Eintritt in die Gütergemeinschaft bereits anhängigen Rechtsstreit fortsetzen und ein zum Gesamtgut gehörendes Recht gegen den anderen Ehegatten durchsetzen.

6 Nach § 1455 Nr 10 kann er, wenn zum Gesamtgut Anteile der Ehegatten an einer GmbH gehören, allein berechtigt sein, in der Gesellschafterversammlung gefasste rechtswidrige Beschlüsse auch gegen den Willen des anderen Ehegatten gerichtlich anzufechten (Saarbr FPR 02, 189).

7 Nach § 1456 ist die Zustimmung des anderen Ehegatten für solche Rechtsgeschäfte und Rechtsstreitigkeiten entbehrlich, die der Betrieb eines mit Zustimmung des anderen Ehegatten betriebenen selbständigen Erwerbsgeschäfts nur eines Ehegatten mit sich bringt. Nach § 1458 darf ein Ehegatte das Gesamtgut schließlich dann allein verwalten, wenn und solange der andere unter elterlicher Sorge oder Vormundschaft steht.

Unterkapitel 4   Auseinandersetzung des Gesamtgutes

§ 1471   Beginn der Auseinandersetzung

(1) Nach der Beendigung der Gütergemeinschaft setzen sich die Ehegatten über das Gesamtgut auseinander.
(2) Bis zur Auseinandersetzung gilt für das Gesamtgut die Vorschrift des § 1419.

§ 1472   Gemeinschaftliche Verwaltung des Gesamtguts

(1) Bis zur Auseinandersetzung verwalten die Ehegatten das Gesamtgut gemeinschaftlich.
(2) ¹Jeder Ehegatte darf das Gesamtgut in derselben Weise wie vor der Beendigung der Gütergemeinschaft verwalten, bis er von der Beendigung Kenntnis erlangt oder sie kennen muss. ²Ein Dritter kann sich hierauf nicht berufen, wenn er bei der Vornahme eines Rechtsgeschäfts weiß oder wissen muss, dass die Gütergemeinschaft beendet ist.
(3) Jeder Ehegatte ist dem anderen gegenüber verpflichtet, zu Maßregeln mitzuwirken, die zur ordnungsmäßigen Verwaltung des Gesamtguts erforderlich sind; die zur Erhaltung notwendigen Maßregeln kann jeder Ehegatte allein treffen.
(4) ¹Endet die Gütergemeinschaft durch den Tod eines Ehegatten, so hat der überlebende Ehegatte die Geschäfte, die zur ordnungsmäßigen Verwaltung erforderlich sind und nicht ohne Gefahr aufgeschoben werden können, so lange zu führen, bis der Erbe anderweit Fürsorge treffen kann. ²Diese Verpflichtung besteht nicht, wenn der verstorbene Ehegatte das Gesamtgut allein verwaltet hat.

§ 1473   Unmittelbare Ersetzung

(1) Was auf Grund eines zum Gesamtgut gehörenden Rechts oder als Ersatz für die Zerstörung, Beschädigung oder Entziehung eines zum Gesamtgut gehörenden Gegenstands oder durch ein Rechtsgeschäft erworben wird, das sich auf das Gesamtgut bezieht, wird Gesamtgut.
(2) Gehört eine Forderung, die durch Rechtsgeschäft erworben ist, zum Gesamtgut, so braucht der Schuldner dies erst dann gegen sich gelten zu lassen, wenn er erfährt, dass die Forderung zum Gesamtgut gehört; die Vorschriften der §§ 406 bis 408 sind entsprechend anzuwenden.

§ 1474   Durchführung der Auseinandersetzung

Die Ehegatten setzen sich, soweit sie nichts anderes vereinbaren, nach den §§ 1475 bis 1481 auseinander.

§ 1475   Berichtigung der Gesamtgutsverbindlichkeiten

(1) ¹Die Ehegatten haben zunächst die Gesamtgutsverbindlichkeiten zu berichtigen. ²Ist eine Verbindlichkeit noch nicht fällig oder ist sie streitig, so müssen die Ehegatten zurückbehalten, was zur Berichtigung dieser Verbindlichkeit erforderlich ist.
(2) Fällt eine Gesamtgutsverbindlichkeit im Verhältnis der Ehegatten zueinander einem der Ehegatten allein zur Last, so kann dieser nicht verlangen, dass die Verbindlichkeit aus dem Gesamtgut berichtigt wird.
(3) Das Gesamtgut ist in Geld umzusetzen, soweit dies erforderlich ist, um die Gesamtgutsverbindlichkeiten zu berichtigen.

§ 1476 Teilung des Überschusses

(1) Der Überschuss, der nach der Berichtigung der Gesamtgutsverbindlichkeiten verbleibt, gebührt den Ehegatten zu gleichen Teilen.
(2) ¹Was einer der Ehegatten zum Gesamtgut zu ersetzen hat, muss er sich auf seinen Teil anrechnen lassen. ²Soweit er den Ersatz nicht auf diese Weise leistet, bleibt er dem anderen Ehegatten verpflichtet.

§ 1477 Durchführung der Teilung

(1) Der Überschuss wird nach den Vorschriften über die Gemeinschaft geteilt.
(2) ¹Jeder Ehegatte kann gegen Ersatz des Wertes die Sachen übernehmen, die ausschließlich zu seinem persönlichen Gebrauch bestimmt sind, insbesondere Kleider, Schmucksachen und Arbeitsgeräte. ²Das Gleiche gilt für die Gegenstände, die ein Ehegatte in die Gütergemeinschaft eingebracht oder während der Gütergemeinschaft durch Erbfolge, durch Vermächtnis oder mit Rücksicht auf ein künftiges Erbrecht, durch Schenkung oder als Ausstattung erworben hat.

§ 1478 Auseinandersetzung nach Scheidung

(1) Ist die Ehe geschieden, bevor die Auseinandersetzung beendet ist, so ist auf Verlangen eines Ehegatten jedem von ihnen der Wert dessen zurückzuerstatten, was er in die Gütergemeinschaft eingebracht hat; reicht hierzu der Wert des Gesamtguts nicht aus, so ist der Fehlbetrag von den Ehegatten nach dem Verhältnis des Wertes des von ihnen Eingebrachten zu tragen.
(2) Als eingebracht sind anzusehen
1. die Gegenstände, die einem Ehegatten beim Eintritt der Gütergemeinschaft gehört haben,
2. die Gegenstände, die ein Ehegatte von Todes wegen oder mit Rücksicht auf ein künftiges Erbrecht, durch Schenkung oder als Ausstattung erworben hat, es sei denn, dass der Erwerb den Umständen nach zu den Einkünften zu rechnen war,
3. die Rechte, die mit dem Tode eines Ehegatten erlöschen oder deren Erwerb durch den Tod eines Ehegatten bedingt ist.
(3) Der Wert des Eingebrachten bestimmt sich nach der Zeit der Einbringung.

§ 1479 Auseinandersetzung nach Aufhebungsurteil

Wird die Gütergemeinschaft auf Grund der §§ 1447, 1448 oder des § 1469 durch Urteil aufgehoben, so kann der Ehegatte, der das Urteil erwirkt hat, verlangen, dass die Auseinandersetzung so erfolgt, wie wenn der Anspruch auf Auseinandersetzung in dem Zeitpunkt rechtshängig geworden wäre, in dem die Klage auf Aufhebung der Gütergemeinschaft erhoben ist.

§ 1480 Haftung nach der Teilung gegenüber Dritten

¹Wird das Gesamtgut geteilt, bevor eine Gesamtgutsverbindlichkeit berichtigt ist, so haftet dem Gläubiger auch der Ehegatte persönlich als Gesamtschuldner, für den zur Zeit der Teilung eine solche Haftung nicht besteht. ²Seine Haftung beschränkt sich auf die ihm zugeteilten Gegenstände; die für die Haftung des Erben geltenden Vorschriften der §§ 1990, 1991 sind entsprechend anzuwenden.

§ 1481 Haftung der Ehegatten untereinander

(1) Wird das Gesamtgut geteilt, bevor eine Gesamtgutsverbindlichkeit berichtigt ist, die im Verhältnis der Ehegatten zueinander dem Gesamtgut zur Last fällt, so hat der Ehegatte, der das Gesamtgut während der Gütergemeinschaft allein verwaltet hat, dem anderen Ehegatten dafür einzustehen, dass dieser weder über die Hälfte der Verbindlichkeiten noch über das aus dem Gesamtgut Erlangte hinaus in Anspruch genommen wird.
(2) Haben die Ehegatten das Gesamtgut während der Gütergemeinschaft gemeinschaftlich verwaltet, so hat jeder Ehegatte dem anderen dafür einzustehen, dass dieser von dem Gläubiger nicht über die Hälfte der Verbindlichkeit hinaus in Anspruch genommen wird.
(3) Fällt die Verbindlichkeit im Verhältnis der Ehegatten zueinander einem Ehegatten zur Last, so hat dieser dem anderen dafür einzustehen, dass der andere Ehegatte von dem Gläubiger nicht in Anspruch genommen wird.

§ 1482 Eheauflösung durch Tod

^{1}Wird die Ehe durch den Tod eines Ehegatten aufgelöst, so gehört der Anteil des verstorbenen Ehegatten am Gesamtgut zum Nachlass. ^{2}Der verstorbene Ehegatte wird nach den allgemeinen Vorschriften beerbt.

1 **A. Beendigung der Gütergemeinschaft. I. Arten der Beendigung. 1. Beendigung durch Ehevertrag.** Die Gütergemeinschaft kann dadurch beendet werden, dass die Eheleute einen neuen Ehevertrag abschließen, mit dem sie die Aufhebung der Gütergemeinschaft vereinbaren. Wird hierin außer der Aufhebung der Gütergemeinschaft nichts über einen anderweitig gewollten Güterstand geregelt, so gilt zwischen den Ehegatten fortan Gütertrennung (§ 1414 S 1), nicht etwa der gesetzliche Güterstand der Zugewinngemeinschaft.

2 **2. Beendigung durch Beendigung der Ehe oder Tod eines Ehegatten.** Mit der Ehe endet auch die Gütergemeinschaft. Im Falle des Todes eines Ehegatten ist aber zu beachten, dass sie mit den gemeinsamen Kindern fortgesetzt werden kann, wenn dies im Ehevertrag entsprechend vereinbart worden ist (§ 1483).

3 **3. Beendigung durch Aufhebungsklage.** Jeder Ehegatte kann auf Aufhebung der Gütergemeinschaft klagen. Für den verwaltenden Ehegatten besteht die Möglichkeit immer dann, wenn das Gesamtgut in Folge von Verbindlichkeiten des anderen Ehegatten, die diesem im Verhältnis der Ehegatten zueinander zur Last fallen, überschuldet ist (§ 1448).

4 Im Falle alleiniger Verwaltung kann der nicht verwaltende Ehegatte gem § 1447 im Übrigen auf Aufhebung der Gütergemeinschaft klagen, wenn
1. seine Rechte für die Zukunft dadurch erheblich gefährdet werden können, dass der verwaltende Ehegatte zur Verwaltung unfähig ist oder sein Verwaltungsrecht missbraucht (§ 1447 Nr 1),
2. der andere Ehegatte seine Verpflichtung, zum Familienunterhalt beizutragen, verletzt hat und für die Zukunft eine erhebliche Gefährdung des Unterhalts zu besorgen ist (§ 1447 Nr 2),
3. das Gesamtgut durch Verbindlichkeiten, die in der Person des anderen Ehegatten entstanden sind, in solchem Maße überschuldet ist, dass ein späterer Erwerb des Ehegatten, der das Gesamtgut nicht verwaltet, erheblich gefährdet wäre (§ 1447 Nr 3),
4. die Verwaltung des Gesamtguts in den Aufgabenkreis des Betreuers des anderen Ehegatten fällt (§ 1447 Nr 4).

5 Im Fall gemeinsamer Verwaltung kann jeder Ehegatte gem § 1469 auf Aufhebung der Gütergemeinschaft klagen, wenn
1. seine Rechte für die Zukunft dadurch erheblich gefährdet werden können, dass der andere Ehegatte ohne seine Mitwirkung Verwaltungshandlungen vornimmt, die nur gemeinschaftlich vorgenommen werden dürfen (§ 1469 Nr 1),
2. der andere Ehegatte sich ohne ausreichenden Grund beharrlich weigert, an der ordnungsgemäßen Verwaltung des Gesamtguts mitzuwirken (§ 1469 Nr 2),
3. der andere Ehegatte seine Verpflichtung, zum Familienunterhalt beizutragen, verletzt hat und für die Zukunft eine erhebliche Gefährdung des Unterhalts zu besorgen ist (§ 1469 Nr 3),
4. das Gesamtgut durch Verbindlichkeiten, die in der Person des anderen Ehegatten entstanden sind und diesem im Verhältnis der Ehegatten zueinander allein zur Last fallen, in solchem Maße überschuldet ist, dass sein späterer Erwerb erheblich gefährdet wäre (§ 1469 Nr 4),
5. die Wahrnehmung eines Rechts des anderen Ehegatten, das sich aus der Gütergemeinschaft ergibt, vom Aufgabenkreis eines Betreuers erfasst wird (§ 1469 Nr 5).

6 **II. Die Auseinandersetzung.** Hinsichtlich der Auseinandersetzung gehen die Vorschriften der HausratsVO über die Zuweisung der Ehewohnung und die Verteilung des Hausrats den Regeln der §§ 1474 ff vor (Soergel/ *Gaul* § 1471 Rn 9; *Haussleiter/Schulz* Kap 5 Rn 55). Nur soweit sie nicht im Widerspruch zu diesen stehen, bleiben die Vorschriften über die Gütergemeinschaft anwendbar. So kann das Hausratsgericht zwar in das Eigentum am Hausrat eingreifen und die Benutzung der Ehewohnung regeln. Die Auseinandersetzung des Eigentums hieran erfolgt aber nach §§ 1474 ff. (Zur Auseinandersetzung vgl im Übrigen grundlegend Kobl FamRZ 06, 40 ff mit Anm *Bergschneider*).

7 Mit der Rechtskraft des Aufhebungsurteils ist die Gütergemeinschaft aufgehoben. Für die Zukunft gilt zwischen den Ehegatten Gütertrennung (§ 1449 I für die Alleinverwaltung; § 1470 I für die gemeinschaftliche Verwaltung).

8 Im Übrigen ist zwischen den unterschiedlichen Vermögensmassen zu differenzieren:

9 **1. Sonder- und Vorbehaltsgut.** Hinsichtlich des Sonder- und Vorbehaltsguts bedarf es keiner besonderen Auseinandersetzung. Beides bleibt von der Auseinandersetzung der Gütergemeinschaft unberührt und bei jeweils demjenigen Ehegatten, der auch bislang Eigentümer war.

10 **2. Gesamtgut.** Die Auseinandersetzung über das Gesamtgut erfolgt nach §§ 1471 ff. Da sie sich über einen längeren Zeitraum erstrecken kann, dauert das nach § 1419 bestehende Gesamthandsverhältnis zunächst an. Aus der Gütergemeinschaft wird jedoch die Liquidationsgemeinschaft, §§ 1471 II 2, 1419 (BGH FamRZ 85, 903). Während bei Bestehen der Gütergemeinschaft die Verwaltung durch nur einen Ehegatten möglich war,

verwalten die Ehegatten das Gesamtgut bis zum Abschluss der Auseinandersetzung nunmehr zwingend gemeinschaftlich, § 1472 I.

Um eine ordnungsgemäße Auseinandersetzung zu sichern, besteht nach § 1472 III der Anspruch des Ehegatten auf Mitwirkung des anderen an solchen Maßnahmen, die zu einer ordnungsgemäßen Verwaltung des Gesamtguts erforderlich sind. Diese Mitwirkung kann jedoch nicht mehr durch das Vormundschaftsgericht ersetzt werden. Wird sie zu Unrecht verweigert, ist ggf auf Zustimmung zu der beabsichtigten Maßnahme zu klagen (Palandt/*Brudermüller* § 1472 Rn 2). Hierzu zählt zB die Zurverfügungstellung des notwendigen Unterhalts wie auch sonst alle Maßnahmen, die unter Beachtung der Grundsätze vernünftiger Wirtschaftsführung auf Erhaltung, Sicherung und Vermehrung des Gesamtgutes im Interesse der Ehegatten und etwaiger Kinder abzielen, wobei in der Liquidationsphase der Gesichtspunkt der Erhaltung und Sicherung des Gesamtgutes in den Vordergrund rückt (BayObLG FamRZ 05, 109).

Über die Durchführung der Auseinandersetzung können die Eheleute sich vereinbaren, solange durch die Vereinbarung nicht in Rechte Dritter eingegriffen wird. Kommt es nicht zu einer derartigen Vereinbarung, erfolgt die Auseinandersetzung nach §§ 1447–1481, und zwar in zwei Schritten.

a) Berichtigung der Gesamtgutsverbindlichkeiten. Vorab sind die Gesamtgutsverbindlichkeiten zu berichtigen (§ 1475). Hierzu zählen solche Verbindlichkeiten, derentwegen die Gläubiger Befriedigung aus dem Gesamtgut verlangen können, die aber noch während des Bestehens der Gütergemeinschaft begründet worden sein müssen. Verbindlichkeiten, die erst im Zuge des Betriebes des Gesamtguts nach der Beendigung der Gütergemeinschaft eingegangen werden, sind, sofern nicht der andere Ehegatte bei der Begründung der Schulden mitgewirkt oder ihr zugestimmt hat, von demjenigen zu tragen, der sie eingegangen ist (München FamRZ 96, 170).

Soweit erforderlich, ist das Gesamtgut in Geld umzusetzen (§ 1475 III). Das geschieht bei beweglichen Sachen durch Verkauf. Kommt die hierfür erforderliche Einigung nicht zustande, ist nach Gemeinschaftsrecht zu verfahren, §§ 753, 1233 ff. Bei Immobilien findet, soweit eine Einigung nicht erzielt werden kann, die Teilungsversteigerung (§ 180 I ZVG) statt. Diese kann jeder Ehegatte beantragen, wobei dem jeweils anderen die Möglichkeit gegeben ist, dagegen – als Familiensache – im Wege der Drittwiderspruchsklage vorzugehen (BGH FamRZ 85, 903).

Zulässig ist es auch, dass ein Ehegatte die Verbindlichkeiten als Alleinschuldner übernimmt und die Gläubiger den anderen aus der Haftung entlassen (BGH FamRZ 86, 40). Sofern Forderungen noch nicht fällig oder streitig sind, sind entsprechende Rücklagen zu bilden, um auf diese Weise den späteren Ausgleich der Forderungen zu gewährleisten.

Jeder Ehegatte hat gegen den anderen einen Anspruch darauf, dass die Gesamtgutsverbindlichkeiten berichtigt werden, ehe es zu einer Aufteilung des Überschusses kommt (BGH FamRZ 86, 40). Er kann deswegen ggf auch die zur Teilung des Gesamtguts erforderlichen Willenserklärungen bis zur sachgemäßen Schadensregulierung verweigern (BGH aaO). So soll möglichst verhindert werden, dass einer der Ehegatten einem Gesamtgutsgläubiger persönlich haftet (§§ 1480, 1481), was eintreten könnte, wenn das Gesamtgut ohne Rücksicht auf noch bestehende Verbindlichkeiten verteilt würde (BGH FamRZ 85, 903).

IRe ordnungsgemäßen Verwaltung kann daneben jeder Ehegatte verlangen, dass zunächst diejenigen Verbindlichkeiten ausgeglichen werden, an deren Berichtigung ein besonderes Interesse besteht, die zB bereits tituliert sind. Reicht im Übrigen das Gesamtgut nicht aus, die Gesamtgutsverbindlichkeiten vollständig auszugleichen, können die Ehegatten die Gläubiger auch in der Reihenfolge der Anmeldung befriedigen, ohne sich der Haftung nach § 1480 auszusetzen (Staud/*Thiele* § 1475 Rn 13).

Für die danach noch nicht getilgten Verbindlichkeiten haftet derjenige Ehegatte persönlich, in dessen Person sie begründet worden sind, es sei denn, die Ehegatten haften bei gemeinsamer Verwaltung gem § 1459 gemeinschaftlich.

Würde die Berichtigung der Gesamtgutsverbindlichkeiten unterbleiben, liefe der Gläubiger Gefahr, nach Beendigung der Gütergemeinschaft nicht mehr die Möglichkeit zu haben, auf denjenigen Ehegatten zugreifen zu können, in dessen Person die Schuld begründet worden ist, da ihm die Möglichkeit des Zugriffs auf das Gesamtgut abgeschnitten wäre und der andere Ehegatte auch im Fall der Alleinverwaltung nicht persönlich mit seinem Sonder- oder Vorbehaltsgut haftet, §§ 1437 – 1449. Selbst bei gemeinsamer Verwaltung haften die Ehegatten gem §§ 1459 – 1462 nicht für alle während der Gütergemeinschaft begründeten Verbindlichkeiten persönlich. Um dieser im Fall unvollständiger Tilgung der Gesamtgutsverbindlichkeiten für den Gesamtgutsgläubiger bestehenden Gefahr zu entgehen, bestimmt § 1480, dass in jenen Fällen auch der jeweils andere Ehegatte persönlich haftet, allerdings begrenzt auf die ihm nach der Auseinandersetzung der Gütergemeinschaft zugeteilten Gegenstände. Beide Ehegatten haften dann nach außen als Gesamtschuldner, wobei § 1481 die interne Haftung regelt.

b) Verteilung des Überschusses. Sind die Gesamtgutsverbindlichkeiten getilgt, ist der dann noch verbleibende Überschuss zu verteilen, und zwar gem § 1477 I nach Gemeinschaftsrecht, also vorrangig durch Teilung in Natur (§ 752), es sei denn, es greift eine der nachfolgenden Ausnahmen (Übernahmerecht bzw Vorzugsrecht). Dabei ist diese auf den einzelnen Vermögensgegenstand und nicht auf den Sachinbegriff des Gesamthandsvermögens bezogen, wie ihn das Gesamtgut der Gütergemeinschaft darstellt (BGH FamRZ 88, 813).

21 **aa) Übernahmerecht.** Nach § 1477 II kann jeder Ehegatte die Sachen entnehmen, die ausschl zu seinem persönlichen Gebrauch bestimmt waren, insbesondere Kleidung, Schmuck oder Arbeitsgerät, aber auch in die Gütergemeinschaft eingebrachte Gegenstände. Dasselbe gilt für von einem Ehegatten allein genutzte Fahrzeuge oder Hobbygeräte. Heraus verlangt werden können schließlich solche Gegenstände, die die Eheleute während des Bestehens der Gütergemeinschaft geerbt, per Vermächtnis oder mit Rücksicht auf ein späteres Erbrecht erworben, geschenkt oder als Ausstattung erhalten haben.

22 Der Begriff des Erwerbs mit Rücksicht auf ein künftiges Erbrecht ist weit zu fassen, so dass einem Übernahmerecht nicht entgegensteht, dass der Erwerber zB an seine auch erbberechtigten Geschwister Ausgleichszahlungen geleistet hat oder dass der Nachlassgegenstand dem Ehegatten erst im Zuge einer Erbauseinandersetzung gegen entsprechende Ausgleichszahlungen zugefallen ist (BGH FamRZ 98, 817 = FuR 98, 231). Dagegen besteht ein Übernahmerecht nicht für Surrogate.

23 Das Übernahmerecht ist ein Gestaltungsrecht, das durch formlose (München FamRZ 88, 1275), einseitige und empfangsbedürftige Willenserklärung auszuüben ist. Es ist ausgeschlossen, wenn das Gesamtgut nicht ausreicht, bestehende Verbindlichkeiten zu tilgen. Ist der Gegenstand einem Gesamtgutsgläubiger herauszugeben oder ist sein Wert zur Schuldentilgung mit heranzuziehen, so hat das Übernahmerecht hinter der Verpflichtung zur Berichtigung der Gesamtgutsverbindlichkeiten zurückzustehen (Palandt/*Brudermüller* § 1477 Rn 3). Allerdings hat der übernahmeberechtigte Ehegatte die Möglichkeit, die Tilgung der Gesamtgutsverbindlichkeit zu übernehmen und dafür Sorge zu tragen, dass der andere aus der Haftung entlassen wird (BGH FamRZ 85, 903).

24 Der Begriff des Gegenstandes iSd § 1477 II ist weiter als der Sachbegriff des BGB. Zu ihm zählen auch Rechte, zB Anrechte aus einer Lebensversicherung. War ein Ehegatte bei Beginn der Gütergemeinschaft nur Inhaber eines schuldrechtlichen Anspruchs auf Übertragung des Eigentums an einem Grundstück und erhält er erst während des Bestehens der Gütergemeinschaft das Eigentum hieran, so wird er bei Beendigung der Gütergemeinschaft behandelt, als habe er das Grundstück eingebracht (Stuttg FamRZ 96, 1474).

25 Die Übernahme erfolgt nur gegen entsprechenden Wertersatz. Dabei bestimmt sich der Übernahmewert entweder nach dem von den Parteien vereinbarten Zeitpunkt, oder – falls eine Vereinbarung nicht zustande kommt – nach dem Zeitpunkt der Übernahme. Im Falle der Übernahme von Grundeigentum ist dies der Eintragung des Eigentumswechsels im Grundbuch (BGH FamRZ 86, 40). Unerheblich ist dagegen der Zeitpunkt der Zustellung des Scheidungsantrages (*Klüber* FPR 01, 84, 86). Der Übernahmewert ist ggf durch einen Sachverständigen zu ermitteln, wobei für landwirtschaftlich genutzte Grundstücke die Privilegierung des § 1376 IV nicht gilt (*Klüber* FPR 01, 84, 86).

26 Der zu leistende Wertersatz muss nicht unbedingt durch Einzahlungen erfolgen. Möglich ist es auch, eine Verrechnung mit dem Anteil des Ehegatten am Überschuss vorzunehmen, der sich nach Hinzurechnung des zu leistenden Wertersatzes ergibt (BGH FamRZ 88, 926).

27 **bb) Bereinigung von Vorzugsrechten.** Endet die Gütergemeinschaft nach der Scheidung der Ehe, so haben die Eheleute als weitere Ausnahme von der Verteilung nach Gemeinschaftsrecht die Möglichkeit, den Wert dessen zurückerstattet zu verlangen, was sie in die Gütergemeinschaft eingebracht haben (§ 1478). Sie haben somit ein Wahlrecht zwischen der Halbteilung nach §§ 1476, 1477 und der Teilung nach § 1478, wobei das Übernahmerecht aus § 1477 II durch das Vorliegen eines Erstattungsanspruchs nicht ausgeschlossen wird. Beide Rechte können nebeneinander ausgeübt werden (BGHZ 84, 338; Karlsr FamRZ 82, 286).

28 Ausgeübt wird das Wahlrecht durch formlose Erklärung gegenüber dem anderen Ehegatten oder der die Auseinandersetzung vermittelnden Behörde. Es kann auch im Verbund mit dem Scheidungsantrag erklärt werden.

29 § 1478 gibt kein Rückgaberecht und modifiziert den Grundsatz der Halbteilung aus Billigkeitsgründen. Es soll vermieden werden, dass derjenige Ehegatte, der nichts oder weniger als der andere in die Ehe eingebracht und vielleicht sogar durch sein Verhalten zum Scheitern der Ehe beigetragen hat, nunmehr auch noch seine Beteiligung an dem von dem anderen eingebrachten Vermögen erzwingen kann (Palandt/*Brudermüller* § 1478 Rn 1).

30 Was eingebracht sein kann, ist in § 1478 II aufgezählt. Dazu gehören diejenigen Gegenstände, die einem Ehegatten beim Eintritt in den Güterstand gehört haben und die er von Todes wegen, mit Rücksicht auf ein künftiges Erbrecht, durch Schenkung oder als Ausstattung erworben hat. Dasselbe gilt für Rechte, die mit dem Tod eines Ehegatten erlöschen oder deren Erwerb durch den Tod eines Ehegatten bedingt ist, wie Leibrenten, Nießbrauchsrecht oder Anrechte aus Lebensversicherungen. Haben die Eheleute bis zum Beginn der Gütergemeinschaft im gesetzlichen Güterstand der Zugewinngemeinschaft gelebt, so hat derjenige Ehegatte, der nach deren Beendigung einen Zugewinnausgleichsanspruch gehabt hätte, diesen eingebracht (BGH FamRZ 94, 256), sofern nicht durch Ehevertrag etwas anderes geregelt ist.

31 Anders als nach § 1477 ist wegen der Wertberechnung nach § 1478 III auf den Zeitpunkt der Übernahme abzustellen. Ausgeglichen werden sollen lediglich inflationsbedingte Kaufkraftverluste, weshalb eine Inflationsbereinigung wie bei der Ermittlung des Anfangsvermögens stattzufinden hat (BGHZ 84, 333). Wertsteige-

rungen, Wertminderungen oder gar der Untergang des eingebrachten Gegenstandes sind im Übrigen ohne Bedeutung (Klein FuR 95, 170). Keine entsprechende Anwendung findet allerdings § 1376 IV, so dass auch landwirtschaftliche Betriebe nicht nach dem Ertragswert zu berücksichtigen sind (Staud/*Thiele* § 1478 Rn 9). Reicht das vorhandene Gesamtgut nach der Wahl der Auseinandersetzung nach § 1478 nicht aus, um den Erstattungsanspruch zu erfüllen, so ist es im Verhältnis derjenigen Werte aufzuteilen, die die Eheleute in die Gütergemeinschaft eingebracht haben. Daraus folgt, dass ein Ehegatte das Gesamtgut für sich allein beanspruchen kann, wenn der andere nichts eingebracht hat und der Wert des von ihm eingebrachten Vermögens den Wert des Gesamtgutes übersteigt.

cc) Teilung des Überschusses oder Verlustes. Sind die Schulden getilgt und die Übernahmerechte ausgeübt, ist das dann noch vorhandene Gesamtgut nach Gemeinschaftsrecht aufzuteilen (§ 1477). Zur Teilungsmasse hinzuzurechnen ist dasjenige, was die Eheleute dem Gesamtgut schulden (§ 1476 II). Dazu rechnen etwa Schadensersatzansprüche aus unerlaubter Handlung (§§ 1441 Nr 1, 1463 Nr 1), Ansprüche wegen aus dem Gesamtgut bezahlter Verbindlichkeiten des Vorbehalts- oder Sonderguts (§§ 1441 Nr 2, 1463 Nr 2), Ansprüche auf Ausgleich von Verwendungen, die aus dem Gesamtgut für das Vorbehalts- oder Sondergut getroffen worden sind (§§ 1445 I, 1467 I), Kostenersatz wegen im Gesetz genannter Rechtsstreitigkeiten (§§ 1441 Nr 3, 1443, 1463 Nr 3), Ansprüche auf Ersatz von Ausstattungen (§§ 1444, 1446) und Ansprüche auf Schadensersatz wegen schuldhafter Minderung des Gesamtguts (§ 1435 S 3). Die Teilung des sich danach ergebenden Überschusses oder Verlustes erfolgt wiederum nach Gemeinschaftsrecht (§§ 1474, 1476 I, 752 ff). Entsprechendes gilt für vorhandene Verluste.

B. Prozessuales. Bei der Durchführung der Auseinandersetzung der Gütergemeinschaft können die Eheleute die Vermittlung des Amtsgerichts beantragen, das einen Auseinandersetzungsplan vorlegt, der zu beurkunden ist (vgl §§ 99, 86–98 FGG).
Im Übrigen kann vor dem zuständigen Familiengericht (§ 23b I Nr 9 GVG) Auseinandersetzungsklage erhoben werden. Die Klage geht nicht auf Zahlung eines bestimmten Betrages, sondern auf Zustimmung zu einem mit der Klage vorzulegenden Auseinandersetzungsplan (wegen weiterer Einzelheiten, insbesondere auch der zu stellenden Anträge vgl Wittich S 63 ff)

Unterkapitel 5   Fortgesetzte Gütergemeinschaft

§ 1483 Eintritt der fortgesetzten Gütergemeinschaft

(1) ¹Die Ehegatten können durch Ehevertrag vereinbaren, dass die Gütergemeinschaft nach dem Tod eines Ehegatten zwischen dem überlebenden Ehegatten und den gemeinschaftlichen Abkömmlingen fortgesetzt wird. ²Treffen die Ehegatten eine solche Vereinbarung, so wird die Gütergemeinschaft mit den gemeinschaftlichen Abkömmlingen fortgesetzt, die bei gesetzlicher Erbfolge als Erben berufen sind. ³Der Anteil des verstorbenen Ehegatten am Gesamtgut gehört nicht zum Nachlass; im Übrigen wird der Ehegatte nach den allgemeinen Vorschriften beerbt.
(2) Sind neben den gemeinschaftlichen Abkömmlingen andere Abkömmlinge vorhanden, so bestimmen sich ihr Erbrecht und ihre Erbteile so, wie wenn fortgesetzte Gütergemeinschaft nicht eingetreten wäre.

§ 1484 Ablehnung der fortgesetzten Gütergemeinschaft

(1) Der überlebende Ehegatte kann die Fortsetzung der Gütergemeinschaft ablehnen.
(2) ¹Auf die Ablehnung finden die für die Ausschlagung einer Erbschaft geltenden Vorschriften der §§ 1943 bis 1947, 1950, 1952, 1954 bis 1957, 1959 entsprechende Anwendung. ²Steht der überlebende Ehegatte unter elterlicher Sorge oder unter Vormundschaft, so ist zur Ablehnung die Genehmigung des Vormundschaftsgerichts erforderlich. ³Dies gilt auch für die Ablehnung durch den Betreuer des überlebenden Ehegatten.
(3) Lehnt der Ehegatte die Fortsetzung der Gütergemeinschaft ab, so gilt das Gleiche wie im Falle des § 1482.

§ 1485 Gesamtgut

(1) Das Gesamtgut der fortgesetzten Gütergemeinschaft besteht aus dem ehelichen Gesamtgut, soweit es nicht nach § 1483 Abs. 2 einem nicht anteilsberechtigten Abkömmling zufällt, und aus dem Vermögen, das der überlebende Ehegatte aus dem Nachlass des verstorbenen Ehegatten oder nach dem Eintritt der fortgesetzten Gütergemeinschaft erwirbt.
(2) Das Vermögen, das ein gemeinschaftlicher Abkömmling zur Zeit des Eintritts der fortgesetzten Gütergemeinschaft hat oder später erwirbt, gehört nicht zum Gesamtgut.
(3) Auf das Gesamtgut findet die für die eheliche Gütergemeinschaft geltende Vorschrift des § 1416 Abs. 2 und 3 entsprechende Anwendung.

§ 1486 Vorbehaltsgut; Sondergut

(1) Vorbehaltsgut des überlebenden Ehegatten ist, was er bisher als Vorbehaltsgut gehabt hat oder was er nach § 1418 Abs. 2 Nr. 2, 3 als Vorbehaltsgut erwirbt.
(2) Sondergut des überlebenden Ehegatten ist, was er bisher als Sondergut gehabt hat oder was er als Sondergut erwirbt.

§ 1487 Rechtsstellung des Ehegatten und der Abkömmlinge

(1) Die Rechte und Verbindlichkeiten des überlebenden Ehegatten sowie der anteilsberechtigten Abkömmlinge in Ansehung des Gesamtguts der fortgesetzten Gütergemeinschaft bestimmen sich nach den für die eheliche Gütergemeinschaft geltenden Vorschriften der §§ 1419, 1422 bis 1428, 1434, des § 1435 Satz 1, 3 und der §§ 1436, 1445; der überlebende Ehegatte hat die rechtliche Stellung des Ehegatten, der das Gesamtgut allein verwaltet, die anteilsberechtigten Abkömmlinge haben die rechtliche Stellung des anderen Ehegatten.
(2) Was der überlebende Ehegatte zu dem Gesamtgut schuldet oder aus dem Gesamtgut zu fordern hat, ist erst nach der Beendigung der fortgesetzten Gütergemeinschaft zu leisten.

§ 1488 Gesamtgutsverbindlichkeiten

Gesamtgutsverbindlichkeiten der fortgesetzten Gütergemeinschaft sind die Verbindlichkeiten des überlebenden Ehegatten sowie solche Verbindlichkeiten des verstorbenen Ehegatten, die Gesamtgutsverbindlichkeiten der ehelichen Gütergemeinschaft waren.

§ 1489 Persönliche Haftung für die Gesamtgutsverbindlichkeiten

(1) Für die Gesamtgutsverbindlichkeiten der fortgesetzten Gütergemeinschaft haftet der überlebende Ehegatte persönlich.
(2) Soweit die persönliche Haftung den überlebenden Ehegatten nur infolge des Eintritts der fortgesetzten Gütergemeinschaft trifft, finden die für die Haftung des Erben für die Nachlassverbindlichkeiten geltenden Vorschriften entsprechende Anwendung; an die Stelle des Nachlasses tritt das Gesamtgut in dem Bestand, den es zur Zeit des Eintritts der fortgesetzten Gütergemeinschaft hat.
(3) Eine persönliche Haftung der anteilsberechtigten Abkömmlinge für die Verbindlichkeiten des verstorbenen oder des überlebenden Ehegatten wird durch die fortgesetzte Gütergemeinschaft nicht begründet.

§ 1490 Tod eines Abkömmlings

¹Stirbt ein anteilsberechtigter Abkömmling, so gehört sein Anteil an dem Gesamtgute nicht zu seinem Nachlass. ²Hinterlässt er Abkömmlinge, die anteilsberechtigt sein würden, wenn er den verstorbenen Ehegatten nicht überlebt hätte, so treten die Abkömmlinge an seine Stelle. ³Hinterlässt er solche Abkömmlinge nicht, so wächst sein Anteil den übrigen anteilsberechtigten Abkömmlingen und, wenn solche nicht vorhanden sind, dem überlebenden Ehegatten an.

§ 1491 Verzicht eines Abkömmlings

(1) ¹Ein anteilsberechtigter Abkömmling kann auf seinen Anteil an dem Gesamtgut verzichten. ²Der Verzicht erfolgt durch Erklärung gegenüber dem für den Nachlass des verstorbenen Ehegatten zuständigen Gericht; die Erklärung ist in öffentlich beglaubigter Form abzugeben. ³Das Nachlassgericht soll die Erklärung dem überlebenden Ehegatten und den übrigen anteilsberechtigten Abkömmlingen mitteilen.
(2) ¹Der Verzicht kann auch durch Vertrag mit dem überlebenden Ehegatten und den übrigen anteilsberechtigten Abkömmlingen erfolgen. ²Der Vertrag bedarf der notariellen Beurkundung.
(3) ¹Steht der Abkömmling unter elterlicher Sorge oder unter Vormundschaft, so ist zu dem Verzicht die Genehmigung des Vormundschaftsgerichts erforderlich. ²Dies gilt auch für den Verzicht durch den Betreuer des Abkömmlings.
(4) Der Verzicht hat die gleichen Wirkungen, wie wenn der Verzichtende zur Zeit des Verzichts ohne Hinterlassung von Abkömmlingen gestorben wäre.

§ 1492 Aufhebung durch den überlebenden Ehegatten

(1) ¹Der überlebende Ehegatte kann die fortgesetzte Gütergemeinschaft jederzeit aufheben. ²Die Aufhebung erfolgt durch Erklärung gegenüber dem für den Nachlass des verstorbenen Ehegatten zuständigen Gericht; die Erklärung ist in öffentlich beglaubigter Form abzugeben. ³Das Nachlassgericht soll die Erklärung den anteilsberechtigten Abkömmlingen und, wenn der überlebende Ehegatte gesetzlicher Vertreter eines der Abkömmlinge ist, dem Vormundschaftsgericht mitteilen.
(2) ¹Die Aufhebung kann auch durch Vertrag zwischen dem überlebenden Ehegatten und den anteilsberechtigten Abkömmlingen erfolgen. ²Der Vertrag bedarf der notariellen Beurkundung.
(3) ¹Steht der überlebende Ehegatte unter elterlicher Sorge oder unter Vormundschaft, so ist zu der Aufhebung die Genehmigung des Vormundschaftsgerichts erforderlich. ²Dies gilt auch für die Aufhebung durch den Betreuer des überlebenden Ehegatten.

§ 1493 Wiederverheiratung oder Begründung einer Lebenspartnerschaft des überlebenden Ehegatten

(1) Die fortgesetzte Gütergemeinschaft endet, wenn der überlebende Ehegatte wieder heiratet oder eine Lebenspartnerschaft begründet.
(2) ¹Der überlebende Ehegatte hat, wenn ein anteilsberechtigter Abkömmling minderjährig ist, die Absicht der Wiederverheiratung dem Vormundschaftsgericht anzuzeigen, ein Verzeichnis des Gesamtguts einzureichen, die Gütergemeinschaft aufzuheben und die Auseinandersetzung herbeizuführen. ²Dies gilt auch, wenn die Sorge für das Vermögen eines anteilsberechtigten Abkömmlings zum Aufgabenkreis eines Betreuers gehört. ³Das Vormundschaftsgericht kann gestatten, dass die Aufhebung der Gütergemeinschaft bis zur Eheschließung unterbleibt und dass die Auseinandersetzung erst später erfolgt.

§ 1494 Tod des überlebenden Ehegatten

(1) Die fortgesetzte Gütergemeinschaft endet mit dem Tode des überlebenden Ehegatten.
(2) Wird der überlebende Ehegatte für tot erklärt oder wird seine Todeszeit nach den Vorschriften des Verschollenheitsgesetzes festgestellt, so endet die fortgesetzte Gütergemeinschaft mit dem Zeitpunkt, der als Zeitpunkt des Todes gilt.

§ 1495 Aufhebungsklage eines Abkömmlings

Ein anteilsberechtigter Abkömmling kann gegen den überlebenden Ehegatten auf Aufhebung der fortgesetzten Gütergemeinschaft klagen,
1. wenn seine Rechte für die Zukunft dadurch erheblich gefährdet werden können, dass der überlebende Ehegatte zur Verwaltung des Gesamtgutes unfähig ist oder sein Recht, das Gesamtgut zu verwalten, missbraucht,
2. wenn der überlebende Ehegatte seine Verpflichtung, dem Abkömmling Unterhalt zu gewähren, verletzt hat und für die Zukunft eine erhebliche Gefährdung des Unterhalts zu besorgen ist,
3. wenn die Verwaltung des Gesamtguts in den Aufgabenkreis des Betreuers des überlebenden Ehegatten fällt,
4. wenn der überlebende Ehegatte die elterliche Sorge über den Abkömmling verwirkt hat oder, falls sie ihm zugestanden hätte, verwirkt haben würde.

§ 1496 Wirkung des Aufhebungsurteils

¹Die Aufhebung der fortgesetzten Gütergemeinschaft tritt in den Fällen des § 1495 mit der Rechtskraft des Urteils ein. ²Sie tritt für alle Abkömmlinge ein, auch wenn das Urteil auf die Klage eines der Abkömmlinge ergangen ist.

§ 1497 Rechtsverhältnis bis zur Auseinandersetzung

(1) Nach der Beendigung der fortgesetzten Gütergemeinschaft setzen sich der überlebende Ehegatte und die Abkömmlinge über das Gesamtgut auseinander.
(2) Bis zur Auseinandersetzung bestimmt sich ihr Rechtsverhältnis am Gesamtgut nach den §§ 1419, 1472, 1473.

§ 1498 Durchführung der Auseinandersetzung

¹Auf die Auseinandersetzung sind die Vorschriften der §§ 1475, 1476, des § 1477 Abs. 1, der §§ 1479, 1480 und des § 1481 Abs. 1, 3 anzuwenden; an die Stelle des Ehegatten, der das Gesamtgut allein verwaltet hat, tritt der überlebende Ehegatte, an die Stelle des anderen Ehegatten treten die anteilsberechtigten Abkömmlinge. ²Die in § 1476 Abs. 2 Satz 2 bezeichnete Verpflichtung besteht nur für den überlebenden Ehegatten.

§ 1499 Verbindlichkeiten zu Lasten des überlebenden Ehegatten

Bei der Auseinandersetzung fallen dem überlebenden Ehegatten zur Last:
1. die ihm bei dem Eintritt der fortgesetzten Gütergemeinschaft obliegenden Gesamtgutsverbindlichkeiten, für die das eheliche Gesamtgut nicht haftete oder die im Verhältnis der Ehegatten zueinander ihm zur Last fielen;
2. die nach dem Eintritt der fortgesetzten Gütergemeinschaft entstandenen Gesamtgutsverbindlichkeiten, die, wenn sie während der ehelichen Gütergemeinschaft in seiner Person entstanden wären, im Verhältnis der Ehegatten zueinander ihm zur Last gefallen sein würden;
3. eine Ausstattung, die er einem anteilsberechtigten Abkömmling über das dem Gesamtgut entsprechende Maß hinaus oder die er einem nicht anteilsberechtigten Abkömmling versprochen oder gewährt hat.

§ 1500 Verbindlichkeiten zu Lasten der Abkömmlinge

(1) Die anteilsberechtigten Abkömmlinge müssen sich Verbindlichkeiten des verstorbenen Ehegatten, die diesem im Verhältnis der Ehegatten zueinander zur Last fielen, bei der Auseinandersetzung auf ihren Anteil insoweit anrechnen lassen, als der überlebende Ehegatte nicht von dem Erben des verstorbenen Ehegatten Deckung hat erlangen können.
(2) In gleicher Weise haben sich die anteilsberechtigten Abkömmlinge anrechnen zu lassen, was der verstorbene Ehegatte zu dem Gesamtgut zu ersetzen hatte.

§ 1501 Anrechnung von Abfindungen

(1) Ist einem anteilsberechtigten Abkömmling für den Verzicht auf seinen Anteil eine Abfindung aus dem Gesamtgut gewährt worden, so wird sie bei der Auseinandersetzung in das Gesamtgut eingerechnet und auf die den Abkömmlingen gebührende Hälfte angerechnet.
(2) ¹Der überlebende Ehegatte kann mit den übrigen anteilsberechtigten Abkömmlingen schon vor der Aufhebung der fortgesetzten Gütergemeinschaft eine abweichende Vereinbarung treffen. ²Die Vereinbarung bedarf der notariellen Beurkundung; sie ist auch denjenigen Abkömmlingen gegenüber wirksam, welche erst später in die fortgesetzte Gütergemeinschaft eintreten.

§ 1502 Übernahmerecht des überlebenden Ehegatten

(1) ¹Der überlebende Ehegatte ist berechtigt, das Gesamtgut oder einzelne dazu gehörende Gegenstände gegen Ersatz des Wertes zu übernehmen. ²Das Recht geht nicht auf den Erben über.
(2) ¹Wird die fortgesetzte Gütergemeinschaft auf Grund des § 1495 durch Urteil aufgehoben, so steht dem überlebenden Ehegatten das im Absatz 1 bestimmte Recht nicht zu. ²Die anteilsberechtigten Abkömmlinge können in diesem Falle diejenigen Gegenstände gegen Ersatz des Wertes übernehmen, welche der verstorbene Ehegatte nach § 1477 Abs. 2 zu übernehmen berechtigt sein würde. ³Das Recht kann von ihnen nur gemeinschaftlich ausgeübt werden.

§ 1503 Teilung unter den Abkömmlingen

(1) Mehrere anteilsberechtigte Abkömmlinge teilen die ihnen zufallende Hälfte des Gesamtguts nach dem Verhältnis der Anteile, zu denen sie im Falle der gesetzlichen Erbfolge als Erben des verstorbenen Ehegatten berufen sein würden, wenn dieser erst zur Zeit der Beendigung der fortgesetzten Gütergemeinschaft gestorben wäre.
(2) Das Vorempfangene kommt nach den für die Ausgleichung unter Abkömmlingen geltenden Vorschriften zur Ausgleichung, soweit nicht eine solche bereits bei der Teilung des Nachlasses des verstorbenen Ehegatten erfolgt ist.

(3) Ist einem Abkömmling, der auf seinen Anteil verzichtet hat, eine Abfindung aus dem Gesamtgut gewährt worden, so fällt sie den Abkömmlingen zur Last, denen der Verzicht zustatten kommt.

§ 1504 Haftungsausgleich unter Abkömmlingen

¹Soweit die anteilsberechtigten Abkömmlinge nach § 1480 den Gesamtgutsgläubigern haften, sind sie im Verhältnis zueinander nach der Größe ihres Anteils an dem Gesamtgut verpflichtet. ²Die Verpflichtung beschränkt sich auf die ihnen zugeteilten Gegenstände; die für die Haftung des Erben geltenden Vorschriften der §§ 1990, 1991 finden entsprechende Anwendung.

§ 1505 Ergänzung des Anteils des Abkömmlings

Die Vorschriften über das Recht auf Ergänzung des Pflichtteils finden zugunsten eines anteilsberechtigten Abkömmlings entsprechende Anwendung; an die Stelle des Erbfalls tritt die Beendigung der fortgesetzten Gütergemeinschaft, als gesetzlicher Erbteil gilt der dem Abkömmling zur Zeit der Beendigung gebührende Anteil an dem Gesamtgut, als Pflichtanteil gilt die Hälfte des Wertes dieses Anteils.

§ 1506 Anteilsunwürdigkeit

¹Ist ein gemeinschaftlicher Abkömmling erbunwürdig, so ist er auch des Anteils an dem Gesamtgut unwürdig. ²Die Vorschriften über die Erbunwürdigkeit finden entsprechende Anwendung.

§ 1507 Zeugnis über Fortsetzung der Gütergemeinschaft

¹Das Nachlassgericht hat dem überlebenden Ehegatten auf Antrag ein Zeugnis über die Fortsetzung der Gütergemeinschaft zu erteilen. ²Die Vorschriften über den Erbschein finden entsprechende Anwendung.

§ 1508
– weggefallen –

§ 1509 Ausschließung der fortgesetzten Gütergemeinschaft durch letztwillige Verfügung

¹Jeder Ehegatte kann für den Fall, dass die Ehe durch seinen Tod aufgelöst wird, die Fortsetzung der Gütergemeinschaft durch letztwillige Verfügung ausschließen, wenn er berechtigt ist, dem anderen Ehegatten den Pflichtteil zu entziehen oder auf Aufhebung der Gütergemeinschaft zu klagen. ²Das Gleiche gilt, wenn der Ehegatte berechtigt ist, die Aufhebung der Ehe zu beantragen, und den Antrag gestellt hat. ³Auf die Ausschließung finden die Vorschriften über die Entziehung des Pflichtteils entsprechende Anwendung.

§ 1510 Wirkung der Ausschließung

Wird die Fortsetzung der Gütergemeinschaft ausgeschlossen, so gilt das Gleiche wie im Falle des § 1482.

§ 1511 Ausschließung eines Abkömmlings

(1) Jeder Ehegatte kann für den Fall, dass die Ehe durch seinen Tod aufgelöst wird, einen gemeinschaftlichen Abkömmling von der fortgesetzten Gütergemeinschaft durch letztwillige Verfügung ausschließen.
(2) ¹Der ausgeschlossene Abkömmling kann, unbeschadet seines Erbrechts, aus dem Gesamtgut der fortgesetzten Gütergemeinschaft die Zahlung des Betrages verlangen, der ihm von dem Gesamtgut der ehelichen Gütergemeinschaft als Pflichtteil gebühren würde, wenn die fortgesetzte Gütergemeinschaft nicht eingetreten wäre. ²Die für den Pflichtteilsanspruch geltenden Vorschriften finden entsprechende Anwendung.
(3) ¹Der dem ausgeschlossenen Abkömmling gezahlte Betrag wird bei der Auseinandersetzung den anteilsberechtigten Abkömmlingen nach Maßgabe des § 1501 angerechnet. ²Im Verhältnis der Abkömmlinge zueinander fällt er den Abkömmlingen zur Last, denen die Ausschließung zustatten kommt.

§ 1512 Herabsetzung des Anteils

Jeder Ehegatte kann für den Fall, dass mit seinem Tode die fortgesetzte Gütergemeinschaft eintritt, den einem anteilsberechtigten Abkömmling nach der Beendigung der fortgesetzten Gütergemeinschaft gebührenden Anteil an dem Gesamtgut durch letztwillige Verfügung bis auf die Hälfte herabsetzen.

§ 1513 Entziehung des Anteils

(1) ¹Jeder Ehegatte kann für den Fall, dass mit seinem Tode die fortgesetzte Gütergemeinschaft eintritt, einem anteilsberechtigten Abkömmling den diesem nach der Beendigung der fortgesetzten Gütergemeinschaft gebührenden Anteil an dem Gesamtgut durch letztwillige Verfügung entziehen, wenn er berechtigt ist, dem Abkömmling den Pflichtteil zu entziehen. ²Die Vorschrift des § 2336 Abs. 2 bis 4 finden entsprechende Anwendung.
(2) Der Ehegatte kann, wenn er nach § 2338 berechtigt ist, das Pflichtteilsrecht des Abkömmlings zu beschränken, den Anteil des Abkömmlings am Gesamtgut einer entsprechenden Beschränkung unterwerfen.

§ 1514 Zuwendung des entzogenen Betrags

Jeder Ehegatte kann den Betrag, den er nach § 1512 oder nach § 1513 Abs. 1 einem Abkömmling entzieht, auch einem Dritten durch letztwillige Verfügung zuwenden.

§ 1515 Übernahmerecht eines Abkömmlings und des Ehegatten

(1) Jeder Ehegatte kann für den Fall, dass mit seinem Tode die fortgesetzte Gütergemeinschaft eintritt, durch letztwillige Verfügung anordnen, dass ein anteilsberechtigter Abkömmling das Recht haben soll, bei der Teilung das Gesamtgut oder einzelne dazu gehörende Gegenstände gegen Ersatz des Wertes zu übernehmen.
(2) ¹Gehört zu dem Gesamtgut ein Landgut, so kann angeordnet werden, dass das Landgut mit dem Ertragswert oder mit einem Preis, der den Ertragswert mindestens erreicht, angesetzt werden soll. ²Die für die Erbfolge geltende Vorschrift des § 2049 findet Anwendung.
(3) Das Recht, das Landgut zu dem in Absatz 2 bezeichneten Wert oder Preis zu übernehmen kann auch dem überlebenden Ehegatten eingeräumt werden.

§ 1516 Zustimmung des anderen Ehegatten

(1) Zur Wirksamkeit der in den §§ 1511 bis 1515 bezeichneten Verfügungen eines Ehegatten ist die Zustimmung des anderen Ehegatten erforderlich.
(2) ¹Die Zustimmung kann nicht durch einen Vertreter erteilt werden. ²Ist der Ehegatte in der Geschäftsfähigkeit beschränkt, so ist die Zustimmung seines gesetzlichen Vertreters nicht erforderlich. ³Die Zustimmungserklärung bedarf der notariellen Beurkundung. Die Zustimmung ist unwiderruflich.
(3) Die Ehegatten können die in den §§ 1511 bis 1515 bezeichneten Verfügungen auch in einem gemeinschaftlichen Testamente treffen.

§ 1517 Verzicht eines Abkömmlings auf seinen Anteil

(1) ¹Zur Wirksamkeit eines Vertrags, durch den ein gemeinschaftlicher Abkömmling einem der Ehegatten gegenüber für den Fall, dass die Ehe durch dessen Tod aufgelöst wird, auf seinen Anteil am Gesamtgute der fortgesetzten Gütergemeinschaft verzichtet oder durch den ein solcher Verzicht aufgehoben wird, ist die Zustimmung des anderen Ehegatten erforderlich. ²Für die Zustimmung gilt die Vorschrift des § 1516 Abs. 2 Satz 3, 4.
(2) Die für den Erbverzicht geltenden Vorschriften finden entsprechende Anwendung.

§ 1518 Zwingendes Recht

¹Anordnungen, die mit den Vorschriften der §§ 1483 bis 1517 in Widerspruch stehen, können von den Ehegatten weder durch letztwillige Verfügung noch durch Vertrag getroffen werden. ²Das Recht der Ehegatten, den Vertrag, durch den sie die Fortsetzung der Gütergemeinschaft vereinbart haben, durch Ehevertrag aufzuheben, bleibt unberührt.

§§ 1519–1557

– *weggefallen* –

Untertitel 3 Güterrechtsregister

Vorbemerkungen vor §§ 1558 ff

Die §§ 1558–1563 regeln das Verfahren der Eintragung in das Güterrechtsregister, während sich deren Wirkungen nach § 1412 richten. Die Eintragungen haben nur deklaratorische Bedeutung; die Änderung der güterrechtlichen Verhältnisse ist von der Registereintragung unabhängig. Anders als dem Grundbuch kommt dem Güterrechtsregister kein öffentlicher Glaube zu. Der Rechtsverkehr kann sich somit nur auf sein Schweigen verlassen (negative Publizität). 1

Der Dritte muss die im Güterrechtsregister eingetragenen Tatsachen gegen sich gelten lassen, unabhängig davon, ob er sie kennt. Denn er hätte jederzeit die Möglichkeit, sich Kenntnis zu verschaffen (§ 1563). Ist die Tatsache nicht eingetragen, muss der Dritte sie nur dann gegen sich gelten lassen, wenn er sie kennt (§ 1412). 2

Eintragungsfähig sind nur solche Tatsachen, die Außenwirkung entfalten, die also geeignet sind, die Rechtsstellung der Ehegatten zu Dritten zu beeinflussen (BGHZ 66, 203, 207; Staud/*Thiele* Rn 4), wie insbesondere solche Tatsachen, die die Eigentumszuordnung, die Verfügungsbefugnis oder die Haftung für Schulden (Köln FamRZ 94, 1256) beeinflussen. 3

Eintragungsfähig sind danach Eheverträge einschließlich Änderung und Aufhebung, auch durch Urteil (§§ 1412 II, 1449 II, 1470 II), Zugehörigkeit von Vermögen zum Vorbehaltsgut in der Gütergemeinschaft (§ 1418 IV), Ausschluss des gesetzlichen Güterstandes (BGHZ 66, 203) einschließlich der durch Urteil (Palandt/*Brudermüller* Rn 3), Einspruch gegen den Betrieb eines Erwerbsgeschäfts und Widerruf der Einwilligung bei Gütergemeinschaft (§§ 1431 III, 1456 III), Beschränkung und Ausschluss der Schlüsselgewalt nach § 1357 II (BGH FamRZ 76, 443), Ausschluss oder abweichende Regelung der Verfügungsbeschränkung aus §§ 1365 I, 1369 I (Staud/*Thiele* Rn 7), Änderungen der Regelungen zum Zugewinnausgleich (Köln FamRZ 94, 1256; LG Bonn RNotZ 01, 588; Palandt/*Brudermüller* Rn 3; aA AnwK/*Völker* Rn 8). 4

Nicht eintragungsfähig sind Vereinbarung (§ 1483), Aufhebung (§ 1492) oder Ausschließung (§ 1509) der fortgesetzten Gütergemeinschaft (MüKo/*Kanzleiter* Rn 9), Zugehörigkeit von Vermögen zum Sondergut in der Gütergemeinschaft (§ 1417), Überlassung der Vermögensverwaltung oder deren Ausschluss (§ 1413), Vermögensverzeichnisse der Ehegatten (AnwK/*Völker* Rn 8), ehevertraglicher Ausschluss des Versorgungsausgleichs (Braunschw OLGR 04, 383). 5

Das Güterrechtsregister hat keine erhebliche praktische Bedeutung mehr, weshalb auch seine Abschaffung gefordert wird (*Reithmann* DNotZ 84, 459; AnwK/*Völker* Rn 5). 6

§ 1558 Zuständiges Registergericht

(1) Die Eintragungen in das Güterrechtsregister sind bei jedem Amtsgericht zu bewirken, in dessen Bezirk auch nur einer der Ehegatten seinen gewöhnlichen Aufenthalt hat.
(2) Durch Anordnung der Landesjustizverwaltung kann die Führung des Registers für mehrere Amtsgerichtsbezirke einem Amtsgericht übertragen werden.

Das Güterrechtsregister wird beim Amtsgericht geführt, dort vom Rechtspfleger (§ 3 Nr 1 e RPflG). Örtlich zuständig ist dasjenige Gericht, in dessen Bezirk auch nur einer der Ehegatten seinen gewöhnlichen Aufenthalt hat, wobei II es den Landesjustizverwaltungen ermöglicht, für mehrere Amtsgerichtsbezirke ein gemeinsames Register einzuführen. 1

Der gewöhnliche Aufenthalt befindet sich dort, wo der tatsächliche Schwerpunkt der Bindungen dieses Ehegatten, sein Daseinsmittelpunkt, liegt (BGH FamRZ 81, 135, 137). Bei mehreren gleichrangigen gewöhnlichen Aufenthalten, muss die Eintragung bei jedem der dafür zuständigen Registergerichte erfolgen (Staud/*Thiele* Rn 3). 2

Da es nur auf den gewöhnlichen Aufenthalt im Inland ankommt, hat die Nationalität der Eheleute auf die Zuständigkeit keinen Einfluss (vgl Art 16 EGBGB). Hat andererseits keiner der Ehegatten seinen gewöhnlichen Aufenthalt im Inland, kommt eine Eintragung auch dann nicht in Frage, wenn beide Deutsche sind (Staud/*Thiele* Rn 5). 3

Auch für die güterrechtlichen Verhältnisse von Kaufleuten ist allein das Güterrechtsregister maßgeblich (Art 4 EGHGB), während die sich auf das Handelsgewerbe beziehenden Verhältnisse in das Handelsregister einzutragen sind. 4

5 Eintragungen, die bei einem unzuständigen Gericht erfolgen, sind unwirksam (RGRK/*Finke* Rn 14 ; AnwK/*Völker* Rn 5). Dasselbe gilt für sich widersprechende Eintragungen bei verschiedenen Gerichten (Staud/*Thiele* Rn 3) oder Eintragungen, die nicht bei allen zuständigen Gerichten erfolgen (Staud/*Thiele* Rn 2). Unwirksame Eintragungen sind von Amts wegen zu löschen (§§ 161 I, 142, 143 FGG).

§ 1559 Verlegung des gewöhnlichen Aufenthalts

¹Verlegt ein Ehegatte nach der Eintragung seinen gewöhnlichen Aufenthalt in einen anderen Bezirk, so muss die Eintragung im Register dieses Bezirks wiederholt werden. ²Die frühere Eintragung gilt als von neuem erfolgt, wenn ein Ehegatte den gewöhnlichen Aufenthalt in den früheren Bezirk zurückverlegt.

1 Die Verlegung des gewöhnlichen Aufenthalts in den Bezirk eines anderen Registergerichts führt dazu, dass die bisherige Eintragung ihre Wirkung verliert. Sie ist aber nicht von Amts wegen zu löschen, da sie im Falle der Rückverlegung des Wohnsitzes nach S 2 wieder auflebt.
2 Sowohl die Löschung der alten Eintragung als auch die Neueintragung setzen einen Antrag mindestens eines Ehegatten voraus.
3 Wird der gewöhnliche Aufenthalt in den früheren Registerbezirk zurück verlegt, lebt die Wirkung der bisherigen Eintragung wieder auf. War diese allerdings gelöscht, bedarf es einer Neueintragung.

§ 1560 Antrag auf Eintragung

¹Eine Eintragung in das Register soll nur auf Antrag und nur insoweit erfolgen, als sie beantragt ist. ²Der Antrag ist in öffentlich beglaubigter Form zu stellen.

1 Der für die Eintragung notwendige Antrag ist eine materiell-rechtliche Erklärung (Köln MDR 83, 490), wobei durch sie auch der Umfang der Eintragung begrenzt wird. Es ist also auch möglich, nur Teile einer ehevertraglichen Regelung einzutragen.
2 Der Antrag ist in öffentlich beglaubigter Form zu stellen (§§ 129, 39, 40 BeurkG). Nur der beurkundende Notar gilt als zur Antragstellung ermächtigt (§§ 161, 129 FGG), dies auch nur, wenn die Eheleute zuvor die Erklärung nach S 1 abgegeben haben (Celle NdsRpfl 99, 340). Der Antrag kann aber bereits in den Ehevertrag aufgenommen werden; dann genügt die Vorlage des Vertrages beim Registergericht.
3 Das Registergericht prüft außer seiner Zuständigkeit die formellen Antragsvoraussetzungen sowie die Zulässigkeit des Antrages. Auf Bedenken hat es hinzuweisen (AnwK/*Völker* Rn 4), nicht dagegen die inhaltliche Richtigkeit des Antrags, es sei denn, es bestehen insoweit begründete Zweifel oder die Eintragung verstieße gegen §§ 134, 138. In diesem Fall sind weitere Ermittlungen anzustellen (KG RPfl 01, 589).
4 Unzulässige Anträge sind zurückzuweisen. Im Übrigen entscheidet das Gericht über die Fassung der Eintragung, ohne an den Wortlaut des Antrages gebunden zu sein (AnwK/*Völker* Rn 6). Wegen der Form der Eintragung vgl auch §§ 161, 130 FGG.
5 Unzulässige Eintragungen sind von Amts wegen zu löschen, §§ 161 I, 142, 143 FGG. Da I nur eine Ordnungsvorschrift darstellt („soll"), sind auch solche Eintragungen wirksam, denen kein oder kein ordnungsgemäß Antrag zu Grunde lag oder die über den Antrag hinaus gehen (Palandt/*Brudermüller* Rn 3). Auch diese sind ggf zu löschen.
6 Gegen die Zurückweisung des Antrages ist die Beschwerde gegeben (§§ 19, 20 II FGG). Wegen der Kosten vgl §§ 29, 81, 86 KostO.

§ 1561 Antragserfordernisse

(1) Zur Eintragung ist der Antrag beider Ehegatten erforderlich; jeder Ehegatte ist dem anderen gegenüber zur Mitwirkung verpflichtet.
(2) Der Antrag eines Ehegatten genügt
1. zur Eintragung eines Ehevertrages oder einer auf gerichtlicher Entscheidung beruhenden Änderung der güterrechtlichen Verhältnisse der Ehegatten, wenn mit dem Antrag der Ehevertrag oder die mit dem Zeugnis der Rechtskraft versehene Entscheidung vorgelegt wird;
2. zur Wiederholung einer Eintragung in das Register eines anderen Bezirks, wenn mit dem Antrag eine nach der Aufhebung des bisherigen Wohnsitzes erteilte, öffentlich beglaubigte Abschrift der früheren Eintragung vorgelegt wird;
3. zur Eintragung des Einspruchs gegen den selbständigen Betrieb eines Erwerbsgeschäfts durch den anderen Ehegatten und zur Eintragung des Widerrufs der Einwilligung, wenn die Ehegatten in Gütergemeinschaft leben und der Ehegatte, der den Antrag stellt, das Gesamtgut allein oder mit dem anderen Ehegatten gemeinschaftlich verwaltet;

4. zur Eintragung der Beschränkung oder Ausschließung der Berechtigung des anderen Ehegatten, Geschäfte mit Wirkung für den Antragsteller zu besorgen (§ 1357 Abs. 2).

Nach dem Grundsatz des I bedarf es regelmäßig des Antrages beider Ehegatten, wobei jeder Ehegatte ggf einen durch Leistungsklage vor dem Familiengericht geltend zu machenden Anspruch gegen den anderen auf Mitwirkung hat (§§ 23 b I 2 Nr 9 GVG, 621 I Nr. 8 ZPO). 1

Ist dem Rechtsschutzbedürfnis des anderen Ehegatten bereits Rechnung getragen oder liegt dem Antrag ein allein dem antragstellenden Ehegatten zustehendes Recht zu Grunde, so reicht nach II ausnahmsweise der Antrag auch nur eines Ehegatten. Das ist der Fall, wenn ein Ehevertrag vorgelegt wird – wobei die Zustimmung des bei Abschluss vollmachtlos vertretenen Ehegatten in beglaubigter Form nachzuweisen ist (KG RPfl 01, 252) – oder wenn die Eintragung einer auf gerichtlicher Entscheidung beruhenden Änderung der güterrechtlichen Verhältnisse begehrt wird (II Nr 1). Im letzteren Fall ist die Entscheidung mit Rechtskraftzeugnis vorzulegen. Einstweilige Verfügungen können deshalb nur dann Grundlage einer Eintragung sein, wenn sie als rechtskräftiges Urteil ergangen sind (BaRoth/*Mayer* Rn 2). 2

Der Antrag nur eines Ehegatten ist weiter ausreichend bei Wiederholung der Eintragung bei einem anderen Registergericht (II 2), zur Eintragung eines Einspruchs gegen den selbständigen Betrieb eines Erwerbsgeschäfts eines Ehegatten, zum Widerruf der Einwilligung zu einem derartigen Geschäft bei Gütergemeinschaft zwischen den Ehegatten (II Nr 3) sowie zur Entziehung oder Einschränkung der Schlüsselgewalt (II Nr 4). Wird diese durch Entscheidung des Vormundschaftsgerichts aufgehoben, ist Nachweis der Rechtskraft dieser Entscheidung erforderlich (§§ 53, 60 I Nr 6, 41 FGG). 3

§ 1562 Öffentliche Bekanntmachung

(1) Das Amtsgericht hat die Eintragung durch das für seine Bekanntmachung bestimmte Blatt zu veröffentlichen.
(2) Wird eine Änderung des Güterstandes eingetragen, so hat sich die Bekanntmachung auf die Bezeichnung des Güterstands und, wenn dieser abweichend von dem Gesetz geregelt ist, auf eine allgemeine Bezeichnung der Abweichung zu beschränken.

Jede Eintragung ist von Amts wegen in dem hierfür bestimmten Blatt zu veröffentlichen. Das gilt auch für solche Eintragungen, die wegen Änderung der güterrechtlichen Verhältnisse auf einem Urteil beruhen (Palandt/*Brudermüller* Rn 1). Von der Bekanntmachung sind beide Ehegatten zu benachrichtigen (§§ 161 I, 130 II FGG). 1

II regelt den Inhalt der Bekanntmachung dahingehend, dass sie bei Änderung des Güterstandes auf dessen Bezeichnung oder eine allgemeine Bezeichnung der Abweichung vom gesetzlichen Güterstand (zB: „Vorbehaltsgut besteht" (Staud/*Thiele* Rn 4)) zu beschränken ist. In allen anderen Fällen hat sie in vollem Wortlaut zu erfolgen. 2

§ 1563 Registereinsicht

¹Die Einsicht des Registers ist jedem gestattet. ²Von den Eintragungen kann eine Abschrift gefordert werden; die Abschrift ist auf Verlangen zu beglaubigen.

Das Recht zur Einsicht in das Güterrechtsregister steht jedem zu. Ein rechtliches Interesse muss nicht glaubhaft gemacht werden. Die Einsichtnahme bezieht sich auch auf diejenigen Schriftstücke, auf die die Eintragung Bezug nimmt, nicht auf die Registerakten. Die Einsichtnahme ist kostenlos (§ 90 KostO). Wegen der Kosten für Abschriften, Zeugnisse und Beglaubigungen vgl §§ 2 Nr 1, 89 KostO. 1

Titel 7   Scheidung der Ehe

Untertitel 1   Scheidungsgründe

§ 1564 Scheidung durch Urteil

¹Eine Ehe kann nur durch gerichtliches Urteil auf Antrag eines oder beider Ehegatten geschieden werden. ²Die Ehe ist mit der Rechtskraft des Urteils aufgelöst. ³Die Voraussetzungen, unter denen die Scheidung begehrt werden kann, ergeben sich aus den folgenden Vorschriften.

1 **A. Begriff der Ehe.** Das Bestehen einer Ehe bestimmt sich nach den §§ 1303 ff, so dass auch die aufhebbare Ehe (§ 1313) geschieden werden kann. Ist die Ehe im Ausland geschlossen worden, ist die Frage, ob eine wirksame Eheschließung vorliegt, nach dem Eheschließungsstatut zu beantworten. Dieses knüpft hinsichtlich der materiell-rechtlichen Eheschließungsvoraussetzungen an Art 13 I und II EGBGB an, hinsichtlich der Form der Eheschließung an Art 11 I (bei im Ausland geschlossenen Ehen) oder Art 13 III EGBGB (bei im Inland geschlossenen Ehen) an. Im Übrigen ist die Eheschließung eine von Amts wegen zu klärende Vorfrage, wobei der jeweilige Antragsteller die Beweislast für den Bestand einer gültigen Ehe trägt (FAFamR/v *Heintschell-Heinegg* Kap 2 Rn 24).

2 Die Fehl- oder Zweckehe, häufig auch als Scheinehe bezeichnet, die ausschl zu ehefremden Zwecken geschlossen worden ist, unterliegt ohne Einschränkung dem Ehescheidungsrecht (Staud/*Rauscher* Rn 11). Auch die sog hinkende Ehe, in der ein deutscher und ein nichtdeutscher Partner eine nach deutschem Recht gültige Ehe geschlossen haben, die im Heimatland des nichtdeutschen Partners nicht anerkannt wird, ist nach deutschem Recht zu scheiden (Hamm FamRZ 94, 1182; Stuttg FamRZ 80, 783). Liegt eine nur aus der Sicht des Heimatstaates des nichtdeutschen Partners wirksame Ehe vor, während nach deutschem Recht von einer Nichtehe auszugehen ist, kommt eine Ehescheidung nicht in Betracht (MüKo/*Winkler v Mohrenfels* Art 17 EGBGBB Rn 59).

3 **B. Scheidung nur durch gerichtliches Urteil.** Die Ehe kann nur durch gerichtliches Urteil geschieden werden. Das gilt auch für nach ausländischem Recht in Deutschland zu scheidende Ehen (BGH NJW 82, 517) oder für Ehescheidungen im Ausland, auf die deutsches Recht anwendbar ist (BayObLG FamRZ 03, 381).

4 **C. Vereinbarungen.** Unzulässig ist die Vereinbarung eines Scheidungsausschlusses (BGH NJW 90, 703), zulässig dagegen der Verzicht auf ein Scheidungsrecht, das aber neu entsteht, wenn ein Scheidungstatbestand auf Grund neuer Tatsachen erfüllt ist (BGH NJW 86, 2046).

§ 1565 Scheitern der Ehe

(1) ¹Eine Ehe kann geschieden werden, wenn sie gescheitert ist. ²Die Ehe ist gescheitert, wenn die Lebensgemeinschaft der Ehegatten nicht mehr besteht und nicht erwartet werden kann, dass die Ehegatten sie wiederherstellen.

(2) Leben die Ehegatten noch nicht ein Jahr getrennt, so kann die Ehe nur geschieden werden, wenn die Fortsetzung der Ehe für den Antragsteller aus Gründen, die in der Person des anderen Ehegatten liegen, eine unzumutbare Härte darstellen würde.

1 **A. Einführung.** Einziger Grund für eine Scheidung der Ehe ist deren Scheitern. Um die Feststellung des Gescheitertseins treffen zu können, darf die eheliche Lebensgemeinschaft nicht mehr bestehen (= Diagnose) und es darf nicht erwartet werden, dass sie wieder hergestellt wird (= Prognose). An die Feststellung des Scheiterns sind strenge Anforderungen zu stellen, wobei es dem die Scheidung begehrenden Ehegatten obliegt, diejenigen Tatsachen substantiiert darzulegen, von denen die Feststellung abhängt, dass eine unheilbare Zerrüttung eingetreten ist und die Wiederherstellung einer dem Wesen der Ehe entsprechenden Lebensgemeinschaft nicht mehr zu erwarten ist (Köln FamRZ 95, 1503).

2 **B. Gescheitertsein der Ehe. I. Nichtbestehen der ehelichen Lebensgemeinschaft.** Unter der Lebensgemeinschaft ist das Ganze der ehelichen Lebensverhältnisse zu verstehen, wobei primär die wechselseitigen inneren Bindungen der Eheleute sind und die häusliche Gemeinschaft die äußere Realisierung der Lebensgemeinschaft in einer beiden Ehegatten gemeinsamen Wohnung umschreibt (BGH FamRZ 02, 316; 89, 479). Die Lebensgemeinschaft besteht nicht mehr, wenn zwischen den Ehegatten objektiv keine häusliche Gemeinschaft mehr besteht und subjektiv zumindest ein Ehegatte die Ehe mit dem anderen nicht mehr fortsetzen will.

3 Die räumliche Trennung der Eheleute ist zumeist auch ein Indiz für die Aufhebung der Lebensgemeinschaft (BGH NJW 78, 1810). Sie allein reicht allerdings nicht aus, um ein Nichtbestehen feststellen zu können. Das gilt, wenn es trotz getrennten Wohnens noch intensive Kontakte zwischen den Eheleuten gibt, bei denen es auch zum Geschlechtsverkehr kommt (Köln FamRZ 02, 239; Schlesw FamRZ 01, 1456; Oldbg FamRZ 97, 1213) oder wenn es wegen der besonders gelagerten Umstände des Falles eine häusliche Gemeinschaft nicht geben kann (Dresden MDR 02, 762 für den Fall der Verbüßung einer Haftstrafe durch einen Ehegatten). Hat eine häusliche Gemeinschaft von Beginn der Ehe an nie bestanden, so beginnt das Trennungsjahr, wenn sich wenigstens ein Ehegatte von den im Übrigen bestehenden Gemeinsamkeiten lossagt (München FamRZ 98, 826).

4 Beim Getrenntleben innerhalb der ehelichen Wohnung bedarf es für die Annahme der Aufhebung der ehelichen Lebensgemeinschaft der Feststellung, dass die Gemeinsamkeiten im Haushalt sich auf das unvermeidliche Maß beschränken und dass keine wesentlichen persönlichen Beziehungen mehr bestehen. Gelegentliche Handreichungen (München FamRZ 98, 826) oder Zugeständnisse im Interesse der gemeinsamen Kinder stehen der Annahme des Getrenntlebens aber nicht entgegen (FA-FamR/*v Heintschel-Heinegg* Kap 2 Rn 50 mwN), es sei denn, die Ehegatten haben zwar getrennte Schlafzimmer, halten im Interesse der

gemeinsamen Kinder jedoch den Schein der ehelichen Gemeinschaft aufrecht (Stuttg FamRZ 02, 239). Lassen die Ehegatten die eheliche Lebensgemeinschaft mit teils arbeitsteiliger Gestaltung bei fortschreitender Verselbstständigung der jeweiligen Lebensverhältnisse gleichsam auslaufen, beginnt das Getrenntleben mit der Beendigung dieses Prozesses (Zweibr FamRZ 00, 1418).

Fehlt es an der räumlichen Trennung, oder hat eine häusliche Gemeinschaft nie bestanden, ist maßgeblich 5 auf die eheliche Gesinnung der Eheleute abzustellen. Der Wille, die Lebensgemeinschaft zu beenden, muss nach außen erkennbar hervortreten, etwa durch Mitteilung der Trennungsabsicht oder Stellung des Scheidungsantrages (Hamm FamRZ 90, 166; Bambg FamRZ 81, 52) oder indem ein Ehegatte den anderen auffordert, die Gemeinschaft wieder aufzunehmen, dieser sich aber weigert.

Ein kürzeres, der Versöhnung dienendes Zusammenleben steht der Annahme der Aufhebung der Lebensge- 6 meinschaft nicht entgegen (§ 1567 II).

II. Nichterwartung der Wiederherstellung der ehelichen Lebensgemeinschaft. Ob die Wiederherstellung 7 der ehelichen Lebensgemeinschaft erwartet werden kann, ist durch das Gericht unter Würdigung aller Umstände des Falles zu entscheiden (BGH NJW 78, 1810). Allein die Trennung von mehr als 1 Jahr begründet für sich noch nicht die tatsächliche Vermutung des Scheiterns der Ehe (BGH FamRZ 95, 229). Erforderlich ist Sachvortrag, der dem Gericht die Analyse der ehelichen Lebensgemeinschaft und die für die Entscheidung notwendige Prognose erlaubt, während der Vortrag, die Ehe sei gescheitert oder unheilbar zerrüttet, nur eine Rechtsbehauptung darstellt (Saarbr MDR 05, 37).

Ausreichend ist die einseitige Abwendung von der Ehe und der nur bei einem Ehegatten festzustellende völ- 8 lige Verlust des Gefühls für die inneren Bindungen an den anderen (BGH FamRZ 79, 422; Naumbg OLGR 05, 624). Dabei ist zumeist die Selbsteinschätzung der Eheleute ausreichend, die durch beiderseitige Scheidungsanträge oder durch Zustimmung zum Scheidungsantrag des anderen zum Ausdruck kommt, während von übertriebenen Ermittlungen zur Ernsthaftigkeit des Verlustes der ehelichen Gesinnung abgesehen werden sollte.

Sind beide Ehegatten bereit, einen Versöhnungsversuch zu unternehmen (BGH FamRZ 95, 229) oder kommt 9 es zu täglichen Besuchen des Ehegatten und regelmäßigem Geschlechtsverkehr (Oldbg FamRZ 97, 1213), kann die für die Ehescheidung erforderliche Prognose nicht getroffen werden. Indizien sind dagegen ein länger dauerndes Getrenntleben (BGH FamRZ 81, 127), die ernsthafte Zuwendung eines oder beider Ehegatten zu neuen Partnern (BGH FamRZ 79, 422), Ehebruch dann, wenn er mit einer nachhaltigen Beziehung verbunden ist (Staud/*Rauscher* Rn 74), Misshandlungen des Ehegatten, schwerwiegende Beleidigungen oder dauernde Lieblosigkeit.

Die die Zerrüttung begründenden Umstände müssen nicht schuldhaft herbeigeführt worden sein. Auch 10 Krankheit eines Ehegatten, das Versagen im Haushalt oder Unfähigkeit zum Geschlechtsverkehr können die Ehe scheitern lassen (MüKo/*Wolf* Rn 51 e).

Auch bei einer Fehl- oder Scheinehe gilt nichts anderes (Zweibr FamRZ 97, 241; Karlsr FamRZ 86, 680). 11

C. Keine Ehescheidung bei Trennung von weniger als 1 Jahr. Aus § 1565 II folgt im Umkehrschluss, dass 12 eine Ehe erst geschieden werden kann, wenn die Eheleute mindestens 1 Jahr voneinander getrennt gelebt haben. Dadurch soll Rechtsmissbrauch und voreiligen Ehescheidungen entgegengewirkt sowie die nach I zu treffende Prognose erleichtert werden (BGH FamRZ 81, 127). Nichts anderes gilt, wenn beide Ehegatten die Scheidung vor Ablauf des Trennungsjahres beantragen oder der Antragsgegner dem Scheidungsantrag zustimmt (BGH FamRZ 81, 127), im Falle der Scheinehe (KG NJW 82, 112) oder dann, wenn die Eheleute nie einen gemeinsamen Haushalt begründet haben, jedoch sonst eine eheliche Lebensgemeinschaft bestanden hat (München FamRZ 98, 826). Nur unter den besonderen Voraussetzungen des II kann auf die Einhaltung der Frist verzichtet werden.

D. Scheidung bei Trennung von weniger als 1 Jahr (II). Da II keinen eigenständigen Scheidungstatbestand 13 darstellt, ist auch hier gesondert festzustellen, ob die Ehe gescheitert ist (Kobl FamRZ 78, 31). Die unzumutbare Härte folgt nicht aus dem Scheitern der Ehe an sich oder den dazu führenden Umständen (Brandbg FamRZ 95, 807). Die Gründe, die zum Scheitern der Ehe geführt haben, können aber bei der Prüfung nach II mit einbezogen werden (Staud/*Rauscher* Rn 122; a.A.: MK/*Wolf* Rn 76, Köln FamRZ 92, 319).

II setzt voraus, dass die Fortsetzung der Ehe für den Antragsteller aus Gründen, die in der Person des ande- 14 ren Ehegatten liegen, eine unzumutbare Härte darstellen würde, wobei an die Feststellung strenge Anforderungen zu stellen sind (Saarbr FamRZ 05, 809; Stuttg FamRZ 02, 1342; Rostk FamRZ 93, 808; München NJW 78, 49). Es muss eine Ausnahmesituation gegenüber der schlicht gescheiterten Ehe gegeben sein. Bloße Schwierigkeiten, Unstimmigkeiten oder ehetypische Zerwürfnisse kommen für die Annahme einer unzumutbaren Härte nicht in Betracht (Hamm FamRZ 79, 511). Die Verletzung der ehelichen Treuepflicht begründet sie für sich genommen gleichfalls nicht (Stuttg FamRZ 02, 1342).

Die unzumutbare Härte muss sich aus dem Fortbestand des äußeren Bandes der Ehe ergeben, nicht aus der 15 Fortsetzung der ehelichen Lebensgemeinschaft, die häufig ohnehin nicht mehr besteht. Es muss dem antragstellenden Ehegatten nicht mehr zumutbar sein, mit dem anderen auch nur formal bis zum Ablauf des Trennungsjahres verheiratet zu sein (BGH FamRZ 81, 127; Köln NJW-RR 96, 519; Nürnbg FuR 93, 230; Oldbg

FamRZ 92, 682). Das die Härte begründende Verhalten des Ehegatten muss mit nach außen in Erscheinung getretener Öffentlichkeitswirkung verbunden sein (Ddorf FamRZ 86, 998).

16 Die Härtegründe müssen in der Person des anderen Ehegatten gegeben sein, also aus seiner Sphäre rühren, nicht jedoch zwingend von ihm verursacht oder gar verschuldet sein. Auch unverschuldete Handlungen oder Eigenschaften können die Härte begründen (MüKo/*Wolf* Rn 77). Es scheiden jedoch solche Gründe aus, die vom Antragsteller provoziert oder mit verursacht sind, weil die Berufung hierauf sich regelmäßig als rechtsmissbräuchlich darstellen würde. Sind in der Sphäre beider Ehegatten unabhängig voneinander etwa gleich schwerwiegende Härtegründe gegeben, haben etwa beide Ehegatten neue und auf Dauer angelegte außereheliche Beziehungen begründet, so lässt der auf Seiten des Antragstellers gegebene Grund den auf der Seite des Antragsgegners weniger schwer gewichtig erscheinen, weshalb es regelmäßig zumutbar sein wird, das Trennungsjahr abzuwarten (Stuttg FamRZ 99, 722; Brandbg FamRZ 95, 807; Oldbg FamRZ 92, 682).

17 II findet auf Fehl- oder Scheinehen, bei denen keine eheliche Lebensgemeinschaft begründet und nur der Zweck verfolgt worden ist, dem ausländischen Ehegatten eine Aufenthaltserlaubnis zu verschaffen, keine Anwendung (BGH FamRZ 81, 127; Zweibr FamRZ 97, 1212; Karlsr FamRZ 86, 680).

18 In folgenden Fällen ist unzumutbare Härte angenommen worden: Unterhaltung eines ehebrecherischen Verhältnisses in der vormals ehelichen Wohnung (Köln FamRZ 99, 723), Eingehen einer festen neuen Partnerschaft (Rostk FamRZ 93, 808; Köln FamRZ 91, 822; Brem FamRZ 77, 808), insbesondere dann, wenn der Ehegatte dadurch gegenüber Dritten besonders gedemütigt wird (Köln FamRZ 03, 1565), wie etwa durch das Zusammenleben im früher ehelichen Hausanwesen (Saarbr FamRZ 05, 809), Aufnahme einer Tätigkeit als Prostituierte ohne die Zustimmung des Ehemannes (Bremen FamRZ 96, 489), Aufforderung zum Geschlechtsverkehr zu dritt, nachdem ein ehebrecherisches Verhältnis aufgedeckt worden ist (Köln FamRZ 96, 1519), Verlassen der antragstellenden Ehefrau kurz nach der Geburt eines gemeinsamen Kindes, um mit einer anderen Frau zusammenzuleben (Schlesw NJW-RR 89, 260), schwere Beleidigungen und grobe Ehrverletzungen (BGH FamRZ 81, 519), Trunksucht und häufige Alkoholexzesse (München FamRZ 78, 29), Geschlechtsverkehr mit der Stieftochter (Oldbg FamRZ 92, 682), körperliche Misshandlungen, soweit sie nicht im Affekt erfolgen (Stuttg FamRZ 02, 239).

19 In folgenden Fällen ist die unzumutbare Härte verneint worden: Ablehnung der Ehe und des Ehepartners (Ddorf FamRZ 00, 286), Aufnahme einer gleichgeschlechtlichen Beziehung (Köln FamRZ 97, 24; Celle NJR 82, 586; aA Palandt/*Brudermüller* Rn 10; MüKo/*Wolf* Rn 90; Staud/*Rauscher* Rn 182), Kenntnisnahme vom wahren Grund der Verbüßung einer mehrjährigen Haftstrafe erst nach der Eheschließung (Nürnbg FamRZ 90, 630), Leiden des Antragsgegners unter einer bei Eheschließung nicht bekannten Nervenkrankheit (Ddorf FamRZ 93, 809); der Ehebruch als solcher (Stuttg FamRZ 02, 1342), Verletzung von Unterhaltspflichten (Saarbr FamRZ 78, 114), Schließung der Ehe aus sachfremden Gründen (Karlsr FamRZ 86, 680), Erklärung, der Unterhaltspflicht nicht nachzukommen und in der ausländischen Heimat leben zu wollen (KG FamRZ 00, 288), Wunsch, vor der Geburt eines von dem neuen Partner erwarteten Kindes, diesen zu heiraten (Naumbg NJW 05, 1812), Aussperren aus der Wohnung durch den Antragsgegner, wenn der Antragsteller eine andere Wohnung gefunden hat (Zweibr FamRZ 05, 379).

20 **E. Stellung des vorzeitigen Scheidungsantrages.** Wird der Ehescheidungsantrag vor Ablauf des Trennungsjahres gestellt und liegt ein Härtegrund nicht vor, so sind dem antragstellenden Ehegatten in analoger Anwendung des § 97 II ZPO die Kosten des Berufungsverfahrens aufzuerlegen, wenn er dort nur deshalb obsiegt, weil die Scheidungsvoraussetzungen mittlerweile durch Zeitablauf erfüllt sind (BGH FamRZ 97, 347; Brandg FamRZ 00, 1417; Nürnbg NJW-RR 97, 388; Hamm FamRZ 93, 456). Weil der der Ehescheidung widersprechende Ehegatte durch die Zulassung des verfrüht gestellten Scheidungsantrages möglicherweise erhebliche wirtschaftliche Nachteile hat, wird auch die Meinung vertreten, die Sache müsse trotz einjähriger Trennungsfrist zurückverwiesen werden (Oldbg FamRZ 96, 1480).

§ 1566 Vermutung für das Scheitern

(1) Es wird unwiderlegbar vermutet, dass die Ehe gescheitert ist, wenn die Ehegatten seit einem Jahr getrennt leben und beide Ehegatten die Scheidung beantragen oder der Antragsgegner der Scheidung zustimmt.
(2) Es wird unwiderlegbar vermutet, dass die Ehe gescheitert ist, wenn die Ehegatten seit drei Jahren getrennt leben.

1 **A. Einführung.** Die Norm schafft keinen eigenständigen Scheidungstatbestand, sondern stellt eine zwingende Beweislastregel für die Feststellung des Scheiterns der Ehe dar und begründet eine offene Form der einverständlichen Scheidung (= Konventionalscheidung). Die Voraussetzungen für die Anwendung der Beweisregeln müssen spätestens zum Zeitpunkt der letzten mündlichen Verhandlung in der letzten Tatsacheninstanz erfüllt sein. Liegen die Voraussetzungen des § 1566 vor, so greift dessen Beweisregel zwingend. Das Gericht darf die tatsächliche Zerrüttung dann nicht mehr prüfen.

B. Vermutungsvoraussetzungen. I. Getrenntleben. Wegen des Begriffs des Getrenntlebens wird auf § 1567 2
verwiesen, wobei § 1566 auch auf solche Ehen Anwendung findet, in denen eine häusliche Gemeinschaft
nicht begründet worden ist, also auch auf Fehl- oder Zweckehen (Staud/*Rauscher* Rn 21 ff; MüKo/*Wolf* Rn 8).

II. Einverständliche Scheidung nach 1-jährigem Getrenntleben (I). I gibt den Eheleuten die Möglichkeit 3
zur Konventionalscheidung, versperrt aber nicht den Weg, auch den Nachweis der Zerrüttung nach § 1565 zu
führen, wenn die für die Konventionalscheidung erforderliche Einigung auch über die Scheidungsfolgen
(§ 630 ZPO) nicht gelingt. Ist der Weg der einverständlichen Scheidung gewählt und sind die Voraussetzungen des § 630 ZPO erfüllt, darf das Scheitern der Ehe durch das Gericht nicht mehr geprüft werden.
I setzt den beiderseitigen Scheidungsantrag oder die dem Gericht gegenüber zu erklärende Zustimmung des 4
Antragsgegners zum einseitig gestellten Scheidungsantrag voraus. Wird die Zustimmung nur außergerichtlich
erklärt, ist sicherzustellen, dass sie dem Gericht mit Wissen und Wollen des Erklärenden vorgelegt wird
(Stuttg OLGZ 1993, 263; Saarbr FamRZ 92, 109). Wird sie nur dem Ehegatten gegenüber erklärt, etwa in
einer Unterhaltsvereinbarung, begründet dies auch keine materiell-rechtliche Verpflichtung zur Abgabe einer
formwirksamen Erklärung gegenüber dem Gericht (BGH FamRZ 95, 229).
Die Zustimmungserklärung ist jederzeit frei widerruflich (§ 630 II 1 ZPO). Für sie besteht kein Anwaltszwang 5
(§§ 630 II 2, 78 III, 129a ZPO). Erforderlich ist aber die Prozessfähigkeit des Antragsgegners. Fehlt diese,
bedarf die Zustimmung durch den gesetzlichen Vertreter der Genehmigung des Vormundschaftsgerichts
(§ 607 II ZPO).
I ist nicht vollständig, sondern im Zusammenhang mit § 630 ZPO zu sehen. Zur Begründetheit eines Antra- 6
ges auf einverständliche Scheidung gehören also außer der Zustimmung zur Scheidung weiter die übereinstimmenden Erklärungen der Ehegatten, dass Anträge zur Übertragung der elterlichen Sorge oder eines Teils
der elterlichen Sorge für die Kinder auf einen Elternteil oder zur Regelung des Umgangs der Eltern mit den
Kindern nicht gestellt werden, weil sich die Eltern über das Fortbestehen der Sorge und über den Umgang
einig sind, oder die entsprechenden Anträge und jeweils die Zustimmung des anderen Ehegatten dazu für
den Fall, dass eine gerichtliche Regelung erfolgen soll (§ 630 I Nr 2 ZPO), sowie ferner die Einigung der Ehegatten über die Regelung der Unterhaltspflicht gegenüber einem Kind, die durch die Ehe begründete gesetzliche Unterhaltspflicht und die Rechtsverhältnisse an Ehewohnung und am Hausrat (§ 630 I Nr 3 ZPO).
Ferner soll dem Scheidungsantrag nur stattgegeben werden, wenn die Ehegatten über die Unterhaltspflichten
und die Rechtsverhältnisse an Ehewohnung und Hausrat vollstreckbare Titel herbeigeführt haben (§ 630 III
ZPO).
Die Einigungen müssen konkret sein, so dass eine Vereinbarung dahingehend, dass der Unterhalt „nach den 7
gesetzlichen Vorschriften" gezahlt werden soll, die Voraussetzungen nicht erfüllt.
Ausgenommen vom Einigungszwang sind nur der Versorgungsausgleich und die güterrechtlichen Regelun- 8
gen.
Das Scheidungsverfahren kann streitig beginnen und einverständlich enden. Es genügt, wenn die Vorausset- 9
zungen des § 630 ZPO am Schluss der mündlichen Verhandlung vorliegen. Fehlen die Voraussetzungen, so ist
der Scheidungsantrag abzuweisen, sofern nicht die Voraussetzungen der Scheidung nach dem Grundtatbestand erfüllt sind (Staud/*Rauscher* Rn 17; BaRoth/*Neumann* Rn 7). Da die einverständliche Scheidung keinen
eigenständigen Streitgegenstand regelt, stellt der Übergang keine Klageänderung dar. Die Einverständlichkeit
kommt auch im Tenor nicht zum Ausdruck (FA-FamR/*v Heintschell-Heinegg* Kap 2 Rn 67; aA Thomas Putzo
§ 630 Rn 14).

III. Streitige Scheidung nach 3-jährigem Getrenntleben (II). Leben die Eheleute spätestens zum Zeitpunkt 10
der letzten mündlichen Verhandlung mindestens 3 Jahre voneinander getrennt, wird die Zerrüttung der Ehe
unwiderlegbar vermutet. Der Beweis des Gegenteils ist sogar ausgeschlossen, weshalb eine Beweisaufnahme
nicht erfolgen darf (BGH FamRZ 00, 285; Brandbg FamRZ 00, 1417). Jetzt ist die Ehe ggf. auch gegen den
Willen des anderen Ehegatten zu scheiden.
Besteht allerdings zur freien Überzeugung des Gerichtes eine Aussicht auf Fortsetzung der Ehe, darf das Schei- 11
dungsverfahren bis zu 6 Monaten ausgesetzt werden, solange nicht die Eheleute widersprechen (§ 614 II ZPO).

§ 1567 Getrenntleben

(1) ¹Die Ehegatten leben getrennt, wenn zwischen ihnen keine häusliche Gemeinschaft besteht und ein
Ehegatte sie erkennbar nicht herstellen will, weil er die eheliche Lebensgemeinschaft ablehnt. ²Die häusliche
Gemeinschaft besteht auch dann nicht mehr, wenn die Ehegatten innerhalb der ehelichen Wohnung
getrennt leben.
(2) Ein Zusammenleben über kürzere Zeit, das der Versöhnung der Ehegatten dienen soll, unterbricht oder
hemmt die in § 1566 bestimmten Fristen nicht.

A. Getrenntleben. Der Begriff des Getrenntlebens hat grundlegende Bedeutung für alle Scheidungstatbe- 1
stände und ist – abgesehen vom Ausnahmetatbestand des § 1565 II – immer der maßgebliche Indikator für

die Annahme des Scheiterns der Ehe. Daneben ist er Voraussetzung für das Entstehen des Unterhaltsanspruchs nach § 1361 oder für eine Sorgerechtsregelung nach § 1671.

2 **I. Nichtbestehen der häuslichen Gemeinschaft.** Hat ein Ehegatte die häusliche Gemeinschaft verlassen, so kann das Fehlen der häuslichen Gemeinschaft leicht festgestellt werden. In allen anderen Fällen muss die Aufhebung der häuslichen Gemeinschaft weitestgehend herbeigeführt worden sein, sei es auch innerhalb der Ehewohnung. Nur ein Restmaß an Gemeinsamkeiten wird noch akzeptiert. So kann ein Getrenntleben dann noch angenommen werden, wenn die Eheleute im Falle der Trennung innerhalb der Ehewohnung einzelne Räume weiterhin gemeinsam nutzen und gelegentlich gleichzeitig an einem Tisch essen, sofern es sich dabei um ein bloßes räumliches Nebeneinandersein ohne persönliche Beziehung oder geistige Gemeinsamkeit handelt (Ddorf FamRZ 82, 1014). Das ist auch dann der Fall, wenn sich die Gemeinsamkeit auf den sonntäglichen gemeinsamen Mittagstisch beschränkt und dies im Interesse der Kinder geschieht, die schonend auf den eventuellen Auszug eines Elternteils vorbereitet werden sollen. Auch geringe Versorgungsleistungen eines Ehegatten stehen der Annahme des Getrenntlebens nicht zwingend entgegen (Hburg MDR 99, 748; München FamRZ 98, 826), wenn sie notgedrungen wegen der Erkrankung des anderen Ehegatten erfolgen (Stuttg NJW-RR 93, 514) oder aufgedrängt sind (Jena EzFamR aktuell 01, 212). Kein Getrenntleben liegt dagegen vor, wenn die Ehegatten wechselseitig unverändert Versorgungsleistungen erbringen und nur nicht mehr geschlechtlich miteinander verkehren sowie ständig verbale Auseinandersetzungen führen (Kobl OLGR 04, 632).

3 Ein Getrenntleben kann nicht angenommen werden, wenn die Eheleute das gemeinsame Schlafzimmer weiter benutzen (Hamm FamRZ 99, 723), wenn die Ehefrau dem Ehemann unverändert Versorgungsleistungen in erheblichem Umfang erbringt (Kobl OLGR 04, 632) oder wenn die Eheleute einvernehmlich mit teils arbeitsteiliger Gestaltung bei fortschreitender Verselbständigung der jeweiligen Lebensverhältnisse die eheliche Lebensgemeinschaft gewissermaßen auslaufen lassen wollen (Zweibr FamRZ 00, 1418).

4 Leben die Ehegatten nicht in häuslicher Gemeinschaft, so ist maßgeblich auf den Trennungswillen abzustellen. Das gilt im Falle berufsbedingter Trennung (z. B. Ehe mit Seemann), bei der das Getrenntleben dann ansetzt, wenn ein Ehegatte dem anderen erklärt, er wolle nicht mehr ihm zusammenleben (Hamm FamRZ 78, 119). Befindet sich ein Ehegatte in Strafhaft, beginnt das Getrenntleben dann, wenn ein Ehegatte frei zum Ausdruck bringt, er wolle die Gemeinschaft mit dem anderen nicht mehr aufrechterhalten. Hierzu reicht die bloße Einstellung der Besuche in der JVA nicht aus (Dresden MDR 02, 762; Bambg FamRZ 81, 52). Ist ein Ehegatte in einem Pflegeheim untergebracht, kann dieser Umstand allein das Getrenntleben nicht begründen. Hier ist außer auf den Trennungswillen auch darauf abzustellen, ob noch ein Restbestand der Verwirklichung der ehelichen Lebensgemeinschaft gegeben ist, der sich auf die Kontaktpflege z. B. durch Besuche beschränkt (BGH FamRZ 89, 479; Hamm FamRZ 90, 166).

5 **II. Trennungsabsicht.** Neben dem objektiven Nichtbestehen der häuslichen Gemeinschaft muss der nach außen erkennbar gewordene Wille festgestellt werden, die häusliche Gemeinschaft auch nicht wieder herzustellen. Dieser Wille muss das Motiv für die Ablehnung der ehelichen Lebensgemeinschaft sein.

6 Die Feststellung ist leicht zu treffen, wenn der scheidungswillige Ehegatte von dem anderen aufgefordert worden ist, die eheliche Lebensgemeinschaft wieder herzustellen, sich darauf jedoch weigert (FA-FamR/*v Heintschel-Heinegg*, Kap 2 Rn 53). Ein erkennbares äußeres Zeichen ist stets in der ausdrücklichen Erklärung der Trennungsabsicht oder der Stellung des Scheidungsantrages zu sehen (Hamm FamRZ 90, 166; Bambg FamRZ 81, 52).

7 Besondere Bedeutung kommt der Feststellung der Trennungsabsicht zu, wenn die Trennung innerhalb der Ehewohnung erfolgte oder die häusliche Gemeinschaft – wie bei Strafhaft oder berufsbedingter Trennung – gar nicht bestand. Auch dann ist nur auf die objektive Erkennbarkeit, nicht auf die Kundgabe der Trennungsabsicht dem Partner gegenüber abzustellen (Dresden FamRZ 02, 762; Karlsr FamRZ 86, 680).

8 Die Erklärung der Trennungsabsicht ist keine Willenserklärung, weshalb sie auch von einem Geschäftsunfähigen erklärt werden kann (BGH FamRZ 89, 479, 481). Hier kommt es nur auf den tatsächlich erkennbar werdenden Willen des Ehegatten, nicht den des gesetzlichen Vertreters an (BGH FamRZ 89, 479). Fehlt dem geistig behinderten Ehegatten jedoch das Bewusstsein für die Zerrüttung der Ehe völlig, so kann ihm die Berufung auf deren Scheitern nicht mit der Begründung versagt werden, er habe jedes Verständnis für die Ehe und deren Scheitern verloren (BGH FamRZ 89, 479, 481). In derartigen Fällen ist auf den weitergehenden Begriff der Lebensgemeinschaft abzustellen und zu prüfen, ob die Ehe auch objektiv als Verantwortungsgemeinschaft gescheitert ist (BGH FamRZ 02, 316, 317; Frankf FamRZ 02, 511).

9 **B. Versöhnungsversuche. I. Begriff des Versöhnungsversuchs.** Durch die Regelung des II sollen Versöhnungsversuche der Eheleute erleichtert werden. Der grundsätzlich scheidungswillige Ehegatte soll nicht befürchten müssen, nach einem kurzfristigen Versöhnungsversuch werde die Trennungsfrist neu zu laufen beginnen und nur deshalb von dem Versuch Abstand nehmen (BTDrs 7/650 S 114).

10 Der Versuch setzt voraus, dass das Zusammenleben der Versöhnung der Eheleute zu dienen bestimmt ist. Unschädlich ist, wenn weitere Motive wie Mitleid oder Pflege eines gemeinsamen Kindes hinzutreten (Staud/*Rauscher* Rn 122). Ein einmaliger Geschlechtsverkehr bei einer ansonsten gescheiterten Ehe bietet noch keinen hinreichenden Anhaltspunkt für die Annahme eines Versöhnungsversuchs (Köln FamRZ 02, 239; Celle FamRZ 96, 804).

Eine echte Versöhnung ist kein Versöhnungsversuch (München FamRZ 90, 885; Hamm NJW-RR 86, 554). Hierfür reicht uU bereits ein 14-tägiges Zusammenleben aus (München FamRZ 90, 885). Die erneute Trennung setzt eine neue Trennungszeit in Lauf (BGH NJW 82, 1870). 11

II. Begriff der »kürzeren Zeit«. Um die Trennungsfrist nicht zu unterbrechen, darf das Zusammenleben nur ein kurzes sein. Ob es noch kurz ist, ist in Abhängigkeit von der gesamten Trennungsdauer zu sehen. So können drei Monate uU noch kurz sein (Ddorf FamRZ 95, 96; Zweibr FamRZ 81, 146; a.A. Hamm NJW-RR 86, 554), während eine „kürzere Zeit" bei einem Zusammenleben von 4 Monaten im letzten Trennungsjahr nicht mehr anzunehmen ist (Köln FamRZ 82, 1015). Für vorangegangene Jahre kann eine großzügigere Betrachtungsweise geboten sein (Staud/*Rauscher* Rn 142). 12

III. Rechtsfolge. Liegen die Voraussetzungen des II vor, so ist der Ablauf der in § 1566 bestimmten Frist weder unterbrochen noch gehemmt. Dasselbe gilt über den Wortlaut der Norm hinaus auch für den Ablauf der Mindesttrennungsdauer des § 1565 II. Insoweit liegt offenbar ein Redaktionsversehen des Gesetzgebers vor (Zweibr FamRZ 81, 146; Celle FamRZ 79, 235; Köln FamRZ 79, 236; Hamm FamRZ 78, 117). 13

C. Prozessuales. Zur Darlegung des Getrenntlebens in der Ehewohnung reicht allein die Behauptung, die Wohnung sei zwischen den Ehegatten aufgeteilt, nicht aus (Brem OLGR 99, 441). Erforderlich ist vielmehr, dass substantiiert dazu vorgetragen wird, welche Räume innerhalb der Wohnung von den Ehegatten allein und welche gemeinsam genutzt werden, ob getrennt geschlafen wird, ob die Mahlzeiten getrennt eingenommen, ob Versorgungsleistungen füreinander erbracht werden und welche Berührungspunkte ggf sonst noch bestehen. Im Übrigen trägt derjenige Ehegatte, der die Scheidung begehrt, die Beweislast für das Vorliegen der Trennungsvoraussetzungen. 14

Haben die Eheleute zwischenzeitlich wieder zusammengelebt, trägt der Antragsgegner die Beweislast dafür, dass dieses Zusammenleben nicht nur der Versöhnung dienen sollte, sondern zu einer echten Aussöhnung geführt hat (Zweibr FamRZ 97, 1212; München FamRZ 90, 885; Celle FamRZ 79, 234). 15

§ 1568 Härteklausel

(1) Die Ehe soll nicht geschieden werden, obwohl sie gescheitert ist, wenn und solange die Aufrechterhaltung der Ehe im Interesse der aus der Ehe hervorgegangenen minderjährigen Kinder aus besonderen Gründen ausnahmsweise notwendig ist oder wenn und solange die Scheidung für den Antragsgegner, der sie ablehnt, auf Grund außergewöhnlicher Umstände eine so schwere Härte darstellen würde, dass die Aufrechterhaltung der Ehe auch unter Berücksichtigung der Belange des Antragstellers ausnahmsweise geboten erscheint.

(2) – *weggefallen* –

A. Einführung. Durch die Norm soll nur die Scheidung einer im Grundsatz gescheiterten Ehe zur Unzeit vermieden werden (Staud/*Rauscher* Rn 15 mwN). Sie hat zwar faktisch eine eheerhaltende und -verlängernde Wirkung, jedoch nicht die Erhaltung der Ehe zum Zweck (RGRK/*Grashoff* Rn 5). 1

Sie schützt zwei Zielgruppen: minderjährige aus der Ehe hervorgegangene Kinder (1. Fallgruppe Kinderschutzklausel) und die nicht die Scheidung beantragenden Ehegatten (2. Fallgruppe Ehegattenschutzklausel). 2

B. Die Härteklauseln. I. Die Kinderschutzklausel. betrifft nur gemeinschaftliche minderjährige Kinder der Ehegatten. Dazu gehören außer den leiblichen auch Adoptivkinder, nicht dagegen Kinder nur eines Ehegatten aus einer anderen Beziehung. 3

Die Kinderschutzklausel greift nur in den seltenen Ausnahmefällen, in denen das Kind ein besonderes Interesse an der Aufrechterhaltung des äußeren Bandes der Ehe hat, das über das übliche am Bestand einer sozial intakten Familie hinausgeht (MüKo/*Wolf* Rn 3). Deshalb kann die Härteklausel weder mit den aus der Trennung resultierenden nachteiligen Folgen (Köln FamRZ 81, 959; FAFamR/*v Heintschel-Heinegg* Kap 2 Rn 32) noch mit der voraussichtlichen Behinderung des späteren Umgangsrechts begründet werden (Frankf NJW-RR 02, 162). Zu bejahen ist die schwere Härte bei der ernsthaften Gefahr der Selbsttötung eines minderjährigen Kindes für den Fall der Scheidung (Hambg FamRZ 86, 469), das aber auch dann nicht, wenn das Kind noch so klein ist, dass es zu dem betreffenden Elternteil noch keine eigenen gefestigten Beziehungen hat aufbauen können (Köln FamRZ 98, 827). 4

Da die Pflicht zur Rücksichtnahme auf die Belange der Kinder aus der uneingeschränkten Solidarität mit diesen folgt, werden die Belange der Kinder nicht mit denen die Eheescheidung begehrenden Ehegatten abgewogen (Staud/*Rauscher* Rn 20). 5

II. Die Ehegattenschutzklausel. soll dem an der Ehe festhaltenden Ehegatten die Möglichkeit und die Zeit geben, sich auf die Auflösung der Ehe einzustellen (BTDrs 7/4361 S 13). Da die Ehescheidung gegen den Willen eines Ehegatten regelmäßig mit Härten verbunden ist, ist der Maßstab für die schwere Härte nicht die Ehe schlechthin, sondern die bereits gescheiterte. Nur dann, wenn sich auf Grund außergewöhnlicher 6

Umstände durch die Scheidung besondere Härten ergeben, kann an der bereits gescheiterten Ehe festzuhalten sein, wobei hier anders als im Falle der Kinderschutzklausel die beiderseitigen Interessen gegeneinander abzuwägen sind, ohne dass Umstände, die schon durch die Trennung hervorgerufen worden sind, in die Wertung mit einbezogen werden könnten (Köln NJW 82, 2262). Die Ablehnung der Scheidung muss das einzige Mittel sein, um den Ehegatten vor einer für ihn scheidungsbedingt entstehenden unerträglichen Lage zu bewahren (München FuR 92, 294).

7 Anzunehmen ist die schwere Härte etwa im Spätstadium der Erkrankung des an der Ehe festhaltenden Ehegatten an multipler Sklerose, wenn schon kleine Aktivierungen der Entzündungsvorgänge massive Anfälle bewirken, so dass die Gefahr wesentlicher gesundheitlicher Verschlechterungen besteht (BGH FamRZ 85, 905). Das gilt allerdings dann nicht, wenn die Verweigerung der Ehescheidung nunmehr für den scheidungswilligen Ehegatten zu einer akuten lebensbedrohenden Gesundheitsgefährdung führen kann (Hamm NJW-RR 89, 1159). Schwere Härte ist zu bejahen, wenn dem betagten und pflegebedürftigen Ehegatten eine Ehescheidung in seinen letzten Lebensjahren nicht mehr zugemutet werden kann (Stuttg NJW-RR 02, 1443).

8 Die religiöse Überzeugung eines Ehegatten und seine Stellung in einer Glaubensgemeinschaft können die schwere Härte nicht begründen (Schlesw OLGR 01, 6; Stuttg FamRZ 91, 334).

9 Die Suizidgefahr führt nur dann zur Anwendung der Norm, wenn sie aus einer von dem Ehegatten nicht zu steuernden psychischen Ausnahmesituation resultiert (BGH FamRZ 81, 1161; Hamm FamRZ 90, 60), nicht dagegen dann, wenn sie eine von dem Ehegatten selbst zu verantwortende Fehlreaktion darstellt (FAFamR/*v Heintschel-Heinegg*, Kap 2 Rn 36). Mit der Scheidung einhergehende seelische Belastungen sind grundsätzlich zumutbar (Nürnbg EzFamRaktuell 01, 124), insbes dann, wenn der unter Depressionen leidende Ehegatte therapiefähig ist (Stuttg NJW-RR 92, 1093; Hamm FamRZ 90, 60). Da überdies Depressionen eine häufige Begleiterscheinung des Partnerverlustes darstellen, begründen sie allein selbst dann nicht die scheidungshindernden außergewöhnlichen Umstände, wenn als ihre Folge der Suizid droht (Celle NJW-RR 95, 1409).

10 Keine schwere Härte liegt in der drohenden Abschiebung eines ausländischen Ehegatten, weil die Rechtsfolgen des Ausländerrechts an die dauerhaft bestehende Trennung anknüpfen und dem rechtlichen Bestand der Ehe ausländerrechtlich keine entscheidende Bedeutung zukommt (Nürnbg FamRZ 96, 35; Karlsr FamRZ 90, 630). Das gilt selbst dann, wenn nach der drohenden Abschiebung der Verlust der Bindung zum gemeinsamen Kind zu befürchten ist (Köln FamRZ 98, 827).

11 Nicht zu begründen vermögen die schwere Härte die langjährige Blockade des Umgangs mit den gemeinschaftlichen Kindern durch den die Scheidung begehrenden Ehegatten (Frankf MDR 02, 521), die lange Ehedauer, die Ablehnung der Scheidung aus ethischen Gründen und ein nach Ehescheidung zu leistender Zugewinnausgleich mit nachfolgenden wirtschaftlichen Problemen (Hamm FamRZ 89, 1188). Unerheblich ist auch, dass der Krankenversicherungsschutz des Ehegatten nach der Scheidung hinter dem bei fortbestehender Ehe zurück bleibt und damit der Versorgungsstatus nicht aufrechterhalten wird (BGH FamRZ 81, 649), oder dass sich die Scheidung zum aktuellen Zeitpunkt hinsichtlich des Erwerbs von Rentenversorgungsanwartschaften ungünstig auswirkt, weil der Ehegatte wegen der Betreuung eines gemeinschaftlichen schwerstbehinderten Kindes an der Ausweitung seiner Berufstätigkeit gehindert ist (KG NJW-RR 01, 1658). Keine schwere Härte liegt auch darin, dass ein Landwirt den von seiner Ehefrau eingebrachten Hof, den er jahrzehntelang bewirtschaftet hat, verlassen muss (München OLGR 95, 9). Anderes gilt dann, wenn dies mit anderen Umständen wie hohem Lebensalter und Pflegebedürftigkeit zusammen trifft (Stuttg NJW-RR 02, 1443). Wirtschaftliche Folgen sind grundsätzlich iRd güterrechtlichen Scheidungsfolgen zu erfassen und für die Härte ebenso zu gewichten wie immaterielle Folgen (BGH NJW 84, 2353). Die Härtefallklausel bietet auch keinen Schutz davor, dass ein Ehegatte in Folge der Scheidung zum Sozialfall wird (Bambg FamRZ 05, 810).

12 Fehlt dem sich auf die Härteklausel berufenden Ehegatten selbst die Bereitschaft zur Wiederaufnahme der ehelichen Lebensgemeinschaft, ist die Berufung auf § 1568 von vornherein ausgeschlossen (BGH FamRZ 85, 905).

13 **C. Prozessuales.** Entgegen dem Wortlaut hat das Familiengericht bei der Anwendung der Norm kein Ermessen; liegen die Voraussetzungen vor, ist der Scheidungsantrag zurückzuweisen (Palandt/*Brudermüller* Rn 1).

14 Zwar gilt im Ehescheidungsverfahren der Untersuchungsgrundsatz (§ 616 I ZPO). Außergewöhnliche Umstände nach § 1568 können aber nur dann berücksichtigt werden, wenn sie von dem die Scheidung ablehnenden Ehegatten vorgebracht sind, weshalb die Darlegungs- und Beweislast bei dem liegt, der die Ehe erhalten will. Im Zweifel ist die Ehe deshalb zu scheiden (Karlsr FamRZ 00, 430). Etwas anderes gilt im Interesse des Kindeswohls bei Anwendung der Kinderschutzklausel (FAFamR/*v Heintschel-Heinegg* Kap 2 Rn 33).

Untertitel 2 Unterhalt des geschiedenen Ehegatten

Kapitel 1 Grundsatz

§ 1569 Abschließende Regelung

Kann ein Ehegatte nach der Scheidung nicht selbst für seinen Unterhalt sorgen, so hat er gegen den anderen Ehegatten einen Anspruch auf Unterhalt nach den folgenden Vorschriften.

A. Normzweck. § 1569 beinhaltet keine selbstständige Anspruchsgrundlage. Die Vorschrift normiert den Grundsatz der **wirtschaftlichen Eigenverantwortung**. Jeder Ehegatte hat nach der Scheidung regelmäßig selbst für seinen Unterhalt zu sorgen. Gleichgewichtig steht daneben der Grundsatz der **nachwirkenden Mitverantwortung** des wirtschaftlich stärkeren Ehegatten für den anderen (BVerfG FamRZ 81, 745; BGH FamRZ 99, 710, 81, 1163). Die Rechtfertigung für die Beschränkung, der sich durch Art 2 I GG geschützten finanziellen Handlungsfreiheit des Verpflichteten als Folge der Unterhaltspflicht gegenüber dem bedürftigen Ehegatten ist aus der fortwirkenden (nach-)ehelichen Solidarität herzuleiten, deren verfassungsrechtliche Grundlage sich aus Art 6 I GG ergibt. Als Folge dieser Mitverantwortung für den bedürftigen Partner muss der wirtschaftlich stärkere Ehegatte bei Erfüllung eines gesetzlichen Unterhaltstatbestandes die finanzielle Unterhaltsbelastung bis zur Grenze des Zumutbaren hinnehmen. Der Gedanke der **ehelichen Solidarität** ist nicht allein auf die Ehezeit beschränkt (BGH NJW 04, 930). Bei entspr Bedürftigkeit des Berechtigten und Leistungsfähigkeit des Verpflichteten löst die nachwirkende Solidarität eine lebenslange Unterhaltsverpflichtung aus, soweit nicht im Einzelfall Beschränkungen eingreifen (vgl hierzu §§ 1573 V, 1578 I 2, 1579). Seiner Rechtsnatur nach ist der gesetzliche Unterhaltsanspruch ein familienrechtlicher Anspruch, der jedoch schuldrechtliche Züge trägt (Möglichkeit von Vereinbarungen (§ 1585 c), einer Kapitalisierung (§ 1585 II) sowie einer Sicherheitsleistung (§ 1585 a). Anderseits behält eine vertragliche Unterhaltsregelung familienrechtlichen Charakter, soweit sie sich lediglich als Ausprägung des gesetzlichen Unterhaltsanspruchs darstellt. Hierfür spricht eine Vermutung (BGH FamRZ 88, 933; BGH NJW 84, 2350).

B. Regel-Ausnahme-Prinzip. Der Gesetzgeber hat bewusst keine Generalklausel aufgenommen, aufgrund derer dem wirtschaftlichen schwächeren Ehegatten nach der Scheidung im Fall der Bedürftigkeit Unterhalt zu gewähren ist. Die in §§ 1570–1576 enthaltenen Unterhaltstatbestände stellen sich als numerisch aufgeführte Ausnahmeregelungen (**Enumerationsprinzip**) des allgemeinen Grundsatzes dar, dass jeder Ehegatte nach der Scheidung für seinen Unterhalt selbst aufzukommen hat (BGH FamRZ 81, 981; 81, 242). Durch das umfassende System der Tatbestände wurde aus der Ausnahme faktisch jedoch die Regel (zur Kritik an dieser Entwicklung vgl insbes *Diederichsen* NJW 93, 2265; ders FamRZ 88, 889).

C. Anspruchsumfang. Ein Anspruch auf nachehelichen Unterhalt besteht (nur), wenn einer der folgenden Unterhaltstatbestände gegeben ist:
- Betreuung eines gemeinschaftlichen Kindes (§ 1570)
- Alter (§ 1571)
- Krankheit/Gebrechen (§ 1572)
- Erwerbslosigkeit bzw Aufstockung (§ 1573)
- Ausbildung, Fortbildung oder Umschulung (§ 1575)
- Billigkeit (§ 1576)

Der Anspruch auf nachehelichen Unterhalt entsteht mit dem Tag der **Rechtskraft der Ehescheidung** (BGH NJW 88, 1137; Köln FamRZ 02, 326). Die Bedürftigkeit des geschiedenen Ehegatten muss nicht notwendig ehebedingt sein (BGH FamRZ 80, 981). Da jedoch die nacheheliche Solidarität nicht uferlos sein kann, stellt das Gesetz jedenfalls für einzelne Unterhaltstatbestände (§§ 1571, 1572, 1573 III) sicher, dass Unterhalt nur geschuldet wird, wenn ein **zeitlicher, persönlicher und wirtschaftlicher Zusammenhang** der Bedürftigkeit des geschiedenen Ehegatten mit der Ehe besteht (Ddorf FamRZ 98, 1519; Stuttg FamRZ 82, 1015). Normierte oder anzunehmende, etwa aufgrund der Surrogatspr des BGH (FamRZ 01, 986) **Einsatzzeitpunkte** sind Anspruchsvoraussetzung. Schicksalhafte Ereignisse, die einen Ehegatten nach der Scheidung treffen, sollen grds nicht von dem anderen Ehegatten getragen werden. Es gehört zur Schlüssigkeit eines für die Zeit nach der Scheidung geltend gemachten Unterhaltsanspruchs, die **Tatbestandskette** lückenlos darzustellen. Ausnahmsweise ist eine lückenlose Tatbestandskette nicht erforderlich:
- Keine nachhaltige Sicherung der Einkünfte aus einer angemessenen Erwerbstätigkeit bei Scheidung (§ 1573 IV 1)
- Wiederaufleben des Unterhaltsanspruchs nach Auflösung einer weiteren Ehe (§ 1586 a I)
- Betreuungsunterhalt (§ 1570)
- Billigkeitsunterhalt (§ 1576)

Soweit ein Anspruch einen Einsatzzeitpunkt verlangt, müssen nur die Tatbestandsvoraussetzungen zum Einsatzzeitpunkt vorliegen (München FamRZ 93, 564). Die Tatbestandskette entfällt nicht, wenn der Unterhaltsgläubiger erst nachträglich bedürftig wird oder der Unterhaltsanspruch zunächst an der Leistungsfähigkeit des Unterhaltsschuldners scheiterte. Es genügt, dass unterschiedliche Unterhaltstatbestände nacheinander wirken (Kobl NJW-RR 06, 151).

5 **D. Einheitlicher Anspruch, Anschlussunterhalt, Teilanschlussunterhalt.** Der Anspruch auf nachehelichen Unterhalt ist stets ein **einheitlicher Anspruch**, auch wenn zwei oder mehrere Einzeltatbestände gleichzeitig oder im zeitlichen Anschluss aneinander (**zusammengesetzte Anspruchsgrundlage**) verwirklicht sind (BGH FamRZ 01, 1687 = FuR 01, 494). Kann von einem Ehegatten, etwa wegen Kindesbetreuung oder wegen gesundheitlicher Beeinträchtigungen, nur eine Teilerwerbstätigkeit erwartet werden, kann er Unterhalt nur bis zur Höhe desjenigen Mehrverdienstes verlangen, der sich bei einer angemessenen Vollerwerbstätigkeit ergäbe (**Teilunterhaltsanspruch**). Reicht sein Eigenverdienst zusammen mit dem Teilanspruch, etwa aus § 1570 oder § 1572 zu seinem vollen Unterhalt iSd § 1578 I 1 nicht aus, kommt neben dem Primäranspruch ein **Sekundäranspruch**, etwa Aufstockungsunterhaltsanspruch nach § 1573 II, in Betracht (BGH FuR 01, 494 = FamRZ 01, 1687; BGH FuR 99, 372 = FamRZ 99, 708). Ist der einem titulierten Unterhaltsanspruch zugrunde liegende Tatbestand wegen Veränderung der Verhältnisse weggefallen, kann es geboten sein, die Unterhaltspflicht aufgrund eines anderen Unterhaltstatbestands aufrechtzuerhalten (BGH NJW 95, 1891).
Besteht nur eine Verpflichtung zur Zahlung eines Teilunterhalts, kann ein Anschlussunterhalt auch nur in Höhe des Teilbetrages verlangt werden (Ddorf FamRZ 94, 965).
Das mögliche Bestehen verschiedener Anspruchsgrundlagen macht eine **genaue Differenzierung** und Bezifferung der verschiedenen Teilansprüche erforderlich (BGH FamRZ 94, 228). Dies gilt insbes im Hinblick auf künftige Abänderungen und wegen der unterschiedlichen Begrenzungsmöglichkeiten (BGH FamRZ 93, 789). **Ausnahmsweise** ist eine genaue Bestimmung der Unterhaltstatbestände nicht erforderlich, etwa wenn eine Befristung aus Billigkeitsgründen ausscheidet (BGH FuR 99, 372 = FamRZ 99, 708; 94, 228). Eine fehlende Aufschlüsselung der Anspruchsgrundlagen beschwert den Unterhaltsschuldner (BGH FuR 01, 494 = FamRZ 01, 1687).

6 **E. Beginn und Ende des nachehelichen Unterhaltsanspruchs.** Der Anspruch auf nachehelichen Unterhalt **entsteht** am Tag der Rechtskraft der Scheidung (BGH FamRZ 81, 242 und ständig; Köln FamRZ 02, 326). Der Nachscheidungsunterhalt ist mit dem Trennungsunterhalt **nicht identisch** (BGH FamRZ 99, 1497). Daraus folgt, dass vor Entstehung des nachehelichen Unterhaltsanspruchs eine wirksame Mahnung nicht erfolgen kann (BGH FamRZ 88, 370; Hamm FamRZ 98, 1512).
Der Anspruch auf nachehelichen Unterhalt **erlischt** ganz oder teilweise endgültig, wenn die Voraussetzungen eines Anspruchstatbestandes entfallen und Voraussetzungen eines Anschlussunterhalts nicht gegeben sind, wenn der Berechtigte wieder heiratet oder stirbt (§ 1586 I), wenn auf nachehelichen Unterhalt wirksam verzichtet wurde, wenn der Unterhalt durch eine Kapitalabfindung abgegolten wurde (§ 1585 II), wenn ein Anspruch nach § 1573 V zeitlich begrenzt wurde, mit Ablauf der festgesetzten Zeitgrenze. Bei einer zeitlichen Bedarfsbegrenzung nach § 1578 erlischt der Anspruch mit Ablauf der festen Zeitgrenze ein den angemessenen Unterhalt übersteigender Anspruch auf den eheangemessenen Unterhalt. Auch eine Unterhaltsversagung wegen eines der Verwirkungstatbestände des § 1579 führt regelmäßig zum endgültigen Verlust des Unterhaltsanspruchs. Bei Versagung eines Unterhaltsanspruchs nach § 1579 Ziff 7 wegen Zusammenlebens wegen einer nichtehelichen Lebensgemeinschaft ist nach Beendigung dieser Lebensgemeinschaft allerdings eine **neue Billigkeitsprüfung** erforderlich (BGH FamRZ 87, 1238; 86, 441).
Ein infolge **Wiederverheiratung** erloschener Unterhaltsanspruch lebt nach § 1586a wieder auf, wenn die neue Ehe aufgelöst wird und der Berechtigte ein Kind aus der alten Ehe zu pflegen und zu erziehen hat. Ein Anspruch nach §§ 1571 bis 1573 oder § 1575 kann sich anschließen, wenn deren Voraussetzungen im Zeitpunkt der Beendigung der Kindesbetreuung vorliegen.

7 **F. Darlegungs- und Beweislast.** Der Unterhalt begehrende Ehegatte hat die Darlegungs- und Beweislast für alle ihm günstigen anspruchsgründenden Tatsachen:
– Scheidung der Ehe
– Bedarf nach den ehelichen Lebensverhältnissen
– Bedürftigkeit (besondere Gründe für die Bedürftigkeit: Kindesbetreuung, Alter, Krankheit, Arbeitslosigkeit bzw nicht bedarfsdeckendes Einkommen, Ausbildung, Billigkeit)
Die Beweislast für **Einwendungen und Einreden** trägt der in Anspruch genommene Ehegatte:
– Unterhaltsverzicht (§ 1585 c)
– Wiederverheiratung oder Tod des Berechtigten (§ 1586 I)
– Leistungsunfähigkeit (§ 1581)
– Grobe Unbilligkeit (§ 1579)
– Zeitliche Begrenzung des vollen Unterhalts und anschließende Kürzung auf angemessenen Lebensbedarf (§ 1578 I 2)
– Zeitliche Begrenzung aus § 1573
– Verjährung
– Verwirkung

G. Rückforderung von Unterhalt. Der aufgrund eines Titels oder freiwillig gezahlte Unterhalt kann von 8
dem materiell-rechtlich geschuldeten Unterhalt abweichen.
Bei **Überzahlungen** ohne Titulierung richtet sich die Rückforderung nach §§ 812 ff, wobei § 814 der Rückforderung entgegenstehen kann, wenn in positiver Kenntnis der Nichtschuld geleistet worden ist. Die Rückforderungseinschränkungen der §§ 1360 b, 1361 IV 4 gelten für den Nachscheidungsunterhalt nicht.
Einstweilige Anordnungen gelten gem § 620 f ZPO über den Zeitpunkt der Scheidungsrechtkraft hinaus bis zu einer anderweitigen Regelung. Die einstweilige Anordnung wird erst mit Rechtskraft des Unterhaltsurteils außer Kraft gesetzt (BGH NJW 00, 740). Hat ein Unterhaltsschuldner aufgrund einer einstweiligen Anordnung Unterhalt gezahlt, den er aufgrund eines späteren Unterhaltsurteils nicht geschuldet hat, steht ihm kein Schadensersatzanspruch zu. Da die einstweilige Anordnung nicht in Rechtskraft erwächst, richtet sich die Rückforderung nach §§ 812 ff (BGH FamRZ 84, 767). Für den **Wegfall der Bereicherung** gem § 818 III kommt es darauf an, ob der Empfänger die Leistungen restlos für seine Lebensbedürfnisse verbraucht oder sich damit noch in seinem Vermögen vorhandene Werte oder Vorteile verschafft hat (BGH NJW 00, 740). Eine Vermutung, dass die Überzahlung verbraucht ist, besteht nur hinsichtlich der Verwendung für laufende Lebenshaltungskosten. Die Befreiung von Verbindlichkeiten durch Tilgung mittels grundlos erlangten Unterhalts steht einem Wegfall der Bereicherung grds entgegen. Die rechtsgrundlose Unterhaltszahlung muss aber für diesen Vorteil kausal gewesen sein. Daran fehlt es, wenn der Unterhaltsempfänger Schulden mit einem anderen als dem rechtsgrundlos erhaltenen Betrag zahlt. In diesem Fall genügt der Nachweis, dass er die Schulden auch ohne Überzahlung getilgt hätte (BGH NJW 92, 2415).
Die **verschärfte Haftung** nach § 818 IV auf Rückzahlung von Unterhalt tritt erst mit Rechtshängigkeit der Klage auf Herausgabe des Erlangten nach § 812, Leistungen von Wertersatz nach § 818 II ein (BGH NJW 00, 740), nicht schon mit Rechtshängigkeit der negativen Feststellungs- oder Abänderungsklage. Zur Vermeidung von Nachteilen muss der Unterhaltsschuldner iRd Abänderungsklage die Einstellung der Zwangsvollstreckung beantragen oder die Abänderungsklage hilfsweise mit einer Klage auf künftige Rückzahlung des während des Abänderungsverfahrens zuviel gezahlten Unterhalts verbinden.
Bei Überzahlungen aufgrund eines **Prozessvergleichs** und einer vollstreckbaren Urkunde bedarf es stets der Abänderungsklage, da es sich um Titel nach § 323 IV ZPO handelt (BGH FamRZ 91, 1175). § 323 III ZPO ist nicht anwendbar (BGH FamRZ 83, 22), so dass auch Zeiträume vor Zustellung der Abänderungsklage erfasst sein können.
Bei Überzahlungen aufgrund eines **rechtskräftigen Titels** kommt eine Rückforderung erst ab Zustellung der Abänderungsklage in Betracht.
§ 820 ist für den gesetzlichen Unterhaltsanspruch und ihn nur modifizierende Vereinbarungen nicht anwendbar (BGH FamRZ 00, 751; 98, 951).
Unterhalt, der an den geschiedenen Ehegatten für die Zeit nach Wirksamkeit des Versorgungsausgleichs geleistet wird, kann zurückgefordert werden, soweit der Unterhaltsberechtigte aufgrund des durchgeführten Versorgungsausgleichs einen Rentenanspruch erlangt hat (BGH NJW 82, 1147). Die Erstattung der Nachzahlung einer nachträglich bewilligten EU-Rente kann nach § 242 für einen Zeitraum verlangt werden, für den der andere zugleich Unterhalt erhalten hat (BGH FamRZ 90, 269).
Bei **Leistungen unter Vorbehalt** kann die Zahlung unterschiedliche Bedeutung haben. Im Regelfall will der Unterhaltsschuldner nur dem Verständnis seiner Leistungen als Anerkenntnis entgegentreten und die Wirksamkeit des § 814 ausschließen, um sich die Möglichkeit der Rückforderung zu erhalten. Ausnahmsweise kann bei entspr Anhaltspunkten etwas anderes gelten, wenn der Schuldner bei seiner Vorbehaltsleistung dem Leistungsempfänger für einen späteren Rückforderungsstreit die Beweislast für das Bestehen des Anspruchs auferlegen will. Eine derartige Leistung unter Vorbehalt stellt keine Erfüllung iSd § 362 dar (BGH NJW 88, 2376).

H. Übergangsregelungen. Für Unterhaltsansprüche aus vor dem 1. 7. 77 rechtskräftig aufgelösten Ehen 9
bestimmt sich das anwendbare Recht bezüglich der Unterhaltstatbestände (§§ 58-61 EheG), ihrer Begrenzung und Beendigung (§§ 65 ff EheG) weiterhin nach §§ 58 ff EheG. Dies gilt auch, wenn eine Abänderung eines Unterhaltstitels nach einem Altehe begehrt wird.
Auf Ehen, die vor dem 1.7.77 geschlossen, aber nach diesem Zeitpunkt geschieden worden sind, ist das neue Recht anzuwenden. Das Bundesverfassungsgericht (BVerfGE 56, 361, 391) hat darin keine unzulässige Rückwirkung gesehen.
Im **Beitrittsgebiet** gelten §§ 1569 ff nur für die nach dem Beitritt der neuen Bundesländer am 3. 10. 90 rechtskräftig aufgelösten Ehen (Art 234 § 5 EGBGB). Für die vor diesem Datum rechtskräftig geschiedenen Ehen richtet sich der Unterhaltsanspruch weiter nach §§ 29-33 FGB. Ein in der ehemaligen DDR geschiedener Ehegatte besitzt jedoch nach Art 18 V EGBGB analog einen Anspruch auf nachehelichen Unterhalt nach §§ 1569 ff, wenn der Verpflichtete vor dem Beitritt in das Gebiet der damaligen Bundesrepublik übergesiedelt ist (BGH FamRZ 94, 160).

J. Sonderfragen. I. Nichtidentität. Zwischen Trennungs- und Nachscheidungsunterhalt besteht **keine** 10
Identität (grundlegend BGH FamRZ 88, 242). Aus einem Trennungsunterhaltstitel kann über den Zeitpunkt der Scheidungsrechtkraft hinaus nicht vollstreckt werden. Etwas anderes gilt bei einer einstweiligen Anord-

nung, die gem § 620 f ZPO auch über den Zeitpunkt der Scheidungsrechtskraft hinaus wirkt bis zu einer anderweitigen Regelung. Eine anderweitige Regelung kann insbes eine Entscheidung über den nachehelichen Unterhalt im Verbund sein. Die einstweilige Anordnung ist für den Fall der Fortgeltung mit der negativen Feststellungsklage anzugreifen. Wird im Übrigen aus einem Trennungsunterhaltstitel nach Scheidungsrechtskraft vollstreckt, hat der Unterhaltsschuldner hiergegen mit der Vollstreckungsgegenklage nach § 767 ZPO vorzugehen. Wegen der Nichtidentität von Trennungs- und Geschiedenenunterhalt kann vor Scheidungsrechtskraft auch nicht wirksam gemahnt werden (grundlegend BGH FamRZ 88, 370; vgl auch Hamm FamRZ 98, 1512).

11 **II. Verzinsung.** Unterhaltsschulden sind jedenfalls ab Eintritt der Rechtshängigkeit (BGH FamRZ 97, 352) zu verzinsen. Zur Höhe vgl §§ 247, 288, 291.

12 **III. Verwirkung, Verjährung.** Auch der Anspruch auf nachehelichen Unterhalt kann, sofern das entspr **Zeit- und Umstandsmoment** vorliegt, verwirkt sein. Das gilt auch für Unterhaltsrückstände (BGH FamRZ 04, 531; 02, 1699; vgl auch § 1585 b Rn 6).
Die Unterhaltsansprüche verjähren in **drei Jahren** (§§ 195, 196 iVm 197 II). Diese Frist gilt auch für Ansprüche, die rechtskräftig tituliert sind, aber erst nach Rechtskraft des Titels fällig werden. Für die bis zur Rechtskraft eines Urteils (§ 197 I Nr 3) oder bis zum Abschluss eines Vergleichs bzw der Erstellung einer vollstreckbaren Urkunde (§ 197 I Nr 4) aufgelaufenen – titulierten – Unterhaltsverpflichtungen gilt die dreißigjährige Verjährungsfrist.
Die regelmäßige kurze Verjährung beginnt nach § 199 I zum Ende des Jahres, die dreißigjährige Verjährungsfrist gem § 200 mit Entstehen des Anspruchs. Ein Neubeginn der Verjährung ist durch eine Vollstreckungshandlung herbeizuführen (vgl § 212, zu Einzelheiten *Weinreich* FuR 03, 14 und *Büttner* FamRZ 02, 361). Zur Hemmung der Verjährung vgl §§ 203 ff. Für den nachehelichen Unterhalt gilt eine Hemmung gem § 207 I 1 nicht. Die Neuregelung der Verjährung gilt auch für den Sonderbedarf (*Büttner* FamRZ 02, 361).

13 **IV. Pfändbarkeit.** Der Anspruch auf nachehelichen Unterhalt ist (wie der Trennungsunterhalt und Familienunterhalt) als echter Unterhaltsanspruch grds **nicht pfändbar** (§ 850 b I Nr 2 ZPO). Er ist damit grds auch **nicht abtretbar** (§ 400). § 400 ist allerdings bei Unterhaltsansprüchen nicht anwendbar, wenn der Zedent vom Zessionar eine wirtschaftlich gleichwertige Leistung erhalten hat bzw erhält (BGH FamRZ 95, 160). Das Vollstreckungsgericht kann eine Pfändung nach § 850 b II ZPO bei Vorliegen besonderer Umstände ausnahmsweise zulassen.

14 **V. Aufrechnung.** Gegen unpfändbare Forderungen kann nach § 394 nicht aufgerechnet werden. Nach § 850 b I Nr 2 ZPO fallen hierunter auch alle **gesetzlichen Unterhaltsansprüche.** Über den Wortlauf der Vorschrift hinaus erstreckt sich die Unpfändbarkeit auch auf Unterhaltsforderungen, die iR und aufgrund einer gesetzlichen Unterhaltsverpflichtung geschuldet werden, und damit auch auf einmalig zu zahlende Unterhaltsbeträge (BGH FamRZ 02, 1179), Rückstände (BGH FamRZ 60, 110; Kobl FamRZ 00, 1219), Zinsen (FamRZ 88, 952), Sonderbedarf (Ddorf FamRZ 82, 498), Abfindungsbeträge (Bambg FamRZ 96, 1487) und Prozesskostenvorschüsse (Karlsr FamRZ 84, 1090) sowie Ansprüche auf Erstattung der steuerlichen Nachteile aus dem begrenzten Realsplitting (BGH FamRZ 97, 544; Nürnbg FamRZ 00, 880). Ansprüche hingegen, die nicht auf einer gesetzlichen Unterhaltspflicht beruhen, sondern losgelöst auf eine vertragliche Grundlage gestellt wurden (dies ist nur ausnahmsweise der Fall!), unterliegen § 394 nicht (BGH FamRZ 02, 1179).
Bei Vorliegen bestimmter Voraussetzungen kann mit Gegenforderungen jeder Art gegen Unterhaltsforderungen aufgerechnet werden:
– Dem Gegner ist der notwendige Selbstbehalt zu belassen oder
– iRd § 850 b II ZPO –das pfändungsfreie Einkommen –.
– Auch die weiteren Voraussetzungen des § 850 b II ZPO müssen vorliegen. Die Pfändung muss der Billigkeit entsprechen. Bei der Billigkeitsprüfung ist das Interesse des Aufrechnenden an der Schuldtilgung gegen das Interesse des Anderen an der Aufrechterhaltung seines Lebensstandards abzuwägen.
– Für die Aufrechnungsforderung ist ein Titel zu schaffen, mit dem der Aufrechnende die gegen ihn selbst bestehende Unterhaltsforderung pfänden muss.
– Aufrechnungen gegenüber zukünftigem Unterhalt müssen in drei bzw sechs Monaten jeweils wiederholt werden.
– Prozessualprivilegiert sind nur Aufrechnungsforderungen aus vorsätzlich unerlaubter Handlung, die ihren Grund im Unterhaltsrechtsverhältnis haben. Nur in diesen Fällen kann im Unterhaltsprozess ohne weiteres auch über die Aufrechnung entschieden werden (zu Einzelheiten vgl *Wendl/Dose* § 6 Rn 300 ff und BGH FamRZ 93, 1186).

Eine **Aufrechnung mit Unterhalt** ist zulässig (BGH FamRZ 96, 1067). Für die Zukunft kann mit Kindes- und Trennungsunterhalt nur für drei Monate, mit nachehelichem Unterhalt für sechs Monate aufgerechnet werden.

14 **VI. Vereinbarungen.** Nach § 1585 c können Ehegatten den nachehelichen Unterhalt vertraglich regeln. Grds besteht volle **Vertragsfreiheit** (zu Einzelheiten vgl § 1585 c Rn 1 ff). Derartige vertragliche Regelungen sind

grds **konkretisierende und modifizierende Unterhaltsvereinbarungen**. Sie lassen den Charakter des Anspruchs als gesetzlichen Unterhaltsanspruch unberührt. Ausnahmsweise kann der Unterhaltsanspruch unter Verzicht auf einen gesetzlichen Anspruch durch eine **eigenständige vertragliche Unterhaltsvereinbarung** geregelt werden. Auf derartige novierende Vereinbarungen sind die Normen des Unterhaltsrechts nur ergänzend heranzuziehen. Streitigkeiten über derartige echte Vertragsansprüche sind keine Familiensachen.

VII. Erbenhaftung. Ein Anspruch auf nachehelichen Unterhalt geht mit dem Tod des Verpflichteten als Nachlassverbindlichkeit auf dessen Erben, ggf auch auf den Erbeserben, über. Der Unterhaltsanspruch hat Ersatzfunktion für das weggefallene Erbrecht. Die Unterhaltsschuld verwandelt sich in eine Nachlassverbindlichkeit auf Unterhalt, so dass nunmehr die Erben für den Unterhalt haften (zu Einzelheiten vgl Kommentierung zu § 1586 b). 15

VIII. Verbraucherinsolvenz. Rückständige Unterhaltsansprüche bis zu einer Eröffnung des Insolvenzverfahrens sind normale Insolvenzforderungen. Sie sind zur Tabelle anzumelden. Der Insolvenzschuldner ist für sie nicht mehr passivlegitimiert. Die Eröffnung des Insolvenzverfahrens während eines Unterhaltsprozesses führt hinsichtlich der bis zur Insolvenzeröffnung entstandenen Ansprüche zur Unterbrechung (§ 240 ZPO). Hinsichtlich der künftigen Ansprüche kann durch Teilurteil entschieden werden (Kobl FamRZ 03, 109). Ein **Verbraucherinsolvenzantrag** (zu Einzelheiten vgl vor § 1577 Rn 50) muss gestellt werden, wenn ohne ihn die unterhaltsrechtliche Leistungsfähigkeit geringer ist und dem Schuldner ein derartiger Antrag zumutbar ist (BGH FamRZ 05, 608; vgl zu Einzelheiten *Melchers* FuR 02, 145, *Hauß* MDR 02, 1167 und *Born* FamRZ 01, 441, Anm zu Hamm FamRZ 01, 441). 16

Kapitel 2   Unterhaltsberechtigung

§ 1570 Unterhalt wegen Betreuung eines Kindes

Ein geschiedener Ehegatte kann von dem anderen Unterhalt verlangen, solange und soweit von ihm wegen der Pflege oder Erziehung eines gemeinschaftlichen Kindes eine Erwerbstätigkeit nicht erwartet werden kann.

I. Normzweck. Die Vorschrift ist **Ausdruck der gemeinsamen Elternverantwortung**. Sie dient dazu, die persönliche Betreuung des Kindes trotz Trennung seiner Eltern wenigstens durch einen Elternteil zu ermöglichen, um auch Kindern aus geschiedenen Ehen gleichmäßige Entwicklungschancen zu geben (BVerfG FamRZ 81, 745). 1

Das Gesetz hat den Unterhaltsanspruch nach § 1570 in mehrfacher Hinsicht **privilegiert:**
– Vorrang des Anspruchs gem 1582 I 2 und 3 vor dem Unterhalt – selbst dem Betreuungsunterhalt – eines neuen Ehegatten
– Anspruch aus § 1570 auch nach Wegfall eines bedarfsdeckenden Vermögens gem § 1577 IV 2
– Wiederaufleben des Betreuungsunterhalts nach Scheidung einer weiteren Ehe gem § 1586 a
– Einschränkung der Vertragsfreiheit unter Berufung auf nachehelichen Unterhaltsverzicht (§§ 1408, 1585 c)
– Hinzurechnung der Kinderbetreuungszeiten bei der Ehedauer gem §§ 1573 V, 1574 II, 1578 I 3, 1579 Nr 1, 1582 I 3
– Herabsetzung aufgrund der Härteklauseln nach § 1579 nur unter Wahrung der Kindesbelange
– Anspruch auf Erziehungsrente nach dem Tod des gem § 1570 unterhaltsverpflichteten geschiedenen Ehegatten

§ 1570 kennt **keinen Einsatzzeitpunkt.** Der Anspruch entsteht originär, wenn wegen einer notwendigen Kindesbetreuung eine Erwerbstätigkeit nicht oder nur teilweise ausgeübt werden kann. Der Anspruch kann jederzeit wiederaufleben, wenn ein Kind betreuungsbedürftig wird oder auch erst lange Zeit nach der Scheidung entstehen.

Vater und Mutter sind als sorgeberechtigte Elternteile gleich zu behandeln (Karlsr FamRZ 98, 560).

II. Anspruchsvoraussetzungen. Ein Betreuungsunterhaltsanspruch setzt voraus, 2
– dass ein geschiedener Ehegatte ein gemeinschaftliches Kind berechtigt pflegt oder erzieht,
– von dem geschiedenen Ehegatten aus diesem Grund keine oder keine volle Erwerbstätigkeit erwartet werden kann.

Der Unterhaltsanspruch knüpft an die Betreuung eines gemeinsamen Kindes durch den geschiedenen Ehegatten an. Er setzt nicht voraus, dass die Ehegatten begonnen hatten, eine eheliche Lebensgemeinschaft zu verwirklichen (BGH FuR 06, 32; zu Konstellationen der Verwirkung vgl Kommentierung zu § 1579).

1. Gemeinschaftliches Kind. Gemeinschaftliche Kinder sind die in der Ehe geborenen (§§ 1591, 1592 Nr 1) Kinder und die gemeinschaftlich adoptierten (§ 1751 I) Kinder. Voreheliche Kinder sind gemeinschaftlich, wenn 3 die Vaterschaft anerkannt oder festgestellt worden ist (§ 1592 Nr 2 u 3). Nach Anhängigkeit eines Scheidungsantrags geborene Kinder sind gemeinschaftlich, falls nicht gem § 1599 II ein anderer Mann mit Zustimmung des Ehemannes und der Mutter die Vaterschaft anerkannt hat. Nach Rechtskraft der Scheidung geborene Kinder gelten gem § 1592 Nr 1 nicht mehr als gemeinschaftliche. In diesen Fällen bedarf es der Anerkennung oder gerichtlichen Feststellung (*Gaul* FamRZ 97, 1441), die das Kind aber nur dann zu einem „gemeinschaftlichen Kind" iSd § 1570 macht, wenn die Voraussetzungen des § 1593 (Geburt innerhalb von 300 Tage nach Auflösung der Ehe) erfüllt sind.

Scheineheliche Kinder gelten so lange als gemeinschaftliche Kinder, bis die Vaterschaft eines anderen Mannes rechtskräftig festgestellt ist (§ 1600 d IV, vgl. BGH FamRZ 98, 426; Ddorf FamRZ 99, 1274). Bis zu diesem Zeitpunkt besteht mithin ein Anspruch nach § 1570, sofern nicht § 1579 greift (BGH FamRZ 85, 51). Gemeinschaftliche nicht aus der Ehe stammende Kinder geschiedener Ehegatten sind nicht als gemeinschaftliche Kinder iSd § 1570 anzusehen, da es sich insoweit nicht um eine ehebedingte Bedürfnislage handelt (BGH FamRZ 98, 426; 85, 51). IRd § 1570 wird an den Status der „Ehelichkeit" angeknüpft.

Erste eheliche Kinder eines Ehepartners und – auch gemeinschaftlich aufgenommene – **Pflegekinder** sind keine gemeinschaftlichen Kinder. Eine Gleichstellung mit gemeinschaftlichen Kindern hat der Gesetzgeber ausdrücklich abgelehnt (BTDrs 7/650, S 123 u 223). Die Betreuung nicht gemeinschaftlicher Kinder nach der Scheidung begründet keinen Anspruch nach § 1570 (Kobl FamRZ 05, 321). Ein Unterhaltsanspruch gegen den geschiedenen Ehegatten kann sich in diesen Fällen nur aus § 1576 (vgl dort Rn 8 ff) ergeben.

Die Begriffe „**Pflege oder Erziehung**" entspr der Regelung in § 1606 III 2. „Pflege" betrifft die Sorge um die körperliche und gesundheitliche Seite, „Erziehung" mehr die Bemühungen um die geistige und seelische Entwicklung. **Betreuungsunterbrechungen** (Krankenhausaufenthalt, Ferienaufenthalt bei anderen Elternteil etc) beeinflussen den Unterhaltsanspruch nicht, solange nicht eine Arbeitsaufnahme für diese Zeit möglich und zumutbar ist (Ddorf FamRZ 87, 1262). Die Tatbestandsvoraussetzungen sind auch erfüllt, wenn sich der Sorgeberechtigte bei der Pflege zeitweilig fremder Hilfe, etwa von Familienangehörigen, bedient.

Erfolgt jedoch eine **dauerhafte** (Richtschnur: ab drei Monaten) **Betreuungsunterbrechung** oder ein entspr Betreuungswechsel, etwa Unterbringung des Kindes in einem Heim, solange nicht eine teilweise Betreuungsbedürftigkeit in den Ferien und an Wochenenden weiterhin verbleibt, oder der Besuch eines Internats, entfällt ein Anspruch aus § 1570.

Die Betreuung des Kindes muss **rechtmäßig** erfolgen. Dies kann auf einem Einverständnis des anderen Elternteils beruhen oder auf einer vorläufigen oder endgültigen gerichtlichen Sorgeregelung. Für eine Übergangszeit und bis zu einer gerichtlichen Entscheidung kommt es auf die tatsächlichen **Obhutverhältnisse** an, sofern diese nicht arglistig oder mit Gewalt herbeigeführt worden sind (BGH FamRZ 80, 665; Frankf FamRZ 95, 234).

4   **2. Kindesbetreuung und Erwerbsobliegenheit.** Aus der Fassung des § 1570 („solange und soweit") ergibt sich, dass die gebotene Betreuungstätigkeit (noch) einen solchen Umfang annehmen muss, dass daneben keine volle oder teilweise Erwerbstätigkeit in Betracht kommt. Die Kindesbetreuung muss idS für die Erwerbsbeschränkung **kausal** sein, dass sich der betreuende Elternteil bei Bestehen objektiver Betreuungsbedürftigkeit eines gemeinsamen Kindes subjektiv für die Betreuungsaufgabe entscheidet, da es ihm grds frei steht, ob er das Kind selbst betreut oder anderweitige Betreuungsmöglichkeiten nutzen will (BGH FamRZ 83, 456; 80, 1099). Auch ist es regelmäßig unerheblich, ob bei Inanspruchnahme von Betreuungsleistungen Dritter eine Erwerbstätigkeit verrichtet werden könnte oder ob angesichts der objektiven und subjektiven Umstände eine Arbeit gefunden werden könnte. Nach dem Zerfall der Familie und damit auch des gemeinsamen Lebensplans muss sich der ein gemeinsames Kind betreuende geschiedene Ehegatte an einer früheren Lebensplanung grds nicht festhalten lassen (BGH FamRZ 88, 145).

Ob und in welchem Umfang eine Erwerbsobliegenheit trotz Kindesbetreuung besteht, ist nach **objektiven Kriterien** zu beurteilen. Der Gesetzgeber hat im Hinblick auf die Vielgestaltigkeit der zu erfassenden Lebenssachverhalte bewusst davon abgesehen, eine widerlegbare Vermutung des Inhalts zu schaffen, dass ein Ehegatte eine Erwerbstätigkeit erst aufnehmen kann, wenn das zu erziehende Kind ein bestimmtes Lebensalter erreicht hat (BGH FamRZ 83, 456). Der BGH hat anhand bestimmter Fallgruppen ein **Phasenmodell** entwickelt. Darin kommen Erfahrungssätze zur Notwendigkeit der Betreuung heranwachsender Kinder zum Ausdruck. Wer hiervon abweichen will, muss besondere Gründe und die hierfür erforderlichen Voraussetzungen darlegen und ggf beweisen (BGH FamRZ 91, 170; 90, 981). Auch wenn die Umstände des Einzelfalls jeweils besonders zu berücksichtigen sind, hat sich in der Praxis als **Orientierungshilfe** ein auf Alter und Zahl der Kinder beruhendes Schema durchgesetzt (vgl die Regelungen in Ziff 17 der Leitlinien der Obergerichte).

5   **a. Erwerbsobliegenheit bei Betreuung eines Kindes.** Bis zur Vollendung des 8. Lebensjahres des Kindes, in der Regel mithin bis zur Beendigung des zweiten Grundschuljahres, besteht grds keine Erwerbsobliegenheit des betreuenden Elternteils (BGH FamRZ 95, 291; 92, 1045; Hamm FamRZ 97, 1073). Für die ersten beiden Schuljahre machen die Unregelmäßigkeiten des Schulablaufs verbunden mit Kinderkrankheiten und der besonderen Betreuungsbedürftigkeit zur Eingewöhnung in den Schulalltag eine auch nur teilweise Erwerbstätigkeit grds unzumutbar. Ob bei Betreuung eines Kindes im Alter zwischen 8 und 11 Jahren eine Erwerbsob-

liegenheit besteht, hängt von den persönlichen Verhältnissen des Unterhalt begehrenden Ehegatten, der konkreten Betreuungsbedürftigkeit des Kindes sowie den wirtschaftlichen Verhältnissen beider Ehegatten ab (BGH FamRZ 90, 283; 85, 50; München FuR 99, 346). Eine generelle **Verneinung der Erwerbsobliegenheit** bis zur Vollendung des zehnten Lebensjahres oder bis zum Ende der Grundschulzeit (vgl etwa Kobl FamRZ 01, 1617) sollte unterbleiben, da Unterschiede zum nichtehelichen Kind noch vergrößert würden und die Wiederaufnahme der Erwerbstätigkeit nach Vollendung des 8. Lebensjahres heute auch allgemeiner Praxis entspricht.

Bei einem Kind zwischen dem 11. u 15./16. Lebensjahr ist dem betreuenden Elternteil regelmäßig eine **Teilzeitbeschäftigung** zumutbar, die nicht stets den Umfang einer Halbtagsbeschäftigung erreichen muss (BGH FamRZ 99, 367; 99, 372; 97, 671; weitgehend München FamRZ 00, 24: Halbtagstätigkeit zumutbar ab Besuch der fünften Klasse). Bei Betreuung und Versorgung eines Kindes ab 15./16. Lebenajahr besteht grds eine Obliegenheit zur **vollschichtigen Erwerbstätigkeit** (BGH FamRZ 97, 873; 97, 671; 90, 496: ab 16 Jahren; 83, 569: Betreuung eines 15 ½-jährigen Kindes; FamRZ 88, 265: Betreuung eines 17-jährigen Kindes; vgl auch München FuR 99, 346; Hamm FamRZ 98, 243; Celle FamRZ 94, 963).

Trotz dieses „Alterskatalogs" ist die **Zumutbarkeitsgrenze** entspr den Anforderungen der konkreten Betreuung herabzusenken, etwa wenn das Kind wegen geistiger oder körperlicher Behinderung und/oder wegen psychischer Schwierigkeiten in höherem Maß betreuungsbedürftig ist als ein gesundes Kind gleichen Alters (**Problemkind**). Der Umfang der danach zumutbaren stundenweisen bis halbschichtigen Erwerbstätigkeit hängt insbes vom konkreten Betreuungsbedarf ab (zu Einzelheiten vgl KKFamR/*Klein* § 1570 Rn 23 f und *Kleffmann* in Scholz/Stein, Teil H Rn 65.

b. Erwerbsobliegenheit bei Betreuung mehrerer Kinder. Betreut der bedürftige Ehegatte **zwei Kinder**, kommt nach der Rspr des BGH vorbehaltlich besonderer Umstände des Einzelfalls eine Teilzeittätigkeit erst ab dem 14. oder 15. Lebensjahr des älteren Kindes (BGH FamRZ 97, 873; 97, 671) bzw einem Alter von 11 Jahren des jüngeren Kindes (BGH FamRZ 82, 23) in Betracht. Das Heranwachsen zweier Kindern in den Altersbereich von etwa 15 bis 16 Jahren eröffnet die Möglichkeit, eine Vollzeitbeschäftigung aufzunehmen (BGH FamRZ 84, 151). Die **Zumutbarkeitsgrenzen** können sich jedoch, insbes bei beengten wirtschaftlichen Verhältnissen und Vorhandensein hoher ehebedingter Schulden verschieben mit der Folge, dass auch bei der Betreuung von Kindern im Alter von 11 und 15 Jahren eine Obliegenheit zur Aufnahme jedenfalls stundenweiser Aushilfstätigkeiten bestehen kann (BGH FamRZ 82, 23; 79, 571; Hamm FamRZ 99, 235). Werden **mehr als zwei Kinder** unter 14 Jahren betreut, kann der Unterhaltsgläubiger regelmäßig nicht auf eine Erwerbstätigkeit verwiesen werden (BGH FamRZ 82, 365). Dies gilt erst recht, wenn alle minderjährigen Kinder noch die Schule besuchen (BGH FamRZ 90, 283; 79, 569) (Betreuung von vier Kindern im Alter zwischen 7 u 16 Jahren).

Bei Problemkindern ist eine intensivere Betreuung geboten (Celle FamRZ 87, 1038 (autistisches Kind); Frankf FamRZ 87, 175 (taubstummes Kind); zum erhöhten Betreuungsbedarf des Problemkindes vgl BGH NJW 85, 2590).

Die Betreuungsbedürftigkeit ist konkret und nach objektiven Kriterien zu ermitteln, nicht nach starren Altersgrenzen (BGH FamRZ 84, 769; Zweibr FamRZ 01, 833).

c. Regelungen in den Leitlinien. Die unterhaltsrechtlichen Leitlinien (Beilage zu Heft 30 der NJW 05) enthalten zu Ziff 17 Konkretisierungen der Erwerbsobliegenheit bei Kindesbetreuung.

d. Obliegenheit zum Beginn der Arbeitsplatzsuche. Wenn das Ende der Betreuung des Kindes zuverlässig absehbar ist, setzt die Obliegenheit zur Arbeitsplatzsuche ein (BGH FamRZ 95, 871). Dies kann auch deutlich vor Beendigung der Betreuungsphase sein.

Durch **vertragliche Regelungen** kann der Beginn der Erwerbsobliegenheit wirksam verschoben werden (BGH FamRZ 89, 150).

In **Mangelfällen** bestehen gesteigerte Anforderungen für den Unterhaltsgläubiger (BGH NJW 83, 1548; Karlsr FamRZ 83, 716).

Wird eine zumutbare Erwerbstätigkeit nicht aufgenommen, weil der Unterhalt ungeachtet einer Erwerbsobliegenheit in der bisherigen Höhe durch den Schuldner fortgezahlt wird, kann dadurch ein **Vertrauenstatbestand** geschaffen werden, der eine Berufung auf eine frühere Obliegenheit zur Arbeitsuche ausschließt (Karls FuR 05, 329 = FamRZ 05, 1756; Köln FamRZ 99, 853).

Hat der Berechtigte die Voraussetzungen einer (teilweisen) Verwirkung nach § 1579 erfüllt, können verschärfte Zumutbarkeitsanforderungen an seine Erwerbsbemühungen zu stellen sein.

3. Umfang des Anspruchs. Ist der geschiedene Ehegatte wegen Kindesbetreuung vollständig an einer Erwerbstätigkeit gehindert, beruht sein Anspruch allein auf § 1570. Er kann den vollen, den ehelichen Lebensverhältnissen (§ 1578) entspr Unterhalt verlangen, soweit er nicht durch sonstige eigene anrechenbare Einkünfte gedeckt ist. Bei nur teilweise durch Betreuung eingeschränkter Erwerbstätigkeit kann er Unterhalt nach § 1570 bis zur Höhe des Mehreinkommens verlangen, das er durch eine angemessene vollschichtige Tätigkeit erzielen könnte. Es kommt zusätzlich ein Anspruch nach § 1573 II in Betracht (vgl § 1569 Rn 5).

An einen Anspruch aus § 1570 können sich andere Unterhaltsansprüche anschließen (**Anschlussunterhalt**, vgl § 1569 Rn 5).
Vertragliche Begrenzungen des Anspruchs sind im Hinblick auf die vom Bundesverfassungsgericht (FamRZ 01, 985 = FuR 01, 300; 01, 343 = FuR 02, 163) und vom BGH (FamRZ 04, 601; NJW 05, 137) definierten Schranken nur eingeschränkt zulässig (zu Einzelheiten vgl § 1585 c Rn 3 ff).

10 **4. Konkurrenzen.** Der Unterhaltsanspruch nach § 1570 kann mit Unterhaltstatbeständen nach §§ 1571 ff konkurrieren, wenn die einzelnen Ansprüche nicht den vollen Unterhalt gewähren. Dies ist etwa der Fall, wenn die nach § 1570 mögliche Teilzeitarbeit nicht gefunden werden kann und daher ein Ergänzungsanspruch gem § 1573 besteht oder wenn die Teilzeitarbeit aus Krankheitsgründen nicht ausgeübt werden kann. Der Unterhaltsanspruch ist sodann genau aufzuspalten, weil bei den jeweiligen Teilansprüchen unterschiedliche Rechtsfolgen eintreten können, etwa die Anwendbarkeit des § 1573 V.
In Bezug auf § 1615 l I ist der Anspruch gegen den nichtehelichen Vater vorrangig (Ddorf FamRZ 95, 690; Zweibr NJW 98, 318). Der Anspruch nach § 1615 l II ist mit Ansprüchen wegen Betreuung ehelicher Kinder gleichrangig. Der gem § 1570 Unterhaltspflichtige und der Vater des außerehelichen Kindes haften in entspr Anwendung des § 1606 III 1 **anteilig** für den Bedarf des Kindes. Bei der Aufteilung der **Haftungsquote** sind neben den Erwerbs- und Vermögensverhältnissen insbes Anzahl, Alter, Entwicklung und Betreuungsbedürftigkeit der jeweiligen Kinder zu berücksichtigen (BGH FamRZ 98, 541 = FuR 98, 121; Hamm FamRZ 05, 1276; München FamRZ 97, 613; Zweibr NJW 98, 318).

11 **5. Beweislast.** Die Beweislast für die Tatbestandsvoraussetzungen des § 1570 trägt der Kläger. Wer Abweichungen von den in den Leitlinien (vgl jeweils Ziff 17 der Leitlinien) enthaltenen Grundsätzen behauptet, ist für das Vorliegen dieser Einzelfallumstände darlegungs- und beweisbelastet (BGH FamRZ 90, 496; 83, 456).

§ 1571 Unterhalt wegen Alters

Ein geschiedener Ehegatte kann von dem anderen Unterhalt verlangen, soweit von ihm im Zeitpunkt
1. der Scheidung,
2. der Beendigung der Pflege oder Erziehung eines gemeinschaftlichen Kindes oder
3. des Wegfalls der Voraussetzungen für einen Unterhaltsanspruch nach den §§ 1572 und 1573
wegen seines Alters einer Erwerbstätigkeit nicht mehr erwartet werden kann.

1 **I. Normzweck.** Die Vorschrift gewährt einen Unterhaltsanspruch, wenn von einem Ehegatten wegen seines Alters eine Erwerbstätigkeit nicht mehr erwartet werden kann. Die Unterhaltsbedürftigkeit muss nicht ehebedingt sein. Sie besteht auch, wenn der Unterhalt begehrende Ehegatte nicht während der Ehe alt geworden ist, sondern bereits im Zeitpunkt der Eheschließung wegen seines Alters keiner Erwerbstätigkeit mehr nachgehen konnte (**Altersehe, vgl** BGH FamRZ 83, 150; 82, 28). Auch bei einer kurzen Ehe kann, sofern nicht § 1579 Nr 1 erfüllt ist, Altersunterhalt verlangt werden. § 1571 ist auch anwendbar, wenn von dem Unterhaltsgläubiger altersbedingt nunmehr eine Teilzeittätigkeit erwartet werden kann (Bambg FamRZ 92, 1305 (56-jährige Frau)).

2 **II. Anspruchsvoraussetzungen.** § 1571 besteht aus zwei Tatbestandselementen.
– Die Voraussetzungen des Altersunterhalts müssen zu bestimmten Einsatzzeitpunkten vorliegen.
– Altersbedingt muss eine Erwerbstätigkeit unzumutbar sein.

3 **1. Einsatzzeitpunkte.** Mit der Anknüpfung an einen bestimmten Einsatzzeitpunkt soll erreicht werden, dass die **grundsätzliche Eigenverantwortlichkeit** des Ehegatten für seinen Unterhalt (§ 1569) bestehen bleibt. Die Anspruchsvoraussetzungen müssen vorliegen im Zeitpunkt der
– Scheidung
– Beendigung der Pflege oder Erziehung eines gemeinschaftlichen Kindes
– Wegfall der Voraussetzungen eines Anspruchs nach § 1572
– Wegfall der Voraussetzungen eines Anspruchs nach § 1573
Ausbildungsunterhalt nach § 1575 wird vom Gesetz nicht erwähnt, weil es eine Ausbildung bis zur Grenze des Altersunterhalts nicht gibt (*Dieckmann* FamRZ 77, 81). Auch im Anschluss an Billigkeitsunterhalt (§ 1576) kann Altersunterhalt nicht verlangt werden.
Nicht erforderlich ist, dass zu den maßgeblichen Einsatzzeitpunkten eine Leistungsfähigkeit des Schuldners vorliegt. Auch die Bedürftigkeit des Berechtigten muss im Einsatzzeitpunkt nicht vorliegen (BGH FamRZ 87, 152 (noch zu § 58 ff EheG); München FamRZ 93, 564; aber str). Ist ein Ehegatte erst nach diesem Zeitpunkt aus Altersgründen gehindert, eine Erwerbstätigkeit auszuüben, fällt dies nicht mehr in den Risikobereich des anderen Ehegatten.

4 **a) Scheidungsrechtskraft.** Die altersbedingte Erwerbsbehinderung muss im Zeitpunkt der Rechtskraft des Scheidungsurteils (§ 1564) vorliegen. Bei Regelung des nachehelichen Unterhalts im Verbund mit der Schei-

dung ist sie aus Sicht der letzten Tatsachenverhandlung zu beurteilen, soweit Veränderungen bis zur Scheidung nicht zu erwarten sind (BGH FamRZ 83, 144; 82, 892). § 1571 schreibt die lückenlose Verbindung mit dem Scheidungszeitpunkt lediglich für die **Unterhaltsberechtigung**, nicht für die übrigen Voraussetzungen des Unterhaltsanspruchs vor. Aus diesem Grund genügt es, wenn das Alter zum Einsatzzeitpunkt vorliegt, sich die Bedürftigkeit aber erst später einstellt (BGH FamRZ 87, 689 (zu § 1573 I); München FamRZ 93, 564, aber str). Auch die **Leistungsfähigkeit** muss nicht zum Einsatzzeitpunkt vorliegen. So kann Altersunterhalt zugebilligt werden, wenn eine Leistungsfähigkeit des Unterhaltsverpflichteten sich erst nach der Scheidung ergibt.

b) Zeitpunkt der Beendigung der Pflege oder Erziehung eines gemeinschaftlichen Kindes. Maßgeblich ist nicht die tatsächliche Beendigung, sondern die **rechtliche Betreuungsnotwendigkeit** (BGH FamRZ 91, 170; 90, 496; zu Einzelheiten vgl § 1570 Rn 5). Altersunterhalt im Anschluss an Betreuungsunterhalt ist die Fortsetzung des bisherigen (einheitlichen) Anspruchs aufgrund einer anderen Berechtigung, nicht dagegen die Begründung eines neuen Anspruchs. Es ist jedoch nicht notwendig, dass der Voranspruch tatsächlich geltend gemacht wurde; es reicht, wenn nur seine Voraussetzungen vorlagen. Der Umfang des Anspruchs auf **Anschlussaltersunterhalt** erweitert nicht den vollen Unterhalt, wenn bislang die Unterhaltsberechtigung nur einen Teilanspruch rechtfertigte, weil der geschiedene Ehegatte etwa neben der Betreuung gehalten war, einer Teilzeitbeschäftigung nachzugehen. 5

c) Wegfall der Voraussetzungen eines Anspruchs nach § 1572. Altersunterhalt kann zugebilligt werden, wenn das bisherige Erwerbshinderniss Krankheit lückenlos im altersbedingten Erwerbshinderniss einmündet. Bestand nur ein Teilanspruch auf Krankheitsunterhalt, weil der geschiedene Ehegatte gehalten war, sich im Übrigen durch eine Arbeit seinen Lebensbedarf zu verdienen, gibt auch der Anschlussaltersunterhalt nur eine Berechtigung zu teilweisem Unterhalt. 6

d) Wegfall eines Unterhaltsanspruchs nach § 1573. Die Unterhaltsberechtigung des Ehegatten nach § 1573, die bislang wegen Arbeitslosigkeit, unzureichenden Verdienstes oder Wegfalls einer angemessenen, den Unterhalt ganz oder teilweise nachhaltig sichernden Erwerbstätigkeit gegeben war, geht in eine solche wegen Alters über, weil der Berechtigte nunmehr aus diesem Grund nicht mehr auf ein Einkommen aus einer Erwerbstätigkeit verwiesen werden kann. Der Anschlussunterhalt wegen Alters schließt auch hier nur die früher von tatsächlichem oder fiktivem Erwerbseinkommen nicht gedeckte Bedarfslücke. Konnte Unterhalt nach § 1573 V zeitlich begrenzt werden, kann dennoch Altersunterhalt bis zum Lebensende begründet sein, wenn die Unterhaltsberechtigung wegen des Alters während der Befristung entsteht. In diesem Fall wird die gegenwärtige noch unbeschränkte Berechtigung durch eine andere ersetzt. Der Unterhaltstatbestand des § 1571 muss ohne wesentliche zeitliche Lücke an die Auflösung der Ehe oder an das Ende eines der genannten Unterhaltsansprüche anschließen (Tatbestands- oder sog **Unterhaltskette**). Tritt die altersbedingte Erwerbsunfähigkeit deutlich nach diesen Einsatzzeitpunkten ein, ist ein Anspruch nach § 1571 nicht begründet. 7

2. Altersbedingte Unzumutbarkeit der Erwerbstätigkeit. Der Begriff „Alter" ist gesetzlich nicht festgelegt. Maßgebend sind die Umstände des Einzelfalls (BGH FamRZ 99, 708; 95, 1416). Als **Richtschnur** kann das Erreichen des 65. Lebensjahres gelten, da ab diesem Zeitpunkt allgemein eine Erwerbstätigkeit nicht mehr erwartet werden kann (BGH FamRZ 93, 43; Hamm FamRZ 95, 1416; vgl auch BGH FamRZ 88, 265: kein Altersunterhalt für 48-jährige Ehefrau (BGH FamRZ 93, 43). Öffentlich-rechtliche oder arbeitsmarktpolitische Gründe für **vorgezogene Altersgrenzen** als solche sind für das Unterhaltsrecht nicht maßgebend (BGH FamRZ 99, 708; Hamm NJW 99, 2976; Kobl NJWE-FER 00, 108). Hier ist zu prüfen, ob im Einzelfall eine anderweitige (Weiter-)Beschäftigung in Betracht kommt. Allein der Rentenbezug aufgrund des Erreichens einer **flexiblen Altersgrenze** lässt die Erwerbsobliegenheit nicht entfallen (BGH FamRZ 99, 708). Die gleichen Grundsätze gelten bei der **Altersteilzeit**. Auch bei **Freiberuflern** wird man grds die Regelaltersgrenze von 65 Jahren anzuwenden haben (Hamm FamRZ 97, 883). Etwas anderes kann ausnahmsweise gelten bei beengten wirtschaftlichen Verhältnissen. Hier ist eine (teilweise) Fortsetzung der Erwerbstätigkeit eines Freiberuflers eher zu verlangen. Werden nach Erreichen der Regelaltersgrenze gleichwohl Einkünfte erzielt, handelt es sich um Einkommen aus unzumutbarer Tätigkeit. Deren Berücksichtigung richtet sich nach den Kriterien des § 1577 (vgl dort Rn 17). § 1571 ist **geschlechtneutral** anzuwenden. 8

3. Kausalität. Das Alter muss kausal dafür sein, dass eine angemessene Erwerbstätigkeit nicht mehr zu erwarten ist. Kann eine Erwerbstätigkeit weniger wegen des Alters als vielmehr wegen der schlechten Arbeitsmarktlage nicht gefunden werden, greift nicht § 1571, sondern § 1573 I (vgl dort Rn 6). Streitig ist, ob für den Anspruch nach § 1571 genügt, dass das Alter eine Mitursache für die Erwerbsverhinderung ist, etwa neben Krankheit, oder ob dieser voraussetzt, dass ausschließlich wegen Alters eine Beschäftigung ausscheidet. Wie beim Betreuungsunterhalt wird man auch beim Altersunterhalt der Lehre von der **Monokausalität** zu folgen haben. Aus § 1571 Ziff 3 ist zu schließen, dass Altersunterhalt ausscheidet, sobald ein Anspruch auf Krankheitsunterhalt nach § 1572 oder Arbeitslosenunterhalt nach § 1573 gegeben ist. 9

10 **4. Unzumutbarkeit der Erwerbstätigkeit.** Maßgebend sind iRe **Gesamtabwägung** alle Umstände des konkreten Einzelfalls. Zu prüfen ist, ob gerade das Alter in Verbindung mit der beruflichen Qualifikation eine konkret in Betracht kommende angemessene (§ 1574 II) Erwerbstätigkeit verhindert. Objektiv entscheidet die Art der beruflichen Tätigkeit, insbes, ob ein bestimmter Beruf im Alter (überhaupt) noch ausgeübt werden kann und wenn ja, ob und insoweit nicht – vornehmlich altersbedingt – der entspr Arbeitsmarkt verschlossen ist (Hburg FamRZ 91, 445: Altersunterhalt für 53-jährige Frau nach 20-jähriger Ehe; Kobl NJW-RR 93, 964: Altersunterhalt für eine 51-jährige Frau). Subjektiv ist die Entwicklung der Ehe bis zum Einsatzzeitpunkt maßgebend (BGH FamRZ 83, 144; Hamm FamRZ 99, 1078; 95, 1416). Bei langer Ehedauer und ausschl Haushaltstätigkeit oder langer Kindesbetreuung eines Ehegatten und guter beruflicher Stellung des anderen Ehegatten kann ein Altersunterhalt auch bei einem Alter unter 60 Jahren schon in Betracht kommen (BGH NJW 91, 1049; 85, 1340). Andererseits kann auch von einer 50-jährigen Frau, die während der Ehe 20 Jahre Hausfrau war, unterhaltsrechtlich verlangt werden, nach der Scheidung eine angemessene Erwerbstätigkeit auszuüben (BGH NJW 83, 683), ggf auch eine Teilzeitbeschäftigung. Auch bei Bezug eines vorgezogenen Altersruhegeldes etwa durch eine 60-jährige Ehefrau kann eine Erwerbsobliegenheit, etwa im Geringverdienerbereich, noch zu bejahen sein (BGH NJW 99, 1547 (vgl auch Kobl FamRZ 92, 950: kein Altersunterhalt für eine 53-jährige Ehefrau).

11 **5. Konkurrenzen.** Eine Unterhaltsberechtigung kann nach §§ 1570, 1571 für verschiedene Teile des Anspruchs bestehen. Auch kann der gleiche Anspruchsteil doppelt begründet sein. Vorrangig ist der mehrfach privilegierte Anspruch nach § 1570.
Krankheitsunterhalt und Altersunterhalt können nacheinander jeweils allein, aber auch nebeneinander jeweils eine Teilunterhaltsberechtigung begründen, aber nicht kumulativ. Krankheitsunterhalt geht dem Altersunterhalt vor, solange nicht durch das Alter eine praktisch unveränderliche Unterhaltsberechtigung bis zum Lebensende entstanden ist.
Arbeitslosenunterhalt geht dem Altersunterhalt vor, weil § 1573 eine Erwerbsobliegenheit voraussetzt. Kann ein Ehegatte nur nach einer Ausbildung eine angemessene Tätigkeit finden, ist § 1571 anwendbar, wenn die Ausbildung wegen des Alters nicht mehr sinnvoll ist (BGH FamRZ 87, 691). Nach Ansicht des BGH (FamRZ 99, 707) kann § 1571 erfüllt sein, wenn typischerweise in dem betreffenden Alter und in den in Betracht kommenden Berufssparten keine angemessene Arbeit mehr gefunden werden kann, dagegen § 1573 I, wenn wegen der konkreten Umstände des Einzelfalls aufgrund des Alters die Aufnahme einer angemessenen Tätigkeit scheitert. Auch kann neben der Berechtigung zum Altersunterhalt eine Berechtigung zum Arbeitslosenunterhalt bestehen, wenn trotz des Alters eine **Teilzeitbeschäftigung** erwartet, aber nicht gefunden werden kann. Aufstockungsunterhalt nach § 1573 II setzt voraus, dass der Unterhalt begehrende geschiedene Ehegatte eine angemessene Tätigkeit iSv § 1574 II ausübt, aber aus den erzielten Einkünften seinen vollen Unterhalt nicht decken kann. Dass der Bedürftige wegen seines Alters oder wegen der Lage auf dem Arbeitsmarkt gehindert ist, eine vollschichtige Tätigkeit auszuüben, rechtfertigt einen Anspruch auf Aufstockungsunterhalt nicht (BGH FamRZ 99, 708).

12 **6. Beweislast.** Der **Unterhaltsberechtigte** muss darlegen, dass altersbedingt keine angemessene Erwerbstätigkeit erwartet werden kann. Vor Erreichen der Regelaltersgrenze muss er nachweisen, dass er typischerweise in den für ihn in Betracht kommenden Berufssparten altersbedingt keine angemessene Arbeit mehr zu finden vermag. Wird geltend gemacht, im Einzelfall müsse über die Regelaltersgrenze hinaus gearbeitet werden, so muss dies der Unterhaltsschuldner, der sich auf diesen Ausnahmefall beruft, beweisen.

13 **7. Begrenzungen.** Eine zeitliche Begrenzung der Höhe und sodann eine Herabsetzung des Altersunterhaltsanspruchs ist gem § 1578 I 2 möglich. Bei kurzer Ehedauer (Saarbr FamRZ 04, 1293) kann der Unterhaltsanspruch nach § 1579 Nr 1 ausgeschlossen oder beschränkt werden. Die bloße Tatsache der Altersehe allein stellt keinen Ausschluss- oder Herabsetzungsgrund dar.

14 **8. Disponibilität.** Altersunterhalt gehört zum Kernbereich des gesetzlichen Scheidungsfolgerechts und kann nicht schrankenlos vertraglich abbedungen werden (BGH FamRZ 04, 601; zu Einzelheiten vgl § 1585 c Rn 6).

§ 1572 Unterhalt wegen Krankheit oder Gebrechen

Ein geschiedener Ehegatte kann von dem anderen Unterhalt verlangen, solange und soweit von ihm vom Zeitpunkt
1. der Scheidung,
2. der Beendigung der Pflege oder Erziehung eines gemeinschaftlichen Kindes,
3. der Beendigung der Ausbildung, Fortbildung oder Umschulung oder
4. des Wegfalls der Voraussetzungen für einen Unterhaltsanspruch nach § 1573

an wegen Krankheit oder anderer Gebrechen oder Schwäche seiner körperlichen oder geistigen Kräfte einer Erwerbstätigkeit nicht erwartet werden kann.

I. Normzweck. Die Vorschrift erstreckt die eheliche Solidarität über den Zeitpunkt der Scheidung hinaus 1 auf krankheitsbedingte Bedürfnislagen. Die gesundheitlichen Einschränkungen müssen nicht ehebedingt, jedoch ursächlich für die Unzumutbarkeit der Erwerbstätigkeit sein (BGH FamRZ 04, 779; 94, 566). Die Mitverantwortung des leistungsfähigen Unterhaltsschuldners gegenüber dem unterhaltsbedürftigen geschiedenen Ehegatten ist eine Folge der Eheschließung und des ehelichen Zusammenlebens, und zwar unabhängig vom Gesundheitszustand bei Eheschließung.

II. Anspruchsvoraussetzungen. Anspruchsberechtigt ist, wer zum maßgeblichen **Einsatzzeitpunkt** nicht 2 oder nur teilweise infolge Krankheit oder anderer Gebrechen oder Schwäche der körperlichen oder geistigen Kräfte durch eine angemessene eigene Erwerbstätigkeit seinen Lebensbedarf decken kann. Es bestehen drei Anspruchsvoraussetzungen:
- Vorliegen einer Krankheit, eines anderen Gebrechens oder Schwäche der körperlichen oder geistigen Kräfte
- Aufgrund der gesundheitlichen Beeinträchtigungen ist eine angemessene Erwerbstätigkeit nicht oder nur teilweise zu erwarten
- Das Vorliegen eines Einsatzzeitpunkts

Nicht Anspruchsvoraussetzung ist die **Ehebedingtheit** der Unterhaltsbedürftigkeit (BGH FamRZ 04, 779; 96, 3 1272). Die von § 1572 erfasste Bedürfnislage kann auch auf einer bereits vor der Ehe ausgebrochenen und im Zeitpunkt der Scheidung noch bestehenden Erkrankung beruhen (BGH FamRZ 96, 1273). Ausreichend ist jede, mithin auch schon vor der Ehe, eingetretene Krankheit.
Der Anspruch besteht auch, wenn der Verpflichtete im Zeitpunkt der Eheschließung die bereits bestehende Erkrankung nicht kannte. § 1579 Nr 7 findet regelmäßig keine Anwendung (BGH FamRZ 95, 1405; 94, 566). Auch ein Verschulden ist nicht erforderlich. **Verschuldensgesichtspunkte** können allerdings über § 1579 Nr 3 berücksichtigt werden (BGH NJW 88, 1147).

1. Krankheit, Gebrechen oder geistige Schwäche. Das Gesetz definiert die Begriffe „Krankheit", „Gebre- 4 chen" oder „Schwäche seiner körperlichen oder geistigen Kräfte" nicht. Es ist auf die entspr sozialversicherungsrechtlichen Begriffsbestimmungen zurückzugreifen (zum Begriff „Krankheit" s BTDrs 7/650S. 125). Krankheit ist nach st Rspr des BSG ein objektiv fassbarer **regelwidriger Körper- oder Geisteszustand**, der ärztlicher Behandlung bedarf und/oder Arbeitsunfähigkeit zur Folge hat (BSG NJW 73, 582). Krankheit idS ist auch eine Alkohol- und Drogensucht sowie Medikamentenabhängigkeit (BGH FamRZ 88, 375; Hamm FamRZ 89, 631; Ddorf FamRZ 87, 1262; *Foerste* FamRZ 99, 1245) sowie eine Rentenneurose bei Steuerungsunfähigkeit und Übergewicht (Köln FamRZ 92, 65).
Gebrechen sind alle von der Regel abweichenden körperlichen oder geistigen Zustände, mit deren Dauer für nicht absehbare Zeit zu rechnen ist (BSG NJW 61, 987), etwa Blindheit, Taubheit, Lähmungen etc. Zur **körperlichen oder geistigen Schwäche** zählen ua vorzeitiger Kräfteverbrauch, Altersabbau, Schwachsinn, nicht kompensierbare Persönlichkeitsstörungen, Konzentrationsschwächen etc (vgl Bambg FamRZ 00, 231).
Unterhalts- oder Rentenneurosen sind als neurotische Störung aufgrund der Angst, den Unterhaltsanspruch zu verlieren, als Krankheit anzusehen, wenn die neurotische Störung Krankheitswert hat und nicht ohne Behandlung durch die Aberkennung des Unterhaltsanspruchs überwunden werden kann. Die Feststellung, ob die Willens- oder Steuerungsfähigkeit krankheitsbedingt eingeschränkt ist oder ob es sich nur um eine Simulation handelt, ist ohne ärztliche Begutachtung meist nicht möglich (Hamm FamRZ 95, 996). Wegen der Simulationsnähe von Neurosen ist stets Wachsamkeit des Sachverständigen und des Tatrichters geboten (BGH FamRZ 84, 660).
Unterhaltsrechtlich relevante gesundheitliche Beeinträchtigungen liegen nicht schon vor bei gewissen verbreiteten körperlichen Abnutzungserscheinungen oder Unpässlichkeiten.

2. Krankheitsbedingte Erwerbsunfähigkeit. Die gesundheitlichen Beeinträchtigungen müssen **kausal** für 5 eine Erwerbsunfähigkeit oder Erwerbsbeschränkung sein. Eine medizinisch in Wahrheit nicht gerechtfertigte Untätigkeit darf nicht auf Kosten des ehemaligen Ehegatten über einen Unterhaltsanspruch finanziert werden (BGH FamRZ 84, 353). Die nicht mögliche Erwerbstätigkeit muss **eheangemessen** iSv § 1574 II sein (BGH FamRZ 83, 144). Ein Anspruch nach § 1572 entfällt, wenn infolge der bestehenden Leiden zwar der alte Beruf nicht mehr ausgeübt werden kann, aber andere berufliche Tätigkeiten vollschichtig möglich sind, sofern es sich um angemessene Tätigkeiten iSd § 1574 II handelt.

3. Einsatzzeitpunkte. Die vier Einsatzzeitpunkte des § 1572 wollen einerseits den **zeitlichen Zusammenhang** 6 des nachehelichen Unterhalts mit der Ehe sicherstellen (BGH FamRZ 90, 260), andererseits die nacheheliche Solidarität begrenzen. Unterhalt nach § 1572 kann nur verlangt werden, wenn die gesundheitlichen Beeinträchtigungen in folgenden Einsatzzeitpunkten gegeben sind:
- Scheidung
- Beendigung der Pflege oder Erziehung eines gemeinschaftlichen Kindes
- Beendigung der Ausbildung, Fortbildung oder Umschulung
- Wegfall der Voraussetzungen eines Anspruchs nach § 1573

7 **Zeitpunkt der Scheidung** bedeutet eine Erkrankung bei Eintritt der Rechtskraft des Scheidungsurteils. Beim Verbundurteil sind die im Zeitpunkt der letzten mündlichen Verhandlung bestehenden Verhältnisse maßgebend, sofern die bis zum Eintritt der Rechtskraft zu erwartende Entwicklung nicht voraussehbar ist (BGH FamRZ 83, 144; 82, 892). Gesundheitliche Störungen, welche nach der Scheidung zur Erwerbsunfähigkeit führen, können einen Anspruch nach § 1572 begründen, wenn die Beschwerden schon im Zeitpunkt der Scheidung bestanden und sich nachher entspr verschlimmert haben und soweit der Unterhalt noch nicht durch Erwerbstätigkeit nachhaltig gesichert war (Hamm FamRZ 99, 230 und grundlegend BGH NJW 87, 2229). Erforderlich ist ein **naher zeitlicher und sachlicher Zusammenhang** zwischen gesundheitlichen Störungen und dem Einsatzzeitpunkt. Ein naher zeitlicher Zusammenhang zwischen (bei Scheidung) verminderter und im Eintritt völliger Erwerbsunfähigkeit ist bei einem Zeitraum von bis zu 2 Jahren bejaht worden (BGH FamRZ 01, 1291; 87, 684; KG FamRZ 02, 460 (1 Jahr); 4 Jahre jedoch nicht ausreichend, vgl Karlsr FamRZ 94, 105). Scheitert ein Krankheitsunterhaltsanspruch am Einsatzzeitpunkt (Kobl NJW-RR 06, 151 erachtet einen Zeitraum von 21 Monaten nicht als ausreichend), kann ein **Billigkeitsanspruch** nach § 1576 in Betracht kommen (zu den Erfordernissen vgl BGH FamRZ 01, 1291 und im Übrigen § 1576 Rn 3 ff). Ein sachlicher Zusammenhang ist anzunehmen, wenn sich im Wesentlichen dieselben Leiden verschlimmert haben, deretwegen der Unterhaltsgläubiger bereits im Einsatzzeitpunkt teilweise erwerbsunfähig war und die sodann zum völligen Ausschluss der Erwerbsfähigkeit geführt haben (BGH FamRZ 87, 684). Auch eine im Zeitpunkt der Scheidung bereits **latent vorhandene Erkrankung** genügt nicht für die Begründung eines Anspruchs nach § 1572, wenn sie nicht in nahem zeitlichen Zusammenhang der Scheidung ausgebrochen ist und zur Erwerbsunfähigkeit geführt hat (BGH FamRZ 01, 1291, bestätigendes Revisionsurteil zu Karlsr FamRZ 00, 233; vgl auch Kobl FuR 06, 45 und KG FamRZ 02, 460).
Die **Funktion der Einsatzzeitpunkte** (Wahrung eigener Verantwortung, § 1569) darf nicht ausgehöhlt werden. Der Gesetzgeber hat die Grenzen nachehelicher Solidarität bewusst eng gezogen und den Tatbestand durch Einsatzzeitpunkte scharf eingegrenzt. Jede andere (großzügigere) Betrachtungsweise insbes des nahen zeitlichen Zusammenhangs liefe dieser Intention zuwider, wonach schicksalsbedingte Ereignisse, die sich nach der Scheidung im Leben eines geschiedenen Ehegatten einstellen, grds nicht zu Lasten des anderen Ehegatten gehen dürfen (vgl KK-FamR/*Klein* § 1572 Rn 10).
Ist im Zeitpunkt der Scheidung wegen Krankheit eine Erwerbstätigkeit nicht zu erwarten, besteht ein originärer Anspruch auf Krankheitsunterhalt. War im Zeitpunkt der Scheidung wegen Krankheit nur eine teilschichtige Erwerbstätigkeit möglich und verschlimmert sich in der Folgezeit die Krankheit so sehr, dass in nahem zeitlichen Zusammenhang völlige Erwerbsunfähigkeit eintritt, ist der spätere völlige Wegfall der Erwerbsfähigkeit nach dem Einsatzzeitpunkt der Scheidung zuzurechnen (BGH FamRZ 87, 684).
Für das **Ende der Kinderbetreuung** iSd § 1572 Nr 2 ist nicht die Volljährigkeit des Kindes maßgebend, sondern es ist auf den Zeitpunkt abzustellen, in dem die Voraussetzungen für einen auf § 1570 gestützten Anspruch wegfallen (zu Einzelheiten vgl § 1570 Rn 5, Ziff 17.1 der Leitlinien und BGH FamRZ 91, 170; 90, 260).
Hinsichtlich des Einsatzzeitpunkts des § 1572 Nr 3 müssen die Voraussetzungen eines Anspruchs nach § 1575 bestanden haben; die krankheitsbedingte Erwerbsunfähigkeit muss bei Ende der Ausbildung eingetreten sein. Es handelt sich um **Anschlussunterhalt**.
Besteht seit Rechtskraft der Scheidung bis zum Ausbruch der zur Erwerbsunfähigkeit führenden Erkrankung ein Anspruch auf **Aufstockungsunterhalt,** kann sich ein Anspruch auf Krankheitsunterhalt anschließen (Kobl FuR 06, 45 = NJW 06, 151). Dieser beschränkt sich aber auf die Höhe, in der der weggefallene Aufstockungsunterhaltsanspruch den nach den ehelichen Lebensverhältnissen bemessenen Gesamtbedarf gedeckt hat (Teilanschlussunterhalt).
Der Einsatzzeitpunkt des § 1572 Nr 4 ist gegeben, wenn eine die Erwerbsfähigkeit beeinträchtigende Krankheit ausbricht, bevor der Unterhalt iSd § 1573 IV (zu Einzelheiten vgl § 1573 Rn 17) nachhaltig gesichert ist. Eine **Verschiebung der Einsatzzeitpunkte** kann sich jedoch dadurch ergeben, dass der Verpflichtete den Unterhaltsanspruch, obwohl seine Voraussetzungen entfallen sind, weiter erfüllt hat, ohne Erwerbsbemühungen zu verlangen (Karlsr FuR 05, 329 für den Anspruch nach § 1570). Der Unterhaltsverpflichtete kann sich sodann nicht nach Treu und Glauben darauf berufen, dass der Unterhaltsberechtigte in einer Zeit, während der der Schuldner ihm tatsächlich Unterhalt geleistet hat, erkennbar im Vertrauen auf einen tatsächlich nicht gegebenen unterhaltsbegründenden Tatbestand die zum Nachweis eines Anspruchs gem § 1577 I an sich erforderlichen Erwerbsbemühungen unterlassen hat (BGH FamRZ 90, 496; kritisch AnwK-BGB/*Fränken* § 1572 Rn 11).

8 **III. Begrenzungen.** Unterhaltsansprüche nach § 1572 können gem § 1579 oder § 1578 I 2 (Hburg FamRZ 98, 294; Hamm FamRZ 98, 295) begrenzt werden, nicht aber nach § 1573 V. Aus diesem Grund und wegen späterer Abänderungen ist die Anspruchsgrundlage möglichst genau zu bestimmen (BGH FamRZ 99, 708; 94, 228).

9 **1. Begrenzung nach § 1579.** Hat der Unterhaltsgläubiger seine gesundheitlichen Beeinträchtigungen unterhaltsbezogen leichtfertig (mit-)verursacht (etwa Alkohol- oder Drogenabhängigkeit, Medikamentenabhängigkeit, Übergewicht (Köln FamRZ 92, 65; Hamm FamRZ 89, 631; Ddorf FamRZ 87, 1262), kommt eine

Begrenzung des Anspruchs nach § 1579 in Betracht (BGH FamRZ 88, 375). Dies setzt voraus, dass sich der Unterhaltsgläubiger von Vorstellungen und Antrieben hat leiten lassen, die ihn nicht nur in die Krankheit schlechthin geführt haben, sondern die sich darüber hinaus unterhaltsbezogen auf die Herbeiführung seiner Bedürftigkeit als Folge unvernünftigen Verhaltens erstreckt haben (Bambg FamRZ 98, 370).

Den Unterhaltsgläubiger trifft bei allen Gesundheitsstörungen die **Obliegenheit zur medizinischen Behandlung** (BGH FuR 05, 516). Erkennt der Gläubiger seine Krankheit und auch deren Behandlungsbedürftigkeit, unterlässt er jedoch schuldhaft notwendige, weitgehend risikolose Behandlungsmaßnahmen (BGH FamRZ 87, 359), kann sein Unterhaltsanspruch nach § 1579 Nr 3 begrenzt werden (Schlesw OLGR 01, 248). Für die Frage des Verschuldens kommt es darauf an, ob die Fähigkeit des Unterhaltsgläubigers, entspr seiner Einsicht in die Notwendigkeit einer Therapie zu handeln, suchtbedingt wesentlich eingeschränkt war oder ist (BGH FamRZ 81, 1042), insbes wenn er wegen einer Willens-/Charakterschwäche nicht in Stande ist, seiner Erkrankung gegenzusteuern. Die **Zumutbarkeitsgrenzen** für die Behandlung, ggf. auch eine Operation, entspr denen im Schadensersatzrecht. Die Behandlung muss relativ gefahrlos, schmerzarm und aussichtsreich sein (BGH VersR 61, 1125; Hamm FamRZ 96, 863). Zur **Suchtbehandlung** besteht eine Obliegenheit. Für die Dauer einer derartigen Behandlung ist ein Anspruch nach § 1572 gegeben (Hamm FamRZ 89, 631; Ddorf FamRZ 87, 1262). Auch im Anschluss an die Suchtbehandlung kann ein Anspruch nach § 1572 gegeben sein, wenn der Bedürftige zum Einsatzzeitpunkt fähig und in der Lage war, seine Erkrankung und deren Behandlungsbedürftigkeit zu erkennen und sich allen gebotenen Behandlungsmöglichkeiten – wenn auch erfolglos – unterzogen hat („unverschuldet fehlgeschlagene Therapie", Schlesw OLGR 01, 248).

Kommt krankheitsbedingt ein **Rentenanspruch** in Betracht, hat der Gläubiger entspr Anträge zu stellen. Soweit ein Vorschuss nicht gefordert werden kann, kann der Schuldner, solange über den Rentenantrag noch nicht entschieden ist, ein zins- und tilgungsfreies Darlehen gegen Abtretung des Anspruchs auf Rentennachzahlung anbieten, falls die Voraussetzungen hierfür vorliegen, verbunden mit dem Verzicht auf Rückzahlung, soweit Rentennachzahlungen fließen (BGH FamRZ 83, 574). Der Unterhaltsgläubiger ist verpflichtet, ein solches Darlehen anzunehmen.

Auch eine bereits vor der Eheschließung nicht erkannte oder bereits ausgebrochene und im Zeitpunkt der Scheidung oder zu den übrigen Einsatzzeitpunkten weiterhin bestehende, in ihrem vollen Ausmaß erkennbare und fortdauernde Erkrankung begründet einen Unterhaltsanspruch nach § 1572 (BGH FamRZ 94, 566). Allein die durch eine solche, nicht ehebedingte Erkrankung ausgelösten, Bedürfnislage des Unterhaltsgläubigers und die daraus für den Unterhaltsschuldner folgende Unterhaltslast rechtfertigt für sich allein keine Begrenzung des Unterhaltsanspruchs wegen Unzumutbarkeit. § 1579 Nr 7 dient weder dazu, den Anwendungsbereich des § 1572 zu verändern, noch den Tatbestand dieser Vorschrift zu umgehen (BGH FamRZ 96,1272; 95, 1405). Nur **ausnahmsweise** kann § 1579 Nr 7 eingreifen. Wenn aus sonstigen Gründen, den objektiven Gegebenheiten und Entwicklungen der Lebensverhältnisse der Ehegatten die aus der Unterhaltspflicht erwachsene Belastung für den Unterhaltsschuldner die **Grenzen des Zumutbaren** überschreitet (BGH FamRZ 86, 443), kann § 1579 Nr 7 eingreifen. Dies kann der Fall sein, wenn eine den Eheleuten bekannte Erkrankung bereits bei Eingehung einer kurzen Ehe bestand (BGH FamRZ 88, 930) oder sonstige besonders belastende Umstände hinzutreten (Brandbg FamRZ 96, 866). Eine zeitliche Begrenzung nach § 1579 Nr 7 kommt auch dann in Betracht, wenn die Ehe zwar nicht von kurzer Dauer iSd § 1579 Nr 1 war, die Eheleute tatsächlich aber nur wenige Monate zusammengelebt haben (Hamm FamRZ 87, 1151). Schließlich kann Unterhalt nach § 1579 Nr 7 ausgeschlossen sein, wenn die Krankheit bereits bei Eheschließung bestand, der Unterhaltsgläubiger jedoch durch die Eheschließung keine Nachteile erlitten hat und der Unterhaltsschuldner durch die Betreuung eines Kleinkindes bei voller Berufstätigkeit besonders belastet ist (Brandbg FamRZ 96, 866) oder wenn im Einzelfall das Ausmaß der Belastung die Grenze des Zumutbaren übersteigt (Oldbg FamRZ 91, 827).

Hat der bedürftige Ehegatte seine Erkrankung schon vor Eingehung der Ehe gekannt, sie dem anderen Ehegatten aber **verschwiegen**, kommt es für die Anwendung des § 1579 auf die gesamten Umstände des Einzelfalls (Dauer der Ehe, ehebedingte Nachteile, persönliche und wirtschaftliche Verhältnisse der Ehegatten) an (BGH FamRZ 81, 1163).

2. Begrenzung nach § 1578 I 2. Eine **zeitliche Begrenzung** des Unterhaltsanspruchs nach § 1572 ist – auch im **Mangelfall** (Hburg FamRZ 95, 1417, gebilligt durch BGH FamRZ 96, 1272) – nicht möglich, da der Verlauf der Genesung und der Genesungszeitpunkt regelmäßig nicht ausreichend sicher voraussehbar sind. Der Unterhaltsschuldner ist insoweit auf die Abänderungsklage zu verweisen. 10

Hingegen kommt eine Begrenzung der Höhe des Unterhalts in Betracht (Hburg FamRZ 98, 294; Hamm FamRZ 98, 295). Der Schuldner hat einen **Auskunfts- und Informationsanspruch** über den Krankheits- und Behandlungsverlauf.

IV. Konkurrenzen. §§ 1570, 1571, 1572 können miteinander konkurrieren. Vorrangig ist der mehrfach privilegierte Tatbestand des § 1570. § 1573 ist bei Erwerbsunfähigkeit gegenüber § 1572 nachrangig. Hat der Berechtigte bei voller Erwerbsunfähigkeit neben der Rente Zusatzeinkünfte, verbleibt es beim Tatbestand des § 1572; der Anspruch beruht dann nicht ergänzend auf § 1573 II (München, FamRZ 97, 295). Bei **Teiler-** 11

werbsunfähigkeit kann sich der Anspruch teilweise aus § 1573 I und teilweise aus § 1572 ergeben. Übt ein Ehegatte krankheitsbedingt nur eine Teilerwerbstätigkeit aus, mit der er seinen vollen Unterhalt nicht verdienen kann, kommt ein Anspruch gem. §§ 1572, 1573 I bis zur Höhe des durch eine Vollerwerbstätigkeit erzielbaren Mehreinkommens in Betracht und daneben Anschlussunterhalt gem. § 1573 II, wenn sein eigener Verdienst zusammen mit dem Teilanspruch zu seinem vollen Unterhalt nicht ausreicht (BGH NJW 99, 1547; BGH NJW-RR 93, 898). Kann der geschiedene Ehegatte eine gem § 1574 angemessene Vollzeitbeschäftigung ausüben, kann er nicht Unterhalt nach § 1572 verlangen, auch dann nicht, wenn ihm aufgrund seiner gesundheitlichen Beeinträchtigungen eine bestimmte andere Erwerbstätigkeit, die höhere Einkünfte einbrächte, verschlossen ist. Es kommt nur ein Anspruch nach § 1573 II in Betracht (BGH FamRZ 95, 869; 91, 170). Scheidert ein Unterhaltsanspruch wegen Krankheit (nur) am Einsatzzeitpunkt, kann ein Billigkeitsunterhaltsanspruch in Betracht kommen (BGH FamRZ 03, 1734; vgl auch § 1576 Rn 3).
Trotz gesundheitlicher Beeinträchtigungen aus Erwerbstätigkeit erzieltes Einkommen ist nicht überobligatorisch (BGH FamRZ 98, 899).

12 **V. Darlegungs- und Beweislast.** Verlangt ein geschiedener Ehegatte Unterhalt nach § 1572 BGB, muss er sowohl zur gesundheitsbedingten Unzumutbarkeit einer Erwerbstätigkeit als auch zu den maßgeblichen Einsatzzeitpunkten schlüssig und substantiiert vortragen, im Bestreitensfall Beweis führen (BGH FamRZ 01, 1291; 93, 789; 90, 496; 88, 265). Die soweit zu stellenden Anforderungen dürfen allerdings nicht überspannt werden und müssen jeweils den Umständen des Einzelfalls entspr (BGH FuR 05, 516 = FamRZ 05, 1897; FamRZ 87, 144). Sind Parteien in einem Vorprozess von voller Erwerbsfähigkeit des Unterhaltsgläubigers ausgegangen und haben lediglich Aufstockungsunterhalt (§ 1573 II) vereinbart, kann sich der Unterhaltsgläubiger im Abänderungsprozess auf § 1572 als neue Anspruchsgrundlage nur stützen, wenn er nachweist, dass er in einem der maßgeblichen Einsatzzeitpunkte krankheitsbedingt in seiner Erwerbsfähigkeit eingeschränkt war (Hamm, FamRZ 99, 1510).
Gesundheitliche Beeinträchtigungen sind substantiiert nach Art und Umfang darzulegen. Der bloße Hinweis auf eine seit längerem vorliegende Erkrankung reicht nicht und lässt nicht erkennen, welche konkreten gesundheitlichen Beeinträchtigungen bestehen und wie sie sich auf die Erwerbsfähigkeit auswirken (BGH FamRZ 01, 1291). Allerdings indiziert der Bezug einer Erwerbsunfähigkeitsrente eine entspr Erkrankung (BGH FuR 05, 516 = FamRZ 05, 1897; Brandbg FamRZ 96, 866; Nürnbg FamRZ 92, 682).
Der Unterhaltsberechtigte hat darüber hinaus substantiiert vorzutragen, inwieweit sich die gesundheitlichen Störungen auf seine Erwerbsfähigkeit auswirken (Stuttg NJWE-FER 01, 225; Nürnbg FamRZ 92, 682).
Behauptet der Unterhaltpflichtige die Gesundung des Berechtigten, muss er konkret vortragen, aus welchen Umständen er auf eine dauerhafte Genesung schließen will. Ein pauschales und unsubstantiiertes Widersprechen genügt den Anforderungen an einen erheblichen Sachvortrag nicht (BGH NJW-RR 05, 1450).

§ 1573 Unterhalt wegen Erwerbslosigkeit und Aufstockungsunterhalt

(1) Soweit ein geschiedener Ehegatte keinen Unterhaltsanspruch nach den §§ 1570 bis 1572 hat, kann er gleichwohl Unterhalt verlangen, solange und soweit er nach der Scheidung keine angemessene Erwerbstätigkeit zu finden vermag.
(2) Reichen die Einkünfte aus einer angemessenen Erwerbstätigkeit zum vollen Unterhalt (§ 1578) nicht aus, kann er, soweit er nicht bereits einen Unterhaltsanspruch nach den §§ 1570 bis 1572 hat, den Unterschiedsbetrag zwischen den Einkünften und dem vollen Unterhalt verlangen.
(3) Absätze 1 und 2 gelten entsprechend, wenn Unterhalt nach den §§ 1570 bis 1572, 1575 zu gewähren war, die Voraussetzungen dieser Vorschriften aber entfallen sind.
(4) ¹Der geschiedene Ehegatte kann auch dann Unterhalt verlangen, wenn die Einkünfte aus einer angemessenen Erwerbstätigkeit wegfallen, weil es ihm trotz seiner Bemühungen nicht gelungen war, den Unterhalt durch die Erwerbstätigkeit nach der Scheidung nachhaltig zu sichern. ²War es ihm gelungen, den Unterhalt teilweise nachhaltig zu sichern, so kann er den Unterschiedsbetrag zwischen dem nachhaltig gesicherten und dem vollen Unterhalt verlangen.
(5) ¹Die Unterhaltsansprüche nach Absatz 1 bis 4 können zeitlich begrenzt werden, soweit insbesondere unter Berücksichtigung der Dauer der Ehe sowie der Gestaltung von Haushaltsführung und Erwerbstätigkeit ein zeitlich unbegrenzter Unterhaltsanspruch unbillig wäre; dies gilt in der Regel nicht, wenn der Unterhaltsberechtigte nicht nur vorübergehend ein gemeinschaftliches Kind allein oder überwiegend betreut hat oder betreut. ²Die Zeit der Kindesbetreuung steht der Ehedauer gleich.

1 **I. Normzweck.** IRd vorrangig zu beachtenden (BGH FamRZ 91, 416) Gebots der **wirtschaftlichen Eigenverantwortung** (§ 1569) schützt § 1573 den Unterhaltsgläubiger weitgehend vor einem sozialen Abstieg nach dem Zerfall der Ehe (zu Einzelheiten vgl *Maier* FamRZ 05, 1509). Zu diesem Zweck wird in § 1573 I dem geschiedenen Ehegatten, der in das Arbeitsleben noch nicht wieder eingegliedert ist, ein Unterhaltsanspruch eingeräumt. § 1573 II gibt dem Ehegatten, der im Zeitpunkt der Scheidung erwerbstätig ist, dessen Einkünfte jedoch

nicht den vollen Unterhalt iSd § 1578 erreichen, einen Anspruch auf Aufstockungs- oder Ergänzungsunterhalt, sofern nicht nur geringfügige Einkommensunterschiede auszugleichen sind (**Ausschluss von Bagatellunterhalt**, vgl Kobl NJW-RR 06, 151; Ddorf FamRZ 96, 147). §§ 1573 III u IV dehnen für beide Ansprüche den maßgeblichen Zeitpunkt (Scheidung) auf weitere Einsatzzeitpunkte aus. § 1573 V geht von der Vorstellung aus, dass durch die Regelung der I-IV der Verpflichtete unbillig belastet werden kann. Ausnahmsweise soll es möglich sein, die Ansprüche nach Billigkeitsgesichtspunkten zu begrenzen. Insbes nach der Änderung der Rspr zur Anrechnungs- und Differenzmethode (BGH FamRZ 01, 986) ist § 1573 V verstärkt zu beachten, da es häufiger zu Aufstockungsunterhaltsansprüchen kommt.

Die Unterhaltstatbestände des § 1573 dienen der Erhaltung des ehelichen Lebensstandards, ohne jedoch strikt auf eine ehebedingte Bedürftigkeit beschränkt zu sein (*Hahne* FamRZ 86, 307). Dies entspricht der Tatsache, dass das in der Ehe erreichte Lebensniveau im Regelfall als eine Leistung beider Ehegatten anzusehen ist, so dass die nacheheliche Mitverantwortung eine Aufrechterhaltung dieses Lebensstandards rechtfertigt (*Maier* FamRZ 05, 1509). Auch in Doppelverdienerehen hat in zahlreichen Fällen ein Ehepartner mit Rücksicht auf Kinderinteressen oder die Interessen des anderen auf eine berufliche Weiterentwicklung verzichtet. Es wäre nicht gerecht, ihm die fortwirkenden Nachteile dieser Lebensgestaltung bei einem Scheitern der Ehe alleine aufzulegen.

Liegen jedoch keine dauerhaften Nachteile aus der Lebensgestaltung für einen der Ehegatten vor, wäre die dauerhafte Aufrechterhaltung des ehelichen Lebensstandards nicht gerechtfertigt.

II. Unterhalt wegen Arbeitslosigkeit. Nach § 1573 I kann ein geschiedener Ehegatte von dem anderen Unterhalt verlangen, solange und soweit er nach der Scheidung keine angemessene Erwerbstätigkeit zu finden vermag.

1. Anspruchsvoraussetzungen. Der Anspruch besteht, wenn
– kein Anspruch nach §§ 1570, 1571 oder 1572 besteht,
– der Unterhaltsberechtigte trotz notwendiger Bemühungen keine angemessene Erwerbstätigkeit findet,
– die Bedürfnislage zu den maßgeblichen Einsatzzeitpunkten vorliegt,
– noch keine nachhaltige Unterhaltssicherung durch eine bereits ausgeübte angemessene Erwerbstätigkeit erfolgt.

a) Subsidiarität des Anspruchs. § 1573 ist subsidiär. Bei Vorliegen der Voraussetzungen einer vorrangigen Norm (§§ 1570, 1571 oder 1572) besteht kein Anspruch, auch kein Teilanspruch, aus § 1573 I (BGH FamRZ 99, 708; 88, 927). Da § 1573 stets eine Erwerbsobliegenheit voraussetzt, die bei Ansprüchen nach §§ 1575 und 1576 fehlt, sind auch Ansprüche nach §§ 1575 und 1576 vorrangig gegenüber den Ansprüchen nach § 1573. Ein Anspruch nach § 1573 I besteht nicht, solange der Berechtigte eine angemessene Tätigkeit ausübt. Geht der Berechtigte einer angemessenen Teilzeitbeschäftigung, nicht jedoch einer zumutbaren Vollzeitbeschäftigung nach, kann er über § 1573 I einen Unterhaltsanspruch hinsichtlich des durch die Teilzeitbeschäftigung noch nicht gedeckten vollen Unterhaltsbedarfs geltend machen. Geht der Berechtigte einer vollschichtigen, jedoch nicht angemessenen Tätigkeit nach, kann er über § 1573 I einen Anspruch hinsichtlich der Differenz zwischen dem „vollen Bedarf" (§ 1578 I) und den anrechenbaren Einkünften aus den nicht angemessenen Tätigkeit geltend machen. Die Verpflichtung, sich um eine angemessene Erwerbstätigkeit zu bemühen (zu Einzelheiten vgl Rn 6), bleibt hiervon unberührt.

b) Fehlende oder unangemessene Erwerbstätigkeit. Der Anspruch setzt voraus, dass der geschiedene Ehegatte im Zeitpunkt der Scheidung nicht oder nur teilweise in angemessener Weise erwerbstätig war (BGH FamRZ 85, 53).

c) Erwerbsobliegenheit. § 1573 I setzt des Weiteren eine Erwerbsobliegenheit des Unterhaltsgläubigers voraus. Die Obliegenheit zur Arbeitssuche muss nicht erst mit Rechtskraft der Scheidung beginnen (Hamm FamRZ 91, 1310; Karlsr FamRZ 84, 1018). Sie kann auch schon während der Trennungszeit einsetzen (grundlegend zum Beginn der Obliegenheit zur Arbeitssuche BGH FamRZ 87, 684; vgl weiter Karlsr FamRZ 91, 1449; Ddorf FamRZ 91, 193; Oldbg FamRZ 96, 64). Der Zeitpunkt für den **Beginn der Erwerbsobliegenheit** kann insbes auch schon zu Zeiten der Kindesbetreuung einsetzen, wenn das Ende der Kindesbetreuung verlässlich absehbar ist (Hamm FamRZ 88, 1280). Andererseits kann der Zeitpunkt für den Beginn der Erwerbsobliegenheit hinausgeschoben sein, wenn der Verpflichtete etwa einen Vertrauenstatbestand durch freiwillige Unterhaltszahlung bei erkennbar fehlender Erwerbsbemühung schafft (Karlsr FuR 05, 329; Hamm FamRZ 95, 1580).

Anspruchsvoraussetzung ist nicht schon die Arbeitslosigkeit, sondern erst das Unvermögen des Ehegatten, mit zumutbarer Anstrengung eine angemessene Erwerbstätigkeit zu finden. Hieraus ist die Obliegenheit abzuleiten, sich um eine angemessene Erwerbstätigkeit intensiv zu bemühen. Die inhaltlichen Voraussetzungen (zu Einzelheiten vgl *Kleffmann* FuR 00, 454; *Pauling* FPR 00, 11) sind vielschichtig.

Die Anforderungen, welche an eine ausreichende Bemühung um Arbeit zu stellen sind, können nicht in allen denkbaren Fällen gleich sein. Ob ein Arbeitsuchender eine Stelle finden kann, hängt einerseits von den Verhältnissen auf dem Arbeitsmarkt, andererseits aber auch von den persönlichen Voraussetzungen des Arbeitsuchenden ab, insbes von seinem Alter, seiner Gesundheit, seiner Vorbildung, seinem bisherigen beruflichen Werdegang und seinen sonstigen persönlichen Voraussetzungen (BGH FamRZ 96, 345; NJW 94, 1013; Dresden 96, 1236; Hamm FamRZ 96, 957).

Eine **Meldung beim Arbeitsamt** ist stets nötig, weil allein nicht ausreichend (BGH FamRZ 90, 499). Regelmäßig sind auch intensive **Privatinitiativen** erforderlich (Köln NJWE-FER 97, 174). Hierzu zählen rechtzeitige Bewerbungen auf Stellenangebote in Zeitungen oder sonstigen Werbeträgern, aber auch iRd finanziell Zumutbaren die Aufgabe eigener Stellenannoncen (Dresden FF 00, 31).

Die Bewerbung muss zielgerichtet (Bamberg FamRZ 88, 725) sein, einen konkreten Bezug zur angebotenen Stelle haben (Hamm FamRZ 92, 63) und insgesamt einen „werbenden Charakter" aufweisen.

In **zeitlicher Hinsicht** muss bei vollschichtiger Erwerbsobliegenheit grundsätzlich die gesamte Arbeitskraft der Stellensuche gewidmet werden (Hamm FamRZ 96, 629; Naumbg FamRZ 97, 311; Karlsr FamRZ 02, 1566).

In **zeitlicher Hinsicht** muss bei vollschichtiger Erwerbsobliegenheit grds die gesamte Arbeitskraft der Stellensuche gewidmet werden (Hamm FamRZ 96, 629; Naumbg FamRZ 97, 311; Karlsr FamRZ 02, 1566).

7 **d) Folgen der Obliegenheitsverletzung.** Wird die Obliegenheit nicht ordnungsgemäß erfüllt, wird die Ursächlichkeit für die Nichtaufnahme einer zumutbaren Arbeit **vermutet**. Der Berechtigte muss sich sodann das erzielbare Einkommen anrechnen lassen, solange die Ursächlichkeit fortwirkt. Der Berechtigte kann jedoch, wenn er die Obliegenheit verspätet erfüllt, je nach den Umständen und jedenfalls nach zwei Jahren die **Beendigung der Fiktion** geltend machen (Hamm FamRZ 95, 1217). Auch kann der Berechtigte dartun, dass von vornherein keine **reale Beschäftigungschance** bestand. Hierfür trifft ihn die Darlegungs- und Beweislast; jeder ernsthafte Zweifel geht zu seinen Lasten (BGH FamRZ 93, 789; Bambg FamRZ 98, 289). Ohne hinreichende Bemühung genügt es nicht, dass die Chance, einen Arbeitsplatz zu finden nach Arbeitsmarktlage nur gering ist (Karlsr FamRZ 02, 1566).

8 **II. Einsatzzeitpunkte.** Die Voraussetzungen des Arbeitslosigkeitsunterhalts müssen im Zeitpunkt der Scheidung oder der in III genannten Einsatzzeitpunkte erfüllt sein (BGH FuR 05, 555 = FamRZ 05, 1870 m Anm *Büttner* FamRZ 05, 1899). Der Einsatzzeitpunkt ist nicht eng an den Stichtag der Rechtskraft des Scheidungsurteils gebunden, muss jedoch in **zeitlichem Zusammenhang** mit der Scheidung stehen. Ein Zeitraum von 1 ½ Jahren (BGH FamRZ 87, 684) oder auch einem Jahr (Oldbg FamRZ 86, 64) reicht nicht.

Bei dem Einsatzzeitpunkt des Wegfalls eines Anspruchs nach § 1570 handelt es sich um **Anschlussunterhalt**. Dieser Einsatzzeitpunkt ist gegeben, wenn der Berechtigte wegen des Alters des Kindes durch dessen Betreuung nicht mehr an der Aufnahme einer Erwerbstätigkeit gehindert wird, aber wegen der Arbeitslage keine Erwerbstätigkeit findet. Der Einsatzzeitpunkt nach § 1571 spielt praktisch keine Rolle. Der Einsatzzeitpunkt wegen Wegfalls eines Anspruchs nach § 1572 liegt vor, wenn der Berechtigte wieder gesund wird und deshalb erneut arbeiten kann, aber keine angemessene Arbeit findet. Auch hier handelt es sich um Anschlussunterhalt. Der Einsatzzeitpunkt des „Wegfalls eines Ausbildungsunterhalts" liegt vor, wenn der Betreffende nach Beendigung einer berechtigten Ausbildung keine angemessene Erwerbstätigkeit findet. Auch hier handelt es sich um Anschlussunterhalt.

Wie bei den anderen Anschlussunterhaltstatbeständen besteht der Anspruch nur in dem Umfang weiter, wie er im Zeitpunkt des wegfallenden Vortatbestandes bestand.

9 **III. Aufstockungsunterhalt.** Die Vorschrift bezweckt (vgl Rn 1) die Erhaltung des Lebensstandards (zur Verfassungskonformität der „Lebensstandardgarantie" vgl BVerfG FamRZ 81, 745) des geringer verdienenden Ehegatten. Aufgrund der geänderten **Surrogatrspr** des BGH (FamRZ 01, 986) kommt dem Aufstockungsunterhalt zunehmend Bedeutung zu. Aufstockungsunterhalt ist bei folgenden Voraussetzungen gerechtfertigt:
– Kein vorrangiger Anspruch
– Ausübung einer angemessenen Erwerbstätigkeit
– Wahrung eines Einsatzzeitpunkts
– Nicht nur unerhebliches Einkommensgefälle

10 **1. Subsidiarität.** Der Aufstockungsunterhalt nach § 1573 II ist wie der Anspruch nach I subsidiär gegenüber §§ 1570 bis 1572. Reicht der Unterhalt nach § 1570 zusammen mit Einkommen aus Teilerwerbstätigkeit zum vollen Unterhalt nicht aus, besteht zusätzlich ein Anspruch gem. § 1573 II (BGH FamRZ 90, 492).

11 **2. Angemessene Erwerbstätigkeit.** Der Unterhalt begehrende Ehegatte muss eine angemessene Erwerbstätigkeit (Legaldefinition vgl § 1574) ausüben. Ist die Tätigkeit nicht angemessen iSd § 1574, beruht ein möglicher Unterhaltsanspruch auf § 1573 I (BGH FamRZ 88, 265). § 1573 II ist auch anzuwenden, wenn sich der Unterhaltsgläubiger um die obliegende Erwerbstätigkeit nicht genügend bemüht, das ihm deshalb anzurechnende fiktive Einkommen aber seinen vollen Unterhalt iSd § 1578 I nicht decken würde (Bambg FamRZ 98, 289).

12 **3. Einkommensgefälle.** Geringfügige Einkommensdifferenzen sind nicht auszugleichen (BGH FamRZ 84, 988; Kobl NJW-RR 06, 151; Brandbg FamRZ 05, 210; Ddorf FamRZ 96, 947 (Aufstockungsunterhalt muss einen Mindestbetrag von (seinerzeit) 100dM erreichen; München FamRZ 97, 425). Streitig ist, welcher

Betrag als „geringfügig" iSd § 1573 II angesehen werden kann. Maßgebend für die Größenordnung des Aufstockungsbetrages, die nicht mehr vernachlässigt werden kann, sind die ehelichen Lebensverhältnisse (KG FamRZ 81, 156). Je niedriger sie sind, umso weniger kann Aufstockungsunterhalt versagt werden. Richtschur für eine **prozentuale Grenze** dürften 10 % des bereinigten Nettoeinkommens des Bedürftigen sein (Kobl NJW-RR 06, 151; München FuR 04, 179). Dadurch bleiben auch geringere Unterhaltsbeträge, die bei kleineren Einkommen wichtig sind, garantiert.

4. Einsatzzeitpunkte. IRd § 1573 II gelten – obwohl im Gesetz nicht ausdrücklich erwähnt – die gleichen Einsatzzeitpunkte wie in § 1573 I (BGH FamRZ 083, 886; Hamm FamRZ 04, 375; Zweibr FamRZ 02, 1565). Maßgeblich ist nicht die Geltendmachung des Anspruchs, sondern das (kontinuierliche) Vorliegen seiner Voraussetzungen (BGH FuR 05, 555 = FamRZ 05, 1817; Hamm FamRZ 04, 375, vgl im Übrigen Rn 8). 13

5. Methodenwahl. Die Höhe des Aufstockungsunterhalts hängt von der Differenz zwischen dem vollen Unterhalt nach § 1578 und anrechenbaren eigenen Einkünften ab. Nach geänderter Surrogatrspr des BGH (grundlegend FamRZ 01, 986) ist nicht nur das in der Ehe erzielte und zur Deckung des Lebensbedarfs eingesetzte Einkommen prägend, sondern auch die Haushalts- und Kinderversorgung, deren Surrogat die nach der Scheidung einsetzende Erwerbstätigkeit ist. Eine Monetarisierung dieser Leistung findet nicht statt. Sie wird mit der späteren Berufstätigkeit gleichgesetzt. Die **Differenzmethode** ist daher für die Berechnung des Aufstockungsunterhalts immer maßgebend, wenn die ehelichen Lebensverhältnisse durch beiderseitige Einkünfte geprägt waren, oder wenn Einkünfte eines Ehepartners an die Stelle der bisherigen Haushalts- und Kinderversorgung treten. Der Aufstockungsunterhalt beläuft sich danach auf $^3/_7$ (bzw. 45 %) der Differenz der beiderseitigen Erwerbseinkünfte bzw auf die Hälfte der Differenz der sonstigen Einkünfte. Die **Anrechnungsmethode** hingegen ist anwendbar, wenn Eigeneinkünfte vorhanden sind, die nicht die ehelichen Lebensverhältnisse geprägt haben (etwa Mehreinkünfte aus einem späteren Karrieresprung oder Einkünfte aus einer Erbschaft; vgl zu Einzelheiten § 1578 Rn 2). Die **Additionsmethode** ist eine Berechnungsvereinfachung der Differenzmethode unter Berücksichtigung der Anrechnungsmethode in der zweiten Stufe. In der ersten Stufe werden das prägende Einkommen des Verpflichteten und das prägende Einkommen des Berechtigten addiert. Die Hälfte der Summe stellt den Unterhaltsbedarf dar. In der zweiten Stufe wird von dem so ermittelten Unterhaltsbedarf das Eigeneinkommen des Berechtigten abgezogen (prägende und nichtprägende Erwerbseinkünfte zu $^6/_7$ (bzw 90 %) plus sonstiges prägendes und nichtprägendes Einkommen). Hat Teilzeitarbeit die ehelichen Lebensverhältnisse geprägt, die nach der Scheidung ausgeweitet wird und ist das hinzukommende Einkommen nicht mehr als die ehelichen Lebensverhältnisse prägend anzusehen, ist auf die prägenden Einkommensteile die Differenzmethode anzuwenden, auf das hinzutretende Einkommen ebenfalls die Differenzmethode, wenn die Aufstockung anstelle der bisherigen Haushalts- und Kinderversorgungstätigkeit tritt. In den zwei Stufen der Additionsmethode wird nur gerechnet, wenn ein die ehelichen Lebensverhältnisse nicht prägendes Einkommen hinzutritt. 14

6. Anschlussunterhalt. Nach § 1573 III kommt Anschlussunterhalt sowohl als Erwerbslosenunterhalt (§ 1573 I) als auch als Aufstockungsunterhalt (§ 1573 II) in Betracht, wenn die Voraussetzungen für die Ansprüche aus §§ 1570 bis 1572 entfallen sind. § 1573 III setzt daher die gleichen Einsatzzeitpunkte wie § 1573 I u II voraus. § 1573 III normiert jedoch einen **weiteren Einsatzzeitpunkt,** nämlich den des Wegfalls eines Anspruchs nach § 1575. Maßgebend ist nur das Vorliegen der Unterhaltstatbestände. Auf die tatsächliche Zahlung des Unterhalts kommt es nicht an. 15
Im Übrigen muss die **Bedürfnislage,** die daraus entsteht, dass der zunächst aus anderen Gründen unterhaltsberechtigte Ehegatte nicht sogleich eine angemessene Erwerbstätigkeit zu finden vermag, noch im **Zusammenhang** mit der Ehe stehen.

IV. Nachhaltige Unterhaltssicherung. Der geschiedene Ehegatte soll das Risiko des Arbeitsplatzverlustes des anderen nur noch bei **Bezug zur Ehe** tragen müssen. Die nacheheliche Verantwortung des Unterhaltsschuldners soll begrenzt werden, wenn der Unterhaltsbedürftige zunächst eine wirtschaftliche Sicherung erreicht und später aus persönlichen Gründen und/oder wegen der Arbeitsmarktlage wieder verloren hat. Die Folgen der ungewissen künftigen Entwicklung muss grds jeder Ehegatte selbst tragen und kann sich insoweit nicht auf eine nachwirkende eheliche Solidarität berufen (BGH FamRZ 03, 1734). Dies gilt etwa für betriebsbedingte Arbeitsplatzrisiken und/oder persönliche Krankheitsrisiken (Hamm FamRZ 99, 230). 16

1. Nachhaltigkeit. Der berufstätige Unterhaltsgläubiger trägt das Risiko des Arbeitsplatzverlustes jedoch nur dann, wenn seine Erwerbstätigkeit **nachhaltig gesichert** ist (BGH FamRZ 85, 791; Hamm FamRZ 99, 230). Für die Beurteilung, ob der Unterhalt durch eine Erwerbstätigkeit nachhaltig gesichert erscheint, ist maßgebend, ob diese im Zeitpunkt ihrer Aufnahme nach objektiven Maßstäben und allgemeiner Lebenserfahrung mit einer gewissen Sicherheit als dauerhaft angesehen werden kann oder ob befürchtet werden muss, dass der Unterhalt begehrende geschiedene Ehegatte sie durch außerhalb seiner Entschließungsfreiheit liegende Umstände in absehbarer Zeit wieder verlieren wird. Dabei sind vom Standpunkt eines objektiven Betrachters aus auch solche Umstände in die Beurteilung einzubeziehen, die zwar schon zu diesem Zeitpunkt bestanden haben, aber erst später zutage getreten sind (etwa latente Krankheit, derentwegen der Arbeitsplatz in abseh- 17

barer Zeit wieder aufgegeben werden musste; BGH FamRZ 03, 1734; 88, 701; 85, 791; Hamm FamRZ 97, 821). Maßgeblich ist eine **nachträglich objektive Betrachtung**.
Hatte der geschiedene Ehegatte die Erwerbstätigkeit schon vor der Scheidung aufgenommen, ist für die Frage einer nachhaltigen Sicherung der Zeitpunkt der Rechtskraft der Scheidung der frühestmögliche Zeitpunkt für die Beurteilung der nachhaltigen Sicherung des Unterhalts (BGH FamRZ 85, 53). Maßgebend ist die Sicherung des Unterhalts, nicht eines bestimmten Arbeitsplatzes.
Nach einer gewissen **Zeitspanne**, in der der geschiedene Ehegatte einer Erwerbstätigkeit nachgegangen ist, muss zur Vermeidung einer Ausuferung des Unterhaltsanspruchs davon ausgegangen werden, dass inzwischen durch die Erwerbstätigkeit eine nachhaltige Sicherung des Unterhalts eingetreten ist. Eine derartige nachhaltige Sicherung wird spätestens nach Ablauf von **zwei Jahren** (Köln FamRZ 05, 1912; Karlsr FamRZ 00, 233) anzunehmen sein, im Hinblick darauf, dass der Berechtigte betriebsbedingte Arbeitsplatzrisiken und persönliche Krankheitsrisiken grds selbst zu tragen hat, jedoch im Zweifel schon deutlich früher (so auch Hamm FamRZ 99, 230; Ddorf FamRZ 98, 1519; Köln FamRZ 98, 1434; *Johannsen/Henrich/Büttner*, § 1573 Rn 13).

18 **2. Darlegungs- und Beweislast.** Fallen Einkünfte aus einer Erwerbstätigkeit später weg, muss der Unterhalt begehrende Ehegatte (auch) darlegen und beweisen, dass der Unterhalt nicht bereits nachhaltig gesichert und dass eine nachhaltige Sicherung nicht zu erreichen war (BGH FamRZ 03, 1734; 85, 1234).

19 **3. Umfang des Anspruchs.** Der Umfang des Unterhalts beschränkt sich gem 1573 IV 2 auf die Differenz zwischen dem vollen Unterhalt und dem erzielten bereinigten Arbeitseinkommen, wenn es dem geschiedenen Ehegatten nur gelungen war, den Unterhalt nachhaltig zu sichern. Dies hat der Tatrichter zu beurteilen (BGH FamRZ 01, 1291). Wegen der aus der Versorgung eines Partners zu berücksichtigenden Einkünfte vgl BGH FamRZ 87, 689 und *Wendl/Pauling* § 4 Rn 118.

20 **V. Zeitliche Begrenzung.** § 1573 V bietet eine Korrekturmöglichkeit durch Befristung des Unterhalts, wenn nach Dauer und Art der Ehegestaltung eine unbeschränkte Unterhaltsgewährung unbillig wäre, weil die Teilhabe am ehelichen Lebensstandard nicht mehr gerechtfertigt ist (BGH NJW 01, 2254; zu Einzelheiten vgl *Brudermüller* FamRZ 98, 649). Insbes nach der jüngeren Surrogatrspr des BGH ist § 1573 V verstärkt zu beachten (BGH FamRZ 04, 1208; 01, 986; *Scholz* FamRZ 03, 263, 271).

21 Es muss einer der Unterhaltstatbestände des § 1573 I bis IV vorliegen (BGH NJW 95, 1891). Für andere Unterhaltstatbestände kommt eine Reduzierung (nur) über §§ 1578 I 2, 1579 in Betracht. Soweit der Anspruch teilweise auf § 1573 I bis IV beruht, kommt hinsichtlich dieses Teils eine Zeitbegrenzung in Betracht (BGH FamRZ 01, 986; 93, 789). § 1573 V gilt auch für vertraglich vereinbarten Unterhalt, der grds nur eine Ausprägung des gesetzlichen Unterhaltsanspruchs nach § 1573 I bis IV darstellt. Auf den Getrenntlebensunterhalt ist die Vorschrift nicht, auch nicht analog, anwendbar.

22 Als **Ehedauer** gilt die Zeit von der Eheschließung bis zur Rechtshängigkeit des Ehescheidungsverfahrens. Die Dauer der (weiteren) Kindesbetreuung nach diesem Zeitpunkt ist zusätzlich zu berücksichtigen. Die Trennungszeit ist auch bei langer Dauer nicht abzuziehen (BGH FamRZ 91, 301). Die Zeit einer vorangegangenen Ehe zwischen denselben Partnern ist der Ehedauer nicht hinzuzurechnen (Ddorf FamRZ 96, 1416). Das Gleiche gilt für ein (langes) voreheliches Zusammenleben (Ddorf FamRZ 92, 951).
Die Zeit der Kindesbetreuung bemisst sich regelmäßig bis zum 16. Lebensjahr des Kindes. Eine Begrenzung wird bei einer Ehedauer **bis zu 15 Jahren** grds in Betracht zu ziehen sein. Allerdings ist zu berücksichtigen, dass schon ab einer Ehedauer von etwa 10 Jahren derart ehebedingte Verflechtungen vorhanden sind, dass eine Begrenzung nur ausnahmsweise in Betracht kommt. Maßgeblich sind stets die Umstände des Einzelfalls (Köln NJW-RR 93, 566: Begrenzung nach 12-jähriger Ehe; Köln NJW-RR 95, 1157: Begrenzung nach 18-jähriger Ehe; Frankf FamRZ 99, 97: Begrenzung nach 15 jähriger Ehe; Schlesw FamRZ 06, 209: keine Begrenzung mehr bei 16-jähriger Ehe; Hamm FamRZ 05, 35: keine Begrenzung nach 15 ½-jähriger Ehe; KG FamRZ 05, 458: grds keine Begrenzung nach 17-jähriger Ehe; Karlsr FamRZ 05, 1179 hingegen befristet nach Ehedauer von knapp 12 Jahren).
Ab einer Ehedauer von 20 Jahren ist eine zeitliche Begrenzung regelmäßig ausgeschlossen (BGH FamRZ 94, 228; Bambg FamRZ 98, 25; in Ausnahmefällen aber gleichwohl Befristung denkbar, vgl Hamm FuR 05, 332 = FamRZ 05, 1177; vgl auch *Brudermüller* FF 04, 101).

23 Die **Gestaltung von Haushaltsführung und Erwerbstätigkeit** darf nicht so gewesen sein, dass daraus eine dauerhafte ehebedingte Bedürftigkeit folgte. Auch andere Umstände, zB Opferleistungen des einen Ehegatten für den anderen, können zeitlich unbeschränkten Unterhalt rechtfertigen, insbes bei erheblichem Vermögenseinsatz im Vertrauen auf dauerhafte Unterhaltsleistungen und bei langjähriger Einschränkung in der Lebensführung wegen der Ausbildung des Verpflichteten (Hamm FamRZ 91, 1474). Der Anspruch nach II kann trotz Kindesbetreuung nicht beschränkt werden, wenn der Berechtigte durch die Kindesbetreuung keine beruflichen Nachteile oder nur kurzfristige Einkommenseinbußen erlitten hat.
Verschuldensgesichtspunkte sind nicht zu berücksichtigen und nur über § 1579 zu würdigen (*Gerhardt* FuR 97, 249; *Brudermüller* FamRZ 98, 649).

Insbes ist die Belastung des Verpflichteten im Verhältnis zwischen dem ihm verbleibenden Einkommen und 24
dem Einkommen des Berechtigten abzuwägen. Je mehr die Bedürftigkeit auf einer durch die Ehezeit bedingt
wachsenden wirtschaftlichen Abhängigkeit vom Verpflichteten und auf ehebedingten Umständen beruht,
desto weniger kommt eine zeitliche Begrenzung in Betracht (BGH NJW 90, 2810).
V erlaubt keine sofortige Versagung des Unterhalts, sondern nur eine zeitliche Begrenzung. Entscheidend für
die Bemessung der **Übergangsfrist** ist die Prognose der Umstellungsdauer. Es ist zu prüfen, wie lange der
Berechtigte voraussichtlich braucht, um der nachwirkenden Mitverantwortung des Ehepartners nicht mehr
zu bedürfen (Hamm FamRZ 95, 1204). Es besteht keine schematische Abhängigkeit von der Ehedauer (BGH
FamRZ 86, 889). Entscheidend ist, inwieweit und wie lange die Ehegatten ihren Lebenszuschnitt aufeinander
eingestellt und auf ein gemeinsames Lebensziel ausgerichtet haben.

VI. Beweislast. Der Unterhalt begehrende Ehegatte muss darlegen und beweisen, dass er trotz hinreichender 25
Bemühungen keine angemessene Arbeit finden kann (BGH NJW 87, 898). Bei fehlenden hinreichenden
Bemühungen muss er nachweisen, dass er keinen Arbeitsplatz gefunden hätte (Köln FamRZ 98, 1434) sowie
dass eine nachhaltige Sicherung des Unterhalts nicht zu erreichen war (BGH NJW 86, 375).
Über die zeitliche Begrenzung des Unterhalts ist bereits im ursprünglichen Unterhaltsprozess zu befinden (BGH
FamRZ 01, 905; 00, 1499 m Anm *Gottwald*), wenn die betreffenden Gründe bereits eingetreten und zuverlässig
voraussehbar sind (BGH NJW 86, 2832). Konnten im Ausgangsverfahren die maßgebenden Umstände noch
nicht abschließend beurteilt werden (KG FPR 02, 301), ist eine zeitliche Begrenzung im Wege der Abänderungsklage, nicht Vollstreckungsgegenklage, geltend zu machen (BGH FamRZ 01, 905, 1364).

§ 1574 Angemessene Erwerbstätigkeit

(1) **Der geschiedene Ehegatte braucht nur eine ihm angemessene Erwerbstätigkeit auszuüben.**
(2) Angemessen ist eine Erwerbstätigkeit, die der Ausbildung, den Fähigkeiten, dem Lebensalter und dem
Gesundheitszustand des geschiedenen Ehegatten sowie den ehelichen Lebensverhältnissen entspricht; bei
den ehelichen Lebensverhältnissen sind die Dauer der Ehe und die Dauer der Pflege oder Erziehung eines
gemeinschaftlichen Kindes zu berücksichtigen.
(3) Soweit es zur Aufnahme einer angemessenen Erwerbstätigkeit erforderlich ist, obliegt es dem geschiedenen Ehegatten, sich ausbilden, fortbilden oder umschulen zu lassen, wenn ein erfolgreicher Abschluss der
Ausbildung zu erwarten ist.

I. Normzweck. Die Vorschrift enthält **keine Anspruchsgrundlage**, sondern eine inhaltliche Beschränkung 1
der Erwerbsobliegenheit, wenn nach §§ 1570 ff eine Erwerbstätigkeit zu erwarten ist (BGH FamRZ 83, 144).
§ 1574 bildet eine **Ergänzungsnorm** zu den Unterhaltstatbeständen. Dem (geschiedenen) Ehegatten wird
nicht jede Erwerbstätigkeit angesonnen, sondern nur eine „angemessene".
Kommt nach den Umständen allein die Aufnahme solcher beruflichen Tätigkeit in Betracht, die als nicht
angemessen anzusehen ist, kann eine Erwerbstätigkeit nicht erwartet werden. In Mangelfällen wird § 1574
durch § 1581 eingeschränkt. In Mangellagen kann dem geschiedenen Ehegatten eine über § 1574 hinausgehende Obliegenheit zum Einsatz seiner Erwerbsfähigkeit treffen (BGH FamRZ 83, 569; zu Einzelheiten vgl
§ 1581 Rn 17).
Wird wegen Verstoßes gegen die Erwerbsobliegenheit **fiktives Einkommen** eingesetzt, bedarf es einer genauen
Prüfung, mit welchem Einkommen der Bedürftige nach seinen konkreten persönlichen Eigenschaften bemessen werden kann (BGH NJW 96, 517).
Zu Bestimmung der inhaltlichen Beschränkung der Erwerbsobliegenheit nennt II mehrere Merkmale für die 2
Angemessenheit, die exemplarisch gemeint und in ihrer Gesamtheit zu würdigen sind (BGH FamRZ 91,
416). Sie sind jedoch nicht abschließend (BGH FamRZ 86, 553).
III enthält eine Obliegenheit, sich ausbilden, fortbilden oder umschulen zu lassen, soweit dies zur Aufnahme 3
einer angemessenen Erwerbstätigkeit erforderlich ist (vgl Hamm FamRZ 98, 243: Erwerbsobliegenheit einer
Ärztin, die ihren Beruf nie ausgeübt hat).
§ 1574 schützt den geschiedenen Ehegatten vor dem sozialen Abstieg. Der **Bezug auf die ehelichen Lebensverhältnisse** verdeutlicht, dass der Unterhaltsgläubiger keinen unangemessenen sozialen Abstieg hinnehmen
muss, soweit er sich auf den aus der gemeinsamen Gestaltung der Ehe ergebenden Vertrauensschutz berufen
kann (BGH NJW-RR 92, 1282; FamRZ 88, 1145).

II. Angemessenheit der Erwerbstätigkeit. § 1574 II enthält **keinen abschließenden Katalog** der Angemes- 4
senheitskriterien. Vielmehr sind alle Umstände des Einzelfalls zu prüfen und abzuwägen, wobei allerdings
den im Gesetz genannten Merkmalen besondere Bedeutung zukommt (BGH FuR 04, 543 = FamRZ 05, 23;
FamRZ 91, 416; NJW-RR 92, 1282).
Eine optimale berufliche Erfüllung kann nicht verlangt werden (BGH FamRZ 85, 782; 84, 988). Ob eine
Erwerbstätigkeit als angemessen anzusehen ist und dem Ehegatten insbes eine ausreichende berufliche Entfaltung ermöglicht, ist unter **Zumutbarkeitskriterien** zu prüfen (BGH FuR 04, 543 = FamRZ 05, 23).

5 **1. Ausbildung.** Ein leitender Gesichtspunkt für die Angemessenheit ist die berufliche Ausbildung, die ein Ehegatte vor oder in der Ehe genossen hat. Bei der Ausbildung kommt es vor allem darauf an, ob es sich um eine abgeschlossene Berufsausbildung (Hochschule oder Fachhochschulstudium, Fachschulausbildung mit entspr Qualifikation, Handwerkslehre mit Gesellen- oder Meisterprüfung etc) handelt, die zur Aufnahme eines bestimmten Berufs berechtigt. Ist die Berufsausbildung nicht abgeschlossen, so wird ihr jedenfalls in aller Regel keine ausschlaggebende Bedeutung zukommen. Eine einmal ausgeübte Beschäftigung ist regelmäßig angemessen, wenn sie der beruflichen Vorbildung oder dem Ausbildungsniveau (BGH FamRZ 91, 416), der Vorbildung oder der selbstgewählten bisherigen beruflichen Entwicklung entspricht. Eine Vorbildung ist unbeachtlich, wenn sie wegen der Lage auf dem Arbeitsmarkt oder aus anderen Gründen praktisch keine konkrete Erwerbstätigkeit ermöglicht oder keine Erwerbstätigkeit ermöglicht, mit der ausreichende Einkünfte erzielt werden können. Eine angemessene Berufstätigkeit beschränkt sich nicht nur auf das durch die Ausbildung erworbene Berufsfeld, sondern umfasst auch Tätigkeiten, die dem Status der erworbenen Ausbildung entspr (Hamm FamRZ 92, 1184).

6 **2. Persönliche Fähigkeiten.** Hierunter fallen alle personenbezogenen Umstände geistiger oder körperlicher Art, unabhängig davon, ob sie im Beruf oder außerberuflich erworben worden sind. Hierunter zählen etwa Geschicklichkeiten, Fertigkeiten oder sonstiges beruflich verwertbares Können.

7 **3. Alter.** Soweit nicht bereits die Voraussetzungen des § 1571 gegeben sind, kann auch das Lebensalter des geschiedenen Ehegatten Berücksichtigung finden. Dem Lebensalter wird insbes dann Bedeutung beizumessen zu sein, wenn sich der Ehegatte dem Alter nähert, dessen Erreichung einen Unterhaltsanspruch nach § 1571 auslösen kann. Demgemäß kann eine Erwerbstätigkeit als unangemessen angesehen werden, wenn sie mit einem unzumutbaren körperlichen und/oder seelischen Kräfteaufwand verbunden ist, der im Hinblick auf das Lebensalter nicht mehr erwartet werden kann (Zweibr FamRZ 83, 1138). Weder bei Männern noch bei Frauen kann jedoch davon ausgegangen werden, dass eine erneute Erwerbstätigkeit ab einem Alter von 50 Jahren nicht mehr altersentspr ist, wenn der ursprüngliche Arbeitsplatz durch Kündigung, Insolvenz oder sonstige Umstände verloren gegangen ist. Zwar kann Alter bei einer Neueinstellung ein Hindernis sein, muss es aber nicht (vgl Hamm FamRZ 99, 1275: jedenfalls Tätigkeit im Geringverdienerbereich noch möglich; Karlsr FamRZ 02, 1567).

8 **4. Gesundheitszustand.** Auch wenn kein Anspruch nach § 1572 besteht, muss für die Angemessenheit einer konkreten Erwerbstätigkeit geprüft werden, ob sie gesundheitlich bewältigt werden kann (etwa zu verneinen für stehende Tätigkeiten bei Venenleiden).

9 **5. Eheliche Lebensverhältnisse.** Durch die Einbeziehung dieser Umstände soll verhindert werden, dass der Berechtigte einen unangemessenen **sozialen Abstieg** hinnehmen muss (BGH NJW-RR 92, 1282; FamRZ 88, 1145; München FamRZ 04, 1208). Es kommt nicht darauf an, durch wessen (Erwerbs-)Tätigkeit der gemeinsame soziale Status erreicht worden ist (BGH NJW-RR 92, 1282).
Mit **zunehmender Dauer der Ehe** (vgl Hamm FamRZ 93, 970; Kobl FamRZ 90, 751; KG FamRZ 84, 898) gewinnen die ehelichen Lebensverhältnisse, insbes der in langjähriger Ehe erreichte soziale Status, an Gewicht. Bei gehobenen wirtschaftlichen Verhältnissen und einer entspr langen Dauer kann sich der Kreis der als angemessen in Betracht kommenden Erwerbstätigkeiten deutlich verengen. Anderseits kann trotz gehobener wirtschaftlicher Verhältnisse die (Wieder-)Aufnahme einer Erwerbstätigkeit in dem bereits vor oder während des Bestehens der Ehe erlernten und/oder ausgeübten Beruf angemessen sein. Die lange Ehedauer und die nacheheliche Kindesbetreuung, deren Zeit in § 1574 II der Ehedauer gleichgesetzt wird, erhöhen das Gewicht der ehelichen Lebensverhältnisse gegenüber den anderen Angemessenheitskriterien (BGH FamRZ 81, 140).
Andererseits kann auch selbst bei **gehobenen wirtschaftlichen ehelichen Lebensverhältnissen** die Wiederaufnahme einer Arbeit in dem bereits bei Bestehen der Ehe ausgeübten oder erlernten Beruf angemessen sein; BGH NJW 95, 1345; FamRZ 91, 416 (Tätigkeit einer ausgebildeten Kindergärtnerin als selbstständige Verkaufsberaterin in einem gehobenen Einrichtungshaus, Kobl FamRZ 93, 199 (eigenständige gehobene Tätigkeit für eine ehemalige Bankangestellte).
Umgekehrt können sehr **einfache eheliche Lebensverhältnisse** die Übernahme von einfachen Hilfstätigkeiten als zumutbar erscheinen lassen, auch wenn der Berechtigte eine Berufsausbildung hat, in seinem Beruf aber keine Arbeit finden kann (Hamm FamRZ 88, 814).
Wie bei § 1578 I sind die ehelichen Lebensverhältnisse regelmäßig unter Einbeziehung der Entwicklung bis zur Scheidung zu beurteilen. Außergewöhnliche, nicht vorhersehbare Veränderungen bleiben grds unberücksichtigt (BGH NJW 84, 1685; 83, 1483).
Neben diesen **subjektiven Kriterien** müssen darüber hinaus **objektive Kriterien** erfüllt sein. Insbes muss für eine nach subjektiven Kriterien zumutbare Erwerbstätigkeit eine **realistische Beschäftigungschance** bestehen (BGH FamRZ 87, 912; 86, 244; München FamRZ 02, 462). IdR sind weitere objektive Kriterien wie Erreichbarkeit des Arbeitsplatzes (BGH NJW 86, 985) zu würdigen (vgl im Übrigen BGH FamRZ 91, 416: Gebot der Gesamtwürdigung aller Umstände).
§ 1574 gilt entspr für die Beurteilung, welche Erwerbstätigkeit für den Verpflichteten angemessen ist.

III. Ausbildungsobliegenheit. Die Obliegenheit zur Ausbildung, Fortbildung und Umschulung nach III ergibt sich aus der Erwerbsobliegenheit, wenn mit dem bisherigen Bildungsstand eine angemessene bedarfsdeckende Tätigkeit nicht gefunden werden kann (BGH FamRZ 86, 1085; 84, 561). Die Obliegenheit zur Ausbildung beginnt in dem gleichen Zeitpunkt wie die Obliegenheit zur Arbeitssuche.
Die Begriffe Ausbildung, Fortbildung und Umschulung sind wie bei § 1575 (vgl § 1575 Rn 2 ff) zu verstehen. § 1574 III ist eine Obliegenheit des Berechtigten, während § 1575 ihm einen Ausbildungsanspruch gibt (BGH FamRZ 86, 1085; Hamm FamRZ 98, 244).
Voraussetzungen der Ausbildungsobliegenheit:
– Die Ausbildung muss zur Aufnahme einer angemessenen Erwerbstätigkeit erforderlich sein.
– Ein erfolgreicher Ausbildungsabschluss muss zu erwarten sein.
– Es muss eine realistische Chance bestehen, dass nach Ausbildungsabschluss eine angemessene Erwerbstätigkeit erlangt wird.
Eine Obliegenheit zur Weiterbildung besteht nicht, wenn der bedürftige Ehegatte nach Abschluss voraussichtlich ein Alter erreicht haben wird, mit dem er die Voraussetzungen des § 1571 erfüllt. Die **Ausbildung** muss **erforderlich** sein (BGH FamRZ 87, 691). Bei einer besonders **zeit- und kostenaufwendigen** Ausbildung müssen allerdings besondere Gründe vorliegen; andernfalls muss eine kürzere und kostengünstigere Alternative gewählt werden (BGH FamRZ 84, 561). Übt der Berechtigte bereits eine angemessene Erwerbstätigkeit aus, mit der er ggf seinen vollen Unterhalt nicht deckt, besteht allenfalls ein Anspruch nach § 1573 (BGH FamRZ 82, 360). Darüber hinaus muss ein erfolgreicher Ausbildungsabschluss zu erwarten sein (BGH FamRZ 86, 553).
Der Unterhaltsanspruch während der Weiterbildung beruht auf § 1573 I, da eine Erwerbstätigkeit noch nicht möglich ist.
Der **Höhe** nach entspricht er dem Unterhalt nach den ehelichen Lebensverhältnissen und umfasst gem § 1578 II auch die Kosten der Weiterbildung. Eine **zeitliche Begrenzung** kommt in Betracht, wenn die Dauer der Weiterbildung zuverlässig prognostiziert werden kann (BGH FamRZ 86, 553). Ist dies, was in der Regel der Fall sein dürfte, jedoch nicht zu erwarten, steht dem Verpflichteten eine entspr **Auskunfts- und Informationsanspruch** auch hinsichtlich des Verlaufs der Weiterbildung zu. Im Übrigen ist er auf die Erhebung einer Abänderungsklage zu verweisen. Kommt der Bedürftige seiner Ausbildungsobliegenheit schuldhaft nicht nach, darf er sich nach § 1579 III nicht mehr auf eine Ausbildungsberechtigung berufen, wenn sein bisheriges Verhalten als mutwillige Herbeiführung der Bedürftigkeit zu werten ist (BGH FamRZ 86, 553). Bei mutwilliger Unterlassung einer Ausbildung können im Übrigen fiktive Einkünfte zugerechnet werden in Höhe eines Betrages, den der Berechtigte bei ordnungsgemäßer Ausbildung aus einer angemessenen Erwerbstätigkeit hätte erzielen können (BGH NJW 86, 3080; Dresden FamRZ 96, 1236). Ein ergänzender Aufstockungsunterhaltsanspruch ist nicht ausgeschlossen (BGH FamRZ 88, 927).
Nach der Rspr des BGH (FamRZ 88, 145; 86, 553) müssen, wenn der Unterhaltsanspruch wegen einer Obliegenheitsverletzung gem § 1574 teilweise oder insgesamt ausgeschlossen ist, zudem die Voraussetzungen des § 1579 Nr 3 vorliegen. Dies erscheint allein schon deshalb zweifelhaft, (ebenso Palandt/*Brudermüller*, § 1574 Rn 6; *Johannsen/Henrich/Büttner* § 1374 Rn 17), weil Obliegenheitsverletzungen regelmäßig keine grobe Unbilligkeit voraussetzen. Im Übrigen handelt es sich nicht um eine Frage der Anspruchsverwirkung, sondern um eine Frage der Erfüllung der Anspruchsvoraussetzungen.

IV. Beweislast. Die tatsächlichen Voraussetzungen der (Un-)Angemessenheit einer Erwerbstätigkeit muss derjenige darlegen und beweisen, der sich darauf beruft. Durch den Grundsatz der Eigenverantwortung bestehen hohe Anforderungen an die Nachweispflicht, sich um eine angemessene Erwerbstätigkeit zu bemühen (BGH NJW 91, 1049). Langjährige Praktizierung einer gewissen Tätigkeit indiziert deren Angemessenheit. Der Unterhaltsgläubiger ist darlegungs- und beweisbelastet, dass eine Arbeitsplatzchance nicht besteht (BGH FamRZ 93, 789).

§ 1575 Ausbildung, Fortbildung oder Umschulung

(1) ¹Ein geschiedener Ehegatten, der in Erwartung der Ehe oder während der Ehe eine Schul- oder Berufsausbildung nicht aufgenommen oder abgebrochen hat, kann von dem anderen Ehegatten Unterhalt verlangen, wenn er diese oder eine entsprechende Ausbildung sobald wie möglich aufnimmt, um eine angemessene Erwerbstätigkeit, die den Unterhalt nachhaltig sichert, zu erlangen und der erfolgreiche Abschluss der Ausbildung zu erwarten ist. ²Der Anspruch besteht längstens für die Zeit, in der eine solche Ausbildung im Allgemeinen abgeschlossen wird; dabei sind ehebedingte Verzögerungen der Ausbildung zu berücksichtigen.
(2) Entsprechendes gilt, wenn sich der geschiedene Ehegatte fortbilden oder umschulen lässt, um Nachteile auszugleichen, die durch die Ehe eingetreten sind.
(3) Verlangt der geschiedene Ehegatte nach Beendigung der Ausbildung, Fortbildung oder Umschulung Unterhalt nach § 1573, so bleibt bei der Bestimmung der ihm angemessenen Erwerbstätigkeit (§ 1574 Abs. 2) der erreichte höhere Ausbildungsstand außer Betracht.

1 **I. Normzweck.** Ausbildungsunterhalt nach § 1575 beinhaltet keinen generellen Ausbildungsfinanzierungsanspruch, sondern dient nur dem **Ausgleich ehebedingter Ausbildungsnachteile.** Die Norm ermöglicht eine berufliche Verbesserung, die ohne die Ehe schon früher erreicht worden wäre (BGH FamRZ 85, 782). Ein Ausbildungsfinanzierungsanspruch besteht im Übrigen nur, wenn die Ausbildung notwendig ist, um eine angemessene Erwerbstätigkeit iSd § 1574 II (zu Einzelheiten vgl § 1574 Rn 4 ff) auszuüben.

2 **II. Anspruchsvoraussetzungen.** Es ist zwischen dem Unterhaltsanspruch wegen Ausbildung (I) und dem Unterhaltsanspruch wegen Fortbildung oder Umschulung (II) zu differenzieren.
Für einen Ausbildungsunterhaltsanspruch nach § 1575 I bestehen folgende Anspruchsvoraussetzungen:
– Der Bedürftige muss in Erwartung der Ehe oder während der Ehe eine Schul- oder Berufsausbildung nicht aufgenommen oder abgebrochen haben.
– Der Bedürftige muss diese oder eine entspr Ausbildung sobald wie möglich nach der Scheidung aufgenommen haben.
– Die Ausbildung muss notwendig sein, um eine angemessene Erwerbstätigkeit zu erlangen, die den Unterhalt nachhaltig sichert.
– Der Ausbildungsabschluss muss innerhalb normaler Ausbildungszeit zu erwarten sein, wobei ehebedingte Ausbildungsverzögerungen zu berücksichtigen sind.

3 **1. Anspruch auf Ausbildung. Ausbildung** ist **im weitesten Sinne** zu verstehen. Es muss sich um einen anerkannten Ausbildungsgang handeln, der sich nach einem bestimmten Ausbildungsplan richtet und von einem Ausbilder geleitet wird (BGH FamRZ 87, 795). Die Ausübung einer selbstständigen Tätigkeit stellt keine derartige Ausbildung dar, selbst wenn nach einer mehrjährigen Praxisphase sodann eine Abschlussprüfung abgelegt wird (BGH FamRZ 87, 795). Eine Beschränkung auf die im Bafög aufgeführten Ausbildungsmöglichkeiten ist nicht anzunehmen. § 1575 I gewährt einen Anspruch auf niveausteigernde Ausbildung, soweit eine derartige Ausbildung nach den persönlichen Verhältnissen des Berechtigten ohne die Eheschließung zu erwarten gewesen wäre.
Bei Ausbildungsabbruch vor der Ehe muss nachgewiesen werden, dass dies wegen der Ehe geschah (Frankf FamRZ 85, 712; Bambg FamRZ 81, 150; Frankf FamRZ 69, 591). Insoweit sind konkrete Pläne für die Ausbildungsdurchführung vom Berechtigten darzulegen und ggf. zu beweisen. Die bloße Äußerung von Berufswünschen reicht nicht. Bei Ausbildungsabbruch in der Ehe bedarf es eines derartigen Nachweises nicht.
Dem Abbruch einer Ausbildung kann eine längere krankheitsbedingte Unterbrechung der Ausbildung gleichgesetzt werden (BGH FamRZ 80, 126).

4 Aus dem **Gebot des Ausgleichs ehebedingter Ausbildungsnachteile** folgt, dass es sich bei der Ausbildung um dieselbe oder eine entspr wie die abgebrochene (nicht aufgenommene) Ausbildung handeln muss. Die Ausbildungsgänge müssen hinsichtlich der sozialen Einordnung des Berufsziels und des Niveaus einander gleichwertig sein, auch wenn eine fachliche Einheit nicht erforderlich ist (Köln FamRZ 96, 867: Gleichwertigkeit von Rechtsanwaltsgehilfin (Rechtsanwaltsfachangestellte) und Krankenschwester; Frankf FamRZ 95, 879: Medizinstudium für Steuergehilfin (Steuerfachangestellte) nicht gleichwertig). Die Aufnahme einer nichtgleichwertigen Ausbildung rechtfertigt keinen Anspruch nach § 1575 (Ddorf FamRZ 87, 708; 80, 585).
Der Bedürftige muss die unterlassene oder abgebrochene Ausbildung oder eine entspr Ausbildung sobald wie möglich aufnehmen. Ein fester Einsatzzeitpunkt ist nicht fixiert. Eine gewisse Überlegungsfrist wird zugebilligt (Köln FamRZ 96, 867: 14 Monate nach Scheidung nicht mehr ausreichend; Hamm FamRZ 83, 181: ein Jahr nach Scheidung nicht ausreichend).

5 Die Ausbildung muss **notwendig und geeignet** sein, um eine angemessene Erwerbstätigkeit zu erlangen, die den Unterhalt nachhaltig sichert. Daran fehlt es etwa, wenn nach den ehelichen Lebensverhältnissen die Aufnahme einer unqualifizierten Tätigkeit angemessen und zumutbar ist (BGH FamRZ 01, 350) und durch eine Ausbildung keine ehebedingten Nachteile des beruflichen Fortkommens auszugleichen sind (BGH FamRZ 85, 782). Die gesetzliche Einschränkung stellt sicher, dass vom Verpflichteten keine Ausbildung finanziert werden muss, die zum bloßen Vergnügen betrieben wird (BGH FamRZ 87, 795; 85, 782). Ziel der Ausbildung bleibt, dass der Bedürftige auch nach der Ausbildung eine angemessene Erwerbstätigkeit ausüben kann und dadurch wirtschaftlich selbstständig wird. Besteht prognostisch keine realistische Beschäftigungschance, entfällt ein Ausbildungsanspruch (BGH FamRZ 86, 553; Frankf FamRZ 85, 712). Das Gleiche gilt, wenn wegen des Alters des Bedürftigen eine Ausbildung nicht mehr sinnvoll ist (BGH FamRZ 85, 691).

6 Die Ausbildung muss **zielstrebig** durchgeführt werden. Der Ausbildungsabschluss muss innerhalb **normaler Ausbildungszeit** zu erwarten sein (BGH FamRZ 80, 126; Hamm FamRZ 95, 170). Es kommt auf die Befähigung, den Gesundheitszustand, das Alter und die Einsatzbereitschaft des Bedürftigen an. Die Erfolgsaussicht muss sowohl bei Ausbildungsaufnahme als auch während des weiteren Verlaufs der Ausbildung bestehen. Der Ausbildungsanspruch erlischt mit Ablauf der üblichen Ausbildungszeit. Allerdings sind ehebedingte Verzögerungen der Ausbildung zu berücksichtigen (§ 1575 I 2) und können eine Verlängerung der Ausbildungszeit rechtfertigen. Hierzu zählen etwa die Betreuung eines gemeinschaftlichen Kindes, Umstellungsschwierigkeiten nach der Scheidung, krankheitsbedingte Verzögerungen (BGH FamRZ 80, 126). Entfallen die Voraussetzungen des Anspruchs während der Ausbildung, kann – sofern der Anspruch tituliert ist – **Abänderungsklage**

erhoben werden. Eine Rückzahlung bis dahin gezahlten Unterhalts kann, sofern nicht ausnahmsweise die Voraussetzungen des § 826 vorliegen, nicht verlangt werden (AnwK-BGB/*Fränken* § 1575 Rn 8).
Ein Ausbildungswechsel muss nicht finanziert werden.
Ein Anspruch auf Finanzierung einer niveausteigernden **Zweit- oder Drittausbildung** besteht nicht, wenn der Bedürftige bereits über eine abgeschlossene Berufsausbildung verfügt, die ihm die Ausübung einer einträglichen angemessenen Erwerbstätigkeit ermöglicht.
Die **Höhe des Ausbildungsunterhalts** richtet sich nach den ehelichen Lebensverhältnissen (§ 1578 I). Hinzu kommt bei Leistungsfähigkeit des Unterhaltsschuldners ggf ausbildungsbedingter Mehrbedarf (§ 1578 II) sowie Kranken- und Pflegevorsorgeunterhalt (§ 1578 III), nicht jedoch Altersvorsorgeunterhalt. Der Unterhaltsgläubiger ist gehalten, nicht subsidiäre öffentliche Fördermittel zu beantragen und bedarfsmindernd einzusetzen. Dies gilt auch für **darlehensweise** gewährte Mittel, soweit die Aufnahme des Darlehens im Verhältnis zum Verpflichteten zumutbar ist. Die iRd Verwandtenunterhalts entwickelten Grundsätze (BGH FamRZ 85, 916) sind entspr anwendbar.
Ob eine (Teil-)Erwerbstätigkeit neben der Ausbildung zumutbar ist, richtet sich nach den Umständen des Einzelfalls. Ist sie zumutbar, sind Einkünfte hieraus entspr den ehelichen Lebensverhältnissen grds nach der Differenzmethode zu berücksichtigen. Bei Unzumutbarkeit kommt eine Berücksichtigung nur nach den Maßstäben des § 1577 II in Betracht (zur Berücksichtigung im Wege der Differenz- oder Anrechnungsmethode vgl BGH FamRZ 02, 23; 03, 518 und FamRZ 05, 1154).

2. Anspruch auf Fortbildung und Umschulung. Nach § 1575 II gilt § 1575 I entspr, wenn sich der Bedürftige fortbilden oder umschulen lässt, um Nachteile auszugleichen, die durch die Ehe eingetreten sind. Der **Kausalzusammenhang** ist nur anzunehmen, wenn die berufliche Stellung zur Zeit der Scheidung schlechter ist, als sie es gewesen wäre, wenn die Eheleute nicht geheiratet hätten (BGH FamRZ 84, 988). Diese Vorschrift kommt in Betracht, wenn der geschiedene Ehegatte bereits über eine abgeschlossene Berufsausbildung oder eine angemessene Berufserfahrung verfügt und lediglich eine Fortbildung oder Umschulung erforderlich ist, um ehebedingte Nachteile auszugleichen (BGH NJW-RR 95, 835). Unter **beruflicher Fortbildung** sind Maßnahmen zu verstehen, die das Ziel haben, berufliche Kenntnisse und Fertigkeiten festzustellen, zu erhalten und zu erweitern oder der technischen Entwicklung anzupassen oder einen beruflichen Aufstieg zu ermöglichen (vgl zum Ganzen BGH FamRZ 87, 795). Unter **beruflicher Umschulung** ist die Teilnahme an Maßnahmen zu verstehen, die das Ziel haben, einem Arbeitsuchenden den Übergang in eine andere geeignete berufliche Tätigkeit zu ermöglichen, insbes um die berufliche Beweglichkeit zu sichern und zu verbessern.
§ 1575 II enthält nicht nur eine Rechtsfolgenverweisung, sondern auch eine **Verweisung auf die Voraussetzungen des § 1575 I.**
Ein Anspruch nach § 1575 II besteht, wenn
– die Fortbildung oder Umschulung notwendig ist zum Ausgleich ehebedingter Nacheile
– die Fortbildung oder Umschulung erforderlich ist, um eine angemessene Erwerbstätigkeit zu erlangen, die den Unterhalt nachhaltig sichert
– die Fortbildung oder Umschulung sobald wie möglich aufgenommen wird
– der erfolgreiche Abschluss innerhalb normaler Fortbildungs- oder Umschulungszeit zu erwarten ist
– die Fortbildungs- oder Umschulungszeit zu erwarten ist
– die Fortbildungs- oder Umschulungsmaßnahme kein Hochschulstudium darstellt.
Fortbildung oder Umschulung setzen grds eine bereits abgeschlossene Berufsausbildung oder Berufserfahrung voraus (BGH FamRZ 85, 782).
Der Fortbildungs- oder Umschulungsunterhalt ist zeitlich begrenzt auf die durchschnittliche Dauer der Fortbildung oder Umschulung (vgl Rn 5).

III. Konkurrenzen. Wenn der Unterhaltsberechtigte eine angemessene Arbeit gem. §§ 1573 I, 1574 II finden könnte, besteht der Anspruch nach § 1575 gleichwohl. Das Gesetz räumt den Anspruch gerade ein, um zum Ausgleich ehebedingter Ausbildungsnachteile die Ausbildung durchführen zu können. Besteht ein Anspruch nach § 1575, dann geht er § 1573 vor (*Dieckmann* FamRZ 77, 92; Hamm FamRZ 83, 181).
Hieraus folgt jedoch nicht, dass der geschiedene Ehegatte den anderen auch dann auf Ausbildungsunterhalt in Anspruch nehmen kann, wenn er bereits über eine abgeschlossene Berufsausbildung verfügt, die ihm die Ausübung einer angemessenen Erwerbstätigkeit ermöglicht. In seinem solchen Fall überstige die Verpflichtung zur Finanzierung einer Zweitausbildung den Bereich ehelicher Solidarität.
Findet der Bedürftige nach Abschluss einer niveausteigernden Ausbildung nach § 1575 keine seinem neuen Ausbildungsniveau entspr Arbeitsstelle, kann nach § 1573 I u III ein Anspruch auf Erwerbslosigkeitsunterhalt als Anschlussunterhalt entstehen. Für den Anschlussunterhalt bleibt bei Bestimmung der angemessenen Erwerbstätigkeit iSv § 1574 II der erreichte höhere Ausbildungsstand aufgrund der Ausbildung iRd § 1575 außer Betracht (§ 1575 III).
Grds kommt während der Trennung ein Anspruch auf Ausbildungsunterhalt nur insoweit in Betracht, als er sich nach den Kriterien des § 1573 I iVm § 1574 III begründen lässt. Nur in besonders gelagerten Fällen kann während der Trennung der Eheleute auch ein Unterhaltsanspruch nach den Maßstäben des § 1575 in Frage

kommen, etwa wenn ein Ehegatte während der Trennungszeit im Vorgriff auf die Voraussetzungen des § 1575 eine Ausbildung aufnimmt, nach dem das endgültige Scheitern der Ehe feststeht. Für eine nach der Trennung, also noch während der Ehe aufgenommene und nach der Scheidung fortgesetzte Ausbildung wird von dem Wortlaut des § 1575 zwar nicht erfasst, fällt gleichwohl jedoch in den Anwendungsbereich, weil die Ausbildung während des Getrenntlebens in derartigen Fällen nur in Vorwegnahme des nachehelichen Ausbildungsbeginns aufgenommen wird (BGH FamRZ 01, 350 = FuR 01, 262).

11 **IV. Darlegungs- und Beweislast.** Der Ausbildungsunterhalt begehrende Ehegatte muss die Anspruchsvoraussetzungen des § 1575 darlegen und ggf beweisen. Hierzu gehört ua, dass die Eheschließung kausal für eine nicht aufgenommene oder abgebrochene Ausbildung war. Wird die Ausbildung während der Ehe abgebrochen, wird die Ehebedingtheit des Abbruchs vermutet (BGH NJW 80, 393).

§ 1576 Unterhalt aus Billigkeitsgründen

¹Ein geschiedener Ehegatten kann von dem anderen Unterhalt verlangen, soweit und solange von ihm aus sonstigen schwerwiegenden Gründen eine Erwerbstätigkeit nicht erwartet werden kann und die Versagung von Unterhalt unter Berücksichtigung der Belange beider Ehegatten grob unbillig wäre. ²Schwerwiegende Gründe dürfen nicht allein deswegen berücksichtigt werden, weil sie zum Scheitern der Ehe geführt haben.

1 **I. Normzweck.** § 1576 ergänzt die klar umschriebenen Unterhaltstatbestände der §§ 1570 bis 1573 und 1575 um eine **positive Billigkeitsklausel.** § 1576 stellt keinen Ersatz für die vom Gesetzgeber abgelehnte unterhaltsrechtliche Generalklausel dar. Die Vorschrift dient vielmehr nur zur Schließung dort vorhandener Lücken und kann eingreifen, wenn und soweit andere Unterhaltsansprüche nicht bestehen (BGH FamRZ 84, 361; 83, 800). § 1576 beinhaltet eine **Härteregelung für Ausnahmefälle.** § 1576 ist eng auszulegen.

2 **II. Anspruchsvoraussetzungen.** § 1576 setzt **zwei Tatbestandselemente** voraus:
– Es muss ein sonstiger, den Tatbeständen der §§ 1570–1572 und 1575 vergleichbarer schwerwiegender Grund vorliegen.
– Die Versagung des Unterhalts wäre unter Berücksichtigung der Belange beider Ehegatten grob unbillig.

3 **1. Sonstige schwer wiegende Gründe.** Die Gründe für das Absehen von einer Erwerbstätigkeit müssen so schwer wiegen wie die Gründe, die in den Tatbeständen der §§ 1570 ff zugrunde gelegt worden sind. Sie müssen weder ehebedingt sein, noch müssen sie zum Verhalten des in Anspruch genommenen Ehegatten einen sachlichen Bezug haben. Wenn schon die Tatbestände der §§ 1570 bis 1575 nicht auf ehebedingte Bedürfnislagen beschränkt sind, kann dies erst recht nicht für die Regelung in § 1576 gelten (BGH FamRZ 83, 800; Karlsr FamRZ 94, 104; vgl auch *Gernhuber* FamRZ 79, 193, 199)

Nach § 1576 2 dürfen schwer wiegende Gründe nicht allein deshalb berücksichtigt werden, weil sie zum Scheitern der Ehe geführt haben. Der Unterhaltsanspruch wird in erster Linie nach wirtschaftlichen Gesichtspunkten gewährt. Auf die Ursachen der Zerrüttung der Ehe kommt es grds nicht an. Allerdings können Gründe, die zum Scheitern der Ehe geführt haben, iRd **Billigkeitsabwägung** mit berücksichtigt werden (BGH FamRZ 84, 361). § 1576 ist auch zu prüfen, wenn Krankheitsunterhalt nur am Einsatzzeitpunkt scheitert (BGH FamRZ 03, 1734; 90, 496; Zweibr FamRZ 02, 821). Entspr hat zu gelten, wenn ein anderer Unterhaltstatbestand der §§ 1570 ff nur am Einsatzzeitpunkt scheitert (Hamm FamRZ 99, 230). Mit zunehmender Entfernung von den Einsatzzeitpunkten sind strengere Anforderungen an die Ausweitung der nachehelichen Solidarität, die dem Anspruch nach § 1576 zugrunde liegt, zu stellen (Zweibr FamRZ 02, 821; Bambg FamRZ 97, 819; Karlsr FamRZ 96, 948). Je länger die Scheidung zurückliegt, um so eher kann der Pflichtige darauf vertrauen, nicht mehr auf Unterhalt in Anspruch genommen zu werden.

4 **3. Grobe Unbilligkeit.** Die Unterhaltsversagung muss unter Berücksichtigung der Belange beider Ehegatten grob unbillig sein, dh dem Gerechtigkeitsempfinden in unerträglicher Weise widersprechen (BGH FamRZ 83, 800). IRd Billigkeitsabwägung sind sämtliche Umstände des Einzelfalls zu würdigen. Dabei sind insbes die **persönlichen und wirtschaftlichen Verhältnisse** der Eheleute zu berücksichtigen (Hamm FamRZ 96, 1417; Karlsr FamRZ 94, 104). Insbes sind folgende Gesichtspunkte iRd **Billigkeitsprüfung** zu berücksichtigen (grundlegend BGH FamRZ 84, 361; 83, 800):
– Zusammenhang der Bedürfnislage mit den ehelichen Lebensverhältnissen
– Ein Verhalten des Verpflichteten, aufgrund dessen der Bedürftige auf die Mitverantwortung für eine nacheheliche Bedürfnislage vertrauen durfte.
– Besondere Opfer des Bedürftigen für die Lebensgemeinschaft oder den Ehegatten beim Aufbau oder der Sicherung der Existenz oder in Krankheitszeiten und in sonstigen Notlagen.
– Eine lange Ehedauer, weil dies die nachwirkende Mitverantwortung erhöht.
– Alter, Krankheit und sonstige Umstände, die unter §§ 1571, 1572 fallen.
– Wirtschaftliche Verhältnisse beider Ehegatten, insbes, wenn der Verpflichtete unschwer Unterhalt zahlen kann.

- Eheliches Fehlverhalten des Bedürftigen
- Betreuung nichtgemeinschaftlicher Kinder und Betreuung weiterer gemeinschaftlicher Kinder

Da es sich bei § 1576 um eine Billigkeitsklausel handelt, bedarf ein derartiger auf positive Billigkeit gestützter Unterhaltsanspruch keines Korrektivs um der Billigkeit willen. Die Härteklausel des § 1579 greift gegenüber einem Unterhaltsanspruch nach § 1576 nicht ein. Umstände, die gegen die Zubilligung des Unterhalts sprechen, einschließlich des Verhaltens des Unterhalt begehrenden Ehegatten, sind vielmehr iRd Prüfung zu würdigen, ob die Versagung von Unterhalt unter Berücksichtigung der Belange beider Ehegatten grob unbillig wäre.

Billigkeitsgesichtspunke können zugleich Einfluss auf die Höhe und Dauer des Unterhaltsanspruchs nehmen. Kann der Verpflichtete den Unterhalt nicht ohne Gefährdung des eigenen angemessenen Unterhalts leisten (§ 1581), entfällt ein Anspruch, soweit dem Verpflichteten nicht der angemessene Selbstbehalt verbleibt.

4. Kasuistik. Gründe für die Einschränkung der Erwerbsfähigkeit sind vielfältig, lassen sich im Wesentlichen jedoch in den nachfolgenden Fallgruppen erfassen.

Besondere Leistungen für den anderen Ehegatten sind als schwer wiegender Grund anzusehen, wenn die Erwerbstätigkeit deswegen unterbleibt. Es wäre treuwidrig, einerseits die Leistung eines Ehepartners in Anspruch zu nehmen und ihm andererseits die Unterstützung zu versagen, wenn er sich infolge der dem Verpflichteten zugute kommenden Leistung nicht selbst erhalten kann. Je entsagungsvoller das iRv § 1576 angeführte Verhalten des geschiedenen Ehegatten war (und auch ist), desto eher ist dem anderen eine nacheheliche Unterhaltslast zumutbar (KKFamR/*Klein*, § 1576 Rn 10).

Auch Vermögensopfer im Interesse des Verpflichteten (etwa die Finanzierung einer Ausbildung des Verpflichteten oder auch ein Umzug mit Arbeitsaufgabe im Interesse des Verpflichteten) können iSd Gegenseitigkeitsverhältnisses einen schwer wiegenden Grund darstellen.

Krankheit und Behinderung jenseits der Einsatzzeitpunkte genügen für sich nicht, mögen sie auch ehebedingt sein. Es müssen stets besondere Umstände des Einzelfalls wie Mitverantwortung für die Krankheit (Verletzung durch den Verpflichteten) oder sonstige Schaffung besonderer Vertrauenstatbestände, die über die Scheidungsrechtskraft hinauswirken, hinzutreten (Zweibr FamRZ 02, 821).

Auch die **Pflege und Erziehung betreuungsbedürftiger nichtgemeinschaftlicher Kinder** reicht als solche nicht aus, um einen Anspruch aus § 1576 zu begründen. Das Gesetz beschränkt den Anspruch nach § 1570 grds auf gemeinschaftliche Kinder (BGH FamRZ 83, 800). Billigkeitsunterhalt kommt nur in Betracht, wenn besondere Umstände hinzutreten (BGH FamRZ 83, 800; Kobl FamRZ 05, 1997). Dies kann bei folgenden Konstellationen der Fall sein:
- **Stiefkinder** (Kinder des Verpflichteten), weil es sich sodann um eine besondere Leistung für den Verpflichteten handelt (Stuttg FamRZ 83, 503; Köln FamRZ 80, 886; Bambg FamRZ 80, 587);
- Bei **Pflegekindern** ist ein besonderer Vertrauenstatbestand gegeben, wenn sie gemeinschaftlich aufgenommen wurden (BGH FamRZ 84, 361; Ddorf FamRZ 87, 1254). Eine Aufnahme nur mit Zustimmung des Verpflichteten soll dagegen den Anspruch nicht rechtfertigen (BGH FamRZ 84, 769; Hamm FamRZ 96, 1417). Dies erscheint jedoch zweifelhaft, da schon mit Zustimmung ein Vertrauenstatbestand geschaffen wird.
- **Gemeinschaftliche nacheheliche Kinder** werden nicht im Vertrauen auf den Fortbestand eines Einverständnisses betreut. Die Tatsache der gemeinschaftlichen Abstammung reicht zur Begründung eines Vertrauenstatbestandes nicht aus (BGH FamRZ 98, 426). Die betreuende Mutter muss sich mit einem Anspruch nach § 1615l begnügen.
- **Enkelkinder**: Hier sind die Grundsätze heranzuziehen, die bei Betreuung eines sonstigen Pflegekindes geltend.

Stammt das von der geschiedenen Ehefrau betreute Kind zwar biologisch von dem geschiedenen Ehemann ab, ist rechtlich jedoch als eheliches Kind eines früheren Ehemannes der Frau anzusehen, kommt als Anspruchsgrundlage für den nachehelichen Unterhalt der Ehefrau trotz bislang praktizierter gemeinsamer Verantwortung nicht § 1570, sondern nur § 1576 S 1 in Betracht (Ddorf FamRZ 99, 1274).

Bei **Ehebruchskindern** ist im Regelfall die grobe Unbilligkeit der Unterhaltsversagung zu verneinen, da ein ehezerstörendes Verhalten bei der Billigkeitsprüfung zu berücksichtigen ist. Etwas anderes kann gelten, wenn sich der Unterhaltsverpflichtete mit diesem Umstand längere Zeit abgefunden hat und sonstige Umstände (Arbeitsplatzaufgabe durch die Unterhaltsberechtigte etc) hinzutreten (Frankf FamRZ 82, 299).

III. Konkurrenzen. § 1576 ist als Auffangtatbestand gegenüber §§ 1570 bis 1572 und § 1575 **subsidiär** (BGH FamRZ 84, 361; 03, 1734 zur Subsidiärteta des Billigkeitsunterhalts gegenüber dem Krankheitsunterhalt). Bestehen Unterhaltsansprüche nach §§ 1570 ff auch nur teilweise, gehen sie dem Anspruch aus § 1576 vor und sind gesondert zu beziffern (BGH FamRZ 84, 361; 84, 379; Zweibr FamRZ 02, 821).

Der Unterhaltsanspruch geht dem Anspruch des volljährigen Kindes vor, nicht jedoch dem Anspruch des minderjährigen Kindes und dem des nach § 1603 II S 2 privilegierten volljährigen Kindes.

Der Rang des Anspruchs nach § 1576 kann sich aus Billigkeitsgründen nicht ändern (BGH FamRZ 85, 911).

11 **IV. Darlegungs- und Beweislast.** Der Berechtigte muss darlegen und beweisen, dass von ihm aus schwerwiegenden Gründen eine Erwerbstätigkeit nicht erwartet werden kann. Bei der Abwägung der groben Unbilligkeit muss jeder Ehepartner die zu seinen Gunsten sprechenden Umstände darlegen und beweisen.

Vorbemerkung vor § 1577 Grundlagen der Einkommensermittlung

1 **A. Grundlagen.** Der Umfang jeden Unterhaltsanspruchs hängt maßgeblich von der Ermittlung des Einkommens der am Unterhaltsrechtsverhältnis Beteiligten ab. Das BGB enthält keine Regelung, was bei einer Unterhaltsberechnung als Einkommen zu berücksichtigen ist (zu Grundfragen der Einkommensermittlung vgl im Übrigen *Wendl/Dose*, Das Unterhaltsrecht in der familienrichterlichen Praxis, 6. Aufl, § 1; KKFamR/*Kleffmann*, vor § 1361 Rn 1 ff und *Kleffmann* in Scholz/Stein, Praxishandbuch Familienrecht, Teil G Rn 1 ff).

2 Die Einkommensermittlung erfolgt für Berechtigte und Verpflichtete grds nach den gleichen Regeln. Sowohl für den Unterhaltsberechtigten als auch für den Unterhaltspflichtigen gilt, dass grds alle erzielten und erzielbaren Einkünfte, gleich welcher Art sie sind und aus welchem Anlass sie erzielt werden, maßgeblich sind (**weiter Einkommensbegriff**, BGH FamRZ 94, 228; 94, 21; 86, 780; Bambg FamRZ 99, 1087; Stuttg FamRZ 94, 1251).

Auf eine genaue Einkommensermittlung kann nur ausnahmsweise verzichtet werden. Dies gilt beim Ehegattenunterhalt etwa dann, wenn das Einkommen des Verpflichteten so hoch ist, dass der Unterhalt nicht quotal, sondern konkret zu berechnen ist (vgl Ziff 15.3 der Leitlinien und zuletzt *Büte*, FuR 05, 385). Beim Kindesunterhalt kann auf die Einkommensermittlung verzichtet werden, wenn der Verpflichtete seine uneingeschränkte Leistungsfähigkeit einräumt und nur der Bedarf des Berechtigten festzustellen ist (BGH FamRZ 83, 473; Ddorf FamRZ 91, 806).

Im Übrigen spielen beim **Kindesunterhalt** grds alle Nettoeinkünfte des Verpflichteten und alle Nettoeinkünfte des Kindes eine Rolle (BGH FamRZ 82, 250). Beim **Ehegattenunterhalt** ist zwischen die ehelichen Lebensverhältnisse prägenden Einkünften und solchen Einkünften, welche die ehelichen Lebensverhältnisse nicht geprägt haben, zu unterscheiden (zu Einzelheiten vgl Kommentierung zu § 1578).

3 Bedürftigkeit einerseits und Leistungsfähigkeit andererseits müssen auch stets in **zeitlicher Kongruenz** stehen. Eine zu einem späteren Zeitpunkt gesteigerte Leistungsfähigkeit erhöht nicht den Unterhaltsanspruch für die Vergangenheit. Als Folge des Zuflussprinzips ist auch dann nicht nachträglich Unterhalt zu leisten, wenn der Unterhaltspflichtige Zahlungen rückwirkend für einen vergangenen Zeitraum erhalten hat (BGH FamRZ 85, 155; Nürnbg FamRZ 97, 961; zum Gebot einer derartigen zeitlichen Kongruenz vgl zuletzt insbes BVerfG FamRZ, 05, 1051 m Anm *Klinkhammer*).

Die wirtschaftlichen Verhältnisse der Parteien können ständigen Änderungen unterliegen. Eine verlässliche Prognose des in Zukunft erzielten Einkommens kann regelmäßig nur aufgrund in der Vergangenheit erzielter Einkünfte erfolgen. Das Unterhaltsrecht stellt auf einen **repräsentativen Einkommenszeitraum** ab.

Bei der Ermittlung der Einkünfte **nichtselbstständiger Beschäftigter** sind grds die Einkünfte der letzten **zwölf Monate** oder des letzten Kalenderjahres maßgeblich (BGH FamRZ 83, 996). In Einzelfällen kann auch hier jedoch ein Jahreszeitraum noch nicht repräsentativ sein. Bei sich dauerhaft abzeichnenden Einkommensänderungen können die früheren Bezüge nicht ohne weiteres fortgeschrieben werden (München FamRZ 84, 173).

Bei **Selbstständigen** ist grds auf einen **Drei-Jahres-Zeitraum** abzustellen (BGH FamRZ 04, 1177; 92, 1045; Hamm FuR 98, 263). Auch dies schließt jedoch nicht aus, dass im Einzelfall eine längere (BGH FamRZ 04, 1177; 85, 357: Sechs-Jahres-Zeitraum) oder kürzere (Hamm FamRZ 97, 310; Köln NJW-RR 95, 1157) Zeitspanne zugrunde gelegt wird (zu weiteren Einzelheiten vgl *Kleffmann* in Scholz/Stein, Praxishandbuch Familienrecht, Teil G Rn 42 ff und KKFamR/*Kleffmann* vor § 1361 Rn 8).

Bei anderen Einkünften mit ähnlicher Schwankungsbreite wie den Einkünften Selbstständiger kommt gleichfalls der Durchschnitt der Einkünfte aus den letzten, regelmäßig drei, Jahren in Betracht (BGH FamRZ 84, 39 für Einkünfte aus Kapitalvermögen).

4 Eine **modifizierte Einkommensermittlung** ist ggf. im Mangelfall (vgl iE § 1581 Rn 16) und bei verschärfter Unterhaltspflicht (vgl Kommentierung zu § 1603 II) geboten.

5 Die Unterhalt begehrende Partei hat die Voraussetzungen des Anspruchs grds, zur Geltendmachung des Regelbetrages für das minderjährige Kind vgl Kommentierung zu § 1601, darzulegen und zu beweisen (BGH FamRZ 95, 291; Hamm FamRZ 96, 1216). Der **Einwand mangelnder Leistungsfähigkeit** stellt eine echte Einwendung dar und ist vom Verpflichteten darzulegen.

Der Gläubiger kann sich über den **Auskunftsanspruch** (vgl iE die Kommentierung zu § 1605) Kenntnis vom Einkommen des Pflichtigen verschaffen. Alternativ kann er ein bestimmtes Einkommen des Pflichtigen konkret behaupten. Das Bestreiten der beklagten Partei ohne zumutbare Substantiierung zieht sodann die **Geständnisfunktion** des § 138 III ZPO nach sich (BGH FamRZ 87, 259; Hamm FamRZ 90, 641; Kobl FamRZ 00, 605). Aus der **wechselseitigen Substantiierungspflicht** ergibt sich damit praktisch eine Darlegungslastumkehr dahin, dass jede Partei für ihr eigenes Einkommen darlegungsbelastet ist.

Im Übrigen kann vom Gericht die Vorlage von Einkommensbelegen nach § 273 ZPO von Amts wegen oder auf Antrag nach § 421 ZPO angeordnet werden. Kommt eine Partei einer solchen Anordnung nicht nach, können entspr § 427 ZPO die Behauptungen des Beweisführers über den Inhalt der zurückgehaltenen Unterlagen als bewiesen angesehen werden. Darüber hinaus kann das Gericht nach § 623 ZPO den Parteien in Unterhaltsstreitigkeiten aufgeben, unter Vorlage entspr Belege Auskunft zu erteilen.

B. Einkünfte aus nichtselbstständiger Tätigkeit. Zu den Einkünften aus nichtselbstständiger Arbeit (§§ 2 I Nr 4, 19 EStG) gehören alle Einnahmen, die einem Arbeitnehmer aus einem bestehenden Dienst- oder Arbeitsverhältnis in Geld oder Geldeswert (§ 8 EStG) gewährt werden. Es kommt nicht darauf an, ob die Leistungen regelmäßig oder nur einmalig, aufgrund eines Rechtsanspruchs oder freiwillig, erfolgen. Es gilt das strenge **Zuflussprinzip** (§ 11 I 3 EStG, gelockert nur durch die Verweisung auf § 38 a I EStG). Erfolgt die Zahlung laufenden Arbeitslohns erst nachträglich, aber noch innerhalb von drei Wochen nach dem Jahreswechsel, zählt sie zum Arbeitslohn des Vorjahres.
Soweit Zahlungen einmalig erfolgen, sind sie auf einen angemessenen Zeitraum zu verteilen (vgl Ziff 1.2 der Leitlinien).

I. Kasuistik regelmäßiger Barbezüge. Zu den unterhaltsrechtlich berücksichtigungsfähigen wiederkehrenden Vergütungen zählen insbes
- **Abgeordnetenbezüge** und Kostenpauschalen der Abgeordneten (BGH FamRZ 86, 780; Brandbg FamRZ 99, 1082). Mandatsbezogene Aufwendungen sind jedoch in Abzug zu bringen (Bambg FamRZ 99, 1082)
- **Aufwandsentschädigungen,** etwa von Bürgermeistern oder Kreisräten (Bambg FamRZ 99, 1082: Anrechnung nur zu einem Drittel wegen konkret nachgewiesenen Mehrbedarfs)
- **Ausbildungsvergütungen** (BGH FamRZ 06, 99; 88, 159; Karlsr FamRZ 92, 344)
- **Auslandszulagen,** (gemindert um auslandsspezifischen Mehraufwand, (BGH FamRZ 80, 347; Schlesw FamRZ 05, 369 (Auslandsverwendungszuschläge von Soldaten; Stuttg FamRZ 02, 820; Kobl FamRZ 00, 1154)
- **Auslösungen** (BGH FamRZ 82, 887)
- Die **Besoldung** von Beamten, Richtern und Soldaten
- **Entlassungsgeld** eines Zivildienstleistenden (München FamRZ 92, 595)
- **Erschwerniszulagen** sowie Zuschläge für Schicht-, Sonntags-, Feiertags- und Nachtarbeit, jedenfalls wenn sie typischerweise mit der Berufsausübung zusammenhängen. In Ausnahmefällen kann es sich um Einkünfte aus unzumutbarer Tätigkeit handeln.
- **Essensgeldzuschuss**
- **Fliegerzulage** und Fliegeraufwandsentschädigung (BGH FamRZ 94, 21: Mehraufwendungen wurden vom BGH über § 287 ZPO mit einem Drittel geschätzt).
- **Gerichtsvollziehereinkommen** (Köln FamRZ 87, 1257) – Kinderbezogene Teile des Familienzuschlags sind Elemente der Dienst- und Versorgungsbezüge (BGH FamRZ 89, 272; 84, 374)
- **Kinderzuschüsse** sind Einkommen, soweit sie das staatliche Kindergeld übersteigen (BGH FamRZ 83, 49; Kobl FamRZ 97, 398; Hamm FamRZ 94, 895)
- **Lohnfortzahlungen** im Krankheitsfall (Hambg FamRZ 92, 1308)
- **Mehrarbeit** (Überstunden, Nebentätigkeiten). Die unterhaltsrechtliche Berücksichtigung daraus erzielter Vergütungen unterliegt einer wertenden Betrachtung. IRd Kindesunterhalts (zu Einzelheiten vgl Kommentierung zu § 1603) sind derartige Einkünfte, jedenfalls soweit sie der Deckung des Regelbetrags dienen, heranzuziehen (Nürnbg FamRZ 05, 1502). Beim Ehegattenunterhalt spielen Zumutbarkeitsgesichtspunkte eine größere Rolle (München FamRZ 98, 623). Grds obliegt dem Unterhaltsverpflichteten nur eine normale, bei abhängiger Arbeit tarifgemäße oder dienstzeitgemäße, Erwerbstätigkeit. Jedoch gibt es Berufe, zu denen typisch oder gar zwingend berufsverwandte Nebentätigkeiten gehören, etwa die Prüfungstätigkeit für Hochschullehrer. Eine Anrechnung dieser Nebeneinkünfte erfolgt nach Treu und Glauben und unter Berücksichtigung aller Umstände des Einzelfalls (BGH FamRZ 83, 569; München FamRZ 82, 801; Köln FamRZ 84, 269). Als Nebenprodukt einer Haupttätigkeit ist Nebentätigkeit, weil ein wesentlicher Teil der Ergebnisse der Nebenarbeit entweder im Hauptberuf erarbeitet wird oder nebenberuflich wegen der Hauptarbeit mit geringerer Mühe hergestellt wird, teilweise anrechenbar, wobei die Quote den Umständen des Einzelfalls anzupassen ist (München FamRZ 82, 801; Köln NJW-RR 84, 1300; Celle FamRZ 02, 694; Hamm FamRZ 01, 102; Bambg FamRZ 99, 883). Folgt die Nebentätigkeit notwendig aus dem Hauptberuf, etwa Einnahmen eines Krankenhausarztes aus Gutachtertätigkeit, liegt eine volle Anrechnung nahe.
Die Vergütung für Überstunden sowie Zulagen für Dienste zu ungünstigen Zeiten sind zwar grds unterhaltspflichtiges Einkommen. Auch hier ergeben sich Einschränkungen jedoch unter dem Gesichtspunkt der Zumutbarkeit. So werden Überstunden nur angerechnet, sofern sie berufstypisch sind oder das übliche Maß nicht übersteigen (BGH FamRZ 80, 984; 04, 186; Köln FamRZ 79, 133; siehe auch Ziff 1.3 der Leitlinien). Grds genügt ein Arbeitnehmer seiner Erwerbsobliegenheit mit der Ausübung einer vollschichtigen Tätigkeit. Mehrarbeit gilt jedoch noch als geringfügig, wenn sieben Überstunden monatlich geleistet

werden (BGH FamRZ 80, 984), eine Stunde pro Arbeitstag (Ddorf FamRZ 84, 1092) oder bis zu 10 % der Regelarbeitszeit (Köln FamRZ 84, 1108; aA allerdings Ddorf FamRZ 81, 772: Geringfügigkeitsgrenze bei 10 % der Regelarbeitszeit bereits überschritten). Bei Berufskraftfahrern wird die Grenze weiter gezogen. Hier sollen 25 % der Regelarbeitszeit noch berufstypisch sein (Köln FamRZ 84, 1108; vgl zum Ganzen *Christl* FamRZ 03, 1235).

Neben der individuellen Arbeitsbelastung ist die **Zumutbarkeit von Mehrarbeit** auch in Abhängigkeit vom jeweiligen Unterhaltsverhältnis zu beurteilen (Dresden FamRZ 05, 1584; Nürnbg FamRZ 05, 1507; KG FuR 05, 454). Als Obergrenze des generell Zumutbaren werden in Anlehnung an § 3 ArBZG 48 Wochenstunden oder 205 Monatsstunden anzusehen sein (BVerfG FamRZ 03, 661; Hamm FamRZ 01, 565). Darüber hinausgehende Mehrarbeit wird nur aufgrund besonderer Umstände (geringe Arbeitsbelastung, anderweitige Entlastung) als tragbar angesehen werden können. Was für den Einzelnen letztlich zumutbar ist, ist anhand der tariflichen Arbeitszeit, der damit verbundenen zeitlichen und physischen Belastung, der sonstigen persönlichen Verhältnisse einschließlich des mit der Trennung verbundenen Aufwandes für die häusliche Selbstversorgung zu beurteilen und darf die durch Art 2 I GG gezogene Belastungsgrenze nicht überschreiten (BVerfG FamRZ 03, 661). Geht die Mehrleistung über diesen im ausgeübten Beruf „üblichen" Rahmen hinaus, sind die weitergehenden Einkünfte wie Einkommen aus unzumutbarer Tätigkeit (zu Einzelheiten vgl § 1577) zu behandeln und nach den Umständen des Einzelfalls nur zum Teil anzurechnen (BGH FamRZ 83, 146; München FamRZ 82, 801).

9 – **Urlaubsgeld** ist Einkommensbestandteil (BGH FamRZ 80, 84). Urlaubsabgeltungen hingegen sind Geldzahlungen des Arbeitgebers für nicht genommenen Urlaub. Sie stellen grds unzumutbaren Erwerb dar (BGH FamRZ 93, 182; Köln FamRZ 84, 1108; vgl jedoch auch BGH NJW-RR 92, 1282; Frankf FamRZ 95, 1423). Eine Anrechnung kann nur nach Billigkeitsgesichtspunkten erfolgen (BGH NJW-RR 92, 1282 beanstandet eine hälftige Anrechnung revisionsrechtlich nicht).

– **Weihnachtsgeld** ist unterhaltsrechtlich relevantes Einkommen (BGH FamRZ 82, 250; 80, 555)
– **Zulagen** sind unterhaltsrechtliches relevantes Einkommen, ggf gemindert um die entspr Mehraufwendungen. Dies gilt etwa für Monatszulagen (BGH FamRZ 82, 887), Montagezulagen (BGH FamRZ 82, 887), die Auslandszulage (BGH FamRZ 80, 342; Bambg FamRZ 97, 1339; Kobl FamRZ 95, 1374), Erschwerniszulagen oder Schmutzzulagen.

10 **II. Unregelmäßige oder einmalige Barbezüge.** Nicht nur laufende, sondern auch unregelmäßig oder einmalig erzielte Einkünfte sind unterhaltsrechtlich zu berücksichtigen.

Abfindungen, die ein Unterhaltsschuldner nach Verlust eines Arbeitsplatzes oder aufgrund eines Sozialplans erhält, sind wegen ihrer Lohnersatzfunktion Einkommen (BGH FamRZ 90, 172; 90, 269; 87, 359; Saarbr FuR 04, 260; Dresden FuR 00, 285; zu Einzelheiten vgl *Soyka* FuR 05, 539). Sie dienen der Aufrechterhaltung der bisherigen wirtschaftlichen Verhältnisse. Zum Zweck der Unterhaltsbemessung sind sie auf einen längeren Zeitraum umzulegen. Richtschnur für den **Umlegungszeitraum** kann die Höhe des bisherigen Einkommens und der (voraussichtliche) Zeitraum der anschließenden leistungsgeminderten Zeit sein (BGH FamRZ 03, 590). Im Regelfall ist der Betrag der Abfindung als Einkommen zugrunde zu legen, der als Nettoeinkommen bei Beendigung des Arbeitsverhältnisses inklusive Sonderzuwendungen erzielt wurde (Brandbg FamRZ 95, 1220) abzüglich Arbeitslosengeld. Bei älteren Arbeitnehmern kann die Abfindung auf die Zeit bis zum voraussichtlichen Rentenbeginn verteilt werden (Karls FamRZ 01, 1615). Endet die Zeit der Arbeitslosigkeit vor Ablauf der prognostizierten Dauer, für die eine Abfindung umgelegt worden ist, wird der nichtverbrauchte Rest wie Vermögen behandelt, dessen in zumutbarer Weise erzielte oder erzielbare Erträgnisse als Einkommen gelten.

Der Unterhaltsschuldner muss die Abfindung iRe **sparsamen Wirtschaftsführung** verwerten. Bei beengten wirtschaftlichen Verhältnissen, insbes wenn dem Unterhaltsverpflichteten nur der notwendige Selbstbehalt verbleibt, besteht keine Verpflichtung, die Abfindung vollständig zum Unterhalt einzusetzen (BGH FamRZ 90, 269). Der Verpflichtete kann Teile der Abfindung für notwendige Anschaffungen, nicht aber für üblicherweise aus dem laufenden Einkommen finanzierte Haushaltsausgaben, verwerten (Kobl FamRZ 91, 573). Eine Schuldenbegleichung kann zulässig sein (Celle FamRZ 92, 590). Nur bei unterhaltsbezogenem Verschulden, dh einem leichtfertigen Verbrauch, ist dies nicht hinzunehmen (München FamRZ 95, 809; Celle FamRZ 92, 590). Erlangt der Unterhaltsschuldner unmittelbar nach dem Verlust des Arbeitsplatzes eine neue Anstellung mit etwa dem gleichen Einkommen, hat die Abfindung keine Lohnersatzfunktion. In diesem Fall ist die Abfindung dem Vermögen zuzurechnen (zur Abgrenzung vgl BGH FamRZ 01, 278).

Ungeachtet seiner Funktion als **Lohnersatzleistung** bildet der bei Zustellung des Scheidungsantrags vorhandene Abfindungsbetrag einen beim Zugewinnausgleich zu berücksichtigenden Vermögenswert (BGH FamRZ 01, 278). Findet hier ein Vermögensausgleich statt, verliert die Abfindung ihren Charakter als Lohnersatzleistung und ist unterhaltsrechtlich wie jeder andere Vermögenswert zu behandeln. Andernfalls würde der Unterhaltsverpflichtete doppelt belastet. Dies wäre mit dem Grundsatz, dass es **keine doppelte Teilhabe** an derselben Vermögensposition geben darf (BGH FamRZ 04, 1352; 03, 432), nicht vereinbar (zur Berücksichtigung von Abfindungen im Unterhaltsrecht oder Güterrecht vgl iE auch *Maurer* FamRZ 05, 757; *Brudermüller* NJW 03, 3166).

Die beim Ausscheiden aus der Bundeswehr an Soldaten gezahlte **Übergangsbeihilfe** (§ 12 SVG) stellen eine abfindungsgleiche Zahlung dar und ist unterhaltsrechtlich zu berücksichtigen (BGH FamRZ 87, 930; Köln FamRZ 95, 353). Etwas anderes gilt für die nach § 11 SVG gezahlten **Übergangsgebührnisse**. Diese werden je nach Dienstzeit für sechs Monate bis drei Jahre gezahlt und sind als laufende Bezüge den regelmäßigen Einkünften zuzurechnen (BGH FamRZ 87, 930).

Entlassungsgeld, das ein Zivildienstleistender als Überbrückung bis zur Aufnahme einer Erwerbstätigkeit erhält, ist gleichfalls als Einkommen anzusehen (München FamRZ 92, 595).

Die **Ausbildungsversicherung** eines Auszubildenden muss für einen längeren Zeitraum, regelmäßig die Dauer der Ausbildung, umgerechnet und dann angerechnet werden.

Jubiläumszuwendungen sind unterhaltsrechtlich zu berücksichtigen (BGH FamRZ 70, 636; München FamRZ 80, 150) und auf einen angemessenen Zeitraum zu verteilen (BGH FamRZ 87, 359; 82, 250).

III. Sachbezüge. Auch Sachzuwendungen sind unterhaltspflichtiges Einkommen (BGH FamRZ 83, 352). Sie können in vielfältiger Form gewählt werden:
- Deputate in Land- und Forstwirtschaft
- Freie oder verbilligte Energiekosten
- Freie oder verbilligte Kost
- Freies oder verbilligtes Wohnen (Köln FamRZ 94, 897)
- Gewährung von Zuschüssen (Telefonkosten (Karlsr FamRZ 90, 533) Kostenführungskosten etc)
- Verbilligter Warenbezug (Hamm FamRZ 99, 167)
- Verbilligte oder freie Fahrten, Flüge

Die **Höhe der Eigenersparnis** ist je nach Leistungsgrad zu beurteilen (BGH FamRZ 83, 352), etwa anhand der Sachbezugsverordnung, bei der Bewertung von Deputaten anhand der üblichen Mittelpreise des Verbrauchsortes oder notfalls über § 287 ZPO zu schätzen. Als Wert für die mietfreie Überlassung einer Werks- oder Dienstwohnung ist der ortsübliche Mietzins anzusetzen. Bei der unentgeltlichen Überlassung eines **Geschäfts- oder Dienstfahrzeugs** ist unabhängig vom Zeitpunkt der Anschaffung des Fahrzeugs der Vorteil mit 1 % des Bruttolistenpreises für das Fahrzeug einschließlich aller Sonderausstattungen anzusetzen. Für Fahrten zwischen Wohnung und Arbeitsstelle sind je Entfernungskilometer monatlich zusätzlich 0,03 % des Listenpreises anzusetzen. Die damit verbundene höhere steuerliche Belastung vermindert den Auszahlungsbetrag und den wirtschaftlichen Vorteil für den Arbeitnehmer. Der zu schätzende geldwerte Vorteil muss nicht identisch sein mit dem steuerlichen Gehaltsanteil. Oftmals ist der Nutzungsanteil des Firmenwagens geringer als der Nennwert des Sachbezugs. In der obergerichtlichen Rspr wird der geldwerte Vorteil regelmäßig geschätzt, und zwar mit Beträgen zwischen 50 € und 300 € (Bambg NJW-RR 93, 66; Hamm FamRZ 99, 513; 98, 1169; München FamRZ 99, 1350; zu weiteren Einzelheiten vgl auch *Strohal* FamRZ 95, 459; *Schöppe-Fredenburg* FuR 98, 114).

Sofern durch die Nutzung des Firmenfahrzeugs auch Fahrten zum Arbeitsplatz abgedeckt werden, entfällt der Ansatz berufsbedingter Aufwendungen in Gestalt der Fahrtkosten (München FamRZ 99, 1250; *Kleffmann* FuR 00, 147).

IV. Einkünfte aus selbstständiger Tätigkeit. Zu den Einkünften aus selbstständiger Tätigkeit zählen die Einkünfte aus Land- und Forstwirtschaft (§§ 2 II Nr 1, 13 EStG), Gewerbebetrieb (§§ 2 I Nr 2, 15 EStG) und selbstständiger Tätigkeit (§§ 2 I Nr 3, 18 EStG).

Die **maßgebliche Größe** zur Bestimmung des unterhaltsrechtlich relevanten Einkommens ist der **Gewinn** (zu Einzelheiten vgl KK-FamR/*Kleffmann* vor § 1361 Rn 30 und *Kleffmann* in Scholz/Stein, Praxishandbuch Familienrecht Teil G Rn 23 ff). Bei Freiberuflern und Gewerbebetreibenden, die keine Bilanzierungspflicht trifft, wird der Gewinn durch Einnahme-Überschussrechnung, bei Vollkaufleuten ua durch Betriebsvermögensvergleich ermittelt. Als Ersatz einer Einkommensermittlung kann die **Gewinnschätzung** nach § 13 a EStG, § 162 AO genauso wenig herangezogen werden wie eine Cashflow-Rechnung (*Durchlaub* FamRZ 87, 1223). Zumindest als Hilfsmittel bei der Feststellung des wahren Einkommens (Frankf FuR 01, 370; Dresden FamRZ 99, 850; Köln FamRZ 83, 87) oder als Indiz für die Höhe des Effektiveinkommens (BGH NJW 92, 1902; Dorf FamRZ 05, 211; Frankf FamRZ 05, 803; München FamRZ 92, 442; Zweibr NJW 92, 1903) können jedoch **Entnahmen** herangezogen werden. Nach § 4 I 2 EStG sind Entnahmen alle Wirtschaftsgüter, die der Steuerpflichtige dem Betrieb für sich, für seinen Haushalt oder für andere betriebsfremde Zwecke im Lauf des Wirtschaftsjahres entnommen hat. Auf diese Entnahmen soll auch abgestellt werden können, wenn konkrete Hinweise auf Manipulationen der steuerlichen Gewinnermittlung bestehen (Hamm FamRZ 93, 1088) oder der darlegungs- und beweispflichtige Unterhaltsschuldner zur behaupteten Leistungsunfähigkeit oder eingeschränkten Leistungsfähigkeit nicht in dem erforderlichen Umfang Stellung nimmt (BGH FamRZ 80, 770). Entnahmen bilden oftmals einen guten Anhalt für die in der Vergangenheit bestehenden Lebensverhältnisse (ausführlich *Schürmann* FamRZ 02, 1149).

Grds sind bei Einkünften aus selbstständiger Tätigkeit die letzten drei Jahre (BGH FamRZ 04, 1355) maßgeblich, unter Umständen kann auch ein längerer Zeitraum zugrunde gelegt werden (BGH NJW 84, 1614; vgl auch Ziff 1.5 der Leitlinien).

Ein **mehrjähriger Schnitt** beschreibt hingegen die Einkommensverhältnisse dann nicht zutreffend, wenn es sich um die Anfangsphase eines neu gegründeten Betriebs handelt oder anhaltend sinkende Umsätze zu verzeichnen sind. In derartigen Konstellationen kann es angebracht sein, nur auf das letzte abgeschlossene Geschäftsjahr (BGH FamRZ 85, 471; Hamm FamRZ 97, 310) abzustellen oder die **Einkünfte** aus dem Mehrjahreszeitraum zu **gewichten**.

14 Bei Beteiligung als Gesellschafter an einer Personengesellschaft oder der Beteiligung als Gesellschafter an einer Kapitalgesellschaft ist zu prüfen, ob es sich um einen **Minderheits- oder Mehrheitsgesellschafter** handelt. Bei Mehrheitsgesellschaftern von Personen- und Kapitalgesellschaften, dh bei einer Beteiligungsquote von 50 % oder mehr (aA *Nickl* FamRZ 88, 133: Grenze bei 75 %) gilt, dass diese unterhaltsrechtlich nicht besser, aber auch nicht schlechter behandelt werden dürfen als Selbstständige, die Einkünfte als Einzelunternehmer oder Freiberufler erzielen. Unterhaltsrechtlich kann sich die Leistungsfähigkeit dieser Mehrheitsgesellschafter nicht nur nach den tatsächlichen Entnahmen bzw den tatsächlich vorgenommenen Gewinnausschüttungen bemessen. Bei Mehrheitsgesellschaftern ist vom **Grundsatz der Vollausschüttung** auszugehen (*Fischer/Winkelmann/ Maier* FamRZ 96, 1391).

15 Das unterhaltsrechtlich relevante Einkommen ist nicht stets mit dem steuerpflichtigen Einkommen identisch. Das Steuerrecht privilegiert einzelne Einkommensarten. Der Selbstständige genügt seiner Darlegungs- und Beweislast nicht, wenn er nur sein steuerrechtliches Einkommen aufzeigt (BGH FamRZ 98, 357; Hamm FamRZ 96, 1216).

Die **lineare AfA** (Absetzung für Abnutzung in gleichbleibenden Jahresbeträgen, § 10 I EStG) kann grds unterhaltsrechtlich anerkannt werden (BGH FamRZ 03, 741; vgl auch *Kemper* FuR 03, 266 und *Kuckenburg* FPR 03, 415); Unterhaltsrechtlich nach wie vor nicht akzeptiert wird die **degressive Abschreibung** (zu Einzelheiten vgl KKFamR/ *Kleffmann* vor § 1361 Rn 40), dh die Absetzung für Abnutzung in fallenden Jahresbeträgen nach § 7 II EStG. Bei steuerlich korrekt vorgenommener (Sonder-)Abschreibung ist unterhaltsrechtlich das betreffende Wirtschaftsgut ggf. fiktiv linear abzuschreiben (BGH FuR 03, 269 mAnm *Kemper* = FamRZ 03, 741). Auch die **Ansparabschreibung** (§ 7 g III EStG) bleibt unterhaltsrechtlich unberücksichtigt (Hamm FamRZ 02, 885). Wird aber eine Ansparabschreibung gewinnerhöhend bei der Bemessung des Einkommens hinzugerechnet, ist die sich daraus ergebende – fiktive – Steuerlast zusätzlich zu berücksichtigen, falls diese Abschreibung nicht bereits wieder im Prüfungszeitraum aufgelöst worden ist (BGH FamRZ 04, 1177 = FuR 04, 507; zu Einzelheiten vgl *Götsche* ZFE 06, 55).

16 Dem Selbstständigen ist unter Berücksichtigung des Vorsichtsprinzips gestattet, von der Finanzverwaltung anerkannte **Rückstellungen** auch unterhaltsrechtlich dann geltend zu machen, wenn sie angemessen sind (zu Einzelheiten vgl *Kleffmann* in Scholz/Stein, Praxishandbuch Familienrecht, Teil G Rn 34). Hierbei kann es sich insbes um Rückstellungen für Pensionen, Steuerrückstellungen, Rückstellungen für Garantieverpflichtungen etc. handeln. Die Kosten der Lebensführung sind von den Betriebs-/Praxisausgaben abzugrenzen. Private Nutzungsanteile an Gütern des Betriebsvermögens sind entspr § 287 ZPO zu schätzen. Das Gleiche gilt für Positionen wie Repräsentationskosten, Werbegeschenke, Bewirtungskosten etc. Derartige **gemischte Aufwendungen**, dh ein Aufwand, der sowohl betrieblich als auch privat veranlasst ist oder sein kann, ist einer ermessensbegrenzenden Objektivierungs- und Angemessenheitsprüfung zu unterziehen (Übersicht der insoweit prüfenswerten Aufwendungen bei KKFamR/*Kleffmann* vor § 1361 Rn 49).

Hinsichtlich der berücksichtigungsfähigen Vorsorgeaufwendungen für Krankheit und Alter wird auf die Ausführungen zu Rn 46 ff verwiesen.

Die bei den Einkünften aus Gewerbebetrieb anfallende **Gewerbesteuer** wird bereits bei der Ermittlung des steuerlich maßgeblichen Gewinns berücksichtigt. Die **Umsatzsteuer** ist bei Einkünften aus Gewerbebetrieb und Selbstständigen unterhaltsrechtlich nicht relevant. Vom Einkommen in Abzug zu bringen sind **Einkommensteuern sowie Solidaritätszuschlag und Kirchensteuern.** Nach dem **In-Prinzip** werden Steuern in der im Veranlagungszeitraum tatsächlich entrichteten Höhe berücksichtigt, dh Vorauszahlungen für das laufende Jahr einschließlich der durch Steuerabzug erhobenen Einkommensteuer und der Körperschaftssteuer bei Einkünften aus Kapitalvermögen zzgl Vorauszahlungen für Vorjahre zzgl Abflusszahlungen, abzüglich Erstattungen für Vorjahre (BGH FamRZ 91, 304; 90, 981). Eine fiktive Steuerberechnung wird damit vermieden. Die Handels- und/oder steuerrechtlichen Rechnungsgrundlagen folgen nicht dem In-Prinzip, sondern dem **Für-Prinzip** (Hamm FamRZ 95, 1153 vgl zum Ganzen *Fischer/Winkelmann/Maier* FamRZ 93, 880; *Wendl/ Kemper*, § 1 Rn 567 und KKFamR/*Kleffmann* vor § 1361 Rn 53 ff). Danach werden Beträge für den Zeitraum berücksichtigt, für den sie geleistet wurden.

Sowohl die tatsächlich gezahlten wie die veranlagten Steuern stehen jedoch nicht in Beziehung zu den unterhaltsrechtlich relevanten Korrekturen. In diesen Konstellationen sollte der fiktiven Erhöhung des steuerlich relevanten Einkommens eine **fiktiv höhere steuerliche Veranlagung** entspr. Die Differenz zwischen unterhaltsrechtlich relevantem Bruttoeinkommen und steuerlich relevantem Bruttoeinkommen, die sich aufgrund unterhaltsrechtlich notwendiger Korrekturen, etwa bei Abschreibungen, ergibt, ist mit der anteiligen Steuer belastet. Steuervorteile aus unterhaltrechtlich unbeachtlichen Aufwendungen bleiben sodann beim Unterhaltsverpflichteten (vgl auch *Kleffmann* in Scholz/Stein, Praxishandbuch Familienrecht Teil G Rn 38 ff mit Berechnungsbeispielen).

Grundlagen der Einkommensermittlung   Vor § 1577

V. Sozialstaatliche Leistungen. Sozialleistungen (vgl auch Ziff 2 der Leitlinien) zählen zum unterhaltsrechtlich relevanten Einkommen, soweit sie nicht nur subsidiär gewährt werden (BGH NJW 97, 1919; zu Verwerfungen zwischen Unterhaltsrecht und Sozialrecht vgl *Scholz* FamRZ 04, 751). 18
Arbeitslosengeld (§ 117 SGB III 3) ist eine Entgeltersatzleistung und unterhaltsrechtlich zu berücksichtigen (BGH NJWE-FER 96, 15). Für die unterhaltsrechtliche Anrechnung ist es unerheblich, aufgrund welcher Beschäftigung das Arbeitslosengeld gezahlt wird. Auch bei einer zuvor überobligatorischen Arbeit ist es wie Einkommen aus zumutbarer Tätigkeit zu behandeln (Ddorf FamRZ 02, 99; Stuttg FamRZ 96, 415; Hburg FamRZ 92, 1308; aA Köln FamRZ 94, 897). Entspr Erwägungen gelten für Leistungen von **Unterhaltsgeld** bei Teilnahme an Maßnahmen der beruflichen Weiterbildung (§§ 116 Nr 1), **Übergangsgeld** (§§ 116 Nr 3, 160 SGB III), **Kurzarbeitergeld** (§§ 116 Nr 4, 169, 177, 178 SGB III) und **Insolvenzgeld** (§§ 116 Nr 5, 183, 185 SGB III).
Arbeitslosengeld II (früher: Arbeitslosenhilfe) ist beim Pflichtigen Einkommen (BGH NJW 87, 1551), beim Bedürftigen nur, soweit der Unterhaltsanspruch nicht mehr übergeleitet werden kann oder feststeht, dass er nicht übergeleitet wird (§ 33 SGB II).
Bafög-Leistungen sind Einkommen, auch wenn sie als Darlehen gewährt werden (BGH NJW 80, 393; 87, 1551). Dies gilt nicht für Vorausleistungen nach §§ 36, 37 Bafög (BGH FamRZ 96, 1067).
Erziehungsgeld ist nur ausnahmsweise anrechenbar, wenn der Erziehungsgeldempfänger verschärft nach § 1603 II haftet (Brandbg NJW-RR 02, 939; Dresden FamRZ 00, 1432) oder wegen Verwirkung gem §§ 1361 III, 1579, 1611 I nur einen eingeschränkten Unterhaltsanspruch hat (Schlesw FuR 05, 473; zu Einzelheiten vgl *Krause* FamRZ 02, 1452).
Kindergeld ist kein Einkommen, weder der Eltern noch des Kindes (BGH FamRZ 97, 806). Es beeinflusst weder den Bedarf des Kindes (BGH FamRZ 97, 806; 78, 178), noch wirkt es sich beim Ehegattenunterhalt auf Bedarf oder Leistungsfähigkeit aus (BGH FamRZ 05, 347; 00, 1492). Kindergeld soll die Mehrbelastung der Eltern ausgleichen. Diese öffentlich-rechtliche Zweckbestimmung darf nicht dadurch unterlaufen werden, dass durch eine Zurechnung des Kindergeldes zum Einkommen der Bedarf des Berechtigten erhöht wird (BGH FamRZ 00, 1492).
Das Gleiche gilt für die kindbezogenen Leistungen (Kinderzulagen bzw. -zuschüsse), soweit diese an die Stelle des Kindergeldes treten. Nur soweit sie das „fiktive Kindergeld" übersteigen, sind sie unterhaltspflichtiges Einkommen (BGH FamRZ 80, 11 12). Zur Behandlung des **Kinderzuschlags** nach § 6 a BKGG vgl *Hauß* FamRB 05, 146; *Klinkhammer* FamRZ 04, 1909 und *Schürmann* FF 05, 10).
Das für die Betreuung fremder Kinder in der Tages- oder Vollzeitpflege gezahlte **Pflegegeld** wird für den Bedarf des Kindes gezahlt. Dieser erstreckt sich nicht nur auf den sächlichen Bedarf, sondern umfasst auch die Kosten der Erziehung. Daher ist der in den laufenden Leistungen hierfür enthaltene Anteil Einkommen der Pflegeperson (Hamm FamRZ 98, 1430). Im Regelfall wird ein Drittel des Pflegegeldes als Einkommen berücksichtigt werden können.
Ein für die Pflegeperson gezahltes Pflegegeld soll kein Entgelt für die Pflegeleistungen sein, sondern den Pflegebedürftigen in die Lage versetzen, den Pflegepersonen eine materielle Anerkennung für die im häuslichen Bereich geleistete Pflege zukommen zu lassen. Das Pflegegeld ist danach kein unterhaltsrechtlich relevantes Einkommen (Kobl FamRZ 05, 1482). Ausnahmen gelten bei der Verwirkung von Unterhaltsansprüchen (§§ 1579, 1361 III, 1611 I), bei gesteigerter Unterhaltspflicht gegenüber einem minderjährigen Kind (§ 1603 II) sowie dann, wenn für die Pflegeperson eine Erwerbsobliegenheit besteht und der Pflegebedürftige mit dem Unterhaltspflichtigen nicht in gerader Linie verwandt ist (Kobl FamRZ 00, 826).
Für den Pflegebedürftigen zählen Leistungen aus der gesetzlichen Pflegeversicherung zu seinen Einnahmen. Da es sich jedoch aufgrund einer besonderen Bedürfnislage gewährte Sozialleistung handelt, greift jedoch die Vermutung der §§ 1610 a, 1578 a ein (Stuttg FamRZ 94, 1409; Hamm FamRZ 94, 1193). In der Regel wird von einem die Leistungen noch übersteigenden Mehrbedarf auszugehen sein, zumal sich die Höhe der Leistungen nicht am Bedarf orientiert, sondern begrenzt ist.
Leistungen aus der **Pflegeversicherung**, **Blindengeld**, **Unfall- und Versorgungsrenten**, **Schwerstbeschädigtenzulagen** und **Pflegezulagen** sind grds Einkommen. Allerdings ist § 1610 a zu beachten (vgl auch Ziff 2.7 der Leitlinien).
Die **Erwerbsunfähigkeitsrente** hingegen dient nicht dem Ausgleich behinderungsbedingten Mehraufwands und hat uneingeschränkt Einkommensersatzfunktion.
Grds sind alle Arten von **Versorgungsbezügen** und **Renten** nebst Zulagen und Zuschlägen unterhaltsrechtlich relevant. Dies gilt etwa für die Altersrenten in der gesetzlichen Rentenversicherung, die Ausgleichsrente, beamtenrechtliche Pensionen, Berufsschadenausgleichsrente, Contaganrente, Ehegattenzuschlag für Schwerbeschädigte, Erwerbsunfähigkeitsrente, Kriegsbeschädigtenrente, Kleiderzulagen, Unfallrente, Schwerbeschädigtengrundrente, Schmerzensgeldrente, Waisenrente oder Halbwaisenrente (Dresden NJW-RR 06, 221; Stuttg 05, 1528 und grundlegend BGH FamRZ 80, 1109).
Kein Einkommen sind sonstige **Sozialhilfe** nach SGB XII und Leistungen nach dem **Unterhaltsvorschussgesetz** (gegenüber dem baruntehaltspflichtigen Elternteil). Auf Unterhalt in Anspruch genommene Verwandte, insbes Großeltern, können das Kind jedoch auf die vorrangige Deckung des Unterhaltsbedarfs nach UVG-

Leistungen verweisen. Die Unterhaltsforderung eines Empfängers dieser Leistungen kann in Ausnahmefällen treuwidrig sein (BGH FamRZ 01, 619; 99, 843).

Wohngeld ist Einkommen,. soweit es nicht erhöhte Wohnkosten deckt (BGH FamRZ 85, 374).

Leistungen nach §§ 41-43 SGB XII (**Grundsicherung**) sind beim Verwandtenunterhalt Einkommen, nicht jedoch beim Ehegattenunterhalt (zu Einzelheiten vgl *Klinkhammer* FamRZ 02, 997 und 03, 1793; *Günther* FF 03, 10; *v Koppenfels-Spies* FPR 03, 341). Soweit allerdings ein getrennt lebender Ehegatte eine Grundsicherungsrente bezogen hat, soll seine Bedürftigkeit entfallen (Bremen FamRZ 05, 801; vgl auch Hamm FamRZ 06, 125).

Krankengeld (Schlesw FamRZ 90, 518; Karlsr FamRZ 00, 1091), Krankentagegeld, Krankenhaustagegeld sowie die Leistungen aus einer privaten Unfallversicherung (BGH FamRZ 87, 36) stellen gleichfalls unterhaltsrelevantes Einkommen dar.

Das Gleiche gilt für **Unterhaltsgeld** bei Teilnahme an Maßnahmen der beruflichen Weiterbildung, Übergangsgeld, Kurzarbeitergeld und Insolvenzgeld.

Die **wiederaufgelebte Witwenrente**, etwa nach § 90 I SGB VI, ist nicht anspruchsmindernd zu berücksichtigen (BGH NJW 79, 815), auch wenn der Unterhaltsanspruch gem § 1579 gekürzt ist (BGH FamRZ 86, 889).

VI. Einkünfte aus Kapitalvermögen, Wohnvorteil. Vermögenseinkünfte erhöhen als Erträge des Vermögens das unterhaltsrechtlich relevante Einkommen des jeweiligen Vermögensinhabers.

19 **1. Einkünfte aus Kapitalvermögen.** Zu den Einkünften aus Kapitalvermögen zählen Zinsen, Einlagen und Konten bei Kreditinstituten, Diskonterträge bei Wechselgeschäften, Ausschüttung von Investmentgesellschaften, Stückzinsen, Gewinnanteile aus der Beteiligung an Kapitalgesellschaften, Dividenden, Einkünfte aus stiller Gesellschaft, aus Wertpapieren und Einkünfte aus Spekulationsgewinnen (Stuttg FamRZ 02, 635).

Die Einkünfte mindern sich um **Werbungskosten** (Depotgebühren, Bankspesen, Auslagen für die Teilnahme an Gesellschafterversammlungen, Kapitalertragsteuer und persönliche Steuern, Kosten für einen notwendigen Vermögensverwalter).

Die Ermittlung der Vermögenserträge erfolgt als **Überschussrechnung** durch Abzug der Werbungskosten von den Bruttoeinkünften (§ 2II Nr 2 EStG).

Auf die **Herkunft des Vermögens** kommt es grds nicht an; Erbanteil an einem Baugrundstück (BGH FamRZ 80, 143; Hamm NJW-RR 98, 6); Sparguthaben (BGH FamRZ 85, 360), Versteigerungserlös (BGH FamRZ 85, 582), Miteigentumsanteil an einem Haus (BGH FamRZ 84, 662), Lottogewinn (Frankf FamRZ 95, 875), Schmerzensgeldzahlungen jedenfalls bei gesteigerter Unterhaltspflicht (BGH FamRZ 89, 170; Karlsr FamRZ 00, 750) oder Erlös aus der Veräußerung eines Eigenheims (BGH FamRZ 85, 354).

20 **2. Vermögensverwertung.** Eine Verpflichtung zur Verwertung des Vermögensstamms besteht hingegen nur ausnahmsweise.

Für den nachehelichen Unterhalt regeln §§ 1577 II, 1581 S 2, dass der Stamm des Vermögens nicht verwertet werden muss, soweit die Verwertung unwirtschaftlich und unter Berücksichtigung der beiderseitigen wirtschaftlichen Verhältnisse unbillig wäre (zu Einzelheiten vgl Kommentierung zu § 1577). Zwar fehlt für den Trennungsunterhalt eine entspr Regelung. Regelmäßig ist allerdings auch dort unter Zugrundelegung vergleichbarer Kriterien eine **Zumutbarkeitsprüfung** vorzunehmen (BGH FamRZ 86, 556; München FamRZ 93, 62). Beim Trennungsunterhalt ist zu berücksichtigen, dass die Ehegatten einerseits ein höheres Maß an Rücksichtnahme schulden und andererseits eine trennungsfördernde Vermögensverwertung grds ausgeschlossen werden muss (BGH FamRZ 93, 165). Beim Trennungsunterhalt kommt deshalb eine Verwertung des Vermögens nur unter engeren Voraussetzungen in Betracht (München FamRZ 93, 62; Hamm FamRZ 97, 1537).

Für den Kindesunterhalt enthalten §§ 1602 II, 1603 I und II S 1 besondere Regelungen.

Wegen der iRd gebotenen Zumutbarkeitsprüfung hinsichtlich der Obliegenheit zur Verwertung des Vermögensstamms zu beachtenden Abwägungskriterien wird auf die Kommentierung bei KKFamR/*Kleffmann*, vor § 1361 Rn 86 (für den nachehelichen Unterhalt), Rn 87 (für den Trennungsunterhalt) und Rn 88 ff (für den Kindes- und Ehegattenunterhalt) verwiesen.

21 **3. Einkünfte aus Vermietung und Verpachtung.** Miet- und Pachteinnahmen sind Einkünfte aus der Nutzung eines Vermögens. Es handelt sich um sog Überschusseinkünfte (§ 2 II S 2EStG). Sie werden durch Abzug der Werbungskosten von den Bruttoeinnahmen ermittelt. Zu den **Einnahmen** zählen vornehmlich Miet- oder Pachtzinsen, Mietvorauszahlungen, Mietzuschüsse, Nutzungsentschädigungen, Schadensersatzleistungen des Mieters oder Pächters, die auf einer Vertragsverletzung beruhen, Wert von Sach- oder Dienstleistungen des Mieters, die anstelle der Mietzinszahlung geleistet werden.

Zu den berücksichtigungsfähigen **Abzugsposten** zählen insbes Nebenleistungen des Mieters für Strom, Wasser etc, allgemeine Hausunkosten, Prämien für notwendige Hausversicherungen, Grundsteuern und öffentliche Abgaben für Müllabfuhr, Abwasser etc, notwendige, die Immobilie betreffende Prozesskosten, Beiträge zum Haus- und Grundbesitzerverein, notwendige Reisekosten zum Mietobjekt, Kredit- und Finanzierungskosten. Ob insoweit neben Zinsleistungen auch Tilgungsleistungen anzuerkennen sind, bedarf der Prüfung im Einzelfall. Grds ist es dem Unterhaltsschuldner nicht gestattet, auf Kosten des Unterhaltsberechtigten Ver-

mögen zu bilden, zumal wenn der Berechtigte am Vermögenszuwachs nicht teilnimmt (BGH FamRZ 87, 36; Karlsr FamRZ 93, 1091). Letztlich ist nur aufgrund umfassender Interessenabwägung zu entscheiden, ob Tilgungsverbindlichkeiten anzuerkennen sind (BGH NJW 93, 2703).
Beim Elternunterhalt sollen derartige **Tilgungsleistungen** berücksichtigungsfähig sein (BGH FamRZ 03, 1179). Steht die Immobilie im Miteigentum beider Ehepartner, fehlt es an einer einseitigen Vermögensbildung mit der Folge, dass Zins- und Tilgungsleistungen einkommensmindernd zu berücksichtigen sind. Entspr wird zu gelten haben, wenn die Immobilie zwar im Alleineigentum eines Ehegatten steht, der andere Ehegatte jedoch über den güterrechtlichen Ausgleich bis zur Rechtshängigkeit des Scheidungsverfahrens an der Vermögensbildung partizipiert (BGH FamRZ 91, 1163). Im Übrigen sind Tilgungsleistungen als Vermögensbildungsmaßnahme nicht einkommensmindernd zu berücksichtigen (BGH FamRZ 00, 950). Eine großzügigere Betrachtung erscheint jedoch geboten. Der BGH hat erkannt, dass **eine zusätzliche private Altersvorsorge** zunehmend Gewicht erhält und derartige Aufwendungen in angemessenem Umfang neben den Beiträgen in die gesetzliche Rentenversicherung einkommensmindernd zu berücksichtigen sind (BGH NJW 05, 3277; FamRZ 03, 1179 für den Elternunterhalt). Geht man weiter davon aus, dass die Wahl der Altersvorsorge in das Ermessen der jeweiligen Unterhaltspartei gestellt ist, wird man eine angemessene Altersvorsorge durch Immobilienerwerb und -besitz und damit korrespondierend einen angemessenen Finanzierungsaufwand unter Einschluss der angemessenen Tilgungsleistungen für zulässig erachten müssen.

Gebäudeabschreibungen sind steuerlich zulässig, berühren jedoch nicht die unterhaltsrechtlich relevanten Einkünfte. Es liegt lediglich ein pauschal angerechneter Verschleiß von Vermögensgegenständen zugrunde, der entweder konkret nicht gegeben ist oder zumindest über das tatsächliche Ausmaß der Wertsteigerung hinausgeht und oftmals auch ausgeglichen wird durch eine günstige Entwicklung auf dem Immobilienmarkt (BGH FamRZ 84, 39). Notwendige Erhaltungsaufwendungen sind einkommensmindernd zu berücksichtigen. Handelt es sich um notwendige Erhaltungsaufwendungen in größerem Umfang, müssen sie ggf auf mehrere Jahre verteilt werden (BGH FamRZ 84, 39). 22

Eine **Instandhaltungsrücklage** ist unterhaltsrechtlich nicht akzeptabel (BGH FamRZ 00, 531), weil es sich um einen pauschalierten Aufwand handelt und es nicht feststeht, ob die Rücklage jemals zweckentspr eingesetzt wird. Etwas anderes kann jedoch gelten für Rücklagen, die im Hinblick auf konkrete Mängel gebildet werden (BGH FamRZ 00, 351). 23

Verluste aus Vermietung und Verpachtung sind nicht zu berücksichtigen, sofern sie aus Abschreibungen und/oder überhöhten Instandhaltungspauschalen, der Beteiligung an Bauherrenmodellen oder ähnlichen Abschreibungsmodellen resultieren (BGH FuR 05, 361 = FamRZ 05, 1159). Sie sind hingegen anerkennungsfähig, sofern es sich um kurzfristige Verluste, etwa aufgrund vorübergehender Mietausfälle, handelt. Werden Verluste aus Vermietung und Verpachtung unterhaltsrechtlich nicht berücksichtigt, müssen Steuervorteile, die dem Unterhaltspflichtigen hieraus zufließen, ihm jedoch verbleiben (BGH FuR 05, 361 = FamRZ 05, 1159; FamRZ 03, 741). 24

Auch das **mietfreie Wohnen im Eigenheim** als Nutzung des Grundstückseigentums (§ 100) stellt eine unterhaltsrechtlich relevante Einkommensquelle dar. 25
Für die Bewertung dieses Wohnvorteils ist von dem objektiven Wert auszugehen (BGH NJW 95, 2627), regelmäßig der **objektiven Marktmiete** (BGH FamRZ 00, 950; Hamm FamRZ 99, 233). Diese Marktmiete begrenzt den **Wohnvorteil** nach oben (BGH FamRZ 03, 1179; *Graba* FamRZ 01, 1257). Nach Scheidung der Ehe ist grds die objektive Marktmiete in Ansatz zu bringen (BGH NJW 98, 753). Nach der Scheidung besteht grds eine Obliegenheit zur Verwertung der Wohnung, etwa durch Verkauf, Vermietung, Teilvermietung, da keine Erhaltungsinteressen mehr bestehen (BGH FamRZ 94, 1100). Nur ausnahmsweise kann sich nach Scheidung aufgrund einer vorzunehmenden Gesamtabwägung eine Unzumutbarkeit des Auszuges ergeben (Hamm NJWE-FER 00, 273), die sodann nur den Ansatz einer angemessenen Miete für eine kleinere Wohnung rechtfertigt (BGH FamRZ 00, 950; 92, 423).
Von dem, ggf über § 287 ZPO zu schätzenden, Mietwert sind die **Hauslasten** abzuziehen, mit denen ein Mieter üblicherweise nicht belastet wird. Ein Wohnvorteil besteht nur insoweit, wie die Unterhaltspartei günstiger lebt als ein Mieter (BGH FamRZ 95, 869). Die verbrauchsabhängigen Nebenkosten gehören zu dem unterhaltsrechtlich unbeachtlichen Aufwand. Abziehbar sind verbrauchsunabhängige Belastungen und Instandhaltungskosten (BGH FamRZ 00, 950; 98, 899). Diese Auffassung ist nicht unumstritten, da in der Praxis oftmals alle Betriebskosten auf den Mieter umgelegt werden können und tatsächlich umgelegt werden (München FuR 02, 329; *Quack* FuR 00, 665; Anm zu BGH FamRZ 00, 351 sowie zu weiteren Einzelheiten KK-FamR/*Kleffmann*, vor § 1361 Rn 98 ff).
Abzusetzen sind Kosten notwendiger **Instandhaltungsmaßnahmen**, nicht dagegen Ausgaben für wertsteigernde Ausbauten und Modernisierung als vermögensbildende Maßnahmen (BGH FuR 05, 361 = FamRZ 05, 1159; FamRZ 00, 351; 97, 281).
Hat der Wohnvorteil die ehelichen Lebensverhältnisse geprägt (zu Einzelheiten vgl Kommentierung zu § 1578), sind **Zinsleistungen,** die zum Erwerb, der Herstellung, Renovierung oder der notwendigen Instandhaltung gedient haben, abzugsfähig. Nicht abzugsfähig sind nach allgemeiner Meinung (BGH NJW 00, 2349; 98, 751; vgl jedoch auch Kobl FPR 02, 63) Tilgungsleistungen. Derartige Tilgungsleistungen dienen regelmä-

ßig nur der Vermögensbildung. Allerdings können angemessene Tilgungsaufwendungen als Form zusätzlicher (privater) **Alterssicherung** ggf berücksichtigt werden (BGH FamRZ 05, 1817; vgl auch Rn 21). Hat der Wohnvorteil die ehelichen Lebensverhältnisse nicht geprägt, können weder Zins- noch Tilgungsleistungen in Abzug gebracht werden (BGH NJW 92, 1044).

26 Für die Dauer des **Getrenntlebens** ist der Wohnvorteil nach dem Mietzins für eine den wirtschaftlichen Verhältnissen der Parteien angemessene Wohnung zu bestimmen (BGH NJW 00, 284; Hamm FamRZ 02, 885). Solange die Wiederherstellung der ehelichen Lebensgemeinschaft nicht ausgeschlossen ist, kann dem in der Wohnung verbliebenen Ehegatten regelmäßig nicht zugemutet werden, die Wiederherstellung der ehelichen Lebensgemeinschaft durch vorzeitige Aufgabe des Familienheims zu erschweren (Köln FamRZ 02, 97). Dies gilt jedoch nicht, wenn die Unterhaltspartei etwa schon während der Trennung ihren Partner in die Wohnung aufgenommen hat. Hier ist es ausnahmsweise gerechtfertigt, schon in der Trennungsphase die objektive Marktmiete in Ansatz zu bringen. **Richtschnur** für die **angemessene Miete** in der Trennungsphase: die Miete des ausgezogenen Ehegatten, eine um ein Drittel gekürzte Marktmiete der ehelichen Wohnung und die Einkommensverhältnisse der Parteien.

Während der Trennungszeit sind bei der Bemessung des Bedarfs nach den ehelichen Lebensverhältnissen (zu Einzelheiten vgl Kommentierung zu § 1578) sowohl Zinsen als auch Tilgungsleistungen einkommensmindernd zu berücksichtigen, und zwar unabhängig von den Eigentumsverhältnissen (BGH FamRZ 00, 950; 95, 869). Beim Bedürftigen und beim Verpflichteten kürzen sie, sofern die Immobilie im Miteigentum der Parteien steht, stets den anzurechnenden Wohnwert. Ein Gesamtschuldnerausgleichsanspruch über § 426 I findet nicht statt (BGH NJW 90, 3274). Bei Alleineigentum eines Ehegatten sind ab Rechtshängigkeit des Ehescheidungsverfahrens nur die Zinsleistungen, nicht die Tilgungsleistungen zu berücksichtigen (BGH FamRZ 00, 950 (zum nachehelichen Unterhalt), vgl im Übrigen Rn 25).

27 Übersteigen die Belastungen den Wohnwert, so ist dies, jedenfalls solange eine Obliegenheit zur Verwertung nicht besteht, bei der Feststellung der Leistungsfähigkeit des Pflichtigen zu berücksichtigen. Die Zurechnung eines Wohnvorteils entfällt, da der Eigentümer nicht günstiger wohnt als der Mieter. Die Belastungen sind, soweit sie den Wohnwert übersteigen, einkommensreduzierend zu berücksichtigen (BGH FamRZ 84, 358). Ob der Mehrbetrag eine berücksichtigungsfähige Verbindlichkeit darstellt, ist iR umfassender Interessenabwägung zu beurteilen (zu den Abwägungskriterien vgl KKFamR/*Kleffmann* vor § 1361 Rn 99).

Übersteigen die anerkennenswerten Aufwendungen den in Ansatz zu bringenden Mietzins, ist ein **negativer Wohnwert** zu bilden. Die Berücksichtigung der Schuld als Verbindlichkeit beim Erwerbseinkommen ist nicht sachgerecht, da sie zu einer Bonusminderung führen würde.

Ist das Familienheim während der Trennungszeit verkauft, entfällt der Wohnvorteil. An die Stelle des Wohnvorteils tritt als **Surrogat** der Verkaufserlös.

28 Beim **Kindesunterhalt** ist mietfreies Wohnen nur einkommenserhöhend zu berücksichtigen, wenn der barunterhaltspflichtige Elternteil im Eigenheim lebt. Auszugehen ist von der objektiven Marktmiete. Nach Treu und Glauben kann jedoch auch nur ein angemessener Wohnwert in Ansatz gebracht werden, wenn die verbleibenden Mittel für Unterhaltszahlung und Lebensführung nicht ausreichen (zu weiteren Einzelheiten der Berücksichtigung des Wohnwerts beim Kindesunterhalt vgl KKFamR/*Kleffmann* vor § 1361 Rn 101).

Beim **Verwandtenunterhalt** ist regelmäßig nicht der objektive, sondern nur ein angemessener Wohnwert für die Einkommensbestimmung maßgebend (BGH FamRZ 03, 1179).

Soweit im Unterhaltsverfahren ein Wohnwert einkommenserhöhend berücksichtigt wurde, kommt daneben keine **Nutzungsentschädigung** mehr nach §§ 745 II, 1361b, § 3 HausratVO in Betracht (BGH FamRZ 03, 432). Eine Eigenheimzulage stellt unterhaltsrechtlich relevantes Einkommen dar und kürzt die abzugsfähigen Abzahlungen (München FamRZ 99, 251).

29 **VII. Sonstige Einkünfte. Leibrenten** sind sowohl mit ihrem Zins- als auch dem Tilgungsanteil unterhaltsrechtlich relevantes Einkommen. Der damit verbundene Verbrauch des Vermögens führt zu keiner anderen Beurteilung, weil in der Veräußerung gegen wiederkehrende Leistungen die Absicht zum Ausdruck kommt, diese in der Vergangenheit geschaffene Werte für die Deckung des laufenden Lebensbedarfs im Alter einzusetzen (BGH FamRZ 94, 228).

Barunterhaltsleistungen dienen in erster Linie der Deckung des eigenen Bedarfs des Unterhaltsempfängers und verfolgen nicht den Zweck, den Unterhaltsempfänger in die Lage zu versetzen, seinerseits aus dem erhaltenen Unterhalt wieder Unterhaltsansprüche befriedigen zu können (BGH FamRZ 85, 273). Ist der unterhaltsberechtigte Ehegatte seinerseits jedoch minderjährigen Kindern unterhaltsverpflichtet, ergibt sich aus seiner gesteigerten Unterhaltspflicht (§ 1603 II) seine Verpflichtung, die verfügbaren Mittel gleichmäßig für den eigenen Unterhalt und den der Kinder zu verwenden. Insofern kann der selbst unterhaltsberechtigte Ehegatte und Elternteil seinen angemessenen Bedarf nicht gegenüber seinen minderjährigen Kindern verteidigen, sondern muss die den eigenen Selbstbehalt übersteigenden Mittel für den Kindesunterhalt verwenden (BGH FamRZ 80, 555). Ist der Kindesunterhalt allerdings bei der Ermittlung des Trennungs- oder Nachscheidungsunterhalts bereits bedarfsmindernd berücksichtigt worden, brauchen diese Unterhaltszahlungen nicht für den Kindesunterhalt eingesetzt zu werden. Andernfalls würde der Empfänger der Unterhaltsleistung für den Unterhalt des oder der Kinder in zweifacher Weise herangezogen, und zwar zunächst bei der Bemessung des ihm selbst zustehenden Ehegattenunterhalts und anschließend noch einmal bei der Inanspruchnahme durch das Kind (Hamm FamRZ 96, 1234; 92, 91).

Unterhalt kann, ggf zusammen mit anderen Einkünften des Empfängers, auch zu einer Barunterhaltspflicht gegenüber den eigenen Eltern führen, wenn der eigene angemessene Lebensbedarf durch die Beiträge des Ehepartners zum Familienunterhalt gewährleistet ist (BGH FamRZ 04, 366; 370, 443), darüber hinaus gegenüber minderjährigen Kindern, wenn bei Übernahme der Haushaltsführung in einer neuen Ehe oder nichtehelichen Partnerschaft der eigene Lebensbedarf durch die Unterhaltsleistungen des Partners („Hausmannrspr") gedeckt ist (BGH FamRZ 01, 614; 96, 796).

Auch **Taschengeld**, das der Unterhaltspflichtige erhält oder erhalten könnte, kann als Einkommen herangezogen werden (BGH FamRZ 03, 366; 86, 668).

Bei **freiwilligen Zuwendungen** Dritter kann es sich um Geldzuwendungen oder sonstige Zuwendungen wie die Gewährung eines zinslosen Darlehens (BGH FamRZ 05, 967), Sachzuwendungen in Form von Wohnungsgewährung (Hburg FamRZ 05, 927) oder Übernahme von Pflegeleistungen oder Betreuungs- und Aufsichtsleistungen von Kindern handeln. Maßgeblich ist der **Zuwendungswille** des Dritten (BGH FamRZ 05, 967; 95, 537; 93, 417; Saarbr FamRZ 99, 396). Freiwillige Zuwendungen Dritter sind nur zu beachten, falls sie nach dem Willen des Zuwendenden auch dem anderen am Unterhaltsrechtsverhältnis Beteiligten zugute kommen sollen (BGH FamRZ 99, 843). Im Zweifel kann dies nicht angenommen werden (BGH FamRZ 00, 154; 95, 537). In Fällen der Unterhaltsverwirkung nach §§ 1579, 1611 sollen freiwillige Leistungen Dritter in die Billigkeitsabwägung einzustellen sein (BGH FamRZ 89, 1279). Warum die Zuwendungsfreiheit Dritter in einem Verwirkungsfall eingeschränkt werden soll, ist jedoch nicht ersichtlich. Der Dritte, der die Verwirkung nicht zu verantworten hat, kann nicht mit Verwirkungsfolgen zur Entlastung des Verpflichteten belegt werden (vgl auch *Büttner* FamRZ 02, 1445). Auch in **Mangelfällen** ist es nicht gerechtfertigt, die Leistungen des Dritten zu berücksichtigen (*Büttner* FamRZ 02, 1445; BGH FamRZ 00, 151; vgl jedoch auch BGH FamRZ 99, 843).

Steuervorteile sind unabhängig vom gesetzgeberisch verfolgten Zweck Einkommen (BGH FamRZ 89, 172). Steuervorteile, die in zumutbarer Weise erzielt werden können, sind wahrzunehmen, etwa aufgrund des Realsplittings nach § 10 I EStG (BGH FamRZ 98, 953). Der **Splittingvorteil** aus der Wiederverheiratung bei Zusammenveranlagung in der neuen Ehe kommt nur dieser zugute (BGH FamRZ 05, 1817; BVerfG FamRZ 04, 1093,1994, 1821, m Anm *Schürmann* 1825; m Anm *Machulla* FuR 03, 507 und *Kuckenburg* 04, 160; vgl auch Kobl FamRZ 05, 720 für den Teil des Arbeitslosengeldes, der dem Pflichtigen wegen der erneuten Eheschließung gezahlt wird). Die aufgrund der Zusammenveranlagung der Ehegatten beruhende steuerliche Entlastung kommt ausschließlich der neuen Ehe zugute. Bei einem wiederverheirateten Unterhaltsschuldner ist der Steuerabzug auf der Basis einer getrennten Veranlagung zu berechnen. Die gleichen Erwägungen gelten für andere ausschließlich auf der Eheschließung beruhende Vorteile (*Schürmann* FamRZ 03, 1825), nicht aber für den von der Unterhaltspflicht abhängigen Zuschlag nach § 40 I BBesG (Celle FuR 05, 331 = NJW 05, 1516; vgl jedoch auch Hamm FuR 05, 332). Bei Konkurrenz des Unterhalts des geschiedenen und des neuen Ehegatten mit Kindesunterhalt kommt der Splittingvorteil auch den Kindern aus früherer Ehe zugute (BGH FamRZ 05, 1817).

Steuererstattungen sind unterhaltspflichtiges Einkommen (BGH FamRZ 88, 486; 85, 911; Hamm FamRZ 96, 1413). Sie werden auf 12 Monate verteilt und grds in dem Jahr berücksichtigt, in welchem die Rückzahlung erfolgt (BGH FamRZ 84, 1211). Zur Aufteilung von Einkommensteuererstattungen zwischen getrennt lebenden oder geschiedenen Ehegatten vgl *Kleffmann* in Scholz/Stein, Praxishandbuch Familienrecht, Teil G Rn 91). Ist mit Steuererstattungen künftig mit an Sicherheit grenzender Wahrscheinlichkeit nicht mehr zu rechnen, können sie auch nicht einkommenserhöhend berücksichtigt werden (Hamm FamRZ 97, 374).

VIII. Fiktive Einkünfte. Einkommen können auch aufgrund einer unterhaltsrechtlichen Obliegenheit 30 erzielbare Einkünfte sein (vgl Ziff 9 der Leitlinien). Die Zurechnung eines fiktiven Einkommens muss sowohl dem Grunde als auch der Höhe nach besonders gerechtfertigt sein, weil nur mit tatsächlich vorhandenen Einkünften der Lebensbedarf gedeckt werden kann. Der Ansatz fiktiven Einkommens ist eine **Ausnahme** (BGH FamRZ 02, 813; 85, 273), die besonders begründet werden muss. Die Zurechnung fiktiver Einkünfte basiert nach Treu und Glauben auf den sowohl auf dem Unterhaltsschuldner als auch auf dem Unterhaltsgläubiger lastenden wechselseitigen Obliegenheiten, alle zumutbaren Einkünfte zu erzielen (BGH FamRZ 00, 1358; 99, 2365).

Die fiktive Zurechnung von Einkünften kommt grds bei allen Einkommensarten in Betracht.

Die **Voraussetzungen für die Zurechnung fiktiver Einkünfte** sind in den **verschiedenen Unterhaltsverhältnis-** 31 **sen** unterschiedlich.

So gelten strenge Anforderungen des Unterhaltsverpflichteten iRd § 1603 II bei der Unterhaltsverpflichtung gegenüber minderjährigen Kindern (BGH FuR 01, 220; FamRZ 98, 357; Nürnbg FuR 02, 282; Dresden FamRZ 03, 1206) und privilegierten volljährigen Kindern.

Gegenüber nichtprivilegierten volljährigen Kindern bestehen derart strenge Anforderungen nicht. Insbes sind volljährige Kinder, die sich nicht in der Berufsausbildung befinden, in erster Linie selbst für ihren Lebensunterhalt verantwortlich (BGH FamRZ 94, 372).

Beim Verwandtenunterhalt (zu Einzelheiten vgl *Graba* FamRZ 01, 1257) und beim Unterhalt nicht miteinander verheirateter Eltern aus Anlass der Geburt und Betreuung eines Kindes nach § 1615 l (vgl *Büttner* FamRZ 00, 781; München FamRZ 99, 1166) gelten nur durchschnittliche Anforderungen.

Beim Elternunterhalt kommt die Zurechnung fiktiver Einkünfte nur ausnahmsweise in Betracht (zu Einzelheiten vgl *Günther* FuR 95, 1).

In der Phase des **Getrenntlebens** besteht noch eine gesteigerte Verantwortung der Ehegatten füreinander. Der Verpflichtete ist während Bestehens der Ehe in erhöhtem Maße für den Unterhalt des Ehegatten verantwortlich. Ihn trifft eine erhöhte Obliegenheit zur Einkommenserzielung. Der bedürftige Ehegatte kann darauf verwiesen werden, seinen Unterhalt durch eine Erwerbstätigkeit selbst zu verdienen, wenn dies von ihm nach seinen persönlichen Verhältnissen, insbes wegen einer früheren Erwerbstätigkeit, unter Berücksichtigung der Ehedauer und nach den wirtschaftlichen Verhältnissen der Ehegatten erwartet werden kann (BGH NJW 01, 973; zu Einzelheiten vgl § 1361 Rn 4).

Beim **nachehelichen Unterhalt** besteht wegen des Prinzips der Eigenverantwortlichkeit grds die Obliegenheit, eine angemessene Erwerbstätigkeit auszuüben.

32 Für den Bedürftigen enthält das Gesetz (§§ 1361 II, 1579 III, 1611) konkrete Regelungen über eine schuldhafte unterhaltsrechtlich beachtliche Herbeiführung der Bedürftigkeit mit der Folge eines Anspruchsverlustes oder einer Anspruchsminderung. Der Grundsatz der **Spiegelbildlichkeit** verlangt, dass der Berechtigte und Verpflichtete gleich zu behandeln sind (BGH FamRZ 1985, 158). Fiktive Einkünfte können nur zugerechnet werden, wenn eine **kausale Verletzungshandlung** vorliegt. Das vorwerfbare Verhalten muss für die Leistungsfähigkeit oder eingeschränkte Leistungsfähigkeit bzw die Bedürftigkeit ursächlich sein (BGH FamRZ 86, 668; Hamm FamRZ 99, 165).

Sie muss schließlich den unterhaltsrechtlich relevanten **Verschuldensmaßstab** erreichen. Ein Verstoß gegen Treu und Glauben kommt im Allgemeinen nur in Betracht, wenn dem Pflichtigen ein verantwortungsloses, zumindest leichtfertiges, Verhalten zur Last zu legen ist (BGH FuR 03, 345; NJW 03, 3122).

33 Sodann ist die **Höhe der zu fingierenden Einkünfte**, ggf im Wege der Schätzung nach § 287 ZPO, festzustellen (Übersicht zur Höhe der zu fingierenden Einkünfte bei *Kleffmann* in Scholz/Stein, Praxishandbuch Familienrecht Teil G Rn 100).

Die Zurechnung fiktiver Einkünfte erfolgt anhand einer **Vier-Stufen-Prüfung**:
– Obliegenheit zur Einkommenserzielung
– Kausale Verletzungshandlung
– Prüfung des Verschuldensmaßstabs
– Zurechnung der Höhe der fiktiven Einkünfte

34 Kommt eine Einkommensfiktion dem Grunde nach in Betracht, kann sie letztlich nicht auf unabsehbare Zeit erfolgen (Frankf FamRZ 95, 735; Hamm FamRZ 95, 1217). Eine **Beendigung der Fiktion** setzt vorherige, intensive nachhaltige und redliche Bemühungen um die Erlangung von Einkünften voraus. Eine sofortige Beendigung der Fiktion nach erfolglosen hinreichenden Arbeitsplatzbemühungen darf hingegen nicht erfolgen, da andernfalls die Einkommensfiktion unterlaufen würde.

Wird Einkommen fingiert, gilt die **Fiktion** nicht nur auf der Einnahmenseite, sondern auch bei den Abzügen. So ist bei Erwerbseinkünften ein Erwerbstätigenbonus zu berücksichtigen (BGH FamRZ 91, 307). Früher gezahlte Kreditraten sind gleichfalls einkommensmindernd zu fingieren (Hamm FamRZ 95, 1203). Auch fiktive Steuern und mit einer Vermögensanlage verbundene Kosten sind zu berücksichtigen. Darüber hinaus ist der maßgebliche Selbstbehalt (fiktiv) zu berücksichtigen (BGH FamRZ 99, 372; 90, 979; Ddorf FamRZ 99, 1020).

35 **1. Einkommensfiktion bei Arbeitslosigkeit.** Berufliche Veränderungen, die mit einer Einschränkung oder einem Verlust der Leistungsfähigkeit verbunden sind, führen nicht stets zur Anrechnung fiktiver Einkünfte. Erforderlich ist ein verantwortungsloses, zumindest leichtfertiges Handeln und das Bewusstsein des Pflichtigen, dass sich wegen seines Fehlverhaltens seine Leistungsfähigkeit reduziert oder reduzieren könnte (BGH NJW 03, 3122; FuR 00, 472 = FamRZ 00, 815). Ein leichtfertiges Vorgehen wird eher zu bejahen sein, je weniger sachliche Gründe für einen Arbeitsplatzwechsel vorhanden sind und je stärker die Unterhaltspflicht ist.

36 **Kasuistik zur Einkommensfiktion bei Arbeitslosigkeit:**
– Der Pflichtige gibt seinen Arbeitsplatz auf, um sich der Unterhaltspflicht zu entziehen.
– Der Pflichtige zerstört bewusst seine wirtschaftliche Existenz oder bummelt absichtlich, um den Arbeitsplatz zu verlieren.
– Der Pflichtige verhält sich am Arbeitsplatz mutwillig oder verantwortungslos und verliert aus diesen Gründen den Arbeitsplatz (Hamm FamRZ 98, 979; Schlesw NJW-RR 94, 1095).
– Der Pflichtige kündigt von sich aus das Arbeitsverhältnis wegen Konflikten am Arbeitsplatz (Hamm FamRZ 97, 357).
– Der Pflichtige verschuldet leichtfertig eine arbeitgeberseitige Kündigung (BGH FamRZ 88, 597; Karlsr NJW-FER 00, 73; Hamm FamRZ 98, 979).

- Verletzung der Obliegenheit, wieder einen neuen Arbeitsplatz zu finden (zu Einzelheiten vgl *Kleffmann* in Scholz/Stein Praxishandbuch Familienrecht Teil G Rn 102 und *Kleffmann* FuR 00, 454 sowie BGH FamRZ 03, 1471; Naumburg FamRZ 03, 175; Brandenburg FamRZ 00, 115).
- Leichtfertige weitere Ausbildung nach abgeschlossener Berufsausbildung (BGH FamRZ 99, 843; Hamm FamRZ 96, 863).
- Leichtfertige Arbeitsplatzaufgabe, um sich selbstständig zu machen ohne vorherige Unterhaltssicherung etwa durch Rücklagenbildung (BGH FamRZ 87, 372; Köln FamRZ 02, 1627; Hamm FamRZ 96, 959).
- Gibt der Unterhaltsgläubiger eine selbstständige Tätigkeit auf, weil sie seiner Meinung nach nicht genug einbringt, besteht für ihn die Obliegenheit, sich umgehend zielgerichtet mit aller Intensität um eine andere Erwerbstätigkeit mit besseren Einkunftsmöglichkeiten zu bemühen (Köln NJW-RR 01, 1371).
- Unterlassene Vorsorge bei Berufswechsel mit voraussehbarem Einkommensrückgang (BGH FamRZ 82, 365; Hamm FamRZ 96, 959).
- IR gesteigerter Unterhaltsverpflichtung kann selbst bei vollschichtiger Tätigkeit eine Obliegenheit zur Nebenoder Aushilfstätigkeit bestehen (BGH FuR 01, 220).
- Zumutbarkeit einer Nebentätigkeit bei ganztätiger Umschulung bei gesteigerter Erwerbsobliegenheit. Allerdings hat stets eine umfassende Zumutbarkeitsprüfung zu erfolgen (BVerfG FamRZ 03, 661 und eingehend *Christl* FamRZ 03, 1235). Zu beachten sind gesundheitliche Beeinträchtigungen des Unterhaltsschuldners, die Berücksichtigung der Arbeits- und Lebenssituation (Bambg FuR 05, 520: keine Obliegenheit zur Nebentätigkeit bei langer Wegstrecke zur Durchführung regelmäßiger Umgangskontakte mit den Kindern), die Beachtung der Arbeitszeitgesetze, die Berücksichtigung der Arbeitsmarktsituation, die Prüfung der rechtlichen Zulässigkeit einer Nebentätigkeit.
- Obliegenheit, selbstständige Tätigkeit zugunsten einer besser bezahlten abhängigen Tätigkeit aufzugeben (Hamm FamRZ 01, 565; Kobl FamRZ 00, 288; zu weiteren Einzelfragen vgl KKFamR/*Kleffmann* vor § 1361 Rn 113).

Eine Einkommensfiktion kommt jedoch nicht in Betracht bei folgenden Fallgestaltungen: 37
- Trunkenheitsfahrt mit der Folge des Arbeitsplatzverlustes (Konstellation des selbstverschuldeten, aber doch ungewollten Arbeitsverlustes; BGH FuR 00, 472; NJW 94, 248; Dresden FamRZ 96, 1236).
- Kündigt ein Ehemann und Vater sein Arbeitsverhältnis, um im Sorgerechtsverfahren eine bessere Ausgangsposition zu haben, kann dies unter Umständen unterhaltsrechtlich zu berücksichtigen sein (Relevanz der betreuungsbedingten Einkommensminderung) (BGH FamRZ 85, 158; vgl auch BVerfG FamRZ 96, 343).
- Kündigung des Arbeitsverhältnisses aus krankheitsbedingten Gründen (BGH NJW 03, 3122).
- Fortfall oder Reduzierung von Überstunden oder Nebenarbeit ist grds gerechtfertigt (Hamm FamRZ 92, 450; Kobl FamRZ 91, 1475; zur Beachtung von Zumutbarkeitsgrenzen vgl insbes BVerfG FamRZ 03, 661).
- Infolge von Straftaten reduziertes oder weggefallendes Einkommen rechtfertigt keine Einkommensfiktion, es sei denn, die Straftat hat einen unterhaltsrechtlichen Bezug (BGH FuR 02, 236; Hamm OLGR 05, 442; Kobl FamRZ 04, 1313; Köln FamRZ 03, 1203; Stuttg FamRZ 00, 1247).
- Alkoholabhängigkeit und darauf beruhender Arbeitsplatzverlust rechtfertigen allein noch nicht die Annahme fiktiven Einkommens, da auch Alkoholmissbrauch als Krankheit angesehen werden kann (BGH FamRZ 94, 240; Hamm NJWRR 96, 963).
- Fiktive vollschichtige Tätigkeit bei tatsächlicher Teilzeitarbeit kann nicht unterstellt werden, wenn die Teilzeitarbeit iRe gesicherten Arbeitsverhältnisses durchgeführt wird, dessen Ausweitung zur Ganztagstätigkeit derzeit nicht möglich ist (Frankf FamRZ 87, 190). In diesen Konstellationen bleibt der Unterhaltsschuldner jedoch zur Aufnahme einer vollschichtigen Tätigkeit verpflichtet und hat nachzuweisen, dass zumutbare Ganztagsarbeit mit vergleichbarer Sicherheit außerhalb des derzeitigen Arbeitsplatzes nicht erlangt werden kann. Ggf hat er neben der Teilzeitbeschäftigung noch eine Nebentätigkeit aufzunehmen (Frankf FamRZ 00, 25; Celle FamRZ 93, 963).
- Die Aufgabe unselbstständiger Arbeit zugunsten selbstständiger Arbeit rechtfertigt für sich keine Einkommensfiktion (BGH FamRZ 88, 145; Frankf FamRZ 91, 106).
- Die Aufgabe einer selbstständigen Erwerbstätigkeit mit ggf erheblichen Einkommenseinbußen, sofern nicht im Einzelfall schwer wiegende Gründe vorliegen, die dem Verpflichteten nach Treu und Glauben die Berufung auf seine eingeschränkte Leistungsfähigkeit verwehren (BGH FamRZ 03, 1471; Dresden NJW-RR 03, 364).
- Die unternehmerisch sinnvolle Veräußerung eines defizitären Unternehmens ist hinzunehmen (Hamm FamRZ 94, 1029).
- Ein Arbeitsplatzwechsel ist trotz geringerer Entlohnung anzukennen, wenn der Arbeitsplatz sicherer ist und Schichtarbeit entfällt (Karls FamRZ 93, 836).
- In der Vereinbarung von Altersteilzeit liegt dann kein Verstoß gegen die Erwerbsobliegenheit, wenn besondere Gründe, gesundheitliche Beeinträchtigungen gegeben sind (Hamm FamRZ 05, 1177; Köln FamRZ 03, 602; Hamm FamRZ 02, 1476; Kobl FamRZ 00, 610). Im Übrigen besteht grds eine volle Erwerbsobliegenheit bis zur gesetzlichen Altersgrenze von 65 Jahren (Saarbr ZFE 05, 100; zur Erwerbsobliegenheit bei vorgezogenem Ruhestand eines Jetpiloten mit 41 Jahren vgl BGH ZFE 04, 86). Zu weiteren Einzelfragen vgl KKFamR/*Kleffmann* vor § 1361 Rn 103 ff.

38 **2. Fiktion bei unzureichender Vermögensnutzung.** Dem Berechtigten und dem Verpflichteten sind fiktive Erträge als Einkommen zuzurechnen, wenn sie es unterlassen, ihr Vermögen in zumutbarer ertragbringender Weise zu nutzen oder zu verwerten (BGH FuR 00, 469; FamRZ 98, 87; München FamRZ 00, 76; Hamm FamRZ 99, 235; Celle FamRZ 02, 878). Dem Betreffenden steht bei **Wahl der Anlageform** ein Beurteilungsspielraum zu. Er muss nicht in jedem Fall die Anlageform mit der höchsten Rendite wählen, sondern kann auch die Sicherheit der tatsächlich gewählten Anlageform und weitere Gesichtspunkte berücksichtigen. Der einzuräumende Entscheidungsspielraum ist überschritten, wenn die Anlage des Vermögens eindeutig unwirtschaftlich ist (BGH FamRZ 92, 423).

Beim nachehelichen Unterhalt ist grds Vermögen jeder Art zu verwerten (Hamm ZFE 03, 221). Bei der vorzunehmenden **Billigkeitsabwägung** sind vornehmlich zu berücksichtigen die voraussichtliche Dauer der Unterhaltsbedürftigkeit, die dauerhafte Ertragsmöglichkeit des Vermögens, Belange naher Angehöriger, Vorhandensein sonstigen Vermögens.

Beim Trennungsunterhalt fehlt eine den §§ 1577 III, 1581 entspr Bestimmung. Eine Verwertungspflicht folgt jedoch aus § 1361, wenn der Unterhalt des Berechtigten aus dem Stamm seines Vermögens bestritten werden kann. Diese Verpflichtung geht allerdings beim Trennungsunterhalt weniger weit als beim Geschiedenenunterhalt.

Im Verhältnis zu minderjährigen oder privilegiert volljährigen Kindern hat der Verpflichtete iRd § 1603 I grds auch den Stamm seines Vermögens zur Bestreitung des Unterhalts einzusetzen (BGH FamRZ 86, 48).

Volljährige Kinder müssen zunächst ihr eigenes Vermögen verwerten, soweit dies nicht unwirtschaftlich ist (Ddorf FamRZ 90, 1137). Minderjährige Kinder brauchen den eigenen Vermögensstamm im Verhältnis zu ihren Eltern nicht zu verwerten, solange die Eltern leistungsfähig sind.

39 **Kasuistik zu fiktiven Erträgen bei unterlassener Vermögensnutzung oder Vermögensverwertung**
- Vermietung eines großen oder luxuriösen Hauses und Anmietung einer weniger kostspieligen Wohnung (BGH FamRZ 88, 144; 84, 358).
- Unterhaltung zweier Immobilien, die keine Nettoerlöse bringen (Ddorf FamRZ 96, 1418).
- Verwertung eines Miteigentumsanteils im Wert von ca 38 000 €, jedenfalls bei gesteigerter Unterhaltsverpflichtung gegenüber einem minderjährigen Kind (Dresden FamRZ 99, 396).
- Barmittel sind möglichst nutzbringend zu verwerten (BGH FamRZ 88, 145; Hamm FamRZ 99, 516).
- Zumutbare Maßnahmen zur Einziehung von Vermögen müssen ergriffen werden, ggf auch die gerichtliche Geltendmachung einer Darlehensforderung (BGH FamRZ 93, 1065).
- Verwertung von Hausrat ist regelmäßig, wenn schon nicht unwirtschaftlich, dann jedoch unbillig.
- Ob ein Erbanteil zur verwerten ist, etwa Pflichtteilsansprüche geltend zu machen sind, hängt von Zumutbarkeitsgesichtspunkten ab (BGH FamRZ 93, 1065; Hamm FamRZ 97, 1537).
- Unentgeltliche Überlassung eines Hauses an einen Verwandten (Hamm FamRB 03, 285)

40 **3. Rollenwechsel in neuer Ehe.** Bei Tätigkeit in neuer Ehe als Hausmann oder als Hausfrau wird die Unterhaltspflicht gegenüber dem neuen Ehegatten und ggf gegenüber dem Kind aus neuer Ehe erfüllt, nicht dagegen gegenüber einem minderjährigen Kind oder ggf auch gegenüber dem früheren Ehegatten, jedenfalls dann, wenn dieser nach § 1570 unterhaltsberechtigt ist. Bei dieser Konstellation haben alle Berechtigten unterhaltsrechtlich den **gleichen Rang** (§ 1609). Der barunterhaltspflichtige Ehegatte kann sich nicht ohne weiteres auf die Sorgen nur der Angehörigen aus der neuen Familie beschränken. Sind in neuer Ehe keine Kinder zu betreuen, ist der wiederverheiratete Elternteil von Unterhaltspflichten gegenüber minderjährigen, unverheirateten Kindern aus einer früheren Ehe grds nicht befreit (BGH FuR 01, 225 = FamRZ 01, 544). Der neue Ehepartner muss dem unterhaltspflichtigen Ehegatten eine der Beschaffung von Unterhaltsmitteln dienende Arbeit ermöglichen (arg aus § 1356 II) (BGH FamRZ 96, 796).

Auch ein betreuungsbedürftiges minderjähriges Kind aus der neuen Ehe entbindet nicht von der Unterhaltspflicht für minderjährige Kinder aus einer früheren Ehe und auch nicht gegenüber der geschiedenen Ehefrau (Hamm FamRZ 94, 1460; Kobl NJW-RR 93, 325). Für den Unterhaltspflichtigen besteht die Obliegenheit, ggf eine Nebentätigkeit aufzunehmen, um so zum Unterhalt der Berechtigten aus vorangegangener Ehe beitragen zu können. Die **Rollenwahl** in der neuen Ehe ist hinzunehmen, wenn sich der Familienunterhalt in der neuen Ehe durch die Erwerbstätigkeit des anderen, nichtunterhaltspflichtigen Ehegatten wesentlich günstiger gestaltet (BGH FamRZ 01, 1064; Kobl NJW-RR 05, 1310). Geringe Einkommensunterschiede reichen insoweit nicht (BGH FamRZ 01, 614; aA Oldbg FamRB 05, 68). Aber auch dann muss der Unterhaltspflichtige die häusliche Tätigkeit auf das unbedingt notwendige Maß beschränken und wenigstens eine Nebentätigkeit aufnehmen, um der Barunterhaltspflicht zu genügen.

41 Im Übrigen ist immer eine **Kontrollrechnung** geboten (BGH NJW 87, 1549). Es ist zu prüfen, ob bei Aufrechterhaltung einer früheren vollschichtigen Erwerbstätigkeit ein Unterhaltsanspruch des Kindes aus erster Ehe in gleicher Höhe bestünde, wobei eine Unterhaltsverpflichtung gegenüber dem jetzt allein berufstätigen Ehegatten, der dann das gemeinsame Kind aus zweiter Ehe zu betreuen hätte, fiktiv berücksichtigt wird. Einer derartigen Kontrollrechnung bedarf es jedoch nicht, wenn tatsächlich kein Rollentausch von der Erwerbstätigkeit zur Hausmann-/Hausfraurolle stattgefunden hat und der Unterhaltspflichtige wie schon in der ersten Ehe die Führung des Haushalts und die Betreuung der Kinder übernommen hat (BGH FamRZ 04,

364). § 1603 I bestimmt die Leistungsfähigkeit des Unterhaltsverpflichteten aufgrund der tatsächlichen Verhältnisse und nicht aufgrund von hypothetischen Situationen, die in der Realität noch nie vorgelegen haben und zu deren Herbeiführung den Unterhaltsverpflichteten noch keine Obliegenheit trifft.
Ist die Übernahme der Haushaltsführung unterhaltsrechtlich nicht zu akzeptieren, wird dem Unterhaltspflichtigen ein fiktives Einkommen in der nach seinen persönlichen Verhältnissen erzielbaren Höhe zugerechnet. In diesem Umfang muss er sich als leistungsfähig behandeln lassen (BGH FamRZ 01, 1065; 96, 796; Kobl FuR 00, 367).
Die Grundsätze der **Hausmannrspr** sind auch iRd **nichtehelichen Lebensgemeinschaft** anwendbar (BGH FamRZ 01, 614 m Anm *Büttner*; Hamm NJW 99, 3642; Kobl FuR 00, 367).

4. Fiktive Einkünfte wegen Versorgungsleistungen. Sowohl der Unterhaltsberechtigte als auch der Unterhaltsverpflichtete können nach Trennung/Scheidung eine eheähnliche Gemeinschaft eingehen. Typisch ist, dass die Beteiligten gegenseitig Versorgungsleistungen erbringen.
Dem **Unterhaltspflichtigen** werden keine Entgelte für entgegengenommene Versorgungsleistungen durch seinen Partner zurückgerechnet. Unter dem Gesichtspunkt ersparter Lebenshaltungskosten kann jedoch eine Reduzierung des Selbstbehalts in Betracht kommen. Die Leitlinien enthalten hierzu teilweise Regelungen zu Ziff 21.5.
Versorgt der **Unterhaltsberechtigte** seinen neuen Partner in irgendeiner Weise, etwa indem er den Haushalt führt, ist ein entspr Entgelt in Ansatz zu bringen, sofern der Partner leistungsfähig ist (BGH FamRZ 04, 1170; 04, 1173 bei Ehegattenunterhalt; Kobl NJW-RR 05, 1457 beim Unterhalt nach § 1615 l; zu Einzelheiten vgl *Büttner* FamRZ 96, 136). In diesen Fällen tritt der Wert der Versorgungsleistungen oder der Vorteil aus der neuen Lebensgemeinschaft als **Surrogat** an die Stelle einer Haushaltsführung während der Ehe und ist im Wege der **Differenzmethode** zu berücksichtigen (BGH FamRZ 04, 1179).
Die Leitlinien enthalten zu Ziff 6 Orientierungsvorschläge für die Bemessung der in Ansatz zu bringenden angemessenen Vergütung (zu weiteren Einzelheiten vgl *Kleffmann* in KKFamR vor § 1361 Rn 114 ff und *Schael* FuR 06, 6).

VII. Abzüge. Für die Unterhaltsberechnung maßgeblich ist das **bereinigte Nettoeinkommen**. Das Bruttoeinkommen reduziert sich insbes um die nachfolgend aufgeführten Positionen (vgl auch Ziff 10 der Leitlinie).

1. Steuern. Steuern sind grds in der Höhe in Abzug zu bringen wie sie im maßgeblichen Unterhaltszeitraum tatsächlich angefallen sind (**In-Prinzip**) (Schlesw FamRZ 03, 603). Steuerzahlungen und Steuererstattungen werden grds nur im Jahr der tatsächlichen Leistung berücksichtigt. Bei Selbstständigen und Gewerbetreibenden kann die strikte Anwendung des In-Prinzips problematisch werden, da bei schwankenden Einkünften die immer erst im Nachhinein festgesetzte Steuerbelastung das Ergebnis verzerren kann. Die maßgeblichen Vorschusszahlungen, Erstattungen und Nachforderungen ergeben sich aus Einkünften, die oft lange vor dem Prüfungszeitraum erzielt wurden. Aus diesem Grund und zur Vermeidung von Manipulationsmöglichkeiten bietet sich daher oftmals das **Für-Prinzip** an. Danach sind die vom Finanzamt vorgenommenen oder noch vorzunehmenden Veranlagungen maßgeblich, ohne Rücksicht darauf, welche Zahlungen im betreffenden Zeitraum konkret geleistet wurden. Sind fiktive Einkünfte für die Unterhaltsbemessung maßgeblich, sollte stets auch eine fiktive Steuerberechnung vorgenommen werden.
Eine **fiktive Berechnung** ist ferner bei Negativeinkünften zur Vermögensbildung durchzuführen. Hier ist die fiktive Steuer für die übrigen Einkünfte ohne Negativeinkünfte anzusetzen, da die Vermögensbildung nicht zu Lasten des Berechtigten gehen darf, der andererseits aber auch hieraus keine Vorteile ziehen soll. Das Gleiche gilt bei der steuerlichen Berücksichtigung außergewöhnlicher Belastungen, die unterhaltsrechtlich nicht als Abzugsposten anerkannt werden.
Der **Splittingvorteil**, der sich daraus ergibt, dass der Unterhaltsverpflichtete wieder geheiratet hat, ist vom Gesetzgeber der bestehenden – neuen – Ehe zugewiesen und darf dieser nicht dadurch entzogen werden, dass er bei der Bemessung des Unterhaltsbedarfs für den geschiedenen Ehegatten einkommenserhöhend berücksichtigt wird (BVerfG FamRZ 03, 1821; BGH FamRZ 05, 1817).
Der Grundsatz, dass steuerliche Vorteile allein der bestehenden Ehe zugute kommen, gilt entspr auch, soweit es um einen Unterhaltsanspruch der Mutter aus § 1615 l geht (Kobl FamRZ 04, 973).
Bei der Einkommensermittlung für die Berechnung des Unterhalts von Kindern aus vorangegangener Ehe des Unterhaltspflichtigen ist der Splittingvorteil aus der neuen Ehe hingegen einkommenserhöhend zu berücksichtigen (BGH FamRZ 05, 1817; zu Einzelheiten vgl *Heinke/Viefhues* ZFE 03, 356).
Zumutbar sicher erzielbare **Steuervorteile** sind wie Einkommen zu behandeln (BGH FamRZ 99, 372; vgl zum Ganzen auch *Schürmann* FuR 03, 450). Dazu gehört neben der Inanspruchnahme des begrenzten Realsplittings und der zutreffenden Steuerklassenwahl (BGH FamRZ 04, 443) auch die Geltendmachung steuerlicher Freibeträge und Pauschalen bei der Einkommensteuerveranlagung, sofern ihre Höhe zweifelsfrei feststeht, nicht hingegen wegen streitiger Spitzenbeträge (BGH FamRZ 99, 372).
Steht fest, dass Steuererstattungen oder Steuernachzahlungen künftig nicht in bisheriger Höhe entstehen, können sie der Berechnung des künftigen Unterhalts nicht in unveränderter Höhe mit der Begründung unzureichender Vorhersehbarkeit der weiteren Einkommensentwicklung zugrunde gelegt werden (BGH FamRZ 99, 372).

46 **2. Vorsorgeaufwendungen.** Renten-, Arbeitslosen- und Krankenversicherungsbeiträge können in angemessener und nachgewiesener Höhe einkommensmindernd geltend gemacht werden (zu Einzelheiten vgl KKFamR/*Kleffmann* vor § 1361 Rn 148). Die Angemessenheit richtet sich nach den Einkommens- und Vermögensverhältnissen bzw dem Versicherungsschutz, der vor der Trennung bestand.
Die **primäre Altersvorsorge** wird künftig kaum ausreichen mit der Folge, dass es einer ergänzenden **privaten Altersvorsorge** bedarf (BGH NJW 05, 3277; FamRZ 03, 860; 03, 1179; vgl auch *Büttner* FamRZ 04, 1918). Neben gesetzlichen und betrieblichen Aufwendungen sind auch zusätzliche freiwillige Versicherungsleistungen als Altersvorsorge grds zu berücksichtigen, auch wenn sie der Vermögensbildung dienen. Für die Höhe des berücksichtigungsfähigen Aufwands wurde bereits iRd schwächer ausgestalteten Elternunterhalts ein um etwa 25 % über der gesetzlichen Rentenversicherung liegender Betrag, also etwa weitere 5 % des Bruttoeinkommens, als angemessener Altersvorsorgeaufwand angesehen (BGH FamRZ 04, 792; NJW-RR 04, 793). Der BGH erachtet auch iRd Ehegattenunterhaltsverhältnisses angemessenen zusätzlichen Altersvorsorgeaufwendungen für grds berücksichtigungsfähig (BGH FuR 05, 555 = FamRZ 05, 1871; NJW 05, 3277). Neben Beiträgen zur gesetzlichen Rentenversicherung sind private Altersvorsorgebeiträge in Höhe von bis zu 4 % des Gesamtbruttoeinkommens des Vorjahres beim Berechtigen und Verpflichteten grds berücksichtigungsfähig. Grds besteht **Wahlfreiheit** hinsichtlich der Art der Altersvorsorge. Beim Elternunterhalt hat der BGH die Bildung von Sparguthaben als angemessene Form der Vorsorge akzeptiert (BGH FamRZ 03, 860).
Auch andere Anlageformen, etwa der **Erwerb einer Immobilie**, werden in angemessenem Umfange als private Altersvorsorge zu akzeptieren sein (BGH FamRZ 04, 443; FamRZ 03, 1179 iRd Elternunterhalts).
Eine abzugsfähige Altersversorgung ist auch die **Direktversicherung**, wenn sie vom Arbeitgeber als Altersversorgung gedacht ist (München FamRZ 97, 613; vgl auch BGH NJW 05, 3277).
Auch bei Beamten gelten ähnliche Grundsätze (BGH FamRZ 03, 1179).
Aufwendungen zur **Pflegeversicherung** sind nach dem zum 1.1.95 in Kraft getretenen Pflegeversicherungsgesetz als Krankheitsvorsorge anzusehen (vgl zum Ganzen *Gutdeutsch* FamRZ 94, 878) und als Abzugsposten zu berücksichtigen.

47 **3. Berufsbedingte Aufwendungen.** Berufsbedingte Aufwendungen, die sich von den privaten Lebenshaltungskosten nach objektiven Merkmalen eindeutig abgrenzen lassen, sind iRd Angemessenen vom Nettoeinkommen aus unselbstständiger Arbeit abzuziehen. Die Leitlinien der Oberlandesgerichte enthalten zu Ziff 10.2 teilweise erheblich divergierende Orientierungshilfen für die Berücksichtigung derartigen berufsbedingten Aufwands (wegen der Einzelheiten vgl KKFamR/*Kleffmann* vor § 1361 Rn 149 ff). Zum Teil wird eine **Pauschale** von 5 % des Nettoerwerbseinkommens in Ansatz gebracht (vgl BGH FamRZ 00, 1492; zum Teil mit Ober- und Untergrenzen, zT wird der konkrete Nachweis berufsbedingten Aufwands für erforderlich erachtet. Bei Ansatz der Kilometerpauschale können nicht zusätzlich konkrete Kosten geltend gemacht werden (Hamm FamRZ 01, 482). Bei weiten Fahrtstrecken von der Wohnung zur Arbeit kann eine Verringerung des Kilometersatzes in Betracht kommen (Hamm FamRZ 01, 46 und 1617). Mit der Pauschale ist regelmäßig der gesamte Fahrzeugaufwand gedeckt, insbes können nicht zusätzlich noch Kosten für Haltung, Betrieb, Steuer, Versicherung, Reparatur etc) in Ansatz gebracht werden. Der BGH (FamRZ 06, 108) billigt, dass Aufwendungen in der Regel mit 5 % des Nettoeinkommens (pauschal) angesetzt werden und dass, wenn höhere Aufwendungen geltend gemacht werden oder ein Mangelfall vorliegt, die (gesamten) Aufwendungen im Einzelnen darzulegen, nachzuweisen und ggf nach § 287 ZPO zu schätzen sind (vgl auch Hamm NJW-RR 05, 515 zur Abzugsfähigkeit von Pkw-Finanzierungskosten). Der **berufsbedingte Fahrtkostenaufwand** ist immer auf seine **Angemessenheit** zu überprüfen und so niedrig wie möglich zu halten. Bei unverhältnismäßig hohen Kosten (Richtschnur: ein Drittel oder mehr des Nettoeinkommens) ist zu prüfen, ob öffentliche Verkehrsmittel zumutbar genutzt werden können oder ein Wohnungswechsel zumutbar ist (BGH FamRZ 98, 1501). Umgekehrt können auch hohe Fahrtkosten wegen persönlicher Bindungen hinzunehmen sein, wenn sonst die Lebensplanung des Unterhaltspflichtigen unzumutbar eingeschränkt würde.
Abzusetzen sind **Kinderbetreuungskosten**, soweit sie infolge von Erwerbstätigkeit notwendig werden (BGH FamRZ 05, 1154). Außerdem kann ein Kinderbetreuungsbonus berücksichtigt werden (BGH FamRZ 05, 442).
Gewerkschaftsbeiträge sind grds einkommensmindernd zu berücksichtigen (BGH NJW 97, 1919; Hamm FÜR 03, 90). Ausnahmsweise kann etwas anderes gelten im Mangelfall oder soweit der Regelbetrag minderjähriger Kinder tangiert ist (Ddorf NJW 05, 1999).

48 **4. Umgangskosten.** Durch Ausübung des Umgangs bedingte Kosten können regelmäßig nicht vom Einkommen abgezogen werden (BGH NJW 95, 717). Etwas anderes kann gelten aufgrund der nach § 1612 b V begrenzten Kindergeldanrechnung, wenn sonst ausreichende Mittel zur Umgangsausübung fehlen (BVerfG FamRZ 03, 1370; BGH FuR 05, 253 = FamRZ 05, 706 in Anschluss an FuR 03, 269; vgl auch Kobl NJW-RR 05, 1310; Bambg FuR 05, 520; Frankf FÜR 04, 398). In derartigen Konstellationen kann insbes der Selbstbehalt maßvoll angehoben werden (Schlesw ZFE 05, 455).
Umgangskosten können als zusätzlicher Bedarf des Unterhaltspflichtigen zu berücksichtigen sein, wenn die Kindergeldanrechnung im Mangelfall unterbleibt (BGH FamRZ 05, 706 m Anm *Luthin*).

5. Verbindlichkeiten. Berücksichtigungswürdige Verbindlichkeiten mindern das unterhaltsrechtlich relevante Einkommen (vgl auch Ziff 10.4 der Leitlinien). Es gibt keinen gesetzlichen Vorrang von Unterhaltsverpflichtungen (BGH FamRZ 84, 657; Frankf ZFE 05, 96). Neben diesen sind nach §§ 1581, 1603 I auch die sonstigen Verpflichtungen des Unterhaltsschuldners zu berücksichtigen. Bei der Berücksichtigung von Verbindlichkeiten sind die Interessen der Unterhaltsberechtigten, Drittgläubiger und des Unterhaltsschuldners aufgrund einer **umfassenden Interessenabwägung** zu berücksichtigen (BGH FamRZ 02, 536 und ständig; vgl auch *Bernreuther* FamRZ 95, 769). Aus dem jeweiligen Unterhaltsverhältnis ergeben sich dabei weitreichende Unterschiede. Es ergeben sich darüber hinaus unterschiedliche Auswirkungen auf Bedarf, Bedürftigkeit und Leistungsfähigkeit. Wegen der Einzelheiten wird auf die Kommentierung zu §§ 1361, 1577, 1578 und 1581 verwiesen. 49

Bedeutsame Umstände für die gebotene Interessenabwägung sind vornehmlich:
– Zweck der Verbindlichkeit
– Zeitpunkt und Art der Entstehung der Verbindlichkeit
– Dringlichkeit der beiderseitigen Bedürfnisse
– Kenntnis des Schuldners von Grund und Höhe der Unterhaltsschuld
– Möglichkeiten des Schuldners, die Leistungsfähigkeit in zumutbarer Weise ganz oder teilweise, zB durch Tilgung, Streckung, wiederherzustellen
– Schutzwürdige Belange Dritter (grundlegend BGH FamRZ 82, 157 und 84, 657).

Nicht zu berücksichtigen sind Verbindlichkeiten, die ein Ehegatte leichtfertig für luxuriöse Zwecke oder ohne verständigen Grund begründet hat (BGH FamRZ 02, 815; 96, 160). Diese auf dem Grundsatz von Treu und Glauben beruhende Einschränkung bei der Berücksichtigung von Schulden ist sachlich wie andere Fälle selbstverschuldeter Leistungsunfähigkeit zu betrachten. Bei im Einvernehmen mit dem anderen Ehegatten oder sogar gemeinsam begründeten Verbindlichkeiten wird es stets an einem einseitigen, verantwortungslosen Handeln fehlen. In Kenntnis der Unterhaltspflicht begründete Verbindlichkeiten sind unbeachtlich, wenn sie zu dem Zweck eingegangen wurden, sich der Zahlungspflicht zu entziehen.

Eine Obliegenheit zur **Einleitung eines Verbraucherinsolvenzverfahrens** besteht beim privilegierten Unterhaltsanspruch, wenn der Schuldner trotz ernsthafter außergerichtlicher Bemühungen eine Reduzierung seiner bisherigen Belastungen nicht erreichen kann, die Unterhaltspflicht zur Zahlungsunfähigkeit führt und ein Insolvenzverfahren nicht aus anderen vom Schuldner darzulegenden Gründen unzumutbar ist (BGH FuR 05, 246 = FamRZ 05, 608 m Anm *Schürmann* 887; *Wohlgemuth* FamRZ 05, 2035; vgl auch *Krause* FamRZ 05, 1725). Die Dauer der Unterhaltspflicht, zumal gegenüber minderjährigen Kindern, muss in einem angemessenen Verhältnis zu derjenigen des Insolvenzverfahrens stehen (Dresden FamRZ 03, 1028 m Anm *Schürmann* FamRZ 01, 441; Stuttg FamRZ 03, 1216; vgl auch Nürnberg FamRZ 05, 1502: keine Obliegenheit zur Einleitung eines Verbraucherinsolvenzverfahrens, wenn die Drittschulden relativ niedrig sind). Die Möglichkeit der Verbraucherinsolvenz macht eine Abwägung zwischen den Gläubigerinteressen und den Interessen der Unterhaltsberechtigen sowie des Unterhaltspflichtigen nicht entbehrlich (*Schürmann* FamRZ 05, 888). An die unterhaltsrechtliche Berücksichtigung von Schulden werden besonders hohe Anforderungen gestellt, wenn der Regelbedarf minderjähriger Kinder tangiert ist (BGH FamRZ 92, 797; 84, 657; Hamm FamRZ 98, 1252). Gegenüber dem Anspruch aus § 1615 l besteht keine Obliegenheit zur Einleitung eines Insolvenzverfahrens mit Restschuldbefreiung (Kobl ZFE 05, 410). 50

Werden Verbindlichkeiten bei der Unterhaltsberechnung als Abzugsposten berücksichtigt, liegt darin eine „anderweitige Bestimmung" iSd § 426, die den Gesamtschuldnerausgleich ausschließt. Ob im Übrigen eine die hälftige Ausgleichspflicht unter Gesamtschuldnern überlagernde **anderweitige Bestimmung** bereits dann anzunehmen ist, wenn ein Ehegatte die gemeinsamen Schulden nach der Trennung weiterhin allein abträgt, während der andere –auch ohne ausdrückliche oder stillschweigende Vereinbarung- Ehegattenunterhalt nicht geltend macht, bedarf der Prüfung im Einzelfall (BGH FuR 05, 379 = NJW 05, 2307).

Wegen in Betracht kommender und einkommensmindernd zu berücksichtigender Ausgaben in den verschiedenen Unterhaltsverhältnissen wird auf die Übersicht in KKFamR/*Kleffmann* vor § 1361 Rn 162 ff verwiesen. Zum **Verbot der Doppelverwertung** von Schuldtilgungen vgl BGH FamRZ 03, 1544; München FamRZ 005, 713; *Gerhardt/Schulz* FamRZ 05, 317; *Schmitz* FamRZ 05, 1520; *Kogel* FamRZ 04, 1614.

6. Unterhalt vorrangig Berechtigter. Auch Unterhaltszahlungen für Kinder und sonstige Unterhaltsberechtigte, für die bereits während bestehender Ehe Unterhalt geleistet werden musste, sind beim Ehegattenunterhalt vom Einkommen bei der Bedarfsermittlung abzuziehen (BGH FamRZ 99, 367; 92, 797). Aus Gründen der Gleichbehandlung gilt der Vorabzug nicht nur beim Pflichtigen, sondern auch, wenn der Berechtigte Barunterhaltsleistungen erbringt (BGH FamRZ 99, 367). 51

Der Vorwegabzug gilt nicht nur für gemeinschaftliche Kinder, sondern auch für voreheliche Kinder (BGH FamRZ 03, 860) oder nichteheliche Kinder für die bereits während des Bestehens der Ehe aufzukommen war (BGH FamRZ 03, 363; 00, 1492).

Die Unterhaltspflicht gegenüber einem vor der Scheidung geborenen nichtehelichen Kind ist auch dann zu berücksichtigen, wenn es nach der Trennung geboren wurde (BGH FamRZ 00, 1492; 99, 367).

Kindesunterhalt ist bei der Bemessung weiterer Unterhaltspflichten sowohl iRd Bedarfsermittlung als auch bei der Leistungsfähigkeit des Unterhaltsschuldners mit dem **vollen Tabellenbetrag** und nicht nur mit dem Zahlbetrag zu berücksichtigen (BGH FuR 05, 165 = FamRZ 05, 347 im Anschluss an BGH FuR 02, 228 = FamRZ 02, 536; Ddorf FamRZ 04, 1205: Berücksichtigung des Unterhalts für ein nichteheliches Kind mit dem Tabellenbetrag und nicht mit dem Zahlbetrag, vgl insoweit jedoch auch *Graba* FamRZ 99, 317).

In Ausnahmefällen hat der Vorwegabzug des Tabellenkindesunterhalts zu unterbleiben, wenn sich daraus ein **Missverhältnis** zum wechselseitigen Bedarf der Beteiligten ergibt (BGH FamRZ 99, 367). Dies kann etwa der Fall sein, wenn beim Aufstockungsunterhalt der Anspruch erst durch den Vorwegabzug ausgelöst wird (Thüringen FamRZ 04, 1207; Köln NJW-RR 01, 1371; vgl im Übrigen grundlegend zur Kappung des Vorwegabzugs BGH FamRZ 03, 363 und KKFamR/*Kleffmann* vor § 1361 Rn 166).

Ein Vorwegabzug bei der Bedarfsermittlung unterbleibt, wenn es sich um ein Kind aus einer späteren Ehe des Verpflichteten oder ein erst nach der Rechtskraft der Scheidung geborenes nichteheliches Kind handelt. Eine derartige Unterhaltsverpflichtung hat die ehelichen Lebensverhältnisse nicht geprägt, ist jedoch als gleichrangige Unterhaltspflicht iRd Leistungsfähigkeit zu berücksichtigen.

Im Übrigen ist der tatsächlich geschuldete Unterhalt abzuziehen. Ein anderweitiger, höher titulierter, Unterhalt ist nicht maßgeblich, da davon auszugehen ist, dass der Titel abgeändert werden kann (BGH FamRZ 03, 363). Auch ein zu hoher vertraglich vereinbarter Unterhalt ist nicht maßgeblich.

Beim Elternunterhalt kann im Übrigen schon die **latente Unterhaltslast** die ehelichen Lebensverhältnisse prägen, wenn aufgrund einer geringen eigenen Altersvorsorge sich die Unterhaltsverpflichtung für einen Elternteil bereits in der Ehe wegen Gewährung von Sozialhilfe abzeichnete (BGH FamRZ 03, 860; FPR 04, 148).

§ 1577 Bedürftigkeit

(1) Der geschiedene Ehegatte kann den Unterhalt nach den §§ 1570 bis 1573, 1575 und 1576 nicht verlangen, solange und soweit er sich aus seinen Einkünften und seinem Vermögen selbst unterhalten kann.
(2) ¹Einkünfte sind nicht anzurechnen, soweit der Verpflichtete nicht den vollen Unterhalt (§ 1578) leistet. ²Einkünfte, die den vollen Unterhalt übersteigen, sind insoweit anzurechnen, als dies unter Berücksichtigung der beiderseitigen wirtschaftlichen Verhältnisse der Billigkeit entspricht.
(3) Den Stamm des Vermögens braucht der Berechtigte nicht zu verwerten, soweit die Verwertung unwirtschaftlich oder unter Berücksichtigung der beiderseitigen wirtschaftlichen Verhältnisse unbillig wäre.
(4) ¹War zum Zeitpunkt der Ehescheidung zu erwarten, dass der Unterhalt des Berechtigten aus seinem Vermögen nachhaltig gesichert sein würde, fällt das Vermögen aber später weg, so besteht kein Anspruch auf Unterhalt. ²Dies gilt nicht, wenn im Zeitpunkt des Vermögenswegfalls von dem Ehegatten wegen der Pflege oder Erziehung eines gemeinschaftlichen Kindes eine Erwerbstätigkeit nicht erwartet werden kann.

1 **A. Grundlagen.** § 1577 normiert für den nachehelichen Unterhalt das allgemein gültige unterhaltsrechtliche Prinzip, dass Unterhalt nur beanspruchen kann, wer selbst **bedürftig** ist (BGH FamRZ 89, 487). Die oft langjährigen Verpflichtungen schränken den Unterhaltspflichtigen teilweise erheblich in seiner durch Art 1 u 2 GG geschützten allgemeinen Handlungsfreiheit ein (BVerfG FamRZ 01, 1685). Dies gebietet, die mit der Unterhaltsverpflichtung verbundenen Belastungen so gering wie möglich zu halten. Eine die Bedürftigkeit mindernde Zurechnung eigener Einkünfte ist damit zugleich Ausdruck des nach der Scheidung herrschenden Prinzips der persönlichen und wirtschaftlichen Eigenverantwortung (zu Einzelheiten vgl § 1569 Rn 1). Der geschiedene Ehegatte ist nur dann als bedürftig anzusehen, wenn und soweit er mit seinen prägenden und nichtprägenden unterhaltsrechtlich bereinigten Einkünften und – soweit geboten – durch Verwertung seines Vermögens seinen an den ehelichen Lebensverhältnissen ausgerichteten vollen Lebensbedarf nicht oder nicht in vollem Umfang zu decken vermag und hierzu auch nicht verpflichtet ist (grundlegend BGH FamRZ 89, 487).

2 I und II beziehen sich auf die Anrechnung eigener Einkünfte einschließlich zuzurechnender Erträge aus dem Vermögen.
III der Vorschrift begrenzt die Obliegenheit zur Verwertung eigenen Vermögens. § 1577 IV die wiedereintretende Bedürftigkeit nach Vermögensverfall.
IRd § 1615l ist § 1577 II analog anwendbar (BGH FamRZ 05, 442 mAnm *Schilling*).

3 **B. Bedürftigkeit. 1. Maßstab.** Die Bedürftigkeit richtet sich allein nach unterhaltsrechtlichen Kriterien, nicht etwa nach sozialhilferechtlichen Maßstäben (BGH NJW 95, 1486). Der nach § 1578 zu bemessende **Bedarf** bildet den Maßstab für die Bedürftigkeit. Ein in ausreichender Höhe nachhaltig gesichertes eigenes Einkommen lässt einen Unterhaltsanspruch dauerhaft entfallen (§ 1573 IV). Eine später durch Wegfall dieser Einkünfte einsetzende Bedürftigkeit kann daher nur dann noch einen Unterhaltsanspruch begründen, wenn zu diesem Zeitpunkt die Vorraussetzungen für einen Anspruch aus §§ 1570 ff unmittelbar oder lückenlos als Anschlusstatbestand gegeben sind (BGH FamRZ 87, 689). Umstritten ist, inwieweit dies auch für einen Unterhaltsanspruch aus §§ 1571, 1572, 1573, 1575 gilt, wenn mit Ausnahme der Bedürftigkeit die sonstigen

Anspruchsvoraussetzungen zum Einsatzzeitpunkt gegeben waren und eine Bedürfnislage erst später eintritt. Zum Teil werden die Anspruchsvoraussetzungen bejaht (München FamRZ 93, 564; Zweibr NJWE-FER 01, 143), zum Teil verneint (*Weinreich/Klein*, § 1577 Rn 4). Zum Teil wird eine differenzierte Betrachtung nach der jeweiligen Risikosphäre vorgeschlagen (AnwK/*Schürmann*, § 1577 Rn 5).

Die Bedürftigkeit ist nach dem konkreten Unterhaltszeitraum zu beurteilen (**zeitliche Kongruenz**). Dies ist nach § 1585 I S 2 der einzelne Monat (BGH FamRZ 82, 259). Zu einem späteren Zeitpunkt zufließende Mittel beseitigen mithin nicht rückwirkend die Bedürftigkeit. Ein Bereicherungsanspruch scheidet aus (BGH NJWE-FER 98, 217). 4

Bei **Rentennachzahlungen** ist der Nachzahlungsbetrag unterhaltsrechtlich zwar allein einem künftigen Zeitraum zuzuordnen (BGH FamRZ 85, 155). Die Rechte des Unterhaltsschuldners sind jedoch zu wahren. Hat der Schuldner vom Rentenverlauf seitens des Gläubigers Kenntnis, kann er eine Überzahlung abwenden, indem er dem Gläubiger bis zur Bewilligung der Rente den Unterhalt als **zins- und tilgungsfreies Darlehen** anbietet, verbunden mit der Verpflichtung, im Fall der Ablehnung des Rentenantrages auf die Rückzahlung des Darlehens zu verzichten, soweit es sich mit dem Unterhalt deckt, während es im Fall der Rentenbewilligung zurückzugewähren ist (BGH FamRZ 89, 718). Der Gläubiger ist verpflichtet, ein derartiges Kreditangebot anzunehmen (BGH FamRZ 92, 1152; *Reinecke* ZFE 03, 115). Soweit der Eintritt des Rentenfalls nicht bekannt ist, kommt jedoch ein **Erstattungsanspruch** nach Treu und Glauben in Betracht. Seine Höhe orientiert sich an dem Teil der Rentennachzahlung, um den sich der Unterhalt ermäßigt hätte, wenn die Rente während des fraglichen Zeitraums schon bezahlt worden wäre (BGH FamRZ 89, 718).

Die Bedürftigkeit des Berechtigten und sein Bedarf verringern sich nicht durch eine **freiwillige Einschränkung** seiner Lebensführung (BGH NJW 95, 1343). **Kreditverpflichtungen** erhöhen grds den Bedarf nicht. Unterhaltszahlungen dienen der Deckung des laufenden Lebensbedarfs, nicht der Vermögensbildung oder dem Abbau von Verbindlichkeiten (BGH NJW 98, 753; BGH FamRZ 90, 280; BGH NJW 85, 2265). Dem Unterhaltspflichtigen obliegt es nicht, durch eine Erhöhung des Unterhalts mittelbar für Verbindlichkeiten des geschiedenen Ehegatten einzustehen (BGH FamRZ 92, 423). Etwas anderes kann nur gelten für Aufwendungen iRd Erzielung von Einkünften (etwa Zurechnung eines Wohnwerts einerseits und Berücksichtigung der Zinslasten für die Wohnung andererseits), für Verbindlichkeiten, die bereits während der Ehe bestanden haben („eheprägende Verbindlichkeiten", vgl BGH FamRZ 97, 806; Ddorf FamRZ 94, 1049). Ob dies auch für Darlehensverbindlichkeiten, die der Unterhaltsgläubiger begründet hat, um seine Lebenshaltungskosten zu finanzieren, während der Unterhaltschuldner Unterhaltsleistungen zu Unrecht verweigert hat, gelten kann, ist zweifelhaft (bejahend KKFamR/*Klein* § 1577 Rn 13, verneinend AnwK/*Schürmann* § 1577 Rn 10). Übersteigen Belastungen aus Verbindlichkeiten die eigenen Einkünfte des Bedürftigen, führt dies nicht zu einer Erhöhung der Unterhaltspflicht (BGH NJW 92, 1044). 5

Unterhaltsverpflichtungen, die der Berechtigte einem Dritten gegenüber hat, sind wie sonstige Verbindlichkeiten zu beurteilen, erhöhen die Bedürftigkeit mithin grds nicht (BGH FamRZ 85, 273).

Lebt der Berechtigte im **Ausland**, sind für seinen Bedarf die dortigen tatsächlichen Versorgungsmöglichkeiten und deren Kosten maßgebend (BGH FamRZ 92, 160).

2. Anrechenbare Einkünfte. Bei der Bestimmung der anzurechnenden Einkünfte gelten spiegelbildlich dieselben Grundsätze wie für die Beurteilung der Leistungsfähigkeit des Unterhaltspflichtigen (BGH FamRZ 81, 541; 80, 771; zu Einzelheiten vgl § 1581 Rn 4). 6

Alle prägenden und nichtprägenden Einkünfte kürzen den Bedarf des Berechtigten (BGH NJW 89, 1083). Grds sind alle Einkünfte in Geld oder Geldwert zu berücksichtigen (BGH NJW 80, 2081; zu Einzelheiten der Einkommensermittlung vgl vor § 1577 Rn 1 ff). Der in § 1577 verwendete Begriff der „Einkünfte" ist nicht im steuerrechtlichen Sinne (§ 2 EStG) zu verstehen.

Das Schwergewicht der eigenen Bedarfsdeckung bilden in der Praxis Einkünfte aus **Erwerbstätigkeit** (zu Einzelheiten vgl vor § 1577 Rn 6 ff).

Als Einkommen gelten auch **fiktive** Einkünfte, dh Beträge, die dem Unterhaltsberechtigten zwar nicht zufließen, die er aber unter zumutbarer Ausnutzung seiner Arbeitsfähigkeit oder einer nutzbringenden Vermögensanlage erzielen könnte (zu Einzelheiten vgl vor § 1577 Rn 30 ff). Für die Beurteilung der Zumutbarkeit der Erwerbsaufnahme gelten nach Scheidung der Ehe strengere Maßstäbe als beim Trennungsunterhalt (vgl dort § 1361 Rn 3). Das Gleiche gilt, wenn der Verpflichtete nach § 1581 nur Billigkeitsunterhalt schuldet (zur Verschärfung der Zumutbarkeitsanforderungen vgl BGH NJW 83, 1548).

Auch dem Berechtigten zufließende **geltwerte Vorteile** führen zu einer Ersparnis bei den sonst für den Lebensunterhalt notwendigen Ausgaben und mindern die Bedürftigkeit in Höhe der ersparten Aufwendungen (vgl vor § 1577 Rn 12 ff). Es kann sich um die Gestellung einer Dienstwohnung, eines Firmenfahrzeugs, freien oder verbilligten Essens, Personalrabatte etc handeln (vgl auch *Kalthoener/Büttner/Niepmann* Rn 716; Hamm FamRZ 99, 167). 7

Vermögenserträge mindern die Bedürftigkeit. Die Herkunft des Vermögens ist unerheblich (BGH FamRZ 88, 1145). Auch Erträge aus einer Leibrente (BGH FamRZ 94, 228; Köln FamRZ 83, 643), einem Zugewinnausgleich (BGH FamRZ 87, 912; 85, 354; Köln FamRZ 93, 711; Karlsr FamRZ 02, 750), einer sonstigen Vermögensauseinandersetzung (Köln FamRZ 98, 743), Zinsen aus Schmerzensgeld (BGH FamRZ 88, 1031; vgl 8 jedoch auch Ddorf FamRZ 97, 1098) sind bedürftigkeitsmindernd zu berücksichtigen. Zum Vermögen zählen auch durchsetzbare Ansprüche gegen Dritte. So sind Pflichtteilsansprüche grds geltend zu machen (BGH FamRZ 83, 1065; zu Grenzen vgl Hamm FamRZ 97, 1537) oder die Auflösung einer ungeteilten Erbengemeinschaft zu betreiben (BGH FamRZ 80, 126), soweit dies nach § 1577 III zumutbar ist. Eine entspr Verpflichtung besteht andererseits nicht, wenn die Durchsetzung von Rechten unwirtschaftlich oder mit einem unsicheren Ausgang verbunden ist (BGH FamRZ 98, 1503). Maßgeblich ist der **Nettozufluss**, dh der Vermögensertrag abzüglich der Werbungskosten (BGH NJW 92, 1044; 88, 1282).

9 Wirtschaftliche Nutzungen aus dem Vermögen stellen auch die **Wohnvorteile** dar (zu Einzelheiten vgl vor § 1577 Rn 19 ff).

Beim nachehelichen Unterhalt ist für den Wohnvorteil die **objektive Marktmiete** maßgeblich (BGH NJW 98, 753). Diese kann regelmäßig über den örtlichen Mietspiegel ermittelt, ggf über § 287 ZPO geschätzt werden (BGH FamRZ 95, 869). Nach der Scheidung ist grds eine Obliegenheit zur Verwertung der Wohnung bzw des Hauses zu bejahen, da keine Erhaltungsinteressen mehr bestehen (BGH FamRZ 94, 1100). Etwas anderes kann sich ergeben, wenn ein Auszug unzumutbar ist (Hamm NJWE-FER 00, 273) oder der mietfrei Wohnende seinen Eltern zum Unterhalt verpflichtet ist (Oldbg FamRZ 00, 1174; zu Einzelheiten und berücksichtigungsfähigen Abzugsposten vgl vor § 1577 Rn 43 ff.

Hinsichtlich der bedürftigkeitsmindernden Berücksichtigung sonstiger Einkünfte wird auf die Kommentierung vor § 1577 verwiesen, so hinsichtlich der Einkünfte aus Erwerbstätigkeit (Rn 6 ff), der Berücksichtigung geldwerter Vorteile (Rn 12), der Lohnersatzleistungen (Rn 18), der Versorgungsleistungen für einen Partner (Rn 42), freiwilliger Zuwendungen Dritter (Rn 29) und von Sozialleistungen (Rn 18 ff).

10 **3. Nichtanrechnung von Einkünften aus unzumutbarer Arbeit. a) Anwendungsbereich des § 1577 II.** § 1577 II gilt nicht für Einkünfte aus zumutbarer Tätigkeit. Derartige Einkünfte mindern stets die Bedürftigkeit (BGH FamRZ 83, 146). § 1577 II dient dem **Schutz des Unterhaltsberechtigten**. Die Regelung bezieht sich auf alle in nicht zumutbarer Weise erzielten Einkünfte, nicht nur auf Einkünfte aus Erwerbstätigkeit, sondern auf sämtliche anderen Einkünfte. § 1577 II regelt nur die Anrechnung überobligatorischer Einkünfte beim Geschiedenenunterhalt, gilt für den Trennungsunterhalt jedoch analog (BGH FamRZ 95, 343). Der Rechtsgedanke des § 1577 II ist auch im Verwandtenunterhalt heranzuziehen (BGH FamRZ 95, 475). Bei der Ermittlung der Höhe des Unterhaltsanspruchs der nichtehelichen Mutter gem § 1615 l wird das überobligationsmäßig erzielte Einkommen der Mutter auf ihren Unterhaltsbedarf analog § 1577 II angerechnet (BGH FamRZ 05, 1442 = NJW 05, 818).

11 **b) Grenzen zumutbarer Tätigkeit.** § 1577 gestattet dem Unterhaltsgläubiger, sein Einkommen aus unzumutbarer Tätigkeit zunächst für seine eigene Existenz wie auch zur Aufrechterhaltung seines ehelichen Lebensstandards zu verwenden. Eine Tätigkeit ist immer unzumutbar, wenn derjenige, der sie ausübt, unterhaltsrechtlich nicht gehindert ist, sie jederzeit wieder zu beenden (BGH FamRZ 01, 350). Dies gilt für den Unterhaltsschuldner wie für den Unterhaltsgläubiger gleichermaßen. Übt der Gläubiger eine unzumutbare Tätigkeit aus, bleibt er bedürftig, wenn das erzielte und nur nach § 1577 II anrechenbare Einkommen seinen Unterhaltsbedarf nicht deckt. Einkünfte aus unzumutbarer Erwerbsquelle bleiben nur ausnahmsweise völlig unangetastet. Nach § 1577 II 2 sind sie in begrenztem Umfang regelmäßig auch zur Entlastung des Unterhaltsschuldners heranzuziehen (BGH FamRZ 95, 343).

Die **Grenze zumutbarer Tätigkeit** ist nicht statisch. Sie kann sich durch veränderte Umstände und Belastungen (Heranwachsen der Kinder, spätere Übernahme von Betreuungsaufgaben etc; *Kobl* FamRZ 99, 1275; gesundheitliche Beeinträchtigungen etc verschieben. Im Mangelfall gelten bei der Zumutbarkeitsprüfung erhöhte Anforderungen (BGH FamRZ 83, 569; zu Einzelheiten vgl § 1581 Rn 10). Geboten ist die **umfassende Prüfung der Umstände des Einzelfalls** (BGH FamRZ 05, 1442 m Anm *Schilling*). Die mitunter anzutreffende Praxis, einen **Betreuungsbonus** pauschal vom Einkommen des Berechtigten abzuziehen, erscheint nicht mehr vertretbar.

12 Der Hauptanwendungsbereich der Vorschrift liegt bei einer neben der **Kindesbetreuung** fortgesetzten oder nach der Trennung ohne entspr Obliegenheit aufgenommenen Erwerbstätigkeit. Die Leitlinien enthalten in Ziff 17 teilweise sehr schematische Regelungen. Weitgehend wird eine Erwerbstätigkeit neben einer Betreuung von Kindern bis zum Grundschulalter als zumutbar angesehen (BGH FamRZ 98, 1501; wegen der Einzelheiten wird auf die Kommentierung zu § 1570 Rn 5 verwiesen). Ob an der nur eingeschränkten Vereinbarkeit von Kindesbetreuung und Erwerbstätigkeit im Hinblick auf die seit In-Kraft-Treten des Gesetzes erheblich veränderten gesellschaftlichen Verhältnisse festgehalten werden kann, erscheint zweifelhaft (kritisch zu Recht Palandt/*Brudermüller* § 1577 Rn 22 und AnwK/*Schürmann* § 1577 Rn 59). Eheleute sind in der Gestaltung ihrer Lebensverhältnisse frei. Dies schließt unabhängig von der Kinderbetreuung eine beiderseitige Erwerbstätigkeit ein, wobei eine aus freier Entscheidung ausgeübte Arbeit zu einem dauerhaften, die Lebensverhältnisse prägenden Einkommen führt (*Bäumel* FPR 02, 31; *Born* FamRZ 97, 129). Die Beibehaltung einer Tätigkeit nach der Trennung stellt ein **Indiz für die Zumutbarkeit** der Erwerbstätigkeit dar (BGH FamRZ 95, 343; 81, 1159; Bambg FamRZ 96, 1076; Köln FamRZ 99, 113; Hamm FamRZ 00, 26; Ddorf NJW-RR 01, 434). **Beengte wirtschaftliche Verhältnisse** sprechen für eine weitergehende Zumutbarkeit bei der Ausübung einer Erwerbs-

tätigkeit (BGH FamRZ 83, 569). Insbes bestehende Kreditverpflichtungen belegen, dass der gewählte Lebenszuschnitt nicht aus dem Einkommen (nur) eines Ehegatten bestritten werden konnte.
Eine nach der Trennung geänderte Rollenverteilung führt bei Fortsetzung bisheriger Arbeit nicht dazu, dass diese Erwerbstätigkeit nunmehr regelmäßig als unzumutbar anzusehen ist (Hamm FamRZ 04, 375). Die Beurteilung der Vereinbarkeit von Kindererziehung und Berufstätigkeit hat sich in den letzten Jahrzehnten gewandelt. Gesetzliche Regelungen, etwa in § 1615 l oder § 10 I Nr 3 SGB II, deuten darauf hin, dass die Erziehung eines über drei Jahre alten Kindes regelmäßig als nicht gefährdet angesehen wird, soweit seine Betreuung gewährleistet ist. Für die Frage der Zumutbarkeit geboten ist eine **Einzelfallbetrachtung** (BGH FamRZ 05, 1442; Karlsr NJW 04, 523). Die durch die Betreuung vorhandene konkrete Belastungssituation des Unterhaltsberechtigten, Anzahl der Kinder, Möglichkeiten der Drittbetreuung (Tagesmutter, Kinderhort etc), gesundheitliche Beeinträchtigungen des oder der Kinder, Entlastung bei neuer Partnerschaft etc sollten bei der Beurteilung der Zumutbarkeit einer Erwerbstätigkeit im Vordergrund stehen (BGH FamRZ 05, 442; 05, 967). Auch maßgebend ist, wie die Kindesbetreuung mit den konkreten Arbeitszeiten unter Berücksichtigung erforderlicher Fahrtzeiten vereinbar ist, zu welchen Zeiten die Kinder einen Kindergarten oder die Schule besuchen können bzw der (Fremd-)Betreuung bedürfen (BGH FamRZ 01, 350).

Lohnersatzleistungen (Arbeitslosengeld oder andere Sozialleistungen) oder eine **Abfindung**, die auf vorangegangener unzumutbarer Tätigkeit beruhen, zählen nicht zu Einnahmen aus überobligatorischer Tätigkeit (Stuttg FamRZ 96, 415; Hburg FamRZ 92, 1308; Kobl FamRZ 02, 325; für eine Abfindung). Diese Leistungen beruhen nicht auf eigenen unzumutbaren Anstrengungen. Arbeitslosengeld oder andere Sozialleistungen sind auf Sozialabgaben zurückzuführen, die in der Vergangenheit das anrechenbare Einkommen in voller Höhe gemindert haben. **13**

Ob in einer **neuen Partnerschaft** neben einer Erwerbstätigkeit erbrachte **Versorgungsleistungen** regelmäßig als unzumutbar angesehen werden, ist zweifelhaft (befürwortend Karlsr FamRZ 88, 99; für Anrechnung Hamm FamRZ 95, 1152; für Berücksichtigung unter dem Gesichtspunkt ersparter Aufwendungen *Gerhardt* FamRZ 03, 272). Nach Auffassung des BGH (FamRZ 95, 343; 87, 1011) stellen übernommene Versorgungsleistungen ein gewichtiges Indiz für deren Zumutbarkeit dar. Es handelt sich um keine mit einer Erwerbstätigkeit vergleichbare Tätigkeit, sondern um eine anderweitige Deckung des Bedarfs. **14**

c) Berechnung bei überobligatorischer Tätigkeit. Erzielt der unterhaltsberechtigte Ehegatte Einkünfte aus überobligatorischer Tätigkeit, sind neben den allgemein üblichen Abzügen (zu Einzelheiten vgl vor § 1577 Rn 43 ff) zusätzliche Aufwendungen, insbes notwendige Kinderbetreuungskosten (BGH FamRZ 01, 350 zu steuerrechtlichen Fragen vgl auch *Kaiser-Plessow* FPR 04, 146), Kosten für einen Kinderhort oder Ganztagskindergarten (Köln FamRZ 84, 1108; Stuttg FamRZ 99, 884; Karlsr FamRZ 99, 859), einkommensmindernd zu berücksichtigen. Die Kosten einer Fremdbetreuung sind auch dann in Abzug zu bringen, wenn die entspr Leistung etwa von nahen Angehörigen unentgeltlich erbracht wird. Derartige Leistungen sollen den Unterhaltspflichtigen regelmäßig nicht entlasten und müssen unter dem Gesichtspunkt der freigiebigen Zuwendungen (zu Einzelheiten vgl vor § 1577 Rn 29) allein dem Berechtigten zugute kommen (BGH FamRZ 01, 350 für die Entlastung durch die Lebensgefährtin des Unterhaltspflichtigen). **15**

Bei **teilweiser Erwerbsobliegenheit** ist der nach § 1577 II zu berücksichtigende Betrag und der auf überobligatorischer Tätigkeit beruhende Teil zu bestimmen (BGH FamRZ 03, 518).

Für den Umfang der nach § 1577 I 1 anrechnungsfrei bleibenden Einkünfte aus unzumutbarer Tätigkeit ist maßgebend, inwieweit der vom Verpflichteten geschuldete Unterhalt zusammen mit etwa anzurechnenden Einkünften des Berechtigten aus zumutbarer Tätigkeit dessen vollen Bedarf nicht deckt. Für die Frage des geschuldeten Unterhalts ist es unerheblich, ob der Unterhaltsschuldner tatsächlich leistet oder nicht. Das verbleibende Defizit bildet den Rahmen, innerhalb dessen die Einkünfte nicht angerechnet werden, während sich die Anrechnung des darüber hinausgehenden Einkommens nach § 1577 I 2 richtet. Voller Unterhalt ist der Unterhalt nach Maßgabe der **ehelichen Lebensverhältnisse** (§ 1578 I).

In der Vergangenheit wurden Einkünfte aus unzumutbarer Tätigkeit nicht als eheprägend angesehen, da sie nicht nachhaltig erzielt wurden (BGH FamRZ 85, 360; 83, 146). Sie wurden gem § 1577 II entspr der Billigkeit regelmäßig teilweise angerechnet. Der BGH (FamRZ 05, 1154 m Anm *Gerhardt* = FuR 05, 364) sieht **überobligationmäßig erzieltes Einkommen** nunmehr grds als **bedarfsprägend** an. Der BGH nimmt von dem Einkommen einen nichtunterhaltsrelevanten Teil aus, der nicht in die Bedarfs- und Unterhaltsberechnung einzubeziehen ist. Hierbei handelt es sich um den gem § 1577 II anrechnungsfreien Teil des Einkommens, der vormals dem Betreuungsbonus entsprach. Diesem Betreuungsbonus erteilt der BGH jedoch nunmehr eine Absage. Der unterhaltsrelevante Teil der überobligationsmäßig erzielten Einkünfte ist iRd **Differenzmethode** zu berücksichtigen.

Der **anrechnungsfreie Betrag** kann nicht pauschal bemessen werden, sondern ist aufgrund einer Einzelfallabwägung zu bestimmen (BGH FuR 05, 967 = FamRZ 05, 442). Bei der konkreten Darlegung der besonderen Betreuungsschwierigkeiten und sonstiger Umstände, die eine Anrechnungsfreiheit eines Teils des Einkommens rechtfertigen, bedarf es einer konkreten Darlegung über die Freiwilligkeit der Erwerbsausübung (Oldbg FamRZ 05, 718; Saarbr ZFE 05, 453), der Betreuungssituation und der Belastungen durch die Berufsausübung unter Einbeziehung der Fahrten von und zur Arbeitsstelle (BGH FamRZ 05, 442; 05, 967; 01, 350). Der anrechnungsfreie Betrag hängt von der Erwerbsobliegenheit des berechtigten Ehegatten ab.

16 **Berechnungsbeispiel** (zu weiteren Einzelheiten vgl BGH FamRZ 05, 1154 und *Soyka* FK 05, 145):
Die Eheleute M und F leben getrennt. Ihr Sohn S ist 10 Jahre alt und lebt bei der F. M verdient bereinigt 1800 €.
F verdient aus vollschichtiger Tätigkeit 800 € und begehrt Trennungsunterhalt.
Mangels sonstiger Umstände ist davon auszugehen, dass im Hinblick auf die Betreuungssituation, die Belastungen durch die Berufsausbildung und aufgrund sonstiger Umstände bei Betreuung des 10-jährigen Kindes ein anrechnungsfreier Betrag von 100 € zugrunde zulegen ist:

Einkommen M: 1800 €
abzüglich Kindesunterhalt (DT Einkommensgruppe 4/2. Altersstufe) 299 €
abzüglich Einkommen F: 700 €
restliches Einkommen: 801 €
3/7 davon gerundet 343 €

Die Berechnung ändert sich entspr, wenn im Einzelfall andere Beträge als anrechnungsfrei angesehen werden müssen.

17 Auch andere überobligationsmäßig erzielte Einkünfte, etwa Einkünfte aus Nebentätigkeiten neben Verrichtung einer vollschichtigen Erwerbstätigkeit, prägen die ehelichen Lebensverhältnisse. Zu prüfen ist, ob ein gewisser Teil dieser überobligationsmäßigen Einkünfte entspr §§ 1577 II bzw 242 anrechnungsfrei bleiben muss (zu weiteren Einzelheiten vgl KKFamR/*Klein* § 1577 Rn 50 ff).
Auch hier können Gesichtspunkte für die **Billigkeitsabwägung** insbes die persönliche Belastung des betreuenden Elternteils sowie die wirtschaftlichen Verhältnisse der Parteien sein.

18 **4. Verwertung des Vermögensstamms.** Abweichend von § 58 EheG normiert § 1577 I die Pflicht, nicht nur die Erträge des Vermögens, sondern auch dessen Substanz zur Deckung des eigenen Unterhaltsbedarfs einzusetzen. Dies ist Ausdruck des Prinzips der **wirtschaftlichen Eigenverantwortung**.
Beim nachehelichen Unterhalt besteht der Grundsatz, dass der Bedürftige vor Inanspruchnahme des Verpflichteten den Vermögensstamm verbrauchen muss. Er ist auf die voraussichtliche Dauer der Unterhaltsbedürftigkeit zu verteilen (BGH FamRZ 85, 360). Eine Vermögensverwertungsobliegenheit besteht nicht, wenn die Verwertung unwirtschaftlich oder unter Berücksichtigung der beiderseitigen wirtschaftlichen Verhältnisse unbillig wäre. Die Wirtschaftlichkeit ist insbes zu verneinen, wenn die Vermögensverwertung zu einem nicht mehr vertretbaren wirtschaftlichen Schaden führt (BGH FamRZ 80, 43). Eine **Unwirtschaftlichkeit** kann sich aber auch unter Berücksichtigung des Lebensalters des Unterhaltsgläubigers wie auch aufgrund der voraussichtlichen Dauer der Bedürftigkeit sowie der Ertragsstärke des Vermögens ergeben, insbes wenn der Gläubiger durch die Verwertung seines Vermögens die Basis für eine langfristige Sicherung seines Unterhalts aus eigenen Mitteln aufgeben müsste (München FamRZ 94, 1459). Das Gleiche gilt, wenn ein zu erwartender Erlös in keinem angemessenen Verhältnis zum Wert der Sache für den Bedürftigen steht (Frankfurt 87, 1179). Bei der Prüfung der Unbilligkeit der Verwertung sind die Rechtsgedanken aus § 180 III ZVG (Hausgrundstück, auf dem gemeinsame Kinder wohnen), § 88 II Nr 7 BSHG (kleines Hausgrundstück) und Nr 8 (Notgroschen) zu berücksichtigen. Zu berücksichtigen sind die **persönlichen Lebensumstände**, insbes das Lebensalter und der Gesundheitszustand der Unterhaltsparteien, die Belange naher Angehöriger (BGH FamRZ 84, 364), die beiderseitigen wirtschaftlichen Verhältnisse der Parteien, die Ertragsmöglichkeiten der Vermögensgegenstände im Vergleich zu ihrem ideellen Wert (BGH FamRZ 85, 354), die Notwendigkeit von Rücklagen für den Fall der Not und der Krankheit (BGH FamRZ 85, 360), die Rücksichtnahme auf Belange naher Angehöriger (BGH FamRZ 80, 126 für den Verlust eines Wohnrechts eines Elternteils) Affektionsinteressen.

19 **a) Einsatz eigenen Vermögens.** Das Gesetz geht von dem **Grundsatz** aus, dass vorhandenes Vermögen für den eigenen Unterhalt zu verbrauchen ist, bevor der andere Ehegatte auf Unterhalt in Anspruch genommen werden kann. Dabei steht nur ein **saldierter Überschuss** des Aktivvermögens über das Passivvermögen zur Deckung des eigenen Unterhalts zur Verfügung (München FamRZ 93, 62; *Graba* FamRZ 85, 118).
Zum einzusetzenden Vermögen zählen grds alle Vermögenswerte unabhängig von ihrer Herkunft oder Anlageform. Hierzu zählen etwa laufende Kontoguthaben (BGH FamRZ 03, 1544), Alterskapital beim Zugewinn (BGH FamRZ 03, 153), Schmerzensgeld (BGH FamRZ 88, 1031), aus dem Zugewinn erhaltene Kapitalbeträge (BGH FamRZ 85, 357), Anteile an einer Erbengemeinschaft (BGH FamRZ 80, 126), Allein- oder Miteigentum an Grundstücken (BGH FamRZ 84, 662) oder der Erlös aus der Veräußerung einer früher gemeinsam genutzten Immobile (BGH FamRZ 85, 354).
Die Pflicht zum Einsatz des Vermögens setzt ein, wenn nach Anrechnung der Vermögenserträge ein noch ungedeckter Bedarf besteht.
Das Vermögen ist auf die **voraussichtliche Dauer der Unterhaltsbedürftigkeit** zu verteilen (BGH FamRZ 85, 360; 98, 367; Hamm FamRZ 00, 1286).

Bei ungewisser Dauer der Unterhaltsbedürftigkeit dient vorhandenes Vermögen der ergänzenden Sicherung des Bedarfs auf Lebenszeit (BGH FamRZ 85, 354).

Die **Grenzen der Vermögensverwertungspflicht** sind erreicht, wenn der Bedürftige restliches Kapital als angemessene Rücklage für plötzlich auftretenden Sonderbedarf, etwa für den Fall der Krankheit, benötigt (BGH FamRZ 84, 364; 85, 354; 85, 360; Hburg FamRZ 96, 292: rund 4.450 € Sparguthaben).

b) Unwirtschaftlichkeit oder Unbilligkeit. Eine Vermögensverwertungsobliegenheit besteht nicht, wenn die Verwertung unwirtschaftlich oder unter Berücksichtigung der beiderseitigen wirtschaftlichen Verhältnisse unbillig wäre. 20

Die Wirtschaftlichkeit ist insbes zu verneinen, wenn die Vermögensverwertung zu einem **nicht mehr vertretbaren wirtschaftlichen Schaden** führt (BGH FamRZ 80, 43). Eine Unwirtschaftlichkeit kann sich auch unter Berücksichtigung des Lebensalters des Unterhaltsgläubigers sowie aufgrund der voraussichtlichen Dauer der Bedürftigkeit sowie der Ertragsstärke des Vermögens ergeben, insbes wenn der Gläubiger durch die Verwertung seines Vermögens die Basis für eine langfristige Sicherung seines Unterhalts aus eigenen Mitteln aufgeben müsste (München FamRZ 94, 1459). Das Gleiche gilt, wenn ein zu erwartender Erlös in keinem **angemessenen Verhältnis** zum Wert der Sache für den Bedürftigen steht (Frankf FamRZ 87, 1179). Aufgrund der nach der Scheidung bestehenden wirtschaftlichen Eigenverantwortung ist die Verwertung eines Bankguthabens und anderer liquider Mittel nicht dann nicht unwirtschaftlich, wenn Geld zinsgünstig angelegt worden ist (BGH FamRZ 85, 360). Bei einer Vermögensumschichtung sind Verluste oftmals nicht ausgeschlossen. Ob ein unwirtschaftlicher Vermögenseinsatz vorliegt, ist im Einzelfall stets **objekt- und zeitbezogen** festzustellen (BGH FamRZ 86, 560: keine Verpflichtung zur Verwertung von Immobilienvermögen bei einer Nettorendite von 3,9%).

Der Grundsatz der Vermögensverwertungsverpflichtung erfährt eine erhebliche Einschränkung durch die gebotene Billigkeitsabwägung (zu Einzelheiten vgl KKFamR/*Klein* § 1577 Rn 61 und AnwK/*Schürmann* § 1577 Rn 80). Zu berücksichtigen sind die persönlichen Lebensumstände, insbes das Lebensalter und der Gesundheitszustand der Unterhaltsparteien, die Belange naher Angehöriger (BGH FamRZ 84, 364), die beiderseitigen wirtschaftlichen Verhältnisse, die Ertragsmöglichkeiten der Vermögensgegenstände im Vergleich zu ihren ideellen Wert (BGH FamRZ 85, 354), die Notwendigkeit von Rücklagen für den Fall der Not und der Krankheit (BGH FamRZ 85, 360), die Rücksichtnahme auf Belange naher Angehöriger (BGH FamRZ 80, 126: Verlust eines Wohnrechts eines Elternteils). **Kasuistik unbilliger Vermögenswertung:**

– Verwertung einer selbstgenutzten kleinen Immobilie (vgl aber Köln FamRZ 92, 55: Wohnfläche von 148 qm² für einen 1-Personenhaushalt zu groß)
– Verwertung des mit gemeinsamen Kindern bewohnten Hausgrundstücks soweit die Belange der Kinder einem Wohnungswechsel entgegenstehen
– Einsatz des Kapitals aus der Zahlung eines Schmerzensgeldes (BGH FamRZ 88, 1031; vgl jedoch auch BGH FamRZ 89, 170 zum Einsatz von Schmerzensgeld bei gesteigerter Unfallverpflichtung)
– Der Einsatz des für einen konkreten Zweck angesparten Betrages (Ausbildungsversicherung oder private Altersvorsorge), wenn damit ein künftig zu erwartender Bedarf zu decken ist

5. Vermögensverlust. War zum Zeitpunkt der Scheidung zu erwarten, dass der Lebensbedarf des Unterhaltsgläubigers aus seinem Vermögen nachhaltig gesichert sein würde, fällt das Vermögen aber später weg, so besteht kein Anspruch auf Unterhalt, und zwar auch dann nicht, wenn zunächst ein Unterhaltsanspruch bestand, dieser aber wegen späteren Vermögenserwerbs erloschen ist. § 1577 IV entspricht in seiner Zielsetzung damit § 1573 IV. Er dient dem **Vertrauen des Unterhaltsschuldners** darauf, dass der geschiedene Ehegatte aufgrund seines Vermögens nicht auf Unterhalt angewiesen ist. Für die Frage der **Nachhaltigkeit der Unterhaltssicherung** gelten die Maßstäbe des § 1573 (vgl Kommentierung zu § 1574 Rn 17). Eine nachhaltige Sicherung liegt vor, wenn eine Einbeziehung aller von Beginn an bestehenden Umstände die Prognose rechtfertigt, das Vermögen genüge nach seiner Höhe und Werthaltigkeit, um den Unterhaltsbedarf dauerhaft zu decken (BGH FamRZ 85, 791). Maßgebend ist die Sicht zum Zeitpunkt der Ehescheidung, mithin eine ex ante-Beurteilung. Allerdings sind Umstände zu berücksichtigen, die zum maßgeblichen Zeitpunkt bereits vorhanden, aber noch nicht bekannt waren (BGH FamRZ 85, 791). Die Vorschrift ist nicht nur auf bei der Ehescheidung vorhandenes Vermögen anzuwenden, sondern bei einem späteren Vermögenserwerb bezogen auf den Zeitpunkt seiner bedarfsdeckenden Anrechnung (BGH FamRZ 85, 791). Die Ausnahmeregelung des § 1574 IV gilt allerdings nicht, wenn im Zeitpunkt des Vermögenswegfalls von dem geschiedenen Ehegatten wegen der Pflege oder Erziehung eines gemeinschaftlichen Kindes keine Erwerbstätigkeit erwartet werden konnte. Dann lebt der Unterhaltsanspruch nach § 1570 wieder auf. Zweifelhaft ist, ob bei einem wiederaufgelebten Anspruch auf Betreuungsunterhalt auch erneut Anschlusstatbestände nach §§ 1571 ff in Betracht kommen (so allerdings Palandt/*Brudermüller* § 1577 Rn 37). Der wirkliche Grund für den wiederauflebenden Unterhaltsanspruch liegt in der fortwirkenden Elternverantwortung, nicht in der Ehe selbst. Zwischen alters- oder krankheitsbedingter Erwerbsunfähigkeit und Zeiten und Kinderbetreuung besteht kein zwingender Kausalzusammenhang (so mit Recht AnwK/*Schürmann* § 1577 Rn 86). 21

22 **6. Beweislast.** Der **Unterhaltsgläubiger** hat seine Bedürftigkeit darzulegen und zu beweisen (BGH NJW 89, 1083; 83, 683).
In der Übersicht stellt sich die Beweislast des Unterhaltsberechtigten wie folgt dar:
- Die Höhe seiner Einkünfte aus Erwerbstätigkeit (Hburg FamRZ 96, 292)
- Vergebliche Bemühungen um den Erhalt einer Arbeitstelle einschließlich einer fehlenden Beschäftigungschance auf dem Arbeitsmarkt (BGH FamRZ 86, 244; Ddorf FamRZ 80, 997).
- Die der Ausübung oder Ausweitung einer Erwerbstätigkeit entgegenstehenden Gründe (Celle FamRZ 94, 963; Hburg FamRZ 96, 292).
- Die Unzumutbarkeit einer tatsächlich ausgeübten Erwerbstätigkeit.
- Der Umfang des Vermögens und der daraus erzielten Erträge (Hamm FamRZ 98, 27).
- Unwirtschaftlichkeit und Unbilligkeit beim Einsatz des Vermögensstamms.
- Die nichtnachhaltige Sicherung des Unterhalts durch weggefallenes Vermögen.
- Das Nichtbestehen einer neuer Partnerschaft und dass hieraus keine Leistungen bezogen werden oder zu beanspruchen sind (BGH FamRZ 83, 150; 91, 670; 95, 343). Allerdings löst ein substanziierter Vortrag des Pflichtigen diese Darlegungs- und Beweislast aus. Dieser muss hinreichende Anhaltspunkte für das Bestehen einer solchen Partnerschaft darlegen um es dem Unterhaltsberechtigten zu ermöglichen, die gegen ihn sprechenden Gründe auszuräumen. Verbleibende Zweifel wirken sich zu Lasten des Unterhaltsberechtigten aus.

§ 1578 Maß des Unterhalts

(1) ^{1}Das Maß des Unterhalts bestimmt sich nach den ehelichen Lebensverhältnissen. ^{2}Die Bemessung des Unterhaltsanspruchs nach den ehelichen Lebensverhältnissen kann zeitlich begrenzt und danach auf den angemessenen Lebensbedarf abgestellt werden, soweit insbesondere unter Berücksichtigung der Dauer der Ehe sowie der Gestaltung von Haushaltsführung und Erwerbstätigkeit eine zeitlich unbegrenzte Bemessung nach Satz 1 unbillig wäre; dies gilt in der Regel nicht, wenn der Unterhaltsberechtigte nicht nur vor übergehend ein gemeinschaftliches Kind allein oder überwiegend betreut hat oder betreut. ^{3}Die Zeit der Kindesbetreuung steht der Ehedauer gleich. ^{4}Der Unterhalt umfasst den gesamten Lebensbedarf.
(2) ^{1}Zum Lebensbedarf gehören auch die Kosten einer angemessenen Versicherung für den Fall der Krankheit und der Pflegebedürftigkeit sowie die Kosten einer Schul- oder Berufsausbildung, einer Fortbildung oder einer Umschulung nach den §§ 1574, 1575.
(3) ^{1}Hat der geschiedene Ehegatte einen Unterhaltsanspruch nach den §§ 1570 bis 1573 oder § 1576, so gehören zum Lebensbedarf auch die Kosten einer angemessenen Versicherung für den Fall des Alters sowie der verminderten Erwerbsfähigkeit.

1 **A. Grundlagen.** Die Norm bestimmt den **Bedarf** für alle Tatbestände des nachehelichen Unterhalts nach den **ehelichen Lebensverhältnissen**. Die Regelung ist inhaltsgleich mit § 1361 I 1 (BGH FamRZ 90, 250). Damit werden die ehelichen Lebensverhältnisse zum zentralen Maßstab für die Höhe jedes Anspruchs auf Ehegattenunterhalt. Durch die Anknüpfung an die ehelichen Lebensverhältnisse soll dem berechtigten Ehegatten den in der Ehe erreichten Lebensstandard grundsätzlich auch für die Zukunft erhalten und der sozial schwächere Ehegatte vor einem sozialen Abstieg bewahrt werden. Dieser Bedarf stellt die **Obergrenze** des Anspruchs dar. Der Unterhaltsanspruch kann geringer sein als der Bedarf (nach den ehelichen Lebensverhältnissen), wenn entweder die Leistungsfähigkeit des Unterhaltspflichtigen eingeschränkt ist, und/oder sich die Bedürftigkeit des Berechtigten durch eigenes Einkommen mindert.

2 **B. Eheliche Lebensverhältnisse.** Nach Auffassung des BGH (FamRZ 84, 149; FamRZ 82, 576) sind mit diesem Begriff alle Verhältnisse gemeint, die für den Lebenszuschnitt in der Ehe und damit für den ehelichen Lebensstandard bestimmend (**prägend**) waren. Hierzu gehören zum einen die den Lebensstandard bestimmenden wirtschaftlichen Verhältnisse wie Einkommen und Vermögen, soweit es in die Bedarfsdeckung eingeflossen ist, sowie Belastungen (BGH FamRZ 99, 367). Zum anderen fallen nach der geänderten (Surrogat-)Rechtsprechung des BGH hierunter auch alle sonstigen beruflichen, gesundheitlichen, familiären und ähnlichen Faktoren, die für den Lebenszuschnitt von Bedeutung waren, insbesondere die Hausführung und Kinderbetreuung des in der Ehe nichtberufstätigen Ehegatten (BGH FamRZ 01, 986).
Bei der Bemessung des Bedarfs unberücksichtigt bleiben Faktoren, denen ein Bezug zu den ehelichen Lebensverhältnissen fehlt. Bestandteile des Einkommens, die nicht zur Deckung der Lebensführung verwendet wurden (**Vermögensbildungsbeiträge**) sind nicht bedarfsprägend. Das Gleiche gilt für Einkünfte, die nicht auf einer normalen Entwicklung der Einkünfte beruhen (**Karrieresprung**) oder Erträge aus späterem Vermögenserwerb (**Erbschaft**).
Für die Bestimmung der ehelichen Lebensverhältnisse sind grundsätzlich **alle Einkünfte** heranzuziehen (BGH FamRZ 86, 780).

C. Maßstab. Die ehelichen Lebens-, Erwerbs- und Vermögensverhältnisse sind jeweils konkret nach einem objektiven Maßstab festzulegen (BGH FamRZ 93, 789). Der durch die tatsächlichen Gegebenheiten bestimmte Lebensstandard ist maßgeblich (BGH FamRZ 97, 281). Eine Korrektur erfolgt lediglich, wenn sich die Ehepartner in ihrer Lebensführung unangemessen beschränkt oder wenn sie übermäßig aufwendig gelebt haben (BGH FamRZ 82, 151; Bambg FamRZ 94, 1178; Hamm FamRZ 93, 1089). Ein **Mindestbedarf** kann nicht in Ansatz gebracht werden (BGH FamRZ 03, 363; BGH FamRZ 97, 806). Lediglich für den absoluten Mangelfall legt der BGH nunmehr der Verteilung der verfügbaren Mittel für den Ehegattenunterhalt einen von den Einkommensverhältnissen unabhängigen, festen Betrag zugrunde (BGH FamRZ 03, 363, unter Aufgabe von BGH FamRZ 96, 345 und FamRZ 95, 346). Dieser im Mangelfall einzusetzende Einsatzbetrag stellt jedoch keinen außerhalb des Mangelfalls zugrunde zu legenden Mindestbedarf dar.
Eine **Obergrenze** für den Ehegattenunterhalt gibt es grundsätzlich nicht (BGH FamRZ 94, 1169; FamRZ 83, 150). Auch bei hohen Einkünften bestimmt das tatsächliche Konsumverhalten der Eheleute die Höhe des Bedarfs. Bei überdurchschnittlichen Einkommensverhältnissen wird der Unterhalt jedoch nicht mehr nach Quote, sondern konkret zu berechnen sein. Diese **faktische Sättigungsgrenze** wird angenommen werden können bei einem die höchste Einkommensgruppe der Düsseldorfer Tabelle übersteigenden Einkommen. Zum Teil enthalten die Leitlinien konkrete Regelungen (etwa Ziff 15.3 der Leitlinien des OLG Frankfurt (2.220 €) oder Ziff 15.3 der Leitlinien des OLG Jena (1.840 €) zu Einzelheiten vgl *Eschenbruch/Loy* FamRZ 94, 665).

D. Zeitpunkt. Das Gesetz definiert den für die Beurteilung der ehelichen Lebensverhältnisse maßgeblichen Zeitpunkt nicht. Nach ständiger Rechtsprechung des BGH (NJW 88, 2034; vgl auch BVerfG NJW 93, 2926) sind maßgeblich die Verhältnisse im Zeitpunkt der **Rechtskraft der Scheidung**. Auf diesen Zeitpunkt darf allerdings nicht starr abgestellt werden. Einkommensentwicklungen prägen die ehelichen Lebensverhältnisse nicht, wenn sie auf einer unerwarteten, ungewöhnlichen, vom Normalverlauf erheblich abweichenden Karriereentwicklung beruhen (BGH FamRZ 90, 1085; BGH FamRZ 01, 986 = FuR 01, 306) oder wenn sich das Einkommen nur infolge der Trennung wesentlich verändert hat, ohne dass die Wurzeln dieser Veränderung in die ehelichen Lebensverhältnisse zum Zeitpunkt noch intakter Ehe zurückreichen (KKFamR/*Klein*, § 1578 Rn 53 ff; Kobl FamRZ 03, 1109).
Für die Beurteilung im Zeitpunkt der Rechtskraft der Scheidung gegebenen ehelichen Lebensverhältnisse ist grundsätzlich der Zeitpunkt der letzen mündlichen Verhandlung maßgeblich (BGH NJW 82, 2439). Veränderungen der Lebensverhältnisse vor der Trennung sind immer prägend, sofern die Einkünfte nachhaltig erzielt wurden und dauerhaft sind (BGH FamRZ 88, 259). Das Gleiche gilt für, ggf auch nur latent vorhandene, Belastungen (Hamm NJW-RR 98, 6).
Grundsätzlich sind auch auf Dauer angelegte Einkommensveränderungen in der Trennungsphase prägend, da die Eheleute an der Entwicklung der ehelichen Lebensverhältnisse grundsätzlich bis zur Rechtskraft der Scheidung teilnehmen (BGH NJW 99, 717). Ausnahme hiervon wiederum bei unerwarteten, vom Normalverlauf erheblich abweichenden Entwicklung der Einkommensverhältnisse in der Trennungsphase (BGH NJW 01, 3260) oder Entwicklungen, die nur wegen der Trennung eingetreten sind. Geht man mithin als vom Zeitpunkt der Rechtskraft des Scheidungsurteils maßgeblichen Zeitpunkt für die Bemessung der ehelichen Lebensverhältnisse aus, müssen immer die Verhältnisse bei Trennung berücksichtigt werden, da prägend nur Einkünfte sein können, deren „Wurzeln" im gemeinsamen Zusammenleben liegen (BGH NJW 84, 292).

1. Kasuistik eheprägender Faktoren. Für die Bestimmung des Bedarfs ist sämtliches Einkommen einschließlich sämtlicher geldwerter Vorteile, welches für die allgemeine Lebensführung zur Verfügung stand, heranzuziehen (zu Einzelheiten der Einkommensermittlung vgl vor § 1577 Rn 1 ff).

2. Einkommen aus Erwerbstätigkeit. Das Hauptgewicht der prägenden Einkünfte liegt beim Einkommen aus Erwerbstätigkeit, seien es Einkünfte aus selbstständiger oder nichtselbstständiger Tätigkeit, regelmäßige oder unregelmäßige Einkünfte (zu Einzelheiten vgl vor § 1577 Rn 1 ff). Entscheidend ist stets, dass die Erwerbseinkünfte die ehelichen Lebensverhältnisse nachhaltig und dauerhaft geprägt haben. Einkünfte aus **unzumutbarer Tätigkeit** hat der BGH als nichtprägend angesehen, weil die Tätigkeit jeder Zeit wieder aufgegeben werden kann (BGH FamRZ 03, 518; anders noch BGH FamRZ 02, 23).

3. Einkommen aus Vermögen. Alle während der Ehe zugeflossenen Erträge aus vorhandenem Vermögen sind für die ehelichen Lebensverhältnisse prägend, unabhängig von der Herkunft des Vermögens (Erbschaft (BGH FamRZ 88, 1145; Hamm FamRZ 98, 620; Karlsr FamRZ 90, 51) oder Schmerzengeld (BGH FamRZ 95, 869; 88, 1031; Saarbr FamRZ 03, 685; Karlsr FamRZ 02, 750).

4. Fiktive Einkünfte. Fiktives Einkommen ist auf Seiten des Unterhaltsschuldners als Erwerbsersatzeinkommen prägend (BGH FamRZ 85, 374). Auf Seiten des Unterhaltsgläubigers ist fiktives Einkommen wegen Verstoßes gegen eine Erwerbsobliegenheit als Surrogat der Familienarbeit anzusehen und gleichfalls prägend in die Bedarfsbemessung einzubeziehen (BGH FamRZ 01, 986 = FuR 01, 306; BGH FamRZ 01, 1291 = FuR 01, 404).

9   **5. Haushaltsführung und Kindesbetreuung.** Haushaltsführung und Kindesbetreuung stellen wirtschaftlich gleichwertige Leistungen dar. Der Wert der Hausarbeit und/oder Kindesbetreuung wird mit dem Wert des späteren Erwerbseinkommens als Surrogat in Ansatz gebracht (BGH FamRZ 01, 986; BVerfG FamRZ 02, 527). Auf die Gründe für die Nichterwerbstätigkeit in der Ehe kommt es nicht an. Auch kommt es nicht auf den Umfang der Hausarbeit an. Es findet keine Monetarisierung des Werts der Hausarbeit statt (BVerfG FamRZ 02, 527).
Ein nachehelicher Einkommensrückgang prägt die ehelichen Lebensverhältnisse, sofern er nicht auf einer Verletzung der Erwerbsobliegenheit beruht (BGH FamRZ 03, 590).

10 **6. Haushaltsführung für Dritte.** Haushaltsführung für Dritte stellt gleichfalls ein Surrogat dar (anders Oldenburg FamRZ 02, 1488). Es kommt nicht darauf an, für wen die Leistung erbracht wird, sondern nur darauf, ob sie anstelle der ertraglosen Hausarbeit/Kinderbetreuung getreten ist (BGH FamRZ 04, 1173 = FuR 04, 497; BGH FuR 04, 1170; 04, 500).

11 **7. Renten/Pensionen.** Die Grundsätze der geänderten Rechtsprechung, wonach nach Trennung/Scheidung erzieltes Erwerbseinkommen des Unterhaltsgläubigers gleichsam als Surrogat des wirtschaftlichen Werts seiner bisherigen Familienarbeit bei der Unterhaltsbemessung im Wege der Additions- bzw Differenzmethode einbezogen wird, gelten auch, wenn der unterhaltbegehrende Ehegatte aus Altersgründen nach der Ehe keine Erwerbstätigkeit mehr aufnimmt, sondern eine Altersversorgung (Rente/Pension) bezieht. Auch diese Altersvorsorge ist als Surrogat in die Bedarfsberechnung einzustellen, und zwar insgesamt ohne Unterscheidung danach, ob die der Versorgung zugrunde liegenden Leistungen – insgesamt oder teilweise - vor oder während der Ehezeit erbracht wurden, und/oder ob sie auf den durchgeführten Versorgungsausgleich beruhen (BGH FuR 02, 26 = FamRZ 02, 88; anders noch BGH FamRZ 87, 459).

12 **8. Wohnvorteil.** Haben Eheleute während der Ehe in einem im Allein- oder Miteigentum stehenden Haus bzw einer Eigentumswohnung gelebt, ist eine damit verbundene Ersparnis an Mietaufwendungen als Nutzung vorhandenen Vermögens prägender Bestandteil der ehelichen Lebensverhältnisse (BGH FamRZ 90, 283; BGH FamRZ 95, 869; zu weiteren Einzelheiten vgl vor § 1577 Rn 19 ff). Der Vorteil ist beiden Ehegatten hälftig zuzurechnen. Die Höhe des Wohnvorteils richtet sich beim Geschiedenenunterhalt nach der objektiven Marktmiete abzüglich aufzubringender Zins- und Tilgungsleistungen sowie weiterer mit dem Grundbesitz verbundener Kosten, die üblicherweise nicht vom Mieter getragen werden (BGH FamRZ 95, 869).
Haben Ehegatten mietfrei im eigenen Haus oder der eigenen Wohnung gewohnt und hat ein Ehegatte die Immobilie oder seinen Miteigentumsanteil veräußert, findet der (bisherige) Wohnvorteil sein Surrogat in den Nutzungen aus dem Erlös. Wird aus dem Erlös neues Eigentum finanziert, stellt der Vorteil mietfreien Wohnens in diesem Eigentum Surrogat des bisherigen Wohnvorteils dar (BGH NJW 02, 436; BGH NJW 01, 2254).

12 **9. Nichtprägende Einkünfte.** Als nichtprägende Einkünfte sind anzusehen:
   - Einkünfte aufgrund eines Karrieresprungs bei Unterhaltsgläubiger und/oder Unterhaltsschuldner nach Trennung/Scheidung (BGH FuR 01, 306 = FamRZ 01, 986).
   - Einkünfte aus Vermögen, das von dritter Seite zugeflossen ist (etwa aus Erbschaften oder aus Glücksspiel (Lottogewinn nach Trennung/Scheidung). Diese Mittel haben die ehelichen Lebensverhältnisse nicht geprägt (Hamm FamRZ 92, 1154).

13 **10.** Für die Deckung des allgemeinen Lebensbedarfs stehen nichtdisponibel Belastungen nicht zur Verfügung. Derartige Belastungen sind als prägende Faktoren daher gleichfalls zu berücksichtigen.

§ 1578 a Deckungsvermutung bei schadensbedingten Mehraufwendungen

Für Aufwendungen infolge eines Körper- oder Gesundheitsschadens gilt § 1610 a.

1   Die Norm entspricht § 1610 a. § 1578 a gilt für den nachpartnerschaftlichen Unterhalt nach Aufhebung der Lebenspartnerschaft entsprechend (§ 16 I 2 LPartG). Wegen der Einzelheiten vgl die Kommentierung zu § 1610 a.

§ 1579 Beschränkung oder Wegfall der Verpflichtung

Ein Unterhaltsanspruch ist zu versagen, herabzusetzen oder zeitlich zu begrenzen, soweit die Inanspruchnahme des Verpflichteten auch unter Wahrung der Belange eines dem Berechtigten zur Pflege oder Erziehung anvertrauten gemeinschaftlichen Kindes grob unbillig wäre, weil
1. die Ehe von kurzer Dauer war; der Ehedauer steht die Zeit gleich, in welcher der Berechtigte wegen der Pflege oder Erziehung eines gemeinschaftlichen Kindes nach § 1570 Unterhalt verlangen konnte,
2. der Berechtigte sich eines Verbrechens oder eines schweren vorsätzlichen Vergehens gegen den Verpflichteten oder einen nahen Angehörigen des Verpflichteten schuldig gemacht hat,
3. der Berechtigte seine Bedürftigkeit mutwillig herbeigeführt hat,

4. der Berechtigte sich über schwerwiegende Vermögensinteressen des Verpflichteten mutwillig hinweggesetzt hat,
5. der Berechtigte vor der Trennung längere Zeit hindurch seine Pflicht, zum Familienunterhalt beizutragen, gröblich verletzt hat,
6. dem Berechtigten ein offensichtlich schwerwiegendes, eindeutig bei ihm liegendes Fehlverhalten gegen den Verpflichteten zur Last fällt oder
7. ein anderer Grund vorliegt, der ebenso schwer wiegt wie die in den Nummern 1 bis 6 aufgeführten Gründe.

A. Norminhalt. Nach der Vorschrift ist ein Unterhaltsanspruch zu versagen, herabzusetzen oder zeitlich zu begrenzen, soweit die Inanspruchnahme des Unterhaltspflichtigen auch unter Wahrung der Belange eines dem Berechtigten zur Pflege oder Erziehung anvertrauten gemeinschaftlichen Kindes grob unbillig wäre, weil gewisse innovativ aufgeführte Härtegründe erfüllt ist. Es muss also einer der alternativ aufgeführten Härtegründe der Nr 1 bis Nr 7 vorliegen und außerdem aufgrund einer umfassenden Billigkeitsabwägung aller Umstände eine Inanspruchnahme des Unterhaltsverpflichteten grob unbillig sein.

B. Anwendungsbereich. Die Vorschrift ist anzuwenden beim nachehelichen Unterhalt sowie gemäß § 1361 III für den Trennungsunterhalt mit Ausnahmen der kurzen Ehedauer gemäß § 1579 Nr 1. Die Verwirkungsvorschriften gelten neben den Begrenzungsbestimmungen der §§ 1573 V, 1578 I 2 BGB. Die Einwendung gilt auch für den gegen den Erben nach Tod des Unterhaltsverpflichteten gerichteten Unterhaltsanspruchs gemäß § 1586 b. Die Vorschrift ist nicht anzuwenden bei einem Anspruch nach § 1576 BGB. Sie gilt ebenfalls nicht auf Unterhaltsansprüche nach §§ 58 ff EheG bei Altehen (BGH FamRZ 91, 1040).

C. Verwirkungstatbestände. I. Kurze Ehedauer gemäß Nr 1. Der Härtegrund ist anzuwenden, wenn die Ehe von kurzer Dauer war. Die Dauer der Ehe bemisst sich nicht nach der Zeit des tatsächlichen Zusammenlebens, sondern es gilt die Zeit von Eheschließung bis zur Rechtshängigkeit des Scheidungsantrages (BGH FamRZ 95, 1405).

1. Zeitrahmen für eine kurze Ehedauer. Hat die Ehe nicht länger als zwei Jahre bestanden, ist sie in der Regel als kurz zu beurteilen (BGH FamRZ 99, 710; 95, 1405). Dies gilt auch bei vorgerücktem Alter der Eheleute (BGH FamRZ 82, 894). Bei einer Ehedauer ab drei Jahren ist im Regelfall nicht mehr von einer kurzen Ehedauer zu sprechen, weil die Eheleute ihre Lebenspositionen in der Ehe bereits aufeinander abgestimmt haben (BGH FamRZ 99, 710; 95, 1405). Bei Vorliegen besonderer Umstände kann im Einzelfall auch noch bei einer Ehedauer von knapp fünf Jahren von einer kurzen Ehedauer gesprochen werden, wenn sich die Eheleute in ihrer Lebensführung nicht aufeinander eingestellt haben (BGH FamRZ 99, 710). Hier dürfte insbesondere auch die Surrogatsrechtsprechung des BGH von Bedeutung sein. Bei einer Ehedauer zwischen zwei und drei Jahren hängt die Beurteilung davon ab, ob die Eheleute sich bereits in wechselseitiger Abhängigkeit auf ein gemeinschaftliches Lebensziel ausgerichtet haben (BGH FamRZ 81, 140).

2. Kurze Ehe bei Kinderbetreuung. Grundsätzlich steht die Ehedauer der Zeit gleich, in welcher der Berechtigte wegen Betreuung eines gemeinschaftlichen Kindes nach § 1570 BGB Unterhalt beanspruchen kann. Dies bedeutet, dass man im Falle der Kinderbetreuung immer eine 15-jährige und damit eine lange Ehe hätte. Allerdings muss auch bei der Kinderbetreuung zunächst auf die tatsächliche Ehedauer abgestellt werden (BVerfG FamRZ 89, 941) ansonsten würde der Verwirkungstatbestand faktisch leer laufen. Ist die tatsächliche Ehedauer als kurz zu bezeichnen, ist iRd Billigkeitsabwägung zu prüfen, inwieweit die Inanspruchnahme des Verpflichteten auf ungekürzten Unterhalt auch unter Wahrung der Belange des zu betreuenden Kindes grob unbillig ist und dem Grundsatz der Verhältnismäßigkeit widerspricht (BGH FamRZ 90, 492).

II. Schwere Straftat. Erforderlich ist ein Verbrechen oder ein schweres vorsätzliches Vergehen gegen den Verpflichteten oder einen nahen Angehörigen des Verpflichteten.

1. Art der in Betracht kommenden Delikte. In Betracht kommen Mord, Totschlag, Eigentumsdelikte (Hamm FamRZ 94, 168), Unterhaltspflichtsverletzung, körperliche Misshandlung von Kindern (Hamm FamRZ 02, 240) sowie sexuelle Delikte (Hamm FamRZ 90, 887), außerdem Beleidigungen, Verleumdungen und falsche Anschuldigungen (BGH NJW 82, 100). Bei den Vermögensdelikten sind insbesondere Betrugshandlungen zum Nachteil des Verpflichteten einschl Prozessbetrug zB durch Verstoß gegen die prozessuale Wahrheitsverpflichtung im Unterhaltsprozess zu erwähnen (BGH FamRZ 00, 153). Dazu gehören Verschweigen des Abbruchs einer Ausbildung (BGH FamRZ 90, 1095) oder eigener Einkünfte (BGH FamRZ 00, 153) oder vehementes Bestreiten des Zusammenlebens mit einem neuen Partner (Hamm FamRZ 96, 1079) in Betracht.

2. Verschulden. Voraussetzung ist stets ein schuldhaftes Verhalten des Unterhaltsberechtigten. Erforderlich ist also Schuldfähigkeit. Verminderte Schuldfähigkeit lässt den Härtegrund demgegenüber nicht entfallen, kann aber Einfluss auf die grobe Unbilligkeit haben (BGH NJW 82, 100). Die Verwirkung greift im Regelfall für die Zukunft nicht aber für die Rückstände ein (BGH FamRZ 84, 34), es sei denn, dass die Verfehlung so schwer ist, dass auch der Unterhalt für die Vergangenheit erfasst werden muss.

8   3. **Opfer.** Die Tat muss entweder gegenüber dem Verpflichteten oder einem nahen Angehörigen des Verpflichteten begangen werden. Dazu zählen auch dessen neuer Ehegatte sowie Verwandte des Verpflichteten ersten Grades. Für weitere Verwandte wird es darauf ankommen, wie stark sich der Verpflichtete familiär mit dem Angehörigen verbunden fühlt.

III. Mutwillige Herbeiführung der Bedürftigkeit gemäß Nr 3. Der Härtegrund greift ein, wenn der Berechtigte seine Bedürftigkeit mutwillig herbeigeführt hat.

9   1. **Herbeiführung der Bedürftigkeit.** Bedürftig ist der Berechtigte, wenn ihm die Mittel für seinen eigenen angemessenen Unterhalt fehlen und er sich diese auch nicht in zumutbarer Weise beschaffen kann. Voraussetzung ist ein zurückliegendes Verhalten, das Einfluss auf die Bedürftigkeit hat. Das Merkmal ist auch gegeben bei Alkohol- oder Drogenabhängigkeit, bei Aufgabe einer Erwerbstätigkeit (BGH FamRZ 01, 541), bei Verschwendung oder unwirtschaftlicher Vermögensanlage (BGH FamRZ 84, 364), bei bestimmungswidriger Verwendung des Altersvorsorgeunterhalts (BGH FamRZ 03, 848). Nicht ausreichend ist ein fehlgeschlagener Selbsttötungsversuch (BGH FamRZ 89, 1054), Auszug aus der Ehewohnung (BGH FamRZ 89, 1160) oder einer homologen In-Vitro-Fertilisation (BGH FamRZ 01, 541).

10 2. **Mutwilligkeit.** Mutwilligkeit erfasst nicht nur ein vorsätzliches zweckgerichtetes Verhalten, sondern auch ein leichtfertiges Verhalten des Berechtigten (BGH FamRZ 89, 1054). Erforderlich ist eine unterhaltsbezogene Mutwilligkeit. Deshalb müssen sich die Antriebe die zu dem Verhalten geführt haben, auch auf die Bedürftigkeit als Folge dieses Verhaltens erstrecken (BGH FamRZ 01, 541). Mutwilligkeit ist zu bejahen, wenn sich der Bedürftige in Verantwortungs- und Rücksichtslosigkeit gegenüber dem Pflichtigen über die erkannte Möglichkeit nachteiliger finanzieller Folgen seines Handelns auf seinen Unterhaltsbedarf hinweggesetzt und damit zumindest leichtfertig gehandelt hat (BGH FamRZ 03, 848). Einfaches Verschulden reicht also nicht aus (BGH FamRZ 88, 375).

11 **IV. Mutwillige Verletzung von Vermögensinteressen des Verpflichteten gemäß Nr 4.** Der Berechtigte muss sich über schwerwiegende Vermögensinteressen des Verpflichteten mutwillig hinweggesetzt haben. Objektiv muss das Verhalten des Berechtigten eine besondere Intensität erreicht haben, subjektiv muss er mutwillig handeln. S oben Rn 9. Zu erwähnen ist ein betrügerisches Verhalten im Unterhaltsprozess (BGH FamRZ 90, 1095), Anschwärzen beim Arbeitgeber mit Gefährdung des Arbeitsplatzes aus Rachsucht (München FamRZ 82, 270), belastende Aussage in einem Disziplinarverfahren, anstatt vom Aussageverweigerungsrecht Gebrauch zu machen (Köln FamRZ 95, 1580), Strafanzeigen, die zu einem Ermittlungsverfahren führen, können ebenfalls geeignet sein (München FamRZ 82, 270; Kobl FamRZ 91, 1312). Kein mutwilliges Verhalten liegt vor, wenn die Anzeige zur Wahrnehmung berechtigter Interessen erfolgt ist (BGH FamRZ 02, 23). Dies ist gegeben bei Erstattung von Strafanzeigen wegen Unterhaltspflichtverletzung (Stuttgart FamRZ 79, 40). Auch eine Strafanzeige wegen Steuerhinterziehung kann zur Verwirkung führen (Köln NJW FF 99, 107).

12 **V. Gröbliche Verletzung der Pflicht zum Familienunterhalt beizutragen, gemäß Nr 5.** Dem Wortlaut nach können nur Gründe berücksichtigt werden, die vor der Trennung entstanden sind, weil es danach einen Beitrag zum Familienunterhalt nicht mehr gibt. Die Verletzung kann sich auch auf die gemeinsamen Kinder beziehen. Verletzt werden müssen die Verpflichtungen, die der Unterhaltsberechtigte aufgrund der Aufgabenverteilung in der Ehe übernommen hat. Die Pflichten müssen gröblich verletzt worden sein. Dies setzt zumindest ein grob fahrlässiges Verhalten voraus. Außerdem müssen objektive Merkmale vorliegen, nach denen es sich um eine Pflichtverletzung von besonderem Gewicht handelt.

VI. Offensichtlich schwerwiegendes, eindeutig beim Berechtigten liegendes Verhalten gemäß Nr 6. Härtegrund ist ein eheliches Fehlverhalten das sowohl bis zur Scheidung als auch nach der Scheidung begangen werden kann.

13 1. **Schwerwiegendes Fehlverhalten.** Bis zur Scheidung muss es sich um einen schweren Verstoß gegen die ehelichen Pflichten handeln. Dazu gehören eheliche Treuepflichten, eheliche Solidarität und der Grundsatz der Gegenseitigkeit. Diese Verpflichtungen enden mit der Rechtskraft der Scheidung (BGH FamRZ 95, 344). Allerdings wandelt sich die eheliche Solidarität in eine nacheheliche Solidarität, so dass grobe Verstöße dagegen auch nach der Scheidung ebenfalls den Verwirkungstatbestand erfüllen können. Erforderlich sind Verstöße gegen das Gebot der Rücksichtnahme der beiderseitigen persönlichen und wirtschaftlichen Interessen und des Umgangs miteinander. Das Fehlverhalten muss sich gegen den Verpflichteten richten. Es muss außerdem schuldhaft sein, so dass hier ebenfalls Schuldfähigkeit vorausgesetzt ist.

14 2. **Einseitigkeit.** Das schwerwiegende Fehlverhalten muss eindeutig beim Berechtigten liegen. Aus diesem Grunde muss das Verhalten des Verpflichteten stets mitberücksichtigt werden (BGH FamRZ 81, 1042).

15 3. **Einzelfälle.** In Betracht kommen Verstöße gegen die eheliche Treuepflicht, wenn der Berechtigte während der Ehe ein nachhaltiges, auf längere Dauer angelegtes intimes Verhältnis zu einem Dritten aufnimmt und

gegen den Willen des Verpflichteten fortführt (BGH FamRZ 89, 1279). Ausreichend ist ferner eine intime Beziehung zu wechselnden Partnern, ferner ein Ausbrechen aus der Ehe, wenn dies zum Zusammenleben mit einem Dritten in nicht ehelicher Lebensgemeinschaft führt (BGH FamRZ 89, 487; 86, 722). Die Einseitigkeit des Fehlverhaltens ist dann nicht gegeben, wenn der andere Ehegatte sich ebenfalls von seinen ehelichen Bindungen distanziert hat und seine Ehe faktisch als nicht mehr bestehend betrachtet (BGH FamRZ 81, 752), beim Verpflichteten die ehelichen Gefühle bereits zum Zeitpunkt der Abkehr des Berechtigten erkaltet waren und dieser deshalb von dem Fehlverhalten nicht mehr betroffen sein konnte (BGH NJW 86, 722) oder aber der Verpflichtete schwere Eheverfehlungen gegen den Berechtigten begangen hat, diesen geschlagen hat (BGH FamRZ 89, 487) oder häufig betrunken war und es deshalb zu wüsten Auseinandersetzungen gekommen ist (BGH FamRZ 82, 463). Dabei kann allerdings nicht jedes Fehlverhalten des Verpflichteten dem Berechtigten den Charakter der Einseitigkeit nehmen. Es müssen vielmehr konkrete Verfehlungen vorgebracht werden, denen einiges Gewicht zukommt und die dazu führen, dass dem Berechtigten das Festhalten an der Ehe erheblich erschwert worden ist (BGH FamRZ 83, 670).

4. Darlegungs- und Beweislast. Der Verpflichtete hat die Darlegungs- und Beweislast dafür, dass ihm die Zahlung von Unterhalt unzumutbar ist. Er muss also ein offensichtlich schwerwiegendes eindeutig beim Berechtigten liegendes Fehlverhalten darlegen und beweisen. Dazu gehört auch die Einseitigkeit des Fehlverhaltens. Dies führt dazu, dass er etwaige Gegenvorwürfe des Unterhaltsberechtigten ausräumen muss. Damit er allerdings nicht in unüberwindliche Beweisschwierigkeiten gebracht wird, müssen die Vorwürfe des Unterhaltsberechtigten so konkret sein, dass sie überhaupt widerlegt werden können. Darüber hinaus muss er nicht auf alle Vorwürfe des Berechtigten reagieren, sondern nur auf solche von einigem Gewicht. Je allgemeiner die Gegenvorwürfe sind, desto unsubstantiierter ist das Vorbringen des Unterhaltsberechtigten, so dass diesen Gegenvorwürfen nicht nachgegangen werden muss. 16

VII. Anderer schwerwiegender Grund gemäß Nr 7. Voraussetzung ist ein anderer Grund, der ebenso schwer wiegt, wie der in Nr 1 bis 6 aufgeführten Gründe. Hierbei handelt es sich um einen Auffangtatbestand, mit der unverhältnismäßige Belastung des Unterhaltsverpflichteten mit Unterhaltszahlungen vermieden werden sollen. 17

1. Subsidiarität. Die Nr 7 ist Auffangtatbestand. Dies bedeutet, dass dann, wenn die Härtegründe der Nr 1 bis 6 vorliegen, Nr 7 nicht mehr geprüft werden darf. Gleiches gilt, wenn einer der Härtegründe der Nr 1 bis 6 daran scheitert, dass ein Merkmal fehlt. In diesen Fällen dürfte es kaum gerechtfertigt sein, daraus einen Härtegrund nach Nr 7 herzuleiten, weil dies den Anforderungen des Gesetzgebers widersprechen würde (BGH FamRZ 87, 572). Etwas anderes gilt lediglich dann, wenn andere Tatsachen hinzukommen, die mit den Gesamtumständen zu einer unzumutbaren Belastung des Pflichtigen führen (BGH FamRZ 88, 930). 18

2. Zusammenleben mit neuem Partner. Grundsätzlich stellt allein der Umstand, dass der Unterhaltsberechtigte nach der Scheidung eine intime Beziehung oder eine nicht eheliche Lebensgemeinschaft mit einem neuen Partner eingeht, noch keinen Härtegrund dar (BGH FamRZ 89, 487). Auch die Tatsache, dass er mit dem Unterhalt einen Dritten unterhält ist unerheblich (BGH FamRZ 88, 930). Es müssen besondere Umstände vorliegen, die dazu führen, dass die Unterhaltszahlungen für den Unterhaltspflichtigen unzumutbar sind (BGH FamRZ 94, 558). Danach kann ein Verwirkungstatbestand gegeben sein, wenn eine eheähnliche Beziehung des Unterhaltsberechtigten zu seinem neuen Lebensgefährtin wegen kränkender und sonst anstößiger Begleitumstände geeignet ist, den Verpflichteten in außergewöhnlicher Weise zu treffen, in der Öffentlichkeit bloß zu stellen oder sonst in seinem Ansehen zu schädigen (BGH FamRZ 89, 487) oder der Unterhaltsberechtigte zu einem Partner ein auf Dauer angelegtes Verhältnis aufnimmt und das nicht eheliche Zusammenleben gleichsam an die Stelle einer Ehe getreten ist (BGH FamRZ 02, 23, 810). 19

Voraussetzung ist eine Verfestigung, die einen gewissen Zeitablauf von zwei bis drei Jahren des Zusammenlebens voraussetzt (BGH FamRZ 97, 671; 95, 726). Zweifelhaft ist ob ein kürzerer Zeitabstand ausreichend sein kann, zB bei Geburt eines gemeinsamen Kindes (Köln FF 99, 154) oder Anschaffen einer gemeinsamen Immobilie (Hburg FamRZ 02, 1038). Ob dies jedoch geeignete Kriterien für eine bereits vertiefte Verfestigung sind, ist deswegen zweifelhaft, weil darin nur der Wunsch nach Verfestigung zum Ausdruck kommt. 20

Weitere Voraussetzung ist, dass das nicht eheliche Zusammenleben eine Form angenommen hat, die diese Lebensgemeinschaft mit einer Ehe vergleichbar macht. Dies ist dann gegeben, wenn ein gemeinsamer Haushalt besteht. Unterhalten die Eheleute jedoch getrennte Wohnungen, müssen besondere Umstände hinzutreten, um die Eheähnlichkeit anzunehmen. Dazu reicht die gemeinsame Gestaltung des Urlaubs ebensowenig aus wie gemeinsame Besuche von Familienfesten und Feierlichkeiten sowie das Verbringen einiger Wochenenden im Monat (BGH FamRZ 02, 23). Weitere Voraussetzung ist vielmehr, dass die Eheleute auch ansonsten trotz getrennter Wohnungen ihr Leben gemeinsam gestalten. Dies ist dann nicht gegeben, wenn sie sich dafür entschieden haben, dauerhaft eine gewisse Distanz aufrecht zu erhalten, um persönliche Freiräume zu verwirklichen, ihre Beziehung also bewusst auf Distanz angelegt ist, weil kein enges Zusammenleben gewünscht wird. 21

22 Ob es irgendwelche Hinderungsgründe für eine neue Eheschließung gibt, ist demgegenüber unerheblich. Ausreichend ist, dass die Parteien ihre Lebensverhältnisse so aufeinander abgestellt haben, dass sie wechselseitig füreinander einstehen wollen, indem sie sich gegenseitig Hilfe und Unterstützung gewähren und damit ihr Zusammenleben eheähnlich gestalten (BGH FamRZ 02, 810). Deswegen ist der Verwirkungstatbestand auch während der Trennungszeit gegeben, bei gleichgeschlechtlicher Partnerschaft oder bei anderen wichtigen Gründen, die gegen eine neue Eheschließung vorgetragen wurden oder auch bei einem verheirateten Lebenspartner. Die alte bisherige Rechtsprechung zum Bestehen einer Unterhaltsgemeinschaft (BGH FamRZ 95, 540; 89, 490) oder zum Erscheinungsbild in der Öffentlichkeit (BGH FamRZ 84, 986) ist damit gegenstandslos geworden, weil es sich hierbei lediglich um Hilfskonstruktionen für den Fall handelte, dass nach früherer Auffassung Umstände, die gegen eine Eheschließung sprachen, den Verwirkungstatbestand ausschlossen (BGH FamRZ 95, 344).

23 **3. Sonstige Fälle.** Ausreichend sein kann Ausübung der Prostitution (Hamm FamRZ 02, 753), gewerbsmäßiger Telefonsex (Karlsr FamRZ 95, 1488), Verletzung der Verpflichtung zur ungefragten Information (Bamberg FamRZ 01, 843), nachhaltige massive Behinderung des Umgangsrechts (München FamRZ 98, 750; Nürnberg FamRZ 97, 614). Nicht ausreichend ist der fehlgeschlagene Selbsttötungsversuch (BGH FamRZ 89, 1054), Unterhaltsverlangen erstmals nach 25 Jahren (BGH FamRZ 85, 376), Auszahlung der Witwenrente (Köln OLGR 02, 297), Verrat eines Familiengeheimnisses verbunden mit versuchter Erpressung finanzieller Vorteile (Hamm OLGR 00, 42), Leben der neuen Familie unterhalb der Sozialhilfeschwelle infolge des Geschiedenenunterhalts (BGH FamRZ 96, 272).

24 **D. Grobe Unbilligkeit.** Die Vorschrift stellt eine rechtsvernichtende Einwendung dar (BGH FamRZ 91, 670) und ist daher von Amts wegen zu beachten. Allerdings muss sich der Unterhaltsschuldner iRd jeweiligen Billigkeitsabwägung auf Verwirkung berufen, um die Unzumutbarkeit festzustellen. Zahlt er über längere Zeit hinweg Unterhalt trotz Kenntnis einer möglichen Verwirkung kann daraus zu folgen sein, dass er den Härtefall als nicht so schwerwiegend ansieht, um daraus Konsequenzen ziehen zu müssen (Ddorf FamRZ 97, 1159). Wenn er den Unterhalt trotz Kenntnis des Verwirkungstatbestandes anerkennt, wird darin im Regelfall eine Verzeihung liegen. Die grobe Unbilligkeit ist iRe Gesamtwürdigung der Einzelfallumstände zu ermitteln. Zu berücksichtigen sind iRe Gesamtabwägung die Interessen des Verpflichteten an einer unterhaltsrechtlichen Entlastung, die Interessen des Berechtigten an den Unterhaltsleistungen, die vorrangigen Belange gemeinschaftlicher Kinder, Schwere des Härtegrundes und Maß des Verschuldens. Hinzu kommen persönliche Verhältnisse wie Alter, Gesundheitszustand, schicksalsbedingte Lebenssituation (BGH FamRZ 86, 670; 88, 930; 86, 889; 02, 810).

25 **E. Kindesinteressen.** Betreut der Berechtigte ein gemeinschaftliches Kind, sind die Kindeswohlinteressen vorrangig zu berücksichtigen. Es muss verhindert werden, dass der Unterhaltsberechtigte der das Kind betreut, wegen Einschränkungen oder Wegfalls des Unterhalts zu einer Erwerbstätigkeit gezwungen wird, die sich an sich mit der Kindesbetreuung nicht vereinbaren lässt (BGH FamRZ 84, 986). Sind allerdings die Belange des Kindeswohls gewahrt, besteht Freiraum, den Unterhalt herabzusetzen oder zu versagen. Es ist daher möglich, den Unterhalt auf einen Betrag herabzusetzen, der dem Existenzminimum entspricht, da die Belange des Kindes in der Regel ausreichend gewahrt werden, wenn dem Unterhaltsberechtigten der notdürftige Unterhalt gesichert wird (BGH FamRZ 98, 541; 97, 671).

26 Dies bedeutet, dass der Unterhalt auf den Mindestbedarf gemäß 4 V der Düsseldorfer Tabelle begrenzt werden darf. Darauf sind dann allerdings sämtliche dem Unterhaltsberechtigten zuzurechnenden Einkünfte anzurechnen, und zwar auch ein Versorgungsentgelt oder das Erziehungsgeld. Die Anrechnung ist deswegen geboten, weil es sich nicht um eine Bedarfsberechnung, sondern um Sicherstellung des Existenzminimums geht. Ferner ist es möglich, bereits erzielte Einkommen des Unterhaltsberechtigten in vollem Umfang bedarfsprägend zu berücksichtigen, auch wenn es an sich aus unzumutbarerer Erwerbstätigkeit stammt. Schließlich ist auch zu prüfen, ob angemessene Betreuungsmöglichkeiten für das Kind bestehen, zB durch den Besuch eines Kindergartens, durch Betreuung seitens naher Angehöriger wie Großeltern oder durch den neuen Partner des Berechtigten. Hier ist jedoch besondere Vorsicht geboten. Über die Verwirkung darf nicht über das Umgangsrecht bestimmt werden. Das Umgangsrecht richtet sich nach dem Kindeswohl und nicht nach unterhaltsrechtlichen Gesichtspunkten. Wenn unter Berücksichtigung des Kindeswohls eine Betreuung durch die Großeltern nicht in Betracht kommt, darf dies auch nicht über die Verwirkung erzwungen werden. Gleiches gilt für die Betreuung durch den neuen Lebenspartner. Wenn der Unterhaltsberechtigte ernstzunehmende Gründe vortrage, nach denen die Kinderbetreuung durch den neuen Lebenspartner nicht in Betracht kommt, muss dem Rechnung getragen werden. Ändert sich die Betreuungsbedürftigkeit des Kindes und damit auch die Erwerbsobliegenheit des Unterhaltsberechtigten, ist es durchaus möglich, die Verwirkung im Hinblick auf die nunmehr reduzierten Kindeswohlinteressen erneut zu prüfen und iRe Abänderungsverfahrens den Verwirkungsgesichtspunkt im Hinblick darauf stärker durchschlagen zu lassen.

27 **F. Rechtsfolgen.** Der Unterhaltsanspruch kann betragsmäßig herabgesetzt oder zeitlich begrenzt werden. Außerdem ist auch sein völliger Wegfall möglich. Welche dieser Sanktionen unter Berücksichtigung aller

Umstände der Billigkeit entsprechen, ist aufgrund einer Gesamtwürdigung vorzunehmen. Entscheidend ist, welche dieser Maßnahmen dem Unterhaltsverpflichteten aufgrund einer Abwägung aller Gesamtumstände zumutbar sind.

G. Wiederaufleben des Unterhaltsanspruchs. Ein Wiederaufleben des Unterhaltsanspruchs kommt insbesondere dann in Betracht, wenn der Unterhalt wegen Zusammenleben mit einem neuen Partner oder wegen massiver Behinderung des Umgangsrechts verwirkt war. Gibt er diese Beziehung auf oder ändern sich die Umstände bezüglich des Umgangsrechts in einer Weise, die vor Eintritt der die Unzumutbarkeit begründenden Umstände bestanden hat (BGH FamRZ 87, 689) ist eine neue Prüfung der Verwirkungsfrage vorzunehmen. Dabei sind alle Umstände zu berücksichtigen, die die neue Billigkeitsabwägung beeinflussen können. Eine wesentliche Bedeutung kommt insbesondere dem Zeitfaktor, dh der Ehedauer zu, weil diese eine die Grundlage der Unterhaltspflicht verstärkende Wirkung hat (BGH FamRZ 87, 689). Zu prüfen ist, ob dem Unterhaltsverpflichteten nunmehr die Zahlung von Unterhalt wieder zumutbar ist. Je länger er gar keinen oder nur reduzierten Unterhalt gezahlt hat, desto härter wird ihn ein Wiederaufleben des alten Unterhaltsanspruchs treffen (BGH FamRZ 87, 689). 28

Bei anderen Härtegründen wird ein Wiederaufleben des Unterhaltsanspruchs im Regelfall nicht in Betracht kommen. Eine Ausnahme kann sich dann ergeben, wenn der Unterhaltsverpflichtete dem Unterhaltsberechtigten den Vorfall, der zur Verwirkung des Unterhaltstatbestands geführt hat, verziehen hat.

H. Darlegungs- und Beweislast. Für die tatsächlichen Voraussetzungen des jeweils behaupteten Verwirkungstatbestandes – auch für die Einseitigkeit des Fehlverhaltens – wie auch für alle die grobe Unbilligkeit begründenden Tatsachen trägt der Unterhaltsschuldner die Darlegungs- und Beweislast (BGH FamRZ 91, 670). Er muss Vorbringen des Unterhaltsgläubigers, das im Falle der Richtigkeit gegen die Annahme einer groben Unbilligkeit sprechen würde, widerlegen. Wird er dadurch in unüberwindliche Beweisschwierigkeiten gebracht, ist eine Widerlegung nicht erforderlich. Vielmehr ist das Vorbringen des Unterhaltsberechtigten unerheblich. 29

§ 1580 Auskunftspflicht

¹Die geschiedenen Ehegatten sind einander verpflichtet, auf Verlangen über ihre Einkünfte und ihr Vermögen Auskunft zu erteilen. ²§ 1605 ist entsprechend anzuwenden.

Die Vorschrift statuiert wechselseitige Auskunftspflichten zwischen geschiedenen Ehegatten. Sie entspricht inhaltlich § 1605. Sinn und Zweck der Vorschrift liegen darin, die Auskunftsberechtigten in die Lage zu versetzen, Unterhaltsansprüche geltend zu machen bzw. unberechtigte Forderungen abzuwehren. Der Auskunftsanspruch gilt wechselseitig zwischen geschiedenen Ehegatten. Beide Ansprüche sind jedoch weder Zug um Zug zu erfülle,n noch besteht ein Leistungsverweigerungs- oder Zurückbehaltungsrecht (Köln FamRZ 87, 714). 1

Der Anspruch auf Auskunft- und Belegvorlage entsteht mit **Rechtshängigkeit** des Ehescheidungsverfahrens (BGH FamRZ 82, 151). Über das Auskunfts- und Belegvorlagebegehren kann schon vor Rechtskraft des Ehescheidungsurteils entschieden werden. 2

Die Vorschrift gilt nicht für den Auskunftsanspruch zwischen getrennt lebenden Eheleuten. Hier verweist § 1361 IV 4 auf § 1605.

Der Auskunftsanspruch besteht auch zwischen **Lebenspartnern** nach Aufhebung der Lebenspartnerschaft. § 1580 gilt kraft Verweises in § 16 II 2 LPartG entspr.

Wegen der Nichtidentität der Trennungs- und Geschiedenenunterhaltsansprüche stellt das Auskunftsbegehren hinsichtlich des nachehelichen Unterhalts einen **anderen Streitgegenstand** als das Auskunftsbegehren hinsichtlich des Trennungsunterhalts dar. Daher kann dem Auskunftsbegehren nach § 1580 grds weder entgegengehalten werden, dass bereits eine Auskunftsklage wegen Trennungsunterhalts rechtshängig ist (Ddorf FamRZ 92, 1313), noch, dass der Auskunftsschuldner bereits während der Trennungszeit Auskünfte erteilt hat und daher nicht verpflichtet ist, vor Ablauf der Sperrfrist des § 1605 II erneut Auskunft zu erteilen (Hamm FamRZ 04, 377; Köln FPR 03, 129; Ddorf FamRZ 02, 1038; unzutreffend aber Thüringen FamRZ 97, 1280). 3

Der Auskunftsanspruch nach § 1580 kann jedoch **ausnahmsweise rechtsmissbräuchlich** sein, wenn aufgrund der erteilten Auskünfte und der vorliegenden Belege die für die Bemessung des nachehelichen Unterhalts maßgebenden wirtschaftlichen Verhältnisse bekannt sind und wenn offensichtlich ist, dass sich an ihnen nichts geändert hat.

Der Auskunftsanspruch kann **isoliert** oder in Form der **Stufenklage** (BGH NJW 82, 1645) geltend gemacht werden (Hamm FamRZ 93, 984; Zweibr FamRZ 80, 1142). Eine Geltendmachung ist auch im **Verbund** mit dem Scheidungsverfahren möglich, dann jedoch nur iRe Stufenklage (BGH NJW 97, 2176). 4

Gem § 1580 2 ist im Übrigen § 1605 entsprechend anzuwenden; insoweit wird daher auf die Kommentierung zu § 1605 verwiesen. 5

Kapitel 3 Leistungsfähigkeit und Rangfolge

§ 1581 Leistungsfähigkeit

¹Ist der Verpflichtete nach seinen Erwerbs- und Vermögensverhältnissen unter Berücksichtigung seiner sonstigen Verpflichtungen außerstande, ohne Gefährdung des eigenen angemessenen Unterhalts dem Berechtigten Unterhalt zu gewähren, so braucht er nur insoweit Unterhalt zu leisten, als es mit Rücksicht auf die Bedürfnisse und die Erwerbs- und Vermögensverhältnisse der geschiedenen Ehegatten der Billigkeit entspricht. ²Den Stamm des Vermögens braucht er nicht zu verwerten, soweit die Verwertung unwirtschaftlich oder unter Berücksichtigung der beiderseitigen wirtschaftlichen Verhältnisse unbillig wäre.

1   **I. Grundlagen.** Für den Geschiedenenunterhalt beinhaltet § 1581, ähnlich wie § 1603 und früher § 59 EheG, eine Regelung der Leistungsfähigkeit sowie der Folgen einer völlig oder teilweise fehlenden Leistungsfähigkeit. Nach § 1581 darf der angemessene Eigenbedarf des unterhaltspflichtigen geschiedenen Ehegatten durch Zahlung des nachehelichen Unterhalts nicht gefährdet werden. Ist dies doch der Fall, braucht der Schuldner nur insoweit Unterhalt zu leisten, als es mit Rücksicht auf die Bedürfnisse und die Erwerbs- und Vermögensverhältnisse der Ehegatten der Billigkeit entspricht. Der Unterhaltsanspruch des Berechtigten schlägt dann in einen **Billigkeitsanspruch** (BGH FamRZ 90, 260 = NJW 90, 1772; Kobl FamRZ 05, 1482) um. Dessen Umfang hat das Gericht unter Abwägung der den Eheleuten zur Verfügung stehenden Mittel sowie der beiderseits zu befriedigenden Bedürfnisse nach **individuellen Gesichtspunkten** zu bestimmen (BGH FamRZ 04, 1357; 90, 260). Wird die Grenze des Zumutbaren überschritten, verstößt die durch die Belastung mit Unterhaltsansprüchen des Berechtigten bewirkte Beschränkung der Dispositionsfreiheit des Verpflichteten im finanziellen Bereich gegen die verfassungsmäßige Ordnung (BVerfG NJW 02, 2701; FuR 02 175 = FamRZ 02, 1685).
Die Grundsätze des § 1581 gelten **entspr beim Trennungsunterhalt** (BGH FamRZ 86, 556).

2   Obwohl die Leistungsfähigkeit – wie die Bedürftigkeit – eine Voraussetzung jeden Unterhaltsanspruchs darstellt, ist sie in § 1581 (wie auch in § 1603) aus Zweckmäßigkeitsgründen als **Einwendung** ausgestaltet (BGH FamRZ 88, 930). Dies führt zur Darlegungs- und Beweislast des Pflichtigen für eine von ihm behauptete beschränkte oder fehlende Leistungsfähigkeit.

3   Eine erst nach Unterhaltstitulierung eintretende Änderung der Leistungsfähigkeit beruht in der Regel auf Änderungen der wirtschaftlichen Verhältnisse. Änderungen der Leistungsfähigkeit können sowohl von dem Berechtigten als auch dem Verpflichteten über § 323 ZPO geltend gemacht werden. Der Verpflichtete kann die **Abänderungsklage** erheben, wenn er wegen geänderter Leistungsfähigkeit den Unterhalt in bisheriger Höhe nicht mehr zahlen kann. Der berechtigte Ehegatte kann Abänderungsklage erheben und ggf den vollen eheangemessenen Unterhalt verlangen, wenn ihm im Vorverfahren nur ein Billigkeitsunterhalt nach § 1581 zugesprochen wurde und der Verpflichtete zwischenzeitlich voll leistungsfähig geworden ist (BGH FamRZ 89, 817).

4   **II. Leistungsfähigkeit.** Für die Beurteilung der Leistungsfähigkeit sind **alle verfügbaren Einkommensquellen** heranzuziehen und ggf auch vorhandenes Vermögen zu verwerten, unabhängig davon, ob es sich um prägende oder nichtprägende Einkünfte handelt (BGH FamRZ 89, 159; zu Grundfragen der Einkommensermittlung vgl *Kleffmann* in Scholz/Stein Teil G Rn 1 ff und vor § 1577 Rn 1 ff). Die Bestimmung der Leistungsfähigkeit entspricht nicht sozialhilferechtlichen Kriterien (BGH NJW 95, 1486). Bedürftigkeit einerseits und Leistungsfähigkeit andererseits sind grds nach **gleichen Maßstäben** zu ermitteln (BGH FamRZ 85, 354), mit tendenziell strengeren Voraussetzungen beim Bedürftigen (vgl *Graba* FamRZ 01, 1257).

5   Der Verpflichtete ist nach § 1581 leistungsfähig, wenn er wirtschaftlich in der Lage ist, den vollen eheangemessenen Unterhalt (§§ 1361, 1578 I 1) des Berechtigten ohne Beeinträchtigung seines eigenen **eheangemessenen Bedarfs** zu zahlen. Der eigene angemessene Unterhalt iSv § 1581 ist grds mit dem vollen eheangemessenen Unterhalt nach § 1578 I 1 gleichzusetzen (BGH FamRZ 04, 1357; vgl etwa auch Ziff 21.4 SüdL). Dies folgt schon aus dem grds Anspruch beider Ehegatten auf **gleiche Teilhabe** am verfügbaren Einkommen. Nur diese Gleichsetzung des eigenen angemessenen Unterhalts in § 1581 mit dem eheangemessenen Unterhalt iSd § 1578 I 1 und nicht mit einem aus § 1602 II entlehnten, oftmals unter dem eheangemessenen Bedarf liegenden Selbstbehalt vermeidet, dass der Berechtigte unter Verstoß gegen den Grundsatz der gleichmäßigen Teilhabe am ehelichen Lebensstandard seinen vollen eheangemessenen Unterhalt erhält, während der Verpflichtete erst dann als nicht mehr voll leistungsfähig behandelt wird, wenn ein generell bestimmter, womöglich unter seinem eheangemessenen Bedarf liegender Selbstbehalt gefährdet wäre (BGH FamRZ 93, 1186; 90, 849; zu Einzelheiten vgl *Scholz* in Scholz/Stein Teil K Rn 68 ff).

6   **1. Angemessener Eigenbedarf.** Der angemessene Eigenbedarf des pflichtigen Ehegatten ist kein fester Betrag. Der BGH (FamRZ 04, 1357; 90, 260) verlangt eine **individuelle Prüfung** der Einkommens- und Vermögensverhältnisse und bemisst sie nach den ehelichen Lebensverhältnissen. Der Eigenbedarf entspricht dem Bedarf des berechtigten Ehegatten, darf jedoch den **notwendigen Selbstbehalt** nicht unterschreiten (BGH

FamRZ 04, 1357). Nur wenn der geschiedene Ehegatte ähnlich hilflos und bedürftig wie ein minderjähriges Kind ist, kommt eine Inanspruchnahme bis zur Grenze des notwendigen Selbstbehalts in Betracht (BGH NJW 97, 1919). Jedenfalls wenn keine minderjährigen Kinder zu betreuen sind, wird der eheangemessene billige Selbstbehalt oftmals mit einem Mittelwert zwischen notwendigem und angemessenem Selbstbehalt beziffert. Zum Teil wird zwischen Trennungsunterhalt und nachehelichem Unterhalt unterschieden (vgl etwa Ziff 21.4 der Bremer Leitlinien). Soweit in den Leitlinien der billige Selbstbehalt mit einem Festbetrag ausgewiesen ist, entspricht dies einem praktischen Bedürfnis. Die jeweiligen Selbstbehaltsätze sind jedoch keine feste Größe, sondern nur **Orientierungshilfen** (BGH FamRZ 87, 266). Da der Bedarf nach den ehelichen Lebensverhältnissen, damit auch der angemessene Selbstbehalt und letztlich die nach § 1581 zu treffende Billigkeitsabwägung, jeweils **individuell** nach den ehelichen Lebensverhältnissen und nach den Besonderheiten des jeweiligen Einzelfalls zu bestimmen ist, muss der Selbstbehalt in jedem Einzelfall individuell ermittelt werden. Aus der Vorschrift lässt sich aber nicht entnehmen, dass dem Verpflichteten mehr als das Existenzminimum zu belassen ist, wenn die Einkommens- und Vermögensverhältnisse rechnerisch keinen höheren oder gar einen niedrigeren Betrag als den notwendigen Selbstbehalt ergeben. Dann greift lediglich der allgemeine Grundsatz, dass jeder Schuldner sein Existenzminimum behalten und er nicht durch Unterhaltszahlungen selbst sozialhilfebedürftig werden darf (BGH FamRZ 96, 1272; 84, 1000). In einem solchen Fall deckt sich der angemessene Selbstbehalt nach § 1581 mit dem notwendigen Selbstbehalt.

In den **Leitlinien** (Stand 1.7.05, vgl etwa Beilage zu Heft 30/05 der NJW) sind die billigen Selbstbehaltssätze zum Teil betragsmäßig ausgewiesen:

Berlin (Ziff. 21.5):	bei Erwerbstätigen 995 €/bei Nichterwerbstätigen 935 €
Brandenburg (Ziff. 21.4):	bei Erwerbstätigen 915 €/bei anderen Einkünften 805 €
Celle (Ziff. 21.4)	1000 €
Frankfurt (Ziff. 21.4)	1100 €
Hamburg (Ziff. 21.4	bei Erwerbstätigen 995 €/bei Nichterwerbstätigen 935 €
Hamm (Ziff. 21.4.1)	1000 €
Koblenz (Ziff. 21.4)	1000 €
Köln (Ziff. 21.3.1)	1100 €
Oldenburg (Ziff. 21.4)	1100 €
Schleswig (Ziff 21.4)	990 €

2. Zeitliche Kongruenz. Wie bei der Bedürftigkeit muss die Leistungsfähigkeit in **zeitlicher Kongruenz** zum Unterhaltsanspruch stehen. Eine zu einem späteren Zeitpunkt gesteigerte Leistungsfähigkeit erhöht nicht den Unterhaltsanspruch für die Vergangenheit. Als Folge des **Zuflussprinzips** wird für die Vergangenheit Unterhalt auch dann nicht geschuldet, wenn der Unterhaltspflichtige Zahlungen rückwirkend für einen vergangenen Zeitraum erhält (BGH FamRZ 85, 155; Nürnbg FamRZ 97, 961).

Leistungseinschränkungen des Unterhaltsschuldners sind nur beachtlich, wenn sie **nachhaltig** eintreten. Kurzfristige oder vorübergehende Minderungen der Leistungsfähigkeit, die auch iR üblicher und angemessener Vorsorge überbrückt werden können, sind grds unbeachtlich. Richtschnur: Einschränkungen der Leistungsfähigkeit von bis zu drei Monaten führen regelmäßig nicht zu einer Anpassung des Unterhalts (Dresden FamRZ 98, 767 will sogar einen Zeitraum von sechs Monaten als „vorübergehende" Einschränkung ansehen unter Hinweis auf den Rechtsgedanken des § 1615 h II aF).

3. Maßgebliche Einkünfte. Die Leistungsfähigkeit des Unterhaltsschuldners wird einerseits durch sein tatsächlich vorhandenes Einkommen und/oder Vermögen bestimmt, andererseits durch seine Erwerbsfähigkeit wie auch seine Erwerbspflicht, also diejenigen Mittel, die er bei guten Willen – etwa durch zumutbare Erwerbstätigkeit – erzielen könnte.

Nach dem Grundsatz der **Gleichbehandlung beider Ehegatten** sind iRd Leistungsfähigkeit grds **alle Einkünfte** des Schuldners heranzuziehen, die spiegelbildlich auch bei der Feststellung der Bedürftigkeit des Unterhaltsgläubigers mindernd anzusetzen sind (BGH FamRZ 85, 354; zu Einzelheiten vgl vor § 1577 Rn 1 ff und *Kleffmann* in Scholz/Stein Teil G Rn 1 ff und KK-FamR/*Kleffmann* vor § 1361 Rn 20 ff).

Bei der Bestimmung der Leistungsfähigkeit sind insbes zu berücksichtigen alle regelmäßigen und grds auch unregelmäßigen oder einmaligen Barbezüge, Sachbezüge, Einkünfte aus selbstständiger Tätigkeit, Renten, Pensionen, Sozialleistungen mit Lohnersatzfunktion, Einkünfte aus Kapitalvermögen und Vermietung und Verpachtung.

Die Leistungsfähigkeit beurteilt sich jedoch nicht nur nach dem tatsächlich verfügbaren Einkommen, sondern auch nach der **Erwerbsfähigkeit** des Schuldners (BVerfG FamRZ 85, 143). Auch solches Einkommen bestimmt die Leistungsfähigkeit, das der Unterhaltspflichtige zwar nicht erzielt, jedoch unter zumutbarer Ausnutzung seiner Arbeitsfähigkeit oder einer nutzbringenden Vermögensanlage erzielen könnte (BGH FamRZ 96, 796). Bei der Erwerbsverpflichtung beim nachehelichen Unterhalt sind jedoch **Zumutbarkeitskriterien** zu beachten. Eine gesteigerte Erwerbsverpflichtung entspr § 1603 II besteht beim nachehelichen Unterhalt nur iRd § 1570, bei den anderen Unterhaltstatbeständen gelten geringere Anforderungen (zu Einzelheiten der Einkommensfiktion bei Arbeitslosigkeit vgl KKFamR/*Kleffmann* vor § 1361 Rn 112 ff). Ein **Berufs- und**

Arbeitsplatzwechsel ist dem Pflichtigen im Hinblick auf Art 2, 12 GG grds nicht verwehrt (BGH FamRZ 03, 1471; Oldbg FamRZ 98, 289). Etwas anderes gilt, wenn sich der Pflichtige über zu beachtende Belange des Unterhaltsberechtigten hinwegsetzt und sein Verhalten als unterhaltsbezogen leichtfertig zu qualifizieren ist (zu Einzelheiten vgl vor § 1577 Rn 35 ff).

Bei durch **Studium/Berufsausbildung** eingeschränkter bzw aufgehobener Leistungsfähigkeit ist zwischen der Fortsetzung einer bereits während der Ehe begonnenen und einer erst nach der Trennung aufgenommnen Ausbildung zu differenzieren. Eine durch die Scheidung entstandene Unterhaltspflicht zwingt nicht zur Unterbrechung oder zum Abbruch einer bereits begonnenen Berufsausbildung, wenn diese ordnungsgemäß und zielstrebig betrieben wird. Die Belange des Unterhaltsberechtigten und das Persönlichkeitsrecht des Verpflichteten mit dem Recht auf freie Berufswahl sind gegeneinander abzuwägen. Dem Abschluss einer Erstausbildung wird als Voraussetzung für eine nachhaltige Leistungsfähigkeit regelmäßig der Vorrang vor der sofortigen Erfüllung der Unterhaltspflichten beizumessen sein (BGH FamRZ 94, 372; zu weiteren Einzelheiten vgl AnwK/*Schürmann* § 1581 Rn 24). Eine **Zweitausbildung** kann der Unterhaltspflichtige grds nicht durchführen, solange der Unterhaltsbedürftige auf Sozialhilfe oder Dritte angewiesen ist (BGH NJW 81, 1609). Etwas anderes gilt, wenn die Zweitausbildung bereits weit vorangeschritten ist und deren Abschluss erhöhte Aufstiegschancen bietet (vgl BGH FamRZ 87, 930; Hamm FamRZ 92, 469; vgl jedoch auch Stuttg FamRZ 83, 1233 und Bambg FamRZ 89, 93).

Ein aufgrund von Umschulungs- und Fortbildungsmaßnahmen reduziertes Einkommen mindert die Leistungsfähigkeit, soweit der bisherige Beruf aus gesundheitlichen Gründen nicht beibehalten werden konnte und/oder keine realistische Beschäftigungschance mehr bot (BGH FamRZ 94, 372; Thüringen FamRZ 99, 1523; Hamm FamRZ 97, 1168; Karlsr FamRZ 89, 627).

Bei Tätigkeit in einer neuen Ehe als **Hausmann** (oder als Hausfrau) wird die Unterhaltspflicht gegenüber dem neuen Ehegatten und ggf gegenüber dem Kind aus neuer Ehe erfüllt, nicht dagegen gegenüber dem (früheren) Ehegatten und/oder einem minderjährigen Kind aus der vorangegangenen Ehe. Bei einem derartigen **Rollenwechsel** muss der Verpflichtete nicht nur auf das Wohl der Kinder aus vorgegangener Ehe, sondern auch auf das Wohl des gleichrangigen geschiedenen Ehegatten Rücksicht nehmen. Es gelten die Grundsätze zur Hausmannrspr (vgl BGH FamRZ 87, 252 und zu Einzelheiten KK-FamR/*Kleffmann* vor § 1361 Rn 121 ff und *Kleffmann* in Scholz/Stein Teil G Rn 107 ff). Die Grundsätze der Hausmannrspr sind auch für nicht miteinander verheiratete Partner anzuwenden (BGH FamRZ 01, 614).

Freiwillige Leistungen Dritter sind beim Pflichtigen genauso zu berücksichtigen wie beim Berechtigten (vgl vor § 1577 Rn 21 ff).

Einkommenseinbußen auf Seiten des Pflichtigen muss der Berechtigte grds nicht hinnehmen, wenn sie auf der Inanspruchnahme von **Altersteilzeit**, vorzeitiger Pensionierung (Richtschnur: Erwerbsobliegenheit bis zum 65. Lebensjahr, BGH FamRZ 82, 252; Hamm NJW 05, 161) etc beruhen. Ausnahmsweise gilt etwas anderes, wenn diese Maßnahmen aufgrund gesundheitlicher Beeinträchtigungen geboten waren (Hamm FamRZ 05, 1177; Köln FamRZ 03, 602; Hamm FamRZ 02, 1476) oder der Unterhaltsgläubiger seinen Unterhaltsbedarf auf einem relativ hohen Niveau mit eigenen Einkünften sicherstellen kann (Kobl FamRZ 00, 610; zu Einzelheiten vgl *Kleffmann* in Scholz/Stein Teil G Rn 106). Für einen Selbstständigen gelten regelmäßig die gleichen Grundsätze.

Der **Splittingvorteil** nach Wiederverheiratung bei Zusammenveranlagung in der neuen Ehe kommt nur der neuen Ehe zugute (BVerfG FamRZ 03, 1821; BGH NJW 05, 3277; *Kuckenburg* FuR 04, 160). Dieser Splittingvorteil ist vom Gesetzgeber der bestehenden – neuen – Ehe zugewiesen. Bei einem wiederverheirateten Unterhaltspflichtigen ist daher der Steuerabzug auf der Basis einer getrennten Veranlagung zu berechnen.

Vermögenserträge sind beim nachehelichen Unterhalt uneingeschränkt zu berücksichtigen. Unterhaltsrechtlich relevant sind die Nettoerträge, dh die Einnahmen (Zinsen, Dividenden, Tantiemen etc) abzüglich der Ausgaben (Steuern, Werbungskosten etc) (vgl BGH FamRZ 86, 441). Wird Vermögen nicht ertragreich angelegt, richtet sich eine Fiktion von Vermögenserträgen nach allgemeinen Grundsätzen (vgl BGH NJW 86, 1342, im Übrigen KKFamR/ *Kleffmann* vor § 1361 Rn 127 ff).

Für den **Einsatz des Vermögensstamms** gelten für den Pflichtigen die gleichen Grundsätze wie für den Berechtigten. In Ermangelung sonstiger Mittel muss ein Unterhaltspflichtiger grds nach der Scheidung auch den Vermögensstamm für Unterhaltszwecke einsetzen. Dies gilt nicht, wenn die Vermögensverwertung im Einzelfall unzumutbar ist (BGH NJW 85, 2029; 80, 340; FuR 05, 23 = FamRZ 05, 97 zugleich zur Vermögensverwertungspflicht beim Trennungsunterhalt).

11 Die Einkünfte reduzieren sind um angemessene **Aufwendungen für Krankheit und Alter** (zu Einzelheiten vgl vor § 1577 Rn 46).

Wie bei der Zurechnung von Einkommen ist für die Beurteilung der Leistungsfähigkeit grds ohne Bedeutung, ob **Verbindlichkeiten** des Unterhaltsschuldners die ehelichen Lebensverhältnisse geprägt haben oder erst nach der Trennung/Scheidung entstanden sind. Die Differenzierung wirkt sich allerdings insoweit aus, als nach der Trennung/Scheidung eingegangene Kreditverpflichtungen nur unter engen Voraussetzungen auch unterhaltsrechtlich beachtlich sind. § 1581 1 schreibt ausdrücklich die Berücksichtigung der sonstigen Verpflichtungen vor. Unterhaltspflichten genießen keinen allgemeinen Vorrang vor den Ansprüchen anderer Gläubiger (BGH

FamRZ 84, 657). Ein relativer Vorrang ergibt sich allerdings aus dem durch § 850 d ZPO geschützten Vorrangbereich in der Zwangsvollstreckung.
Die Berücksichtigungsfähigkeit von Verbindlichkeiten ist anhand einer **umfassenden Interessenabwägung** zu beurteilen. Bedeutsame Umstände für die gebotene Interessenabwägung sind vornehmlich
– Zweck der Verbindlichkeit
– Zeitpunkt und Art der Entstehung der Verbindlichkeit
– Dringlichkeit der beiderseitigen Bedürfnisse
– Kenntnis des Unterhaltsschuldners von Grund und Höhe der Unterhaltsschuld
– Möglichkeiten des Schuldners, die Leistungsfähigkeit in zumutbarer Weise ganz oder teilweise, zB durch Tilgungsstreckung, wieder herzustellen
– Schutzwürdige Belange Dritter (vgl zum Ganzen grundlegend BGH FamRZ 82, 157; 84, 657 sowie KKFamR/*Kleffmann* vor § 1361 Rn 159 ff)

Selbst nach Trennung oder gar Scheidung aufgenommene **neue Verbindlichkeiten** des Schuldners sind nicht a priori unbeachtlich. Allerdings sind bei dem Kriterium der Notwendigkeit der neuen Verbindlichkeit strenge Maßstäbe anzulegen. Nicht eheprägende, nach der Trennung eingegangene Verbindlichkeiten können nur ausnahmsweise iRd Leistungsfähigkeit berücksichtigt werden. Bereits die Kenntnis von der Unterhaltspflicht verwehrt es dem Schuldner in der Regel, sich auf eine infolge von Schulden eingetretene Verminderung der Leistungsfähigkeit zu berufen (BGH FamRZ 90, 283). Solche Verpflichtungen können nur ausnahmsweise dann berücksichtigt werden, wenn und soweit sie „unvermeidbar" waren (BGH FamRZ 98, 1501), dh „notwendig und unausweichlich" (BGH FamRZ 90, 283) eingegangen werden mussten. Insoweit ist ein **strenger Maßstab** anzulegen (BGH FamRZ 98, 1501; Hamm FuR 00, 33). Nicht berücksichtigungsfähig sind Verbindlichkeiten, die aus der Finanzierung des Zugewinnausgleichsanspruchs des anderen Ehegatten resultieren, da andernfalls der Unterhaltsberechtigte über eine Beschränkung seines Unterhalts seinen eigenen Zugewinnausgleichsanspruch finanzieren müsste (Hburg FamRZ 86, 1212). Gleichfalls nicht berücksichtigungsfähig sind Verbindlichkeiten, die aus der Erfüllung von Unterhaltsansprüchen aus der Vergangenheit herrühren, Verbindlichkeiten die der Deckung des laufenden Lebensbedarfs zuzurechnen sind (BGH FamRZ 98, 1501), im Zusammenhang mit einem Vermögenserwerb stehende Kreditverpflichtungen oder Schulden aus leichfertig eingegangenen Verpflichtungen (Köln FamRZ 94, 1406).

Unterhaltspflichten gegenüber gleichrangig Unterhaltsberechtigten mindern die Leistungsfähigkeit. Dies gilt auch für eine Unterhaltspflicht gegenüber einem erst nach Rechtskraft der Ehescheidung geborenen Kind (BGH FamRZ 87, 472). Die Unterhaltspflicht gegenüber einem neuen Ehegatten schränkt die Leistungsfähigkeit ein, sofern der neue und der geschiedene Ehegatte gleichrangig sind (zu Einzelheiten vgl § 1582). Ansprüche nachrangiger Unterhaltsberechtigter tangieren die Leistungsfähigkeit in keinem Fall (BGH FamRZ 96, 1272).

III. Billigkeitsunterhalt und Mangelfälle. 1. Billigkeitsunterhalt. Ist der eigene angemessene Bedarf des Verpflichteten bei Leistung des vollen Unterhalts gefährdet, ist stattdessen nach § 1581 1 Unterhalt nur insoweit zu leisten, als es der Billigkeit entspricht. Diese Feststellung ist wichtig, weil bei einer **späteren Abänderung** der volle Unterhalt verlangt werden kann, wenn nun neue Mittel zur vollen Bedarfsdeckung vorhanden sind. Es besteht kein Grund, die Parteien in einem solchen Fall an der früheren Beschränkung auf einen Billigkeitsunterhalt festzuhalten (BGH FamRZ 89, 817; 87, 257). Dies erfolgt anhand einer **zweistufigen Berechnung**. In der ersten Stufe ist der nach den ehelichen Lebensverhältnissen (§ 1578) erforderliche volle Unterhalt zu ermitteln. Maßgeblich sind die gesamten eheprägenden Einkünfte, Erwerbseinkünfte unter Berücksichtigung des Erwerbstätigenbonus und sonstige Einkünfte hälftig (BGH FamRZ 04, 1357). Auch sind die Beträge des angemessenen Unterhalts für andere Unterhaltsberechtigte festzustellen. In der zweiten Berechnungsstufe findet nach Billigkeitserwägungen eine Kürzung des Anspruchs zur Anpassung an die Leistungsfähigkeit des Verpflichteten statt (BGH FamRZ 04, 1357; NJW 83, 1733).

Der **Umfang des Billigkeitsanspruchs** ist anhand der individuellen Verhältnisse der Eheleute zu bestimmen (BGH FamRZ 04, 1357). Die Berücksichtigung von Verbindlichkeiten und von berufsbedingten Aufwendungen unterliegt einem strengeren Maßstäben. Auch können sich die Grenzen zumutbarer Erwerbstätigkeit verschieben (BGH FamRZ 83, 146; 87, 46; Hamm FamRZ 99, 43).

Übersicht der berücksichtigungsfähigen Kriterien:
– Einkommens- und Vermögensverhältnisse sowie sonstige wirtschaftliche Verhältnisse beider Ehegatten
– Persönliche Verhältnisse jedes Ehegatten wie Alter, Gesundheitszustand sowie individuelle Bedürfnisse
– Eheliche Lebensverhältnisse vor und nach der Trennung
– Erwerbsfähigkeit, zumutbare Tätigkeiten, besonderer Leistungseinsatz, ernsthafte Erwerbsbemühungen und besondere Anstrengungen zur Erzielung zumutbarer, evtl auch unzumutbarer, überobligationsmäßiger Einkünfte
– Besondere Belastungen durch Kinder und sonstige besondere Belastungen
– Der Umfang, in welchem bei der Bedarfsbemessung bereits Abzüge berücksichtigt wurden.
– Ein Verschulden an der Trennung/Scheidung ist grds unbeachtlich. Die zur Kürzung nach § 1581 führenden Billigkeitsgesichtspunkte gelten für beide Ehegatten einheitlich (BGH FamRZ 92, 1045; 90, 1091).

12

13   **2. Mangelfälle.** Von einem Mangelfall wird gesprochen, wenn der angemessene oder notwendige Selbstbehalt des Pflichtigen bei Deckung des Unterhaltsbedarfs aller gleichrangig Berechtigten gefährdet wäre und deshalb die Unterhaltsansprüche gekürzt werden müssen. Vielfach wird auch die Kürzung des Ehegattenunterhalts nach § 1581 auf den Billigkeitsunterhalt (vgl Rn 12) als Mangelfall verstanden.

14   **a) Begriffsbestimmung.** Der eingeschränkte oder relative **Mangelfall** ist dadurch gekennzeichnet, dass der Pflichtige seinen angemessenen Selbstbehalt iSd § 1603 I verteidigen kann und die Unterhaltsansprüche bereits bei Gefährdung dieses Selbstbehalts gekürzt werden. Dieser angemessene Selbstbehalt ist die Haftungsuntergrenze gegenüber verheirateten minderjährigen Kindern, gegenüber volljährigen Kindern, gegenüber dem betreuenden Elternteil iSd § 1615l (vgl BGH FamRZ 05, 354), gegenüber Eltern und Großeltern sowie gegenüber Enkeln. Der angemessene Selbstbehalt darf nicht für alle Unterhaltsverhältnisse mit demselben Betrag angesetzt werden (zu Einzelheiten vgl BGH FamRZ 05, 354). Ein relativer Mangelfall liegt bereits vor, wenn der Pflichtige den Unterhaltsanspruch des einzigen Berechtigten ohne Gefährdung seines angemessenen Selbstbehalts nicht erfüllen kann. Bei mehreren Unterhaltsberechtigten ist das Einkommen oberhalb des angemessenen Selbstbehalts (sog Verteilungsmasse) auf die Berechtigten entsprechend ihrem jeweiligen Unterhaltsbedarf zu verteilen.

15   Ein **verschärfter oder absoluter Mangelfall** liegt vor, wenn das Einkommen zur Deckung des notwendigen Eigenbedarfs des Pflichtigen und des Bedarfs des oder der vorrangig Unterhaltsberechtigten nicht ausreicht (BGH FamRZ 03, 361 m Anm Scholz FamRZ 03, 514). In einem solchen Fall geht der notwendige Selbstbehalt des Schuldners vor. Unterhaltskürzungen können nur auf der Seite der Berechtigten vorgenommen werden.

16   **b) Modifizierte Einkommensermittlung im Mangelfall.** Mangellagen verschärfen die beiderseitigen Obliegenheiten im Unterhaltsschuldverhältnis, bevor der Fehlbetrag auf die Berechtigten verteilt und damit ihr jeweiliger Unterhaltsanspruch gekürzt wird. Die sonst üblichen **Maßstäbe** für die Ermittlung des Einkommens (vgl Rn 9 und eingehend vor § 1577 Rn 1 ff) sind **wertend zu überprüfen**. Insbes die Anforderungen an die Erwerbsobliegenheit von Gläubiger und Schuldner, die Berücksichtigung von Zusatzeinkünften, die Pflicht zur Verwertung des Vermögensstamms sind verschärft zu überprüfen. Korrespondierend hiermit ist die Berücksichtigungsfähigkeit von den das anrechnungsfähige Einkommen mindernden Ausgaben (vgl vor § 1577 Rn 43 ff) tendenziell restriktiv zu bestimmen und ein strenger Maßstab anzulegen.

17   **aa) Erwerbsobliegenheit.** Die Anforderungen an die Erwerbsobliegenheit können im Mangelfall verschärft werden. Kommen der Berechtigte oder der Verpflichtete diesen erhöhten Anforderungen nicht nach, können **fiktive Einkünfte** zugerechnet werden (zu Einzelheiten vgl vor § 1577 Rn 30 ff). Die Anforderungen an die Erwerbsobliegenheit können insbes verschärft werden, wenn der angemessene eigene Bedarf des Schuldners iSd § 1581 nicht höher als der notwendige Selbstbehalt ist (zu Einzelheiten vgl *Scholz* in Scholz/Stein Teil K Rn 72 und 87). Dies gilt auch dann, wenn Kinder im schulpflichtigen Alter zu betreuen sind (BGH FamRZ 87, 46).
Einkünfte aus überobligationsmäßiger Tätigkeit werden § 1577 II nur nach Billigkeit angerechnet (zu Einzelheiten vgl § 1577 Rn 10 ff). Die eingeschränkte Anrechnung von Einkünften aus nichtzumutbarer Tätigkeit gilt nach § 242 auch für den Schuldner. Im Mangelfall kann die gebotene **Billigkeitsprüfung** dazu führen, dass derartige Einkünfte in höherem Maße als sonst angerechnet werden (BGH FamRZ 83, 146). Dies gilt etwa für die Zurechnung von Einkünften aus Überstunden oder Nebentätigkeit.

18   **bb) Freiwillige Leistungen Dritter.** Leistungen, die ein Dritter dem Gläubiger oder Schuldner unentgeltlich erbringt, stellen grds kein unterhaltsrelevantes Einkommen dar (zu Einzelheiten vgl vor § 1577 Rn 29). Etwas anderes gilt ausnahmsweise nur dann, wenn der **Wille des Zuwendenden** eine entspr Entlastung der Unterhaltspartei intendiert (BGH FamRZ 95, 537; vgl auch Nr 8 der Leitlinien). Im Mangelfall ist die Anrechnung derartiger Leistungen zu verschärfen. Im Mangelfall können freiwillige Leistungen Dritter unter Billigkeitsgesichtspunkten ganz oder teilweise, etwa in Höhe ersparter Aufwendungen, bedarfsdeckend berücksichtigt werden (BGH FamRZ 00, 153; 99, 843; kritisch jedoch *Kalthoener/Büttner/Niepmann* Rn 528). Da eine solche Entscheidung den Dritten jedoch nicht bindet, kann er die Leistungen jederzeit einstellen. Die Mangellage ist dann abändernd erneut zu prüfen.

19   **cc) Vermögensverwertung.** Sofern der Unterhalt nicht aus laufenden Einkünften bestritten werden kann, ist ggf auch der Stamm des Vermögens zu verwerten. Etwas anderes gilt nur, wenn die Vermögensverwertung unwirtschaftlich oder unter Berücksichtigung der beiderseitigen wirtschaftlichen Verhältnisse unbillig wäre (§ 1577 III für den Berechtigten, § 1581 2 für den Verpflichteten). Im Mangelfall sind an diese Vermögensverwertungsverpflichtung gleichfalls gesteigerte Anforderungen zu stellen. § 1581 2 normiert ein **Regel-Ausnahme-Prinzip**: Die Einsatzpflicht stellt die Regel dar, die Einschränkung dieser Obliegenheit die Ausnahme. Aufgrund des **Gegenseitigkeitsprinzips** sind die Obliegenheiten zur Vermögensverwertung und die Maßstäbe des § 1577 III für den Unterhaltsgläubiger und § 1581 2 für den Unterhaltsschuldner regelmäßig identisch (BGH FamRZ 85, 354; zu Einzelheiten KKFamR/*Klein* § 1581 Rn 32).

dd) Abzugspositionen. Im Mangelfall sind Positionen, die das unterhaltsrechtlich relevante Einkommen   20
mindern, kritisch zu prüfen.
Bei den **berufsbedingten Aufwendungen** wird ein berufsbedingter Aufwand, der die von einigen Oberlandesgerichten gewährte Pauschale von 5 % des Nettoeinkommens übersteigt, nicht in Betracht kommen (BGH FamRZ 06, 108; vgl *Kleffmann* in Scholz/Stein Teil G Rn 141). Der Schuldner wird in Mangelfallkonstellationen eher auf die Nutzung öffentlicher Verkehrsmittel verwiesen werden können, wenn dadurch Ersparnisse erzielbar sind (BGH FamRZ 02, 536 m Anm *Büttner*). Der Schuldner wird im Mangelfall auch eher auf die Verlegung seines Wohnsitzes in die Nähe seiner Arbeitsstelle verwiesen werden können (BGH FamRZ 94, 372).
Dem Schuldner obliegt es, zumutbar erzielbare Steuervorteile in Anspruch zu nehmen. Jedenfalls im Mangelfall obliegt ihm, sich schon auf der Steuerkarte entspr Freibeträge für Werbungskosten eintragen zu lassen (*Scholz* in Scholz/Stein Teil K Rn 91).
Die per se grds gebotene unterhaltsrechtliche **Korrektur der Einkünfte von Selbstständigen** unterliegt im Mangelfall verschärften Anforderungen, etwa hinsichtlich der Anerkennungsfähigkeit betriebsbedingter Ausgaben und Investitionen (zu unterhaltsrechtlichen Korrekturen beim Einkommen von Selbstständigen vgl im Übrigen KKFamR/*Kleffmann* vor § 1361 Rn 38 ff).
Auch im Mangelfall kommt Unterhaltsansprüchen kein allgemeiner Vorrang vor den Forderungen anderer Gläubiger zu. Bei der Berücksichtigung entspr **Verbindlichkeiten** hat auch im Mangelfall eine umfassende Abwägung der Interessen von Unterhaltsgläubiger, Unterhaltsschuldner und Drittgläubigern stattzufinden (BGH FamRZ 02, 536). Zur Obliegenheit, ein **Verbraucherinsolvenzverfahren** einzuleiten vgl KKFamR/*Kleffmann* vor § 1361 Rn 163 und BGH FamRZ 05, 608; jedenfalls wenn der Regelbetrag minderjähriger Kinder nicht sichergestellt ist; hingegen keine Obliegenheit zur Einleitung eines Insolvenzverfahrens iRd § 1615 l, Kobl FuR 05, 463.
Oft führt die Einleitung eines Verbraucherinsolvenzverfahrens im Mangelfall zur Besserstellung der Unterhaltsgläubiger (*Weisbrodt* FamRZ 03, 1240). Der Unterhaltsschuldner verfügt über deutlich höhere Liquidität. Die Höhe der Liquiditätssteigerung richtet sich nach der Anzahl der Unterhaltspflichten und ist sowohl vollstreckungsrechtlicher Art (§§ 89 II 2 InsO und 850d ZPO) als auch unterhaltsrechtlicher Art (§ 36 I InsO, 850c I 2 ZPO).
Prüfungsschema zur Obliegenheit der Einleitung eines Insolvenzverfahrens:
– Gesteigerte Unterhaltspflicht nach § 1603 II
– Vorliegen der Voraussetzungen der Verbraucherinsolvenz mit Restschuldbefreiung
– Eröffnungsgrund, § 16 ff InsO: bereits eingetretene oder drohende Zahlungsunfähigkeit und keine Gründe gegen eine spätere Restschuldbefreiung nach Maßgabe der §§ 286 ff InsO
– Keine Unzumutbarkeit der Antragspflicht im konkreten Einzelfall wegen zu erwartender Kosten des Insolvenzverfahrens
– Einschränkung der wirtschaftlichen Selbstständigkeit durch Bestellung eines Treuhänders im Insolvenzverfahren (§ 313 I, § 292 InsO)
– Dauer des Insolvenzverfahrens im Vergleich zur voraussichtlichen Unterhaltspflicht gegenüber minderjährigen Kindern
– Keine erheblichen Einschnitte in die Rechte anderer Gläubiger

c) Unterhaltsberechnung im relativen Mangelfall. Ein relativer Mangelfall liegt bereits vor, wenn der   21
Pflichtige den Unterhaltsanspruch des einzigen Berechtigten ohne Gefährdung seines angemessenen Selbstbehalts nicht erfüllen kann. Dann ist der Unterhaltsanspruch des Berechtigten entspr zu kürzen.
Bei mehreren Unterhaltsberechtigten ist das Einkommen oberhalb des angemessenen Selbstbehalts, die sogenannte Verteilungsmasse, auf die Berechtigten entspr ihrem jeweiligen Unterhaltsbedarf zu verteilen. Entscheidend ist der Restbedarf, bei Kindern, der sich aus der Tabelle ergebende Unterhalt vor Anrechnung des Kindergeldes, ggf abzüglich etwaigen Eigeneinkommens. Bei Ehegatten ist regelmäßig der Quotenunterhalt maßgebend. Der Unterhaltsanspruch ergibt sich aus folgender **Formel**:
Unterhalt: (jeweiliger Bedarfssatz × Verteilungsmasse) ./. durch Gesamtbedarf aller Berechtigten

d) Unterhaltsberechnung im verschärften Mangelfall. Ein „echter" Mangelfall liegt vor, wenn das Einkom-   22
men zur Deckung des notwendigen Eigenbedarfs des Pflichtigen und des Bedarfs des oder der vorrangig Unterhaltsberechtigten nicht ausreicht (BHG FamRZ 03, 361). In einem solchen Fall geht der notwendige Selbstbehalt des Schuldners vor. Unterhaltskürzungen können nur auf der Seite der Berechtigten vorgenommen werden. Reicht das Einkommen des Schuldners nicht aus, um alle Unterhaltsgläubiger zu befriedigen, scheiden die nachrangigen Gläubiger aus. Kann der Schuldner die konkurrierenden gleichrangigen Unterhaltsansprüche ohne Gefährdung seines notwendigen Selbstbehalts nicht erfüllen, liegt ein absoluter oder verschärfter Mangelfall vor.
Die **Mangelfallberechnung** erfolgt **mehrstufig**:   23
– Feststellung der Einsatzbeträge für alle gleichrangigen Unterhaltsberechtigten
– Feststellung der Verteilungsmasse

§ 1581　　　　　　　　　　　　　　　　　　　　　　　　　　　　　　　　　Leistungsfähigkeit

- Feststellung der Deckungsquote
- Feststellung des sich aus dieser Deckungsquote für den jeweiligen Unterhaltsberechtigten errechnenden Unterhaltsanspruchs
- Prüfung der Kindergeldanrechnung
- Überprüfung des Ergebnisses auf seine Angemessenheit

24　Im Mangelfall stellt der BGH (FamRZ 03, 363 m Anm *Scholz* FamRZ 03, 514) nicht mehr die Bedarfssätze der Beteiligten gegenüber. Er verteilt vielmehr das Einkommen oberhalb des notwendigen Selbstbehalts, die Verteilungsmasse, auf die Berechtigten nach dem Verhältnis ihrer jeweiligen Existenzminima. Dies gilt jedenfalls, wenn minderjährige und privilegierte volljährige Kinder im Mangelfall mit einem Ehegatten konkurrieren. Das **Existenzminimum** für minderjährige Kinder entspricht 135 % des Regelbetrages, also der 6. Einkommensgruppe der Düsseldorfer Tabelle (BGH FamRZ 03, 363). Für **privilegierte volljährige Kinder** ist das Existenzminimum ebenfalls der 6. Einkommensgruppe der Düsseldorfer Tabelle (4. Altersstufe) zu entnehmen (anders jedoch OLG e Naumburg und Rostock: 3. Altersstufe, vgl jeweils Ziff 13.1.1 der Leitlinien).

Das Existenzminimum des berechtigten Ehegatten richtet sich nach seiner jeweiligen Lebenssituation. Für den getrennt lebenden oder geschiedenen Ehegatten hat der BGH (FamRZ 05, 97; 03, 263) den notwendigen Eigenbedarf, das Existenzminimum nach B V der Düsseldorfer Tabelle herangezogen. Es beträgt nunmehr 890 € beim erwerbstätigen und 770 € beim nichterwerbstätigen Ehegatten (vgl auch Ziff 23. 2.2 der Leitlinien). Für eine Erhöhung der Einsatzbeträge wegen trennungsbedingten Mehrbedarfs ist kein Raum. In den Tabellenbeträgen ist bereits berücksichtigt, dass die Ehegatten getrennt leben. Im **Beitrittsgebiet** gelten teilweise niedrigere Richtsätze (vgl etwa Ziff 23.2.2 der Leitlinien der OLGe Dresden und Jena).

Beim Ehegatten, der mit dem Pflichtigen in einem gemeinsamen Haushalt lebt, ist nach Auffassung des BGH dessen notwendiger Eigenbedarf und damit das Existenzminimum nach B VI der Düsseldorfer Tabelle in Ansatz zu bringen (BGH FamRZ 03, 363). Dies führt bei Erwerbstätigkeit zu einem Einsatzbetrag in Höhe von 650 €, bei Nichterwerbstätigkeit zu einem Einsatzbetrag von 560 €. Im Beitrittsgebiet gelten teilweise andere Einsatzbeträge (vgl. jeweils Ziff 23.2.3 Leitlinien).

Eigenes Einkommen des Berechtigten ist von den Einsatzbeträgen in Abzug zu bringen (BGH FamRZ 03, 363; vgl Ziff 23.2.3 der meisten Leitlinien). Das anzurechnende Einkommen ist nicht um einen Erwerbstätigenbonus zu kürzen. Einkünfte aus **überobligationsmäßiger Tätigkeit** werden wegen der beengten finanziellen Verhältnisse nur in sehr begrenztem Rahmen anrechnungsfrei bleiben können.

25　Übersicht zu den Einsatzbeträgen in den Leitlinien:

SüdL:　　　　Bei minderjährigen und privilegiert volljährigen Kindern nach Gruppe 6 der DT,

　　　　　　bei getrenntlebenden/geschiedenen Ehegatten bei Nichterwerbstätigen 770 €, bei Erwerbstätigen 890 €,

　　　　　　bei mit dem Pflichtigen zusammenlebenden Ehegatten 560 €/650 €.

KG Berlin:　　Bei minderjährigen Kindern 135 % der Regelbeträge, bei privilegierten volljährigen Kindern 135 % des Regelbetrags für die dritte Altersstufe,

　　　　　　bei getrennt lebenden/geschiedenen Ehegatten beim Erwerbstätigen 890 €/beim Nichterwerbstätigen 770 €,

　　　　　　bei dem mit dem Pflichtigen zusammenlebendem Ehegatten beim Erwerbstätigen 650 €/beim Nichterwerbstätigen 560 €

Brandenburg:　Verweis auf BGH FamRZ 03, 363

Braunschweig:　Verweis auf Düsseldorfer Tabelle

Bremen:　　　Für minderjährige und privilegierte volljährige Kinder die 6. Gruppe der DT,

　　　　　　für getrennt lebende und geschiedene Ehegatten auf 770 € bei Nichterwerbstätigen und 890 € bei Erwerbstätigen,

　　　　　　für mit dem Verpflichteten zusammenlebenden Ehegatten auf 560 €/650 €.

Celle:　　　　Bei minderjährigen und privilegierten volljährigen Kindern nach Gruppe 6 der DT,

　　　　　　bei getrennt lebenden/geschiedenen Ehegatten der notwendige Eigenbedarf in Höhe der Beträge gem Nr. 21.2.

　　　　　　Bei mit dem Pflichtigen zusammenlebendem Ehegatten die Beträge gem Nr 22.1 der Leitlinien.

Dresden:　　　Für minderjährige Kinder 135 % des Regelbetrages, für privilegierte volljährige Kinder 135 % des Tabellenbetrages der ersten Einkommensgruppe.

　　　　　　Bei getrennt lebenden/geschiedenen Ehegatten bei Nichterwerbstätigen 710 €/bei Erwerbstätigen 820 €,

　　　　　　bei mit dem Pflichtigen zusammenlebenden Ehegatten 520 €/600 €.

Düsseldorf:	Bei minderjährigen und diesen gleichgestellten Kindern Gruppe 6 der DT,
	bei getrennt lebenden oder geschiedenen Ehegatten die in Anm B V der DT genannten Beträge,
	bei mit dem Pflichtigen in gemeinsamen Haushalt lebendem Ehegatten, die in Anm B IV der DT genannten Beträge.
Frankfurt:	Bei minderjährigen und diesen gleichgestellten Kindern Gruppe 6 der DT,
	bei getrennt lebenden/geschiedenen Ehegatten 890 €,
	bei mit dem Pflichtigen zusammenlebendem Ehegatten 650 €.
Hamburg:	Bei minderjährigen und diesen gleichgestellten Kindern Gruppe 6 der DT,
	bei getrennt lebenden/geschiedenen Ehegatten bei Nichterwerbstätigen 770 €/bei Erwerbstätigen 890 €,
	bei mit dem Pflichtigen zusammenlebendem Ehegatten 560 €/650 €.
Hamm:	Für minderjährige und privilegierte volljährige Kinder 135 % des Regelbetrages der jeweiligen Altersstufe,
	für den getrennt lebenden/geschiedenen Ehegatten 770 € bei Nichterwerbstätigen/890 € bei Erwerbstätigen,
	für den mit dem Pflichtigen zusammenlebendem Ehegatten 560 €/650 €.
Jena:	Für minderjährige Kinder 135 % des Regelbetrages, für privilegierte volljährige Kinder 135 % des Tabellenbetrages der niedrigsten Einkommensgruppe,
	bei getrennt lebenden/geschiedenen Ehegatten bei Nichterwerbstätigen 550 €/bei Erwerbstätigen 635 €,
	bei mit dem Pflichtigen zusammenlebendem Ehegatten 495 €/565 €.
Karlsruhe:	Verweis auf SüdL
Koblenz:	Bei minderjährigen und diesen gleichgestellten Kindern der Gruppe 6 der DT,
	bei getrennt lebenden oder geschiedenen Ehegatten bei Nichteerwerbstätigen 770 €/bei Erwerbstätigen 890 €
Köln:	Bei minderjährigen und ihnen gleichgestellten Kindern Gruppe 6 der DT,
	bei getrennt lebenden/geschiedenen Ehegatten bei Nichterwerbstätigen 770 €/bei Erwerbstätigen 890 €,
	bei mit dem Pflichtigen zusammenlebendem Ehegatten 560 €/650 €.
München:	Verweis auf SüdL
Nürnberg:	Verweis auf SüdL
Oldenburg:	Für minderjährige und ihnen gleichgestellte volljährige Kinder Einkommensgruppe 6 der DT,
	für getrennt lebende oder geschiedene Ehegatten 3/7 (bei anderen Einkünften ½) des nach Abzug von Kindesunterhalt gem den Sätzen der DT anrechenbaren Einkommens bzw der Einkommensdifferenz, mindestens jedoch 770 €,
	für den mit dem Pflichtigen zusammenlebendem Ehegatten 560 €.
Rostock:	Konkurrieren lediglich Unterhaltsansprüche mehrerer gleichberechtigter Kinder bemisst sich der Einsatzbetrag nach der niedrigsten Stufe der Tabelle.
	Konkurrieren Ansprüche auf Kindesunterhalt mit gleichrangigen Unterhaltsansprüchen eines Ehegatten, ist das Existenzminimum für die Kinder mit 135 % des Regelbetrags und für den unterhaltsberechtigten Ehegatten der Eigenbedarf als Einsatzbetrag einzustellen.
	Für den in einem eigenen Haushalt lebenden unterhaltsberechtigten Ehegatten ist der Eigenbedarf als Einsatzbetrag einzustellen (700 €/600 €),
	für den in einem gemeinsamen Haushalt mit dem unterhaltspflichtigen lebenden Ehegatten gilt als Einsatzbetrag 580 €/500 €.
Schleswig:	Bei Minderjährigen und ihnen gleichgestellten Kindern Gruppe 6 der DT,
	bei getrennt lebenden/geschiedenen Ehegatten 890 €,
	bei mit dem unterhaltspflichtigen zusammenlebendem Ehegatten 580 €.

Die Verteilungsmasse ist entspr im Verhältnis des jeweiligen Einsatzbetrages zur Summe der Einsatzbeträge auf die einzelnen Berechtigten aufzuteilen (weiterführend mit Berechnungsbeispielen *Scholz* in Scholz/Stein Teil K Rn 116). Die **Mangelfallverteilung** kann anhand folgender **Formel** vorgenommen werden: Unterhaltsanspruch: Einsatzbetrag × Verteilungsmasse/Summe der Einsatzbeträge

Berechnungsbeispiel nach DT C:
Beispiel: Bereinigtes Nettoeinkommen des Unterhaltspflichtigen (M): 1300 €.. Unterhalt für zwei unterhaltsberechtigte Kinder im Alter von sieben Jahren (K1) und fünf Jahren (K2), die bei der ebenfalls unterhaltsbe-

rechtigten geschiedenen nichterwerbstätigen Ehefrau und Mutter (F) leben. F bezieht das Kindergeld.
Notwendiger Eigenbedarf des M:
890 €, Verteilungsmasse:
1300 € − 890 € = 410 €,
Notwendiger Gesamtbedarf der Unterhaltsberechtigten:
334 € (K1) + 276 € (K2) + 770 € (F) = 1380 €,
Unterhalt:
K1: 334 × 410 : 1380 = 99,23 €
K2: 276 × 410 : 1380 = 82,00 €
F: 770 × 410 : 1380 = 228,77 €.
Eine Korrektur dieser Beträge ist nicht veranlasst.
Kindergeld wird nicht angerechnet (§ 1612 b V BGB).

28 Nach Ziff 23.3 der **SüdL** lautet die **Berechnungsformel:**
Prozentuale Kürzung: Verteilungsmasse/Summe der Einsatzbeträge × 100

Die Berechnung anhand dieser Formel gelangt zum gleichen Ergebnis wie die erstgenannte in Rn 26 genannte Formel.

29 Soweit Oberlandesgerichte für die gleichrangigen Unterhaltsansprüche der minderjährigen Kinder und der getrennt lebenden oder geschiedenen Ehegatten **unterschiedliche Selbstbehalte** verwenden, führt das Zusammentreffen der verschiedenen Selbstbehalte zu einer **zweistufigen Mangelfallberechnung.** Hiernach ist vom anrechenbaren Einkommen des Pflichtigen der zuerst höhere Selbstbehalt gegenüber dem Ehegatten abzuziehen. Das Ergebnis wird durch die Summe der gleichrangigen Unterhalts(rest)bedarfsbeträge geteilt. Mit dieser Quote werden die Unterhaltsbeträge berechnet. Soweit dabei die Kindesunterhaltsbeträge unter die Mindestbeträge gekürzt wurden, werden sie anteilig aufgefüllt mit dem Unterschiedsbetrag zwischen dem bei der Quotierung verwendeten Selbstbehalt und dem notwendigen Selbstbehalt. Die zweistufige Berechnung hat der BGH zwar gebilligt (BGH FamRZ 92, 39). In seiner jüngsten Mangelfallentscheidung hat er jedoch einstufig gerechnet (FamRZ 03, 363).

30 Die Mangelverteilung ist auf Ihre **Angemessenheit** zu überprüfen (BGH FamRZ 03, 363). Insbes dürfen weder das Kind noch der berechtigte Ehegatte besser stehen als ohne Vorliegen eines Mangelfalls. Einige Leitlinien konkretisieren dies dahin, dass das im Wege der Mangelverteilung gewonnene Ergebnis zu korrigieren ist, wenn die errechneten Beträge über den ohne Mangelfallkürzung errechneten Beträgen liegen (zu weiteren Korrekturmöglichkeiten vgl *Scholz* FamRZ 03, 514, 517). Dies wird allerdings nur selten vorkommen.

31 **IV. Darlegungs- und Beweislast.** Der **Unterhaltsschuldner** trägt die Darlegungs- und Beweislast für alle Einschränkungen seiner Leistungsfähigkeit (BGH FamRZ 80, 770). Dies erstreckt sich auf alle die Unterhaltsberechnung beeinflussenden Faktoren (AnwK/*Schürmann* § 1581 Rn 64):
– Die Höhe des seine Leistungsfähigkeit bestimmenden Einkommens (BGH FamRZ 80, 770; Hamm FamRZ 96, 1216)
– Die Notwendigkeit von einkommensmindernd geltend gemachten Aufwendungen (BGH FamRZ 98, 357; 85, 357)
– Die Höhe bestehender Verpflichtungen und Gründe für ihre unterhaltsrechtliche Berücksichtigung (BGH FamRZ 92, 797; 90, 283; 88, 930)
– Einschränkungen der Erwerbsfähigkeit aus gesundheitlichen Gründen (Schlesw FamRZ 89, 997)
– Bemühungen um den Erhalt einer neuen Arbeitsstelle (BGH FamRZ 00, 1398; Köln FamRZ 97, 1104; vgl auch *Born* FamRZ 95, 523)
– Erfolglose Erwerbsbemühungen nach Zurechnung eines fiktiven Einkommens (Karlsr FamRZ 83, 931)
– Umstände, die zu einer Verminderung eines früher bezogenen Einkommens geführt haben, wenn darauf die Herabsetzung eines bestehenden Anspruchs gestützt wird
– Die Höhe eines etwaigen Mehrbedarfs
– Die Gefährdung des eigenen angemessenen Unterhalts (BGH FamRZ 80, 770)

32 Steht die Leistungsunfähigkeit hingegen fest, obliegt dem **Unterhaltsgläubiger** der Nachweis für die den Vorwurf eines verantwortungslosen oder leichtfertigen Handelns rechtfertigenden Tatsachen.

§ 1582 Rangverhältnisse mehrerer Unterhaltsbedürftiger

(1) ¹Bei Ermittlung des Unterhalts des geschiedenen Ehegatten geht im Falle des § 1581 der geschiedene Ehegatte einem neuen Ehegatten vor, wenn dieser nicht bei entsprechender Anwendung der §§ 1569 bis 1574, § 1576 und des § 1577 Abs. 1 unterhaltsberechtigt wäre. ²Hätte der neue Ehegatte nach diesen Vorschriften einen Unterhaltsanspruch, geht ihm der geschiedene Ehegatte gleichwohl vor, wenn er nach § 1570 oder nach § 1576 unterhaltsberechtigt ist oder die Ehe mit dem geschiedenen Ehegatten von langer Dauer war. ³Der Ehedauer steht die Zeit gleich, in der ein Ehegatte wegen der Pflege oder Erziehung eines gemeinschaftlichen Kindes nach § 1570 unterhaltsberechtigt war.
(2) § 1609 bleibt im Übrigen unberührt.

I. Normstruktur. Die Vorschrift räumt dem **geschiedenen Ehegatten** grds den **Vorrang** vor einem neuen Ehegatten des Unterhaltspflichtigen ein. Der unterhaltsberechtigte geschiedene Ehegatte wird als **besonders schutzwürdig** angesehen. Der neue Ehegatte hingegen kennt bei Eheschließung des Unterhaltspflichtigen dessen Unterhaltslasten. Die Vorschrift ist verfassungsgemäß (BVerfG FamRZ 84, 346; vgl auch BGH FamRZ 88, 705; 87, 916). Das Bundesverfassungsgericht hat darüber hinaus in seiner Entscheidung zum Belassen des Splittingvorteils in der neuen Ehe (FamRZ 03, 1821) wiederholt, dass das Bestehen des Unterhaltsanspruchs des geschiedenen Ehegatten vor Eingehung der neuen Ehe und die Kenntnis des neuen Ehepartners von dieser wirtschaftlichen Last nach wie vor hinreichende Gründe sind, welche die unterschiedliche unterhaltsrechtliche Behandlung von geschiedenen und verheirateten Unterhaltsberechtigten rechtfertigen (zu wünschenswerten Änderungen vgl *Peschel-Gutzeit* FPR 02, 169; *Brudermüller* FF 02, 37 sowie die Empfehlungen der Arbeitskreise 1, 3, 14 und 16 des 15. Deutschen Familiengerichtstages, FPR 04, 9).

II. Vorrang des geschiedenen Ehegatten. Die Rangregelung des § 1582 greift nur, wenn die Voraussetzungen des § 1581 vorliegen, dh wenn der Verpflichtete nicht ohne Gefährdung seines eigenen angemessenen Unterhalts aller Berechtigten (einschließlich der Kinder) den vollen Unterhalt gewähren kann. Ist dieser Fall nicht gegeben, besteht **Gleichrang** zwischen dem geschiedenen und dem neuen Ehegatten.
Verfügt der neue Ehegatte über bedarfsdeckende Einkünfte oder kann sich aus seinem Vermögen selbst unterhalten, ist er per se nicht unterhaltsbedürftig, so dass es beim Vorrang des geschiedenen Ehegatten verbleibt. Das Gleiche gilt, wenn der neue Ehegatte nur einen Anspruch nach § 1575 hätte.
Treffen im **Mangelfall** minderjährige unverheiratete oder privilegierte volljährige Kinder mit einem nach § 1582 bevorrechtigten geschiedenen Ehegatten zusammen, ist der Unterhaltsanspruch eines neuen Ehegatten auch dann nachrangig, wenn der geschiedene Ehegatte seinen Unterhaltsanspruch nicht geltend macht (BGH FuR 05, 364 = FamRZ 05, 1154).

III. Gleichrang zwischen geschiedenem und neuem Ehegatten. Gleichrang zwischen dem geschiedenen und dem neuen Ehegatten besteht hingegen, wenn der neue Ehegatte bei entspr Anwendung der §§ 1569-1574, 1576 unterhaltsberechtigt wäre. Hier bedarf es einer hypothetischen Feststellung der Unterhaltsansprüche.
Dieser **Gleichrang** zwischen dem geschiedenen und neuen Ehegatten wird zugunsten des geschiedenen Ehegatten wieder in drei Konstellationen **durchbrochen**:
– Der geschiedene Ehegatte hat seinerseits einen Betreuungsunterhaltsanspruch nach § 1570.
– Der geschiedene Ehegatte hat seinerseits einen Billigkeitsunterhaltsanspruch nach § 1576.
– Seine Ehe mit dem unterhaltspflichtigen geschiedenen Ehegatten war von langer Dauer. Dies ist selbst dann ausschlaggebend, wenn auch die Ehe des neuen Ehegatten mit dem Pflichtigen von langer Dauer war (Oldbg FuR 01, 79).
Eine **Ehe von langer Dauer** liegt unzweifelhaft nach Ablauf von 15 Jahren vor (BGH FamRZ 83, 886). Zum Teil wird eine Untergrenze bei 10 Jahren (Hamm FamRZ 97, 296) oder 12 Jahren (MüKo/*Maurer* § 1582 Rn 17) gezogen. Maßgeblich sein sollte aber nicht die reine Zeitdauer, sondern aufgrund umfassender **Interessenabwägung** die Frage, ob sich die eigene Lebensposition, etwa aufgrund langjähriger beiderseits ausgeübter Erwerbstätigkeit, verfestigt hat (BGH FamRZ 83, 886). Ehen, die eine Dauer von 15 Jahren nicht ganz erreichen, können als solche von „langer Dauer" angesehen werden, wenn sich ein Ehegatte unter Verzicht auf die eigene berufliche Entwicklung vorwiegend dem Haushalt und der Kindererziehung gewidmet hat und er deshalb in seinem Vertrauen auf den Fortbestand des Unterhalts geschützt werden muss. Ein solches Schutzbedürfnis besteht allerdings nicht, wenn der bedürftige Ehegatte seine Lebensposition durch eine bereits seit langem ausgeübte Erwerbstätigkeit gesichert hat (BGH FamRZ 83, 886).
Die Ehedauer berechnet sich vom Zeitpunkt der Eheschließung bis zur Rechtshängigkeit des Ehescheidungsverfahrens (BGH FamRZ 83, 886). Die Zeit einer vorherigen Ehe ist nicht hinzuzurechnen (Ddorf FamRZ 96, 1416).
Nach § 1582 I 3 ist jedoch die Zeit, in der ein Ehegatte wegen der Pflege oder Erziehung eines gemeinschaftlichen Kindes nach § 1570 unterhaltsberechtigt war, der Ehedauer gleichzusetzen.
Besteht Gleichrang, erhalten nach Ziff 24.2 HLL der geschiedene und der zweite Ehegatte grds den gleichen Anteil. Die Verteilung erfolgt im Verhältnis 4:3:3. Ist der Unterhaltspflichtige nichterwerbstätig, im Verhältnis 1:1:1. Lebt ein Ehegatte mit dem Unterhaltspflichtigen zusammen, ist mit Rücksicht auf die Ersparnis durch gemeinsame Haushaltsführung in der Regel ein Ausgleich zugunsten des anderen Ehegatten in der Weise vorzunehmen, dass sich ein Verhältnis von 4:3:3:2,7 ergibt. Ist der Pflichtige nichterwerbstätig, ergibt sich ein Verhältnis von 3,3:3:3:2,7 (vgl zum Ganzen *Hampel* FamRZ 95, 1177; *Gutdeutsch* FamRZ 95, 327 und *Scholz* in Scholz/Stein Teil K Rn 33).
Nach dem Wortlaut der Vorschrift ist die Betreuung eines nichtehelich geborenen Kindes in der Zeit vor der Eheschließung der Eltern nicht zu berücksichtigen.

IV. Änderung der Rangverhältnisse. In der Rangstellung des geschiedenen und des neuen Ehegatten können sich Änderungen ergeben. War der Unterhaltsanspruch des geschiedenen Ehegatten aus § 1570 herzuleiten, endet der Vorrang, sofern die geschiedene Ehe nicht von langer Dauer war, zu dem Zeitpunkt, in dem das Kind nicht mehr der Betreuung bedarf oder zum anderen Ehegatten wechselt. Dies gilt auch dann, wenn der geschiedene Ehegatte Anschlussunterhalt nach §§ 1572 Nr 2, 1573 III verlangen kann. Voraussetzung ist allerdings, dass der neue Ehegatte im Fall der Scheidung einen Unterhaltsanspruch nach §§ 1569 ff hätte. In einem solchen Fall haben die Unterhaltsansprüche den gleichen Rang (vgl Rn 3 f).

6 **V. Verweisung.** Nach § 1582 II bleibt § 1609 unberührt. Die Verweisung auf § 1609 II 1 ist für den Fall problematisch, dass sowohl aus der geschiedenen als auch aus der neuen Ehe Kinder hervorgegangen sind. Der geschiedene Ehegatte hat nach § 1582 Vorrang vor dem neuen Ehegatten, die Kinder aus beiden Ehen stehen jedoch gleich. Der BGH (FamRZ 88, 705) legt § 1609 II 1 einschränkend dahin aus, dass der dort vorgesehene unterhaltsrechtliche Gleichrang mit Kindern nur für den geschiedenen Ehegatten gilt. Dies hat zur Konsequenz, dass der neue Ehegatte seinen eigenen Kindern im Rang nachgeht. Der BGH erachtet es jedoch als zulässig, diese **Vorrangregelung** durch eine **Billigkeitskorrektur** über § 1579 Nr 7 abzumildern (BGH FamRZ 88, 705). Auch wenn der nach § 1582 bevorrechtigte geschiedene Ehegatte seinen Unterhaltsanspruch nicht geltend macht, ist im Mangelfall der Unterhaltsanspruch eines neuen Ehegatten gegenüber demjenigen minderjähriger unverheirateter und privilegierter volljähriger Kinder nachrangig (BGH FamRZ 05, 1154 m Anm *Gerhardt* = FuR 05, 364). Andernfalls wäre der geschiedene Ehegatte gezwungen, nur zur Wahrung des Vorrangs für die Kinder seinen eigenen Unterhalt einzufordern. Wenn er dies nicht tut, ist dies von der Zweckrichtung her mit freiwilligen Leistungen Dritter vergleichbar, die auch nur dem zugute kommen sollen, für den sie bestimmt sind. Im Übrigen ist es nicht möglich, das System der gesetzlich geregelten Rangfolge über § 1579 zu umgehen. Der Unterhaltsanspruch des geschiedenen Ehegatten kann nach dieser Vorschrift nicht versagt werden und dadurch der mit dem unterhaltspflichtigen zusammen lebende Ehegatte begünstigt werden (BGH FamRZ 96, 1272; Hamm FamRZ 98, 27: Verweisung des neuen Ehegatten auf Sozialhilfe auch bei bloßem Aufstockungsunterhalt für den geschiedenen Ehegatten).

7 **VI. Sonderfragen.** Besteht zwischen geschiedenem und neuem Ehegatten Gleichrang, bedingt dies zwangsläufig nicht die Anwendung des **Halbteilungsgrundsatzes.** Unter Berücksichtigung des Erwerbstätigenbonus hat eine Verteilung im Verhältnis von 4: 3:3 zu erfolgen (zu Einzelheiten vgl *Gutdeutsch* FamRZ 95, 327; *Hampel* FamRZ 85, 1177 und Nr 24.2 der Leitlinien des OLG Hamm).
Die Parteien können die Rangverhältnisse durch **Vereinbarung** ändern, etwa dem Kindesunterhalt Vorrang einräumen.
Der Unterhaltspflichtige, der sich auf den Vorrang seines neuen Ehegatten beruft, muss darlegen und beweisen, dass dieser nach §§ 1569-1574, 1576, 1577 I unterhaltsberechtigt wäre. Gelingt ihm dies, hat der geschiedene Ehegatte darzulegen und zu beweisen, dass er nach §§ 1570 oder 1576 unterhaltsberechtigt ist oder die Ehe von langer Dauer war.
Für vor dem 1. 7. 77 geschiedene Ehen ist § 1582 nicht anwendbar. Für **Altehen** bleibt es nach Art 12 Nr 3 II des EheRG im früheren Rechtszustand, nach dem der geschiedene und der neue Ehegatte gleichen Rang hatten (BGH FamRZ 83, 678).
Der jetzige oder der geschiedene Ehegatte geht einem früheren oder dem jetzigen **Lebenspartner** vor (§ 16 II LPartG). Bei Konkurrenz zwischen zwei Lebenspartnern hat im Fall des § 1581 der frühere Lebenspartner Vorrang vor dem jetzigen und vor den übrigen Verwandten iSd § 1609 II, also den Enkeln und Urenkeln sowie den Verwandten der aufsteigenden Linie.

§ 1583 Einfluss des Güterstandes

Lebt der Verpflichtete im Falle der Wiederheirat mit seinem neuen Ehegatten im Güterstand der Gütergemeinschaft, so ist § 1604 entsprechend anzuwenden.

1 Die neue Eheschließung des Verpflichteten wirkt sich auf seine Unterhaltspflicht gegenüber dem geschiedenen Ehegatten grds nicht aus. Für die Rangfolge der Unterhaltsansprüche des geschiedenen und jetzigen Ehegatten gilt § 1582 (zu Einzelheiten vgl § 1582 Rn 1 ff).
Hat der Unterhaltsschuldner in neuer Ehe **Gütergemeinschaft** (§§ 1415 ff) vereinbart, kann grds keine Vermögenstrennung wie beim gesetzlichen Güterstand fingiert werden. Durch die Wahl des Güterstandes darf andererseits der Unterhaltsberechtigte nicht schlechter gestellt werden.
§ 1583 enthält daher die **Fiktion,** dass entspr § 1604 das Gesamtgut dem Unterhaltsschuldner allein gehört. Diese Fiktion gilt auch bei fortgesetzter Gütergemeinschaft (§§ 1483 ff).
§ 1583 verweist auch auf § 1604 2. Dadurch wird eine Besserstellung des Unterhaltsgläubigers in den Fällen relativiert, in denen auch der neue Ehegatte (in der Gütergemeinschaft) seinem früheren Ehegatten (oder Verwandten) unterhaltspflichtig ist. Wenn der neue Ehegatte bedürftige Verwandte hat, mindern die entspr Unterhaltsverbindlichkeiten das Gesamtgut nicht im Voraus, sondern der Unterhalt ist nach § 1604 2 so aus dem Gesamtgut zu gewähren, als ob die Bedürftigen zu beiden Ehegatten in dem Verwandtschaftsverhältnis stünden, auf dem die Unterhaltspflicht des verpflichteten Ehegatten beruht. Dies muss aber nicht

dazu führen, das Gesamtgut für die Unterhaltsberechtigten der beiden Ehegatten gleichmäßig heranzuziehen. Die **Rangordnung** der Berechtigten untereinander ergibt sich aus § 1609. Sind die Unterhaltsberechtigten gleichrangig, ist eine Billigkeitsentscheidung zu treffen, bei der insbes der unterschiedlich hohe Bedarf der Berechtigten zu berücksichtigen ist.

Es muss sich um eine **bestehende Gütergemeinschaft** handeln. Nach ihrer Beendigung kommt eine Anwendung der Norm nicht mehr in Betracht. Nach Beendigung der Gütergemeinschaft ist nur noch das Vermögen des Unterhaltspflichtigen maßgebend. Hierzu gehört allerdings auch sein Anteil am ungeteilten Gesamtgut oder dasjenige, was er aufgrund der Auseinandersetzung zu beanspruchen hat. 2

Bei Beendigung der Gütergemeinschaft durch Tod des Verpflichteten (§ 1482) gilt § 1586 b. Der Anteil am Gesamtgut gehört zum Nachlass (§ 1482 1).

§ 1584 Rangverhältnisse mehrerer Unterhaltsverpflichteter

¹Der unterhaltspflichtige geschiedene Ehegatte haftet vor den Verwandten des Berechtigten. ²Soweit jedoch der Verpflichtete nicht leistungsfähig ist, haften die Verwandten vor dem geschiedenen Ehegatten. ³§ 1607 Abs. 2 und 4 gilt entsprechend.

§ 1584 regelt die **Haftungsrangfolge** mehrerer Unterhaltsschuldner für Unterhaltsansprüche des geschiedenen 1 Ehegatten.

Nach S 1 der Vorschrift haftet der unterhaltspflichtige geschiedene Ehegatte vor den Verwandten des Unterhaltsgläubigers (**Vorranghaftung**). Nach S 2 haften die Verwandten, wenn der geschiedene Ehegatte nicht oder nur beschränkt leistungsfähig ist (**Ausfallhaftung**). Nach S 3 haften die Verwandten ersatzweise, wenn der Unterhaltsschuldner teilweise oder insgesamt leistungsfähig ist, der Unterhalt jedoch (insgesamt oder teilweise) nicht erreicht werden kann (**Ersatzhaftung**). Insoweit verweist § 1584 auf die Legalzession des § 1607 II mit dem Verbot des Forderungsübergangs zum Nachteil des Berechtigten (§ 1607 IV).

Die Primärpflicht des Ehegatten beruht darauf, dass Eheleute die Ehe auf Lebenszeit schließen, sie während der Dauer der Ehe der ehelichen Lebensgemeinschaft verpflichtet sind und füreinander Verantwortung tragen (§ 1353 I). Diese Pflicht zur Solidarität besteht auch nach der Scheidung teilweise fort (BVerfG FamRZ 84, 346). Bei Aufhebung der Ehe gilt § 1318. Bei Ehen, die vor dem 1.7.77 geschieden worden sind, ist § 63 EheG anzuwenden.

Der geschiedene Ehegatte haftet vor Verwandten des Unterhaltsgläubigers auch, wenn diese in äußerst guten 2 wirtschaftlichen Verhältnissen leben, während sich der Unterhaltsschuldner mit relativ geringem Einkommen bescheiden muss. Der geschiedene Ehegatte haftet auch vorrangig, wenn sich der andere noch in Ausbildung befindet, selbst wenn die Verwandten (eigentlich) noch verpflichtet wären, Ausbildungsunterhalt (§ 1610 II) zu leisten (zu Einzelheiten vgl KKFamR *Klein*, § 1584 Rn 1).

§ 1584 ist auch auf die **vertraglichen Ansprüche** anzuwenden, die den gesetzlichen Unterhaltsanspruch näher ausgestalten. § 1584 ist hingegen nicht auf novierende Vereinbarungen anzuwenden. Ein **Unterhaltsverzicht** der Eheleute zu Lasten nachrangig haftender Verwandter ist diesen gegenüber unwirksam. Ein derartiger Verzicht verstößt gegen die guten Sitten, wenn er im Zeitpunkt des Vertragsschlusses zu einer evident einseitigen Lastenverteilung für den Scheidungsfall führt (grundlegend BGH FamRZ 04, 601, 606; vgl auch BVerfG FamRZ 01, 343 m Anm *Schwab* und BVerfG FamRZ 01, 985). Der Verzicht kann auch dann sittenwidrig sein, wenn er zwangsläufig zur Folge hat, dass die Unterhaltspflicht einen nachrangigen Verwandten trifft, selbst wenn dessen Benachteiligung nicht beabsichtigt war (Hamm FamRZ 96, 116; BGH FamRZ 83, 137 zur gleichgelagerten Problematik des Vertrags zu Lasten des Sozialhilfeträgers). Auf einen nicht von vornherein sittenwidrigen Verzicht kann sich der dadurch begünstigte Ehegatte nach Treu und Glauben nicht berufen, wenn der Ausschluss des nachehelichen Unterhalts im Zeitpunkt des Scheiterns der ehelichen Lebensgemeinschaft zu einer evident einseitigen Lastenverteilung führt und dem belasteten Ehegatten bei verständiger Würdigung des Wesens der Ehe nicht zugemutet werden kann, diese Nachteile hinzunehmen. Diesen Einwand kann auch der Verwandte geltend machen, wenn er anstelle des eigentlich verpflichteten Ehegatten zum Unterhalt herangezogen werden soll. Der Verzicht hindert die Inanspruchnahme des Verwandten allerdings nicht, wenn die Bedürftigkeit erst längere Zeit nach dem Vertragsschluss eingetreten ist und dies nicht vorhersehbar war. Hier wird es jedoch oftmals an den maßgeblichen Einsatzzeitpunkten der §§ 1571 ff fehlen.

Verbleibt dem Unterhaltsschuldner nicht der angemessene Selbstbehalt und ist er sodann **nicht leistungsfähig**, 3 haften die Verwandten originär. Ein Forderungsübergang ist, anders als bei der Ersatzhaftung, ausgeschlossen. Ist der Ehegatte nur begrenzt leistungsfähig, haften die Verwandten nur für den verbleibenden Rest.

Der **Umfang der Haftung** bestimmt sich nach allgemeinen Grundsätzen des Verwandtenunterhalts, nicht nach § 1581. Die Haftung der Verwandten erfasst nicht den Vorsorgeunterhalt iSd § 1578 III.

Ist ein nachehelicher Unterhalt wegen grober Unbilligkeit nach § 1579 begrenzt oder ausgeschlossen, können sich die Verwandten hierauf nur berufen, wenn der Ausschlussgrund nach § 1579 **zugleich** auch die Voraussetzungen des § 1611 (zu Einzelheiten vgl Kommentierung zu § 1611) erfüllt.

4   Ist der geschiedene Ehegatte leistungsfähig, kann der Unterhaltsgläubiger jedoch seinen Unterhaltsanspruch gegen ihn nicht durchsetzen, haften die Verwandten **anstelle** des geschiedenen Ehegatten. Diese Konstellation ist etwa gegeben, wenn die Rechtsverfolgung im Inland ausgeschlossen oder erheblich erschwert ist (Beispiel: ständig wechselnder Aufenthalt) oder wenn ein inländischer Titel im Ausland vollstreckt werden müsste.
Die **Ersatzhaftung** löst aufgrund der **Legalzession** des § 1603 II einen Ersatzanspruch gegen den unterhaltspflichtigen Ehegatten aus. Leistet hingegen ein nichtunterhaltspflichtiger Dritter freiwillig an den unterhaltsberechtigten geschiedenen Ehegatten, kann der Dritte ggf Ersatzansprüche aus GoA (§§ 677 ff) oder aus ungerechtfertigter Bereicherung (§§ 812 ff) geltend machen. Der Forderungsübergang kann nicht zum Nachteil des Unterhaltsgläubigers geltend gemacht werden (§ 1584 3 iVm § 1607 IV).
Für den übergegangenen Anspruch gilt § 412. Der Ersatzanspruch kann abgetreten, gepfändet und verpfändet werden. Eine Aufrechnung gegen den Anspruch ist möglich. §§ 850 b und 850 d ZPO gelten nicht (MüKo/ Maurer § 1584 Rn 9). Sicherungsrechte gehen gem § 401 I auf den neuen Gläubiger über. Einwendungen können diesem nach § 404 entgegengesetzt werden.

5   Die **Darlegungs- und Beweislast** ist differenziert zu beurteilen.
Nimmt der **unterhaltsberechtigte geschiedene Ehegatte** einen nachrangig haftenden Verwandten in Anspruch, muss er darlegen und beweisen, dass sein eigener (ehe-)angemessener Unterhalt gefährdet ist und dass der vorrangig haftende geschiedene Ehegatte nicht leistungsfähig oder nur eingeschränkt leistungsfähig ist oder dass er seine Ansprüche wegen erschwerter Rechtsverfolgung nicht oder nur teilweise durchsetzen kann (Hamm FamRZ 96, 116).
Beruft sich der **unterhaltspflichtige geschiedene Ehegatte** auf den Vorrang unterhaltspflichtiger Verwandter, muss er darlegen und beweisen, dass sein eigener (ehe-)angemessener Unterhalt unter Berücksichtigung seiner sonstigen Verpflichtungen oder trotz Fehlens solcher Verpflichtungen gefährdet ist und dass ein Verwandter vor ihm haftet.
Der in Anspruch genommene Verwandte muss darlegen und beweisen, dass der vorrangig Haftende seine Unterhaltspflicht erfüllt hat oder dass ein anderer Unterhaltsschuldner vorhanden ist.
Der **ersatzweise haftende Verwandte** muss bei Inanspruchnahme des Verpflichteten kraft Rechtsübergangs die Voraussetzungen des Unterhaltsanspruchs des Berechtigten und insbes dessen Bedürftigkeit darlegen und beweisen. Der Verpflichtete muss die begrenzte oder fehlende Leistungsfähigkeit darlegen und beweisen.

Kapitel 4   Gestaltung des Unterhaltsanspruchs

§ 1585   Art der Unterhaltsgewährung

(1) ¹Der laufende Unterhalt ist durch Zahlung einer Geldrente zu gewähren. ²Die Rente ist monatlich im Voraus zu entrichten. ³Der Verpflichtete schuldet den vollen Monatsbetrag auch dann, wenn der Unterhaltsanspruch im Laufe des Monats durch Wiederheirat oder Tod des Berechtigten erlischt.
(2) Statt der Rente kann der Berechtigte eine Abfindung in Kapital verlangen, wenn ein wichtiger Grund vorliegt und der Verpflichtete dadurch nicht unbillig belastet wird.

1   Die Vorschrift entspricht § 1361 (vgl dort Rn 2). Der Unterhalt ist als **Geldrente** monatlich **im Voraus**, dh bis zum Monatsersten (Köln FamRZ 90, 1243) in vollen Monatsbeträgen zu entrichten. Dies gilt auch, wenn die Ehegatten in Gütergemeinschaft gelebt haben, diese aber noch nicht auseinander gesetzt ist (Nürnbg FuR 93, 289). § 1612 I 2 ist nicht anwendbar. Die Parteien können jedoch eine andere **Art der Unterhaltsgewährung vereinbaren** (BGH NJW 97, 731).
Selbst wenn der Verpflichtete den Unterhalt regelmäßig und pünktlich zahlt, hat der Berechtige ein Rechtsschutzinteresse an einer **Titulierung** eines Unterhaltsanspruchs. Der Verpflichtete könnte die freiwilligen Zahlungen einstellen, so dass der Berechtigte für diesen Fall einen Titel über den vollen Unterhalt benötigt (BGH FamRZ 98, 1165). Der Berechtigte muss sich jedoch zur Übernahme der Kosten für die Titulierung bereit erklären. Entspricht der Verpflichtete der Aufforderung zur Titelschaffung nicht, gibt er Veranlassung zur Erhebung einer Unterhaltsklage und hat auch bei sofortigem Anerkenntnis die Kosten zu tragen (§ 93 ZPO).
Vorauszahlungen braucht der Unterhaltsgläubiger nur für einen Zeitraum von 6 Monaten entgegenzunehmen. Gegen seinen Unterhaltsanspruch kann für die Zukunft und über diesen Zeitraum hinaus nicht aufgerechnet werden (BGH FuR 93, 226 = FamRZ 93, 1186).
Durch Aufrechnung kann wegen des grds bestehenden Aufrechnungsverbots gem § 394 nicht erfüllt werden. Zur Zulässigkeit einer Aufrechnung im Hinblick auf einen Antrag nach § 850 b II ZPO (vgl *Wendl/Haußleiter*, § 6 Rn 304 ff und Palandt/*Brudermüller*, § 1585 Rn 3).
Im Gegensatz zu § 1602 ist die Unterhaltsrente grds lebenslänglich geschuldet (zu Befristungsmöglichkeiten vgl insbes § 1573 (Rn 20 ff).
Auch der **Vorsorgeunterhalt** ist als Teil des einheitlichen Unterhaltsanspruchs grds durch Zahlung einer Geldrente zu erfüllen, und zwar grds an den Berechtigten und nur ausnahmsweise an den Versorgungsträger (grundlegend BGH FamRZ 81, 442).

Der **Unterhaltsgläubiger**, nicht der Unterhaltsschuldner, kann statt einer laufenden Rente unter gewissen 2
Voraussetzungen eine **Kapitalabfindung** verlangen (BGH FamRZ 93, 1186 = FuR 93, 226). Der Unterhaltsanspruch erlicht bei einer durch Urteil zuerkannten Kapitalabfindung mit Rechtskraft des Urteils.
Der Anspruch auf Kapitalabfindung setzt eine **Interessenabwägung** voraus. Auf Seiten des Berechtigten muss ein **wichtiger Grund** für eine derartige Abfindung vorhanden sein (etwa Benötigung des Kapitals zur Schaffung einer eigenen Existenz oder drohende Leistungsunfähigkeit des Unterhaltsschuldners, Vermögensverschwendung durch den Verpflichteten etc).
Der Verpflichtete darf durch die Kapitalabfindung **nicht unbillig belastet** werden. Der Verpflichtete darf nicht dazu angehalten werden, verlustreiche Dispositionen zu tätigen.
Der Abfindungsanspruch ist kein Unterhaltsanspruch mehr. Die Vorschriften über den Pfändungsschutz (§ 850 b ZPO) und das Pfändungsvorrecht (§ 850 d ZPO) sind nicht anwendbar. Der Anspruch ist abtretbar und pfändbar.
Diese Voraussetzungen müssen bei einer **Abfindungsvereinbarung** nicht vorliegen. Derartige Vereinbarungen 3
sind in einem weitergehenden Umfang mithin zulässig (zu Einzelheiten und auch zur Höhe der Abfindung vgl insbes *Göppinger/Börger/Miesen*, § 5 Rn 250; *Wendl/Pauling*, § 6 Rn 616 ff und *Schöppe/Fredenburg* FuR 99, 11).
Eine Abfindungsregelung ist im Hinblick auf **steuerliche Nachteile** (BFH NJW-FER 98, 211) oder **besoldungsrechtliche Nachteile** im Einzelfall sehr genau zu ventilieren. Im Falle der Vereinbarung einer Abfindung erlischt der Unterhaltsanspruch mit Abschluss des Abfindungsvertrages.
Wenn die Parteien eines Unterhaltsvergleichs mit der Vereinbarung eines Abfindungsbetrages eine **abschließende Regelung** treffen wollen, ist der Fortbestand der unterhaltsrelevanten Umstände nicht Geschäftsgrundlage (BGH FuR 05, 508 = FamRZ 05, 1662). Bei der Vereinbarung verbleibt es auch, wenn die **Abfindung in Raten** gezahlt werden sollte und der unterhaltsberechtigte Ehegatte vor Fälligkeit der letzten Rate wieder heiratet (BGH FuR 05, 508 = FamRZ 05, 1662; Kobl FamRZ 02, 1040). Etwas anderes kann nur gelten, wenn keine echte Abfindung, sondern lediglich eine **Vorauszahlung** auf die Unterhaltspflichten vereinbart wurde.

§ 1585 a Sicherheitsleistung

(1) ¹Der Verpflichtete hat auf Verlangen Sicherheit zu leisten. ²Die Verpflichtung, Sicherheit zu leisten, entfällt, wenn kein Grund zu der Annahme besteht, dass die Unterhaltsleistung gefährdet ist oder wenn der Verpflichtete durch die Sicherheitsleistung unbillig belastet würde. ³Der Betrag, für den Sicherheit zu leisten ist, soll den einfachen Jahresbetrag der Unterhaltsrente nicht übersteigen, sofern nicht nach den besonderen Umständen des Falles eine höhere Sicherheitsleistung angemessen erscheint.
(2) Die Art der Sicherheitsleistung bestimmt sich nach den Umständen; die Beschränkung des § 232 gilt nicht.

Dem Unterhaltsberechtigten wird ein **materiell-rechtlicher Anspruch** auf Sicherheitsleistung eingeräumt. Der 1
Anspruch entsteht mit der Unterhaltspflicht und ist dieser akzessorisch. § 1585 a ist auf den Trennungsunterhalt (Ddorf FamRZ 81, 67) und den Kindesunterhalt (Ddorf FamRZ 80, 1116) nicht, auch nicht analog, anwendbar. Auf vertragliche Unterhaltsansprüche ist die Vorschrift jedoch entspr anwendbar (*Löhnig* FamRZ 04, 503).
Der Berechtigte braucht beim Verlangen einer Sicherheitsleistung nichts weiter darzulegen. Es ist Sache des 2
Verpflichteten, Einwendungen zu erheben, durch die er den Anspruch zu Fall bringen kann.
Ein Anspruch auf Sicherheitsleistung besteht nicht, wenn kein Grund zu der Annahme besteht, dass die Unterhaltsleistung gefährdet ist (laufende pünktliche Zahlung des Unterhalts, feste Arbeitsstelle, geregeltes Einkommen, geordnete Vermögensverhältnisse etc). Eine **Gefährdung** wird hingegen anzunehmen sein, wenn der Verpflichtete Vermögen verschleudert, über seine Einkommensverhältnissen lebt, ins Ausland zieht, nicht regelmäßig Unterhalt zahlt oder gar androht, seine Unterhaltspflicht nicht zu erfüllen.
Sicherheit muss der Verpflichtete ebenfalls nicht leisten, wenn ihn dies **unbillig belasten** würde. Dies ist etwa der Fall, wenn die wirtschaftliche Existenz in Frage gestellt wird (BTDrs 7/650, S 146) oder wenn Vermögen nur mit (erheblichem) Verlust liquidiert werden müsste.
Die Höhe der Sicherheitsleistung soll den **Jahresbetrag** der Unterhaltsrente nicht überschreiten. Besondere 3
Umstände (Verschwendungssucht des Schuldners oÄ) können ausnahmsweise jedoch eine höhere Sicherheitsleistung angemessen erscheinen lassen. Steht fest, dass der Unterhaltsanspruch nicht ein Jahr bestehen wird, kann die Höhe der Sicherheitsleistung auch entspr reduziert werden.
Die **Art der Sicherheitsleistung** bestimmt sich nach den Umständen des Einzelfalls. An die in § 232 aufge- 4
führten Arten der Sicherheitsleistung besteht keine Bindung. Sicherheit kann demgemäß etwa auch durch Verpfändung von Ansprüchen aus einer Lebensversicherung, von Wertpapieren, Miet- und Pachtforderungen geleistet werden. Eine Abtretung von Lohn- und Gehaltsansprüchen ist nicht zulässig, da eine derartige Abtretung über die bloße Sicherung der Ansprüche hinausginge und die geschuldete Leistung vorweg nähme (BTDrs 7/650, S 147 ff).

5   Eine Sicherheitsleistung wird nur **auf Antrag** angeordnet. Zuständig sind die **Familiengerichte**. Der Antrag kann bereits im Unterhaltsprozess gestellt werden. Er kann jedoch auch mit einer Nachforderungsklage gem § 324 ZPO geltend gemacht werden. In diesem Fall muss der Berechtigte allerdings darlegen und beweisen, dass sich die Vermögensverhältnisse des Verpflichteten erheblich verschlechtert haben.
Der Verpflichtete seinerseits kann (nachträglich) verlangen, die Anordnung der Sicherheitsleistung aufzuheben oder die Sicherheit herabzusetzen. Sodann muss er darlegen und beweisen, dass die Gefährdung fortgefallen ist oder der Fortbestand der Sicherheitsleistung ihn nunmehr unbillig belastet. Nach hM (MüKo/*Maurer* § 1585 a Rn8) muss der Verpflichtete insoweit mit der Vollstreckungsgegenklage vorgehen.
Der Berechtigte kann den Anspruch auch im Wege des einstweiligen Rechtsschutzes (§ 916 ff ZPO) verfolgen. Der Berechtigte ist zwar materiellrechtlich von weiteren Voraussetzungen für die Sicherheitsleistung befreit. IRe Arrestverfahrens hat er jedoch den Arrestgrund nach § 917 ZPO (Vereitelung oder wesentliche Erschwerung der Vollstreckung eines Urteils oder Vollstreckung im Ausland) glaubhaft zu machen (Ddorf FamRZ 80, 1116).
Gegenüber dem Regelfall des voraussetzungslosen Anspruchs auf Sicherheitsleistung hat der Verpflichtete die Voraussetzungen für ein Entfallen der Verpflichtung (fehlende Gefährdung oder unbillige Belastung) zu beweisen. Verlangt der Berechtigte eine höhere Sicherheitsleistung als den Jahresbetrag, hat er die entspr besonderen Umstände zu beweisen.

§ 1585 b Unterhalt für die Vergangenheit

(1) ¹Wegen eines Sonderbedarfs (§ 1613 Abs. 2) kann der Berechtigte Unterhalt für die Vergangenheit verlangen.
(2) Im Übrigen kann der Berechtigte für die Vergangenheit Erfüllung oder Schadensersatz wegen Nichterfüllung erst von der Zeit an fordern, in der der Unterhaltspflichtige in Verzug gekommen oder der Unterhaltsanspruch rechtshängig geworden ist.
(3) Für eine mehr als ein Jahr vor der Rechtshängigkeit liegende Zeit kann Erfüllung oder Schadensersatz wegen Nichterfüllung nur verlangt werden, wenn anzunehmen ist, dass der Verpflichtete sich der Leistung absichtlich entzogen hat.

1   Grds kann Unterhalt für die Vergangenheit nicht verlangt werden („praeteritum non vivitur"). Das Gesetz formuliert allerdings in § 1585 b II (zu Einzelfragen vgl *Budde* FamRZ 05, 1217) für den nachehelichen Unterhalt und in § 1613 für den Verwandtenunterhalt sowie über die Verweisungsnormen der §§ 1360 a III, 1361 IV 4 für den Familien- bzw. Trennungsunterhalt Ausnahmen von diesem Grundsatz.
Nach § 1585 b I kann **Sonderbedarf** für die Vergangenheit geltend gemacht werden, weil es oft aus tatsächlichen Gründen nicht möglich ist, den Verpflichteten in Verzug zu setzen oder Klage gegen ihn zu erheben. Laufender Unterhalt kann gem § 1585 b II ab **Verzug oder Rechtshängigkeit** verlangt werden, weil sich der Verpflichtete in diesen Fällen auf die Zahlungen einstellen konnte. Eine zeitliche Grenze von einem Jahr vor Rechtshängigkeit setzt III sowohl für Sonderbedarf als auch für laufenden Unterhalt. Für die Zeit davor hat der Berechtigte seine Ansprüche verwirkt, es sei denn der Verpflichtete hat sich der Leistung absichtlich entzogen.
2   Auch der geschiedene Ehegatte kann neben dem laufenden Unterhalt unter bestimmten Voraussetzungen **Sonderbedarf** verlangen. Sonderbedarf ist ein unregelmäßiger, außergewöhnlich hoher Bedarf. Wegen der Einzelheiten wird auf die Kommentierung zu § 1613 verwiesen.
3   Ein Unterhaltsgläubiger kann für die Vergangenheit ausnahmsweise nachehelichen Unterhalt oder Schadensersatz wegen Nichterfüllung verlangen, wenn sich der Schuldner in Verzug befand oder der Unterhaltsanspruch rechtshängig geworden ist. Wegen der Einzelheiten wird auf die Kommentierung zu § 1613 verwiesen.
Beim nachehelichen Unterhalt sind folgende Besonderheiten zu beachten.
Haben geschiedene Eheleute den Anspruch auf nachehelichen Unterhalt **vertraglich** geregelt, kann der Gläubiger rückständigen Unterhalt grds auch für eine Zeit verlangen, in der der Schuldner nicht in Verzug war und der Anspruch nicht rechtshängig geworden ist. Für eine länger als ein Jahr vor der Rechtshängigkeit liegende Zeit kann jedoch auch der vertraglich geregelte Unterhalt nur unter den Voraussetzungen des § 1585 b III verlangt werden (BGH FamRZ 89, 150).
Beim nachehelichen Unterhalt begründet allein ein Auskunftsbegehren – anders als beim Familien-, Trennungs- und Verwandtenunterhalt – (§§ 1361 IV 4, 1360a III, 1613) wegen der Nichtanwendbarkeit des § 1613 I keinen Verzug. Erforderlich ist eine **Stufenmahnung** (grds zur Stufenmahnung BGH FamRZ 90, 283).
Nachehelicher Unterhalt kann erst ab Zugang der Mahnung und nicht ab Anfang des Monats, in dem die Mahnung zuging, gefordert werden. § 1613 II gilt beim nachehelichen Unterhalt nicht, auch nicht entspr (Kobl FuR 06, 45).
Wegen der Nichtidentität der Trennungs- und Geschiedenenunterhaltsansprüche kann der Anspruch auf nachehelichen Unterhalt vor Eintritt der Rechtskraft des Scheidungsurteils noch nicht entstehen (BGH FamRZ 92, 920). Der Schuldner kann vor Rechtskraft des Scheidungsurteils demgemäß auch nicht verzugsbegründend zur Zahlung von nachehelichem Unterhalt aufgefordert werden. Zur Vermeidung einer Unterhaltslücke sollte der nacheheliche Unterhalt im **Verbund** geltend gemacht werden. Einer Mahnung bedarf es

nicht, falls der Ehegattenunterhalt durch **einstweilige Anordnung**, die über Rechtskraft des Ehescheidungsurteils hinaus wirkt, tituliert ist. Seit 1.1.02 ist durch § 286 II geregelt, dass in den dort bestimmten Fällen **Verzug ohne Mahnung** eintritt.

§ 1585 b III will den Berechtigten veranlassen, sich um eine zeitnahe Verwirklichung des Unterhaltsanspruchs zu bemühen (BGH NJW 92, 1956; Schlesw FamRZ 00, 889). Es handelt sich um einen gesetzlich geregelten Fall der **Verwirkung**. Auf den Anspruch auf Freistellung von Steuernachteilen, die dem unterhaltsberechtigten Ehegatten infolge seiner Zustimmung zum begrenzten Realsplitting entstehen können, ist § 1585 b III weder unmittelbar noch entspr anwendbar (BGH FuR 05, 317 = NJW 05, 2223). Der Schutz des Schuldners vor der Inanspruchnahme für eine Zeit, die **ein Jahr vor Rechtshängigkeit** liegt gilt, sowohl für den laufenden Unterhalt als auch für den Sonderbedarf. Er gilt auch hinsichtlich der Nebenforderungen und Verzugsschäden, nicht jedoch für Ansprüche wegen des Ausgleichs steuerlicher Nachteile durch das Realsplitting (BGH FamRZ 85, 1232). § 1585 b III gilt auch bei Anspruchsübergang (BGH FamRZ 87, 1014) und bei vertraglicher Regelung des Unterhaltsanspruchs. § 1585 b III ist **disponibel** (BGH NJW 89, 526).

Rechtshängigkeit tritt mit Klagezustellung ein. Die Zustellung eines Prozesskostenhilfegesuchs genügt nicht (BGH FamRZ 92, 920; Naumbg FuR 05, 423; Karlsr FamRB 02, 323). Bei Klageeinreichung und gleichzeitigem Prozesskostenhilfegesuch ist § 167 ZPO anwendbar, so dass es auf den Zeitpunkt der Klageeinreichung ankommt (Schlesw FamRZ 02, 1635; Ddorf FamRZ 02, 327). Verzögert sich die Entscheidung über das Prozesskostenhilfegesuch, ist ein Antrag auf Vorabzustellung nach § 65 VII Nr 4 GKG zu erwägen (Köln FamRZ 99, 1143). Wird gegen den Berechtigten eine Vollstreckungsgegenklage des Verpflichteten erhoben, reicht es aus, wenn er ihr entgegentritt, weil für den Verpflichteten keine Zweifel an der Ernsthaftigkeit der Rechtsverfolgung des Berechtigten bestehen (Karlsr FamRZ 88, 400).

Unterhaltsansprüche können für die Vergangenheit auch ohne Beachtung der Einjahresgrenze geltend gemacht werden, wenn sich der Verpflichtete der Leistung **absichtlich entzogen** hat. Insoweit genügt jedes zweckgerichtete Verhalten des Schuldners, das die zeitnahe Realisierung der Unterhaltsschuld verhindert oder zumindest wesentlich erschwert (BGH FamRZ 89, 150). Nicht ausreichend ist die bloße Einstellung der (Unterhalts-)Zahlung (Köln FamRZ 97, 426).

Die Vorschrift gilt auch bei **Anspruchsübergang** (BGH FamRZ 87, 1014) und bei **vertraglicher Regelung** des Unterhalts. Die Einhaltung der Einjahresgrenze ist jedoch disponibel (BGH NJW 89, 526).

Neben dem in § 1585 b III gesetzlich geregelten Fall der Verwirkung ist auch eine Verwirkung nach allgemeinen Grundsätzen möglich. Voraussetzung ist, dass der Berechtigte den Anspruch längere Zeit nicht geltend gemacht hat, obwohl er dazu in der Lage wäre (**Zeitmoment**) und der Verpflichtete sich mit Rücksicht auf das gesamte Verhalten des Berechtigten darauf einrichten durfte und eingerichtet hat, dass dieser sein Recht in der Zukunft nicht geltend macht (**Umstandsmoment** grundlegend BGH FamRZ 02, 1698). Auch rechtshängige Forderungen unterliegen der Verwirkung (Stuttg FamRZ 00, 889). Im Hinblick auf die Verkürzung der Verjährungsvorschriften durch das Schuldrechtsmodernisierungsgesetz kommt neben dem Zeitmoment (BGH FamRZ 99, 1422: Nichtgeltendmachung von Kindesunterhalt über sieben Jahre; Oldbg FamRZ 05, 722: nachehelicher Unterhalt drei Jahre nicht verfolgt; KG NJW-RR 05, 1308: (Eltern-)Unterhalt zweieinhalb Jahre nicht verfolgt; Karlsr FamRZ 05, 1855: (Kindes-)Unterhaltsansprüche eineinhalb Jahre nicht verfolgt; Hamm FamRZ 04, 1998 Ehegattenunterhalt ein Jahr nicht verfolgt) für eine Verwirkung vor Verjährungseintritt dem Umstandsmoment besondere Bedeutung zu (BGH FamRZ 03, 449 m Anm *Büttner* und *Büttner* FamRZ 02, 361). An die Verwirkung rechtshängiger und titulierter Unterhaltsansprüche sind keine strengeren Maßstäbe anzulegen als bei nichttitulierten Ansprüchen (BGH FamRZ 04, 53) (titulierte Unterhaltsrückstände); BGH FamRZ 02, 1698 (nichttitulierte Ansprüche); vgl jedoch auch Hburg FamRZ 02, 327; und Stuttg FamRZ 99, 859 wohingegen BGH FamRZ 99, 1422 eher auf ein Gebot der Gleichbehandlung hindeutet).

Die Voraussetzungen des Verzugs, mithin Fälligkeit und Mahnung, muss der Berechtigte beweisen. Den Verpflichteten trifft die **Beweislast** dafür, dass er den Verzug nicht zu vertreten hat. Der Unterhaltsgläubiger hat Umstände darzulegen und zu beweisen, die nach der Lebenserfahrung den Schluss rechtfertigen, der Unterhaltsschuldner habe „sich der Leistung absichtlich entzogen". Der Unterhaltsschuldner hat Tatsachen darzulegen und zu beweisen, die diese Schlussfolgerung zu erschüttern vermögen (BGH FamRZ 89, 150).

§ 1585 c Vereinbarungen über den Unterhalt

Die Ehegatten können über die Unterhaltspflicht für die Zeit nach der Scheidung Vereinbarungen treffen.

I. Grundlagen. Für Vereinbarungen über den gesetzlichen nachehelichen Unterhalt besteht gem § 1585 c grds **Vertragsfreiheit** (anders als beim Trennungsunterhalt, vgl hierzu § 1361 Rn 21). Einen unverzichtbaren Mindestgehalt an Ehescheidungsfolgen gibt es nicht (BGH FamRZ 04, 601; Ddorf FamRZ 05, 216 mAnm *Bergschneider*; *Hahne* DNotZ 04, 84). Eine Unterhaltsvereinbarung für die Zeit nach der Scheidung kann sowohl während der Ehe als auch nach rechtskräftiger Scheidung getroffen werden. Sie kann auch vor der Ehe erfolgen, obwohl der Wortlaut des § 1585 c („Ehegatten") diesen Fall nicht erfasst (BGH FamRZ 91, 306).

2 **II. Form der Vereinbarung.** Vereinbarungen über den nachehelichen Unterhalt sind grds **formfrei** möglich, also auch mündlich oder privatschriftlich. Dies begegnet wegen der Bedeutsamkeit der Regelung des, ggf lebenslänglich geschuldeten, nachehelichen Unterhalts jedoch Bedenken (vgl Empfehlung des Arbeitskreises 15 des 15. Deutschen Familiengerichtstages, FPR 04, 9; *Schubert* FamRZ 01, 733). Steht die unterhaltsrechtliche Vereinbarung jedoch im Zusammenhang mit Regelungen zum Versorgungs- oder Zugewinnausgleich oder mit Grundstücksgeschäften (§ 311 b), ist in ihnen ein Schenkungsversprechen enthalten, die Vereinbarung einer Leibrente, ist sie Teil eines Ehevertrages oder soll ein Titel gem § 630 III ZPO geschaffen werden, besteht Formbedürftigkeit. Auch die anwaltlich nicht vertretene Partei kann im Übrigen sowohl im isolierten Unterhaltsverfahren als auch in einem Scheidungsverfahren formfrei wirksam den nachehelichen Unterhalt vereinbaren (zu Einzelheiten vgl KKFamR/*Klein*, § 1585 c Rn 44).

3 **III. Inhalt der Vereinbarung.** IRd § 1585 c können sowohl **novierende Vereinbarungen**, die den Unterhaltsanspruch losgelöst von der gesetzlichen Regelung auf eine eigenständige Grundlage stellen, getroffen werden als auch **modifizierende (gestaltende) Vereinbarungen**, welche lediglich die gesetzliche Unterhaltspflicht konkretisieren, getroffen werden.

4 **1. Novierende Vereinbarung.** Hierbei handelt es sich um eine schuldumwandelnde und schuldbegründende selbstständige Unterhaltsvereinbarung, welche die vereinbarten Ansprüche vom gesetzlichen Unterhaltsrecht völlig löst und ausschließlich auf eine vertragliche Grundlage stellt. §§ 1582–1585b, 1586–1586b sind allenfalls im Wege ergänzender Vertragsauslegung heranzuziehen. Ein Rechtsstreit über Ansprüche aus einer selbstständigen Unterhaltsvereinbarung ist **keine Familiensache** (BGH NJW 79, 43; *Büttner* FamRZ 94, 1433). § 323 ZPO ist beim selbstständigen Unterhaltsvertrag nicht anwendbar.
Voraussetzung des selbstständigen Unterhaltsvertrags ist regelmäßig der gegenseitige Verzicht auf den nachehelichen Unterhalt. Als Abfindung für den Verzicht erhält sodann der unterhaltsberechtigte Ehegatte ein **Leibrentenstammrecht** iSd § 761. Durch die Überlassung des Stammrechts ist der gesetzliche Unterhaltsanspruch abgegolten. Das Leibrentenstammrecht begründet, und zwar ohne die unterhaltsrechtlichen Kriterien der Bedürftigkeit und Leistungsfähigkeit, Ansprüche auf regelmäßige wiederkehrende Leistungen. Eine derartige novierende Vereinbarung kann nur ausnahmsweise angenommen werden.

5 **2. Gestaltende Vereinbarung.** Im **Zweifel** ist nur eine unselbstständige vertragliche Ausgestaltung des gesetzlichen Unterhaltsanspruchs anzunehmen.
Der gesetzliche Unterhaltsanspruch kann vielfältig vertraglich ausgestaltet werden (BGH FamRZ 97, 873), etwa durch Begrenzung der Unterhaltstatbestände, Begrenzung des Unterhaltsmaßes, Begrenzung der Unterhaltszeit, Umsetzung von § 1579, Konkretisierung von Obliegenheiten, Regelung des Karrieresprungs, Regelung der Verwendung des Vorsorgeunterhalts, Regelung der Auskunftspflichten, Verzicht auf Abfindung und Sicherheit, Ausschluss der Erbenhaftung).
Bei jeder Vereinbarung sind die **steuerrechtlichen Aspekte** zu prüfen (vgl *Schulze/zur Wiesche* FPR 01, 117), insbes im Hinblick auf die Möglichkeit der Inanspruchnahme des Realsplittings nach § 10 I EStG oder des Abzugs außergewöhnlicher Belastungen nach § 33 a EStG. Bei **Beamten** ist die mögliche Auswirkung auf den Familienzuschlag zu bedenken, da ein geschiedener Beamter keinen Anspruch auf den Familienzuschlag der Stufe 1 hat, wenn seine Pflicht zum Unterhalt aus seiner Ehe durch Kapitalabfindung erloschen ist (BVG NJW 03, 1886; BVerwG NJW 03, 1886). Schließlich verlangt § 5 VAHRG den (Fort-) Bestand von Unterhaltsverpflichtungen (ein vollständiger Unterhaltsverzicht steht der Anwendung des § 5 VAHRG entgegen).
Von besonderer Bedeutung ist der **Unterhaltsverzicht**. Eine derartige Vereinbarung muss stets klar und eindeutig formuliert sein (Schlesw FamRZ 93, 72). Im Einzelfall ist zu prüfen, ob anstelle eines Unterhaltsverzichts nachehelicher Unterhalt lediglich nicht geltend gemacht wird. Selbst eine längerfristige **Nichtgeltendmachung** von Unterhalt kann allein nicht als Ausdruck eines **Verzichtswillens** angesehen werden (BGH FamRZ 81, 763, auch zum Kindesunterhalt). Der Verzichtswille muss **eindeutig** zum Ausdruck gebracht werden (*Göppinger/Börger/Miesen* § 5 Rn 269). Ein stillschweigender Verzicht kann nur ausnahmsweise angenommen werden (Schlesw FamRZ 93, 72).
Der Grundsatz, dass ein einseitiger Verzicht auf einen Anspruch ohne rechtliche Wirkung ist (BGH NJW 87, 3203), gilt auch im Unterhaltsrecht. Auch ein Verzicht auf einen Unterhaltsanspruch erfordert deshalb einen vertraglichen Erlass iSd § 397 (BGH NJW 85, 1835; Ddorf FamRZ 96, 734). Der Verzicht kann befristet und aufschiebend oder auflösend bedingt sowie mit einem Rücktrittsvorbehalt verbunden werden. Auch ein Verzicht auf einen Unterhaltsverzicht ist durch Vertrag möglich und führt dazu, dass wieder die gesetzliche Unterhaltsregelung gilt.
Der **Verzicht** kann **voll umfänglich** erfolgen. Er erfasst sodann das Stammrecht und alle sich aus dem Stammrecht ergebenden Einzelansprüche.
Von einem **Verzicht** auf nachehelichen Unterhalt können **einzelne Elemente**, etwa Unterhaltstatbestände wegen Kindesbetreuung, wegen Krankheit etc, ausgenommen werden. Umgekehrt kann sich der Verzicht auch nur auf einzelne Unterhaltsbestandteile (etwa Altersvorsorgeunterhalt), bestimmte Unterhaltstatbestände (etwa Aufstockungsunterhalt nach § 1573 II) oder auf einen Teilbetrag des gesetzlich geschuldeten Unterhalts erstrecken.

Ein wirksamer Unterhaltsverzicht umfasst im Zweifel den gesamten Unterhaltsanspruch, also auch den Notbedarf. Ist der Fall etwaigen Notbedarfs ausdrücklich ausgenommen, ist ggf das Existenzminimum bzw Aufstockung auf das Existenzminimum geschuldet (BGH FamRZ 80, 1104; zu Einzelheiten vgl KKFamR/*Klein* § 1585c Rn 46 ff).
Der Verzicht auf den Anspruch gem § 1586a muss ausdrücklich erklärt werden (*Göppinger/Börger/Miesen* § 5 Rn 260). Auf einen Unterhaltsverzicht kann vertraglich verzichtet werden (Ddorf FamRZ 96, 734).

3. Wirksamkeits- und Inhaltskontrolle. Unter welchen Voraussetzungen eine Vereinbarung, durch welche 6 Ehegatten ihre unterhaltsrechtlichen Verhältnisse (oder ihre Vermögensangelegenheiten) für den Scheidungsfall abweichend von den gesetzlichen Vorschriften regeln, unwirksam ist (§ 138) oder eine Berufung auf alle oder einzelne vertragliche Regelungen unzulässig macht (§ 242) lässt sich nicht allgemein und für alle denkbaren Fälle beantworten (zu Einzelheiten vgl Kommentierung zu § 1408). Entspr der Rspr des BVerfG (FamRZ 01, 343; 01, 985) und des BGH (FamRZ 04, 601) ist in zwei Schritten zu prüfen, ob die Vertragsfreiheit von den Parteien missbraucht wurde (BGH FamRZ 05, 691; 1444; 185; FuR 05, 262; 410).
Zunächst ist iRe **Wirksamkeitskontrolle** zu prüfen, ob die Vereinbarung schon im Zeitpunkt ihres Zustandekommens offenkundig zu einer derart einseitigen Lastenverteilung für den Scheidungsfall führt, dass ihr losgelöst von der künftigen Entwicklung der Ehegatten und ihrer Lebensverhältnisse wegen Verstoßes gegen die guten Sitten die Anerkennung der Rechtsordnung ganz oder teilweise zu versagen ist mit der Folge, dass an ihre Stelle die gesetzlichen Regelungen treten (§ 138 I). Erforderlich ist eine Gesamtwürdigung der Umstände bei Vertragsabschluss. Nur wenn durch den Vertrag Regelungen aus dem **Kernbereich** (zu weiteren Einzelheiten vgl Kommentierung zu § 1408) des gesetzlichen Scheidungsfolgenrechts ganz oder jedenfalls zu erheblichen Teilen abbedungen werden, ohne dass rechtfertigende Gründe oder eine Kompensation vorliegt, kommt das Verdikt der Sittenwidrigkeit in Betracht.
Aus den gesetzlichen Regelungen über nachehelichen Unterhalt, Zugewinn- und Versorgungsausgleich lässt sich **kein unverzichtbarer Mindeststandard an Scheidungsfolgen** herauslesen. Korrespondierend zur Autonomie der Ehegatten bei der Ausgestaltung ihrer Lebensverhältnisse unterliegen die Scheidungsfolgen grds der vertraglichen Disposition der Ehegatten. Andererseits liegt dem gesetzlichen Scheidungsfolgensystem der Gedanke zugrunde, dass ehebedingte Nachteile, die ein Ehegatte um der Ehe oder der Kindererziehung willen in seinem eigenen beruflichen Fortkommen und dem Aufbau einer entspr Altersversorgung oder eines entspr Vermögens auf sich genommen hat, nach der Scheidung ausgeglichen werden sollen, wobei Erwerbstätigkeit und Familienarbeit, wenn die Parteien nichts anderes vereinbart haben, grds als gleichwertig behandelt werden. Ob eine eheverträgliche Scheidungsfolgenregelung mit diesem Grundgedanken vereinbar ist, bedarf im Einzelfall der Prüfung (BGH FuR 05, 413 = NJW 05, 2386). Allein eine **Schwangerschaft** der Ehefrau bei Abschluss des Ehevertrages vermag für sich allein noch keine Nichtigkeit zu begründen. Sie indiziert jedoch eine **ungleiche Verhandlungsposition** und damit eine Disparität bei Vertragsabschluss (BGH FamRZ 05, 1444 = NJW 05, 2386). Ergibt die Wirksamkeitskontrolle, dass einzelne Klauseln eines Ehevertrages schon im Zeitpunkt seines Zustandekommens nach § 138 I nichtig sind, so ist nach § 139 in der Regel der gesamte Ehevertrag nichtig, wenn nicht anzunehmen ist, dass er auch ohne die nichtigen Klauseln geschlossen sein würde (BGH FuR 05, 413 = NJW 05, 2386). Die Scheidungsfolgen greifen ineinander. Oftmals wird ein abtrennbarer Teil nicht gegeben sein. Hingegen kann das Rechtsgeschäft ohne den sittenwidrigen Teil aufrechterhalten werden, wenn dies dem mutmaßlichen Parteiwillen entspricht und eine salvatorische Klausel dies zum Ausdruck bringt. Voraussetzung ist allerdings, dass sich die Sittenwidrigkeit eindeutig auf einen abtrennbaren Teil beschränkt und im Übrigen gegen den Inhalt des Vertrages keine Bedenken bestehen (BGH NJW 01, 815).
Hat eine Vereinbarung vor diesem Hintergrund Bestand, ist im Wege der **Ausübungskontrolle** zu prüfen, ob und inwieweit ein Ehegatte die ihm durch den Vertrag eingeräumte Rechtsmacht missbraucht, wenn er sich auf die Vereinbarung beruft (§ 242). Hierfür sind nicht nur die Verhältnisse im Zeitpunkt des Vertragsschlusses maßgebend, sondern auch die Umstände im Zeitpunkt des Scheiterns der Lebensgemeinschaft (BGH FamRZ 05, 1444).
Die **Rangordnung der Scheidungsfolgen** ist zu beachten: je höherrangig die Scheidungsfolgen angesiedelt werden, desto schwerwiegender müssen die Gründe für deren Abbedingung sein (BGH FamRZ 05, 1444; zu Einzelheiten vgl KK/FamR/*Klein*, § 1585c Rn 4 ff).
Der BGH nimmt im Unterhaltsrecht folgende Rangfolge vor (vgl BGH FamRZ 04, 601; NJW 05, 137; 05, 139 und ausführlich *Hahne* DNotZ 04, 84; *Grziwotz* FamRB 04, 199; *Dauner-Lieb* AcP 201, 295; *Göbel* FamRZ 03, 1513; *Bergschneider* FamRZ 03, 376). Zu Vereinbarungen im Vorfeld der Unterhaltsreform vgl *Bergschneider* FamRZ 06, 153.

1.Stufe: Unterhalt wegen Kindesbetreuung gem § 1570: grds unverzichtbar, allerdings modifizierbar nach Dauer und Höhe. Für die vertragsmäßige Begrenzung stellt der BGH auf ehebedingte Nachteile ab, die vor allem in dem Verlust des eigenen Einkommens wegen Kindesbetreuung liegen. Die Abkopplung vom eheangemessenen Bedarf knüpft an die Rspr an, dass der Betreuungsunterhalt nur auf den Ausgleich des wegen der Kinderbetreuung nicht erzielbaren Einkommens aus einer vollschichtigen Tätigkeit ausgerichtet ist, während der darüber hinausgehende am eheangemessenen Bedarf orientierte Unterhalt Aufstockungsunterhalt nach § 1573 II (BGH FamRZ 99, 708) ist. Dieser kann wegen der geringeren Schutzbedürftigkeit ohne besondere Begründung ausgeschlossen werden (BGH FuR 05, 413).

2. Stufe: Alters- und Krankheitsunterhalt nach §§ 1571, 1572: ebenfalls hochrangig eingestuft (BGH FamRZ 04, 601; 05, 1449 m Anm *Bergschneider*; 05, 1452 = FuR 05, 410),
Bei der Inhaltskontrolle von Eheverträgen teilt jedoch der Krankenvorsorge- und Altersvorsorgeunterhalt den Rang des Elementarunterhalts, von dem er sich ableitet, soweit die Unterhaltspflicht ehebedingte Nachteile ausgleichen soll (BGH FuR 05, 410= FamRZ 05, 1449 m Anm *Bergschneider* FamRZ 05, 1452). Damit wird der Altersvorsorgeunterhalt stark aufgewertet. Der BGH hatte dem Krankenvorsorge- und Altersvorsorgeunterhalt zunächst eine eher nachrangige Bedeutung zugemessen (BGH FamRZ 04, 601). Dieser Nachrang kann aber dort nicht zum Zuge kommen, wo die Unterhaltspflicht ehebedingte Nachteile ausgleichen soll. Das Unterhaltsrecht will in solchen Fällen die Risiken, die ein Ehegatte iRd gemeinsamen Lebensplanung auf sich genommen hat und die sich mit der Trennung und Scheidung der Ehegatten verwirklichen, gleichmäßig unter den Ehegatten verteilen. Eine solche gleichmäßige Lastenverteilung kann sich nicht auf den Elementarunterhalt beschränken und den Krankheits- und Altervorsorgeunterhalt aussparen. Damit sind diese unselbstständigen Bestandteile des Unterhalts unter denselben Schutz gestellt wie der Elementarunterhalt, von dem sie sich ableiten: ergibt sich Elementarunterhalt aus §§ 1570–1572 und gehört er damit zum Kernbereich der Scheidungsfolgen, unterliegt auch der Kranken- und Altersvorsorgeunterhalt diesem Schutz und damit denselben Wirksamkeitsanforderungen wie der Elementarunterhalt. Leitet sich der Alters- und Krankenvorsorgeunterhalt von Unterhaltsansprüchen nach §§ 1573 I oder II ab, ist er genauso wenig schutzbedürftig und ohne Begründung auszuschließen wie der Elementarunterhalt selbst. Allerdings ist der Altersvorsorgeunterhalt auf den Betrag zu beschränken, den der Kinder betreuende Ehegatte ohne die Kinderbetreuung bei Weiterführung seiner beruflichen Tätigkeit auch unter Einbeziehung entspr Beiträge seines Arbeitgebers für den Auf- und Ausbau seiner Altersversorgung hätte verwenden können. Maßgebend ist damit der Beitragsbemessungssatz für die Rentenversicherung und das erzielbare Bruttoeinkommen, wobei Arbeitgeber- und Arbeitnehmeranteile zusammenzurechnen sind (BGH FuR 05, 410 = FamRZ 05, 1449).
Damit erstreckt der BGH seine zum Versorgungsausgleich entwickelte Rspr (FamRZ 05, 185) auf den Altersvorsorgeunterhalt. Beim Versorgungsausgleich hatte der BGH iRd Beanstandung eines Ausschlusses des Versorgungsausgleichs nicht die Aufteilung nach § 1587a II 2, also nicht Nivellierung, stattfinden lassen, sondern den Ausgleich nur in der Höhe gestattet, wie er sich für die kinderbetreuende Ehefrau bei Fortsetzung ihrer Erwerbstätigung ergeben hätte.

3. Stufe: Unterhalt wegen Erwerbslosigkeit nach § 1573 I und IV: Weitergehend disponibel, da schon § 1573 IV das Risiko der Erwerbslosigkeit auf den Berechtigen verlagert (kritisch jedoch *Maier* FamRZ 05, 1509).

4. Stufe: Die übrigen Unterhaltstatbestände wie Aufstockungsunterhalt (§ 1573 II), Ausbildungsunterhalt (§ 1575) und Billigkeitsunterhalt (§ 1573 II) sind am ehesten disponibel (BGH FamRZ 05, 691; 05, 1444; Hamm FamRZ 05, 1567).

7 **4. Salvatorische Klauseln, Wirksamkeitsklauseln.** Ein Rechtsgeschäft kann auch ohne den sittenwidrigen Teil aufrechterhalten werden, wenn dies dem **mutmaßlichen Parteiwillen** entspricht. Voraussetzung ist jedoch, dass sich der Sittenverstoß eindeutig auf einen abtrennbaren Teil beschränkt und im Übrigen gegen den Inhalt des Vertrages keine Bedenken bestehen (BGH FamRZ 05, 1444; NJW 01, 815). Oftmals greifen Scheidungsfolgen jedoch ineinander mit der Folge, dass sich Teile nicht abtrennen lassen (vgl auch § 1414). Wünschen Parteien, dass einzelne Vertragsbestimmungen jedenfalls Bestand haben sollen, empfehlen sich **Sicherungsklauseln**, insbes salvatorische Klauseln. Sie sind jedoch einschränkend auszulegen und führen nur zu einer **Beweislastumkehr**. Der Vertragspartner, der sich auf die Gesamtnichtigkeit der Vereinbarung beruft, ist entgegen § 139 darlegungs- und beweispflichtig (BGH NJW 03, 347). Dieser Ehegatte muss die Vermutung, dass der Vertrag auch ohne den nichtigen Teil noch eine ausgewogene und von den Parteien gewollte Regelung enthält, widerlegen.
Die salvatorische Klausel kann kombiniert werden mit einer **Wirksamkeitsklausel**. Diese regelt im Einzelnen, welche Vertragsbestimmungen im Verhältnis zueinander für den Fall der Unwirksamkeit einzelner Klauseln jedenfalls Bestand haben sollen (vgl etwa *Bergschneider/Kössniger* P.IV. 2).

Kapitel 5 Ende des Unterhaltsanspruchs

§ 1586 Wiederverheiratung, Begründung einer Lebenspartnerschaft oder Tod des Berechtigten

(1) Der Unterhaltsanspruch erlischt mit der Wiederheirat, der Begründung einer Lebenspartnerschaft oder dem Tode des Berechtigten.
(2) ¹Ansprüche auf Erfüllung oder Schadensersatz wegen Nichterfüllung für die Vergangenheit bleiben bestehen. ²Das Gleiche gilt für den Anspruch auf den zur Zeit der Wiederheirat, der Begründung einer Lebenspartnerschaft oder des Todes fälligen Monatsbetrag.

Bei **Wiederheirat** des Berechtigten erlangt dieser einen neuen Unterhaltsanspruch gegen seinen Ehegatten 1
nach §§ 1360 ff. Der bisherige Anspruch erlischt. Das Gleiche gilt nach Art 2 Nr 8 LPartG auch für eingetragene Lebenspartner. § 1586 I ist auf den Unterhaltsanspruch aus Anlass der Geburt nach § 1615l I 1 und II 1 u 2 entspr anwendbar (BGH FamRZ 05, 347).
§ 1586 ist **disponibel** (Kobl FamRZ 02, 1040; Bambg FamRZ 99, 1278).
Das Erlöschen titulierter Unterhaltsansprüche nach § 1586 ist mit der **Vollstreckungsgegenklage** (§ 767 ZPO) geltend zu machen.
Der **Tod des Berechtigten** führt zum Erlöschen aller Unterhaltsrechtsverhältnisse. Rückständige oder fällige 2
Unterhaltsansprüche sind vererblich. Der Fortbestand der unterhaltsrelevanten Umstände ist nicht **Geschäftsgrundlage** eines **Abfindungsvergleichs** für nachehelichen Unterhalt. Auch im Fall der vereinbarten Ratenzahlung lässt eine **Wiederheirat** des Berechtigten die noch ausstehende Ratenzahlungspflicht nicht entfallen (BGH FamRZ 05, 1662 = FuR 05, 508; Kobl FamRZ 02, 1040). Wenn die Parteien eines Unterhaltsvergleichs mit der Vereinbarung eines Abfindungsbetrages eine restlose und endgültige Regelung des Unterhalts wollen, liegt darin regelmäßig auch ein Ausschluss weiterer Ansprüche für nicht vorhersehbare Veränderungen (BGHZ 2, 379, 385). Die abschließende Wirkung auf der Grundlage einer bloßen Prognose ist daher wesentlicher Inhalt der vertraglichen Vereinbarung und nicht nur deren Geschäftsgrundlage. Anstelle des durch Verzicht abbedungenen gesetzlichen Unterhalts tritt eine eigenständige vertragliche Unterhaltsvereinbarung. Davon zu unterscheiden sind nur Fälle, in denen der Kapitalbetrag keine Abfindung darstellen soll, sondern eine Kapitalisierung in Form der Vorauszahlung. Nur bei einer derartigen Konstellation wird der gesetzliche Unterhaltsanspruch konkretisiert (BGH FamRZ 05, 1662 = FuR 05, 508; FamRZ 85, 263).
Ansprüche auf **Erfüllung** oder **Schadenersatz wegen Nichterfüllung** für die Vergangenheit bleiben bestehen. 3
Sie können von den Erben weiterverfolgt werden. Bei Tod oder Wiederheirat wird der volle Monatsbetrag geschuldet.
Die Geltendmachung des Erlöschens des titulierten Anspruchs erfolgt über die **Vollstreckungsgegenklage**. 4
Wenn Einverständnis zwischen den Parteien besteht, dass die titulierten Ansprüche vollständig erfüllt oder entfallen sind oder dies aufgrund einer Vollstreckungsgegenklage oder Abänderungsklage durch Urteil festgestellt wurde, ist der Unterhaltsberechtigte entspr §§ 785, 797 ZPO zur Herausgabe des Titels an den Verpflichteten gehalten (Nürnbg FuR 92, 303).

§ 1586a Wiederaufleben des Unterhaltsanspruchs

(1) ¹Geht ein geschiedener Ehegatte eine neue Ehe oder Lebenspartnerschaft ein und wird die Ehe oder Lebenspartnerschaft wieder aufgelöst, so kann er von dem früheren Ehegatten Unterhalt nach § 1570 verlangen, wenn er ein Kind aus der früheren Ehe oder Lebenspartnerschaft zu pflegen oder zu erziehen hat. ²Ist die Pflege oder Erziehung beendet, so kann er Unterhalt nach den §§ 1571 bis 1573, 1575 verlangen.
(2) Der Ehegatte der später aufgelösten Ehe haftet vor dem Ehegatten der früher aufgelösten Ehe. Satz 1 findet auf Lebenspartnerschaften entsprechende Anwendung.

§ 1586a enthält eine Ausnahme von der Regel des § 1586 I, wonach der Anspruch auf nachehelichen Unter- 1
halt mit der Wiederheirat erlischt. Aus dem Gesichtspunkt der **nachehelichen Solidarität** soll der Berechtigte bei Betreuung eines gemeinsamen Kindes aus erster Ehe den früheren Ehegatten auf Unterhalt in Anspruch nehmen können. § 1586a beinhaltet damit zugleich eine Ausnahme von der ansonsten gebotenen **Tatbestandskette**.
§ 1586a gilt auch iRd **Lebenspartnerschaft**, allerdings nur dann, wenn ein Lebenspartner das Kind des anderen angenommen und dieses dadurch die Stellung eines gemeinschaftlichen Kindes der Lebenspartner erlangt hat (§§ 16 I, 9 VII LPartG, § 1754 I).
Die Vorschrift gilt für alle Gestaltungen der Auflösung einer wirksam geschlossenen Ehe, also auch durch 2
Aufhebungsurteile und Scheidung. Im Fall des Todes des Ehegatten kann § 1586a analog angewendet werden (Saarbr FamRZ 87, 1047).

Der Unterhaltsberechtigte muss durch die Betreuung eines oder mehrerer Kinder aus der früheren Ehe an einer Erwerbstätigkeit gehindert sein. Es gelten die zu § 1570 entwickelten Maßstäbe. Ein Einsatzzeitpunkt ist, ebenso wie bei § 1570, nicht erforderlich.

3 Der gem § 1586 I mit Wiederheirat des Unterhaltsgläubigers kraft Gesetzes erlöschende Anspruch ist mit dem Anspruch aus § 1586 a I nicht identisch. Für die Höhe des subsidiären Unterhalts nach § 1586 a ist der in letzter Ehe erreichte Lebensstandard **Obergrenze**. Auch ein über den Unterhaltsanspruch eines Ehegatten für die Zeit nach Scheidung der Ehe geschlossener Vergleich umfasst ohne entspr Parteiwillen nicht den Unterhaltsanspruch, den der frühere Unterhaltsgläubiger nach der Scheidung einer neuen Ehe gem § 1586 a erlangt (BGH FamRZ 88, 46).

4 Bei Zusammentreffen von Unterhaltsansprüchen aus mehreren Ehen haftet der Ehegatte der später aufgelösten Ehe vorrangig. Dies gilt auch, wenn aus den verschiedenen Ehen Kinder hervorgegangen sind. Ist der Unterhaltsgläubiger jedoch wegen der Betreuung eines Kindes/mehrerer Kinder aus zweiter Ehe an einer Erwerbstätigkeit nur teilweise gehindert, infolge der Betreuung aller Kinder dagegen in vollem Umfang, spricht viel dafür, entspr der Rspr des BGH zur Anteilshaftung zweier Väter nach §§ 1570 bzw. 1615l (FamRZ 98, 541 = FuR 98, 131) beide geschiedenen Ehegatten **anteilig im Verhältnis ihrer nachwirkenden Mitverantwortung** analog § 1606 III haften zu lassen (KKFamR/*Klein*, § 1586 b Rn 7, aber str).

5 Zwischen dem durch Wiederheirat erloschenen Anspruch auf Unterhalt und dem Anspruch nach aufgelöster Zweitehe auf Betreuungsunterhalt besteht keine Identität (BGH FamRZ 88, 46). Der Berechtigte muss die Voraussetzungen des neuen Unterhaltsanspruchs darlegen und beweisen. Es bedarf einer neuen Titulierung des Anspruchs nach § 1586 a. Die Umschreibung eines Alttitels ist nicht möglich. Die Klage eines früheren Ehegatten auf Feststellung, dass ein bei Scheidung der Ehe nach § 1586 a möglicher Unterhaltsanspruch gegen ihn ausgeschlossen sei, ist unzulässig (Karlsr FamRZ 89, 184). Die Haftung des zweiten Ehegatten ist ggf. inzidenter in dem Prozess gegen den früheren Ehegatten zu prüfen (Hamm FamRZ 86, 364).

§ 1586 b Kein Erlöschen bei Tod des Verpflichteten

(1) ¹Mit dem Tod des Verpflichteten geht die Unterhaltspflicht auf die Erben als Nachlassverbindlichkeit über. ²Die Beschränkungen nach § 1581 fallen weg. ³Der Erbe haftet jedoch nicht über einen Betrag hinaus, der dem Pflichtteil entspricht, welcher dem Berechtigten zustände, wenn die Ehe nicht geschieden worden wäre.
(2) Für die Berechnung des Pflichtteils bleiben Besonderheiten auf Grund des Güterstands, in dem die geschiedenen Ehegatten gelebt haben, außer Betracht.

1 Verstirbt der Unterhaltsschuldner, geht die Unterhaltspflicht auf die Erben als **Nachlassverbindlichkeit** über. Eine vergleichbare Regelung enthält § 16 II 2 LPartG. Die passive Vererblichkeit des Unterhaltsanspruchs des geschiedenen Ehegatten stellt einen Ausgleich für den Verlust erbrechtlicher Ansprüche dar (vgl *Bergschneider* FamRZ 03, 1049). Durch § 1586 b ändert sich der Anspruchsinhalt nicht. Dem Erben wird lediglich der Einwand der Haftungsbeschränkung auf den Pflichtteil eingeräumt (Frankf FF 03, 68; vgl auch *Kochinke* FF 02, 161).
§ 1586 b erfasst nur gesetzliche Unterhaltsansprüche. Den gesetzlichen Unterhaltsanspruch konkretisierende **Unterhaltsvereinbarungen** binden den Erben gleichermaßen (BGH FamRZ 04, 1546; Kobl FamRZ 03, 261). Bei (in der Praxis äußerst seltenen!) selbstständigen Unterhaltsvereinbarungen, ist, sofern die Vereinbarung nichts Gegenteiliges enthält, § 1586 b nicht anwendbar (Bambg FamRZ 99, 1278; *Hambitzer* FamRZ 01, 201; vgl auch Kobl FamRZ 03, 262 und *Bergschneider* FamRZ 03, 1049). Die vertragliche Abbedingung der Beschränkung der Unterhaltsansprüche auf den Pflichtteil ist möglich (*Hambitzer* FÜR 03, 157).

2 Der Unterhaltsberechtigte muss weiterhin **bedürftig** sein. Auf die Leistungsfähigkeit des verstorbenen Unterhaltsschuldners kommt es nicht (mehr) an.
Die Haftung des Erben ist nach § 1586 b I 3 auf den fiktiven Pflichtteil des Unterhaltsberechtigten beschränkt. Der geschiedene Ehegatte soll nicht mehr erhalten als er gehabt hätte, wenn seine Ehe statt durch Scheidung durch Tod des Verpflichteten aufgelöst worden wäre. Maßgebend ist der kleine Pflichtteil gem § 1631 I, II. **Güterrechtliche Besonderheiten** sind wegen § 1586 b II unerheblich. Wegen der Berechnung des fiktiven Pflichtteils als Haftungsquote vgl § 2303 Rn 4 ff). Auszugehen ist vom Gesamtnachlass, mithin nicht vom Vermögen des Unterhaltsschuldners etwa im Zeitpunkt der Ehescheidung. Andere Pflichtteilsberechtigte, etwa auch nach Scheidung geborene Kinder, sind zu berücksichtigen. Darüber hinaus sind (fiktive) Ansprüche auf Pflichtteilsergänzung gem. §§ 2325 ff zu berücksichtigen (BGH FuR 03, 358 = FamRZ 03, 848 im Anschluss an BGH FuR 01, 259 = FamRZ 01, 282; Kobl FamRZ 03, 261; vgl auch *Klingelhöffer* ZEV 03, 113). Nur diese Lösung nimmt dem Unterhaltsschuldner den Anreiz, seinen Nachlass durch Schenkungen zu Lebzeiten zu vermindern und so den nach seinem Tod weiterbestehenden, ohnehin beschränkten Unterhaltsanspruch seines geschiedenen Ehegatten zu entwerten (BGH FuR 01, 259 = FamRZ 01, 282).

3 Der Erbe kann sich auf **Verwirkungsgründe** nicht berufen, wenn das Verhalten des Erblassers den Schluss zulässt, er wolle vom Verwirkungseinwand keinen Gebrauch machen (Ddorf FamRZ 97, 1159; vgl zum Gan-

zen *Wilhelm/Lenz*, FPR 05, 295). Davon ist nicht auszugehen, wenn der Erblasser den Unterhalt weitergezahlt hat, damit seine Rente nicht nach § 5 VAHRG gekürzt wird (BGH FamRZ 03, 521).
Die Unterhaltslast des Erben entfällt, wenn der überlebende Ehegatte auf sein Pflichtteilsrecht **verzichtet** hat (zu Einzelheiten vgl *Dieckmann* FamRZ 99, 1029). Hat ein geschiedener Ehegatte freiwillig auf ein Erbrecht verzichtet, manifestiert sich hierin gerade sein Entschluss, dass er kraft Gesetzes im Erbfall vom Erben nichts erhalten will. Der Erbe soll ihm dann auch nichts schulden. Tritt der Unterhaltsanspruch gegen den Erben nach der Scheidung an die Stelle bis dahin bestehender erbrechtlicher Ansprüche, dann müssen solche Ansprüche durch die Scheidung auch tatsächlich weggefallen sein, andernfalls die Ersatzfunktion nicht erforderlich ist (zu Einzelheiten und auch zur Gegenmeinung vgl KK Familienrecht *Klein*, § 1586 b Rn 12 f).
Die Haftung des Erben betrifft einen Unterhaltsanspruch. Ein entspr Rechtsstreit ist daher **Familiensache**. 4
Ein bereits gegen den unterhaltspflichtigen geschiedenen Ehegatten vorhandener Titel kann auf den Erben umgeschrieben werden (BGH FamRZ 04, 1546; zuvor bereits Kobl FamRZ 04, 557; Stuttg FamRZ 04, 1220). Die Rechtsnatur der auf den Erben übergegangenen Unterhaltspflicht ändert sich nicht. Die Möglichkeit der **Umschreibung des Titels** entspricht dem Bestreben des Gesetzgebers, eine dauerhafte Sicherung des unterhaltsberechtigten geschiedenen Ehegatten über den Tod des Schuldners hinaus zu schaffen. Die Umschreibung dient darüber dem Gebot der Prozessökonomie.
Die Möglichkeit der Umschreibung eines Unterhaltstitels nach § 727 ZPO schließt ein **Rechtsschutzbedürfnis** für eine **Leistungsklage** gegen den Erben nicht aus, soweit der Erbe Einwendungen gegen den Fortbestand des nicht rechtskraftfähigen Titels erhebt (KG FamRZ 05, 1759).

Untertitel 3   Versorgungsausgleich

Einführung

I. Ziel, Rechtfertigung und Formen des VA. Der VA bezweckt die gleichmäßige Teilhabe an den in der Ehezeit erworbenen Versorgungsanrechten, zunächst iSe formalen hälftigen Aufteilung (§ 1587 a I S 2) ähnlich dem Zugewinnausgleich, darüber hinaus jedoch mit dem Ziel einer gleichen Aufteilung nicht fiktiver Anrechte, sondern des tatsächlich während der Ehezeit Erworbenen (BVerfGE 87, 348, 356 f = NJW 93, 1057; **Halbteilungsgrundsatz**). Legitimiert wird dies (auch hinsichtlich des Eingriffs in das durch Art 14 GG geschützte Versorgevermögen des Ausgleichspflichtigen) durch die **Ehe als** auf Dauer angelegte Lebens- und (künftige) **Versorgungsgemeinschaft**. Mit der Scheidung wird diese Planung hinfällig. Die Nachteile der scheidungsbedingten Zweckverfehlung sollen durch den VA ausgeglichen werden (iE KKFamR/*Rehme* vor § 1587 Rn 4). Der VA als neues, mit Wirkung v 1.7.77 in das BGB eingefügte Rechtsinstitut war Gegenstand zahlreicher verfassungsgerichtlicher Überprüfungen und nachfolgender Gesetzesänderungen (vgl die Übersicht bei Soergel/*Lipp* vor § 1587 Rn 3 ff). In seiner heutigen Form ist der VA **verfassungsgemäß** (grundl BVerfGE 53, 257; zur Vereinbarkeit mit dem europäischen Gemeinschaftsrecht EuGH FamRZ 00, 83). Ob dies auch für die wesentlichen Änderungen im Rahmen der beabsichtigten **Strukturreform des VA** gilt, ist zweifelhaft (§ 1587 b Rn 7; *Rehme* FuR 05, 145 u 214). 1

Der VA soll vorrangig als öffentlich-rechtlicher VA (übliche Terminologie, abw vom Wortlaut des Gesetzes, das vom „Wertausgleich" oder „Ausgleich" spricht; s Überschrift vor § 1587 a, § 1587 a I 2, § 1 III VAHRG) eine (ggf zusätzliche) eigenständige Sicherung des Berechtigten bewirken durch einen einmaligen (allerdings gem § 10 a VAHRG abänderbaren) Ausgleichsakt (zu den einzelnen Ausgleichsformen Rn 16 f). Wenn die Voraussetzungen dafür fehlen, kann subsidiär auf Antrag der schuldrechtliche VA erfolgen, der (grds) zu einer schwächeren Versorgungsform führt in Form einer von der ggf variablen Versorgung des Verpflichteten abgeleiteten, laufenden (ebenfalls veränderlichen) unterhaltsähnlichen Rentenleistung. 2

II. Anwendungsbereich und Gegenstand des VA. Der VA erfolgt im Zusammenhang mit der Scheidung (§ 1587 I 1) und – seit dem 1.1.05 – nach Aufhebung einer Lebenspartnerschaft (§§ 20, 21 IV LPartG), ferner (jew mit besonderen Beschränkungen) bei Aufhebung der Ehe (§ 1318 III) und in Fällen mit Auslandsberührung (IPR; Art 17 III EGBGB). Der VA gilt auch für nach dem 1.1.92 geschiedene Ehen im **Beitrittsgebiet** (näher dazu KKFamR/*Rehme* vor § 1587 Rn 10); bis zur Einkommensangleichung sind die im VAÜG bestimmten Besonderheiten hinsichtlich der im Beitrittsgebiet erworbenen Anrechte zu beachten. 3

Der VA in jeder Form (bei Abänderung gem § 10 a VAHRG und beim schuldrechtlichen VA) ist – entspr der tatsächlichen Dauer der Versorgungsgemeinschaft (s Rn 1) – beschränkt auf die **in der Ehezeit** (iSd § 1587 II) **erworbenen Versorgungsanrechte** (iSd § 1587 I; iE § 1587 Rn 13 f). 4

III. Durchführung des VA im Einzelnen. 1. Wertermittlung und Bilanzierung. a) Ermittlung der dem VA unterliegenden Anrechte. Der Ehegatte mit den werthöheren Anrechten ist ausgleichspflichtig in Höhe der Hälfte des Wertunterschiedes (§ 1587 a I; ebenso § 1587 g I 1 für den schuldrechtlichen VA). Voraussetzung für die Feststellung der Ausgleichspflicht nach Grund und Höhe ist die in mehreren Einzelschritten 5 erfolgende Wertermittlung der ausgleichsfähigen Anrechte jedes Ehegatten mit anschließender Bilanzierung und Saldierung (ausf KKFamR/*Rehme* vor § 1587 Rn 14 ff). Sie kann im öffentlich-rechtlichen VA erhebliche Probleme bereiten (vgl ua Rn 9), zumal es dort überwiegend um die Bewertung von sich noch entwickelnden Anwartschaften geht (Prognose, Momentaufnahme); im schuldrechtlichen VA entfallen häufig einzelne Bewertungsschritte wegen der Anknüpfung an die laufenden Versorgungen.

6 Im Einzelfall kann eine Wertermittlung entbehrlich sein, sofern ein gesetzlicher Ausschlussgrund in krasser Form vorliegt (grobe Unbilligkeit gem §§ 1587 c, h) oder der VA in wirksamer Weise gänzlich ausgeschlossen wird (durch Vereinbarung gem § 1408 II oder § 1587 o; zur nachträglichen Herbeiführung der Unwirksamkeit eines Ehevertrages gem § 1408 II vgl *Rehme* aaO Rn 26 mwN); häufig wird aber vor der richterlichen Feststellung der betr Voraussetzungen und ihrer wirtschaftlichen Tragweite eine Bewertung (zumindest als Schätzung) erforderlich sein.

7 Der Familienrichter ermittelt von Amts wegen (Rn 22), welche Vermögenswerte als Versorgungsanrechte iSv § 1587 i Betracht kommen. In tatsächlicher Hinsicht werden die Grundversorgungen (Beamtenversorgung und ähnliche Anrechte bzw GRV; § 1587 a I Nr. 1, 2) regelmäßig durch **Auskünfte** der Versorgungsträger geklärt (zur **Haftung** bei fehlerhafter Auskunft vgl BGH NJW 98, 138; FamRZ 03,1382). Wegen der sonstigen Anrechte ist häufig eine Mitwirkung der Parteien und Anwälte geboten (ua Kontrolle der Auskünfte der Gegenseite, zB bei lückenhaften Angaben zu privaten Rentenversicherungen oder bei einer Tätigkeit im Ausland; zu Versäumnissen und Haftungsrisiken des Anwalts BGH NJW 98, 138, 141; Hamm FamRZ 91, 149; 94, 376; *Schöppe-Fredenburg/Schwolow* FuR 97, 65, 104; *Christl/Sprinz* FuR 97, 175).

8 Einige Positionen sind aus Rechtsgründen (zumindest vorläufig) auszuscheiden, insbes Vermögenswerte, die trotz einer Eignung für Versorgungszwecke nicht zu dem engeren Kreis der „Versorgungsanrechte" iSv § 1587 zählen; ausgleichsfähig sind nach der Rspr des BGH (§ 1587 Rn 4) nur Anrechte, die eine Rentenleistung (nicht: Kapitalleistung) beinhalten (zu Möglichkeiten einer Einflussnahme der Partei auf den Bestand von Versorgungsanrechten vgl KKFamR/*Rehme* vor § 1587 Rn 23 mwN). Ferner gilt für betriebliche Anrechte die Sonderregelung, dass noch verfallbare Anwartschaften (noch) nicht zu berücksichtigen sind (§ 1587 a II Nr 3 S 3).

9 **b) Ermittlung des Wertes und des Ehezeitanteils der Versorgungsanrechte gem § 1587a II, V, VI bis VIII.** Die (im schuldrechtlichen VA entspr anwendbare; § 1587 g II) **zentrale Norm** ist § 1587a II, ergänzt durch V (Auffangbestimmung) und VI bis VIII (Sonderregelungen). Das „Ungetüm des § 1587a" mit seinen „disproportionierten, ausufernden Normen" (*Gernhuber/Coester-Waltjen* § 28 I 6), die maßgeblich durch interdisziplinäre Bezüge (zum jeweiligen materiellen Versorgungsrecht) geprägt werden, erschließt sich dem Anwender nur allmählich. Zur Vermeidung einer vorschnellen Übernahme der von Experten des Versorgungsrechts vorgegebenen Problemlösungen ist eine kritische, die übergreifenden Zusammenhänge im Recht des VA im Blick behaltende Ergebniskontrolle erforderlich; sie sollte konsequent am Halbteilungsgrundsatz im materiellen Sinne (Rn 1) ausgerichtet und durch darauf abzielende Kontrollfragen gestützt werden (ausf dazu mit Bsp KKFamR/*Rehme* vor § 1587 Rn 28 ff, 34 ff; Staud/*Rehme* § 1587 a Rn 25 ff). Die Bewertungsvorschriften des § 1587a sind letztlich bloße **Hilfsmittel zur Verwirklichung des Halbteilungsgrundsatzes** in Bezug auf die ehezeitlich erworbenen Versorgungsanrechte entspr ihrem **wahren, wirklichen (Versorgungs-)Wert** (BGH FamRZ 92, 791, 792; 05, 1455, 1457; NJW 95, 136; ausf Staud/*Rehme* § 1587 a Rn 39 ff).

10 Der Anwendungsbereich der einzelnen Bewertungsregeln wird zT abgegrenzt nach der Art der Versorgungen (jeweils eigene Regelungen für die Grundversorgungen – Rn 7 – und die Lebensversicherungen in Rentenform; § 1587a II Nrn 1, 2, 5). Für die Vielzahl der „sonstigen" oder „ähnlichen" Anrechte wird der Ehezeitanteil in Anlehnung an die jeweilige spezifische Berechnungsweise der Versorgung als Ganzer bestimmt (§ 1587a II Nr 4), wobei § 1587a II Nr 4 b) eine Auffangvorschrift bildet. Eine weitere, gegenüber allen anderen Regelung subsidiäre Auffangbestimmung stellt § 1587a V dar.

11 Die Bestimmung des Ehezeitanteils erfolgt (m Ausn des § 1587a V: billiges Ermessen) nach zwei unterschiedlichen **Berechnungsmodi**: der zeitratierlichen, gesamtzeitbezogenen (§ 1587a II Nrn 1, 3, 4b)) bzw teilzeitbezogenen, auf den konkreten Versorgungszuwachs in der Ehezeit abstellenden Methode (§ 1587a II Nrn 2, 4 a), 4c), 4d), 5). Letztere knüpft unmittelbar an den Erwerb in der Ehezeit an (vgl Rn 3); gelegentlich wird dieser Wert jedoch durch außerhalb der Ehezeit liegende Umstände beeinflusst (Bsp: Gesamtleistungsbewertung in der GRV). Die gesamtzeitbezogene Methode (die vor allem bei den praktisch bedeutsamen Anrechten nach § 1587a II Nrn 1, 3 ein gleichmäßiges Erdienen der Versorgung in der gesamten ruhegehaltfähigen Zeit unterstellt) erfolgt immer zweistufig, weil sie vorab die Ermittlung des Wertes der Versorgung als Ganzer erfordert.

12 Der VA wird begrenzt durch das Ende der Versorgungsgemeinschaft (Rn 1, 4). Dieser Zeitpunkt ist für die Zwecke des VA aus Gründen der Verfahrenskonzentration in § 1587 II vorgezogen (§ 1587 Rn 18). Das dort bezeichnete Ende der Ehezeit ist als **Bewertungsstichtag** bei beiden Formen des VA (Rn 2) maßgeblich hinsichtlich der einzubeziehenden Anrechte und ihrer bis dahin erlangten wertbestimmenden Merkmale (Festschreibung der individuellen Versorgungslage und der persönlichen Bemessungsgrundlagen, zB der erreichten Besoldungs- oder Tarifgruppe pp.; § 1587 Rn 13; ausf Staud/*Rehme* § 1587 Rn 47, 61). Darüber hinaus bildet der Stichtag Ehezeitende für den öffentlich-rechtlichen VA den notwendigen (nicht disponiblen;

BGH FamRZ 01, 1444, 1446) festen zeitlichen Bezugspunkt für den wertmäßigen Vergleich der einzelnen, sich im Verhältnis zueinander häufig unterschiedlich entwickelnden Anrechte (ua für die Anwendung der variablen Rechenfaktoren, zB des aktuellen Rentenwerts in der GRV; § 1587 a Rn 24) und die ggf erforderliche Vergleichbarmachung durch Umrechnung (Rn 13). Für den schuldrechtlichen VA als laufende, an die jeweilige ggf variable Versorgung des Verpflichteten anknüpfende Leistung (Rn 2) fehlt eine solche stichtagsbezogene Fixierung.

c) **Feststellung der Vergleichbarkeit der Anrechte, ggf Umrechnung.** Anrechte können nur bilanziert und 13 saldiert werden (Rn 5) wenn sie untereinander vergleichbar sind oder gemacht werden (gleicher „Nenner"). Vergleichskriterium ist die Steigerungsrate (**Dynamik**). Vergleichsmaßstab sind die Grundversorgungen (Rn 7; § 1587 a III Hs 1); sie werden mit ihrem (stichtagsbezogenen; Rn 12) Nominalwert bilanziert. Wenn ein anderes Anrecht in nahezu gleicher Weise ansteigt, gilt es als dynamisch (volle Dynamik). Bei einem geringeren Anstieg liegt eine Teildynamik (ggf nur in der Anwartschafts- oder Leistungsphase) oder eine fehlende Dynamik vor (sog statische Anrechte).

Bei fehlender voller Dynamik erfolgt eine Umrechnung (Abwertung, Dynamisierung) durch Angleichung an 14 die Rentendynamik auf der Grundlage des Kapitalwerts oder hilfsweise des Barwerts (§ 1587 a III Nrn 1, 2, IV). Insbes bei Anwendung der BarwertVO bestehen wegen der Gefahr einer zu großen Abwertung (Unterbewertung) Zweifel an der Erfassung des tatsächlichen Versorgungswerts (Rn 9), auch nach Anhebung der Umrechnungsfaktoren durch die seit dem 1.1.03 geltende Neufassung der BarwertVO (§ 1587 a Rn 61).

d) **Feststellung der Person des Ausgleichspflichtigen und des Umfangs des Ausgleichsanspruchs.** Durch 15 Addition der ggf umgerechneten Werte der Ehezeitanteile der einzelnen Anrechte wird der jeweilige insgesamt in der Ehezeit erlangte Versorgungswert ermittelt. Die Saldierung ergibt den Wertunterschied, den Ausgleichspflichtigen und die Höhe des Anspruchs (Rn 5). Er kann reduziert (nicht erhöht) werden gem §§ 1587 c, h (zum gänzlichen Ausschluss des VA ohne Wertermittlung pp vgl Rn 6). Die Bilanzierung und Saldierung kann im Einzelfall durch Parteivereinbarung (§§ 1408 II, 1587o) beschränkt werden, insbes in zeitlicher Hinsicht (§ 1587 Rn 14), allerdings ohne Veränderung des Stichtags Ehezeitende (Rn 12) und unter Beachtung des Verbots des Super-Splittings (§ 1587 o I 2; § 1587b Rn 3).

2. **Ausgleichsformen. a) Öffentlich-rechtlicher Ausgleich.** Der öffentlich-rechtliche VA erfolgt nach geltendem Recht (vorbehaltlich einer Änderung im Rahmen der geplanten Strukturreform des VA; § 1587 b 16 Rn 6 ff) durch **Einmalausgleich** (§ 1587 b III 3), ursprünglich ausschließlich in der GRV (früheres „alleiniges Ausgleichsmedium") gem § 1587 b I bis III, später (als Folge der Nichtigkeit des § 1587 b III 1 als generelle dritte Form) ergänzt durch neue insbes durch das VAHRG geschaffene Ausgleichsformen (§ 1 II, III VAHRG, § 3 b I Nrn 1, 2 VAHRG, §§ 43, 110 ALG; zur Entwicklung vgl Staud/*Rehme* § 1587 b Rn 1 ff, 10 ff; Einl zum VAHRG). Der Ausgleich erfolgt in einzelnen Stufen mit einer verbindlichen Rangfolge (Ausgleichsmechanismus; § 1587 b Rn 3). In bestimmten Fällen kann der VA gem § 1587 b IV auf Antrag eines Ehegatten in anderer Weise geregelt werden.

b) **Schuldrechtlicher VA.** Entspr seiner Ausgestaltung (Rn 2) erfolgt der schuldrechtliche VA grds durch 17 Zahlung einer (ggf variablen) Geldrente; unter weiteren Voraussetzungen bestehen ergänzende Ansprüche auf Abtretung bzw Abfindung (§§ 1587i, l). Die Schwächen dieser Ausgleichsform (ua Abhängigkeit vom Fortbestand der Versorgung beim Verpflichteten) sind verringert worden durch die nachträgliche Einführung des verlängerten schuldrechtlichen VA (§ 3 a VAHRG).

3. **Verfahren. a) Allgemeines (Verfahrensarten, Zuständigkeit pp).** Der VA wird als sog echte Streitsache 18 im Verfahren der **freiwilligen Gerichtsbarkeit** durchgeführt (§ 621 a I ZPO; BGH FamRZ 88, 709, 710; Frankf FamRZ 05, 623, 625) mit gewissen Modifizierungen (§ 621 a I 2 ZPO) bzw Sonderregelungen (§§ 53 b bis 53 g FGG). Die **Hauptverfahren** betreffen die erstmalige öffentlich-rechtliche bzw schuldrechtliche VA gem §§ 1587 ff, § 1 II, III und 3b VAHRG bzw § 1587 f, g, § 2 VAHRG. Sie werden ergänzt oder auch ersetzt durch Verfahren, in denen ebenfalls eine materielle Regelung erfolgt, nämlich in den Fällen des § 1587 o (Genehmigung einer Vereinbarung; ähnlich bei Bejahung der Wirksamkeit eines Ehevertrages gem § 1408 II; vgl Rn 6), des § 1587b IV (Rn 16 aE), der §§ 1587i, l sowie des § 3 a VAHRG (Rn 17), des § 2 II, III VAÜG (Wiederaufnahme eines gem § 2 I VAÜG ausgesetzten Verfahrens) und der Abänderungsverfahren gem 10a VAHRG (betr den öffentlich-rechtlichen VA; vgl § 10 a VAHRG Rn 1) bzw gem §§ 1587 g III, 1587i III, § 3 a VI VAHRG iVm § 1587 d II (betr den schuldrechtlichen VA). Hinzu kommen **Nebenverfahren**, die die materielle Regelung vorbereiten oder ihre Umsetzung modifizieren wie die Auskunftsverfahren gem §§ 1587 e, k I, §§ 3 a VIII, 10 XI VAHRG (zwischen den Parteien und den Versorgungsträgern) sowie gem § 11 II VAHRG (auf Verlangen des Gerichts), ferner Entscheidungen über Stundungen, Raten- und Beitragszahlungen gem §§ 1587 d I, II, 1587l III, § 3 b I Nr 2 S 2; § 53 e II, III FGG.

Sachlich **zuständig** sind in erster Instanz die Amtsgerichte als Familiengerichte (§ 64 I FGG iVm § 621 I 19 Nr 6 ZPO; § 23 b I 2 Nr 7 GVG). Die örtliche Zuständigkeit ist – unterschieden nach Verfahren im Verbund oder isoliert – in § 621 II, III ZPO geregelt. Abgesehen von vergleichsweise unbedeutenden Nebenentscheidungen durch den Rechtspfleger außerhalb eines anhängigen Hauptverfahrens (vgl § 14 I Nr 2 a RPflG; Einzelh bei J/H//*Sedemund-Treiber* § 621 Rn 47 a) ist grds der Richter funktionell zuständig. Die nicht ausdrücklich geregelte internationale Zuständigkeit richtet sich nach den allgemeinen Grundsätzen (vgl BGB-RGRK/ *Wick* vor §§ 1587 ff Rn 35).

20 **b) Einleitung des Verfahrens.** Die erstmalige Entscheidung über den öffentlich-rechtlichen VA erfolgt **von Amts wegen,** so im Falle der Scheidung oder Aufhebung der Ehe und ggf auch bei Scheidungen im Ausland und mit Auslandsbezug (zu den Einzelheiten vgl Soergel/*Lipp* vor § 1587 Rn 17 ff, 21 und § 1587 Rn 3), ferner vor allem bei der Prüfung der Wirksamkeit eines Ehevertrages gem § 1408 II und der Genehmigung einer Vereinbarung gem § 1587 o (vgl Rn 6, 15, 18; zu weiteren Fällen KKFamR/*Rehme* vor § 1587 Rn 92 f). Alle anderen Verfahren werden nur auf **Antrag** eingeleitet, zB in sämtlichen Fällen des schuldrechtlichen VA und in den Abänderungsverfahren (Rn 18); der Antrag hat keine darüber hinausgehende Funktion (kein das Gericht bindender Sachantrag; BGH FamRZ 03, 1738, 1739).

21 Die erstmalige Entscheidung über den öffentlich-rechtlichen VA ist inzwischen (nach Einführung des Antragsprinzips für die Regelung des Sorgerechts, § 1671) die einzige automatisch mit der Scheidung verbundene **Folgesache** (§ 623 I 3 ZPO). Von den übrigen Verfahren (Rn 18) kann ein Teil nur **isoliert** anhängig gemacht werden, insbes der VA nach Aufhebung einer Ehe, die Abänderungsverfahren (Rn 18) und einige Verfahren zum schuldrechtlichen VA (§ 1587 f Nr 3, 4; § 3 a VAHRG). Bei den sonstigen Verfahren wird häufig aus tatsächlichen Gründen eine Behandlung als Folgesache ausscheiden (zB beim schuldrechtlichen VA mangels Vorliegens der materiellen Voraussetzungen gem § 1587 g I 2; zur Abgrenzung zwischen Folgesachen und isolierten Verfahren iE KKFamR/*Rehme* vor § 1587 Rn 96 ff mwN).

22 **c) Weiteres Verfahren.** Der weitere Ablauf wird in den wichtigen Verfahren (Erstentscheidungen sowie § 10 a VAHRG) vor allem bestimmt durch die (in Rn 7 ff) beschriebene Feststellung der ausgleichsfähigen Anrechte (**Amtsermittlung;** § 621 a I 1 ZPO, § 12 FGG) und ihres Ehezeitanteils unter Mitwirkung der Parteien (Anwälte), ggf ergänzt durch Auskunftsverfahren (Rn 18; näher dazu § 1587 e Rn 1). Dabei unterscheiden sich Folgesachen und isolierte Verfahren (Rn 21) in wichtigen Einzelheiten (Anwaltszwang, mündliche Verhandlung; iE *Rehme* aaO mwN). Am Verfahren zu **beteiligen** sind nicht nur die Ehegatten, sondern auch Dritte, insbes Versorgungsträger, die in ihren Rechten unmittelbar betroffen werden können; die Aufzählung in § 53 b I FGG ist unvollständig (iE, auch zur Unterscheidung zwischen formeller und materieller Beteiligung, J/H/*Brudermüller* § 53 b FGG Rn 6 ff). Unterbleibt eine vorgeschriebene formelle Beteiligung gänzlich, wird die Entscheidung gegenüber dem betr Versorgungsträger nicht rechtskräftig (hM; zB Brandbg FamRZ 04, 1300; zumindest inzident bestätigt durch BGH FamRZ 00, 746; str; ausf mwN *Brudermüller* aaO Rn 6).

23 **d) Abschluss des Verfahrens. aa) Abschluss ohne eigene Sachregelung.** Bei nachträglicher Vorlage eines wirksamen, den VA gänzlich ausschließenden Ehevertrages gem § 1408 II oder Genehmigung einer entspr Vereinbarung gem § 1587 o wird das Verfahren unmittelbar beendet; dies kann durch klarstellenden Beschluss festgestellt werden (iE *Brudermüller* aaO § 53 d FGG Rn 2, 5). Konstitutive verfahrensbeendende Wirkung hat ein Beschluss über den gänzlichen Ausschluss des VA gem §§ 1587 c, h bzw der Abänderung gem § 10 a IV VAHRG. Nur das anhängige Verfahren – ohne materielle Erledigung des Ausgleichsanspruchs – wird beendet im Falle der Aussetzung gem § 2 I 2 VAÜG sowie gem § 53 c FGG, § 148 ZPO (zur Abgrenzung *Brudermüller* aaO § 53 c FGG Rn 3, 9), ferner bei fehlender Sachentscheidung wegen ungeklärter (insbes ausländischer) Anrechte (§ 1587 Rn 7).

24 **bb) Sachentscheidungen.** Im Erstverfahren betr den öffentlich-rechtlichen VA ergeht in den praktisch wichtigen Fällen (§ 1587 b I, II, § 1 II, III und § 3 b I Nr 1 VAHRG, §§ 43, 110 ALG) eine **rechtsgestaltende,** erst mit Rechtskraft wirksame (§ 53 g I FGG) **Entscheidung,** nur im Falle des § 3 b I Nr 2 VAHRG eine Leistungsentscheidung; für das Verfahren gem § 10 a VAHRG gilt jeweils Entspr (zu den Auswirkungen der VA-Entscheidung vgl Rn 30 ff). Eine anderweitige Regelung gem § 1587 b IV (Rn 16 aE) ergeht idR durch Leistungsentscheidung (KKFamR/*Rehme* vor § 1587 Rn 117).

25 Beim schuldrechtlichen VA in sämtlichen Formen erfolgt regelmäßig eine **Leistungsentscheidung** (Auferlegung von ggf variablen Zahlungen; Rn 2, 17; zur Fassung des Tenors vgl § 1587 g Rn 3; Vollstreckung § 53 g I, III FGG; Ausn: § 1587 i iVm § 53 g III FGG, § 894 ZPO).

26 Bei allen Entscheidungsformen sind unter bestimmten Voraussetzungen **Teilentscheidungen** bzw **Teilregelungen** (§ 1587 b IV) möglich (BGB-RGRK/*Wick* vor § 1587 Rn 53; BGH NJW 89, 2689, 2696).

27 Über den VA als Folgesache im Verbund (Rn 21) wird durch Urteil entschieden, im Übrigen (bei isolierten Verfahren oder nach Abtrennung gem § 628 ZPO) durch Beschluss. Die Entscheidung ist zu begründen (KKFamR/*Rehme* vor § 1587 Rn 122 mwN).

28 **cc) Rechtskraft und Rechtsmittel.** Sachentscheidungen mit instanzbeendender Wirkung erwachsen in Rechtskraft; sie sind einheitlich (auch Nebenentscheidungen durch den Rechtspfleger; ausf J/H/*Sedemund-Treiber* § 621 e Rn 4 mwN; *Zorn* FamRZ 01, 1273, 1275; str) als Endentscheidungen mit der befristeten Beschwerde gem § 621 e ZPO anfechtbar (zu den Folgen fehlender Beteiligung vgl Rn 22 aE; zur Beschwerdeberechtigung von Versorgungsträgern BGH FamRZ 03, 1738; KKFamR/*Rehme* vor § 1587 Rn 127 mwN); im Übrigen (zB gem § 33 FGG) ist die einfache Beschwerde gem § 19 FGG gegeben.

Bei Abschluss des Verfahrens ohne eigenständige Sachregelung (Rn 23) richtet sich die Anfechtbarkeit nach der jeweiligen Fallgestaltung: zB 621e ZPO bei konstitutivem Ausschluss des VA, ebenso im Falle der Genehmigung gem § 1587 o (iE Staud/*Rehme* § 1587 o Rn 43 ff), § 19 FGG bei Aussetzung.

IV. Rechtswirkungen des VA. 1. Öffentlich-rechtlicher VA. a) Berechtigter: Zuwachs an Versorgungsanrechten. Mit Ausnahme der Realteilung und der Beitragszahlung (§§ 1 II, 3b I Nr 2 VAHRG; vgl Rn 31 f) werden in allen Ausgleichsformen (Rn 16) durch rechtsgestaltende Entscheidung (Rn 24) **Rentenanwartschaften** begründet (zur Änderung bei Leistungsbezug vgl § 100 I SGB VI), ggf mit Rückwirkung gem § 10 a VII VAHRG. Das **Versicherungsfallprinzip** (das die Begründung neuer und die Erhöhung vorhandener Versorgungsanrechte nur für noch nicht eingetretene Risiken zulässt) gilt insoweit nicht, so dass auch bereits bezogene Renten erhöht werden können (ausf Staud/*Rehme* § 1587 b Rn 12 f, 16, 55 mwN). Der Erwerb von Rentenanwartschaften auf Grund des VA hat spezifische rentenrechtliche Folgen (Zuschlag an Entgeltpunkten, Wartezeiterfüllung pp; vgl § 8 I 1 Nr 2, § 52 I, § 76 I, II, IV SGB VI; iE KKFamR/*Rehme* vor § 1587 Rn 140 ff).

Die Leistungsentscheidung bei Anordnung von Beitragszahlungen (§ 3 b I Nr 2 VAHRG) soll dem Berechtigten ebenfalls Rentenanwartschaften verschaffen. Dies erfolgt jedoch erst durch die tatsächliche Einzahlung in die GRV. Dabei gilt (anders als bei Rn 30) die in § 1587 b III 1 Hs 2, § 3 b I Nr 2 S 1 VAHRG bezeichnete, auf dem Versicherungsfallprinzip beruhende zeitliche Schranke, sie wird jedoch in vielfältiger Weise abgemildert (ua durch die Fiktion der Rückwirkung der Beitragszahlung gem § 187 V SGB VI; iE KKFamR/*Rehme* vor § 1587 Rn 145 ff mwN). Bei fehlender rechtzeitiger (vollständiger) Beitragszahlung greift der schuldrechtliche VA ein (§ 1587 f Nrn 1, 3, ggf teilweise; *Rehme* aaO Rn 150).

Im Falle der Realteilung werden – wiederum unmittelbar durch rechtsgestaltende Entscheidung (Rn 24, 30) – **Anrechte außerhalb der GRV** begründet, und zwar entspr dem jeweiligen real zu teilenden Anrecht und der betr Versorgungsordnung (§ 1 VAHRG Rn 2).

b) Verpflichteter: Kürzung von Versorgungsanrechten bzw Vermögensminderung (Ausnahmen: Rn 34 f). Beim Splitting (§ 1587 b I) werden die Rentenanrechte des Verpflichteten gekürzt (Abschlag an Entgeltpunkten; § 76 I, III, IV SGB), jedoch ohne Verlust von Wartezeiten. Beim Quasi-Splitting (§ 1587 b II) wird die Versorgung gem § 57 BeamtVG (§ 55 c SVG) gekürzt. Ähnliches gilt bei Anwendung des § 1 II, III VAHRG nach Maßgabe der jeweiligen Versorgungsordnung. Die Beitragszahlung führt grds nur zu einer allgemeinen Vermögensminderung des Verpflichteten ohne Kürzung der eigenen Versorgungsanrechte.

Die Kürzung der Versorgungsanrechte kann in den Fällen des § 1587 b I, II vermieden bzw rückgängig gemacht werden durch Einzahlung von Beiträgen (§ 187 I Nr 1 SGB VI) oder von Kapitalbeträgen (§ 58 BeamtVG). Für die Wiederauffüllung der Rentenanrechte gilt die gleiche zeitliche Schranke wie im Falle der Einzahlung zugunsten des Berechtigten (Rn 31); sie kann unter bestimmten Voraussetzungen über eine Parteivereinbarung gem § 1587 o iVm 187 I Nr 2 SGB VI umgangen werden (KKFamR/*Rehme* vor § 1587 Rn 166 mwN).

Soweit die Kürzung der Anrechte selbst nicht aufgehoben wird (Rn 34), werden die nachteiligen wirtschaftlichen Folgen des VA (Rn 33) in zahlreichen Fällen durch Besitzstandsregelungen (**Rentner- bzw Pensionistenprivileg** ua gem § 101 III SGB VI, § 57 I 2 BeamtVG: Kürzung bereits laufender Versorgungen erst, sobald der VA sich beim Berechtigten durch eine Erhöhung der Versorgung auswirkt; *Heilemann* FamRZ 85, 1192) und durch Härteregelungen (§§ 4 bis 8 VAHRG) aufgeschoben bzw gemildert oder ganz vermieden (ausf KKFamR/*Rehme* vor § 1587 Rn 158 ff).

2. Schuldrechtlicher VA. Die Rechtsfolgen der Leistungsentscheidung zum schuldrechtlichen VA (Rn 25; dort auch zur Ausnahme gem § 1587 i) sind ähnlich wie bei einem Unterhaltsurteil und können – abw von den regelmäßig nur ab Rechtskraft wirkenden rechtsgestaltenden Entscheidungen (Rn 24, 30) – auch für die Vergangenheit Ausgleichsansprüche begründen (§ 1587 k iVm § 1585 b II). Besonderheiten bestehen im Falle der Verurteilung zur Zahlung einer Abfindung gem § 1587 l wegen der besonderen Zweckbindung (§ 1587 l III) und der unterhaltsrechtlichen Folgewirkungen (§ 1587 n). Härteregelungen (Rn 35) sind nur in begrenztem Umfang vorgesehen (iE KKFamR/*Rehme* vor § 1587 Rn 169 f).

Kapitel 1 Grundsatz

§ 1587 Auszugleichende Versorgungsanrechte

(1) ¹Zwischen den geschiedenen Ehegatten findet ein Versorgungsausgleich statt, soweit für sie oder einen von ihnen in der Ehezeit Anwartschaften oder Aussichten auf eine Versorgung wegen Alters oder verminderter Erwerbsfähigkeit der in § 1587 a Abs. 2 genannten Art begründet oder aufrechterhalten worden sind. ²Außer Betracht bleiben Anwartschaften oder Aussichten, die weder mit Hilfe des Vermögens noch durch Arbeit der Ehegatten begründet oder aufrechterhalten worden sind.

(2) Als **Ehezeit** im Sinne der Vorschriften über den Versorgungsausgleich gilt die Zeit vom Beginn des Monats, in dem die Ehe geschlossen worden ist, bis zum Ende des Monats, der dem Eintritt der Rechtshängigkeit des Scheidungsantrags vorausgeht.
(3) Für **Anwartschaften** oder **Aussichten**, über die der Versorgungsausgleich stattfindet, gelten ausschließlich die nachstehenden Vorschriften; die güterrechtlichen Vorschriften finden keine Anwendung.

1 **1. Abs 1 (Gegenstand des VA). a) Persönlicher Anwendungsbereich.** Versorgungsanrechte sind für einen der geschiedenen **Ehegatten** (oder sonstige Personen, zwischen denen ein VA stattfindet; vor § 1587 Rn 3; zum VA in Bezug auf die Erstehe nach Wiederheirat BGH FamRZ 94, 96) begründet oder aufrechterhalten, wenn sie am Ende der Ehezeit und auch noch im Zeitpunkt der Entscheidung (Rn 16) zumindest in seinem „wirtschaftlichen Eigentum" stehen; Pfändung, Verpfändung oder Sicherungsabtretung sind unerheblich bis zum endgültigen Ausscheiden aus dem Vermögen zB durch Verwertung, Kapitalisierung oder Abfindung (BGH FamRZ 88, 936, 939; vgl ferner Nürnbg FamRZ 02, 1632 mwN; Zweibr FamRZ 04, 642; AG Lüdenscheid FamRZ 05, 1754).

2 **b) Sachlicher Anwendungsbereich (Umschreibung und Abgrenzung der Versorgungsanrechte). aa) Versorgungszweck.** In den VA einzubeziehen sind nur Versorgungsanrechte, die den in I bezeichneten Vorsorgezielen dienen (BGH FamRZ 05, 696, 698); das können abw vom Wortlaut auch andere als die in § 1587 a II genannten Anrechte sein (unstr, zB BGH FamRZ 81, 856, 857). Eine **Versorgung wegen Alters** liegt vor, wenn eine Leistung die Versorgung im Anschluss an das aktive Arbeitsleben bezweckt (BGH FamRZ 05, 696, 698; 01, 284, 285; ausf Staud/*Rehme* Rn 19 ff mwN); auf das Erreichen eines bestimmten Alters kommt es grds nicht an (bisher str). Nicht ausgleichsfähig sind hingegen Kompensationszahlungen für den Verlust des Arbeitsplatzes, etwa in Form von Übergangsgeldern oä. Ebenso scheiden aus reine Hinterbliebenenversorgungen (oder diesem Zweck dienende abgrenzbare Teile der Altersversorgung), weil sie kein eigenes Risiko des Ehegatten abdecken (BGH FamRZ 92, 165, 166). Eine **Versorgung wegen verminderter Erwerbsfähigkeit** ist gegeben bei einer Zusage für den Fall der Invalidität iSd betr versorgungsrechtlichen Bestimmungen (zB § 43 SGB VI, § 42 I BBG, § 26 BRRG).

3 Leistungen, die **andere Risiken** betreffen oder vorrangig aus besonderen sozialen Gründen gewährt werden, sind nicht zu berücksichtigen (ausf BGB-RGRK/*Wick* Rn 15; *§ 1587 Rn 15; Rehme* aaO Rn 23), zB Leistungen der gesetzlichen oder privaten Kranken- und Unfallvorsorge, ferner nach dem BEG, BVG, BSHG, BErzGG, WoGG, BafÖG usw.

4 **bb) Rentenanrechte.** Nach der gefestigten Rspr des BGH sind nur Versorgungsanrechte in der Form von wiederkehrenden Leistungen (**Rentenanrechte**) zu berücksichtigen; **Anrechte auf Kapitalleistungen** in jeder Form, auch soweit sie der betrieblichen Altersversorgung dienen, **scheiden aus** (BGHZ 88, 386). Bei Kapitalleistungen mit einem **Rentenwahlrecht** (auch des Arbeitgebers) kommt eine Einbeziehung nur in Betracht, wenn die mögliche Verrentung bis zum Ende der Ehezeit erfolgt ist (BGH FamRZ 03, 664; 05, 1463; ausf *Rehme* aaO Rn 33 ff mwN auch zur Gegenmeinung).

5 Mangels Rentencharakters sind danach nicht ausgleichsfähig zB Einmalzahlungen (Abfindungen, Tantiemen, Beitragserstattungen pp). Der BGH hat darüber hinaus (aus Gründen der Vereinfachung der Wertermittlung) auch Anrechte auf wiederkehrende Leistungen in Form von **Sachleistungen** (einschl Wohnrechten; Altenteil) **ausgenommen** (FamRZ 93, 682). Dem VA unterliegen deshalb nur **Ansprüche auf eine Versorgung in Form einer Geldrente**.

6 **cc) Leistungen, Anwartschaften oder Aussichten.** Neben den in I ausdrücklich genannten Formen von Anrechten sind unstr auch (Versorgungs-)**Leistungen** in den VA einzubeziehen (vgl den Text in § 1587a II Nrn 1 bis 5, III bis VIII). Eine **Anwartschaft** ist eine nach Grund und Höhe gesicherte Aussicht, nach Erfüllung aller Voraussetzungen einen Versorgungsanspruch zu erlangen (BGH FamRZ 81, 856). Zeitliche Voraussetzungen (Wartezeiten pp) müssen noch nicht erfüllt sein (§ 1587a VII mit den dort genannten Ausnahmen vor allem hinsichtlich betrieblicher Anrechte); bei feststehender Unerfüllbarkeit dieser Voraussetzungen liegt ein ausgleichsfähiges Anrecht nicht (mehr) vor (BGH FamRZ 96, 98, 101; Staud/*Rehme* § 1587a Rn 510; str).

7 Eine **Aussicht** ist gegeben, wenn sich (vor Verfestigung zu einer Anwartschaft) nach dem gewöhnlichen Verlauf der Dinge ein Anspruch auf eine Versorgung entwickeln wird (BGH FamRZ 81, 856). Erforderlich ist nur eine hinreichend verfestigte Aussicht auf eine Versorgung als solche ohne Konkretisierung auf eine gesetzlich fixierte Art, so dass auch Aussichten auf alternative Formen ausreichen (Soldat auf Zeit, Widerrufsbeamter; BGH FamRZ 82, 362; vgl § 1587a Rn 7). Eine bloße tatsächliche Aussicht genügt nicht (BGH NJW-RR 95, 1153 zur möglichen Wiederwahl eines kommunalen Wahlbeamten). Das Gesetz selbst verneint die hinreichende Verfestigung für noch **verfallbare betriebliche Anrechte** (§ 1587a II Nr 3 S 3; vgl § 1587a Rn 35 f). Bei Anrechten auf eine **ausländische Versorgung** ist eine Aussicht (noch) nicht gegeben, wenn sie auf absehbare Zeit nicht durchsetzbar und deshalb offensichtlich wertlos ist (BGH FamRZ 03, 1737, 1738). Wenn lediglich die Höhe eines Anrechts unaufklärbar ist, kommen verschiedene Möglichkeiten für den Abschluss des Verfahrens betr den öffentlich-rechtlichen VA in Betracht (zB Aussetzung, Feststellung der derzeitigen

Nichtdurchführbarkeit pp; zB Oldbg FamRZ 03, 1752, 1754; ausf Staud/*Rehme* § 1587 b Rn 48); für eine Verweisung in den schuldrechtlichen VA fehlt die gesetzliche Grundlage (zB Oldbg aaO; Karlsr FamRZ 02, 1494, 1495; aA zB München FamRZ 05, 990 mwN).

dd) Erwerb m Hilfe des Vermögens oder durch Arbeit der Ehegatten. Ein Erwerb von Versorgungsanrechten durch **Arbeit** iSv I liegt auch vor, wenn er auf Zeiträumen beruht, die aus sozialen Gründen einer **Erwerbstätigkeit gleichgestellt** werden und zu einer Erhöhung der Versorgung führen oder sich zumindest auf die Berechnung auswirken, zB Kindererziehungszeiten (§§ 56, 70 IIIa SGB VI), der Kindererziehungszuschlag (§ 50 a BeamtVG, ebenso Leistungen gem § 50 b BeamtVG; iE § 1587 a Rn 9 f; hingegen nicht gem §§ 294 ff SGB VI; BGH FamRZ 91, 675) sowie weitere wegen Minderung der Erwerbsfähigkeit, Ausbildung pp versorgungsrechtlich erhebliche Zeiten (§§ 54 IV, 57 bis 59, 250 ff SGB VI; § 13 BeamtVG; ferner KG FamRZ 06, 210 zu § 2 VI des G über Pflegeleistungen). 8

Ein Erwerb **mit Hilfe des Vermögens** liegt vor bei Einsatz des **eigenen Vermögens**. Die Herkunft ist grds **unbeachtlich**. Deshalb werden auch Anrechte erfasst, die auf Beträgen aus Darlehen beruhen (Kobl FamRZ 01, 1221; zu Unrecht abw in einem Einzelfall Nürnbg FamRZ 02, 1632) oder dem Verkauf des gemeinsamen Hauses (Köln FamRZ 00, 157), ferner auf Mitteln, die bei Eheschließung vorhanden waren oder durch Schenkung oder Erbfall erworben wurden (keine Privilegierung entspr § 1374 II); etwaige Zweckbindungen sind aus Gründen der Rechtsklarheit unerheblich; Ausnahmen gelten nur bei unmittelbarer Leistung eines Dritten an Versorgungsträger oder wirtschaftlich gleichzustellenden Vorgängen (BGH FamRZ 84, 570; Kobl und Nürnbg FamRZ 05, 1255 ff, zT str). 9

Trotz Erwerbs mit Hilfe des eigenen Vermögens sind zum Zwecke der Harmonisierung der Ausgleichssysteme (Vermeidung einer Doppelberücksichtigung) Anrechte nicht zu einzubeziehen, die aus Mitteln stammen, die bereits Gegenstand einer **vorherigen Vermögensauseinandersetzung** waren wie bei einem vorzeitigen Zugewinnausgleich (BGH FamRZ 92, 790), aber auch ähnlichen umfassenden vorausgehenden Vermögensregelungen (Köln FamRZ 96, 1549; KG FamRZ 03, 39; nicht bei bloßem nachträglichen Ausschluss des Zugewinnausgleichs, Köln FamRZ 00, 157). 10

Nicht ausgleichsfähig – mangels prägenden Erwerbs durch Arbeit oder mit Hilfe des Vermögens – sind ausländische Anrechte, die eine (i Wesentlichen) aus Steuermitteln finanzierte Volksrente darstellen (schwedische oder dänische Volksrente; ebenso wohl die niederländische AOW-Pension, Hamm, Köln, Ddorf FamRZ 01, 31 und 1461; abw bzw differenzierend Köln, Oldbg, Hamm FamRZ 01, 1460; 02, 961 und 1568; iE Staud/*Rehme* Rn 26). Ähnliches gilt für die ganz überwiegend aus strukturpolitischen Gründen gewährte Landabgabe- bzw Produktionsaufgaberente (BGH FamRZ 88, 272; MüKo/*Dörr* Rn 20). 11

c) Zeitlicher Anwendungsbereich (Beschränkung auf Ehezeiterwerb). aa) Ehezeitliche Erwerbshandlung. Ein Anrecht wird **begründet**, wenn es in der Ehezeit entstanden oder ausgebaut worden ist (*Dörr* aaO Rn 18). Es wird **aufrechterhalten**, wenn in der Ehezeit ohne – rechnerische Erhöhung – versorgungsrechtlich relevante Zeiten zurückgelegt werden (bedeutsam vor allem bei gesamtzeitbezogener Berechnung; vor § 1587 Rn 11; iE KKFamR/*Rehme* Rn 49). 12

bb) Beschränkung auf den ehezeitlichen Erwerb. Die Beschränkung entspricht der Dauer der (umfassend geplanten, aber nur teilweise verwirklichten) Versorgungsgemeinschaft (vor § 1587 Rn 1, 4). Der mit dem VA verbundene Eingriff darf nur die in der Ehezeit vollständig erlangten Vermögenspositionen erfassen (Ausnahme: § 3 b Rn 2 VAHRG). Ein Anrecht darf grds nur berücksichtigt werden, wenn der gesamte Erwerbstatbestand vor Ende der Ehezeit erfüllt wird (unabhängig davon, ob dies schon vorher «angelegt» war; Ausnahme: § 1587 a VII; vgl Rn 6). Wertbestimmende Merkmale eines vorher begründeten Anrechts, die sich weiterentwickeln (zB durch Beförderung pp) dürfen nur mit ihrem bis zum Ehezeitende erlangten Wert erfasst werden (**Stichtagsprinzip**). Dies ist vor allem bei Berechnung des Ehezeitanteils nach der gesamtzeitbezogenen Methode (vor § 1587 Rn 11) der Fall, weil hier zunächst der Wert des Gesamtrechts zu ermitteln ist, jedoch ohne nachehezeitliche Veränderungen der **individuellen Versorgungslage** (vor § 1587 Rn 12; Ausnahme: zB rückwirkende Beförderung). Davon zu **unterscheiden** sind **allgemeine Berechnungsfaktoren** (wie der Ruhegehaltssatz; iE Staud/*Rehme* Rn 47), die stets mit ihrem aktuellen Wert anzusetzen sind. **Nachträgliche Änderungen von Rechtsvorschriften** sind ebenfalls zu berücksichtigen, weil im Zweifel alle Versorgungsanrechte (auch rückwirkend) erfasst werden sollen (BGH FamRZ 03, 435, 436 m zahlr N). 13

Im öffentlich-rechtlichen VA (anders im schuldrechtlichen VA) hat das Ehezeitende außerdem eine maßgebliche Bedeutung als fester zeitlicher Bezugspunkt für den Vergleich der einzelnen Anrechte und ist deshalb nicht durch Vereinbarungen (zB gem § 1408 II) veränderbar (vor § 1587 Rn 12; ausf KKFamR/*Rehme* vor § 1587 Rn 51; § 1587 Rn 32, 36). Hingegen ist der regelmäßige **zeitliche Rahmen des Erwerbs** (Ehezeit iSv II) **disponibel**, zB durch Teilausschluss des VA für bestimmte Zeitabschnitte (etwa nach der Trennung BGH FamRZ 01, 1444, 1445; Karlsr FamRZ 05, 1747), sofern die allgemeinen Grenzen für Eingriffe in öffentlich-rechtliche Versorgungsverhältnisse gewahrt werden (iE Staud/*Rehme* Rn 42); zu beachten ist insbes das auch für Eheverträge gem § 1408 II geltende Verbot des Super-Splittings (BGH aaO; § 1587 b Rn 3). 14

d) **Berücksichtigung von Veränderungen nach Ehezeitende (insbes bei Wegfall von Anrechten). aa)** Veränderungen zwischen Ehezeitende und Erstentscheidung. Sie sind (jedenfalls seit Einführung des im Erstverfahren modifiziert anwendbaren § 10 a VAHRG und mit Rücksicht auf den materiellen Halbteilungsgrundsatz; vgl vor § 1587 Rn 1, 9; früher str) grds zu berücksichtigen unter Beachtung des Stichtagsprinzips (Rn 13), dh soweit es sich um **ehezeitbezogene Veränderungen** handelt, die **rückwirkend** zu einer anderen Bewertung des Ehezeitanteils der Versorgungsanrechte führen (**Aktualisierung der Bemessungsgrundlagen**, jeweils bezogen auf das Ehezeitende; ausf Soergel/*Lipp* Rn 27 f; Staud/*Rehme* § 10 a VAHRG Rn 24, 38 ff; zu Rechtsänderungen vgl Rn 13 aE).

16 Stets (dh unabhängig von einer Prüfung des Ehezeitbezugs) **zu berücksichtigen** sind **Veränderungen hinsichtlich des Bestandes der Versorgungsanrechte** und der **Form des Ausgleichs** (letzteres ist nur für den öffentlich-rechtlichen VA bedeutsam, weil der schuldrechtliche VA regelmäßig eine Geldrente festsetzt; vor § 1587 Rn 25). Das ist durch das geltende System des VA bedingt: Im VA wird nur über Anrechte befunden, die im Zeitpunkt der Entscheidung noch vorhanden sind, und nur in der gesetzlich vorgesehenen Form. In Bezug auf die Form ist dies unstr (zB BGH FamRZ 82, 154, 155; 89, 42 und 1058; KKFamR/*Rehme* Rn 40 mit Beisp; auch zur Unbeachtlichkeit eines etwaigen Verschuldens pp hinsichtlich der Veränderung). Hinsichtlich des **Wegfalls von Anrechten** ist die bis vor kurzem str Frage auf Grund einer inzwischen gefestigten Rspr des BGH (FamRZ 03, 664, 923; vgl ferner 04, 693; Karlsr FamRZ 04, 1037 u 1039) geklärt (auch für den schuldrechtlichen VA: BGH FamRZ 03, 664, 665; ausf zur Begründung Staud/*Rehme* Rn 53, 54 ff: VA als spezifischer objektbezogener Ausgleich in Bezug auf die in I aufgeführten Versorgungsanrechte, nicht als allgemeiner Vermögensausgleich wie der Zugewinnausgleich oder das Unterhaltsrecht; dort auch zur Gegenmeinung).

17 **bb) Veränderungen nach der Erstentscheidung.** Es gelten die gleichen, ggf im Abänderungsverfahren (§ 10 a VAHRG bzw § 1587 g III iVm § 1587 d II) zu berücksichtigenden Grundsätze, auch beim nachträglichen Wegfall von Anrechten (BGH FamRZ 05, 2055 f). Manipulativen Einwirkungen auf den Bestand von Anrechten kann im öffentlich-rechtlichen VA ggf gem § 10 a III VAHRG begegnet werden (spezifische Billigkeitsklausel); beim schuldrechtlichen VA können (auch ohne entspr ausdrückliche Regelung) nachträglich entstandene Härtegründe ohne weiteres berücksichtigt werden (Staud/*Rehme* § 1587 g Rn 30).

18 **2. II (Ehezeitbestimmung). a) Ehezeitbestimmung im Regelfall.** Die Legaldefinition in II knüpft an die Dauer der Versorgungsgemeinschaft an (Rn 13), weicht jedoch vom allgemeinen und üblichen rechtlichen Sprachgebrauch ab. Die Ehezeit endet (ähnlich wie beim Zugewinnausgleich: §§ 1373 bis 1375, 1384) bereits mit der Einleitung des Scheidungsverfahrens, dh lange vor der Beendigung der Ehe selbst durch Rechtskraft der Scheidung (oder sonstigen Form der Auflösung; vor § 1587 Rn 3); damit wird den Ehegatten im wichtigsten Anwendungsfall (Erstentscheidung im Zusammenhang mit der Scheidung von Amts wegen ein Überblick über die (künftige) versorgungsrechtliche Situation verschafft (vor § 1587 Rn 20 f). Zur weiteren Vereinfachung der Berechnung wird dabei (abw von der Regelung beim Zugewinnausgleich) der Anfangs- bzw Endzeitpunkt auf den Beginn bzw das Ende eines Monats festgelegt; der abw Wortlaut in den einzelnen Bewertungsregeln des § 1587 a II, II und VII (« Eintritt der Rechtshängigkeit des Scheidungsantrags») beruht auf einem Redaktionsversehen (unstr; zB BGHZ 82, 66, 70); die Ehezeit besteht deshalb immer aus vollen Monaten.

19 **b) Abweichende Ehezeitbestimmung.** Die Regelung ist (wie die Bewertungsvorschriften allgemein; vor § 1587 Rn Rn 9) ein bloßes – hier zudem ausgeprägt technisches, vereinfachendes – Hilfsmittel zur Verwirklichung des Halbteilungsgrundsatzes; die Pauschalierung muss deshalb bei Unvereinbarkeit mit übergeordneten Gesichtspunkten zurücktreten zugunsten einer abw Ehezeitbestimmung. Dies ist erforderlich bei **Nachzahlung größerer Beiträge** in der Zeit zwischen dem Beginn des Monats der Eheschließung und der Eheschließung selbst; die damit erworbenen Rentenanrechte würden nach dem sog In-Prinzip (§ 1587 a Rn 24) in den VA fallen, obwohl im Zeitpunkt der Einzahlung die verfassungsrechtliche Legitimation für den Eingriff, die Ehe als Versorgungsgemeinschaft (vor § 1587 Rn 1) noch nicht bestanden hat; die betr Anrechte sind deshalb nicht zu berücksichtigen (BGH FamRZ 93, 292; NJW-RR 97, 130).

20 Ferner ist eine **Harmonisierung der** einander ergänzenden **Vermögensausgleichssysteme** (VA, Zugewinn) erforderlich: III enthält eine sachliche Abgrenzung (Vorrang des VA), eine zeitliche Abstimmung fehlt für den Fall der Beendigung der Ehe durch Scheidung; hier ist beim Zugewinnausgleich taggenau auf den Eintritt der Rechtshängigkeit des Scheidungsantrags abzustellen (§ 1384), beim VA auf den (früheren) letzten Tag des vorhergehenden Monats. Eine strikte Handhabung dieser Stichtagsregelungen könnte zur Ausgrenzung eines Vermögenswertes aus beiden Ausgleichssystemen führen bei die Ausgleichsmasse verändernden Vorgängen in der genannten Zeitspanne (iE KKFamR/*Rehme* Rn 55 mit Bsp); der BGH hat dieses Problem dahin gelöst, dass für die Frage der Zuordnung zu einem der Ausgleichssysteme nicht II, sondern der in § 1384 bestimmte Stichtag gilt (FamRZ 81, 1169; 84, 156; 03, 664).

21 **c) Einzelfragen bei der Bestimmung der Ehezeit (insbesondere des Ehezeitendes). aa) Beginn der Ehezeit.** Die Ehezeit beginnt mit dem ersten Tag des Monats der Eheschließung (Feststellung zB durch die übliche Vorlage der Heiratsurkunde); Zeiten aus einer früheren Ehe ders Ehegatten (bei Wiederheirat) sind uner-

heblich (BGH FamRZ 83, 461, 462), ebenso grds etwaige parallel zurückgelegte Zeiten bei einer Doppelehe (BGH FamRZ 82, 475, 476; evtl § 1587 c).

bb) Ende der Ehezeit. Ende der Ehezeit ist im **Regelfall** – wirksame Zustellung eines einzigen Scheidungsantrags – der letzte Tag des Monats, der der Rechtshängigkeit vorausgeht (entspr anwendbar bei Aufhebung einer Ehe; BGH FamRZ 89, 153). Bei der Lösung **abw Sachverhalte** bestehen zT noch Zweifelsfragen: Erforderlich für den Eintritt der Rechtshängigkeit ist ein **unbedingter Antrag auf Scheidung (Aufhebung)**; die Verbindung mit einem Prozesskostenhilfeantrag ist unschädlich, sofern keine eindeutige Beschränkung auf die Anhörung des Gegners gem § 118 ZPO erfolgt (BGH FamRZ 87, 362, 364 mwN). Der Antrag muss von einem postulationsfähigen Anwalt unterzeichnet sein (seit der Ausweitung der Zulassung zum 1. 1. 00 praktisch kein Problem mehr; vgl § 78 II ZPO) und zugestellt werden; bloße Anhängigkeit genügt nicht (ausf Staud/*Rehme* Rn 76, auch zur Zustellung im **Ausland**). Bei Zustellungsmängeln ist **Heilung** gem § 189 bzw § 295 ZPO oder durch Genehmigung eines bisher unwirksamen Prozesshandelns möglich (iE vgl KKFamR/ *Rehme* § 1587 Rn 62). Gem § 189 ZPO ist unter engen Voraussetzungen (sichere Feststellung eines tatsächlichen Zugangs) Heilung ex tunc möglich, in den beiden anderen Fällen nur ex nunc (wegen der Abhängigkeit von der Parteidisposition; BGH FamRZ 84, 368; iE *Rehme* aaO Rn 63 f mwN). Bei fehlender Heilung tritt die Rechtshängigkeit regelmäßig durch Antragstellung gem § 261 II ZPO ein, hilfsweise (bei weiteren gravierenden Mängeln) durch Zustellung oder Rechtskraft des Scheidungsurteils (Brandbg FamRZ 01, 1220; Zweibr FamRZ 99, 27, 28).

Besondere Probleme können auftreten, wenn **mehrere Anträge auf Scheidung (Aufhebung)** vorliegen, so bei beiderseitigen Scheidungsanträgen innerhalb eines einheitlichen anhängigen Verfahrens und Scheidung auf den später gestellten Gegenantrag (1), bei mehreren Anträgen in unterschiedlichen Verfahren, Rücknahme des zuerst gestellten und Scheidung auf den in anderen Verfahren gestellten späteren Antrag (2), ferner bei Übergang vom Scheidungs- zum Aufhebungsantrag oder umgekehrt (3). Der **BGH** hat zu allen Fallgestaltungen den **Grundsatz** entwickelt, es sei abzustellen auf die Rechtshängigkeit eines einheitlichen Verfahrens, an dessen Ende die Scheidung stehe (BGH FamRZ 82, 153; 89, 153; 06, 260; Naumbg FamRZ 02, 754). Unproblematisch sind die Fallgruppen (2) und (3): Bei (2) fehlt ein einheitliches Verfahren (Folge: maßgeblich ist allein das bis zur Scheidung durchgeführte Verfahren unabhängig vom Zeitpunkt der Einleitung), bei (3) liegt lediglich eine unerhebliche Änderung des Antrags innerhalb des Verfahrens vor (Folge: maßgeblich ist die zuerst eingetretene Rechtshängigkeit). In der Fallgruppe (1) ist die Einheitlichkeit des Verfahrens gewahrt bei fortbestehender Rechtshängigkeit des zeitlich vorrangigen Antrags (auch bei Zurückweisung oder fehlender Antragstellung); wenn jedoch der erste Antrag wirksam zurückgenommen wird, ist richtigerweise (schon wegen § 269 III 1 ZPO: rückwirkendes Entfallen der Rechtshängigkeit dieses Antrags; vgl auch BGH FamRZ 04, 786, 787) auf den dann allein noch rechtshängigen Gegenantrag abzustellen (ausf Staud/*Rehme* Rn 83 ff; abw BGH FamRZ 83, 38, 39 f; BGHF 2, 869; krit hierzu MüKo/*Dörr* Rn 31).

Bei Verfahrensverzögerungen (insbes ausgesetzten oder «vergessenen» Verfahren) bleibt grds die Rechtshängigkeit des ursprünglichen (nicht zurückgenommenen) Scheidungsantrags maßgeblich (BGH FamRZ 80, 552, 553 f; 04, 1364 f; 06, 260; Karlsruhe FamRZ 03, 1566). Ausnahmsweise kann die Berufung auf die Regelung in II treuwidrig sein, vor allem bei erneuter langfristiger Begründung der ehelichen Lebensgemeinschaft (nicht bei ununterbrochener Trennung; BGH FamRZ 04, 1364); abzustellen ist dann zumeist auf das Ende des Monats, dem dem Antrag auf Wiederaufnahme des Scheidungsverfahrens vorausgeht (BGH FamRZ 86, 335, 336; Köln FamRZ 92, 685, 686).

3. Abs 3 (Abgrenzung des VA zum Güterrecht). III regelt die Konkurrenz zwischen VA und Güterrecht in Bezug auf das bei Ehezeitende vorhandene ausgleichsfähige Vermögen. Soweit es sich um Versorgungsanrechte iSv I handelt (Rn 1 ff) wird der **Vorrang des VA** und die Unanwendbarkeit der güterrechtlichen Vorschriften bestimmt. Daraus folgt, dass im Rahmen des (abstrakten) Anwendungsbereichs des VA ein güterrechtlicher Ausgleich ausscheidet unabhängig vom Güterstand und der konkreten Durchführung eines VA (etwa im Falle eines Ausschlusses durch Vereinbarung oder gem §§ 1587 c, h; vor § 1587 Rn 6, 15, 23). Aus der möglichen Konkurrenzsituation der beiden Ausgleichssysteme folgt weiter im Einzelfall die Notwendigkeit der Harmonisierung (Rn 10, 20).

Kapitel 2 Wertausgleich von Anwartschaften oder Aussichten auf eine Versorgung

§ 1587 a Ausgleichsanspruch

(1) ¹Ausgleichspflichtig ist der Ehegatte mit den werthöheren Anwartschaften oder Aussichten auf eine auszugleichende Versorgung. ²Dem berechtigten Ehegatten steht als Ausgleich die Hälfte des Wertunterschieds zu.
(2) Für die Ermittlung des Wertunterschieds sind folgende Werte zugrunde zu legen:
1. ¹Bei einer Versorgung oder Versorgungsanwartschaft aus einem öffentlich-rechtlichen Dienstverhältnis oder aus einem Arbeitsverhältnis mit Anspruch auf Versorgung nach beamtenrechtlichen Vorschriften oder Grundsätzen ist von dem Betrag auszugehen, der sich im Zeitpunkt des Eintritts der Rechtshän-

gigkeit des Scheidungsantrags als Versorgung ergäbe. ²Dabei wird die bis zu diesem Zeitpunkt zurückgelegte ruhegehaltfähige Dienstzeit um die Zeit bis zur Altersgrenze erweitert (Gesamtzeit). ³Maßgebender Wert ist der Teil der Versorgung, der dem Verhältnis der in die Ehezeit fallenden ruhegehaltfähigen Dienstzeit zu der Gesamtzeit entspricht. ⁴Unfallbedingte Erhöhungen bleiben außer Betracht. ⁵Insofern stehen Dienstbezüge entpflichteter Professoren Versorgungsbezügen gleich und gelten die beamtenrechtlichen Vorschriften über die ruhegehaltfähige Dienstzeit entsprechend.

2. Bei Renten oder Rentenanwartschaften aus der gesetzlichen Rentenversicherung ist der Betrag zugrunde zu legen, der sich am Ende der Ehezeit aus den auf die Ehezeit entfallenden Entgeltpunkten ohne Berücksichtigung des Zugangsfaktors als Vollrente wegen Alters ergäbe.

3. ¹Bei Leistungen, Anwartschaften oder Aussichten auf Leistungen der betrieblichen Altersversorgung ist,

   a) wenn bei Eintritt der Rechtshängigkeit des Scheidungsantrags die Betriebszugehörigkeit andauert, der Teil der Versorgung zugrunde zu legen, der dem Verhältnis der in die Ehezeit fallenden Betriebszugehörigkeit zu der Zeit vom Beginn der Betriebszugehörigkeit bis zu der in der Versorgungsregelung vorgesehenen festen Altersgrenze entspricht, wobei der Betriebszugehörigkeit gleichgestellte Zeiten einzubeziehen sind; die Versorgung berechnet sich nach dem Betrag, der sich bei Erreichen der in der Versorgungsregelung vorgesehenen festen Altersgrenze ergäbe, wenn die Bemessungsgrundlagen im Zeitpunkt des Eintritts der Rechtshängigkeit des Scheidungsantrags zugrunde gelegt würden;

   b) wenn vor dem Eintritt der Rechtshängigkeit des Scheidungsantrags die Betriebszugehörigkeit beendet worden ist, der Teil der erworbenen Versorgung zugrunde zu legen, der dem Verhältnis der in die Ehezeit fallenden Betriebszugehörigkeit zu der gesamten Betriebszugehörigkeit entspricht, wobei der Betriebszugehörigkeit gleichgestellte Zeiten einzubeziehen sind.

   ²Dies gilt nicht für solche Leistungen oder Anwartschaften auf Leistungen aus einem Versicherungsverhältnis zu einer zusätzlichen Versorgungseinrichtung des öffentlichen Dienstes, auf die Nummer 4 Buchstabe c anzuwenden ist. ³Für Anwartschaften oder Aussichten auf Leistungen der betrieblichen Altersversorgung, die im Zeitpunkt des Erlasses der Entscheidung noch nicht unverfallbar sind, finden die Vorschriften über den schuldrechtlichen Versorgungsausgleich Anwendung.

4. Bei sonstigen Renten oder ähnlichen wiederkehrenden Leistungen, die der Versorgung wegen Alters oder verminderter Erwerbsfähigkeit zu dienen bestimmt sind, oder Anwartschaften oder Aussichten hierauf ist,

   a) wenn sich die Rente oder Leistung nach der Dauer einer Anrechnungszeit bemisst, der Betrag der Versorgungsleistung zugrunde zu legen, der sich aus der in die Ehezeit fallenden Anrechnungszeit ergäbe, wenn bei Eintritt der Rechtshängigkeit des Scheidungsantrags der Versorgungsfall eingetreten wäre;

   b) wenn sich die Rente oder Leistung nicht oder nicht nur nach der Dauer einer Anrechnungszeit und auch nicht nach Buchstabe d bemisst, der Teilbetrag der vollen bestimmungsmäßigen Rente oder Leistung zugrunde zu legen, der dem Verhältnis der in die Ehezeit fallenden, bei der Ermittlung dieser Rente oder Leistung zu berücksichtigenden Zeit zu deren voraussichtlicher Gesamtdauer bis zur Erreichung der für das Ruhegehalt maßgeblichen Altersgrenze entspricht;

   c) wenn sich die Rente oder Leistung nach einem Bruchteil entrichteter Beiträge bemisst, der Betrag zugrunde zu legen, der sich aus den für die Ehezeit entrichteten Beiträgen ergäbe, wenn bei Eintritt der Rechtshängigkeit des Scheidungsantrags der Versorgungsfall eingetreten wäre;

   d) wenn sich die Rente oder Leistung nach den für die gesetzlichen Rentenversicherungen geltenden Grundsätzen bemisst, der Teilbetrag der sich bei Eintritt der Rechtshängigkeit des Scheidungsantrags ergebenden Rente wegen Alters zugrunde zu legen, der dem Verhältnis der in die Ehezeit fallenden Versicherungsjahre zu den insgesamt zu berücksichtigenden Versicherungsjahren entspricht.

5. ¹Bei Renten oder Rentenanwartschaften auf Grund eines Versicherungsvertrags, der zur Versorgung des Versicherten eingegangen wurde, ist,

   a) wenn es sich um eine Versicherung mit einer über den Eintritt der Rechtshängigkeit des Scheidungsantrags hinaus fortbestehenden Prämienzahlungspflicht handelt, von dem Rentenbetrag auszugehen, der sich nach vorheriger Umwandlung in eine prämienfreie Versicherung als Leistung des Versicherers ergäbe, wenn in diesem Zeitpunkt der Versicherungsfall eingetreten wäre. ²Sind auf die Versicherung Prämien auch für die Zeit vor der Ehe gezahlt worden, so ist der Rentenbetrag entsprechend geringer anzusetzen;

   b) wenn eine Prämienzahlungspflicht über den Eintritt der Rechtshängigkeit des Scheidungsantrags hinaus nicht besteht, von dem Rentenbetrag auszugehen, der sich als Leistung des Versicherers ergäbe, wenn in diesem Zeitpunkt der Versicherungsfall eingetreten wäre. ²Buchstabe a Satz 2 ist anzuwenden.

(3) Bei Versorgungen oder Anwartschaften oder Aussichten auf eine Versorgung nach Absatz 2 Nr. 4, deren Wert nicht in gleicher oder nahezu gleicher Weise steigt wie der Wert der in Absatz 2 Nr. 1 und 2 genannten Anwartschaften, sowie in den Fällen des Absatzes 2 Nr. 5 gilt Folgendes:
1. Werden die Leistungen aus einem Deckungskapital oder einer vergleichbaren Deckungsrücklage gewährt, ist die Regelaltersrente zugrunde zu legen, die sich ergäbe, wenn der während der Ehe gebildete Teil des Deckungskapitals oder der auf diese Zeit entfallende Teil der Deckungsrücklage als Beitrag in der gesetzlichen Rentenversicherung entrichtet würde;
2. werden die Leistungen nicht oder nicht ausschließlich aus einem Deckungskapital oder einer vergleichbaren Deckungsrücklage gewährt, ist die Regelaltersrente zugrunde zu legen, die sich ergäbe, wenn ein Barwert der Teilversorgung für den Zeitpunkt des Eintritts der Rechtshängigkeit des Scheidungsantrags ermittelt und als Beitrag in der gesetzlichen Rentenversicherung entrichtet würde. Das Nähere über die Ermittlung des Barwerts bestimmt die Bundesregierung durch Rechtsverordnung mit Zustimmung des Bundesrates.

(4) Bei Leistungen oder Anwartschaften oder Aussichten auf Leistungen der betrieblichen Altersversorgung nach Absatz 2 Nr. 3 findet Absatz 3 Nr. 2 Anwendung.

(5) Bemisst sich die Versorgung nicht nach den in den vorstehenden Absätzen genannten Bewertungsmaßstäben, so bestimmt das Familiengericht die auszugleichende Versorgung in sinngemäßer Anwendung der vorstehenden Vorschriften nach billigem Ermessen.

(6) Stehen einem Ehegatten mehrere Versorgungsanwartschaften im Sinne von Absatz 2 Nr. 1 zu, so ist für die Wertberechnung von den sich nach Anwendung von Ruhensvorschriften ergebenden gesamten Versorgungsbezügen und der gesamten in die Ehezeit fallenden ruhegehaltfähigen Dienstzeit auszugehen; sinngemäß ist zu verfahren, wenn die Versorgung wegen einer Rente oder einer ähnlichen wiederkehrenden Leistung einer Ruhens- oder Anrechnungsvorschrift unterliegen würde.

(7) ¹Für die Zwecke der Bewertung nach Absatz 2 bleibt außer Betracht, dass eine für die Versorgung maßgebliche Wartezeit, Mindestbeschäftigungszeit, Mindestversicherungszeit oder ähnliche zeitliche Voraussetzungen im Zeitpunkt des Eintritts der Rechtshängigkeit des Scheidungsantrags noch nicht erfüllt sind; Absatz 2 Nr. 3 Satz 3 bleibt unberührt. ²Dies gilt nicht für solche Zeiten, von denen die Rente nach Mindesteinkommen in der gesetzlichen Rentenversicherungen abhängig ist.

(8) Bei der Wertberechnung sind die in einer Versorgung, Rente oder Leistung enthaltenen Zuschläge, die nur auf Grund einer bestehenden Ehe gewährt werden, sowie Kinderzuschläge und ähnliche familienbezogene Bestandteile auszuscheiden.

I. Überblick. § 1587a bildet im Rahmen der Umsetzung der Grundsatznorm des § 1587 die **zentrale Bestimmung** für den öffentlich-rechtlichen VA (zu den verschiedenen Ausgleichsformen vgl vor § 1587 Rn 2, 16f): I enthält die Anspruchsgrundlage und legt den Ausgleichsumfang (Halbteilungsgrundsatz) fest; II regelt (als Voraussetzung für die Feststellung eines Wertunterschieds gem I 2) die Bewertung der Versorgungsanrechte und die Bestimmung ihres Ehezeitanteils (zur Beschränkung des VA auf den ehezeitlichen Erwerb vgl § 1587 Rn 13f), ergänzt durch V bis VIII für besondere Fallgestaltungen; III und IV bestimmen, unter welchen Voraussetzungen die unterschiedlichen Anrechte miteinander vergleichbar sind bzw gemacht werden (iE vor § 1587 Rn 13f). 1

II. Abs 1 (Ausgleichspflichtiger und Ausgleichsumfang). I bildet die **Anspruchsgrundlage** für den öffentlich-rechtlichen VA. Tatbestandliche **Voraussetzung** für eine Ausgleichsforderung ist ein **Wertunterschied** in Bezug auf die beiderseitigen Versorgungsanrechte (zum Begriff – abw vom Wortlaut einschl der Leistungen – vgl § 1587 Rn 6ff). Er wird in mehreren Schritten festgestellt (ausf dazu vor § 1587 Rn 5ff), beginnend mit der Ermittlung der gem § 1587i den VA einzubeziehenden Anrechte (vgl vor § 1587 Rn 2ff), über die Bestimmung des Ehezeitanteils gem II bis VIII (ggf nach Umrechnung gem III, IV; vorstehend Rn 1) bis hin zur Addition und anschließenden Gegenüberstellung der den Versorgungsanrechten zugeordneten (Versorgungs-)Werte. 2

Bei der **Bilanzierung** sind alle Versorgungsanrechte iSv § 1587 **unabhängig von ihrer Ausgleichsform** zu berücksichtigen, auch die isoliert betrachtet schuldrechtlich auszugleichenden Anrechte; einzige Ausnahme sind die im Zeitpunkt der Entscheidung noch verfallbaren Anrechte (II Nr 3 S 3), die aber ggf nachträglich, nach Eintritt der Unverfallbarkeit, einzubeziehen sind (mögliche Rechtsfolgen: § 10a I Nr 2 VAHRG bzw § 1587f Nr 4). Die Anrechte sind jeweils mit ihrem **Bruttobetrag** zu bewerten ohne steuerliche und sonstige (insbes sozialversicherungsrechtliche) Abzüge (BGH FamRZ 99, 218, 220; Hamm NJW 04, 1602, 1603). Zur Vereinfachung der Berechnung kann (vorbehaltlich der Regelung durch Sondervorschriften, zB im Beamtenrecht) entspr § 1587 II auf volle Monate abgestellt werden (Köln FamRZ 99, 1430, 1431); ferner gelten die üblichen Rundungsvorschriften (zB § 121 II SGB VI). 3

Aus der Feststellung eines Wertunterschiedes ergibt sich als **Rechtsfolge** die Ausgleichspflicht (nur) des Ehegatten mit den werthöheren Anrechten; es gilt (vorbehaltlich einer Änderung durch die beabsichtigte Struk- 4 turreform; vgl § 1587 b Rn 6 ff) der Grundsatz des **Einmalausgleichs** (§ 1587 b III 3; § 1587 b Rn 4). Der Ausgleich ist zunächst rein formal auf die Hälfte des Wertunterschiedes festgelegt (**Halbteilungsgrundsatz**; zur umfassenden Bedeutung dieses Grundsatzes vgl vor § 1587 Rn 1, 9); eine Reduzierung kann erfolgen gem § 1587 c (keine Erhöhung).

5 **III. Abs 2 (Bewertung der regelmäßig vorkommenden Versorgungsarten bzw Versorgungstypen). 1. Allgemeines.** II regelt die Bestimmung des Ehezeitanteils (Rn 1). Der Zugang zu der schwer verständlichen Norm (vgl vor § 1587 Rn 9) wird erleichtert durch die ihr zugrunde liegenden **Einteilungs- bzw Abgrenzungskriterien** (nach Versorgungsarten und -typen bzw Berechnungsmethoden; vgl vor § 1587 Rn 10 f; ausf KKFamR/*Rehme* Rn 13 ff); eine einheitliche, konsistente Handhabung ist aber nur gewährleistet bei durchgängigem Verständnis der Bewertungsnormen als bloße Hilfsmittel zur Verwirklichung des Halbteilungsgrundsatzes (vor § 1587 Rn 9).

6 **2. Abs 2 Nr 1 (Beamtenversorgung und ähnliche Versorgungen). a) Gegenstand der Bewertung. aa) Persönlicher Anwendungsbereich.** Er entspricht dem gem § 5 I SGB VI versicherungsfreien Personenkreis (vgl Staud/*Rehme* Rn 115). Der Ausgleich erfolgt durch Quasi-Splitting bei Anrechten gegenüber den in § 1587 b II genannten Versorgungsträgern, sonst gem VAHRG (§§ 2, 3 b).

7 Nr 1 betrifft zunächst Versorgungsanrechte auf Grund eines **innerstaatlichen öffentlich-rechtlichen Dienstverhältnisses** (BGH FamRZ 88, 273, 275; 96, 98, 102 f), dh der Beamten einschl der beamteten Hochschullehrer, ferner der Personen, für die das Beamtenversorgungsrecht entspr gilt, zB Richter und Berufssoldaten. Anrechte gegenüber internationalen oder zwischenstaatlichen Behörden sind nach II Nr 4 oder V zu bewerten. Erforderlich ist ein **hinreichend verfestigtes Anrecht bei Ehezeitende** (§ 1587 Rn 7); es ist gegeben bei Beamten auf Probe (BGH 82, 362), (noch) **nicht bei Beamten auf Widerruf oder Zeitsoldaten** (BGH aaO; FamRZ 81, 856); letztere werden als atypische, alternativ ausgestaltete Anrechte nach V bewertet, stets nur mit dem **Wert der (fiktiven) Nachversicherung** in der GRV, auch bei späterem Erwerb einer Stellung als Beamter auf Probe oder Lebenszeit oder Berufssoldat (BGH FamRZ 82, 362; 03, 29, 30). Ein Dienstverhältnis iSv Nr 1 liegt nicht vor bei Ehrenbeamten, sondergesetzliche Regelungen bestehen bei Personen in einem öffentlich-rechtlichen Amtsverhältnis (Regierungsmitglieder pp) und Abgeordneten.

8 Ferner werden **Arbeitsverhältnisse mit beamtenähnlicher Versorgung** erfasst, auch bei privaten Arbeitgebern (Nr 1 lex specialis gegenüber II Nr 3; BGH FamRZ 94, 232, 234). Eine Versorgung **nach beamtenrechtlichen Vorschriften** übernimmt vollinhaltlich die Regelungen der beamtenrechtlichen Versorgungsordnungen; Beispiele: Orts- und Innungskrankenkassen, Berufsgenossenschaften, Max-Planck-Gesellschaft (ausf, auch zur jeweiligen Ausgleichsform, J/H/*Hahne* Rn 28 ff), ggf auch bei Lehrern einer staatlich genehmigten Ersatzschule (BGH FamRZ 99, 221) oder geistlichen Bediensteten (Nürnbg FamRZ 95, 98). Eine **Versorgung nach beamtenrechtlichen Grundsätzen** liegt vor, wenn sie in wesentlichen Grundzügen einer Beamtenversorgung gleichkommt (BGH FamRZ 94, 232, 233; Celle FamRZ 95, 812, 813). Erforderlich ist, dass der Arbeitgeber die Versorgung selbst gewährt (nicht gegeben bei der Zusatzversorgung des öffentlichen Dienstes; BGH aaO).

9 **bb) Sachlicher Anwendungsbereich.** Bei der Bewertung nach Nr 1 sind **Einschränkungen** zu berücksichtigen, die sich aus den für den VA allgemein geltenden Grundsätzen oder Sonderregelungen ergeben. Danach scheiden aus Leistungen der Hinterbliebenenversorgung (§ 16 BeamtVG; § 1587 Rn 2), ein gnadenhalber gewährter Unterhaltsbeitrag (BGH FamRZ 97, 158; vgl aber Rn 11), der als Einmalzahlung gewährte Ausgleichsbetrag gem § 48 BeamtVG (BGH FamRZ 82, 999; § 1587 Rn 5), unfallbedingte Erhöhungen (Nr 1 S 4) und ähnliche Leistungen (zB Unterhaltsbeitrag gem § 38 BeamtVG) als Form des Schadensersatzes, nicht des Erwerbs durch Arbeit (§ 1587 Rn 3), ebenso nur vorübergehend gewährte Leistungen gem § 50 d I, II und § 50 e BeamtVG (ausf Staud/*Rehme* Rn 131 aE).

10 Nr 1 ist Teil der kraft Gesetzes als dynamisch geltenden Grundversorgungen (vor § 1587 Rn 13). Abgrenzbare nichtdynamische Bestandteile der Versorgung sind nach anderen Bestimmungen oder schuldrechtlich auszugleichen (zB übergangsweise gezahlte degressive Ausgleichsbeträge; BGH FamRZ 84, 565; ferner Rn 17 aE); dazu zählt nicht eine (teilweise noch gewährte, aber betragsmäßig festgeschriebene) jährliche Sonderzuwendung als unselbständiger Teil der dynamischen Beamtenversorgung (BGH FamRZ 99, 713; 05, 1531; früher str). Trotz vorhandener Dynamik wird der **Kindererziehungszuschlag** gem § 50 a BeamtVG (früher KEZG; s erg § 50 b BeamtVG) nicht nach Nr 1 berechnet, sondern (teilzeitbezogen wie nach Nr 2, 4 a, c, d, 5; vgl vor § 1587 Rn 11) unmittelbar nach dem Betrag, der wegen einer Kindererziehung in der Ehezeit erworben wird (Celle FamRZ 99, 861; ausf zum früheren KEZG *Strötz* ZBR 94, 33; ferner Staud/*Rehme* Rn 170, 172).

11 Das Dienst- oder sonstige Arbeitsverhältnis iSv Nr 1 (Rn 7 f) muss bei Ehezeitende begründet sein; eine unmittelbar nachfolgende Begründung genügt auch im Falle der Anrechnung früherer Zeiten gem § 10 BeamtVG als ruhegehaltfähig nicht (BGH FamRZ 84, 569; 99, 221; vgl Rn 7). Im Einzelfall kann jedoch eine spätere (Neu-)Begründung ausreichen (bei Vorliegen von früheren Versorgungszusagen nach beamtenrechtlichen Vorschriften bzw Einbeziehung früherer Dienstzeiten; BGH FamRZ 99, 221; 00, 748), ebenso die nachträgliche Bewilligung eines sog Kann-Unterhaltsbeitrages gem §§ 2 I Nr 5, 15 BeamtVG (J/H/*Hahne* Rn 39). Wegen der Begrenzung auf den ehezeitlichen Erwerb (§ 1587 Rn 13) sind nacheheziiche Beförderungen pp unerheblich.

Der nachehezeitliche Wegfall eines unter Nr 1 fallenden Versorgungsanrechts ist nach allgemeinen Grundsätzen zu berücksichtigen (§ 1587 Rn 16); deshalb führt eine wegen Entfernung oder Entlassung eines Beamten aus dem Dienst durchgeführte Nachversicherung zu einer Bewertung nach Nr 2 (BGH FamRZ 88, 1148; 89, 42). 12

b) Ehezeitanteil bei Versorgungsanwartschaften (zur Behandlung laufender Versorgungen s Rn 20 ff). aa) Allgemeines. Unter Bezugnahme auf das anderweitig (vor allem im BeamtVG und SVG) geregelte materielle Versorgungsrecht (Überblick bei Staud/*Rehme* Rn 115 ff) bestimmt Nr 2 eigenständig die einzelnen Rechenschritte zur Ermittlung des Ehezeitanteils (Rn 1, 5). Grds gilt die (ein gleichmäßiges Erdienen unterstellende) zeitratierliche, gesamtzeitbezogene Methode (vor § 1587 Rn 11; Ausnahme: Rn 10 aE). **Ausgangspunkt** ist (auch im Fall einer Zweitehe; BGH FamRZ 98, 419) die **(fiktive) volle Versorgung** bei unterstelltem Eintritt des Versorgungsfalls am Ende der Ehezeit (iSv § 1587 II abw vom Wortlaut; § 1587 Rn 18 aE). Maßgeblich ist die zu diesem Zeitpunkt erreichte **individuelle Versorgungslage** (insbes Besoldungsgruppe, Dienstaltersstufe pp; § 1587 Rn 13) ohne Berücksichtigung nachehezeitlicher Verbesserungen (Festschreibung). Dazu gehört nicht der **Ruhegehaltssatz** als Berechnungsfaktor (§ 1587 Rn 13); er richtet sich entspr der zeitanteiligen Berechnung nach der erreichbaren Gesamtzeit (S 2), die sich zusammensetzt aus der bis zum Ehezeitende zurückgelegten Dienstzeit und der nachfolgenden Zeit bis zur Altersgrenze (Erweiterungszeit). Die (fiktive) volle Versorgung ergibt sich deshalb aus der (festgeschriebenen) individuellen Versorgungslage und dem (variablen) hochgerechneten Ruhegehaltssatz. Vor Eintritt des Versorgungsfalls bilden die Gesamtzeit und der Ruhegehaltssatz fiktive Rechengrößen; Veränderungen nach Ende der Ehezeit oder dem Erlass der Erstentscheidung sind gem § 10a VAHRG (ggf analog) zu berücksichtigen. 13

bb) (Fiktive) volle Versorgung. Sie wird ermittelt aus den ruhegehaltfähigen Dienstbezügen und der entspr Dienstzeit unter Anwendung des hochgerechneten (Rn 13) Ruhegehaltssatzes. Bei den **ruhegehaltfähigen Dienstbezügen** ist maßgeblich deren bei Ehezeitende erreichter Bruttobetrag (Rn 3), soweit eine hinreichend verfestigte Aussicht iSv § 1587 iVm § 1587a VII (Rn 7; § 1587 Rn 6 f) gegeben ist und kein Ausschlusstatbestand eingreift (II Nr 1 S 4; VIII; ferner Rn 9). Zu berücksichtigen sind danach: die bei Ehezeitende erreichte Besoldungsgruppe und Dienstaltersstufe (einschl rückwirkender Besoldungserhöhungen; Saarbr FamRZ 94, 758), auch vor Ablauf der Sperrfrist des § 5 III BeamtVG (Mindestdienstzeit; BGH FamRZ 82, 31; Staud/*Rehme* Rn 143); ruhegehaltfähige Zulagen, wenn die individuellen Voraussetzungen für die Gewährung bei Ehezeitende erfüllt waren (zB 5-jährige Verwendungszeit bei fliegenden Personal der Bundeswehr; Vollzugspolizei; BGH FamRZ 86, 975; 95, 27; *Rehme* aaO Rn 145; zT str); (anteilige) jährliche Sonderzuwendung (zur Berechnung BGH FamRZ 03, 437, 438). Wegen fehlenden Ehezeitbezuges (§ 1587 Rn 13) nicht zu berücksichtigen sind: eine nachehezeitliche (gem §§ 6 II, 10 II BBG nicht rückwirkend mögliche) Beförderung (BGH FamRZ 99, 157) oder ein entspr Aufsteigen in der Dienstaltersstufe (vgl ferner Celle 93, 1328, 1329). Bei **fehlender Vollzeit- oder Dauerbeschäftigung** (Teilzeit, ermäßigte Arbeitszeit, §§ 5 I 2, 6 I 3 BeamtVG; Beurlaubung: § 6 I Nr 5 BeamtVG) sind Besonderheiten zu beachten (iE Staud/*Rehme* Rn 146 f, 155 f mwN). 14

Hochrechnung des Ruhegehaltssatzes und zeitanteilige Verhältnisrechnung (Rn 13) erfordern zunächst die Feststellung der **Gesamtzeit** (gesamte **ruhegehaltfähige Dienstzeit** bis zur Altersgrenze; zur genauen Berechnung vgl § 14 I 2 bis 4 BeamtVG). Die detaillierten gesetzlichen und sonstigen Regelungen (insbes §§ 6 ff BeamtVG) werden für die Zwecke und entspr den Grundsätzen des VA zT modifiziert (einschränkend oder weitergehend) angewandt. Es werden deshalb berücksichtigt: Sollzeiten (Vordienstzeiten in öffentlichen Dienst gem § 10 BeamtVG) nur bei Begründung des Beamtenverhältnisses während der Ehezeit (Rn 11); Kann-Zeiten (sonstige Vordienstzeiten pp gem §§ 11, 12 BeamtVG) grds auch ohne bzw vor Stellung eines Antrags auf Anerkennung und vor der betr Entscheidung des Dienstherrn (BGH FamRZ 05, 1531, 1532 mwN, auch zu Ausnahmen und zur Bindung an eine Auskunft des Versorgungsträgers zum Umfang der Anerkennung); Dienstzeiten entspr der ausschl zeitanteiligen Berechnung (Rn 13) nur im tatsächlich geleisteten Umfang ohne Übernahme einer Doppelbewertung aus besonderen versorgungsrechtlichen Gründen (BGH FamRZ 95, 28; Brem FamRZ 03, 929, 931; vgl auch Rn 22 aE); zur anteiligen Berücksichtigung bei Teilzeitbeschäftigung, Beurlaubung pp gem §§ 5 I 2, 6 I 3 BeamtVG entspr der Bewilligung (ggf über das Ende der Ehezeit hinaus) vgl BGH FamRZ 86, 563 und 658; 88, 940; 89, 1060. 15

Als Ende der Gesamtzeit ist die jeweilige **individuelle Altersgrenze** maßgeblich (vorbehaltlich einer Änderung gem § 10a VAHRG, zB (zT weit) vorgezogene Altersgrenzen (BGH FamRZ 82, 999 und 1003; 96, 98), bei Beamten auf Zeit (insbes kommunalen Wahlbeamten) die zeitlich begrenzte Dienstzeit (Wahlperiode) ohne Berücksichtigung der Möglichkeit einer Verlängerung (Wiederwahl; BGH FamRZ 92, 46; 95, 414; bei Wiederwahl § 10a VAHRG). 16

Der **Ruhegehaltssatz** (Vomhundertsatz der ruhegehaltfähigen Dienstbezüge; Berechnung gem § 14 I, IV BeamtVG) ist regelmäßig konkret zu ermitteln (Ausnahme: Emeritenbezüge gem II Nr 1 S 5; iE BGH FamRZ 83, 467). Er war seit 1992 linear ausgestaltet (jährlich 1,875 %; höchstens 75 %; iE Staud/*Rehme* Rn 118, 120, 166). Inzwischen erfolgt eine **schrittweise Absenkung** auf jährlich 1,79375 bzw höchstens 71,75 % (VersorgungsänderungsG 2001 vom 20.12.01; BGBl I 3926; zu Besonderheiten bei Beamten auf Zeit und im einst- 17 weiligen Ruhestand Staud/*Rehme* Rn 167 mwN). Bei der Bewertung gem Nr 1 sind durchgängig die **künftigen reduzierten Sätze maßgeblich** (BGH FamRZ 04, 256; stRspr, zuletzt FamRZ 06, 98). Teile der Versorgung auf Grund vorübergehend höherer Sätze sind ggf schuldrechtlich auszugleichen.

18 Durch Anwendung des festgestellten Ruhegehaltssatzes ergibt sich die **(fiktive) volle Versorgung** als Vomhundertsatz der ruhegehaltfähigen Dienstbezüge (unter Beachtung der Mindest- und Höchstbeträge gem § 14 I 1, IV 1 BeamtVG; zur gesonderten Ermittlung des Kindererziehungszuschlages vgl Rn 10, 19).

19 cc) **Ehezeitanteil.** Er entspricht als in die Versorgungsbilanz (vor § 1587 Rn 5, 15) einzustellender „maßgebender Wert" (Nr 1 S 3) dem Verhältnis von in die Ehezeit fallender ruhegehaltfähiger Dienstzeit zur Gesamtzeit (Rn 15). Diese Verhältnisrechnung gilt allerdings nur für den (Haupt-)Teil der Versorgung, dessen Höhe von einer ruhegehaltfähigen Dienstzeit (m Ruhegehaltssatz und Gesamtzeit) abhängt. Selbständig zu berechnen und dann zu addieren ist der auf die Ehezeit entfallende Kindererziehungszuschlag (Rn 10).

20 c) **Ehezeitanteil bei laufenden Versorgungen. aa) Ruhestand bei Ehezeitende.** Beim Ruhestand wegen Alters nach Erreichen der Regelaltersgrenze von 65jahren (§ 41 I BBG) oder einer besonderen vorgezogenen Altersgrenze (Rn 16) steht die ruhegehaltfähige Dienstzeit fest; eine (teilweise) fiktive (auf hochzurechnender Gesamtzeit beruhende; Rn 13, 15) Berechnung entfällt. Ausgangspunkt ist das **tatsächlich gezahlte Ruhegehalt** (BGH FamRZ 82, 36), gem VIII ohne familienbezogene Bestandteile. Ehezeitanteil ist der Prozentsatz des Ruhegehalts, der sich aus dem Verhältnis der in die Ehezeit fallenden zur insgesamt zurückgelegten ruhegehaltfähigen Dienstzeit ergibt, ggf zuzügl des ehezeitlichen Kindererziehungszuschlages (Rn 19).

21 Der Zeitpunkt des Eintritts in den Ruhestand ist unter bestimmten Voraussetzungen variabel. Er kann auf Antrag des Beamten oder wegen dringender dienstlicher Bedürfnisse (§ 41 II, III BBG) hinausgeschoben werden. Dadurch wird die Dienstzeit verlängert, der Ruhegehaltssatz erhöht (bis zur Höchstgrenze, Rn 17) und der Verhältniswert (Rn 19) verändert. Bei **vorzeitiger Versetzung in den Ruhestand auf Antrag** (§ 42 IV 1 Nr 2 BBG) wird das Ruhegehalt selbst um 3,6 % für jedes (vorgezogene) Jahr gekürzt (14 III BeamtVG; zu den inzwischen abgelaufenen Übergangsfristen vgl § 85 von BeamtVG). Ähnliche Versorgungsabschläge (mit längeren Übergangsfristen und Einschränkungen gem § 69 d BeamtVG) gelten für die **vorzeitige Versetzung in den Ruhestand auf Antrag eines Schwerbehinderten** (§ 14 III Nr 1 BeamtVG iVm § 42 IV 1 Nr 1 BBG) und (ggf ohne Antrag) **wegen Dienstunfähigkeit** (Rn 22; § 14 III Nr 3 BeamtVG iVm § 42 I bis III BBG). Es ist bisher nicht höchstrichterlich entschieden, ob dieser Abschlag im VA zu berücksichtigen ist (die gleichgelagerte Frage im Falle der vorzeitigen Inanspruchnahme einer nach den Grundsätzen der GRV ausgestalteten Versorgung hat der BGH jetzt bejaht; FamRZ 05, 1455, 1457; Rn 29). Bei konsequenter Anwendung des Halbteilungsgrundsatzes (Abstellen auf den wirklichen Wert; vor § 1587 Rn 9) muss der andere Ehegatte die Folgen des bereits bei Ehezeitende verwirklichten Kürzungstatbestandes mittragen (Celle FamRZ 2004, 632, 633; ausf Staud/*Rehme* Rn 176 mN zur Gegenmeinung, *Wick* Rn 115; KKFamR/*Rehme* Rn 64 mit Beispiel; aA *Borth* Rn 183).

22 Beim **vorzeitigen Ruhestand wegen Dienstunfähigkeit** ist ebenfalls das tatsächlich gezahlte Ruhegehalt maßgeblich (Rn 20) ohne nur vorübergehend oder unfallbedingt (S 4) gezahlte Erhöhungen gem §§ 14 VI, 14a, 37 BeamtVG (zum Versorgungsabschlag vgl Rn 21 aE). Zu berücksichtigen sind spezifische versorgungsrechtlicheVergünstigungen als Berechnungsfaktoren (§ 1587 Rn 13; ggf auch mit über das Ehezeitende hinausreichenden zeitlichen Komponenten, aber ohne Gleichstellung mit „echten" Dienstzeiten), insbes die Hochrechnung des Grundgehalts gem § 5 II BeamtVG und die Erhöhung der als ruhegehaltfähig zu berücksichtigenden Zeit durch die sog Zurechnungszeit gem § 13 BeamtVG (BGH NJW 82, 224, 228; ebenso § 6 II PersStärkeG, BGH FamRZ 96, 215). Für die Berechnung der Dienstzeit sind diese Faktoren unerheblich (BGH, jeweils aaO; iE Staud/*Rehme* Rn 178, 180).

23 bb) **Ruhestand nach Ehezeitende.** Es ist wie beim Ruhestand vor Ehezeitende (Rn 20) vom tatsächlich gewährten Ruhegehalt auszugehen (bezogen auf die Bemessungsgrundlagen bei Ehezeitende; zB BGH FamRZ 96, 215; iE *Rehme* aaO Rn 181 f). **Besonderheiten** können sich ergeben bei nachehezeitlichen Veränderungen der (auf das Ehezeitende festgeschriebenen; Rn 13) individuellen Versorgungslage ohne Ehezeitbezug. Deshalb ist bei einem nachehezeitlichen Eintritt der Dienstunfähigkeit zwar die Vergünstigung gem § 13 BeamtVG zu berücksichtigen, nicht aber gem § 5 II BeamtVG (Rn 22; iE *Rehme* aaO Rn 184 f). Ebenfalls dürfte der durch einen nachehezeitlichen vorgezogenen Eintritt in den Ruhestand verursachte Versorgungsabschlag (Rn 21) grds unbeachtlich sein (ausf *Rehme* aaO Rn 186 f, auch zur möglichen Ausnahme im Falle der Dienstunfähigkeit).

24 3. **II Nr 2 (Gesetzliche Rentenversicherung – GRV). a) Gegenstand der Bewertung.** Der persönliche Anwendungsbereich ist in §§ 1 ff SGB VI (versicherter Personenkreis) bezeichnet. Eine Wartezeit muss regelmäßig nicht erfüllt sein (VII). Beim **sachlichen Anwendungsbereich** ist es (wie bei Nr 1; Rn 9 ff) zweckmäßig, vorab die Anrechte (oder Teile davon) auszuscheiden, die **nicht in den VA einzubeziehen** sind. Dies sind der Kinderzuschuss gem § 270 SGB VI (VIII), antragsabhängige Leistungen (§ 256 IV SGB VI) vor Antragstellung mangels Erwerbs von Entgeltpunkten (anders bei Kann-Zeiten gem §§ 11, 12 BeamtVG, Rn 15; zur Abgrenzung vgl Staud/*Rehme* Rn 216), durch Beitragserstattung (auch nach Ehezeitende) erloschene Anrechte (BGH

FamRZ 95, 31; § 1587 Rn 16). Nr 2 erfasst als Teil der Grundversorgungen (vor § 1587 Rn 13) nur dynamische Rentenanrechte, deren regelmäßige (derzeit häufiger ausgesetzte; Rn 65) Anpassung über die jährliche Neufestsetzung des **aktuellen Rentenwerts** erfolgt als Teil der **Rentenformel** (§§ 64, 65, 68 SGB VI; im **Beitrittsgebiet** §§ 254 b, 255 a SGB VI); nicht nach II Nr 2 zu bewerten sind deshalb (wie bei Nr 1; Rn 10) etwaige – jetzt kaum mehr relevante – nichtdynamische Bestandteile (näher dazu KKFamR/*Rehme* Rn 75). Die Beschränkung auf den ehezeitlichen Erwerb (ausf § 1587 Rn 13) ist in Fällen der Beitragsnachzahlung (§§ 204 bis 207, 284, 285 SGB VI) bedeutsam: zu berücksichtigen sind nur **in** der Ehezeit erfolgte Beitragszahlungen, ggf auch für Zeiten vor der Ehe (**In-Prinzip**; BGHZ 81, 196 = FamRZ 81, 1169; 85, 687), nicht nachehezeitliche Zahlungen für Zeiten in der Ehe (ausf *Heilemann* FamRZ 96, 1132, auch zur evtl Kontrolle einer Rentenauskunft bei Anhaltspunkten für eine Beitragsnachzahlung); dabei gelten systembedingt Einschränkungen bei der Erfassung der verwendeten Mittel und Abweichungen hinsichtlich der Ehezeitbestimmung (näher dazu § 1587 Rn 10, 19 f).

b) Ehezeitanteil bei Versorgungsanwartschaften (zur Behandlung laufender Renten vgl Rn 28). aa) Allgemeines. Die Grundzüge der Berechnung sind in Nr 2 selbst enthalten; die Einzelheiten (zB Grundbegriffe wie Entgeltpunkte, Zugangsfaktor, Vollrente wegen Alters) im Rentenrecht. Nr 2 folgt der teilzeitbezogenen Berechnungsmethode (vor § 1587 Rn 11). Für die Bewertung wird unterstellt, dass bei Ehezeitende der Versicherungsfall eintritt und der Inhaber des Rentenrechts eine Vollrente wegen Alters (§ 42 SGB VI) erhält ohne Berücksichtigung des Zugangsfaktors (dh einer etwaigen Veränderung gem § 77 II SGB VI; vgl aber Rn 29). Das führt zu einer wesentlichen Vereinfachung der **Rentenformel** (§ 64 SGB VI), weil die darin enthaltenen Faktoren (Rentenart- und Zugangsfaktor) regelmäßig den Wert 1,0 haben (§§ 67 Nr 1, § 77 II Nr 1 SGB VI; Ausnahme: Rentenartfaktor 1,333 für die knappschaftliche Rentenversicherung; § 82 S 1 Nr 1 SGB VI); sie lautet dann: Monatsrente = (in der Ehezeit erworbene) Entgeltpunkte x (für den Stichtag Ehezeitende geltender) aktueller Rentenwert (Rn 24). Maßgeblich sind nach dem Wortlaut die **auf die Ehezeit entfallenden Entgeltpunkte**. Entgeltpunkte werden unterschiedlichen rentenrechtlichen Zeiten zugeordnet (§ 66 SGB VI; ausf Soergel/*Schmeiduch* Rn 86 ff). Wegen der Auswirkungen außerehelicher rentenrechtlicher Zeiten auf die Bewertung des Ehezeitanteils (insbes im Rahmen der Gesamtleistungsbewertung, §§ 71 ff SGB VI; ausf MüKo/*Sander* Rn 196 ff, 208 f) sind zumindest alle rentenrechtlichen Zeiten bis zum Ende der Ehezeit zu ermitteln (so auch die Auskunftspraxis der Versorgungsträger; näher dazu Staud/*Rehme* Rn 202 ff). Das Recht des VA enthält eigenständige **Berechnungsgrundsätze**, die ggf eine Modifikation spezifischer rentenrechtlicher Regeln erfordern. So gilt an Stelle des sog Rentenbeginnsprinzips (§ 99 I 1 SGB VI) die **Stichtagsregelung des § 1587 Abs 2** (maßgeblich ist das Ende des Monats, nicht der erste Tag des Folgemonats; vgl Rn 27); richtigerweise ist mit Rücksicht auf den Halbteilungsgrundsatz (vor § 1587 Rn 9) auch nicht (mehr) auf vorläufige Werte (zB gem § 70 I 2, § 123 III SGB VI) abzustellen, sobald die exakten Werte (insbes das endgültige Durchschnittsentgelt gem § 69 II 2 Nr 1 SGB VI) bekannt sind (str; iE KKFamR/*Rehme* Rn 84 mwN). Rentenrechtliche **Ruhensvorschriften** (§§ 34, 93 f, 110 ff SGB VI), insbes beim Zusammentreffen mit Unfallrenten, sind im VA unbeachtlich, weil eine Konkurrenz von Versorgungsanrechten fehlt (zu diesem Erfordernis bei Anwendung des VI vgl Rn 73).

bb) Ehezeitanteil. Die alle rentenrechtlichen Zeiten erfassende Berechnung der Versorgungsträger (Rn 25 aE) enthält jeweils auch eine (Teil-)Auskunft über die ehezeitlichen Entgeltpunkte (Rn 25; ggf aber Kontrolle wegen des In-Prinzips erforderlich; Rn 24 aE). Die Ehezeit als maßgeblicher Erwerbszeitraum ist in Grenzen disponibel (§ 1587 Rn 14); abzustellen ist dann (bei unverändertem Bewertungsstichtag Ehezeitende) auf die in dem verbleibendem Zeitraum erlangten, ggf von den Versorgungsträgern erg zu ermittelnden Entgeltpunkte (zur Berechnung BGH FamRZ 90, 273, 275; 04, 256, 257). Durch Multiplikation mit dem aktuellen Rentenwert (ggf Ost; vgl Rn 24) bei Ehezeitende (dh bei Ehezeitende 30.6. mit dem bis dahin, nicht mit dem jeweils ab 1.7. neu festgesetzten aktuellen Rentenwert; vgl Rn 26) ergibt sich der ehezeitliche (Teil-)Betrag der monatlichen Rentenanwartschaft (zur Aufrundung pp vgl §§ 121 II, 123 I SGB VI). Er erscheint ggf als Summe von zunächst getrennt berechneten Anrechten der allgemeinen und der knappschaftlichen Rentenversicherung (näher dazu Soergel/*Schmeiduch* Rn 99; zur späteren Rück-Umrechnung in Entgeltpunkte vgl § 86 SGB VI); eine Addition kann jedoch nicht erfolgen bei regel- und angleichungsdynamischen, im Beitrittsgebiet erworbenen Anrechten (KKFamR/*Rehme* Rn 89).

c) Ehezeitanteil bei laufenden Renten. aa) Rentenbezug bei Ehezeitende. Im Falle des Rentenbezugs **bereits bei Beginn der Ehezeit** werden regelmäßig keine weiteren (Teil-)Versorgungsanrechte erlangt. Gem § 75 iVm §§ 59, 58 I Nr 5 SGB VI ist jedoch bei Bezug einer Rente wegen verminderter Erwerbsfähigkeit ein Erwerb zusätzlicher Entgeltpunkte möglich auf Grund einer in die Ehezeit fallenden Zurechnungszeit, auch bei einem Versicherungsfall vor Beginn der Ehezeit (BGH FamRZ 86, 337; zur Abgrenzung gegenüber der abw Behandlung der Zurechnungszeit gem Nr 1 – Rn 22 – vgl Staud/*Rehme* Rn 233). Im Falle des **Rentenbeginns während der Ehezeit** ist grds bei allen **wegen Alters** gezahlten Vollrenten (§§ 35 ff SGB VI) auf die ihnen zugrunde liegenden Entgeltpunkte abzustellen (BGH FamRZ 82, 33; 05, 1455, 1457). **Sehr str** ist, ob entspr dem Wortlaut der **Zugangsfaktor** auch dann unberücksichtigt bleibt, wenn er bereits vor Ende der Ehezeit durch vorzeitigen oder hinausgeschobenen Rentenbeginn rentenrechtlich verändert wird (durch Erhöhung oder Verringerung des Regelbetrages von 1,0; Rn 25) mit der Folge einer Veränderung der persönlichen Entgeltpunkte (§§ 64 Nr 1, 66 I, 77 I SGB VI) und einer entspr unmittelbaren Kürzung oder Erhöhung der Rente. Die strikte Anwendung der Nr 2 kann zu erheblichen, mit dem Halbteilungsgrundsatz (vor § 1587 Rn 9) unvereinbaren Unterschieden bei der Aufteilung der tatsächlichen ehezeitlichen Rentenleistung führen. Die Veränderung des Zugangsfaktors während der Ehezeit ist deshalb (ebenso wie bei einer Versorgungskürzung im Beamtenversorgungsrecht; Rn 21) zu beachten (ebenso jetzt BGH FamRZ 05, 1455, 1457 mwN; ausf Staud/*Rehme* Rn 238 ff; aA ua Soergel/*Schmeiduch* Rn 122; Karlsr FamRZ 05, 2073 für den Fall der Erhöhung einer berufsständischen Versorgung; vgl ferner Stuttg FamRZ 05, 1749 mit Anm *Kemnade*).

30   Die dem Zahlbetrag einer **Rente wegen Erwerbsminderung** (§ 43 SGB VI) zugrunde liegenden Entgeltpunkte sind maßgeblich, wenn ihre Summe (nicht notwendig der Nominalbetrag der Rente) höher ist als bei der fiktiven Anwartschaft auf eine Altersrente und m dem Entzug der Rente nicht zu rechnen ist, ggf bei schwerer Erkrankung auch bei geringem Lebensalter (iE BGH FamRZ 84, 673; 97, 1535, 1536; 05, 1461, 1462; Karlsr FamRZ 99, 921). Die Rente wegen Erwerbsminderung ist dann gem § 88 I 2 SGB VI (**Besitzstandsregelung**) in eine gleich hohe Altersrente umzuwandeln. Beim Vergleich der Anrechte sind mangels Ehezeitbezugs (§ 1587 Rn 13) die Entgeltpunkte auszusondern, die auf einer über das Ehezeitende hinausgehenden Zurechnungszeit beruhen (vgl Rn 28; iE Staud/*Rehme* Rn 232).

31   **bb) Rentenbezug nach Ende der Ehezeit.** Maßgeblich sind wiederum (Rn 29) die der Vollrente wegen Alters zugrunde liegenden Entgeltpunkte (ggf unter Anwendung des § 10a VAHRG i Erstverfahren; zum selten relevanten Vergleich m den Entgeltpunkten aus einer erst nachehezeitlich bezogenen Rente wegen Erwerbsminderung vgl KKFamR/*Rehme* Rn 100). Die nachehezeitliche Veränderung des Zugangsfaktors (Rn 25, 29); dürfte unbeachtlich sein (ebenso BGH aaO; insoweit zutr auch Stuttg FamRZ 05, 1749 mit Anm *Kemnade*).

4. Abs 2 Nr 3 (Betriebliche Altersversorgung einschl der Zusatzversorgung des öffentlichen Dienstes).

32   **a) Gegenstand der Bewertung. aa) Gegenstand der Bewertung. Anwendungsbereich** der Nr 3 ist die betriebliche Altersversorgung iS des BetrAVG (Gesetz zur Verbesserung der betrieblichen Altersversorgung von 19. 12. 74 – BGBl I 3610 –), dh Versorgungen, die einem **Arbeitnehmer** iSv §§ 17 I 1 BetrAVG (Arbeits- oder Ausbildungsverhältnis; Einschränkung gem § 17 I 3 BetrAVG) oder aus Anlass einer sonstigen **Tätigkeit für ein Unternehmen** (§ 17 I 2 BetrAVG) zugesagt worden sind. Die betriebliche Altersversorgung ist in letzter Zeit **erheblich geändert** worden (Modifikation der Leistungszusage, Erweiterung der Durchführungswege; Nachw zur Literatur bei KKFamR/*Rehme* Rn 101 mit Fn 106; Überbl bei Staud/*Rehme* Rn 244 ff), mit der Folge, dass ggf eine Anpassung der Berechnungsmethode zu erwägen ist (Rn 38, 50).

33   Wie bei Nr 1 und 2 sind bestimmte (Teil-)Versorgungen imVA bzw bei Anwendung der Nr 3 **nicht zu berücksichtigen**. Vom VA nicht erfasst werden abgrenzbare Leistungen der Hinterbliebenenversorgung (§ 1587 Rn 2) und familienbezogene Bestandteile (Abs 8), Ansprüche auf Einmalzahlungen und Sachleistungen (§ 1587 Rn 5), Kapitallebensversicherungen (Direktversicherungen) in jeder Form (§ 1587 Rn 4), Überbrückungszahlungen (iE § 1587 Rn 2). Nicht dem öffentlich-rechtlichen, sondern dem schuldrechtlichen VA unterliegen abschmelzende Ausgleichsbeträge (insbes nach der VBL-S aF). Mangels betrieblicher Altersversorgung sind nicht nach Nr 3 zu bewerten: Anrechte von Nicht-Arbeitnehmern iSv § 17 I 2 BetrAVG auf Grund einer Tätigkeit für das „eigene" Unternehmen (zB freie Berufe) bzw einer maßgeblichen gesellschaftsrechtlichen Beteiligung (BGH FamRZ 93, 684; zur Abgrenzung MüKo/*Rühmann* Rn 306; Soergel/*Häußermann* Rn 165 f; Bewertung dann nach Nr 4); die sog unechte Direktversicherung (Arbeitnehmer ist selbst Versicherungsnehmer; BGH NJW-RR 93, 770) sowie die Direktversicherung bezüglich der eigenfinanzierten Teile und zumindest nach Ausübung des Wahlrechts des Arbeitgebers gem § 2 II 2 BetrAVG (sog versicherungsvertragliche Lösung; BGH BGH FamRZ 93, 793 und 684; offen gelassen FamRZ 03, 1648, 1649; vgl auch Rn 37 aE; die bewertung erfolgt dann nach Nr 5 (noch weitergehend – Direktversicherung stets nach Nr 5 zu bewerten – Karlsr FamRZ 05, 1752 mwN); ferner (wegen der fehlenden Anknüpfung an das BetrAVG) ausländische betriebliche Anrechte (iE MüKo/*Glockner* Rn 395; *Häußermann* aao Rn 249). **Nach Nr 3 zu bewerten** sind hingegen grds (Ausnahme bei maßgeblicher Beteiligung; s vorstehend) Anrechte von leitenden Angestellten (*Rühmann* aaO; zB Celle FamRZ 95, 812, 813, Pfarrer), Versicherungsvertretern (BGH NJW 97, 863, 854) und sog Scheinselbständigen (*Häußermann* aaO Rn 178).

34   Gegenüber Nr 3 hat Nr 1 Vorrang (Rn 8). Eine solche Konkurrenz fehlt bei der Zusatzversorgung des öffentlichen Dienstes (Rn 8 aE); so dass grds Nr 3 anwendbar ist. Nach Nr 3 S 2 sind jedoch bestimmte Anrechte der Zusatzversorgung nach Nr 4c zu bewerten; dies betrifft vor allem die nach der Umstellung der Zusatzversorgung neu erworbenen Anrechte (Rn 50). Die Verweisung auf Nr 4c beschränkt sich auf die Berechnungsmethode; im Übrigen gelten die Vorschriften für Anrechte der betrieblichen Altersversorgung (insbes S 3; BGH FamRZ 82, 899, 901).

35   **bb) Begrenzung auf unverfallbare Anrechte (II Nr 3 S 3).** S 3 schließt – unter Einschränkung der an sich weiten Einbeziehung von Anrechten (einschl bloßer Aussichten; § 1587 Rn 7) und bereits vor Erfüllung von Wartezeiten (VII) – **noch verfallbare Anwartschaften** (vorläufig) vom VA in jeder Form **aus** (S 3 gilt auch für den schuldrechtlichen VA; vgl § 1587g II 1; iE Rn 3 und KKFamR/*Rehme* Rn 110). Bereits gewährte Leistun-

gen sind hingegen stets einzubeziehen (ggf nur mit dem geringeren Wert des eingetretenen Versicherungsfalls), auch wenn zB die Weiterzahlung einer Rente wegen Erwerbsminderung bis zur Altersgrenze nicht sicher ist (bei Wegfall ggf § 10 a VAHRG; iE BGH FamRZ 97, 1535, 1536; 05, 1461, 1462; vgl aber zur GRV Rn 30). Bei Bejahung der Unverfallbarkeit (Rn 36) gelten im Übrigen die allgemeinen Vorschriften; unerheblich ist deshalb die Nichterfüllung von (längeren) Wartezeiten (Rn 36 aE) und die Widerruflichkeit eines Bezugsrechts (BGH FamRZ 92, 411). S 3 ist nicht entspr anwendbar auf sonstige (nicht betriebliche) Anrechte, zB beamtenähnliche Anrechte nach Nr 1 oder berufsständische nach Nr 4 (zB BGH 94, 232, 234; 98, 51, 52).

Unverfallbarkeit ist gegeben, wenn der Versorgungswert der Anwartschaft **nach Grund und Höhe** unabhängig v der künftigen beruflichen oder betrieblichen Entwicklung des Versicherten ist, auch für den Fall der Beendigung der Betriebszugehörigkeit vor Eintritt des Versicherungsfalles (BGH FamRZ 82, 899, 902; 01, 477, 479). Ein Anrecht dem Grunde nach unverfallbar unter den in § 1 b BetrAVG genannten zeitlichen Voraussetzungen (vorbehaltlich einer günstigeren anderweitigen Regelung), der Höhe nach entspr der Bestimmung des § 2 BetrAVG (die Ausnahmevorschrift des § 18 II BetrAVG für die Zusatzversorgung des öffentlichen Dienstes hat nur noch übergangsweise Bedeutung; vgl Staud/*Rehme* Rn 341 aE, 342 mwN). Die Unverfallbarkeit muss erst im (auch sonst für den Bestand und die Ausgleichsform maßgeblichen; § 1587 Rn 16) **Zeitpunkt der Entscheidung** vorliegen (zum späteren Eintritt vgl Rn 3); der Stichtag für die Bewertung (§ 1587 Rn 13) bleibt unverändert (vgl auch Nr 3 a HS 2). Die für betriebliche Anrechte regelmäßig vorgesehenen (nach Ausscheiden aus dem Betrieb gem § 1 b I S 5 BetrAVG weiterlaufenden) **Wartezeiten** müssen nicht zusätzlich erfüllt sein (Abs 7). Bei fehlender Erfüllbarkeit liegt allerdings von vornherein kein ausgleichsfähiges Anrecht vor (iE mit Beispiel Staud/*Rehme* Rn 269 ff; im Erg ebenso J/H/*Hahne* Rn 193).

Nach der Rspr des BGH ist das Erfordernis der Unverfallbarkeit **strikt anzuwenden**, unabhängig von der Berechnungsmethode (Rn 34 aE), davon, ob das Anrecht beim Ausgleichsberechtigten oder -verpflichteten besteht (FamRZ 82, 899, 906; 88, 822; *Hahne* aaO Rn 183; *Rehme* aaO Rn 272, auch zur Milderung von Härten gem § 1587 c oder § 10 a VAHRG) und unabhängig von dem Grad der Wahrscheinlichkeit des Nichteintritts der Unverfallbarkeit (BGH FamRZ 86, 341, 342; 96, 157. Bei einem **Wahlrecht** des Arbeitnehmers i Bezug auf unterschiedliche (zB beitragsfreie) Formen der Versorgung ist nur die geringerwertige unverfallbar (BGH FamRZ 87, 52; Celle FamRZ 99, 926, 927); das Gleiche müsste gelten bei einem Wahlrecht des Arbeitgebers (Braunschw OLG-Rspr 99, 238, 240 ff; **aA**, ohne Problematisierung der Verfallbarkeit, BGH FamRZ 03, 1648, 1649; vgl auch Rn 33).

b) Grundzüge der Berechnung des Ehezeitanteils. Es gilt grds (wie bei Nr 1) die zeitratierliche, gesamtzeitbezogene Berechnungsmethode (vor § 1587 Rn 11); dies entspricht (insbes bei Anwendung von Nr 3 a) der Vorgabe in § 2 I BetrAVG. Im Zuge der umfangreichen materiellen Änderungen (Rn 32) wurden jedoch für deckungskapitalbezogene (häufig zu einem großen Teil arbeitnehmerfinanzierte) Anrechte **neue Bestimmungen zur Berechnung der Unverfallbarkeit der Höhe nach** geschaffen unter Anknüpfung an das jeweilige bis zum Ausscheiden aus dem Betrieb durch Entgeltumwandlung oder Beitragsleistung angesammelte Versorgungskapital (§ 2 Va, Vb BetrAVG). Die zeitratierliche Methode kann dies nicht angemessen ausdrücken. Deshalb müssen bis zu einer Neuregelung durch den Gesetzgeber im VA strukturell „besser" passende Bewertungsregelung entspr der durch das BetrAVG vorgegebenen Unverfallbarkeitsbestimmungen gefunden werden; geeignet erscheinen die auf den konkreten ehezeitlichen Versorgungszuwachs abstellenden teilzeitbezogenen Bewertungsregeln (vor § 1587 Rn 11), dh II Nr 2, 4 a, 4 c, 4 d (Nürnbg FamRZ 05, 112; *Glockner* FamRZ 03, 1233, 1234; ausf Staud/*Rehme* Rn 279; ähnlich J/H/*Hahne* Rn 202; vgl ferner Karlsr FamRZ 05, 1752: Abs 2 Nr 5; *Borth* Rn 337). Die folgenden Ausführungen betreffen deshalb nur Anrechte, deren Verfallbarkeit sich nach der Grundregel des § 2 I BetrAVG richtet; im Übrigen ist die Entwicklung in der Rspr abzuwarten.

Die **Abgrenzung zwischen** den Berechnungsalternativen der **Nr 3a und 3b** erfolgt nach der Fortdauer oder Beendigung der Betriebszugehörigkeit. Nr 3 b ist vorzuziehen (wegen des weitgehenden Verzichts auf Hochrechnungen; vgl Rn 40); deshalb ist nach der Rspr des BGH Nr 3 b (abw vom Wortlaut) auch dann anzuwenden, wenn die Betriebszugehörigkeit erst zwischen Ehezeitende und tatrichterlicher Entscheidung endet (BGH FamRZ 90, 605; st Rspr; iE *Rehme* aaO Rn 282). Für die Bemessungsgrundlagen (zB Arbeitseinkommen, erreichte Tarifgruppe pp) bleibt es bei dem **Bewertungsstichtag** Ehezeitende (§ 1587 Rn 13). Ein bei Ehezeitende noch nicht vollendeter Erwerb ist nicht zu berücksichtigen, so auch ein nachehelicher Dynamisierungszuwachs (BGH FamRZ 91, 1421, 1424 f; str); für erst nach Ehezeitende beginnende Versorgungen auf Grund nicht volldynamischer Anrechte sind die Tabellen der BarwertVO für Anwartschaften, nicht Tabelle 7 heranzuziehen (iE KKFamR/*Rehme* Rn 123 mwN). Hingegen ist für allgemeine **Berechnungsfaktoren und Bewertungsfragen** wiederum der Zeitpunkt der Entscheidung maßgeblich; das gilt für die Rechtsgrundlagen (einschl der Versorgungsregelungen), ferner den Ruhegehaltssatz (vgl zu Nr 1 Rn 13), aber auch für nachehelich erfüllte Wartezeiten (ausf Staud/*Rehme* Rn 284; str; aA zB Celle FamRZ 94, 1463).

c) Nr 3 a (Ehezeitanteil bei Fortdauer der Betriebszugehörigkeit). aa) (Fiktive) **volle Versorgung.** Auszugehen ist (unter Beachtung der VA-spezifischen Besonderheiten; Rn 33 ff), von den Bestimmungen der jeweiligen Versorgungsordnung zur Höhe des ruhegehaltfähigen Arbeitseinkommens und der **anrechnungsfähigen Beschäftigungszeit** (ggf unter Beschränkung auf Teile der Betriebszugehörigkeit, zB nach Erreichen eines Mindestalters; iE Staud/*Rehme* Rn 289; vgl aber Rn 41). Einzubeziehen sind die in den maßgeblichen (auch einzelvertraglichen) Regelungen **gleichgestellten Zeiten** (zB Vordienstzeiten in einem anderen Betrieb), sofern sie für den Erwerb und die Höhe der Versorgung Bedeutung haben (BGH FamRZ 85, 263, 264; 92, 791, 793; Hamm FamRZ 04, 1731; zur Beschränkung auf einzelne selbständige Teile einer zusammengesetzten Versorgung vgl BGH FamRZ 97, 166, 167; Köln FamRZ 99, 1430, 1431; zu fiktiven Beschäftigungszeiten vgl Rn 43). Zumeist richtet sich die volle Versorgung nach einem mit der Beschäftigungszeit steigenden Ruhegehaltssatz (Versorgungssatz). Durch **Hochrechnung** ergibt sich dann der erreichbare Ruhegehaltssatz (Summe der Steigerungsbeträge oä). Er wird zur Ermittlung der fiktiven vollen Versorgung auf die Bemessungsgrundlagen bei Ehezeitende (Rn 39) angewendet (Beispiel bei *Borth* Rn 327).

41 **bb) Ehezeitanteil.** Er ergibt sich zeitanteilig (Rn 38) entspr dem Verhältnis von ehezeitlicher und gesamter (hochgerechneter) Betriebszugehörigkeit (zur vereinfachenden Berechnung mit vollen Monaten entspr § 1587 II vgl BGH FamRZ 01, 284, 286; Köln aaO). Vorbehaltlich einer in gewissen Grenzen möglichen Parteivereinbarung (Rn 27; § 1587 Rn 14) sind bei der Verhältnisrechnung (wegen des unterstellten gleichmäßigen Erdienens in der Gesamtzeit; ebenso bei Nr 1; Rn 13) **sämtliche tatsächlichen Zeiten der Betriebszugehörigkeit** zu berücksichtigen (zu fiktiven Zeiten vgl Rn 43), auch soweit sie nach der Versorgungsordnung für die Berechnung der Versorgung außer Betracht bleiben (BGH FamRZ 89, 844, 846; Köln aaO und FamRZ 04, 1728, 1729; aA zu Unrecht Hamm 99, 923 mit abl Anm *Kemnade*; Braunschw FamRZ 95, 363, 364). Unschädlich ist ein der Betriebszugehörigkeit nachfolgender Beginn der Mitgliedschaft in der betr Versorgungseinrichtung (BGH FamRZ 97, 166, 167; aA Ddorf FamRZ 94, 517 mit abl Anm *Glockner*).

42 **d) Nr 3 b (Ehezeitanteil bei Beendigung der Betriebszugehörigkeit). aa) (Beim Ausscheiden aus dem Betrieb erworbene) volle Versorgung.** Wenn ein Versicherungsfall (Alter, Invalidität, Tod) das (ggf auch nachehezeitliche; Rn 39) Ausscheiden aus dem Betrieb bewirkt, ist für die Berechnung von der tatsächlich erworbenen vollen Versorgung auszugehen (vgl aber Rn 39 zur Anwendung der BarwertVO bei nachehezeitlichem Versorgungsbeginn); andernfalls (zB bei Arbeitslosigkeit oder Arbeitgeberwechsel) ist der Wert der (hochzurechnenden) Anwartschaft maßgeblich. Gewillkürte Veränderungen des Eintritts in den Ruhestand (**Verkürzung oder Verlängerung der Arbeitszeit auf Antrag des Versorgungsberechtigten**) sind zu berücksichtigen (ggf gem § 10 a VAHRG), soweit dadurch nur die Berechnungsfaktoren beeinflusst werden (Rn 39; BGH NJW 00, 3707, 3709); bei unmittelbarer Veränderung der Versorgung selbst ist maßgeblich, ob der erforderliche Ehezeitbezug gegeben ist (vgl zu Nr 1 Rn 21, 23, zu Nr 2 Rn 29, 31; ausf Staud/*Rehme* Rn 306 ff mwN; ferner Stuttg FamRZ 04, 378; Celle FamRZ 06, 271).

43 **bb) Ehezeitanteil.** Die Berechnung entspricht Nr 3 a (Rn 41), wobei jedoch die zeitlichen Bezugsgrößen (ehezeitliche und gesamte Betriebszugehörigkeit) feststehen. Die Höhe der Versorgung kann dabei (insbes über den variablen Faktor Ruhegehaltssatz; Rn 39) beeinflusst werden durch **fiktive Beschäftigungszeiten** (zB in Form einer Zeitgutschrift als Ausgleich bei der vorzeitigen Ausscheiden aus dem Betrieb; Köln FamRZ 01, 376). Sie bleiben jedoch außer Betracht bei der anschließenden **zeitanteiligen Verhältnisrechnung**, die nach der Rspr des **BGH nur Zeiten einer tatsächlichen Betriebszugehörigkeit** erfasst; das gilt auch für gleichgestellte Zeiten (Rn 40; iE Hamm FamRZ 04, 1731; aA Köln aaO mit abl Anm *Kemnade*) und Überbrückungszeiten (ausf KKFamR/*Rehme* Rn 142; vgl ferner BGH FamRZ 05, 1461, 1462).

44 **e) Ehezeitanteil bei Gesamtversorgungen.** Bei einer **Gesamtversorgung** wird zur Absicherung eines bestimmten Versorgungsniveaus ein in der Versorgungsordnung festgelegter Gesamtbetrag dadurch gewährleistet, dass der Arbeitgeber die Differenz zwischen diesem Betrag und einer darauf anzurechnenden Grundversorgung als **betriebliche Zusatzversorgung** leistet; Grundversorgung ist vor allem die gesetzliche Rentenversicherung, gelegentlich andere, ggf auch mehrere Versorgungen (sog mehrstufige Gesamtversorgung). Erhebliche Bedeutung hatte bis zur Neuregelung der Zusatzversorgung des öffentlichen Dienstes (Rn 47) insbes die dynamische Versorgungsrente; für eine längere Übergangszeit (sowie für einige noch bestehende Gesamtversorgungen, etwa bei der VAP, der Versorgungsanstalt der Post) gilt dies weiter (zur **praktischen Relevanz** – im Jahr 2002 ca 940.000 Bestandsrenten und ca 210.000 Versicherte in sog rentennahen Jahrgängen, Rn 48 – vgl Staud/*Rehme* Rn 337 mwN). Daneben bestehen Gesamtversorgungen im Bereich der Privatwirtschaft.

45 Bei der Berechnung des Ehezeitanteils ergeben sich Probleme aus der Zusammenfassung von Versorgungen mit variablen Werten (veränderliche Grundversorgung und dementspr auch veränderliche Zusatzversorgung) und häufig mit unterschiedlichen Berechnungsmethoden (s dazu vor § 1587 Rn 11; ausf Staud/*Rehme* Rn 313 ff). Durchgesetzt hat sich zu Recht die sog **VBL-Methode** (*Rehme* aaO Rn 318 ff mwN auch zur abw Hochrechnungsmethode). Ausgangspunkt ist die Gesamtversorgung (tatsächlicher bzw hochgerechneter Betrag). Ihr Ehezeitanteil wird wie auch sonst (Rn 38, 41) zeitanteilig ermittelt (hier nach dem Verhältnis der in die Ehezeit fallenden gesamtversorgungsfähigen – dh bei der Gesamtversorgung zu berücksichtigenden – Zeit zur insgesamt gesamtversorgungsfähigen Zeit). Von diesem Betrag wird sodann der Ehezeitanteil der

Grundversorgung abgezogen (bei Rentenanrechten in der gem Nr 2 berechneten Höhe); die Differenz bildet den Ehezeitanteil der Zusatzversorgung. Die VBL-Methode ist grds auch auf Sonderformen der Gesamtversorgung anzuwenden (vgl dazu KKFamR/*Rehme* Rn 147 mwN).

Die VBL-Methode bedarf der **Modifizierung** in Fällen der fehlenden zeitlichen Übereinstimmung der **46** Erwerbszeiträume von Gesamtversorgung und Grundversorgung, zB bei nur teilweiser Gleichstellung (Rn 40) von vorgeschalteten Rentenzeiten mit gesamtversorgungsfähigen Zeiten (Grund: der „vorbetriebliche" Rentenerwerb in nicht gleichgestellten Zeiten kürzt die Gesamtversorgung und damit auch deren Ehezeitanteil; ausf Staud/*Rehme* Rn 329 f). Der BGH hat dieses Problem für private Gesamtversorgungen zutr durch Bildung eines zusätzlichen Abzugsgliedes gelöst (FamRZ 91, 1416, 1419 f; 95, 88, 90). Das gleiche strukturelle Problem besteht bei der (vor allem übergangsweise noch bedeutsamen; Rn 44) Gesamtversorgung der **Zusatzversorgung des öffentlichen Dienstes** und kann zu grob falschen Ergebnissen führen (Oldbg FamRZ 95, 359; 01,484, 486; KKFamR/*Rehme* Rn 149 f). Dies wird vom BGH mit kaum nachvollziehbarer, die Kernfragen verdeckender Begründung verneint (FamRZ 96, 93; 05, 1458) bzw einer Hilfslösung zugeführt unter Verletzung der in Nr 3 vorgegebenen zeitanteiligen Berechnungsmethode (FamRZ 05, 1664, 1666).

f) Besonderheiten bei der Zusatzversorgung des öffentlichen Dienstes. Die Zusatzversorgung des öffentli- **47** chen Dienstes ist eine **Sonderform der betrieblichen Altersversorgung** (selbständige öffentlich-rechtliche Pensionskassen; wichtigster Träger: Versorgungsanstalt des Bundes und der Länder – VBL; Übersicht über weitere Träger bei *Kemper/Kisters-Kölkes/Berenz/Bode/Pühler*, BetrAVG, § 18 Rn 17 ff). Sie ist (abgesehen von der vereinzelten Fortgeltung des früheren Gesamtversorgungssystems und Übergangsregelungen; Rn 44, 48) rechtlich zum 1.1.01, faktisch erst zum **1.1.02** grundlegend umgestaltet worden (**Systemänderung**; ausf J/H/*Hahne* Rn 179, 204 ff; Staud/*Rehme* Rn 340 ff). Einheitliche Leistungsform ist jetzt die **Betriebsrente** (§§ 33 ff VBL-S nF); nach einer Wartezeit von 60monaten ist sie sofort unverfallbar (Rn 36), bei Ausscheiden aus dem Betrieb als beitragsfreie Versicherung (§ 30 VBL-S). Die **Höhe** wird nach dem sog **Punktemodell** errechnet (Erwerb von **Versorgungspunkten**; §§ 35 ff VBL-S). Die Betriebsrente wird im Leistungsstadium jährlich zum 1.7. um 1 % erhöht (§ 39 VBL-S).

Für **vor dem 1.1.02** erworbene Anrechte gilt **Übergangsrecht**. **Bestandsrenten** werden nach altem Recht **48** (ggf als Gesamtversorgung) weitergezahlt, allerdings auch nur mit einer jährlichen Anpassung von 1 % (§ 75 VBL-S). Anwartschaften von **rentennahen Jahrgängen** (Vollendung des 55 Lebensjahres am 1.1.02; § 79 II VBL-S) werden mit dem nach altem Recht (ggf als Gesamtversorgung) zum 31.12.01 erlangten Wert (Besitzstandsschutz) als sog **Startgutschrift** ermittelt und in Versorgungspunkte umgerechnet (§ 78 I VBL-S). Für die Anwartschaften der übrigen Versicherten („**rentenferne**" Jahrgänge) wird für den Zeitraum bis zum 31.12.01 ebenfalls eine Startgutschrift festgestellt (hier gem § 18 II BetrAVG) und dem Versicherungskonto gutgeschrieben.

Bei der **Bewertung im VA** ist zu unterscheiden zwischen den bis Ende 2001 (Rn 48) und den ab 1.1.02 **49** (Rn 47) erworbenen Anrechten. Der **Ehezeitanteil der Bestandsrenten und Startgutschriften** ist weiterhin zeitratierlich gem Nr 3 zu ermitteln (Rn 38; *Glockner* FamRZ 02, 287 f; *Hahne* aaO Rn 214 f). Problematisch (ohne höchstrichterliche Klärung) ist die Bewertung von Startgutschriften bei einem **Ehezeitende vor dem 1.1.02**; die Startgutschriften werden durchgängig zum Stichtag 31.12.01 ermittelt (Rn 48); für den Ehezeitanteil gilt der Bewertungsstichtag Ehezeitende (Rn 39, 40 aE). Die Startgutschrift muss deshalb auf diesen Stichtag zurückgerechnet werden (zutr Celle FamRZ 06, 271, 274; Palandt/*Brudermüller* Rn 85 aE). Hierzu müsste der Versorgungsträger eine gesonderte, auf die Bemessungsgrundlagen bei Ehezeitende bezogene Feststellung der Startgutschrift vornehmen; alternativ könnte (vorbehaltlich einer wesentlichen Veränderung der Bemessungsgrundlagen zwischen Ehezeitende und 31.12.01) im Rahmen einer praktikablen Lösung dieses Sonderproblems eine Kürzung der Startgutschrift erfolgen entspr dem Verhältnis der aktuellen Rentenwerte bei Ehezeitende bzw am 31.12.01 (so auch ein Alternativvorschlag der VBL in einem konkreten Fall; vgl ferner *Bergner* FamRZ 05, 602, 603; zur Aktualisierung nach einem öffentlich-rechtlichen Teilausgleich vgl § 1587 f Rn 1).

Für die **neuen Anrechte ab 1.1.02** ist auf den bis zum Ehezeitende in Form von Versorgungspunkten (Rn 47) **50** erlangten konkreten Versorgungszuwachs abzustellen unter Anwendung der teilzeitbezogenen Berechnungsmethode (vgl Rn 32, 38; *Glockner* aaO; *Hahne* aaO Rn 214 c). Bei **Mischversorgungen** (Startgutschriften und Anwartschaft nach neuem Recht) ist der jeweilige Ehezeitanteil getrennt zu ermitteln (*Glockner* aaO; *Hahne* aaO Rn 214 f). Die zunächst sehr str Frage der **Dynamik** ist durch die Rspr des BGH inzwischen dahin entschieden, dass die neuen Anrechte in der Anwartschaftsphase statisch sind (mangels unmittelbarer Erhöhung durch den Rechnungszins von 3,25 %; Ausnahme: ggf künftig bei Überschussanteilen; BGH FamRZ 04, 1474; 05, 1531; zum **Übergangsrecht**, insbes zur Verfallbarkeit der Dynamik, ausf *Rotax* ZFE 05, 223); in der Leistungsphase genügt die jährliche Steigerung um 1 % (Rn 47) zur Annahme der Dynamik angesichts des geringen Unterschieds zur Entwicklung der Rentenversicherung (Rn 65 aE).

5. II Nr 4 (Sonstige Renten oder ähnliche wiederkehrende Leistungen). Allgemeines. Nr 4 bildet – ohne **51** Anknüpfung an Sachkriterien (Versorgungsarten oder -träger wie bei Nr 1–3, 5) – eine (auch gegenüber Nr 5 subsidiäre; MüKo/*Glockner* Rn 394) **Auffangvorschrift** für formal durch bestimmte **Berechnungswege**

abgegrenzte Versorgungstypen, wobei Nr 4 b innerhalb der Nr 4 eine weitere Auffangbestimmung darstellt (BGH FamRZ 93, 684, 687). Eine letzte, noch allgemeinere Auffangregelung enthält V. Nr 4 undV werden zunehmend **praktische Bedeutung** erlangen bei der Bewertung von neu enstehenden Versorgungstypen im Bereich der betrieblichen Altersversorgung (Rn 38, 50) und bei Versorgungen ausländischer und überstaatlicher Versorgungsträger (*Glockner* aaO Rn 395; BGH FamRZ 06, 321; München FamRZ 96, 554).

52 **Gegenstand der Bewertung** sind die nicht unter Nr 1 bis 3, 5 fallenden Anrechte (Negativabgrenzung), soweit für sie einer der in Nr 4 a, c, d genannten Berechnungswege gilt oder hilfsweise Nr 4 b sachgerecht erscheint (andernfalls V; Rn 51). Hauptanwendungsfälle: **berufsständische Versorgungen** der verkammerten freien Berufe (zB Ärzte, Rechtsanwälte und Notare, Steuerberater pp) und die **Alterssicherung der Landwirte** (ALG, früher GAL). Der Anwendungsbereich wird erweitert durch Nr 3 S 2 (Rn 34), eingeschränkt durch Sonderregelungen für die Abgeordnetenversorgung (§ 25 a I bis 3 AbgG, ggf iVm landesgesetzlichen Vorschriften). Nicht zu berücksichtigen (ähnlich wie bei Nr 1, 2; Rn 9, 12, 24, 33): Landabgabe- oder Produktionsaufgaberenten (§ 1587 Rn 11 aE), Ansprüche auf Kapital- und Sachleistungen (§ 1587 Rn 4) sowie im Zeitpunkt der Entscheidung weggefallene Anrechte (§ 1587 Rn 16).

53 Es gelten **unterschiedliche Berechnungsmodi** (vor § 1587 Rn 11), vorrangig die teilzeitbezogene (Nr 4 a, c, d), für Nr 4 b die zeitratierliche Methode. Für zeitliche Voraussetzungen gilt nur VII (kein zusätzliches Erfordernis der Unverfallbarkeit iSv Nr 3 S 3; BGH FamRZ 88, 51, 52 f). **Bewertungsstichtag** (auch für die Abgrenzung von Anwartschaften und Leistungen bei umzurechnenden Anrechten; vgl Rn 39) ist stets das Ehezeitende.

54 **Ehezeitanteil: Nr 4 a.** Nr 4 a betrifft **ausschließlich** (sonst gilt Nr 4 b) **nach der Dauer einer Anrechnungszeit** bemessene und deshalb gleichmäßig ansteigende Anrechte, so bei Zusage eines gleichbleibenden Festbetrages (ohne Sockel- oder Höchstbetrag) oder Prozentsatzes einer anderen (ggf auch dynamischen) Rechengröße (zB Beamtenversorgung; iE Soergel/*Häußermann* Rn 254 ff; Müko/*Glockner* Rn 397). Wichtiger Anwendungsfall: Anrechte nach dem **ALG** (Rn 52). **Ehezeitanteil** ist der Betrag, der sich bei Ehezeitende auf Grund der ehezeitlichen Anrechnungszeit als Versorgung ergäbe.

55 **Nr 4 b.** Die „zu berücksichtigende Zeit" für die zeitratierliche Berechnung im Rahmen dieser **Auffangnorm** (Rn 51, 53; zur Abgrenzung gegenüber Nr 4 c vgl München NJW-RR 134, 135, gegenüber Nr 4 d BGH NJW-RR 96, 131) ist nur ganz allgemein umschrieben; maßgeblich ist in allen Einzelheiten die betr Versorgungsordnung, auch bezüglich einer Einbeziehung von gleichgestellten Zeiten (wie bei Nr 3; *Häußermann* aaO Rn 267). **Anwendungsfälle**: vor allem berufsständische Versorgungen (Übersichten bei *Häußermann* aaO Rn 272 ff; J/H/*Hahne* Rn 219; *Glockner* aaO Rn 412; zuletzt BGH FamRZ 05, 694) und Bestandsrenten nach dem (durch das ALG – Rn 52 – abgelösten) GAL. Der **Ehezeitanteil** ergibt sich entspr dem Verhältnis der ehezeitlichen zur auf die Altersgrenze hochgerechneten bzw (bei Leistungswährung im Zeitpunkt der Entscheidung) tatsächlichen gesamten versorgungsfähigen Zeit (ohne Berücksichtigung von nur für die Höhe bedeutsamen Zusatzzeiten; BGH aaO 695; vgl Rn 22 aE, 43).

56 **Nr 4 c.** Darunter fallen die nach **einem Bruchteil entrichteter Beiträge** (Prozentsatz der Gesamtbeitragssumme) bemessenen Anrechte (iE *Häußermann* aaO Rn 282; *Glockner* aaO n 405 f; zum Verhältnis zu Nr 4 b vgl Rn 55). **Anwendungsfälle**: wie bei Nr 4 b berufsständische Versorgungen (Übersichten bei *Häußermann* aaO Rn 284 ff; *Hahne* Rn 220; *Glockner* aaO Rn 412) und die Anrechte bei der Versorgungsanstalt der Deutschen Bühnen und Kulturorchester (BGH FamRZ 85, 1235; 97, 161, 164; vgl ferner zu Nr 3 S 2 Rn 52 iVm Rn 34). Der **Ehezeitanteil** ergibt sich aus den in der Ehezeit entrichteten Beiträgen (abw vom Wortlaut unter Ausschluss von nachehezeitlich „für die Ehezeit" geleisteten Beiträgen; Staud/*Rehme* Rn 374 mwN).

57 **Nr 4d.** Erfasst werden **nach den Grundsätzen der gesetzlichen Rentenversicherung** bemessene Leistungen (BGH FamRZ 96, 95; 05, 1455, 1456). **Anwendungsfälle**: einzelne berufsständische Versorgungen, ferner bestimmte ausländische Anrechte (iE Soergel/*Hohloch* Rn 292 f; *Glockner* aaO Rn 412, 417). Wie Nr 1 folgt Nr 4 d (abw vom Wortlaut, der eine Verhältnisrechnung vorsieht) der teilzeitbezogenen Berechnungsmethode (Rn 53; ebenso jetzt BGH FamRZ 05, 1455, 1456 f). Der **Ehezeitanteil** ergibt sich deshalb aus den der Ehezeit direkt zuzuordnenden Versorgungswerten (aus Entgeltpunkten, Steigerungszahlen pp; bei fehlender Zuordnung hilfsweise zeitratierliche Berechnung).

58 **6. II Nr 5 (Renten auf Grund privater Versicherungsverträge). Gegenstand der Bewertung.** Nr 5 hat in der Praxis der Familiengerichte geringe Bedeutung (Grund: Rn 59; zur Vielfalt von Versicherungsformen vgl ua Soergel/*Winter* Rn 299 ff, 315 ff). In einer kurzen **Formel** zusammengefasst (iE Staud/*Rehme* Rn 385 ff) betrifft Nr 5 von Wettbewerbsversicherern angebotene, auf Rentenleistung gerichtete, der Versorgung (iSv § 1587 Rn 2 f) eines Ehegatten (nicht eines Dritten) dienende Versorgungsanrechte in einer hinreichend verfestigten vermögenswerten Position bei Ehezeitende, die im Zeitpunkt der Entscheidung noch vorhanden ist.

59 Nr 5 erfasst nicht auf bestimmte Personenkreise beschränkte Versorgungen (zB berufsständischer Art; ggf Bewertung nach Nr 4; Rn 55 bis 57), erforderlich sind allgemein angebotene Verträge mit (privaten oder öffentlich-rechtlichen) **Wettbewerbsversicherern**. Die unverbreiteten (ausschließlichen) Kapitalleistungen benennt vom VA nicht erfasst (§ 1587 Rn 4). Im Falle v Verträgen mit Wahlrechten ist maßgeblich, ob im Zeitpunkt der Rechtshängigkeit (insoweit abw von § 1587 II; vgl § 1587 Rn 20) eine **Rentenversicherung** besteht (u nachträglich kein Kapitalwahlrecht ausgeübt wird; s nachstehend). Abw vom Wortlaut der Nr 5 („zur Versorgung

des Versicherten") genügt als Zweck die **Versorgung eines Ehegatten**, nicht notwendig des Versicherten (hM; zB *Winter* aaO Rn 330; *Glockner* aaO Rn 444). Das Anrecht ist bei der **Bilanzierung** (vor § 1587 Rn 5, 15) auf Seiten des Ehegatten einzusetzen, dem die betr Aussicht auf eine Versorgung rechtlich ausschließlich zusteht, nämlich als Versicherungsnehmer und gleichzeitig Bezugsberechtigter oder als Nichtversicherungsnehmer, aber unwiderruflich Bezugsberechtigter (anderer Ehegatte; *Rehme* aaO Rn 401 f mwN). Eine widerrufliche Bezugberechtigung belässt das Versorgungsvermögen beim Versicherungsnehmer; sie wird erst mit dem Versicherungsfall zu einem unwiderruflichen Bezugsrecht (BGH NJW 92, 1103, 1105; Brandbg FamRZ 01, 489, 490). **Nicht im VA zu berücksichtigen** sind Versorgungsanrechte mit (auch widerruflicher) Bezugsberechtigung eines Dritten (kein Versorgungszweck zugunsten eines Ehegatten; *Winter* aaO Rn 330, auch zu denkbaren Ausnahmefällen), ferner abgrenzbare Teile des Deckungskapitals, die der Hinterbliebenenversorgung dienen (§ 1587 Rn 2). Eine hinreichend verfestigte **Aussicht auf eine Versorgung** (§ 1587 Rn 7) ist nur gegeben bei Bildung eines **Deckungskapitals** bis zum Ehezeitende als Grundlage für die Leistung des Versicherers (Rn 60). Insoweit bestehen **Besonderheiten** bei reinen **Risikoversicherungen**, zB Berufsunfähigkeitsversicherungen (ausgleichspflichtiges Deckungskapital nur bei Versicherungsfall während der Ehezeit, dann aber ohne Kürzung gem Nr 5 a S 2, Nr 5 b S 2; iE *Winter* aaO Rn 317; J/H/*Hahne* Rn 225, 230; *Rehme* aaO Rn 390; jeweils mwN). Das Rentenanrecht muss im Zeitpunkt der Entscheidung vorhanden sein; jeder **Wegfall** (auch durch Ausübung eines Kapitalwahlrechts, Rückkauf, Rentenabfindung) schließt den VA aus (§ 1587 Rn 16 f).

Ehezeitanteil. Nr 5 ist als lex specialis vorrangig anzuwenden, vor der regelmäßig erforderlichen Umrechnung gem Abs 3 (hM; AG Lüdenscheid FamRZ 05, 1754; *Hahne* aaO 228; *Glockner* aaO Rn Rn 453 ff; *Winter* aaO Rn 339). Maßgeblich ist der **Zuwachs an Deckungskapital während der Ehezeit** (iSv § 1587 Abs 2); fehlt er, scheidet ein VA aus (zur Risikoversicherung vgl Rn 59 aE). Bei **Nr 5a** ist der auf nachehezeitlicher Prämienzahlung beruhende Zuwachs an Deckungskapital herauszurechnen; dies erfolgt durch fiktive Umwandlung in eine prämienfreie Versicherung (ggf unabhängig von einschränkenden Vertragsbedingungen und ohne Anwendung von § 174 IV VVG; BGH FamRZ 86, 344; *Glockner* aaO Rn 448). Der **Ehezeitanteil** wird errechnet durch fiktive Einzahlung des bis zum Ehezeitende gebildeten Deckungskapitals (*Glockner* aaO Rn 445; *Winter* aaO Rn 335), ggf gekürzt entspr Nr 5a S 2 um die auf dem vorehelichen Deckungskapital beruhende fiktive Rente (**Differenzrente**, iE *Winter* aaO Rn 333 ff, 337; *Glockner* aaO Rn 445 ff). Bei **Nr 5b** (zB Einmalprämie; tatsächliche Umwandlung in prämienfreie Versicherung pp) wird der **Ehezeitanteil** vor Eintritt des Versicherungsfall wie bei Nr 5a berechnet, dh ggf gekürzt gem **Nr 5b S 2** (Differenzrente). Bei **Rentenbezug** am Ende der Ehezeit bestehen versicherungsrechtliche Besonderheiten (gleichzeitiger Verzehr des Deckungskapitals und ggf Zuwachs durch Überschussanteile pp; iE *Glockner* aaO Rn 452; zur Berufsunfähigkeitsrente Rn 59 aE).

IV. Abs 3, 4 (Umrechnung nichtdynamischer Anrechte). 1. Allgemeines. Vorbemerkung.

Die Umrechnung (vor § 1587 Rn 14) ist derzeit in III, IV iVm der BarwertVO (idF der 2.ÄndVO vom 26.5.03, in Kraft seit 1.1.03) geregelt. Gegen das System der Umrechnung (insbes die bis Ende 2002 geltende Fassung der BarwertVO) sind gewichtige **verfassungrechtliche Bedenken** erhoben worden (ausf Staud/*Rehme* Rn 455 f; Palandt/*Brudermüller* Rn 105). Nach **BGH** (FamRZ 01, 1695 mit krit Anm *Kemnade* und *Gutdeutsch* BGH-Rspr 01, 916; abl *Bergner* NJW 02, 260) ist das System der Umrechnung verfassungsgemäß. Die vom BGH angemahnte Neuregelung beschränkt sich bisher auf die Neufassung der BarwertVO (Aktualisierung der Umrechnungsfaktoren) mit einer Geltungsbefristung bis zum 31.5.06. Die gleichzeitig eingeleitete **Strukturreform** (Schwerpunkt: Neuregelung des Ausgleichs nicht volldynamischer Anrechte; iE § 1587 b Rn 6 ff) ist dringend erforderlich, weil durch die um ca 20–30 % angehobenen Barwerte (exakte Prozentangaben bei *Bergner* NJW 03, 1625, 1626 f) die krasse **Unterbewertung** verringert, aber nicht, auch **nicht** annähernd **aufgehoben** wird (ausf dazu mit Rechenbeispielen *Bergner* aaO; vgl ferner *Rehme* aaO Rn 457; zur früher vom BGH aufgestellten Toleranzschwelle von 1,5 bis 2 % vgl FamRZ 85, 1119, 1122; KKFamR/*Rehme* Rn 187 mwN).

Die Arbeiten an der Strukturreform (Rn 61) werden aus verschiedenen Gründen nicht bis zum 31.5.06 abgeschlossen; die Geltungsdauer der BarwertVO wird verlängert, so dass sie den Charakter einer kurzfristigen Übergangsregelung verliert. Deshalb wird der Entwurf der BReg für eine Dritte VO zur Änderung der BarwertVO (Geltungsdauer bis zum 30.06.08; mit wiederum materiell verfassungswidrigen Umrechnungsfaktoren) aus formellen verfassungsrechtlichen Gründen von vornherein nichtig und unanwendbar sein (iE *Rehme* FuR 06, 112). Die pauschale Billigung der geltenden BarwertVO durch den BGH (FamRZ 03, 1639; 05, 1464, 1467, mit nicht quantifizierbaren und deshalb willkürlich erscheinenden Begriffen wie „Transferverlusten" und „Gleichwertigkeit", ohne sachliche Auseinandersetzung mit den insbes von *Bergner* konkret dargelegten Verstößen gegen den Halbteilungsgrundsatz, die nur für Anwartschaftsfälle übergangsweise hinnehmbar sind) überzeugt nicht. Sie entbindet den Familienrichter nicht davon, in **Leistungsfällen** nach einer sachgerechten, an den hier konkret errechenbaren Versorgungswerten orientierten Lösung zu suchen; sie wird aufgezeigt von *Bergner* (ua FamRZ 02, 218, 222; NJW 03, 1625, 1630; ferner *Rehme* FuR 03, 50; kurze Wiedergabe in KKFamR/*Rehme* Rn 188) und ihm folgend Oldbg (FamRZ 02, 1408; ebenso nach Inkrafttreten der neuen BarwertVO München NJW 03, 3571 mit krit Anm *Bergner* NJW 03, 3527; iE, auch zu Einwänden und weiteren Lösungsmöglichkeiten, Staud/*Rehme* Rn 458 ff).

63 **Funktion und Prinzipien der vergleichenden Bewertung und Umrechnung im System des VA.** III und IV regeln als Voraussetzung für die Bilanzierung und anschließende Saldierung der Anrechte (vor § 1587 Rn 5, 13) die Bewertung der Anrechte untereinander auf der Grundlage eines einheitlichen Vergleichskriteriums (Dynamik) und Vergleichsmaßstabes (Dynamik der Grundversorgungen; vor § 1587 Rn 7); bei fehlender Vergleichbarkeit erfolgt die Vergleichbarmachung durch Umrechnung. Eine an den tatsächlichen Versorgungswerten der Anrechte (vor § 1587 Rn 9) ausgerichtete Bewertung hat eine zentrale, aus Art 3 GG abgeleitete Funktion zur Verwirklichung des **Halbteilungsgrundsatzes** im VA (BGH NJW 83, 336, 339). Vereinfachungen der Bewertung (durch Typisierung und Pauschalierung) sind zwar möglich, jedoch nur bis zur Grenze unverhältnismäßiger Ungleichbehandlung und willkürlicher Benachteiligung (BGH aaO; ferner NJW-RR 86, 618, 620 f). Diese Grenze dürfte bei einer Anwendung der BarwertVO als längerfristige Lösung überschritten sein (Rn 62; iE zur verfassungsrechtlichen Bewertung des derzeitigen Umrechnungssystems KKFamR/*Rehme* Rn 192 ff).

64 **Ausgangspunkt** der vergleichenden Bewertung (sie erfasst alle, auch die nicht in III, IV genannten, nach der Auffangnorm des V ermittelten Anrechte) ist die Unterscheidung zwischen (voll)dynamischen und nicht (i vollem Umfang) dynamischen Anrechten (näher dazu Rn 65). **Dynamisch** sind gem der (i § 1 I 2 Hs 1 BarwertVO wiederholten) Definition in III Anrechte mit gleicher oder nahezu gleicher Steigerung wie **eine** (BGH NJW 83, 336, 338) der Grundversorgungen in II Nr 1, 2. Letztere gelten kraft Gesetzes als volldynamisch (Vergleichsmaßstab), werden also mit ihrem Nominalwert bilanziert. Eine **vergleichende Bewertung** und ggf Umrechnung erfolgt ggf nur **eingeschränkt**, insbes **entfällt** die **Umrechnung** bei Bezug von **dynamisch angepassten Leistungen** (bei Ehezeitende) unabhängig von der Dynamik im Anwartschaftsstadium (BGH FamRZ 97, 161, 164; weitergehend Celle FamRZ 06, 271: keine Umrechnung, lediglich Rückrechnung auf das Ehezeitende bei nachehezeitlichem Beginn einer dynamischen Leistung; iE, auch zum VA mit Realteilung *Rehme* aaO Rn 199 ff).

65 **Grundbegriffe der vergleichenden Bewertung und Umrechnung: Volle Dynamik.** Sie ist gegeben bei Anpassung der betr Versorgung an die **allgemeine Einkommensentwicklung im Anwartschaftsstadium** (Zeitraum des Erwerbs des Anrechts) und im **Leistungsstadium** (Zeitraum ab Bezug der Leistung) wie bei den Grundversorgungen (zu letzteren iE Müko/*Rühmannm* Rn 460). Sonst ist eine Umrechnung grds (vgl aber Rn 64 aE) erforderlich, dh bei Volldynamik nur in einer der beiden Phasen (vgl zur Dynamik nur in der Anwartschaftsphase die Tabellen 4 bis 6 der BarwertVO, zur Dynamik erst ab Leistungsbeginn die Tabellen 1 bis 3 jeweils mit Zuschlägen gem Anm 2), bei bloßer **Teildynamik** in einer oder beiden Phasen sowie bei gänzlich fehlender Dynamik in beiden Phasen (Tabellen 1 bis 3 ohne Zuschläge). Problematisch ist die Nichtberücksichtigung der Teildynamik in den Tabellen der BarwertVO (dh Gleichbehandlung mit statischen Anrechten; mögliche Folge: erhebliche Unterbewertung; iE Staud/*Rehme* Rn 454 ff). Ein Anrecht steigt in „**nahezu gleicher Weise**", wenn es Schritt hält mit den Grundversorgungen. Für die Feststellung erforderlich und ausreichend ist eine hinreichend sichere **Prognose** der künftigen Entwicklung auf der Grundlage der langfristigen **tatsächlichen Entwicklung** (bis in die jüngste Zeit reichende Spanne von generell mehr als 5 Jahren) unabhängig von einem Rechtsanspruch (BGH NJW-RR 98, 76; FamRZ 05, 430, 431; bei Prognosefehlern ggf § 10 a VAHRG). In Anbetracht der derzeit und vermutlich in naher Zukunft allenfalls geringfügig steigenden Grundversorgungen (vgl dazu die Tabellen von *Gutdeutsch*, zuletzt FamRZ 05, 257) ist nach der zur Zusatzversorgung des öffentlichen Dienstes entwickelten Rspr des BGH (Rn 50 aE) eine Dynamik bereits bei einer Anpassung um 1% anzunehmen.

66 **Barwert, Deckungskapital, Finanzierungssystem.** Barwert und Deckungskapital drücken mit ähnlichen, aber nicht identischen Begriffen den mit versicherungsmathematischen Methoden abgeschätzten Wert eines Versorgungsanrechtes, dh der zukünftigen Leistungen aus. **Deckungskapital** ist das aus den Beiträgen zur Abdeckung der Leistungen angesammelte Kapital abzüglich der Verwaltungskosten. **Barwert** („fiktives Deckungskapital") ist der auf einen bestimmten Zeitpunkt (im VA: Ehezeitende) abgezinste Wert aller nach der Lebenserwartung des Berechtigten voraussichtlich zu erbringenden Leistungen (BGH FamRZ 92, 165, 166; iE *Klattenhoff* FamRZ 00, 1257, 1261). Bei fehlender unmittelbarer Anbindung der Bemessungsgrundlagen einer Versorgung an die Einkommensentwicklung (Rn 65) hat das **Finanzierungssystem** eine früher wichtige, heute (wegen der generellen Absenkung der Anforderungen an die Dynamik; Rn 65 aE) nur noch begrenzt relevante Indizfunktion (iE *Borth* Rn 410; Staud/*Rehme* Rn 430 ff, jeweils mwN). Das Anwartschaftsdeckungsverfahren (Bildung eines individuellen Deckungskapitals) ist bisher als deutliches Indiz gegen die Dynamik angesehen worden (zB BGH FamRZ 94, 23; Celle 04, 632, 634; einschränkend jetzt zu Recht BGH und Nürnbg FamRZ 05, 430 bzw 1258); das Umlageverfahren (Rentenversicherung) oder das sog offene Deckungsplanverfahren (Anpassung entspr der Höhe des Gesamteinkommens der Versicherten, zB der in einem Versorgungswerk zusammengefassten Ärzte, unabhängig von der individuellen Beitragszahlung) gilt als Indiz für eine Volldynamik (zB BGH NJW-RR 96, 129, 130; Ddorf FamRZ 96, 1483).

67 **2. Prüfung der Dynamik im konkreten Fall. Anpassung an einzelne Faktoren.** Eine (in regelmäßigen kurzen Abständen erfolgende) Anpassung an die **allgemeine Einkommensentwicklung** (Rn 65) ist gesichert bei Koppelung der Bemessungsgrundlagen an die Entwicklung der Grundversorgungen selbst (Rn 63 f; zB BGH NJW-RR 94, 258, 260; Karlsr FamRZ 96, 553, 554) oder Anbindung an die Einkommensentwicklung des

eigenen Wirtschaftszweiges, eines größeren Unternehmens oder die für den Betrieb maßgebliche Tarifanpassung (BGH FamRZ 89, 844, 845; 98, 424; eine etwaige Dynamik ist jedoch als verfallbar, Rn 35 ff, nicht zu berücksichtigen, wenn sie bei Ausscheiden aus dem Betrieb endet; BGH NJW-RR 95, 193, 195; Hamm FamRZ 99, 923, 924; Nürnbg FamRZ 05, 112, 114). Die Anpassung an die **Preisentwicklung (Lebenshaltungskosten)** ist früher (auch im Rahmen von § 16 BetrAVG) als nicht ausreichend angesehen worden (iE KKFamR/*Rehme* Rn 212 mwN, zB BGH FamRZ 98, 420, 421; *Klattenhoff* FamRZ 00, 1257, 1262 mwN). Mit Rücksicht auf die Verfestigung geringer Steigerungsraten bei den Grundversorgungen (zT ohne vollständigen Inflationsausgleich; Rn 65) und die bei Rn 50 erwähnte Rspr des BGH ist die Unterscheidung zwischen Einkommens- und Preisdynamik nicht mehr aussagekräftig; auch eine Anpassung gem § 16 BetrAVG (m zT höheren Anpassungen) ist regelmäßig ausreichend (iE *Glockner* FamRZ 04, 1476; 05, 115; Nürnbg FamRZ 04, 883; 05, 112; Ddorf FamRZ 05, 724).

Einzelfälle. Eine Volldynamik ist von der Rspr ua bejaht worden für die (bisherige, Rn 44) Versorgungsrente **68** der Zusatzversorgung des öffentlichen Dienstes (BGH FamRZ 98, 94, 96), die Seelotsenversorgung (BGH FamRZ 88, 51, 53), die Abgeordnetenversorgung (BGH FamRZ 88, 380; 05, 696, 698), zahlreiche berufsständische Versorgungen (Übersichten mit Hinweisen auf nicht volldynamische Versorgungen bei J/H/*Hahne* Rn 236; Soergel/*Häußermann* Rn 362 ff; MüKo/*Rühmann* Rn 461, 466). Betriebliche Anrechte sind häufig nicht volldynamisch (wegen der fehlenden Unverfallbarkeit; Rn 67; *Rühmann* aaO Rn 463); Anrechte auf Grund privater Lebensversicherungen sind als Ganze grds nicht volldynamisch (näher dazu, auch zu Ausnahmen Staud/*Rehme* Rn 437 mwN).

3. Umrechnung nach III Nr 1 u 2, IV. Nach dem Wortlaut sind III Nr 1 und Nr 2 danach abzugrenzen, ob **69** die Leistungen eines Anrechts ausschließlich (dann Nr 1) oder nicht ausschließlich (dann Nr 2) aus einem Deckungskapital (Rn 66) oder einer vergleichbaren Deckungsrücklage gewährt werden. Der BGH hat inzwischen zu Recht den **Anwendungsbereich** der Nr 1 ausgedehnt (Vorrang der deckungskapitalbezogenen Umrechnung, die den Versorgungswert regelmäßig exakter als die Hilfsgröße Barwert erfasst; FamRZ 89, 155, 157; 91, 310, 313; 05, 600). Nr 1 ist deshalb anzuwenden, wenn die Leistungen ganz überwiegend aus einem Deckungskapital finanziert werden oder das Deckungskapital den Barwert übersteigt. Eine Umrechnung nach **Nr 1** kommt bei kapitalbildenden Versicherungen (Lebensversicherungen) oder sonstigen (zumindest ganz überwiegend) auf Beiträgen beruhenden Versorgungsleistungen i Betracht (auch berufsständische Versorgungen; BGH aaO), hingegen nicht bei reinen Risikoversicherungen (wegen der „Entstehung" des Deckungskapitals erst mit dem Versicherungsfall; Rn 59 aE; deshalb hier stets Nr 2 anwendbar). Die Umrechnung erfolgt inon der Form der fiktiven Ermittlung einer Regelaltersrente (§ 35 SGB VI) entspr den für das Eheende geltenden, jährlich gem § 187 III 2, 3 SGB VI mitgeteilten Rechengrößen (Umrechnung Deckungskapital in Entgeltpunkte und danach in eine Rentenanwartschaft). Bei der (nachrangigen; s vorstehend) Anwendung von **Nr 2** ist der Barwert zu bestimmen (derzeit noch nach der BarwertVO; vgl aber Rn 61), der dann wie bei Nr 1in eine Regelaltersrente umzurechnen ist.

Nach dem Wortlaut des **IV** (Bezugnahme auf III Nr 2) sind betriebliche Anrechte stets auf der Grundlage der **70** Bartwertbildung umzurechnen. Zunehmend wird jedoch die Auffassung vertreten, dass bei eindeutig vorhandenem und ohne weiteres feststellbarem Deckungskapital als Finanzierungsgrundlage III Nr 1 anwendbar sei (MüKo/*Rühmann* Rn 470; J/H/*Hahne* Rn 238; Braunschw OLG-Rspr 99, 238, 242; **aA** bisher der BGH, zB FamRZ 03, 1648, 1649).

4. BarwertVO. Die BarwertVO wird aus den genannten Gründen (Rn 61 ff) nur noch übergangsweise **71** Bedeutung haben. Von einem Abdruck und einer Kommentierung wird abgesehen (vgl dazu ausf Soergel/*Häußermann* Rn 381 ff; kurzer Überblick bei KKFamR/*Rehme* Rn 221 f).

V. V–VIII (Ergänzende Regelungen). 1. V (Bewertung untypischer Versorgungen). V bildet (ergänzend zu **72** II Nr 4, Rn 51, und über den zu engen Wortlaut des § 1587 I hinaus; § 1587 Rn 2) eine **subsidiäre Auffang- und Bewertungsvorschrift**. Dabei werden die grundlegenden Voraussetzungen für die Einbeziehung eines Anrechts in den VA nicht verändert. Erforderlich sind weiterhin die Feststellung eines Versorgungsanrechts iSv § 1587 I 1 (§ 1587 Rn 2 ff; zB keine Ausdehnung auf anderen Zwecken, etwa der Hinterbliebenenversorgung, dienende Anrechte) und die exakte Ermittlung des Versorgungswertes (keine geringeren Anforderungen bei der Bewertung einer Aussicht, § 1587 Rn 7, oder der Ermittlung der Höhe, zB keine Schätzung bei ungeklärten Zeiten; Bambg FamRZ 96, 1421). Das **billige Ermessen** wirkt sich deshalb nicht aus bei der Feststellung, sondern erst bei der **nachfolgenden Bewertung** der Versorgungsanrechte, etwa bei der Auswahl des strukturell am besten „passenden" Berechnungsmodus (zur Abgrenzung vgl vor § 1587 Rn 11). **Anwendungsfälle:** im Inland vor allem das Anrecht des Beamten auf Widerruf pp (Rn 7) und sondergesetzlich geregelte Anrechte der Regierungsmitglieder (J/H/*Hahne* Rn 37 und 243), ferner (erg zu II Nr 4 b; vgl Rn 51 aE) ausländische und überstaatliche Versorgungen ((BGH FamRZ 88, 273, 275; 96, 98, 101; Zweibr FamRZ 01, 497, 498).

2. VI (Zusammentreffen mehrerer Versorgungen). Regelungsgegenstand. Ruhensbestimmungen im Be- **73** amtenversorgungsrecht (die in VI Hs 2 genannten Anrechnungsbestimmungen sind bedeutungslos; Staud/

Rehme Rn 481 mwN) sollen Überversorgungen vermeiden für den Fall des Zusammentreffens von Versorgungsbezügen mit Erwerbs- und Erwerbsersatzeinkommen (§ 53 BeamtVG), mit anderen Versorgungsbezügen (§ 54 BeamtVG, § 55 SVG) sowie mit Renten und Versorgungen aus zwischenstaatlicher oder überstaatlicher Verwendung (§§ 55, 56 BeamtVG; 55a SVG; zum Sonderfall des § 29 AbgG vgl BGB-RGRK/*Wick* Rn 408 mwN).) Abw vom Wortlaut sind die Ruhensvorschriften **nur eingeschränkt anwendbar** nach einer (teleologischen) Reduktion entspr dem Gedanken der **gleichen Teilhabe**, hier der negativen Teilhabe, dh der **gleichmäßigen Aufteilung der** durch das Ruhen bedingten, **ehezeitbezogenen Kürzung** der Versorgung. (BGH FamRZ 83, 358, 360 f; 96, 98, 103; 00, 746; Beteiligung nur, soweit der andere Ehegatte über den VA auch Anteil hat an der die Kürzung bewirkenden Versorgung; ausf *Rehme* aaO Rn 488 ff). VI greift deshalb nur ein im Falle einer Konkurrenz von Versorgungsanrechten iSv § 1587 I 1 (nicht bei Zusammentreffen mit Erwerbseinkommen, Renten aus einer Unfallversicherung oder Kapitalzahlungen) und nur bei einem ehezeitbezogenen, die Versorgungsbilanz (Rn 2 f) beeinflussenden Konkurrenzverhältnis (nicht bei Kürzung als Folge eines aus vor- oder nachehelicher Zeit bestehenden Versorgungsanrechts; insoweit ist sie allein vom Inhaber des beamtenrechtlichen Anrechts zu tragen; BGH FamRZ 00, 746, 747).

74 **Anwendung der Ruhensbestimmungen: VIHS 1.** Die Norm regelt das Zusammentreffen mehrerer (innerstaatlicher) beamtenrechtlicher Versorgungsanrechte (§ 54 BeamtVG, § 55 SVG; bei Konkurrenz mit internationalen Versorgungen gilt VI Hs 2; Rn 75). Die Berechnung des Ehezeitanteils ist im Hinblick auf die gleichartige Struktur der konkurrierenden Anrechte unproblematisch: Addition der gesamten Versorgungsbezüge (unter Anwendung der für das Ehezeitende geltenden Bemessungsgrundlagen); Kürzung der früheren Versorgung (§ 54 I BeamtVG) bei Überschreiten der Höchstgrenzen des § 54 II BeamtVG (zu weiteren Einzelheiten – Einbeziehung von Anwartschaften und Kindererziehungszuschlag – vgl *Rehme* aaO Rn 493 f mwN); Quotierung der gesamten (ggf gekürzten) Versorgung gem II Nr 1 entspr dem Verhältnis der ehezeitlichen zu den gesamten Dienstzeiten (Rn 19, 20; ohne Doppelanrechnung von Dienstzeiten; BGH FamRZ 96, 98, 102).

75 **VI Hs 2.** Geregelt wird insbes das praktisch bedeutsame Zusammentreffen mit Renten, ferner mit internationalen Versorgungen (BGH FamRZ 88, 273, 274; 96, 98, 102 f) und der Zusatzversorgung des öffentlichen Dienstes (ausf J/H/*Hahne* Rn 83). Die Berechnung des Ehezeitanteils ist schwieriger als gem VI Hs 1 (Rn 74), weil für die konkurrierenden selbständigen Anrechte (die nicht als „Gesamtversorgung" zusammengefasst sind wie bei betrieblichen Anrechten, Rn 44 ff) unterschiedliche, durchgängig zu beachtende Bestimmungen gelten (insbes hinsichtlich des Berechnungsmodus; II Nr 1 zeitratierlich; Rn 13; II Nr 2: teilzeitbezogen, Rn 25; zur Nichtanwendbarkeit der zeitratierlichen Methode nach II Nr 1 auf die gekürzte Versorgung BGH FamRZ 83, 358, 360). Der BGH hat mit dem Ziel der sachgerechten Umsetzung des Teilhabegedankens (Rn 73) eine eigenständige Berechnung entwickelt (FamRZ 83, 358, 360 f und 1005; 96, 98, 103) und daran zu Recht trotz vielfältiger Kritik (in einer Modifikation, BGH FamRZ 00, 746, 747) festgehalten (ausf zum Meinungsstand *Rehme* aaO Rn 484). Danach wird der **Ehezeitanteil** in folgenden **Rechenschritten** ermittelt (ausf *Rehme* aaO Rn 500 ff): Das volle beamtenrechtliche Versorgungsanrecht (1) wird zusammengerechnet (2) mit sämtlichen, (wegen § 55 BeamtVG) auch vorehelich erworbenen Rentenanrechten (unter Anwendung von § 55 IV BeamtVG und grds unabhängig von Wartezeiten gem VII, Rn 76, vorausgesetzt, sie sind noch erfüllbar; vgl Rn 36 aE, 76); danach (3) wird der Ehezeitanteil der ungekürzten beamtenrechtlichen Versorgung gem II Nr 1 ermittelt, anschließend (4) der (gesamte) Ruhensbetrag gem der Höchstgrenze nach § 55 BeamtVG (zur grds Nichtberücksichtigung einer Kürzung auf Grund nachehelicher Veränderung der Verhältnisse BGH FamRZ 00, 749, 750; *Rehme* aaO Rn 502; dort auch zu den Besonderheiten bei Gewährung einer Sonderzahlung); sodann (5) wird der ehezeitlich bedingte Ruhensbetrag festgestellt entspr dem Verhältnis der ehezeitlichen zu den der Rente insgesamt (s Rechenschritt (2)) zugrunde liegenden Entgeltpunkten; der Abzug dieses Betrages (6) von der Zwischensumme (3) ergibt den im VA maßgeblichen Ehezeitanteil der (gekürzten) Beamtenversorgung.

3. VII, VIII (Berücksichtigung zeitlicher Voraussetzungen sowie ehebedingter u familienbezogener
76 **Bestandteile).** VI. Um auch für den häufigen Fall der Entscheidung vor Eintritt des Versorgungsfalls eine umfassende Bilanzierung und damit eine Abbildung der voraussichtlichen künftigen Versorgungslage zu ermöglichen, sind Anwartschaften **grds unabhängig von der Erfüllung zeitlicher Voraussetzungen** (Wartezeiten pp) zu berücksichtigen (weite Anwendung auch auf nicht aufgeführte Faktoren, zB Sperrfrist gem § 5 III BeamtVG; Rn 14; allerdings Beschränkung auf rein zeitliche Umstände, *Rehme* aaO Rn 512). **Ausnahmen:** Zunächst kommt eine Einbeziehung von Anrechten nicht (mehr) in Betracht, wenn und sobald eine spätere Erfüllung der zeitlichen Voraussetzungen ausgeschlossen ist, weil dann kein (potentiell) ausgleichsfähiges Anrecht (mehr) vorliegt (str; wie hier Soergel/*Lipp* Rn 435; BGH FamRZ 96, 98, 101; *Rehme* aaO Rn 510 mN zur Gegenmeinung). Weitere gesetzlich vorgesehene Ausnahmen: Gem S 1 Hs 2 bleibt das Erfordernis der Unverfallbarkeit (Rn 35 ff) unberührt; gem S 2 müssen Zeiten für eine Rente nach Mindesteinkommen erfüllt sein, können jedoch auch nachehezeitlich erfüllt werden und sind dann (bei rückwirkender Zuordnung von Entgeltpunkten zur Ehezeit) zu berücksichtigen (*Rehme* aaO Rn 516 mwN).

77 **VIII.** Nur vorübergehend für die Dauer einer bestehenden Ehe oder die Zeit einer besonderen familiären Lage gewährte Versorgungsbestandteile sind bei der Wertermittlung auszuscheiden (BGH FamRZ 85, 797, 798), zB der Ortszuschlag für verheiratete Beamte (weitere Beispiele bei J/H/*Hahne* Rn 246; *Lipp* aaO

Rn 442 f). Wenn die betr Bestandteile jedoch trotz des besonderen Anlasses die Versorgung dauerhaft erhöhen, sind sie zu berücksichtigen (zB der Kindererziehungszuschlag, Rn 10; weitere Beispiele bei *Lipp* aaO Rn 444; *Rehme* aaO Rn 520).

§ 1587 b Übertragung und Begründung von Rentenanwartschaften durch das Familiengericht

(1) ¹Hat ein Ehegatte in der Ehezeit Rentenanwartschaften in einer gesetzlichen Rentenversicherung im Sinne des § 1587 a Abs. 2 Nr. 2 erworben und übersteigen diese die Anwartschaften im Sinne des § 1587 a Abs. 2 Nr. 1, 2, die der andere Ehegatte in der Ehezeit erworben hat, so überträgt das Familiengericht auf diesen Rentenanwartschaften in Höhe der Hälfte des Wertunterschieds. ²Das Nähere bestimmt sich nach den Vorschriften über die gesetzlichen Rentenversicherungen.
(2) ¹Hat ein Ehegatte in der Ehezeit eine Anwartschaft im Sinne des § 1587 a Abs. 2 Nr. 1 gegenüber einer Körperschaft, Anstalt oder Stiftung des öffentlichen Rechts, einem ihrer Verbände einschließlich der Spitzenverbände oder einer ihrer Arbeitsgemeinschaften erworben und übersteigt diese Anwartschaft allein oder zusammen mit einer Rentenanwartschaft im Sinne des § 1587 a Abs. 2 Nr. 2 die Anwartschaften im Sinne des § 1587 a Abs. 2 Nr. 1, 2, die der andere Ehegatte in der Ehezeit erworben hat, so begründet das Familiengericht für diesen Rentenanwartschaften in einer gesetzlichen Rentenversicherung in Höhe der Hälfte des nach Anwendung von Absatz 1 noch verbleibenden Wertunterschieds. ²Das Nähere bestimmt sich nach den Vorschriften über die gesetzlichen Rentenversicherungen.
(3) ¹Soweit der Ausgleich nicht nach Absatz 1 oder 2 vorzunehmen ist, hat der ausgleichspflichtige Ehegatte für den Berechtigten als Beiträge zur Begründung von Anwartschaften auf eine bestimmte Rente in einer gesetzlichen Rentenversicherung den Betrag zu zahlen, der erforderlich ist, um den Wertunterschied auszugleichen; dies gilt nur, solange der Berechtigte die Voraussetzungen für ein Altersruhegeld aus einer gesetzlichen Rentenversicherung noch nicht erfüllt. ²Das Nähere bestimmt sich nach den Vorschriften über die gesetzlichen Rentenversicherungen. ³Nach Absatz 1 zu übertragende oder nach Absatz 2 zu begründende Rentenanwartschaften sind in den Ausgleich einzubeziehen; im Wege der Verrechnung ist nur ein einmaliger Ausgleich vorzunehmen.
(4) Würde sich die Übertragung oder Begründung von Rentenanwartschaften in den gesetzlichen Rentenversicherungen voraussichtlich nicht zugunsten des Berechtigten auswirken oder wäre der Versorgungsausgleich in dieser Form nach den Umständen des Falles unwirtschaftlich, soll das Familiengericht den Ausgleich auf Antrag einer Partei in anderer Weise regeln; § 1587 o Abs. 1 Satz 2 gilt entsprechend.
(5) Der Monatsbetrag der nach Absatz 1 zu übertragenden oder nach Absatz 2, 3 zu begründenden Rentenanwartschaften in den gesetzlichen Rentenversicherungen darf zusammen mit dem Monatsbetrag der in den gesetzlichen Rentenversicherungen bereits begründeten Rentenanwartschaften des ausgleichsberechtigten Ehegatten den in § 76 Abs. 2 Satz 3 des Sechsten Buches Sozialgesetzbuch bezeichneten Höchstbetrag nicht übersteigen.
(6) Bei der Übertragung oder Begründung von Rentenanwartschaften in der gesetzlichen Rentenversicherung hat das Familiengericht anzuordnen, dass der Monatsbetrag der zu übertragenden oder zu begründenden Rentenanwartschaften in Entgeltpunkte umzurechnen ist.

1. Überblick. Die aus der Bewertung der Anrechte, ihrer Bilanzierung und Saldierung (Verrechnung) folgende Ausgleichspflicht iSv § 1587 a I (ausf vor § 1587 Rn 5 ff, 9 ff; § 1587 a Rn 2 ff) wird **primär in öffentlich-rechtlicher Form** umgesetzt, um dem Berechtigten unmittelbar eine **eigenständige Versorgungsberechtigung** zu verschaffen (vor § 1587 Rn 2, 16), regelmäßig durch eine rechtsgestaltende Entscheidung (vor § 1587 Rn 24). Ziel war ursprünglich ausschließlich die Begründung von Anrechten in der (allgemein zugänglichen) GRV (vor § 1587 Rn 16; unter Einschränkung des Versicherungsfallprinzips; Rn 5); die einzelnen Durchführungswege waren in § 1587 b geregelt. Später, als Folge der **Verfassungswidrigkeit des Abs 3 als genereller Ausgleichsform** (Beitragszahlungspflicht; BVerfGE 63, 88; iE Staud/*Rehme* vor § 1587 Rn 27 f) und als Ersatz dafür kamen weitere Ausgleichsformen hinzu (VAHRG, ALG; vor § 1587 Rn 16), ua der Realteilung als Ausgleich außerhalb der GRV (ausf zur Entwicklung Staud/*Rehme* § 1587 b Rn 3, 10 ff und Einl zum VAHRG Rn 11 ff). § 1587 b ist weiter (vorbehaltlich einer Änderung durch die geplante Strukturreform; Rn 6 ff) die **Grundnorm** für die Durchführung des öffentlich-rechtlichen VA. Sie legt die Grundstruktur des Ausgleichs fest, nämlich die einzelnen an die auszugleichenden Anrechte anknüpfenden **Formen** (Übertragung von Rentenanwartschaften in I, Begründung in II und früher III), einen verbindlichen **Ausgleichsmechanismus** (Rn 3) und einen Ausgleich nur in einer Richtung (**Einmalausgleich**; Rn 4). Diese Struktur wird ergänzt durch **Einzelregelungen**, die die Verknüpfung mit der GRV widerspiegeln (zB Höchstbetragsregelung und Umrechnungsanordnung in V, VI; iE KKFamR/*Rehme* Rn 7), und durch IV (anderweitiger Ausgleich).

2. Allgemeines. a) Gegenstand des öffentlich-rechtlichen VA. Erfasst werden (wie im Rahmen der Versorgungsbilanz; § 1587 a Rn 3) **zunächst alle Versorgungsanrechte** iSv § 1587 (dort Rn 2 ff; Ausnahme: noch verfallbare Anrechte). Dazu gehören auch die ihrer Art nach (mangels spezifischer zugehöriger Ausgleichsform) an sich schuldrechtlich auszugleichenden Anrechte (zB betriebliche Anrechte gegenüber privaten Versorgungsträgern und ausländische Anrechte). Sie sind auf Seiten des Ausgleichsberechtigten bloße Verrechnungsposten; auf Seiten des Verpflichteten ist grds ein (ggf begrenzter) Ausgleich gem § 3 b I VAHRG möglich (m der Einschränkung in § 3 b II VAHRG; s dort Rn 1), ferner eine Vereinbarung gem § 1587 o.

3 **b) Ausgleichsmechanismus nach geltendem Recht.** Der Ausgleich erfolgt in mehreren aufeinander folgenden, klar zu trennenden **Stufen** mit einer **verbindlichen** (bereits aus dem Wortlaut ableitbaren; iE KKFamR/ *Rehme* Rn 12) **Rangfolge**; sie ist durch die neuen ergänzenden Ausgleichsformen (Rn 1) nicht verändert worden (BGH FamRZ 83, 1003, 1004; Stuttg FamRZ 01, 549; zum sachlichen Ziel der Rangfolge, einen ausgewogenen Ausgleich in Bezug auf die Grundversorgungen und die Halbteilung innerhalb der einzelnen Stufen zu gewährleisten, BGH NJW 94, 48, 49; *Rehme* aaO Rn 15): Der Ausgleich ist zunächst, soweit möglich, gem I, dann gem II und schließlich nach den neuen, III ersetzenden Ausgleichsformen vorzunehmen (zur Frage der Rangfolge innerhalb der neuen Ausgleichsformen § 1 VAHRG Rn 6). Das wird dadurch unterstützt, dass im Rahmen der ersten Ausgleichsstufen nur die beiderseitigen Grundversorgungen (§ 1587 a II Nr 1, 2; vgl aber Rn 11) saldiert und die Anrechte des Berechtigten in **umgekehrter Reihenfolge verrechnet** werden; Folge ist, dass die Anrechte des Berechtigten auf der dritten Stufe (neue Ausgleichsformen; Rn 1) nicht unmittelbar zu einer Kürzung der Anrechte des Verpflichteten auf den höherrangigen Stufen führen (m der Folge der Reduzierung eines möglichen Ausgleichs gem I, II), sondern erst nach Verrechnung mit Anrechten ebenfalls auf der dritten Stufe, danach (m einem noch vorhandenen Überschuss) mit Anrechten der Stufe 2 bzw (hilfsweise) der Stufe 1 (München FamRZ 93, 1460, 1461; Stuttg FamRZ 96, 1083; ausf zum Ausgleichsmechanismus KKFamR/*Rehme* Rn 12 ff mwN). Wegen der Rangfolge ist auch eine Erweiterung des Ausgleichs auf den vorrangigen Stufen durch **Auswechselung der Ausgleichsformen unzulässig**, insbes **kein Super-Splitting** (erhöhte Übertragung von Rentenanwartschaften anstelle des Ausgleichs gem II bzw nach VAHRG und ALG; BGH FamRZ 86, 250).

4 Die Rangfolgebestimmungen werden ergänzt durch den **Grundsatz des Einmalausgleichs** (III 3), der für den Ausgleich auf allen Stufen, auch für die neuen Ausgleichsformen gilt (BGH FamRZ 83, 1003, 1004) und entspr für den schuldrechtlichen Ausgleich (J/H/*Hahne* § 1587 g Rn 3). Innerhalb derselben Entscheidung (Ausnahme: § 3 I Nr 6, 7 VAÜG; KKFamR/*Rehme* § 3 VAÜG Rn 14) erfolgt der **Ausgleich in einer Richtung**. **Nur der** gem § 1587 a I 1 (s dort Rn 2 f) insgesamt Ausgleichspflichtige kann auf den einzelnen Stufen ausgleichspflichtig sein (Parallelität der Ausgleichspflichten). Der **Gesamtausgleichsbetrag** gem § 1587 a I 2 bildet die Höchstgrenze für den Ausgleich auf den einzelnen Stufen, auf den nachrangigen Stufen nach Abzug des bereits durch vorrangigen Ausgleich „verbrauchten" Teils (ausf mit Beispielen Staud/*Rehme* Rn 37 ff).

5 **c) Weitere gemeinsame Ausgleichsprinzipien.** Für sämtliche Ausgleichsformen gilt: Die Entscheidung kann einheitlich (bei Ausgleich in einer Stufe; Rn 3) oder in mehreren Teilen (zB gem I und II) erfolgen; für ihre Form ist der Zeitpunkt der Entscheidung maßgeblich (§ 1587 Rn 16); der Bezug einer Altersversorgung auf Seiten des Ausgleichspflichtigen steht einem Ausgleich nicht entgegen, der Vollzug kann jedoch verändert (aufgeschoben oder gemildert) werden (vor § 1587 Rn 35); für den Ausgleich in der GRV sind V und VI zu beachten (Höchstbetrag; Umrechnung, letztere nicht bei Anordnung der Beitragszahlung gem § 3 b I Nr 2 VAHRG). Splitting und Quasi-Splitting gem I, II (anders bei § 1 III VAHRG) erfassen nur die dynamischen Grundversorgungen (vgl Rn 3); der Ausgleich wird auch bei Rentenbezug des Berechtigten durchgeführt (Einschränkung des Versicherungsfallprinzips; vor § 1587 Rn 30; abw bei III, Rn 13); er erfolgt durch rechtsgestaltende Entscheidung (auch bei § 1 III VAHRG; vor § 1587 Rn 24).

6 **d) Ausgleich entspr der geplanten Strukturreform.** Anlass für die Arbeiten an einer Reform des VA war die unzureichende Erfassung der unterschiedlichen Dynamik der Versorgungsanrechte durch die BarwertVO mit der Folge einer auch nach deren Neufassung noch vorhandenen (zT erheblichen) Unterbewertung (§ 1587 a Rn 61). Die Vorschläge der **Kommission „Strukturreform des VA"** (Abschlussbericht von 27. 10. 04) gehen über eine Lösung des Ausgangsproblems hinaus. Anstelle des Einmalausgleichs (Rn 4) soll ein getrennter Ausgleich innerhalb von 2 Gruppen von Anrechten erfolgen: in Gruppe 1 der Ausgleich der Regelsicherungssysteme (neben § 1587 a II Nr 1, 2 insbes die Alterssicherung der Landwirte und die berufsständische Versorgung der verkammerten freien Berufe) durch Saldierung auf Nominalwertbasis ohne Umrechnung; in Gruppe 2 der Ausgleich der ersetzenden oder ergänzenden Altersvorsorge (betriebliche Altersvorsorge und Zusatzversorgung des öffentlichen Dienstes) im Wege der Verrechnung auf Kapitalwertbasis. Eine Abänderung soll nur in Gruppe 1 (begrenzt auf nachträgliche Umstände ohne Fehlerkorrektur), nicht in Gruppe 2 möglich sein.

7 Die Vorschläge sind **abzulehnen** (ausf insbes *Bergner*, ua DRV 05, 72 und SGb 05, 76; *Rehme* FuR 05, 145, 214; KKFamR/*Rehme* Rn 17 a–e). Sie verlassen durch die Bildung von Gruppen mit unterschiedlichen Ausgleichsprinzipien und verfahrensrechtlicher Ausgestaltung ohne zwingenden Grund und mit erheblichem verfassungsrechtlichen Risiko (insbes durch Gleichbewertung von Anrechten unter willkürlicher Ausblendung unterschiedlicher Dynamik und durch Einschränkung der Abänderungsmöglichkeit) das bisherige einheitliche Verständnis des Zwecks des VA (Ausgleich des in der Ehe erworbenen Zuwachses an Versorgungsanrechten entspr dem

Grundsatz eines nachhaltig, dh mit Abänderungsmöglichkeit, an den tatsächlichen Versorgungswerten ausgerichteten Halbteilungsgrundsatzes; vor § 1587 Rn 1, 9; § 10a VAHRG Rn 1), sie geben den der Klarheit und Vereinfachung dienenden Grundsatz des Einmalausgleichs auf, ohne Alternativlösungen im Rahmen des bisherigen Ausgleichssystems zu prüfen (durch Modifizierung und Ergänzung des Ausgleichsmediums der GRV; Rn 8); sie schaffen eine zT neue, für Parteien und Richter ungewohnte Begriffsbildung („anerkannte Regeln der Versicherungsmathematik"), die durch fehlende Transparenz die Beliebigkeit der Anwendung u/oder (durch Einholung von Gutachten) die kosten- und zeitaufwändige Belastung des Verfahrens fördert und neuen Anlass für richterlichen Frust in dem ohnehin „ungeliebten" Rechtsgebiet des VA (oder neue Argumente für eine Abschaffung der Entscheidung über den VA iVm der Scheidung) geben kann.

Anstelle der Vorschläge der Kommission (m vorschneller Fokussierung auf Probleme der Anrechte der 8 Gruppe 2 – Rn 6 –, die erst künftig praktische Relevanz erlangen) sind **Alternativlösungen** möglich, das geltende Ausgleichssystem entspr seinem Zweck (Rn 7) durch bedarfsgerechte Problembehandlung (vgl dazu auch § 1587a Rn 32 aE, 38, 50) behutsam weiterentwickeln. Konkrete Vorschläge mit umfangreichen (der Transparenz – Rn 7 – dienenden) Einzelberechnungen sind insbes von *Bergner* aus Anlass der verfassungsrechtlichen Bedenken gegen die BarwertVO gemacht, zT von der Rspr übernommen (§ 1587a Rn 61 f mN) und später fortgeführt worden (Rn 7). Sie sind mit minimalem Gesetzgebungsaufwand zu realisieren und lösen zumindest mittelfristig das Ausgangsproblem (Rn 6) ohne nachhaltige sachliche Defizite und ohne eine spätere Strukturreform zu blockieren. Sie sollten deshalb vom Gesetzgeber auf ihre praktische Anwendbarkeit geprüft werden, zumal die Umsetzung der Kommissionsvorschläge wegen der genannten grds, zusätzlichen verbandspolitischen und rechtstechnischen Bedenken in absehbarer Zeit ausscheidet (KKFamR/*Rehme* Rn 17e; zur Unzulässigkeit einer bloßen Verlängerung der Geltungsdauer der BarwertVO vgl § 1587a Rn 62).

3. I (Splitting). Voraussetzung ist, dass der insgesamt Ausgleichspflichtige (Rn 4) Rentenrechte gem 9 § 1587a II 2 Nr 2 hat, die **allein** (ohne sonstige Anrechte) die Anrechte des Berechtigten gem § 1587a II Nr 1 **und** 2 übersteigen. Die **Saldierung** gem I erfasst also nur die vorstehend genannten Anrechte, in unterschiedlichem Umfang auf Seiten der Beteiligten (Folge: Schonung der Rentenrechte des Verpflichteten; iE Staud/*Rehme* Rn 32). Das Familiengericht **überträgt Rentenanwartschaften** in Höhe der Hälfte des Wertunterschiedes (Saldos gem I), begrenzt durch den Gesamtausgleichsbetrag (Rn 4); ein höherer Saldo wird reduziert, wenn der Berechtigte seinerseits einen nach Verrechnung in umgekehrter Reihenfolge (Rn 3) noch vorhandenen Überschuss bei den der dritten Ausgleichsstufe unterliegenden Anrechte hat (iE mit Beispielen KKFamR/*Rehme* Rn 29ff).

Zum **Verfahren** (streitiges FGG-Verfahren, Beteiligung der Versorgungsträger, rechtsgestaltende Entscheidung 10 mit deklaratorischem Vollzug durch die Versorgungsträger) und zu den **Rechtsfolgen** (Zu- oder Abschlag an Entgeltpunkten, Abwendung oder Milderung der Kürzung) wird auf die Erläuterungen vor § 1587 Rn 18ff, 24ff, 30ff Bezug genommen (iE KKFamR/*Rehme* Rn 37ff). Der dem zu übertragenden Monatsbetrag üblicherweise beigefügte Zusatz „bezogen auf den ..." (Datum des Ehezeitendes) und die gem VI erfolgende Anordnung der Umrechnung in Entgeltpunkte drücken aus, dass der angegebene DM oder €-Betrag nur den Wert zum Ehezeitende bezeichnet, der entspr den Änderungen des aktuellen Rentenwerts (§ 1587a Rn 24) angepasst wird.

4. II (Quasi-Splitting). II setzt die **Saldierung** der Grundversorgungen (§ 1587a II Nr 1, 2) fort, wiederum 11 (vgl Rn 9) mit Unterschieden auf Seiten der Beteiligten (zur Berechnung nach Durchführung eines Splittings vgl nachstehende). Auf Seiten des Berechtigten werden wie bei I sämtliche Anrechte gem § 1587a II Nr 1 und 2 erfasst, auf Seiten des Verpflichteten neben den Rentenrechten zusätzlich die **Anrechte gem § 1587a II Nr 1**, aber **nur teilweise**, nämlich soweit sie gegenüber öffentlich-rechtlichen Versorgungsträgern bestehen (einschl der in II genannten privatrechtlichen Zusammenschlüsse; Grund: Verringerung des Risikos bei der Erstattung von Aufwendungen gem § 225 SGB VI; BGH FamRZ 85, 794, 795). Die Abgrenzung gegenüber privatrechtlich organisierten Versorgungsträgern erfolgt (wie bei § 1 III VAHRG) rein formal nach der Rechtsform unabhängig von einem dem öffentlichen Interesse dienenden Zweck (zB keine Anwendung des II auf private Schulen, privatrechtlich geführte oder organisierte kommunale Versorgungsbetriebe, Pensionskassen uä; BGH NJW-RR 87, 66 und 1092, 1094; FamRZ 86, 248). Bezüglich der Anrechte der **Beamten auf Widerruf und der Zeitsoldaten** (§ 1587a Rn 7) hat der BGH (FamRZ 81, 856; 82, 362; iE Staud/*Rehme* Rn 82 mN zur Gegenmeinung) wegen der sachlichen Nähe zum Beamtenrecht zutr eine analoge Anwendung des II bejaht; sie entfällt bei nachehezeitlicher Klärung des Ausgleichsform (§ 1587 Rn 16) durch Ernennung zum Beamten auf Probe pp oder mit Durchführung der Nachversicherung (dann direkte Anwendung des II bzw I; BGH FamRZ 82, 362 und 154; ferner NJW-RR 88, 1410).

Voraussetzung ist, dass die gem der Aufzählung in II (Rn 11) zu saldierenden Anrechte des insgesamt Ver- 12 pflichteten (Rn 4) die des Berechtigten übersteigen. Das Familiengericht **begründet Rentenanwartschaften** in Höhe der Hälfte des Wertunterschiedes (Saldos gem II), begrenzt auf den Gesamtausgleichsbetrag nach Abzug des vorrangigen Splittings (Rn 4 aE; Beispiel KKFamR/*Rehme* Rn 49). Bei der Ermittlung des Wertunterschiedes nach Durchführung eines Splittings werden unterschiedliche Rechenwege vorgeschlagen (m oder ohne Berücksichtigung der beim Ausgleich gem I „verbrauchten" beiderseitigen Anrechte; iE *Rehme* aaO

Rn 52 ff Staud/*Rehme* Rn 90 ff; jeweils mit Beispielen und wN); dies ist bei gleichem Ergebnis ohne praktische Relevanz. Problematisch ist die **Einbeziehung (voraussichtlich) wertloser Rentenanwartschaften auf Seiten des Verpflichteten**, zB bei Erwerb von Rentenanrechten in geringem Umfang und ohne Erfüllung der Wartezeiten vor Eintritt in den öffentlichen Dienst. Grds gilt § 1587a VII; wenn die fehlende Erfüllbarkeit der Wartezeiten jedoch feststeht (etwa wegen § 7 II SGB VI), ist das Rentenanrecht nicht (mehr) zu bilanzieren (§ 1587a Rn 76 mwN; ausf Staud/*Rehme* Rn 102 ff mwN). Für das **Verfahren** gilt Entspr wie beim Splitting, ebenso für die **Rechtsfolgen** auf Seiten des Berechtigten (Rn 10). Die beim Verpflichteten eintretende Kürzung der Versorgung (§ 57 BeamtVG, § 55 c SVG) kann vermieden oder gemildert werden (vor § 1587 Rn 34 f).

13 **5. III (Beitragszahlung).** Nach Wegfall des III als generelle Ausgleichsform (Rn 1) hat die Beitragszahlung praktische Bedeutung (neben der begrenzten Anwendung gem § 3 b I Nr 2 VAHRG) nur noch im Rahmen von **Vereinbarungen** gem § 1587o (auch zur Vermeidung unerwünschter Folgen des Splittings; KK-FamR/ *Rehme* vor § 1587 Rn 166). Gem III 1 Hs 2 (insoweit nicht verfassungswidrig) gilt das **Versicherungsfallprinzip** (vor § 1587 Rn 30); es ist abw vom Wortlaut durch zahlreiche Modifikationen abgemildert (iE *Rehme* aaO Rn 145 ff). Für das **Verfahren** (vor § 1587 Rn 18) gilt § 53 e FGG, für die Vollstreckung § 53 g III FGG.

14 **6. IV bis VI (Ergänzende Regelungen). a) IV (Ausgleich in anderer Weise).** IV erlaubt abw vom verbindlich ausgestalteten Ausgleichsmechanismus (Rn 3) für zwei Fallgruppen eine andere Regelung des VA (zum Normzweck *Rehme* aaO Rn 65), über den Wortlaut hinaus auch für die III ersetzenden (Rn 1) neuen Ausgleichsformen (einschl der Realteilung; unstr, zB BGH FamRZ 93, 172). **Voraussetzung** für die erste Gruppe (Hs 1 1. Alt) ist eine (voraussichtliche) Verfehlung des Zwecks, dem Berechtigten über den VA eine eigenständige (zusätzliche) Versorgung zu verschaffen: das ist gegeben bei fehlender Erfüllbarkeit der Wartezeit oder fehlender Nutzbarkeit der durch den VA erlangten Anrechte wegen des Eingreifens von Ruhensvorschriften (iE J/H/*Hahne* Rn 45 mwN), grds nicht bei Nichterfüllung der zusätzlichen Voraussetzungen für eine Rente wegen Erwerbsminderung (Vorrang der Alterssicherung; hM, zB BGH FamRZ 84, 667). Die zweite Gruppe (Hs 1 2. Alt) erfordert eine Unwirtschaftlichkeit des VA, dh ein Missverhältnis bei den Auswirkungen auf Seiten des Verpflichteten und des Berechtigten. Es wird bei einem Erwerb von (nutzbaren) Rentenanrechten grds nicht angenommen (Staud/*Rehme* Rn 120 mwN) trotz der gegenwärtig geringen Rentendynamik (§ 1587a Rn 65 aE). Etwas anderes kommt in Betracht, wenn im Einzelfall der geringfügige Erwerb von Rentenanrechten keine sinnvolle Ergänzung zu einer abw gestalteten Altersvorsorge darstellt (*Hahne* aaO Rn 46; *Rehme* aaO Rn 121).

15 Das Familiengericht hat bei der anderweitigen Regelung einen **weiten Ermessensspielraum**, der durch entspr Antragstellung (s nachstehend) eingeschränkt werden kann (BGH FamRZ 82, 988; *Hahne* aaO Rn 48). Möglich sind zB die Anordnung des schuldrechtlichen VA (§ 1587 f Nr 5; evtl nachteilig wegen § 3 a III VAHRG) oder von Kapitalzahlungen (zB bei geringem Ausgleichsbetrag), die Übertragung oder Aufteilung von Vermögenswerten usw (Einzelfälle bei Soergel/*Lipp* Rn 285; *Rehme* aaO Rn 124). Das **Verfahren** erfordert den (noch in zweiter Instanz möglichen) Antrag **einer** Partei, auch des Verpflichteten (BGH FamRZ 83, 263, 265), nicht eines Versorgungsträgers (Schutzzweck des IV ausschließlich zugunsten der Ehegatten; Stuttg FamRZ 05, 1569, 1570). Abw vom Wortlaut („soll") muss das Gericht nach Antragstellung gem IV entscheiden (BGH aaO und FamRZ 82, 998), ggf als Teilregelung erg zu I, II (BGH BGH NJW 81, 1689, 1696). Ohne Antrag erfolgt der VA in der vorgeschriebenen Form (insbes Rn 3 f) unabhängig von den in IV bezeichneten Umständen.

16 **b) V, VI (Höchstbetrag und Umrechnung in Entgeltpunkte).** V erstreckt (klarstellend) die zwingende rentenrechtliche Begrenzung auf den Erwerb von zwei Entgeltpunkten in Jahr auf den VA; sie gilt für alle Formen der Begründung von Rentenanrechten, auch gem § 1 III, § 3 b I Nr 1, 2 VAHRG (BGH FamRZ 89, 720) und für Vereinbarungen gem § 1587 o (s Rn 13 und *Lipp* aaO Rn 286), nicht für die Realteilung, soweit sie außerhalb der GRV vollzogen wird. Die Ermittlung des **Höchstbetrages** richtet sich nach § 76 II 3 SGB VI; er ist regelmäßig in den Auskünften der Versorgungsträger angegeben (zur Ermittlung durch den Familienrichter MüKo/*Dörr* Rn 56); dabei sind Anrechte auszuscheiden, die in der Ehezeit durch Beitragsnachzahlung für Zeiten vor der Ehe erworben sind (BGH FamRZ 91, 420; iE *Lipp* aaO Rn 286; *Rehme* aaO Rn 134). Bei ausschließlicher Berücksichtigung **angleichungsdynamischer Anrechte** (§ 1 II VAÜG) auf Seiten des Berechtigten ist der aktuelle Rentenwert (Ost) maßgeblich (BGH FamRZ 05, 432; str; zur Berücksichtigung von angleichungs- und nichtangleichungsdynamischen Anrechten Jena FamRZ 05, 1570). Eine Übertragung pp von Rentenanrechten **über den Höchstbetrag hinaus** (evtl Berichtigung gem § 319 ZPO; Frankf FamRZ 04, 1727) ist **unwirksam** (Durchbrechung der Rechtskraft; *Lipp* aaO Rn 287; *Dörr* Rn 60; aA J/H/*Hahne* Rn 49).

17 Der bei einem Ausgleich gem I, II rechnerisch genau festzulegende Ausgleichsbetrag wird gem § 76 II, IV SGB VI in die dynamische Rechengröße der Entgeltpunkte – Entgeltpunkte (Ost) beim Ausgleich angleichungsdynamischer Anrechte (§ 3 I Nr 5 VAÜG; §§ 254b, d SGB VI) – umgewandelt; diese Dynamik soll gem VI bereits im Tenor durch Anordnung der **Umrechnung** zum Ausdruck kommen (Rn 10 aE).

Anhang zu § 1587b

Gesetz zur Regelung von Härten im Versorgungsausgleich (VAHRG)
vom 21. Februar 1983 (BGBl I S 105)

I. Maßnahmen zur Beseitigung der Beitragszahlungspflicht im Versorgungsausgleich

§ 1 Realteilung; Quasi-Splitting

(1) Sind im Versorgungsausgleich andere als die in § 1587b Abs. 1 und 2 des Bürgerlichen Gesetzbuchs genannten Anrechte auszugleichen, so gelten an Stelle des § 1587b Abs. 3 Satz 1 des Bürgerlichen Gesetzbuchs die nachfolgenden Bestimmungen.
(2) ¹Wenn die für ein Anrecht des Verpflichteten maßgebende Regelung dies vorsieht, begründet das Familiengericht für den anderen Ehegatten ein Anrecht außerhalb der gesetzlichen Rentenversicherung (Realteilung). ²Das Nähere bestimmt sich nach den Regelungen über das auszugleichende und das zu begründende Anrecht.
(3) Findet ein Ausgleich nach Absatz 2 nicht statt und richtet sich das auszugleichende Anrecht gegen einen öffentlich-rechtlichen Versorgungsträger, so gelten die Vorschriften über den Ausgleich von Anrechten aus einem öffentlich-rechtlichen Dienstverhältnis (Quasi-Splitting) sinngemäß.

1. **Einleitung zum VAHRG.** Das VAHRG ist in seiner Entstehung und weiteren Ausformung (vor allem: Schaffung von Härteregelungen, §§ 4 ff; Einführung neuer Ausgleichsformen als Ersatz für die Beitragszahlung, § 1 II, III; 3b; Maßnahmen zur Verbesserung des schuldrechtlichen VA, § 3a; umfassende Korrekturmöglichkeit, § 10a) weitgehend durch Entscheidungen des BVerfG geprägt worden (§ 1587b Rn 1; ausf Staud/*Rehme* Einl zum VAHRG Rn 1 ff, 12 ff; Überblick KKFamR/*Rehme* Rn 1 ff). Die ursprünglich befristeten Regelungen sind seit langem Dauerrecht. Das VAHRG enthält keine Vorschriften zur Wertermittlung (vor § 1587 Rn 9 ff; insbes §§ 1587a, 1587g II BGB bleiben unberührt), sondern (neben verfahrensrechtlichen Bestimmungen, §§ 10d, 11, 13) ausschließlich Regelungen zur **Durchführung und Umsetzung des VA**, und zwar lediglich ergänzend zu den die Ausgleichsstruktur bestimmenden Vorschriften des BGB (§ 1587b Rn 1, 3f; zur geplanten Strukturreform § 1587b Rn 6ff). Soweit subsidiär der schuldrechtliche VA zur Anwendung kommt (§ 2), gelten die §§ 1587b bis n BGB. **I** ersetzt die Beitragszahlungspflicht gem § 1587b III 1 BGB durch die „nachfolgenden Bestimmungen", zu denen außer II und III auch § 3b und ggf § 2 gehören. Der **Anwendungsbereich** der **neuen Ausgleichsformen** erfasst grds alle Versorgungsanrechte (mit Ausnahme der noch verfallbaren Anrechte; § 1587a Rn 3, § 1587b Rn 2), soweit sie nicht nach § 1587b I, II BGB auszugleichen sind (dh Anrechte gem § 1587a II Nr 3 bis 5, V BGB, ferner teilweise Anrechte nach § 1587a II Nr 1 BGB, soweit sie sich nicht gegen die in § 1587b II BGB genannten Versorgungsträger richten).

2. **II (Realteilung). Allgemeines.** Die Realteilung (gesetzlich geregelte Sonderform: §§ 43, 110 ALG) ist die einzige Form des öffentlich-rechtlichen Ausgleichs **außerhalb der GRV** (Folgen: keine Geltung von § 1587b V, VI und des Verbots des Super-Splittings; § 1587o Rn 3). Sie kann wegen fehlender deutscher Gerichtshoheit im Ausland nur für **inländische Anrechte** angeordnet werden (iE Staud/*Rehme* Rn 9 iVm § 1587b Rn 50). Grundvoraussetzung (II 1) ist die **Zulassung** in der maßgeblichen Versorgungsordnung; sie kann generell (Satzung pp) oder durch Einzelfallregelung erfolgen (BGH FamRZ 97, 169, 170) und an zusätzliche Bedingungen geknüpft werden (zB Mindestbetrag; Naumbg FamRZ 01, 1305). Eine Zustimmung des Versorgungsberechtigten (Ausgleichspflichtigen oder Erben) oder des Ausgleichsberechtigten ist nicht erforderlich (BGH aaO 171; KKFamR/*Rehme* Rn 9). Wegen der Ausformung iE besteht ein weiter **Gestaltungsspielraum** des Versorgungsträgers (BGH NJW-RR 89, 387, 388), wenn auch unter Beachtung gewisser Mindestanforderungen (Rn 3). Das Anrecht für den Berechtigten kann (durch rechtsgestaltende Entscheidung; vor § 1587 Rn 24) beim Träger der auszugleichenden Versorgung oder bei einem anderen Versorgungsträger begründet werden (iE Müko/*Gräper* Rn 36). Zum **Verfahren** vgl § 11 I (vor § 1587 Rn 18 ff; ua Beteiligung der materiell betroffenen Versorgungsträger).

3. **Mindestanforderungen hinsichtlich der Ausgestaltung und entsprechender Kontrollpflicht des Familienrichters.** Die Realteilung als Form des öffentlich-rechtlichen VA muss dem Berechtigten ein eigenständiges Anrecht verschaffen (vor § 1587 Rn 2) und darf (unter Heranziehung des Rechtsgedankens des § 1587b IV BGB) nicht zu m dem Halbteilungsgrundsatz schlechthin unvereinbaren Ergebnissen führen (BGH FamRZ 98, 421, 423 mwN). Andernfalls wird das Familiengericht idR von Amts wegen die Realteilung ablehnen (BGH aaO; Staud/*Rehme* Rn 16 mwN, auch zu Ausnahmen). Es ist dann vorrangig ein Ausgleich gem § 3b oder § 1587b IV BGB zu prüfen, an letzter Stelle § 2. **Unzulässig** ist eine **Änderung der Versorgungsregelung** zwecks Anpassung an die Mindestanforderungen (BGH FamRZ 97, 1470, 1471).

4. **Mindestanforderungen iE.** Erforderlich ist ein von der Person des Verpflichteten und seinem Überleben unabhängiges Anrecht (zu weiteren Einzelheiten BGH FamRZ 85, 799, 800 und KKFamR/*Rehme* Rn 17

mwN: keine bloße Abtretung oder unwiderrufliches Bezugrecht), und zwar als laufende Rente mit grds lebenslanger Altersversorgung ab dem 65. Lebensjahr; ausreichend ist aber grds eine **gleiche Versorgungsqualität** wie beim auszugleichenden Anrecht (iE *Rehme* aaO mwN), wobei die Mitversicherung der Minderung der Erwerbsfähigkeit nicht immer zu verlangen, auch nicht immer möglich ist (BGH FamRZ 99, 158; iE Staud/*Rehme* Rn 20 mwN). Die Festlegung der **Höhe des Ausgleichsbetrages**, insbes die rechnerische Aufteilung des auszugleichenden Anrechts unterliegt ebenfalls grds der Gestaltungsfreiheit des Versorgungsträgers (Rn 2; zu den unterschiedlichen Anknüpfungen J/H/*Hahne* Rn 14 ff; KKFamR/Rehme Rn 20 f mwN; Nürnbg FamRZ 05, 1486; Karlsr FamRZ 05, 1752 f). Das Bestehen einer **Härteregelung** ist für die Realteilung nicht vorgeschrieben; öffentlich-rechtliche Versorgungsträger können sich jedoch durch die Wahl der Realteilung nicht der für § 1 III (über § 10) vorgeschriebenen Anwendung der §§ 4 bis 8 entziehen (BGH FamRZ 93, 298); private Versorgungsträger haben mehr Spielraum (Rn 2), vorbehaltlich einer konkreten unangemessenen Benachteiligung im Einzelfall (BGH FamRZ 97, 1470, 1471; 05, 1063).

5 **3. III (Analoges Quasi-Splitting).** III setzt voraus, dass sich das betreffende (noch nicht anderweitig ausgeglichene; zur Rangfolge Rn 6) Anrecht gegen einen **inländischen** (vgl Rn 2 zur Realteilung) **öffentlich-rechtlichen Versorgungsträger** richtet; die Abgrenzung erfolgt (wie bei § 1587 b II BGB; s dort Rn 11) rein formal nach der Rechtsform unabhängig vom Charakter des Rechtsverhältnisses zwischen Versorgungsträger und Versichertem (Beispiele: Zusatzversorgung des öffentlichen Dienstes, berufsständische Versorgungswerke insbes der „verkammerten"freien Berufe der Ärzte, Apotheker, Architekten pp, Anrechte der Abgeordneten und Regierungsmitglieder; iE *Hahne* aaO Rn 26 ff; zu Beamten auf Widerruf und Zeitsoldaten § 1587 b Rn 11). Für das **Verfahren** gilt § 11 I (vgl Rn 2 aE), **Entscheidung** und **Rechtsfolgen** entsprechen § 1587 b II BGB (vor § 1587 Rn 24, 30, 33: rechtsgestaltende Begründung von Anrechten in der GRV, nicht bei sonstigen Versorgungsträgern; BGH FamRZ 01, 477, 478 f).

6 **4. Rangfolge der Ausgleichsformen u Verrechnung (Saldierung) der beiderseitigen Anrechte.** Die verbindliche Rangfolge ist durch die neuen Ausgleichsformen (Rn 1) nicht verändert worden (§ 1587 b Rn 3); sie sind wie die durch sie ersetzte Beitragszahlung nachrangig gegenüber § 1587 b I, II BGB. Untereinander sind sie zunächst (als „dritte" Stufe) gleichrangig. Der Gleichrang ist gesetzlich modifiziert in Bezug auf den **Ausgleich des jeweiligen *einzelnen*** Anrechts: Insoweit ist II vorrangig gegenüber III anzuwenden; beide Formen sind vorrangig gegenüber § 2 (schuldrechtlicher VA), aber auch gegenüber § 3 b; dieser wiederum ist als Teil des ergänzenden öffentlich-rechtlichen VA vor dem subsidiären (§ 1587 f Rn 3) schuldrechtlichen VA durchzuführen, allerdings nicht gegen den Willen des Berechtigten (§ 3 b Rn 1; zum Wahlrecht § 1587 f Rn 3).

7 Davon zu trennen ist die Frage der **Verrechnung (Saldierung)** der ***beiderseitigen*** Anrechte: Sie entscheidet darüber, welche Anrechte des Verpflichteten letztlich (nach teilweisem „Verbrauch" durch gegenseitige Saldierung) für den Ausgleich herangezogen werden. Für den Ausgleich auf den beiden ersten Stufen (§ 1587 b I, II BGB) ist die Verrechnung vorgeschrieben (§ 1587 b Rn 3); eine entsprechende Regelung für die „dritte" Stufe fehlt. Früher sehr str war diese Frage bei einem Wertüberschuss des Verpflichteten auf der dritten Stufe und dort auszugleichenden **Anrechten mehrerer Ausgleichsformen** (zB Anrechte gem I und II nebeneinander; zu den weiteren unproblematischen Fallgestaltungen – Anrechte nur einer Ausgleichsform der dritten Stufe oder Wertüberschuss des Berechtigten – KKFamR/*Rehme* Rn 32); der BGH hat sie zutr iSd sog **Quotierungsmethode** entschieden (FamRZ 94, 90; 01, 477, 478; München FamRZ 04, 640), dh einer dem Wertverhältnis aller (einschl der gem § 2 schuldrechtlich auszugleichenden) Anrechte entspr Verrechnung; sie kann, weil nicht verbindlich bestimmt, aus übergeordneten Gründen modifiziert werden (BGH FamRZ 01, 477, 478 ausf Staud/*Rehme* Rn 46 ff).

§ 2 Schuldrechtlicher Versorgungsausgleich

Soweit der Ausgleich nicht nach § 1 durchgeführt werden kann, findet der schuldrechtliche Versorgungsausgleich statt.

1 § 2 ergänzt die in § 1587 f BGB (früher enumerativ) aufgezählten Fälle des schuldrechtlichen VA (§ 1587 f Rn 5). Die nicht von den neuen öffentlich-rechtlichen Ausgleichsformen (einschl § 3 b; § 1 Rn 1) erfassten Anrechte werden subsidiär dem schuldrechtlichen VA zugewiesen (iE KKFamR/*Rehme* Rn 1); das betrifft vor allem die private betriebliche Altersversorgung und private Rentenversicherung (ohne Realteilung), ferner ausländische Anrechte (iE J/H/*Hahne* Rn 1 f). Auf Grund der pauschalen Verweisung gelten die §§ 1587 g bis n BGB einschl der Ergänzung durch § 3 a, ferner die allgemeinen Vorschriften über das **Verfahren** (§ 1587 f Rn 7), insbes das in § 2 nicht erwähnte Antragserfordernis (§ 3 b als mögliche vorrangige Ausgleichsform ist allerdings vorbehaltlich eines Widerspruchs des Berechtigten von Amts wegen zu prüfen).

§ 3 Entsprechende Anwendung des BGB

Soweit die Vorschriften des Bürgerlichen Gesetzbuchs über den Versorgungsausgleich auf einen Ausgleich nach diesem Gesetz nicht unmittelbar anzuwenden sind, gelten sie sinngemäß.

Die Norm stellt klar, dass nicht unmittelbar anwendbare Vorschriften des BGB über den VA sinngemäß gelten, zB § 1587 b IV, V und § 1587 e (ausf J/H/*Hahne* Rn 4 ff; Soergel/*Lipp* Rn 3 ff). 1

I a. Verlängerung des schuldrechtlichen Versorgungsausgleichs

§ 3 a Verlängerung des schuldrechtlichen Versorgungsausgleichs

(1) ¹Nach dem Tod des Verpflichteten kann der Berechtigte in den Fällen des schuldrechtlichen Versorgungsausgleichs von dem Träger der auszugleichenden Versorgung, von dem er, wenn die Ehe bis zum Tode des Verpflichteten fortbestanden hätte, eine Hinterbliebenenversorgung erhielte, bis zur Höhe dieser Hinterbliebenenversorgung die Ausgleichsrente nach § 1587 g des Bürgerlichen Gesetzbuchs verlangen. ²Für die Anwendung des § 1587 g Abs. 1 Satz 2 des Bürgerlichen Gesetzbuchs ist nicht erforderlich, dass der Verpflichtete bereits eine Versorgung erlangt hatte. ³Sind mehrere Anrechte schuldrechtlich auszugleichen, so hat jeder Versorgungsträger die Ausgleichsrente nur in dem Verhältnis zu entrichten, in dem das bei ihm bestehende schuldrechtlich auszugleichende Anrecht zu den insgesamt schuldrechtlich auszugleichenden Anrechten des Verpflichteten steht. ⁴Eine bereits zu entrichtende Ausgleichsrente unterliegt den Anpassungen, die für die Hinterbliebenenversorgung maßgebend sind.
(2) Absatz 1 findet keine Anwendung, wenn die für das auszugleichende Anrecht maßgebende Regelung in dem Zeitpunkt, in dem der Anspruch nach Absatz 1 bei dem Versorgungsträger geltend gemacht wird,
1. für das Anrecht eine Realteilung vorsieht, oder
2. dem Berechtigten nach dem Tod des Verpflichteten einen Anspruch gewährt, der dem Anspruch nach Absatz 1 bei Würdigung aller Umstände allgemein gleichwertig ist.
(3) ¹Absatz 1 findet keine Anwendung in den Fällen des § 1587 f Nr. 5 in Verbindung mit § 1587 b Abs. 4 des Bürgerlichen Gesetzbuchs. ²In den Fällen des § 1587 f Nr. 5 in Verbindung mit § 1587 o des Bürgerlichen Gesetzbuchs gilt Absatz 1 insoweit nicht, als die vereinbarte Ausgleichsrente die nach dem Gesetz geschuldete Ausgleichsrente übersteigt und der Versorgungsträger nicht zugestimmt hat.
(4) ¹Eine an die Witwe oder den Witwer des Verpflichteten zu zahlende Hinterbliebenenversorgung ist in Höhe der nach Absatz 1 ermittelten und gezahlten Ausgleichsrente zu kürzen. ²Die Kürzung erfolgt auch über den Tod des Berechtigten hinaus. ³Satz 2 gilt nicht, wenn der Versorgungsträger nach Absatz 1 nur Leistungen erbracht hat, die insgesamt zwei Jahresbeträge der auf das Ende des Leistungsbezuges berechneten Ausgleichsrente nicht übersteigen. ⁴Hat er solche Leistungen erbracht, so sind diese auf die an die Witwe oder den Witwer des Verpflichteten zu zahlende Hinterbliebenenversorgung anzurechnen.
(5) ¹Ist eine ausländische, zwischenstaatliche oder überstaatliche Einrichtung Träger der schuldrechtlich auszugleichenden Versorgung, so hat die Witwe oder der Witwer des Verpflichteten auf Antrag die entsprechend den vorstehenden Absätzen ermittelte Ausgleichsrente zu entrichten, soweit die Einrichtung an die Witwe oder den Witwer eine Hinterbliebenenversorgung erbringt. ²Leistungen, die der Berechtigte von der Einrichtung als Hinterbliebener erhält, werden angerechnet.
(6) In den Fällen der Absätze 1, 4 und 5 gelten § 1585 Abs. 1 Sätze 2 und 3, § 1585 b Abs. 2 und 3, § 1587 d Abs. 2, § 1587 h und § 1587 k Abs. 2 Satz 1 des Bürgerlichen Gesetzbuchs entsprechend.
(7) Der Versorgungsträger wird bis zum Ablauf des Monats, der dem Monat folgt, in dem er von der Rechtskraft der Entscheidung über die Ausgleichsrente nach Absatz 1 Kenntnis erlangt,
1. gegenüber dem Berechtigten befreit, soweit er an die Witwe oder den Witwer des Verpflichteten Leistungen erbringt, welche die um die Ausgleichsrente nach Absatz 1 gekürzte Hinterbliebenenversorgung übersteigen;
2. gegenüber der Witwe oder dem Witwer des Verpflichteten befreit, soweit er an den Berechtigten nach Maßgabe eines gegen den Verpflichteten gerichteten Vollstreckungstitels, der diesen wegen des bei dem Versorgungsträger begründeten Anrechts zur Zahlung einer Ausgleichsrente verpflichtete, oder auf Grund einer Abtretung nach § 1587 i Abs. 1 des Bürgerlichen Gesetzbuchs Leistungen erbringt, welche die Ausgleichsrente nach Absatz 1 übersteigen. Nach Ablauf des Monats, der dem Monat folgt, in dem der Berechtigte den Versorgungsträger zur Zahlung der Ausgleichsrente aufgefordert und ihm eine beglaubigte Abschrift des Vollstreckungstitels übermittelt hat, findet Nummer 1 keine Anwendung; Nummer 1 findet ferner insoweit keine Anwendung, als der Versorgungsträger in dem dem Tod des Verpflichteten vorangehenden Monat an den Berechtigten auf Grund einer Abtretung nach § 1587 i des Bürgerlichen Gesetzbuchs Leistungen erbracht hat;

3. gegenüber dem Berechtigten befreit, soweit er an die Witwe oder den Witwer des Verpflichteten nach Maßgabe einer gemäß Absatz 9 Satz 3 ergangenen einstweiligen Anordnung Leistungen erbringt, welche die um die Ausgleichsrente nach Absatz 1 gekürzte Hinterbliebenenversorgung übersteigen; gegenüber der Witwe oder dem Witwer des Verpflichteten wird er befreit, soweit er an den Berechtigten nach Maßgabe einer solchen einstweiligen Anordnung Leistungen erbringt, welche die Ausgleichsrente nach Absatz 1 übersteigen. Nach Ablauf des Monats, der dem Monat folgt, in welchem dem Versorgungsträger die einstweilige Anordnung zugestellt worden ist, finden die Nummern 1 und 2 keine Anwendung.

(8) ¹Der Berechtigte und die Witwe oder der Witwer des Verpflichteten sind verpflichtet, einander und dem nach Absatz 1 verpflichteten Versorgungsträger die Auskünfte zu erteilen, die zur Feststellung eines Anspruchs nach den vorstehenden Absätzen erforderlich sind. ²Die Träger einer im schuldrechtlichen Versorgungsausgleich zu berücksichtigenden Versorgung sind einander, dem Berechtigten und der Witwe oder dem Witwer des Verpflichteten verpflichtet, diese Auskünfte zu erteilen. ³Ist der Wert eines Anrechts von dem Wert eines anderen Anrechts abhängig, so hat der Träger des anderen Anrechts dem Träger des einen Anrechts die erforderliche Auskunft über den Wert des anderen Anrechts zu erteilen. ⁴§ 1605 des Bürgerlichen Gesetzbuchs gilt entsprechend.

(9) ¹Über Streitigkeiten entscheidet das Familiengericht. ²In den Fällen des Absatzes 1 hat das Gericht die Witwe oder den Witwer des Verpflichteten, in den Fällen des Absatzes 4 den Berechtigten zu beteiligen. ³Das Gericht kann auf Antrag des Berechtigten oder der Witwe oder des Witwers des Verpflichteten im Wege der einstweiligen Anordnung die Zahlung der Ausgleichsrente nach den Absätzen 1 und 5 und die an die Witwe oder den Witwer des Verpflichteten zu zahlende Hinterbliebenenversorgung regeln. ⁴Die Entscheidung nach Satz 3 ist unanfechtbar; im übrigen gelten die §§ 620 a bis 620 g der Zivilprozessordnung entsprechend.

1 **1. Überblick (ua Anwendungsbereich).** § 3 a soll für sämtliche Fälle des schuldrechtlichen VA (§ 1587 f BGB, § 2; zum Anwendungsbereich § 1 Rn 1 aE; § 2 Rn 1) einer seiner spezifischen Schwächen, die Abhängigkeit vom Überleben des Verpflichteten (§ 1587 f Rn 1; Ausnahme § 1587 l) einschränken durch einen über dessen Tod hinausreichenden Anspruch. Dies geschieht grds außerhalb der Parteien (bzw ihrer Rechtsnachfolger; § 1587 e IV BGB) durch einen **originären Anspruch gegen den Versorgungsträger** (ersatzweise, bei nicht innerstaatlichen Versorgungsträgern, gegen den überlebenden Ehegatten des Verpflichteten; V). Dieser ist nicht Rechtsnachfolger des Verpflichteten; der Anspruch ist ohne Bindung an ein früheres Verfahren über den schuldrechtlichen VA zu ermitteln (keine Rechtskrafterstreckung; BGH FamRZ 91, 927; Ddorf FamRZ 05, 372).

2 Die **zwingende Vorschrift** (BGH FamRZ 06, 326 f) des § 3 a will eine Versorgungslücke schließen, aber keine zusätzlichen oder weitergehenden Ansprüche schaffen. II schließt eine Anspruchskonkurrenz aus bei Zulassung der Realteilung (**Nr 1**; nicht bei Nichterfüllung der Mindestanforderungen; § 1 Rn 3; BGH FamRZ 97, 1470, 1472) oder Gewährung eines insgesamt gleichwertigen Anspruchs (**Nr 2**; großzügiger Vergleichsmaßstab; J/H/*Hahne* Rn 7 m Beispielen). III betrifft die Bestimmung oder Vereinbarung des schuldrechtlichen VA gem § 1587 f Nr 5 iVm § 1587 b IV bzw § 1587 o BGB; für den ersten Fall ist der verlängerte schuldrechtliche VA ausgeschlossen (**Nr 1**; Grund: **absolutes Umgehungsverbot**; iE Soergel/*Häußermann* Rn 19; KKFamR/ *Rehme* Rn 8); im zweiten Fall ist ein **relativer Schutz** gegen Verträge zu Lasten der Versorgungsträger vorgesehen (ausf *Häußermann* aaO Rn 20 ff).

3 **2. I (Voraussetzungen, Berechnung, Anpassung des Anspruchs).** I 1 nimmt Bezug auf § 1587 g BGB. Das auszugleichende Anrecht muss spätestens im Zeitpunkt des Todes des Verpflichteten **unverfallbar** geworden sein, ferner müssen in der Person des Berechtigten die **Voraussetzungen des § 1587g I 2 BGB** erfüllt sein (*Hahne* aaO Rn 10 f), jedoch **nicht auf Seiten des Verpflichteten** (I 2; weder tatsächlicher noch fiktiver Versorgungsbezug erforderlich; *Hahne* aaO Rn 11; MüKo/*Glockner* Rn 15), so dass über § 3 a ein früherer Versorgungsbezug des Berechtigten als beim normalen schuldrechtlichen VA im Falle des Weiterlebens des Verpflichteten möglich ist (vgl die grafische Darstellung bei *Borth* Rn 695). Erforderlich ist ferner ein **fiktiver Anspruch des Berechtigten auf Hinterbliebenenversorgung** gegen den Versorgungsträger (I 1), dh eine Witwen- oder Witwerrente (nicht ausreichend Waisenrente; vgl IV; *Hahne* aaO Rn 12); nach hM ist eine Kapitalzahlung ausreichend (*Hahne* aaO; krit BGH FamRZ 05, 189, 190 f). Etwaige Beschränkungen der Versorgung (zB reine Altersversorgung oder Wegfall durch Wiederheirat) gelten auch für den Anspruch nach § 3 a (BGH aaO und FamRZ 06, 326).

4 Die **Höhe des Anspruchs** richtet sich nach § 1587 g II BGB (dort Rn 6 ff, zu weiteren Einzelheiten KKFamR/ *Rehme* Rn 14 f), ggf begrenzt auf eine Kapitalzahlung (Rn 3 aE; *Hahne* aaO). Maßgeblich sind auch hier die Nominalbeträge ohne Umrechnung (§ 1587 f Rn 1). Die Begrenzung auf die fiktive Hinterbliebenenversorgung (I 1) ist praktisch kaum relevant (*Rehme* aaO Rn 17), bedeutsamer sind etwaige Bestimmungen über die **Anrechnung** einer anderen Versorgung auf die fiktive Versorgung (iE *Rehme* aaO Rn 18 mwN). Bei mehreren auszugleichenden Anrechten haften die beteiligten Versorgungsträger entspr dem Anteil des betr Anrechts (**I 3**); eine etwaige (anteilige) Versorgungslücke wegen Fehlens einer Hinterbliebenenversorgung

(Rn 3) bei einzelnen Anrechten geht zu Lasten des Berechtigten, nicht der übrigen Versorgungsträger (Soergel/*Häußermann* Rn 9). Bereits geleistete Ausgleichsrenten sind vom Versorgungsträger entspr der jeweiligen Änderung der Hinterbliebenenversorgung **anzupassen** (I 4), auch ohne Antrag des Berechtigten; daneben kann dieser eine Änderung gem VI iVm § 1587 g III, § 1587 d II BGB verlangen (§ 1587 g Rn 8, § 1587 d Rn 2; zur Fehlerkorrektur s Rn 7 aE).

3. **IV bis VII (Ergänzende materiell-rechtliche Bestimmungen).** Die Kürzung der **Hinterbliebenenversorgung** gem IV begrenzt die Belastung des Versorgungsträgers (vgl Rn 2). Auf den Schutz durch die (zwingende) Norm können private Versorgungsträger verzichten (*Hahne* aaO Rn 22). Die Kürzung beginnt m der Leistung gem I und in vollem Umfang (absoluter **Vorrang des geschiedenen Ehegatten**); sie erfolgt über den Tod des Berechtigten hinaus (IV 2), ggf begrenzt auf zwei Jahresbeträge (IV 3, 4) entspr der Härteregelung de § 4. Wie bei Anwendung von § 1 II, III (§ 1 Rn 2, 5) können nur innerstaatliche Versorgungsträger zu Leistungen verpflichtet werden; anstelle der sonstigen in V genannten Träger haftet der **hinterbliebene Ehegatte des Verpflichteten** (hM; nach Soergel/*Häußermann* Rn 31 auch Bezieher von Waisenrenten) im Umfang der empfangenen Leistungen (V 1), wobei vom Versorgungsträger unmittelbar an den Berechtigten (ggf auch ohne Titel) erbrachte Zahlungen anzurechnen sind (V 2). Die **Umsetzung des Anspruchs** nach I richtet sich nach den gleichen Vorschriften wie der schuldrechtliche VA zu Lebzeiten des Verpflichteten (Verweisungen auf verschiedene Normen in VI; iE KKFamR/*Rehme* Rn 25).

VII bezweckt wie § 1587 p (s dort Rn 1) den **Schutz der Versorgungsträger vor Doppelleistungen** an den 6 Berechtigten (gem I) und an den Empfänger der Hinterbliebenenversorgung. Ferner sollen durch Streitigkeiten über die Höhe der Ausgleichsrente (I) u/oder die Kürzung zB der Witwenrente (IV) nicht die Zahlungen durch die Versorgungsträger blockiert werden. Das wird erreicht durch einen stark differenzierten (auch bestehende oder neue vorläufige Titel einbeziehenden) **gestaffelten Schuldnerschutz**, jeweils mit Übergangsfristen von bis zu 2 Monaten (ausf KKFamR/*Rehme* Rn 27 ff mwN, ua Rn 33 f zur erheblichen Bedeutung des Rechtsbehelfs der **einstweiligen Anordnung** gem IX 3, 4). Sämtliche Möglichkeiten der befreienden Zahlung an einen materiell unberechtigten Gläubiger entfallen m Ablauf einer **letzten Schutzfrist**, nämlich am Ende des Monats, der dem Monat folgt, in dem der Versorgungsträger Kenntnis von der Rechtskraft der Entscheidung über die Ausgleichsrente gem I erlangt (VII Hs 1).

4. **VIII, IX (Auskunftspflicht; Verfahrensrecht).** VIII regelt umfassend die **Auskunftspflichten** zwischen 7 allen bei Anwendung des § 3 a Beteiligten. Es gelten die Grundsätze wie gem § 1587 e, § 1587 k I (iE § 1587 e Rn 1 ff; J/H/*Hahne* Rn 31 f). IX regelt (ergänzend zu den allgemeinen Vorschriften; § 11 I) das **Verfahren**. Besonderheiten ergeben sich aus den unterschiedlichen **Verfahrensgegenständen**; sie betreffen primär die Ausgleichsrente gem I (auf **Antrag des Berechtigten**; § 1587 f Rn 7), als Folgeverfahren die Auswirkungen im Verhältnis zwischen Witwe/Witwer und Versorgungsträger (IV; auf Antrag des Hinterbliebenen oder des Versorgungsträgers; KKFamR/*Rehme* Rn 38). In beiden Fällen ist das Familiengericht zuständig (IX 1; Vermeidung der Zweigleisigkeit des Rechtsweges), bezüglich IV begrenzt auf die Fragen der Zulässigkeit und des Umfangs einer Kürzung sowie des Erlasses einer einstweiligen Anordnung zur Höhe der Hinterbliebenenversorgung (endgültiger Titel ist vom Fachgericht zu erlassen; iE *Rehme* aaO Rn 39 mwN). Die **Beteiligung** (vor § 1587 Rn 22) ist zwecks umfassender Bindungswirkung gesondert geregelt (IX 2). IX 3, 4 regeln den Erlass von (ua für den Schuldnerschutz bedeutsamen; Rn 6) einstweiligen Anordnungen zu beiden Verfahrensgegenständen (s vorstehend); sie sind unanfechtbar, aber gem IX 4 iVm § 620 b ZPO abänderbar. Die Entscheidungen des Familiengerichts erwachsen in **Rechtskraft**, können aber gem VI iVm § 1587 d II **geändert** werden, nach zutr Ansicht auch zur Fehlerkorrektur (*Hahne* aaO Rn 40; vgl § 1587 g Rn 8).

I b. Regelung des Versorgungsausgleichs in anderer Weise

§ 3 b Anderweitiger Ausgleich von Anrechten

(1) ¹Verbleibt auch nach Anwendung des § 1587 b des Bürgerlichen Gesetzbuchs und des § 1 Abs. 2 und 3 noch ein unverfallbares, dem schuldrechtlichen Versorgungsausgleich unterliegendes Anrecht, kann das Familiengericht
1. ein anderes vor oder in der Ehezeit erworbenes Anrecht des Verpflichteten, das seiner Art nach durch Übertragung oder Begründung von Anrechten ausgeglichen werden kann, zum Ausgleich heranziehen. ²Der Wert der zu übertragenden oder zu begründenden Anrechte darf, bezogen auf das Ende der Ehezeit, insgesamt zwei vom Hundert des auf einen Monat entfallenden Teils der am Ende der Ehezeit maßgebenden Bezugsgröße (§ 18 des Vierten Buches Sozialgesetzbuch) nicht übersteigen;
2. den Verpflichteten, soweit ihm dies nach seinen wirtschaftlichen Verhältnissen zumutbar ist, verpflichten, für den Berechtigten Beiträge zur Begründung von Anrechten auf eine bestimmte Rente in einer gesetzlichen Rentenversicherung zu zahlen; dies gilt nur, solange der Berechtigte die Voraussetzungen für eine Vollrente wegen Alters aus der gesetzlichen Rentenversicherung noch nicht erfüllt. ²Das Gericht

kann dem Verpflichteten Ratenzahlungen gestatten; es hat dabei die Höhe der dem Verpflichteten obliegenden Ratenzahlungen festzusetzen; § 1587 d Abs. 2, § 1587 e Abs. 3 und § 1587 f Nr. 3 des Bürgerlichen Gesetzbuchs gelten entsprechend.

(2) Absatz 1 findet auf die in § 3 a Abs. 5 bezeichneten Versorgungen keine Anwendung.

1   **1. Überblick.** § 3 b ist Teil der neuen Ausgleichsformen (§ 1 Rn 1; § 1587 b Rn 1) m der Funktion einer Art **Auffangvorschrift** („letzte Möglichkeit") für den öffentlich-rechtlichen VA, dh nachrangig gegenüber allen anderen Formen, vorrangig gegenüber dem schuldrechtlichen VA (§ 1 Rn 6; KKFamR/*Rehme* Rn 3). Der **Anwendungsbereich** der neuen Formen (§ 1 Rn 1; § 2 Rn 1) ist bei § 3 b weiter begrenzt (s Rn 2 f; iE *Rehme* aaO Rn 6); ua sind Anrechte bei nicht innerstaatlichen Versorgungsträgern (§ 3 a V) gem II gänzlich ausgeschlossen (vgl § 1 Rn 2; Staud/*Rehme* Rn 35; zum Ersatz durch Abfindung oder Vereinbarung gem §§ 1587 l, o BGB KKFamR/*Rehme* Rn 27). Die Ausgleichsformen gem I Nr 1 und 2 sind einzeln, aber auch **kumulativ** anwendbar; es kann ein schuldrechtlicher Restausgleich verbleiben. Trotz des dem Familienrichter eingeräumten pflichtgemäßen **Ermessens** („kann"; zur Ausübung BGH FamRZ 93, 172 und 99, 158, 159) besteht im Allgemeinen eine Pflicht zur Anwendung; sie wird eingeschränkt bei Vorliegen der Voraussetzungen des § 1587 b IV BGB (BGH FamRZ 93, 172; Unwirtschaftlichkeit wird häufig anzunehmen sein bei Umrechnung nach der BarwertVO, München FamRZ 98, 679, 681; KKFamR/*Rehme* Rn 9 mwN; ausf J/H/*Hahne* Rn 11). Vor allem darf § 3 b **nicht gegen den Willen des Berechtigten** angewandt werden (BGH FamRZ 01, 477, 478; Hamm FamRZ 04, 32, 33). Das Ermessen betrifft auch die Auswahl zwischen Nr 1 und 2 (iE *Rehme* aaO Rn 10 mwN). Für die **Verrechnung** der beiderseitigen Anrechte gilt Entsprechendes wie bei Anwendung des § 1 (dort Rn 7; ausf zur Anwendung des § 3 b Staud/*Rehme* Rn 33 f).

2   **2. I Nr 1.** Für den erweiterten Ausgleich können die auch sonst („ihrer Art nach") in öffentlich-rechtlicher Form (vor § 1587 Rn 16) **ausgleichsfähigen Anrechte** herangezogen werden (S 1; Folge: erweitertes Splitting usw). Eine erweiterte Realteilung erfordert eine entspr Zulassung durch den Versorgungsträger (J/H/*Hahne* Rn 14; § 1 Rn 2). Das betr Anrecht kann ganz oder teilweise vor oder in der Ehezeit erworben sein (Ausnahme vom Prinzip des allein ehezeitbezogenen Ausgleichs; § 1587 Rn 13), nicht nach Ende der Ehezeit (keine rechtliche Grundlage, Staud/*Rehme* Rn 8 mwN; str). Der Familienrichter kann die in Betracht kommenden Anrechte nach seinem Ermessen auswählen (Rn 1; zur Ausübung BGH FamRZ 92, 921, 922 f; Celle FamRZ 99, 926, 928). Der Ausgleich ist (unter Einschränkung des Verbots des Super-Splittings; § 1587 b Rn 4) **begrenzt** auf den in S 2 bezeichneten Betrag; er kann **nur einmal** ausgeschöpft werden (unter Einbeziehung eines etwaigen Verfahrens gem § 10 a). Beim erweiterten Ausgleich in der GRV (erweitertes Splitting und Quasi-Splitting, nicht bei der Realteilung) ist § 1587 b V BGB zu beachten. Der Ausgleich erfolgt durch **rechtsgestaltende Entscheidung** (vor § 1587 Rn 24, 30, 32; zu weiteren Einzelh betr das **Verfahren** vgl KK-FamR/*Rehme* Rn 17 ff).

3   **3. I Nr 2 (Beitragszahlung).** Die Beitragszahlung als weitere Alternative der Auffangnorm des § 3 b (Rn 1) ist zulässig, wenn der Verpflichtete in seiner Handlungsfreiheit nicht unverhältnismäßig belastet wird (BVerfG NJW 86, 1321, 1322). Dem entspricht die Beschränkung auf einen **nach den wirtschaftlichen Verhältnissen zumutbaren Umfang** (Hs 1; kein zusätzlicher Höchstbetrag wie bei Nr 1). Maßgeblich ist die wirtschaftliche Gesamtsituation (BGH FamRZ 97, 166, 169; Oldbg FamRZ 03, 768, 769). Es gilt ein weniger strenger Maßstab als im Unterhaltsrecht (Hamm FamRZ 96, 171), so dass vorab die Mittel zur Deckung des eigenen Bedarfs und zur Erfüllung der (auch nachrangigen) **Unterhaltspflichten** (Celle FamRZ 95, 366, 368) sowie zur angemessenen Schuldentilgung bleiben müssen (zur Abwägung iE Staud/*Rehme* Rn 18 mwN). Der **Vermögensstamm** ist in engen Grenzen einzusetzen (BGH aaO; Hamm FamRZ 05, 988; *Rehme* aaO). Für die Beitragszahlung gelten die zeitlichen Schranken des (modifizierten) **Versicherungsfallprinzips** (Hs 2; vor § 1587 Rn 30, § 1587 b Rn 13). Die Zahlung wird durch **Leistungsentscheidung** angeordnet (vor § 1587 Rn 6; zur Ratenzahlung gem **S 2** und weiteren Einzelh zum **Verfahren** KKFamR/*Rehme* Rn 24 f); die Verpflichtung erlischt oder wird verändert entspr § 1587 e II bis IV BGB (vor § 1587 Rn 31; § 1587 e Rn 4 aE, 5 f; § 1587 f Rn 6).

§ 3 c

– *weggefallen* –

II. Auswirkungen des Versorgungsausgleichs in besonderen Fällen

§ 4 Beschränkung der Kürzung nach dem Tod des Berechtigten

(1) Ist ein Versorgungsausgleich gemäß § 1587 b Abs. 1 oder 2 des Bürgerlichen Gesetzbuchs durchgeführt worden und hat der Berechtigte vor seinem Tod keine Leistungen aus dem im Versorgungsausgleich erworbenen Anrecht erhalten, so wird die Versorgung des Verpflichteten oder seiner Hinterbliebenen nicht auf Grund des Versorgungsausgleichs gekürzt.

(2) Ist der Berechtigte gestorben und wurden oder werden aus dem im Versorgungsausgleich erworbenen Anrecht Leistungen gewährt, die insgesamt zwei Jahresbeträge einer auf das Ende des Leistungsbezuges ohne Berücksichtigung des Zugangsfaktors berechneten Vollrente wegen Alters aus der allgemeinen Rentenversicherung aus dem erworbenen Anrecht nicht übersteigen, so gilt Absatz 1 entsprechend, jedoch sind die gewährten Leistungen auf die sich aus Absatz 1 ergebende Erhöhung anzurechnen.
(3) Wurde der Verpflichtete nach Durchführung des Versorgungsausgleichs vor dem 1. Januar 1992 nachversichert, so sind insoweit dem Rentenversicherungsträger die sich aus Absatz 1 und 2 ergebenden Erhöhungen vom Dienstherrn zu erstatten; § 290 Satz 2 des Sechsten Buches Sozialgesetzbuch gilt entsprechend.

§ 4 als Teil der vom BVerfG geforderten Härteregelungen (BVerfGE 53, 257 = FamRZ 80, 326; iE Staud/ 1
Rehme Einl zum VAHRG Rn 4 f) betrifft Fälle der Kürzung der Versorgung des Verpflichteten durch den VA ohne oder nur m geringem Leistungsbezug durch den Berechtigten oder seine Hinterbliebenen. Die (verfassungsmäßige; BVerfGE 80, 297) Norm gilt nach I für den VA gem § 1587 b I, II BGB, aber auch gem § 1 III (vgl § 10) und durch Beitragszahlung (§ 7) sowie für die zur Abwendung der Kürzung geleisteten Kapitalbeträge (§ 8), schließlich unstreitig für die Fälle des erweiterten Splittings und Quasi-Splittings gem § 3 b I Nr 1, nicht für die (erweiterte) Realteilung gem § 1 II bzw § 3 b I Nr 1 (vgl aber § 1 Rn 4 aE).
I ist anwendbar, wenn **keine Leistungen „aus"** dem im VA erworbenen Anrecht (iE dazu Soergel/*Schmeiduch* 2
§ 4 Rn 8 ff) erbracht worden sind, weder an den Berechtigten (oder den Verpflichteten m Wirkung gegenüber dem Berechtigten gem § 1587 p; BSG FamRZ 90, 874; *Rehme* aaO Rn 8 mwN; str) noch (über den Wortlaut hinaus) an die Hinterbliebenen (*Rehme* aaO Rn 7). Es genügt, dass im Zeitpunkt des Todes kein Anspruch auf Hinterbliebenenversorgung besteht; ein künftiger Ausschluss muss nicht feststehen (OVG Koblenz FamRZ 05, 373, 375). Zum Begriff der **Leistungen** (Regelleistungen der Rentenversicherung) vgl ua *Schmeiduch* aaO Rn 13 ff mwN. § 4 bewirkt nur, dass (ohne Änderung der rechtsgestaltenden Entscheidung; vor § 1587 Rn 24, 33) die vom Versorgungsträger umzusetzende **Kürzung unterbleibt** (keine weitergehenden Ansprüche des Verpflichteten; *Rehme* aaO Rn 12), und zwar **rückwirkend** (J/H/*Hahne* Rn 12; Folge: ggf Nachzahlungspflicht bei unberechtigter Kürzung).
Wenn **Leistungen** (Rn 2) erbracht sind, aber nur **bis zum Grenzbetrag**, ist II anwendbar (zur **Berechnung** 3
des Grenzbetrages vgl *Schmeiduch* aaO Rn 27 f; Überblick bei KKFamR/*Rehme* Rn 10); Leistungsanteile, die auf selbst erworbenen Anrechten beruhen, sind herauszurechnen (*Schmeiduch* aaO Rn 21 ff). Hinsichtlich der Rechtsfolgen gilt I entspr, jedoch m der in II bestimmten Anrechnung (zu weiteren Einzelheiten ua Müko/*Gräper* Rn 26). – III (Fälle der Nachversicherung vor dem 11.92) ist aus Zeitgründen praktisch obsolet.

§ 5 Beschränkung der Kürzung in Unterhaltsfällen

(1) Solange der Berechtigte aus dem im Versorgungsausgleich erworbenen Anrecht keine Rente erhalten kann und er gegen den Verpflichteten einen Anspruch auf Unterhalt hat oder nur deshalb nicht hat, weil der Verpflichtete zur Unterhaltsleistung wegen der auf dem Versorgungsausgleich beruhenden Kürzung seiner Versorgung außerstande ist, wird die Versorgung des Verpflichteten nicht auf Grund des Versorgungsausgleichs gekürzt.
(2) § 4 Abs. 3 gilt entsprechend.

§ 4 betrifft den durch Tod verhinderten oder beendeten Leistungsbezug des Berechtigten, § 5 (wie § 4 eine vom 1
BVerfG geforderte Härteregelung; § 4 Rn 1) den noch fehlenden (aber möglichen) Leistungsbezug. Ein Teil dieser Fälle (Versorgungsbezug des Verpflichteten vor Rechtskraft der Entscheidung über den VA) wird durch Besitzstandsvorschriften geregelt (vor § 1587 Rn 35). Ergänzend hierzu erfasst § 5 vor allem den Versorgungsbeginn des Verpflichteten nach Wirksamwerden der Kürzung; sie wird ausgesetzt in Fällen der besonderen Härte wegen einer (grds vorhandenen) **doppelten Belastung** durch einseitige Kürzung der Versorgung (ohne gleichzeitige Begünstigung des Berechtigten) und zusätzliche Unterhaltsverpflichtung ggü dem Berechtigten. Auf Fälle ohne Doppelbelastung ist § 5 nicht anwendbar (BVerwG FamRZ 91, 429). Aus Gründen der Vereinfachung ist § 5 als **einheitlich pauschalierende Härteregelung** ausgestaltet (BGH NJW 94, 2481, 2482; BVerwG NJW-RR 95, 962, 963): Bei Bestehen einer Unterhaltsverpflichtung wird die Kürzung insgesamt ausgesetzt, unabhängig von den Umständen des Einzelfalls (zB Höhe des Unterhalts). § 5 ist (wie § 4; dort Rn 1) **anwendbar** auf sämtliche Fälle des Splittings und Quasi-Splittings (ergänzt durch § 6). – II ist (wie § 4 II; dort Rn 3 aE) obsolet.
Voraussetzungen, Verpflichteter: Er selbst muss eine Leistung beziehen (keine Begünstigung der Hinterblie- 2
benen im Falle der Haftung gem § 1586 b BGB; VGH Mannheim FamRZ 90, 102; iE Staud/*Rehme* Rn 11 mwN; str). Die Kürzung muss im Zeitpunkt der Entscheidung des Leistungsträgers (§ 9 I) noch bestehen; nach Abwendung durch Kapitalzahlung (vor § 1587 Rn 34) kommt nur eine Rückzahlung gem § 8 in Betracht. – **Berechtigter:** Er darf noch **keine Leistungen** wegen Alters oder verminderter Erwerbsfähigkeit aus dem erworbenen Anrecht erhalten (iE Soergel/*Schmeiduch* Rn 7; auch kein Ruhen zB durch Unfallrenten; J/H/*Hahne* Rn 6). Jeder Leistungsbezug führt nach der zu Gunsten und zu Lasten des Verpflichteten pauscha-

lierenden Regelung (Rn 1) endgültig zum Wegfall der Aussetzung (ohne „Wiederaufleben" nach Beendigung des Leistungsbezuges; iE *Rehme* aaO Rn 14, 30; vgl auch BVerwG NJW-RR 94, 1218; **aA** zB *Schmeiduch* aaO Rn 9 mwN). **Str** ist, ob bereits die **Möglichkeit des Rentenbezugs** die Aussetzung beendet (OVG Lüneburg FamRZ 04, 1111; ausf *Müller* FamRZ 05, 1721; *Rehme* aaO Rn 15 ff; jeweils mwN). Das wird von der überwiegenden Meinung bei Erfüllung der Voraussetzungen eines normalen Altersruhegeldes bejaht, im Übrigen verneint (zB *Hahne* aaO Rn 7; *Schmeiduch* aaO Rn 8; dagegen mit beachtlichen Gründen *Müller* aaO: Wegfall der Aussetzung nur bei tatsächlichem Leistungbezug). Der Berechtigte muss ferner einen **tatsächlichen oder fiktiven** (nur durch die Kürzung, nicht durch sonstige Leistungsunfähigkeit verhinderten; *Hahne* aaO Rn 8) **Unterhaltsanspruch** gegen den Verpflichteten haben; notwendig ist ein gesetzlicher Anspruch, idR auf nachehelichen Unterhalt (iE KKFamR/*Rehme* Rn 13 mwN); unerheblich sind (wegen der Pauschalierung; Rn 1) Höhe, Vorliegen eines Titels und tatsächliche Unterhaltszahlung (jetzt nahezu unstr; zB VGH Ba-Wü FamRZ 01, 1149, 1151; wN bei *Rehme* aaO Rn 14). Ein **Unterhaltsverzicht** schließt die (weitere) Aussetzung aus (unstr), eine **Abfindung** nach zutr hM idR nicht (*Rehme* aaO Rn 15 mwN, auch zu Ausnahmefällen; ferner BVerwG NJW-RR 00, 145).

3 Wie § 4 (dort Rn 2 aE) führt § 5 lediglich zu einem (hier zeitweiligen) ggf rückwirkenden Wegfall der Kürzung; die Aussetzung kann mehrfach erfolgen (bei vorübergehendem Wegfall des Unterhaltsanspruchs), längstens bis zum ersten Leistungsbezug (Rn 2). Der **Leistungsträger** (§ 9) prüft die unterhaltsrechtlichen Fragen (Verpflichtung, Abänderungsmöglichkeit gem § 323 ZPO usw) selbständig und ohne Bindung an bestehende Unterhaltstitel (*Rehme* aaO Rn 16 mwN).

§ 6 Nachzahlung in Unterhaltsfällen

Sind Nachzahlungen zu leisten, so erfolgen sie in den Fällen des § 5 an den Verpflichteten und an den Berechtigten je zur Hälfte.

1 § 6 ergänzt § 5 für den Fall der rückwirkenden Feststellung einer Aussetzung (§ 5 Rn 3; zum Begriff der **Nachzahlungen** Staud/*Rehme* Rn 3 mwN). § 6 ist eine **pauschalierende Ordnungsvorschrift** zur Entlastung der Versorgungsträger (hM; zB BGH FamRZ 03, 1086); geregelt wird nur ihr Verhältnis zu den Ehegatten (Befreiung durch hälftige Aufteilung); deren Ansprüche untereinander bleiben unberührt (BGH aaO; iE *Rehme* aaO mN zur Gegenmeinung), können aber im Verfahren gem § 9 berücksichtigt werden bei entspr Erklärungen der Parteien über eine anderweitige Aufteilung (BGH NJW 94, 2481, 2482).

§ 7 Rückzahlung von Beiträgen zur Rentenversicherung

Sind auf Grund des Versorgungsausgleichs für den Berechtigten Beiträge zu einer gesetzlichen Rentenversicherung geleistet worden, sind dem Leistenden vom Rentenversicherungsträger die Beiträge unter Anrechnung der gewährten Leistungen zurückzuzahlen, wenn feststeht, dass aus dem durch die Beitragszahlungen begründeten Anrecht keine höheren als die in § 4 Abs. 2 genannten Leistungen zu gewähren sind.

1 § 7 enthält eine Parallelregelung zu § 4 (beendeter Leistungsbezug; J/H/*Hahne* Rn 1) für Beitragszahlungen gem § 1587 b III 1 aF BGB (Altfälle) und gem § 3 b I Nr 2, ferner nach wohl hM für Zahlungen auf Grund einer Abfindung oder Vereinbarung gem §§ 1587 l, o BGB (iE Staud/*Rehme* Rn 4 mwN; str). Eine Rückzahlung erfolgt erst, wenn jeder (weitere) Leistungsbezug ausscheidet („feststeht") und die bisherigen Leistungen den Grenzbetrag des § 4 II nicht überschreiten (§ 4 Rn 2 f). Der Anspruch (zur Berechnung ua Müko/*Gräper* Rn 11) steht nach hM dem zu, der die Leistung in eigenem Namen erbracht hat, dh nicht notwendig dem Verpflichteten, aber nicht dem Berechtigten (iE KKFamR/*Rehme* Rn 2 mwN; str).

§ 8 Rückzahlung von zur Abwendung der Kürzung geleisteter Kapitalbeträge

Ein zur Abwendung der Kürzung gezahlter Kapitalbetrag ist unter Anrechnung der gewährten Leistungen zurückzuzahlen, wenn feststeht, dass aus dem im Versorgungsausgleich erworbenen Anrecht keine höheren als die in § 4 Abs. 2 genannten Leistungen zu gewähren sind.

1 Die Norm enthält wie § 7 eine Parallelregelung zu § 4 für die Fälle der in § 8 bezeichneten Kapitalzahlung (vor § 1587 Rn 34), die sich nachträglich – bei „feststehendem" (§ 7 Rn 1) Bezug von Leistungen nur bis zum Grenzbetrag des § 4 II (§ 4 Rn 2 f) – als nicht erforderlich herausstellt (iE KKFamR/*Rehme* Rn 1 f). § 8 erfasst alle Fälle der Kapitalzahlung zur Auffüllung von gekürzten Anrechten bei einem VA gem § 1587 b I, II BGB, ferner gem § 1 III, § 3 b I Nr 1 und bei der Realteilung gem §§ 43, 110 ALG (Staud/*Rehme* Rn 4 mwN). Hinsichtlich der Rückzahlung gilt Entsprechendes wie bei § 7 (Rn 1 aE). § 8 als reine Härteregelung erlaubt keine Erhöhung der Versorgung über den ungekürzten Betrag hinaus durch Verzicht auf die Rückzahlung (Müko/*Gräper* Rn 8).

§ 9 Entscheidung über Maßnahmen nach §§ 4 bis 8; Anspruchsübergang

(1) Über Maßnahmen nach §§ 4 bis 8 entscheidet der Leistungsträger auf Antrag.
(2) ¹Antragsberechtigt sind der Verpflichtete und, soweit sie belastet sind, seine Hinterbliebenen. ²In den Fällen des § 5 kann auch der Berechtigte den Antrag stellen.
(3) Ansprüche nach §§ 4 bis 8 gehen auf den Erben über, wenn der Erblasser den erforderlichen Antrag gestellt hatte.
(4) Der Antragsberechtigte und der Leistungsträger können von den betroffenen Stellen die für die Durchführung von Maßnahmen nach §§ 4 bis 8 erforderliche Auskunft verlangen.
(5) In den Fällen des § 5 hat der Verpflichtete dem Leistungsträger die Einstellung der Unterhaltsleistungen, die Wiederheirat des Berechtigten sowie dessen Tod mitzuteilen.

Die Härteregelungen verändern nicht die Entscheidung des Familiengerichts (§ 4 Rn 2 aE), sondern die Umsetzung durch den Versorgungsträger. Dies ist nicht Teil der FGG-Streitsache über den VA (vor § 1587 Rn 18), sondern betrifft primär das Verhältnis zwischen Versorgungsträger und Versorgungsempfänger. Hierfür enthält § 9 spezifische Regelungen unter Berücksichtigung der Interessen anderer materiell Betroffener (Ehegatte pp). 1

Über Maßnahmen nach §§ 4 bis 8 entscheidet der jeweilige Leistungsträger auf Antrag (I; iE Müko/*Gräper* Rn 3 ff); für die Anfechtung gilt der betr Rechtsweg. II regelt die Antragsberechtigung; über die dort genannten Beteiligten hinaus sind weitere Berechtigte denkbar, zB bei Beitragszahlung durch einen Dritten gem § 7 (dort Rn 1 aE; iE Staud/*Rehme* Rn 8 f mwN; zT str). Nach III gehen die Ansprüche auf Härteregelung nicht m dem Erbfall gem § 1922 BGB über, sondern erst nach Antragstellung durch den Erblasser als Anspruchsberechtigten (Voraussetzung: Erfüllung der Voraussetzungen zu Lebzeiten; *Gräper* aaO Rn 14); die Erbenstellung als solche gibt kein Antragsrecht. IV regelt umfassend die Auskunftsansprüche gegen die „betroffenen Stellen" (Personen und Stellen, die das erforderliche Sachwissen haben; *Gräper* aaO Rn 15). V ergänzt § 5; die Aussetzung erfordert eine Unterhaltsbelastung (§ 5 Rn 1 f); die Pflicht, anspruchsvernichtende Tatsachen mitzuteilen, soll eine möglichst zeitnahe Beendigung der Aussetzung sicherstellen (Vermeidung von Überzahlungen). Bei Wiederheirat und Tod des Berechtigten erlischt der Unterhaltsanspruch, nicht notwendig im Falle der ebenfalls genannten Einstellung der Unterhaltszahlungen (§ 5 Rn 2 aE); gleichwohl besteht die Mitteilungspflicht, um dem Leistungsträger die eigene Prüfung der Aussetzungsvoraussetzungen zu ermöglichen (*Rehme* aaO Rn 14 mwN; str). 2

§ 10 Entsprechende Anwendung der §§ 4 bis 9 in den Fällen des § 1 Abs. 3

In den Fällen des § 1 Abs. 3 gelten die §§ 4 bis 9 sinngemäß.

Die Härteregelungen gem §§ 4 bis 9 gelten entspr für § 1 III gelten (zur Realteilung § 1 Rn 4 aE). 1

II a. Abänderung von Entscheidungen über den Versorgungsausgleich

§ 10 a Abänderung von Entscheidungen

(1) Das Familiengericht ändert auf Antrag seine Entscheidung entsprechend ab, wenn
1. ein im Zeitpunkt des Erlasses der Abänderungsentscheidung ermittelter Wertunterschied von dem in der abzuändernden Entscheidung zugrunde gelegten Wertunterschied abweicht, oder
2. ein in der abzuändernden Entscheidung als verfallbar behandeltes Anrecht durch Begründung von Anrechten ausgeglichen werden kann, weil es unverfallbar war oder nachträglich unverfallbar geworden ist, oder
3. ein von der abzuändernden Entscheidung dem schuldrechtlichen Versorgungsausgleich überlassenes Anrecht durch Begründung von Anrechten ausgeglichen werden kann, weil die für das Anrecht maßgebende Regelung eine solche Begründung bereits vorsah oder nunmehr vorsieht.
(2) ¹Die Abänderung findet nur statt, wenn
1. sie zur Übertragung oder Begründung von Anrechten führt, deren Wert insgesamt vom Wert der durch die abzuändernde Entscheidung insgesamt übertragenen oder begründeten Anrechte wesentlich abweicht, oder
2. durch sie eine für die Versorgung des Berechtigten maßgebende Wartezeit erfüllt wird, und
3. sie sich voraussichtlich zugunsten eines Ehegatten oder seiner Hinterbliebenen auswirkt.
²Eine Abweichung ist wesentlich, wenn sie 10 vom Hundert des Wertes der durch die abzuändernde Entscheidung insgesamt übertragenen oder begründeten Anrechte, mindestens jedoch 0,5 vom Hundert des auf einen Monat entfallenden Teils der am Ende der Ehezeit maßgebenden Bezugsgröße (§ 18 des Vierten Buches Sozialgesetzbuch) übersteigt.

(3) Eine Abänderung findet nicht statt, soweit sie unter Berücksichtigung der beiderseitigen wirtschaftlichen Verhältnisse, insbesondere des Versorgungserwerbs nach der Ehe, grob unbillig wäre.
(4) Antragsberechtigt sind die Ehegatten, ihre Hinterbliebenen und die betroffenen Versorgungsträger.
(5) Der Antrag kann frühestens in dem Zeitpunkt gestellt werden, in dem einer der Ehegatten das 55. Lebensjahr vollendet hat oder der Verpflichtete oder seine Hinterbliebenen aus einer auf Grund des Versorgungsausgleichs gekürzten Versorgung oder der Berechtigte oder seine Hinterbliebenen auf Grund des Versorgungsausgleichs Versorgungsleistungen erhalten.
(6) Durch die Abänderungsentscheidung entfällt eine für die Versorgung des Berechtigten bereits erfüllte Wartezeit nicht.
(7) ¹Die Abänderung wirkt auf den Zeitpunkt des der Antragstellung folgenden Monatsersten zurück. ²Die Ehegatten und ihre Hinterbliebenen müssen Leistungen des Versorgungsträgers gegen sich gelten lassen, die dieser auf Grund der früheren Entscheidung bis zum Ablauf des Monats erbringt, der dem Monat folgt, in dem er von dem Eintritt der Rechtskraft der Abänderungsentscheidung Kenntnis erlangt hat. ³Werden durch die Abänderung einem Ehegatten zum Ausgleich eines Anrechts Anrechte übertragen oder für ihn begründet, so müssen sich der Ehegatte oder seine Hinterbliebenen Leistungen, die der Ehegatte wegen dieses Anrechts gemäß § 3 a erhalten hat, anrechnen lassen.
(8) ¹Hat der Verpflichtete auf Grund einer Entscheidung des Familiengerichts Zahlungen erbracht, gelten die Absätze 1 bis 7 entsprechend. ²Das Familiengericht bestimmt, dass der Berechtigte oder der Versorgungsträger den zuviel gezahlten Betrag zurückzuzahlen hat, der Versorgungsträger unter Anrechnung der dem Berechtigten oder seinen Hinterbliebenen zuviel gewährten Leistungen. ³§ 1587 d des Bürgerlichen Gesetzbuchs gilt zugunsten des Berechtigten entsprechend.
(9) Die vorstehenden Vorschriften sind auf Vereinbarungen über den Versorgungsausgleich entsprechend anzuwenden, wenn die Ehegatten die Abänderung nicht ausgeschlossen haben.
(10) ¹Das Verfahren endet mit dem Tod des antragstellenden Ehegatten, wenn nicht ein Antragsberechtigter binnen drei Monaten gegenüber dem Familiengericht erklärt, das Verfahren fortsetzen zu wollen. ²Nach dem Tod des Antragsgegners wird das Verfahren gegen dessen Erben fortgesetzt.
(11) ¹Die Ehegatten oder ihre Hinterbliebenen sind verpflichtet, einander die Auskünfte zu erteilen, die zur Wahrnehmung ihrer Rechte nach den vorstehenden Vorschriften erforderlich sind. ²Sofern ein Ehegatte oder seine Hinterbliebenen die erforderlichen Auskünfte von dem anderen Ehegatten oder dessen Hinterbliebenen nicht erhalten können, haben sie einen entsprechenden Auskunftsanspruch gegen die betroffenen Versorgungsträger. ³Die Ehegatten und ihre Hinterbliebenen haben den betroffenen Versorgungsträgern die erforderlichen Auskünfte zu erteilen.
(12) Hat der Verpflichtete Zahlungen zur Abwendung der Kürzung seines Versorgungsanrechts geleistet, sind die unter Berücksichtigung der Abänderung der Entscheidung zuviel geleisteten Beträge zurückzuzahlen.

1 **1. Überblick.** § 10 a als zentrale Regelung des VAHRG (§ 1 Rn 1) ermöglicht unter weitgehender Durchbrechung der Rechtskraft zusätzlich zur Berücksichtigung von nachträglichen Änderungen (wie § 323 ZPO) eine umfassende **Korrektur von Fehlern** der Erstentscheidung (**Totalrevision;** BGH FamRZ 04, 786; zu einzelnen Fehlern Staud/*Rehme* Rn 34; BGH aaO), wenn auch beschränkt auf bestimmte Tatbestände (I) und unter weiteren Voraussetzungen (II, III). Das dient der nachträglichen Umsetzung der Teilhabe an den tatsächlichen Versorgungswerten (vor § 1587 Rn 1, 9); § 10 a bildet so für den öffentlich-rechtlichen VA ein verfassungsrechtlich gebotenes (BVerfGE 87, 348, 357 f) **prozessuales Hilfsmittel zur Verwirklichung des Halbteilungsgrundsatzes** (bedenklich insoweit die geplante Strukturreform; § 1587 b Rn 6 f). Der Gegenstand des VA, die Beschränkung auf den **ehezeitlichen Erwerb**, und die Festschreibung der individuellen Versorgungslage auf das Ehezeitende (Stichtagsprinzip im materiellen Sinne; § 1587 Rn 13) bleiben unberührt; geändert wird nur die starre Anbindung an das Prinzip der Momentaufnahme (vor § 1587 Rn 5) durch **Aktualisierung der Versorgungswerte** (BGH NJW-RR 94, 261, 262 f): Es sind folglich nur **ehezeitbezogene Veränderungen zu berücksichtigen,** die rückwirkend zu einer anderen Bewertung führen (ausf Staud/*Rehme* Rn 8 ff, 37 ff). Entspr seinem Normzweck ist der Grundgedanke des § 10 a (ohne die Beschränkungen gem II, IV und V) bereits im **Erstverfahren** anwendbar (iE BGH NJW 89, 29, 31; 90, 1480, 1481 *Rehme* aaO Rn 24). Im Übrigen erfasst § 10 a grds **alle zum öffentlich-rechtlichen VA ergangenen Entscheidungen** (iE KKFamR/*Rehme* Rn 6 mwN), unabhängig von der Verfahrensart (Verbund, isoliert) und vom Inhalt, dh gem § 1587 b I, II BGB; § 3 b I Nr 1, 2 (Übertragung, Begründung von Anrechten), aber auch gem § 1587 b IV, § 1587 o BGB und wohl auch gem § 1408 II sowie § 1587 l (obwohl Teil des schuldrechtlichen VA; vgl aber § 1587 l Rn 1). Abänderbar sind auch Negativentscheidungen (Verneinung ausgleichsfähiger Anrechte; BGH FamRZ 96, 282, 283, auch zur Abgrenzung gegenüber nicht änderbaren Entscheidungen; ferner FamRZ 05, 1467).

2 **2. I (Abänderungsgründe). Allgemeines.** I enthält eine **abschließende Aufzählung;** insbes kann eine Abänderung nicht allein auf nachträglich entstandene Härtegründe iSv § 1587 c BGB gestützt werden (BGH FamRZ 96, 1540; ausf Staud/*Rehme* Rn 74 ff mwN; str; vgl aber KG FamRZ 05, 1487). Abgesehen von der Fehlerkorrektur liegt der Schwerpunkt der Verfahren in der **Anpassung an die nachträgliche Entwicklung** (Aktualisie-

rung; Rn 1) wegen Änderungen in rechtlicher und/oder tatsächlicher Hinsicht. **Rechtsänderungen** (einschl Änderungen der Rspr; J/H/*Hahne* Rn 15) sind zu berücksichtigen, wenn ihr Geltungswille sich, wie idR (vor allem bei Anwartschaften) auf den zu entscheidenden Sachverhalt erstreckt (BGH FamRZ 03, 435, 436 mwN; iE m Bspen KKFamR/*Rehme* Rn 12). Bei **tatsächlichen Änderungen** ist auf den **Ehezeitbezug** zu achten (Rn 1); er fehlt bei nachträglicher eigenständiger Entwicklung der durch den VA getrennten Versorgungsanteile (BGH NJW-RR 94, 261, 262 f; krit *Bergner* FamRZ 99, 1487, 1490). Ohne weiteres maßgeblich sind Änderungen bei den nicht auf das Ehezeitende festgeschriebenen allgemeinen Berechnungsgrundlagen, insbes bei zeitratierlicher Berechnungsmethode (vor § 1587 Rn 11; § 1587 Rn 13; § 1587 a Rn 13, 39 aE, 40), ferner bei nachträglich abw Beurteilung der Dynamik eines Anrechts (§ 1587 a Rn 65; BGH NJW-RR 98, 76, 77).

Beim **nachehezeitlichen Erwerb von Versorgungsanrechten oder Teilen** bleiben Werterhöhungen, zB auf 3 Grund der Vollendung des Erwerbs einer Position oder zusätzlichen Qualifikation, außer Betracht (§ 1587 Rn 13; § 1587 a Rn 1, 11, 14 m Bspen), auch wenn sie die Form des Ausgleichs verändern (§ 1587 Rn 16; § 1587 a Rn 7; § 1587 b Rn 5; ausf Staud/*Rehme* Rn 41 ff; 51 ff, 61 ff). Der ersatzlose Wegfall eines ausgleichsfähigen Anrechts ist schon aus Gründen des VA-Systems zu berücksichtigen (§ 1587 Rn 16 aE; zT unscharf BGH FamRZ 05, 2055). Gleiches gilt idR für **Wertverringerungen**, weil sie zwangsläufig die Bewertung des Ehezeitanteils rückwirkend verändern; ein Verschulden des Anrechtsinhabers (etwa bei schuldhafter Entlassung aus dem Dienst) ist (vorbehaltlich einer Korrktur über § 1587 c BGB) unbeachtlich (BGH FamRZ 89, 44 und 1058). Anders dürften allerdings nachehezeitliche Verringerungen zu bewerten sein, die auf einer (nachehezeitlichen) **vorzeitigen Inanspruchnahme einer Versorgung** beruhen; hier steht die willentliche und zunächst nur ihm zugute kommende Handlung des Anrechtsinhabers im Vordergrund; sie hat keinen Ehezeitbezug (BGH FamRZ 05, 1455, 1457 f; vgl § 1587 a Rn 21, 23 aE, 29, 31, 42 aE).

I Nr 1: Änderung des Wertunterschiedes. Gemeint ist der Wertunterschied iSv § 1587 a BGB (dort Rn 2 iVm 4 vor § 1587 Rn 5 ff). Eine Abweichung kann nur auf Grund einer **erneuten umfassenden Bilanzierung** festgestellt werden (idR auf Grund neuer Auskünfte der Versorgungsträger, zB unter Einbeziehung der Rechtsänderungen; Rn 2). **Beispiele** für diesen praktisch wichtigsten Abänderungsgrund (erg zu Rn 2 f) sind zusammengestellt bei J/H/*Hahne* Rn 17 ff u; Staud/*Rehme* Rn 50 ff (kurzer Überblick bei KKFamR/*Rehme* Rn 22 ff). Bei Vorliegen der weiteren Voraussetzungen (II, II, V) ändert das Familiengericht die frühere Entscheidung, ggf auch durch Umkehrung der Ausgleichspflicht (Rückausgleich). Bei Erhöhung des Ausgleichsbetrages sind wiederum die **Besitzstandsregelungen** zugunsten des Pflichtigen anwendbar (vor § 1587 Rn 35; BGH NJW 95, 657; Nürnbg FamRZ 95, 1362), bei Verringerung auch zugunsten des Ausgleichsberechtigten (§ 101 III 3 SGB VI).

I Nr 2: Bisher nicht berücksichtigte oder nachträglich eingetretene Unverfallbarkeit. Die erstmalige Berück- 5 sichtigung (ggf im Wege der Fehlerkorrektur; Rn 1) der betr Anrechte als unverfallbar (zum Begriff § 1587 a Rn 36) verändert die Versorgungsbilanz und damit häufig den Wertunterschied (Rn 4); Nr 2 ist deshalb sachlich ein Unterfall von Nr 1. Eine Änderung gem I Nr 2 erfordert ferner, dass der öffentlich-rechtliche VA verändert wird (weil § 10 a nur diesen betrifft; Rn 1); bei einem Anrecht des Berechtigten kann dies häufig erfolgen durch bloße Einstellung in die Bilanz (Folge: Verringerung des Unterschiedes und des Ausgleichsbetrages; iE, auch zur möglichen Ausnahme bei einem Rückausgleich, Rn 4, J/H/*Hahne* Rn 35); bei einem Anrecht des Verpflichteten muss eine (zusätzliche) Möglichkeit des öffentlich-rechtlichen VA gegeben sein (andernfalls schuldrechtlicher VA; *Hahne* aaO), wobei über den Wortlaut hinaus („Begründung von Anrechten", dh gem § 1 II, III, § 3 b I Nr 1, 2) auch eine erweiterte „Übertragung" gem § 3 b I Nr 1 möglich ist (unstr). **I Nr 3: Änderung der Ausgleichsform.** Erforderlich ist, dass das Anrecht dem schuldrechtlichen VA „überlassen" worden ist (nicht bei einem früheren Ausgleich gem § 3 b; iE, auch zur Abgrenzung von § 3 b und § 10 a Staud/*Rehme* Rn 72; BGH FamRZ 97, 285, 286; **Anwendungsfälle**: *Rehme* aaO Rn 71, 73 mwN).

3. II, III (Weitere Abänderungsvoraussetzungen; Ausschluss der Abänderung). II gilt nicht im Erstverfahren (Rn 1). Bei Prüfung der **wesentlichen Wertabweichung** (II 1 Nr 1, II 2) ist abw vom Wortlaut der **Gesamtbetrag** der übertragenen **und** begründeten Anrechte maßgeblich unter Außerachtlassung der dem schuldrechtlichen VA überlassenen Anrechte (iE Staud/*Rehme* Rn 84 mwN). Beide in II 2 genannten Grenzwerte müssen überschritten sein. Alternativ zu Nr 1 ist eine Änderung auch erheblich, wenn durch sie eine **Wartezeit für den Berechtigten erfüllt** wird (II 1 Nr 2; tatsächlich, nicht schon bei Verbesserung der künftigen Erfüllbarkeit; MüKo/*Dörr* Rn 76 aE). **Kumulativ** zu Nr 1 oder 2 muss sich die Änderung voraussichtlich zugunsten eines Ehegatten oder seiner Hinterbliebenen auswirken (Zweck: Vermeidung eines nur den Versorgungsträger begünstigenden Antrags gem § 10 a; BGH FamRZ 05, 2055). III schließt eine Abänderung aus, wenn sie unter Berücksichtigung der beiderseitigen wirtschaftlichen Verhältnisse (keine weitergehende allgemeine Billigkeitskontrolle unter Einbeziehung persönlicher Umstände ohne wirtschaftliche Auswirkungen wie bei § 1587 c BGB; s dort Rn 14; J/H/*Hahne* Rn 43 f) grob unbillig ist (insoweit strenger Maßstab wie bei § 1587 c BGB; s dort Rn 3, 4 ff; iE *Rehme* aaO Rn 89 f).

4. Verfahrensfragen. Allgemeines. Über § 11 I gelten die allgemeinen Vorschriften. Das Verfahren gem § 10 a 7 ist ein isoliertes Verfahren (vor § 1587 Rn 21), keine Fortsetzung des Erstverfahrens (zu weiteren Einzelheiten – Zuständigkeit, Amtsermittlung,, nur verfahrenseinleitende Bedeutung des Antrags, Kostenentscheidung – KKFamR/*Rehme* Rn 44 f). – **Verfahrensrechtliche Vorschriften in § 10a:** Ein **Antrag** ist stets erforderlich (**IV**; nicht im Erstverfahren; Rn 1); antragsberechtigt sind die Ehegatten und ihre Hinterbliebenen (bedeutsam bei Tod des Ehegatten vor zeitlichem Beginn gem V; iE *Hahne* aaO Rn 55), ferner die Versorgungsträger (Zweck: Verhinderung von Manipulationen; iE Staud/*Rehme* Rn 96); der Antrag ist ab dem in **V** genannten Zeitpunkt zulässig, ggf aber schon vorher zum Zwecke der Ermöglichung eines Versorgungsbezuges durch die Abänderung (*Rehme* aaO Rn 97 mwN). X regelt die Möglichkeiten einer Fortsetzung des Verfahrens nach dem **Tod** des Berechtigten oder Verpflichteten (iE, auch zu den Folgen der Versäumung der Ausschlussfrist von 3 Monaten, KKFamR/*Rehme* Rn 49; BGH NJW 98, 3571, 3572). XI regelt selbständig, aber nach den gleichen Grundsätzen wie sonst (s insbes § 1587 e Rn 1 ff) umfassend die **Auskunftspflichten** zwischen den Beteiligten (Versorgungsträger nur subsidiär; XI 2).

8   5. **Rechtsfolgen, entsprechende Anwendung des § 10 a u sonstige Auswirkungen der Abänderung. Allgemeines.** Es gelten grds die Regeln für die Erstentscheidung (idR rechtsgestaltende Entscheidung; vor § 1587 Rn 24 iVm Rn 30 ff; weitere Einzelheiten bei Staud/*Rehme* Rn 103 f). **Regelungen in § 10a:** VI schützt eine bereits vollständig erfüllte Wartezeit (**Besitzstandregelung**), nicht die Wartezeitmonate selbst (etwa als Voraussetzung für eine längere noch zu erfüllende Wartezeit; J/H/*Hahne* Rn 49).VII 1 bestimmt, dass die Abänderungsentscheidung (abw von der Erstentscheidung; vor § 1587 Rn 24) **zurückwirkt** auf den Zeitpunkt der Antragstellung (Einreichung, nicht Zustellung des Antrags; BGH aaO); dadurch können Bereicherungsansprüche entstehen (*Hahne* aaO Rn 48); der **Versorgungsträger** wird durch VII 2 vor Doppelleistungen **geschützt**; VII 3 dehnt den Schutz auf Fälle der Leistungserbringung gem § 3 a aus (iE *Rehme* aaO Rn 112). VIII regelt die Rückabwicklung von durch das Familiengericht bestimmten **Zahlungen** jeder Art, insbes für Beitragszahlungen, aber auch solche gem § 1587 b IV BGB und wohl auch gem § 1587 l (*Hahne* aaO Rn 51); zuviel gezahlte Beträge sind nach Maßgabe der Abänderung zurückzuzahlen (iE KKFamR/*Rehme* Rn 57). Nach **IX** sind **Vereinbarungen** (vorbehaltlich eines Ausschlusses gem Hs 2) abänderbar (zu weiteren Einzelheiten *Hahne* aaO Rn 52). XII stellt sicher, dass (ähnlich wie gem VIII) eine Abänderung sich auf zur Abwendung einer Kürzung geleistete Zahlungen auswirkt (vor § 1587 Rn 34; ferner § 8 Rn 1; Soergel/*Hohloch* Rn 38).

II b. Maßnahmen zur Verringerung des Verwaltungsaufwands

§§ 10 b, 10 c

– *weggefallen* –

– *Text und kurze Hinweise bei Soergel/Schmeiduch nach § 10 a* –

§ 10 d Nichtzahlung bis zum Verfahrensabschluss

Bis zum wirksamen Abschluss eines Verfahrens über den Versorgungsausgleich ist der Versorgungsträger verpflichtet, Zahlungen an den Versorgungsberechtigten zu unterlassen, die auf die Höhe eines in den Versorgungsausgleich einzubeziehenden Anrechts Einfluss haben können.

1   § 10 d will durch ein **zeitlich begrenztes**, nur an den **Versorgungsträger** gerichtetes **Leistungsverbot** verhindern, dass während der Dauer eines VA-Verfahrens die Versorgungsbilanz (vor § 1587 Rn 5 ff; § 1587 a Rn 2 f) verändert wird (Folge: Änderung des Saldos; vor § 1587 Rn 15) durch Zahlungen, die die Höhe eines Anrechts beeinflussen (insbes **Beitragserstattungen** gem § 210 SGB und ähnliche Regelungen; Folge: Erlöschen des Anrechts, § 210 VI 2 SGB VI). Andere Formen der Einflussnahme, insbes durch den Anrechtsinhaber selbst (zB Rentenkapitalisierung; § 1587 a Rn 59 aE) fallen nicht darunter. Der (auch privatrechtliche) Versorgungsträger muss, abgesehen von Zahlungen, sämtliche Handlungen unterlassen, die eine Einflussnahme vorbereiten (zB Erlass eines Erstattungsbescheides). Das Leistungsverbot beginnt praktisch m Erlangung der Kenntnis von einem VA-Verfahren; es endet mit dessen Abschluss. Spätere Handlungen werden nicht erfasst (insoweit aber ggf Anwendung des § 10 a III; § 1587 Rn 17; iE KKFamR/*Rehme* Rn 5). Eine unter **Verstoß gegen das Leistungsverbot** vorgenommene Handlung ist wirksam (heute hM; zB BGH NJW 95, 135; Staud/*Rehme* Rn 10 f mN; frühere Auffassung: Anwendung des § 135 BGB).

III   Auskunftspflicht im Versorgungsausgleich

§ 11 Verfahrensrecht; Auskunftspflicht

(1) Entscheidet nach diesem Gesetz das Familiengericht, so gelten die verfahrensrechtlichen Vorschriften über den Versorgungsausgleich entsprechend, soweit sie nicht unmittelbar anzuwenden sind.

(2) ¹Das Gericht kann über Grund und Höhe der Versorgungsanwartschaften und Versorgungen von den hierfür zuständigen Behörden, Rentenversicherungsträgern, Arbeitgebern, Versicherungsunternehmen und

sonstigen Stellen sowie von den Ehegatten und ihren Hinterbliebenen Auskünfte einholen. ²Die in Satz bezeichneten Stellen, die Ehegatten und ihre Hinterbliebenen sind verpflichtet, den gerichtlichen Ersuchen Folge zu leisten.

Ergänzend zu § 3 (Anwendung materiellrechtlicher Vorschriften) und zu den im VAHRG selbst enthaltenen Verfahrensnormen (zB § 10 a; dort Rn 4) stellt I klar, dass bei Anwendung des VAHRG durch das **Familiengericht** (zu Maßnahmen anderer Behörden gem § 9 s dort Rn 2) die anderweitig geregelten verfahrensrechtlichen Vorschriften über den VA (zB in der ZPO) zumindest entspr gelten (einschl der Kostenvorschriften; iE Soergel/*Lipp* Rn 1). 1

II regelt ergänzend zu anderen Bestimmungen (§ 1587 e Rn 1; dort, Rn 2, auch zur Frage des **Rechtsschutzinteresses** für einen Antrag gem § 1587 e) die Auskunftspflicht **gegenüber dem Gericht** (unter Erweiterung des § 53 b I 2, 3 FGG auf die Ehegatten und Hinterbliebenen; ausf J/H/*Hahne* Rn 2). Inhaltlich gilt Entspr wie bei Anwendung des § 1587 e BGB (s dort Rn 3), jedoch kann bei Versorgungsträgern und sachkundigen privaten Arbeitgebern über die Mitteilung der Rechengrundlagen hinaus eine Pflicht zur unentgeltlichen **Berechnung** selbst bestehen (Hburg und Bremen FamRZ 00, 541, 542 und 04, 31). **Verfahren:** Zur Durchsetzung kann **Zwangsgeld** gem § 33 FGG festgesetzt werden (Anfechtung gem § 19 FGG; BGH FamRZ 81, 25; Braunschw FamRZ 95, 300, 301); Voraussetzung ist eine klare Bezeichnung der verlangten Auskunft (Frankf FamRZ 00, 540, 541), die Erfolgsaussicht des Scheidungsbegehrens wird nicht geprüft (Braunschw aaO; Brandbg 98, 681; Frankf FamRZ 05, 989). 2

IV Übergangs- und Schlussvorschriften

§ 12 Berlin-Klausel

– gegenstandslos –

§ 13 Inkrafttreten; Übergangsregelungen

Die Norm enthält zT gegenstandslose, zT durch Aufhebung oder Zeitablauf obsolete Bestimmungen; von Abdruck und Kommentierung wird abgesehen (Text und kurze Hinweise bei Staud/*Rehme* Rn 1 ff; ausf Soergel/*Lipp* Rn 1 ff). 1

§ 1587 c Beschränkung oder Wegfall des Ausgleichs

Ein Versorgungsausgleich findet nicht statt,
1. soweit die Inanspruchnahme des Verpflichteten unter Berücksichtigung der beiderseitigen Verhältnisse, insbesondere des beiderseitigen Vermögenserwerbs während der Ehe oder im Zusammenhang mit der Scheidung, grob unbillig wäre; hierbei dürfen Umstände nicht allein deshalb berücksichtigt werden, weil sie zum Scheitern der Ehe geführt haben;
2. soweit der Berechtigte in Erwartung der Scheidung oder nach der Scheidung durch Handeln oder Unterlassen bewirkt hat, dass ihm zustehende Anwartschaften oder Aussichten auf eine Versorgung, die nach § 1587 Abs. 1 auszugleichen wären, nicht entstanden oder entfallen sind;
3. soweit der Berechtigte während der Ehe längere Zeit hindurch seine Pflicht, zum Familienunterhalt beizutragen, gröblich verletzt hat.

1. Überblick. Der VA als rein formaler hälftiger Teilhabeanspruch (§ 1587 a Rn 4) ist gerechtfertigt durch die Ehe als (künftige) Versorgungsgemeinschaft (vor § 1587 Rn 1). Das Scheitern der Ehe ändert nicht rückwirkend die gemeinsame Zweckbestimmung in Bezug auf den abgeschlossenen Vermögenserwerb in Form des ehezeitlich erlangten Versorgungsvermögens. Ein **(teilweiser) Ausschluss** revidiert diese Zweckbindung, unterhaltsrechtlich bedeutet er eine Rückgewähr des vom Ausgleichspflichtigen (durch überschießenden Erwerb von Versorgungsanrechten) an den Berechtigten bereits geleisteten (Altersvorsorge-)Unterhalts (BGH FamRZ 83, 32, 34). Dieser Eingriff in erworbene Rechte ist nicht schon entspr § 242, sondern **erst zulässig**, wenn das auf die Ehe als Ganze („in guten und in schlechten Tagen") gestützte (unveränderte) Behalten von einer Gesamtabwägung unerträglich erscheint, also **bei einem Legitimationswegfall oder -defizit der Ehe** mit der Folge ihrer **(teilweisen) Delegitimierung als Versorgungsgemeinschaft** (ausf *Rehme* FPR 05, 356; ferner KKFamR/*Rehme* Rn 3 f). Dabei hat § 1587 c auch den Zweck, verfassungswidrige Ergebnisse (insbes willkürli- 1 che Beeinträchtigungen des Art 14 GG durch den VA) zu vermeiden (BVerfGE 66, 324, vgl Rn 3 aE). Der darin liegende Schutzzweck ist disponibel (§ 1587 o Rn 5).

2 § 1587 c enthält eine Generalklausel in Nr 1, ferner zwei (praktisch weniger bedeutsame) Einzeltatbestände in Nr 2, 3. Zulässig ist **nur** eine **Herabsetzung**, keine Erhöhung (auch nicht mittelbar; BGH FamRZ 85, 687; 93, 175, 176; J/H/*Hahne* Rn 1 mN zur Gegenmeinung; KKFamR/*Rehme* Rn 6); möglich ist ein Teilausschluss („soweit..."), auch mit unterschiedlicher Einbeziehung der auszugleichenden Anrechte (BGH FamRZ 83, 890). § 1587 h enthält eine entspr Vorschrift für den schuldrechtlichen VA, § 10 a III VAHRG eine eigenständige Regelung für das Abänderungsverfahren (§ 1587 Rn 17; § 10 a VAHRG Rn 6 aE). § 242 ist neben § 1587 c (strengere Anforderungen, Rn 1) nicht anwendbar (BGH FamRZ 93, 176, 178); Art 12 Nr 3 III 3, 4 EheRG ist obsolet.

3 **2. Nr 1 (Generalklausel der groben Unbilligkeit). a) Kontrollfragen und Fallgruppenbildung.** Die Feststellung der groben Unbilligkeit erfordert eine **fallbezogene Gesamtabwägung** (BGH FamRZ 79, 477, 482; MüKo/*Dörr* Rn 21). Das kann (zumal bei der nicht mehr überschaubaren Rspr zur Generalklausel der Nr 1) zu einer Einzelfallentscheidung führen, die primär auf konkret abgegrenzte Umstände iVm allgemeinen Billigkeitserwägungen gestützt wird (Beispiele: AG Frankfurt FamRZ 02, 755, Kindererziehung; Nürnbg FamRZ 04, 116, Strafhaft; vgl Rn 9, 10 aE), zT ohne bewusste Berücksichtigung der (ehebezogenen) strengen Voraussetzungen für einen (Teil-)Ausschluss (Rn 1). Im Interesse der Rechtssicherheit ist eine **strukturierte Gesamtwürdigung** erforderlich (Beispiele: Frankf FamRZ 04, 28, 29 f; ferner KG FamRZ 04, 643). Sie kann erfolgen durch Kontrollfragen und sie erg (ausfüllende) Fallgruppenbildung (Rn 4). Routinemäßige **Kontrollfragen** sollten unmittelbar auf die Feststellung der in Rn 1 genannten Voraussetzungen abzielen (iE *Rehme* FPR 05, 356, 357): Hat der (darlegungs- und beweisbelastete; Rn 17) Ausgleichspflichtige (über die oft umfängliche Darlegung einer bloßen Verfehlung der idealtypischen Ziele des VA hinaus; dazu Rn 4) Umstände vorgetragen, die die Annahme eines Legitimationsdefizits nahe legen, insbes deshalb, weil die zunächst umgesetzte, mit der Scheidung beendete Versorgungsgemeinschaft zu einer den Planungen und Erwartungen, dh **der ehelichen Disposition widersprechenden Versorgungslage** geführt hat? Zutr wird auf diesen Gesichtspunkt in der neueren Rspr zunehmend abgestellt, weil eine mit der ehelichen Disposition (weitgehend und ohne nachhaltigen Widerspruch des anderen Ehegatten) konforme Ausgestaltung der ehelichen Lebensverhältnisse, zB der Erwerbstätigkeit, grds einem Ausschluss entgegensteht (zB Karlsr FamRZ 90, 527, 528; 04, 463, 465; aj Zweibr und Bambg FamRZ 00, 890, 891 bzw 892; München FamRZ 02, 757; 04, 1580, 1581; Köln FamRZ 04, 1728, 1731). Die Annahme eines Legitimationsdefizits wird erleichtert durch eine (aus der umfangreichen Rspr ableitbare) **Fallgruppenbildung** (Rn 4 ff); sie wird sich beim VA als Teil des vermögensrechtlichen Ausgleichs nach der Scheidung vorrangig an seinen Auswirkungen auf die wirtschaftlichen Verhältnisse, insbes die Versorgungslage ausrichten. Daneben können allgemeine Billigkeitsgesichtspunkte von erheblichem Gewicht (ohne unmittelbaren wirtschaftlichen Bezug) Indizien für einen Ausschluss bilden (Rn 13 f); denn der VA darf nicht zu einer unverdienten, unverständlichen „Prämierung" grob pflichtwidrigen Verhaltens führen (BGH FamRZ 83, 32, 33; BVerfGE 53, 257, 298). – Dieses Raster von Kontrollfragen und Fallgruppen erlaubt regelmäßig eine sachliche Fundierung der für einen (Teil-)Ausschluss erforderlichen negativen Gesamtbewertung (Unerträglichkeit des Gedankens, aus der konkreten Ehe eine hälftige Teilhabe am gesamten Versorgungserwerb abzuleiten; Rn 1).

4 **b) Wirtschaftliche Verhältnisse. aa) Allgemeines.** Spezifischer Zweck des VA im Bezug auf die Versorgungslage der Ehegatten (BVerfG FamRZ 84, 653, 654) ist der Ausgleich ehebedingter Nachteile (Ziel: ausgewogene soziale Sicherung beider Ehegatten und wirtschaftliche Selbständigkeit des sozial Schwächeren durch eigenständige Alterssicherung; BGH FamRZ 89, 46, 491; 95, 413; Rn 5), ferner (entspr der güterrechtlichen Vermögensteilung) eine dauerhafte gleichmäßige Aufteilung der gemeinsam geschaffenen Versorgungswerte (BGH FamRZ 88, 822; 05, 1238, 1239; BVerfG FamRZ 01, 277; Rn 10). Eine fehlende oder unvollkommene Verwirklichung dieser Zwecke genügt für einen (Teil-)Ausschluss nicht; erforderlich ist regelmäßig ein den Verpflichteten zusätzlich belastender, das Ergebnis unerträglich (Rn 1, 3) machender Umstand (**Kumulation von Gründen**).

5 **bb) Fehlende Verwirklichung einer ausgewogenen sozialen Sicherung.** Dieses Ziel darf nicht in sein Gegenteil verkehrt werden; deshalb ist ein Ausschluss möglich bei einer auf dem VA beruhenden unterhaltsrechtlichen Abhängigkeit des Verpflichteten vom Berechtigten (BGH FamRZ 05, 696, 699 mwN) oder bei fehlender positiver Auswirkung des VA (BGH FamRZ 89, 46). **Nicht ausreichend** sind (entspr Rn 4 aE): eine Beeinträchtigung des notwendigen Eigenbedarfs des Verpflichteten (bis hin zur Inanspruchnahme der Sozialhilfe), wenn der Berechtigte den VA zur eigenen angemessenen Absicherung benötigt (BGH FamRZ 89, 46; Köln FamRZ 98, 483, 484); eine voraussichtlich bessere Versorgung des Berechtigten als des Verpflichteten (BGH FamRZ 95, 413; Frankf FamRZ 04, 28, 29), zB auf Grund weiterer Erwerbstätigkeit (Karlsr und KG FamRZ 98, 300, 301 und 1373, 1374), weil eine vollkommen ausgewogene wirtschaftliche Lage nicht Ziel des VA ist (BGH aaO).

6 Über eine bloße Zweckverfehlung hinaus kann der VA unerträglich sein bei Hinzutreten **weiterer konkreter belastender Umstände** (Rn 4 aE). Eine praktisch bedeutsame Fallgruppe ist ein **erhebliches wirtschaftliches Ungleichgewicht**, zB bei Bestehen oder sicherem Erwarten einer angemessenen Altersversorgung beim

Berechtigten (iE BGH FamRZ 88, 489, 490; Karlsr und Köln FamRZ 98, 300, 301 und 483, 484), wenn **kumulativ** der Verpflichtete dringend auf die abzugebenden Anrechte angewiesen ist (iE BGH FamRZ 05, 696, 699; Hamburg FamRZ 02, 1257; Celle OLG-Rspr 98, 249, 251). **Vermögenserwerb** nach der Trennung und (abw vom Wortlaut) nach der Scheidung ist zu berücksichtigen, insbes wenn er nicht dem Zugewinnausgleich unterliegt (zB wegen Gütertrennung; BGH FamRZ 88, 47, 48; KG FamRZ 97, 28; Bambg FamRZ 01, 162), aber auch von dritter Seite (zB durch Erbfall oder Schenkung; BGH aaO und FamRZ 88, 490); ausnahmsweise kann ein krasses wirtschaftliches Ungleichgewicht allein genügen (Millionenvermögen; BGH FamRZ 88, 47, 48; Karlsr NJW-RR 04, 78).

Ein Ungleichgewicht in spezifischer Form kann auftreten bei **vorzeitiger Versetzung in den Ruhestand wegen Dienstunfähigkeit** (zum Bezug einer Erwerbsunfähigkeitsrente Karlsr FamRZ 98, 300, 301) für den Fall einer dadurch bedingten Erhöhung des Ausgleichsanspruchs (als Folge eines höheren Ehezeitanteils an der verkürzten Gesamtzeit; iE Staud/*Rehme* Rn 32). Das „ungerecht" erscheinende Ergebnis (Vorteil für den Berechtigten auf Grund der den Verpflichteten belastenden Dienstunfähigkeit) ist idR noch nicht grob unbillig, auch nicht bei möglichem Ausbau der eigenen Alterssicherung des Berechtigten durch nachehezeitliche Erwerbstätigkeit; denn die unterschiedliche Versorgungslage beruht ua auf längerem Arbeitseinsatz des Berechtigten (iE BVerfG FamRZ 01, 277; BGH FamRZ 90, 1341, 1342; Karlsr aaO; *Rehme* aaO Rn 32 ff). Eine grobe Unbilligkeit ist erst anzunehmen, wenn der Berechtigte (nach dem erreichten Stand, ohne Berücksichtigung einer zukünftigen ungewissen Entwicklung) durch eigene Erwerbstätigkeit eine unverhältnismäßige hohe Altersversorgung erlangen kann (BGH aaO und FamRZ 99, 499, 500). 7

Eine weitere Fallgruppe fehlender ausgewogener sozialer Sicherung kann vorliegen, wenn dem Verpflichteten durch den VA ein **doppeltes Vermögensopfer oder eine vergleichbare** (insbes wirtschaftlich negative) **doppelte Beeinträchtigung** auferlegt würde. Typischer Fall ist die **Finanzierung eines** (einen erheblichen Teil der Ehezeit ausfüllenden) **Studiums** oder einer sonstigen Ausbildung durch den Verpflichteten für den (nicht aus ehebedingten Gründen am Erwerb eigener Anrechte gehinderten) Berechtigten (BGH FamRZ 88, 600; 04, 862; Köln FamRZ 04, 884), unabhängig von erfolgreichem Abschluss der Ausbildung oder einem dringenden Eigenbedarf des Verpflichteten (Rn 6) und auch bei entspr ehelicher Disposition (BGH FamRZ 89, 1060), insbes wenn weitergehende Planungen durch die unerwartet kurze Ehedauer beendet wurden (frustrierte Erwartungen; Köln aaO; *Rehme* FPR 05, 356, 359). Eine ähnliche übermäßige Belastung kann eintreten bei einer **Beitragsnachentrichtung nach Ehezeitende** für den Berechtigten (BGH FamRZ 87, 364, 365; iE KK-FamR/*Rehme* Rn 28). 8

Eine vergleichbare unverhältnismäßig große u/oder nachhaltige wirtschaftliche Beeinträchtigung kann sich ergeben, wenn der VA auf der Einbeziehung von **Kindererziehungszeiten** beruht. Die entspr Entgeltpunkte (für drei Jahre: § 56 SGB VI) sind grds zu berücksichtigen (Zweibr und Brandbg FamRZ 00, 890, 891; München FamRZ 04, 1580); ein Ausschluss kommt aber in Betracht, wenn (kumulativ; Rn 6) ehebedingte Nachteile auf Seiten des Berechtigten fehlen (zB bei Übernahme von Haushalt und Kindererziehung durch den Verpflichteten), der Verpflichtete durch die Kindererziehung über das Ehezeitende hinaus langfristig an einer Erwerbstätigkeit gehindert und nicht anderweitig ausreichend gesichert ist (iE *Rehme* aaO Rn 29 f; Nürnbg und Stuttg FamRZ 00, 891 und 894; Köln OLG-Rspr 04, 223; zT abw Zweibr und Brandbg aaO; Brem FamRZ 02, 466; Karlsr FamRZ 05, 1839). 9

cc) Fehlende gleichmäßige Aufteilung der gemeinsam geschaffenen Versorgungswerte (einschl der Fälle des Fehlens der Versorgungsgemeinschaft). Anlass für die Prüfung eines Ausschlusses besteht, wenn das aus dem Halbteilungsgrundsatz abgeleitete materielle Postulat einer wertmäßig gleichen Teilhabe (Rn 4; vor § 1587 Rn 9; iE Staud/*Rehme* Rn 42) gänzlich verfehlt wird, aber auch, wenn die Versorgungsgemeinschaft als rechtfertigende Grundlage (Rn 1) während (erheblicher Teile) der Ehezeit nicht vollzogen wurde. Zweckverfehlungen unterhalb dieser Schwelle genügen nicht (vgl Rn 4, 5). Deshalb erfolgt **kein Ausschluss**: bei geringen Ausgleichsbeträgen (J/H/*Hahne* Rn 19 mwN; **aA** Naumbg FamRZ 02, 102; Brandbg FamRZ 03, 1754; jeweils mit abl Anm *Kemnade*), beiderseitiger Erwerbstätigkeit (ohne einseitige ehebedingte Nachteile; KG FamRZ 98, 1373 mwN), der ehelichen Disposition (Rn 3) entspr Erwerb von ausgleichsfähigen Versorgungsanrechten nur durch den Verpflichteten (zB bei selbständiger Tätigkeit des Berechtigten ohne nennenswerte Altersvorsorge; Karlsr FamRZ 90, 527, 528; 04, 463, 465; München FamRZ 04, 1580; Schlesw FamRZ 99, 865, 866; Köln FamRZ 04, 1728, 1730 f; weitere Nachw bei KKFamR/*Rehme* Rn 34 mit Fn 57, zur sog **phasenverschobenen Ehe** Hamm FamRZ 04, 885; BGH FamRZ 04, 1181); auch eine Strafhaft des Berechtigten während der Ehezeit (ohne erschwerende Umstände; Rn 14) genügt häufig nicht (ausf Staud/*Rehme* Rn 43 mwN; zu weitgehend Nürnbg FamRZ 04, 116). 10

Eine Korrektur wegen gänzlicher Verfehlung einer materiellen Halbteilung (Rn 10) kann erfolgen bei **steuerlicher Ungleichbehandlung** im Falle eines grob unbilligen Nettowertgefälles, das im Zeitpunkt der Entscheidung hinreichend sicher feststellbar ist (BGH FamRZ 89, 1163, 1165; 99, 497, 498); letzteres wird idR nicht beim Ausgleich von Anwartschaften, sondern erst von Versorgungsbezügen möglich sein (BGH FamRZ 95, 29; 05, 696, 700; zur Berücksichtigung ungleicher Belastung mit **Sozialabgaben** BGH FamRZ 05, 1982; 06, 323; zum heute weniger bedeutsamen Problem unbilliger Härten im Zusammenhang mit der Bilanzierung noch **verfallbarer Anrechte** KKFamR/*Rehme* Rn 37). 11

12 Ein **Ausschluss** ist mangels legitimierender Versorgungsgemeinschaft (Rn 1, 10) gerechtfertigt **bei extrem kurzer Ehezeit** (BGH FamRZ 81, 944, 945: 6 Wochen; J/H/*Hahne* Rn 27: bis etwa 6monate). Nach gelebter Gemeinschaft entfällt die Legitimation nicht schon durch eine nachfolgende **lange Trennung**; hier sind zusätzliche Gründe erforderlich (Rn 4 aE; BGH FamRZ 93, 302; Hamm FamRZ 00, 160; Bambg FamRZ 01, 1222), etwa ein völliges Auseinanderleben der Eheleute durch lange Trennung (insbes nach nur kurzem Zusammenleben; BGH FamRZ 85, 280, 282; Brandbg 02, 682, 683; Köln FamRZ 00, 895; zu weitgehend Celle und Karlsr FamRZ 01, 163 und 1223; Kobl FamRZ 04, 1580; zu Recht krit hierzu *Erk/Deisenhofer* FamRZ 03, 134), evtl auch bei engem Zusammenhang von langer Trennung und ausreichender anderweitiger Altersversorgung des Berechtigten (oder der Möglichkeit hierzu infolge des Wegfalls ehebedingter Hindernisse durch die Trennung; iE BGH FamRZ 82, 475, 478). Nicht ausreichend ist eine lange Trennung, wenn sie im Verhältnis zum ehelichen Zusammenleben eher kurz ist (BGH FamRZ 93, 302; Bambg FamRZ 99, 933), ferner wenn der Berechtigte bis zur Trennung überobligatorisch gearbeitet (Hamm FamRZ 00, 160) oder während der Trennung eheliche Aufgaben (Kinderbetreuung) übernommen hat (BGH FamRZ 05, 2052, 2053; Frankf FamRZ 04, 28, 30 mwN; Brandbg FamRZ 04, 118).

13 c) **Persönliche Verhältnisse (insbes Fehlverhalten des Ausgleichsberechtigten).** Erg zu den vorrangig bedeutsamen wirtschaftlichen Umständen sind die persönlichen Verhältnisse zu berücksichtigen (vgl Rn 1 aE, 3 aE), vor allem als **Sanktion bei grobem persönlichen Fehlverhalten des Berechtigten** (zur Berücksichtigung sonstiger persönlicher Umstände wie besondere eheliche Belastung oder Krankheit vgl BGH FamRZ 87, 49; 81, 756; zu Recht einschränkend Hamm FamRZ 05, 38, 39). Ein **Fehlverhalten** wird insbes bei gravierenden **wirtschaftlich negativen Folgen** relevant sein (Entzug der wirtschaftlichen Existenzgrundlage der Familie, Karlsr FamRZ 90, 527; Vielzahl schädigender Handlungen; Hamm FamRZ 01, 1223; KG NJW-RR 01, 1657); nicht bei weniger schwerwiegenden oder nicht gänzlich einseitigen wirtschaftlichen Beeinträchtigungen (iE KKFamR/*Rehme* Rn 43 mwN), zB bei einer Haftung für gemeinsam begründete Schulden (BGH FamRZ 03, 437, 438) oder Kenntnis des Verpflichteten von nachteiligen Handlungen des Berechtigten (Dresden NJW-RR 98, 1619; Celle FamRZ 80, 1032 f).

14 Pflichtverletzungen ohne wirtschaftlich negative Folgen müssen besonders krass oder langandauernd sein (Vergleich mit Nr 3), so bei einem außerehelichen Verhältnis über einen langen Zeitraum (BGH FamRZ 83, 32, 34) oder besonders gemeinem Verhalten (Bambg FamRZ 98, 1369; ähnlich Hamm NJW-RR 03, 1087, 1088 f), bei besonders schweren Straftaten, insbes gegen Leib oder Leben oder die sexuelle Selbstbestimmung (zB Karlsr NJW-RR 00, 372; Brandbg FamRZ 03, 384; KG FamRZ 04, 643; *Rehme* aaO Rn 45 mwN). Verfehlungen aus der Zeit unmittelbar vor der Trennung (Zerrüttungszeit) führen nicht ohne weiteres zu einem Legitimationswegfall (Rn 1), wenn die Ehe vorher über lange Zeit „i Ordnung" war (BGH FamRZ 83, 35; 84, 662; Nürnbg FamRZ 86, 580; Beispiele für Verfehlungen geringerer Bedeutung bei *Rehme* aaO Rn 44).

15 3. **Nr 2, 3 (Einzeltatbestände groben Fehlverhaltens des Ausgleichsberechtigten).** Nr 2: **Versorgungsmindernde Einflussnahme.** Erfasst werden Handlungen in bewusstem, insbes zeitlichem Zusammenhang mit der Scheidung (BGH FamRZ 86, 658; Jena FuR 00, 24, 25) und mit zumindest bedingtem Schädigungsvorsatz, durch die der Berechtigte (nicht der Verpflichtete; Rn 2) die Versorgungsbilanz treuwidrig zu seinen Gunsten beeinflusst (BGH aaO, zB bei grundloser Kündigung eines Arbeitsverhältnisses, nicht bei Verlust von Anrechten wegen eines Dienstvergehens (iE J/H/*Hahne* Rn 31; Soergel/*Lipp* Rn 30 f).

16 **Nr 3: Längere und gröbliche Verletzung der Unterhaltspflicht.** Die Verletzung der Unterhaltspflicht (§§ 1360, 1360a, 1361, 1601 ff, dh auch nach Trennung; *Hahne* aaO Rn 37) seitens des Berechtigten (Rn 2; quasi kompensierende Verfehlungen des Verpflichteten können für die Gesamtbewertung bedeutsam sein; Rn 3; *Hahne* aaO Rn 36) muss während der Ehezeit iSv § 1587 II erfolgen, nicht danach (Brandbg FamRZ 98, 299, 300; Schlesw FamRZ 99, 865, 867). Erforderlich ist ein unterhaltsrechtlich leichtfertiges (*Hahne* aaO Rn 39; str; zT wird Vorsatz verlangt; nicht ausreichend Alkoholabhängigkeit, Köln FamRZ 04, 1581), gröbliches Verhalten über längere Zeit (nicht bei 6monaten; Brandbg aaO), das zumindest geeignet war, die Familie wirtschaftlich ernsthaft zu gefährden (BGH FamRZ 86, 658; NJW-RR 87, 578; Schlesw aaO). Der Umfang eines etwaigen Ausschlusses richtet sich nach den Gesamtumständen (keine schematische Begrenzung auf die Zeit der Pflichtverletzung; BGH FamRZ 87, 49, 51).

17 4. **Verfahren.** § 1587 c ist von Amts wegen zu berücksichtigen (Amtsermittlung). Wegen der Feststellungslast des Verpflichteten für den Ausschlusstatbestand (BGH FamRZ 90, 1341, 1342; Frankf FamRZ 05, 623, 626) besteht eine besondere Mitwirkungspflicht der Parteien, auch weil sie nicht nachträglich selbständig den Einstieg in ein Abänderungsverfahren ermöglichen (§ 10 a VAHRG Rn 2). Die Norm schützt nur die privaten Interessen der Ehegatten; deshalb sind die Versorgungsträger nicht beschwerdeberechtigt (BGH FamRZ 01, 1447, 1449).

§ 1587 d Ruhen der Verpflichtung zur Begründung von Rentenanwartschaften

(1) ¹Auf Antrag des Verpflichteten kann das Familiengericht anordnen, dass die Verpflichtung nach § 1587 b Abs. 3 ruht, solange und soweit der Verpflichtete durch die Zahlung unbillig belastet, insbesondere außerstande gesetzt würde, sich selbst angemessen zu unterhalten und seinen gesetzlichen Unterhaltspflichten gegenüber dem geschiedenen Ehegatten und den mit diesem gleichrangig Berechtigten nachzukommen. ²Ist der Verpflichtete in der Lage, Raten zu zahlen, so hat das Gericht ferner die Höhe der dem Verpflichteten obliegenden Ratenzahlungen festzusetzen.
(2) Das Familiengericht kann eine rechtskräftige Entscheidung auf Antrag aufheben oder ändern, wenn sich die Verhältnisse nach der Scheidung wesentlich geändert haben.

I ist als erg Billigkeitsregelung zu § 1587 b III (nach dessen Wegfall als generelle Ausgleichsform; § 1587 b Rn 1) praktisch bedeutungslos (J/H/*Hahne* Rn 2; KKFamR/*Rehme* Rn 1). Andere Vorschriften betr die Zahlung von Beiträgen oder Abfindungen (§ 3 I Nr 2 VAHRG, § 1587 l) enthalten eigene, umfassendere Maßstäbe der Zumutbarkeit, sie gelten im Zweifel auch für neuere Vereinbarungen gem § 1587 o (*Hahne* aaO). II ist als Ergänzung zu I wie dieser obsolet, ist jedoch nach anderen Bestimmungen entspr anwendbar (§ 1587 g III; § 1587 i III; VAHRG: § 3 a VI; 3 b I Nr 2 S 3 Hs 3; 10a VIII 3). 1

I ist bedeutungslos (Rn 1; *Hahne* aaO Rn 3 ff). II ermöglicht eine Änderung der gem I (unmittelbar oder in entspr Anwendung; Rn 1) getroffenen Regelungen auf **Antrag** (auch des Berechtigten, zB bei Verbesserung der wirtschaftlichen Lage des Verpflichteten; *Hahne* aaO Rn 9). Die erforderliche **wesentliche Änderung** der Verhältnisse kann nach Auffassung des BGH (FamRZ 90, 380) mit Rücksicht auf den Halbteilungsgrundsatz unterhalb der Schwelle (10 %) des § 323 ZPO bzw § 10a II 2 VAHRG gegeben sein (zust Soergel/*Lipp* Rn 21; aA *Hahne* aaO Rn 9). Zum **Verfahren** vgl § 14 Abs 1 Nr 2 a Buchst. b) RPflG (Rechtspfleger; bei Abänderungen von Vereinbarungen jedoch Richterzuständigkeit; *Hahne* aaO Rn 10). 2

§ 1587 e Auskunftspflicht; Erlöschen des Ausgleichsanspruchs

(1) Für den Versorgungsausgleich nach § 1587 b gilt § 1580 entsprechend.
(2) Mit dem Tode des Berechtigten erlischt der Ausgleichsanspruch.
(3) Der Anspruch auf Entrichtung von Beiträgen (§ 1587 b Abs. 3) erlischt außerdem, sobald der schuldrechtliche Versorgungsausgleich nach § 1587 g Abs. 1 Satz 2 verlangt werden kann.
(4) ¹Der Ausgleichsanspruch erlischt nicht mit dem Tode des Verpflichteten. ²Er ist gegen die Erben geltend zu machen.

1. I (Auskunftsanspruch). I regelt den Anspruch der **Ehegatten untereinander** für den öffentlich-rechtlichen VA (entspr für den schuldrechtlichen VA: § 1587 k). Weitere Auskunftsansprüche, auch außerhalb eines VA-Verfahrens (ausf Soergel/*Lipp* Rn 11 ff; Staud/*Rehme* Rn 12), bestehen im Verhältnis zwischen den Ehegatten, den Hinterbliebenen und Versorgungsträgern gem § 109 SGB VI, §§ 3 a VIII, 10a XI VAHRG sowie gegenüber dem Gericht gem § 11 II VAHRG und § 53 b II 2, 3 FGG (zur **Schadensersatzpflicht** bei falscher Auskunft BGH FamRZ 03, 1382; Karlsr NJW 05, 77). 1

Auskunft kann abw vom Wortlaut auch vor Anhängigkeit eines Scheidungsantrags verlangt werden, zB zur Vorbereitung des Verfahrens oder einer Vereinbarung gem § 1587 o, nicht generell während intakter Ehe oder vor einem Ehevertrag gem § 1408 II (J/H/*Hahne* Rn 3). Der Anspruch ist ausgeschlossen bei fehlendem **Rechtsschutzinteresse** (zB Ausschluss des VA gem § 1408 II oder nach rechtskräftiger Entscheidung; *Hahne* aaO Rn 4; BGH FamRZ 82, 687; zu Ausnahmen Kobl FamRZ 04, 1217 und *Rehme* aaO Rn 14). Häufig wird dies auch nach Anhängigkeit eines VA-Verfahrens der Fall sein wegen der umfassenden und gem § 33 FGG rasch durchsetzbaren Aufklärungsmöglichkeiten des Gerichts gem § 11 II VAHRG (München und Oldbg FamRZ 98, 244 und 99, 207; ausf *Rehme* aaO Rn 1 mwN; KKFamR/*Rehme* Rn 4; jeweils auch zu denkbaren Ausnahmen, ua wegen weitergehender Vollstreckungsmöglichkeit, vgl Rn 3 aE; **aA** Hamm und Zweibr FamRZ 02, 103 und 04, 1794; *Hahne* aaO Rn 4). 2

Alle zur Ermittlung des Ausgleichsanspruchs „**erforderlichen**" Umstände sind mitzuteilen (§ 1580 S 2 iVm § 1605 I 1), neben den ehezeitlichen ggf auch außereheliche Anwartschaften bei Relevanz für die Feststellung des Ehezeitanteils (*Hahne* aaO Rn 5; zur Auskunft in Bezug auf § 1587 c Karlsr FamRZ 03, 1840). Zu den **Belegen** (§ 1605 I 2) gehören die Versicherungsunterlagen (Bescheide pp), ggf nach Beschaffung von Dritten (zB von Rentenversicherungsträger gem § 109 SGB VI; Soergel/*Lipp* Rn 7). Gem I sind amtliche Fragebögen auszufüllen und ggf vorbereitend Kontenklärungsanträge zu stellen, wenn nur so die Auskunft für den anderen Ehegatten verwendbar wird (sonst Ermessen des Auskunftspflichtigen; BGH FamRZ 465, 467; iE str; *Lipp* aaO Rn 7; *Hahne* aaO Rn 6). Im Übrigen kann das Gericht gem § 11 II VAHRG entspr Auflagen erteilen. Zum **Verfahren** vgl KKFamR/*Rehme* Rn 8 f (FGG; isoliert oder im Rahmen des Verbundes; Vollstreckung gem § 53 c III FGG iVm § 888 ZPO, dh abw von § 33 FGG auch Zwangshaft. 3

2. **II bis IV (Veränderung des Ausgleichsanspruchs in bestimmten Fällen, insbes bei Tod des Berechtigten oder Verpflichteten).** II: **Tod des Berechtigten.** II hat nur geringe praktische Bedeutung. Er erfasst nur „Ansprüche" im engeren Sinne, dh soweit sie **im Zeitpunkt des Todes des Berechtigten entstanden** sind und **noch bestehen.** Ein Anspruch zwischen den „geschiedenen" Ehegatten (§ 1587 I) entsteht erst mit Rechtskraft der Scheidung (§ 629 d ZPO; bei früherem Tod Erledigung der Hauptsache gem § 619 ZPO). Der Anspruch erlischt vor allem durch Erfüllung. Sie tritt in den wichtigsten Fällen des öffentlich-rechtlichen VA unmittelbar mit Rechtskraft der rechtsgestaltenden Entscheidung ein (vor § 1587 Rn 24; § 53 g I FGG); nur bei einer Leistungsverpflichtung (insbes zur Beitragszahlung gem § 3 b I Nr 2 VAHRG) muss eine Erfüllungshandlung hinzukommen. Folglich kann der Tod des Berechtigten nur relevant werden, wenn er in der Zeit zwischen Rechtskraft der Scheidung und (vollständiger) Erfüllung des Anspruchs eintritt (späterer Tod lässt rechtsgestaltende Wirkung unberührt; Soergel/*Lipp* Rn 27 f). Eine solche Zeitspanne fehlt, wenn – wie häufig in der Praxis – Scheidung und rechtsgestaltende Entscheidung über den VA zugleich rechtskräftig werden. II greift ein bei späterer rechtskräftiger Entscheidung über den VA, zB bei Abtrennung gem § 628, Scheidung im Ausland (Karlsr FamRZ 04, 463) oder nach Aussetzung gem § 2 I 2 VAÜG (aA KG FamRZ 05, 689; 03, 1841 mit abl Anm *Kemnade*), ferner bei noch nicht erfüllten (auch rückständigen) Beitragszahlungen (*Lipp* aaO Rn 28).

5 III: **Erlöschen des Beitragszahlungsanspruchs gem § 1587b Abs 3.** III ist (nach Wegfall des § 1587 b III; dort Rn 1, 13) nur noch (entspr) anwendbar iRv § 3 b I Nr 2 VAHRG. Die Beitragspflicht erlischt (soweit noch nicht erfüllt), wenn der Anspruch auf schuldrechtliche Rente gem § 1587 g I 2 fällig ist und zusätzlich (über den Wortlaut hinaus) eine Beitragszahlung iSd Rentenrechts nicht mehr möglich ist (iE Staud/*Rehme* Rn 25 ff; J/H/*Hahne* Rn 10).

6 IV: **Tod des Verpflichteten.** IV (m wie bei II nur begrenztem Anwendungsbereich; vgl Rn 4) regelt die Rechtsfolgen bei **Eintritt des Todes des Verpflichteten zwischen Rechtskraft der Scheidung und Rechtskraft der Entscheidung über den VA** (früherer Tod: Rechtsfolge der §§ 619, 629 d ZPO; Rn 4; späterer Tod: regelmäßig ohne Bedeutung wie gem Rn 4; Ausnahme: Durchsetzung der Beitragszahlungsanordnung; vgl *Lipp* aaO Rn 38). Die Norm verhindert eine Versorgungslücke (*Rehme* aaO Rn 30), indem die an sich nicht in den Nachlass fallenden Versorgungsansprüche als fortbestehend fingiert werden (BGH FamRZ 84, 467, 468); sie richten sich gegen die Erben als Prozessstandschafter; §§ 239 ff ZPO gelten entspr (iE KKFamR/*Rehme* Rn 20 f mit Fn 19).

Kapitel 3 Schuldrechtlicher Versorgungsausgleich

§ 1587 f Voraussetzungen

In den Fällen, in denen
1. die Begründung von Rentenanwartschaften in einer gesetzlichen Rentenversicherung mit Rücksicht auf die Vorschrift des § 1587 b Abs. 3 Satz 1 zweiter Halbsatz nicht möglich ist,
2. die Übertragung oder Begründung von Rentenanwartschaften in einer gesetzlichen Rentenversicherung mit Rücksicht auf die Vorschrift des § 1587 b Abs. 5 ausgeschlossen ist,
3. der ausgleichspflichtige Ehegatte die ihm nach § 1587 b Abs. 3 Satz 1 erster Halbsatz auferlegten Zahlungen zur Begründung von Rentenanwartschaften in einer gesetzlichen Rentenversicherung nicht erbracht hat,
4. in den Ausgleich Leistungen der betrieblichen Altersversorgung auf Grund solcher Anwartschaften oder Aussichten einzubeziehen sind, die im Zeitpunkt des Erlasses der Entscheidung noch unverfallbar waren,
5. das Familiengericht nach § 1587 b Abs. 4 eine Regelung in der Form des schuldrechtlichen Versorgungsausgleichs getroffen hat oder die Ehegatten nach § 1587 o den schuldrechtlichen Versorgungsausgleich vereinbart haben,

erfolgt insoweit der Ausgleich auf Antrag eines Ehegatten nach den Vorschriften der §§ 1587 g bis 1587 n (schuldrechtlicher Versorgungsausgleich).

1 1. **Überblick über den schuldrechtlichen VA. Inhaltliche** Abgrenzung zum **öffentlich-rechtlichen VA.** Anders als dieser (vor § 1587 Rn 2, 24; § 1587 b Rn 1) führt der schuldrechtliche VA idR (Ausnahme: § 1587 l) nur zu einem **abgeleiteten unterhaltsähnlichen Anspruch** (iE Staud/*Rehme* vor § 1587 Rn 4 ff): Der Berechtigte wird nur an dem Verpflichteten tatsächlich zufließenden Versorgungsbezügen beteiligt, dh frühestens (§ 1587 g I 2) ab Beginn des Versorgungsbezugs beim Verpflichteten, längstens bis zu seinem Tod (Ausnahme: § 3 a VAHRG). Diese strukturellen **Schwächen** können durch **wirtschaftliche Vorteile** kompensiert werden: Der schuldrechtliche VA ist eine selbständige Ausgleichsform (vgl insbes § 1587 g Rn 4) mit weitgehender Dispositionsbefugnis der Parteien (§ 1587 o Rn 1) und knüpft unmittelbar an die **Nominalwerte** der

auszugleichenden Versorgung an (**Bruttobeträge**; § 1587 a Rn 3; BGH FamRZ 01, 25), dh ihren dort exakt bezifferten Versorgungswert, **ohne** Abwertungsverluste durch eine (auch nach Neufassung der BarwertVO) zweifelhafte **Umrechnung** (vor § 1587 Rn 13 ff; § 1587 a Rn 61 f; § 1587 b Rn 6 ff). Sie entfällt nicht nur bei vollständigem schuldrechtlichem Ausgleich eines Anrechts (insoweit unstr, zB BGH FamRZ 93, 304, 305; 01, 25), sondern nach zutr Ansicht auch bei vorherigem **öffentlich-rechtlichem Teilausgleich** gem § 3 b VAHRG (ausf Staud/*Rehme* § 1587 f Rn 12 ff mwN; ua Oldbg, Celle, Frankf FamRZ 01, 1528; 02, 244; 05, 623). Die abw, (wegen unterschiedlicher Behandlung der alten und neuen BarwertVO) in sich widersprüchliche Auffassung des **BGH** (FamRZ 05, 1464 mwN; zu Recht abl Bergner NJW 05, 2751) überträgt die Mängel der Umrechnung ohne Sachzwang auf den eigenständigen schuldrechtlichen VA unter hier (bei laufender Versorgung) offen zu Tage tretendem Verstoß gegen die Halbteilung.

Die **Wertermittlung** folgt zunächst den Grundsätzen beim öffentlich-rechtlichen VA. Es wird nur der ehezeitliche Erwerb ausgeglichen (§ 1587 Rn 13); für die Feststellung des Ehezeitanteils gilt § 1587 a entspr (§ 1587 g II 1). Unterschiede ergeben sich aus der spezifischen Struktur (abgeleiteter Anspruch; Rn 1): Die **Ausgleichsrente** (§ 1587 g I 1) ist durch die Anbindung an die entspr der jeweiligen Versorgungsregelung variable Versorgung (Nominalwerte; Rn 1) ihrerseits **veränderlich**; eine Festschreibung auf das Ehezeitende als festen zeitlichen Bezugspunkt erfolgt nicht (vor § 1587 Rn 12; Folge: normale Wertveränderungen sind zu berücksichtigen; § 1587 g II 2; s dort Rn 7). 2

Verfahrensrechtliche Abgrenzung zum öffentlich-rechtlichen VA. Gegenüber diesem in sämtlichen Formen (vor § 1587 Rn 16; § 1587 b Rn 1) ist der schuldrechtliche VA wegen seiner strukturellen Schwächen **subsidiär** (BGH FamRZ 03, 1738, 1739), grds ohne Wahlrecht (BGH FamRZ 96, 481), jedoch mit **begrenzter Einflussmöglichkeit des Berechtigten auf die Ausgleichsform**, insbes bei Anwendung des § 3 b VAHRG (s dort Rn 1 aE) und bei nachträglichem Eintritt der Unverfallbarkeit (§ 1587 f Nr 4 oder § 10 a I Nr 2 VAHRG; iE KK-FamR/*Rehme* Rn 6, auch zur Einschränkung des Wahlrechts und zu weiteren Fällen). Öffentlich-rechtlicher und schuldrechtlicher VA werden in strikt voneinander **getrennten Verfahren** durchgeführt, ohne Anwendung beider Formen in Bezug auf dasselbe (Teil-)Anrecht (BGH FamRZ 87, 149, 150), mit jeweils eigener Änderungsmöglichkeit (§ 10 a VAHRG bzw § 1587 g III iVm § 1587 d II) und ohne Korrektur der Erstentscheidung zum öffentlich-rechtlichen VA über den späteren schuldrechtlichen VA (BGH FamRZ 93, 304, 305; Celle und Hamm FamRZ 04, 1215, 1216 und 05, 810, 813; zu den Berührungspunkten im Falle des erg schuldrechtlichen VA nach öffentlich-rechtlichem Teilausgleich *Rehme* aaO Rn 8). 3

Verhältnis zum Unterhalt. Die Nähe zum Unterhaltsrecht ist gegeben (Rn 1; Geldrente gem § 1587 g I 1; Bezugnahme auf unterhaltsrechtliche Vorschriften in § 1587 k I), jedoch begrenzt durch erhebliche **strukturelle Unterschiede**. Auf Grund des Teilhabegedankens (vor § 1587 Rn 1) ist der schuldrechtliche VA unabhängig von spezifischen unterhaltsrechtlichen Kriterien (Bedürftigkeit, Leistungsfähigkeit, fehlende Wiederheirat gem § 1586 I) durchzuführen, grds vorrangig vor etwaigen Unterhaltsverpflichtungen (iE § 1587 h Rn 2 aE). 4

Formen des schuldrechtlichen VA. Der subsidiäre (Rn 3) schuldrechtliche VA ist nur in den abschließend gesetzlich geregelten Fällen zulässig (früher enumerativ aufgezählt in § 1587 f, später erg durch § 2 VAHRG und die Sonderregelungen in § 3 I Nr 6, 7 VAÜG; iE Staud/*Rehme* vor 1587 f Rn 20) ohne analoge Anwendung auf weitere Fälle (BGH FamRZ 87, 149, 150). 5

2. Einzelfälle. Nr 1 bis 5 ergänzen den (vorrangigen) öffentlich-rechtlichen VA, wenn und soweit er nicht (mehr) möglich ist oder war (Nr 1 bis 3), erst später in Betracht kommt (Nr 4) oder Gegenstand einer besonderen Regelung war (Nr 5). **Nr 1 und 3** (die sachlich zusammenhängen; zur Abgrenzung Staud/*Rehme* Rn 7) betreffen die Fälle, in denen wegen des Versicherungsfallprinzips (vor § 1587 Rn 30; zur Einschränkung KKFamR/*Rehme* Rn 145 ff) eine **Beitragszahlung** (gem § 3 b I Nr 2 VAHRG bzw § 1587 o; § 1587 b Rn 13) endgültig ausscheidet, weil die Voraussetzungen nicht (mehr) gegeben sind bzw eine entspr Pflicht nicht erfüllt worden ist. **Nr 2** ergänzt den durch den **Höchstbetrag** (§ 1587 b V) begrenzten öffentlich-rechtlichen VA durch einen weitergehenden schuldrechtlichen VA. **Nr 4** ergänzt § 1587 a II Nr 3 S 3; das betr (bisher überhaupt nicht vom VA erfasste; § 1587 a Rn 3) Anrecht kann nach **Eintritt der Unverfallbarkeit** gem § 10 a I Nr 2 VAHRG öffentlich-rechtlich oder (subsidiär) schuldrechtlich ausgeglichen werden (Rn 3). **Nr 5** erfasst die Fälle eines gem § 1587 b IV (s dort Rn 15) angeordneten oder § 1587 o vereinbarten schuldrechtlichen VA (m Einschränkungen hinsichtlich des verlängerten Ausgleichs gem § 3 a III VAHRG). 6

3. Verfahren. Erforderlich ist ein **Antrag** (grds nur in erster Instanz möglich; BGH FamRZ 90, 606; Ausnahme: Bambg FamRZ 01, 689, 690); er ist bloße **Verfahrensvoraussetzung, kein** den Streitgegenstand begrenzender **Sachantrag**. Eine Bezifferung ist (anders als im Unterhaltsrecht) nicht nötig, auch nicht als **Verzugsvoraussetzung** (iE BGH FamRZ 89, 950, 951; Oldbg und Zweibr FamRZ 01, 1528, 1529 und 02, 399, 400). Eine Entscheidung erfolgt in der Praxis idR im isolierten Verfahren, ausnahmsweise im Verbund (vor 1587 Rn 21; iE KKFamR/*Rehme* Rn 19). Der gelegentlich anzutreffende Vorbehalt des späteren schuldrechtlichen VA in der Verbundentscheidung ist zumeist überflüssig (Ausnahme: Anordnung der künftigen Durchführung nach § 1587 b; Rn 6 aE; Staud/*Rehme* Rn 14), ebenso etwaige Feststellungen hinsichtlich des späteren schuldrechtlichen (Rest-)Ausgleichs, weil sie keine Bindung (nach Grund oder Höhe) entfalten (BGH FamRZ 95, 1481, 1482), auch nicht in Bezug auf einen möglichen Ausschluss gem § 1587 h (BGH FamRZ 04, 1024, 1025). 7

§ 1587 g Anspruch auf Rentenzahlung

(1) ¹Der Ehegatte, dessen auszugleichende Versorgung die des anderen übersteigt, hat dem anderen Ehegatten als Ausgleich eine Geldrente (Ausgleichsrente) in Höhe der Hälfte des jeweils übersteigenden Betrags zu entrichten. ²Die Rente kann erst dann verlangt werden, wenn beide Ehegatten eine Versorgung erlangt haben oder wenn der ausgleichspflichtige Ehegatte eine Versorgung erlangt hat und der andere Ehegatte wegen Krankheit oder anderer Gebrechen oder Schwäche seiner körperlichen oder geistigen Kräfte auf nicht absehbare Zeit eine ihm nach Ausbildung und Fähigkeiten zumutbare Erwerbstätigkeit nicht ausüben kann oder das 65. Lebensjahr vollendet hat.
(2) ¹Für die Ermittlung der auszugleichenden Versorgung gilt § 1587 a entsprechend. ²Hat sich seit Eintritt der Rechtshängigkeit des Scheidungsantrags der Wert einer Versorgung oder einer Anwartschaft oder Aussicht auf Versorgung geändert oder ist eine bei Eintritt der Rechtshängigkeit des Scheidungsantrags vorhandene Versorgung oder eine Anwartschaft oder Aussicht auf Versorgung weggefallen oder sind Voraussetzungen einer Versorgung eingetreten, die bei Eintritt der Rechtshängigkeit gefehlt haben, so ist dies zusätzlich zu berücksichtigen.
(3) § 1587 d Abs. 2 gilt entsprechend.

1 **1. Überblick.** § 1587 g ist die **Anspruchsgrundlage** für den schuldrechtlichen VA (öffentlich-rechtlicher VA: § 1587 a Rn 2), regelt **Ausgleichspflicht und -umfang** (I 2, II) und legt die übliche (durch § 1587 i, l modifizierte) **Ausgleichsform** (I 1) fest. Aus der Struktur des schuldrechtlichen VA folgt die grds einfache Festsetzung einer variablen Geldrente ohne Umrechnung und ohne festen zeitlichen Bezugspunkt (§ 1587 f Rn 1 f; iE KKFamR/*Rehme* Rn 2 f).), häufig ohne Anwendung der komplizierten Detailregelungen des § 1587 a (trotz der Bezugnahme in II 1; zu einer Ausnahme J/H/*Hahne* Rn 2); nachträgliche Änderungen sind in der Erstentscheidung gem II 2 bzw später gem III zu berücksichtigen.

2 **2. I (Ausgleichspflicht, -umfang und -form; Fälligkeit der Rente). I 1: Anwendungsbereich und Ausgleichspflicht.** Auch der schuldrechtliche VA (§ 1587 f Rn 5) erfasst grds alle ausgleichsfähigen Anrechte iSv § 1587 (dort Rn 2 ff; § 1587 a Rn 3), faktisch idR (Ausnahme bei *Hahne* aaO Rn 2 aE) nur die nach (getrennter; § 1587 f Rn 3) Durchführung des vorrangigen öffentlich-rechtlichen VA noch nicht ausgeglichenen Anrechte (iE zu den möglichen Gründen *Rehme* aaO Rn 8 f), diese nur soweit ein nachträglicher öffentlich-rechtlicher VA gem § 10 a VAHRG nicht möglich oder nicht beantragt worden ist (begrenztes Wahlrecht; § 1587 f Rn 3 mwN). **Ausgleichspflichtig** ist der Ehegatte, der in dieser **restlichen** Versorgungsbilanz die werthöheren Anrechte hat. Die Ausgleichspflicht muss nicht mit der gem § 1587 a I 1 korrespondieren; bei nachträglicher Wertverschiebung (zB Eintritt der Unverfallbarkeit eines Anrechts des früher Ausgleichsberechtigten) kann es zum **schuldrechtlichen Rückausgleich** kommen (Staud/*Rehme* Rn 11 mwN).

3 **Ausgleichsumfang und -form.** Es gilt die formale Halbteilung (vgl § 1587 a Rn 4). Die variable (Rn 1), gem § 1587 k I weitgehend unterhaltsrechtlichen Vorschriften folgende Geldrente wird grds (auch bei mehreren auszugleichenden Versorgungen; *Hahne* aaO Rn 4) in einem einheitlichen Geldbetrag festgesetzt; nach neuerer Auffassung ist zur Vermeidung häufiger, die Halbteilung nur unvollkommen umsetzender Anpassungen gem III auch eine Festsetzung als **Prozentsatz** der auszugleichenden Versorgung möglich (Zweibr FamRZ 02, 399; ferner Stuttg und Brandbg FamRZ 03, 455, 457 und 04, 118, 119; ausf *Rehme* aaO Rn 13; aA Celle FamRZ 04, 1215, 1217; wohl auch BGH FamRZ 90, 380, 382; krit Frankf FamRZ 04, 28, 30).

4 **I 2: Fälligkeit der Geldrente; Allgemeines.** Die Fälligkeitsregelung hat zentrale Bedeutung für den grds nur laufende Versorgungen erfassenden schuldrechtlichen VA (§ 1587 f Rn 1), weil sie den möglichen Beginn der Teilhabe (vor § 1587 Rn 1) in Form von Rentenansprüchen festlegt (frühere „Teilhabe" nur im Wege der Abfindung gem § 1587 l). Die Fälligkeit der Ausgleichsrente ist **unabhängig von den Voraussetzungen** des Rentenbezugs auf Grund von im öffentlich-rechtlichen VA übertragener Anrechte **der GRV**; sie kann ggf (bei vorgezogener betrieblicher Altersrente; vgl § 1587 Rn 2) deutlich vor Erreichen des Renteneintrittsalters in der GRV einsetzen (BGH FamRZ 01, 27, 29 und 284, 285; iE, mN zur Gegenmeinung *Rehme* aaO Rn 17).

5 **Fälligkeitsvoraussetzungen.** Der **Verpflichtete** muss eine Versorgung (iSv § 1587; dort Rn 2 ff; BGH FamRZ 01, 27, 29) „erlangt" haben, dh tatsächlich beziehen (auch bei Abtretung; BGH FamRZ 88, 936, 939); die bloße Erfüllung der Leistungsvoraussetzungen (bei Fortsetzung der Arbeit) genügt nicht (hM; zB *Hahne* aaO Rn 7). Beim **Berechtigten** muss Versorgungsbedarf bestehen, den das Gesetz annimmt bei tatsächlicher Erlangung einer Versorgung (auch bei besonders frühem Beginn, Rn 4 aE, und unabhängig vom Erwerb in der Ehezeit; BGH FamRZ 01, 284, 285), bei Erwerbsunfähigkeit aus den in S 2 aufgeführten Gründen (iE Soergel/*Lipp* Rn 7, 9) auf nicht absehbare Zeit (ggf auch befristet; Karlsr FamRZ 05, 986, 987) und bei Vollendung des 65. Lebensjahres.

6 **3. II (Wertermittlung; Berücksichtigung von Veränderungen). II 1: Wertermittlung.** Ausgangspunkt (ohne Bindung an früheren öffentlich-rechtlichen Teilausgleich; *Hahne* aaO Rn 26; vgl § 1587 f Rn 7 aE) ist der nicht umzurechnende **Bruttozahlbetrag** der auszugleichenden Versorgung (§ 1587 f Rn 1; Celle und Frankf FamRZ 02, 244, 27 und 05, 623, jeweils auch zur evtl Korrektur gem § 1587 h Nr 1; dazu ferner § 1587 c Rn 11). Der Ehezeitanteil wird gem § 1587a ermittelt (II 1); es gilt die jeweilige Berechnungsmethode

(vor § 1587 Rn 11) unter Berücksichtigung darauf bezogener nachehezeitlicher Veränderungen und der allgemeinen Berechnungsfaktoren (§ 1587 Rn 13 aE; § 1587 a Rn 39; zur nachträglichen Beendigung der Betriebszugehörigkeit BGH FamRZ 00, 89, 90; Hamm FamRZ 04, 32, 33).

II 2: Nachehezeitliche Veränderungen. S 2 Hs 1 drückt lediglich aus, dass die Rente veränderlich ist ohne festen zeitlichen Bezugspunkt aus (§ 1587 f Rn 2); normale auf den ehezeitlichen Erwerb bezogene Veränderungen (zB allgemeine Anpassungen der Versorgung entspr der wirtschaftlichen Lage bei den Grundversorgungen oder gem § 16 BetrAVG) sind zu berücksichtigen (zB Celle FamRZ 05, 810, 812 mwN; *Hahne* aaO Rn 17 mit weiteren Beispielen). Hingegen bleibt es bei der **Festschreibung der individuellen Versorgungslage** auf das Eheende (Celle aaO); nachträgliche Verbesserungen sind herauszurechnen. Die weiteren ausdrücklichen Regelungen in S 2 Hs 2, 3 sind nur von begrenzter Bedeutung: Der nachehezeitliche Wegfall eines Anrechts ist nach allgemeinen Grundsätzen zu berücksichtigen (§ 1587 Rn 16 mwN); der nachträgliche Eintritt von Versorgungsvoraussetzungen ist nur relevant in Bezug auf den ehezeitlichen Erwerb (zB der nachträgliche Eintritt der Unverfallbarkeit), die nachehezeitliche Vervollständigung des ehezeitlich begonnenen Erwerbs eines Anrechts ist auch für den schuldrechtlichen VA irrelevant (§ 1587 Rn 13; *Hahne* aaO Rn 21). 7

4. III (Änderung der Ausgleichsrente). Die „entsprechende" Anwendung des § 1587 d II setzt eine nachträgliche Änderung voraus. Dennoch ist zur Verwirklichung des auch dem schuldrechtlichen VA beherrschenden Gedankens der gleichen Teilhabe (vor § 1587 Rn 1, 9) nach wohl hM – wie gem § 10 a VAHRG – eine **Korrektur von Fehlern** der Erstentscheidung möglich (*Hahne* aaO Rn 24; Ddorf FamRZ 05, 372, 373; ausf Staud/*Rehme* Rn 28 mwN, auch zur Gegenmeinung). Ferner können (anders als im öffentlich-rechtlichen VA; § 10 a I Rn 2) **nachträglich entstandene Härtegründe** iSv § 1587 h allein eine Änderung rechtfertigen (*Rehme* aaO Rn 30 mwN). Die Änderung erfolgt auf Antrag, über den stets der Richter entscheidet. 8

§ 1587 h Beschränkung oder Wegfall des Ausgleichsanspruchs

Ein Ausgleichsanspruch gemäß § 1587 g besteht nicht,
1. soweit der Berechtigte den nach seinen Lebensverhältnissen angemessenen Unterhalt aus seinen Einkünften und seinem Vermögen bestreiten kann und die Gewährung des Versorgungsausgleichs für den Verpflichteten bei Berücksichtigung der beiderseitigen wirtschaftlichen Verhältnisse eine unbillige Härte bedeuten würde. § 1577 Abs. 3 gilt entsprechend;
2. soweit der Berechtigte in Erwartung der Scheidung oder nach der Scheidung durch Handeln oder Unterlassen bewirkt hat, dass ihm eine Versorgung, die nach § 1587 auszugleichen wäre, nicht gewährt wird;
3. soweit der Berechtigte während der Ehe längere Zeit hindurch seine Pflicht, zum Familienunterhalt beizutragen, gröblich verletzt hat.

1. Überblick. § 1587 h (gem § 3 a VI dort entspr anwendbar) erfüllt denselben Zweck wie § 1587 c (dort Rn 1, 3 aE). Die **Nrn 2 und 3** sind jeweils fast wortgleich (hierzu § 1587 c Rn 15 f). Der Wortlaut in Nr 1 ist enger gefasst als § 1587 c Nr 1 (iE KK*FamRZ/Rehme* Rn 2). Unstr ist jedoch ein Ausschluss in **entspr Anwendung des § 1587c Nr 1** möglich, dh auch unter Berücksichtigung sonstiger Umstände, nicht nur der wirtschaftlichen Verhältnisse (Celle und Frankf FamRZ 82, 502, 503 und 05, 623, 625). Zum **Verfahren** vgl insbes § 1587 f Rn 7 aE (keine Bindung an frühere Feststellungen) und § 1587 g Rn 8 aE (nachträgliche Härtegründe). 1

2. Nr 1 (Unbillige Härte i Hinblick auf die wirtschaftlichen Verhältnisse). Allgemeines. Die Unterschiede des schuldrechtlichen VA zum Unterhaltsrecht (§ 1587 f Rn 4) werden durch § 1587 h nicht aufgehoben. Die angemessene Bedarfsdeckung auf Seiten des Berechtigten führt noch nicht zum Ausschluss, sondern erst, wenn **kumulativ** eine unbillige Härte beim Verpflichteten vorliegt (vgl § 1587 c Rn 4 aE). Maßgeblich für die Billigkeitsprüfung sind grds die Verhältnisse im Zeitpunkt des Zahlungsbegehrens (BGH FamRZ 84, 251, 253; Karlsr FamRZ 05, 628, 629), allerdings unter Begrenzung auf die ehelichen Lebensverhältnisse bei der Bedarfsprüfung (iE *Rehme* aaO Rn 4; J/H/*Hahne* Rn 5; aA Soergel/*Lipp* Rn 3). 2

Hs 1: Deckung des angemessenen Bedarfs auf Seiten des Berechtigten. Zu berücksichtigen sind das Vermögen entspr § 1577 III (Hs 3), sämtliche Einkünfte, grds (allerdings kaum relevant) auch solche aus „unzumutbarer" Tätigkeit (ausf Staud/*Rehme* Rn 10; str), ferner Unterhaltsleistungen Dritter (zB bei Wiederheirat; *Hahne* aaO Rn 7), nicht die nachrangigen Unterhaltsleistungen des Verpflichteten selbst (Celle FamRZ 82, 501, 503; *Rehme* aaO Rn 11). 3

Hs 2: Unbillige Härte auf Seiten des Verpflichteten. Sie ist gegeben, wenn (kumulativ zur Bedarfsdeckung beim Berechtigten; Rn 2 f) der angemessene (nicht nur der notwendige) Unterhalt des Verpflichteten und weiterer gleichrangiger Unterhaltsberechtigten gefährdet ist (Karlsr FamRZ 05, 628, 629; *Hahne* aaO Rn 8 f; *Rehme* aaO Rn 12). 4

§ 1587i Abtretung von Versorgungsansprüchen

(1) Der Berechtigte kann vom Verpflichteten in Höhe der laufenden Ausgleichsrente Abtretung der in den Ausgleich einbezogenen Versorgungsansprüche verlangen, die für den gleichen Zeitabschnitt fällig geworden sind oder fällig werden.
(2) Der Wirksamkeit der Abtretung an den Ehegatten gemäß Absatz 1 steht der Ausschluss der Übertragbarkeit und Pfändbarkeit der Ansprüche nicht entgegen.
(3) § 1587 d Abs. 2 gilt entsprechend.

1 **Abtretungsanspruch: Voraussetzungen.** Als Alternative zur Zwangsvollstreckung erleichtert der (i BGB singuläre; J/H/*Hahne* Rn 1) Anspruch gem I die Durchsetzung der Ausgleichsrente (auch ohne besonderes Sicherungsbedürfnis; Karlsr FamRZ 05, 628, 629). Er ergänzt (seinerseits begrenzt durch § 1587 h; *Hahne* aaO) die jeweiligen fälligen (rückständigen und laufenden) oder fällig werdenden Ausgleichsansprüche (zeitliche Parallelität zwischen Ausgleichsrente und noch nicht erfülltem auszugleichendem Versorgungsanspruch; iE Staud/*Rehme* Rn 6). Bei mehreren Versorgungsansprüchen kann der Berechtigte grds den abzutretenden Anspruch (auch der Höhe nach) bestimmen (hM; zB *Hahne* aaO Rn 3).

2 **Durchführung und Rechtsfolgen.** Die Abtretung erfolgt durch Vertrag (§ 398) oder Vollstreckung eines entspr Titels (§ 53 g III FGG iVm § 894 ZPO), der zusammen mit der Ausgleichsrente begehrt werden kann (Nebenanspruch im FGG-Verfahren; vor § 1587 Rn 18). Vorbehaltlich abw Vereinbarungen erfolgt die Abtretung nur erfüllungshalber (m der Pflicht, zunächst daraus vorzugehen; *Hahne* aaO Rn 6). II privilegiert den Abtretungsanspruch (nicht den Anspruch gem § 1587 g I 1) durch Durchbrechung des auf vertraglichen oder gesetzlichen Abtretungs- und Pfändungsverboten beruhenden Schuldnerschutzes (zB gem §§ 399 f BGB; iE *Rehme* aaO Rn 9). Mit dem **Tod des Berechtigten** gehen die abgetretenen Ansprüche auf den Verpflichteten über nach Maßgabe des § 1587 k II (zum Schuldnerschutz gem §§ 407, 412, 1587 p analog bei weiteren Zahlungen des Versorgungsträgers *Hahne* aaO Rn 8). Mit dem **Tod des Verpflichteten** entfällt mit dem Ausgleichsanspruch (§ 1587 k Rn 1) die Grundlage für die ergänzende Abtretung; ein etwaiger eigenständiger Anspruch gegen den Versorgungsträger richtet sich ausschließlich nach § 3 a VAHRG. III erlaubt eine Änderung in gleichen Umfang wie hinsichtlich der Ausgleichsrente selbst (§ 1587 g Rn 8; *Hahne* aaO Rn 7).

§ 1587k Anwendbare Vorschriften; Erlöschen des Ausgleichsanspruchs

(1) Für den Ausgleichsanspruch nach § 1587 g Abs. 1 Satz 1 gelten die §§ 1580, 1585 Abs. 1 Satz 2, 3 und § 1585 b Abs. 2, 3 entsprechend.
(2) ¹Der Anspruch erlischt mit dem Tode des Berechtigten; § 1586 Abs. 2 gilt entsprechend. ²Soweit hiernach der Anspruch erlischt, gehen die nach § 1587 i Abs. 1 abgetretenen Ansprüche auf den Verpflichteten über.

1 Die Nähe zum Unterhaltsrecht (§ 1587 f Rn 4) kommt gem I zum Ausdruck bei der entspr (ggf aber modifizierten) Anwendung von Normen betr die Vorbereitung (Auskunft; § 1587 e Rn 1 ff), Rückwirkung (Verzugsvoraussetzungen; § 1587 f Rn 3) und Abwicklung (monatlich im voraus zahlbare Geldrente). Gem II erlischt der Ausgleichsanspruch mit dem **Tod des Berechtigten** (bei Erhalt rückständiger Ansprüche gem § 1586 II und mit Übergang der gem § 1587 i abgetretenen Ansprüche; § 1587 i Rn 2); bei Wiederheirat gilt dies nicht (keine entspr Anwendbarkeit von § 1586 b I; iE Staud/*Rehme* Rn 2, 7). Der Anspruch fällt auch beim **Tod des Verpflichteten** weg (ganz hM; zB BGH FamRZ 89, 950, 951; KKFamR/*Rehme* Rn 4 mwN; ggf eigenständiger Anspruch gem § 3 a VAHRG); rückständige Beträge können gegen die Erben geltend gemacht werden (BGH aaO).

§ 1587l Anspruch auf Abfindung künftiger Ausgleichsansprüche

(1) Ein Ehegatte kann wegen seiner künftigen Ausgleichsansprüche von dem anderen eine Abfindung verlangen, wenn diesem die Zahlung nach seinen wirtschaftlichen Verhältnissen zumutbar ist.
(2) Für die Höhe der Abfindung ist der nach § 1587 g Abs. 2 ermittelte Zeitwert der beiderseitigen Anwartschaften oder Aussichten auf eine auszugleichende Versorgung zugrunde zu legen.
(3) ¹Die Abfindung kann nur in Form der Zahlung von Beiträgen zu einer gesetzlichen Rentenversicherung oder zu einer privaten Lebens- oder Rentenversicherung verlangt werden. ²Wird die Abfindung in Form der Zahlung von Beiträgen zu einer privaten Lebens- oder Rentenversicherung gewählt, so muss der Versicherungsvertrag vom Berechtigten auf seine Person für den Fall des Todes und des Erlebens des 65. oder eines niedrigeren Lebensjahrs abgeschlossen sein und vorsehen, dass Gewinnanteile zur Erhöhung der Versicherungsleistungen verwendet werden. ³Auf Antrag ist dem Verpflichteten Ratenzahlung zu gestatten, soweit dies nach seinen wirtschaftlichen Verhältnissen der Billigkeit entspricht.

§ 1587 m Erlöschen des Abfindungsanspruchs

1. Allgemeines. § 1587 l ist Teil des schuldrechtlichen VA, jedoch mit spezifischer **Nähe zum öffentlich-rechtlichen VA**. Wie dort wird der Aufbau einer eigenständigen Alterssicherung ermöglicht (vor § 1587 Rn 2; **versorgungsrechtliche Trennung der Ehegatten**, allerdings mit gewissen Einschränkungen; Rn 5). Die Abfindung wird (anders als im Falle des § 1587 i; dort Rn 2) **an Erfüllungs statt** geleistet (§ 364 I; J/H/*Hahne* Rn 2); sie schließt einen weiteren Anspruch aus (auch gem § 3 a VAHRG; *Hahne* aaO Rn 2; str; iE *Bergner/Schneider* FamRZ 04, 1766, 1838, 1843). Sie kann anders als sonst (§ 1587 f Rn 1) in Bezug auf künftige Ausgleichsansprüche (Rn 2) und ggf bereits in Verbundverfahren (dazu vor § 1587 Rn 21) zusammen mit dem öffentlich-rechtlichen VA verlangt werden (zur Abwägung der wirtschaftlichen Folgen KKFamR/*Rehme* Rn 3 f; dort Rn 24 f auch zum **Verfahren** iE). Zur Abgrenzung gegenüber **anderen** (häufig flexibleren) **Regelungsmöglichkeiten** (§§ 1408 II, 1587b IV, 1587o, § 3 b I Nr 2 VAHRG) vgl Staud/*Rehme* Rn 6 f mwN.

2. I (Voraussetzungen des Abfindungsanspruchs). Möglicher Gegenstand sind nach Grund und Höhe **bestimmbare** (Hamm FamRZ 02, 1568; Staud/*Rehme* Rn 13), auf **unverfallbaren** Versorgungsanrechten (§ 1587 a Rn 3; BGH FamRZ 94, 668, 669) beruhende **künftige Ausgleichsansprüche**; das ist unstr gegeben vor Eintritt der Fälligkeitsvoraussetzungen gem § 1587 g I 2 (BGH aaO; § 1587 g Rn 5). Darüber hinaus sollte im Interesse der Stärkung der Position des Berechtigten durch Verselbständigung (Rn 1) eine Abfindung auch möglich sein in Bezug auf künftig fällig werdende Monatsbeträge (§ 1587 k Rn 1) nach Eintritt der Fälligkeit des Stammrechts (Anspruch dem Grunde nach; iE *Rehme* Rn 14; *Bergner/Schneider* aaO 1769 f; aA *Hahne* aaO Rn 5 aE; ebenso wohl BGH FamRZ 04, 1024, 1026). Die Abfindung muss wirtschaftlich **zumutbar** sein (wie bei § 3 b I Nr 2 VAHRG; s dort Rn 3), ggf unter Bewilligung von **Ratenzahlungen** (III 3); möglich sind **Teilabfindungen** (iE *Rehme* aaO Rn 16).

3. II (Abfindungshöhe). Das Gesetz stellt ab auf den nach § 1587 g II ermittelten **Zeitwert** der beiderseitigen Anrechte, dh auf die gem § 1587 a berechneten Ehezeitanteile der restlichen Versorgungsbilanz (§ 1587 g Rn 2, 6) unter Berücksichtigung nachehezeitlicher Veränderungen mit Ehezeitbezug (§ 1587 g Rn 7) bis zum für die Abfindungsentscheidung maßgeblichen Zeitpunkt (*Hahne* aaO Rn 10). Die weitere Ausfüllung des Begriffs Zeitwert ist in der Rspr bisher nicht geklärt und in der Literatur str.
Überwiegend wird auf die „**Einkaufskosten**" („Einkaufswert") für die vom Berechtigten gewählte Anlageform (Rn 5) abgestellt (*Hahne* aaO Rn 11; Soergel/*Lipp* Rn 7; dagegen mit ausf Begründung *Bergner/Schneider* aaO 1771 ff). Dieser Ansatz verfehlt die Struktur des schuldrechtlichen VA und führt zu gravierenden Fehlbewertungen, wenn dabei (i Anlehnung an die Umrechnung im öffentlich-rechtlichen VA) bei der Bewertung nicht volldynamischer auszugleichender Anrechte auf die unzureichenden (§ 1587 a Rn 61) Faktoren der BarwertVO zurückgegriffen wird (ausf Staud/*Rehme* Rn 19 mit Beispiel).
Maßgeblich sollte deshalb sein, welche Kosten der Berechtigte aufwenden muss, um anstelle einer tatsächlichen Teilhabe an der auszugleichenden Versorgung als Surrogat eine eigenständige Versorgung zu erlangen, aus der künftig Leistungen erbracht werden, die denen der fiktiven Ausgleichsrente entsprechen (ausf *Bergner/Schneider* aaO 1771 f); nur dann ist auch die Sanktion des § 1587 n (Anrechnung der fiktiven Rente auf den Unterhalt) gerechtfertigt (*Rehme* aaO Rn 20). Die Erfassung der (fiktiven) Versorgungswerte der (fiktiven) Ausgleichsrente im Wege der **Prognose** ist kein spezifisches Problem der Abfindung gem § 1587l; es tritt in ähnlicher Weise bei der **Kapitalisierung von Renten** auf (zB gem §§ 843 III, 845 S 2); auf die entspr Grundsätze kann zurückgegriffen werden (iE *Bergner/Schneider* aaO 1771 f, 1838 ff mit Tabellen; *Rehme* aaO Rn 22 f).

4. III (Abfindungsart). Der Berechtigte kann zwischen einer Anlagei der GRV oder einer privaten Renten- oder Lebensversicherung wählen (zur Einschränkung aus Kostengründen KKFamR/*Rehme* Rn 19 mwN; zur Ratenzahlung Rn 2 aE). Die Anlagei der GRV gibt **kein außerordentliches Beitragszahlungsrecht** (§ 187 SGB VI gilt nur für den öffentlich-rechtlichen VA; *Hahne* aaO Rn 11). Bei einer privaten Versicherung müssen gem III 2 zusätzliche Voraussetzungen erfüllt sein (Altersgrenze, Verwendung der Gewinnanteile, Nachweis des Vertragsschlusses); durch entspr Vertragsgestaltung pp kann dabei ein wirtschaftliches Ergebnis erreicht werden, das der (unmittelbar nur über § 1587 o möglichen) **Barabfindung** ähnlich ist (iE Soergel/*Lipp* Rn 10); eine Benachteiligung des Verpflichteten durch eine solche an sich zweckwidrige Verwendung wird durch § 1587 n verhindert.

§ 1587 m Erlöschen des Abfindungsanspruchs

Mit dem Tode des Berechtigten erlischt der Anspruch auf Leistung der Abfindung, soweit er von dem Verpflichteten noch nicht erfüllt ist.

Mit dem **Tod des Berechtigten** erlischt der (noch nicht erfüllte) Anspruch auf Leistung der Abfindung, weil das angestrebte Ziel einer eigenständigen Sicherung (§ 1587l Rn 1) nicht mehr erreichbar ist. Trotz fehlender Bezugnahme auf § 1586 II (anders als in § 1587 k II 1 Hs 2 für den Anspruch gem § 1587 g) ist ein Anspruch der Erben des Berechtigten auf Schadensersatz wegen Nichterfüllung denkbar (iE J/H/*Hahne* Rn 1; Staud/*Rehme* Rn 4 mwN; str). Bei Einzahlung der Abfindung in die GRV (§ 1587l Rn 5) ist die Härteregelung des

§ 7 iVm § 4 II VAHRG entspr anwendbar (*Hahne* aaO Rn 2; *Rehme* aaO Rn 5). Der (i § 1587 mit nicht geregelte) **Tod des Verpflichteten** lässt den Anspruch auf rückständige Raten oder Schadensersatz wegen Nichterfüllung gegen den Nachlass unberührt (unstr); aber auch der Abfindungsanspruch selbst muss nicht notwendig erlöschen (wie im Falle des § 1587 g; vgl § 1587 k Rn 1), sofern er vorher hinreichend konkretisiert geltend gemacht worden ist (iE *Rehme* aaO Rn 6 ff mwN; aA die wohl hM, zB Hahne aaO Rn 3).

§ 1587 n Anrechnung auf Unterhaltsanspruch

Ist der Berechtigte nach § 1587 l abgefunden worden, so hat er sich auf einen Unterhaltsanspruch gegen den geschiedenen Ehegatten den Betrag anrechnen zu lassen, den er als Versorgungsausgleich nach § 1587 g erhalten würde, wenn die Abfindung nicht geleistet worden wäre.

1   Bei Nichterfüllung des Versorgungszwecks der Abfindung (§ 1587 l Rn 1), zB unrentabler Anlage oder von vornherein zweckwidriger Verwendung (§ 1587 l Rn 5 aE), sind für den Verpflichteten negative Folgen insbes beim Unterhalt möglich (Begründung oder Erhöhung eines Unterhaltsanspruchs wegen Nichteintritts der erwarteten Bedarfsdeckung auf Grund des mit der Abfindung erworbenen Versorgungsanrechts). Das wird durch § 1587 n verhindert, dem Berechtigten das Risiko der Verwendung der Abfindung auferlegt. Die Norm will wirtschaftlich den Zustand herstellen, der bei Zahlung der Ausgleichsrente (ohne ersetzende Abfindung) bestanden hätte. Dies erfolgt durch **Anrechnung** (frühestens) ab Fälligkeit (§ 1587 g Rn 4 f) der (fiktiven) **Ausgleichsrente** in wiederum fiktiv gem § 1587 g II zu ermittelnder Höhe (§ 1587 g Rn 6 f; zur möglichen Änderung entspr § 1587 g III iVm § 1587 d II vgl KKFamR/*Rehme* Rn 3 mwN).

Kapitel 4   Parteivereinbarungen

§ 1587 o Vereinbarungen über den Ausgleich

(1) ¹Die Ehegatten können im Zusammenhang mit der Scheidung eine Vereinbarung über den Ausgleich von Anwartschaften oder Anrechten auf eine Versorgung wegen Alters oder verminderter Erwerbsfähigkeit (§ 1587) schließen. ²Durch die Vereinbarung können Anwartschaftsrechte in einer gesetzlichen Rentenversicherung nach § 1587 b Abs. 1 oder 2 nicht begründet oder übertragen werden.
(2) ¹Die Vereinbarung nach Absatz 1 muss notariell beurkundet werden. ²§ 127 a ist entsprechend anzuwenden. ³Die Vereinbarung bedarf der Genehmigung des Familiengerichts. ⁴Die Genehmigung soll nur verweigert werden, wenn unter Einbeziehung der Unterhaltsregelung und der Vermögensauseinandersetzung offensichtlich die vereinbarte Leistung nicht zu einer dem Ziel des Versorgungsausgleichs entsprechenden Sicherung des Berechtigten geeignet ist oder zu keinem nach Art und Höhe angemessenen Ausgleich unter den Ehegatten führt.

1   **1. Überblick.** Der nur auf Antrag erfolgende schuldrechtliche VA (§ 1587 f) unterliegt der vollen Dispositionsbefugnis des Berechtigten, so dass ein Schutz durch Genehmigungsvorbehalt (II 3) oder Einhaltung von Formvorschriften (II 1) idR keinen Sinn macht. § 1587 o ist deshalb (trotz fehlender Zuordnung zu einer bestimmten Ausgleichsform) **fast ausschließlich für den öffentlich-rechtlichen VA bedeutsam** (iE J/H/*Hahne* Rn 12, auch zu einer Ausnahme; BGH FamRZ 01, 1447, 1449). Sein Zweck (eigenständige Sicherung des Berechtigten; vor § 1587 Rn 2), ferner der notwendige Schutz der öffentlich-rechtlichen Versorgungsträger vor Manipulationen der Ehegatten erfordern enge **Grenzen der Privatautonomie**. § 1587 o bildet (insbes iVm § 1408 II; s nachstehend) einen Kompromiss zwischen einer eigenverantwortlichen Regelung der gesamten (Rn 7) Scheidungsfolgen und den notwendigen (zumeist wertenden, nur in I 2 absoluten) Beschränkungen, die zugleich durch den Genehmigungsvorbehalt (II 3, 4) den Schutz des sozial Schwächeren vor Übervorteilung unter dem Druck der Scheidungssituation gewährleisten (iE, auch zur Entstehungsgeschichte, Staud/*Rehme* Rn 2, 5 ff). Für Eheverträge ohne Zusammenhang mit der Scheidung, außerhalb der Jahresfrist des § 1408 II besteht grds volle Dispositionsfreiheit (*Hahne* aaO Rn 6); hier hat die Rspr inzwischen Schranken entwickelt (ausf § 1408 Rn 24 ff).

2   **2. I (Gegenstand der Vereinbarungen; Beschränkungen).** S 1: Gegenstand; allgemeine und zeitliche Beschränkungen. Gegenstand von Vereinbarungen können alle Versorgungsanrechte unabhängig von der Ausgleichsform sein; die Beschränkungen gelten grds nur für den öffentlich-rechtlichen VA (Rn 1). Hier bestehen – neben I 2 – zunächst allgemeine (durch § 1587 o nicht aufgehobene), **dem System des VA** und des öffentlich-rechtlichen Versorgungsrechts **immanente Schranken** (iE KKFamR/*Rehme* Rn 8 mwN): verbindliche Rangfolge (§ 1587 b Rn 3), Begrenzung gem § 1587 b V (dort Rn 16; BGH FamRZ 01, 1447, 1448); Bewertungsstichtag (vor § 1587 Rn 12), Unzulässigkeit der Verfügung über Versorgungsanrechte aus der GRV (§§ 32, 46 SGB I) und der Beamtenversorgung (§ II BeamtVG). Der nicht ausdrücklich geregelte **Endzeit-**

punkt für Vereinbarungen gem § 1587 o ist bei **rechtsgestaltenden Entscheidungen** in Bezug auf öffentlich-rechtliche Versorgungen (vor § 1587 Rn 24,. 30) der Eintritt der **Rechtskraft** (BGH und Zweibr FamRZ 02, 1553 und 1410; zu Ausnahmen im Bereich der Realteilung privater Versorgungen *Hahne* aaO Rn 8); hingegen sind **Leistungsentscheidungen** nach Rechtskraft form- und genehmigungsfrei möglich (Wegfall des Schutzzwecks, insbes des Drucks der Scheidungssituation; Rn 1 aE; *Hahne* aaO; *Soergel/Lipp* Rn 23). Der **Anfangszeitpunkt** ergibt sich aus der Abgrenzung zu § 1408 II (Rn 1 aE). Zu Aufhebungsvereinbarungen s. Rn 4.

S. 2: Verbot des Super-Splittings. Es gilt grds im VA (§ 1587 b Rn 3), auch für den Ausgleich gem § 1 III VAHRG und Eheverträge gem § 1408 II (allgemeine Meinung), hingegen nicht für eine ohnehin von der Zustimmung des Versorgungsträgers abhängige Erweiterung der Realteilung (*Hahne* aaO Rn 19; *Staud/Rehme* Rn 16 mwN, str), ferner nicht für die Vereinbarung der Beitragszahlung (§ 187 I Nr 2 SGB VI; iE *KKFamR/Rehme* Rn 13). Nach S 2 (soweit anwendbar) sind Vereinbarungen unzulässig, die **unmittelbar oder mittelbar** zu einer nicht gesetzlich (zB gem § 3 b I Nr 1 VAHRG) vorgesehenen Übertragung oder Begründung von Anrechten in der GRV führen, zB durch Nichtberücksichtigung bestimmter (etwa schwer aufklärbarer ausländischer) Anrechte auf Seiten des Berechtigten (Folge: höherer Anspruch) oder (an sich zulässige; § 1587 Rn 14) Begrenzung des Ausgleichszeitraums bei gleichzeitiger Änderung der Bilanz zugunsten des Berechtigten (iE *KKFamR/Rehme* Rn 14). Möglich sind dagegen alle, auch ungewöhnliche Abreden ohne unzulässiges Super-Splitting (*Rehme* aaO Rn 15 f, zB Gleichstellung von nichtangleichungsdynamischen Anrechten des Berechtigten mit angleichungsdynamischen, dh wegen höherer Dynamik wertvolleren Anrechten; BGH FamRZ 01, 1701).

3. II (Form; Genehmigungsvorbehalt; Voraussetzungen der Ablehnung). S 1 bis 3: **Formerfordernis** (S 1, 2) und **Genehmigungsvorbehalt** (S 3) müssen **kumulativ** erfüllt werden (keine Ersetzung der Genehmigung durch Protokollierung gem § 127 a; keine Heilung eines Formmangels durch Genehmigung; BGH FamRZ 91, 679, 680). Die **Aufhebung** einer Vereinbarung (vor Rechtskraft einer etwaigen darauf beruhenden Entscheidung; Rn 2) mit der Folge der Wiederherstellung der gesetzlichen Regelung ist mangels Schutzbedürfnisses (Rn 1) formfrei möglich (Karlsr FamRZ 04, 1972; *Staud/Rehme* Rn 21). Die Genehmigung ersetzt nicht sonstige Genehmigungen (zB gem §§ 1821 f).

Die Genehmigung als verfassungsmäßige (BVerfG FamRZ 82, 769), aber im Einzelfall zu prüfende Einschränkung der Vertragsfreiheit ist zu erteilen (**Rechtsanspruch**; BGH FamRZ 82, 471, 472), wenn die in S 4 genannten Voraussetzungen fehlen oder der Schutzzweck (Rn 1) aus anderen Gründen nicht eingreift. Letzteres kann schon abstrakt (vor Abwägung im Einzelfall) gegeben sein und zur Einschränkung des Anwendungsbereichs führen, so bei Vereinbarungen nach Rechtskraft einer Leistungsentscheidung (Rn 2), bei Verzicht des Verpflichteten auf Einwendungen aus §§ 1587 c, 1587 h (BGH FamRZ 01, 1447, 1449; *Staud/Rehme* Rn 25), ferner bei Verträgen, die ausschließlich den Berechtigten begünstigen (*Rehme* aaO Rn 26).

S 4: Versagungsvoraussetzungen; Allgemeines. Sie sind abschließend aufgeführt (keine Versagung aus anderen Gründen, vorbehaltlich der allgemeinen Schranken, Rn 2 f, und einer etwaigen Nichtigkeit; *Müko/Strobel* Rn 24). Umgekehrt kann die Genehmigung auch bei Vorliegen der Voraussetzungen erteilt werden (zB bei **entschädigungslosem Verzicht**; dazu ua BGH FamRZ 82, 471 und 688; Köln FamRZ 02, 829; Hambg FamRZ 05, 1998; *Staud/Rehme* Rn29 mwN; wenn der Schutzzweck (Rn 1: eigenständige Versorgung; Schutz vor Übervorteilung) auf andere Weise erreicht wird, insbes bei bereits vorhandener anderweitiger, dem VA gleichwertiger Absicherung (zB durch Wiederheirat oder Erbfall; iE *KKFamR/Rehme* Rn 24 mwN), ferner wenn ohne die Vereinbarung ein Ausschluss des VA gem § 1587 c zu erfolgen hätte oder zumindest ähnlich gewichtige Härtegründe vorliegen (BGH aaO).

S 4: Einzelheiten. Beide Alternativen setzen grds eine **Gesamtbewertung** unter Einbeziehung der Unterhaltsregelung und Vermögensauseinandersetzung voraus (entbehrlich bei gleichwertiger Gegenleistung für vereinbarte Beschränkung des VA; *Hahne* aaO Rn 25; *KKFamR/Rehme* Rn 26). Ferner müssen die in S 4 genannten Zwecke grob verfehlt werden (**offensichtlicher Mangel**); nicht jede unausgewogene Vereinbarung führt zur Versagung der Genehmigung. Damit wird der Verhandlungsspielraum der Ehegatten erweitert und die Prüfung durch den Richter erleichtert (zB Ersetzung eines detaillierten „Leistungsvergleichs" durch Schätzungen; BVerfG FamRZ 82, 769, 773; *Staud/Rehme* Rn 33 mwN).

S 4, 1. Alt: Fehlende Sicherungseignung. Es soll verhindert werden, dass durch die Vereinbarung der Zweck des VA (eigenständige Sicherung; Rn 1) offensichtlich verfehlt wird. Das Surrogat muss grds der Art nach **zu einer dem VA gleichwertigen Absicherung geeignet** sein, dh regelmäßig einschl einer Vorsorge für den Fall der Erwerbsminderung (*Hahne* aaO Rn 26; iE, auch zu Ausnahmen, *Staud/Rehme* Rn 35) und mit ausreichender Zukunftssicherung (Leistungsfähigkeit des Verpflichteten, wirksame Absicherung; *Hahne* aaO). Für eine Versagung besteht kein Anlass bei bereits vorhandener ausreichender Versorgung (Rn 5; keine Bevormundung der Parteien; vgl BGH FamRZ 94, 234). Bei Bejahung der grds Sicherungseignung besteht ein weiter Spielraum: möglich sind anstelle von Versorgungsanrechten iSv § 1587 andere vermögenswerte Leistungen (Kapitallebensversicherung, Übertragung von Grundstücken pp, Bestellung von Wohnrechten o. ä.; iE mit Beispielen *Rehme* aaO Rn 38; *Hahne* aaO Rn 27). Bedenken bestehen bei fortdauernder Abhängigkeit von der Leistungsfähigkeit u/oder dem Überleben des Verpflichteten; deshalb ist eine Ersetzung des VA durch erhöhten Unterhalt allenfalls möglich bei einer Absicherung über den Tod hinaus (*Müko/Strobel* Rn 29; abl wohl

BGH FamRZ 04, 1275); bei zusätzlicher Absicherung kann auch ein schuldrechtlicher VA geeignet sein (*Rehme* aaO mwN).

9 **S 4, 2. Alt: Fehlender angemessener Ausgleich.** Bei Bejahung der Sicherungseignung (Rn 8) ist maßgeblich, ob ein **Missverhältnis** zwischen den Versorgungswerten auf Grund der gesetzlich geschuldeten Form des VA und der vereinbarten Gegenleistung besteht (iE *Strobel* aaO Rn 33; Staud/*Rehme* Rn 40 f; zum Verzicht ohne Gegenleistung Rn 6). Beim Wertvergleich sind Schätzungen zulässig (Rn 7).

10 **4. Verfahren.** Das durch Vorlage der Vereinbarung eingeleitete Genehmigungsverfahren wird durch isolierten Beschluss des Gerichts oder zusammen mit der Entscheidung über den VA beendet. Die Genehmigung wird mit Rechtskraft wirksam (§ 53 g I FGG), die Vereinbarung selbst mit Rechtskraft der Scheidung (§ 629 d ZPO; Soergel/*Lipp* Rn 29). Die Erteilung der Genehmigung ist gem § 621 e ZPO anfechtbar, grds nur von den Ehegatten (iE, auch zur verfahrensrechtlichen Stellung der **Versorgungsträger**, J/H/*Brudermüller* § 53 g FGG Rn 13, § 53 d FGG Rn 14; Staud/*Rehme* Rn 42, 45); die Versagung ist nicht selbständig anfechtbar (§ 53 d S 2 FGG), jedoch zusammen mit der Entscheidung über den VA (BGH FamRZ 82, 471, 472; Köln FamRZ 02, 829, 830). Die (wirksame) Genehmigung führt zur Beschränkung oder Beendigung (§ 53 d S 1 FGG) des VA-Verfahrens. Bei späterer Feststellung der **Unwirksamkeit der Genehmigung** ist das Verfahren fortzusetzen (BGH FamRZ 91, 679, 680); das gilt nicht, wenn die Vereinbarung lediglich Grundlage einer gerichtlichen Entscheidung war; diese erwächst in Rechtskraft und ist ggf mit den vorgesehenen Rechtsbehelfen (§ 621 e ZPO bzw § 10 a VAHRG) anzugreifen bzw abzuändern (BGH FamRZ 02, 1553; ausf *Rehme* aaO Rn 49).

Kapitel 5 Schutz des Versorgungsschuldners

§ 1587 p Leistung an den bisherigen Berechtigten

Sind durch die rechtskräftige Entscheidung des Familiengerichts Rentenanwartschaften in einer gesetzlichen Rentenversicherung auf den berechtigten Ehegatten übertragen worden, so muss dieser eine Leistung an den verpflichteten Ehegatten gegen sich gelten lassen, die der Schuldner der Versorgung bis zum Ablauf des Monats an den verpflichteten Ehegatten bewirkt, der dem Monat folgt, in dem ihm die Entscheidung zugestellt worden ist.

1 Die Schuldnerschutzbestimmung will (ähnlich wie § 407) verhindern, dass der Rentenversicherungsträger nach einem Gläubigerwechsel unmittelbar mit Rechtskraft der rechtsgestaltenden Entscheidung (vor § 1587 Rn 24, 30) ggf doppelt leisten muss (an den Ausgleichspflichtigen vor der zahlungstechnischen Umsetzung der Entscheidung, danach erneut an den rückwirkend Ausgleichsberechtigten). Die ausdrücklich nur das **Rentensplitting** (gem § 1587 b I, ferner gem § 3 b I Nr 1 VAHRG) regelnde Norm gilt entspr für den vergleichbaren Sachverhalt (Gläubigerwechsel und Identität des Leistungsverpflichteten, zumindest der Versicherungsart) bei der (erweiterten) **Realteilung** (§§ 1 II, 3b I Nr 1 VAHRG; unstr). Ene **analoge Anwendung** auf die Fälle des **Quasi-Splittings** (§ 1587 b, §§ 1 III, 3b I Nr 1 VAHRG) im Erstverfahren ist **abzulehnen** (überwiegende Meinung, zB Soergel/*Schmeiduch* Rn 5; Staud/*Rehme* Rn 4 f; aA J/H/*Hahne* Rn 8).

2 Die Schutzfrist läuft abw vom Wortlaut erst ab **Kenntnis der Rechtskraft** (iE zB *Hahne* aaO Rn 3, ferner Rn 5 zum Zeitpunkt der Rechtskraft), wobei das Kennenmüssen der Kenntnis gleichsteht bei Versäumung der Verschaffung der Kenntnis in angemessener Zeit (*Hahne* aaO Rn 4). Der Versorgungsträger kann auf den Schutz des § 1587 p verzichten und statt dessen die überzahlten Beträge von Verpflichteten zurückfordern (§ 50 SGB X). Der Ausgleichsberechtigte kann gegen den (nicht durch § 1587 p geschützten) Verpflichteten Bereicherungsansprüche geltend machen.

Titel 8 Kirchliche Verpflichtungen

§ 1588

Die kirchlichen Verpflichtungen in Ansehung der Ehe werden durch die Vorschriften dieses Abschnitts nicht berührt.

1 Staatliches und kirchliches Eherecht sind voneinander unabhängig. Die Vorschrift stellt dies klar und schließt damit jede weitere dahingehende kollisionsrechtliche Prüfung aus. Unbeschadet dessen verbietet § 67 PStG die Vornahme einer kirchlichen Trauung oder der religiösen Feierlichkeit einer Eheschließung im Inland, ohne dass zuvor die standesamtliche Trauung stattgefunden hat.

Abschnitt 2 Verwandtschaft

Titel 1 Allgemeine Vorschriften

§ 1589 Verwandtschaft

¹Personen, deren eine von der anderen abstammt, sind in gerader Linie verwandt. ²Personen, die nicht in gerader Linie verwandt sind, aber von derselben dritten Person abstammen, sind in der Seitenlinie verwandt. ³Der Grad der Verwandtschaft bestimmt sich nach der Zahl der sie vermittelnden Geburten.

Die Norm regelt den **Rechtsbegriff „Verwandtschaft"**. Dieser ist im Zivilrecht maßgeblich vor allem als Voraussetzung von Unterhaltspflichten nach §§ 1601 ff, als Ehehindernis nach § 1307 und für das gesetzliche Erbrecht nach §§ 1924–1930. Auch im Prozessrecht (zB §§ 41 Nr 3, 383 I Nr 3 ZPO, 6 I Nr 3 FGG, 22 Nr 3, 52 I Nr 3 StPO) sowie in anderen Rechtsbereichen (vgl etwa §§ 6, 7 BeurkG) ist bei Verwendung des Begriffs „Verwandte" die Definition des § 1589 heranzuziehen. 1

Zentrales Tatbestandsmerkmal zur Begründung von Verwandtschaft ist die **Abstammung**. Dies ergibt sich für seit dem 1.7.98 (Inkrafttreten der Kindschaftsrechtsreform) geborene Kinder hinsichtlich der Abstammung von der Mutter aus § 1591, hinsichtlich der Abstammung vom Vater aus §§ 1592 ff. Steht die Abstammung fest, ist es für das Bestehen von Verwandtschaft unerheblich, ob das Kind innerhalb oder außerhalb einer Ehe geboren ist. 2

Für vor dem 1.7.98 geborene Kinder richtet sich die Abstammung über Art 224 § 1 EGBGB nach den bis dahin geltenden Vorschriften: Die Abstammung von der Mutter war gesetzlich nicht geregelt, gewohnheitsrechtlich galt jedoch derselbe Rechtssatz wie in § 1591 heutiger Fassung (Bremen FamRZ 95, 1291). Die Abstammung vom Vater ergab sich bei ehelichen Kindern aus § 1593 aF, bei nichtehelichen Kindern seit dem 1.7.70 aus § 1600a aF. Für vor dem 1.7.70 außerhalb einer Ehe geborene Kinder gilt darüber hinaus die Überleitungsregelung in Art 12 §§ 1 und 3 NEhelG; § 1589 II aF, wonach ein uneheliches Kind als mit seinem Vater nicht verwandt galt, ist am 1.7.70 außer Kraft getreten. 3

Der vorstehend dargestellten Abstammung mit der Rechtsfolge Verwandtschaft ist in bestimmtem Umfang gleichgestellt die durch **Adoption** (Annahme als Kind) begründete Rechtsbeziehung. Hierbei gilt als Grundsatz die Regelung in § 1754 I u II, wonach das adoptierte Kind die rechtliche Stellung eines Kindes des Annehmenden erhält und damit im Rechtssinne mit diesem verwandt wird, was sich auf die Verwandten des Annehmenden sowie des Angenommenen erstreckt. Umgekehrt erlöschen grds die Verwandtschaftsverhältnisse des angenommenen Kindes und seiner Abkömmlinge zu seinen bisherigen Verwandten (§ 1755). Ausnahmen gelten bei der Verwandten- und der Stiefkindadoption (§ 1756) sowie bei der Adoption Volljähriger (§ 1770). Besonderheiten gelten für vor dem 1.1.77 Adoptierte (Art 12 §§ 1–3 AdoptG v 2.7.76 [BGBl I S 1749]). 4

Verwandtschaft im Rechtssinne gibt es in zwei Formen: In **gerader Linie** sind Personen miteinander verwandt, wenn die eine unmittelbar oder mittelbar von der anderen abstammt (S 1). Dies trifft zu für Eltern und ihre Kinder, Großeltern und ihre Enkel, Urgroßeltern und ihre Urenkel usw. Verwandtschaft in der **Seitenlinie** liegt vor, wenn die betreffenden Personen zwar nicht voneinander abstammen, jedoch beide von derselben dritten Person (S 2), also einen gemeinsamen Vorfahren haben. Dies gilt für voll- und halbbürtige Geschwister untereinander, für Kinder einerseits und die Geschwister ihrer Eltern sowie deren Abkömmlinge andererseits, für Enkel einerseits und die Geschwister ihrer Großeltern sowie deren Abkömmlinge andererseits usw. 5

Der **Grad** der Verwandtschaft in gerader Linie wie auch in der Seitenlinie wird durch die Zahl der die Verwandtschaft vermittelnden Geburten bestimmt (S 3). Die Ermittlung des Verwandtschaftsgrades erfolgt danach in der Weise, dass die Anzahl der Personen festgestellt wird, welche im Abstammungsgefüge die Verbindung zwischen den beiden betroffenen Verwandten herstellen; hierbei ist von den beiden betroffenen Verwandten nur einer mitzuzählen. 6

Bei **Auslandsbezug** bestimmt sich das auf die Abstammung – und damit die Verwandtschaft – anzuwendende Recht kollisionsrechtlich nach Art 19 und 20 EGBGB. Bei Statusfeststellungen, die in der ehemaligen **DDR** erfolgt sind, ist die Übergangsregelung in Art 234 § 7 EGBGB zu beachten. 7

§ 1590 Schwägerschaft

(1) ¹Die Verwandten eines Ehegatten sind mit dem anderen Ehegatten verschwägert. ²Die Linie und der Grad der Schwägerschaft bestimmen sich nach der Linie und dem Grade der sie vermittelnden Verwandtschaft.
(2) Die Schwägerschaft dauert fort, auch wenn die Ehe, durch die sie begründet wurde, aufgelöst ist.

Der **Rechtsbegriff „Schwägerschaft"** ist vor allem für den Ausschluss von Amtspersonen (vgl §§ 41 Nr 3 ZPO, 6 Nr 3 FGG, 22 Nr 3 StPO, 7 Nr 3 BeurkG) und für Zeugnisverweigerungsrechte (vgl §§ 383 I Nr 3 ZPO, 52 I Nr 3 StPO) von Bedeutung. Seit der Eheschließungsrechtsreform 1998 stellt Schwägerschaft kein Ehehindernis mehr da. 1

2 **Verschwägert** ist eine Person mit sämtlichen Verwandten ihres Ehegatten sowie den Ehegatten ihrer Verwandten (I 1). Hierunter fallen zB in gerader Linie Stiefelternteile und ihre Stiefkinder – nicht aber Stiefgeschwister untereinander –, ebenso Schwiegereltern und Schwiegerkinder. In der Seitenlinie sind mit einem Ehegatten verschwägert zB die Brüder und Schwestern des anderen Ehegatten – nicht aber auch die Ehegatten dieser Brüder und Schwestern.

3 Gem I 2 entspricht der **Grad** der Schwägerschaft dem Grad der die Schwägerschaft vermittelnden Verwandtschaft (s § 1589 Rn 6).

4 Einmal begründete **Schwägerschaft** endet nicht bei Auflösung der Ehe, welche die Schwägerschaft vermittelt hat (II). Hingegen entsteht keine Schwägerschaft mit nach Auflösung der Ehe hinzu gekommenen Verwandten der früheren Ehegatten.

5 Nach § 11 II LPartG führt die Begründung einer eingetragenen **Lebenspartnerschaft** in gleicher Weise wie eine Eheschließung zu Schwägerschaft zwischen den Verwandten eines Lebenspartners einerseits und dem anderen Lebenspartner andererseits.

Titel 2   Abstammung

Vorbemerkungen vor §§ 1591 bis 1600 e Abstammung

1 **A. Altes Recht.** Vor dem 1.7.70 war das nichteheliche Kind nicht mit seinem Vater verwandt. Erst durch das NEhelG vom 19. 8. 69 (BGBl 1, 1243) hat der Gesetzgeber einen wesentlichen Schritt getan zur Angleichung der Rechtsstellung nicht ehelicher und ehelicher Kinder. Die rechtliche Stellung der vor dem 1.7.70 geborenen Kinder wurde in den Übergangsvorschriften des Art 12 NEhelG geregelt. Nach wie vor wurden nicht eheliche Kinder aber in wesentlichen Bereichen rechtlich anders behandelt als eheliche Kinder, so vor allem beim Sorgerecht (§§ 1705 bis 1711 BGB aF), beim Unterhaltsrecht (§§ 1615 a bis 1615 i BGB aF), beim Namensrecht (§§ 1617, 1618 BGB aF) sowie beim Erbrecht (§§ 1934 a bis 1934 e BGB aF). Wegen dieser Abweichungen mussten im Gesetz die Voraussetzungen ehelicher und nicht ehelicher Abstammung unterschiedlich geregelt werden (§§ 1591 bis 1600 o BGB aF).

2 **B. Kindschaftrechtsreformgesetz (KindRG).** Diese Unterschiede sind durch die zum 1. April 1998 bzw zum 1. Juli 1998 in Kraft getretenen Neuregelungen des Kindschaftsrechts (KindRG v 16. 12. 97, BGBl I 2942) weitgehend beseitigt worden. Damit ist auch das Bedürfnis entfallen, in getrennten Titeln zwischen ehelicher (§§ 1591 – 1600 BGB aF) und nicht ehelicher (§§ 1600 a – 1600o BGB aF) Abstammung zu unterscheiden. Die Abstammung ist jetzt für eheliche und nicht eheliche Kinder in einem *einheitlichen* Abschnitt (§§ 1591 bis 1600 e) geregelt. Die Vorschriften zur **Legitimation**, dh zur Herbeiführung der Ehelichkeit nicht ehelicher Kinder (§§ 1719 – 1740g BGB aF), sind entbehrlich geworden und deshalb **entfallen**, Art I Nr 48 KindRG (vglim Einzelnen: *Gaul* FamRZ 97, 1441; derselbe: FamRZ 00, 1461 ff.)

3 Eheliche und nicht eheliche Kinder sind auf Grund des am **1.4.98 in Kraft** getretenen Erbrechtsgleichstellungsgesetzes (**ErbGleichG**) (vom 16. 12. 97, BGBl I 2968) durch die Beseitigung der Sondervorschriften über den Erbersatzanspruch des ne Kindes und dessen Anspruch auf vorzeitigen Erbausgleich (bisher: §§ 1934 a bis 1934 e, 2338 a BGB aF) auch erbrechtlich gleich gestellt.

4 Das **neue Erbrecht** gilt im Grundsatz **für alle** (auch vor dem 1. 4. 98 geborenen) Kinder. Ausgenommen ist die Gruppe der vor dem 1. Juli 1949 geborenen ne Kinder (vgl § 10 II 1 des Gesetzes über die rechtliche Stellung der nicht ehelichen Kinder – NEhelG – vom 19. 9. 69 – BGBl I 1243), die allerdings mit dem Vater für Erbfälle ab dem 1. 4. 98 das volle Erbrecht vereinbaren können (**§ 10 a NEhelG**, Art 14 § 14 KindRG). § 10 II 1 NehelG ist verfassungsgemäß (BVerfG FamRZ 04, 433).

5 Das alte Erbrecht ist weiterhin anzuwenden, wenn der Erblasser vor dem 1. 4. 98 gestorben ist oder vor diesem Zeitpunkt ein Erbausgleich stattgefunden hat (Art 227 EGBGB).

6 Gleichwohl bleiben Unterschiede zwischen Kindern, die von verheirateten oder nicht verheirateten Eltern abstammen. So wirkt sich die Abstammung des Kindes von verheirateten Eltern aus beim Abstammungsrecht (§§ 1592 Nr 1, 1593, 1599 II), beim Unterhalt (§§ 1615 a ff), beim Kindesnamen (§ 1616 ff), beim Sorgerecht (§§ 1626 ff) und bei der Adoption (§§ 1741 III, 1742, 1757).

7 **C. Stärkung der Rechtsstellung des biologischen Vaters.** § 1600 BGB aF versperrte bisher dem leiblichen, aber nicht rechtlichen Vater (sog. biologischen Vater) jede Möglichkeit, die Scheinvaterschaft eines anderen Mannes anzufechten. Dieser Rechtszustand wurde insbes dann als unbefriedigend empfunden, wenn der Scheinvater (aufgrund Anerkennung) lediglich »Zahlvater« war und nicht mit der Mutter und dem Kind zusammenlebte.

8 Das BVerfG hat deshalb entschieden, dass Art 6 II 1 GG jedenfalls bei derartigen Sachverhalten auch den biologischen Vater in seinem Interesse schützt, die rechtliche Stellung als Vater einzunehmen. Es hat deshalb § 1600 BGB aF insoweit als unvereinbar mit Art 6 II 1 GG angesehen, als dem biologischen Vater auch dann

das Recht zur Anfechtung der rechtlichen Vaterschaft verwehrt war, wenn die Mutter und der Scheinvater keine nach Art 6 I GG schützenswerte **soziale Familie** bildeten (BVerfG FamRZ 03, 816, 821). Der Gesetzgeber hat diesen Bedenken inzwischen Rechnung getragen und durch **Neufassung** der §§ 1600, 1600 a, 1600 b, 1600 e BGB und § 640 h II ZPO dem biologischen Vater die Möglichkeit eröffnet, die rechtliche Vaterposition zu erlangen, wenn dem der Schutz der familiären Beziehung zwischen dem Kind und seinen rechtlichen Eltern nicht entgegensteht (vgl Art 1 und 2 des Gesetzes zur Änderung der Vorschriften über die Anfechtung der Vaterschaft (und des Umgangrechts von Bezugspersonen des Kindes) vom 23. 4. 04), das am 30. 4. 04 in Kraft getreten ist (BGBl I S 598). Zu den Einzelheiten vgl § 1600 Rn 3. 9

D. IPR. Das Internationale Privatrecht (vgl Heinrich FamRZ 98, 1401) ist in Art 19 EGBGB (Abstammung), Art 20 EGBGB (Anfechtung der Abstammung) und Art 23 EGBGB (Zustimmung zur Vaterschaftsanerkennung) geregelt. Mangels vorrangiger supranationaler Regelungen folgt die internationale Zuständigkeit deutscher Gerichte aus ihrer örtlichen Zuständigkeit (§ 640 a ZPO) (BGH FamRZ 94, 1027). Es reicht aus, wenn eine Partei Deutscher ist oder ihren gewöhnlichen Aufenthalt im Inland hat (§ 640 a II 1 ZPO). 10

E. Übergangsrecht. Die Übergangsvorschriften zum **materiellen Abstammungsrecht** sind in Art 224 § 1 EGBGB geregelt. Danach gilt für die Vaterschaft eines vor dem 1. 7. 98 geborenen Kindes altes Rechts (§ 1 I), für die Vaterschaftsanfechtung dagegen neues Recht (§ 1 II) (Nürnbg FamRZ 02, 1722). Die Übergangsvorschriften zur Behandlung der am 1. 7. 98 anhängigen **Verfahren** (= Verfahren betreffend die Feststellung und Anfechtung der Vaterschaft, die Ehelicherklärung sowie gerichtliche Genehmigungen nach §§ 1597 I, III BGB aF, 1600k BGB aF) ergeben sich aus Art 15 § 2 I bis III und V bis VI KindRG. 11

§ 1591 Mutterschaft

Mutter eines Kindes ist die Frau, die es geboren hat.

A. Das Problem. Das BGB regelte bisher nicht, wer als Mutter des Kindes anzusehen ist, weil es als selbstverständlich davon ausging, dass die gebärende Frau auch die genetische Mutter ist. Diese Identität ist jedoch in Frage gestellt, seitdem Manipulationen mit Eizelle und Embryo möglich sind. Der Streit zwischen genetischer und austragender Mutter entzündete sich vor allem bei folgenden Sachverhalten: 1. der Eispende (= der Ehefrau wird eine fremde unbefruchtete Eizelle eingepflanzt (die sodann durch den Ehemann befruchtet wird) oder eine fremde Eizelle, die zuvor mit dem Samen des Ehemannes künstlich befruchtet worden ist), 2. der Embryonenspende (= ein Embryo aus Eizelle und Samenzelle dritter Personen wird der Ehefrau eingepflanzt) und 3. der Ersatzmutter. 1

I. Begriff der Ersatzmutter. Der Begriff »Ersatzmutter« ist im Adoptionsvermittlungsgesetz – AdVermiG (»Gesetz über die Vermittlung der Annahme als Kind und über das Verbot der Vermittlung von Ersatzmüttern«) vom 2.7.76 (BGBl I S 1762, zuletzt geändert durch Gesetz vom 26.1.98, BGBl I S 164, 187) definiert. 2

1. Leihmutter (»Ammenmutter« oder »Tragemutter«). Von ihr spricht man, wenn der Ehefrau eine Eizelle entnommen, mit dem Samen ihres Ehemannes künstlich befruchtet und dann der Ersatzmutter eingepflanzt wird (§ 13 a Nr 2 AdVermiG). 3

2. Übernommene Mutterschaft. Diese liegt vor, wenn einer Frau ihre eigene Eizelle – künstlich befruchtet mit dem Samen des Ehemannes der Wunschmutter – wieder eingepflanzt wird (§ 13 a Nr 1 – 1. Alt – AdVermiG) oder eine Frau sich – (zB) mit dem Ehemann der Wunschmutter – einer natürlichen Befruchtung unterzieht (§ 13 a Nr 1 – 2. Alt – AdVermiG). 4

3. Fortpflanzung mit Stammzellen. Ein juristischer Abgrund tut sich auf, wenn es auch beim Menschen zur Fortpflanzung mit Stammzellen kommt. **Noch Zukunftsmusik,** aber nicht mehr unrealistisch soll folgendes Szenarium sein: Ein unfruchtbarer Mann lässt aus einer Hautzelle einen Embryo klonen. Die entnommen Stammzellen lassen sich zu Ei- wie zu Samenzellen züchten. Durch In-vitro-Befruchtung und Verpflanzung in die Gebärmutter einer Frau können so Kinder mit Mutter und Vater, Kinder mit nur einem genetischen Elternteil oder mit zwei genetischen Vätern heranwachsen. Eine Frau könnte sogar mit sich selbst ein Mädchen zeugen (vgl. Frankfurter Allgemeine Sonntagszeitung v 19. 9. 04 S 73). 5

4. Rechtsfolgen der Ersatzmutterschaft. Die Ersatzmutter gilt in allen Fällen als Kindesmutter gem § 1591. Ist der Ehemann der Wunschmutter Samenspender, kann er die Vaterschaft anerkennen oder seine Vaterschaft kann gerichtlich festgestellt werden, wenn die **Ersatzmutter unverheiratet** ist. 6

Ist die **Ersatzmutter verheiratet,** gilt ihr Ehemann als Kindesvater (§ 1592 Nr 1). Mangels Anfechtungsberechtigung (vgl § 1600) können die Wunscheltern die Vaterschaft nicht anfechten und allenfalls durch Adoption gesetzliche Eltern werden. Die fehlenden Einwilligungen der Kindesmutter (Ersatzmutter) und deren Ehemannes in die Adoption können nur nach Maßgabe der §§ 1747 ff – falls diese Voraussetzungen ausnahmsweise vorliegen sollten – ersetzt werden. Auf eine vertragliche Verpflichtung der Ersatzmutter und deren Ehemannes, der Adoption zuzustimmen, können sich die Wunscheltern nicht berufen, weil ein solcher 7

Vertrag wegen Verstoßes gegen das Embryonenschutz-Gesetz (Rn 8) gem § 134 nichtig ist (str: vgl Palandt/*Diederichsen*, vor § 1591 Rn 20 mw.N).

8 5. Ersatzmuttervermittlung. Die Ersatzmuttervermittlung (§ 13 b AdVermiG) ist verboten (§ 13 c AdVermiG) und für Dritte (nicht für die Ersatzmutter und die Bestelleltern) unter Strafe gestellt (§ 14 b AdVermiG). Ordnungswidrig handelt, wer Ersatzmütter oder Bestelleltern durch öffentliche Erklärungen, insbes durch Zeitungsanzeigen und Zeitungsberichte, sucht oder anbietet (§§ 13 d, 14 I Nr 2 AdVermiG).

9 II. Embryonenschutzgesetz. Der Gesetzgeber hat bereits durch das Embryonenschutzgesetz (ESchG) vom 13. 12. 90 (BGBl I S 2746) die missbräuchliche Anwendung von Fortpflanzungstechniken (für die medizinische Assistenz, nicht für die Mutter) unter Strafe gestellt (§ 1 ESchG). Die zivilrechtlichen Folgen bei einem Verstoß gegen dieses Gesetz blieben ungeregelt.

10 B. Begriff der Mutter. Das Gesetz definiert jetzt als Mutter eines Kindes »**die Frau, die es geboren hat**«. Damit ist für das Zivilrecht klargestellt, dass in allen Fällen »gespaltener Mutterschaft« stets die gebärende Frau Kindesmutter im familienrechtlichen Sinne ist. Die Ersatzmutter ist also keine Scheinmutter, deren Mutterschaft durch Anfechtung beseitigt werden könnte (Palandt/*Diederichsen* Rn 2). Es besteht ein Verwandtschaftsverhältnis des Kindes zu allen Verwandten der gebärenden Frau.

11 C. Klage auf Feststellung der genetischen Mutterschaft. I. Statusklage. Eine Statusklage nach § 640 II 1 ZPO auf Feststellung der genetischen Mutterschaft ist **grds unzulässig**, weil zwischen Kind und genetischer Mutter kein Eltern-Kind-Verhältnis besteht. Das Fehlen dieser Klagemöglichkeit ist allerdings unbefriedigend, wenn sich das Abstammungsstatut zunächst nach **ausländischem Recht** richtet (das eine Feststellung der genetischen Mutterschaft kennt) und durch den Umzug des Kindes nach Deutschland ändert (vgl insoweit zum IPR: § 1600 d Rn 22).

12 II. Feststellungsklage. Der Gesetzgeber hält in Fällen der Ei- oder Embryonenspende eine Klage auf Feststellung des Bestehens oder Nichtbestehens der genetischen Mutterschaft zu dem Kind (§ 256 ZPO) für zulässig, soweit es nach der Ratio der einschlägigen Vorschriften gerade auf die genetische Abstammung ankommt, wie zB beim Eheverbot der Blutsverwandtschaft (früher: § 4 EheG, jetzt: § 1307) oder beim Beischlaf unter Verwandten (§ 173 StGB) (so der Regierungsentwurf, BTDrs 13/4899 S 83). Dagegen werden mit Recht grdse Bedenken erhoben (*Schwab* FamRZ 97, 1378 FN 13; *Gaul* FamRZ 97, 1441, 1464; derselbe: FamRZ 00, 1461, 1474; Hamm FamRZ 99, 1365) (genetische Abstammung als »Rechtsverhältnis«?). Es erscheint sinnvoller, diese Fragen als Vorfragen im jeweiligen Prozess (zB bei § 173 StGB im Strafprozess) klären zu lassen (*Gaul* FamRZ 97, 1441, 1464).

13 De lege ferenda wäre an die Einführung einer isolierten statusfreien Abstammungsfeststellungsklage zu denken, die allerdings mit prozessualen Problemen belastet wäre (Kollision zwischen der Verpflichtung, das eigene Blut untersuchen zu lassen (§ 372 a ZPO), und dem Zeugnisverweigerungsrecht der Leihmutter) (MüKo/*Seidel* Rn 27).
Ein Feststellungsurteil wäre jedenfalls *ohne Bedeutung* für die Mutterschaftszuordnung des Kindes.

14 D. Eine Klage auf Feststellung der leiblichen Mutterschaft. kommt ausnahmsweise in Betracht, wenn ein Kind vertauscht oder verwechselt worden ist (Bremen FamRZ 95, 1291).

15 E. Anerkennung der Mutterschaft. Besitzen die Kindesmutter oder der Vater eine **fremde Staatsangehörigkeit** und sieht deren Heimatrecht die (dem deutschen Rechte fremde) Anerkennung der Mutterschaft vor, kann die Anerkennung der Mutter am Rande des Geburtseintrags im Personenstandsregister vermerkt werden (§ 29 b PStG).

16 F. Anspruch gegen die Mutter auf Nennung des Vaters?. I. Auskunftsanspruch des Kindes. Das BVerfG anerkennt das Recht des Kindes auf Kenntnis des leiblichen Vaters (BVerfG FamRZ 89, 147; 94, 881; vgl auch: Art 7 I UN-Kinderrechtskonvention FamRZ 92, 253 ff.). Das BVerfG hält es für vertretbar, den **Auskunftsanspruch** des nur Kindes gegen die Kindesmutter auf Benennung des Vaters oder der Männer, mit denen sie während der gesetzlichen Empfängniszeit Geschlechtsverkehr hatte, **aus § 1618a** herzuleiten. Es hat im entschiedenen Fall die grundrechtlich geschützte Persönlichkeitssphäre der Kindesmutter (Art 2 I iVm Art 1 I GG) aber deshalb als verletzt angesehen, weil die Vorinstanz (die die Kindesmutter zur Benennung der in Frage kommenden Männer verurteilt hatte) verkannt habe, dass ihr **bei der Abwägung** der beiderseitigen Grundrechtspositionen ein **weiter Spielraum** zur Verfügung gestanden habe (BVerfG FamRZ 97, 870, 871 mit krit Anm *Frank/Helms* FamRZ 97, 1258). Die Vorinstanz ist (nach Zurückverweisung) auf Grund einer umfassenden Abwägung der beiderseitigen Interessen zu dem Ergebnis gelangt, dass jedenfalls im konkreten Fall das Recht des Kindes auf Kenntnis seiner Abstammung ggü den Rechten und schutzwürdigen Interessen der Mutter überwog (LG Münster FamRZ 99, 1441).

17 Um dem minderjährigen Kind das Auskunftsverfahren zu ermöglichen, ist ggf gem § 1666 BGB ein Ergänzungspfleger zu bestellen (vgl AG Fürth FamRZ 01, 1090; ernannt für zwei 17 und 13 Jahre alte Geschwister). Dagegen steht dem Jugendamt als Beistand ein eigener Auskunftsanspruch nicht zu (Hamm FamRZ 91, 1229).

Der Auskunftsanspruch ist gem § 888 I ZPO zu **vollstrecken** (Bremen NJW 00, 963). Der Auskunftskläger 18
trägt die **Beweislast** dafür, dass die Kindesmutter den Namen des Kindesvaters kennt (Köln FamRZ 94, 1197,
1198). Die Auskunftsklage des Kindes gegen die Mutter ist **keine Kindschaftssache** (Hamm FamRZ 00, 38
mwN).
Zum Recht des volljährigen Kindes, zur Kenntnis der eigenen Abstammung durch Anfechtungsklage zu
gelangen, vgl § 1600 Rn 2 und § 1600 b Rn 12.

II. Auskunftsanspruch des Scheinvaters. Es ist str, ob die Kindesmutter verpflichtet ist, dem Scheinvater 19
den Namen des Erzeugers zu nennen. Hat sie sich ggü dem Scheinvater gem § 826 BGB schadensersatzpflichtig gemacht (vgl § 1599 Rn 13), hat dieser einen Auskunftsanspruch gegen die Mutter auf Bekanntgabe des
Namens des leiblichen Vaters, um diesen in Regress nehmen zu können (bejahend: LG Kiel FamRZ 93, 115;
mit Einschränkung (§ 826 BGB): Oldbg FamRZ 94, 651; Bambg FamRZ 04, 562; verneinend: LG Heilbronn
FamRZ 05, 474).

III. Rechtsfolgen der Auskunftsverweigerung. Ist die Auskunftsverweigerung **dem Kind ggü** rechtsmiss- 20
bräuchlich, kommen Sorgerechtseinschränkungen nach § 1666 in Betracht, um die Vaterschaft klären zu können.

§ 1592 Vaterschaft

Vater eines Kindes ist der Mann,
1. der zum Zeitpunkt der Geburt mit der Mutter des Kindes verheiratet ist,
2. der die Vaterschaft anerkannt hat oder
3. dessen Vaterschaft nach § 1600 d oder § 640 h Abs. 2 der Zivilprozessordnung gerichtlich festgestellt ist.

A. Allgemeines. Besteht die Vaterschaft nach einem der vier gesetzlichen Fälle, ist eine anderweit aner- 1
kannte Vaterschaft nicht wirksam (§ 1594 II BGB). Ausnahme: § 1599 II 1 – 2. Hs – BGB. Die Vaterschaft ist
für Kinder verheirateter oder nicht verheirateter Eltern jetzt einheitlich geregelt. Der biologische Vater ist
Vater im Rechtssinne, wenn er im maßgebenden Zeitraum mit der Mutter verheiratet war **oder** wenn er die
Vaterschaft anerkannt hat **oder** wenn seine Vaterschaft nach § 1600 d BGB **oder** nach § 640 h II ZPO (vgl Einführung vor § 1591 Rn 4) gerichtlich festgestellt ist.

B. Vaterschaft auf Grund Ehe (Nr 1). I. Grundsatz. Vater eines Kindes ist der Mann, der im Zeitpunkt der 2
Geburt mit der Mutter des Kindes verheiratet ist (§ 1592 Nr 1), mag das Kind auch *vor* der Ehe gezeugt sein
(**gesetzliche Vermutung**). Das Hineingeborensein in eine *nicht eheliche* Lebensgemeinschaft reicht nicht aus.
Für die Vaterschaft kommt es lediglich auf die **Kausalität des Verheiratetseins** der Eltern an. Daraus folgt, 3
dass **im Gegensatz zum früheren Recht** (§ 1591 I 1 BGB aF) die Vaterschaft des geschiedenen Mannes der
Mutter für das innerhalb der Empfängniszeit **nach der Ehe** geborene Kind grds **nicht** mehr vermutet wird.
Anfechtungsprozesse wegen nachehelich geborener Kinder entfallen deshalb.

II. Künstliche Befruchtung. Da es für die Vaterschaft nur noch auf die Kausalität des Verheiratetseins 4
ankommt, ist der Ehemann gem § 1592 Nr 1 Vater des von seiner Frau geborenen Kindes auch in allen Fällen
künstlicher Befruchtung.
Man unterscheidet die **homologe Befruchtung** (= künstliche Befruchtung der Eheleute unter Verwendung 5
ihrer *eigenen* Keimzellen) und die **heterologe Befruchtung** (= künstliche Befruchtung mit dem Samen eines
anderen als dem des Ehemannes), die *im* Mutterleib vorkommen können (**Insemination**) oder *außerhalb*, als
sog extra korporale Befruchtung (**In-vitro-Fertilisation**) (vgl *Kirchmeier* FamRZ 98, 1281 ff).
Wegen der **Anfechtungsmöglichkeit** der Vaterschaft bei heterologer Insemination vgl § 1600 b Rn 8, 11 und 6
§ 1600 IV nF Rn 9. Unterzieht sich die Ehefrau einer homologen In-vitro-Fertilisation, obwohl der Ehemann
sein **Einverständnis zurückgezogen** hat, rechtfertigt dies nicht die Herabsetzung des **Ehegattenunterhalts**
wegen grober Unbilligkeit nach § 1579 Nr 3 und 4 (BVerfG FamRZ 01, 541).
Die **Kosten** einer wegen Unfruchtbarkeit des Mannes vorgenommenen homologen In-vitro-Fertilisation 7
gehören zu den erstattungsfähigen Aufwendungen in der **privaten Krankenversicherung** (BGH FamRZ 04,
772), nicht dagegen die Kosten weiterer Maßnahmen der künstlichen Befruchtung (München FamRZ 05,
106). Aufwendungen für die künstliche Befruchtung einer nicht verheirateten, empfängnisunfähigen Frau
sind auch dann nicht als außergewöhnliche Belastung anzuerkennen, wenn die Frau in einer festen Partnerschaft lebt (BFH FamRZ 05, 1990).
Aufwendungen für eine künstliche Befruchtung, die infolge veränderter Lebensplanung wegen einer früher 8
freiwillig zum Zwecke der Empfängnisverhütung vorgenommenen Sterilisation erforderlich werden, sind
nicht als außergewöhnliche Belastung (§ 33 EStG) zu berücksichtigen (BFH FamRZ 05, 1245).

III. Abweichungen. Vom Grundsatz des § 1592 Nr 1 gibt es eine Erweiterung und eine Ausnahme: 9

1. Nacheheliche Vaterschaftsvermutung. Die Vaterschaft aufgrund Ehe gilt auch für ein innerhalb von 10
300 Tagen **nach dem Tod** des Vaters (also **außerhalb der Ehe**) geborenes Kind (§ 1593 Rn 2).

11   2. **Drittanerkennung.** Andererseits gilt die Vaterschaft aufgrund Ehe nicht, obwohl ein Kind innerhalb der (gescheiterten) Ehe geboren wird, sofern ein Dritter die Vaterschaft nach Beginn des Scheidungsverfahrens anerkennt (§ 1599 Rn 14).

12   **C. Vaterschaft auf Grund Anerkennung (Nr 2).** Vgl die Erläuterungen zu § 1594.

13   **D. Die gerichtliche Feststellung der Vaterschaft (Nr 3).** Das Gesetz begnügte sich bisher mit einer einzigen Vorschrift (**§ 1600d BGB**). Durch Gesetz vom 23. 4. 04 (vgl Einführung vor § 1591 Rn 4) beinhaltet nunmehr ein vom biologischen Vater erstrittenes rechtskräftiges Anfechtungsurteil die Feststellung seiner eigenen Vaterschaft (**§ 640 II ZPO**, vgl § 1600 Rn 3).

§ 1593 Vaterschaft bei Auflösung der Ehe durch Tod

¹§ 1592 Nr. 1 gilt entsprechend, wenn die Ehe durch Tod aufgelöst wurde und innerhalb von 300 Tagen nach der Auflösung ein Kind geboren wird. ²Steht fest, dass das Kind mehr als dreihundert Tage vor seiner Geburt empfangen wurde, so ist dieser Zeitraum maßgebend. ³Wird von einer Frau, die eine weitere Ehe geschlossen hat, ein Kind geboren, das sowohl nach den Sätzen 1 und 2 Kind des früheren Ehemannes als auch nach § 1592 Nr. 1 Kind des neuen Ehemannes wäre, so ist es nur als Kind des neuen Ehemannes anzusehen. ⁴Wird die Vaterschaft angefochten und wird rechtskräftig festgestellt, dass der neue Ehemann nicht Vater des Kindes ist, so ist es Kind des früheren Ehemannes.

1   **A. Allgemeines.** Die Vorschrift ergänzt den § 1592 Nr 1 (Vaterschaft aufgrund Ehe), wenn das Kind nach dem Tod des Vaters geboren wird, sofern die Empfängniszeit teilweise in der Ehe liegt (**nacheheliche Vaterschaftsvermutung**).

2   **B. Geburt des Kindes nach dem Tod des Vaters.** Wird das Kind innerhalb von 300 Tagen (§ 1600 d Rn 2) **nach dem Tod** (gleichgestellt ist der Zeitpunkt der Todesvermutung nach §§ 9 und 44 des Verschollenheitsgesetzes; vgl BTDrs 13/4899 S 84) des verheirateten Vaters – und damit **außerhalb der Ehe** – geboren, wird die Vaterschaft nach § 1592 Nr 1 auf diesen Zeitraum ausgedehnt (S 1). Steht ausnahmsweise fest, dass das Kind *früher* als 300 Tage vor seiner Geburt empfangen wurde, erstreckt sich die Vaterschaft des Verstorbenen auf *diesen* Zeitraum (S 2).

3   **C. Sonderfall: Wiederheirat der Mutter innerhalb von 300 Tagen.** Für das innerhalb von 300 Tagen (oder ausnahmsweise früher = § 1593 I 2) nach dem Tod des Vaters geborene Kind der wiederverheirateten Mutter bestünde sowohl die Vaterschaft des verstorbenen Mannes der Mutter (S 1 und 2) als auch die Vaterschaft des zweiten Ehemannes (§ 1592 Nr 1). Das Gesetz räumt der Vaterschaftsvermutung des lebenden Mannes den Vorrang ein (S 3).

4   Wird jedoch rechtskräftig festgestellt, dass der zweite Ehemann nicht der Kindesvater ist, gilt der Verstorbene als Vater des Kindes (S 4).

5   **D. Drittanerkennung.** § 1599 II (Drittanerkennung nach Beginn des Scheidungsverfahrens) hat als lex specialis Vorrang ggü §§ 1592 Nr 1, 1593 (§ 1599 Rn 14 ff).

§ 1594 Anerkennung der Vaterschaft

(1) Die Rechtswirkungen der Anerkennung können, soweit sich nicht aus dem Gesetz anderes ergibt, erst von dem Zeitpunkt an geltend gemacht werden, zu dem die Anerkennung wirksam wird.
(2) Eine Anerkennung der Vaterschaft ist nicht wirksam, solange die Vaterschaft eines anderen Mannes besteht.
(3) Eine Anerkennung unter einer Bedingung oder Zeitbestimmung ist unwirksam.
(4) Die Anerkennung ist schon vor der Geburt des Kindes zulässig.

1   **A. Bedeutung der Norm.** Das Gesetz verwendet für die Anerkenntniserklärung des Vaters einheitlich den Begriff »Anerkennung«.
Die Anerkennung begründet – selbst wenn sie wissentlich falsch ist (Köln FamRZ 02, 629, 630) – für und gegen alle den Rechtsschein der Vaterschaft. Das Gesetz trägt dieser weit reichenden Wirkung durch folgende Umstände Rechnung:

2   – es fordert die Zustimmung der Mutter und in bestimmten Fällen des Kindes und des Ehemannes der Mutter, um eventuellen Missbräuchen soweit wie möglich vorzubeugen;

3   – es fordert die öffentliche Beurkundung sowohl der Anerkennung als auch der Zustimmungen (§ 1597 I)

4   Anerkenntnis und Zustimmung können auch in der **mündlichen Verhandlung** zur Niederschrift des Gerichts erklärt werden (§ 641 c ZPO). § 641 c S 1 ZPO soll im Rahmen der Feststellungsklage die Abgabe eines Vaterschaftsanerkenntnisses erleichtern, während § 641 c S 2 ZPO für den Sonderfall des § 1599 II klarstellt, dass

im Rahmen einer Vaterschaftsfeststellungsklage die Zustimmungserklärung des Ehemannes zur Anerkennung des verfahrensunabhängigen Erzeugers (§ 1599 Rn 14) zur Niederschrift genommen werden kann (*Gaul* FamRZ 00, 1461, 1468). Das Anerkenntnis ist außerdem wirksam, wenn es ausweislich des Protokolls nicht vorgespielt, vielmehr lediglich laut diktiert und genehmigt worden ist (Brandbg FamRZ 00, 548).
Meist erfolgt das Anerkenntnis durch kostenfreie **Beurkundung** bei einem beliebigen **Jugendamt** (§ 59 I 1 Nr 1 SGB VIII iVm § 87e SGB VIII) oder **Standesamt** (§ 29a PStG). Dieses ordnet an, dass die Beischreibung der Anerkennung im Geburtenbuch von Amts wegen zu erfolgen hat (§§ 1597 II BGB; 29 I PStG). Anerkennung und Zustimmungen sind keine empfangsbedürftigen, sondern einseitige und zustimmungsbedürftige Willenserklärungen. Das Jugendamt kann die Beurkundung ablehnen, wenn die Anerkennung „rechtsmissbräuchlich" erfolgen soll, etwa um einem Ausländer ein Aufenthaltsrecht zu verschaffen (vgl LG Wuppertal FamRZ 05, 1844). 5
Bei **Willensmängeln** des Anerkennenden ist § 1596 zu beachten. Außerdem ist die Anerkennung **zustimmungsbedürftig** (§ 1595). Weiterhin bedürfen Anerkennung und Zustimmung **öffentlicher Beurkundung** und dürfen nicht widerrufen worden sein (§ 1597 BGB). 6

B. Wirksamwerden der Anerkennung. Die Anerkennung ist schon **vor der Geburt** des Kindes zulässig (IV). In diesem Fall ist auch der mit der Mutter nicht verheiratete Kindesvater gem § 21 PStG in das Geburtenbuch einzutragen (Frankf FamRZ 01, 1545). Ist die Mutter im Zeitpunkt der Geburt mit einem anderen Mann verheiratet, hat die Vaterschaft des Ehemannes (vgl § 1592 Nr 1 BGB) Vorrang vor IV (str, wie hier: Palandt/*Diederichsen* Rn 9; aA Scholz/Stein/*Eckebrecht* Teil Q, Rn 28). 7
Die Anerkennung soll auch nach dem **Tod des Kindes** noch möglich sein (BayObLG FamRZ 01, 1543, 1544). Sie ist auch nach dem **Tod des Vaters** möglich, wenn das Anerkenntnis vor dem Tod abgegeben worden ist (*Rauscher* FFR 02, 362). 8
Die Rechtswirkungen der Anerkennung können grds aber erst geltend gemacht werden, wenn die Anerkennung wirksam wird (I). Entsprechendes gilt für die Vaterschaftsfeststellung (§ 1600d Rn 16). 9
Eine Anerkennung der Vaterschaft ist nicht wirksam, solange die Vaterschaft eines anderen Mannes nach § 1592 BGB besteht (II). Dennoch ist die Anerkennung vor Rechtskraft der anderweitigen Anfechtung nicht ohne rechtliche Bedeutung. Sie wirkt sich allerdings erst mit der Rechtskraft der Anfechtung der anderweitig bestehenden Vaterschaftsvermutung oder nach Rechtskraft der Scheidung aus und ist bis dahin *schwebend unwirksam* (Köln FamRZ 06, 149). Dass die Anerkennung »für den Fall« des demnächstigen Wegfalls einer anderweitig bestehenden Vaterschaftsvermutung erklärt wird, stellt keine unzulässige Bedingung iSv Abs 3 dar (BGH FamRZ 87, 375, 376 zu § 1600b I BGB aF). Mit Wirksamwerden der Anerkennung wirkt der Vaterschaftstatbestand auf den Zeitpunkt der Geburt zurück. Der Anerkannte ist rechtlich so zu behandeln, als ob er ab seiner Geburt Abkömmling des Anerkennenden gewesen wäre (Köln FamRZ 06, 150). 10
Im Falle der **Drittanerkennung** (Anerkennung durch den Erzeuger bei bestehender Ehe (vgl § 1599 II Rn 14) ist Abs 2 nicht anzuwenden. 11
Die Anerkennung ist bedingungsfeindlich (III). 12

C. Unterhalt für Kind und Mutter durch einstweilige Verfügung. Sobald die Vaterschaft anerkannt ist, kann auf Antrag des **Kindes** Unterhalt durch eVfg für die **ersten 3 Lebensmonate** verlangt werden (§ 1615o I 1). Nachdem § 644 ZPO durch analoge Anwendung der §§ 620ff ZPO auch für isolierte Unterhaltsverfahren einstweilige Unterhaltsanordnungen zulässt, die als lex specialis einstweilige Leistungsverfügungen nach §§ 925, 940 ZPO verdrängen, enthält § 1615o den einzigen gesetzlich geregelten Fall einer Leistungsverfügung. Zur Zulässigkeit der einstweiligen Verfügung schon vor Anerkennung der Vaterschaft vgl § 1600d Rdn 18. 13
Der Unterhalt muss noch nicht fällig sein. Die eVfg kann schon vor der Geburt des Kindes beantragt und erlassen werden, ggf durch Anordnung der Hinterlegung (§ 1615o I 2). 14
Auf Antrag der **Mutter** (§ 1615o II) kann durch eVfg Zahlung (ggf Hinterlegung) der nach § 1615l Abs 1 zu leistenden Beträge (= Mutterunterhalt für 6 Wochen vor und 8 Wochen nach der Geburt sowie die infolge Schwangerschaft oder Entbindung auch außerhalb dieses Zeitraums entstehenden Kosten) angeordnet werden. 15
Zuständig für den Erlass der eVfg ist das Gericht der Abstammungssache (§ 640a I 5 ZPO). 16

§ 1595 Zustimmungsbedürftigkeit der Anerkennung

(1) Die Anerkennung bedarf der Zustimmung der Mutter.
(2) Die Anerkennung bedarf auch der Zustimmung des Kindes, wenn der Mutter insoweit die elterliche Sorge nicht zusteht.
(3) Für die Zustimmung gilt § 1594 Abs. 3 und 4 entsprechend.

A. Zustimmung der Mutter. Die Vaterschaftsanerkennung bedarf der Zustimmung der Mutter aus eigenem Recht (I). Die Mutter muss sich also keine Vaterschaft aufdrängen lassen. Sie kann nicht gerichtlich ersetzt werden. Fehlt sie, weil sie verweigert wird *oder* weil die Kindesmutter tot oder unbekannten Aufenthalts ist, kommt an Stelle der Anerkennung nur eine Vaterschaftsfeststellung in Betracht. 1

2 **B. Zustimmung des Kindes.** Immer notwendig ist die Zustimmung des **volljährigen** Kindes (II). Die Notwendigkeit der Zustimmung des **minderjährigen** Kindes richtet sich nach dem *Sorgerecht der Mutter*.
3 Bei **Alleinsorge** der Kindesmutter bedarf es *keiner* Zustimmung des minderjährigen Kindes (= Umkehrschluss aus II). Da die Mutter bereits aus eigenem Recht zustimmen muss (I), wäre ihre (zusätzliche) Zustimmung als gesetzliche Vertreterin für das Kind reiner Formalismus.
4 Auch wenn die Mutter nicht die Alleinsorge hat, sondern **Mitinhaberin** der **elterlichen Sorge** ist (= gemeinsame Sorge zusammen mit ihrem gem § 1592 Nr 1 als Vater geltenden Ehemann), muss das Kind *nicht* zustimmen (Umkehrschluss aus II). Dadurch wird vermieden, dass der Ehemann, wenn er bei der Zustimmungsvertretung mitberechtigt wäre, durch sein Veto als gesetzlicher Vertreter des Kindes die Anerkennung verhindern könnte (BTDrs 13/4899 S 84).
5 Die Zustimmung des *minderjährigen* Kindes ist nur noch erforderlich, wenn die Mutter **mangels Alleinsorge** das Kind nicht allein gesetzlich vertreten könnte (II), zB wenn das Kind von einem Vormund oder Pfleger vertreten wird (§§ 1773, 1796, 1909) (BayObLG FamRZ 02, 1543, 1544).
6 Für das geschäftsunfähige oder unter 14 Jahre alte Kind kann nur dessen gesetzlicher Vertreter zustimmen. Im Übrigen bedarf es der eigenen Zustimmung des Kindes und außerdem der Zustimmung seines gesetzlichen Vertreters (§ 1596 II).
7 Mit der Zustimmungserklärung des gesetzlichen Vertreters tritt die Wirksamkeit der erklärten Vaterschaftsanerkennung und damit deren Unwiderruflichkeit ein (Brandbg FamRZ 00, 548).
8 **C. Sonderfall: Zustimmung des in Scheidung lebenden Scheinvaters.** Wenn ein Dritter nach Anhängigkeit des Scheidungsantrags die Vaterschaft eines innerhalb der Ehe geborenen Kindes anerkennen will (§ 1599 II 1 Rn 14), bedarf es der zusätzlichen Zustimmung des Ehemannes der Kindesmutter zur Anerkennung (§ 1599 II 2).
9 **D. IPR.** Die Wirksamkeit der Zustimmungserklärung zur Vaterschaftsanerkennung richtet sich nach Art 23 EGBGB.

§ 1596 Anerkennung und Zustimmung bei fehlender oder beschränkter Geschäftsfähigkeit

(1) ¹Wer in der Geschäftsfähigkeit beschränkt ist, kann nur selbst anerkennen. ²Die Zustimmung des gesetzlichen Vertreters ist erforderlich. ³Für einen Geschäftsunfähigen kann der gesetzliche Vertreter mit Genehmigung des Vormundschaftsgerichts anerkennen. ⁴Für die Zustimmung der Mutter gelten die Sätze 1 bis 3 entsprechend.
(2) ¹Für ein Kind, das geschäftsunfähig oder noch nicht 14 Jahre alt ist, kann nur der gesetzliche Vertreter der Anerkennung zustimmen. ²Im Übrigen kann ein Kind, das in der Geschäftsfähigkeit beschränkt ist, nur selbst zustimmen; es bedarf hierzu der Zustimmung des gesetzlichen Vertreters.
(3) Ein geschäftsfähiger Betreuter kann nur selbst anerkennen oder zustimmen; § 1903 bleibt unberührt.
(4) Anerkennung und Zustimmung können nicht durch einen Bevollmächtigten erklärt werden.

1 **A. Vorbemerkung.** Die Vorschrift regelt die Wirksamkeit von Anerkennung und Zustimmung zur Anerkennung, wenn die gem § 1595 Beteiligten (Mutter und Kind) nicht voll geschäftsfähig sind. Anerkennung und Zustimmung können nicht durch einen Bevollmächtigten erklärt werden, erfordern also höchstpersönliche Erklärungen (IV) ebenso wie die Vaterschaftsanfechtung (§ 1600 a I Rn 1).
2 **B. Betreuung.** Ein voll geschäftsfähiger Betreuter (§ 1896) kann nur selbst anerkennen und zustimmen (III – 1. Hs –). Für einen geschäftsunfähigen Betreuten kann nur sein Betreuer handeln, sofern er für den Aufgabenkreis der Personen- und Vermögenssorge bestellt ist (§ 1902). Wurde ein Einwilligungsvorbehalt angeordnet (§ 1903), bedarf die (notwendige eigene) Erklärung des Betreuten der Zustimmung seines Betreuers (III – 2. Hs –).
3 **C. Geschäftsunfähigkeit.** Für einen Geschäftsunfähigen kann nur der gesetzliche Vertreter anerkennen mit Genehmigung des Vormundschaftsgerichts (I S 3). I 4 für die Zustimmung der geschäftsfähigen Mutter auf die für die Vaterschaftsanerkennung durch den geschäftsunfähigen Mann geltende Vorschrift (I 3).
4 Für das geschäftsunfähige Kind kann nur der gesetzliche Vertreter zustimmen, jedoch bedarf es **nicht** der gerichtlichen Genehmigung (II 1).
5 **D. Beschränkte Geschäftsfähigkeit.** Das beschränkt geschäftsfähige Kind (§ 106) kann nur höchstpersönlich anerkennen mit Zustimmung seines gesetzlichen Vertreters (I 1 u. 2).
6 Ist das minderjährige **Kind** über 14 Jahre alt, kann es nur selbst zustimmen und bedarf der Zustimmung seines gesetzlichen Vertreters (II 2). Für die Zustimmung der beschränkt geschäftsfähigen **Mutter** gilt dasselbe (I 3 unter Bezug auf I 1 u. 2).
7 Ist das Kind jünger als 14, kann nur der gesetzliche Vertreter (ggf der Beistand) zustimmen (II 1).

§ 1597 Formerfordernisse; Widerruf

(1) Anerkennung und Zustimmung müssen öffentlich beurkundet werden.
(2) Beglaubigte Abschriften der Anerkennung und aller Erklärungen, die für die Wirksamkeit der Anerkennung bedeutsam sind, sind dem Vater, der Mutter und dem Kind sowie dem Standesbeamten zu übersenden.
(3) ¹Der Mann kann die Anerkennung widerrufen, wenn sie ein Jahr nach der Beurkundung noch nicht wirksam geworden ist. ²Für den Widerruf gelten die Absätze 1 und 2 sowie § 1594 Abs. 3 und § 1596 Abs. 1, 3 und 4 entsprechend.

Die Erklärungen von Anerkennung und Zustimmung sind **bedingungsfeindlich** (§§ 1595 III, 1594 III) und müssen öffentlich beurkundet werden (I), wozu neben dem Notar, dem Standesbeamten (§ 29 a PStG), dem Rechtspfleger (§ 3 Nr 1 f RPflG) und dem Gericht des Vaterschaftsprozesses (§ 641 c ZPO) auch das Jugendamt ausdrücklich befugt ist (§ 59 I 1 Nr 1 SGB VIII) (BGH FamRZ 95, 1129 zu § 1600 e I BGB aF). Ein Anerkenntnis durch Anerkennisurteil ist unzulässig (BGH FamRZ 94, 694). 1
Hinsichtlich sämtlicher Erklärungen besteht Benachrichtigungspflicht zur Übersendung beglaubigter Abschriften an Vater, Mutter Kind und Standesbeamten (II). 2
Der Mann kann seine Anerkennung widerrufen, wenn sie – mangels der erforderlichen Zustimmungen (§§ 1595, 1596 BGB) – nicht 1 Jahr nach der Beurkundung wirksam geworden ist (III). 3
Ein Widerruf der Anerkennung wegen **Irrtums** ist grds unzulässig. Anerkennung und Zustimmung – auch wenn sie bewusst falsch sind – können nur im Wege der Anfechtungsklage beseitigt werden. Ausnahmsweise kommen als Widerrufsgründe in Betracht: das Vorliegen eines Restitutionsgrundes, die Missbräuchlichkeit der Berufung auf das Anerkenntnis z.B: bei »gekaufter Vaterschaft« (KG FamRZ 02, 1725, LS), wenn die Anerkennung nicht schon deswegen sittenwidrig ist (Scholz/Stein/*Eckebrecht* Teil Q Rn 30) sowie das Vorliegen eines Abänderungsgrundes iSv § 323 ZPO (BGHZ 80, 392). Diese besonderen Widerrufsgründe können auch noch in der Berufungsinstanz geltend gemacht werden (Brandbg DA Vorm 00, 58, 59). 4

§ 1598 Unwirksamkeit von Anerkennung, Zustimmung und Widerruf

(1) Anerkennung, Zustimmung und Widerruf sind nur unwirksam, wenn sie den Erfordernissen der vorstehenden Vorschriften nicht genügen.
(2) Sind seit der Eintragung in ein deutsches Personenstandsbuch fünf Jahre verstrichen, so ist die Anerkennung wirksam, auch wenn sie den Erfordernissen der vorstehenden Vorschriften nicht genügt.

Die Erklärungen von Anerkennung, Zustimmung und Widerruf sind unwirksam, wenn die Voraussetzungen der §§ 1594 – 1597 nicht vorliegen (I). 1
Sind jedoch seit Eintragung der Anerkennung in das Personenstandsbuch 5 Jahre vergangen, ist die Anerkennung trotz Formmängeln wirksam (II). 2

§ 1599 Nichtbestehen der Vaterschaft

(1) § 1592 Nr. 1 und 2 und § 1593 gelten nicht, wenn auf Grund einer Anfechtung rechtskräftig festgestellt ist, dass der Mann nicht der Vater des Kindes ist.
(2) ¹§ 1592 Nr. 1 und § 1593 gelten auch nicht, wenn das Kind nach Anhängigkeit eines Scheidungsantrags geboren wird und ein Dritter spätestens bis zum Ablauf eines Jahres nach Rechtskraft des dem Scheidungsantrag stattgebenden Urteils die Vaterschaft anerkennt; § 1594 Abs. 2 ist nicht anzuwenden. ²Neben den nach den §§ 1595 und 1596 notwendigen Erklärungen bedarf die Anerkennung der Zustimmung des Mannes, der im Zeitpunkt der Geburt mit der Mutter des Kindes verheiratet ist; für diese Zustimmung gelten § 1594 Abs. 3 und 4, § 1596 Abs. 1 Satz 1 bis 3, Abs. 3 und 4, § 1597 Abs. 1 und 2 und § 1598 Abs. 1 entsprechend. ³Die Anerkennung wird frühestens mit Rechtskraft des dem Scheidungsantrag stattgebenden Urteils wirksam.

A. Allgemeines. Die aufgrund Ehe (§ 1592 Nr 1 BGB) oder Anerkennung (§ 1592 Nr 2 BGB) bestehende Vaterschaft wird durch rechtskräftiges Anfechtungsurteil beseitigt (I). Zum Anfechtungsverfahren vgl § 1600 e, zur Anfechtungsberechtigung § 1600, zur Anfechtungsfrist § 1600 b und zur Beweislage § 1600 e Rn 53. 1
Die gerichtliche Anfechtung ist für *alle* Kinder (ob ehelich oder nicht ehelich) **einheitlich** geregelt. Es bestehen keine gesonderten Vorschriften für die Anfechtung der Vaterschaftsanerkennung. Angefochten wird also nicht mehr die Ehelichkeit eines Kindes, sondern die Vaterschaft des Ehemannes der Kindesmutter. Ebenso wird nicht die Anerkennung einer nicht ehelichen Vaterschaft angefochten, sondern die Vaterschaft des Anerkennenden. 2

3 War im Zeitpunkt des Beitritts (3. 10. 90) die einjährige Anfechtungsfrist der Kindesmutter (§ 62 I FGB – DDR) abgelaufen, gilt der eingetretene Fristablauf gem Art 231 § 6 III EG BGB analog fort (Brandbg FamRZ 00, 1031).

4 Die Anfechtung der Vaterschaft eines **ausländischen** (hier: türkischen) Kindes mit gewöhnlichem Aufenthalt in Deutschland richtet sich nach deutschem Recht, Art 20 S 2 EGBGB (Stuttg FamRZ 99, 610). Ist ausländisches Recht anwendbar, liegt ein Verstoß gegen den deutschen ordre public vor, wenn das ausländische Recht keine Anfechtungsmöglichkeit vorsieht (Stuttg FamRZ 01, 246).

5 **B. Ersatzansprüche nach erfolgreicher Anfechtung. I. Scheinvater gegen Kind.** Der Scheinvater hat gegen das Kind einen **Auskunftsanspruch**, wer der leibliche Vater ist (Köln FamRZ 02, 1214). Nach erfolgter Anfechtung steht fest, dass der Rechtsgrund für den vom Scheinvater geleisteten Kindesunterhalt nachträglich entfallen ist (§ 812 I 2 – 1. Alt –). Die in § 1607 III 2 angeordnete Legalzession (Rn 6) hindert nicht die Entstehung des Bereicherungsanspruchs. Jedoch scheitert der Scheinvater mit seiner Bereicherungsklage gegen das Kind regelmäßig am **Entreicherungseinwand** (§ 818 III) (BGH FamRZ 81, 764, 765).

6 **II. Scheinvater gegen Erzeuger.** Nach erfolgter **Anfechtung** kann der Scheinvater beim Erzeuger **Regress** nehmen, soweit der Erzeuger unterhaltspflichtig war (§ 1607 III 2). Scheinvater ist der Ehemann der Kindesmutter (§ 1607 III 1) bzw ein mit der Kindesmutter nicht verheirateter Mann (§ 1607 III 2).

7 Der Regressanspruch des Ehemannes ist nicht davon abhängig, dass er annimmt, er selbst sei der Vater (**str.**: Henrich FamRZ 01, 785, Palandt/*Brudermüller* § 1607 Rn 16; aA AG Wipperfürth FamRZ 01, 783). Dagegen ist der Scheinvaterregress des »wissenden« mit der Kindesmutter nicht verheirateten Mannes (§ 1607 III 2) ausgeschlossen (Celle MDR 05, 634).

8 Der Regress umfasst neben dem laufenden Unterhalt auch einen etwaigen vom Ehemann der Kindesmutter geleisteten Prozesskostenvorschuss sowie die ihm entstandenen Kosten des Anfechtungsverfahrens (BGH FamRZ 1988, 387). Ist der Scheinvater durch Anerkennung Vater geworden, steht ihm gegen den Erzeuger kein Anspruch auf Ersatz der Kosten des Anfechtungsverfahrens zu (Celle FamRZ 05, 1853).

9 Das Verlangen rückständigen Unterhalts kann für den Erzeuger eine **unbillige Härte** sein (§ 1613 III), es sei denn, der Erzeuger war unredlich, weil das Kind mit seinem Einverständnis dem Scheinvater untergeschoben worden ist (Karlsr FamRZ 00, 1435, LS).

10 Allerdings hat der Scheinvater gegen den Erzeuger **keine** Regressmöglichkeit nach § 1607 III 2, **solange** dessen Vaterschaft **nicht festgestellt** oder **nicht anerkannt** ist (Celle NJW-RR 00, 451). Der Scheinvater ist insbes nicht gem § 1600 e gegen den Erzeuger klagebefugt (BGH FamRZ 99, 716). Die Feststellung der Vaterschaft des Erzeugers kann auch nicht als Vorfrage in einem Regressprozess geklärt werden (BGH FamRZ 1993, 696 zu §§ 1600 a, 1615 b II BGB aF; Hamm FamRZ 05, 475).

11 Selbst nach erfolgreicher Anfechtung der (Schein-)Vaterschaft durch den Scheinvater, die Mutter oder durch das Kind können die Mutter und das Kind den Regress des vormaligen **Scheinvaters** verhindern, wenn sie sich dem Statuswechsel widersetzen; denn ohne ihre Mitwirkung kann es nicht zur gesetzlichen Vaterschaft des leiblichen Vaters durch Anerkennung kommen, da seine Anerkennung der Zustimmung von Mutter und Kind (§ 1595) bedarf (zu Ausnahmen vgl Rn 10).

12 Zumal mit Blick auf den drohenden Unterhaltsregress dürfte nach erfolgreicher Anfechtung der Scheinvaterschaft auch wenig Neigung auf Seiten des **biologischen Vaters** bestehen, **selbst** die Feststellung seiner Vaterschaft zu betreiben. In Betracht käme insoweit eine Klage gegen das Kind auf Feststellung seiner eigenen Vaterschaft (Palandt/*Diederichsen* § 1600 e Rn 4; *Wieser* NJW 98, 2023). Hat allerdings der biologische Vater selbst (vgl Einführung vor § 1591 Rn 4) das Anfechtungsverfahren gegen das Kind und den Scheinvater betrieben, »beinhaltet« die Rechtskraft der erfolgreichen Anfechtung zugleich die Feststellung **seiner** Vaterschaft (§ 640 h II ZPO, vgl § 1600 Rn 3). Allerdings ist die Anfechtungsmöglichkeit des biologischen Vaters beschränkt. Sie ist ausgeschlossen, solange die Mutter mit dem Scheinvater verheiratet ist oder zwischen Scheinvater und Kind eine sozial-familiäre Beziehung besteht (§ 1600 II und III, vgl § 1600 Rn 3).

13 In **Ausnahmefällen** kann die Berufung auf die Regresssperre (§§ 1600 d IV, 1594) gegen Treu und Glauben verstoßen (§ 242 BGB). Das ist insbes bei allseits »**unstreitiger Vaterschaft**« des außerehelichen Erzeugers anzunehmen. Bei dieser Sachlage kann gegen den biologischen Vater ohne Feststellung seiner rechtlichen Vaterschaft Regress genommen werden (Ddorf FamRZ 00, 1032). Zu weitgehend erscheint die Auffassung, die eine hinreichende Erfolgsaussicht für eine Regressunterhaltsklage des Scheinvaters annimmt, wenn der vermutete biologische Vater sich grundlos weigert, auf Kosten des Scheinvaters einen außergerichtlichen DNA-Vaterschaftstest vornehmen zu lassen (Karlsr FamRZ 05, 474).

14 **III. Scheinvater gegen Sozialamt.** Hat der Scheinvater an den Träger der Sozialhilfe, der dem Kind Hilfe gewährt hat, Unterhaltszahlungen geleistet, steht ihm gegen den Sozialhilfeträger ein Bereicherungsanspruch jedenfalls dann zu, wenn er seinen nach § 1607 III 2 auf ihn übergegangenen Anspruch gegen den Erzeuger – weil dieser zB untergetaucht ist – nicht realisieren kann (BGH FamRZ 81, 30, 32).

15 **IV. Scheinvater gegen (geschiedene) Ehefrau. 1. Grundsatz.** Nach ständiger Rspr (BGHZ 23, 215; 26, 217; 57, 229) hält der BGH im Grundsatz daran fest, dass der Scheinvater von seiner (geschiedenen) Ehefrau **nicht**

auf Grund eines von dieser begangenen Ehebruchs, aus dem ein Kind hervorgegangen ist, nach § 823 Ersatz des Vermögensschadens verlangen kann, der ihm durch Unterhaltszahlungen an das scheineheliche Kind entstanden ist (BGH FamRZ 90, 367). Zuständig für die Auskunftsklage des Scheinvaters gegen die Kindesmutter ist das Familiengericht (Hamm FamRZ 05, 1844).

2. Ausnahme. Allerdings kann die Anwendung des § 826 in Betracht kommen, **wenn** zu dem Ehebruch eine **sittenwidrig schädigende Verletzungshandlung** der Ehefrau **hinzutritt** (BGH FamRZ 90, 367). Erteilt zB die Kindesmutter grob fahrlässig in dem Bewusstsein der möglichen Schädigung auf die Frage, ob sie in der gesetzlichen Empfängniszeit auch mit einem anderen Mann verkehrt habe, eine unrichtige Auskunft, handelt sie sittenwidrig. Sie ist dem Zahlvater dann hinsichtlich der auf Grund der Falschauskunft zu Unrecht geleisteten Unterhaltszahlungen gem § 826 BGB zum Schadensersatz verpflichtet (Hamm MDR 99, 42). Dagegen begründet allein die Tatsache, dass die Kindesmutter dem Mann den Mehrverkehr nicht mitgeteilt hat, keinen Schadensersatzanspruch aus § 826 (Köln NJW-Report 99, 1673) und auch keinen Anspruch auf Eheanfechtung wegen arglistiger Täuschung gem § 1314 II Nr 3 BGB (Stuttg FamRZ 05, 2070). Eine Schadensersatzpflicht der Kindesmutter kann auch eintreten, wenn sie ihrem (späteren) Mann **vor** der Ehe vorgespiegelt hat, dass **nur er** als Vater des von ihr erwarteten Kindes in Frage komme (BGH FamRZ 81, 531). In diesem Fall hat der Scheinvater gegen die Kindesmutter einen Anspruch auf **Bekanntgabe des Namens** des leiblichen Vaters, damit er gegen ihn Regress nehmen kann (Bambg FamRZ 04, 756), vgl Rn 7.

C. Drittanerkennung (II). Die §§ 1592 Nr 1; 1593 gelten nicht, wenn das Kind nach der **Anhängigkeit** des Scheidungsantrags **innerhalb der Ehe** geboren wird, **sofern** ein Dritter spätestens innerhalb eines Jahres **nach** Rechtskraft der Scheidung die Vaterschaft **anerkennt** (II 1), die zudem der zusätzlichen Zustimmung des Ehemannes der Kindesmutter bedarf (II 2; § 1595 Rn 8).
Die Zustimmungen der Kindesmutter und deren Ehemannes sind ebenfalls an die Jahresfrist geknüpft (Stuttg FamRZ 04, 1054 mwN; aA Zweibr FamRZ 00, 546).
Eine eventuell **vor** der Scheidung der Mutter erklärte Anerkennung des Dritten ist zunächst schwebend unwirksam und wird erst mit Rechtskraft der Scheidung wirksam (II 3). Dasselbe gilt für die vor Rechtskraft der Scheidung durch den Dritten abgegebene Sorgerechtserklärung nach § 1626 a I Nr 1 BGB (BGH FamRZ 04, 802).
Durch diese Regelung wird ein teurer Abstammungsprozess in den Fällen, in denen sich alle Beteiligten über die wahre Abstammung einig sind, vermieden. Bei nach Anhängigkeit des Scheidungsantrags geborenen Kindern muss vor Einreichung einer Vaterschaftsanfechtungsklage daher **versucht werden**, über den einfachen Weg des § 1599 II eine **Vaterschaftsanerkennung** zu erreichen. Sonst besteht kein Rechtsschutzbedürfnis für die Durchführung eines Abstammungsprozesses (*Büttner* FF 00, 13, 14).

§ 1600 Anfechtungsberechtigte

(1) Berechtigt, die Vaterschaft anzufechten, sind folgende Personen:
1. der Mann, dessen Vaterschaft nach § 1592 Nr. 1 und 2, § 1593 besteht,
2. der Mann, der an Eides statt versichert, der Mutter des Kindes während der Empfängniszeit beigewohnt zu haben,
3. die Mutter und
4. das Kind.

(2) Die Anfechtung nach Absatz 1 Nr. 2 setzt voraus, dass zwischen dem Kind und seinem Vater im Sinne von Absatz 1 Nr. 1 keine sozial-familiäre Beziehung besteht oder im Zeitpunkt seines Todes bestanden hat und dass der Anfechtende leiblicher Vater des Kindes ist.

(3) ¹Eine sozial-familiäre Beziehung nach Absatz 2 besteht, wenn der Vater im Sinne von Absatz 1 Nr. 1 für das Kind tatsächliche Verantwortung trägt oder im Zeitpunkt seines Todes getragen hat. ²Eine Übernahme tatsächlicher Verantwortung liegt in der Regel vor, wenn der Vater im Sinne von Absatz 1 Nr. 1 mit der Mutter des Kindes verheiratet ist oder mit dem Kind längere Zeit in häuslicher Gemeinschaft zusammengelebt hat.

(4) Ist das Kind mit Einwilligung des Mannes und der Mutter durch künstliche Befruchtung mittels Samenspende eines Dritten gezeugt worden, so ist die Anfechtung der Vaterschaft durch den Mann oder die Mutter ausgeschlossen.

A. Allgemeines. Die aufgrund Ehe (§§ 1592 Nr 1, 1593) oder Anerkennung (§ 1592 Nr 2) bestehende Vaterschaft kann angefochten werden. Die aufgrund gerichtlicher Entscheidung festgestellte Vaterschaft (§§ 1600 d BGB, 640h II BGB) kann nur durch Restitution beseitigt werden (§§ 580, 641 i ZPO; vgl § 1600 e Rn 50). Auch für die **vor** dem 1.7.98 geborenen Kinder richtet sich die Vaterschaft nach neuem Recht (Nürnbg FamRZ 02, 1722).

3   **B. Anfechtungsberechtigte.** Der Kreis der Anfechtungsberechtigten ist durch das Gesetz vom 23. 4. 04 (vgl Einführung vor § 1591 Rn 4) um den biologischen Vater erweitert worden. I wurde geändert und II und III hinzugefügt. Der II aF ist jetzt IV.

4   **I. Gesetzlicher Vater (I Nr 1).** Anfechtungsberechtigt ist der Mann, dessen Vaterschaft nach §§ 1592 Nr 1 und 2, 1593 BGB besteht, auch wenn er nicht Sorgerechtsinhaber ist. Der Scheinvater kann auch sein eigenes Vaterschaftsanerkenntnis anfechten (Köln FamRZ 02, 629).

5   **II. Biologischer Vater (I Nr 2; II und III).** Der leibliche, aber nicht rechtliche (»biologische«) Vater war nach § 1600 I BGB aF von jeder Anfechtungsmöglichkeit ausgeschlossen, solange die Vaterschaft eines anderen Mannes bestand (BGH FamRZ 99, 716). Ihm konnte lediglich vom klagenden Kind oder der klagenden Mutter der Streit verkündet werden (§ 640 e II ZPO; § 1600 e Rn 23). Das BVerfG hat jedoch die alte Gesetzesfassung insoweit mit Art 6 II 1 GG für unvereinbar erklärt, soweit sie den biologischen Vater ausnahmslos von der Anfechtung der Vaterschaft eines anderen Mannes zur Erlangung der eigenen rechtlichen Vaterschaft ausgeschlossen hat (BVerfG FamRZ 03, 816, 818). Gedacht war dabei an die Fälle, in denen die rechtlichen Eltern mit dem Kind gar keine soziale Familie bildeten, wie etwa bei bloßer Zahlvaterschaft.

6   Durch das am 30. 4. 04 in Kraft getretene Gesetz vom 23. 4. 04 (vgl Einführung vor § 1591 Rn 4) wurden die Vorgaben des BVerfG umgesetzt, insbes durch die Aufnahme einer **begrenzten Anfechtungsberechtigung** des leiblichen Vaters in § 1600 I bis III BGB nF und durch die in § 640 h II ZPO nF geregelte Urteilswirkung, wonach das vom leiblichen Vater gem § 1600 I Nr 2 BGB erstrittene rechtskräftige Anfechtungsurteil **zugleich die Feststellung seiner Vaterschaft beinhaltet.**

7   Die Anfechtungsmöglichkeit ist **an drei Voraussetzungen** geknüpft:
    (1) Abgabe einer eidesstattlichen Versicherung des leiblichen Vaters, der Kindesmutter in der Empfängniszeit beigewohnt zu haben (**I Nr 2**),
    (2) zwischen Kind und gesetzlichem Vater darf keine sozial-familiäre Beziehung bestehen oder im Zeitpunkt des Todes bestanden haben (**II – 1. Alt –**),
    (3) Der Anfechtende muss leiblicher Kindesvater sein (**II – 2. Alt –**)

8   Der anfechtende Mann muss seine Beiwohnung in der Empfängniszeit **an Eides Statt** versichern (I Nr 2). Diese Erklärung erhöht die Substantiierungspflicht des Anfechtenden, gehört also zur Schlüssigkeit der Anfechtungsklage. Sie soll gleichzeitig wegen der strafrechtlichen Folgen bei Abgabe einer falschen eidesstattlichen Versicherung (vgl §§ 156, 163 StGB) eine Anfechtung »ins Blaue hinein« vermeiden. Durch die Erstreckung der eidesstattlichen Versicherung auf die Tatsache der Beiwohnung ist die Anfechtungsmöglichkeit für einen Dritten, der nur den Samen gespendet, aber der Mutter nicht beigewohnt hat, ausgeschlossen (BTDrs 15/2492 S 9).

9   Das **Nichtbestehen** einer **sozial-familiären Beziehung** zwischen gesetzlichem Vater und dem Kind ist Voraussetzung für den Erfolg der Anfechtung (II –1. Alt –). Wird eine solche Beziehung dagegen **festgestellt**, ist die Anfechtung durch den leiblichen Vater endgültig nicht zugelassen und bleibt auch in der Zukunft verschlossen. Ein »Wiederaufleben« des Anfechtungsrechts ist nicht möglich (BTDrs 15/2253 S 11).

10 Eine sozial-familiäre Beziehung besteht, wenn der gesetzliche Vater für das Kind **tatsächliche Verantwortung** trägt. Von der Übernahme einer derartigen Verantwortung ist in der Regel auszugehen, wenn der gesetzliche Vater mit der Kindesmutter **verheiratet** ist **oder** mit dem Kind längere Zeit in häuslicher Gemeinschaft gelebt hat (III). Somit besteht in der Regel ein Anfechtungsrecht erst **nach der Scheidung** des gesetzlichen Vaters von der Kindesmutter und im Übrigen nur dann, wenn der gesetzliche Vater nicht längere Zeit **in häuslicher Gemeinschaft** mit dem Kind gelebt hat. Der unbestimmte Rechtsbegriff »längere Zeit« ist wie in §§ 1630 III, 1632 IV, 1682 sowie 1685 II auszulegen.

11 Das bedeutet: **Dauert** die häusliche Gemeinschaft **noch an**, besteht kein Anfechtungsrecht. Dasselbe gilt, wenn die häusliche Gemeinschaft zwar aufgehoben ist, das daraus entstandene Vertrauensverhältnis zu dem Kind aber noch besteht und die gegenwärtige Bezugswelt des Kindes prägt. Insoweit kann auf die Auslegung desselben Rechtsbegriffs in § 1685 II (Palandt/*Diederichsen* § 1685 Rn 8) und § 1682 S 2 (Palandt/*Diederichsen* § 1682 Rn 6) zurückgegriffen werden. Ist allerdings die häusliche Gemeinschaft schon längere Zeit **aufgehoben**, prägt sie nicht mehr die gegenwärtige Bezugswelt des Kindes, mag die häusliche Gemeinschaft ihrerseits auch längere Zeit angedauert haben. Dann ist der Weg zu Anfechtung frei (*Pieper* FuR 04, 385, 387).

12 Der Anfechtende muss **leiblicher Vater** des Kindes sein (II – 2. Alt –). Für die Schlüssigkeit der Anfechtungsklage reicht die Behauptung der leiblichen Vaterschaft aus. Dagegen hat die Anfechtungsklage erst Erfolg, wenn (auch) die von Amts wegen (§§ 616, 617 ZPO) zu prüfende leibliche Vaterschaft des Anfechtenden gerichtlich festgestellt werden kann. Das erfolgreiche Anfechtungsurteil **beinhaltet** die Feststellung der leiblichen Vaterschaft. Diese Wirkung ist im Tenor des Anfechtungsurteils auszusprechen (§ 640h II 2 ZPO). Durch die rechtliche Verknüpfung von Anfechtung und Feststellung der Vaterschaft ist gewährleistet, dass das Kind nicht vaterlos wird. Zur Anfechtungsfrist vgl § 1600 b Rn 8.

13 **III. Kindesmutter (I Nr 3).** Die **Mutter** kann nicht nur die Anerkennung, sondern **alle Fälle der Vaterschaft** anfechten (§ 1600). Eine Kindeswohlprüfung findet (anders als bei einer Anfechtung des minderjährigen Kindes, vertreten durch die Mutter, vgl § 1600 a Rn 9) **nicht** statt. Diese unterschiedliche Behandlung leuchtet

nicht ein (vgl *Gaul* FamRZ 00, 1461, 1470). Ficht die allein sorgeberechtigte Mutter die Vaterschaft an, ist für das gem § 640 e I ZPO beizuladende Kind – schon für die Klagezustellung und die Ladung – ein Ergänzungspfleger zu bestellen (BGH FamRZ 02, 880).

IV. Kinder (I Nr 4). Für minderjährige Kinder ist gesetzliche Vertretung notwendig (§ 640 b S 2 ZPO, vgl § 1600 a Rn 5). Volljährige Kinder können die Anfechtung unbeschränkt geltend machen, also nicht begrenzt auf im Gesetz enumerativ aufgeführte Gründe. 14

V. Eltern des Vaters. Die Eltern des verstorbenen (Schein-)Vaters können *nicht* mehr anfechten (Umkehrschluss aus § 1600 BGB) (BTDrs 13/4899 S 57). 15

C. Anfechtung bei künstlicher Befruchtung (IV). Der Anfechtungsausschluss für Vater und Mutter bei heterologer Insemination wurde durch das Kinderrechtsverbesserungsgesetz vom 9. 4. 02 angefügt (BGBl I, 1239 = FamRZ 02, 803). Das Anfechtungsrecht des Kindes ist vom Ausschluss nicht betroffen. Beim minderjährigen Kind gilt die Einschränkung, dass die durch den gesetzlichen Vertreter zu erklärende Anfechtung (§ 1600 a II BGB) dem Kindeswohl dienen muss. Dies dürfte bei einer Vaterschaftsanfechtung nach heterologer Befruchtung in der Regel nicht der Fall sein (*Wanitzek* FamRZ 03, 734). 16

§ 1600 IV gilt auch für Anfechtungsfälle, über die im Zeitpunkt des In-Kraft-Tretens des Kinderrechtsverbesserungsgesetzes (12. 4. 02) noch nicht entschieden war (BGH FamRZ 05, 612). 17

§ 1600 a Persönliche Anfechtung; Anfechtung bei fehlender oder beschränkter Geschäftsfähigkeit

(1) Die Anfechtung kann nicht durch einen Bevollmächtigten erfolgen.
(2) ¹Die Anfechtungsberechtigten im Sinne von § 1600 Abs. 1 Nr. 1 bis 3 können die Vaterschaft nur selbst anfechten. ²Dies gilt auch, wenn sie in der Geschäftsfähigkeit beschränkt sind; sie bedürfen hierzu nicht der Zustimmung ihres gesetzlichen Vertreters. ³Sind sie geschäftsunfähig, so kann nur ihr gesetzlicher Vertreter anfechten.
(3) Für ein geschäftsunfähiges oder in der Geschäftsfähigkeit beschränktes Kind kann nur der gesetzliche Vertreter anfechten.
(4) Die Anfechtung durch den gesetzlichen Vertreter ist nur zulässig, wenn sie dem Wohl des Vertretenen dient.
(5) Ein geschäftsfähiger Betreuter kann die Vaterschaft nur selbst anfechten.

A. Allgemeines. Die Vorschrift regelt – ähnlich wie § 1596 BGB für die Anerkennung und Zustimmung dazu – die Stellvertretung bei Abgabe der Anfechtungserklärung. Die Anfechtungsberechtigten (§ 1600 BGB) müssen **höchstpersönlich** anfechten (I 1), mögen sie auch unter Betreuung stehen (V), es sei denn, sie sind geschäftsunfähig. 1

B. Willensmängel des Vaters oder der Mutter (II). Vater und Mutter müssen stets **selbst** die Anfechtung erklären (II 1), auch wenn sie minderjährig sind (II 2).
Im Falle ihrer **Geschäftsunfähigkeit** (§ 104 Nr 1 und 2) kann nur der gesetzliche Vertreter anfechten. Das sind bei Minderjährigkeit des Kindesvaters oder der Kindesmutter deren Eltern bzw ein Pfleger (§ 1630). Die Anfechtung muss dem Kindeswohl dienen (IV; Rn 9). Bei Geschäftsunfähigkeit eines Volljährigen kann nur der Betreuer anfechten, wenn er für diesen Aufgabenkreis bestellt ist (§ 1902). 2

C. Willensmängel des Kindes (III). Für **minderjährige** Kinder, die geschäftsunfähig (§ 104 Nr 1 und 2) oder nur beschränkt geschäftsfähig (§ 106) sind, kann **nur** der gesetzliche Vertreter anfechten, dessen Zustimmung **nicht** der gerichtlichen **Genehmigung** bedarf (III). Allerdings muss die Zustimmung dem Kindeswohl dienen (IV). 3

Der **Vater** ist infolge seiner Stellung als Kläger oder Beklagter des Anfechtungsprozesses an der gesetzlichen Vertretung des Kindes gem § 181 rechtlich gehindert (BGH FamRZ 72, 498, 499). 4

Einer Vertretung durch die **Mutter** (des ehelichen Kindes) stehen **bis zur Rechtskraft der Scheidung** §§ 1629 II S 1 iVm 1795 I Nr 3 entgegen (Bambg FamRZ 92, 220), so dass – unabhängig von Alleinsorge oder gemeinsamer Sorge – für das Kind ein Ergänzungspfleger bestellt werden muss (§ 1909 I 1), notwendigenfalls vorab ein Prozesspfleger (§ 57 I ZPO). 5

Auch **nach der Scheidung** bleibt die Mutter von der gesetzlichen Vertretung ausgeschlossen (BGH FamRZ 72, 498, 499), und zwar so lange, bis sie das alleinige Sorgerecht erhält (vgl §§ 1671 II oder 1626a II oder § 1680) (Köln FamRZ 01, 245), das dann nur noch wegen eines erheblichen Interessengegensatzes eingeschränkt werden kann, §§ 1629 II S 3 – 1. Hs –, 1796 (vgl BayObLG FamRZ 99, 737, 739). 6

Bei Anfechtung der anerkannten Vaterschaft des mit der Mutter nicht verheirateten Vaters wird das Kind von der Mutter vertreten, wenn dieser gem § 1626a II die Alleinsorge zusteht (Köln FamRZ 05, 43). Ist die Mutter nicht sorgeberechtigt (§ 1672 I) oder nur zusammen mit dem Vater (§ 1626 a I Nr 1), erhält das Kind einen Ergänzungspfleger, §§ 1909 I 1, 1629 II 1 (Köln FamRZ 01, 245). 7

8 Mängel der gesetzlichen Vertretung machen ein gleichwohl erlassenes Urteil anfechtbar (vgl § 1600 e Rn 52).
9 Der Aufgabenkreis des Beistands umfasst nicht die Anfechtung eines Vaterschaftsanerkenntnisses (Nürnbg FamRZ 01, 705).
10 **D. Kindeswohl (IV).** Die **Anfechtung** gem II 3 bzw III **durch den gesetzlichen Vertreter** (Rn 6–8) ist nur zulässig, wenn sie dem Wohl des geschäftsunfähigen Elternteils oder des Kindes »dient« (IV). Bei den Erwägungen zum Kindeswohl sind ähnliche Überlegungen anzustellen wie zur vormundschaftsgerichtlichen Genehmigung. Danach muss die Anfechtung für das Kind rechtlich vorteilhaft sein. Wenngleich die Klärung der biologischen Abstammung Teil des allgemeinen Persönlichkeitsrechts ist (Schlesw FamRZ 03, 51), genießt die Feststellung der Abstammung keinen selbstverständlichen Vorrang. Vielmehr sind die Vor- und Nachteile im konkreten Fall abzuwägen. Zweifel gehen zu Lasten des Anfechtenden (Köln FamRZ 01, 245).
11 Zu berücksichtigen sind vor allem die möglichen Auswirkungen des Anfechtungsverfahrens auf den **Familienfrieden der Beteiligten** (BTDrs 13/4899 S 87; Schlesw FamRZ 03, 51) und vermögensrechtliche Konsequenzen (Verlust von Unterhalts- und Erbansprüchen) bei drohender rechtlicher Vaterlosigkeit, wenn die Kindesmutter über den genetischen Vater keine Angaben macht oder machen kann (BayObLG FamRZ 95, 185, 186). Ist der Anfechtungsgegner von der Kindesmutter geschieden und sind keine persönlichen Bindungen des Kindes zum (Schein-)Vater mehr vorhanden, dürfte die Anfechtung regelmäßig dem Kindeswohl dienen (BGH FamRZ 90, 507). Die Anfechtung kann im Einzelfall auch dann dem Kindeswohl dienen, wenn nicht damit zu rechnen ist, dass der wahre Vater ermittelt, aber jedenfalls der Ausschluss des Scheinvaters als leiblicher Vater festgestellt werden kann (Nürnbg FamRZ 05, 1697).

§ 1600 b Anfechtungsfristen

(1) ¹Die Vaterschaft kann binnen zwei Jahren gerichtlich angefochten werden. ²Die Frist beginnt mit dem Zeitpunkt, in dem der Berechtigte von den Umständen erfährt, die gegen die Vaterschaft sprechen; das Vorliegen einer sozial-familiären Beziehung im Sinne des § 1600 Abs. 2 erste Alternative hindert den Lauf der Frist nicht.
(2) ¹Die Frist beginnt nicht vor der Geburt des Kindes und nicht, bevor die Anerkennung wirksam geworden ist. ²In den Fällen des § 1593 Satz 4 beginnt die Frist nicht vor der Rechtskraft der Entscheidung, durch die festgestellt wird, dass der neue Ehemann der Mutter nicht der Vater des Kindes ist.
(3) ¹Hat der gesetzliche Vertreter eines minderjährigen Kindes die Vaterschaft nicht rechtzeitig angefochten, so kann das Kind nach dem Eintritt der Volljährigkeit selbst anfechten. ²In diesem Falle beginnt die Frist nicht vor Eintritt der Volljährigkeit und nicht vor dem Zeitpunkt, in dem das Kind von den Umständen erfährt, die gegen die Vaterschaft sprechen.
(4) ¹Hat der gesetzliche Vertreter eines Geschäftsunfähigen die Vaterschaft nicht rechtzeitig angefochten, so kann der Anfechtungsberechtigte nach dem Wegfall der Geschäftsunfähigkeit selbst anfechten. ²Absatz 3 Satz 2 gilt entsprechend.
(5) Erlangt das Kind Kenntnis von Umständen, auf Grund derer die Folgen der Vaterschaft für es unzumutbar werden, so beginnt für das Kind mit diesem Zeitpunkt die Frist des Absatzes 1 Satz 1 erneut.
(6) ¹Der Fristablauf ist gehemmt, solange der Anfechtungsberechtigte widerrechtlich durch Drohung an der Anfechtung gehindert wird. ²Im Übrigen sind die für die Verjährung geltenden Vorschriften der §§ 206, 210 entsprechend anzuwenden.

1 **A. Die Frist.** Für alle Anfechtungsberechtigen gilt unterschiedslos eine 2-jährige Anfechtungsfrist (I). Die zeitliche Beschränkung der Anfechtung ist verfassungsgemäß (BVerfG FamRZ 91, 325 zu § 1594 I BGB aF). Die 2-jährige Anfechtungsfrist gilt **auch** für die Anfechtung der **Anerkennung** der Vaterschaft (Köln FamRZ 99, 800) sowie für die Anfechtung durch den biologischen Vater (vgl Rn 8).

2 **B. Fristbeginn.** Die Frist beginnt ab Kenntnis der Umstände, die gegen die Vaterschaft sprechen (I 2). Zur Auslegung dieser Vorschrift können die zum bisherigen Recht (§§ 1594 II 1, 1600h II 1 BGB aF) entwickelten Grundsätze herangezogen werden (vgl. BGH FamRZ 88, 278 zu § 1594 I BGB aF).

3 **I. Anfechtung durch den (Schein-)Vater.** Der Scheinvater muss den wahren Vater nicht kennen (BGH NJWE-FER 98, 167). Die Anfechtungsfrist beginnt vielmehr, wenn der Scheinvater die sichere Kenntnis von Tatsachen erlangt, aus denen sich die **nicht ganz fern liegende Möglichkeit** einer Abstammung des Kindes von einem anderen Mann als ihm selbst ergibt (Karlsr FamRZ 01, 702).

4 Das ist zB der Fall, wenn die Kindesmutter die Abstammung in Frage stellt (Hamm FamRZ 94, 186) **oder** wenn der Mann erfährt, dass die Kindesmutter mit dem Dritten während der Empfängniszeit Urlaub gemacht hat (Hamm FamRZ 92, 472) **oder** bei hinreichend begründeten Anhaltspunkten vom **Mehrverkehr** (§ 1600 e Rn 80) der Kindesmutter (Frankf FamRZ 00, 108 »Sextourismus«; Brandbg FamRZ 02, 1055 zweiwöchiges Wohnen der Mutter während der Empfängniszeit in der Wohnung eines anderen Mannes), **es sei denn**, er erfährt, der andere Mann sei nach ärztlicher Feststellung zeugungsunfähig (BGH FamRZ 89, 169)

oder wenn (hier: auf Grund des Reifegrads des Kindes) die Möglichkeit ganz fern liegt, dass der eheliche Verkehr zur Zeugung des Kindes geführt hat (BGH FamRZ 90, 507). Die Berufung auf **anonyme Anrufe**, für die der Scheinvater nur durch seine eigene Parteivernehmung Beweis anbietet, ist ebenso wenig schlüssiges Vorbringen wie der Hinweis auf eine **mangelnde Ähnlichkeit** des Kindes, es sei denn, das Kind hat zB eine dunkle Hautfarbe, während Mutter und „Vater" rein weiß sind (Köln FamRZ 04, 87).
Die Frist beginnt also nicht erst ab positiver Kenntnis der Nichtvaterschaft, sondern ab Kenntnis der 5 Umstände, die **objektiv** für die Nichtvaterschaft sprechen (Rostock FamRZ 03, 479). Nur vage Zweifel an der Vaterschaft setzen die Anfechtungsfrist dagegen nicht in Lauf (Brandbg FamRZ 04, 480). Restzweifel gehen zu Lasten des Anfechtungsgegners (BGH FamRZ 90, 507). Andererseits muss der Anfechtende nicht davon überzeugt sein, dass die Vaterschaft ausgeschlossen ist (Köln FamRZ 03, 781).
Grds ist nicht von naturwissenschaftlichen Spezialkenntnissen auszugehen, sondern vom **Erkenntnisstand** 6 eines **verständigen Laien** (BGH FamRZ 90, 507). Deshalb wird die Anfechtungsfrist erst dadurch in Gang gesetzt, dass durch den Ehebruch aus der Sicht eines naturwissenschaftlich nicht vorgebildeten Laien die Vaterschaft des Ehemannes ersichtlich in Frage gestellt ist. Das ist zB bei Verwendung von **Kondomen** während des Ehebruchs bei späterem ungeschützten Eheverkehr nicht anzunehmen (Hamm FamRZ 99, 1363).
Hat zB der Vater (mit heller Hautfarbe) keine besondere Kenntnis der Vererbungslehre, so soll allein die 7 Kenntnis, dass das Kind bereits bei der Geburt dieselbe dunkle Hautfarbe wie die Mutter und keine Mischfarbe aufgewiesen hat, die Anfechtungsfrist nicht in Lauf setzen (Karlsr FamRZ 00, 107, zweifelhaft).
Die Frist für die Anfechtung beginnt **auch** dann zu laufen, wenn der Ehemann der Kindesmutter infolge 8 **Rechtsirrtums** angenommen hat, das Kind gelte auch ohne Anfechtung als nicht ehelich, oder weil er auf die Angaben der Kindesmutter vertraut hat, er sei nicht als Vater in die Geburtsurkunde eingetragen (Kobl FamRZ 97, 1171 LS).
Die in Gang gesetzte Anfechtungsfrist beginnt grds **neu zu laufen,** wenn der Anfechtungsberechtigte **weitere** 9 **verdächtige Umstände** erfährt. Etwas anderes gilt nur, wenn ursprünglich bestehende und dem Anfechtungsberechtigten bekannte Verdachtsmomente durch gegenteilige Tatsachen widerlegt erscheinen oder wenn der bisherige Verdacht bei verständiger Würdigung aufgegeben werden durfte (Köln FamRZ 01, 703, 704).
Ist das von der Ehefrau geborene Kind auf Grund **künstlicher Befruchtung** mit dem Samen eines anderen 10 Mannes als dem des Ehemannes (**heterologe Befruchtung**, vgl § 1592 Rn 7) entstanden, kann der Ehemann die Vaterschaft **nicht** anfechten (§ 1600 IV BGB). Eine Anfechtung ist auch bei **bewusst falschem Anerkenntnis** möglich, soweit sie innerhalb der Anfechtungsfrist erhoben wird (Köln FamRZ 02, 629).

II. Anfechtung durch den biologischen Vater. Die früheste Anfechtungsmöglichkeit für den biologischen 11 Vater beginnt am 30.4.04 (vgl Art 229 § 10 EGBGB). Auch für ihn gilt die Zweijahresfrist des I 1. Die Frist beginnt regelmäßig zu laufen, sobald der biologische Vater von der Geburt des Kindes erfährt; denn aufgrund des ihm bekannten Beiwohnungszeitpunkts muss sich ihm die Möglichkeit seiner Vaterschaft aufdrängen.
I 2 – Hs 2 s – wurde durch Gesetz vom 23.4.04 eingefügt (vgl Einführung vor § 1591 Rn 4). Er stellt klar, 12 dass die Anfechtungsfrist für den biologischen Vater auch während der Zeit läuft, in der die Vaterschaftsanfechtung für ihn deshalb ausgeschlossen ist, weil zwischen dem rechtlichen Vater und dem Kind eine sozialfamiliäre Beziehung (§ 1600 II –1. Alt–) besteht, vgl § 1600 Rn 3. Läuft die Zweijahresfrist ab, ohne dass der leibliche Vater wegen der sozial-familiären Beziehung zwischen Kind und gesetzlichem Vater die Vaterschaft anfechten konnte, verliert er jede Anfechtungsmöglichkeit BTDrs 15/2253 S 15).

III. Anfechtung durch das minderjährige Kind. Für den Beginn der Anfechtungsfrist kommt es auf die 13 Kenntnis desjenigen gesetzlichen Vertreters an, der befugt ist, das Kind im Anfechtungsprozess wirksam zu vertreten (vgl § 166 I). Gesetzlicher Vertreter ist daher bei Alleinsorge der **alleinsorgeberechtigte** Elternteil ab Rechtskraft der Sorgeregelung (Bambg FamRZ 92, 220). Bei **gemeinsamer Sorge** der Eltern beginnt die Frist erst mit der Bestellung des Ergänzungspflegers für die Anfechtungsklage (Köln FamRZ 01, 245). Ist die Frist versäumt, lebt sie durch einen Wechsel des gesetzlichen Vertreters nicht wieder auf (Bambg FamRZ 92, 220).

IV. Anfechtung durch das volljährige Kind. Für das volljährige Kind, dessen früherer gesetzlicher Vertreter 14 während der Minderjährigkeit die Vaterschaft nicht angefochten hat, beginnt die Zweijahresfrist frühestens mit seiner Volljährigkeit (III 1), **jedoch nicht vor Kenntnis** der gegen die Vaterschaft sprechenden Umstände (III 2).
Das Gleiche gilt für das bisher geschäftsunfähige Kind bei Eintritt seiner Geschäftsfähigkeit, wenn die gesetz- 15 lichen Vertreter die Anfechtung der Vaterschaft während der Geschäftsunfähigkeit des Kindes versäumt haben (**IV**).
Werden die Folgen der Vaterschaft für das Kind **unzumutbar,** kommt es für den Beginn der 2-Jahresfrist auf 16 die Kenntnis der Unzumutbarkeitstatsachen an, auch wenn das Kind bereits zu einem früheren Zeitpunkt die gegen die Vaterschaft sprechenden Umstände erfahren hat (**V**). Anhaltspunkte für Unzumutbarkeitstatsachen sollen die in §§ 1596 I, 1600i II, V BGB aF geregelten Gründe sein (BTDrs 13/4899 S 88).

V. Anfechtung durch die Mutter. Die Anfechtungsfrist für die Mutter beginnt nicht erst mit dem In-Kraft- 17 Treten des KindRG am 1.7.98 zu laufen. Die Mutter kann ihr Anfechtungsrecht deshalb nicht mehr ausüben, wenn die Anknüpfungstatsachen iSv § 1600 b BGB mehr als 2 Jahre zurückliegen (BGH FamRZ 02, 880). Zur Ausschlussfrist nach § 62 I FGB – DDR, vgl § 1599 Rn 3. Im Falle heterologer Befruchtung ist das Anfechtungsrecht der Mutter ausgeschlossen (vgl § 1600 IV).

18 C. **Fristwahrung/Fristhemmung.** Die Anfechtungsfrist wird durch **Rechtshängigkeit** der Klage gewahrt (Köln FamRZ 01, 246). Ausnahmsweise reicht auch die rechtzeitige Einreichung der Klage (die Übersendung eines Klageentwurfs genügt dagegen nicht), sofern die Zustellung »demnächst« erfolgt (BGH FamRZ 95, 1484 zu § 270 III ZPO aF).

19 Der Ablauf der 2-Jahresfrist kann gehemmt sein (VI), wenn der Anfechtungsberechtigte durch **Drohung** von der Anfechtung abgehalten wird (VI 1) **oder** bei **Vertrauen**statbeständen analog §§ 203, 206 (VI 2). Letzteres ist etwa der Fall, wenn der Mann auf die Erklärung des Jugendamts vertraut hat, es betreibe als Ergänzungspfleger des Kindes in dessen Namen die Anfechtung der Ehelichkeit (BGH FamRZ 94, 1313) oder wenn der Mann sich auf die falsche (nämlich in Widerspruch zu Art 224 § 1 I EGBGB stehende) Rechtsansicht des Familiengerichts verlässt, dass die Vaterschaft hinsichtlich eines vor dem 1. 7. 98 geborenen Kindes sich nur noch nach den neuen Vorschriften richte (Ddorf Beschluss v 2. 1. 01 – 1 WF 234/00). Ein **Rechtsirrtum** kann nur bei Einhaltung der äußersten, billigerweise zu erwartenden Sorgfalt als auf höherer Gewalt beruhend angesehen werden (Köln FamRZ 97, 1171).

20 Dagegen sind **vom Gericht verschuldete Verzögerungen** regelmäßig als höhere Gewalt anzusehen (BGH FamRZ 95, 1484). Bei **PKH–Bedürftigkeit** besteht eine Fristhemmung grds von der Einreichung eines ordnungsgemäßen PKH–Antrags bis zum Erhalt der PKH–Entscheidung (BGH FamRZ 91, 545).

21 D. **Fristversäumung.** Wird die Anfechtungsfrist versäumt, gilt der Anfechtende aus Gründen der Rechtssicherheit selbst dann als der rechtliche Vater, wenn seine biologische Vaterschaft nachweislich ausgeschlossen ist (Brandbg FamRZ 01, 1630). Der Scheinvater hat unter diesen Umständen auch keinen Anspruch gegen das volljährige Kind, dass es die Vaterschaft anficht (AG Duisburg-Hamborn FamRZ 05, 291).

22 Zur Beweislast für die Fristversäumung vgl § 1600 e Rn 53.

§ 1600 c Vaterschaftsvermutung im Anfechtungsverfahren

(1) In dem Verfahren auf Anfechtung der Vaterschaft wird vermutet, dass das Kind von dem Mann abstammt, dessen Vaterschaft nach § 1592 Nr. 1 und 2, § 1593 besteht.

(2) Die Vermutung nach Absatz 1 gilt nicht, wenn der Mann, der die Vaterschaft anerkannt hat, die Vaterschaft anficht und seine Anerkennung unter einem Willensmangel nach § 119 Abs. 1, § 123 leidet; in diesem Falle ist § 1600 d Abs. 2 und 3 entsprechend anzuwenden.

1 A. **Grundsatz.** Im Anfechtungsverfahren wird widerleglich (§ 292 ZPO) vermutet, dass das Kind von dem Mann abstammt, dessen Vaterschaft nach §§ 1592, 1593 BGB besteht (I). Diese Vermutung kann nur durch den vollen Beweis des Gegenteils ausgeräumt werden (Gaul FamRZ 00, 1461, 1469). Für das Anfechtungsverfahren gelten die normalen Beweislastregeln. Dies gilt auch im Fall der auf Grund Ehe bestehenden Vaterschaft (§ 1592 Nr 1). Das Gesetz knüpft die Vaterschaft lediglich an die Kausalität des Verheiratetseins und nicht wie nach altem Recht (§ 1591 II 1 aF) an die Vaterschaftsvermutung, die nur noch in Vaterschaftsfeststellungsklagen Bedeutung haben kann (§ 1600 e Rn 75).

2 B. **Ausnahme bei Willensmängeln der Anerkennung.** Stellt sich im Anfechtungsverfahren heraus, dass im Falle einer auf Anerkennung beruhenden Vaterschaft (§ 1592 Nr 2) die Anerkennung des als Vater vermuteten Mannes, der die Anfechtungsklage betreibt, auf Willensmängeln bei der Anerkennung beruht, gilt gem I nicht die Vaterschaftsvermutung nach § 1592 Nr 2, sondern gem. II in entsprechender Anwendung des § 1600 d II u. III lediglich die **Vaterschaftsvermutung**, die unter erleichterten Beweisregeln ausgeräumt werden kann (§ 1600 e Rn 76 ff).

§ 1600 d Gerichtliche Feststellung der Vaterschaft

(1) Besteht keine Vaterschaft nach § 1592 Nr. 1 und 2, § 1593, so ist die Vaterschaft gerichtlich festzustellen.

(2) ¹Im Verfahren auf gerichtliche Feststellung der Vaterschaft wird als Vater vermutet, wer der Mutter während der Empfängniszeit beigewohnt hat. ²Die Vermutung gilt nicht, wenn schwerwiegende Zweifel an der Vaterschaft bestehen.

(3) ¹Als Empfängniszeit gilt die Zeit von dem 300. bis zu dem 181. Tage vor der Geburt des Kindes, mit Einschluss sowohl des 300. als auch des 181. Tages. ²Steht fest, dass das Kind außerhalb des Zeitraums des Satzes 1 empfangen worden ist, so gilt dieser abweichende Zeitraum als Empfängniszeit.

(4) Die Rechtswirkungen der Vaterschaft können, soweit sich nicht aus dem Gesetz anderes ergibt, erst vom Zeitpunkt ihrer Feststellung an geltend gemacht werden.

A. Positive Feststellung der Vaterschaft. Die Vaterschaft ist gerichtlich festzustellen, wenn keine Vaterschaft nach § 1592 Nr 1 oder Nr 2 besteht (I). Dass es um die Feststellung der Vaterschaft des Mannes geht, der das Kind gezeugt hat, von dem es also abstammt (vgl § 1589), wird nicht positiv ausgedrückt, aber als selbstverständlich unterstellt.

B. Vaterschaftsvermutung. Es wird der Mann als Vater vermutet, der der Mutter in der Empfängniszeit beigewohnt hat (II 1). Die Empfängniszeit beträgt (= 300. bis 181. Tag vor der Geburt) in Anpassung an die europaweit überwiegend übliche Frist (III 1). Wegen **Tabellen zur Berechnung der Empfängniszeit** vgl *Herlau*, FamRZ 98, 1349 ff.

Die **Vaterschaftsvermutung** hat im Wesentlichen **rein prozessuale Bedeutung**, jedoch **praktische Bedeutung** für den Erlass einstweiliger Unterhaltsregelungen (Rn 18).Wegen des Verhältnisses von I zu II 1 wird auf § 1600 e Rn 59, 70 verwiesen. Die Vaterschaftsvermutung gilt nicht, wenn die Vaterschaft offenbar unmöglich ist (§ 1600 e Rn 76) oder wenn schwer wiegende Zweifel an der Vaterschaft bestehen (II 2; vgl § 1600 e Rn 78).

C. Klageberechtigung. I. Kind und Mutter. Klageberechtigt **gegen den Vater** ist neben dem Kind auch die Kindesmutter (§ 1600 e). Ein **noch nicht geborenes Kind** ist für die Feststellung der Vaterschaft und für die Geltendmachung von Unterhalt iRv § 1712 rechts- und parteifähig (Schlesw MDR 00, 397 mit Anm *Born*).

II. Vater. Klagebefugt **gegen das Kind** ist der Vater. Jedoch ist die gerichtliche Feststellung der Vaterschaft nicht zulässig, solange die Vaterschaftsanerkennung eines anderen Mannes besteht (BGH FamRZ 99, 716, 717).

III. Biologischer Vater. Unzulässig ist eine **isolierte Abstammungsfeststellungsklage** des biologischen Vaters, also eine Klage nur zur Feststellung der **genetischen** Vaterschaft ohne statusrechtliche Folgen nach § 256 ZPO (Hamm FamRZ 99, 1365; Ddorf FamRZ 03, 1559), da § 1600 d I als lex specialis vorgeht. Jedoch kann der biologische Vater seit 30. 4. 04 (vgl Einführung vor § 1591 Rn 4) unter bestimmten Umständen die gesetzliche Vaterschaft des Scheinvaters anfechten (vgl § 1600 Rn 3). Seine Anfechtung hat nur Erfolg, wenn gleichzeitig seine **eigene Vaterschaft festgestellt** werden kann (§§ 1600 II –letzter Hs –, 640h II ZPO, vgl § 1600 Rn 3).

IV. Eltern des verstorbenen Vaters. sind nicht berechtigt, die Vaterschaft ihres verstorbenen Sohnes feststellen zulassen, weil § 1600 e BGB nicht – auch nicht entsprechend – anwendbar ist (Hburg FamRZ 02, 842).

D. Ergänzungspfleger oder Beistand bei Feststellungsklage des Kindes. I. Ergänzungspfleger. Trotz eines möglichen Interessengegensatzes zwischen den Eltern bzw der Mutter und dem Kind scheidet die automatische Bestellung eines Pflegers nach §§ 1796, 1629 II 3 – 1. Hs – aus (§ 1629 II 3 – 2. Hs –).

Ob im Einzelfall unter den Voraussetzungen des § 1666 entgegen dem Wortlaut des § 1629 II 3 – 2. Hs – gleichwohl die Bestellung eines Ergänzungspflegers in Betracht kommt, ist umstritten (verneinend: BayObLG FamRZ 99, 737; bejahend: Ddorf, 6 UF 118/99, Beschl. v 17.8.99; Palandt/*Diederichsen*, § 1600 a Rn 39, 40). Zur Ergänzungspflegschaft bei Anfechtungsklagen vgl § 1600 a Rn 8.

II. Beistand für das geborene Kind. Auf Grund des am 1.7.98 zusammen mit dem KindRG in Kraft getretenen Beistandschaftsgesetzes vom 4.12.97 (BGBl I S 2846) tritt an die Stelle der gesetzlichen Amtspflegschaft ist jetzt eine freiwillige Beistandschaft, die ohne weiteres eintritt, sobald ein allein sorgeberechtigter Elternteil oder (bei gemeinsamer Sorge) der Obhutinhaber (§ 1713 I 2) beim Jugendamt einen schriftlichen Antrag gestellt hat (§§ 1712 I, 1714 I).

Die Beistandschaft bewirkt **keine Einschränkung der elterlichen Sorge** (§ 1716 S 1), vielmehr tritt der Beistand (in seinem Aufgabenkreis) als **weiterer gesetzlicher Vertreter** des Kindes neben den Sorgerechtsinhaber. Nur **im Prozess** vertritt **allein** der **Beistand** das Kind (§ 53 a ZPO).

III. Pränataler Beistand. Die Beistandschaft tritt schon vor der Geburt des Kindes ein (§ 1714 S 2), wenn die schwangere Mutter dies beantragt (§ 1713 II 1).

Der pränatale Beistand kann deshalb schon vor der Geburt des Kindes auf Feststellung der Vaterschaft und Zahlung des Regelunterhalts klagen (Schlesw MDR 00, 397, 399). Ermöglicht wird die frühzeitige Vaterschaftsfeststellung durch die Weiterentwicklung der DNA-Pränataldiagnostik (vgl *Reichelt* FamRZ 94, 1303) und der DNA-Analyse (§ 1600 e Rn 29), die bereits durchgeführt werden kann, wenn dem neugeborenen Kind nach Beendigung der Geburt aus der Nabelschnur eine Blutprobe entnommen wird. Damit entfällt die bisher bei der Erstattung herkömmlicher Blutgruppengutachten erforderliche mehrmonatige Wartezeit, die auf Grund der physiologischen Zusammensetzung des Blutes des Neugeborenen einzuhalten ist (Schlesw MDR 00, 397, 398).

E. Konkurrierende Feststellungsklagen. der Kindesmutter und des anderweitig vertretenen Kindes sind **ausgeschlossen** (§ 640 c II ZPO).

F. Klagepflicht der Mutter. (Nur) unter den Voraussetzungen des § 1666 kann der Mutter das Sorgerecht entzogen werden, um das Vaterschaftsfeststellungsverfahren betreiben zu können, etwa wenn das Kind durch **Inzest** oder **Vergewaltigung** gezeugt worden ist (BTDrs 13/892 S 34).

17 **G. DDR.** Nichteheliche Kinder, die vor Wirksamwerden des Beitritts (3. 10. 90) im Gebiet der früheren DDR geboren wurden, können auch dann auf Feststellung der Vaterschaft klagen, wenn sie vor dem 3. 10. 90 die Jahresfrist des § 56 II FGB (DDR) haben verstreichen lassen (BGH FamRZ 97, 876 zu § 1600 n BGB aF).

18 **H. Wirksamwerden der Vaterschaftsfeststellung. I. Grundsatz.** Die Rechtswirkungen der Vaterschaft können erst **ab Rechtskraft** der Feststellung geltend gemacht werden (IV) und wirken dann für und gegen alle (§ 640 h ZPO). **Vor Rechtskraft** der Feststellung kann nicht geltend gemacht werden, dass der Erzeuger des Kindes und nicht der Scheinvater rechtlicher Vater ist (**Sperrwirkung**, vgl Rn 16). Das gilt selbst dann, wenn offensichtlich ist, dass der (kraft Ehe oder Anerkennung) als Vater geltende Mann nicht der Erzeuger ist (seit RGZ 157, 346) oder (zB wegen Zeugungsunfähigkeit oder langjähriger Abwesenheit) nicht der Erzeuger sein kann. Lebt also beispielsweise das Kind mit seiner geschiedenen Mutter und seinem Erzeuger zusammen, ist der frühere Ehemann, der als Vater gilt, bis zur Rechtskraft des von ihm betriebenen Anfechtungsverfahrens zur Zahlung von **Kindesunterhalt** verpflichtet. Entsprechendes gilt im Falle der Vaterschaftsanerkennung (**Sperrwirkung**, vgl § 1594 II Rn 7).

19 Die Sperrwirkung gilt grds auch für den Ehegattenunterhalt. Deshalb kann der auf Ehegattenunterhalt in Anspruch genommene Ehemann den Einwand der Verwirkung (§ 1579) mit der Behauptung, das Kind sei ihm von seiner Frau untergeschoben worden, nur erheben, wenn er zuvor seine Vaterschaft angefochten hat (Köln MDR 03, 270). In Ausnahmefällen wird der Verwirkungseinwand von der Rspr auch unabhängig von einer rechtskräftigen Anfechtung der Vaterschaft zugelassen, zB wenn die Abstammung von einem anderen Mann allseits unstreitig ist und die Ehefrau ihren Mann von der rechtzeitigen Anfechtung abgehalten hat (BGH NJW 85, 428; Oldbg FamRZ 91, 448). Die Klärung der Vaterschaft kann nicht als Vorfrage in einem Unterhaltsprozess beweismäßig geklärt werden, sondern ist dem Statusprozess vorbehalten (Köln MDR 03, 270).

20 **II. Ausnahme (Unterhaltspflicht schon vor Feststellung). 1. Unterhalt von Mutter und Kind durch einstweilige Verfügung.** Schon vor Feststellung der Vaterschaft kann von dem nach II als Vater vermuteten Mann gem § 1615 o für Mutter und Kind Unterhalt im Wege der eVfg verlangt werden (vgl § 1594 Rn 10 zu der gleich gelagerten Regelungsmöglichkeit im Falle der Vaterschaftsanerkennung).

21 Die Voraussetzungen der Vermutung nach II sind glaubhaft zu machen (§§ 936, 920 II, 294 ZPO).

22 **2. Unterhalt für Mutter und Kind durch einstweilige Anordnung im Feststellungsprozess.** Sobald eine (positive) Feststellungsklage (unzulässig also bei Klagen auf Feststellung der Unwirksamkeit einer Vaterschaftsanerkennung und bei Anfechtungsklagen; Kobl FamRZ 74, 383) anhängig gemacht (oder auch nur ein PKH-Gesuch nebst Klageentwurf eingereicht) ist, kann das Gericht nach obligatorischer mündlicher Verhandlung (§ 641 d II 3 ZPO) durch **einstweilige Anordnung** auf Antrag des **Kindes** Kindesunterhalt und – jetzt neu – auf Antrag der **Mutter** deren Unterhalt regeln (§ 641 d I 1 ZPO), und zwar durch Zuerkennung von Barunterhalt oder durch Sicherheitsleistung (§ 641 d I 2 ZPO).

23 Die EA regelt den **laufenden Unterhalt** und wird erst mit Rechtskraft eines anderen Zahlungstitels unwirksam (§ 641 e ZPO).

24 Eine EA über Kindesunterhalt ist noch in der Berufungsinstanz und auch dann noch zulässig, wenn der erstinstanzliche Feststellungstitel auch den Regelunterhalt (§ 1600 e Rn 45) umfasst. Die Zulässigkeit ergibt sich daraus, dass die Verurteilung zu Regelunterhalt erst mit rechtskräftiger Feststellung der Vaterschaft wirksam wird (§ 653 II ZPO), vorher also nicht für vorläufig vollstreckbar erklärt werden kann (§ 704 II ZPO).

25 Wird die Feststellungsklage zurückgenommen oder abgewiesen, ist der aus der Vollziehung der einstweiligen Anordnung dem Mann entstandene **Schaden** zu ersetzen (§ 641 g ZPO).

26 **III. Verhältnis von § 1615 o BGB zu § 641 d ZPO.** Der Antrag nach § 641 d ZPO kann – anders als der Antrag nach § 1615 o – nicht schon vor der Geburt des Kindes gestellt werden. Ab Anhängigkeit der Feststellungsklage ist § 641 d ZPO lex specialis im Verhältnis zu § 1615 o (Zöller/*Philippi* § 641 d ZPO Rn 3), sobald das Kind geboren ist.

§ 1600 e Zuständigkeit des Familiengerichts; Aktiv- und Passivlegitimation

(1) ¹Auf Klage des Mannes gegen das Kind oder im Fall der Anfechtung nach § 1600 Abs. 1 Nr. 2 gegen das Kind und den Vater im Sinne von § 1600 Abs. 1 Nr. 1 oder auf Klage der Mutter oder des Kindes gegen den Mann entscheidet das Familiengericht über die Feststellung oder Anfechtung der Vaterschaft. ²Ist eine Person, gegen die die Klage im Fall der Anfechtung nach § 1600 Abs. 1 Nr. 2 zu richten wäre, verstorben, so ist die Klage nur gegen die andere Person zu richten.
(2) Sind die Personen, gegen die die Klage zu richten wäre, verstorben, so entscheidet das Familiengericht auf Antrag der Person, die nach Absatz 1 klagebefugt wäre.

1 **A. Vorbemerkung.** § 1600 e I wurde durch die Einbeziehung des biologischen Vaters in den Kreis der Anfechtungsberechtigten (vgl § 1600 Rn 3) durch Gesetz vom 23. 4. 04 (vgl Einführung vor § 1591 Rn 4)

wesentlich erweitert. Er muss seine Anfechtungsklage gegen das Kind und den Scheinvater richten oder – falls einer von beiden verstorben ist – gegen die andere Person (I 2). Im Übrigen sind für Anfechtungs- und Feststellungsklagen vor dem Familiengericht dieselben Personen aktiv- und passivlegitimiert (I). Die Prozessfähigkeit ist über § 52 ZPO hinaus erweitert (§ 640 b ZPO). Die Klärung der Vaterschaft erfolgt im **Abstammungsprozess**, sei es im Streitverfahren nach der ZPO oder – nach dem Tod des Vaters – im Verfahren der FGG (II; Rn 3).

B. Allgemeines. I. Gegenstand. Das Abstammungsverfahren dient der Klärung der Vaterschaft. Es umfasst die Verfahren auf Feststellung der Vaterschaft (einschl der Feststellung der Wirksamkeit oder Unwirksamkeit der Vaterschaftsanerkennung) ebenso wie die Vaterschaftsanfechtung. Es hat das Ziel, einen Mann entweder sicher von der Vaterschaft auszuschließen oder ihn mit an Sicherheit grenzender Wahrscheinlichkeit als Vater festzustellen.

II. Unterschiedliche Verfahrensordnungen. 1. Der Vater lebt. Zu erheben ist eine Feststellungs- oder Anfechtungsklage (§ 1600 e I). Der Streit gehört zu den Kindschaftssachen (§ 640 II Nr 1 und 2 ZPO), die als zivilprozessuale Streitverfahren im 5. Abschnitt der ZPO (§§ 640 bis 641 i ZPO) geregelt sind.

2. Der Vater lebt nicht mehr. Das Antragsverfahren (Feststellung oder Anfechtung) nach dem Tod des Vaters ist vor allem wegen seiner erbrechtlichen Konsequenzen von Interesse. Ist der Vater gestorben, fehlt es an einem Verfahrensgegner, wie ihn der Zivilprozess voraussetzt. Deshalb ist über den Feststellungs- oder Anfechtungs**antrag** vom Familiengericht nach den Vorschriften des FGG zu entscheiden (§ 1600 e II iVm §§ 55 b, 56 c FGG).

Zum Umfang der **Amtsermittlung** vgl zunächst Rn 14. Zur **Anhörungspflicht** vgl § 55 b I FGG. Erforderlichenfalls muss eine Gewebeprobe des Verstorbenen – ggf nach Exhumierung – untersucht werden (Köln FamRZ 01, 930).

Das **Beschwerderecht** (§ 55 b III FGG) ist auf die in § 55 b I 1 FGG genannten Personen beschränkt, auch wenn weitere Personen am Verfahren beteiligt sind, wie zB die Neffen des Vaters, deren Erbrecht durch die Vaterschaftsfeststellung betroffen wird (BGH FamRZ 05, 1067).

III. Prozesskostenvorschuss. 1. Feststellungsklage des Kindes. Für eine Klage des Kindes auf Feststellung der Vaterschaft muss der **Beklagte (Putativ-Vater)** dem Kind keinen PKV leisten, denn die Frage der (nicht ehelichen) Vaterschaft und mithin einer eventuell bestehenden Unterhaltspflicht soll in diesem Prozess erst geklärt werden (Kobl FamRZ 99, 241). Dagegen kann dem Kind ein PKV-Anspruch gegen seine **Mutter** zustehen, auch wenn diese ihre Unterhaltspflicht durch Pflege und Erziehung des Kindes (§ 1606 III 2) erfüllt (Köln FamRZ 99, 792). Unter Umständen soll eine PKV-Pflicht der **Großeltern** in Betracht kommen (Kobl FamRZ 99, 241).

2. Anfechtungsklage des Kindes. Für die Anfechtungsklage des Kindes ist der **(Noch-)Vater** kostenvorschusspflichtig; denn bis zur Rechtskraft des Anfechtungsurteils gilt er als Vater, § 1600 c I (Kobl FamRZ 97, 679). Stellt sich jedoch während des Anfechtungsprozesses durch Gutachten heraus, dass der Beklagte als Erzeuger ausscheidet, soll seine (weitere) Vorschusspflicht entfallen, weil lediglich eine formale Rechtsstellung ausgenutzt würde (Bremen OLGR 98, 334).

IV. Prozesskostenhilfe. 1. PKH. Den Parteien ist in Status-Sachen grds PKH zu bewilligen, sofern die persönlichen und wirtschaftlichen Voraussetzungen dafür vorliegen (str.: Zöller/*Philippi* § 115 Rn 53; OLG Ddorf FamRZ 96, 616). Das gilt wegen der besonderen und einschneidenden Bedeutung der Status-Verfahren auch für Fälle, in denen eine Partei dem Klagebegehren nicht entgegentritt (Dresden FamRZ 99, 600 betr das im Anfechtungsverfahren verklagte Kind; Kobl FamRZ 02, 1194).

a) Anfechtungsklage. Hinreichende Erfolgsaussicht iSd PKH für die **Anfechtungsklage** setzt voraus, dass entweder ein Geschlechtsverkehr mit der Kindesmutter in der Empfängniszeit geleugnet wird oder substantiiert ein Mehrverkehr vorgetragen wird, aus dem das Kind stammen kann (vgl Rn 57) (Karlsr FamRZ 01, 1532). Eine generelle Erfolgsaussicht iSe generellen Interesses an der Durchführung eines Abstammungsverfahrens (»um völlig sicher zu sein«) besteht nicht (Köln FamRZ 98, 1523). Das bloße Leugnen der Vaterschaft durch die Kindesmutter unter Hinweis darauf, dass sie auch anderweitig Geschlechtsverkehr gehabt habe, reicht nicht aus, wenn diese Behauptung nur durch Parteivernehmung der Kindesmutter unter Beweis gestellt werden kann und wenn das beklagte Kind diese Behauptung bestreitet (Köln FamRZ 05, 43).

Die Anfechtungsklage ist weiterhin nur schlüssig, wenn auch die Rechtzeitigkeit der Anfechtung – die von Amts wegen zu prüfen ist (§§ 640 I, 614 ZPO) – vorgetragen wird.

Vor Einreichung der (kostenaufwendigen) Anfechtungsklage muss aber ggf versucht werden, über die **einfachere Möglichkeit** des § 1599 II eine Vaterschaftsanerkennung zu erreichen. Ohne diesen Versuch dürfte für eine Anfechtungsklage kein Rechtsschutzbedürfnis und damit kein Anspruch auf PKH bestehen (*Büttner* FF 00, 13, 14), es sei denn, das Scheidungsverfahren kann voraussichtlich nicht in absehbarer Zeit abgeschlossen werden (Karlsr FamRZ 01, 232).

14 Die Mutwilligkeit ist auch dann zu verneinen, wenn offen ist, ob ein Dritter bereit ist, die Vaterschaft anzuerkennen (Köln FamRZ 05, 743). Jedenfalls besteht keine Obliegenheit des Scheinvaters, den Dritten zur Abgabe eines Vaterschaftsanerkenntnisses aufzufordern (Brandbg FamRZ 01, 503).

15 **b) Feststellungsklage.** Dem Feststellungskläger darf PKH nicht wegen Mutwilligkeit verweigert werden, weil er nicht zunächst ein privates Abstammungsgutachten eingeholt und nicht abgewartet hat, ob der Beklagte dies zum Anlass nimmt, die Vaterschaft anzuerkennen (Hamm FamRZ 04, 549).

16 Die **Rechtsverteidigung** des im Feststellungsverfahren als Vater in Anspruch genommenen Beklagten hat nur dann hinreichende Aussicht auf Erfolg iSv § 114 ZPO, wenn er ernsthafte Zweifel an seiner Vaterschaft darlegt (Nürnbg FamRZ 04, 547). Der Vortrag, er wisse nicht, ob er der einzige Geschlechtspartner der Kindesmutter gewesen sei, reicht deshalb nicht aus (Köln FamRZ 03, 1018). Wegen der regelmäßig bestehenden Unsicherheit über die Vaterschaft kann Prozesskostenhilfe zur Rechtsverteidigung nachträglich bewilligt werden, auch wenn wegen des im Prozess eingeholten Gutachtens die Rechtsverteidigung inzwischen aussichtslos ist (Stuttg FamRZ 05, 1266).

17 Im Vaterschafts**feststellungsverfahren** ist dem **Streitverkündeten** auch dann PKH zu gewähren, wenn sich nach Durchführung der Beweisaufnahme herausstellt, dass Vater des Kindes nicht die zunächst verklagte Partei, sondern der Streitverkündete ist. Denn es wäre in Widerspruch der Rechtsordnung in sich selbst, den Streitverkündeten über die Nebeninterventionswirkungen in einen Prozess hineinzuziehen, ihm dann aber die Wahrnehmung seiner Rechte mangels Erfolgsaussicht zu versagen (Düsseldorf, 1 WF 28/99, Beschl. v 14.1.99).

18 **2. Anwaltsbeiordnung.** Wegen der grundlegenden persönlichen Bedeutung für die Parteien ist trotz der nicht vorgeschriebenen anwaltlichen Vertretung (§§ 121 I, 78 ZPO) die Beiordnung eines Rechtsanwalts grds erforderlich (Dresden FamRZ 99, 600; aA Oldbg FamRZ 02, 106). Davon kann in einfachen »unstreitigen« Fällen ohne widerstreitende Anträge abgesehen werden (Köln FamRZ 97, 1543), es sei denn, die Partei bedarf wegen besonderer Ungewandtheit eines Anwalts (§ 121 II 1 – 1. Alt – ZPO).

19 Wenn der Partei in einem »unstreitigen« Fall das **Jugendamt** als Verfahrenspfleger beigeordnet ist (Dresden FamRZ 99, 600, 601) oder aus dem Gesichtspunkt der Waffengleichheit (§ 121 II 1 – 2. Alt – ZPO) (Ddorf FamRZ 95, 241; Hamm FamRZ 00, 1226), ist daneben eine Anwaltsbeiordnung nicht geboten (Dresden FamRZ 99, 600, 601).

20 **V. Gegenstandswert.** Gem § 48 III 3 GKG n. F. gilt in **Kindschaftssachen** ein fester Streitwert (2.000 €). Bei mehreren verklagten Kindern vervielfacht sich der Streitwert (Köln FamRZ 05, 1765). Wird neben dem Antrag auf Feststellung der Vaterschaft auch der Regelbetrag (Rn 45) verlangt, findet keine Zusammenrechnung statt, vielmehr ist nach § 48 IV GKG n. F. nur der höher zu bewertende Anspruch maßgebend, ggf also der nach §§ 17 I, IV GKG zu bewertende Zahlungsanspruch.

21 **C. Das Verfahren. I. Vorbemerkung.** Prozessvoraussetzungen und Verfahren sind für Anfechtungsklagen und Feststellungsklagen weitgehend gleich geregelt (vgl Rn 12 ff). Ein wesentlicher prozessualer Unterschied zwischen beiden Klagearten liegt in der unterschiedlichen Beweissituation (vgl nachfolgend unter Rn 53 ff).

22 **II. Sachliche Zuständigkeit.** Kindschaftssachen (§ 640 II ZPO) sind Familiensachen (§ 23 b I S 2 Nr 12 GVG), für die die FamGe ausschl zuständig sind (§ 621 I Nr 10 ZPO).

23 **III. Örtliche Zuständigkeit.** Örtlich ausschl zuständig ist das Gericht, in dessen Bezirk das Kind seinen Wohnsitz oder gewöhnlichen Aufenthalt hat (§ 640 a I 1 ZPO). Klagt jedoch die Kindesmutter, ist das FamG an **ihrem** Wohnsitz oder gewöhnlichen Aufenthalt *zusätzlich* zuständig (§ 640 a I 2 ZPO).

24 Haben Mutter und Kind weder Wohnsitz noch gewöhnlichen Aufenthalt im Inland, ist das FamG am Wohnsitz oder gewöhnlichen Aufenthalt des Vaters in Deutschland zuständig (§ 644 a I 3 ZPO).

25 Hat keiner der Beteiligten in Deutschland Wohnsitz oder gewöhnlichen Aufenthalt, ist das FamG Schöneberg (Berlin) ausschl zuständig (§ 644 a I 4 ZPO).

26 **IV. Amtsermittlungsprinzip. 1. Grundsatz.** Im Abstammungsprozess gelten **entsprechend** die Verfahrensvorschriften des **Eheprozesses** (§ 640 I ZPO). Der Beibringungsgrundsatz ist eingeschränkt (§ 617 ZPO). Das Gericht kann von Amts wegen Beweise anordnen und auch solche Tatsachen berücksichtigen, die von den Parteien nicht vorgetragen sind (Untersuchungsgrundsatz, § 616 I ZPO).

27 Im **Anfechtungsprozess** (§ 640 I Nr 1 ZPO) können gegen den Widerspruch des Anfechtenden allerdings nur solche Tatsachen berücksichtigt werden, die geeignet sind, der Anfechtung **entgegengesetzt** zu werden (§ 640 d ZPO). Die sich aus dem Amtsermittlungsgrundsatz für die **Feststellung** der biologischen Vaterschaft ergebenden Anforderungen sind die gleichen wie bei Feststellungsklagen, § 640 II Nr 1 ZPO (BayObLG FamRZ 99, 1363, 1365).

28 **2. Beweisanträge.** Ein Beweisantrag darf in **analoger** Anwendung des § 244 StPO nur unter den Voraussetzungen zurückgewiesen werden, unter denen er auch sonst abgelehnt werden kann, dh insbes dann, wenn das angebotene Beweismittel für die Entscheidung bedeutungslos ist (BGH FamRZ 93, 691) oder von vornherein ungeeignet ist, einen Beweis für die behauptete Tatsache zu erbringen (MüKo/*Coester-Waltjens* § 640 Rn 78) oder wenn das Beweismittel nicht erreichbar ist (BGH FamRZ 1988, 1037, 1038).

3. Konsequenzen. Aus dem eingeschränkten Beibringungsgrundsatz folgt zB, dass in Vaterschaftsfeststellungsverfahren Blutgruppengutachten auch dann einzuholen sind, wenn der verklagte Mann übereinstimmend als Vater benannt ist (Schlesw DA Vorm 1982, 350). 29
Dagegen bedarf es zB in Anfechtungsverfahren keiner Begutachtung, wenn die Vaterschaft eines anderen 30
Mannes als des Scheinvaters zur Überzeugung des Richters (§ 286 I ZPO) hinreichend bezeugt ist (Rn 56).
Ebenso besteht bei gänzlich substanzlosem Bestreiten der Vaterschaft von Amts wegen kein Anlass zur Einholung eines Gutachtens (Rn 57).

V. Beiladung. Sind ein **Elternteil** oder das **Kind** nicht Partei des Anfechtungs- oder Feststellungprozesses, 31
sind sie von Amts wegen zum Termin zu laden und können dem Verfahren beitreten (§ 640 e I BGB). Wird die zwingend vorgeschriebene Beiladung unterlassen, liegt wegen Verletzung des rechtlichen Gehörs (Art 103 I GG) ein schwerer Verfahrensmangel vor (BGH FamRZ 02, 880, 881).
Die Beiladung des Kindes ist auch dann erforderlich, wenn die allein sorgeberechtigte Kindesmutter selbst 32
Prozesspartei ist. § 640 e I ZPO räumt dem Kind auch schon vor dem Prozessbeitritt eine parteiähnliche prozessuale Rolle ein, die die entsprechende Anwendung des § 1795 I Nr 3 rechtfertigt und es erforderlich macht, einen **Ergänzungspfleger** zu bestellen (BGH FamRZ 02, 882), und zwar schon für die Zustellung der Klage und der Ladung zum Termin (BGH MDR 02, 948).
Der **biologische Vater**, dessen verwandtschaftliche Beziehung zu dem Kind noch nicht festgestellt ist (Putativ- 33
vater), ist nicht Elternteil iSv § 640 e I BGB und muss deshalb nicht beigeladen werden (BGH FamRZ 82, 692; Oldbg FamRZ 04, 85). Jedoch kann das Kind ihm den Streit verkünden (§ 640 II ZPO) mit der Folge, dass er nun seinerseits weiteren Männern den Streit verkünden kann (§ 72 II ZPO). Macht das Kind von seinem Recht zur Streitverkündung keinen Gebrauch, muss das Gericht nicht gem § 12 FGG von sich aus eine entsprechende Antragstellung anregen oder den Putativvater von Amts wegen laden (Ddorf U v 12.7.5; 1 UF 10/ 05). Der Putativvater hat außerdem die Möglichkeit, dem Kind nach den allgemeinen Regeln über die Nebenintervention beizutreten (BGH FamRZ 1980, 559). Er wird dadurch **Streithelfer,** aber kein streitgenössischer Nebenintervenient (BGH FamRZ 85, 61; Oldbg FamRZ 05, 1841). Er kann **nicht im Widerspruch** zu dem beklagten Kind Erklärungen und Handlungen vornehmen (vgl § 67 – letzter Hs – ZPO), also zB nicht Berufung gegen ein Urteil einlegen, das der Vaterschaftsanfechtungsklage des Scheinvaters stattgibt (Hamm 02, 30). Ein bereits als gesetzlicher Vertreter am Verfahren beteiligter Elternteil ist nicht beizuladen.
Der **Kindesmutter** ist im Falle des Beitritts (wegen Mutwilligkeit) **PKH zu versagen** (Karlsr FamRZ 98, 485; 34
aA Ddorf FamRZ 01, 1467, das überdies regelmäßig auch die Anwaltsbeiordnung befürwortet).
Der Beigeladene wird durch seinen Beitritt streitgenössischer Nebenintervenient (BGH FamRZ 84, 164). Er 35
kann dann nicht mehr als Zeuge, sondern nur noch als Partei vernommen werden (Karlsr FamRZ 73, 104). Auf diese Konsequenzen sollte insbes die Kindesmutter im Feststellungsverfahren hingewiesen werden, bevor sie sich zum Beitritt entschließt.
Hat das Gericht eine notwendige Beiladung eines Elternteils unterlassen, ist diesem das Urteil auch dann 36
zuzustellen, wenn er dem Rechtsstreit nicht beigetreten war (BGH FamRZ 84, 164, Stuttg FamRZ 04, 86).
Mutter und Kind können (Status-)Widerklagen erheben (§ 640 c I 2 ZPO) (vgl die Beispiele bei Zöller/Phi- 37
lippi § 640 c Rn 5). Beteiligt sich der Beigeladene nicht am Verfahren, wirkt das Urteil nach Maßgabe der §§ 68, 74 ZPO für und gegen ihn.

VI. Streitverkündung. Das **Kind** und die **Mutter** können bis zum rechtskräftigen Abschluss eines von ihnen 38
betriebenen Feststellungsverfahrens einem Mann den Streit verkünden, der nach ihrer Auffassung im Falle der Klageabweisung als Vater in Betracht kommt (§ 640 e II ZPO). Zur PKH für den Streitverkündeten vgl Rn 9.

VII. Zeugnisverweigerungsrecht des Mehrverkehrszeugen. Ihm steht ein Zeugnisverweigerungsrecht nach 39
§ 384 Nr 1 ZPO wegen der Möglichkeit der Inanspruchnahme durch den ne Vater zu (Karlsr FamRZ 90, 641). Die ggf mit Zwang durchzuführende Blutentnahme kann er dagegen nicht verhindern.

VIII. Begutachtungsmethoden. Die Vaterschaftsfeststellung dient der **Feststellung** bzw dem **Ausschluss** der 40
biologischen Vaterschaft durch Abstammungsbegutachtung mit Ermittlung der Vaterschaftswahrscheinlichkeit (% W), die angibt, wie häufig unter 100 entsprechenden Fällen der betreffende Mann der wahre Vater des Kindes ist. Zur hämogenetischen Abstammungsbegutachtung steht heute ein großes Angebot von Methoden zur Verfügung, vor allem Blutgruppensysteme und DNS-Polymorphismen. Bei Ausschöpfung aller Möglichkeiten ist heute praktisch jeder Fall zu lösen.

1. Blutgruppengutachten. Die Blutgruppengutachten beruhen darauf, dass bestimmte Bluteigenschaften 41
vererblich und unveränderbar sind.
Seltene Ausnahme: Neumutation an einem Gen (Rn 66).
Die Untersuchung der Bluteigenschaften der Beteiligten (**serologisches Beweisverfahren**) kann mit Sicherheit 42
zum Ausschluss einer Person als Vater führen, wenn vererbliche Blutmerkmale des Kindes weder bei der Mutter noch bei dem untersuchten Mann feststellbar sind (**negativer Vaterschaftsbeweis**).
Ist der Vaterschaftsausschluss serologisch nicht möglich, werden die Blutbefunde statistisch-mathematisch 43
ausgewertet (**sero-statistisches Beweisverfahren**). Zu Grunde liegt die statistisch abgesicherte Erkenntnis,

dass bestimmte Blutmerkmale in der Bevölkerung verschieden oft anzutreffen sind. Weisen sowohl das Kind als auch der Vater eine selten vorkommende Bluteigenschaft auf, spricht eine hohe Wahrscheinlichkeit für die Vaterschaft des untersuchten Mannes. Der BGH hat sich mehrfach zum Beweiswert serostatistischer Methoden geäußert (BGHZ 61, 165, 170; FamRZ 1982, 691; 87, 583; vgl im Übrigen zu den Einzelheiten: Soergel/ *Gaul* Anhang zu § 1591).

44 2. **Genomanalyse (DNA-Analyse).** Mit dieser Methode werden Gen-Merkmale der Beteiligten untersucht und verglichen, sog DNS-Polymorphismen (»DNS« steht für **Desoxyribonukleinsäure**). Weist das Kind Gen-Merkmale auf, die weder bei der Mutter noch bei dem untersuchten Mann feststellbar sind, scheidet der Mann als Vater aus (**negativer Vaterschaftsbeweis**). Andererseits trägt die DNS-Analyse zum positiven Vaterschaftsnachweis bei, wenn die Gen-Merkmale der Beteiligten übereinstimmen.

45 Nach den Abstammungsrichtlinien des Bundesgesundheitsamts (Rn 33) sind DNA-Untersuchungen nur in Verbindung mit der Untersuchung herkömmlicher Systeme statthaft (Bundesgesundheitsblatt 96, 312; vgl *Rittner* NJW 02, 1745, 1747). Auch der BGH hat ggü dieser Methode Vorbehalte, ob dieses Verfahren allein für den Vaterschaftsnachweis ausreichen kann. Andererseits lässt der BGH die DNA-Analyse nicht nur als Ergänzung zu herkömmlichen Untersuchungsmethoden zu, sondern beanstandet in Einzelfällen die Nichteinholung der DNS-Analyse als verfahrenswidrig (BGH FamRZ 91, 185, 187; FamRZ 91, 426, 427). Der Beweiswert des DNA-Gutachtens wird in keiner Weise dadurch berührt, dass die Analyse auf der Grundlage von Speichelproben statt von Blutproben erstellt worden ist (Karlsr FamRZ 04, 898).

46 3. **Erbbiologische Gutachten.** Sie vergleichen sichtbare körperliche Merkmale von Kind und Vater, die vererbbar sind – wie zB Nasenform, Hautfarbe und Gesichtsform – und ziehen aus dem Umfang der Übereinstimmungen (nur) Wahrscheinlichkeitsschlüsse auf die Vaterschaft, die im Regelfall nur von *eingeschränktem* Aussagewert sind. Allerdings kann das erbbiologische Gutachten in besonders gelagerten Fällen, zB bei der Abstammungsbegutachtung in Brüderfällen, bei sonst unklarer Beweislage eindeutige Hinweise für die Vaterschaft geben (vgl das Beispiel bei *Henke* DA Vorm 96, 331, 337).

47 4. **Tragezeitgutachten.** Sie vergleichen die Schwangerschaftsdauer und die Reifemerkmale des Kindes. Sie können für den negativen Vaterschaftsnachweis von Bedeutung sein, zB bei ungewöhnlich kurzer oder ungewöhnlich langer Tragezeit, wenn der beklagte Mann im fraglichen Zeitraum abwesend war, und können in bestimmten Fällen den Ausschlag geben (vgl den Sachverhalt BGH FamRZ 87, 583, 584, Rn 67).

48 IX. **Abstammungsrichtlinien.** Im Bundesgesundheitsblatt werden seit 1960 in unregelmäßigen Abständen Richtlinien (des »Robert-Koch-Instituts – Bundesinstituts für Infektionskrankheiten und nicht übertragbare Krankheiten«) für die Erstellung von Blutgruppengutachten veröffentlicht, die zwar weitgehend befolgt werden, für die Gerichte allerdings nicht bindend sind (BGH FamRZ 1978, 1202). Die letzte Neufassung stammt aus dem Jahre 2002 (FamRZ 02, 1159).

49 Daneben gibt es Abstammungsrichtlinien der »Arbeitsgemeinschaft der Sachverständigen für Abstammungsgutachten in der Bundesrepublik Deutschland eV« (Stand: 19.3.02) (FamRZ 03, 81). Rechtsnatur und Verbindlichkeit dieser Richtlinien wie auch ihr Verhältnis zu den amtlichen Richtlinien ist unklar (vgl *Mutschler* FamRZ 95, 841; *Martin* FamRZ 03, 76).

50 X. **Aussagekraft der Gutachten. 1. Gutachtenpraxis.** Bis vor wenigen Jahren erstreckte sich die Begutachtung auf die Untersuchung von ca 25 »Blutgruppenmerkmalen« wie »Blutgruppen«-, Serum-, Plasmaprotein-, Isoenzym- und HLA-Systeme. Durch die Entdeckung einer Vielzahl von DNS-Polymorphismen seit Mitte der 80er-Jahre und deren Einbeziehung in die Begutachtung, konnte die Anzahl der zu untersuchenden konventionellen Blutgruppensysteme stark verringert werden. Üblich ist heute eine gestufte Begutachtung.

51 a) **Kurzgutachten.** In Anfechtungsverfahren, bei denen auf Grund von Zeugenvernehmung alles auf die Nichtvaterschaft des Mannes hinweist, kann ein verkürztes Blutgruppengutachten (Kurzgutachten) (nur 10–13 Systeme umfassend) eingeholt werden, das häufig bereits einen vollen beweiskräftigen Ausschluss liefert (Martin/Kramer DA Vorm 94, 11, 12).

52 b) **Kompaktgutachten.** In ca 2/3 aller Fälle werden Kompaktgutachten (Grundgutachten) eingeholt, die 10–12 herkömmliche Blutgruppensysteme sowie 3 DNA-Systeme untersuchen. Bei diesem Untersuchungsumfang wird regelmäßig entweder das Prädikat »Vaterschaft praktisch erwiesen« erreicht oder es liegen sichere Ausschlussgründe vor.

53 c) **Sonderfälle.** Nur in seltenen Ausnahmefällen sind weitere Untersuchungen notwendig, insbes ergänzende DNA-Analysen (Rn 68, 69).

54 Reine DNA-Analysen kommen kaum vor. Sie sind zB notwendig, wenn Kindern und Erwachsenen wegen schlechter Venen kein Blut entnommen werden kann, sondern nur Mundschleimhautproben, wenn die Blutproben zu alt sind oder wenn keine Blutproben sondern nur Blutspuren untersucht werden können.

55 Zu den Beweisanordnungen nach dem Tod des Erzeugers, vgl Rn 3. Zur Zulässigkeit von Privatgutachten vgl Rn 57.

2. Der Beweisbeschluss nach § 358 a ZPO. Das Abstammungsgutachten ist zu der Frage einzuholen, ob der 56
Kläger/Beklagter von der Vaterschaft zum/zur ... ausgeschlossen werden kann. Im Nichtausschlussfall soll die
Vaterschaftswahrscheinlichkeit ermittelt werden. Die Begutachtung sollte konventionelle und (notwendigenfalls) DNS-Polymorphismen umfassen.

XI. Zwangsweise Blutentnahme. 1. Grundsatz. Die Abstammungsklärung muss erforderlich sein. Fehlt es 57
an der Erforderlichkeit, kann die Untersuchung verweigert werden (Nürnbg FamRZ 05, 728). Erforderlich ist
die Untersuchung regelmäßig dann nicht, wenn andere nicht weniger aussagekräftige Beweismöglichkeiten
bestehen (zB eine Exhumierung; Nürnbg aaO; Hamm FamRZ 05, 1192).

Soweit die Untersuchung erforderlich ist, müssen Parteien oder am Verfahren nicht beteiligte Dritte (zB die 58
Eltern des verstorbenen Kindesvaters; Dresden FamRZ 99, 448) die Entnahme von Blutproben dulden, soweit
es ihnen zumutbar ist (§ 372 a I ZPO). Unzumutbarkeit der Blutentnahme liegt zB für die Kindesmutter nicht
vor, wenn die Blutentnahme einen inzestiösen Geschlechtsverkehr offenbaren könnte (Karlsr FamRZ 92,
334). Auch für den Zeugen Jehova ist die Blutentnahme zumutbar (Ddorf FamRZ 76, 52). Dagegen wird die
Unzumutbarkeit bei gesundheitlichen Gefahren infolge der Untersuchung zu bejahen sein (Kobl NJW 76,
379, »Spritzeneuphobie«).

Der in der Blutentnahme liegende körperliche Eingriff tangiert das Grundrecht auf körperliche Unversehrt- 59
heit »offensichtlich nicht« (BVerfG FamRZ 56, 215).

2. Weigerung. a) Zwangsmaßnahmen. Im Weigerungsfall kann analog §§ 386 bis 390 ZPO Zwang ange- 60
wendet werden, in letzter Konsequenz die zwangsweise Vorführung zur Blutentnahme (§ 372 a II ZPO) durch
Gerichtsvollzieher unter Zuhilfenahme der Polizei. Die ordnungsgemäße Ladung zur Blutentnahme hat
durch das Gericht zu erfolgen. Eine Ladung des Sachverständigen oder das Gesundheitsamt erfüllt
nicht die Anforderungen des § 377 II Nr 1 – 3 ZPO (Brandbg FamRZ 01, 1010).

Über die Rechtmäßigkeit der Weigerung (falls sie begründet wird; ohne Grundangabe entfällt das Zwischen- 61
verfahren BGH NJW 90, 2937) ist vorab in einem Zwischenverfahren gem § 387 ZPO durch Zwischenurteil
(im FGG-Verfahren – Rn 3 – durch Zwischenbeschluss) zu entscheiden. Erst nach Rechtskraft der die Duldungspflicht bejahenden Entscheidung kann Zwang angewandt werden (Dresden FamRZ 99, 448). Die
Zustimmung zur Blutentnahme und Begutachtung gem § 372 a ZPO kann analog § 290 ZPO nur widerrufen
werden, wenn sie durch einen Irrtum veranlasst ist (Oldbg FamRZ 05, 1841).

b) Minderjährige. Hat ein Minderjähriger die erforderliche Verstandesreife (in der Regel mit Vollendung des 62
14. Lebensjahres), wird das Weigerungsrecht von ihm selbst – ohne Zustimmung seines gesetzlichen Vertreters – ausgeübt. Fehlt die Verstandesreife, hat der gesetzliche Vertreter über die Duldung zur Blutentnahme zu
befinden. Bei erheblichem Interessengegensatz ist ein Ergänzungspfleger zu bestellen (Karlsr FamRZ 98, 563).

Die bei einem Kind von 7 Jahren rechtskräftig angeordnete Blutentnahme lässt nur die Festsetzung eines 63
Ordnungsmittels gegen den gesetzlichen Vertreter zu (München FamRZ 97, 1170).

3. Prozessuale Konsequenzen der erfolgreichen Weigerung. Ist eine zwangsweise Durchsetzung der Blut- 64
nahme gegen den auf Vaterschaftsfeststellung verklagten Mann (zB wegen Flucht ins Ausland) nicht möglich, kann
er nach entsprechender Belehrung so behandelt werden, als wären die Begutachtung erfolgt und keine schwer wiegenden Zweifel an seiner Vaterschaft begründet (BGH FamRZ 86, 663; 93, 691; Hamm FamRZ 93, 473).

XII. Regelunterhalt im Status-Verbund. Im Feststellungsprozess des Kindes kann der Vater auf Antrag des 65
Kindes mit der Feststellung zugleich verurteilt werden, Unterhalt in Höhe von 100% (Zöller/*Philippi* § 653
Rn 2) des Regelbetrags (§§ 1612 a bis 1612 c) zu zahlen (§ 653 I ZPO). Es handelt sich nicht um eine Stufenklage, so dass Prozesskostenhilfe einheitlich zu bewilligen ist (Naumbg FamRZ 05, 42). Für die Festsetzung
des Streitwertes kommt es auf den höheren Wert eines der verbundenen Anträge an (§ 48 IV GKG n. F.; Köln
FamRZ 01, 779). Im Gegensatz zur Statussache kann der mit ihr verbundene Anspruch auf Kindesunterhalt
anerkannt werden (Brandbg FamRZ 05, 1843).

Der Einwand der Leistungsunfähigkeit kann im Verbundverfahren nach § 653 ZPO nicht vorgebracht werden 66
(Hamm DA Vorm 00, 65), es sei denn, es handelt sich um eine unstreitige oder offensichtlich dauerhafte
Leistungsunfähigkeit (Brandbg FamRZ 00, 1581, 1582). Auch der Einwand der Erfüllung der Unterhaltsansprüche kann nicht bereits im Annexverfahren des § 653 ZPO, sondern erst im Rahmen einer anschließenden
Korrekturklage nach § 654 ZPO geltend gemacht werden (BGH FamRZ 03, 1095; Brandbg FamRZ 05, 1843).

XIII. Rechtsmittelzug. 1. Familiensenat. Die Kindschaftssachen sind dem FamG zugewachsen (§ 23 b 2 67
Nr 12 GVG). Für Berufungen und Beschwerden sind die Oberlandesgerichte (Senate für Familiensachen)
zuständig (§ 119 I Nr 1 u. 2 GVG).

2. Berufung. Im Verbundverfahren nach § 653 ZPO kann allein in der Unterhaltssache Berufung eingelegt 68
werden (BGH FamRZ 1974, 249 (zu § 642 ZPO aF); Hamm DA Vorm 00, 65). Die Berufung gegen ein prozessordnungswidrig zustande gekommenes Anerkenntnisurteil ist unzulässig, wenn der Kläger lediglich
begehrt, dass die stattgebende Entscheidung lediglich in anderer, der Prozessordnung entsprechender Form
erlassen werden soll (BGH FamRZ 05, 514).

69 **3. Revision.** Gegen eine Entscheidung im Vaterschaftsfeststellungsverfahren findet – auch wenn zugleich über den Regelunterhalt entschieden ist – insgesamt nur die Zulassungsrevision statt (BGH FamRZ 98, 1023).
Die am 1.1.02 allgemein eingeführte Nichtzulassungsbeschwerde (§§ 544, 621 e II ZPO) ist in Familiensachen erst ab 1.1.07 statthaft (§ 26 Nr 8 EGZPO).

70 **XIV. Änderung rechtskräftiger Feststellungsurteile (Restitution).** Gegen die durch Urteil festgestellte Vaterschaft – dasselbe gilt, wenn das Urteil die Feststellungsklage abweist (BGH FamRZ 03, 1833) – findet nur die Restitutionsklage (vgl *Braun* Aktuelle Fragen der Restitutionsklage FamRZ 89, 1129) (§ 580 ZPO) statt. § 641 i ZPO erweitert den Katalog der Restitutionsgründe (BGH FamRZ 94, 237). Die Restitutionsklage kann auch darauf gestützt werden, dass ein neues Vaterschaftsgutachten vorliegt, das im früheren Verfahren eine andere Entscheidung herbeigeführt haben würde (§ 641 i ZPO).

71 Die Vorlage eines neuen Abstammungsgutachtens ist Zulässigkeitsvoraussetzung (BGH FamRZ 94, 235). Bei der Erstellung eines solchen Gutachtens ist der Restitutionskläger auf die freiwillige Mitwirkung der Beteiligten angewiesen, deren Mitwirkung nicht gerichtlich durchgesetzt werden kann (Zweibr FamRZ 05, 735).

72 Als Gutachten kommen nicht nur Blutgruppen- oder Erbbiologische Gutachten in Betracht (BGH FamRZ 84, 681). Unter bestimmten Umständen kann sogar die Gesamtheit früherer Schreiben verschiedener Professoren als Gutachten gewertet werden (BGH FamRZ 89, 1067).

73 § 641 i ZPO wurde notwendig, weil Vaterschaftsgutachten keine Urkunden iSv § 580 Nr 7 b ZPO sind. Hinsichtlich der Restitutionsgründe sind die Klagefristen des § 586 I u. II ZPO zu wahren. Für Klagen nach dem neu geschaffenen § 641 i ZPO gelten diese Klagefristen nicht (§ 641 i IV ZPO). Eine entsprechende Anwendung von § 641 IV ZPO auf eine auf die allgemeinen Restitutionsgründe des § 580 ZPO gestützte Klage wird abgelehnt (BGH FamRZ 03, 1833).

74 Die Wiederaufnahme ist in 3 Stufen zu prüfen (BGH FamRZ 03, 1833, 1834): Im Rahmen der Zulässigkeit der Klage (1. Stufe) kommt es lediglich darauf an, ob die formalen Voraussetzungen für die Wiederaufnahme vorliegen, insbes ein neues Gutachten, aus dem sich ein Widerauufnahmegrund ergeben soll. Sodann ist das Vorliegen des Restitutionsgrundes festzustellen (2. Stufe), also zu prüfen, ob das Gutachten die Richtigkeit der früheren Entscheidung zu erschüttern vermag. Nur bei begründeter Wiederaufnahme ist schließlich über die Aufhebung oder Bestätigung der früheren Entscheidung zu befinden (3. Stufe).

75 Wenn ein neues Gutachten das Beweisergebnis des Vorprozesses erschüttert, liegt kein Hindernis für die Restitutionsklage darin, dass schon das Gericht des Vorprozesses bei gehöriger Beachtung des Untersuchungsgrundsatzes die Notwendigkeit weiterer Beweisermittlung hätte erkennen müssen (BGH FamRZ 93, 943). Die Restitutionsklage findet auch statt, wenn es sich bei dem anzufechtenden rechtskräftigen Urteil um ein prozessordnungswidrig ergangenes Anerkenntnisurteil handelt (BGH FamRZ 94, 694).

76 Wird die Restitution gem § 580 Nr 7 a ZPO auf ein in derselben Sache erlassenes früheres Feststellungsurteil gestützt, sind die Voraussetzungen des § 582 ZPO schlüssig darzutun (Köln FamRZ 98, 1608). Gegen das die Feststellungsklage abweisende Urteil kann nach dem Tod des Mannes die Restitution nur im Prozessverfahren der FGG stattfinden (BGH FamRZ 03, 1833).

D. Die unterschiedliche Beweislage bei Anfechtungs- und Feststellungsklagen. I. Anfechtungsklage.

77 **1. Beweislast.** Das beklagte Kind trägt grds die objektive Beweislast für die Versäumung der Anfechtungsfrist (BGH FamRZ 90, 507, 509; Brandbg FamRZ 01, 1630, 1631; Rostock FamRZ 04, 479) und damit auch für die Kenntnis des Vaters von den Anfechtungstatsachen. Jedoch obliegt dem anfechtenden Vater die sekundäre Darlegungslast, die seiner Ansicht nach gegen seine Vaterschaft sprechenden Umstände und den Zeitpunkt ihres Bekanntwerdens vorzutragen (BGH FamRZ 98, 955). Zu den Voraussetzungen schlüssigen Vorbringens vgl im Übrigen Rn 11, 82.

78 Der Anfechtende trägt die Beweislast für die negative Vaterschaftsfeststellung. Dagegen trägt derjenige, der sich auf die Rechtsmissbräuchlichkeit der Ehelichkeitsanfechtung beruft, die Beweislast hinsichtlich der den Rechtsmissbrauch begründenden Tatsachen (BGH FamRZ 93, 695).

79 **2. Beweislastregeln. a) Grundsatz.** Im Anfechtungsverfahren gilt die Vaterschaftsvermutung (§ 1600 c), die voll widerlegt werden muss (vgl dagegen im Feststellungsverfahren Rdn 79). Ausnahme: Willensmängel der Anerkennung (§ 1600 c Rdn 2).

80 **b) Zeugenvernehmung oder Gutachten?.** Da die Vaterschaft nach § 1592 Nr 1 lediglich an das Verheiratetsein der Eltern anknüpft, lässt sich die Vaterschaftsvermutung (§ 1600 c) oft allein durch Zeugenvernehmung beseitigen., zB durch die glaubhaften Bekundungen der Kindesmutter, dass ihr der Vater (Scheinvater) in der gesetzlichen Empfängniszeit nicht beigewohnt habe. Oft bestätigt auch der leibliche Vater (und zB neue Lebensgefährte der Mutter), dass er mit der Kindesmutter seit deren Trennung (vom Scheinvater) zusammenlebt, dass er mit der Kindesmutter schon während deren Ehe verkehrt hat und dass er das in deren Ehe geborene Kind anerkennen will (zB AG Hannover FamRZ 01, 245, LS). Ein kostenaufwendiges Blutgruppengutachten kann dann entfallen.

Reicht dem Richter die Zeugenvernehmung zu seiner Überzeugungsbildung nicht aus, genügt regelmäßig die Einholung eines Kurzgutachtens (s.o. Rn 35) *Martin/Kramer* (DA Vorm 94, 12, 14) vertreten – weitergehend – die Auffassung, dass ein Kurzgutachten in allen Anfechtungsverfahren mit (scheinbar) eindeutiger Prozesslage einzuholen sei, weil jahrelange Untersuchungen ergeben haben, dass in 3–4% der »unstreitigen« Fälle die Anfechtungsklage abzuweisen war. 81

3. Gutachten bei substanzlosem Vortrag?. Für eine Anfechtungsklage des Ehemannes der Kindesmutter reicht das bloße Vorbringen – er sei nicht der Vater des beklagten Kindes, seine Vaterschaft könne durch Sachverständigengutachten ausgeschlossen werden – nicht aus. Vielmehr muss der anfechtende Vater Umstände vortragen, die bei objektiver Betrachtung geeignet sind, Zweifel an der Ehelichkeit zu wecken und die Möglichkeit der fehlenden Abstammung als nicht ganz fern liegend erscheinen lassen. 82

Auch unter Berücksichtigung des Amtsermittlungsgebotes (§§ 640 I, 616 I ZPO; Rn 14) besteht deshalb kein Anlass zur Einholung eines Abstammungsgutachtens *bei* gänzlich substanzlosem Bestreiten der Vaterschaft (BGH FamRZ 98, 955; Koblenz FamRZ 00, 1032), etwa durch den Vortrag des Scheinvaters, er habe die Kindesmutter während der Empfängniszeit ständig mit anderen Männern gesehen (Köln FamRZ 98, 696). Unschlüssig ist auch der Vortrag des aufgrund Anerkenntnisses geltenden Vaters, die Kindesmutter habe ihm geraume Zeit nach dem Anerkenntnis erklärt, dass er nicht der Vater des Kindes sei (Köln 05, 42). 83

4. Anfangsverdacht aufgrund privater DNS-Tests?. Der Vaterschaftsausschluss kann leicht durch die genetische Untersuchung zB eines Kinderhaares geführt werden. Deshalb erscheint ein solches Gutachten – ein urkundlich belegtes Parteivorbringen – durchaus und besser zur Substantiierung der für eine Anfechtungsklage erforderlichen Zweifel geeignet zu sein als der übliche Hinweis des Scheinvaters auf ihm zugetragene Gerüchte (so im Ergebnis Karlsr FamRZ 03, 52). Gegen diesen Ansatz bestehen aber zwei wesentliche Einwände: Zum einen verstößt ein Privatgutachten, wenn es heimlich eingeholt wird – also ohne Wissen und ohne Zustimmung des Kindes und seiner Mutter –, gegen das Recht des Kindes auf informationelle Selbstbestimmung (BGH FamRZ 05, 340). Zum andern sind Privatgutachten ohne Identitätsnachweis unbrauchbar (Celle FamRZ 04, 481). In der Praxis sollte deshalb unterschieden werden: 84

Wird das Privatgutachten im allseitigen Einverständnis eingeholt, ist es zur Substantiierung des Anfangsverdachts zuzulassen, wenn der Identitätsnachweis in geeigneter Weise sichergestellt ist, etwa durch Beachtung insbes der Ziffern 2.2 und 2.3 der Abstammungsrichtlinien des Robert-Koch-Instituts (vgl Rn 33) vom 8. 3. 02 (Abgedruckt: FamRZ 03, 1159) (str, wie hier: *Motzer* FamRB 04, 82, 83; ohne diese Einschränkung: *Spickhoff* FamRZ 03, 1581; *Huber* FamRZ 04, 825). Eine rechtlich bindende Verpflichtung zur Vaterschaftsbegutachtung kann allerdings nicht eingegangen werden (Köln FamRZ 04, 87). 85

Wird das Privatgutachten dagegen heimlich eingeholt, scheidet auch eine nur prozessuale Verwertung im Anfechtungsverfahren aus. Die Güterabwägung ergibt, dass die grundrechtlich geschützte informationelle Selbstbestimmung als Ausfluss des Persönlichkeitsrechts des Kindes (vgl Art 2 I iVm Art 1 GG) schwerer wiegt als das rechtlich geschützte Interesse des Scheinvaters an der Feststellung seiner Vaterschaft oder Nichtvaterschaft (Celle FamRZ 04, 481 mwN; BVerfG FamRZ 03, 21, 25; FamRZ 91, 1037). Die Verwendung des heimlich erlangten genetischen Materials ist deshalb rechtswidrig, so dass ein darauf gestütztes Gutachten gegen das Beweisverwertungsverbot verstößt und auch nicht als bloßes Mittel zur Substantiierung der Anfechtungsklage zugelassen werden kann (str) (BGH FamRZ 05, 340). 86

Die praktischen Auswirkungen dieser sehr kritisch aufgenommenen BGH-Entscheidung (vgl *Wellenhofer* FamRZ 05, 665; *Knoche* FuR 05, 348) sind unbefriedigend. Kein Scheinvater wird verstehen, dass ein von ihm – wenn auch heimlich – veranlasstes und selbständiges nach der letzten mündlichen Verhandlung zutage getretenen Sachverhalt gestützt wird. Die bloße Abwandlung, Ergänzung oder Korrektur des Sachverhalts aus dem Vorprozess reicht dafür nicht aus (BGH FamRZ 03, 155, 156). 87

5. Anfangsverdacht bei zweiter Anfechtungsklage. Wurde die erste Anfechtungsklage mangels ausreichender Indiztatsachen abgewiesen, hat eine zweite Anfechtungsklage nur Erfolg, wenn die Darlegung des Anfangsverdachts auf einen neuen und selbständig nach der letzten mündlichen Verhandlung zutage getretenen Sachverhalt gestützt wird. Die bloße Abwandlung, Ergänzung oder Korrektur des Sachverhalts aus dem Vorprozess reicht dafür nicht aus (BGH FamRZ 03, 155, 156). 88

II. Feststellungsklage. 1. Beweislast. Die Beweislast für seine Abstammung von dem Mann trägt das Kind (BGHZ 40, 372). 89

2. Beweislastregeln. a) Verhältnis von positiver Vaterschaftsfeststellung und Vaterschaftsvermutung. Im Feststellungsverfahren gilt die Vaterschaftsvermutung wegen Beiwohnung (§ 1600 d II 1). Das bedeutet jedoch nicht, dass der Nachweis der Beiwohnung über die Vaterschaftsfeststellung entscheidet. Die Vaterschaftsvermutung kommt vielmehr nur subsidiär im Zuge, wenn sich die Vaterschaft durch Gutachten positiv feststellen lässt (§ 1600 d I), etwa bei Beweisvereitelung (AG Wedding FamRZ 05, 1192). Greift das Gericht deshalb ohne vorherige Ausnutzung der ihm zur Verfügung stehenden Beweismöglichkeiten auf die Vaterschaftsvermutung zurück, so verstößt es gegen seine Aufklärungspflicht (BGH FamRZ 91, 426, 427 zu § 1600 o II aF). 90

91 **b) Positive Vaterschaftsfeststellung. aa) Zeugenvernehmung?.** Im Feststellungsverfahren ist trotz regelmäßig bestehender Notwendigkeit zur Einholung eines Abstammungsgutachtens zunächst zumindest durch Vernehmung der Kindesmutter zu klären, ob der verklagte Mann überhaupt als Vater in Betracht zu ziehen ist, um Verwechslungen zu vermeiden.

92 **bb) Gutachten.** Nach dem Amtsermittlungsgrundsatz (Rn 14) ist für die positive Feststellung der Vaterschaft in der Regel die Einholung eines Gutachtens (vgl die Liste der Gutachter in: DA Vorm 99, 669) zwingend (BGH FamRZ 97, 490, 492; BayObLG FamRZ 99, 1363, 1365). Hiervon kann nur ausnahmsweise abgesehen werden, etwa bei erfolgreicher Verweigerung der Blutentnahme (BGH FamRZ 93, 691) (Rn 44) oder wenn der Mann unbekannten Aufenthaltes ist (Bambg FamRZ 95, 1280). Aus demselben Vereitelungsgesichtspunkt sind Statusurteile von Kreisgerichten der DDR, falls keine Abstammungsgutachten eingeholt worden sind, wirksam, wenn das Kreisgericht den zB in West-Berlin lebenden als Vater verklagten Mann nicht zur Mitwirkung an einer Begutachtung zwingen konnte (BGH FamRZ 97, 490, 492).

93 Der Gutachtenweg führt meistens zum Erfolg. Er scheitert nur in seltenen Fällen, etwa wenn der Vater und dessen Eltern verstorben sind und kein ausreichendes Untersuchungsmaterial (Blut, Gewebe) für eine Begutachtung zur Verfügung steht oder wenn auch eine DNA-Analyse ausnahmsweise keine Klarheit schafft.

94 **cc) Vollbeweis.** Das Gericht muss auf Grund der durchgeführten Beweisaufnahme von der Vaterschaft des Mannes *voll überzeugt* sein, mögen auch zunächst Zweifel bestanden haben (Braunschw DA Vorm 80, 553). Voraussetzung für den positiven Vaterschaftsnachweis sind die Ausschöpfung aller zur Verfügung stehenden Beweismittel. Die Beweisanforderungen sind außergewöhnlich hoch. Bei Werten ab 99, 73% wird der Vaterschaftswahrscheinlichkeit (= W; Rn 25) das verbale Prädikat »Vaterschaft praktisch erwiesen« zugeordnet (BGH DA Vorm 73, 537, 541; Hamm FamRZ 94, 649). Bei Vaterschaftsplausibilitäten von jedenfalls 99,85% (BGH FamRZ 74, 88), 99,99% (Brandbg FamRZ 96, 369) oder 99,994% ist eine weitere Beweisaufnahme in der Regel entbehrlich (BGH FamRZ 91, 426, 428 (bei 99,994%). Ein Regelfall liegt vor, wenn der beklagte Mann die Beiwohnung einräumt und für einen Mehrverkehr der Mutter keine Anhaltspunkte bestehen.

95 **dd) Ausnahmsweise ergänzende Gutachten.** Allerdings können auch bei extrem hoher Wahrscheinlichkeit einer Vaterschaft aus medizinischer Sicht bei besonderen Anhaltspunkten gleichwohl schwer wiegende Zweifel verbleiben, so dass eine weitere Begutachtung in Betracht kommt. Das kann insbes Fall sein, wenn eine Mehrverkehrszeuge in die Begutachtung einzubeziehen ist. Es soll Fälle gegeben haben, in denen zwei Eventual-Väter isolierte Wahrscheinlichkeitswerte von 99,73% erreicht haben (BGH FamRZ 90, 615, 616). Mehrere Mehrverkehrszeugen sind auch bei hohem W-Wert des beklagten Mannes ausnahmslos in die Begutachtung einzubeziehen, weil dadurch Auswirkungen auf den Rechensatz und damit auf das Ergebnis der biostatistischen Auswertung im Sinne einer geringeren Vaterschaftswahrscheinlichkeit nicht von vornherein ausgeschlossen werden können (BGH FamRZ 90, 615).

96 **ee) Fälle aus der Rechtsprechung.** Trotz einer statistischen Vaterschaftswahrscheinlichkeit (W) von 99,95% kann eine weitere Begutachtung in Betracht kommen, wenn es das Gericht unterlassen hat, weitere (noch nicht als Vater ausgeschlossene) Mehrverkehrszeugen in die Begutachtung einzubeziehen (BGH FamRZ 90, 615), sofern sie nicht unerreichbar sind (Hamm FamRZ 04, 898). Das gilt insbes, wenn der in Anspruch genommene Vater einer außereuropäischen Rasse angehört (hier: Iraner), weil die Vaterschaftswahrscheinlichkeit (hier: 99,9996%) üblicherweise auf der Basis mitteleuropäischer Frequenzen ermittelt wird (BGH FamRZ 88, 1037–1039). Die Verwendung falscher Populationsdaten führt allerdings idR lediglich zu Verschiebungen in der 3. oder 4. Stelle hinter dem Komma, wenn nicht gerade asiatische Frequenzen für die Vaterschaftswahrscheinlichkeitsberechnung bei einem Mann afrikanischer Abstammung herangezogen werden. So ergab der auf mitteleuropäische Frequenzen gestützte Wert von 99,999 W nach Korrektur der biostatistischen Wahrscheinlichkeitsberechnung, gestützt auf afrikanische Populationen, 99,995 W (Hamm FamRZ 04, 897).

97 Keine weitere Begutachtungsnotwendigkeit bei 99,999904% W, obwohl die serologische Begutachtung bei einem System eine Ausschlusskonstellation zu Gunsten des beklagten Mannes ergeben hatte, weil die Gesamtwürdigung der bis dahin durchgeführten Beweisaufnahme keinen Zweifel zuließ, dass dem Faktorenausschluss eine Neumutation zu Grunde lag und der Vaterschaftsausschluss daher in Wahrheit vorgetäuscht war (BGH FamRZ 91, 185, 186). Dagegen liegt die Vortäuschung eines Vaterschaftsausschlusses durch Neumutation außerhalb jeder Wahrscheinlichkeit, wenn die Vaterschaft durch DNA-Analyse sechsfach ausgeschlossen ist (Hamm FamRZ 94, 646).

98 Trotz 99,99% W kann die Einholung eines Tragezeitgutachtens notwendig sein wegen der Diskrepanz zwischen der Tragezeit und behauptetem Beiwohnungszeitpunkt (BGH FamRZ 87, 583, 584).

99 Trotz 99,994% W bejaht der BGH (BGH FamRZ 91, 426, 428) die Notwendigkeit zur Einholung eines vom beklagten Mann beantragten DNA-Gutachtens, weil es diesem nicht um die Relativierung des W-Wertes ging, sondern um den Nachweis seines Ausschlusses als Erzeuger; denn der Mann hatte geltend gemacht, dass er mit der Kindesmutter in der Empfängniszeit keinen Geschlechtsverkehr gehabt habe und schon deshalb als Vater ausscheiden müsse. Das OLG Hamm verneint bei vergleichbarem Sachverhalt (99,97% W) die Notwen-

digkeit zur Einholung einer zusätzlichen DNA-Analyse, weil sich dadurch die Vaterschaftswahrscheinlichkeit allenfalls noch erhöhe, jedoch nur eine rein theoretische Möglichkeit bestehe, dass sich ein Vaterschaftsausschluss ergeben könne (Hamm FamRZ 93, 472, 473; ebenso: KG FamRZ 92, 599 bei einem Ausschlusswert von 99,99%).

Der BGH verneint bei 99,999999999% (biostatistischer) W die Notwendigkeit einer ergänzenden DNA- 100
Begutachtung zum Zwecke des Vaterschaftsausschlusses, wenn der beklagte Mann die Beiwohnung eingeräumt und sich für einen Mehrverkehr kein Anhaltspunkt ergeben hat (BGH FamRZ 94, 506, 508).

c) **Vaterschaftsvermutung wegen Beiwohnung.** Erst wenn sich die Vaterschaft oder Nichtvaterschaft trotz 101
Gutachtens ausnahmsweise nicht feststellen lässt, kommt zu Gunsten des Kindes die Vaterschaftsvermutung des § 1600 d II 1 zum Zuge, es sei denn, für den in Anspruch genommenen Vater greift die Beweiserleichterung des § 1600 d II 2 ein.

Praktische Bedeutung hat die Vaterschaftsvermutung als Voraussetzung für einstweilige Unterhaltsregelun- 102
gen, vgl § 1594 Rn 10 u. § 1600 d Rn 18.

Der häufig verwendete Begriff Beiwohnungsvermutung ist irreführend; denn nicht die Beiwohnung wird ver- 103
mutet, sondern die Vaterschaft wegen Beiwohnung. Eine echte Beiwohnungsvermutung regelt dagegen Art 12 § 3 II 5 NehelG für die vor dem 1.7.70 geborenen nichtehelichen Kinder. Danach wird vermutet, dass der Mann, der gem. I dieser Vorschrift als Vater iSd Gesetzes angesehen wird, der Kindesmutter in der Empfängniszeit beigewohnt hat.

aa) **Beiwohnung.** Über die Beiwohnung innerhalb der Empfängniszeit (§ 1600 d Rn 2) muss ausnahmsweise 104
Beweis erhoben werden, wenn mangels anderer Feststellungsmöglichkeiten die Klärung der Abstammung nur aufgrund Vaterschaftsvermutung möglich ist (vgl Rn 59).

Der Nachweis des Samenergusses ist nicht erforderlich (Stuttg DA Vorm 74, 233). Bei künstlicher Samen- 105
übertragung muss die Insemination bewiesen werden (Palandt/*Diederichsen* § 1600 d Rn 12).

bb) **Zweck der Vaterschaftsvermutung.** ist es, in den sehr seltenen Fällen, in denen trotz Ausschöpfung 106
aller Beweismittel die Vaterschaft nicht nachgewiesen werden kann, doch noch die Feststellung der Vaterschaft zu ermöglichen (BT-Dr 13/4899 S 88). Die Vermutung greift ein, falls die Beiwohnung innerhalb der Empfängniszeit bewiesen wird.

d) **Ausräumung der Beweisvermutung. aa) Offenbare Unmöglichkeit.** Bei offenbarer Unmöglichkeit der 107
Vaterschaft wird die Beweisvermutung ausgeräumt, so zB wenn der Mann während der Empfängniszeit (§ 1600 d III 1) ununterbrochen im Ausland war, wenn er zeugungsunfähig ist oder wenn er einer anderen Rasse als das Kind angehört.

Dagegen liegt zB keine offenbare Unmöglichkeit vor beim Nachweis des Gebrauchs empfängnisverhütender 108
Mittel oder jahrelanger Kinderlosigkeit trotz dauernden Geschlechtsverkehrs (vgl im Einzelnen: Palandt/*Diederichsen* § 1600 d Rn 14 mwN).

bb) **Schwer wiegende Zweifel.** Die Vaterschaftsvermutung wird nicht nur bei offenbarer Unmöglichkeit 109
ausgeräumt, sondern schon bei schwer wiegenden Zweifeln an der Vaterschaft (§ 1600 d II 2).

e) **Beweismaß.** Es brauchen nicht die Anforderungen wie bei einem strikten Gegenbeweis eingehalten zu 110
werden, weil jedenfalls mittelbar Beweis geführt werden kann durch die gesetzliche Vermutung des § 1600 d II 1 (vgl dagegen bei der Anfechtungsklage § 1600 c Rn 1). Schwer wiegende Zweifel müssen nicht der Annahme einer offenbaren Unmöglichkeit nahe kommen (BGH FamRZ 73, 2249). Es reicht vielmehr aus, dass nach Abwägung aller Umstände schwer wiegende Zweifel »verbleiben«.

Verweigert der vermutete Vater die Blutentnahme, ist das eine Beweisvereitelung, die dahingehend gewer- 111
tet werden kann, als hätten sich keinerlei Anhaltspunkte für schwer wiegende Zweifel ergeben (vgl Rn 44). Das gilt jedoch nur dann, wenn die Vaterschaftsfeststellung im übrigen Beweisergebnis eine hinreichende Grundlage findet (BGH FamRZ 86, 663). Daran fehlt es aber, wenn die Vaterschaft des anderen Mannes nach der Stellungnahme des Gesundheitsamtes nicht ausgeschlossen werden kann (Karlsr FamRZ 01, 931).

f) **Beispiel: Mehrverkehrseinrede.** Am häufigsten wird der Einwand des Mehrverkehrs erhoben. Der Nach- 112
weis des Mehrverkehrs begründet regelmäßig schwer wiegende Zweifel an der Vaterschaft, jedoch nicht in jedem Fall (vgl BGH FamRZ 89, 1067; eineiiger Zwillingsbruder des verklagten Mannes als Mehrverkehrszeuge).

g) **Konsequenz bei schwerwiegenden Zweifeln.** Der verklagte Mann wird nicht als Vater des Kindes ver- 113
mutet, obwohl er der Mutter beigewohnt hat. Die Feststellungsklage des Kindes oder der Mutter ist abzuweisen.

Titel 3 Unterhaltspflicht

Vorbemerkungen vor §§ 1601 ff

Literatur: Weinreich/Klein Familienrecht, 2. Aufl 05; Eschenbruch Der Unterhaltsprozess, 3. Aufl 02; Scholz/Stein Praxishandbuch Familienrecht; Kalthöhner/Büttner/Niepmann Die Rechtsprechung zur Höhe des Unterhalts, 9. Aufl 04; Wendl/Staudigl Das Unterhaltsrecht in der familienrechtlichen Praxis, 6. Aufl 04; Göppinger/Wax Unterhaltsrecht, 8. Aufl 04; Heiß/Born Unterhaltsrecht Handbuch für die Praxis 04.

1 **A. Anwendungsbereich.** Die §§ 1601 ff regeln Unterhaltspflichten zwischen Verwandten in gerader Linie, also den Unterhalt minderjähriger Kinder, volljähriger Kinder und Eltern gegen ihre Kinder sowie Enkel gegen ihre Großeltern. Sie gelten aber auch für den Unterhalt der nichtehelichen Mutter gem § 1615l III 1, bei Adoption und bei bloßer Scheinvaterschaft.

B. Unterhaltsarten. Es ist zu differenzieren zwischen Bar-, Natural- und Betreuungsunterhalt.

2 **I. Barunterhalt.** Gem § 1612b I S 1 wird Barunterhalt durch die Entrichtung einer Geldrente gewährt. Die Geldrente dient nach § 1610 II der Deckung des gesamten Lebensbedarfs einschl der Kosten einer angemessenen Ausbildung.

3 **II. Naturalunterhalt.** Der Naturalunterhalt erfasst ebenso wie der Barunterhalt den gesamten Lebensbedarf. Der Unterschied besteht lediglich darin, dass die zur Befriedigung der Lebensbedürfnisse erforderlichen Dinge in Natura zur Verfügung gestellt werden. Der Naturalunterhalt erfasst damit diejenigen Leistungen, für deren Beschaffung der Unterhaltsberechtigte seinen Barunterhalt einsetzen müsste.

4 **III. Betreuungsunterhalt.** Der Betreuungsunterhalt erfasst die Betreuungsleistung der Eltern ggü ihren Kindern, nämlich die Versorgung, Erziehung, persönliche Zuwendung und Haushaltsführung. Im Unterschied zum Naturalunterhalt deckt er nicht die materiellen Bedürfnisse des Kindes ab. Dabei handelt es sich um denjenigen Unterhalt, den das Gesetz in § 1606 III S 2 BGB als Unterhaltsbeitrag durch die Pflege und Erziehung des Kindes kennzeichnet (*Scholz* FamRZ 94, 1314).

5 **C. Prüfungsschema.** Ein Unterhaltsanspruch ist stets nach folgendem Prüfungsschema zu beurteilen:

I. Anspruchsgrundlage. Diese ergibt sich aus § 1601 BGB und setzt Verwandtschaft in gerader Linie voraus.

6 **II. Bedarf des Berechtigten.** Gem § 1610 II umfasst der angemessene Unterhalt den gesamten Lebensbedarf. Nach I der Vorschrift bestimmt sich das Maß des Unterhalts durch die Lebensstellung des Bedürftigen. Dabei ist allerdings zu berücksichtigen, dass unterhaltsberechtigte Kinder im Regelfall noch keine wirtschaftliche Selbständigkeit erlangt haben, so dass sich ihre Lebensstellung von ihren Eltern ableitet. Es kommt daher auf deren Einkommens- und Vermögensverhältnisse an (BGH FamRZ 96, 160; 87, 58).

7 **III. Bedürftigkeit.** Auf der Stufe der Bedürftigkeit ist zu prüfen, ob und in welcher Höhe Einkünfte des Unterhaltsberechtigten auf den Bedarf anzurechnen sind und diesen decken, § 1602.

8 **IV. Leistungsfähigkeit.** Gem § 1603 ist zu prüfen, ob der in Anspruch genommene Verwandte in der Lage ist, den Unterhalt ohne Gefährdung seines eigenen angemessenen Unterhalts zu zahlen.

9 **V. Besonderheiten.** Auf dieser Stufe ist zu prüfen, ob die Voraussetzungen für die Geltendmachung von Unterhalt in der Vergangenheit gem § 1613 BGB vorliegen oder ob der Unterhaltsanspruch gem § 242 BGB oder § 1611 BGB verwirkt ist. Schließlich ist in Mangelfällen eine Mangelverteilung unter gleichrangigen Unterhaltsberechtigten durchzuführen.

10 **D. Tabellen und Leitlinien. I. Düsseldorfer Tabelle.** Sie ist zu beziehen über die Homepage im Internet „www.olg-duesseldorf.nrw.de". Ihr letzter Stand ist 1.7.05. Sie enthält ein Regelwerk für Minderjährigen- und Volljährigenunterhalt, das nahezu im gesamten Bundesgebiet anerkannt ist. Sie gliedert sich auf in Altersstufen und Einkommensgruppen. Sie enthält Prozentsätze der weiteren Einkommensgruppen im Hinblick auf § 645 I ZPO und am Ende Bedarfskontrollbeträge, die vom Selbstbehalt zu unterscheiden sind (Wendl/Staudigl/*Scholz* § 2 Rn 239). Die Bedarfssätze sind darauf zugeschnitten, dass der Unterhaltspflichtige einem Ehegatten und zwei Kindern Unterhalt zu gewähren hat. Bei einer größeren oder geringeren Anzahl von Unterhaltsberechtigten können Zu- oder Abschläge von den Bedarfssätzen vorgenommen werden. Die Düsseldorfer Tabelle begrenzt den Kindesunterhalt nicht nach oben. Bei Einkünften, die über den Höchstbetrag der 13. Einkommensgruppe hinausgehen, ist eine konkrete Bedarfsberechnung erforderlich (BGH FamRZ 00, 358). Neben dem Regelwerk enthält die Düsseldorfer Tabelle Regelungen über den Unterhalt Volljähriger mit eigenem Haushalt, zu den Selbstbehaltsätzen und zur Mangelfallberechnung. Zu diesen zusätzlichen Regelungen enthalten die Leitlinien der Oberlandesgerichte jedoch eigenständige Bestimmungen.

II. Berliner Tabelle. Im Beitrittsgebiet gilt die Berliner Tabelle auch mit Stand 1.7.05 (FamRZ 05, 1303). 11
Diese Tabelle beruht auf den niedrigeren Regelbeträgen Ost und weist zwei zusätzliche Einkommensgruppen
auf, die der ersten Einkommensgruppe der Düsseldorfer Tabelle quasi vorgeschaltet sind.

III. Leitlinien. Alle deutschen Oberlandesgerichte haben Leitlinien entwickelt, die aus Gründen der Über- 12
sichtlichkeit ab 1.7.03 an die gemeinsam festgelegte Leitlinienstruktur aufweisen (FamRZ 03, 909). Sie sind
unter der Homepage der jeweiligen Oberlandesgerichte zu beziehen (vgl Übersicht Wendl/Staudigl/*Dose* § 1
Rn 7). Sie besitzen keinen Rechtscharakter und keine einer Rechtsnorm vergleichbare Verbindlichkeit. Sie
sind letztmals zum 1.7.05 bearbeitet worden.

E. Besonderheiten. I. Auskunft. Der Unterhaltsberechtigte hat gem § 1605 BGB auf Verlangen Auskunft 13
über seine Einkommens- und Vermögensverhältnisse zu erteilen. Zwischen Unterhaltsverpflichteten besteht
ein Auskunftsanspruch nach § 242 BGB (FamRZ 03, 1836).

II. Unterhalt für die Vergangenheit. Unterhalt für die Vergangenheit kann nach § 1613 BGB, der auch gem 14
§ 1615 l III 1 für den Unterhalt einer nichtehelichen Mutter und nach § 1361 IV 4 für den Trennungsunterhalt, nicht aber für den nachehelichen Unterhalt im Hinblick auf § 1585 b II gilt, bei Verzug Zugang des Aus-
kunftsbegehrens oder Rechtshängigkeit verlangt werden.

III. Verwirkung. In Betracht kommt die Verwirkung gem § 1611 und die allgemeine Verwirkung gem § 242 15
BGB, die eintritt, wenn Unterhalt längere Zeit nicht geltend gemacht worden ist und der Verpflichtete davon
ausgehen durfte, dass Unterhalt nicht verlangt wird (BGH FamRZ 02, 1698).

IV. Schadensersatz. Ein Schadensersatzanspruch in Höhe des zu Unrecht gezahlten Unterhalts ist gem § 823 16
II iVm § 263 StGB gegeben im Falle des Prozessbetruges (BGH FamRZ 84, 767). Er ist ferner dann gegeben,
wenn die Verpflichtung zur ungefragten Information über eine Einkommensänderung bestand und die Veränderung nicht mitgeteilt wurde. Dabei erhöhte sich die Treuepflicht bei Vergleichen (BGH FamRZ 00, 153).
Erkennt der Unterhaltsgläubiger, dass durch veränderte Einkommensverhältnisse ein rechtskräftiger Titel
unrichtig wurde, besteht ein Schadensersatzanspruch nach § 826, wenn eine vorsätzliche sittenwidrige Ausnützung des unrichtig gewordenen Urteils gegeben ist (BGH FamRZ 88, 270; 86, 794). Voraussetzung ist
allerdings ein Verhalten des Unterhaltsberechtigten, bei dem eine unerträgliche Ausnutzung des unrichtig
gewordenen Vollstreckungstitels anzunehmen ist.

V. Bereicherung. Rückforderung zu viel gezahlten Unterhalts aus ungerechtfertigter Bereicherung nach 17
§ 812 kommt in Betracht bei rückwirkender Abänderung eines Unterhaltstitels im Wege der Abänderungsklage oder Zahlung aufgrund einer einstweiligen Anordnung, die später keinen Bestand hat. Eine einstweilige
Anordnung ist nur eine vorläufige Regelung, die keinen Rechtsgrund für das Behaltendürfen des Unterhalts
darstellt. Wird diese durch negative Feststellungsklage, sofort erhobene Bereicherungsklage (BGH FamRZ 84,
767) oder durch anderweitige Hauptsacheregelung iSd § 620 f ZPO außer Kraft gesetzt, muss der Unterhalt
zurückgezahlt werden. Wurde der Unterhalt aufgrund eines Urteils gezahlt, kommt wegen der Wirkung des
§ 323 III ZPO eine Rückforderung erst ab Rechtshängigkeit der Abänderungsklage in Betracht. Zu beachten
ist jedoch die Entreicherung gem § 818 III ZPO, die regelmäßig durchgreift. Eine verschärfte Haftung gem
§ 818 IV oder 819 I kommt im Regelfall erst ab Rechtshängigkeit der Bereicherungsklage in Betracht, die als
Hilfsantrag mit der Abänderungsklage verbunden werden kann (BGH FamRZ 85, 368; 84, 767).

VI. Aufrechnung. Grds kann mit Gegenforderungen auch gegen Unterhaltsforderungen aufgerechnet wer- 18
den. Zu beachten ist jedoch § 850 b II ZPO. Beruht die Aufrechnungsforderung auf einer vorsätzlichen unerlaubten Handlung im Zusammenhang mit einem Fehlverhalten bei der Auseinandersetzung um den Unterhalt, darf ohne die Hürden des § 850 b II ZPO aufgerechnet werden.

F. Beweislast. Der Unterhaltsberechtigte trägt die Darlegung- und Beweislast für den Bedarf und seine 19
Bedürftigkeit, während der Verpflichtete sie für seine Leistungsunfähigkeit trägt. Wird der Regelbetrag nach
§ 1612 a geltend gemacht, muss der Unterhaltspflichtige nachweisen, dass er diesen nicht zahlen kann, weil
die Leistungsfähigkeit betroffen ist (BGH FamRZ 02, 536). Ein volljähriges Kind ist auch für die Haftungsverteilung unter den Eltern darlegungs- und beweispflichtig (BGH FamRZ 87, 259).

Untertitel 1   Allgemeine Vorschriften

§ 1601 Unterhaltsverpflichtete

Verwandte in gerader Linie sind verpflichtet, einander Unterhalt zu gewähren.

A. Verwandtschaftsverhältnis. Unterhaltsberechtigter und Unterhaltsverpflichteter müssen in gerader Linie 1
verwandt sein, also gem § 1589 voneinander abstammen. Kein Unterhaltsverhältnis besteht mithin zu Stief-

kindern (BGH NJW 69, 2007) und zwischen der Verwandtschaft in der Seitenlinie, also Geschwister, Vetter, Onkel, Neffe etc. Die Unterhaltsverpflichtung kann sich in beiden Richtungen auswirken, unterhaltsberechtigt können also sowohl Kinder ggü ihren Eltern als auch Eltern ggü ihren Kindern sein. Die Rangfolge mehrerer Unterhaltsverpflichteter ergibt sich aus § 1606, die Rangfolge mehrerer Unterhaltsberechtigter aus § 1609.

2 **B. Dauer der Verpflichtung.** Die Unterhaltspflicht besteht dem Grunde nach lebenslang (BGH FamRZ 84, 682). Unerheblich ist, ob die Kinder nur bei einem Elternteil, bei beiden Eltern oder bei Dritten leben oder einen eigenen Haushalt führen. Derartige Umstände sind nur iRd Bemessung des Unterhalts und der Beurteilung der Barunterhaltsverpflichtung zu berücksichtigen. Der Unterhaltsanspruch endet dann, wenn keine Bedürftigkeit mehr besteht. Die Unterhaltsverpflichtung ggü Kindern endet im Regelfall dann, wenn dem Kind die Ausbildung zu einem angemessenen Beruf ermöglicht worden ist, § 1610 II. Eine erneute Bedürftigkeit kann unter bestimmten Voraussetzungen wieder aufleben, zB bei krankheitsbedingter Erwerbsunfähigkeit.

3 **C. Identität.** Zwischen Minderjährigen- und Volljährigenunterhalt besteht Identität (BGH FamRZ 84, 682). Deswegen muss der Unterhaltsverpflichtete eine Abänderungsklage gegen einen titulierten Minderjährigenunterhalt erheben, wenn er nach Volljährigkeit des Kindes keinen oder nur geringeren Unterhalt zahlen will.

§ 1602 Bedürftigkeit

(1) Unterhaltsberechtigt ist nur, wer außerstande ist, sich selbst zu unterhalten.
(2) Ein minderjähriges unverheiratetes Kind kann von seinen Eltern, auch wenn es Vermögen hat, die Gewährung des Unterhalts insoweit verlangen, als die Einkünfte seines Vermögens und der Ertrag seiner Arbeit zum Unterhalt nicht ausreichen.

1 **A. Unterhaltsbedürftigkeit. I. Minderjährige Kinder.** Minderjährige Kinder sind – bis auf seltene Ausnahmefälle – bedürftig, weil sie entweder eine Schule besuchen oder für einen Beruf ausgebildet werden und daher nicht in der Lage sind, sich selbst angemessen zu unterhalten.

2 **II. Volljährige Kinder.** Volljährige Kinder sind unterhaltsbedürftig, wenn sie sich in einer Ausbildung befinden oder wegen Krankheit nicht in der Lage sind, ihren Unterhalt selbst sicherzustellen. Schwangerschaft oder Betreuung eines eigenen Kindes steht der Unterhaltsbedürftigkeit nicht entgegen (BGH FamRZ 85, 273). Vorrangig unterhaltsverpflichtet ist jedoch der Vater des Kindes des Volljährigen gem § 1615l BGB. Der Volljährigenunterhalt kann jedoch über den Drei-Jahres-Zeitraum hinausgehen. Im Hinblick auf das Alter des Kindes ist die Mutter jedoch an einer Erwerbstätigkeit nicht gehindert. Beachtlich sind ausschl andere Gründe, die einer Erwerbstätigkeit entgegenstehen (Oldenburg, FamRZ 91, 1090; BGH FamRZ 85, 1245). Arbeitslosigkeit begründet nur dann eine Unterhaltsverpflichtung, wenn dem Volljährigen ein Verstoß gegen eine gesteigerte Erwerbsobliegenheit nicht vorzuwerfen ist (BGH FamRZ 87, 930; 85, 1245). Der Volljährige muss insoweit Arbeit jeder Art, auch berufsfremde Tätigkeiten aufnehmen. Wehr- und Zivildienstleistende sind in der Regel nicht unterhaltsbedürftig, da der Wehrsold bzw die Geld- und Sachbezüge des Zivildienstleistenden für die Bedarfsdeckung ausreichen (BGH FamRZ 94, 303).

3 **III. Eltern.** Die Unterhaltsbedürftigkeit von Eltern beruht weniger darauf, dass sie über keine ausreichende Altersversorgung verfügen, als vielmehr auf hohen Kosten eines Alters- oder Pflegeheims, dessen Kosten durch Leistungen der Sozialhilfe nicht gedeckt werden. Dieser Mehrbedarf ist ein unselbständiger Bestandteil des Unterhaltsanspruchs und führt ebenfalls zur Bedürftigkeit.

4 **B. Bedarfsdeckende Einkünfte. I. Schülerarbeit.** Bei Schülern sollten Einkünfte nicht angerechnet werden, wenn sie nur in geringem Umfange erzielt werden. Dies gilt insbes dann, wenn das Kind seine schulischen Pflichten erfüllt (Köln FamRZ 96, 1101).

5 **II. Studentenarbeit.** Studenten haben ebenfalls keine Erwerbsobliegenheit, auch nicht während der Semesterferien. Erzielen sie Einkünfte, ist gem § 1577 II zu prüfen, ob ein Teil unter Berücksichtigung der beiderseitigen wirtschaftlichen Verhältnisse und aufgrund sonstiger Billigkeitserwägungen anrechnungsfrei zu bleiben hat (Wendl/Staudigl/*Scholz*, § 2 Rn 88). Eine Anrechnung kommt nicht in Betracht, wenn die Erwerbstätigkeit deswegen aufgenommen wurde, weil der Unterhaltsverpflichtete keinen Unterhalt gezahlt hat (Hamm 97, 231).

6 **III. Ausbildungsvergütung.** Ausbildungsvergütungen, Ausbildungsbeihilfen, Zuschüsse während eines Praktikums und ähnliche Bezüge sind anrechenbare Einkünfte des Auszubildenden (Wendl/Staudigl/*Scholz*, § 2 Rn 90). Ob die Ausbildungsvergütung um eine Ausbildungspauschale zu bereinigen ist, wird von den Oberlandesgerichten unterschiedlich beurteilt. Regelungen finden sich in den jeweiligen Leitlinien unter 10.2.3. Bei Minderjährigen ist die Ausbildungsvergütung zur Hälfte auf beide Elternteile aufzuteilen, weil sie auch dem Elternteil, der den Betreuungsunterhalt leistet, zugute kommen soll. Bei volljährigen Kindern ist sie demggü auf den Bedarf anzurechnen (BGH FamRZ 88, 159; FamRZ 80, 1109).

IV. Kindergeld. Kindergeld ist gem § 1612b I und II mit den Haftungsanteilen der Eltern zu verrechnen und nicht bedarfsdeckend anzurechnen.

V. Halbwaisenrente. Die Halbwaisenrente ist als eigenes Einkommen des Kindes auf den Bedarf anzurechnen. Dadurch kommt sie dem überlebenden Elternteil in voller Höhe zugute (BGH FamRZ 80, 1109; Stuttgart FamRZ 01, 1241).

VI. Rente wegen Körperbehinderung. Gem § 1610a BGB wird gesetzlich vermutet, dass ein Behinderter die wegen der Behinderung empfangenen Sozialleistungen auch tatsächlich für den mit der Behinderung verbundenen Mehrbedarf benötigt. Dafür spricht eine Vermutung, so dass der Unterhaltsverpflichtete darlegen und beweisen muss, dass diese Rente Einkommensfunktion hat.

VII. Anrechnung eines Versorgungsentgelts. Lebt das volljährige Kind mit einem anderen Partner in einer nichtehelichen Gemeinschaft zusammen, kommt die Anrechnung eines Versorgungsentgelts entspr den Grundsätzen zum Ehegattenunterhalt in Betracht (BGH FamRZ 89, 487). Ist der neue Lebenspartner nicht leistungsfähig, können Ersparnisse durch das Zusammenleben bedarfsdeckend berücksichtigt werden.

VIII. Wohnvorteil. Die Anrechnung eines Wohnvorteils des Kindes ist möglich, wenn das Kind in der eigenen Immobilie wohnt. Etwa 20% der Tabellenbeträge der Düsseldorfer Tabelle decken den Wohnbedarf des Kindes ab. Die bedarfsdeckende Zurechnung eines Wohnvorteils kommt allerdings dann nicht in Betracht, wenn das volljährige Kind bei einem Elternteil, von dem Barunterhalt nicht verlangt wird, in dessen Immobilie wohnt. Hier handelt es sich entweder um freiwillige Leistungen Dritter, die nicht zu berücksichtigen sind (BGH FamRZ 92, 425), oder um Naturalunterhalt, der auf den Haftungsanteil des Elternteils umgerechnet wird, bei dem das Kind lebt.

IX. Sozialleistungen. 1. Als subsidiäre Sozialleistungen kommen Arbeitslosengeld II, Sozialgeld, Sozialhilfe. Grundsicherungsleistungen und UVG-Leistungen in Betracht. Wann dies mangels Forderungsübergangs oder Überleitungsverbots nach §§ 94 SGB XII und 33 SGB II als Einkommen anzurechnen ist oder aber die Inanspruchnahme des Unterhaltsverpflichteten treuwidrig ist, wird von den Oberlandesgerichten teilweise unterschiedlich beurteilt. Insofern wird auf die Leitlinien unter „2. Sozialleistungen" verwiesen.

2. Nicht subsidiäre Sozialleistungen. Sind das Wohngeld. Dies ist Einkommen, soweit es nicht erhöhte Wohnkosten abdeckt, sowie BAföG; die Grundsicherung nach §§ 41 ff SGB XII ist ebenfalls als Einkommen zu berücksichtigen. Gleiches dürfte für den Kinderzuschlag gem § 6b BKindG gelten.

3. Vermögen. Das minderjährige Kind muss die Vermögenserträge, also Zinsen, Dividenden usw bedarfsdeckend einsetzen, braucht aber den Vermögensstamm nicht zu verwerten. Demggü muss ein volljähriges Kind auch den Vermögensstamm für seinen Bedarf einsetzen, soweit dies nicht im Einzelfall grob unbillig ist (BGH FamRZ 86, 48). Der Vermögensstamm ist auch dann einzusetzen, wenn er auf freiwilligen Zuwendungen Dritter beruht und dem Kind zu eigener Verfügung zugewendet worden ist (München FamRZ 96, 1433). Zu berücksichtigen ist allerdings, ob das volljährige Kind den Stamm des Vermögens für den angemessenen Lebensbedarf zu späterer Zeit benötigt (Karlsr FamRZ 01, 47). Die Verwertungsobliegenheit gilt auch für ein privilegiertes volljähriges Kind, da der Gesetzgeber hier keine Gleichstellung mit minderjährigen Kindern gewollt hat.

§ 1603 Leistungsfähigkeit

(1) Unterhaltspflichtig ist nicht, wer bei Berücksichtigung seiner sonstigen Verpflichtungen außerstande ist, ohne Gefährdung seines angemessenen Unterhalts den Unterhalt zu gewähren.
(2) Befinden sich Eltern in dieser Lage, so sind sie ihren minderjährigen unverheirateten Kindern gegenüber verpflichtet, alle verfügbaren Mittel zu ihrem und der Kinder Unterhalt gleichmäßig zu verwenden. Den minderjährigen unverheirateten Kindern stehen volljährige unverheiratete Kinder bis zur Vollendung des 21. Lebensjahres gleich, solange sie im Haushalt der Eltern oder eines Elternteils leben und sich in der allgemeinen Schulausbildung befinden. Diese Verpflichtung tritt nicht ein, wenn ein anderer unterhaltspflichtiger Verwandter vorhanden ist; sie tritt auch nicht ein gegenüber einem Kind, dessen Unterhalt aus dem Stamme seines Vermögens bestritten werden kann.

A. Leistungsfähigkeit. I. Eigener angemessener Unterhalt. Der eigene angemessene Unterhalt des Pflichtigen variiert je nachdem, ob er dem Berechtigten nach II gesteigert unterhaltsverpflichtet ist oder eine „normale" Unterhaltsverpflichtung besteht, wobei in diesem Rahmen auch die gesetzliche Ausgestaltung des Unterhaltsanspruchs unter Berücksichtigung der Rangfolge von Bedeutung ist.

1. Gesteigerte Unterhaltsverpflichtung. Dafür gilt der notwendige Selbstbehalt, der von den Oberlandesgerichten unterschiedlich festgelegt worden ist. Entspr Angaben finden sich in den Leitlinien unter 21.2. In dem Selbstbehalt ist ein Betrag für den Wohnbedarf enthalten, der ebenfalls beziffert ist. Bei höheren oder geringeren Mietkosten oder sonstigen Umständen kann der Selbstbehalt im Einzelfall angemessen abgesenkt oder erhöht werden.

3   **2. Normale Unterhaltsverpflichtung.** Bei nicht gesteigerter Unterhaltsverpflichtung variiert der Selbstbehalt je nachdem ob es sich um Unterhalt für volljährige Kinder, Eltern oder eine Unterhaltsverpflichtung nach § 1615l BGB handelt. Auch hier weichen die Leitlinien voneinander ab. Entspr Regeln finden sich in den Leitlinien unter 21.3. Auch hier ist es möglich, den Selbstbehalt im Einzelfall zu senken oder zu erhöhen.

4   **II. Erwerbsobliegenheit. 1. Gesteigerte Unterhaltsverpflichtung.** Den Eltern obliegt eine erhöhte Arbeitspflicht unter gesteigerter Ausnutzung ihrer Arbeitskraft. Sie sind unter Umständen auch verpflichtet, in zumutbaren Grenzen einen Orts- oder Berufswechsel vorzunehmen, wenn sie nur auf diese Weise ihre Unterhaltsverpflichtung erfüllen können. Sie müssen alle zumutbaren Erwerbsmöglichkeiten ausschöpfen und sogar berufsfremde Tätigkeiten unterhalb ihrer gewohnten Lebensstellung aufnehmen (BGH FamRZ 94, 372). Sie haben grds kein Recht, zwecks weiterer Ausbildung einen Beruf aufzugeben und den Unterhaltsbedürftigen der Sozialhilfe zu überantworten (BGH aaO). Kommen sie ihrer gesteigerten Erwerbspflicht nicht nach, wird ihnen ein fiktives Einkommen in der Höhe zugerechnet, wie sie es bei gutem Willen durch eine zumutbare Erwerbstätigkeit erzielen könnten. Es muss allerdings feststehen oder zumindest nicht auszuschließen sein, dass bei genügenden Bewerbungsbemühungen eine reale Beschäftigungschance bestanden hätte. Zweifel wirken sich zu Lasten des Unterhaltsverpflichteten aus (BGH FamRZ 87, 144). Tatsächlich erzielte Zusatzeinkünfte sind in vollem Umfange bei der Einkommensermittlung zu berücksichtigen. Einkünfte aus unzumutbarer Tätigkeit gibt es bei der gesteigerten Unterhaltsverpflichtung nicht (Hamm FamRZ 96, 303). Ob eine Nebenbeschäftigung zumutbar ist, richtet sich nach den vom Bundesverfassungsgericht entwickelten Grundsätzen (FamRZ 03, 661).

5   **2. Normale Unterhaltsverpflichtung.** Auch wenn eine gesteigerte Erwerbsobliegenheit nicht besteht, darf ein Elternteil sich nicht durch leichtfertiges unterhaltsbezogenes Verhalten leistungsunfähig machen. In einem solchen Fall sind ihm die alten Einkünfte weiterhin zuzurechnen (*Eschenbruch* Rn 5 244). Ein Elternteil erfüllt seine Erwerbsobliegenheit, wenn er einer vollschichtigen Erwerbstätigkeit nachgeht. Er ist nicht verpflichtet, eine Nebentätigkeit aufzunehmen. Leistet er Überstunden, können diese gem § 1577 II BGB in entspr Anwendung teilweise unberücksichtigt bleiben (vgl BGH FamRZ 83, 886; FamRZ 82, 779). Auch hier können fiktive Einkünfte zugerechnet werden, wenn der Unterhaltsschuldner sich nicht hinreichend intensiv um eine neue Beschäftigung bemüht hat und eine Beschäftigungschance besteht. Ihn trifft dafür die Darlegungs- und Beweislast.

6   **III. Berücksichtigung von Schulden. 1. Gesteigerte Unterhaltsverpflichtung.** Verbindlichkeiten dürfen nicht ohne Rücksicht auf die Unterhaltsinteressen getilgt werden. Es bedarf einer Interessenabwägung unter Berücksichtigung der Belange von Unterhaltsgläubiger, Unterhaltsschuldner und Drittgläubiger. Dabei ist die gesteigerte Unterhaltsverpflichtung ein wesentliches Abwägungskriterium (BGH FamRZ 97, 806; 02, 536; ein schränkend Hamm FamRZ 03, 1214). Die besondere Schutzwürdigkeit des Kindes dürfte jedoch im Regelfall durchschlagende Bedeutung haben und das Abwägungsergebnis zugunsten des Kindesunterhalts beeinflussen (BGH FamRZ 86, 254).

7   **2. Normale Unterhaltsverpflichtung.** Hier hängt die Berücksichtigungsfähigkeit von Schulden von einer ähnlichen Interessenabwägung ab wie bei der gesteigerten Erwerbsobliegenheit. Von Eltern eines studierenden Kindes kann im Allgemeinen verlangt werden, dass sie auf dessen Unterhaltsbedürftigkeit bis zum Abschluss der Ausbildung Rücksicht nehmen, bevor sie ihre Leistungsfähigkeit erschöpfende Verbindlichkeiten eingehen. Insbes geht es nicht an, durch unverantwortliches Schuldenmachen seiner Unterhaltsverpflichtung zu entgehen. Entscheidend wird letztlich sein, ob die Eltern oder der barunterhaltspflichtige Elternteil die Verbindlichkeit in Kenntnis ihrer Barunterhaltspflicht eingegangen sind (BGH FamRZ 82, 157).

8   **IV. Kosten des Umgangsrechts.** Diese können dem Kind ggü entweder durch eine Erhöhung des Selbstbehalts oder als Minderung des verfügbaren Einkommens geltend gemacht werden, wenn dem Unterhaltsverpflichteten weniger als die Hälfte des Kindergeldes verbleibt (BGH FamRZ 05, 48).

9   **V. Obliegenheit zur Einleitung des Insolvenzverfahrens.** Die monatliche Schuldenbelastung kann durch Einleitung der Verbraucherinsolvenz mit der späteren Restschuldbefreiung verringert werden. Eine unterhaltsrechtliche Obliegenheit für den Schuldner, von dem Verbraucherinsolvenzverfahren Gebrauch zu machen, kann bei gesteigerter Unterhaltsverpflichtung bestehen (BGH FamRZ 05, 508).

10   **VI. Einsatz des Vermögens. 1. Gesteigerte Unterhaltsverpflichtung.** Eltern müssen auch den Stamm ihres Vermögens verwerten, wenn der Unterhalt des Kindes durch die Erwerbstätigkeit nicht aufgebracht werden kann. Die Sicherstellung des eigenen Selbstbehalts des Unterhaltsverpflichteten geht jedoch vor. Ihm ist daher der Teil des Vermögens zu belassen, auf den er für eigene Unterhaltszwecke angewiesen ist (BGH FamRZ 89, 170). Ihm muss allerdings immer ein Notgroschen verbleiben.

2. Normale Unterhaltsverpflichtung. Auch bei der normalen Unterhaltsverpflichtung hat der Unterhaltsverpflichtete den Stamm seines Vermögens zur Bestreitung des Unterhalts einzusetzen (BGH FamRZ 88, 604). Allerdings darf dies nicht dazu führen, dass der eigene angemessene Unterhalt des Unterhaltspflichtigen gefährdet wird. Er darf daher nicht von fortlaufenden Einkünften abgeschnitten werden, die er zur Erfüllung weiterer Unterhaltsansprüche, anderer berücksichtigungsfähiger Verbindlichkeiten und zur Bestreitung seines eigenen Unterhalts benötigt (BGH FamRZ 88, 604). Dies gilt auch für den Elternunterhalt (BGH FamRZ 04, 1184). 11

B. Gesteigerte Unterhaltsverpflichtung. Die gesteigerte Unterhaltsverpflichtung gilt ggü minderjährigen unverheirateten Kindern und ihnen gleichstehenden privilegierten volljährigen Kindern. 12

C. Privilegierte volljährige Kinder. I. Alter der Kinder. Erfasst werden von der Gleichstellung nur solche Volljährige, die das 21. Lebensjahr noch nicht vollendet haben. 13

II. Familienstand der Kinder. Privilegiert werden ausschl ledige Kinder. Dies bedeutet, dass die Gleichstellung mit minderjährigen Kindern mit der Heirat des Kindes endet. Die Privilegierung lebt auch nicht wieder auf, wenn die Ehe geschieden wird (Wendl/Staudigl/*Scholz*, § 2 Rn 455). 14

III. Leben im Haushalt der Eltern oder eines Elternteils. Das volljährige Kind muss im Haushalt eines Elternteils leben. Dies bedeutet, dass dort sein Lebensmittelpunkt sein muss. Dies ist auch dann der Fall, wenn das Kind sich in einem Internat befindet und nur in den Ferien in den Haushalt der Eltern zurückkehrt. So lange die Wohnung nicht tatsächlich aufgegeben wird, ändert auch eine längere vorübergehende Abwesenheit nichts. Gründet das Kind einen eigenen Haushalt, ohne zurückkehren zu wollen, endet die Haushaltsgemeinschaft mit den Eltern. 15

IV. Allgemeine Schulausbildung. Dazu gehören alle Schulen, die einen allgemeinen Bildungsabschluss oberhalb der Grundschule vermitteln. Dies gilt insbes für Hauptschule, Realschule, Gymnasium und integrierte Gesamtschule. Letztlich ist der Begriff der allgemeinen Schulausbildung in drei Richtungen einzugrenzen, nämlich nach Ausbildungsziel, zeitlicher Beanspruchung des Schülers und Organisationsstruktur der Schule (BGH FuR 01, 355). 16

D. Wegfall der gesteigerten Unterhaltspflicht. Nach III S 2 greift die gesteigerte Unterhaltsverpflichtung nicht, wenn weitere leistungsfähige unterhaltspflichtige Verwandte vorhanden sind, denen trotz Barunterhaltsleistungen ihr eigener angemessener Unterhalt verbleibt. In Betracht kommen Großeltern, aber auch der andere Elternteil. Voraussetzung ist, dass die Eltern des unterhaltsberechtigten Kindes außer Stande sind, ohne Gefährdung ihres eigenen angemessenen Unterhalts den Unterhalt des Kindes zu decken. Gemeint ist damit der Bedarf der ersten Einkommensgruppe (Karlsr FamRZ 01, 782; aA Stuttg FamRZ 00, 376; Zweibrücken FamRZ 00, 766). Grds führt der Wegfall der gesteigerten Unterhaltsverpflichtung dazu, dass sich der unterhaltsverpflichtete Elternteil auf den angemessenen Selbstbehalt berufen darf und nicht auf den notwendigen Selbstbehalt beschränkt ist. Allerdings kann ein Elternteil auch dann für den gesamten Unterhalt haften, wenn die Inanspruchnahme des anderen Elternteils zu einem erheblichen finanziellen Ungleichgewicht zwischen den Elternteilen führen würde, weil der eine wesentlich geringere Einkünfte als der andere hat und in deutlich ungünstigeren wirtschaftlichen Verhältnissen lebt (BGH FamRZ 99, 286; 91, 182). 17

E. Hausmannrechtsprechung. Betreut der Unterhaltsverpflichtete ein Kind aus einer neuen Ehe oder dem gleichgestellt aus einer nicht ehelichen Lebensbeziehung (BGH FuR 01, 183) kommen die Grundsätze der Hausmannrechtsprechung zum Tragen (BGH FamRZ 96, 796; 04, 364; München FamRZ 99, 1076). 18

§ 1604 Einfluss des Güterstands

¹Besteht zwischen Ehegatten Gütergemeinschaft, so bestimmt sich die Unterhaltspflicht des Mannes oder der Frau Verwandten gegenüber so, wie wenn das Gesamtgut dem unterhaltspflichtigen Ehegatten gehörte. ²Sind bedürftige Verwandte beider Ehegatten vorhanden, so ist der Unterhalt aus dem Gesamtgut so zu gewähren, wie wenn die Bedürftigen zu beiden Ehegatten in dem Verwandtschaftsverhältnis ständen, auf dem die Unterhaltspflicht des verpflichteten Ehegatten beruht.

A. Gütergemeinschaft. Voraussetzung ist eine Gütergemeinschaft gem §§ 1416 bis 1518.

B. Gesamtgutverbindlichkeit. Die Unterhaltspflicht ist Gesamtgutverbindlichkeit und muss bei Auseinandersetzung des Gesamtgutes ausgeglichen werden (§§ 1441 II Nr 2, 1463 Nr 2). Bei der Beurteilung der Leistungsfähigkeit ist auch das Einkommen des Ehegatten zu berücksichtigen (Frankfurt OLGR 02, 25). 1

C. Beiderseitige Unterhaltsverpflichtung. Sind beide Ehegatten unterhaltspflichtig, wird fingiert, dass ein Verwandtschaftsverhältnis aller Unterhaltsberechtigten zu beiden besteht. Deren Rangfolge richtet sich nach § 1609. 2

§ 1605 Auskunftspflicht

(1) ¹Verwandte in gerader Linie sind einander verpflichtet, auf Verlangen über ihre Einkünfte und ihr Vermögen Auskunft zu erteilen, soweit dies zur Feststellung eines Unterhaltsanspruchs oder einer Unterhaltsverpflichtung erforderlich ist. ²Über die Höhe der Einkünfte sind auf Verlangen Belege, insbesondere Bescheinigungen des Arbeitgebers, vorzulegen. ³Die §§ 260, 261 sind entsprechend anzuwenden.
(2) Vor Ablauf von zwei Jahren kann Auskunft erneut nur verlangt werden, wenn glaubhaft gemacht wird, dass der zur Auskunft Verpflichtete später wesentlich höhere Einkünfte oder weiteres Vermögen erworben hat.

1 **A. Norminhalt.** Die Vorschrift enthält zwei getrennte Ansprüche, nämlich auf Auskunft und Vorlage von Belegen, die jeweils einzeln, auch kumulativ oder alternativ geltend gemacht werden können (München FamRZ 93, 202; Köln FamRZ 03, 235). Was geltend gemacht wird, muss klar und deutlich zum Ausdruck gebracht werden. Grds ist Auskunft nur auf Verlangen zu erteilen. Die Kosten für die Auskunft hat grds der Auskunftsschuldner zu tragen (BGH FamRZ 75, 405).

2 **B. Verwandte in gerader Linie.** Einander unterhaltsverpflichtet sind Unterhaltsgläubiger und Unterhaltsschuldner, nicht aber gleichrangige Unterhaltsverpflichtete untereinander. Ein Auskunftsanspruch kann sich aber aus § 242 BGB ergeben (BGH FamRZ 03, 1836). Allerdings ist es nicht möglich, den Ehepartner des Unterhaltsverpflichteten in Anspruch zu nehmen (BGH FamRZ 03, 1836).

3 **C. Auf Verlangen.** In der Regel ist es Sache von Unterhaltsgläubigern und Unterhaltsschuldner, sich über evtl Veränderungen zu vergewissern. Ausnahmsweise besteht eine Pflicht zu ungefragter Information insbes dann, wenn Änderungen weder zu erwarten noch erkennbar waren (vgl dazu im Einzelnen BGH FamRZ 86, 794). Während eines Prozesses besteht eine umfassende prozessuale Wahrheitsverpflichtung (BGH FamRZ 00, 153). Auch bei der Geltendmachung von Unterhalt sind alle unterhaltsrechtlich relevanten Umstände vorzutragen (Kobl FamRZ 87, 1156).

4 **D. Auskunft. I. Umfang.** Die Auskunft muss alle Positionen enthalten, die für die Beurteilung der Bedürftigkeit bzw Leistungsfähigkeit von Bedeutung sein können. Es sind sämtliche Einkünfte, auch Steuererstattungen anzugeben (Düsseldorf FamRZ 91, 1315). Die Auskunftsverpflichtung bezieht sich auch auf das Vermögen. Wegen der laufenden Veränderungen muss allerdings ein Stichtag festgelegt werden.

5 **II. Der Zeitraum.** Die Auskunft ist für den Zeitraum zu erteilen, der für die Unterhaltsbemessung maßgeblich ist. Bei Arbeitnehmern betrifft dies in der Regel das abgelaufene Kalenderjahr, bei Selbständigen wegen der schwankenden Einkünfte in der Regel die letzten drei abgelaufenen Jahre.

6 **E. Erforderlichkeit.** Auskunft wird nicht geschuldet, wenn sie den Unterhaltsanspruch unter keinem Gesichtspunkt beeinflussen kann (BGH FamRZ 85, 791). Dies gilt zB beim Unterhaltsverzicht (Köln FamRZ 00, 609) oder dann, wenn die Leistungsfähigkeit des Verpflichteten bei der konkreten Bedarfsberechnung außer Streit steht (BGH FamRZ 94, 1169). Bei Verwirkung gem § 1579 BGB kommt es darauf an, ob der Unterhalt mit Sicherheit entfällt (BGH FamRZ 83, 996). Ist dies zweifelhaft, muss Auskunft erteilt werden (Karlsr OLGR 01, 327).

7 **F. Belegvorlage.** Die Belege und Unterlagen, die verlangt werden, müssen im Antrag und im Urteilstenor genau bezeichnet werden. Der Gläubiger kann Vorlage der Originale verlangen (KG FamRZ 82, 624). Es können nur solche Belege verlangt werden, die für den Unterhaltsanspruch benötigt werden. Belege sind insbes Verdienstbescheinigungen, Lohnsteuerkarte, Einkommensteuerbescheide, Bilanzen, Gewinn- und Verlustrechnungen, Umsatzsteuerbescheide. Bei Unternehmern bezieht sich die Vorlagepflicht auf alle Belege, aus denen sich der Unternehmergewinn ergibt bzw ermitteln lässt (BGH FamRZ 94, 27).

8 **G. Formerfordernisse.** Erforderlich ist die Vorlage einer systematischen Aufstellung aller Angaben, die nötig sind, damit der Unterhaltsanspruch berechnet werden kann. Diese müssen zu einem geschlossenen Werk zusammengefügt werden (BGH FamRZ 83, 1232). Die Auskunft bedarf grds der Schriftform (BGH FamRZ 84, 144). Sie ist daher auch persönlich zu unterschreiben (München FamRZ 96, 738). Die Übermittlung kann demggü auch durch Dritte erfolgen.

9 **H. Erneute Auskunft.** Grds kann eine Auskunft erst nach Ablauf von zwei Jahren erneut verlangt werden. Die Frist beginnt bei einer rechtkräftigen Verurteilung mit dem Tag der letzten mündlichen Verhandlung zu laufen (Hburg FamRZ 84, 1142; aA Kobl 79, 1021: Urteilsverkündung). Beim Vergleichsabschluss kommt es auf dessen Zeitpunkt an (Ddorf 93, 591). Bei Veränderungen in der Einkommensentwicklung kann auch schon zu einem früheren Zeitpunkt erneut Auskunft verlangt werden.

10 **I. Auskunft bei Anspruchsübergang.** Wird der Unterhaltsanspruch nach § 33 SGB II übergeleitet oder geht er gem § 93 SGB XII kraft Gesetzes auf den Träger der Sozialhilfe über, werden davon auch die Auskunftsansprüche betroffen. Zudem enthält § 117 SGB XII einen eigenständigen Auskunftsanspruch des Trägers der Sozialhilfe, der sich auch auf die mit dem Unterhaltsschuldner verheirateten Ehepartner erstreckt.

J. Ehegattenunterhalt. Der Auskunftsanspruch gilt über §§ 1580, 1361 IV auch für den Trennungsunterhalt und nachehelichen Unterhalt.

K. Eidesstattliche Versicherung. Die eidesstattliche Versicherung kann gem §§ 259 bis 261 verlangt werden, wenn der begründete Verdacht besteht, dass die Auskunft in einzelnen Punkten nicht mit der erforderlichen Sorgfalt erteilt worden ist. Bei mangelhafter Auskunft, die auf einem entschuldbaren Irrtum beruht, besteht lediglich ein Anspruch auf ergänzende Auskunft (BGH WM 96, 466).

L. Prozessuales. Die Auskunft kann isoliert oder im Wege der Stufenklage, § 254 ZPO, geltend gemacht werden. Die geschuldete Leistung ist konkret zu bezeichnen, damit der Antrag nicht unbestimmt ist. Die erforderlichen Belege müssen genau bezeichnet sein. Entspr genau muss der Tenor formuliert werden. Die Zwangsvollstreckung erfolgt gem § 888 ZPO. Voraussetzung ist allerdings immer, dass dem Schuldner die Erfüllung der Verpflichtung möglich ist (BGH FamRZ 92, 535).

Die Auskunftsklage kann auch mit einem Abänderungsbegehren nach § 323 ZPO verbunden werden, um den Zeitpunkt für den Änderungsbeginn nach § 323 III ZPO zu wahren.

§ 1606 Rangverhältnisse mehrerer Pflichtiger

(1) Die Abkömmlinge sind vor den Verwandten der aufsteigenden Linie unterhaltspflichtig.
(2) Unter den Abkömmlingen und unter den Verwandten der aufsteigenden Linie haften die näheren vor den entfernteren.
(3) ¹Mehrere gleichnahe Verwandte haften anteilig nach ihren Erwerbs- und Vermögensverhältnissen. ³Der Elternteil, der ein minderjähriges, unverheiratetes Kind betreut, erfüllt seine Verpflichtung, zum Unterhalt des Kindes beizutragen, in der Regel durch die Pflege und die Erziehung des Kindes.

A. Vorrangige Unterhaltspflicht von Abkömmlingen. Kinder, Enkel usw haften dem Unterhaltsgläubiger vor dessen Eltern, Großeltern usw. Sind die Abkömmlinge nicht leistungsfähig, haften die Verwandten aufsteigender Linie, und zwar wiederum die näheren vor den entfernteren, also die Eltern vor Großeltern usw.

B. Vorrangige Unterhaltspflicht der näheren Verwandten. Eltern haften also vor Großeltern, Kinder vor Enkeln usw.

C. Anteilige Haftung. Mehrere Verwandte der gleichen Stufen haften nicht als Gesamt-, sondern als Teilschuldner anteilig nach ihren jeweiligen Erwerbs- und Vermögensverhältnissen (BGH FamRZ 94, 696).

D. Haftungsanteile beim Volljährigenunterhalt. Mit Eintritt der Volljährigkeit endet der Betreuungsunterhalt gem § 1606 III BGB mit der Folge, dass beide Eltern barunterhaltspflichtig werden. Dies gilt sowohl für privilegierte, als auch für nicht privilegierte volljährige Kinder (BGH FamRZ 02, 815). Dies bedeutet, dass das Klagevorbringen betreffend Minderjährigenunterhalt für den Volljährigenunterhalt nicht ausreicht, da der Volljährige auch das Einkommen des anderen barunterhaltspflichtigen Elternteils vortragen muss, um die Haftungsanteile darzulegen.

I. Bedarfsermittlung. Bei der Bedarfsermittlung sind für den Volljährigenunterhalt die beiderseitigen Einkommen der Eltern zusammenzurechnen. Eine Höherstufung wegen unterdurchschnittlicher Einkommensverpflichtung kommt dabei nicht in Betracht. Zu berücksichtigen ist, dass ein Elternteil zu höherem Unterhalt verpflichtet werden darf, als er bei alleiniger Barunterhaltsverpflichtung schulden würde (BGH FamRZ 88, 1039; 86, 151).

II. Vergleichseinkommen der Eltern. Ist das Einkommen der Eltern ermittelt, sind davon vorrangige und gleichrangige Unterhaltsverpflichtungen ebenso wie berücksichtigungsfähige Schulden abzuziehen. Leistet ein Elternteil für ein minderjähriges Kind den Betreuungsunterhalt, ist dieser nicht zu monetarisieren. In Betracht kommt allenfalls, ein Teil seines Einkommens gem § 1577 II anrechnungsfrei zu lassen.

III. Sockelbetrag. Das Einkommen beider Eltern ist um den Sockelbetrag zu reduzieren. Die Höhe des Sockelbetrages wird von den Oberlandesgerichten unterschiedlich bemessen. Regelungen finden sich unter 13.3 der Leitlinien.

IV. Berechnungsformel. Die Formel für die Berechnung des Volljährigenunterhalts lautet:
Bedarf des Kindes × (Einkommen des Pflichtigen – Sockelbetrag): (Einkommen des Pflichtigen – Sockelbetrag + Einkommen des anderen Elternteils – Sockelbetrag)

E. Gleichwertigkeit des Betreuungsunterhalts. Der Betreuungsunterhalt ist nach III S 2 mit dem Barunterhalt gleichwertig und befreit damit den betreuenden Elternteil von der Beteiligung am Barunterhalt. Dies gilt allerdings nicht für Mehr- oder Sonderbedarf (BGH FamRZ 83, 689).

F. Beiderseitige Barunterhaltspflicht beim minderjährigen Kind. Eine zusätzliche Barunterhaltspflicht des betreuenden Elternteils kommt in Betracht bei einer Aufteilung der Betreuung auf beide Eltern, bei eigenem

Haushalt des Kindes mit Zustimmung des Bestimmungsberechtigten gem § 1612, bei Versterben eines Elternteils, bei fehlender Leistungsfähigkeit eines Elternteils und bei einem erheblichen finanziellen Ungleichgewicht zwischen dem barunterhaltspflichtigen und dem betreuenden Elternteil (BGH FamRZ 98, 286; 02, 742).

§ 1607 Ersatzhaftung und gesetzlicher Forderungsübergang

(1) Soweit ein Verwandter aufgrund des § 1603 nicht unterhaltspflichtig ist, hat der nach ihm haftende Verwandte den Unterhalt zu gewähren.
(2) ¹Das Gleiche gilt, wenn die Rechtsverfolgung gegen einen Verwandten im Inland ausgeschlossen oder erheblich erschwert ist. ²Der Anspruch gegen einen solchen Verwandten geht, soweit ein anderer nach Absatz 1 verpflichteter Verwandter den Unterhalt gewährt, auf diesen über.
(3) ¹Der Unterhaltsanspruch eines Kindes gegen einen Elternteil geht, soweit unter den Voraussetzungen des Absatzes 2 Satz 1 anstelle des Elternteils ein anderer, nicht unterhaltspflichtiger Verwandter oder der Ehegatte des anderen Elternteils Unterhalt leistet, auf diesen über. ²Satz 1 gilt entsprechend, wenn dem Kind ein Dritter als Vater Unterhalt gewährt.
(4) Der Übergang des Unterhaltsanspruchs kann nicht zum Nachteil des Unterhaltsberechtigten geltend gemacht werden.

1 **A. Anwendungsbereich.** Die Vorschrift regelt die Ersatzhaftung eines Verwandten, der an sich nicht unterhaltspflichtig wäre, weil ein gem § 1606 vorrangiger Unterhaltspflichtiger vorhanden ist, der aber entweder nicht leistungsfähig ist oder demggü die Rechtsverfolgung erheblich erschwert ist. III soll die Bereitschaft nicht unterhaltspflichtiger Dritter zur Unterstützung des Kindes fördern und gewährt deshalb einen Forderungsübergang.

2 **B. Ausfallhaftung bei Leistungsunfähigkeit.** Ist ein Unterhaltspflichtiger gem § 1603 nicht leistungsfähig, den angemessenen Unterhalt zu zahlen, haftet an seiner Stelle der nicht Unterhaltsverpflichtete. Bei gleichrangig haftenden Verwandten führt dies zur Erhöhung der anteiligen Haftung des Leistungsfähigen, bei nachrangigen Verwandten zur Haftung des Nächstverpflichteten nach § 1606.
Ein Regress gegen den leistungsunfähigen Verwandten scheidet im Unterschied zu II aus.

3 **C. Ausfallhaftung bei erschwerter Rechtsverfolgung.** Eine erschwerte Rechtsverfolgung kommt in Betracht bei Stillstand der Rechtspflege (Palandt/*Diederichsen* § 1607 Rn 11), unbekanntem Aufenthalt (BGH FamRZ 89, 850), Aufenthalt im Ausland bei fehlender inländischer Zuständigkeit oder häufigem Wohnsitzwechsel (AG Alsfeld DAV 74, 519). Durch die Ausfallhaftung findet ein gesetzlicher Forderungsübergang statt.

4 **D. Enkelunterhalt.** Scheitert die Inanspruchnahme des Elternteils daran, dass er verstorben ist, die Rechtsverfolgung gegen ihn ausgeschlossen oder erheblich erschwert ist oder an seiner fehlenden Leistungsfähigkeit, haftet zunächst der andere Elternteil auf Barunterhalt. Unerheblich ist, ob er außerdem den Betreuungsunterhalt leistet (*Eschenbruch* Der Unterhaltsprozess Rn 3115).

5 **I. Bedarf.** Der Bedarf des Kindes richtet sich nach den Einkommens- und Vermögensverhältnissen der Eltern und nicht der in Anspruch genommenen Großeltern (Wendl/Staudigl/*Scholz* § 2 Rn 273).

6 **II. Leistungsfähigkeit. 1. Volljährige Enkelkinder.** Bei volljährigen Enkelkindern spricht alles dafür, dass sich der Unterhalt der in Anspruch genommenen Großeltern auf den erhöhten Selbstbehalt berufen darf, der beim Elternunterhalt gilt.

7 **2. Minderjährige Enkelkinder.** Bei minderjährigen Enkelkindern wird der Selbstbehalt von den Oberlandesgerichten uneinheitlich festgelegt. Regelungen dazu finden sich – wenn überhaupt – unter 21.3 nebst einer weiteren Untergliederung.

8 **E. Forderungsübergang beim Kindesunterhalt nach III.** Der Forderungsübergang gilt nur für Unterhaltsansprüche von Kindern gegen einen Elternteil und nur unter den Voraussetzungen des II S 1, also Schwierigkeiten bei der Rechtsverfolgung.

9 **I. Nicht unterhaltspflichtige Verwandte.** Dazu gehören alle Verwandte, also auch Geschwister des Kindes, die Geschwistern der Eltern, nach Adoption hinzugewonnene Verwandten sowie Stiefeltern des Kindes.

10 **II. Scheinvater.** Scheinvater ist jeder Dritte, der dem Kind als Vater Unterhalt geleistet hat, gleichgültig ob die rechtliche Vaterschaft auf der Ehe mit der Mutter, auf Anerkenntnis oder gerichtlicher Feststellung beruht. Bedeutungslos ist ferner, ob er die Umstände kannte, die für die Vaterschaft eines anderen Mannes sprachen (*Henrich* FamRZ 01, 785). Die Höhe des Unterhalts bemisst sich nach der Leistungsfähigkeit des leiblichen Vaters, so dass es auf dessen Einkommens- und Vermögensverhältnisse ankommt (KG FamRZ 00, 441). Der Rückgriffsanspruch umfasst auch besondere Unterhaltsteile wie Prozesskostenvorschuss (BGH FamRZ 68, 78) oder Naturalleistungen (AG Köln FamRZ 91, 735). Erstattungsfähig sind ferner die Kosten eines Vaterschaftsprozesses (BGH FamRZ 72, 37).

F. Benachteiligungsverbot. Der Übergang des Unterhaltsanspruchs darf nicht zum Nachteil des unterhaltsberechtigten Kindes geltend gemacht werden. Dies wirkt sich praktisch in der Weise aus, dass die Regressforderung dem Unterhaltsanspruch des Kindes gegen den wirklichen Unterhaltsverpflichteten im Range nachgeht mit der Folge, dass die Regressforderung dessen Leistungsfähigkeit nicht beeinträchtigt (RGZ 126, 181). Dies gilt auch für sonstige Ausgleichsansprüche einschl Bereicherungsansprüchen (KG FamRZ 00, 441). 11

§ 1608 Haftung des Ehegatten oder Lebenspartners

(1) ¹Der Ehegatte des Bedürftigen haftet vor dessen Verwandten. Soweit jedoch der Ehegatte bei Berücksichtigung seiner sonstigen Verpflichtungen außerstande ist, ohne Gefährdung seines angemessenen Unterhalts den Unterhalt zu gewähren, haften die Verwandten vor dem Ehegatten. ²§ 1607 Abs. 2 und 4 gilt entsprechend. ³Der Lebenspartner des Bedürftigen haftet in gleicher Weise wie ein Ehegatte.
(2) – *weggefallen* –

A. Haftung der Verwandten. Grds haften der Ehegatte und der Lebenspartner des Unterhaltsberechtigten vor allen Verwandten für dessen Unterhalt. Etwas anderes gilt dann, wenn der Ehegatte leistungsunfähig ist. 1

B. Leistungsunfähigkeit. Der unterhaltspflichtige Ehegatte schuldet Unterhalt nur bis zur Grenze seines eigenen eheangemessenen Unterhaltsbedarfs nach § 1581 BGB analog. Ist er zB wegen Krankheit leistungsunfähig, haften die Verwandten (Hamm 98, 1612). Ein Rückgriffsanspruch besteht in Fällen der Leistungsunfähigkeit nicht. 2

C. Haftungsumfang. Die Verwandten haften allerdings nur im Umfang des Anspruchs auf Ehegattenunterhalt (BGHZ 41, 104). 3

D. Erschwerte Rechtsverfolgung. Haften die Verwandten jedoch nur deswegen, weil der Anspruch gegen den Ehegatten wegen Schwierigkeiten bei der Rechtsverfolgung gem § 1607 II nicht durchgesetzt werden kann, gehen die Unterhaltsansprüche gegen den Ehegatten auf die Verwandten über, I S 3 in Verbindung mit § 1607 II. 4

§ 1609 Rangverhältnisse mehrerer Bedürftiger

(1) Sind mehrere Bedürftige vorhanden und ist der Unterhaltspflichtige außerstande, allen Unterhalt zu gewähren, so gehen die Kinder im Sinne des § 1603 Abs. 2 den anderen Kindern, die Kinder den übrigen Abkömmlingen, die Abkömmlinge den Verwandten der aufsteigenden Linie und unter den Verwandten der aufsteigenden Linie die näheren den entfernteren vor.
(2) ¹Der Ehegatte steht den Kindern im Sinne des § 1603 Abs. 2 gleich; er geht anderen Kindern und den übrigen Verwandten vor. ²Ist die Ehe geschieden oder aufgehoben, so geht der unterhaltsberechtigte Ehegatte den anderen Kindern im Sinne des Satzes 1 sowie den übrigen Verwandten des Unterhaltspflichtigen vor.

A. Allgemeines. Rangfragen treten insbes auf, wenn der barunterhaltspflichtige Elternteil Minderjährigen- und Ehegattenunterhalt schuldet. Solange er in der Lage ist, sämtliche Unterhaltsansprüche zu erfüllen, wirken sich die Rangverhältnisse nicht aus. Der Nachrang eines Unterhaltsberechtigten kommt erst dann zu tragen, wenn die Einkünfte des Unterhaltspflichtigen nicht ausreichen, den angemessenen Unterhalt aller Berechtigten und seinen eigenen Bedarf sicherzustellen. 1

B. Rangstufen. Das Gesetz regelt die Rangverhältnisse mehrerer Unterhaltsberechtigter wie folgt: 2
Stufe 1
Hierzu gehören
– minderjährige unverheiratete Kinder gem I
– privilegierte volljährige Kinder, § 1603 II S 2
– verheiratete Ehegatten, die minderjährigen unverheirateten Kindern gleichstehen, gem II.
Zu Letzteren gehört auch der geschiedene Ehegatte. Im Falle der Wiederheirat zählt dazu auch der neue Ehegatte des Unterhaltspflichtigen, wenn zwischen ihm und dem geschiedenen Ehegatten Gleichrang gem § 1582 BGB besteht. Ist dies nicht der Fall, ist also der geschiedene Ehegatte bevorrechtigt, gilt Gleichrang nach § 1609 II nur zwischen den minderjährigen unverheirateten Kindern und dem geschiedenen Ehegatten (BGH FamRZ 88, 705). Dies gilt allerdings nur dann, wenn der geschiedene Ehegatte seinerseits Unterhaltsansprüche geltend macht. Besteht ihm ggü keine Unterhaltsverpflichtung, wirkt sich der Nachrang des neuen Ehegatten ggü dem geschiedenen Ehegatten nicht aus. In diesem Falle besteht Gleichrang zwischen dem neuen Ehegatten und den bevorrechtigten Kindern. Hat allerdings der geschiedene Ehegatte zugunsten der Kinder auf Unterhalt ggü dem unterhaltspflichtigen Ehegatten verzichtet, tritt der neue Ehegatte im Rang ggü den Kindern zurück (BGH FuR 05, 364).

Stufe 2
Hierzu gehört der neue Ehegatte des Unterhaltspflichtigen, der ggü dem geschiedenen Ehegatten nach § 1582 nachrangig ist.
Stufe 3
Hierunter fällt die Mutter des nicht ehelich geborenen Kindes, § 1615 III S 3.
Stufe 4
Hierzu gehören nicht privilegierte volljährige und minderjährige verheiratete Kinder.
Stufe 5
Hierunter fallen Enkelkinder.
Stufe 6
Dieser Rangstufe unterliegen Verwandte in aufsteigender Linie, insbes auch die Eltern.

3 **C. Mangelfall.** Ein Mangelfall ist gegeben, wenn das Einkommen des Unterhaltspflichtigen unter Wahrung seines eigenen Selbstbehalts nicht ausreicht, den Bedarf der gleichrangigen Unterhaltsberechtigten in vollem Umfang sicherzustellen.

4 **I. Auswirkungen der Rangverhältnisse.** Zunächst sind die Ansprüche der vorrangig Berechtigten auf den vollen angemessenen Unterhalt sicherzustellen. Nachrangige Unterhaltsberechtigte sind erst dann zu befriedigen, wenn auch unter Berücksichtigung des eigenen Selbstbehalts des Pflichtigen noch Mittel für Unterhaltszwecke zur Verfügung stehen (BGH FamRZ 84, 683).

5 **II. Mangelfallberechnung.** Bei der Mangelfallberechnung ist zunächst von dem für Unterhaltszwecke zur Verfügung stehenden Einkommen des Unterhaltspflichtigen sein notwendiger oder angemessener Selbstbehalt abzuziehen. Dabei handelt es sich um die Verteilungsmasse. Zu ermitteln sind außerdem die Einsatzbeträge. Die ergeben sich aus dem jeweiligen Existenzminimum des Unterhaltsberechtigten. Dies sind bei minderjährigen Kindern die Beträge der Düsseldorfer Tabelle nach der 6. Einkommensgruppe und beim Ehegatten der angemessene Eigenbedarf, der bei geschiedenen und mit dem Schuldner zusammen lebenden Ehegatten unterschiedlich ist. Die Beträge sind in den Leitlinien unter Punkt 21 geregelt (vgl dazu im Einzelnen BGH FamRZ 03, 363). Anschließend ist die Summe der Einsatzbeträge zu ermitteln und die Mangelfallberechnung nach folgender Formel durchzuführen:
Einsatzbetrag × Verteilungsmasse: Summe der Einsatzbeträge

§ 1610 Maß des Unterhalts

(1) Das Maß des zu gewährenden Unterhalts bestimmt sich nach der Lebensstellung des Bedürftigen (angemessener Unterhalt).
(2) Der Unterhalt umfasst den gesamten Lebensbedarf einschließlich der Kosten einer angemessenen Vorbildung zu einem Beruf, bei einer der Erziehung bedürftigen Person auch die Kosten der Erziehung.

1 **A. Unterhalt nach der Lebensstellung.** Bei der Beurteilung der Lebensstellung des Bedürftigen ist zu berücksichtigen, dass minderjährige und volljährige Kinder, die sich noch in der Ausbildung befinden, keine wirtschaftliche Selbständigkeit erlangt haben. Aus diesem Grunde leiten sie ihre Lebensstellung von ihren Eltern ab, solange sie noch auf die von diesen zur Verfügung gestellten Mittel angewiesen sind. Deswegen kommt es vor allem auf die Einkommens- und Vermögensverhältnisse der Eltern an (BGH FamRZ 96, 160). Maßgeblich für den Unterhalt ist insoweit die Düsseldorfer Tabelle (vgl Vorbemerkung zu § 1601 ff).

2 **II. Volljährige Kinder.** Bei volljährigen Kindern gelten die vorhergehenden Grundsätze entspr. Zu unterscheiden ist, ob der Volljährige im Haushalt eines Elternteils wohnt oder einen eigenen Haushalt unterhält. Die Bedarfssätze ergeben sich entweder aus der 4. Altersstufe der Düsseldorfer Tabelle oder dem festen Bedarfssatz gem Anmerkung Nr 7 der Düsseldorfer Tabelle. In den Leitlinien finden sich entspr Regelungen unter 13.1.

3 **III. Kind mit eigener Lebensstellung.** Hat das Kind aufgrund längerer Ausübung einer beruflichen Tätigkeit eine eigene Lebensstellung erlangt und wird es dann unterhaltsbedürftig, erscheint es angemessen, ihm das Existenzminimum als Bedarf zuzubilligen, das in den Selbstbehaltsätzen zum Ausdruck kommt (Bamberg FamRZ 94, 255).

4 **IV. Bedarf der Eltern.** Beim Elternunterhalt entspricht der Bedarf ebenfalls dem Existenzminimum, das in den Selbstbehaltssätzen zum Ausdruck kommt (BGH FamRZ 02, 1698).

5 **V. Bedarf beim Enkelunterhalt.** Wegen des Bedarfs beim Enkelunterhalt s § 1607 Rn 5.

6 **B. Gesamter Lebensbedarf.** Der Elementarbedarf umfasst den Bedarf des täglichen Lebens, nicht aber Schulden und auch keine eigenen Unterhaltslasten des Unterhaltsgläubigers. Dazu gehören insbes Aufwendungen für Unterkunft, Verpflegung, Reinigung, Kleidung, Ferien und Hausrat (BGH FamRZ 84, 769), aber

auch Spielzeug (BVerwG NJW 93, 1218) sowie zur Pflege geistiger und körperlicher Interessen (BGH FamRZ 83, 473). Dazu gehört auch ein Taschengeld (Schleswig FuR 98, 178). Von den Unterhaltssätzen der Düsseldorfer Tabelle nicht erfasst werden der Mehrbedarf und der Sonderbedarf. Auch Kranken- und Pflegeversicherungsbeiträge sind in den Tabellensätzen der Düsseldorfer Tabelle nicht enthalten.

C. Ausbildungsunterhalt. I. Erstausbildung. Kinder haben grds nur Anspruch auf eine Ausbildung, nicht auf mehrere. Haben Eltern ihrem Kind eine den Begabungen und Fähigkeiten sowie dem Leistungswillen entspr Ausbildung finanziert, haben sie ihre Unterhaltsverpflichtung erfüllt und müssen dem Kind nicht noch eine weitere ermöglichen (BGH FamRZ 01, 1601; 93, 1057). Zur Erstausbildung gehört auch ein Studium nach praktischer Ausbildung und Abitur, wenn ein sachlicher und zeitlicher Zusammenhang gegeben ist (vgl dazu im Einzelnen BGH FamRZ 93, 1057; 89, 853; 01, 1601; 95, 416). Demggü liegt in den Fällen Realschule – Lehre – Fachoberschule – Studium im Regelfall eine Zweitausbildung vor, wenn das Kind nicht von vornherein beabsichtigt hatte, nach der Lehre die Fachoberschule zu besuchen und anschließend zu studieren, wobei der Entschluss zu studieren erst während der praktischen Ausbildung gefasst werden muss (BGH FamRZ 91, 320) oder die Eltern mit einem derartigen beruflichen Werdegang des Kindes aufgrund besonderer Anhaltspunkte rechnen mussten (BGH FamRZ 00, 420; Kobl FamRZ 01, 852). Eine Zweitausbildung wird allerdings dann geschuldet, wenn aus beruflichen Gründen ein Berufswechsel erforderlich ist (BGH FamRZ 95, 416), der zunächst erlernte Beruf entgegen objektiver Vorhersehbarkeit keine ausreichende Lebensgrundlage bietet (BGH FamRZ 95, 416), Eltern die Begabungen des Kindes falsch eingeschätzt haben (BGH FamRZ 95, 416; 93, 1057), das Kind gegen seinen Willen in einen seiner Begabung nicht entspr Beruf gedrängt worden ist (BFG FamRZ 89, 853), die Zweitausbildung auf einer intellektuellen Spätentwicklung beruht (BFG FamRZ 00, 420), das Kind unter dem Eindruck von Trennung und Scheidung keinen gefestigten Berufswunsch bilden konnte (Düsseldorf FamRZ 94, 1546) oder die begonnene falsche Ausbildung auf Bitten der Eltern beendet wird und das Kind dann eine seinen Neigungen und Fähigkeiten entspr Ausbildung aufnimmt (BGH FamRZ 91, 931).

II. Angemessenheit. Als angemessen ist eine Berufsausbildung zu verstehen, die der Begabung und den Fähigkeiten, dem Leistungswillen und den beachtenswerten Neigungen des Kindes am besten entspricht, ohne dass es insoweit auf Beruf und gesellschaftliche Stellung der Eltern ankommt, und die sich hinsichtlich ihrer Finanzierung in den Grenzen der wirtschaftlichen Leistungsfähigkeit der Eltern hält (BGH FamRZ 01, 1601; 93, 1057).

III. Ausbildungsdauer. Das Kind hat die Obliegenheit, die Ausbildung mit Fleiß und der gebotenen Zielstrebigkeit in angemessener und üblicher Zeit zu beenden (BGH FamRZ 98, 671; Hamm FamRZ 00, 886; Köln FamRZ 00, 1162). Verzögerungen, die auf einem vorübergehend leichten Versagen des Kindes zurückzuführen sind, müssen hingenommen werden (BGH FamRZ 90, 149).

IV. Ausbildungsbeginn. Die Ausbildung muss nach Abgang von der Schule in einer angemessenen Orientierungsphase aufgenommen werden (BGH FamRZ 98, 671). Bei der Orientierungsphase sind auch Alter, Entwicklungsstand und die gesamten Lebensumstände des Kindes zu berücksichtigen (BGH FamRZ 01, 1601).

V. Ausbildungsumfang. Die praktische Ausbildung ist mit der Gesellen-, Gehilfen- oder Facharbeiterprüfung abgeschlossen. Die Fortbildung zum Meister unterfällt nicht mehr der angemessenen Erstausbildung (Stuttg FamRZ 96, 1435).

IV. Studium. Das Studium ist mit Fleiß und Zielstrebigkeit zu betreiben, damit es innerhalb angemessener und üblicher Dauer beendet werden kann (BGH FamRZ 92, 1064). Innerhalb dieses Rahmens darf das Kind auch den Studienort wechseln. Der Ortswechsel muss aber der Ausbildung dienen. Entsteht durch den Ortswechsel erhöhter Unterhaltsbedarf des Kindes, kommt es darauf an, ob sich die Finanzierung in den Grenzen der wirtschaftlichen Leistungsfähigkeit der Eltern hält (BGH FamRZ 92, 1064). Nach diesen Grundsätzen ist auch ein Auslandsstudium zu beurteilen (Hamm 03, 1409). Die Studiendauer bemisst sich vom Beginn des Studiums bis zum Regelabschluss. Einen Anhaltspunkt bietet die Höchstförderungsdauer nach § 15 a BAföG (Hamm FamRZ 99, 387; 00, 886). Verzögerungen sind unschädlich, wenn sie auf Krankheit (Hamm FamRZ 90, 904), leichtem Prüfungsversagen (Karlsruhe FamRZ 94, 2362), einem Auslandsstudium (Hamm 03, 1409) beruhen oder durch Erwerbstätigkeit des Studenten gegeben sind, soweit Eltern ihrer Unterhaltsverpflichtung nicht nachgekommen sind (Hamm FamRZ 97, 1497). Wird die Wartezeit bis zur Zulassung zum gewünschten Studiumfach mit einem anderen Studiengang belegt, sind die Eltern nicht gehalten, dieses nicht berufsbezogene Parkstudium zu finanzieren (Kobl FamRZ 91, 108; Frankfurt FamRZ 90, 789). Ein Studienwechsel ist iRd anfänglichen Orientierung möglich. Diese kann sich äußerstenfalls auf die ersten drei Semester erstrecken (BGH FamRZ 87, 470; Celle FamRZ 02, 1645).

VII. Kontrollrechte. Den unterhaltspflichtigen Eltern stehen gem § 242 BGB Kontrollrechte über den Ausbildungsverlauf des volljährigen Kindes zu. Sie sind berechtigt, die Vorlage von Zeugnissen über Zwischenprüfungen etc zu verlangen (BGH FamRZ 87, 470).

§ 1610a Deckungsvermutung bei schadensbedingten Mehraufwendungen

Werden für Aufwendungen infolge eines Körper- oder Gesundheitsschadens Sozialleistungen in Anspruch genommen, wird bei der Feststellung eines Unterhaltsanspruchs vermutet, dass die Kosten der Aufwendungen nicht geringer sind als die Höhe dieser Sozialleistungen.

1 **A. Sozialleistungen.** Als Sozialleistungen iSd Vorschrift sind anerkannt worden
   – Leistungen nach dem Bundesversorgungsgesetz
   – Blindengeld
   – Grundrente § 31 BVG
   – Schwerbeschädigtenzulage § 31 BVG
   – Pflegezulage § 35 BVG
   – Kleiderzulagen und Wäschezuschuss §§ 35, 15 BVG
   – Sonstige Zulagen nach §§ 14, 31 V, 35 BVG
   – Orthopädische Mittel, Badekuren §§ 11, 13, 16 ff, 18 BVG
   – Berufsschadensausgleichsrenten § 30 BVG
   – Ausgleichsrente § 32 BVG
   – Pflegegeld nach § 37 SGB XI
   – Leistungen nach §§ 80 SVG, 50 Zivildienstversorgungsgesetz, 59 Bundesgrenzschutzgesetz, 4, 5 HHG, 52 Bundesseuchengesetz, 31 Schwerbehindertengesetz
   Keine Sozialleistungen sind Krankengeld, Krankentagegeld und Krankenhaustagegeld (Bremen FamRZ 91, 86)
   – Erziehungsgeld, hier ist § 9 S 1 BerzGG zu beachten
   – Renten aus der gesetzlichen Unfallversicherung (BGH FamRZ 82, 252)
   – Erwerbsunfähigkeitsrente nach § 44 SGB VI

2 **B. Darlegungs- und Beweislast.** Zugunsten der Berechtigten wird vermutet, dass die schädigungsbedingten Aufwendungen nicht geringer sind als die entspr Zuwendung durch die Sozialleistung und dass sie tatsächlich zur Deckung des schadensbedingten Mehrbedarfs aufgewendet wird (Hamm FamRZ 91, 1199). Derjenige, der sich auf die Anrechnung der Rente beruft, hat deren Einkommensfunktion zu beweisen.

3 **C. Ehegattenunterhalt.** Die Vorschrift gilt entspr für den Trennungs- und nachehelichen Unterhalt gem §§ 1361 I S 1 Hs 2 und 1578a, sowie für die eingetragene Lebenspartnerschaft nach § 12 III S 2 LPartG.

§ 1611 Beschränkung oder Wegfall der Verpflichtung

(1) ¹Ist der Unterhaltsberechtigte durch sein sittliches Verschulden bedürftig geworden, hat er seine eigene Unterhaltspflicht gegenüber dem Unterhaltspflichtigen gröblich vernachlässigt oder sich vorsätzlich einer schweren Verfehlung gegen den Unterhaltspflichtigen oder einen nahen Angehörigen des Unterhaltspflichtigen schuldig gemacht, so braucht der Verpflichtete nur einen Beitrag zum Unterhalt in der Höhe zu leisten, die der Billigkeit entspricht. ²Die Verpflichtung fällt ganz weg, wenn die Inanspruchnahme des Verpflichteten grob unbillig wäre.
(2) Die Vorschriften des Absatzes 1 sind auf die Unterhaltspflicht von Eltern gegenüber ihren minderjährigen unverheirateten Kindern nicht anzuwenden.
(3) Der Bedürftige kann wegen einer nach diesen Vorschriften eintretenden Beschränkung seines Anspruchs nicht andere Unterhaltspflichtige in Anspruch nehmen.

1 **A. Anwendungsbereich.** Die Vorschrift findet Anwendung auf Unterhaltsansprüche aller Verwandter mit Ausnahme minderjähriger Kinder. Sie gilt insbes auch für die privilegierten volljährigen Kinder. Abzustellen ist dabei auf die die Verwirkung rechtfertigende Handlung. Handlungen eines Minderjährigen können ihn auch nach Eintritt der Volljährigkeit nicht zugerechnet werden, wenn er noch unterhaltsbedürftig ist.

2 **B. Bedürftigkeit durch sittliches Verschulden.** Hat der Unterhaltsberechtigte seine Bedürftigkeit ganz oder teilweise selbst herbeigeführt, hängt die Verwirkung davon ab, ob sittliches Verschulden gegeben ist. Hierbei handelt es sich um Vorwerfbarkeit von erheblichem Gewicht (BGH FamRZ 85, 273). Dies kann insbes bei Rauschgift- und/oder Alkoholsucht gegeben sein (Celle FamRZ 90, 1142). Ist die Sucht jedoch als Krankheit anzusehen, kommt die Verwirkung nur in Betracht, wenn das Kind sich weigert, sich einer Therapiemaßnahme zu unterziehen (Wendl/Staudigl/*Scholz* § 2 Rn 84). Wenn zwischen Lebenswandel und Bedürftigkeit kein Zusammenhang besteht, liegt sittliches Verschulden nicht vor (Köln FamRZ 90, 310).

3 **C. Grobe Vernachlässigung der eigenen Unterhaltsverpflichtung ggü dem Unterhaltspflichtigen.** Dieser Tatbestand ist gegeben, wenn der nunmehr Bedürftige ggü dem jetzt Unterhaltsverpflichteten in der Vergangenheit seinerseits unterhaltspflichtig war und sich dieser Unterhaltsverpflichtung entzogen hat. Dieser Verwirkungsunterhalt hat praktisch nur beim Elternunterhalt Relevanz. Eine Vernachlässigung muss sich nicht auf den Barunterhalt beschränken, sondern kann sich auch auf den Betreuungsunterhalt beziehen (BGH FamRZ 04, 1559).

D. Schwere Verfehlung gegen den Unterhaltspflichtigen oder einen nahen Angehörigen. Erforderlich ist ein 4
schwerer Schuldvorwurf (BGH FamRZ 95, 475). Dies kommt in Betracht bei tief greifenden Kränkungen, die
einen groben Mangel an verwandtschaftlicher Gesinnung und menschlicher Rücksichtnahme erkennen lassen, zB bei tätlichen Angriffen, Bedrohungen, wiederholten groben Beleidigungen oder Denunziationen zum
Zwecke der beruflichen oder wirtschaftlichen Schädigung des Unterhaltspflichtigen (Celle FamRZ 93, 1235;
München FamRZ 92, 597). Auch das Verschweigen von anzurechnenden Einkünften kann ebenso ausreichen
wie die Ablehnung jeder persönlichen Kontaktaufnahme, wenn sie begleitet wird von besonders beleidigendem oder verletzendem Verhalten des Unterhaltsberechtigten (BGH FamRZ 95, 475). In diesem Zusammenhang ist auch zu berücksichtigen, ob der Unterhaltsverpflichtete dem Volljährigen als Kind die notwendige
Zuwendung versagt oder sich schwerer Verfehlungen ggü dem anderen Elternteil schuldig gemacht hat (München FamRZ 92, 595; aaO Bamberg FamRZ 92, 717).

E. Verschulden. Verwirkung kommt nur bei Verschulden in Betracht (BGH FamRZ 04, 1097). 5

F. Billigkeitserwägungen. Ein völliger Wegfall der Unterhaltsverpflichtung kommt gem Abs 1 S 2 nur dann 6
in Betracht, wenn die Inanspruchnahme des Pflichtigen grob unbillig wäre. Das setzt ein erhebliches sittenwidriges Verschulden oder eine so schwer wiegende Verfehlung voraus, dass selbst die Zahlung eines geringfügigen Unterhalts der Gerechtigkeit in unerträglicher Weise widersprechen würde (Göppinger/Wax/*Stöckle*
Rn 1501). Abzuwägen sind insbes die Schwere der Verfehlung, die wirtschaftliche Lage des Unterhaltsverpflichteten sowie eigene Verfehlungen des Unterhaltsverpflichteten zB in der Erziehung (BGH FamRZ 95,
475).

G. Wiederaufleben der Unterhaltsverpflichtung. Die weggefallene Unterhaltsverpflichtung kann wieder 7
aufleben, wenn die Voraussetzungen der Unterhaltsbeschränkung entfallen sind. Das Unterhaltsrechtsverhältnis besteht trotz der Verwirkung fort. Ein Wiederaufleben kann gegeben sein bei Alkoholsucht, wenn diese
erfolgreich bekämpft wird und die Bedürftigkeit später nicht mehr im Zusammenhang damit steht (Göppinger/Wax/*Stöckle* Rn 1504).

§ 1612 Art der Unterhaltsgewährung

(1) ¹Der Unterhalt ist durch Entrichtung einer Geldrente zu gewähren. ²Der Verpflichtete kann verlangen, dass
ihm die Gewährung des Unterhalts in anderer Art gestattet wird, wenn besondere Gründe es rechtfertigen.
(2) ¹Haben Eltern einem unverheirateten Kind Unterhalt zu gewähren, so können sie bestimmen, in welcher Art und für welche Zeit im Voraus der Unterhalt gewährt werden soll, wobei auf die Belange des Kindes die gebotene Rücksicht zu nehmen ist. ²Aus besonderen Gründen kann das Familiengericht auf Antrag
des Kindes die Bestimmung der Eltern ändern. ³Ist das Kind minderjährig, so kann ein Elternteil, dem die
Sorge für die Person des Kindes nicht zusteht, eine Bestimmung nur für die Zeit treffen, in der das Kind
in seinen Haushalt aufgenommen ist.
(3) ¹Eine Geldrente ist monatlich im Voraus zu zahlen. ²Der Verpflichtete schuldet den vollen Monatsbetrag auch dann, wenn der Berechtigte im Laufe des Monats stirbt.

A. Zahlung einer Geldrente. Der Unterhalt ist regelmäßig auf die Zahlung eines bestimmten monatlichen 1
Geldbetrages gerichtet, sog Barunterhalt. Er ist damit eine Geldschuld.

B. Zahlungsweise. Der Unterhalt ist gem III für den gesamten Monat im Voraus zu entrichten. Es handelt 2
sich um eine Schickschuld, so dass die rechtzeitige Absendung des Geldes ausreicht (Köln FamRZ 90, 1243).
Üblich sind Regelungen, bis wann der Unterhalt auf dem Konto des Unterhaltsberechtigten eingehen muss.

C. Anderweitige Leistung. Im Einverständnis der Parteien können Geldleistungen in Naturalleistungen 3
ersetzt werden. Nimmt der Gläubiger solche ohne Widerspruch entgegen, muss er diese auf den Barunterhalt
anrechnen lassen. Ansonsten ist eine andere Art der Unterhaltsgewährung nur bei besonderen Gründen möglich. Hier kommen insbes schutzwürdige Interessen des Unterhaltsverpflichteten in Betracht.

D. Unterhaltsbestimmungsrecht. I. Inhalt des Bestimmungsrechts. Die Unterhaltsbestimmung ist muss 4
den gesamten Lebensbedarf des Kindes erfassen. Denkbar sind sowohl Natural- als auch Barunterhaltsleistungen (BGH FamRZ 85, 584). Es darf jedoch nichts ausgelassen werden (BGH FamRZ 93, 417).

II. Rechtsnatur des Bestimmungsrechts. Das Bestimmungsrecht ist ein Gestaltungsrecht. Es wird durch 5
eine empfangsbedürftige Willenserklärung ausgeübt (BGH FamRZ 83, 369). Eine besondere Form ist ebenso
wenig wie eine ausdrückliche Erklärung erforderlich (BGH FamRZ 83, 369).

III. Betroffene Kinder. Das Bestimmungsrecht gilt nur ggü Kindern, die nicht verheiratet sind oder verhei- 6
ratet waren (Köln, FamRZ 83, 643).

7 **IV. Bestimmungsberechtigte.. 1. Volljährige Kinder.** Das Bestimmungsrecht steht jedem Elternteil zu, der von den volljährigen Kindern auf Unterhalt in Anspruch genommen wird (BGH FamRZ 93, 322). Im Falle der Trennung oder Scheidung ist jeder Elternteil zur Ausübung des Bestimmungsrechts befugt (BGH FamRZ 88, 831; 93, 322; aA Karlsruhe FamRZ 82, 821; Köln FamRZ 82, 838). Bei gegenläufigen Unterhaltsbestimmungen ist die Interessenlage der Eltern zu berücksichtigen. Werden schutzwürdige Interessen eines Elternteils berührt, ist die Bestimmung des anderen unwirksam (BGH FamRZ 88, 831). Sind beide Bestimmungen wirksam, hat das volljährige Kind die Entscheidung, welcher Bestimmung es folgt (Göppinger/Wax/*Kodal* Rn 151). Mit der Befolgung eines Bestimmungsrechts erlischt der Barunterhaltsanspruch des anderen Elternteils. Befolgt das Kind eine wirksame Unterhaltsbestimmung nicht, kann es keinen Barunterhalt von einem der Elternteile verlangen (Wendl/Staudigl/*Scholz* § 2 Rn 33).

8 **2. Minderjährige Kinder.** Bei minderjährigen Kindern ist gem II S 3 auf das Sorgerecht abzustellen. Hat der andere Elternteil das Kind in seinem Haushalt aufgenommen, wird er für diesen Zeitraum wie ein Sorgeberechtigter behandelt. Fallen Teilsorgerecht und Aufenthaltsbestimmungsrecht auseinander, ist letzteres maßgebend (Köln NJW 98, 320).

9 **V. Wirksamkeitsvoraussetzungen..** Unwirksam sind Unterhaltsbestimmungen, wenn sie einer Regelung der Eltern, die einem Vergleich, möglicherweise auch während der Minderjährigkeit getroffen wurde, entgegenstehen (BGH FamRZ 83, 892), die nicht den gesamten Lebensbedarf abdecken, Belange des anderen Elternteils missachten, rechtlich undurchführbar sind, zB entgegen die Aufenthaltsbestimmung eines Betreuers (BGH FamRZ 85, 917), tatsächlich undurchführbar sind, zB große Entfernung vom Studienort (BGH FamRZ 96, 798) oder offensichtlicher Missbrauch besteht (BGH FamRZ 85, 584; Frankfurt FamRZ 01, 116).

10 **VI. Bestimmungsänderung durch das Familiengericht.** Eine unwirksame Bestimmung kann abgeändert werden. Erforderlich ist ein Antrag durch das volljährige Kind nicht durch einen Elternteil (BGH FamRZ 81, 25). Außerdem müssen besondere Gründe gegeben sein, die in einer tief greifenden Entfremdung (Köln FamRZ 96, 963; Celle FamRZ 97, 968; KG FamRZ 90, 791) oder einer einschneidenden Veränderung der Lebenssituation (Göppinger/Wax/Kodal Rn 178) liegen können. Nicht ausreichend sind Bedürfnis nach Selbständigkeit (Hamburg FamRZ 83, 643; Hamm FamRZ 90, 404), Spannungen im Elternhaus die mit gutem Willen auf beiden Seiten behoben werden können (Göppinger/Wax/*Kodal* Rn 176) oder verlangte Mitarbeit im Haushalt (LG Düsseldorf FamRZ 85, 517).

11 **VII. Rechtsfolgen der Bestimmung. 1. Bestimmungsänderung durch das Familiengericht.** Die Entscheidung wirkt auf den Zeitpunkt der Antragstellung zurück. Bis dahin hat das Kind keinen Anspruch auf Barunterhalt.

12 **2. Bestimmung durch die Eltern.** Haben Eltern bzw Elternteile das Bestimmungsrecht wirksam ausgeübt, hat das Kind keinen Anspruch auf Barunterhalt (BGH FamRZ 81, 250). Es muss also den Barunterhalt annehmen. Auch ein Anspruch auf Teilunterhalt scheidet aus (aA Göppinger/Wax/*Kodal* Rn 182).

13 **VIII. Verfahrensrecht.** Es entscheidet das Familiengericht. Funktional zuständig ist der Familienrichter, nicht der Rechtspfleger (Ddorf FamRZ 01, 1306; Göppinger/Wax/Kodal Rn 184; aA KG FamRZ 01, 115; Frankfurt FamRZ 01, 116; Schleswig FamRZ 03, 48 mit der Einschränkung, dass in einem laufenden Rechtsstreit auch das Familiengericht entscheiden darf).

§ 1612 a Art der Unterhaltsgewährung bei minderjährigen Kindern

(1) Ein minderjähriges Kind kann von einem Elternteil, mit dem es nicht in einem Haushalt lebt, den Unterhalt als Vomhundertsatz des jeweiligen Regelbetrags nach der Regelbetrag-Verordnung verlangen.
(2) ¹Der Vomhundertsatz ist auf eine Dezimalstelle zu begrenzen; jede weitere sich ergebende Dezimalstelle wird nicht berücksichtigt. ²Der sich bei der Berechnung des Unterhalts ergebende Betrag ist auf volle Euro aufzurunden.
(3) ¹Die Regelbeträge werden in der Regelbetrag-Verordnung nach dem Alter des Kindes für die Zeit bis zur Vollendung des sechsten Lebensjahrs (erste Altersstufe), die Zeit vom siebten bis zur Vollendung des zwölften Lebensjahrs (zweite Altersstufe) und für die Zeit vom 13. Lebensjahr an (dritte Altersstufe) festgesetzt. ²Der Regelbetrag einer höheren Altersstufe ist ab dem Beginn des Monats maßgebend, in dem das Kind das betreffende Lebensjahr vollendet.
(4) ¹Die Regelbeträge ändern sich entsprechend der Entwicklung des durchschnittlich verfügbaren Arbeitsentgelts erstmals zum 1. Juli 1999 und danach zum 1. Juli jeden zweiten Jahres. ²Die neuen Regelbeträge ergeben sich, indem die zuletzt geltenden Regelbeträge mit den Faktoren aus den jeweils zwei der Veränderung vorausgegangenen Kalenderjahren für die Entwicklung
1. der Bruttolohn- und -gehaltssumme je durchschnittlich beschäftigten Arbeitnehmer und
2. der Belastung bei Arbeitsentgelten

vervielfältigt werden; das Ergebnis ist auf volle Euro aufzurunden. ³Das Bundesministerium der Justiz hat die Regelbetrag-Verordnung durch Rechtsverordnung, die nicht der Zustimmung des Bundesrates bedarf, rechtzeitig anzupassen.

(5) ¹Die Faktoren im Sinne von Absatz 4 Satz 2 werden ermittelt, indem jeweils der für das Kalenderjahr, für das die Entwicklung festzustellen ist, maßgebende Wert durch den entsprechenden Wert für das diesem vorausgegangene Kalenderjahr geteilt wird. ²Der Berechnung sind

1. für das der Veränderung vorausgegangene Kalenderjahr die dem Statistischen Bundesamt zu Beginn des folgenden Kalenderjahrs vorliegenden Daten der Volkswirtschaftlichen Gesamtrechnung,
2. für das Kalenderjahr, in dem die jeweils letzte Veränderung vorgenommen wurde, die vom Statistischen Bundesamt endgültig festgestellten Daten der Volkswirtschaftlichen Gesamtrechnung, sowie
3. im Übrigen die der Bestimmung, der bisherigen Regelbeträge zugrunde gelegten Daten der Volkswirtschaftlichen Gesamtrechnung

zugrunde zu legen; sie ist auf zwei Dezimalstellen durchzuführen.

A. Anwendungsbereich. Erfasst werden minderjährige Kinder. Allerdings kann aus einem Titel auf Regelunterhalt auch nach Erreichen der Volljährigkeit vollstreckt werden, § 798a ZPO. 1

B. Regelbetrag. Die Regelbeträge werden in der Regelbetrag-Verordnung festgelegt, die letztmals im Jahre 2005 geändert wurde. Die Regelbeträge entspr der ersten Einkommensgruppe der Düsseldorfer Tabelle. Der Regelbetrag enthält keinen Mindestunterhalt und kein Existenzminimum (BGH FamRZ 02, 536). Es werden jedoch ähnliche Konsequenzen damit verbunden, nämlich die Beweislast des Unterhaltspflichtigen für Umstände, die der Zahlung des Regelbehalts entgegenstehen. Außerdem ist dies ein wichtiger Gesichtspunkt für die Berücksichtigungsfähigkeit von Verbindlichkeiten (BGH aaO). 2

C. Vomhundertsatz. Das Regelbetrag-System erlaubt die Geltendmachung eines Vomhundertsatzes des Regelbetrages. Damit wird der Unterhalt dynamisiert, weil jener sich auf die jeweilige Düsseldorfer Tabelle bezieht. Möglich ist auch, den Unterhalt als Festbetrag geltend zu machen. 3

D. Ermächtigungsgrundlage für die Rechtsverordnung. IV und V regeln das Fortschreibungsverfahren auf Grundlage von Daten der volkswirtschaftlichen Gesamtrechnung. 4

E. Formulierung der Anträge. Ein dynamisierter Unterhaltstitel setzt einen entspr Antrag voraus. Er muss den Prozentsatz für die jeweilige Altersstufe bis zum 18. Lebensjahr des Kindes enthalten. Im Regelfall wird versucht, auch die Kindergeldanrechnung in die Dynamisierung einzubeziehen. Hier muss § 1612b V beachtet werden. Kindbezogene Leistungen dürfen daher nur in einer Höhe angerechnet werden, dass niemals höherer Unterhalt als nach dieser Vorschrift geschuldet wird. Insoweit bestehen allerdings Bedenken hinsichtlich der Bestimmtheit des Titels (Dorf FamRZ 01, 1096). 5

§ 1612b Anrechnung von Kindergeld

(1) Das auf das Kind entfallende Kindergeld ist zur Hälfte anzurechnen, wenn an den barunterhaltspflichtigen Elternteil Kindergeld nicht ausgezahlt wird, weil ein anderer vorrangig berechtigt ist.
(2) Sind beide Elternteile zum Barunterhalt verpflichtet, so erhöht sich der Unterhaltsanspruch gegen den das Kindergeld beziehenden Elternteil um die Hälfte des auf das Kind entfallenden Kindergelds.
(3) Hat nur der barunterhaltspflichtige Elternteil Anspruch auf Kindergeld, wird es aber nicht an ihn ausgezahlt, ist es in voller Höhe anzurechnen.
(4) Ist das Kindergeld wegen Berücksichtigung eines nicht gemeinschaftlichen Kindes erhöht, ist es im Umfang der Erhöhung nicht anzurechnen.
(5) Eine Anrechnung des Kindergeldes unterbleibt, soweit der Unterhaltspflichtige außerstande ist, Unterhalt in Höhe von 135 Prozent des Regelbetrags nach der Regelbetrag-Verordnung zu leisten.

A. Allgemeines zum Kindergeld. I. Rechtliche Grundlagen. Entspr Grundlagen finden sich im EStG und BKGG. Letzteres betrifft nur beschränkt Steuerpflichtige und Kinder, die Kindergeld für sich beanspruchen, wenn sie Vollwaisen sind, den Aufenthalt ihrer Eltern nicht kennen oder niemandem sonst ein Kindergeldanspruch zusteht. 1

II. Anspruchsberechtigte. Nach § 63 EStG sind anspruchsberechtigt die Eltern, uU auch Pflegeeltern. Der Anspruch entfällt bei einem bestimmten Einkommen des Kindes gem §§ 32 IV S 2 EStG. Das Alter der Kinder, die das Kindergeld vermitteln ist geregelt in § 32 IV S 1 EStG. 2

III. Bezugsberechtigte. Kindergeldbezugsberechtigt bei mehreren Anspruchsberechtigten ist nach § 64 II die Person, in deren Haushalt das Kind lebt. Lebt das Kind im eigenen Haushalt ist nach III S 1 bezugsberechtigt derjenige, der dem Kind Barunterhalt zahlt. Bei Barunterhaltszahlungen beider Eltern steht das Kindergeld 3 demjenigen zu, der den höheren Unterhalt leistet. Bei gleich hohem Unterhalt muss die Bezugsberechtigung abgestimmt werden. Bei Leistungsfähigkeit eines Elternteils besteht die Möglichkeit der Abzweigung des Kindergeldes durch das Kind selbst gem § 74 EStG.

4 **IV. Höhe des Kindergeldes.** Seit dem 1.1.02 beträgt das Kindergeld im Monat für das erste bis dritte Kind je 154 € und für das vierte Kind 179 €. Das Kindergeld wird einkommensunabhängig gewährt.

5 **B. Auswirkungen auf den Bedarf des Kindes. I. Minderjährige Kinder.** Das Kindergeld stellt eine steuerliche Leistung an beide Eltern dar und ist zwischen diesen auszugleichen. Es ändert damit den Bedarf des Kindes nicht.

6 **II. Volljährige Kinder.** Hier gilt entspr. Hat allerdings das Kind das Kindergeld nach § 74 EStG abgezweigt, muss es auf den Bedarf angerechnet werden.

7 **C. Kindergeldausgleich beim Barunterhalt. I. Allgemeines.** Gem I und II gilt der Halbteilungsgrundsatz, der dem Steuerrecht entnommen wurde. Der Elternteil, das das Kindergeld nicht erhält, darf seine Unterhaltszahlungen um das halbe Kindergeld kürzen, der andere Elternteil muss sie um das halbe Kindergeld erhöhen. Die Einhaltung des Halbteilungsgrundsatzes gilt auch bei unterschiedlich hohen Haftungsanteilen der Eltern.

8 **II. Kind im Haushalt eines Elternteils.** Das Kindergeld erhält der Elternteil, in dessen Haushalt das Kind lebt, § 64 II EStG. Bei beiderseitiger Barunterhaltspflicht gilt die hälftige Anrechnung. Ist der Elternteil, in dessen Haushalt das Kind lebt, leistungsunfähig, ist das volle Kindergeld anzurechnen (BGH FuR 06, 76; Schlesw FamRZ 00, 1245; Braunschw FamRZ 00, 1246; Brandbg FamRZ 03, 553; Naumbg FamRZ 02, 589; aA Celle FamRZ 03, 1408; 01, 47; Köln FamRZ 03, 1408; Brandbg FamRZ 02, 1216; Ddorf OLG Report 02, 274).

9 **III. Kind mit eigenem Haushalt.** Das Kindergeld erhält gem § 64 III S 1 EStG der Elternteil, der dem Kind alleine oder den höheren Barunterhalt zahlt. Bei beiderseitiger Barunterhaltspflicht gilt wiederum der Halbteilungsgrundsatz. Bei alleiniger Barunterhaltspflicht eines Elternteils muss dieser gem § 64 III S 2 EStG vorgehen. Unterlässt er dies, hat er selbst die Nachteile zu tragen. Auf keinen Fall darf das Kind weniger als den festen Bedarfssatz erhalten. Nur wenn das volljährige Kind das Kindergeld bezieht, ist dieses auf den Bedarf anzurechnen.

10 **D. Alleinige Anspruchsberechtigung.** Gem III wird bei alleiniger Anspruchsberechtigung das gesamte Kindergeld angerechnet. Vgl hierzu §§ 63 iVm 32 I EStG. Die alleinige Anspruchsberechtigung kommt in Betracht, wenn der andere Elternteil verstorben ist, Ausländer ohne Kindergeldanspruch ist oder wegen eines Auslandsaufenthalts keinen Anspruch auf Kindergeld hat. Weitere Voraussetzung ist, dass das Kindergeld an einen Dritten ausgezahlt wird, zB durch Abzweigung gem § 74 I EStG an das Sozialamt oder das Kind selbst. III gilt nicht bei Pfändung und Überweisung des Kindergeldanspruchs zugunsten des unterhaltsberechtigten Kindes.

11 **E. Kindergeldanrechnung nach V. I. Minderjährige Kinder.** Wegen Hinweises auf die Regelbetrag-VO gilt die Vorschrift nur für minderjährige Kinder. Zur Sicherstellung des Existenzminimums wird das Kindergeld auf die Tabellenbeträge bis zur sechsten Einkommensgruppe in Abweichung zum Halbteilungsgrundsatz zu einem geringeren Anteil angerechnet, vgl dazu die Kindergeldanrechnungstabelle, die Bestandteil der Düsseldorfer Tabelle ist.

12 **II. Volljährige Kinder.** Für volljährige, auch privilegierte volljährige Kinder gilt V nicht. Auch eine analoge Anwendung dürfte nicht in Betracht kommen, da der Gesetzgeber diese nicht gewollt hat (aA Nürnberg FamRZ 03, 1685). Anzurechnen ist daher immer das hälftige Kindergeld.

13 **F. Kindergeldanrechnung im Mangelfall. I. Minderjährige Kinder.** Bei minderjährigen Kindern ist das Kindergeld im Mangelfall schon im Hinblick auf V nicht anzurechnen.

14 **II. Volljährige Kinder.** Bei volljährigen Kindern dürfte eine Anrechnung des hälftigen Kindergeldes im Mangelfall ebenfalls nicht in Betracht kommen, weil dies der Zweckbindung des Kindergeldes widerspricht (Göppinger/Wax/*Häußermann* Rn 819; Wendl/Staudigl/*Scholz* § 2 Rn 510).

15 **G. Zählkindvorteil nach IV.** Zählkinder sind Kinder, für ein Elternteil zwar einen Anspruch auf Kindergeld hat, nicht aber die Bezugsberechtigung für Kindergeld. Da alle Kinder bei der Bemessung der Höhe des Kindergeldes mitgezählt werden, soll der Zählkindvorteil dem Elternteil allein zugute kommen, der eine zusätzliche Unterhaltslast für ein nicht gemeinschaftliches Kind trägt. Dies wirkt sich wegen des höheren Kindergeldes erst ab dem 4. Kind aus.

§ 1612 c Anrechnung anderer kindbezogener Leistungen

§ 1612 b gilt entsprechend für regelmäßig wiederkehrende kindbezogene Leistungen, soweit sie den Anspruch auf Kindergeld ausschließen.

Kindergeldersetzende Leistungen sind in §§ 65 EStG, 4 BKGG geregelt. Dafür gelten Vorschriften über die Kindergeldanrechnung entspr. Die Anrechnung der Höhe nach ist auf ein fiktives Kindergeld beschränkt. Darüber hinausgehende Leistungen sind in die Ermittlung des für Unterhaltszwecke einzusetzenden Einkommens einzubeziehen. Sind die Leistungen geringer, ist zu prüfen, ob ein ergänzender Anspruch auf Kindergeld nach § 65 II EStG besteht oder die Differenz nach zwischenstaatlichen Vereinbarungen auszugleichen ist. 1

Nicht unter die Vorschrift fallen kindbezogene Besoldungs- und Entgeltbestandteile. 2

§ 1613 Unterhalt für die Vergangenheit

(1) ¹Für die Vergangenheit kann der Berechtigte Erfüllung oder Schadensersatz wegen Nichterfüllung nur von dem Zeitpunkt an fordern, zu welchem der Verpflichtete zum Zwecke der Geltendmachung des Unterhaltsanspruchs aufgefordert worden ist, über seine Einkünfte und sein Vermögen Auskunft zu erteilen, zu welchem der Verpflichtete in Verzug gekommen oder der Unterhaltsanspruch rechtshängig geworden ist. ²Der Unterhalt wird ab dem Ersten des Monats, in den die bezeichneten Ereignisse fallen, geschuldet, wenn der Unterhaltsanspruch dem Grunde nach zu diesem Zeitpunkt bestanden hat.

(2) Der Berechtigte kann für die Vergangenheit ohne die Einschränkung des Absatzes 1 Erfüllung verlangen
1. wegen eines unregelmäßigen außergewöhnlich hohen Bedarfs (Sonderbedarf); nach Ablauf eines Jahres seit seiner Entstehung kann dieser Anspruch nur geltend gemacht werden, wenn vorher der Verpflichtete in Verzug gekommen oder der Anspruch rechtshängig geworden ist;
2. für den Zeitraum, in dem er
   a) aus rechtlichen Gründen oder
   b) aus tatsächlichen Gründen, die in den Verantwortungsbereich des Unterhaltspflichtigen fallen,
   an der Geltendmachung des Unterhaltsanspruchs gehindert war.

(3) ¹In den Fällen des Absatzes 2 Nr. 2 kann Erfüllung nicht nur in Teilbeträgen oder erst zu einem späteren Zeitpunkt verlangt werden, soweit die volle oder die sofortige Erfüllung für den Verpflichteten eine unbillige Härte bedeuten würde. ²Dies gilt auch, soweit ein Dritter vom Verpflichteten Ersatz verlangt, weil er anstelle des Verpflichteten Unterhalt gewährt hat.

A. Geltendmachung von Unterhaltsrückständen. I. Auskunftsverlangen. Das Auskunftsverlangen muss Klarheit schaffen, für welchen Unterhalt die Auskunft verlangt wird (Frankfurt FuR 02, 534). Mit der erstmaligen Bezifferung des Unterhalts entfällt die Wirkung des I für darüber hinausgehenden Unterhalt. 1

II. Verzug. 1. Fälligkeit. Die Fälligkeit kann sich aus einem Vertrag oder dem Gesetz ergeben. Bei Trennungsunterhalt ist die Trennung erforderlich, beim nachehelichen Unterhalt die Rechtskraft der Scheidung. Da beide Unterhaltsarten nicht identisch sind, müssen die Voraussetzungen jeweils gesondert geschaffen werden. 2

2. Mahnung. S § 286 Rn 1. Zur Bestimmtheit sind erforderlich Angaben zur Unterhaltsart, zum Zeitpunkt und zur Höhe (Karlsr FamRZ 98, 742). Die Anmahnung eines höheren Betrag ist im Regelfall unschädlich (BGH FamRZ 82, 887). Bei Ermäßigung des Unterhalts bleibt der Verzug für den reduzierten Unterhalt bestehen (Hamm FamRZ 89, 1303). Ein PKH-Antrag steht der Mahnung gleich. Zur Entbehrlichkeit der Mahnung vgl § 284 II. 3

III. Rechtshängigkeit. Rechtshängigkeit tritt nur bei förmlicher Zustellung der Klage, auch der Stufenklage nach § 256 ZPO ein, bei Klageerhöhung ab Zustellung des entspr Schriftsatzes. Die formlose Übersendung eines PKH-Antrages reicht nicht (BGH FamRZ 90, 283). 4

IV. Beginn der Zahlungspflicht. Nach I S 2 besteht die Zahlungspflicht zum 1. des Monats. Voraussetzung ist allerdings, dass der Unterhaltsanspruch materiell rechtlich dem Grunde nach zu diesem Zeitpunkt schon bestanden hat. 5

B. Ehegattenunterhalt. I. Trennungsunterhalt. Entspr Anwendung von § 1613 gem § 1361 IV S 4, § 1360 a III. 6

II. Nachehelicher Unterhalt. Für den nachehelichen Unterhalt gilt § 1585 b II. Nicht ausreichend ist das Auskunftsverlangen. Eine Rückbeziehung auf den Monatsersten gilt ebenfalls nicht. Hier wird die Stufenmahnung bei Nichtkenntnis der Einkommensverhältnisse von Bedeutung (BGH FamRZ 90, 283). 7

C. Sonderbedarf nach II Nr 1. Unregelmäßig ist ein unvorhergesehener Bedarf. Str ob er überraschend sein muss (so BGH FamRZ 84, 470; aA Karlsruhe FamRZ 97, 967). Maßgeblich wird die Möglichkeit der Rückla- 8 genbildung sein (BVerfG FamRZ 99, 1342). Ob er außergewöhnlich hoch ist, beurteilt sich nach den wirtschaftlichen Verhältnissen (BVerfG aaO). Zum Sonderbedarf gehören Erstausstattung eines Säuglings (BVerfG aaO), Schulfahrten (Hamm FamRZ 03, 1585), Kommunions- und Konfirmationskosten (Bremen FamRZ 03, 1587; KG FamRZ 03, 1584), Prozesskostenvorschuss, Umzugskosten (München OLGR 96, 264) und uU Computer (Hamm FamRZ 04, 830). Zum Sonderbedarf kann auch der den Betreuungsunterhalt leistende Elternteil herangezogen werden (BGH FamRZ 98, 286). Sonderbedarf kann während eines Jahres nach seiner Entstehung ohne die Einschränkung nach I verlangt werden, danach nur bei Verzug oder Rechtshängigkeit.

9 **D. Verhinderung der Geltendmachung.** Ohne Voraussetzungen nach I kann rückständiger Unterhalt verlangt werden, wenn er aus rechtlichen oder tatsächlichen Gründen, die im Verantwortungsbereich des Unterhaltspflichtigen fallen, nicht geltend gemacht werden konnte, II Nr 1 a und 1 b.

10 **I. Rechtliche Gründe.** Die Vorschrift hat praktisch nur für nicht eheliche Kinder Bedeutung, wenn ihr Vater erst nach ihrer Geburt festgestellt werden kann, weil der Unterhaltsanspruch bereits mit Geburt des Kindes entsteht und auch fällig wird, vor Rechtswirkungen der Vaterschaft aber nicht geltend gemacht werden kann.

11 **II. Tatsächliche Gründe.** Hierzu gehören Untertauchen, Aufenthalt im Ausland, auch wenn der Aufenthaltsort bekannt ist, jedoch sonstige Umstände zu einem erheblichen Zeitverzug oder zur Ungewissheit über den Erfolg der eingeleiteten Maßnahmen führen.

12 **E. Verwirkung.** Nicht zeitnah geltend gemachte Unterhaltsansprüche können gem § 242 verwirken.

13 **I. Zeitmoment.** Im Grundsatz reicht ein Zeitraum von mehr als einem Jahr vor Rechtshängigkeit für die Verwirkung der bis dahin entstandenen Unterhaltsansprüche aus (BGH FamRZ 02, 1698). Dies gilt auch für titulierte Ansprüche, die erst nach der Titulierung fällig werden.

14 **II. Umstandsmoment.** Erforderlich ist, dass sich der Schuldner darauf einrichten durfte, nicht mehr in Anspruch genommen zu werden. Besondere Vertrauensinvestitionen müssen nicht dargelegt werden, wenn die Einkünfte sich ieR bewegen, der dafür spricht, dass sie für die Lebenshaltungskosten verbraucht werden (BGH aaO).

§ 1614 Verzicht auf den Unterhaltsanspruch; Vorausleistung

(1) Für die Zukunft kann auf den Unterhalt nicht verzichtet werden.
(2) Durch eine Vorausleistung wird der Verpflichtete bei erneuter Bedürftigkeit des Berechtigten nur für den im § 760 Abs. 2 bestimmten Zeitabschnitt oder, wenn er selbst den Zeitabschnitt zu bestimmen hatte, für einen den Umständen nach angemessenen Zeitabschnitt befreit.

1 **A. Verzicht.** Verzicht beinhaltet einen Erlassvertrag und erfordert zwei übereinstimmende Willenserklärungen. Demgü können Eltern Freistellungsvereinbarungen treffen und die Unterhaltsbeiträge im Verhältnis untereinander regeln. Diese hindern das Kind allerdings an der Geltendmachung des Unterhaltsanspruchs nicht (Frankfurt FamRZ 94, 1131). Bei einem Teilverzicht ist ein Ermessensrahmen zu beachten. Bei einer Toleranzgrenze von etwa einem Drittel ist ein unzulässiger Teilverzicht noch nicht anzunehmen (Köln FamRZ 83, 750; Celle FamRZ 92, 94; Hamm FamRZ 01, 1023).

2 **I. Unterhalt für die Zukunft.** Die Nichtigkeit eines Unterhaltsverzichtes betrifft nur den Unterhalt für die Zukunft.

3 **II. Unterhalt für die Vergangenheit.** Auf Unterhaltsrückstände kann demgü rechtswirksam verzichtet werden.

4 **B. Vorauszahlungen.** II beschränkt die Erfüllung für Unterhaltsvorauszahlungen. Danach befreien diese für drei Monate, vgl § 760 II, oder für einen angemessenen Zeitabschnitt. Hierbei handelt es sich in der Regel um einen Rahmen zwischen drei und sechs Monaten. Sollen Zahlungen einen längeren Zeitraum abgelten, handelt der Schuldner auf eigene Gefahr. Hat der Gläubiger das gezahlte Geld nicht richtig eingeteilt, verschwendet oder ist ihm das Geld abhanden gekommen (BGH FamRZ 93, 1186), muss erneut gezahlt werden.

5 **C. Ehegattenunterhalt. I. Trennungsunterhalt.** Die Vorschrift gilt auch für den Trennungsunterhalt gem §§ 1361 IV S 3, 1360 a III.

6 **II. Nachehelichen Unterhalt.** Für den nachehelichen Unterhalt gilt § 1614 nicht. Dies bedeutet zunächst, dass auf nachehelichen Unterhalt verzichtet werden kann. Auch I gilt für Vorausleistungen nicht. Allerdings leistet der Schuldner auch hier auf eigene Gefahr, wenn er nachehelichen Unterhalt für mehr als sechs Monate im Voraus zahlt (BGH FamRZ 93, 1186).

§ 1615 Erlöschen des Unterhaltsanspruchs

(1) Der Unterhaltsanspruch erlischt mit dem Tode des Berechtigten oder des Verpflichteten, soweit er nicht auf Erfüllung oder Schadensersatz wegen Nichterfüllung für die Vergangenheit oder auf solche im Voraus zu bewirkende Leistungen gerichtet ist, die zur Zeit des Todes des Berechtigten oder des Verpflichteten fällig sind.

(2) Im Falle des Todes des Berechtigten hat der Verpflichtete die Kosten der Beerdigung zu tragen, soweit ihre Bezahlung nicht von dem Erben zu erlangen ist.

A. Grundsatz. Der höchstpersönliche Unterhaltsanspruch erlischt mit dem Tod des Gläubigers und des Schuldners. 1

B. Ausnahmen. Bis zum Tode eines der Beteiligten entstandene Unterhaltsansprüche bleiben bestehen, soweit nicht die Voraussetzung des § 1613 vorliegen. 2
Nach dem Tode bestehende, aber zum Todeszeitpunkt fällige Unterhaltsansprüche bleiben ebenfalls bestehen, also zB Ansprüche für die restlichen Tage des Monats gem § 1612 III.

I. Tod des Unterhaltsgläubigers. Stirbt der Unterhaltsgläubiger, gehen Ansprüche gem § 1922 auf den Erben über. Sie verlieren ihren Charakter als Unterhaltsansprüche nicht. 3

II. Tod des Unterhaltsschuldners. Stirbt der Unterhaltsschuldner, haftet dessen Erbe nach § 1967. Die Haftung ist grds unbeschränkt, anders als nach § 1586 b, der für den nachehelichen Unterhalt gilt und auch künftige Unterhaltsansprüche erfasst. 4

C. Beerdigungskosten nach II. Kann der gem § 1968 vorrangig verpflichtete Erbe die Beerdigungskosten nicht zahlen, haftet der Unterhaltsschuldner. Ist er zugleich Erbe, kann er sich auf die Beschränkung der Erbenhaftung nicht berufen. Die Ersatzverpflichtung ist Ausschluss der gesetzlichen Unterhaltsverpflichtung, so dass § 1603 I für den Erben gilt. 5

Untertitel 2 Besondere Vorschriften für das Kind und seine nicht miteinander verheirateten Eltern

§ 1615a Anwendbare Vorschriften

Besteht für ein Kind keine Vaterschaft nach § 1592 Nr. 1, § 1593 und haben die Eltern das Kind auch nicht während ihrer Ehe gezeugt oder nach seiner Geburt die Ehe miteinander geschlossen, gelten die allgemeinen Vorschriften, soweit sich nichts anderes aus den folgenden Vorschriften ergibt.

Anwendungsbereich
Die Vorschrift behandelt außereheliche und eheliche Kinder unterhaltsrechtlich gleich. Die Besonderheit beschränkt sich auf § 1615 o.

§§ 1615 b – 1615 k
– weggefallen –

§ 1615 l Unterhaltsanspruch von Mutter und Vater aus Anlass der Geburt

(1) ¹Der Vater hat der Mutter für die Dauer von sechs Wochen vor und acht Wochen nach der Geburt des Kindes Unterhalt zu gewähren. ²Dies gilt auch hinsichtlich der Kosten, die infolge der Schwangerschaft oder der Entbindung außerhalb dieses Zeitraums entstehen.

(2) ¹Soweit die Mutter einer Erwerbstätigkeit nicht nachgeht, weil sie infolge der Schwangerschaft oder einer durch die Schwangerschaft oder die Entbindung verursachten Krankheit dazu außerstande ist, ist der Vater verpflichtet, ihr über die in Absatz 1 Satz 1 bezeichnete Zeit hinaus Unterhalt zu gewähren. ²Das Gleiche gilt, soweit von der Mutter wegen der Pflege oder Erziehung des Kindes eine Erwerbstätigkeit nicht erwartet werden kann. ³Die Unterhaltspflicht beginnt frühestens vier Monate vor der Geburt; sie endet drei Jahre nach der Geburt, sofern es nicht insbesondere unter Berücksichtigung der Belange des Kindes grob unbillig wäre, einen Unterhaltsanspruch nach Ablauf dieser Frist zu versagen.

(3) ¹Die Vorschriften über die Unterhaltspflicht zwischen Verwandten sind entsprechend anzuwenden. ²Die Verpflichtung des Vaters geht der Verpflichtung der Verwandten der Mutter vor. ³Die Ehefrau und minderjährige unverheiratete Kinder des Vaters gehen bei Anwendung des § 1609 der Mutter vor; die Mutter geht

den übrigen Verwandten des Vaters vor. ⁴§ 1613 Abs. 2 gilt entsprechend. ⁵Der Anspruch erlischt nicht mit dem Tode des Vaters.
(4) ¹Wenn der Vater das Kind betreut, steht ihm der Anspruch nach Absatz 2 Satz 2 gegen die Mutter zu. ²In diesem Falle gilt Absatz 3 entsprechend.

1 **A. Unterhalt während der Mutterschutzfrist nach I.** I gewährt einen Unterhaltsanspruch für die Zeit, in der die Mutter gem §§ 3 II, 6 I MuSchG einem Beschäftigungsverbot unterliegt, also sechs Wochen vor bis acht Wochen nach der Geburt des Kindes. Der Anspruch ist unabhängig davon, ob die Bedürftigkeit durch Schwangerschaft oder Entbindung bedingt ist, setzt also keine Kausalität voraus (BGH FamRZ 98, 541).
Die Vorschrift gilt auch hinsichtlich der Kosten die infolge der Schwangerschaft oder der Entbindung außerhalb dieses Zeitraums entstehen. Erfasst wird nur der Sonderbedarf der Mutter, nicht der hiervon abzugrenzende Bedarf des Kindes.

2 **B. Unterhalt wegen Krankheit nach II.** Nach II ist die Mutter auch unterhaltsberechtigt, wenn sie infolge der Schwangerschaft oder einer durch sie oder die Entbindung verursachte Krankheit außer Stande ist, einer Erwerbstätigkeit nachzugehen. Hier ist Ursächlichkeit erforderlich.

3 **C. Unterhalt wegen Kinderbetreuung nach II S 1. I. Bedarf der Mutter.** Für den Bedarf ist gem III S 1, § 1610 I die Lebensstellung der unterhaltsberechtigten Mutter maßgebend. Von Bedeutung ist ihr Einkommen, das sie ohne Geburt des Kindes gehabt hätte. Würde sie danach einen höheren Bedarf als die Hälfte des Einkommens des Vaters beanspruchen können, wird ihr Bedarf durch den Halbteilungsgrundsatz auf die Hälfte des Manneseinkommens begrenzt (BGH FamRZ 05, 357). Betreut die Mutter ein Kind aus einer früheren Ehe und macht sie Unterhalt wegen eines weiteren nicht ehelichen Kindes geltend, sind die ehelichen Lebensverhältnisse auch für den Bedarf bezüglich der Ansprüche aus § 1615 l maßgebend (BGH FamRZ 98, 541). Wurde vor der Geburt keine Erwerbstätigkeit ausgeübt, richtet sich der Bedarf überwiegend nach dem Existenzminimum, vgl dazu die Leitlinien der OLG zu Gliederungspunkt 18. Der Bedarf erfasst auch die Kosten für die Kranken- und Pflegeversicherung (Bremen FamRZ 00, 636). Ein Anspruch auf Altersvorsorgeunterhalt besteht dagegen nicht.

4 **II. Bedürftigkeit der Mutter.** Lohnfortzahlung gem § 11 MuSchG und Mutterschaftsgeld gem § 200 RVO mindern die Bedürftigkeit. Erziehungsgeld ist dagegen nicht anzurechnen (BVerfG 00, 1149). Stammen die Einkünfte im Hinblick auf die Betreuung des Kindes aus überobligatorischer Tätigkeit, kann ein Teil davon gem § 1577 II anrechnungsfrei bleiben (BGH FamRZ 05, 357).

5 **III. Leistungsfähigkeit des Vaters.** Dem Unterhaltsschuldner steht ein etwa gleich hoher Selbstbehalt zu, als wenn er mit der Mutter verheiratet wäre. Sein Selbstbehalt liegt zwischen dem notwendigen und dem angemessenen (BGH FamRZ 05, 354). Die Leitlinien enthalten dazu Regelungen unter Gliederungspunkt 23.3.1. Auch das Vermögen des Pflichtigen ist erforderlichenfalls einzusetzen. Der Steuervorteil aus bestehender Ehe des Vaters kommt der nichtehelichen Mutter nicht zu Gute (Kobl NJW 04, 957).

6 **IV. Dauer des Unterhalts.** Die Unterhaltsverpflichtung beginnt frühestens vier Monate vor und endet drei Jahre nach der Geburt, sofern dies nicht unter Berücksichtigung der Belange des Kindes grob unbillig wäre (zu Einzelfällen vgl *Büttner* FamRZ 00, 783).

7 **E. Rangfolge.** Nach III S 3, § 1609 sind vorrangig Unterhaltsansprüche der unverheirateten minderjährigen Kinder und der gleichgestellten privilegierten volljährigen Kinder sowie der geschiedenen und der neuen Ehefrau des Vaters.

8 **F. Mehrere Unterhaltsschuldner der Mutter.** Die Verpflichtung des Vaters des nicht ehelichen Kindes geht der Verpflichtung der Verwandten der Mutter vor. Eine anteilige Haftung kann bei gleichzeitiger Unterhaltspflicht des Ehegatten gegeben sein. Die Höhe der Haftungsanteile bestimmt sich nach den Umständen des Einzelfalles, insbes den Einkommens- und Vermögensverhältnissen, aber auch der Anzahl, Alter und Betreuungsbedürftigkeit der Kinder (BGH FamRZ 98, 541). Heiratet die Mutter einen anderen Mann, entfällt der Anspruch aus § 1615 l in Analogie zu § 1586 (BGH FamRZ 05, 347).

9 **G. Tod des Vaters.** In Abweichung zu § 1615 erlischt der Anspruch mit dem Tod des Verpflichteten nicht. Vielmehr haften die Erben nach § 1967 für den Unterhalt.

10 **H. Betreuung durch den Vater.** Unterhalt wegen Betreuung eines Kindes steht auch dem Vater zu, wenn dieser und nicht die Mutter das Kind betreut. Die Vaterschaft muss anerkannt oder rechtskräftig festgestellt sein, §§ 1592 Nr 2, 1600 d I und II. Streitig ist, ob es ausreicht, wenn die Vaterschaft unstreitig ist (so Zweibrücken FamRZ 98, 554 aA Hamm FamRZ 89, 619). Der Vater muss das Kind betreuen. Ist dies der Fall, kommt es auf eine dem widersprechende Sorgerechtsregelung nicht an (*Büdenbender* FamRZ 98, 134). Der Unterhaltsanspruch ist wegen des Hinweises auf II S 2 auf den laufenden Unterhalt beschränkt, er beginnt mit der Geburt des Kindes, wenn der Vater das Kind ab diesem Zeitpunkt betreut.

§ 1615 m Beerdigungskosten für die Mutter

Stirbt die Mutter infolge der Schwangerschaft oder der Entbindung, so hat der Vater die Kosten der Beerdigung zu tragen, soweit ihre Bezahlung nicht von dem Erben der Mutter zu erlangen ist.

Anwendungsbereich
Die Mutter muss infolge der Schwangerschaft oder Entbindung verstorben sein. Der Vater haftet nur subsidiär hinter den Erben. Der Anspruch richtet sich nach der Lebensstellung der Mutter.

§ 1615 n Kein Erlöschen bei Tod des Vaters oder Totgeburt

¹Die Ansprüche nach den §§ 1615 l, 1615 m bestehen auch dann, wenn der Vater vor der Geburt des Kindes gestorben oder wenn das Kind tot geboren ist. ²Bei einer Fehlgeburt gelten die Vorschriften der §§ 1615 l, 1615 m sinngemäß.

A. Ansprüche bei Tod des Vaters. Die Ansprüche von Mutter und Kind aus §§ 1615 l und 1615 m richten sich gegen die Erben des Vaters. Dabei handelt es sich um eine Nachlassverbindlichkeit. 1

B. Ansprüche bei Tod – oder Fehlgeburt. Auch bei Totgeburt des Kindes besteht die Verpflichtung des Vaters, die Ansprüche auf Erstattung der Kosten, die infolge der Schwangerschaft und Entbindung entstanden sind und Unterhalt nach § 1615 l I S 1 und II S 1 zu befriedigen. Die Feststellung der Vaterschaft geschieht inzidenter im Leistungsprozess. Für die Fristberechnung ist auf den Zeitpunkt der Tod- bzw Fehlgeburt abzustellen. Umstritten ist die Frage, ob der Vater auch die Kosten der Schwangerschaftsunterbrechung bzw einer Totgeburt infolge unerlaubter Abtreibung zu tragen hat (bejahend AG Brake FamRZ 76, 288; Palandt/*Diederichsen* § 1615 n Rn 2; abl BaRoth § 1615 n Rn 4). Stirbt die Mutter infolge des Schwangerschaftsabbruchs, trägt der Vater auch die Kosten der Beerdigung, es sei denn, er hat versucht, den Abbruch in verantwortungsvoller Weise zu verhindern (Palandt/Diederichsen § 1615 n Rn 2). 2

§ 1615 o Einstweilige Verfügung

(1) ¹Auf Antrag des Kindes kann durch einstweilige Verfügung angeordnet werden, dass der Mann, der die Vaterschaft anerkannt hat oder der nach § 1600 d Abs. 2 als Vater vermutet wird, den für die ersten drei Monate dem Kinde zu gewährenden Unterhalt zu zahlen hat. ²Der Antrag kann bereits vor der Geburt des Kindes durch die Mutter oder einen für die Leibesfrucht bestellten Pfleger gestellt werden; in diesem Falle kann angeordnet werden, dass der erforderliche Betrag angemessene Zeit vor der Geburt zu hinterlegen ist.
(2) Auf Antrag der Mutter kann durch einstweilige Verfügung angeordnet werden, dass der Mann, der die Vaterschaft anerkannt hat oder der nach § 1600 d Abs. 2 als Vater vermutet wird, die nach § 1615 l Abs. 1 voraussichtlich zu leistenden Beträge an die Mutter zu zahlen hat; auch kann die Hinterlegung eines angemessenen Betrags angeordnet werden.
(3) Eine Gefährdung des Anspruchs braucht nicht glaubhaft gemacht zu werden.

A. Grundlagen. Die Vorschrift ermöglicht eine einstweilige Verfügung zur Sicherstellung des Unterhalts des Kindes (I) und für die Mutter (II) für einen bestimmten Zeitraum, nämlich drei Monate für das Kind und 14 Wochen für die Mutter. 1

B. Sicherstellung des Kindesunterhalts. Erforderlich ist ein Vaterschaftsanerkenntnis, das auch schon vor der Geburt zulässig ist, § 1594 IV. Auf die §§ 1594 ff wird Bezug genommen. Ausreichend für die Drei-Monats-eV ist die Glaubhaftmachung der Voraussetzung der Vaterschaftsvermutung des § 1600 d II (*Gaul* FamRZ 00, 1471). Dazu muss das Kind die Beiwohnung während der Empfängniszeit glaubhaft machen. Für die Glaubhaftmachung der Beiwohnung reicht die eidesstattliche Versicherung der Kindesmutter, wenn sie glaubwürdig erscheint. Geltend gemachte schwerwiegende Zweifel hat das Kind auszuräumen. Im Übrigen richtet sich der Unterhalt nach §§ 1601 ff. 2

C. Sicherstellung des Unterhalts der Mutter. Auch hier ist die nichteheliche Vaterschaft glaubhaft zu machen. Im Übrigen sind glaubhaft zu machen die tatsächlichen Voraussetzungen des Anspruchs auf Elementarunterhalt nach § 1615 l S 1, die Höhe der Entbindungskosten und andere Aufwendungen, die infolge der Schwangerschaft und Entbindung entstanden sind, § 1615 l S 2, III sowie Grund und Höhe eines etwaigen Sonderbedarfs, § 1615 l I S 1 III. 3

D. Verfahrensrecht. Das Kind muss bei der Drei-Monats-Verfügung gesetzlich vertreten sein. Zur Vertretung vor der Geburt sind nebeneinander berechtigt die Kindesmutter, der Pfleger für die Leibesfrucht oder das Jugendamt, wenn auf Antrag Beistandschaft eingetreten ist, nach der Geburt des Kindes das Jugendamt, 4 wenn auf Antrag Beistandschaft eingetreten ist, oder das Jugendamt als Vormund, wenn die Mutter des nichtehelichen Kindes minderjährig ist, verstorben ist, ihre elterliche Sorge ruht oder ihr das Sorgerecht entzogen worden ist.

Das Gesuch muss einen bestimmten Antrag iSd § 253 II Nr 2 ZPO enthalten. Geltend gemacht werden kann der Unterhalt für die ersten drei Monate bei Einreichung des eV-Gesuchs. Vor Ablauf von drei Monaten nach der Geburt des nichtehelichen Kindes allerdings noch als rückständiger Unterhalt. Danach kann der Unterhaltsrückstand für die ersten drei Monate im Wege der eV nicht mehr verlangt werden. Das Kind ist nicht auf den Notbedarf beschränkt, sondern kann den angemessenen Unterhalt verlangen. Zuständig ist das Gericht der Hauptsache, das sich nach der Zuständigkeit für den Statusprozess richtet. Ein Verfügungsgrund braucht aufgrund der Ausnahmeregelung des III nicht vorzuliegen.

Titel 4 Rechtsverhältnis zwischen den Eltern und dem Kind im Allgemeinen

Vorbemerkungen vor §§ 1616 bis 1625

1   A. **Nachname des Kindes.** Eheliche und nicht eheliche Kinder sind auch im Namensrecht gleichgestellt. Das seit dem 1.7.98 geltende Namensrecht knüpft im Regelfall nicht an die Ehelichkeit bzw. Nichtehelichkeit des Kindes, sondern an das Sorgerecht an. Im Grundsatz kann der Kindesname deshalb nur während der Minderjährigkeit des Kindes geändert werden (BayObLG FamRZ 02, 1729).

2   Darüber hinaus hat die Neufassung des Ehegattennamensrechts (§ 1355 BGB; Rn 1 ff) eine Anpassung des Kindesnamensrechts notwendig gemacht.

3   B. **Vorname des Kindes. I. Grundsatz.** Das Recht zur Bestimmung des Vornamens ist gesetzlich nicht geregelt und folgt aus dem Personensorgerecht (§§ 1626 I 1, 1627), das beiden Eltern zusteht, wenn sie gemeinsam sorgeberechtigt sind. Ist die mit dem Vater nicht verheiratete Mutter allein sorgeberechtigt (§ 1626 a II), fehlt dem Vater das Bestimmungsrecht (OVG Brandbg FamRZ 05, 1119).

4   Die Vornamensbestimmung wird nicht durch Anzeige ggü dem Standesbeamten ausgeübt, sondern durch formlose Einigung der Eltern, sodass der Eintragung im Geburtenbuch nur deklaratorische Bedeutung zukommt. Fehlt diese Einigung und ist auf Grund der falschen Geburtsanzeige eines Elternteils ein unrichtiger Vorname angegeben, ist der Geburtenbucheintrag (§ 21 I Nr 4 PStG) unrichtig und auf Antrag eines Elternteils (§ 47 II 1 PStG) grds einer Berichtigung zugänglich (BayObLG FamRZ 95, 685, 686).

5   II. **Meinungsverschiedenheiten.** Bei Meinungsverschiedenheiten müssen die Eltern sich um eine Einigung bemühen (§ 1627 S 2). Bleiben die Differenzen bestehen, kann das FamG auf Antrag gem § 1628 einem Elternteil das Vornamensbestimmungsrecht übertragen, ggf mit Auflagen und Beschränkungen.

6   III. **Grenzen des Bestimmungsrechts.** Das Vornamensbestimmungsrecht unterliegt Beschränkungen durch das Gewohnheitsrecht und (letztlich) durch § 1666. Die Kasuistik in der Rspr (zB Zweibr FamRZ 93, 1242 Unzulässigkeit von »Lord« oder »Moewe« BayObLG FamRZ 87, 203 als Vornamen, Zulässigkeit von »Chelsea« Hamm FamRZ 95, 1225, „Alke" LG Braunschweig FamRZ 01, 1480, LS und „Mienaatchi" Stuttg FamRZ 03, 1687 als Mädchennamen, von »Büb« Köln FamRZ 00, 69, LS und Tjorven Hamm FamRZ 01, 1480, LS als Jungennamen und von »Prestige«, »Gerrit«, »Mikado« und »Speedy« FamRZ 99, 46 sowie »Birkenfeld« Frankf FamRZ 01, 372, LS sowie „Anderson" BVerfG FamRZ 05, 2049 als weitere Vornamen für einen Knaben) spiegelt den Fantasiereichtum der Eltern bei der Vornamensgebung wider (vgl im Einzelnen: Palandt/*Diederichsen* § 1616 Rn 15 ff), deren Namensfindungsrecht jedoch auf 4–5 Vornamen begrenzt ist (BVerfG FamRZ 04, 522).

7   IV. **Änderung des Vornamens.** Vornamensänderungen kommen in Betracht nach Verwaltungsrecht (§ 3 I NamÄndG), bei Adoptionen (§ 1757 II 1 BGB) und bei Geschlechtsumwandlung (Transsexuellen-Gesetz vom 10.9.80).

8   V. **Nachgeschobener Vorname.** Soll das Kind nach abgeschlossener Beurkundung im Geburtenbuch noch einen weiteren Vornamen erhalten, so kann dies nicht durch Berichtigung, sondern nur durch behördliche Namensänderung geschehen (BayObLG FamRZ 00, 55).

§ 1616 Geburtsname bei Eltern mit Ehenamen

Das Kind erhält den Ehenamen seiner Eltern als Geburtsnamen.

1   Tragen die Eltern bei der Geburt des Kindes einen Ehenamen (vgl § 1355) – mögen sie zu diesem Zeitpunkt auch schon wieder geschieden sein –, erhält das Kind automatisch diesen Ehenamen als Geburtsnamen. Eine

andere Namensbestimmung der Eltern ist unzulässig (§ 1616 BGB). Ein von einem Elternteil mit dem Ehenamen verbundener »Begleitname« geht nicht auf das Kind über.

Die bei der Bildung des Ehenamens der Eltern geltenden Grundsätze zur Angleichung ausländischen Namensrechts (s Rn 5 a) sind auch auf die Bildung des Kindesnamens übertragbar. Deshalb können die Eltern zB den nach isländischem Recht gebildeten „Vatersnamen" (der aus dem Vornamen des Vaters unter Hinzufügung des Namensteils „son" besteht) zum Familiennamen des Kindes bestimmen (LG Tübingen FamRZ 04, 730). 2

Zu den Auswirkungen auf den Kindesnamen bei einer Änderung des Ehenamens vgl § 1617 c III Nr 1. 3

§ 1617 Geburtsname bei Eltern ohne Ehenamen und gemeinsamer Sorge

(1) ¹Führen die Eltern keinen Ehenamen und steht ihnen die Sorge gemeinsam zu, so bestimmen sie durch Erklärung gegenüber dem Standesbeamten den Namen, den der Vater oder die Mutter zur Zeit der Erklärung führt, zum Geburtsnamen des Kindes. ²Eine nach der Beurkundung der Geburt abgegebene Erklärung muss öffentlich beglaubigt werden. ³Die Bestimmung der Eltern gilt auch für ihre weiteren Kinder.
(2) ¹Treffen die Eltern binnen eines Monats nach der Geburt des Kindes keine Bestimmung, überträgt das Familiengericht das Bestimmungsrecht einem Elternteil. ²Absatz 1 gilt entsprechend. ³Das Gericht kann dem Elternteil für die Ausübung des Bestimmungsrechts eine Frist setzen. ⁴Ist nach Ablauf der Frist das Bestimmungsrecht nicht ausgeübt worden, so erhält das Kind den Namen des Elternteils, dem das Bestimmungsrecht übertragen ist.
(3) Ist ein Kind nicht im Inland geboren, so überträgt das Gericht einem Elternteil das Bestimmungsrecht nach Absatz 2 nur dann, wenn ein Elternteil oder das Kind dies beantragt oder die Eintragung des Namens des Kindes in ein deutsches Personenstandsbuch oder in ein amtliches deutsches Identitätspapier erforderlich wird.

A. Allgemeines. Bei Eltern ohne Ehenamen folgt das Recht zur Bestimmung des Kindesnamens aus der elterlichen Sorge. Eltern ohne Ehenamen sind nicht miteinander verheiratete Eltern bzw Eheleute, die bis zur Geburt des Kindes keinen Ehenamen bestimmt haben. 1
Zu unterscheiden ist, ob die Eltern gemeinsam sorgeberechtigt sind oder nicht. Bei fehlender gemeinsamer Sorge kommt § 1617 a zur Anwendung.

B. Betroffene. Die Vorschrift betrifft stets eheliche Kinder. Außerdem sind Kinder (noch) nicht miteinander verheirateter Eltern betroffen, die durch Sorgerechtserklärungen schon vor der Geburt der Kinder erklärt haben, dass sie die Sorge gemeinsam übernehmen wollen (§ 1626 b II iVm § 1626 a I Nr 1). 2

C. Namenswahl. Die Eltern können in diesen Fällen *bei* der Geburt (formlos) oder nach Beurkundung der Geburt (öffentliche Beglaubigung notwendig) den Namen des Vaters oder der Mutter zum Geburtsnamen bestimmen (§ 1617 I 1). Wählbar ist also auch der Name des Vaters, wenn dieser nicht mit der Kindesmutter verheiratet ist. Die Wahl eines Doppelnamens der Eltern für das Kind, zusammengesetzt aus ihren jeweiligen Familiennamen, ist unzulässig (BayObLG FamRZ 00, 56, 57; zur vorübergehenden Zulässigkeit des Doppelnamens für vor dem 1. 4. 94 geborene Kinder: BVerfG FamRZ 91, 535, 538). Der Ausschluss des Kinderdoppelnamens verstößt nicht gegen das durch Art 6 II GG geschützte Elternrecht (BVerfG FamRZ 02, 306). 3

D. Geschwister. Eine einmal getroffene Namenswahl der Eltern ist auch für weitere Kinder bindend (I 3), auch im Falle späterer Adoption (Hamm FamRZ 01, 859; BayObLG FamRZ 05, 1010). § 1617 I 3 ist verfassungsgemäß (BVerfG FamRZ 02, 877 zu § 1616 II 3 aF). 4
§ 1617 I 3 gilt hingegen nicht, wenn die Eltern bei der Geburt eines weiteren Kindes keine Sorgerechtserklärung gem § 1626 a abgeben. Das Kind erhält vielmehr als Geburtsnamen den Familiennamen der gem § 1626 a II allein sorgeberechtigten Mutter, falls diese nicht gem § 1617 a II dem Kind mit Zustimmung des Kindesvaters dessen Namen erteilt hat (Hamm FamRZ 05, 1009). 5

E. Gemeinsames Bestimmungsrecht binnen Monatsfrist. Die Eltern können innerhalb eines Monats nach der Geburt den Geburtsnamen des Kindes bestimmen (II 1). 6

F. Uneinigkeit der Eltern. Treffen die Eltern binnen Monatsfrist keine Namensbestimmung, überträgt das FamG entspr § 1628 das Bestimmungsrecht Elternteil (II 1). Es setzt außerdem eine Frist für die Ausübung des Bestimmungsrechts (II 3). Zuständig ist der Richter, § 14 I Nr 5 RpflG (Frankf FamRZ 96, 819). 7

Ausnahme: Ist das Kind im Ausland geboren, wird das Bestimmungsrecht nur auf Antrag übertragen oder wenn der Name des Kindes in das deutsche Personenstandsbuch oder deutsche Ausweispapiere eingetragen werden soll (III). 8
Sodann ist zu unterscheiden:

9 Der bestimmungsberechtigte Elternteil kann entspr § 1617 I seinen im Bestimmungszeitpunkt geführten Namen oder den Namen des anderen Elternteils zum Geburtsnamen des Kindes bestimmen (II 2). Einer Zustimmung des anderen Elternteils bedarf es nicht. Dieser kann also die Wahl seines Namens durch den bestimmungsberechtigten Elternteil nicht verhindern.
10 Bleibt der bestimmungsberechtigte Elternteil innerhalb der gerichtlich gesetzten Frist untätig, erhält das Kind nach Fristablauf automatisch dessen Namen (II 4). Auf den Grund der Fristversäumung kommt es ebenso wenig an wie auf elterliches Verschulden. Eine Wiedereinsetzung in den vorigen Stand ist im Gesetz nicht vorgesehen (Hamm FamRZ 04, 731).

§ 1617a Geburtsname bei Eltern ohne Ehenamen und Alleinsorge

(1) Führen die Eltern keinen Ehenamen und steht die elterliche Sorge nur einem Elternteil zu, so erhält das Kind den Namen, den dieser Elternteil im Zeitpunkt der Geburt des Kindes führt.
(2) ¹Der Elternteil, dem die elterliche Sorge für ein unverheiratetes Kind allein zusteht, kann dem Kind durch Erklärung gegenüber dem Standesbeamten den Namen des anderen Elternteils erteilen. ²Die Erteilung des Namens bedarf der Einwilligung des anderen Elternteils und, wenn das Kind das fünfte Lebensjahr vollendet hat, auch der Einwilligung des Kindes. ³Die Erklärungen müssen öffentlich beglaubigt werden. ⁴Für die Einwilligung des Kindes gilt § 1617c Abs. 1 entsprechend.

1 Die Vorschrift regelt die Namensführung von Kindern, deren Eltern keinen Ehenamen tragen, sofern ein Elternteil allein sorgeberechtigt ist.
2 Betroffen sind Kinder nicht verheirateter Eltern, wenn der Mutter die originäre Alleinsorge zusteht (§ 1626a II BGB), selten auch Kinder von Eltern, die verheiratet sind oder verheiratet waren, falls ein Elternteil verstorben oder ihm das Sorgerecht entzogen worden ist.
3 Das Kind erhält mit der Geburt kraft Gesetzes den Namen, den der allein sorgeberechtigte Elternteil im Zeitpunkt der Geburt führt (I).
4 Hat das Kind im Regelfall (originäre Alleinsorge der Mutter) zunächst automatisch gem I den Namen der Mutter erhalten, kann die Mutter dem Kind den Namen des Kindesvaters erteilen (II), jedoch nicht mehr nach dem Tod des Kindes (BayObLG FamRZ 01, 1543, 1545). Erforderlich sind jedoch die öffentlich beglaubigten (§ 1617a I 3) Einwilligungen des Kindes – soweit es das 5. Lebensjahr vollendet hat – sowie des anderen Elternteiles, dessen Einwilligung nicht gerichtlich ersetzt werden kann. Eine Rückänderung in den Nachnamen der Kindesmutter ist nur gem § 3 NÄG möglich, wenn dies zum Wohle des Kindes erforderlich ist (OVG Brem FamRZ 05, 1927).
5 Die Namensänderung kann bereits bei Geburt des Kindes erfolgen (unechte Namensänderung), wenn die Erklärung der Mutter und die Zustimmung des Vaters bereits vor der Geburt des Kindes abgegeben worden sind.
6 Andererseits entfällt mit Eintritt der Volljährigkeit des Kindes die Befugnis des allein sorgeberechtigten Elternteils zur Namensänderung. Eine erweiternde Anwendung des 1617a II dahingehend, dass das volljährige Kind einen Wechsel von dem nach einem Elternteil geführten Namen zu dem anderen Elternteils vornehmen kann, ist nicht möglich (BayObLG FamRZ 02, 1729, 1730).
7 Fällt später dem Kindesvater die Alleinsorge zu (§ 1672 I), kann dieser mit Einwilligung der Kindesmutter dem Kind in entsprechender Anwendung des Abs 2 seinen eigenen Namen erteilen (BayObLG FamRZ 00, 1435). Dagegen gestattet das Gesetz dem Vater, dem nach dem Tod der nach § 1626a II allein sorgeberechtigten Mutter die Alleinsorge zugefallen ist, nicht, dem Kind seinen Namen zu erteilen (BGH FamRZ 05, 1984).

§ 1617b Name bei nachträglicher gemeinsamer Sorge oder Scheinvaterschaft

(1) ¹Wird eine gemeinsame Sorge der Eltern erst begründet, wenn das Kind bereits einen Namen führt, so kann der Name des Kindes binnen drei Monaten nach der Begründung der gemeinsamen Sorge neu bestimmt werden. ²Die Frist endet, wenn ein Elternteil bei Begründung der gemeinsamen Sorge seinen gewöhnlichen Aufenthalt nicht im Inland hat, nicht vor Ablauf eines Monats nach Rückkehr in das Inland. ³Hat das Kind das fünfte Lebensjahr vollendet, so ist die Bestimmung nur wirksam, wenn es sich der Bestimmung anschließt. ⁴§ 1617 Abs. 1 und § 1617c Abs. 1 Satz 2 und 3 und Abs. 3 gelten entsprechend.
(2) ¹Wird rechtskräftig festgestellt, dass ein Mann, dessen Familienname Geburtsname des Kindes geworden ist, nicht der Vater des Kindes ist, so erhält das Kind auf seinen Antrag oder, wenn das Kind das fünfte Lebensjahr noch nicht vollendet hat, auch auf Antrag des Mannes den Namen, den die Mutter im Zeitpunkt der Geburt des Kindes führt, als Geburtsnamen. ²Der Antrag erfolgt durch Erklärung ggü dem Standesbeamten, die öffentlich beglaubigt werden muss. ³Für den Antrag des Kindes gilt § 1617c Abs. 1 Satz 2 und 3 entsprechend.

A. Allgemeines. Betroffen sind die Kinder nicht verheirateter Eltern ohne gemeinsames Sorgerecht (§ 1617 a 1
I, Rn 2), wenn die Eltern nachträglich durch gemeinsame Sorgerechtserklärungen oder durch Heirat die
gemeinsame Sorge begründen (I) oder Kinder, die den Familiennamen des Mannes (Scheinvaters) tragen,
wenn dieser seine Vaterschaft angefochten hat (II).
I. Nachträglicher Sorgerechtserwerb (I). 1. Gemeinsame Sorge durch Erklärungen (§ 1626 a Nr 1). Die 2
Eltern können binnen 3 Monaten nach Begründung der gemeinsamen Sorge den Kindesnamen (nur einverständlich) ändern (I), unter der weiteren Voraussetzung, dass sich das Kind, falls es über 5 Jahre alt ist, der
Änderung anschließt (I 3). Für die Namensbestimmung gelten die §§ 1617 I, 1617c I S 2 u. 3, III entsprechend. Machen die Eltern dagegen von der Änderungsmöglichkeit gem I keinen Gebrauch, so ist der von diesem Kind weitergeführte Familienname auch für später geborene Geschwister verbindlich (BayObLG FamRZ
02, 856).
Trennen sich die Eltern wieder und erhält die Mutter die Alleinsorge, nachdem das Kind bereits aufgrund des 3
I 1 einen Geburtsnamen erhalten hat, steht der Mutter nicht das Recht zu, beim Kind eine (erneute)
Namensänderung vorzunehmen (Bremen FamRZ 03, 1687).
2. Gemeinsame Sorge durch spätere Heirat (§ 1626 a I Nr 2). Wenn die Eltern bei der – der Geburt des 4
Kindes nachfolgenden – Heirat einen Ehenamen annehmen, wird dieser automatisch Geburtsname des Kindes, falls sich das Kind, sofern es über 5 Jahre alt ist, der Änderung anschließt (§ 1617 c I 1).
Heiraten die Eltern nach der Geburt des Kindes, ohne einen Ehenamen anzunehmen, haben sie nach § 1617 b 5
I 1 das Recht zur Neubestimmung des Geburtsnamens des Kindes (s.o. Rn 2). Bestimmen sie später doch
noch einen Ehenamen, geht dieser auf das Kind über (§ 1617 c I 1).
B. Anfechtung der Vaterschaft des Namensgebers. I. Grundsatz. Trägt das Kind als Geburtsnamen den 6
Familiennamen des Vaters und wird dessen Vaterschaft – und damit die Nichtehelichkeit des Kindes – rechtskräftig festgestellt, führt das Kind weiterhin den Namen des Scheinvaters (Umkehrschluss aus II 1).
II. Ausnahme. Jedoch erhält das Kind gem § 1617 b II den Namen, den die Kindesmutter im Zeitpunkt der 7
Geburt des Kindes geführt hat, als Geburtsnamen vor Vollendung des 5. Lebensjahres auf Antrag des Kindes
oder auf Antrag des Scheinvaters, nach Vollendung des 5. Lebensjahres (nur) auf Antrag des Kindes.

§ 1617 c Name bei Namensänderung der Eltern

(1) ¹Bestimmen die Eltern einen Ehenamen, nachdem das Kind das fünfte Lebensjahr vollendet hat, so
erstreckt sich der Ehename auf den Geburtsnamen des Kindes nur dann, wenn es sich der Namensgebung anschließt. ²Ein in der Geschäftsfähigkeit beschränktes Kind, welches das 14. Lebensjahr vollendet
hat, kann die Erklärung nur selbst abgeben; es bedarf hierzu der Zustimmung seines gesetzlichen Vertreters. ³Die Erklärung ist gegenüber dem Standesbeamten abzugeben; sie muss öffentlich beglaubigt
werden.
(2) Absatz 1 gilt entsprechend,
1. wenn sich der Ehename, der Geburtsname eines Kindes geworden ist, ändert oder
2. wenn sich in den Fällen der §§ 1617, 1617 a und 1617 b der Familienname eines Elternteils, der Geburtsname eines Kindes geworden ist, auf andere Weise als durch Eheschließung oder Begründung einer
Lebenspartnerschaft ändert.
(3) Eine Änderung des Geburtsnamens erstreckt sich auf den Ehenamen oder den Lebenspartnerschaftsnamen des Kindes nur dann, wenn sich auch der Ehegatte oder der Lebenspartner der Namensänderung
anschließt; Absatz 1 Satz 3 gilt entsprechend.

Die Voraussetzungen für eine Änderung des Geburtsnamen des Kindes sind unterschiedlich geregelt je nach 1
Alter des Kindes und dem Grund der Namensänderung.
I regelt exemplarisch den Fall der Namensänderung, wenn Eltern die bei der Geburt des Kindes keinen Ehe- 2
namen hatten und später einen Ehenamen anmelden. Die Ehenamensbestimmung erstreckt sich dann ohne
weiteres auf den Geburtsnamen des Kindes, wenn es noch nicht fünf Jahre alt ist. Hat das Kind das fünfte,
aber noch nicht das vierzehnte Lebensjahr vollendet, kann es sich der Namensgebung der Eltern durch Erklärung seines gesetzlichen Vertreters anschließen. Ab Vollendung des vierzehnten Lebensjahres kann sich das
Kind nur durch seine eigene Erklärung der Namensänderung anschließen, die zusätzlich der Zustimmung
des gesetzlichen Vertreters bedarf (I 2). Sämtliche Erklärungen sind ggü dem Standesbeamten abzugeben und
müssen – ggf durch den Standesbeamten selbst – öffentlich beglaubigt werden (I 3).
Ist der Ehename bei der Geburt des Kindes (§ 1616) oder später (§ 1617 c I) zum Kindesnamen geworden, 3
führt die entsprechende Anwendung des I zur Änderung des Kindesnamens, wenn sich der Ehename der
Eltern ändert (II Nr 1).

4 Dasselbe gilt, wenn sich der Familienname eines Elternteils, der gem §§ 1617, 1617 b, 1617 c I und II oder durch Adoption Geburtsname des Kindes geworden ist, auf andere Weise als durch Eheschließung oder Gründung einer Lebenspartnerschaft ändert (II Nr 2).

5 III trifft ergänzende Regelungen, für den Fall, dass das Kind, dessen Name sich nach I und II ändert, verheiratet ist. Er erlangt nur Bedeutung, wenn der Geburtsname des Kindes, der von der Namensänderung betroffen ist, zuvor bereits zum Ehenamen in der Ehe des Kindes geworden war. Die Änderung des Geburtsnamens des Kindes durch die Eltern erstreckt sich in diesem Fall nur dann auch auf den Ehenamen des Kindes, wenn dessen Ehegatte/Lebenspartner ggü dem Standesbeamten in öffentlich beglaubigter Form seine Zustimmung erklärt.

6 Verweigert das Schwiegerkind seine Zustimmung, behält auch das Kind seinen bisherigen Ehenamen, obwohl sich sein Geburtsname durch die Namensänderung der Eltern inzwischen geändert hat. Allerdings kann das Kind seinen geänderten Geburtsnamen seinem Ehenamen als Begleitnamen anfügen.

7 Führte das Kind im Zeitpunkt der Namensänderung keinen Ehenamen, wirkt sich die Namensänderung weder auf das Kind noch auf seinen Ehegatten/Lebenspartner aus. Entschließen sich beide jedoch zur Bestimmung eines Ehenamens, können sie dafür auch den geänderten Geburtsnamen des Kindes bestimmen.

§ 1618 Einbenennung

¹Der Elternteil, dem die elterliche Sorge für ein unverheiratetes Kind allein oder gemeinsam mit dem anderen Elternteil zusteht, und sein Ehegatte, der nicht Elternteil des Kindes ist, können dem Kind, das sie in ihren gemeinsamen Haushalt aufgenommen haben, durch Erklärung gegenüber dem Standesbeamten ihren Ehenamen erteilen. ²Sie können diesen Namen auch dem von dem Kind zur Zeit der Erklärung geführten Namen voranstellen oder anfügen; ein bereits zuvor nach Halbsatz 1 vorangestellter oder angefügter Ehename entfällt. ³Die Erteilung, Voranstellung oder Anfügung des Namens bedarf der Einwilligung des anderen Elternteils, wenn ihm die elterliche Sorge gemeinsam mit dem den Namen erteilenden Elternteil zusteht oder das Kind seinen Namen führt, und, wenn das Kind das fünfte Lebensjahr vollendet hat, auch der Einwilligung des Kindes. ⁴Das Familiengericht kann die Einwilligung des anderen Elternteils ersetzen, wenn die Erteilung, Voranstellung oder Anfügung des Namens zum Wohl des Kindes erforderlich ist. ⁵Die Erklärungen müssen öffentlich beglaubigt werden. ⁶§ 1617 c gilt entsprechend.

1 **A. Einbenennung von Stiefkindern und Scheidungshalbwaisen.** Eine nachträgliche Namensänderung ist nur iRd §§ 1617 a II, 1617b, 1617c und 1618 möglich. Im Mittelpunkt des Interesses steht dabei die Namensänderung nach Scheidung der Eltern (§ 1618). Dabei geht es hauptsächlich um die Übertragung des neuen Ehenamens auf das Kind (Einbenennung von Stiefkindern), aber auch um die Namensangleichung bei Scheidungshalbwaisen, das sind Kinder, deren Sorgerechtsinhaber unverheiratet ist (s Rn 13). Weitergehend stellt sich die Frage, ob eine Einbenennung in analoger Anwendung der Einbenennungsvorschriften möglich ist, wenn dem Elternteil, der mit dem anderen Elternteil nie verheiratet war, das Sorgerecht zufällt (s Rn 14).

I. Der geschiedene Elternteil ist wieder verheiratet und Inhaber der Alleinsorge oder der gemeinschaftlichen Sorge. 1. Einbenennungsvoraussetzungen. sind Einbenennungserklärung des Sorgerechtsinhabers,
2 Einbenennungserklärung des neuen Ehegatten, Führung eines neuen Ehenamens, Aufnahme des Kindes in den gemeinsamen Haushalt, Zustimmung des anderen nicht sorgeberechtigten Elternteils, wenn das Kind seinen Namen führt oder – unabhängig von der Namensführung – wenn er mitsorgeberechtigt ist, und Einwilligung des über 5 Jahre alten Kindes

3 **2. Erteilung des neuen Ehenamens an Stiefkinder.** Der einbenennende Elternteil kann dem Kind seinen neuen Ehenamen erteilen oder – das ist neu – seinen neuen Ehenamen dem Geburtsnamen des Kindes voranstellen und anfügen (additive Einbenennung, § 1618 1 und 2 – 1. Hs –, s Rn 29).

4 Die Einbenennung setzt voraus, dass der Einbenennende und sein Ehegatte bereits einen Ehenamen führen und nicht lediglich zukünftig planen (Hamm FamRZ 00, 1437). Außerdem müssen sie das Kind in ihren Haushalt aufgenommen haben.

5 Zukünftig ist darüber hinaus mit jeder Wiederheirat eine erneute Einbenennung möglich, jedoch entfällt dann ein auf Grund vorangegangener Einbenennung dem Namen des Kindes vorangestellter oder angefügter Ehename (§ 1618 2 – 2. Hs –).

6 Das über 5 Jahre alte Kind muss zustimmen (§ 1618 S 3). Wenn es noch nicht das 14. Lebensjahr vollendet hat, wird seine Erklärung vom Sorgerechtsinhaber in gesetzlicher Vertretung abgegeben (Karlsr FamRZ 00, 1437). Hat das Kind das 14. Lebensjahr vollendet, kann es die Erklärung nur selbst abgeben, bedarf hierzu aber der Zustimmung seines gesetzlichen Vertreters (§ 1618 3 und 6 iVm § 1617 c I 2).

Gesetzlicher Vertreter anstelle oder für das Kind ist in Fällen der Alleinsorge der alleinsorgeberechtigte 7
Elternteil (§ 1626 I 2). Er ist nicht gem §§ 1629 II 1, 1795 II, 181 von der Vertretung ausgeschlossen (BayObLG FamRZ 02, 857; KKFamR/*Rausch* § 1618 Rn 5; aA Zweibr FamRZ 00, 696). Bei einem erheblichen Interessengegensatz zum Kind kann ihm die Vertretung entzogen werden (§§ 1629 II 3, 1796). In Fällen der gemeinschaftlichen Sorge ist die Vertretungslage unklar. Der Gesetzgeber hat dieses Problem bei Ausweitung des § 1618 auf den Fall der gemeinschaftlichen Sorge durch das Kinderrechteverbesserungs-Gesetz vom 9.4.02 nicht bedacht. *Heistermann* hat deshalb die Frage aufgeworfen, ob sich nicht der Elternteil, der die Einbenennung betreiben wolle, zuvor die Alleinsorge übertragen lassen müsse, um die Zustimmung durch oder für das Kind erklären zu können. Er verneint die Frage aus Zweckmäßigkeitsgründen, weil sonst in diesem Vorverfahren dieselben Abwägungsvorgänge wie im späteren Ersetzungsverfahren nach § 1618 S 4 vollzogen werden müssten (FamRZ 03, 279, 280). Ein Vorverfahren erübrigt sich aber schon deshalb, weil der Einbenennende als Obhutsinhaber das Kind auch bei gemeinsamer Sorge gesetzlich vertreten kann (analog § 1629 II 2).

Jede Einbenennung setzt die Einwilligung des mitsorgeberechtigten Elternteils voraus (Köln FamRZ 04, 811) 8
oder des nicht sorgeberechtigten Elternteils, falls das Kind dessen Namen führt, § 1618 3 (Karlsr FamRZ 04, 811). Auf diese Einwilligung kann auch bei unbekanntem Aufenthalt des anderen Elternteils nicht verzichtet werden. Eine analoge Anwendung des § 1747 IV – 2. Alt – scheidet aus (Hamm FamRZ 00, 695). Die Einwilligung kann nach Maßgabe des § 1618 4 BGB ersetzt werden (s Rn 15 ff).

Nach dem Tod des nicht sorgeberechtigten Elternteils ist die Einwilligung seiner Eltern in die Einbenennung 9
nicht erforderlich und muss deshalb auch nicht ersetzt werden (BayObLG FamRZ 05, 388).

3. Erteilung des Geburtsnamens an Scheidungshalbweisen. Umstritten ist, ob der allein sorgeberechtigte 10
Elternteil, der nach der Scheidung seinen Geburtsnamen wieder angenommen hat (§ 1355 V 2), den Namen seines Kindes angleichen kann. Das Namensrecht sieht für Scheidungshalbweisen – anders als für Stiefkinder – keine Änderungsmöglichkeit vor. Für eine analoge Anwendung des § 1618 ist kein Raum, weil keine Regelungslücke besteht (BVerwG FamRZ 02, 1105). Das Namensbestimmungsrecht der Eltern ist durch die gesetzlich vorgesehenen Wahlmöglichkeiten eingeschränkt (Ddorf FamRZ 00, 1181; Frankf FamRZ 05, 1927; BVerwG FamRZ 02, 1104, 1105; aA Dresden StAZ 00, 341).

Aus demselben Grund kann sich ein Kind, das bereits nach § 1618 einbenannt worden ist, nicht später dem 11
gem § 1355 V 2 wieder angenommenen Geburtsnamen eines Elternteils anschließen (BayObLG FamRZ 01, 49; Hamm FamRZ 02, 1731, 1733, Vorlageschluss; aA Dresden StAZ 00, 341). In Betracht kommt dann nur eine Namensänderung nach dem NamÄndG (s Rn 35).

II. Sonderfall: Einbenennung bei Alleinsorge des nie verheirateten Elternteils. Beruht die Namensungleich- 12
heit zwischen dem Kind und seinem sorgeberechtigten Elternteil nicht auf einer Eheschließung des Sorgerechtsinhabers, sondern auf einem Wechsel im Sorgerecht (zB wenn der nicht verheiratete Kindesvater gem § 1680 III – 2. Alt – Alleinsorgerechtsinhaber geworden ist, nachdem der originär sorgeberechtigten Kindesmutter (§ 1626 a II) gem § 1666 das Sorgerecht entzogen wurde, besteht keine „planwidrige Unvollständigkeit" des Gesetzes, die eine Einbenennung analog § 1618 ermöglicht (so aber: Köln FamRZ 01, 1547), weil das geltende Recht bewusst davon abgesehen hat, dem Vater unter diesen Umständen die Einbenennung zu gestatten (BGH B v 10.8.05 – XII ZB 191/01).

1. Ersetzung der Einwilligung in die Einbenennung (§ 1618 S 4). a) Verfahrensrecht. Es handelt sich um 13
ein die elterliche Sorge betreffendes Verfahren, für das die FamGe sachlich zuständig sind (§§ 621 I Nr 1 ZPO, 23b I Nr 2 GVG) (BGH FamRZ 99, 1648). Funktionell zuständig ist der Rechtspfleger (§ 3 Nr 2 a RplfG) des für den Wohnsitz des Kindes (§ 11) örtlich zuständigen FamG, §§ 64 III 2, 43 I, 36 FGG (BGH FamRZ 94, 299).

Alle Beteiligten sind in der Regel von Amts wegen (§ 12 FGG) persönlich anzuhören. Dies betrifft den Sorge- 14
rechtsinhaber (§ 50 a I 2 FGG) ebenso wie den anderen Elternteil (Grundsatz des »fair trial«) (Rostk FamRZ 00, 695; Karlsr FamRZ 04, 831, 832). Unerlässlich ist die Anhörung des Kindes (§ 50 b FGG), sofern es zur Sachaufklärung beitragen kann. Das dürfte frühestens ab dem 6. oder 7. Lebensjahr der Fall sein (Bambg MDR 00, 524 betr 7-jähriges Kind). Allerdings wird ein Kind unter 12 Jahren kaum in der Lage sein, die Zuordnung eines neuen Namens sachgerecht zu bewerten und ihre Wirkung für die Zukunft abzuschätzen (Oldenbg FamRZ 99, 1381). Das Kind sollte grds in Abwesenheit von Mutter und Vater angehört werden (Rostk FamRZ 00, 695, 696). Die Anhörungspflicht besteht auch in der Beschwerdeinstanz, es sei denn, es handelt sich nur um Rechtsfragen (Stuttg FamRZ 99, 1375, 1376).

Das Unterlassen der persönlichen Anhörung ist ein schwerer Verfahrensmangel, der analog § 539 ZPO ebenso 15
zur Aufhebung und Zurückverweisung des Verfahrens führen kann (Brandbg FamRZ 01, 571) wie das Fehlen einer Begründung oder bei einer nur formelhaften oder zu knappen Begründung des Ersetzungsbeschlusses z (Frankf FamRZ 99, 1379; Rostk FamRZ 00, 695, 696).

Wegen des Interessengegensatzes zwischen dem Kind und dem antragstellenden Elternteil wird das FamG in 16
jedem Einzelfall fragen müssen, ob dem Kind – gerade auch in jüngerem Alter – gem § 50 II 1 Nr 1 FGG ein

Verfahrenspfleger zur Seite gestellt werden muss (Rostk FamRZ 00, 695, 696 und *Oelkers/Kreutzfeldt* FamRZ 00, 646 mwN dort in Fn 22).

17 Bei der Prüfung der Erfolgsaussicht im Rahmen der Prozesskostenhilfe ist nicht kleinlich zu verfahren (Dresden FamRZ 99, 1378). Die Beiordnung eine Rechtsanwalts ist wegen der Bedeutung des Ersetzungsverfahrens in der Regel geboten (*Oelkers/Kreutzfeldt* FamRZ 00, 647).

18 Als Gegenstandswert ist – auch in der Beschwerdeinstanz (§ 131 II KostO) – der Regelwert von 3 000 € (§ 30 II, III 1 KostO) anzusetzen (Nürnbg FamRZ 99, 1379, 1380; abweichend: Bambg FamRZ 00, 243, 1000 DM, Dresden FamRZ 99, 1378, 1500 DM, München FamRZ 99, 153, 3000 DM).

19 Gegen den Ersetzungsbeschluss findet die binnen eines Monats einzulegende befristete Beschwerde statt (BGH FamRZ 99, 1648). Der Beschluss des Rechtspflegers ist deshalb zuzustellen (§ 16 II 1 FGG), um den Lauf der Monatsfrist (§§ 621 e III, 516 ZPO) in Gang zu setzen. Dagegen findet gegen den Beschluss, der die Ersetzung zurückweist, keine Beschwerde des Kindes statt (BGH FamRZ 99, 1648; Nürnbg FamRZ 01, 49, LS).

20 **b) Materielles Recht.** Die Einwilligung des anderen Elternteils kann ersetzt werden, wenn die Einbenennung zum Wohle des Kindes »erforderlich« ist (§ 1618 S 4). Mit dem Merkmal der Erforderlichkeit hat der Gesetzgeber in Abgrenzung zur großzügigen Rspr der Verwaltungsgerichte zu § 3 NamÄndG (s Rn 35): »förderlich« den zunächst im Gesetzgebungsverfahren vorgesehenen Begriff (»dient«) ersetzt und damit die Eingriffsvoraussetzungen erheblich verschärft. § 1618 S 4 ist in seinem Anwendungsbereich deshalb lex specialis ggü § 3 NamÄndG (s Rn 35).

21 Die Ersetzung darf nur dann erfolgen, wenn sie aus Gründen des Kindeswohles unabdingbar nötig ist (BGH FamRZ 02, 94). Es müssen ohne die Ersetzung konkret zu erwartende Schäden für das Kind zu befürchten sein. Die Einbenennung muss im Rahmen einer Gesamtbewertung aller Umstände für das Kind einen so hohen materiellen und seelischen Nutzen versprechen, dass ein um das Wohl seines Kindes verständig sorgender Elternteil auf die Erhaltung der Namensbande zu dem Kind nicht bestehen würde (Ddorf FamRZ 00, 691; Rostk FamRZ 00, 695, 696 mwN). Teilweise wird in Anlehnung an § 1696 dahingehend formuliert, dass die Ersetzung triftige das Kindeswohl nachhaltig berührende Gründe voraussetzt (*Oelkers/Kreutzfeldt* FamRZ 00, 648) bzw dass triftige Gründe für die Zurückstellung des Interesses des nicht sorgeberechtigten Elternteils an der Erhaltung des Namens bestehen müssen (Hamm FamRZ 00, 692, LS).

22 Bei der Interessenabwägung ist zu bedenken, dass es in der heutigen Zeit nicht mehr ungewöhnlich ist, wenn die Familiennamen von Eltern und Kind auseinander fallen, zumal wenn die Kindesmutter ihren früheren Ehenamen (den auch das Kind führt) in ihren jetzigen »Doppelnamen« übernommen hat. Es kommt ferner hinzu, dass der Nachname im kindlichen Freundeskreis häufig keine besondere Bedeutung hat, da die Kinder sich normalerweise mit ihren Vornamen nennen. Nach Auffassung des BGH ist auch die Kontinuität der Namensführung ein wichtiger Kindesbelang (BGH FamRZ 02, 94). Andererseits sind die seit der Trennung gewachsenen Beziehungen des Kindes in der neuen Familie, darunter auch sein Verhältnis zu Stief- und Halbgeschwistern, im Rahmen der Kindeswohlprüfung abzuwägen (*Oelkers/Kreutzfeldt* FamRZ 00, 647, 648).

23 Mit Blick auf den anderen Elternteil, dessen Namen das Kind trägt, ist wichtig, dass die angestrebte Namensänderung einen schwer wiegenden Eingriff darstellt, der die persönliche Identität des Elternteils berührt und mit Identitätsverlust zu tun hat (Frankf FamRZ 99, 1376, 1377). Diese Umstände wiegen umso schwerer, je stärker dieser Elternteil auch noch nach der Trennung insbes durch regelmäßige Kontakte und Unterhaltszahlungen für das Kind Verantwortung gezeigt und eine tragfähige Beziehung zu ihm hergestellt hat. Diese Grundsätze sind vom OLG auch dann zu beachten, wenn aufgrund der abgefochtenen Entscheidung des FamG die Einbenennung bereits beurkundet worden ist (BGH FamRZ 05, 889). Die Einbenennung ist der Ausnahmefall (München FamRZ 99, 153, 154) und von der Rspr überwiegend abgelehnt.

24 So wurden die Einbenennungsvoraussetzungen von der Rspr verneint, wenn die Kinder aus 1. Ehe befürchten, ihre Halbschwester aus 2. Ehe sei ein »Kind erster Klasse« (Braunschw StAZ 00, 16), bei gelegentlichen Hänseleien des Kindes mit dem Namen seines leiblichen Vaters (»Baumännchen«) (Hamm FamRZ 99, 1380, 1381), bei lästigen Nachfragen wegen der Verschiedenheit der Familiennamen (Oldbg FamRZ 99, 1381, 1382), wenn die Kindesmutter beabsichtigt, praktisch alle Brücken hinter sich abzubrechen (Oldbg FamRZ 99, 1381), wenn der Vater (mangels Leistungsfähigkeit) keinen Kindesunterhalt zahlen konnte (Hamm FamRZ 99, 736), wenn die Namensänderung vor allem die Integration des Kindes in seine Stieffamilie dokumentieren soll (Nürnbg FamRZ 99, 1379, 1380).

25 Andererseits ist die Einwilligung von der Rspr ersetzt worden, weil ein 9 Jahre altes Kind seit 3 Jahren (unberechtigt) den Namen seiner (neuen) Familie führt und nur unter diesem Namen bekannt ist (Kobl FamRZ 00, 692, LS), weil der Vater seit 3 Jahren sein Umgangsrecht nicht wahrgenommen, keinen Kindesunterhalt gezahlt und seine Bereitschaft zur Einwilligung in die Stiefvateradoption erklärt hat (Oldbg FamRZ 00, 694), weil der Vater seit längerer Zeit keinen Kontakt mehr zu seinem Kind unterhält und

auch keinerlei Umgang wünscht (Bambg FamRZ 01, 570, LS), während mangelnde Umgangskontakte allein für die Ersetzung nicht ausreichen (Brandbg FamRZ 03, 631, LS).

Scheitert die Einbenennung durch vollständigen Namenswechsel am Widerstand des anderen Elternteils, wird das FamG in geeigneten Fällen von Amts wegen zu prüfen haben, ob dem Einbenennungsanliegen durch eine weniger einschneidende Maßnahme Rechnung getragen werden kann, etwa durch einverständliche Bildung eines Doppelnamens gem § 1618 S 2 (additive Einbenennung) (Celle FamRZ 99, 1374; Frankf FamRZ 99, 1366). Dabei ist allerdings zu berücksichtigen, dass die additive Einbenennung nicht ein Weniger ggü der (vollen) Einbenennung darstellt, sondern ein aliud, zu dem die Beteiligten entsprechende Erklärungen und Anträge abgeben müssen, bevor das Gericht eine solche Entscheidung treffen kann (BGH FamRZ 02, 1331). Im Fall der additiven Einbenennung sind geringere Anforderungen an die Erforderlichkeit einer Namensänderung zu stellen als bei Einbenennung durch vollständigen Namenswechsel (Köln FamRZ 03, 630).

2. Annahme als Kind (Adoption). a) Namensgebung. Es ist zu unterscheiden, ob die annehmende/n Person/en verheiratet ist/sind:
(1) Wird das Kind von einem Ehepaar mit Ehenamen angenommen, erhält es dessen Ehenamen als Geburtsnamen (Umkehrschluss aus § 1757 II iVm § 1616).
(2) Nimmt ein Ehepaar ohne Ehenamen ein Kind an bzw. ein Ehegatte das Kind seines Ehegatten, erfolgt die Namensbestimmung (ggü dem VormG) entsprechend § 1617 I (§ 1757 II).Das Kind, sofern über 5 Jahre alt, muss in diesem Falle zustimmen (§ 1757 II 2).
(3) Wird das Kind von einem nicht Verheirateten adoptiert, erhält es dessen Familiennamen (ohne eventuellen Begleitnamen) als Geburtsnamen (§ 1757 I). Maßgeblicher Familienname des Annehmenden ist der Name, den er in dem Zeitpunkt führt, in dem der Name des Angenommenen rechtskräftig festgestellt wird (Köln FamRZ 04, 399, LS).

b) Namensänderung. Die Auswirkungen der Aufhebung der Adoption auf den Kindesnamen sind in § 1765 geregelt. Keine Namensänderung nach Wirksamwerden des Adoptionsbeschlusses (BayObLG FamRZ 03, 1773 LS).

3. Namensänderungsgesetz (NamÄndG). Für eine Änderung des Kindesnamens »aus wichtigem Grund« (§ 3 I NamÄndG) wird nach der neueren Rspr des BVerwG lediglich vorausgesetzt, dass die Änderung dem Wohle des Kindes »förderlich« (bisher: »erforderlich«) ist (BVerwG FamRZ 94, 439; 96, 937). In Fällen der Einbenennung wird § 3 NamÄndG durch § 1618 S 4 als lex specialis verdrängt (OVG Münster FamRZ 00, 698).

Für ein minderjähriges Kind stellt der gesetzliche Vertreter den Antrag (§ 2 I 1 – 1. Hs – NamÄndG). Hat das Kind einen Vormund oder Pfleger, bedarf dessen Namensänderungsantrag der Genehmigung durch das VormG (§ 2 I 1 – 2. Hs – NamÄndG), die zu erteilen ist, wenn sie dem Wohle des Kindes am besten entspricht (entsprechende Anwendung des § 1697 a) (VerwG Darmstadt FamRZ 99, 655).

B. Übergangsrecht. I. Geburt vor dem 1. Juli 1998. Ein vor dem 1.7.98 geborenes Kind behält seinen am 1.7.98 geführten Geburtsnamen auch nach diesem Zeitpunkt (Art 224 § 3 I 1 EGBGB). Der Geburtsname ist aber nach neuem Recht (§§ 1617a II, 1617b, 1617c) abänderbar (Art 224 § 3 I 2 EGBGB).

II. Sonderfälle. Sonderregelungen in Art 224 § 3 II bis VI EGBGB (*Gressmann*, Neues Kindschaftsrecht, 98, Rn 573 ff) betreffen die besondere Rechtslage der Kindesnamen im Zusammenhang mit dem Übergangsrecht vor In-Kraft-Treten des Familiennamenrechtsgesetzes vom 16.12.93 (BGBl I 2054).

§ 1618 a Pflicht zu Beistand und Rücksicht

Eltern und Kinder sind einander Beistand und Rücksicht schuldig.

Die Vorschrift regelt das **gesetzliche Leitbild** für das Verhältnis zwischen Eltern und Kindern, nämlich die gegenseitige Fürsorge, wie sie in einer intakten Familie auch ohne besondere gesetzliche Vorschrift geübt wird (BGH FamRZ 98, 101, 103). Die Norm hat als Generalklausel im Kindschaftsrecht vergleichbare Bedeutung wie § 1353 zwischen Eheleuten, soweit sie nicht spezialgesetzlich verdrängt wird (vgl §§ 1611 und 1612 II).

Die Pflicht zur gemeinsamen Fürsorge gebietet Beistandsleistung und Rücksichtnahme. Der ursprünglich nur programmatische Charakter der Vorschrift hat sich geändert. Aus ihr werden inzwischen konkrete Rechtsfolgen abgeleitet (Paladt/*Diederichsen* Rn 5), die Einzelpflichten des Beistands und der Rücksichtnahme konkretisieren (vgl die Rsprshinweise in KKFamR/*Weinreich* § 1618 a Rn 4–12).

§ 1619 Dienstleistungen in Haus und Geschäft

Das Kind ist, solange es dem elterlichen Hausstand angehört und von den Eltern erzogen oder unterhalten wird, verpflichtet, in einer seinen Kräften und seiner Lebensstellung entsprechenden Weise den Eltern in ihrem Hauswesen und Geschäft Dienste zu leisten.

1 **A. Allgemeines.** Die weitgehend unbekannte Vorschrift regelt die den Eltern in deren Haushalt und Geschäft geschuldete Dienstleistung der Kinder. Praktische Bedeutung hat die Vorschrift noch in zwei Fällen: Die Pflichtenlage des Kindes wird iRe Schadensersatzanspruchs nach § 854 materialisiert, wenn es durch Fremdeinwirkung ums Leben kommt. Hat das Kind dagegen in beachtlichem Umfang tatsächlich Dienste geleistet, wird es erbrechtlich belohnt (§ 2057 a) Ein umfassenderer Einsatz der Vorschrift im Alltag – etwa als Vehikel zur Einforderung häuslicher Mithilfe – wird als nicht zeitgemäß empfunden.

2 **B. Hauskind.** Dienstleistungspflichtig ist das gemeinschaftliche minderjährige oder volljährige Kind (auch Stiefkind), ob ledig oder verheiratet, solange es im Haushalt mindestens eines sorgeberechtigten Elternteils lebt und von ihm unterhalten wird.

3 **C. Dienstleistungspflicht.** Art und Ausmaß der Dienstpflicht sind abhängig vom Alter des Kindes und seinen Fähigkeiten, aber auch von den Lebensverhältnissen der Eltern (zB Krankheit, doppelte Berufstätigkeit, Erziehung. durch nur einen Elternteil) sowie den sächlichen Erfordernissen wie Haushalt oder Geschäftsbetrieb (vgl. BGH NJW 1972, 1716). Deshalb gibt es insbes für den **zeitlich geschuldeten Umfang** der Dienstleistung keine Faustregel. Der BGH hat 1973 bei über 14 Jahre alten Kindern (Mädchen wie Jungen) den Ansatz von 7 Wochenstunden für vertretbar gehalten (FamRZ 73, 536). Die Missbrauchsgrenze wird durch § 1666 gezogen. Wer sich als Volljähriger gegängelt fühlt, kann sich der Dienstpflicht durch Verlassen des Elternhauses entziehen (BGH FamRZ 98, 101, 103), wenn er sich selbst unterhalten kann. Ein unterhaltsberechtigtes, unverheiratetes Kind riskiert allerdings bei einem Veto der Eltern (vgl. § 1612 II 1) den Verlust seines Anspruchs auf Barunterhalt. Kinder sind nicht dienstpflichtig, wenn sie einer anderweitigen vollschichtigen Erwerbstätigkeit nachgehen (BGH FamRZ 98, 101). Die Dienste erfolgen in der Regel **unentgeltlich**, falls nichts anderes (ggf konkludent) vereinbart wird (Dienst-, Arbeits- oder Gesellschaftsvertrag).

§ 1620 Aufwendungen des Kindes für den elterlichen Haushalt

Macht ein dem elterlichen Hausstand angehörendes volljähriges Kind zur Bestreitung der Kosten des Haushalts aus seinem Vermögen eine Aufwendung oder überlässt es den Eltern zu diesem Zwecke etwas aus seinem Vermögen, so ist im Zweifel anzunehmen, dass die Absicht fehlt, Ersatz zu verlangen.

1 Beteiligt sich ein volljähriges noch dem elterlichen Haushalt angehörendes Kind durch finanzielle Beiträge an den Haushaltskosten, kann es diese im Zweifel gem § 1620 nicht zurückverlangen (Auslegungsregel); vgl die ähnlichen Regelungen in §§ 685 Abs 2 und 1360 b im Falle zuviel gezahlten Unterhalts. Ausnahme: Das Kind hat sich die Rückforderung ausdrücklich vorbehalten oder seine Leistung überschreitet bei Weitem die ihm im Haushalt erwachsenen Vorteile.

§§ 1621–1623

– weggefallen –

§ 1624 Ausstattung aus dem Elternvermögen

(1) Was einem Kinde mit Rücksicht auf seine Verheiratung oder auf die Erlangung einer selbständigen Lebensstellung zur Begründung oder zur Erhaltung der Wirtschaft oder der Lebensstellung von dem Vater oder der Mutter zugewendet wird (Ausstattung), gilt, auch wenn eine Verpflichtung nicht besteht, nur insoweit als Schenkung, als die Ausstattung das den Umständen, insbesondere den Vermögensverhältnissen des Vaters oder der Mutter, entsprechende Maß übersteigt.
(2) Die Verpflichtung des Ausstattenden zur Gewährleistung wegen eines Mangels im Recht oder wegen eines Fehlers der Sache bestimmt sich, auch soweit die Ausstattung nicht als Schenkung gilt, nach den für die Gewährleistungspflicht des Schenkers geltenden Vorschriften.

1 **A. Allgemeines.** Jede finanzielle Unterstützung der Eltern soll den Weg des Kindes in die Selbständigkeit ermöglichen oder erleichtern. Das Gesetz behandelt solche Leistungen je nach ihrer Zweckbestimmung unterschiedlich. Als gesetzliche Verpflichtung geregelt sind die Aufwendungen zur Finanzierung der Ausbildung (§ 1610 II). Soweit die Eltern darüber hinaus noch in der Lage sind, unentgeltliche Vermögensleistungen zu erbringen, qualifiziert § 1624 die sog Ausstattung – in Abgrenzung zur Schenkung – als Rechtsinstitut eigener Art mit privilegierten Rechtsfolgen.

B. Ausstattung. Eine Ausstattung (vgl BGHZ 44, 91) ist eine zweckgerichtete Vermögenszuwendung an das Kind anlässlich der Heirat (sog Mitgift oder Aussteuer) oder zur Erlangung der Selbständigkeit, etwa durch Einrichtung eines Betriebes (Ausstattungszweck).

C. Rechtsfolgen. Das Ausstattungsversprechen bedarf im Gegensatz zur Schenkung keiner Form. Dafür gibt es weder die Notbedarfseinrede (vgl § 519) noch die nach Schenkungsrecht bestehende Möglichkeit, die Ausstattung zurückzufordern (vgl §§ 528–529) oder zu widerrufen (vgl §§ 530 f). Die Ausstattung ist nicht durch das AnfG (§ 3 I Nr 3) gefährdet.

Die einem Ehegatten gemachte Ausstattung erhöht in der Regel sein Anfangsvermögen (§ 1374 II). Wendet der Ehegatte seinerseits einem Kind eine Ausstattung zu, ist der Gegenwert seinem Endvermögen nicht hinzuzurechnen, wenn die Ausstattung einer sittlichen Pflicht oder dem Anstand entspricht (Umkehrschluss aus § 1375 II Nr 1). Die Ausstattung kann als Zuwendung iSv §§ 2315, 2316 bei der Berechnung des Pflichtteils Berücksichtigung finden.

Im Steuerrecht wird die Ausstattung nicht als außergewöhnliche Belastung (§ 33 EStG) anerkannt, weil sie nicht als „zwangsläufig" angesehen wird. Das gilt sogar dann, wenn die Eltern ihrer Tochter keine Berufsausbildung finanziert haben (BFH BB 87, 2081).

D. Übermaßverbot. Die Privilegierung entfällt, wenn die Aussteuer unangemessen hoch ist. Sie wird dann wie eine Schenkung behandelt. Maßstab für die Angemessenheit sind die konkreten Einzelfallumstände, die sich einer verallgemeinernden Beurteilung – etwa durch Heranziehung des fiktiven gesetzlichen Erbteils oder fester Bruchteile davon – entziehen (Stuttg BW NotZ 1997, 147).

E. Gewährleistung. Die Haftung des Zuwendenden für Rechts- oder Sachmängel der Ausstattung richtet sich nach Schenkungsrecht (§§ 523, 524).

§ 1625 Ausstattung aus dem Kindesvermögen

¹Gewährt der Vater einem Kind, dessen Vermögen kraft elterlicher Sorge, Vormundschaft oder Betreuung seiner Verwaltung unterliegt, eine Ausstattung, so ist im Zweifel anzunehmen, dass er sie aus diesem Vermögen gewährt. ²Diese Vorschrift findet auf die Mutter entsprechende Anwendung.

Die Eltern müssen dem Kind dessen kraft Vermögenssorge (§ 1626 I 2) verwaltetes Vermögen herausgeben, wenn die elterliche Sorge ruht oder endet (§ 1698). Bleibt dabei unklar, aus wessen Vermögen eine dem Kind früher gewährte Ausstattung (vgl § 1624) herrührt, bestimmt die Auslegungsregel des § 1625, dass die Ausstattung vom Kindesvermögen abzuziehen ist.

Titel 5 Elterliche Sorge

§ 1626 Elterliche Sorge, Grundsätze

(1) ¹Die Eltern haben die Pflicht und das Recht, für das minderjährige Kind zu sorgen (elterliche Sorge). ²Die elterliche Sorge umfasst die Sorge für die Person des Kindes (Personensorge) und das Vermögen des Kindes (Vermögenssorge).
(2) ¹Bei der Pflege und Erziehung berücksichtigen die Eltern die wachsende Fähigkeit und das wachsende Bedürfnis des Kindes zu selbständigem, verantwortungsbewusstem Handeln. ²Sie besprechen mit dem Kind, soweit es nach dessen Entwicklungsstand angezeigt ist, Fragen der elterlichen Sorge und streben Einvernehmen an.
(3) ¹Zum Wohl des Kindes gehört in der Regel der Umgang mit beiden Elternteilen. ²Gleiches gilt für den Umgang mit anderen Personen, zu denen das Kind Bindungen besitzt, wenn ihre Aufrechterhaltung für seine Entwicklung förderlich ist.

A. Allgemeines. I. Verfassungsrechtliche Verankerung. Das Recht und die Pflicht zur elterlichen Sorge sind in Art 6 II GG verfassungsrechtlich verankert. Demnach sind Pflege und Erziehung der Kinder das natürliche Recht der Eltern. Dieses Individualgrundrecht, das jedem Elternteil einzeln zusteht, garantiert den Vorrang der Eltern, ihre Eigenständigkeit und Selbstverantwortlichkeit bei der Pflege und Erziehung der Kinder ggü staatlichen Eingriffen (BVerfGE 24, 1, 138). Zugleich normiert Art 6 II 1 GG die Pflicht der Eltern zur Pflege und Erziehung der Kinder als wesensbestimmender Bestandteil des Elternrechts, das deshalb treffender als Elternverantwortung bezeichnet werden kann (BVerfGE 24, 1, 143; 56, 363, 381). Diese Pflichtenbindung ist mehr als eine bloße Schranke und unterscheidet das Elternrecht von allen anderen Grundrechten (BVerfGE 24, 1, 143; 56, 363, 381).

2   Dem Elternrecht steht das **staatliche Wächteramt** ggü, das in **Art 6 II 2 GG** seinen Ausdruck gefunden hat. Bei Versagen der Eltern ist der Staat nicht nur berechtigt, sondern auch verpflichtet die Pflege und Erziehung des Kindes sicherzustellen (BVerfGE 24, 1, 144). Diese staatliche Verpflichtung ist Ausfluss der Grundrechte des Kindes auf Wahrung seiner Menschenwürde (Art 1 I GG) und freie Entfaltung seiner Persönlichkeit (Art 2 I GG; BVerfGE 24, 1, 144). Dabei bestimmt das Wohl des Kindes und der Grundsatz der Verhältnismäßigkeit Art und Ausmaß der staatlichen Maßnahmen. Für den Fall der Trennung des Kindes von seinen Eltern ist dies in Art 6 III GG besonders geregelt, der wiederum in § 1666a seinen Niederschlag gefunden hat.

3   **Grundrechtsträger** des durch Art 6 II 1 GG geschützten Elternrechts sind die leiblichen Eltern des Kindes und im Falle der Adoption die Adoptiveltern. Auch die Väter nichtehelicher Kinder sind Träger des Elternrechts aus Art 6 II S 1 GG, und zwar unabhängig davon, ob sie mit der Mutter des Kindes zusammenleben oder mit dieser gemeinsam Erziehungsaufgaben wahrnehmen (BVerfGE 92, 158). Doch ist der Gesetzgeber befugt, bei der Ausgestaltung der konkreten Rechte beider Elternteile die unterschiedlichen tatsächlichen Verhältnisse zu berücksichtigen (BVerfGE 92, 158). Der leibliche, aber nicht rechtliche Vater, der sog biologische Vater, bildet mit seinem Kind eine von Art 6 I GG geschützte Familie, wenn zwischen ihm und dem Kind eine sozial-familiäre Beziehung besteht (BVerfG FamRZ 03, 816; s § 1685 Rn 3). Träger des Elternrechts nach Art 6 II 1 GG ist in diesen Fällen aber nur der rechtliche (Gilt-)Vater.

4   **II. Rechtsnatur und deliktsrechtliche Ansprüche.** Die elterliche Sorge ist als höchstpersönliches Recht **unvererblich** und nur zur Ausübung, aber **nicht** an sich **übertragbar** (Palandt/*Diederichsen* Rn 3). Wegen der bestehenden Pflichtenbindung ist die elterliche Sorge grds auch **unverzichtbar** (Ausnahme aber zB § 1672). Dem Sorgerecht steht weder die tatsächlich dauerhaft ausgeübte Sorge noch die dem Pflegeberechtigten nach § 38 SGB XVIII übertragene Ausübung der Personensorge gleich (BSG NJWE-FER 97, 24).

5   Das elterliche Sorgerecht ist ein **absolutes Recht** iSd § 823 I (BGH FamRZ 90, 966, 967). Daher macht sich schadensersatzpflichtig, wer dieses Recht schuldhaft verletzt (LG Aachen FamRZ 86, 713). In Verbindung mit § 1004 ist der Sorgerechtsinhaber auch vor Eingriffen Dritter geschützt.

6   Andererseits sind die Eltern verpflichtet, ihr Kind zu beaufsichtigen. Die **Verletzung der Aufsichtspflicht** löst regelmäßig Schadensersatzansprüche des geschädigten Dritten gem § 832 I 1 aus (s. dort). Die Aufsichtspflicht ist Teil der Personensorge und kann an Dritte zur Ausübung übertragen werden. Regelmäßig geschieht dies ggü Kindergärtnerinnen und Lehrern; aber auch in der Einladung zu einem Kindergeburtstag kann ein Angebot zur Übernahme der Aufsicht liegen (Celle FamRZ 88, 58).

7   **III. Beginn und Ende.** Das Sorgerecht **beginnt** mit der Geburt des Kindes und **endet** regelmäßig mit dessen Volljährigkeit. Vorher endet die elterliche Sorge – außer durch Tod des Kindes oder eines Elternteils (vgl §§ 1680, 1681) – nur auf Grund eines staatlichen Eingriffs: Sorgerechtsentzug (§ 1666), Sorgerechtsübertragung (§§ 1671, 1672) oder Adoption (§ 1755).

8   **B. Inhalt der elterlichen Sorge (I 2).** Die elterliche Sorge umfasst sowohl die **Personen- als auch die Vermögenssorge**, wobei diese Teilbereiche im Einzelfall nicht immer scharf voneinander abzugrenzen sind. Daneben kann die elterliche Sorge noch in viele weitere Teilbereiche zerlegt werden. Wegen des Grundsatzes der Verhältnismäßigkeit erlangt dies bei der Auswahl von Maßnahmen gem § 1666, aber auch bei der Übertragung von Teilbereichen der elterlichen Sorge gem § 1671 praktische Bedeutung. Daneben lässt sich für die elterliche Sorge noch eine andere Unterscheidung treffen, die alle Teilbereiche betrifft: die **tatsächliche Sorge** einerseits und die **Vertretung des Kindes** andererseits, vgl §§ 1629 I, 1633.

9   **I. Personensorge.** Die Personensorge umfasst insbes folgende **Bereiche**: Aufenthaltsbestimmung (vgl § 1631 I), Aufsicht (vgl §§ 832 I, 1631 I), Ausbildung (insbes Schulwahl, schulische Angelegenheiten, aber auch das Erlernen außerschulischer Fertigkeiten, vgl § 1631a), Berufsangelegenheiten (insbes Berufswahl, vgl § 1631a), Erziehung im engeren Sinne (einschl religiöser Erziehung, vgl § 1631 I), Gesundheitsfürsorge (Impfungen, geschlossene Unterbringung gem § 1631b, Zuführung zur Drogentherapie, Beendigung lebenserhaltender Maßnahmen, Brandbg FamRZ 00, 2361), Namensgebung und -änderung, Pflege (vgl § 1631 I), Umgangsbestimmung mit Eltern oder Dritten, Vaterschaftsanfechtung (insbes Klageerhebung). Dabei berechtigt und verpflichtet die Personensorge die Eltern (oder die sonstigen Sorgeberechtigten) in Wahrnehmung der tatsächlichen Sorge zu Handlungen in eigenem Namen für das Kind, aber auch zur Vertretung des Kindes in diesen Angelegenheiten.

10 **II. Vermögenssorge.** Die Vermögenssorge umfasst das Recht und die Pflicht der Eltern, das vorhandene Vermögen des Kindes **wirtschaftlich sinnvoll** in dessen Interesse zu verwalten, in erster Linie also zu erhalten und zu mehren. Deshalb sind Schulden möglichst zu vermeiden, Geld nach den Grundsätzen einer wirtschaftlichen Vermögensverwaltung anzulegen (vgl § 1642) und Ansprüche gegen Dritte geltend zu machen. Neben der tatsächlichen Sorge steht auch hier die **Vertretung des Kindes** in allen vermögensrechtlichen Angelegenheiten. Letztere hat im Bereich der Vermögenssorge besondere Bedeutung, etwa bei dem Abschluss von Rechtsgeschäften oder der (auch gerichtlichen) Geltendmachung von Ansprüchen. Regelungen zur Vermögenssorge enthalten die §§ 1638–1649.

C. Erziehungsgrundsätze. II schreibt im Sinne einer **partnerschaftlichen Erziehung** den Eltern vor, bei der 11 Pflege und Erziehung des Kindes dessen fortschreitende Fähigkeit und sein wachsendes Bedürfnis zu selbständigem, verantwortungsbewusstem Handeln zu berücksichtigen, Fragen der elterlichen Sorge, je nach Entwicklungsstand, mit dem Kind zu besprechen und Einvernehmen anzustreben (Karlsr FamRZ 89, 1322). Je mehr aber das Kind in seiner körperlichen, geistigen und seelischen Entwicklung zu einer eigenständigen Persönlichkeit reift, hat das Elterngrundrecht auf Erziehung (verbunden mit Anleitung, Überwachung, Lenkung und Formung) zurückzutreten, ohne dass damit eine Grundrechtsverletzung zulasten der erziehenden Eltern einhergehe (Karlsr FamRZ 89, 1322).

D. Umgang des Kindes (III). III hebt die **Bedeutung des Umgangs für das Wohl des Kindes** hervor. Dass 12 der Umgang mit beiden Eltern grds erwünscht ist, wird durch III 1 betont. Das Umgangsrecht der Eltern, Großeltern, Geschwister, Stiefeltern und Pflegeeltern ist in den §§ 1684, 1685 näher und abschließend ausgestaltet (s. § 1685 Rn 4). Darüber hinaus enthält III 2 die allgemeine Verpflichtung der Eltern, iR ihres Umgangsbestimmungsrechts auch den Umgang mit anderen Personen zuzulassen, sofern dies für das Kind förderlich ist (vgl Palandt/*Diederichsen* Rn 25).

§ 1626 a Elterliche Sorge nicht miteinander verheirateter Eltern; Sorgeerklärungen

(1) Sind die Eltern bei der Geburt des Kindes nicht miteinander verheiratet, so steht ihnen die elterliche Sorge dann gemeinsam zu, wenn sie
1. erklären, dass sie die Sorge gemeinsam übernehmen wollen (Sorgeerklärungen), oder
2. einander heiraten.
(2) Im Übrigen hat die Mutter die elterliche Sorge.

Es ist mit dem Grundgesetz vereinbar, dass das gemeinsame Sorgerecht nicht miteinander verheirateter 1 Eltern die Abgabe übereinstimmender Sorgeerklärungen voraussetzt und andernfalls die Mutter alleinsorgeberechtigt ist (BVerfG FamRZ 03, 285; BGH FamRZ 01, 907 = FuR 01, 357). „Das Kindeswohl verlangt, dass das Kind ab seiner Geburt eine Person hat, die für das Kind rechtsverbindlich handeln kann. Angesichts der Unterschiedlichkeit der Lebensverhältnisse, in die die Kinder hineingeboren werden, ist es verfassungsgemäß, das nichteheliche Kind bei seiner Geburt sorgerechtlich grds der Mutter zuzuordnen." (BVerfG FamRZ 03, 285).

Für nicht miteinander verheiratete Eltern, die sich bereits vor dem 1. 7. 98 getrennt haben sieht Art 224 § 2 2 EGBGB eine Übergangsregelung vor. Diese ist verfassungsrechtlich notwendig, weil Eltern nichtehelicher Kinder vor Inkrafttreten des § 1626 a keine Möglichkeit der gemeinsamen Sorgeerklärung hatten (BVerfG FamRZ 03, 285). Nach Art 224 § 2 EGBGB kann ein Elternteil – regelmäßig der nichteheliche Vater – die verweigerte Sorgeerklärung des anderen Elternteils durch das Familiengericht ersetzen lassen, wenn die Eltern längere Zeit in häuslicher Gemeinschaft gemeinsam für das Kind Verantwortung getragen haben und die gemeinsame Sorge dem Kindeswohl dient. Letzteres muss positiv festgestellt werden können. Denn die Übergangsvorschrift soll keinen erleichterten Zugang zur gemeinsamen Sorge schaffen, sondern nur den Mangel ausgleichen, dass vor dem 1. 7. 98 die Möglichkeit eines gemeinsamen Sorgerechts nach § 1626 a I Nr 1 noch nicht bestand (Karlsr FamRZ 05, 831).

§ 1626 b Besondere Wirksamkeitsvoraussetzungen der Sorgeerklärung

(1) Eine Sorgeerklärung unter einer Bedingung oder einer Zeitbestimmung ist unwirksam.
(2) Die Sorgeerklärung kann schon vor der Geburt des Kindes abgegeben werden.
(3) Eine Sorgeerklärung ist unwirksam, soweit eine gerichtliche Entscheidung über die elterliche Sorge nach den §§ 1671, 1672 getroffen oder eine solche Entscheidung nach § 1696 Abs. 1 geändert wurde.

§ 1626 c Persönliche Abgabe; beschränkt geschäftsfähiger Elternteil

(1) Die Eltern können die Sorgeerklärungen nur selbst abgeben.
(2) ¹Die Sorgeerklärung eines beschränkt geschäftsfähigen Elternteils bedarf der Zustimmung seines gesetzlichen Vertreters. ²Die Zustimmung kann nur von diesem selbst abgegeben werden; § 1626 b Abs. 1 und 2 gilt entsprechend. ³Das Familiengericht hat die Zustimmung auf Antrag des beschränkt geschäftsfähigen Elternteils zu ersetzen, wenn die Sorgeerklärung dem Wohl dieses Elternteils nicht widerspricht.

§ 1626d Form; Mitteilungspflicht

(1) Sorgeerklärungen und Zustimmungen müssen öffentlich beurkundet werden.
(2) Die beurkundende Stelle teilt die Abgabe von Sorgeerklärungen und Zustimmungen unter Angabe des Geburtsdatums und Geburtsorts des Kindes sowie des Namens, den das Kind zur Zeit der Beurkundung seiner Geburt geführt hat, dem nach § 87c Abs. 6 Satz 2 des Achten Buches Sozialgesetzbuch zuständigen Jugendamt zum Zwecke der Auskunftserteilung nach § 58a des Achten Buches Sozialgesetzbuch unverzüglich mit.

§ 1626e Unwirksamkeit

Sorgeerklärungen und Zustimmungen sind nur unwirksam, wenn sie den Erfordernissen der vorstehenden Vorschriften nicht genügen.

§ 1627 Ausübung der elterlichen Sorge

¹Die Eltern haben die elterliche Sorge in eigener Verantwortung und in gegenseitigem Einvernehmen zum Wohl des Kindes auszuüben. ²Bei Meinungsverschiedenheiten müssen sie versuchen, sich zu einigen.

1 S 1 will zweierlei deutlich machen: Jeder Elternteil trägt für sich **allein** die **volle Verantwortung** für das Wohl des Kindes; dass daneben auch der andere Elternteil vollverantwortlich ist, entlastet ihn nicht (Staud/*Peschel-Gutzeit* Rn 6). Jeder Elternteil ist aber auch verpflichtet, die elterliche Sorge **im Einvernehmen** mit dem anderen Elternteil auszuüben. Diese Pflicht zur gegenseitigen Abstimmung besteht insbes in Angelegenheiten, die von erheblicher Bedeutung für das Kind sind (s. dazu § 1687 Rn 3, 6ff). Leben Eltern getrennt, gilt § 1687. Eine Verpflichtung zur gemeinsamen Sorge besteht aufgrund § 1627 nicht (Palandt/*Diederichsen* Rn 1).

2 Haben die Eltern verschiedene Ansichten über eine das Kind betreffende Angelegenheit, sind sie gem S 2 verpflichtet, den Versuch zu unternehmen, sich zu einigen. Gelingt dies nicht, kann jeder Elternteil nach § 1628 vorgehen.

§ 1628 Gerichtliche Entscheidung bei Meinungsverschiedenheiten der Eltern

¹Können sich die Eltern in einer einzelnen Angelegenheit oder in einer bestimmten Art von Angelegenheiten der elterlichen Sorge, deren Regelung für das Kind von erheblicher Bedeutung ist, nicht einigen, so kann das Familiengericht auf Antrag eines Elternteils die Entscheidung einem Elternteil übertragen. ²Die Übertragung kann mit Beschränkungen oder mit Auflagen verbunden werden.

1 Voraussetzung für die Übertragung des Entscheidungsrechts ist, dass die Eltern, denen zumindest in dem str Teilbereich die elterliche Sorge **gemeinsam** zustehen muss, sich in einer **bestimmten Art von Angelegenheit** nicht einigen können. Das Sorgerecht als Ganzes kann nicht übertragen werden.

2 Schwierigkeiten bereitet die **Abgrenzung zu § 1671**, weil der Anwendungsbereich des § 1628 nicht auf Eltern beschränkt ist, die zusammenleben, sondern auch bei Getrenntleben gilt (vgl *Schwab* FamRZ 98, 457, 468f). Die Unterscheidung ist aber wichtig, weil § 1671 höhere Anforderungen an die Übertragung des Sorgerechts stellt. Nach dem Willen des Gesetzgebers geht es bei § 1628 um die auf eine konkrete Situation bezogene Zuteilung der Entscheidungsbefugnis (BTDrs 13/4899 S 99; vgl Köln FamRZ 05, 644, 645: Passbeantragung; wenig überzeugend: BGH FamRZ 05, 1167: christliche Taufe). Dagegen betrifft § 1671 eine teilweise Übertragung des Sorgerechts für alle in diesem Teilbereich denkbaren Entscheidungen bis zum Eintritt der Volljährigkeit des Kindes (BTDrs 13/4899 S 99). Im einen Fall steht demnach der situative Bezug im Vordergrund, während im anderen Fall eher eine grdse Entscheidung zu treffen ist (krit hierzu *Schwab* FamRZ 98, 457, 467f). Deshalb ist die Entscheidung über die Wahl der Schule dem § 1628 zuzuordnen, während die Entscheidung über alle schulischen Angelegenheiten nur gem § 1671 auf einen Elternteil übertragen werden kann (vgl Palandt/*Diederichsen* Rn 2; *Schwab* FamRZ 98, 457, 467). Andererseits erlaubt § 1628 nach hM auch die Übertragung des Aufenthaltsbestimmungsrechts, insbes beim Streit der Eltern über den Aufenthalt des Kindes anlässlich einer beabsichtigten Trennung (BTDrs 13/4899 S 95). Um Wertungswidersprüche zu vermeiden, erschiene es daher sinnvoll, den Anwendungsbereich des § 1628 auf zusammenlebende Eltern zu beschränken (vgl Stuttg FamRZ 99, 1596, wonach § 1628 von der Sachgemäßheit des Fortbestands des gemeinsamen Sorgerechts ausgeht).

3 Es muss sich um eine Angelegenheit handeln, die für das Kind **von erheblicher Bedeutung** ist. Der Begriff ist derselbe wie in § 1687 (s. dort Rn 3, 6ff). Bei einem Streit um alltägliche Angelegenheiten können die Eltern das Gericht nicht anrufen. Tun sie es dennoch, stellt das Gericht mit einer sog **Negativentscheidung** fest, dass es sich um keine Angelegenheit von erheblicher Bedeutung handelt. Im Falle des Getrenntlebens der Eltern gilt § 1687.

Das Gericht kann die notwendige Entscheidung in der Sache nicht selbst treffen, sondern überträgt einem 4
Elternteil die **Befugnis allein zu entscheiden**. Maßstab ist dabei das **Wohl des Kindes**, das gem § 1697a stets
zu beachten ist (BTDrs 13/4899 S 95). Stellt das Gericht fest, dass weder der eine noch der andere Elternteil
eine sinnvolle Entscheidung treffen wird und ist das Wohl des Kindes dadurch gefährdet, kommen Maßnahmen nach §§ 1666 ff in Betracht. Das Gleiche gilt, wenn sich eine Kindeswohlgefährdung auf Grund der Streitigkeiten der Eltern ergibt.

In dem Umfang, in dem das Gericht einem Elternteil das Entscheidungsrecht überträgt, steht diesem auch 5
die alleinige **Vertretung des Kindes** gem § 1629 I 3 zu.

Gem S 2 kann das Gericht die Übertragung mit **Beschränkungen** oder **Auflagen** verbinden. Diese sollen 6
insbes sicherstellen, dass der Elternteil, dem die Alleinentscheidungsbefugnis übertragen wurde, auch in dem
von ihm angekündigten Sinne handelt.

§ 1629 Vertretung des Kindes

(1) ¹Die elterliche Sorge umfasst die Vertretung des Kindes. ²Die Eltern vertreten das Kind gemeinschaftlich; ist eine Willenserklärung gegenüber dem Kind abzugeben, so genügt die Abgabe gegenüber einem
Elternteil. ³Ein Elternteil vertritt das Kind allein, soweit er die elterliche Sorge allein ausübt oder ihm die
Entscheidung nach § 1628 übertragen ist. ⁴Bei Gefahr im Verzug ist jeder Elternteil dazu berechtigt, alle
Rechtshandlungen vorzunehmen, die zum Wohl des Kindes notwendig sind; der andere Elternteil ist unverzüglich zu unterrichten.
(2) ¹Der Vater und die Mutter können das Kind insoweit nicht vertreten, als nach § 1795 ein Vormund von
der Vertretung des Kindes ausgeschlossen ist. ²Steht die elterliche Sorge für ein Kind den Eltern gemeinsam
zu, so kann der Elternteil, in dessen Obhut sich das Kind befindet, Unterhaltsansprüche des Kindes gegen
den anderen Elternteil geltend machen. ³Das Familiengericht kann dem Vater und der Mutter nach § 1796
die Vertretung entziehen; dies gilt nicht für die Feststellung der Vaterschaft.
(3) ¹Sind die Eltern des Kindes miteinander verheiratet, so kann ein Elternteil, solange die Eltern getrennt
leben oder eine Ehesache zwischen ihnen anhängig ist, Unterhaltsansprüche des Kindes gegen den anderen
Elternteil nur im eigenen Namen geltend machen. ²Eine von einem Elternteil erwirkte gerichtliche Entscheidung und ein zwischen den Eltern geschlossener gerichtlicher Vergleich wirken auch für und gegen das Kind.

A. Umfang der gesetzlichen Vertretungsmacht (I). Die elterliche Sorge enthält neben der Pflicht und dem 1
Recht zur tatsächlichen Betreuung und Erziehung des Kindes die **rechtliche Befugnis**, das Kind nach außen
hin zu vertreten. Diese in I 1 normierte gesetzliche Vertretung des Kindes im Außenverhältnis korrespondiert
immer mit der Berechtigung zur tatsächlichen Sorge im Innenverhältnis. Da die gesetzliche Vertretungsmacht
aus der elterlichen Sorge erwächst, besteht sie nur in dem Umfang, in dem der Elternteil auch Inhaber der
elterlichen Sorge ist.

Die **Vertretungsmacht** der Eltern **umfasst** das Recht im Namen des Kindes alle Rechtshandlungen, insbes 2
Rechtsgeschäfte und Einwilligungen (in medizinische Maßnahmen) mit Wirkung für und gegen das Kind
vorzunehmen. Es besteht aber keine Vermutung, dass die Eltern in Angelegenheiten, die das Kind betreffen,
auch das Kind verpflichten wollen. Im Zweifel ist unter Beachtung des § 164 und der hierzu entwickelten
Rechtsfiguren durch Auslegung zu ermitteln, ob die Eltern im Namen des Kindes oder im eigenen Namen
gehandelt haben (Palandt/*Diederichsen* Rn 7).

Die Vertretungsmacht der Eltern ist verschiedentlich durch Gesetz beschränkt (vgl § 1629 II 1 und § 1631c); 3
auch die **Beschränkung** durch gerichtliche Anordnung (vgl § 1629 II 3 und §§ 1666 ff) oder bei Zuwendung
Dritter (§§ 1638 f) ist möglich. Bei der Einwilligung in einen **ärztlichen Heileingriff** ist zu beachten, dass
diese nicht mehr wirksam von den Eltern als gesetzliche Vertreter erklärt werden kann, wenn das Kind aufgrund seiner Verstandesreife die Tragweite des Eingriffs und der erteilten Einwilligung selbst erfassen kann
(Palandt/*Diederichsen* Rn 8). Dies dürfte regelmäßig bei einem normal entwickelten Kind etwa ab dem 16.
Lebensjahr der Fall sein.

IR ihrer Vertretungsmacht können die Eltern auch Dritten eine **rechtsgeschäftliche Vollmacht** zur Vertretung 4
des Kindes erteilen. Dies ist sowohl in Bezug auf einzelne Angelegenheiten als auch in Form einer generellen
Vollmacht möglich, soweit die Widerruflichkeit gewahrt ist und keine versteckte Sorgerechtsübertragung vorliegt. Dritter kann auch der andere Elternteil sein, unabhängig davon, ob sorgeberechtigt ist.

Sofern und soweit beide Eltern Inhaber der gesetzlichen Vertretungsmacht sind, können sie gem I 2 Hs 1 das 5
Kind nur gemeinsam aktiv vertreten. Deshalb ist eine Rechtshandlung nur dann wirksam, wenn sie beide
Eltern vornehmen. Eine Bevollmächtigung, die im Einzelfall auch stillschweigend erfolgen kann, ist aber
zulässig; ebenso gelten die Grundsätze der Duldungs- und Anscheinsvollmacht (BGH FamRZ 88, 1142,
1143). Handelt ein Elternteil ohne die erforderliche Mitwirkung des anderen Elternteils, kommt eine Haftung
gem §§ 177 ff in Betracht. Dieses Prinzip der **Gesamtvertretung** gilt aber nicht bei passiver Stellvertretung.
Insoweit genügt gem I 2 Hs 2 die Abgabe der Willenserklärung ggü einem Elternteil.

6 Die **Einwilligung der Eltern in einen ärztlichen Eingriff** bei ihrem Kind ist zwar kein Rechtsgeschäft, sondern Gestattung oder Ermächtigung zur Vornahme tatsächlicher Handlungen, die in den Rechtskreis des Gestattenden eingreifen, doch ist auch diese Einwilligung Ausübung der elterlichen Personensorge mit der Folge, dass sie wirksam nur im Einvernehmen beider Eltern erteilt werden kann (BGH FamRZ 88, 1142, 1143). In „Routinefällen" wird der Arzt darauf vertrauen dürfen, dass der Elternteil, der mit dem Kind vorspricht, aufgrund einer allgemeinen Funktionsaufteilung zwischen den Eltern auf diesem Teilgebiet der Personensorge oder einer konkreten Absprache ermächtigt ist, für den Abwesenden die erforderliche Einwilligung in ärztliche Heileingriffe nach Beratung durch den Arzt mit zu erteilen. Geht es allerdings um schwierige und weitreichende Entscheidungen über die Behandlung des Kindes, die mit erheblichen Risiken verbunden sind, dann liegt eine Ermächtigung des einen Elternteils zur Einwilligung in ärztliche Eingriffe bei dem Kind durch den anderen nicht von vornherein nahe. Hier muss sich der Arzt Gewissheit verschaffen, dass der nicht erschienene Elternteil mit der vorgesehenen Behandlung des Kindes einverstanden ist (BGH FamRZ 88, 1142, 1143).

7 Dass ein Elternteil das Kind **allein vertritt**, wenn er auch alleiniger Inhaber der elterlichen Sorge ist, ergibt sich bereits aus I 1. Dabei ist es gleichgültig, worauf die **Alleinsorge** beruht. In Betracht kommt neben der Sorgerechtsübertragung gem §§ 1671, 1672 auch der Entzug des Sorgerechts des anderen Elternteils gem § 1666. Dagegen entsteht bei einer Interessenkollision gem II 1 kein Alleinsorgerecht des anderen Elternteils. Vielmehr ist ein Ergänzungspfleger gem § 1909 I zu bestellen (s.u. Rn 13).

8 I 3 erweitert das **Recht zur Alleinvertretung** und erstreckt es auch auf den Elternteil, der ohne alleinsorgeberechtigt zu sein, in berechtigter Weise die elterliche Sorge **allein ausübt**. Dies betrifft die Fälle der tatsächlichem Verhinderung oder des Ruhens der elterlichen Sorge eines Elternteils gem § 1678 iVm §§ 1673, 1674 sowie der Alleinentscheidungsbefugnis des betreuenden Elternteils in Alltagsangelegenheiten bei gemeinsamer Sorge gem § 1687 I 2 und des vorübergehend betreuenden Elternteils in Angelegenheiten der tatsächlichen Betreuung bei gemeinsamer Sorge und ohne Sorgeberechtigung gem §§ 1687 I 4, 1687a. Darüber hinaus ist nach I 3 auch der Elternteil alleinvertretungsberechtigt, dem gem § 1628 das Entscheidungsrecht übertragen wurde. Schließlich besteht gem II 2 eine Sonderregelung für die Geltendmachung von Unterhaltsansprüchen (s.u. Rn 14).

9 In I 4 Hs 1 ist nunmehr das **Notvertretungsrecht** normiert, dass jeden Elternteil bei Gefahr im Verzug berechtigt, das Kind allein zu vertreten. Das Alleinvertretungsrecht ist aber beschränkt auf die Rechtshandlungen, die zum Wohl des Kindes notwendig sind. Die Annahme von **Gefahr im Verzug** setzt voraus, dass die Zustimmung des anderen Elternteils für die erforderliche Rechtshandlung nicht mehr eingeholt werden kann, ohne dass dem Kind erhebliche, nicht wieder gutzumachende, insbes gesundheitliche oder finanzielle, Nachteile entstehen (vgl Palandt/*Diederichsen* Rn 17). Bejaht der Elternteil **irrtümlich** die Voraussetzungen für das Notvertretungsrecht, wird man die Notwendigkeit der Vornahme der Rechtshandlung ex ante aus der Sicht eines vernünftig denkender Dritten zu beurteilen haben (vgl auch Johannsen/Henrich/*Jaeger* Rn 4). Nach Vornahme der Eilmaßnahme ist der andere Elternteil unverzüglich hiervon zu unterrichten, I 4 Hs 2.

10 **B. Ausschluss und Entziehung des Vertretungsrechts (II 1, 3).** Gem II 1 ist das Vertretungsrecht der Eltern ausgeschlossen, wenn auch ein Vormund gem § 1795 das Kind nicht vertreten könnte. Über § 1795 II findet § 181 Anwendung. Im Übrigen betrifft § 1795 I ausschl Rechtsgeschäfte, so dass für alle anderen Rechtshandlungen mit Interessenkonflikt nur die Anwendung von II 3 iVm § 1796 in Betracht kommt. Eine Sonderregelung des gesetzlichen Ausschlusses des Vertretungsrechts beider Eltern findet sich in § 52 II 2 StPO. Liegen die Voraussetzungen des II 1 vor, ist die Vertretung des Kindes **kraft Gesetzes** ausgeschlossen, ohne dass es darauf ankommt, ob im konkreten Fall ein Interessenkonflikt vorliegt oder das Wohl oder das Vermögen des Kindes gefährdet ist.

11 Im Übrigen kann das Familiengericht gem **II 3 Hs 1** einem Elternteil die Vertretung für einzelne Angelegenheiten oder einen bestimmten Kreis von Angelegenheiten entziehen, wenn dies gem § 1796 bei einem Vormund veranlasst wäre. Voraussetzung dafür ist, dass die konkrete Gefahr einer **Interessenkollision** besteht, die den Elternteil objektiv hindert, zugleich die Interessen des Kindes wahrzunehmen. Dabei ist auch zu berücksichtigen, welche Auswirkungen der Interessengegensatz auf den Familienfrieden hat (Palandt/*Diederichsen* Rn 24, 26). Der erhebliche Interessengegensatz kann sich bei dem anderen Elternteil, der nicht unmittelbar betroffen ist, aus einem gleichgelagerten eigenen Interesse ergeben (Köln NJWE-FER 00, 231).

12 Gem II 3 Hs 2 kann das Vertretungsrecht für die **Vaterschaftsfeststellung** der Mutter nicht entzogen werden. Ohne diese Regelung käme ggü einer Mutter, die die Vaterschaftsfeststellung unterlässt, insoweit der Entzug des Sorgerechts in Betracht mit der Folge der Erhebung der Vaterschaftsklage durch den Ergänzungspfleger. Dies stünde aber im Gegensatz zu der Absicht des Gesetzgebers, die er mit der Abschaffung der Amtspflegschaft verfolgt hat (vgl Palandt/*Diederichsen* Rn 28). Nunmehr kann der Mutter das Sorgerecht im Hinblick auf die unterlassene Vaterschaftsfeststellungsklage nur dann entzogen werden, wenn die Voraussetzungen des § 1666 erfüllt sind. Dies bedarf einer sorgfältigen Prüfung. Zwar ist im Normalfall von einem natürlichen Interesse des Kindes an der Feststellung seiner wirklichen Abstammung auszugehen (BGH NJW 72, 1708; Stuttg FamRZ 83, 831). Doch war bereits nach altem Recht anerkannt, dass der Mutter nur dann das Sorgerecht teilweise entzogen werden darf, wenn im konkreten Einzelfall Umstände festgestellt werden, aus denen

sich ein erheblicher Interessengegensatz zwischen Mutter und Kind ergibt (Stuttg FamRZ 83, 831; BayObLG FamRZ 94, 1196; FamRZ 99, 737 f). Umso mehr muss dies für die Annahme der Voraussetzungen des § 1666 gelten. Gegen die Feststellung der Vaterschaft könnten die Umstände der Zeugung (Vergewaltigung, Inzest) oder die günstigere unterhalts- oder erbrechtliche Situation sprechen (Palandt/*Diederichsen* Rn 28).

Rechtsfolge des Ausschlusses oder der Entziehung des Vertretungsrechts ist, dass ein **Ergänzungspfleger** gem § 1909 I zu bestellen ist. Dies gilt auch, wenn nur bei einem Elternteil ein Interessenwiderstreit konkret festgestellt wird, weil immer auch die Gefahr der Beeinflussung des anderen Elternteils besteht (vgl BGH NJW 72, 1708; Palandt/*Diederichsen* Rn 20). Im Übrigen folgt dies aus den Grundsätzen der Gesamtvertretung, wonach bei rechtlicher Verhinderung eines Gesamtvertreters auch der andere infolge der Begrenzung seiner Vertretungsmacht auf die Gesamtvertretung nicht wirksam handeln kann (Staud/*Peschel-Gutzeit* Rn 315).

C. Sonderfall: Geltendmachung von Unterhaltsansprüchen (II 2, III). I. Alleinvertretung in Unterhaltssachen (II 2). Unabhängig davon, ob die Eltern verheiratet sind oder nicht, ist bei gemeinsamer elterlicher Sorge gem II 2 der Elternteil zur Geltendmachung von Unterhaltsansprüchen berechtigt, in dessen alleiniger **Obhut** sich das Kind befindet. Entscheidend sind die tatsächlichen Betreuungsverhältnisse (Bambg FamRZ 1985, 632). (Alleinige) Obhut hat der Elternteil, bei dem der Schwerpunkt tatsächlicher Fürsorge liegt, das ist derjenige, der sich vor dem anderen des Wohls des Kindes annimmt (Stuttg FamRZ 1995, 1168; Ddorf FamRZ 1992, 575). Dies kann auch bei Getrenntleben der Eltern innerhalb einer Wohnung der Fall sein, insbes wenn ein Elternteil voll und der andere nicht oder nur teilweise erwerbstätig ist (Ddorf FamRZ 88, 1092). Auch wenn das Kind in einem Heim oder bei einer Pflegefamilie untergebracht ist, kann derjenige Elternteil, der sich um das Wohl des Kindes kümmert, regelmäßig Kontakte zu ihm hält und für seinen Unterhalt aufkommt, Inhaber der Obhut iSd II 2 sein. Lässt sich nicht feststellen, bei welchem Elternteil der Schwerpunkt der Fürsorge liegt, kommt nur ein Antrag gem § 1628 oder die Bestellung eines Unterhaltspflegers gem §§ 1666, 1693, 1697 in Betracht (Johannsen/Henrich/*Jaeger* Rn 6). Dies ist insbes beim sog „Wechselmodell" der Fall, bei dem sich die Eltern darauf geeinigt haben, dass das Kind einen Teil der Woche beim Vater, den anderen bei der Mutter verbringt (München FamRZ 03, 248).

Die **Vertretungsmacht** ist auf die Geltendmachung von Unterhaltsansprüchen des Kindes gegen den anderen Ehegatten beschränkt. Sie umfasst die gerichtliche und außergerichtliche Vertretung. Bei der außergerichtlichen Vertretung muss der Elternteil im Namen des Kindes handeln; für die gerichtliche Vertretung gilt dasselbe, wenn nicht III eingreift. Über den Wortlaut des II 2 hinaus, vertritt der Elternteil das Kind gerichtlich und außergerichtlich auch dann, wenn der andere Elternteil **Ansprüche gegen das Kind** im Zusammenhang mit der bestehenden Kindesunterhaltspflicht geltend macht, insbes die Abänderung eines Titels verlangt (vgl Johannsen/Henrich/*Jaeger* Rn 6).

II. Gesetzliche Prozessstandschaft und Wirkungen (III). 1. Um dem ehelichen Kind Konflikte zu ersparen und es nicht am Scheidungsverbundverfahren seiner Eltern beteiligen zu müssen, trifft **III 1** für verheiratete Eltern, die getrennt leben (oder zwischen denen eine Ehesache anhängig ist), eine **Sonderregelung** für die gerichtliche Geltendmachung von Unterhaltsansprüchen des Kindes gegen einen Elternteil: Der Elternteil muss den Kindesunterhalt zwingend im eigenen Namen für das Kind geltend machen.
Diese Form der gesetzlichen Prozessstandschaft setzt notwendigerweise voraus, dass der klagende Elternteil die **alleinige Vertretungsmacht** für die Geltendmachung von Unterhaltsansprüchen des Kindes gegen den anderen Elternteil hat, weil ihm andernfalls die Aktivlegitimation fehlt. Die Vertretungsmacht kann auf (zumindest insoweit) bestehender Alleinsorge oder auf Kinderobhut bei gemeinsamer Sorge gem II 2 beruhen.
Die Eltern müssen iSd § 1567 I **getrennt leben**, aber noch verheiratet sein. Die Regelung gilt nicht für geschiedene oder unverheiratete Eltern.
Die Prozessstandschaft ist nicht auf das Scheidungsverbundverfahren beschränkt, sondern gilt für alle Kindesunterhaltsverfahren (BGH FamRZ 83, 474) einschl einstweiliger Anordnungen und über den Wortlaut des III 1 hinaus auch für Passivprozesse betreffend den Kindesunterhalt (zB Abänderungsklagen, negative Feststellungsklagen), aber nicht für das vereinfachte Verfahren gem §§ 645 ff ZPO (Palandt/*Diederichsen* Rn 37).
2. Die Prozessstandschaft endet mit Rechtskraft der Scheidung, mit Volljährigkeit des Kindes, mit Übergang des Kindesunterhaltsanspruchs auf das Land gem § 7 UVG und mit Übergang der Sorge oder der Obhut auf den anderen Elternteil (Hamm FamRZ 90, 890). Während in den letzten beiden Fällen die Prozessstandschaft übergangslos endet, gilt im Übrigen Folgendes: Macht ein Elternteil Unterhaltsansprüche eines gemeinschaftlichen Kindes gegen den anderen Elternteil gem § 1629 III 1 zulässigerweise im eigenen Namen geltend, so dauert seine Prozessstandschaft **über die Scheidung der Ehe hinaus** jedenfalls dann bis zum Abschluss des Unterhaltsprozesses fort, wenn die elterliche Sorge für das minderjährige Kind keinem anderen als ihm übertragen worden ist (BGH FamRZ 90, 283). Hat ein Ehegatte im Verbundverfahren rechtzeitig die Regelung der gesetzlichen Unterhaltspflicht ggü einem minderjährigen ehelichen Kind begehrt, dann tritt das Kind selbst als Partei in das Verfahren ein, wenn es **volljährig** geworden ist (BGH FamRZ 85, 471). Es handelt sich um einen gesetzlichen Parteiwechsel, der keiner Zustimmung des Gegners bedarf (München FamRZ 96, 422). Dies gilt auch für die Geltendmachung von Unterhaltsrückständen (München FamRZ 96, 422).

21 Da III 1 voraussetzt, dass es sich um ein gemeinschaftliches Kind handelt, endet die Prozessstandschaft auch übergangslos mit rechtskräftigem Feststellungsurteil bei erfolgreicher Vaterschaftsanfechtung (Ddorf FamRZ 87, 1162).

22 3. Die gesetzliche Prozessstandschaft gem III 1 wirkt auch noch im **Zwangsvollstreckungsverfahren**. Deshalb kann, solange die Prozessstandschaft besteht, nur der Elternteil, der Titelgläubiger ist, die Vollstreckung im eigenen Namen betreiben. Selbst nach Rechtskraft der Scheidung ist der betreffende Elternteil – solange das Kind noch minderjährig ist – berechtigt, im eigenen Namen gegen den anderen Elternteil aus dem Kindesunterhaltstitel zu vollstrecken (Hamm FamRZ 84, 927; Nürnbg FamRZ 87, 1172; vgl BGH FamRZ 91, 295 f). Daneben kann jetzt aber nach Umschreibung des Titels auch das Kind selbst vollstrecken, da mit Rechtskraft der Scheidung die Prozessstandschaft entfallen ist.

23 Anders ist es, wenn die Prozessstandschaft auf Grund **Volljährigkeit** des Kindes endet. Dann kann nur mehr das Kind selbst vollstrecken, muss jedoch zuvor den Unterhaltstitel auf sich umschreiben lassen. Vollstreckt der Elternteil, der Titelgläubiger ist, dennoch weiter, kann der Schuldner-Elternteil dagegen mit der **Vollstreckungsgegenklage** vorgehen (Hamm FamRZ 00, 365; Brandbg FamRZ 97, 509; Köln FamRZ 95, 308). Dieselben Grundsätze gelten, wenn die Prozessstandschaft auf Grund Obhutswechsels auf den anderen Elternteil übergegangen ist (München FamRZ 97, 1493 f).

24 Ist die Prozessstandschaft beendet, ist eine Abänderungsklage vom Kind bzw gegen das Kind zu erheben, auch wenn Titelgläubiger der Elternteil ist (Karlsr FamRZ 80, 1059; 80, 1149; Hamm FamRZ 90, 1375). Vor Beendigung der Prozessstandschaft ist die Abänderungsklage gegen den Gläubiger-Elternteil zu erheben.

25 4. III 2 knüpft an III 1 an. Eine iRd Prozessstandschaft erstrittene gerichtliche Entscheidung oder geschlossener gerichtlicher Vergleich wirken für und gegen das Kind. Ein Beitritt des Kindes ist daher nicht erforderlich (Palandt/*Diederichsen* Rn 38).

§ 1629 a Beschränkung der Minderjährigenhaftung

(1) ¹Die Haftung für Verbindlichkeiten, die die Eltern im Rahmen ihrer gesetzlichen Vertretungsmacht oder sonstige vertretungsberechtigte Personen im Rahmen ihrer Vertretungsmacht durch Rechtsgeschäft oder eine sonstige Handlung mit Wirkung für das Kind begründet haben, oder die auf Grund eines während der Minderjährigkeit erfolgten Erwerbs von Todes wegen entstanden sind, beschränkt sich auf den Bestand des bei Eintritt der Volljährigkeit vorhandenen Vermögens des Kindes; dasselbe gilt für Verbindlichkeiten aus Rechtsgeschäften, die der Minderjährige gemäß §§ 107, 108 oder § 111 mit Zustimmung seiner Eltern vorgenommen hat oder für Verbindlichkeiten aus Rechtsgeschäften, zu denen die Eltern die Genehmigung des Vormundschaftsgerichts erhalten haben. ²Beruft sich der volljährig Gewordene auf die Beschränkung der Haftung, so finden die für die Haftung des Erben geltenden Vorschriften der §§ 1990, 1991 entsprechende Anwendung.

(2) Absatz 1 gilt nicht für Verbindlichkeiten aus dem selbständigen Betrieb eines Erwerbsgeschäfts, soweit der Minderjährige hierzu nach § 112 ermächtigt war, und für Verbindlichkeiten aus Rechtsgeschäften, die allein der Befriedigung seiner persönlichen Bedürfnisse dienten.

(3) Die Rechte der Gläubiger gegen Mitschuldner und Mithaftende, sowie deren Rechte aus einer für die Forderung bestellten Sicherheit oder aus einer deren Bestellung sichernden Vormerkung werden von Absat 1 nicht berührt.

(4) ¹Hat das volljährig gewordene Mitglied einer Erbengemeinschaft oder Gesellschaft nicht binnen drei Monaten nach Eintritt der Volljährigkeit die Auseinandersetzung des Nachlasses verlangt oder die Kündigung der Gesellschaft erklärt, ist im Zweifel anzunehmen, dass die aus einem solchen Verhältnis herrührende Verbindlichkeit nach dem Eintritt der Volljährigkeit entstanden ist; Entsprechendes gilt für den volljährig gewordenen Inhaber eines Handelsgeschäfts, der dieses nicht binnen drei Monaten nach Eintritt der Volljährigkeit einstellt. ²Unter den in Satz 1 bezeichneten Voraussetzungen wird ferner vermutet, dass das gegenwärtige Vermögen des volljährig Gewordenen bereits bei Eintritt der Volljährigkeit vorhanden war.

1 **A. Haftungsbeschränkung (I, II). I. Voraussetzungen.** Die Vorschrift will verhindern, dass der Minderjährige mit **fremdverursachten Schulden** in die Volljährigkeit eintritt (KKFamR/*Rausch* Rn 2). Daher werden alle Verbindlichkeiten erfasst, die Eltern, Vormund, Pfleger oder andere Vertretungsberechtigte durch Rechtsgeschäft oder sonstige Handlungen mit Wirkung für den Minderjährigen begründen (I 1 Hs 1) oder die der Minderjährige selbst aufgrund der ihm erteilten Einwilligung bzw Genehmigung dieser Personen gem §§ 107, 108, 111 eingeht (I 1 Hs 2). Daran ändert auch die gerichtliche Genehmigung nichts (I 1 Hs 2). Ebenso fallen ererbte Schulden in den Anwendungsbereich (I 1 Hs 1).

2 Gem II besteht die Möglichkeit der Haftungsbeschränkung aber nicht für Verbindlichkeiten, die der Minderjährige iRs **Erwerbsgeschäfts** nach § 112 oder ausschl zur **persönlichen Bedürfnisbefriedigung** begründet. Zu Letzteren zählen insbes der Kauf von Lebensmitteln und Schulutensilien, aber auch von Konsum- und Freizeitartikeln (Palandt/*Diederichsen* Rn 12; vgl auch *Klüsener* Rpfleger 1999, 55 ff).

Für ausschl **selbstverursachte Verbindlichkeiten** scheidet eine Haftungsbegrenzung gem I aus. Dies gilt für 3
Ansprüche gegen den Minderjährigen aus unerlaubter Handlung gem §§ 823 ff (einschl der Billigkeitshaftung
nach § 829), Gefährdungshaftung (Straßenverkehr), Eigentumsrecht gem § 985, ungerechtfertigter Bereicherung gem §§ 812 ff sowie Unterhaltsverpflichtungen gem §§ 1601 ff (Palandt/*Diederichsen* Rn 13; KKFamR/
Rausch Rn 4).

II. Wirkungen. Der volljährig Gewordene kann seine Haftung hinsichtlich der in der Minderjährigkeit ent- 4
standenen beschränkungsfähigen Verbindlichkeiten (s.o. Rn 1–3) auf sein Aktivvermögen begrenzen. Der
Volljährige haftet nur noch mit seinem bisherigen Vermögen; Neuerwerb ist haftungsfrei. Um diese Wirkungen auszulösen, muss sich der junge Erwachsene aber auf seine beschränkte Haftung berufen und gem I 2
iVm § 1990 die Erschöpfungseinrede erheben. Zum Schutz in der Zwangsvollstreckung muss er die Aufnahme des Vorbehalts der beschränkten Haftung im Urteil gem §§ 780 I, 786 ZPO beantragen; dies ist wegen
der Möglichkeit der Vollstreckungsgegenklage nach §§ 781, 785, 767, 786 ZPO nur dann entbehrlich, wenn
der Titel noch aus der Zeit der Minderjährigkeit stammt (KKFamR/*Rausch* Rn 3). Die weiteren Wirkungen
der Geltendmachung der Einrede regeln die entspr anwendbaren §§ 1990, 1991.

B. Keine Auswirkung auf Mithaftende (III). Die Haftungsbeschränkung gilt nicht für Dritte, die an Stelle 5
oder neben dem Minderjährigen verpflichtet sind, wie Gesamtschuldner, Bürgen, Schuldübernehmer und
Sicherungsgeber.

C. Vermutungen zum Gläubigerschutz (IV). IV enthält zwei Vermutungen zum Schutz der Gläubiger des 6
volljährig Gewordenen, die zur Beweislastumkehr führen. Gem IV 1 wird vermutet, dass die Verbindlichkeiten erst nach Eintritt der Volljährigkeit entstanden sind; gem IV 2 wird vermutet, dass das gesamte Vermögen
bereits bei Eintritt der Volljährigkeit vorhanden war. Beide Vermutungen führen dazu, dass die Haftungsbeschränkung nicht eingreifen kann. Dem volljährig Gewordenen steht freilich der Gegenbeweis offen.
Beide nebeneinander stehenden Vermutungen setzen voraus, dass der Schuldner nicht binnen einer Frist von 7
drei Monaten nach Erlangung der Volljährigkeit die Auseinandersetzung der Erbengemeinschaft verlangt, die
Gesellschaft gekündigt oder das Handelsgeschäft eingestellt hat.

§ 1630 Elterliche Sorge bei Pflegerbestellung oder Familienpflege

(1) Die elterliche Sorge erstreckt sich nicht auf Angelegenheiten des Kindes, für die ein Pfleger bestellt ist.
(2) Steht die Personensorge oder die Vermögenssorge einem Pfleger zu, so entscheidet das Familiengericht,
falls sich die Eltern und der Pfleger in einer Angelegenheit nicht einigen können, die sowohl die Person als
auch das Vermögen des Kindes betrifft.
(3) ¹Geben die Eltern das Kind für längere Zeit in Familienpflege, so kann das Familiengericht auf Antrag
der Eltern oder der Pflegeperson Angelegenheiten der elterlichen Sorge auf die Pflegeperson übertragen.
²Für die Übertragung auf Antrag der Pflegeperson ist die Zustimmung der Eltern erforderlich. ³Im Umfang
der Übertragung hat die Pflegeperson die Rechte und Pflichten eines Pflegers.

A. Beschränkung der elterlichen Sorge durch Pflegerbestellung (I). Ist dem Kind ein Pfleger bestellt, so 1
wird die elterliche Sorge in dem Umfang der Bestellung verdrängt. Die Pflegerbestellung wirkt deshalb wie
ein teilweiser Sorgerechtsentzug. Es handelt sich um eine Ergänzungspflegschaft gem § 1909 I. Wann ein
Ergänzungspfleger zu bestellen ist, wird in verschiedenen Vorschriften geregelt. Hauptanwendungsfälle sind
§ 1666 sowie die rechtliche Verhinderung der Eltern auf Grund Interessenkonflikts gem § 1629 II 1 und 3.

B. Konflikt zwischen Eltern und Pfleger (II). Ein rechtlich relevanter Konflikt tritt auf, wenn in einer 2
Angelegenheit, die **Personen- und Vermögenssorge** betrifft, Pfleger und Eltern, die jeweils für den einen oder
anderen Teilbereich das Sorgerecht innehaben, unterschiedlicher Meinung sind. Für diesen Fall bestimmt II,
dass das Familiengericht den Streit zu entscheiden hat. Dabei ersetzt es die Zustimmung des oder der Sorgeberechtigten, dessen Meinung es nicht folgen will. Sind sich aber der Pfleger und ein Elternteil einig, so verfährt das Familiengericht gem § 1628; einer Entscheidung gem § 1630 II bedarf es dann nicht (Palandt/*Diederichsen* Rn 14).
Analog gilt II in allen Fällen, in denen Personen- und Vermögenssorge verschiedenen Personen zustehen und 3
auch, wenn nur für einen Teilbereich der Personen- oder Vermögenssorge eine andere Person sorgeberechtigt
ist. Voraussetzung ist aber, dass der Konflikt Personen- und Vermögenssorge betrifft. Deshalb soll keine analoge Anwendung in Betracht kommen, wenn der Konflikt innerhalb eines Teilbereichs besteht (RGZ 129, 18;
Palandt/*Diederichsen* Rn 13; aA Staud/*Peschel-Gutzeit* Rn 22).
Ein **Anwendungsbeispiel** ist der Konflikt über die Berufswahl – die ja grds der Personensorge unterliegt –, 4
wenn für die Ausbildung das Kindesvermögen herangezogen werden soll (vgl RGZ 129, 18). Dagegen ist die
Verwendung des Kindesunterhalts ausschl eine Angelegenheit der Personensorge, weshalb II nicht eingreift.

5 **C. Sorgerechtsübertragung bei Familienpflege (III).** Befindet sich das Kind mit Zustimmung der Eltern für längere Zeit in Familienpflege, wozu auch die Vollzeitpflege gem § 33 SGB VIII gehört, so kann das Familiengericht auf Antrag der Eltern oder der Pflegeperson Angelegenheiten der elterlichen Sorge auf die Pflegeperson übertragen. Voraussetzung ist aber die **Zustimmung der Eltern**. Es können einzelne Angelegenheiten, aber auch die gesamte elterliche Sorge übertragen werden.

6 Gem III 3 hat die Pflegeperson durch die Übertragung die Rechte und Pflichten eines Ergänzungspflegers, wodurch die ordnungsgemäße Betreuung des Kindes erheblich vereinfacht wird. Daneben gilt § 1688, der jedoch im Bereich der Sorgerechtsübertragung nach III subsidiär ist.

§ 1631 Inhalt und Grenzen der Personensorge

(1) Die Personensorge umfasst insbesondere die Pflicht und das Recht, das Kind zu pflegen, zu erziehen, zu beaufsichtigen und seinen Aufenthalt zu bestimmen.
(2) ¹Kinder haben ein Recht auf gewaltfreie Erziehung. ²Körperliche Bestrafungen, seelische Verletzungen und andere entwürdigende Maßnahmen sind unzulässig.
(3) Das Familiengericht hat die Eltern auf Antrag bei der Ausübung der Personensorge in geeigneten Fällen zu unterstützen.

§ 1631a Ausbildung und Beruf

¹In Angelegenheiten der Ausbildung und des Berufes nehmen die Eltern insbesondere auf Eignung und Neigung des Kindes Rücksicht. ²Bestehen Zweifel, so soll der Rat eines Lehrers oder einer anderen geeigneten Person eingeholt werden.

§ 1631b Mit Freiheitsentziehung verbundene Unterbringung

¹Eine Unterbringung des Kindes, die mit Freiheitsentziehung verbunden ist, ist nur mit Genehmigung des Familiengerichts zulässig. ²Ohne die Genehmigung ist die Unterbringung nur zulässig, wenn mit dem Aufschub Gefahr verbunden ist; die Genehmigung ist unverzüglich nachzuholen. ³Das Gericht hat die Genehmigung zurückzunehmen, wenn das Wohl des Kindes die Unterbringung nicht mehr erfordert.

1 Ähnlich wie § 1906 für Erwachsene, die unter Betreuung stehen, verlangt § 1631b 1 auch für die Unterbringung des Kindes eine gerichtliche Genehmigung. Das gilt aber nur für die Unterbringung, mit der eine **Freiheitsentziehung** verbunden ist. Damit ist vor allem die Unterbringung in einer geschlossenen Anstalt, einem Heim oder einem Krankenhaus bzw einer geschlossenen Abteilung innerhalb dieser Einrichtungen gemeint. Ob darunter auch die halboffene Unterbringung fällt, wenn der Betroffene seinen Willen, sich frei zu bewegen, wann und wohin er will, nicht durchsetzen kann, ist str (bejahend AG Kamen FamRZ 83, 299). Es wird im Einzelfall auch auf das äußere Erscheinungsbild der Einrichtung (Mauern, Stacheldraht, elektronische Überwachung) und auf die konkrete Möglichkeit des Betroffenen ankommen, die Sicherungsvorkehrungen zu überwinden. Nicht genehmigungspflichtig sind in jedem Fall bloße **Freiheitsbeschränkungen** (begrenzte Ausgangszeiten, Stubenarrest), wie sie in einem streng geführten Erziehungsinternat bestehen (Palandt/*Diederichsen* Rn 3).

2 Unter Freiheitsentziehung und damit unter die Genehmigungspflicht fallen auch die sog **unterbringungsähnlichen Maßnahmen**, wie die Fixierung der Extremitäten oder des Körpers durch Fesselung (aA LG Essen FamRZ 93, 1347). Insoweit ist **§ 1906 IV analog** anzuwenden, denn der Minderjährigenschutz kann nicht hinter den im Betreuungsrecht für Erwachsene bestehenden Erfordernissen zurückbleiben (Staud/*Salgo* Rn 15; Palandt/*Diederichsen* Rn 3). Das bedeutet auch, dass solche unterbringungsähnlichen Maßnahmen auch dann noch genehmigungspflichtig sind, wenn bereits die Unterbringung als solche genehmigt wurde.

3 **Prüfungsmaßstab** für die Erteilung der Genehmigung ist das **Wohl des Kindes**. Dies folgt aus § 1697a, aber auch im Umkehrschluss aus § 1631b 3. Das Wohl des Kindes muss die geschlossene Unterbringung erfordern. Da es sich um einen besonders einschneidenden Eingriff in das Selbstbestimmungsrecht und die persönliche Freiheit des Kindes handelt, darf die Genehmigung nur erfolgen, wenn sie unerlässlich ist, weil mildere Maßnahmen nicht ausreichen (vgl Staud/*Salgo* Rn 23).

4 Das Familiengericht genehmigt lediglich die Unterbringung des Kindes. Die Unterbringung selbst kann nur durch den **Inhaber des Aufenthaltsbestimmungsrechts** erfolgen. Regelmäßig werden das die Eltern sein. Wegen des Grundsatzes der Gesamtvertretung gem § 1629 I 2 Hs 1 müssen beide Eltern die Unterbringung wollen und die Genehmigung hierfür beantragen. Sind sie sich uneins, hat das Familiengericht auf Antrag gem § 1628 einem Elternteil das Entscheidungsrecht zu übertragen. Dies kann mit der Genehmigungsentscheidung verbunden werden. Verweigern beide Eltern die Unterbringung des Kindes und wird dadurch das Wohl des Kindes gefährdet, kann ihnen gem § 1666 das Aufenthaltsbestimmungsrecht entzogen werden. Der

Ergänzungspfleger kann dann die Unterbringung des Kindes nach Einholung der familiengerichtlichen Genehmigung veranlassen.

S 2 erlaubt in besonders eiligen Fällen die Unterbringung ohne Genehmigung, die jedoch unverzüglich nachzuholen ist. 5

Gem S 3 wird das Familiengericht verpflichtet die Genehmigung in regelmäßigen Abständen zu überprüfen, weil die Genehmigung zurückzunehmen ist, wenn das Wohl des Kindes sie nicht mehr erfordert. 6

Für das **Verfahren** gelten die §§ 70 ff FGG; das Jugendamt ist gem § 49a I Nr 5 FGG anzuhören. 7

§ 1631 c Verbot der Sterilisation

¹Die Eltern können nicht in eine Sterilisation des Kindes einwilligen. ²Auch das Kind selbst kann nicht in die Sterilisation einwilligen. ³§ 1909 findet keine Anwendung.

Die Vorschrift enthält das ausnahmslose Verbot der Sterilisation Minderjähriger. 1

§ 1632 Herausgabe des Kindes; Bestimmung des Umgangs; Verbleibensanordnung bei Familienpflege

(1) Die Personensorge umfasst das Recht, die Herausgabe des Kindes von jedem zu verlangen, der es den Eltern oder einem Elternteil widerrechtlich vorenthält.

(2) Die Personensorge umfasst ferner das Recht, den Umgang des Kindes auch mit Wirkung für und gegen Dritte zu bestimmen.

(3) Über Streitigkeiten, die eine Angelegenheit nach Absatz 1 oder 2 betreffen, entscheidet das Familiengericht auf Antrag eines Elternteils.

(4) Lebt das Kind seit längerer Zeit in Familienpflege und wollen die Eltern das Kind von der Pflegeperson wegnehmen, so kann das Familiengericht von Amts wegen oder auf Antrag der Pflegeperson anordnen, dass das Kind bei der Pflegeperson verbleibt, wenn und solange das Kindeswohl durch die Wegnahme gefährdet würde.

A. Anspruch auf Herausgabe des Kindes (I). Anspruchsberechtigt ist nur, wer Inhaber des Aufenthaltsbestimmungsrechts ist (Nürnbg FamRZ 00, 369; BayObLG FamRZ 90, 1379). Sind dies beide Eltern, können sie den Anspruch nur gemeinsam oder ein Elternteil mit Zustimmung des anderen ggü Dritten geltend machen. Ein Elternteil kann vom anderen grds nur dann die Herausgabe des Kindes verlangen, wenn ihm das Aufenthaltsbestimmungsrecht allein zusteht. 1

Anspruchsverpflichtet ist derjenige, der das Kind in seiner Gewalt hat und die Herausgabe verweigert oder den Berechtigten auf andere Weise daran hindert, das Kind wieder an sich zu bringen (Palandt/*Diederichsen* Rn 4). 2

Weitere Voraussetzung für den Herausgabeanspruch ist, dass das Kind dem Berechtigten **widerrechtlich** vorenthalten wird. Widerrechtlichkeit ist ausgeschlossen, wenn das Herausgabeverlangen einen Missbrauch der elterlichen Sorge darstellen, der unter § 1666 fällt (BayObLG FamRZ 90, 1379, 1381). Stets ist das **Wohl des Kindes** zu beachten, § 1697 a (vgl BayObLG FamRZ 90, 1379, 1381). 3

B. Bestimmung des Umgangs des Kindes (II). Die Eltern üben das **Umgangsbestimmungsrecht** gemeinsam aus, wenn ihnen das Sorgerecht gemeinsam zusteht. Bei Uneinigkeit können sie gem § 1628 vorgehen. Neben der **Umgangsgestattung**, die meist stillschweigend erfolgt, wird der Umgang des Kindes in negativer Form durch **Umgangsverbote** bestimmt. Dabei stellt sich die Frage nach den **Grenzen des Bestimmungsrechts**. Soweit der Person, mit der dem Kind der Umgang verboten werden soll, ein Umgangsrecht gem §§ 1684, 1685 zusteht, kann ein Verbot nur nach Maßgabe dieser Vorschriften erfolgen. Im Übrigen darf das Bestimmungsrecht nicht missbräuchlich ausgeübt werden, wobei die Grenze in jedem Fall die Kindeswohlgefährdung nach § 1666 bildet. Bei älteren Kindern wird man die Missbrauchsschranke niedriger ansetzen und triftige und sachliche Gründe für das Umgangsverbot verlangen müssen, weil mit zunehmendem Alter das Selbstbestimmungsrecht des Kindes stärker zu beachten ist (vgl Palandt/*Diederichsen* Rn 23 ff). 4

C. Verbleibensanordnung (IV). Durch diese besondere Schutznorm wird der Herausgabeanspruch gem § 1632 I dahin abgewandelt, dass die **Herausnahme eines Kindes** aus der Pflegefamilie **zur Unzeit** vermieden werden soll, um insbes sein seelisches Wohl nicht zu gefährden (BayObLG FamRZ 91, 1080). 5

I. Formelle Voraussetzungen. Das Kind muss sich in **Familienpflege** befinden. Damit sind nicht nur die Vollzeitpflege und sonstige Pflegeformen gem §§ 33 ff SGB VIII gemeint, sondern jedes tatsächliche Pflegeverhältnis familienähnlicher Art, das seit längerer Zeit besteht; auch eine Pflegeerlaubnis nach §§ 44 ff SGB VIII ist nicht Voraussetzung (BayObLG FamRZ 84, 817). In »Familienpflege« im Sinne dieser Vorschrift kann sich ein Kind auch bei Verwandten, insbes bei Großeltern, befinden (BayObLG FamRZ 91, 1080). 6

7 Gem § 1632 IV muss die Familienpflege **seit längerer Zeit** bestehen. Hierunter ist keine bestimmte Zeitspanne zu verstehen. Auszugehen ist vielmehr vom engeren kindlichen Zeitbegriff und den kindlichen Zeitvorstellungen, die wiederum in Beziehung zum Kindesalter stehen. Je jünger das Kind ist, umso länger wird ihm eine Zeitspanne erscheinen, und umso länger ist auch die Zeit in Beziehung zur Dauer seines bisherigen Lebens, so dass es schon einen recht langen Zeitraum darstellt, wenn ein einjähriges Kind seit einem halben Jahr in einer Pflegefamilie gelebt hat (BayObLG FamRZ 91, 1080). Entscheidend ist, welche Bindungen sich in diesem Zeitraum zwischen Kind und Pflegeperson entwickelt haben, wobei auch das Verhältnis zu anderen Personen in der Pflegefamilie, wie etwa Pflegegeschwister, von Bedeutung sein kann (BayObLG FamRZ 91, 1080; vgl auch Celle FamRZ 90, 191).

8 Die Vorschrift setzt voraus, dass die **Eltern sorgeberechtigt**, zumindest aber Inhaber des Aufenthaltsbestimmungsrechts, sind. Andernfalls stünde ihnen bereits kein Herausgabeanspruch gem I zu, der abgewehrt werden müsste. Über den Wortlaut hinaus gilt die Vorschrift im Grundsatz auch dann, wenn ein Vormund das Kind von der Pflegeperson wegnehmen will (BayObLG FamRZ 91, 1080).

9 **II. Materielle Voraussetzungen.** In materieller Hinsicht setzt eine Verbleibensanordnung gem IV voraus, dass durch das Herausgabeverlangen das **Wohl des Kindes** iSv **§ 1666 I gefährdet** wird (BayObLG FamRZ 91, 1080). Ob dies der Fall ist, hängt von den Umständen des Einzelfalls ab und muss in der Regel mit Hilfe eines kinderpsychologischen Gutachtens geklärt werden (BayObLG FamRZ 91, 1080). Entscheidend ist dabei insbes, wie starke Bindungen des Kindes zur Pflegeperson bestehen. Es kann aus kinderpsychologischer Sicht als gesichert angesehen werden, dass die Trennung eines Kleinkinds von einer Bezugsperson eine erhebliche psychische Belastung für das Kind darstellt und mit einem schwer bestimmbaren Zukunftsrisiko verbunden ist (BayObLG FamRZ 91, 1080). Dabei ist nicht notwendigerweise allein auf die Pflegeperson abzustellen. Die Bezugswelt des Kindes wird auch durch die Beziehung zu Geschwistern oder Spielkameraden bestimmt (BayObLG FamRZ 91, 1080; Celle FamRZ 90, 191).

10 Befindet sich ein Kind seit längerer Zeit in Pflegefamilie und ist als Folge hiervon eine gewachsene Bindung zu den Pflegeeltern entstanden, dann steht auch die Pflegefamilie unter dem vom Grundgesetz garantierten Schutz der Familie (BayObLG NJW 88, 2381). Grds hat demgegenüber aber das **Erziehungsrecht der Eltern den Vorrang** (BayObLG NJW 88, 2381). Deshalb führt allein der Umstand, dass es dem Kind bei den Pflegeeltern gut geht, noch nicht zu einer Verbleibensanordnung (vgl BayObLG FamRZ 78, 135). Bei der vorzunehmenden Abwägung zwischen Elternrecht und Kindeswohl entscheidet aber das Wohl des Kindes, wenn nicht ausgeschlossen werden kann, dass es durch die Herausnahme gefährdet würde.

11 Im **Verhältnis zu § 1666** ist die Verbleibensanordnung als milderes Mittel vorrangig. Das Gericht muss daher im Einzelnen erwägen und darlegen, aus welchen Gründen es die angenommene Gefahr für die Entwicklung des Kindes nur durch den Entzug des Sorgerechts für abwendbar gehalten hat (BVerfG FamRZ 89, 145). Das dem Kindeswohl zuwider laufende Herausgabeverlangen der Eltern in Verbindung mit ständigen Beunruhigungen des Kindes und Störungen des intakten Pflegeverhältnisses kann aber die Entziehung der elterlichen Sorge rechtfertigen, wenn dies als das einzige Mittel erscheint, um das Kind vor erheblichen Beeinträchtigungen seines Wohls zu bewahren (Bambg DAVorm 87, 664).

12 Auch innerhalb des IV gilt der **Grundsatz der Verhältnismäßigkeit**. Als milderes Mittel kommt insbes eine Besuchsregelung zwischen dem Sorgeberechtigten und der Pflegeperson zum Wohle des Kindes in Betracht (BayObLG FamRZ 84, 817). Die Verbleibensanordnung darf nur solange wie nötig aufrechterhalten werden. Kann die Gefährdung des Kindes auf Dauer nur dadurch abgewendet werden, dass es nicht bei seinen Eltern wohnt, so muss ein Sorgerechtsentzugsverfahren gem § 1666 durchgeführt werden.

§ 1633 Personensorge für verheirateten Minderjährigen

Die Personensorge für einen Minderjährigen, der verheiratet ist oder war, beschränkt sich auf die Vertretung in den persönlichen Angelegenheiten.

1 Die Personensorge für einen Minderjährigen, der die Ehe eingeht (vgl 1303), entfällt – mit Ausnahme der rechtlichen Vertretung in diesem Bereich. Demgegenüber steht die Vermögenssorge uneingeschränkt weiterhin den Eltern bzw dem bisherigen Inhaber zu. Betrifft eine Angelegenheit sowohl den Bereich der Personen- als auch der Vermögenssorge, gilt § 1630 analog. Auch nach Scheidung der Ehe lebt die elterliche Sorge nicht wieder auf.

§§ 1634–1637

– weggefallen –

§ 1638 Beschränkung der Vermögenssorge

(1) Die Vermögenssorge erstreckt sich nicht auf das Vermögen, welches das Kind von Todes wegen erwirbt oder welches ihm unter Lebenden unentgeltlich zugewendet wird, wenn der Erblasser durch letztwillige Verfügung, der Zuwendende bei der Zuwendung bestimmt hat, dass die Eltern das Vermögen nicht verwalten sollen.
(2) Was das Kind auf Grund eines zu einem solchen Vermögen gehörenden Rechtes oder als Ersatz für die Zerstörung, Beschädigung oder Entziehung eines zu dem Vermögen gehörenden Gegenstandes oder durch ein Rechtsgeschäft erwirbt, das sich auf das Vermögen bezieht, können die Eltern gleichfalls nicht verwalten.
(3) ¹Ist durch letztwillige Verfügung oder bei der Zuwendung bestimmt, dass ein Elternteil das Vermögen nicht verwalten soll, so verwaltet es der andere Elternteil. ²Insoweit vertritt dieser das Kind.

A. Beschränkung durch Erblasser oder Schenker (I). Die Ausschließung von der Vermögenssorge kann ein Dritter lediglich hinsichtlich des zugewendeten Vermögens vornehmen. Sie betrifft nur die Verwaltung dieses Vermögens, nicht die Entscheidung darüber, ob die Erbschaft oder die Zuwendung überhaupt angenommen oder ausgeschlagen wird (Karlsr FamRZ 65, 573, 574). Auch ein Elternteil selbst kann den Ausschluss anordnen mit der Folge, dass er gem III seine Zuwendung alleine verwaltet. 1

I. Erwerb von Todes wegen. Von Todes wegen erwirbt das Kind nicht nur durch **Erbfolge** oder **Vermächtnis**, sondern – nach dem klaren Wortlaut der Vorschrift – auch, wenn ihm ein **Pflichtteil** zufällt (Staud/*Engler* Rn 7). 2

Die **Ausschließung** muss durch letztwillige Verfügung – Testament oder einseitige Verfügung im Erbvertrag – erfolgen. Sie braucht nicht ausdrücklich erklärt zu werden, sondern kann auch **konkludent** zum Ausdruck kommen. Insbes genügt die Bitte um Pflegerbestellung oder Anordnung der Verwaltung durch einen Miterben (Staud/*Engler* Rn 11). Aber auch die Enterbung eines Kindes mit der Folge, dass das Enkelkind gesetzlicher Erbe wird, kann als Ausschließung angesehen werden. Dagegen beinhaltet die Anordnung der Testamentsvollstreckung (BayObLG FamRZ 89, 1342, 1343) oder der Ausschluss des überlebenden Elternteils von der Nutznießung keinen Ausschluss von der Vermögensverwaltung, regelmäßig aber eine Beschränkung gem § 1639 (BayObLGZ 82, 86). 3

II. Unentgeltliche Zuwendung unter Lebenden. Als unentgeltliche Zuwendung kommt insbes die Schenkung gem § 516 in Betracht. Aber auch in der ohne Verpflichtung versprochenen und gewährten Ausstattung gem § 1624 kann eine unentgeltliche Zuwendung iSd § 1638 zu sehen sein (Staud/*Engler* Rn 15). 4

Voraussetzung für die **Ausschließung** der Eltern von der Verwaltung des zugewendeten Vermögens ist, dass die Zuwendung unentgeltlich erfolgt. Das ist nicht der Fall, wenn das Kind einen Rechtsanspruch auf die Zuwendung hat. Die Ausschließung ist an keine Form gebunden. Sie muss aber zusammen mit der Zuwendung erfolgen. Eine vorher oder nachher erklärte Ausschließung ist unwirksam (BayObLGZ 6, 553, 558; KG FamRZ 62, 432, 435). 5

III. Rechtsfolgen der Ausschließung. Die wirksame Ausschließung der Eltern von der Verwaltung des erworbenen oder zugewendeten Vermögens lässt das Recht der Eltern unberührt, im Namen des Kindes die **Annahme oder Ausschlagung** des Erwerbs oder der Zuwendung zu erklären. 6

Wird nur **ein Elternteil** von der Vermögensverwaltung ausgeschlossen, so verwaltet der andere Elternteil das erworbene oder zugewendete Vermögen gem III allein. Bezieht sich die Ausschließung auf **beide Elternteile**, so müssen sie dies dem Familiengericht unverzüglich anzeigen, damit der gem § 1909 I 2 erforderliche Ergänzungspfleger bestellt werden kann. Der Erblasser oder Zuwendende kann gem § 1917 I einen Pfleger benennen. Dies kann auch ein Elternteil sein, der dann den Beschränkungen eines Pflegers gem §§ 1814 ff iVm § 1915 I mit Befreiungsmöglichkeit gem § 1917 II 2 unterliegt. 7

Die von der Vermögensverwaltung ausgeschlossenen Eltern können die Entlassung des für das zugewendete Vermögen zuständigen **Testamentsvollstreckers** ebenso wenig beantragen (BGH FamRZ 89, 269) wie einen **Erbschein** für das Kind (Frankf FamRZ 97, 1115). Über Art und Bestand der Zuwendung können sie zumindest dann keine **Auskunft** verlangen, wenn der Erblasser oder Zuwendende verfügt hat, dass die Eltern von der Zuwendung nichts erfahren sollen (LG Bonn FamRZ 95, 1433). Der Ausschluss von der Vermögensverwaltung bezieht sich auch auf die **Verwendungsbefugnis** für die Überschusseinkünfte gem § 1649 II. 8

Die Ausschließung kann **bedingt oder befristet** erklärt werden und kann vom Familiengericht weder aufgehoben noch beschränkt werden. Eine Anordnung, dass Verwaltungsmaßnahmen der gerichtlichen Genehmigung bedürfen, ist nicht wirksam. 9

B. Surrogatsgrundsatz (II). II erstreckt den Ausschluss von der Verwaltung auch auf solches Vermögen, das in den drei genannten Fällen von dem erworbenen oder zugewendeten Vermögen herrührt. 10

§ 1639 Anordnungen des Erblassers oder Zuwendenden

(1) Was das Kind von Todes wegen erwirbt oder was ihm unter Lebenden unentgeltlich zugewendet wird, haben die Eltern nach den Anordnungen zu verwalten, die durch letztwillige Verfügung oder bei der Zuwendung getroffen worden sind.

(2) Die Eltern dürfen von den Anordnungen insoweit abweichen, als es nach § 1803 Abs. 2, 3 einem Vormund gestattet ist.

1 Die Vorschrift ergänzt § 1638 und gibt in I dem Zuwendenden die Möglichkeit, auf die **Vermögensverwaltung** Einfluss zu nehmen, ohne die Eltern sogleich davon auszuschließen. Diese können das Kind weiterhin vertreten, so dass die Bestellung eines Ergänzungspflegers gem § 1909 I nicht erforderlich ist (BayObLG FamRZ 82, 737, LS). Wie bei § 1638 muss die Anordnung bei einer unentgeltlichen Zuwendung unter Lebenden auch hier zugleich mit der Verfügung erfolgen. Der Surrogationsgrundsatz des § 1638 II findet entspr Anwendung. Die Anordnung ist an keine Form gebunden, muss aber Verbindlichkeit zum Ausdruck bringen und darf nicht als Bedingung oder Auflage zu verstehen sein. Als Anordnung kommt insbes der Ausschluss der Befugnis zur Überschussverwendung gem § 1649 II in Betracht. Dagegen kann die Notwendigkeit einer familiengerichtlichen Genehmigung für bestimmte Verwaltungsmaßnahmen nicht angeordnet werden.

2 Die **Einhaltung der Anordnungen** kann nur durch Maßnahmen des Familiengerichts gem §§ 1666, 1667 erzwungen werden. Demnach ist nunmehr – entgegen dem früheren Recht – eine Gefährdung des Kindesvermögens erforderlich (Palandt/*Diederichsen* Rn 2; aA Staud/*Engler* Rn 4, 11). Daneben können sich die Eltern bei Nichtbefolgung der Anordnungen gem § 1664 schadensersatzpflichtig machen.

3 Gem II können die Eltern unter den Voraussetzungen des § 1803 II und III von den Anordnungen **abweichen**. Dies erfordert bei einem Erwerb von Todes wegen die Genehmigung des Familiengerichts und bei einer unentgeltlichen Zuwendung unter Lebenden die Zustimmung des Zuwendenden, die wiederum durch das Familiengericht ersetzt werden kann.

§ 1640 Vermögensverzeichnis

(1) ¹Die Eltern haben das ihrer Verwaltung unterliegende Vermögen, welches das Kind von Todes wegen erwirbt, zu verzeichnen, das Verzeichnis mit der Versicherung der Richtigkeit und Vollständigkeit zu versehen und dem Familiengericht einzureichen. ²Gleiches gilt für Vermögen, welches das Kind sonst anlässlich eines Sterbefalls erwirbt, sowie für Abfindungen, die anstelle von Unterhalt gewährt werden, und unentgeltliche Zuwendungen. ³Bei Haushaltsgegenständen genügt die Angabe des Gesamtwertes.

(2) Abs. 1 gilt nicht,
1. wenn der Wert eines Vermögenserwerbes 15000 € nicht übersteigt oder
2. soweit der Erblasser durch letztwillige Verfügung oder der Zuwendende bei der Zuwendung eine abweichende Anordnung getroffen hat.

(3) Reichen die Eltern entgegen Absatz 1, 2 ein Verzeichnis nicht ein oder ist das eingereichte Verzeichnis ungenügend, so kann das Familiengericht anordnen, dass das Verzeichnis durch eine zuständige Behörde oder einen zuständigen Beamten oder Notar aufgenommen wird.

1 **A. Erwerbstatbestände und Inhalt des Vermögensverzeichnisses (I).** Die **Pflicht zur Erstellung** eines Verzeichnisses über das zugewendete Vermögen besteht für die Eltern in folgenden Fällen: Vermögenserwerb durch Verfügung von Todes wegen (Erbfolge, Vermächtnis und Pflichtteil), Vermögenserwerb anlässlich eines Sterbefalles (Schadensersatzrente gem § 844 II, § 10 II StVG, Leistungen aus einer Lebensversicherung), Unterhaltsabfindung (nicht aber Kapitalabfindungen gem § 843 III, da diese Schadensersatzcharakter haben, Palandt/*Diederichsen* Rn 3; Staud/*Engler* Rn 9), unentgeltliche Zuwendung (Schenkung und Ausstattung).

2 In dem Vermögensverzeichnis sind alle erworbenen oder zugewendeten **Gegenstände** einzeln aufzuführen, genau zu kennzeichnen, die wertbildenden Faktoren anzugeben und der Wert zu schätzen, wobei die Zuziehung eines Sachverständigen nicht verlangt werden kann. Eine Ausnahme besteht gem I 3 lediglich für Haushaltsgegenstände, sofern sie nicht besonders wertvoll sind. Zwingend sind nur die Aktiva aufzuzählen, weil sich die Verzeichnispflicht auf das zugewendete Vermögen beschränkt. Bei einem erworbenen **Pflichtteil** sind die Grundlagen der Berechnung des Anspruchs (Reinbestandteil des Nachlasses und Anteil des Kindes) anzugeben (BayObLG FamRZ 63, 578). Bei einer Erbengemeinschaft zwischen einem Elternteil und dem Kind oder wenn das Kind Nacherbe und ein Elternteil Vorerbe ist, müssen alle Nachlassbestandteile und der Wert des Pflichtteils angegeben werden (Staud/*Engler* Rn 24). Der Eintritt der **fortgesetzten Gütergemeinschaft** ist lediglich anzuzeigen. Das Verzeichnis ist schriftlich oder zu Protokoll des Familiengerichts zu erstellen. Eine Pflicht zur Vorlage von Belegen besteht nicht.

3 **B. Unanwendbarkeit des I (II).** I. Gem II Nr 1 kommt I nicht zur Anwendung, wenn der Wert des Vermögenserwerbs 15 000 EUR nicht übersteigt. Dabei sind die Zuwendungen, die getrennt, aber anlässlich desselben Anlasses erfolgen, zusammenzurechnen. Im Übrigen ist für die Wertgrenze nur das zugewendete Vermögen, nicht das Gesamtvermögen des Kindes maßgebend. Bei der Wertberechnung ist vom Verkehrswert auszugehen.

Maßgeblich ist das Nettovermögen, das nach Abzug der Verbindlichkeiten verbleibt (Staud/*Engler* Rn 15).
2. Ferner besteht gem II Nr 2 keine Pflicht zur Erstellung eines Verzeichnisses, wenn der Zuwendende die Eltern hiervon befreit hat.

C. **Rechtsfolgen bei Verstoß gegen die Verzeichnispflicht (III).** Kommen die Eltern ihrer Pflicht zur Erstellung eines Vermögensverzeichnisses nicht nach oder ist das eingereichte Verzeichnis mangelhaft, so setzt das Familiengericht zunächst eine Frist. Nach fruchtlosem Ablauf der Frist kann das Familiengericht gem § 33 FGG ein **Zwangsgeld** androhen und festsetzen (vgl BayObLG FamRZ 94, 1191). Ferner kann es die Aufnahme eines **öffentlichen Inventars** durch einen Notar (vgl § 20 I BNotO) oder die zuständige Landesbehörde (vgl § 200 FGG) verlangen.
Erst wenn diese milderen Maßnahmen nicht zum Erfolg führen oder von vornherein nicht geeignet sind, insbes weil dem Notar keine Gelegenheit zur Inventarisierung gegeben wird, kommt die **Entziehung der Vermögenssorge** in Betracht, die regelmäßig vorher angedroht werden muss (Staud/*Engler* Rn 34). Da § 1640 keine eigenen Eingriffsnormen mehr enthält, kann der Entzug der Vermögenssorge nur über die Generalklausel des § 1666 I erfolgen. Voraussetzung ist daher die Gefährdung des Kindesvermögens (aA Staud/*Engler* Rn 34). Diese ist aber hier gem § 1666 II in der Regel anzunehmen. Möglicherweise genügt es aber auch, einen Teil der Vermögenssorge zu entziehen. Die Folge des Entzugs ist die Bestellung eines Ergänzungspflegers sowie die Heraugabe des Vermögens und Rechenschaftslegung gem § 1698.

§ 1641 Schenkungsverbot

¹Die Eltern können nicht in Vertretung des Kindes Schenkungen machen. ²Ausgenommen sind Schenkungen, durch die einer sittlichen Pflicht oder einer auf den Anstand zu nehmenden Rücksicht entsprochen wird.

Die Vorschrift verbietet sowohl Schenkungen der Eltern aus dem Kindesvermögen als auch die Zustimmung der Eltern zu Schenkungen des Kindes. Auf die Ausschlagung einer Erbschaft oder eines Vermächtnisses sowie für den Verzicht auf einen Pflichtteil zu Gunsten eines Dritten ist die Vorschrift nicht anwendbar; insoweit besteht aber Genehmigungspflicht gem § 1643 II. Dagegen fällt auch das »Taschengeldvermögen« des § 110 unter das Schenkungsverbot des 1.

Eine entgegen 1 vorgenommene Schenkung ist **nichtig** und kann auch nicht durch das Familiengericht genehmigt werden. Die Eltern haften dem Kind ggf gem §§ 1664, 823 ff. Bei einer Schenkung in Vertretung des Kindes steht diesem ein Herausgabeanspruch gegen den Beschenkten gem § 985 zu, weil § 932 den guten Glauben an die Verfügungsberechtigung iSd § 1641 nicht schützt. Bei Schenkung der Eltern im eigenen Namen erwirbt der gutgläubige Beschenkte zwar Eigentum, das Kind kann aber Herausgabe des Erlangten gem § 816 I 2 verlangen (vgl Staud/*Engler* Rn 17 ff).

Das Schenkungsverbot gem 2 gilt nicht für **Pflicht- und Anstandsschenkungen**. Dazu zählen aber nicht bloße Wohltätigkeiten. Liegt die Zuwendung unter Berücksichtigung der materiellen und immateriellen Belange des Kindes letztlich in seinem Interesse, kann unter Umständen eine erlaubte Schenkung angenommen werden (vgl Hamm FamRZ 87, 751). In jedem Fall ist eine eventuelle Genehmigungspflichtigkeit gem § 1643 zu beachten.

§ 1642 Anlegung von Geld

Die Eltern haben das ihrer Verwaltung unterliegende Geld des Kindes nach den Grundsätzen einer wirtschaftlichen Vermögensverwaltung anzulegen, soweit es nicht zur Bestreitung von Ausgaben bereitzuhalten ist.

Die Vorschrift verpflichtet die Eltern dazu, das Bargeld des Kindes **gewinnbringend** anzulegen. Eine Beschränkung auf mündelsichere Anlagen (§§ 1806, 1807) besteht nicht mehr. Vielmehr dürfen und müssen die Eltern sich so verhalten, wie es ein wirtschaftlich denkender Privatmann täte, der eher die konservative Anlage bevorzugt (vgl LG Kassel FamRZ 03, 626). Die Anlage in Sparguthaben mit Mindestrendite genügt bei nennenswertem Barvermögen nicht (LG Kassel FamRZ 03, 626). In Betracht kommen neben festverzinslichen Wertpapieren und Sparkonten – die vor allem für kleinere Vermögen geeignet sind – auch Immobilien, Bausparverträge, Lebensversicherungen, aber auch Aktien, Immobilienfonds, Unternehmensbeteiligungen und Investmentanteile. Die Anlage in Sammelobjekte, wie Antiquitäten, Kunstwerke oder Briefmarken, kann zumindest als Teilanlage sinnvoll sein. Die Anlageform steht in engem Verhältnis zum Umfang des Vermögens. Bei größeren Vermögen ist fast immer auf eine ausgewogene Streuung zu achten. Die Anlage muss einerseits sicher sein, andererseits dürfen sich die Eltern nicht mit der sichersten Anlage zufrieden geben, wenn diese keine ausreichende Rendite erbringt. Unter Umständen müssen sich die Eltern fachkundig beraten lassen.

2   Eine **Einschränkung der Anlagepflicht** besteht für Gelder, die für anstehende Ausgaben (zB Krankheitskosten) bereit gehalten werden müssen. Dies gilt auch für Unterhaltsbeteiligungen gem § 1649 I.
3   Bei **Verstoß gegen die Anlagepflicht** kann das Familiengericht insbes gem § 1667 II 1 eine bestimmte Anlage anordnen. Im Übrigen machen sich die Eltern bei pflichtwidriger Vermögensverwaltung gem § 1664 schadensersatzpflichtig.

§ 1643 Genehmigungspflichtige Rechtsgeschäfte

(1) Zu Rechtsgeschäften für das Kind bedürfen die Eltern der Genehmigung des Familiengerichts in den Fällen, in denen nach § 1821 und nach § 1822 Nr. 1, 3, 5, 8 bis 11 ein Vormund der Genehmigung bedarf.
(2) ¹Das Gleiche gilt für die Ausschlagung einer Erbschaft oder eines Vermächtnisses sowie für den Verzicht auf einen Pflichtteil. ²Tritt der Anfall an das Kind erst infolge der Ausschlagung eines Elternteils ein, der das Kind allein oder gemeinsam mit dem anderen Elternteil vertritt, so ist die Genehmigung nur erforderlich, wenn dieser neben dem Kind berufen war.
(3) Die Vorschriften der §§ 1825, 1828 bis 1831 sind entsprechend anzuwenden.

1   **A. Genehmigungspflicht nach Vormundschaftsrecht (I).** Durch Verweisung auf das Vormundschaftsrecht sind folgende Rechtsgeschäfte der Eltern genehmigungspflichtig: § 1821: Grundstücksgeschäfte einschl Geschäfte über eingetragene Schiffe, außer Grundpfandrechte (vgl § 1821 II); keiner Genehmigung bedarf nach stRspr aber die Verfügung über ein Grundstück, das im Eigentum einer Personenhandelsgesellschaft steht, an der ein Minderjähriger beteiligt ist (BGH NJW 71, 375, 376); dies gilt entspr für GbR (Schlesw FamRZ 03, 559), anders aber, falls diese nur verwaltende Tätigkeit bezweckt (Kobl FamRZ 03, 249); § 1822 Nr 1: Rechtsgeschäfte über das Vermögen im Ganzen sowie über Erbschaft, künftigen Erbteil, künftigen Pflichtteil; § 1822 Nr 3: Entgeltlicher Erwerb oder Veräußerung eines Erwerbsgeschäfts oder Eingehen eines Gesellschaftsvertrages zum Betrieb eines Erwerbsgeschäfts (vgl Naumbg FamRZ 03, 57 zur Genehmigungspflichtigkeit eines Gesellschaftsvertrages); § 1822 Nr 5: Eingehen eines Miet- oder Pachtvertrags mit Verpflichtung zu wiederkehrenden Leistungen und Laufzeit über ein Jahr nach Eintritt der Volljährigkeit (vgl Naumbg FamRZ 03, 57 zur Genehmigungspflichtigkeit einer Darlehensaufnahme); § 1822 Nr 8: Aufnahme von Geld auf den Kredit des Mündels; § 1822 Nr 9: Ausstellen einer Inhaberschuldverschreibung, Eingehen einer Verbindlichkeit aus Wechsel oder sonstigem Orderpapier; § 1822 Nr 10: Übernahme einer fremden Verbindlichkeit, insbes zur Eingehung einer Bürgschaft; § 1822 Nr 11: Erteilung einer Prokura.

2   **B. Genehmigungspflicht bei Ausschlagung eines Erwerbs von Todes wegen (II).** Genehmigungspflichtig ist nach II 1 die **Ausschlagung** einer **Erbschaft**, eines **Erbteils**, eines **Vermächtnisses** sowie der Verzicht auf den **Pflichtteil**; dagegen nicht die Annahme einer Erbschaft oder eines Vermächtnisses und deren Anfechtung (Palandt/*Diederichsen* Rn 5).

3   II. Gem II 2 ist eine Genehmigung aber dann nicht erforderlich, wenn ein sorgeberechtigter Elternteil das ihm zugewendete Erbe, Vermächtnis oder Pflichtteil für seine Person ausschlägt und es deswegen an das Kind fällt. Denn in diesem Fall ist nach der Lebenserfahrung eine Genehmigung des Vormundschaftsgerichts entbehrlich, weil die Ausschlagung durch den Elternteil zeigt, dass dies zumindest eine vertretbare Entscheidung ist. Eine Ausnahme von dieser Ausnahme besteht aber dann, wenn der ausschlagende Elternteil neben dem Kind berufen ist. Denn die vorgenannte Überlegung ist dann nicht mehr zwingend, vgl etwa § 1951.

4   **C. Genehmigung (III). I. Maßstab.** Die Entscheidung darüber, ob die Genehmigung zu erteilen oder zu versagen ist, hat sich unter Beachtung des Elternrechts am **Wohl des Kindes** zu orientieren. Sie ist eine **Ermessensentscheidung** (BGH FamRZ 86, 970; BayObLG FamRZ 90, 8, 9). Dabei ist das Gesamtinteresse maßgebend, das im Wesentlichen – aber nicht ausschl – durch die materiellen Interessen des Kindes bestimmt wird. Die Genehmigung darf daher nur versagt werden, wenn das in Aussicht genommene Geschäft nach den im Zeitpunkt der Entscheidung zu beurteilenden Gesamtumständen (alle möglichen Vor- und Nachteile) nicht dem Interesse des Kindes entspricht (Zweibr FamRZ 01, 1236). Vorteile, Risiken, Erträge und Aufwendungen sind abzuwägen. Den Eltern verbleibt dabei eine Dispositionsbefugnis, die nur beschränkt zur Überprüfung des Familiengerichts steht. Nicht jedes Risiko soll von dem unter elterlicher Sorge stehenden Kind ferngehalten werden (Zweibr FamRZ 01, 1236).

5   **II. Ausgestaltung.** Zur näheren Ausgestaltung der Genehmigung verweist III auf das **Vormundschaftsrecht**. Demnach kann eine allgemeine Ermächtigung gem § 1825 erteilt werden. Die Genehmigung ist gem § 1828 ggü den Inhabern der Vermögenssorge – regelmäßig also den Eltern – zu erklären. Die Regelungen der §§ 1829 bis 1831 entspr denjenigen der §§ 108, 109 und 111, die für Rechtsgeschäfte Minderjähriger gelten.

§ 1644 Überlassung von Vermögensgegenständen an das Kind

Die Eltern können Gegenstände, die sie nur mit Genehmigung des Familiengerichts veräußern dürfen, dem Kinde nicht ohne diese Genehmigung zur Erfüllung eines von dem Kinde geschlossenen Vertrages oder zu freier Verfügung überlassen.

Die Vorschrift verhindert eine Umgehung des § 1643. Denn andernfalls könnte ein Vertrag, den der Minderjährige selbst abschließt, durch Überlassung der erforderlichen Mittel an ihn gem § 110 wirksam werden, obwohl er nach § 1643 genehmigungspflichtig wäre, wenn ihn die Eltern abgeschlossen hätten. 1

§ 1645 Neues Erwerbsgeschäft

Die Eltern sollen nicht ohne Genehmigung des Familiengerichts ein neues Erwerbsgeschäft im Namen des Kindes beginnen.

Die Entscheidung hat sich am Wohl des Kindes zu orientieren. Die Genehmigung beinhaltet nicht bereits eine gem §§ 1643 I, 1822 Nr 3 erforderliche Genehmigung; umgekehrt dagegen schon (vgl Staud/*Engler* Rn 4). Ein Verstoß gegen § 1645 macht die Geschäftsgründung nicht unwirksam, kann aber eine Schadensersatzpflicht der Eltern gem § 1664 auslösen. Auch sind Maßnahmen des Familiengerichts gem §§ 1666, 1667 möglich, wenn deren Voraussetzungen vorliegen. 1

§ 1646 Erwerb mit Mitteln des Kindes

(1) ¹Erwerben die Eltern mit Mitteln des Kindes bewegliche Sachen, so geht mit dem Erwerb das Eigentum auf das Kind über, es sei denn, dass die Eltern nicht für Rechnung des Kindes erwerben wollen. ²Dies gilt insbesondere auch von Inhaberpapieren und von Orderpapieren, die mit Blankoindossament versehen sind.
(2) Die Vorschriften des Absatzes 1 sind entsprechend anzuwenden, wenn die Eltern mit Mitteln des Kindes ein Recht an Sachen der bezeichneten Art oder ein anderes Recht erwerben, zu dessen Übertragung der Abtretungsvertrag genügt.

Handeln die Eltern im Namen des Kindes, so erwirbt dieses bereits gem §§ 164 I, 1629 Eigentum. Dies gilt wegen § 164 II aber nicht, wenn die Eltern **im eigenen Namen für Rechnung des Kindes** handeln. In diesem Fall wird das Kind aber gem § 1646 kraft Gesetzes ohne Zwischenerwerb Eigentümer. Dagegen greift § 1646 nicht ein, wenn die Eltern für eigene Rechnung oder für Rechnung Dritter handeln. In diesem Fall steht dem Kind aber ein Herausgabe- oder Schadensersatzanspruch gem §§ 667, 678, 681 S 2, 687 II gegen seine Eltern zu (vgl Palandt/*Diederichsen* Rn 1). 1

Wird der Erwerb nur teilweise mit Mitteln des Kindes bestritten, so erlangt es **anteiliges Miteigentum**. Dies muss auch für einen Kredit gelten, der nur teilweise mit Mitteln des Kindes zurückgeführt wird (Staud/*Engler* Rn 14, str). 2

Handelt nur **einer der beiden Elternteile** – der nicht sorgeberechtigt zu sein braucht –, so hat das Kind unter Umständen einen Anspruch auf Genehmigung durch den anderen mit- oder alleinsorgeberechtigten Elternteil zur Herbeiführung des Eigentumserwerbs gem § 1646 (Staud/*Engler* Rn 16). 3

Die Vorschrift gilt gem I und II gleichermaßen für bewegliche Sachen wie für Rechte. Wird eine **Forderung** mit Mitteln des Kindes erworben, so sind § 412 die §§ 406 ff anwendbar. 4

§ 1647
– *weggefallen* –

§ 1648 Ersatz von Aufwendungen

Machen die Eltern bei der Ausübung der Personensorge oder der Vermögenssorge Aufwendungen, die sie den Umständen nach für erforderlich halten dürfen, so können sie von dem Kind Ersatz verlangen, sofern nicht die Aufwendungen ihnen selbst zur Last fallen.

Bei der Prüfung der Ersatzfähigkeit ist nicht auf die objektive Notwendigkeit abzustellen, sondern darauf, was nach dem **Sorgfaltsmaßstab** des § 1664 subjektiv für erforderlich gehalten werden durfte, auch und gerade im Hinblick auf die Vermögensverhältnisse des Kindes (BGH FamRZ 98, 367, 368). Ersatzberechtigt ist auch der nichtsorgeberechtigte Elternteil, wenn ihm wenigstens die **tatsächliche Sorge** für die Person oder das Vermö- 1 gen des Kindes zusteht; sonst verbleibt nur der Rückgriff auf die allgemeinen Ansprüche gem §§ 667 ff, 812.

2 Ein Ersatzanspruch besteht nicht, wenn die Aufwendungen von den Eltern selbst zu tragen sind, weil sie als **Unterhaltsleistungen** gem §§ 1601 ff geschuldet werden. Darunter fallen insbes auch das gezahlte Taschengeld und die Aufwendungen für Bekleidung, ärztliche Behandlung sowie sportliche und musikalische Ausbildung. Soweit über das geschuldete Maß hinausgehende Unterhaltsleistungen erbracht werden, greift die Vermutung des § 685 II ein, wonach regelmäßig die Absicht fehlt, vom Empfänger Ersatz zu verlangen. Soweit es sich um Gelegenheitsgeschenke handelt, gilt das Gleiche nach dem Rechtsgedanken des § 534 (BGH FamRZ 98, 367, 368). Ein Ersatzanspruch entfällt ganz generell, wenn im Zeitpunkt der Aufwendung keine Absicht bestand, dafür Ersatz zu verlangen (Erlassvertrag, vgl Staud/*Engler* Rn 8), wofür allerdings keine tatsächliche Vermutung spricht (BGH FamRZ 98, 367, 368). Ein Ersatzanspruch kommt insbes bei Auslagen im Zusammenhang mit Vermögenswerten des Kindes in Betracht.

3 Der Anspruch auf Ersatz von Aufwendungen umfasst auch die Verzinsung gem § 256 und die Freistellung von einer Verbindlichkeit gem § 257. Der Betrag kann von den verfügungsberechtigten Eltern dem Kindesvermögen **selbst entnommen werden**, weil dadurch lediglich eine Verbindlichkeit erfüllt wird, vgl §§ 1629 II 1, 1795 II, 181 (Staud/*Engler* Rn 8; Palandt/*Diederichsen* Rn 3). Der Anspruch ist vor den **allgemeinen Zivilgerichten** geltend zu machen. Die **Verjährung** ist gem § 207 I 2 Nr 2 bis zur Volljährigkeit des Kindes gehemmt.

§ 1649 Verwendung der Einkünfte des Kindesvermögens

(1) ¹Die Einkünfte des Kindesvermögens, die zur ordnungsmäßigen Verwaltung des Vermögens nicht benötigt werden, sind für den Unterhalt des Kindes zu verwenden. ²Soweit die Vermögenseinkünfte nicht ausreichen, können die Einkünfte verwendet werden, die das Kind durch seine Arbeit oder durch den ihm nach § 112 gestatteten selbständigen Betrieb eines Erwerbsgeschäfts erwirbt.

(2) ¹Die Eltern können die Einkünfte des Vermögens, die zur ordnungsmäßigen Verwaltung des Vermögens und für den Unterhalt des Kindes nicht benötigt werden, für ihren eigenen Unterhalt und für den Unterhalt der minderjährigen unverheirateten Geschwister des Kindes verwenden, soweit dies unter Berücksichtigung der Vermögens- und Erwerbsverhältnisse der Beteiligten der Billigkeit entspricht. ²Diese Befugnis erlischt mit der Eheschließung des Kindes.

1 **A. Bedeutung der Vorschrift.** Die Vorschrift regelt, für welche Zwecke und in welcher Reihenfolge die Eltern Einkünfte aus dem Kindesvermögen abweichend von der Anlagepflicht des § 1642 verwenden dürfen. Die **Verwendungsregeln** sind aber nur insoweit bindend, als sie dem Schutz des Kindesvermögens dienen; den Eltern steht es deshalb frei, den Kindesunterhalt aus eigenen Mitteln zu bestreiten. Dabei korrespondiert I mit § 1602 II, wonach die Eltern keinen Unterhalt schulden, soweit ihn das Kind aus seinen Vermögenseinkünften und dem Ertrag seiner Arbeit bestreiten kann. Der **Sinn des § 1649** erschließt sich erst aus II. Zum einen wird dadurch sichergestellt, dass nur Einkünfte aus dem Vermögen des Kindes und keine anderen von den Eltern und Geschwistern für deren Unterhalt verwendet werden dürfen. Zum anderen dient die Vorschrift dazu, ein unverhältnismäßiges wirtschaftliches Gefälle innerhalb der Familie zu vermeiden.

2 **B. Verwendung der Vermögenseinkünfte des Kindes zur Deckung seines eigenen Unterhalts (I).** Unter Einkünften aus dem Vermögen sind hier anderes als in § 1602 II die Bruttoeinkünfte zu verstehen. Deshalb bestimmt I 1, dass **zunächst** mit den Einkünften die **notwendigen Verwaltungsausgaben** zu decken sind. Dazu gehören nicht nur die laufenden oder außerordentlichen Kosten, wie Steuern, Versicherungen und Reparaturen, sondern auch Investitionen und Rücklagen, die wirtschaftlich sinnvoll sind. Nur für die so festgestellten verbleibenden **Nettoeinkünfte** gilt die normierte Verwendungsreihenfolge.

3 Die Nettoeinkünfte aus dem Kindesvermögen sind dann wiederum vorrangig für den Unterhalt des Kindes zu verwenden. Dabei kann für die **Bemessung des Unterhalts** nicht ohne weiteres § 1610 herangezogen werden. Vielmehr ist mit Blickrichtung auf II unter Berücksichtigung der Vermögens- und Erwerbsverhältnisse innerhalb der gesamten Familie zu bestimmen, welchen Teil der Nettoeinkünfte das Kind verständlicherweise für seinen Unterhalt verwenden würde (vgl Staud/*Engler* Rn 20). Keinesfalls kann der Lebensstandard der Eltern, finanziert durch die Vermögenseinkünfte des Kindes, höher sein als der des Kindes.

4 Nur soweit die Vermögenseinkünfte des Kindes zur ordnungsgemäßen Verwaltung des Vermögens und zur Bestreitung seines Unterhalts nicht ausreichen, können gem I 2 die **Einkünfte des Kindes aus eigener Arbeit oder Erwerbsgeschäft** (§ 112) verwendet werden. Dies soll verhindern, dass die Eltern Verwaltungskosten und Unterhalt mit dem Erwerbseinkommen des Kindes decken und so die Überschusseinkünfte aus dem Vermögen gem II für sich verwenden können (Staud/*Engler* Rn 21).

5 Reichen die Einkünfte des Kindes aus Erwerbstätigkeit nicht zur Deckung der Verwaltungskosten und des Unterhalts aus, so haben die Eltern die Wahl, wofür sie die Einkünfte verwenden wollen.

C. **Verwendung der Vermögenseinkünfte des Kindes zur Deckung des Unterhalts seiner Eltern und Geschwister (II). I.** Die unter Beachtung des in I bestimmten Verwendungsvorrangs verbleibenden **überschüssigen Einkünfte** aus dem Kindesvermögen dürfen gem I 1 von den Eltern für ihren eigenen Unterhalt und denjenigen der minderjährigen unverheirateten Geschwister des Kindes verwendet werden. Ob die Eltern von dieser Befugnis Gebrauch machen, steht in ihrem **Ermessen**. Deshalb handelt es sich um kein übertragbares Recht der Eltern, auf das Dritte zugreifen könnten. Auch die Geschwister haben keinen Anspruch auf Ausübung (Staud/*Engler* Rn 25). Ob man aus der Befugnis des geschiedenen Ehegatten, seinen durch eigene Einkünfte erreichten Lebensstandard unter Zugriff auf das Kindesvermögen zu verbessern, eine Unterhaltsobliegenheit ggü dem Unterhaltsverpflichteten herleiten kann, diesen auf Kosten des Vermögens des Kindes zu entlasten, erscheint im Hinblick auf die gesetzliche Rangvorschrift des § 1609 I sehr zweifelhaft (Celle FamRZ 87, 1038). 6

Voraussetzung für die Ausübung der Verwendungsbefugnis ist, dass den Eltern die **Vermögenssorge** zusteht. Von einem **Vermögenspfleger** können sie nicht die Herausgabe der Überschusseinkünfte verlangen (BayObLG FamRZ 75, 219, 220). 7

Die Verwendung der Überschusseinkünfte für den eigenen Unterhalt und denjenigen der Geschwister muss der **Billigkeit** entsprechen. Dies gilt insbes auch für den Umfang der Inanspruchnahme. Dabei ist wie beim Unterhalt des Kindes nach I (s.o. Rn 5) nicht der Maßstab des gesetzlichen Verwandtenunterhalts der §§ 1601 ff heranzuziehen, sondern unter Berücksichtigung der Vermögens- und Erwerbsverhältnisse aller Beteiligten von einem **angemessenen Unterhaltsbedarf** auszugehen, der einen gleichmäßigen Lebensstandard innerhalb der Familie sichert und von einem vernünftig denkenden Dritten weder als zu bescheiden noch als zu verschwenderisch angesehen würde. 8

Die Überschusseinkünfte dürfen nur für den Unterhalt der Eltern und der minderjährigen unverheirateten Geschwister verwendet werden. Damit sind – mit Ausnahme von Adoptiveltern – nur die **leiblichen Eltern und Geschwister** gemeint. Dazu gehören auch halbbürtige Geschwister, nicht jedoch Stiefeltern und Stiefgeschwister, weil diese keine Blutsverwandten sind (Staud/*Engler* Rn 21). 9

II. Die Befugnis zur Verwendung der Überschusseinkünfte **endet** gem II 2 spätestens mit der Heirat des Kindes. 10

D. **Rechtsfolgen bei Verstoß gegen die Verwendungsregeln.** Verwenden die Eltern die Einkünfte des Kindes pflichtwidrig unter Verstoß gegen § 1649, so kann dies Maßnahmen des Familiengerichts gem §§ **1666, 1667** nach sich ziehen. Die Haftung der Eltern bestimmt sich nach § 1664. Daneben steht dem Kind ein **Bereicherungsanspruch** gem §§ 812 ff gegen seine Eltern und Geschwister zu, wenn die Einkünfte nicht in Einklang mit § 1649 verwendet wurden; andererseits stellt § 1649 II einen Rechtsgrund zum Behalten iSd § 812 dar, wenn seine Voraussetzungen erfüllt sind (Staud/*Engler* Rn 41). 11

§§ 1650–1663

– weggefallen –

§ 1664 Beschränkte Haftung der Eltern

(1) Die Eltern haben bei der Ausübung der elterlichen Sorge dem Kind gegenüber nur für die Sorgfalt einzustehen, die sie in eigenen Angelegenheiten anzuwenden pflegen.
(2) Sind für einen Schaden beide Eltern verantwortlich, so haften sie als Gesamtschuldner.

A. **Haftung der Eltern bei sorgfaltswidriger Ausübung der elterlichen Sorge (I). I. Allgemeines.** Nach überwiegender Meinung in Lit und Rspr bestimmt die Vorschrift nicht nur den Haftungsmaßstab, sondern ist zugleich **Anspruchsgrundlage** für Schadensersatzansprüche des Kindes gegen seine Eltern, die in einer Pflichtverletzung bei der Ausübung der elterlichen Sorge begründet sind (BGHF 6, 55, 57; Köln FamRZ 97, 1351; Ddorf FamRZ 92, 1097; Palandt/*Diederichsen* Rn 1; aA Staud/*Engler* mwN unter Hinweis auf den Wortlaut der Vorschrift). Ihr Anwendungsbereich erstreckt sich demnach auf alle Schäden, die auf der Verletzung der Elternpflichten zur rechtlichen und tatsächlichen Wahrnehmung der Kindesinteressen auf dem Gebiet der Personen- und Vermögenssorge beruhen (Köln FamRZ 97, 1351). 1

II. **Haftungsmaßstab.** In dem vorgenannten Anwendungsbereich bestimmt I den **Haftungsmaßstab** der Eltern für Schadensersatzansprüche des Kindes. Demnach müssen die Eltern bei der Ausübung der Sorge nur für die Einhaltung derjenigen Sorgfalt einstehen, die sie auch in eigenen Angelegenheiten walten lassen. Dieses »Haftungsprivileg« gründet in der familienrechtlichen Verbundenheit zu dem Geschädigten (BGH FamRZ 88, 810, 812). Denn Familiengemeinschaft ist Haftungsgemeinschaft (Palandt/*Diederichsen* Rn 1). Dies führt dazu, dass der gewissenhafte Elternteil im Verhältnis zum leichtfertigen strenger haftet. Die Grenze bildet aber der objektiv zu bestimmende Maßstab des § 277: Vorsatz und grobe Fahrlässigkeit haben die Eltern immer zu vertreten. 2

3 **III. Voraussetzung.** Die Anwendbarkeit des § 1664 setzt voraus, dass den Eltern die Sorge auch zusteht, insbes darf das **Sorgerecht** weder ruhen noch entzogen sein. Dagegen ist § 1664 entspr anzuwenden, wenn ein nichtsorgeberechtigter Elternteil die Sorge tatsächlich ausübt, wie es etwa bei der Ausübung des Umgangsrechts der Fall ist (vgl BGH FamRZ 88, 810, 812).

Eine analoge Anwendung des § 1664 auf andere Personen als die Eltern kommt dagegen wegen des familienrechtlich geprägten Ausnahmecharakters dieser Vorschrift nicht in Betracht (BGH FamRZ 96, 155). Etwas anderes gilt kraft Gesetzes nur für den Vormund: § 1793 I 3 verweist auf § 1664, wenn der Mündel auf längere Zeit im Haushalt des Vormundes aufgenommen ist. Auch ist § 1664 in umgekehrter Weise für die Haftung des Kindes ggü den Eltern entspr anwendbar, da es ungerechtfertigt wäre insoweit einen anderen Haftungsmaßstab anzulegen (Staud/*Engler* Rn 13).

4 **IV. Haftung für Dritte.** Grds haftet jeder Elternteil nur für sein eigenes Verschulden. Doch ist auch nach diesem Prinzip der **individuellen Elternverantwortung** jeder Elternteil gehalten, in zumutbaren Grenzen den anderen Elternteil zu überwachen (Köln FamRZ 97, 1351). Daher werden – abgesehen von Augenblicksversagen – regelmäßig beide Eltern sich einer Pflichtverletzung schuldig gemacht haben.

5 Bedienen sich die Eltern der Hilfe eines Dritten (Hauspersonal, Kindermädchen, Babysitter) zur Erfüllung ihrer Pflichten ggü dem Kind, so haften sie für dessen Auswahl und Überwachung gem § 1664 I. Für ein Verschulden dieses **Erfüllungsgehilfen** müssen sie gem § 278 einstehen. Aber auch hier gilt für die Eltern das Haftungsprivileg des § 1664 I mit der möglichen Folge, dass nur der Erfüllungsgehilfe haftet.

6 Etwas anderes muss gelten, wenn die Eltern für ihr Kind die Hilfe eines **Arztes oder Rechtsanwalts** in Anspruch nehmen. Zwar sind sie dann iRd § 1664 I ebenfalls für die Auswahl und in eingeschränkter Weise auch für die Überwachung verantwortlich, doch kann darüber hinaus eine Haftung der Eltern nicht angenommen werden, weil sie zur eigenen Pflichtenwahrnehmung (schuldlos) nicht in der Lage sind (vgl Staud/*Engler* Rn 28 f).

7 **V. Ausschluss der Anwendbarkeit.** Die Haftungsbeschränkung des § 1664 I gilt nicht für Schadensersatzansprüche aus der **Verletzung der elterlichen Aufsichtspflicht** (Hamm NJW 1993, 542; LG Tübingen NJW-RR 90, 346). Denn die Fürsorgepflicht der Eltern ggü dem Kind als Kernstück der elterlichen Sorge verlangt es, dass die Aufsichtspflicht objektiv und nicht nach dem subjektiven Sorgfaltsmaßstab eines Elternteils bestimmt wird (vgl Staud/*Engler* Rn 33). Hinsichtlich der Ansprüche Dritter gem § 832 ist bereits der Anwendungsbereich des § 1664 nicht eröffnet.

8 Keine Anwendung findet I auch auf Schadensersatzansprüche aus **unerlaubter Handlung gem §§ 823 ff.** Dies gilt insbes auch für Ansprüche wegen eines Verkehrsunfalls, den ein Elternteil verursacht hat, einschl der Ansprüche aus Gefährdungshaftung gem § 7 II StVG (Hamm NJW 93, 542; LG Tübingen NJW-RR 90, 346; vgl auch BGH FamRZ 70, 386).

9 3. Schließlich greift das Haftungsprivileg des I nicht ein, wenn es um **Ansprüche aus einem Vertrag** zwischen Eltern und Kind geht.

10 **B. Haftung der Eltern als Gesamtschuldner (II).** Die Eltern haften dem Kind als **Gesamtschuldner** gem § 421. Dies gilt aber nur, wenn sie auch beide für den Schaden verantwortlich sind, dh beiden eine schuldhafte Verletzung ihrer Pflichten vorzuwerfen ist. Im Anwendungsbereich des I bestimmt sich die Schuld nach der Sorgfalt in eigenen Angelegenheiten, weshalb dem Kind trotz Pflichtverletzung beider Eltern möglicherweise nur ein Elternteil schadensersatzpflichtig ist. In diesem Fall ist dem haftenden Elternteil ein Rückgriff nach § 426 I oder II verwehrt.

11 Haftet neben den Eltern ein Dritter für die Verletzung des Kindes (eingehend dazu Staud/*Engler* Rn 48 ff), so wird seine Ersatzpflicht nicht dadurch berührt, dass die Eltern des Kindes an der Schädigung mitbeteiligt waren, aber wegen des milderen Sorgfaltsmaßstabes des § 1664 I dem Kind nicht haften. Dem Dritten steht in diesem Fall auch kein (fingierter) Ausgleichsanspruch gegen die Eltern zu (BGH FamRZ 88, 810).

§ 1665

– *weggefallen* –

§ 1666 Gerichtliche Maßnahmen bei Gefährdung des Kindeswohls

(1) Wird das körperliche, geistige oder seelische Wohl des Kindes oder sein Vermögen durch missbräuchliche Ausübung der elterlichen Sorge, durch Vernachlässigung des Kindes, durch unverschuldetes Versagen der Eltern oder durch das Verhalten eines Dritten gefährdet, so hat das Familiengericht, wenn die Eltern nicht gewillt oder nicht in der Lage sind, die Gefahr abzuwenden, die zur Abwendung der Gefahr erforderlichen Maßnahmen zu treffen.

(2) In der Regel ist anzunehmen, dass das Vermögen des Kindes gefährdet ist, wenn der Inhaber der Vermögenssorge seine Unterhaltspflicht gegenüber dem Kind oder seine mit der Vermögenssorge verbundenen Pflichten verletzt oder Anordnungen des Gerichts, die sich auf die Vermögenssorge beziehen, nicht befolgt.

(3) Das Gericht kann Erklärungen des Inhabers der elterlichen Sorge ersetzen.
(4) In Angelegenheiten der Personensorge kann das Gericht auch Maßnahmen mit Wirkung gegen einen Dritten treffen.

A. Eingriffsvoraussetzungen bei Gefährdung des persönlichen Kindeswohls (I). I. Kindeswohl- und Gefährdungsbegriff. Das körperliche, geistige oder seelische Wohl des Kindes muss gefährdet sein. Der Begriff des Kindeswohls ist das Herzstück der Generalklausel des § 1666, die das Familiengericht im Einzelfall auf der Grundlage eines individuell herausgearbeiteten Sachverhalts auszufüllen hat (Staud/*Coester* Rn 64). Dabei kann es auf die Kindeswohlkriterien zurückgreifen, die für die Sorgerechtsentscheidung gem § 1671 II Nr 2 entwickelt wurden (s. § 1671 Rn 29 ff). Die Gefährdung des Kindeswohls ist Eingriffsschwelle und Legitimation für staatliche Schutzmaßnahmen (Staud/*Coester* § 1666 Rn 63). Das Kindeswohl hat Vorrang vor den Interessen der Eltern, erst recht vor denjenigen anderer Beteiligter. Die Eltern können zwar grds frei von staatlichen Einflüssen und Eingriffen nach eigenen Vorstellungen darüber entscheiden, wie sie die Pflege und Erziehung ihrer Kinder gestalten und damit ihrer Elternverantwortung gerecht werden wollen. In der Beziehung zum Kind muss aber das **Kindeswohl die oberste Richtschnur** der elterlichen Pflege und Erziehung sein. Wenn Eltern ihrer Verantwortung nicht gerecht werden, greift das **Wächteramt** des Staates nach Art 6 II 2 GG ein (BVerfG FamRZ 68, 578, 584; 82, 567, 569; 89, 145, 146; 99, 85, 86; 99, 145, 156). 1

Die **Gefahr** muss **gegenwärtig oder nahe bevorstehend** und so ernst sein zu nehmen, dass sich bei einer Fortdauer eine erhebliche Schädigung des körperlichen, geistigen oder seelischen Wohls des Kindes mit ziemlicher Sicherheit voraussehen lässt (Zweibr FamRZ 84, 931; BGH FamRZ 56, 350; Celle FamRZ 03, 1490; vgl auch BayObLG FamRZ 77, 473). Eine bloß künftige Gefahr genügt nicht. Andererseits setzt die Annahme einer gegenwärtigen Gefahr nicht voraus, dass sie sich bereits auf das augenblickliche oder vorübergehende Befinden des Kindes ausgewirkt hat (BayObLG DAVorm 81, 901, 903). Vielmehr genügt es, dass der Schaden für eine gedeihliche altersgemäße Entwicklung des Kindes bereits in den gegenwärtigen Verhältnissen angelegt ist (vgl Staud/*Coester* Rn 79). 2

Es muss sich um eine **schwer wiegende Gefährdung** des Kindes in körperlicher, seelischer oder geistiger Beziehung handeln. Denn grds genießt die Pflege und Erziehung der Kinder durch die Eltern gem Art 6 II 1 GG den Vorrang vor staatlichem Handeln (vgl BVerfG FamRZ 68, 578, 582). Die Beachtung des Kindeswohls bedeutet nicht, dass es zur Ausübung des Wächteramtes des Staates nach Art 6 II 2 GG gehörte, gegen den Willen der Eltern für eine den Fähigkeiten des Kindes bestmögliche Förderung zu sorgen. Die Interessen des Kindes werden in aller Regel am besten von den Eltern wahrgenommen. Dabei ist in Kauf zu nehmen, dass das Kind durch den Entschluss der Eltern wirkliche oder vermeintliche Nachteile erleidet, die iRe nach objektiven Maßstäben betriebenen Begabtenauslese vielleicht vermieden werden könnten (BVerfG FamRZ 82, 567; 570; BayObLG FamRZ 93, 1350; Köln FamRZ 96, 1027, 1028; Celle FamRZ 03, 549). Gelegentliche Erziehungsfehler, wie sie jedem Personensorgeberechtigten unterlaufen können, stellen keine Gefährdung des Kindeswohls im Sinn von § 1666 I dar (BayObLG FamRZ 93, 843, 845). »Die sozialen Verhältnisse der Eltern, in die ein Kind hineingeboren wird, müssen als schicksalhaft hingenommen werden. Es dürfen damit nicht Maßnahmen gerechtfertigt werden, die es ermöglichen sollen, das Kind in einer besseren sozialen Umgebung aufwachsen zu lassen.« (BayObLG NJW-RR 90, 70; ebenso Hamm FamRZ 04, 1664, 1665; vgl auch EuGHMR FamRZ 02, 1393, 1396). Das Kind hat keinen Anspruch auf „Idealeltern" und optimale Förderung und Erziehung. Daher ist das staatliche Wächteramt auf die Abwehr von Gefahren beschränkt (Hamm FamRZ 04, 1664, 1665). Dabei ist zu beachten, dass Art 8 I, II EMRK das Recht auf Achtung des Familienlebens garantiert und Eingriffe des Staates nur unter engen Voraussetzungen zulässt. Die Eingriffe müssen die Fortentwicklung der familiären Beziehungen ermöglichen mit dem Ziel, Eltern und Kinder wieder zusammenzuführen (Hamm FamRZ 04, 1664; EuGHMR FamRZ 02, 1393; 04, 1456; 05, 585). 3

II. Gefährdungsursachen. Die Gefährdung des Kindeswohls muss nach hM auf einer der vier in § 1666 I abschließend aufgezählten Ursachen beruhen. Außer bei einem Fehlverhalten Dritter kommen daher Eingriffe in das Recht der Personensorge nur bei einem Erziehungsunvermögen der Eltern in Betracht (BayObLG FamRZ 98, 1044, 1045; FamRZ 98, 1040, 1041; Palandt/*Diederichsen* Rn; aA Staud/*Coester* Rn 58, 59, 87 mit beachtlichen Argumenten: allein das Kindeswohl entscheidet, da Ursachen letztlich unerheblich sind). 4

1. Missbräuchliche Ausübung der elterlichen Sorge. Eine missbräuchliche Ausübung der elterlichen Sorge liegt vor, wenn von dem Sorgerecht durch aktives Tun falsch, rechtswidrig und zweckwidrig Gebrauch gemacht wird in einer dem Wohl des Kindes und dem Erziehungsziel objektiv zuwiderlaufenden, jedem besonnen denkenden Elternteil erkennbaren Weise; eine lediglich unzweckmäßige, unpraktische oder ungeschickte Verhaltensweise oder Maßnahme ist noch nicht rechtsmissbräuchlich (BayObLG FamRZ 81, 999). Klassische Fälle des Missbrauchs der elterlichen Sorge sind die körperliche und seelische Misshandlung, insbes die sexuelle Missbrauch, aber auch die aktive Verweigerung notwendiger medizinischer Behandlung. Der Missbrauch des Sorgerechts ist ein unbestimmter Rechtsbegriff, der im Einzelfall aufgrund des individuellen Sachverhalts und der daraus folgenden Wertungen konkretisiert werden muss (BayObLG FamRZ 81, 814). Ein Verschulden der Eltern ist notwendige Voraussetzung (Palandt/*Diederichsen* Rn 13; FA-FamR/*Oel-* 5 *kers* Kap 4 Rn 107; aA Staud/*Coester* Rn 50), andernfalls ein Versagen der Eltern im Sinne der dritten Unvermögensvariante in Betracht kommt (vgl BayObLG FamRZ 80, 1062, 1063; 80, 1064, 1065; Staud/*Coester* Rn 49 mwN).

6 **Beispiele:** Fehlende Rücksichtnahme auf Eignung und Neigung des Kindes bei der Ausbildungswahl (BayObLG FamRZ 82, 634, 636), Gewalttaten (Hamm FamRZ 96, 1029; 05, 1274), Herausgabeverlangen und Aufenthaltswechsel des Kindes zur Unzeit (BayObLG FamRZ 81, 814; 82, 1118; 82, 1239; 84, 932; 85, 312; 94, 781; 92, 1221; Celle 84, 931; AG München DAVorm 1995, 1004), soweit nicht § 1632 IV genügt, Kindesentziehung/-entführung (Bambg FamRZ 1987, 185, 187), körperliche und seelische Misshandlungen (BayObLG FamRZ 82, 1239; 93, 229; 94, 975; 99, 178; Beschneidung (Dresden FamRZ 03, 1862), Missachtung der Schulpflicht (BayObLG NJW 84, 928; AG Saarbrücken 03, 1859), sexueller Missbrauch, Überbehütung (AG Moers FamRZ 86, 715); Umgangsverhinderung (DAVorm 1983, 377; 1982, 600); Verhinderung notwendiger medizinischer Behandlung (Celle NJW 95, 792; BayObLG FamRZ 95, 1437)

7 **2. Vernachlässigung des Kindes.** Von einer **Vernachlässigung des Kindes** ist auszugehen, wenn die Eltern (oder ein Elternteil) in schuldhafter Weise untätig bleiben. Zu denken ist an Verwahrlosung, mangelhafte Ernährung und fehlende medizinische (Vor-)Sorge sowie mangelnde Zuwendung. Gerade in dieser Fallgruppe wird man aber regelmäßig von einem unverschuldeten Erziehungsversagen der Eltern ausgehen müssen, da die Ursache für die Vernachlässigung fast immer in psychischer Erkrankung, geistiger Behinderung oder Alkohol- und Drogenabhängigkeit liegt. Folgerichtig lassen sich für diesen Tatbestand in der veröffentlichten Rspr kaum Beispiele finden (vgl BayObLG FamRZ 88, 748: alkoholbedingte Vernachlässigung).

8 **3. Unverschuldetes Versagen.** Von großer praktischer Bedeutung ist die Kindeswohlgefährdung durch **unverschuldetes Versagen** der Eltern. Diese Variante elterlichen Unvermögens dient als Auffangtatbestand für alle Fälle, in denen die Eltern ihren Pflichten ggü dem Kind nicht nachkommen, ohne dass es darauf ankommt, ob ihnen dies subjektiv iSe Verschuldens vorgeworfen werden kann (Staud/*Coester* Rn 90; Palandt/*Diederichsen* Rn 31). Eine Eingrenzung erfährt der Tatbestand daher nur durch das Merkmal der Kindeswohlgefährdung (Staud/*Coester* Rn 90: keine eigenständige Funktion des Versagensbegriffs). Es muss nicht festgestellt werden, ob ein Verschulden tatsächlich fehlt (Staud/*Coester* Rn 90; Palandt/*Diederichsen* Rn 31). Die vorgenannten Fälle der missbräuchlichen Ausübung der elterlichen Sorge und der Vernachlässigung des Kindes werden daher mit umfasst (Staud/*Coester* Rn 90). Eigenständige Hauptanwendungsfälle dieses Tatbestandes sind psychische Erkrankung sowie Alkohol- und Drogenabhängigkeit eines Elternteils, daneben aber auch unbelehrbare Starrsinnigkeit. Dass Kinder auch bei unverschuldetem Elternversagen von der Familie getrennt werden können, wenn einer Gefährdung des Kindeswohls nicht auf andere Weise begegnet werden kann, steht mit der Verfassung (Art 6 III GG) in Einklang (BVerfG FamRZ 82, 567, 569).

9 **Beispiele:** Alkoholabhängigkeit (BayObLG FamRZ 82, 192; 88, 748; 94, 913, 915; 97, 1553, 1554; Hamm FamRZ 95, 1209; Frankf FamRZ 03, 1317), Drogenabhängigkeit (Frankf FamRZ 83, 530), Duldung des Fehlverhaltens des Ehepartners (Frankf FamRZ 81, 308; BayObLG FamRZ 94, 1413; LG Bambg DAVorm 84, 196), mangelnde Förderung (BayObLG FamRZ 95, 1437; 99, 1154); psychische Erkrankung (FamRZ 95, 502; 96, 1031; 97, 387, 388; 99, 318, 319), Starrsinnigkeit (BGH NJW 56, 1434).

10 **4. Verhalten Dritter.** Auch das **Verhalten eines Dritten**, durch das das Wohl des Kindes gefährdet wird, kommt als Eingriffstatbestand in Betracht. Der Vorrang der elterlichen Gefahrabwehr ist dabei besonders zu beachten (s.u. Rn 11 ff). Deshalb sind Maßnahmen in erster Linie gegen den Dritten zu richten. Nur wenn diese nicht ausreichen, sind Eingriffe in die Personensorge zulässig. So wenn das unverschuldete Versagen der Mutter darin besteht, dass sie wegen ihres psychischen Zustands nicht in der Lage ist, der erheblichen Gefährdung ihrer 10-jährigen Tochter durch den von ihrer weiteren 16-jährigen Tochter ausgehenden schlechten Einfluss entgegenzutreten (BayObLG FamRZ 95, 948, 950). In diesen Fällen liegt regelmäßig aber auch ein eigenes Erziehungsversagen des Elternteils vor (vgl BayObLG FamRZ 94, 1413).

11 **III. Vorrang der Gefahrabwehr durch die Eltern.** Neben der Gefährdung des Kindeswohls durch das Erziehungsunvermögen der Eltern oder das Verhalten Dritter ist weitere Voraussetzung für ein staatliches Eingreifen gem § 1666 I, dass die Eltern entweder **nicht in der Lage** oder **nicht gewillt** sind, die Gefahr abzuwenden. Dieses Gefahrabwendungsprimat folgt unmittelbar aus dem in Art 6 II 1 GG verfassungsrechtlich verankerten Sorgevorrang der Eltern.

12 Während dieses negative Tatbestandsmerkmal bei fehlendem Willen der Eltern leicht festzustellen ist, muss das Familiengericht im Falle der **Bereitschaft der Eltern zur Gefahrabwehr** sorgfältig prüfen, ob sie dazu nicht doch in der Lage sind. Bloße Lippenbekenntnisse genügen aber nicht; auch muss die Bereitschaft der Eltern zur Gefahrabwehr auf Einsicht beruhen und nicht bloß unter dem Druck des Verfahrens entstanden sein. Das Gericht muss den Eindruck gewonnen haben, dass die Eltern hinreichende Gewähr dafür bieten, dass die Gefahr abgewendet werden wird (Staud/*Coester* Rn 151). Daran kann es insbes bei fortbestehender Drogenabhängigkeit der Eltern fehlen (vgl Frankf FamRZ 83, 530, 531).

13 Bei der Prüfung der Frage, ob die Eltern fähig sind, die Gefahr abzuwenden, sind insbes auch **öffentliche Hilfen** gem §§ 27 ff SGB VIII (Kinder- und Jugendhilfe) in Betracht zu ziehen, sofern sie von den Eltern akzep-

tiert werden (s. § 1666 a I). Dazu zählen neben Beratung und Erziehungsbeistandschaft auch so einschneidende Maßnahmen wie Vollzeitpflege und Heimerziehung. Bevollmächtigt oder ermächtigt der Inhaber des Sorgerechts das Jugendamt zur Ausübung der elterlichen Gewalt oder von Teilen hiervon, so kann dies allein die Gefährdung oder die Erforderlichkeit gerichtlicher Maßnahmen allenfalls dann entfallen lassen, wenn das Jugendamt mit der Bevollmächtigung oder der Ermächtigung einverstanden ist (KG FamRZ 79, 1060, 1061; vgl auch BayObLG FamRZ 85, 522).

Beruht die Gefährdung des Kindes auf dem Verhalten eines Dritten, ist besonders sorgfältig zu prüfen, ob die Eltern nicht selbst in der Lage sind, gegen den Dritten vorzugehen und geeignete Schutzmaßnahmen zu ergreifen (vgl Palandt/*Diederichsen* Rn 34, 35; Staud/*Coester* Rn 152). 14

B. Eingriffsvoraussetzungen bei Gefährdung des Kindesvermögens (I, II). Auch bei konkreter Gefährdung des Kindesvermögens ist das Familiengericht befugt einzugreifen (vgl auch BVerfG FamRZ 86, 769, 773). Die wichtigsten Fälle der Gefährdung des Kindesvermögens durch Pflichtverletzungen der Eltern sind in II als Regelbeispiele genannt. Eine abschließende Definition der Vermögensgefährdung und damit eine zusätzliche Voraussetzung für staatliche Eingriffe stellt dies aber nicht dar (Staud/*Coester* Rn 164; BTDrs 13/4899, 97; aA Palandt/*Diederichsen* Rn 37). 15

I. Gefährdung des Kindesvermögens im Allgemeinen (I). Eine Gefährdung des Kindesvermögens setzt eine **gegenwärtige Gefahr** voraus, also eine Situation, in der nach den Umständen der Eintritt eines Schadens wahrscheinlich ist oder zumindest als nahe liegende Möglichkeit erscheint. Dies hängt von den jeweiligen Umständen des Einzelfalls ab (BayObLG FamRZ 83, 528, 530; 89, 652, 653; 94, 11). Dabei reicht es aus, dass eine derartige Pflichtverletzung nach den Umständen des Falles nicht ganz fern liegt (vgl BayObLG FamRZ 91, 1339). 16

Gefährdung kann nicht nur bei einer Verminderung oder einem ordnungswidrigen Verbrauch des Kindesvermögens, sondern grds auch dann anzunehmen sein, wenn durch Verletzung der mit der Vermögenssorge verbundenen Pflichten übliche Möglichkeiten der Vermögensmehrung nicht genutzt werden, so beim Unterlassen der in § 1642 vorgeschriebenen Geldanlage (BayObLG FamRZ 83, 528, 530; 89, 652, 653; 94, 11). 17

Es muss das **Vermögen des Kindes in seiner Gesamtheit** gefährdet sein. Die Verletzung einzelner Vermögensinteressen genügt nicht, es sei denn, die Vermögenslage des Kindes wird dadurch insgesamt beeinträchtigt. Dabei muss eine erhebliche Schädigung drohen, da geringere Beeinträchtigungen keine staatlichen Eingriffe rechtfertigen können (Staud/*Coester* Rn 163). 18

Ein **schuldhaftes Verhalten** des Sorgeberechtigten ist **nicht erforderlich** (BayObLG FamRZ 89, 1215, 1216; 94, 11). Gerade bei der Verletzung der Vermögenssorge muss der Schutz auch objektive Gefährdungen umfassen, da die mangelnde Fähigkeit der Eltern, im ökonomischen Bereich richtig zu handeln regelmäßig unverschuldet ist (Palandt/*Diederichsen* Rn 48 f). 19

Neben den Regelbeispielen des II hat der allgemeine Tatbestand des I kaum noch eigenständige Bedeutung. Doch muss bei Vermögensgefährdungen durch **Vermögensverfall der Eltern** oder Handlungen Dritter auf die Generalklausel zurückgegriffen werden (Staud/*Coester* Rn 174, 175). 20

II. Regelbeispiele für eine Gefährdung des Kindesvermögens (II). 1. Verletzung der Unterhaltspflicht. 21
Die Verletzung der Unterhaltspflicht setzt einen **Unterhaltsanspruch gem §§ 1601 ff** voraus, also insbes Bedürftigkeit des Kindes und Leistungsfähigkeit der Eltern. Erfasst wird sowohl der Bar- als auch der Naturalunterhalt. Bei einem iSd § 1602 II vermögenden Kind müssen die Eltern diesem das Vermögen zur Verfügung stellen und ihm seinen Arbeitsverdienst in angemessenem Umfang belassen (Staud/*Coester* Rn 167; Palandt/*Diederichsen* Rn 41). Zur Feststellung der Unterhaltspflichtverletzung kann auch auf die strafrechtlichen Grundsätze für die Verwirklichung des § 170 StGB zurückgegriffen werden. Deshalb ist ein **Rechtsirrtum** der Eltern über ihre Unterhaltspflicht zu beachtlich, wenn er unvermeidbar war (Palandt/*Diederichsen* Rn 41; aA Staud/*Coester* Rn 167: Rechtsirrtum stets unbeachtlich). Auch entlasten die gesetzlichen oder **freiwilligen Versorgungsleistungen Dritter**, insbes öffentliche Hilfen, die Eltern grds nicht. Anders ist es aber, wenn die Zahlungen Dritter unabhängig von der Nichtzahlung durch den Sorgerechtsinhaber erfolgen oder wenn dieser seinen Beitrag zur Unterhaltssicherung gerade dadurch leistet, dass er dafür Sorge trägt, dass das Kind von Dritten – etwa den Großeltern – versorgt wird und dies auf einer Vereinbarung zwischen allen Beteiligten beruht (BayObLG FamRZ 89, 652).

Die **Gesamtvermögenslage** des Kindes muss gefährdet sein und nicht nur der Unterhalt. Deshalb kommt bei kleineren Verletzungen der Unterhaltspflicht eine Gefährdung des Kindesvermögens nicht in Betracht. Vornehmlich geht es um den Schutz des leiblichen Kindeswohls (BayObLG FamRZ 89, 652). 22

2. Verletzung der Vermögenssorgepflicht. Ganz allgemein sind die Eltern verpflichtet, das Kindesvermögen zu erhalten, zu verwerten und zu vermehren, also nach den Grundsätzen einer wirtschaftlichen Vermögensverwaltung anzulegen, soweit es nicht zur Bestreitung von Ausgaben, insbes für den Kindesunterhalt, bereitzuhalten ist, vgl §§ 1626 I 2, 1642, 1649 I 1. 23

Als Verletzungshandlungen kommen demnach insbes in Betracht: Eine **nachlässige Vermögensverwaltung**, etwa durch Unterlassen der durch § 1642 vorgeschriebenen Geldanlage (BayObLG FamRZ 94, 11), und ein 24 ordnungswidriger Verbrauch des dem Kind zustehenden Sparguthabens (BayObLG FamRZ 91, 1339, 1340), der bereits in der Abhebung des Sparguthabens zum Zwecke der eigenen Verwendung, insbes bei überschuldetem Elternteil, gesehen werden kann (BayObLG FamRZ 89, 1215, 1216).

25 Zu beachten ist, dass auch hier nicht jede Verletzung einer Vermögenssorgepflicht genügt. Für eine staatliche Schutzmaßnahme gem I ist vielmehr die **Gefährdung des Kindesvermögens insgesamt** und nicht nur einzelner Positionen erforderlich (Staud/*Coester* Rn 170; Palandt/*Diederichsen* Rn 47).

26 **3. Verstoß gegen gerichtliche Anordnungen zur Vermögenssorge.** Das Gericht kann insbes gem § 1640 III und § 1667 Anordnungen zur Vermögensverwaltung und Rechnungslegung treffen. Solche gehen den Maßnahmen gem § 1666 I vor, soweit sie zur Abwendung einer Vermögensgefährdung geeignet sind. Verstoßen die Eltern dann aber gegen ihre so konkretisierten Verhaltenspflichten, wird zumindest ein teilweiser Entzug der Vermögenssorge auch unter Beachtung des Verhältnismäßigkeitsprinzips fast immer unumgänglich sein (Staud/*Coester* Rn 173; Palandt/*Diederichsen* Rn 46).

27 **III. Vorrang der Gefahrabwehr durch die Eltern.** Ebenso wie für die Personensorge gilt auch für die Vermögenssorge, dass ein staatliches Eingreifen nur dann zulässig ist, wenn die Eltern die Gefährdung des Kindes nicht abwenden wollen oder können (s.o. Rn 11 ff). Sind die Eltern zwar bereit die Vermögensgefährdung abzuwenden, dazu aber nicht in der Lage, so ist insbes zu prüfen, ob nicht geeignete gerichtliche Anordnungen gem § 1667 ausreichen, um sie dazu zu befähigen. Geht die Gefährdung von Dritten aus, so kommt dem Gefahrabwendungsvorrang der Eltern besonderes Gewicht zu.

28 **D. Maßnahmen des Familiengerichts. I. Grundsatz der Verhältnismäßigkeit.** Liegen die Voraussetzungen für einen Eingriff in die Personen- oder Vermögenssorge gem I vor, so hat das Familiengericht **die zur Abwendung der Gefahr erforderlichen und geeigneten Maßnahmen** zu treffen. Dabei ist der **Grundsatz der Verhältnismäßigkeit** strikt zu beachten. Dieser gebietet es, dass sich Art und Ausmaß des staatlichen Eingriffs nach dem Grad des Versagens der Eltern und danach bestimmen müssen, was im Interesse des Kindes geboten ist. Der Staat muss daher nach Möglichkeiten suchen, durch helfende, unterstützende, auf Herstellung oder Wiederherstellung eines verantwortungsgerechten Verhaltens der leiblichen Eltern gerichtete Maßnahmen sein Ziel zu erreichen (BVerfG FamRZ 68, 578, 584; 89, 145, 146). Eine besondere Ausprägung hat der Verhältnismäßigkeitsgrundsatz in § 1666 a I und II für die stärksten Eingriffe in das Elternrecht gefunden.

29 Aus den Erfordernissen der Verhältnismäßigkeit und der Geeignetheit folgt das **Gebot des geringstmöglichen Eingriffs**. Deshalb darf ein schwerer Eingriff in die elterliche Sorge erst erfolgen, wenn mildere Maßnahmen keinen Erfolg versprechen. Eine Maßnahme gem § 1666 muss von vornherein ausscheiden, wenn die Gefahr, die von ihr für das Kindeswohl ausgeht, größer ist als der Schaden, der abgewendet werden soll (BayObLG FamRZ 98, 1044, 1045).

30 Maßnahmen mit endgültigem Charakter dürfen nur ausnahmsweise angeordnet werden (BayObLG NJW-RR 90, 70, 71; Oldbg FamRZ 81, 811, 813). Grds dürfen Sorgerechtsmaßnahmen nur so lange aufrechterhalten bleiben, wie dies erforderlich ist. Jedoch ist eine zeitliche Begrenzung gerichtlicher Maßnahmen in der Regel nicht möglich, weil nur in Ausnahmefällen abzusehen ist, wie lange die Gefährdung dauert (Karlsr FamRZ 05, 1272). Stattdessen sieht § 1696 III bei länger andauernden Maßnahmen eine regelmäßige Überprüfung in angemessenen Zeitabschnitten vor.

31 Die elterliche Sorge umfasst gem § 1626 I 2 sowohl die Personensorge als auch die Vermögenssorge. Die Entziehung der elterlichen Sorge insgesamt sieht das Gesetz nicht vor. Dies kann praktisch nur durch Entziehung sämtlicher Teilbereiche erreicht werden, sofern die Voraussetzungen hierfür vorliegen (BayObLG FamRZ 99, 179, 181).

32 **II. Maßnahmen bei Gefährdung der Personensorge.** Als mildeste Maßnahmen kommen **Ermahnungen, Auflagen, Gebote und Verbote** in Betracht. So können die Eltern insbes angewiesen werden, öffentliche Hilfe nach dem SGB VIII (Kinder- und Jugendhilfe) anzunehmen (vgl Staud/*Coester* Rn 186). Solche Jugendhilfemaßnahmen kann das Gericht auch mit Bindungswirkung für das Jugendamt anordnen (Frankf FamRZ 94, 392; DAVorm 93, 943). In der gerichtlichen Praxis wird davon aber nur selten Gebrauch gemacht, weil dies voraussetzt, dass die Eltern bereit und in der Lage sind, mit dem Jugendamt zusammenzuarbeiten. Ist dies der Fall, wird sich ein Verfahren gem § 1666 aber meist erübrigen. In der Regel ist es erforderlich, den Eltern einen Teil oder sogar die gesamte Personensorge zu entziehen. Als mildere Maßnahmen kann es aber auch ausreichend sein, gem III Erklärungen des Sorgerechtsinhabers zu ersetzen.

33 Das Gebot des geringstmöglichen Eingriffs bedeutet aber nicht, dass im Zweifel eine unsichere, aber mildere Maßnahme gewählt werden muss. Vielmehr gilt, dass je schwer wiegender die drohende Gefährdung ist, desto sicherer der Schutz des Kindes sein muss. So kann der fortbestehenden Gefahr eines unkontrollierten Verhaltens des Vaters, das zu erheblichen, teilweise sogar lebensbedrohlichen Verletzungen der Kinder führt, nur mit hinreichender Sicherheit durch die **Trennung** der Kinder von den Eltern beggnet werden, wozu die Entziehung des Aufenthaltsbestimmungsrechts die geeignete Maßnahme ist. Andere familiäre Hilfen (s 1666a I) sind nicht geeignet, der Gefährdung mit der gebotenen Beschleunigung und Verlässlichkeit zu begegnen, insbes wäre eine ständige Überwachung der Familie mit zumutbarem Aufwand nicht zu verwirkli-

chen. Der Grundsatz der Verhältnismäßigkeit ist in einem solchen Fall schon wegen der Schwere der körperlichen Beeinträchtigungen nicht verletzt (BayObLG FamRZ 97, 572, 573; 99, 178, 179).

Die **gesamte Personensorge** für ein Kind darf in Anwendung des Verhältnismäßigkeitsgrundsatzes nur dann 34 entzogen werden, wenn andere Maßnahmen erfolglos geblieben sind oder wenn anzunehmen ist, dass sie zur Abwendung einer schwer wiegenden Gefahr für das körperliche, geistige oder seelische Wohl des Kindes nicht ausreichen (s. § 1666 a II; BayObLG FamRZ 99, 316, 317; vgl auch BayObLG FamRZ 94, 1413). Deshalb ist regelmäßig auch zu prüfen, ob die Gefährdung des Kindes nicht schon dadurch beseitigt werden kann, dass dem Sorgeberechtigten das Aufenthaltsbestimmungsrecht statt der gesamten Personensorge entzogen wird (BayObLG FamRZ 90, 780).

Jeder staatliche Eingriff in das Erziehungsrecht der Eltern muss so gering, zurückhaltend und behutsam, wie 35 im Einzelfall nur möglich gehalten sein. Daher ist zu prüfen, ob statt der endgültigen Trennung eines Kindes von seinen Eltern nicht stattdessen eine **zeitweise Entziehung** der Personensorge mit zeitweiliger Trennung ausreicht, um den Konflikten zu begegnen und Spannungen zu beseitigen (Köln FamRZ 96, 1027).

Besteht der Missbrauch des Sorgerechts oder das unverschuldete Elternversagen nur in einem dem Kindes- 36 wohl zuwiderlaufenden Rückführungsverlangen, reicht es in der Regel aus, den **Verbleib** in der Pflegefamilie gem § 1632 IV anzuordnen, so dass iRd Verhältnismäßigkeitsgrundsatzes eine familiengerichtliche Maßnahme darauf zu beschränken ist (Hamm FamRZ 98, 447, 448; stRspr, vgl nur BayObLG FamRZ 84, 932; NJW-FER 00, 231). Bei einer Gefährdung des Kindeswohls durch die Vereitelung des Umgangs muss als milderes Mittel grds die **Androhung und Verhängung von Zwangsgeld** gem § 33 FGG in Betracht gezogen werden (BayObLG FamRZ 98, 1044, 1045).

III ermöglicht es dem Familiengericht, Erklärungen des Sorgerechtsinhabers direkt zu **ersetzen**. Der früher 37 notwendige Umweg über eine Pflegerbestellung ist daher nicht mehr erforderlich. Mit Wirksamkeit des Beschlusses gilt die Erklärung als abgegeben. In Betracht kommen im Bereich der Personensorge vor allem Zustimmungen und rechtfertigende Einwilligungen in ärztliche Behandlungen und Heileingriffe, aber auch in Untersuchungen durch Sachverständige iRd familiengerichtlichen Verfahrens (vgl Zweibr FamRZ 99, 521). Ebenso fallen Anträge auf Sozialleistungen und auf Jugendhilfemaßnahmen gem §§ 27 ff SGB VIII in den Anwendungsbereich der Vorschrift.

Das Familiengericht kann in Angelegenheiten der Personensorge gem IV auch Maßnahmen mit **unmittelba-** 38 **rer Wirkung gegen Dritte** treffen. Als Dritter kommt jede nichtsorgeberechtigte Person in Betracht, also auch der Stiefvater oder die Geschwister (Staud/*Coester* Rn 1). Die Eltern sind daher nicht gezwungen, die Rechte des Kindes vor einem Zivilgericht wahrzunehmen, andererseits bleibt ihnen dies unbenommen. Das Familiengericht kann und muss aber beim Vorliegen der Eingriffsvoraussetzungen ungeachtet dessen tätig werden, ob die Eltern auch im Wege des Zivilprozesses Schutzmaßnahmen zugunsten des Kindes erreichen könnten (Zweibr FamRZ 94, 976, 977). Als Maßnahme ggü Dritten kommt insbes auch die Auferlegung von **Verhaltenspflichten gegen den Täter** eines sexuellen Kindesmissbrauchs in Betracht (Zweibr FamRZ 94, 976 ff; Köln KindPrax 99, 95, 96; Kobl EzFamR aktuell 03, 151 f).

III. Maßnahmen bei Gefährdung der Vermögenssorge. Bei Gefährdung des Kindesvermögens kommt als 39 schwerster Eingriff der teilweise oder völlige **Entzug der Vermögenssorge** in Betracht. Mildere und deshalb grds vorrangige Maßnahmen sind insbes die in § 1667 I bis III aufgezählten **Anordnungen**. Daneben rechtfertigt die Generalklausel des § 1666 I noch andere Anordnungen, aber auch **Gebote** und **Auflagen**.

III ermöglicht es dem Gericht, Erklärungen der Eltern zu ersetzen. Im Bereich der Vermögenssorge kommen 40 dabei vor allem rechtsgeschäftliche Erklärungen, insbes auch die Zustimmung zu Rechtsgeschäften oder deren Versagung in Betracht.

Der Gesetzgeber hat es nicht für erforderlich gehalten, das Familiengericht zu ermächtigen, in Angelegenhei- 41 ten der Vermögenssorge **Maßnahmen mit Wirkung gegen Dritte** zu ergreifen, wie sich im Umkehrschluss aus IV ergibt. Die Eltern haben aber die Möglichkeit, bei einer Gefährdung des Kindesvermögens durch Dritte die allgemeinen Zivilgerichte anzurufen (vgl BTDrs 13/4899, 97). Demgegenüber wird teilweise eine »vorsichtige Analogie« zu IV befürwortet, wenn beispielsweise zur Fristwahrung ein unmittelbares Einschreiten des Gerichts notwendig ist (Palandt/*Diederichsen* Rn 55).

IV. Folgen des Sorgerechtsentzugs. Wird das Sorgerecht dem bisherigen Inhaber ganz oder teilweise entzo- 42 gen, so muss das Familiengericht zugleich bestimmen, wer stattdessen die elterliche Sorge innehat. Dabei sind folgende Konstellationen zu unterscheiden:

Wird nur **einem Elternteil** die Sorge ganz oder teilweise entzogen und stand die **elterliche Sorge** beiden 43 **gemeinsam** zu, so gilt § 1680 III iVm I: die elterliche Sorge steht allein dem anderen Elternteil zu. Dies hat das Familiengericht durch Beschluss auszusprechen (vgl KG FamRZ 71, 267, 269).

Wird **einem Elternteil** die Sorge ganz oder teilweise entzogen und stand diesem die **elterliche Sorge** bis- 44 her **allein** zu, so hat das Familiengericht zunächst zu prüfen, ob sie nunmehr dem anderen Elternteil übertragen werden kann. Prüfungsmaßstab ist – je nachdem, worauf die Alleinsorge beruhte – entweder § 1680 III iVm II 2 (Alleinsorge gem § 1626 a II) oder § 1696 I (Alleinsorge gem §§ 1671, 1672). Deshalb kann in beiden Fällen eine Übertragung auf den anderen Elternteil bereits abgelehnt werden, wenn dies dem Wohl des Kindes nicht entspricht, ohne dass eine Kindeswohlgefährdung iSd § 1666 I vorliegen muss (BayObLG FamRZ 99, 178, 181; vgl auch Staud/*Coester* Rn 1). Nach richtiger Ansicht muss es in verfassungskonformer Auslegung des § 1680 II und III für die Übertragung des Sorgerechts auf den anderen Elternteil aber ausreichen, wenn dies dem Wohl des Kindes nicht widerspricht (s. dazu § 1680 Rn 4).

45 Erst wenn auch der andere Elternteil dafür nicht in Betracht kommt, ist die elterliche Sorge – soweit sie entzogen wurde – einem Ergänzungspfleger gem § 1909 I 1 zu übertragen. Ein Vormund ist gem § 1773 I nur zu bestellen, wenn sowohl die Personensorge als auch die Vermögenssorge und somit die gesamte elterliche Sorge entzogen wird (vgl BayObLG FamRZ 99, 316, 318). Gem § 1697 kann das Familiengericht nunmehr auch den Vormund oder Pfleger auswählen und sogleich im Anordnungsbeschluss benennen, was wegen der größeren Sachnähe auch erfolgen sollte.

46 Wird **beiden Elternteilen** die Sorge ganz oder teilweise entzogen, so ist sie auf einen Vormund oder Ergänzungspfleger zu übertragen (s.o. Rn 45).

§ 1666a Grundsatz der Verhältnismäßigkeit; Vorrang öffentlicher Hilfen

(1) Maßnahmen, mit denen eine Trennung des Kindes von der elterlichen Familie verbunden ist, sind nur zulässig, wenn der Gefahr nicht auf andere Weise, auch nicht durch öffentliche Hilfen, begegnet werden kann. ²Dies gilt auch wenn einem Elternteil vorübergehend oder auf unbestimmte Zeit die Nutzung der Familienwohnung untersagt werden soll. ³Wird einem Elternteil oder einem Dritten die Nutzung der vom Kind mitbewohnten oder einer anderen Wohnung untersagt, ist bei der Bemessung der Dauer der Maßnahme auch zu berücksichtigen, ob diesem das Eigentum, das Erbbaurecht oder der Nießbrauch an dem Grundstück zusteht, auf dem sich die Wohnung befindet; Entsprechendes gilt für das Wohnungseigentum, das Wohnungseigentum, das Dauerwohnrecht, das dingliche Wohnrecht oder wenn der Elternteil oder Dritte Mieter der Wohnung ist.
(2) Die gesamte Personensorge darf nur entzogen werden, wenn andere Maßnahmen erfolglos geblieben sind oder wenn anzunehmen ist, dass sie zur Abwendung der Gefahr nicht ausreichen.

1 Die Vorschrift normiert ausdrücklich das **Verhältnismäßigkeitsprinzip** für besonders schwere Eingriffe in die elterliche Sorge gem § 1666, auf den sie sich bezieht. Eine eigenständige Eingriffsermächtigung enthält sie nicht. Da der Grundsatz der Verhältnismäßigkeit und der Subsidiarität staatlichen Handelns bereits unmittelbar aus dem Grundgesetz folgt (Art 6 II, III GG), kommt der Vorschrift nur deklaratorische Bedeutung zu.

2 Maßgeblich ist die **faktische Trennung** des Kindes von den Eltern oder einem alleinsorgeberechtigten Elternteil (Staud/*Coester* Rn 7). Da dies eine besonders einschneidende Maßnahme ist, setzt sie voraus, dass alle milderen Mittel nicht ausreichen, um die Gefährdung des Kindes abzuwenden. Dabei weist I besonders darauf hin zu prüfen, ob der Gefahr nicht durch öffentliche Hilfen begegnet werden kann. Damit sind die **Leistungen der Jugendhilfe** gem §§ 11 bis 40 SGB VIII (Kinder- und Jugendhilfe) gemeint.

3 Zum Entzug der gesamten Personensorge nach II vgl § 1666 Rn 34 ff.

§ 1667 Gerichtliche Maßnahmen bei Gefährdung des Kindesvermögens

(1) ¹Das Familiengericht kann anordnen, dass die Eltern ein Verzeichnis des Vermögens des Kindes einreichen und über die Verwaltung Rechnung legen. ²Die Eltern haben das Verzeichnis mit der Versicherung der Richtigkeit und Vollständigkeit zu versehen. ³Ist das eingereichte Verzeichnis ungenügend, so kann das Familiengericht anordnen, dass das Verzeichnis durch eine zuständige Behörde oder durch einen zuständigen Beamten oder Notar aufgenommen wird.
(2) ¹Das Familiengericht kann anordnen, dass das Geld des Kindes in bestimmter Weise anzulegen und dass zur Abhebung seine Genehmigung erforderlich ist. ²Gehören Wertpapiere, Kostbarkeiten oder Schuldbuchforderungen gegen den Bund oder ein Land zum Vermögen des Kindes, so kann das Familiengericht dem Elternteil, der das Kind vertritt, die gleichen Verpflichtungen auferlegen, die nach §§ 1814 bis 1816, 1818 einem Vormund obliegen; die §§ 1819, 1820 sind entsprechend anzuwenden.
(3) ¹Das Familiengericht kann dem Elternteil, der das Vermögen des Kindes gefährdet, Sicherheitsleistung für das seiner Verwaltung unterliegende Vermögen auferlegen. ²Die Art und den Umfang der Sicherheitsleistung bestimmt das Familiengericht nach seinem Ermessen. ³Bei der Bestellung und Aufhebung der Sicherheit wird die Mitwirkung des Kindes durch die Anordnung des Familiengerichts ersetzt. ⁴Die Sicherheitsleistung darf nur dadurch erzwungen werden, dass die Vermögenssorge gemäß § 1666 Abs. 1 ganz oder teilweise entzogen wird.
(4) Die Kosten der angeordneten Maßnahmen trägt der Elternteil, der sie veranlasst hat.

1 **A. Allgemeines.** Die Vorschrift ergänzt § 1666 I auf der **Rechtsfolgenseite**, indem sie drei mögliche Maßnahmen benennt und ausgestaltet, die das Familiengericht bei Gefährdung des Kindesvermögens ergreifen kann. Sie gibt selbst **keine Ermächtigung** zum Eingriff in die Vermögenssorge und zur Anordnung der beschriebenen Maßnahmen. Voraussetzung dafür ist vielmehr, dass der Eingriffstatbestand des § 1666 I im *Hinblick* auf

das Kindesvermögen erfüllt ist (vgl Staud/*Coester* Rn 2 f; Palandt/*Diederichsen* Rn 7). Die Aufzählung der möglichen Maßnahmen bei Gefährdung des Kindesvermögens ist nicht abschließend. Die Generalklausel des § 1666 I ermöglicht darüber hinaus noch weitere Anordnungen. Ggü dem ganzen oder teilweisen Entzug der Vermögenssorge sind die Maßnahmen gem § 1667 wegen des Grundsatzes der Verhältnismäßigkeit jedoch vorrangig, sofern sie zur Gefahrenabwehr geeignet sind.

B. Vermögensverzeichnis und Rechnungslegung (I). Das Familiengericht kann von den Eltern die **Vorlage eines Vermögensverzeichnisses** verlangen und dessen Umfang bestimmen. Die Anordnung kann auch dann ergehen, wenn nur ein Elternteil seine Vermögenssorgepflicht verletzt hat. Über das eigene Vermögen müssen die Eltern keine Auskunft geben.

Ebenso kann das Familiengericht verlangen, dass die Eltern über die Verwaltung des Kindesvermögens – einmalig oder regelmäßig – **Rechnung legen**. Die für die Rechnungslegung des Vormunds geltenden Vorschriften der §§ 1840 ff sind entsprechend anzuwenden (BayObLG FamRZ 94, 1191, 1192).

Bei einem ungenügenden Verzeichnis gilt I 3. Bei begründetem Anlass zu Zweifeln an der Richtigkeit der gemachten Angaben kann gem § 15 II FGG auch die Vorlage einer **eidesstattlichen Versicherung** zur Glaubhaftmachung verlangt werden (BayObLG FamRZ 94, 1191, 1192). Als Beugemittel bei Nichtbefolgung der Anordnungen sind Zwangsmaßnahmen gem § 33 FGG möglich, um für die Zukunft die Befolgung zu erzwingen (vgl BayObLG FamRZ 94, 1191, 1192).

C. Geldanlage und Sicherungsmaßnahmen (II). Verletzen die Eltern ihre Pflicht zur wirtschaftlichen Vermögensverwaltung gem § 1642, so kann das Familiengericht die Art und Weise der **Geldanlage** bestimmen. Bei unberechtigtem Eigenverbrauch, insbes von Spargeldern des Kindes, kann die Anordnung einer Genehmigungspflicht in Form eines **Sperrvermerks** erfolgen. Noch nicht geklärt ist, ob dieser mit unmittelbarer Wirkung ggü dem Geldinstitut angeordnet werden kann (so Staud/*Coester* Rn 11) oder ob das Gericht darauf beschränkt ist, die Einhaltung des Genehmigungsvorbehalts zu überwachen und mittels Zwangsmaßnahmen nach § 33 FGG durchzusetzen (BayObLG FamRZ 77, 144).

II 2 verweist für die Verwaltung von Wertpapieren, Kostbarkeiten oder Buchforderungen gegen den Bund oder ein Land auf das Vormundschaftsrecht.

D. Sicherheitsleistung (III). Das Familiengericht kann gem III 1 auch die Leistung einer Sicherheit anordnen. Dadurch bleiben die Eltern verfügungsbefugt, tragen aber das Schadensrisiko. Die Sicherheitsleistung ist als milderes Mittel vorrangig ggü dem Entzug der Vermögenssorge. Voraussetzung für die Anordnung ist aber, dass sie geeignet ist, die Gefahr abzuwenden. Das ist nicht der Fall, wenn die Eltern die Sicherheitsleistung nicht erbringen können oder wollen. Denn die Leistung einer Sicherheit, die ja aus dem Elternvermögen zu erfolgen hat, kann nicht gem § 33 FGG erzwungen werden (vgl BayObLG FamRZ 77, 144, 146). Dies kann nur mittelbar durch die Androhung des Entzugs der Vermögenssorge erfolgen, vgl III 4.

Gem III 2 bestimmt das Familiengericht Art und Umfang der Sicherheitsleistung, ohne an die §§ 232 ff gebunden zu sein (vgl Palandt/*Diederichsen* Rn 6). III 3 macht die Bestellung eines Ergänzungspflegers überflüssig. Das Familiengericht kann unmittelbar an Stelle des Kindes die erforderlichen Erklärungen – beispielsweise ggü dem Grundbuchamt – abgeben.

E. Kosten (IV). Die Kosten der angeordneten Maßnahme trägt gem IV der Elternteil, der sie verursacht hat. Eine Kostenerstattung vom Kind gem 1648 kann nicht verlangt werden (Staud/*Coester* Rn 19). Für die Verfahrenskosten gilt aber § 94 KostO.

§§ 1668–1670

– *weggefallen* –

§ 1671 Getrenntleben bei gemeinsamer elterlicher Sorge

(1) Leben Eltern, denen die elterliche Sorge gemeinsam zusteht, nicht nur vorübergehend getrennt, so kann jeder Elternteil beantragen, dass ihm das Familiengericht die elterliche Sorge oder einen Teil der elterlichen Sorge allein überträgt.
(2) Dem Antrag ist stattzugeben, soweit
1. der andere Elternteil zustimmt, es sei denn, dass das Kind das vierzehnte Lebensjahr vollendet hat und der Übertragung widerspricht, oder
2. zu erwarten ist, dass die Aufhebung der gemeinsamen Sorge und die Übertragung auf den Antragsteller dem Wohl des Kindes am besten entspricht.

(3) Dem Antrag ist nicht stattzugeben, soweit die elterliche Sorge auf Grund anderer Vorschriften abweichend geregelt werden muss.

1   **A. Regelungsvoraussetzungen und -möglichkeiten (I). I. Regelungsvoraussetzungen.** Es muss sich um ein **gemeinschaftliches Kind** der Eltern im Rechtssinne gem §§ 1591 ff handeln. Unerheblich ist, ob das Kind ehelich oder nichtehelich ist.

2   Den Eltern muss die **elterliche Sorge** für das Kind **gemeinsam** zustehen. Dies ist originär der Fall, wenn die Eltern bei der Geburt des Kindes miteinander verheiratet waren. Sie können die gemeinsame Sorge aber auch erst später durch Heirat (§ 1626a I Nr 2) oder durch gemeinsame Sorgeerklärung (§ 1626a I Nr 1) erlangt haben. Im Falle der Alleinsorge, kann eine andere Sorgerechtsregelung nur auf der Grundlage des § 1696 erfolgen, selbst wenn die Eltern sich einig sind (krit daher *Schwab* FamRZ 98, 457, 461). Ausreichend ist es, wenn den Eltern die Sorge nur für einen Teilbereich gemeinsam zusteht, im Übrigen aber einem Elternteil allein oder einem Pfleger. Jedoch gilt § 1671 dann eben nur für *den* Teilbereich der Sorge, für den die Eltern gemeinsam sorgeberechtigt sind.

3   Die Eltern müssen **nicht nur vorübergehend getrennt leben**. Dabei ist Getrenntleben iSd § 1567 I zu verstehen, weshalb auch ein Getrenntleben innerhalb der gemeinsamen Wohnung ausreicht (*Schwab* FamRZ 98, 457, 461). Die Trennungsabsicht muss aber nach außen sichtbar werden (FA-FamR/*Oelkers* Kap 4 Rn 160).

4   Schließlich muss ein Elternteil **beantragen**, dass ihm die elterliche Sorge ganz oder teilweise allein übertragen wird. Das Antragsrecht steht ausschl den Eltern, nicht dem Kind und auch nicht dem Jugendamt zu. Diese haben nur die Möglichkeit, über eine Anregung gem § 1666 oder § 1696 eine andere Sorgerechtsregelung zu erreichen. Der beantragende Elternteil muss die Alleinsorge für sich, nicht für den anderen Elternteil begehren. Der anders lautende Antrag ist aber als Zustimmung zum noch erforderlichen Sorgerechtsantrag des anderen Elternteils zu werten (*Schwab* FamRZ 98, 457, 461, Palandt/*Diederichsen* Rn 11).

5   Außerhalb des Scheidungsverbundes kann der Antrag durch einen Elternteil selbst schriftlich oder zu Protokoll der Geschäftsstelle gestellt werden. Im Folgesacheverfahren ist auch insoweit die Vertretung durch einen **Rechtsanwalt** gem § 78 II ZPO erforderlich (Staud/*Coester* Rn 46; Palandt/*Diederichsen* Rn 11). Die Zustimmung zum Sorgerechtsantrag der Gegenseite bedarf dagegen auch im Scheidungsverfahren keiner anwaltlichen Vertretung (Bambg FamRZ 00, 763; Staud/*Coester* Rn 77).

6   **II. Regelungsmöglichkeiten.** Das in I beschriebene Antragsrecht bestimmt auch die Regelungsmöglichkeiten und die Regelungsbefugnisse des Gerichts. Demnach kann die elterliche Sorge ganz oder nur hinsichtlich einzelner frei bestimmbarer Teilbereiche auf einen Elternteil übertragen werden. In letzterem Fall, der sog **partiellen Alleinsorge**, verbleibt es dann im Übrigen bei der gemeinsamen Sorge. Es können aber auch weitere Teilbereiche an den anderen Elternteil übertragen werden. Werden alle Teilbereiche aufgeteilt, besteht keine gemeinsame Sorge mehr.

7   **B. Voraussetzungen für die Übertragung der Alleinsorge (II).** II regelt, unter welchen Voraussetzungen dem Antrag auf Übertragung der Alleinsorge oder der partiellen Alleinsorge stattzugeben ist. Dabei sind die Fallgruppen der Nr 1 und der Nr 2 zu unterscheiden.

8   **I. Übertragung auf Grund Zustimmung des anderen Elternteils (Nr 1).** Die Zustimmung ist **formfrei**. Sie kann sogar außergerichtlich erklärt werden, wenn sie sich auf einen konkreten Antrag bezieht und dem Gericht mitgeteilt wird (Johannsen/Henrich/*Jaeger* Rn 23), was jedoch praktisch ohne Belang ist. Die Zustimmung ist eine **höchstpersönliche** Willenserklärung, weshalb ein minderjähriger Elternteil der Einwilligung seines gesetzlichen Vertreters nicht bedarf (Staud/*Coester* Rn 79). Da auf die elterliche Sorge nicht durch Willenserklärung verzichtet werden kann, ist die Zustimmung bis zur Entscheidung in der letzten Tatsacheninstanz ohne Begründung formlos **widerruflich** (Staud/*Coester* Rn 82; *Schwab* FamRZ 98, 457, 461; AG Hannover FamRZ 01, 846, 848; aA FA-FamR/*Oelkers* Kap 4 Rn 165: nur aus Gründen des Kindeswohls). Die Zustimmung kann auf die Übertragung eines Teilbereichs der elterlichen Sorge **beschränkt** werden. Der Erfolg des Antrags im Übrigen richtet sich dann nach § 1671 II Nr 2 (vgl Nürnbg FamRZ 99, 673).

9   Eine **Kindeswohlprüfung** findet iRd § 1671 II Nr 1 grds nicht statt (Johannsen/Henrich/*Jaeger* Rn 30). Stimmt der andere Elternteil dem Antrag auf Übertragung der Alleinsorge zu, **muss** das Gericht dem Antrag ohne Sachprüfung stattgeben. Eine Begründung des Antrags oder der Zustimmung ist nicht erforderlich und kann vom Gericht auch nicht verlangt werden. Auch eine Motivforschung ist dem Gericht verwehrt (*Schwab* FamRZ 98, 457, 461).

10 Von diesem Grundsatz gibt es allerdings eine **Ausnahme**: Ergeben sich konkrete Anhaltspunkte dafür, dass die von den Eltern begehrte Sorgerechtsregelung das Wohl des Kindes gefährden könnte, ist das Gericht berechtigt und verpflichtet, dies iRe Verfahrens gem §§ 1666, 1671 III von Amts wegen aufzuklären. Wird dabei eine **Kindeswohlgefährdung** iSd § 1666 festgestellt, kann und muss das Gericht die elterliche Sorge abweichend von dem übereinstimmenden Vorschlag der Eltern regeln. Hierfür genügt es jedoch nicht, wenn der Elternvorschlag dem Wohl des Kindes nur widerspricht, ohne dass die Eingriffsschwelle des § 1666 bereits erreicht ist. Etwas anderes ergibt sich auch nicht aus § 1697a (ebenso Johannsen/Henrich/*Jaeger* Rn 30; aA Schwab FamRZ 98, 457, 461), da der Wortlaut des § 1671 II Nr 1 und die Systematik des § 1671 eine solche Auslegung nicht zulassen.

11 Anhaltspunkte für eine Kindeswohlgefährdung können sich für das Gericht insbes auf Grund der **Anhörung** des Jugendamts (§ 49 I Nr 9 FGG), der Eltern (§ 50a FGG) und des Kindes (§ 50b FGG) ergeben, die auch im Falle des § 1671 II Nr 1 obligatorisch sind.

Der **Widerspruch** des mindestens 14 Jahre alten Kindes beseitigt die Möglichkeit der Sorgerechtsübertragung 12
gem § 1671 II Nr 1. Das bedeutet aber noch nicht, dass die Sorge zwingend anders geregelt werden muss als
die Eltern dies einvernehmlich wollen. Das Kind hat kein Vetorecht. Doch muss der Sorgerechtsantrag nunmehr die Voraussetzungen des § 1671 II Nr 2 erfüllen, insbes unterliegt er der vollen Kindeswohlprüfung.
Dabei ist der entgegenstehende Wille des Kindes ein beachtlicher Umstand (s.u. Rn 48 ff).
Der Widerspruch bedarf **keiner Form**. Er muss aber eindeutig als solcher erkennbar sein. Äußert das Kind 13
lediglich seine Wünsche oder seine Unzufriedenheit über die Trennungssituation, kann darin noch kein Widerspruch gesehen werden (Johannsen/Henrich/*Jaeger* Rn 27). Das Gericht hat dies aber bei der Kindesanhörung
gem § 50b FGG näher aufzuklären. Wie die Zustimmung, ist auch der Widerspruch bis zur Entscheidung in der
letzten Tatsachendistanz **widerruflich**. Das Kind kann auf sein Widerspruchsrecht nicht verzichten.

II. Übertragung aus Gründen des Kindeswohls (Nr 2). Auch ohne Zustimmung des anderen Elternteils 14
kann die elterliche Sorge auf Antrag gem § 1671 II Nr 2 ganz oder teilweise auf einen Elternteil allein übertragen werden. Voraussetzung ist, dass dies dem Wohl des Kindes am besten entspricht. Damit ist das Kindeswohl das zentrale Entscheidungskriterium. Dies ergibt sich bereits aus dem Wortlaut der Vorschrift, im Übrigen aber auch aus der allgemeinen Regel des § 1697a (Johannsen/Henrich/*Jaeger* Rn 41).
Das **Kindeswohl hat Vorrang** vor den Interessen der Eltern (BVerfG FamRZ 89, 143; 96, 1267; Hamm 96, 361). 15
Bei einer Interessenkollision zwischen Eltern und Kind ist das Kindeswohl der bestimmende Maßstab (BVerfG
FamRZ 99, 85, 86). Denn das verfassungsrechtlich verankerte Elternrecht findet seine Rechtfertigung letztlich
allein im Bedürfnis des Kindes nach Schutz und Hilfe (BVerfG FamRZ 86, 769, 772). Eltern haben keinen Machtanspruch ggü ihren Kindern, die als Wesen mit eigener Menschenwürde und eigenem Recht auf Persönlichkeitsentfaltung selbst Träger der Grundrechte der Art 1 I GG und Art 2 II GG sind (BVerfG FamRZ 86, 769, 772).
Sicherlich entspräche es dem Wohl des Kindes regelmäßig am besten, wenn die Eltern wieder glücklich 16
zusammenleben würden. Dies kann aber nicht erzwungen werden. Die **entscheidende Frage** lautet daher: Ist
zu erwarten, dass die Aufhebung der gemeinsamen Sorge und Übertragung auf den Antragsteller unter den
gegebenen Umständen dem Wohl des Kindes am besten entspricht? Dabei macht der Gesetzeswortlaut deutlich, dass die Prüfung des Kindeswohls in **zweierlei Blickrichtung** zu erfolgen hat: Entspricht die Aufhebung
der gemeinsamen Sorge dem Kindeswohl am besten? Entspricht die Übertragung (gerade) auf den Antragsteller dem Kindeswohl am besten?

**1. Erster Prüfungsschritt: Entspricht die Aufhebung der gemeinsamen Sorge dem Wohl des Kindes am
besten?.** Es besteht **kein Regel-Ausnahme-Verhältnis** in dem Sinn, dass eine Priorität zugunsten der gemeinsamen elterlichen Sorge bestehen und die Alleinsorge eines Elternteils nur in Ausnahmefällen als ultima ratio in 17
Betracht kommen sollte (BGH FamRZ 99, 1646, 1647=FuR 00, 88, 89 f; BGH FamRZ 05, 1167). Es ist vielmehr
in erster Linie Sache der Eltern zu entscheiden, ob sie die gemeinsame Sorge nach ihrer Scheidung beibehalten
wollen oder nicht. Es besteht weder ein Vorrang der gemeinsamen Sorge vor der Alleinsorge noch eine gesetzliche
Vermutung dafür, dass die gemeinsame elterliche Sorge im Zweifel die für das Kind beste Form der Wahrnehmung elterlicher Verantwortung ist. Einer solchen Regelung stände bereits entgegen, dass sich elterliche Gemeinsamkeit in der Realität nicht verordnen lässt (BGH FamRZ 99, 1646, 1647=FuR 00, 88, 89 f; BTDrs 13/4899 S 63;
Johannsen/Henrich/*Jaeger* Rn 34; aA Palandt/*Diederichsen* Rn 17; Haase/*Kloster-Harz* FamRZ 00, 1003, 1005;
zum Streitstand vor und nach der Entscheidung des BGH vgl KKFamR/*Ziegler* Rn 21 ff).
Mit der Ablehnung eines Regel-Ausnahme-Verhältnisses sollen die **Vorteile der gemeinsamen elterlichen** 18
Sorge nicht geleugnet werden. Grds ist sie die erstrebenswerteste Sorgeform (vgl auch Staud/*Coester* Rn 118).
Denn niemand wird ernsthaft bestreiten, dass es für die Entwicklung eines Kindes und damit für sein Wohl
am besten ist, wenn die (erziehungsgeeigneten) Eltern glücklich zusammenleben (vgl auch BVerfG FamRZ
68, 578, 584; 81, 429). Dann ist es aber selbstverständlich, dass es nach der Trennung das Beste für das Kind
ist, wenn die Eltern auf der Elternebene weiterhin einvernehmlich und harmonisch zusammenwirken (vgl
auch Johannsen/Henrich/*Jaeger* Rn 34; München FamRZ 99, 1006, 1007). Jedoch bleibt dies in der Praxis oftmals Utopie. Der Streit auf der Paarebene erfasst regelmäßig auch die Elternebene und damit das Kind. Es
wäre lebensfremd anzunehmen, das Kind bleibe von Streitigkeiten auf der Paarebene verschont (*Oelkers*
MDR 00, 32, 33). Für dieses Problem kann aber nicht allein der Elternteil verantwortlich gemacht werden,
der die gemeinsame Sorge ablehnt (vgl auch Johannsen/Henrich/*Jaeger* Rn 39; Staud/*Coester* Rn 1222). Vielmehr ist grds davon auszugehen, dass keinen Elternteil eine Schuld daran trifft, dass die Zerrüttung der Paarebene die Elternebene erfasst. Ist die Elternebene aber dergestalt gestört, dass ein oder beide Elternteile nicht
mehr kooperieren wollen oder können, so ist unter diesen Umständen die Aufhebung der gemeinsamen
Sorge regelmäßig das Beste für das Kind, weil es durch den Konflikt der Eltern belastet wird (BGH FamRZ
99, 1646, 1647 = FuR 00, 88, 90; KG FamRZ 00, 502 = FuR 00, 269; vgl auch BTDrs 13/4899 S 63).
Subjektive Kooperationsbereitschaft und objektive Kooperationsfähigkeit der Eltern sind notwendige 19
Voraussetzungen für die gemeinsame Sorge (KG NJW-FER 00, 175; FamRZ 00, 502; 00, 504; München
FamRZ 02, 189; Dresden FamRZ 00, 109; Stuttg FamRZ 99, 1596; Oldbg FamRZ 98, 1464; Karlsr FamRZ 00,
1041; Hamm FamRZ 02, 18; 02, 565; Köln FamRZ 05, 1275; Johannsen/Henrich/*Jaeger* Rn 36; FA-FamR/*Oelkers* Kap 4 Rn 171 ff). Die Eltern müssen gewillt und in der Lage sein, auch künftig gemeinsam die Erzie-

hungsverantwortung zu tragen und ihre persönlichen Interessen und Differenzen zurückzustellen (Johannsen/Henrich/*Jaeger* Rn 36; FA-FamR/*Oelkers* Kap 4 Rn 172).

20 Problematisch ist, wann vom Fehlen der **erforderlichen Kooperationsbereitschaft und -fähigkeit** auszugehen ist. Dies hängt entscheidend davon ab, welche Auswirkungen die mangelnde Einigungsfähigkeit der Eltern bei einer Gesamtbeurteilung der Verhältnisse auf die Entwicklung und das Wohl des Kindes haben wird (BGH FamRZ 99, 1646, 1648 = FuR 00, 88, 91). Das bedeutet einerseits, dass nicht jede Spannung oder Streitigkeit zwischen getrennt lebenden Eltern das gemeinsame Sorgerecht ausschließt, andererseits aber auch, dass nicht zwingend ein Streit über Angelegenheiten von erheblicher Bedeutung iSd § 1687 I 1 vorliegen muss, um von einer fehlenden Kooperationsbereitschaft auszugehen (Stuttg FamRZ 99, 1596; Celle FamRZ 03, 1488). Vielmehr genügen zumindest Streitigkeiten in wesentlichen Bereichen der elterlichen Sorge (BGH FamRZ 99, 1646, 1647 = FuR 00, 88, 90). Nach richtiger Ansicht kann es auf die Bedeutung der streitigen Sache aber nicht ankommen, sondern ausschl auf die Auswirkungen für das Kind (vgl auch *Oelkers* MDR 00, 32, 33; FamRZ 00, 396, 399; Johannsen/Henrich/*Jaeger* Rn 36 b; Hamm FamRZ 00, 1039). Streitigkeiten über Nichtigkeiten können das Kind genauso – unter Umständen sogar stärker – belasten als solche über sog Angelegenheiten von erheblicher Bedeutung. Demzufolge kann es auch keine Rolle spielen, ob Entscheidungen von grdser Bedeutung erst in ein paar Jahren anstehen (Stuttg FamRZ 99, 1596; Karlsr FamRZ 00, 1041, 1042; Johannsen/Henrich/*Jaeger* Rn 36 c; aA wohl Brandbg FamRZ 02, 567; 03, 52), zumal sich dies nur schwer vorhersagen lässt und angesichts der Dauer streitiger Verfahren eine Sorgerechtsentscheidung im Bedarfsfall nicht immer zeitnah möglich sein wird. Dem Kindswohl dient aber eine verlässliche und vorhersehbare Entscheidungssituation auch bei künftigen Angelegenheiten von erheblicher Bedeutung.

21 Die Eltern sind grds verpflichtet, zum Wohle des Kindes **zusammenzuwirken**. Das bedeutet aber nicht, dass die fehlende Kooperationsbereitschaft eines Elternteils unbeachtlich und von vornherein mit einem Makel behaftet wäre (vgl auch Johannsen/Henrich/*Jaeger* Rn 39; Staud/*Coester* Rn 1222; aA Palandt/*Diederichsen* Rn 17; Haase/*Kloster-Harz* FamRZ 00, 1003, 1005: Pflicht zur Einigung). Denn Gemeinsamkeit lässt sich nicht verordnen (BTDrs 13/4899 63). Es käme auch niemand auf die Idee, von den Eltern zu verlangen, dass sie wieder glücklich zusammenleben sollen, obwohl dies sicherlich für das Kind am besten wäre. Die **Weigerungshaltung** eines Elternteils muss nach wohl hM aber nachvollziehbar sein, darf nicht willkürlich erfolgen und erfordert einen differenzierten Tatsachenvortrag, der die Schwierigkeiten zwischen den Eltern anhand konkreter Vorfälle dezidiert schildert (Dresden FamRZ 00, 109; FA-FamR/*Oelkers* Kap 4 Rn 173; vgl auch Köln, FamRZ 02, 1492; Hamm FamRZ 05, 537, BGH FamRZ 05, 1167). Diese Auffassung begegnet Bedenken, weil sie über den Umweg einer vermeintlichen Feststellungslast im Ergebnis doch zu einem Vorrang der gemeinsamen Sorge führt. Teilweise wird auch gefordert, die Kooperationsbereitschaft im Wege einer **Prognose** festzustellen, die auf der Grundlage der Einigungsfähigkeit der Eltern bei Angelegenheiten von erheblicher Bedeutung in der Vergangenheit zu treffen sei. Könne das wiederholte Fehlen einer Einigung danach nicht festgestellt werden, verbleibe es bei der gemeinsamen Sorge (Karlsr FamRZ 00, 1041 mit krit Anmerkung *Luthin*; Köln FamRZ 03, 1037; Hamm FamRZ 02, 565). Dieser Ansatz wird den tatsächlichen Verhältnissen aber nicht gerecht (vgl KKFamR/*Ziegler* Rn 28)

22 Es erscheint deshalb richtiger, das **Problem der Weigerungshaltung** eines Elternteils auf der zweiten Prüfungsstufe, bei der Frage nach der Erziehungsgeeignetheit des antragstellenden Elternteils zu lösen (s.u. Rn 39 ff). Lehnt ein Elternteil die gemeinsame Sorge nachhaltig und trotz umfassender Erörterung ab, so fehlt ihm schlicht die subjektive Kooperationsbereitschaft. Eine Prognose seiner Bereitschaft zur Zusammenarbeit kann deshalb nur negativ ausfallen, unabhängig davon, ob es in der Vergangenheit zu einer Einigung der Eltern in Kindesangelegenheiten gekommen ist. Denn spätestens durch das Sorgerechtsverfahren wird der Konflikt auf der Paarebene manifest. Deshalb lautet das Ergebnis der ersten Prüfungsstufe konsequenterweise, dass es dem Wohl des Kindes am besten entspricht, die elterliche Sorge aufzuheben. Damit steht aber noch nicht fest, ob dem Antrag auf Übertragung der Alleinsorge tatsächlich stattzugeben ist. Denn iRd zweiten Prüfungsstufe ist nunmehr zu untersuchen, ob die Weigerungshaltung des antragstellenden Elternteils nachvollziehbar erscheint oder ob sie willkürlich und missbräuchlich ist. In letzterem Fall kommt eine Übertragung der Alleinsorge auf den antragstellenden Elternteil regelmäßig nicht in Betracht, weil er nicht ausreichend erziehungsgeeignet ist. Insbes dürfte dem Antragsteller in diesen Fällen an der notwendigen Bindungstoleranz fehlen (vgl Fallbeispiel bei *Bode*, FamRZ 00, 478).

23 Bei dem oft erbitterten Streit über Alleinsorge oder gemeinsame Sorge sollte nicht übersehen werden, dass die **praktische Bedeutung** in vielen Fällen doch eher gering ist. Denn die Belassung der gemeinsamen elterlichen Sorge gibt noch lange keine Garantie dafür, dass die Beziehung des Elternteils, bei dem das Kind nicht regelmäßig wohnt, stark und vertrauensvoll bleibt oder wieder wird (vgl KG FamRZ 00, 502 = FuR 00, 269). Dies wird vielmehr allein durch den persönlichen Umgang erreicht, weshalb einem spannungsfrei gelebten, funktionierenden und in ausreichendem Umfang ausgeübten Umgangsrecht die entscheidende Bedeutung zukommt. Beim Umgang kann der andere Elternteil auf die Entwicklung seines Kindes Einfluss nehmen, es faktisch miterziehen, dh ihm Werte vermitteln, ihn in seiner Entwicklung zu einem sozial kompetenten Menschen fördern und seine Persönlichkeit stärken. Dagegen birgt eine erzwungene gemeinsame Sorge gegen den Willen des Elternteils, bei dem das Kind wohnt, die Gefahr, dass der notwendige spannungsfreie Umgang

erschwert oder verhindert wird (ebenso *Born* FamRZ 00, 396, 399: Pyrrhus-Sieg; vgl auch Staud/*Coester* Rn 130). Andererseits sind die Vorbehalte gegen die gemeinsame Sorge oftmals unbegründet, zumal § 1687 die Reibungspunkte im Alltag deutlich verringern kann.

Die Aufhebung der gemeinsamen Sorge entspricht in jedem Fall dem Kindeswohl am besten, wenn hinsicht- 24
lich eines Elternteils die Voraussetzungen des § 1666 gegeben sind. Das Gericht überträgt dann dem anderen erziehungsgeeigneten Elternteil die Alleinsorge auf Antrag, andernfalls gem §§ 1671 III, 1666 (vgl Brandbg EzFamR aktuell 01, 306; AG Rheinbach FamRZ 00, 511).

Ist der Grad der Kindeswohlgefährdung iSd § 1666 noch nicht erreicht, so ist die Aufhebung der gemeinsa- 25
men elterlichen Sorge nicht zwingend. Allerdings wird man in den Fällen, in denen **ein Elternteil deutlich weniger erziehungsgeeignet** ist, eher zur Aufhebung der gemeinsamen Sorge und Übertragung der Alleinsorge auf den anderen Elternteil kommen. Die beiden Prüfungsschritte können nicht völlig losgelöst voneinander gesehen werden. Die Frage der Erziehungsgeeignetheit der Elternteile ist grds aber erst im zweiten Prüfungsschritt zu untersuchen. Dabei erscheint der Antrag eines Elternteils auf Übertragung der Alleinsorge umso weniger missbräuchlich und willkürlich, je geringer die Erziehungseignung des anderen Elternteils ist.

Schließlich ist immer zu prüfen, ob die Aufhebung der gemeinsamen Sorge nicht auf **Teilbereiche** beschränkt 26
werden kann. Das ist dann der Fall, wenn im Übrigen eine ausreichende Kooperationsfähigkeit und -bereitschaft der Eltern besteht. Doch ist die Ablehnung einer Aufteilung der elterlichen Sorge in verschiedene Teilbereiche zumindest dann nicht zu beanstanden, wenn zwischen den Eltern unabhängig von einzelnen Erziehungsfragen vielfältige Konflikte bestehen, die negative Auswirkungen auf das Kind erwarten lassen (BGH FamRZ 99, 1646, 1647 = FuR 00, 88, 90). Es ist lebensfremd anzunehmen, dass sich fehlende Kooperationsbereitschaft und -fähigkeit auf Teilbereiche beschränken würde (ebenso *Born* FamRZ 00, 396, 399). Am ehesten ist eine Aufspaltung noch für die Bereiche Personen- und Vermögenssorge denkbar. Verfehlt ist es jedenfalls, unter Missachtung des Kindeswohls nach dem Grundsatz des geringstmöglichen Eingriffs in Elternrechte die gemeinsame Sorge nur so weit aufzuheben, als dies unerlässlich ist (Staud/*Coester* Rn 273).

2. Zweiter Prüfungsschritt: Entspricht die Übertragung (gerade) auf den Antragsteller dem Wohl des Kindes am besten?. Der Antrag auf Übertragung der Alleinsorge gem § 1671 II Nr 2 hat auch bei Fehlen der 27
Kooperationsbereitschaft und -fähigkeit der Eltern nur Erfolg, wenn die Übertragung gerade auf den Antragsteller dem Wohl des Kindes am besten entspricht. Bei der Prüfung dieser Frage ist nicht auf ein theoretisches Ideal abzustellen, sondern darauf, welche Sorgentscheidung unter den gegebenen Umständen für das Kind am besten ist. Anders gefragt: Ist die Übertragung der Alleinsorge auf den Antragsteller für das Kind weniger schädlich als es die Übertragung auf den Antragsgegner wäre (vgl auch BGH FamRZ 85, 169)?

Der Inhalt des zentralen **Begriffs des Kindeswohls** ist im Gesetz nicht näher definiert. Lediglich in § 1 I des 28
SGB VIII, das sich mit der Kinder- und Jugendhilfe befasst, findet sich die Formulierung, dass jeder junge Mensch ein Recht auf Förderung seiner Entwicklung und auf Erziehung zu einer eigenverantwortlichen und gemeinschaftsfähigen Persönlichkeit hat (vgl Palandt/*Diederichsen* Rn 20). Damit wird eher das Ziel der Erziehung beschrieben als die Lebensumstände des Kindes, die Voraussetzung für das Erreichen dieses Ziels sind (ähnlich Johannsen/Henrich/*Jaeger* Rn 48). Neben der Fähigkeit der Eltern, eine solche Erziehung zu leisten, wird das Wohl des Kindes maßgeblich durch Umstände bestimmt wie etwa: eine angst- und spannungsfreie Beziehung zu beiden Eltern und der Eltern untereinander, das Erleben einer bedingungslosen Liebe der Eltern, die dem Kind die Sicherheit des Angenommenseins vermittelt, der Kontakt zu weiteren Bezugspersonen, insbes zu gleichaltrigen Kindern, günstige äußere Wohn- und Lebensverhältnisse, zu denen auch die wirtschaftlichen Verhältnisse zählen, sowie die entsprechende Schul- und Berufsausbildung.

Ob das Sorgerecht besser dem einen oder dem anderen Elternteil zu übertragen ist, beurteilt sich nach anerkann- 29
ten Kriterien: **Förderungsgrundsatz, Kontinuitätsgrundsatz, Bindungen des Kindes und Kindeswille** (Johannsen/Henrich/*Jaeger* Rn 52, 64, 68, 78; Staud/*Coester* Rn 177; FA-FamR/*Oelkers* Kap 4 Rn 181). Für diese Kriterien gibt es weder eine Reihenfolge noch eine allgemein gültige Gewichtung (Staud/*Coester* Rn 175; Johannsen/Henrich/*Jaeger* Rn 52; FA-FamR/*Oelkers* Kap 4 Rn 182). Der Prüfung des Kindeswohls ist jeder Schematismus fremd. Deshalb muss in jedem Einzelfall nach umfassender Sachverhaltsermittlung durch das Gericht geprüft werden, welche Sorgentscheidung gerade für dieses Kind mit seiner Persönlichkeit und seiner Vergangenheit im Hinblick auf seine Zukunft am besten ist (Staud/*Coester* Rn 173 und Johannsen/Henrich/*Jaeger* Rn 46 sprechen von Individualgerechtigkeit für das Kind). Dabei sind die genannten Kriterien lediglich hilfreich, die vielfältigen Aspekte des Kindeswohls zu erfassen und zu ordnen. Im Einzelfall kann jedem Kriterium die entscheidende Bedeutung zukommen; jedes kann mehr oder weniger bedeutsam sein, abgesehen vom Fall der völligen Erziehungsunfähigkeit eines Elternteils (BGH FamRZ 90, 392, 393). So kann einem Elternteil, der nach dem Förderungsprinzip weniger als der andere zur Erziehung des Kindes geeignet ist, trotzdem das Sorgerecht übertragen werden, wenn das Kind zu ihm die stärkeren Bindungen entwickelt hat (KG FamRZ 83, 1159).

a) Förderungsgrundsatz. Der Förderungsgrundsatz stellt darauf ab, bei welchem Elternteil das Kind die meiste 30
Unterstützung für den Aufbau seiner Persönlichkeit erfahren kann (BVerfG FamRZ 81, 124). Das ist der Elternteil, der nach seiner eigenen Persönlichkeit, seiner Beziehung zum Kind und nach den äußeren Verhältnissen eher in der Lage zu sein scheint, das Kind zu betreuen und seine seelische und geistige Entfaltung zu begünstigen (KG

FamRZ 90, 1383; Brandbg FamRZ 96, 1095). Es ist daher eine Prognose abzugeben, bei welchem Elternteil das Kind eher zu einer körperlich und psychisch gesunden, eigenverantwortlichen und gemeinschaftsfähigen Persönlichkeit mit einer seinen Möglichkeiten und Bedürfnissen entsprechenden Ausbildung heranwachsen wird. Schlicht ausgedrückt: Es ist zu fragen, bei wem das Kind aller Voraussicht nach besser »geraten« wird. Dabei richtet der Förderungsgrundsatz das Augenmerk auf die Fähigkeiten und Möglichkeiten des jeweiligen Elternteils. Ohne Anspruch auf Vollständigkeit lassen sich diese unter folgenden Aspekten betrachten:

31 aa) **Erziehungseignung im engeren Sinn und Erziehungsstil.** Welcher Elternteil besser geeignet ist das Kind zu erziehen und welcher Elternteil das bessere Erziehungskonzept und den besseren Erziehungsstil hat, lässt sich anhand von positiven Merkmalen nur schwer feststellen, zumal man innerhalb einer gewissen Bandbreite mit Wertungen zurückhaltend sein muss. Es ist nicht Aufgabe des Familienrichters, darüber zu befinden, welcher Erziehungsauffassung generell der Vorzug zu geben ist, solange die in Betracht kommenden innerhalb bestimmter Grenzen liegen (Hamm FamRZ 89, 654; vgl auch Johannsen/Henrich/*Jaeger* Rn 60; FA-FamR/*Oelkers* Kap 4 Rn 5). Deshalb beschränkt sich die Prüfung im Allgemeinen darauf, ob bei einem Elternteil **objektive Umstände** festzustellen sind, die seine **Erziehungseignung mindern** oder ganz aufheben (vgl auch KKFamR/*Ziegler* Rn 42 ff). Solche sind insbes psychische Erkrankungen, deutlich verminderte Intelligenz, erhöhte Aggressions- und Gewaltbereitschaft; Alkohol- und Drogenabhängigkeit (Brandbg FamRZ 02, 1), körperliche Erkrankungen, sofern sie sich auf die Erziehungsfähigkeit auswirken (Stuttg NJW 88, 26: HIV nicht), kriminelle Verhaltensweisen, insbes Gewalttaten, sexueller Missbrauch (s.u. Rn 36) und Kindesentführung, schlechte Kenntnisse der deutschen Sprache und Kultur bei Kindeswohnsitz in Deutschland, entwürdigender Erziehungsstil, Defizite bei der tatsächlichen Betreuung des Kindes (vgl Kobl R 97, 93; Brandbg FamRZ 03, 49), mangelnde Bereitschaft, die elterliche Verantwortung wahrzunehmen. Ein solcher negativer Umstand wiegt umso schwerer, je stärker er ausgeprägt ist und je mehr er sich ggü dem Kind auswirkt.

32 Das Zusammenleben mit oder die bloße Beziehung zu einem **neuen Lebenspartner** begründet für sich genommen keinen Mangel der Erziehungsfähigkeit, auch wenn der neue Partner der Grund für das Scheitern der Ehe war. Doch muss der Elternteil dem neuen Partner dem Kind behutsam nahe bringen und darf ihn nicht an Stelle des leiblichen Vaters oder der leiblichen Mutter setzen. Ist er hierzu nicht gewillt oder nicht in der Lage, so kann dies einen erheblichen Erziehungsmangel darstellen. Auch ist es dem Wohl des Kindes nicht förderlich, wenn die neue Lebenspartnerschaft sich dahingehend auswirkt, dass das Kind, das gerade in der Trennungszeit besonders viel Liebe und Aufmerksamkeit braucht, vernachlässigt wird. Schließlich kann die Erziehungseignung des Elternteils eingeschränkt sein, wenn sein neuer Lebenspartner seinerseits eines der oben genannten Defizite (s Rn 31) aufweist.

33 Eine Sonderstellung innerhalb der kriminellen Verhaltensweisen nimmt der **sexuelle Missbrauch von Kindern** ein, insbes des Kindes, für das das Sorgerecht beantragt wird. Es versteht sich von selbst, dass der Elternteil, der sein Kind nachweislich missbraucht hat, die elterliche Sorge nicht erhalten kann. Regelmäßig wird dies auch dann der Fall sein, wenn der sexuelle Missbrauch an einem fremden Kind begangen wurde, da diese Verhaltensweise auf eine generelle Erziehungsunfähigkeit schließen lässt (vgl Brandbg EzFamR 01, 306, 307). Steht der sexuelle Missbrauch noch nicht fest, muss das Familiengericht den Sachverhalt iRs **Amtsermittlungspflicht** gem § 12 FGG selbst aufklären, insbes durch Anhörung der Eltern, Einvernahme sachdienlicher Zeugen sowie Erholung eines psychologischen Sachverständigengutachtens. Häufig führt dies jedoch zu keinem eindeutigen Ergebnis. Liegt aber zumindest ein hinreichender Tatverdacht iSd § 170 I StPO vor, so kommt eine Übertragung des Sorgerechts auf den tatverdächtigen Elternteil nicht in Betracht. Gleiches muss gelten, wenn ein hinreichender Tatverdacht zwar nicht bejaht werden könnte, aber immer noch eine gewisse Wahrscheinlichkeit dafür besteht, dass der Elternteil das Kind missbraucht hat. Anders als im Strafprozess kann hier nicht nach dem Grundsatz in dubio pro reo verfahren werden, vielmehr ist **im Zweifel für den Schutz des Kindes** zu entscheiden (ebenso Johannsen/Henrich/*Jaeger* Rn 58). Nur wenn mit der im Strafrecht für eine Verurteilung erforderlichen Sicherheit feststeht, dass der Elternteil das Kind nicht sexuell missbraucht hat, ist der Tatvorwurf bei der Sorgeentscheidung außer Acht zu lassen. Hieran dürfen aber keine überspannten Anforderungen gestellt werden. Wie im Strafrecht, genügt ein nach der Lebenserfahrung ausreichendes Maß an Sicherheit, dem gegenüber vernünftige Zweifel nicht mehr aufkommen können, und die persönliche Gewissheit des Richters in diesem Sinne. Ein bloß theoretischer Zweifel an der Unschuld bleibt unberücksichtigt, weil eine mathematische Gewissheit nicht verlangt werden kann (vgl BGH NStZ 88, 236, 237; zum Missbrauch mit dem Missbrauch vgl KKFamR/*Ziegler* Rn 52).

34 bb) **Betreuungsmöglichkeit und -bereitschaft.** Auch ein erziehungsgeeigneter Elternteil kann sein Kind nur dann entsprechend fördern, wenn er bereit und in der Lage ist, es über einen ausreichenden Zeitraum selbst persönlich zu betreuen. Diesem **Zeitmoment** kommt ein nicht unbedeutendes Gewicht zu. Denn oftmals lassen sich bei der Erziehungseignung der Eltern keine wesentlichen Unterschiede feststellen, so dass die persönliche Betreuungsmöglichkeit den Ausschlag dafür gibt, welcher Elternteil das Kind besser fördern kann.

35 Aus der Notwendigkeit des Zusammenspiels von Erziehungseignung und tatsächlicher Erziehung folgt zwangsläufig, dass es darauf ankommt, in welchem Umfang ein Elternteil zur **persönlichen Betreuung** in der Lage ist. Dafür genügt nicht, dass der betreffende Elternteil die Betreuung durch Dritte organisiert, selbst

wenn er ihnen Verhaltensanweisungen gibt und deren Einhaltung überprüft. Denn nach gesicherten psychologischen Erkenntnissen ist eine stabile und kontinuierliche Beziehung des Kindes zu einer bestimmten Person für eine gesunde Entwicklung notwendig und der häufige Wechsel der Bezugsperson dem Kindeswohl abträglich (vgl auch Frankf FamRZ 94, 9). Dies gilt in erster Linie für **Kleinkinder**. Je jünger ein Kind ist, umso wichtiger ist es für seine Entwicklung, dass es sich in der Obhut eines Menschen weiß, der Zeit hat, auf seine Fragen, Wünsche und Nöte einzugehen (BVerfG FamRZ 81, 124, 127). Aber auch bei **größeren Kindern** kann es wichtig sein, dass es eine Person – vornehmlich einen Elternteil – gibt, der auch zeitlich in der Lage ist, die Entwicklung des Kindes, seine Verhaltensweisen und seine Befindlichkeit zu verfolgen, um im Bedarfsfall erzieherisch eingreifen zu können. Daneben bedarf auch ein größeres Kind noch der tatsächlichen Betreuung, etwa im schulischen Bereich.

Neben der objektiven Möglichkeit der Betreuung ist die **subjektive Bereitschaft** hierzu von Bedeutung (vgl Frankf FamRZ 94, 9). Es liegt auf der Hand, dass zur Betreuungsmöglichkeit auch die Betreuungsbereitschaft hinzukommen muss, um das Kind bestmöglichst zu fördern. Deshalb kann eine zeitlich geringere Betreuungsmöglichkeit dadurch wettgemacht werden, dass die persönliche Betreuung umso aufmerksamer und verantwortungsvoller wahrgenommen wird. Die Betreuung durch dritte Personen kann dabei eine wertvolle Ergänzung sein. Insgesamt muss deshalb die Betreuungssituation nicht schlechter sein als bei einem Elternteil, der in der Lage ist, das Kind in vollem Umfang allein zu betreuen. Zumeist wird auch dem Elternteil eine intensivere und bessere Betreuung des Kindes möglich sein, zu dem das Kind die stärkere Bindung hat. 36

cc) Wirtschaftliche Verhältnisse. Unbestreitbar nehmen auch die wirtschaftlichen Verhältnisse auf die Entwicklung des Kindes Einfluss. Dabei versteht es sich von selbst, dass nicht grds eine Präferenz für den reicheren Elternteil besteht. Doch wird man zugeben müssen, dass der reiche Elternteil dem Kind mehr **Entwicklungsmöglichkeiten** bieten kann. Allein ausschlaggebend wird dies jedoch nur selten sein, zumal das Kind über den Unterhalt regelmäßig am Wohlstand des anderen Elternteils teilnimmt. Doch wirkt es sich negativ auf die Beurteilung der Förderungsfähigkeit eines Elternteils aus, wenn er nicht in der Lage ist, die elementaren Grundbedürfnisse des Kindes, wozu auch eine angemessene Ausbildung gehört, ausreichend zu befriedigen. Zu prüfen bleibt aber, ob dies nicht durch Unterhaltszahlungen oder staatliche Hilfen gewährleistet ist. 37

Zu den wirtschaftlichen Verhältnissen zählen auch die **Wohnverhältnisse**. Schlechte Wohnverhältnisse sind sicher nicht geeignet, die Entwicklung des Kindes bestmöglichst zu fördern. Dabei kommt es nicht nur auf die Größe und Einteilung der Wohnung an, sondern auch darauf, wie und von wem sie genutzt wird. So ist ein eigenes Zimmer, dass das Kind allein bewohnt, nicht in jedem Fall seiner Entwicklung förderlicher, doch sicher dann, wenn es ansonsten gezwungen ist, es mit Erwachsenen oder wesentlich älteren Kindern zu teilen. In jedem Fall sollte das Kind einen Raum haben, in den es sich zurückziehen kann und der ihm – nicht notwendig allein – »gehört«. 38

dd) Bindungstoleranz. Unter Bindungstoleranz versteht man die Fähigkeit des alleinsorgeberechtigten Elternteils **zuzulassen**, dass das Kind einen **regelmäßigen Kontakt** mit dem anderen Elternteil pflegt und auch zu diesem eine liebe- und vertrauensvolle Beziehung unterhält. Dies bedeutet in erster Linie, dass ein persönlicher Umgang nicht nur ermöglicht, sondern auch positiv gefördert wird (vgl Zweibr FamRZ 05, 745). Im Sorgerechtsverfahren ist deshalb zu prüfen, welcher Elternteil hierfür eher die Gewähr bietet, wenn ihm die elterliche Sorge allein übertragen werden würde. 39

Die Bindungstoleranz ist **wesentliche Voraussetzung für die Übertragung des alleinigen Sorgerechts**. Daher kann entscheidend gegen die Übertragung der elterlichen Sorge auf einen Elternteil sprechen, dass dieser nicht bereit oder fähig ist, die Bindungen des Kindes zu dem anderen Elternteil zu respektieren und zu fördern, insbes durch Mitwirkung an der Realisierung des Umgangsrechts (Frankf ZfJ 98, 343; ebenso Brandbg FamRZ 01, 1021; vgl auch Hamm FamRZ 00, 1039; Dresden FamRZ 03, 397; München FamRZ 03, 57; Celle FamRZ 04, 1667). Dabei ist das Verhalten des sorgeberechtigten Elternteils anlässlich des Umgangs des Kindes mit dem anderen Elternteil ein maßgebliches Kriterium. Dabei darf die Bindungstoleranz des sorgeberechtigten Elternteils nicht losgelöst vom Verhalten und der Erziehungseignung des anderen Elternteils beurteilt werden. Je weniger dieser selbst bindungstolerant ist und etwa das Kind für seine Zwecke in der Sorgerechtsauseinandersetzung instrumentalisiert oder je erziehungsungeeigneter er ist, desto weniger kann vom anderen Elternteil Bindungstoleranz erwartet werden. 40

Nach der hier vertretenen Auffassung ist auch die **Ablehnung der gemeinsamen elterlichen Sorge** durch einen Elternteil unter dem Aspekt der Bindungstoleranz zu prüfen (s.o. Rn 22). Die Ablehnung ist dann Ausdruck mangelnder Bindungstoleranz, wenn sie willkürlich oder missbräuchlich erfolgt. Bei der Prüfung dieser Frage ist darauf abzustellen, ob der andere Elternteil begründeten Anlass zu einer solchen Ablehnungshaltung gibt. Dies ist nicht nur dann der Fall, wenn die Eltern über wichtige das Kind betreffende Fragen uneins sind oder waren. Vielmehr ist es ausreichend, aber auch erforderlich, dass die Beziehung der Eltern auf der Paarebene gestört ist und sowohl Grund wie Ausmaß der Störung als auch die darauf beruhende Ablehnung der gemeinsamen Sorge von einem vernünftig denkenden Menschen nachvollzogen werden kann (zu Beispielen KKFamR/*Ziegler* Rn 63 f). Im Übrigen wird die Ablehnung der gemeinsamen elterlichen Sorge umso eher nachvollziehbar sein, je weniger erziehungsgeeignet der andere Elternteil ist. 41

42 **b) Bindungen des Kindes.** Ein weiteres wichtiges Kriterium bei der Prüfung des Kindeswohls sind die Bindungen des Kindes. Damit sind die **gefühlsmäßigen Neigungen** gemeint, die das Kind zu seinen Eltern und Geschwistern, aber auch zu anderen nahe stehenden Personen hat (Johannsen/Henrich/*Jaeger* Rn 68). Das Entstehen und Erhalten stabiler emotionaler Beziehungen ist für eine gesunde Entwicklung des Kindes unerlässlich (Johannsen/Henrich/*Jaeger* Rn 69). Durch die Trennung der Eltern wird aber fast zwangsläufig die kindliche Beziehungswelt verändert. Deshalb ist es besonders wichtig, dass das Kind seine emotionalen Bindungen möglichst unverändert beibehalten kann. Unter diesem Gesichtspunkt ist derjenigen Sorgeentscheidung der Vorzug zu geben, die die Bindungen des Kindes am wenigsten beeinträchtigt. Vielfach wird eine stärkere Bindung des Kindes zu dem Elternteil bestehen, der sich hauptsächlich um die Betreuung und Versorgung kümmert, als zu dem berufstätigen Elternteil, der vergleichsweise wenig Zeit mit dem Kind verbringt. Der zeitliche Faktor darf aber nicht überbetont werden; vielmehr ist die **Qualität der Bindung** entscheidend (Johannsen/Henrich/*Jaeger* Rn 72). Tatsächlich können bei einem kurzen, aber regelmäßigen und intensiven Kontakt ebenso starke Bindungen entstehen. Dies wird oftmals erst mit Hilfe eines kinderpsychologischen Sachverständigengutachtens zu klären sein.

43 Steht die Stärke der Bindungen des Kindes zu seinen verschiedenen Bezugspersonen fest, so kann dennoch problematisch sein, welche Sorgeentscheidung diese Bindungen am besten beachtet. Denn oft bedeutet der Erhalt der stärksten emotionalen Bindung die Beeinträchtigung oder gar den Verlust anderer ebenfalls wichtiger Beziehungen. Bei der dann erforderlichen Abwägung ist zu prüfen, ob die **Trennung des Kindes von seiner Hauptbezugsperson** verantwortet werden kann. Für ein Kind zwischen sechs Monaten und drei Jahren soll dies nach überwiegender Meinung grds nicht in Frage kommen, weil dieser Lebensabschnitt als besonders trennungsempfindlich angesehen wird (Johannsen/Henrich/*Jaeger* Rn 71 mwN). Später kommt eine Trennung des Kindes von seiner Hauptbezugsperson in Betracht, wenn dieser Verlust durch den Erhalt anderer Bindungen aufgefangen werden kann.

44 Bei der Bewertung der Bindungen des Kindes und der Abschätzung der Folgen für diese im Falle der einen oder anderen Sorgeentscheidung muss auch berücksichtigt werden, welche **Entwicklung** diese Bindungen im Hinblick auf die durch die Trennung der Eltern veränderten Situation voraussichtlich nehmen werden.

45 Die stärkere Bindung des Kindes an einen Elternteil ist auch dann zu beachten, wenn dieser das Kind dem anderen Elternteil abwendig gemacht hat, vorausgesetzt, die Bindung besitzt unabhängig von der Einstellung zum anderen Elternteil ihren Wert. Andernfalls wäre dies eine Sanktion gegen das Kind, dessen Bindung an eine Bezugsperson damit übergangen würde. Die unlautere **Beeinflussung des Kindes** ist jedoch als Umstand zu berücksichtigen, der die erzieherische Eignung des betreuenden Elternteils in Frage stellt und unter diesem Gesichtspunkt der Übertragung des Sorgerechts auf ihn entgegenstehen kann (BGH FamRZ 85, 169, 170).

46 Durch die Trennung der Eltern verliert das Kind den ständigen Kontakt zu einem Elternteil. Desto wichtiger ist es, dass ihm die anderen Bezugspersonen nach Möglichkeit erhalten bleiben. Dazu zählen vor allem die Geschwister des Kindes, selbstverständlich auch die Halbgeschwister (Hamm FamRZ 96, 562, 563). Denn nicht der Grad der Verwandtschaft, sondern der Erhalt gewachsener sozialer Beziehungen steht im Vordergrund. Eine **Geschwistertrennung** ist grds zu vermeiden, weil das Zusammenbleiben der Kinder nach Trennung der Eltern das Gefühl einer fortbestehenden Gemeinschaft vermittelt und den Eindruck des Zerbrechens der Familie abdämpft (Hamm FamRZ 00, 1039; vgl auch Celle FamRZ 92, 465; Kobl FamRZ 03, 397; Dresden FamRZ 03, 1489; Brandbg FamRZ 03, 53). Es dient regelmäßig dem Wohl des Kindes, wenn es zusammen mit Geschwistern aufwächst (BayObLG FamRZ 85, 522; Hamm 85, 1078; Celle 92, 465). Dies gilt grds auch, wenn die enge Bindung der Geschwister durch Rivalitäten überlagert ist (Celle FamRZ 92, 465, 466). Nur wenn zwischen den Kindern Aggressionen vorherrschen, die das übliche Maß an Konflikten übersteigen, kann die Trennung der Geschwister dem Wohl beider Kinder entsprechen (Frankf FamRZ 94, 9, 921). Ebenso kann es zum Schutz eines Kindes erforderlich sein, es von dem schädlichen Einfluss des anderen künftig fern zu halten. Haben die Kinder nicht zum gleichen Elternteil die stärksten Bindungen, muss sorgfältig abgewogen werden, ob **Geschwisterbindung** oder der **Elternbindung** der Vorzug zu geben ist.

47 **c) Kontinuitätsgrundsatz.** Der Kontinuitätsgrundsatz hat kaum eigenständige Bedeutung. Er vereinigt lediglich die Kriterien des Förderungsgrundsatzes und der Kindesbindungen unter dem besonderen Blickwinkel der Stetigkeit. Das Kontinuitätsprinzip erschöpft sich nicht darin, möglichst die zum Zeitpunkt der Sorgeentscheidung bestehende Betreuungssituation beizubehalten. Vielmehr ist die sorgerechtliche Lösung anzustreben, die **für die Zukunft** eine möglichst einheitliche, stetige und gleichmäßige Betreuung und Erziehung des Kindes nach der Trennung der Eltern gewährleistet (BVerfG FamRZ 82, 1179, 1183; BGH FamRZ 90, 392, 393; Celle FamRZ 92, 465; Brandbg FamRZ 03, 49). Deshalb darf die Anwendung des Kontinuitätsgrundsatzes nicht dazu führen, dass zwar eine gleichmäßige aber schädliche Entwicklung unter Vernachlässigung anderer, insbes zukunftsorientierter Aspekte des Kindeswohls fortgeführt wird (München FamRZ 91, 1343, 1345). Der Kontinuitätsgrundsatz wird aber regelmäßig den Ausschlag für eine Sorgeentscheidung im Sinne der **gegenwärtigen Betreuungssituation** geben, wenn die Eltern in gleichem Maße erziehungsgeeignet sind und auch hinsichtlich der Bindungen des Kindes kaum Unterschiede festgestellt werden können (Köln FamRZ 00, 1041; AG Hamburg FamRZ 00, 499; OLGR Hamm 97, 315; Brandbg FamRZ 01, 1021; 02, 404).

d) Wille des Kindes. Der Wille des Kindes ist bereits deshalb beachtlich, weil es die Person ist, um die es bei 48
der Sorgeentscheidung geht und die von ihr am stärksten betroffen wird. Das Kind ist **nicht Objekt des Sorgeverfahrens**. Es ist vielmehr ein Individuum mit eigenen Grundrechten, das keinen Machtansprüchen seiner Eltern unterliegt (BVerfGE FamRZ 86, 769, 772) und das mit zunehmendem Alter ein immer stärkeres Recht auf Selbstbestimmung und freie Entfaltung seiner Persönlichkeit hat (vgl auch BVerfG FamRZ 81, 124, 126; Schlesw FamRZ 03, 1494). Daneben ist der Kindeswille ein wichtiges Indiz für die Bindungen und Neigungen des Kindes (BGH FamRZ 90, 392, 393).

Der Wille des Kindes muss **zuverlässig festgestellt** werden. Im Allgemeinen erfolgt dies im Wege der richterli- 49
chen **Kindesanhörung** gem § 50b FGG, die bereits ab einem Alter von drei Jahren erfolgen sollte (vgl BayObLG FamRZ 83, 948; 84, 312; KG FamRZ 83, 1159; Frankf FamRZ 97, 571; Johannsen/Henrich/*Brudermüller* § 50b FGG Rn 7 mwN). Der geäußerte Wille muss freilich nicht zwingend mit dem tatsächlichen Willen des Kindes übereinstimmen. Denn es besteht – neben der Möglichkeit der bewussten Manipulation – die Gefahr, dass sich das Kind aus Verlustängsten heraus mit dem Elternteil überidentifiziert, bei dem es seit der Trennung der Eltern wohnt. Von der Anhörung sollte aber dann gem § 50b III FGG abgesehen werden, wenn deren Erkenntniswert außer Verhältnis zur Belastung für das Kind steht. Doch zeigt die Erfahrung, dass die Belastung gerade bei Kleinkindern eher von den Eltern als von den Kindern selbst empfunden wird, vorausgesetzt, der Familienrichter führt die **Anhörung** kindgerecht und in einer angstfreien und entspannten Atmosphäre durch. Dazu gehört insbes, dass das Kind nicht durch direkte Fragen, die unmittelbar ergebnisorientiert sind, in die Enge getrieben wird. Der Familienrichter muss sich auch damit zufrieden geben, wenn die Anhörung kein für ihn verwertbares Ergebnis bringt. Gerade jüngere Kinder sind oft nicht in der Lage, ihre persönlichen Bindungen zu den Eltern dem Gericht präzise mitzuteilen. Das Kind befindet sich auch in dem Konflikt, dass es sich mit der Entscheidung *für* einen Elternteil notwendig *gegen* den anderen Elternteil aussprechen muss; etwas, was es nicht leisten kann (BVerfG FamRZ 81, 124, 127). Der Richter darf auch nicht in den innersten Bereich eines Kindes eindringen, um etwas zu erfahren, was das Kind erkennbar nicht offenbaren will (KG FamRZ 90, 1383).

Lässt sich der Wille des Kindes im Wege der Anhörung nicht sicher feststellen, so muss er durch Erholung 50
eines **kinderpsychologischen Gutachtens** genauer erforscht werden. Dazu besteht aber kein Anlass, wenn es lediglich um graduelle Unterschiede im Hinblick auf die Neigung des Kindes zum einen oder anderen Elternteil geht, die sich mit Sicherheit auf die Sorgeentscheidung nicht auswirken werden.

Der zuverlässig festgestellte **wahre Kindeswille** ist für die Sorgeentscheidung von erheblicher Bedeutung 51
(Celle FamRZ 92, 465). Er ist insbes entscheidend, wenn sich weder nach dem Förderungs- noch nach dem Kontinuitätsgrundsatz eine bessere Erziehungseignung eines Elternteils feststellen lässt (vgl KG FamRZ 90, 1383; Ddorf FamRZ 88, 13). Generell ist der Kindeswille aber nur beachtlich, wenn er nicht auf Selbstschädigung gerichtet ist, da sich auch der Kindeswille dem Kindeswohl zu beugen hat (Bambg ZfJ 96, 4; vgl auch Zweibr FamRZ 05, 745; BVerfG FamRZ 05, 1057 = FuR 05, 421). Auch ist der Wille unbeachtlich, wenn er von unrealistischen Vorstellungen getragen wird, wie etwa, dass der »gewünschte« Elternteil die iRd Umgangsrechts gegebenen »Sonntagsbedingungen« auf den Alltag übertragen werde (Hamm FamRZ 88, 1313; Bambg FamRZ 88, 750).

Der **Kindeswille allein** ist zwar für die Sorgerechtsentscheidung nicht ausschlaggebend, er verdient jedoch 52
mit zunehmendem **Alter** und dem damit verbundenen Reifeprozess stärkere Beachtung. Während der geäußerte Wille unabhängig vom Alter des Kindes stets von erheblicher Bedeutung für die Bindungen und Neigungen des Kindes ist, gilt dies hinsichtlich des Selbstbestimmungsrechts nur, soweit verstandesmäßige und seelische Reife entwickelt sind (Johannsen/Henrich/*Jaeger* Rn 81). Dies hängt maßgeblich vom Alter des Kindes ab. Von dem geäußerten Willen eines 16-Jährigen kann man sicher nur aus schwer wiegenden Gründen abweichen (Frankf FamRZ 97, 573, 574). Ganz allgemein gilt, dass der Wille eines 12-jährigen Kindes bereits eine zuverlässige Entscheidungsgrundlage sein kann (Johannsen/Henrich/*Jaeger* Rn 81). Dabei kann das Selbstbestimmungsrecht bei ausreichender Verstandesreife bereits so im Vordergrund stehen, dass es auf die Mitteilung vernünftiger und einleuchtender Gründe für die Willensäußerung nicht mehr ankommt (Johannsen/Henrich/*Jaeger* Rn 82).

e) Gesamtabwägung der Kindeswohlkriterien. Eine Rangordnung der Kindeswohlkriterien besteht nicht. 53
Alle Kriterien stehen über den Begriff des Kindeswohls in innerer Beziehung zueinander und können sich gegenseitig verstärken oder aufheben (BGH FamRZ 85, 169). Wenn man den Kontinuitätsgrundsatz als Unterfall des Förderungsgrundsatzes begreift und sich vor Augen hält, dass die Bindungen des Kindes regelmäßig in dem von ihm geäußerten Willen zum Ausdruck kommen, so reduziert sich die Abwägung der Kindeswohlkriterien im Falle widersprüchlicher Einzelergebnisse auf die Frage, ob dem verstandesmäßigen oder dem emotionalen Gesichtspunkt im Einzelfall der Vorzug zu geben ist. Hierzu lassen sich wiederum zwei Kernaussagen treffen: Ein Kind in seiner Entwicklung fördern kann nur ein Elternteil, der auch eine ausreichende emotionale Bindung zu dem Kind hat. Eine starke emotionale Bindung zum Kind kann die Fähigkeit, es zu fördern, nicht ersetzen. Zwischen diesen beiden widerstreitenden Thesen muss im Einzelfall die dem Wohl des Kindes am besten entsprechende Lösung gefunden werden. Dabei wird es entscheidend darauf ankommen, wie stark die Bindungen einerseits und wie schwach die Förderungseignung andererseits und umgekehrt bei einem Elternteil vorhanden sind (vgl auch Bambg 98, 1462).

54 Dem Förderungsgrundsatz kommt anerkanntermaßen jedoch dann der Vorrang zu, wenn ein Elternteil vollkommen erziehungsunfähig ist. **Erzieherisches Versagen in Teilbereichen** muss dagegen ebenso wie in intakten Familien als vielfach unvermeidlich notfalls in Kauf genommen werden, wenn die Sorgerechtsregelung nur so die am wenigsten schädliche Alternative ist (BGH FamRZ 85, 169, 171).

55 **C. Sorgerechtsregelung auf Grund vorrangiger anderer Vorschriften.** Mit den in § 1671 III genannten »anderen Vorschriften« sind die §§ 1666, 1666 a und 1667 gemeint. Der Hinweis auf deren Vorrang hat lediglich klarstellende Funktion. Denn das Familiengericht muss gem § 1666 einem oder beiden Elternteilen das Sorgerecht von Amts wegen entziehen, wenn anders der Kindeswohlgefährdung nicht entgegengewirkt werden kann. Ist die hohe Eingriffsschwelle des § 1666 erreicht, kommt es auf einen entgegenstehenden Willen der Eltern naturgemäß nicht an. Deshalb versteht es sich von selbst, dass ein Antrag gem § 1671 II – auch wenn der andere Elternteil zustimmt – unbeachtlich ist, soweit er im Widerspruch zu einer gem § 1666 notwendigen Sorgerechtsregelung steht. Entspricht dagegen der Antrag auf Übertragung der Alleinsorge der gem § 1666 erforderlichen Sorgerechtsregelung, etwa weil nur der Antragsgegner erziehungsungeeignet ist, so hat die Sorgerechtsübertragung gem § 1671 II zu erfolgen. Dies folgt aus § 1666 a II, der Ausdruck des in Art 6 II GG geschützten Elternrechts ist, das einen Eingriff des Staates iRs Wächteramtes nur als ultima ratio zulässt.

56 Ein Verfahren gem §§ 1666 ff hat das Familiengericht von Amts wegen einzuleiten, wenn hinreichende Anhaltspunkte für eine Kindeswohlgefährdung vorhanden sind. Außer durch Mitteilung des Jugendamts ergeben sich solche Anhaltspunkte insbes iRe Sorgerechtsverfahrens gem § 1671 II Nr 2, bei dem das Kindeswohl umfassend geprüft wird.

§ 1672 Getrenntleben bei elterlicher Sorge der Mutter

(1) ¹Leben die Eltern nicht nur vorübergehend getrennt und steht die elterliche Sorge nach § 1626 a Abs. 2 der Mutter zu, so kann der Vater mit Zustimmung der Mutter beantragen, dass ihm das Familiengericht die elterliche Sorge oder einen Teil der elterlichen Sorge allein überträgt. ²Dem Antrag ist stattzugeben, wenn die Übertragung dem Wohl des Kindes dient.
(2) ¹Soweit eine Übertragung nach Absatz 1 stattgefunden hat, kann das Familiengericht auf Antrag eines Elternteils mit Zustimmung des anderen Elternteils entscheiden, dass die elterliche Sorge den Eltern gemeinsam zusteht, wenn dies dem Wohl des Kindes nicht widerspricht. ²Das gilt auch, soweit die Übertragung nach Absatz 1 wieder aufgehoben wurde.

1 **A. Übertragung der Alleinsorge von der Mutter auf den Vater (I).** Das Verfahren erfordert einen Antrag des Vaters, ihm die elterliche Sorge ganz oder teilweise zu übertragen.

2 **I. Zulässigkeit des Antrags des Vaters (S 1).** Die elterliche Sorge für das Kind muss der Mutter gem § 1626 a II allein zustehen. Dies bedeutet, dass die Eltern weder miteinander verheiratet sein noch eine Sorgeerklärung gem § 1626 a I Nr. 1 abgegeben haben dürfen. Der Anwendungsbereich der Vorschrift ist nicht eröffnet, wenn der Mutter zwar ursprünglich die Alleinsorge gem § 1626 a II zustand, sie diese dann aber aufgegeben hatte, bevor sie ihr wieder gem § 1671 I, II, § 1696 oder § 1666 übertragen wurde. Die deshalb bestehende Möglichkeit der Umgehung der Vorschrift durch gemeinsame Sorgeerklärung und anschließender Übertragung der Alleinsorge auf den Vater gem § 1671 I Nr 1 ohne Kindeswohlprüfung hat der Gesetzgeber als fernliegend bewusst in Kauf genommen (BTDrs 13/4899, 101).

3 Die Eltern müssen **getrennt leben** iSd § 1567. Leben die Eltern zusammen, bringt es keinen Vorteil für das Kind, wenn die Mutter die elterliche Sorge vollständig auf den Vater überträgt, da sie regelmäßig die tatsächliche Sorge in nicht unerheblichem Umfang ausüben wird. Soll der Vater in die elterliche Sorge eingebunden werden, kann dies durch Begründung der gemeinsamen Sorge im Wege der Sorgeerklärung gem § 1626 a I Nr 1 geschehen (BTDrs 13/4899 100). Das Getrenntleben der Eltern erfordert nicht, dass sie schon einmal zusammengelebt haben. Auch wenn dies nie der Fall war, findet § 1672 Anwendung (Palandt/*Diederichsen* Rn 2).

4 Der Antrag des Vaters auf Übertragung der Alleinsorge (ganz oder teilweise) ist nur zulässig, wenn die Mutter dem Antrag zustimmt. Dabei ist auch die teilweise Zustimmung der Mutter möglich, weil der Vater seinen Antrag auf Übertragung der Alleinsorge ebenfalls auf Teilbereiche beschränken kann. Ohne **Zustimmung der Mutter** ist der Antrag als unzulässig ohne nähere Sachprüfung zurückzuweisen, insbes bedarf es keiner persönlichen Anhörung der Beteiligten. Dadurch wird vermieden, dass das Verhältnis von Mutter und Kind durch ein Sorgeverfahren belastet wird, in dem der Vater doch noch versuchen könnte, die Zustimmung der Mutter herbeizuführen (BTDrs 13/4899 100).

5 Die **Zustimmung** der Mutter **kann** durch das Familiengericht **nicht ersetzt werden** (AG Pankow FamRZ 00, 1241). Gegen den Willen der Mutter ist eine Übertragung der Alleinsorge auf den Vater deshalb nur gem § 1666 möglich, dessen hohe Eingriffsvoraussetzungen dann aber vorliegen müssen (vgl Hamm FamRZ 00, 1239; Naumbg EzFamR aktuell 03, 153).

Ohne Zustimmung der Mutter kann weder die Alleinsorge des Vaters noch die gemeinsame Sorge begründet werden. Die darin liegende Ungleichbehandlung der Väter nichtehelicher Kinder ist noch verfassungskonform (vgl BVerfG FamRZ 03, 285), insbes vor dem Hintergrund der tatsächlichen Betreuungsverhältnisse nichtehelicher Kinder in den (noch) ganz überwiegenden Fällen. **6**

II. Begründetheit des Antrags (S 2). Dem zulässigen in Übereinstimmung mit der Mutter gestellten Antrag ist nur stattzugeben, wenn die Übertragung der Alleinsorge auf den Vater **dem Wohl des Kindes dient**. Anders als im Falle des § 1671 II Nr 1 macht die Zustimmung des anderen Elternteils die Kindeswohlprüfung nicht entbehrlich. Diese ist vielmehr nach den zu § 1671 II Nr 2 entwickelten Kriterien durchzuführen (s § 1671 Rn 29 ff). **7**

Der Gesetzgeber wollte ausweislich der amtlichen Begründung zum Gesetzentwurf durch die Formulierung »dem Wohl des Kindes dient« sicherstellen, dass es zu einem Wechsel der Alleinsorge nur kommt, wenn die Vorteile für das Kind zweifelsfrei überwiegen (BTDrs 13/4899 101). Ein gradueller Unterschied zwischen dem »dient« hier und »am besten entspricht« bei § 1671 II Nr 2 ist aber weder praktisch noch theoretisch fassbar (krit auch Palandt/*Diederichsen* Rn 4), zumal die Bereitschaft der Mutter, auf die elterliche Sorge zu verzichten, bereits ein Indiz dafür ist, dass der Sorgewechsel dem Wohl des Kindes dient (so ausdrücklich zur Indizwirkung BTDrs 13/4899 101). **8**

Dient die Übertragung der Alleinsorge auf den Vater nur **in Teilbereichen** dem Wohl des Kindes, im Übrigen aber nicht, so ist dem Antrag auch nur teilweise stattzugeben. Zwar findet sich in S 2 anders als in § 1671 II das Wort »soweit« nicht, doch ergibt sich die Zulässigkeit einer teilweisen Stattgabe bereits aus dem Gebot der bestmöglichen Beachtung des Kindeswohls und entspricht im Übrigen auch einem praktischen Bedürfnis. **9**

B. Begründung der gemeinsamen Sorge (II). Hat eine **Übertragung der Alleinsorge gem I** stattgefunden, haben die Eltern wegen der Regelung in § 1626b III nicht die Möglichkeit, eine Sorgeerklärung abzugeben. Auch kann eine gemeinsame Sorge nicht im Wege der Abänderung gem § 1696 I begründet werden, weil das Gericht auch ursprünglich keine solche anordnen konnte. Um den Eltern die Möglichkeit der Herstellung der gemeinsamen Sorge zu geben, bedurfte es daher der Regelung des II S 1. **10**

Formale Voraussetzungen für einen erfolgreichen Antrag nach S 1 sind: Eine Übertragung der elterlichen Sorge nach I auf den Vater, der Antrag eines Elternteils (Vater oder Mutter) auf Begründung der gemeinsamen Sorge und die Zustimmung des anderen Elternteils hierzu. **11**

Die gemeinsame Sorge darf aber nur vom Gericht hergestellt werden, wenn dies **dem Wohl des Kindes nicht widerspricht**. Der Gesetzgeber wollte durch diese Formulierung zum Ausdruck bringen, dass der Prüfungsmaßstab weniger streng ist als bei der Sorgerechtsübertragung gem I (BTDrs 13/4899 101). Da die Kooperationsbereitschaft und -fähigkeit der Eltern bei der Herstellung und Belassung der gemeinsamen elterlichen Sorge die größte Hürde ist, wird das Familiengericht dem übereinstimmenden Willen der Eltern tatsächlich nur dann nicht folgen dürfen, wenn dies zu einer Kindeswohlgefährdung iSd § 1666 führen würde. Im Übrigen ist darauf hinzuweisen, dass es gesetzgeberisch zumindest nicht zwingend war, hier überhaupt eine Kindeswohlprüfung festzuschreiben, während bei originärer Alleinsorge der Mutter die gemeinsame Sorge gem § 1626a II durch einfache Sorgeerklärung ohne Kindeswohlprüfung und ohne gerichtliche Beteiligung gem § 1626 a I Nr 1 begründet werden kann (Palandt/*Diederichsen* Rn 5: konzeptionswidriger gesetzgeberischer Fehlgriff; ebenso Staud/*Coester* Rn 16 ff). **12**

Wurde die Übertragung der Alleinsorge auf den Vater gem I im Wege der Abänderung **gem § 1696 I aufgehoben** und die Sorge wieder auf die Mutter rückübertragen, so haben die Eltern, die jetzt die gemeinsame Sorge herbeiführen möchten, ebenfalls weder die Möglichkeit eine Sorgeerklärung abzugeben – wegen § 1626 b III – noch dies durch Abänderung gem § 1696 I zu erreichen (s.o. Rn 10). Auch für diese Fälle ist unter den Voraussetzungen des S 1 die Herstellung der gemeinsamen elterlichen Sorge möglich. Hinsichtlich des Erfordernisses der Kindeswohlprüfung wird die Diskrepanz zu § 1626 a noch deutlicher (s.o. Rn 12). **13**

§ 1673 Ruhen der elterlichen Sorge bei rechtlichem Hindernis

(1) Die elterliche Sorge eines Elternteils ruht, wenn er geschäftsunfähig ist.
(2) ¹Das Gleiche gilt, wenn er in der Geschäftsfähigkeit beschränkt ist. ²Die Personensorge für das Kind steht ihm neben dem gesetzlichen Vertreter des Kindes zu; zur Vertretung des Kindes ist er nicht berechtigt. ³Bei einer Meinungsverschiedenheit geht die Meinung des minderjährigen Elternteils vor, wenn der gesetzliche Vertreter des Kindes ein Vormund oder Pfleger ist; andernfalls gelten § 1627 Satz 2 und § 1628.

A. Allgemeines. Die Vorschrift benennt die Voraussetzungen, unter denen die elterliche Sorge aus rechtlichen Gründen ruht. Zu den Wirkungen und Rechtsfolgen des Ruhens der elterlichen Sorge vgl §§ 1675, 1678. **1**

B. Geschäftsunfähigkeit eines Elternteils (I). Ist ein Elternteil gem § 104 Nr 2 geschäftsunfähig, so ruht seine elterliche Sorge. Dabei reicht eine partielle Geschäftsunfähigkeit aus, wenn sich diese ganz oder teilweise auf den Bereich der elterlichen Sorge erstreckt (Palandt/*Diederichsen* Rn 2; Staud/*Coester* Rn 11). Nur vorübergehende Störungen der Geistestätigkeit iSd § 105 II genügen dagegen nicht. Sie stellen vielmehr ein tat- **2**

sächliches Hindernis für die Ausübung der elterlichen Sorge dar, das wegen seiner kurzen Dauer zwar keine Feststellung des Familiengerichts gem § 1674 I zulässt, doch unmittelbar die Rechtsfolge des § 1678 I auslöst oder Maßnahmen des Familiengerichts gem § 1693 ermöglicht.

3 **Die elterliche Sorge lebt automatisch wieder auf,** wenn der Elternteil seine Geschäftsfähigkeit wiedererlangt – und zwar in vollem Umfang (vgl Karlsr FamRZ 05, 1272). Anders als bei einem tatsächlichen Hindernis bedarf es dafür keines feststellenden Beschlusses des Familiengerichts entsprechend § 1674 II (BayObLG Rpfleger 1968, 22).

4 **C. Beschränkte Geschäftsfähigkeit eines Elternteils (II).** Nach II 1 ruht auch die elterliche Sorge eines beschränkt geschäftsfähigen Elternteils. Dabei kann es sich nur um einen **minderjährigen Elternteil** gem § 106 handeln. Mit Eintritt der Volljährigkeit kann dieser automatisch die elterliche Sorge in vollem Umfang ausüben (vgl Karlsr FamRZ 05, 1272). Die Anordnung einer Betreuung gem §§ 1896 ff ist für die Geschäftsfähigkeit ohne Bedeutung und wirkt sich deshalb auf die elterliche Sorge zumindest unmittelbar nicht direkt aus (vgl *Bienwald* FamRZ 94, 484 zu den deshalb auftretenden Problemen). Die Einrichtung einer Betreuung mit dem Aufgabenkreis der Vertretung des Betreuten in allen dessen Kind betreffenden Angelegenheiten ist wegen der Höchstpersönlichkeit der elterlichen Sorge und der abschließenden Regelung ihrer Übertragbarkeit unzulässig (Palandt/*Diederichsen* Rn 5).

5 Jedoch steht dem minderjährigen Elternteil gem II 2 ein beschränktes Sorgerecht zu, das die Personensorge mit Ausnahme der gesetzlichen Vertretung umfasst. Zur Ausübung dieser **tatsächlichen Personensorge** ist der minderjährige Elternteil neben dem gesetzlichen Vertreter des Kindes (anderer Elternteil oder Vormund gem § 1678) berechtigt und verpflichtet. Diese Befugnis darf ihm auch nicht durch seine Eltern genommen werden (LG Hamburg FamRZ 81, 309).

6 II 3 behandelt die Rechte des minderjährigen Elternteils bei **Meinungsverschiedenheiten** mit dem gesetzlichen Vertreter des Kindes. Ist dies ein Vormund oder Pfleger, so kommt der Meinung des Minderjährigen der Vorrang zu. Ist dagegen der andere Elternteil der gesetzliche Vertreter des Kindes, so folgt aus der Verweisung auf §§ 1627 S 2, 1628, dass die Meinung des Minderjährigen gleichrangig ist und dass die Eltern sich einigen und notfalls das Gericht anrufen müssen.

§ 1674 Ruhen der elterlichen Sorge bei tatsächlichem Hindernis

(1) Die elterliche Sorge eines Elternteils ruht, wenn das Familiengericht feststellt, dass er auf längere Zeit die elterliche Sorge tatsächlich nicht ausüben kann.
(2) Die elterliche Sorge lebt wieder auf, wenn das Familiengericht feststellt, dass der Grund des Ruhens nicht mehr besteht.

1 **A. Ruhen der elterlichen Sorge (I).** Die elterliche Sorge ruht, wenn dies durch das Familiengericht festgestellt wird. Die Feststellung hat **gestaltungsähnliche Wirkung**, die unabhängig von ihrer sachlichen Richtigkeit eintritt (BayObLG FamRZ 88, 867, 868). Deshalb handelt es sich um einen Fall der rechtlichen Verhinderung auf Grund richterlichen Feststellungsbeschlusses (Staud/*Coester* Rn 2).

2 **Voraussetzung** für die Feststellung des Ruhens ist, dass der betreffende Elternteil die elterliche Sorge tatsächlich längere Zeit nicht ausüben kann. Entscheidend ist die Prognose für die Zukunft. Die bislang verstrichene Zeit kann lediglich ein Indiz dafür sein. Ist die Ausübung voraussichtlich nur über einen kurzen Zeitraum nicht möglich, liegt eine tatsächliche Verhinderung vor, die der Feststellung des Ruhens nicht zugänglich ist, jedoch ebenfalls die Rechtsfolge des § 1678 I auslöst. Die Feststellung des Ruhens der elterlichen Sorge kommt aber nur in Betracht, wenn die Aussicht besteht, dass sie nach Wegfall des tatsächlichen Hindernisses wieder ausgeübt werden kann (Hamm FamRZ 96, 1029, 1030; Palandt/*Diederichsen* Rn 1; aA Staud/*Coester* Rn 8: auch bleibende Verhinderungen).

3 Die **längere körperliche Abwesenheit** eines oder beider Elternteile, insbes bei **Auslandsaufenthalt** (praktisch relevant bei sog »unbegleiteten Minderjährigen«, die ohne Eltern nach Deutschland einreisen), führt nicht automatisch zu einem tatsächlichen Ausübungshindernis iSd § 1674 I. Vielmehr ist stets im Einzelfall zu prüfen, ob dem abwesenden Elternteil nicht ausreichende Möglichkeiten der Einflussnahme und Steuerung verblieben sind. Dies ist anzunehmen, wenn telefonisch, brieflich oder mit anderen modernen Kommunikationsmitteln Kontakt gehalten wird und auf Grund des Alters des Kindes oder der Einschaltung eines Bevollmächtigten vor Ort eine ausreichende Einwirkungsmöglichkeit besteht (vgl im umgekehrten Fall LG Duisburg DAVorm 89, 719). Der abwesende Elternteil muss entweder im Wege der Aufsicht oder durch jederzeitige Übernahme der Personen- und Vermögenssorge zur eigenverantwortlichen Ausübung zurückzukehren. Von entscheidender Bedeutung ist dabei welche andere Person mit der Ausübung seines Teils der elterlichen Sorge betraut ist (BGH FamRZ 05, 29 = FuR 05, 82). Insbes wenn dem anderen Elternteil durch gemeinsame Absprache die Ausübung der elterlichen Sorge überlassen wird, ist für die Feststellung des Ruhens kein Raum (BGH FamRZ 05, 29 = FuR 05, 82; Staud/*Coester* Rn 11). Dagegen fehlt es an einer ausreichenden Einwirkungsmöglichkeit etwa bei einem albanischen Minderjährigen, der bei seinem Onkel in Deutschland wohnt, während die Eltern in Albanien

leben und wegen bestehender Ausreiseschwierigkeiten für längere Zeit keine Möglichkeit haben, mit dem Kind direkten Kontakt aufzunehmen und in Ausübung ihrer elterlichen Sorge auf die Erziehung und Entwicklung des Kindes Einfluss zu nehmen (LG Frankenthal Rpfleger 1994, 251). Eine theoretische Kommunikationsmöglichkeit reicht nicht aus, ebenso wenig die tatsächliche Obhut eines Dritten, der nicht zur gesetzlichen Vertretung des Kindes befugt ist (Köln FamRZ 92, 1093: Minderjähriger in Obhut des älteren Bruders).

Wegen fehlender Einwirkungsmöglichkeit ist auch der Elternteil, der sich noch längere Zeit in **Strafhaft** befindet, nicht in der Lage, seine elterliche Sorge verantwortlich auszuüben (BayObLG NJW 75, 1082; Dresden FamRZ 03, 1038). Bei **Untersuchungshaft** gilt dies nur, wenn eine sich anschließende längere Strafhaft wahrscheinlich ist (BayObLG NJW 75, 1082). Dagegen ist ein **Krankenhausaufenthalt** wegen seiner vorübergehenden Natur und der bestehenden Einflussmöglichkeiten regelmäßig kein – zumindest aber kein längere Zeit – bestehendes Hindernis für die Ausübung der elterlichen Sorge.   4

Ein tatsächliches Ausübungshindernis, das zur Feststellung des Ruhens der elterlichen Sorge führt, kann auch dann vorliegen, wenn ein Elternteil **geistig oder psychisch behindert** ist, ohne dass bereits die Schwelle der Geschäftsunfähigkeit erreicht ist. Insoweit ist § 1674 I Auffangtatbestand zu § 1673. Ein Elternteil kann auch dann an der Ausübung der elterlichen Sorge tatsächlich verhindert sein, wenn er von dem anderen – geistesgestörten – Elternteil, dessen elterliche Sorge ruht, psychisch derart abhängig und ihm in einem Maße hörig ist, dass er die elterliche Sorge tatsächlich nicht mehr in eigener Verantwortung ausüben kann (BayObLG FamRZ 81, 595).   5

Gem § 1751 I 1 ruht auch die elterliche Sorge des Elternteils, der in die Annahme zur Adoption wirksam eingewilligt hat oder dessen Einwilligung ersetzt wurde. Dies wirkt sich jedoch auch im Falle des sog **Inkognito-Adoptionsverfahrens** auf den anderen Elternteil nicht aus. Die faktischen Durchsetzungshindernisse können nicht zur Annahme der Voraussetzungen des § 1674 führen (BayObLG FamRZ 88, 867). Eine Beschränkung des Sorgerechts ist deshalb nur unter den Voraussetzungen des § 1666 möglich (Staud/*Coester* Rn 15; Palandt/*Diederichsen* Rn 3).   6

Es darf nicht übersehen werden, dass durch die Feststellung des Ruhens gem § 1674 I in erheblicher Weise in das Sorgerecht eingegriffen wird. Im sich teilweise deckenden **Anwendungsbereich des § 1666** – also bei konkreter Gefährdung des Kindeswohls – muss deshalb dieser Bestimmung der Vorrang zukommen. Nur so ist sichergestellt, dass die hohe Eingriffsschwelle und das nach dem Verhältnismäßigkeitsgrundsatz abgestufte Maßnahmesystem der §§ 1666 ff beachtet werden (ähnlich Staud/*Coester* Rn 11).   7

Ein **Vorrang** kommt § 1666 auch dann zu, wenn der Schutz des betroffenen Kindes es erfordert, dass gewährleistet ist, dass bei Wegfall des tatsächlichen Hindernisses die elterliche Sorge nicht wieder auflebt, obwohl über die tatsächlichen Gegebenheiten hinaus die Voraussetzungen des § 1666 weiterhin gegeben sind (vgl Hamm 96, 1029).   8

B. Wiederaufleben der elterlichen Sorge (II). Ist das Ruhen der elterlichen Sorge gem § 1674 I einmal festgestellt, so lebt sie – im Gegensatz zum Ruhen gem § 1673 – erst wieder auf, wenn das Familiengericht wiederum festgestellt hat, dass der Grund des Ruhens nicht mehr besteht. Diese Feststellung hat **konstitutive Wirkung** und ist von Amts wegen zu treffen (BayObLGZ 67, 269, 271).   9

Der Beschluss wird gem § 51 II FGG erst wirksam, wenn er dem Elternteil bekannt gegeben wird, dessen elterliche Sorge bislang geruht hat. Dem anderen Elternteil muss der Beschluss ebenfalls **bekannt gegeben** werden. Bis dahin kann er die elterliche Sorge gem § 1698a I, II noch ausüben.   10

Wurde dem anderen Elternteil die elterliche Sorge gem § 1678 II übertragen, so kann der Beschluss gem § 1674 II diese Wirkung nicht beseitigen. Vielmehr ist dafür eine Abänderungsentscheidung gem § 1696 I erforderlich. Dagegen erlischt eine Vormundschaft gem §§ 1882, 1773; eine Pflegschaft ist gem § 1919 aufzuheben (Staud/*Coester* Rn 23).   11

§ 1675 Wirkung des Ruhens

Solange die elterliche Sorge ruht, ist ein Elternteil nicht berechtigt, sie auszuüben.

Der Elternteil, dessen Sorge gem §§ 1673 I, II, 1674, 1751 I 1 ruht, kann sie rechtlich nicht ausüben; dies betrifft sowohl die elterlichen Rechte als auch die Pflichten. Durch das Ruhen endet die elterliche Sorge aber nicht, vielmehr ist lediglich ihre **Ausübung** gehemmt. Mit Eintritt des Ruhens der Vermögenssorge ist der betroffene Elternteil gem § 1698 I zur Vermögensherausgabe und zur Rechnungslegung verpflichtet; hinsichtlich der Fortführung der Geschäfte bis zur Kenntnismöglichkeit gilt § 1698a II. Stirbt der sorgeberechtigte Elternteil, endet das Ruhen der Sorge nicht, vielmehr ist ein Vormund zu bestellen, falls nicht § 1680 I zur Anwendung kommt.   1

§ 1676
– *weggefallen* –

§ 1677 Beendigung der Sorge durch Todeserklärung

Die elterliche Sorge eines Elternteils endet, wenn er für tot erklärt oder seine Todeszeit nach den Vorschriften des Verschollenheitsgesetzes festgestellt wird, mit dem Zeitpunkt, der als Zeitpunkt des Todes gilt.

1 Die elterliche Sorge endet mit der Wirksamkeit des gerichtlichen Beschlusses im **Verschollenheitsverfahren** gem §§ 29, 40 VerschG mit dem der Tod oder die Todeszeit festgestellt wird. Im Interesse der Rechtsklarheit handelt es sich nicht um eine bloße Vermutung wie in § 44 II VerschG. Stellt sich später heraus, dass der für tot Erklärte lebt, gilt § 1681 II.

§ 1678 Folgen der tatsächlichen Verhinderung oder des Ruhens für den anderen Elternteil

(1) Ist ein Elternteil tatsächlich verhindert, die elterliche Sorge auszuüben, oder ruht seine elterliche Sorge, so übt der andere Teil die elterliche Sorge allein aus; dies gilt nicht, wenn die elterliche Sorge dem Elternteil nach § 1626a Abs. 2, § 1671 oder 1672 Abs. 1 allein zustand.
(2) Ruht die elterliche Sorge des Elternteils, dem sie nach § 1626a Abs. 2 allein zustand, und besteht keine Aussicht, dass der Grund des Ruhens wegfallen werde, so hat das Familiengericht die elterliche Sorge dem anderen Elternteil zu übertragen, wenn dies dem Wohl des Kindes dient.

1 **A. Rechtsfolge bei ursprünglich gemeinsamer Sorge (I).** I Hs 1 setzt voraus, dass zunächst beiden Elternteilen die **Sorge gemeinsam** zustand. In diesem Fall wächst einem Elternteil die Alleinsorge automatisch ohne Sachprüfung kraft Gesetzes zu, wenn der andere entweder rechtlich gem § 1673 oder tatsächlich an der Ausübung verhindert ist. Bei tatsächlicher Verhinderung spielt es keine Rolle, ob das Ruhen gem § 1674 festgestellt wurde oder nicht; die Rechtsfolge gilt deshalb auch bei nur vorübergehendem tatsächlichem Ausübungshindernis.

2 Die Voraussetzung der ursprünglich gemeinsamen Sorge folgt aus I Hs 2, der die Rechtsfolge des I Hs 1 für die Fälle der Alleinsorge gem §§ 1626a II, 1671 und 1672 I ausschließt. Aber auch demjenigen Elternteil, dem das Sorgerecht gem § 1666 entzogen worden ist, kann die Alleinsorge nicht zuwachsen. § 1678 findet in entsprechend eingeschränkter Form auch Anwendung, wenn sich die Verhinderung oder die gemeinsame Sorge nur auf Teilbereiche der elterlichen Sorge erstreckt.

3 **B. Rechtsfolge bei ursprünglicher Alleinsorge (II).** Stand die elterliche Sorge dem nunmehr verhinderten Elternteil bislang allein zu, so richtet sich die weitere Verfahrensweise nach dem Rechtsgrund für die Alleinsorge:

4 **I. Alleinsorge der Mutter gem § 1626a II.** Dem Vater, der bisher nicht sorgeberechtigt war, weil er weder mit der Mutter verheiratet noch im Besitz einer gemeinsamen Sorgeerklärung ist (§ 1626a I), kann bei dauernder Verhinderung der Mutter die elterliche Sorge nur übertragen werden, wenn dies dem Wohl des Kindes dient. Der Gesetzgeber hat diesen **Maßstab für die Kindeswohlprüfung** gewählt, weil gerade in Fällen, in denen die Eltern keine Sorgeerklärungen abgegeben haben, diese vielfach nicht etwa in einer intakten nichtehelichen Gemeinschaft leben werden, sondern der Vater häufig wenig oder gar keinen Kontakt zu dem Kind gehabt haben wird (BTDrs 13/4899 102). Für die Kindeswohlprüfung sind die zu § 1671 II Nr 2 entwickelten Kriterien heranzuziehen (s § 1671 Rn 29 ff). Dabei erfordert eine verfassungskonforme Auslegung, dass grds davon auszugehen ist, dass die Übertragung der Sorge auf den Vater dem Wohl des Kindes dient, wenn nicht Umstände festgestellt werden können, die dagegen sprechen (Staud/*Coester* Rn 29; ähnlich Palandt/*Diederichsen* Rn 8: Minimum an Dienlichkeit). Bei einer Sorgerechtsübertragung auf den Vater kann auch eine Verbleibensanordnung gem § 1632 IV oder § 1682 in Betracht kommen (vgl Palandt/*Diederichsen* Rn 11).

5 In Abweichung zu I setzt II voraus, dass das Sorgerecht der Mutter **ruht** und **keine Aussicht** besteht, dass der **Grund des Ruhens wegfallen wird**. Die elterliche Sorge ruht aus Rechtsgründen gem § 1673; aus tatsächlichen Gründen nur, wenn dies gem § 1674 festgestellt ist. Eine rein tatsächliche Verhinderung genügt daher zur Voraussetzung der Anwendbarkeit des § 1678 II nicht. Das zusätzliche Erfordernis des voraussichtlich endgültigen Ruhens der elterlichen Sorge folgt aus dem Bedürfnis, die Erziehungskontinuität zu wahren und dem Kind einen häufigen Sorgerechtswechsel zu ersparen (Staud/*Coester* Rn 27).

6 Ist die gem § 1626a II alleinsorgeberechtigte Mutter verhindert, die elterliche Sorge auszuüben, ohne dass die Voraussetzungen des II gegeben sind – sei es dass die Verhinderung nur vorübergehend ist oder eine Übertragung auf den Vater dem Wohl des Kindes nicht dient –, so ist durch das gem § 1693 zum Eingreifen verpflichtete Familiengericht dem Kind gem § 1773 I ein **Vormund** oder bei nur partieller Verhinderung der Mutter gem § 1909 I ein **Pfleger** zu bestellen.

7 **II. Alleinsorge gem §§ 1671, 1672.** Beruhte die Alleinsorge des nunmehr verhinderten Elternteils auf einer gerichtlichen Übertragungsentscheidung gem § 1671 oder § 1672, so kann dem anderen Elternteil die Sorge unter den Voraussetzungen des § 1696 übertragen werden. Da es sich dabei um eine **Änderungsentscheidung**

handelt, die sich nach § 1696 richtet, hat es der Gesetzgeber nicht für notwendig erachtet in § 1678 II eine besondere Regelung zu treffen (vgl BTDrs 13/4899 102). Demnach sind für eine Sorgerechtsabänderung triftige, das Wohl des Kindes nachhaltig berührende Gründe erforderlich. Andererseits reichen diese aber auch aus; die Voraussetzungen des II müssen nicht vorliegen. Eine Abänderung nach § 1996 wird aber nur bei einer Verhinderung in gewissem Umfang, insbes in zeitlicher Hinsicht, in Betracht kommen.

Der Wertungswiderspruch zu dem Fall, dass die elterliche Sorge bei Tod des Elternteils auf den anderen gem § 1680 II 2 bereits dann zu übertragen ist, wenn dies dem Wohl des Kindes nicht widerspricht, ist auf berechtigte Kritik gestoßen (eingehend Staud/*Coester* Rn 15 ff; Palandt/*Diederichsen* § 1680 Rn 5). 8

III. Alleinsorge wegen Sorgerechtsentzugs des anderen Elternteils gem § 1666. Hatte der nunmehr verhinderten Elternteil die Sorge nur deshalb alleine inne, weil dem anderen Elternteil das Sorgerecht gem § 1666 entzogen worden war, ist dem Kind ein Vormund (§ 1773 I), bei Teilentzug der Sorge ein Pfleger, zu bestellen. Nur wenn der Sorgerechtsentzug gem § 1696 II aufgehoben wird, kann der andere Elternteil die Sorge erwerben. 9

§ 1679
– *weggefallen* –

§ 1680 Tod eines Elternteils oder Entziehung des Sorgerechts

(1) Stand die elterliche Sorge den Eltern gemeinsam zu und ist ein Elternteil gestorben, so steht die elterliche Sorge dem überlebenden Elternteil zu.
(2) ¹Ist ein Elternteil, dem die elterliche Sorge gemäß § 1671 oder § 1672 Abs. 1 allein zustand, gestorben, so hat das Familiengericht die elterliche Sorge dem überlebenden Elternteil zu übertragen, wenn dies dem Wohl des Kindes nicht widerspricht. ²Stand die elterliche Sorge der Mutter gemäß § 1626a Abs. 2 allein zu, so hat das Familiengericht die elterliche Sorge dem Vater zu übertragen, wenn dies dem Wohl des Kindes dient.
(3) Absatz 1 und Absatz 2 Satz 2 gelten entsprechend, soweit einem Elternteil, dem die elterliche Sorge gemeinsam mit dem anderen Elternteil oder gemäß § 1626a Abs. 2 allein zustand, die elterliche Sorge entzogen wird.

A. Rechtsfolge bei Tod eines gemeinsam sorgeberechtigten Elternteils (I). Stand beiden Eltern die Sorge gemeinsam zu und stirbt ein Elternteil, so erwirbt der andere automatisch ohne Sachprüfung kraft Gesetzes die Alleinsorge. Diese Regelung entspricht § 1678 I Hs 1. 1

B. Rechtsfolge bei Tod des alleinsorgeberechtigten Elternteils (II). War der verstorbene Elternteil bislang alleiniger Inhaber der elterlichen Sorge, so richtet sich die weitere Verfahrensweise nach dem Rechtsgrund für die Alleinsorge: 2

S 1: Beruhte die Alleinsorge des verstorbenen Elternteils auf einer gerichtlichen **Übertragungsentscheidung** gem § 1671 oder § 1672, so ist dem anderen Elternteil die Sorge zu übertragen, wenn dies dem Wohl des Kindes nicht widerspricht. Andernfalls ist ein Vormund zu bestellen (vgl BayObLG FamRZ 00, 972 = FuR 00, 19). Für die Kindeswohlprüfung sind die zu § 1671 II Nr 2 entwickelten Kriterien heranzuziehen (s § 1671 Rn 29 ff). 3

S 2: Stand der verstorbenen Mutter die Alleinsorge gem § 1626a II zu, weil sie mit dem Vater weder verheiratet war noch eine gemeinsame Sorgeerklärung abgegeben hatte, so ist dem Vater die elterliche Sorge zu übertragen, wenn dies dem Wohl des Kindes dient. Auch in diesem Fall muss es – wie im Fall der Rn 3 – in verfassungskonformer Auslegung genügen, dass die Übertragung dem Wohl des Kindes nicht widerspricht (Staud/*Coester* Rn 14 ff; Palandt/*Diederichsen* Rn 5 f; vgl auch *van Els* FamRZ 05, 231). 4

C. Entsprechende Anwendung bei Sorgerechtsentzug (III). Durch III wird in den Fällen des I (gemeinsame Sorge) und des II 2 (Alleinsorge gem § 1626a II) der Entzug der elterlichen Sorge ggü einem Elternteil, dem Tod dieses Elternteils gleichgestellt. Es besteht lediglich die Besonderheit, dass der Sorgerechtsentzug auch teilweise erfolgen kann, so dass die Regelungen dann nur für den entzogenen Teilbereich gelten. 5

Eine entsprechende Anwendung des II 1 wird nicht angeordnet. Der Gesetzgeber hielt im Falle der Alleinsorge auf Grund gerichtlicher Übertragungsentscheidung die Anwendung des § 1696 für geboten, wenn dem bisherigen Sorgerechtsinhaber das Sorgerecht entzogen wird (BTDrs 13/4899 103). Auch hier erscheint aber eine verfassungskonforme Auslegung dergestalt angebracht, dass die Übertragung auf den anderen Elternteil vorzunehmen ist, wenn sie dem Wohl des Kindes nicht widerspricht (Staud/*Coester* Rn 12). 6

§ 1681 Todeserklärung eines Elternteils

(1) § 1680 Abs. 1 und 2 gilt entsprechend, wenn die elterliche Sorge eines Elternteils endet, weil er für tot erklärt oder seine Todeszeit nach den Vorschriften des Verschollenheitsgesetzes festgestellt worden ist.
(2) Lebt dieser Elternteil noch, so hat ihm das Familiengericht auf Antrag die elterliche Sorge in dem Umfang zu übertragen, in dem sie ihm vor dem nach § 1677 maßgebenden Zeitpunkt zustand, wenn dies dem Wohl des Kindes nicht widerspricht.

1 Gem § 1677 endet die elterliche Sorge auch dann, wenn ein Elternteil für tot erklärt oder seine Todeszeit nach den Vorschriften des VerschG festgestellt wird. Im Anschluss daran bestimmt § 1681 I, dass der andere Elternteil die Sorge unter den gleichen Voraussetzungen (§ 1680) erwirbt, die beim (feststehenden) Tod des Elternteils erforderlich wären.

2 Stellt sich später heraus, dass der für tot erklärte Elternteil noch lebt, ist ihm auf Antrag die elterliche Sorge im ursprünglichen Umfang zurück zu übertragen, wenn dies dem Wohl des Kindes nicht widerspricht. Diese Einschränkung der Kindeswohlprüfung sah der Reformgesetzgeber als notwendig an, weil häufig eine erhebliche Entfremdung zwischen dem Kind und dem vermeintlich toten Elternteil eingetreten sein und das Kind sich an neuen Bezugspersonen orientiert haben wird (BTDrs 13/4899 104).

§ 1682 Verbleibensanordnung zugunsten von Bezugspersonen

¹Hat das Kind seit längerer Zeit in einem Haushalt mit einem Elternteil und dessen Ehegatten gelebt und will der andere Elternteil, der nach den §§ 1678, 1680, 1681 den Aufenthalt des Kindes nunmehr alleine bestimmen kann, das Kind von dem Ehegatten wegnehmen so kann das Familiengericht von Amts wegen oder auf Antrag des Ehegatten anordnen, dass das Kind bei dem Ehegatten verbleibt, wenn und solange das Kindeswohl durch die Wegnahme gefährdet würde. ²Satz 1 gilt entsprechend, wenn das Kind seit längerer Zeit in einem Haushalt mit einem Elternteil und dessen Lebenspartner oder einer nach § 1685 Abs. 1 umgangsberechtigten volljährigen Person gelebt hat.

1 **A. Allgemeines.** Die Vorschrift wurde durch das Kindschaftsrechtsreformgesetz neu geschaffen. Sie dient dem Schutz des Kindes, das bislang mit dem Elternteil, der Inhaber der Sorge war, sowie einer dritten, ihm nahe stehenden Person in einem **familiären Verband** gelebt und in diesem Verhältnis seine Bezugswelt gefunden hat. Ist das Kind dem nunmehr alleinigen Inhaber der Sorge entfremdet und würde durch die Herausnahme zur Unzeit sein persönliches, insbes sein seelisches Wohl, gefährdet, so kann dem durch eine Verbleibensanordnung begegnet werden. Dabei war in erster Linie an **klassische Stiefelternsituationen** gedacht (BT-Drs 13/4899 104).

2 **B. Voraussetzungen der Verbleibensanordnung.** Grundvoraussetzung für den Erlass einer Verbleibsanordnung ist, dass der Elternteil, gegen den sich die Anordnung richtet, das alleinige Aufenthaltsbestimmungsrecht **auf Grund der §§ 1678, 1680 oder 1681** erworben hat.

3 Die Schutzfunktion des § 1682 betrifft nur das Zusammenleben mit einem bestimmten Personenkreis. Nach S 1 ist das der sog **Stiefelternteil**; nach S 2 der eingetragene Lebenspartner iSd LPartG oder iVm § 1685 I die **Großeltern** und **volljährigen Geschwister** oder der **Lebensgefährte** einer nichtehelichen Lebensgemeinschaft. Ob diese Personen tatsächlich ein Umgangsrecht hätten, spielt keine Rolle (BTDrs 13/4899 104).

4 Das Kind muss mit einer der bezeichneten Personen und dem verhinderten oder sonst weggefallenen Elternteil **in einem Haushalt** gelebt haben. Der Begriff entspricht dem der häuslichen Gemeinschaft des § 1685 II und meint eine Lebensgemeinschaft mit festen und regelmäßigen Kontakten (Palandt/*Diederichsen* Rn 5).

5 Das Zusammenleben muss **längere Zeit** angedauert haben. Dabei kann keine bestimmte Zeitdauer als Maßstab genannt werden. Vielmehr ist das subjektive Zeitempfinden des Kindes im Einzelfall maßgeblich (s § 1632 Rn 7; Staud/*Coester* Rn 13 ff).

6 Eine Verbleibensanordnung kann nur ergehen, wenn der Elternteil, der das Aufenthaltsbestimmungsrecht nunmehr alleine ausübt, den Willen hat, das Kind von der bezeichneten Bezugsperson wegzunehmen. Dies folgt bereits aus dem Wortlaut der Vorschrift selbst; im Übrigen ist es ein Gebot der Verhältnismäßigkeit. Dabei ist nicht erforderlich, dass der Elternteil bereits die Herausgabe verlangt hat. Vielmehr besteht bereits dann ein **Rechtsschutzbedürfnis**, wenn ein Herausgabekonflikt zu erwarten ist, etwa weil der Elternteil das Herausgabeverlangen oder die Wegnahme des Kindes ernsthaft angekündigt hat (Staud/*Coester* Rn 20).

7 Schließlich müsste das **Wohl des Kindes** durch die Wegnahme **gefährdet** sein. Der Begriff der Kindeswohlgefährdung entspricht dem des § 1666. Regelmäßig ist bei einem Herausgabeverlangen zur Unzeit, das sich über die Bedürfnisse des Kindes hinwegsetzt, diese Voraussetzung erfüllt (vgl BTDrs 13/4899, 104).

8 Die Verbleibensanordnung setzt voraus, dass die Gefährdung des Kindeswohls **nur vorübergehend** ist und durch vermehrte Kontakte zu dem sorgeberechtigten Elternteil beendet werden kann und soll. Lediglich ein abrupter Wechsel der Betreuungssituation soll vermieden werden. Ist dieses Ziel in absehbarer Zeit nicht erreichbar, kommt nur der ganz oder teilweise Entzug der elterlichen Sorge unter den erhöhten Voraussetzungen der §§ 1666, 1666a in Betracht (Palandt/*Diederichsen* Rn 12 f).

C. Rechtsfolge der Verbleibensanordnung. Die Verbleibensanordnung entzieht die elterliche Sorge nicht, 9
schränkt sie jedoch, insbes im Hinblick auf das Aufenthaltsbestimmungsrecht, ein. Den Bezugspersonen stehen die in § 1688 genannten Entscheidungsrechte zu.

§ 1683 Vermögensverzeichnis bei Wiederheirat

(1) Sind die Eltern des Kindes nicht oder nicht mehr miteinander verheiratet und will der Elternteil, dem die Vermögenssorge zusteht, die Ehe mit einem Dritten schließen, so hat er dies dem Familiengericht anzuzeigen, auf seine Kosten ein Verzeichnis des Kindesvermögens einzureichen und, soweit eine Vermögensgemeinschaft zwischen ihm und dem Kind besteht, die Auseinandersetzung herbeizuführen.
(2) Das Familiengericht kann gestatten, dass die Auseinandersetzung erst nach der Eheschließung vorgenommen wird.
(3) Das Familiengericht kann ferner gestatten, dass die Auseinandersetzung ganz oder teilweise unterbleibt, wenn dies den Vermögensinteressen des Kindes nicht widerspricht.

Die Vorschrift ist nur auf einen Elternteil anwendbar, dem – aus welchen Gründen auch immer – die **Vermö-** 1
genssorge allein zusteht (Hamm MDR 02, 885). Sie gilt auch für jede weitere neue Eheschließung. Bei gemeinsamer Sorge besteht hingegen keine Verpflichtung.
Sind die Voraussetzungen erfüllt, so muss der Elternteil seine Heiratsabsicht dem Familiengericht formlos 2
anzeigen und ein **Vermögensverzeichnis** einreichen. Hiervon gibt es keine Befreiungsmöglichkeit, insbes besteht die Inventarisierungspflicht auch dann, wenn sie nach § 1640 II nicht gegeben wäre. Ferner muss der Elternteil die Auseinandersetzung mit dem Kind herbeiführen, wenn zwischen ihm und dem Kind eine Vermögensgemeinschaft – iSe Sondervermögens zur gesamten Hand – besteht.

§ 1684 Umgang des Kindes mit den Eltern

(1) Das Kind hat das Recht auf Umgang mit jedem Elternteil; jeder Elternteil ist zum Umgang mit dem Kind verpflichtet und berechtigt.
(2) ¹Die Eltern haben alles zu unterlassen, was das Verhältnis des Kindes zum jeweils anderen Elternteil beeinträchtigt oder die Erziehung erschwert. ²Entsprechendes gilt, wenn sich das Kind in der Obhut einer anderen Person befindet.
(3) ¹Das Familiengericht kann über den Umfang des Umgangsrechts entscheiden und seine Ausübung, auch gegenüber Dritten, näher regeln. ²Es kann die Beteiligten durch Anordnungen zur Erfüllung der in Absatz 2 geregelten Pflicht anhalten.
(4) ¹Das Familiengericht kann das Umgangsrecht oder den Vollzug früherer Entscheidungen über das Umgangsrecht einschränken oder ausschließen, soweit dies zum Wohl des Kindes erforderlich ist. ²Eine Entscheidung, die das Umgangsrecht oder seinen Vollzug für längere Zeit oder auf Dauer einschränkt oder ausschließt, kann nur ergehen, wenn andernfalls das Wohl des Kindes gefährdet wäre. ³Das Familiengericht kann insbesondere anordnen, dass der Umgang nur stattfinden darf, wenn ein mitwirkungsbereiter Dritter anwesend ist. ⁴Dritter kann auch ein Träger der Jugendhilfe oder ein Verein sein; dieser bestimmt dann jeweils, welche Einzelperson die Aufgabe wahrnimmt.

A. Umgangsrecht und Umgangspflicht (I). I. Umgangsrecht des Kindes und Umgangspflicht der Eltern. 1
Bei der Ausübung und Ausgestaltung des Umgangsrechts ist **zentraler Maßstab und oberste Richtschnur** das **Wohl des Kindes**, dem im Konfliktfall der Vorrang vor den Elterninteressen zukommt (BVerfG FamRZ 99, 85, 86). Zum Wohl des Kindes gehört in der Regel der **Umgang mit beiden Elternteilen**, § 1629 III 1. Denn für die Entwicklung des Kindes ist von besonderer Wichtigkeit, dass es durch ungestörten persönlichen Umgang mit dem Elternteil, bei dem es nicht in Obhut ist, Gelegenheit erhält, sich ein eigenständiges, auf persönlichen Erfahrungen beruhendes Bild von diesem und dessen Ansichten zu machen (Köln FamRZ 98, 1463). Ebenso ist anerkannt, dass es für eine gedeihliche seelische Entwicklung eines Kindes und die psychische Verarbeitung einer Familienauflösung in aller Regel bedeutsam ist, nicht nur einen sorgenden (und sorgeberechtigten) Elternteil als Bindungspartner zu haben, sondern auch den anderen Elternteil nicht faktisch zu verlieren, vielmehr die Beziehung zu ihm so gut wie möglich aufrechtzuerhalten (Celle FamRZ 98, 1458, 1459; 90, 1026, 1027; Hamm FamRZ 00, 45; Bambg FamRZ 00, 46, 47). Dies gilt selbst dann, wenn das Kind wegen seines geringen Alters die Trennung gar nicht bewusst miterlebt und vielleicht in dem neuen Partner des Elternteils, bei dem es lebt, einen Ersatz gefunden hat oder finden könnte, weil die Erfahrung in den Adoptionsfällen lehrt, dass spätestens im jugendlichen Alter die Frage nach der Herkunft und nach der Person des leiblichen Elternteils große Bedeutung für die Identifikation und Selbstfindung des Kindes erlangt. Unabhängig davon, wie sich das Verhältnis zwischen dem Kind und dem Elternteil, bei dem es sich nicht (mehr) aufhält, entwickeln wird, sind beide für immer schicksalhaft miteinander verbunden, so dass dem

Kind Gelegenheit gegeben werden muss auch diesen Elternteil kennen zu lernen, um zu begreifen, wo seine Wurzeln sind (KG FamRZ 03, 948, 949).

2 Daneben sind **Entwicklungen** denkbar, die es notwendig machen, dass der bisher nicht sorgeberechtigte Elternteil zur Übernahme der elterlichen Sorge oder Obhut verpflichtet ist, sei es dass der andere Elternteil stirbt (§ 1680 I und 2) oder dass er aus anderen Gründen an einer weiteren Ausübung der elterlichen Sorge gehindert ist (§§ 1678 II, 1696 I; vgl auch Frankf FamRZ 88, 754, 755). In einem solchen Fall wird ein in der Vergangenheit wahrgenommenes Umgangsrecht die Umstellung des Kindes auf die veränderten Verhältnisse in der Regel erleichtern (BVerfG FamRZ 83, 872, 874; BGH FamRZ 84, 778, 779).

3 Das Kind hat einen **klagbaren** und ausnahmsweise auch **vollstreckbaren Anspruch** auf Umgang (vgl Köln FamRZ 01, 1023; 02, 979), wenn dem auch in erster Linie Appellcharakter zukommt (Staud/*Rauscher* Rn 59, 60; vgl aber Brandbg FamRZ 05, 293).

4 **II. Umgangsrecht der Eltern.** Das Umgangsrecht des nichtsorgeberechtigten Elternteils steht ebenso wie die elterliche Sorge des anderen Elternteils unter dem Schutz des Art 6 II 1 GG. Beide Rechtspositionen erwachsen aus dem natürlichen Elternrecht und der damit verbundenen Elternverantwortung und müssen von den Eltern im Verhältnis zueinander respektiert werden. Der sorgeberechtigte Elternteil muss demgemäß grds den persönlichen Umgang des Kindes mit dem anderen Elternteil ermöglichen. Dadurch soll dem nichtsorgeberechtigten Elternteil ermöglicht werden, sich von dem körperlichen und geistigen Befinden des Kindes und seiner Entwicklung durch Augenschein und gegenseitige Absprache fortlaufend zu überzeugen, die verwandtschaftlichen Beziehungen zu ihm aufrechtzuerhalten und einer Entfremdung vorzubeugen sowie dem Liebesbedürfnis beider Teile Rechnung zu tragen (stRspr BVerfG FamRZ 71, 412, 424; 95, 86, 87; 05, 1057; BGH FamRZ 65, 130; 84, 778, 779; 87, 356, 358). Der Umgang dient dem Wohl des Kindes, weil der Kontakt zu beiden Eltern seine Sozialisation fördert und es für seine Identifikation und Selbstfindung nicht nur *einen* Elternteil als ständigen Bindungspartner braucht, sondern auch den anderen faktisch nicht verlieren darf (vgl Staud/*Rauscher* Rn 32; Johannsen/Henrich/*Jaeger* Rn 3).

5 Der umgangsberechtigte Elternteil, der nicht Inhaber oder Mitinhaber der elterlichen Sorge ist, hat nach hM **kein Erziehungsrecht** (Soergel/*Straetz* § 1634 aF Rn 11; Johannsen/Henrich/*Jaeger* Rn 4; FA-FamR/*Oelkers* Kap 4 Rn 482), jedoch wird man ihm ein Mitprägungsrecht zugestehen müssen, wenn der Umgang das Kindeswohl fördern soll (vgl Staud/*Rauscher* Rn 41: Miterziehungsrecht).

6 Dieses **Mitprägungsrecht** des anderen Elternteils findet im Kindeswohl aber nicht nur sein Ziel, sondern auch seine Grenze. Deshalb muss der umgangsberechtigte Elternteil alles vermeiden, was das Kind in einen **Loyalitätskonflikt** zwischen ihm und dem Sorgerechtsinhaber bringen könnte (vgl Staud/*Rauscher* Rn 41). Dies folgt auch aus der Wohlverhaltensklausel des II. Das Sorgerecht wird nur – aber eben auch – insoweit eingeschränkt, als das zur Erreichung des Zwecks des Umgangsrechts erforderlich ist (BGH FamRZ 69, 148; München FamRZ 98, 974). Im Zweifel gebührt dem Sorgerecht der Vorrang. Dies ist aber nicht schon dann der Fall, wenn der umgangsberechtigte Elternteil sich nicht so verhält, wie es ein »Idealelternteil« im objektiven Sinn oder in der Vorstellung des Sorgerechtsinhabers tun würde. Auch im Falle des Zusammenlebens der Eltern ist dies häufig nicht so. Dennoch kann das Kind davon profitieren, dass es unterschiedliche Lebensweisen und Überzeugungen kennen lernt. Es ist eben das Kind seiner Eltern, deren unterschiedliche Lebensweisen und Überzeugungen ein Spiegelbild der Gesellschaft sind. Grds ist es aber für die **Sozialisation** des Kindes förderlich, wenn es altersangemessene Erfahrungen machen kann. Im Einzelfall kann es schwierig sein abzuwägen, ob der Sorgerechtsinhaber die vom umgangsberechtigten Elternteil vertretene Auffassung noch tolerieren muss oder ob diese bereits einen unzulässigen Eingriff in das Sorgerecht darstellt (vgl München FamRZ 98, 974).

9 Das so verstandene Miterziehungsrecht des nichtsorgeberechtigten Elternteils gibt ihm aber nicht das Recht, die Personensorge **ggü Dritten** auszuüben. Deshalb ist der umgangsberechtigte Elternteil nicht befugt, an den Kindergarten, die Schule oder Ärzte heranzutreten, um Informationen über sein Kind zu erhalten. Hierzu muss er vielmehr gem § 1686 Auskunft vom anderen Elternteil verlangen (FA-FamR/*Oelkers* Kap 4 Rn 482 f).

10 Das Umgangsrecht steht jedem Elternteil zu, auch dem **nichtehelichen Vater.** Der sog **biologische Vater**, der zwar leiblicher, aber nicht rechtlicher Vater ist, hat ein Umgangsrecht nach Maßgabe des § 1685 (s dort Rn 1). Das Umgangsrecht besteht unabhängig vom Sorgerecht, weshalb auch der Elternteil, dem die gemeinsame Sorge oder die Alleinsorge zusteht, umgangsberechtigt ist, wenn das Kind sich nicht in seiner Obhut befindet.

11 Die Befugnis des Vaters zum persönlichen Umgang mit seinem Kind ist nicht schon deshalb ausgeschlossen, weil er die **Vaterschaft angefochten** hat, solange der Klage noch nicht rechtskräftig stattgegeben wurde. Denn die Erhebung der Anfechtungsklage dient allein der Klärung der Abstammung. Daraus kann kein zwingender Rückschluss auf das persönliche Verhältnis zwischen dem Vater und dem Kind gezogen werden (BGH FamRZ 88, 711).

12 Ebenfalls rechtfertigt die Tatsache, dass ein Kind durch **Fremdbefruchtung** (heterologe Insemination in utero) gezeugt worden ist, nicht den Ausschluss der Umgangsbefugnis des später geschiedenen Ehemannes und Gilt-Vaters, dessen Vaterschaftsanfechtungsklage rechtskräftig abgewiesen wurde; ihm steht vielmehr grds die Umgangsbefugnis mit »seinem« Kinde zu (Frankf 88, 754).

Das Umgangsrecht steht grds auch demjenigen Elternteil zu, dem die elterliche **Sorge gem § 1666 entzogen** 13
wurde oder der aus anderen Gründen nicht erziehungsgeeignet ist. Es kann jedoch dann beschränkt oder
ausgeschlossen werden, wenn dies die Gründe, die den Elternteil als erziehungsungeeignet erscheinen lassen,
notwendig machen.

Das Umgangsrecht **beinhaltet** nicht nur den persönlichen Umgang mit dem Kind, sondern auch den brieflichen und telefonischen Kontakt zu ihm. Es besteht uneingeschränkt auch ggü einem **Säugling** (Celle FamRZ 14
90, 1026, 1027), erst recht ggü einem **Kleinkind** (Stuttg NJW 81, 404), denn nur so kann der Gefahr einer
dauerhaften Entfremdung vorgebeugt werden.

Das Umgangsrecht ist ein **absolutes Recht** iSd § 823 I (Staud/*Rauscher* Rn 25; Johannsen/Henrich/*Jaeger* 15
Rn 7; Palandt/*Diederichsen* Rn 3). Es wirkt ggü jedermann, auch ggü dem anderen sorgeberechtigten Elternteil – umgekehrt gilt dies aber auch für das absolute Recht der elterlichen Sorge ggü dem umgangsberechtigten Elternteil (vgl BGH FamRZ 90, 966, 968). Dieser macht sich auch gem § 235 StGB strafbar, wenn er dem
umgangsberechtigten Elternteils das Kind entzieht (BGH FamRZ 99, 651).

Ebenso wie die elterliche Sorge ist das Umgangsrecht ein **höchstpersönliches** Recht, das **nicht übertragen** 16
werden kann.

Als Bestandteil des natürlichen Elternrechts ist das Umgangsrecht als solches **unverzichtbar**. Eine Verzichtserklärung ist daher unzulässig und rechtlich nicht verbindlich (BGH FamRZ 84, 778, 779). Dies folgt auch 17
daraus, dass dem Umgangsrecht der Eltern die Umgangspflicht und das eigene Umgangsrecht des Kindes
gegenüberstehen. Jedoch kann sich der umgangsberechtigte Elternteil für eine gewisse Zeit verpflichten, das
Umgangsrecht nicht auszuüben, wenn dies dem Kindeswohl dient (BGH FamRZ 84, 778, 779). Dies muss
erst recht gelten, wenn die Voraussetzungen für einen Ausschluss des Umgangsrechts gem § 1684 IV 1 vorliegen. Dagegen ist der Verzicht auf das Umgangsrecht gegen Freistellung von der Unterhaltspflicht regelmäßig
sittenwidrig und damit nichtig gem § 138 I, weil dadurch das Kind zum Gegenstand eines Handels gemacht
und das Umgangsrecht »kommerzialisiert« wird. Davon ist in der Regel auszugehen, wenn die beiderseitigen
Verpflichtungen als gegenseitige, in ihrer Wirksamkeit voneinander abhängige Vereinbarungen getroffen worden sind (BGH FamRZ 84, 778, 779).

Aus denselben Erwägungen, die die Unverzichtbarkeit des Umgangsrechts begründen, folgt auch, dass es 18
nicht verwirkt werden kann (vgl KG FamRZ 85, 639, 640). Deshalb kann das Umgangsrecht auch nicht gänzlich mit der Begründung versagt werden, der Elternteil habe sich längere Zeit nicht um sein Kind gekümmert
und keinen Umgang mit ihm gepflegt (Hamm FamRZ 96, 424).

B. Wohlverhaltenspflicht (II). I. Wechselseitige Loyalitätspflicht der Eltern (S 1). Die mit dem natürli- 19
chen Elternrecht verbundene **Elternverantwortung** begründet die Pflicht der Eltern, das Wohl des Kindes bestmöglichst zu fördern und nicht zu beeinträchtigen. Dem Kindeswohl entspricht es aber am besten, wenn die
Eltern auch noch nach der Trennung auf der Elternebene einvernehmlich zusammenarbeiten und die Konflikte,
die zur Trennung geführt haben, weder vor dem Kind noch auf dem Rücken des Kindes austragen. Dazu gehört
insbes auch, dass die Eltern wechselseitig das Recht des anderen zum Umgang mit dem Kind akzeptieren, unterstützen und fördern. Diese Selbstverständlichkeit wird durch II ausdrücklich hervorgehoben.

Über seinen Wortlaut hinaus verlangt das Wohlverhaltensgebot des II von jedem Elternteil auch eine aktive 20
Förderung des Verhältnisses des jeweils anderen Elternteils zum Kind (Jena FamRZ 00, 47; Staud/*Rauscher*
Rn 93; Johannsen/Henrich/*Jaeger* Rn 14; Palandt/*Diederichsen* Rn 7). Sinnvollerweise lässt sich das Gebot zu
loyalem Verhalten nicht auf Unterlassungspflichten reduzieren. Denn es macht keinen Unterschied, ob ein
Elternteil durch Handlungen das Verhältnis des Kindes zum anderen Elternteil stört oder ob er dies dadurch
tut, dass er gebotene Handlungen unterlässt. Es ist grds Aufgabe des sorgeberechtigten Elternteils, das Kind
behutsam und positiv auf den Kontakt mit dem anderen Elternteil vorzubereiten (Bambg FamRZ 95, 428;
Frankf FamRZ 88, 754, 755). Sollte er hierzu nicht in der Lage sein, kann dies Anlass zur Überprüfung seiner
Erziehungsfähigkeit gem § 1696 I geben (Frankf FamRZ 88, 754, 755). Zur Erziehungsaufgabe gehört auch,
auf das Kind mit dem Ziel einzuwirken, psychische Widerstände gegen den Umgang mit dem anderen
Elternteil abzubauen und eine positive Einstellung zu gewinnen (Jena FamRZ 00, 47). Wohlverhalten des sorgeberechtigten Elternteils bedeutet auch, dass er die **Übergabe** des Kindes so gestaltet, dass es nicht in einen
Loyalitätskonflikt gestürzt wird. Dazu gehört insbes, dass der Elternteil durch aktive Handlungen und
ermunternde Worte dem Kind zu verstehen gibt, dass es den Besuchskontakt mit dem anderen Elternteil
nicht missbilligt, sondern ebenfalls wünscht (vgl Brandbg FamRZ 96, 1092, 1093). Zur Umgangsvereitelung
und PAS vgl KKFamR/*Ziegler* Rn 27 ff.

Grds steht die Wohlverhaltensklausel des II einer **Auswanderung** des Sorgeberechtigten mit dem Kind nicht 21
entgegen. Dies gilt erst recht für einen **Umzug** innerhalb Deutschlands, der die Entfernung zum umgangsberechtigten Elternteil erheblich vergrößert (vgl BGH FamRZ 87, 356, 358; 90, 392, 393; Karlsr FamRZ 90,
1094; Hburg FamRZ 03, 946). Die Auswanderung kann aber unter Umständen Veranlassung zu einer **Änderung der Sorgerechtsregelung** gem § 1696 I im Interesse des Kindes geben (vgl BGH FamRZ 87, 356, 358; vgl
Karlsr FamRZ 78, 1; Oldbg FamRZ 80, 78, 79, Johannsen/Henrich/*Jaeger* Rn 19; Staud/*Rauscher* Rn 73).

22 **II. Loyalitätspflicht zwischen Eltern und Obhutspersonen (S 2).** Befindet sich das Kind in der Obhut (tatsächliche Betreuung) anderer Personen, wie etwa der Großeltern, Pflegeeltern, des Vormunds oder Pflegers, so haben die Eltern in gleicher Weise die Pflicht zum Wohlverhalten ggü diesen. Aber auch die Obhutspersonen trifft diese Pflicht ggü den Eltern.

23 **III. Anordnungen und Sanktionen.** Der Verletzung oder drohenden Verletzung der Wohlverhaltenspflicht gem II kann das Familiengericht durch **Anordnungen gem III 2** begegnen. Auch der umgangsberechtigte Elternteil kann mittels solcher Anordnungen zu einem bestimmten wünschenswerten Verhalten angewiesen werden, wenn die Voraussetzungen für einen Umgangsrechtsausschluss gem IV noch nicht vorliegen oder ein solcher dadurch gerade verhindert werden kann. Welchen **Inhalt** solche Anordnungen im Einzelnen haben können, ist noch nicht abschließend geklärt. Entscheidend wäre es, die Einstellung des blockierenden Elternteils zu ändern. Das Aufsuchen einer Beratungsstelle oder die Durchführung einer Familientherapie kann nach III 2 aber nicht angeordnet werden (Karlsr R 03, 424; aA Staud/*Rauscher* Rn 107).

24 Wird das Umgangsrecht vom sorgeberechtigten Elternteil nachhaltig beeinträchtigt oder sogar ganz vereitelt, kommt der **Entzug des Sorgerechts** und die Übertragung auf den anderen Elternteil gem § 1696 I in Betracht (vgl Kobl FamRZ 03, 397). Die fehlende Bindungstoleranz des Sorgerechtsinhabers führt aber nur dann zur Abänderung der Sorgerechtsregelung, wenn die vorzunehmende Gesamtabwägung aller Kindeswohlkriterien ergibt, dass dies die bessere Lösung für das Kind ist. Denkbar ist auch, einen Ergänzungspfleger („Umgangspfleger") mit dem Wirkungskreis »Regelung des Umgangs und Bestimmung des Aufenthalts für den Zeitraum der Durchführung des Umgangs« gem §§ 1696 I, 1666 zu bestellen (Frankf FamRZ 00, 1240; Bambg FamRZ 85, 1175; krit KKFamR/*Ziegler* Rn 37).

25 Verstößt der umgangsberechtigte Elternteil gegen seine Wohlverhaltenspflicht gem II, kommt neben der zeitlichen **Beschränkung des Umgangsrechts** im äußersten Fall der gänzliche **Ausschluss** gem IV in Betracht (s.u. Rn 47 ff).

26 Ein weiteres Mittel, die Eltern zur Erfüllung ihrer Wohlverhaltenspflichten anzuhalten, ist die **Androhung und Verhängung von Zwangsgeld oder Zwangshaft** gem § 33 FGG. Solche Vollstreckungsmaßnahmen setzen aber die schuldhafte Zuwiderhandlung gegen eine gerichtliche Regelung des Umgangs oder eine gerichtlich bestätigte Umgangsvereinbarung voraus. Deren Inhalt muss vollstreckungsfähig sein und deshalb ein genau bestimmtes Gebot oder Verbot enthalten.

27 Anordnungen und Sanktionen sind aber nur bedingt geeignet, die Verwirklichung des Umgangsrechts auf Dauer tatsächlich zu verbessern. Ein funktionierendes Umgangsrecht kann **nicht durch staatlichen Zwang** erreicht werden. Vordringlich sollte daher eine Einigung der Eltern herbeigeführt werden, vgl §§ 52, 52 a FGG.

28 Eine fortgesetzte massive und schuldhafte Vereitelung des Umgangsrechts kann in schwer wiegenden Fällen zu einer Verwirkung oder teilweisen **Verwirkung des Ehegattenunterhalts** gem § 1579 Nr 6 führen (München FamRZ 98, 750; 97, 1160; Nürnbg FamRZ 94, 1393; 97, 614, 615; Celle FamRZ 89, 14; vgl BGH FamRZ 87, 356).

29 **C. Regelungsbefugnis des Familiengerichts (III 1). I. Vorrang der Elternvereinbarung.** Die Eltern können die Ausgestaltung des persönlichen Umgangs grds selbst bestimmen. Das Familiengericht darf den Umfang und die Ausübung des Umgangsrechts nur dann regeln, wenn die Eltern nicht in der Lage sind, eine wirksame und erforderliche Vereinbarung darüber zu treffen (BVerfG FamRZ 95, 86, 87). Die **vorrangige Zuständigkeit der Eltern** für die Ausgestaltung des Umgangsrechts folgt aus dem natürlichen Elternrecht, das in Art 6 II 1 GG verankert ist. Eine von einer elterlichen Vereinbarung **abweichende gerichtliche Umgangsregelung** ist nur zulässig, wenn erhebliche Gründe des Kindeswohles dies erfordern. Es reicht nicht aus, dass dem Gericht eine bessere als die elterliche Regelung möglich erscheint (Köln FamRZ 82, 1237; vgl auch Staud/*Rauscher* Rn 158). Die Elternvereinbarung darf nicht sittenwidrig sein. Insbes ist es unzulässig, die Nichtausübung des Umgangsrechts mit einer Freistellung von der Unterhaltspflicht zu koppeln (s.o. Rn 17).

30 Im Unterschied zu einer gerichtlichen Regelung kann die Umgangsvereinbarung der Eltern nicht sogleich **Grundlage für Vollstreckungsmaßnahmen** gem § 33 FGG sein. Dazu ist vielmehr die gerichtliche Billigung der Vereinbarung erforderlich. Hierzu muss das Gericht in geeigneter Form zum Ausdruck bringen, dass es sich die Umgangsvereinbarung zu Eigen macht, damit von einer gerichtlichen Verfügung iSd § 33 FGG gesprochen werden kann (BGH FamRZ 88, 277; Frankf FamRZ 88, 1315; Bambg 95, 428). Die Billigung setzt voraus, dass das Gericht die Vereinbarung geprüft hat und sie dem Kindeswohl zumindest nicht widerspricht. Im Falle des § 52 a IV 3 FGG tritt die Billigungswirkung kraft Gesetzes ein. Die Vereinbarung einer **Vertragsstrafe** ist sittenwidrig und daher nichtig (Staud/*Rauscher* Rn 125; Johannsen/Henrich/*Jaeger* Rn 11).

31 **II. Regelungsbedürfnis und -anlass.** Eine Umgangsregelung kann **von Amts wegen** oder auf formlosen **Antrag** eines Elternteils, eines Personensorgeberechtigten, des Kindes oder auf Anregung des Jugendamts ergehen. Liegt bereits eine gerichtliche Umgangsregelung vor, kann diese unter den Voraussetzungen des § 1696 I ebenfalls auf Antrag oder von Amts wegen geändert werden. Ein **Regelungsbedürfnis** besteht auch, wenn die Eltern lediglich über Einzelheiten der Ausgestaltung des Umgangs streiten oder wenn sie sich zwar einig sind, aber zur Sicherung der Vollstreckungsmöglichkeit eine gerichtliche Anordnung oder gerichtlich gebilligte Vereinbarung wollen (vgl Köln FamRZ 02, 979).

III. Regelungsgrundsätze. Das Familiengericht soll die Ausgestaltung des Umgangs **konkret und umfassend** 32 regeln. Dazu gehört insbes die Bestimmung von Art, Ort, Zeit, Dauer, Häufigkeit, Übergabemodalitäten (Holen und Bringen des Kindes), Ferien- und Feiertagsumgang, Ausfall- und Nachholungsregeln und eventuell Überwachungsmaßnahmen (vgl München FamRZ 03, 55). Das Gericht kann sich nicht darauf beschränken, das Umgangsrecht lediglich dem Grunde nach einzuräumen. Vielmehr ist es gehalten, eine Umgangsregelung mit durchsetzbarem Inhalt zu treffen, die **vollständig, vollziehbar und vollstreckbar** sein muss (Frankf FamRZ 99, 617, 618). Dies gilt aber nur für eine gerichtliche Entscheidung. Kommt dagegen unter maßgeblicher Mitwirkung des Gerichts eine Umgangsvereinbarung zu Stande, brauchen die Einzelheiten der Ausübung des Umgangsrechts nur insoweit geregelt zu werden, als dies zur Beilegung des Streits der Beteiligten erforderlich ist.

Bei der Regelung des Umgangs ist das Familiengericht weder an Anträge gebunden, noch wird es durch diese 33 in seinen Gestaltungsmöglichkeiten begrenzt (vgl BGHZ 51, 2). Es darf einen Antrag auch nicht einfach ablehnen, sondern **muss** eine **konkrete abweichende Regelung** treffen, notfalls den Umgang konkret einschränken oder ausschließen (BGH FamRZ 94, 158, 160).

Ungeachtet der Berücksichtigung der Interessen der Eltern ist das **Wohl des Kindes die oberste Richtschnur** 34 (s.o. Rn 1). Dabei können die Kriterien der Kindeswohlprüfung, die bei der Sorgerechtsentscheidung heranzuziehen sind (s. § 1671 Rn 29 ff), in modifizierter Form angewandt werden. So wird der Gedanke **des Förderungsgrundsatzes** für die Bestimmung von Dauer und Häufigkeit des Umgangs eine Rolle spielen. Gleiches gilt für die **Bindungen des Kindes**, wobei zu beachten ist, dass das Umgangsrecht auch dazu dienen soll, Bindungen erst wachsen zu lassen. Geschwisterbindungen sollte grds dadurch Rechnung getragen werden, dass insbes die Kinder, die sonst nicht zusammen leben, den Umgang gemeinsam verbringen (vgl Staud/*Rauscher* Rn 181). Der **Kindeswille** steht beim Umgangsrecht besonders im Vordergrund, weil das Kind hinsichtlich der konkreten Ausgestaltung des Umgangs mehr Wünsche und Vorstellungen hat und auch äußert als dies beim Sorgerecht der Fall ist. Der Wille des Kindes ist ein wichtiges Kriterium für das Wohl des Kindes, kann mit diesem aber nicht gleichgesetzt werden (vgl Staud/*Rauscher* Rn 176). Er ist nur zu berücksichtigen, soweit es mit dem Kindeswohl vereinbar ist (BVerfG FamRZ 93, 662, 663; 05, 1057). Bei der **Ermittlung** (§ 12 FGG) der Bindungen des Kindes und seines Willens kommt der obligatorischen Kindesanhörung (§ 50 b FGG) besondere Bedeutung zu, erforderlichenfalls ist ein psychologisches Sachverständigengutachten zu erholen.

Soweit als möglich muss auch auf die **Interessen der Eltern** Rücksicht genommen werden, zumal dadurch 35 mittelbar auch das Kindeswohl beeinflusst wird. Eine gegen den Willen eines Elternteils angeordnete Umgangsregelung birgt die Gefahr, dass sich die abl Haltung auch auf das Kind überträgt oder sein Befinden beeinflusst (vgl Staud/*Rauscher* Rn 163). Deshalb sollte das Gericht um Ausgleich bemüht sein, soweit dies mit dem Kindeswohl noch vereinbar ist und zur konfliktfreien Ausübung des Umgangsrechts beiträgt.

IV. Regelungsinhalt. Der richtige **Ort** für die Wahrnehmung des Umgangsrechts ist grds die **Wohnung des** 36 **Berechtigten** (Ddorf FamRZ 88, 16; BGH FamRZ 69, 148, 149) und nicht ein neutraler Ort oder gar die Wohnung des betreuenden Elternteils. Das Kind soll den umgangsberechtigten Elternteil möglichst unverfälscht und unbefangen in dessen normaler Umgebung und üblichem sozialen Umfeld erleben. Dies bedeutet aber nicht, dass der Umgangsberechtigte immer zu Hause bleiben muss. Selbstverständlich darf er mit dem Kind – auch während der gesamten Dauer des Umgangskontakts – Ausflüge unternehmen oder Freunde und Verwandte besuchen (Staud/*Rauscher* Rn 183).

Das Wohl des Kindes kann aber auch einen **neutralen Ort** erfordern. Die Räume des Jugendamts, einer Bera- 37 tungsstelle, des Kindergartens oder ähnlicher öffentlicher Einrichtungen können insbes in Betracht kommen, wenn die Anwesenheit neutraler Dritter notwendig ist, Entführungsgefahr besteht, der Umgang erst wieder angebahnt werden muss oder die Lebensumstände des Umgangsberechtigten dies erfordern (große Entfernung zum Wohnort, Haft). Daneben kann auch die Wohnung eines Dritten, insbes der Verwandten oder Großeltern des Kindes, als Umgangsort dienen. Da die Bestimmung eines neutralen Ortes eine Einschränkung des grds räumlich unbeschränkten Umgangsrechts darstellt, darf sie nur erfolgen, wenn das Kindeswohl dies erfordert. Eine Kindeswohlgefährdung muss aber noch nicht vorliegen, da die Einschränkung nicht einem Ausschluss gem IV gleichzusetzen ist (Johannsen/Henrich/*Jaeger* Rn 24; aA Staud/*Rauscher* Rn 186).

Dauer und Häufigkeit des Umgangs lassen sich nicht aus allgemeinen Erfahrungssätzen ermitteln, sondern 38 nur aus den Umständen des Einzelfalls. Dabei ist das Elternrecht beider Elternteile, das Persönlichkeitsrecht des Kindes und insbes dessen Wohl zu beachten (BVerfG FamRZ 93, 662, 663; 95, 86, 87). Jegliche Schematisierung verbietet sich (Hamm FamRZ 90, 654, 655). Dennoch hat sich eine verfestigte Tendenz zu einem 14-tägigen Umgangsrecht für ältere Kinder herausgebildet (vgl AG Kerpen; KG FamRZ 89, 656, 660; Staud/*Rauscher* Rn 187; FA-FamR/*Oelkers* Kap 4 Rn 552). Dies ist nicht zu beanstanden. Vielmehr wird in den ganz überwiegenden Fällen etwa ab dem Kindergartenalter ein **Umgang an jedem zweiten Wochenende** empfehlen, der nach Möglichkeit zumindest **eine Übernachtung** mit einschließen sollte.

Der Umgang sollte **regelmäßig und periodisch** stattfinden, so dass das Kind und auch die Eltern sich darauf 39 einstellen können und er zu einem festen und selbstverständlichem Bestandteil in ihrem Lebensplan wird (Staud/*Rauscher* § 1684 Rn 1). Die Zeit zwischen den Umgangskontakten darf nicht zu lange sein, um der

Gefahr der **Entfremdung** vorzubeugen. Andererseits ist ein zu kurzer Rhythmus nicht zu empfehlen, insbes wenn dann ein Elternteil stets die Wochenenden und der andere die Werktage mit dem Kind zusammen wäre. Eine **Ausnahme** besteht aber für **Kleinkinder bis etwa 3 Jahre**. Hier sollte der Umgang in der Regel einmal in der Woche, bei Säuglingen sogar noch häufiger stattfinden, um dem eingeschränkten Erinnerungsvermögen und dem besonderen Zeitgefühl dieser Altersgruppe Rechnung zu tragen (Staud/*Rauscher* Rn 1; Johannsen/Henrich/*Jaeger* Rn 26; vgl auch AG Kerpen FamRZ 94, 1486, 1487). Ein Umgangskontakt **unter der Woche** entspricht bereits regelmäßig deshalb nicht dem Wohl des Kindes, weil es da Kindergarten oder Schule besuchen wird, so dass die Zeit des Zusammenseins stark verkürzt wäre; häufig wird auch der umgangsberechtigte Elternteil berufstätig sein (vgl aber AG Saarbr FamRZ 03, 10). Auch ein blockweiser Aufenthalt bei jeweils einem Elternteil dient regelmäßig nicht dem Kindeswohl. Denn es ist erforderlich, dem Kind insoweit Sicherheit zu geben, dass es wissen und erfahren kann, wo sich sein Lebensmittelpunkt befindet (Karlsr FuR 98, 270, 272). Dies ist auch Ausdruck der zu wahrenden Erziehungskontinuität (Staud/*Rauscher* Rn 189). Das Kind darf in seiner prinzipiellen Zuordnung zum Sorgeberechtigten nicht irritiert und keinen Spannungen und Widersprüchen ausgesetzt werden, die in der Reifeentwicklung schädlich sind (Hamm FamRZ 90, 654, 655).

40 Die **Dauer des einzelnen Umgangs** sollte so bemessen sein, dass sich eine oft vorhandene Anfangsscheu legen und eine wirkliche Vertrautheit bilden kann. Kind und umgangsberechtigter Elternteil müssen etwas wirklich Sinnvolles miteinander unternehmen können. Der Umgang sollte nicht den Charakter eines Pflichtbesuchs bei einem entfernten Verwandten haben, sondern zu einer Begegnung mit gegenseitigem Gefühlsaustausch werden. Dies wird zwar ganz entscheidend vom Geschick des Umgangsberechtigten abhängen, Voraussetzung ist aber, dass dafür ausreichend Zeit zur Verfügung steht. Besteht bereits eine solch wünschenswerte vertrauensvolle Beziehung, versteht es sich von selbst, dass ein länger andauernder Umgang dem Wohl des Kindes entspricht. Andererseits muss die Dauer des Umgangs insbes bei kleineren Kindern so bemessen sein, dass die Trennung vom betreuenden Elternteil, der regelmäßig die Hauptbezugsperson sein wird, zu keiner Belastung für das Kind wird (Johannsen/Henrich/*Jaeger* Rn 269).

41 Wie lange genau ein Umgangskontakt dauern sollte, kann nur im **Einzelfall** entschieden werden. Dies hängt vor allem vom Alter des Kindes, der Intensität seiner bisherigen Beziehungen zum Umgangsberechtigten, von der Entfernung der Wohnorte der Eltern, aber auch von den sonstigen Interessenbindungen des Kindes und der Eltern ab (Hamm FamRZ 90, 654, 655). Geht man von einem Umgang an jedem zweiten Wochenende aus, sollte aber eine Dauer von 2 Tagen mit Übernachtung, also von Samstag Vormittag bis Sonntag Nachmittag, als Anhaltspunkt für eine **angemessene Umgangsdauer** angesehen werden, die – wenn sie nicht sogleich verwirklicht werden kann – zumindest angestrebt werden sollte (vgl auch Johannsen/Henrich/*Jaeger* Rn 27). **Übernachtungen** können die Beziehungen zum umgangsberechtigten Elternteil ganz wesentlich intensivieren und zum Wohl des Kindes verbessern und erhalten. Bestehen gute Bindungen zum umgangsberechtigten Elternteil, dessen Erziehungseignung außer Frage stehen muss, so kommt ein Übernachtungsumgang bereits im Kleinkindalter in Betracht (ebenso Johannsen/Henrich/*Jaeger* Rn 26; Staud/*Rauscher* Rn 8; aA Palandt/*Diederichsen* Rn 15). Die Anordnung eines Übernachtungsumgangs gegen den Willen des sorgeberechtigten Elternteils ist jedoch sorgfältig zu prüfen, um das Kind nicht in einen Loyalitätskonflikt zu stürzen (Hamm FamRZ 90, 654, 655; vgl auch Staud/*Rauscher* Rn 8).

42 Neben dem periodischen Umgang muss auch eine Regelung für die **großen christlichen Feiertage** (Weihnachten, Ostern und Pfingsten) getroffen werden. Denn nicht nur der sorgeberechtigte Elternteil, sondern auch der andere, auf den zeitlich begrenzten Umgang angewiesene Elternteil, muss – nicht zuletzt im Kindesinteresse – die Gelegenheit haben, iRs Umgangsrechts aus dem normalen Ablauf des Jahres herausragende Tage gemeinsam mit dem Kind zu verbringen. Unabhängig von der religiösen Bedeutung, die der betreffende Elternteil den kirchlichen Feiertagen beimisst, haben sie ihre besondere Stellung im Lauf des Jahres; insbes für ein kleines Kind ist es nicht gleichgültig und bedeutungslos, wo es solche Tage verbringt (vgl Bambg FamRZ 90, 3; zu Einzelheiten vgl KKFamR/*Ziegler* Rn 75).

43 Zur Regelung des Umgangs gehört grds auch die Bestimmung eines **Ferienumgangs**. Dieser ist besonders geeignet, das Zusammensein des Kindes mit dem Umgangsberechtigten zu normalisieren und eine tiefe vertrauensvolle Beziehung zu schaffen (BVerfG FamRZ 05, 871). Voraussetzung ist aber, dass die Bindung bereits von guter Qualität ist und keine konkrete Gefahr besteht, dass das Kind unter Verlustängsten leiden wird. Dem Kindeswillen wird dabei besonderes Gewicht zukommen (vgl KG FamRZ 78, 728). Je nach Qualität der Bindung kann die Dauer des Ferienumgangs auch bis zu vier Wochen betragen (Johannsen/Henrich/*Jaeger* Rn 28). Eine so lange Umgangsdauer wird aber wegen der Gefahr der Verstärkung eines Elternkonflikts nur mit Billigung des Sorgeberechtigten in Betracht kommen, die ansonsten nicht zwingend erforderlich ist. Der Ferienumgang findet zusätzlich zum periodischen Umgang statt und kommt nicht nur als Ersatz für einen solchen in Betracht (vgl Köln FamRZ 82, 1237; Frankf FamRZ 96, 362; Johannsen/Henrich/*Jaeger* Rn 28; Staud/*Rauscher* Rn 8; aA KG FamRZ 79, 70). Für **Auslandsreisen**, insbes Flugreisen, ist die Zustimmung des Sorgeberechtigten erforderlich (Frankf FamRZ 99, 1008).

44 Das **Abholen und Zurückbringen** des Kindes ist Aufgabe des Umgangsberechtigten (Nürnbg FamRZ 99, 1008; Zweibr FamRZ 82, 531; 98, 1465; Frankf FamRZ 88, 866; Johannsen/Henrich/*Jaeger* Rn 30; Staud/*Rauscher*

Rn 214; Palandt/*Diederichsen* Rn 17). Den sorgeberechtigten Elternteil trifft über selbstverständliche Vorbereitungshandlungen in der eigenen häuslichen Sphäre hinaus keine Verpflichtung, an der Verwirklichung des Umgangsrechtes aktiv mitzuwirken (Nürnbg FamRZ 99, 1008; Zweibr FamRZ 82, 531). Doch sollte dem Sorgeberechtigten im Interesse eines möglichst entspannten Umgangs und somit zum Wohl des Kindes zuzumuten sein, zumindest geringfügige Mitwirkungshandlungen vorzunehmen, wenn dies eine maßgebliche Erleichterung der Ausübung des Umgangs für den Berechtigten darstellt (Staud/*Rauscher* § 1684 Rn 215).

Grds steht dem Umgangsberechtigten während des Umgangs das Recht zu, den Umgang des Kindes mit Wirkung für und gegen Dritte zu bestimmen. Deshalb kommt in der Regel auch eine Anordnung, dass das Umgangsrecht nicht in **Anwesenheit des neuen Lebenspartners** des Umgangsberechtigten durchgeführt werden darf, nicht in Betracht (Hamm FamRZ 82, 93; Staud/*Rauscher* Rn 221; Johannsen/Henrich/*Jaeger* Rn 31; aA Köln FamRZ 82, 1236 vor Ablauf des Trennungsjahres). Die Anordnung des **Ausschlusses des neuen Partners** vom Umgang kann und muss aber dann erfolgen, wenn es das Kindeswohl erfordert (Nürnbg FamRZ 1998, 976). 45

Die **Kosten des Umgangs**, über die nicht im Umgangs-, sondern allenfalls im Unterhaltsverfahren zu entscheiden ist, hat der BGH (FamRZ 95, 215, 216) grundlegend ausgeführt:»Grundsätzlich hat der Umgangsberechtigte die üblichen Kosten des Umgangs selbst zu tragen und kann sie weder unmittelbar im Wege einer Erstattung noch mittelbar unterhaltsrechtlich im Wege einer Einkommensminderung geltend machen (BGH FamRZ 95, 215, 216). Eine Abweichung von diesen Grundsätzen kann nur in engen Grenzen aus Billigkeitsgründen erfolgen. 46

D. Einschränkung und Ausschluss des Umgangsrechts (IV). I. Eingriffsvoraussetzungen. Eine Einschränkung oder ein Ausschluss des Umgangsrechts setzt gem IV 1 immer voraus, dass dies **zum Wohl des Kindes erforderlich** ist. Soll dies für längere Zeit oder auf Dauer geschehen so ist gem IV 2 erforderlich, dass andernfalls **das Wohl des Kindes gefährdet** wäre (Jena FamRZ 00, 47; Schlesw FamRZ 00, 48, 49; Johannsen/Henrich/*Jaeger* Rn 34). Bereits vor Inkrafttreten des KindRG war es in stRspr anerkannt, dass der völlige oder zeitweilige Ausschluss des Umgangs nur angeordnet werden darf, wenn dies nach den Umständen des Falles unumgänglich ist, um eine Gefährdung der körperlichen oder seelischen Entwicklung des Kindes abzuwenden, und diese Gefahr nicht auf andere Weise ausreichend sicher abgewehrt werden kann (BGH FamRZ 84, 1084; 88, 711; vgl BVerfG FamRZ 71, 412, 424; 95, 86, 87). Vor dem völligen Ausschluss ist stets zu prüfen, ob nicht die bloße Beschränkung des Umgangsrechts oder dessen sachgerechte Ausgestaltung ausreichend ist. 47

Die für einen Eingriff gem IV 2 erforderliche Kindeswohlgefährdung entspricht derjenigen des § 1666 (Johannsen/Henrich/*Jaeger* Rn 34; Staud/*Rauscher* Rn 268; aA Palandt/*Diederichsen* Rn 21). Für die **Eingriffsschwelle** des IV 1 gilt dagegen der Maßstab des § **1696**. Demnach sind für eine Einschränkung oder einen Ausschluss des Umgangsrechts von kürzerer Dauer triftige, das Wohl des Kindes nachhaltig berührende Gründe erforderlich, aber auch ausreichend (Johannsen/Henrich/*Jaeger* Rn 34; Staud/*Rauscher* Rn 269; aA Palandt/*Diederichsen* Rn 21). Dabei weist das Wort »soweit« in IV 1 auf den stets zu beachtenden Grundsatz der Verhältnismäßigkeit hin, weshalb ebenso wie bei IV 2 ein bestimmter Eingriff immer nur erfolgen darf, wenn keine weniger einschneidenden Maßnahmen für das zu erreichende Ziel zur Verfügung stehen (Staud/*Rauscher* Rn 272). 48

Wegen der unterschiedlich hohen Eingriffsschwelle ist von Bedeutung, welche Zeiträume als »**längere Zeit**« iSd IV 2 anzusehen sind. Dabei wird zum einen auf das altersgemäße Zeitempfinden des Kindes (Johannsen/Henrich/*Jaeger* Rn 34; s.o. § 1632 Rn 7) und zum anderen auf die Häufigkeit des bisherigen Umgangs (Palandt/*Diederichsen* Rn 31) abzustellen sein. Insbes aber erfordert es Sinn und Zweck der unterschiedlichen Eingriffsschwellen, bei der zeitlichen Einordnung auch die Schwere des Eingriffs heranzuziehen (Staud/*Rauscher* Rn 267). Wird das bisher 14-tägig ausgeübte Umgangsrecht ausgeschlossen, so wird man auch bei einem älteren Kind bereits dann von einer längeren Zeit sprechen müssen, wenn der Umgang mehr als zweimal entfallen soll, was etwa einem Monat entspricht; bei einem jüngeren Kind kommt auch ein kürzerer Zeitraum in Betracht. Dagegen kann bei einer weniger einschneidenden Maßnahme, wie etwa dem Verbot, mit dem Kind ins Ausland zu fahren (wegen Entführungsgefahr), ein Zeitraum von einem halben Jahr noch als kurz angesehen werden. Ein Zeitraum über einem halben Jahr dürfte aber in jedem Fall eine »längere Zeit« sein. 49

Wann eine Regelung bereits eine **Einschränkung** des Umgangsrechts iSd IV darstellt oder noch eine auf III beruhende nähere **konkrete Ausgestaltung** des Umgangs ist, kann nur im Einzelfall entschieden werden. 50

Es kann auch lediglich der **Vollzug** früherer Entscheidungen über das Umgangsrecht – und nicht gleich das Umgangsrecht selbst – eingeschränkt oder ausgeschlossen werden (vgl KKFamR/*Ziegler* Rn 94). 51

Sowohl der Ausschluss des Umgangsrechts als auch des Vollzugs einer diesbezüglichen Entscheidung müssen eine bestimmte **zeitliche Festlegung** enthalten, aus der sich ergibt, ob und inwieweit das Umgangsrecht zeitweilig oder dauernd ausgeschlossen werden soll (Celle FamRZ 90, 1026). 52

Allgemeine Regeln, wann die Einschränkung oder der Ausschluss des Umgangsrechts zum Wohle des Kindes oder gar zur Abwendung seiner Gefährdung erforderlich ist, lassen sich nicht aufstellen. Beispiele aus der Rspr: **Angstreaktionen:** Köln FamRZ 97, 1097; Celle DAVorm 96, 278; BayObLG FamRZ 92, 97, 98; Frankf FamRZ 03, 1317. **Entgegenstehender Kindeswille:** Einerseits ist der Wille des Kindes immer ein beachtlicher Umstand, 53 andererseits entspricht der geäußerte oder auch der tatsächliche Wille des Kindes oft zumindest mittelfristig nicht seinem Wohl. BGH FamRZ 80, 131: Bedeutsam für einen Ausschluss des Umgangsrechts eines Elternteils ist stets, ob die Einstellung des Kindes auf subjektiv beachtlichen oder verständlichen Beweggründen beruht. In solchen Fällen wird eine gewaltsame Durchsetzung des Verkehrsrechts mit seinem Zweck im Allgemeinen ebenso unvereinbar sein wie mit dem Persönlichkeitsrecht des Kindes; BVerfGE 64, 180, 1; Ddorf FamRZ 94, 1277, 1278; Brandbg FamRZ 03, 1405; 00, 1106; Hamm FamRZ 94, 57; 96, 361; 00, 45; Celle FamRZ 98, 1458; Jena FamRZ 96, 359, 360; 00, 47; Karlsr FamRZ 05, 259; Schlesw FamRZ 00, 48. **Eigensinnige Motive:** Hamm FamRZ 97, 693. **Eingliederung in neue Familie:** Brandbg FamRZ 00, 1106; Karlsr FamRZ 99, 184; Köln OLGR 99, 178; FamRZ 03, 952. **Entfremdung/lange Nichtausübung:** KG FamRZ 00, 49, 50; Karlsr FamRZ 99, 184; Hamm FamRZ 94, 58; 96, 424; Ddorf FamRZ 94, 1276. **HIV:** Hamm NJW 89, 2336; Frankf NJW 91, 1554 mwN. **Inhaftierung:** BGH FamRZ 84, 1084; Brandbg FamRZ 03, 1405; Hamm FamRZ 03, 951; **Kindesentziehung:** Köln FuR 00, 238; 00, 239; München FamRZ 98, 976, 977; Karlsr FamRZ 96, 424, 425; Brandbg FamRZ 03, 947; Hamm FamRZ 97, 1095; Celle FamRZ 96, 364. **Misshandlung:** Oldbg FamRZ 05, 925. **Sexueller Missbrauch** (vgl § 1671 Rn 33): Häufig wird sich der Verdacht des sexuellen Missbrauchs nicht völlig ausräumen lassen. Dann wird man zum Schutz des Kindes von einer bestehenden Gefahr für das Kindeswohl ausgehen und grds den Ausschluss des Umgangsrechts – möglicherweise auch nur seine Beschränkung in Form der Begleitung – anordnen müssen. Nur wenn mit der im Strafverfahren für die Verurteilung eines Angeklagten erforderlichen Sicherheit feststeht, dass ein sexueller Missbrauch nicht stattgefunden hat, sind solche Maßnahmen nicht angezeigt. Deshalb ist es bedenklich, vom bloßen Verdacht des sexuellen Missbrauchs zu sprechen, der den Ausschluss des Umgangsrechts regelmäßig nicht erforderlich machen, wie ein Teil der obergerichtlichen Rspr. Celle FamRZ 98, 971, 972; 98, 973; Hburg FamRZ 96, 422; Frankf FamRZ 95, 1432; Bambg FamRZ 95, 181; Bambg FamRZ 94, 7; Stuttg FamRZ 94, 718; Hamm FamRZ 93, 1233; Ddorf FamRZ 92, 5. **Spannungen und Streit:** Hamm FamRZ 94, 58; 98, 969; 00, 1108 f; Bambg FamRZ 98, 969; Frankf. **Unbekannter Aufenthalt:** Karlsr OLGR 98, 143. **Vaterschaft:** BGH FamRZ 88, 711; Frankf FamRZ 88, 754; 90, 655.

54 **II. Begleiteter Umgang.** Ein völliger Ausschluss des Umgangsrechts kommt nicht in Betracht, wenn auch ein **begleiteter Umgang** gem IV 3, 4 genügt, um die Gefährdung des Kindeswohls abzuwenden (vgl Köln FamRZ 05, 295). Auch die Anordnung eines begleiteten Umgangs darf nur angeordnet werden, wenn die Voraussetzungen des IV 1 oder 2 vorliegen. Wegen der Schwere des Eingriffs und der üblichen Dauer der Anordnung wird deshalb regelmäßig eine Gefährdung des Kindeswohls erforderlich sein. Der begleitete Umgang ist deshalb keinesfalls ein Allheilmittel zur Lösung von Umgangskonflikten zerstrittener Eltern. Denn es ist zu bedenken, dass sowohl für den Umgangsberechtigten als auch für das Kind die Anwesenheit einer dritten Person unnatürlich und damit belastend ist (vgl auch München FamRZ 03, 551).

55 **Hauptanwendungsfälle** (vgl BTDrs 13/4899 106) für die Anordnung eines begleiteten Umgangs sind der erwiesene oder nicht ausgeräumte **Verdacht des sexuellen Missbrauchs** (Hburg FamRZ 96, 422; AG Kerpen FamRZ 98, 254, 255; München FamRZ 99, 674, 675) und die drohende **Gefahr einer Kindesentziehung** (Celle FamRZ 96, 364; München FamRZ 98, 976, 977). Wertvolle Dienste kann der begleitete Umgang aber insbes auch zur Anbahnung von Umgangskontakten nach längerer Unterbrechung leisten, um Ängste beim Sorgeberechtigten oder beim Kind abzubauen (vgl Hamm FamRZ 96, 424; 99, 326). In diesem Fall muss aber noch mehr als sonst das Ziel im Vordergrund stehen, so schnell wie möglich einen »normalen« Umgang zu erreichen. Dabei ist es hilfreich, wenn der begleitende Dritte eine psychologisch geschulte Person, beispielsweise ein Mitarbeiter einer Erziehungsberatungsstelle, ist. Lehnt das Kind aber Umgangskontakte nachdrücklich in beachtenswerter Weise ab, scheidet auch die Anordnung eines begleiteten Umgangs aus (Ddorf FamRZ 98, 1460, 1461). Auch bei psychischer Erkrankung oder Drogenabhängigkeit des Umgangsberechtigten kann die Anordnung eines begleiteten Umgangs in Betracht kommen (Staud/*Rauscher* Rn 316).

56 Im Falle der Anordnung eines begleiteten Umgangs muss das Gericht sich vor seiner Entscheidung davon überzeugen, dass ein **zur Mitwirkung bereiter Dritter** vorhanden ist (Frankf FamRZ 99, 617). In erster Linie kommt dafür das Jugendamt, ein anderer Träger der Jugendhilfe, Erziehungsberatungsstellen oder ein entsprechender Verein in Betracht, vgl IV 4. Daneben können auch Privatpersonen, insbes Freunde oder Verwandte, den Umgang begleiten, was jedoch nur sinnvoll ist, wenn die Person von Eltern und Kind akzeptiert wird.

§ 1685 Umgang des Kindes mit anderen Bezugspersonen

(1) Großeltern und Geschwister haben ein Recht auf Umgang mit dem Kind, wenn dieser dem Wohl des Kindes dient.
(2) ¹Gleiches gilt für enge Bezugspersonen des Kindes, wenn diese für das Kind tatsächliche Verantwortung tragen oder getragen haben (sozial-familiäre Beziehung). ²Eine Übernahme tatsächlicher Verantwortung ist in der Regel anzunehmen, wenn die Person mit dem Kind längere Zeit in häuslicher Gemeinschaft zusammengelebt hat.
(3) § 1684 Abs. 2 bis 4 gilt entsprechend.

A. Umgangsberechtigter Personenkreis. I. Die Vorschrift räumt auch nichtelterlichen Personen ein 1
Umgangsrecht ein; eine Umgangspflicht besteht für diesen Personenkreis aber nicht.
II. Gem I steht auch den **Großeltern und Geschwistern** des Kindes ein Umgangsrecht zu. Dabei ist der Ver- 2
wandtenbegriff des § 1589 zu Grunde zu legen, so dass zwar Halb-, aber keine Stiefgeschwister nach I
umgangsberechtigt sind. Der neue Ehegatte eines Großelternteils hat gem I ebenso wenig ein Umgangsrecht
nach I wie Tanten und Onkel (Zweibr FamRZ 99, 1161) oder Cousins und Cousinen oder die Urgroßeltern
des Kindes. Doch kann diesem Personenkreis unter den Voraussetzungen des II ein Umgangsrecht zustehen.
Dagegen sind die Großeltern und Geschwister, die sich auf I berufen können, unabhängig davon umgangsberechtigt, ob sie mit dem Kind in häuslicher Gemeinschaft gelebt haben oder nicht.
III. Gem II 1 sind **alle engen Bezugspersonen** des Kindes umgangsberechtigt, vorausgesetzt, sie tragen für das 3
Kind tatsächlich Verantwortung oder haben dies getan. Dabei bedarf es keiner aktuellen persönlich vertrauten
Beziehung zum Kind, vielmehr genügt es, wenn die umgangsbegehrende Person für das Kind in der Vergan-
genheit eine enge Bezugsperson war (BGH FamRZ 05, 705 = FuR 05, 262). Diese Konstellation bezeichnet der
Gesetzgeber als sozial-familiäre Beziehung. Als Umgangsberechtigte kommen insbes **Stiefeltern** einschl der
Lebenspartner iSd LPartG sowie Pflegeeltern in Betracht, aber – aufgrund der vom BVerfG (FamRZ 03, 816)
veranlassten Gesetzesänderung – auch der **Lebensgefährte** einer nichtehelichen Gemeinschaft und der sog
„biologische" Vater. Gem II 2 ist in der Regel von der Übernahme der tatsächlichen Verantwortung und damit
von einer sozial-familiären Beziehung auszugehen, wenn jemand längere Zeit mit dem Kind in häuslicher
Gemeinschaft gelebt hat (vgl BVerfG FamRZ 04, 1705). Ob das Zusammenleben über eine **längere Zeit** stattgefunden hat, ist nach dem subjektiven Empfinden des Kindes zu beurteilen. Entscheidend ist dabei weniger eine
bestimmte zeitliche Dauer als vielmehr, dass das Kind zu der Person eine nachhaltige Beziehung aufgebaut hat
(s. § 1632 Rn 7). Einjähriges Zusammenleben genügt jedenfalls, wenn keine gegenteiligen Umstände ersichtlich
sind (BGH FamRZ 05, 705 = FuR 05, 262). Die häusliche Gemeinschaft muss nicht während der gesamten Zeit
bestanden haben (Staud/*Rauscher* § 1685 Rn 10). Nötig ist eine Lebensgemeinschaft mit festen und regelmäßigen Kontakten.
IV. Die Personen, denen ein eigenes Umgangsrecht mit einem minderjährigen Kind eingeräumt ist, werden durch 4
§ 1685 **abschließend** bestimmt (Zweibr FamRZ 99, 1161; BVerfG FamRZ 03, 816, 825). Der Kreis der Umgangsberechtigten wird auch nicht durch § 1626 III erweitert, der lediglich festschreibt, welcher Umgang dem Wohl des
Kindes dient (Bambg FamRZ 99, 810; vgl Staud/*Rauscher* § 1685 Rn 15; aA Rostk FamRZ 05, 744).
Ein Umgang des Kindes mit Personen ohne eigenes Umgangsrecht kann aber beim Vorliegen einer Gefähr- 5
dung des Kindeswohls durch Maßnahmen nach § 1666 ermöglicht werden (Zweibr FamRZ 99, 1161; Palandt/
Diederichsen § 1685 Rn 7; Johannsen/Henrich/*Jaeger* § 1685 Rn 2; Staud/*Rauscher* § 1685 Rn 17). Nicht aus-
reichend ist, dass der Umgang für das Kindeswohl nur förderlich wäre (Oldbg FamRZ 03, 1582).

B. Kindeswohldienlichkeit. Unabhängig davon, ob die Umgangsberechtigung auf I oder II beruht, ist stets 6
erforderlich, dass der Umgang dem **Wohl des Kindes dient**. Der Reformgesetzgeber hat für die Kindeswohlprüfung bewusst diesen erhöhten Maßstab gewählt, um das Umgangsrechts einzugrenzen. Grundlegend ist,
dass § 1685 dem berechtigten Personenkreis zwar eigene subjektive Rechte gibt, jedoch nicht in erster Linie
um derentwillen, sondern um des Kindes willen (Kobl JurBüro 00, 221).
Ob der Umgang dem Kindeswohl dient, ist nach den üblichen Kriterien zu beurteilen (s. § 1684 Rn 34 und 7
§ 1671 Rn 29 ff), insbes ist danach zu fragen, ob das Kind durch den Umgang gefördert wird. Dem Willen des
Kindes kommt entscheidende Bedeutung zu (Johannsen/Henrich/*Jaeger* § 1685 Rn 6). Auch zu Gunsten von
Großeltern und Geschwistern besteht **keine Vermutung**, dass der Umgang mit diesen dem Wohl des Kindes
dient (vgl Koblenz JurBüro 00, 221). Gleichwohl spricht hierfür, dass diese Kontakte üblich und im Allgemeinen dem Kindeswohl auch dienlich sind. Bei diesem Personenkreis müssen die Bindungen nicht zwangsläufig
bereits existieren, da es auf lange Sicht dem Wohl des Kindes dient, wenn es Beziehungen zu engsten Verwandten aufbauen kann (Johannsen/Henrich/*Jaeger* § 1685 Rn 5; Staud/*Rauscher* § 1685 Rn 19). Die Feststellungslast der Kindeswohldienlichkeit trägt der Umgangsberechtigte (Staud/*Rauscher* § 1685 Rn 19).
Der Umgang mit den Großeltern oder den Geschwistern dient dem Kindeswohl nicht, wenn ihn der sorgebe- 8
rechtigte Elternteil – selbst gegen den ausdrücklichen Wunsch des Kindes – ablehnt, sofern dies aus *verständlichen* Gründen geschieht (Kobl FamRZ 00, 1111). Das Umgangsrecht der Großeltern mit ihren Enkelkindern
ist trotz bestehender Bindung und unbegründeter Einwendungen des sorgeberechtigten Elternteils zeitweilig
auszuschließen, wenn es dem Kindeswohl aus anderen Gründen nicht förderlich ist (Kobl NJW-RR 00, 883).
Dies kann der Fall sein, wenn das Verhältnis der Großeltern zu einem Elternteil des Enkelkindes so stark zerrüttet ist, dass kein normaler Kontakt mehr möglich ist und deshalb eine Beeinträchtigung des Kindeswohls
durch den Umgang zu befürchten ist (Hamm FamRZ 00, 1110).
Sind sich die Eltern, die beide personensorgeberechtigt sind, **untereinander uneins**, ob ein Umgang mit den 9
in § 1685 genannten Personen stattfinden soll, so müssen sie sich gem § 1627 S 2 versuchen zu einigen; notfalls hat das Familiengericht gem § 1628 zu bestimmen, wer die Entscheidung zu treffen hat.

C. III: Entsprechende Anwendung. Gem der **Verweisung** in III gilt insbes die Wohlverhaltensklausel und 10
die Anordnungskompetenz des Familiengerichts entsprechend (s § 1684 Rn 19 ff).

§ 1686 Auskunft über die persönlichen Verhältnisse des Kindes

¹Jeder Elternteil kann vom anderen Elternteil bei berechtigtem Interesse Auskunft über die persönlichen Verhältnisse des Kindes verlangen, soweit dies dem Wohl des Kindes nicht widerspricht. ²Über Streitigkeiten entscheidet das Familiengericht.

1 **A. Voraussetzungen. I. Auskunftsberechtigter.** Jeder Elternteil ist auskunftsberechtigt, auch wenn er selbst Inhaber der Personensorge ist. Daher kann auch bei gemeinsamer elterlicher Sorge der Elternteil, bei dem sich das Kind nicht in Obhut befindet, vom anderen Auskunft verlangen. **Hauptanwendungsfall** der Vorschrift ist aber, dass der nichtsorgeberechtigte Elternteil Auskunft begehrt. Für diesen ist der Auskunftsanspruch insbes von Bedeutung, wenn sein Umgangsrecht ausgeschlossen oder beschränkt ist (vgl Brandbg FamRZ 00, 1106). Notwendige Voraussetzung ist dies aber nicht. Unter Umständen kann auch ein Auskunftsanspruch des alleinsorgeberechtigten Elternteils in Betracht kommen. Die Frage, ob ein Elternteil tatsächlich vom anderen Auskunft verlangen kann, ist bei der Prüfung des berechtigten Interesses zu entscheiden.

2 Eine **entspr Anwendung** auf umgangsberechtigte Personen, die nicht Eltern des Kindes sind, mag sinnvoll sein, muss aber **abgelehnt** werden (ebenso Staud/*Rauscher* Rn 4; aA Palandt/*Diederichsen* Rn 3). Das Auskunftsrecht leitet sich aus dem Elternrecht ab, das den gem § 1685 umgangsberechtigten Personen gerade nicht zusteht (Staud/*Rauscher* Rn 4). Im Übrigen kann auch keine Gesetzeslücke angenommen werden, da das KindRG zugleich mit § 1686 auch § 1685 neu eingefügt hat.

3 **II. Auskunftsverpflichteter.** Auskunftsverpflichtet ist jeder Elternteil, regelmäßig derjenige, in dessen Obhut sich das Kind befindet. Daneben erscheint es aber notwendig auch den gem § 1685 umgangsberechtigten Personen eine Auskunftspflicht aufzuerlegen (Staud/*Rauscher* Rn 5). Sie sind zwar nicht Eltern, doch unterscheidet sich ihre Rechtsposition tatsächlich nicht so wesentlich von derjenigen des nur umgangsberechtigten Elternteils. Anders als bei der Frage der Berechtigung folgt die Verpflichtung auch nicht aus dem Elternrecht, sondern kann aus der Umgangsberechtigung abgeleitet werden. Eine entspr Anwendung des § 1686 ist daher zu befürworten (Staud/*Rauscher* Rn 5).

4 Nur der Elternteil, nicht das Kind und auch nicht sonstige Dritte (Lehrer, Ärzte) sind auskunftspflichtig. Der verpflichtete Elternteil muss auch nicht seine Zustimmung zur Auskunftserteilung durch Dritte geben, insbes muss er die behandelnden Ärzte nicht von ihrer Schweigepflicht entbinden (Hamm FamRZ 95, 1288, 1290; Brem OLGR 99, 86).

5 **III. Berechtigtes Interesse.** Ein Auskunftsanspruch besteht nur dann, wenn der begehrende Elternteil ein berechtigtes Interesse an der Auskunft hat. Dies ist umso eher anzunehmen, je weniger der Elternteil die **Möglichkeit** hat, die **Informationen zu erlangen**. Deshalb hat regelmäßig der Elternteil, dem die Sorge nicht zusteht und dessen Umgangsrecht eingeschränkt oder ausgeschlossen ist, ein berechtigtes Interesse daran, über die Entwicklung des Kindes Auskunft zu erhalten (BayObLG FamRZ 96, 813; 93, 1487; Schlesw FamRZ 96, 1355; vgl auch Brandbg FamRZ 00, 1106; Köln FamRZ 05, 1276). Das gilt gerade dann, wenn das Kind den persönlichen oder brieflichen Kontakt zu dem Elternteil ablehnt oder ein solcher wegen des geringen Alters des Kindes oder der zu großen räumlichen Entfernung nicht durchführbar ist (Schlesw FamRZ 96, 1355; BayObLG FamRZ 83, 1169; 93, 1487). Die Berechtigung, Auskunft zu verlangen, ist aber immer im Hinblick auf den begehrten Inhalt zu prüfen. Ein berechtigtes Interesse kann nicht verneint werden, weil sich der auskunftsbegehrende Elternteil längere Zeit nicht um das Kind gekümmert hat (Köln FamRZ 05, 1276).

6 Aber auch der Elternteil, der sein **Umgangsrecht** angemessen und vollumfänglich wahrnimmt, und sogar der **sorgeberechtigte Elternteil**, in dessen Obhut sich das Kind befindet, kann gegen den anderen Elternteil einen Auskunftsanspruch haben, wenn dieser Informationen besitzt, die ihm nicht sofort zugänglich sind, die aber für das Wohl des Kindes Bedeutung haben (Zweibr FamRZ 90, 779; Staud/*Rauscher* Rn 7 f; Palandt/*Diederichsen* Rn 1; Johannsen/Henrich/*Jaeger* Rn 2). Dabei ist etwa an eine akute Erkrankung oder sonstige wichtige Veränderungen zu denken. Ebenso wenig steht eine erkennbare Feindseligkeit zwischen den Elternteilen oder die Tatsache, dass der geschuldete Kindesunterhalt nicht freiwillig bezahlt wird, einem Auskunftsverlangen entgegen (BayObLG FamRZ 96, 813). Ein berechtigtes Interesse ist auch nicht schon dann zu verneinen, wenn der Elternteil sich vorher nicht um das Kind gekümmert hat (Schlesw FamRZ 96, 1355; BayObLG FamRZ 93, 1487).

7 Ob das Kind seinerseits ein berechtigtes Interesse an der **Verweigerung der Auskunft** hat, ist bei der Prüfung der Kindeswohlverträglichkeit zu entscheiden. Dass der verpflichtete Elternteil jeglichen Kontakt mit dem anderen Elternteil ablehnt, ist unerheblich, da er die Auskünfte **nicht persönlich** erteilen muss, sondern auch Dritte – etwa einen Rechtsanwalt – als Mittelsperson einschalten kann (Köln FamRZ 97, 111). Auch die Übermittlung durch das Jugendamt ist möglich.

8 **IV. Kindeswohl.** In engem Zusammenhang mit dem Erfordernis des berechtigten Interesses steht die Prüfung, ob die im Einzelfall begehrte **Auskunft dem Wohl des Kindes widerspricht**. Dies ist nur in Ausnahmefällen zu bejahen. Es bedarf keiner positiven Feststellung, dass das Auskunftsverlangen dem Wohl des Kindes dienlich ist, es darf ihm nur nicht widersprechen (Schlesw FamRZ 96, 1355; vgl auch LG Koblenz DAVorm

88, 308). Das Wohl des Kindes ist nicht Maßstab, sondern lediglich Grenze des Auskunftsrechts. Nur wenn und soweit konkrete Umstände dafür sprechen, dass durch die Erfüllung des Auskunftsverlangens das Kindeswohl beeinträchtigt werden kann, darf die Auskunft verweigert werden (BayObLG FamRZ 93, 1487). Für das Kindeswohl sind die Ziele, die der Elternteil mit dem Auskunftsbegehren verfolgt, jedoch nur dann von Belang, wenn ihre Verwirklichung konkret in den Lebenskreis des Kindes eingreift. Die Auskunft kann deshalb auch dann verlangt werden, wenn sie lediglich zur eigenen Unterrichtung begehrt wird. Unerheblich ist es auch, ob der Elternteil mit seinem Auskunftsbegehren möglicherweise die Absicht verfolgt, Umstände zu erfahren, die die Höhe des von ihm geschuldeten Unterhalts berühren, da insoweit auch eine Auskunftspflicht gem § 1605 I 1 bestünde (BayObLG FamRZ 93, 1487).

Der regelmäßige Auskunftsanspruch über die Entwicklung des Kindes kann nur untersagt werden, wenn 9 damit dem Wohl des Kindes **abträgliche Ziele** verfolgt würden (Köln FamRZ 97, 111). Dies wäre etwa der Fall, wenn das Lichtbild des Kindes öffentlich zur Schau gestellt oder den Medien zur Veröffentlichung überlassen würde; desgleichen, wenn die von der personensorgeberechtigten Mutter erteilten Auskünfte der Öffentlichkeit zugänglich gemacht würden (BayObLG FamRZ 96, 813); ebenso, wenn das Auskunftsrecht nur zur Überwachung des Personensorgeberechtigten missbraucht werden soll (BayObLG FamRZ 93, 1487; Zweibr FamRZ 90, 779).

Das **Einverständnis des Kindes** ist grds für die Auskunftserteilung nicht erforderlich, jedoch dessen Fehlen 10 bei der Prüfung des Kindeswohls zu berücksichtigen, insbes wenn die Auskunft die Intimsphäre betrifft und das Kind bereits im jugendlichen Alter ist (Hamm FamRZ 03, 1583: Anspruch auf Zeugniskopie auch gegen den Willen der 15-jährigen Tochter). Eine Auskunft der personensorgeberechtigten Mutter an den nichtehelichen Vater über die persönlichen Verhältnisse des Kindes ist nicht deshalb mit dem Wohl des Kindes unvereinbar, weil das 17-jährige Kind jeden Kontakt mit dem Vater ablehnt (BayObLG FamRZ 93, 1487). Der Personensorgeberechtigte kann aber nicht verpflichtet werden, über die höchstpersönlichen Verhältnisse eines fast volljährigen Kindes (zB Arztbesuche, Entbindung der Ärzte von der Schweigepflicht, gesellschaftliches und politisches Engagement, freundschaftliche und verwandtschaftliche Kontakte) gegen den Willen des Kindes Auskunft zu erteilen (AG Hamburg FamRZ 90, 1382).

B. Inhalt der Auskunft. Bereits nach dem Wortlaut der Vorschrift ist das Auskunftsverlangen auf die **per-** 11 **sönlichen Verhältnisse des Kindes** beschränkt. Diese umfassen im Grundsatz alle für das Befinden und die Entwicklung des Kindes wesentlichen Umstände (BayObLG FamRZ 93, 1487; Johannsen/Henrich/*Jaeger* Rn 4). Der Umfang des Auskunftsanspruchs im Einzelnen hängt aber von den jeweiligen Gegebenheiten ab (BayObLG FamRZ 93, 1487). Als Faustregel gilt, dass der Auskunftsanspruch nur die Informationen umfasst, die der nicht personensorgeberechtigte Elternteil über die persönlichen Verhältnisse des Kindes erhalten könnte, wenn er Umgang hätte (AG Hamburg FamRZ 90, 1382). Die laufende Führung eines Tagebuchs durch den anderen Elternteil kann nicht verlangt werden (Kobl FamRZ 02, 980).

Zu den persönlichen Verhältnissen, über die Auskunft verlangt werden kann, gehört insbes der **Gesundheits-** 12 **zustand** des Kindes und seine **allgemeine, schulische und berufliche Entwicklung** sowie seine besonderen persönlichen Interessen (FA-FamR/*Oelkers* Kap 4 Rn 700). Deshalb kann grds auch die Übermittlung von **Schul- und Ausbildungszeugnissen** verlangt werden (BayObLG FamRZ 93, 1487; 83, 1169; Hamm FamRZ 03, 1583). Regelmäßig beinhaltet die Auskunftspflicht aber nicht die **Überlassung von Belegen**, außer wenn die Auskunft sinnvoll und zweckentsprechend die Beifügung schriftlicher Unterlagen erfordert (Zweibr FamRZ 90, 779: Impfbuch: ja, Vorsorgeuntersuchungsheft: nein).

Auch besteht grds Anspruch auf die Übermittlung eines Lichtbildes des Kindes. Denn ein Bild kann auf ein- 13 fache, dennoch aussagekräftige und die Persönlichkeitssphäre des Kindes schonende Weise einen Eindruck von dem Kind vermitteln (BayObLG FamRZ 93, 1487). Bei einem fast volljährigen Jugendlichen besteht keine Verpflichtung der Mutter, gegen seinen Willen neue Lichtbilder herstellen zu lassen (BayObLG FamRZ 93, 1487).

Regelmäßig sollte etwa **halbjährlich** über die persönlichen Verhältnisse berichtet werden (BayObLG FamRZ 14 96, 813; FA-FamR/*Oelkers* Kap 4 Rn 700). Bestehen jedoch tiefgreifende Spannungen zwischen den Eltern, die die Auskunftserteilung jeweils zur Ursache neuer Auseinandersetzungen werden lassen, die dem Kindeswohl abträglich wären, kann es notwendig sein, den Berichtszeitraum auf ein Jahr auszudehnen (BayObLG FamRZ 96, 813).

Hinsichtlich der Einwilligung des Kindes und der Auskunft über höchstpersönliche Verhältnisse s.o. Rn 10. 15

§ 1687 Ausübung der gemeinsamen Sorge bei Getrenntleben

(1) ¹Leben Eltern, denen die elterliche Sorge gemeinsam zusteht, nicht nur vorübergehend getrennt, so ist bei Entscheidungen in Angelegenheiten, deren Regelung für das Kind von erheblicher Bedeutung ist, ihr gegenseitiges Einvernehmen erforderlich. ²Der Elternteil, bei dem sich das Kind mit Einwilligung des anderen Elternteils oder auf Grund einer gerichtlichen Entscheidung gewöhnlich aufhält, hat die Befugnis zur alleinigen Entscheidung in Angelegenheiten des täglichen Lebens. ³Entscheidungen in Angelegenheiten des

täglichen Lebens sind in der Regel solche, die häufig vorkommen und die keine schwer abzuändernden Auswirkungen auf die Entwicklung des Kindes haben. ⁴Solange sich das Kind mit Einwilligung dieses Elternteils oder auf Grund einer gerichtlichen Entscheidung bei dem anderen Elternteil aufhält, hat dieser die Befugnis zur alleinigen Entscheidung in Angelegenheiten der tatsächlichen Betreuung. ⁵§ 1629 Abs. 1 Satz 4 und § 1684 Abs. 2 Satz 1 gelten entsprechend.
(2) Das Familiengericht kann die Befugnisse nach Absatz 1 Satz 2 und 4 einschränken oder ausschließen, wenn dies zum Wohl des Kindes erforderlich ist.

1 **A. Anwendungsbereich und Gesetzeszweck.** Die Vorschrift gilt ausschl für Eltern, denen die **elterliche Sorge gemeinsam** zusteht und die iSv § 1567 **getrennt voneinander** leben. Soweit die gemeinsame elterliche Sorge nur für einen Teilbereich besteht, ist § 1687 insoweit beschränkt anwendbar. Unerheblich ist, ob die Eltern miteinander verheiratet sind oder waren.

2 Grds gilt auch bei getrennt lebenden Eltern § 1627, wonach sie ihre elterliche Sorge **im gegenseitigen Einvernehmen** zum Wohl des Kindes auszuüben haben und bei Meinungsverschiedenheiten versuchen müssen, sich zu einigen. Da dies aber für untergeordnete Angelegenheiten des täglichen Lebens unnötige Reibungspunkte schaffen würde, gibt § 1687 I 2 einem Elternteil insoweit die alleinige Entscheidungsbefugnis. Dies ist eine wichtige Ergänzung und Hilfe zu einer erfolgreichen und praktikablen Handhabung der gemeinsamen Sorge bei getrennt lebenden Eltern (vgl BTDrs 13/4899 107).

B. Stufensystem der Befugnisse (I). I. Gegenseitiges Einvernehmen bei Entscheidungen von erheblicher
3 **Bedeutung (S 1).** I 1 stellt klar, dass für Entscheidungen in Angelegenheiten von erheblicher Bedeutung für das Kind weiterhin das gegenseitige Einvernehmen der Eltern erforderlich ist (vgl § 1627). Eine definitive Beschreibung, welche Angelegenheiten das sind, ist nicht möglich (Palandt/*Diederichsen* Rn 6). Im Umkehrschluss folgt aber aus I 2 und 3, dass es keine Angelegenheiten des täglichen Lebens sind, die in der Regel häufig vorkommen und keine schwer abzuändernden Auswirkungen auf die Entwicklung des Kindes haben. Dabei stehen Angelegenheiten gem S 1 und 2 in einem »Entweder-Oder-Verhältnis«, das keine Zwischenbereiche zulässt (*Schwab* FamRZ 98, 457, 468). Angelegenheiten gem I 1 sind beispielsweise Grundsatzentscheidungen auf den Gebieten der tatsächlichen Betreuung, der Bestimmung des Aufenthalts, der schulischen und religiösen Erziehung, der beruflichen Ausbildung oder der medizinischen Versorgung des Kindes (BTDrs 13/4899 107). Dieser nicht abschließenden Aufzählung sind insbes noch die Angelegenheiten des Umgangs, der Status- und Namensfragen sowie der Vermögenssorge einschl der Geltendmachung von Unterhalt hinzuzufügen, sofern grds Fragen betroffen sind (s.u. Rn 7).

4 Das **Einvernehmen** der Eltern kann für den konkreten Einzelfall, aber auch vorweg für ein bestimmtes Bündel von Angelegenheiten erklärt werden. Im letzteren Fall sind Entscheidungen auf Grund sich neu ergebender Umstände nicht mehr vom ursprünglichen Einvernehmen gedeckt. Das Einvernehmen kann auch stillschweigend erteilt werden. Im Umfang des Einvernehmens erhält ein Elternteil auch die Ermächtigung zur Alleinentscheidung einschl der alleinigen Vertretungsmacht (§ 1629 I 3), sofern dies im Hinblick auf die zu regelnde Angelegenheit notwendig ist (Palandt/*Diederichsen* Rn 8). Wenn kein Einvernehmen hergestellt werden kann, ist nach hM gem § 1628 zu verfahren (s aber § 1628 Rn 2). Demnach kann jeder Elternteil das Familiengericht anrufen, das dann einem die Entscheidungsbefugnis überträgt. Daneben kann ein Elternteil die fehlende Übereinstimmung zum Anlass nehmen, gem § 1671 II Nr 2 einen Antrag auf Übertragung der Alleinsorge für den betreffenden Teilbereich zu stellen.

5 **II. Alleinentscheidungsbefugnis in Alltagsangelegenheiten (S 2 und 3).** Alleinentscheidungsbefugt nach I 2 kann nur der Elternteil sein, bei dem sich das Kind mit Einwilligung des anderen Elternteils oder auf Grund einer gerichtlichen Entscheidung **gewöhnlich aufhält**. Dem Gesetz liegt der Regelfall des **Residenzmodells** zu Grunde, bei dem das Kind überwiegend bei dem betreuenden Elternteil lebt und zu dem anderen Elternteil Umgangskontakte mit mehr oder weniger langen Aufenthalten unterhält. Beim »Wechsel-« oder »Pendelmodell«, bei dem das Kind mal beim einen, mal beim anderen Elternteil seinen Lebensmittelpunkt und damit seinen gewöhnlichen Aufenthalt hat, wechselt mit diesem auch die Befugnis zur Entscheidung in Alltagsangelegenheiten (Staud/*Salgo* Rn 15).

6 Was Entscheidungen in Angelegenheiten des täglichen Lebens sind, versucht I 3 näher zu beschreiben. Demnach weisen diese regelmäßig zwei Merkmale auf: die Entscheidungen müssen **häufig vorkommen** und **keine schwer abzuändernden Auswirkungen** auf die Entwicklung des Kindes haben. Dabei ist das Merkmal der Häufigkeit nicht ganz unproblematisch, weil der Gesetzgeber sicherlich auch einmalige oder seltene Entscheidungen von untergeordneter Bedeutung erfassen wollte. Andererseits können gerade alltägliche häufig vorkommene Entscheidungen die Entwicklung des Kindes ganz entscheidend prägen; dazu zählen etwa die Fragen, wann das Kind ins Bett gehen oder abends nach Hause kommen soll oder in welchem Umfang es fernsehen darf (problematisch daher Beispiele in Palandt/*Diederichsen* Rn 11).

7 Nach der Übersicht bei *Schwab* (FamRZ 98, 457, 469; vgl auch die Beispielsammlung bei Staud/*Salgo* Rn 36 ff) lassen sich folgende Beispiele für das Vorliegen (*ja*) oder Nichtvorliegen (*nein*) von Angelegenheiten des täglichen Lebens iSd I 2 finden:

Schule/Ausbildung: *nein:* Wahl der Schulart und der Schule/Ausbildungsstätte (vgl München FamRZ 99, 111=FuR 98, 269: Schulwechsel keine Alltagsfrage; ebenso Dresden FamRZ 03, 1489), der Fächer und Fachrichtungen, Besprechung mit Lehrern wegen gefährdeter Versetzung, Entscheidung über Internatserziehung, Wahl der Lehre und der Lehrstelle; *ja:* Entschuldigung im Krankheitsfall, Teilnahme an Sonderveranstaltungen, Notwendigkeit von Nachhilfe, unbedeutendere Wahlmöglichkeiten iRd gewählten Ausbildungsgangs (zB Wahlfächer, Schulchor; ebenso Staud/*Salgo* Rn 43)

Gesundheit: *nein:* Grundlegende Entscheidungen der Gesundheitsvorsorge, Operationen und andere medizinische Behandlungen mit erheblichen Risiken (vgl Bambg FamRZ 03, 1403, das zu Recht die Frage der Behandlung eines hyperkinetischen Syndroms wegen der unter Umständen hervorgerufenen Nebenwirkungen als Angelegenheit von erheblicher Bedeutung ansieht); *ja:* Behandlung leichterer Erkrankungen üblicher Art (zB Erkältungen), alltägliche Gesundheitsvorsorge, Routineimpfungen

Aufenthalt: *nein:* Grundentscheidung, bei welchem Elternteil das Kind lebt, freiheitsentziehende Unterbringung; *ja:* Aufenthaltsbestimmung im Einzelnen (zB Wahl des Wohnsitzes, Teilnahme am Ferienlager – aber s.u. Rn 8 bei Auslandsaufenthalten, Besuch bei Großeltern)

Umgang: *nein:* Grundentscheidung des Umgangs gem §§ 1632 II, 1684, 1685 (Ob und Dimension; Dresden FamRZ 05, 1275); *ja:* Einzelentscheidungen im täglichen Vollzug (zB Kontakte des Kindes zu den Nachbarn, Fernhalten eines unerwünschten Freundes)

Status- und Namensfragen: Stets *nein* (ebenso Staud/*Salgo* Rn 47); beachte § 1617 II

Fragen der Religion: Grds *nein*; vgl dazu aber Gesetz über die religiöse Kindererziehung, das vorrangig ist

Geltendmachung von Unterhalt: Grds *nein*; beachte § 1629 II 2, III 1

Vermögenssorge: *nein:* Grundlegende Fragen der Anlage und der Verwendung des Kindesvermögens; *ja:* vergleichsweise unbedeutende Angelegenheiten wie die Verwaltung von Geldgeschenken; Taschengeld und Verwendung desselben iRv § 110 (Staud/*Salgo* Rn 48)

Bei der Entscheidung, ob ein Kleinkind mit einem Elternteil einen **Ferienaufenthalt im Ausland** verbringen 8 kann, handelt es sich um *keine* Angelegenheit des täglichen Lebens, sondern um eine solche von erheblicher Bedeutung, zumal bei derartigen Reisen typischerweise Gesundheitsgefahren für ein kleines Kind bestehen (Naumbg FamRZ 00, 1241 = FuR 00, 235; Köln FamRZ 99, 249). Dasselbe gilt für ältere Kinder, wenn eine besondere Gefahrenlage im Urlaubsland besteht (AG Heidelberg FamRZ 03, 1404); aber auch bei Fernreisen in einen zumindest nicht umfassend vertrauten Kulturkreis (Köln FamRZ 05, 644). Andererseits kann nach den persönlichen Verhältnissen der Familie auch eine Reise ins entfernte Ausland eine Angelegenheit des täglichen Lebens sein (Karlsr FamRZ 05, 1004: China).

Obwohl dies nicht ausdrücklich geregelt ist, umfasst nach dem Sinn des Gesetzes die alleinige Entscheidungs- 9 befugnis in alltäglichen Angelegenheiten auch die **alleinige gesetzliche Vertretungsmacht** des Kindes hierfür (*Schwab* FamRZ 98, 457, 470; Palandt/*Diederichsen* Rn 9: § 1629 I 3 anwendbar).

III. Alleinentscheidungsbefugnis bei tatsächlicher Betreuung (S 4). Die in I 4 normierte Alleinentschei- 10 dungsbefugnis desjenigen Elternteils, bei dem sich das Kind berechtigterweise vorübergehend aufhält, folgt aus der rein praktischen Notwendigkeit, dass dieser Elternteil nur so seiner Betreuungs- und Aufsichtspflicht nachkommen kann (vgl Palandt/*Diederichsen* Rn 12). Folgerichtig ist die **Alleinentscheidungsbefugnis beschränkt** auf die Dauer des Aufenthalts bei dem Elternteil und auf Angelegenheiten der tatsächlichen Betreuung. Ebenso folgerichtig findet I 4 gem § 1687a entspr auch für den nichtsorgeberechtigten Elternteil Anwendung. Hauptanwendungsfall ist das einvernehmlich oder in Übereinstimmung mit einer gerichtlichen Entscheidung ausgeübte Umgangsrecht, insbes auch beim Ferienumgang. Maßgeblich ist der Besuchscharakter (vgl Johannsen/Henrich/*Jaeger* Rn 8). Hat das Kind seinen Lebensmittelpunkt – sei es auch nur für ein kurzen Zeitraum, etwa in Durchführung des »Wechselmodells« – bei einem Elternteil, folgt dessen Befugnis zur alleinigen Entscheidung bereits aus I 2 (s.o. Rn 5).

Angelegenheiten der tatsächlichen Betreuung sind entspr dem Sinn und Zweck der Vorschrift solche, die 11 zwangsläufig ständig zur Entscheidung anstehen, wenn man ein Kind in seiner Obhut hat. Dazu zählen insbes die Fragen, was das Kind essen, wann es ins Bett gehen (vgl BTDrs 13/4899 108) und welche Kleidung es tragen soll, aber auch welche Spiele es machen und in welchem Umfang es fernsehen darf. Die Befugnis zur tatsächlichen Betreuung umfasst aber nicht das Recht, das Kind zu vertreten. Insoweit besteht nur ein Notvertretungsrecht gem I 5 iVm § 1629 I 4 (Palandt/*Diederichsen* Rn 13).

IV. Notvertretungsrecht und Wohlverhaltenspflicht (S 5). Durch die Verweisung auf § 1629 I 4 ist klarge- 12 stellt, dass das **Notvertretungsrecht**, das auch die Befugnis zu tatsächlichem Handeln in der Notlage umfasst, im Anwendungsbereich des § 1687 ebenfalls gilt (vgl BTDrs 13/4899 108). Hinsichtlich der Voraussetzungen des Notvertretungsrechts vgl § 1629 Rn 9.

Die Pflicht zu gegenseitigem **Wohlverhalten**, die in § 1684 II 1 normiert ist, gilt entspr auch im Anwendungs- 13 bereich des § 1687 und erlangt insbes bei der Ausübung des Alleinentscheidungsrechts Bedeutung (vgl Palandt/*Diederichsen* Rn 15).

C. Einschränkung und Ausschluss der Befugnisse durch das Familiengericht (II). II gibt dem Familienge- 14 richt das Recht, in die Befugnis zur Alleinentscheidung gem I S 2 oder 4 einzugreifen, wenn dies zum Wohl des Kindes erforderlich ist. Diese Eingriffsschwelle ist niedriger als bei § 1666, verlangt aber, dass triftige, das Kindeswohl nachhaltig berührende Gründe vorhanden sind, die darauf hinweisen, dass ohne die Maßnahme eine ungünstige Entwicklung des Kindes eintreten könnte (BGH FamRZ 79, 113; Palandt/*Diederichsen* Rn 16). Das Familiengericht sollte von der Eingriffsmöglichkeit regelmäßig nur auf – grds nicht erforderlichen – Antrag eines Elternteils Gebrauch machen (vgl Staud/*Salgo* Rn 55).

§ 1687a Entscheidungsbefugnisse des nicht sorgeberechtigten Elternteils

Für jeden Elternteil, der nicht Inhaber der elterlichen Sorge ist und bei dem sich das Kind mit Einwilligung des anderen Elternteils oder eines sonstigen Inhabers der Sorge oder auf Grund einer gerichtlichen Entscheidung aufhält, gilt § 1687 Abs. 1 Satz 4 und 5 und Abs. 2 entsprechend.

1 Die Vorschrift erklärt für den nicht sorgeberechtigten Elternteil als entspr anwendbar: die Alleinentscheidungsbefugnis nach § 1687 I 4, das Notvertretungsrecht nach § 1687 I 5, die wechselseitige Wohlverhaltenspflicht gem § 1687 I 5 und die Eingriffsbefugnis des Familiengerichts nach § 1687 II.

§ 1687b Sorgerechtliche Befugnisse des Ehegatten

(1) ¹Der Ehegatte eines allein sorgeberechtigten Elternteils, der nicht Elternteil des Kindes ist, hat im Einvernehmen mit dem sorgeberechtigten Elternteil die Befugnis zur Mitentscheidung in Angelegenheiten des täglichen Lebens des Kindes. ²§ 1629 Abs. 2 Satz 1 gilt entsprechend.
(2) Bei Gefahr im Verzug ist der Ehegatte dazu berechtigt, alle Rechtshandlungen vorzunehmen, die zum Wohl des Kindes notwendig sind; der sorgeberechtigte Elternteil ist unverzüglich zu unterrichten.
(3) Das Familiengericht kann die Befugnisse nach Absatz 1 einschränken oder ausschließen, wenn dies zum Wohl des Kindes erforderlich ist.
(4) Die Befugnisse nach Absatz 1 bestehen nicht, wenn die Ehegatten nicht nur vorübergehend getrennt leben.

1 Die Vorschrift verleiht dem **Stiefelternteil**, der mit dem alleinsorgeberechtigten Elternteil zusammenlebt, ein gesetzliches Mitentscheidungsrecht. Dasselbe Recht steht dem eingetragenen Lebenspartner nach dem inhaltsgleichen § 9 LPartG zu (vgl Palandt/*Brudermüller* § 9 LPartG; *Schwab* FamRZ 01, 385, 394 f).

§ 1688 Entscheidungsbefugnisse der Pflegeperson

(1) ¹Lebt ein Kind für längere Zeit in Familienpflege, so ist die Pflegeperson berechtigt, in Angelegenheiten des täglichen Lebens zu entscheiden sowie den Inhaber der elterlichen Sorge in solchen Angelegenheiten zu vertreten. ²Sie ist befugt, den Arbeitsverdienst des Kindes zu verwalten sowie Unterhalts-, Versicherungs-, Versorgungs- und sonstige Sozialleistungen für das Kind geltend zu machen und zu verwalten. ³§ 1629 Abs. 1 Satz 4 gilt entsprechend.
(2) Der Pflegeperson steht eine Person gleich, die im Rahmen der Hilfe nach den §§ 34, 35 und 35a Abs. 1 Satz 2 Nr. 3 und 4 des Achten Buches Sozialgesetzbuch die Erziehung und Betreuung eines Kindes übernommen hat.
(3) ¹Die Absätze 1 und 2 gelten nicht, wenn der Inhaber der elterlichen Sorge etwas anderes erklärt. ²Das Familiengericht kann die Befugnisse nach den Absätzen 1 und 2 einschränken oder ausschließen, wenn dies zum Wohl des Kindes erforderlich ist.
(4) Für eine Person, bei der sich das Kind auf Grund einer gerichtlichen Entscheidung nach § 1632 Abs. 4 oder § 1682 aufhält, gelten die Absätze 1 und 3 mit der Maßgabe, dass die genannten Befugnisse nur das Familiengericht einschränken oder ausschließen kann.

1 A. **Alleinentscheidungsbefugnis von Pflegepersonen (I). I. Anwendungsbereich.** Der Anwendungsbereich der Vorschrift ist eröffnet, wenn ein Kind für längere Zeit in Familienpflege lebt. Damit ist die Vollzeitpflege gem § 33 SGB VIII sowie die auf Grund einer Pflegeerlaubnis gem § 44 I SGB VIII gewährte regelmäßige Betreuung und Unterbringung des Kindes außerhalb der Familie gemeint.

2 **II. Umfang der Befugnis.** Gem S 1 ist die Pflegeperson befugt, in Angelegenheiten des täglichen Lebens allein zu entscheiden. Dies entspricht der Regelung der Alleinentscheidungsbefugnis des betreuenden Elternteils bei gemeinsamer Sorge gem § 1687 I 2 (s § 1687 Rn 5 ff). Anders geregelt ist aber das Recht, das Kind in diesen Angelegenheiten nach außen zu vertreten. Die Pflegeperson hat keine direkte **Vertretungsmacht** für das Kind, sondern nur mittelbar, indem sie den Inhaber der elterlichen Sorge vertreten kann.

3 Darüber hinaus ist die Pflegeperson gem S 2 befugt, den Arbeitsverdienst des Kindes zu verwalten sowie die genannten Leistungen geltend zu machen und zu verwalten. Unterhaltsansprüche kann die Pflegeperson aber

nicht gegen die Eltern geltend machen, wenn diese sorgeberechtigt sind, weil sie nur ein vom Inhaber der elterlichen Sorge abgeleitetes Vertretungsrecht hat (vgl Palandt/*Diederichsen* Rn 9).
Im Übrigen steht der Pflegeperson auch das Notvertretungsrecht gem § 1629 I 4 zu (s § 1629 Rn 9).   4
Unabhängig von § 1688 kann der Sorgerechtsinhaber Teile der elterlichen Sorge und der gesetzlichen Vertretung   5
zur Ausübung auf die Pflegeperson **übertragen**, sofern sich dies noch iRd Zulässigen hält (s § 1626 Rn 4).

B. Erweiterter Anwendungsbereich (II). II erweitert den Anwendungsbereich von I auf Personen, die zwar   6
keine Pflegepersonen iSd SGB VIII sind, aber das Kind iRe Heimerziehung oder einer sonstigen betreuten Wohnform gem § 34 SGB VIII, einer intensiven sozialpädagogischen Einzelbetreuung gem § 35 SGB VIII oder der Eingliederungshilfe für seelisch behinderte Kinder und Jugendliche gem § 35 a SGB VIII **erziehen und betreuen.**

C. Vorrang des Sorgerechtsinhabers und Eingriffsbefugnis des Familiengerichts (III). S 1 stellt die Befug-   7
nisse der Pflegeperson und des ihr gleichgestellten Erziehers und Betreuers uneingeschränkt zur Disposition des Inhabers der elterlichen Sorge. In dem Umfang, in dem dieser etwas anderes erklärt, entfällt deren Alleinentscheidungsbefugnis. Diese Beschränkung stellt jedoch eine Ausnahme dar, so dass der Sorgerechtsinhaber hierfür die Feststellungslast trägt (Palandt/*Diederichsen* Rn 13).
S 2 gibt dem Familiengericht die Ermächtigung, in die Alleinentscheidungsbefugnis der Pflegepersonen und   8
der diesen gleichgestellten Personen einzugreifen, wenn das Wohl des Kindes dies erfordert. Die Regelung entspricht § 1687 II (s § 1687 Rn 14).

D. Befugnisse bei Verbleibensanordnung (IV). IV erweitert den Anwendungsbereich der I bis III auf Per-   9
sonen, bei denen sich das Kind auf Grund einer **Verbleibensanordnung** gem § 1632 IV oder § 1682 aufhält. Da in diesem Fall zwischen der Bezugsperson, bei der sich das Kind aufhält, und dem Inhaber der elterlichen Sorge Streit besteht, ist die Anwendbarkeit des III 1 ausgeschlossen. IV will sicherstellen, dass derjenige, der das Kind zu dessen Wohle noch eine gewisse Zeit betreuen soll, hierfür auch mit den notwendigen Befugnissen ausgestattet ist.

§§ 1689–1692
– *weggefallen* –

§ 1693 Gerichtliche Maßnahmen bei Verhinderung der Eltern

Sind die Eltern verhindert, die elterliche Sorge auszuüben, so hat das Familiengericht die im Interesse des Kindes erforderlichen Maßregeln zu treffen.

Voraussetzung für das Eingreifen des Familiengerichts ist, dass **beide Eltern** an der Ausübung der elterlichen   1
Sorge ganz oder teilweise verhindert sind. Die Verhinderung kann auf tatsächlichen (§ 1678 I) oder rechtlichen Gründen (§§ 1673, 1674, 1629 II 1) beruhen. Die Dauer der Verhinderung ist unerheblich.
Es muss jedoch stets ein **dringendes, anders nicht regelbares Bedürfnis** bestehen (Staud/*Coester* Rn 3; Karlsr   2
FamRZ 00, 568). Das Gericht darf immer nur das unbedingt Notwendige tun (Palandt/*Diederichsen* Rn 2). Es kann die erforderlichen Maßnahmen (zB vorläufige Unterbringung, Einwilligung in eine Operation) zwar selbst vornehmen, doch ist die Bestellung eines Ergänzungspflegers oder Vormunds vorrangig, wenn hierfür noch Zeit verbleibt.
Das Familiengericht ist zur **Anordnung** einer Ergänzungspflegschaft, die aufgrund einer Eilmaßnahme gem   3
§ 1693 erforderlich wird, gem § 1697 berechtigt (vgl § 1697 Rn 3). Daneben bleibt aber auch das Vormundschaftsgericht gem § 1909 zuständig. Auch die **Auswahl** des Pflegers kann gem §§ 1915 I, 1779 das Vormundschaftsgericht oder gem § 1697 das Familiengericht treffen. Für die förmliche Bestellung des Pflegers verbleibt es aber bei der alleinigen Zuständigkeit des Vormundschaftsgerichts gem §§ 1915 I, 1789 (BayObLG FamRZ 00, 568).

§§ 1694, 1695
– *weggefallen* –

§ 1696 Abänderung und Überprüfung gerichtlicher Anordnungen

(1) Das Vormundschaftsgericht und das Familiengericht haben ihre Anordnungen zu ändern, wenn dies aus triftigen, das Wohl des Kindes nachhaltig berührenden Gründen angezeigt ist.
(2) Maßnahmen nach den §§ 1666 bis 1667 sind aufzuheben, wenn eine Gefahr für das Wohl des Kindes nicht mehr besteht.

(3) Länger dauernde Maßnahmen nach den §§ 1666 bis 1667 hat das Gericht in angemessenen Zeitabständen zu überprüfen.

1 **A. Änderung gerichtlicher Anordnungen (I). I. Formelle Voraussetzungen – Anwendungsbereich.** Die Anwendung des I setzt voraus, dass eine **Entscheidung** des Vormundschafts- oder Familiengerichts auf dem Gebiet der elterlichen Sorge oder des Umgangsrechts bereits vorliegt. Ohne eine solche gerichtliche Erstentscheidung kann eine Abänderung gem § 1696 I nicht erfolgen. Deshalb findet die Vorschrift keine Anwendung, wenn eine privatrechtliche Vereinbarung der Eltern oder ein kraft Gesetzes bestehendes Sorgerechtsverhältnis abgeändert werden soll (Staud/*Coester* Rn 31). **Hauptanwendungsfälle** sind die Abänderung von gerichtlichen Umgangsanordnungen sowie von Sorgeentscheidungen gem § 1671 und §§ 1671, 1672 aF, wozu auch die gerichtliche Anordnung der gemeinsamen Sorge in diesen Altfällen zählt (*Schwab* FamRZ 98, 457, 471; hinsichtlich § 1672 aF vgl auch Braunschw FamRZ 99, 1006; Zweibr OLGR 00, 144; Schlesw OLGR 99, 341). Dagegen unterliegt die auf Grund gemeinsamer Sorgeerklärung gem § 1626a I Nr 1 (*Schwab* FamRZ 98, 457, 471) oder Heirat gem § 1626a I Nr 2 bestehende gemeinsame elterliche Sorge ebenso wenig der Abänderung gem § 1696 wie die gem § 1626a II bestehende Alleinsorge der unverheirateten Mutter (vgl auch § 1672 I).

2 Hinsichtlich § 1672 aF ist die Anwendbarkeit des § 1696 aber nur insoweit gegeben, als während der Dauer des weiteren Getrenntlebens vor der Scheidung eine Abänderung erfolgen soll. Denn einer Entscheidung gem § 1672 aF kommt nach Inkrafttreten des KindRG am 1.7.98 **keine Bestandskraft über die Scheidung hinaus** zu. Dies folgt aus der Systematik der Neuregelung, deren Zweck es war, die Elternautonomie zu stärken. Dem würde es widersprechen, wenn in einem zu diesem Zeitpunkt noch nicht abgeschlossenen Scheidungsverfahren einem Elternteil, der an der gemeinsamen elterlichen Sorge festhalten will, die Wirkungen des neuen Rechts wegen einer Norm vorenthalten würden, deren Zweck es nicht war, die Verhältnisse nach der Scheidung zu regeln (Zweibr FamRZ 00, 506; Hamm FamRZ 98, 1315; 99, 1159; Schlesw OLGR 99, 341; Stuttg FamRZ 01, 435; Stuttg OLGR 00, 212; Bambg FamRZ 99, 805; Nürnbg FamRZ 99, 614; Köln FamRZ 99, 613; 00, 509; aA Frankf FamRZ 99, 612; Stuttg FamRZ 99, 804; Zweibr FamRZ 99, 807; Jena FamRZ 01, 436). Für die Zeit nach der Scheidung richtet sich die Regelung der elterlichen Sorge allein nach § 1671 mit der Folge, dass der Elternteil, der an der Alleinsorge – die ihm während des Getrenntlebens gem § 1672 aF übertragen worden war – festhalten will, einen Antrag gem § 1671 II stellen muss; andernfalls tritt mit Rechtskraft der Scheidung gemeinsame Sorge ein.

3 Dass die gemeinsame Sorge, die nach neuem Recht trotz Trennung und Scheidung fortbesteht, keiner Abänderung nach § 1696 I zugänglich ist, versteht sich von selbst, da eine gerichtliche Entscheidung gerade fehlt. Aber auch wenn ein Antrag eines Elternteils gem § **1671 II zurückgewiesen** wurde, kann nichts anderes gelten (ebenso Staud/*Coester* Rn 31; ähnlich bei Ablehnung des Umgangsrechtsantrages Hamm EzFamR aktuell 97, 7; aA Palandt/*Diederichsen* Rn 10), weil auch hier die gemeinsame Sorge nicht durch die gerichtliche Entscheidung begründet wurde, sondern lediglich fortbesteht. Auch ergäben sich dadurch unnötige Probleme bei der Frage, nach welchem Maßstab der nunmehrige Antrag des damaligen Antragsgegners zu beurteilen wäre. Würde man für diesen auch § 1696 heranziehen, wäre er durch den ursprünglich unbegründeten Antrag des anderen Elternteils benachteiligt; würde man aber § 1671 nur auf diesen Elternteil anwenden, ergäben sich unterschiedliche Beurteilungsmaßstäbe für das gleiche Sorgerechtsverhältnis.

4 Eine Abänderung gem § 1696 kommt erst in Betracht, wenn die abzuändernde **Entscheidung rechtskräftig** ist. Solange die Möglichkeit besteht, dagegen mit Rechtsmitteln vorzugehen, scheidet die Anwendung von § 1696 aus. Doch steht den Beteiligten die uneingeschränkte Dispositionsbefugnis darüber zu, ob sie gegen eine Entscheidung des Familiengerichts ein Rechtsmittel einlegen und ob sie ein bereits eingelegtes Rechtsmittel durchführen; diese Entschließungsfreiheit wird auch durch § 1696 I nicht beeinträchtigt (BGH FamRZ 99, 1585, 1586 = FuR 00, 232, 233). Deshalb können die Parteien auch außergerichtlich durch Vertrag den Verzicht auf ein bereits eingelegtes Rechtsmittel vereinbaren (BGH FamRZ 99, 1585, 1586 = FuR 00, 232, 233).

5 Grds geht die **Änderungsbefugnis** der Gerichte gem § **18 I FGG** der Anwendung des § 1696 vor. Praktisch ist dies jedoch ohne Bedeutung, weil gem § 18 II FGG die Änderungsmöglichkeit für das Gericht nicht besteht, wenn das Rechtsmittel der sofortigen Beschwerde gegeben ist. Analog muss dies für die befristete Beschwerde gelten, so dass die Anwendbarkeit von § 18 I FGG bei fast allen relevanten Entscheidungen des Familiengerichts ausgeschlossen ist (Staud/*Coester* Rn 7).

6 Ggü Maßnahmen gem § **1666** ist wegen des Grundsatzes der Verhältnismäßigkeit die Abänderung gem § 1696 vorrangig, wenn die Gefahr auch dadurch abgewendet werden kann. Im Übrigen gehen Sonderregelungen, die einer Veränderung der Umstände bereits Rechnung tragen, der Anwendung des § 1696 vor (eingehend Staud/*Coester* Rn 8 ff).

7 **II. Inhaltliche Voraussetzungen.** In allen Sorge- und Umgangsrechtssachen ist für den Einwand der rechtskräftig entschiedenen Sache kein Raum. Die Fürsorge ggü dem Minderjährigen hat stets Vorrang vor der Endgültigkeit einer einmal getroffenen Entscheidung. Sorge- und Umgangsrechtsentscheidungen sind daher der **materiellen Rechtskraft nicht fähig** (BGH NJW-RR 86, 1130; BGHZ 64, 19, 29; KG FamRZ 77, 65). Sie können lediglich in formeller Rechtskraft erwachsen.

Folgerichtig schafft § 1696 I die Möglichkeit der Abänderung einer gerichtlichen Entscheidung, die für das Gericht zu einer von Amts wegen wahrzunehmenden Pflicht wird. Dies wird mit der Neuregelung klargestellt, (vgl BTDrs 13/4899, 109), falls eine abweichende Regelung **aus triftigen, das Wohl des Kindes nachhaltig berührenden Gründen angezeigt ist.** Diese in st Rspr (BGH NJW-RR 86, 1130; BGH FamRZ 93, 314; BGHZ 64, 19, 29; BayObLG FamRZ 64, 640 f.; 71, 467, 471; 74, 318, 3; 76, 38, 39 und 41, 42; KG FamRZ 59, 253, 254; 67, 411, 412) entwickelte und vertretene Formel ist mit Neufassung der Vorschrift Gesetz geworden. Damit soll insbes ggü den Betroffenen zum Ausdruck kommen, dass nicht jede Änderung ausreicht, um das Verfahren neu aufzurollen (BTDrs 13/4899 109). 8

Sinn und Zweck des Abänderungsverfahrens ist nicht die nochmalige Überprüfung einer früheren Sorgerechtsentscheidung nach Ausschöpfung des Rechtsweges, sondern die **Anpassung** an inzwischen eingetretene oder bekannt gewordene, nachhaltige und gewichtige Änderungen tatsächlicher oder rechtlicher Art unter dem Gesichtspunkt des Kindeswohls. Die Abänderung einer formell rechtskräftigen Regelung kommt deshalb nur in Betracht, wenn Tatsachen geltend gemacht werden, die nach Erlass der abzuändernden Entscheidung eingetreten oder bekannt geworden sind (Bambg FamRZ 90, 1135). Sie dient nicht dazu, eine nachträglich als unrichtig erkannte Entscheidung bei unverändertem Sach-, Rechts- und Erkenntnisstand zu korrigieren, etwa weil der Richter die Dinge nunmehr anders sieht (Bambg 21.1.87, Az. 2 UF 354/86). Andererseits ist im Interesse des Kindeswohls an das **Erfordernis neuer Umstände** kein strenger Maßstab anzulegen (Staud/*Coester* Rn 51). So ist nicht erforderlich, dass Änderungen der äußeren Lebensumstände eingetreten sind. Vielmehr kann auch die veränderte innere Einstellung eines Elternteils oder des Kindes genügen, wenn sie sich äußerlich bemerkbar macht (BGH FamRZ 93, 314, 315). Auch müssen nicht neue tatsächliche Umstände eingetreten sein (BGH NJW-RR 86, 1130; die Änderung der Gesetzgebung oder der höchstrichterlichen Rspr kann ebenso Anlass zu einer Abänderung geben (s aber Rn 16). Neu ist ein Umstand auch, wenn er zwar bei der Erstentscheidung bereits vorhanden, aber nicht bekannt war. 9

Liegen veränderte Umstände vor, so ist zu prüfen, ob deswegen eine Änderung der Erstentscheidung notwendig ist. Maßstab ist ausschl das **Kindeswohl**. Das Interesse der übrigen Beteiligten ist nur von Bedeutung, sofern es sich auf das Kindeswohl auswirkt (Staud/*Coester* Rn 53). Es ist nicht losgelöst von der Erstentscheidung nach der für das Kind besten Lösung zu suchen, sondern ein Vergleich zwischen der bestehenden Regelung und einer möglichen neuen Regelung anzustellen. Die Vorteile der Neuregelung müssen bei fehlendem Einvernehmen der Eltern die mit der Änderung verbundenen Nachteile unter dem Gesichtspunkt der Erziehungskontinuität deutlich überwiegen (Karlsr OLGR 00, 383; Köln FamRZ 05, 1276). Für die Beurteilung der Alternativen sind jeweils alle üblichen Kindeswohlkriterien (s § 1671 Rn 29 ff) heranzuziehen. Beim anschließenden Vergleich der Regelungen ist danach zu fragen, ob das **Änderungsinteresse** das **Bestandsinteresse** deutlich überwiegt. 10

Dieser strenge Maßstab gilt jedoch nicht, wenn die **Eltern** einen **übereinstimmenden Vorschlag** machen, insbes zur Neuregelung der Sorge. Dann dreht sich das Regel-Ausnahme-Verhältnis um: Die triftigen Gründe müssen nicht für die erstrebte Änderung sprechen, es genügt, wenn sie ihr nicht im Wege stehen (*Schwab* FamRZ 98, 457, 471; Staud/*Coester* Rn 61; Dresden FamRZ 02, 632 sieht in dem übereinstimmenden Elternvorschlag bereits einen triftigen Grund und hält das Gericht für daran gebunden, falls nicht das mindestens 14 Jahre alte Kind widerspricht oder konkrete Anzeichen für eine Kindeswohlgefährdung vorliegen). 11

Die **Änderungsbefugnis** ist insoweit **beschränkt** als es dem Gericht verwehrt ist, ein anderes Rechtsverhältnis zu regeln als Gegenstand der Erstentscheidung war. So kann es bei Abänderung einer Umgangsanordnung nicht das Sorgerecht regeln und bei einer Entscheidung nach § 1628 nicht die Sachentscheidung treffen. Innerhalb des Verfahrensgegenstands steht ihm jedoch jede zum Zeitpunkt der Abänderungsentscheidung bestehende Gestaltungsmöglichkeit zu. Deshalb kann das Gericht nach Übertragung der elterlichen Sorge gem § 1672 I auf den Vater durch Änderungsentscheidung nach § 1696 I wiederum der Mutter das Alleinsorgerecht übertragen. Auch kann bei gerichtlicher Übertragung der Alleinsorge auf einen Elternteil gem § 1696 wieder die gemeinsame Sorge hergestellt werden (Staud/*Coester* Rn 34; *Schwab* FamRZ 98, 457, 471; aA wohl BTDrs 13/4899 101). 12

Die Abänderungsentscheidung muss wie jeder Eingriff in das elterliche Sorgerecht den **Grundsatz der Verhältnismäßigkeit** sowie das allgemein verbindliche Prinzip des mildesten Mittels beachten. Angesichts der Bedeutung des Elternrechts und des Grundrechtsschutzes, unter dem es steht, ist jeder Eingriff in dieses Recht auf das unumgänglich notwendige Maß zu beschränken. Das gewählte Mittel muss zur Beseitigung der aufgetretenen Gefahr geeignet sein und darf über das zur Gefahrbeseitigung Erforderliche – nach dem Grundsatz der Verhältnismäßigkeit – nicht hinausgehen (BGH NJW-RR 86, 1264, 1265). 13

III. Anwendungsbeispiele. Gemeinsame Sorge. »Die Änderung ist weder mit dem Interesse eines beteiligten Elternteils noch ausschl mit einem entsprechenden Wunsch des Kindes zu begründen. Daher ist der inzwischen nicht mehr bestehende Wille eines Elternteils, das Sorgerecht gemeinsam auszuüben, für sich allein unbeachtlich. Einer solchen Erklärung kommt nur dann entscheidungserhebliche Bedeutung zu, wenn sie Ausdruck einer inzwischen eingetretenen Entwicklung ist, die nach einer Änderung der gemeinsamen Sorge durch gerichtliche Entscheidung im Interesse des Kindes dringend verlangt.« (Karlsr FamRZ 98, 1046). Allein die Tatsache, dass der Vater bei gemeinsamer Sorge der Eltern sich nicht in ausreichendem Maß um das Wohl 14 der Kinder aktiv bemüht und nicht weitergehend Verantwortung übernimmt, rechtfertigt noch nicht die Abänderung und Übertragung der Alleinsorge auf die Mutter, wenn nicht ersichtlich ist, dass sich durch die beantragte Sorgerechtsänderung die Situation für die Kinder verbessern würde (Frankf FamRZ 96, 889). Ob bei entsprechender Konstellation bei einer Erstentscheidung die Beibehaltung der gemeinsamen elterlichen Sorge in Betracht käme, ist unerheblich.

15 **Kindeswille.** Der ausgeprägte Wunsch eines 11-jährigen Kindes, der keine momentane Einstellung, sondern eine zeitlich überdauernde Wunschbekundung darstellt, kann entscheidender Grund für eine Sorgerechtsänderung sein (vgl Hamm FamRZ 05, 746). Die Entscheidung nach § 1696 ist aber allein am Kindeswohl auszurichten, nicht an den Interessen der Eltern und auch nicht an einem entspr Wunsch des Kindes (vgl Hamm FamRZ 88, 1313, 1314).

16 **Neue Rechtslage durch KindRG.** Der Prüfungsmaßstab ist bei der Abänderungsentscheidung nach § 1696 streng: Die Vorteile der Neuregelung müssen bei fehlendem Einvernehmen der Eltern die mit der Änderung verbundenen Nachteile unter dem Gesichtspunkt der Erziehungskontinuität deutlich überwiegen. Geänderte Gesetze – hier die Neuregelung des Bereichs der elterlichen Sorge durch das Kindschaftsrechtsreformgesetz – rechtfertigen für sich allein keine Abänderung (OLGR Karlsr 00, 383). „Ein Abänderungsgrund ist nicht allein in dem Inkrafttreten des KindRG zu sehen, sondern die gemeinsame Sorge muss bei Ablehnung durch einen Elternteil zu einer tatsächlichen Verbesserung der Situation des Kindes führen. Das Bestehen eines Konsenses der Eltern über Entscheidungen von erheblicher Bedeutung reicht dazu nicht aus." (Braunschw FamRZ 02, 121).

17 **B. Aufhebung von Maßnahmen (II).** Sind die nach § 1666 oder § 1667 getroffenen Maßnahmen nicht mehr erforderlich, weil keine Gefahr für das Wohl des Kindes oder dessen Vermögen (Wortlaut des II insoweit ungenau, vgl Palandt/*Diederichsen* Rn 16) mehr besteht, muss das Gericht diese Maßnahmen aufheben. Dabei sind insbes die Tragweite der Trennung von der Pflegefamilie, die Intensität der zu ihr entstandenen Bindungen und die Erziehungsfähigkeit der Herkunftsfamilie zu berücksichtigen (Stuttg FamRZ 05, 1273). Dies folgt bereits aus den Eingriffsnormen selbst, wird durch II aber nochmals klargestellt. Eine **Aufhebung** ist insbes geboten, wenn seit der früheren Entscheidung entweder eine Änderung in den tatsächlichen Verhältnissen eingetreten ist oder Umstände zutage getreten sind, die zu einer anderen Beurteilung des früheren Regelung zugrunde gelegten Sachverhalts nötigen, und sich hierbei ergibt, dass die Gefährdungsvoraussetzungen des § 1666 I 1 nicht mehr vorliegen (BayObLG FamRZ 97, 956, 957; vgl auch Celle FamRZ 03, 549). Das Gleiche gilt, wenn die Maßnahme von Anfang an unzulässig war oder sich als ungeeignet erwiesen hat (Staud/*Coester* Rn 101). Auch kann es trotz wiedererlangter Erziehungsfähigkeit der Mutter erforderlich sein, die derzeit stabile Entwicklung des Kindes bei den Pflegeeltern aufrechtzuerhalten, insbes wenn auch das Kind dies wünscht (Frankf FamRZ 02, 1277).

18 Die **Gefahr** muss aber **völlig weggefallen** sein und darf nicht in anderer Form weiter bestehen. Ist etwa der Mutter wegen einer psychischen Erkrankung, die in Schüben auftritt, die Personensorge entzogen worden, zwingt die Tatsache, dass mehr als ein Jahr lang keine Krankheitsschübe mehr aufgetreten sind, nicht zur Abänderung oder Aufhebung, wenn die Gefahr weiterer Krankheitsschübe besteht (BayObLG FamRZ 97, 956).

19 In Betracht kommt nicht nur die völlige Aufhebung einer Maßnahme, sondern auch deren Abmilderung durch **teilweise Aufhebung**. Ist eine Ersetzung oder Verschärfung der Maßnahme erforderlich, hat dies gem §§ 1696, 1666 zu erfolgen.

20 **C. Überprüfung (III).** III verpflichtet das Gericht, die nach §§ 1666 bis 1667 getroffenen Maßnahmen regelmäßig zu überprüfen. Dabei ist in erster Linie festzustellen, ob die Maßnahmen im Hinblick auf die **Aufhebungspflicht** gem II noch erforderlich sind. Aber auch allen sonstigen Veränderungen, die eine Anpassung der Maßnahmen erfordern, ist gem § 1666 I Rechnung zu tragen.

21 Das Überprüfungsverfahren ist ein **formelles, selbstständiges Vorverfahren**, das abklären soll, ob ein Änderungsverfahren eingeleitet werden muss. Ist dies nicht der Fall, trifft das Gericht keine förmliche Entscheidung; andernfalls mündet das Vorverfahren in ein Abänderungsverfahren. Zuständig für die Überprüfung ist das Gericht, das auch für das Abänderungsverfahren zuständig wäre.

22 Der **Umfang der Überprüfung** ist von den Umständen des Einzelfalles abhängig. Keinesfalls ist das Verfahren jedes Mal neu aufzurollen. Regelmäßig genügt eine Anfrage beim Jugendamt. Bei schweren Eingriffen und unzureichender Informationsbereitschaft der Beteiligten kann aber auch eine intensivere Überprüfung erforderlich sein. Dieselben Grundsätze gelten auch für die Bestimmung eines **angemessenen Zeitabstands**, der zwischen den Überprüfungen liegen sollte. Als Faustregel kann eine Frist von einem Jahr gelten. Haben bereits wiederholt Überprüfungen stattgefunden, ohne dass sich die Notwendigkeit einer Abänderung gezeigt hat, kann der Abstand auch deutlich vergrößert werden. Über drei Jahre sollte er jedoch nicht liegen.

23 **D. Verfahrensrecht.** Die Überprüfung und Abänderung einer Sorgerechtsentscheidung gem § 1696 ist ein ggü der Erstentscheidung **selbstständiges Verfahren**, für das die Zuständigkeit unabhängig vom Erstverfahren zu bestimmen ist (BayObLG FamRZ 00, 1233). Dies gilt auch, wenn die Maßnahme durch eine höhere Instanz angeordnet wurde (BayObLG FamRZ 80, 284). Die **örtliche, sachliche und funktionelle Zuständigkeit** richtet sich nach den zum Zeitpunkt der Einleitung des Abänderungsverfahrens für die in Betracht kommende Maßnahme geltenden Vorschriften (BGH FamRZ 90, 1101).

§ 1697 Anordnung von Vormundschaft oder Pflegschaft durch das Familiengericht

Ist auf Grund einer Maßnahme des Familiengerichts eine Vormundschaft oder Pflegschaft anzuordnen, so kann das Familiengericht auch diese Anordnung treffen und den Vormund oder Pfleger auswählen.

Die Vorschrift erweitert die Zuständigkeit des Familiengerichts. Ist das Familiengericht für die Anordnung der Vormundschaft oder Pflegschaft zuständig, so kann es zugleich mit der Anordnung an Stelle des Vormundschaftsgerichts auch den Vormund oder Pfleger auswählen und sollte dies auch regelmäßig tun. Hauptanwendungsfall ist der Sorgerechtsentzug gem § 1666. Dabei ist es nicht selten, dass das Gericht schon während des Verfahrens gesicherte Kenntnisse gewinnt, wer sich in besonderem Maße zum Vormund oder Pfleger eignet. Die gleichzeitig mit dem Sorgentzug getroffene Entscheidung betreffend die Auswahl des Vormunds oder Pflegers stellt sicher, dass diese Erkenntnisse nicht verloren gehen. Hinsichtlich der **Bestellung** des Vormunds oder Pflegers gem §§ 1789, 1915 verbleibt es bei der alleinigen Zuständigkeit des Vormundschaftsgerichts (Stuttg FamRZ 1999, 1601; BayObLG FamRZ 00, 568). 1

Durch die Zuständigkeitserweiterung wird das Familiengericht aber **nicht verpflichtet**, den Vormund oder Pfleger auszuwählen. Es kann diese Entscheidung auch dem Vormundschaftsgericht überlassen, das gem §§ 1779, 1915 daneben nach wie vor zuständig ist (BayObLG FamRZ 00, 568). 2

Die kumulative Zuständigkeit des Familiengerichts nach § 1697 sollte iVm § 1693 **nicht** zu einer **Ausweitung der alleinigen Zuständigkeit** des Familiengerichts führen (Staud/*Coester* Rn 1). Für die Entscheidung über die Anordnung einer Ergänzungspflegschaft nach § 1909 verbleibt es bei der originären Zuständigkeit des Vormundschaftsgerichts nach §§ 1915 I, 1774 iVm § 35 FGG. Eine – kumulative – Zuständigkeit des Familiengerichts besteht jedenfalls dann nicht, wenn das Vormundschaftsgericht zuerst mit der Vormundschaftssache befasst ist und die restriktiven Voraussetzungen der §§ 1693, 1697 (s § 1693 Rn 1 f) nicht vorliegen, es also insbes an dem erforderlichen Eilbedürfnis fehlt (Karlsr FamRZ 00, 568; OLGR 00, 244; Stuttg FamRZ 01, 364; KG FamRZ 01, 719; Staud/*Coester* Rn 1; aA Zweibr FamRZ 00, 243; BayObLG FamRZ 00, 568; 00, 1111; Palandt/*Diederichsen* Rn 1). 3

§ 1697 sollte auch im **Verbundverfahren** Anwendung finden (ebenso wohl auch Staud/*Coester* Rn 5, der aber als Ausweg die Abtrennung des Sorgerechtsverfahrens vorschlägt). Dass der Auszuwählende zu beteiligen ist, steht dem nicht entgegen, da dies – wie § 621 I Nr 8 ZPO zeigt – dem Verfahren nicht grds fremd ist. Auch betrifft die Beteiligung des auszuwählenden Vormunds oder Pflegers nur einen geringen Teil des Verbundverfahrens und verursacht keinen besonderen Mehraufwand. Dafür hat diese Auffassung den Vorzug, dass die Anordnung der Vormundschaft oder Pflegschaft und die Auswahl des Vormunds oder Pflegers nicht unnatürlich auseinander fallen, was Sinn und Zeck der Neuregelung des § 1697 entspricht. 4

§ 1697a Kindeswohlprinzip

Soweit nicht anderes bestimmt ist, trifft das Gericht in Verfahren über die in diesem Titel geregelten Angelegenheiten diejenige Entscheidung, die unter Berücksichtigung der tatsächlichen Gegebenheiten und Möglichkeiten sowie der berechtigten Interessen der Beteiligten dem Wohl des Kindes am besten entspricht.

§ 1697a will ausdrücklich vor Augen führen, dass das **Kindeswohl der zentrale und beherrschende Maßstab** für alle gerichtlichen Entscheidungen ist. Das Kindeswohl wird zum allgemeinen Rechtsprinzip erhoben (Palandt/*Diederichsen* Rn 1). Die praktische Bedeutung der subsidiären Vorschrift ist jedoch gering, weil die meisten Eingriffsnormen den Begriff des Kindeswohls bereits enthalten. Soweit dies nicht der Fall ist – etwa bei §§ 1628, 1684 I, 1632 I bis III –, kommt § 1697a aber Auffangfunktion zu, so dass die vor Einführung der Vorschrift notwendige Analogie nicht mehr erforderlich ist. Zum Kindeswohlbegriff vgl § 1671 Rn 29 ff. 1

§ 1698 Herausgabe des Kindesvermögens; Rechnungslegung

(1) Endet oder ruht die elterliche Sorge der Eltern oder hört aus einem anderen Grunde ihre Vermögenssorge auf, so haben sie dem Kind das Vermögen herauszugeben und auf Verlangen über die Verwaltung Rechenschaft abzulegen.
(2) Über die Nutzungen des Kindesvermögens brauchen die Eltern nur insoweit Rechenschaft abzulegen, als Grund zu der Annahme besteht, dass sie die Nutzungen entgegen der Vorschrift des § 1649 verwendet haben.

Voraussetzung der Vermögensherausgabe und Rechnungslegung ist, dass die Vermögenssorge **endet** oder **ruht**. Die Sorge endet insbes bei Eintritt der Volljährigkeit, im Übrigen durch Übertragung oder Entzug; ein Ruhen tritt gem §§ 1673, 1674 I, 1751 I 1 ein. 1

Die **Vermögensherausgabe** verpflichtet gem §§ 260, 261 auch zur Vorlage eines Bestandsverzeichnisses. Für die **Rechnungslegung** gelten §§ 259, 261. II gibt keinen eigenen Anspruch, sondern erweitert bei Vorliegen 2 der Voraussetzungen des I die Rechenschaftspflicht auf Nutzungen bei Verdacht eines Verstoßes gegen § 1649 (Staud/*Coester* Rn 11, str).

3 Endet die Vermögenssorge der Eltern oder eines Elternteils vor Eintritt der Volljährigkeit des Kindes, dann steht der **Anspruch** nach § 1698 dem neuen Sorgerechtsinhaber, nicht dem minderjährigen Kind selbst, zu (BGHF 6, 55, 57). Als neuer Sorgerechtsinhaber kommt auch der Elternteil in Betracht, der jetzt allein Inhaber der Vermögenssorge ist, die zuvor beiden Eltern gemeinsam zustand. Sind beide Eltern verpflichtet, haften sie als Gesamtschuldner. Der Anspruch ist vor den **allgemeinen Zivilgerichten** geltend zu machen.

§ 1698a Fortführung der Geschäfte in Unkenntnis der Beendigung der elterlichen Sorge

(1) ¹Die Eltern dürfen die mit der Personensorge und mit der Vermögenssorge für das Kind verbundenen Geschäfte fortführen, bis sie von der Beendigung der elterlichen Sorge Kenntnis erlangen oder sie kennen müssen. ²Ein Dritter kann sich auf diese Befugnis nicht berufen, wenn er bei der Vornahme eines Rechtsgeschäfts die Beendigung kennt oder kennen muss.
(2) Diese Vorschriften sind entsprechend anzuwenden, wenn die elterliche Sorge ruht.

1 Sind die Eltern im Hinblick auf den Fortbestand der elterlichen Sorge **gutgläubig**, so kommt dies im Außenverhältnis auch einem Dritten zugute, sofern er ebenfalls gutgläubig ist; im Innenverhältnis zum Kind sind die Eltern zur Geschäftsführung als berechtigt anzusehen.
2 Kennen die Eltern den Wegfall ihrer Sorgeberechtigung oder hätten sie ihn kennen müssen, so wird auch der gute Glaube des Dritten nicht geschützt. Dieser kann lediglich gem § 179 I Regress nehmen. Das Kind kann die Ansprüche gem §§ 687 II, 677 ff geltend machen.
3 Für die Beurteilung der Fahrlässigkeit im Hinblick auf das Kennenmüssen des Wegfalls der elterlichen Sorge gilt der allgemeine Maßstab des § 276 II und nicht der des § 1664 (Staud/*Coester* Rn 5).

§ 1698b Fortführung dringender Geschäfte nach Tod des Kindes

Endet die elterliche Sorge durch den Tod des Kindes, so haben die Eltern die Geschäfte, die nicht ohne Gefahr aufgeschoben werden können, zu besorgen, bis der Erbe anderweit Fürsorge treffen kann.

1 Die Vorschrift begründet das Recht und die Pflicht der Eltern zur **einstweiligen Fürsorge** für das bisherige Kindesvermögen. Dem Tod des Kindes steht die Todeserklärung gleich. Die Eltern müssen zum Zeitpunkt des Todes sorgeberechtigt gewesen sein.
2 Die Eltern haften ggü den Erben gem § 1664; Aufwendungsersatz steht ihnen analog § 1648 zu.

§§ 1699–1711
– *weggefallen* –

Titel 6 Beistandschaft

§ 1712 Beistandschaft des Jugendamts; Aufgaben

(1) Auf schriftlichen Antrag eines Elternteils wird das Jugendamt Beistand des Kindes für folgende Aufgaben:
1. die Feststellung der Vaterschaft,
2. die Geltendmachung von Unterhaltsansprüchen einschließlich der Ansprüche auf eine anstelle des Unterhalts zu gewährende Abfindung sowie die Verfügung über diese Ansprüche; ist das Kind bei einem Dritten entgeltlich in Pflege, so ist der Beistand berechtigt, aus dem vom Unterhaltspflichtigen Geleisteten den Dritten zu befriedigen.
(2) Der Antrag kann auf einzelne der in Absatz 1 bezeichneten Aufgaben beschränkt werden.

1 **A. Einführung.** Durch das Gesetz über die freiwillige Beistandschaft (BGBl I 97, 2846) wurde die gesetzliche Amtspflegschaft durch die freiwillige Beistandschaft abgelöst. Sie ist ein freiwilliges und dienstorientiertes Angebot der Jugendhilfe. Orientierungspunkt für die Handlungsweise des Beistandes ist das Wohl des Kindes und dessen Interessenlage (*Rüting* Kind-Prax 05, 168, 169). Aus der Möglichkeit, das Angebot des Jugendamtes auf Beratung und Vertretung anzunehmen, ergibt sich jedoch nicht, dass eine bedürftige Partei gezwungen ist, dies im Fall des Prozesskostenhilfeantrages auch zu tun; Prozesskostenhilfe darf also nicht verweigert

werden unter Hinweis auf eine zu beantragende Beistandschaft. Für die außergerichtliche Beratungshilfe hingegen wird die Ansicht vertreten, dass sie zu verweigern ist, wenn eine Beistandschaft eingerichtet oder die Beratungshilfe nach § 18 SGB 8 in Anspruch genommen werden kann (AG Leverkusen FamRZ 02, 1715).
Die Beistandschaft setzt einen Antrag voraus und Beistand wird immer das Jugendamt. Das Jugendamt kann 2
den Antrag weder ablehnen noch eine wirksam begründete Beistandschaft aufkündigen. Ist nach § 18 SGB 8 das Jugendamt nur zur Beratung und Unterstützung berechtigt (Naumbg FF 05, 63 m. Anm *Lindemann-Hinz*), wird die über die Beratung hinausgehende Tätigkeit durch die Vorschriften der Beistandschaft auch auf die Tätigkeit mit umfassender Außenwirkung erweitert.
Wird dem Jugendamt die Geburt eines Kindes gemeldet, dessen Eltern nicht miteinander verheiratet sind, 3
besteht eine durch § 52 a SGB 8 detailliert geregelte Informationspflicht. Ua ist der nichtehelichen Mutter Beistand für die Feststellung der Vaterschaft und Geltendmachung von Unterhalt anzubieten.
Beistand wird nicht das Jugendamt als Behörde, vielmehr ist ein Beamter oder Angestellter nach § 55 II 4
SGB 8 zu bestimmen, der iRd Übertragung gesetzlicher Vertreter des Kindes ist. Durch Landesrecht kann aufgrund der konkurrierenden Gesetzgebungszuständigkeit nach Art 144 EGBGB bestimmt werden, dass auch ein Verein mit der Beistandschaft beauftragt werden kann. Ist dies durch Landesgesetz geregelt, ist grds die Zustimmung des beantragenden Elternteils zur Übertragung an den Verein erforderlich (vgl ua § 30 KJHG-LSA).
Ergänzt wird diese Regelung durch die Vertretungsregelung in § 53 a ZPO. Sorgfalt ist deshalb auf eine inner- 5
halb des Jugendamtes geregelte Vertretung zu legen, denn nur die Einzelperson – oder der bestimmte Vertreter – kann im Außenverhältnis wirksam tätig werden. Im Falle der Vertretung durch den Beistand getrennt lebender Ehegatten endet die Beistandschaft mit dem Ende der Prozessstandschaft nach § 1629 III (Berlin DAVorm 98, 242).

B. Voraussetzungen. Ein schriftlicher Antrag eines Elternteils ist Voraussetzung für ein Tätigwerden ggü 6
Dritten. Aus der Aufgabenstellung ergibt sich, dass die Elternschaft feststehen muss. Dies ist bezüglich der Mutter stets der Fall (§ 1591). Der nichteheliche Vater ist – da seine Vaterschaft nicht feststeht – deshalb nicht berechtigt, das Jugendamt als Beistand zu beauftragen, seine Vaterschaft gerichtlich feststellen zu lassen. Auch für eine Vaterschaftsanfechtungsklage kann der anfechtende Vater keine Beistandschaft begründen.
Welche Voraussetzungen an den Antrag zu stellen sind, regeln die §§ 1713, 1717. Wird die Beistandschaft 7
ohne jede Konkretisierung beantragt, erfasst sie die Bereiche der Feststellung der Vaterschaft, Geltendmachung von Unterhaltsansprüchen. Hiervon erfasst werden kraft ausdrücklicher Regelung auch die Geltendmachung von Unterhaltsansprüchen gegen den Pflichtigen, wenn das Kind sich in entgeltlicher Pflege bei einem Dritten befindet, da die Pflegeperson selbst nicht berechtigt ist, Unterhalt ggü dem Unterhaltspflichtigen geltend zu machen. Grds wird das Jugendamt ebenso wie der Beantragende ein tatsächliches und auch rechtliches Interesse daran haben, den Auftrag zu konkretisieren und auch inhaltlich oder zeitlich zu beschränken, denn eine Dauervertretung – die in der Rspr zum Teil vertreten wird (Hamm JAmt 04, 144) – enthält für den Beistand erhebliche Haftungsrisiken.
Da nach II der Antrag auf einzelne der Aufgaben beschränkt werden kann, ist umstritten, ob auch eine Ein- 8
schränkung der gesetzlich definierten Aufgaben zulässig ist, zB also bei der Vaterschaftsfeststellung die Beschränkung auf Klagen gegen einen bestimmten Mann. Dafür spricht, dass die gesetzliche Amtspflegschaft durch die freiwillige Beistandschaft ersetzt wurde. Gegen eine solche Einschränkung könnte sprechen, dass aufgrund der nach § 1716 ergänzend heranzuziehenden Vorschriften der Pflegschaft dies zu einem Weisungsrecht führen könnte (jurisPraxK/*Hoffmann* § 1712 Rn 3). Diese Argumentation vermag nicht zu überzeugen, da eine solche Einschränkung sich aus den gesetzlichen Vorschriften nicht ergibt und die Beistandschaft ausdrücklich auf ausschließlich freiwilliger Grundlage eintritt und deshalb auch jederzeit beendet werden kann (§ 1715). Die elterliche Sorge verbleibt den Eltern oder dem alleinigen Inhaber derselben, nur die Vertretung im Außenverhältnis ist während des Bestehens der Beistandschaft eingeschränkt (§ 53 a ZPO). Die Rechtskonstruktion der Beistandschaft als freiwillig in Anspruch zu nehmende Dienstleistung erfordert aber eine vertrauensvolle Zusammenarbeit aller Beteiligten und aufgrund der jederzeit durch den Elternteil aufkündbaren Auftrag wird faktisch doch eine Art Weisungsrecht des Elternteils begründet; dem Beistand selbst steht ein Recht zur Aufkündigung nicht zu. Der Elternteil hat nach Beendigung der Beistandschaft auch ein umfassendes Auskunftsrecht, denn er kann den Beistand für eine nicht ordnungsgemäße Erledigung seines Auftrages nach den Grundsätzen der Amtshaftung in Anspruch nehmen (BGHZ 100, 313).
Ob die Beistandschaft nur zur aktiven oder auch passiven Vertretung beantragt werden kann, ist str (AnwK/ 9
Bäumel § 1712 Rn 24). Nach Naumbg (JAmt 03, 354) ist der Beistand nur zur aktiven Vertretung berechtigt, nicht also zur Abwehr gegen Ansprüche des Unterhaltspflichtigen auf Herabsetzung des Unterhalts in einer isolierten Unterhaltsklage. Für die Abwehr in einem solchen Verfahren bedarf es vielmehr der Bestellung eines Verfahrenspflegers, der durch das Familiengericht zu bestellen ist (Naumbg 8 WF 20/04). Dies folgt daraus, dass nur die „Geltendmachung", nicht aber eine generelle Vertretung vom Gesetzeswortlaut umfasst ist. Celle (JAmt 04, 544) hingegen ist der Rechtsansicht, dass sowohl im Passiv- als auch Aktivprozess eine Beistandschaft eingerichtet werden kann. Einigkeit besteht in der Rspr, dass eine im vereinfachten Verfahren bestehende Beistandschaft im Falle der Unterhaltsherabsetzungsklage nach § 654 ZPO fortbesteht (Hamm

JAmt 04, 144). Ebenso gehört nicht zum Aufgabenkreis des Beistandes die Anfechtung eines Vaterschaftsanerkenntnisses (Nürnbg FamRZ 01, 48). Erfolgt eine Klageverbindung für einerseits eine Anfechtungs- und gleichzeitig auch eine Feststellungsklage (AG Schwerin FamRZ 05, 381), wird für beide Anträge die Zulässigkeit einer Beistandschaft zu bejahen sein, da in einem Rechtsstreit nicht unterschiedliche Bevollmächtigungen wirksam sein können.

§ 1713 Antragsberechtigte

(1) ¹Den Antrag kann ein Elternteil stellen, dem für den Aufgabenkreis der beantragten Beistandschaft die alleinige elterliche Sorge zusteht oder zustünde, wenn das Kind bereits geboren wäre. ²Steht die elterliche Sorge für das Kind den Eltern gemeinsam zu, kann der Antrag von dem Elternteil gestellt werden, in dessen Obhut sich das Kind befindet. ³Der Antrag kann auch von einem nach § 1776 berufenen Vormund gestellt werden. ⁴Er kann nicht durch einen Vertreter gestellt werden.
(2) ¹Vor der Geburt des Kindes kann die werdende Mutter den Antrag auch dann stellen, wenn das Kind, sofern es bereits geboren wäre, unter Vormundschaft stünde. ²Ist die werdende Mutter in der Geschäftsfähigkeit beschränkt, so kann sie den Antrag nur selbst stellen; sie bedarf hierzu nicht der Zustimmung ihres gesetzlichen Vertreters. ³Für eine geschäftsunfähige werdende Mutter kann nur ihr gesetzlicher Vertreter den Antrag stellen.

1 **A. Grundlagen.** Besteht nach § 1712 das Erfordernis eines schriftlichen Antrages, regelt I die Berechtigung zur Stellung desselben. Auch nach der Kindschaftsreform im Jahr 1998 setzte die Antragsberechtigung alleinige elterliche Sorge voraus. Eine Anpassung an die in § 1629 geregelte Vertretungsbefugnis erfolgte erst zum 12. 4. 02. Dies bedeutet, dass vor diesem Stichtag beantragte Beistandschaften im Falle gemeinsamer elterlicher Sorge unwirksam sind. Wenn man von einer Wirksamkeit der Beistandschaft bis zur Volljährigkeit ausgeht, wenn und soweit keine zeitliche Begrenzung erfolgt oder eine Rücknahme erfolgt ist, muss auch heute noch geprüft werden, ob im Zeitpunkt der Beantragung der Beistandschaft die Vertretung des Kindes dem antragstellenden Elternteil allein zustand. War dies nicht der Fall, bedarf es einer neuen, damit wirksamen Beantragung. Rechtsakte, die aufgrund fehlerhafter Vertretung ergangen sind, sind wegen dieses Verstoßes nicht unwirksam, insbes wird die formelle und materielle Rechtskraft der Sachentscheidung einer Abänderung entgegenstehen.

2 Die Regelung umfasst insgesamt den Antrag sowohl für die Zeit nach als auch vor der Geburt des Kindes. Grds besteht ein Vertretungsverbot des Elternteils, sobald die Beistandschaft wirksam beantragt ist. Die Beschränkung wirkt aber nur in dem Umfang der begründeten Beistandschaft. Durch die ausdrücklich geregelte Antragsberechtigung soll sichergestellt werden, dass die Wirksamkeit der Beistandschaft nicht von Fragen einer wirksamen Bevollmächtigung abhängig ist.

3 **B. Antragsberechtigung.** Die Vertretungs- und damit Antragsberechtigung des Kindes regelt sich nach der Geburt entspr den Vorschriften des bürgerlichen Rechts. Wird das Kind nichtehelich geboren, wird es allein durch die Mutter nach § 1625 a II 2 vertreten. Wird eine Sorgerechtserklärung beurkundet, gelten ab diesem Zeitpunkt dieselben Regelungen für die Vertretung wie für das ehelich geborene Kind. Für das eheliche Kind ergibt sich die Vertretungsbefugnis aus § 1629. Solange und soweit keine Sorgerechtsentscheidung ergangen ist, erfolgt die Vertretung durch den Elternteil, der tatsächlich das Kind betreut (Naumbg FamRZ 05, 1275). Wird eine Unterhaltsbeistandschaft nach §§ 1685, 1690 begründet, geht diese der allgemeinen Vertretungsregel des § 1629 vor (DAVorm 98, 242).

4 Da auch schon vor der Geburt eines Kindes Unterhaltsansprüche geltend gemacht werden können (§ 1615 o), wird die Antragsberechtigung fingiert nach den Rechtstatsachen, die ab Geburt des Kindes Geltung beanspruchen können. Das Antragsrecht steht der beschränkt geschäftsfähigen Mutter (§ 106) auch dann alleine zu, wenn nach der Geburt eine Vormundschaft nach §§ 1673, 1675, 1791 c eintreten würde. Nur die nach § 104 geschäftsunfähige Mutter kann den Antrag nicht stellen, und aufgrund des in I normierten Vertretungsverbotes bedurfte es der ausdrücklichen Regelung, dass nur in diesem Fall der gesetzliche Vertreter zur Antragstellung berechtigt ist.

§ 1714 Eintritt der Beistandschaft

¹Die Beistandschaft tritt ein, sobald der Antrag dem Jugendamt zugeht. ²Dies gilt auch, wenn der Antrag vor der Geburt des Kindes gestellt wird.

1 Die Beistandschaft tritt nicht erst mit der Bestimmung des Jugendamtsmitarbeiters nach § 55 SGB 8 ein, sondern schon mit Eingang des schriftlichen Antrages beim Jugendamt. Mangels einer ausdrücklichen gesetzlichen Regelung ist davon auszugehen, dass das örtliche zuständige Jugendamt gemeint ist. Grds ist nach § 87 c SGB 8 das Jugendamt am Wohnsitz des Elternteils zuständig, der den Antrag zu stellen berechtigt ist.

Auch Zweckmäßigkeitsgründe sprechen dafür, denn das Kind ist hinsichtlich des Gerichtsstandes privilegiert nach § 642 ZPO. Wird der Antrag bei einem örtlich nicht zuständigen Jugendamt oder einer anderen Behörde oder Dienststelle eingereicht, tritt nach dem Gesetzeswortlaut die Wirkung erst mit Zugang beim zuständigen Jugendamt ein. Das Risiko des Zuganges trägt daher der jeweilige Antragsteller. Es ist deshalb eine persönliche Abgabe der Erklärung direkt beim Jugendamt aus diesem Grund zu empfehlen, damit schon in diesem Stadium die Beratung des Jugendamtes zu einer dem Gesetz entspr Beauftragung führt und Verzögerungen vermieden werden. 2

§ 1715 Beendigung der Beistandschaft

(1) ¹Die Beistandschaft endet, wenn der Antragsteller dies schriftlich verlangt. ²§ 1712 Abs. 2 und § 1714 gelten entsprechend.
(2) Die Beistandschaft endet auch, sobald der Antragsteller keine der in § 1713 genannten Voraussetzungen mehr erfüllt.

Ebenso wie die Beistandschaft nur aufgrund freiwilligen und schriftlichen Antrages eingerichtet wird, tritt sie außer Kraft, wenn das schriftliche Verlangen beim Jugendamt eingeht. Es bedarf keiner Begründung und ist aus diesem Grund auch nicht nachprüfbar, kann daher jederzeit und damit auch zur Unzeit erfolgen. Erfolgt keine ausdrückliche Einschränkung im Auftrag, sehen die Jugendämter dies als dauerhafte Aufgabe an, die im Grundsatz bis zur Volljährigkeit zu erfüllen ist (*Rüting* Kind-Prax 05, 168, 169). Aus der Möglichkeit, den Widerruf auf bestimmte Tätigkeiten zu beschränken, folgt, dass die Beistandschaft von Beginn an nicht nur generell erteilt, sondern auch selektiv auf bestimmte Aufgaben beschränkt eingerichtet werden kann. Ist dies erfolgt, endet die Beistandschaft ohne schriftliches Verlangen mit Erfüllung des Auftrages. Eine Aufkündigung oder Ablehnung der Beistandschaft durch das Jugendamt sieht das Gesetz nicht vor, weshalb der Beistand auf eine klare Auftragserteilung besonderes Augenmerk legen wird. Auch die gesetzlich geforderte Schriftform soll Unklarheiten in der Vertretung vermeiden helfen. 1

Die Beistandschaft endet, wenn in der Person des Antragstellers die Voraussetzungen nach § 1712 nicht mehr vorliegen. Kraft Gesetzes endet die Beistandschaft deshalb mit Eintritt der Volljährigkeit des Kindes, da mit diesem Zeitpunkt die Vertretungsbefugnis der Eltern erlischt. Der dadurch eintretende Mangel der Aktivlegitimation des Jugendamtes ist nach § 56 ZPO von Amts wegen im Prozess bis zum Abschluss des Verfahrens zu berücksichtigen (Karlsr JAmt 01, 15). Ebenso endet die Beistandschaft, wenn eine der in § 1713 normierten Voraussetzungen entfällt, so der Tod des Elternteils, Adoption des Kindes (§ 1754), und bei der vor der Geburt eingerichteten Beistandschaft dadurch, dass die Schwangerschaft nicht mit der Geburt eines lebenden Kindes beendet wird. 2

Im Falle der Vaterschaftsfeststellung endet aufgrund der Verweisung auf § 1918 die Beistandschaft mit Rechtskraft des Feststellungsurteils. Ist mit der Vaterschaftsfeststellung auch der Unterhalt nach § 653 ZPO Gegenstand des Verfahrens, endet die Beistandschaft insoweit erst mit Abschluss des Unterhaltsverfahrens, wobei die beantragte Beistandschaft sich auch auf das Abänderungsverfahren nach § 654 ZPO erstreckt (Hamm JAmt 04, 144). 3

Eine weitere Beendigung ergibt sich aus § 1717.

§ 1716 Wirkungen der Beistandschaft

¹Durch die Beistandschaft wird die elterliche Sorge nicht eingeschränkt. ²Im Übrigen gelten die Vorschriften über die Pflegschaft mit Ausnahme derjenigen über die Aufsicht des Vormundschaftsgerichts und die Rechnungslegung sinngemäß; die §§ 1791, 1791 c Abs. 3 sind nicht anzuwenden.

A. Einführung. Die Vorschrift regelt die Rechtsfolgen, die aufgrund der wirksam nach § 1714 beantragten Beistandschaft eintreten. Das Besondere ist, dass die elterliche Sorge durch die Beistandschaft nicht eingeschränkt wird, es also zu Konflikten zwischen den Rechten des Beistandes und des Inhabers der elterlichen Sorge kommen kann. Weiterhin bestimmt die Vorschrift durch kurze Verweisung, dass zwar die Vorschriften der Pflegschaft Anwendung finden, gleichzeitig die wesentlichen Abweichungen hiervon normiert werden. 1

B. Konfliktfälle Sorgerecht – Beistandschaft. Da durch die Beistandschaft die elterliche Sorge nicht eingeschränkt wird, besteht das Vertretungsrecht des Sorgeberechtigten neben dem Vertretungsrecht des Beistandes fort. Im Falle eines Rechtsstreits hat der Gesetzgeber mit § 53 a ZPO den Vorrang der Vertretung durch den Beistand ausdrücklich geregelt. Für sonstige Rechtsgeschäfte fehlt hingegen jede Regelung. Der Sorgeberechtigte könnte deshalb auch im Falle eines anhängigen Rechtsstreits außergerichtlich eine Vereinbarung schließen oder Verzicht auf Ansprüche, soweit dies gesetzlich zulässig ist, erklären. Eine analoge Anwendung des § 53 a ZPO auf jede rechtsgeschäftliche Tätigkeit, soweit sie mit der Beistandschaft in Verbindung steht, ist sicherlich nicht zulässig, denn dies hätte wiederum unzulässig eine Einschränkung der elterlichen Sorge 2 zur Folge. Rechtshandlungen sind deshalb grds nach ihrer zeitlichen Reihenfolge zu bewerten, also nach dem Grundsatz der Priorität (ebenso jurisPraxK/*Hoffmann* § 1716 Rn 4).

3 Mit dem Postulat der Weisungsfreiheit des Beistandes durch eine Bindung an das Kindeswohl ist der Konflikt ebenfalls nicht lösbar (aA Erman/*Roth*, 10. Aufl. 2000, § 1716 Rn 2), denn das in § 1697 a statuierte Kindeswohl hat auf die Feststellung der Vaterschaft oder die Geltendmachung von Unterhaltsansprüchen unmittelbar keinen Einfluss. Handlungen des sorgeberechtigten Elternteils, die nicht die Eingriffsschwelle des § 1666 überschreiten, werden von der Rechtsordnung hingenommen. Auch für die Beistandschaft kann deswegen keine besondere Unabhängigkeit hergeleitet werden, die letztlich auch stets daran scheitert, dass jederzeit die Beistandschaft beendet werden kann.

4 **C. Vorschriften der Pflegschaft.** Durch die Verweisung auf die Vorschriften der Pflegschaft und deren grds sinngemäßen Anwendung ergibt sich zunächst, dass im Gegensatz zur Pflegschaft keine Aufsicht des Vormundschaftsgerichtes nach § 1837 II besteht und deshalb die Rechnungslegung nach §§ 1840, 1890 entfällt. Auch besteht kein einklagbarer Anspruch auf laufende Information (Celle JAmt 01, 310). Andererseits kann die Beistandschaft jederzeit widerrufen werden, und der Sorgeberechtigte kann dann vom ehemaligen Beistand die Unterlagen herausverlangen, die bisher angefallen und für die weitere Geltendmachung des Anspruches erforderlich sind.

5 Von besonderer Bedeutung ist die Haftung nach § 1833 und aufgrund der Vorschriften des SGB 8 kommen die Amtshaftungsvorschriften zur Anwendung. Weiterhin erhält der Beistand keine Vergütung (§ 1836 IV) oder Aufwandsentschädigung (§ 1835 a V). Aufwendungsersatz ist jedoch denkbar, wenn nach § 1835 V Vermögen oder gutes Einkommen des Kindes vorhanden ist.

§ 1717 Erfordernis des gewöhnlichen Aufenthalts im Inland

¹Die Beistandschaft tritt nur ein, wenn das Kind seinen gewöhnlichen Aufenthalt im Inland hat; sie endet, wenn das Kind seinen gewöhnlichen Aufenthalt im Ausland begründet. ²Dies gilt für die Beistandschaft vor der Geburt des Kindes entsprechend.

1 Als Sonderregelung im Verhältnis zu Art 24 EGBGB wird eine Beistandschaft nur wirksam, wenn das minderjährige Kind seinen gewöhnlichen Aufenthalt im Inland hat. Nicht abgestellt wird auf den Wohnsitz, da ein Minderjähriger keinen eigenen Wohnsitz im Rechtssinne hat. Wird der Aufenthalt ins Ausland verlegt endet kraft Gesetzes die Beistandschaft. Da die Beistandschaft auch vor der Geburt beantragt werden kann, stellt das Gesetz in diesem Fall auf den Aufenthalt der Mutter ab, und erst ab Geburt des Kindes ist dessen Aufenthalt ausschlaggebend.

§§ 1718–1740
– *weggefallen* –

Titel 7   Annahme als Kind

Vorbemerkungen vor §§ 1741 bis 1772

1 Adoption ist die Annahme eines fremden Kindes als eigenes. Mit der Wirksamkeit der Adoption erlöschen alle Rechte der leiblichen Eltern, es entfällt jedes Recht auch auf persönlichen Umgang und natürlich entfällt auch die erbrechtliche Stellung. Das Gesetz unterscheidet zwischen der Adoption Minderjähriger (§§ 1741–1766) und der von Volljährigen (§§ 1767–1772). Schwerpunkt der gesetzlichen Regelungen ist die Minderjährigenadoption.

2 Neben den sehr ins Einzelne gehenden Vorschriften des bürgerlichen Rechts sind bei Auslandsberührung die Vorschriften der Art 22, 23 EGBGB zu beachten. Grds sind die jeweiligen Jugend- oder Landesjugendämter berechtigt, Adoptionen zu vermitteln. Erfolgt die Vermittlung zum Zwecke der Adoption durch eine andere Organisation, ist das AdoptionsvermittlungsG (BGBl I 02, 354) zu beachten. Für die Annahme eines Minderjährigen, die aufgrund einer ausländischen Entscheidung erfolgt oder die auf der Anwendung ausländische Sachvorschriften beruht, ist das Gesetz über Wirkung der Annahme als Kind (AdWirkG, idF v 5. 11. 01 BGBl I 2950) zu beachten. Zu beachten ist die Zuständigkeitsnorm des § 43 b FGG, insbes auch die Gerichtsstandskonzentration nach § 43 b II FGG iV AdWirkG: Konzentration beim Vormundschaftsgericht am Sitz des OLG.

3 Ebenfalls bei internationalem Bezug ist das Haager Übereinkommen über den Schutz von Kindern und die Zusammenarbeit auf dem Gebiet internationaler Adoption vom 29. 5. 93 (BGBl II 1035) zu beachten. Dies bindet jedoch nur die Vertragsstaaten, so dass die Adoption aus einem anderen als einem Vertragsstaat nicht

nach diesem Gesetz, sondern nach den Vorschriften des EGBGB zu beurteilen ist. Zu beachten sind die jeweiligen Bekanntmachungen über den Beitritt weiterer Staaten zum Abkommen. Aktuell ist der Stand aufgrund der Bekanntmachung vom 7. 4. 05 (BGBl II 2005 572).

Für alle Fälle des internationalen Bezuges und der Ein- und Auswirkungen auf deutsches Recht, auf die bei den nachfolgenden Erläuterungen nicht eingegangen werden kann, wird verwiesen auf die ausführliche Kommentierung in AnwK/*Benicke*, Art 22 EGBGB. 4

In einer eingetragenen Lebenspartnerschaft enthält § 9 VI, VII LebenspartnerschaftsG idF vom 15.12.04 mit Wirkung vom 1. 1. 05 Sonderbestimmungen, die neben den allgemeinen Vorschriften des BGB zu beachten sind (ausf auch unter verfassungsrechtlichen Gesichtspunkten *Schlütter* FF 05, 234). 5

Verfahrensrechtlich handelt es sich bei der Adoption um ein Verfahren der freiwilligen Gerichtsbarkeit (§§ 43 ff FGG). Sobald ein Antrag gestellt wird, muss das Vormundschaftsgericht von Amts wegen nach § 12 FGG die notwendigen Voraussetzungen ermitteln. Zuständig ist aufgrund des Richtervorbehalts in § 14 RPflG für alle Entscheidungen der Vormundschaftsrichter. 6

Es können zwischen dem Vormundschaftsgericht und Familiengericht Probleme entstehen, insbes da eine Abgrenzungsregelung wie in § 1697 fehlt. Dies wird besonders dann zum Tragen kommen, wenn bei alleinigem Sorgerecht die Mutter die Freigabe zur Adoption erklärt, der Vater die Übertragung der elterlichen Sorge begehrt und gleichzeitig das Vormundschaftsgericht nach § 1748 die Ersetzung der Zustimmung des Vaters beschließt. 7

De lege ferenda ist der Referentenentwurf eines Gesetzes zur Reform des Verfahrens in Familiensachen und in den Angelegenheiten der freiwilligen Gerichtsbarkeit (FGG-ReformG 2005) zu beachten. Dieses Gesetzesvorhaben beabsichtigt, die bisherige Aufsplitterung beim Amtsgericht aufzuheben und das sog „große Familiengericht" zu schaffen mit der Folge, dass die Adoption in den §§ 194–207 als Familiensache geregelt wird. Es entfällt daher die Aufteilung in Familiengericht und Vormundschaftsgericht, nur die Betreuungsverfahren werden ausgenommen mit der Rechtsfolge, dass nur noch unterschieden wird zwischen dem Familiengericht einerseits und dem Betreuungsgericht andererseits. 8

Untertitel 1 Annahme Minderjähriger

§ 1741 Zulässigkeit der Annahme

(1) ¹Die Annahme als Kind ist zulässig, wenn sie dem Wohl des Kindes dient und zu erwarten ist, dass zwischen dem Annehmenden und dem Kind ein Eltern- Kind-Verhältnis entsteht. ²Wer an einer gesetzes- oder sittenwidrigen Vermittlung oder Verbringung eines Kindes zum Zwecke der Annahme mitgewirkt oder einen Dritten hiermit beauftragt oder hierfür belohnt hat, soll ein Kind nur dann annehmen, wenn dies zum Wohl des Kindes erforderlich ist.

(2) ¹Wer nicht verheiratet ist, kann ein Kind nur allein annehmen. ²Ein Ehepaar kann ein Kind nur gemeinschaftlich annehmen. ³Ein Ehegatte kann ein Kind seines Ehegatten allein annehmen. ⁴Er kann ein Kind auch dann allein annehmen, wenn der andere Ehegatte das Kind nicht annehmen kann, weil er geschäftsunfähig ist oder das 21. Lebensjahr noch nicht vollendet hat.

A. Regelungsziel. In I werden die Ziele der Adoption definiert. Vorrang hat auch hier ebenso wie im Regelungsbereich der elterlichen Sorge (§ 1697a) das Kindeswohl. Aus der Zielvorgabe, ein Eltern-Kind-Verhältnis entstehen zu lassen, ergibt sich, dass auch bei ehelichen Kindern eine Adoption durch Dritte nicht ausgeschlossen ist, wenn in der Familie kein ausreichender Schutz gewährleistet ist und mit einer Adoption dem Kind eine bessere Entwicklung gewährt werden kann. Der Eingriff in die Elternrechte ist jedoch nur in den engen Grenzen der §§ 1666, 1666a zulässig. Ausschließlich das Wohl des Kindes steht im Fokus des Adoptionsrechtes, und deshalb können andere Beweggründe nicht Grundlage für eine Adoption sein, so zB Erhalt eines speziellen Namens (Adelsname). Das Kindeswohl kann erst beurteilt werden, wenn das Kind geboren ist. Deshalb ist eine Annahme vor Geburt des Kindes unzulässig. 1

Das grds Adoptionsverbot in I 2 soll vorrangig den Kinderhandel unterbinden. In einem solchen Fall trifft denjenigen, der an einer solchen Handlung beteiligt war, die Beweislast dafür, dass trotz des Gesetzesverstoßes die Annahme im Interesse des Kindes erforderlich ist. Die Anforderungen sind in diesem Fall hoch angesetzt und entsprechen denen der Einbenennung (§ 1618). 2

Durch das Gesetz zur Überarbeitung des Lebenspartnerschaftsrechts vom 15.12.04 (BGBl 3396) ist auch für die Lebenspartnerschaft die rechtliche Möglichkeit einer Adoption eröffnet. Zulässig ist seit dem 1. 1. 05 die Stiefkindadoption (§ 9 VI, VII LPartG). Ein Lebenspartner kann zukünftig das Kind des anderen Partners adoptieren. Erforderlich ist die Zustimmung des Lebenspartners; der entgegenstehende Wille darf dann nicht ersetzt werden, wenn berechtigte Interessen des anderen Partners der Annahme entgegenstehen. Die Adoption eines fremden Kindes ist weder einem Partner alleine noch beiden gemeinsam gestattet. 3

4 **B. Regelungsumfang.** Der in II 1 statuierte Grundsatz, dass ein Nichtverheirateter ein Kind nur allein annehmen kann, wird schon im S 2 erweitert dahingehend, dass eine Annahme durch Eheleute nur gemeinsam erfolgen kann und S 3, dass der Ehegatte auch das Kind des anderen Ehegatten alleine annehmen kann, wodurch das Kind dann die rechtliche Stellung eines gemeinsamen Kindes erhält. Letztlich bestimmt S 4, dass die Annahme durch einen Ehegatten auch dann zulässig ist, wenn der andere Ehegatte noch nicht das 21. Lebensjahr vollendet hat oder geschäftsunfähig ist.

5 Neben diesen formalen Voraussetzungen ist zu beachten, dass die Voraussetzungen nach I erfüllt sein müssen, die Adoption also dem Wohl des Kindes dient und ein Eltern-Kind-Verhältnis entsteht. Die Anforderungen sind nicht als gering zu achten. Insbes sind für die Gesamtbeurteilung alle Erkenntnisse heranzuziehen, die einer positiven Prognose zu Grunde zu legen sind. Die Anforderungen in der Praxis der Jugendämter und Anspruchsvoraussetzungen nach der Kommentarliteratur sind oft als überhöht zu bewerten und spiegeln ein Idealbild des Annehmenden wider, dem leibliche Eltern meist nicht entsprechen können.

6 Das Wohl des Kindes und die für eine Adoption zu beachtenden Grundsätze stehen einer Inkognito-Adoption nicht entgegen, wenn dadurch Streit und Auseinandersetzungen zu Lasten des Kindes vermieden werden können.

7 Lebt das anzunehmende Kind in einer Pflegefamilie, wird die Annahme durch einen Dritten stets dann auszuschließen sein, wenn durch die Herausnahme für das Kind keine nachhaltige Verbesserung zu erwarten ist. Wenn zur Begründung auf die Verbleibensanordnung nach § 1632 IV verwiesen wird (AnwK/*Finger* § 1741 Rn 11 mit umfangreichen Literaturnachweisen) wird übersehen, dass die von Amts wegen oder auf Antrag zu treffende Verbleibensanordnung nur für das Herausverlangen durch die Eltern eine Regelung enthält. Trotz des Elternrechts auf Herausgabe des Kindes ggü den Pflegeeltern gebietet das Wohl des Kindes das Anordnen des Verbleibens bei den Pflegeeltern, wenn und solange das Kindeswohl durch die Wegnahme gefährdet würde.

8 **C. Verfahrensrechtliche Hinweise.** Ein Adoptionsverfahren wird ausschließlich durch einen Antrag eingeleitet, der von demjenigen gestellt wird, der ein Kind annehmen möchte. Das weitere Verfahren richtet sich nach den Regeln der freiwilligen Gerichtsbarkeit (§§ 12, 35, 56 d ff FGG). Das Vormundschaftsgericht ermittelt von Amts wegen, was jedoch den oder die Antragsteller nicht von einer Mitwirkungspflicht befreit. Auch das Jugendamt ist in die Amtsermittlung eingebunden, denn es ist nach § 49 FGG zu allen wesentlichen Vorgängen anzuhören.

9 In Abweichung von den Vorschriften, die für das familiengerichtliche Verfahren gelten (§ 621g ZPO), ist das Vormundschaftsgericht auch ohne Antrag berechtigt, im Wege des einstweiligen Rechtsschutzes Anordnungen zu treffen auch ohne vorherige Anhörung des Jugendamtes; diese ist unverzüglich nachzuholen und die Anordnung den dann gewonnenen Erkenntnissen anzupassen (§ 49 IV FGG).

10 Weitere Pflichten des Jugendamtes im Rahmen eines Adoptionsverfahrens ergeben sich auch aus §§ 50, 51 SGB 8. Neben der Mitwirkung im Adoptionsverfahren wird auch die Unterstützung des Adoptionswilligen geregelt. Die Tätigkeit des Jugendamtes, ob aufgrund der Vorschriften des FGG oder des SGB 8, ist kosten- und gebührenfrei.

§ 1742 Annahme nur als gemeinschaftliches Kind

Ein angenommenes Kind kann, solange das Annahmeverhältnis besteht, bei Lebzeiten eines Annehmenden nur von dessen Ehegatten angenommen werden.

1 Die Vorschrift verbietet die Kettenadoption, dh die Weitergabe des angenommenen Kindes an andere Adoptionsbewerber. Wird das Annahmeverhältnis aufgelöst, steht einer erneuten Adoption nichts im Wege. Das Rechtsverhältnis endet zweifelsfrei durch Aufhebung der Adoption (§ 1759). Es endet nicht, wenn der allein adoptierende Ehegatte verstirbt, da der Überlebende nach wie vor Elternrechte besitzt, denn Eheleute können nur gemeinsam ein Kind adoptieren bzw nur das Kind des anderen Ehegatten (§§ 1677, 1680 I). Heiratet der Überlebende wieder, kann jedoch der neue Ehegatte das Kind adoptieren mit der Rechtsfolge, dass das Kind jetzt zu beiden Ehegatten die Rechtsbeziehung eines leiblichen Kindes hat.

2 Das Bestehen eines Annahmeverhältnisses steht auch einer Eheschließung entgegen (§ 1307).

§ 1743 Mindestalter

¹Der Annehmende muss das 25., in den Fällen des § 1741 Abs. 2 Satz 3 das 21. Lebensjahr vollendet haben. ²In den Fällen des § 1741 Abs. 2 Satz 2 muss ein Ehegatte das 25. Lebensjahr, der andere Ehegatte das 21. Lebensjahr vollendet haben.

1 Um eine Eltern-Kind-Bindung nach der Vorgabe des § 1741 I 1 feststellen zu können, erlaubt das Gesetz den Ausspruch der Adoption erst mit der Vollendung des 25. Lebensjahres des Annehmenden. Die Vollendung des 21. Lebensjahres ist jedoch dann ausreichend, wenn das leibliche Kind des anderen Ehegatten angenom-

men werden soll. Wollen Eheleute gemeinsam ein Kind annehmen, muss einer von ihnen mindestens das 25., der andere das 21. Lebensjahr vollendet haben. Mit diesen Altersgrenzen hat der Gesetzgeber auch zum Ausdruck bringen wollen, dass nicht nur das Alter der Annehmenden als solches ausschlaggebend ist, sondern auch, dass eine gewisse Reife, ein abgerundetes Persönlichkeitsbild gefordert wird. Einem iS dieser Vorschriften Eltern-Kind-Bindung steht grds auch ein großer Altersunterschied zum Kind ebenso entgegen wie aus sonstigen Tatsachen abzuleitende Unreife. Auch persönliche oder wirtschaftliche Probleme in der Ehe können Anlass sein, die Annahme nicht zu genehmigen.

§ 1744 Probezeit

Die Annahme soll in der Regel erst ausgesprochen werden, wenn der Annehmende das Kind eine angemessene Zeit in Pflege gehabt hat.

A. Grundlagen. Um die Voraussetzungen einer Adoption zu prüfen, insbes die Eignung zur Adoption und das Entstehen einer Eltern-Kind-Bindung, soll das Kind zunächst eine angemessene Zeit zur Pflege desjenigen gegeben werden, der die Adoption anstrebt. Diese Probezeit ist nicht zwingend notwendig, kann jedoch nur dann entfallen, wenn auf andere Weise eine korrekte Prüfung der Adoptionsvoraussetzungen möglich ist. Grds wird eine Probezeit entfallen, wenn die Adoption des Kindes des Ehepartners beabsichtigt ist. Die Dauer der Probezeit ist nicht bestimmt. Im Falle einer Annahme unmittelbar oder zeitlich nah zur Geburt des Kindes wird auf sie ganz verzichtet werden können, nach Vollendung des dritten Lebensjahres ist sie jedoch unverzichtbar. 1

B. Regelungsumfang. Die Adoptionspflege ist in den §§ 44–49 SGB 8 geregelt. Bedarf die Betreuung fremder Kinder grds einer Pflegeerlaubnis, entfällt dieses Erfordernis (§ 49 I SGB 9). Wurde die Zustimmung der Eltern zur Adoption erteilt, rechtskräftig ersetzt oder bei alleiniger elterlicher Sorge die Zustimmung zur Adoption erteilt, wird das Jugendamt zum Amtsvormund des Kindes. Mit Aufnahme des Kindes in den Haushalt der Pflegeeltern haften diese vorrangig hinsichtlich des Unterhaltes (§ 1751 IV). Die Pflegeperson hat in Angelegenheiten des täglichen Lebens das Vertretungsrecht, hat den Arbeitsverdienst des Kindes zu verwalten sowie Unterhalts-, Versicherungs-, Versorgungs- und sonstige Sozialleistungen für das Kind geltend zu machen und zu verwalten (§ 1688). Dieses Recht kann durch das Jugendamt als Amtsvormund oder gerichtliche Entscheidung eingeschränkt werden (§ 1688 III). 2

§ 1745 Verbot der Annahme

¹*Die Annahme darf nicht ausgesprochen werden, wenn ihr überwiegende Interessen der Kinder des Annehmenden oder des Anzunehmenden entgegenstehen oder wenn zu befürchten ist, dass Interessen des Anzunehmenden durch Kinder des Annehmenden gefährdet werden.* ²*Vermögensrechtliche Interessen sollen nicht ausschlaggebend sein.*

A. Grundlagen. Eine Adoption erfordert nach § 1741 die besondere Berücksichtigung des Kindeswohls. Die Vorschrift des § 1745 verlangt im Rahmen der Gesamtprüfung auch die Einbeziehung wichtiger Interessen sonstiger Beteiligter. Im Vordergrund stehen immaterielle Interessen, was sich aus S 2 ableitet. Dies bedeutet jedoch nicht, dass vermögensrechtliche Interessen keine Auswirkungen haben, denn eine Adoption hat schon aufgrund des Rechtsaktes erhebliche wirtschaftliche Auswirkungen, so des Erbrechtes und auch hinsichtlich der Unterhaltspflichten. Aufgrund der Gesetzessystematik soll aber eine Adoption nicht alleine an wirtschaftlichen Interessen scheitern. 1

B. Anhörung des Kindes. Sowohl aus dem ausdrücklich erwähnten Interesse des Kindes als auch aus dem Grundsatz, dass die Adoption dem Wohl des Kindes dienen muss (§ 1741 I 1), folgt, dass das anzunehmende Kind Subjekt und nicht Objekt des Verfahrens ist. Dies hat zur Folge, dass die jeweiligen Interessenlagen und Absichten, so gut sie auch gemeint sein mögen, zurückstehen müssen, wenn und soweit das Kindeswohl entgegensteht. Das Vormundschaftsgericht hat sich deshalb zunächst mit dem Kind zu beschäftigen und ist grds gezwungen, das Kind persönlich anzuhören, denn die §§ 55 c, 50 b FGG statuieren die Anhörungspflicht für alle Verfahren, die die Personen- oder Vermögensinteressen des Kindes betreffen. 2

Die Anhörung hat persönlich zu erfolgen und ist eine besondere Form der Sachaufklärung (Keidel/Kuntze/Winkler/*Engelhardt* FGG § 50 b Rn 3). Die Rspr und Literatur geht hierbei grds davon aus, dass ab der Vollendung des 3. Lebensjahres eine Anhörung zweckmäßig und auch notwendig ist. Vor dem 3. Geburtstag wird die Anhörung grds keine entscheidungserheblichen Erkenntnisse erbringen, sofern nicht der Augenschein für die Feststellung im Einzelfall von Bedeutung ist. 3

Der Richter hat die Anhörung persönlich durchzuführen, sollte jedoch bei Unklarheiten oder aufgrund besonderer Umstände auch einen Sachverständigen zuziehen oder nach einer Anhörung ein Gutachten in Auftrag geben, denn gerade im Adoptionsverfahren ist es von besonderer Wichtigkeit, dass Neigungen ebenso 4 wie Aversionen klar und nachvollziehbar festgestellt werden. Diese Feststellung entscheidet im Einzelfall letztlich darüber, ob eine Adoption überhaupt stattfindet oder zu unterbleiben hat. Je älter ein Kind ist, desto größere Bedeutung hat die Anhörung. Ab der Vollendung des 14. Lebensjahres ist die Anhörung zwingend (§ 50 b II) vorgeschrieben, und auch aus der Rechtsregel der Einwilligung (nachstehend § 1746 I) folgt, dass ab diesem Alter der erklärte Wille des Kindes für das Adoptionsverfahren verbindlich ist.

5 Auch hat das Kind ab Vollendung des 14. Lebensjahres ein eigenes Beschwerderecht (§ 59 III FGG). Das eigene Beschwerderecht verlangt auch, dass alle Verfügungen und Entscheidungen, gegen die Rechtsmittel oder Rechtsbehelfe gegeben sind, auch dem Kind zuzustellen sind. Vollendet das Kind erst nach der Verkündung der Entscheidung das 14. Lebensjahr, steht ihm ein eigenes Rechtsmittel nicht zu; erfolgt die Mitteilung der Entscheidung durch Zustellung, kommt es auf diesen Stichtag an (§ 59 III FGG).

6 Muss eine Kindesanhörung erfolgen, darf zunächst nur im Falle einer Gefahr im Verzug die notwendige Eilmaßnahme ohne Anhörung angeordnet werden, jedoch ist die Anhörung unverzüglich nachzuholen. In allen anderen Fällen darf die Anhörung nur dann unterbleiben, wenn schwerwiegende Gründe vorliegen und das wohlverstandene Interesse des Kindes die Nichtanhörung erfordert. Das Gericht hat dies konkret und nachprüfbar zu begründen.

7 Der Verstoß gegen die Anhörungspflicht macht eine Verfügung oder Entscheidung nicht unwirksam, sondern nur anfechtbar, da es sich um einen Verfahrensfehler und nicht um eine konstitutive Genehmigung handelt. Der Verfahrensfehler ist mit einem Rechtsmittel anfechtbar und stellt keinen Aufhebungsgrund iSv § 1760 dar.

§ 1746 Einwilligung des Kindes

(1) ¹Zur Annahme ist die Einwilligung des Kindes erforderlich. ²Für ein Kind, das geschäftsunfähig oder noch nicht 14 Jahre alt ist, kann nur sein gesetzlicher Vertreter die Einwilligung erteilen. ³Im Übrigen kann das Kind die Einwilligung nur selbst erteilen; es bedarf hierzu der Zustimmung seines gesetzlichen Vertreters. ⁴Die Einwilligung bedarf bei unterschiedlicher Staatsangehörigkeit des Annehmenden und des Kindes der Genehmigung des Vormundschaftsgerichts; dies gilt nicht, wenn die Annahme deutschem Recht unterliegt.
(2) ¹Hat das Kind das 14. Lebensjahr vollendet und ist es nicht geschäftsunfähig, so kann es die Einwilligung bis zum Wirksamwerden des Ausspruchs der Annahme gegenüber dem Vormundschaftsgericht widerrufen. ²Der Widerruf bedarf der öffentlichen Beurkundung. ³Eine Zustimmung des gesetzlichen Vertreters ist nicht erforderlich.
(3) Verweigert der Vormund oder Pfleger die Einwilligung oder Zustimmung ohne triftigen Grund, so kann das Vormundschaftsgericht sie ersetzen; einer Erklärung nach Absatz 1 durch die Eltern bedarf es nicht, soweit diese nach den §§ 1747, 1750 unwiderruflich in die Annahme eingewilligt haben oder ihre Einwilligung nach § 1748 durch das Vormundschaftsgericht ersetzt worden ist.

1 **A. Grundlagen.** Da das Kind und sein Wohlergehen zentral im Fokus des Verfahrens zu stehen haben, ist grds die Zustimmung des Kindes erforderlich (I 1). Erst ab einem Alter von 14 geht das Gesetz davon aus, dass Reife und Verständnis des Kindes so ausgeprägt sind, dass seiner Entscheidung grds Bedeutung zukommt. Einwilligung und Zustimmung bedürfen der Beurkundung. Insoweit und hinsichtlich der weiteren Voraussetzungen für die Wirksamkeit bzw Unwirksamkeit wird auf § 1750 und die Erläuterungen verwiesen.

2 **B. Einzelregelung. I. Einwilligung des Kindes.** Unabhängig vom Alter des Kindes verlangt I 1 die Einwilligung des Kindes. Hat es das 14. Lebensjahr noch nicht vollendet, erteilt die Einwilligung ausschließlich der gesetzliche Vertreter. Dies sind bei ehelicher Geburt des Kindes beide Eltern, sofern nicht alleinige elterliche Sorge durch Gerichtsentscheidung begründet wurde. Bei nichtehelicher Geburt muss das Vormundschaftsgericht prüfen, ob eine Sorgerechtserklärung nach § 1626 a erfolgt ist. Aufgrund der Mitteilungspflicht nach § 1626 d darf sich das Vormundschaftsgericht im Rahmen seiner Amtsermittlung nicht auf die Erklärung der Mutter verlassen, sondern wird entweder eine Bescheinigung nach § 58 a SGB 8 verlangen oder aber vom zuständigen Jugendamt nach § 87 c SGB 8 eine Auskunft einholen.

3 Nach Vollendung des 14. Lebensjahres gelten diese Voraussetzungen weiter, wenn das Kind geschäftsunfähig ist. Ansonsten kann es ab diesem Alter die Einwilligung nur selbst erteilen, die jedoch zur Wirksamkeit der Zustimmung des gesetzlichen Vertreters bedarf. Fehlt die Einwilligung, führt dies nur unter der Voraussetzung des § 1760 und nur auf Antrag zur Aufhebung der Adoption.

4 Keiner Einwilligung oder Zustimmung bedarf es, wenn die Eltern nach §§ 1747, 1750 unwiderruflich in die Annahme eingewilligt haben oder eine Ersetzung nach § 1748 erfolgt ist.

5 **II. Genehmigung des Vormundschaftsgerichts.** In den Fällen des I bedürfen weder die Einwilligung noch die Zustimmung einer gerichtlichen Bestätigung oder Genehmigung. Nur wenn die Annehmenden und das Kind unterschiedlicher Staatsangehörigkeit sind, bedarf es der Genehmigung durch das Vormundschaftsgericht. Es prüft von Amts wegen insbes unter Beachtung der Art 22, 23 EGBGB, welches Recht zu beachten ist. Stellt es fest, dass die Annahme nach deutschem Recht erfolgt, bedarf es keiner vormundschaftlichen Genehmigung. Eine diesbezügliche Feststellung, die den Beteiligten zugänglich gemacht wird, ist empfehlenswert.

III. Widerruf. Bis zur Wirksamkeit der Adoption kann das Kind mit Vollendung des 14. Lebensjahres – sofern es nicht geschäftsunfähig ist – die Einwilligung widerrufen. Dieses Recht ist an keine Bedingung oder Begründung gebunden. Der Widerruf hat ggü dem Vormundschaftsgericht zu erfolgen. Im Gegensatz zur Einwilligung bedarf der Widerruf der öffentlichen Beurkundung. Die Form soll sicherstellen, dass der Minderjährige durch den Notar oder sonstige Urkundsperson über die Rechtswirkung belehrt wird, der Widerruf daher nicht leichtfertig erklärt wird. Der Widerruf ist unabhängig davon, wer die nach I geforderte Einwilligung erklärt hat, zulässig. Eine Zustimmung des gesetzlichen Vertreters bedarf es nicht. 6

IV. Ersetzung der Einwilligung oder Zustimmung. Steht die gesetzliche Vertretung einem Vormund oder Pfleger zu und verweigert dieser die Einwilligung oder Zustimmung, kann diese Erklärung durch das Vormundschaftsgericht ersetzt werden. Die Ersetzung ist unzulässig, wenn ein triftiger Grund für die Verweigerung vorliegt. Einer Ersetzung bedarf es nicht in den Fällen der §§ 1747, 1750, wenn also in die Annahme unwiderruflich eingewilligt worden war. 7

Verweigern die Eltern eine notwendige Zustimmung oder Einwilligung, erfolgt die Ersetzung nur nach § 1747. 8

C. Verfahrensrechtliche Hinweise. Zur Beurkundung des Widerrufs nach II sind neben den Notaren auch die Jugendämter nach § 59 I Nr 6 SGB 8 berufen; diese ist kostenfrei. Auch eine gerichtliche Protokollierung ist zulässig (§§ 127 a iVm §§ 160, 162 II ZPO). 9

Die Ersetzung der Einwilligung oder Zustimmung durch das Vormundschaftsgericht erfolgt von Amts wegen, also ohne Antrag in Abweichung von der Ersetzung der Einwilligung der Eltern nach § 1747. 10

Beschwerdebefugt sind der jeweilige Antragsteller, das Kind ab Vollendung des 14. Lebensjahres und jeder Beteiligte, der von der gerichtlichen Verfügung betroffen ist (§§ 20, 59 FGG). Alle Verfügungen werden erst mit Rechtskraft wirksam (§ 53 I 2 FGG). Die sofortige Beschwerde ist nach § 60 FGG innerhalb der Zweiwochenfrist nach § 22 FGG einzulegen. Gegen die Entscheidung des Beschwerdegerichtes ist die weitere Beschwerde nach § 29 II FGG gegeben. 11

§ 1747 Einwilligung der Eltern des Kindes

(1) ¹Zur Annahme eines Kindes ist die Einwilligung der Eltern erforderlich. ²Sofern kein anderer Mann nach § 1592 als Vater anzusehen ist, gilt im Sinne des Satzes 1 und des § 1748 Abs. 4 als Vater, wer die Voraussetzung des § 1600 d Abs. 2 Satz 1 glaubhaft macht.
(2) ¹Die Einwilligung kann erst erteilt werden, wenn das Kind acht Wochen alt ist. ²Sie ist auch dann wirksam, wenn der Einwilligende die schon feststehenden Annehmenden nicht kennt.
(3) ¹Sind die Eltern nicht miteinander verheiratet und haben sie keine Sorgeerklärungen abgegeben,
1. kann die Einwilligung des Vaters bereits vor der Geburt erteilt werden;
2. darf, wenn der Vater die Übertragung der Sorge nach § 1672 Abs. 1 beantragt hat, eine Annahme erst ausgesprochen werden, nachdem über den Antrag des Vaters entschieden worden ist;
3. kann der Vater darauf verzichten, die Übertragung der Sorge nach § 1672 Abs. 1 zu beantragen. ²Die Verzichtserklärung muss öffentlich beurkundet werden. ³§ 1750 gilt sinngemäß mit Ausnahme von Absatz 4 Satz 1.
(4) Die Einwilligung eines Elternteils ist nicht erforderlich, wenn er zur Abgabe einer Erklärung dauernd außerstande oder sein Aufenthalt dauernd unbekannt ist.

A. Grundlagen. „Die Pflege und Erziehung der Kinder ist das natürliche Recht der Eltern und die zuvörderst ihnen obliegende Pflicht. Über ihre Betätigung wacht die staatliche Gemeinschaft." Aufgrund dieser Bestimmung des Grundgesetzes in Art 6 II und der Gleichstellung des ehelichen mit dem nichtehelichen Kind in IV folgt, dass die Eltern eines Kindes einer Adoption zustimmen müssen, denn mit deren Wirksamkeit verlieren sie ihre grundrechtlich geschützten Rechte. Ausgehend grds von der erforderlichen Zustimmung führt dies dazu, dass die Ersetzung derselben auf Ausnahmen beschränkt sein muss mit der Folge, dass die Ersetzung gesondert in § 1748 geregelt ist. Aus der Gesamtregelung ergibt sich auch, dass sonstige Personen, gleich wie nah sie verwandtschaftlich zu dem Kind stehen, nicht in die Einwilligung einbezogen sind, auch wenn durch die Annahme Rechte – zB Erbrecht – davon unmittelbar oder mittelbar berührt und verändert werden. 1

B. Einzelregelungen. I. Grundsatz und Vaterschaft (I). Ausgehend von dem Grundsatz, dass die Eltern – also Vater und Mutter – der Annahme zustimmen müssen-, stellt die Vorschrift zunächst auf diese Elternschaft ab. Da die Kindesmutter immer feststeht (§ 1591), wird hinsichtlich der Vaterschaft auf die gesetzliche Regel des § 1592 Bezug genommen. Der Mann, der im Zeitpunkt der Geburt mit der Mutter verheiratet ist, ebenso der Mann, der wirksam die Vaterschaft anerkannt hat, und auch derjenige, dessen Vaterschaft rechtskräftig festgestellt wurde, muss grds der Annahme zustimmen. Entscheidend ist der rechtliche Status als Vater, weitere Wirkungen, zB gemeinsame elterliche Sorge (§ 1626 a), sind hingegen ohne Bedeutung. 2

3 Steht ein Mann als Vater nach diesen gesetzlichen Regeln nicht fest, ist auch derjenige im Adoptionsverfahren zu beteiligen, der glaubhaft macht, dass er der Kindesmutter während der Empfängniszeit beigewohnt hat. Die Rechte des biologischen Vaters wurden aufgrund der Entscheidung des BVerfG vom 9.4.03 – Az 1 BvR 1493/96 und 1 BvR 1724/01 durch das Gesetz vom 23.4.05 (BGBl I 598) wesentlich verändert und die Vorschriften über die Vaterschaftsanfechtung und -feststellung grdl verändert. Vorrang hat jede Vaterschaft, die nach § 1592 vermutet wird. Wenn hiernach keine Vaterschaft festgestellt ist, kommt derjenige in Betracht, der seine Vaterschaft glaubhaft macht.

4 Diese gesetzliche Änderung bedingt es, dass im Zweifel das Vormundschaftsgericht durch Beweisaufnahme zu klären hat, ob ein Mann als Vater in Betracht kommt oder nicht. Ein Verweisen auf das Anfechtungs- oder Feststellungsverfahren ist nicht möglich. Wenn jedoch auch das Anfechtungs- und Feststellungsverfahren anhängig ist – insoweit sind die Familiengerichte ausschließlich zuständig –, kann es im Einzelfall wegen der statusrechtlichen Wirkungen ggü jedermann zweckmäßig sein, die Rechtskraft der Anfechtung und Feststellung abzuwarten, insbes, wenn dadurch keine Verzögerungen zu erwarten sind. Unerheblich ist, ob die Mutter die Behauptung des Mannes stützt oder ihr entgegentritt, denn nur im Vaterschaftsfeststellungsverfahren hat ihre Einwilligung rechtliche Bedeutung.

5 Ist der Vater unbekannt, weil die Mutter seinen Namen nicht preisgibt oder ihn nicht kennt, wird das Vormundschaftsgericht die angemessen erscheinenden Nachfragen tätigen. Kann auch hierdurch ein Mann nicht als Vater ermittelt werden oder bestreitet ein Mann die Vaterschaft, entfällt seine Mitwirkung. Zwangsmittel gegen die Mutter, den vermutlichen Vater zu benennen, sieht das Gesetz nicht vor, ebenso wenig Zwangsmittel gegen denjenigen, der als Vater in Betracht kommen könnte (Stuttg FamRZ 92, 1469).

6 **II. Fristablauf.** Um Übereilung möglichst zu vermeiden, verlangt das Gesetz, dass die Geburt des Kindes mindestens acht Wochen zurückliegt. Eine zeitlich davor erteilte Einwilligung ist nichtig, da sie gegen ein gesetzliches Verbot verstößt (§ 138), und wird deshalb auch durch Zeitablauf nicht wirksam, sondern muss nach Fristablauf erneut erteilt werden. Der Fristverstoß wird außerdem in § 1760 II lit. e als Aufhebungsgrund ausdrücklich nochmals festgestellt.
Aufgrund der Regelung in S 2 ist unerheblich, ob die Einwilligung der Mutter vor Stellung eines Adoptionsantrages erteilt wird oder erst danach.

7 **III. Ausnahmebestimmungen des III.** Bei nichtehelicher Geburt kann die Mutter auch den Vater als Sorgeberechtigten bestimmen nach § 1626 a. Ist dies nicht erfolgt, bestimmt Nr 1, dass die Einwilligung in eine Adoption durch den Vater schon vor der Geburt des Kindes erteilt werden kann. Da noch kein Vater feststeht, gelten insoweit die Regelungen des I für die Vermutung der Vaterschaft entspr.

8 Hat der nichteheliche Vater die Sorgerechtsübertragung auf sich beantragt, muss ein laufendes Adoptionsverfahren nach Nr 2 bis zum rechtskräftigen Abschluss ausgesetzt werden. Vorrang hat in diesem Fall stets das Sorgerechtsverfahren nach § 1672 I. Der Zustimmung der Mutter bedarf es in diesem Fall nicht, denn § 1751 I 6 bestimmt für diesen Fall, dass alleine der Antrag des Vaters auf Sorgerechtsübertragung ausreicht. Das Gesetz betont durch diese Regelung das grundrechtlich geschützte Elternrecht und erst, wenn dies nicht greift, kommt eine Annahme durch Dritte in Betracht. Die Rechtskraft des Sorgerechtsverfahrens ist abzuwarten.

9 Auch eine Beschwerde beim Europäischen Gerichtshof für Menschenrechte gegen eine negative Sorgerechtsentscheidung ist von den Instanzgerichten zu beachten. Nach der Entscheidung des BVerfG FamRZ 04, 1857 erstreckt sich die Bindungswirkung einer Entscheidung des EuGHMR auf alle staatlichen Organe und verpflichtet diese grds, im Rahmen ihrer Zuständigkeit und ohne Verstoß gegen die Bindung an Gesetz und Recht (Art 20 III GG) einen fortdauernden Konventionsverstoß zu beenden und einen konventionsgemäßen Zustand herzustellen (jurisPR-FamR 22/04 Anm 1 *Pilati*; *Völker* Kind-Prax 04, 215).

10 Auf sein Recht, die Übertragung der elterlichen Sorge auf sich zu beantragen und mit diesem das Annahmeverfahren zu blockieren, kann der Vater auch durch ausdrückliche Erklärung verzichten. Damit entfällt zwar die Sperrwirkung nach Nr 2, die Einwilligung ist jedoch weiterhin notwendig und ggf nach § 1748 zu ersetzen. Notwendig ist die Beurkundung des Verzichts und Zugang beim Vormundschaftsgericht. Durch die Verweisung auf § 1750 und die ausdrückliche Ausnahme von IV 1 ist der Verzicht nicht an ein spezielles Adoptionsverfahren gebunden, gilt vielmehr generell.

11 Bei Rücknahme oder Abweisung eines Adoptionsantrages gilt der Verzicht weiter und erfasst auch ein neues Annahmeverfahren, wenn zB andere Pflegeeltern einen Antrag stellen. Zu beachten ist aber, dass der Verzicht nach drei Jahren wirkungslos wird. Aus dem Spannungsverhältnis Kindeswohl einerseits und dem Adoptionsinteresse andererseits ergibt sich, dass bei Übertragung des Sorgerechtes auf den Vater kaum eine Ersetzung nach § 1748 in Betracht kommen wird. Erst der Entzug der elterlichen Sorge (§ 1666) wäre dann Ausgangspunkt für eine Ersetzung der Zustimmung nach § 1748.

§ 1748 Ersetzung der Einwilligung eines Elternteils

(1) ¹Das Vormundschaftsgericht hat auf Antrag des Kindes die Einwilligung eines Elternteils zu ersetzen, wenn dieser seine Pflichten gegenüber dem Kind anhaltend gröblich verletzt hat oder durch sein Verhalten gezeigt hat, dass ihm das Kind gleichgültig ist, und wenn das Unterbleiben der Annahme dem Kind zu unverhältnismäßigem Nachteil gereichen würde. ²Die Einwilligung kann auch ersetzt werden, wenn die Pflichtverletzung zwar nicht anhaltend, aber besonders schwer ist und das Kind voraussichtlich dauernd nicht mehr der Obhut des Elternteils anvertraut werden kann.
(2) ¹Wegen Gleichgültigkeit, die nicht zugleich eine anhaltende gröbliche Pflichtverletzung ist, darf die Einwilligung nicht ersetzt werden, bevor der Elternteil vom Jugendamt über die Möglichkeit ihrer Ersetzung belehrt und nach Maßgabe des § 51 Abs. 2 des Achten Buches Sozialgesetzbuch beraten worden ist und seit der Belehrung wenigstens drei Monate verstrichen sind; in der Belehrung ist auf die Frist hinzuweisen. ²Der Belehrung bedarf es nicht, wenn der Elternteil seinen Aufenthaltsort ohne Hinterlassung seiner neuen Anschrift gewechselt hat und der Aufenthaltsort vom Jugendamt während eines Zeitraums von drei Monaten trotz angemessener Nachforschungen nicht ermittelt werden konnte; in diesem Falle beginnt die Frist mit der ersten auf die Belehrung und Beratung oder auf die Ermittlung des Aufenthaltsorts gerichteten Handlung des Jugendamts. ³Die Fristen laufen frühestens fünf Monate nach der Geburt des Kindes ab.
(3) Die Einwilligung eines Elternteils kann ferner ersetzt werden, wenn er wegen einer besonders schweren psychischen Krankheit oder einer besonders schweren geistigen oder seelischen Behinderung zur Pflege und Erziehung des Kindes dauernd unfähig ist und wenn das Kind bei Unterbleiben der Annahme nicht in einer Familie aufwachsen könnte und dadurch in seiner Entwicklung schwer gefährdet wäre.
(4) In den Fällen des § 1626 a Abs. 2 hat das Vormundschaftsgericht die Einwilligung des Vaters zu ersetzen, wenn das Unterbleiben der Annahme dem Kind zu unverhältnismäßigem Nachteil gereichen würde.

A. Grundlagen. Für die Annahme eines Kindes ist die Einwilligung der Eltern nach § 1747 erforderlich. 1
Wird sie verweigert, regelt die Vorschrift die Möglichkeit der Ersetzung durch Entscheidung des Vormundschaftsgerichts. Im Hinblick auf das verfassungsrechtlich geschützte Elternrecht kann nur in Ausnahmefällen die Zustimmung ersetzt werden. In der Praxis wird häufig das Verfahren nach § 1666 überhaupt erst der Anstoß für die Herausnahme des Kindes aus dem Elternhaushalt sein und damit für die Einleitung eines Annahmeverfahrens.
Die Ersetzung ist immer dann nicht zulässig, wenn das Kind auch ohne Adoption nicht in einem Heim 2
untergebracht werden muss, sondern in einer Familie – auch Pflegefamilie, die es adoptieren will, aufwachsen kann (NJW 97, 585).

B. Regelungsumfang. I. Antragsverfahren. Das Ersetzungsverfahren setzt stets einen Antrag des Kindes 3
voraus. Die Regelungen des § 1746 geltend entspr. Dies bedeutet, dass mit Vollendung des 14. Lebensjahres das Kind selbst entscheidet, der gesetzliche Vertreter jedoch zustimmen muss. Da gerade in Fällen der Ersetzung häufig ein Interessenkonflikt bestehen wird, muss in diesen Fällen ein Pfleger für das Kind bestellt werden. Die Bestellung muss speziell für diesen Fall erfolgen, denn Pflegschaften allgemein erstrecken sich auf diese Fallgestaltung nicht (Stuttg FamRZ 04, 542). Die Ersetzung der Zustimmung strahlt zwar in das Adoptionsverfahren aus und ist eine der vielen Voraussetzungen für die wirksame Annahme, jedoch ist das Ersetzungsverfahren ein eigenständiges Verfahren (§ 43b FGG). In diesem ist das Kind zu hören (§ 50b FGG), und auch die Zuständigkeit kann mit der des Annahmegerichtes auseinander fallen. Der Beschluss muss begründet werden, da er rechtsmittelfähig ist und erst mit Rechtskraft Wirkung entfalten kann. Erst mit Eintritt der Unanfechtbarkeit ersetzt der Beschluss die Willenserklärung des Elternteils, dessen Zustimmung oder Einwilligung erforderlich ist.

II. Anhaltende gröbliche Pflichtverletzung (I). Eine Ersetzung ist nur dann zulässig, wenn der Elternteil 4
seine ggü dem Kind bestehenden Pflichten gröblich und anhaltend verletzt. Liegen die Voraussetzungen nach § 1666 vor, werden diese grds auch für die Ersetzung anzunehmen sein. Gröblich ist eine Pflichtverletzung stets dann, wenn Grundbedürfnisse eines Kindes gefährdet werden. Neben der objektiven Pflichtverletzung bedarf es auch der Feststellung, dass subjektiv ein Mindestmaß an Einsichtsfähigkeit besteht, denn der Elternteil muss das Unrecht seiner Handlungsweise erkennen können (BayObLG FamRZ 99, 1688). Im Einzelfall genügt auch ein einmaliger Vorgang, jedoch muss er so schwerwiegend sein, dass es nicht mehr verantwortet werden kann, das Kind wieder seiner Obhut anzuvertrauen.

III. Gleichgültigkeit (I, II). Neben der gröblichen Pflichtverletzung erwähnt das Gesetz ausdrücklich als 5
eigenständigen Ersetzungstatbestand die Gleichgültigkeit des Elternteils ggü dem Kind. Der Elternteil verletzt zwar nicht seine Pflichten ggü dem Kind, zumindest nicht gröblich, jedoch zeigt das Verhalten, dass ihm letztlich das Kind gleichgültig ist. Keine Gleichgültigkeit ist gegeben, wenn der Elternteil Handlungen unterlässt aus der eigenen Überzeugung, damit den Interessen des Kindes zu entsprechen. Auch setzt ein Unterlassen oder Tun stets voraus, dass dieses Verhalten nicht aufgrund objektiver Umstände letztlich notwendig oder unausweichlich ist. Stets ist die Feststellung erforderlich, dass das Verhalten auf Gleichgültigkeit beruht. Im

Hinblick auf die Regelungen im SGB 8, insbes der §§ 16 bis 21, wird immer erst das Angebot der Beratung und Hilfestellung erforderlich sein. Das ernsthafte und nachhaltige Ablehnen solcher Angebote, die Verweigerung der Mitarbeit bei einem Hilfeplan und die Fortsetzung des bisherigen, dem Kindeswohl schädigenden Verhaltens wird erst die Feststellung der Gleichgültigkeit ermöglichen.

6 Eine Ersetzung bedarf weiterhin noch die Feststellung, dass das Unterbleiben der Annahme dem Kind unverhältnismäßige Nachteile gereichen würde. Kann diese Feststellung nicht erfolgen, sind andere Maßnahmen im Interesse des Kindes zu ergreifen, eine Ersetzung kommt dann jedoch nicht in Betracht. Dies deshalb, weil mit einer Adoption in das elementare Elternrecht (Art 6 GG) eingegriffen wird und die Lösung jeder rechtlichen Verbindung zwischen Eltern und Kind nur in Ausnahmefällen zulässig ist. Das Jugendamt muss den Elternteil nicht nur über die Hilfemöglichkeiten des SGB 8 belehren, sondern auch darüber, unter welchen Voraussetzungen eine Ersetzung der Einwilligung möglich ist. Damit soll erreicht werden, dass dem Elternteil bewusst wird, dass er objektiv gegen grds Kindesinteressen verstößt. In der Belehrung ist auch darauf hinzuweisen, dass erst nach Ablauf von drei Monaten eine Ersetzung zulässig ist. Damit wird dem Elternteil Gelegenheit gegeben, sein Verhalten zu überdenken und zu ändern. Ändert er sein Verhalten ganz oder teilweise innerhalb dieser Frist, wird regelmäßig der subjektive Vorwurf der Gleichgültigkeit nicht mehr erhoben werden können.

7 Von einer nachhaltigen, das Kindeswohl schädigenden Gleichgültigkeit geht das Gesetz in den Fällen aus, in denen der Elternteil ohne Hinterlassen einer Anschrift seinen Aufenthaltsort wechselt. Auch hier geht das Gesetz von einer Frist von drei Monaten aus, knüpft den Beginn der Frist jedoch an den Tag, an dem angemessene Nachforschungen zur Feststellung des Aufenthaltes eingeleitet wurden. Die Einleitung der Aufenthaltsermittlung ist für den Fristbeginn jedoch nur dann ausreichend, wenn diese Tätigkeit – zumindest auch – dem Zweck dient, den Elternteil zu beraten und zu belehren iSd Adoptionsrechts. Fehlt diese Zweckbestimmung bei einer Aufenthaltsermittlung, beginnt die Frist nicht zu laufen. Zu beachten ist ergänzend, dass der Fristablauf frühestens fünf Monate nach Geburt des Kindes eintreten kann (S 3). Da erst bei einer Abwesenheit von mehr als drei Monaten eine Ersetzung zulässig ist, bedeutet diese ergänzende Fristregelung, dass zwar die angemessene Nachforschung zwecks Feststellung des Aufenthaltsortes des Elternteils schon unmittelbar nach der Geburt eines Kindes eingeleitet werden darf, die Ersetzung dann aber bis zum fünften Monat abgewartet werden muss.

8 **IV. Sonstige Ersetzungsgründe (III).** In Fällen einer besonders schweren psychischen Krankheit oder besonders schweren geistigen oder seelischen Behinderungen eines Elternteils bedarf es der ergänzenden Feststellung, dass der Elternteil zur Pflege und Erziehung des Kindes dauernd unfähig ist. Insoweit fehlt es an einem vorwerfbaren Verhaltens des Elternteils, wie es in den Fallgestaltungen des I oder II gefordert wird. Erforderlich ist des Weiteren die Feststellung, dass das Kind nicht in einer Familie aufwachsen könnte und deshalb in seiner Entwicklung schwer gefährdet wäre.

9 **V. Ersetzung bei nichtehelicher Vaterschaft.** Ist ein Kind nichtehelich geboren und wurde keine gemeinsame elterliche Sorge begründet, kann die Zustimmung des Vaters ersetzt werden. Ein nachteiliges Verhalten des Vaters ggü dem Kind iSv I oder II ist nicht erforderlich. Ausreichend ist die Feststellung, dass das Unterbleiben der Annahme dem Kind unverhältnismäßige Nachteile s.o. würde. Verfassungsrechtlichen Bedenken ist der BGH (FamRZ 05, 1781) durch eine verfassungskonforme Auslegung entgegengetreten. Das Unterbleiben der Adoption gereicht dem Kind nur dann zu unverhältnismäßigem Nachteil, wenn die Adoption einen so erheblichen Vorteil für das Kind bieten würde, dass ein sich verständig um sein Kind sorgender Elternteil auf der Erhaltung des Verwandtschafsbandes nicht bestehen würde.

10 Das BVerfG (Beschl 29.11.05 – 1 BvR 1444/01) hat diese Rspr des BGH ausdrücklich als zutreffend bestätigt und dahingehend ergänzt, dass nicht generell von einer sozialen Beziehung auszugehen ist. Auf Seiten des Vaters ist nach dieser bestätigten Rspr ua zu erwägen, ob und inwieweit ein gelebtes Vater-Kind-Verhältnis bestehe oder bestanden habe oder welche Gründe den Vater an dem Aufbau oder an der Aufrechterhaltung eines solchen Verhältnisses gehindert hätten (BGH aaO 1783).

§ 1749 Einwilligung des Ehegatten

(1) ¹Zur Annahme eines Kindes durch einen Ehegatten allein ist die Einwilligung des anderen Ehegatten erforderlich. ²Das Vormundschaftsgericht kann auf Antrag des Annehmenden die Einwilligung ersetzen. ³Die Einwilligung darf nicht ersetzt werden, wenn berechtigte Interessen des anderen Ehegatten und der Familie der Annahme entgegenstehen.
(2) Zur Annahme eines Verheirateten ist die Einwilligung seines Ehegatten erforderlich.
(3) Die Einwilligung des Ehegatten ist nicht erforderlich, wenn er zur Abgabe der Erklärung dauernd außerstande oder sein Aufenthalt dauernd unbekannt ist.

1 **A. Grundlagen.** Da die Annahme auch die Interessen des Ehegatten betreffen kann, ist grds auch seine Einwilligung erforderlich. Aber auch beim Annehmenden entstehen neue Pflichten, die in ihren Auswirkungen auch den Ehepartner betreffen können. Zu denken ist besonders an Unterhaltspflichten oder aber die Erbrechtsfolge.

B. Regelungsumfang. I. Alleinige Annahme (I). Ausgehend von dem Grundsatz, dass ein Ehepaar nur 2
gemeinsam ein Kind annehmen kann, § 1741 II 1, bestimmt I, dass bei Annahme nur durch einen Ehegatten
die Zustimmung des anderen erforderlich ist. Betroffen ist von dieser Regelung nur die Stiefkindadoption,
die nach § 1741 II 3 erlaubt ist.
Aber auch eine Annahme eines fremden Kindes ist zulässig, setzt aber voraus, dass der Ehegatte das Kind 3
nicht annehmen kann, weil er geschäftsunfähig ist oder das 21. Lebensjahr noch nicht vollendet hat (§ 1741
II 3). Es bedarf jedoch nach III keiner Einwilligung, wenn der andere Ehegatte zur Abgabe der Erklärung
dauernd außerstande oder sein Aufenthalt dauernd unbekannt ist (III).

II. Annahme eines Verheirateten (II). Der seltene Fall der Annahme eines verheirateten Kindes regelt II. 4
Mangels einer Verweisung in § 1768 bedarf es auch bei der Volljährigenannahme der Einwilligung des Ehepartners. Eine Ersetzung der Einwilligung ist nicht vorgesehen, denn der Bestand der Ehe und deren Erhalt
werden als vorrangig erachtet und sollen nicht durch eine Adoption beeinträchtigt werden.

III. Ersetzung der Einwilligung. Nach I 2 und 3 kann durch das Vormundschaftsgericht die Einwilligung 5
des anderen Ehegatten ersetzt werden. Diese Möglichkeit ist beschränkt auf die Anwendungsfälle des I,
kommt also nicht bei II in Betracht. Erforderlich ist ein Antrag. Fehlt dieser, scheitert die Adoption wegen
der fehlenden Einwilligung, die dann auch nicht ersetzt werden darf.

Liegt ein Antrag vor, ist zu prüfen, ob nicht ein Fall nach III vorliegt. Ist dies der Fall, ist eine Ersetzung nicht 6
erforderlich, was das Vormundschaftsgericht feststellen muss. Liegen die Voraussetzungen nach III nicht vor,
kann eine Ersetzung nur erfolgen, wenn berechtigte Interessen des anderen Ehegatten und der Familie der
Annahme nicht entgegenstehen. Im Gegensatz zur Ersetzung anderer Einwilligungen stellt das Gesetz an die
Interessen des anderen Ehegatten keine besonders hohen Anforderungen. Dies hat zur Folge, dass die Ersetzung nur ausnahmsweise erfolgen darf, insbes wenn also die Verweigerung der Zustimmung schikanös oder
willkürlich ist. Es sind alle Umstände aufgrund der Amtsermittlung in die Beurteilung einzubeziehen. Der
schon erfolgte Wechsel des Kindes in eine Pflegefamilie, die das Kind mit dem Ziel der Adoption aufgenommen hat, wird ebenso zu berücksichtigen sein wie auch die häuslichen Verhältnisse des verweigernden Ehegatten. Da die Einwilligung nicht am Beginn des Adoptionsverfahrens stehen muss, sollte zunächst die Eingliederung in die Pflegefamilie erfolgen, um nach einer gewissen Dauer auch die gewachsenen Bindungen des
Kindes berücksichtigen zu können, die dann gegen die berechtigten Interesse des anderen Ehegatten abzuwägen sind.

C. Verfahrensrechtliche Hinweise. Nach dem Gesetzeswortlaut ist alleine der Annehmende zur Stellung des 7
Ersetzungsantrages berechtigt. Dem Kind oder anderen Ehegatten steht deshalb weder ein Antrags- noch
Beschwerderecht zu. Das Verfahren der Ersetzung ist ebenso wie das nach § 1748 ein besonderes Verfahren,
nicht also Teil des Adoptionsverfahrens.

§ 1750 Einwilligungserklärung

(1) ¹Die Einwilligung nach §§ 1746, 1747 und 1749 ist dem Vormundschaftsgericht gegenüber zu erklären.
²Die Erklärung bedarf der notariellen Beurkundung. ³Die Einwilligung wird in dem Zeitpunkt wirksam, in
dem sie dem Vormundschaftsgericht zugeht.
(2) ¹Die Einwilligung kann nicht unter einer Bedingung oder einer Zeitbestimmung erteilt werden. ²Sie ist
unwiderruflich; die Vorschrift des § 1746 Abs. 2 bleibt unberührt.
(3) ¹Die Einwilligung kann nicht durch einen Vertreter erteilt werden. ²Ist der Einwilligende in der
Geschäftsfähigkeit beschränkt, so bedarf seine Einwilligung nicht der Zustimmung seines gesetzlichen Vertreters. ³Die Vorschrift des § 1746 Abs. 1 Satz 2, 3 bleibt unberührt.
(4) ¹Die Einwilligung verliert ihre Kraft, wenn der Antrag zurückgenommen oder die Annahme versagt
wird. ²Die Einwilligung eines Elternteils verliert ferner ihre Kraft, wenn das Kind nicht innerhalb von drei
Jahren seit dem Wirksamwerden der Einwilligung angenommen wird.

A. Grundlagen. Notwendig für eine Adoption sind die Einwilligung des Kindes, der leiblichen Eltern und, 1
falls das Kind verheiratet ist, seines Ehegatten. Die Vorschrift regelt nur die Form und den Zeitpunkt und die
Zeitdauer der Wirksamkeit und setzt die besonderen Regeln für die Einwilligung der vorhergehenden Vorschriften voraus.

B. Zugang (I 1, 3). Die Einwilligungen nach den Vorschriften der §§ 1746, 1747 und 1749 sind ggü dem 2
Vormundschaftsgericht abzugeben. Aus dieser besonderen Regelung ergibt sich, dass es sich um vom Adoptionsverfahren getrennte Verfahren handelt. Entscheidend ist der Zugang der Erklärung. Unerheblich ist, wer
die Erklärung in den Verfügungsbereich des Vormundschaftsgerichtes verbringt. Wirksamkeitsvoraussetzung
ist auch, dass das Vormundschaftsgericht zuständig ist. Dies bestimmt sich nach § 43 b FGG. Keine Schwierigkeiten für die Zuständigkeitsbestimmung ergeben sich, wenn ein Adoptionsantrag schon vorliegt. Ist dies
nicht der Fall oder handelt es sich um eine Inkognito-Adoption, muss das Gericht, bei dem die Einwilli-

gungserklärung eingeht, von Amts wegen prüfen, ob es der richtige Empfänger ist (Hamm DNotZ 87, 308). Ist das Gericht örtlich unzuständig, hat es die Erklärung an das zuständige Gericht weiterzuleiten. Da die Wirksamkeit voraussetzt, dass die Erklärung beim zuständigen Gericht eingeht, wird bei Abgabe oder Weiterleitung die Einwilligung erst mit Zugang beim zuständigen Vormundschaftsgericht wirksam.

3 Liegt beim Gericht noch kein Antrag auf Adoption vor, ist dies unschädlich, denn eine bestimmte Reihenfolge ist gesetzlich nicht vorgeschrieben. Nur im Falle der Einwilligung eines Elternteils verliert diese ihre Kraft, wenn nicht binnen drei Jahren seit dem Wirksamwerden der Einwilligung – also Zugang beim Vormundschaftsgericht – die Adoption erfolgt ist. Die Einwilligung kann jedoch mehrfach wiederholt werden und ein eingeleitetes, aber noch nicht abgeschlossenes Adoptionsverfahren muss nicht neu eingeleitet werden bei Ablauf der Kraft der Einwilligung, denn entscheidend kommt es darauf an, dass im Zeitpunkt der Adoption alle Wirksamkeitsvoraussetzungen vorliegen. Zu beachten ist auch, dass die elterliche Sorge nicht automatisch an den Elternteil zurückfällt, vielmehr muss das Vormundschaftsgericht über eine Rückübertragung oder anderweitigen Regelung entscheiden (§ 1751 III).

4 **C. Formerfordernis.** Nur die Einwilligungserklärungen der §§ 1746, 1747, 1749 bedürfen der notariellen Beurkundung. Diese richtet sich nach den §§ 8 ff BeurkG, kann aber kraft ausdrücklicher gesetzlicher Regelung ersetzt werden durch eine Beurkundung beim Jugendamt nach § 59 SGB 8. Wohl seltener wird die Einwilligung auch in einem gerichtlichen Vergleich erklärt werden (§ 127 a), wobei insbes die §§ 160 III 1, 162 I ZPO beachtet werden müssen. Dies ist insbes in Verfahren vor den Familiengerichten denkbar. Wichtig ist, dass die so errichtete Urkunde auch zum Vormundschaftsgericht gelangt.

5 Das Formerfordernis erfasst nicht nur den Beurkundungsvorgang selbst, sondern verlangt auch, dass die Urschrift oder eine Ausfertigung derselben dem Vormundschaftsgericht zugeht. Die Ausfertigung ersetzt im Rechtsverkehr die Urschrift (§ 43 BeurkG). Erfüllt die Urkunde im Zeitpunkt ihres Zuganges beim Vormundschaftsgericht nicht die Voraussetzungen, muss darauf hingewiesen werden, damit der Mangel behoben werden kann.

6 Zu beachten ist, dass für eine Vielzahl von Erklärungen im Adoptionsverfahren andere Formerfordernisse aufgestellt sind. Auch wenn keine besondere Form für eine Erklärung verlangt wird, ist doch Schriftform zu beachten (§ 126), denn nur so kann die Tatsache der Abgabe der Erklärung dokumentiert werden, sofern die Erklärung nicht in einem Verfahrensprotokoll enthalten ist; in diesem Fall sind die entspr Protokollierungsregeln zu beachten.

7 **D. Sonstige Voraussetzungen (II, III).** Rein formal bestimmt II 1, dass die Einwilligung nicht unter einer Bedingung oder Zeitbestimmung erteilt werden kann. Enthält die Urkunde eine unzulässige Einschränkung, entfaltet sie nicht die nach dem Gesetz erforderliche Wirkung und ist zurückzuweisen bzw durch eine inhaltlich gültige Erklärung zu ersetzen. Ist die Zustimmung wirksam erteilt, ist sie unwiderruflich. Da die Wirksamkeit erst mit Zugang beim Vormundschaftsgericht gegeben ist, kann bis dahin noch ein Widerruf Erfolg haben.

8 Von der Unwiderruflichkeit gibt es nur in den Fällen des § 1746 II eine Ausnahme: das minderjährige über 14 Jahre alte Kind darf die Einwilligung widerrufen ohne Angabe von Gründen. Sein Widerrufsrecht erlischt mit dem Ausspruch der Annahme.

9 Nach III ist eine Abgabe mittels Vertreter untersagt. Auch der beschränkt Geschäftsfähige kann die Einwilligung alleine erteilen und es bedarf nicht der Zustimmung des gesetzlichen Vertreters. Dies gilt nicht für die Einwilligung durch den gesetzlichen Vertreter, wenn das Kind noch nicht 14 ist und für die Zustimmung des gesetzlichen Vertreters nach dieser Altersgrenze.

10 **E. Rücknahme und Fristen.** Einwilligungen sind, da sie ohne Bedingung oder Zeitbestimmung erteilt werden müssen, unbegrenzt wirksam. Da sie jedoch nicht für jeden Fall der Annahme, sondern nur für ein konkretes Verfahren erteilt werden dürfen, entfällt die Wirkung der Einwilligung, wenn der Adoptionsantrag zurückgenommen oder rechtskräftig abgewiesen wird. Entscheidend ist nicht der Erlass einer ablehnenden Entscheidung, sondern deren Rechtskraft. Eine Besonderheit besteht für die Einwilligung des Elternteils, die ihre Kraft verliert, wenn nicht innerhalb von 3 Jahren seit Wirksamwerden die Adoption erfolgt ist, jedoch kann diese Einwilligung mehrfach erneuert werden.

§ 1751 Wirkung der elterlichen Einwilligung, Verpflichtung zum Unterhalt

(1) ¹Mit der Einwilligung eines Elternteils in die Annahme ruht die elterliche Sorge dieses Elternteils; die Befugnis zum persönlichen Umgang mit dem Kind darf nicht ausgeübt werden. ²Das Jugendamt wird Vormund; dies gilt nicht, wenn der andere Elternteil die elterliche Sorge allein ausübt oder wenn bereits ein Vormund bestellt ist. ³Eine bestehende Pflegschaft bleibt unberührt. ⁴Das Vormundschaftsgericht hat dem Jugendamt unverzüglich eine Bescheinigung über den Eintritt der Vormundschaft zu erteilen; § 1791 ist nicht anzuwenden. ⁵Für den Annehmenden gilt während der Zeit der Adoptionspflege § 1688 Abs. 1 und 3 entsprechend. ⁶Hat die Mutter in die Annahme eingewilligt, so bedarf ein Antrag des Vaters nach § 1672 Abs. 1 nicht ihrer Zustimmung.

(2) Absatz 1 ist nicht anzuwenden auf einen Ehegatten, dessen Kind vom anderen Ehegatten angenommen wird.
(3) Hat die Einwilligung eines Elternteils ihre Kraft verloren, so hat das Vormundschaftsgericht die elterliche Sorge dem Elternteil zu übertragen, wenn und soweit dies dem Wohle des Kindes nicht widerspricht.
(4) ¹Der Annehmende ist dem Kind vor den Verwandten des Kindes zur Gewährung des Unterhalts verpflichtet, sobald die Eltern des Kindes die erforderliche Einwilligung erteilt haben und das Kind in die Obhut des Annehmenden mit dem Ziel der Annahme aufgenommen ist. ²Will ein Ehegatte ein Kind seines Ehegatten annehmen, so sind die Ehegatten dem Kind vor den anderen Verwandten des Kindes zur Gewährung des Unterhalts verpflichtet, sobald die erforderliche Einwilligung der Eltern des Kindes erteilt und das Kind in die Obhut der Ehegatten aufgenommen ist.

A. Grundlagen. Die Einwilligung in die Adoption durch einen Elternteil oder beide Eltern zerschneidet 1 begrifflich das enge Band, das zum Kind besteht. Um das weitere Verfahren nicht zu stören, muss der Einwilligung schon eine klar umrissene Wirkung zugeordnet werden. Bis zur Wirksamkeit der Adoption bleiben jedoch bestimmte Rechtspositionen erhalten, so zB das Recht auf Umgang.

B. Regelungsumfang. I. Sorgerecht (I). Die elterliche Sorge oder elterliche Verantwortung (EU-VO Nr 2 2201/03 Einleitung Nr 6) ist eine grundrechtlich geschützte Rechtsstellung. Wenn und soweit ein Elternteil oder beide Eltern durch freiwillige Erklärung bereit sind, dieses Recht an Dritte abzugeben, trifft das Gesetz die Regelung dahingehend, dass die Rechtsstellung des Elternteils ruht (S 1), jedoch werden die Bindungen nicht vollständig unterbrochen, da es beim Recht auf Umgang verbleibt. Die elterliche Sorge geht auf das Jugendamt als Vormund über. Dies gilt nur dann nicht, wenn schon ein Vormund bestellt ist.
Steht die elterliche Sorge beiden Eltern zu und hat nur ein Elternteil seine Einwilligung erteilt, übt der andere 3 Elternteil das Sorgerecht alleine aus. Dies entspricht den Regeln über das Ruhen bei rechtlichem Hindernis (§ 1673) und Ruhen bei tatsächlichem Hindernis (§ 1674). Nicht erforderlich ist, dass die elterliche Sorge uneingeschränkt bestand, denn eine Einschränkung durch Pflegschaft (§ 1630) ist ohne Relevanz, wie sich aus der ausdrücklichen Regelung, dass eine Pflegschaft bestehen bleibt, ergibt.
Die Amtsvormundschaft tritt als Rechtsfolge der wirksamen Einwilligung ein. Die Stellung als Amtsvormund 4 weist das Jugendamt ausschließlich dadurch nach, dass es die Bestätigung des Vormundschaftsgerichtes besitzt. In allen sonstigen Fällen der Errichtung einer Vormundschaft bedarf es noch der förmlichen Bestallung nach § 1791. Das Jugendamt übt die Amtsvormundschaft nicht als Behörde aus, sondern hat einem Beamten oder Angestellten der Dienststelle die Ausübung der Aufgaben zu übertragen (§ 55 II SGB 8).
Sind die Eltern nicht miteinander verheiratet und wurde keine gemeinsame elterliche Sorge nach § 1626 a 5 begründet, kann der Kindesvater auch ohne Zustimmung der Mutter die Übertragung der elterlichen Sorge auf sich beantragen (§ 1672); dieser Antrag verhindert bis zu seinem rechtskräftigen Abschluss eine Adoption (§ 1747 III Nr 2).

II. Adoptionspflege. Befindet sich das Kind bei Pflegeeltern, die es mit dem Ziel der Adoption in ihren Haus- 6 halt aufgenommen haben (§ 1744), entscheiden sie über Angelegenheiten des täglichen Lebens und vertreten insoweit den Inhaber der elterlichen Sorge. Diese Vorschrift ist weitgehend inhaltsgleich mit § 1687, die die Vertretung bei getrennt lebenden Eltern bei bestehender gemeinsamer elterlicher Sorge regelt. Eine inhaltliche Erschließung ergibt sich regelmäßig erst im Umkehrschluss zu den Vorgängen, die als solche mit erheblicher Bedeutung definiert werden. Die Rspr ist teilweise sehr eng und betrachtet als erheblich schon einen Auslandsurlaub von durchschnittlicher Dauer (Naumbg FamRZ 00, 1241). Die Abgrenzung wird im Einzelfall problematisch sein, ist aber für die Pflegefamilie deshalb geringfügig einfacher in der Handhabung, da dem Amtsvormund als Inhaber der elterlichen Sorge ein vorrangiges Bestimmungsrecht zukommt (§ 1688 III).

III. Stiefkindadoption (II). Will ein Ehegatte das Kind des anderen Ehegatten annehmen, sind die in I 7 bestimmten Einschränkungen nicht erforderlich, weshalb II sie ausdrücklich für nicht anwendbar erklärt.

IV. Sorgerechtsentscheidung (III). Die Einwilligung eines Elternteils verliert nach § 1750 IV ihre Wirkung, 8 wenn entweder der Antrag zurückgenommen, rechtskräftig abgewiesen wird oder bei alleiniger elterlicher Sorge die Adoption nicht innerhalb von drei Jahren erfolgt ist. Bedingt dadurch, dass nicht die Unwirksamkeit der Einwilligung eintritt, sondern die Einwilligung nur ihre Kraft verliert, verbleibt es zunächst hinsichtlich der elterlichen Sorge dabei, dass die Amtsvormundschaft weiter bestehen bleibt. Jedoch hat das Vormundschaftsgericht dem anderen Elternteil die elterliche Sorge zu übertragen, wenn und soweit dies dem Kindeswohl entspricht.
Fraglich ist, ob an Stelle des Vormundschaftsgerichtes diese Befugnis auch dem Familiengericht in den Fällen 9 anheim fallen kann, in denen während eines Sorgerechtsverfahrens nach § 1672 die Einwilligung ihre Kraft verliert und sie nicht erneuert wird. Die Abgrenzung zwischen Vormundschafts- und Familiengericht wird durch § 1697 nicht abschließend geregelt und ist einer analogen Anwendung deshalb zugänglich.

C. Unterhaltspflicht. Die wirtschaftlich wohl stärkste Auswirkung hat die Einwilligung auf die Unterhalts- 10 pflicht. Das Gesetz stellt auf die Einwilligung als solche und die Eingliederung des Kindes beim Annehmenden ab. Sind beide Voraussetzungen erfüllt, ist der Annehmende vorrangig vor den Eltern zur Unterhaltsgewährung verpflichtet. Voraussetzung ist aber, dass es sich um eine Adoptionspflege handelt, denn § 1688 I bestimmt für die Pflegeeltern generell, dass sie ua auch Unterhaltsleistungen für das Kind geltend zu machen berechtigt und verpflichtet sind. Im Falle der Adoptionspflege kommt im Einzelfall auch die Geltendmachung von Unterhalt ggü den Eltern in Betracht, jedoch nur dann, wenn die Leistungsfähigkeit der Pflegeeltern erschöpft ist. Diese Grundsätze gelten auch im Falle der Stiefkindadoption (S 2).

11 Mit Aufnahme des Kindes in die Obhut des Annehmenden erhält dieser auch die Berechtigung auf Geltendmachung aller Sozialleistungen oder sonstigen staatlichen Leistungen. Dies ergibt sich aus der Bezugnahme in I 5 auf die Regelungen in § 1688 I und III. Erziehungs- und Kindergeld gehören hierzu ebenso und das Kind wird in die Familienversicherung des SGB 5 einbezogen.

§ 1752 Beschluss des Vormundschaftsgerichts, Antrag

(1) Die Annahme als Kind wird auf Antrag des Annehmenden vom Vormundschaftsgericht ausgesprochen.
(2) ¹Der Antrag kann nicht unter einer Bedingung oder einer Zeitbestimmung oder durch einen Vertreter gestellt werden. ²Er bedarf der notariellen Beurkundung.

1 **A. Antragserfordernis.** Eingeleitet wird das Verfahren auf Annahme eines Kindes durch einen förmlichen Antrag des Annehmenden. Der Antrag darf nicht unter einer Bedingung gestellt werden. Die Hinzufügung jeder Bedingungen oder Zeitbestimmungen ist unzulässig. Die Vorschrift selbst enthält keine Bestimmung darüber, welcher konkrete Inhalt erforderlich ist. Aus § 1753 I folgt aber, dass der Antrag auf ein bestimmtes Kind bezogen sein muss. Auch sollte der Annehmende eindeutig zum Ausdruck bringen, dass er in einem Eltern-Kind-Verhältnis leben möchte, da dies Voraussetzung für eine Adoption ist. Die Beurkundung durch einen Notar ist vorgeschrieben. Aufgrund der Enumeration in § 95 SGB 8 darf das Jugendamt diesen Antrag nicht beurkunden. Ob auch eine gerichtliche Protokollierung ausreicht (§ 127 a), wird wohl zu verneinen sein, da in diesem Fall auch jede Belehrungspflicht entfallen würde.

2 **B. Entscheidung.** Liegen alle Voraussetzungen für eine Annahme vor, entscheidet das Vormundschaftsgericht durch Beschluss. Nach § 56 e FGG muss die Entscheidung die Rechtsgrundlage der Annahme enthalten. Wurde die Zustimmung eines Elternteils nach § 1747 IV für nicht erforderlich gehalten, muss dies aus den Gründen ausdrücklich hervorgehen. Er ist erst mit Zustellung an den Annehmenden wirksam, dann aber auch unanfechtbar (§ 55 e S 3 FGG). Ist der Annehmende verstorben wird die Annahme mit Zustellung an das Kind wirksam und unanfechtbar.

3 **C. Verfahrensrechtliche Hinweise.** Rechtsmittel oder Rechtsbehelfe sind aufgrund der Unabänderbarkeit durch das Gericht nur denkbar für den Fall, dass der Antrag zurückgewiesen wird. Im Gegensatz hierzu steht das Verfahren auf Aufhebung der Adoption (§ 56 f III FGG), bei dem erst mit Rechtskraft des Beschlusses die Wirkungen entfallen. Beschwerdeberechtigt ist ausschließlich der Annehmende, da sein Antrag zurückgewiesen wurde, die Beschwer nach § 20 FGG nur in seiner Person begründet ist. Das Landgericht ist das zuständige Rechtsmittelgericht und gegen seine Entscheidung ist die weitere Beschwerde nach § 27 FGG zum OLG zulässig.

§ 1753 Annahme nach dem Tode

(1) Der Ausspruch der Annahme kann nicht nach dem Tode des Kindes erfolgen.
(2) Nach dem Tode des Annehmenden ist der Ausspruch nur zulässig, wenn der Annehmende den Antrag beim Vormundschaftsgericht eingereicht oder bei oder nach der notariellen Beurkundung des Antrags den Notar damit betraut hat, den Antrag einzureichen.
(3) Wird die Annahme nach dem Tode des Annehmenden ausgesprochen, so hat sie die gleiche Wirkung, wie wenn sie vor dem Tode erfolgt wäre.

1 Ist das Kind verstorben, bevor die Annahme wirksam geworden ist, ist die Annahme rechtlich ausgeschlossen, da das Ziel der Förderung des Kindeswohls nicht mehr erreicht werden kann.

2 Verstirbt der Annehmende, bevor die Wirksamkeit eingetreten ist, geht die Regelung grds davon aus, dass die Annahme wirksam erfolgt ist (III). Das Kind erhält damit den Status, den es durch die Adoption auch erhalten sollte, insbes auch das Erbrecht. Voraussetzung für die Wirksamkeit nach dem Versterben des Annehmenden ist, dass sein Antrag im Zeitpunkt des Todes schon beim Gericht vorliegt. Ausreichend ist auch, dass der beurkundende Notar schon in dem Antrag oder aber auch danach damit betraut wurde, den Antrag beim Vormundschaftsgericht einzureichen.

§ 1754 Wirkung der Annahme

(1) Nimmt ein Ehepaar ein Kind an oder nimmt ein Ehegatte ein Kind des anderen Ehegatten an, so erlangt das Kind die rechtliche Stellung eines gemeinschaftlichen Kindes der Ehegatten.
(2) In den anderen Fällen erlangt das Kind die rechtliche Stellung eines Kindes des Annehmenden.
(3) Die elterliche Sorge steht in den Fällen des Absatzes 1 den Ehegatten gemeinsam, in den Fällen des Absatzes 2 dem Annehmenden zu.

1   Die Wirkung der Annahme wird differenziert geregelt für den Fall der gemeinsamen Annahme durch Eheleute einerseits und die Annahme durch eine Einzelperson. Im Falle der gemeinsamen Annahme erhält das Kind die rechtliche Stellung eines gemeinsamen Kindes (I). Die elterliche Sorge steht, wie bei ehelicher Geburt eines Kindes, beiden Eltern gemeinsam zu (III).

2   Nimmt eine Einzelperson ein Kind an, so erhält das Kind die rechtliche Stellung eines Kindes des Annehmenden. Im Falle der Stiefkindadoption ist damit dieselbe Rechtssituation geschaffen wie bei einer gemeinsamen Annahme durch Eheleute.

3   Die Wirkungen werden nur in Bezug auf den oder die Annehmenden erwähnt, die Folge der grds Änderung der Rechtsstellung ist aber, dass hinsichtlich der leiblichen Eltern alle rechtlichen Verbindungen in demselben Umfang beendet, wie sie für die Annehmenden begründet werden. Insoweit werden die weiteren Wirkungen in den §§ 1755 ff im Einzelnen einer besonderen Regelung unterworfen.

4   Die erbrechtliche Stellung eines Kindes nach Adoption in einer registrierten gleichgeschlechtlichen Partnerschaft aufgrund von § 9 VII LPartG wirft auch verfassungsrechtliche Probleme auf (ausführlich *Schlütter* FF 05, 234).
Mit Wirksamkeit der Annahme erlischt eine Vormundschaft, weil die Voraussetzungen entfallen (§§ 1773, 1882). Auswirkungen können auch im Recht der Staatsangehörigkeit feststellbar sein, und im Eheschließungsrecht besteht jetzt ein Eheschließungsverbot (§ 1308), von dem Befreiung erteilt werden kann. Im letzteren Fall erlischt die Annahmewirkung mit der Eheschließung (§ 1766). Das Namensrecht ist in § 1757 ausdrücklich und abschließend geregelt.

§ 1755 Erlöschen von Verwandtschaftsverhältnissen

(1) ¹Mit der Annahme erlöschen das Verwandtschaftsverhältnis des Kindes und seiner Abkömmlinge zu den bisherigen Verwandten und die sich aus ihm ergebenden Rechte und Pflichten. ²Ansprüche des Kindes, die bis zur Annahme entstanden sind, insbesondere auf Renten, Waisengeld und andere entsprechende wiederkehrende Leistungen, werden durch die Annahme nicht berührt; dies gilt nicht für Unterhaltsansprüche.
(2) Nimmt ein Ehegatte das Kind seines Ehegatten an, so tritt das Erlöschen nur im Verhältnis zu dem anderen Elternteil und dessen Verwandten ein.

1   Die Vorschrift ist eine Ergänzung zu § 1754 und regelt das Erlöschen von Verwandtschaftsverhältnissen. Grundsatz ist, dass mit dem Entstehen der neuen Verwandtschaftsverhältnisse auch die korrespondierenden aus der bisherigen Rechtsebene erlöschen. Schon mit der Einwilligung der Eltern wird deren Rechtssituation beschränkt (§ 1751), jedoch erlöschen alle Rechte erst mit der wirksamen Annahme. Da mit der Adoption das Kind die rechtliche Stellung erhält, die es mit der Geburt in diesem sozialen Umfeld erworben hätte, erlöschen jedoch nur die Rechtsbeziehungen, die in einem Verhältnis zur Adoption stehen. Erhalten bleiben hingegen diejenigen Rechtsbeziehungen, die zur Annahme in keinem inhaltlichen Verhältnis stehen. Hierzu gehört insbes das Verhältnis zu Geschwistern, aber auch des Angenommenen zu seinen eigenen Kindern, die ihrerseits trotz Annahme des Elternteils Geschwister bleiben.

2   Das Umgangsrecht der leiblichen Eltern mit dem adoptierten Kind, das schon nach Einwilligung nach § 1751 I 1 ruht, erlischt. Bestehen bleiben aber sonstige Umgangsrechte nach § 1685.

3   Ausdrücklich geregelt ist unabhängig hiervon, dass erworbene Ansprüche des Kindes auf Rente, Waisengeld und andere wiederkehrende Ansprüche erhalten bleiben, nicht jedoch Unterhaltsansprüche. Sinn der Regelung ist, dass durch die Adoption das Wohl des Kindes gefördert werden soll, was mit Anspruchsverlust nicht zu vereinbaren wäre. Insbes verliert das Kind keine Rechte, soweit es diese schon vor der Annahme erworben hat, behält also eine angefallene Erbschaft

§ 1756 Bestehenbleiben von Verwandtschaftsverhältnissen

(1) Sind die Annehmenden mit dem Kind im zweiten oder dritten Grad verwandt oder verschwägert, so erlöschen nur das Verwandtschaftsverhältnis des Kindes und seiner Abkömmlinge zu den Eltern des Kindes und die sich aus ihm ergebenden Rechte und Pflichten.
(2) Nimmt ein Ehegatte das Kind seines Ehegatten an, so erlischt das Verwandtschaftsverhältnis nicht im Verhältnis zu den Verwandten des anderen Elternteils, wenn dieser die elterliche Sorge hatte und verstorben ist.

1 Ausdrücklich bestimmt diese Vorschrift neben den grds Wirkungen der Adoption gem den vorstehenden Vorschriften, dass bestimmte Verwandtschaftsverhältnisse durch die Adoption nicht berührt werden. Mit der Annahme erlöschen nach I nur die Rechtsbeziehungen des Kindes, ggf auch seiner Abkömmlinge, zu den leiblichen Eltern. Zu sonstigen Verwandten bleiben die bisherigen Rechtsbeziehungen erhalten. Erhalten bleiben also die Beziehungen zu eigenen Geschwistern, Onkel und Tanten, ebenso wie zu Großeltern.

2 Bei der Stiefkindadoption nach Versterben des anderen Elternteils erlöschen die verwandtschaftlichen Beziehungen nicht, wenn der verstorbene Elternteil die elterliche Sorge im Zeitpunkt seines Versterbens innehatte. Nicht erforderlich ist die alleinige elterliche Sorge, es genügt auch gemeinsame elterliche Sorge.

§ 1757 Name des Kindes

(1) ¹Das Kind erhält als Geburtsnamen den Familiennamen des Annehmenden. ²Als Familienname gilt nicht der dem Ehenamen oder dem Lebenspartnerschaftsnamen hinzugefügte Name (§ 1355 Abs. 4; § 3 Abs. 2 des Lebenspartnerschaftsgesetzes).

(2) ¹Nimmt ein Ehepaar ein Kind an oder nimmt ein Ehegatte ein Kind des anderen Ehegatten an und führen die Ehegatten keinen Ehenamen, so bestimmen sie den Geburtsnamen des Kindes vor dem Ausspruch der Annahme durch Erklärung gegenüber dem Vormundschaftsgericht; § 1617 Abs. 1 gilt entsprechend. ²Hat das Kind das fünfte Lebensjahr vollendet, so ist die Bestimmung nur wirksam, wenn es sich der Bestimmung vor dem Ausspruch der Annahme durch Erklärung gegenüber dem Vormundschaftsgericht anschließt; § 1617 c Abs. 1 Satz 2 gilt entsprechend.

(3) Die Änderung des Geburtsnamens erstreckt sich auf den Ehenamen des Kindes nur dann, wenn sich auch der Ehegatte der Namensänderung vor dem Ausspruch der Annahme durch Erklärung gegenüber dem Vormundschaftsgericht anschließt; die Erklärung muss öffentlich beglaubigt werden.

(4) ¹Das Vormundschaftsgericht kann auf Antrag des Annehmenden mit Einwilligung des Kindes mit dem Ausspruch der Annahme
1. Vornamen des Kindes ändern, ihm einen oder mehrere neue Vornamen beigeben, wenn dies dem Wohl des Kindes entspricht;
2. dem neuen Familiennamen des Kindes den bisherigen Familiennamen voranstellen oder anfügen, wenn dies aus schwerwiegenden Gründen zum Wohl des Kindes erforderlich ist. ²§ 1746 Abs. 1 Satz 2, 3, Abs. 3 erster Halbsatz ist entsprechend anzuwenden.

1 **A. Grundlagen.** Die Rechtsfolgen der Adoption bedürfen einer sehr detaillierten Regelung, und dazu gehört auch das Namensrecht. Als Rechtsfolge der Adoption bestimmt I die Übernahme des neuen Familiennamens, lässt aber in den weiteren Absätzen Gestaltungen zu. Die Gestaltungsmöglichkeiten sind abschließend geregelt. Wird in einem Annahmeantrag eine Gestaltung begehrt, die gesetzlich nicht zugelassen ist, muss das gesamte Verfahren an diesem Mangel scheitern, sofern nicht eine Nachbesserung erfolgt.

2 **B. Regelungsumfang. I. Einzel- und gemeinsame Adoption.** Im Falle der Einzeladoption erhält das Kind den Namen des Annehmenden. Führt der Annehmende mehrere Namen in zeitlicher Reihenfolge, ist derjenige bestimmend, den er im Zeitpunkt der Wirksamkeit der Annahme führt (Köln FamRZ 04, 399; BayObLG FamRZ 03, 1869). Fehlerhafte Bezeichnungen berühren jedoch nicht die Wirksamkeit der Annahme. Es handelt sich beim Namen um eine Rechtsfolge der Adoption mit der Folge, dass zB auch der Standesbeamte die fehlerhafte Namensregelung einzutragen verweigern kann (BayObLG FamRZ 94, 775 Adelsprädikat). Das Gesetz schließt in I 2 den hinzugefügten Namen als Familiennamen aus.

3 **II. Gemeinsame Adoption (II).** Nehmen Eheleute ein Kind gemeinsam an und führen sie einen gemeinsamen Ehenamen, erhält auch das Kind diesen. Führen die Ehegatten keinen gemeinsamen Namen, müssen sie den Namen des Kindes (Geburtsnamen) vor dem Ausspruch der Annahme ggü dem Vormundschaftsgericht bestimmen. Zu beachten ist, dass ein Kind nach Vollendung des 5. Lebensjahres sich der Namenswahl vor dem Ausspruch der Annahme anschließen muss, damit die Namensgebung wirksam ist. Wird dies übersehen, hat dies auf die Wirksamkeit der Annahme keinen Einfluss, jedoch behält das Kind seinen bisherigen Namen.

4 Erfolgt die Namensgebung bzw Namenswahl nicht schon in dem zu beurkundenden Annahmeantrag, bedarf die Wahl der öffentlichen Beglaubigung (§ 1617). Die nach III erforderliche Anschlusserklärung wiederholt inhaltlich die Regelung in § 1617 c und verlangt öffentliche Beglaubigung. Mit Zugang beim Vormundschaftsgericht wird diese Erklärung bindend (§ 1757).

5 **III. Namensänderungen (IV).** Wünschen die Adoptierenden eine Namensänderung, kommt sowohl eine Änderung des Vornamens als auch des Familiennamens in Betracht. Erforderlich ist ein vor der Adoption gestellter Antrag, der der Einwilligung des Kindes bedarf. Der Vorname kann geändert oder zu bestehenden weiteren hinzugefügt werden, wenn dies dem Wohl des Kindes entspricht. Wann die Änderung oder Hinzufügung dem Wohl des Kindes widerspricht, kann nicht allgemein zutreffend beantwortet werden. Ein Kind unter 3 Jahren wird von einer Namensänderung oder Ergänzung praktisch nicht betroffen sein. Ebenso wird

Offenbarungs- und Ausforschungsverbot § 1758

wohl die Änderung oder Ergänzung zu sehen sein, wenn ein seit längerer Zeit schon geführter weiterer Name rechtlich dem bestehenden Namen hinzugefügt wird.

Im Einzelfall kann die Änderung eines Vornamens angezeigt sein, wenn der bisherige negativ belastet ist oder geeignet ist, dass das Kind durch Dritte gehänselt oder aufgezogen wird. Dies gilt auch dann, wenn ein für ein Kleinkind aus der Situation heraus niedlicher Name später nur noch Anlass zu Verwunderung oder Spott geben kann (AG Coburg StAZ 90. 37: lächerlich: „Stompie"; LG Bremen StAZ 96, 46: unzulässiger Vorname „Frieden mit Gott Allein durch Jesus Christus"). 6

Das Vormundschaftsgericht kann auf Antrag mit der Annahme gestatten, dass dem neuen Familiennamen der bisherige Familienname vorangestellt oder angefügt wird. Zulässig ist dies jedoch nur, wenn schwer wiegende Gründe dies zum Wohl des Kindes erfordern. Ein Interesse an der Beibehaltung genügt daher nicht. Die Einwilligung des Kindes ist erforderlich, und insoweit verweist die Vorschrift auf § 1746 I 2 u 3 und III Hs 1 in entspr Anwendung. Die Beifügung des alten Familiennamens wird aus diesem Grund selten erfolgen, da die Notwendigkeit der Anfügung ebenso wenig feststellbar sein wird wie auch die erforderlichen Zustimmungen und Einwilligungen eine weitere Sperrwirkung zeitigen. 7

IV. Form und Verfahren. Alle Erklärungen im Rahmen der Namenswahl und Namensänderung bedürfen der öffentlichen Beglaubigung. Diese ist nur dann nicht erforderlich, wenn die Erklärung schon in dem beurkundeten Adoptionsantrag enthalten ist. Eine Änderung nach erfolgter Annahme ist gesetzlich nicht vorgesehen. Unzulässig ist auch, in dem Annahmebeschluss auszusprechen, dass das Kind seinen bisherigen Namen weiterführt (BayObLG FamRZ 03, 1869); der Beschluss ist insoweit wegen Gesetzesverstoßes nichtig, berührt aber die Wirksamkeit der Adoption insgesamt nicht (jurisPraxK/*Heiderhoff* § 1757 Rn 11). 8

§ 1758 Offenbarungs- und Ausforschungsverbot

(1) Tatsachen, die geeignet sind, die Annahme und ihre Umstände aufzudecken, dürfen ohne Zustimmung des Annehmenden und des Kindes nicht offenbart oder ausgeforscht werden, es sei denn, dass besondere Gründe des öffentlichen Interesses dies erfordern.
(2) ¹Absatz 1 gilt sinngemäß, wenn die nach § 1747 erforderliche Einwilligung erteilt ist. ²Das Vormundschaftsgericht kann anordnen, dass die Wirkungen des Absatzes 1 eintreten, wenn ein Antrag auf Ersetzung der Einwilligung eines Elternteils gestellt worden ist.

A. Grundlagen. Wird durch die Annahme eines Kindes im Verhältnis zum Annehmenden ein Rechtszustand geschaffen, der – wenigstens weitgehend – demjenigen gleicht, der durch Geburt erworben wird, andererseits die Rechtsbindungen zu den leiblichen Eltern im gleichen Umfang beendet werden, so ergibt sich aus diesen Veränderungen auch ein Anspruch auf Vertraulichkeit der Vorgänge. Alle Betroffenen haben einen Anspruch auf Wahrung ihrer Privatheit, und aus diesem Grund besteht grds ein Offenbarungs- und Ausforschungsverbot. Aufgrund der gesetzlichen Regelung ergibt sich hieraus die Zulässigkeit der Inkognito-Adoption. 1

B. Regelungsumfang. I. Voraussetzungen. Grds hat niemand ein Recht oder einen Anspruch auf Offenbarung von Tatsachen, die für eine Annahme grdl waren, noch über die Umstände im Einzelfall. Aufgrund der Ausnahmeregelung, dass ohne Zustimmung des Annehmenden und des Kindes keinerlei Auskünfte erteilt werden dürfen, folgt, dass sich der Anspruch zunächst gegen Dritte richtet, nicht also das Innenverhältnis Annehmender zum Kind betrifft. Im letztgenannten Verhältnis bestimmt der Annehmende, ob, wann und in welchem Umfang das Kind von der Tatsache und den Umständen der Adoption Kenntnis erhält. 2

Im Außenverhältnis erfolgt eine Offenbarung nur, wenn beide, also Annehmender und das Kind, zustimmen. Diese Wirkungen treten schon ein, sobald die Einwilligung nach § 1747 erteilt ist (II 1). Das Vormundschaftsgericht kann die Wirkungen des I auch schon anordnen, wenn ein Antrag auf Ersetzung der Einwilligung eines Elternteils gestellt ist. 3

Das Schweigegebot betrifft alle Personen und Stellen, die im Adoptionsverfahren mitwirken oder sonst auf irgendeine Weise beteiligt sind. Die leiblichen Eltern sind hiervon nicht betroffen, da sie im Verfahren beteiligt waren bzw sind und ihnen aufgrund des zu gewährenden rechtlichen Gehörs alle Tatsachen und Umstände bekannt sind oder bekannt sein können. 4

II. Besondere öffentliche Interesse. Besondere Gründe des öffentlichen Interesses erlauben die Offenbarung von Tatsachen der Adoption auch ohne Zustimmung des Annehmenden und des Kindes. Im Einzelfall wird dies in Strafverfahren zum Tragen kommen. Fraglich ist, ob auch der Umstand, dass ein Elternteil übergangen wurde, überhaupt unter diese Norm fällt. Während das Adoptionsverfahren noch nicht abgelaufen ist, kann jeder, dessen Mitwirkung in irgendeiner Form erforderlich ist, diese Mitwirkung annahmen mit der Folge, dass aufgrund des Amtsermittlungsverfahrens seine Beteiligung und damit auch Einbeziehung in die Umstände der Adoption erfolgen muss. Nach diesem Zeitpunkt besteht über den Antrag auf Aufhebung der Adoption ein hinreichender Schutz. Besteht keine Bindung zwischen dem Kind und dem Übergangenen, ist 5 ein Aufhebungsantrag kaum denkbar. In allen anderen Fällen erfährt der Nichtbeteiligte von der Tatsache der Adoption und kann dann den Aufhebungsantrag stellen mit der Folge, dass er jetzt im Verfahren beteiligt ist.

6   III. **Besondere Auswirkungen.** Die Adoption bewirkt auch Eintragungen nach dem Personenstandsgesetz. Grds ist die Einsicht in die Personenstandsbücher nur bei berechtigtem Interesse zulässig (§ 61 I PStG). Das Kind hat nach § 61 II 1 PStG das Recht auf Einsicht, wenn es das 16. Lebensjahr vollendet hat.

7   **C. Verfahrensrechtliche Hinweise.** Das Verbot der Ausforschung und Bekanntgabe an Nichtberechtigte ist ein Schutzgesetz iSd zivilrechtlichen Deliktsrechts (§ 823 II). Schadensersatzansprüche wegen Verletzung des allgemeinen Persönlichkeitsrechts sind vor den Zivilgerichten auszutragen. Soweit Akteneinsicht und/oder Offenbarung von Tatsachen oder Umständen ggü der Vermittlungsstelle oder dem Jugendamt begehrt wird, ist bei Verweigerung grds nur der Verwaltungsrechtsweg gegeben, ebenso bei Einsichtersuchen ggü dem Standesamt.

§ 1759 Aufhebung des Annahmeverhältnisses

Das Annahmeverhältnis kann nur in den Fällen der §§ 1760, 1763 aufgehoben werden.

1   Aufgrund der Wirkungen einer Adoption im rechtlichen wie auch sozialen Umfeld ist die Annahme nicht anfechtbar. Sie unterliegt jedoch der Aufhebung, dies jedoch nur in den ausdrücklich normierten Fällen des § 1760 (fehlende Erklärungen) und § 1763 (schwer wiegende Gründe).

2   Aufgrund dieser eindeutigen Regelungen entfallen alle anderen, dem Privatrecht sonst zugehörigen Regeln, wie zB Anfechtung einer Willenserklärung, Wegfall oder Störung der Geschäftsgrundlage, um nur einige zu nennen. Diese Einengung ist aber auch erforderlich, denn letztlich bewirkt die Adoption eine Statusänderung, auf die sich jedermann berufen kann. Die Konzentration auf wenige Aufhebungstatbestände wird allgemein bei Statusverfahren beachtet, so bei der Vaterschaftsfeststellung oder -anfechtung oder auch der Scheidung.

3   Auf die Nichtigkeit kann sich hingegen jeder berufen. Um möglichst wenige Fälle der Nichtigkeit zu schaffen, sind die Wirkungen einzelner Rechtsakte innerhalb des Adoptionsverfahrens sehr konkret geregelt und einer Anfechtung entzogen. Fälle von Nichtigkeit sind in der Rspr nicht bekannt. Das BVerfG (FamRZ 94, 493) hat bei einem Verstoß gegen das rechtliche Gehör ausgeführt, dass der Rechtsfolgeanspruch auf die Verfassungswidrigkeit der angegriffenen Norm oder die Rechtswirkung beschränkt werden kann, wenn die Nichtigkeitserklärung zu schwer erträglichen Folgen führen würde. In einem Adoptionsverfahren wurde nach dieser Entscheidung bei Verstoß gegen das rechtliche Gehör nur die Rechtskraft in Bezug auf den Verletzten beschränkt, damit die versäumte Rechtshandlung nachgeholt werden kann; die Adoptionswirkungen wurden aber ausdrücklich als im Übrigen wirksam belassen. Diese Entscheidung ist zwar zur Volljährigenadoption ergangen, zeigt aber vom Grundsatz her, dass aufgrund der besonderen Wirkungen und unter Abwägung der Interessen aller Beteiligten möglichst auf die Feststellung einer Nichtigkeit verzichtet werden sollte.

§ 1760 Aufhebung wegen fehlender Erklärungen

(1) Das Annahmeverhältnis kann auf Antrag vom Vormundschaftsgericht aufgehoben werden, wenn es ohne Antrag des Annehmenden, ohne die Einwilligung des Kindes oder ohne die erforderliche Einwilligung eines Elternteils begründet worden ist.
(2) Der Antrag oder eine Einwilligung ist nur dann unwirksam, wenn der Erklärende
a) zur Zeit der Erklärung sich im Zustand der Bewusstlosigkeit oder vorübergehenden Störung der Geistestätigkeit befand, wenn der Antragsteller geschäftsunfähig war oder das geschäftsunfähige oder noch nicht 14 Jahre alte Kind die Einwilligung selbst erteilt hat,
b) nicht gewusst hat, dass es sich um eine Annahme als Kind handelt, oder wenn er dies zwar gewusst hat, aber einen Annahmeantrag nicht hat stellen oder eine Einwilligung zur Annahme nicht hat abgeben wollen oder wenn sich der Annehmende in der Person des anzunehmenden Kindes oder wenn sich das anzunehmende Kind in der Person des Annehmenden geirrt hat,
c) durch arglistige Täuschung über wesentliche Umstände zur Erklärung bestimmt worden ist,
d) widerrechtlich durch Drohung zur Erklärung bestimmt worden ist,
e) die Einwilligung vor Ablauf der in § 1747 Abs. 2 Satz 1 bestimmten Frist erteilt hat.
(3) ¹Die Aufhebung ist ausgeschlossen, wenn der Erklärende nach Wegfall der Geschäftsunfähigkeit, der Bewusstlosigkeit, der Störung der Geistestätigkeit, der durch die Drohung bestimmten Zwangslage, nach der Entdeckung des Irrtums oder nach Ablauf der in § 1747 Abs. 2 Satz 1 bestimmten Frist den Antrag oder die Einwilligung nachgeholt oder sonst zu erkennen gegeben hat, dass das Annahmeverhältnis aufrechterhalten werden soll. ²Die Vorschriften des § 1746 Abs. 1 Satz 2, 3 und des § 1750 Abs. 3 Satz 1, 2 sind entsprechend anzuwenden.

(4) Die Aufhebung wegen arglistiger Täuschung über wesentliche Umstände ist ferner ausgeschlossen, wenn über Vermögensverhältnisse des Annehmenden oder des Kindes getäuscht worden ist oder wenn die Täuschung ohne Wissen eines Antrags- oder Einwilligungsberechtigten von jemand verübt worden ist, der weder antrags -noch einwilligungsberechtigt noch zur Vermittlung der Annahme befugt war.
(5) ¹Ist beim Ausspruch der Annahme zu Unrecht angenommen worden, dass ein Elternteil zur Abgabe der Erklärung dauernd außerstande oder sein Aufenthalt dauernd unbekannt sei, so ist die Aufhebung ausgeschlossen, wenn der Elternteil die Einwilligung nachgeholt oder sonst zu erkennen gegeben hat, dass das Annahmeverhältnis aufrechterhalten werden soll. ²Die Vorschrift des § 1750 Abs. 3 Satz 1, 2 ist entsprechend anzuwenden.

A. Grundlagen. Die sehr detaillierte Vorschrift regelt alle Aufhebungsfälle, die auf fehlenden Willenserklärungen beruhen können. Aufgrund der ins Detail gehenden Regelung werden die allgemeinen Regeln über Willensmängel für nicht anwendbar erklärt, soweit hier eine konkrete, auf das Adoptionsverfahren zugeschnittene Regelung erfolgt ist. Zu beachten ist stets, dass auch bei Feststehen eines Erklärungsmangels dieser nur dann zur Aufhebung führen kann, wenn der Antragsberechtigte innerhalb konkret bestimmter Fristen einen Antrag stellt (§ 1762). Mängel der aufgeführten Art haben nicht die Nichtigkeit zur Folge, sondern nur die Aufhebbarkeit. Grds will das Gesetz die Annahme bestehen lassen und die Aufhebung auf besonders wichtige Fälle, insbes aus Gründen des Kindeswohls, beschränken. 1

B. Regelungsumfang. Nach I kann das Vormundschaftsgericht bei Vorliegen von Mängeln die Annahme aufheben, wenn ein entspr Antrag gestellt wird. Auch ohne Antrag ist zum Wohle des Kindes nach § 1763 die Aufhebung von Amts wegen möglich. Zu beachten ist hierbei, dass die bloße Feststellung eines Mangels, gleich welcher Art, grds nicht ausreicht, die Aufhebung zu begründen. Vielmehr muss das Vormundschaftsgericht im Rahmen einer von Amts wegen (§ 12 FGG) durchzuführenden Ermessensprüfung feststellen, dass es dem Wohl des Kindes dient, wenn die Annahme aufgehoben wird. Ist dies nicht der Fall, ist die Aufhebung trotz Vorliegens eines Grundes abzulehnen. 2

I. Erklärungsmängel (I). Ein Aufhebungsgrund liegt vor, wenn kein Annahmeantrag vorgelegen hat oder die Annahme ohne die – notwendige – Einwilligung des Kindes oder eines Elternteils erfolgte, ohne dass eine wirksame Ersetzung erfolgte. Die Aufhebung ist nicht zwingend. Wird die fehlende Erklärung oder der Antrag wirksam nachgeholt, entfällt die Aufhebung. Auch wenn in den vorherigen Vorschriften weitere Zustimmungen oder Einwilligungen gefordert werden, ist die Aufhebung auf das Fehlen der ausdrücklich genannten Erklärungen beschränkt. Alle anderen Mängel sind nicht ausreichend, ein Aufhebungsverfahren einzuleiten oder die Aufhebung zu begründen. Insbes ist also weder die fehlende Zustimmung des Ehegatten noch die Zustimmung zur Einwilligung des Kindes durch den gesetzlichen Vertreter genügend. Auch eine fehlende notarielle Beurkundung oder ein Verstoß gegen sonstige Formvorschriften reichen nicht aus. Unzulässige Bedingungen oder Zeitbefristungen nach § 1752 II sind deshalb für die Wirksamkeit des Beschlusses nach § 1752 I im Ergebnis unschädlich. 3

II. Willensmängel (II). Im Unterschied zu I fehlen nicht die entspr Erklärungen, diese sind jedoch anfechtbar wegen Mängel in der Geschäftsfähigkeit oder auch Täuschung oder Drohung. Alle Anfechtungsgründe des bürgerlichen Rechts werden durch diese besondere Regelung nicht generell, sondern nur dann anerkannt, wenn die zusätzlichen Bedingungen dieses Absatzes vorliegen. Eine weitere Einschränkung der Anfechtbarkeit bestimmt sich aus IV. 4

III. Heilung (III). Ist ein Mangel nach I oder IIgegeben – im letztgenannten Fall unter Einbeziehung von IV –, kommt eine Aufhebung nicht in Betracht, wenn eine Heilung eingetreten ist. Wird die Willenserklärung nachgeholt oder gibt derjenige, dessen Erklärung fehlte oder anfechtbar war, zu erkennen, dass trotzdem das Annahmeverhältnis aufrechterhalten bleiben soll (Bestätigung), entfällt der Aufhebungsgrund. Nicht erforderlich ist also, dass eine Erklärung ggü dem Vormundschaftsgericht zu erfolgen hat, da auch ein nicht rechtsgeschäftliches Verhalten ausreichend ist. In diesen Fällen wird das Vormundschaftsgericht von dem Mangel meist nichts erfahren, denn auch die Tatsache, dass ein Aufhebungsantrag nicht gestellt wird, ist als eine faktische Bestätigung der Annahme zu werten. 5

IV. Einschränkung bei Täuschung (IV). Ausgeschlossen ist eine Aufhebung immer dann, wenn über Vermögensverhältnisse des Annehmenden oder des Kindes getäuscht wurde. Wer die Täuschungshandlung vorgenommen hat und wer letztlich getäuscht wurde, ist unbeachtlich. Die Vorschrift betont hiermit nochmals ausdrücklich, dass Vorrang im Annahmeverfahren das Wohl des Kindes hat, vermögensrechtliche Interessen auf keinen Fall im Vordergrund stehen sollen und dürfen. In der zweiten Alternative ist die Aufhebung auch dann ausgeschlossen, wenn die Täuschung ohne Wissen eines Antrags- oder Einwilligungsberechtigten erfolgt ist, wenn im Verfahren Beteiligte durch einen Dritten hinters Licht geführt wurden. 6

V. Nachträgliche Bestätigung. Wurde die Zustimmung eines Elternteils deshalb nicht eingeholt, weil man davon ausging, dass er dauerhaft nicht imstande sei, die Erklärung abzugeben oder ging man irrtümlich davon aus, dass sein Aufenthalt unbekannt ist, wird sich der Betreffende beim Vormundschaftsgericht oder 7 einem Beteiligen melden. Wird die notwendige Erklärung nachgeholt, entfällt der Aufhebungsgrund. Dieselbe Wirkung tritt ein, wenn der Elternteil durch sein Verhalten ganz allgemein zu erkennen gibt, dass trotz Fehlens seiner Erklärung die Annahme bestehen bleiben soll. Auch hier ist keine Erklärung ggü dem Vormundschaftsgericht notwendig, denn es genügt das tatsächliche Verhalten trotz Kenntnis des Mangels. Eine formlose Erklärung ggü dem Vormundschaftsgericht beseitigt aber auch jeden Zweifel.

8   C. **Verfahrensrechtliche Hinweise.** Das Verfahren richtet sich nach § 56 f FGG. Grds soll das Gericht, wenn ein Aufhebungsmangel geltend gemacht wird, in einem Termin die Sache erörtern, zu dem der Antragsteller ebenso zu laden ist wie der Annehmende, das Kind und bei Minderjährigkeit desselben auch das Jugendamt. Eine Pflegerbestellung wegen widerstreitender Interessen ist nach § 56 f II FGG immer dann notwendig, wenn bei einem minderjährigen Kind der Annehmende der gesetzliche Vertreter ist.

9   Im Gegensatz zum Annahmebeschluss, der mit Verkündung/Zustellung wirksam wird und unanfechtbar ist, wird ein Aufhebungsbeschluss erst mit Rechtskraft wirksam (§ 56 f III FGG). Dies bedeutet auch, dass auch nach einem Aufhebungsbeschluss noch die tatsächliche und rechtliche Möglichkeit besteht, bestehende Mängel zu beseitigen und damit der Adoption doch zur Wirkung zu verhelfen. Im Rechtsmittelverfahren werden auch alle Rechtsgründe, insbes aber auch die Ermessensentscheidungen einer Überprüfung unterworfen immer auch mit dem gesetzlich vorgegebenen Ziel, zum Wohl des Kindes die Aufhebung nur ausnahmsweise zuzulassen. Schon das Vormundschaftsgericht muss auch prüfen, ob nicht nach § 1761 ein Aufhebungshindernis vorliegt.

§ 1761 Aufhebungshindernisse

(1) Das Annahmeverhältnis kann nicht aufgehoben werden, weil eine erforderliche Einwilligung nicht eingeholt worden oder nach § 1760 Abs. 2 unwirksam ist, wenn die Voraussetzungen für die Ersetzung der Einwilligung beim Ausspruch der Annahme vorgelegen haben oder wenn sie zum Zeitpunkt der Entscheidung über den Aufhebungsantrag vorliegen; dabei ist es unschädlich, wenn eine Belehrung oder Beratung nach § 1748 Abs. 2 nicht erfolgt ist.

(2) Das Annahmeverhältnis darf nicht aufgehoben werden, wenn dadurch das Wohl des Kindes erheblich gefährdet würde, es sei denn, dass überwiegende Interessen des Annehmenden die Aufhebung erfordern.

1   Ausgehend von dem Grundsatz, dass eine erfolgte Adoption im wohlverstandenen Interesse des Annehmenden und des Kindes auch unter Berücksichtigung der Auswirkungen insgesamt möglichst nicht aufgehoben werden sollte, bestimmt die Vorschrift, dass im Falle des Fehlens einer Einwilligung eine Aufhebung nur dann erfolgen darf, wenn im Zeitpunkt des Annahmebeschlusses – §§ 1752, 56 e FGG – die Voraussetzungen für eine Ersetzung schon vorgelegen haben. War dies nicht der Fall, ist auch ausreichend, wenn inzwischen die Ersetzungsvoraussetzungen gegeben sind. Unerheblich ist, dass gegen bestehende Belehrungs- oder Beratungspflichten verstoßen wurde. Es bedarf also nicht einer nachträglichen Ersetzung, vielmehr genügt die Feststellung durch das Vormundschaftsgericht, dass die Voraussetzungen für eine Ersetzung im Zeitpunkt der Annahme vorgelegen haben oder derzeit noch vorliegen.

2   Erfasst von der Regelung sind nur notwendige Einwilligungen. Es muss stets also geprüft werden, ob die Einwilligung notwendig war oder nicht. Dies bedeutet zB, dass die fehlende Einwilligung des Ehegatten nach § 1749 I kein Aufhebungsgrund ist, da die Einwilligung nur als erforderlich, nicht aber als notwendig bezeichnet wird.

Unabhängig von den verschiedenen Gründen einer Aufhebung bestimmt II, dass eine Aufhebung zu unterbleiben hat, wenn dadurch das Wohl des Kindes erheblich gefährdet würde. Es bedarf in diesem Fall einer Abwägung auch zu den Interessen des Annehmenden. Im Falle der Aufhebung kommt auch nicht ein Belassen des Kindes beim Annehmenden in Betracht unter dem Gesichtspunkt der Familienpflege (Karlsr DAVorm 96, 390).

3   Die Besonderheiten einer Adoption nach dem Übergangsrecht nach der deutschen Wiedervereinigung regelt Art 234 § 13 EGBGB. Besonderheiten der Aufhebung an der Schnittstelle zu § 51 FamGB/DDR behandelt BezG Meiningen NJ 93, 272.

§ 1762 Antragsberechtigung; Antragsfrist, Form

(1) [1]Antragsberechtigt ist nur derjenige, ohne dessen Antrag oder Einwilligung das Kind angenommen worden ist. [2]Für ein Kind, das geschäftsunfähig oder noch nicht 14 Jahre alt ist, und für den Annehmenden, der geschäftsunfähig ist, können die gesetzlichen Vertreter den Antrag stellen. [3]Im Übrigen kann der Antrag nicht durch einen Vertreter gestellt werden. [4]Ist der Antragsberechtigte in der Geschäftsfähigkeit beschränkt, so ist die Zustimmung des gesetzlichen Vertreters nicht erforderlich.

(2) ¹Der Antrag kann nur innerhalb eines Jahres gestellt werden, wenn seit der Annahme noch keine drei Jahre verstrichen sind. ²Die Frist beginnt
a) in den Fällen des § 1760 Abs. 2 Buchstabe a mit dem Zeitpunkt, in dem der Erklärende zumindest die beschränkte Geschäftsfähigkeit erlangt hat oder in dem gesetzlichen Vertreter des geschäftsunfähigen Annehmenden oder des noch nicht 14 Jahre alten oder geschäftsunfähigen Kindes die Erklärung bekannt wird;
b) in den Fällen des § 1760 Abs. 2 Buchstabe b, c mit dem Zeitpunkt, in dem der Erklärende den Irrtum oder die Täuschung entdeckt;
c) in dem Falle des § 1760 Abs. 2 Buchstabe d mit dem Zeitpunkt, in dem die Zwangslage aufhört;
d) in dem Falle des § 1760 Abs. 2 Buchstabe e nach Ablauf der in § 1747 Abs. 2 Satz 1 bestimmten Frist;
e) in den Fällen des § 1760 Abs. 5 mit dem Zeitpunkt, in dem dem Elternteil bekannt wird, dass die Annahme ohne seine Einwilligung erfolgt ist.
³Die für die Verjährung geltenden Vorschriften der §§ 206, 210 sind entsprechend anzuwenden.
(3) Der Antrag bedarf der notariellen Beurkundung.

Die Aufhebung setzt grds einen Antrag voraus. Daneben kommt auch eine Aufhebung von Amts wegen nach § 1763 in Betracht. Den Antrag zu stellen ist nur derjenige berechtigt, dem im Annahmeverfahren ein Mitwirkungsrecht zusteht. Das Kind kann den Antrag nur selbst stellen, wenn es das 14. Lebensjahr vollendet hat und nicht geschäftsunfähig ist. Davor muss für das Kind der gesetzliche Vertreter tätig werden. Kinder des Annehmenden sind nicht berechtigt, die Aufhebung zu beantragen, denn ihre Zustimmung ist nicht notwendig für die Annahme (BayObLG FamRZ 86, 719). 1

Ist die Adoption vor mehr als drei Jahren erfolgt, ist ein Aufhebungsantrag nicht statthaft. Vor Ablauf dieser Frist kann der Antrag nur wirksam gestellt werden innerhalb einer Frist von einem Jahr. Für die einzelnen Gründe, die eine Aufhebung tragen können, bestimmt das Gesetz exakt den jeweiligen Zeitpunkt für den Fristlauf, und die Berechnungsvorschriften der §§ 206, 210 der Verjährung sind anzuwenden. 2

Der Antrag bedarf nach III der notariellen Beurkundung. Mit derselben ist der Antrag aber nicht gestellt, sondern es kommt auf den Zeitpunkt des Zuganges beim Vormundschaftsgericht an, da das Gesetz einen Antrag voraussetzt. 3

Fehlte die Einwilligung des Elternteils im Falle des § 1760 V, ist ausdrücklich bestimmt, dass die Antragsfrist beginnt mit dem Zeitpunkt, zu dem ihm bekannt wird, dass die Annahme oder seine Einwilligung erfolgt ist.

§ 1763 Aufhebung von Amts wegen

(1) Während der Minderjährigkeit des Kindes kann das Vormundschaftsgericht das Annahmeverhältnis von Amts wegen aufheben, wenn dies aus schwerwiegenden Gründen zum Wohl des Kindes erforderlich ist.
(2) Ist das Kind von einem Ehepaar angenommen, so kann auch das zwischen dem Kind und einem Ehegatten bestehende Annahmeverhältnis aufgehoben werden.
(3) Das Annahmeverhältnis darf nur aufgehoben werden,
a) wenn in dem Falle des Absatzes 2 der andere Ehegatte oder wenn ein leiblicher Elternteil bereit ist, die Pflege und Erziehung des Kindes zu übernehmen, und wenn die Ausübung der elterlichen Sorge durch ihn dem Wohl des Kindes nicht widersprechen würde oder
b) wenn die Aufhebung eine erneute Annahme des Kindes ermöglichen soll.

Neben den Aufhebungsmöglichkeiten auf Antrag eines Beteiligten sieht das Gesetz auch eine Aufhebung von Amts wegen vor. Zulässig ist dies jedoch nur, solange des Kind noch minderjährig ist (I). Wird es im Verlauf des Verfahrens volljährig, darf das Vormundschaftsgericht die Aufhebung nicht mehr anordnen; die Möglichkeiten nach § 1771 kommen dann zur Anwendung. Im Vordergrund steht das Wohl des Kindes, und mit der Aufhebung soll eine nicht anderweitig zu beseitigende Gefährdung beseitigt werden. Erforderlich sind deshalb schwer wiegende Gründe. Auch muss die Aufhebung zum Wohl des Kindes erforderlich sein. Die Voraussetzungen müssen daher von besonderem Gewicht und auch Dauer sein. Kurzfristige Probleme in der Familie, Streit oder auch Scheidung sind für sich alleine nicht ausreichend. Es ist praktisch als letzter Ausweg gestaltet mit der Folge, dass vorab Sorgerechtsentscheidungen nach § 1671 ebenso vorrangig sind wie Einschränkungs- und Entzugsverfahren nach § 1666. 1

Haben Eheleute ein Kind gemeinsam angenommen, kann die Rücknahme der Adoption auch nur ggü einem Ehegatten erfolgen. Auch in dieser Fallgestaltung ist Voraussetzung, dass alle anderen gesetzlichen Möglichkeiten der Gefahrenbeseitigung versagt haben oder von vornherein als nicht geeignet erscheinen. In Betracht kommen alle Maßnahmen der Einschränkung oder Versagung des Umgangsrechts, aber auch solche nach §§ 1666, 1666 a. Ist ein Ehegatte oder der leibliche Elternteil bereit, die Pflege und Erziehung allein zu übernehmen, darf die Aufhebung des Adoptionsrechtsverhältnisses in Bezug auf den anderen Elternteil erfolgen. Aber auch in diesem Fall ist eine Kindeswohlprüfung notwendig. 2

3 Eine Aufhebung nur ggü einem Elternteil kommt auch dann in Betracht, wenn dadurch eine erneute Annahme des Kindes ermöglicht werden soll. Denkbar ist dies im Falle einer Ehescheidung und unter den Voraussetzungen, dass ein Elternteil sowohl im Umgang als auch Sorgerecht vom Kind ferngehalten werden muss, der betreuende Elternteil wieder heiratet und der neue Partner das Kind annehmen will.

§ 1764 Wirkung der Aufhebung

(1) ¹Die Aufhebung wirkt nur für die Zukunft. ²Hebt das Vormundschaftsgericht das Annahmeverhältnis nach dem Tode des Annehmenden auf dessen Antrag oder nach dem Tode des Kindes auf dessen Antrag auf, so hat dies die gleiche Wirkung, wie wenn das Annahmeverhältnis vor dem Tode aufgehoben worden wäre.
(2) Mit der Aufhebung der Annahme als Kind erlöschen das durch die Annahme begründete Verwandtschaftsverhältnis des Kindes und seiner Abkömmlinge zu den bisherigen Verwandten und die sich aus ihm ergebenden Rechte und Pflichten.
(3) Gleichzeitig leben das Verwandtschaftsverhältnis des Kindes und seiner Abkömmlinge zu den leiblichen Verwandten des Kindes und die sich aus ihm ergebenden Rechte und Pflichten, mit Ausnahme der elterlichen Sorge, wieder auf.
(4) Das Vormundschaftsgericht hat den leiblichen Eltern die elterliche Sorge zurückzuübertragen, wenn und soweit dies dem Wohl des Kindes nicht widerspricht; andernfalls bestellt es einen Vormund oder Pfleger.
(5) Besteht das Annahmeverhältnis zu einem Ehepaar und erfolgt die Aufhebung nur im Verhältnis zu einem Ehegatten, so treten die Wirkungen des Absatzes 2 nur zwischen dem Kind und seinen Abkömmlingen und diesem Ehegatten und dessen Verwandten ein; die Wirkungen des Absatzes 3 treten nicht ein.

1 **A. Grundlagen.** Bewirkt die Adoption, dass grds mit Wirkung der Annahme das Kind in dem neuen Lebenskreis auch diejenige rechtliche Stellung erhält, die es mit der Geburt hätte erlangen können, muss die Aufhebung diese Beziehungen wieder aufheben. Unterschiedliche Regelungen sind jedoch notwendig in verschiedener Hinsicht, da die vorausgegangene Zeit gelebt wurde und darauf resultierende Rechtsbeziehungen auch fortwirken können. Die Gesamtregelung hat zur Folge, dass ein Kind nach Aufhebung der Adoption nicht ein Kind ohne Verwandtschaft wird, vielmehr kehrt es grds in die gesellschaftliche und rechtliche Position zurück, die es vor der Adoption innehatte. Wird ein Kind von einer Person angenommen, die nicht die deutsche Staatsangehörigkeit besitzt, verliert das Kind mit der Annahme die deutsche Staatsangehörigkeit nur dann, wenn es gleichzeitig die des Annehmenden erwirbt (§§ 17, 27 RuStAG). Dies gilt nur dann nicht, wenn das Kind auch nach der Adoption mit einem deutschen Elternteil verwandt bleibt. Ein Verlust der hiernach erworbenen Staatsangehörigkeit im Falle der Rückgängigmachung der Adoption sieht das Staatsangehörigkeitsrecht nicht vor.

2 **B. Regelungsumfang. I. Erlöschen und Wiederaufleben von Rechtsbeziehungen.** Grds wirkt die Aufhebung nur für die Zukunft (I). Bis zu diesem Zeitpunkt erworbene Ansprüche bleiben bis zu diesem Zeitpunkt erhalten. Dies wird deutlich bei Unterhaltsansprüchen, die für die Zukunft wegfallen, nicht aber für die Vergangenheit.

3 Mit der Aufhebung erlöschen alle verwandtschaftlichen Beziehungen aufgrund der durch Adoption erlangten Stellung als leibliches Kind des Annehmenden (II). Davon erfasst sind auch die verwandtschaftlichen Verhältnisse der Abkömmlinge des Kindes. Im Gegenzug leben die durch die Adoption erloschenen verwandtschaftlichen Rechtsbeziehungen wieder auf (III).

4 **II. Aufhebung nach Tod des Annehmenden.** Eine Sonderregelung enthält I 2. Stellt der Annehmende oder das Kind den Antrag auf Aufhebung und liegen die Voraussetzungen hierfür vor, wirkt die Aufhebung auch für die Vergangenheit. Es treten also nicht die erbrechtlichen Folgen ein, da das Annahmeverhältnis vor dem Tod als beendet betrachtet wird.

5 **III. Elterliche Sorge.** Die elterliche Sorge, die mit der Zustimmung zur Adoption ebenso ruht wie das Umgangsrecht (§ 1751 I), bedurfte einer besonderen Regelung. Nach IV fällt sie nicht an die leiblichen Eltern zurück, sondern es bedarf einer Entscheidung des Vormundschaftsgerichtes, ob dies dem Wohl des Kindes widerspricht. Von besonderer Bedeutung wird sein, ob noch eine Eltern-Kind-Beziehung besteht oder aber aufgrund des Alters des Kindes wieder aufbaubar ist. Vor Vollendung des 3. Lebensjahres wird eine Rückgabe an die leiblichen Eltern noch in Betracht kommen. In dieser Fallgestaltung wird aber auch von Bedeutung sein, wie es zur Adoptionsfreigabe gekommen ist und ob die leiblichen Eltern überhaupt das Kind wieder betreuen wollen. Nach dem dritten Lebensjahr muss im Hinblick auf den Aufenthalt in der Pflege- und später Adoptionsfamilie und auch des gesamten sozialen Umfeldes eine Rückübertragung wohl eher unwahrscheinlich werden. Die Interessenlage ist nicht vergleichbar mit der eines Kindes in einer Pflegefamilie, da in diesem Fall die elterliche Sorge noch bei den leiblichen Eltern vorhanden ist und ein Anspruch auf Umgang besteht (§ 1632 IV: Verbleibensanordnung). Im Zweifel ist ein Pfleger zu bestellen.

IV. Teilaufhebung (V). Haben Eheleute ein Kind gemeinsam angenommen, kann die Wirkung der Aufhebung beschränkt werden auf einen Ehegatten. Da das Adoptionsrechtsverhältnis zu einem Ehegatten bestehen bleibt, ist es folgerichtig, dass die Rechtsbeziehungen des Kindes zu seinen leiblichen Verwandten nicht aufleben. Anders ist die Rechtslage bei einer Stiefkindadoption. Hinsichtlich der elterlichen Sorge des leiblichen Elternteils ist aber IV zu beachten, da das durch die Adoption erlöschende Mitsorgerecht nicht automatisch zur Alleinsorge des leiblichen Elternteils führt.

§ 1765 Name des Kindes nach der Aufhebung

(1) ¹Mit der Aufhebung der Annahme als Kind verliert das Kind das Recht, den Familiennamen des Annehmenden als Geburtsnamen zu führen. ²Satz 1 ist in den Fällen des § 1754 Abs. 1 nicht anzuwenden, wenn das Kind einen Geburtsnamen nach § 1757 Abs. 1 führt und das Annahmeverhältnis zu einem Ehegatten allein aufgehoben wird. ³Ist der Geburtsname zum Ehenamen oder Lebenspartnerschaftsnamen des Kindes geworden, so bleibt dieser unberührt.
(2) ¹Auf Antrag des Kindes kann das Vormundschaftsgericht mit der Aufhebung anordnen, dass das Kind den Familiennamen behält, den es durch die Annahme erworben hat, wenn das Kind ein berechtigtes Interesse an der Führung dieses Namens hat. ²§ 1746 Abs. 1 Satz 2, 3 ist entsprechend anzuwenden.
(3) Ist der durch die Annahme erworbene Name zum Ehenamen oder Lebenspartnerschaftsnamen geworden, so hat das Vormundschaftsgericht auf gemeinsamen Antrag der Ehegatten oder Lebenspartner mit der Aufhebung anzuordnen, dass die Ehegatten oder Lebenspartner als Ehenamen oder Lebenspartnerschaftsnamen den Geburtsnamen führen, den das Kind vor der Annahme geführt hat.

Das Namensrecht richtet sich nicht nach den allgemeinen Regeln, sondern wird gesonderten Rechtsfolgen unterworfen. Grds verliert das Kind mit Wegfall der Adoptionswirkungen das Recht, den Namen des Annehmenden zu führen. Ausnahmen gelten für den Fall, dass der Adoptivname der Ehename geworden ist, das Annahmeverhältnis nur zu einem Ehegatten aufgehoben oder auf Antrag durch das Vormundschaftsgericht die Fortführung in der Aufhebungsentscheidung genehmigt wird. Erforderlich ist im letztgenannten Fall, dass ein berechtigtes Interesse des Kindes an der Fortführung des Namens besteht.

Ist der durch die Annahme erworbene Name zum Ehenamen oder Lebenspartnerschaftsnamen geworden, können die Ehegatten oder Labenspartner nur gemeinsam beantragen, dass die Ehegatten – oder Lebenspartner – wieder den Geburtsnamen führen, den das Kind vor der Annahme geführt hat.

Das Vormundschaftsgericht hat in allen Fallgestaltungen nur die formellen Voraussetzungen des Antrages zu prüfen und mit der Aufhebungsentscheidung ihm zu entsprechen. Ein Auswahl- oder Prüfungsermessen steht ihm nicht zu. Das Gesetz kennt, anders im Falle der Annahme des Kindes (§ 1757), keine Änderung des Vornamens des Kindes. Erfolgt die Namensänderung nicht auf Antrag in dem Aufhebungsbeschluss, kann eine Änderung nur noch nach öffentlich-rechtlichen Vorschriften erfolgen (NamensändG).

§ 1766 Ehe zwischen Annehmendem und Kind

¹Schließt ein Annehmender mit dem Angenommenen oder einem seiner Abkömmlinge den eherechtlichen Vorschriften zuwider die Ehe, so wird mit der Eheschließung das durch die Annahme zwischen ihnen begründete Rechtsverhältnis aufgehoben. ²§§ 1764, 1765 sind nicht anzuwenden.

Die Annahme als Kind ist ein Ehehindernis, jedoch bewirkt ein Verstoß hiergegen nur, dass die Aufhebung beantragt werden kann (§ 1314). Mit der Eheschließung erlischt im Verhältnis der dann Eheleute das durch die Annahme begründete Rechtsverhältnis. Da die Regelung ausschließlich den Annehmenden und den Angenommenen bezeichnet, sind andere Eheschließungen, zB des Annehmenden mit einem Kind des Angenommenen, nicht erfasst. Die Rangfolgen in der Verwandtschaft, insbes im Erbrecht, sind in diesem Fall relativ und kaum durchschaubar.

Untertitel 2   Annahme Volljähriger

§ 1767 Zulässigkeit der Annahme, anzuwendende Vorschriften

(1) Ein Volljähriger kann als Kind angenommen werden, wenn die Annahme sittlich gerechtfertigt ist; dies ist insbesondere anzunehmen, wenn zwischen dem Annehmenden und dem Anzunehmenden ein Eltern-Kind- Verhältnis bereits entstanden ist.
(2) ¹Für die Annahme Volljähriger gelten die Vorschriften über die Annahme Minderjähriger sinngemäß, soweit sich aus den folgenden Vorschriften nichts anderes ergibt. ²§ 1757 Abs. 3 ist entsprechend anzuwenden, wenn der Angenommene eine Lebenspartnerschaft begründet hat und sein Geburtsname zum Lebenspartnerschaftsnamen bestimmt worden ist. ³Zur Annahme einer Person, die eine Lebenspartnerschaft führt, ist die Einwilligung des Lebenspartners erforderlich.

1 **A. Grundlagen.** Grds ist auch die Annahme eines Volljährigen zulässig. Da in diesem Fall aufgrund der Volljährigkeit nicht mehr das Wohl des Kindes iSd Familienrechtes im Vordergrund stehen kann, tritt an die Stelle des Kindeswohls die sittliche Rechtfertigung (*Liermann* FamRZ 93, 1263). Die formellen Voraussetzungen sind grds vergleichbar mit der Minderjährigenadoption, jedoch entfallen die Beschränkungen aufgrund der Minderjährigkeit.

2 Die Regeln geltend entspr für die eingetragene Lebenspartnerschaft.

3 **B. Regelungsumfang.** Grds ist eine Annahme eines Volljährigen dann zulässig, wenn dies sittlich gerechtfertigt ist. Das Gesetz gibt hierzu als Beispiel den Umstand, dass eine Eltern-Kind-Bindung entstanden ist und diese auch in eine Rechtsposition umgewandelt werden soll. Eine Probezeit, wie § 1744 es verlangt, wird daher nicht mehr gefordert, kann aber auf freiwilliger Basis die Grundlage für eine Eltern-Kind-Beziehung erst schaffen. Wann eine sittliche Rechtfertigung anzunehmen ist, bedarf einer umfassenden Betrachtung aufgrund Amtsermittlung und ist letztlich stets eine Frage des Einzelfalles (*von Els* DAVorm 93, 328). Einer Annahme kann entgegenstehen, dass sie nur erfolgen soll, um etwaige Unterhaltsansprüche der leiblichen Mutter auszuschließen (AG Solingen DAVorm 93, 328). Orientierend an der Vorgabe des Gesetzgebers wird eine Adoption letztlich nur dann scheitern, wenn keine nachvollziehbaren Gründe erkennbar sind. Damit sind auch wirtschaftliche Gründe, zB einer Firmennachfolge, nicht ausgeschlossen, wenn im Zusammenhang damit auch eine über das rein geschäftliche Interesse hinausgehende Bindung feststellbar ist. Erst der erkennbare Missbrauch kann zu einer Verweigerung führen.

4 Die Vorschriften der Minderjährigenannahme gelten in entspr Anwendung. Damit entfallen alle Einschränkungen, die sich aus der Minderjährigkeit ergeben, und ergänzt werden die Voraussetzungen durch die besonderen Vorschriften der §§ 1768–1772.

5 **C. Verfahrensrechtliche Hinweise.** Das Verfahren richtet sich wie im Falle der Minderjährigkeit nach den §§ 56 e, 56 f FGG und unterliegt der Amtsermittlung. Zuständig ist das Vormundschaftsgericht. Der Annahmebeschluss ist mit Zustellung an den Annehmenden, nach seinem Tod an das Kind, wirksam und unanfechtbar. Der Aufhebungsbeschluss hingegen ist erst mit Rechtskraft wirksam.

§ 1768 Antrag

(1) ¹Die Annahme eines Volljährigen wird auf Antrag des Annehmenden und des Anzunehmenden vom Vormundschaftsgericht ausgesprochen. ²§§ 1742, 1744, 1745, 1746 Abs. 1, 2, § 1747 sind nicht anzuwenden.
(2) Für einen Anzunehmenden, der geschäftsunfähig ist, kann der Antrag nur von seinem gesetzlichen Vertreter gestellt werden.

1 Anders als bei der Annahme eines Minderjährigen ist Voraussetzung der gemeinsame Antrag des Annehmenden und des Anzunehmenden. Die Anträge können in verschiedenen Urkunden gestellt werden. Das Annahmeverfahren und die notwendige Amtsermittlung beginnen jedoch erst nach Vorliegen beider Anträge. Die Einschränkungen, denen eine Annahme bei Minderjährigen unterliegt, werden ausgeschlossen, die Adoption damit formell stark erleichtert.

2 Ist der Anzunehmende geschäftsunfähig, kann nur sein gesetzlicher Vertreter den Antrag stellen. Bei nur eingeschränkter Geschäftsfähigkeit kann damit der Anzunehmende den Antrag wirksam selbst stellen. Das Bestehen einer Betreuung (§§ 1896 ff) bedarf einer konkreten Prüfung, ob noch eine eingeschränkte Geschäftsfähigkeit besteht oder nicht, denn die Betreuung als solche lässt nicht zwingend auf das Fehlen der Geschäftsfähigkeit schließen. Der Beschluss über die Anordnung der Betreuung wird meist Aufschluss geben können.

§ 1769 Verbot der Annahme

Die Annahme eines Volljährigen darf nicht ausgesprochen werden, wenn ihr überwiegende Interessen der Kinder des Annehmenden oder des Anzunehmenden entgegenstehen.

1 Wie auch bei der Annahme eines Minderjährigen muss das Vormundschaftsgericht ermitteln und prüfen, ob überwiegende Interessen der Kinder des Annehmenden oder des Anzunehmenden einer Adoption entgegenstehen. Vorrangig wird es sich um erbrechtliche, aber auch unterhaltsrechtliche Folgen handeln. Da die Kindesinteressen berücksichtigt werden müssen, bedarf es der Anhörung, denn nur auf diesem Weg wird das Vormundschaftsgericht Kenntnis von entgegenstehenden Interessen erlangen. Sind die anzuhörenden Kinder noch minderjährig, muss das Vormundschaftsgericht alle Umstände von Amts wegen ermitteln. Sind die Kinder hingegen volljährig, darf das Vormundschaftsgericht trotz auch in diesem Fall bestehender Amtsermittlung darauf vertrauen, dass Tatsachen und Umstände geltend gemacht werden. Dies beruht auf dem Grundsatz der freiwilligen Gerichtsbarkeit, dass alle Beteiligten auch eine Mitwirkungspflicht haben und die Amtsermittlung sich nur auf solche Umstände erstreckt, für die das Gericht Anhaltspunkte hat, nicht also allen nur theoretisch denkbaren Ansätzen nachgegangen werden muss.

Das BVerfG (FamRZ 94, 493) hat bei einem Verstoß gegen das rechtliche Gehör ausgeführt, dass der Rechtsfolgeanspruch auf die Verfassungswidrigkeit der angegriffenen Norm oder die Rechtswirkung des Rechtsaktes beschränkt werden kann, wenn die Nichtigkeitserklärung zu schwer erträglichen Folgen führen würde. In einem Adoptionsverfahren eines Volljährigen wurde nach dieser Entscheidung bei Verstoß gegen das rechtliche Gehör nur die Rechtskraft in Bezug auf den Verletzten eingeschränkt, damit die versäumte Rechtshandlung nachgeholt werden kann; die Adoptionswirkungen wurden aber ausdrücklich als im Übrigen wirksam belassen.

§ 1770 Wirkung der Annahme

(1) ¹Die Wirkungen der Annahme eines Volljährigen erstrecken sich nicht auf die Verwandten des Annehmenden. ²Der Ehegatte oder Lebenspartner des Annehmenden wird nicht mit dem Angenommenen, dessen Ehegatte oder Lebenspartner wird nicht mit dem Annehmenden verschwägert.
(2) Die Rechte und Pflichten aus dem Verwandtschaftsverhältnis des Angenommenen und seiner Abkömmlinge zu ihren Verwandten werden durch die Annahme nicht berührt, soweit das Gesetz nichts anderes vorschreibt.
(3) Der Annehmende ist dem Angenommenen und dessen Abkömmlingen vor den leiblichen Verwandten des Angenommenen zur Gewährung des Unterhalts verpflichtet.

Der Angenommene wird mit Wirkung der Annahme Kind des Annehmenden (§ 1754). Es entstehen bzw erlöschen die erb- und unterhaltsrechtlichen Folgen wie im Fall der Annahme eines Minderjährigen, denn § 1767 II verweist insoweit auf die entspr Rechtsfolgen ohne Vorbehalt. Die rechtlichen Wirkungen sind aber beschränkt auf den Annehmenden, erstrecken sich also nicht auf seinen Ehepartner. Dies hat auch zur Folge, dass mehrere volljährige Kinder durch die Adoption nur mit dem Annehmenden verwandt sind, nicht aber untereinander.
In unterhaltsrechtlicher Sicht bestimmt III ausdrücklich den Vorrang des Annehmenden vor den leiblichen Verwandten des Angenommenen.

§ 1771 Aufhebung des Annahmeverhältnisses

¹Das Vormundschaftsgericht kann das Annahmeverhältnis, das zu einem Volljährigen begründet worden ist, auf Antrag des Annehmenden und des Angenommenen aufheben, wenn ein wichtiger Grund vorliegt. ²Im Übrigen kann das Annahmeverhältnis nur in sinngemäßer Anwendung der Vorschrift des § 1760 Abs. 1 bis 5 aufgehoben werden. ³An die Stelle der Einwilligung des Kindes tritt der Antrag des Anzunehmenden.

In Abweichung von der Minderjährigenadoption bedarf die Aufhebung bei Volljährigen eines Antrags sowohl des Annehmenden als auch des Angenommenen. Da bei der Minderjährigenadoption auch der Mangel der Einwilligung des Kindes ein Aufhebungsgrund sein kann (§ 1760 I), folgt hieraus, dass die Aufhebung nach § 1771 voraussetzt, dass es sich um eine Volljährigenadoption gehandelt hat, das Kind also nicht nach der Adoption erst volljährig geworden ist (Karlsr FamRZ 96, 4343), jedoch kommt in diesem Fall eine Aufhebung von Amts wegen nicht mehr in Betracht.
Als weitere Aufhebungsgründe sind die Erklärungsmängel des § 1760 II entspr auf die Aufhebung anzuwenden. Statt der Einwilligung des Kindes tritt an diese Stelle der Antrag des Anzunehmenden.
Zwar bestimmt die Vorschrift insgesamt keine eigenen Fristen, jedoch ist aufgrund der Verweisung auf § 1760 auch die Frist nach § 1762 II zu beachten. Ab Kenntnis des wichtigen Grundes oder der Mängel nach § 1760 muss der Antrag binnen Jahresfrist wirksam gestellt werden und ist unzulässig, wenn die Annahme länger als drei Jahre zurückliegt.

§ 1772 Annahme mit den Wirkungen der Minderjährigenannahme

(1) ¹Das Vormundschaftsgericht kann beim Ausspruch der Annahme eines Volljährigen auf Antrag des Annehmenden und des Anzunehmenden bestimmen, dass sich die Wirkungen der Annahme nach den Vorschriften über die Annahme eines Minderjährigen oder eines verwandten Minderjährigen richten (§§ 1754 bis 1756), wenn
a) ein minderjähriger Bruder oder eine minderjährige Schwester des Anzunehmenden von dem Annehmenden als Kind angenommen worden ist oder gleichzeitig angenommen wird oder
b) der Anzunehmende bereits als Minderjähriger in die Familie des Annehmenden aufgenommen worden ist oder
c) der Annehmende das Kind seines Ehegatten annimmt oder
d) der Anzunehmende in dem Zeitpunkt, in dem der Antrag auf Annahme bei dem Vormundschaftsgericht eingereicht wird, noch nicht volljährig ist.

²Eine solche Bestimmung darf nicht getroffen werden, wenn ihr überwiegende Interessen der Eltern des Anzunehmenden entgegenstehen.
(2) ¹Das Annahmeverhältnis kann in den Fällen des Absatzes 1 nur in sinngemäßer Anwendung der Vorschrift des § 1760 Abs. 1 bis 5 aufgehoben werden. ²An die Stelle der Einwilligung des Kindes tritt der Antrag des Anzunehmenden.

1 Die Rechtswirkungen einer Adoption bei Volljährigkeit sind ggü der Minderjährigenadoption eingeschränkt. Man bezeichnet deshalb auch die Adoption bei Volljährigen als schwache, bei Minderjährigen als starke Adoption. Die Vorschrift gibt dem Vormundschaftsgericht die Möglichkeit, auch im Falle der Adoption eines Volljährigen die vergleichbaren Wirkungen einer Minderjährigenadoption anzuordnen. Voraussetzung ist, dass sowohl Annehmender als auch Anzunehmender dies beantragen. Auch muss diese Wirkung im Annahmebeschluss ausdrücklich bestimmt werden, eine nachträgliche Anordnung ist unzulässig, denn die Wirkung der Adoption tritt mit Bekanntgabe ein und ist unanfechtbar (§ 56 e FGG). Es ist ausreichend, wenn der Beschluss ausdrücklich feststellt, dass der Beschluss die „Wirkungen der Annahme nach den Vorschriften über die Annahme eines Minderjährigen oder eines verwandten Minderjährigen" richtet oder aber die Rechtsgrundlage ausdrücklich in den Beschlusswortlaut einbezogen wird.
2 Einer solchen starken Annahme können Interessen der Eltern des Anzunehmenden entgegenstehen. Die Eltern sind deshalb zu hören und das Vormundschaftsgericht wird ihnen den Inhalt der gesetzlichen Regelung zur Kenntnis geben. Es wird dann an den Eltern liegen, ob sie Tatsachen vortragen oder auf solche hinweisen, die in der Abwägung ein überwiegendes Interesse an der Versagung begründen können. Eine Amtspflicht, nach denkbaren Einwänden ohne Anhaltspunkte zu forschen, besteht nach allgemeiner Ansicht nicht (Keidel/Kuntze/Winkler/*Schmidt* FGG § 12 Rn 5).
3 Ist die Adoption mit den Wirkungen dieser Vorschrift durchgeführt worden, unterliegt die Aufhebung den Grundsätzen des § 1760, und an die Stelle der Einwilligung des Kindes tritt der Antrag des Anzunehmenden. Die Antragsfrist von einem Jahr und die Ausschlussfrist von drei Jahren nach § 1762 II sind zu beachten.

Abschnitt 3   Vormundschaft, Rechtliche Betreuung, Pflegschaft

Vorbemerkungen vor §§ 1773 bis 1921

1 **Das Vormundschaftsrecht**, das den Dritten Abschnitt des Vierten Buches des BGB bildet, beinhaltete ursprünglich Regelungen für Vormundschaften über Minderjährige und Volljährige sowie Regelungen über Pflegschaften. Durch das zum 1.1.92 in Kraft getretene Betreuungsgesetz (BtG) wurde es dann dahingehend umgestaltet, dass es nur noch eine Vormundschaft über Minderjährige (§§ 1773–1895) gibt, während die Vormundschaft über Volljährige nunmehr durch das Rechtsinstitut der Betreuung (§§ 1896–1908i) ersetzt worden ist. Ziel dieser Reform war es, dem Betroffenen ein größeres Maß an Eigenständigkeit zu sichern, als dies in den alten Regelungen vorgesehen war, die automatisch mit dem Verlust der Geschäftsfähigkeit der unter Vormundschaft stehenden Person verbunden waren. Die Pflegschaft (§§ 1909–1921), die den Dritten Abschnitt beschließt, hat seit Abschaffung der Gebrechlichkeitspflegschaft viel von ihrer früheren Bedeutung verloren.
Als besonders ausgestaltete Art der Pflegschaft ist die Beistandschaft des Jugendamtes außerhalb des 3. Abschnitts geregelt (§§ 1712–1717).
2 **Vormundschaft:** Gesetzlich geregelte allgemeine Fürsorge für Person und Vermögen des minderjährigen Mündels. Im Gegensatz zur Pflegschaft ersetzt sie die fehlende elterliche Personen- und Vermögenssorge für Minderjährige nicht nur in einzelnen Angelegenheiten oder Teilbereichen sondern umfassend. **Betreuung:** Fürsorge für einen Volljährigen zumeist auf einzelnen Teilgebieten aber auch die gesamte Personen- und Vermögenssorge umfassend, soweit der Betroffenen aufgrund einer geistig/psychischen Behinderung seine Angelegenheiten nicht zu besorgen vermag. **Pflegschaft:** Ein durch das VormG festgelegtes und idR auf einen bestimmten Geschäftskreis des Pfleglings, der auch volljährig und geschäftsfähig sein kann, beschränktes Fürsorgeverhältnis. In Ausnahmefällen auch mit einen die gesamte Personen- und Vermögenssorge umfassenden Geschäftskreis (§ 1909 III).
3 **Rechtsnatur.** Vormund, Betreuer und Pfleger üben trotz vielfältiger öffentlich rechtlicher Bestandteile der gesetzlichen Regelungen ein privatrechtliches Amt aus (vgl Staud/*Engler*, v § 1773 Rn 12 ff mwN). Es gilt das **Prinzip des Einzelamtes**, dh das Vormundschaft und Betreuung vorzugsweise von einer Person geführt werden sollen, um eine möglichst umfassende Fürsorge für den Betroffenen sicherzustellen. Bei der Auswahl eines Vormunds oder Betreuers gehen natürliche Personen der Bestellung eines Vereins oder einer Behörde vor (vgl §§ 1791a–1791c, 1887 I, 1900, 1915l). Dieses **Subsidiaritätsprinzip** ist im Vormundschaftsrecht aus Kindeswohlerwägungen streng, im Pflegschaftsrecht hingegen nur eingeschränkt zu beachten. So setzt die Anordnung einer Vereins- oder Amtsvormundschaft des Jugendamtes voraus, dass das Gericht zuvor kon-

krete Ermittlungen anstellen muss, ob nicht ein geeigneter Einzelvormund zur Übernahme des Amtes zur Verfügung steht (*Kobl* FuR 02, 272). Im Vaterschaftsanfechtungsverfahren kann hingegen das Jugendamt auch dann zum Ergänzungspfleger bestellt werden, wenn eine andere geeignete Einzelperson in Betracht käme (Stuttg FamRZ 02, 1065).
Die Subsidiarität gilt auch im Verhältnis der Verein- und der Behördenbetreuung, sowie auch für die Vereins- und Behördenpflegschaft (§ 1915 I). Wegen der Einzelheiten vgl. die Erläuterungen zu §§ 1791a–c.
Vormundschaft und Betreuung sind grds ein **Ehrenamt**, so dass den Amtsinhabern zunächst nur Aufwendungsersatz, nicht aber eine Vergütung für ihre Tätigkeit zusteht (§§ 1835–1836e). Dieser Grundsatz wird allerdings durchbrochen, wenn der Mündel/Betreute über genügend eigene Mittel verfügt, dass es unbillig wäre, den Vormund/Betreuer ohne Vergütung zu lassen oder wenn dieser so viele Vormundschaften/Betreuungen führt, das dies vom damit verbundenen Aufwand, nur berufsmäßig geführt werden kann (§ 1836 ff).
In seiner **Amtsführung** ist der Vormund grds autonom, unterliegt jedoch der Überwachung durch das Vormundschaftsgericht. Dieses kann ihm in Einzelfällen Weisungen erteilen (§ 1837), in bestimmten Fällen muss der Vormund auch die Genehmigung des Vormundschaftsgerichtes einholen, bevor er handelt (§§ 1809 ff).
Der Vormund/Betreuer haftet dem Mündel/Betreuten für schuldhafte Pflichtverletzungen (§§ 1833, 1908 i I 1). Ansonsten **Staatshaftung** für den **Vormundschaftsrichter** (Art 34 GG, § 839), bei Verletzung der Aufsichtspflicht, etwa wenn das Vormundschaftsgericht keine oder ungeeignete Maßnahmen trifft (Oldbg Rpfleger 79, 101) oder eine erforderliche Genehmigung ohne vorherige hinreichende Aufklärung des Sachverhalts erteilt wird (BGH NJW 86, 2829).   **4**

Verfahren. Die örtliche Zuständigkeit richtet sich nach §§ 35 ff FGG; § 3 Nr 2 a, 14 I Nr 4. Einstweilige Maßnahmen nach § 1846. Die Anordnung der Vormundschaft erfolgt von Amts wegen durch die Vormundschafts- bzw. Familiengerichte (§§ 1774, 1697). Zur Unterstützung ihrer Tätigkeit bestehen für andere Behörden bestimmte Anzeige- und Meldepflichten (für Standesbeamte: § 48 FGG, § 21 b PStG; für Jugendämter: §§ 42 II, 70 SGB VIII; Anzeigepflicht bei Tod des Vormunds §§ 1894, 1895). Zwangsmittel: Androhung und Festsetzung von Zwangsgeld (§ 1837 III); Entlassung des Vormunds (§ 1886).   **5**

Internationalprivatrechtlich gilt der Grundsatz, dass die Entstehung der Betreuung, Vormundschaft oder Pflegschaft, dem Recht des Staates unterliegen, dem der Betroffene angehört (Art 24 1 1 EGBGB). Für die ausnahmsweise auch nach deutschem Recht mögliche Anordnung der Betreuung für einen fremden Staatsangehörigen beachte aber Art 24 I 2 EGBGB. Für die Maßnahmen in Bezug auf Minderjährige ist das Haager Minderjährigenschutzabkommen (BGBl 71 III 217, 1150, Anh 1 zu Art 2) zu berücksichtigen (Aufenthaltszuständigkeit mit Anwendung des Rechts des Aufenthaltsstaates, zum Verfahren: § 35 b FGG). Zum Übergangsrecht iRd Wiedervereinigung vgl Art 234 § 14 EGBGB.   **6**

Titel 1 Vormundschaft

Untertitel 1 Begründung der Vormundschaft

§ 1773 Voraussetzungen

(1) Ein Minderjähriger erhält einen Vormund, wenn er nicht unter elterlicher Sorge steht oder wenn die Eltern weder in den die Person noch in den das Vermögen betreffenden Angelegenheiten zur Vertretung des Minderjährigen berechtigt sind.

(2) Ein Minderjähriger erhält einen Vormund auch dann, wenn sein Familienstand nicht zu ermitteln ist.

A. Zweck der Vorschrift. Da Minderjährige entweder geschäftsunfähig (§ 104 Nr 1) oder nur beschränkt geschäftsfähig (§ 106) sind, können sie nicht selbst rechtsgeschäftlich uneingeschränkt für sich handeln. Handelt es sich um eheliche Kinder, werden sie durch ihre Eltern vertreten (§§ 1626, 1629); das nichteheliche Kind wird idR durch seine Mutter vertreten (§ 1626 a II). Entfällt die gesetzliche Vertretung, so erhält der Minderjährige nach § 1773 bzw § 1680 II 2 einen Vormund als gesetzlichen Vertreter, damit er wieder rechtsgeschäftlich voll handlungsfähig wird. Dem Vormund obliegt daneben auch die Sorge für den Minderjährigen. Für Kinder nicht verheirateter Eltern wird diese Vorschrift durch § 1791 c ergänzt. Bei adoptierten Kindern tritt mit Einwilligung eines Elternteils in die Adoption Amtsvormundschaft des Jugendamtes ein (§ 1751 I).   **1**

B. Voraussetzungen der Anordnung der Vormundschaft. Die Vormundschaft kann nur für Minderjährige angeordnet werden. Sie endet notwendig mit der Volljährigkeit des Mündels (§§ 2, 1882). Für Volljährige wird bei einem weiteren Fürsorgebedarf ein Betreuer bestellt (§ 1896).   **2**

C. Fallgruppen. Eine Vormundschaft wird in drei Fällen angeordnet: Erstens, wenn der **Minderjährige nicht unter elterlicher Sorge** steht (§ 1626). Zweitens, wenn seine **Sorgeberechtigten** aus verschiedenen Gründen sowohl **von der Personen- als auch von der Vermögenssorge ausgeschlossen** sind (I); es genügt dabei, dass bei den an sich Sorgeberechtigten das Sorgerecht für beide Sorgebereiche ruht (§§ 1673 ff). Der erste Fall liegt   **3**

vor, wenn ein eheliches Kind keinen lebenden Elternteil mehr hat oder bei einem nichtehelichen Kind die Mutter verstirbt, ohne das zuvor eine Sorgerechtserklärung (§ 1626 a I) abgegeben wurde. Der zweite Fall setzt voraus, das der alleinsorgeberechtigten Mutter, beiden sorgeberechtigten Elternteilen, bzw dem überlebenden Elternteil, die elterliche Sorge vollständig entzogen wurde (§ 1666). Stehen beide Eltern unter Betreuung, nimmt nicht der Betreuer die Vormundschaft wahr, sondern das Kind muss einen Vormund erhalten (§ 1896). Ist hingegen nur die Personen- oder die Vermögenssorge entzogen, so ist gem § 1909 ein Ergänzungspfleger zu bestellen (Bay NJWE-FER 97, 125). Sind beide Eltern vorhanden, aber nur einer von ihnen sorgeberechtigt, so wird das Familiengericht für den Fall, dass der sorgeberechtigte Elternteil verstirbt oder auf andere Weise sein Sorgerecht verliert, idR die Alleinsorge auf den anderen Elternteil übertragen (§ 1680 I u II). Ist hingegen nur ein Elternteil von der Vertretung ausgeschlossen (§ 1638), so wird der Minderjährige vom anderen Elternteil allein vertreten, soweit dieser nicht ausnahmsweise (§ 1629 II 1 u III) ausgeschlossen ist. Dies ist vor Anordnung der Vormundschaft zu klären (Saarbr JAmt 04, 163).

4 Drittens, für **Findelkinder** und andere **Personen deren Familienstand nicht zu ermitteln ist** (II), wobei sich die örtliche Zuständigkeit des Vormundschaftsgerichts nach dem Fundort des Kindes richtet (§§ 25, 26 PStG, 36 IV FGG).

§ 1774 Anordnung von Amts wegen

¹Das Vormundschaftsgericht hat die Vormundschaft von Amts wegen anzuordnen. ²Ist anzunehmen, dass ein Kind mit seiner Geburt eines Vormunds bedarf, so kann schon vor der Geburt des Kindes ein Vormund bestellt werden; die Bestellung wird mit der Geburt des Kindes wirksam.

1 **A. Bestellungsgrundsatz.** S 1 stellt klar, dass die Vormundschaft grds nicht von selbst eintritt, sondern angeordnet werden muss. Eine Ausnahme bildet nur die beiden Fälle der Vormundschaft kraft Gesetzes in § 1751 I 2 und § 1791 c. S 2 bestimmt, dass soweit erforderlich auch bereits vor der Geburt eines Kindes, wenn feststeht, dass dieses im Zeitpunkt seiner Geburt eines Vormundes bedürfen wird, ein solcher bestellt werden kann. Dies kann der Fall sein, wenn die nicht verheiratete Mutter im Zeitpunkt der Geburt des Kindes noch minderjährig oder geschäftsunfähig ist (§§ 1626 a II, 1673 II). Der Eintritt einer Amtsvormundschaft des Jugendamtes (§ 1791 c I 1) lässt sich auf diesem Wege vermeiden.

2 **B. Mängel bei der Anordnung der Vormundschaft.** Örtliche, sachliche oder funktionelle Zuständigkeitsmängel führen idR nicht zur Unwirksamkeit der Anordnung (vgl Staud/*Engler* § 1774 Rn 23 ff.). Elementare materielle Mängel der Anordnung der Vormundschaft, wie etwa die Anordnung der Vormundschaft für eine juristische Person, für einen bereits verstorbenen Mündel oder für einen Volljährigen, führen genau wie die Geschäftsunfähigkeit des bestellten Vormunds (§ 1780) zur Nichtigkeit der Anordnung (vgl Staud/*Engler* § 1774 Rn 27). Fehlen andere Voraussetzungen für die Anordnung (so zB bei der Doppelanordnung der Vormundschaft), so bleibt die zu Unrecht angeordnete Vormundschaft und ebenso die Bestellung des Vormunds wirksam, bis sie durch das Vormundschaftsgericht selbst oder das Beschwerdegericht aufgehoben werden. Der Anordnung der Vormundschaft kommt insoweit rechts begründende Wirkung zu (Stuttg FamRZ 65, 457), so dass das Prozessgericht keine eigene Prüfungskompetenz hat und insoweit an die Anordnung gebunden ist (BGH 33, 195). Bei Zweifeln an der Vertretungsbefugnis des Vormunds ist lediglich Aussetzung des Verfahrens möglich (BGH 41, 309). Die Aufhebung der Vormundschaft beendet die Rechte und Pflichten des Vormunds aus der zu Unrecht angeordneten Vormundschaft *ex nunc* (§ 32 FGG) und ist daher ohne Wirkung auf durch den Vormund oder ihm gegenüber vorgenommene Rechtsgeschäfte sowie auf die daraus folgenden Ansprüche, wie zB auf Aufwendungsersatz und Vergütung.

3 **C. Verfahren.** Für die Ermittlung der für die Anordnung der Vormundschaft wesentlichen Tatsachen gilt der **Amtsermittlungsgrundsatz**. Bestimmte öffentliche Stellen werden in Spezialregelungen verpflichtet, dem Vormundschaftsgericht Mitteilung von der Erforderlichkeit einer Vormundschaft zu machen, der Standesbeamte (§ 57 SGB VIII, § 48 FGG), das Jugendamt (§ 42 II 3 Nr 2, III 4, 50 III SGB VIII), Gerichte (§ 35 a FGG) und die Staatsanwaltschaft (§ 70 JGG).

§ 1775 Mehrere Vormünder

¹Das Vormundschaftsgericht kann ein Ehepaar gemeinschaftlich zu Vormündern bestellen. ²Im Übrigen soll das Vormundschaftsgericht, sofern nicht besondere Gründe für die Bestellung mehrerer Vormünder vorliegen, für den Mündel und, wenn Geschwister zu bevormunden sind, für alle Mündel nur einen Vormund bestellen.

1 **Alleinvormundschaft.** Die Norm stellt den Grundsatz auf, dass im Interesse des Familienzusammenhalts für einzelne Mündel, aber auch für mehrere Geschwister (auch für halbbürtige Geschwister) nur ein Vormund bestellt werden soll (vgl § 1786 I Nr 8), damit dieser zur echten Bezugsperson für den Mündel werden kann.

Hiervon darf ohne das Vorliegen besonderer Gründe nur bei einem Ehepaar abgewichen werden, das auch gemeinsam zu Vormündern bestellt werden kann, weil dadurch eine Art Elternersatz geboten werden kann. Die **Bestellung mehrerer Vormünder** für einzelne Mündel oder verschiedener Vormünder für Geschwister als Mit- oder Gegenvormund (§§ 1797, 1792 III) setzt immer besonderer Gründe voraus, über deren Vorliegen das Gericht in freien Ermessen zu entscheiden hat. In Betracht kommt etwa das Vorhandensein von Mündelvermögen an weit auseinander liegenden Orten, das für seine Verwaltung die Anwesenheit eines Vertreters erfordert oder bei unterschiedlichem religiösen Bekenntnis von Vormund und Mündel, dass nur durch die Bestellung eines weiteren Vormunds eine dem Bekenntnis des Mündels entspr Erziehung sichergestellt werden kann (BayObLG FamRZ 66, 323/26). Eine vorübergehende Behinderung des Vormunds (BayObLG Rpfleger 76, 399: Ergänzungspflegschaft), seine Überwachung (LG Berlin Rpfleger 70, 91) oder die Vorbereitung seiner Entlassung (BayObLG NJW 70, 1687) genügen nicht. Ist ein Vormund von den Eltern des Kindes berufen worden (vgl §§ 1776 f), so setzt die Bestellung eines weiteren Vormundes in jedem Fall dessen Zustimmung voraus (§ 1778 IV). Als Mitvormund kann jede Person bestellt werden, die auch als alleiniger Vormund bestellt werden könnte. 2

Sind mehrere Vormünder bestellt, so führen sie die Vormundschaft grds gemeinschaftlich (§ 1791 I). 3

§ 1776 Benennungsrecht der Eltern

(1) Als Vormund ist berufen, wer von den Eltern des Mündels als Vormund benannt ist.
(2) Haben der Vater und die Mutter verschiedene Personen benannt, so gilt die Benennung durch den zuletzt verstorbenen Elternteil.

§ 1777 Voraussetzungen des Benennungsrechts

(1) Die Eltern können einen Vormund nur benennen, wenn ihnen zur Zeit ihres Todes die Sorge für die Person und das Vermögen des Kindes zusteht.
(2) Der Vater kann für ein Kind, das erst nach seinem Tode geboren wird, einen Vormund benennen, wenn er dazu berechtigt sein würde, falls das Kind vor seinem Tode geboren wäre.
(3) Der Vormund wird durch letztwillige Verfügung benannt.

§ 1778 Übergehen des benannten Vormunds

(1) Wer nach § 1776 als Vormund berufen ist, darf ohne seine Zustimmung nur übergangen werden,
1. wenn er nach den §§ 1780 bis 1784 nicht zum Vormund bestellt werden kann oder soll,
2. wenn er an der Übernahme der Vormundschaft verhindert ist,
3. wenn er die Übernahme verzögert,
4. wenn seine Bestellung das Wohl des Mündels gefährden würde,
5. wenn der Mündel, der das 14. Lebensjahr vollendet hat, der Bestellung widerspricht, es sei denn, der Mündel ist geschäftsunfähig.
(2) Ist der Berufene nur vorübergehend verhindert, so hat ihn das Vormundschaftsgericht nach dem Wegfall des Hindernisses auf seinen Antrag anstelle des bisherigen Vormunds zum Vormund zu bestellen.
(3) Für einen minderjährigen Ehegatten darf der andere Ehegatte vor den nach § 1776 Berufenen zum Vormund bestellt werden.
(4) Neben dem Berufenen darf nur mit dessen Zustimmung ein Mitvormund bestellt werden.

A. Normzweck. Die §§ 1776–1778 sind Ausfluss des Elternrechts Art 6 II GG und ermöglichen es den Eltern im Rahmen ihres Sorgerechts für den Fall, dass eine Vormundschaft nötig werden sollte, bereits im vor hinein sicherzustellen, dass eine bestimmte Person als Vormund bestellt wird. Die Benennung führt nicht zu einer Erweiterung des Rechtskreises des Benannten. Eine über die Grenzen des § 1785 hinaus gegebene Pflicht zur Übernahme der Vormundschaft wird nicht begründet. Gegenüber nicht benannten Vormündern wird der Benannte insofern privilegiert, als ein Mitvormund, außer wenn die Eltern mehrere Vormünder benannt haben, ohne seine Zustimmung nicht bestellt werden darf (§ 1778 IV). Entspr hat er ein Recht zur Ablehnung und auf Entlassung eines ohne seine Zustimmung bestellten Mitvormunds (§§ 1786 I Nr 7, 1889 I). 1

B. Rechtsausübung. Die Berufung zum Vormund erfolgt durch eine **Benennung durch die Eltern** § 1776 I, dh durch denjenigen, der zzt des Todes für das Kind sorgeberechtigt war (§§ 1777 I, 1626, 1626 a). Bei eingeschränkter Sorge ist auch das Benennungsrecht eingeschränkt (BayObLG FamRZ 92, 1346). Sind Personen- und Vermögenssorge zwischen den Eltern aufgeteilt, kann keiner von ihnen einen Vormund benennen. Dagegen beeinträchtigen Teilbeschränkungen der elterlichen Sorge, wenn sie die Personen- oder Vermögenssorge 2 nicht grds in Frage stellen, wie zB der Entzug des Aufenthaltsbestimmungsrechts oder Maßnahmen nach § 1628, die Benennungsbefugnis nicht. Die Benennung des Vormunds muss bei gemeinsamer Sorge auch gemeinsam erfolgen. Werden verschiedene Personen als Vormund benannt, so gilt die Benennung durch den zuletzt verstorbenen Elternteil (§ 1776 II). Dass dem Benennenden die elterliche Sorge schon zzt der Verfügung zustand, ist für die Wirksamkeit der Benennung nicht erforderlich, deshalb können die Eltern bei Vorliegen der übrigen Voraussetzungen einen Vormund auch für künftig zu erwartende Kinder wirksam benennen. Stirbt der Vater vor der Geburt des Kindes, so ist die Benennung nach § 1777 II dennoch wirksam, wenn der Vater benennungsberechtigt gewesen wäre, wenn das Kind zum Zeitpunkt der Benennung bereits geboren gewesen wäre. Stirbt die Mutter, bevor die Geburt des Kindes vollendet ist, so ist nach allgemeiner Ansicht § 1777 II entspr anzuwenden (Staud/*Engler*, § 1777 Rn 14 mwN).

3 **C. Form.** Die Benennung erfolgt nach § 1777 III durch letztwillige Verfügung, also in einem Testament oder Erbvertrag. Sie kann auch unter einer Bedingung oder Zweckbestimmung erfolgen (BayObLG OLGZ 1928, 270), jedoch nicht auf Dritte übertragen werden. Der Widerruf der Benennung ist zulässig. Bei Benennung verschiedener Personen entscheidet die Benennung des Letztverstorbenen. Die Bezeichnung als „Vormund" ist unnötig (Köln ZfJ 61, 61). Das Jugendamt kann nicht benannt werden, Vereine nur soweit sie vom Landesjugendamt als geeignet erklärt worden sind (§ 1791 a I 2). Zu den Gestaltungsmöglichkeiten bzgl der Führung der Vormundschaft s §§ 1797 III, 1803, 1852 ff.

4 **D. Rechtsfolge.** Der nach § 1776 Berufene hat ein Recht darauf, als Vormund bestellt zu werden. Auch ungeeignete Personen können benannt werden, sind aber, wenn einer der Gründe des § 1778 I vorliegt bei der Bestellung zu übergehen. Übergangen ist der Berufene, wenn sein Antrag, als Vormund bestellt zu werden, zurückgewiesen oder ein anderer als der von den Eltern Benannte als Vormund bestellt wird, unabhängig davon, ob dem Gericht die Benennung bekannt war. Generellen Vorrang vor dem benannten Vormund haben nur der Ehegatte des Mündels (§ 1778 III) und die kraft Gesetzes eintretende Amtsvormundschaft (§ 1791 c). Hat der wirksam Berufene der Bestellung eines anderen nicht zugestimmt, so darf er übergangen werden, wenn er nach den §§ 1780 ff nicht zum Vormund bestellt werden kann oder soll (§ 1778 I Nr 1). Betroffen sind Geschäftsunfähige, Minderjährige, unter Betreuung Stehende, im Insolvenzverfahren befindliche Personen, sowie Beamte oder Religionsdiener ohne die erforderliche Erlaubnis. Übergangen werden kann der Benannte auch, bei tatsächlicher dauernder Verhinderung an der Übernahme der Vormundschaft, etwa infolge von Krankheit oder Abwesenheit im Ausland usw. Ist die Verhinderung nur vorübergehender Natur, so ist bei ihrem Wegfall auf Antrag des Übergangenen der bisherige Vormund zu entlassen und der von den Eltern Benannte zu ernennen (§ 1778 II). Übergangen werden kann der Benannte auch, wenn er die Übernahme der Vormundschaft verzögert (§ 1778 I Nr 3). Bei Verzögerung der Übernahme nach der Auswahl durch das Gericht, kann dies zu einer Schadensersatzpflicht des Benannten gem. § 1787 führen. Gleiches gilt, wenn die Bestellung des Benannten das Wohl des Mündels, ggf auch schuldlos, objektiv gefährden würde (§ 1778 I Nr 4), wie etwa, wenn der Benannte zu alt oder aus anderen Gründen körperlich nicht in der Lage ist, für das Mündel zu sorgen. Auch die Unfähigkeit des Benannten zur Führung einer schwierigen Vermögensverwaltung oder Nichtbeachtung von Vermögensinteressen des Mündels in der Vergangenheit (BayObLG FamRZ 97, 1289) sowie tief greifende Entfremdung zwischen Benannten und Mündel (KG OLG 42, 111) und Interessenkollisionen jeder Art (BayObLG FamRZ 92, 1346) können eine Übergehung des Benannten rechtfertigen. Gleiches gilt, wenn der nicht geschäftsunfähige Mündel, der das 14. Lebensjahr vollendet hat, der Bestellung widerspricht (§ 1778 I Nr 5), persönliche Anhörung des Mündels § 50 b IV FGG, bei Nichtbeachtung des Widerspruchs Beschwerde gem. §§ 20, 59 FGG). Bei Nichteignung des gem. § 1776 Berufenen und wenn sich kein geeigneter anderer Einzelvormund findet, ist die Vereinsbzw Amtsvormundschaft des Jugendamtes anzuordnen (§§ 1791 a, b).

5 **E. Verfahren.** Dem von den Eltern wirksam Berufenen steht gegen eine Verfügung, durch die er übergangen wird, die sofortige Beschwerde zu. Diese ist binnen einer Frist von zwei Wochen von dem Zeitpunkt an einzulegen, in dem der Beschwerdeführer davon Kenntnis erlangt, dass er übergangen worden ist (§ 60 I Nr 1, II, § 22 FGG; BayObLG OLGZ 5, 160). Wird der Ehegatte bei der Bestellung des Vormunds übergangen, so steht ihm ein Beschwerderecht gem. § 57 I Nr 9 FGG zu.

§ 1779 Auswahl durch das Vormundschaftsgericht

(1) Ist die Vormundschaft nicht einem nach § 1776 Berufenen zu übertragen, so hat das Vormundschaftsgericht nach Anhörung des Jugendamts den Vormund auszuwählen.
(2) ¹Das Vormundschaftsgericht soll eine Person auswählen, die nach ihren persönlichen Verhältnissen und ihrer Vermögenslage sowie nach den sonstigen Umständen zur Führung der Vormundschaft geeignet ist. ²Bei der Auswahl unter mehreren geeigneten Personen sind der mutmaßliche Wille der Eltern, die persönlichen Bindungen des Mündels, die Verwandtschaft oder Schwägerschaft mit dem Mündel sowie das religiöse Bekenntnis des Mündels zu berücksichtigen.

(3) ¹Das Vormundschaftsgericht soll bei der Auswahl des Vormunds Verwandte oder Verschwägerte des Mündels hören, wenn dies ohne erhebliche Verzögerung und ohne unverhältnismäßige Kosten geschehen kann. ²Die Verwandten und Verschwägerten können von dem Mündel Ersatz ihrer Auslagen verlangen; der Betrag der Auslagen wird von dem Vormundschaftsgericht festgesetzt.

A. Normzweck. Wenn von den Eltern nach § 1776 niemand wirksam benannt wurde oder ein Grund vorliegt, einen von den Eltern Berufenen nach § 1778 zu übergehen, ist durch das Vormundschaftsgericht, bzw durch das Familiengericht im Falle der Entziehung des Sorgerechts (§ 1697), eine zur Führung der Vormundschaft geeignete Person auszusuchen. Die Norm nennt das Verfahren und die Kriterien für die Auswahl des Vormunds. 1

Kriterium für die **Auswahl** des Vormunds ist seine Eignung für die Führung der Vormundschaft (§ 1779 II 1), dh seine Fähigkeit, das Amt so zu führen, wie es das Wohl des Mündels erfordert (BayObLG FamRZ 65, 283). 2

Die **Eignung** des Vormunds bestimmt sich nach seinen gesamten persönlichen Verhältnissen einschließlich seiner Vermögenslage. Sie wird vom Vormundschaftsgericht nach freiem Ermessen beurteilt. Zu berücksichtigende Faktoren sind zB Krankheit, Gebrechlichkeit oder auch nur mangelnde Lebenserfahrung. Weiterhin können berufliche Überlastung aber auch eine bereits bestehende Belastung mit anderen Vormundschaften sowie die fehlende Bereitschaft zur Übernahme der Vormundschaft (bei vorhandener Bereitschaft einer in gleicher Weise geeigneten Person), gegen die Berufung einer Person sprechen. 3

Gegen die Eignung einer Person zum Vormund in charakterlicher Hinsicht kann zB eine erhebliche kriminelle Vergangenheit (BayObLG OLGE 20, 358: Vorbestrafung wegen Kindesmisshandlung) oder eigenes fortdauerndes schweres Erziehungsversagen sprechen. Die politische Gesinnung des Vormunds kann hingegen im Regelfall nicht maßgebend sein. Mögliche wirtschaftliche Interessenkonflikte können etwa bei umfänglicher Vermögensverwaltung wegen der Gefahr einer Beeinträchtigung des Mündelwohls gegen die Eignung einer Person als Vormund sprechen. 4

Unter **mehreren geeigneten Personen** ist nach II 2 bei Beurteilung der gesamten Umstände im Blick auf die konkret gegebenen Interessen des Mündels am besten geeignete Person auszuwählen (Hamm FamRZ 96, 1356). Ist keine der geeigneten Personen zur Übernahme der Vormundschaft bereit, ist die durch das Amt am wenigsten belastete Person auszuwählen (LG Würzburg FamRZ 72, 391). 5

Bei der **Auswahl** des Vormunds unter mehreren geeigneten Personen sind der mutmaßliche Wille der Eltern (bei geäußertem Willen § 1776), die persönlichen Bindungen des Mündels, die Verwandtschaft oder Schwägerschaft mit dem Mündel und das religiöse Bekenntnis des Mündels zu berücksichtigen. 6

Der Ausgewählte ist **zur Übernahme der Vormundschaft verpflichtet** (§ 1785), sofern er nicht dazu unfähig oder untauglich ist oder einen Ablehnungsgrund gem. §§ 1780–1784 hat. Er kann sich nicht darauf berufen, dass er iSd § 1779 ungeeignet sei (KG FamRZ 63, 376). Bei unbegründeter Ablehnung hat er dem Mündel den dadurch entstandenen Schaden zu ersetzen (§ 1787). 7

B. Verfahren. Vor der Auswahl des Vormunds hat das Gericht das Jugendamt zu hören (I). Gleiches gilt für Verwandte und Verschwägerte (§§ 1589, 1590) des Mündels (III 1), die auf Antrag oder von Amtswegen zu hören sind, soweit sie sich sachdienlich äußern können und die Anhörung ohne Verzögerung und ohne unverhältnismäßige Kosten geschehen kann. Zu den Verwandten zählt nach Anerkennung oder rechtskräftiger Feststellung der Vaterschaft auch der nichteheliche Vater des Mündels. 8

Den Verwandten und Verschwägerten steht gegen den Mündel ein Anspruch auf Ersatz der ihnen dadurch entstandenen Auslagen (zB Reisekosten, nicht hingegen Zeitversäumnis) zu (III 2). Zahlt der spätere Vormund nicht, so müssen die Angehörigen gegen den durch den Vormund vertretenen Mündel klagen, soweit nicht die Festsetzung der ersatzfähigen Auslagen durch das Vormundschaftsgericht in den Ausführungsgesetzen der Länder zum FGG zum Vollstreckungstitel erklärt worden ist. Bei Mittellosigkeit des Mündels besteht kein Ersatzanspruch gegen die Staatskasse. 9

Beschwerdeberechtigt gegen die Bestellung eines Vormunds sind alle, die Sorgerechtsangelegenheiten für den Mündel wahrnehmen und daran ein berechtigtes Interesse haben (§ 57 I Nr 9 FGG). Dies sind die überlebenden Eltern, auch wenn ihr Sorgerecht ruht, Personen bei denen das Kind lange gelebt hat und Hilfsweise das Jugendamt. Bloße Verwandtschaft begründet hingegen noch kein Beschwerderecht. Hat die Beschwerde Erfolg, so ist der Vormund durch das Vormundschaftsgericht mit Wirkung ex nunc zu entlassen. 10

§ 1780 Unfähigkeit zur Vormundschaft
Zum Vormund kann nicht bestellt werden, wer geschäftsunfähig ist.

Nichtig ist die Bestellung eines Vormunds, wenn dieser geschäftsunfähig (nach § 104 Nr 2) ist. Tritt die Geschäftsunfähigkeit erst nach der Bestellung ein, ist der Vormund nach §§ 1886 zu entlassen. Vormundschaftsunfähig sind daneben juristische Personen mit Ausnahme als für geeignet erklärter Vereine und das Jugendamt (vgl §§ 1791 a, b). 1

§ 1781 Untauglichkeit zur Vormundschaft

Zum Vormund soll nicht bestellt werden:
1. wer minderjährig ist,
2. derjenige, für den ein Betreuer bestellt ist.

1 Die Vorschrift regelt, wer für die Übernahme der Vormundschaft ungeeignet ist. Ist ein Minderjähriger (Nr 1) oder eine unter Betreuung stehende Person (Nr 2, vgl § 1896) unter Verstoß gegen diese Bestimmung zum Vormund bestellt worden, so ist diese Bestellung zwar nicht unwirksam, der untaugliche Vormund muss jedoch entlassen werden (§ 1886).

§ 1782 Ausschluss durch die Eltern

(1) ¹Zum Vormund soll nicht bestellt werden, wer durch Anordnung der Eltern des Mündels von der Vormundschaft ausgeschlossen ist. ²Haben die Eltern einander widersprechende Anordnungen getroffen, so gilt die Anordnung des zuletzt verstorbenen Elternteils.
(2) Auf die Ausschließung ist die Vorschrift des § 1777 anzuwenden.

1 Bestimmte Personen oder Personengruppen können auch durch die Eltern in Ausübung ihres Sorgerechts von der Vormundschaft ausgeschlossen werden. Der Ausschluss bedarf der Form einer letztwilligen Verfügung (Testament, Erbvertrag). Bei widersprüchlichen Ausschließungen, gilt die Verfügung des Längstlebenden.

§ 1783

– weggefallen –

§ 1784 Beamter oder Religionsdiener als Vormund

(1) Ein Beamter oder Religionsdiener, der nach den Landesgesetzen einer besonderen Erlaubnis zur Übernahme einer Vormundschaft bedarf, soll nicht ohne die vorgeschriebene Erlaubnis zum Vormund bestellt werden.
(2) Diese Erlaubnis darf nur versagt werden, wenn ein wichtiger dienstlicher Grund vorliegt.

1 Beamte und Religionsdiener bedürfen zur Bestellung als Vormund der **Erlaubnis** ihrer **Dienstherren**. Die Genehmigung kann durch die jeweilige Anstellungskörperschaft verweigert werden, soweit durch die Bestellung dienstliche Belange beeinträchtigt würden. Wird die Erlaubnis nicht erteilt, ist der bereits zum Vormund bestellte Beamte oder Religionsdiener zu entlassen. Bis dahin ist die Bestellung wirksam.
Voraussetzung des Genehmigungserfordernis für Beamte sind die einschlägigen Regelungen in § 65 BBG (Bundesbeamte) bzw in den zu § 42 I BRRG ergangenen Landesgesetzen (Landesbeamte). Für Religionsdiener gelten die internen Rechtsordnungen der jeweiligen Religionsgemeinschaft.
Nach II darf die Genehmigung nur bei Vorliegen eines wichtigen dienstlichen Grundes versagt werden. Bei Beamten bestimmt sich dies nach dem Nebentätigkeitsrecht.

§ 1785 Übernahmepflicht

Jeder Deutsche hat die Vormundschaft, für die er von dem Vormundschaftsgericht ausgewählt wird, zu übernehmen, sofern nicht seiner Bestellung zum Vormund einer der in den §§ 1780 bis 1784 bestimmten Gründe entgegensteht.

1 **A. Normzweck.** Um die Versorgung des Mündels mit Vormündern zu sichern, besteht für jeden Deutschen grds die Pflicht zur Übernahme einer ihm angetragenen Vormundschaft. Bei Weigerung können Ordnungsstrafen verhängt werden (§ 1788) und unter Umständen macht sich der Ablehnende dem Mündel schadensersatzpflichtig (§ 1787).

2 **B. Rechtsfolge.** Die Übernahmepflicht für den vom Vormundschaftsgericht ausgewählten Vormund trifft jeden Deutschen iSd Art 116 GG, soweit er nicht als Vormund ungeeignet ist (§ 1780–1784) oder die Übernahme aus anderen Gründen ablehnen kann (§ 1786). Für Vereine besteht keine Übernahmepflicht, da sie nur mit ihrer Zustimmung bestellt werden können (vgl § 1791 a I 2). Das Jugendamt ist wegen des Auffangcharakters der Amtsvormundschaft zur Übernahme der Vormundschaft verpflichtet (vgl § 1791b). Auch Ausländer dürfen zum Vormund bestellt werden.

3 **C. Verfahren.** Gegen eine die Weigerung des ausgewählten Vormunds zurückweisende Verfügung des Vormundschaftsgericht findet die sofortige Beschwerde statt (§ 60 Nr 2 FGG), die allerdings nicht auf die Behauptung mangelnder Eignung gestützt werden kann. In jedem Fall muss die Vormundschaft bis zur Entscheidung der Beschwerde vorläufig übernommen werden (§ 1787 II).

§ 1786 Ablehnungsrecht

(1) Die Übernahme der Vormundschaft kann ablehnen:
1. ein Elternteil, welcher zwei oder mehr noch nicht schulpflichtige Kinder überwiegend betreut oder glaubhaft macht, dass die ihm obliegende Fürsorge für die Familie die Ausübung des Amts dauernd besonders erschwert,
2. wer das 60. Lebensjahr vollendet hat,
3. wem die Sorge für die Person oder das Vermögen von mehr als drei minderjährigen Kindern zusteht,
4. wer durch Krankheit oder durch Gebrechen verhindert ist, die Vormundschaft ordnungsmäßig zu führen,
5. wer wegen Entfernung seines Wohnsitzes von dem Sitz des Vormundschaftsgerichts die Vormundschaft nicht ohne besondere Belästigung führen kann,
6. – weggefallen –
7. wer mit einem anderen zur gemeinschaftlichen Führung der Vormundschaft bestellt werden soll,
8. wer mehr als eine Vormundschaft, Betreuung oder Pflegschaft führt; die Vormundschaft oder Pflegschaft über mehrere Geschwister gilt nur als eine; die Führung von zwei Gegenvormundschaften steht der Führung einer Vormundschaft gleich.

(2) Das Ablehnungsrecht erlischt, wenn es nicht vor der Bestellung bei dem Vormundschaftsgericht geltend gemacht wird.

A. Normzweck. Die Norm regelt die Gründe, aus der eine zum Vormund berufene Person ihre Bestellung ablehnen darf. Die Aufzählung der Gründe in den Nr 1–8 ist abschließend (LG Paderb DAV 74, 404f; aA LG Bielef NJW-RR 88, 713). Eine Ablehnung mit der Begründung man sei ungeeignet ist nicht möglich (KG FamRZ 63, 376). Der Ablehnungsgrund muss vor der Bestellung zum Vormund beim Gericht geltend gemacht werden (II). Unterbleibt das, ist er verwirkt. Tritt erst nach der Bestellung ein zur Ablehnung berechtigender Grund ein, so führt dies lediglich zur Entlassung des Vormunds (§ 1889). Die Vorschrift findet keine Anwendung auf den Vereins- und Amtsvormund. 1

B. Die einzelnen Ablehnungsgründe. Nr 1: Für jeder Elternteil, gleichgültig ob verheiratet, ledig, verwitwet oder geschieden, die Betreuung von mindestens zwei noch nicht schulpflichtige Kindern, auch Stief- und Pflegekindern, nicht hingegen familienfremden Kindern oder sonstige dauernde Erschwerung des Amts wegen der Fürsorge für die Familie, zB bei behinderten Kindern oder Pflege eines Verwandten. Nr 2: Vollendung des 60. Lebensjahrs. Nr 3: Personen- und/oder Vermögenssorge für mindestens vier minderjährige Kinder. Eine besondere Belastung iSv Nr 1 ist nicht erforderlich. Kinder für die das Sorgerecht entzogen ist, werden nicht mitgezählt. Nr 4: Hinderung an der ordnungsgemäßen Führung der Vormundschaft durch Krankheit oder Gebrechen (vgl § 1572). Nr 5: Besondere Belästigung durch die Führung der Vormundschaft wegen der Entfernung vom Sitz des Vormundschaftsgerichts. Abzustellen ist nicht auf den Wohnsitz im Gerichtsbezirk, sondern entscheidend sind die Verkehrs- und Beförderungsverhältnisse sowie der Einzelfall. Reichen dem Vormundschaftsgericht etwa schriftliche Berichte aus, so sind auch weite Entfernungen unbeachtlich. Wechselt der bestellte Vormund nachträglich den Wohnsitz kann dies ggf ein Entlassungsgrund sein. Nr 7: Ist die Bestellung zum gemeinschaftlichen Vormund iSd § 1797 I beabsichtigt, besteht wegen des besonderen Haftungsrisikos von § 1833 II, ein besonderes Ablehnungsrecht. Nr 8: Auch soweit bereits zwei Vormundschaften, Pflegschaften oder Betreuungen geführt werden, kann die Übernahme einer weiteren Vormundschaft abgelehnt werden. Die Führung von Vormundschaften oder Pflegschaften für Geschwister gilt als eine, zwei Gegenvormundschaften zählen als eine Vormundschaft. 2

C. Verfahren. Bei rechtzeitig geltend gemachtem Ablehnungsgrund findet gegen die den Grund zurückweisende Verfügung die sofortige Beschwerde statt (§ 60 I Nr 2 FGG). Bis zur Entscheidung muss die Vormundschaft vorläufig übernommen werden (§ 1787 II). 3

§ 1787 Folgen der unbegründeten Ablehnung

(1) Wer die Übernahme der Vormundschaft ohne Grund ablehnt, ist, wenn ihm ein Verschulden zur Last fällt, für den Schaden verantwortlich, der dem Mündel dadurch entsteht, dass sich die Bestellung des Vormunds verzögert.
(2) Erklärt das Vormundschaftsgericht die Ablehnung für unbegründet, so hat der Ablehnende, unbeschadet der ihm zustehenden Rechtsmittel, die Vormundschaft auf Erfordern des Vormundschaftsgerichts vorläufig zu übernehmen.

A. Schadensersatzpflicht (I). Lehnt der Vormund, obwohl er nicht ungeeignet ist (§§ 1780–1784), ohne Grund (§ 1786) schuldhaft (§ 276) die Übernahme der Vormundschaft ab oder verzögert er sie, so macht er sich gegenüber dem Mündel schadensersatzpflichtig. Eine Ablehnung kann dabei auch im unentschuldigten 1

Fernbleiben von einem gerichtlich angesetzten Termin oder der Verweigerung bestimmter Erklärungen innerhalb der vom Gericht gesetzter Frist liegen. Ersatzfähig ist jeder Schaden, der dem Mündel durch die Verzögerung der Bestellung eines Vormunds entsteht. Unerheblich ist dabei, ob das Vormundschaftsgericht den Schaden durch eigenes Eingreifen (§ 1846) oder die Bestellung eines Pflegers (§ 1909 III) hätte verringern können. Es gilt die Verjährungsfrist des § 195.

2 **B. Vorläufige Vormundschaft (II).** Lehnt der zum Vormund Ausgewählte die Übernahme der Vormundschaft ab, und erklärt das Vormundschaftsgericht die Ablehnung für unbegründet, so kann es zugleich anordnen, dass der Ausgewählte die Vormundschaft vorläufig zu übernehmen habe. Gegen diese Anordnung der vorläufigen Übernahme hat der Betroffene das Rechtsmittel der Beschwerde, die keine aufschiebende Wirkung hat, so dass die vorläufige Übernahme, selbst wenn der Beschwerde schließlich stattgegeben wird, zunächst mit Zwangsmitteln nach § 1788 erzwungen werden und die Weigerung Schadensersatzansprüche nach I auslösen kann.

§ 1788 Zwangsgeld

(1) Das Vormundschaftsgericht kann den zum Vormund Ausgewählten durch Festsetzung von Zwangsgeld zur Übernahme der Vormundschaft anhalten.
(2) ¹Die Zwangsgelder dürfen nur in Zwischenräumen von mindestens einer Woche festgesetzt werden. ²Mehr als drei Zwangsgelder dürfen nicht festgesetzt werden.

1 Voraussetzung für die Festsetzung von Zwangsgeld ist, dass der Betroffene gem § 1779 zum Vormund ausgewählt ist und gem § 1785 zur Übernahme des Amtes verpflichtet ist, ohne einen Ablehnungsgrund nach § 1787 zu haben. Auch eine vorläufige Pflicht zur Übernahme nach § 1787 II genügt. Es kommt nur die dreimalige Festsetzung von Zwangsgeld nach entspr Androhung in Betracht. Bleibt auch die dritte Festsetzung ohne Erfolg, so muss in Abweichung von der allgemeinen Regelung des § 1837 III ein anderer Vormund ausgewählt werden. Die Höhe des Zwangsgeldes ergibt sich aus § 33 III 1 u 2 FGG. Zwangshaft oder die Umwandlung von Zwangsgeld in Haft scheidet aus. Die Vorschrift ist auf den Gegenvormund gem § 1792 und auf den Pfleger gem § 1915 entspr anwendbar, nicht jedoch auf den zum Betreuer Ausgewählten, vgl § 1898.

§ 1789 Bestellung durch das Vormundschaftsgericht

Der Vormund wird von dem Vormundschaftsgericht durch Verpflichtung zu treuer und gewissenhafter Führung der Vormundschaft bestellt. Die Verpflichtung soll mittels Handschlags an Eides statt erfolgen.

1 **A. Bestellung des Vormunds.** Sie ist ein öffentlich-rechtlicher mitwirkungsbedürftiger Rechtsakt und besteht aus der Beauftragung der ausgewählten Person durch den Rechtspfleger und dem Versprechen des Bestellten. Da es sich um kein Rechtsgeschäft handelt, sind die §§ 119 ff, 154 ff unanwendbar, jedoch ist eine Entlassung des Vormunds unter den Voraussetzungen der §§ 1886 ff mit *ex nunc*-Wirkung möglich. § 1789 findet bei der Vereins- (§ 1791a II) und Amtsvormundschaft (§ 1791b II) keine Anwendung.

2 **B. Form.** Der Vormund verpflichtet sich durch sein **Versprechen zu treuer und gewissenhafter Führung der Vormundschaft** (S 1). Ein bestimmter Wortlaut ist für die Verpflichtung nicht erforderlich, sie muss jedoch die Verpflichtung auf diese Prinzipien deutlich zum Ausdruck bringen, eine konkludente Verpflichtung ist ausgeschlossen (BayObLG FamRZ 58, 384). Die Verpflichtung erfolgt grds durch **Handschlag an Eides statt**, dh die persönliche Anwesenheit des zu Bestellenden beim Vormundschaftsgericht ist erforderlich, dh Vertretung bzw Bestellung durch schlüssiges Verhalten sind genauso unzulässig (BGH NJW 74, 1374), wie Vertretung und eine schriftliche Bestellung (Ausn: Vereins- und Amtsvormundschaft §§ 1791a II, 1791b II). Auch Bedingungen und Befristungen mit Ausnahme des § 1790 sind unzulässig. Die Verpflichtung des Vormunds durch das Vormundschaftsgericht kann nicht allgemein, sondern stets nur für ein konkretes Mündel erfolgen (*Goerke*, Rpfleger 82, 169).

3 **C. Rechtsfolge.** Mit der Bestellung erlöschen Ablehnungsrechte und entstehen die Pflichten und Rechte des Vormunds. Die später ausgestellte Bestallung (§ 1791) ist nur der Nachweis darüber, so dass der Vormund bereits mit der Bestellung die Befugnis zur gesetzlichen Vertretung des Mündels erhält (BVerfG NJW 60, 811) sowie im Verhältnis zum Mündel das gesetzliche Schuldverhältnis als Haftungsgrundlage entsteht (BGH 17, 108, 116).

§ 1790 Bestellung unter Vorbehalt

Bei der Bestellung des Vormunds kann die Entlassung für den Fall vorbehalten werden, dass ein bestimmtes Ereignis eintritt oder nicht eintritt.

A. Normzweck. Über die Voraussetzungen der §§ 1886–1889 hinaus, kann der Vormund entlassen werden, wenn bereits bei der Bestellung die Entlassung für den Fall des Eintritts bestimmter Umstände ausdrücklich vorbehalten ist. Treten diese Umstände ein, führt dies nicht automatisch zur Beendigung des Amts, diese tritt vielmehr erst durch die Entlassungsverfügung ein. Mit dieser Vorschrift wird die Lücke geschlossen, die dadurch entstehen kann, dass bei der Bestellung eines Vormunds die Beifügung einer Zeitbestimmung oder Bedingung nicht möglich ist (s § 1789). Eine Bestellung unter Vorbehalt wird zB dann Anwendung finden, wenn eine andere zum Vormund geeignete Person vorübergehend verhindert ist oder bei Mitvormundschaften zur Erledigung bestimmter sachlich und zeitlich begrenzter besonderer Aufgaben. 1

B. Entspr Anwendung. Ein Entlassungsvorbehalt kann auch bei Bestellung eines Amtsvormunds oder eines Vereinsvormunds (§§ 1791 a, 1791 b) sowie bei Pflegschaften (§ 1915) vorgesehen werden. Eine Betreuerbestellung mit Entlassungsvorbehalt ist nicht zulässig (§ 1908 i). 2

§ 1791 Bestallungsurkunde

(1) Der Vormund erhält eine Bestallung.
(2) Die Bestallung soll enthalten den Namen und die Zeit der Geburt des Mündels, die Namen des Vormunds, des Gegenvormunds und der Mitvormünder sowie im Falle der Teilung der Vormundschaft die Art der Teilung.

A. Normzweck. Die Bestallung ist eine Bescheinigung, ein Zeugnis über die Bestellung zum Vormund (§ 1789). Sie ist kein Legitimationspapier und enthält keine Vollmacht. Für den Wirkungskreis des Einzelvormunds ist allein die Verpflichtungsverhandlung gem § 1789 ausschlaggebend. Die Bestallungsurkunde erzeugt anders als der Erbschein keinen Rechtsscheinschutz. Auch § 174 ist unanwendbar (RG 74, 263). Weicht ihr Inhalt vom Inhalt der Verpflichtungsverhandlung ab, so ist der Verpflichtungsbeschluss maßgebend. Für unrichtige Angaben des Gerichts Haftung nach § 839, Art 34 GG. Dritte, die mit dem Mündel durch den Vormund Geschäfte vornehmen wollen, müssen sich im Übrigen immer beim Vormundschaftsgericht erkundigen, ob und in welchem Umfang der Vormund für das Mündel handeln kann. Auskunftsansprüche gegenüber dem Gericht ergeben sich aus § 34 FGG. Bei Entlassung des Vormunds Rückgabe der Urkunde (§ 1893 II 1). 1

B. Inhalt der Bestallung. Außer den in II genannten Angaben sind weitere Zusätze gestattet und zweckmäßig, etwa Befreiungen und deren Aufhebung (§§ 1817, 1852 ff), Entziehung der Vertretungsmacht iRd § 1796, Anordnungen gem §§ 1803, 1825, Entlassungsvorbehalt gem § 1790. 2

C. Entspr Anwendung. § 1791 gilt auch für den Gegenvormund und den Pfleger, nicht hingegen für die Vereins- und Amtsvormundschaft. 3

§ 1791 a Vereinsvormundschaft

(1) ¹Ein rechtsfähiger Verein kann zum Vormund bestellt werden, wenn er vom Landesjugendamt hierzu für geeignet erklärt worden ist. ²Der Verein darf nur zum Vormund bestellt werden, wenn eine als ehrenamtlicher Einzelvormund geeignete Person nicht vorhanden ist oder wenn er nach § 1776 als Vormund berufen ist; die Bestellung bedarf der Einwilligung des Vereins.
(2) Die Bestellung erfolgt durch schriftliche Verfügung des Vormundschaftsgerichts; die §§ 1789, 1791 sind nicht anzuwenden.
(3) ¹Der Verein bedient sich bei der Führung der Vormundschaft einzelner seiner Mitglieder oder Mitarbeiter; eine Person, die den Mündel in einem Heim des Vereins als Erzieher betreut, darf die Aufgaben des Vormunds nicht ausüben. ²Für ein Verschulden des Mitglieds oder des Mitarbeiters ist der Verein dem Mündel in gleicher Weise verantwortlich wie für ein Verschulden eines verfassungsmäßig berufenen Vertreters.
(4) Will das Vormundschaftsgericht neben dem Verein einen Mitvormund oder will es einen Gegenvormund bestellen, so soll es vor der Entscheidung den Verein hören.

A. Normzweck. Ist keine als Einzelvormund geeignete Person vorhanden oder entspricht es dem durch Ausübung des Benennungsrechts geäußerten Elternwillen (§ 1776) kann auch ein rechtsfähiger Verein (§ 21) zum Vormund bestellt werden. In Betracht kommen nur Vereine deren Zweck die Förderung der Jugendwohlfahrt ist und die zzt der Bestellung vom Landesjugendamt für geeignet erklärt worden sein müssen (I 1; § 54 SGB VIII). 1

2 **B. Form der Bestellung.** Die Bestellung des Vereins zum Vormund erfolgt abweichend von §§ 1789, 1791 durch schriftliche Verfügung des Vormundschaftsgerichts, die mit der Bekanntmachung an den Verein wirksam wird (§ 16 FGG). Es genügt dabei, wenn die Mitteilung an den Verein lediglich mündlich erfolgt (BayObLG FamRZ 62, 205). Der Verein muss der Bestellung zustimmen (I 2, Hs 2). Ist der Verein gem § 1776 von den Eltern als Vormund benannt, so kann er nur nach § 1778 I übergangen werden.

3 **C. Führung der Vormundschaft.** Der Verein bedient sich bei der Führung der Vormundschaft einzelner Mitglieder oder Mitarbeiter (III 1), Vormund bleibt aber der Verein selbst. Unter Mitarbeitern sind angestellte Personen (Voll- oder Teilzeit), nicht jedoch ehrenamtlich tätige Personen zu verstehen, die nicht Mitglieder des Vereins sind. Die Aufgaben des Vormunds können von dem Verein auch auf verschiedene Personen verteilt werden. Personen, die den Mündel in einem Heim des Vereins als Erzieher betreuen (III 1 aE) sind auch als Vereinsmitglied oder als Mitarbeiter des Vereins kraft Gesetzes ausgeschlossen.
Der **Verein haftet** für alle Mitglieder und Mitarbeiter, als wären sie satzungsmäßig berufene Vertreter (III 2, vgl § 31). Die §§ 278, 831 sind nicht anwendbar.
Der Vereinsvormund ist **befreiter Vormund** (§ 1857 iVm §§ 1852, 1854). Der Vereinsvormund ist auch von der Überwachung durch das Jugendamt weitgehend freigestellt (§ 53 IV 2 iVm III SGB VIII). Gegen den Verein kann kein Zwangsgeld (§ 1837 III 2) festgesetzt werden. Bei Bestellung eines Mit- oder Gegenvormunds ist der Verein zuvor zu hören (IV).
Aufwendungen und Vergütungen können nur eingeschränkt geltend gemacht werden, vgl §§ 1835 V, 1835a V, 1836 IV.

4 **D. Entlassung.** Der Verein ist als Vormund zu entlassen, sobald ein geeigneter Einzelvormund vorhanden ist, bei Widerruf der Erlaubnis des Landesjugendamts oder aus wichtigem Grund auf Antrag (§§ 1887, 1889 II). Die durch den Verein mit der Führung der Vormundschaft beauftragten Mitglieder oder Mitarbeiter kann das Vormundschaftsgericht auch bei pflichtwidriger Amtsführung nicht entlassen, sondern es muss in solchen Fällen den Verein gem § 1837 II 1 anhalten, den Pflichtwidrigkeiten durch vereinsinterne Maßnahmen zu begegnen (BayObLG FamRZ 94, 991). Der Verein hat die bei Bestellung erhaltene schriftliche Verfügung zurückzugeben (§ 1893 II 2).

§ 1791 b Bestellte Amtsvormundschaft des Jugendamts

(1) ¹Ist eine als ehrenamtlicher Einzelvormund geeignete Person nicht vorhanden, so kann auch das Jugendamt zum Vormund bestellt werden. ²Das Jugendamt kann von den Eltern des Mündels weder benannt noch ausgeschlossen werden.
(2) Die Bestellung erfolgt durch schriftliche Verfügung des Vormundschaftsgerichts; die §§ 1789, 1791 sind nicht anzuwenden.

1 **A. Normzweck.** Fehlt eine als Einzelvormund geeignete Person kann bei Vorliegen der allgemeinen Voraussetzungen des § 1773 als *ultima ratio* auch das Jugendamt als Vormund bestellt werden (I). Wegen des Auffangcharakters der Norm können die Eltern die Vormundschaft des Jugendamtes nicht ausschließen (I 2). Im Interesse unnötige Belastungen der Behörde zu vermeiden, können sie es aber umgekehrt auch nicht als Vormund benennen (I 2).**Voraussetzungen der Bestellung**: Dem Vormundschaftsgericht obliegt es eigene Ermittlungen anzustellen, ob die Voraussetzungen für die Bestellung einer Amtsvormundschaft des Jugendamtes vorliegen (vgl §§ 53 I SGB VIII, 12 FGG), es darf sich zu diesem Nachweis nicht auf die Mitwirkung des Jugendamtes beschränken. Die notwendige Intensität der Ermittlungen bestimmt sich dabei nach der Schwierigkeit der Rechts- und Vermögenslage (BayObLG FamRZ 84, 205; Saarbr DAV 89, 1034). Auch Pflegeeltern haben bei Geeignetheit Vorrang vor dem Jugendamt. Die Vereinsvormundschaft hat hingegen keinen Vorrang vor der Amtsvormundschaft (Staud/*Engler* Rn 5; aA Frankf FamRZ 80, 284). Die Zustimmung des Jugendamtes zur Bestellung als Vormund ist anders als beim Verein nicht erforderlich.

2 **B. Form der Bestellung.** Die Bestellung erfolgt durch schriftliche Verfügung; §§ 1785, 1791 gelten nicht (II). Es kann als Einzel-, Mit- oder Gegenvormund bestellt werden, während ihm selbst kein Gegenvormund bestellt werden kann (§ 1792 I 2). Das Gericht ist bei der Bestellung nicht an das nach § 87 c III SGB VIII zuständige Jugendamt gebunden, sondern kann aus sachlichen Gründen, wie zB Ortsnähe, Kontinuität usw, auch ein anderes Jugendamt zum Vormund bestellen (BayObLG FamRZ 97, 897; Hamm NJWE-FER 98, 107). Bei der Bestellung Übergangenen steht die sofortige Beschwerde zu (§ 60 Nr 1 FGG). Die Frist beginnt mit der Erlangung der Kenntnis von der Bestellung (KG JW 37, 963). Ist die Beschwerde erfolgreich, bleibt das Jugendamt solange Vormund, bis es entlassen ist (Hamm ZfJ 67, 200).

3 **C. Führung der Vormundschaft.** Das Jugendamt überträgt die Führung der Vormundschaft auf einzelne seiner Beamten und Angestellten (§ 55 SGB VIII), die im Rahmen dieser Übertragung gesetzliche Vertreter des Mündels sind (§ 55 II SGB VIII). Ihre Handlungen und Erklärungen sind dem Jugendamt als dem Träger der Amtsvormundschaft als eigene Akte zuzurechnen (§ 55 II 3 SGB VIII). Das **Jugendamt ist befreiter Vor-**

mund (§ 1857a iVm §§ 1852-1854). Im Rahmen der Geltung der BGB Vorschriften genießt das Jugendamt in vielen Bereichen weitergehende Freistellungen als der Vereinsvormund (vgl Staud/*Engler* Rn 10 f). ZT haben die Länder auch von der Ermächtigung des § 56 II 3 SGB VIII Gebrauch gemacht und weitere landesrechtliche Ausnahmen von der Aufsicht des Vormundschaftsgerichts in vermögensrechtlicher Hinsicht sowie bei Lehr- und Arbeitsverträgen vorgesehen (vgl die Zusammenstellung der Vorschriften bei Staud/*Engler* Rn 11). Für die Möglichkeit der nur eingeschränkt geltend zu machenden **Aufwendungs- und Vergütungsansprüche** gilt dasselbe wie für die Vereinsvormundschaft (vgl § 1791 a Rn 3).

D. Entlassung. Das Jugendamt ist zu entlassen, wenn ein geeigneter anderer Vormund zur Verfügung steht (§§ 1887, 1889 II). Das Jugendamt hat die Möglichkeit der Beendigung der Amtsvormundschaft idR jährlich zu prüfen (§ 56 IV SGB VIII). Die Bestellungsurkunde ist bei Entlassung gem § 1893 II zurückzugeben. 4

§ 1791 c Gesetzliche Amtsvormundschaft des Jugendamts

(1) ¹Mit der Geburt eines Kindes, dessen Eltern nicht miteinander verheiratet sind und das eines Vormunds bedarf, wird das Jugendamt Vormund, wenn das Kind seinen gewöhnlichen Aufenthalt im Geltungsbereich dieses Gesetzes hat; dies gilt nicht, wenn bereits vor der Geburt des Kindes ein Vormund bestellt ist. ²Wurde die Vaterschaft nach § 1592 Nr. 1 oder 2 durch Anfechtung beseitigt, und bedarf das Kind eines Vormunds, so wird das Jugendamt in dem Zeitpunkt Vormund, in dem die Entscheidung rechtskräftig wird.
(2) War das Jugendamt Pfleger eines Kindes, dessen Eltern nicht miteinander verheiratet sind, endet die Pflegschaft kraft Gesetzes und bedarf das Kind eines Vormunds, so wird das Jugendamt Vormund, das bisher Pfleger war.
(3) Das Vormundschaftsgericht hat dem Jugendamt unverzüglich eine Bescheinigung über den Eintritt der Vormundschaft zu erteilen; § 1791 ist nicht anzuwenden.

A. Normzweck. Die Vorschrift dient dem Schutz nichtehelicher Kinder, die bei Geburt keinen sorgeberechtigten Elternteil haben. Damit sie nicht über einen längeren Zeitraum ohne gesetzlichen Vertreter sind, bedarf es in diesem Fall nicht des oft langwierigen Verfahrens der Vormundschaftsbestellung, sondern das Jugendamt wird kraft Gesetzes von Geburt an ihr gesetzlicher Vertreter. 1

B. Voraussetzungen des Eintritts der Amtsvormundschaft ist. Dass der Betroffene ein Kind ist, dessen Eltern nicht miteinander verheiratet sind. Dies ist auch dann der Fall, wenn die Ehe vor der Geburt des Kindes aufgehoben oder durch Scheidung aufgelöst wurde. Wurde die Ehe durch Tod aufgelöst, tritt abweichend davon die Amtsvormundschaft nicht ein, bei Geburt des Kindes innerhalb von 300 Tagen nach Auflösung der Ehe (vgl §§ 1592 Nr 1, 1593). Ausreichend ist auch, das eine spätere Gerichtsentscheidung eine Vaterschaft nach § 1593 Nr 1 oder 2 beseitigt und damit eine Lage herbeiführt, die derjenigen vergleichbar ist, wenn das Kind von nicht miteinander verheirateten Eltern geboren wird (I 2). Wenn die Eltern des Kindes zwar nicht miteinander verheiratet sind, aber Sorgerechtserklärungen gem §§ 1626 a I Nr 1, 1626 b II abgegeben haben, kommt § 1791 c nicht zur Anwendung. Steht der Mutter das Sorgerecht alleine zu gilt das gleiche, allerdings kann sie die Beistandschaft des Jugendamtes beantragen (§§ 1712, 1713 I). Anders wenn die alleinsorgeberechtigte Mutter ausfällt (vgl AG Lörrach DAV 82, 293), zB wenn sie in der Geburt gestorben ist oder wegen Geschäftsunfähigkeit oder Minderjährigkeit das ihr zustehende Sorgerecht nicht ausüben kann (§§ 1673, 1677).
Der betroffene Mündel seinen gewöhnlichen Aufenthalt im Inland hat, wobei es auf die Staatsbürgerschaft des Kindes nicht ankommt. Schlichter Aufenthalt, etwa bei Besuch der Großeltern oder Durchreise reicht nicht.
Das Kind muss eines Vormunds bedürfen. Dies ist zB der Fall, wenn die alleinsorgeberechtigte Mutter verstorben ist oder ihre elterliche Sorge ruht (vgl § 1673). Keiner Amtsvormundschaft bedarf es aber auch in diesen Fällen, wenn schon vor der Geburt ein Vormund bestellt wurde (I 1 Hs 2). Sofern ein Jugendamt bereits Pfleger des Kindes war, endet die Pflegschaft und wird das Jugendamt Vormund, das bisher Pfleger war (II). 2

C. Führung der gesetzlichen Amtsvormundschaft. Da die Amtsvormundschaft bei Vorliegen der Voraussetzungen von Gesetzes wegen eintritt, bedarf es einer Bestellung des Jugendamtes nicht. Das Vormundschaftsgericht stellt über den Eintritt der Amtsvormundschaft eine Bescheinigung aus (III), die nur deklaratorische Bedeutung hat. Hinsichtlich der Übertragung der Aufgaben auf Mitarbeiter, zu Freistellungen, zur Geltendmachung von Aufwendungen und Vergütung sowie zur Entlassung bestehen keine Unterschiede zur bestellten Amtsvormundschaft des Jugendamtes (vgl § 1791 b Rn 1–4). Zur örtlichen Zuständigkeit und Abgabe der Vormundschaft an ein anderes Jugendamt vgl § 87 c I u II SGB VIII. 3

§ 1792 Gegenvormund

(1) ¹Neben dem Vormund kann ein Gegenvormund bestellt werden. ²Ist das Jugendamt Vormund, so kann kein Gegenvormund bestellt werden; das Jugendamt kann Gegenvormund sein.
(2) Ein Gegenvormund soll bestellt werden, wenn mit der Vormundschaft eine Vermögensverwaltung verbunden ist, es sei denn, dass die Verwaltung nicht erheblich oder dass die Vormundschaft von mehreren Vormündern gemeinschaftlich zu führen ist.
(3) Ist die Vormundschaft von mehreren Vormündern nicht gemeinschaftlich zu führen, so kann der eine Vormund zum Gegenvormund des anderen bestellt werden.
(4) Auf die Berufung und Bestellung des Gegenvormunds sind die für die Begründung der Vormundschaft geltenden Vorschriften anzuwenden.

1   **A. Normzweck.** Die Aufgabe der Gegenvormundschaft liegt nicht etwa darin, dem Mündel einen weiteren Vertreter an die Seite zu stellen, sondern dem Gegenvormund obliegt – anders als dem Mitvormund (vgl §§ 1795, 1797) – ergänzend zum Vormundschaftsgericht, alleine die **Kontrolle der pflichtgemäßen Amtsführung** des oder der Vormünder (vgl §§ 1799, 1809, 1823, 1826, 1842, 1891). Ausgeschlossen ist die Bestellung eines Gegenvormunds bei Vormundschaft des Jugendamts (§§ 1791 b u c iVm 1792 I 2 Hs 1). Eine trotzdem erfolgte Bestellung ist unwirksam. Soweit bereits ein Pfleger bestellt worden ist (§ 1915 II) ist die Bestellung eines Gegenvormunds zwar nicht erforderlich, aber zulässig. Haben die Eltern die Bestellung eines Gegenvormunds ausgeschlossen, bzw den von ihnen benannten Vormund von den Genehmigungspflichten befreit (§§ 1852 II, 1855, 1856), bedarf es keiner Gegenvormundschaft. Ist dennoch ein Gegenvormund bestellt worden, so ist er idR von Amts wegen **ex nunc** zu entlassen (beachte aber § 1857).

2   **B. Gründe für die Bestellung.** Grds liegt die Bestellung im pflichtgemäßen Ermessen des Vormundschaftsgerichts (I 1). Die Bestellung soll aber erfolgen, wenn mit der Vormundschaft eine Vermögensverwaltung verbunden ist. (II 1). Ist für den gleichen Bereich bereits ein Mitvormund bestellt, entfällt eine weitere Kontrollnotwendigkeit durch Bestellung eines Gegenvormunds. Gleiches gilt, wenn die Vermögensverwaltung nicht erheblich ist. Dies kann auch der Fall sein, wenn es sich zwar um ein umfangreiches Vermögen handelt, bei dem aber weder größere Verwaltungsaufgaben noch nennenswerte Einnahmen anfallen (BayObLG FamRZ 94, 325). Allein der Umstand, dass zur Vermögensverwaltung genehmigungsbedürftige Geschäfte gehören, zwingt nicht zur Bestellung eines Gegenvormunds. Maßgebend sind vielmehr Art, Umfang und Schwierigkeit der Verwaltung (BayObLG FamRZ 04, 1992). Sind bereits mehrere Vormünder für verschiedene Bereiche bestellt, so ist die Bestellung eines weiteren Gegenvormunds möglich, aus Vereinfachungsgründen können aber die für getrennte Aufgabenbereiche bestellten Vormünder jeweils zum Gegenvormund der anderen bestimmt werden (III). Wird eine nach II erforderliche Bestellung eines Gegenvormunds durch den Rechtspfleger versäumt, Haftung für den dem Mündel entstehenden Schaden nach § 839 iVm Art 34 GG.

3   **C. Berufung und Bestellung.** Hier gelten die allgemeinen Regeln für die Begründung der Vormundschaft (IV, §§ 1776-1791). Zulässig ist auch die Bestellung mehrerer Gegenvormünder (IV iVm § 1775). Das Jugendamt schlägt geeignete Personen vor (§ 53 SGB VIII).

Untertitel 2   Führung der Vormundschaft

§ 1793 Aufgaben des Vormunds, Haftung des Mündels

(1) Der Vormund hat das Recht und die Pflicht, für die Person und das Vermögen des Mündels zu sorgen, insbesondere den Mündel zu vertreten. § 1626 Abs. 2 gilt entsprechend. Ist der Mündel auf längere Dauer in den Haushalt des Vormunds aufgenommen, so gelten auch die §§ 1618 a, 1619, 1664 entsprechend.
(2) Für Verbindlichkeiten, die im Rahmen der Vertretungsmacht nach Absatz 1 gegenüber dem Mündel begründet werden, haftet das Mündel entsprechend § 1629 a.

1   **A. Normzweck.** Die Norm beschreibt den der elterlichen Sorge nachgebildeten Inhalt der Vormundschaft. Wie den Eltern obliegt dem Vormund die **gesamte Personen – und Vermögenssorge** einschließlich der Vertretung des Mündels auf beiden Gebieten (I 1). Er hat die Vormundschaft in erster Linie im wohlverstandenen Interesse des Mündels auszuüben, soweit damit vereinbar, darf er bei seiner Amtsführung darüber hinaus auch die Interessen der Familie des Mündels berücksichtigen (vgl § 1828 Rn 4). Bei der Ausübung des Sorgerechts ist er im übrigen selbständig und bedarf grds nicht der Mitwirkung Dritter (Stuttg FamRZ 81, 99; BayObLG DAV 85, 582), vgl § 1837. Diese Grundsätze werden jedoch in mehrfacher Hinsicht modifiziert: Für bestimmte Geschäfte, bei denen eine generelle Gefahr der Interessenkollision besteht, kann der Vormund den Mündel nicht vertreten (§§ 1795, 1804) oder ist in seinen Handlungsmöglichkeiten eng beschränkt, wie etwa bei der Verwendung (§ 1805) oder der Anlegung (§§ 1806 ff) von Mündelvermögen. Daneben gibt es zum Schutz des Mündelvermögens eine Reihe von Vorschriften über die notwendige Mitwirkung des Gegen-

vormunds (§§ 1810, 1812 ff., 1824) bei der Verwaltung des Mündelvermögens und eine Reihe von weiteren Genehmigungserfordernissen (§§ 1821 ff, 1828 ff). Schließlich ist der Vormund der Aufsicht des Vormundschaftsgerichts unterworfen (§ 1837). Unterstützt wird der Vormund bei seiner Tätigkeit vom Jugendamt (§ 53 II SGB VIII). Für schuldhaft herbeigeführte Schäden haftet der Vormund dem Mündel auf Ersatz (§ 1833). Der Mündel hat gegenüber dem Vormund die Verpflichtung zur Zahlung von Auslagenersatz (§ 1835) und ggf einer Vergütung (§ 1836).

B. Personensorge. Die sorgerechtlichen Befugnisse in diesem Bereich bestimmen sich grds nach §§ 1631– 1633 (§ 1800). Dem Vormund steht daneben aber auch das Namenerteilungsrecht nach § 1617 a I 1 zu. Besondere Rücksicht ist auf das religiöse Bekenntnis des Mündels zu nehmen, vgl § 1801. Besteht die Vormundschaft wegen der beschränkten Geschäftsfähigkeit eines minderjährigen Elternteils, so bleibt diesem neben dem Vormund die um die gesetzliche Vertretung geminderte tatsächliche Sorge (§ 1673 II). Für die Erziehung des Mündels (I 2) gelten die Maßstäbe des § 1626 II. In diesem Rahmen ist der Vormund auch zu Anordnungen befugt, mit denen der Mündel nicht einverstanden ist (Staud/*Engler* Rn 1; vgl BGH NJW 67, 2404). Lebt der Mündel längere Zeit im Haushalt des Vormunds, gelten wegen der engen personalen Beziehung die Bestimmungen zum gegenseitigen Beistand und Rücksicht (§ 1618 a), zur Dienstleistungspflicht in Haushalt und Geschäft (§ 1619) sowie die Herabsetzung der Haftung auf eigenübliche Sorgfalt (§ 1664) in gleichem Umfang, wie gegenüber seinen Eltern.

C. Vermögenssorge. Ziel der in den §§ 1802–1842 näher ausgestalteten Vermögenssorge ist es, dass Vermögen des Mündels bis zu dessen Volljährigkeit zu erhalten und soweit möglich zu mehren. Hieraus resultiert die Verpflichtung das vorgefundene Vermögen sicher und möglichst rentabel anzulegen (RG 137, 320). Im Rahmen des pflichtgemäßen Ermessens des Vormunds darf aber auch der Vermögensstamm angegriffen werden, insbes wenn dies für die Finanzierung einer angemessene Ausbildung des Mündels erforderlich ist (BVerwG FamRZ 91, 871). Die Vermögensverwaltung erfasst das ganze vorgefundene Vermögen, soweit die Verwaltungszuständigkeit für Vermögensteile nicht ausdrücklich anderen Personen zugeordnet ist, wie etwa einem Nachlassverwalter (§ 1984), einem Testamentsvollstrecker (§ 2205; RG 91, 69), dem Ehegatten (§§ 1487, 1422) oder einem Pfleger (§ 1794). Der Vormund kann das Vermögen des Mündels durch Zugriff oder durch einen vom Vormundschaftsgericht beauftragten Gerichtsvollzieher in Besitz nehmen (Dresden SeuffA 67, 136; aA KG NJW 58, 2071). Gegen Dritte kann er durch eine Herausgabeklage im Namen des Mündels vorgehen. Ggf erfordert die ordnungsgemäße Verwaltung des Mündelvermögens auch die Buchführung, die Abgabe von Steuererklärungen und beim Vorliegen besonderer Umstände auch den Abschluss einer Haftpflichtversicherung für den Mündel (BGH 77, 224).

D. Gesetzliche Vertretung. Der Vormund ist auch gesetzlicher Vertreter des Mündels. Dies bedeutet, dass er für den Mündel grds alle Arten von Rechtsgeschäften vornehmen und ihn vor Gericht vertreten kann. Bei Rechtsgeschäften die der Mündel nicht selbst vornehmen kann, ist seine Zustimmung erforderlich (vgl §§ 107, 108). Soweit der Vormund innerhalb seiner Vertretungsmacht Erklärungen im Namen des Mündels abgibt, wird der Mündel dadurch unmittelbar berechtigt oder verpflichtet (§ 164). Der Vormund kann, wenn dies nicht gegen die Interessen des Mündels verstößt, auch im eigenen Namen kontrahieren (RG 146, 231, 232 f; zu einem in diesem Fall möglichen Aufwendungsersatzanspruch des Vormunds vgl. § 1835). Der Mündel wird in den zeitlichen Grenzen des § 1629 a aus den Rechtsgeschäften des Vormunds verpflichtet (II) und haftet Dritten ggf auch auf Schadensersatz gem § 278, selbst wenn der Vormund bei Vertragsabschluß arglistig gehandelt hat (RG 83, 241). Eine darüber hinaus gehende deliktische Haftung ist ausgeschlossen. Soweit der Mündel selbst voll geschäftsfähig ist, findet keine Vertretung statt (§§ 112, 113). Bei nur rechtlich vorteilhaften Geschäften ist der Vormund neben dem Mündel vertretungsberechtigt. Weitere Beschränkungen der Vertretungsmacht gelten bei höchstpersönlichen Rechtsgeschäften, zB der Eheschließung § 1311, dem Abschluss eines Ehevertrages § 1411 I 1 u 4, der Anerkennung der Vaterschaft § 1596, der Anfechtung der Vaterschaft § 1600 a II 1 u 2, der Zustimmung zu Namensänderungen § 1617 c, 1618 und der Einwilligung in die Sterilisation § 1631 c.

Eine Vertretung ist auch dann ausgeschlossen, wenn für einen bestimmten Bereich wegen der Besorgnis von Interessenkollisionen ein Pfleger bestellt ist (§ 1796), bei Geschäften, die dem Vormund verboten sind (§ 1804) oder für die er die erforderliche Genehmigung nicht erhalten hat (§§ 1809 ff, 1821 ff). Handelt der Vormund trotzdem, ist er Vertreter ohne Vertretungsmacht und haftet Dritten nach § 179.

E. Übertragung von Aufgaben auf Dritte. Grds dürfen weder Amt noch Aufgaben insgesamt oder auch nur zT durch den Vormund auf Dritte übertragen werden. Der Vormund darf sich aber Hilfspersonen bedienen, soweit die **Erledigung einzelner Aufgaben** nicht sein persönliches Handeln erfordert (zB zur Verwaltung von Teilen des Mündelvermögens RG 76, 185; der Vertretung des Mündels in einer Nachlasssache BayObLG 14, 210). Eine hierfür erteilte Vollmacht hat die Wirkung, das der Dritte den Mündel unmittelbar vertritt (RG 41, 263). Bei zulässiger Übertragung haftet der Vormund nur für die Auswahl, Unterweisung und Beaufsichtigung der Hilfspersonen. Im Übrigen haften diese selbst. War die Aufgabenübertragung unzulässig, so haftet der Vormund dem Mündel aus § 1833 wegen schuldhafter Pflichtverletzung.

§ 1794 Beschränkung durch Pflegschaft

Das Recht und die Pflicht des Vormunds, für die Person und das Vermögen des Mündels zu sorgen, erstreckt sich nicht auf Angelegenheiten des Mündels, für die ein Pfleger bestellt ist.

1 **A. Normzweck.** Die Vorschrift entspricht § 1630 und stellt klar, dass der Vormund in den Wirkungskreisen, in denen ein Pfleger bestellt ist (vgl §§ 1795, 1796, 1801), nicht zur Vertretung des Mündels befugt ist. Nimmt der Vormund dennoch Rechtsgeschäfte vor gelten die §§ 177 ff. Dies gilt, auch wenn die Pflegerbestellung zu Unrecht erfolgt ist (KG NJW 66, 1320). Im Wirkungskreis des Pflegers steht dem Vormund kein eigenes Beschwerderecht zu (BayObLG FamRZ 92, 104). Der Vormund und das Jugendamt haben soweit erforderlich, auf die Bestellung eines Pflegers hinzuwirken (Anzeigepflichten gem § 1909 II und §§ 50 II, II, 53 III 3, 5 SGB VIII).

2 **B. Verfahren.** Soweit der Vormund durch die Pflegerbestellung in seiner Rechtsstellung eingeschränkt wird, ist er beschwerdebefugt (§ 20 I FGG). Bei Streitigkeiten zwischen Vormund und Pfleger über Angelegenheiten, die in beider Zuständigkeitsbereich fallen, entscheidet der Vormundschaftsrichter (§§ 1798, 1915 I; § 14 Nr 5 RPflG).

§ 1795 Ausschluss der Vertretungsmacht

(1) Der Vormund kann den Mündel nicht vertreten:
1. bei einem Rechtsgeschäft zwischen seinem Ehegatten, seinem Lebenspartner oder einem seiner Verwandten in gerader Linie einerseits und dem Mündel andererseits, es sei denn, dass das Rechtsgeschäft ausschließlich in der Erfüllung einer Verbindlichkeit besteht,
2. bei einem Rechtsgeschäft, das die Übertragung oder Belastung einer durch Pfandrecht, Hypothek, Schiffshypothek oder Bürgschaft gesicherten Forderung des Mündels gegen den Vormund oder die Aufhebung oder Minderung dieser Sicherheit zum Gegenstand hat oder die Verpflichtung des Mündels zu einer solchen Übertragung, Belastung, Aufhebung oder Minderung begründet,
3. bei einem Rechtsstreit zwischen den in Nummer 1 bezeichneten Personen sowie bei einem Rechtsstreit über eine Angelegenheit der in Nummer 2 bezeichneten Art.

(2) Die Vorschrift des § 181 bleibt unberührt.

1 **A. Normzweck.** Um eine Gefährdung der Mündelinteressen durch **Missbrauch der Vertretungsmacht** durch den Vormund zu **verhindern**, wird § 181 für anwendbar erklärt (II) und zusätzlich in weiteren Fällen die Vertretungsmacht des Vormunds ausgeschlossen, in denen typischerweise eine Interessenkollision auftreten kann. Ob auch im konkreten Fall eine Gefährdung der Mündelinteressen zu befürchten ist, ist anders als bei § 1796 unerheblich (BGH 50, 8, 11). Eine allgemeine Befreiung des Vormunds von diesem Verbot durch die Eltern, bzw. einen Elternteil, des Mündels ist nicht möglich; für die Amtsvormundschaft und Amtspflegschaft gelten Ausnahmen (vgl § 56 II 2 SGB VIII).

2 Ein einseitiges Rechtsgeschäft, wie Anfechtung (auch Testamentsanfechtung: RG 143, 350), Kündigung und Zustimmung, dass vom Vormund unter Verstoß gegen das Vertretungsverbot vorgenommen worden ist, ist nichtig. Nicht hingegen rein verfahrensrechtliche Handlungen, wie zB die Anmeldung zum Handelsregister (BayObLG OLGZ 70, 133 f). Zweiseitige Rechtsgeschäfte (§ 177) sind schwebend unwirksam, wenn sie entweder durch das volljährig gewordene Mündel oder einen Pfleger (§ 1909) genehmigt werden können (BGH 21, 229, 234). Dritten gegenüber haftet der Vormund nach § 179. Eine Umdeutung des im Namen des Mündels abgeschlossenen Rechtsgeschäftes in ein im Namen des Vormunds zu Gunsten des Mündels abgeschlossenes scheidet aus (BGH FamRZ 62, 464; MüKo/*Schwab* Rn 41). Für den Prozess gelten bei fehlender Vertretungsmacht des Vormunds §§ 56, 89 ZPO und es liegt ein Restitutionsgrund nach § 579 Nr. 4 ZPO vor.

3 **B. Verbot von Insichgeschäften.** In den Fällen des § 181 (II) ist eine Vertretung des Mündels durch den Vormund bei allen Geschäften des Vormunds mit dem Mündel selbst (**Insichgeschäft**) und bei Geschäften des Mündels mit einem Dritten, der gleichfalls durch den Vormund vertreten wird (**Doppelvertretung**), ausgeschlossen. Werden Geschwister durch denselben Vormund vertreten, kann dieser nicht Rechtsgeschäfte zwischen den Vertretenen selbst vornehmen (RG 67, 61). Dies gilt auch für eine Erbauseinandersetzung, so dass es der Bestellung eines Pflegers für jedes Kind bedarf (RG 93, 334; BGH 21, 229). Gleiches gilt, wenn die gesetzliche Vertretung von zu Erben eingesetzten minderjährigen Kindern mit der Berufung des Vertreters zum Testamentsvollstrecker zusammenfällt (Hamm FamRZ 93, 1122). Bei zusammengesetzten Rechtsgeschäften, die aber als Einheit zu betrachten sind, genügt für eine Vertretungsverbot auch bereits, wenn nur ein Teilgeschäft dem § 181 unterfällt (BGH 50, 5). Erfasst wird auch der Abschluss von Gesellschaftsverträgen (BGH NJW 61, 724).

4 **Ausnahmen vom Verbot des Selbstkontrahierens.** Geben Vormund und Mündel zwar jeweils für sich Erklärungen ab, die aber nicht wechselbezüglich sind, sondern sich auf einen Dritten beziehen (sog **Parallelgeschäfte**), etwa Veräußerung eines Nachlassgegenstandes durch den vertretungsberechtigten Elternteil und das

minderjährige Kind, die zu Miterben berufen sind, an einen Dritten (Jena NJW 95, 3126), so liegt kein Verstoß gegen § 181 vor. Auch Einbenennungserklärung (§ 1618) und Einwilligungserklärung des minderjährigen Kindes können durch den alleinsorgeberechtigten Elternteil erfolgen, ohne dass die Bestellung eines Ergänzungspflegers nötig wäre (BayObLG FamRZ 77, 409). Gleiches gilt bei der Adoption durch den Stiefelternteil (BGH NJW 80, 1746; aA MüKo/*Schwab* Rn 26).

Geschäfte, die ausschließlich der **Erfüllung einer Verbindlichkeit** dienen (§ 181 aE), sind vom Vertretungsverbot ausgenommen. 5

Das gleiche gilt im Einzelfall, bei **Gestattung** durch Vater und Mutter oder das Vormundschaftsgericht (Erman/*Holzhauer* § 1795 Rn 6, aA BGHZ 21, 234, nicht dagegen allgemein, vgl Hamm FamRZ 75, 510). 6

Auch wenn das Geschäft des Vormunds dem Mündel **lediglich einen rechtlichen Vorteil** bringt, findet § 181 keine Anwendung. Etwa bei Schenkungen des Vormunds oder der Eltern an das Kind, wenn sie für das Kind lediglich vorteilhaft sind (BGH 94, 232; FamRZ 75, 480); bei Schenkweise gewährten Darlehensrückforderungsanspruch aus einem nicht gegebenen Darlehen (Hamm FamRZ 78, 439, vgl auch BFH NJW 77, 456); Schenkung eines unbelasteten Grundstücks (BGH 15, 168); Schenkung unter Vorbehalt eines Nießbrauchs (BayObLG NJW 98, 3574); Schenkung beweglicher Sachen (RG 148, 321); Schenkung eines mit Grundpfandrechten belasteten Grundstücks (BayObLG Rpfleger 79, 197). Anders uU bei Schenkung von Wohneigentum, dort entscheidet die Gesamtbetrachtung von schuldrechtlichen und dinglichen Vertrag über die Frage der Notwendigkeit, einen Pfleger zu bestellen (BGH 78, 28; Hamm NJW-RR 01, 437; Hamm FGPrax 00, 176). Genehmigungsbedürftigkeit auch bei Schenkweiser Übertragung eines mit einem Nießbrauch belasteten vermieteten Grundstücks (BayObLG NJW 03, 1129) und bei Rückübertragungsverpflichtungen, bei denen die Haftung des Beschenkten nicht auf das unentgeltlich Zugewendete beschränkt ist (BayObLG FGPrax 04, 123). 7

Das **Verbot des § 181** wird durch die besonderen Ausschlussgründe des Vormundschaftsrechts (I Nr 1) auch auf Rechtsgeschäfte zwischen dem Mündel und dem Ehegatten (nur dem aktuellen, nicht einem früheren Ehegatten, Ddorf NJW 65, 400) bzw dem eingetragenen Lebenspartner und Verwandten in gerader Linie (§ 1589) des Vormunds **erweitert**. Verwandte in der Seitenlinie (BayObLG NJW-RR 98, 869) und Verschwägerte des Vormunds (Hamm FamRZ 65, 86) werden nicht erfasst, in diesen Fällen kommt jedoch ggf § 1796 in Betracht (BGH FamRZ 55, 100). 8

Bei **Rechtsgeschäften** über gesicherte Forderungen des Mündels gegen den Vormund (I Nr 2) wird die Vertretung des Vormunds dann ausgeschlossen, wenn diese Geschäfte die Übertragung oder Belastung einer durch Pfandrecht, Hypothek, Schiffshypothek oder Bürgschaft gesicherten Forderung des Mündels gegen den Vormund oder die Aufhebung oder Minderung dieser Sicherheit zum Gegenstand haben oder die Verpflichtung des Mündels zu einer solchen Übertragung, Belastung, Aufhebung oder Minderung begründen. Die Vorschrift findet analoge Anwendung für Grundschulden sowie die Genehmigung einer Schuldübernahme. 9

I Nr. 3 erstreckt die Vertretungsmacht nach I Nr 1 u 2 auch auf **Rechtsstreitigkeiten**. Dies gilt im Zivilprozess und in den echten Streitverfahren der Freiwilligen Gerichtsbarkeit, nicht in den Verwaltungsverfahren des FGG, wie zB im Erbscheinverfahren (BayObLG NJW 61, 2309). 10

§ 1796 Entziehung der Vertretungsmacht

(1) Das Vormundschaftsgericht kann dem Vormund die Vertretung für einzelne Angelegenheiten oder für einen bestimmten Kreis von Angelegenheiten entziehen.
(2) Die Entziehung soll nur erfolgen, wenn das Interesse des Mündels zu dem Interesse des Vormunds oder eines von diesem vertretenen Dritten oder einer der in § 1795 Nr. 1 bezeichneten Personen in erheblichem Gegensatz steht.

A. Normzweck. Ergänzend zu den in § 1795 typisierten Interessenkonflikten ermöglicht die Norm zum Schutz des Mündels vor Beeinträchtigungen seines Wohls, dem Vormund für eine einzelne Angelegenheit oder einen Kreis von Angelegenheiten die Vertretungsmacht zu entziehen. Es ist in diesem Fall soweit notwendig ein Pfleger zu bestellen (§ 1909 I). Der Vormund ist verpflichtet, dem Vormundschaftsgericht die Notwendigkeit eine Pflegerbestellung mitzuteilen (§ 1909 II). 1

B. Entziehung der Vertretungsmacht. Voraussetzung für die teilweise oder vollständige Entziehung der Vertretungsmacht ist das Vorliegen eines erheblichen Interessengegensatzes zwischen dem Interesse des Mündels einerseits und dem Interesse des Vormunds, eines anderen von diesem vertretenen Dritten, des Ehegatten des Vormunds oder einer in gerader Linie mit dem Vormund verwandten Person (II). Dieser ist immer dann zu befürchten, wenn das eine Interesse nur auf Kosten des anderen durchgesetzt werden kann (BGH NJW 92, 1884, 1886; Hamm NJW 86, 389) und die Gefahr besteht, dass dadurch das Wohl des Mündels gefährdet würde. Meinungsverschiedenheiten zwischen Vormund und Vormundschaftsgericht reichen nicht aus (BayObLG JW 27, 2717), gleiches gilt für die bloße Möglichkeit eines Interessenwiderstreits, ohne dass dieser konkret festgestellt wird (BayObLG FamRZ 63, 578; Frankf FamRZ 64, 154). 2

3   Der Interessengegensatz muss zudem in dem **Zeitpunkt** bestehen, wenn der Vormund die Angelegenheiten des Mündels besorgt oder zu besorgen hat.
4   Ein erheblicher Interessengegensatz ist zB angenommen worden, bei Ausschlagung einer dem Mündel angefallenen Erbschaft, wenn der Vormund dann selbst Erbe wird (BayObLG Rpfleger 83, 482); der Vormund Testamentsvollstrecker des Nachlasses ist, an dem der Mündel beteiligt ist (Hamm FamRZ 93, 1122); wenn eine zum Alleinerben eingesetzte Person zugleich Vormund eines pflichtteilsberechtigten Mündels ist und das Testament eine Pflichtteilsklausel enthält (BayObLG FamRZ 2002, 61); bei Anstaltsunterbringung des Mündels, durch die dem Vormund persönliche Vorteile entstehen (BayObLG OLGZ 11, 64).
5   Die Feststellung eines erheblichen Interessengegensatzes setzt eine **Interessenabwägung im Einzelfall** voraus, gleichlaufende Interessen können dabei bestehende Gegensätze relativieren. Der Eingriff nach § 1796 ist nicht erforderlich, wenn der gesetzliche Vertreter in der Lage ist, trotz Interessenkonflikt eine Entscheidung zu treffen, die das Wohl des Vertretenen wahrt (BGH NJW 92, 1884, 1887; BayObLG Rpfleger 1981, 302, MüKo/*Wagnitz* Rn 5). Gem dem Erforderlichkeitsgrundsatz begrenzt das Vormundschaftsgericht zudem seinen Eingriff auf die **schonendste Maßnahme**. Falls die Entziehung der Vertretungsmacht für eine einzelne Angelegenheit, eine befristete oder bedingte Entziehung für einen Kreis von Angelegenheiten oder die Entziehung für einen Angelegenheitenkreis ohne Einschränkung nicht ausreichen, um die Gefährdung des Mündelinteresses abzustellen, muss das Vormundschaftsgericht den Vormund entlassen (§ 1886), bzw die elterliche Sorge gem § 1666 entziehen (Frankf FamRZ 80, 927).
6   **C. Verfahren.** Trotz eines Interessenkonflikts entfällt die Vertretungsmacht gem § 16 FGG erst mit Bekanntmachung der gerichtlichen Entscheidung (Hamm NJW 65, 1489).

§ 1797 Mehrere Vormünder

(1) ¹Mehrere Vormünder führen die Vormundschaft gemeinschaftlich. ²Bei einer Meinungsverschiedenheit entscheidet das Vormundschaftsgericht, sofern nicht bei der Bestellung ein anderes bestimmt wird.
(2) ¹Das Vormundschaftsgericht kann die Führung der Vormundschaft unter mehrere Vormünder nach bestimmten Wirkungskreisen verteilen. ²Innerhalb des ihm überwiesenen Wirkungskreises führt jeder Vormund die Vormundschaft selbständig.
(3) Bestimmungen, die der Vater oder die Mutter für die Entscheidung von Meinungsverschiedenheiten zwischen den von ihnen benannten Vormündern und für die Verteilung der Geschäfte unter diese nach Maßgabe des § 1777 getroffen hat, sind von dem Vormundschaftsgericht zu befolgen, sofern nicht ihre Befolgung das Interesse des Mündels gefährden würde.

1   **A. Normzweck.** Die Norm regelt die **Amtsführung der Mitvormünder** und unterscheidet in I und III die gemeinschaftliche Vormundschaft von der nach Wirkungskreisen unter mehreren Vormündern geteilte Vormundschaft. Die Bestellung von Mitvormündern erfolgt nach §§ 1775 und 1791 b (Jugendamt). Die Art der Vormundschaft und der Teilung sollen ebenso wie die Namen der Mitvormünder in der Bestellung vermerkt sein (§ 1791 II). Einem nach § 1778 berufenen Vormund darf nur mit seiner Zustimmung ein Mitvormund nach I bestellt werden (§ 1778 IV). Dem nicht Berufenen steht dagegen nur ein Ablehnungsrecht zu (§ 1786 I Nr 7). Fällt bei gemeinschaftlicher Vormundschaft ein Mitvormund weg, so führen der oder die verbliebenen Vormünder, wenn dies nach III bestimmt ist, die Vormundschaft weiter. Ist dies nicht der Fall, oder bei getrennten Wirkungskreisen, muss unverzüglich ein neuer Vormund bestellt werden.
2   **B. Gemeinschaftliche Vormundschaft.** Die Mitvormünder führen die Vormundschaft grds gemeinschaftlich (I 1). Da **Gesamtvertretungsmacht** besteht, müssen sie Übereinstimmung erzielen, so dass zB auch eine Prozessvollmacht von sämtlichen Mitvormündern erteilt werden muss. Eine stillschweigende Verteilung der Geschäftsführung ist unzulässig (Dresden OLG 36, 212), doch kann ein Mitvormund von den anderen bevollmächtigt werden (RG 106, 268; 112, 215). Handelt ein Mitvormund ohne Zustimmung des anderen, so ist er Vertreter ohne Vertretungsmacht und haftet Dritten nach § 179 (RG 81, 325). Bei Erklärungen gegenüber Dritten oder der Zustellung einer Klage (§ 171 III ZPO) reicht der Zugang bei einem der Mitvormünder. Außerdem steht jedem Vormund ein selbständiges Beschwerderecht zu (§ 58 I FGG) und jeder kann zu einer Abgabe der Vormundschaft an ein anderes Gericht seine Zustimmung verweigern (§§ 46 II, 47 II FGG). Verstößt ein Mitvormund gegen seine Amtspflichten, tritt **gesamtschuldnerische Haftung** mit dem anderen Mitvormund aus § 1833 ein, wenn dieser seine Aufsichtspflichten verletzt hat.
3   Bei **Meinungsverschiedenheiten** zwischen den Vormündern entscheidet der Richter (§ 14 I Nr 5 RPflG) des Vormundschaftsgerichts (I 2), wenn nicht die Eltern bei der Benennung Bestimmungen getroffen haben, bzw das Vormundschaftsgericht bei der Bestellung der Vormünder oder nachträglich eine Regelung vorgesehen hat. Derartige Regelungen können zB vorsehen, dass Mitvormünder durch Mehrheitsbeschluss entscheiden oder einem in Vermögensangelegenheiten besonders erfahrenen Vormund, bzw einem Dritten, bei Fragen der Vermögensverwaltung der Stichentscheid zukommt. Wenn das Vormundschaftsgericht in der Sache entscheidet geschieht dies, indem es der Auffassung eines Mitvormunds beitritt. Dadurch wird die Zustimmung

des anderen ersetzt. Das Gericht kann auch sämtliche Ansichten verwerfen, nicht jedoch eine eigene Regelung treffen, die nicht an die Entscheidung der Mitvormünder anknüpft. Ein derartiger Eingriff in die selbständige Amtsführung der Mitvormünder ist nur bei Pflichtwidrigkeit zulässig (vgl § 1793 Rn 1).

C. Nach Wirkungskreisen geteilte Vormundschaft (II). Sie kann durch das Vormundschaftsgericht aber auch durch Bestimmung von jedem Elternteil nach § 1777 angeordnet werden. Inhaltlich kann die Trennung umfassend sein, sich aber auch nur auf Teilbereiche beziehen, während die übrige Vormundschaft gemeinschaftlich geführt wird. Ist ein bestimmter Aufgabenkreis an einen Mitvormund übertragen, so nimmt er diesen, selbständig wahr (II 2). Jeder Mitvormund ist nur für seinen Wirkungskreis geschäftsführungs- und vertretungsberechtigt, aber auch nur für ihn haftbar (Dresden OLGE 36, 212). Sein Beschwerderecht ist insoweit ausschließlich. Eine gegenseitige Aufsichtspflicht besteht nicht, zulässig ist die Bestellung des anderen Mitvormunds zum Gegenvormund für den Bereich, in dem keine gemeinschaftliche Führung der Vormundschaft stattfindet (§ 1792 III). Treten bei nach Wirkungskreisen geteilter Vormundschaft dennoch Meinungsverschiedenheiten zwischen den Mitvormündern auf, etwa über die Abgrenzung bestimmter Zuständigkeitsbereiche, so gilt die Analogie zu I 2 (vgl das in Rn 3 Gesagte, vgl auch § 1798). 4

Haben Vater oder Mutter nach § 1777 Bestimmungen über die Verteilung der Aufgabenkreise oder die Entscheidung von Meinungsverschiedenheiten getroffen, gehen diese Regelungen des Vormundschaftsgerichts vor, soweit diese Regeln in die Bestellung übernommen worden sind (I 2 aE). Das Vormundschaftsgericht ist bei der Ausgestaltung der Bestellung an die Bestimmungen der Eltern gebunden, es sei denn, ihre Befolgung gefährdete das Kindeswohl. 5

§ 1798 Meinungsverschiedenheiten

Steht die Sorge für die Person und die Sorge für das Vermögen des Mündels verschiedenen Vormündern zu, so entscheidet bei einer Meinungsverschiedenheit über die Vornahme einer sowohl die Person als das Vermögen des Mündels betreffenden Handlung das Vormundschaftsgericht.

Die nach heutigem Verständnis des § 1797 im Grunde überflüssige Vorschrift bestimmt, das bei Meinungsverschiedenheiten zwischen Mitvormündern, von denen einem die Personen- und dem anderen die Vermögenssorge übertragen ist, das Vormundschaftsgericht bestimmt, wenn die Angelegenheit beide Bereiche betrifft (vgl § 1797 Rn 3). Bei anderweitiger Aufteilung der Wirkungskreise und der Notwendigkeit eines Stichentscheids ist § 1797 I 2 analog anzuwenden (vgl § 1797 Rn 4). Zuständig ist der Richter (§ 14 I Nr 5 RPflG). Die Vorschrift gilt auch bei der Aufteilung der Wirkungskreise zwischen Vormund und Pfleger oder zwischen mehreren Pflegern (§ 1915 I). Keine Anwendung findet die Vorschrift, wenn das Vormundschaftsgericht entspr der Anordnung der Eltern für die Entscheidung von Streitigkeiten zwischen Mitvormündern eine anderweitige Regelung getroffen hat (vgl § 1797 Rn 5). 1

§ 1799 Pflichten und Rechte des Gegenvormunds

(1) ¹Der Gegenvormund hat darauf zu achten, dass der Vormund die Vormundschaft pflichtmäßig führt. ²Er hat dem Vormundschaftsgericht Pflichtwidrigkeiten des Vormunds sowie jeden Fall unverzüglich anzuzeigen, in welchem das Vormundschaftsgericht zum Einschreiten berufen ist, insbesondere den Tod des Vormunds oder den Eintritt eines anderen Umstands, infolgedessen das Amt des Vormunds endigt oder die Entlassung des Vormunds erforderlich wird.

(2) Der Vormund hat dem Gegenvormund auf Verlangen über die Führung der Vormundschaft Auskunft zu erteilen und die Einsicht der sich auf die Vormundschaft beziehenden Papiere zu gestatten.

A. Amt des Gegenvormunds. Die Norm regelt die Pflichten des nach § 1792 zu bestellenden Gegenvormunds. Da seine Aufgabe nur in der **Überwachung der pflichtgemäßen Amtsführung des Vormunds** liegt, ist er im Gegensatz zu diesem (§ 1793 I) nicht gesetzlicher Vertreter des Mündels, auch nicht im Fall der Verhinderung des Vormunds (KG RJA 4, 74). Die Amtsführung erfolgt idR ehrenamtlich, er kann ggf aber Ersatz seiner Aufwendungen verlangen. Ausnahmsweise kann auch eine angemessene Vergütung bewilligt werden (§§ 1835 I 2, III u V; 1836 III u IV). Wie der Vormund untersteht auch der Gegenvormund bei seiner Amtsführung der Aufsicht des Vormundschaftsgerichts (§ 1837 II–IV) und haftet dem Mündel bei Verschulden auf Schadensersatz (BGH NJW 56, 789). Beruht sein Beitrag zur Schadensverursachung nur in einer Verletzung der Aufsichtspflicht, so ist im Verhältnis zueinander der Vormund alleine verpflichtet (§ 1833 II 2). 1

B. Verpflichtungen des Ggegenvormunds. Der Gegenvormund hat den Vormund zu überwachen und muss Pflichtverletzungen dem Vormundschaftsgericht unverzüglich mitteilen (I 2), damit dieses nach § 1837 oder durch Entlassung des Vormunds (§ 1886) einschreiten kann (BayObLG FamRZ 97, 438). Ob eine Pflichtverletzung des Vormunds vorliegt, bestimmt sich nach dem Mündelinteresse, wobei dem Gegenvormund ein 2 eigener, gerichtlich nicht überprüfbarer, Beurteilungsspielraum zusteht. Insbesondere muss er sich möglichst bald nach seiner Bestellung einen Überblick über das Mündelvermögen und dessen ordnungsgemäße Verwaltung verschaffen (RG 79, 9).

3 Der Vormund ist ihm zu diesem Zweck jederzeit zur **Auskunftserteilung** und Gewährung der Einsicht in sämtliche relevanten Unterlagen verpflichtet (II). Die Erfüllung dieser Verpflichtung kann ggf durch das Vormundschaftsgericht durch Zwanggeld erzwungen werden, äußerstenfalls kann der sich weigernde Vormund entlassen werden (§§ 1837, 1886).

4 Außerdem trifft den Gegenvormund die Verpflichtung dem Vormundschaftsgericht jeden weiteren Fall **anzuzeigen**, in dem sein Eingreifen erforderlich ist. Etwa bei Pflichtwidrigkeiten des Vormunds, denen durch Gebote und Verbote des Vormundschaftsgerichts begegnet werden muss (§ 1837 II; ferner §§ 1818, 1846, 1857); bei Verhinderung oder Tod des Vormunds, eines Mitvormunds oder Pflegers (§§ 1886-1888, 1795, 1796, 1894 II iVm §§ 1895, 1909 II, 1915 I). Verweigert das Vormundschaftsgericht in diesen Fällen den Antrag des Gegenvormunds auf ein Einschreiten bzw. die Entlassung des Vormunds, so steht dem Gegenvormund die Beschwerde zu (§ 57 I Nr 6 FGG).

5 Daneben hat der Gegenvormund bestimmte **Mitwirkungspflichten**, so etwa bei der Aufstellung des Anfangsvermögens des Mündels (§ 1802 I 3), bei der Jahresrechnung (§§ 1840, 1842) und bei der Abrechnung bei Beendigung des Amts (§ 1892 I). Bei der Vermögensverwaltung wirkt er durch die Erteilung oder Verweigerung von Genehmigungen mit (vgl §§ 1809 f, 1812 f, 1824, 1832).

6 Bei bestimmten Angelegenheiten ist der **Gegenvormund** vor Erteilung einer vormundschaftsgerichtlichen Genehmigung (§§ 1826, 1836 II) **zu hören**, während ihm gegen die Erteilung der Genehmigung kein Beschwerderecht zusteht (BGH NJW 56, 789).

§ 1800 Umfang der Personensorge

Das Recht und die Pflicht des Vormunds, für die Person des Mündels zu sorgen, bestimmen sich nach §§ 1631 bis 1633.

1 **A. Normzweck.** Hinsichtlich von Umfang und Ausgestaltung der Personensorge ist der Vormund grds den Eltern gleichgestellt (vgl §§ 1631-1633), unterliegt allerdings öfter als diese sonstigen Einschränkungen, wie etwa der Aufsicht des Vormundschaftsgerichts gem § 1837 (unterstützt durch das Jugendamt § 50 SGB VIII) sowie ggf der Überwachung durch einen Gegenvormund (§ 1799).

2 **B. Einzelheiten der Personensorge des Vormunds.** Bei **ungeklärter Vaterschaft** ist er verpflichtet, deren Feststellung zu betreiben (§ 1600 d) und (evtl gemeinsam mit dem Jugendamt gem § 1713 I 2) dafür zu sorgen, dass dem Mündel Unterhalt gezahlt wird. Kommt der Vormund selbst für den Unterhalt des Mündels auf, ohne dazu gesetzlich verpflichtet zu sein, kann er Aufwendungsersatz nach § 1835 I verlangen, bzw Hilfe zur Erziehung in Vollzeitpflege in Anspruch nehmen (§ 39 SGB VIII).

3 Schließlich kann der Vormund den **Aufenthalt des Mündels** bestimmen (vgl BayObLG FamRZ 81, 400). Soweit das Mündelwohl dies gebietet, braucht er auch den Verwandten den Aufenthaltsort des Mündels nicht mitzuteilen (KG OLG 40, 99).

4 Unter den Voraussetzungen des § 1631 b kann er mit richterlicher Genehmigung durch das Vormundschaftsgericht (Hburg MDR 99, 164) den **Mündel auch in einer geschlossenen Anstalt unterbringen** (BverfG NJW 60, 811; FamRZ 87, 675). Für die Unterbringung Volljähriger, die unter Betreuung stehen, gilt insoweit § 1906.

5 Das **Verbot Minderjährige zu sterilisieren** nach § 1631 c gilt auch für Vormund und Pfleger.

6 Das **Herausgabeverlangen** nach § 1632 I können der Vormund und auch der Amtsvormund (Karlsr FamRZ 65, 452) beim Vormundschaftsgericht (vgl zur Zuständigkeit Staud/*Engler* Rn 20) auch Eltern gegenüber durchsetzen, denen die Personensorge entzogen worden ist.

7 Bei der **Berufsausbildung** bedarf der Vormund im Gegensatz zu den Eltern (§ 1643) für den Abschluss längerfristiger Lehr-, Dienst- und Arbeitsverträge für den Mündel der Genehmigung des Vormundschaftsgerichts (§ 1822 Nr 6 u 7). Das Vormundschaftsgericht kann im Rahmen seiner Befugnisse nach §§ 1666 III, 1837 IV in diesem Bereich auch Erklärungen des Vormunds ersetzen und unmittelbar selbst Ausbildungsverträge abschließen oder kündigen (BayObLG FamRZ 82, 634).

§ 1801 Religiöse Erziehung

(1) Die Sorge für die religiöse Erziehung des Mündels kann dem Einzelvormund von dem Vormundschaftsgericht entzogen werden, wenn der Vormund nicht dem Bekenntnis angehört, in dem der Mündel zu erziehen ist.

(2) Hat das Jugendamt oder ein Verein als Vormund über die Unterbringung des Mündels zu entscheiden, so ist hierbei auf das religiöse Bekenntnis oder die Weltanschauung des Mündels und seiner Familie Rücksicht zu nehmen.

Die religiöse Erziehung ist **Teil der Personensorge** (§§ 1626, 1631). Die Norm unterstreicht die Bedeutung einer der Religion des Mündels entspr Erziehung, der am ehesten durch die Bestellung eines Vormunds, der dem gleichen Bekenntnis wie der Mündel angehört, Rechnung zu tragen ist (vgl § 1779 Rn 6). Ist dies nicht möglich, so ist dem Vormund bei ungleichem Bekenntnis und Vorliegen gewichtiger Gründe gem §§ 1775, 1909 I die Sorge für die religiöse Erziehung zu entziehen und diese auf einen Mitvormund bzw einen Pfleger zu übertragen (BayObLG FamRZ 66, 323). Zuständig ist der Vormundschaftsrichter (§ 14 Nr 19 RPflG). Die bloße Religionsverschiedenheit, ggf durch Religionswechsel oder Kirchenaustritt des Vormunds bedingt, reichen jedoch nicht, es muss konkrete Anzeichen dafür geben, dass der Vormund in das Bekenntnis des Mündels steuernd eingreift (BayObLG OLGZ 30, 148). Je nach Schwere des Eingriffs kommen auch Maßnahmen nach den §§ 1666, 1837 IV bzw als *ultima ratio* die Entlassung des Vormunds (§ 1886) in Betracht. 1

Auch der Vereinsvormund und das Jugendamt als Amtsvormund (§ 1791a–c) haben die Grundsätze der religiösen Erziehung zu beachten (§ 9 Nr 1 SGB VIII). Bei Unterbringung des Mündels nach §§ 33, 34 SGB VIII ist bei der Auswahl der Unterbringungsrichtung auf das religiöse Bekenntnis des Mündels und seiner Familie Rücksicht zu nehmen. Bei Mangel einer geeigneten Einrichtung in zumutbarer Entfernung ist jedoch auch eine konfessionsfremde Unterbringung nicht ausgeschlossen (BayObLG JW 27, 217). 2

§ 1802 Vermögensverzeichnis

(1) ¹Der Vormund hat das Vermögen, das bei der Anordnung der Vormundschaft vorhanden ist oder später dem Mündel zufällt, zu verzeichnen und das Verzeichnis, nachdem er es mit der Versicherung der Richtigkeit und Vollständigkeit versehen hat, dem Vormundschaftsgericht einzureichen. ²Ist ein Gegenvormund vorhanden, so hat ihn der Vormund bei der Aufnahme des Verzeichnisses zuzuziehen; das Verzeichnis ist auch von dem Gegenvormund mit der Versicherung der Richtigkeit und Vollständigkeit zu versehen.
(2) Der Vormund kann sich bei der Aufnahme des Verzeichnisses der Hilfe eines Beamten, eines Notars oder eines anderen Sachverständigen bedienen.
(3) Ist das eingereichte Verzeichnis ungenügend, so kann das Vormundschaftsgericht anordnen, dass das Verzeichnis durch eine zuständige Behörde oder durch einen zuständigen Beamten oder Notar aufgenommen wird.

A. Inventarisierungspflicht. Als Grundlage der Vermögensverwaltung und zu deren effektiver gerichtlicher Kontrolle ordnet die Norm an, dass zu **Beginn der Vormundschaft** durch den Vormund ein **Verzeichnis über das gesamte Vermögen des Mündels** anzulegen ist. Erwirbt der Mündel später neues Vermögen, so ist das Verzeichnis jeweils zu ergänzen. Das Verzeichnis bildet die Grundlage für die turnusmäßige Rechnungslegung und den Schlussbericht des Vormunds, außerdem für die Beurteilung der Mittellosigkeit und der Vergütung sowie zum Beweis der Ansprüche des Mündels aus § 1890 (vgl Schlesw FGPrax 04, 238). Die Norm gilt für alle Arten von Vormundschaften. Eine Befreiung ist weder durch den Zuwendenden (§ 1803), noch durch das Vormundschaftsgericht zulässig. Für die Jugendämter existieren nach § 56 II 3 SGB VIII landesrechtliche Ausnahmen (vgl Zusammenstellung der Landesgesetze bei Staud/*Engler* § 1791 b Rn 11). 1

B. Inhalt des Vermögensverzeichnisses. (dazu mit zahlreichen Bsp vgl *Birkenfeld* FamRZ 76, 197 ff). In das Verzeichnis sind grds alle zum Beginn der Vormundschaft vorhandenen Vermögensgegenstände aufzunehmen, die zum Mündelvermögen gehören, unabhängig wo sie sich befinden oder wie sie erworben worden sind. Auch Ansprüche auf Renten und wiederkehrende Leistungen gehören dazu (RG JW 38, 2206). Dies gilt auch für Vermögensbestandteile, die nicht vom Vormund verwaltet werden. Die Vermögensgegenstände sind einzeln aufzuführen, Belege sind nicht erforderlich, können aber zT sehr umfangreiche Einzellaufstellungen ersetzten. So ist etwa der Nachweis für den Wert der Beteiligung an einer Kapitalgesellschaft durch Einreichung von Inventar und Bilanz der Gesellschaft zu führen. Auch wenn die Vormundschaft unter mehreren Vormündern nach Sachgebieten geteilt (vgl § 1797 II) ist, obliegt es allen Mitvormündern gemeinsam über die von ihnen verwalteten Vermögenswerte ein Verzeichnis zu erstellen (Staud/*Engler* Rn 10; str). Die Vermögensaufstellung muss **alle Aktiva und Passiva** enthalten (vgl Jurgeleit/*Meier* § 1802 BGB Rn 6) und kann soweit erforderlich auch unter Hinzuziehung der in II genannten Personen erstellt werden, wenn dies ohne unverhältnismäßige Kosten möglich ist. Ist ein Gegenvormund bestellt, so ist dieser bei der Aufnahme des Verzeichnisses zu beteiligen (I 2). Ihm obliegt es die Inventarisierung auf ihre Richtigkeit und Vollständigkeit zu prüfen und dies durch einen entspr Vermerk zu bestätigen (I 2. Hs 2) oder evtl Beanstandungen anzumerken. Auch das Vormundschaftsgericht hat das Vermögensverzeichnis zu überprüfen (Jurgeleit/*Meier* § 1802 BGB Rn 2–4). 2

Legt der Vormund ein **unzureichendes Verzeichnis** vor, kann das Vormundschaftsgericht eine Inventarisierung durch eine Behörde, einen Beamten oder einen Notar (III) anordnen, Zwangsmittel gegen den Vormund einsetzen (§ 1837) oder diesen notfalls auch entlassen (§ 1886). III findet auf das Jugendamt als Amtsvormund keine Anwendung (§ 56 II 1 SGB VIII). 3

4 Die **Kosten der Aufstellung** des Vermögensverzeichnisses hat der Mündel zu tragen (vgl § 1835 I). Bei der Errichtung eines öffentlichen Inventars nach III kann der Vormund ggf nach § 1833 schadensersatzpflichtig sein. Bei Säumigkeit des Vormundschaftsgerichts Staatshaftung (RG Gruch 60, 1018).

§ 1803 Vermögensverwaltung bei Erbschaft oder Schenkung

(1) Was der Mündel von Todes wegen erwirbt oder was ihm unter Lebenden von einem Dritten unentgeltlich zugewendet wird, hat der Vormund nach den Anordnungen des Erblassers oder des Dritten zu verwalten, wenn die Anordnungen von dem Erblasser durch letztwillige Verfügung, von dem Dritten bei der Zuwendung getroffen worden sind.
(2) Der Vormund darf mit Genehmigung des Vormundschaftsgerichts von den Anordnungen abweichen, wenn ihre Befolgung das Interesse des Mündels gefährden würde.
(3) ¹Zu einer Abweichung von den Anordnungen, die ein Dritter bei einer Zuwendung unter Lebenden getroffen hat, ist, solange er lebt, seine Zustimmung erforderlich und genügend. ²Die Zustimmung des Dritten kann durch das Vormundschaftsgericht ersetzt werden, wenn der Dritte zur Abgabe einer Erklärung dauernd außerstande oder sein Aufenthalt dauernd unbekannt ist.

1 **A. Normzweck.** Die Norm soll das Interesse desjenigen schützen, der dem Mündel etwas als Erblasser oder zu Lebzeiten unentgeltlich zugewendet hat und eine bestimmte Verwendung des Zugewendeten wünscht (I). Der Vormund darf von den getroffenen Anordnungen des Zuwendenden nur abweichen, wenn ihre Befolgung das Interesse des Mündels gefährden würde (II). Zusätzlich bedarf er in jedem Fall zu einer Abweichung von der Anordnung der Genehmigung des Vormundschaftsgerichts und soweit es sich um eine Zuwendung unter Lebenden handelt, der Zustimmung des Zuwendenden. Die Vorschrift gilt für alle Arten von Vormundschaften. Erfasst werden das Zugewendete und seine Surrogate.

2 **B. Vermögensverwaltung.** Vermögen, dass der Mündel durch Verfügung von Todes wegen oder durch entgeltliche Zuwendung erwirbt muss der Vormund nach Anordnung des Zuwendenden verwalten, wenn eine entspr Anordnung bereits in der Verfügung von Todes wegen oder bei der Vornahme der Zuwendung getroffen wurde. Spätere oder nicht von dem Zuwendenden oder seinem Vertreter stammende Anordnungen sind unwirksam. Inhalt der Anordnungen können sowohl Befreiungen von Verwaltungsbeschränkungen (§§ 1807 ff, 1814 ff), aber auch weitere Einschränkungen der Befugnisse des Vormunds sein. Hierzu gehören zB die Vorgabe von Anlagearten oder eine Erweiterung der Hinterlegungspflicht, aber auch der gänzliche Ausschluss des Vormunds von der Verwaltung des Zugewendeten. Im letzten Fall muss dem Mündel ein Pfleger bestellt werden (§ 1909 I 2).

3 **C. Abweichungen von der Anordnung.** Sie sind dann möglich, wenn anderenfalls eine Gefährdung des Mündelinteresses eintreten würde. Bei Zuwendungen unter Lebenden, ist eine Abweichen ohne weiteres möglich, wenn der Zuwendende zustimmt. Sonst nur, wenn seine Zustimmung ausnahmsweise in den in III 2 genannten Fällen, durch das Vormundschaftsgericht ersetzt werden kann. Etwa, weil der Zuwendende wegen Geisteskrankheit dauernd außerstande ist eine diesbezügliche Erklärung abzugeben oder sein Aufenthalt unbekannt ist, so dass er nicht gefragt werden kann. In allen anderen Fällen darf das Gericht erst nach dem Tod des Zuwendenden einer Abweichung des Vormunds von einer Anordnung zustimmen, wenn bei ihrer Befolgung das Mündelinteresse gefährdet würde.

4 Weicht der Vormund ohne Zustimmung des Zuwendenden, bzw ohne Genehmigung des Vormundschaftsgerichts, von einer Anordnung zur Vermögensverwaltung ab, so sind seine Handlungen zwar wirksam, er macht sich aber ggf schadensersatzpflichtig (§ 1833) und ist bei mehrfachem unbefugtem Abweichen zu entlassen (§ 1886).

§ 1804 Schenkungen des Vormunds

¹Der Vormund kann nicht in Vertretung des Mündels Schenkungen machen. ²Ausgenommen sind Schenkungen, durch die einer sittlichen Pflicht oder einer auf den Anstand zu nehmenden Rücksicht entsprochen wird.

1 **A. Schenkungsverbot.** Die Norm dient wie § 1641 für die Eltern, § 1915 I für den Pfleger und modifiziert, § 1908 i II 1 für den Betreuer (str, vgl BayObLG OLGZ 96, 118), dem Schutz des Mündelvermögens vor Weggabe ohne Gegenleistung.

2 **B. Umfang des Schenkungsverbots.** Verboten sind dem Vormund alle Schenkungen iSd § 516, die er im Namen des Mündels macht (S 1), mit Ausnahme der Anstandsschenkungen (S 2). Neben Handschenkungen und der Abgabe von Schenkungsversprechen fällt auch der Erlass einer Forderung schenkungs halber darunter (Stuttg FamRZ 69, 39). Nicht erfasst werden sonstige unentgeltliche Zuwendungen (zB Gebrauchsüberlassungen). Auch Ausschlagung einer Erbschaft oder eines Vermächtnisses (vgl § 517) sowie der Verzicht auf

Pflichtteilsrechte sind keine Schenkung (BayObLG FamRZ 89, 428). In diesen Fällen ist allerdings die vorherige vormundschaftsgerichtliche Genehmigung erforderlich (§ 1822 Nr 2). Gemischte Schenkungen fallen mit ihrem Schenkungsanteil unter § 1804 (Hamm NJW-RR 92, 1170). Ferner können uU auch der Rangrücktritt (KG DNotZ 27, 530) sowie Schenkungen an den Mündel und Überlassung von Mitteln iSd § 110 (Stuttg FamRZ 69, 39) unter das Schenkungsverbot fallen.

Nach § 1804 **verbotene Schenkungen** sind unheilbar **nichtig** (§ 136, Staud-*Engler* Rn 20; aA *Canaris* JZ 87, 999, *Holzhauer* FamRZ 00, 1063). Dies gilt auch wenn das Vormundschaftsgericht (BayObLG Rpfleger 88, 22) oder der volljährig gewordene Mündel sie nachträglich genehmigen würden. Die §§ 177 ff sind nicht anwendbar. Die Umgehung des § 1804 durch Bestellung eines Ergänzungspflegers (Hamm FamRZ 85, 206) oder die Einwilligung zu einer Schenkung des Mündels durch den Vormund (RG 91, 40) ist unwirksam. Erfolgt die Schenkung aus dem Mündelvermögen im eigenen Namen des Vormunds, so haftet dieser nach 1833 und das Geschenkte kann gem §§ 985, 812 bzw 932, 816 I 2 vom Beschenkten herausverlangt werden. 3

C. Ausnahmen. Pflicht und Anstandsschenkungen (vgl § 534) sind neben denjenigen zu Feiertagen (Weihnachten, Geburtstage usw), sonstige Schenkungen, die den Lebensverhältnissen des Mündels entsprechen und unter Berücksichtigung der ganzen Vermögenslage sowie der zwischen Schenker und Beschenkten bestehenden Beziehungen (RG 70, 15 u 383) letztlich im Interesse des Mündels selbst liegen (Hamm FamRZ 87, 751). Dies wird zB bejaht bei Unterstützung naher, aber nicht unterhaltsberechtigter Familienangehöriger, ferner bei im Interesse des Familienfriedens vorgenommenen Schenkungen (Köln OLG 69, 263). Die Zulässigkeit der Schenkung nach § 1804 schließt ihre Genehmigungsbedürftigkeit nach anderen Vorschriften nicht aus (BayObLG FamRZ 88, 210). 4

§ 1805 Verwendung für den Vormund

¹Der Vormund darf Vermögen des Mündels weder für sich noch für den Gegenvormund verwenden. ²Ist das Jugendamt Vormund oder Gegenvormund, so ist die Anlegung von Mündelgeld gemäß § 1807 auch bei der Körperschaft zulässig, bei der das Jugendamt errichtet ist.

A. Normzweck. Die Norm dient wie § 1804 dem Schutz des Mündelvermögens und verbietet dessen Verwendung für den Vormund oder den Gegenvormund (S 1), unabhängig davon, ob dies für den Mündel vorteilhaft ist. Nach dem **Trennungsprinzip** sollen die Vermögensmassen von Vormund und Gegenvormund strikt getrennt gehalten werden. Verwendung ist jede Art von Nutzung unabhängig von ihrer Form bzw einer evtl Vergütung, so dass die unentgeltliche Nutzung von Sachen des Mündels in gleicher Weise verboten ist, wie die Inanspruchnahme von Mündelgeldern in Form eines verzinslichen Darlehens oder auch nur die Anlage von Mündelgeldern auf einem Konto des Vormunds. Gleiches gilt für die Ausnützung der Arbeitskraft des Mündels über den Rahmen des § 1619 hinaus, wo § 1805 entspr anzuwenden ist. Darüber hinaus bedarf der Abschluss von Dienst- und Arbeitsverträgen zwischen Vormund und Mündel der Einschaltung eines Ergänzungspflegers. 1

B. Rechtsfolge. Bei Verstoß gegen § 1805 ist das Rechtsgeschäft gültig, der Vormund bzw Gegenvormund muss verwendetes Geld aber verzinsen (§ 1834) und Schadensersatz leisten. Regelmäßig ist er vom Vormundschaftsgericht zu entlassen (vgl § 1886). Außerdem kann er ggf wegen Untreue (§ 266 StGB) oder veruntreuender Unterschlagung (§ 246 II StGB) belangt werden. 2

C. Ausnahmen. Ist das Jugendamt Vormund oder Gegenvormund, so ist es bei der Anlage von Mündelgeldern wegen fehlender Gefährdung der Interessen des Mündels ausdrücklich vom Verbot des § 1804 befreit, wenn es die Gelder bei der Körperschaft anlegen will, bei der es errichtet ist (S 2). Nicht unter das Verbot des § 1805 fällt auch, wenn Rechtsanwälte die mehrere Vormundschaften, Pflegschaften oder Betreuungen führen, gemeinsame Anderkonten für die laufenden Ausgaben der Betroffenen einrichten (aA KG NJW 67, 883, inzwischen durch Korrektur der AGB der Banken überholt, vgl *Schütz* NJW 67, 1569; Staud/*Engler* Rn 8; Köln FamRZ 97, 899 L). Zulässig ist ferner die Vermietung einer dem Mündel gehörigen Wohnung an den Vormund zu marktüblichen Preisen durch einen Pfleger (§§ 1795 II, 181, 1909). Gleiches gilt für Verwendungen, die sowohl im Interesse des Mündels wie des Vormunds liegen (Staud/*Engler* Rn 6; zur Beteiligung des Vormunds am Erwerbsgeschäft des Mündels vgl auch BayObLG OLGZ 18, 53). 3

§ 1806 Anlegung von Mündelgeld

Der Vormund hat das zum Vermögen des Mündels gehörende Geld verzinslich anzulegen, soweit es nicht zur Bestreitung von Ausgaben bereitzuhalten ist.

A. Normzweck. Die Norm dient dem Schutz des Mündelvermögens vor Inflation. Der Vormund ist verpflichtet, dass zum Vermögen des Mündels gehörende **Geld verzinslich anzulegen**, mit Ausnahme der Beträge, die zur Bestreitung von Ausgaben bereit gehalten werden müssen. Die §§ 1807 ff regeln die Einzelheiten der Geldanlage. 1

2 Die Norm gilt für alle Arten von Vormundschaften, ferner für Betreuer und Pfleger (§§ 1908 i I 1; 1915 I). Das Vormundschaftsgericht kann den Vormund gem § 1817 auf seinen Antrag von der Verpflichtung zur mündelsicheren Anlegung entbinden, ebenso ein Dritter in den Fällen des § 1803. Eine Befreiung durch die Eltern nach §§ 1852 ff ist nicht möglich. Beim Jugendamt gelten bei der Anlegung von Mündelgeld die Erleichterungen des § 1805 S 2.

3 **B. Vermögen des Mündels.** Anzulegen ist unabhängig von seiner Herkunft **das gesamte Vermögen** des Mündels, dass nicht für die baldige Bestreitung von Ausgaben erforderlich ist, wie etwa für Unterhalt, Ausbildung (BVerwG NJW 91, 1226), kleinere Anschaffungen, Kosten der Vermögensverwaltung usw, nicht hingegen generelles Zurückhalten eines Notgroschens (Celle MDR 59, 212). Neben Bargeld und Forderungen aus einem Girokonto, gehören dazu zB auch Versicherungssummen (LG Kassel FamRZ 03, 626), Renten (Hamm FamRZ 74, 31), Ersparnisse oder aus zunächst zum Lebensunterhalt überlassenen Barmitteln (Ddorf FamRZ 81, 99 L). Unsichere Vermögensanlagen sind nach Lage des Falls oder auf Anweisung des Vormundschaftsgerichts ggf in mündelsichere Anlageformen umzuwandeln (RG 137, 320).

4 Die Anlegung von Mündelgeld hat **innerhalb angemessener Frist** zu erfolgen, geschieht dies nicht so macht sich der Vormund ggf bei Verschulden schadensersatzpflichtig (AG Bremen NJW 93, 205), wobei er jedoch nicht für die Anlage von Geld verantwortlich ist, das von einem Testamentsvollstrecker, Pfleger oder sonstigen Dritten verwaltet wird. Das Vormundschaftsgericht muss auch von sich aus tätig werden, wenn es einen Verstoß bemerkt, damit dieser umgehend abgestellt werden kann (RG 88, 266).

5 Die Anlegung hat **in Form der §§ 1807, 1809 verzinslich** zu erfolgen. Auch wenn Mindestzinssatz gesetzlich nicht vorgeschrieben wird, so wird der Zinssatz für Sparguthaben mit gesetzlicher Kündigungsfrist als nicht ausreichend angesehen (AG Bremen NJW 93, 205). Für abweichende Anlageformen (zB Kauf von Edelmetallen und Aktien) ist die Genehmigung des Vormundschaftsgerichts nach § 1811 erforderlich, ob dies auch für den Kauf von Grundstücken gilt ist str (vgl Frankf NJW 53, 67; Staud/*Engler*, 14 ff mwN).

6 **C. Ausnahmen.** Bei Geld, das zur Bestreitung von Ausgaben bereit zu halten ist und das daher nach § 1806 nicht eine mündelsichere Anlage erfordert, hat der Vormund hinsichtlich der Wahl vorübergehender Anlageformen einen weiten Ermessensspielraum (vgl LG Darmstadt MDR 60, 585).

§ 1807 Art der Anlegung

(1) Die im § 1806 vorgeschriebene Anlegung von Mündelgeld soll nur erfolgen:
1. in Forderungen, für die eine sichere Hypothek an einem inländischen Grundstück besteht, oder in sicheren Grundschulden oder Rentenschulden an inländischen Grundstücken;
2. in verbrieften Forderungen gegen den Bund oder ein Land sowie in Forderungen, die in das Bundesschuldbuch oder Landesschuldbuch eines Landes eingetragen sind;
3. in verbrieften Forderungen, deren Verzinsung vom Bund oder einem Land gewährleistet ist;
4. in Wertpapieren, insbesondere Pfandbriefen, sowie in verbrieften Forderungen jeder Art gegen eine inländische kommunale Körperschaft oder die Kreditanstalt einer solchen Körperschaft, sofern die Wertpapiere oder die Forderungen von der Bundesregierung mit Zustimmung des Bundesrates zur Anlegung von Mündelgeld für geeignet erklärt sind;
5. bei einer inländischen öffentlichen Sparkasse, wenn sie von der zuständigen Behörde des Bundesstaats, in welchem sie ihren Sitz hat, zur Anlegung von Mündelgeld für geeignet erklärt ist, oder bei einem anderen Kreditinstitut, das einer für die Anlage ausreichenden Sicherungseinrichtung angehört.

(2) Die Landesgesetze können für die innerhalb ihres Geltungsbereichs belegenen Grundstücke die Grundsätze bestimmen, nach denen die Sicherheit einer Hypothek, einer Grundschuld oder einer Rentenschuld festzustellen ist.

1 **A. Normzweck.** Als Konkretisierung zu § 1806 schreibt die Norm zum Schutz des Mündelvermögens bestimmte Anlagearten vor. Auch andere Anlageformen sind ggf zulässig, bedürfen jedoch der vorherigen Genehmigung des Vormundschaftsgerichts (§ 1811). Ergänzend zu § 1807 I Nr 5 werden in § 1809 die Anlegung mit Sperrvermerk und in § 1810 die Mitwirkungsrechte von Gegenvormund und Vormundschaftsgericht geregelt.

2 Grds ist der Vormund verpflichtet aus den zulässigen Anlagearten die **Anlageart** zu wählen, die für den Erhalt des Mündelvermögens die **größte Sicherheit** bietet. Bei gleicher Sicherheit, ist die Höhe der Rendite für die Auswahl maßgebend. Wählt der Vormund eine unzulässige Anlageart oder verstößt er gegen die Auswahlregeln, so ist das Anlagegeschäft zwar nicht unwirksam, er macht sich aber ggf nach § 1833 schadensersatzpflichtig (vgl RG JW 10, 708; 14, 931; anders bei Genehmigung der Anlage durch das Vormundschaftsgericht RG JW 11, 984). Das Vormundschaftsgericht muss in diesem Fall durch Weisungen (§ 1837) oder als *ultima ratio* durch Entlassung (§ 1886) des Vormunds eingreifen.

B. Anlagearten. In den Nrn 1–4 wird ein **Katalog von Anlagen** in bestimmten Forderungen und Wertpapieren genannt, die als mündelsicher gelten. Nr 5 nennt die Voraussetzungen für die **Anlegung bei bestimmten Geldinstituten**.

Nr 1: Forderungen, für die eine sichere Hypothek an einem inländischen Grundstück besteht, sichere Grund- und Rentenschulden an inländischen Grundstücken. Für ausländische Grundstücke gilt § 1811. Dazu gehören auch durch Grundpfandrechte an Wohnungs- oder Teileigentum gesicherte Forderungen (vgl § 13 WEG); Bergwerkseigentum (vgl § 9 I BBergG); auch Grundpfandrechte an Erbbaurechten (§ 18 ErbbauVO); die nach Landesgesetzen dem Grundstück gleich zu behandelnden Berg- und sonstige Abbaurechte sowie Nutzungsrechte; nicht hingegen Schiffshypotheken (§§ 24 ff SchiffsRG). Wie die Sicherheit der Grundpfandrechte festzustellen ist kann landesrechtlich bestimmt werden (vgl Zusammenstellung der landesrechtlichen Regelungen: Staud/*Engler* Rn 23; MüKo/*Schwab* Rn 15). Als mündelsicher gelten dabei Grundpfandrechte unabhängig von ihrer Rangstellung, wenn sie innerhalb von 3/5–1/2 des Verkehrswerts des Grundstücks liegen. An dieser Marge darf sich der Vormund auch bei Fehlen landesrechtlicher Regelungen orientieren, auf eine Taxierung des Grundstückswert darf er sich hingegen bei besserer eigener Kenntnis nicht verlassen (RG JW 10, 708; 14, 931). Die Einschränkungen von Nr 1 gelten nicht, wenn keine Kapitalanlage beabsichtigt ist, sondern nur bereits bestehende Forderungen des Mündels gesichert werden sollen (KG JFG 8, 54).

Nr 2: Verbriefte Forderungen gegen den Bund oder ein Bundesland und Forderungen, die in das Bundesschuldenbuch oder das Schuldenbuch eines Bundeslandes eingetragen sind. Hierzu gehören Schuldverschreibungen, Anleihen, Schatzanweisungen und Darlehen, für die der Bund oder ein Bundesland einen Schuldschein ausgestellt hat. Nach Umwandlung von Bundesbahn und Bundespost in Aktiengesellschaften sind deren Schuldverpflichtungen nur noch hinsichtlich ihrer Altschulden und zwar nach Nr 3 mündelsicher (vgl *Kirchhof* NJW 94, 1041).

Nr 3: Verbriefte Forderungen, deren Verzinsung vom Bund oder einem Bundesland gewährleistet ist. Entscheidend ist dabei die Sicherung der Zinszahlung, nicht hingegen die Sicherung der Forderung selbst. Die Regelung betrifft alle verbrieften Forderungen gegen Unternehmen, für die der Bund oder ein Land generell die Gewähr übernommen haben, weil die betreffenden Unternehmen öffentliche Aufgaben wahrnehmen oder dem Bund oder dem betreffenden Land gehören (vgl *Sichtermann* 24).

Nr 4: Wertpapiere aller Art und verbriefte Forderungen jeder Art gegen inländische Körperschaften oder deren Kreditanstalten, die von der Bundesregierung mit Zustimmung des Bundesrats für mündelsicher erklärt worden sind (vgl Entsch v 21.6.50). Dies gilt auch für ausländische Wertpapiere oder als Inhaberpapiere auch Aktien, ferner Investmentanteile (*Vogt* Rpfleger 96, 389) und Pfandbriefe. Zu Einzelheiten: vgl *Sichtermann* 29 ff; Staud/*Engler* Rn 36–41.

Nr 5: Mündelsicher angelegt werden kann Geld bei einer inländischen Sparkasse, die von der zuständigen Landesbehörde für geeignet erklärt worden ist. Dies gilt zzt für alle Sparkassen, sowie für Kreditinstitute, die einer für die Einlage ausreichenden Sicherungseinrichtung angehören (vgl *Sichtermann* 41 ff; MüKo/*Schwab* Rn 13; Staud/*Engler* Rn 42 ff). Spezialgesetzlich anerkannt sind außerdem die Deutsche Genossenschaftsbank (BGBl 75 I 3171), die Deutsche Siedlungs- und Landesrentenbank (BGBl 65 I 1001, 80 I 1558), die Kreditanstalt für Wiederaufbau (BGBl 69 I 574), die Landwirtschaftliche Rentenbank (BGBl 63 I 465) und die Lastenausgleichsbank (BGBl 54 I 283). In Zweifelsfällen erteilen die Landeszentralbanken Auskunft.

§ 1808
– *weggefallen* –

§ 1809 Anlegung mit Sperrvermerk

Der Vormund soll Mündelgeld nach § 1807 Abs. 1 Nr. 5 nur mit der Bestimmung anlegen, dass zur Erhebung des Geldes die Genehmigung des Gegenvormunds oder des Vormundschaftsgerichts erforderlich ist.

A. Normzweck. Die **Vorschrift ergänzt** § 1807 I Nr 5 und soll verhindern, dass der Vormund von einem Konto des Mündels ohne Zustimmung des Gegenvormunds oder des Vormundschaftsgerichts angelegte Mündelgelder abheben kann, was anderenfalls durch § 1813 I Nr 3 ermöglicht würde. Für Zinsen gilt § 1813 I Nr. 4, wenn sie nicht alsbald dem Kapital zugeschlagen werden (KJ DJ 38, 1428). Die Vorschrift bezieht sich nicht auf Mündelgeld, das nicht nach § 1806 verzinslich angelegt zu werden braucht, weil es zur Bestreitung von Ausgaben bereitzuhalten ist. Die Eltern können von der Beschränkung des § 1809 eine Befreiung erteilen (§§ 1852 II, 1853), Vereins- und Amtsvormund sind gesetzlich befreit (§ 1857 a).

B. Sperrvermerk. Der Vormund muss bereits **bei der Kontoeröffnung** zur Anlage von Mündelgeldern darauf hinwirken, dass zur Abhebung des Geldes, die Genehmigung des Gegenvormunds oder des Vormundschaftsgerichts erforderlich ist. Dies wird idR durch **Vereinbarung einer Verfügungsbeschränkung** in Form eines Sperrvermerks erreicht, mit dem Inhalt, dass die Bank nur befreiend an den Vormund (oder den Mündel mit Zustimmung des Vormunds) leisten kann, wenn der Gegenvormund oder das Vormundschaftsgericht zustimmen. Die gesonderte Vereinbarung eines Sperrvermerks ist nur dann überflüssig, wenn bereits die Satzung des Geldinstituts eine pauschale Einschränkung dieses Inhalts für Mündelgelder enthält. In diesen Fällen genügt es, wenn der Vormund die Anlage als Geld des Mündels entspr kennzeichnet. Auch die Aufhebung des Sperrvermerks bedarf vormundschaftsgerichtlicher Genehmigung (§ 1812), ist das Geld bereits vor Beginn der Vormundschaft angelegt worden, ist ein Sperrvermerk nachträglich einzutragen (Staud/*Engler* Rn 6, anders RG 154, 110).

3 Der **Sperrvermerk gilt** entspr seinem Schutzzweck nur für Verfügungen des Vormunds, die Zwangsvollstreckung Dritter in das Mündelvermögen wird dadurch nicht von der Zustimmung des Gegenvormunds oder des Vormundschaftsgerichts abhängig gemacht.

4 Die **Genehmigung zur Abhebung** von Mündelgeld soll von Gegenvormund bzw Vormundschaftsgericht erst nach Prüfung der Notwendigkeit der Abhebung unter Berücksichtigung der geplanten Verwendung erteilt werden. Soweit erforderlich ist den Mündelinteressen durch Weisungen (§ 1837) Rechnung zu tragen.

5 Trägt das **Kreditinstitut** den vereinbarten Sperrvermerk nicht ein oder handelt es ihm zuwider, wird es durch die Auszahlung nicht befreit (RG 85, 422; LG Berlin Rspfleger 88, 186). Der **Vormund haftet** dem Mündel nach § 1833, wenn daraus ein Schaden entsteht, dass er Geld ohne Sperrvermerk angelegt oder trotz Sperrvermerks ohne Genehmigung eingezogen hat.

§ 1810 Mitwirkung von Gegenvormund oder Vormundschaftsgericht

¹Der Vormund soll die in den §§ 1806, 1807 vorgeschriebene Anlegung nur mit Genehmigung des Gegenvormunds bewirken; die Genehmigung des Gegenvormunds wird durch die Genehmigung des Vormundschaftsgerichts ersetzt. ²Ist ein Gegenvormund nicht vorhanden, so soll die Anlegung nur mit Genehmigung des Vormundschaftsgerichts erfolgen, sofern nicht die Vormundschaft von mehreren Vormündern gemeinschaftlich geführt wird.

1 **A. Normzweck.** Für einen möglichst lückenlosen Schutz des Mündelvermögens regelt die Norm die **Mitwirkungsrechte** des Gegenvormunds, des Vormundschaftsgericht oder des Mitvormunds bei der Anlage des Mündelvermögens nach §§ 1806, 1807. Sie gilt nicht für die Anlage von Vermögen, dass nicht unter § 1806 fällt (vgl § 1806 Rn 6). Die Befreiungsmöglichkeiten entsprechen denen in § 1809 (vgl § 1809 Rn 1).

2 **B. Genehmigungserfordernis.** Der Vormund bedarf, auch wenn er eine der mündelsicheren Anlagen aus dem Katalog des § 1807 wählt, der **Genehmigung des Gegenvormunds** (S 1)oder **des Vormundschaftsgerichts** (S 2), soweit kein Gegenvormund vorhanden ist. Verweigert der Gegenvormund die Zustimmung, kann sie vom Vormundschaftsgericht ersetzt werden (S 1 Hs 2). Wendet sich der Vormund unmittelbar an das Vormundschaftsgericht, so hat dieses ihn anzuhören (§ 1826). Sind mehrere Mitvormünder mit dem gleichen Aufgabenkreis bestellt (§ 1797 I) und ist daher ein Gegenvormund entbehrlich (§ 1797 II), so ist die Zustimmung des Mitvormund erforderlich, die auch nicht durch eine vormundschaftsgerichtliche Genehmigung ersetzt werden kann (S 2). Können sich mehrere Mitvormünder nicht über eine Anlage einigen, entscheidet das Vormundschaftsgericht durch den Richter (vgl § 1797 I 2).

3 **Vormundschaftsgericht, Gegen- oder Mitvormund** haben zu **prüfen**, ob die Anlage einer wirtschaftlichen und sicheren Vermögensverwaltung iSd §§ 1806, 1807 entspricht und einzuschreiten, wenn dies nicht der Fall ist. Ggf ist auch eine Gestattung nach § 1811 zu prüfen, die aber nur das Vormundschaftsgericht erteilen kann, nicht der Gegen- oder der Mitvormund.

4 **C. Rechtsfolge.** Versäumt der Vormund die Einholung der Genehmigung, ist das Anlagegeschäft trotzdem wirksam, ggf haftet er jedoch gem § 1833.

§ 1811 Andere Anlegung

¹Das Vormundschaftsgericht kann dem Vormund eine andere Anlegung als die in § 1807 vorgeschriebene gestatten. ²Die Erlaubnis soll nur verweigert werden, wenn die beabsichtigte Art der Anlegung nach Lage des Falles den Grundsätzen einer wirtschaftlichen Vermögensverwaltung zuwiderlaufen würde.

1 **A. Normzweck.** Die Norm dient dazu im Einzelfall unter Durchbrechung der starren Regel der § 1806, 1807 eine **abweichende Anlegung von Mündelgeld** zu ermöglichen, soweit dies zur Vermeidung von Nachteilen für das Mündelvermögen erforderlich sein sollte. Genehmigungsbedürftig ist dabei nicht nur die von §§ 1806, 1807 abweichende verzinsliche Anlegung in der Form von Geldforderungen, sondern auch die Beteiligung an Erwerbsgeschäften, der Erwerb von Aktien, Anteilen von Wertpapierfonds (Köln FamRZ 01, 708), Grundbesitz, Gold, Kunstwerken usw. Wegen ihres Ausnahmecharakters sind allgemeine Genehmigungen nicht zulässig.

Auch das Jugendamt braucht als Amtvormund oder -pfleger für anderweitiges Anlegen eine Gestattung (§ 56 II 2 SGB VIII). Liegt hingegen eine Befreiung nach § 1817 vor, ist diese entbehrlich.

B. Voraussetzungen der Gestattung. Die Genehmigung darf nur erteilt werden, wenn die **Umstände des Einzelfalls** eine von § 1807 abweichende Anlage nahe legen und die vom Vormund beabsichtigte Anlage eine vergleichbare Sicherheit, wie die in § 1807 genannten Anlagearten bietet, wobei die Gleichwertigkeit konkret anhand der gesamten Umstände festzustellen ist (Staud/*Engler* Rn 14). Zusätzlich muss die vom Vormund gewählte Anlageart den Grundsätzen einer wirtschaftlichen Vermögensverwaltung entsprechen, wobei ein Abweichen von den in § 1807 vorgeschriebenen Anlageformen nur bei einem erheblichen wirtschaftlichen Vorteil in Betracht kommt (KG NJW 68, 55; aA *Eberding* NJW 68, 943). Das Gericht entscheidet nach pflichtgemäßem Ermessen (Köln FamRZ 01, 708). Auch wenn die Sicherheit der Anlegung zentrales Beurteilungskriterium ist, braucht doch nicht jedes wirtschaftliches Risiko von dem Mündel ferngehalten zu werden (BayObLG Rpfleger 89, 455). Bei größeren Vermögen ist daher auch eine Streuung über verschiedene Anlagearten geboten (Frankf FamRZ 03, 59), wobei für längerfristige Anlagen neben Rentenfonds auch Aktienfonds in Betracht kommen (Schlesw BtPrax 00, 87). Zur Genehmigung der Anlage in Investmentfonds vgl *Münchmeyer* DRiZ 63, 229; *Vogt* Rpfleger 96, 391; Frankf FamRZ 03, 59; Köln FamRZ 01, 703. Eine Liste als mündelsicher eingestufter Investments wird vom Handelsblatt im Internet veröffentlicht. Bei Zweifeln an der Wirtschaftlichkeit einer Anlage ist ggf ein Sachverständigengutachten eines Bankenverbands oder des Bankenaufsichtsamts einzuholen (Frankf Rpfleger 84, 147; Schlesw FGPrax 00, 23).

Auch ohne die erforderliche Gestattung geschlossene Verträge sind wirksam, die §§ 1828–1831 finden keine Anwendung (RG JW 17, 288; 38, 3167; Staud/*Engler* Rn 21). Der Vormund haftet jedoch nach § 1833.

§ 1812 Verfügungen über Forderungen und Wertpapiere

(1) ¹Der Vormund kann über eine Forderung oder über ein anderes Recht, kraft dessen der Mündel eine Leistung verlangen kann, sowie über ein Wertpapier des Mündels nur mit Genehmigung des Gegenvormunds verfügen, sofern nicht nach §§ 1819 bis 1822 die Genehmigung des Vormundschaftsgerichts erforderlich ist. ²Das Gleiche gilt von der Eingehung der Verpflichtung zu einer solchen Verfügung.
(2) Die Genehmigung des Gegenvormunds wird durch die Genehmigung des Vormundschaftsgerichts ersetzt.
(3) Ist ein Gegenvormund nicht vorhanden, so tritt an die Stelle der Genehmigung des Gegenvormunds die Genehmigung des Vormundschaftsgerichts, sofern nicht die Vormundschaft von mehreren Vormündern gemeinschaftlich geführt wird.

A. Normzweck. Die Norm soll den Mündel vor Veruntreuungen des Vormunds schützen und regelt in Ergänzung zu § 1810 die **Mitwirkung des Gegenvormunds** bzw des **Vormundschaftsgerichts** bei der **Anlage von Mündelvermögen**, bei der Verfügung über Forderungen, Rechte und Wertpapiere sowie bei den zugehörigen Verpflichtungsgeschäften (vgl *Wesche* BtPrax 04, 49; *Spanl* Rpfleger 89, 392). Es handelt sich um zwingendes Recht, dass auch nicht durch Vereinbarungen zwischen Vormund und Schuldner abbedungen werden kann, so dass der Schuldner durch eine Leistung ohne die erforderliche Genehmigung auch nicht befreit wird (RG 79, 9; anders wenn etwa nach § 366 im Vertrauen auf die Verfügungsbefugnis des Vormunds geleistet worden ist: RG 115, 153/56). Zu beachten ist allerdings § 1813, durch den wichtige Fälle aus dem Anwendungsbereich des § 1812 ausgenommen werden.

B. Zustimmung des Gegenvormunds. Sie ist zu allen Verfügungen erforderlich, dh allen Geschäften durch die ein Recht übertragen, belastet oder inhaltlich geändert wird, sowie die Verpflichtung dazu. Betroffen sein müssen Forderungen, sonstige Rechte, kraft derer der Mündel eine Leistung verlangen kann, oder Wertpapiere des Mündels. Dies gilt ua für Änderungsverträge, Kündigungen (zB des Wohnungsmietvertrages: LG Berl MDR 73, 503), Erlassverträge, Verzichte, Abtretung, Aufrechnung (Stuttg MDR 54, 229), Schuldübernahme nach §§ 415, 416 (Bambg LZ 16, 1503) und die Annahme der geschuldeten Leistung, da hier durch die Wirkung des § 362 sonst die Forderung erlöschen würde (Karlsr NJW-RR 99, 230). Ferner auch Einwilligung und Genehmigung der unbefugten Verfügung eines Dritten (RG 90, 395/399f; 115, 153/156; 137, 356). Die Vollmachtserteilung an einen Dritten ist nicht genehmigungsbedürftig, während das Geschäft des Bevollmächtigten dem § 1812 unterfällt (KG OLGZ 5, 410). Es reicht, dass der Mündel an dem Gegenstand Mitinhaber ist (KG OLGZ 5, 410). Genehmigungspflichtig ist auch die Annahme von Hypotheken und Grundschuldvaluta. Bestritten ist, ob es auch dann, wenn der Mündel Dritten gegenüber zu einer Verfügung verpflichtet ist, einer Genehmigung nach § 1812 bedarf (vgl *Damrau* FamRZ 84, 848). Verneint bei einem Darlehensvertrag, der von einem Minderjährigen aus einem unentgeltlich zugewendeten Sparkonto erfüllt werden soll (BayObLG NJW 74, 1142).

C. Ausnahmen. Ausgenommen von der Genehmigungspflicht durch den Gegenvormund sind all diejenigen Geschäfte, die ohnehin der Genehmigung des Vormundschaftsgerichts bedürfen (§§ 1819-1821). Ferner wenn das Vormundschaftsgericht bereits eine allgemeine Ermächtigung für Geschäfte bestimmter Art erteilt hat (§ 1825). Auch bei Geschäften die § 1813 unterfallen sowie bei befreiter Vormundschaft (§§ 1852 II, 1853) und bei Amts- und Vereinsvormundschaft (§ 1857 a) findet die Norm keine Anwendung. Nach allgemeiner Meinung ist im übrigen der Anwendungsbereich von § 1812 restriktiv auszulegen, um den Vormund nicht übermäßig in seiner für eine effektive Vermögensverwaltung notwendigen wirtschaftlichen Bewegungsfreiheit zu hindern (ausführlich dazu Staud/*Engler* Rn 31–43; MüKo/*Schwab* Rn 14; *Damrau* FamRZ 84, 842).

4 **D. Voraussetzungen für die Genehmigung.** Sie ist zu erteilen, wenn der Mündel zur Vornahme des Rechtsgeschäfts verpflichtet ist oder wenn das Geschäft einer wirtschaftlichen Vermögensverwaltung (§ 1811) sowie dem pflichtgemäßen Ermessen des Vormunds entspricht (KG JW 37,1552). Das Vormundschaftsgericht kann die Genehmigung ersetzen, wenn der Gegenvormund sie unberechtigterweise verweigert, ggf ist der Gegenvormund zu entlassen (§ 1886). In den Fällen des III, wenn noch kein Gegenvormund bestellt oder dieser weggefallen ist, entscheidet das Vormundschaftsgericht unmittelbar. Bei gemeinschaftlicher Vormundschaft genügt es, wenn das Vormundschaftsgericht gem § 1797 I 2 mit der Sache befasst wird.

§ 1813 Genehmigungsfreie Geschäfte

(1) Der Vormund bedarf nicht der Genehmigung des Gegenvormunds zur Annahme einer geschuldeten Leistung:
1. wenn der Gegenstand der Leistung nicht in Geld oder Wertpapieren besteht,
2. wenn der Anspruch nicht mehr als 3000 € beträgt,
3. wenn Geld zurückgezahlt wird, das der Vormund angelegt hat,
4. wenn der Anspruch zu den Nutzungen des Mündelvermögens gehört,
5. wenn der Anspruch auf Erstattung von Kosten der Kündigung oder der Rechtsverfolgung oder auf sonstige Nebenleistungen gerichtet ist.

(2) ¹Die Befreiung nach Abs. 1 Nr. 2, 3 erstreckt sich nicht auf die Erhebung von Geld, bei dessen Anlegung ein anderes bestimmt worden ist. ²Die Befreiung nach Abs. 1 Nr. 3 gilt auch nicht für die Erhebung von Geld, das nach § 1807 Abs. 1 Nr. 1 bis 4 angelegt ist.

1 **A. Normzweck.** Die Norm modifiziert § 1812, indem sie bestimmte häufig vorkommende Geschäfte, bei denen entweder eine Bereicherung des Vormunds unwahrscheinlich ist oder deren wirtschaftliche Bedeutung gering ist, aus dessen Anwendungsbereich herausnimmt.

2 **B. Genehmigungsfreie Geschäfte.** Nicht der Genehmigung des Gegenvormunds bedürfen Leistungen, bei denen der Leistungsgegenstand weder als Schuldinhalt noch bei der tatsächlichen Leistungserbringung in Geld oder Wertpapieren besteht (I Nr 1), wie zB die Annahme von Warenlieferungen oder anderen Sachleistungen. Wandeln sich jedoch diese Forderungen, etwa im Fall des § 280 nachträglich in Geldforderungen um, so wird die Genehmigung des Gegenvormunds für ihre Einziehung notwendig, soweit nicht ein anderer Ausnahmetatbestand des § 1813 greift.

3 Auch die Geltendmachung von Zahlungsansprüche bis zur Höhe von 3000 € bedarf nicht der Genehmigung des Gegenvormunds, um dem Vormund im Mündelinteresse ein einfaches Wirtschaften zu ermöglichen (I Nr 2). Kosten, Zinsen und Nebenleistungen bleiben bei der Bestimmung dieses Betrages unberücksichtigt. Die Regelung gilt nicht, wenn bei der Anlegung des Geldes etwas anderes bestimmt wurde (II 1). Ob sie im übrigen greift, hängt nicht von der Höhe der einzelnen Teilleistung ab, sondern die des gesamten Anspruchs ist entscheidend (Karlsr FamRZ 01, 787). Dies hat zur Folge das bei Bankguthaben auch Abhebungen unter 3000 € ohne Genehmigung nicht erfolgen dürfen, da dadurch die gesamte gegen die Bank bestehende Forderung geändert wird (Köln FamRZ 95, 187; Karlsr FamRZ 01, 786; aA Köln FamRZ 95, 1081). Bei Gesamthandsansprüchen ist nur der auf den Mündel entfallende Anteil maßgebend (KG JW 32, 1387). Die genehmigungsfreie Auszahlung auch höherer Beträge ist zulässig, wenn bei der Anlegung etwas anderes bestimmt worden ist (II 1).

4 Auch die Rückzahlung von Geld, dass der Vormund angelegt hat (I Nr 3) ist genehmigungsfrei, es sei denn, die Genehmigungsfreiheit wurde bei der Anlegung ausgeschlossen (II 1), oder es handelt sich um Anlagen nach § 1807 I Nr 1–4.

5 Nach I Nr 4 sind auch alle Geschäfte über Nutzungen des Mündelvermögens unabhängig von der Höhe genehmigungsfrei, wobei dies jedoch nur für die Nutzungen iSd § 100, nicht für Surrogate gilt. Dazu gehören zB Hypothekenzinsen, nicht hingegen dem Kapital zugeschlagene Zinsen aus einem Sparguthaben (vgl Staud/*Engler* Rn 19–21).

6 Genehmigungsfrei ist schließlich die Annahme von Kostenerstattungen für eine Kündigung (auch Rücktritt), Nebenleistungen, Verzugszinsen, Vertragsstrafen und Schadensersatzleistungen wegen Verzugs (vgl Staud/ *Engler* Rn 22–23).

§ 1814 Hinterlegung von Inhaberpapieren

¹Der Vormund hat die zu dem Vermögen des Mündels gehörenden Inhaberpapiere nebst den Erneuerungsscheinen bei einer Hinterlegungsstelle oder bei einem der in § 1807 Abs. 1 Nr. 5 genannten Kreditinstitute mit der Bestimmung zu hinterlegen, dass die Herausgabe der Papiere nur mit Genehmigung des Vormundschaftsgerichts verlangt werden kann. ²Die Hinterlegung von Inhaberpapieren, die nach § 92 zu den verbrauchbaren Sachen gehören, sowie von Zins-, Renten- und Gewinnanteilscheinen ist nicht erforderlich. ³Den Inhaberpapieren stehen Orderpapiere gleich, die mit Blankoindossament versehen sind.

A. Normzweck. Die §§ 1814–1820 regeln die Pflicht des Vormunds, bestimmte Wertpapiere und andere Gegenstände des Vermögens des Mündels zu hinterlegen und die Verfügung darüber an die Genehmigung des Vormundschaftsgerichts zu binden. Normzweck ist der Schutz des Mündels vor den Gefahren der §§ 932, 935 II, der Untreue des Vormunds oder des zufälligen Verlusts der bei diesem selbst verwalteten Papiere. Die Verpflichtung greift nur bei Alleineigentum des Mündels. Ausnahmen von der Hinterlegungspflicht gelten für den befreiten Vormund (§ 1853), den Amts- und Vereinsvormund (§ 1857 a), bei Anordnung des Vermögenszuwenders (§ 1803) sowie bei Entbindung durch das Vormundschaftsgericht (§ 1817 I) und bei Umschreibung und Umwandlung der Inhaberpapiere (vgl § 1815). 1

B. Gegenstand der Hinterlegung. Zu hinterlegen sind Inhaberpapiere iSd § 793, Inhaberaktien (§§ 10, 24 AktG) und auf den Inhaber ausgestellte Grund- und Rentenschuldbriefe einschließlich etwaiger Erneuerungsscheine. Gleichgestellt sind mit Blankoindossament versehene Orderpapiere iSd §§ 363 ff HGB, Art 15–17, 19 ScheckG, Art 13 f, 16, 77 WG. Nicht unter § 1814 fallen qualifizierte Legitimationspapiere (§ 808), weshalb insbesondere Sparbücher nicht hinterlegt zu werden brauchen. Von der Hinterlegungspflicht ausdrücklich ausgenommen sind nach § 1814 Satz 2 verbrauchbare Sachen iSd § 92 (etwa Banknoten, Umsatzwechsel und Schecks), sowie Zins-, Renten- und Gewinnanteilscheine. Die Hinterlegungspflicht kann im Einzelfall durch das Gericht erweitert werden (§ 1818). Inhaberpapiere kann der Vormund nach § 1815 mit einem Sperrvermerk versehen lassen, statt sie zu hinterlegen. 2

C. Ort der Hinterlegung. Die Hinterlegung kann nach Wahl des Vormunds beim Amtsgericht oder Staatsbanken aber auch anderen Banken, die nach § 1807 I Nr 5 zugelassen sind, mit der Maßgabe erfolgen, dass die Herausgabe nur mit der Genehmigung des Vormundschaftsgerichts erfolgen darf. Ein Genehmigungsvorbehalt zugunsten des Gegenvormunds oder eines Mitvormunds genügt nicht. Die Bestimmung kann nachgeholt werden und wird auch Vertragsinhalt, wenn die Hinterlegungsstelle bereits durch Gesetz, Rechtsverordnung oder Satzung dazu verpflichtet ist, erkennbar zum Vermögen des Mündels gehörende hinterlegte Wertpapiere nur mit Genehmigung des Vormundschaftsgerichtes herauszugeben (RG 79, 9; JW 10, 288). Es liegt im Ermessen des Vormunds, ob er der Hinterlegungsstelle auch die sich auf die Papiere beziehende Verwaltungsgeschäfte (etwa Ausübung von Bezugsrechten usw) überträgt. 3

D. Wirkung der Hinterlegung. Gibt die Bank die hinterlegten Papiere heraus, ohne das der Vormund die Genehmigung des Gerichts nachweist, haftet sie dem Mündel auf Schadensersatz. Unterbleibt die Hinterlegung, so hat das Vormundschaftsgericht nach § 1837 einzugreifen. Notfalls ist der Vormund zu entlassen (§ 1883). Er haftet für Schäden des Mündels nach § 1833. 4

§ 1815 Umschreibung und Umwandlung von Inhaberpapieren

(1) ¹Der Vormund kann die Inhaberpapiere, statt sie nach § 1814 zu hinterlegen, auf den Namen des Mündels mit der Bestimmung umschreiben lassen, dass er über sie nur mit Genehmigung des Vormundschaftsgerichts verfügen kann. ²Sind die Papiere vom Bund oder einem Land ausgestellt, so kann er sie mit der gleichen Bestimmung in Schuldbuchforderungen gegen den Bund oder das Land umwandeln lassen.

(2) Sind Inhaberpapiere zu hinterlegen, die in Schuldbuchforderungen gegen den Bund oder ein Land umgewandelt werden können, so kann das Vormundschaftsgericht anordnen, dass sie nach Absatz 1 in Schuldbuchforderungen umgewandelt werden.

A. Normzweck. Die Norm ergänzt § 1814 und ermöglicht es bei gleicher Schutzintensität für das Mündelvermögen das umständliche Hinterlegungsverfahren zu vermeiden. Der Vormund kann zu diesem Zweck hinterlegungspflichtige Inhaberpapiere in Namenspapiere auf den Namen des Mündels umschreiben lassen, mit der Bestimmung, dass er nicht ohne Genehmigung des Vormundschaftsgerichts darüber verfügen kann (I 1). Eine Umschreibung kann allerdings vom Aussteller nicht erzwungen werden. Briefrechte gegen den Bund oder ein Land kann der Vormund in Buchforderungen mit einem Sperrvermerk umwandeln lassen (I 2). Eine entspr Umwandlung kann vom Vormundschaftsgericht auch angeordnet und notfalls mit Zwangsmitteln durchgesetzt werden (II). Die so erreichte Verfügungsbeschränkung verhindert den Gutglaubenserwerb nach § 932, 935 II (vgl Staud/*Engler* Rn 2–6 mwN). 1

2 **B.** Keine Anwendung findet § 1815 bei der der Amts- und Vereinsvormundschaft (§ 1857 a). Gleiches gilt für den nach §§ 1853, 1855 befreiten Vormund und den Vormund eines Mündels, dem Vermögen von einem Dritten mit einer entspr Bestimmung zugewendet wurde (vgl § 1803).

§ 1816 Sperrung von Buchforderungen

Gehören Schuldbuchforderungen gegen den Bund oder ein Land bei der Anordnung der Vormundschaft zu dem Vermögen des Mündels oder erwirbt der Mündel später solche Forderungen, so hat der Vormund in das Schuldbuch den Vermerk eintragen zu lassen, dass er über die Forderungen nur mit Genehmigung des Vormundschaftsgerichts verfügen kann.

1 Die Norm verpflichtet den Vormund bei Beginn der Vormundschaft zum Mündelvermögen gehörende oder später erworbene Buchforderungen gegen den Bund oder ein Bundesland unverzüglich mit einem § 1815 entspr Sperrvermerk in das Schuldbuch eintragen zu lassen (zu den Schuldbüchern des Bundes und der Länder vgl *Staud/Engler* Rn 6). Soweit Vormünder nicht dem § 1815 (vgl § 1815 Rn 2) unterfallen, gilt für sie auch § 1816 nicht.

§ 1817 Befreiung

(1) ¹Das Vormundschaftsgericht kann den Vormund auf dessen Antrag von den ihm nach den §§ 1806 bis 1816 obliegenden Verpflichtungen entbinden, soweit
1. der Umfang der Vermögensverwaltung dies rechtfertigt und
2. eine Gefährdung des Vermögens nicht zu besorgen ist.

²Die Voraussetzungen der Nummer 1 liegen im Regelfall vor, wenn der Wert des Vermögens ohne Berücksichtigung von Grundbesitz 6000 € nicht übersteigt.

(2) Das Vormundschaftsgericht kann aus besonderen Gründen den Vormund von den ihm nach den §§ 1814, 1816 obliegenden Verpflichtungen auch dann entbinden, wenn die Voraussetzungen des Absatzes 1 Nr. 1 nicht vorliegen.

1 **A. Normzweck.** Wenn es im Mündelinteresse liegt kann das Vormundschaftsgericht den Vormund bei geringer Bedeutung der Vermögensverwaltung (I) oder beim Vorliegen besonderer Gründe (II) von den Mündelschutzvorschriften der §§ 1806–1816 entbinden. Nicht befreit werden kann von der Pflicht zur laufenden Rechnungslegung (§ 1840 II). Die Vorschrift ist auf die Betreuung sinngemäß anzuwenden (§ 1908 i I 1).

2 **B.** Voraussetzung für eine Befreiung nach I ist ein Antrag des Vormunds/Betreuers und ein geringer Umfang der Vermögensverwaltung, da in diesen Fällen eine Vermögensgefährdung regelmäßig nicht zu befürchten ist. I 2 nennt als Regelbeispiel für solche Bagatellfälle, das der Wert des zu verwaltenden Vermögens ohne Grundbesitz 6000 € nicht übersteigt. Maßgebend ist der Aktivwert (ohne Verbindlichkeiten) des beweglichen Vermögens (Hausrat, Kapitalvermögen usw). Renten und wiederkehrende Leistungen sind bei der Wertermittlung nicht zu kapitalisieren. Auch wenn die Wertgrenze überschritten wird, kann der geringe Umfang der Vermögensverwaltung (etwa wenn der Wert nur durch den Gebrauch kostbarer Antiquitäten überschritten wird), eine Befreiung von allen oder einzelnen Pflichten aus dem Katalog der §§ 1806-1816 rechtfertigen (vgl *Staud/Engler* Rn 18).

3 Die Befreiung ist nicht zu erteilen, wenn eine Gefährdung des Vermögens zu besorgen ist (I 1 Nr 2). Zu berücksichtigen sind die Art des Vermögens, wie die Person des Betreuers (*Wesche* BtPrax 04, 53).

4 Eine Befreiung von der Pflicht zur Hinterlegung von Inhaberpapieren (II) und zur Aufnahme eines Sperrvermerks bei Buchforderungen (§§ 1814, 1816) ist auch möglich, wenn besondere Gründe vorliegen, die eine Gefährdung des Mündelvermögens bei Aufbewahrung der Papiere durch den Vormund ausgeschlossen erscheinen lassen. Dies kann etwa bei besonders sicherer Aufbewahrungsmöglichkeit (zB im Safe des Vormunds) oder unverhältnismäßig hohen Kosten der Hinterlegung der Fall sein. Ein besonderer Grund für die Befreiung kann auch alleine in der Person des Vormunds liegen, der sich durch besondere Vertrauenswürdigkeit auszeichnet (*Staud/Engler* Rn 26). Nach aA müssen objektive Gründe hinzutreten (MüKo/*Wagenitz* Rn 12). Allgemeine Erwägungen genügen nicht (RG 80, 252).

5 **C. Verfahren.** Die Befreiung nach § 1817 I kann nur auf Antrag des Vormunds/Betreuers erteilt werden, die nach II auch von Amts wegen. Sie kann auf einzelne Verpflichtungen oder Vermögensteile beschränkt, befristet oder mit Auflagen versehen sein und ist von Amts wegen wieder aufzuheben oder einzuschränken, wenn ihre Voraussetzungen nicht vorgelegen haben oder später wegfallen (§ 18 FGG). Die Entscheidung trifft der Rechtspfleger (§ 3 Nr 2 a RPflG) nach pflichtgemäßen Ermessen.

§ 1818 Anordnung der Hinterlegung

Das Vormundschaftsgericht kann aus besonderen Gründen anordnen, dass der Vormund auch solche zu dem Vermögen des Mündels gehörende Wertpapiere, zu deren Hinterlegung er nach § 1814 nicht verpflichtet ist, sowie Kostbarkeiten des Mündels in der in § 1814 bezeichneten Weise zu hinterlegen hat; auf Antrag des Vormunds kann die Hinterlegung von Zins-, Renten- und Gewinnanteilscheinen angeordnet werden, auch wenn ein besonderer Grund nicht vorliegt.

A. Normzweck. Aus besonderen Gründen kann das Vormundschaftsgericht auch über den Katalog des § 1814 hinaus, die Hinterlegung weiterer Gegenstände verlangen, wie etwa von Sparbüchern, Hypothekenbriefen und mit Blankoindossement versehen Orderpapieren sowie für Kostbarkeiten. Ob es sich um Kostbarkeiten handelt (zB Antiquitäten usw) bestimmt sich nach der Verkehrsanschauung. Eine Hinterlegung ist immer dann anzuordnen, wenn dem Mündel durch eine Aufbewahrung der Papiere oder Kostbarkeiten beim Vormund ein Schaden droht. Dabei steht die Abwendung der Gefahr einer nicht sachgerechten Aufbewahrung im Vordergrund, weniger die Vermutung, dass der Vormund sich die Wertgegenstände unrechtmäßig aneignen könnte, da er in diesem Fall regelmäßig sofort entlassen werden müsste (§ 1886). Bei Zins-, Renten- und Gewinnanteilscheinen kann eine Hinterlegung auch auf bloßen Antrag des Vormunds ohne Vorliegen eines besonderen Grundes angeordnet werden. 1

B. Wirkung der Hinterlegung. Eine Herausgabe darf nur mit Genehmigung des Vormundschaftsgerichts erfolgen (§ 1814 Rn 4). Der Vormund darf über die hinterlegten Papiere/Kostbarkeiten nur im Rahmen des § 1819 verfügen. Die Norm gilt auch für den Vereinsvormund und für befreite Vormünder, nicht hingegen für das Jugendamt als Amtsvormund (§ 56 II 1 SGB VIII). 2

§ 1819 Genehmigung bei Hinterlegung

¹Solange die nach § 1814 oder nach § 1818 hinterlegten Wertpapiere oder Kostbarkeiten nicht zurückgenommen sind, bedarf der Vormund zu einer Verfügung über sie und, wenn Hypotheken-, Grundschuld- oder Rentenschuldbriefe hinterlegt sind, zu einer Verfügung über die Hypothekenforderung, die Grundschuld oder die Rentenschuld der Genehmigung des Vormundschaftsgerichts. ²Das Gleiche gilt von der Eingehung der Verpflichtung zu einer solchen Verfügung.

Um einen möglichst lückenlosen Schutz des Mündelvermögens zu erreichen, verbietet die Norm in Ergänzung zu § 1814 (vgl dort Rn 4), auch Verfügungen über die nach §§ 1814, 1818 hinterlegten Wertpapiere oder Kostbarkeiten während des Hinterlegungszeitraums ohne Genehmigung des Vormundschaftsgerichts. Auch Verpflichtungen zu derartigen Verfügungen sind genehmigungspflichtig. Der Mündel wird durch Geschäfte des Vormunds die gegen § 1819 verstoßen nicht verpflichtet, da der Vormund insoweit in seiner Vertretungsmacht beschränkt ist. Er haftet dem Mündel nach § 179 als Vertreter ohne Vertretungsmacht. 1

§ 1820 Genehmigung nach Umschreibung und Umwandlung

(1) Sind Inhaberpapiere nach § 1815 auf den Namen des Mündels umgeschrieben oder in Schuldbuchforderungen umgewandelt, so bedarf der Vormund auch zur Eingehung der Verpflichtung zu einer Verfügung über die sich aus der Umschreibung oder der Umwandlung ergebenden Stammforderungen der Genehmigung des Vormundschaftsgerichts.

(2) Das Gleiche gilt, wenn bei einer Schuldbuchforderung des Mündels der im § 1816 bezeichnete Vermerk eingetragen ist.

Die Norm erweitert die in § 1819 für hinterlegte Wertpapiere und Kostbarkeiten getroffenen Regelungen auf nach § 1815 und § 1816 umgeschriebene Inhaberpapiere bzw mit einem Sperrvermerk versehene Buchforderungen. Zu den Rechtsfolgen vgl § 1819 Rn 1. 1

§ 1821 Genehmigung für Geschäfte über Grundstücke, Schiffe oder Schiffsbauwerke

(1) Der Vormund bedarf der Genehmigung des Vormundschaftsgerichts:
1. zur Verfügung über ein Grundstück oder über ein Recht an einem Grundstück;
2. zur Verfügung über eine Forderung, die auf Übertragung des Eigentums an einem Grundstück oder auf Begründung oder Übertragung eines Rechts an einem Grundstück oder auf Befreiung eines Grundstücks von einem solchen Recht gerichtet ist;

3. zur Verfügung über ein eingetragenes Schiff oder Schiffsbauwerk oder über eine Forderung, die auf Übertragung des Eigentums an einem eingetragenen Schiff oder Schiffsbauwerk gerichtet ist;
4. zur Eingehung einer Verpflichtung zu einer der in den Nummern 1 bis 3 bezeichneten Verfügungen;
5. zu einem Vertrag, der auf den entgeltlichen Erwerb eines Grundstücks, eines eingetragenen Schiffes oder Schiffsbauwerks oder eines Rechts an einem Grundstück gerichtet ist.

(2) Zu den Rechten an einem Grundstück im Sinne dieser Vorschriften gehören nicht Hypotheken, Grundschulden und Rentenschulden.

1 **A. Normzweck.** Zum Schutz des Mündels wird durch die §§ 1821, 1822 ein Katalog bedeutsamer und riskanter Rechtsgeschäfte an die Genehmigung des Vormundschaftsgerichts gebunden; die Genehmigung des Gegenvormunds genügt nicht (vgl *Klüsener* Rpfleger 81, 461; *Brüggemann* FamRZ 90, 5 u 124; *Labuhn* ua, Vormundschaftsgerichtliche Genehmigung, 2. Aufl 1995). Zur vormundschaftsgerichtlichen Genehmigung in Fällen mit Auslandsbezug s Frankf Rpfleger 81, 19; *Jaspersen* FamRZ 1996, 396, 397; *Rausch* BtPrax 04, 137, 140. Zweck von Nr 1-4 ist Schutz des Mündels vor Beeinträchtigung seines als besonders sicher geltenden Grundvermögens. Nr 5 dient der Kontrolle, wenn der Vormund Mündelgelder, statt sie nach §§ 1806 ff verzinslich anzulegen, für den Erwerb von Grundbesitz verwenden will.

2 **B. Genehmigungsbedürftigkeit.** Die §§ 1821 u 1822 sind nicht abschließend (vgl auch §§ 112, 1809 ff; 1812 II, III; 1814, 1815; 1819; 1820; 1824). Weitere zwingende Genehmigungserfordernisse in **vermögensrechtlichen** und **persönlichen Angelegenheiten**, bei denen es zum größten Teil um die familienrechtliche und erbrechtliche Stellung des Mündels geht, finden sich an verschiedenen Stellen im BGB (zB §§ 1411, 1484, 1491 III, 1492, 1517 II, 1594, 1596, 1600a III, 1631 b, 1639, 1644, 1645, 2275, 2282 II, 2290 ff, 2347, 2351, 2352) und in der ZPO (zB 607 II 2), aber auch in weiteren Normen, wie etwa in § 3 RKEG (religiöses Bekenntnis), §§ 2 I, 11 NÄG (verwaltungsrechtliche Änderung des Vor- oder Familiennamens), §§ 16 III, 40 VerschG (Todeserklärung), § 19 I, 26 IV RuStAG (Entlassung aus der Staatsangehörigkeit u Verzicht auf die deutsche Staatsangehörigkeit) oder § 181 II 2 ZVG (Aufhebung der Gemeinschaft durch Zwangsversteigerung). Im Rahmen der Betreuung bedürfen der vormundschaftsgerichtlichen Genehmigung Erklärungen des Betreuers nach den §§ 1904, 1905 II, 1906 II u IV, 1907 I u III, 1908. Ein Negativattest des Vormundschaftsgerichts, das ein Rechtsgeschäft einer Genehmigung nicht bedarf, bindet das Grundbuchamt nicht (Zweibr NJW-RR 99, 1175). Im Interesse der Rechtssicherheit ist eine Erweiterung des Kreises der genehmigungsbedürftigen Geschäfte über die in den §§ 1821, 1822 (und anderen Bestimmungen) bezeichneten Geschäfte hinaus, durch **analoge Gesetzesanwendung** ausgeschlossen (Staud/*Engler* Rn 7).

3 **C. Anwendungsbereich. Persönlich** gelten die §§ 1821 f für alle Vormünder, einschließlich des Amts- und Vereinsvormunds, mit Modifikationen auch für die Eltern (§ 1643 I). Auf die Betreuung sind sie sinngemäß anzuwenden (§ 1908 i I 1), auch wenn der Betreuer den Aufgabenkreis der Vermögenssorge hat (Frankf BtPrax 97, 76). Ausgenommen ist § 1822 Nr 5, an dessen Stelle die spezielle Regelung des § 1907 III tritt. Für Eltern gelten § 1821 und § 1822 Nr 1, 3, 5, 8–11 entspr (§ 1643 I).

4 Der **sachliche** Geltungsbereich umfasst das Vermögen des Mündels, soweit die Verwaltung des Vormunds reicht. Dies bedeutet, das die §§ 1820 f nicht für Gegenstände gelten, die der Testamentsvollstreckung unterliegen (Zweibr DNotZ 83, 104; anders bei durch den Erblasser angeordneten Verfügungsbeschränkungen: BGH 56, 275) oder die einer juristischen Person oder Gesellschaft gehören, an der Mündel beteiligt ist. Bei den Gesamthandgemeinschaften ist zu differenzieren. Die Erbengemeinschaft ist nicht rechtsfähig (BGH NJW 02, 3389), so dass die gemeinschaftliche Verfügung über ein Nachlassgrundstück der Genehmigung bedarf, soweit ein Miterbe unter Vormundschaft steht oder betreut wird. Anders bei OHG und KG, die als Träger eigener Rechte insoweit rechtsfähig sind und bei denen daher Verfügungen über ein Gesellschaftsgrundstück keiner vormundschaftsgerichtlichen Genehmigung bedürfen (BGH NJW 71, 375 f). Der OHG gleichgestellt ist die BGB-Erwerbsgesellschaft (Schlesw FamRZ 02, 55). Die laufenden Geschäfte einer BGB Gesellschaft, deren alleiniger Zweck die Verwaltung des Familienvermögens ist, sollen hingegen bei Beteiligung des Mündels, bzw des Betreuten, der Genehmigungspflicht unterfallen (Kobl NJW 03, 1401 mit ablehnender Anm *Wertenbruch* FamRZ 03, 1714). Genehmigungsbedürftig sind idR nicht nur die Verfügungen, sondern auch die Verpflichtung zur Verfügung. Das Genehmigungserfordernis für die Verfügung besteht ferner unabhängig davon, ob eine Verpflichtung zu ihrer Vornahme besteht (BayObLG FamRZ 77, 141). **Prozesshandlungen** sind mit Ausnahme von § 607 II 2 ZPO und § 181 II 2 ZVG nicht genehmigungsbedürftig, auch dann nicht, wenn sie sich auf das materielle Recht auswirken, zB bei einem Klageverzicht (§ 306 ZPO). Wird ein Grundstück auf Grund eines rechtskräftigen Urteils, dass den Mündel zur Auflassung verurteilt, umgeschrieben, ist der zusätzliche Nachweis einer vormundschaftsgerichtlichen Genehmigung nicht erforderlich (BayObLG MDR 53, 561; *Brüggemann* FamRZ 90, 7; bestr).

5 **D. Rechtsfolge.** Der **Rechtscharakter der Genehmigungserfordernisse** ist umstritten. Nach hM (BGH NJW 86, 2829; BayObLG FamRZ 89, 540) handelt es sich um Ermessensentscheidungen, nach anderer Ansicht, um unbestimmte Rechtsbegriffe (so Soergel/*Damrau* § 1828 Rn 8). Folgt man der hM so kommt eine volle

gerichtliche Nachprüfung nur in Betracht, wenn das Ermessen des Gerichts auf eine einzige mögliche Entscheidung reduziert ist. So kann die Wertbeständigkeit der Anlage trotz höherer Rendite der Veräußerung eines Grundstücks entgegenstehen (BayObLG FÜR 02, 160).
Tragweite der Genehmigung. Ist eine Genehmigung für das Verpflichtungsgeschäft erteilt, deckt sie auch die 6 Verfügung (BayObLG Rpfleger 85, 235) und umgekehrt. Entscheidend ist im Einzelfall, inwieweit das Vormundschaftsgericht mit dem ihn unterbreiteten Sachverhalt auch die Voraussetzungen für die Genehmigung des anderen Rechtsgeschäfts geprüft hat (Staud/Engler Rn 25).
Die Genehmigung ist wesentlicher Bestandteil des vom Vormund vorzunehmenden Rechtsgeschäfts. Handelt 7 er ohne die erforderliche Genehmigung, ist er **Vertreter ohne Vertretungsmacht** und haftet ggf nach § 179. Vgl §§ 1828-1831. Ob das Geschäft vom Vormund oder mit dessen Zustimmung vom Mündel vorgenommen wird, ist dabei unerheblich (LG Mannheim NJW 62, 1112), ferner auch ob der Mündel bereits unbeschränkt geschäftsfähig ist (§§ 112, 113). Nicht genehmigungsbedürftig sind Geschäfte die der Vormund zwar im Interesse des Mündels, aber im eigenen Namen oder als Bevollmächtigter des Erblassers (Mündel in diesen Fällen als Erbe) eingeht (RG 88, 345, 349 f; 106, 185, 187). Dies gilt auch für Rechtsgeschäfte, die Testamentsvollstrecker, Nachlaßverwalter, Insolvenzverwalter, der Vorstand einer juristischen Person, an der der Mündel beteiligt ist, oder der Prokurist eines dem Mündel gehörenden Erwerbsgeschäfts im Rahmen ihrer Vertretungsmacht vornehmen, auch wenn der Vormund zu solchen Rechtsgeschäften seinerseits der Genehmigung des Vormundschaftsgerichts bedürfte (RG 106, 185, 187; Celle OLGE 67, 487).

E. Genehmigungsbedürftigkeit im einzelnen. I. Inhalt. In sachlicher Hinsicht unterfallen der Genehmi- 8 gungspflicht nach § 1821 nur Geschäfte über Grundstücke und Rechte an Grundstücken, eingetragene Seeschiffe und Schiffsbauwerke, ferner die grundstücksgleichen Rechte Erbbaurecht sowie Wohnungs- und Teileigentum (I). Keine Anwendung findet die Norm bei Hypotheken, Grundschulden und Rentenschulden (II).
II. Verfügungen über das Eigentum. Genehmigungsbedürftig sind alle Verfügungen über das Eigentum an 9 den in I Nr 1-3 genannten Gegenständen sowie die Verpflichtung zu einer derartigen Verfügung (I Nr 4). Mit- bzw Gesamthandseigentum des Mündels genügen (RG 136, 353). Genehmigungspflichtig ist auch die Umwandlung einer Gesamthandsgemeinschaft in eine Bruchteilsgemeinschaft (BGH 56, 275, 283). Bloße Beteiligung an einer Gesellschaft, der ein Grundstück, grundstücksgleiches Recht, Schiff oder Schiffsbauwerk gehört, löst die Genehmigungspflicht grds nicht aus. Ausnahmsweise kann aber auch hier eine Genehmigung erforderlich sein, wenn der Zweck der BGB Gesellschaft, an der der Mündel beteiligt ist, nicht auf Erwerb, sondern nur auf die Verwaltung des Vermögens gerichtet ist, auch wenn kein Beitritt zu der Gesellschaft bereits gerichtlich genehmigt worden war (*Kobl* FamRZ 03, 249). Keiner Genehmigung bedarf der unentgeltliche Erwerb eines Nachlassgrundstücks zu Alleineigentum durch den Mündel, der selbst Miterbe ist (BayObLG NJW 941, hier aber Genehmigung des Erbteilungsvertrags nach § 1822 Nr 2 erforderlich).
Verfügungen sind alle Rechtsgeschäfte, durch die das Eigentum übertragen, belastet oder eine Belastung inhaltlich geändert wird. Hierzu zählt neben Auflassung und Rückauflassung vor allem die Belastung mit Grundpfandrechten, ausgenommen sie erfolgt zur Sicherung einer Restkaufpreisforderung, da in diesem Fall wirtschaftlich betrachtet nur ein schon belastetes Grundstück erworben wird (BGH NJW 98, 453). Auch alle Rechtsgeschäfte mit denen ein Erwerb unmittelbar wieder rückgängig gemacht wird, wie zB die Anfechtung, oder der Schein eines Rechtserwerbs beseitigt wird, wie durch die Bewilligung der Grundbuchberichtigung, sind genehmigungspflichtig. Dies gilt nach hM auch für die Bestellung einer Vormerkung, weil durch sie der schuldrechtliche Anspruch auf Eigentumswechsel dinglich gesichert wird (Celle Rpfleger 80, 187; str).
III. Verfügungen über Grundstücksrechte. Auch Verfügungen über Grundstücksrechte (I Nr 1) und die 10 darauf gerichteten Verpflichtungen (Aus 1 Nr 2) sind genehmigungsbedürftig. Dies gilt nicht für Hypotheken und Grund- und Rentenschulden (II), für die die Genehmigung des Gegenvormunds nach § 1812 ausreichend ist (Ausnahme § 1819 bei durch das Vormundschaftsgericht angeordneter Hinterlegung). Genehmigungsbedürftig iS von Nr 1sind ua Verfügungen über Nießbrauch, Dienstbarkeiten (zB Leibgeding; BayObLG FamRZ 03, 631), Reallasten und dingliche Vorkaufsrechte, ferner Dauerwohn- und Dauernutzungsrechte (WEG §§ 31ff).
IV. Verfügungen über Forderungen. Genehmigungspflichtig sind weiterhin Verfügungen über Forderun- 11 gen, die auf Übertragung des Eigentums an einem Grundstück, einem eingetragenen Schiff oder Schiffsbauwerk oder auf Begründung oder Übertragung eines Rechts an einem Grundstück oder auf Befreiung eines Grundstücks von einem solchen Recht gerichtet sind (I Nr 2 und 3) und Verpflichtungen zu diesen Geschäften (I Nr 4). Auch hier sind die Ausnahmen des Abs II zu beachten. Genehmigungspflichtig sind nach Nr 2 Verfügungen über jede Art von Forderungen, wie Abtretung, Verzicht, Vertragsaufhebung von Grundstückskauf oder -Schenkung (Karlsr FamRZ 73, 379), sowie über eine den Anspruch auf Eigentumsübertragung sichernde Vormerkung (KG Recht 29 Nr 2371). Nicht hingegen die Entgegennahme der Auflassung (RG 108, 356) oder die Bewilligung der Auflassungsvormerkung (LG Offenburg Rpfleger 72, 401; s aber LG Mainz Rpfleger 93, 149).

12 **V. Entgeltliche Erwerbsgeschäfte.** Schließlich unterliegen alle **Verträge**, die auf den **entgeltlichen Erwerb eines Grundstücks**, eines eingetragenen Schiffs oder Schiffsbauwerks oder eines Rechts an einem Grundstück gerichtet sind (I Nr 5) der Genehmigungspflicht. Dies gilt für alle Verpflichtungsgeschäfte, die nicht Schenkungen sind, einschließlich der im Rahmen einer Versteigerung abgeschlossenen. Auf die Höhe der Gegenleistung kommt es nicht an. Auch die Schenkung unter Auflage (§ 525) ist genehmigungsbedürftig, wenn die Haftung des Beschenkten nicht auf das unentgeltlich Zugewendete beschränkt bleibt (Köln FamRZ 98, 1326; *Klüsener* Rpfleger 81, 466 f mwN). Entgeltlich ist auch ein Tausch (§ 515). Ferner ist auch die Beteiligung eines Mündels an einer Familiengesellschaft bürgerlichen Rechts genehmigungsbedürftig, wenn deren Zweck der Erwerb eines Grundstücks durch Abtretungsvertrag iVm Darlehnsaufnahme (Naumbg FamRZ 03, 57), bzw die Verwertung eines eingebrachten Grundstücks ist (Hamm NJW-RR 01, 1086). Genehmigungsbedürftig ist auch die Verpflichtung zur Eigentumsübertragung, wenn sich das Grundstück im Zeitpunkt des Abschlusses des Vorvertrags noch nicht im Eigentum des Mündels befindet (Köln Rpfleger 95, 252). Die Ausnahmen des II gelten auch hier.

§ 1822 Genehmigung für sonstige Geschäfte

Der Vormund bedarf der Genehmigung des Vormundschaftsgerichts:
1. zu einem Rechtsgeschäft, durch das der Mündel zu einer Verfügung über sein Vermögen im Ganzen oder über eine ihm angefallene Erbschaft oder über seinen künftigen gesetzlichen Erbteil oder seinen künftigen Pflichtteil verpflichtet wird, sowie zu einer Verfügung über den Anteil des Mündels an einer Erbschaft,
2. zur Ausschlagung einer Erbschaft oder eines Vermächtnisses, zum Verzicht auf einen Pflichtteil sowie zu einem Erbteilungsvertrag,
3. zu einem Vertrag, der auf den entgeltlichen Erwerb oder die Veräußerung eines Erwerbsgeschäfts gerichtet ist, sowie zu einem Gesellschaftsvertrag, der zum Betrieb eines Erwerbsgeschäfts eingegangen wird,
4. zu einem Pachtvertrag über ein Landgut oder einen gewerblichen Betrieb,
5. zu einem Miet- oder Pachtvertrag oder einem anderen Vertrag, durch den der Mündel zu wiederkehrenden Leistungen verpflichtet wird, wenn das Vertragsverhältnis länger als ein Jahr nach dem Eintritt der Volljährigkeit des Mündels fortdauern soll,
6. zu einem Lehrvertrag, der für längere Zeit als ein Jahr geschlossen wird,
7. zu einem auf die Eingehung eines Dienst- oder Arbeitsverhältnisses gerichteten Vertrag, wenn der Mündel zu persönlichen Leistungen für längere Zeit als ein Jahr verpflichtet werden soll,
8. zur Aufnahme von Geld auf den Kredit des Mündels,
9. zur Ausstellung einer Schuldverschreibung auf den Inhaber oder zur Eingehung einer Verbindlichkeit aus einem Wechsel oder einem anderen Papier, das durch Indossament übertragen werden kann,
10. zur Übernahme einer fremden Verbindlichkeit, insbesondere zur Eingehung einer Bürgschaft,
11. zur Erteilung einer Prokura,
12. zu einem Vergleich oder einem Schiedsvertrag, es sei denn, dass der Gegenstand des Streites oder der Ungewissheit in Geld schätzbar ist und den Wert von 3000 € nicht übersteigt oder der Vergleich einem schriftlichen oder protokollierten gerichtlichen Vergleichsvorschlag entspricht,
13. zu einem Rechtsgeschäft, durch das die für eine Forderung des Mündels bestehende Sicherheit aufgehoben oder gemindert oder die Verpflichtung dazu begründet wird.

1 **A. Normzweck.** Die Vorschrift ergänzt § 1821 und enthält weitere Genehmigungsvorbehalte. Vgl im Übrigen zu den allgemeinen Grundsätzen die Erläuterungen zu § 1821 Rn 1–11 und den Überblick bei *Klüsner*, Rpfleger 90, 321 u 93, 133.

2 **B. Einzelne Genehmigungserfordernisse.** Nr 1 unterstellt zunächst die **Verpflichtung zur Verfügung über das Vermögen des Mündels im Ganzen** dem Genehmigungsvorbehalt. Anders als bei § 1365 fallen hierunter nur Geschäfte über das Vermögen *en bloc*, wie sich aus der Gleichstellung mit Erbschaften ergibt (BGH DNotZ 57, 504; aA *Kurz* NJW 92, 1799). Dies sind Geschäfte iSd § 311 aF und solche mit denen eine Gütergemeinschaft vereinbart oder aufgehoben wird (vgl §§ 1411 I 2, 1484 II, 1492 III). Der Wille der Vertragspartner muss sich auf die Übertragung des Vermögens beziehen (hM Palandt/*Diederichsen* Rn 2). Rechtsgeschäfte über einen Einzelgegenstand, mag er auch wirtschaftlich das gesamte Mündelvermögen darstellen, werden nicht erfasst.

3 Weiter regelt Nr 1 **Verpflichtungen zur Verfügung über eine bereits angefallene Erbschaft**, wie etwa den Erbschaftskauf (§§ 2371 ff), die Verpflichtung zur Nießbrauchbestellung (§ 1089) und die in Erbauseinandersetzungsverträgen oder Auslegungsverträgen (BGH Rpfleger 86, 181) ggf enthaltenen Verpflichtungen zur Verfügung über den Erbteil (§ 1922).

Gleiches gilt für **Verpflichtungsverträge über künftige Erbschaften und Pflichtteile** in sog Erbschaftsverträ- 4
gen (zur Zulässigkeit vgl § 311 b V). Hierzu zählen Erb- und Pflichtteilsverzicht durch Vertrag mit dem Erblasser (§§ 2346, 2352), die unter dem Genehmigungsvorbehalt des § 2347 stehen (analoge auch die Verpflichtung zu einem Erbverzicht; vgl. Palandt/*Edenhofer* § 2347 Rn 1; str).
Schließlich sind auch **Verfügungen über den Erbteil** (§ 2033 I), etwa im Rahmen der Erbauseinandersetzung 5
durch Übertragung an Miterben, aber auch das formfreie Ausscheiden aus der Erbengemeinschaft gegen Abfindung nach Nr 1(sog Abschichtung, vgl dazu BGH Rpfleger 1988, 287, 2005, 140; *Keim* DNotZ 03, 375, 387) genehmigungsbedürftig.

Nr 2 unterstellt weitere erbschaftsbezogene Rechtsgeschäfte dem Genehmigungserfordernis: **Ausschlagung** 6
einer Erbschaft (§§ 1942 ff) einschließlich der Anfechtung der Annahme, weil diese als Ausschlagung gilt
(§ 1957 I) und die **Ausschlagung eines Vermächtnisses** (§ 2180), nicht hingegen die Annahme der Erbschaft (BayObLG Rpfleger 96, 455). Ob auch die Anfechtung der Annahme eines Vermächtnisses genehmigungsbedürftig ist, ist str, da eine dem § 1957 I entspr Bestimmung fehlt (mit Verweis auf die gleichen wirtschaftlichen Folgen bejahend Staud/*Engler* Rn 17; aA Erman/*Holzhauer* Rn 4, MüKo/*Schwab* Rn 9, Palandt/*Diederichsen* Rn 7). Die Ausschlagung eines Erbteils, der einem Betreuten angefallen ist, wird bei nicht überschuldeten Nachlass idR nicht genehmigungsfähig sein, besonders dann, wenn dadurch der Zugriff des Sozialhilfeträgers verhindert wird (Stuttg NJW 01, 3484, vgl hierzu auch *Klüsener*, Entscheidungskriterien des Vormundschaftsgerichts, 159 ff).

Unter **Verzicht auf einen Pflichtteil** ist hier ein Vertrag über den Erlass des bereits angefallenen Pflichtteilsanspruch zu verstehen (§§ 397 I, 2317). 7

Erbteilungsvertrag ist jeder Vertrag, durch den Miterben hinsichtlich des gesamten Nachlasses oder eines 8
Teils davon die Erbengemeinschaft aufheben. Erfasst sind sowohl schuldrechtliche Vereinbarungen als auch die dinglichen Vollzugsgeschäfte (MüKo/*Wagenitz* Rn 10). Auch der von den Beschränkungen des § 1812 befreite Vormund/Betreuer (vgl § 1852 ff) kann also ohne Genehmigung des Vormundschaftsgerichts nicht an einer Erbteilung mitwirken, selbst wenn nur einzelne Vermögensgegenstände, wie zB ein Wertpapierdepot oder ein Bankguthaben aufzuteilen sind. Die Genehmigung des Vormundschaftsgerichts ist auch dann erforderlich, wenn der Nachlass nach den **gesetzlichen Regeln** (§§ 2042 II, 749 ff) verteilt wird. Sie ist nur dann zu erteilen, wenn unter Würdigung aller Umstände, die Rechte des Mündels gewahrt sind (str, s Staud/*Engler* Rn 24).

Vormund u Betreuer bedürfen für Erhebung der **Teilungsklage** (§ 2042) und idR auch für den Antrag auf 9
Aufhebung der Gemeinschaft durch Verkauf eines gemeinschaftlichen Gegenstandes (§§ 2042 II, 753) keiner Genehmigung durch das Vormundschaftsgericht (vgl Staud/*Engler* Rn 29). Gleiches gilt für den Antrag auf **Vermittlung** der **Erbauseinandersetzung** durch das Nachlassgericht (§§ 86 ff FGG; Frankf Rpfleger 93, 505). Für einen Antrag auf **Teilungsversteigerung** eines Nachlassgrundstücks ist hingegen die Zustimmung des Vormundschaftsgerichts erforderlich (§ 181 II 2 ZVG). Der Testamentsvollstrecker bedarf für die von ihm bewirkten Auseinandersetzung unter den Miterben grds keiner vormundschaftsgerichtlichen Genehmigung (Staud/*Engler* Rn 31).

Nr 3: Zum **entgeltlichen Erwerb eines Erwerbsgeschäfts** ist ohne Rücksicht auf den Rechtsgrund des Erwerbs 10
die Genehmigung des Vormundschaftsgerichts erforderlich. Ein **Erwerbsgeschäft** ist jede selbständig ausgeübte berufliche Tätigkeit (vgl RGZ 133, 11), wobei der Gegenstand, die bisherige und die zukünftige Rechtsform sowie der Umstand, ob der Mündel es allein oder mit anderen zusammen erwirbt, ohne Bedeutung sind (MüKo/*Schwab* Rn 14; *Klüsener*, Rpfleger 90, 321). Erfasst sind Verpflichtungs- und Erfüllungsgeschäft (Damrau-*Zimmermann* Rn 11). Die Genehmigung ist auch notwendig, wenn der Mündel entgeltlich die Beteiligung an einer Personengesellschaft (OHG, KG, BGB-Erwerbsgesellschaft) erwirbt, an Kapitalgesellschaften nur dann, wenn die Beteiligung über ein bloße Kapitalbeteiligung hinausgeht und wirtschaftlich als Beteiligung an dem von der GmbH betriebenen Erwerbsgeschäft anzusehen ist (BGH ZEV 03, 375, 376 mwN; Staud/*Engler* Rn 45). Zur Problematik bei der GmbH vgl Staud/*Engler* Rn 41–44. Entsprechendes gilt für die **Veräußerung** (vgl zum Ausscheiden gegen Abfindung aus einer Personengesellschaft Karlsr NJW 73, 1977). Als Veräußerung wird von der hM auch die Belastung mit einem **Nießbrauch** oder **Pfandrecht** angesehen (Staud/*Engler* Rn 48; Soergel/*Damrau* Rn 18; aA MüKo/*Schwab* Rn 19).

Nicht genehmigungspflichtig sind der **unentgeltliche Erwerb** des Erwerbsgeschäfts durch Schenkung oder Erb- 11
schaft, auch die Fortführung eines ererbten Einzelunternehmens in Erbengemeinschaft bedarf keiner Genehmigung (BGH NJW 85, 136). Zur Problematik des nach dem Tode des früheren Inhabers in ungeteilter Erbengemeinschaft (unter Beteiligung des Mündels) fortgeführten Erwerbsgeschäfts vgl Staud/*Engler* Rn 53–56.

Zum **Abschluss eines Gesellschaftsvertrages** (§§ 705 ff), der **zum Betrieb eines Erwerbsgeschäfts** erfolgt, 12
bedarf der Vormund stets der Genehmigung des Vormundschaftsgerichts (BayObLG Rpfleger 77, 60; FamRZ 90, 208). Dies gilt für die Gründung einer Erwerbsgesellschaft bürgerlichen Rechts, einer offenen Handelsgesellschaft (§ 105 HGB), einer KG, ferner einer KG auf Aktien (§ 278 AktG). Ferner bedürfen auch Verträge mit denen sich der Mündel an der Gründung von Kapitalgesellschaften (GmbH, AG) beteiligt der Genehmigung nach Nr 3 (Staud/*Engler* Rn 67). Welcher Art die Gesellschafterstellung des Mündels ist, ist unerheblich. Genehmigungspflichtig ist daher auch die Beteiligung an einer KG als Kommanditist (BGHZ 17, 160 = NJW

55, 1067, BayObLG Rpfleger 1977, 60, Staud/*Engler* Rn 57, MüKo/*Schwab* Rn 21) und die Beteiligung als stiller Gesellschafter (LG München II NJW-RR 99, 108). Ob die Beteiligung an einer **stillen Gesellschaft**, wegen fehlenden Schutzbedürfnisses, ausnahmsweise genehmigungsfrei erfolgen kann, wenn der Mündel nur eine einmalige Kapitaleinlage erbringt, ohne am Verlust beteiligt zu sein, und auch an der Führung der Geschäfte nicht mitwirkt, ist str. (bejahend BGH FamRZ 57, 121, Hamm OLGZ 74, 158; Palandt/*Diederichsen* Rn 14; Staud/*Engler*, Rn 64 mwN; aA MüKo/*Schwab* Rn 26, Soergel/*Damrau* Rn 24; *Brüggemann* FamRZ 90, 124, 127). Auch der spätere **Eintritt des Mündels in eine bereits bestehende Gesellschaft** (BayObLG FamRZ 90, 208) ist genehmigungspflichtig. Für Verträge, durch die neue Gesellschafter aufgenommen oder durch die Bedingungen des Gesellschaftsvertrages über Gewinnverteilung unwesentlich geändert werden, ist nach hM **keine Genehmigung** erforderlich (BGH NJW 1961, 724, BGHZ 38, 26, Staud/*Engler* Rn 68; aA Soergel/*Damrau* Rn 25, MüKo/*Wagenitz*, Rn 28) Anders, wenn es sich um fundamentale Änderungen des Gesellschaftsvertrages handelt (Palandt/*Diederichsen* Rn 9 mwN). Beteiligungen des Mündels, die auf andere Weise als durch Vertrag (zB Erbschaft aufgrund Nachfolgeklausel) entstehen, sind nicht genehmigungspflichtig (Erman/*Holzhauer* Rz 13, Palandt/*Diederichsen* Rn 10).

13 Der **Verstoß** gegen die Genehmigungspflicht zum Erwerb eines Erwerbsgeschäfts lässt die Wirksamkeit der späteren Einzelgeschäfte unberührt, die nicht genehmigte Beteiligung an einer Erwerbsgesellschaft führt zu einer faktischen Gesellschaft ohne Haftung des Mündels (Staud/*Engler* Rn 70).

14 Nr 4 erfasst **Pachtverträge über Landgüter** (vgl §§ 585 ff) oder **gewerbliche Betriebe**, unabhängig ob der Mündel Pächter oder Verpächter ist und unabhängig von der Dauer des Vertrags (Staud/*Engler* Rn 73). Nach hM werden auch Praxen von Freiberuflern erfasst. Bei Verpachtung einzelner Gegenstände Genehmigungspflicht nach Nr. 5. Bei der Betreuung ggf zusätzlich nach § 1907 III.

15 Nr 5 betrifft **Miet-, Pacht- und andere Verträge**, durch die der Mündel zu wiederkehrenden Leistungen verpflichtet wird, die über das 19. Lebensjahr des Mündels hinaus fortdauern. Hierunter fallen alle Miet- und Pachtverträge, unabhängig davon, welche Stellung der Mündel in ihnen hat, sowie alle sonstigen Verträge, die zur Erbringung wiederkehrender Leistungen verpflichten. Dies können Geld-, Sach- und Dienstleistungen jeder Art sein, wie zB Versicherungsverträge (Hamm NJW-RR 92, 1186; keine Genehmigung durch Fortzahlung nach Volljährigkeit AG Hamburg NJW-RR 94, 721), Bausparverträge (LG Dortmund MDR 54, 546, nur soweit eine Verpflichtung zur Einzahlung übernommen wird), Ratengeschäfte (LG Berl NJW 63, 110; aA *Kümpel* NJW 66, 2096), Rentenversprechen (RAG JW 33, 239) usw. Die Verpflichtung muss rechtsgeschäftlich begründet sein, nur gesetzliche Verpflichtungen genügen nicht (BGH NJW 83, 1780).

16 Die Vertragsverhältnisse müssen für eine Dauer eingegangen sein, die **über das 19. Lebensjahr des Mündels hinaus** geht. Dies trifft nicht zu, wenn ein für längere Dauer abgeschlossenes Schuldverhältnis auch früher gekündigt werden kann, es sei denn, dass die Kündigung wirtschaftlich dem Mündel nicht zugemutet werden kann (zB wegen eines niedrigen Rückkaufwertes bei vorzeitiger Auflösung von Lebensversicherungen, vgl BGHZ 28, 78) oder durch Sozialklauseln wie §§ 556 a, 564 b entwertet wird (Staud/*Engler* Rn 90, aA LG Münster FamRZ 94, 531). Ist die Dauer des Vetragsverhältnis bei Abschluss ungewiss (zB Grundstückskauf auf Rentenbasis bei hohem Alter des Verkäufers), so entfällt das Genehmigungserfordernis nur, wenn sicher ist, dass das Vertragsverhältnis endet, bevor der Mündel 19 Jahre alt wird (Köln MDR 65, 296; aA BGH FamRZ 69, 209). Wird ein Vertrag für mehrere Mündel geschlossen, so ist die Dauer der Bindung für jedes einzelne Mündel gesondert zu berechnen (Staud/*Engler* Rn 93).

17 Bei **Verstoß gegen das Genehmigungserfordernis** gilt § 139. Der Vertrag ist dann für die genehmigungsfreie Zeit gültig, wenn anzunehmen ist, dass die Parteien einen solchen Vertrag mit gleichem Inhalt auch mit kürzerer Dauer abgeschlossen hätten (Staud/*Engler* Rn 95; BGH FamRZ 62, 154).

18 Nr 6 und 7 stellen den Abschluss von **Lehr-, Dienst- oder Arbeitsverträge**, wenn sie den Mündel über längere Zeit als ein Jahr binden oder bei unbestimmter Dauer nicht vor Ablauf eines Jahres aufgelöst werden können, unter Genehmigungspflicht. Zur Dauer vgl oben Rn 16. Kündigung und Aufhebung unterliegen der Genehmigungspflicht nicht. Bei Erteilung der Genehmigung hat das Vormundschaftsgericht nicht nur auf die wirtschaftlichen Interessen abzustellen, sondern auch darauf zu achten, dass das geistige und sittliche Wohl und die Gesundheit des Mündels nicht gefährdet werden (Staud/*Engler* Rn 106). Die Norm gilt nicht für das Jugendamt als Amtsvormund oder Pfleger, wobei die Ausführungsgesetze der Länder weitere Befreiungen vorsehen können (§ 56 II 2 u 3 SGB VIII).

19 Nr 8 betrifft die **Kreditaufnahme** auf den Namen des Mündels. Hierzu zählt hauptsächlich die Darlehensaufnahme (§ 607), aber auch die Inanspruchnahme eines Kontokorrentkredits (zB Girokonto mit Überziehungsmöglichkeit), der Abschluss von Vorverträgen und die Abgabe von Schuldversprechen oder Schuldanerkenntnissen (§§ 780, 781). Die Umwandlung einer bestehenden Zahlungsverpflichtung in ein Darlehen fällt unter Nr 8 (Hamm FamRZ 04, 23mwN; aA MüKo/*Wagnitz* Rn 52); auch nicht ein Ratenzahlungskauf (BGH WM 72, 698), wohl aber ein drittfinanzierter Teilzahlungskauf (BGH NJW 61, 166; Bremen FamRZ 63, 658). Keiner Genehmigung bedürfen auch Darlehensbeschaffungsaufwendungen (BGH FamRZ 57, 120) sowie die Kreditaufnahme durch eine juristische Person, an der der Mündel beteiligt ist (Staud/*Engler* Rn 116). Nach § 1825 kann das Vormundschaftsgericht dem Vormund zu Rechtsgeschäften, die unter Nr 8 fallen, eine allgemeine Ermächtigung erteilen.

Nr 9 erfasst die **Ausstellung von Schuldverschreibungen auf den Inhaber** (§§ 793 ff) und die **Eingehung von** 20 **Verbindlichkeiten aus Orderpapieren**, wie Wechsel, Scheck, Papiere nach §§ 373 ff HGB. Genehmigungsbedürftig ist auch die Ausstellung eines Inhaberschecks oder eines mit Inhaberklausel (*Westermann* FamRZ 67, 650; aA Staud/*Engler* 122, MüKo/*Wagnitz* Rn 60, vgl auch *Kunkel*, Rpfleger 99, 1, 3), ebenso die Verpflichtung des Mündels zur Eingehung von Wechselverbindlichkeiten. Eine allgemeine Ermächtigung gem § 1825 ist möglich.

Nr 10 betrifft die **Übernahme fremder Verbindlichkeiten und Bürgschaft**. Die Regel dient dazu zu ver- 21 hindern, dass der Vormund zu Lasten des Mündels leichtfertig eine fremde Schuld im Vertrauen auf eine Rückgriffsmöglichkeit gegen den Erstschuldner übernimmt. Sie ist daher nicht anwendbar, wenn der Mündel von vornherein die Schuld ohne Möglichkeit des Regresses selbst erfüllen muss (BGH NJW 1989, 1946), wie etwa bei der Übernahme von Grundpfandrechten beim Grundstückserwerb (s aber § 1821 I Nr 5). Eine fremde Schuld iSd § 1822 Nr 10 übernimmt der Mündel auch, wenn er sich gesamtschuldnerisch verpflichtet (Staud/*Engler* Rn 131). Die Genehmigungspflicht entfällt auch nicht dadurch, dass sich ein Dritter im Innenverhältnis zum Mündel zur Übernahme der Belastungen verpflichtet (Hamm FamRZ 01, 53). **Genehmigungsbedürftig** sind die Übernahme einer Bürgschaft, die Übernahme fremder Schulden iSd §§ 414 ff, die Verpfändung (RG 63, 76) oder Sicherungsübereignung zur Sicherung fremder Schulden (RG JW 15, 141), der Erwerb von Miteigentumsanteilen bei gesamtschuldnerischer Haftung für den gesamten Kaufpreis (BGHZ 60, 385), der Beitritt zu einer Gesellschaft, sofern der Mündel nach §§ 16 III, 24 GmbHG mit der Haftung für eine fremde Verbindlichkeit belastet wird, für die er bei dem säumigen Gesellschafter Regress nehmen kann (Staud/*Engler* Rn 137; BGHZ 107, 24). Unerheblich ist, ob die Haftung für die fremde Verbindlichkeit auf der Erklärung oder als deren Folge auf Gesetz beruht (RG 133, 7). Ein Beitritt des Mündels zu einer eingetragenen Genossenschaft mit unbeschränkter oder beschränkter Haftung ist hingegen nicht nach Nr 10 genehmigungsbedürftig, da eine evtl Nachschusspflicht der Genossen als deren eigene Schuld gegenüber der Genossenschaft, nicht gegenüber ihren Gläubigern übernommen wird (Staud/*Engler* Rn 140; Hamm NJW 66, 1971 u BGHZ 41, 71). Eine allgemeine Ermächtigung gem § 1825 ist möglich.

Nr 11 macht die **Erteilung der Prokura** durch den Vormund von der vorherigen genehmigung abhängig. 22 Gemeint ist hier ausschließlich die Erteilung einer Prokura iS der §§ 48 ff HGB, nicht die Erteilung sonstiger Vollmachten (Hamm FamRZ 72, 270). Ferner muss der Prokurist Vertreter des Mündels sein, vertritt er nur eine juristische Person, an der der Mündel beteiligt ist (GmbH, AG), ist Nr 11 nicht anzuwenden (Staud/*Engler* Rn 146). Besteht bereits eine Prokura zu dem Zeitpunkt in dem der Mündel in das Geschäft eintritt, kann diese ohne Genehmigung fortgeführt werden (Hamm BB 56, 900). Für die Zurücknahme der Prokura ist die Genehmigung des Vormundschaftsgerichts nicht erforderlich (Staud/*Engler* Rn 145). Auch der Vormund kann mit Genehmigung des Vormundschaftsgerichts durch einen Pfleger zum Prokuristen bestellt werden, kann sich jedoch nicht selbst dazu bestellen (§ 1795 II). Unabhängig von der Eintragung ins Handelsregister (RG 127, 153), ist die nicht genehmigte Prokura unwirksam (§ 1831).

Nr 12 betrifft den **Abschluss eines Vergleichs** (§§ 779 u §§ 794 I Nr 1, 796 a ZPO) oder **Schiedsvertrags** 23 (vgl §§ 1025 ff ZPO). Keiner Genehmigung bedarf es, wenn der gerichtliche oder außergerichtliche Vergleich einem schriftlichen oder protokollierten gerichtlichen Vergleichsvorschlag entspricht. Ferner wenn der Gegenstand des Streits oder der Ungewissheit in Geld schätzbar ist und den Wert von 3000 € nicht übersteigt, wobei es auf die Höhe des Gesamtanspruchs nicht ankommt. Die Wertberechnung richtet sich nach § 3 ff ZPO. Die Genehmigungspflicht nach anderen Vorschriften (ZB § 1821) bleibt unberührt. Enthält ein im Übrigen genehmigungsfreies Rechtsgeschäft eine Schiedsvereinbarung, so hat das Gericht das Rechtsgeschäft insgesamt am Wohl und an den Interessen des Betreuten zu prüfen (Hamm FamRZ 01, 373).

Nr 13 erfasst die Aufhebung oder **Minderung einer für eine Mündelforderung bestehenden Sicherheit** 24 und die entspr Verpflichtung dazu. Gemeint ist nicht nur die Aufgabe einer ausdrücklich nach §§ 232 ff oder nach §§ 108, 710 ZPO bestellten Sicherheit, sondern jede Preisgabe oder Schwächung eines Rechts, das die Durchsetzbarkeit einer Forderung des Mündels stärkt (Staud/*Engler* Rn 163).Voraussetzung ist, dass die Forderung selbst bestehen bleibt. Erfasst sind zB Aufhebung (§ 875) oder Rangrücktritt (§ 880) eines Grundpfandrechts (BayObLG OLGZ 17, 173), die Freigabe eines Bürgen, die Aufhebung eines Pfandrechts (§§ 1253, 1255), der Verzicht auf die Hypothek (§ 1168; KG OLGE 8, 359), Verteilung einer Gesamthypothek auf einzelne Grundstücke (§ 1132 II) usw. Nicht der Genehmigung nach Nr 13 bedarf die Aufhebung einer zur Sicherheit bestellten Hypothek, wenn die zu sichernde Forderung unzweifelhaft wertlos ist (LG Mönchengladbach Rpfleger 03, 651) oder die Aufgabe der Sicherung bereits aus anderen Gründen (zB als Schenkung wegen § 1804) unwirksam ist. Die Genehmigung darf nur erteilt werden, wenn durch die Aufhebung oder Minderung der Sicherheit die Grundsätze der §§ 1807, 1808 über die Mündelsicherheit nicht verletzt werden, es sei denn, es besteht eine entspr Verpflichtung des Mündels (§ 1169).

§ 1823 Genehmigung bei einem Erwerbsgeschäft des Mündels

Der Vormund soll nicht ohne Genehmigung des Vormundschaftsgerichts ein neues Erwerbsgeschäft im Namen des Mündels beginnen oder ein bestehendes Erwerbsgeschäft des Mündels auflösen.

1 Die Vorschrift ergänzt die zwingenden Genehmigungserfordernisse der §§ 1821 f um eine Sollvorschrift. Gebunden sind Beginn (vgl für die Eltern § 1645) und Auflösung eines Erwerbsgeschäfts (vgl § 1822 Rn 10) des Mündels. Die Norm hat den Charakter einer Ordnungsvorschrift, dh, die im Zuge des Geschäftsbetriebes oder der Auflösung getätigten Rechtsgeschäfte werden von der fehlenden Genehmigung nicht berührt (Staud/*Engler* Rn 8), gegen den ohne die erforderliche Genehmigung handelnden Vormund kommen jedoch Maßregeln des Vormundschaftsgerichts (§§ 1833, 1837, 1886) und eine Schadensersatzhaftung in Betracht. Ergänzt wird § 1823 durch § 112 (volle Geschäftsfähigkeit des Minderjährigen für die beim Betrieb des Erwerbsgeschäfts vorgenommenen Handlungen) und § 1822 Nr 3 (Genehmigungsbedürftigkeit des Erwerbs oder der Veräußerung eines Erwerbsgeschäfts).

2 Genehmigt werden muss nur der **Neubeginn oder die Beendigung eines Erwerbsgeschäfts**, nicht aber die Fortführung eines bereits bestehenden, ererbten, geschenkten oder entgeltlich erworbenen (hier ggf § 1822 Nr 3). Daher auch keine Anwendung der Vorschrift bei der Fortsetzung eines Gesellschaftsverhältnisses nach dem Tode eines Gesellschafters mit dem Mündel, wenn die Weiterführung der Gesellschaft für den Fall des Todes eines Gesellschafters schon in dem ursprünglichen Gesellschaftsvertrag bestimmt war. Anders, wenn nur ein Eintrittsrecht für den minderjährigen Erben des Gesellschafters vereinbart worden ist (Staud/*Engler* Rn 6).

§ 1824 Genehmigung für die Überlassung von Gegenständen an den Mündel

Der Vormund kann Gegenstände, zu deren Veräußerung die Genehmigung des Gegenvormunds oder des Vormundschaftsgerichts erforderlich ist, dem Mündel nicht ohne diese Genehmigung zur Erfüllung eines von diesem geschlossenen Vertrags oder zu freier Verfügung überlassen.

1 Die Vorschrift soll die Umgehung der Genehmigungserfordernisse der §§ 1812, 1819 ff verhindern. Der Vormund könnte sonst dem Minderjährigen jeden beliebigen Gegenstand aushändigen, über den dieser dann wegen § 110 ohne Genehmigung wirksam verfügen könnte, während entspr Geschäfte für den Vormund genehmigungspflichtig wären. Dies wird durch § 1824, wie bei den Eltern durch § 1644, verhindert, indem die Norm anordnet, dass für die Überlassung von Gegenständen, zu deren Veräußerung der Vormund der Genehmigung des Gegenvormunds oder des Vormundschaftsgerichts bedarf, an den Mündel ebenfalls die Genehmigung erforderlich ist. Auch die Überlassung von Geldmitteln an den Mündel durch den Vormund oder Dritte macht eine notwendige vormundschaftsgerichtliche Genehmigung nicht entbehrlich (*Schilken* FamRZ 78, 646). § 1812 II gilt entsprechend.

§ 1825 Allgemeine Ermächtigung

(1) Das Vormundschaftsgericht kann dem Vormund zu Rechtsgeschäften, zu denen nach § 1812 die Genehmigung des Gegenvormunds erforderlich ist, sowie zu den in § 1822 Nr. 8 bis 10 bezeichneten Rechtsgeschäften eine allgemeine Ermächtigung erteilen.

(2) Die Ermächtigung soll nur erteilt werden, wenn sie zum Zwecke der Vermögensverwaltung, insbesondere zum Betriebe eines Erwerbsgeschäfts, erforderlich ist.

1 Für Rechtsgeschäfte, die der Genehmigung nach § 1812 oder § 1822 Nr 8–10 bedürfen, kann das Vormundschaftsgericht dem Vormund eine allgemeine Ermächtigung (I) erteilen und so die Führung der Vormundschaft in Fällen erleichtern, in denen üblicher Weise immer wieder gleiche Geschäfte genehmigungsbedürftig werden und sonst jeweils einzeln genehmigt werden müssten. Für andere Genehmigungserfordernisse gilt die Erleichterung nicht. Sie muss ausdrücklich erteilt werden, so dass zB eine allgemeine Anweisung zur Teilung des Nachlasses nicht als Ermächtigung zur Vornahme aller damit verbunden Rechtsgeschäfte zu verstehen ist (RG HRR 30 Nr 791; aA Frankf JW 31, 1380).

2 § 1825 ist eine Ausnahmeregelung und die Ermächtigung soll daher nur erteilt werden, wenn sie zur Vermögensverwaltung und dort vor allem zum Betrieb eines Erwerbsgeschäfts erforderlich ist (II). Wichtiges Kriterium dafür ist die Häufigkeit bestimmter genehmigungspflichtiger Geschäfte. Entspr Ermächtigungen dürfen dabei nicht in erster Linie zur eigenen Arbeitserleichterung des Vormundschaftsgerichts erteilt werden, eine grundlose Ermächtigung kann zur Amtshaftung führen (§ 839). Sie ist beschränkbar auf bestimmte Rechtsgeschäfte, Zeiträume und Geldbeträge (Zur Führung eines Girokontos: Köln Rpfleger 1994, 503; Karlsr FamRZ 01, 786), jedoch nicht über den Gesetzeswortlaut hinaus erweiterbar. Die Ermächtigung sollte in die Bestallungsurkunde aufgenommen werden (§ 69 b II FGG) und kann wenn sie nicht mehr erforderlich ist, mit Wirkung *ex nunc* zurückgenommen werden (§ 18 I FGG).

§ 1826 Anhörung des Gegenvormunds vor Erteilung der Genehmigung

Das Vormundschaftsgericht soll vor der Entscheidung über die zu einer Handlung des Vormunds erforderliche Genehmigung den Gegenvormund hören, sofern ein solcher vorhanden und die Anhörung tunlich ist.

Die Vorschrift ordnet für alle Genehmigungen an, dass vor Erteilung der Gegenvormund gehört werden soll, damit dessen Bedenken und Anregungen in den gerichtlichen Entscheidungsprozess einfließen können. Dies gilt auch für die Fälle eines bloß tatsächlichen Handelns des Vormunds (zB § 1823) und auch wenn die Genehmigung des Gegenvormunds durch das Gericht ersetzt werden soll (zB §§ 1810 S 1 Hs 2, 1812 II). Die Anhörung kann unterbleiben, wenn sie untunlich ist, dh mit zu großem Zeit- oder Geldaufwand verbunden ist. Unterbleibt die Anhörung zu Unrecht, so macht dies die Entscheidung des Gerichts nicht unwirksam. Der Gegenvormund hat ein Beschwerderecht (§ 20 FGG; Hamm NJW 66, 1126). 1

§ 1827
– weggefallen –

§ 1828 Erklärung der Genehmigung

Das Vormundschaftsgericht kann die Genehmigung zu einem Rechtsgeschäft nur dem Vormund gegenüber erklären.

A. Normzweck. Die Norm bestimmt, auf welche Weise eine vormundschaftsgerichtliche Genehmigung erteilt wird. Sie betrifft nur Genehmigungen, von denen die Wirksamkeit eines Rechtsgeschäfts abhängt (§§ 1812, 1819, 1820, 1821, 1822) nicht hingegen solche, die bloße Sollvorschrift sind und deren Ausbleiben die Wirksamkeit des Rechtsgeschäfts nicht beeinflusst (§§ 1810, 1823), ferner nicht die Fällen des § 1811 (RG JW 17, 290). Ausschließlicher Adressat der Genehmigung ist der Vormund, der selbst zu entscheiden hat, ob er von der Ermächtigung Gebrauch machen will. Es ist dabei gleichgültig, ob der Vormund selbst das genehmigungsbedürftige Geschäft vornimmt oder einem Geschäft zustimmen will, das der Mündel vorgenommen hat. Die Genehmigung ist ihrer **Rechtsnatur** nach ein Akt der freiwilligen Gerichtsbarkeit (BayObLG Rpfleger 03, 82; Staud/*Engler* Rn 9) mit der Folge, dass die Anwendung der §§ 116 ff ausscheidet und Korrekturen nur nach den Vorschriften des FGG (s § 18 FGG Widerruf) erfolgen können (Staud/*Engler* Rn 11). Auch die §§ 182 ff finden keine unmittelbare Anwendung, jedoch ist eine analoge Anwendung des § 184 I u II möglich, so dass die Genehmigung des Vormundschaftsgerichts auf den Zeitpunkt der Vornahme des Rechtsgeschäfts zurückwirkt (RGZ 142, 62; Staud/*Engler* Rn 10). 1

B. Zeitpunkt. Die vormundschaftsgerichtliche Genehmigung zu einem Vertrag kann vor und nach (vgl §§ 1829, 1839) dessen Abschluss erteilt werden. Einseitige Rechtsgeschäfte müssen vorweg genehmigt sein (§ 1831). Die vorherige Einholung der Genehmigung setzt voraus, dass der Inhalt des Vertrages bereits im Wesentlichen feststeht (KG OLGE 66, 78), wobei Einzelheiten des Vertrages den Parteien überlassen bleiben können (BayObLG FamRZ 76, 539). Ein Vorbescheid darf nicht, erteilt werden; eine allgemeine Ermächtigung nur im Rahmen des § 1825. Genehmigt werden kann immer nur das Geschäft, das der Vormund/ Betreuer vorlegt, das Gericht darf kein eigenes Geschäft an dessen Stelle setzen. Bei erteilter Vorgenehmigung wird der Vertrag unmittelbar mit Abschluss wirksam, bei einer Nachgenehmigung erst dann, wenn der Vormund durch Mitteilung an den Dritten davon Gebrauch macht. 2

C. Genehmigungsvoraussetzungen. I. Inhalt. Das Gericht prüft die **Wirksamkeit des Rechtsgeschäfts** und die Frage, ob das Geschäft dem **Interesse des Mündels** dient (BayObLG FamRZ 89, 540). Bei der durch das Gericht zu treffenden Ermessensentscheidung BGH NJW 86, 2829; aA Karlsr FamRZ 73, 378; nach Staud/ *Engler* Rn 15 unbestimmter Rechtsbegriff) sind neben der rechtlichen Zulässigkeit auch Zweckmäßigkeitsgesichtspunkte einzubeziehen. Die Genehmigung ist in jedem Fall zu versagen, wenn das in Aussicht genommenen Geschäft gegen die §§ 134, 138 verstößt oder aus anderen Gründen offenbar unwirksam ist, etwa weil eine von der Vertretung ausgeschlossene Person die zu genehmigende Erklärung abgegeben hat (BayObLG FamRZ 01, 51) oder eine Grundstücksübertragung durch den Betreuer nur deshalb erfolgt, um den Zugriff des Sozialhilfeträgers zu verhindern (Frankf FamRZ 05, 60). Bloße Zweifel genügen zur Versagung der Genehmigung nicht (Mü JFG 15, 177). Das Gericht hat in diesen Fällen die Genehmigung zu erteilen und die Beteiligten auf den Prozessweg zu verweisen (KG FamRZ 63, 467; BayObLG FamRZ 76, 539). 3

II. Maßstab. Maßstab für die gerichtliche Prüfung ist das Mündelinteresse im Zeitpunkt der Genehmigung (BayObLG FamRZ 03, 631). Das Gericht hat dabei unter Berücksichtigung der Dispositionsbefugnis des Vormunds (Zweibr Fam RZ 01, 1236) eine Gesamtabwägung aller Vorteile und Risiken des zu prüfenden Geschäfts für den Mündel vorzunehmen (Hamm Rpfleger 04, 214, 216; Staud/*Engler* Rn 16). Zu berücksichtigen sind neben Aspekten einer wirtschaftlichen Vermögensverwaltung auch persönliche immaterielle Inte- 4 ressen des Mündels (BGH NJW 86, 2829 f; BayObLG FamRZ 90, 208; Staud/*Engler* Rn 16). Ob ideelle Interessen es rechtfertigen, einen wirtschaftlich nicht vorteilhaften Vertrag zu genehmigen bedarf in jedem Fall sorgfältiger Abwägung, wobei dem Frieden und Zusammenhalt in der Familie besondere Bedeutung zukommt (BayObLG FamRZ 89, 540; Hamm Rpfleger 87, 200; aA MüKo/*Wagenitz* Rn 19). Bei der Betreuung ist für die Erteilung der Genehmigung nicht nur das objektive wirtschaftliche Interesse des Betreuten zu berücksichtigen, sondern gem § 1901 III vorrangig seine eigenen Wünsche (BayObLG FamRZ 98, 455).

5 **III. Umfang.** Genehmigt werden müssen grds sowohl das Verpflichtungs- als auch das Verfügungsgeschäft, wobei regelmäßig jedoch auch die Genehmigung der Verpflichtung anzunehmen ist, wenn nur das Verfügungsgeschäft genehmigt wird. Ist ein nach § 117 unwirksamer Scheinvertrag genehmigt worden, so bezieht sich die Genehmigung nur auf diesen Vertrag, nicht hingegen auf den wirklich geschlossenen (Staud/*Engler* Rn 36). Zur Teilnichtigkeit des genehmigten Rechtsgeschäfts und der Anwendung von § 139 vgl BGH FamRZ 54, 110. Die Genehmigung kann unter einer aufschiebenden Bedingung erteilt werden (Staud/*Engler* Rn 39). Dies gilt dann als Verweigerung der ursprünglich beantragten Genehmigung mit gleichzeitig vorheriger Genehmigung des bedingungsgemäß vorgenommenen Rechtsgeschäfts (BayObLG FamRZ 74, 320). Die Bedingungen müssen sich jedoch im Rahmen des zunächst vom Vormund beantragten Rechtsgeschäfts halten, da das Vormundschaftsgericht den Vormund nur zu überwachen, aber nicht in seine Verwaltung einzugreifen hat (Staud/*Engler* Rn 40). Auflagen sind aus dem gleichen Grund nicht zulässig (Staud/*Engler* Rn 41).

6 **IV. Form.** Die Genehmigung kann in jeder beliebigen Form, etwa zu Protokoll (§ 16 III FGG), durch mündliche Bekanntgabe oder selbst stillschweigend (RG 130, 148) erteilt werden und bedarf insbesondere nicht der für das Rechtsgeschäft selbst vorgeschriebenen Form (Staud/*Engler* 29).

7 **V. Adressat.** Die Genehmigung oder ihre Versagung wird wirksam durch Erklärung gegenüber dem Vormund oder einem von ihm Bevollmächtigten. (§§ 13, 16 I FGG; BGH 15, 97). Eine Erklärung gegenüber einer nicht ermächtigten Person, etwa dem vertragsschließenden Mündel, dem Notar oder den Geschäftspartner, genügt nicht, selbst dann, wenn der Vormund davon erfährt (RG 59, 277). Zulässig ist allerdings die Doppelbevollmächtigung des Notars oder eines seiner Angestellten, die Genehmigung entgegenzunehmen und dem anderen Vertragsteil mitzuteilen, wenn dies nach außen offenkundig gemacht wird (BayObLG FamRZ 98, 1325) und dadurch das Wahlrecht des Vormunds, von der Genehmigung keinen Gebrauch zu machen, nicht eingeschränkt wird Ddorf NJW 59, 391). Die Entgegennahme und Weiterleitung einer Versagung der Genehmigung ist dagegen idR nicht von der Bevollmächtigung des Notars umfasst, da dadurch dem Vertragsgegner die Beschwerdemöglichkeit genommen würde (BayObLG Rpfleger 88, 482). Für die Amtsvormundschaft vgl §§ 55 II SGB VIII. Auf die Bekanntmachung der Genehmigung kann auch nicht wirksam verzichtet werden, etwa durch Vereinbarung das der Eingang der Genehmigung beim Streitgericht oder einem Dritten genügen soll (Ddorf NJW 59, 391; BayObLG FamRZ 89, 1113). Wirksamer Zugang (§§ 130 ff) der Entscheidung kann auf Ersuchen des Vormundschaftsgerichts auch über ein anderes Gericht (bei Vergleich etwa das Streitgericht) bewirkt werden (BayObLG NJW 60, 2188).

8 **VI. Negativattest.** Dieses ist zu erteilen, wenn das Gericht zu dem Ergebnis kommt, das ein bestimmtes Rechtsgeschäft keiner Genehmigung bedarf (BayObLG FamRZ 74, 320). Es steht der Genehmigung nicht gleich, weil zu seiner Erteilung eine Prüfung der Mündelinteressen idR nicht stattgefunden hat (BGH 44, 325).

9 **D. Verfahren.** Die Erteilung der Genehmigung erfolgt von Amts wegen, ein förmlicher Antrag ist nicht erforderlich (BGH DNotZ 67, 320). Es besteht keine Pflicht des Vormunds, die Genehmigung einzuholen (BGH 7, 208, 213 f) und sie darf auch nicht gegen seinen Willen erteilt werden (Staud/*Engler* Rn 49). Ein Dritter, etwa der andere Vertragsteil, kann die Erteilung einer Genehmigung lediglich anregen, wird dadurch aber nicht zum Verfahrensbeteiligten und hat daher auch keinen Anspruch auf Erteilung eines Bescheids (Staud/*Engler* Rn 51). Für das Verfahren gilt der **Amtsermittlungsgrundsatz** (§ 12 FGG). Anzuhören sind der Mündel, der Gegenvormund und die nahen Angehörigen des Mündels (vgl § 1826, §§ 50 a f FGG). Formloser Widerruf oder Abänderung der Genehmigung ist bis zu ihrem Wirksamwerden (ggü Vormund gem § 16 FGG, dem Dritten ggü nach § 1829) möglich (§§ 18, 55 FGG; BayObLG FamRz 65, 397). Danach kommt eine Änderung nur noch bei schweren Verstößen gegen die rechtsstaatlichen Anforderungen in Betracht (BayObLG FamRZ 89, 1113; Stuttg FamRZ 98, 1323, 99, 677, 00, 1438). Gegen die Versagung der Genehmigung ist Vormund namens des Mündels beschwerdeberechtigt (§ 20 FGG). In Ausnahmefällen ist auch eine Beschwerde des Mündels/Betreuten und ggf dessen Erben gegen die Erteilung der Genehmigung zulässig (Staud/*Engler* Rn 56 mwN; BayObLG NJW 65, 397; Hamm FamRZ 04, 1386). Eine Beschwerderecht Dritter (Gegenvormund, Geschäftsgegner) besteht nur dann, wenn eine erteilte Genehmigung unzulässigerweise widerrufen wurde oder wenn das Geschäft von vornherein keiner Genehmigung bedürfte (vgl §§ 55, 57 I Nr 9, 62 FGG; RG 56, 125; BayObLG FamRZ 64, 526; Hamm FamRZ 84, 1036; Staud/*Engler* Rn 60 mwN).

§ 1829 Nachträgliche Genehmigung

(1) ¹Schließt der Vormund einen Vertrag ohne die erforderliche Genehmigung des Vormundschaftsgerichts, so hängt die Wirksamkeit des Vertrags von der nachträglichen Genehmigung des Vormundschaftsgerichts ab. ²Die Genehmigung sowie deren Verweigerung wird dem anderen Teil gegenüber erst wirksam, wenn sie ihm durch den Vormund mitgeteilt wird.
(2) Fordert der andere Teil den Vormund zur Mitteilung darüber auf, ob die Genehmigung erteilt sei, so kann die Mitteilung der Genehmigung nur bis zum Ablauf von zwei Wochen nach dem Empfang der Aufforderung erfolgen; erfolgt sie nicht, so gilt die Genehmigung als verweigert.
(3) Ist der Mündel volljährig geworden, so tritt seine Genehmigung an die Stelle der Genehmigung des Vormundschaftsgerichts.

A. Normzweck. In den §§ 1829–1831 werden für den Fall Regelungen getroffen, dass die Genehmigung noch nicht vorliegt, wenn das genehmigungsbedürftige Geschäft vorgenommen wird. Mit einigen spezifischen Abweichungen, die aus der besonderen Schutzbedürftigkeit des Mündels resultieren, entsprechen sie weitgehend den Regeln bei beschränkter Geschäftsfähigkeit (§§ 108 f, 111) und der Vertretung ohne Vertretungsmacht (§§ 177 f, 180). 1

B. Rechtsfolge. Fehlt bei Vornahme des Geschäfts durch den Vormund die vormundschaftsgerichtliche Genehmigung so führt dies bei einseitigen Rechtsgeschäften zur Nichtigkeit (§ 1831 S1). Verträge sind bis zur Genehmigung durch das Vormundschaftsgericht schwebend unwirksam (I 1). Eine bereits erteilte Genehmigung wird erst wirksam, wenn der Vormund von ihr Gebrauch macht. Es handelt sich um zwingendes Recht, das nicht durch Parteivereinbarungen, etwa den Verzicht des Dritten auf Mitteilung der Genehmigung, abgeändert werden kann (Staud/*Engler* Rn 29 mwN). Die Mitteilung an den Geschäftsgegner, dass die Genehmigung erteilt ist, ist keine bloße Tatsacheninformation sondern empfangsbedürftige Willenserklärung, wobei der Vormund zum Ausdruck bringen muss, dass er am Vertrag, so wie er geschlossen und vom Vormundschaftsgericht genehmigt ist, festhält (Staud/*Engler* Rn 19; BayObLG FamRZ 89, 540). Ist die Genehmigung vom Vormundschaftsgericht verweigert worden, so kann auch die Verweigerung nur vom Vormund wirksam dem Dritten mitgeteilt werden, eine unmittelbare Mitteilung der Versagung durch das Gericht ist rechtlich wirkungslos (BayObLG FamRZ 96, 242). Der Dritte kann sich während der Schwebezeit, anders als in den Fällen der §§ 108, 177, regelmäßig nicht durch Widerruf vom Vertrag lösen. Nur ausnahmsweise räumt ihm § 1830 diese Option ein, wenn der Vormund wahrheitswidrig das Vorliegen der Genehmigung behauptet hat. Der Dritte kann jedoch nach § 1892 II den Vormund zur Mitteilung darüber auffordern, ob die Genehmigung erteilt worden ist. Die Aufforderung ist nicht formgebunden, muss aber zumindest erkennen lassen, dass es sich nicht um eine bloße Sachstandsanfrage handelt (Ddorf FGPrax 03, 266). Dem Vormund bleiben dann nach dem Zugang der Aufforderung nur zwei Wochen die Genehmigung dem Dritten mitzuteilen. Ob bereits eine Genehmigung des Vormundschaftsgerichts vorliegt, oder beantragt wurde, ist unerheblich (RGZ 130, 148, 152). Die Berechnung der Frist richtet sich nach §§ 187 I, 188 II, eine vertragliche Verlängerung ist nach hM zulässig (Staud/*Engler* Rn 38 f mwN). Läßt der Vormund die Frist ungenutzt verstreichen, gilt die Genehmigung als verweigert und kann auch zu einem späteren Zeitpunkt nicht mehr wirksam nachgeholt werden. 2
Die Genehmigung richtet sich nach § 1828. Die Mitteilung der Genehmigung hat rechtsgeschäftlichen Charakter. Sie kann daher wegen Willensmängeln angefochten werden und ist nur solange widerruflich, als durch Zugang beim Dritten wirksam geworden ist (§ 130 I 2). Die Mitteilung ist nicht formgebunden, sie also sowohl schriftlich als auch mündlich und auch durch schlüssige Handlungen erfolgen (Staud/*Engler* Rn 27). 3
Ist der Mündel volljährig geworden, tritt seine Genehmigung an die Stelle der vormundschaftsgerichtlichen (III). Der Mündel ist nicht verpflichtet den Vertrag zu genehmigen, auch wenn er selbst, kurz bevor er volljährig wurde, am Zustandekommen des Vertrags beteiligt war (BGH WM 63, 811; MüKo/*Schwab* Rn 30). Eine gerichtliche Genehmigung ist wirkungslos, auch wenn sie bereits während der Minderjährigkeit beantragt wurde. Beim Tode des Mündels geht die Entscheidungsbefugnis auf die Erben über. 4
Verweigert das Vormundschaftsgericht die Genehmigung und teilt der Vormund dies dem Dritten mit, so ist das Geschäft endgültig unwirksam. 5

§ 1830 Widerrufsrecht des Geschäftspartners

Hat der Vormund dem anderen Teil gegenüber der Wahrheit zuwider die Genehmigung des Vormundschaftsgerichts behauptet, so ist der andere Teil bis zur Mitteilung der nachträglichen Genehmigung des Vormundschaftsgerichts zum Widerruf berechtigt, es sei denn, dass ihm das Fehlen der Genehmigung bei dem Abschluss des Vertrags bekannt war.

Hat der Vormund einen Vertrag ohne die erforderliche vormundschaftsgerichtliche Genehmigung geschlossen, so ist dieser schwebend unwirksam (vgl § 1829 Rn 2). Der Vertragspartner ist grds an den Vertrag gebunden und kann diesen Schwebezustand nur nach nur nach § 1829 II beenden. Ausnahmsweise steht ihm 1 jedoch ein **Widerrufsrecht** nach § 1830 zu, wenn der Vormund ihm gegenüber vor oder bei Vertragsschluss (Staud/*Engler* Rn 7) wahrheitswidrig die Genehmigung des Vormundschaftsgerichts behauptet hat und der Dritte nicht wusste, dass es tatsächlich an der Genehmigung fehlt (Staud/*Engler* Rn 9). Es genügt dabei, wenn der Vormund dabei einen Irrtum seines Geschäftspartners über das Vorliegen der Genehmigung treuwidrig ausnutzt (MüKo/*Schwab* Rn 2). Wird die Genehmigung nachträglich erteilt und teilt der Vormund dies dem Geschäftspartner mit, so erlischt das Widerrufsrecht (§ 1829 I). Auch ein Verzicht auf das Widerrufsrecht ist zulässig (Staud/*Engler* Rn 11). Die Norm findet auch Anwendung, wenn nicht der Vormund, sondern der beschränkt geschäftsfähige Mündel selbst den Vertrag geschlossen hat. Der Widerruf erfolgt durch einseitige empfangsbedürftige Willenserklärung.

2 **Der Widerruf bewirkt** die Unwirksamkeit des Vertrages. Der Vormund haftet dem Geschäftspartner gegenüber aus §§ 823, 826; dem Mündel gegenüber gem § 1833. Ein Anspruch aus § 179 ist ausgeschlossen.

§ 1831 Einseitiges Rechtsgeschäft ohne Genehmigung

¹Ein einseitiges Rechtsgeschäft, das der Vormund ohne die erforderliche Genehmigung des Vormundschaftsgerichts vornimmt, ist unwirksam. ²Nimmt der Vormund mit dieser Genehmigung ein solches Rechtsgeschäft einem anderen gegenüber vor, so ist das Rechtsgeschäft unwirksam, wenn der Vormund die Genehmigung nicht in schriftlicher Form vorlegt und der andere das Rechtsgeschäft aus diesem Grunde unverzüglich zurückweist.

1 **A. Inhalt.** Einseitige Rechtsgeschäfte des Vormunds, wie etwa Erteilung einer Prokura nach § 1822 Nr 11, Kündigung eines Mietvertrages, Ausüben eines Vorkaufrechts, Ausschlagen einer Erbschaft, Aufgabeerklärung nach § 875 (KG OLG 44, 81); nicht hingegen Vertragsangebot oder Annahme einer Leistung als Erfüllung, **sind unheilbar nichtig**, wenn sie ohne die erforderliche Genehmigung vorgenommen werden (RG 118, 145). Der Vormund kann das nichtige Geschäft jedoch mit der erforderlichen Genehmigung jederzeit wiederholen, um doch noch seine Wirksamkeit zu erreichen.

2 Kein selbständiges einseitiges Rechtsgeschäft im Sinne des § 1831 ist die Zustimmung des Vormunds zu einem durch den Mündel selbst geschlossenen genehmigungspflichtigen Geschäft. In diesen Fällen ist der Vertrag selbst Genehmigungsgegenstand, mit der Folge, dass nicht die §§ 109 I, 1831, sondern die §§ 1829, 1830 Anwendung finden.

3 **B. Zeitpunkt der Genehmigung.** Die Genehmigung muss spätestens vorliegen, wenn diese Geschäfte wirksam werden sollen, idR also bei Zugang der entspr Willenserklärung beim Adressaten (vgl § 130). Eine später erteilte Genehmigung entfaltet keine Rückwirkung (KG JW 28, 1405). Bei amtsempfangsbedürftigen Erklärungen kann von diesen strengen Regelungen abgesehen werden. So genügt es für die Ausschlagung der Erbschaft, dass die erforderliche Genehmigung bis zum Ablauf der Ausschlagungsfrist dem Nachlassgericht nachgewiesen ist.

4 Auch eine danach mitgeteilte Genehmigung kann genügen, wenn der Vormund vor Ablauf der Ausschlagungsfrist den Antrag auf Genehmigung beim Vormundschaftsgericht gestellt hat, sich die Erteilung aber über das Ende der Frist hinaus verzögert (Staud/*Engler* Rn 13–16 mwN). Bis zur Erteilung der Genehmigung ist der Lauf der Ausschlagungsfrist gehemmt (§§ 1944 II 3; Frankf FamRZ 66, 259; BayObLG FamRZ 83, 834). In keinem Fall darf das Vormundschaftsgericht die Genehmigung mit Verweis auf eine bereits abgelaufene Erklärungsfrist verweigern, weil diese Prüfung allein dem Prozessgericht obliegt (BayObLG FamRZ 69, 434) Auf Erklärungen gegenüber Behörden und Gerichten ist § 1831 S 1 nicht anwendbar, da diese durch Fristsetzung selbst die Ungewissheit über die vormundschaftsgerichtliche Genehmigung der ihnen gegenüber abzugebenden Erklärungen beenden können. Dies gilt etwa für den Eintragungsantrag beim Grundbuchamt mit Rücksicht auf § 18 GBO, ferner für amtsempfangsbedürftige Anträge an Behörden und Gerichte (zB Antrag auf Teilungsversteigerung § 181 II 2 ZVG; s Staud/*Engler* Rn 19), schließlich bei genehmigungsbedürftigen Klagen (vgl § 607 II 2 ZPO), wo der Nachweis der Genehmigung noch bis zu letzten mündlichen Verhandlung und sogar noch in der Revisionsinstanz zulässig sein soll (Staud/*Engler* Rn 20; FamRZ 66, 504).

5 **C. Zurückweisung.** Auch bei rechtzeitiger Genehmigung kann das Rechtsgeschäft unwirksam sein, wenn der Vormund die vormundschaftsgerichtliche Genehmigung nicht in schriftlicher Form (es genügt die Vorlegung einer Ausfertigung oder beglaubigten Abschrift der Genehmigungsverfügung, vgl §§ 16, 34 S 2 FGG) vorlegt und der Geschäftspartner das Rechtsgeschäft aus diesem Grund unverzüglich (§ 121) zurückweist (§ 1831 S 2). S 2 gilt nur für Privatpersonen als Empfänger (Staud/*Engler* Rn 22, MüKo/*Wagenitz* Rn 11; aA), nach aA auch für Erklärungen, die einer Behörde gegenüber abzugeben sind (BayObLG Rpfleger 91, 457, 458 für Aufgabeerklärung ggü Grundbuchamt; Erman/*Holzhauer* Rn 9 für Ausschlagungserklärung ggü Nachlassgericht).

§ 1832 Genehmigung des Gegenvormunds

Soweit der Vormund zu einem Rechtsgeschäft der Genehmigung des Gegenvormunds bedarf, finden die Vorschriften der §§ 1828 bis 1831 entsprechende Anwendung.

Die Norm erstreckt für solche Genehmigungserfordernisse, bei denen das Fehlen der Genehmigung zur Unwirksamkeit des Geschäfts führen würde (vgl §§ 1809, 1812 und 1813 II), die Regeln für die gerichtliche Genehmigung auch auf die Genehmigung durch den Gegenvormund. Handelt es sich um reine Soll-Genehmigungen, wie im Fall von § 1810, so ist die Vorschrift nicht anwendbar. Die Genehmigung des Gegenvormunds ist dem Vormund gegenüber zu erklären (§ 1828). 1

§ 1833 Haftung des Vormunds

(1) ¹Der Vormund ist dem Mündel für den aus einer Pflichtverletzung entstehenden Schaden verantwortlich, wenn ihm ein Verschulden zur Last fällt. ²Das Gleiche gilt von dem Gegenvormund.
(2) ¹Sind für den Schaden mehrere nebeneinander verantwortlich, so haften sie als Gesamtschuldner. ²Ist neben dem Vormund für den von diesem verursachten Schaden der Gegenvormund oder ein Mitvormund nur wegen Verletzung seiner Aufsichtspflicht verantwortlich, so ist in ihrem Verhältnis zueinander der Vormund allein verpflichtet.

A. Rechtsgrund. Die Norm regelt die Haftung für Schäden, die der Vormund oder der Gegenvormund dem Mündel (I) zufügt. Ihre Rechtsgrundlage wird von der hM auf ein gesetzliches Schuldverhältnis familienrechtlicher Art zurückgeführt, da Vormund und Gegenvormund nicht Beamte im Sinne des § 839 sind, sondern trotz staatlicher Kontrolle ihrer Amtsführung in einem privatrechtlichen Verhältnis zum Mündel stehen (BGHZ 17, 108; Staud/*Engler* Rn 5 mwN; aA *Pardey* FamRZ 89, 1034). 1

B. Anwendungsbereich. Die Grundsätze des § 1833 gelten für alle Vormünder. Beim Amtsvormund konkurriert die Haftung aus § 1833 mit der Amtshaftung nach § 839 iVm Art 34 GG, wobei sich der Mündel bei § 1833 ggf besser steht, da für sie die längere Verjährungsfrist gilt und § 839 III keine Anwendung findet (BGHZ 9, 255; Nürnbg FamRZ 65, 454). Beim Vereinsvormund haftet der Verein nach § 31 für das Verschulden verfassungsmäßig bestellter Vertreter und des Vorstands, nicht hingegen für persönlich zum Vormund bestellte Mitarbeiter. Wird die Vormundschaft aufgehoben, weil ihre gesetzlichen Grundlagen nicht vorlagen (RG 84, 92), auch die bloße Untauglichkeit des Vormunds (§ 1781), schließt eine Haftung nach § 1833 nicht aus. Anders bei der Bestellung eines geschäftsunfähigen Vormunds (§ 1780). 2

Gegenüber Dritten bleibt es bei den allgemeinen Haftungsregeln (insbes §§ 823 ff). Eine Haftung des Vormunds aus § 1833 kommt nur ausnahmsweise in Betracht (zB bei Verletzung der Aufsichtspflicht: BGHZ 100, 313), da seine Amtspflichten idR nur gegenüber dem Mündel bestehen. Der Mündel haftet dem Dritten ggf nach § 278. 3

C. Voraussetzungen der Haftung. 1. Wirksame Bestellung. Vormund, Mitvormund oder Gegenvormund müssen wirksam bestellt worden sein (s für den Fall des § 1780 Rn 2). 4

2. Pflichtverletzung. Der Vormund muss eine Pflichtverletzung begangen haben, sei es durch Verstoß gegen das allgemeine Gebot, die Vormundschaft treu und gewissenhaft zu führen, sei es durch Zuwiderhandlung gegen eine gesetzlich angeordnete Verpflichtung (auch solche aus Sollvorschriften oder gegen eine konkrete Anordnung des Vormundschaftsgerichts. Bei der Amtsvormundschaft kann eine unzureichende Personalausstattung des Jugendamtes zu einer Haftung der Trägerkörperschaft wegen Organisationsmangels führen (KG DAV 75, 439). Als Pflichtverletzungen kommen zB in Betracht: 5

a) Bei der **Geltendmachung von Unterhaltsansprüchen** zB ein zu niedriger Antrag (*Odersky* FamRZ 72, 622); die Unterlassung bei titulierten Forderungen rechtzeitig die Zwangsvollstreckung zu betreiben (KG DAV 75, 439; LG Siegen DAV 89, 312); Nichtberücksichtigung des Währungsverfalls bei Abfindungen (BGH 9, 255).

b) Bei der **Geltendmachung und Sicherung anderer Ansprüche** zB das Führen aussichtsloser Prozesse (Hburg NJW 60, 1207; Schlesw FamRZ 97, 1427); die prüfungslose Hinnahme von Wertgutachten (BGH FamRZ 83, 1220), ein Vertragsschluß ohne Absicherung offensichtlicher Risiken (BGH 03, 1924); unterlassene oder verspätete Geltendmachung von Renten oder Sozialhilfeansprüchen des Mündels/Betreuten (LG Berlin NJWE-FER 01, 210; Schlesw FamRZ 97, 1427); verstreichen lassen von Erwerbs oder Gewinnmöglichkeiten des Mündels (BGH FamRZ 05, 358; Celle NJW-RR 99, 10; Kobl NJW-RR 04, 1375; Zweibr BtPRax 04, 246). c) Soweit der Vormund nach der Art der Geschäfte **einzelne Aufgaben** delegieren darf, haftet er bloß für die Auswahl und die Überwachung der Hilfspersonen (RG 76, 185). Eine **Genehmigung** der Handlungen des Vormunds durch das Vormundschaftsgericht oder den Gegenvormund schließt eine Haftung grds nicht aus (BGH FamRZ 64, 199), er darf sich jedoch auf Rechtsauskünfte des Gerichts verlassen BGH FamRZ 83, 1220).

6 **3. Schaden.** Dem Mündel muss durch die Pflichtverletzung ein Schaden entstanden sein. Es gelten die §§ 249 ff. Schädigt das Mündel aufgrund einer Pflichtverletzung des Vormunds einen Dritten, so steht ihm ein Freistellungsanspruch gegen den Vormund zu (Hamm DAV 78, 221). Ein Mitverschulden des Mündels führt zur Kürzung des Ersatzanspruchs (§ 254).

7 **4. Verschulden.** Die Pflichtverletzung muss schuldhaft erfolgt sein, wobei grds für jeden Grad der Fahrlässigkeit (§ 276 I) gehaftet wird. Dies gilt auch für den Amtsvormund (Nürnbg FamRZ 65, 454). Bei den Sorgfaltsanforderungen wird aber auch der konkrete Lebenskreis von Vormund und Mündel berücksichtigt (Schlesw FamRZ 97, 1427). Unsicherheit oder das Gefühl der Überforderung, etwa bei der Vermögenssorge oder im Bereich der Prozeßführung, wirken hingegen idR nicht schuldentlastend, sondern begründen lediglich die Pflicht sich bei Kundigen fachlichen Rat einzuholen (BGH FamRZ 83, 1220; Hamm FamRZ 95, 696). Hat der Vormund das Mündel hingegen auf längere Zeit in seinem Haushalt aufgenommen, so haftet er nur für eigenübliche Sorgfalt (§§ 1793 II 2, 1664).

8 **D. Mehrere Verantwortliche.** Mehrere Verantwortliche (zB Vormund und Gegenvormund oder Mitvormünder), haften dem Mündel gem §§ 421 ff als **Gesamtschuldner** (II 1). Für den Innenausgleich bestimmt II 2, dass der Vormund allein verpflichtet ist, wenn neben ihm für den Schaden nur ein Gegenvormund oder Mitvormund wegen Verletzung der Aufsichtspflicht verantwortlich ist. Für die Haftung des Vormundschaftsrichters und Rechtspflegers gelten § 839 iVm Art 34 GG. Vgl auch § 841.

§ 1834 Verzinsungspflicht

Verwendet der Vormund Geld des Mündels für sich, so hat er es von der Zeit der Verwendung an zu verzinsen.

1 Die Norm ergänzt § 1805, der anordnet, dass der Vormund das Vermögen des Mündels von seinem eigenen streng getrennt zu halten hat. Nach § 1834 hat der Vormund Mündelgeld, das er unter Verstoß gegen diesen Grundsatz, auf eigene Konten eingezahlt hat, ohne Rücksicht auf ein Verschulden oder die Entstehung eines Schadens, nach § 246 zum gesetzlichen Zinssatz von 4 % zu verzinsen. Ein weitergehender Anspruch kann sich aus § 1833 ergeben.

§ 1835 Aufwendungsersatz

(1) ¹Macht der Vormund zum Zwecke der Führung der Vormundschaft Aufwendungen, so kann er nach den für den Auftrag geltenden Vorschriften der §§ 669, 670 von dem Mündel Vorschuss oder Ersatz verlangen; für den Ersatz von Fahrtkosten gilt die in § 5 des Justizvergütungs- und –entschädigungsgesetzes für Sachverständige getroffene Regelung entsprechend. ²Das gleiche Recht steht dem Gegenvormund zu. ³Ersatzansprüche erlöschen, wenn sie nicht binnen 15 Monaten nach ihrer Entstehung gerichtlich geltend gemacht werden; die Geltendmachung des Anspruchs beim Vormundschaftsgericht gilt dabei auch als Geltendmachung gegenüber dem Mündel.
(1a) ¹Das Vormundschaftsgericht kann eine von Absatz 1 Satz 3 abweichende Frist von mindestens zwei Monaten bestimmen. ²In der Fristbestimmung ist über die Folgen der Versäumung der Frist zu belehren. ³Die Frist kann auf Antrag vom Vormundschaftsgericht verlängert werden. Der Anspruch erlischt, soweit er nicht innerhalb der Frist beziffert wird.
(2) ¹Aufwendungen sind auch die Kosten einer angemessenen Versicherung gegen Schäden, die dem Mündel durch den Vormund oder Gegenvormund zugefügt werden können oder die dem Vormund oder Gegenvormund dadurch entstehen können, dass er einem Dritten zum Ersatz eines durch die Führung der Vormundschaft verursachten Schadens verpflichtet ist; dies gilt nicht für die Kosten der Haftpflichtversicherung des Halters eines Kraftfahrzeugs. ²Satz 1 ist nicht anzuwenden, wenn der Vormund oder Gegenvormund eine Vergütung nach § 1836 Abs. 1 Satz 2 in Verbindung mit dem Vormünder- und Betreuervergütungsgesetz erhält.
(3) Als Aufwendungen gelten auch solche Dienste des Vormunds oder des Gegenvormunds, die zu seinem Gewerbe oder seinem Beruf gehören.
(4) ¹Ist der Mündel mittellos, so kann der Vormund Vorschuss und Ersatz aus der Staatskasse verlangen. ²Absatz 1 Satz 3 und Absatz 1 a gelten entsprechend.
(5) ¹Das Jugendamt und ein Verein kann als Vormund oder Gegenvormund für Aufwendungen keinen Vorschuss und Ersatz nur insoweit verlangen, als das einzusetzende Einkommen und Vermögen des Mündels ausreicht. ²Allgemeine Verwaltungskosten einschließlich der Kosten nach Absatz 2 werden nicht ersetzt.

1 **A. Überblick.** Die §§ 1835–1836 e enthalten die Vorschriften über die finanziellen Ansprüche des Vormunds und sind in weiten Bereichen durch das 2.betreuungsrechtsänderungsgesetz mit Wirkung zum 1.7.2005 neu geregelt worden. Sie entfalten direkte Geltung für Vormund und Gegenvormund, finden aber kraft Verweisung auch Anwendung im Bereich der Beistandschaft (§ 1716), der Betreuung (§§ 1908 i, 1908 e, 1908 h)

sowie der Pflegschaft (§ 1915 I). Zu den Besonderheiten der Verfahrenspflegschaft vgl Rn 5. Die zuvor im BGB und im Berufsvormündervergütungsgesetz verstreuten Regelungen, sind nun im Vormünder und Betreuervergütungsgesetz zusammengefasst (VBVG, Anh zu § 1836; Lit: *Dodegge* NJW 05, 1898; *Zimmermann* FamRZ 05, 950; *Deinert* BtPrax Spezial 05, 13). Da Vormundschaft, Betreuung und Pflegschaft aus ihrer historischen Entwicklung heraus ihrem Grundsatz nach als **unentgeltlich** zu führende Ehrenämter ausgestaltet sind (vgl §§ 1836 I 1, 1908i I 1, 1915 I 1), kann grds nur der **Ersatz von Aufwendungen** verlangt werden (§ 1835). Eine **Vergütung** kommt nur ausnahmsweise bei berufsmäßig geführter Vormundschaft iSd § 1836 I 2 oder soweit der Umfang oder die besondere Schwierigkeit der vormundschaftlichen Geschäfte dies rechtfertigen in Betracht (§ 1836 II) und bedarf der ausdrücklichen gerichtlichen Bewilligung. Insbesondere Berufsbetreuer haben einen Anspruch auf eine angemessene Vergütung ihrer Betreuertätigkeit (BverfG NJW 80, 2179). Vergütung und Aufwendungsersatz können uU nebeneinander verlangt werden. Aus Gründen der Vereinfachung kann stattdessen auch eine pauschalierte Aufwandsentschädigung (1835a) abgerechnet werden. Erhält ein **Berufsbetreuer** eine Vergütung nach §§ 4, 5 VBVG, so sind damit auch Ansprüche auf Ersatz von Aufwendungen abgegolten (§ 4 II VBVG), so dass ein Anspruch nach § 1835 nicht in Betracht kommt (vgl Jurgeleit/*Maier* § 1835 BGB Rn 8).

Anspruchsgegner ist zunächst das Mündel/der Betreute. Bei **Mittellosigkeit** (§§ 1836 c, 1836 d) besteht ein 2 Anspruch gegen die Staatskasse (§§ 1835 IV, 1836a ff). Zu Vergütung und Aufwendungsersatz für Betreuungsvereine und Behördenbetreuer vgl §§ 7 u 8 VBVG; zum Erlöschen des Vergütungsanspruchs u Abrechnungszeitraum §§ 2 u 9 VBVG.

Erbenhaftung. Stirbt der Mündel/Betreute, haften für sämtliche noch nicht bezahlten Betreuungskosten 3 (Aufwendungsersatz, Aufwandsentschädigung, Vergütung) grds die Erben (BayObLG FamRZ 96, 1173), ohne dass diese sich auf die Mittellosigkeit des Mündels/Betreuten berufen können (BayObLG BtPrax 98, 79). Ob auch Tätigkeiten nach dem Tod von Mündel, Betreuten oder Pflegling noch aufwendungsersatz- bzw vergütungsfähig sind, hängt davon ab, ob Vormund, Betreuer oder Pfleger berechtigt oder sogar verpflichtet sind (vgl §§ 1698 a, b; 1893 I; 1908i I 1; 1915 I 1), bestimmte Angelegenheiten des Verstorbenen weiter zu erledigen (BayObLG FamRZ 96, 372; *Deinert* FamRZ 02, 374). Voraussetzung ist, dass die Tätigkeit nach dem Tod des Betroffenen nicht aufgeschoben werden kann, bzw zur Erfüllung von Verpflichtungen geboten ist (BayObLG BtPrax 98, 234).

Vergütung und Aufwendungsersatz, gehören zwar beide zu den ggf ersatzfähigen Kosten der Betreuung, 4 müssen jedoch begrifflich auseinander gehalten werden. Ist die **Vergütung** als Entgelt für die Führung der Vormundschaft/Betreuung vorgesehen, um den Vormund/Betreuer für die im Interesse des Mündels/Betreuten aufgewendete Mühe und Zeitversäumnis (KG NJW-RR 98, 436) zu entschädigen, sollen über den **Aufwendungsersatz** die für den Mündel/Betreuten verauslagten Geldbeträge und sonstigen geldwerten Leistungen gesondert ersetzt werden. Der Anspruch auf Vergütung und Aufwendungsersatz setzt grds voraus, dass die abzurechnende Tätigkeit in die dem Vormund/Betreuer **übertragenen Aufgabenkreise** fällt und die Tätigkeit aus seiner Sicht nach den Umständen des Einzelfalls für erforderlich halten dürfte (BayObLG FamRZ 02, 638; Brandbg FamRZ 02, 626). Während es für die Vergütung (§ 1836 iVm dem VBVG) und bei der Aufwandsentschädigung (§ 1835a) Pauschalierungen gibt, hat der Vormund/Betreuer den Aufwendungsersatz konkret abzurechnen (Jena FamRZ 01, 1243). Eine Kumulation zwischen pauschaler Aufwandsentschädigung und konkret abgerechnetem Auslagenersatz scheidet aus (LG Koblenz FamRZ 01, 1324). Für **pflichtwidriges Handeln** kann weder Vergütung noch Aufwendungsersatz verlangt werden (BayObLG FamRZ 05, 550).

Zeitlicher Rahmen: Für Zeitaufwand vor seiner Bestellung kann der Vormund/Betreuer keinen Ersatz verlangen (Stuttg FamRZ 05, 655), endet das Amt durch den Tod des Betreuten, so ist der Zeitaufwand für die Erstellung des Schlussberichts, die Vermögensaufstellung usw zu vergüten (Karlsr BtPrax 02, 124).

Verzinsung: Ansprüche auf Vergütung und Aufwendungsersatz sind gem § 291 ab Rechtskraft des Festsetzungsbeschlusses, bzw nach §§ 256, 246 dem Zeitpunkt der Aufwendung zu verzinsen (BayObLG FamRZ 02, 767; Hamm BtPrax 03, 80).

B. Aufwendungsersatz und Vergütung des Verfahrenspflegers (§ 67 a FGG). Während der Berufspfleger 5 neben dem Ersatz seiner Aufwendungen eine Vergütung erhält, die sich nach § 18 36 I richtet (§ 67 a II 1), kann der ehrenamtliche Verfahrenspfleger nur den Ersatz seiner Aufwendungen nach § 1835 I u II geltend machen. Die Berufsmäßigkeit der Ausübung der Verfahrenspflegschaft kann anlässlich der Bestellung zum Verfahrenspfleger festgestellt werden, sich aber auch bereits daraus ergeben, dass es sich bei der zu bestellten Person um einen Berufsbetreuer handelt. Die Vergütung wird gem § 67a II 2 FGG in entspr Anwendung der §§ 1-3 I u II VBVG berechnet. Die für die Führung der Verfahrenspflegschaft abrechenbare Zeit bemisst sich nach der Aufgabenstellung der Verfahrenspflegschaft (BverfG FamRZ 04, 1267) und ist nach den Umständen des jeweiligen Falls zu bestimmen. Sie muss vom Verfahrenspfleger konkret nachgewiesen werden, wozu die Mitteilung der zur Überprüfung der Abrechnung erforderlichen Tatsachen gehört (Brandbg FamRZ 04, 1982). Ist dies geschehen, ist eine Herabsetzung auf einen durchschnittlich erforderlichen Zeitrahmen nicht zulässig (Köln NJW-RR 01, 74). Vergütungsfähig sind in jedem Fall alle vom Gericht konkret übertragenen Tätigkeiten (*Menne* KiPrax 04, 182), in Kindschaftssachen außerdem die Zeit, die für die Ermittlung der Interessen des Kindes erforderlich ist (Zweibr FamRZ 02, 627). Nicht hingegen Tätigkeiten außerhalb des zugewiesenen Aufgabenbereichs (Oldbg FamRZ 05, 391) oder allgemeine Fortbildungs- oder Bürokosten, die bereits im Stundensatz enthalten sind (Brandbg FPR 02, 280). Bei vermögendem Kind und besondere Schwierigkeit der Verfahrenspflegschaft kann der Mindestsatz der Vergütung angemessen erhöht werden (Rstk FamRZ 02, 628).

Auch ein **Rechtsanwalt** erhält **als Verfahrenspfleger** keinen höheren Stundensatz als im VBVG (zZ Höchststundensatz von 44euro) vorgesehen (BayObLG FamRZ 05, 828), kann aber gem § 1835 III dann nach RVG abrechnen, soweit sich auch ein Nichtjurist als Verfahrenspfleger eines Anwalts bedienen würde (BayObLG FamRZ 03, 1586; oder er ausdrücklich als „Rechtsanwalt" zum Verfahrenspfleger bestellt worden ist (zu den mit einer solchen Bestellung aber evtl verbunden rechtlichen Problemen vgl Köln FamRZ 01, 1643). Sind dem Anwalt bereits bei seiner Bestellung vom Gericht bestimmte Tatsachen mitgeteilt worden, die eine Abrechnung der Verfahrenspflegschaft nach RVG rechtfertigen würden, so darf er darauf vertrauen (BayObLG FamRZ 02, 121). Ist der für die Verfahrenspflegschaft notwendige Zeitaufwand vorhersehbar und eine Ausschöpfung dieses Zeitbudgets sichergestellt, so kann das Gericht dem Verfahrenspfleger auch im Wege der **Pauschalierung** (§ 67a III FGG) statt Aufwendungsersatz und Vergütung einen festen Geldbetrag zuzüglich Umsatzsteuer zubilligen (für die Bemessung gelten die Stundensätze gem § 3 I VBVG zuzüglich einer Aufwandspauschale von 3 € pro veranschlagter Stunde). **Behörde und Verein** als Verfahrenspfleger erhalten keinen Aufwendungsersatz (§ 67a I 3 FGG) und Verein und Jugendamt als solche auch keine Vergütung (§ 67a II 1 FGG iVm § 1836 III). Den Mitarbeitern von Betreuungsvereinen stehen jedoch eigene Ansprüche zu, die dem Verein zugute kommen (§ 67a IV 1 u 2 FGG iVm § 7 III VBVG). Das Gewerbe- und Berufsprivileg des § 1835 III gilt für den Vereinsbetreuer nicht (§ 67a IV 2 FGG), eine Feststellung der Berufsmäßigkeit unterbleibt (§ 67a IV 3 FGG iVm § 7 I 1 VBVG), auch der Ersatz allgemeiner Verwaltungskosten entfällt (§ 67a IV 2 FGG iVm § 1835 V 2). Nach § 67a IV 3 erhält die Betreuungsbehörde für bedienstete Verfahrenspfleger weder Aufwendungsersatz noch Vergütung.

6 **C. Geltendmachung der Ansprüche.** Der Aufwendungsersatzanspruch ist in erster Linie gegen den Mündel geltend zu machen (I) und Vormund und Betreuer können sowie sie die Vermögenssorge haben, den geschuldeten Betrag selbst aus dem Vermögen des Betroffenen entnehmen (BayObLG FamRZ 01, 793). Bei Mittellosigkeit des Mündels (§§ 1836 c, 1836 d) ist der Anspruch gegen die Staatskasse zu richten (IV). Dies gilt nicht für Amts- und Vereinsvormund (V 1). Für die Frage der Mittellosigkeit gilt der Amtsermittlungsgrundsatz. Es ist auf den Zeitpunkt der Entscheidung des Vormundschaftsgerichts abzustellen (BayObLG BtPrax 96, 29). Die Beweislast trägt der Vormund (Oldbg FamRZ 94, 1331). Nichtstreitige Leistungen (zB Aufwandsentschädigung nach § 1835a) werden ohne gerichtliche Festsetzung im Verwaltungswege durch die Landesjustizkassen ausgezahlt (§ 56g I 4 FGG). Darüber hinaus können die Ansprüche auf Aufwendungsersatz und Vergütung auf Antrag des Vormunds/Betreuers oder auf Veranlassung des Gerichts nach § 56g I 1 Nrn 1 u 2 durch gerichtliche Festsetzung geltend gemacht werden. Der Antrag darf dabei nicht nur eine Gesamtsumme angeben (Frankf FamRZ 02, 193), sondern muss nachvollziehbare Angaben über Zeitaufwand sowie Art und Umfang der Aufwendungen enthalten (Frankf FGPrax 01, 243). Zu den Antragsfristen vgl Rn 13.

7 **D. Ersatzfähige Aufwendungen.** Voraussetzung für einen Anspruch nach § 1835 ist zunächst, dass der Vormund zum Zwecke der Führung der Vormundschaft **Aufwendungen** getätigt hat. In Betracht kommen hier in erster Linie **bare Auslagen und die Eingehung von Verbindlichkeiten**, wie etwa für Telefon (soweit notwendig auch Handygebühren), Porto, Rechtsberatungskosten, Abschriften, Fotokopien nach Erforderlichkeit (*Bienwald* FamRZ 01, 114; Zweibr FamRZ 01, 864 mN), Kosten der Inanspruchnahme eines Schlüsseldienstes bei Ermächtigung zur zwangsweisen Öffnung einer Wohnung (Köln FamRZ 05, 1199 L) und alle sonstigen vom Vormund/Betreuer für den Mündel in Anspruch genommenen Tätigkeiten und gezahlten Entgelte (etwa Rechtsverfolgungskosten, nicht jedoch für einen Rechtsstreit gegen den Betreuten; vgl Jürgens/*Klüsener* § 1834 BGB Rn 12), soweit diese nicht bereits in Rahmen von Stundenpauschalen mit berücksichtigt sind (vgl BayObLG FamRZ 01, 653). Fahrtkosten (I Hs 2) für Besuche beim Betreuten und die Erledigung von betreuungsbezogenen Aufgaben können nach Maßgabe der Regelung für Sachverständige (§ 5 JVEG) in Höhe einer Kilometerpauschale von 0,30 € zuzüglich Parkgebühren erstattet werden. Bei der Benutzung öffentlicher Verkehrsmittel sind die tatsächlichen Aufwendungen zu erstatten. Soweit der Betreuer Hilfstätigkeiten zulässigerweise an Dritte delegiert, können die Kosten, soweit sie notwendig und angemessen sind, als Aufwendungen ersetzt verlangt werden (Bremen BtPrax 00, 88; Celle FamRZ 02, 1221; bejahend nur für untergeordnete Tätigkeiten: BayObLG FamRZ 04, 565). Nicht hingegen, soweit originär eigene Aufgaben an Dritte delegiert werden, zB bei Übertragung der eigenen Aufgaben durch eine Berufsbetreuerin an ihren Ehemann (Frankf FGPrax 04, 29). Einem umsatzsteuerpflichtigen Betreuer ist zudem die auf die Auslagen entfallende **Umsatzsteuer/Mehrwertsteuer** zu erstatten (Hamm BtPrax 00, 37; Ddorf FamRZ 02, 638).

8 Erbringt der Vormund/Betreuer (oder auch ein Ergänzungspfleger; LG Darmst FamRZ 05, 735) im Rahmen seiner Amtsführung **Dienste, die zu seinem Beruf oder Gewerbe gehören** (III), etwa indem ein zum Vormund bestellter Rechtsanwalt einen Prozess für den Mündel führt (BayObLG NJW 02, 1660: Geltendmachung von

Unterhaltsansprüchen), so kann er für solche Dienste wahlweise Aufwendungsersatz verlangen oder eine Vergütung nach § 1836 berechnen (BayObLG NJW 02, 1660; vgl Jurgeleit/*Maier* § 1835 Rn 47-52). Entsprechendes gilt für andere Berufe (zB den Arzt der die dem Mündel erbrachte Behandlung nach der GOÄ abrechnen kann, Steuerberater usw). Handelt es sich hingegen um Dienst, die von jedermann erbracht werden können, so sind diese auch bei besonderer Eignung des Vormunds idR im Rahmen der Vergütung nach § 1836 iVm § 3 VBVG bereits abgegolten (BVerfG NJW 80, 2179/81; Damrau/*Zimmermann* Rn 41). Dies gilt insbesondere auch, wenn es sich zwar um eine berufstypische Aufgabe handelt (zB Rechtanwalt verfasst als Betreuer/Verfahrenspfleger für den Betroffenen ein Mahnschreiben in einer Angelegenheit ohne tatsächliche oder rechtliche Schwierigkeiten), zur Erledigung der konkreten Aufgabe aber keine Professionalität erforderlich ist (Köln FamRZ 01,1643). Grds wird immer dann eine Abrechnung nach der jeweiligen berufsspezifischen Gebührenordnung möglich sein, wenn davon auszugehen ist, dass ein Vormund/Betreuer ohne die einschlägigen Fachkenntnisse im konkreten Fall einen entspr Fachmann hinzuziehen würde (MüKo/*Wagenitz* Rn 34; BverfG FamRZ 00, 345; BayObLG NJW 02, 1660).

Erstattungsfähig sind für den ehrenamtlich tätigen Vormund/Betreuer auch die **Kosten für eine angemessene** **Haftpflichtversicherung** für Schädigung des Mündels oder eines Dritten (II 1). Kostenvorteile von Sammelversicherungen der Länder für alle automatisch dort versicherten ehrenamtlichen Vormünder/Betreuer müssen genutzt werden (Deinert/*Schreibauer* BtPrax 93, 190). Keine ersatzfähigen Aufwendungen iSd Norm sind Kosten für eine Versicherung gegen Eigenschäden des Vormunds, da diese allein in seinem Interesse liegt (MüKo/*Wagenitz* Rz 30; aA *Seitz* BtPrax 00, 30). Gleiches gilt für die Kosten einer Kraftfahrzeug Haftpflichtversicherung (II Hs 2), einschließlich der Kaskoversicherung, da diese über die Fahrtkosten abgerechnet werden, sowie die Haftpflichtversicherung für Berufsvormünder/-Betreuer, die bereits mit der Vergütung nach § 1836 II abgegolten ist. 9

Nicht als Aufwendungen ersatzfähig ist abgesehen vom Ersatz für Berufsdienste (vgl Rn 8) grds der Wert der für die Führung der Vormundschaft aufgewendeten Arbeitszeit. Dies ist umstritten für Verdienstausfall wegen Wahrnehmung von Betreuungsaufgaben (dagegen: MüKo/*Wagenitz* Rn 15; dafür: *Seitz* BtPrax 92, 85; mit Einschränkungen: Jürgens/*Klüsener* § 1834 BGB Rn 10). Allgemeine Bürounkosten, Kosten für die Ausbildung des Vormunds (einschl. Supervision) und Schäden, die er bei seiner Tätigkeit erleidet sind keine ersatzfähigen Aufwendungen (BayObLG FamRZ 01, 653; Frankf FamRZ 04, 1751; Hburg BtPrax 02,270). Nach Abs 5 S 2 sind auch die allgemeinen Verwaltungskosten bei der Amts- oder Vereinsvormundschaft nicht zu ersetzen. 10

Weiterhin müssen die **Aufwendungen** erforderlich gewesen sein. Der Vormund/Betreuer kann nur für die Aufwendungen Ersatz verlangen, die sich als notwendige Folge der Übernahme der Vormundschaft/Betreuung oder gerichtlichen Anordnung ergeben (*Bach* BtPrax 95, 8) bzw die der Vormund/Betreuer nach den Umständen nach für die Führung der Betreuung in dem ihm übertragenen Aufgabenkreis für erforderlich halten dürfte, auch wenn sich dies nachträglich als Fehlbeurteilung herausstellen sollte. Der Maßstab sind die Lebensverhältnisse des Mündels/Betreuten und dessen objektive Bedürfnisse (MüKo/*Schwab* Rn 17; BayObLG BtPrax 03, 130). Mögliche PKH Ansprüche oder anderweitig aus der Staatskasse zu erstattende Aufwendungen sind bei der Prüfung der Erforderlichkeit durch den Vormund/Betreuer zu berücksichtigen (Bremen FamRZ 86, 189; BayObLG FamRZ 98, 1050). Eine Versicherung nach II ist dann nicht angemessen, wenn bereits eine gesetzliche oder anderweitige Versicherung besteht, die das Risiko abdeckt. Will der Betreuer außerhalb des ihm übertragenen Aufgabenkreises zB den Betreuten entgeltlich tatsächlich pflegen, muss er hierzu mit dem Betreuten einen Vertrag schließen (wegen § 181 ist zuvor jedoch die Bestellung eines Verhinderungsbetreuers notwendig). Obliegt ihm die Vermögenssorge, kann er den zur Erfüllung seiner Entgeltforderung erforderlichen Betrag dem Vermögen des Betreuten entnehmen (Jurgeleit/*Maier* § 1835 Rn 49). 11

Zu ersetzen sind die **Aufwendungen zuzüglich einer Verzinsung** in Höhe des Basiszinssatzes seit der Aufwendung (§§ 670, 256, 246). Der Vormund kann einen **Vorschuss** verlangen (§ 669). Ist er Verbindlichkeiten eingegangen und sind diese noch nicht fällig kann er **Sicherheitsleistung** verlangen, nach Fälligkeit **Befreiung von der Verbindlichkeit** (§ 257). 12

E. Fristen. Für die Geltendmachung des Anspruchs besteht eine **Ausschlussfrist von 15 Monaten.** Dieser Frist unterliegen auch der Anspruch auf Aufwandsersatz (Schlesw FGPrax 03, 127; Frankf NJW-RR 04, 1664) und wegen Aufwendungen beruflicher Dienste (BayObLG FPR 03, 177; Frankf NJW 03, 3642). Die Frist wird ab Entstehen des Anspruchs und nicht erst ab Beendigung des Amtes des Vormunds/Betreuers gerechnet. Die Geltendmachung gegenüber dem Vormundschaftsgericht im Fall der Mittellosigkeit gilt auch gegenüber dem Mündel. Die Geltendmachung erfolgt durch Einreichung eines bezifferten Erstattungantrags (vgl Rn 6). Die Ausschlussfrist kann vom Vormundschaftsgericht auf Antrag unter Belehrung der Versäumung der neuen Frist auch **verkürzt oder verlängert** werden (Ia). Die bis auf 2 Monate verkürzbare Frist kann auch wiederum verlängert werden (Ia 3). Der Anspruch des Vormunds erlischt, wenn er nicht innerhalb der Frist geltend gemacht wird (Ia S 4). Bei Wahrung der Ausschlussfrist verjährt der Ersatzanspruch in 3 Jahren (§§ 195, 196), wobei die Verjährung allerdings gehemmt ist (§ 207 I 2 Nr 3–5). 13

§ 1835a Aufwandsentschädigung

(1) ¹Zur Abgeltung seines Anspruchs auf Aufwendungsersatz kann der Vormund als Aufwandsentschädigung für jede Vormundschaft, für die ihm keine Vergütung zusteht, einen Geldbetrag verlangen, der für ein Jahr dem Neunzehnfachen dessen entspricht, was einem Zeugen als Höchstbetrag der Entschädigung für eine Stunde versäumter Arbeitszeit (§ 22 des Justizvergütungs- und -entschädigungsgesetzes) gewährt werden kann (Aufwandsentschädigung). ²Hat der Vormund für solche Aufwendungen bereits Vorschuss oder Ersatz erhalten, so verringert sich die Aufwandsentschädigung entsprechend.
(2) Die Aufwandsentschädigung ist jährlich zu zahlen, erstmals ein Jahr nach Bestellung des Vormunds.
(3) Ist der Mündel mittellos, so kann der Vormund die Aufwandsentschädigung aus der Staatskasse verlangen; Unterhaltsansprüche des Mündels gegen den Vormund sind insoweit bei der Bestimmung des Einkommens nach § 1836c Nr. 1 nicht zu berücksichtigen.
(4) Der Anspruch auf Aufwandsentschädigung erlischt, wenn er nicht binnen drei Monaten nach Ablauf des Jahres, in dem der Anspruch entsteht, geltend gemacht wird; die Geltendmachung des Anspruchs beim Vormundschaftsgericht gilt auch als Geltendmachung gegenüber dem Mündel.
(5) Dem Jugendamt oder einem Verein kann keine Aufwandsentschädigung gewährt werden.

1 **A. Pauschale Aufwandsentschädigung.** Die Norm dient dazu, die Stellung des ehrenamtlichen Vormunds/Betreuers zu stärken, indem sie ihm ein Wahlrecht einräumt, statt sich die ihm entstehenden einzelnen Aufwendungen erstatten zu lassen, für deren Ersatz eine pauschale Aufwandsentschädigung abzurechnen und sich so die Verzeichnung und die Sammlung von Belegen zu ersparen. Eine Kumulierung von Aufwandsentschädigung und Einzelabrechnung ist ausgeschlossen (Brandbg FGPrax 03, 265). Werden mehrere Vormundschaften/Betreuungen geführt, so kann der Vormund/Betreuer für jede Vormundschaft/Betreuung, für die ihm keine Vergütung zusteht, die pauschale Aufwandsentschädigung verlangen (Staud/*Engler* Rn 9). Bei Bestellung mehrerer Betreuer für einen Betroffenen, steht jedem von ihnen die volle Pauschale zu (BayObLG NJW-RR 02, 942; Frankf FGPrax 02, 115). Ein Ergänzungsbetreuer (§ 1899) kann nur für die Zeit Aufwandsentschädigung verlangen, wenn er tatsächlich tätig werden musste (Köln BtPrax 04, 77). Verwaltung mit dem Betreuten steht der Geltendmachung der Aufwandsentschädigung nicht entgegen (BGH NJW 97, 58), sind Eltern jedoch gemeinschaftlich zum Betreuer bestellt, so steht ihnen auch die Aufwandsentschädigung nur gemeinschaftlich, also einmal, zu (LG Kempten FPR 02, 99). Jugendamt und Verein können keine Aufwandsentschädigung verlangen (V), gleiches gilt für den Verfahrenspfleger (§§ 67 III 2, 50 V, 70b I 3 FGG). Berufsvormund/-Betreuer können auch für einzelne unentgeltlich geführte Vormundschaften/Betreuungen keine pauschale Aufwandsentschädigung geltend machen (Damrau/*Zimmermann* Rn 2; aA MüKo/*Wagenitz* Rn 3). Auch Jugendamt und Betreuungsvereine (V) sowie der Verfahrenspfleger (§§ 67 III 2, 50 V, 70b I 3 FGG) haben keinen Anspruch auf Aufwandsentschädigung.

2 **B. Höhe.** I 1 bestimmt die pauschale Aufwandsentschädigung für ein Jahr als das 19- fache des Höchstbetrages der Zeugenentschädigung nach § 22 JVEG, also (19 × 17,00 € =) 323 € pro Jahr. Da es sich um einen Festbetrag handelt, kommt es auf den Umfang und den Grad der Schwierigkeit der Tätigkeit des Vormunds/Betreuers im Einzelfall nicht an. Ein Nachweis konkret entstandener Kosten ist nicht erforderlich Dauert die Vormundschaft/Betreuung weniger als ein Jahr, so ist der Betrag zu quoteln. Gleiches gilt wenn für den Betreuer ein Vertretungsbetreuer tätig geworden ist (Köln BtPrax 04, 77). Sind Gegenvormund/Gegenbetreuer bestellt, so fällt die Pauschale doppelt an. Führt der Vormund/Betreuer mehrere ehrenamtliche Vomundschaften/Betreuungen, so steht ihm die pauschale Aufwandsentschädigung mehrfach zu.

3 **C. Fälligkeit.** Die **Entschädigungspauschale** wird jährlich nachträglich gezahlt (II), also erstmals 1 Jahr nach Bestellung des Vormunds/Betreuers. Berechnungszeitraum ist also nicht das Kalenderjahr oder das Rechnungsjahr, sondern dieser bestimmt sich nach dem Zeitpunkt der Bestellung (Celle FamRZ 02, 1591).
Vorschuss ist nur für einzelne Aufwendungen möglich. Hat der Vormund/Betreuer bereits für Bagatellaufwendungen nach § 1835 Vorschuss oder Ersatz erhalten, werden diese auf die Pauschalaufwandentschädigung angerechnet (I 2).

4 **D. Schuldner.** Der Anspruch richtet sich grds gegen den Mündel, bei dessen Mittellosigkeit gegen die Staatskasse (III Hs 1). Die Mittellosigkeit bestimmt sich nach §§ 1836c, 1836d. Unterhaltsansprüche des Mündels/Betreuten gegen den Vormund/Betreuer sind dabei im Rahmen des § 1836c Nr 1 nicht als Einkommen des Mündels anzurechnen (III Hs 2).

5 **E. Fristen.** Der Anspruch auf Aufwandsentschädigung erlischt nach IV, wenn er nicht binnen drei Monaten nach Ablauf des Jahres, in dem er entsteht, also jeweils bis zum 31.3. des Folgejahres (Frankf FamRZ 05, 393) geltend gemacht wird (Celle FamRZ 02, 1591). Bei der Versäumung der Frist kommt es auf ein Verschulden des Vormunds/Betreuers nicht an (LG Koblenz FamRZ 03, 1970). Die Versäumung der Ausschlussfrist ist unschädlich, wenn der Vormund/Betreuer an der rechtzeitigen Geltendmachung durch fehlerhafte Auskünfte des Gerichts gehindert wurde (Frankf BtPrax 01, 257). Die Geltendmachung gegenüber dem Vormundschaftsgericht gilt auch als Geltendmachung gegenüber dem Mündel.

§ 1836 Vergütung des Vormunds

(1) ¹Die Vormundschaft wird unentgeltlich geführt. ²Sie wird ausnahmsweise entgeltlich geführt, wenn das Gericht bei der Bestellung des Vormunds feststellt, dass der Vormund die Vormundschaft berufsmäßig führt. ³Das Nähere regelt das Vormünder- und Betreuervergütungsgesetz.
(2) Trifft das Gericht keine Feststellung nach Absatz 1 Satz 2, so kann es dem Vormund und aus besonderen Gründen auch dem Gegenvormund gleichwohl eine angemessene Vergütung bewilligen, soweit der Umfang oder die Schwierigkeit der vormundschaftlichen Geschäfte dies rechtfertigen; dies gilt nicht, wenn der Mündel mittellos ist.
(3) Dem Jugendamt oder einem Verein kann keine Vergütung bewilligt werden.

A. Normzweck. Die Norm regelt die Frage der Vergütung des Vormunds und Betreuers und wurde durch das 2. Betreuungsänderungsgesetz mit Wirkung zum 1. 7. 05 völlig neu gefasst. Beibehalten wurde der **Grundsatz der Unentgeltlichkeit der Vormundschaft** (I 1), der aus der Konzeption von Vormundschaft und Betreuung als staatsbürgerliches Ehrenamt resultiert. Von diesem Grundsatz weicht der Gesetzgeber jedoch in mehreren Fällen ab. So kann dem ehrenamtlich tätigen Vormund/Betreuer eine Vergütung gewährt werden, wenn der Umfang oder die Schwierigkeit der Geschäfte es erfordern und das Mündel nicht mittellos ist (II). Ferner ist gem I 1 grds eine Vergütung zu zahlen, wenn Vormund und Betreuer ihr Amt berufsmäßig führen. Denn es wäre unter diesen Voraussetzungen unbillig den Vormund/Betreuer ohne Vergütung zu lassen; da sie sonst ihren Lebensunterhalt nicht bestreiten könnten. Die Festsetzung einer Vergütung zugunsten des **Jugendamts** oder eines **Vereins**, die im Rahmen ihrer Amtstätigkeit bzw satzungsmäßigen Aufgabenerfüllung eine Vormundschaft oder Betreuung übernehmen (§§ 1791a-c) ist nach III ausgeschlossen. Etwas anderes gilt bei der Bestellung eines **Vereinsbetreuers**, für dessen Tätigkeit der Verein Vergütung verlangen kann (§ 7 VBVG). Entsprechendes gilt für den **Behördenbetreuer** für den das Jugendamt als Betreuungsbehörde eine Ermessensvergütung nach II verlangen kann, soweit eine Inanspruchnahme des Betreuten nach § 1836 c zulässig ist. Für die Verfahrenspfleger gelten nur die I und III (§ 67 a HH 1 FGG).

B. Vergütung von Berufsvormund und Berufsbetreuer (I 2). Voraussetzung des Vergütungsanspruchs ist die Feststellung der Berufsmäßigkeit bei der Bestellung von Vormund und Betreuer. Für die Voraussetzungen verweist I 3 auf das VBVG, das in § 1 I dem Vormundschaftsgericht in Form von Regelbeispielen bestimmte Definitionskriterien für die Feststellung der Berufsmäßigkeit vorgibt. Sind diese erfüllt, so ist in jedem Fall eine Vergütung entspr den Regeln der §§ 3 ff VBVG zu gewähren. Die Anordnung einer Vergütung ist in diesem Fall zwingend (§ 1 II VBVG), wobei es keine Rolle spielt, ob die Vergütung vom Mündel/Betreuten selbst oder bei Mittellosigkeit aus der Staatskasse zu zahlen ist (vgl § 1 II 2 VBVG). Eine Berufsvormundschaft liegt danach vor, wenn die durch die Vormundschaft verursachte Arbeitsbelastung einen Umfang erreicht, wie er normalerweise nur bei einer Erwerbstätigkeit anfällt. Maßgeblich ist eine Gesamtbetrachtung des für die Aktivitäten des Vormunds erforderlichen Zeitaufwands. Das der Vormund neben den Vormundschaften noch einen anderen Beruf ausübt, schadet nicht. Als Regelbeispiele nennt § 1 Nr 1 u 2 VBVG, dass der Vormund mehr als 10 Vormundschaften führt oder dass für die Führung der Vormundschaften voraussichtlich mehr als 20 Stunden in der Woche erforderlich sind. Da es an einem normierten Zulassungsverfahren für den Beruf des Vormunds/Betreuers fehlt, macht das Gesetz die Qualifikation von einer entspr Feststellung der Berufsmäßigkeit der Amtsführung abhängig.

C. Ermessensvergütung nicht berufsmäßig tätiger Vormünder/Betreuer (II Hs 1). Kann die Berufsmäßigkeit nicht festgestellt werden, kommt die Festsetzung einer Vergütung für Vormund und Betreuer, in besonderen Fällen auch für Gegenvormund und Gegenbetreuer, nur in Betracht, wenn die Bedeutung oder die Schwierigkeit der von ihnen wahrgenommenen Angelegenheiten, die Bewilligung einer Vergütung rechtfertigt. Bewilligung und Bemessung der Vergütung liegen im Ermessen des Vormundschaftsgerichts. Der Vergütungsanspruch gegen den Mündel oder Betreuten entsteht erst mit Wirksamwerden des entspr Bewilligungsbeschlusses (§ 16 FGG).

D. Umfang und Schwierigkeit der übertragenen Aufgaben. Für die Bewilligung sind alternativ **Umfang oder Schwierigkeit** der vormundschaftlichen bzw der Betreuungsgeschäfte maßgeblich. Der Umfang oder die Schwierigkeit dieser Tätigkeiten müssen ein Maß erreichen, bei dem vom Vormund/Betreuer billigerweise nicht (mehr) verlangt werden kann, die Vormundschaft/Betreuung unentgeltlich zu führen (Jürgens/*Jürgens* § 1836 BGB Rn 8). Umfang und Schwierigkeiten müssen daher über das hinausgehen, was üblicherweise von einem Einzelvormund/Einzelbetreuer ohne Vergütung verlangt werden kann.
Ein großes Vermögen des Mündels/Betreuten ist dabei kein entscheidendes Kriterium (Hamm FamRZ 97, 767), kann jedoch im Einzelfall Indiz für eine besonders schwierige Vermögensverwaltung sein (Staud/*Engler*, Rn 16; Ddorf BtPrax 00, 219) und insoweit für eine Vergütung nach II sprechen. Für den **Umfang** der Geschäfte kommt es in erster Linie auf den dafür benötigten Zeitaufwand an (BayObLG FamRZ 96, 1166), wobei ein wöchentlicher Zeitaufwand von 2 Stunden oder besonders schwierige Verhältnisse des Mündels oder Betreuten, die ein größeres Engagement des Vormunds/Betreuers erfordern, bereits eine Vergütung

rechtfertigen (Palandt/*Diederichsen*, Rn 8). Der konkrete Zeitaufwand braucht nicht belegt zu werden, muss aber in seiner ungefähren Größenordnung (notfalls durch Schätzung, § 287 ZPO) festgestellt werden (Zweibr FamRZ 00, 1533). Besondere **Schwierigkeiten**, die das generell Zumutbare übersteigen, können zB darin liegen, dass der Vormund/Betreuer im Rahmen der zu führenden Geschäfte gegen eine behördliche Entscheidung vorzugehen hat (BayObLG NJWE-FER 01, 313) oder in seiner Tätigkeit aus bestimmten Gründen (zB im Rahmen einer schwierigen) Vermögensverwaltung einem großen Haftungsrisiko ausgesetzt ist (Staud/*Engler* Rn 16; Zweibr FamRZ 99, 1229). Entscheidend ist jeweils die Gesamtschau aller maßgeblichen Umstände (Staud/*Engler* Rn 19).

5 **E. Mittellosigkeit des Mündels (II aE).** Eine Vergütung scheidet aus, wenn der Mündel zum Zeitpunkt der Vergütungsfestsetzung (Damrau/*Zimmermann* Rn 46) mittellos ist (§§ 1836c–d). Dem Gegenvormund kann nur aus besonderen Gründen eine Vergütung bewilligt werden. Seine Aufgaben sind grds weniger aufwändig als die des Vormunds, weil er nur Kontrollaufgaben hat. Eine Vergütung wird deshalb nur in Ausnahmefällen in Betracht zu ziehen sein (str vgl Staud/*Engler* Rn 39–40 mwN).

4 **F. Höhe der Vergütung.** Die Höhe der Vergütung wird vom Gericht nach freiem Ermessen unter Berücksichtigung aller Umstände des Einzelfalls festgesetzt. Die Höhe der Vergütung richtet sich nicht nach §§ 3, 4 VBVG oder anderen starren Regeln, insbesondere auch nicht nach der Qualifikation des Vormunds/Betreuers oder etwa nach dem bloßen Wert des Vermögens des Mündels/Betreuten (BayObLG FamRZ 98, 1052), sondern nach dem vom Gericht nach seinem Ermessen festzusetzenden Zeitaufwand (BayObLG FamRZ 99, 681), der notfalls zu schätzen ist.

Für den **Zeitaufwand** kommt es darauf an, was der Vormund für erforderlich halten durfte (BayObLG FamRZ 96, 1169). Hat er aus Verkennung des Erforderlichen oder wegen eigener Unfähigkeit mehr Stunden benötigt, als danach erforderlich waren, kommt für die überschießende Zeit eine Vergütung nicht in Betracht. Die für den Berufsbetreuer genannten Werte bilden insoweit die Untergrenze für die Höhe des Stundensatzes (BayObLG FamRZ 95, 692, 694). Im Übrigen ist der Stundensatz an der Tätigkeit einer Person mit einer für die Tätigkeit erforderlichen Berufsausbildung zu vergleichen (BayObLG FamRZ 96, 1171). Im Ergebnis kann die Vergütung an die Höhe der Vergütung eines Berufsbetreuers heranreichen (BayObLG FamRZ 04, 1138). Mehrwertsteuer ist zusätzlich zu berücksichtigen, wen der Vormund/Betreuer eine solche zu entrichten hat (BayObLG FamRZ 95, 692). Vormund und Betreuer kann statt einer Zeitvergütung auch ein Pauschalbetrag aus dem Vermögen des Mündels/Betreuers gewährt werden (Jürgens/*Jürgens* § 1836 BGB Rn 9).

5 **G. Einwendungen und Gegenansprüche.** Die Festsetzung der Vergütung kann vom Gericht jederzeit für die Zukunft geändert werden. Auch die gesamte Entziehung der Vergütung ist möglich, wobei eine fehlerhafte Bestellung des Vormunds oder eine zu lange aufrecht erhaltene Betreuung einem Vergütungsanspruch nicht entgegenstehen (BayObLG NJWE-FER 97, 154; BayObLG FamRZ 92, 106). Eine Entziehung kommt dagegen als Sanktion für ein rechtswidriges oder nicht mit dem Vormundschaftsgericht abgestimmtes Verhalten des Vormunds in Betracht (etwa bei Untreue; BayObLG FamRZ 92, 106 oder bei vergleichbaren schwerwiegenden Mängeln der Amtsführung: BayObLG NJW 88, 1919; NJW 99, 591; Köln FamRZ 91, 483).

Anhang zu § 1836
Gesetz über die Vergütung von Vormündern und Betreuern

1 Das VBVG ist am 1. 7. 2005 unter gleichzeitiger Außerkraftsetzung des BVormVG in Kraft getreten (BGBli 1073). Sachlich ändert sich durch die Neufassung in Bezug auf die Voraussetzungen und die Modalitäten des Vergütungsanspruchs der Berufsvormünder und Berufsbetreuer, für die alleine das VBVG gilt, nichts. Die bislang in § 1836 I 2 aF aufgeführten Voraussetzungen für die Feststellung der Berufsmäßigkeit der Führung der Vormundschaft finden sich nun in § 1 I VBVG. Die Regelung über das Erlöschen des Vergütungsanspruchs, die bislang in § 1836 II 3 aF enthalten war, findet sich nunmehr in § 2 VBVG. Das Recht, Abschlagszahlungen zu verlangen, folgt jetzt aus § 3 IV VBVG. Die Vergütung von Vormündern, die keine Berufsvormünder sind, richtet sich nun nach § 1836 II nF, der III aF.

2 Wesentliche Änderungen ergeben sich in Bezug auf die für die Feststellung der Höhe des Anspruchs geltenden Prinzipien. Diese sind nunmehr für den Vormund in § 3 VBVG geregelt. Für die Vergütung von Betreuern, die sich wegen der Verweisung in § 1908 i ebenfalls nach § 1836 bestimmt, finden sich weitere Regelungen in §§ 4 ff VBVG.

Wie bisher muss der Vormund nachweisen wie viel Zeit er für die Führung seiner Amtsgeschäfte aufgewendet hat und dass dieser Zeitaufwand auch erforderlich war (§ 3 I 1 u 2 VBVG). Seine Vergütung wird dann konkret anhand der anzuerkennenden Zeiten und unter Anwendung einer gesetzlichen Stundenpauschale, deren verschiedene Stufen sich nach der beruflichen Qualifikation des Vormunds richten vom Gericht festgesetzt. Dies weicht von der bislang in § 1836 II 2 aF ausgesprochenen Regel ab, wonach sich die Sätze des Vormunds konkret nach seinen individuellen für die Führung der Vormundschaft nutzbaren Fachkenntnissen und der Schwierigkeit der vormundschaftlichen Geschäfte bemessen sollten. Für den Berufsbetreuer gelten demgegenüber die Sondervorschriften des Abschnitts 3 des VBVG. Im Unterschied zum Vormund ist bei ihm nicht nur der Stundensatz pauschaliert (§ 4 I 2 VBVG) sondern nach § 5 VBVG auch der Stundenansatz. Dies hat für den Betreuer den Vorteil, dass er für die Festsetzung seiner Vergütung weder seine aufgewendete Zeit noch deren Erforderlichkeit nachweisen muss, beschränkt aber auch sein Zeitbudget für die einzelne Betreuung deutlich.

Gesetz über die Vergütung von Vormündern und Betreuern (Vormünder- und Betreuervergütungsgesetz – VBVG)

Abschnitt 1 Allgemeines

§ 1 Feststellung der Berufsmäßigkeit und Vergütungsbewilligung

(1) ¹Das Vormundschaftsgericht hat die Feststellung der Berufsmäßigkeit gemäß § 1836 Abs. 1 Satz 2 des Bürgerlichen Gesetzbuchs zu treffen, wenn dem Vormund in einem solchen Umfang Vormundschaften übertragen sind, dass er sie nur im Rahmen seiner Berufsausübung führen kann, oder wenn zu erwarten ist, dass dem Vormund in absehbarer Zeit Vormundschaften in diesem Umfang übertragen sein werden. ²Berufsmäßigkeit liegt im Regelfall vor, wenn
1. der Vormund mehr als zehn Vormundschaften führt oder
2. die für die Führung der Vormundschaft erforderliche Zeit voraussichtlich 20 Wochenstunden nicht unterschreitet.

(2) ¹Trifft das Vormundschaftsgericht die Feststellung nach Absatz 1 Satz 1, so hat es dem Vormund oder dem Gegenvormund eine Vergütung zu bewilligen. ²Ist der Mündel mittellos im Sinne des § 1836 d des Bürgerlichen Gesetzbuchs, so kann der Vormund die nach Satz 1 zu bewilligende Vergütung aus der Staatskasse verlangen.

§ 2 Erlöschen der Ansprüche

¹Der Vergütungsanspruch erlischt, wenn er nicht binnen 15 Monaten nach seiner Entstehung beim Vormundschaftsgericht geltend gemacht wird; die Geltendmachung des Anspruchs gegenüber dem Vormundschaftsgericht gilt dabei auch als Geltendmachung gegenüber dem Mündel. ²§ 1835 Abs. 1 a des Bürgerlichen Gesetzbuchs gilt entsprechend.

Abschnitt 2 Vergütung des Vormunds

§ 3 Stundensatz des Vormunds

(1) ¹Die dem Vormund nach § 1 Abs. 2 zu bewilligende Vergütung beträgt für jede Stunde der für die Führung der Vormundschaft aufgewandten und erforderlichen Zeit 19,50 €. ²Verfügt der Vormund über besondere Kenntnisse, die für die Führung der Vormundschaft nutzbar sind, so erhöht sich der Stundensatz
1. auf 25 €, wenn diese Kenntnisse durch eine abgeschlossene Lehre oder eine vergleichbare Ausbildung erworben sind;
2. auf 33,50 €, wenn diese Kenntnisse durch eine abgeschlossene Ausbildung an einer Hochschule oder durch eine vergleichbare abgeschlossene Ausbildung erworben sind.

³Eine auf die Vergütung anfallende Umsatzsteuer wird, soweit sie nicht nach § 19 Abs. 1 des Umsatzsteuergesetzes unerhoben bleibt, zusätzlich ersetzt.

(2) ¹Bestellt das Vormundschaftsgericht einen Vormund, der über besondere Kenntnisse verfügt, die für die Führung der Vormundschaft allgemein nutzbar und durch eine Ausbildung im Sinne des Absatzes 1 Satz 2 erworben sind, so wird vermutet, dass diese Kenntnisse auch für die Führung der dem Vormund übertragenen Vormundschaft nutzbar sind. ²Dies gilt nicht, wenn das Vormundschaftsgericht aus besonderen Gründen bei der Bestellung des Vormunds etwas anderes bestimmt.

(3) ¹Soweit die besondere Schwierigkeit der vormundschaftlichen Geschäfte dies ausnahmsweise rechtfertigt, kann das Vormundschaftsgericht einen höheren als den in Absatz 1 vorgesehenen Stundensatz der Vergütung bewilligen. ²Dies gilt nicht, wenn der Mündel mittellos ist.

(4) Der Vormund kann Abschlagszahlungen verlangen.

Abschnitt 3 Sondervorschriften für Betreuer

§ 4 Stundensatz und Aufwendungsersatz des Betreuers

(1) ¹Die dem Betreuer nach § 1 Abs. 2 zu bewilligende Vergütung beträgt für jede nach § 5 anzusetzende Stunde 27 €. ²Verfügt der Betreuer über besondere Kenntnisse, die für die Führung der Betreuung nutzbar sind, so erhöht sich der Stundensatz
1. auf 33,50 €, wenn diese Kenntnisse durch eine abgeschlossene Lehre oder durch eine vergleichbare abgeschlossene Ausbildung erworben sind;
2. auf 44 Euro, wenn diese Kenntnisse durch eine abgeschlossene Ausbildung an einer Hochschule oder durch eine vergleichbare abgeschlossene Ausbildung erworben sind.

(2) ¹Die Stundensätze nach Absatz 1 gelten auch Ansprüche auf Ersatz anlässlich der Betreuung entstandener Aufwendungen sowie anfallende Umsatzsteuer ab. ²Die gesonderte Geltendmachung von Aufwendungen im Sinne des § 1835 Abs. 3 des Bürgerlichen Gesetzbuchs bleibt unberührt.

(3) § 3 Abs. 2 gilt entsprechend. § 1 Abs. 1 Satz 2 Nr. 2 findet keine Anwendung.

§ 5 Stundensatz des Betreuers

(1) Der dem Betreuer zu vergütende Zeitaufwand ist
1. in den ersten drei Monaten der Betreuung mit fünfeinhalb,
2. im vierten bis sechsten Monat mit viereinhalb,
3. im siebten bis zwölften Monat mit vier,
4. danach mit zweieinhalb Stunden im Monat anzusetzen.

Hat der Betreute seinen gewöhnlichen Aufenthalt nicht in einem Heim, beträgt der Stundensatz
1. in den ersten drei Monaten der Betreuung achteinhalb,
2. im vierten bis sechsten Monat sieben,
3. im siebten bis zwölften Monat sechs,
4. danach viereinhalb Stunden im Monat.

(2) Ist der Betreute mittellos, beträgt der Stundensatz
1. in den ersten drei Monaten der Betreuung viereinhalb,
2. im vierten bis sechsten Monat dreieinhalb,
3. im siebten bis zwölften Monat drei,
4. danach zwei Stunden im Monat.

Hat der Betreute seinen gewöhnlichen Aufenthalt nicht in einem Heim, beträgt der Stundensatz
1. in den ersten drei Monaten der Betreuung sieben,
2. im vierten bis sechsten Monat fünfeinhalb,
3. im siebten bis zwölften Monat fünf,
4. danach dreieinhalb Stunden im Monat.

(3) Heime im Sinne dieser Vorschrift sind Einrichtungen, die dem Zweck dienen, Volljährige aufzunehmen, ihnen Wohnraum zu überlassen sowie tatsächliche Betreuung und Verpflegung zur Verfügung zu stellen oder vorzuhalten, und die in ihrem Bestand von Wechsel und Zahl der Bewohner unabhängig sind und entgeltlich betrieben werden. § 1 Abs. 2 des Heimgesetzes gilt entsprechend.

(4) ¹Für die Berechnung der Monate nach den Absätzen 1 und 2 gelten § 187 Abs. 1 und § 188 Abs. 2 erste Alternative des Bürgerlichen Gesetzbuchs entsprechend. ²Ändern sich Umstände, die sich auf die Vergütung auswirken, vor Ablauf eines vollen Monats, so ist der Stundensatz zeitanteilig nach Tagen zu berechnen; § 187 Abs. 1 und § 188 Abs. 1 des Bürgerlichen Gesetzbuchs gelten entsprechend. ³Die sich dabei ergebenden Stundensätze sind auf volle Zehntel aufzurunden.

(5) ¹Findet ein Wechsel von einem beruflichen zu einem ehrenamtlichen Betreuer statt, sind dem beruflichen Betreuer der Monat, in dem der Wechsel fällt, und der Folgemonat mit dem vollen Zeitaufwand nach den Absätzen 1 und 2 zu vergüten. ²Dies gilt auch dann, wenn zunächst neben dem beruflichen Betreuer ein ehrenamtlicher Betreuer bestellt war und dieser die Betreuung allein fortführt. ³Absatz 4 Satz 2 und 3 ist nicht anwendbar.

§ 6 Sonderfälle der Betreuung

¹In den Fällen des § 1899 Abs. 2 und 4 des Bürgerlichen Gesetzbuchs erhält der Betreuer eine Vergütung nach § 1 Abs. 2 in Verbindung mit § 3; für seine Aufwendungen kann er Vorschuss und Ersatz nach § 1835 des Bürgerlichen Gesetzbuchs mit Ausnahme der Aufwendungen im Sinne von § 1835 Abs. 2 des Bürgerlichen Gesetzbuchs beanspruchen. ²Ist im Falle des § 1899 Abs. 4 des Bürgerlichen Gesetzbuchs die Verhinde-

rung tatsächlicher Art, sind die Vergütung und der Aufwendungsersatz nach § 4 in Verbindung mit § 5 zu bewilligen und nach Tagen zu teilen; § 5 Abs. 4 Satz 3 sowie § 187 Abs. 1 und § 188 Abs. 1 des Bürgerlichen Gesetzbuchs gelten entsprechend.

§ 7 Vergütung und Aufwendungsersatz für Betreuungsvereine

(1) ¹Ist ein Vereinsbetreuer bestellt, so ist dem Verein eine Vergütung und Aufwendungsersatz nach § 1 Abs. 2 in Verbindung mit den §§ 4 und 5 zu bewilligen. ²§ 1 Abs. 1 sowie § 1835 Abs. 3 des Bürgerlichen Gesetzbuchs finden keine Anwendung.
(2) ¹§ 6 gilt entsprechend; der Verein kann im Fall von § 6 Satz 1 Vorschuss und Ersatz der Aufwendungen nach § 1835 Abs. 1, 1 a und 4 des Bürgerlichen Gesetzbuchs verlangen. ²§ 1835 Abs. 5 Satz 2 des Bürgerlichen Gesetzbuchs gilt entsprechend.
(3) Der Vereinsbetreuer selbst kann keine Vergütung und keinen Aufwendungsersatz nach diesem Gesetz oder nach den §§ 1835 bis 1836 des Bürgerlichen Gesetzbuchs geltend machen.

§ 8 Vergütung und Aufwendungsersatz für Behördenbetreuer

(1) ¹Ist ein Behördenbetreuer bestellt, so kann der zuständigen Behörde eine Vergütung nach § 1836 Abs. 2 des Bürgerlichen Gesetzbuchs bewilligt werden, soweit der Umfang oder die Schwierigkeit der Betreuungsgeschäfte dies rechtfertigen. ²Dies gilt nur, soweit eine Inanspruchnahme des Betreuten nach § 1836 c des Bürgerlichen Gesetzbuchs zulässig ist.
(2) ¹Unabhängig von den Voraussetzungen nach Absatz 1 Satz 1 kann die Betreuungsbehörde Aufwendungsersatz nach § 1835 Abs. 1 Satz 1 und 2 in Verbindung mit Abs. 5 Satz 2 des Bürgerlichen Gesetzbuchs verlangen, soweit eine Inanspruchnahme des Betreuten nach § 1836 c des Bürgerlichen Gesetzbuchs zulässig ist.
(3) Für den Behördenbetreuer selbst gilt § 7 Abs. 3 entsprechend.
(4) § 2 ist nicht anwendbar.

§ 9 Abrechnungszeitraum für Betreuungsvergütung

¹Die Vergütung kann nach Ablauf von jeweils drei Monaten für diesen Zeitraum geltend gemacht werden. ²Dies gilt nicht für die Geltendmachung von Vergütung und Aufwendungsersatz in den Fällen des § 6.

§ 10 Mitteilung an die Betreuungsbehörde

(1) Wer Betreuungen entgeltlich führt, hat der Betreuungsbehörde, in deren Bezirk er seinen Sitz oder Wohnsitz hat, kalenderjährlich mitzuteilen
1. die Zahl der von ihm im Kalenderjahr geführten Betreuungen aufgeschlüsselt nach Betreuten in einem Heim und außerhalb eines Heims und
2. den von ihm für die Führung von Betreuungen im Kalenderjahr erhaltenen Geldbetrag.
(2) ¹Die Mitteilung erfolgt jeweils bis spätestens 31. März für den Schluss des vorangegangenen Kalenderjahrs. ²Die Betreuungsbehörde kann verlangen, dass der Betreuer die Richtigkeit der Mitteilung an Eides Statt versichert.
(3) Die Betreuungsbehörde ist berechtigt und auf Verlangen des Vormundschaftsgerichts verpflichtet, dem Vormundschaftsgericht diese Mitteilung zu übermitteln.

Abschnitt 4 Schlussvorschriften

§ 11 Umschulung und Fortbildung von Berufsvormündern

(1) Durch Landesrecht kann bestimmt werden, dass es einer abgeschlossenen Lehre im Sinne des § 3 Abs. 1 Satz 2 Nr. 1 und § 4 Abs. 1 Satz 2 Nr. 1 gleichsteht, wenn der Vormund oder Betreuer besondere Kenntnisse im Sinne dieser Vorschrift durch eine dem Abschluss einer Lehre vergleichbare Prüfung vor einer staatlichen oder staatlich anerkannten Stelle nachgewiesen hat. Zu einer solchen Prüfung darf nur zugelassen werden, wer
1. mindestens drei Jahre lang Vormundschaften oder Betreuungen berufsmäßig geführt und
2. an einer Umschulung oder Fortbildung teilgenommen hat, die besondere Kenntnisse im Sinne des § 3 Abs. 1 Satz 2 und § 4 Abs. 1 Satz 2 vermittelt, welche nach Art und Umfang den durch eine abgeschlossene Lehre vermittelten vergleichbar sind.
(2) ¹Durch Landesrecht kann bestimmt werden, dass es einer abgeschlossenen Ausbildung an einer Hochschule im Sinne des § 3 Abs. 1 Satz 2 Nr. 2 und § 4 Abs. 1 Satz 2 Nr. 2 gleichsteht, wenn der Vormund oder Betreuer Kenntnisse im Sinne dieser Vorschrift durch eine Prüfung vor einer staatlichen oder staatlich anerkannten Stelle nachgewiesen hat. ²Zu einer solchen Prüfung darf nur zugelassen werden, wer

1. mindestens fünf Jahre lang Vormundschaften oder Betreuungen berufsmäßig geführt und
2. an einer Umschulung oder Fortbildung teilgenommen hat, die besondere Kenntnisse im Sinne des § 3 Abs. 1 Satz 2 und § 4 Abs. 1 Satz 2 vermittelt, welche nach Art und Umfang den durch eine abgeschlossene Ausbildung an einer Hochschule vermittelten vergleichbar sind.

(3) ¹Das Landesrecht kann weitergehende Zulassungsvoraussetzungen aufstellen. ²Es regelt das Nähere über die an eine Umschulung oder Fortbildung im Sinne des Absatzes 1 Satz 2 Nr. 2, Absatzes 2 Satz 2 Nr. 2 zu stellenden Anforderungen, über Art und Umfang der zu erbringenden Prüfungsleistungen, über das Prüfungsverfahren und über die Zuständigkeiten. ³Das Landesrecht kann auch bestimmen, dass eine in einem anderen Land abgelegte Prüfung im Sinne dieser Vorschrift anerkannt wird.

1 **Inhalt und Anwendungsbereich der Norm.** Durch das Vormünder- und Betreuervergütungsgesetz werden die bislang in § 1836 I 3, 4 u II BGB, dem Berufsvormündervergütungsgesetz sowie weiteren Vorschriften des BGB enthaltenen Regeln über die Vergütung von Berufsvormündern und Berufsbetreuern zusammengeführt. Der erste Abschnitt gilt für Vormünder und Betreuer (obwohl im Gesetzestext etwas missverständlich nur von Vormündern gesprochen wird), der zweite Abschnitt gilt für Vormünder und der dritte Abschnitt enthält die Sondervorschriften für Betreuer. Wesentliche Änderungen zur früheren Rechtslage ergeben vor allem dadurch, dass sowohl die Stundensätze als auch die typischerweise anzusetzenden Stundenzahlen pauschaliert werden.

2 Die Regeln des Vormünder- und Betreuervergütungsgesetzes gelten nur für **Berufsbetreuer** und **Berufsvormünder**. Wer zu diesem Personenkreis gehört, richtet sich nach § 1 I VBVG, der im Wesentlichen die Regelungen des § 1836 aF übernommen hat. Die berufsmäßige Ausübung ist nach dem Gesetz festzustellen, wenn der Vormund/Betreuer in einem solchem Umfang Vormundschaften/Betreuungen übertragen sind, dass er sie insgesamt nur im Rahmen einer Berufsausübung führen kann (§ 1836 Rn 2). Ausreichend ist aber auch, wenn zu erwarten ist, dass dem Vormund in absehbarer Zeit Vormundschaften in diesem Umfang übertragen sein werden. Auch eine beabsichtigte künftige Verwendung als Berufsbetreuer kann daher ausreichend sein (Jürgens/*Jürgens* § 1 VBVG Rn 7).

Für die **Berufsmäßigkeit** stellt das Gesetz in § 1 I 2 VBVG zwei Vermutungen auf: Sie liegt im Regelfall vor, wenn der Vormund/Betreuer entweder **mehr als zehn Vormundschaften bzw. Betreuungen führt** (Nr 1) oder wenn die für die **Führung der Vormundschaft erforderliche Zeit voraussichtlich 20 Wochenstunden nicht unterschreitet** (Nr 2). Beide Merkmale brauchen nicht kumulativ vorzuliegen sondern können alternativ zu einer Begründung der Berufsmäßigkeit führen. Für den Berufsbetreuer gelten die Voraussetzungen der Nr 2 gem § 4III 2 VBVG nicht.

Da es sich bei § 1 I Nr 1 u 2 nur um **Regelbeispiele** handelt können ggf auch andere Kriterien zur Feststellung der Berufsmäßigkeit ausreichen. Entscheidend ist eine Gesamtschau der vom Vormund vorgenommenen Tätigkeiten (Zweibr FamRZ 00, 556) So kann zB eine für den konkreten Fall relevante besondere berufliche Qualifikation des Vormunds/Betreuers ausreichen, auch wenn er bisher nur wenige Betreuungen führt (BayObLG BtPrax 99, 30; Brandbg FamRZ 03, 935). Besonders wenn es darum geht Personen mit besonderen Qualifikationen (etwa Rechtsanwälte oder Steuerberater) zum Vormund oder Betreuer zugewinnen, weil im Zusammenhang mit der Vermögensverwaltung schwierige steuerliche und juristische Fragen zu bewältigen sind (BayObLG FamRZ 98, 187; Frankf FamRZ 01, 790; Karlsr NJWE-FER 01, 312). Andererseits kann aus der Bestellung eines Vereinsvormunds nicht schon darauf geschlossen werden, dass dieser die Vormundschaft/Betreuung berufsmäßig führt (Oldbg FamRZ 98, 186). Berufsvormund kann eine Person auch neben einem anderen Beruf sein (BayObLG FamRZ 96, 371; 97, 1305).

3 Liegt die Berufsmäßigkeit vor, dann muss eine Vergütung bewilligt werden. Der **Feststellungsbeschluss** mit dem die berufsmäßige Führung der Vormundschaft/Betreuung festgesetzt wird ist für die Rechtsstellung und den Vergütungsanspruch von Vormund und Betreuer konstitutiv (BayObLG FamRZ 00, 1450). Ob sich der Anspruch gegen den Mündel/Betreuten (bzw dessen Erben) oder gegen die Staatskasse richtet, hängt davon ab, ob der Mündel bzw Betreute mittellos ist oder nicht. Hat er selbst ausreichende Mittel, ist er der Schuldner des Anspruchs (§ 1836), ist er mittellos (vgl §§ 1836 c, d), richtet sich der Anspruch gegen die Staatskasse (§ 1 II VBVG, früher § 1836 a BGB). Gegen die Ablehnung der Berufsmäßigkeit ist die **unbefristete Beschwerde** des Betroffenen statthaft, gegen die Feststellung besteht weder ein Beschwerderecht der Staatskasse (Frankf FGPrax 04, 122) noch der Betreuungsbehörde (Schlesw BtPrax 99, 155).

4 Der **Anspruch auf Vergütung erlischt** nach § 2 VBVG, wenn er nicht binnen 15 Monaten nach seiner Entstehung beim Vormundschaftsgericht geltend gemacht wird; grds ist der Zeitpunkt des Entstehens des Anspruchs auch für den Beginn der Ausschlussfrist maßgebend (BayObLG FamRZ 03, 325). Die Betreuervergütung kann jedoch gem § 9 VBVG erst nach Ablauf von jeweils 3 Monaten geltend gemacht werden kann (zu diesem Widerspruch: Jürgens/*Winterstein* § 9 VBVG Rn 1). Die Geltendmachung des Anspruchs gegenüber dem Vormundschaftsgericht gilt dabei auch als Geltendmachung gegenüber dem Mündel (für Behördenbetreuung unanwendbar, § 8 IV VBVG). Die Ausschlussfrist kann durch das Vormundschaftsgericht bis

auf 2 Monate verkürzt (zB um eine endgültige Regelung zu beschleunigen) aber auch eine Fristverlängerung (zB wegen Krankheit des Vormunds/Betreuers) ist möglich (BayObLG FamRZ 04, 1137).

Die **Vergütung des Berufsvormunds** ergibt sich aus § 3 VBVG, wo im wesentlichen die bislang in § 1 BVormVG enthaltenen Regeln übernommen werden – allerdings mit der Ausnahme, dass die Regelungen nunmehr für alle Vergütungssätze (und nicht nur die bei Mittellosigkeit des Mündels) gelten. Anknüpfungspunkt für die Berechnung der Vergütung ist zunächst der für die Führung der Vormundschaft aufgewendete Zeitaufwand. Dabei werden alle Stunden gleich berücksichtigt. Auf die Schwierigkeit der einzelnen Tätigkeit kommt es nicht an. Die aufgewendeten und erforderlichen Stunden sind dann in einem zweiten Schritt mit einem dreifach gestaffelten festen Stundensatz zu multiplizieren (1. Stufe: 19,50 €; 2. Stufe: 25,00 €; 3. Stufe 33, 50 €). Für den anzusetzenden Stundensatz sind die berufliche Qualifikation des Vormunds und deren Nutzbarkeit für die Führung der Vormundschaft ausschlaggebend. Wenn der Vormund über besondere Kenntnisse verfügt, die für die Führung der Vormundschaft nutzbar sind erhöht sich sich Grundvergütungssatz in Höhe von 19, 50 € auf 25 €, wenn diese Kenntnisse durch eine abgeschlossene Lehre oder eine vergleichbare Ausbildung erworben sind und 33,50 €, wenn diese Kenntnisse durch eine abgeschlossene Ausbildung an einer Hochschule oder durch eine vergleichbare abgeschlossene Ausbildung erworben sind.

Nutzbarkeitsvermutung § 3 II VBVG. Ist ein Vormund bestellt, der über besondere Kenntnisse verfügt, die für die Führung der Vormundschaft allgemein nutzbar und durch eine Ausbildung iSv § 3 I 2 VBVG erworben sind, so wird vermutet, dass diese Kenntnisse auch für die Führung der dem Vormund übertragenen Vormundschaft nutzbar sind. Ihm muss dann der sich aus I ergebende Stundensatz bewilligt werden, ohne dass im einzelnen überprüft werden muss, ob seine besonderen Kenntnisse tatsächlich für die einzelne Vormundschaft erforderlich sind. Dies gilt nur dann nicht, wenn das Vormundschaftsgericht aus besonderen Gründen bei der Bestellung des Vormunds etwas anderes bestimmt hat (Schlesw BtPrax 2003) oder seine nur für einen bestimmten Aufgabenkreis der Vormundschaft/Betreuung nutzbar sind, der ihm gerade nicht übertragen worden ist (BGH BtPrax 03, 264).

Erhöhter Stundensatz. Bei Besonderer Schwierigkeit der vormundschaftlichen Geschäfte können die Stundensätze ausnahmsweise erhöht werden (§ 3 III 1 VBVG). Die besonderen Schwierigkeiten können sich dabei aus der Person des Mündels, aus den zu erledigenden Aufgaben oder aus sonstigen Umständen ergeben (Jürgens/*Jürgens* § 3 VBVG Rn 14). Die Erhöhung ist ausgeschlossen, wenn der Mündel mittellos ist (§ 1836 d) und die Vergütung des Vormunds aus der Staatskasse gezahlt werden muss (III 2).

Abgeltungsumfang. Die Vergütung ist lediglich Entgelt für die Führung der Vormundschaft und umfasst weder den Ersatz von Aufwendungen noch die Umsatzsteuer. Eine auf die Vergütung entfallende **Umsatzsteuer** wird zusätzlich ersetzt, sofern sie tatsächlich erhoben wird.

Abschlagszahlungen. Der Vormund kann für bereits verdiente Beträge aus der Staatskasse oder vom nicht mittelosen Betreuten (§ 56 g FGG) Abschlagszahlungen verlangen (IV). Eine Verzinsung des Vergütungsanspruchs findet nicht statt (Celle FamRZ 02, 1431).

Die **Vergütung des Berufsbetreuers** richtet sich grds nach § 4 ff VBVG. Die Vorschrift normiert für Berufsbetreuer jeweils höhere Stundensätze der Vergütung als nach § 3 VBVG. Die Stundensätze decken dabei nicht nur die Vergütung des Betreuers ab, sondern auch die darauf entfallende Umsatzsteuer und alle Aufwendungen des Betreuers (§ 4 II 1 VBVG), ausgenommen sind nur Aufwendungen wegen besonderer beruflicher Tätigkeit nach § 1835 III BGB. Im Gegensatz zu § 3 VBVG ist für den Berufsbetreuer auch der Stundenansatz pauschaliert (s § 5 VBVG), womit sich eine individuelle Feststellung der für die Führung der Vormundschaft aufgewendeten Stunden und deren Erforderlichkeit erübrigt. Eine detaillierte Abrechnung wie beim Vormund gibt es deshalb beim Betreuer nicht mehr. Eine Erhöhung des Stundensatzes bei besonderer Schwierigkeit der betreuungsrechtlichen Geschäfte vermögenden Betreuten gegenüber, wie nach § 3 III 1 u 2 VBVG möglich, ist in § 4 VBVG für den Berufsvormund nicht vorgesehen (str. ob eine analoge Anwendung geboten ist, vgl Palandt/*Diederichsen* Rn 19). Zu Sonderfällen der Vergütung s § 6 VBVG, zur Vergütung von Betreuungsvereinen § 7, zur Vergütung von Behördenbetreuern § 8 VBVG.

Auch für **Berufsbetreuer** gelten nach beruflicher Qualifikation dreifach **gestaffelte Stundensätze**: Nach § 5 VBVG sind 27,00 € in der Stunde als Grundbetrag anzusetzen. Verfügt der Betreuer über besondere Kenntnisse (BayObLG FamRZ 00, 844; Saarbr BtPrax 03, 227), die für die Führung der Betreuung nutzbar und durch eine Lehre oder eine vergleichbare abgeschlossene Ausbildung (Vergleichbarkeit nur bei staatlich reglementierter anerkannter Ausbildung und Prüfung: BayObLG BtPrax 00, 124) erworben sind, erhöht sich der Stundensatz auf 33,50 € und auf 44 €, wenn diese Kenntnisse durch eine abgeschlossene Ausbildung an einer Hochschule (nicht Fachschulen oder Fachakademien: BayObLG FamRZ 05, 932) oder durch eine vergleichbare abgeschlossene Ausbildung (zB Auslandsstudium: BayObLG FamRZ 04, 1232) erworben sind. Die Gewährung der erhöhten Vergütungsstufen ist nicht auf bestimmte Berufe beschränkt (zB Jurist, Diplompsychologe, usw), für die Betreuung nutzbare Kenntnisse können auch durch andere Berufs- bzw Studienabschlüsse vermittelt werden (Dresden

FamRZ 00, 847; BayObLG FamRZ 01, 306). Die Vermutung des § 3 II VBVG in Bezug auf die Nutzbarkeit der Ausbildung gilt entspr (§ 4 III 1 VBVG). Für die Betreuung nützliche Berufserfahrungen können eine abgeschlossene Berufsausbildung nicht ersetzen (Schlesw BtPrax 01, 86), beachte jedoch die Möglichkeit, durch Umschulung und Fortbildung gem § 11 VBVG eine höhere Qualifikationsstufe zu erreichen.

12 Welche **Stundenzahl** ein Betreuer in Ansatz bringen kann bestimmt sich nach § 5 VBVG und hängt davon ab, wie lange die Betreuung schon besteht, ob der Betreute in einem Heim lebt oder nicht und ob der Betreute oder der Staat (wegen Mittellosigkeit des Betreuten) die Vergütung zahlt (vgl Übersicht bei Jürgens/*Jürgens* § 5 VBVG Rn 5; Tabellen zu den sich ergebenden Jahresvergütungen bei *Deinert* BtPrax Spezial 05, 16). Im Einzelnen gilt:
- Lebt der **Betreute in einem Heim** (Definition: § 5 III VBVG), ist der dem Betreuer zu vergütende Zeitaufwand in den ersten drei Monaten der Betreuung mit fünfeinhalb, im vierten bis sechsten Monat mit viereinhalb, im siebten bis zwölften Monat mit vier und danach mit zweieinhalb Stunden im Monat anzusetzen. Dies gilt aber nur dann, wenn sich der Vergütungsanspruch gegen den Betreuten selbst richtet, dieser also nicht mittellos ist (§ 5 I 1 VBVG).
- Lebt der **Betreute in einem Heim, ist aber mittellos** (§§ 1836 c, d), beträgt der Stundenansatz in den ersten drei Monaten der Betreuung viereinhalb, im vierten bis sechsten Monat dreieinhalb, im siebten bis zwölften Monat drei und danach zwei Stunden im Monat (§ 5 II 1 VBVG). Der Betreuungsstandart ist also erheblich abgesenkt, wenn die Staatskasse für die Betreuung aufkommen muss.
- Hat der Betreute, der die Vergütung selbst zahlen muss, weil er nicht mittellos ist, seinen **gewöhnlichen Aufenthalt nicht in einem Heim**, beträgt der Stundensatz in den ersten drei Monaten der Betreuung achteinhalb, im vierten bis sechsten Monat sieben, im siebten bis zwölften Monat sechs und danach viereinhalb Stunden im Monat (§ 5 I 2 VBVG).
- Hat der **mittellose Betreute** seinen gewöhnlichen Aufenthalt nicht in einem Heim, beträgt der Stundensatz in den ersten drei Monaten der Betreuung sechs, im vierten bis sechsten Monat fünfeinhalb, im siebten bis zwölften Monat fünf und danach dreieinhalb Stunden im Monat (§ 5 II 2 VBVG).

13 Für die Berechnung der Monate gelten §§ 187 I, 188 II, 1. Fall BGB entspr (§ 5 IV 1 VBVG). Dies bedeutet, dass eine **tagesgenaue Abrechnung** zu erfolgen hat (*Dodegge* NJW 05, 1898). Wenn sich Umstände, die sich auf die Vergütung auswirken, vor Ablauf eines vollen Monats ändern (zB Einzug im Heim), so ist der Stundensatz zeitanteilig nach Tagen zu berechnen. Schwierigkeiten können sich bei der Abrechnung gleichwohl daraus ergeben, dass sich für die Stundenansätze maßgebliche Umstände, wie zB der Eintritt der Mittellosigkeit, nicht immer taggenau bestimmen lassen (vgl *Dodegge* NJW 05, 1899; *Deinert* FamRZ 05, 958). §§ 187 I, 188 I BGB gelten entspr (§ 5 IV 2 VBVG). Die sich dabei ergebenen Stundensätze sind auf volle Zehntel aufzurunden (§ 5 IV 3 VBVG). Bei einem **Wechsel von einem beruflichen zu einem ehrenamtlichen Betreuer** (§ 5 V VBVG), kann der ausscheidende Berufsbetreuer statt der taggenauen zeitanteiligen Vergütung die volle Monatspauschale für den laufenden und für den Folgemonat beanspruchen (vgl *Deinert* BtPrax Spezial 05, 15).

14 Eine **besondere Vergütungsregelung** findet sich in § 6 S 1 VBVG für **Sterilisationsbetreuer und Verhinderungsbetreuer** (Ergänzungsbetreuer), sofern die Verhinderung nicht tatsächlicher Art ist (dann bleibt es bei §§ 4, 5, 6 S 2 VBVG). Für diese gilt nicht § 4, sondern sie können nur gem § 1 II iVm § 3 VBVG nach der tatsächlich aufgewendeten und erforderlichen Zeit abrechnen, was idR zu niedrigeren Stundensätzen führt. Andererseits bestehen aber keine festen Stundengrenzen, und dem Betreuer steht ein zusätzlicher Aufwendungsersatz nach § 1835 BGB zu. Von diesem ausgenommen sind aber die besonderen berufsbezogenen Aufwendungen nach § 1835 II BGB.

15 **Vergütung und Aufwendungsersatz für Betreuungsvereine** sind in § 7 VBVG geregelt. Die Norm entspricht § 1908 e BGB aF, der durch das 2. Betreuungsrechtsänderungsgesetz aufgehoben wurde. Das bedeutet: Betreuungsvereine gelten immer als Berufsbetreuer (§ 7, 2 VBVG), so dass der Verein immer einen Anspruch auf Bezahlung hat (I 2). Ansprüche stehen nur dem Verein, nicht dem Vereinsbetreuer zu (III). Ihre Vergütung richtet sich damit grds nach §§ 4, 5 VBVG. Die Geltendmachung von Aufwendungen nach § 1835 II BGB ist jedoch (wie bisher) ausgeschlossen (Jürgens/*Jürgens* § 1835 BGB, Rn 20 f). Sofern ein Betreuungsverein als Sterilisations- oder Verhinderungsbetreuer bestellt ist, kommt § 6 VBVG zur Anwendung. Allerdings sind bei den Aufwendungen allgemeine Verwaltungskosten nicht zu ersetzen (§ 7 II 2 VBVG). Das entspricht der bisherigen Rechtslage (Jürgens/*Winterstein*, § 7 VBVG Rn 9–10).

16 Die **Vergütung und der Aufwendungsersatz für Behördenbetreuer** ergibt sich aus § 8 VBVG. Die Regelung übernimmt den bisherigen § 1908 h BGB. Ist ein Behördenbetreuer bestellt, kann der Behörde eine angemessene Vergütung nach § 1836 II BGB bewilligt werden, wenn der Umfang und die Schwierigkeit der Betreuungsgeschäfte das rechtfertigen und der Betreute selbst in Anspruch genommen werden kann, dh soweit die vom Betreuten für die Betreuung einzusetzenden Mittel aus Einkünften und Vergütung reichen (§ 1836 c BGB). Die Höhe der Vergütung richtet sich nicht nach §§ 3–5 VBVG, sondern steht allein im Ermessen des Vormundschaftsgerichts. Wurde in der Praxis früher häufig ein Prozentsatz des Betreutenvermögens bewilligt, hat sich jetzt eine an Zeitaufwand und Stundensatz orientierte Bemessung durchgesetzt (Jürgens/*Winterstein* § 8 VBVG, Rn 3), wobei die Vergütungssätze der §§ 3–5 VBVG den Gerichten für den Regelfall als Orientie-

rungshilfe dienen können. Ist der Betreute leistungsfähig kann die Betreuungsbehörde neben der Vergütung Vorschuss und Ersatz für Aufwendungen nach § 1835 I 1, 2 BGB verlangen, eine pauschale Aufwandsentschädigung nach § 1835 a ist dagegen ausgeschlossen (§ 1908 i iVm § 1835 a V BGB). Der Behördenbetreuer selbst kann weder Vergütung noch Aufwendungsersatz verlangen (§ 8 III VBVG iVm § 7 III VBVG).
Die kurze Erlöschensfrist des § 2 VBVG gilt für Ansprüche der Betreuungsbehörde nicht (§ 8 IV VBVG), sie unterliegen den allgemeinen Verjährungsregelungen der §§ 194 ff.

Abrechnungszeitraum. Die Abrechnungen der Betreuer können – außer in den Fällen des § 6 – dreimonatlich erfolgen, also erstmals drei Monate nach Bestellung als Betreuer (§ 9 VBVG) und danach alle weiteren drei Monate. 17

Mitteilungspflichten. Damit die Vergütungen zutreffend festgesetzt werden können, ordnet § 10 VBVG für jeden – auch nebenberuflich tätigen – Betreuer bestimmte Mitteilungspflichten über vergütungsrelevante Tatsachen, wie zur Zahl der von ihm im Kalenderjahr geführten Betreuungen und dem dafür erhaltenen Geldbetrag, an. Mitteilungsempfänger ist die örtliche Betreuungsbehörde. Die Mitteilung hat schriftlich bis zum 31. März eines Jahres für das Vorjahr zu erfolgen. Gegebenenfalls muss der Betreuer die Richtigkeit seiner Angaben an Eides statt versichern (II 2). 18

Umschulung und Fortbildung von Berufsvormündern. Mit § 11 VBVG (entspricht dem bisherigen § 2 BVormVG) wird dem Landesgesetzgeber ermöglicht, für erfahrene, langjährig tätige Betreuer eine Nachqualifizierung mit anschließender Prüfung einzuführen, um auch diesem Personenkreis, den sonst häufig wegen fehlender formaler Abschlüsse versperrten Weg, der Eingruppierung in eine höhere Vergütungsstufe, zu eröffnen (vgl dazu Jürgens/*Winterstein*, § 11 VBVG Rn 1–7). 19

§ 1836 a, b
– *weggefallen* –

§ 1836 c Einzusetzende Mittel des Mündels

Der Mündel hat einzusetzen:
1. nach Maßgabe des § 87 des Zwölften Buches Sozialgesetzbuch sein Einkommen, soweit es zusammen mit dem Einkommen seines nicht getrennt lebenden Ehegatten oder Lebenspartners die nach den §§ 82, 85 Abs. 1 und 86 des Zwölften Buches Sozialgesetzbuch maßgebende Einkommensgrenze für die Hilfe nach dem Fünften bis Neunten Kapitel des Zwölften Buches Sozialgesetzbuch übersteigt. Wird im Einzelfall der Einsatz eines Teils des Einkommens zur Deckung eines bestimmten Bedarfs im Rahmen der Hilfe nach dem Fünften bis Neunten Kapitel des Zwölften Buches Sozialgesetzbuch zugemutet oder verlangt, darf dieser Teil des Einkommens bei der Prüfung, inwieweit der Einsatz des Einkommens zur Deckung der Kosten der Vormundschaft einzusetzen ist, nicht mehr berücksichtigt werden. Als Einkommen gelten auch Unterhaltsansprüche sowie die wegen Entziehung einer solchen Forderung zu entrichtenden Renten;
2. sein Vermögen nach Maßgabe des § 90 des Zwölften Buches Sozialgesetzbuch.

§ 1836 d Mittellosigkeit des Mündels

Der Mündel gilt als mittellos, wenn er den Aufwendungsersatz oder die Vergütung aus seinem einzusetzenden Einkommen oder Vermögen
1. nicht oder nur zum Teil oder nur in Raten oder
2. nur im Wege gerichtlicher Geltendmachung von Unterhaltsansprüchen

aufbringen kann.

§ 1836 e Gesetzlicher Forderungsübergang

(1) ¹Soweit die Staatskasse den Vormund oder Gegenvormund befriedigt, gehen Ansprüche des Vormunds oder Gegenvormunds gegen den Mündel auf die Staatskasse über. ²Der übergegangene Anspruch erlischt in zehn Jahren vom Ablauf des Jahres an, in dem die Staatskasse die Aufwendungen oder die Vergütung bezahlt hat. ³Nach dem Tode des Mündels haftet sein Erbe nur mit dem Wert des im Zeitpunkt des Erbfalls vorhandenen Nachlasses; § 102 Abs. 3 und 4 des Zwölften Buches Sozialgesetzbuch gilt entsprechend, § 1836 c findet auf den Erben keine Anwendung.

(2) Soweit Ansprüche gemäß § 1836 c Nr. 1 Satz 2 einzusetzen sind, findet zugunsten der Staatskasse § 850 b der Zivilprozessordnung keine Anwendung.

Allgemeines. §§ 1836 c–1836 e bestimmen, inwieweit der Mündel für die Kosten der Vormundschaft in Anspruch genommen werden kann. Die Regelungen wurden durch Betreuungsrechtsänderungsgesetz v 25. 6. 98 (BGBl I 1580) eingeführt. Sie sollen der Staatskasse einen Regress gegen den Mündel und seine Erben erlauben. 1

2 Ein **Anspruch des Vormunds/Betreuers gegen die Staatskasse** kommt nur in Betracht, wenn die in § 1836 genannten Voraussetzungen vorliegen und der Mündel mittellos ist. **Mittellosigkeit** liegt vor, wenn der Mündel den Aufwendungsersatz oder die Vergütung aus seinem einzusetzenden Einkommen oder Vermögen nicht oder nur zum Teil oder nur in Raten (§ 1836 d Nr 1) oder nur im Wege gerichtlicher Geltendmachung von Unterhaltsansprüchen (§ 1836 d Nr 2) aufbringen kann. Dem Vormund/Betreuer soll nicht zugemutet werden, zunächst gegen den Unterhaltsschuldner des Mündels/Betreuten gerichtlich vorzugehen bevor er seine eigenen Unterhaltsansprüche befriedigen kann.

3 Inwieweit der Mündel sein **Vermögen und Einkommen einsetzen** muss, ergibt sich aus § 1836 c. Nach dieser Norm wird ihm etwa genau soviel Eigenbelastung zugemutet wie jedem, der nach den Maßstäben der im Gesetz genannten Vorschriften des SGB XII Hilfe in besonderen Lebenslagen erhält (*Deinert* FamRZ 99, 1190).Verwiesen wird auf §§ 82, 85 I, 86 und 87 SGB XII. Die Anwendung der sozialhilferechtlichen Maßstäbe entspricht dabei der schon zuvor in der Rechtsprechung herrschenden Tendenz (BayObLG FamRZ 95, 1375 f; 96, 436 f). Nach der Eingliederung des BSHG in das Sozialgesetzbuch sind nunmehr die §§ 82 ff SGB XII anzuwenden.

4 Als **Einkommen** sind gem § 82 I SGB XII grds alle Einkünfte in Geld oder Geldeswert, also Arbeitseinkommen, Renten, Miet- u Zinseinkommen einschließlich Unterhalt und Unterhaltsrenten einzusetzen. Nicht dazu rechnen die Leistungen nach dem SGB XII, die Grundrente, nach dem Bundesversorgungsgesetz und die Renten und Beihilfen nach dem Bundesentschädigungsgesetz. Schmerzensgeld wird weder als Rente beim Einkommen noch als Kapitalleistung beim Vermögen berücksichtigt (BayObLG FamRZ 02, 416). Auch Leistungen der Pflegeversicherung sind kein Einkommen (*Jürgens* BtPrax 00, 71; BayObLG FamRZ 02, 418). Dass so festgestellte Einkommen wird nicht vollständig, sondern nur im Rahmen der Einkommensgrenzen nach § 85 SGB XII berücksichtigt, dh es werden weitere Abzugsposten in Form eines Grundbetrags, gfl eines Familienzuschlags und der Kosten der Unterkunft (im angemessenen Umfang) berücksichtigt. Schließlich ist der Einsatz des die Einkommensgrenze übersteigenden Anteils des Einkommens für Betreuungskosten nach § 87 SGB XII nur im angemessenen Umfang zumutbar (*Jürgens/Marschner* § 1836 c BGB Rn 11).

5 Wenn die Prüfung der Frage, ob und in welcher Höhe der Mündel/Betreute sein Einkommen für die Kosten der Vormundschaft/Betreuung einzusetzen hat, mit erheblichen Schwierigkeit und großen Zeitaufwand verbunden ist und der Aufwand außer Verhältnis zur Höhe des aus der Staatskasse zu begleichenden Anspruch steht, kann das Gericht gem § 56 g II 3 im Wege der **Ermessensfestsetzung** ohne weitere Prüfung den Anspruch festsetzen (Staud/*Engler* Rn 6).

6 Für die Berücksichtigung des Vermögens kommt es auf die **Schongrenze** für die Hilfe in besonderen Lebenslagen an, die sich nach § 90 SGB XII bestimmt (BGH NJW 02, 366). Zu berücksichtigen ist nach § 90 I SGB XII das gesamte verwertbare Vermögen. Damit ist das verfügbare Aktivvermögen gemeint, Verbindlichkeiten bleiben außer Betracht, selbst wenn sie tituliert oder durch öffentlichen Leistungsbescheid festgesetzt sind (BayObLG FamRZ 04, 308). Neben dem Schonvermögen braucht auch Vermögen dessen Verwertung für den Mündel/Betreuten oder seine unterhaltsberechtigten Angehörigen eine besondere Härte (§ 90 III SGB XII) bedeuten würde, nicht eingesetzt zu werden (BayObLG FamRZ 02, 416; BayObLG BtPrax 98, 31; Oldbg FamRZ 96, 953).

7 Schließlich stellt § 1836 c Nr 1 S 1, Hs 2 klar, dass der **Einsatz gleicher Einkommensteile** nicht einmal bei Berechnung von Hilfe in besonderen Lebenslagen und andererseits bei der Frage nach der Vergütung des Vormunds in Betracht kommt, sondern dass wegen der Subsidiarität der Sozialhilfe (§ 2 I SGB XII) zunächst auf die Sozialhilfe angerechnet werden muss und das angerechnete Einkommen dann bei der Berechnung nach § 1836 c unberücksichtigt bleibt. Der Vormund kann also, auch wenn das tatsächliche Einkommen des Mündels die im Einzelfall maßgebende Einkommensgrenze übersteigt und zur Zahlung der Vergütung des Vormunds ausreichen würde, die Vergütung aus der Staatskasse verlangen, wenn dem Mündel der Einsatz dieses Mehreinkommens bereits im Rahmen des SGB XII zugemutet wird (Staud/*Engler* Rn 5).

8 **Gesetzlicher Forderungsübergang** (§ 1836 e I, II). Sobald die Staatskasse den Vormund oder Gegenvormund befriedigt, gehen dessen Ansprüche auf die Staatskasse über (§ 1836 e I 1). Der Mündel bekommt die staatliche Vergütung oder Auslagenerstattung nur dann endgültig als Zuschuss, wenn er nicht binnen einer **Frist von zehn Jahren** seit dem Ablauf des Jahres, in dem die Zahlungen an den Vormund geleistet wurden, wieder so leistungsfähig wird, dass er die gezahlten Beträge erstatten kann (§ 1836 e I 2). Der Regress setzt die in § 1836 c bestimmte Leistungsfähigkeit des Mündels voraus (BayObLG BtPrax 00, 83; Frankf BtPrax 03, 85). Der Regress ist aber nicht zwingend. § 56 g II 3 FGG erlaubt dem Gericht vielmehr in Fällen, in denen ein Regress aussichtslos erscheint, von der Geltendmachung abzusehen (BayObLG FamRZ 02, 418) oder die Festsetzung des Regressanspruchs auf einen möglichen Anspruch aus § 528 zu beschränken (Hamm FamRZ 03, 1873).

9 **Erbenhaftung.** Daneben kann die Staatskasse im Wege des Rückgriffs auch auf zunächst geschontes Vermögen des Mündels/Betreuten zugreifen, wenn dieses zB durch den Tod des Mündels/Betreuten, kein Schonvermögen mehr ist (vgl dazu Jürgens/*Marschner* § 1836 c BGB Rn 12-15). Es handelt sich insoweit um Nachlassverbindlichkeiten die auf seinen Erben übergehen. Für diesen gelten die in § 1836 c genannten Schonungen nicht (Köln FamRZ 98, 1617). Die Nachlasshaftung ist aber insofern erleichtert, als § 1836 e I 3 die Haftung

auf das im Zeitpunkt des Todes des Mündels vorhandene Vermögen begrenzt und auf § 102 SGB XII mit seinen Freibeträgen und Bagatell- und Härteklauseln verweist. Der Regress kommt gegen einen Erben daher nicht in Betracht, wenn der Wert des Nachlasses unter dem doppelten Grundbetrag nach § 85 SGB XII liegt, der Nachlass also weniger wert ist als 15340 €, sofern der Erbe der Ehegatte des Mündels oder ein Verwandter ist, der bis zu seinem Tode mit ihm in häuslicher Gemeinschaft gelebt und ihn gepflegt hat oder wenn die Inanspruchnahme nach den Umständen des Einzelfalls, eine besondere Härte bedeuten würde. Dem Regress steht nicht entgegen, dass dem Betreuten Sozialhilfe gewährt worden ist (BayObLG FamRZ 05, 1590). Die Erbenhaftung gilt in analoger Anwendung auch wenn der Erbe nach dem Tode des Betreuten unmittelbar auf die noch nicht festgesetzte Betreuervergütung und auf Auslagenersatz in Anspruch genommen werden soll (Frankf NJW 04, 373).

Untertitel 3 Fürsorge und Aufsicht des Vormundschaftsgerichts

§ 1837 Beratung und Aufsicht

(1) ¹Das Vormundschaftsgericht berät die Vormünder. ²Es wirkt dabei mit, sie in ihre Aufgaben einzuführen.
(2) ¹Das Vormundschaftsgericht hat über die gesamte Tätigkeit des Vormunds und des Gegenvormunds die Aufsicht zu führen und gegen Pflichtwidrigkeiten durch geeignete Gebote und Verbote einzuschreiten. ²Es kann dem Vormund und dem Gegenvormund aufgeben, eine Versicherung gegen Schäden, die sie dem Mündel zufügen können, einzugehen.
(3) ¹Das Vormundschaftsgericht kann den Vormund und den Gegenvormund zur Befolgung seiner Anordnungen durch Festsetzung von Zwangsgeld anhalten. ²Gegen das Jugendamt oder einen Verein wird kein Zwangsgeld festgesetzt.
(4) §§ 1666, 1666a und 1696 gelten entsprechend.

Die **Vorschrift regelt** das Verhältnis zwischen Vormund und Vormundschaftsgericht. Sie gilt entspr für den Gegenvormund, Betreuer, Beistand und Pfleger. Es gilt der **Grundsatz der Selbstständigkeit** des Vormunds bei der Führung seiner ihm übertragenen Aufgaben, der allerdings in § 1837 verschiedene Einschränkungen findet. Das Vormundschaftsgericht hat Beratungs- (I) und Überwachungsaufgaben (II–IV), jedoch mit Ausnahme des § 1846 keine eigene Handlungsbefugnisse (BayObLG JW 27, 1217), auch nicht wenn der Vormund selbst damit einverstanden ist, bzw dies sogar ausdrücklich wünscht (Karlsr NJW-RR 05, 1313). 1

Das Vormundschaftsgericht berät und unterstützt den Vormund (I 1). Zu seinen Aufgaben gehört es den Vormund in seine Aufgaben einzuführen, wozu idR sein Verpflichtung und die Übergabe der Bestallungsurkunde gehören wird (§§ 1789, 1791; für den Betreuer § 69b FGG). Es muss dem Vormund zu Beginn seiner Vormundschaft über seine Aufgaben unterrichten, sofern der Vormund nicht schon über ausreichende Erfahrung verfügt. Im Verlauf der Vormundschaft wird es dann in erster Linie Aufgabe des Jugendamtes und der Betreuungsbehörde sein, die Beratung und Unterstützung von Vormund und Betreuer (einschließlich geeigneter Fortbildungsmaßnahmen) sicherzustellen (§§ 53 II, 3 II 2 SGB VIII). Dem Gericht obliegt es nur in Ausnahmefällen den Vormund, der über keine Rechtskenntnisse verfügt, darauf aufmerksam zu machen, wenn es seine Maßnahmen für rechtswidrig oder unzweckmäßig hält oder wenn es meint, dass der Vormund bestimmte Maßnahmen vornehmen muss oder soll, an die er noch nicht selbst gedacht hat (BayObLG NJW 99, 3205; FamRZ 01, 786). Für Beratungen des Mündels ist das Vormundschaftsgericht nicht zuständig. Diese obliegen alleine dem Vormund und ggf dem Gegenvormund. 2

Die **Aufsicht** des Vormundschaftsgerichts erstreckt sich auf die gesamte Tätigkeit des Vormunds/Betreuers (auch Amtsvormund und Vereinsbetreuer) in den Bereichen der Personen- und Vermögenssorge für die ihm anvertrauten Personen (*Kaufmann* DAV 99, 335; *Harm* BtPrax 00, 17). Das Gericht hat dabei zu **überwachen**, dass der Vormund die gesetzlichen Vorschriften über die Führung der Vormundschaft einhält. Dies wird dem Gericht durch das Recht erleichtert, vom Vormund Auskunft über die Angelegenheiten des Mündels zu verlangen (§ 1839) und die regelmäßigen Berichtspflichten des Vormunds (§ 1840). Daneben ist es aber auch dadurch direkt an der Vormundschaft beteiligt, indem es für die Erteilung der vorgeschriebenen **Genehmigungen** eingeschaltet ist (§ 1809 ff) und die Rechnung des Vormunds kontrollieren muss (§ 1840 ff). Einen kontrollfreien Raum gibt es nicht, die Aufsicht beginnt mit der Bestellung des Vormunds und endet mit seiner Entlassung bzw dem Ende der Vormundschaft. Zwangsmaßnahmen gegen den Vormund nach II sind daher idR ausgeschlossen, sobald er entlassen ist (Staud/*Engler* Rn 36). Ausnahme davon ist die Festsetzung von Zwangsgeld zur Durchsetzung seiner Verpflichtung zur Legung einer Schlussrechnung (§ 1892 I) und der Rückgabe der Bestallungsurkunde (§ 1893 II). 3

Pflichtwidrigkeiten sind Verstöße gegen konkrete sich aus dem Gesetz oder anderen Anordnungen des Vormundschaftsgerichts ergebende Handlungspflichten bzw eine Verletzung der Pflicht zu treuer und gewissenhafter Führung der Vormundschaft oder Betreuung (s BayObLG FamRZ 92, 108). Es ist dabei unerheblich ob Anord- 4 nungen vom Vormundschaftsgericht aus Rechtsgründen oder nur aus Zweckmäßigkeitserwägungen getroffen worden waren. Keine Pflichtwidrigkeit liegt in der Nichtbefolgung einer vom Vormundschaftsgericht unzulässigerweise erteilten bindenden Anordnung (BGHZ 17, 108, 116). Ob das Gericht einschreiten muss, richtet sich in erster Linie nach dem Wohl des Mündels/Betreuten, wobei das Gericht aber zu berücksichtigen hat, dass der Vormund ein eigenes Erziehungsrecht ausübt (anders beim Betreuer, vgl § 1908 i). Bloße Meinungsverschiedenheiten über die Zeckmäßigkeit einer Entscheidung des Vormunds rechtfertigen daher einen Eingriff nicht, wenn nicht schon vorher eine bindende Weisung an den Vormund bestand, über die dieser sich hinweggesetzt hat. Ein schuldhaftes Handeln des Vormunds ist nicht erforderlich (Staud/*Engler* Rn 20).

5 **Beispiele für Pflichtwidrigkeiten:** die Verhinderung des Kontakts des Mündels zu seinen leiblichen Eltern oder anderen Verwandten (Hamm Rpfleger 85, 294), Verstöße gegen die Verpflichtung zur mündelsicheren Anlage von Geld (Frankf Rpfleger 83, 151), Nichtausführung einer gerichtlichen Anordnung zur Trennung von Vormund und Mündelvermögen (Oldbg Rpfleger 79, 101), die Anordnung, bisher vom Vormund unterlassene gebotene medizinische Behandlungen einzuleiten (*Colmar* Recht 05, 1767). Pflichtwidrig handelt auch der Betreuer, der dem Betreuten entgegen dessen Wünschen und Möglichkeiten einen sparsamen Lebenszuschnitt aufnötigt (BayObLG FamRZ 91, 481).

6 Das Vormundschaftsgericht kann mit unterschiedlichen **Maßnahmen** in Form von Mahnungen und Weisungen auf Vormund und Betreuer einwirken, wenn dies zum Wohl des Mündels geboten ist: So kann es Vormund und Gegenvormund den Abschluss einer Haftpflichtversicherung zur Deckung von Schäden aufgeben, die sie dem Mündel bei der Ausübung ihrer Tätigkeit möglicherweise zufügen (II 2). Auch Anordnungen in Form von Geboten oder Verboten sind möglich, um den Vormund/Betreuer dazu zu bringen, pflichtwidriges Verhalten einzustellen, bzw gar nicht erst zu beginnen. Unzulässig ist es dagegen, dass das Vormundschaftsgericht selbst an Stelle des Vormunds handelt, es kann jedoch nach IV iVm § 1666 III rechtsgeschäftliche Erklärungen und rechtfertigende Einwilligungen ersetzen (Staud/*Engler* Rn 47). Zur Durchsetzung seiner Ge- und Verbote kann das Gericht nach III 1, § 33 FGG bei Nichtbefolgung ein Zwangsgeld gegen den Vormund/Betreuer festsetzen. Das gilt nicht gegenüber dem Behörden- und dem Vereinsvormund (III 2), wo in diesem Fall nur die Entlassung in Betracht kommt.

7 **Verfahren.** Zuständig ist der Rechtspfleger (§§ 3 Nr 2 a, 14 RPfG), Beschwerdebefugt sind der Vormund/Betreuer und der Mündel (§§ 20, 59 FGG). Verwandte haben ein eigenes Beschwerderecht, wenn eine Maßnahme nach IV getroffen wird (§ 57 Nr 8 FGG), Dritte nur bei Vorliegen eines berechtigten Interesses (§ 57 Nr 9 FGG).

§ 1838

– *weggefallen* –

§ 1839 Auskunftspflicht des Vormunds

Der Vormund sowie der Gegenvormund hat dem Vormundschaftsgericht auf Verlangen jederzeit über die Führung der Vormundschaft und über die persönlichen Verhältnisse des Mündels Auskunft zu erteilen.

1 Die Vorschrift ordnet in Ergänzung zu § 1840 (Pflicht zur jährlichen Berichterstattung) eine **allgemeine Auskunftspflicht des Vormunds** gegenüber dem Vormundschaftsgericht an, um diesem sein Tätigkeit im Interesse des Mündels zu erleichtern. Der Vormund ist verpflichtet, über seine gesamte Tätigkeit Auskunft zu erteilen und auf Verlangen des Vormundschaftsgerichts auch die sich auf die Vormundschaft beziehende Papiere vorzulegen. Die Auskunft kann persönliche Angelegenheiten des Mündels betreffen sowie wirtschaftliche Umstände, die in der Rechnungslegung nicht aufgeführt zu werden brauchen. Das Gericht kann jederzeit Auskunft verlangen, es kann auch über den § 1840 hinaus vom Vormund periodische Berichte anfordern. Die Auskunftserteilung ist an keine bestimmte Form gebunden, der Vormund kann sie schriftlich oder mündlich erteilen, sich dabei auch eines Vertreters bedienen, solange erkennbar ist, dass die Auskunft vom Vormund selbst erteilt ist (Staud/*Engler* § 1839 Rn 4). Die Auskunftspflicht gilt ohne Befreiungsmöglichkeit auch für Gegenvormund, Vereins- und Amtsvormund (Saarbr DAV 95, 248) sowie den Betreuer (§ 1908 i I 1). Solange die Vormundschaft besteht, kann die Auskunftspflicht nach § 1837 III durchgesetzt werden (KG RJA 15, 255). Bei Erfolgslosigkeit kann der Vormund entlassen werden (Hamm Rpfleger 66, 17).

§ 1840 Bericht und Rechnungslegung

(1) Der Vormund hat über die persönlichen Verhältnisse des Mündels dem Vormundschaftsgericht mindestens einmal jährlich zu berichten.
(2) Der Vormund hat über seine Vermögensverwaltung dem Vormundschaftsgericht Rechnung zu legen.
(3) [1]Die Rechnung ist jährlich zu legen. [2]Das Rechnungsjahr wird von dem Vormundschaftsgericht bestimmt.

(4) Ist die Verwaltung von geringem Umfang, so kann das Vormundschaftsgericht, nachdem die Rechnung für das erste Jahr gelegt worden ist, anordnen, dass die Rechnung für längere, höchstens dreijährige Zeitabschnitte zu legen ist.

Die Norm dient der Erleichterung der Kontrolle des Vormunds und bestimmt, dass dieser dem Vormundschaftsgericht unaufgefordert mindestens einmal jährlich über die persönlichen Angelegenheiten des Mündels (I) und über seine Vermögensverwaltung **Auskunft** zu erteilen bzw **Rechnung zu legen** (II–IV) hat. Eine Befreiung ist nicht möglich. 1

Der Inhalts und die Form des **Berichts über die persönlichen Angelegenheiten** des Mündels sind gesetzlich nicht vorgeschrieben. Der Bericht muss jedoch Mindestinformationen enthalten, die das Gericht in die Lage versetzen, zu prüfen, ob ein Einschreiten im Aufsichtswege (§ 1837) geboten ist. Ein Anfangs- und ein Abschlussbericht werden nicht verlangt. 2

Die **Pflicht zur jährlichen Rechnungslegung** trifft jeden Vormund (Ausnahme: befreiter Vormund nach §§ 1854, 1855, 1857a). Erstreckt sich die Vormundschaft über mehrere Mündel (zB Geschwister), braucht die Rechnungslegung nur dann getrennt zu erfolgen, wenn das Vermögen jedem Mündel allein zusteht. Mehrere Mitvormünder haben die Rechnung gemeinschaftlich zu legen. Zur Mitwirkung des Gegenvormunds vgl § 1842. Ist die Vormundschaft unter ihnen nach bestimmten Wirkungskreisen aufgeteilt, muss jeder Vormund für seinen Bereich gesondert Rechnung legen. Bei Vermögenslosigkeit des Mündels besteht keine Rechnungslegungspflicht (Staud/*Engler* Rn 22). 3

Die **Rechnungslegung** erstreckt auf das gesamte Mündelvermögen, das der Vormund zu verwalten hat, einschließlich der Bestandteile, deren Verwaltung er auf einen Dritten übertragen hat oder die sich im Besitz eines Nießbrauchers oder Pfandgläubigers befinden (Staud/*Engler* Rn 15). Inhalt und Art der Rechnungslegung ergibt sich aus § 1841. Die Abgabe der Erklärung kann vom Vormundschaftsgericht nach § 1837 III mit Zwangsgeld durchgesetzt werden. Der Mündel selbst hat aus § 1840 keinen einklagbaren Anspruch auf Rechnungslegung (Staud/*Engler* Rn 25). Fehler in der Rechnungslegung, die zu Schäden des Mündels führen, machen den Vormund nach § 1833 schadensersatzpflichtig. 4

Die Rechnungslegung hat idR **jährlich** zu dem vom Vormundschaftsgericht zu bestimmenden Termin zu erfolgen (III). Hat die Vermögensverwaltung einen geringeren Umfang kann das Gericht die Abrechnungsperiode, nachdem die erste Rechnung gelegt worden ist, auf bis zu 3 Jahren verlängern (IV). Bei befreiter Vormundschaft gilt § 1854 II. 5

§ 1841 Inhalt der Rechnungslegung

(1) Die Rechnung soll eine geordnete Zusammenstellung der Einnahmen und Ausgaben enthalten, über den Ab- und Zugang des Vermögens Auskunft geben und, soweit Belege erteilt zu werden pflegen, mit Belegen versehen sein.
(2) ¹Wird ein Erwerbsgeschäft mit kaufmännischer Buchführung betrieben, so genügt als Rechnung ein aus den Büchern gezogener Jahresabschluss. ²Das Vormundschaftsgericht kann jedoch die Vorlegung der Bücher und sonstigen Belege verlangen.

Als Ordnungsvorschrift und lex specialis zu § 259 I bestimmt § 1841, wie die vom Vormund nach § 1840 vorzulegende Rechnung erteilt werden muss (*Birkenfeld* FamRZ 76, 197) Die Rechnung soll eine geordnete Zusammenstellung der Einnahmen und Ausgaben enthalten, die über den Ab- und Zugang des Vermögens im Rechnungsjahr Auskunft gibt und es so dem Vormundschaftsgericht ermöglicht, seinen Aufsichtspflichten aus §§ 1843 I; 1837 III nachzukommen. Die erste nach Anordnung der Vormundschaft zu legende Rechnung hat an das Vermögensverzeichnis nach § 1802, jede folgende Rechnung an den Abschluss der vorhergehenden anzuknüpfen. Soweit Belege erteilt zu werden pflegen, hat sie der Vormund beizufügen. Die bloße Vorlage von Unterlagen und Belegen (BayObLG FamRZ 01, 934 L) oder eines Kassenbuchs (BayObLG FamRZ 93, 237), wenn dieses nicht alle Einnahmen und Ausgaben verzeichnet, genügt nicht. Gehört zum Mündelvermögen ein Erwerbsgeschäft mit kaufmännischer Buchführung, genügt nach II 1 ein Jahresabschluss iSd §§ 242 ff HGB. Das Vormundschaftsgericht kann die Vorlage der Handelsbücher und sonstiger Belege verlangen, wenn ihm die Informationen aus dem Jahresabschluss nicht ausreichen oder unklar sind (Frankf NJW 63, 2278). 1

§ 1842 Mitwirkung des Gegenvormunds

¹Ist ein Gegenvormund vorhanden oder zu bestellen, so hat ihm der Vormund die Rechnung unter Nachweisung des Vermögensbestands vorzulegen. ²Der Gegenvormund hat die Rechnung mit den Bemerkungen zu versehen, zu denen die Prüfung ihm Anlass gibt.

Ist ein Gegenvormund vorhanden, muss er an der dem Vormund obliegenden periodischen Rechnungslegung beteiligt werden, damit er seine Überwachungsfunktion wahrnehmen kann. Der Vormund hat ihm die 1

Rechnung im Sinne des § 1841 bevor er sie beim Gericht einreicht vorzulegen und einen Nachweis über den aktuell vorhandenen Vermögensbestand zu führen (S 1). Der Gegenvormund hat die Rechnung rechnerisch und sachlich zu prüfen und mit den Bemerkungen kommentieren, die aufgrund der Überprüfung notwendig sind (S 2). Er hat zB auf der Rechnung Bemerkungen anzubringen, wenn der Verbleib bestimmter Vermögensgegenstände unklar oder der Vormund hinsichtlich einzelner Wertpapiere seiner Verpflichtung aus § 1814 nicht nachgekommen ist. Zur Aufklärung kann der Gegenvormund gem § 1799 II vom Vormund auch weitere Auskünfte und die Einsicht der sich auf die Vormundschaft beziehenden Papiere verlangen. Verletzt der Gegenvormund seine Pflicht zur sorgfältigen Prüfung der vom Vormund aufgestellten Rechnung, so haftet er dem Mündel nach Maßgabe des § 1833. Zur Prüfung der Vermögensübersicht bei befreiter Vormundschaft und zur Mitwirkung des Gegenvormunds bei der Schlussabrechnung vgl §§ 1854 III, 1891 I, 1892 II.

§ 1843 Prüfung durch das Vormundschaftsgericht

(1) Das Vormundschaftsgericht hat die Rechnung rechnungsmäßig und sachlich zu prüfen und, soweit erforderlich, ihre Berichtigung und Ergänzung herbeizuführen.
(2) Ansprüche, die zwischen dem Vormund und dem Mündel streitig bleiben, können schon vor der Beendigung des Vormundschaftsverhältnisses im Rechtsweg geltend gemacht werden.

1 Die Norm regelt die **rechnungsmäßige und sachliche Prüfung** der vom Vormund erstellten Rechnung durch das Vormundschaftsgericht (I). Das Gericht prüft neben der Übereinstimmung der Rechnungsposten mit den Belegen auch, ob der Vormund die gesetzlichen Bestimmungen eingehalten hat, dh die erforderlichen Genehmigungen eingeholt und das Vermögen des Mündels in der vorgeschriebenen Weise angelegt hat. Wenn nötig kann sich das Gericht weitere Auskünfte einholen und sich vom Vormund den Vermögensbestand durch geeignete Urkunden nachweisen lassen (§ 1839). Auch die Beiziehung einer sachverständigen Hilfsperson ist zulässig (Staud/*Engler* Rn 6). Gibt die Prüfung der Rechnung zu Zweifeln und Bedenken Anlass, kann das Gericht den Vormund nach § 1837 dazu anhalten, die Rechnung zu berichtigen, bzw zu vervollständigen. Wegen der grds selbstständigen Führung der Vormundschaft durch den Vormund ist das Gericht dagegen nicht befugt, die Rechnung selbst zu berichtigen oder zu ergänzen, noch den Vormund zur Änderung bestimmter fragwürdiger Ausgabeposten zu zwingen, wenn es dies für unnötig hält (Zweibr Rpfleger 80, 103). Auch wenn die Rechnung nach Prüfung nicht beanstandet wird, ist der Mündel dadurch nicht gehindert, den Vormund auf Schadensersatz in Anspruch zu nehmen. Bei mangelhafter Prüfung der Rechnung durch das Gericht darüber hinaus Staatshaftung gem § 839, Art 34 GG.
2 Über **streitig bleibende Ansprüche zwischen Mündel und Vormund** kann nicht das Vormundschaftsgericht, sondern nur das Prozessgericht entscheiden und dies auch schon während der Vormundschaft (BayObLG NJWE-FER 97, 227). Dem Mündel muss dann nach § 1909 I ein Pfleger bestellt werden (BayObLG Rpfleger 81, 302). Die Verjährung der Ansprüche ist während der Dauer des Vormundschaftsverhältnisses gehemmt.

§ 1844

– *weggefallen* –

§ 1845 Eheschließung des zum Vormund bestellten Elternteils

Will der zum Vormund bestellte Vater oder die zum Vormund bestellte Mutter des Mündels eine Ehe eingehen, so gilt § 1683 entsprechend.

1 Die Norm bezweckt den **Schutz des Kindesvermögens**, indem sie das aufschiebende Ehehindernis des § 1683 für entspr anwendbar erklärt. Über § 1908 i I 1 findet sie auch auf den Betreuer Anwendung. Voraussetzung des § 1845 ist nur, dass ein Elternteil als Vormund bestellt ist. Ob die Elternschaft natürlich ist, oder auf Adoption beruht ist dabei ohne Belang. Für die Auseinandersetzung muss dem Mündel ein Pfleger bestellt werden. Ein Aufschub ist unter den Voraussetzungen des § 1683 möglich. Bei Nichterfüllung der Verpflichtung kann gegen den Vormund ein Zwangsgeld (§ 1837 II, III) festgesetzt werden, ggf ist er nach § 1886 zu entlassen. Eine Entziehung der Vermögenssorge kommt dagegen nicht in Betracht (Staud/*Engler* Rn 9; aA MüKo/*Schwab* Rn 4).

§ 1846 Einstweilige Maßregeln des Vormundschaftsgerichts

Ist ein Vormund noch nicht bestellt oder ist der Vormund an der Erfüllung seiner Pflichten verhindert, so hat das Vormundschaftsgericht die im Interesse des Betroffenen erforderlichen Maßregeln zu treffen.

1 § 1846 ist eine Ausnahme der Verteilung der Funktionen zwischen Vormund und Vormundschaftsgericht und schließt die Schutzlücke, die sich daraus ergeben kann, dass das **Vormundschaftsgericht** grds nur die Arbeit des Vormunds **überwacht** und durch Genehmigungen bzw deren Verweigerung unterstützt. § 1846 ermög-

licht es dem Gericht, zur Verhinderung rechtlicher Nachteile für den Mündel, notwendige Maßnahmen selbst zu treffen, solange ein Vormund noch nicht bestellt oder an der Erfüllung seiner Pflicht verhindert ist.

Voraussetzung für das selbständige Eingreifen des Gerichts ist, dass es an einem Vormund fehlt, sei es, weil 2 er noch nicht bestellt ist, oder der bereits bestellte Vormund, an der Erfüllung seiner Pflichten (im ganzen oder nur in einzelnen Bereichen) verhindert ist. Ob die Verhinderung nur kurzfristig ist oder länger andauert, ist dabei unerheblich. Auch ob sie tatsächlicher (zB Krankheit) oder rechtlicher Natur (zB Interessenkollision) ist. Verhinderung bedeutet jedoch, dass der Vormund die Angelegenheiten des Mündels nicht besorgen kann. Weigert sich der Vormund lediglich im Sinne des Gerichts zu handeln (Ddorf FamRZ 95, 637; Staud/ *Engler* Rn 5) oder liegt ein pflichtwidriges Versäumnis des einsatzfähigen Vormunds vor (MüKo/*Schwab* Rn 3), genügt dies für ein Eingreifen des Gerichts gem § 1846 nicht. Dann ist aber zu prüfen, ob nicht der Vormund zu entlassen und ein neuer, geeigneterer Vormund zu bestellen ist

Weitere Voraussetzung ist das **Vorliegen eines dringenden Falls**, da § 1846 eine eng auszulegende Ausnahme- 3 vorschrift ist (Staud/*Engler* Rn 7; BayObLG FamRZ 90, 1154). Das Vormundschaftsgericht entscheidet nach pflichtgemäßen Ermessen (Hamm FamRZ 64, 380).

Auch welche **Maßregeln im Interesse des Mündels erforderlichen** sind, entscheidet das Gericht nach 4 pflichtgemäßem Ermessen. Regelmäßig wird die Bestellung eines Pflegers nach § 1909 I, III genügen. Bei dringendem Handlungsbedarf kann und muss das Vormundschaftsgericht aber auch selbst handeln, um Gefährdungen von dem Mündel/Betreuten abzuwenden, etwa durch Anordnung von Maßnahmen der Körperpflege: BayObLG NJW-RR 02, 1446; Ausspruch einer Kündigung (RG 71, 168) oder die Einwilligung in eine dringende Operation oder Bluttransfusion (AG Nettetal FamRZ 96, 1104). Bei der Unterbringung eines Betreuten ist § 1906 zu beachten. Das Gericht kann selbst eine vorläufige Unterbringung gem § 1846 nur dann anordnen, wenn kein Betreuer mit dem Aufgabenkreis Gesundheitsfürsorge und Aufenthaltsbestimmung bestellt oder dieser verhindert ist (BayObLG FamRZ 00, 566; 02, 419; Schlesw NJW-RR 01, 1370). In jedem Fall muss das Gericht bei Anordnung der Unterbringung sicherstellen, dass dem Betroffenen innerhalb weniger Tage ein Betreuer oder gem § 69 f FGG ein vorläufiger Betreuer zu Seite gestellt wird (BayObLG FamRZ 03, 1322), sonst ist die Anordnung der Unterbringung unzulässig (BGH FamRZ 02, 744). Treffen Maßregeln des Gerichts mit widersprechenden des Vormunds zusammen, so ist entscheidend, ob die Voraussetzungen des § 1846 vorlagen. Ist dies der Fall, so ist die Maßnahme des Vormunds wirkungslos.

Verfahren. Zuständig ist der Rechtspfleger (§ 3 Nr 2 a RPflG); für die Unterbringung der Richter (Bassenge- 5 Herbst RPflG 3 Rn 15).

§ 1847 Anhörung von Angehörigen

(1) ¹Das Vormundschaftsgericht soll in wichtigen Angelegenheiten Verwandte oder Verschwägerte des Mündels hören, wenn dies ohne erhebliche Verzögerung und ohne unverhältnismäßige Kosten geschehen kann. ²§ 1779 Abs. 3 Satz 2 gilt entsprechend.
(2) – *weggefallen* –

Anhörung. Durch die Norm soll der Familie des Mündels über § 1779 II 1 BGB und § 50 a FGG hinaus 1 zumindest in **wichtigen Angelegenheiten** ein gewisser Einfluss auf die Führung der Vormundschaft gesichert werden. Auf sonstige Dritte, wie nichteheliche Lebensgefährten, bezieht sich das Anhörungsrecht nicht. Die Anhörung soll allerdings nur in wichtigen Angelegenheiten des Mündels stattfinden. Das sind in erster Linie die die Person betreffenden Genehmigungserfordernisse, zB die Befreiung vom Erfordernis der Ehemündigkeit § 1303 oder die Adoption (BayObLG OLGZ 21, 201). Hierher gehören aber auch vermögensrechtliche und berufliche Angelegenheiten, wie die Genehmigung des Verkaufs eines Grundstücks (BayObLG OLGZ 13, 429) oder der Aufnahme oder Untersagung eines selbständigen Erwerbsgeschäfts (§ 1823). Die Anhörung unterbleibt, wenn sie entweder zu einer erheblichen Verzögerung oder zu unverhältnismäßigen Kosten führt. Die Verwandten und Verschwägerten haben aus § 1847 auch kein erzwingbares Recht, vom Vormundschaftsgericht gehört zu werden. (Staud/*Engler* Rn 16). Die Anhörung kann sowohl auf Antrag von Vormund oder Gegenvormund als auch von Amts wegen durchgeführt werden.
Auslagenersatz. Die Verwandten und Schwäger können von dem Mündel Ersatz ihrer Auslagen verlangen. Der Betrag der Auslagen wird von dem Vormundschaftsgericht festgesetzt (S 2, § 1779 III 2).

§ 1848
– *weggefallen* –

Untertitel 4 Mitwirkung des Jugendamts

§§ 1849, 1850

– weggefallen –

§ 1851 Mitteilungspflichten

(1) Das Vormundschaftsgericht hat dem Jugendamt die Anordnung der Vormundschaft unter Bezeichnung des Vormunds und des Gegenvormunds sowie einen Wechsel in der Person und die Beendigung der Vormundschaft mitzuteilen.
(2) Wird der gewöhnliche Aufenthalt eines Mündels in den Bezirk eines anderen Jugendamts verlegt, so hat der Vormund dem Jugendamt des bisherigen gewöhnlichen Aufenthalts und dieses dem Jugendamt des neuen gewöhnlichen Aufenthalts die Verlegung mitzuteilen.
(3) Ist ein Verein Vormund, so sind die Absätze 1 und 2 nicht anzuwenden.

1 Die Norm stellt mehrere **Informationspflichten** auf, um dem Jugendamt die ihm gem §§ 53 II–IV SGB VIII obliegenden Aufgaben der Beratung und Überwachungsaufgaben zu erleichtern. Das Vormundschaftsgericht hat das Jugendamt zu diesem Zweck über die Anordnung und das Ende von Vormundschaft und Gegenvormundschaft sowie über die Personen, die diese Ämter ausüben, zu informieren. Insbesondere ist ein Wechsel des Vormunds oder Gegenvormunds mitzuteilen (I). Der Vormund muss dem Jugendamt den Wechsel des gewöhnlichen (nicht des schlichten) Aufenthalts des Mündels in den Zuständigkeitsbereich eines anderen Jugendamts anzeigen und das bisherig zuständige Jugendamt dieses dem neuen Jugendamt mitteilen(II). Beide Informationspflichten entfallen bei einer Vereinsvormundschaft (III).

Untertitel 5 Befreite Vormundschaft

§ 1852 Befreiung durch den Vater

(1) Der Vater kann, wenn er einen Vormund benennt, die Bestellung eines Gegenvormunds ausschließen.
(2) ¹Der Vater kann anordnen, dass der von ihm benannte Vormund bei der Anlegung von Geld den in den §§ 1809, 1810 bestimmten Beschränkungen nicht unterliegen und zu den im § 1812 bezeichneten Rechtsgeschäften der Genehmigung des Gegenvormunds oder des Vormundschaftsgerichts nicht bedürfen soll. ²Diese Anordnungen sind als getroffen anzusehen, wenn der Vater die Bestellung eines Gegenvormunds ausgeschlossen hat.

§ 1853 Befreiung von Hinterlegung und Sperrung

Der Vater kann den von ihm benannten Vormund von der Verpflichtung entbinden, Inhaber- oder Orderpapiere zu hinterlegen und den in § 1816 bezeichneten Vermerk in das Bundesschuldbuch oder das Schuldbuch eines Landes eintragen zu lassen.

§ 1854 Befreiung von der Rechnungslegungspflicht

(1) Der Vater kann den von ihm benannten Vormund von der Verpflichtung entbinden, während der Dauer seines Amtes Rechnung zu legen.
(2) ¹Der Vormund hat in einem solchen Falle nach dem Ablauf von je zwei Jahren eine Übersicht über den Bestand des seiner Verwaltung unterliegenden Vermögens dem Vormundschaftsgericht einzureichen. ²Das Vormundschaftsgericht kann anordnen, dass die Übersicht in längeren, höchstens fünfjährigen Zwischenräumen einzureichen ist.
(3) ¹Ist ein Gegenvormund vorhanden oder zu bestellen, so hat ihm der Vormund die Übersicht unter Nachweisung des Vermögensbestands vorzulegen. ²Der Gegenvormund hat die Übersicht mit den Bemerkungen zu versehen, zu denen die Prüfung ihm Anlass gibt.

§ 1855 Befreiung durch die Mutter

Benennt die Mutter einen Vormund, so kann sie die gleichen Anordnungen treffen wie nach den §§ 1852 bis 1854 der Vater.

1 Um dem von den Eltern als Vertrauensperson ausgewählten Vormund die Vermögensverwaltung zu erleichtern, gestattet der Gesetzgeber den Eltern und den ihnen gleichgestellten Personen in den §§ 1852–1854 den von ihnen benannten **Vormund von bestimmten Verpflichtungen und Einschränkungen zu befreien**. Die Befreiungen können entweder einzeln oder in ihrer Gesamtheit angeordnet werden. Die in den §§ 1852 II,

1853 und 1854 aufgezählten Befreiungen gelten nach § 1857 a auch ohne Anordnung der Eltern für das Jugendamt und einen als Vormund bestellten Verein unmittelbar kraft Gesetzes.

Voraussetzung der Befreiung ist, dass der Vormund vom Vater (bei § 1855 der Mutter) benannt wurde und das beide benennungsberechtigt waren (vgl §§ 1776, 1777). Für einen Nachfolger des von den Eltern benannten Vormunds, einen Pfleger, der bei Verhinderung an seiner Stelle handelt, und einen Mitvormund, für den die Voraussetzungen nicht in seiner Person vorliegen, gilt die Befreiung nicht. Bei Widerspruch zwischen den Anordnungen des Vaters und denen der Mutter gilt die des überlebenden Elternteils (§§ 1776 II, 1856 S 2). 2

Die **Befreiung** wird durch Erklärung des Vaters (§ 1852) oder der Mutter (§§ 1852, 1855) erteilt. Die Eltern können sie bereits mit der Benennung des Vormunds verbinden, sie kann aber auch später noch nachgeholt werden. Auf die Auslegung der Befreiungserklärung finden die allgemeinen Regeln über die Auslegung von letztwilligen Verfügungen Anwendung (Staud/*Engler* Rn 10). Im Zweifel ist anzunehmen, dass sich von den Eltern angeordnete Befreiungen auf die in den §§ 1852–1854 normierten Befreiungsmöglichkeiten beziehen. Wird eine Gegenvormundschaft ausgeschlossen, so ist im Zweifel anzunehmen, dass der Vormund auch denen in § 1852 II 1 genannten Beschränkungen nicht unterliegen soll (§ 1852 II 2). 3

Die **Befreiungen können umfassend** sein, sich aber auch nur auf einzelne der in den §§ 1852–1855 genannten Befreiungsmöglichkeiten beziehen. Wird die Bestellung eines Gegenvormunds ausgeschlossen (§ 1852 I), so kann dies dadurch geschehen, dass der Vormund von einzelnen der in § 1852 genannten Genehmigungserfordernisse befreit wird. Er braucht in diesem Fall nur für die in die Befreiung einbezogenen Geschäfte keine Genehmigung des Gegenvormunds. Möglich ist aber auch eine umfassende Befreiung. Mit der umfassenden **Befreiung von der Gegenvormundschaft**, wird der Vormund zugleich von den in §§ 1809, 1810 und 1812 enthaltenen Einschränkungen befreit (§ 1852 II 2). Erfolgt trotz Befreiung die Bestellung eines Gegenvormunds, so ist diese nicht ungültig, aber durch den Vormund auf dem Beschwerdeweg anfechtbar. 4

Nach § 1852 II 1 kann der Vormund bei einer Reihe von **Geschäften der Vermögensverwaltung** vom Erfordernis der Genehmigung des Gegenvormunds oder Vormundschaftsgericht befreit werden. Hierzu gehören die Beschränkungen des § 1809 (Anlage von Mündelgeld nach § 1807 I Nr 5 oder nach § 1808), des § 1810 (Anlegung von Geld nach §§ 1806–1808) und des § 1812 (Verfügung über Forderungen und Wertpapiere). 5

Nach § 1853 kann der Vormund zusätzlich (vollständig oder teilweise) von den **Pflichten zur Hinterlegung von Inhaber- und Orderpapieren** (§ 1814) und der **Eintragung der Sperrvermerks** nach § 1816 befreit werden. Durch die Befreiung wird zugleich dem Vormundschaftsgericht die Möglichkeit genommen, die Papiere nach § 1815 II in Schuldbuchforderungen umzuwandeln. Das Gleiche gilt für eine Hinterlegungsanordnung nach § 1818. Hinterlegt der Vormund trotzdem Inhaberpapiere oder lässt er eine 5forderung mit einem Sperrvermerk versehen, löst das keine Verfügungsbeschränkung aus. 6

Die Eltern können den Vormund auch nach §§ 1854, 1855 von seiner **Verpflichtung zur jährlichen Rechnungslegung** gem § 1840 II-4 entbinden. Dagegen ist die Befreiung vom regelmäßigen Bericht über die persönlichen Verhältnisse des Mündels (§ 1840 I) nicht möglich. Auch eine Befreiung von der Pflicht zur Errichtung eines Vermögensverzeichnisses (§ 1802) und der Erstellung einer Schlussrechnung (§ 1890) ist ausgeschlossen. Ist der Vormund durch die Eltern wirksam von seiner Verpflichtung nach § 1840 II–4 befreit worden, bleibt er nach § 1854 II verpflichtet, dem Vormundschaftsgericht unaufgefordert in Zeiträumen von je zwei Jahren über den Bestand des seiner Verwaltung unterliegenden Vermögens Rechnung zu legen (§ 1854 II 1). Die Rechnungslegungsfrist kann nach § 1854 II 2 bis auf fünf Jahre verlängert werden. Bei der Rechnungslegung kann der Vormund auf frühere Verzeichnisse oder auf das nach § 1802 eingereichte Verzeichnis Bezug nehmen. Insgesamt sind an die Vermögensübersicht des befreiten Vormunds inhaltlich geringeren Anforderungen als an die Rechnungslegung nach § 1840 II zu stellen. Das Vormundschaftsgericht kann jedoch jederzeit Auskunft verlangen, wenn es das für erforderlich hält. Ist ein Gegenvormund vorhanden, so hat er auch gegenüber dem befreiten Vormund seine Kontrollfunktion wahrzunehmen (§ 1854 III). Zu diesem Zweck ist ihm die Vermögensübersicht unter Nachweisung des Vermögensstandes vorzulegen. Der Gegenvormund hat die Übersicht auf ihre Vollständigkeit und Richtigkeit zu prüfen und ggf mit den Bemerkungen zu versehen, zu denen die Prüfung ihm Anlass gibt (§ 1854 III 2). Soweit erforderlich kann der Gegenvormund auch weitere Auskünfte verlangen (§ 1799 II). 7

Der **Katalog der möglichen Befreiungen in den §§ 1852–1854 ist abschließend**, andere Befreiungen sind rechtlich nicht zulässig und daher ohne Wirkung. Das gilt vor allem für die Befreiung von der Verpflichtung zum regelmäßigen Bericht über die persönlichen Verhältnisse des Mündels (§ 1840 I) sowie für die Verpflichtung zur Aufstellung und Einreichung eines Vermögensverzeichnisses (§ 1802), ferner für die Verpflichtungen im Zusammenhang mit der Anlage von Mündelgeld, soweit sie nicht von § 1852 II erfasst werden. Auch von den Genehmigungserfordernissen nach §§ 1821 f (LG Kassel OLGZ 14, 265), von der Aufsicht des Vormundschaftsgerichts (§ 1837) und von der Rechenschaftslegung am Ende der Vormundschaft (§ 1890) ist eine wirksame Befreiung nicht möglich (Frankf Rpfleger 80, 18). 8

§ 1856 Voraussetzungen der Befreiung

Auf die nach den §§ 1852 bis 1855 zulässigen Anordnungen ist die Vorschrift des § 1777 anzuwenden. Haben die Eltern denselben Vormund benannt, aber einander widersprechende Anordnungen getroffen, so gelten die Anordnungen des zuletzt verstorbenen Elternteils.

1 Die Befreiungen nach §§ 1852–1855 müssen, um wirksam zu sein, in der **Form einer letztwilligen Verfügung** getroffen werden (S 1, § 1777 I). Für die Befreiung gelten dieselben Voraussetzungen, wie für die Benennung des Vormunds. Sie setzt voraus, dass dem Befreienden im Zeitpunkt seines Todes die Vermögens- und Personensorge zusteht, bzw zugestanden hätte, wenn das Kind noch vor dem Tod geboren worden wäre (S 1, § 1777 I, II). Werden von den Elternteilen unterschiedliche Befreiungen angeordnet, so gilt das vom Längerlebenden Angeordnete (S 2, § 1776 II).

§ 1857 Aufhebung der Befreiung durch das Vormundschaftsgericht

Die Anordnungen des Vaters oder der Mutter können von dem Vormundschaftsgericht außer Kraft gesetzt werden, wenn ihre Befolgung das Interesse des Mündels gefährden würde.

1 Die Norm gibt dem Vormundschaftsgericht die Befugnis, die nach §§ 1852-1855 durch die Eltern getroffenen Anordnungen **ganz oder teilweise außer Kraft zu setzen**, wenn ihre Befolgung den Mündelinteressen zuwiderlaufen würde. Die Aufhebung muss erfolgen, wenn zum Zeitpunkt der Entscheidung die Vermögensinteressen des Mündels erheblich gefährdet sind. (Staud/*Engler* Rn 32). Nach Wegfall der Interessengefährdung ist die Befreiung wieder in Kraft zu setzen. Die Aufhebung entfaltet keine Rückwirkung und gibt dem Vormund auch kein Recht, nach § 1889 seine Entlassung zu verlangen. Vor der Entscheidung sind regelmäßig die Verwandten und Verschwägerten des Mündels zu hören (§ 1847). Der Vormund ist beschwerdebefugt (§ 20 FGG).

§ 1857a Befreiung des Jugendamts und des Vereins

Dem Jugendamt und einem Verein als Vormund stehen die nach § 1852 Abs. 2, §§ 1853, 1854 zulässigen Befreiungen zu.

1 Für die Vereins- und Amtsvormundschaft gelten die in §§ 1852 II–1854 zugelassenen Befreiungen kraft Gesetzes. Sie können auch nicht nach § 1857 außer Kraft gesetzt werden. Die Befreiung von der Gegenvormundschaft ist wegen des fehlenden Verweises auf § 1852 I in die Befreiung nicht einbezogen. Bedeutung hat das nur für die Vereinsvormundschaft; denn die Gegenvormundschaft kommt bei der Amtsvormundschaft nicht in Betracht (vgl § 1792 I 2). Weitere Befreiungen des Jugendamts ergeben sich aus §§ 56 II u III SGB VIII. Nach § 1908 i II 2 gilt § 1857 a auch für nahe **Angehörige des Betreuten**, wie Vater, Mutter, Ehegatten und Abkömmlinge. Zusätzlich auch für den Behörden- und Vereinsbetreuer.

§§ 1858–1881

– *weggefallen* –

Untertitel 6 Beendigung der Vormundschaft

§ 1882 Wegfall der Voraussetzungen

Die Vormundschaft endigt mit dem Wegfall der in § 1773 für die Begründung der Vormundschaft bestimmten Voraussetzungen.

1 Unter **Beendigung der Vormundschaft** iSd Terminologie des BGB ist einerseits die Beendigung der Vormundschaft insgesamt (§§ 1882–1884), zum anderen das Ende des Amts des Vormunds (§§ 1886–1889) zu verstehen.
2 **Beendigungsgründe**
Wichtigster Fall für das Ende der Vormundschaft ist § 1882, der bestimmt, dass die Vormundschaft bei **Wegfall der Voraussetzungen** für die Bestellung eines Vormunds (§ 1773) automatisch endet. Das trifft zu, wenn der Minderjährige volljährig wird, denn die Vormundschaft darf nur über Minderjährige angeordnet werden. Liegen zu diesem Zeitpunkt die Voraussetzungen einer Betreuung vor, so muss diese neu angeordnet werden

(§ 1896), dies kann ggf auch bereits vorsorglich ab dem 17. Lebensjahr des Betroffenen geschehen (§ 1908 a). Selbstverständlich endet die Vormundschaft auch ohne weiteres beim **Tod des Mündels** (BGH NJW 53, 1666), anderes gilt bei Verschollenheit oder Todeserklärung (§ 1884). Schließlich führt der **Eintritt oder der Wiedereintritt der elterliche Sorge** in vollem Umfang (zB Annahme als Kind § 1754; Beendigung des Ruhens der elterlichen Sorge §§ 1674, 1680), bzw die Rückgewinnung des Vertretungsrechts (zB bei Aufhebung einer Sorgerechtsentziehung nach § 1666), automatisch zum Ende der Vormundschaft.

Keine Beendigung 3
Die Vormundschaft endet nicht bei Heirat des Mündels, Auswanderung (RG Gruchot 43, 496) und Entlassung aus der Staatsbürgerschaft, da auch über Ausländer eine Vormundschaft bestehen kann (vgl Art 24 EGBGB). Auch wenn die Vormundschaft beendet ist, können noch Nachwirkungen bestehen (vgl. §§ 1836, 1890 ff, 1893.

§ 1883
– *weggefallen* –

§ 1884 Verschollenheit und Todeserklärung des Mündels

(1) ¹Ist der Mündel verschollen, so endigt die Vormundschaft erst mit der Aufhebung durch das Vormundschaftsgericht. ²Das Vormundschaftsgericht hat die Vormundschaft aufzuheben, wenn ihm der Tod des Mündels bekannt wird.
(2) Wird der Mündel für tot erklärt oder wird seine Todeszeit nach den Vorschriften des Verschollenheitsgesetzes festgestellt, so endigt die Vormundschaft mit der Rechtskraft des Beschlusses über die Todeserklärung oder die Feststellung der Todeszeit.

Bei **Verschollenheit** (vgl § 1 VerschG) des Mündels endet die Vormundschaft anders als in den Fällen des 1 § 1882 nicht im Zeitpunkt des Todes des Mündels, sondern nur aufgrund einer gerichtlichen Entscheidung. Bei der Ermittlung der Wahrscheinlichkeit des Todes des Mündels gilt der Amtsermittlungsgrundsatz (§ 12 FGG). Erforderlich ist die ausdrückliche Aufhebung der Vormundschaft durch das Vormundschaftsgericht (I). Nur wenn während der Verschollenheit einer der sonstigen Beendigungsgründe iSd § 1882 eintritt (zB die Volljährigkeit des Mündels) erübrigt sich eine zusätzliche Beendigung der Vormundschaft nach § 1884 (Palandt/*Diederichsen* Rn 1; aA Oldbg NdsRpfl 52, 30). Ggf hat aber eine Pflegerbestellung nach § 1911 zu erfolgen.

Bei **Todeserklärung** oder gerichtlicher Feststellung der Todeszeit (§§ 2 ff, 39 ff VerschG) endet die Vormund- 2
schaft nicht bereits mit dem festgestellten Todeszeitpunkt, sondern erst mit der Rechtskraft des Beschlusses, durch den die Todeserklärung ausgesprochen bzw der Todeszeitpunkt festgestellt wird (II). Lebt der Mündel noch, bleibt es bei späterer Aufhebung der Todeserklärung bei der Aufhebung der Vormundschaft und es muss ggf eine neue Vormundschaft angeordnet werden.

§ 1885
– *weggefallen* –

§ 1886 Entlassung des Einzelvormunds

Das Vormundschaftsgericht hat den Einzelvormund zu entlassen, wenn die Fortführung des Amts, insbesondere wegen pflichtwidrigen Verhaltens des Vormunds, das Interesse des Mündels gefährden würde oder wenn in der Person des Vormunds einer der in § 1781 bestimmten Gründe vorliegt.

Während die §§ 1882 und 1884 die Gründe für die Beendigung der Vormundschaft als solcher aufzählen, 1
regeln die §§ 1886-1889 die **Entlassung der Person des Vormunds aus seinem Amt**. Sie erfolgt entweder auf seinen Antrag (§ 1889) oder wird von Amts wegen veranlasst (§§ 1886, 1888). Auf die Amts- und Vereinsvormundschaft ist § 1886 nicht anwendbar; für sie gilt § 1887 (BayObLG DAV 94, 892). Im Fall der §§ 1796, 1909 kommt die Bestellung eines Pflegers für einzelne oder einen Kreis von Angelegenheiten in Betracht (BayObLG FamRZ 59, 32).

Entlassungsgründe 2
Die **Gefährdung der Interessen des Mündels** bei Fortführung des Amtes. Ein Schaden braucht noch nicht eingetreten zu sein, es genügt, dass die Schädigung des Mündels möglich und mit gewisser Wahrscheinlichkeit zu erwarten ist (BayObLG FamRZ 88, 874). Eine Prognose reicht, selbst wenn sich bei einer ex post-

Betrachtung herausstellt, dass der Schaden sich doch nicht realisieren konnte. Objektive Gefährdung genügt (BayObLG FamRZ 04, 1817), ein Verschulden des Vormunds ist nicht vorausgesetzt (BayObLG FamRZ 91, 1353; Staud/*Engler* Rn 10) In Betracht kommen in erster Linie Pflichtverstöße des Vormunds (BayObLG FamRZ 84, 1151), wie zB die Untauglichkeit für eine schwierige Vermögensverwaltung (Karlsr JW 20, 502), Unterlassung der Rechnungslegung (Hamm Rpfleger 66, 17), falsche Abrechnung und Verwendung von Mündelgeldern für sich selbst (Ddorf FamRZ 81, 98), erhebliche Interessengegensätze oder eine Vertretungsverbot iSv § 1795 (BayObLG FamRZ 90, 205), es genügt aber auch jede anderweitige Gefährdung von Mündelinteressen (KG JW 35, 546), wie etwa eine tief greifende Entfremdung zwischen Vormund und Mündel (BayObLG OLGZ 34, 398) oder eine lang andauernde Erkrankung oder Verhinderung des Vormunds (BayObLG OLGZ 17, 151). Das Gericht muss den Vormund entlassen, wenn es die Gefährdung des Mündelinteresses feststellt. Es gilt jedoch der Grundsatz der Verhältnismäßigkeit, so dass ein Entlassung des Vormunds nur in Betracht kommt, wenn nicht noch andere geeignet Maßnahmen (Gebote/Verbote im Rahmen der vormundschaftsgerichtlichen Aufsicht) zur Verfügung stehen, um die Gefährdung der Interessen des Mündels abzuwehren (Staud/*Engler* Rn 11). Betrifft die Gefährdung gerade ein einzelnes Geschäft, so wird es zB regelmäßig genügen, dem Vormund die Vertretung in dieser Angelegenheit zu entziehen und einen Pfleger zu bestellen.

3 Der Vormund ist außerdem zu entlassen, wenn in seiner Person **einer der in § 1781 genannten Untauglichkeitsgründe** vorliegt.

4 **Weitere Entlassungsgründe** sind: §§ 1782, § 1788 II Nr 2, § 1790, 1888. Schließlich kann eine Entlassung erfolgen, wenn eine fehlerhafte Auswahlentscheiddung nach § 1779 II korrigiert werden soll (BayObLG FamRZ 91, 1353) oder nach erfolgreicher Beschwerde des entlassenen Vormunds (BayObLG FamRZ 88, 874).

5 **Verfahren**. Zuständig ist der Rechtspfleger (§ 3 Nr 2a RPflG). Vor der Entlassung Anhörung des Vormunds, der Angehörigen (§ 1847) sowie des Pflegebefohlenen (Ddorf FamRZ 81, 98). Die Entscheidung wird mit ihrer Bekanntmachung wirksam (§ 16 I FGG). Sofortige Bestellung eines anderen Vormunds (KG JW 35, 2157) bzw Nachfolgepflegers ist notwendig (BayObLG DAV 87, 701). Gegen die Entlassung findet die sofortige Beschwerde statt (§ 60 I Nr 3 FGG); beschwerdeberechtigt sind der Vormund, der Mündel (§§ 20, 59 FGG) und Dritte, die ein berechtigtes Interesse haben (§ 57 I Nr 9 FGG). Gegen die Ablehnung der Entscheidung findet die einfache Beschwerde statt. Beschwerdeberechtigt sind der Mündel, der Gegenvormund (§ 57 I Nr 6 FGG) und Dritte, die an der Angelegenheit ein berechtigtes Interesse haben (§ 57 I Nr 9 FGG). Die Aufhebung der Entlassung auf Beschwerde hin entfaltet Rückwirkung, es bedarf keiner neuen Bestellung des Vormunds (BayObLG OLGZ 83, 62; bestr). Ein zwischenzeitlich bestellter neuer Vormund ist zu entlassen.

§ 1887 Entlassung des Jugendamts oder Vereins

(1) Das Vormundschaftsgericht hat das Jugendamt oder den Verein als Vormund zu entlassen und einen anderen Vormund zu bestellen, wenn dies dem Wohl des Mündels dient und eine andere als Vormund geeignete Person vorhanden ist.
(2) ¹Die Entscheidung ergeht von Amts wegen oder auf Antrag. ²Zum Antrag ist berechtigt der Mündel, der das 14. Lebensjahr vollendet hat, sowie jeder, der ein berechtigtes Interesse des Mündels geltend macht. ³Das Jugendamt oder der Verein sollen den Antrag stellen, sobald sie erfahren, dass die Voraussetzungen des Absatzes 1 vorliegen.
(3) Das Vormundschaftsgericht soll vor seiner Entscheidung auch das Jugendamt oder den Verein hören.

1 Die Vorschrift regelt die **Entlassung des Amts- oder Vereinsvormunds** im Interesse des Mündels, während § 1889 die Entlassung auf Antrag im Interesse des Jugendamts bzw des Vereins betrifft. Die Mitglieder oder Mitarbeiter des Vereins, denen dieser sich bei der Führung der Vormundschaft bedient, können nicht entlassen werden. Bei Pflichtwidrigkeiten sind nur Maßnahmen gegen den Verein selbst nach § 1837 möglich (BayObLG FamRZ 84, 991). § 1887 gilt auch im Pflegschaftsrecht (§ 1915 II), nicht dagegen im Betreuungsrecht (§ 1908 b V).

2 **Voraussetzung der Entlassung**
Es muss eine **andere zur Führung der Vormundschaft geeignete Person** vorhanden sein, wobei diese nicht geeigneter als das Jugendamt bzw der Verein zu sein braucht. Die gleiche Eignung genügt. Es gelten insoweit für die Auswahl die §§ 1779 ff.

3 Der **Wechsel** des Vormunds muss weiterhin dem **Wohl des Mündels** dienen, wobei dieser Grundsatz im Einzelfall Einschränkungen unterliegen kann. Wenn zB Pflegeeltern und Großeltern des Mündels als Einzelvormund zur Wahl stehen, kann für die Auswahl zwischen ihnen, statt der individuellen Eignung, auch die zugunsten der Großeltern bestehende verfassungsrechtliche Vorrangstellung den Ausschlag geben (Hamm FamRZ 99, 678). Obwohl es anders als im Betreuungsrecht keinen absoluten Vorrang für die Einzelbetreuung gibt, wird grds der individuellen Erziehung der Vorrang gegenüber der Amtsvormundschaft einzuräumen sein (BayObLG NJW 60, 245).

Verfahren 4
Zuständig ist der Rechtspfleger (§ 3 Nr 2 a RPflG). Das Verfahren ist von Amts wegen einzuleiten, wenn das Gericht von einer anderen geeigneten Person Kenntnis erlangt, sonst auf Antrag. Den Antrag können der mindestens 14 Jahre alte Mündel, der Vormund und jeder Dritte stellen, der ein berechtigtes Interesse des Mündels geltend macht (II 2). Dies ist gegeben, wenn jemand wegen seiner persönlichen Beziehungen zum Mündel ein nachvollziehbares Interesse an dessen Wohlergehen hat (Köln FamRZ 87, 505). Jugendamt und Verein stellen den Antrag, wenn die Voraussetzungen von I vorliegen. Gegen die Entlassung, die gegen seinen Willen ausgesprochen wird, steht dem Amts- oder Vereinsvormund die sofortige Beschwerde zu (§ 60 I Nr 3 FGG).

§ 1888 Entlassung von Beamten und Religionsdienern

Ist ein Beamter oder ein Religionsdiener zum Vormund bestellt, so hat ihn das Vormundschaftsgericht zu entlassen, wenn die Erlaubnis, die nach den Landesgesetzen zur Übernahme der Vormundschaft oder zur Fortführung der vor dem Eintritt in das Amts- oder Dienstverhältnis übernommenen Vormundschaft erforderlich ist, versagt oder zurückgenommen wird oder wenn die nach den Landesgesetzen zulässige Untersagung der Fortführung der Vormundschaft erfolgt.

Die Vorschrift ergänzt § 1784. Bei Rücknahme der Erlaubnis erfolgt die **Entlassung des Vormunds von Amts** 1
wegen; ein Antrag ist nicht erforderlich.

§ 1889 Entlassung auf eigenen Antrag

(1) Das Vormundschaftsgericht hat den Einzelvormund auf seinen Antrag zu entlassen, wenn ein wichtiger Grund vorliegt; ein wichtiger Grund ist insbesondere der Eintritt eines Umstandes, der den Vormund nach § 1786 Abs. 1 Nr. 2 bis 7 berechtigen würde, die Übernahme der Vormundschaft abzulehnen.
(2) ¹Das Vormundschaftsgericht hat das Jugendamt oder den Verein als Vormund auf seinen Antrag zu entlassen, wenn eine andere als Vormund geeignete Person vorhanden ist und das Wohl des Mündels dieser Maßnahme nicht entgegensteht. ²Ein Verein ist auf seinen Antrag ferner zu entlassen, wenn ein wichtiger Grund vorliegt.

Die Norm ergänzt die §§ 1886 f und behandelt die **Entlassung von Einzelvormund (I) und Amts- und Vereinsvormund** (II). Die Entlassung erfolgt auf Antrag des Vormunds, wenn ein wichtiger Grund (unbestimmter Rechtsbegriff) vorliegt. Das Gericht hat bei der Feststellung ob ein wichtiger Grund vorliegt, zwar auf das Wohl des Mündels zu achten, in erster Linie aber die Interessen des Vormunds zu berücksichtigen (Staud/ *Engler* Rn 3). Entscheidend ist die Abwägung der Interesse des die Entlassung beantragenden Vormunds gegen das Interesse des Mündels an der Weiterführung der Vormundschaft (BayObLG FamRZ 59, 373). Zwingend ist der Vormund zu entlassen, wenn einer der Gründe des § 1786 I Nr 2–7 vorliegt. Nr 1 und Nr 8 enthalten keine absoluten Entlassungsgründe, insoweit ist vielmehr eine konkrete Abwägung vorzunehmen. Bei Ablehnung ist der Vormund beschwerdeberechtigt (§ 20 FGG).
Jugendamt und Verein sind **auf ihren Antrag** hin zu entlassen, wenn eine andere als Vormund geeignete Person zur 2
Verfügung steht und das Mündelinteresse nicht entgegensteht (II 1). Anders als bei § 1887 braucht das Mündelinteresse den Wechsel aber nicht zu verlangen (Staud/*Engler* Rn 14). Der Verein ist auf seinen Antrag auch dann zu entlassen, wenn ein wichtiger Grund vorliegt (Abs 2 S 2), wie zB die Verringerung seines Mitgliederbestandes oder seiner Einkünfte (Staud/*Engler* Rn 16). Bei Ablehnung des Antrags besteht Beschwerdebefugnis von Jugendamt und Verein (§ 20 II FGG), gegen die Entlassung findet die einfache Beschwerde bei berechtigtem Interesse statt (§§ 19, 57 I Nr 9 FGG).

§ 1890 Vermögensherausgabe und Rechnungslegung

¹Der Vormund hat nach der Beendigung seines Amts dem Mündel das verwaltete Vermögen herauszugeben und über die Verwaltung Rechenschaft abzulegen. ²Soweit er dem Vormundschaftsgericht Rechnung gelegt hat, genügt die Bezugnahme auf diese Rechnung.

Ist das Amt des Vormunds beendet, trifft diesen die **Pflicht, das Vermögen des Mündels herauszugeben** und 1
über seine Verwaltung und eine **Schlussrechnung zu legen** (*Pardey* DAV 87, 415). Dies gilt auch für den nach §§ 1854, 1855, 1857a befreiten Vormund (Ddorf FamRZ 96, 374; *Wesche* DAV 87, 167), sowie das Jugendamt als Amtsvormund und auch für den Vereinsvormund (Stuttg Rpfleger 79, 61). Beide Ansprüche stehen dem Mündel oder seinem Rechtsnachfolger zu. Bei der Rechnungslegung wirken der Gegenvormund (§ 1891) und das Vormundschaftsgericht (§ 1892) mit. § 1890 findet entspr Anwendung, wenn die Vermögensverwaltung zum Teil oder vollständig an Mitvormund (§ 1797 II) oder Pfleger (§ 1909) übertragen ist.

2 Der **Herausgabeanspruch** umfasst das ganze Vermögen des Mündels, soweit der Vormund es in Besitz hat. Er hat unmittelbar nach Beendigung seines Amts den Besitz an sämtlichen zum Mündelvermögen gehörigen Sachen an den geschäftsfähig gewordenen Mündel, dessen Rechtsnachfolger oder den neuen gesetzlichen Vertreter zu übertragen. Urkunden über Forderungen, hinterlegte Werte usw hat er gegen Quittung herauszugeben (§ 368). Dem Vormund steht für seine Ersatzansprüche (§§ 1835 ff), die er gegen den Mündel hat, ggf ein Zurückbehaltungsrecht zu (§ 273).

3 Zusätzlich muss der Vormund ein Bestandsverzeichnis in Form einer **Schlussrechnung** vorlegen. Für die Rechnungslegung gelten §§ 259 ff und § 1841. Sie muss die gesamte Zeit der Vermögensverwaltung erfassen. Ihre Aufstellung kann notfalls durch das Vormundschaftsgericht erzwungen werden (BayObLG NJE-FER 01, 99). Wurde zuvor bereits nach §§ 1840 f Rechnung gelegt, kann darauf Bezug genommen werden (Ddorf DAV 82, 209). Weitere Erleichterungen sind bei der weitgehenden Abwicklung der Vermögensverwaltung über Bankkonten möglich (Ddorf FamRZ 96, 374). Der volljährig gewordene Mündel kann auf die Rechnungslegung verzichten (§ 397), der Vermögenszuwender kann hinsichtlich des von ihm dem Mündel zugewendeten Vermögens davon befreien. Zu den Rechnungslegungspflichten von Jugendamt und Amtsvormund vgl AG Berlin DAV 80, 55. Kommt der Vormund seiner Verpflichtung Rechenschaft abzulegen nicht nach, so entscheidet das Prozessgericht (Staud/*Engler* Rn 33).

§ 1891 Mitwirkung des Gegenvormunds

(1) ¹Ist ein Gegenvormund vorhanden, so hat ihm der Vormund die Rechnung vorzulegen. ²Der Gegenvormund hat die Rechnung mit den Bemerkungen zu versehen, zu denen die Prüfung ihm Anlass gibt.
(2) Der Gegenvormund hat über die Führung der Gegenvormundschaft und, soweit er dazu imstande ist, über das von dem Vormund verwaltete Vermögen auf Verlangen Auskunft zu erteilen.

1 Dem Gegenvormund obliegt die **Prüfung der vom Vormund erstellten Schlussrechnung**. Er hat sie mit den Bemerkungen zu versehen, die aufgrund seiner Überprüfung notwendig sind. Dies entspricht seiner in § 1842 festgelegten Pflicht, zur Kontrolle der laufenden Rechnungslegung des Vormunds. Der Gegenvormund braucht, anders als nach § 1842, nicht den Vermögensbestand zu überprüfen, da der Vormund das Vorhandensein des Vermögens lediglich dem Mündel nachzuweisen hat (Staud/*Engler* Rn 1). II räumt dem Mündel einen eigenen **Auskunftsanspruch gegen den Gegenvormund** ein. Dieser hat dem Mündel über die Erfüllung der ihm gem § 1799 I obliegenden Pflichten und soweit er darüber Kenntnisse hat, das vom Vormund verwaltete Vermögen, Auskunft zu erteilen. Die Norm greift nur, wenn ein Gegenvormund vorhanden ist. Eine Bestellung eigens zur Prüfung der Schlussrechnung ist nicht notwendig (Staud/*Engler* Rn 2).

§ 1892 Rechnungsprüfung und -anerkennung

(1) Der Vormund hat die Rechnung, nachdem er sie dem Gegenvormund vorgelegt hat, dem Vormundschaftsgericht einzureichen.
(2) ¹Das Vormundschaftsgericht hat die Rechnung rechnungsmäßig und sachlich zu prüfen und deren Abnahme durch Verhandlung mit den Beteiligten unter Zuziehung des Gegenvormunds zu vermitteln. ²Soweit die Rechnung als richtig anerkannt wird, hat das Vormundschaftsgericht das Anerkenntnis zu beurkunden.

1 Die Norm dient als Rechtsgrundlage einer über die Dauer des Amtes des Vormunds hinausgehenden **Aufsichtsbefugnis des Vormundschaftsgerichts**. Der Umfang der rechnungsmäßigen und sachlichen Prüfung der Schlussrechnung entspricht den Regelungen des § 1843 für die Prüfung der laufenden Rechnungen. Zusätzlich obliegt es dem Vormundschaftsgericht nach § 1892, die Rückgabe der Bestallungsurkunde (§ 1893 II) ggf mit Zwangsgeld durchzusetzen (KG OLG 69, 293) und dem Vormund die noch ausstehende Vergütung und den Aufwendungsersatz zu bewilligen (§§ 1835 ff). § 1892 gilt auch für den befreiten (§§ 1854 f) Vormund, ferner für die Amts- und Vereinsvormundschaft (§ 1857 a); denn die Befreiung bezieht sich nur auf die laufende Rechnungslegung.

2 Der Vormund hat die **Rechnung dem Vormundschaftsgericht einzureichen**, nachdem er sie zuvor (soweit vorhanden) dem Gegenvormund zur Prüfung vorgelegt hat (I). Die Einreichung einer formal (nicht unbedingt auch sachlich) ordnungsgemäßen Schlussrechnung kann vom Gericht durch Verhängung eines Zwangsgelds nach § 1837 II erzwungen werden. Dies jedoch nur, wenn auch materiell noch ein Anspruch auf Rechnungslegung besteht. Dieser fehlt, wenn während der ganzen Dauer der Vormundschaft kein Mündelvermögen zu verwalten war oder der Vormund bereits mit dem Mündel abgerechnet hat. Für die Prüfung der Rechnung durch das Gericht gilt § 1843 entsprechend. Das Gericht muss bei unvollständiger oder erkennbar unrichtiger Rechnungslegung auf Ergänzungen und Berichtigungen hinwirken, ohne dass dies mit Zwangsmitteln durchgesetzt werden kann (BayObLG NJWE-FER 97, 227). Nach II 1 hat das Vormundschaftsgericht

die Abnahme, der von ihm geprüften Rechnung, zu vermitteln. Im Regelfall ist hierzu ein Termin anzuberaumen zu dem alle Beteiligung, also in erster Linie der Mündel, der Vormund (ggf auch ein inzwischen neu bestellter Vormund) und den Gegenvormund geladen werden. Wird die Entlastung erteilt, beurkundet das Gericht das Anerkenntnis (II 2). Erfolgt das Anerkenntnis durch einen neu bestellten Vormund, muss es durch das Vormundschaftsgericht genehmigt werden (§ 1812). Bleiben Ansprüche zwischen Mündel und Vormund ganz oder teilweise streitig, muss der Vormund vor dem Prozessgericht auf Feststellung seiner Entlastung klagen (§ 256 ZPO).

§ 1893 Fortführung der Geschäfte nach Beendigung der Vormundschaft, Rückgabe von Urkunden

(1) Im Falle der Beendigung der Vormundschaft oder des vormundschaftlichen Amts finden die Vorschriften der §§ 1698a, 1698b entspr Anwendung.
(2) ¹Der Vormund hat nach Beendigung seines Amts die Bestallung dem Vormundschaftsgericht zurückzugeben. ²In den Fällen der §§ 1791a, 1791b ist die schriftliche Verfügung des Vormundschaftsgerichts, im Falle des § 1791c die Bescheinigung über den Eintritt der Vormundschaft zurückzugeben.

Normzweck 1
Um die **Beendigung der Vormundschaft zur Unzeit zu verhindern** ordnet die Norm an, dass der Vormund auch nach Beendigung seines Amtes nach §§ 1893 I, 1698a die Befugnis bzw die Pflicht zur Fortführung der vormundschaftlichen Geschäfte hat (I). Die Vorschriften gelten auch für den Gegenvormund, Betreuer und Pfleger (§§ 1895, 1908i I 1, 1915). Werden die Geschäfte fortgeführt, so kann der Vormund nach den allgemeinen Vorschriften über die Vormundschaft Ersatz seiner Aufwendungen und Vergütung verlangen. Er haftet nach § 1833. Zur Verhütung von Missbräuchen im Rechtsverkehr sind außerdem am Ende der Vormundschaft alle Papiere herauszugeben, die bei Eintritt der Vormundschaft bzw der Bestellung des Vormunds erteilt worden sind (Abs 2).

Amtsfortführung 2
Solange der Vormund die Beendigung der Vormundschaft weder kennt noch kennen muss (I, § 1698a), bleibt er auch nach Beendigung der Vormundschaft berechtigt, **Geschäfte für und gegen den Mündel vorzunehmen**. Evtl. erforderliche vormundschaftsgerichtliche Genehmigungen können noch wirksam erteilt werden (Staud/*Engler* Rn 6; aA BayObLG NJW 65, 397). Der gute Glaube eines Dritten an die Wirksamkeit der fortdauernden Vertretungsbefugnis des redlichen Vormunds wird jedoch dann nicht geschützt, wenn ihm er bei Geschäftsvornahme das Ende der Vormundschaft bekannt oder fahrlässig nicht bekannt ist (BayObLG NJW 65, 397). Die Vertretungsmacht des Vormunds endet stets mit Kenntnis oder fahrlässiger Unkenntnis. Nimmt er danach noch Rechtsgeschäfte vor, so handelt er als Vertreter ohne Vertretungsmacht. Ab diesem Zeitpunkt wird der Dritte in seinem guten Glauben an das Fortbestehen der Vormundschaft nicht mehr geschützt. Ihm stehen dann nur Ansprüche gegen den Vormund zu (§ 179).
Stirbt der **Mündel**, hat der Vormund nach I iVm § 1698b die Pflicht zur Fortführung der vormundschaftlichen Geschäfte, soweit mit deren Aufschub Gefahr verbunden ist. Bei Unterlassen ist er schadensersatzpflichtig (§ 1833). 3
Nach Beendigung der Vormundschaft muss der Vormund (bzw bei dessen Tod seine Erben) die **Bestallung**, der Vereins- oder Amtsvormund die schriftliche Verfügung nach §§ 1791a II, 1791b II, der gesetzliche Amtsvormund die Bescheinigung über den Eintritt der Vormundschaft (§ 1791c III) **zurückgeben**. 4

§ 1894 Anzeige bei Tod des Vormunds

(1) Den Tod des Vormunds hat dessen Erbe dem Vormundschaftsgericht unverzüglich anzuzeigen.
(2) Den Tod des Gegenvormunds oder eines Mitvormunds hat der Vormund unverzüglich anzuzeigen.

Die Norm bestimmt **Anzeigepflichten** beim Tod des Vormunds (I), des Gegenvormunds und des Mitvormunds (II), damit das Gericht im Interesse des Mündels schnell die erforderlichen Maßnahmen, also insbes die Bestellung eines neuen Vormunds oder Gegenvormunds veranlassen kann. Die Pflicht zur Mitteilung obliegt beim Tod des Vormunds seine Erben (I) und den Gegenvormund (§ 1799 I 2). Verstirbt der Gegenvormund oder ein Mitvormund ist der Vormund mitteilungspflichtig (II). Die Mitteilung hat unverzüglich (§ 121) zu erfolgen, geschieht dies nicht, so haften der Vormund und der Gegenvormund dem Mündel für daraus entstehende Schäden nach § 1833. 1

§ 1895 Amtsende des Gegenvormunds

Die Vorschriften der §§ 1886 bis 1889, 1893, 1894 finden auf den Gegenvormund entspr Anwendung.

1 Wegen der Ähnlichkeit der Verhältnisse sind die für den Vormund geltenden **Vorschriften über die Beendigung des Amtes** und entspr Anzeigepflichten **auch auf den Gegenvormund** entspr anwendbar. Über die in § 1895 genannten Fälle hinaus endet das Amt des Gegenvormunds auch mit dem Ende der Vormundschaft (§§ 1882-1884). Die Gegenvormundschaft kann außerdem durch das Vormundschaftsgericht aufgehoben werden, wenn ihre Voraussetzungen entfallen sind (§ 1792 II). Der Gegenvormund hat dem Vormundschaftsgericht den Tod des Vormunds anzuzeigen (§ 1799 I 2). Der Tod des Gegenvormunds ist von dessen Erben (§ 1894 I) und vom Vormund (§ 1894 II) anzuzeigen. Die Vorschrift ist auf die Pflegschaft (§ 1915) und die Betreuung (§ 1908 i I 1) sinngemäß anzuwenden.

Titel 2   Rechtliche Betreuung

§ 1896 Voraussetzungen

(1) ¹Kann ein Volljähriger auf Grund einer psychischen Krankheit oder einer körperlichen, geistigen oder seelischen Behinderung seine Angelegenheiten ganz oder teilweise nicht besorgen, so bestellt das Vormundschaftsgericht auf seinen Antrag oder von Amts wegen für ihn einen Betreuer. ²Den Antrag kann auch ein Geschäftsunfähiger stellen. ³Soweit der Volljährige auf Grund einer körperlichen Behinderung seine Angelegenheiten nicht besorgen kann, darf der Betreuer nur auf Antrag des Volljährigen bestellt werden, es sei denn, dass dieser seinen Willen nicht kundtun kann.
(1a) Gegen den freien Willen des Volljährigen darf ein Betreuer nicht bestellt werden.
(2) ¹Ein Betreuer darf nur für Aufgabenkreise bestellt werden, in denen die Betreuung erforderlich ist. ²Die Betreuung ist nicht erforderlich, soweit die Angelegenheiten des Volljährigen durch einen Bevollmächtigten, der nicht zu den in § 1897 Abs. 3 bezeichneten Personen gehört, oder durch andere Hilfen, bei denen kein gesetzlicher Vertreter bestellt wird, ebenso gut wie durch einen Betreuer besorgt werden können.
(3) Als Aufgabenkreis kann auch die Geltendmachung von Rechten des Betreuten gegenüber seinem Bevollmächtigten bestimmt werden.
(4) Die Entscheidung über den Fernmeldeverkehr des Betreuten und über die Entgegennahme, das Öffnen und das Anhalten seiner Post werden vom Aufgabenkreis des Betreuers nur dann erfasst, wenn das Gericht dies ausdrücklich angeordnet hat.

1 **A. Überblick.** Das Betreuungsgesetz vom 12.9.90 hat seit 1.1.92 die Rechtsinstitute der Entmündigung, der Vormundschaft über Volljährige und der Gebrechlichkeitspflegschaft in einem einheitlichen Rechtsinstitut der Betreuung zusammengefasst. Die Betreuung umfasst nunmehr die Vormundschaft oder Pflegschaft über Volljährige, die wegen eines Gebrechens, Alters oder einer Krankheit ihre Angelegenheiten nicht (mehr) besorgen können. Ihre Anordnung führt nicht automatisch zur beschränkten Geschäftsfähigkeit des Betroffenen und damit seiner Beschränkung im Rechtsverkehr, soweit dies nicht zusätzlich im Interesse des Betroffenen in Form eines Einwilligungsvorbehalts (§ 1903) angeordnet wird, um ihn vor einer Selbstschädigung zu bewahren. Der Betreuer ist gesetzlicher Vertreter des Betreuten, der seine Geschäftsfähigkeit aber nicht verliert. Mit Wirkung zum 1.7.05 ist das Betreuungsrecht durch das 2. BtÄndG mit Schwerpunkt im Bereich des Vergütungsrechts (vgl § 1836 u neues Vormünder- und Betreuervergütungsgesetz VBVG) erneut umgestaltet worden (vgl *Dodegge* NJW 05, 1896, 2660; *Sonnenfeld* FamRZ 05, 762, 941; *Zimmermann* FamRZ 05, 950; *Deinert* FamRZ 05, 954).

2 Bestimmend ist für das Betreuungsrecht der **Grundsatz der Erforderlichkeit**, der dazu führt, dass anders als bei der Vormundschaft, die sich auf die gesamte Personen- und Vermögenssorge richtet, dem Betreuer nur Aufgaben in dem Umfang zugewiesen werden dürfen, in dem auch tatsächlich Hilfe erforderlich ist (§ 1896 II). Anknüpfungspunkt für die Anordnung der Betreuung ist nicht die Geschäftsunfähigkeit des Betroffenen, sondern das aufgrund einer psychischen Krankheit oder einer geistigen oder seelischen Behinderung beruhende Unvermögen, eigene Angelegenheiten ganz oder teilweise zu besorgen.

3 Durch die Einführung der Betreuung sollte auch das **Selbstbestimmungsrecht des Betroffenen soweit wie möglich erhalten werden.** An verschiedenen Stellen ist deswegen ausdrücklich bestimmt, dass der Betreuer auf die Wünsche des Betreuten Rücksicht zu nehmen hat (§§ 1897 IV, 1901 III, 1908b III). Zudem kann der Betreute seine Wünsche und Vorstellungen in Bezug auf den gewünschten Betreuer auch in einer sog **Betreuungsverfügung** vor Eintritt des Betreuungsfalls festlegen (§§ 1901 II 2, 1901a). Ergänzend dazu kann der Betroffene in Form einer **Patientenverfügung** vorab in die Einleitung, bzw den Abbruch, evtl in Zukunft notwendig werden der medizinischer Maßnahmen einwilligen oder seine Einwilligung definitiv verweigern. Auch ein Betreuer ist grds an solche Erklärungen gebunden (str vgl *Roth* JZ 04, 494). Weil nicht erforderlich, ist eine Betreuung ganz ausgeschlossen, wenn der Betroffene durch die Erteilung von Vollmachten (sog **Vor-**

sorgevollmachten) genügend Vorsorge für die Wahrnehmung seiner Angelegenheiten auch im Fall einer Betreuungsbedürftigkeit getroffen hat (§ 1896 III, evtl aber Vollmachtsüberwachungsbetreuung).
Die Position des **Betreuten als Grundrechtsträger** wird zusätzlich durch Genehmigungserfordernisse bei Eingriffen in die körperliche Integrität (§§ 1904 f), die Bewegungsfreiheit (§ 1906) und den Post und Fernmeldeverkehr (§ 1896 IV) weitergehend abgesichert. 4
Schließlich wird durch den **Grundsatz der Einzelbetreuung** (§ 1897 I) anders als im Vormundschaftsrecht das persönliche Element im Betreuungsrecht stärker betont. 5
Im Übrigen gelten ansonsten auch im Bereich der rechtlichen Betreuung weitgehend die **Regelungen der Vormundschaft** (vgl § 1908 i), soweit nicht durch die besonderen Strukturen Abweichungen geboten sind.
Internationalprivatrechtlich richtet sich die Zuständigkeit für die Betreuung nach Art 24 EGBGB, dh es ist grds das Recht des Staates maßgeblich, dem die Person angehört, für die ein Betreuer bestellt werden soll (Art 24 I 1 EGBGB). Deutsche Gerichte sind auch für Ausländer zuständig, wenn diese hier ihren gewöhnlichen Aufenthalt haben (§§ 35 b I, 69e 1) oder bei schlichtem Aufenthalt (etwa Durchreise) hier ein Fürsorgebedürfnis zu Tage tritt (§ 35 b II FGG). Unter den Voraussetzungen des Art 24 I 2 kann in diesen Fällen die Betreuung nach deutschem Recht angeordnet und geführt werden. 6
Das Verfahren zur Bestellung eines Betreuers ist heute ein **Einheitsverfahren**, in dem zugleich über die Person des Betreuers entschieden wird. Die internationale Zuständigkeit deutscher Gerichte für Betreuungssachen bestimmt sich nach § 35 b FGG. Zur Anerkennung ausländischer Entscheidungen s § 16 a FGG. 7

B. Voraussetzungen der Betreuerbestellung. § 1896 regelt die Voraussetzungen, unter denen einem Volljährigen ein Betreuer bestellt werden kann und bildet die materiell-rechtliche Grundlage für den konkreten Zuschnitt des Aufgabenkreises des Betreuers. Die Voraussetzungen für die Bestellung eines Betreuers müssen auch vorliegen, wenn die Betreuung verlängert werden soll (Zweibr BtPrax 02, 87) oder beabsichtigt ist, den Aufgabenkreis eines Betreuers nach § 1908 d III zu erweitern (BayObLG FamRZ 98, 922); ferner sind sie bei der Bestellung eines vorläufigen Betreuers nach § 69 f FGG (BayObLG FamRZ 99, 1611) zu beachten. Ein späterer Wegfall der Voraussetzungen führt zur Aufhebung der Betreuung oder zur Einschränkung des Aufgabenkreises des Betreuers (§ 1908 d iVm § 1896). Die Auswahl des Betreuers wird in den §§ 1897, 1900 geregelt. Durch das 2. BtÄndG ist mit Wirkung zum 1. 7. 05 in § 1896 der neue Ia eingefügt worden, um so den das ganze Betreuungsrecht durchziehenden Grundgedanken, dass der Betreute nicht Objekt staatlichen Handelns sein soll, sondern sein Leben solange selbst bestimmen können muss, wie ihm eine freie Willensbestimmung möglich ist, Nachdruck zu verleihen. 8

Grds kann ein Betreuer nur **für einen Volljährigen** bestellt werden (I). Nur ausnahmsweise kann die Betreuung auch für Minderjährige vorsorglich angeordnet werden, wenn diese bereits das 17. Lebensjahr vollendet haben und zu erwarten ist, dass sie beim Eintritt der Volljährigkeit betreuungsbedürftig sind (§ 1908 a). Die Betreuung beginnt in diesem Fall aber erst mit Eintritt der Volljährigkeit. Für Tote ist die Anordnung einer Betreuung nicht zulässig (*Schwab* FamRZ 92, 1471). 9

Weitere **medizinische Voraussetzung** ist, dass der Betroffene unter einer **psychischen Krankheit** oder einer **körperlichen, geistigen oder seelischen Behinderung** leidet. Dies ist durch ein Sachverständigen Gutachten festzustellen (§ 68 b FGG), wovon nur in Ausnahmefällen (zB schon vorhandenes Gutachten der Pflegeversicherung) Abstand genommen werden darf (§ 68 b Ia). Wird die Besorgung von Angelegenheiten und das Tätigwerden im Rechtsverkehr durch andere Benachteiligungen erschwert, wie zB soziale Probleme, schwierige familiäre oder wirtschaftliche Verhältnisse oder Sprachprobleme bei Ausländern, so genügt dies für die Anordnung der Betreuung nicht. 10

Psychische Krankheiten sind zB körperlich nicht begründbare (endogene) Psychosen (zB Schizophrenien), körperlich begründbare (exogene) Psychosen, dh seelische Störungen als Folge von Krankheit oder Verletzung des Gehirns (zB Alzheimersche Krankheit, Arteriosklerose, Epilepsie) und Abhängigkeitskrankheiten (Alkohol-, Medikamente- und Drogenabhängigkeiten). Alkoholismus und Drogensucht alleine sind aber noch keine psychische Krankheit. Die Sucht muss bereits zu hirnorganischen Veränderungen oder psychischen Defekten geführt haben (BayObLG FamRZ 01, 1403). Bei Neurosen und Psychopathien handelt es sich nur um eine betreuungsrechtlich relevante Krankheit, wenn schwerste Auffälligkeiten und Störungen vorliegen (*Jürgens*/*Jürgens* § 1896 BGB Rn 4). Zur Abgrenzung einer Paranoia von gesunder Hartnäckigkeit vgl BayObLG FamRZ 94, 720. 11

Seelische Behinderungen sind bleibende – jedenfalls lang andauernde – psychische Beeinträchtigungen aufgrund einer psychischen Krankheit (zB geistiger Altersabbau; vgl *Weitbrecht* FuR 94, 289). Senile Verlangsamungen bei sonstiger Bewusstseinsklarheit ohne inhaltliche Denkstörungen genügen nicht (BayObLG FamRZ 01, 1244). 12

Geistige Behinderungen sind angeborene oder frühzeitig erworbene Intelligenzdefekte (zB Mongolismus, Schwachsinn) verschiedener Schweregrade (BayObLG BtPrax 94, 29). Ggf auch Analphabetismus (*Bienwald* FamRZ 03, 186). 13

Als **körperliche Behinderungen** gelten zB dauerhafte Funktionsstörungen am Stütz- und Bewegungsapparat (zB Verluste von Gliedmaßen, Lähmungen), Funktionsstörungen der inneren Organe (zB Kreislauferkrankungen) oder der Sinnesorgane (zB Blindheit). Nur selten wird alleine eine körperliche Behinderung die Anordnung eine Betreuung rechtfertigen, weil hier die Möglichkeit einer Vollmachtserteilung idR ausreicht. Nur in 14 besonders gelagerten Fällen (zB Totallähmung oder Mehrfachbehinderung) kommt auch eine Betreuung in Betracht (I 3), jedoch nur auf Antrag des Betroffenen *Coester* Jura 91, 4).

15 **Betreuungsbedürftigkeit.** Aufgrund der psychischen Krankheit oder Behinderung muss der Betroffene unfähig sein, seine eigenen Angelegenheiten ganz oder teilweise zu besorgen. In Betracht kommen alle denkbaren Angelegenheiten, wie Rechtsgeschäfte, geschäftsähnliche Handlungen (vgl § 1904 zur Einwilligung in ärztliche Behandlung) oder Realakte (zB Nahrungsaufnahme). Entscheidend für die Frage der Betreuungsbedürftigkeit ist der ursächliche Zusammenhang zwischen Krankheit/Behinderung und der Unfähigkeit zur Besorgung der eigenen Angelegenheiten. Die Unfähigkeit zur Besorgung der eigenen Angelegenheiten muss darauf beruhen, dass der Betroffene aufgrund seiner Krankheit oder Behinderung nicht dazu in der Lage ist, seinen Willen frei zu bestimmen (BayObLG FamRZ 94, 720). Fehlt es daran, darf noch nicht einmal auf Antrag des Betroffenen eine Betreuung angeordnet werden (Zweibr FamRZ 04, 1815).

16 Die Anordnung der Betreuung gegen den Willen des Betroffenen (**Zwangsbetreuung**) ist nur in engen Grenzen zulässig, wenn der Betroffene aufgrund seiner Krankheit oder Behinderung seinen Willen nicht frei bestimmen kann (Zweibr FamRZ 05, 748) und aus diesem Grunde zB die Notwendigkeit einer ärztlich gebotenen Behandlung nicht erkennt (BayObLG FamRZ 02, 703). Eine Betreuerbestellung im Interesse eines Dritten ist nur ausnahmsweise zulässig, etwa wenn dem Dritten ohne die Anordnung der Betreuung (zB bei Geschäftsunfähigkeit des Betreuten), eine Wahrnehmung seiner Rechte (zB Kündigung des Arbeitsverhältnisses, eines Mietverhältnisses oder der Führung eines Prozesses) unmöglich gemacht würde (*Schwab* FamRZ 92, 493: BayObLG BtPrax 96, 106; BayObLG BtPrax 98, 922).

17 **Betreuungsbedarf.** Hier gelten die Grundsätze der **Konkretisierung** und der **Subsidiarität**. Dies bedeutet, dass nur für diejenigen Aufgabenbereiche ein Betreuer bestellt werden darf, in denen die Betreuung erforderlich ist (II) und diese Aufgaben nicht anderweitig, etwa durch einen Vorsorgebevollmächtigten, erledigt werden können (Jürgens/*Jürgens* § 1896 BGB Rn 19).

18 **Konkretisierung.** Ob Betreuung erforderlich ist richtet sich somit in erster Linie danach, welche Defizite sich für den Betroffenen aus seinem Krankheitsbild in einem bestimmten Aufgabenkreis ergeben würden, wenn die Anordnung der Betreuung unterbliebe (Zweibr FamRZ 05, 748). Zusätzlich muss in dem betreffenden Aufgabenkreis ein aktueller Handlungsbedarf bestehen. Auch wenn der Betreute seine sämtlichen Angelegenheiten nicht zu besorgen vermag, kann nur für die Bereiche ein Betreuer bestellt werden, in denen das aktuelle Fürsorgebedürfnis besteht (BGH FamRZ 61, 370; Jürgens/*Jürgens*, § 1896 BGB Rn 22 mwN). Die Erforderlichkeit der Betreuung muss daher für jeden Aufgabenkreis gesondert und nachprüfbar festgestellt werden (BayObLG FamRZ 99, 1612). Eine bloße „Vorratsbetreuung" (Zweibr 05, 748) ist unzulässig, soweit nicht zumindest ein Betreuungsbedarf absehbar ist, der ein sofortiges Handeln des Betreuers erfordern würde. Dies wird zB bei schubförmig verlaufenden Krankheiten (BayObLG FamRZ 94, 319) angenommen. Grds darf der Aufgabenkreis des Betreuers nicht weiter sein, als die Krankheit oder Behinderung des Betroffenen es verlangt. Es ist daher auch möglich, dass ein Betreuer nur für ein einzelnes Geschäft bestellt wird.

Kann mit einer Betreuerbestellung für einen bestimmten Aufgabenbereich angestrebte Zweck von vornherein nicht erreich werden (BayObLG FamRZ 94, 1551), so hat sie zu unterbleiben. So scheidet zB die Bestellung eines Betreuers mit dem Aufgabenkreis Gesundheitsfürsorge aus, wenn der Betroffene gesund ist (BayObLG FamRZ 95, 1085), oder im Bereich der Vermögensfürsorge, wenn kein Vermögen vorhanden ist (BayObLG FamRZ 95, 1085).

19 **Subsidiarität.** Die Betreuung ist nachrangig, wenn die Angelegenheiten des Volljährigen auch durch einen Bevollmächtigten oder durch andere Hilfen in gleicher Weise wie durch einen Betreuer besorgt werden können. Wird kein gesetzlicher Vertreter benötigt, sondern nur Hilfen tatsächlicher Art (zB Hilfe bei der Strukturierung des Tagesablaufs), so sind auch **sonstige soziale Angebote** (insbes der Wohlfahrtsverbände oder der kommunalen Sozialarbeit) vorrangig in Anspruch zu nehmen (Oldbg FamRZ 04, 1320). Auch wenn ein gesetzlicher Vertreter benötigt wird, ist die Anordnung einer Betreuung nur dann erforderlich, wenn der Betroffene aufgrund seiner Krankheit/Behinderung aktuell nicht mehr zur Erteilung einer Vollmacht in der Lage ist und auch zu keinem früheren Zeitpunkt eine wirksame noch fortwirkende Bevollmächtigung erteilt worden ist. Zu denken ist hier besonders an die sog **Vorsorgevollmacht** (s § 1901a Rn 2), die in Form einer Generalvollmacht im Stadium noch bestehender Geschäftsfähigkeit (Stuttg FamRZ 94, 1417) an eine Person des Vertrauens vorsorglich erteilt werden kann, um für den Fall späterer Betreuungsbedürftigkeit die Bestellung eines Betreuers zu vermeiden (vgl *Klie/Bauer* FÜR 04, 671). Wird der Vollmachtgeber später geschäftsunfähig, dann berührt das grds die weitere Wirksamkeit der Vollmacht nicht (*Cypionka* NJW 92, 207). Es kommt in diesem Fall grds nur die Bestellung eines Betreuers zur Kontrolle des Bevollmächtigten (als **Vollmachtsbetreuer**) in Betracht (III). Auch dieser darf jedoch nur unter Berücksichtigung des Grundsatzes der Erforderlichkeit bestellt werden. Eine Bestellung scheidet daher idR aus, wenn bereits Umfang und Schwierigkeit der zu besorgenden Geschäfte keine Überwachung erfordern, oder wenn die Voraussetzungen des § 1896 I u II 1 zwar erfüllt sind, aber keine Anhaltspunkte dafür vorliegen, dass der Bevollmächtigte Handlungen gegen den Willen des Betroffenen vornehmen könnte (BayObLG FamRZ 94, 1550; Soergel/*Zimmermann*

Rn 91). In Ausnahmefällen kann etwas anderes gelten, zB wenn eine wirksame Vorsorgevollmacht wegen innerfamiliärer Streitigkeiten nicht anerkannt wird und der Bevollmächtigte es ablehnt, von ihr Gebrauch zu machen (BayObLG FamRZ 04, 1403). In diesem Fall ist ein Vollmachtsbetreuer zu bestellen.

Einzelne Aufgabenkreise. In der Praxis der Vormundschaftsgerichte haben sich verschiedene typische Aufgabenfelder herausgebildet (s Jürgens/*Jürgens* § 1896 BGB Rn 23 ff). Der Umfang kann von der Bestellung für die Erledigung einer einzigen Aufgabe (zB Abschluss eines bestimmten Vertrages) bis zur Übertragung der gesamten Personen- und Vermögenssorge (Totalbetreuung) variieren. Die Anordnung der Totalbetreuung ist nur zulässig, wenn tatsächlich in sämtlichen Bereichen eine Betreuung erforderlich ist (BayObLG FamRZ 97, 967) und der aktuelle Handlungsbedarf konkret dargelegt werden kann (BayObLG FamRZ 02, 1225). Werden einem Betreuer mehrere verschiedene Aufgabenbereiche übertragen, ändert dies an der einheitlichen Betreuung nichts. Der Aufgabenkreis des Betreuers ist vom Vormundschaftsgericht im Beschluss zur Betreuerbestellung ausdrücklich festzulegen (§ 69 I Nr 2 b FGG). Grds kann der Betreuer nur für Aufgabenkreise bestellt werden, in denen eine Vertretung möglich ist. Eine Betreuung ist daher in **höchstpersönlichen Angelegenheiten** und in spezialgesetzlichen geregelten Fällen ausgeschlossen. Neben der Eheschließung (§ 1311 S 1), gilt dies zB für die Einwilligung in die Adoption eines Kindes (§ 1750 III 1), die Errichtung letztwilliger Verfügungen (§§ 1937, 1941 I, 2064, 2274) aber auch für die Errichtung einer Patientenverfügung (vgl Rn 22). Schließlich findet bei einem Kirchenaustritt, einem Religionswechsel und einer Einwilligung in eine Organspende keine Vertretung statt (Palandt/*Diederichsen* Rn 23). 20

Aufenthaltsbestimmung (vgl *Sonnenfeld* FamRZ 95, 393). Dieser Aufgabenkreis erlaubt es dem Betreuer den Aufenthaltsort des Betreuten zu bestimmen, also ggf auch einen Wechsel des Aufenthaltsortes zu veranlassen. Die Übertragung setzt voraus, dass der Betreute die seinen Aufenthalt betreffenden Entscheidungen nicht mehr selbst treffen kann (*Bienwald* Betreuungsrecht Rn 215). Der Betreuer mit diesem Aufgabenkreis kann zB für den Betroffenen den bisherigen Wohnsitz aufheben und einen neuen begründen (BayObLG FamRZ 92, 1222) und eine unsichere häusliche Pflege auf eine Pflege im Heim umstellen (BayObLG FamRZ 92, 108). Ob auch die Unterbringung in einem offenen Alten-/Pflegeheim, wie die zwangsweise Unterbringung in einer geschlossenen Anstalt, zusätzlich der Genehmigung des Vormundschaftsgerichts nach § 1906 unterliegt ist bstr. (Soergel/*Zimmermann*, Rn 54; Palandt/*Diederichsen* Rn 20 mwN). Von Dritten darf der Betreuer die Herausgabe des Betroffenen verlangen (§§ 1908 i I 1, 1632 I, III). 21

Gesundheitsfürsorge, Einwilligung in ärztliche Maßnahmen. Im Bereich der Heilbehandlung darf ein Betreuer nur bestellt werden, wenn der Betroffene selbst einwilligungsunfähig ist, dh Art, Bedeutung und Tragweite der jeweiligen ärztlichen Maßnahme auch nach ärztlicher Aufklärung nicht erfassen und so auch nicht seiner Einsicht gemäß handeln kann. Da die Einwilligungsfähigkeit bei einfachen Erkrankungen gegeben sein kann, während sie gleichzeitig bei komplexeren Krankheitsbildern fehlt, kann die Betreuung auch auf die Einwilligung zu einzelnen ärztlichen Maßnahmen oder auf bestimmte Krankheiten beschränkt werden (BayObLG FamRZ 94, 1059; FuR 02, 203: Beschränkung der Gesundheitsfürsorge auf nervenärztliche Behandlung). Der Betreuer darf im Rahmen seiner Tätigkeit Krankenberichte und Pflegeunterlagen einsehen (*Stalinski* BtPrax 01, 54) und auch die erforderlichen Arzt- und Krankenhausverträge abzuschließen. Muss der Betreute die Behandlung selbst bezahlen, ist ggf der Aufgabenkreis „Vermögenssorge" zusätzlich zu übertragen (Soergel/*Zimmermann* Rn 56). Dagegen ist er nicht befugt für den Betreuten eine Patientenverfügung zu errichten oder in eine Organspende einzuwilligen (*Bienwald* FamRZ 04, 835). Die Betreuung kann auch nicht insoweit erweitert werden, da es sich um höchstpersönliche Rechtsgeschäfte und Rechtshandlungen handelt, deren Übertragung auf den Betreuer unzulässig ist (vgl Palandt/*Diederichsen* Rn 23 mwN). 22

Post- und Fernmeldekontrolle. Auch die Entscheidung über den Fernmeldeverkehr des Betreuten und über die Entgegennahme, das Öffnen und das Anhalten seiner Post kann an einen Betreuer übertragen werden, allerdings wegen des damit verbundenen Grundrechtseingriffs (Art 10 GG), nur unter strikter Beachtung der Grundsätze von Erforderlichkeit und Verhältnismäßigkeit. Die Übertragung dieses Aufgabenkreises kommt nur in Betracht, wenn der Betreuer seine Betreuungsaufgabe sonst nicht erfüllen könnte (BayObLG FamRZ 01, 871) und setzt immer (auch im Fall der Totalbetreuung) – eine ausdrückliche gerichtliche Anordnung voraus (IV). 23

Einwilligung zur Sterilisation (vgl § 1905). Es ist stets ein besonderer Betreuer zu bestellen (§ 1899 II). Die Kombination mit anderen Aufgaben ist nicht zulässig. Er ist zur Wahrnehmung aller mit der Sterilisation zusammenhängenden Aufgaben berechtigt. 24

Vermögensbetreuung. Zur Vermögenssorge gehört vor allem die Aufgabe, das Vermögen des Betreuten zu verwalten. Je nach Lage des Falles kann sie nur für einzelne besonders wichtige Geschäfte oder für das gesamte Vermögen (zB bei Verschwendungssucht) des Betroffenen angeordnet werden. Denkbar ist auch, dass die Betreuung nur für Geschäfte ab einer bestimmten Obergrenze oder beschränkt auf einzelne Vermögensbestandteile (zB Mietshaus oder Wertpapierdepot) eingerichtet wird. Auch wenn kein Vermögen oder keine Einkünfte vorhanden sind, kann ausnahmsweise ein Betreuer für die Vermögenssorge bestellt werden, wenn ansonsten weitere Verschuldung droht (BayObLG BtPrax 01, 37). Inhaltlich kann sich die Vermögensbetreuung auf unterschiedliche Einzelaufgaben beziehen, wie zB auf die Beantragung einer Rente, die Verwaltung von Rente und Sozialhilfe (Köln FamRZ 93, 850), die Schuldenregulierung (BayObLG FamRZ 01, 1245) oder die Regelung von 25

Steuerangelegenheiten (*Lipp/Sauer* BtPrax 04, 83). Die Geltendmachung von Unterhalt ist ein eigenständiger Aufgabenkreis und wird nicht von der Vermögenssorge umfasst (Zweibr FamRZ 00, 1325). Dazu muss dem Betreuer ausdrücklich der Aufgabenkreis „Unterhaltsbestimmung" übertragen sein. Der Aufgabenkreis Vermögensbetreuung berechtigt nicht, eingehende Briefe an den Betreuten mit Rechnungen und Kontoauszügen zu öffnen, hierzu ist zusätzlich der Aufgabenkreis Postkontrolle nach IV erforderlich.

26 **Vollmachtsbetreuung (III).** Hat der Betreute einen Bevollmächtigten wirksam bestellt, kann ihn aber nun wegen seiner Krankheit oder Behinderung nicht mehr überwachen, so kann für diese Kontrollaufgabe ein spezieller Betreuer bestellt werden (vgl *Bienwald* Rpfleger 98, 231). Eine Anordnung darf erst erfolgen, wenn auf Grund des Einzelfalls ein konkretes Bedürfnis festgestellt wird (Schlesw FGPrax 04, 70). Daran wird es regelmäßig fehlen, wenn der Betroffene selbst durch Bestellung mehrerer Vertreter, die einander gegenseitig kontrollieren, Vorsorge gegen Missbräuche der Vertretungsmacht getroffen hat. Der Vollmachtsbetreuer kann Auskunft und Rechenschaft verlangen und im Extremfall die Vollmacht auch widerrufen (BayFamRZ 94, 1550). Beim Widerruf der Vollmacht unterliegt er der gerichtlichen Kontrolle im Rahmen des § 1837. Besondere Bedeutung hat die Vollmachtsüberwachung bei der Bankvollmacht (*Bühler* BwNotZ 90, 2).

27 **Wohnung.** Dieser Aufgabenkreis berechtigt zur Kündigung der Wohnung und zur Wohnungsauflösung (§ 1907). Bei Verwahrlosung und Vermüllung wird auch die Säuberung und Entmüllung der Wohnung des Betreuten mit umfasst (BayObLG NJW-RR 01, 1513). Mit besonderer Ermächtigung (wegen Art 13 II) ist auch die gewaltsames Öffnen der Wohnung zwecks Renovierung und Entrümpelung zulässig (*Abram* FamRZ 04, 11; Frankf DAV 96, 79; aA *Bauer* BtPrax 96, 55).

28 **C. Verfahren.** Sachlich zuständig für die Anordnung einer Betreuung ist das Vormundschaftsgericht (§ 35 FGG) und dort mit Ausnahme der Anordnung der Vollmachtsbetreuung der Richter (§ 3 Nr 2 a, § 14 Nr 4 RPflG). Der Betroffene ist unabhängig von seiner Geschäftsfähigkeit verfahrensfähig (§ 66 FGG). Soweit erforderlich ist ihm ein **Verfahrenspfleger** zu bestellen. Die Betreuung kann **auf Antrag** oder **von Amts wegen** (I 1) angeordnet werden. Liegt beim Betroffenen nur eine Körperbehinderung vor und kann er im Übrigen seinen Willen kundtun, ist sein Antrag erforderlich (I 3). Für den Antrag ist keine Geschäftsfähigkeit erforderlich (I 2). Für das Verfahren gilt der **Amtsermittlungsgrundsatz** (§ 12 FGG). Für die Feststellung der medizinischen Voraussetzungen für die Anordnung einer Betreuung ist ein **Sachverständigengutachten** einzuholen, die stereotype Wiedergabe pauschaler Wertungen (zB „Altersstarrsinn") reicht nicht (BayObLG FuR 02, 93). Der Betroffene ist soweit möglich (beachte aber § 68 II FGG) **persönlich anzuhören**, damit sich das Gericht einen unmittelbaren Eindruck von seinem Zustand verschaffen kann (§ 68 I FGG). Ggf (auf Antrag des Betroffenen grds) sind auch dem Betroffenen nahe stehende Personen anzuhören (vgl § 68 a FGG). Die Betreuung ist nach dem **Prinzip der Rehabilitation** nur solange erforderlich, wie der Betroffene für die konkreten Aufgabenfelder der Hilfe eines Betreuers bedarf (vgl §§ 1901 V, 1908d I). Sie darf deshalb jeweils nur **befristet** für die Zeitspanne angeordnet werden, in der voraussichtlich eine Betreuungsnotwendigkeit besteht (BayObLG BtPrax 95, 68, 69 f). Die Höchstdauer beträgt 7 Jahre (§ 69 I Nr 5 FGG). Danach sind die Voraussetzung für eine weitere Anordnung erneut zu prüfen (§ 69 i VI FGG). Eine erneute Begutachtung ist dabei bei unverändertem Zustand des Betreuten nicht erforderlich (§ 69 i VI 2 FGG). Die **Entscheidung** über die Anordnung der Betreuung wird grds mit ihrer Bekanntgabe an den Betreuer **wirksam** (§ 69 a III 1 FGG; Ausnahme Betreuungen gem § 1908 a). Gegen die Bestellung eines Betreuers von Amts wegen sind Betroffene selbst, sein Ehegatte (nicht des Lebensgefährten, BayObLG NJW 98, 1567), sein Lebenspartner oder andere Personen, die mit dem Betroffenen in gerader Linie verwandt oder verschwägert oder in der Seitenlinie bis zum dritten Grad verwandt sind (vgl § 69 g I FGG) **beschwerdeberechtigt**. Der Betroffene ist auch beschwerdeberechtigt, wenn die Betreuung auf seinen Antrag hin eingerichtet worden ist, dies gilt nicht für seine Verwandten und Verschwägerten (Oldbg FamRZ 95, 432). Ein Beschwerderecht sonstiger Dritter besteht nur, wenn sie in ihren eigenen Rechten verletzt werden (§ 20 FGG). **Gegen den Willen eines Volljährigen** darf ein Betreuer nicht bestellt werden (Ia). Ob der Betroffene einen diesbezüglich eigenen Willen bilden kann, richtet sich danach, ob er auf Grund seines Krankheitsbildes dazu in der Lage ist, die für und gegen eine Betreuerbestellung sprechenden Gesichtspunkte zu erkennen und gegeneinander abzuwägen (Zweibr FamRZ 05, 748). Im **Interesse eines Dritten** darf die Betreuung nur dann angeordnet werden, wenn ohne die Betreuung dem Dritten die Geltendmachung seiner Rechte unmöglich gemacht würde (BGHZ 93, 1; *Dröge* FamRZ 98, 1212).

§ 1897 Bestellung einer natürlichen Person

(1) Zum Betreuer bestellt das Vormundschaftsgericht eine natürliche Person, die geeignet ist, in dem gerichtlich bestimmten Aufgabenkreis die Angelegenheiten des Betreuten rechtlich zu besorgen und ihn in dem hierfür erforderlichen Umfang persönlich zu betreuen.

(2) [1]Der Mitarbeiter eines nach § 1908 f anerkannten Betreuungsvereins, der dort ausschließlich oder teilweise als Betreuer tätig ist (Vereinsbetreuer), darf nur mit Einwilligung des Vereins bestellt werden. [2]Entsprechendes gilt für den Mitarbeiter einer in Betreuungsangelegenheiten zuständigen Behörde, der dort ausschließlich oder teilweise als Betreuer tätig ist (Behördenbetreuer).

(3) Wer zu einer Anstalt, einem Heim oder einer sonstigen Einrichtung, in welcher der Volljährige untergebracht ist oder wohnt, in einem Abhängigkeitsverhältnis oder in einer anderen engen Beziehung steht, darf nicht zum Betreuer bestellt werden.
(4) ¹Schlägt der Volljährige eine Person vor, die zum Betreuer bestellt werden kann, so ist diesem Vorschlag zu entsprechen, wenn es dem Wohl des Volljährigen nicht zuwiderläuft. ²Schlägt er vor, eine bestimmte Person nicht zu bestellen, so soll hierauf Rücksicht genommen werden. ³Die Sätze 1 und 2 gelten auch für Vorschläge, die der Volljährige vor dem Betreuungsverfahren gemacht hat, es sei denn, dass er an diesen Vorschlägen erkennbar nicht festhalten will.
(5) Schlägt der Volljährige niemanden vor, der zum Betreuer bestellt werden kann, so ist bei der Auswahl des Betreuers auf die verwandtschaftlichen und sonstigen persönlichen Bindungen des Volljährigen, insbesondere auf die Bindungen zu Eltern, zu Kindern, zum Ehegatten und zum Lebenspartner, sowie auf die Gefahr von Interessenkonflikten Rücksicht zu nehmen.
(6) ¹Wer Betreuungen im Rahmen seiner Berufsausübung führt, soll nur dann zum Betreuer bestellt werden, wenn keine andere geeignete Person zur Verfügung steht, die zur ehrenamtlichen Führung der Betreuung bereit ist. ²Werden dem Betreuer Umstände bekannt, aus denen sich ergibt, dass der Volljährige durch eine oder mehrere andere geeignete Personen außerhalb einer Berufsausübung betreut werden kann, so hat er dies dem Gericht mitzuteilen.
(7) ¹Wird eine Person unter den Voraussetzungen des Absatzes 6 Satz 1 erstmals in dem Bezirk des Vormundschaftsgerichts zum Betreuer bestellt, soll das Gericht zuvor die zuständige Behörde zur Eignung des ausgewählten Betreuers und zu den nach § 1 Abs. 1 Satz 1 zweite Alternative des Vormünder- und Betreuervergütungsgesetzes zu treffenden Feststellungen anhören. ²Die zuständige Behörde soll die Person auffordern, ein Führungszeugnis und eine Auskunft aus dem Schuldnerverzeichnis vorzulegen.
(8) Wird eine Person unter den Voraussetzungen des Absatzes 6 Satz 1 bestellt, hat sie sich über Zahl und Umfang der von ihr berufsmäßig geführten Betreuungen zu erklären.

Die Norm enthält **Regelungen darüber, wer zum Betreuer bestellt werden soll** (I, II, IV–VII) und **welche Personen von diesem Amt ausgeschlossen sind** (III). Für Vereins- und Behördenbetreuung enthält § 1900 Ergänzungen. Es gilt der Vorrang der Einzelbetreuung. Entscheidend für die Auswahl des Betreuers ist seine Eignung zur Betreuung (I), daneben sind aber auch die Wünsche des Betroffenen zu berücksichtigen, soweit das nicht seinem Wohl widerspricht (IV; vgl dazu auch § 1901 a); sowie die verwandtschaftlichen und sonstigen Bindungen des Betroffenen (V). Nicht zuletzt aus Kostengründen soll ein Berufsbetreuer nur dann bestellt werden, wenn kein ehrenamtlicher Betreuer zur Verfügung steht (VI). Allgemein zur Auswahl und Kontrolle des Betreuers vgl *Dodegge*, FGPrax 04, 29. 1

Der **Grundsatz der Einzelbetreuung** schließt nicht aus, dass für einen Betroffenen auch mehrere Betreuer bestellt werden können (§ 1899). Der Vorrang der Einzelbetreuung ist auch dann gewahrt, wenn Mitarbeiter von Betreuungsvereinen und Behörden persönlich als Einzelbetreuer bestellt werden (II). Wenn dies nicht möglich ist oder die Betreuung durch eine einzelne natürliche Person nicht sinnvoll ist, so kann auch der Verein als solcher und subsidiär dazu die Betreuungsbehörde bestellt werden (§ 1900 I 1, IV 1), was im Einzelfall jedoch näher begründet werden muss (BayObLG FamRZ 94, 1203). Die Bestellung mehrerer Betreuer soll nur erfolgen, wenn die Angelegenheiten des Betreuten dann besser besorgt werden können (§ 1899 I). 2

Entscheidend für die **Auswahl des Betreuers** ist die **Eignung** der als Betreuer vorgesehenen Person. Die Beurteilung der Eignung (BayObLG FamRZ 01, 1249) und die Auswahl zwischen mehreren geeigneten Personen (Karlsr BtPrax 94, 214) liegen im Ermessen des Vormundschaftsgericht. Für die **Beurteilung der Eignung** (unbestimmter Rechtsbegriff) ist ausschlaggebend, ob der Betreuer in der Lage ist, die Angelegenheiten des Betreuten, in dem übertragenen Wirkungskreis zu besorgen (*Bienwald* FamRZ 00, 1314). Absolut **ungeeignet** sind in jedem Fall wegen der Notwendigkeit der gesetzlichen Vertretung (§ 1902) des Betreuten geschäftsunfähige Personen, oder wer selbst unter Betreuung steht (§ 1781). Das gleich gilt für die in III aufgezählten Personengruppen. Ungeeignet sind idR ferner Personen, die aufgrund der räumlichen Entfernung (*Coeppicus* BtPrax 03, 164; *Hburg* BtPrax 94, 138) oder wegen Zeitmangel und Arbeitsüberlastung (BayObLG BtPrax 03, 270) den erforderlichen persönlichen Kontakt zum Betroffenen nicht oder nicht oft genug herstellen können, wobei die Einzelfallbeurteilung ausschlaggebend ist (Köln FamRZ 95, 1235). Auch Personen bei denen **Interessenkonflikte** bestehen sollen nicht zum Betreuer bestellt werden. Der Interessenkonflikt muss dabei so schwer sein, dass das Wohl des Betroffenen erheblich gefährdet ist (Zweibr BtPrax 97, 164; BayObLG BtPrax 04, 35). Über die in III aufgezählten typischen Abhängigkeitsverhältnisse hinaus muss entsprechendes gelten, wenn der Ehegatte des in Aussicht genommenen Betreuers in einem derartigen Verhältnis steht (Ddorf FamRZ 94, 1416). Lediglich geringe mögliche Interessenkonflikte zwischen Betreuer und Betreuten indizieren aber idR noch nicht dessen Ungeeignetheit und dürfen keine Grund sein, die vom Betroffenen als Betreuer gewünschte Person zu übergehen (KG FamRZ 95, 1442; Ddorf FamRZ 95, 894). Die Interessenkollision muss grds konkret feststellbar sein; reine Vermutungen reichen nicht aus (Ddorf BtPrax 95, 110). 3

Einem **Vorschlag des Betroffenen** (*Schwab* FamRZ 92, 501) muss entsprochen werden, wenn die Bestellung der vorgeschlagenen Person seinem Wohl nicht widerspricht (IV 1) und diese auch nicht zum nach III zwin- 4 gend ausgeschlossenen Personenkreis gehört (BayObLG Rpfleger 98, 159). Auch Wünsche eine Geschäftsunfähigen sind zu berücksichtigen (Ddorf FamRZ 98, 510) und grds bindend (Zweibr FamRZ 03, 187), soweit sie ohne Beeinflussung zustande gekommen sind und noch andauern (BayObLG FamRZ 04, 1750; vgl zu Betreuungsverfügungen § 1901 a). Ein früher geäußerter Vorschlag kann unter den gleichen Bedingungen abgeändert werden (BayObLG FamRZ 93, 1110). Nur wenn die vorgeschlagene Person ungeeignet ist, dh nicht die Gewähr dafür bietet, das Amt zum Wohl des Betreuten zu führen (Köln NJWE-FER 99, 57) oder wenn der Vorgeschlagene zB wegen nachhaltigen Spannungen mit anderen Familienmitgliedern, die den Betreuten versorgen, sein Amt sehr wahrscheinlich nur ineffizient wird ausüben können (BayObLG FamRZ 04, 976), darf der Vorschlag übergangen werden. Nicht ausreichend ist, dass möglicherweise noch eine geeignetere Person zur Verfügung stünde (Köln FamRZ 99, 811). Wenn der Betroffen keinen Betreuer vorschlägt, sondern nur **bestimmte Personen ausschließt**, (IV 2), ist das Gericht an den Wunsch zwar nicht gebunden, aber die so ausgeschlossene Person kann deswegen als Betreuer ungeeignet sein, weil vorauszusehen ist, dass der Betroffene die Kooperation mit ihr verweigern wird.

5 **Einzelbetreuung durch Vereins- und Behördenbetreuer** (vgl *Bienwald* FamRZ 00, 415). Die Bestellung hat im Rahmen der §§ 1900, 1908 f zu erfolgen. Es handelt sich hierbei im Gegensatz zur Bestellung eines Betreuungsvereins oder der Behörde gem § 1900 I, IV um echte Einzelbetreuung iSd I (BayObLG Rpfleger 98, 199).

6 Vorrangig ist die Bestellung von nicht berufsmäßigen Betreuern (VI). Nur wenn sich kein geeigneter ehrenamtlicher Betreuer finden, darf ein **Berufsbetreuer** bestellt werden (§ 1836 I). Dies ist in den Gründen der Entscheidung darzulegen (BayObLG FamRZ 99, 1612). Auch der Vorschlag des Betroffenen nach IV 1 beseitigt den Vorrang der ehrenamtlichen Betreuung nicht (BayObLG NJW-FER 98, 105). Wird ein Berufsbetreuer bestellt, so hat er dem Vormundschaftsgericht Zahl und Umfang der von ihm berufsmäßig geführten Betreuungen mitzuteilen (VIII). Eine Fallobergrenze ist nicht vorgesehen (*Jurgeleit* FGPrax 05, 141). Erlangt der Berufsbetreuer während der Betreuung Kenntnis über potentielle ehrenamtliche Betreuer, muss er dem Vormundschaftsgericht Mitteilung machen (VI 2). Das Gericht hat dann einen möglichen Betreuerwechsel zu prüfen (§ 1908 b I 2). Vor der erstmaligen Bestellung eines Berufsbetreuers soll das Gericht die Betreuungsbehörde, in deren Bezirk der Betreuer tätig werden will (*Walther*, BtPrax 98, 125), zu seiner Eignung und Qualifikation anhören (VII). Unterbleibt die Anhörung, berührt dies die Wirksamkeit der Bestellung nicht. Einen Anspruch von der Behörde als Betreuer vorgeschlagen zu werden, gibt es nicht (Ddorf FamRZ 98, 700).

7 Voraussetzung für die Bestellung ist außerdem, dass die als **Betreuer** ausgewählte Person sich **mit der Übernahme der Betreuung einverstanden erklärt** (§ 1898 II). Bei der Bestellung eines Vereins- oder Behördenbetreuers ist die Einwilligung des Vereins bzw der Behörde in die Bestellung erforderlich (II).

8 Schlägt der Betreute niemanden als Betreuer vor und lehnt auch keine bestimmten Personen ab, hat das **Gericht** bei der Bestellung des Betreuers ein **Auswahlermessen**. Bei der vorzunehmenden Interessenabwägung wird es neben den möglichen Ausschlussgründen verwandtschaftliche und sonstigen persönlichen Bindungen des Volljährigen vor allem zu den Eltern, Kindern und zum Ehegatten bzw Lebenspartner, zu berücksichtigen haben (V). Die in V genannten Personen genießen bei der Auswahl des Betreuers zwar nicht automatisch Vorrang, sind bei gleicher Eignung aber idR zu bevorzugen, wenn nicht gerade aus ihrem Näheverhältnis zum Betreuten. schwere Interessengegensätze (BayObLG FamRZ 01, 1402) oder persönliche Spannungen resultieren, die gegen eine Betreuerbestellung sprechen.

9 **Verfahren.** Für die **Auswahl** des Betreuers ist idR der Richter zuständig (§ 14 I Nr 4 RPflG), wenn der Landesgesetzgeber nach § 19 I Nr 1 RPflG nichts anderes bestimmt hat. Der Betreute ist soweit möglich, vor der Bestellung anzuhören (BayObLG BtPrax 95, 105). Die Auswahl des Betreuers kann gesondert oder auch mit einer gegen die Bestellung des Betreuers insgesamt gerichteten Beschwerde gem §§ 20, 69 g FGG angefochten werden (BGH NJW 96, 1825). **Beschwerdebefugnis:** § 1896. Ob ein Beschwerderecht naher Angehöriger (V) gegen ihre Nichtberücksichtigung bei der Betreuerbestellung besteht ist umstritten (vgl Jürgens/*Kemper* § 1896 BGB Rn 23; Zweibr BtPrax 99, 157).

§ 1898 Übernahmepflicht

(1) Der vom Vormundschaftsgericht Ausgewählte ist verpflichtet, die Betreuung zu übernehmen, wenn er zur Betreuung geeignet ist und ihm die Übernahme unter Berücksichtigung seiner familiären, beruflichen und sonstigen Verhältnisse zugemutet werden kann.

(2) Der Ausgewählte darf erst dann zum Betreuer bestellt werden, wenn er sich zur Übernahme der Betreuung bereit erklärt hat.

1 Die Vorschrift begründet für die vom Vormundschaftsgericht ausgewählte Person die **sanktionslose Rechtspflicht** (vgl *Klüsener* Rpfleger 89, 222) zur Übernahme der Betreuung, soweit sie für dieses Amt **geeignet** ist (§§ 1897, 1900) und ihr die Übernahme des Amtes auch unter Berücksichtigung ihrer persönlichen Verhältnisse **zugemutet** werden kann (I). Die für die Vormundschaft in § 1786 normierten Ablehnungsgründe (familiärer, beruflicher oder sonstiger Art) haben zwar keine direkte Geltung für die Betreuung, können aber dennoch für die Auslegung von I herangezogen werden (Jürgens/*Kemper* § 1899 BGB Rn 2).

Der Ausgewählte darf erst zum Betreuer bestellt werden, wenn er sich **zur Übernahme der Betreuung bereit** 2
erklärt hat (II). Dies gilt auch für den Vereinsbetreuer, dessen persönliche Zustimmung neben der des Vereins nach § 1897 II vorliegen muss (BayObLG BtPrax 94, 135). Die Erzwingung der Übernahme durch die Festsetzung von Zwangsgeldern ist im Betreuungsrecht im Gegensatz zur Vormundschaft nicht möglich. Es kommen allerdings Schadensersatzansprüche des Fürsorgebedürftigen nach §§ 1908 i iVm 1781 I in Betracht. Sollen mehrere Betreuer bestellt werden, ist die Zustimmung jedes einzelnen Betreuers erforderlich. Bei späterem Widerruf der Zustimmung ist der Betreuer zu entlassen (§ 1908 b).

§ 1899 Mehrere Betreuer

(1) ¹Das Vormundschaftsgericht kann mehrere Betreuer bestellen, wenn die Angelegenheiten des Betreuten hierdurch besser besorgt werden können. ²In diesem Falle bestimmt es, welcher Betreuer mit welchem Aufgabenkreis betraut wird. ³Mehrere Betreuer, die eine Vergütung erhalten, werden außer in den in den Absätzen 2 und 4 sowie § 1908 i Abs. 1 Satz 1 in Verbindung mit § 1792 geregelten Fällen nicht bestellt.
(2) Für die Entscheidung über die Einwilligung in eine Sterilisation des Betreuten ist stets ein besonderer Betreuer zu bestellen.
(3) Soweit mehrere Betreuer mit demselben Aufgabenkreis betraut werden, können sie die Angelegenheiten des Betreuten nur gemeinsam besorgen, es sei denn, dass das Gericht etwas anderes bestimmt hat oder mit dem Aufschub Gefahr verbunden ist.
(4) Das Gericht kann mehrere Betreuer auch in der Weise bestellen, dass der eine die Angelegenheiten des Betreuten nur zu besorgen hat, soweit der andere verhindert ist.

Die Norm regelt die **Voraussetzungen** der Bestellung mehrerer Betreuer und deren Verhältnis zueinander. 1
Wegen des Grundsatzes der Einzelbetreuung (§ 1897 I) hat sie Ausnahmecharakter (BayObLG NJW-RR 98, 869). In erster Linie zur Kostendämpfung bestimmt I 3 außerdem, das grds nicht mehrere Betreuer bestellt werden können, welche eine Vergütung erhalten. Von dieser durch das 2. BtÄndG eingefügten Vorschrift werden besonders die Berufbetreuer betroffen. Ausgenommen bleiben lediglich der Sterilisationsbetreuer (II), der Ergänzungsbetreuer (IV) und der Gegenbetreuer (§ 1908 i iVm § 1792).
Die Anordnung der **Mitbetreuung** (I) ist nach den Umständen des Einzelfalls grds nur zulässig, soweit dadurch 2
die Angelegenheiten des Betreuten besser besorgt werden können (BayObLG FamRZ 03, 1967). Sie kann mit geteiltem oder gemeinsamem Aufgabenkreis (III) erfolgen. Dies wird zB bei Eltern eines volljährig gewordenen behinderten Kindes anerkannt (Jürgens/*Jürgens* § 1899 BGB Rn 3). Mehrere Betreuer können auch bei großer Entfernung (BayObLG NJWE-FER 00, 259) oder wenn ein Betreuer nicht über genug Sachkenntnis für alle zu regelnde Aufgabenkreise verfügt (BayObLG FamRZ 97, 1502) bestellt werden.
Eine **Ersatzbetreuung** (IV) ist nur möglich wenn der Betreuer an der Erledigung bestimmter Aufgaben aus 3
tatsächlichen oder rechtlichen Gründen verhindert ist (*Alperstedt* BtPrax 01, 106; BayObLG FamRZ 04, 906). Sie gilt nur für den Umfang der Verhinderung des Betreuers (*Bienwald* FamRZ 04, 1750). Die rein abstrakte Möglichkeit einer Verhinderung genügt nicht (BayObLG FamRZ 04, 1943).
Ein **Sterilisationsbetreuung** (II) ist für die Einwilligung in eine Sterilisation (§ 1905) stets erforderlich, auch 4
wenn bereits eine personensorgerechtliche Betreuung besteht.
Gegenbetreuung. Diese Möglichkeit ist zwar nicht in § 1899 erwähnt, ergibt sich aber aus der Verweisung in 5
§ 1908 i auf §§ 1792, 1799. Der Gegenbetreuer hat lediglich Kontroll- und Überwachungsaufgaben (BayObLG BtPrax 04, 197).

§ 1900 Betreuung durch Verein oder Behörde

(1) ¹Kann der Volljährige durch eine oder mehrere natürliche Personen nicht hinreichend betreut werden, so bestellt das Vormundschaftsgericht einen anerkannten Betreuungsverein zum Betreuer. ²Die Bestellung bedarf der Einwilligung des Vereins.
(2) ¹Der Verein überträgt die Wahrnehmung der Betreuung einzelnen Personen. ²Vorschlägen des Volljährigen hat er hierbei zu entsprechen, soweit nicht wichtige Gründe entgegenstehen. ³Der Verein teilt dem Gericht alsbald mit, wem er die Wahrnehmung der Betreuung übertragen hat.
(3) Werden dem Verein Umstände bekannt, aus denen sich ergibt, dass der Volljährige durch eine oder mehrere natürliche Personen hinreichend betreut werden kann, so hat er dies dem Gericht mitzuteilen.
(4) Kann der Volljährige durch eine oder mehrere natürliche Personen oder durch einen Verein nicht hinreichend betreut werden, so bestellt das Gericht die zuständige Behörde zum Betreuer. Die Absätze 2 und 3 gelten entsprechend.
(5) Vereinen oder Behörden darf die Entscheidung über die Einwilligung in eine Sterilisation des Betreuten nicht übertragen werden.

1 **Betreuung durch eine juristische Person.** Kann der Betroffene durch eine (oder mehrere) natürliche Personen nicht hinreichend betreut werden, so hat das Gericht vorrangig einen anerkannten Betreuungsverein, subsidiär die zuständige Betreuungsbehörde zum Betreuer zu bestellen (vgl *Hellmann* BtPrax 92, 4).
2 **Vereinsbetreuung.**
   (1) Der Verein darf nur zum Betreuer bestellt werden, wenn die Betreuung des Betroffenen durch natürliche Personen nicht hinreichend wahrgenommen werden kann, etwa weil keine natürliche Person gefunden werden kann, die bereit und in der Lage wäre, die Betreuung zu übernehmen oder weil die Betreuung des Betroffenen durch eine oder mehrere bestimmte Personen nicht sinnvoll ist (I). Möglich ist dies zB, wenn so zunächst herausgefunden werden soll welcher Vereinsmitarbeiter die Betreuung übernehmen soll oder wenn der Betreute wegen seines Krankheitsbildes unfähig ist, eine Vertrauensbeziehung zu Einzelpersonen aufzubauen (*Jürgens/Jürgens* § 1900 BGB Rn 2).
   (2) Nur ein nach § 1908 f anerkannter Betreuungsverein kann zum Betreuer bestellt werden.
   (3) In Sonderfällen (V) ist die Bestellung eines Vereins oder der Behörde als Betreuer ausgeschlossen, da es hier besonders wichtig ist, dass immer eine konkrete natürliche Person als Ansprechpartner für den Betreuten zur Verfügung steht.
   (4) Der Betreuungsverein muss sich außerdem zur Übernahme der Betreuung bereit erklären (I 2). Verweigert er die Bestellung, muss entweder ein anderer Betreuungsverein gesucht werden, oder es ist die zuständige Betreuungsbehörde zu bestellen.
   (5) Zur Durchführung der Betreuung überträgt der Verein die Wahrnehmung intern auf einzelne Mitarbeiter (II). Stehen keine wichtigen Gründe entgegen, hat der Verein Vorschlägen des Betreuten dazu, wer innerhalb des Vereins die Betreuungsaufgaben wahrnehmen soll, zu folgen II 2).
   (6) Die konkret ausgewählte Person ist dem Gericht (II 2) zu benennen. Sie ist kein Vereinsbetreuer iSd § 1897 II.
3 **Behördenbetreuung (IV).**
   (1) Nur ausnahmsweise, wenn der Betroffene weder durch eine natürliche Person, noch durch einen anerkannten Betreuungsverein hinreichend betreut werden kann, ist die Bestellung der zuständigen Behörde als Betreuer zulässig (vgl *v Gaessler* BtPrax 92, 11).
   (2) Da es sich hier um einen Auffangtatbestand handelt, der sicherstellen soll, dass in jedem Fall eine qualifizierte Betreuung gewährleistet ist, ist eine Zustimmung der Behörde zur Übernahme der Betreuung nicht erforderlich.
   (3) Die Behörde kann auch zum vorläufigen Betreuer bestellt werden, wenn wegen Eilbedürftigkeit nicht festgestellt werden kann, ob eine natürliche Person oder ein Betreuungsverein die Betreuung übernehmen können (BayObLG FamRZ 01, 316).
   (4) Als Sterilisationsbetreuer darf die Betreuungsbehörde nicht bestellt werden (V).
   (5) Die Behörde überträgt die Betreuung intern auf einzelne ihrer Bediensteten unter möglichst weitgehender Berücksichtigung der Wünsche des Betreuten. Auf die Behördenbetreuung finden die II und III entspr Anwendung.
   (6) Die Durchführung der Betreuung durch die Behörde richtet sich nach dem Betreuungsbehördengesetz (BtBG) und den dazu ergangenen landesrechtlichen Ausführungsgesetzen (*Dodegge* NJW 92, 545 u 1936; *Deinert* DAV 133 u 325).
   (7) Die Vergütung richtet sich nach § 7 VBVG.
4 **Beendigung.** Die Vereins- oder Behördenbetreuung ist zu beenden, wenn eine geeignete natürliche Person gefunden wird, die die Betreuung übernehmen kann, bzw statt der Behörde ein Betreuungsverein zur Verfügung steht. Das Vormundschaftsgericht hat dies in längstens zweijährigem Turnus zu prüfen (§ 69 c I FGG). Betreuungsverein und Betreuungsbehörde sind verpflichtet die Möglichkeit der Einzelbetreuung dem Gericht mitzuteilen (III 2).

§ 1901 Umfang der Betreuung, Pflichten des Betreuers

(1) Die Betreuung umfasst alle Tätigkeiten, die erforderlich sind, um die Angelegenheiten des Betreuten nach Maßgabe der folgenden Vorschriften rechtlich zu besorgen.
(2) ¹Der Betreuer hat die Angelegenheiten des Betreuten so zu besorgen, wie es dessen Wohl entspricht. ²Zum Wohl des Betreuten gehört auch die Möglichkeit, im Rahmen seiner Fähigkeiten sein Leben nach seinen eigenen Wünschen und Vorstellungen zu gestalten.
(3) ¹Der Betreuer hat Wünschen des Betreuten zu entsprechen, soweit dies dessen Wohl nicht zuwiderläuft und dem Betreuer zuzumuten ist. ²Dies gilt auch für Wünsche, die der Betreute vor der Bestellung des Betreuers geäußert hat, es sei denn, dass er an diesen Wünschen erkennbar nicht festhalten will. ³Ehe der Betreuer wichtige Angelegenheiten erledigt, bespricht er sie mit dem Betreuten, sofern dies dessen Wohl nicht zuwiderläuft.
(4) ¹Innerhalb seines Aufgabenkreises hat der Betreuer dazu beizutragen, dass Möglichkeiten genutzt werden, die Krankheit oder Behinderung des Betreuten zu beseitigen, zu bessern, ihre Verschlimmerung zu

verhüten oder ihre Folgen zu mildern. ²Wird die Betreuung berufsmäßig geführt, hat der Betreuer in geeigneten Fällen auf Anordnung des Gerichts zu Beginn der Betreuung einen Betreuungsplan zu erstellen. ³In dem Betreuungsplan sind die Ziele der Betreuung und die zu ihrer Erreichung zu ergreifenden Maßnahmen darzustellen.

(5) ¹Werden dem Betreuer Umstände bekannt, die eine Aufhebung der Betreuung ermöglichen, so hat er dies dem Vormundschaftsgericht mitzuteilen. ²Gleiches gilt für Umstände, die eine Einschränkung des Aufgabenkreises ermöglichen oder dessen Erweiterung, die Bestellung eines weiteren Betreuers oder die Anordnung eines Einwilligungsvorbehalts (§ 1903) erfordern.

Die Vorschrift regelt die **Pflichten des Betreuers**, bei der Ausübung seines Amtes. Ihre Einhaltung ist vom Vormundschaftsgericht zu kontrollieren und durchzusetzen (§§ 1908 i I 1, 1837), Verstöße können ggf zur Entlassung des Betreuers führen (vgl § 1908 b). Die in II 1 und II genannten Pflichten erzeugen jedoch keine Außenwirkung, so dass der Betreuer in seiner Vertretungsmacht nicht beschränkt wird. 1

Die Betreuung umfasst alle Tätigkeiten, die zur **Besorgung rechtlicher Angelegenheiten** in den bei der Bestellung übertragenen Aufgabenkreisen erforderlich sind, um die Geschäfte des Betreuten zu erledigen (I). Die darüber hinausgehende persönliche Zuwendung des Betreuers, wie zB persönliche Gespräche, Besuche zu Geburtstagen uä sind zwar menschlich wünschenswert, aber nicht Gegenstand der Betreuung. Sie können daher auch nicht vergütet werden. Gleiches gilt für die Begleitung des Betreuten zu Arztbesuchen (BayObLG FamRZ 03, 477), die Erledigung von Einkäufen oder die Hilfe bei der Pflege, da für alle diese Tätigkeiten die Vergütung von anderen Kostenträgern zu erbringen ist (Krankenkasse, Sozialhilfe, Pflegeversicherung). Ausnahmsweise kann der Betreuer aber für bestimmte nichtvergütungsfähige Tätigkeiten über §§ 670, 1835 III Aufwendungsersatz geltend machen (BayObLG FamRZ 98, 1050). 2

Bei der **Erledigung seiner Aufgaben** hat sich der Betreuer am **Wohl des Betreuten** zu orientieren (II 1). Dies ist dabei nicht rein objektiv zu bestimmen, sondern die Wünsche und Bedürfnisse des Betreuten in Bezug auf seine Lebensgestaltung (zB hinsichtlich seines Aufenthaltsortes: Köln NJW-RR 97, 451) sind zu berücksichtigen (vgl mw Bsp: *Epple* BtPrax 93, 156). Dem Betroffenen muss soweit wie möglich, sein bisheriger Lebenszuschnitt erhalten bleiben (BayObLG FamRZ 92, 106). So darf der Betreuer nicht etwa im Interesse des künftigen Erben den Lebenszuschnitt des Betroffenen auf ein bescheidenes Maß zurückführen, um Geld zu sparen, dass der Betroffene vererben könnte (Ddorf FamRZ 99, 1166). 3

Der Wille des Betreuten hat begrenzten Vorrang. Soweit es dem **Wohl des Betreuten nicht zuwiderläuft** und die Erfüllung seiner Wünsche für den Betreuer auch **zumutbar** ist, sind diese für den Betreuer verbindlich (III). Er hat die Wünsche auch unabhängig von der Geschäftsfähigkeit des Betreuten und der Form ihrer Kundgabe zu beachten, vorausgesetzt, dass sie sich auf Gesichtspunkt erstrecken, die in seinem Aufgabenbereich fallen. Ist dies nicht der Fall, so sind Wünsche des Betreuten für den Betreuer nur dann verbindlich, wenn der Betreute geschäftsfähig ist und der Wunsch daher als Auftrag und Bevollmächtigung des Betreuers zur Vornahme bestimmter Geschäfte ausgelegt werden kann. Wann der Betreute die Wünsche geäußert hat, ist für die Bindungswirkung unerheblich (II 2). Auch wenn dies bereits vor Anordnung der Betreuung, zB in Form einer Betreuungsverfügung (vgl § 1901 a), geschehen sein sollte, ist dies für den Betreuer verbindlich, es sei denn, dass der Betroffene an diesen Wünschen erkennbar nicht festhalten will. Außerdem hat der Betreuer alle wichtigen Angelegenheiten der Betreuung, wenn dies dem Wohl des Betroffenen nicht zuwiderläuft, mit dem Betreuten vorab zu besprechen, um dessen Meinung zu den beabsichtigten Maßnahmen in Erfahrung zu bringen (III 3). Was wichtige Angelegenheiten sind, richtet sich nach den konkreten Lebensverhältnissen des Betroffenen (Ddorf FamRZ 00, 1536). Ganz allgemein werden die Angelegenheiten, in denen eine besondere vormundschaftliche Erlaubnis für das Handeln des Betreuers erforderlich ist (vgl §§ 1821, 1822, 1896 IV, 1904-1907), grds dazu zu rechnen sein. 4

Nicht berücksichtigen darf der Betreuer solche Wünsche, die entweder zwingendem Recht widersprechen, oder aus anderen Gründen offensichtlich dem Wohl des Betreuten zuwiderlaufen. Dies gilt besonders, wenn sich die Wünsche des Betreuten nur bei Gefahr einer schweren Selbstschädigung umsetzen ließen, also wenn etwa dadurch das Leben, die Gesundheit oder Persönlichkeitsrechte des Betreuten gefährdet würden. Darüber hinaus sind Wünsche unbeachtlich, deren Erfüllung dem Betreuer nicht zugemutet werden kann, wie zB überzogene Anforderungen an die Häufigkeit und die Dauer des Betreuungsaufwandes (Soergel/*Zimmermann* Rn 12). 5

Auf den übertragenen Aufgabenkreis beschränkt (Palandt/*Diederichsen* Rn 9), ist der Betreuer außerdem verpflichtet dazu beizutragen, dass Möglichkeiten zur **Rehabilitation** des Betreuten genutzt werden (IV). Hierzu hat sich zB der für die Gesundheitsfürsorge bestellte Betreuer, der Hilfe von Ärzten, Psychiatern, Therapeuten und anderen Fachleuten zu bedienen, während etwa ein Vermögensbetreuer sich lediglich um die finanzielle Sicherung der Rehabilitationsmaßnahmen zu kümmern hätte. 6

Mitteilungspflichten (V). Unabhängig vom jeweiligen Aufgabenkreis ist jeder Betreuer dazu verpflichtet, dem Gericht alle ihm bekannt werdenden Umstände mitzuteilen, die eine Veränderung der Betreuungsanordnung erforderlich machen. Dem Gericht soll so die Möglichkeit gegeben werden, rechtzeitig über die Aufhebung der Betreuung oder die Einschränkung des Aufgabenkreises des Betreuers zu entscheiden, bzw für den Fall 7 der Verschlechterung des Zustands des Betreuten, eine Erweiterung der Betreuung, die Bestellung eines zusätzlichen Betreuers oder einen Einwilligungsvorbehalt anzuordnen. Die Mitteilungspflicht bezieht sich nur auf Umstände die dem Betreuer in der Wahrnehmung seines Aufgabenkreises bekannt geworden sind, ihn trifft keine allgemeine Ermittlungspflicht. Eine besondere Bedeutung kommt der Mitteilungspflicht bei schubförmig verlaufenden psychischen Krankheiten zu (BayObLG FamRZ 95, 510).

8 **Betreuungsplan (IV 2 u 3)**. Mit dieser durch das 2. BtÄndG neu eingefügten Bestimmung, werden nunmehr (ausschließlich) Berufsbetreuer dazu verpflichtet, am Anfang der Betreuung einen Betreuungsplan zu erstellen, wenn das Gericht dies anordnet. Durch diese Verpflichtung soll erreicht werden, dass sich der Betreuer gedanklich mit den Zielen der Betreuung auseinandersetzt und an der Zielerreichung arbeitet. Zudem erleichtert er dem Vormundschaftsgericht die Effizienz der Betreuung zu überwachen. Ehrenamtlichen Betreuern wollte der Gesetzgeber die Mühe der Erstellung eines derartigen Plans nicht zumuten, um sie nicht von der freiwilligen Übernahme einer Betreuung abzuschrecken. Bei Berufsbetreuern kann das Gericht im Einzelfall auf die Anordnung der Vorlage eines Betreuungsplans verzichten, wenn der Betreuer nur für einen eng begrenzten Aufgabenbereich, bzw zum Vollzug einer einzelnen Maßnahme, bestellt werden soll. Die genaue Ausgestaltung des Betreuungsplans ist nicht vorgegeben und wird sich daher an dem zugewiesenen Aufgabenkreis und der Komplexität der einzelnen Betreuung zu orientieren haben (vgl *Dodegge* NJW 05, 1897; *Sonnenfeld* FamRZ 05, 942; Jürgens/*Jürgens* § 1901 BGB Rn 17). Dem Gericht obliegt die Prüfung und Bewertung des Plans, es ist jedoch nicht berechtigt eigene Zweckmäßigkeitserwägungen an die Stelle derjenigen des Betreuers zu setzen. Kommt es während der Betreuungen zu Problemen, die eine Abänderung der im Betreuungsplan vorgesehenen Ziele und Maßnahmen erfordern, so ist der Plan anzupassen und das Gericht zu benachrichtigen.

§ 1901 a Schriftliche Betreuungswünsche, Vorsorgevollmacht

¹Wer ein Schriftstück besitzt, in dem jemand für den Fall seiner Betreuung Vorschläge zur Auswahl des Betreuers oder Wünsche zur Wahrnehmung der Betreuung geäußert hat, hat es unverzüglich an das Vormundschaftsgericht abzuliefern, nachdem er von der Einleitung eines Verfahrens über die Bestellung eines Betreuers Kenntnis erlangt hat. ²Ebenso hat der Besitzer das Vormundschaftsgericht über Schriftstücke, in denen der Betroffene eine andere Person mit der Wahrnehmung seiner Angelegenheiten bevollmächtigt hat, zu unterrichten. ³Das Vormundschaftsgericht kann die Vorlage einer Abschrift verlangen.

1 Die **Ablieferungspflicht** für schriftliche **Betreuungsverfügungen (S 1)** soll sicherstellen, dass das Vormundschaftsgericht rechtzeitig von den Wünschen des Betroffenen Kenntnis erlangt. Abzuliefern sind alle Schriftstücke, in denen eine Person Regelungen für den Fall der Betreuung getroffen hat, als sie noch nicht gehindert war ihren Willen frei zu bestimmen (sog Betreuungsverfügungen). Es ist dabei gleichgültig ob die diesbezüglichen Regelungen sich auf die Person des zu bestellenden Betreuers (vgl § 1897 IV), auf bestimmte Aufgabenbereiche, allgemein die Führung der Betreuung oder Wünsche über die Lebensgestaltung während der Betreuung, beziehen (Jürgens/*Jürgens* § 1901 a BGB Rn 2 ff). Abzuliefern sind auch sog **Patientenverfügungen**, in denen eine Person im Voraus in konkrete bzw der Gattung nach bestimmte, möglicherweise in Zukunft erforderlich werdende medizinische Maßnahmen, einwilligt, bzw ihre Einwilligung auch schon jetzt definitiv verweigert (*Lipp* FamRZ 04, 317; *Wagenitz* FamRZ 05, 669). Wer ein derartiges Schriftstück in seinem Besitz hat, ist verpflichtet, dieses unverzüglich an das Vormundschaftsgericht abzuliefern, bei dem das Betreuungsverfahren anhängig ist. Abzuliefern sind dabei nicht nur die vom Betroffenen ausdrücklich als solche bezeichneten Betreuungsverfügungen/Patientenverfügungen, sondern auch alle sonstigen Schriftstücke, in denen der Betroffene auch Wünsche für den Fall einer Betreuung geäußert hat, zB Briefe an Verwandte. Wer Eigentümer der Schriftstücke ist, ist für die Ablieferungspflicht unerheblich.

2 Die **Ablieferungspflicht entsteht** erst, wenn der Verfügende betreuungsbedürftig wird und derjenige, der die Verfügung in seinem Besitz hat davon Kenntnis erlangt. Vor Einleitung des Betreuungsverfahrens besteht keine Ablieferungspflicht (KG FamRZ 95, 1295). Sie endet mit dem Ende der Betreuung, so dass die Ablieferungspflicht auch noch bei nachträglicher Kenntniserlangung fortbesteht. Zur Durchsetzung der Ablieferungspflicht vgl §§ 33, 69 e S 2 FGG.

3 **Vorsorgevollmachten (S 2 u 3)**. Der Begriff der Vorsorgevollmacht ist im Gesetz nicht definiert. Üblicherweise wird heute dann eine Vollmacht als „Vorsorgevollmacht" bezeichnet, wenn in ihr zwischen Vollmachtgeber und Bevollmächtigten vereinbart ist, dass von ihr nur bei Handlungs- und Entscheidungsunfähigkeit des Vollmachtgebers infolge Unfall, Krankheit oder Alter Gebrauch gemacht werden soll. Für das Handeln des Bevollmächtigten gelten die §§ 164 ff. Da eine einmal erteilte Vollmacht auch durch den Eintritt der Geschäftsunfähigkeit des Vollmachtgebers nicht erlischt, ginge eine solche Vorsorgevollmacht der Bestellung eines Betreuers vor (vgl § 1896 Rn 19). Für Vorsorgevollmachten wird von der Ablieferungspflicht insoweit eine Ausnahme gemacht, als dass das Gericht hier vom Besitzer der Vollmachtsurkunde für den Fall der Betreuung nicht die Ablieferung der Vollmachturkunde selbst, sondern nur die Vorlage einer Abschrift, verlangen kann. Diese Besonderheit hängt damit zusammen, dass der Inhaber der Vollmacht das Original im

Rechtsverkehr zur Legitimation benötigt. Bei notariell beurkundeten Vollmachten hat das Original bei den Notariatsakten zu verbleiben. Vorsorgevollmachten können zudem seit dem 1.3.05 in einem zentralen Register, das bei der Bundesnotarkammer geführt wird, registriert werden (§ 1 Vorsorgeregister-VO), um sicherzustellen, dass sie auch gefunden werden, wenn eine Betreuung angeordnet werden soll (vgl Jürgens/*Jürgens* § 1901 a BGB Rn 21).

§ 1902 Vertretung des Betreuten
In seinem Aufgabenkreis vertritt der Betreuer den Betreuten gerichtlich und außergerichtlich.

Der **Betreuer** ist im Rahmen des ihm übertragenen Aufgabenkreises **gesetzlicher Vertreter des Betreuten** 1 (s auch § 1896 II 2). Die umfassende Vertretungsmacht des Betreuers gilt für die gerichtliche und auch die außergerichtliche Vertretung. Eine Betreuung ohne Vertretungsmacht ist nicht möglich.

Der **Umfang der Vertretungsbefugnis** wird in erster Linie durch den Aufgabenkreis des Betreuers bestimmt 2 und reicht nur soweit, wie er ihrer bedarf, um die ihm übertragenen Aufgaben zu erfüllen. Für das Außenverhältnis ausschlaggebend ist dabei ausschließlich der in der Bestallungsurkunde bezeichnete Aufgabenkreis (*Cypionka* DNotZ 91, 578). Im Übrigen gelten die allgemeinen Regeln der Stellvertretung §§ 164 ff, so dass der Betreuer innerhalb der Grenzen der Vertretungsmacht Erklärungen für den Betreuten abgeben und an diesen gerichtete Willenserklärungen empfangen kann. Außerdem kann er für den Betroffenen Klagen erheben, und gegen ihn gerichtete Klagen können gem § 171 I ZPO nur ihm wirksam zugestellt werden (*Deinert* BtPrax 01, 66). Bei Zweifeln hinsichtlich des Zuschnitts seines Aufgabengebietes, hat das Prozessgericht dies im Rahmen von § 51 ZPO zu prüfen (vgl zum Umfang der Vertretungsmacht bei ausschließlicher Prozessbetreuung: BGH NJW 88, 49).

Ist der **Betreute** trotz seiner Behinderung oder Krankheit **geschäftsfähig**, so konkurriert die Vertretungsbe- 3 fugnis des Betreuers mit der fortbestehenden rechtsgeschäftlichen Handlungsfähigkeit des Betreuten. Dies kann bei einander widersprechenden Rechtsgeschäften von Betreuer und Betreuten, soweit kein Einwilligungsvorbehalt (§ 1903) angeordnet ist, zu Schwierigkeiten führen. Es kann so zu widersprüchlichen Rechtsgeschäften durch den Betreuer einerseits und den Betreuten andererseits kommen. Bei Rechtsgeschäften, deren Rechtswirkungen mit einander kollidieren gilt in diesem Fall das Prioritätsprinzip, so dass im Außenverhältnis die zeitlich erste Erklärung Vorrang genießt (MüKo/*Schwab* Rn 43). Davon unabhängig hat im Innenverhältnis idR der Wille des Betreuten Vorrang (§ 1901 II), so dass sich der Betreuer uU schadensersatzpflichtig macht. Sind die verschiedenen Rechtsgeschäfte lediglich wirtschaftlich unsinnig, so ändert dies an ihrer Wirksamkeit nichts und es verbleibt nur die Möglichkeit der Rückabwicklung (zB durch Widerruf, Rücktritt oder Anfechtung) nach den allgemeinen Vorschriften (Jürgens/*Jürgens* § 1902 BGB Rn 4). Soweit der Betroffene **geschäftsunfähig** ist (§§ 104 Nr 2; 105 I) oder für ihn ein Einwilligungsvorbehalt (§ 1903) vorgesehen ist, kann für ihn im Rechtsverkehr ausschließlich der Betreuer handeln.

Grenzen der Vetretungsmacht. Die Vertretungsmacht des Betreuers erstreckt sich unabhängig davon, ob der 4 Betreute geschäftsfähig ist oder nicht, nur auf rechtsgeschäftliches Handeln und gilt daher grds nicht für höchstpersönliche Geschäfte des Betreuten (zB Eheschließung § 1311 I; Testamente und Erbverträge §§ 2064, 2274; vgl Jürgens/*Jürgens* § 1902 BGB Rn 7 ff). Die allgemeinen Vertretungsverbote des Stellvertretungsrechts (§ 181 Verbot von Insichgeschäften) finden Anwendung. Ggf ist in diesen Fällen die Bestellung eines zweiten Betreuers erforderlich. Auch Schenkungen aus dem Vermögen des Betreuten kann der Betreuer nur im Rahmen der § 1908 i II iVm § 1804 machen.

Genehmigungserfordernisse. Außerdem bedarf der Betreuer für eine Reihe von Rechtsgeschäften zum Schutz 5 des Betreuten einer vormundschaftsgerichtlichen Genehmigung. Genehmigungspflichtig ist zB die Einwilligung in ärztliche Untersuchungen oder Heilmaßnahmen (§ 1904), die Einwilligung in eine Sterilisation (§ 1905), die Unterbringung oder eine unterbringungsähnliche Maßnahme (§ 1906), die Kündigung der Wohnung des Betreuten (§ 1907) und die Gewährung von Ausstattung (§ 1908). Zusätzlich gelten verschiedene Genehmigungserfordernisse, die für den Vormund speziell im Bereich der Vermögensverwaltung angeordnet sind, über die Verweisung des § 1908 i iVm für den Betreuer (§§ 1809 ff, 1821, 1822). Eine Befreiung von diesen Beschränkungen, auch durch den geschäftsfähigen Betreuten, ist nicht möglich.

Beendigung. Mit der Entlassung des Betreuers (§ 1908 b), der Aufhebung der Betreuung (§ 1908 d) oder dem 6 Tod des Betreuten endet idR auch die Vertretungsmacht des Betreuers. Nur in Ausnahmefällen kommt auch über diesen Zeitpunkt im Rahmen der Notgeschäftsführungsbefugnis §§ 1908 i I, 1893 I, 1698b ein Fortbestehen der Vollmacht in Betracht Im Übrigen steht es dem Gericht frei, den Umfang der Betreuungsmacht durch eine Interpretation des Bestellungsbeschlusses zu erweitern oder einzuengen (Soergel/*Zimmermann* Rn 4). Solange die Notgeschäftsführung besteht, hat der Betreuer auch Vertretungsmacht. Wird die Betreuung aufgehoben, so ist das für die durch den Betreuer als gesetzlichen Vertreter bereits getätigten Rechtsgeschäfte ohne Belang (BayObLG FamRZ 01, 255).

Bei **Überschreiten der Vertretungsmacht** hängt die Wirksamkeit von der Genehmigung des Vertretenen ab 7 (§ 177), die jedoch nur durch den geschäftsfähigen Betreuten erfolgen kann. Wird der Vertrag nicht genehmigt, so haftet der Betreuer dem Geschäftspartner nach § 179 I; ggf auch aus §§ 280, 311 III, wenn er eigenes wirtschaftliches Interesse am Zustandekommen des Geschäfts hat oder besonderes Vertrauen in Anspruch nimmt (BGH NJW 95, 1213).

§ 1903 Einwilligungsvorbehalt

(1) ¹Soweit dies zur Abwendung einer erheblichen Gefahr für die Person oder das Vermögen des Betreuten erforderlich ist, ordnet das Vormundschaftsgericht an, dass der Betreute zu einer Willenserklärung, die den Aufgabenkreis des Betreuers betrifft, dessen Einwilligung bedarf (Einwilligungsvorbehalt). ²Die §§ 108 bis 113, 131 Abs. 2 und § 210 gelten entsprechend.
(2) Ein Einwilligungsvorbehalt kann sich nicht erstrecken auf Willenserklärungen, die auf Eingehung einer Ehe oder Begründung einer Lebenspartnerschaft gerichtet sind, auf Verfügungen von Todes wegen und auf Willenserklärungen, zu denen ein beschränkt Geschäftsfähiger nach den Vorschriften des 5es vier und fünf nicht der Zustimmung seines gesetzlichen Vertreters bedarf.
(3) ¹Ist ein Einwilligungsvorbehalt angeordnet, so bedarf der Betreute dennoch nicht der Einwilligung seines Betreuers, wenn die Willenserklärung dem Betreuten lediglich einen rechtlichen Vorteil bringt. ²Soweit das Gericht nichts anderes anordnet, gilt dies auch, wenn die Willenserklärung eine geringfügige Angelegenheit des täglichen Lebens betrifft.
(4) § 1901 Abs. 5 gilt entsprechend.

1 **A. Reglungszweck (vgl Jurgeleit RPfleger 95, 282)..** Da die Bestellung eines Betreuers keinen Einfluss auf die Geschäftsfähigkeit des Betreuten hat, kann dieser auch in denjenigen Angelegenheiten, für die die Betreuung eingerichtet worden ist, weiterhin selbständig rechtlich wirksame Willenserklärungen abgeben (vgl *Jurgeleit* RPfleger 95, 282). Will er sich später auf seine Geschäftsunfähigkeit (§ 104 Nr 2) mit der Folge der Unwirksamkeit der Willenserklärung berufen (§ 105), trägt er hierfür die Beweislast. Um die daraus resultierenden Gefahren für die Person oder das Vermögen des Betreuten zu vermeiden, kann das Gericht einen Einwilligungsvorbehalt anordnen, mit der Wirkung, dass der Betreute zu einer Willenserklärung, die den Aufgabenkreis des Betreuers betrifft, dessen Einwilligung bedarf. Der Gesetzgeber trägt so dem Prinzip der **Subsidiarität des staatlichen Eingriffs** in die Rechtsstellung des Betroffenen Rechnung, weil er durch die Möglichkeit partieller Beschränkungen, den Betreuten bei der Teilnahme am Rechtsverkehr nur im unbedingt erforderlichen Umfang einschränkt, ohne seine Geschäftsfähigkeit vollständig zu beseitigen. Die Erforderlichkeit eines Einwilligungsvorbehalts ist außerdem für jeden Aufgabenkreis (ggf auch einzelne Geschäfte) zu begründen (BayObLG NJW-RR 03, 871). Durch den Einwilligungsvorbehalt erlangt der Betroffene, sofern er nicht bereits zuvor geschäftsunfähig gewesen ist, in etwa die Stellung eines beschränkt Geschäftsfähigen. Seine Position ist jedoch insofern besser, als er für Geschäfte des täglichen Lebens auch dann geschäftsfähig bleibt, wenn diese rechtlich nachteilig sind (III 2).

2 **B. Voraussetzung für die Anordnung eines Einwilligungsvorbehalts.** Zunächst setzt die Anordnung zwingend voraus, dass für den fraglichen Aufgabenkreis bereits eine **Betreuung** angeordnet ist oder zumindest gleichzeitig angeordnet wird. Zudem kann er sich **nur** auf **Willenserklärungen im Aufgabenkreis des Betreuers** beziehen, nicht hingegen auf tatsächliche Handlungen, wie zB die Einwilligung in einen ärztlichen Eingriff oder die Aufenthaltsbestimmung (Hamm FamRZ 95, 433). Der Einwilligungsvorbehalt muss dabei nicht notwendig den gesamten Aufgabenkreis des Betreuers umfassen, sondern kann auch auf Teilbereiche beschränkt werden (Palandt/*Diederichsen* Rn 8).

3 Außerdem muss der Einwilligungsvorbehalt zur **Abwehr einer erheblichen Gefahr für die Person oder das Vermögen des Betreuten** erforderlich sein (I 1). Gefahren ausschließlich für Dritte (zB Verschwendung des Familienvermögens), rechtfertigen einen Einwilligungsvorbehalt nicht (Soergel/*Zimmermann* Rn 4; *Schwab* FamRZ 92, 492, 505). Ob der Betroffene geschäftsfähig ist, oder nicht, ist für die Anordnung nicht entscheidend (BayObLG FamRZ 94, 1135; BayObLG FamRZ 98, 454). Sie setzt auch nicht voraus, dass der Betroffene auf Grund einer psychischen Erkrankung seinen Willen nicht frei bestimmen kann (BayObLG FamRZ 99, 1692), da ja gerade auch der geschäftsfähige Betreute durch § 1903 vor den besonderen Risiken einer Selbstschädigung durch konkurrierende Teilnahme am rechtsgeschäftlichen Verkehr geschützt werden soll (*Bienwald* FamRZ 04, 1898). In Fällen absoluter Geschäftsunfähigkeit, in denen aus dem Krankheitsbild beim Betroffenen von vornherein keine Teilnahme am Rechtsverkehr zu erwarten ist, erübrigt sich die Anordnung des Einwilligungsvorbehalts (BTDrs 11/4528, S 137; aA *Cypionka* NJW 92, 209).

4 Es muss sich um eine **erhebliche Gefahr** handeln, der durch die Anordnung des Einwilligungsvorbehalts begegnet werden soll, dh größere Schädigung der Person des Betreuten, bzw von dessen Vermögen müssen mit hinreichender Sicherheit zu besorgen sein (zB hohe Verschuldung: BayObLG FamRZ 97, 902; beträchtliche Vermögensschäden durch unsinnige Prozessführung: BayObLG FamRZ 98, 454). Nur die Gefahr geringfügiger Vermögensschäden oder die nur entfernte Gefahr, dass der Betroffene sich selbst schädigen wird, reichen nicht aus (Palandt/*Diederichsen* Rn 6).

Der Eigentumsvorbehalt muss **erforderlich** sein, die für die Person oder das Vermögen des Betreuten dro- 5
hende Gefahr abzuwenden. Das Verhältnismäßigkeitsprinzip ist bei der Anordnung streng zu beachten, so
dass ein Totalvorbehalt unzulässig ist. Grds ist der Eigentumsvorbehalt nur soweit zu erstrecken, wie dies zur
Abwehr der konkreten Gefahr notwendig ist (BayObLG FamRZ 98, 454). Seine Reichweite muss so genau wie
möglich beschrieben werden und auch in den Anordnungsgründen muss jeder einzelne Aufgabenkreis des
Einwilligungsvorbehalts konkret und nachprüfbar dargelegt werden (BayObLG FamRZ 96, 897). Möglich ist
zB die Beschränkung auf Geschäfte, die einen bestimmten Gegenstandswert übersteigen (BayObLG BtPrax
94, 30: über 500,- DM monatlich) oder die gegenständlich und ggf auch zeitlich begrenzt werden, wie zB auf
die Verwaltung und Sanierung eines bestimmten Hauses (BayObLG FamRZ 95, 1517). Da der Einwilligungsvorbehalt nur für rechtsgeschäftliche Willenserklärungen des Betreuten angeordnet werden kann, kommt er
dort nicht in Betracht, wo nur die Gefahr einer Selbstschädigung des Betroffenen durch rein tatsächliche
Handlungen besteht (Hamm BtPrax 95, 70).

Für bestimmte, **höchstpersönliche Angelegenheiten** ist die Anordnung eines **Einwilligungsvorbehalts** grds 6
ausgeschlossen (II). Dies gilt für Willenserklärungen, die auf Eingehung einer Ehe oder die Begründung
einer Lebenspartnerschaft gerichtet sind und Verfügungen von Todeswegen (Testamente und Erbverträge).
Außerdem für Willenserklärungen, zu denen ein beschränkt Geschäftsfähiger nach den Vorschriften des Vierten und Fünften 5es nicht die Zustimmung seines gesetzlichen Vertreters bedarf. Hierzu zählen folgende
weitere Fälle aus dem Familien- und Erbrecht: §§ 1355 II 1, 1516 II 2, 1596 I 1, 1597 III 3, 1600a II 3, 1747
II iVm 1750 III 2, 1760 III 2, 1760 V 2, 1762 II, 2229 II, 2271 I 1, 2282 I 2, 2290 II 2, 2296 I 1 und 2347 II
1. Gleichfalls ausgeschlossen ist ein Einwilligungsvorbehalt für die Wahl des religiösen Bekenntnisses (*Fritsche*
StAZ 93, 82). Auch für die Ausübung der elterlichen Sorge gegenüber Kindern des Betreuten kann ein Einwilligungsvorbehalt nicht angeordnet werden.

C. Wirkungen des Einwilligungsvorbehalts. Der Betreute bedarf zu einer Willenserklärung, die vom Ein- 7
willigungsvorbehalt umfasst wird, der Einwilligung des Betreuers, also der vorherigen Zustimmung (§ 183
S 1). Ohne die erforderliche Zustimmung vorgenommene einseitige Rechtsgeschäfte sind unwirksam (§ 111).
Willenserklärungen die gegenüber dem Betreuten abgegeben werden, werden erst mit Zugang beim Betreuer
wirksam (§ 131 II). Zugunsten des Betreuten gilt § 210. Bei Verträgen hängt die Wirksamkeit von der
Genehmigung des Betreuers ab (§ 108 I). Der Vertragspartner kann bis zur Erteilung der Genehmigung seine
auf den Vertragsschluss gerichtete Erklärung widerrufen. Um den Schwebezustand zu beenden, kann er den
Betreuer zur Genehmigung des Vertrages auffordern. Hat er dies getan, so sind alle ggf gegenüber dem
Betreuten erklärte Genehmigungen oder Genehmigungsverweigerungen unwirksam und die Genehmigung
kann nur noch gegenüber dem Dritten erteilt werden. Geschieht dies nicht innerhalb von zwei Wochen nach
der Aufforderung, gilt sie als verweigert (§ 108 II).

D. Einwilligungsfreie Willenserklärungen. Nach III 1 bedarf der Betroffenen, auch wenn ein Einwilli- 8
gungsvorbehalt angeordnet ist, für alle **Geschäfte, die ihm lediglich einen rechtlichen Vorteil bringen** (vgl
§ 107), nicht der Zustimmung seines Betreuers.

Gleiches gilt nach III 2, für alle **Geschäfte die nur eine geringfügige Angelegenheit des täglichen Lebens** 9
betreffen und für die nicht ausnahmsweise auch ein Einwilligungsvorbehalt angeordnet ist. Was zu dieser
Gruppe der zustimmungsfreien Geschäfte gehört ist nicht generell zu bestimmen sondern bemisst sich nach
den wirtschaftlichen Verhältnissen des Betroffenen. Regelmäßig gehören hierher die alltäglichen Bargeschäfte,
etwa der Erwerb von Lebensmitteln, Kleidung und Genussmitteln. In jedem Fall bildet der persönliche
Bedarf unter Berücksichtigung der Vermögensverhältnisse die Grenze der Angelegenheiten des täglichen
Lebens (Jürgens/*Jürgens* § 1903 BGB Rn 24; aA MüKo/*Schwab* Rn 48). Soweit dies geboten ist kann das Vormundschaftsgericht **auch für zustimmungsfreie Geschäfte einen Einwilligungsvorbehalt anordnen,** wenn
dies zum Wohl des Betroffenen erforderlich ist (zB Anordnung eines Einwilligungsvorbehalts auch für den
Kauf auch kleiner Alkoholmengen bei Alkoholabhängigkeit des Betroffenen; vgl Soergel/*Zimmermann*
Rn 32).

E. Vormundschaftsgerichtliche Genehmigung. Soweit der Betreuer selbst für eine Willenserklärung in Ver- 10
tretung des Betreuten der Einwilligung des Vormundschaftsgerichts bedarf (§ 1902 Rn 5), gilt dies auch für
die Zustimmung zu einer entspr Willenserklärung des Betreuten.

F. Mitteilungspflichten. IV verweist auf § 1901 V und erweitert so die dem Betreuer dort auferlegten allge- 11
meinen Mitteilungspflichten auf solche Umstände, die sowohl eine Einschränkung bzw Wegfall als auch
Erweiterung des Einwilligungsvorbehalts rechtfertigen.

G. Verfahren. Die **Anordnung** des Einwilligungsvorbehalts erfolgt **von Amts wegen;** der Betroffene ist vor 12
der Anordnung grds persönlich anzuhören (§ 68 I FGG), außerdem ist ein Gutachten über die Notwendigkeit
und den Umfang des Einwilligungsvorbehalts einzuholen (§ 68 b II FGG). Ggf ist, soweit für die Wahrnehmung der Interessen des Betroffenen erforderlich, ein Verfahrenspfleger zu bestellen (§ 67 I 1 FGG). Der Einwilligungsvorbehalt ist so genau und eng wie möglich zu fassen und zu befristen (§ 69 I Nr 4, 5 FGG). Sobald
er nicht mehr erforderlich ist, ist er aufzuheben (§ 1908 d I, IV).

§ 1904 Genehmigung des Vormundschaftsgerichts bei ärztlichen Maßnahmen

(1) ¹Die Einwilligung des Betreuers in eine Untersuchung des Gesundheitszustands, eine Heilbehandlung oder einen ärztlichen Eingriff bedarf der Genehmigung des Vormundschaftsgerichts, wenn die begründete Gefahr besteht, dass der Betreute auf Grund der Maßnahme stirbt oder einen schweren und länger dauernden gesundheitlichen Schaden erleidet. ²Ohne die Genehmigung darf die Maßnahme nur durchgeführt werden, wenn mit dem Aufschub Gefahr verbunden ist.
(2) ¹Absatz 1 gilt auch für die Einwilligung eines Bevollmächtigten. ²Sie ist nur wirksam, wenn die Vollmacht schriftlich erteilt ist und die in Absatz 1 Satz 1 genannten Maßnahmen ausdrücklich umfasst.

1   A. Normzweck. Die Norm dient dem Schutz des Betroffenen vor medizinischen Behandlungen, die mit einer **besonderen Gefahr für sein Leben** verbunden sind, oder durch die der Betroffene zumindest einen länger dauernden gesundheitlichen Schaden erleiden kann. Da jeder ärztliche Eingriff rechtstechnisch eine Körperverletzung darstellt, ist er nur gerechtfertigt, wenn eine Einwilligung des Patienten vorliegt. Wer selbst noch einwilligungsfähig ist, entscheidet selbst, auch wenn ein Betreuer bestellt ist. Für diese Entscheidung kommt es nur darauf an, dass der Betroffene die natürliche Fähigkeit besitzt, die Bedeutung und die Gefahr der konkret zur Entscheidung stehenden Behandlung zu erkennen (Hamm FGPrax 97, 64), Geschäftsfähigkeit ist nicht erforderlich. Fehlt es an der natürlichen Einsichtsfähigkeit des Betreuten, so kann der Betreuer entscheiden (*Coester* Jura 91, 8). Nur dann kommt ein Genehmigungserfordernis nach § 1904 in Betracht, wenn es sich zusätzlich um eine besonders gefährliche medizinische Behandlung handelt. Wird der Arzt ohne die Einwilligung tätig, kann unabhängig vom Behandlungserfolg eine Straftat (§ 223) und eine unerlaubte Handlung vorliegen (§ 823). Nach den Änderungen des 2. BtÄndG ist die vormundschaftsgerichtliche Genehmigung nun auch für die Einwilligung eines Bevollmächtigten in medizinische Behandlungen (II) notwendig.

2   B. Voraussetzung für die Anwendung des § 1904. Zunächst muss ein Betreuer handeln, dem der **Aufgabenkreis der ärztlichen Behandlung oder Heilbehandlung** (ggf mit Beschränkung auf einen bestimmten ärztlichen Bereich) übertragen wurde. Ggf kann es also zu einer Zwangsbehandlung des Betreuten kommen. Allerdings wird diese Möglichkeit dadurch eingeschränkt, dass auch in Bezug auf medizinische Maßnahmen, der auch sonst das Betreuungsrecht bestimmende **Grundsatz des Vorrangs des Willens des Betroffenen**, zu beachten ist (§ 1901 II 1). Der Betreuer hat dabei auch den mutmaßlichen Willen des Betreuten zu berücksichtigen (LG Heilbronn NJW 03, 3783). Dies gilt auch, wenn der Betreute einen der Sache nach gebotenen, medizinischen Eingriff ablehnt. Der Betreuer darf in diesem Fall nur vom Willen des Betroffenen **abweichen**, wenn das **Wohl des Betreuten** dies verlangt oder die **Befolgung seines Willens für ihn unzumutbar** ist. Hat der Betreute seinen Willen in einer Patientenverfügung niedergelegt (vgl § 1901a Rn 1), so bindet diese den Betreuer (*Roth* JZ 04, 494). Zur grundsätzlichen **Bindungswirkung einer Patientenverfügung** für Ärzte, Angehörige und Betreuer vgl BGH FamRZ 03, 748. Ob die Bindungswirkung, mit Rücksicht auf die Notwendigkeit der Feststellung des aktuellen Willens des Betroffenen, von einer regelmäßigen Erneuerung der Patientenverfügung abhängt, ist bestritten (vgl zum Streitstand Palandt/*Diederichsen* Vor § 1896 Rn 9).

3   Zu den durch das Vormundschaftsgericht zu genehmigenden **ärztlichen Maßnahmen** zählen die Untersuchung des Gesundheitszustandes, Heilbehandlungen und ärztliche Eingriffe (I 1). Diese Aufzählung umfasst alle denkbaren medizinischen Maßnahmen mit Ausnahme der Organspende, die nicht genehmigungsfähig ist (*Deinert* BtPrax 98, 60).

4   Ob eine entspr Anwendung des § 1904 auf die Fälle, in denen die **ärztliche Maßnahme in der Beendigung einer lebenserhaltenden medizinischen Maßnahme** (zB Abbruch der künstlichen Ernährung durch eine Magensonde) besteht und der Sterbvorgang noch nicht unmittelbar eingesetzt hat, zulässig ist, wird seit längerem kontrovers diskutiert (so Karlsr NJW 02, 689; Frankf FamRZ 98, 1137; ablehnend: Schlesw FamRZ 03, 554; LG München I NJW 99, 1788). Nach einer inzwischen vorliegenden Entscheidung des BGH bedarf die Entscheidung des Betreuers, seine Einwilligung in eine ärztlicherseits angebotene lebenserhaltende oder -verlängernde Behandlung zu verweigern, der Zustimmung des Vormundschaftsgerichts. Dies allerdings nicht in analoger Anwendung des § 1904, sondern aus einem unabweisbaren Bedürfnis des Betreuungsrechts (BGH FamRZ 03, 748). Mit dieser Entscheidung ist nunmehr geklärt, dass auch derartige Maßnahmen in vollem Umfang der Kontrolle des Vormundschaftsgerichts unterliegen (vgl *Lipp* FamRZ 04, 317 mwN). Eine Genehmigung der Beendigung lebenserhaltender Maßnahmen ist zumindest dann möglich, wenn der Betroffene einwilligungsunfähig ist, sein Leiden einen irreversiblen tödlichen Verlauf genommen hat und er zuvor einen entspr Willen, zB in einer Patientenverfügung, geäußert hat (BGH FamRZ 03, 748). Es ist dagegen nicht erforderlich, dass der Tod ansonsten bereits unmittelbar bevorsteht (Karlsr FamRZ 04, 1319).

5   Voraussetzung der Genehmigungspflicht ist, die **begründete Gefahr, dass der Betreute auf Grund von ärztlichen Maßnahmen stirbt oder einen schweren und länger dauernden gesundheitlichen Schaden erleidet**. Eine begründete Gefahr ist dabei nur bei einer konkreten und nahe liegenden Möglichkeit des Schadenseintritts gegeben. Eine überwiegende Wahrscheinlichkeit ist nicht erforderlich (vgl den Vorschlag von *Wiesbach* ua BtPrax 97, 48: begründet Gefahr erst ab 20%iger Wahrscheinlichkeit). Nicht ausschließbare Risiken oder seltene Nebenwirkungen lösen noch keine Genehmigungspflicht aus (Hamm NJW 03, 2392; *Dose* FamRZ 93,

1032 mwN). Die Schwere der Gesundheitsbeschädigung kann in Anlehnung an § 224 StGB bestimmt werden, ohne dass die dortige Aufzählung abschließend ist (Jürgens/*Marschner* § 1904 BGB Rn 5; aA Palandt/*Diederichsen* Rn 10). Entscheidend ist das Maß der Beeinträchtigung der alltäglichen Lebensführung auf Grund der Behandlung gegenüber einem gesunden Menschen (Jürgens/*Marschner* § 1904 BGB Rn 5). Als länger ist ein gesundheitlicher Schaden idR einzustufen, wenn er mindestens 1 Jahr dauert, bei besonders schweren Schäden kommen auch kürzere Zeiträume in Betracht (LG Hamburg FamRZ 94, 1204).
Als **genehmigungsbedürftige Untersuchungen** gelten zB die Leberblindpunktion (MüKo/*Schwab* Rn 14) und die Herzkatheterisierung (BVerfGE 16, 194). Bei den operativen Maßnahmen werden ua als genehmigungsbedürftig eingestuft: Herzoperationen, Transplantationen und neurochirurgische Operationen (MüKo/*Schwab* Rn 14). Zu den nichtoperativen Behandlungsmethoden, die einer Genehmigung bedürfen, zählen zB Chemotherapie und Strahlenbehandlung (MüKo/*Schwab* Rn 14). **Nicht genehmigungspflichtig** ist die im Bereich der psychiatrischen Behandlungsmaßnahmen angewendete Elektrokrampftherapie (Bundesärztekammer, DtÄrzteBl 03, A 504; aA Jürgens/*Marschner* § 1904 BGB Rn 8 mwN), auch nicht die Ernährungssonde durch die Bauchdecke PEG (*Schreiber* BtPrax 03, 148).
Genehmigungskriterien. Maßstab für die Beurteilung ist das Wohl des Betreuten. Es müssen unter dem Maßstab der Verhältnismäßigkeit die mit der medizinischen Maßnahme verbundenen Risiken gegen die daraus erwachsenden Chancen auf eine Verbesserung seines Gesundheitszustands abgewogen werden (Hamm FGPrax 97, 64). Behandlungen die keine Besserung versprechen sind abzulehnen. Das Leben und die Vermeidung einer Leidensverstärkung haben im Zweifel Vorrang (Frankf NJW 89, 2747). 6
Absehen von der Genehmigungspflicht. Auf die Einholung einer vormundschaftsgerichtlichen Genehmigung darf verzichtet werden, wenn mit dem Aufschub wahrscheinlich Gefahr für Leib und Leben des Betroffenen verbunden wäre (I 2). Die Genehmigung braucht nicht nachgeholt zu werden. Eine ggf notwendige Einwilligung des Betreuers in die Durchführung der ärztlichen Maßnahme bleibt erforderlich. 7
C. Verfahren. Für das Genehmigungsverfahren gelten die §§ 65 ff FGG. Der Betroffene ist persönlich anzuhören (§ 69 d I 3 FGG). Von der Anhörung kann unter den Voraussetzungen des § 69 d I 4 abgesehen werden. Es ist ein Sachverständigengutachten einzuholen (§ 69 d II FGG). Bei **Fehlen oder Verhinderung des Betreuers** ist je nach Eilbedürftigkeit ein vorläufiger Betreuer (bzw Ergänzungspfleger zu bestellen (§ 69 f FGG). Notfalls kann das Gericht auch selbst die Einwilligung erteilen (§§ 1908 i I 1, 1846). Handelt es sich um eine Behandlung gegen oder ohne den Willen des Betroffenen, ist ein Verfahrenspfleger zu bestellen (§ 67 FGG). Das gilt auch zwingend, im Verfahren über die Zustimmung zu einer Entscheidung des Betreuers gegen lebenserhaltende- oder verlängernde Maßnahmen (Karlsr FamRZ 04, 1319). Es ist das Rechtsmittel der Beschwerde gegeben (§ 20 FGG). 8

§ 1905 Sterilisation

(1) ¹Besteht der ärztliche Eingriff in einer Sterilisation des Betreuten, in die dieser nicht einwilligen kann, so kann der Betreuer nur einwilligen, wenn
1. die Sterilisation dem Willen des Betreuten nicht widerspricht,
2. der Betreute auf Dauer einwilligungsunfähig bleiben wird,
3. anzunehmen ist, dass es ohne die Sterilisation zu einer Schwangerschaft kommen würde,
4. infolge dieser Schwangerschaft eine Gefahr für das Leben oder die Gefahr einer schwerwiegenden Beeinträchtigung des körperlichen oder seelischen Gesundheitszustands der Schwangeren zu erwarten wäre, die nicht auf zumutbare Weise abgewendet werden könnte, und
5. die Schwangerschaft nicht durch andere zumutbare Mittel verhindert werden kann.

²Als schwerwiegende Gefahr für den seelischen Gesundheitszustand der Schwangeren gilt auch die Gefahr eines schweren und nachhaltigen Leides, das ihr drohen würde, weil vormundschaftsgerichtliche Maßnahmen, die mit ihrer Trennung vom Kind verbunden wären (§§ 1666, 1666a), gegen sie ergriffen werden müssten.
(2) ¹Die Einwilligung bedarf der Genehmigung des Vormundschaftsgerichts. ²Die Sterilisation darf erst zwei Wochen nach Wirksamkeit der Genehmigung durchgeführt werden. ³Bei der Sterilisation ist stets der Methode der Vorzug zu geben, die eine Refertilisierung zulässt.

A. Normzweck. § 1905 ist lex specialis zu § 1904. Die Sonderregelung der vormundschaftsgerichtlichen Genehmigung von Sterilisationen erklärt sich aus der besonderen Schwere des Eingriffs, der nicht zuletzt aus verfassungsrechtlichen Gründen engere Voraussetzungen, als die Einwilligung in die von § 1904 umfassten übrigen ärztlichen Eingriffe, sowie zusätzliche strenge Verfahrensgarantien erfordert (*Pieroth* FamRZ 90, 117; *Schwab* FamRZ 90, 686). So ist für Einwilligung in eine Sterilisation immer ein besonderer Betreuer zu bestellen (§ 1899 II). Die Aufgabe muss auch von einer natürlichen Person wahrgenommen werden (§ 1900 V). Eine Einwilligung des Betreuers in die Sterilisation ist an das Vorliegen bestimmter Gründe gebunden, deren Vorliegen vom Vormundschaftsgericht geprüft und genehmigt werden muss (II 1). 1

2 **B. Sterilisation. I. Definition.** Unter Sterilisation versteht man die gezielte dauerhafte Unfruchtbarmachung von Frauen bzw Männern durch einen ärztlichen Eingriff. Die die Unfruchtbarkeit lediglich die Folge eines anderweitig indizierten ärztlichen Maßnahme fällt dies nicht unter § 1905 aber evtl unter die Genehmigungspflicht des § 1904. Ob die Möglichkeit einer Refertilisierung besteht ist unbeachtlich. Die Vorschrift betrifft nur Volljährige, bei Minderjährigen ist ein derartiger Eingriff verboten (§ 1631 c).

3 **II. Voraussetzungen für die Einwilligung des Betreuers.** Die Norm nennt in I fünf Voraussetzungen für die Einwilligung in die Sterilisation, die kumulativ vorliegen müssen.

1. Verbot der Zwangssterilisation (Nr 1). Die Sterilisation darf dem natürlichen Willen des Betreuten nicht widersprechen (Abs 1 S 1 Nr 1). Dabei reicht jede durch Gestik, Gefühlsäußerungen oder ähnliches zum Ausdruck gebrachte Ablehnung des Eingriffs im Zeitpunkt der Vornahme der Sterilisation, auf Geschäfts- oder Einsichtsfähigkeit kommt es dagegen nicht an (MüKo/*Schwab* Rn 17). Unerheblich sind auch Interessen der Allgemeinheit oder Dritter (Damrau/*Zimmermann* 8).

2. Einwilligungsunfähigkeit (Nr 2). Der Betroffene muss dauernd einwilligungsunfähig sein. Bei nur vorübergehender Einwilligungsunfähigkeit darf nicht sterilisiert werden (Jürgens/*Jürgens* § 1905 BGB Rn 6).

3. Gefahr einer Schwangerschaft (Nr 3). Es muss aufgrund konkreter Umstände anzunehmen sein, dass es ohne die Sterilisation zu einer Schwangerschaft kommen wird. Sterilisation wegen der abstrakten Möglichkeit des Geschlechtsverkehr mit ungewollten Folgen genügt nicht (Hamm BtPrax 00, 168). Bloße Erfahrungswerte, dass es bei Personen einer bestimmten Altersgruppe wegen ihrer sexuellen Aktivität vermehrt zu Schwangerschaften kommen kann, reichen nicht (BayObLG NJW 02, 149). Die Vorschrift gilt für Personen beiderlei Geschlechts (Schwangerschaft einer unter Betreuung stehenden Frau oder bei der Partnerin eines unter Betreuung stehenden Mannes).

4. Gefahr für Leben oder Gesundheit (Nr 4). Aus der konkret zu erwartenden Schwangerschaft (Nr 4) muss eine Gefahr für das Leben oder eine schwerwiegenden Beeinträchtigung des körperlichen und seelischen Gesundheitszustandes der Schwangeren zu erwarten sein. Die Gefahr kann körperliche oder psychische Ursachen haben. In Betracht kommen zB Herz- Kreislaufschäden bei der Frau, die bereits die Geburt selbst zu einer Gefahr machen, aber auch die Veranlagung zu schweren Depressionen, die sich nach der Geburt verstärken und bis hin zur Selbstmordgefahr führen können (Soergel/*Zimmerman* Rn 25-27). Als schwerwiegenden Gefahr für den seelischen Gesundheitszustand der Schwangeren gilt auch das nachhaltige Leid, dass ihr durch eine Trennung vom Kind drohen würde (§§ 1666, 1666 a).

5. Verhinderung der Schwangerschaft (Nr 5). Darüber hinaus dürfen die Gefahren nicht auf zumutbare Weise (etwa durch medikamentöse Behandlung einer Depression oder den Einsatz empfängnisverhütender Mittel) abgewendet werden können. Ein Schwangerschaftsabbruch kommt dabei nicht als zumutbare Alternative in Betracht (MüKo/*Schwab* Rn 26; BayObLG BtPrax 01, 204).

4 **III. Genehmigung und Verfahren.** Sind die Voraussetzungen des I nicht erfüllt, muss das Vormundschaftsgericht die Genehmigung versagen. Dem Betroffenen ist in diesem Verfahren zwingend ein Verfahrenspfleger zu bestellen (§ 67 I 2 2 Nr 3 FGG). Außerdem sind zwei Sachverständigengutachten (§ 69 d III 2 u 3 FGG) einzuholen, mit ggf doppelter Anhörung (*Hoffmann* BtPrax 00, 237). Zwischen dem Wirksamwerden der Genehmigung (§ 69 a IV FGG) und der Vornahme der Sterilisation muss eine **Wartezeit von wenigstens 2 Wochen** liegen (II 2), damit noch vor der Sterilisation eine Beschwerde gegen die Erteilung der vormundschaftsgerichtlichen Genehmigung eingelegt werden kann. Erst danach kann der Betreuer wirksam einwilligen.

§ 1906 Genehmigung des Vormundschaftsgerichts bei der Unterbringung

(1) Eine Unterbringung des Betreuten durch den Betreuer, die mit Freiheitsentziehung verbunden ist, ist nur zulässig, solange sie zum Wohl des Betreuten erforderlich ist, weil
1. auf Grund einer psychischen Krankheit oder geistigen oder seelischen Behinderung des Betreuten die Gefahr besteht, dass er sich selbst tötet oder erheblichen gesundheitlichen Schaden zufügt, oder
2. eine Untersuchung des Gesundheitszustands, eine Heilbehandlung oder ein ärztlicher Eingriff notwendig ist, ohne die Unterbringung des Betreuten nicht durchgeführt werden kann und der Betreute auf Grund einer psychischen Krankheit oder geistigen oder seelischen Behinderung die Notwendigkeit der Unterbringung nicht erkennen oder nicht nach dieser Einsicht handeln kann.

(2) ¹Die Unterbringung ist nur mit Genehmigung des Vormundschaftsgerichts zulässig. ²Ohne die Genehmigung ist die Unterbringung nur zulässig, wenn mit dem Aufschub Gefahr verbunden ist; die Genehmigung ist unverzüglich nachzuholen.

(3) ¹Der Betreuer hat die Unterbringung zu beenden, wenn ihre Voraussetzungen wegfallen. ²Er hat die Beendigung der Unterbringung dem Vormundschaftsgericht anzuzeigen.

(4) Die Absätze 1 bis 3 gelten entsprechend, wenn dem Betreuten, der sich in einer Anstalt, einem Heim oder einer sonstigen Einrichtung aufhält, ohne untergebracht zu sein, durch mechanische Vorrichtungen, Medikamente oder auf andere Weise über einen längeren Zeitraum oder regelmäßig die Freiheit entzogen werden soll.

(5) ¹Die Unterbringung durch einen Bevollmächtigten und die Einwilligung eines Bevollmächtigten in Maßnahmen nach Absatz 4 setzt voraus, dass die Vollmacht schriftlich erteilt ist und die in den Absätzen 1 und 4 genannten Maßnahmen ausdrücklich umfasst. ²Im Übrigen gelten die Absätze 1 bis 4 entsprechend.

A. Vorbemerkung. Normzweck des § 1906 ist die Gefahrenabwehr für Dritte und ggf auch für den Betroffenen selbst (BayObLG FamRZ 01, 365; Frankf NJW-RR 93, 579; Schlesw BtPrax 03, 223; *Coeppicus* FamRZ 01, 801). Die Norm regelt die rechtlichen Voraussetzungen der zivilrechtlichen Unterbringung sowohl in der Form der freiheitsentziehenden Unterbringung (I-III), als auch für freiheitsentziehende Maßnahmen, die nicht mit einer Unterbringung verbunden sind (IV). **Das Verfahren ist zweistufig.** Das Vormundschaftsgericht ist nur für die Genehmigung der Unterbringung bzw der unterbringungsähnlichen Maßnahme zuständig, es ordnet sie nicht selbst an. Dies bleibt vielmehr dem Betreuer überlassen. Dieser entscheidet auch, wo sie konkret durchzuführen ist, denn die Genehmigung bezieht sich nur auf die Art der Maßnahme, nicht auf eine bestimmte Einrichtung (BayObLG FamRZ 95, 1296). **Keine Geltung** hat § 1906 für **öffentlich-rechtliche Unterbringungen**, deren Voraussetzungen sich ausschließlich nach den Unterbringungsgesetzen der Länder richten (vgl Übersicht zu den landesrechtlichen PsychKG/Unterbringungsgesetzen bei Soergel/*Zimmermann* Rn 6). Dies gilt auch für weitere Spezialbereiche freiheitsentziehender Maßnahmen, die im Freiheitsentziehungsgesetz des Bundes geregelt sind (Freiheitsentziehung zwecks Abschiebung und zur Verhinderung der Verbreitung gefährlicher Krankheiten). Das Verfahren für beide Unterbringungsformen ist in § 70 ff FGG geregelt. Zur strafrechtlichen Unterbringung vgl. §§ 63, 64 StGB. Im Zweifel stellt die zivilrechtliche Unterbringung gegenüber der öffentlich-rechtlichen Unterbringung das mildere Mittel dar (BayObLG FamRZ 01, 657; aA Jürgens/*Marschner* § 1906 BGB Rn 48). **Analogien zu § 1906** sind nur in engen Grenzen zulässig, so dass zB die Genehmigung der zwangsweisen Unterbringung in einer offenen Alten- und Pflegeeinrichtung ausscheidet (Hamm FamRZ 03, 255). § 1906 gilt **ausschließlich für Volljährige**. Die Zulässigkeit entspr Maßnahmen gegenüber Minderjährigen richtet sich nach § 1631 b (für unterbringungsähnliche Maßnahmen bei Minderjährigen aber ggf § 1906 Abs 4 analog; vgl *Dodegge* FamRZ 93, 1348). Kann der Betroffene nicht selbst in die freiheitsentziehende Unterbringung oder Maßnahme einwilligen, so ist die Genehmigung des Vormundschaftsgerichts zwingend notwendig. Für die **Einwilligung** ist die **Geschäftsfähigkeit nicht erforderlich**, sondern der Betroffene muss nur in der Lage sein, einen natürlichen Fortbewegungswillen zu bilden und danach zu entscheiden, diesen aufzugeben (Jürgens/*Marschner* § 1906 BGB Rn 6; kritisch dazu *Kemper* FuR 96, 248, 259; *Schwab* FamRZ 90, 687). Die Einwilligung des Betroffenen in die Freiheitsentziehung ist jederzeit frei widerruflich. Grds gilt, dass die Unterbringung gegen den Willen oder bei Willenlosigkeit des Betroffenen nicht ohne **vorherige Bestellung eines Betreuers** erfolgen kann. Nur ausnahmsweise kann in Eilfällen davon abgewichen werden. Auch dann muss das Gericht aber durch geeignete Maßnahmen sicherstellen, dass dem Betroffenen unverzüglich ein Betreuer oder ein vorläufiger Betreuer (§ 69 f FGG) bestellt wird. Ohne solche Maßnahmen ist die Unterbringung rechtswidrig und muss unverzüglich aufgehoben werden (BGH NJW 02, 1801;). § 1906 berechtigt nicht zu gefährlichen **medizinischen Maßnahmen** gegen den Willen des Untergebrachten (BayObLG FamRZ 90, 1154), deren Zulässigkeit richtet sich alleine nach § 1904 und für den Sonderfall der Sterilisation, nach § 1905.

V 1 dehnt das Genehmigungserfordernis auch auf die **Einwilligung eines Bevollmächtigten** in Unterbringung und unterbringungsähnliche Maßnahmen (V 1) aus. Seine Bevollmächtigung muss in Schriftform erfolgen und sich ausdrücklich auf die in I und IV genannten Maßnahmen erstrecken. Eine Generalvollmacht genügt nicht (zur Formulierung einer Unterbringungsvollmacht *Bühler* BWNotZ 99, 275). Für die Zustimmung des Vormundschaftsgerichts gelten keine Besonderheiten gegenüber der Zustimmung zu einer Maßnahme eines Betreuers.

B. Freiheitsentziehende Unterbringung. Eine freiheitsentziehende Unterbringung iSd I liegt vor, wenn der Betroffene gegen seinen Willen oder im Fall der Willenlosigkeit (BayObLG FamRZ 96, 1375) in einem geschlossenen Krankenhaus oder einer anderen geschlossenen Einrichtung (Anstalt, Heim) für eine gewisse Dauer festgehalten wird, während der er ständiger Kontrolle und der Beschränkung einer Kontaktaufnahme zu anderen Personen außerhalb des abgegrenzten Bereichs unterliegt (BGH FamRZ 01, 149). Nur die zwangsweise Verbringung des Betroffenen in ein offenes Alten- oder Pflegeheim (*Sonnenfeld* FamRZ 95, 393; str, zT § 1906 analoge: LG Bremen BtPrax 94, 102), bzw die zwangsweise Vorführung zu einer ambulanten Behandlung oder Untersuchung (Soergel/*Zimmermann* Rn 524), lösen noch keine Genehmigungspflicht nach § 1906 aus. Wenn der Betroffene keinen natürlichen Willen mehr entwickelt oder (ggf mit der Hilfe Dritter) durchsetzen kann, ist eine Freiheitsentziehung nicht möglich (Damrau/*Zimmermann* Rn 2).

Die Unterbringung muss **zum Wohl des Betreuten erforderlich** sein und kommt nur in **zwei Fällen** in Betracht:

1. Nach Nr 1 kann sie angeordnet werden, um der **Gefahr einer erheblichen gesundheitlichen Selbstgefährdung oder der Selbsttötung des Betroffenen** zu begegnen. Die Ursache der Selbstgefährdung muss in einer psychischen Krankheit oder einer geistigen oder seelischen Behinderung des Betroffenen liegen (BayObLG FamRZ 98, 1327). Die Gefahr von nur geringfügigen Körperschäden oder nur der Gefährdung Dritter genügt nicht. Bei „Gemeingefährlichkeit" des Betroffenen, kann zum Schutz Dritter nur eine öffentlich-rechtliche Unterbringung nach PsychKG veranlasst werden (*Klüsener/Rausch* NJW 93, 622; aA *Pardey* FamRZ 95, 713), wenn nicht auch die Gefahr besteht, dass sich der Betroffene bei seinen Aktionen selbst schwer verletzt. Die Erforderlichkeit der Unterbringung entfällt, wenn andere Hilfen (zB Überwachung) ausreichen, um ihren Zweck zu erreichen. Bei exzessiven Suchterkrankungen kann aber bereits das Fehlen gezielter Therapiemöglichkeiten für eine Unterbringung ausreichen (BayObLG FamRZ 04, 1135). Bei Suizidgefahr ist es entscheidend, ob diese konkret droht, oder nur latent vorhanden ist (*Coeppicus* NJW 02, 1778).

5 2. Nach Nr 2 ist die Anordnung der Unterbringung auch zulässig, um **ärztliche Untersuchungen und Behandlungen** iSv § 1904 zu ermöglichen, deren Notwendigkeit der Betroffenen auf Grund seiner Behinderung oder psychischen Erkrankung nicht erkennen kann (*Meyer* BtPrax 02, 252). Dabei ist eine erhebliche Gesundheitsgefahr erforderlich, die durch die Untersuchung bestätigt werden soll und zu deren Beseitigung die Behandlung notwendig ist. Weder jede zweckmäßige Untersuchung, noch die Behandlung von Bagatellbeschwerden, rechtfertigen die Anordnung der Unterbringung (MüKo/*Schwab* Rn 14), die einen weitgehenden Grundrechtseingriff darstellt (BVerfG BtPrax 97, 196). Schließlich muss die Weigerung des Betroffenen sich der notwendigen Untersuchung oder Behandlung zu entziehen, ihre Ursache in einer psychischen Krankheit oder einer geistigen oder seelischen Behinderung haben, die seine Einsichts- und Steuerungsfähigkeit beeinträchtigt (Ddorf FamRZ 95, 118). Lehnt er die Heilbehandlung aus anderen Gründen ab (zB wegen der Kosten), ist die Anordnung einer Unterbringung daher ausgeschlossen. Eine Unterbringung zur Erzwingung der Krankheits- und Behandlungseinsicht ist ausgeschlossen (Jürgens/*Marschner* § 1906 BGB Rn 19). Gleiches gilt, wenn die Unterbringung von vornherein keinen Erfolg verspricht, wie zB bei einer Alkoholentwöhnungsbehandlung, die auf die freiwillige Mitarbeit des Betroffenen angewiesen ist (Schlesw FamRZ 98, 1328). Auch wenn für bestimmte, nach § 1904 genehmigungspflichtige Behandlungsmethoden, die Genehmigung wegen fehlender Heilungs- bzw Besserungsmöglichkeit zu versagen ist, ist eine Unterbringung nach Nr 2 unzulässig (Hamm BtPrax 00, 173; Jürgens/*Marschner* § 1906 BGB Rn 20 mwN). Ist ein Anordnungsgrund nach Nr 2 nicht gegeben, so wird (bei Vorliegen der Voraussetzungen) eine Anordnung nach Nr 1 nicht ausgeschlossen.

6 **Unterbringungsähnliche Maßnahmen** (*Wigge* MedR 96, 292) sind:
1. Hierunter ist jede **gezielte Behinderung des Betreuten in seinem Wunsch, den bisherigen Aufenthaltsort zu verlassen**, zu verstehen, die vom Betroffenen nicht mit eigenen Kräften überwunden werden kann (zB das Ruhigstellen von Bewohnern von Alten- und Pflegeheimen durch Festbinden am Bett, Fixiertische an Rollstühlen usw; vgl. BayObLG FamRZ 94, 721; LG Frankf FamRZ 93, 601). Wegen der gleichartigen Wirkung gehört auch jede medikamentöse Behandlung hierher, durch die der Betroffene zielgerichtet in der Bewegungsfreiheit beschränkt wird (Jürgens/*Marschner* § 1906 BGB Rn 39; Hamm FGPrax 97, 64). Genehmigungsfrei sind dagegen Maßnahmen, die den Betroffenen nur tatsächlich am Verlassen des Aufenthaltsorts hindern, wie zB elektronische Melder oder eine Nachtwache am Bett (Soergel/*Zimmermann* Rn 80).

7 2. **Genehmigungsfähig sind unterbringungsähnliche Maßnahmen** grds nur, wenn der Betroffene bereits unter Betreuung steht. Eine Ausnahme von diesem Grundsatz ergibt sich, wenn durch den Betroffenen ein Bevollmächtigter nach V bestellt ist. IV ist entgegen dem Wortlaut auch anwendbar auf Betreute, die bereits untergebracht sind (Jürgens/*Marschner* § 1906 BGB Rn 31 mwN; aA Soergel/*Zimmermann* Rn 72). Er gilt auch für Minderjährige (§ 1631 b), nicht hingegen für in der Familie lebende Betreute (BayObLG BtPrax 03, 37; *Holzhauer* FuR 92, 252). Die Genehmigung von Maßnahmen gegen nicht unter Betreuung stehende Volljährige ist ausgeschlossen (Soergel/*Zimmermann* Rn 71).

8 Weiterhin ist erforderlich, dass sich der Betroffene in einer **Anstalt**, einem **Heim** (zB Krankenhäuser Alten- und Pflegeheime usw), oder einer **sonstigen Einrichtung** (ggf auch die eigene Wohnung, Hburg FamRZ 95, 1019) aufhält. Ist für den Betroffenen bereits eine Unterbringung nach I angeordnet, so müssen von der Anordnung nicht gedeckte zusätzliche Maßnahmen gegen den Untergebrachten (zB Fixieren, Verabreichung von ruhigstellenden Medikamenten) nach IV genehmigt werden (Ddorf FamRZ 95, 118, BayObLG FamRZ 94, 721, *Schumacher* FamRZ 91, 281; aA *Holzhauer* FuR 92, 252).

9 Durch die **Maßnahme** muss der Betroffene gegen seinen Willen an der Ausübung seiner Bewegungsfreiheit gehindert werden. Dies wird nur anzunehmen sein, wenn der Betreute überhaupt seinen Aufenthaltsort verlassen will, wobei natürlicher Handlungswille ausreichend ist (*Stolt* FamRZ 93, 644). Erforderlich ist allerdings, dass der Betroffene überhaupt noch zur willkürlichen Fortbewegung in der Lage ist (Hamm FamRZ 93, 1490).

10 Auch muss die unterbringungsähnliche **Maßnahme** entweder über einen **längeren Zeitraum** oder **regelmäßig** erfolgen. Welche Dauer für die Annahme eines längeren Zeitraums zu fordern ist, ist str (vgl Soergel/*Zim-*

mermann Rn 75 mwN). Im Rahmen einer Therapie nur vorübergehend vorgenommene Freiheitseinschränkungen (zB Bettgitter für einen akut Fieberkranken) genügen nicht (Palandt/*Diederichsen* Rn 21). Regelmäßigkeit liegt vor, wenn die Freiheitsbeschränkungen entweder stets zur selben Zeit (Abschließen des Zimmers jeweils zur selben Uhrzeit) oder aus regelmäßig wiederkehrendem Anlass (zB Einsperren und Fesseln, wenn der Betroffene die Nachtruhe stört), erfolgen.

Schließlich erfordert auch eine unterbringungsähnliche Maßnahme nach IV ein **Vorliegen der in I genannten Gründe** für die Anordnung freiheitsbeschränkender Maßnahmen. Maßstab ist das Wohl des Betreuten. Der Verhältnismäßigkeitsgrundsatz ist zu beachten. Bei Gefahr im Verzug gilt Rn 1 entsprechend. **11**

Entfallen die Voraussetzungen (§ 70 i I FGG), ist die Genehmigung der Unterbringung, bzw der unterbringungsähnlichen Maßnahme, auch gegen den Willen des Betreuers/Bevollmächtigten, aufzuheben. Dies gilt auch, wenn der Betroffene bereits vom Betreuer aus der freiheitsbeschränkenden Unterbringung entlassen worden ist. Es soll so verhindert werden, dass Betreuer oder Bevollmächtigter von derselben Genehmigung noch einmal Gebrauch machen können. Diesem Zweck dient auch die Mitteilungspflicht nach III 2. **12**

Das Gericht kann **vorläufige Maßnahmen** ergreifen, wenn Eile geboten ist. Die Genehmigung kann dann zunächst in Form einer einstweiligen Anordnung (§ 70 h FGG) erteilen werden. Diese Anordnung verliert ihre Wirksamkeit, sobald die endgültige Entscheidung ergeht (KG FamRZ 93, 84). Ist noch kein Betreuer bestellt, so kann zugleich mit der (einstweiligen) Anordnung ein (vorläufiger) Betreuer bestellt werden. Notfalls kann das Gericht den Betroffenen auch, wenn kein Betreuer oder Bevollmächtigter bestellt oder dieser verhindert ist, den Betroffenen mit einstweiliger Anordnung selbst unterbringen (vgl § 1846). Der Betreuer kann die Unterbringung oder eine unterbringungsähnliche Maßnahme ohne vorherige Genehmigung des Gerichts nur dann veranlassen, wenn mit dem Aufschub Gefahr verbunden ist (I 2). Die erforderliche Genehmigung hat er in diesem Fall unverzüglich nachträglich einzuholen. **13**

C. Verfahren. Nach § 70 II 1 FGG ist das Gericht zuständig, bei dem eine Betreuung anhängig ist, deren Aufgabenkreis die Unterbringung des Betroffenen umfasst. Auch eine vorläufige Unterbringung des Betroffenen in einer in einem anderen Gerichtsbezirk gelegenen Einrichtung ändert daran nichts. Im Übrigen richtet sich die Zuständigkeit nach § 70 II 2, §§ 65 I-III, 65a FGG). Sie wird grds durch den gewöhnlichen Aufenthalt des Betroffenen bestimmt (§ 65 I FGG). **14**

Wegen der Schwere des Eingriffs in Grundrechte durch die zwangsweise Unterbringung sind die **Anhörungsrechte des Betroffenen** besonders zu beachten (vgl § 70 c, 4 FGG). Der Betroffene kann auf sein Anhörungsrecht nicht wirksam verzichten (BayObLG FamRZ 95, 695). Auch die zuständige Behörde (§ 70 d I Nr 6 FGG) ist im Unterbringungsverfahren zwingend anzuhören (Ddorf FamRZ 95, 118). Die Genehmigung einer privatrechtlichen Unterbringung setzt keinen förmlichen Antrag des Betreuten voraus (BayObLG FamRZ 94, 1416). Zur Notwendigkeit der Unterbringung muss ein Sachverständigengutachten eingeholt werden (zu den Mindestanforderungen an den Inhalt des Gutachtens vgl BayObLG FamRZ 95, 695).

§ 1907 Genehmigung des Vormundschaftsgerichts bei der Aufgabe der Mietwohnung

(1) ¹Zur Kündigung eines Mietverhältnisses über Wohnraum, den der Betreute gemietet hat, bedarf der Betreuer der Genehmigung des Vormundschaftsgerichts. ²Gleiches gilt für eine Willenserklärung, die auf die Aufhebung eines solchen Mietverhältnisses gerichtet ist.
(2) ¹Treten andere Umstände ein, auf Grund derer die Beendigung des Mietverhältnisses in Betracht kommt, so hat der Betreuer dies dem Vormundschaftsgericht unverzüglich mitzuteilen, wenn sein Aufgabenkreis das Mietverhältnis oder die Aufenthaltsbestimmung umfasst. ³Will der Betreuer Wohnraum des Betreuten auf andere Weise als durch Kündigung oder Aufhebung eines Mietverhältnisses aufgeben, so hat er dies gleichfalls unverzüglich mitzuteilen.
(3) Zu einem Miet- oder Pachtvertrag oder zu einem anderen Vertrag, durch den der Betreute zu wiederkehrenden Leistungen verpflichtet wird, bedarf der Betreuer der Genehmigung des Vormundschaftsgerichts, wenn das Vertragsverhältnis länger als vier Jahre dauern oder vom Betreuer Wohnraum vermietet werden soll.

A. Wohnungsauflösung. Zweck der Norm ist es, durch vormundschaftsgerichtliche Genehmigungserfordernisse sowie von Mitteilungspflichten, dem Betreuten seine Wohnung als Lebensmittelpunkt solange wie möglich zu erhalten (*Renner* BtPrax 99, 96). Die Betreute soll nicht durch Kündigung und Auflösung seiner Wohnung durch den Betreuer gezwungen werden können, den Rest seines Lebens ggf in einem Heim verbringen zu müssen. Die Vorschrift erweitert die Schutzvorschriften der §§ 1812, 1821 I Nr 1 u IV iVm § 1908 i, indem nicht nur die Veräußerung, sondern auch die Weitervermietung der im Eigentum des Betreuten stehenden Wohnung (III), sowie die Kündigung einer gemieteten Wohnung (I), von der Genehmigung des Vormundschaftsgerichts abhängig gemacht werden. Ergänzend verpflichtet II den Betreuer, dessen Aufgabenkreis das Mietverhältnis oder die Aufenthaltsbestimmung umfasst, das Gericht über alle anderen Umstände zu informieren, die zu einer Beendigung des Mietverhältnisses führen können. **1**

2 **B. Anwendungsbereich.** Die Vorschrift setzt zunächst voraus, dass die **Regelung von Miet und Wohnungsahngelegenheiten von dem Aufgabenkreis des Betreuers umfasst** wird, weil er nur dann den Betroffenen kraft Gesetzes vertreten kann (§ 1902). Ist ihm die gesamte Personensorge übertragen, so ist er auch zur Kündigung der Wohnung des Betreuten berechtigt, hat er nur die Vermögenssorge, werden davon „Wohnungsangelegenheiten" iSd § 1907 idR nicht umfasst. Ist dem Betreuer lediglich das Aufenthaltsbestimmungsrecht übertragen, so ist nach dem Einzelfall zu entscheiden, ob darin auch das Recht zur Wohnungsauflösung enthalten sein soll (Jürgens/*Marschner* § 1907 BGB Rn 2). Keiner Genehmigung zur Wohnungskündigung oder Weitervermietung bedarf es, wenn keine Betreuung besteht und nur ein vom Betroffenen vorsorglich bestellter Vertreter handelt. Gleiches gilt, wenn der Betreute einen für einen anderen Aufgabenkreis bestellten Betreuer zusätzlich mit der Kündigung der Wohnung bevollmächtigt hat.

3 Genehmigungspflichtig ist, wenn der Betreuer als gesetzlicher Vertreter des Betreuten die **Mietwohnung des Betreuten kündigt** (I 1) oder das Mietverhältnis durch **Abschluss eines Aufhebungsvertrages** beendet (I 2). Es ist nicht erforderlich, dass der Betroffene den Mietvertrag selbst abgeschlossen hat oder dass er die Wohnung tatsächlich bewohnt. Die Genehmigungspflicht entfällt aber, wenn eine Wohnung von vornherein nicht den eigenen Wohnzwecken des Betreuten dient (MüKo/*Schwab* Rn 4; LG Münster MDR 94, 276). Auch die Vermietung von Wohnraum des Betroffenen und der Abschluss eines länger als vier Jahre laufenden Miet-, Pacht- oder anderen Vertrags, durch den der Betroffene sich zur Erbringung wiederkehrender Leistungen verpflichtet (III), ist genehmigungspflichtig. Zu den anderen Verträgen zählen zB Leasingverträge oder Kontoverträge mit der Bank (Soergel/*Zimmermann* Rn 15), ggf auch Heimverträge, soweit sie nicht bereits I unterfallen (Jürgens/*Marschner* § 1907 BGB Rn 5).

4 Das Gericht hat die **Genehmigung zu erteilen**, wenn das Handeln des Betreuers dem Wohl (§ 1901 II 1) des Betroffenen entspricht. Dabei ist auf die Wünsche des Betreuten Rücksicht zu nehmen (§ 1901 III 1). Für die Beibehaltung der Wohnung kann eine enge Bindung des Betreuten an seine häusliche Umgebung sprechen (BayObLG BtPrax 04, 69), bei einem vorübergehenden Krankenhaus- oder Pflegeheimaufenthalt aus der Umstand, das noch nicht abzusehen ist, ob eine Rückkehr in die eigene Wohnung ausgeschlossen ist (Jürgens/*Marschner* § 1907 BGB Rn 6). Für die Erteilung der Genehmigung kann eine für den Lebenszuschnitt des Betreuten völlig überzogene Größe der Wohnung sprechen, besonders wenn dadurch auch seine finanzielle Leistungskraft überfordert wird (Palandt/*Diederichsen* Rn 5).

5 Zusätzlich hat der Betreuer dem Vormundschaftsgericht alle anderen Umstände anzuzeigen (**Anzeigepflicht**, II), die zu einer Beendigung des Mietverhältnisses führen können. Dies werden vor allem Kündigungen und Räumungsklagen durch den Vermieter sein, in Betracht kommt aber auch eine faktische Wohnungsaufgabe durch den Betreuer, etwa durch Veräußerung des Hausrats oder die Beendigung des Bezugs von Gas, Strom und Wasser. Das Vormundschaftsgericht erhält so die Möglichkeit, gegen den sich pflichtwidrig verhaltenden Betreuer ggf nach § 1908 i I 1 iVm § 1837 vorzugehen, zB durch Aufforderung zur Verteidigung gegen Kündigung und Räumungsklage oder zur Unterlassung der weiteren Veräußerung von Hausrat des Betreuten (Jürgens/*Marschner* § 1907 BGB Rn 4).

§ 1908 Genehmigung des Vormundschaftsgerichts bei der Ausstattung

Der Betreuer kann eine Ausstattung aus dem Vermögen des Betreuten nur mit Genehmigung des Vormundschaftsgerichts versprechen oder gewähren.

1 Das gerichtliche Genehmigungserfordernis des § 1908 soll den Betreuten in einem speziellen Fall der Vermögenssorge vor Minderung seines Vermögens durch das Versprechen unangemessen hoher Ausstattung schützen. Zum Begriff der Ausstattung vgl § 1624. Die Bedeutung der Vorschrift für die Praxis ist gering, Anwendung findet sie vor allem bei Hof- oder Geschäftsübergaben im Wege vorweggenommener Erbfolge. Eine Ausstattung iSd § 1624 liegt nur vor, solange die Zuwendung an die Kinder nicht das den Vermögensverhältnissen der Eltern entspr Maß übersteigt. Anderenfalls handelt es sich um Schenkungen, für die § 1908 i II iVm § 1804 gilt. Ist das Ausstattungsversprechen vom vormundschaftsgerichtlich genehmigt, so bedarf die Erfüllung keiner weiteren Genehmigung. Die Genehmigung ist zu erteilen, wenn die Voraussetzungen des § 1624 vorliegen, das Maß der Ausstattung die Lebensverhältnisse des Betreuten nicht übersteigt und die Weggabe des Vermögens seinem Wohl entspricht (Soergel/*Zimmermann* Rn 10).

§ 1908 a Vorsorgliche Betreuerbestellung und Anordnung des Einwilligungsvorbehalts für Minderjährige

¹Maßnahmen nach den §§ 1896, 1903 können auch für einen Minderjährigen, der das 17. Lebensjahr vollendet hat, getroffen werden, wenn anzunehmen ist, dass sie bei Eintritt der Volljährigkeit erforderlich werden. ²Die Maßnahmen werden erst mit dem Eintritt der Volljährigkeit wirksam.

1 Die Norm ermöglicht die **vorsorgliche Anordnung** einer **Betreuung** und eines **Einwilligungsvorbehalts** für einen über 17 jährigen Minderjährigen, wenn zu erwarten ist, dass er bei Eintritt der Volljährigkeit betreu-

ungsbedürftig sein wird. Auf diese Weise soll insbesondere bei Menschen mit geistiger Behinderung vermieden werden, dass nach Eintritt der Volljährigkeit mit dem Ende der elterlichen Sorge Lücken entstehen, in denen sie ohne den Schutz eines gesetzlichen Vertreters sind (Jürgens/Mertens § 1908a BGB Rn 1). Ein unzulässiger Eingriff in die Elternrechte liegt nicht vor, da die Anordnung erst mit Volljährigkeit der Betroffenen wirksam wird (S 2). Der vorsorglich bestellte Betreuer hat (soweit nicht die Eltern selbst zum Betreuer bestellt sind) vor diesem Zeitpunkt keine Befugnisse, insbesondere steht ihm mit dem Minderjährigen kein Umgangsrecht zu. Die Bestellung des Betreuers richtet sich nach §§ 1896, 1903. Sie erfolgt von Amts wegen oder auf Antrag. Den Antrag kann nur der Minderjährige selbst stellen. **Verfahren:** Verfahrensfähigkeit des Minderjährigen (§ 66 FGG), Anhörung der Eltern (§ 68a FGG), Sachverständigengutachten (§ 68b FGG).

§ 1908b Entlassung des Betreuers

(1) ¹Das Vormundschaftsgericht hat den Betreuer zu entlassen, wenn seine Eignung, die Angelegenheiten des Betreuten zu besorgen, nicht mehr gewährleistet ist oder ein anderer wichtiger Grund für die Entlassung vorliegt. ²Ein wichtiger Grund liegt auch vor, wenn der Betreuer eine erforderliche Abrechnung vorsätzlich falsch erteilt hat. ³Das Gericht soll den nach § 1897 Abs. 6 bestellten Betreuer entlassen, wenn der Betreute durch eine oder mehrere andere Personen außerhalb einer Berufsausübung betreut werden kann.
(2) Der Betreuer kann seine Entlassung verlangen, wenn nach seiner Bestellung Umstände eintreten, auf Grund derer ihm die Betreuung nicht mehr zugemutet werden kann.
(3) Das Gericht kann den Betreuer entlassen, wenn der Betreute eine gleich geeignete Person, die zur Übernahme bereit ist, als neuen Betreuer vorschlägt.
(4) ¹Der Vereinsbetreuer ist auch zu entlassen, wenn der Verein dies beantragt. ²Ist die Entlassung nicht zum Wohl des Betreuten erforderlich, so kann das Vormundschaftsgericht stattdessen mit Einverständnis des Betreuers aussprechen, dass dieser die Betreuung künftig als Privatperson weiterführt. ³Die Sätze 1 und 2 gelten für den Behördenbetreuer entsprechend.
(5) Der Verein oder die Behörde ist zu entlassen, sobald der Betreute durch eine oder mehrere natürliche Personen hinreichend betreut werden kann.

Die **Norm regelt die Entlassung des Betreuers** bei Fortbestehen des Betreuungsbedarfs (vgl *Bienwald* FF 03, 202). Daher ist nach der Entlassung ein neuer Betreuer zu bestellen (§ 1908c). Fehlt es an einem weiteren Betreuungsbedarf, ist § 1908d einschlägig. Die Entlassungsanregung kann dabei vom Betreuer selbst, vom Betreuten, von Dritten (zB Angehörigen) oder von der Staatskasse (Bezirksrevisor) ausgehen. 1

Der Betreuer **ist zwingend zu entlassen**, wenn er für die weitere Wahrnehmung des Amts **ungeeignet** ist oder ein anderer **wichtiger Grund** für die Entlassung vorliegt (I). Es genügt jeder Grund, der den Betreuer iSv § 1897 bereits zur Bestellung ungeeignet gemacht hätte, wie zB eine ungenügende oder sogar interessenwidrige Wahrnehmung des ihm übertragenen Aufgabenkreises (BayObLG FamRZ 03, 403). Auch Überforderung im Zusammenhang mit der Vermögensverwaltung (BayObLG FamRZ 00, 514) oder in wichtigen Fragen der Personensorge kann eine Entlassung erforderlich machen. Eine konkrete Schädigung ist (bei einer nicht vollständig abstrakten Gefahrenlage) nicht notwendig (BayObLG FamRZ 97, 1358). Ist zB wegen Abrechnungsfehlern bereits ein Strafverfahren anhängig, braucht dessen Ausgang nicht erst abgewartet zu werden (BayObLG FamRZ 05, 931), sondern bereits gravierende Störungen des Vertrauensverhältnisses können für die Entlassung genügen (Ba FamRZ 05, 751). Auch bereits eine unüberwindliche Abneigung des Betreuten gegen den Betreuer kann die Entlassung gebieten (BayObLG FamRZ 95, 1235). **Andere wichtige Gründe** (I Alt 2), die eine Entlassung gebieten, liegen vor, wenn der Betreuer gegenüber der Staatskasse falsch abgerechnet hat (I 2; beachte: § 56g FGG Beschwerderecht des Bezirksrevisors) oder trotz Fehlens der Voraussetzungen des § 1899 I mehrere Betreuer bestellt worden sind (Schlesw FÜR 02, 174). Auch die Gefahr von Interessenkonflikten (BayObLG FamRZ 93, 1226) und Pflichtverletzungen des Betreuers, wie etwa unzureichende Rechnungslegung (BayObLG MDR 94, 277) oder der Verstoß gegen Berichtspflichten (BayObLG FamRZ 96, 509), können eine Entlassung rechtfertigen. Auch wenn ein erheblich besser geeigneter Verwandter bereit ist, die Betreuung dauerhaft zu übernehmen, muss der Betreuer entlassen werden (BayObLG FamRZ 00, 1457). Bei **Vorliegen** eines der **Entlassungsgründe** handelt das Gericht von Amts wegen. Auf den Willen des Betroffenen kommt es nicht an. Ggf ist auch eine Teilentlassung möglich (Zweibr FGPrax 98, 57). 2

Ein **Berufsbetreuer** soll entlassen werden, wenn der Betreute durch eine oder mehrere andere Personen betreut werden kann, die die Betreuung auch ehrenamtlich führen würden (III 3). Die Entlassung steht im Ermessen des Gerichts und kann unterbleiben, wenn sie dem Wohl des Betroffenen widerspricht (BayObLG BTPRax 05, 148) 3

Verein oder Behörde müssen wegen des Vorrangs der Einzelbetreuung (§§ 1897, 1900 I u IV) entlassen werden, wenn die Betreuung auch durch eine gleich gut geeignete (LG Mainz BtPrax 93, 176) natürliche Person geführt werden kann (V). Zu den entspr Anzeigepflichten vgl § 1900 III, IV 2. **Vereins- und Behördenbetreuer** sind auf entspr Antrag ihres Vereins oder ihrer Behörde zu entlassen (IV 1 u 3). Das Gericht ist an den Antrag gebunden, da ja bereits die Bestellung der Dispositionsbefugnis des Vereins/der Behörde unterlegen hat (§ 1897 II). 4

5 Der **Betreuer** kann seine **Entlassung beantragen**, wenn ihm die Weiterführung der Betreuung wegen nachträglich eingetretener Umstände unzumutbar ist (II). Wer diese Umstände zu vertreten hat oder ob sie die Eignung des Betreuers zur Führung der Betreuung beinträchtigen, ist dabei unerheblich. Grds gilt, dass alle Gründe, die nach § 1898 zur Ablehnung der Übernahme der Betreuung berechtigt hätten, wenn sie erst während der Betreuung eintreten, auch den Wunsch auf Entlassung rechtfertigen können. Darüber hinaus können zB eine erhebliche Entfremdung zwischen Betreuer und Betroffenen, erhebliche Belastungen des Betreuers durch eigene vorrangige Verpflichtungen (zB Pflegebedürftigkeit bei Ehefrau oder nahen Verwandten) oder ein Wohnsitzwechsel (Hburg BtPrax 94, 138), eine nachträgliche Unzumutbarkeit der Fortführung des Amtes begründen. Wird der Wunsch auf Entlassung mit der Bewilligung einer unzureichenden Vergütung begründet, kommt es auf den Einzelfall an (Schlesw BtPrax 97, 241; BayObLG FamRZ 02, 195). Die Entlassung setzt einen Antrag des Betreuers voraus. Es kann auch nur eine Teilentlassung (zB beschränkt auf einen Aufgabenkreis) beantragt werden. Das Gericht hat kein Ermessen und muss den Betreuer bei Vorliegen des wichtigen Grundes entlassen.

6 Auch der **Betreute** kann bei Vorschlag einer gleich geeigneten Person, die bereit ist die Betreuung zu übernehmen, die **Entlassung des Betreuers beantragen** (III). Geschäftsfähigkeit des Betreuten ist für den Antrag nicht erforderlich (BayObLG FamRZ 94, 322). Es liegt im Ermessen des Gerichts, ob es dem Antrag des Betreuten folgt. Bei der Entscheidung über den Betreuerwechsel kommt es zwar auf den Wunsch des Betreuten an (BayObLG FamRZ 98, 1259), entscheidend ist aber, dass der Betreuerwechsel nicht das Wohl des Betreuten gefährdet (Jürgens/Mertens § 1908 b BGB Rn 10). Das Gericht hat daher die Entlassung des bisherigen Betreuers abzulehnen, wenn zu befürchten ist, dass dieser den Interessen des Betroffenen zuwiderhandeln wird (BayObLG FamRZ 94, 1353) oder wenn der Wunsch des Betroffenen auf die Beeinflussung durch die gewünschte Person zurückgeht (BayObLG FamRZ 05, 548).

7 **Verfahren.** Bevor das Gericht einen Betreuer entlässt, muss es idR zunächst seine Aufsichts- und Weisungsrechte nach §§ 1837, 1908 i I 1 nutzen (BayObLG FamRZ 98, 1257), wobei nicht sämtlich mögliche Aufsichtsmaßnahmen ausgeschöpft zu werden brauchen (BayObLG BtPrax 04, 153). Bei Gefahr im Verzug ist eine einstweilige Anordnung möglich (§ 69 f III FGG). Für die **Anhörungspflichten** gilt § 69 i VII. Kann der Betreute seinen Willen nicht kundtun, ist ein Verfahrenspfleger zu bestellen (BayObLG Rpfleger 93, 491). Widerspricht der Betroffene der Entlassung des Betreuers, sind er und der Betreuer persönlich anzuhören (§ 69 i VII FGG). Wird der Betreuer gegen seinen Willen entlassen, kann er sich hiergegen mit der sofortigen Beschwerde wenden (§ 69 g IV Nr 3 FGG). Gegen eine die Entlassung ablehnende Entscheidung ist die einfache Beschwerde gegeben. Die **Beschwerdeberechtigung** von Betreuer und Betreuten richtet sich nach § 20 FGG (Ddorf BtPrax 95, 69). Ein Beschwerderecht Dritter scheidet aus (BGH FamRZ 98, 1186), auch wenn sie selbst zum Betreuer bestellt werden wollen (BayObLG NJWE-FER 98, 128).

§ 1908 c Bestellung eines neuen Betreuers

Stirbt der Betreuer oder wird er entlassen, so ist ein neuer Betreuer zu bestellen.

1 Da die Betreuung nicht mit dem Tod oder der Entlassung des Betreuers endet, ist in diesen Fällen bei weiter bestehendem Betreuungsbedarf unverzüglich ein **neuer Betreuer** (ggf als vorläufiger Betreuer) zu bestellen. Die Auswahl richtet sich nach §§ 1897, 1900. In Eilfällen ist die Neubestellung auch durch einstweilige Anordnung möglich (§ 69 f FGG).

§ 1908 d Aufhebung oder Änderung von Betreuung und Einwilligungsvorbehalt

(1) ¹Die Betreuung ist aufzuheben, wenn ihre Voraussetzungen wegfallen. ²Fallen diese Voraussetzungen nur für einen Teil der Aufgaben des Betreuers weg, so ist dessen Aufgabenkreis einzuschränken.
(2) ¹Ist der Betreuer auf Antrag des Betreuten bestellt, so ist die Betreuung auf dessen Antrag aufzuheben, es sei denn, dass eine Betreuung von Amts wegen erforderlich ist. ²Den Antrag kann auch ein Geschäftsunfähiger stellen. ³Die Sätze 1 und 2 gelten für die Einschränkung des Aufgabenkreises entsprechend.
(3) ¹Der Aufgabenkreis des Betreuers ist zu erweitern, wenn dies erforderlich wird. ²Die Vorschriften über die Bestellung des Betreuers gelten hierfür entsprechend.
(4) Für den Einwilligungsvorbehalt gelten die Absätze 1 und 3 entsprechend.

1 Im Gegensatz zur Vormundschaft (vgl § 1892) **enden Betreuung und Einwilligungsvorbehalt** aus Gründen der Rechtssicherheit grds **nicht automatisch**, sondern ihre Aufhebung oder Änderung muss durch gerichtliche Anordnung erfolgen. Lediglich der Tod des Betreuten führt in Durchbrechung dieses Grundsatzes ohne weiteres zum Ende von Betreuung und Einwilligungsvorbehalt, wobei jedoch in diesem Fall bestimmte Notgeschäftsführungsrechte (vgl §§ 1908 i; 1893) weiter bestehen können (vgl *Paßmann* BtPrax 94, 202; *Vogt* BtPrax 96, 52; *Stockert* BtPrax 96, 203). § 1908 d gibt zudem dem Vormundschaftsgericht die **Möglichkeit**, die

Anordnung einer Betreuung, bzw eines Einwilligungsvorbehalts, unter Beachtung des Erforderlichkeitsgrundsatzes an geänderte Verhältnisse anzupassen. Es kann dabei die Betreuung und den Einwilligungsvorbehalt bei Wegfall der Voraussetzungen (§§ 1896, 1903) vollständig aufheben oder auch nur auf bestimmte Aufgabenkreise und Geschäfte beschränken (I). Soweit notwendig, können Betreuung und Einwilligungsvorbehalt aber auch nach den allgemeinen Regeln der §§ 1896, 1903 entspr erweitert werden (III). Soll nur der Betreuer entlassen werden, so ist § 1908 b einschlägig.

Entsprechend dem **Erforderlichkeitsgrundsatz** ist die Betreuung, bzw der Einwilligungsvorbehalt, aufzuheben, wenn die Voraussetzungen (endgültig, nicht nur vorübergehend Bay FamRZ 94, 319) wegfallen, die zu ihrer Anordnung geführt hatten (I, III). Dies gilt auch, wenn sich herausstellt, dass die Anordnungsvoraussetzungen nie vorlagen (I, III analog). Bestehen sie fort, ist er zu verlängern (BayObLG NJW-FER 00, 9). Fällt nur ein Teil der Aufgabe weg, ist der Aufgabenkreis des Betreuers zu beschränken. 2

Ist die Betreuung auf Antrag des Betroffenen eingerichtet worden, ist sie grds aufzuheben, wenn der Betroffene es beantragt. Dies hat nach I zwingend zu geschehen, wenn der Betroffene allein unter einer körperlichen Behinderung leidet, da sein Antrag in diesem Fall Anordnungsvoraussetzung ist, so dass bei seiner Rücknahme die Aufhebung erfolgen muss. Ist eine psychische Erkrankung oder eine geistige oder seelische Behinderung des Betroffenen Grund für die Einrichtung der Betreuung, kommt auch eine Anordnung von Amts wegen in Betracht, so dass das Gericht die Betreuung nur aufheben darf, wenn die Weiterführung nicht erforderlich ist (II 1). Den Antrag auf **Aufhebung** der Betreuung kann auch ein Geschäftsunfähiger stellen (II 2). 3

Eine **Einschränkung des Aufgabenbereichs** des Betreuers, bzw des Einwilligungsvorbehalts, setzt voraus, dass zwar weiterhin Betreuungsbedürftigkeit besteht, aber nicht mehr in dem bisherigen Umfang (Köln FamRZ 00, 908). I u III finden entspr Anwendung (IV). II kommt nicht in Betracht, da der Einwilligungsvorbehalt nur von Amts wegen angeordnet werden kann. 4

Eine **Erweiterung** des Aufgabenkreises des Betreuers, bzw des Einwilligungsvorbehalts, richtet sich nach den für die Erstanordnung geltenden Vorschriften (§§ 1896, 1903; § 69 i FGG). 5

§ 1908 e
– *aufgehoben* –

§ 1908 f Anerkennung als Betreuungsverein

(1) Ein rechtsfähiger Verein kann als Betreuungsverein anerkannt werden, wenn er gewährleistet, dass er
1. eine ausreichende Zahl geeigneter Mitarbeiter hat und diese beaufsichtigen, weiterbilden und gegen Schäden, die diese anderen im Rahmen ihrer Tätigkeit zufügen können, angemessen versichern wird,
2. sich planmäßig um die Gewinnung ehrenamtlicher Betreuer bemüht, diese in ihre Aufgaben einführt, fortbildet und sie sowie Bevollmächtigte berät,
2a. planmäßig über Vorsorgevollmachten und Betreuungsverfügungen informiert,
3. einen Erfahrungsaustausch zwischen den Mitarbeitern ermöglicht.

(2) ¹Die Anerkennung gilt für das jeweilige Land; sie kann auf einzelne Landesteile beschränkt werden. ²Sie ist widerruflich und kann unter Auflagen erteilt werden.

(3) ¹Das Nähere regelt das Landesrecht. ²Es kann auch weitere Voraussetzungen für die Anerkennung vorsehen.

(4) Die anerkannten Betreuungsvereine können im Einzelfall Personen bei der Errichtung einer Vorsorgevollmacht beraten.

Die Norm stellt zur **Sicherung bestimmter Qualitätsstandards** für Betreuungsvereine Mindestvoraussetzungen auf (vgl Jürgens/*Winterstein* § 1908 f BGB Rn 1 ff). Über III 2 wird zusätzlich die Aufstellung weiterer Voraussetzungen durch das Landesrecht zugelassen. Vgl den Überblick zu den landesrechtlichen Regelungen bei *Dodegge* NJW 92, 1936; 94, 2383; 95, 2389. Die Anerkennung ist Voraussetzung für die wirksame Bestellung des Vereins als Betreuer oder seiner Mitarbeiter als Vereinsbetreuer (§ 1897 II). Sie ist jederzeit widerruflich, kann unter Auflagen erteilt werden und gilt grds nur für das Bundesland, wo sie ausgesprochen wurde (II). Zur Vergütung vgl § 1835 sowie § 7 VBVG. 1

Anerkennungsvoraussetzung ist, dass der Verein rechtsfähig ist. Er darf nicht nur ehrenamtliche Helfer haben, sondern muss auch über professionelle Mitarbeiter verfügen (I 1). Die Beratung von Bevollmächtigten muss zu seinen satzungsgemäßen Aufgaben gehören (I Nr 2). Im Rahmen des nach I Nr 3 geforderten Erfahrungsaustausches zwischen den Mitarbeitern werden die Betreuer von ihrer Schweigepflicht über die persönlichen Angelegenheiten der Betreuten entbunden. Will der Verein Personen bei der Errichtung von Versorgungsvollmachten beraten (IV), so ist dies kein Verstoß gegen das Rechtsberatungsgesetz. 2

§ 1908 g Behördenbetreuer

(1) Gegen einen Behördenbetreuer wird kein Zwangsgeld nach § 1837 Abs. 3 Satz 1 festgesetzt.
(2) Der Behördenbetreuer kann Geld des Betreuten gemäß § 1807 auch bei der Körperschaft anlegen, bei der er tätig ist.

1 Darf gegen eine Behörde bereits nach § 1837 III kein Zwangsgeld festgesetzt werden, erstreckt § 1908 g I dieses Verbot auf den Fall, dass nicht die Behörde selbst, sondern einer ihrer Mitarbeiter zum Betreuer bestellt ist (Behördenbetreuer, § 1897 II 2), weil auch dieser eine öffentliche Aufgabe wahrnimmt. II gestattet dem Behördenbetreuer die Anlage des Geldes des Betroffenen auch bei der Körperschaft, bei der er tätig ist.

§ 1908 h

– weggefallen –

§ 1908 i Entsprechend anwendbare Vorschriften

(1) ¹Im Übrigen sind auf die Betreuung § 1632 Abs. 1 bis 3, §§ 1784, 1787 Abs. 1, § 1791 a Abs. 3 Satz 1 zweiter Halbsatz und Satz 2, §§ 1792, 1795 bis 1797 Abs. 1 Satz 2, §§ 1798, 1799, 1802, 1803, 1805, bis 1821, 1822 Nr. 1 bis 4, 6 bis 13, §§ 1823 bis 1826, 1828 bis 1836, 1836 c bis 1836 e, 1837 Abs. 1 bis 3, §§ 1839 bis 1843, 1845, 1846, 1857 a, 1888, 1890 bis 1895 sinngemäß anzuwenden. ²Durch Landesrecht kann bestimmt werden, dass Vorschriften, welche die Aufsicht des Vormundschaftsgerichts in vermögensrechtlicher Hinsicht sowie beim Abschluss von Lehr- und Arbeitsverträgen betreffen, gegenüber der zuständigen Behörde außer Anwendung bleiben.
(2) ¹§ 1804 ist sinngemäß anzuwenden, jedoch kann der Betreuer in Vertretung des Betreuten Gelegenheitsgeschenke auch dann machen, wenn dies dem Wunsch des Betreuten entspricht und nach seinen Lebensverhältnissen üblich ist. ²§ 1857 a ist auf die Betreuung durch den Vater, die Mutter, den Ehegatten, den Lebenspartner oder einen Abkömmling des Betreuten sowie auf den Vereinsbetreuer und den Behördenbetreuer sinngemäß anzuwenden, soweit das Vormundschaftsgericht nichts anderes anordnet.

1 Die **Norm enthält umfangreiche Verweisungen auf das Vormundschaftsrecht**. Eine Pauschalverweisung wie bei der Pflegschaft (§ 1915) ist wegen der eigenständigen Ausgestaltung der Betreuung ausgeschlossen. Deshalb ist der Weg der Einzelverweisung gewählt worden. Der Katalog der Verweisungen ist unvollständig und schließt die entspr Anwendung weiterer Vorschriften nicht aus (Jürgens/Klüsener § 1908 i BGB Rn 4 u 8 mit Übersicht der Verweisungen).
2 Bei der **Bestellung des Betreuers** sind einige Besonderheiten zu beachten. So kann ein Beamter oder Religionsdiener nur bestellt werden, wenn er die nach Landesrecht dazu erforderliche Erlaubnis hat (§ 1784); die Nichtbeachtung der Vorschrift hat zwar auf die Wirksamkeit der Bestellung keinen Einfluss, der Betreuer ist jedoch gem § 1888 zu entlassen. Wird die Betreuung durch einen Mitarbeiter eines Betreuungsvereins geführt, ist zum Schutz des Betreuten § 1791 a III 1 Hs 2 zu beachten.
3 Für die Frage der **konkreten Anwendbarkeit der Verweisnormen** des I ist der **jeweilige Aufgabenkreis des Betreuers** entscheidend. Im Bereich der Personensorge gilt, dass der Betreuer die Herausgabe des Betreuten von Dritten nur dann verlangen und seinen Umgang bestimmen kann (§ 1631 I–III), soweit sich der Aufgabenkreis des Betreuers auf die Aufenthaltsbestimmung erstreckt. Im Verhältnis zum Betreuten steht dem Betreuer, anders als dem Vormund gegenüber dem Mündel, kein Erziehungsrecht zu. Nur der für Vermögensangelegenheiten zuständige Betreuer muss ein Vermögensverzeichnis errichten und dem Vormundschaftsgericht einreichen (§ 1802). Ist das eingereichte Verzeichnis unzureichend gilt § 1802 III. Vermögen hat der Betreuer (wie ein Vormund) gem §§ 1805–1819 anzulegen. Der Behördenbetreuer kann jedoch Geld des Betreuten auch bei der Körperschaft anlegen, bei der er tätig ist (§ 1908 g II).
4 **Vormundschaftsgerichtliche Genehmigungserfordernisse** für den Vormund gelten auch für den Betreuer (§§ 1819–1825). Auch die Erteilung der Genehmigung erfolgt in der gleichen Weise, wie bei beim Vormund. Dritten stehen in beiden Fällen die Rechte gem §§ 1825–1831 zu. Auch § 1804 gilt entsprechend, allerdings mit der Maßgabe, dass der Betreuer anders als der Vormund in Vertretung des Betreuten Gelegenheitsgeschenke auch dann machen kann, wenn das dem Wunsch des Betreuten entspricht und nach seinen Lebensverhältnissen üblich ist (II 1). Sind die Eltern des Betreuten, sein Ehegatte, Lebenspartner oder einer seiner Abkömmlinge zum Betreuer bestellt, oder hat ein Vereins- oder Behördenbetreuer, handelt es sich um befreite Betreuer. Sie genießen kraft Gesetzes alle **Befreiungen**, die nach § 1857 auch dem Jugendamt oder einem Verein als Vormund zustehen würden (II 2). Dies sind gem § 1857 a die Befreiung nach § 1852 II (Befreiung von §§ 1809, 1810, 1812, vgl §§ 1852–1855), die nach § 1853 und die nach § 1854. Gegenüber dem Betreuer kann das Vormundschaftsgericht, anders als beim Vormund, diese Befreiungen jedoch einschränken, wenn das zum Wohl des Betreuten erforderlich ist.

Die **Haftung des Betreuers** gegenüber dem Betreuten für schuldhafte Pflichtverletzung (§ 1833) entspricht der Haftung des Vormunds. Ein Betreuungsverein haftet für das Verschulden des die Betreuung durchführenden Mitarbeiters nach § 31, § 1791a III 2. Lehnt der Betreuer schuldhaft die Übernahme der Betreuung grundlos ab, ist er nach § 1787 I zum Ersatz des Schadens verpflichtet, der aus der verspäteten Bestellung des Betreuers entsteht. 5

Sind **mehrere Betreuer** bestellt, führen sie die Betreuung grds gemeinschaftlich (§ 1797). Die Vertretungsverbote denen der Vormund unterliegt, gelten auch für den Betreuer (§ 1795). Wenn dies zum Wohl des Betreuten notwendig ist, kann ihm für einzelne oder einen bestimmten Kreis von Angelegenheiten die Vertretungsmacht entzogen werden (§ 1796). 6

Vergütung und Aufwendungsersatz entsprechen den für den Vormund geltenden Regeln (§§ 1833–1836e, §§ 7, 8 VBVG). 7

Der Betreuer unterliegt im gleichen Umfang der **Aufsicht des Vormundschaftsgerichts**, wie der Vormund. Ihm obliegen dieselben Berichts- und Rechnungslegungspflichten (§§ 1837 ff). Das § 1837 IV nicht in die Verweisung aufgenommen worden ist, hat seinen Grund nur darin, dass bei Volljährigen die §§ 1666 ff, 1696 keinen Anwendungsbereich haben. Durch Landesrecht können für Betreuungsbehörden weitere Befreiungen von der gerichtlichen Aufsicht in vermögensrechtlicher Hinsicht, sowie den Abschluss von Lehr- und Arbeitsverträgen betreffend, bestimmt werden (Abs 1 S 2). Vgl dazu die Übersicht zu den landesgesetzlichen Regelungen bei Soergel/*Zimmermann* Rn 16. 8

Für die **Amtsbeendigung** gelten die für den Vormund maßgeblichen Regeln: Tod des Betreuten (§ 1908d); Rechnungslegung, Vermögensherausgabe, Anzeigepflichten (§§ 1892–1894) und Notgeschäftsführungsbefugnis (§ 1893). 9

§ 1908 k
– *weggefallen* –

Titel 3 Pflegschaft

§ 1909 Ergänzungspflegschaft

(1) ¹Wer unter elterlicher Sorge oder unter Vormundschaft steht, erhält für Angelegenheiten, an deren Besorgung die Eltern oder der Vormund verhindert sind, einen Pfleger. ²Er erhält insbesondere einen Pfleger zur Verwaltung des Vermögens, das er von Todes wegen erwirbt oder das ihm unter Lebenden unentgeltlich zugewendet wird, wenn der Erblasser durch letztwillige Verfügung, der Zuwendende bei der Zuwendung bestimmt hat, dass die Eltern oder der Vormund das Vermögen nicht verwalten sollen.

(2) Wird eine Pflegschaft erforderlich, so haben die Eltern oder der Vormund dies dem Vormundschaftsgericht unverzüglich anzuzeigen.

(3) Die Pflegschaft ist auch dann anzuordnen, wenn die Voraussetzungen für die Anordnung einer Vormundschaft vorliegen, ein Vormund aber noch nicht bestellt ist.

Die Pflegschaft weist zahlreiche Parallelen zu Vormundschaft (§§ 1773 ff), Betreuung (§§ 1896 ff) und Beistandschaft (§§ 1712 ff) auf, da auch sie als eine **gerichtlich angeordnete Fürsorgetätigkeit für Personen** (Ausn § 1914) vorgesehen ist, die ihre Angelegenheiten nicht selbst wahrnehmen können. Im Gegensatz zur Vormundschaft ist die Pflegschaft jedoch nicht als umfassendes Sorgeverhältnis ausgestaltet, sondern dient nur der Besorgung bestimmter Angelegenheiten. Eine Ausnahme in Form einer Totalpflegschaft bildet § 1909 III. Praktische Bedeutung hat besonders die Ergänzungspflegschaft (§ 1909), die soweit notwendig, den Ersatz eines Teils der elterlichen oder vormundschaftlichen Sorge erlaubt. 1

Die Pflegschaft wird **abschließend** in den §§ 1909 ff geregelt. Ergänzt werden diese Normen durch die Sonderregelung für die Beistandschaft (§ 1712 ff) und die Nachlasspflegschaft (§§ 1960, 1961). Eine **analoge Anwendung** der Pflegschaftsregeln auf andere Fälle eines konkreten Schutzbedürfnisses ist **nicht möglich**. Soweit in anderen Normen außerhalb des BGB aber Pflegschaften oder ähnliche Fürsorgemaßnahmen angeordnet sind (zB § 16 VwVfG, § 207 BauGB, §§ 290 ff, 433 StPO), können ggf die Regeln über die Führung der Pflegschaft entspr Anwendung finden, soweit das mit dem Zweck der anordnenden Normen vereinbar ist (Soergel/*Zimmermann* Rn 8). 2

Die **Anordnung** der Pflegschaft beschränkt die vorhandene Geschäftsfähigkeit des Pfleglings nicht. Der Pfleger hat lediglich im Rahmen des ihm mit der gesetzlichen Anordnung zugewiesenen Aufgabenkreises die gesetzliche Vertretung des Pfleglings. Die Pflegschaft endet grds mit ihrer Aufhebung (§§ 1919, 1921 I u II), ausnahmsweise kraft Gesetzes (§§ 1918, 1921 III). Sind Vormundschaft und Pflegschaft gleichzeitig angeordnet, geht die Pflegschaft vor (§ 1794). 3

4 **Verfahren:** Die Vorschriften über die Vormundschaft sind entspr anzuwenden. Die Pflegschaft bedarf stets einer ausdrücklichen Anordnung (§§ 1915 I, 1774), die grds von Amts wegen zu erfolgen hat; es gilt der Amtsermittlungsgrundsatz (§ 12 FGG). Für die Bestellung und Beaufsichtigung des Pflegers ist grds das Vormundschaftsgericht zuständig (Hamm NJW 01, 437), ggf auch das Familiengericht (§ 1697). Besondere Vorschriften enthalten §§ 36 a, 36 b, 37, 38-43, 46 III, 47 III, 57 I Nr 3 FGG. Es entscheidet der Rechtspfleger durch Beschluss (§ 16 I FGG).

5 **Internationales Privatrecht:** s Art 24 I EGBGB.

6 Nach **§ 1909** kann bei Vorliegen der übrigen Voraussetzungen nur derjenige einen Pfleger erhalten, der unter elterlicher Sorge oder Vormundschaft steht. Für Volljährige findet die Vorschrift keine Anwendung. Die Pflegschaft kann für einzelne Rechtshandlungen oder für unbestimmte Dauer angeordnet werden (zur Abgrenzung: BayObLG Rpfleger 81, 302). Der Pfleger tritt im Rahmen der Bestellung an Stelle der Eltern und des Vormunds und verdrängt in diesem Bereich die elterliche Sorge (§ 1630 I) und die Vormundschaft (§ 1794).

7 **Voraussetzungen der Pflegerbestellung:** Nur im Fall der **Verhinderung** des Trägers der elterlichen Sorge oder des Vormunds kommt die Bestellung eines Pflegers in Betracht. Bei Verhinderung des Gegenvormunds kann kein Pfleger bestellt werden, bei Verhinderung eines von mehreren Mitvormündern, kommt es auf die Verteilung der Aufgabenkreise an (vgl Soergel/*Zimmermann* Rn 2). Bei der Verhinderung kann es sich sowohl um eine rechtliche als auch eine tatsächliche handeln (zB §§ 1629 II, 1639 I, 1795, 1796, 1801), für eine bestimmte Aufgabe oder einen Aufgabenkreis aus den Bereichen der Personen- oder Vermögenssorge (vgl Soergel/*Zimmermann* Rn 4–6). Worauf die Verhinderung beruht (zB Krankheit, Abwesenheit, Interessenkonflikt), ist unerheblich. Beispielsfälle: Offensichtlicher Interessenkonflikt in der Person des Vormunds (BverfG NJW 95, 2023); Abschluss eines Mietvertrages zwischen minderjährigem Kind als Vermieter und einem Elternteil (BFH NJW 93, 1415); Einbringung eines Grundstücks in eine BGB-Gesellschaft, der mehrere minderjährige Kinder beitreten (Zweibr FamRZ 00, 117).

8 Die Anordnung der Pflegschaft setzt außerdem voraus, dass die zu besorgenden Angelegenheiten ohne Pfleger nicht wirksam erledigt werden können (**Fürsorgebedürfnis**). Eine vorsorgliche Pflegerbestellung ohne konkreten Entscheidungsbedarf ist unzulässig. Fehlt es bereits am Interessenkonflikt (BverfG FamRZ 03, 921) oder ist bei Minderjährigen nur ein Elternteil an der gesetzlichen Vertretung verhindert, so besteht kein Fürsorgebedürfnis, wenn der andere Elternteil in der Lage ist, die elterliche Sorge auszuüben, bzw das Familien- oder das Vormundschaftsgericht die erforderliche Maßnahmen treffen kann (zB §§ 1667, 1693, 1846), bzw der Minderjährige selbst handlungsfähig ist (zB §§ 112, 113). Zweifel daran, ob der Pfleger das Rechtsgeschäft wirksam vornehmen kann (BayObLG NJW 60, 577; Köln FamRZ 02, 1655) lassen das Fürsorgebedürfnis nicht entfallen. Bei offensichtlich aussichtsloser oder mutwilliger Prozessführung, kann jedoch die Bestellung eines Pflegers abgelehnt werden (BayObLG Recht 24, 1000; Stuttg FamRZ 05, 62).

9 Die **Ersatzpflegschaft** (III) kann angeordnet werden, wenn die Voraussetzungen für die Anordnung der Vormundschaft vorliegen (§§ 1773, 1886), jedoch noch kein Vormund bestellt ist, aber schon ein dringendes Bedürfnis für die Vertretung des Mündels besteht. Für den zu bestimmenden Wirkungskreis des Pflegers ist der Umfang der zu treffenden Maßnahmen entscheidend, notfalls muss er ebenso umfassend sein, wie der des Vormunds (Totalpflegschaft).

10 Bei der **Zuwendungspflegschaft** (I 2) handelt es sich um einen besonderen Fall rechtlicher Verhinderung beim Vermögenserwerb des Mündels von Todeswegen oder durch unentgeltliche Zuwendung durch einen Dritten, wenn damit im Zusammenhang, beide Eltern oder der Vormund, von der Vermögensverwaltung ausgeschlossen werden (§§ 1638, 1803). So ist die Bestellung eines Pflegers zB dann geboten, wenn der überlebende Ehegatte von seinem geschiedenen Ehepartner von der Verwaltung des ererbten Kindesvermögens ausgeschlossen wurde (BayObLG FamRZ 89, 1342).

11 Eltern, bzw. der Vormund, haben dem Gericht unverzüglich (ohne schuldhaftes Zögern § 121) anzeigen, wenn sie von der Notwendigkeit einer Pflegerbestellung Kenntnis erlangen (**Anzeigepflicht**, II). Entspr Mitteilungspflichten ordnet § 1799 I für den Gegenvormund, § 1915 I für den Pfleger, §§ 1716, 1915 für den Beistand und § 1850 für das Jugendamt an.

12 Für das **Verfahren** vgl § 1909 Rn 4. Bei Verhinderung der Eltern, ist das Familiengericht zuständig (Zweibr FamRZ 00, 243; str). Gegen die Anordnung der Pflegschaft ist die Beschwerde der Eltern (bzw des Vormunds), sowie des mindestens 14 Jahre alten Kindes (§§ 20, 59 FGG), gegen die Ablehnung oder Aufhebung ist auch Beschwerde Dritter, zulässig.

§ 1910

– *weggefallen* –

§ 1911 Abwesenheitspflegschaft

(1) ¹Ein abwesender Volljähriger, dessen Aufenthalt unbekannt ist, erhält für seine Vermögensangelegenheiten, soweit sie der Fürsorge bedürfen, einen Abwesenheitspfleger. ²Ein solcher Pfleger ist ihm insbesondere auch dann zu bestellen, wenn er durch Erteilung eines Auftrags oder einer Vollmacht Fürsorge getroffen hat, aber Umstände eingetreten sind, die zum Widerruf des Auftrags oder der Vollmacht Anlass geben.
(2) Das Gleiche gilt von einem Abwesenden, dessen Aufenthalt bekannt, der aber an der Rückkehr und der Besorgung seiner Vermögensangelegenheiten verhindert ist.

Die **Norm dient dazu**, für einen Abwesenden, ob bekannten oder unbekannten Aufenthalts, zur Regelung 1 vermögensrechtlicher Angelegenheiten, einen Pfleger zu bestellen, wenn der Abwesende keine ausreichende Vorsorge getroffen hat. Sie verdrängt § 1909. Sonderregeln bestehen in § 88 FGG (Nachlassteilung), § 99 FGG (Auseinandersetzung des Gesamtguts), für das Städtebaurecht in § 207 BauGB sowie im Strafprozess (§§ 292 I, 443 III StPO).
Voraussetzung für die Anordnung ist zunächst die **Abwesenheit des Betroffenen**. Es ist dabei unerheblich, ob 2 sein **Aufenthaltsort unbekannt** ist (I 2) oder ob sein **Verbleib bekannt** ist (II). Abwesenheit liegt vor, wenn der Betroffene an seinem Wohnort, bei seinem gewöhnlichen Aufenthaltsort, nicht zu erreichen ist. Die erforderliche Dauer ist nach Lage des Einzelfalls vom Vormundschaftsgericht unter Berücksichtigung der Bedeutung der Angelegenheit zu ermitteln. Unbekannt ist der Aufenthalt, wenn er trotz Nachforschungen vom Gericht nicht zu ermitteln ist (RG 98, 264). Verschollenheit iSd § 1 VerschG ist nicht erforderlich, die Anordnung der Pflegschaft ist aber unzulässig, wenn der Abwesende für tot erklärt wurde. Dann kommt nur noch Nachlasspflegschaft gem § 1961 in Betracht (vgl *Arnold* NJW 49, 250). Ist der Verbleib bekannt, ist für die Verhinderung entscheidend, ob der Betroffenen den Ort erreichen kann, an dem die Vermögensahngelegenheit zu besorgen ist (RG 98, 263).
Die Abwesenheitspflegschaft darf ausschließlich zur **Wahrung der Vermögensinteressen** des Betroffenen 3 angeordnet werden. Eine gleichwohl erfolgte Bestellung ist nichtig (Kobl FamRZ 74, 207).
Weitere Anordnungsvoraussetzung ist, dass ein **Fürsorgebedürfnis** beim Betroffenen besteht (Zweibr FamRZ 4 87, 523). Ein zusätzliches Interesse Dritter an der Anordnung schadet nicht (Köln FamRZ 96, 694). Ob ein Bedürfnis vorliegt, ist aus der Sicht des Betroffenen zu beurteilen (Zweibr FamRZ 03, 258). Es fehlt regelmäßig, bei ausreichender gesetzlicher Vertretung des Abwesenden (Eltern, Vormund, Betreuer) oder wenn er selbst durch die Bestellung eines Vertreters Vorsorge getroffen hat. Etwas anderes gilt, wenn der Pfleger gerade für den Widerruf der Vertretungsvollmacht benötigt wird (I 2). Auch wenn sich der Abwesende bewusst um die Angelegenheit nicht kümmern will, darf ihm kein Pfleger aufgenötigt werden.
Der **Zuschnitt des Aufgabenkreises** für den Pfleger richtet sich nach dem Fürsorgebedürfnis und der voraus- 5 sichtlichen Dauer der Abwesenheit und kann sowohl die Vermögenserhaltung als auch dessen Verwaltung umfassen. Im Bereich der ihm zugewiesenen Aufgaben ist der Pfleger gesetzlicher Vertreter des Abwesenden. Sein Vertretungsrecht besteht dabei grds nur in Vermögensahngelegenheiten, mit Ausnahme des Rechtes, die Todeserklärung des Abwesenden zu beantragen (§ 16 II b, III VerschG; BHHZ 18, 393). Die Pflegschaft endet Kraft Gesetzes (§§ 1918 III, 1921 III) oder durch Aufhebung (§§ 1919; 1921 I u II).
Die Zuständigkeit im **Verfahren** richtet sich nach §§ 35, 35 b, 39 FGG, Auseinandersetzungspflegschaft: §§ 88, 6 99 FGG. Gegen die Anordnung der Pflegschaft ist nur der Abwesende beschwerdeberechtigt (§ 20 FGG), gegen die Ablehnung der Anordnung oder ihre Aufhebung ggf auch Dritte (§ 57 I Nr 3 FGG).

§ 1912 Pflegschaft für eine Leibesfrucht

(1) Eine Leibesfrucht erhält zur Wahrung ihrer künftigen Rechte, soweit diese einer Fürsorge bedürfen, einen Pfleger.
(2) Die Fürsorge steht jedoch den Eltern insoweit zu, als ihnen die elterliche Sorge zustünde, wenn das Kind bereits geboren wäre.

Die **Norm dient dem Schutz** künftiger Rechte eines erzeugten, aber noch nicht geborenen Menschen. Sie ist 1 nur auf die **Leibesfrucht** anwendbar und kommt zB für die Entscheidung über den Schwangerschaftsabbruch nicht in Betracht (*Vennemann* FamRZ 87, 1068). Im Rahmen der Aufgaben des Beistands (§ 1712 Nr 1 u 2) darf sie nicht angeordnet werden. In seinem Aufgabenkreis ist der Pfleger gesetzlicher Vertreter der Leibesfrucht.
Es muss eine **Schwangerschaft** vorliegen. Vorher ist nur Pflegerbestellung nach § 1913 möglich. 2
Es muss ein **Fürsorgebedürfnis** zugunsten der Leibesfrucht bestehen. Dies kann fehlen, wenn für die in 3 Betracht kommenden Rechte, etwa die Rechte aus einer Erbschaft, schon anderweitig Vorsorge getroffen ist (zB Testamentsvollstreckung § 2222; Nachlasspflegschaft § 1960 II). Auch ein alleiniges Interesse Dritter an einer Pflegerbestellung reicht nicht. Nach II entfällt das Fürsorgebedürfnis auch, falls das Kind, wenn es bereits geboren wäre, unter der Sorge seiner Eltern (bzw mindestens eines Elternteils) stehen würde.

4 Die **Pflegschaft endet** kraft Gesetzes mit der Geburt des Kindes (§ 1918 II) oder bei Erledigung der einzelnen Angelegenheiten (§ 1918 III), sonst durch Aufhebung, für den Fall, dass die Voraussetzungen nicht mehr vorliegen (zB Tod der Schwangeren oder der Leibesfrucht) oder nie bestanden haben (zB Scheinschwangerschaft).

5 Die **Zuständigkeit** für die Anordnung und Führung der Pflegschaft richtet sich bei Deutschen nach §§ 35 b, 40 FGG, bei Ausländern nach § 44 FGG. **Beschwerderecht** gegen die Anordnung der Pflegschaft besteht nur für den fürsorgeberechtigten Elternteil (II, § 20 FGG); gegen die Ablehnung ist jeder rechtlich Interessierte (§ 57 I Nr 3 FGG) beschwerdeberechtigt.

§ 1913 Pflegschaft für unbekannte Beteiligte

¹Ist unbekannt oder ungewiss, wer bei einer Angelegenheit der Beteiligte ist, so kann dem Beteiligten für diese Angelegenheit, soweit eine Fürsorge erforderlich ist, ein Pfleger bestellt werden. ²Insbesondere kann einem Nacherben, der noch nicht gezeugt ist oder dessen Persönlichkeit erst durch ein künftiges Ereignis bestimmt wird, für die Zeit bis zum Eintritt der Nacherbfolge ein Pfleger bestellt werden.

1 Auch bei dieser Form der Pflegschaft handelt es sich um eine **Personalpflegschaft**, die dazu dient, das Fürsorgebedürfnis zu befriedigen, das entstehen kann, wenn ungewiss ist, wer an einer bestimmten Angelegenheit beteiligt ist. Anwendbar ist die Norm auch auf einen noch nicht Erzeugten und auf juristische Personen, nicht hingegen bei eigentümerlosen Grundstücken (str, vgl Soergel/*Zimmermann* Rn 2 mwN). Sondernormen, wie zB § 207 BauGB oder § 17 SachenRBerG (Brandbg OLG-NL 96, 277) verdrängen § 1913.

2 Die Pflegschaft kann nur für **unbekannte oder ungewisse Beteiligte** bestellt werden (S 1). Es genügt dabei auch wenn über die Berechtigung gestritten wird (Ddorf Rpfleger 76, 358). Häufigster Anwendungsfall ist das in S 2 genannte Regelbeispiel der Nacherbschaft, weil diese an den Eintritt eines zukünftigen ungewissen Ereignisses geknüpft ist (vgl §§ 2101, 2104, 2105 I, 2106 II, 2139). In Betracht kommen aber zB auch Unklarheiten über die Verwendung des Vereinsvermögens bei Wegfall sämtlicher Mitglieder (Köln NJW-RR 99, 336).

3 Die Unkenntnis des bzw die Ungewissheit über den Beteiligten muss zu einem **gegenwärtigen Fürsorgebedürfnis** führen. Es liegt vor, wenn das Geschäft für den Unbekannten vorteilhaft ist und nicht ausschließlich im Interesse eines Dritten liegt. Es fehlt, wenn bereits anderweitig Vorsorge getroffen ist (zB §§ 1960 I, 2216 oder bei Fundsachen § 967).

4 Der **Pfleger** kann im Rahmen seines Aufgabenkreises als **gesetzlicher Vertreter des Pfleglings** von sämtlichen Rechten in dem Umfang Gebrauch machen, wie der unbekannte bzw ungewisse Beteiligte das selbst könnte (Hamm NJW 74, 505). Für die Nacherbenpflegschaft (S 2) sind das zB die Rechte aus §§ 2114, 2116-2118, 2120-2123, 2127 ff, 2142); aber auch der Antrag auf Löschung des Nacherbenvermerks im Grundbuch (Hamm FamRZ 97, 1368).

5 Die **Pflegschaft endet** kraft Gesetzes mit Erledigung der übertragenen Angelegenheiten (§ 1918 III), sonst durch Aufhebung (§ 1919, zB Eintritt des Nacherbfalls).

6 Die **Verfahrenszuständigkeit** richtet sich nach § 41 FGG. Für die **Beschwerdeberechtigung** gegen die Androhung der Anordnung vgl § 20 FGG, vor allem der Beteiligte selbst und der Testamentsvollstrecker (KG OLGZ 73, 106). Gegen die Ablehnung der Anordnung jeder Dritte, der ein rechtliches Interesse hat (§ 57 I Nr 3 FGG).

§ 1914 Pflegschaft für gesammeltes Vermögen

Ist durch öffentliche Sammlung Vermögen für einen vorübergehenden Zweck zusammengebracht worden, so kann zum Zwecke der Verwaltung und Verwendung des Vermögens ein Pfleger bestellt werden, wenn die zu der Verwaltung und Verwendung berufenen Personen weggefallen sind.

1 In § 1914 wird in Form einer Sachpflegschaft die **Fürsorge für ein Sammelvermögen**, dh eine Vermögensmasse ohne eigene Rechtspersönlichkeit, geregelt. Zwar besteht grds am Sammelvermögen, bis es seiner Bestimmung zugeführt ist, zunächst Miteigentum der Spender. Die Verwaltung und die Verfügungsgewalt über das Gesammelte ist jedoch treuhänderisch den Veranstaltern der Sammlung übertragen, bei deren Wegfall daher ein Fürsorgebedürfnis entsteht.

2 Eine **Pflegerbestellung** ist nur für eine Vermögensmasse möglich, die durch öffentliche Sammlung für einen vorübergehenden Zweck zusammengebracht wurde. Es muss nicht aus Geld bestehen, sondern kann sich auch aus Sachspenden zusammensetzen. Öffentlich ist eine Sammlung, wenn eine unbestimmte Anzahl von Personen die Möglichkeit zu einer Spende erhält. Die Sammlung muss außerdem einem nur vorübergehenden Zweck dienen, bei auf Dauer angelegter Zweckverfolgung (zB Stipendienvergabe) scheidet eine Pflegerbestellung daher aus.

Fallen die für das Sammelvermögen verwaltungs- und verfügungsbefugten Personen, aus welchem Grund 3
auch immer, weg (zB durch Tod oder Ausscheiden aus dem Sammlungskreis; bloße Unfähigkeit zur Vermögensverwaltung genügt nicht), kann die **Pflegschaft angeordnet** werden.
Dem **Pfleger** ist nicht gesetzlicher Vertreter der Spender, sondern ihm obliegt die Verwaltung und Verwen- 4
dung des gesammelten Vermögens. Er kann die bereits versprochenen, aber noch nicht bezahlten Beträge
einziehen und hat im Prozess die Stellung einer Partei kraft Amtes. Eine Bestellung zur Fortsetzung der
Sammlung ist nicht möglich. Die Beendigung der Pflegschaft richtet sich nach §§ 1918 III, 1919.
Verfahren. Zuständigkeit gem § 42 FGG, Beschwerdeberechtigung gem §§ 20, 57 I Nr 3. 5

§ 1915 Anwendung des Vormundschaftsrechts

(1) ¹Auf die Pflegschaft finden die für die Vormundschaft geltenden Vorschriften entsprechende Anwendung,
soweit sich nicht aus dem Gesetz ein anderes ergibt. ²Abweichend von § 3 Abs. 1 bis 3 des Vormünder- und
Betreuervergütungsgesetzes bestimmt sich die Höhe einer nach § 1836 Abs. 1 zu bewilligenden Vergütung nach
den für die Führung der Pflegschaftsgeschäfte nutzbaren Fachkenntnissen des Pflegers sowie nach dem Umfang
und der Schwierigkeit der Pflegschaftsgeschäfte, sofern der Pflegling nicht mittellos ist.
(2) Die Bestellung eines Gegenvormunds ist nicht erforderlich.
(3) § 1793 Abs. 2 findet auf die Pflegschaft für Volljährige keine Anwendung.

Nach I 1 sind **auf die Pflegschaft** grds die **für die Vormundschaft geltenden Regeln anzuwenden**. Das gilt 1
nicht nur für die in den §§ 1909 ff geregelten Pflegschaften, sondern auch für an anderer Stelle im BGB (zB
Nachlasspflegschaft, Beistandschaft) oder auch in anderen Gesetzen (zB Verfahrenspflegschaft) geregelte
Pflegschaftsverhältnisse (vgl Soergel/*Zimmermann* Rn 5 ff.). Nach II ist die Bestellung eines Gegenvormunds
regelmäßig nicht erforderlich (II). Sie bleibt aber gleichwohl mit Ausnahme von § 1917 zulässig.
Im Einzelnen gelten insbesondere entsprechend: Bestellung (§ 1789), Führung (§§ 1793 ff), Aufsicht 2
(§§ 1837 ff), gerichtliche Genehmigungserfordernisse (§§ 1819 ff), Haftung (§ 1833), Aufwendungsersatz u
Vergütung (1835, 1835a, 1836), Ablehnungsrecht (§ 1786), Ausschluss der Vertretungsmacht (§ 1795), Auswahl (§ 1779), Mehrheit von Pflegern (§§ 1775, 1797), Entlassung (§§ 1886, 1889). Die Pflegschaft endet grds
durch Aufhebung (§§ 1919, 1921 I, II) oder in den Fällen der §§ 1918, 1921 III automatisch. Die Bedeutung
der Verweisung in I beschränkt sich für diesen Bereich auf die Verpflichtung des Pflegers zur Rechnungslegung (§§ 1840, 1841, 1890). Bei Interessengegensatz kommt darüber hinaus auch die Bestellung eines weiteren Pflegers in Betracht (BayObLG FamRZ 59, 32).
Aufwendungsersatz und Vergütung (*Zimmermann* FamRZ 05, 953). Die Pflegschaft ist grds unentgeltlich zu 3
führen. Ehrenamtliche Pfleger können aber ggf gem §§ 1835, 1835 a Aufwendungsersatz und Aufwandsentschädigung erhalten (I 1). Berufspfleger können hingegen auch eine Vergütung beanspruchen, die bei Mittellosigkeit des Pfleglings aus der Staatskasse zu zahlen ist. Ihre Höhe bemisst sich nach den für die Führung der
Pflegschaftsgeschäfte notwendigen Fachkenntnissen des Pflegers sowie nach dem Umfang und der Schwierigkeit der Pflegschaftsgeschäfte. Das Gericht kann für die Festsetzung der Vergütung die Sätze des § 3 VBVG
entspr heranziehen, muss es aber nicht. Bei Mittellosigkeit des Pfleglings bleibt es dagegen, bei den nach § 3
VBVG bestimmten Sätzen (I 2).

§ 1916 Berufung als Ergänzungspfleger

Für die nach § 1909 anzuordnende Pflegschaft gelten die Vorschriften über die Berufung zur Vormundschaft nicht.

Bei der Auswahl des Ergänzungspflegers haben die Vorschriften über die Auswahl des Vormunds keine entspr 1
Geltung. Es würde dem Zweck der Ergänzungspflegschaft widersprechen, wenn nach den Auswahlregeln der
Vormundschaft, Personen zum Pfleger bestellt werden müssten, bei denen wegen einem vergleichbaren Näheverhältnis zum Fürsorgebedürftigen, ähnliche Interessenkonflikte bestehen können, wie bei dem ausgeschlossenen gesetzlichen Vertreter selbst. Maßgebend ist allein das Interesse des Pflegebefohlenen (BayObLG FamRZ 59,
125). Auch die Bestellung naher Verwandter des Pfleglings ist möglich, wenn sichergestellt ist, dass in ihrer Person kein Interessenkonflikt vorliegt. Im Zweifel ist jedoch der Vermeidung von Interessenkonflikten der Vorrang vor den Wünschen des Pfleglings und persönlichen Bindungen zu geben (Schlesw FamRZ 03, 117).

§ 1917 Ernennung des Ergänzungspflegers durch Erblasser und Dritte

(1) Wird die Anordnung einer Pflegschaft nach § 1909 Abs. 1 Satz 2 erforderlich, so ist als Pfleger berufen,
wer durch letztwillige Verfügung oder bei der Zuwendung benannt worden ist; die Vorschrift des § 1778 ist
entsprechend anzuwenden.

(2) ¹Für den benannten Pfleger können durch letztwillige Verfügung oder bei der Zuwendung die in den §§ 1852 bis 1854 bezeichneten Befreiungen angeordnet werden. ²Das Vormundschaftsgericht kann die Anordnungen außer Kraft setzen, wenn sie das Interesse des Pfleglings gefährden.
(3) ¹Zu einer Abweichung von den Anordnungen des Zuwendenden ist, solange er lebt, seine Zustimmung erforderlich und genügend. ²Ist er zur Abgabe einer Erklärung dauernd außerstande oder ist sein Aufenthalt dauernd unbekannt, so kann das Vormundschaftsgericht die Zustimmung ersetzen.

1 Die Norm ergänzt die §§ 1638, § 1909 I 2. Der Zuwendende kann sich selbst oder einen Dritten als Pfleger benennen oder auch bestimmte Personen von der Pflegschaft ausschließen. Der Benannte ist zum Pfleger zu bestellen. Er darf nur übergangen werden, wenn in seiner Person einer der Gründe des § 1778 vorliegt. Für die Annahme einer Gefährdung des Wohls des Mündels iSd § 1778 kann ein Interessenwiderstreit ausreichen (BayObLG FamRZ 97, 1289). Der Zuwendende kann den zu bestellenden Pfleger auch von den in §§ 1852–1854 genannten Einschränkungen befreien (II 1). Bedeutet die Befreiung für das Wohl des Pfleglings eine Gefahr, hat das Vormundschaftsgericht sie außer Kraft zu setzen (II 2). Abweichen von den Anordnungen des Zuwendenden in Bezug auf die Befreiungen sind zu seinen Lebzeiten an seine Zustimmung gebunden. Stimmt er zu, ist es unerheblich, ob zusätzlich eine Gefährdung des Wohls des Pfleglings vorliegt. Hinsichtlich der Auswahl des Pflegers besteht dagegen keine Bindung an die Zustimmung des Zuwendenden (Soergel/*Zimmermann* Rn 4).

§ 1918 Ende der Pflegschaft kraft Gesetzes

(1) Die Pflegschaft für eine unter elterlicher Sorge oder unter Vormundschaft stehende Person endigt mit der Beendigung der elterlichen Sorge oder der Vormundschaft.
(2) Die Pflegschaft für eine Leibesfrucht endigt mit der Geburt des Kindes.
(3) Die Pflegschaft zur Besorgung einer einzelnen Angelegenheit endigt mit deren Erledigung.

1 Für die **Beendigung der Pflegschaft** gelten die Regeln des Vormundschaftsrechts entspr (§§ 1886, 1888, 1889, 1915 I 1), eine ggf weiterhin erforderliche Ergänzungspflegschaft muss erneut angeordnet werden. Die hier genannten Gründe führen alle zum automatischen Erlöschen der Pflegschaft. Gleiches gilt mit Ausnahme von § 1921 II beim Tod des Pfleglings. Im Übrigen endet die Pflegschaft erst dann, wenn sie vom Vormundschaftsgericht aufgehoben wird (§§ 1919, 1921 I, II).
2 Die Ergänzungspflegschaft (§ 1909) endet wie die gesetzliche Vertretung mit der Volljährigkeit des Pfleglings (I). Die Pflegschaft für eine Leibesfrucht (§ 1912) endet mit der Geburt des Kindes (II). Eine auf eine einzelne Angelegenheit beschränkte Pflegschaft endet mit deren Besorgung (III), zB wenn der Pfleger zur Führung eines Prozesses bestellt war und das Verfahren beendet ist (BayObLG FamRZ 88, 321). Fehlt es für den Aufgabenbereich der Pflegschaft lediglich an einem aktuellen Handlungsbedarf, ist die Besorgung noch nicht endgültig und es kommt nur eine Beendigung nach § 1919 in Betracht.

§ 1919 Aufhebung der Pflegschaft bei Wegfall des Grundes

Die Pflegschaft ist von dem Vormundschaftsgericht aufzuheben, wenn der Grund für die Anordnung der Pflegschaft weggefallen ist.

1 Die **Pflegschaft ist nach § 1919 aufzuheben**, wenn entweder ihr **Anordnungsgrund entfallen** ist oder **kein weiteres Fürsorgebedürfnis** mehr besteht. Dies gilt auch, wenn sich später herausstellt, dass es bereits bei Anordnung der Pflegschaft an einem zureichenden Anordnungsgrund gefehlt hat. § 1919 betrifft dabei nur die Beendigung der Pflegschaft und nicht die Frage der Entlassung des sich pflichtwidrig verhaltenen Pflegers selbst (vgl §§ 1915, 1886).
2 Einzige **Voraussetzung** für die Aufhebung der Pflegschaft ist, dass der Grund für ihre Anordnung entfallen ist.
3 Die **Aufhebung** erfolgt **durch Beschluss** des Vormundschaftsgerichts. Mit Wirksamkeit des Aufhebungsbeschlusses endet die Pflegschaft (§ 16 I FGG) unabhängig davon, ob der Anordnungsgrund tatsächlich weggefallen ist. Besteht er fort, so muss zusätzlich zur Aufhebung des Aufhebungsbeschlusses die Pflegschaft neu angeordnet und der Pfleger neu bestellt werden.
4 **Verfahren.** Bei Verweigerung der Aufhebung der Pflegschaft ist der Pfleger nach § 20 FGG beschwerdebefugt, Dritte nach Maßgabe des § 57 I Nr 3 FGG und bei die Personensorge berührenden Angelegenheiten auch nach § 57 I Nr 9. Der Pfleger hat kein eigenes Beschwerderecht (§ 20 FGG), weil er kein rechtliches Interesse am Fortbestand der Pflegschaft hat (Soergel/*Zimmermann* Rn 6).

§ 1920

– *weggefallen* –

§ 1921 Aufhebung der Abwesenheitspflegschaft

(1) Die Pflegschaft für einen Abwesenden ist von dem Vormundschaftsgericht aufzuheben, wenn der Abwesende an der Besorgung seiner Vermögensangelegenheiten nicht mehr verhindert ist.

(2) ¹Stirbt der Abwesende, so endigt die Pflegschaft erst mit der Aufhebung durch das Vormundschaftsgericht. ²Das Vormundschaftsgericht hat die Pflegschaft aufzuheben, wenn ihm der Tod des Abwesenden bekannt wird.

(3) Wird der Abwesende für tot erklärt oder wird seine Todeszeit nach den Vorschriften des Verschollenheitsgesetzes festgestellt, so endigt die Pflegschaft mit der Rechtskraft des Beschlusses über die Todeserklärung oder die Feststellung der Todeszeit.

Die Norm regelt die **Beendigung der Abwesenheitspflegschaft** bei Wegfall des Anordnungsgrundes, bzw Tod 1
des Abwesenden. Entfällt das Pflegschaftsbedürfnisse (I) oder verstirbt der Abwesende (II), ist die Pflegschaft aufzuheben, bei einer Todeserklärung des Abwesenden endet sie, unabhängig vom Todeszeitpunkt, automatisch mit der Rechtskraft der Entscheidung darüber (§§ 23, 29, 40 VerschG). Geschäfte die der Pfleger zwischen Todeszeitpunkt des Abwesenden und Rechtskraft des Feststellungsbeschlusses vorgenommen hat, sind wirksam und binden die Erben des Abwesenden. Automatisch erlischt die Pflegschaft außerdem im Fall des § 1918 III.

Buch 5 Erbrecht

Abschnitt 1 Erbfolge

§ 1922 Gesamtrechtsnachfolge

(1) Mit dem Tode einer Person (Erbfall) geht deren Vermögen (Erbschaft) als Ganzes auf eine oder mehrere andere Personen (Erben) über.
(2) Auf den Anteil eines Miterben (Erbteil) finden die sich auf die Erbschaft beziehenden Vorschriften Anwendung.

1 **A. Allgemeines.** Mit dem Tod des Erblassers geht dessen gesamtes Vermögen (Aktiva und Passiva) unmittelbar, dh ohne zeitlichen Zwischenerwerb zwischen Erbfall und Erbschaftserwerb, und von selbst kraft Gesetzes auf den/die Erben über. Dies gilt sowohl bei gesetzlicher als auch bei gewillkürter Erbfolge, die nebeneinander möglich sind, § 2088. Sie werden unabhängig von der Kenntnis des Erbfalls Gesamtrechtsnachfolger des Verstorbenen und treten in dessen Rechtsposition ein. Durch die Gesamtrechtsnachfolge soll der Nachlass im Interesse der Erben, Nachlassgläubiger und der Allgemeinheit zunächst als Einheit erhalten bleiben (MüKo/*Leipold* § 1922 Rn 1).

2 **B. Gesamtrechtsnachfolge. I. Erbfall.** Der Erbfall tritt mit dem **Tod** des Erblassers als einer natürlichen Person ein. Maßgebend ist der Hirntod (BayObLG NJW-RR 99, 1309), dh wenn alle Funktionen von Großhirn, Kleinhirn und Hirnstamm vollständig und irreversibel ausgefallen sind und dauerhaft keine Gehirnkurven mehr geschrieben werden können (Frankf NJW 97, 3099 mwN). Eine genaue Feststellung des Todeszeitpunkts ist nur dann erforderlich, wenn geringe Zeitdifferenzen über die Erbfolge entscheiden. Bei einem Verschollenen wird widerlegbar vermutet, dass der Tod zu dem im Beschluss genannten Zeitpunkt eingetreten ist, §§ 9 I, 44 II VerschG. Wird die Todeserklärung später wieder aufgehoben, kann der fälschlich für tot Erklärte sein Vermögen nach § 2031 zurückverlangen.

3 Nach § 11 VerschG ist von einem gleichzeitigen **Todeszeitpunkt** auszugehen, wenn die Sterbezeiten mehrerer Personen in einem gemeinsamen Zeitraum liegen (BayObLG NJW-RR 99, 1309; aA Hamm NJW-RR 96, 70). Die Frage des genauen Todeszeitpunktes ist dann von Bedeutung, wenn in dem für den Tod maßgebenden Zeitpunkt weitere Personen verstorben sind, die als Erben in Betracht kommen, wie insbes bei Ehegatten, die zB aufgrund eines Flugzeugabsturzes versterben. Haben sie diese Fallkonstellation testamentarisch nicht geregelt, wird jeder Ehegatte von seinen gesetzlichen Erben beerbt, da eine gegenseitige Erbeinsetzung gegenstandslos geworden ist (RGZ 149, 200).

4 Zu Lebzeiten des Erblassers haben die als künftige Erben Berufenen nur eine tatsächliche Aussicht auf das Vermögen des Erblassers, dh eine rechtlich begründete Erwartung auf das Erbrecht, nicht aber eine gesicherte Rechtsposition iS eines Anwartschaftsrechts (Palandt/*Edenhofer* § 1922 Rn 3). Die **Erbanwärterstellung** gewährt keinen Anspruch gegen den Erblasser oder eine rechtliche Befugnis iS einer Rechtsmacht und begründet auch keine vermögensrechtlichen, übertragbaren oder vererblichen Rechtspositionen, weshalb sie weder ge- noch verpfändet werden können und, mangels Vermögenswert iSv § 2 VermG, auch nicht der Zwangsvollstreckung unterliegt (BVerwG NJW 94, 470).

5 Eine **Sicherung** der Aussicht auf den künftigen Nachlass ist nicht möglich, eine Vormerkung ist unzulässig (BGHZ 12, 115). Sie kann auch nicht durch eine einstweilige Verfügung gesichert werden (KG OLG 21, 363).

6 In gleicher Weise unzulässig ist die **Feststellungsklage** des Erbanwärters über ihr künftiges Erbrecht zu Lebzeiten des Erblassers, da es an einem gegenwärtigen Rechtsverhältnis iSd § 256 ZPO mangelt, auch wenn der Erbausfall der Lebenserfahrung entspricht (BGHZ 37, 137). Entspr gilt für alle Klagen, durch die nur einzelne Voraussetzungen des künftigen erbrechtlichen Erwerbs festgestellt werden sollen, wie zB die Klage auf Feststellung, dass sich ein bestimmter Gegenstand noch im Vermögen des künftigen Erblassers befindet (Karlsr FamRZ 89, 1351).

7 Die gerichtliche Feststellung der Testierfähigkeit des noch lebenden Erblassers ist nicht möglich (BayObLG NJW-RR 96, 457), weshalb auch ein Gutachten im selbständigen Beweisverfahren nicht eingeholt werden kann (Frankf NJW-RR 97, 581).

8 Dagegen ist die Feststellungsklage dann zulässig, wenn die Vertragsparteien bei berechtigtem Anlass die Gültigkeit des Erbvertrages feststellen lassen (Ddorf FamRZ 95, 58).

9 **II. Erbe.** Erbe ist, wer kraft Gesetzes zum gesetzlichen Erben berufen ist oder wen der Erblasser durch Verfügung von Todes wegen zur Erbfolge berufen hat. Er erhält seine Rechtsstellung im Erbfall, dh mit dem Tod des Erblassers. Er wird endgültig Erbe mit der Annahme der Erbschaft. Schlägt er die Erbschaft aus, wird die Erbeinsetzung wirksam angefochten oder wird er nach § 2344 für erbunwürdig erklärt, verliert der Erbe rückwirkend zum Eintritt des Erbfalls seine Rechtsstellung (Damrau/*Tanck* § 1922 Rn 4). Nach der Annahme ist ein Verzicht in Form der Ausschlagung oder der Verlust wegen Verstoßes gegen § 242 (BGH NJW 67, 1126) nicht mehr möglich. Seine Erbenstellung kann der Erbe dann nur noch durch ein Erbunwürdigkeitsurteil verlieren.

Nachfolgererben bestimmen, muss dies im Gesellschaftsvertrag vereinbart worden sein bzw müssen die übrigen Gesellschafter zustimmen (BGH NJW-RR 86, 28).
Der Übergang des vererblich gestellten Gesellschaftsanteils erfolgt im Wege der **Singularsukzession**, dh er 29 vollzieht sich unmittelbar und bedarf weder der Aufnahme durch die Gesellschaft noch der Erklärung der Erben (Frankf NJW 83, 1806), so dass auch ein minderjähriger Erbe keine vormundschaftsgerichtliche Genehmigung nach § 1822 Nr 3 und 10 benötigt (BGHZ 55, 267). Jeder Miterbe erhält einen seinem Anteil an der Erbschaft entspr Gesellschaftsanteil (BGH NJW 83, 2376).
Diese gesonderte erbrechtliche Behandlung ist endgültig und wird auch nachträglich nicht wieder aufgeho- 30 ben (BGHZ 91, 132). Nachlassverwaltung und -insolvenz sowie die Testamentsvollstreckung erfassen nur den Anspruch auf Gewinn und Auseinandersetzungsguthaben, die zum übrigen Nachlass gehören, nicht aber den Gesellschaftsanteil als solchen, der aber trotz seiner Abspaltung von den übrigen Vermögenswerten zum Nachlass gehört.
Auch der Kommanditanteil ist nach § 177 HGB grds vererblich, soweit der Gesellschaftsvertrag nichts anderes 31 bestimmt. Die Miterben werden jeweils mit ihrem Anteil am Nachlass Kommanditist (KG WM 67, 148; aA *Köbler* DB 72, 2241). Ohne vertragliche Regelung wird beim Tod des beschränkt haftenden Kommanditisten die Gesellschaft mit den Erben fortgesetzt, wobei der Kommanditanteil auf die Miterben als Einzelne im Wege der Sondererbfolge in der Weise übergehen, dass sie entspr ihrer Erbquoten getrennte Anteile erwerben (KG NZG 00, 1167). Ist der Erbfall erst nach der Gesellschaftsauflösung eingetreten, kann der Erbe die Haftung für die Einlageverpflichtung des Erblassers beschränken (BGH NJW 95, 3314).

3. Handelsgeschäft. Nach § 22 HGB kann auch ein Handelsgeschäft vererbt werden (*Langenfeld* BWNotZ 32 81, 51). Es fällt als wirtschaftliche Einheit in das Gesamthandsvermögen der Erbengemeinschaft. Die Firma ist nur mit dem Unternehmen zusammen übertragbar und vererblich, §§ 21 ff HGB (*Kuchinke* ZIP 87, 681). Die Kaufmannseigenschaft ist allerdings nicht übertragbar, § 1 II HGB, da sie vom Betreiben eines Handelsgeschäfts abhängt. Nach § 52 III HGB erlischt die Prokura nicht, sofern nicht der Prokurist Erbe wird (BGH NJW 59, 2114)
In gleicher Weise ist ein **gewerbliches Unternehmen**, wie zB ein Handwerksbetrieb, vererblich (BGH LM 33 § 1922 Nr 1, 7), wobei die Zugehörigkeit zum Nachlass nicht davon abhängt, ob der Betrieb durch einen Miterben mit oder ohne Einverständnis der übrigen Miterben weitergeführt wird (BGH NJW 63, 1541). Dagegen sind nicht vererbbar öffentlich-rechtliche Gewerbeberechtigungen (Palandt/*Edenhofer* § 1922 Rn 14).

4. Stille Gesellschaft. Die Gesellschaft wird nach § 234 II HGB durch den Tod eines stillen Gesellschafters 34 nicht aufgelöst, vielmehr tritt der Erbe, mehrere Erben als Erbengemeinschaft, kraft seines Erbrechts an die Stelle des Erblassers in die stille Gesellschaft ein (MüKo/*Leipold* § 1922 Rn 77), wobei abw Vereinbarungen zulässig sind (BGH WM 62, 1084).

5. GmbH. Die Anteile einer GmbH sind nach § 15 GmbHG vererblich, wobei die Miterben ihren Anteil 35 gesamthänderisch erlangen, § 2032 (BGHZ 92, 386). Ein satzungsmäßiger Ausschluss der Anteilsvererbung ist nicht möglich (Soergel/*Stein* § 1922 Rn 65 mwN). Eine Sondererbfolge ist auch aufgrund einer qualifizierten Nachfolgeklausel nicht möglich (Staud/*Marotzke* § 1922 Rn 210 f).

6. Aktiengesellschaft. Auch Aktien sind vererblich und werden von den Miterben gesamthänderisch gehal- 36 ten. Die Satzung kann die Vererblichkeit der Anteile nicht ausschließen. Auch das Aktienbezugsrecht ist idR vererblich (RGZ 65, 21).

7. Genossenschaft. Bei einer eingetragenen Genossenschaft geht die Mitgliedschaft auf den/die Erben über. 37 Dieser scheidet aber zum Ende des laufenden Geschäftsjahres aus, sofern das Statut nicht die Fortsetzung der Genossenschaft durch die Erben des verstorbenen Genossen zulässt.

8. Urheberrechte. Nach § 28 UrhG sind Urheberrechte vererblich, und zwar auch das postmortale Urheber- 38 persönlichkeitsrecht, welches vom Erben geltend zu machen ist (*Schack* JZ 90, 40). Darüber hinaus sind auch vererblich die Schutzrechte nach § 34 VerlagsG, das Patent, das Geschmacks- und Gebrauchsmuster und die Marke. Im Online-Bereich ist bzgl der Website des Erblassers die Inhaberschaft und damit das Nutzungsrecht an der Domain vererblich und geht auf den Erben über (Palandt/*Edenhofer* § 1922 Rn 34).

9. Vollmacht. Die vom Erblasser erteilte Vollmacht erlischt nicht mit seinem Tod; vielmehr vertritt der 39 Bevollmächtigte nun, beschränkt auf den Nachlass, die Interessen der Erben. Diese können aber, jeder für sich, die Vollmacht widerrufen. Hat nur ein Erbe widerrufen, erlischt die Vollmacht im Übrigen nicht. Es besteht auch die Möglichkeit, eine Vollmacht nur auf den Todesfall zu erteilen.
Die Erteilung einer Auflassungsvollmacht zusammen mit einer unentgeltlichen Überlassung eines Grund- 40 stücks an den Erwerber erfolgt idR unwiderruflich (BayObLG FamRZ 90, 98).

10. Dingliche Rechte. Vererblich ist nicht nur das Eigentum an einem Grundstück, sondern auch die aus 41 der Auflassung resultierende Rechtsstellung, die Rechte aus einer für den Erblasser laufenden Ersitzung. In gleicher Weise vererblich ist der Besitz, und zwar unabhängig von der Kenntnis des Erben vom Anfall der

Erbschaft, das Erbbaurecht und das Wohnungseigentumsrecht, das zeitlich unbeschränkte Vorkaufsrecht aber nach § 473 nur, wenn dies so bestimmt ist (Palandt/*Edenhofer* § 1922 Rn 32).

42 **11. Bankverhältnis.** Es gehen auch alle Rechte des Erblassers aus den mit der Bank abgeschlossenen Verträgen über Giro- und Sparkonten, Depots ua auf den Erben über. Mit Fortführung des ererbten Kontos für den eigenen Zahlungsverkehr tritt der Erbe dann in die persönliche Rechtsbeziehung zur Bank (BGH NJW 00, 754). Die aus der Geschäftsverbindung zwischen Erblasser und Bank resultierenden Ansprüche, wie insbes der Auskunftsanspruch, gehen auf den Erben über (BGHZ 107, 104).

43 Bei sog Oder-Konten, dh Konten, die auf den Namen des Erblassers und eines anderen lauten und beide einzeln im Verhältnis zur Bank berechtigt sind, wird Gesamtgläubigerschaft angenommen mit der Folge, dass den Erben im Ergebnis die Hälfte des Guthabens zusteht (Celle 1982, 63). Bei Und-Konten erbt der Gesamtrechtsnachfolger den Anteil an der gemeinschaftlichen Einlage. Bei sog Anderkonten eines Notars oder Anwalts geht nach dessen Tod entspr der AGB der Banken das Guthaben kraft Vertrags zugunsten Dritter auf den Abwickler, nicht aber auf den Erben über (Soergel/*Stein* § 1922, 48).

44 Darüber hinaus wirkt auch der unwiderrufliche Treuhandvertrag zugunsten Dritter mit der Bank weiter (BGH WM 76, 1130).

45 **12. Sonstige vermögensrechtliche Beziehung.** Sie sind vererblich, und zwar auch die noch werdenden oder schwebenden Rechtsbeziehungen, bedingte und künftige Rechte, Anwartschaftsrechte, Bindungen und Lasten (BGHZ 32, 36). Vererblich sind danach auch Gestaltungsrechte wie der Rücktritt, das Anfechtungs- und das Kündigungsrecht (BGH NJW 51, 308), das Recht zur Annahme eines Vertragsangebots und das zeitlich beschränkte persönliche Vorkaufsrecht (Stuttg BWNotZ 74, 85). Ersatzansprüche (BGH LM § 249 Nr 15) und Schmerzensgeldansprüche nach § 253 II unterliegen ebenfalls der Vererbung, wobei die deliktische Verpflichtung zum Schadensersatz auf die dem Verletzten (Erblasser) zugefügten Nachteile begrenzt ist; nur in diesem Umfang stehen die Ansprüche dann auch dem Erben zu (BGH NJW 62, 911). Des weiteren werden vererbt der Ausgleichsanspruch des Handelsvertreters nach § 89 b HGB (BGHZ 24, 214), der Honoraranspruch des Rechtsanwalts, der arbeitsrechtlich vereinbarte Abfindungsanspruch, wenn der Arbeitnehmer vor dem im Abfindungsvergleich festgelegten Auflösungszeitpunkt stirbt (BAG ZEV 04, 248) sowie die an sich öffentlich-rechtliche Nutzungsbefugnis an einer bestimmten Grabstätte (BVerwGE 64, 108), wobei dieses Recht durch die Friedhofsatzung auf Familienangehörige beschränkt werden kann.

46 Hinsichtlich der Besteuerung tritt der Erbe grds auch in die Rechtsstellung des Erblassers ein, so dass er berechtigt ist, das Wahlrecht nach § 26 EStG auszuüben (BFH NJW 64, 615). Die Erben haften ebenso wie der Testamentsvollstrecker, der Nachlassverwalter und der Nachlasspfleger für die von dem Erblasser nicht versteuerten Einkünfte, wobei aber der Erwerb von Todes wegen nicht der Einkommensteuer unterliegt; dies gilt nicht, wenn beim Erben, Vermächtnisnehmer oder Pflichtteilsberechtigten aus dem Erwerb Einkünfte anfallen, die dann von ihm persönlich zu versteuern sind.

47 **V. Sonderfälle. 1. Körper des Erblassers.** Der Leichnam, das Skelett und die Asche sind nach hM Sachen, die aber in niemandes Eigentum stehen (RGSt 64, 314) und damit auch nicht in den Nachlass fallen. Allerdings können die Angehörigen im Wege der Totenfürsorge darüber Bestimmungen treffen. Wird die Leiche in befugter Weise zu medizinischen oder sonstigen wissenschaftlichen Zwecken verwendet, ist sie im Rechtsverkehr wie eine Sache anzusehen. Widmet der Erblasser seinen Körper zur Verwendung in der Anatomie oder zu Transplantationen, bedarf die Erklärung keiner besonderen Form (bestr.), sofern der Wille des Verstorbenen eindeutig ermittelt werden kann (Soergel/*Stein* § 1922 Rn 21). Eine gesetzliche Regelung hat die Organentnahme aus dem Körper eines Toten und die Übertragung auf andere Menschen durch das Transplantationsgesetz vom 5.11.97 erfahren.

48 Nicht vererblich sind die mit der Leiche fest verbundenen künstlichen Körperteile, weil sie zur Leiche gehören und während dieser Verbindung das Schicksal der Leiche teilen. Allerdings haben die Erben ein ausschließliches Aneignungsrecht, dessen Ausübung aber der Zustimmung der zur Totenfürsorge verpflichteten Angehörigen bedarf (LG Mainz MedR 84, 200; aA *Kallmann* FamRZ 69, 578).

49 Der vom Erblasser gespendete Samen gehört ebenfalls nicht zum Nachlass, er kann unter den vom Spender getroffenen Bestimmungen verwendet werden (Soergel/*Stein* § 1922 Rn 21).

50 **2. Unvererbliche Rechte.** Zu den unvererblichen Rechten gehören zunächst die höchstpersönlichen Rechte des Erblassers (Hamm Rpfleger 79, 17). So wird der Name als Folge der Abstammung übertragen; das Namensrecht erlischt mit dem Tod des Trägers (BGHZ 8, 318). Bei prominenten Personen hat deren Name einen Werbe- und damit einen vererbbaren Vermögenswert, solange die nichtvererblichen ideellen Interessen noch geschützt werden (BGH NJW 00, 2195). Im Übrigen erlöschen mit dem Tod des Berechtigten die an seine Person gebundenen Rechte wie zB beschränkte persönliche Dienstbarkeiten, § 1090 II, Mitgliedschaft in einem rechtsfähigen Verein, der Nießbrauch § 1061 (LG Traunstein NJW 62, 2207), Unterhaltsansprüche, die Familienrechte wie elterliche Sorge und ein vom Ehegatten gezahlter Prozesskostenvorschuss (AG Detmold FamRZ 98, 1538). Nicht vererblich ist auch die Verwaltungsbefugnis privater Amtsträger wie Nachlasspfleger, -verwalter, Insolvenzverwalter und Testamentsvollstrecker; dagegen sind aber die Einzelansprüche aus ihrer Amtstätigkeit ohne weiteres vererblich (Palandt/*Edenhofer* § 1922 Rn 37).

3. Versicherungen. Die Kapitalversicherungen sind Rechtsgeschäfte unter Lebenden, deren Bezugsrecht 51
sich allein nach den im Versicherungsvertrag getroffenen Vereinbarungen richtet (st Rspr: BGH NJW 95,
1082). Hat der Erblasser einen Bezugsberechtigten nicht benannt, fällt der Anspruch aus seiner Lebensversicherung in den Nachlass. Durch die Bestimmung eines Bezugsberechtigten (LG München I FamRZ 05,
134) wird, da es sich um einen echten Vertrag zugunsten Dritter handelt, die Versicherung zur Leistung
an den Bezugsberechtigten verpflichtet. Sind die Bezugsberechtigten pauschal mit „die gesetzlichen Erben"
bezeichnet, sind testamentarisch bestimmte Erben idR nicht erfasst (Köln FamRZ 05, 552). Bei der
Bezeichnung „die Erben" ist nach § 167 VVG davon auszugehen, dass die beim Erbfall zu Erben Berufenen bezugsberechtigt sind, auch wenn sie dann ausschlagen (*Damrau* FamRZ 84, 443). Ist ein minderjähriges Kind bezugsberechtigt, ist str, ob der Erblasser den anderen Elternteil von der Vermögensverwaltung
der Versicherungssumme nach § 1638 ausschließen kann (Naumbg WM 04, 830: nein; *Muscheler* WM 04,
1009: ja). Verstirbt der Bezugsberechtigte vor dem Erblasser, steht das Recht auf Leistung im Zweifel wieder dem Versprechensempfänger zu und fällt in dessen Nachlass, sofern kein Ersatzberechtigter benannt
wurde (BGH NJW 93, 2171).

Ist bei der Alters- und Hinterbliebenenversorgung die Bezugsberechtigung der Ehefrau als „unwiderruflich" 52
bezeichnet, so ist damit die zum Zeitpunkt des Versicherungsfalls mit dem Erblasser verheiratete Frau
gemeint (BGH NJW 81, 984). Um die Versicherungssumme behalten zu dürfen, bedarf es eines Rechtsverhältnisses zwischen Erblasser und Ehegatte wie zB eine Schenkung, eine unbenannte Zuwendung (BGHZ 84,
361) oder ein Unterhaltsanspruch (BGHZ 74, 38). Mit dem Scheitern der Ehe fällt die Rechtsgrundlage für
dieses Rechtsverhältnis weg (BGH FamRZ 87, 806).

Eine Hausratsversicherung geht als Sachversicherung mit dem Tod des Versicherungsnehmers auf dessen 53
Erben über; allerdings ist darauf zu achten, dass die AGBs häufig eine Bestimmung enthalten, wonach das
Versicherungsverhältnis 2 Monate nach dem Tod endet (BGH FamRZ 93, 1060).

§ 331 gilt auch, wenn ein Dritter in einem Bausparvertrag auf den Todesfall des Bausparers begünstigt wird. 54
Eine unentgeltliche Begünstigung ist idR eine Schenkung hinsichtlich der vom Sparer bereits einbezahlten
Sparraten (BGH NJW 65, 1913).

4. Öffentlich-rechtliche Rechte und Pflichten. Die Vererblichkeit dieser Ansprüche richtet sich nach dem 55
Zweck der jeweiligen öffentlich-rechtlichen Vorschrift (BVerwGE 16, 68). Fehlt eine solche, kann der
Rechtsgedanke des § 1922 entspr angewandt werden (BGH NJW 78, 2091). So ist zB der Rückforderungsanspruch des verarmten Schenkers im Rahmen der Erstattung von **Sozialhilfe** vererblich (BGH NJW 95,
2287), weshalb der Anspruch auch nach dessen Tod noch auf den Sozialhilfeträger übergeleitet werden
kann. Auch die Rückzahlungsverpflichtung des Erblassers wegen überzahlten **Pflegegeldes** geht auf den
Erben über (BVerwG NJW 02, 1892). Auch ein **Wohngeldanspruch** ist ohne Rücksicht auf die erfolgte
Festsetzung dann vererblich, wenn der verstorbenen Antragsteller Alleinmieter der Wohnung war
(BVerwG MDR 69, 79). Das **Beamtenverhältnis** ist unvererblich, ebenso die Vergütungsansprüche (RGZ
93, 110) mit Ausnahme der rückständigen und auf den Sterbemonat des Beamten angefallenen Bezüge,
§ 17 BeamtVG. In gleicher Weise können nicht vererbt werden die Beihilfeansprüche (BVerwG ZBR 83,
106), weil sie mit dem Tod des Berechtigten erlöschen, sofern sie nicht bereits zu Lebzeiten des Beamten
festgesetzt wurden (BVerwG ZGB 90, 266).

Soweit es sich bei den höchstpersönlichen Rechte und Pflichten handelt, ist von einer Rechtsnachfolge in 56
Polizei- und Ordnungspflichten auszugehen, und zwar handelt es sich im wesentlichen um Verhaltenspflichten, die im Wege der Ersatzvornahme erzwungen werden können (*Ossenbühl* NJW 68, 1992). Im
Strafverfahren ist das Recht des Verletzten, das Klageerzwingungsverfahren nach § 172 II StPO zu betreiben, nicht vererblich (hM Stuttg NJW 86, 3153). Dagegen rücken im **Zivilprozess** die Erben kraft Gesetzes in das Prozessverhältnis des Erblassers ein, da diese Rechtsstellung im Wege der Gesamtrechtsnachfolge einschl der mit dem Anspruch verbundenen Beweisposition des Erblassers auf den Erben übergeht
(BGHZ 104, 1). Allerdings erlischt die PKH-Bewilligung rückwirkend als höchstpersönliche Berechtigung
des Erblassers (Frankf NJW-RR 96, 776).

Restitutionsansprüche aufgrund rechtswidrigen Verlusts von Vermögenswerten durch staatliche Maßnah- 57
men der DDR gehen auf den Rechtsnachfolger des Betroffenen über, wenn er den Stichtag 29. 9. 90 nicht
mehr erlebte, wobei der Anspruch unmittelbar und originär in dessen Person entstand und mit dessen
Tod in dessen Nachlass fällt (BGHZ 131, 22; str) Die Person des Rechtsnachfolgers beurteilt sich jeweils
nach den erbrechtlichen Vorschriften des jeweiligen Erbstatuts (BGHZ 131, 22). Erfolgte der Zugriff auf
das Gesamthandseigentum einer Erbengemeinschaft, ist eine Restitution nach Erbanteilen nicht möglich;
die Anspruchsanmeldung durch die geschädigte Erbengemeinschaft führt zu einem Wiederaufleben der
Erbengemeinschaft und einer Rückübertragung der Vermögenswerte zum Zwecke einer erneuten Auseinandersetzung.

§ 1923 Erbfähigkeit

(1) Erbe kann nur werden, wer zur Zeit des Erbfalls lebt.
(2) Wer zur Zeit des Erbfalls noch nicht lebte, aber bereits gezeugt war, gilt als vor dem Erbfall geboren.

1 **A. Allgemeines.** Erbfähigkeit ist die Fähigkeit, das Vermögen des Erblassers gem § 1922 als dessen erbrechtlichen Gesamtrechtsnachfolger zu erlangen (Palandt/*Edenhofer* § 1923 Rn 1). Daher kann grds nur Erbe werden, wer im Zeitpunkt des Erbfalls lebt. Die Erbfähigkeit ergibt sich aus der allgemeinen Rechtsfähigkeit, weshalb sie mit dem Tod endet. Dadurch sind diejenigen ausgeschlossen, die vor dem Erblasser gestorben sind und nach dem Erbfall geboren wurden. Diese Regel gilt nicht für den nasciturus, der zwar vor dem Erbfall gezeugt, aber erst nach dem Erbfall lebend geboren wird. Der Nachlass fällt ihm erst mit der Geburt an.

2 **Relativ erbunfähig** sind die an der Beurkundung einer Verfügung von Todes wegen mitwirkenden Notare, Dolmetscher und zugezogene Vertrauenspersonen für die Zuwendungen, die durch die beurkundete Verfügung erfolgen soll, §§ 7, 16 III, 24 II mit 27 BeurkG (Palandt/*Edenhofer* § 1923 Rn 1). Dies gilt in entspr Anwendung des § 27 BeurkG auch bei Nottestamenten vor dem Bürgermeister, § 2249 I 3, 4 oder für das Drei-Zeugen-Testament des § 2250 I (Erman/*Schlüter* § 1923 Rn 6).

3 Im Übrigen sind Zuwendungen von Heimbewohnern an Beschäftigte oder Träger dieses Heimes wegen Verstoßes gegen ein gesetzliches Verbot nach § 14 HeimG unwirksam (BGH NJW 90, 1603). Der beurkundende Notar hat, zur Vermeidung einer Amtspflichtverletzung, auf die Unwirksamkeit einer derartigen Verfügung hinzuweisen (München ZEV 96, 145).

4 Die Beschränkungen des HeimG gelten **nicht** für Heime, die sich außerhalb Deutschlands befinden (Oldbg FamRZ 99, 1313), mangels Heimeigenschaft nicht für Betreuungen innerhalb der Familie (BayObLG NJW-RR 98, 729) und für die Pflege in der eigenen Wohnung, wenn der Erblasser Mitarbeiter eines ambulanten Pflegedienstes zu Testamentserben einsetzt (Ddorf NJW 01, 1504). Auf das Verhältnis zwischen Betreuer und Betreutem ist § 14 HeimG nicht entspr anwendbar (BayObLG NJW 98, 2369).

5 **B. Erbfähigkeit natürlicher Personen.** Der Erbe ist erbfähig, wenn er den Erblasser überlebt, und zwar auch nur um eine Sekunde. Nach § 1942 I ist ihm der Nachlass angefallen und mit dem Ausschlagungsrecht auf den Erbes-Erben übergegangen, § 1952 I (MüKo/*Leipold* § 1923 Rn 6). Wer vor oder gleichzeitig mit dem Erblasser stirbt, kann diesen nicht beerben; seine Berufung wird unwirksam. Der Nachlass geht auf die vom Erblasser oder vom Gesetz bestimmten Nächstberufenen über (Palandt/*Edenhofer* § 1923 Rn 2). Die Wirkung des Vorversterbens haben neben der Ausschlagung auch der Erbverzicht, die Erbunwürdigkeit und ein vor dem 1.4.98 wirksam zustande gekommener vorzeitiger Erbausgleich.

6 Auch der Verschollene ist, sofern er den Erbfall erlebt hat, erbfähig. Für ihn gilt die widerlegbare Lebensvermutung nach § 10 VerschG (RGZ 60, 198), die mit dem in § 9 III, IV VerschG genannten Zeitpunkt endet. Die Lebensvermutung wird nicht durch eine Todesvermutung ersetzt; es tritt stattdessen wieder der allgemeine Zustand der Ungewissheit über Leben und Tod ein (BayObLG FamRZ 92, 1206). Die gleiche Wirkung tritt ein, wenn der Verschollene für einen vor dem Erbfall liegenden Zeitpunkt für tot erklärt wird, § 9 I VerschG (Palandt/*Edenhofer* § 1923 Rn 3). Str ist, ob mehrere zu verschiedenen Zeiten für tot erklärte Personen mangels Beweises als gleichzeitig verstorben gelten (BGH NJW 74, 699).

7 **C. Beweislast für die Erbfähigkeit.** Das Nachlassgericht hat, wenn es auf den genauen Todeszeitpunkt beim Tod mehrerer Personen ankommt, diesen von Amts wegen zu ermitteln, § 2358. Nicht ausreichend ist weder die Feststellung eines Überlappens noch der Annahme des gleichzeitigen Versterbens (Hamm NJW-RR 96, 70).

8 Die Beweislast für das Überleben trifft denjenigen, der hieraus Rechte herleitet (Hamm NJW-RR 96, 70). Ist der Beweis nicht möglich, wer länger gelebt hat, gilt die Vermutung des gleichzeitigen Versterbens nach § 11 VerschG mit der Folge, dass keine der verstorbenen Personen die andere beerbt hat. Diese Vermutung ist auch nicht dadurch ausgeschlossen, dass der Todeszeitpunkt standesamtlich beurkundet wurde (BayObLG NJW-RR 99, 1309) oder durch die Feststellung unterschiedlicher Todeszeitpunkte in der Todeserklärung (Naumbg NJW-RR 03, 1014). Steht nur der Todeszeitpunkt einer Person fest, gilt die Vermutung des § 11 VerschG nicht (MüKo/*Leipold* § 1923 Rn 12).

9 Durch eine Todeserklärung gilt nach § 9 I 1 VerschG die widerlegbare Vermutung des Versterbens zu dem Zeitpunkt, der im Beschluss festgestellt wurde (DGE/*Führer* § 1923 Rn 4).

10 **D. Erbfähigkeit des Gezeugten.** § 1923 II verlegt den Zeitpunkt der Erbfähigkeit vor: Ein Kind, das vor dem Erbfall gezeugt, aber noch nicht geboren war, gilt bereits zu diesem Zeitpunkt als Erbe, wenn es danach lebend zur Welt kommt. Die gesetzliche Fiktion ist auch dann anzuwenden, wenn der Kreislauf einer während der Schwangerschaft verstorbenen Mutter künstlich aufrechterhalten wird (Palandt/*Edenhofer* § 1923 Rn 6). Nicht erforderlich ist, dass das Kind lebensfähig ist (LSG Niedersachsen NJW 87, 2328), da der Nachlass mit der Geburt anfällt.

11 Kommt es zu einer Fehl- oder Todgeburt oder stirbt der nasciturus mit der Mutter, ist die Erbfähigkeit des Kindes nie eingetreten.

Bei einer In-vitro-Fertilisation außerhalb des Mutterleibs ist die Erbfähigkeit des später lebend geborenen **12** Kindes zu bejahen, wenn die künstliche Befruchtung vor dem Erbfall erfolgt war, auch wenn die Implantation erst nach dem Erbfall erfolgt ist (MüKo/*Leipold* § 1923 Rn 13 mwN).
Ein erst nach dem Erbfall gezeugtes Kind kann zwar nicht als Erbe, wohl aber als Nacherbe, § 2101 I, oder **13** Vermächtnisnehmer, § 2162 II, eingesetzt sein.
Während des Schwebezustandes zwischen Erbfall und Geburt können die sorgeberechtigten Eltern die künf- **14** tigen Rechte des nasciturus nach § 1912 II wahrnehmen; sie können zwar die Erbschaft noch nicht annehmen, wohl aber ausschlagen (Oldbg NJW-RR 94, 651; aA LG Berlin Rpfleger 90, 362). Eine vormundschaftsgerichtliche Genehmigung ist nicht erforderlich (LG Osnabrück Rpfleger 93, 342). Ggf kann auch ein Pfleger bestellt werden, dessen Amt mit der Geburt des Kindes endet, § 1918 II. Da bereits eine gesicherte Erbaussicht und damit ein berechtigtes Feststellungsinteresse besteht, kann bereits während der Schwebezeit Klage auf Feststellung der Erbberechtigung des nasciturus erhoben werden (Staud/*Otte* § 1923 Rn 19).

E. Beweislast für die Erbfähigkeit des Gezeugten. Die Beweislast dafür, dass die Zeugung im Zeitpunkt des **15** Erbfalls bereits erfolgt war, trifft das Kind. Das Gericht hat die Zeugung aufgrund freier Beweiswürdigung, zB durch ein Abstammungsgutachten, festzustellen (DGE/*Führer* § 1923 Rn 6).

F. Erbfähigkeit juristischer Personen. Juristische Personen des privaten und öffentlichen Rechts sind kraft **16** ihrer Rechtsfähigkeit erbfähig, sofern sie im Zeitpunkt des Erbfalls bestehen. Im Zweifel sind sie als Nacherben eingesetzt (Palandt/*Edenhofer* § 1923 Rn 7). Stiftungen gelten dagegen als vor dem Tod des Stifters entstanden, auch wenn die Genehmigung erst nach dem Tod erteilt wird (*Turner* ZEV 95, 206).

G. Erbfähigkeit nicht rechtsfähiger Personenvereinigungen. Nicht rechtsfähige Personenvereinigungen, **17** wie zB die OHG oder KG, gelten als erbfähig, weil sie einer juristischen Person stark angenähert sind (Palandt/*Edenhofer* § 1923 Rn 7), weil sie im Rechtsverkehr als Einheit auftreten und Rechte und Pflichten erwerben können, §§ 124 I, 161 II HGB. Entspr gilt auch für den nicht rechtsfähigen Verein (MüKo/*Leipold* § 1923 Rn 30). Seit einer Entscheidung des BGH (BGHZ 146, 341), wonach die GbR in weiten Teilen einer OHG gleichgestellt ist, gilt nun auch sie als rechts- und damit erbfähig.

§ 1924 Gesetzliche Erben erster Ordnung

(1) Gesetzliche Erben der ersten Ordnung sind die Abkömmlinge des Erblassers.
(2) Ein zur Zeit des Erbfalls lebender Abkömmling schließt die durch ihn mit dem Erblasser verwandten Abkömmlinge von der Erbfolge aus.
(3) An die Stelle eines zur Zeit des Erbfalls nicht mehr lebenden Abkömmlings treten die durch ihn mit dem Erblasser verwandten Abkömmlinge (Erbfolge nach Stämmen).
(4) Kinder erben zu gleichen Teilen.

A. Allgemeines. Gesetzliche Erbfolge tritt ein, wenn der Erblasser keine oder keine wirksame Verfügung von **1** Todes wegen errichtet hat. Vererbt wird nach Ordnungen, wobei die jüngere Generation die ältere Generation ausschließt. Ausgangspunkt sind die gemeinsamen Stammeltern. Nach § 1924 sind die Abkömmlinge des Erblassers gesetzliche Erben erster Ordnung. Das Ordnungsprinzip wird durch das Repräsentationsprinzip ergänzt: Danach schließt der nähere Abkömmling des Erblassers seine eigenen Abkömmlinge von der Erbfolge aus.

B. Abkömmlinge des Erblassers. Erben der ersten Ordnung sind die Abkömmlinge des Erblassers, die in **2** absteigender gerader Linie vom Erblasser abstammen, dh Kinder, Enkel, Urenkel. Maßgebend ist nur die nach § 1589 rechtlich anerkannte Verwandtschaft, nicht schon die biologische Verwandtschaft (BGH NJW 89, 2197). Auch bei der künstlichen Befruchtung beurteilt sich die Abstammung nach dem Familienrecht (*Mansees* FamRZ 86, 756).
Seit der Familienrechtsreform im Jahr 1998 ist die sprachliche Unterscheidung zwischen ehelichen und nicht- **3** ehelichen Kindern aufgehoben; maßgebend ist nunmehr allein, ob die Eltern des Kindes miteinander verheiratet sind (Krug/*Zwißler* Kap 1 Rn 42). Mutter ist nach § 1591 die Frau, die das Kind geboren hat, Vater ist der Mann, der entweder zum Zeitpunkt der Geburt mit der Mutter des Kindes verheiratet war, die Vaterschaft anerkannt hat oder dessen Vaterschaft nach § 1600 d gerichtlich festgestellt ist, § 1592.
Ein von der Ehefrau eines vermissten Mannes nachgeborenes Kind gilt nach §§ 1591, 1592 als ehelich, wenn **4** es innerhalb von 302 Tagen nach dem Todeszeitpunkt geboren wurde, den der rechtskräftige Beschluss über die Todeserklärung feststellt, den die Sterbeurkunde angibt oder den eine gerichtliche Entscheidung im Verfahren bei Feststellung der Todeszeit nach den §§ 39, 44 VerschG feststellt.
Die Erbberechtigung bestimmt sich nach den zum Zeitpunkt des Erbfalls geltenden familienrechtlichen Vor- **5** schriften (Palandt/*Edenhofer* § 1924 Rn 7).

6   **C. Nichteheliches Kind.** Nichteheliche Kinder sind nach ihrer Mutter immer voll erbberechtigt. Das Erbrecht des Vater entfällt mit der Beseitigung der Vaterschaftsfeststellung durch ein erfolgreiches Wiederaufnahmeverfahren gegen das rechtskräftige Feststellungsurteil, §§ 578 ff, 641 f ZPO, bzw durch rechtskräftigen Gestaltungsausspruch des Familiengerichts nach Anfechtung der Anerkennung, §§ 1600 ff, 1600 e, 621 I Nr 10 ZPO. Ist die Beseitigung der Vaterschaftsfeststellung erst nach dem Erbfall erfolgreich, war das Kind Scheinerbe mit der Folge, dass den Erben Ansprüche nach §§ 2018 ff zustehen (Palandt/*Edenhofer* § 1924 Rn 9).

7   **I. Erbfall vor dem 1. 7. 70.** Das nichteheliche Kind galt bis zum Inkrafttreten des NEhelG mit seinem Vater oder seinen väterlichen Vorfahren als nicht verwandt und konnte daher nicht dessen gesetzlicher Erbe sein. Nach der Übergangsregelung des Art 12 § 10 NEhelG wird auf den Zeitpunkt des jeweiligen Erbfalls abgestellt, so dass das nichteheliche Kind zu diesem Zeitpunkt noch dessen lebende Eltern beerben konnte, falls dessen Vater vor dem 1. 7. 70 verstorben war.

8   Die frühere Rechtsstellung der vor dem 1. 7. 49 geborenen nichtehelichen Kinder blieb trotz der Gleichstellung erhalten. Sie sind nach Art 12 § 10 II NEhelG kraft Gesetzes nach ihrem Vater nicht erbberechtigt (*Haibach/Haibach* Rn 252), es sei denn, der Vater hatte seinen gewöhnlichen Aufenthalt in der DDR und ist vor dem 3. 10. 90 verstorben. In diesen Fällen ist das Kind wie ein eheliches Kind erbberechtigt, Art 235 § 1 I EGBGB. Nach dem alten Recht der DDR gab es ein Erbrecht für das nichteheliche Kind. Ist der Erblasser nach dem 3. 10. 90 verstorben, so gelten nach Art 235 § 1 II EGBGB in Ansehung des nichtehelichen Kindes, das vor dem 3. 10. 90 geboren wurde, die für die erbrechtlichen Verhältnisse eines ehelichen Kindes geltenden Vorschriften. Diese Regelung findet auch auf die vor dem 1. 7. 49 geborenen nichtehelichen Kinder, denen nach dem Recht der DDR die volle Erbberechtigung zustand, Anwendung (BTDrs 13/4183 S 13). Maßgebender Anknüpfungspunkt ist der gewöhnliche Aufenthalt des Vaters zum Beitrittszeitpunkt. Diese Regelungen stellen weder einen Verstoß gegen das GG noch gegen die EMRK dar (BVerfGE DNotZ 04, 471).

9   Nach § 10 a NEhelG können der Vater und ein vor dem 1. 7. 49 geborenes nichteheliches Kind einen sog Erbrechtsgleichstellungsvertrag schließen, wodurch das Kind das volle gesetzliche Erbrecht erhält. Ist eine der Vertragsparteien verheiratet, bedarf es der Einwilligung seines Ehegatten, § 10 a III NEhelG. Ggf ist auch die Zustimmung des Betreuers nach § 1903 und die Genehmigung des Vormundschaftsgerichts einzuholen (*Rauscher* ZEV 98, 41). Die Vereinbarung bedarf, ebenso wie die Zustimmungserklärung, der notariellen Beurkundung.

10 **II. Erbfall nach dem 1. 7. 70 und vor dem 1. 4. 98.** Nach Art 227 I Nr 1 EGBGB sind bei Erbfällen vor dem 1. 4. 98 die beim Erbfall geltenden Vorschriften anzuwenden. Bei Erbfällen seit dem 1. 7. 70 hatten die nichtehelichen Kinder neben ehelichen Kindern und dem Ehegatten nur einen Erbersatzanspruch nach § 1934 a, dh einen Geldanspruch in Höhe des Wertes des gesetzlichen Erbteils. Waren sie vor dem 1. 7. 49 geboren, galt das nicht, es sei denn, der Vater hatte am 2. 10. 90 seinen gewöhnlichen Aufenthalt in der DDR. Die nichtehelichen Kinder waren auch dann von der gesetzlichen Erbfolge ausgeschlossen, wenn sie den vorzeitigen Erbausgleich nach § 1934 c erhalten hatten.

11 Das nichteheliche Kind konnte die Stellung eines gesetzlichen Erben durch die nachträgliche Eheschließung der Eltern oder durch die Ehelicherklärung erlangen. Nur bei dieser Statusänderung in Form der Ehelichkeitserklärung wurde das Kind noch nach dem Tod des Vaters dessen gesetzlicher Erbe.

12 **III. Erbfall nach dem 1. 4. 98.** Mit dem Erbrechtsgleichstellungsgesetz vom 16.12 97 (BGBl I, 2968) wurden die nichtehelichen Kinder den ehelichen Kindern erbrechtlich vollumfänglich gleichgestellt (*Böhm* NJW 98, 1043). Für frühere Erbfälle und Fälle, in denen über den Erbausgleich eine wirksame, dh notariell beurkundete Vereinbarung getroffen oder der Erbausgleich durch rechtskräftiges Urteil zuerkannt wurde, gelten nach wie vor die Sonderregeln der §§ 1934 a ff aF fort (Art 227 EGBGB).

13 **IV. Sonderregelung für das Beitrittsgebiet.** Hatte der Vater von vor dem 3. 10. 90 geborenen Kindern seinen gewöhnlichen Aufenthalt am 2. 10. 90 in der DDR, kommt das Erbrecht der DDR zur Anwendung, das keine Unterscheidung zwischen ehelichen und nichtehelichen Abkömmlingen kannte (DGE/*Führer* § 1924 Rn 7).

14 **D. Annahme als Kind.** Durch das Adoptionsgesetz vom 1. 1. 77 erfolgte eine Gleichstellung der adoptierten mit den ehelichen leiblichen Kindern. Danach erlangt das adoptierte Kind die Stellung eines ehelichen und erbt neben diesen zu gleichen Teilen.

15 Wurde die Adoption im Ausland durch eine Entscheidung eines Gerichts oder einer Behörde vollzogen, ist deren Anerkennung seit 1. 3. 02 in einem förmlichen Verfahren mit allgemeiner Wirkung möglich (Palandt/*Edenhofer* § 1924 Rn 11). Die in diesem Verfahren erfolgende Umwandlung der ausländischen Adoption in eine Volladoption verschafft dem Kind ein gesetzliches Erbrecht. Erfolgt die Umwandlung nicht in einem förmlichen Verfahren, bedarf es der formlosen Anerkennung nach § 16 a FGG. In diesem Fall muss sich das gesetzliche Erbrecht des Kindes aus einem Ineinandergreifen des Erbstatuts und des Adoptionsstatuts ergeben (BGH NJW 89, 2197).

Mehrere Erben werden als Erbengemeinschaft Träger der Rechte und Pflichten. Der Übergang vollzieht sich 10
kraft Gesetzes, ohne dass es eines Übertragungsaktes bedarf. Daher bedarf es auch keiner gesonderten Auflassung, so dass das Eigentum an Grundstücken auf den Erben übergeht, ohne dass eine Eintragung im Grundbuch erforderlich ist. Durch den Erbfall wird allerdings das Grundbuch unrichtig, der zu einem Berichtigungsanspruch des Erben führt.

Im Rahmen der gesetzlichen Erbfolge gilt der Grundsatz der **Verwandtenerbfolge**. Die gesetzliche Erbfolge 11
tritt ein, wenn keine wirksame Verfügung von Todes wegen vorliegt oder der eingesetzte Erbe vor dem Erbfall infolge Tod, Ausschlagung, Erbverzicht oder Erbunwürdigkeit, weggefallen ist. Die Verwandtenerbfolge und die darauf basierenden Erbenordnungen beruhen auf dem Grundsatz, dass Verwandte, die mit dem Erblasser einen näheren Verwandten gemeinsam haben, diejenigen Verwandten von der Erbfolge ausschließen, die lediglich durch entferntere Stammeseltern mit dem Erblasser verbunden sind (Damrau/*Tanck* § 1922 Rn 6). Neben das Verwandtenerbrecht tritt das gesetzliche Ehegattenerbrecht, wonach der Ehegatte nicht als Verwandter erbt, sondern im Wege eines Sondererbrechts.

Stirbt eine Partei, führt dies im **Zivilprozess** grds nicht zur Beendigung des Prozesses, sondern nach § 239 12
ZPO lediglich zu einer Unterbrechung des Verfahrens, bis es durch den Erben aufgenommen wird. Mit dem Tod des Erblassers endet auch das **Prozesskostenhilfebewilligungsverfahren**, da es ausschließlich auf die persönlichen Verhältnisse des Erblassers ankommt (Hamm MDR 77, 409).Ein **Strafverfahren** ist durch förmlichen Beschluss einzustellen (BGH NJW 99, 3644). Das Strafantragsrecht geht nicht auf die Erben über, sondern steht nach § 77 StGB den nahen Angehörigen zu.

Kommt es infolge des Erbgangs zu einer Vereinigung von Recht und Verbindlichkeit oder von Forderung und 13
Schuld/Belastung in der Person des Erben, erlischt das betreffende Schuldverhältnis ohne weiteres Zutun (Palandt/*Edenhofer* § 1922 Rn 6). Allerdings tritt bei der Erbengemeinschaft eine Vereinigung vor der Auseinandersetzung nicht ein. Die erloschenen Rechtsverhältnisse bleiben bestehen, wenn das Gesetz den Nachlass und das Eigenvermögen des Erben als getrennte Massen behandelt, aber auch dann, wenn Rechte Dritter, wie des Nießbrauchers oder Pfandgläubigers, betroffen sind (Hamm Rpfleger 73, 315) und für Sozialhilfeträger hinsichtlich eines nach § 93 SGB XII übergeleiteten Anspruchs des Erblassers gegen den Erben als verarmter Schenker (Palandt/*Edenhofer* § 1922 Rn 6).

III. Gesamtrechtsnachfolge. Die Gesamtrechtsnachfolge tritt kraft Gesetzes durch einen einheitlichen 14
Rechtsakt hinsichtlich des gesamten Nachlasses und des gesamten Vermögens des Erblassers ein. Im Zweifel ist von einer Vererblichkeit der Vermögenswerte auszugehen (Staud/*Marotzke* § 1922 Rn 115). Letztlich kann dies aber nur durch Auslegung der die Erbfolge regelnden Vorschriften ermittelt werden (BGHZ 70, 227). Handelt es sich um ein höchstpersönliches Recht oder ist die Übertragung des Rechts kraft Gesetzes ausgeschlossen, scheidet die Vererblichkeit des Rechts aus. Es ist dem Erblasser nicht möglich, durch eine Verfügung von Todes wegen eine unmittelbare Nachlassaufteilung in unterschiedlich zugeordnete Vermögensmassen/Einzelgüter herbeizuführen (BayObLG FamRZ 04, 1606). Der Übergang als Ganzes erfasst auch die Nachlassverbindlichkeiten.

In bestimmten Einzelfällen sieht das Gesetz eine Ausnahme vom Grundsatz der Gesamtrechtsnachfolge vor 15
und ordnet eine **Sondererbfolge** unmittelbar in einzelne Vermögensteile oder Rechte des Erblassers an, die dann zu einer Sonderung vom übrigen Nachlass führt mit der Folge, dass zwei rechtlich selbständige Vermögensmassen entstehen, wobei jeder Nachlassteil wie ein eigener Nachlass anzusehen ist (BGHZ 24, 352). Zu diesen Ausnahmen gehören:

1. Personengesellschaften. Der wichtigste Fall ist die Sondererbfolge in den Gesellschaftsanteil des persön- 16
lich haftenden Gesellschafters einer OHG, KG und GbR im Falle einer erbrechtlichen Nachfolge. Die Rspr gliedert den Gesellschaftsanteil aus dem übrigen Nachlass aus. Er geht getrennt von diesem auf den durch letztwillige Verfügung bzw gesetzliche Erbfolge bestimmten Gesellschaftererben über. Der Anteil fällt somit getrennt vom übrigen Nachlassvermögen unmittelbar und endgültig in das Privatvermögen des Gesellschaftererben; dies gilt nicht, wenn sich die Gesellschaft bereits in Liquidation befindet, da sich die Vererbung dann nach allgemeinen Grundsätzen vollzieht (BGH NJW 95, 3314).

2. Höferecht. Nach § 4 HöfeO fällt der Hof im Wege der Sondererbfolge aufgrund eines Testaments oder 17
Erbvertrags unmittelbar in das Eigentum eines Miterben als Hoferbe. Der Hof und das hoffreie Vermögen stellen zwei gesonderte Erbmassen dar, die sich unterschiedlich vererben: der Hof nach Anerbenrecht, der hoffreie Nachlass nach BGB (Palandt/*Edenhofer* § 1922 Rn 9).

Bei der gesetzlichen Hoferbfolge sind nichteheliche Kinder in Erbfällen seit dem 1.4.98 den ehelichen Kindern 18
gleichgestellt, so dass sie, die bislang auf einen Erbersatzanspruch verwiesen wurden, zum Hoferben berufen werden können.

Eine Betriebszuweisung nach GrdstVG oder nach landesrechtlichen Anerbengesetzen ist keine Sondererb- 19
folge, sondern nur eine besondere Form der Erbauseinandersetzung, bewirkt aber eine ähnliche Bevorzugung des Hofnachfolgers und eine daraus resultierende Benachteiligung der übrigen Miterben (Palandt/*Edenhofer* § 1922 Rn 10).

20 **3. Grundstücke der ehemaligen DDR.** Bezüglich der Grundstücke in der DDR eines zwischen dem 1.7.76 und dem 3.10.90 verstorbenen Bürger tritt Nachlassspaltung ein, wonach sich Eigentum und andere Rechte an der Immobilie weiterhin nach dem Recht der DDR bestimmen, Art 3 III EGBGB.

21 **4. Mietvertrag.** Von der Sondererbfolge, bei welcher der Rechtsnachfolger zum Erben und der vererbte Gegenstand zum Nachlass gehört, ist die Rechtsnachfolge in einzelne Rechte des Erblassers zu unterscheiden: Nach §§ 563 ff treten, unabhängig von der Erbfolge, der Ehegatte/Lebenspartner, der Familienangehörige oder der Lebensgefährte in das Mietverhältnis ein, wenn sie mit dem Mieter in einer Wohnung lebten, um ihnen den bisherigen Lebensmittelpunkt zu erhalten. Bei einer fristgerechten Ablehnung des Eintrittsrechts gilt der Eintritt als nicht erfolgt. Lehnen alle Berechtigten ab, wird das Mietverhältnis mit dem Erben fortgesetzt, § 564.

22 **IV. Erbschaft.** Erbschaft ist das Vermögen des Erblassers, welches als Nachlass bezeichnet wird und zunächst keinen Bezug zum Erben hat. Sie ist die Gesamtheit der Rechtsverhältnisse des Erblassers einschl der nicht vermögensrechtlichen Rechtsbeziehungen und der Verbindlichkeiten des Erblassers. Mit dem Tod des Erblassers gehen also alle vererblichen Rechte und Verbindlichkeiten (hM; BGHZ 32, 369) auf den Erben über.

23 Vererblich sind alle persönlichen, nicht aber höchstpersönlichen, und dinglichen Vermögensrechte einschl der Rechte und Verbindlichkeiten aus unerlaubten Handlungen (Palandt/*Edenhofer* § 1922 Rn 12) sowie öffentlich-rechtliche Ansprüche (BVerwG NJW 87, 3212). Auf einen Erbteil finden grds die Vorschriften über die Erbschaft Anwendung, Abs 2.

24 **1. Güterrecht.** Wird die **Zugewinngemeinschaft** durch den Tod eines Ehegatten beendet, hat der überlebende Ehegatte einen Anspruch auf Zugewinnausgleich, § 1371 I, II. Die Erben haben keinen Ausgleichsanspruch, auch wenn sein Zugewinn der höhere ist und der Erblasser diese Forderung bereits im Scheidungsverfahren rechtshängig gemacht hatte, er aber vor der Scheidung verstorben ist (BGH FamRZ 95, 597). Vererblich ist nur eine bereits vor dem Tod eines Ehegatten entstandene Ausgleichsforderung, § 1378 III, zusammen mit dem Auskunftsanspruch nach § 1379 I, II und dem Ergänzungsanspruch nach § 1390 I 1.

25 Nach § 1482 wird der verstorbene Ehegatte bei **Gütergemeinschaft** nach den allgemeinen Vorschriften beerbt (BayObLG Rpfleger 81, 282). Sein Anteil am Gesamtgut gehört als solcher zum Nachlass, wobei die einzelnen Gegenstände des Gesamtguts bis zur Auseinandersetzung keine Nachlassgegenstände sind (BGH NJW 64, 768). Bei fortgesetzter Gütergemeinschaft wird zwar der verstorbene Ehegatte ebenfalls nach den allgemeinen Vorschriften beerbt; allerdings gehört der Anteil des Verstorbenen am Gesamtgut nicht zum Nachlass, § 1490 S 2. Stirbt ein anteilsberechtigter Abkömmling, gehört sein Anteil am Gesamtgut nach § 1490 S 1 nicht zu seinem Nachlass.

26 **2. Personengesellschaften.** Der Tod eines persönlich haftenden Gesellschafters führt nicht schon kraft Gesetzes zur Vererblichkeit seines Anteils, sondern kann nur durch Vereinbarung der Gesellschaft in Form einer sog erbrechtlichen Nachfolgeklausel herbeigeführt werden. Fehlt es an dieser Regelung, sieht das Gesetz vor: bei der GbR die Auflösung der Gesellschaft nach § 727 I, die abgewickelt und der Erbe zum Gesellschafter einer Liquidationsgesellschaft wird (BGH NJW 82, 170); bei der OHG, KG und Partnerschaftsgesellschaft hat der Tod sein Ausscheiden zur Folge. Die Gesellschaft wird nicht aufgelöst, sondern mit den übrigen Gesellschaftern fortgeführt. Der Anteil am Gesellschaftsvermögen wächst den anderen Gesellschaftern nach § 738 I zu, wobei die Erben einen Abfindungsanspruch gegen die anderen Gesellschafter haben, §§ 738–740). Allerdings kann dieser Anspruch im Gesellschaftsvertrag gekürzt oder ausgeschlossen werden (Palandt/*Edenhofer* § 1922 Rn 15).

27 Im Gesellschaftsvertrag könnte statt einer Vererbung auch ein **Eintrittsrecht** zugunsten eines oder aller Erben des verstorbenen Gesellschafters vereinbart werden (BGH DNotZ 67, 387), wobei das Eintrittsrecht keine unmittelbare erbrechtliche Nachfolge bewirkt (BGH NJW-RR 87, 989). Der Anteil des durch seinen Tod ausgeschiedenen Gesellschafters fällt nicht in seinen Nachlass, sondern wächst den übrigen Gesellschaftern nach § 738 an. Die Gesellschaft wird unter den verbleibenden Gesellschaftern fortgesetzt, wobei die Erben von ihrem Eintrittsrecht Gebrauch machen oder, sofern sie dies nicht tun, ihren Abfindungsanspruch nach § 738 geltend machen können. Ein minderjähriger Erbe benötigt hierzu die gerichtliche Genehmigung, §§ 1643, 1822 Nr 3.

28 Dagegen kann der Anteil des persönlich haftenden Gesellschafters nur aufgrund einer entspr Vereinbarung mit den Gesellschaftern im Gesellschaftsvertrag vererbt werden, § 736, § 139 I HGB. Gesellschafter kann nur werden, wer auch zum Erben bestimmt worden ist; die Zuwendung eines Vermächtnisses ist nicht ausreichend (MüKo/*Ulmer* § 727 Rn 32). Bei der Partnerschaftsgesellschaft sind die berufsrechtlichen Voraussetzungen zu beachten. Durch eine **qualifizierte Nachfolgeklausel** kann bestimmt werden, dass von mehreren Erben nur einer den Anteil des Erblassers erhält, der dann auf ihn im Ganzen übergeht (BGH NJW 99, 571) oder dass der Erbe über eine bestimmte Eignung verfügen muss. Die übrigen Mitglieder der Erbengemeinschaft haben gegen den in die Gesellschaft eintretenden Erben einen Ausgleichsanspruch, weil dadurch keine Änderung ihrer quantitative Beteiligung am Nachlass eintritt (BGHZ 68, 225). Im Gesellschaftsvertrag kann zwar ein Ausgleichsanspruch ausgeschlossen werden: erbrechtlich ist dieser Ausschluss wegen des Pflichtteilsrechts nicht bindend (BGHZ 22, 195). Soll ein Testamentsvollstrecker nach dem Willen des Erblassers den

Wegen der häufig schwächeren Wirkung der Adoption in vielen ausländischen Staaten kann § 1924 nicht ohne weiteres auf jedes nach ausländischem Recht adoptierte Kind angewendet werden. Daher ist es erforderlich, dass auch das ausländische Adoptionsstatut eine entspr starke Wirkung der Adoption vorsieht wie das deutsche Recht oder zumindest ein umfassendes Erbrecht des angenommenen Kindes kennt (*Heiderhoff* FamRZ 02, 1682). 16

I. Adoption vor dem 1.1.77. Nach Art 12 AdoptG gilt für Adoptionen vor dem 1.1.77 das frühere Recht: Danach wurde die Verwandtschaft des angenommenen Kindes zu den natürlichen Eltern und Verwandten nicht aufgehoben: Das adoptierte Kind behielt sein volles Erbrecht ggü seinen Blutsverwandten (Damrau/*Tanck* § 1924 Rn 10). Es erhielt zusätzlich ein Erbrecht nach dem Annehmenden, sofern dies im Adoptionsvertrag nicht ausgeschlossen war, war aber nicht gesetzlicher Erbe nach den Eltern oder Großeltern des Annehmenden mit der Folge, dass sich die Adoption nicht auf die Verwandten des Annehmenden erstreckte. Der Annehmende selbst erhielt ggü dem Adoptivkind kein Erbrecht. 17

Eine Volljährigen-Adoption war nur ausnahmsweise möglich; wurde dabei das Erbrecht ggü dem Annehmenden im Adoptionsvertrag ausgeschlossen, hat diese Regelung nach wie vor Bestand (Damrau/*Tanck* § 1924 Rn 10). 18

II. Adoption nach dem 1.1.77. Bei Adoptionen nach dem 1.1.77 wird zwischen Minderjährigen- und Volljährigenadoption unterschieden. 19

1. Minderjährigenadoption. Auf die Adoption eines Minderjährigen finden die Vorschriften des neuen Rechts Anwendung, das von einer sog **Volladoption** ausgeht. Danach wird das minderjährige Kind Erbe erster Ordnung nach dem Annehmenden und sein Verwandtschaftsverhältnis zu seiner natürlichen Familie wird aufgelöst mit der Folge, dass es nicht mehr gesetzlicher Erbe seiner leiblichen Eltern werden kann. Da das minderjährige adoptierte Kind in die Familie des Annehmenden vollständig eingegliedert wird, erlangt es ggü den Verwandten, dh Eltern, Großeltern ua, nach § 1754 ein volles Erbrecht. Ausnahmen bestehen allerdings bei der Verwandten-, Verschwägerten- und Stiefkindadoption der §§ 1755 II, 1756 I, II. 20

Bei der **Stiefkindadoption**, bei der ein nichteheliches Kind von verheirateten Elternteils von dessen Ehegatten angenommen wurde, ist bis 1.7.98 ein gesetzliches Erbrecht nach diesem Elternteil und dessen Vorfahren nicht erloschen, weil das Verwandtschaftsverhältnis nur zu dem außerhalb der Ehe stehenden anderen Elternteil erloschen ist (Palandt/*Edenhofer* § 1924 Rn 18). Zwischenzeitlich findet § 1755 II auf alle Stiefkinder Anwendung mit der Folge, dass es beim Erbrecht nach dem Blutsverwandten des adoptierten Kindes verbleibt (Damrau/*Tanck* § 1924 Rn 12). 21

Nahm ein Ehegatte bis 1.7.98 nach der Heirat mit einer Witwe/einem Witwer ein aus der Vorehe seines Partners stammendes Kind im Wege der **Halbwaisenadoption** an, blieben dessen Verwandtschaftsverhältnisse zu den Verwandten seines verstorbenen Elternteils erhalten, § 1756 II aF. Seit dem Kindschaftsreformgesetz gilt dies bei der Adoption jedes Kindes des Ehegatten, dh auch eines nichtehelichen, sofern der verstorbene Elternteil zumindest Mitinhaber der elterlichen Sorge war (Palandt/*Edenhofer* § 1924 Rn 12). Damit steht dem angenommenen Halbwaisen ein Erbrecht nicht nur nach seinen leiblichen Eltern und deren Vorfahren, sondern auch nach dem Annehmenden und dessen Vorfahren zu (*Schmitt-Kammler* FamRZ 78, 570). 22

Bei der Annahme von Verwandten/Verschwägerten zweiten, dh durch Tante/Onkel, oder dritten Grades, erlöschen die Verwandtschaftsverhältnisse des Kindes nur zu seinen Eltern, nicht aber zu seinen Großeltern, so dass es über sie auch mit seinen Geschwistern verwandt bleibt. Nach der Verwandtenadoption kann das Kind somit gesetzlicher Erbe erster Ordnung nach seinen zwei leiblichen Großelternpaaren und nach dem durch die Adoption vermittelten Großelternpaar werden (Palandt/*Edenhofer* § 1924 Rn 12). 23

Bis 1.7.98 war es möglich, das eigene nichteheliche Kind zu adoptieren, um ihm den Status eines ehelichen Kindes des Annehmenden zu geben, § 1741 III aF. 24

2. Volljährigenadoption. Für die Volljährigenadoption verbleibt es für die bis 31.12.77 eingetretenen Erbfälle beim alten Recht. Im Übrigen bleibt das Verwandtschaftsverhältnis zu den Blutsverwandten nach § 1770 II erhalten. Ggü den Verwandten des Annehmenden entsteht aber kein Erbrecht. Allerdings kann das Vormundschaftsgericht auf Antrag der Volljährigenadoption die Regeln der Volladoption eines Minderjährigen zusprechen, § 1772. 25

III. Aufhebung der Adoption. Die Aufhebung der Adoption ist nur für die Zukunft möglich, §§ 1759, 1764 I 1; sie lässt aber die bereits eingetretenen Rechtswirkungen bestehen. Mit rechtskräftigem Aufhebungsbeschluss des Vormundschaftsgerichts entfallen sowohl bei der Minderjährigen- als auch bei der Volljährigenadoption alle erbrechtlichen Beziehungen zwischen dem Kind und den Adoptiveltern; die erbrechtlichen Beziehungen zu den leiblichen Eltern und deren Verwandten leben wieder auf, § 1764 II, III. Bei Ehegatten, die ein Kind angenommen haben, kann das Annahmeverhältnis nach § 1763 II nur zu einem Ehegatten aufgehoben werden mit der Folge, dass die erbrechtlichen Beziehungen zu dem anderen Ehegatten bestehen bleiben, ohne dass das Verwandtschaftsverhältnis zur leiblichen Familie wieder auflebt, § 1764 V (Palandt/*Edenhofer* § 1924 Rn 14). 26

27 Ob ein im Ausland annulliertes ausländisches Adoptionsdekret im Inland erbrechtliche Auswirkungen hat, hängt von der Anerkennung der Aufhebungsentscheidung ab (Ddorf FamRZ 96, 699).

28 **E. Nicht natürlich gezeugte Kinder.** Die **homologe Insemination** (Übertragung männlichen Spermas auf das Fortpflanzungsorgan der Frau) und die **homologe In-Vitro-Fertilisation** (Befruchtung einer Eizelle im Reagenzglas) wird, wenn sie unter Ehepartnern erfolgt, einer natürlichen Zeugung gleichgestellt; erbrechtliche Besonderheiten bestehen nicht (*Kirchmeier* FamRZ 98, 1281).

29 Bei Kindern, die aufgrund einer künstlichen Befruchtung geboren wurden, besteht eine unwiderlegbare und unanfechtbare Mutterschaftsvermutung zugunsten der gebärenden Frau (Jauernig/*Stürner* § 1924 Rn 4): Im Fall der **künstlichen Fertilisation**, bei der die Eizelle einer anderen Frau mit dem Samen des Ehemannes befruchtet und der Wunschmutter eingesetzt wird, gilt also die das Kind austragende Frau als Mutter iSd § 1591. Entspr gilt, wenn eine Eizelle der Wunschmutter befruchtet und einer anderen Frau zur Austragung eingepflanzt wird; auch hier ist die das Kind Gebärende Mutter iSd § 1591 (Soergel/*Stein* § 1924 Rn 31).

30 Das durch eine **heterologe Insemination** (Samenspende) gezeugte und während einer Ehe geborene Kind gilt als Kind des Ehemannes, solange die Vaterschaft nicht angefochten und festgestellt ist, dass er nicht der leibliche Vater des Kindes ist (BaRoth/*Hahn* Vor § 1591 Rn 21). Zu beachten ist, dass bei der heterologen Insemination aber ein Vater-Kind-Verhältnis zwischen dem Spender und dem gezeugten Kind besteht (Soergel/*Stein* § 1924 Rn 39), und zwar unabhängig von den Schwierigkeiten bei der Durchsetzung von erbrechtlichen Ansprüchen gegen den anonym bleibenden Samenspender (*Quantius* FamRZ 98, 1145). Der Samenspender muss auch noch nach Jahren mit vermögensrechtlichen Ansprüchen gegen sich rechnen (BGH DNotZ 96, 778).

31 **F. Rangfolge nach Liniensystem (II).** Sind mehrere Verwandte der gleichen Ordnung, dh mehrere Abkömmlinge des Erblassers, vorhanden, ist zu unterscheiden zwischen Abkömmlingen derselben Linie, wie Kinder, Enkel, Urenkel und Abkömmlingen verschiedener Linien, wie Geschwister, Neffen, Cousinen.

32 Auf die Abkömmlinge derselben Linie wird das Linearsystem angewandt, wonach jeder beim Erbfall lebende und zur Erbfolge gelangende Abkömmling Repräsentant seiner Linie ist und alle durch ihn mit dem Erblasser verwandten Abkömmlinge von der Erbfolge ausschließt, Abs 2.

33 Sind bei Eintritt des Erbfalls mehrere Abkömmlinge unterschiedlicher Ordnungen vorhanden, schließt das Kind des Erblassers seine eigenen Abkömmlinge nach Abs 2 von der Erbfolge aus, da auch hier nach dem Repräsentationsprinzip der mit dem Erblasser am nächsten Verwandte zur Erbfolge berufen ist und somit seinen Stamm vertritt.

34 **G. Erbfolge nach Stämmen (III).** Die Erbfolge nach Stämmen tritt ein, wenn ein Abkömmling vor dem Erbfall des Erblassers verstorben ist. An seine Stelle treten dann seine Abkömmlinge. Der Wegfallende wird durch seinen Nachkommen ersetzt, sofern nicht ein Erbverzicht vorliegt, der auch diese ausschließt, § 2349. Die Ersetzung des Repräsentanten einer Linie setzt sich bis zur dritten Ordnung fort, wobei ab der zweiten Ordnung eine Teilung nach väterlicher und mütterlicher Linie hinzukommt.

35 Diese Regelung findet immer dann Anwendung, wenn der zum Erben berufene Abkömmling vor dem Erbfall weggefallen ist, dh so zu behandeln ist, als ob er den Erbfall nicht erlebt hätte. In Betracht kommt die Enterbung, die Ausschlagung, der Erbverzicht oder die Erbunwürdigkeit. Der Wegfall eines nichtehelichen Kindes durch einen vor dem 1.4.98 rechtswirksam zustande gekommenen vorzeitigen Erbausgleich bringt auch das Erbrecht seiner Nachkommen zum Erlöschen, §§ 1934 d, e. In ähnlicher Weise führt die Annahme eines minderjährigen Abkömmlings des Erblassers als Kind eines Dritten nach dem Grundsatz der Volladoption zum Wegfall des ganzen Stammes (Palandt/*Edenhofer* § 1924 Rn 12). Darüber hinaus ist Abs 3 auch beim Wegfall infolge der Vermutung des gleichzeitigen Versterbens gem § 11 VerschG analog anwendbar (Naumbg NJW-RR 03, 1014).

36 Die Nachrückenden erben aus eigenem Recht (RGZ 61,16) den Erbteil des Weggefallenen zusammen und zu gleichen Teilen und infolgedessen auch dann, wenn sie nicht Erben des Weggefallenen geworden sind. Die Teilung erfolgt nach Stämmen, unabhängig von der Anzahl der Mitglieder je Stamm und innerhalb des Stammes nach der Anzahl der Unterstämme. Nach § 1927 kann die Zugehörigkeit zu mehreren Stämmen zu einer mehrfachen Berücksichtigung führen.

37 **H. Verteilung des Erbes (IV).** Zwischen den Kindern des Erblassers kommt es zu einer Erbteilung nach Köpfen. Sie sind gleich nahe Erben. Nach Abs 4 berechnen sich auch die Erbquoten nichtehelicher Kinder oder der Erbersatzanspruch der Abkömmlinge in Erbfällen vor dem 1.4.98 (Palandt/*Edenhofer* § 1924 Rn 6). Jedes Kind des Erblassers erhält dieselbe Erbquote, und zwar auch innerhalb der Stämme.

§ 1925 Gesetzliche Erben zweiter Ordnung

(1) Gesetzliche Erben der zweiten Ordnung sind die Eltern des Erblassers und deren Abkömmlinge.
(2) Leben zur Zeit des Erbfalls die Eltern, so erben sie allein und zu gleichen Teilen.
(3) ¹Lebt zur Zeit des Erbfalls der Vater oder die Mutter nicht mehr, so treten an die Stelle des Verstorbenen dessen Abkömmlinge nach den für die Beerbung in der ersten Ordnung geltenden Vorschriften. ²Sind Abkömmlinge nicht vorhanden, so erbt der überlebende Teil allein.
(4) In den Fällen des § 1756 sind das angenommene Kind und die Abkömmlinge der leiblichen Eltern oder des anderen Elternteils des Kindes im Verhältnis zueinander nicht Erben der zweiten Ordnung.

A. Allgemeines. Die Erbfolge der 2. Ordnung setzt voraus, dass beim Erbfall keine Angehörigen der 1. Ordnung vorhanden sind oder diese durch Ausschlagung, Enterbung, Erbunwürdigkeit oder Erbverzicht rückwirkend auf den Erbfall weggefallen sind. Gesetzliche Erben der 2. Ordnung sind die Eltern des Erblassers und deren Abkömmlinge, dh die voll- und halbbürtigen Geschwister des Erblassers, seine Neffen und Nichten sowie deren Abkömmlinge, wobei die Eltern ihre Abkömmlinge, dh die Geschwister des Erblassers, ausschließen. Begründet wird dies mit der Finanzierung einer Ausbildung oder durch Zuwendungen, wodurch die Schaffung eigenen Vermögens ermöglicht wird. 1

Im Übrigen gilt das Linienprinzip, wonach die eine Hälfte des Erbes an die mütterliche, die andere Hälfte an die väterliche Seite fällt. 2

Nach §§ 1931 I, II, 1371 I erhält der überlebende Ehegatte, wenn er mit Verwandten der 2. Ordnung zusammentrifft und im gesetzlichen Güterstand gelebt hat, 3/4 der Erbschaft, ansonsten 1/2 nach § 1931 I. 3

B. Erbrecht der Eltern. Hat der Erblasser keine Abkömmlinge, sind oder gelten diese als vorverstorben, so sind die gesetzlichen Erben 2. Ordnung berufen. Leben beim Erbfall beide Eltern, so fällt die Erbschaft wieder in ihren Schoß (sog Schoßfall; Erman/*Schlüter* § 1925 Rn 2). Erben der 2. Ordnung sind die Eltern des Erblassers, seine Geschwister und deren Abkömmlinge. Die Eltern erben, sofern sie den Erbfall erleben, allein und zu gleichen Teilen, und zwar unabhängig davon, ob ihre Ehe noch besteht. 4

Der Vater eines nichtehelichen Kindes, das seit dem 1.7.49 geboren und dessen Erbfall seit dem 1.7.70 eingetreten ist, erbt als Erbe 2. Ordnung (MüKo/*Leipold* § 1925 Rn 3). 5

C. Vorversterben eines Elternteils. Nach § 1925 III treten an die Stelle des verstorbenen Elternteils deren ehelichen und nichtehelichen Abkömmlinge, wobei die näher Verwandten die entfernteren von der Erbfolge ausschließen. Für die Beerbung gelten die Regelungen in § 1924 II–IV. Ist auch ein Abkömmling des vorverstorbenen Elternteils nicht vorhanden, fällt der gesamte Nachlass an den anderen Elternteil. 6

D. Vorversterben beider Elternteile. Leben zum Zeitpunkt des Erbfalls beide Elternteile nicht mehr, erben deren Abkömmlinge allein. Zu unterscheiden ist zwischen gemeinsamen und einseitigen Abkömmlingen, wobei die einseitigen Abkömmlinge nur die Hälfte des Elternteils erben, der mit dem Erblasser verwandt war. Wird der Erblasser durch seine Geschwister beerbt, ist auch der nichteheliche Halbbruder des Erblassers Erbe (BayObLG FamRZ 96, 1113). 7

Der überlebende Ehegatte des Erblassers tritt nicht an die Stelle eines vorverstorbenen Elternteils (Bochum Rpfleger 1989, 509). 8

E. Adoption. I. Adoption eines Minderjährigen. Durch die Adoption eines Minderjährigen endet das Verwandtschaftsverhältnis zu den leiblichen Eltern, § 1755. Daher sind sowohl die leiblichen Eltern als auch deren Abkömmlinge von der gesetzlichen Erbfolge ausgeschlossen. Es erben daher nur die Adoptiveltern und deren Abkömmlinge, wenn der Erbfall nach dem 31.12.76 liegt, weil dann das adoptierte Kind nach § 1754 die Stellung eines gemeinschaftlichen Kindes der Ehegatten erlangt. 9

II. Adoption eines Volljährigen. Bei der Adoption eines Volljährigen sind sowohl die leiblichen als auch die Adoptiveltern Erben 2. Ordnung. Im Falle des Vorversterbens der Adoptiveltern treten deren Abkömmlinge nicht an ihre Stelle, da sich die Wirkungen einer Volljährigenadoption nach § 1770 I nicht auf deren Verwandte erstrecken. 10

Sind dagegen die leiblichen Eltern vorverstorben, werden sie durch ihre Abkömmlinge repräsentiert mit der Folge, dass sie an die Stelle der Eltern treten (Zweibr Rpfleger 1997, 24). Im Falle des Vorversterbens der leiblichen Eltern ohne Abkömmlinge erben die Adoptiveltern alleine (Staud/*Werner* § 1925 Rn 18). Umstr ist jedoch die Quote bei der Adoption durch eine Einzelperson (neben den leiblichen Eltern zu 1/3: Soergel/*Stein* § 1925 Rn 6; aA 1/2 neben den leiblichen Eltern: MüKo/*Leipold* § 1925 Rn 8). 11

Verstirbt der angenommene Volljährige ohne eigene Abkömmlinge, gehören nicht nur die leiblichen, sondern auch die Adoptiveltern zu den gesetzlichen Erben 2. Ordnung (Palandt/*Edenhofer* § 1925 Rn 7). 12

III. Verwandtenadoption. Nach § 1756 erlischt das Verwandtschaftsverhältnis zu den leiblichen Eltern, wenn der Annehmende und das Kind im 2. oder 3. Grad miteinander verwandt sind, wohingegen das Verwandtschaftsverhältnis zu den leiblichen Geschwistern fortbesteht, das nun über die gemeinsamen Großeltern vermittelt wird (Erman/*Schlüter* § 1925 Rn 12). § 1925 IV stellt klar, dass auch die leiblichen Geschwister 13 des angenommenen Kindes keine Erben 2. Ordnung, sondern 3. Ordnung sind (BTDrs 7/5087 S 17). In den Fällen des § 1756 können die leiblichen Geschwister gesetzliche Erben der 3. Ordnung sein, wenn in der 2. Ordnung weder Adoptiveltern noch -geschwister vorhanden sind (BTDrs 7/5087 S 17).

14 Bei der Stiefkinderadoption erlischt das Verwandtschaftsverhältnis im Verhältnis zu den Verwandten des anderen Elternteils nicht, wenn dieser die elterliche Sorge innehatte und verstorben ist, § 1756 II. Hier gilt Abs 4 entspr, § 1756 II (Erman/*Schlüter* § 1925 Rn 13).

15 Allerdings kann das angenommene Kind seine leiblichen Eltern beerben, wenn diese keine anderen Abkömmlinge als Erben hinterlassen und die vorrangig berufenen Großeltern und der Annehmende weggefallen sind (*Dieckmann* FamRZ 79, 389 mwN).

16 Bei der Volladoption scheiden die leiblichen Eltern als gesetzliche Erben des Adoptivkindes aus; sie sind als nicht mehr lebend iSd § 1925 II, III und nicht mehr vorhanden iSd § 1930 anzusehen (Erman/*Schlüter* § 1925 Rn 11), da das leibliche Kind bei einer Volladoption weder von seinen leiblichen Eltern beerbt werden soll noch soll es sie beerben (BTDrs 7/3061 S 44).

§ 1926 Gesetzliche Erben dritter Ordnung

(1) Gesetzliche Erben der dritten Ordnung sind die Großeltern des Erblassers und deren Abkömmlinge.
(2) Leben zur Zeit des Erbfalls die Großeltern, so erben sie allein und zu gleichen Teilen.
(3) ¹Lebt zur Zeit des Erbfalls von einem Großelternpaar der Großvater oder die Großmutter nicht mehr, so treten an die Stelle des Verstorbenen dessen Abkömmlinge. ²Sind Abkömmlinge nicht vorhanden, so fällt der Anteil des Verstorbenen dem anderen Teil des Großelternpaars und, wenn dieser nicht mehr lebt, dessen Abkömmlingen zu.
(4) Lebt zur Zeit des Erbfalls ein Großelternpaar nicht mehr und sind Abkömmlinge der Verstorbenen nicht vorhanden, so erben die anderen Großeltern oder ihre Abkömmlinge allein.
(5) Soweit Abkömmlinge an die Stelle ihrer Eltern oder ihrer Voreltern treten, finden die für die Beerbung in der ersten Ordnung geltenden Vorschriften Anwendung.

1 **A. Allgemeines.** Die Erbfolge dieser Ordnung setzt voraus, dass beim Erbfall keine Angehörigen einer niedrigeren Ordnung vorhanden sind oder rückwirkend durch Ausschlagung, Enterbung, Erbunwürdigkeit oder Erbverzicht weggefallen sind. Halbbürtige Geschwister des Erblassers oder Halbneffen gehend daher den Großeltern vor (Erman/*Schlüter* § 1926 Rn 1). Für die Erben der 3. Ordnung gelten die gleichen Grundsätze wie für die Erben 2. Ordnung. Bei Wegfall eines Großelternpaares treten ihre Abkömmlinge, dh Onkel, Tante, Vetter und Cousine, in die Erbfolge ein.

2 Das Erbrecht der Abkömmlinge der 3. Ordnung wird durch das gesetzliche Erbrecht des überlebenden Ehegatten ausgeschaltet. Neben Großeltern erhält der Ehegatte die Hälfte des Nachlasses und von der anderen Hälfte darüber hinaus die Erbteile, die auf die Abkömmlinge weggefallener Großeltern entfallen würden, wenn der Ehegatte nicht vorhanden wäre, § 1931 I. Sind Großeltern nicht mehr vorhanden, erbt der überlebende Ehegatte als Alleinerbe den gesamten Nachlass (Soergel/*Stein* § 1926 Rn 3).

3 Im Wesentlichen gilt dies entspr auch für den eingetragenen Lebenspartner des Erblassers nach § 10 I, II LPartG. Allerdings wurde die Regelung des § 1931 I 2 nicht übernommen, so dass der Lebenspartner die Abkömmlinge verstorbener Großeltern nicht immer ausschaltet: Nach Abs 3 kommen neben ihm und noch lebenden Großeltern die Abkömmlinge zum Zuge, werden aber vom Lebenspartner verdrängt, wenn kein einziger Großelternteil mehr lebt (Palandt/*Edenhofer* § 1926 Rn 3).

4 **B. Erbrecht der Großeltern.** Die Großeltern mütterlicher- und väterlicherseits erben jeweils zur Hälfte, wenn sie zum Zeitpunkt des Erbfalls leben, sog Schoßfall (Erman/*Schlüter* § 1926 Rn 2). Sie werden auch zu Erben eines nichtehelichen Kindes, wenn es nach dem 1.7.49 geboren und nach dem 1.7.70 verstorben ist. Bei Erbfällen vor dem 1.7.70 haben die Großeltern väterlicherseits mangels Verwandtschaftsverhältnis kein Erbrecht (DGE/*Führer* § 1926 Rn 2).

5 Zu den Erben 3. Ordnung gehören neben den Großeltern Onkel, Tanten, Vettern und Cousinen sowie deren Abkömmlinge.

6 Auch in der 3. Ordnung gilt das Parentelsystem. Allerdings werden die Großeltern väterlicherseits von den Großeltern mütterlicherseits so getrennt, dass die beiden Stämme jedes Großelternpaares zu einer Einheit zusammengefasst werden.

7 **C. Erbrecht bei Vorversterben der Großeltern.** Die Großelternpaare sind jeweils als Einheit zu sehen. Lebt ein Großelternteil zum Zeitpunkt des Erbfalls nicht mehr, treten an seine Stelle seine Abkömmlinge, wobei die Beerbung nach Stämmen erfolgt. Hinterlässt der verstorbene Großelternteil keine Abkömmlinge, fällt sein Erbteil dem noch lebenden Großelternteil zu. Ist auch er vor dem Erbfall verstorben, erben dessen Abkömmlinge.

8 Das andere Großelternpaar erbt erst dann den Erbteil des einen Großelternpaares, wenn dieses wegfällt und keine Abkömmlinge hinterlässt, § 1926 IV.

D. Adoption. I. Adoption eines Minderjährigen. Nach § 1755 I wird das minderjährig adoptierte Kind 9
nur von den Eltern der Annehmenden und deren Abkömmlingen beerbt. Den leiblichen Großeltern und
deren Abkömmlingen steht kein gesetzliches Erbrecht zu (Erman/*Schlüter* § 1926 Rn 4).

II. Adoption eines Volljährigen. Bei der Adoption eines Volljährigen sind die leiblichen Großeltern und 10
deren Abkömmlinge nach § 1770 I Erben 3. Ordnung (Staud/*Werner* § 1926 Rn 9).

III. Verwandtenadoption. Die Adoption eines Verwandten berührt die Verwandtschaft zu den bisherigen 11
Großeltern nicht. Vielmehr hat das adoptierte Kind nunmehr drei Großelternpaare, die mit ihren Abkömmlingen zu Erben der 3. Ordnung gehören. Die leiblichen Geschwister sind als Abkömmlinge der leiblichen
Großeltern ebenfalls Erben 3. Ordnung, falls die Großeltern die Erbschaft nicht annehmen (*Dittmann* Rpfle-
ger 78, 277). Allerdings werden die Adoptivgroßeltern beim Erbfall nicht doppelt bedacht, weil weder eine
mehrfache Verwandtschaft noch eine Zugehörigkeit zu mehreren Stämmen vorliegt (MüKo/*Leipold* § 1926
Rn 8 mwN; aA Soergel/*Stein* § 1926 Rn 6). Entspr gilt für die Annahme durch Geschwister sowie bei der Stiefkindadoption nach § 1756 II (Palandt/ 12
Edenhofer § 1926 Rn 6).

§ 1927 Mehrere Erbteile bei mehrfacher Verwandtschaft

¹Wer in der ersten, der zweiten oder der dritten Ordnung verschiedenen Stämmen angehört, erhält den in
jedem dieser Stämme ihm zufallenden Anteil. ²Jeder Anteil gilt als besonderer Erbteil.

A. Allgemeines. Nur bei Angehörigen der ersten drei Ordnungen führt wegen § 1928 III die mehrfache Ver- 1
wandtschaft mit dem Erblasser innerhalb derselben Ordnung zu einer mehrfachen Beteiligung am Nachlass
(Palandt/*Edenhofer* § 1927 Rn 1). Der mehrfach Verwandte erhält gem S 1 jeden der in diesen Stämmen auf
ihn entfallenden Anteil.

B. Mehrfache Verwandtschaft. Ein Verwandter kann mehreren Stämmen angehören, wenn er aus einer Ehe 2
zwischen Verwandten stammt oder von einem Verwandten adoptiert wurde, und zwar nur dann, wenn seine
bisherigen Verwandtschaftsverhältnisse durch die Adoption unberührt geblieben sind, wie zB bei der Volljährigenadoption, § 1770 II oder der Annahme durch einen Verwandten 2. oder 3. Grades, § 1756 I.

C. Eigenständigkeit der Erbteile. Da auf jeden eigenständigen Erbteil die Vorschriften über die Erbschaft 3
anwendbar sind, kann jeder Anteil gesondert ausgeschlagen, § 1951 I, und Ausgleichspflichten auf den
Anteil beschränkt werden, §§ 2051, 2056. Die Haftung für Nachlassverbindlichkeiten beurteilen sich nach
§ 2007 für jeden Anteil selbständig; Vermächtnisse und Auflage belasten nur den Anteil, für den sie angeordnet sind, §§ 2161, 2187, 2095 (Staud/*Werner* § 1927 Rn 8). Daher kann auch jeder Miterbe bei bestehender Miterbengemeinschaft gesondert über den jeweiligen Anteil verfügen, § 2033. Die gesonderte
Behandlung gilt auch in Bezug auf die Ausgleichungspflicht nach §§ 2050 ff und die Berechnung des
Pflichtteils (Damrau/*Tanck* § 1927 Rn 4).

§ 1928 Gesetzliche Erben vierter Ordnung

(1) Gesetzliche Erben der vierten Ordnung sind die Urgroßeltern des Erblassers und deren Abkömmlinge.
(2) Leben zur Zeit des Erbfalls Urgroßeltern, so erben sie allein; mehrere erben zu gleichen Teilen, ohne
Unterschied, ob sie derselben Linie oder verschiedenen Linien angehören.
(3) Leben zur Zeit des Erbfalls Urgroßeltern nicht mehr, so erbt von ihren Abkömmlingen derjenige, welcher mit dem Erblasser dem Grade nach am nächsten verwandt ist; mehrere gleich nahe Verwandte erben
zu gleichen Teilen.

A. Allgemeines. In der 4. Ordnung wurde vom Liniensystem auf das Gradualsystem übergegangen, wonach 1
die jeweils mit dem Erblasser am nächsten Verwandten zur Erbfolge berufen sind. Dadurch wird nicht nur
eine Zersplitterung des Nachlasses vermieden, sondern auch die Ermittlung der Erben erleichtert. Der Ehegatte des Erblassers verdrängt nach § 1931 II die Erben der 4. Ordnung vollständig; entspr gilt für den eingetragenen Lebenspartner, § 10 II LPartG. Eine Mehrfachverwandtschaft bleibt unberücksichtigt, § 1927 (Dam-
rau/*Tanck* § 1928 Rn 2).

B. Erbrecht der Urgroßeltern. Zu den Erben der 4. Ordnung gehören die Urgroßeltern und deren 2
Abkömmlinge. Lebt zum Zeitpunkt des Erbfalls noch ein Urgroßelternteil (sog **unbedingter Schoßfall**),
so schließt er die Abkömmlinge der anderen Urgroßeltern aus, § 1928 II Hs 1. Die Urgroßeltern erben
nach § 1928 II zu gleichen Teilen, unabhängig davon, ob sie derselben Linie oder verschiedenen Linien
angehören.

3 **C. Erbrecht der Abkömmlinge.** Hat keiner der Urgroßeltern den Erbfall erlebt, erben diejenigen, die mit dem Erblasser am nächsten verwandt sind, § 1928 III Hs 1. Nach § 1589 S 3 bestimmt sich der Verwandtschaftsgrad nach der Anzahl der sie vermittelnden Geburten. Gleich nah verwandte Abkömmlinge erben zu gleichen Teilen, § 1928 III Hs 2, und zwar auch dann, wenn es sich um halbbürtige Abkömmlinge handelt.

§ 1929 Fernere Ordnungen

(1) Gesetzliche Erben der fünften Ordnung und der ferneren Ordnungen sind die entfernteren Voreltern des Erblassers und deren Abkömmlinge.
(2) Die Vorschrift des § 1928 Abs. 2, 3 findet entsprechende Anwendung.

1 **A. Allgemeines.** Die Norm dokumentiert den Vorrang des Verwandtenerbrechts vor dem Erbrecht des Fiskus und damit das unbegrenzte Verwandtenerbrecht. Problematisch kann aber der Nachweis der Verwandtschaft fernerer Ordnungen sein. Ggf ist ein Erbenermittlungsverfahren zur Feststellung der Erben nach §§ 1964 f durchzuführen. Nachweisschwierigkeiten und Unkenntnis kommen dem Staat zugute, § 1936.

2 **B. Erbrecht der Voreltern.** Das Gradualsystem gilt, ebenso wie das Erbrecht nach Kopfteilen bei gradgleichen Verwandten, auch für die 5. und die ferneren Ordnungen. Gleichnahe Verwandte der gleichen Ordnung erben zu gleichen Teilen. Leben keine Voreltern mehr, so erben die mit dem Erblasser am nächsten Verwandten (DGE/*Führer* § 1929 Rn 2).

3 Der überlebende Ehegatte verdrängt die Erben ab der 4. Ordnung, § 1931 II. Entspr gilt für den eingetragenen Lebenspartner, § 10 II LPartG.

§ 1930 Rangfolge der Ordnungen

Ein Verwandter ist nicht zur Erbfolge berufen, solange ein Verwandter einer vorhergehenden Ordnung vorhanden ist.

1 **A. Allgemeines.** Die Vorschrift beinhaltet das Ordnungsprinzip, wonach ein Angehöriger einer niedrigeren Ordnung einen Angehörigen einer höheren Ordnung von der Erbfolge ausschließt, und zwar unabhängig von der Nähe des Verwandtschaftsgrades. Dh ein einziger Verwandter einer früheren Ordnung, auch wenn er nur halbbürtig ist, schließt das Erbrecht jedes Angehörigen einer späteren Ordnung aus. Verwandter iSd § 1930 ist jeder, der zum Zeitpunkt des Erbfalls lebt oder gezeugt und lebend geboren wird, § 1923 (MüKo/*Leipold* § 1930 Rn 2).

2 **B. Verwandte nachfolgender Ordnungen.** Verwandte nachfolgender Ordnungen sind nur dann zur Erbfolge berufen, wenn kein Angehöriger einer vorhergehenden Ordnung (mehr) vorhanden ist. Das ist der Fall, wenn er vor dem Erbfall tatsächlich verstorben ist oder als vorverstorben gilt, so zB im Falle der Enterbung, § 1938, der Ausschlagung, § 1953 II, der Erbunwürdigkeit, § 2344 II, des Erbverzichts, § 2346 I 2, oder des vorzeitigen Erbausgleichs, § 1934 d, e mit der Folge, dass der entferntere Verwandte vom Erbfall an zur Erbfolge berufen ist, auch wenn er den Wegfall nicht mehr erlebt hat (Palandt/*Edenhofer* § 1930 Rn 2). Stirbt der Erstberufene nach dem Erbfall, ist er Erbe geworden und überträgt den Nachlass auf seine Erben, §§ 1922, 1942.

3 **C. Rangfolge bei nichtehelichen Kindern vor dem 1. 4. 98.** Auch bei Erbfällen vor dem 1. 4. 98 wahrte der auf den Erbersatzanspruch verwiesene Abkömmling den Rang und schloss die nachrangigen Verwandten von der Erbfolge aus. Entspr galt, wenn das vor dem 1. 4. 98 verstorbene nichteheliche Kind neben seinem Ehegatten noch den Vater und dessen Eltern hinterlassen hat: Der überlebende Ehegatte wurde Alleinerbe nach § 1931 I 1, weil der selbst nur ersatzerbberechtigte Vater als Erbe der 2. Ordnung die Großeltern als Erben 3. Ordnung ausschloss (Palandt/*Edenhofer* § 1930 Rn 1).

§ 1931 Gesetzliches Erbrecht des Ehegatten

(1) ¹Der überlebende Ehegatte des Erblassers ist neben Verwandten der ersten Ordnung zu einem Viertel, neben Verwandten der zweiten Ordnung oder neben Großeltern zur Hälfte der Erbschaft als gesetzlicher Erbe berufen. ²Treffen mit Großeltern Abkömmlinge von Großeltern zusammen, so erhält der Ehegatte auch von der anderen Hälfte den Anteil, der nach § 1926 den Abkömmlingen zufallen würde.
(2) Sind weder Verwandte der ersten oder der zweiten Ordnung noch Großeltern vorhanden, so erhält der überlebende Ehegatte die ganze Erbschaft.

(3) Die Vorschrift des § 1371 bleibt unberührt.
(4) Bestand beim Erbfall Gütertrennung und sind als gesetzliche Erben neben dem überlebenden Ehegatten ein oder zwei Kinder des Erblassers berufen, so erben der überlebende Ehegatte und jedes Kind zu gleichen Teilen; § 1924 Abs. 3 gilt auch in diesem Falle.

A. Allgemeines. Der überlebende Ehegatte ist neben den Verwandten gesetzlicher Erbe und besitzt ein eigenes Erbrecht, ohne in eine bestehende Ordnung einbezogen zu sein. Die Höhe der Beteiligung am Nachlass bestimmt sich nach dem Güterstand (*Lange/Kuchinke* § 12 I 1). Im Verhältnis zu nahen Verwandten ist der Ehegatte gleichberechtigt, zu den weiter entfernten Verwandten hat er eine Vorrangstellung.

Das Erbrecht des Ehegatten entspricht dem Wesen der ehelichen Lebensgemeinschaft und sichert seine wirtschaftliche Existenz entspr dem Lebenszuschnitt der Eheleute während der Ehezeit. Darüber hinaus ermöglicht ihm auch der Voraus die Fortführung des Haushalts, wie er vor dem Erbfall bestand. Im Fall der Entziehung des gesetzlichen Erbrechts durch eine Verfügung von Todes wegen garantiert ihm sein Pflichtteilsrecht eine Mindestbeteiligung am Nachlass, wenngleich der Nachlass ansonsten den Verwandten bleibt, weil das Gesetz beim Wegfall eines Ehegatten kein Eintrittsrecht eines anderen vorsieht (Palandt/*Edenhofer* § 1931 Rn 1).

Nach § 10 LPartG ist auch der eingetragene Lebenspartner erbberechtigt (*Schwab* FamRZ 01, 385), sofern die Lebenspartnerschaft beim Erbfall nicht durch rechtskräftiges Urteil des Familiengerichts aufgehoben war, § 15 LPartG. Dagegen besitzt der Partner einer nichtehelichen Lebensgemeinschaft kein gesetzliches Erbrecht (Frankf NJW 82, 1885), und zwar auch nicht nach jahrelangen Pflegeleistungen (Berlin FamRZ 79, 503). Eine gesetzliche Regelung wurde bislang nicht getroffen.

B. Voraussetzungen des Ehegattenerbrechts. I. Bestehende Ehe. Das Ehegattenerbrecht setzt eine bestehende, wirksame Ehe voraus. Daran fehlt es, wenn die Ehe nicht wirksam geschlossen, aufgehoben oder geschieden wurde.

1. Nichtehe. Die nach § 1310 genannte Zivilehe setzt die Eheschließung vor dem Standesbeamten voraus, bei dem die Eheschließenden erklären, die Ehe miteinander eingehen zu wollen. Fehlt es an diesem Erfordernis und liegt auch kein Fall des § 1310 III vor, liegt eine **Nichtehe** vor. Nach § 8 KonsularG können deutsche Staatsangehörige im Ausland vor einem deutschen Konsularbeamten wirksam die Ehe schließen. Bei einer **Doppelehe** hinterlässt der Erblasser zwei Ehegatten, wenn die Aufhebung der zweiten Ehe nicht wenigstens beantragt wurde (Palandt/*Edenhofer* § 1931 Rn 5). Sie erhalten dann den Ehegattenerbteil gemeinsam (KG OLGZ 77, 386).

2. Aufhebung der Ehe. Die Ehe kann nach § 1313 durch ein gerichtliches Urteil aufgehoben werden, wenn einer der in § 1314 genannten Eheaufhebungsgründe vorliegt. Hierzu zählen: mangelnde Ehefähigkeit, Doppelehe, Willensmängel (Karlsr NJW-RR 00, 737) und eine Scheinehe (*Otte* JuS 00, 148). Im Übrigen muss der Standesbeamte seine Mitwirkung an der Eheschließung verweigern, wenn offenkundig ist, dass die Ehe nach § 1314 II aufhebbar wäre. Dies gilt insbes für den Fall, dass sich die Ehegatten darüber einig sind, dass sie keine Pflichten gem § 1353 I begründen wollen (*Wolf* FamRZ 98, 1477). Bei einem derartigen Verstoß gegen das Verbot der „pflichtenlosen Ehe" muss die Verwaltungsbehörde im Nachhinein die Aufhebung der Ehe („Zwangsscheidung auf behördlichen Antrag") betreiben (*Otte* JuS 00, 148).

3. Ehescheidung. Die rechtskräftige Ehescheidung führt zum Verlust des Ehegattenerbrechts. Nach § 1933 entfällt das Ehegattenerbrecht schon vor Abschluss des Scheidungsverfahrens, wenn bereits ein rechtshängiger Scheidungsantrag vorlag oder der Erblasser dem Scheidungsantrag des anderen schon vor dem Familiengericht ggü seine Zustimmung erklärt hatte. Im Übrigen kann die Zustimmung des Erblassers zur Scheidung bereits vor Rechtshängigkeit, wie zB im Prozesskostenhilfeprüfungsverfahren, erklärt werden, auch wenn die erbrechtlichen und prozessualen Wirkungen dieser Erklärung erst später eintreten (Zweibr NJW 95, 601).

Einem eigenen Scheidungsantrag steht die Erklärung, man schließe sich dem Scheidungsantrag der anderen Partei an, gleich (Zweibr NJW 95, 601). Im Übrigen kann auch ein nicht wirksam gewordener eigener Scheidungsantrag als Minus die Zustimmungserklärung enthalten (*Kroiß/Ann/Mayer/Kroiß* § 1931 Rn 5).

Der verschollene und für tot erklärte Ehegatte wird hinsichtlich seines gesetzlichen Erbrechts so behandelt, als wäre die Ehe rechtskräftig geschieden, und der überlebende Ehegatte geht eine neue Ehe ein: Da die frühere Ehe mit Schließung der neuen Ehe aufgelöst wird, kann ein gesetzliches Ehegattenerbrecht für den früheren Ehegatten nicht mehr bestehen (DGE/*Hausmann* § 1931 Rn 7).

Die Beweislast dafür, dass im Zeitpunkt des Erbfalls die Scheidungsvoraussetzungen vorgelegen haben, trägt derjenige, der sich auf den Wegfall des Ehegattenerbrechts beruft (BGH NJW 95, 1982).

II. Überleben. Der Ehegatte ist nur dann gesetzlicher Erbe, wenn er den Erbfall des Erblassers erlebt. Sterben die Ehegatten gleichzeitig oder wird dies nach § 11 VerschG vermutet, entsteht kein Ehegattenerbrecht. Es besteht dann auch kein Anspruch auf den Zugewinnausgleich (BGH NJW 78, 1855). Die Beweislast für das Überleben des Ehegatten trägt derjenige, der sich darauf beruft (Staud/*Werner* § 1931 Rn 15).

12 **III. Allgemeine Ausschlussgründe.** Eine Erbberechtigung des überlebenden Ehegatten entfällt, wenn er durch Verfügung von Todes wegen enterbt wurde, auf sein Erbrecht verzichtet hat oder durch Urteil für erbunwürdig erklärt wurde.

13 **C. Ausschluss des Ehegattenerbrechts.** Das gesetzliche Erbrecht einschl des Pflichtteilsrechts geht durch die rechtskräftige Aufhebung der Ehe mit dem Erblasser verloren, da nach der Aufhebung eine Ehe nicht mehr besteht und es keine Ehegatten mehr gibt.

14 Die Ehe kann nach § 1316 nur durch ein rechtskräftiges Aufhebungsurteil aufgrund eines Antrags eines dazu Berechtigten mit ex nunc Wirkung aufgelöst werden. Unterblieb der Antrag bis zum Erbfall, behält der überlebende Ehegatte einer aufhebbaren Ehe sein gesetzliches Erbrecht (Palandt/*Edenhofer* § 1931 Rn 3). Wusste der Ehegatte bereits bei Eheschließung, dass seine Ehe wegen Geschäftsunfähigkeit, Doppelehe, Verwandtschaft, Formverstoß oder Geistesstörung aufhebbar ist, wird ihm nach § 1318 V ein gesetzliches Erbrecht versagt, da er nicht besser gestellt sein soll, als er stünde, wenn noch zu Lebzeiten des Erblassers der Aufhebungsantrag gestellt worden wäre (Palandt/*Edenhofer* § 1931 Rn 3).

15 § 1931 kann, wegen seiner Verknüpfung mit dem ehelichen Güterrecht und der sich daraus ergebenden Notwendigkeit des förmlichen Bestehens einer Ehe, auf die nichteheliche Lebensgemeinschaft nicht entspr angewendet werden (Saarbr NJW 79, 2050).

16 **D. Höhe des Ehegattenerbteils.** Der Erbanteil des Ehegatten beträgt bei bestehender Ehe mindestens ein Viertel. Die genaue Höhe ist nicht nur abhängig von der Nähe konkurrierender Verwandter des Erblassers, sondern auch vom Güterstand, in dem die Ehegatten zum Zeitpunkt des Todes gelebt haben (Celle FamRZ 03, 560).

17 **I. Verhältnis zu den Verwandten.** Neben Verwandten der **ersten Ordnung** erbt der Ehegatte ¼, Abs 1 S 1. Dieses Viertel erhöht sich im gesetzlichen Güterstand um ein weiteres Viertel auf ½. Waren in Erbfällen vor dem 1.4.98 nur nichteheliche Kinder des Erblassers vorhanden, wurde die Witwe Alleinerbin, war aber mit den Erbersatzansprüchen der Kinder nach § 1934 a belastet.

18 Neben Verwandten der **zweiten Ordnung** erbt der Ehegatte die Hälfte, die sich bei der Zugewinngemeinschaft auf ¾ erhöht, und zwar auch dann, wenn beide Eltern verstorben sind und nur ein Elternteil Abkömmlinge hinterlässt (Celle FamRZ 03, 560), da ein Eintrittsrecht des Ehegatten in den Erbteil des weggefallenen Elternteils nicht möglich ist. In Erbfällen vor dem 1.4.98 war der nichteheliche Vater neben dem Ehegatten seines Kindes auf einen Erbersatzanspruch nach § 1934 a III beschränkt.

19 Neben Verwandten der **dritten Ordnung** erhält der Ehegatte ebenfalls die Hälfte, erhöht um ein Viertel bei Zugewinngemeinschaft. Leben alle vier Großeltern noch, erben sie jeweils 1/8, bei Zugewinngemeinschaft jeweils 1/16. Leben keine Großeltern mehr, erbt der Ehegatte nach Abs 2 alleine, da andere Verwandte der dritten Ordnung nicht mehr zum Zuge kommen. In Erbfällen vor dem 1.4.98 waren die väterlichen Großeltern eines nichtehelichen Kindes ebenfalls auf einen Erbersatzanspruch beschränkt. Beim Wegfall einzelner Großeltern kommt es darauf an, wem ihr Anteil zufallen würde. Sind keine Abkömmlinge vorhanden, treten an die Stelle des Weggefallenen die anderen Großeltern, denen der Anteil verbleibt, weil der Ehegatte nur die Abkömmlinge ausschließt (Palandt/*Edenhofer* § 1931 Rn 7). Wären dagegen nach § 1926 III, IV an ihrer Stelle ihre Abkömmlinge berufen, werden diese vom Ehegatten verdrängt, Abs 2.

20 **II. Verhältnis zum Güterstand.** Auf die quotenmäßige Beteiligung des Ehegatten am Nachlass wirken sich nicht nur die Zugewinngemeinschaft, sondern auch die Gütertrennung aus. Im gesetzlichen Güterstand erhöht sich der Zugewinn erbrechtlich pauschal um ¼, Abs 3; bei der Gütertrennung ist durch Abs 4 sichergestellt, dass der Erbteil nicht kleiner ist als der eines Kindes. Lediglich die Gütergemeinschaft bleibt auf das gesetzliche Ehegattenerbrecht ohne Einfluss, es bestimmt sich nach den Abs 1 und 2.

21 **1. Zugewinngemeinschaft.** Lebten die Ehegatten im Güterstand der Zugewinngemeinschaft und wird die Ehe durch den Tod eines Ehegatten aufgelöst, erfolgt erbrechtlich ein pauschalierter Zugewinnausgleich, und zwar unabhängig davon, ob der überlebende Ehegatte tatsächlich in der Ehe einen Zugewinn erwirtschaftet hat. Im Falle der gesetzlichen Erbfolge wird also der Erbteil des Ehegatten um ein Viertel erhöht; er erhält daher neben Kindern ½ und neben Eltern und Großeltern ¾. Da es sich hierbei um einen einheitlichen Erbteil handelt, kann er das zusätzliche Viertel nach § 1950 nicht ausschlagen. Die Testierfreiheit des Erblassers ist durch § 1931 III iVm § 1371 I nicht eingeschränkt, da der Erblasser die Erhöhung des Erbteils durch eine Verfügung von Todes wegen verhindern kann. Dann wird der überlebende Ehegatte gewillkürter Erbe, der, wenn er die Erbschaft ausschlägt, neben dem Zugewinnausgleich nach § 1371 II auch den kleinen Pflichtteil, § 1371 III, verlangen kann (Soergel/*Stein* § 1931 Rn 27).

22 Str ist, wie die Berechnung des Ehegattenerbteils vorzunehmen ist, wenn Abkömmlinge neben den Großeltern vorhanden sind, deren Erbteil der überlebende Ehegatte verdrängt: Entweder ist bei der Berechnung des Ehegattenerbteils von der um ein Viertel erhöhten Hälfte des § 1931 I 1 auszugehen oder es ist zunächst ohne Berücksichtigung des § 1371 davon auszugehen, dass der Ehegatte nach § 1931 I 2 bereits ¾ der Erbschaft bekäme, die ihn nach der Erhöhung durch den pauschalierten Zugewinnausgleich zum Alleinerben macht.

Da der Gesetzgeber keinen vollständigen Ausschluss der Verwandten wollte, sollen ihnen stets Restanteile von mindestens 1/16 verbleiben (MüKo/*Leipold* § 1931 Rn 24). Daher wird den Großeltern und deren Abkömmlingen zunächst ¼ zugemessen und sodann die auf die Abkömmlinge entfallenden Anteile dem Ehegatten zugeschlagen (Soergel/*Stein* § 1931 Rn 23 mwN), so dass der Ehegatte neben einem Großelternpaar und einem Abkömmling des Paares 7/8 des Nachlasses und die Großeltern je 1/16 erhalten (Palandt/*Edenhofer* § 1931 Rn 9).

Bei einem ausländischen Erblasser kann es zu einem Normenwiderspruch zwischen deutschem Güterrecht und ausländischem Erbrecht kommen, der so zu lösen ist, dass für den Zugewinnausgleich stets das Güterrechtsstatut maßgebend ist, wohingegen die Erbquote nach dem Erbstatut zu bestimmen ist (Palandt/*Edenhofer* § 1931 Rn 9). Wird der Erblasser gem Art 25 EGBGB nach ausländischem Erbstatut beerbt und ist diesem der erbrechtliche Ausgleich fremd, ist str, ob in diesem Fall nur ein Ausgleich nach § 1371 II möglich ist oder der Ausgleich durch Anpassung der Erbquote vorzunehmen ist (Stuttg FGPrax 05, 168). 23

2. Gütertrennung. Der durch das NEhelG eingeführte Abs 4 gewährleistet dem Ehegatten einen der Erbquote der Kinder entspr Erbteil und will den Ehegatten für die Mitwirkung am Vermögenserwerb entschädigen. Gleichzeitig schafft er einen Ausgleich dafür, dass nach § 2057 a nur den Abkömmlingen ein Ausgleichsanspruch bei besonderen Leistungen zusteht (Palandt/*Edenhofer* § 1931 Rn 10). 24

Der überlebende Ehegatte erbt neben einem Kind die Hälfte und neben zwei Kindern 1/3, sofern die Kinder, unabhängig davon, ob sie eheliche, nichteheliche oder angenommene Kinder sind, als gesetzliche Erben berufen sind. Ist ein Kind vorverstorben, treten dessen Abkömmlinge an seine Stelle, die zusammen und zu gleichen Teilen dessen Erbteil aus eigenem Recht erhalten (Palandt/*Edenhofer* § 1931 Rn 10). 25

Greift Abs 4 nicht ein, weil die Ehegatten mehr als zwei Kinder hatten, bestimmt sich der Ehegattenerbteil auch bei Gütertrennung nach Abs 1 und 2 mit der Folge, dass der Ehegatte auf jeden Fall ¼ des Nachlasses erhält. 26

Da eine dem § 1371 IV vergleichbare Regelung fehlt und eine analoge Anwendung nicht in Betracht kommt, besteht auch kein Anspruch auf Ausbildungskosten (MüKo/*Leipold* § 1931 Rn 36). 27

3. Gütergemeinschaft. Lebten die Ehegatten zur Zeit des Erbfalls in Gütergemeinschaft, finden nur Abs 1 und 2 des § 1931 Anwendung. Zum Nachlass gehört nicht nur das Sondergut, § 1417, sondern auch das Vorbehaltsgut des § 1418 sowie der Gesamthandsanteil des Erblassers am Gesamtgut, § 1482 S 1. Unabhängig von seiner Beteiligung am Nachlass des Erblassers steht dem überlebenden Ehegatten schon nach den güterrechtlichen Regeln als Gesamthänder die Hälfte des Gesamthandsgutes zu, §§ 1416, 1419 (Erman/*Schlüter* § 1931 Rn 45). 28

§ 1932 Voraus des Ehegatten

(1) ¹Ist der überlebende Ehegatte neben Verwandten der zweiten Ordnung oder neben Großeltern gesetzlicher Erbe, so gebühren ihm außer dem Erbteil die zum ehelichen Haushalt gehörenden Gegenstände, soweit sie nicht Zubehör eines Grundstücks sind, und die Hochzeitsgeschenke als Voraus. ²Ist der überlebende Ehegatte neben Verwandten der ersten Ordnung gesetzlicher Erbe, so gebühren ihm diese Gegenstände, soweit er sie zur Führung eines angemessenen Haushalts benötigt.
(2) Auf den Voraus sind die für Vermächtnisse geltenden Vorschriften anzuwenden.

A. Allgemeines. Nach dem Willen des Gesetzgebers soll der überlebende Ehegatte diejenigen Gegenstände behalten dürfen, die bislang den äußeren Rahmen der ehelichen Lebensgemeinschaft gebildet haben (*Eigel* MittRhNotK 83, 1). Allerdings kann der Erblasser seinem Ehegatten, anders als den Pflichtteil, den Voraus entziehen (Palandt/*Edenhofer* § 1932 Rn 2). Der Anspruch des Voraus ist nach § 2345 anfechtbar (Erman/*Schlüter* § 1932 Rn 15). Die Durchsetzung des Voraus erfolgt nicht vor dem Nachlassgericht, sondern vor dem Prozessgericht (Damrau/*Tanck* § 1932 Rn 25). 1

In diesem Zusammenhang steht auch ein Eintrittsrecht zugunsten des Überlebenden hinsichtlich der gemieteten Ehewohnung nach §§ 563 ff. 2

Auch der eingetragene Lebenspartner hat nach § 10 I 2 LPartG einen Anspruch auf den Voraus (*Kerscher/Tanck/Krug* § 35 Rn 85 ff), der aber nur dann realisiert werden kann, wenn der überlebende Partner gesetzlicher Erbe wird. Dies ergibt sich nicht nur aus dem Wortlaut der Vorschrift „zusätzlich zum gesetzlichen Erbrecht", sondern auch aus der Gesetzesbegründung (BTDrs 14/3751 S 40). 3

B. Der Voraus. Der überlebende Ehegatte erhält, unabhängig vom Güterstand, zusätzlich zu seinem Erbteil den sog Voraus, sofern er mit dem Erblasser einen gemeinsamen Haushalt geführt hat (Palandt/*Edenhofer* § 1932 Rn 1), um dem Berechtigten die Fortsetzung des Haushalts mit dem bisherigen Hausrat zu ermöglichen (Erman/*Schlüter* § 1932 Rn 2). 4

C. Rechtsnatur. Der Voraus ist kein Sondererbrecht, sondern ein gesetzliches Vorausvermächtnis, das ähnlich dem Pflichtteilsanspruch dem überlebenden Ehegatten ein Forderungsrecht ggü der Erbengemeinschaft 5 auf Übertragung des Eigentums an den zum Voraus gehörenden Gegenständen einräumt, § 2174, das durch besonderes Leistungsvollzugsgeschäft unter Lebenden zu erfüllen ist (Erman/*Schlüter* § 1932 Rn 14). Hinsichtlich der Eigentumsübertragung gelten die allgemeinen sachenrechtlichen Vorschriften, wonach das Eigentum durch Einigung und Übergabe übertragen wird. Befinden sich die Gegenstände bereits im Besitz des Anspruchsberechtigten, ist die Übergabe entbehrlich.

6 Der Anspruch aus § 1932 ist als Nachlassverbindlichkeit iSd § 1967 II zu behandeln und daher nach § 2046 vorab zu befriedigen, es sei denn, der Nachlass ist unzureichend oder das Nachlassinsolvenzverfahren ist eröffnet. In diesen Fällen ist der Anspruch erst nach den sonstigen Verbindlichkeiten zu erfüllen, §§ 1991 IV, 327 I Nr 2 InsO.

7 **D. Voraussetzungen.** Der Anspruch auf den Voraus besteht nur bei endgültiger gesetzlicher Erbfolge; ein testamentarischer Erbe hat einen Anspruch auf den Voraus (BGHZ 73, 29). Entspr gilt, wenn der überlebende Ehegatte nach den §§ 1933, 1938 von der gesetzlichen Erbfolge ausgeschlossen ist oder er auf sein Erbrecht verzichtet hat, § 2346 (DGE/*Hausmann* § 1932 Rn 2). Dies gilt auch im Falle der Erbunwürdigkeit und Ausschlagung der Erbschaft (*Staudenmaier* DNotZ 65, 72), aber auch dann, wenn die Ehe rechtskräftig geschieden oder aufgehoben ist (Erman/*Schlüter* § 1932 Rn 5). Der Voraus steht dem Ehegatten nicht zu neben Abkömmlingen von Großeltern und Verwandten entfernterer Ordnungen, da er in diesem Fall nach § 1931 II die gesamte Erbschaft erhält (Erman/*Schlüter* § 1932 Rn 8).

8 Danach ist es dem überlebenden Ehegatten verwehrt, die Erbschaft auszuschlagen, den Voraus aber anzunehmen. Umgekehrt ist es aber möglich, die Erbschaft anzunehmen und den Voraus auszuschlagen (Palandt/*Edenhofer* § 1932 Rn 2).

9 Umstritten ist, ob der Ehegatte Anspruch auf den Voraus auch dann hat, wenn der Erblasser letztwillig verfügt hat und seine gesetzlichen Erben, also auch den Ehegatten, bedacht hat. Insoweit ist zunächst entspr der Auslegungsregel des § 2066 zu prüfen, ob der Erblasser seinen Ehegatten im Testament berücksichtigt hat. Ist dies zu bejahen, hat der Ehegatte aufgrund seiner Stellung als testamentarischer Erbe keinen Anspruch auf den Voraus (DGE/*Hausmann* § 1932 Rn 2).

10 **E. Umfang.** Der Umfang des Voraus bestimmt sich danach, zu welcher Ordnung die mit dem Ehegatten zur gesetzlichen Erbfolge Berufenen gehören: Neben Verwandten der zweiten Ordnung und Großeltern des Erblassers gebührt dem Ehegatten der gesamte Voraus, dh sämtliche zum Haushalt gehörenden Gegenstände einschl der Hochzeitsgeschenke, § 1932 I 1. Der Voraus ist nach § 1932 I 2 eingeschränkt, wenn der Ehegatte neben Abkömmlingen der ersten Ordnung zur Erbfolge berufen ist, weil er dann nur Anspruch auf die Haushaltsgegenstände hat, soweit sie zur angemessenen Haushaltsführung erforderlich sind, wobei für die Beurteilung der Erforderlichkeit der Zeitpunkt des Erbfalls maßgebend ist (*Ripfel* BWNotZ 65, 268). Entscheidend ist, ob der überlebende Ehegatte bereits über eine ausreichende Anzahl dieser Gegenstände verfügt oder ob ihm die Beschaffung aus eigenen Mitteln zugemutet werden kann (RGRK/*Steffen* § 1932 Rn 8). Bei einer Interessenabwägung ist die Reduzierung des Haushalts wegen geringeren Bedarfs ebenso zu berücksichtigen (MüKo/*Leipold* § 1932 Rn 14) wie die bisherige Lebenshaltung; sinkt sie mit dem Tod des Erblassers für die ganze Familie, so ist dies mit einzubeziehen (Erman/*Schlüter* § 1932 Rn 12).

11 Darüber hinaus ist der Voraus davon abhängig, ob die Ehegatten zuletzt einen gemeinsamen Haushalt geführt haben. Lebten die Ehegatten getrennt, ist str, ob die noch verbliebenen Gegenstände des früheren Haushalts gefordert werden können. Wird dies bejaht, können die Gegenstände des früheren gemeinsamen Haushalts gem § 2169 III mit § 1932 II als Surrogat gefordert werden (DGE/*Hausmann* § 1932 Rn 4; aA Soergel/*Stein* § 1932 Rn 5).

12 Haushaltsgegenstände sind diejenigen Sachen und Rechte, die dem Erblasser gehört und dem gemeinsamen Haushalt gedient haben (Palandt/*Edenhofer* § 1932 Rn 4), mithin also auch Rechte aus Abzahlungsgeschäften für Möbel, Wäsche, Schadensersatzansprüche aus der Zerstörung von Haushaltsgegenständen, kostbare Teppiche, Gemälde, übliche Büchereien und solche allgemein belehrenden Inhalts, nicht aber, was den besonderen beruflichen, wissenschaftlichen, künstlerischen Interessen und dem persönlichen Gebrauch des einzelnen Ehegatten diente, wie Schmuck und Kleider (Erman/*Schlüter* § 1932 Rn 10).

13 Hinsichtlich der Hochzeitsgeschenke, die im Zweifel Eigentum beider Ehegatten sind, hat der überlebende Ehegatte Anspruch auf Verschaffung der ideellen Eigentumshälfte (Palandt/*Edenhofer* § 1932 Rn 4).

14 **F. Berechnung des Pflichtteils.** Zur Berechnung des Pflichtteilsanspruchs des Ehegatten sind die zum Voraus gehörenden Nachlassgegenstände zum Aktivvermögen des Nachlasses hinzuzurechnen (RGRK/*Steffen* § 2311 Rn 11).

15 Umgekehrt ist bei der Berechnung des Pflichtteilsanspruchs eines Abkömmlings und der Eltern des Erblassers der Wert der zum Voraus gehörenden Gegenstände vom Nachlass in Abzug zu bringen, wenn der überlebende Ehegatte gesetzlicher Erbe geworden ist (BGHZ 73, 29).

§ 1933 Ausschluss des Ehegattenerbrechts

¹Das Erbrecht des überlebenden Ehegatten sowie das Recht auf den Voraus ist ausgeschlossen, wenn zur Zeit des Todes des Erblassers die Voraussetzungen für die Scheidung der Ehe gegeben waren und der Erblasser die Scheidung beantragt oder ihr zugestimmt hatte. ²Das Gleiche gilt, wenn der Erblasser berechtigt war, die Aufhebung der Ehe zu beantragen, und den Antrag gestellt hatte. ³In diesen Fällen ist der Ehegatte nach Maßgabe der §§ 1569 bis 1586b unterhaltsberechtigt.

A. Allgemeines. Das gesetzliche Ehegattenerbrecht ist ausgeschlossen, wenn in einem rechtshängigen Scheidungsverfahren wegen des Todes eines Ehegatten kein Urteil ergehen kann. Die Vorschrift stellt somit den begründeten Ehescheidungsantrag der rechtskräftigen Auflösung der Ehe durch Richterspruch gleich (Soergel/*Stein* § 1933 Rn 3). 1

B. Erbrechtsausschluss. Der überlebende Ehegatte soll, wenn die Ehe zerrüttet ist, die Voraussetzungen für eine Ehescheidung vorliegen und der Erblasser die Ehescheidung beantragt, nicht durch den Ehegattenerbteil begünstigt werden. 2

Hatte dagegen der überlebende Ehegatte den Scheidungsantrag gestellt und liegt der Zeitpunkt des Todes des Erblassers vor der Beendigung des Ehescheidungsverfahrens, bleibt das Ehegattenerbrecht des überlebenden Ehegatten unverändert bestehen (DGE/*Hausmann* § 1933 Rn 1). Der Scheidungsunwillige kann das gesetzliche Erbrecht seines die Ehescheidung betreibenden Ehegatten nur durch eine Verfügung von Todes wegen verhindern und ihm unter den Voraussetzungen des § 2335 den Pflichtteil entziehen (*Reimann* ZEV 95, 329). Allerdings werden hiergegen Bedenken aus Art 3 und 6 GG erhoben (*Zopfs* ZEV 95, 309). 3

Wollen beide Ehegatten nicht mehr an der Ehe festhalten, entfällt auch die Rechtfertigung ihrer Erbberechtigung, da insoweit die Ehescheidung sicher voraussehbar ist (Frankf OLGZ 90, 215), weshalb der überlebende Ehegatte nicht erbt, wenn die Scheidungsvoraussetzungen vorlagen. Verfassungsrechtliche Bedenken bestehen nicht gegen den gegenseitigen Erbrechtsausschluss (BVerfG FamRZ 95, 536). 4

C. Formelle Voraussetzungen. Der Erblasser muss vor dem Tod die Ehescheidung bzw die Eheaufhebung beantragt haben, dh die Klage- bzw Antragschrift muss vor dem Tod des Erblassers zugestellt sein (hM BGH NJW 95, 51; aA Soergel/*Stein* § 1933 Rn 4). Die außergerichtliche Erklärung des Erblassers, er werde dem Ehescheidungsantrag nicht entgegentreten, reicht ebenso wenig (Zweibr FamRZ 90, 59) wie das bloße Einreichen der Klage-/Antragschrift bei Gericht, wodurch das Verfahren anhängig wird. Wesentliche, aber heilbare Mängel der Klage schaden nicht (KG HRR 42, Nr 478). Unschädlich ist auch, wenn ein örtlich unzuständiges Familiengericht angerufen wurde, weil der Wille zur Beendigung der Ehe auch in diesem Fall hinreichend zum Ausdruck gekommen ist (Staud/*Werner* § 1933 Rn 5). 5

Aufgrund der Zweifel an der Zweckmäßigkeit der Vorschrift ist sie eng auszulegen (BGH NJW 90, 2382). 6

Die gleichen Rechtswirkungen treten ein, wenn der überlebende Ehegatte den Antrag gestellt und der Erblasser der beabsichtigten Beendigung der Ehe zugestimmt hat. Die Zustimmung ist Prozesshandlung und muss formal im Verfahren durch einen Anwalt des Antragsgegners oder durch ihn selbst erklärt werden, indem er sie zu Protokoll der Geschäftsstelle oder in der mündlichen Verhandlung zur Niederschrift des Gerichts erklärt (Saarbr FamRZ 92, 109). Darüber hinaus kann die Zustimmungserklärung im Rahmen des Prozesskostenhilfeverfahrens vor Rechtshängigkeit eines Scheidungsantrags erklärt werden; sie wird aber erst mit der Zustellung des Scheidungsantrags beim anderen Ehegatten wirksam (Zweibr NJW 95, 601). Die Abgabe der Erklärung im Schriftsatz des bevollmächtigten Anwalts genügt den formalen Anordnungen (Frankf NJW-RR 90, 136). Nicht erforderlich ist, dass der Ausdruck „Zustimmung" wörtlich verwendet wird (Köln NJW-RR 03, 655); diese kann vielmehr durch Auslegung der abgegebenen Erklärung festzustellen sein (BayObLG NJW-RR 96, 651). Der **Widerruf** ist bis zum Schluss der mündlichen Verhandlung möglich und lässt die Wirkung entfallen (Palandt/*Edenhofer* § 1933 Rn 4). 7

Das Nichtbetreiben einer Ehescheidungsklage über einen Zeitraum von 25 Jahren ist wie eine Klagerücknahme zu behandeln (Ddorf FamRZ 91, 1197), führt aber als solches nicht zur Beseitigung der Rechtshängigkeit (BGH NJW-RR 1993, 898). 8

In Bezug auf die Rechtshängigkeit gelten die allgemeinen prozessualen Regeln, wobei aber eine analoge Anwendung des § 167 ZPO ausscheidet, dh eine Rückwirkung auf den Zeitpunkt der Einreichung des Ehescheidungsantrags bei Gericht kommt nicht in Betracht (BGHZ 111, 329). Infolgedessen genügt es für den Ausschluss des Ehegattenerbrechts nicht, wenn die Zustellung des Ehescheidungsantrags des überlebenden Ehegatten „alsbald" nach dem Tod des Erblassers erfolgt, weil es bei der aufgrund der Zustellung des Ehescheidungsantrags eintretenden Rechtshängigkeit weder um eine Fristwahrung zur Erhaltung eines Rechts noch um die Verjährungsunterbrechung geht (BayObLGZ 90, 20). 9

Mit der Rücknahme des Ehescheidungsantrags oder der Aufhebungsklage entfallen die Rechtswirkungen des § 1933 (BGH FamRZ 1974, 649f). Dies gilt nicht, wenn im Zeitpunkt des Todes des Erblassers noch kein rechtskräftiges Urteil vorliegt, weil der Erblasser zB ein Rechtsmittel eingelegt hat. Ob dies auch gilt, wenn der Erblasser nur aufgrund seines Ablebens kein Rechtsmittel mehr einlegen konnte, ist umstritten. Teilweise wird dieser Fall gleichbehandelt, als habe er noch Rechtsmittel eingelegt (MüKo/*Leipold* § 1933 Rn 9). 10

11 **D. Materielle Voraussetzungen.** Die Rechtswirkungen des § 1933 treten nur ein, wenn die Ehe auf Antrag des Erblassers geschieden bzw aufgehoben worden wäre, wäre nicht zwischenzeitlich sein Tod eingetreten (Staud/*Werner* § 1933 Rn 10). Infolgedessen müssen die allgemeinen Voraussetzungen für eine Eheaufhebung, §§ 1313 ff bzw für eine Ehescheidung, §§ 1565 ff, bezogen auf den Zeitpunkt des Erbfalls, vorliegen (Frankf FamRZ 02, 1511), dh die Ehe muss gescheitert sein, § 1565 I und das Trennungsjahr muss abgelaufen sein, § 1565 II, bzw muss ihr Scheitern unwiderleglich vermutet werden, § 1566, und es dürfen nicht die Voraussetzungen der Härteklausel des § 1568 vorliegen (Erman/*Schlüter* § 1933 Rn 3). Das Scheitern der Ehe kann nicht festgestellt werden, wenn bei beiden Ehegatten die Bereitschaft zu einem Versöhnungsversuch besteht (BGH NJW 95, 1082). Im Falle des Getrenntlebens ist auf die Ablehnung der ehelichen Lebensgemeinschaft abzustellen (BayObLG Rpfleger 87, 358). Kann ein Scheitern der Ehe festgestellt werden, unterbleibt aber wegen der gleichzeitig im Verbund zu entscheidenden Folgesachen der Scheidungsausspruch, ist es unerheblich, dass die Trennung noch keine 3 Jahre dauerte (LG Freiburg NJW-RR 05, 448). Der dauerhafte Bewusstseinsverlust ist nicht ohne weiteres mit dem Trennungszeitpunkt gleichzusetzen (Frankf NJW 02, 3033).

12 Im Falle einer einvernehmlichen Scheidung müssen zudem die Voraussetzungen des § 630 I Nr 2 ZPO vorliegen (Schlesw NJW 93, 1082). Beim Aufhebungsantrag muss mindestens einer der Aufhebungsgründe des § 1314 vorliegen (Erman/*Schlüter* § 1933 Rn 3).

13 Somit ist das Scheitern der Ehe zum Zeitpunkt des Erbfalls entspr den subjektiven Vorstellungen der Ehegatten hinsichtlich ihrer konkreten Lebensgemeinschaft festzustellen (BGH NJW 95, 108).

14 Im Erbscheinsverfahren sind die Voraussetzungen des § 1933 vom Nachlassgericht vAw zu prüfen (BayObLG FamRZ 83, 96) bzw von den Erben im streitigen Verfahren, welches keine Ehesache ist, vor dem Prozessricht geltend zu machen, wobei an den Nachweis des Scheitern der Ehe hohe Anforderungen zu stellen sind (Palandt/*Edenhofer* § 1933 Rn 7, aA MüKo/*Leipold* § 1933 Rn 8).

15 Die **Beweislast** für das Vorliegen der Tatbestandsvoraussetzungen trägt derjenige, der den Fortfall des Ehegatten-Erbrechts bzw des Voraus behauptet (BayObLG FamRZ 92, 1349). IdR sind das die das Ehegattenerbrecht bestreitenden Verwandten. Sie haben daher nicht nur darzulegen und ggf zu beweisen, dass der Erblasser die Scheidung beantragt oder ihr in der erforderlichen Form zugestimmt hat, sondern auch, dass die materiell-rechtlichen Bedingungen der Begründetheit des Scheidungsantrages/der Aufhebungsklage vorlagen, dh dass im Zeitpunkt des Erbfalls keine Versöhnungsbereitschaft der Ehegatten bestand (BGH NJW 95 1082). Problematisch kann der Nachweis des Scheiterns der Ehe sein, wenn es nicht gelingt, die Tatsachen der Vermutungsregel des § 1566 zu belegen (BayObLG Rpfleger 87, 358). Hat nur der Verstorbene die Scheidung begehrt und der überlebende Ehegatte ihr nicht zugestimmt, sind an den Beweis der Zerrüttung strenge Anforderungen zu stellen (Baumgärtel/*Strieder* § 1933 Rn 1). Dagegen hat der Ehegatte das Eingreifen der Härteklausel des § 1568 zu beweisen (Staud/*Werner* § 1933 Rn 16).

16 **E. Rechtsfolgen.** Liegen die Voraussetzungen des § 1933 vor, hat der überlebende Ehegatte sein aus § 1931 resultierende gesetzliches Erbrecht ebenso verloren wie sein Recht auf den Voraus. Entspr gilt nach § 6 II Nr 2 HöfeO für die gesetzliche Hoferbfolge (Erman/*Schlüter* § 1933 Rn 5). Darüber hinaus entfällt sein Pflichtteilsrecht, weil er infolge der fiktiven rechtskräftigen Scheidung nicht mehr von der gesetzlichen Erbfolge ausgeschlossen werden konnte, § 2303 II 1. Lebten die Ehegatten im gesetzlichen Güterstand der Zugewinngemeinschaft, entfällt der erbrechtliche Ausgleich nach § 1931 III iVm § 1371 I mit der Folge, dass der überlebende Ehegatte nur noch auf die güterrechtliche Lösung verwiesen werden kann (BGHZ 46, 343). Maßgebender Zeitpunkt ist der Zeitpunkt der Rechtshängigkeit des Scheidungs- bzw Eheaufhebungsantrags (BGHZ 99, 304).

17 Den Erben steht ggü dem güterrechtlichen Ausgleichsanspruch des überlebenden Ehegatten nur bei grober Unbilligkeit gem § 1381 das Recht zur Erfüllungsverweigerung zu. Demgegenüber verbleibt dem Ehegatten ein Unterhaltsanspruch nach der Maßgabe der §§ 1569–1586b (*Dieckmann* NJW 80, 2777; aA *Grziwotz* FamRZ 91, 1258), um diesen bei der Beendigung der Ehe durch den Tod des anderen nicht schlechter zu stellen, als er bei einer rechtskräftigen Scheidung stünde. Der Unterhaltsanspruch ist der Höhe nach begrenzt durch den güterstandsunabhängig zu ermittelnden Pflichtteil: Hatte der überlebende Ehegatte auf den Pflichtteil verzichtet oder wurde er ihm entzogen, entfällt auch sein Unterhaltsanspruch. Liegt dagegen nur ein Verzicht auf den Erb- nicht aber auch auf den Pflichtteil vor, ist anzunehmen, dass der Pflichtteilsvorbehalt auch zur Erhaltung des „fiktiven" Pflichtteils iSd § 1586 b I 3 führt mit der Folge, dass der Unterhaltsanspruch in den Grenzen des § 1586 b II besteht (Soergel/*Stein* § 1933 Rn 13).

18 Bei rechtskräftiger Scheidung/Eheaufhebung entfallen sowohl das Ehegattenerbrecht als auch der Voraus, da die Voraussetzungen des §§ 1931, 1932 nicht mehr vorliegen mit der Folge, dass § 1933 unanwendbar ist. Wurde die abweisende Entscheidung nicht rechtskräftig und starb der Erblasser, bevor er ein ihm zustehendes Rechtsmittel einlegen konnte (Frankf FamRZ 81, 192) wirkt die Antragstellung /Klageerhebung prozessrechtlich fort (Soergel/*Stein* § 1933 Rn 5; aA Staud/*Werner* § 1933 Rn 6).

19 Der Erblasser kann die Rechtsfolgen des § 1933 durch Verfügung von Todes wegen abwenden. Hatte er aber den Ehegatten als Erben eingesetzt und ist die Verfügung wegen §§ 2077 I, III, 2268 I, 2279 unwirksam, bleibt dem überlebenden Ehegatten eine Beteiligung im Rahmen des nunmehr eintretenden gesetzlichen Ehegattenerbrechts versagt (Soergel/*Stein* § 1933 Rn 14).

Diese zwischen den Ehegatten getroffenen erbrechtlichen Dispositionen wirken sich auf das Mietverhältnis 20
und das Eintrittsrecht des überlebenden Ehegatten an der Ehewohnung, § 563 f, nicht aus.
Da die Ehe zum Zeitpunkt des Erbfalls noch nicht aufgelöst war, stehen dem überlebenden Ehegatten in 21
jedem Fall Ansprüche aus dem Versorgungsausgleich zu (Palandt/*Edenhofer* § 1933 Rn 9).

F. Eingetragene Lebenspartnerschaft. Entspr gilt nach § 10 III 1 Nr 1 LPartG, wenn zur Zeit des Todes des 22
Erblassers die Voraussetzungen für die Aufhebung der **Lebenspartnerschaft** nach § 15 II Nr 1 oder 2 LPartG
vorlagen und der Erblasser die Aufhebung beantragt oder ihr zugestimmt hatte oder der Erblasser einen
begründeten Antrag nach § 15 II Nr 3 LPartG wegen unzumutbarer Härte gestellt hatte (Damrau/*Seiler*
§ 1933 Rn 24). In den Fällen des § 10 I Nr 1 LPartG muss die in § 15 II LPartG bestimmte Frist von 12 bzw
36 Monten abgelaufen sein (*Mayer* ZEV 01, 169). Hat nur der Erblasser die Aufhebung der eingetragenen
Lebenspartnerschaft beantragt, führt dies nur zum einseitigen Ausschluss des Erbrechts mit der Folge, dass
der Antragsteller den anderen Lebenspartner weiterhin beerbt (Damrau/*Seiler* § 1933 Rn 24).
Die Lebenspartner können ihre Anträge auf Aufhebung der Lebenspartnerschaft nach § 15 III LPartG solange 23
widerrufen, solange sie nicht aufgehoben ist. Im Falle des Widerrufs bleibt das Erbrecht bestehen (Damrau/
Seiler § 1933 Rn 25).
Die Aufhebung der Lebenspartnerschaft führt zum Ausschluss des gesetzlichen Erbrechts des überlebenden 24
Partners und des Voraus gem § 10 III 1 LPartG. Allerdings hat er Anspruch auf nachpartnerschaftlichen
Unterhalt, § 16 LPartG, der sich gegen die Erben richtet (Palandt/*Edenhofer* § 1933 Rn 1).

§ 1934 Erbrecht des verwandten Ehegatten

¹Gehört der überlebende Ehegatte zu den erbberechtigten Verwandten, so erbt er zugleich als Verwandter.
²Der Erbteil, der ihm auf Grund der Verwandtschaft zufällt, gilt als besonderer Erbteil.

A. Allgemeines. § 1934 ist das Pendant zu § 1927. Der Anwendungsbereich der Norm ist wegen der Ehever- 1
bote in § 1307 eher gering. Ein Zusammentreffen von Ehegattenerbrecht und Verwandtenerbrecht nach der
ersten Ordnung ist danach ausgeschlossen. Ab der dritten Ordnung aufwärts lässt das Ehegattenerbrecht des
§ 1931 ein Verwandtenerbrecht von Abkömmlingen der Voreltern nicht entstehen (Soergel/*Stein* § 1934
Rn 1).

B. Das mehrfache Erbrecht. Die Vorschrift ist eher theoretischer Natur, weil sie erst zur Anwendung 2
gelangt, wenn der überlebende Ehegatte mit dem Erblasser in zweiter Ordnung verwandt war (MüKo/*Leipold*
§ 1934 Rn 1), dh wenn die Nichte mit dem Onkel/Großonkel bzw der Neffe mit der Tante/Großtante (Damrau/*Seiler* § 1934 Rn 2) oder Cousin und Cousine verheiratet war. War allerdings der Erblasser die Nichte/der
Neffe des Ehepartners, scheidet ein mehrfaches Erbrecht aus, da der überlebende Ehegatte (Onkel/Tante) ein
Abkömmling der Großeltern des Erblassers ist und somit § 1931 I 2 zur Anwendung gelangt.
Eine analoge Anwendung dieser Vorschrift auf die eingetragene Lebenspartnerschaft sieht das LPartG nicht 3
vor, wird aber befürwortet (*Leipold* ZEV 01, 218).

C. Auswirkungen. Das mehrfache Erbrecht führt zusätzlich zu einem Verwandten-Erbteil nach § 1925, wel- 4
cher von § 1933 getrennt zu behandeln ist; jeder Erbteil kann gesondert ausgeschlagen werden (Palandt/*Edenhofer* § 1934 Rn 2). Der Ausschlagung des Ehegattenerbrechts steht die Geltendmachung des güterrechtlichen
Zugewinnausgleichs nicht entgegen, § 1951, da § 1371 III nur die Ausschlagung des Ehegattenerbrechts
betrifft.

§ 1935 Folgen der Erbteilserhöhung

Fällt ein gesetzlicher Erbe vor oder nach dem Erbfall weg und erhöht sich infolgedessen der Erbteil eines
anderen gesetzlichen Erben, so gilt der Teil, um welchen sich der Erbteil erhöht, in Ansehung der Vermächtnisse und Auflagen, mit denen dieser Erbe oder der wegfallende Erbe beschwert ist, sowie in Ansehung der Ausgleichungspflicht als besonderer Erbteil.

A. Allgemeines. Die Erbteilserhöhung bei der gesetzlichen Erbfolge entspricht der Anwachsung bei der 1
gewillkürten Erbfolge nach § 2094 (Kroiß/Ann/Mayer/*Kroiß* § 1935 Rn 1). Wegen des Eintrittsrechts der
Erben innerhalb der ersten drei Ordnungen ist die praktische Bedeutung dieser Vorschrift gering.
Der angefallene Erbteil gilt grds als Einheit, da § 1935 nur die Fälle meint, in denen der erhöhte Teil als 2
besonderer Erbteil zu werten ist (Kroiß/Ann/Mayer/*Kroiß* § 1935 Rn 4). Bedeutung hat dies vor allem bei der
Annahme und der Ausschlagung der Erbschaft sowie bei der Haftung für Nachlassverbindlichkeiten. In diesen Fällen ist von einer Einheit von Erbteil und Erhöhung auszugehen (Damrau/*Seiler* § 1935 Rn 6).

3 **B. Voraussetzungen der Erbteilserhöhung.** Voraussetzung der Erbteilserhöhung ist der Wegfall eines gesetzlichen Erben vor oder nach dem Erbfall und Erhöhung bei anderen, die bereits aus eigenem Recht zu gesetzlichen Erben berufen sind und nicht erst durch den Wegfall Erben werden (Palandt/*Edenhofer* § 1935 Rn 1).
4 Vor dem Erbfall kann der Erbanwärter durch Vorversterben, § 1923 I, Eheauflösung, § 1933, Enterbung, § 1938, oder Erbverzicht, § 2346, wegfallen. Sein Wegfall führt, auch wenn er von vornherein ausgeschieden wäre, zur Erbteilserhöhung (MüKo/*Leipold* § 1935 Rn 2).
5 Nach dem Erbfall kann der gesetzliche Erbe durch Totgeburt des Gezeugten, § 1923 II, Ausschlagung, § 1953, oder Erbunwürdigkeitserklärung, § 2344, wegfallen.
6 **C. Folgen der Erbteilserhöhung.** Die Erhöhung des Erbteils wird nur bzgl der Belastungen durch Vermächtnis, Auflagen und Ausgleichspflichten als eigener Erbteil angesehen, und zwar nur dann, wenn der Erblasser damit nur den weggefallenen oder nur den verbliebenen gesetzlichen Erben beschwert hat (Jauernig/*Stürner* § 1935 Rn 1). Der Erbe muss nicht nach § 1992 vorgehen, wenn der beschwerte Erbteil durch diese Belastung überschuldet ist (Palandt/*Edenhofer* § 1935 Rn 3). Fällt der ausgleichspflichtige Abkömmling weg, erstreckt sich die Ausgleichspflicht auf den an seine Stelle tretenden Abkömmling, § 2151. § 1935 wirkt sich nun, sofern der eintretende Abkömmling schon vorher erbberechtigt war und die Erhöhung dann eingetreten ist, aus, wenn die Ausgleichungspflicht aus dem belasteten Erbteil nicht erfüllt werden kann (Palandt/*Edenhofer* § 1935 Rn 3). Die Vorschrift findet keine Anwendung, wenn der weggefallene Erbe an der Ausgleichung weder aktiv noch passiv beteiligt war.
7 Hinsichtlich der Rechtsfolgen kann im Übrigen auf § 2095 verwiesen werden.

§ 1936 Gesetzliches Erbrecht des Fiskus

(1) ¹Ist zur Zeit des Erbfalls weder ein Verwandter, ein Lebenspartner noch ein Ehegatte des Erblassers vorhanden, so ist der Fiskus des Bundesstaates, dem der Erblasser zur Zeit des Todes angehört hat, gesetzlicher Erbe. ²Hat der Erblasser mehreren Bundesstaaten angehört, so ist der Fiskus eines jeden dieser Staaten zu gleichem Anteile zur Erbfolge berufen.
(2) War der Erblasser ein Deutscher, der keinem Bundesstaat angehörte, so ist der Reichsfiskus gesetzlicher Erbe.

1 **A. Allgemeines.** Voraussetzung des Erbrechts des Staates ist das Vorliegen eines Feststellungsbeschlusses des Nachlassgerichts nach § 1964.
2 Erbt der Staat, sind die allgemeinen Regeln des privaten Erbrechts anwendbar (*Kipp/Coing* § 6 I 2). Sein Erbrecht erfasst nicht nur die inländischen, sondern auch etwaige im Ausland befindliche Vermögenswerte des Erblassers, soweit nicht Art 3 III EGBGB eingreift (Palandt/*Edenhofer* § 1936 Rn 1). Bezugsrechte aus einer Kapitallebensversicherung gehen außerhalb des Nachlasses nicht auf den Fiskus über, § 167 III VVG (Soergel/*Stein* § 1936 Rn 7).
3 **B. Zweck der Regelung.** § 1936 stellt den Vorrang des Verwandten-/Ehegattenerbrechts vor dem Erbrecht des Fiskus fest.
4 **C. Staatserbfolge.** Der Fiskus kann nur gesetzlicher Erbe eines deutschen Staatsangehörigen werden, und zwar unabhängig von seinem letzten Wohnsitz. Besitzt der Erblasser neben der deutschen auch eine ausländische Staatsangehörigkeit, so geht nach Art 5 I 2 EGBGB die deutsche Rechtsstellung vor mit der Folge, dass der Fiskus gesetzlicher Erbe werden kann. Im Übrigen kann der Staat in den Fällen der §§ 2088, 2094 I, III Miterbe werden, nicht aber gesetzlicher Nacherbe, § 2104 S 2 (Palandt/*Edenhofer* § 1936 Rn 1).
5 Der Staat kann weder sein gesetzliches Erbrecht ausschlagen noch kann er darauf verzichten, §§ 1942 II, 2346; darüber hinaus kann er nach § 1938 nur dann von der Erbfolge ausgeschlossen werden, wenn ein anderer Erbe eingesetzt wird. Er kann aber den Erbschaftsanspruch nach §§ 2018 ff geltend machen (Kroiß/Ann/Mayer/*Kroiß* § 1936 Rn 5).
6 Erbberechtigt sind die Bundesländer, dh berufen ist dasjenige Bundesland, in dem der Erblasser zur Zeit seines Todes seine Niederlassung hatte, wobei Niederlassung weiter zu verstehen ist als der Wohnsitz (Palandt/*Edenhofer* § 1936 Rn 5). Fehlt es hieran, ist nach Abs 2 der Bundesfiskus Erbe (MüKo/*Leipold* § 1936 Rn 12).
7 Der Fiskus haftet als gesetzlicher Erbe nicht von vornherein nur beschränkt, wenngleich er durch die Regelungen der Inventarerrichtung nach § 2011 privilegiert und als verurteilter Erbe des Schuldners die Beschränkung der Erbenhaftung nach § 780 II ZPO geltend machen kann, ohne dass es des Vorbehalts im Urteil bedürfte (Soergel/*Stein* § 1936 Rn 8). Er ist aber dennoch den Nachlassgläubigern zur Auskunft über den Bestand des Nachlasses verpflichtet. Bei pflichtwidriger Verwaltung des Nachlasses haftet der Fiskus mit seinem sonstigen Vermögen, §§ 1978–1980 (*Michalski* Rn 194).
8 Ausländische Staatsangehörige werden nach ihrem Heimatrecht beerbt, Art 25 EGBGB. Die Anerkennung des Staatserbrechts eines ausländischen Staates im Inland ist davon abhängig, ob das ausländische Erbrecht des

Fiskus als privates Erbrecht ausgestaltet ist (Palandt/*Edenhofer* § 1936 Rn 3). Zeigt sich jedoch, dass es sich um einen öffentlich-rechtlichen Aneignungsanspruch handelt, scheidet die Geltendmachung eines derartigen Rechts außerhalb des betreffenden Staatsgebiets aus (KG OLGZ 85, 280).
Nach Art 138 EGBGB kann an die Stelle des Fiskus auch eine öffentlich-rechtliche Körperschaft treten. 9
Darüber hinaus erfasst Art 139 EGBGB Fälle, in denen der Erblasser vom Fiskus oder einer sonstigen juristischen Person des öffentlichen Rechts Pflege- oder Unterstützungsleistungen erhalten hat (DGE/*Hausmann* § 1936 Rn 3).

§ 1937 Erbeinsetzung durch letztwillige Verfügung

Der Erblasser kann durch einseitige Verfügung von Todes wegen (Testament, letztwillige Verfügung) den Erben bestimmen.

A. Allgemeines. Zwar ist der Grundsatz der Testierfreiheit im Gesetz nicht geregelt. Allerdings enthalten die 1 §§ 1937–1941 wichtige Verfügungen, die der Erblasser in einem Testament treffen kann; sie sind aber nicht abschließend (RGZ 170, 380). Daraus folgt letztlich die Verankerung der Testierfreiheit. Diese Vorschriften betreffen teilweise die Form, teilweise den Inhalt des Rechtsgeschäfts, mit welchem der Erblasser das Schicksal seines Vermögens nach dem Tod regeln will. Darüber hinaus kommen weitere Regelungen in Betracht wie Auseinandersetzungs-/Teilungsanordnungen, Entziehung oder Beschränkung des Pflichtteils, Ernennung eines Testamentsvollstreckers, Schiedsklauseln (Staud/*Otte* Vor § 1937 Rn 6 ff), die Änderung der Bezugsberechtigung einer Lebensversicherung (Erman/*Schlüter* § 1937 Rn 1), den Widerruf einer Schenkung (RGZ 170, 383), familienrechtliche Anordnungen wie insbes die Benennung eines Vormunds sowie güterrechtliche Anordnungen. Darüber hinaus können mit der letztwilligen Verfügung auch rein äußerliche Rechtsgeschäfte, wie eine Bevollmächtigung, verbunden sein, deren Gültigkeitsvoraussetzungen sich dann aber nicht nach erbrechtlichen Regelungen bestimmt (Köln NJW 50, 702).

§ 1937 beinhaltet den Vorrang der gewillkürten Erbfolge, da der Erblasser durch Testament seinen Erben 2 bestimmen kann. Diese Vorschrift ist im Zusammenhang zu sehen mit der Möglichkeit der Enterbung nach § 1938 und der vertraglichen Erbeinsetzung nach § 1941 und dokumentiert den Vorrang der gewillkürten vor der gesetzlichen Erbfolge. Letztere kommt nur zur Anwendung, wenn der Erblasser keine letztwillige Verfügung von Todes wegen getroffen hat.

B. Zulässiger Inhalt letztwilliger Verfügungen. Eine der zentralen Regelungen, die der Erblasser in einem 3 Testament trifft, ist die Einsetzung einer oder mehrerer Personen zum Erben. Die **Erbeinsetzung** beinhaltet nicht nur die Einsetzung zum Vollerben, sondern auch die Anordnung der Vor- und Nacherbfolge und die Ersatzerbenregelung für den Fall, dass eine zum Erben bestimmte Person aus irgendeinem Grund nicht zur Erbfolge gelangt ist. Mehrfache Erbeinsetzungen derselben Person unter jeweils unterschiedlichen Voraussetzungen oder Bedingungen ist möglich (BayObLG NJW-RR 97, 72).

Darüber hinaus ist der Erblasser berechtigt, einen Verwandten oder den Ehegatten/Lebenspartner durch Tes- 4 tament von der Erbfolge **auszuschließen**.

Die vom Erblasser bedachte Person muss individualisierbar sein (Damrau/*Seiler* § 1937 Rn 12). Allerdings 5 kann es für die Erbenfeststellung ausreichen, wenn der Erblasser zwei Personen alternativ zum Erben einsetzt (A oder B sein sollen), wenn die Auslegung ergibt, dass die zuletzt genannte Person Ersatzerbe sein soll (BayObLG NJW 99, 1119). Darüber hinaus muss sich die Person des Erben allein aufgrund der in der letztwilligen Verfügung enthaltenen Willensäußerung des Erblassers ergeben (BayObLG FamRZ 81, 402).

Neben einer Erbeinsetzung kann der Erblasser den Erben oder einen Dritten durch Zuwendung eines **Ver-** 6 **mächtnisses** begünstigen oder mit einer **Auflage** beschweren.

Darüber hinaus kann der Erblasser den **Voraus**, der dem Ehegatten nach § 1932 als gesetzlichem Erben 7 zusteht, durch letztwillige Verfügung entzogen werden; entspr gilt für den sog Dreißigsten iSd § 1969 (MüKo/ *Leipold* § 1937 Rn 14).

Der Erblasser kann im Wege von **Teilungsanordnungen** bestimmen, welcher der Erben welche Gegenstände 8 erhalten soll, § 2048. Nach § 2044 hat er auch die Möglichkeit, ein Auseinandersetzungsverbot zu verfügen oder Testamentsvollstreckung anzuordnen und dem Testamentsvollstrecker im Rahmen der Nachlassauseinandersetzung die Aufgaben zuzuweisen. Dadurch kann der Erblasser Einfluss auf die Nachlassauseinandersetzung nehmen.

Im Übrigen kann der Erblasser unter den Voraussetzungen der §§ 2333 ff den **Pflichtteil** entziehen oder das 9 Pflichtteilsrecht beschränken.

Nach § 2253 kann der Erblasser die oder einzelne testamentarische Verfügungen jederzeit **widerrufen**. Hat er 10 allerdings die Erbeinsetzung, das Vermächtnis oder die Auflage vertragsmäßig verfügt, bedarf es zur Aufhebung der Zustimmung des anderen Vertragspartners gem § 2291 durch Testament. Bei einem Erbvertrag ist die Aufhebung durch die Errichtung eines gemeinschaftlichen Testaments möglich, § 2292 (Damrau/*Seiler* § 1937 Rn 20). Entspr gilt auch für die Lebenspartner einer eingetragenen Lebenspartnerschaft. Der Überlebende kann, wenn eine der vertragsschließenden Parteien verstorben ist, nach § 2297 vom Erbvertrag durch Errichtung eines Testaments zurücktreten.

11 Neben den erbrechtlichen Verfügungen kann der Erblasser in seinem Testament auch **familienrechtliche Anordnungen** treffen, wie zB einen Vormund für das minderjährige Kind benennen, eine bestimmte Person vom Amt des Vormunds ausschließen, § 1782 oder Regelungen aufstellen, wenn mehrere Vormünder tätig sind, § 1797 III. Nach § 1856 können die Eltern den Vormund von bestimmten Beschränkungen befreien.

12 Der Erblasser hat, wenn er einen Minderjährigen zum Erben beruft, nach § 1638 die Möglichkeit, dessen Eltern von der Verwaltung des Nachlassvermögens auszuschließen (Karlsr NJW-RR 04, 370) und diese bei gleichzeitiger Anordnung einer Testamentsvollstreckung, dem Testamentsvollstrecker zu übertragen oder den Eltern Verwaltungsanordnungen zu erteilen und Vorgaben für das zu erstellende Vermögensverzeichnis zu machen, § 1640 II Nr 2.

13 Im Falle der Gütergemeinschaft hat jeder Ehegatte nach § 1509 für den Fall, dass die Ehe durch den Tod eines Ehegatten aufgelöst wird, die Möglichkeit, durch eine letztwillige Verfügung die **Fortsetzung der Gütergemeinschaft** oder die ehegemeinschaftlichen Abkömmlinge von der fortgesetzten Gütergemeinschaft auszuschließen (Damrau/*Seiler* § 1937 Rn 24). Im Übrigen kann der Erblasser, wenn der Erbe oder Vermächtnisnehmer im Wahlgüterstand der Gütergemeinschaft lebt, bestimmen, dass die Zuwendung von Todes wegen Vorbehaltsgut sein soll, § 1418 II Nr 2.

14 Der Erblasser kann in einem Testament eine zum Erben eingesetzte Person von der ihm ggü obliegenden **Verschwiegenheitspflicht** entbinden. Eine in einer letztwilligen Verfügung enthaltene postmortale Vollmacht, die es möglich macht, den Zeitraum zwischen Erbfall und Erteilung des Erbscheins zu überbrücken, wird erst mit dem Zugang beim Adressaten wirksam.

15 Zur Entscheidung über Streitigkeiten aus dem Testament, wie zB über dessen Auslegung, kann der Erblasser ein **Schiedsgericht** anordnen (*Wegmann* ZEV 03, 20).

16 Schließlich können auch Rechtsgeschäfte unter Lebenden in ein Testament aufgenommen werden. Allerdings müssen sie die sonstigen Wirksamkeitsvoraussetzungen, wie Formvorschriften, erfüllen. Bei **empfangsbedürftigen Willenserklärungen** kann der Zugang auch noch nach dem Tod des Erblassers erfolgen. Ausreichend ist die Kenntnisnahme bei Testamentseröffnung oder dessen Benachrichtigung durch das Nachlassgericht, wenn der Erklärungsempfänger nicht anwesend war (Damrau/*Seiler* § 1937 Rn 36). Mit der Aufnahme in das Testament gilt die Erklärung als abgegeben, weshalb der Erblasser eine postmortale Vollmacht in einem Testament erteilen kann (Köln Rpfleger 92, 299). Auch der Widerruf einer Schenkung ist möglich (RGZ 170, 383). Der Erblasser kann auch eine **nichtempfangsbedürftige Willenserklärung** in einem Testament wirksam abgeben, wobei aber die Formerfordernisse bzw der Sinn und Zweck bestimmter Vorschriften nicht entgegenstehen dürfen (MüKo/*Leipold* § 1937 Rn 32). So ist es dem Erblasser nicht möglich, eine Erklärung dahingehend in einem notariellen Testament abzugeben, er anerkenne die Vaterschaft, unterstelle aber das Bekannt werden dieser Erklärung der Testamentseröffnung (Damrau/*Seiler* § 1937 Rn 37). Vielmehr muss die Erklärung notariell abgegeben werden und sofort nach Errichtung der Urkunde sind beglaubigte Abschriften der Anerkenntnisurkunde sowohl an den Standesbeamten als auch an die Mutter und das Kind zu übersenden (Soergel/*Stein* § 1937 Rn 7). Hierzu ist der Notar auch dann verpflichtet, wenn die Erklärung zunächst geheim bleiben sollte (Hamm FamRZ 85, 1078).

17 Bei Lebensversicherungen kann die Bezugsberechtigung nicht durch eine letztwillige Verfügung widerrufen werden, wenn sie dem Versicherer nach dessen Bedingungen schriftlich anzuzeigen sind (BGH DNotZ 94, 377).

18 **C. Verfügung von Todes wegen.** Verfügung von Todes wegen ist der Oberbegriff für Testament und Erbvertrag (BGH DRiZ 71, 26). Für das Testament wird damit ausgedrückt, dass es im Hinblick auf den Tod getroffen und erst mit seinem Eintritt wirksam wird (Palandt/*Edenhofer* § 1937 Rn 2). Dabei ist der Begriff der Verfügung nicht gleichzusetzen mit der Verfügung als Rechtsgeschäft unter Lebenden (RGZ 111, 247). Gemeint sind vielmehr die Gesamtheit aller oder einzelner Anordnungen für den Todesfall.

19 **I. Einzeltestament.** Das Testament ist eine einseitige, nicht empfangsbedürftige Willenserklärung des Erblassers. Auf den Inhalt der Verfügung kommt es für den Begriff des Testaments nicht an, da § 1937 den Begriff „Testament" mit dem der „letztwilligen Verfügung" gleichsetzt (Damrau/*Seiler* § 1937 Rn 5). Mit der Bezeichnung „letztwillige Verfügung" ist nicht nur die einzelne Anordnung, sondern auch das gesamte Testament gemeint (MüKo/*Leipold* § 1937 Rn 6).

20 Da es sich um letztwillige Verfügungen handeln muss, kommt es auf den letzten Willen an, sofern er in der erforderlichen Form erklärt wurde; im Übrigen kann der Erblasser die Verfügung bis zu seinem Tode jederzeit frei widerrufen (MüKo/*Leipold* § 1937 Rn 7). Daher erwirbt der potentielle Erbe zu Lebzeiten des Erblassers weder ein Erbrecht noch ein Anwartschaftsrecht; er hat lediglich eine tatsächliche Aussicht auf Erlangung eines Vermögenswertes, die in keiner Weise rechtlich geschützt ist.

21 **II. Gemeinschaftliches Testament.** Zur Gruppe der Testamente gehört auch das gemeinschaftliche Testament von Ehegatten nach § 2265 und der eingetragenen Lebenspartner nach § 10 IV LPartG. Sie stellen eine Zwischenform zwischen einem Einzeltestament und einem Erbvertrag dar. Es enthält neben einseitigen Ver-

fügungen beider Ehegatten auch wechselbezügliche Verfügungen, die nach dem Tod des Erstversterbenden vom Längerlebenden nicht mehr frei widerrufen werden können, § 2271 II.

III. Erbvertrag. Zu den letztwilligen Verfügungen gehört nicht der Erbvertrag mit seinen vertragsmäßig bindenden Verfügungen (BGH DRiZ 71, 26). Allerdings kann auch ein Erbvertrag einseitige Verfügungen enthalten, die wie testamentarische Verfügung zu behandeln sind; sie stehen dann den letztwilligen Verfügungen gleich.

D. Nichtigkeit. Wirksam ist eine Verfügung von Todes wegen, wenn der testierfähige Erblasser sie höchstpersönlich und formgerecht errichtet hat und sie sich weder inhaltlich von Anfang an nichtig erweist noch nachträglich nichtig wird (Köln Rpfleger 81, 57). In gleicher Weise nichtig ist ein Testament, wenn es vollkommen unbestimmte, widersinnige, rechtlich und tatsächlich unmögliche Bestimmungen und Bedingungen enthält (Palandt/*Edenhofer* § 1937 Rn 17).

Ein Verstoß gegen zwingende Vorschriften mit der Nichtigkeitsfolge liegt vor, wenn die Voraussetzungen für die Errichtung des Testaments und die erforderliche Form nicht eingehalten werden. In diesen Zusammenhang gehört auch das verfassungsrechtlich unbedenkliche Testierverbot zum Schutz von Heimbewohnern in § 14 HeimG (BVerfG NJW 98, 2964), dessen Verstoß der testamentarischen Zuwendung die Verfügung nichtig macht.

Eine Verfügung von Todes wegen ist nur in besonders schwerwiegenden Ausnahmefällen sittenwidrig und damit nichtig. Ihre Annahme stellt einen erheblichen Eingriff in die Testierfreiheit des Erblassers und damit in das bestimmende Element der verfassungsrechtlich geschützten Erbrechtsgarantie dar (BGH NJW 99, 566; st Rspr). Zu den verschiedenen Fallgestaltungen der Sittenwidrigkeit vgl § 138.

Beruht die vom Erblasser zum Nachteil anderen errichtete letztwillige Verfügung auf dem vorwerfbaren Verhalten eines Beraters, berührt dies den rechtlichen Bestand der Verfügung nicht, begründet allenfalls einen Schadensersatzanspruch gegen den beratenden Dritten (BayObLG FamRZ 85, 1082). Ein haftungsausschließendes Mitverschulden des Erblassers schließt nach § 242 auch einen Schadensersatzanspruch Dritter aus (BGH JR 98, 155).

E. Erbeinsetzung. Der Erblasser kann durch ein wirksames Testament einen oder mehrere Personen zu seinen Erben berufen. Dadurch wird die gesetzliche Erbfolge verdrängt, ohne dass es seines ausdrücklichen Ausschlusses bedarf. Erfolgte die Erbeinsetzung nur auf einen Bruchteil, verbleibt es im Übrigen bei der gesetzlichen Erbfolge. Hat der Erblasser in seinem Testament Personen bestimmt, die zum Kreis seiner gesetzlichen Erben gehören, werden diese ungeachtet dessen Testamentserben.

Der Hinweis in der letztwilligen Verfügung des Erblassers auf die gesetzliche Erbfolge ist Auslegungsfrage, ob es sich dabei um eine Erbeinsetzung handelt oder ob er lediglich deklaratorische Bedeutung hat (MüKo/*Leipold* § 1937 Rn 35). § 2066 kann insoweit nicht zur Beantwortung herangezogen werden, da hier nur der Personenkreis und die Erbteile geklärt werden, wenn die gesetzlichen Erben ohne nähere Bestimmung eingesetzt werden (Damrau/*Seiler* § 1937 Rn 40). Eine Erbeinsetzung liegt dann vor, wenn sich der Erblasser das Ergebnis der gesetzlichen Erbfolge („der Nachlass soll unter den gesetzlichen Erben verteilt werden") zu eigen macht (BayObLGZ 64, 94). Formuliert der Erblasser „bezüglich des übrigen Nachlasses verbleibt es bei den gesetzlichen Bestimmungen", ist nicht von einer Erbeinsetzung auszugehen (Frankf FamRZ 97, 1572). Entspr gilt bei der Zuwendung des Pflichtteils (Damrau/*Seiler* § 1937 Rn 40).

Nach § 1922 gilt das Prinzip der **Gesamtrechtsnachfolge**, wonach die Erbeinsetzung auf bestimmte Gegenstände, ohne dass der Bedachte Gesamtrechtsnachfolger wird, grds unzulässig ist. Ausnahmen bilden die Fälle der Sonderrechtsnachfolge, wie zB das Höferecht, die Vererbung von Gesellschaftsanteilen einer OHG oder KG, der Übergang von Wohnraummietverhältnissen auf den Ehegatten/Lebenspartner oder der Übergang von Ansprüchen aus dem Lebensversicherungsvertrag auf den Bezugsberechtigten (MüKo/*Leipold* § 1937 Rn 36).

Das Erbrecht kennt aber bei einem **Vermächtnis** die Zuwendung einzelner Vermögensgegenstände, ohne dass es zu einer Gesamtrechtsnachfolge kommt. Das Vermächtnis gewährt dem Bedachten lediglich einen schuldrechtlichen Anspruch gegen den Erben auf Übertragung des vermachten Gegenstandes. Es ist Auslegungsfrage, ob es sich um eine Erbeinsetzung oder eine Vermächtnisanordnung handelt (MüKo/*Leipold* § 1937 Rn 36).

Gegenstand der letztwilligen Verfügung kann nur der eigene Nachlass, bei der Gütergemeinschaft das Gesamtgut, sein.

Aufgrund der Testierfreiheit kann der Erblasser den/die Erben frei bestimmen, ohne diese Entscheidung begründen zu müssen. Die Erbeinsetzung ist nur dann unzulässig wenn sie gegen die guten Sitten oder gegen ein bindend gewordenes gemeinschaftliches Testament oder einen Erbvertrag verstößt (Damrau/*Seiler* § 1937 Rn 44). Im Übrigen ist der Erblasser auch durch das Pflichtteilsrecht in seiner Testierfreiheit nicht eingeschränkt, da es dem Pflichtteilsberechtigten nur einen schuldrechtlichen Geldanspruch gegen den Erben gewährt.

33 **F. Rechtsgeschäfte unter Lebenden.** Der Erblasser kann auch durch Rechtsgeschäft unter Lebenden über seinen Nachlass verfügen, so dass die Wirkung mit dem Tod des Erblasser eintritt, § 2301.

34 **G. Unwirksamkeit der Erbeinsetzung.** Die Erbeinsetzung kann wegen Erbunwürdigkeit angefochten werden oder wegen Verstoßes gegen die guten Sitten nach § 138 nichtig sein. Letztwillige Verfügungen, die mit einem geheimen Vorbehalt, zum Schein oder nicht ernstlich getroffen werden, sind nichtig (*Schlüter* Rn 222 ff; umstr). Für die Sittenwidrigkeit von „Behindertentestamenten" vgl VG Ba-Wü FamRZ 94, 789; dagegen: BGH ZEV 94, 35.

§ 1938 Enterbung ohne Erbeinsetzung

Der Erblasser kann durch Testament einen Verwandten, den Ehegatten oder den Lebenspartner von der gesetzlichen Erbfolge ausschließen, ohne einen Erben einzusetzen.

1 **A. Allgemeines.** Die Möglichkeit, ein negatives Testament (BayObLGE 74, 440) zu errichten und die gesetzlichen Erben von der Erbfolge auszuschließen, ohne andere Personen am Nachlass zu beteiligen, folgt aus der Testierfreiheit (Soergel/*Stein* § 1938 Rn 1).

2 **B. Negatives Testament.** Der Erblasser kann die in § 1938 genannten Personen von der Erbfolge ausschließen, ohne gleichzeitig eine bestimmte Person als Erben einzusetzen. Da der Fiskus nicht genannt ist, kann sein Erbrecht ohne Einsetzung eines Erben nicht ausgeschlossen werden (Palandt/*Edenhofer* § 1938 Rn 1).

3 **C. Enterbung.** Der Ausschluss von der Erbfolge kann nicht nur durch Testament, sondern auch durch eine einseitige Verfügung im Erbvertrag, §§ 2278 II, 2299, erfolgen. Die Verbindung des Ausschlusses mit einer Bedingung oder mit einer Beschränkung auf einen Teil des Nachlasses ist möglich (Palandt/*Edenhofer* § 1938 Rn 2).

4 Der Erblasser muss keinen Grund angeben für die Enterbung; nennt er ihn und ist die Begründung falsch, kann dies den Ausgeschlossenen berechtigen, die letztwillige Verfügung anzufechten (BGH NJW 65, 584). Sofern der Ausschließungswille unmissverständlich zum Ausdruck kommt, ist auch ein „stillschweigender Ausschluss" möglich (München FamRZ 01, 940). Im Übrigen stellt auch die bloße Zuwendung des Pflichtteils an den Ehegatten oder an Verwandte eine Enterbung dar (RGZ 61, 15). Dies gilt nicht, wenn der Nachlass durch Vermächtnisse erschöpft ist, da die Vermächtnisse ausgeschlagen werden können (BayObLG MDR 79, 847).

5 Die Enterbung eines Verwandten der ersten bis dritten Ordnung führt nicht zum Ausschluss des gesamten Stammes (BGH FamRZ 59, 149), vielmehr treten an die Stelle des Ausgeschlossenen seine Abkömmlinge (DGE/*Hausmann* § 1938 Rn 2).

6 **D. Rechtsfolgen.** Der Ausschluss führt zur gesetzlichen Erbfolge; der Ausgeschlossene gilt als vor dem Erbfall verstorben. Enterbt der Erblasser eine in § 2303 genannte Person, so ist diese berechtigt, den Pflichtteil zu verlangen. Ein ausgeschlossener Verwandter der ersten drei Ordnungen wird durch seine Abkömmlinge ersetzt, sofern diese nicht auch ausgeschlossen sind. Für einen stillschweigenden Ausschluss aller Abkömmlinge bedarf es konkreter Anhaltspunkte (BGH JZ 59, 444).

7 UU kann in der Enterbung auch die Entziehung der Verwaltungsbefugnis des § 1632 der an die Abkömmlinge fallenden Erbschaft liegen (BayObLGE 64, 263).

8 Der Ehegatte verliert mit der Enterbung in allen Güterständen das Recht auf den Voraus (Palandt/*Edenhofer* § 1938 Rn 3).

9 Zwar kann eine Pflichtteilsentziehung nur unter den Voraussetzungen der §§ 2333 ff erfolgen; dessen ungeachtet bringt aber auch eine unwirksame Pflichtteilsentziehung zum Ausdruck, dass der Betroffene von der Erbfolge ausgeschlossen sein soll. Dies gilt auch bei anderen Unwirksamkeitsgründen oder wenn es an einer Pflichtteilsberechtigung fehlt (BayObLG NJW-RR 96, 967).

§ 1939 Vermächtnis

Der Erblasser kann durch Testament einem anderen, ohne ihn als Erben einzusetzen, einen Vermögensvorteil zuwenden (Vermächtnis).

1 **A. Allgemeines.** Der Erblasser kann einer oder mehreren Personen (natürliche, juristische und ungeborene) einen Vermögensvorteil/-gegenstand zuwenden, ohne ihr/ihnen die Stellung eines Erben einzuräumen. Gem § 2178 kann auch eine noch nicht gezeugte Person zum Vermächtnisnehmer bestimmt werden (Damrau/*Seiler* § 1939 Rn 14).

2 Das Vermächtnis kann nur durch eine Verfügung von Todes wegen, gleich welcher Art, zugewendet werden. Dessen ungeachtet gibt es Fälle, in denen das Gesetz die ausdrückliche/entspr Anwendung der Vermächtnis-

regeln anordnet, wie zB beim Voraus, § 1932, und beim Dreißigsten, § 1969; der Einfachheit halber wird hier vom gesetzlichen Vermächtnis gesprochen (Palandt/*Edenhofer* § 1939 Rn 1).

B. Vermächtnis. Die Zuwendung eines Vermögenswertes gibt dem Bedachten nur einen schuldrechtlichen Anspruch auf Erfüllung des Vermächtnisses gegen den Beschwerten, § 2147, da der vermachte Gegenstand nicht dinglich übergeht, sog Damnationslegat. Zugewendet werden kann jeder Vermögensvorteil. Dabei handelt es sich nicht nur um körperliche Gegenstände oder Rechte, sondern auch um nur mittelbare Begünstigungen des Vermögens des Bedachten iwS (Hamm FamRZ 94, 1210). Eine Bereicherung oder Vermehrung des Vermögens ist nicht erforderlich (Erman/*Schlüter* § 1939 Rn 4), weshalb die Zuwendung nicht unentgeltlich sein muss (BayObLG OLGE 32, 59). 3

Der Anspruch auf Erfüllung des Vermächtnisses entsteht erst mit dem Erbfall; davor hat der Vermächtnisnehmer weder einen Anspruch noch eine rechtlich gesicherte Anwartschaft (RGRK/*Steffen* § 1939 Rn 3), auch wenn es in einem Erbvertrag enthalten ist (BGHZ 12, 115). 4

Das Vermächtnis muss sowohl hinsichtlich der Person des Vermächtnisnehmers als auch des Zugedachten hinreichend bestimmt oder bestimmbar sein (BGH NJW 81, 1562). 5

Mit einem Vermächtnis kann nicht nur der Erbe, sondern auch der Vermächtnisnehmer selbst beschwert werden. Im Übrigen kann der Erblasser auch dem Erben ein Vermächtnis zuwenden (sog Vorausvermächtnis, § 2150). Da der Erblasser hinsichtlich der Höhe eines Vermächtnisses nicht beschränkt ist, kann er den gesamten Nachlass durch Vermächtnisse aufzehren, so dass der Erbe nur eine „leere Erbenstellung" erhält. 6

Wird der Bedachte vom Erblasser mit einer Auflage oder einem Untervermächtnis bis zur vollen Höhe des Zugewendeten belastet oder stellt das Vermächtnis nur Treugut dar, wird das Vermächtnis nicht unwirksam (RG HRR 28 Nr 1698). Die Einzelheiten sind unter §§ 2147 ff geregelt (s dort). 7

C. Auslegung. Durch Testamentsauslegung ist der Wille des Erblassers zu ermitteln, ob der Bedachte Erbe oder Vermächtnisnehmer sein soll (BGHZ 36, 115). Daher ist eine ein Vermächtnis anordnende Verfügung von Todes wegen, die aber inhaltlich mehrdeutig ist, gem § 2084 auszulegen. So meint eine Zuwendung an „Mutter Teresa für ihr Hilfswerk" diese nicht persönlich, sondern wird auf ihr Anliegen bezogen und deshalb ihrer Organisation zugewendet (Thüringen OLG-NL 03, 89). 8

§ 1940 Auflage

Der Erblasser kann durch Testament den Erben oder einen Vermächtnisnehmer zu einer Leistung verpflichten, ohne einem anderen ein Recht auf die Leistung zuzuwenden (Auflage).

A. Allgemeines. Mit einer Auflage kann der Erblasser das Verhalten des Bedachten steuern und bestimmte Ziele über den Tod hinaus fördern. 1

B. Begriff. § 1940 enthält eine Legaldefinition der Auflage. Sie ist, anders als die Erbeinsetzung und das Vermächtnis, keine Zuwendung, sondern die durch eine Verfügung von Todes wegen erfolgende Auferlegung einer Verpflichtung, ohne dass eine bestimmte Person daraus Rechte herleiten könnte (Palandt/*Edenhofer* § 1940 Rn 1). Auch der durch die Auflage Begünstigte hat weder einen Anspruch auf die Leistung noch kann er Schadensersatz statt der Leistung nach § 281 verlangen (RG WarnRspr 1937 Nr. 133). Nur die in § 2194 genannten Personen und Behörden können die Vollziehung verlangen. Im Einzelnen s §§ 2192–2196. 2

C. Inhalt der Auflage. Inhalt einer Auflage kann daher jedes Tun oder Unterlassen sein (Kobl NJW-RR 86, 1039), ohne dass die Leistung einen Vermögenswert haben muss. Gegenstand einer Auflage kann die Grabpflege, die Pflege eines Tieres, die kostenlose Eröffnung einer Ausstellung oder die Anordnung/das Verbot sein, ein Grundstück zu veräußern (BGH FamRZ 85, 278) oder zu verändern. 3

§ 1941 Erbvertrag

(1) Der Erblasser kann durch Vertrag einen Erben einsetzen sowie Vermächtnisse und Auflagen anordnen (Erbvertrag).
(2) Als Erbe (Vertragserbe) oder als Vermächtnisnehmer kann sowohl der andere Vertragsschließende als ein Dritter bedacht werden.

A. Allgemeines. Beim Erbvertrag handelt es sich um einen Vertrag mit Doppelnatur: einerseits ist er Verfügung von Todes wegen, andererseits Vertrag, für den im Übrigen neben den §§ 2274–2300 a (insoweit wird auf die Kommentierung dort verwiesen) auch die allgemeinen Vorschriften zur Geschäftsfähigkeit, §§ 104 ff, gelten. 1

2 **B. Erbvertrag.** Der Inhalt des Erbvertrages ist begrenzt; er muss aber mindestens eine vertragsmäßige Verfügung enthalten. Die Erbeinsetzung ist ebenso wenig wie die Vermächtnis- oder Auflagenanordnung als solche bereits vertraglich bindend, weil sie im Erbvertrag stehen; vielmehr sollten sie ausdrücklich als vertragsmäßige Verfügungen bezeichnet werden, wenn der Erblasser dies so will (Palandt/*Edenhofer* § 1941 Rn 1). Hat der Vertragspartner des jeweils Verfügenden ein Interesse an der Verfügung, ist von der Vertragsmäßigkeit auszugehen; fehlt es an einem solchen Interesse, spricht dies für die Einseitigkeit und damit Widerruflichkeit der Verfügung (Erman/*Schlüter* § 1941 Rn 2). Die vertraglich bindenden Verfügungen können nur ausnahmsweise im gegenseitigen Einvernehmen oder durch Rücktritt rückgängig gemacht werden. Darüber hinaus können auch einseitige Verfügungen aufgenommen werden; sie sind dann frei widerruflich (RGZ 116, 322).

3 Im Erbvertrag können entweder beide Vertragspartner oder nur einer von ihnen über ihren jeweiligen Nachlass letztwillig verfügen. Dabei kann entweder der andere Vertragsschließende oder ein Dritter bedacht werden, II (BayObLG Rpfleger 82, 13). Da es sich nicht um einen Vertrag zugunsten Dritter handelt, erwächst dem Dritten hieraus auch kein Forderungsrecht, vielmehr vollzieht sich der Erwerb kraft Gesetzes mit dem Tod des Erblassers (BGHZ 12, 115).

4 Auf die Bezeichnung des Vertrages kommt es nicht an: So kann zB in einem als Ehevertrag bezeichneten Vertrag eine Verfügung von Todes wegen enthalten sein (LG München I FamRZ 78, 364) oder in einem Erbvertrag ein Rechtsgeschäft unter Lebenden (BGH FamRZ 98, 908).

5 Nach § 2276 I 1 ist der Vertrag bei gleichzeitiger Anwesenheit von Erblasser und Erbe vor dem Notar zu schließen.

6 **C. Abgrenzung.** Der Erbverzicht ist, auch wenn er mit einem solchen verbunden werden kann, kein Erbvertrag, ebenso wenig der Vertrag über den Nachlass eines noch lebenden Dritten nach § 311 b IV (*Wiedemann* NJW 68, 769), der nichtige Vertrag über die Errichtung oder Aufhebung einer Verfügung von Todes wegen nach § 2302 (Staud/*Otte* § 1941 Rn 8) oder der vertragliche Aufschub der Erfüllung eines Anspruchs bis zum Tod des Erblassers (Hburg MDR 50, 616). Entspr gilt für die Fälle der vorweggenommenen Erbfolge (BGH NJW 91, 1345).

Abschnitt 2   Rechtliche Stellung des Erben

Titel 1   Annahme und Ausschlagung der Erbschaft, Fürsorge des Nachlassgerichts

§ 1942 Anfall und Ausschlagung der Erbschaft

(1) Die Erbschaft geht auf den berufenen Erben unbeschadet des Rechts über, sie auszuschlagen (Anfall der Erbschaft).
(2) Der Fiskus kann die ihm als gesetzlichem Erben angefallene Erbschaft nicht ausschlagen.

1 **A. Allgemeines.** § 1942 enthält, zusammen mit § 1922, den Grundsatz des Vonselbsterwerbs der Erbschaft, dh die Erbschaft fällt im Zeitpunkt des Todes des Erblassers ohne Wissen und Wollen des Erben kraft Gesetzes an. Daher ist nicht einmal die Geschäftsfähigkeit erforderlich (Staud/*Otte* § 1942 Rn 5). Der Anwalt muss den Erben darüber beraten (LG Köln NJW 81, 351), dass der Erbe sich der so angefallenen Erbschaft durch Ausschlagung wieder entledigen kann.

2 **B. Anfall der Erbschaft.** IdR fallen Erbfall und Anfall der Erbschaft zeitlich zusammen, sofern nicht ein Fall des § 1923 II vorliegt und ohne dass der Erblasser dies hinausschieben könnte (Palandt/*Edenhofer* § 1942 Rn 1). Er kann den Anfall auch nicht von einer besonderen Annahmeerklärung abhängig machen; diese wäre nur ein unbeachtlicher Zusatz, wodurch sich an der Vollerbenstellung nichts ändern würde (Palandt/*Edenhofer* § 1942 Rn 1; aA Staud/*Otte* § 1942, Rn 5 – er geht vor der Nacherbfolge aus). Allerdings hat der Erblasser die Möglichkeit, abw vom Gesetz, eine Zeit für die Annahme der Erbschaft vorschreiben.

3 Im Falle der Ausschlagung oder der Verurteilung wegen Erbunfähigkeit gilt der Anfall als nicht erfolgt und nach §§ 1953 II, 2344 II als mit dem Erbfall an den Nächstberufenen übergegangen; dieser muss nur den Erbfall, nicht auch den Anfall erleben (Palandt/*Edenhofer* § 1942 Rn 1).

4 Beim Vermächtnis, das lediglich einen schuldrechtlichen Anspruch auf Leistung des vermachten Gegenstandes begründet und somit keinen Einfluss auf die Erbfolge ausübt, erfolgt der Anfall regelmäßig, aber nicht zwingend mit dem Erbfall (Ausnahme: §§ 2177–2179), wohingegen die Nacherbschaft erst mit Eintritt des Nacherbfalls nach § 2139 anfällt.

5 Hat der Erblasser eine Stiftung durch Erbeinsetzung errichtet, kann der Stiftungsvorstand nicht ausschlagen (RGRK/*Kregel* § 1942 Rn 4).

6 **C. Vorläufiger Erwerb der Erbschaft.** Wegen des bis zur Annahme der Erbschaft bestehenden Schwebezustandes und der Ausschlagungsmöglichkeit ist der Erbschaftserwerb zunächst nur ein vorläufiger. Nach

Ablauf der Ausschlagungsfrist oder durch die ausdrückliche Annahmeerklärung wird der Erwerb vollendet. Während der sechswöchigen Überlegungszeit ist der Erbe durch §§ 207, 1958, 1995 II; §§ 239 V, 778 ZPO geschützt.
Im Insolvenzverfahren muss sich der endgültige Erbe die ggf anfechtbaren Rechtshandlungen des vorläufigen Erben anrechnen lassen (BGH NJW 69, 1349). 7

D. Fiskus. Der Fiskus hat als letzter gesetzlicher Zwangserbe kein Ausschlagungsrecht, da verhindert werden soll, dass ein herrenloser Nachlass entsteht. Im Gegenzug wird er durch die §§ 1966, 2011 und § 780 II ZPO bevorzugt. Als gewillkürter Erbe kann er aber, wie jeder andere Erbe, die Erbschaft ausschlagen (Palandt/*Edenhofer* § 1942 Rn 3). 8

E. Ausschlagungsrecht. Nimmt der Erbe öffentliche Leistungen, wie zB **Sozialhilfe**, in Anspruch, wird das Ausschlagungsrecht nicht auf den Sozialhilfeträger übergeleitet (hM; *Bengel* ZEV 94, 29; aA *van de Loo* NJW 90, 2852). Darüber hinaus ist auch die Ausschlagung einer werthaltigen Erbschaft durch den sozialhilfebedürftigen Erben nicht sittenwidrig iSd § 138 I (hM; *Ivo* FamRZ 03, 6 ff; aA Stuttg ZEV 02, 367). 9
Bezieht der Erbe **Arbeitslosenhilfe**, handelt es sich um eine Leistung, die von der Bedürftigkeit abhängt. Ungeachtet dessen ist auch in diesem Fall die Ausschlagung einer (werthaltigen) Erbschaft nicht sittenwidrig (Kroiß/Ann/Mayer/*Ivo* § 1942 Rn 21). Nach Ansicht des BSG besteht die Bedürftigkeit auch bei grob fahrlässiger oder gar vorsätzlicher Aufgabe eines Vermögenswertes bzw Einkommensquelle (SozR 4100 § 138 Nr 22). 10

§ 1943 Annahme und Ausschlagung der Erbschaft

Der Erbe kann die Erbschaft nicht mehr ausschlagen, wenn er sie angenommen hat oder wenn die für die Ausschlagung vorgeschriebene Frist verstrichen ist; mit dem Ablauf der Frist gilt die Erbschaft als angenommen.

A. Allgemeines. Die Vorschrift regelt, wann der vorläufige zum endgültigen Erben wird. Die endgültige Erbenstellung ist eingetreten durch die Annahme der Erbschaft bzw durch Ablauf der Ausschlagungsfrist, ohne dass die Ausschlagung erklärt worden wäre. Die Annahme bewirkt den Verlust des Ausschlagungsrechts. 1

B. Annahme. Zur Annahme der Erbschaft bedarf es der vollen Geschäftsfähigkeit, da sie bewirkt, dass der Annehmende endgültiger Erbe wird und das Recht zur Ausschlagung verliert. Mit ihr bringt der Erbe zum Ausdruck, dass er die Erbschaft behalten will. Sie beendet damit den Schwebezustand und führt zur endgültigen Erbenstellung. Die fehlende Kenntnis vom Ausschlagungsrecht berechtigt bei der ausdrücklichen Annahmeerklärung nicht zur Anfechtung. 2
Die Annahme ist eine gestaltende, nicht empfangsbedürftige Willenserklärung (Soergel/*Stein* § 1943 Rn 2 mwN), die ausdrücklich oder konkludent erfolgen kann (Staud/*Otte* § 1943 Rn 2) oder vom Gesetz fingiert wird. Sie wird regelmäßig ggü einem Beteiligten, wie zB dem Nachlassgläubiger, -schuldner, Miterben, Vermächtnisnehmer oder dem Nachlassgericht, erfolgen (MüKo/*Leipold* § 1943 Rn 3). 3
Nach § 1946 kann die Annahme nicht vor dem Erbfall, dh vor dem Anfall der Erbschaft erfolgen. Sie bedarf zu ihrer Wirksamkeit keiner Form (*Brox* Rn 301). 4
Ist dem Erben die Annahme der Erbschaft beamten- oder tarifrechtlich verboten und nimmt er die Erbschaft dennoch an, entfaltet diese Erklärung erbrechtliche Wirksamkeit, da das Verbot sich nur dienstrechtlich auswirkt (Soergel/*Stein* § 1943 Rn 7). 5

I. Konkludente Annahme. Die Annahme kann auch durch schlüssiges Verhalten erfolgen, wenn der Annehmende Dritten ggü eindeutig zum Ausdruck bringt, dass er Erbe sein und die Erbschaft behalten will (BayObLG FamRZ 1999, 1172). Wer nach außen hin Handlungen vornimmt, die den Schluss auf seinen Annahmewillen zulassen, muss sich als Annehmender behandeln lassen, auch wenn ihm der Annahmewille tatsächlich fehlt. In Betracht kommt dann aber die irrtumsbedingte Anfechtung der Annahme. 6
In folgenden Fällen ist von einer Annahme auszugehen: Aufnahme des ruhenden Prozesses oder Einlassung auf diesen (Palandt/*Edenhofer* § 1943 Rn 2), Geltendmachung des Erbschaftsanspruchs (Staud/*Otte* § 1943 Rn 10) und der Erbschaftsverkauf (Kiel SchlHAnz 1913, 37), Stellung eines Erbscheinsantrags (BGH RdL 1968, 97), Verfügung über einen einzelnen Nachlassgegenstand (BayObLG FamRZ 1988, 213), das Angebot eines Nachlassgrundstücks über einen Makler (Oldbg NJW-RR 95, 141), Antrag auf Erlass eines Gläubigeraufgebots (Erman/*Schlüter* § 1943 Rn 3) sowie der Grundbuchberichtigungsantrag zur Eintragung der eigenen Person (*Lange/Kuchinke* § 8 II). 7
Eine Annahme liegt noch **nicht** vor in der Errichtung eines Nachlassverzeichnisses, in der Erhebung eines Auskunftsklage gegen den Testamentsvollstrecker (BayObLG NJW-RR 05, 232), in der Kontensperrung (Celle OLGZ 65, 30). Die Veräußerung eines Nachlassgegenstandes durch den vorläufigen Erben in der irrigen Annahme, er sei bereits vor dem Erbfall Eigentümer gewesen, stellt keine Erbschaftsannahme dar (Palandt/*Edenhofer* § 1943 Rn 2; aA MüKo/*Leipold* § 1943 Rn 4). Im Übrigen ist zu beachten, dass den vorläufigen Erben auch während der Überlegungsfrist gewisse **Fürsorgemaßnahmen** für den Nachlass treffen, ohne dass 8

darin eine Annahme liegen würde (Celle OLGZ 65, 30). Hierzu gehören insbes die Erklärungen ggü dem Nachlassgericht über den Nachlass (Köln OLGZ 80, 235) sowie der Antrag auf Testamentseröffnung oder auf Nachlassverwaltung (Celle OLGZ 65, 30). Auch in der Bezahlung der Beerdigungskosten oder in der anfänglichen Fortführung eines Handelsgeschäfts unter der bisherigen Firma und die Eintragung des Erben im Handelsregister, wenn letztere erforderlich ist, um die verschärfte Schuldenhaftung des später annehmenden Erben aus § 27 I HGB analog den § 25 II auszuschließen, ist keine Annahme zu sehen. Daran fehlt es auch, wenn der Erbe als Testamentsvollstrecker den Besitz am Nachlass ergreift und den Haushalt auflöst (Hburg, SeuffA 62 Nr 2).

9 **II. Vertretung.** Der Erbe kann sich bei der Annahme vertreten lassen, wobei die Vollmacht formlos gültig ist (Soergel/*Stein* § 1943 Rn 6). Für beschränkt Geschäftsfähige und Geschäftsunfähige können ihre gesetzlichen Vertreter die Annahme, im Gegensatz zur Ausschlagung, ohne vormundschaftsgerichtliche Genehmigung erklären (Erman/*Schlüter* § 1943 Rn 4). Handeln die Eltern als gesetzliche Vertreter, bedarf es der Erklärung beider Elternteile. Allerdings kann der beschränkt Geschäftsfähige mit Einwilligung seines gesetzlichen Vertreters die Erbschaft annehmen; allerdings ist die Annahme als ein einseitiges Rechtsgeschäft nicht genehmigungsfähig, § 111 (Staud/*Otte/Marotzke* § 1943 Rn 9). Für die Leibesfrucht kann vor der Geburt des Erben die Erbschaft noch nicht angenommen werden, weil wegen § 1 die Wirkung der Annahme nicht feststünde (Palandt/*Edenhofer* § 1943 Rn 4). Dagegen soll nach hM die Ausschlagung aber bereits möglich sein.

10 Nicht annahmeberechtigt sind der Testamentsvollstrecker und der Nachlasspfleger, da sie nicht oder nicht insoweit (RGZ 106, 46) gesetzliche Vertreter des Erben sind (RGZ 144, 401), der Sozialhilfeträger und der Pfandgläubiger (Staud/*Otte* § 1943 Rn 13). Dagegen sind annahmeberechtigt der Betreuer, §§ 1986, 1902, der Ergänzungspfleger nach § 1909 und der Abwesenheitspfleger gem § 1911.

11 Bei Ehegatten ist nur derjenige zur Annahme berechtigt, dem die Erbschaft anfiel; dies gilt auch bei Gütergemeinschaft, wenn der Nachlass ins Gesamtgut fällt und dieses vom anderen Ehegatten verwaltet wird (Palandt/*Edenhofer* § 1943 Rn 4). Verwalten sie das Gesamtgut gemeinsam, können beide Ehegatten gemeinsam oder der Erbende alleine annehmen, § 1455 Nr 1.

12 Nach § 83 InsO steht die Annahme einer vor Eröffnung des Insolvenzverfahrens angefallene Erbschaft allein dem Schuldner zu.

13 **III. Annahmefiktion.** Als Annahme gelten nicht nur das ungenutzte Verstreichenlassen der Ausschlagungsfrist, sondern auch die Anfechtung der Ausschlagung nach § 1957. In beiden Fällen muss der Erbe geschäftsfähig sein. Hat der Erbe einen gesetzlichen Vertreter, muss dieser Kenntnis vom Erbanfall und vom Berufungsgrund haben (Staud/*Otte* § 1943 Rn 11; aA Soergel/*Stein* § 1943 Rn 8). Fehlt der gesetzliche Vertreter, trifft § 1944 II 3 Vorsorge (Palandt/*Edenhofer* § 1943 Rn 5).

14 Im Übrigen kann die Fristversäumung ebenso wie die Annahme nach § 1956 angefochten werden (Köln MDR 80, 493).

15 **C. Beweislast.** Gelten die Handlungen des Erben als Annahme, bedarf es des Beweises der Annahme zur Geltendmachung seiner Rechte nicht. Ausnahmen hierzu sind § 991 III ZPO und § 2357 für den Miterben (Palandt/*Edenhofer* § 1943 Rn 4).

16 Im Falle des Bestreitens muss der Nachlassgläubiger nicht nur die Erbeneigenschaft des in Anspruch Genommenen, sondern auch die ausdrücklich erklärte Annahme bzw den Ablauf der Ausschlagungsfrist beweisen (Baumgärtel/*Streider* § 1943 Rn 5). Gegenbeweislich kann der vermeintliche Erbe seine Ausschlagung darlegen und beweisen (Ddorf MDR 78, 142 f).

17 Wer die Rechtzeitigkeit der Ausschlagung behauptet, hat die Ausschlagung und den Ausschlagungszeitpunkt zu beweisen (Staud/*Marotzke* § 1943 Rn 13).

§ 1944 Ausschlagungsfrist

(1) Die Ausschlagung kann nur binnen sechs Wochen erfolgen.
(2) ¹Die Frist beginnt mit dem Zeitpunkt, in welchem der Erbe von dem Anfall und dem Grunde der Berufung Kenntnis erlangt. ²Ist der Erbe durch Verfügung von Todes wegen berufen, so beginnt die Frist nicht vor der Verkündung der Verfügung. ³Auf den Lauf der Frist finden die für die Verjährung geltenden Vorschriften der §§ 206, 210 entsprechende Anwendung.
(3) Die Frist beträgt sechs Monate, wenn der Erblasser seinen letzten Wohnsitz nur im Ausland gehabt hat oder wenn sich der Erbe bei dem Beginn der Frist im Ausland aufhält.

1 **A. Allgemeines.** Die Ausschlagungsfrist soll es dem vorläufigen Erben ermöglichen, sich über die Nachlassverhältnisse zu unterrichten und sich über die Ausschlagung schlüssig zu werden. Die Bestimmung bewirkt damit die Beendigung der vorläufigen Rechtsstellung dieses Erben.

2 Auf der anderen Seite soll die gesetzliche Befristung des Ausschlagungsrechts insbes den Nachlassgläubigern und den Nächstberufenen schnell Klarheit über die Rechtslage verschaffen (Erman/*Schlüter* § 1944 Rn 1). Läuft die Frist ab, ohne dass die Ausschlagung erklärt wird, treten die Folgen des § 1943 Hs 2 ein.

Beim Bestehen einer Erbengemeinschaft sind der Fristbeginn, die Länge der Frist und die Fristberechnung für 3
jeden Miterben gesondert festzustellen (Soergel/*Stein* § 1944 Rn 3). Im Übrigen kann die Frist auch dann unterschiedlich sein, wenn der Erbe zu mehreren gesondert ausschlagbaren Erbteilen berufen ist.

B. Ausschlagungsfrist. Die Ausschlagungsfrist beträgt 6 Wochen, um den durch die Möglichkeit der Aus- 4
schlagung geschaffenen ungewissen Schwebezustand zu beenden. Hatte der Erblasser seinen Wohnsitz im Ausland oder hielt sich der Erbe bei Fristbeginn im Ausland auf, verlängert sich die Frist auf 6 Monate. Kommt es dabei auf die Kenntnis des gesetzlichen Vertreters an, ist dessen Aufenthalt maßgebend (Palandt/*Edenhofer* § 1944 Rn 1). Auf den Sterbeort des Erblassers kommt es nicht an, selbst wenn dies im Inland geschah; entscheidend ist der räumliche Schwerpunkt seiner Lebensverhältnisse (Soergel/*Stein* § 1944 Rn 4).

C. Fristbeginn. Die Frist beginnt in dem Zeitpunkt, in dem der Erbe Kenntnis vom Anfall der Erbschaft 5
und von seinem Berufungsgrund erlangt hat; bei mehreren Erben läuft die Frist für jeden gesondert. Die Kenntnis setzt das zuverlässige Erfahren der maßgeblichen Umstände voraus, aufgrund dessen ein Handeln erwartet werden kann, wenn dem Erben die tatsächlichen und rechtlichen Umstände in so zuverlässiger Weise bekannt geworden sind, dass von ihm vernünftigerweise erwartet werden kann, zu überlegen, ob er die Erbschaft annehmen oder ausschlagen will (BayObLG FamRZ 94, 264). Gleichgültig ist, ob er die Kenntnis aus amtlicher oder privater Quelle bezieht, wobei aber für den Erben unüberprüfbare, private Mitteilungen regelmäßig nicht genügen (BayObLG FamRZ 94, 264). Ein Irrtum über Tatsachen oder die irrige rechtliche Beurteilung kann die Kenntnis verhindern, wenn deren Gründe nicht von vornherein von der Hand zu weisen sind (BGH NJW-RR 00, 1530).

Kennenmüssen oder grob fahrlässige Unkenntnis steht der Kenntnis nicht gleich; auf ein Verschulden kommt 6
es dabei nicht an (BGH LM § 2306 Nr 4).

Ist der Erbe zugleich pflichtteilsberechtigt und ist sein Erbteil beschränkt oder erschwert, gilt zusätzlich 7
§ 2306 I 2; für ihn beginnt die Frist erst, wenn sich die Kenntnis auch auf die Belastung erstreckt und er weiß, ob der hinterlassene Erbteil die Hälfte des gesetzlichen Erbteils übersteigt (Palandt/*Edenhofer* § 1944 Rn 2).

Der Erbe hat **Kenntnis vom Anfall**, wenn er die den Anfall begründenden Tatsachen, wie Tod/Todeserklärung 8
des Erblassers, die verwandtschaftlichen oder ehelichen Verhältnisse und den Wegfall bevorrechtigter Verwandter kennt (DGE/*Hanhörster/Dospil* § 1944 Rn 5). Hält der Erbe irrtümlich einen anderen für berufen, das einen anderen berufende nichtige Testament für gültig oder das ihn berufende Testament für nichtig, fehlt es an der Kenntnis (Hamm OLGZ 69, 288). UU kann das Fehlen eines Aktivnachlasses oder die Annahme, ein solcher fehle, die Kenntnis des Anfalls ausschließen (BayObLG FamRZ 94, 264).

Der Erbe hat **Kenntnis vom Berufungsgrund**, wenn der Erbe weiß, weshalb ihm die Erbschaft angefallen ist 9
und ob sie ihm als gesetzlicher oder als gewillkürtem Erbe angefallen ist (Staud/*Otte* § 1944 Rn 9). Der Fristbeginn ist ausgeschlossen, wenn der Erbe infolge körperlichen oder geistigen Verfalls vom Anfall und vom Berufungsgrund keine Kenntnis mehr nehmen kann (BayObLG NJW 53, 1431) oder solange der Testamentserbe irrtümlich annimmt, er sei gesetzlicher Erbe oder umgekehrt (Palandt/*Edenhofer* § 1944 Rn 4). Bei gesetzlicher Erbfolge ist neben der Kenntnis des die Erbberechtigung begründenden Familienverhältnisses, wie Ehe und Verwandtschaft, auch die Kenntnis vom Fehlen einer letztwilligen Verfügung, die das gesetzliche Erbrecht ausschließt, erforderlich (BayObLG RhNK 79, 159).

Bei **gewillkürter Erbfolge** muss der Erbe davon Kenntnis erlangt haben, dass er durch Verfügung von Todes 10
wegen zum Erben berufen ist; die genaue Kenntnis des ganzen Inhalts der ihn berufenden Verfügung ist nicht erforderlich. Unerheblich ist insbes, ob er sie für ein Testament oder einen Erbvertrag hält. Existieren mehrere Verfügungen des Erblassers mit unterschiedlichen Inhalten, sollte der Erbe Kenntnis von dem bestimmten, ihn berufenden Testament haben (MüKo/*Leipold* § 1944 Rn 4). In diesem Fall beginnt die Frist niemals vor der gerichtlichen Verkündung der Verfügung; die Eröffnung reicht hierfür nicht aus, wenn der Erbe weder geladen noch anwesend war (BayObLG NJW-RR 05, 232), da es Zweck der Verkündung ist, den Beteiligten, insbes dem Testamentserben, den Inhalt des Testaments amtlich kundzumachen (BGH NJW 91, 169).

Nach § 1944 II 2 beginnt die Frist erst mit deren Verkündung, dh der Eröffnung des Testaments durch das 11
Nachlassgericht, § 2260. Ein Verlesen ist nicht erforderlich, wenn die Verfügung auf Verlangen der Anwesenden zur Einsichtnahme vorgelegt wird oder ein Verlesen deshalb unterbleibt, weil kein Beteiligter erschienen ist. In diesem letzten Fall gilt als Fristbeginn die Mitteilung an diesen über die Verkündung (BGHZ 112, 229). Hatte der Erbe bereits vor der Verkündung Kenntnis über den Anfall der Erbschaft, wird die Frist mit der Verkündung in Gang gesetzt.

Eine Eröffnung im Rechtssinne liegt nicht vor, wenn bei der Eröffnung eines gemeinschaftlichen Testaments 12
nach dem Erstversterbenden untrennbare Verfügungen des Überlebenden mitverkündet werden (Palandt/*Edenhofer* § 1944 Rn 5).

Wurde die Urkunde zerstört oder ist sie verloren gegangen und konnte dadurch keine Verkündung erfolgen, 13
beginnt die Frist mit der Kenntnis des Erben von den notwendigen Tatsachen, aus denen sich ergibt, dass keine Verkündung durchgeführt werden kann (MüKo/*Leipold* § 1944 Rn 17). Kann die Urkunde nach § 46 BeurkG wiederhergestellt werden, beginnt die Frist nicht vor Eröffnung der wiederhergestellten Urkunde (Wuppertal JMBl NRW 48, 173).

14 **D. Maßgebliche Person.** Bei der Frage der Kenntnis kommt es auf die Person des Erben an. Ist der Erbe minderjährig bzw geschäftsunfähig ist die Kenntnis des gesetzlichen Vertreters (BayObLG Rpfleger 84, 403), also beider Eltern oder des Betreuers gem § 1902 entscheidend. Hat der voll geschäftsfähige Erbe einen Betreuer oder Bevollmächtigten, genügt die Kenntnis sowohl des Vertretenen als auch des Vertreters (KG HRR 1935 Nr 1664), wobei die früher ablaufende Frist entscheidet. Weil § 166 nur die Rechtsfolgen einer Willenserklärung betrifft, nicht aber deren Unterlassung, findet die Vorschrift hier keine Anwendung.

15 Für Nacherben beginnt die Frist zwar erst bei Kenntnis des Eintritts des Nacherbfalls und des Berufungsgrundes (RG LZ 25, 1071), er kann aber bereits mit Eintritt des Erbfalls die Ausschlagung erklären, § 2142 I. Wird der Erbe erst nach dem Tod des Erblassers geboren, beginnt die Ausschlagungsfrist nicht vor dessen Geburt und Kenntnis des gesetzlichen Vertreters (Palandt/*Edenhofer* § 1944 Rn 6). In gleicher Weise kann auch der Ersatzerbe bereits nach dem Erbfall ausschlagen, er muss es aber erst nach dem Ersatzerbfall tun.

16 Ist eine juristische Person Erbe und bedarf sie zum Erwerb des Nachlasses einer Genehmigung, beginnt die Frist erst mit Kenntnis von deren Erteilung (Soergel/*Stein* § 1944 Rn 17 mwN).

17 **E. Fristablauf.** Die Frist berechnet sich nach §§ 187 I, 188, 193. Eine Fristverlängerung oder -verkürzung der gesetzlichen Frist durch das Nachlassgericht ist unzulässig. Allerdings kann der Erblasser durch Bestimmung eines bestimmten Annahmezeitraums Einfluss auf die Frist nehmen, sie dadurch verkürzen oder verlängern (Stuttg OLGZ 74, 67). Hat der Erblasser eine längere Frist bestimmt, ist der Erbe nur unter einer aufschiebenden Bedingung zum Erben eingesetzt (RGRK/*Johannsen* § 1944 Rn 7).

18 Für den Ablauf der Ausschlagungsfrist verweist § 1944 III auf die allgemeinen Verjährungsvorschriften der §§ 206, 210 und stellt damit klar, dass nicht alle Verjährungsvorschriften der §§ 203 ff Anwendung finden. Da § 1944 III zwingendes Recht ist, kann der Erblasser in seiner Verfügung von Todes wegen nicht über die Anwendung der Verjährungsvorschriften disponieren (Damrau/*Masloff* § 1944 Rn 10).

19 Nach §§ 206 iVm 209 wird derjenige Zeitraum nicht in die laufende Ausschlagungsfrist eingerechnet, in dem der vorläufige Erbe aufgrund höherer Gewalt an der Ausschlagungserklärung gehindert war. Dabei müssen die Hinderungsgründe bereits vor dem Ende der Ausschlagungsfrist eingesetzt haben. Dadurch verlängert sich im Ergebnis die Ausschlagungsfrist um den Zeitraum der höheren Gewalt (BGH ZErb 00, 232).

20 Höhere Gewalt sind all die Ereignisse, die auch bei äußerster, billigerweise zu erwartender Sorgfalt nicht vorausgesehen und verhindert werden konnten (Damrau/*Masloff* § 1944 Rn 13). Hierzu gehört neben dem Stillstand der Rechtspflege (Palandt/*Edenhofer* § 1944 Rn 7) auch die Zeit bis zur Entscheidung über die Anregung des nicht sachkundigen Betreuers beim Vormundschaftsgericht, einen anderen Betreuer zu bestellen (BayObLG FamRZ 98, 642) sowie die unvermeidbare Verzögerung bei ordnungsgemäß und rechtzeitig beantragter Entscheidung des Vormundschafts- oder Familiengericht nach §§ 1643 II, 1822 Nr 2, 1908 i, 1915 (BayObLG FamRZ 83; aA RGZ 118, 145), weil bei deren Verzögerung über den Fristablauf hinaus eine Anfechtung wegen Fristversäumnis mangels Irrtums nicht möglich ist (hM, Frankf FamRZ 66, 259). Mit Zugang des Genehmigungsbeschlusses fällt die Hemmung des Fristablaufs weg (Frankf aaO).

21 Nach § 210 I 1, 2 analog endet bei geschäftsunfähigen oder beschränkt geschäftsfähigen Erben, die einen gesetzlichen Vertreter nicht haben, das Ausschlagungsrecht nicht vor Ablauf der Ausschlagungsfrist nach dem Zeitpunkt, in dem der Erbe unbeschränkt geschäftsfähig oder der Mangel der Vertretung behoben wird, wobei das Fehlen des gesetzlichen Vertreters innerhalb der Ausschlagungsfrist vorgelegen haben muss (Damrau/*Maßloff* § 1944 Rn 14). Das gilt auch dann, wenn der gesetzliche Vertreter für einen kürzeren Zeitraum als den der Ausschlagungsfrist fehlte (Palandt/*Heinrichs* § 210 Rn 4). Die Frist eines gesetzlichen Vertreters beträgt auch bei der **Ablaufhemmung für nicht voll Geschäftsfähige** nur 6 Wochen, § 210 I 2, sofern nicht ein Fall des III vorliegt. § 210 II ist nicht anwendbar (Staud/*Otte* § 1944 Rn 27).

22 Fällt der gesetzliche Vertreter, nachdem er Kenntnis erlangt hat, dh nach Fristbeginn durch Tod, Abberufung oä weg, beginnt bei Bestellung des Nachfolgers eine neue Frist, wobei eine erneute Kenntnis nicht erforderlich ist, da der neue Vertreter bzw der geschäftsfähig gewordene Erbe die Rechtslage so hinnehmen muss, wie er sie vorfindet (Palandt/*Edenhofer* § 1944 Rn 7). Stirbt der Erbe, so läuft die schon in Lauf befindliche Frist gegen seine Erben weiter (Damrau/*Masloff* § 1944 Rn 14).

23 **F. Beweislast.** Wer sich auf die Wirksamkeit der Ausschlagung beruft, hat sie auch zu beweisen, dh er hat nicht nur die Existenz, den Zeitpunkt und die Formwirksamkeit der Ausschlagung nachzuweisen, sondern auch den Beginn und den Ablauf der Frist. Die Beweislast erstreckt sich nicht auf die Rechtzeitigkeit der Ausschlagung, da die Fristversäumnis eine rechtsvernichtende Einwendung darstellt, die vom Gegner zu beweisen ist (BGH NJW-RR 00, 1530).

24 Dagegen trifft die Beweislast den Erben, wenn er sich auf die längere Ausschlagungsfrist des III beruft oder dartut, es habe ein den Fristbeginn ausschließender Irrtum vorgelegen (Baumgärtel/*Schmitz* § 1944 Rn 4). Entspr gilt für eine Hemmung des Fristablaufs gem Abs 2 S 3, §§ 206, 210 (BGH NJW-RR 00, 1530).

25 Demnach trägt derjenige, der den Verlust des Ausschlagungsrechts, insbes das Verstreichen der Ausschlagungsfrist behauptet, die Beweislast für den Wegfall des Ausschlagungsrechts (Erman/*Schlüter* § 1944 Rn 10 mwN). Dabei müssen die objektiven und subjektiven Voraussetzungen, einschl etwaiger Irrtümer oder Hemmungsgründe dargelegt und bewiesen werden (Soergel/*Stein* § 1944 Rn 22).

Zur Wahrung der Ausschlagungsfrist ist für den Nachweis der Genehmigung des Vormundschafts- oder 26
Familiengerichts lediglich auf den wirksamen Zugang der Ausschlagungserklärung beim Nachlassgericht und
die Beantragung der Genehmigung beim Vormundschafts- oder Familiengericht abzustellen (Damrau/*Masloff* § 1944 Rn 19).

§ 1945 Form der Ausschlagung

(1) Die Ausschlagung erfolgt durch Erklärung gegenüber dem Nachlassgericht; die Erklärung ist zur Niederschrift des Nachlassgerichts oder in öffentlich beglaubigter Form abzugeben.
(2) Die Niederschrift des Nachlassgerichts wird nach den Vorschriften des Beurkundungsgesetzes errichtet.
(3) ¹Ein Bevollmächtigter bedarf einer öffentlich beglaubigten Vollmacht. ²Die Vollmacht muss der Erklärung beigefügt oder innerhalb der Ausschlagungsfrist nachgebracht werden.

A. Allgemeines. Der Erbe kann den ohne sein Zutun kraft Gesetzes eingetretenen Erbanfall durch Ausschlagung rückgängig machen mit der Folge, dass die wirksame Ausschlagung dazu führt, dass der Anfall an den Ausschlagenden als nicht erfolgt gilt, § 1953 I. Wegen dieser statusrechtlichen Wirkung ist die Ausschlagungserklärung im Interesse der Rechtssicherheit formalisiert (Motive V, 502). 1

B. Ausschlagungserklärung. Die Ausschlagungserklärung ist eine einseitige, form- und fristgebundene, amtsempfangsbedürftige Willenserklärung, die erst wirksam wird, wenn sie dem Nachlassgericht zugeht, wobei sie unwirksam wird, wenn vorher oder gleichzeitig ein Widerruf bei Gericht eingeht. 2

C. Inhalt der Erklärung. In der Ausschlagungserklärung muss der Erklärende zu erkennen geben, dass er 3
nicht Erbe sein will, er die Erbschaft also nicht annehmen will. Es genügt, wenn sich die Bedeutung aus dem Erklärten ergibt; die Begriffe „Ausschlagung" oder „ausschlagen" sind hierfür nicht notwendig (Soergel/*Stein* § 1945 Rn 4). Der Wille ist ggf durch Auslegung zu ermitteln, wobei widersprüchliche, dunkle und unklare Aussagen ungeeignet sind, die Wirkungen des § 1953 I herbeizuführen (BayObLGZ 77, 168).
Bei der Auslegung einer nicht eindeutigen Erklärung ist auf das Verständnis des Personenkreises abzustellen, 4
der von der Ausschlagung rechtlich betroffen wird (BayObLGZ 92, 64). Da es sich bei der Ausschlagung um das Gegenstück der Annahme handelt, muss der Erklärung, nicht annehmen zu wollen, genügen (Palandt/ *Edenhofer* § 1945 Rn 1).
Str ist, ob zur Wirksamkeit der Ausschlagungserklärung notwendig ist, dass der Erbe Kenntnis darüber hat, 5
das ihm die Erbschaft angefallen ist (BayObLG OLGE 41, 80; aA Soergel/*Stein* § 1945 Rn 4).
Eine Ausschlagung ist, wenn keine weiteren Umstände die Erklärung begleiten, **nicht** anzunehmen, wenn der 6
Erbe lediglich erklärt, er verzichtet auf die Herausgabe des Nachlasses und erkläre sich wegen aller Erbansprüche an den Ehegatten des Verstorbenen für befriedigt (KG OLG 30, 167). Bei mehrfacher Ausschlagung ist die zweite Rechtshandlung zunächst unbeachtlich; sie kann aber, wenn sich herausstellt, dass die erste unwirksam war, Wirksamkeit erlangen (Palandt/*Edenhofer* § 1945 Rn 1).

D. Ausschlagungsberechtigter. Ausschlagungsberechtigt ist ausschließlich der geschäftsfähige Erbe, der sich 7
aber eines Vertreters bedienen kann. Das Recht zur höchstpersönlichen Entscheidung über eine Ausschlagung verbleibt dem Erben auch im Insolvenzfall und geht nicht auf den Insolvenzverwalter über (Stuttg NJW 01, 3484). Die Ausschlagung ist nicht wegen Sittenwidrigkeit nichtig, wenn der Ausschlagende Sozialhilfeempfänger ist, da auch bei Bedürftigkeit kein Zwang zur Annahme einer Erbschaft besteht (LG Aachen NJW-RR 05, 307). Allerdings hat das OLG Stuttg (NJW 01, 3484) die Genehmigung zur Ausschlagung eines Betreuers gegen eine Abfindung verweigert, wenn dadurch der Zugriff des Sozialhilfeträgers auf das ererbte Vermögen verhindert werden sollte.
Der **beschränkt Geschäftsfähige** kann nur mit Einwilligung des gesetzlichen Vertreters ausschlagen, sofern 8
dieser nicht selbst ausschlägt. Eine nachträgliche Zustimmung ist nach § 111 nicht möglich. Der Wirksamkeit der Ausschlagung durch den gesetzlichen Vertreter steht nicht entgegen, wenn der Minderjährige zwischen der Abgabe der Ausschlagungserklärung und deren Zugang volljährig wird (Karlsr FamRZ 65, 573).
Für den Geschäftsunfähigen kann nur der gesetzliche Vertreter, bei mehreren alle zusammen, die Erbschaft 9
ausschlagen, auch wenn der Erblasser einen von ihnen nach § 1638 von der Vermögenssorge ausgeschlossen hat (Karlsr FamRZ 65, 573). Die Ausschlagung nur eines Elternteils ist bei gemeinsamer elterlicher Sorge unwirksam; eine formlose Zustimmung des anderen führt nicht zur Wirksamkeit (BayObLG 57, 361), sofern die alleinige Entscheidungsbefugnis nicht aufgrund einer gerichtlichen Übertragung nach § 1628 vorliegt (Hamm NJW 02, 2477).
Wird durch die Ausschlagung des Kindes nun der Elternteil zum Erben berufen, ist er nicht deshalb kraft 10
Gesetzes von der Vertretung ausgeschlossen, weil § 181 bei der Ausschlagung weder direkt noch seinem Schutzzweck nach eingreift und ein Fall der §§ 1629 II, 1795 nicht vorliegt (BayObLGZ 83, 213). Allerdings bedürfen die Eltern für die Ausschlagung grds der familiengerichtlichen Genehmigung, es sei denn, die Erbschaft ist dem Kind nur infolge der Ausschlagung eines Elternteils angefallen (*Ivo* ZEV 02, 309).

11 Vormund, Betreuer und Pfleger bedürfen zur Ausschlagung stets der vormundschaftsgerichtlichen Genehmigung, ohne die ihre Erklärung unwirksam ist, §§ 1643 III, 1831. Die Genehmigung ist nach § 1828 zusammen mit dem Nachweis der zu ihrer Wirksamkeit erforderlichen Bekanntmachung an den gesetzlichen Vertreter innerhalb der Ausschlagungsfrist dem Nachlassgericht vorzulegen (Soergel/*Stein* § 1945 Rn 6). Die Verzögerung bei der Erteilung der Genehmigung ist trotz fristgemäßer Einreichung als ein Fall der höheren Gewalt zu werten (Palandt/*Edenhofer* § 1945 Rn 4). Das Vormundschaftsgericht darf den Inhalt seiner Entscheidung nicht davon abhängig machen, ob nach seiner Auffassung die Ausschlagungsfrist bereits abgelaufen ist (BayObLGZ 1969, 14).

12 Eheleute bedürfen, gleich in welchem Güterstand sie leben, keine Zustimmung des anderen Ehegatten. Dies gilt auch bei Gütergemeinschaft, wenn das Gesamtgut vom anderen Ehegatten verwaltet wird, § 1432. Bei gemeinschaftlicher Verwaltung können die Eheleute gemeinschaftlich nach § 1450 oder nur der Erbende nach § 1455 Nr 1 ausschlagen (Palandt/*Edenhofer* § 1945 Rn 5).

13 Nachlasspfleger und Testamentsvollstrecker sind nicht ausschlagungsberechtigt (Palandt/*Edenhofer* § 1945 Rn 2).

14 Der gewillkürte Stellvertreter muss mit der Erklärung die öffentlich beglaubigte Vollmacht zur Ausschlagung vorlegen oder innerhalb der Ausschlagungsfrist nachreichen, Abs 3, die nicht vom Nachlassgericht beurkundet werden kann (*Winkler* Rpfleger 71, 346).

15 **E. Ausschlagungsgegner.** Die Ausschlagungserklärung ist ggü dem Nachlassgericht abzugeben; eine Erklärung auf andere Weise ist unzulässig (Staud/*Otte* § 1945 Rn 13). Dies gilt nicht für die Ausschlagung von Vermächtnissen, sie kann formlos ggü dem Beschwerten erfolgen (Staud/*Otte* § 1945 Rn 30). Das Nachlassgericht nimmt die Erklärung entgegen, auch wenn es sie für unwirksam oder verspätet erachtet und teilt die Ausschlagung den Nächstberufenen nach § 1953 III mit. Es entscheidet erst im Erbscheinsverfahren über die Wirksamkeit der Ausschlagung, und zwar selbst dann, wenn das Landesrecht ihm die Erbenermittlung vAw vorschreibt (BayObLGZ 1085, 244).

16 Nach § 72 FGG ist das Amtsgericht Nachlassgericht; in Baden-Württemberg haben die staatlichen Notariate nach §§ 1, 36, 38 LFGG die Aufgabe des Nachlassgerichts übernommen. Nach § 11 HöfeO hat die Ausschlagung des Hofes ggü dem Landwirtschaftsgericht zu erfolgen, in dessen Bezirk der Hof liegt. Gem § 37 FGG ist das Amtsgericht des letzten Wohnsitzes oder Aufenthalts des Erblassers zuständig.

17 Im Wege der Rechtshilfe kann das Nachlassgericht ein anderes Nachlassgericht um Entgegennahme der Ausschlagungserklärung ersuchen; da das Ersuchen weit auszulegen ist, kann das ersuchte Gericht den nachrückenden Erben auch nach der Ausschlagung noch einvernehmen und dessen Erklärung entgegennehmen (BayObLGZ 1952, 291).

18 Wird die Erklärung zur Niederschrift oder ihre Entgegennahme in öffentlich beglaubigter Form von einem örtlich unzuständigen Gericht aufgenommen, ist es wirksam, wenn sich dieses Gericht als Nachlassgericht betätigt (BGH Rpfleger 77, 406). Hierzu gehört auch die Weitergabe der Erklärung innerhalb der Ausschlagungsfrist an das zuständige Nachlassgericht, auch wenn es dort verspätet eingeht (KKW/*Zimmermann* § 7 FGG Rn 6). Insoweit darf der Erklärende auf die Zuständigkeitsprüfung des Gerichts vertrauen (Staud/*Otte* § 1945 Rn 17).

19 Gibt das Gericht die bei ihm in öffentlich beglaubigter Form eingereichte Erklärung wegen Unzuständigkeit zurück, ist die Ausschlagung unwirksam. Sie kann aber vor Fristablauf in wirksamer Form wiederholt werden (Palandt/*Edenhofer* § 1945 Rn 8).

20 Auf Verlangen des Ausschlagenden hat das Nachlassgericht eine Bestätigung über den Eingang der öffentlich beglaubigten Erklärung oder über die erfolgte Beurkundung durch Niederschrift aufzustellen, es darf sich aber nicht über die Wirksamkeit der Ausschlagung äußern (Palandt/*Edenhofer* § 1945 Rn 9).

21 Sofern ein gesetzlicher Vertreter für den geschäftsunfähigen oder beschränkt geschäftsfähigen Erben ausschlägt, bedarf er der vormundschaftsgerichtlichen Genehmigung (DGE/*Hanhörster/Dospil* § 1945 Rn 1).

22 **F. Form der Ausschlagung.** Die Ausschlagungserklärung muss ggü dem Nachlassgericht entweder zur Niederschrift des Rechtspflegers (BayObLG FamRZ 00, 1124) oder in öffentlich beglaubigter Form abgegeben werden. Es genügt weder ein Anwaltschriftsatz (LG München I FamRZ 00, 1328) noch die Ausschlagung per Telegramm (Palandt/*Edenhofer* § 1945 Rn 6). Die Ausschlagung des Jugendamtes als Amtsvormund in Form einer öffentlichen Urkunde gem § 415 ZPO bedarf nicht der öffentlichen Beglaubigung (BGHZ 45, 362).

23 Die Ausschlagung in einem notariell beurkundeten Testament ist zwar nach bestrittener Ansicht formgültig, wahrt aber nur selten die Frist des § 1944. Gibt der Bevollmächtigte die Erklärung mit öffentlich beglaubigter Vollmacht ab, ist dies stets wirksam (MüKo/*Birk* Vor 24–26 EGBGB Rn 186). Befinden sich die Erben im Ausland, sollte nach Art 11 EGBGB für die an das inländische Nachlassgericht abzugebende Erklärung Ortsform genügen (str, Staud/*Dörner* Art 25 EGBGB Rn 12).

24 Aus Abs 3 S 2 ergibt sich, dass Formfehler bei der Niederschrift innerhalb der Ausschlagungsfrist behoben werden können.

25 **G. Gebühren.** Die Gebühren für die Beglaubigung bestimmen sich nach § 45 KostO. Danach fällt ¼ der vollen Gebühr, höchstens aber 130 Euro an (DGE/*Hanhörster/Dospil* § 1945 Rn 3).

Für die Entgegennahme der Ausschlagungserklärung gilt § 112 I Nr 2 KostO, soweit nicht § 115 KostO eingreift (Ddorf MDR 91, 999), wonach ebenfalls ¼ der vollen Gebühr erhoben wird. Erklären mehrere Erben gleichzeitig ggü dem Nachlassgericht die Ausschlagung, wird die Gebühr nur einmal erhoben (DGE/*Hanhörster/Dospil* § 1945 Rn 3). 26

Der Wert bestimmt sich nach der ausgeschlagenen Erbschaft, der durch Abzug der Nachlassverbindlichkeiten zu ermitteln ist. Im Falle der Überschuldung des Nachlasses fällt nur die Mindestgebühr an. 27

Der Ausschlagende hat die Kosten der Ausschlagung zu tragen. 28

H. Ausschlagungspflicht. Eine gesetzliche Pflicht zur Ausschlagung einer Erbschaft besteht nicht, sie kann auch nicht aus § 14 I, V HeimG oder anderen gesetzlichen oder tariflichen Bestimmungen hergeleitet werden (str; Kroiß/Ann/Mayer/*Ivo* § 1945 Rn 19). 29

Da die Teilausschlagung einer Erbschaft unwirksam ist, kann der Erbe sie nur insgesamt aufheben oder ausschlagen. Entscheidet er sich für die Ausschlagung, fällt die Erbschaft dem Nächstberufenen an. Will er dafür eine Gegenleistung erhalten, kommt eine vertragliche Vereinbarung über die Ausschlagung gegen Abfindung in Betracht. **Nach** dem Erbfall fällt die Vereinbarung nicht mehr unter § 311 b III, IV und bedarf als solcher keiner besonderen Form (RG HRR 1929 Nr 292). 30

Vor dem Erbfall ist eine Ausschlagungsvereinbarung unter potentiellen Erben gem § 311 b IV 2 nichtig (Staud/ *Wufka* § 312 Rn 4). Sie ist nur zulässig als sog Erbschaftsvertrag unter den engen Voraussetzungen des § 311 b V, wobei die Begrenzung des zulässigen Vertragsgegenstandes auf den gesetzlichen Erbteil wegen der möglichen Änderung der Erbquote nach Vertragsschluss häufig Probleme bereitet (*Gothe* MittRhNotK 98, 193). 31

Ob eine Ausschlagungsverpflichtung zwischen Erblasser und dem künftigen Erben zulässig ist, ist str (MüKo/ *Musielak* § 2302 Rn 4; aA Soergel/*Wolf* § 2302 Rn 3). 32

§ 1946 Zeitpunkt für Annahme oder Ausschlagung

Der Erbe kann die Erbschaft annehmen oder ausschlagen, sobald der Erbfall eingetreten ist.

A. Allgemeines. Die Annahme/Ausschlagung kann erst ab dem Zeitpunkt des Erbfalls erfolgen; der Ablauf der Ausschlagungsfrist muss nicht abgewartet werden (Palandt/*Edenhofer* § 1946 Rn 1). Eine vor diesem Zeitpunkt abgegebene Erklärung ist wirkungslos (Staud/*Otte* § 1946 Rn 2). Da § 1946 die Erklärung nicht vom Anfall, sondern vom Eintritt des Erbfalls abhängig macht, können die Eltern die Annahme/Ausschlagung für den nasciturus erklären (Stuttg Rpfleger 93, 157). 1

B. Vor dem Erbfall. Soll der Erbe bereits vor dem Erbfall von der Erbschaft Abstand nehmen, bedarf es eines Erbverzichts oder eines Vertrages nach § 311 b V (DGE/*Hanhörster/Dospil* § 1946 Rn 1). 2

Gem § 2142 kann der Nacherbe schon vor Eintritt der Nacherbfolge die Erbschaft ausschlagen (RGZ 80, 377). Dagegen kann der Schlusserbe die Erbschaft erst nach dem Tod des Letztversterbenden ausschlagen (BGH NJW 98, 543; aA Ddorf FamRZ 96, 1567). 3

C. Nach dem Erbfall. Nach dem Erbfall kann der Erbe die Erbschaft annehmen oder ausschlagen, unabhängig davon, ob er sichere und hinreichende Kenntnis vom Anfall und Berufungsgrund hat (Staud/*Otte* § 1946 Rn 3). Nicht notwendig ist, dass die Erbschaft dem Erben bereits angefallen ist; er kann als Nachberufener die Erbschaft noch vor der Ausschlagung durch den vorigen Erben für den Fall, dass ihm die Erbschaft anfällt, annehmen oder ausschlagen (DGE/*Hanhörster/Dospil* § 1946 Rn 1). Gleiches gilt für den Ersatzerben und bei aufschiebend bedingter Erbeinsetzung. 4

D. Ausnahmen. Da § 1946 nicht ausnahmslos gilt, kann der Pflichtteilsberechtigte nach § 2306 I 2 den Erbteil bereits zu einem Zeitpunkt ausschlagen, zu dem er noch keine Kenntnis von den Beschwerungen oder Beschränkungen hatte (Erman/*Schlüter* § 1946 Rn 2). Darüber hinaus ist die Vorschrift nicht anwendbar auf Fälle, in denen der Erbfall und der Anfall der Erbschaft zeitlich auseinanderfallen. 5

§ 1947 Bedingung und Zeitbestimmung

Die Annahme und die Ausschlagung können nicht unter einer Bedingung oder einer Zeitbestimmung erfolgen.

A. Allgemeines. Die Bedingungs-/Befristungsfeindlichkeit dient der Rechtsklarheit, da der Schwebezustand eindeutig beendet wird. 1

B. Bedingungsfeindlichkeit. Unzulässig sind nur die echten rechtsgeschäftlichen Bedingungen oder Zeitbestimmungen; sie führen zur Unwirksamkeit, wie zB „falls der Nachlass nicht überschuldet ist" (MüKo/*Leipold* § 1947 Rn 2). Unschädlich sind dagegen die Rechtsbedingungen, die nur die gesetzlichen Voraussetzungen betreffen, so zB „falls der Erblasser nicht mehr lebt" (Palandt/*Edenhofer* § 1947 Rn 1). Wenn dagegen für den Fall der Berufung aus einem bestimmten Grund die Erbschaft angenommen/ausgeschlagen wird, liegt eine echte Bedingung nicht vor (Staud/*Otte* § 1947 Rn 3). 2

3 **C. Sonderfälle.** Die Ausschlagung der Erbschaft zugunsten eines Dritten ist als echte Bedingung unzulässig und damit unwirksam, wenn der Bestand der Erklärung von der Bedingung abhängig sein soll, dass ein Dritter anstelle des Ausschlagenden Erbe wird und der Erklärende mit einem anderen möglichen Erfolg nicht einverstanden ist (BayObLG Rpfleger 82, 69).

4 Drückt der gewollte Erwerb des Dritten nur das Motiv der Ausschlagung aus, einen anderen zu begünstigen, ohne dass davon die Wirksamkeit der Erklärung abhängen soll, liegt eine Bedingung nicht vor (BayObLG Rpfleger 82, 69). Was im Einzelfall gewollt ist, muss durch Auslegung ermittelt werden (Hamm NJW 81, 2585).

5 Die unwirksame Ausschlagungserklärung kann ggf als Annahme, ihm die Erbschaft zu veräußern, bewertet werden, wenn der Begünstigte das Entgelt für die Ausschlagung versprochen hat (KG DNotZ 74, 597), und zwar unabhängig davon, ob das Entgelt tatsächlich bezahlt wird oder nicht; die Wirksamkeit der Ausschlagung ist hiervon nicht betroffen (Palandt/*Edenhofer* § 1947 Rn 2).

§ 1948 Mehrere Berufungsgründe

(1) Wer durch Verfügung von Todes wegen als Erbe berufen ist, kann, wenn er ohne die Verfügung als gesetzlicher Erbe berufen sein würde, die Erbschaft als eingesetzter Erbe ausschlagen und als gesetzlicher Erbe annehmen.

(2) Wer durch Testament und durch Erbvertrag als Erbe berufen ist, kann die Erbschaft aus dem einen Berufungsgrund annehmen und aus dem anderen ausschlagen.

1 **A. Allgemeines.** Der Erbe kann, wenn er aus mehreren Gründen Allein- oder Miterbe ist, nach I getrennt annehmen oder ausschlagen. Entsprechendes gilt nach II für die gleichzeitige Berufung durch Testament und Erbvertrag. Daher greift § 1948 nur ein, wenn der Erblasser die gesetzliche Erbfolge im Falle einer Ausschlagung nicht ausgeschlossen hat. Da die Ausschlagung der durch Verfügung von Todes wegen zugewendete Erbschaft nicht die Belastungen und Beschwerungen beseitigt, hat die Vorschrift nur geringe praktische Bedeutung (Palandt/*Edenhofer* § 1948 Rn 1). Darüber hinaus kann der Erbe wegen des Vorrangs der gewillkürten vor der gesetzlichen Erbfolge nicht sicher sein, dass seine gesetzliche Berufung zum Tragen kommt (Staud/*Otte* § 1948 Rn 6).

2 **B. Voraussetzungen.** Durch die Ausschlagung muss die gesetzliche Erbfolge eröffnet werden, weshalb § 1948 nicht anwendbar ist, wenn die gesetzliche Erbfolge durch erschöpfende testamentarische Bestimmungen in vollem Umfang ausgeschlossen ist mit der Folge, dass der ausgeschlagene Erbteil dem Ersatz- oder Nacherben zufällt (Frankf Rpfleger 69, 386), den gesetzlichen Erben nach § 2094 anwächst oder die §§ 2069, 2102 für den Fall der Ausschlagung eine andere Erbfolge vorsehen (BayObLGZ 77, 163).

3 Wird die gewillkürte Erbeinsetzung ausgeschlagen, läuft ab Kenntnis des Berufungsgrundes für die Berufung als gesetzlicher Erbe eine neue Ausschlagungsfrist (RGRK/*Johannsen* § 1948 Rn 9). Bei Kenntnis der Berufung als gesetzlicher Erbe muss der Ausschlagende wegen § 1949 II die Ausschlagung auf die Berufung als gewillkürter Erbe beschränken, weil er nur dadurch seine gesetzliche Erbfolge wahrt (Staud/*Otte* § 1948 Rn 14).

4 Aufgrund des Wortlauts der Vorschrift kann eine Ausschlagung als gesetzlicher und Annahme als eingesetzter Erbe nicht in Betracht kommen.

5 **C. Testament/Erbvertrag.** II meint Fälle, in denen die Verfügung von Todes wegen besondere Beschränkungen oder Belastungen, wie zB Vermächtnisse oder Nacherbeinsetzungen, enthält. Sind sie dem Testament beigefügt, werden sie, soweit das Recht des vertragsmäßig Bedachten gemäß § 2289 I beeinträchtigt wird, durch einen späteren Erbvertrag ohnedies aufgehoben, während die im Erbvertrag enthaltenen Beschränkungen auch im Falle der Ausschlagung der vertragsmäßigen Erbeinsetzung erhalten bleibt (Palandt/*Edenhofer* § 1948 Rn 3).

6 § 1948 II regelt nicht den Fall, dass eine Berufung aufgrund von zwei Testamenten erfolgte; hier besteht kein Wahlrecht (KG OLGE 42, 127).

7 Nach § 1951 II findet II keine Anwendung, wenn die Berufung zum Erben auf zwei Testamenten oder zwei Erbverträgen beruht (MüKo/*Leipold* § 1948 Rn 11).

8 **D. Kosten.** Die gleichzeitig mit der Ausschlagung erfolgte Annahme der Erbschaft ist nach § 112 III KostO gebührenfrei.

§ 1949 Irrtum über den Berufungsgrund

(1) Die Annahme gilt als nicht erfolgt, wenn der Erbe über den Berufungsgrund im Irrtum war.
(2) Die Ausschlagung erstreckt sich im Zweifel auf alle Berufungsgründe, die dem Erben zur Zeit der Erklärung bekannt sind.

1 **A. Allgemeines.** Der Irrtum über den Beweggrund führt kraft Gesetzes, dh ohne dass es einer Anfechtung bedarf, zur Nichtigkeit der Annahme. Eine Schadensersatzpflicht nach § 122 besteht daher nicht. Sofern sich die beiden Berufungen inhaltlich nicht decken, beginnt die Ausschlagungsfrist erst mit Kenntnis des wahren

Grundes. Kommt es dem Erben nicht darauf an, aus welchem Grund die Berufung erfolgte, ist I nicht anwendbar, da die Berufung auf einen Irrtum in diesem Fall rechtsmissbräuchlich wäre (*Pohl* AcP 177, 57). Die Vorschrift findet auch dann keine Anwendung, wenn die Erbschaft nur infolge Versäumung der Ausschlagungsfrist als angenommen gilt, weil die Frist nach § 1944 II unabhängig von der Kenntnis des Berufungsgrundes gilt.

B. Nichtige Annahme. I. Berufungsgrund. Berufungsgrund meint die Art und Weise der konkreten Berufung, dh durch die Ehe, ein bestimmtes Verwandtschaftsverhältnis oder eine bestimmte Verfügung von Todes wegen (Palandt/*Edenhofer* § 1949 Rn 2). Dabei scheidet eine Gleichsetzung der richtigen Kenntnis vom Berufungsgrund mit der Kenntnis vom Grund der Berufung nach § 1944 II aus (Erman/*Schlüter* § 1949 Rn 1; aA MüKo/*Leipold* § 1949, Rn 4). Es muss sich um solche Tatsachen handeln, die die Identität des Tatbestandes in Frage stellen, weshalb der Irrtum über das Datum der Verfügung nicht genügt (Erman/*Schlüter* § 1949 Rn 1). 2

II. Irrtum. Der Irrtum kann auf unterschiedlichen Umständen basieren wie zB auf Unkenntnis der die 3 Berufung begründenden Tatsachen wie Verwandtschaft, gesetzliche/gewillkürte Erbfolge oder auf unrichtiger rechtlicher Beurteilung der bekannten Tatsachen wie der irrigen Annahme, das Testament sei unwirksam (BGH NJW 97, 392). Danach macht jeder Irrtum, auch ein Rechtsirrtum, die Annahme unwirksam (BGH NJW 97, 392). Nimmt der eingesetzte Erbe, ohne die maßgebenden Verwandtschaftsverhältnisse zu kennen und ohne zu wissen, dass er der nächste gesetzliche Erbe ist, die Erbschaft an, irrt er über den Berufungsgrund (Staud/*Otte* § 1949 Rn 6). Dabei kommt es nicht darauf an, ob der Irrtum entschuldbar ist oder nicht (Palandt/*Edenhofer* § 1949 Rn 3).

C. Unwirksame Ausschlagung. Die Nichtigkeit des Abs 1 erfasst auch die Ausschlagung beim Irrtum über 4 den Berufungsgrund, dh wenn dem Erben der wahre Grund unbekannt geblieben ist (Soergel/*Stein* § 1949 Rn 1). Sind mehrere Berufungsgründe gegeben, so erstreckt sich die Ausschlagung nach Abs 2 im Zweifel nur auf alle dem Erben bekannten Gründe mit der Folge, dass die Ausschlagung insoweit als nicht erfolgt gilt. Die dem Erben nicht bekannten, aber tatsächlich vorliegenden Berufungsgründe werden im Zweifel von der Ausschlagung nicht erfasst. Ergibt die Auslegung, dass der Erbe auf jeden Fall, dh unabhängig vom Berufungsgrund, ausschlagen wollte, ist die Ausschlagung wirksam, selbst wenn er den Grund nicht kannte, weil dann der Irrtum nicht ursächlich war (Palandt/*Edenhofer* § 1949 Rn 4). Sind Erben alle Berufungsgründe bekannt, kann er die Ausschlagung auf einen Grund beschränken.

§ 1950 Teilannahme; Teilausschlagung

¹Die Annahme und die Ausschlagung können nicht auf einen Teil der Erbschaft beschränkt werden. ²Die Annahme oder Ausschlagung eines Teils ist unwirksam.

A. Allgemeines. Im Hinblick auf den Grundsatz der Gesamtrechtsnachfolge in § 1922 und der Unteilbarkeit 1 der Erbschaft kann die Erbquote durch Teilannahme/-ausschlagung nicht willkürlich beeinflusst werden. Dieses Beschränkungsverbot gilt nicht für einen ideellen Bruchteil, sondern findet auch Anwendung auf einen realen Nachlassgegenstand (*Lange/Kuchinke* § 8 VI 1a). Für den Fall, dass einem Erben mehrere Erbteile anfallen, gilt § 1950 nicht (Staud/*Otte* § 1950 Rn 2). Im Übrigen besteht nach § 1952 III die Möglichkeit, die Ausschlagung zu beschränken (näher dort).
Nach § 11 HöfeO ist eine gegenständliche Ausschlagung möglich in der Weise, dass der Hoferbe den Hof aus- 2 schlagen, die übrige Erbschaft aber annehmen kann; umgekehrt ist dies aber nicht möglich (*Soergel/Stein* § 1950 Rn 3).

B. Unwirksamkeit. Die Annahme bzw Ausschlagung nur eines Teils der Erbschaft ist, sofern nicht § 1951 3 eingreift, nach S 2 unwirksam (Palandt/*Edenhofer* § 1950 Rn 1). Daher können weder der Allein- noch der Miterbe die Annahme/Ausschlagung weder auf rechtlich nicht existierende Bruchteile noch auf einzelne Nachlassgegenstände beschränken (Palandt/*Edenhofer* § 1950 Rn 1). Hat der Erbe die Erbschaft nur zum Teil angenommen und keine Ausschlagung erklärt, ist davon auszugehen, dass er die Erbschaft als Ganzes angenommen hat (DGE/*Hanhörster/Dospil* § 1950 Rn 1). Entspricht diese Lösung nicht seinem Willen, so kann er anfechten (*Lange/Kuchinke* § 8 VI 1 a).
Bei der erbrechtlichen Nachfolge in eine Personengesellschaft kann, da der Erbe den Gesellschaftsanteil 4 zusammen mit den anderen Bruchteilen der Erbschaft erwirbt, diese nur einheitlich annehmen oder ausschlagen (MüKo/*Leipold* § 1950 Rn 10).
Schlägt der Erbe unter dem Vorbehalt des Pflichtteils aus, ist von einer uneingeschränkten Ausschlagung aus- 5 zugehen, auch wenn der pflichtteilsberechtigte Erbe nur zu einem nur geringen Erbteil eingesetzt wurde; für ihn besteht aber die Möglichkeit der Geltendmachung des Pflichtteilsrestanspruchs, der unabhängig ist von einer Ausschlagung (DGE/*Hanhörster/Dospil* § 1950 Rn 1). Von einer uneingeschränkten Ausschlagung ist auch dann auszugehen, wenn die Erklärung nur der Klarstellung dient, er stelle trotz der Aufgabe seines Erb-

rechts noch Ansprüche. Fraglich ist dann, ob die Existenz des Pflichtteilsanspruchs unbeachtliches Motiv oder Bedingung war mit der Folge, dass § 1947 eingreift (MüKo/*Leipold* § 1950 Rn 5). Sie wird nur ausnahmsweise als Teilausschlagung gewollt sein, da ein dem Pflichtteil entspr Erbteil von der Ausschlagung ausgenommen sein soll (Palandt/*Edenhofer* § 1950 Rn 1).

6   § 1950 erfasst nicht die gesonderte Annahme/Ausschlagung eines rechtlich selbständigen Nachlassteils bei der Nachlassspaltung und auch nicht die Möglichkeit der Ausschlagung eines Vorausvermächtnisses mit der Annahme der Erbschaft und umgekehrt (Kroiß/Ann/Mayer/*Ivo* § 1950 Rn 6).

7   **C. Rechtsfolge.** Durch die Unwirksamkeit einer Teilannahme/-ausschlagung gilt die ganze Erbschaft mit dem Ablauf der Ausschlagungsfrist als angenommen (Soergel/*Stein* § 1950 Rn 1). Daher können Ehegatten im Güterstand der Zugewinngemeinschaft den Erbteil nur insgesamt annehmen. Es ist nicht möglich, den Erbteil nach § 1931 auszuschlagen und die Erhöhung nach § 1371 I anzunehmen oder umgekehrt.

8   Eine besondere Rechtslage ergibt sich aufgrund des § 1371 III, der eine abw erbrechtliche Regelung darstellt, wonach der ausschlagende Ehegatte den Zugewinnausgleich und den Pflichtteil verlangen kann (RGZ 93, 9).

9   Die Vorschrift ist nach § 2180 III auch auf Vermächtnisse und nach § 1934 b II 1 für Erbersatzansprüche in Erbfällen vor dem 1.4.98 anwendbar (Soergel/*Stein* § 1950 Rn 4).

§ 1951 Mehrere Erbteile

(1) Wer zu mehreren Erbteilen berufen ist, kann, wenn die Berufung auf verschiedenen Gründen beruht, den einen Erbteil annehmen und den anderen ausschlagen.
(2) ¹Beruht die Berufung auf demselben Grund, so gilt die Annahme oder Ausschlagung des einen Erbteils auch für den anderen, selbst wenn die andere erst später anfällt. ²Die Berufung beruht auf demselben Grund auch dann, wenn sie in verschiedenen Testamenten oder vertragsmäßig in verschiedenen zwischen denselben Personen geschlossenen Erbverträgen angeordnet ist.
(3) Setzt der Erblasser einen Erben auf mehrere Erbteile ein, so kann er ihm durch Verfügung von Todes wegen gestatten, den einen Erbteil anzunehmen und den anderen auszuschlagen.

1   **A. Allgemeines.** § 1951 sieht die Teilbarkeit dann vor, wenn der Erbe zu mehreren Erbteilen berufen ist. Beruht die Erbschaft auf einem einheitlichen Berufungsgrund, ist die Annahme/Ausschlagung nur einheitlich möglich, § 1950 S 2 (Palandt/*Edenhofer* § 1951 Rn 1). Die Berufung eines Erben aus mehreren Gründen auf nur einen Erbteil ist in § 1948 geregelt.

2   **B. Berufung mehrerer Erben.** Die getrennte Annahme oder Ausschlagung dieser Erbteile ist nur dann möglich, wenn die Berufung auf verschiedenen Berufungsgründen beruht oder der Erblasser die getrennte Annahme/Ausschlagung gestattet hat.

3   Berufungsgrund ist der konkrete, für die Rechtsstellung des als Allein- oder Miterben Berufenen maßgebliche Tatbestand, aus dem sich die Berufung zum Erben ergibt; dh bei gewillkürter Erbfolge die bestimmte Verfügung von Todes wegen, im Falle der gesetzlichen Erbfolge der gesamte Sachverhalt, aus dem das Gesetz das Erbrecht dieses Erben erwachsen lässt, wie zB Ehe, Verwandtschaftsverhältnis (Soergel/*Stein* § 1951 Rn 4).

4   Im Falle der Erhöhung der Erbteile nach § 1935 oder der Anwachsung nach § 2094 liegt keine Mehrheit von Erbteilen vor, sodass sich die Annahme/Ausschlagung ohne weiteres Zutun auch auf den erhöhten oder angewachsenen Erbteil erstreckt.

5   **C. Verschiedene Berufungsgründe.** Liegen mehrere Gründe der Berufung zum Erben vor, die auch verschiedenartig sein können, ist der Tatbestand des § 1951 erfüllt mit der Folge, dass die Annahme bzw Ausschlagung beschränkt werden kann. In Betracht kommen folgende Fallgestaltungen: Nebeneinander von gesetzlicher und gewillkürter Berufung, bei der Zugehörigkeit zu verschiedenen Stämmen nach § 1927 oder wenn der Ehegatte als Verwandter nach § 1934 berufen ist (Mot V, 506 f), bei der gewillkürten Berufung, wenn ein Erbteil aus Testament, ein anderer aus Erbvertrag anfällt oder aus mehreren Erbverträgen, die der Erblasser mit verschiedenen Personen geschlossen hat (Palandt/*Edenhofer* § 1951 Rn 2).

6   In den genannten Fällen kann sich der Erbe ebenso wie der Nacherbe entscheiden, welchen Erbteil er annehmen und welchen er ggf ausschlagen will. Mit der Ausschlagung des einen Teils ist der andere nicht stillschweigend angenommen. § 1949 II ist entspr anwendbar, dh dass sich die Annahme bzw Ausschlagung im Zweifel auf alle Erbteile erstreckt, die bereits angefallen sind und dessen Anfall dem Erben bekannt ist (Staud/*Otte* § 1951 Rn 6).

7   Auch nach der Höfeordnung ist eine Ausschlagung eines Teils der Erbschaft möglich, dh der Hoferbe kann den Anfall des in § 4 S 1 HöfeO bezeichneten Hofes ausschlagen, ohne die übrige Erbschaft auszuschlagen, § 11 S 1 HöfeO.

8   **D. Derselbe Berufungsgrund.** Nach Abs 2 liegt derselbe Berufungsgrund vor, wenn der Anfall aus einem oder mehreren Testamenten oder aus einem oder mehreren Erbverträgen mit derselben Person erfolgt. Eine Erbeinsetzung zu mehreren Erbteilen aus einer einzigen Verfügung von Todes wegen ist möglich, wenn der

Erblasser noch zu Lebzeiten mehrere Erbteile gebildet hat (Staud/*Otte* § 1951 Rn 2). Dabei wird die Einheit aus der zu vermutenden einheitlichen Willensrichtung des Erblassers gefolgert, so dass der Erbe die verschiedenen Erbteile nur einheitlich annehmen oder ausschlagen kann, auch wenn der eine Erbteil erst später anfällt. Daher kann dasselbe Testament nur einen Berufungsgrund darstellen, auch wenn darin dieselbe Person sowohl zum Miterben als auch zum Nacherben eines anderen Miterben bestimmt wurde (LG Berlin FamRZ 03, 1134) oder die Nacherbeinsetzung unter verschiedenen Voraussetzungen (Wiederverheiratung, Bestehen einer Prüfung u dgl) erfolgt ist (KG JFG 6, 143).

Beschränkt der Erbe seine Erklärung auf einen Erbteil, ist sie in analoger Anwendung des § 1950 S 2 unwirksam (hM). Nach § 1943 wird die Annahme auch des ausgeschlagenen Erbteils fingiert, vorbehaltlich der Anfechtung nach § 1956 (*Pohl* AcP 177, 74). 9

Setzt der Erblasser eine Person für einen Erbteil zum Erben ein, für einen anderen zum Ersatzerben, hindert die beim Anfall des ersten Erbteils noch bestehende Ungewissheit über den Eintritt der Ersatzerbfolge nach Abs 2 S 1 die allgemeine Wirkung der Annahme/Ausschlagung nicht, dh die Annahme kann auch vor dem Anfall wirksam erfolgen, und zwar auch von Seiten des Nacherben (RGZ 80, 377). 10

E. Gestattung. Allerdings kann der Erblasser durch Verfügung von Todes wegen nach Abs 3 dem auf mehrere Erbteile eingesetzten Erben gestatten, einen Erbteil anzunehmen und den anderen auszuschlagen. Davon ist auszugehen, wenn keine Interessen des Erblassers erkennbar sind, die gegen eine Teilausschlagung sprechen (KG NJW-RR 05, 592), so insbes dann, wenn der Erblasser den Bedachten teilweise zum Erben, teilweise zum Nacherben eingesetzt hat (MüKo/*Leipold* § 1951 Rn 2), sofern er für den Fall, dass dieser nicht Nacherbe wird, einen Ersatznacherben bestimmt hat (KG aaO). 11

Nach hM ist es zulässig, wenn der Erblasser den Nachlass in Bruchteile aufteilt, um eine gesonderte Annahme/Ausschlagung zu ermöglichen (MüKo/*Leipold* § 1951 Rn 7 mwN). 12

Setzt der Erblasser den Bedachten mehrfach zum Alleinerben ein, allerdings mit unterschiedlicher Ausgestaltung durch Bedingungen und Auflagen (BayObLGZ 66, 227), kann er dem Erben unter Beachtung des Rechtsgedankens des § 1951 III die Ausschlagung/Annahme der verschiedenen Erbteile gestatten (BayObLG NJW-RR 97, 72). 13

Nach der gesetzlichen Konstruktion des § 1951 III sind Teilannahme und -ausschlagung davon abhängig, dass der Erbe zu mehreren Erbteilen berufen ist, weshalb allein die Gestattung durch den Erblasser, dh ohne dass mehrere Erbteile gebildet wurden, nicht ausreichend ist (Soergel/*Stein* § 1951 Rn 7), wobei aber in einem solchen Fall die Einsetzung zu mehreren Erbteilen regelmäßig durch ergänzende Auslegung zu ermitteln sein wird (Mot V, 506). 14

§ 1952 Vererblichkeit des Ausschlagungsrechts

(1) Das Recht des Erben, die Erbschaft auszuschlagen, ist vererblich.
(2) Stirbt der Erbe vor dem Ablauf der Ausschlagungsfrist, so endigt die Frist nicht vor dem Ablauf der für die Erbschaft des Erben vorgeschriebenen Ausschlagungsfrist.
(3) Von mehreren Erben des Erben kann jeder den seinem Erbteil entsprechenden Teil der Erbschaft ausschlagen.

A. Allgemeines. Das Ausschlagungsrecht ist eine nur dem Erben persönlich zustehende Rechtsbefugnis und daher nicht auf Dritte übertragbar; es ist dann vererblich, wenn es der Erbe nicht schon durch Annahme oder Fristablauf verloren hat (Palandt/*Edenhofer* § 1952 Rn 1). Entspr gilt nach § 2180 III auch für Vermächtnisse. 1

B. Übergang des Ausschlagungsrechts. Stirbt der Erbe, ohne dass sein Ausschlagungsrecht durch Ablauf der Ausschlagungsfrist verloren gegangen ist, geht das noch bestehende Recht als Bestandteil der Erbenschaftlasses zusammen mit der gesamten vorläufigen Rechtsposition auf seinen Erben über (BGHZ 44, 152). Der Erbeserbe kann die Erbschaft nach dem verstorbenen Erben ausschlagen mit der Folge, dass er nicht Erbeserbe geworden ist und daher auch nicht den Nachlass des Erblassers ausschlagen kann. Hatte die Ausschlagungsfrist für den Erben schon begonnen, läuft sie für den Erbeserben weiter, auch wenn er vom Anfall der ersten Erbschaft keine Kenntnis hat. 2

Die Ausschlagungsfrist läuft also für den ersten Erbfall erst mit der für den zweiten ab. Dadurch behält der zweite Erbe die volle Überlegungsfrist. Da die erste Erbschaft Bestandteil der zweiten ist, ist auch das Ausschlagungsrecht letztlich Bestandteil der angefallenen Erbschaft. Daher kann der Erbeserbe die Erbschaft des Erben annehmen, die Erbschaft des Erblassers aber ausschlagen; er kann auch beides annehmen oder beides ausschlagen. Nicht berechtigt ist er aber, die entferntere Erbschaft anzunehmen und die nähere auszuschlagen, weil die entferntere Erbschaft nur als Bestandteil der näheren angefallen ist. In der Annahme der ersten Erbschaft liegt regelmäßig zugleich die Annahme der zweiten (Staud/*Otte* § 1952 Rn 2; aA Soergel/*Stein* § 1952 Rn 2), sofern kein gegenteiliger Wille des Erbeserben zum Ausdruck kommt. Schlägt er den Zweitnachlass aus, verliert die Annahme des ersten Nachlasses ihre Grundlage (MüKo/*Leipold* § 1952 Rn 6). 3

4   Schlägt der Erbeserbe die Erbschaft des Erblassers aus, fällt sie demjenigen an, der berufen gewesen wäre, wenn der unmittelbare Erbe selbst die Erbschaft ausgeschlagen hätte (BayObLG NJW 53, 1431).

5   Starb der Erbe vor Fristbeginn, fängt die Frist für den Erbeserben erst mit seiner Kenntnis von Anfall und Berufungsgrund zu laufen an, § 1944 II 1; sie endet auch in diesem Fall nicht vor Ablauf der für die Erbschaft des Erben bestehenden Ausschlagungsfrist des Abs 2, da andernfalls für die Erbschaft des Erblassers die gedachte Annahme nach § 1943 eintreten könnte (Palandt/*Edenhofer* § 1952 Rn 1). Kannte der Erbe einzelne, aber nicht alle erforderlichen Tatsachen, so können diese dem Erbeserben nicht zugerechnet werden (Erman/*Schlüter* § 1952 Rn 3).

6   **C. Erbeserbe als Vorerbe.** Der Vorerbe kann, wenn der vor Ablauf der Ausschlagungsfrist verstorbene Erbe Vor- und Nacherbfolge angeordnet hat, die Erbschaft mit Wirkung gegen den Nacherben ausschlagen, vorbehaltlich seiner späteren Verantwortlichkeit aus §§ 2130, 2131 (Soergel/*Stein* § 1952 Rn 3).

7   Im Übrigen können auch die gesetzlichen Erben eines Vorerben, denen die Nacherbschaft nicht zufällt, solange die Ausschlagungsfrist noch läuft, den Anfall der Vorerbschaft an ihren Rechtsvorgänger nach Eintritt des Nacherbfalls ausschlagen (BGHZ 44, 152). Lebte die zum Vorerben eingesetzte Witwe des Erblassers mit ihm in Zugewinngemeinschaft, kann die von ihren gesetzlichen Erben bewirkte rückwirkende Ausschlagung die Folgen haben, dass diese den Pflichtteilsanspruch und den Zugewinnausgleichsanspruch der Witwe nach § 1371 II bei ihrem Versterben geerbt haben (BGH aaO).

8   **D. Mehrheit von Erbeserben (III).** Jeder Erbeserbe kann, wenn mehrere Erben vorhanden sind, selbständig für sich seinen Teil der Erbschaft ausschlagen (RGZ 162, 397). § 1953 III durchbricht dadurch nicht nur die Regel der Nichtigkeit der Teilausschlagung nach § 1950, sondern auch das Gesamthandsprinzip (MüKo/*Leipold* § 1951 Rn 11) mit der Folge, dass eine Teilausschlagung möglich ist. Schlägt von mehreren Erbeserben ein Erbeserbe die Erbschaft aus, kommt dieser Anteil den Miterbeserben durch eine Art Anwachsung zugute (hM; Palandt/*Edenhofer* § 1952 Rn 3; aA *Kipp/Coing* § 54 IV, wonach eine Anwachsung unter den Erben erfolgt). Insoweit gelten die Regeln der Anwachsung und Erhöhung nach § 2094 I 2 analog. In entspr Anwendung des § 1953 II stellt es sich so dar, als wenn der Erbe nur von den nicht ausschlagenden Miterbeserben beerbt worden wäre.

9   Wird das Ausschlagungsrecht vererbt und dann ausgeübt, gilt der Anfall an den Erblasser des Ausschlagenden als nicht erfolgt (*v Lübtow* JZ 69, 503).

10 Im Übrigen ist die Anfechtung der Annahme, der Ausschlagung und der Versäumung der Ausschlagungsfrist nach §§ 1954, 1956 möglich (Palandt/*Edenhofer* § 1952 Rn 3).

11 **E. Ausschlagungsfrist.** Die Ausschlagungsfrist für den Erbeserben endet nicht vor Ablauf der Ausschlagungsfrist für die dem Erbeserben unmittelbar anfallende Erbschaft. Befindet er sich im Ausland, gilt die verlängerte Sechsmonatsfrist, und zwar auch dann, wenn für die erste Erbschaft lediglich die sechswöchige Frist gilt (Staud/*Otte* § 1951 Rn 5).

12 **F. Zugewinnausgleich.** Ist der Erbeserbe Alleinerbe seines Ehegatten im gesetzlichen Güterstand und schlägt er aus, hat er nach der güterrechtlichen Lösung Anspruch auf den kleinen Pflichtteil und den Zugewinnausgleich, §§ 1371 III, 2303 II. Ist der ausschlagende Ehegatte Miterbeserbe, ist nach hM nur die erbrechtliche Lösung möglich; ein kleiner Pflichtteil steht ihm nicht zu (MüKo/*Leipold* § 1952 Rn 14; aA Palandt/*Edenhofer* § 1952 Rn 5 mwN).

13 **G. Kosten.** Schlägt der Erbeserbe beide Erbschaften aus, wird der Wert beider Erbschaften zusammengerechnet und die Gebühr nach dem zusammengerechneten Wert nur einmal erhoben, § 112 II 3 KostO.

§ 1953 Wirkung der Ausschlagung

(1) Wird die Erbschaft ausgeschlagen, so gilt der Anfall an den Ausschlagenden als nicht erfolgt.
(2) Die Erbschaft fällt demjenigen an, welcher berufen sein würde, wenn der Ausschlagende zur Zeit des Erbfalls nicht gelebt hätte; der Anfall gilt als mit dem Erbfall erfolgt.
(3) ¹Das Nachlassgericht soll die Ausschlagung demjenigen mitteilen, welchem die Erbschaft infolge der Ausschlagung angefallen ist. ²Es hat die Einsicht der Erklärung jedem zu gestatten, der ein rechtliches Interesse glaubhaft macht.

1   **A. Allgemeines.** § 1953 soll verhindern, dass der Nachlass auch nur für kurze Zeit herrenlos ist. Die Ausschlagung bewirkt keine Rechtsnachfolge iSd § 265 ZPO vom „vorläufigen" zum „endgültigen" Erben (BGHZ 106, 359), aber eine Rückwirkung, und zwar sowohl bei gewillkürter als auch bei gesetzlicher Erbfolge.

2   **B. Rückwirkung.** Wird die Erbschaft vor ihrem Anfall wirksam ausgeschlagen, erfolgt kein Anfall. Bei einer Ausschlagung nach dem Erbfall gilt der Anfall als nicht erfolgt, Abs 1, dh die Ausschlagung wirkt auf den Erbfall zurück. Der Ausschlagende ist von Anfang an nicht Erbe geworden. Der Nächstberufene gilt, ebenfalls rückwirkend, vom Erbfall an als Erbe. Für die Erbenstellung ist es erforderlich, dass er den Erbfall erlebt hat; stirbt er vor der Ausschlagung, ist dies unerheblich (RGZ 61, 14).

Auch für den vorläufigen Erben entsteht mit dem Tod die Verpflichtung zur Zahlung der Erbschaftssteuer, die allerdings mit der Ausschlagung rückwirkend entfällt. Nach § 3 II Nr 4 iVm § 9 I Nr 1 ErbStG unterliegt eine dem vorläufigen Erben gewährte Entschädigung oder Abfindung für die Ausschlagung ebenfalls der Erbschaftssteuer (Damrau/*Masloff* § 1953 Rn 12). 3

C. Rechtsstellung des Ausschlagenden. Da der Ausschlagende nie Gesamtrechtsnachfolger geworden ist, stand ihm der Nachlass zu keinem Zeitpunkt zu. Er hat, abgesehen von §§ 2305, 2306 I 2 und 1371 III, keinen Pflichtteilsanspruch. Nach § 2180 III sind die Regelungen des § 1953 I, II auf Vermächtnisse entspr anwendbar (DGE/*Hanhörster*/*Dospil* § 1953 Rn 1). Beschwerungen wie Vermächtnisse und Auflagen bleiben nach §§ 2161, 2192 im Zweifel bestehen, da die Ausschlagung nicht den Verlust letztwilliger Vorteile bewirkt (Staud/*Otte* § 1953 Rn 9). Sofern er das ihm zugewendete Vorausvermächtnis nicht mit ausgeschlagen hat oder es nicht unter Bedingung der Erbschaftsannahme gewährt wurde, verbleibt es dem Ausschlagenden. 4

Der Ausschlagende hat **ggü dem wirklichen Erben** Auskunfts- (§§ 1959 I, 681, 666, 2027 II) und Herausgabepflichten (§§ 1953 mit 1959 I, 667, 681). Ein Erbschaftsanspruch nach §§ 2018 ff besteht nicht (*Lange*/*Kuchinke* § 40 II 2). Die gegen den vorläufigen Erben ergangenen Urteile binden den wirklichen Erben nicht (BGHZ 106, 359). Ob und inwieweit Rechtshandlungen des vorläufigen Erben bei Eröffnung des Nachlassinsolvenzverfahrens wegen Gläubigerbegünstigung nach § 131 InsO angefochten werden können, hängt von der Absicht des vorläufigen Erben ab (BGH NJW 69, 1349). 5

Ggü Dritten verfügte der vorläufige Erbe infolge der Rückwirkung als Nichtberechtigter, sofern es sich nicht um Geschäfte iSd § 1959 II, III handelte. Zwar ist auch der Besitz nach § 857 beim Erbfall auf den wirklichen Erben übergegangen, doch kann dies an der tatsächlichen Sachherrschaft des vorläufigen Erben über die Nachlassgegenstände nichts ändern. Die Besitzentziehung gilt als gesetzlich gestattet mit der Folge, dass keine verbotene Eigenmacht iSd § 858 vorliegt (Staud/*Otte* § 1953 Rn 4) und die Sachen dem wirklichen Erben auch nicht abhanden gekommen sind, § 935 (Palandt/*Edenhofer* § 1953 Rn 4). Ein gutgläubiger Erwerb ist nach den §§ 892, 893, 932 vom vorläufigen Erben möglich; nach den §§ 2366, 2367 nur, wenn die Annahme angefochten wird, da im Erbscheinsantrag die Annahmeerklärung liegt. 6

D. Anfall an den Nächstberufenen (II). Die Person des Nächstberufenen bestimmt sich, da der Ausschlagende als vor dem Erbfall verstorben gilt, nach den Vorschriften der gewillkürten oder gesetzlichen Erbfolge. Bei **gesetzlicher** Erbfolge führt die Ausschlagung durch einen Abkömmling zur Berufung seiner Abkömmlinge gem § 1924 III. Schlägt ein Eltern- oder Großelternteil aus, treten an dessen Stelle seine Abkömmlinge, § 1925 III, § 1926 III. Hat der Ausschlagende keine Abkömmlinge, erhöht sich nach § 1924 IV der jeweilige Erbteil der anderen berufenen. Sind keine Abkömmlinge derselben Ordnung vorhanden, geht das Erbrecht an die nächste Ordnung. Die Ausschlagung des Ehegatten/eingetragenen Lebenspartners führt zur Erhöhung der Erbteile der berufenen Verwandten, ggf erst zu ihrer Berufung, § 1931 II, § 10 II LPartG. Bei einer Erbteilserhöhung ist § 1935 anwendbar. Schlagen alle Verwandten und der Ehegatte/Lebenspartner aus, fällt der Nachlass an den Fiskus, der nicht ausschlagen kann, § 1942 II. 7

Bei **gewillkürter** Erbfolge führt die Ausschlagung zur Berufung des Ersatzerben; diese kann sich bei Abkömmlingen auch aus § 2069 ergeben (Palandt/*Edenhofer* § 1953 Rn 5). Ist ein Ersatzerbe nicht berufen, löst die Ausschlagung des eingesetzten Alleinerben die gesetzliche Erbfolge aus; bei Miterben tritt Anwachsung ein, § 2094. Wächst der Erbteil nicht an, geht der so freigewordene Erbteil nach § 2088 an die gesetzlichen Erben. Gem § 2142 II führt die Ausschlagung des Nacherben zur Vollerbenstellung des Vorerben, sofern kein Ersatzerbe bestimmt ist. 8

In jedem Fall ist der nächstberufene Erbe bis zum Ablauf der Ausschlagungsfrist nur vorläufiger Erbe, wobei die Ausschlagungsfrist frühestens zum Zeitpunkt der Ausschlagung beginnt, weil er erst zu diesem Zeitpunkt Kenntnis vom Anfall der Erbschaft erlangt haben kann (DGE/*Hanhörster*/*Dospil* § 1953 Rn 3). 9

E. Mitteilungspflicht (III). Durch die Mitteilung wird die Ausschlagungsfrist des Nächstberufenen in Gang gesetzt, falls dieser nicht schon zuvor vom Anfall und dem Berufungsgrund Kenntnis erlangt hat (Soergel/*Stein* § 1944 Rn 7). Daher hat das Nachlassgericht den Nächstberufenen vAw gebührenfrei, § 105 KostO, zu ermitteln. Ist diese Person unbekannt, ist nach den §§ 1960 ff zu verfahren, wobei das Gericht der Fürsorge nach § 74 FGG dem zuständigen Nachlassgericht Sicherungsmaßnahmen mitzuteilen hat (Palandt/*Edenhofer* § 1953 Rn 6). 10

Die Einsicht in die Ausschlagungserklärung besteht insbes für den Nächstberufenen und den Nachlassgläubiger nur, wenn sie ein rechtliches, nicht nur berechtigtes, Interesse glaubhaft machen. Die Einsicht muss rechtlich bedeutsame Folgen für das Rechtsverhältnis haben können. (Erman/*Schlüter* § 1953 Rn 6). Sind andere Interessen geltend gemacht worden, wird damit nur die Befugnis des Nachlassgerichts begründet, die Einsicht zu gestatten (BGHZ 4, 323; aA MüKo/*Leipold* § 1953 Rn 15). Gegen die Verweigerung der Einsicht ist die Beschwerde gem § 19 FGG statthaft (Kroiß/Ann/Mayer/*Ivo* § 1953 Rn 15). 11

§ 1954 Anfechtungsfrist

(1) Ist die Annahme oder die Ausschlagung anfechtbar, so kann die Anfechtung nur binnen sechs Wochen erfolgen.
(2) ¹Die Frist beginnt im Falle der Anfechtbarkeit wegen Drohung mit dem Zeitpunkt, in welchem die Zwangslage aufhört, in den übrigen Fällen mit dem Zeitpunkt, in welchem der Anfechtungsberechtigte von dem Anfechtungsgrund Kenntnis erlangt. ²Auf den Lauf der Frist finden die für die Verjährung geltenden Vorschriften der §§ 206, 210, 211 entsprechende Anwendung.
(3) Die Frist beträgt sechs Monate, wenn der Erblasser seinen letzten Wohnsitz nur im Ausland gehabt hat oder wenn sich der Erbe bei dem Beginn der Frist im Ausland aufhält.
(4) Die Anfechtung ist ausgeschlossen, wenn seit der Annahme oder der Ausschlagung 30 Jahre verstrichen sind.

1 **A. Allgemeines.** Bei der Erbschaftsannahme handelt es sich, ebenso wie bei der Ausschlagung der Erbschaft um Willenserklärungen, für die im Grundsatz die allgemeinen Bestimmungen der §§ 119 ff gelten. Die §§ 1954 ff regeln dagegen nur Teilbereiche der Anfechtung von Annahme- oder Ausschlagungserklärungen und enthalten im Wesentlichen Verfahrensvorgaben für die Anfechtung, wobei die Anfechtungsgründe selbst aus den §§ 119 ff stammen. Nach § 1957 beseitigt, und insoweit geht die Vorschrift über § 142 I hinaus, die Anfechtung nicht nur die angefochtene Erklärung, sondern sie wird zugleich als Annahme bzw Ausschlagung gewertet (Kroiß/Ann/Mayer/*Ivo* § 1954 Rn 1). Der Irrtum über den Berufungsgrund führt nach Maßgabe des § 1949 zur Nichtigkeit der Annahme oder Ausschlagung, ohne dass es einer Anfechtung bedürfte.

2 **B. Anfechtbarkeit. I. Erklärungsirrtum.** Ein Irrtum über die Erklärungshandlung setzt voraus, dass der Erklärende eine Erklärung dieses Inhalts nicht abgeben wollte, also bereits der äußere Erklärungstatbestand nicht seinem Willen entspricht, wie zB beim Verschreiben oder Versprechen. Ein solcher Fall liegt vor, wenn der Erbe an das Nachlassgericht schreibt, er nehme die Erbschaft an oder schlage sie aus, vergisst hierbei aber das Wort „nicht" (*Kraiß* BWNotZ 92, 31) oder wenn der Erberbe bei der Ausschlagung gem § 1952 die Erbschaften verwechselt (Soergel/*Stein* § 1954 Rn 2).

3 **II. Inhaltsirrtum.** Ein Irrtum über den Erklärungsinhalt liegt vor, wenn der äußere Tatbestand der Erklärung zwar dem Willen des Erklärenden entspricht, er sich aber über die Bedeutung und Tragweite dieser Erklärung irrt, dh der Erklärende zwar weiß, was er sagt, aber nicht weiß, was er damit sagt (Palandt/*Heinrichs* § 119 Rn 11). Ein solcher Irrtum liegt dann nicht vor, wenn die Annahme ausdrücklich erklärt wurde und der Annehmende dabei nicht gewusst hat, dass er auch ausschlagen kann (Palandt/*Edenhofer* § 1954 Rn 2). Die fehlende Kenntnis vom Ausschlagungsrecht stellt einen bloßen Rechtsirrtum dar, der unbeachtlich ist, weil trotz der Unkenntnis ein wirklicher und erklärter Wille vorlag, der auf die Annahme der Erbschaft gerichtet war (BayObLG NJW-RR 95, 904).

4 Ein Inhaltsirrtum liegt danach vor, wenn der Ausschlagende irrig davon ausgegangen ist, dass seine Erklärung zum unmittelbaren Übergang seines Erbteils auf einen Miterben führe (KG JFG 17, 70) oder der Testamentserbe annimmt, durch die Ausschlagung werde er gesetzlicher Erbe und die testamentarischen Anordnungen entfielen (Ddorf NJW-RR 98, 150).

5 Dieser Grundsatz gilt nicht bei der Annahme durch schlüssiges Verhalten, wenn der Erbe weder weiß, dass er mit seiner auf etwas anderes als die Annahme gerichteten ausdrücklichen Erklärung auch das Recht zur Ausschlagung verliert, noch diese Rechtsfolge will (BayObLGZ 87, 356).

6 Bedeutsam kann auch ein **Irrtum über die Rechtsfolgen** der Erklärung sein, wobei die Abgrenzung zum unbeachtlichen Motivirrtum noch nicht abschließend geklärt ist (*Malitz/Benninghoven* ZEV 98, 415). Von einem beachtlichen Inhaltsirrtum ist auszugehen, wenn das Rechtsgeschäft nicht die unmittelbar erstrebten, sondern davon wesentlich abw Rechtsfolgen erzeugt (RGZ 89, 29), wenn der Alleinerbe bei der Annahme zB davon ausging, er könne seinen Pflichtteil auch ohne Ausschlagung geltend machen (Ddorf FamRZ 01, 946), ihm die Möglichkeit einer Ausschlagung völlig unbekannt war und er daher nicht wusste, dass er durch sein Nichtstun zugleich die Erbschaft angenommen hat (BayObLGZ 83, 153), ihm also insoweit der Annahmewille fehlte (Soergel/*Stein* § 1954 Rn 2).

7 Dagegen handelt es sich um einen **unbedeutenden Motivirrtum**, wenn das Rechtsgeschäft außer der erstrebten Wirkung nicht erkannte und damit nicht gewollte Nebenwirkungen hat (BGH NJW 97, 653), der Erbe nicht weiß, dass seine Ausschlagung über die erstrebte Wirkung auch weitere, uU nicht gewollte weil nicht gekannte Nebenwirkungen hat (Staud/*Otte* § 1954 Rn 6) oder **die Unkenntnis über die rechtlichen Folgen der Erbschaftsannahme wie zB der Verlust des Pflichtteilsrechts** (BayObLG NJW-RR 95, 904). Ein unbeachtlicher Motivirrtum ist auch der Irrtum über die durch die Anfechtung vom Gesetz nächstberufene Person (hM, Ddorf FamRZ 97, 905).

8 **III. Eigenschaftsirrtum.** Auch der Irrtum über die Eigenschaft einer Erbschaft oder eines Erbteils kann die Anfechtung der Annahme/Ausschlagung rechtfertigen (MüKo/*Leipold* § 1954 Rn 7), wobei nur objektiv erhebliche und ursächliche Fehlvorstellungen über verkehrswesentliche Eigenschaften des Nachlasses, der hier

als „Sache" iSd § 119 II angesehen wird, die Anfechtung begründen. Diese Voraussetzung liegt nicht vor, wenn die irrtümlich angenommene oder unbekannte Eigenschaft im Verhältnis zum Gesamtnachlass nicht oder nur unerheblich ins Gewicht fällt (*Lange/Kuchinke* § 8 VII 2 e).

Verkehrswesentliche Eigenschaften sind danach die Höhe des Erbteil iSd quotenmäßigen Beteiligung (Hamm NJW 66, 1080), die Berufung eines weiteren Miterben (BGH NJW 97, 392), das Vorliegen von Teilungsanordnungen (MüKo/*Leipold* § 1954 Rn 9), das Bestehen von Beschränkungen und Beschwerungen des Erben durch Testamentsvollstreckung, Nacherbfolge (BayObLG NJW-RR 97, 72), Vermächtnissen (BGH NJW 89, 2885) und Auflagen, und zwar unabhängig von den Voraussetzungen des § 2308 (hM; *Kraiß* BWNotZ 92, 31; aA Erman/*Schlüter* § 1954 Rn 3), die Belastung des Nachlasses mit wesentlichen, in ihrem rechtlichen Bestand ungeklärte Verbindlichkeiten, wenn der Irrtum ein Vermächtnis betrifft, welches den Pflichtteil des Erben gefährdet (BGHZ 106, 359), der Irrtum über die Zusammensetzung des Nachlasses, dh die Zugehörigkeit bestimmter Rechte oder Vermögenswerte oder Verbindlichkeiten zum Nachlass, kann zur Anfechtung berechtigen, wenn er zur Vorstellung einer tatsächlich nicht bestehenden Überschuldung führte (KG FamRZ 04, 1900) sowie die Überschuldung des Nachlasses (RGZ 158, 50), wobei zu unterscheiden ist, ob der Irrtum auf einer falschen Vorstellung über die Zusammensetzung des Nachlasses, der einen relevanten Irrtum nach § 119 II darstellt (BayObLG NJW 03, 216) oder einer fehlerhaften Bewertung der einzelnen Nachlassgegenstände beruht. Beachtlich ist daher der Irrtum des Erben über die Zugehörigkeit einzelner Aktiva und Passiva zum Nachlass, wie zB die irrige Annahme, er habe bereits einen wesentlichen Nachlassbestandteil durch lebzeitige Übertragung erhalten (BayObLG ZEV 98, 430) oder der Irrtum über das Vorhandensein einer Nachlassverbindlichkeit (BayObLG FamRZ 99, 1172).

Ist die Ausschlagung unabhängig von Grund und Höhe der Erbschaft oder des Nachlasswertes erfolgt, berechtigt dieser Umstand nicht zur Anfechtung (Ddorf ZEV 05, 255).

Dagegen handelt es sich nur um einen **unbeachtlichen Motivirrtum**, wenn die von Anfang an bekannten Vermögensgegenstände und Verbindlichkeiten nachträglich lediglich anders bewertet wurden, zB als Bauland statt Ackerland (BayObLG NJW-RR 95, 904), der Erbe über die Höhe der von ihm zu entrichtenden Erbschaftssteuer irrt (Erman/*Schlüter* § 1954 Rn 3), die Ausschlagung wegen Überschuldung erfolgt (Kroiß/Ann/Mayer/*Ivo* § 1954 Rn 12), ein Nachlassgläubiger eine Ausschluss- oder Verjährungsfrist verstreichen lässt (BayObLG NJW 03, 216), der Erbe bei der Ausschlagung ein in der ehemaligen DDR belegendes Grundstück für wertlos hielt und dieses Grundstück dann infolge der politischen Entwicklung eine erhebliche Wertsteigerung erfahren hat (Ddorf ZEV 95, 32) oder die Überschuldung erst nach der Ausschlagung durch Schulderlass oder Verjährung einer Nachlassverbindlichkeit wegfällt (LG Berlin NJW 75, 2104). Unbeachtlich sind auch der Irrtum über die fehlende Bereitschaft des Erblassers zur Steuerzahlung (Zweibr FGPrax 96, 113) sowie der Irrtum über die Zahlung des Entgelts für die Ausschlagung bzw die Wirksamkeit des Entgeltversprechens (Palandt/*Edenhofer* § 1954 Rn 3).

Ein Irrtum im Beweggrund ist auch die Unkenntnis über die rechtlichen Folgen der Annahme einer Erbschaft, wie zB der Verlust des Pflichtteilsrechts (BayObLG NJW-RR 95, 904) und das Nichtwissen der pflichtteils- und güterrechtlichen Folgen der Ausschlagung (Hamm OLGZ 82, 47).

IV. Weitere Anfechtungsgründe. Als weitere Anfechtungsgründe kommen die falsche Übermittlung nach § 120, die arglistige Täuschung und die widerrechtliche Drohung gem § 123 in Betracht (Kroiß/Ann/Mayer/*Ivo* § 1954 Rn 16).

C. Anfechtungsberechtigung. Anfechtungsberechtigt sind diejenigen, die auch die Annahme oder die Ausschlagung erklären können, dh die Erben. Nicht anfechtungsberechtigt sind Gläubiger (RGZ 54, 289), der Testamentsvollstrecker, Nachlassverwalter, der Nachlassinsolvenzverwalter, § 83 InsO und der Nachlasspfleger (Staud/*Otte* § 1954 Rn 16).

Die Anfechtung der Ausschlagung kann auch ein gesetzlicher Vertreter erklären, wenn das Familien- bzw Vormundschaftsgericht der Ausschlagung zugestimmt hat. Die Zustimmung begründet aber keine Pflicht zur Ausschlagung (Damrau/*Masloff* § 1954 Rn 12).

Wegen § 1957 I bedarf der gesetzliche Vertreter für die Anfechtung der Annahmeerklärung einer Genehmigung des Familien- oder Vormundschaftsgerichts in den Fällen, in denen auch die Ausschlagung genehmigungspflichtig wäre (Soergel/*Stein* § 1954 Rn 9).

Bei Stellvertretern ist nach § 166 hinsichtlich der Anfechtungsgründe auf den Wissenshorizont des Vertreters abzustellen (Jauernig/*Stürner* § 1965 Rn 1). Ein minderjähriges Kind kann auch nach Eintritt der Volljährigkeit anfechten, wenn in der Person des gesetzlichen Vertreters ein Anfechtungsgrund vorlag (Karlsr NJW-RR 95, 1349). Mangels Vertretungsmacht kann dies nicht mehr der frühere gesetzliche Vertreter (Staud/*Schilken* § 166 Rn 18). Dementsprechend kann auch bei rechtsgeschäftlicher Stellvertretung neben dem Vertretenen (Soergel/*Stein* § 1954 Rn 9) auch der Vertreter, soweit er hierzu bevollmächtigt ist (Staud/*Schilken* § 166 Rn 18), anfechten.

Nach Maßgabe des § 1952 ist auch der Erbeserbe zur Anfechtung berechtigt (MüKo/*Leipold* § 1954 Rn 14).

D. Anfechtungsfrist. Nach § 1954 bestimmen sich die Anfechtungsfrist und der Beginn der Anfechtungsfrist abw von den allgemeinen Vorschriften der §§ 121, 124 (Jauernig/*Stürner* § 1954 Rn 4).

20 Die Anfechtungsfrist beträgt grds 6 Wochen, § 1954 I, bei Auslandsbezug, dh wenn entweder der Erblasser seinen letzten Wohnsitz im Ausland hatte oder sich der Erbe bei Fristbeginn im Ausland aufhält, 6 Monate, § 1954 III. Die Frist beginnt im Falle einer Anfechtung wegen Drohung mit dem Wegfall der Zwangslage, Abs 2, im Übrigen mit Kenntnis des Anfechtungsgrundes, wobei positive Kenntnis erforderlich ist. Der Anfechtungsberechtigte muss die das Anfechtungsrecht begründenden Tatsachen kennen und erkennen, dass seine Erklärung eine andere Bedeutung und Wirkung hatte, als er ihr beilegen wollte, wobei die Gewissheit, der Anfechtungsgrund werde durchgreifen, nicht erforderlich ist (BayObLG ZEV 98, 430). Auf die Kenntnis des Bevollmächtigten kommt es nur an, wenn die Vollmacht auch die Regelung der Erbschaftsangelegenheiten umfasst (KG NJW-RR 04, 801).

21 Fahrlässiges Nichtwissen reicht ebenso wenig aus wie das Vorliegen bloßer Verdachtsmomente (BGH WM 1973, 750). Im Übrigen ist nicht erforderlich, dass, wenn der Erbe den Anfechtungsgrund kennt, er auch sein Anfechtungsrecht kennen muss (Hamm FamRZ 85, 1185). Wurde die Erbschaft durch Versäumen der Ausschlagungsfrist angenommen, beginnt die Anfechtungsfrist bereits mit Kenntnis der Annahmewirkung und nicht erst mit Kenntnis der Anfechtungsmöglichkeit (BayObLG NJW-RR 93, 780).

22 Auf den Lauf der Anfechtungsfrist finden die Verjährungsvorschriften der §§ 206, 210, 211 entspr Anwendung, dh für die §§ 206, 210 wird auf § 1944 Bezug genommen. Nach § 211 analog endet das Anfechtungsrecht nicht vor Ablauf der Anfechtungsfrist nach dem Zeitpunkt, in dem die Erbschaft von dem Erben angenommen wird, wobei grds auf den Zeitpunkt nach § 1943 abzustellen ist. Dies gilt auch dann, wenn die Anfechtung von einem Vertreter oder gegen einen Vertreter geltend gemacht werden kann. Bei mehreren Erben ist die Annahme sämtlicher Erben erforderlich. Nichts anderes gilt im Falle der Eröffnung des Nachlassinsolvenzverfahrens, da der Insolvenzverwalter nach § 83 I 1 InsO ebenso wenig zur Anfechtung berechtigt ist wie zur Annahme oder Ausschlagung. Nachlassverwalter, Nachlasspfleger oder Testamentsvollstrecker sind keine zur Anfechtung befugten Vertreter iSd § 211 S 1 Alt 3 (MüKo/*Leipold* § 1954 Rn 16).

23 Stirbt der Erbe innerhalb der für ihn laufenden Anfechtungsfrist, ohne dass er die Anfechtung erklärt hat, geht das Anfechtungsrecht als Bestandteil seines Nachlasses (= Zweitnachlass) auf seinen Erben, dh Erbeserben, über, der, da die Anfechtungsfrist nicht vor Ablauf von 6 Wochen bzw 6 Monaten nach Erbschaftsannahme endet, die Anfechtung des vorherigen Erben noch innerhalb der für ihn geltenden Anfechtungsfrist für das zweite Erbe erklären kann (Damrau/*Masloff* § 1954 Rn 10).

24 Nach § 1954 IV ist das Anfechtungsrecht ausgeschlossen, wenn seit der Annahme oder Ausschlagung der Erbschaft 30 Jahre verstrichen sind.

25 **E. Sonderregelungen. I. Anfechtung der Anfechtung.** Nach hM ist die Anfechtung der Anfechtung nach den allgemeinen Vorschriften des Anfechtungsrechts der §§ 119 ff, 121, 124, 142 möglich (BayObLG MDR 80, 492), wobei sich die Form und Frist der Anfechtung aus den §§ 1954 f ergibt (*Lange/Kuchinke* § 8 VII 2 j). Im Hinblick auf die erbrechtliche Wirkung der Anfechtung der Anfechtung ist diese Auffassung zum Schutz der Gläubiger und aus Gründen der Rechtssicherheit überzeugend. Allerdings sollte in der Praxis versucht werden, möglichst beiden Form- und Fristanforderungen zu genügen (Damrau/*Masloff* § 1954 Rn 14).

26 Die wirksame Anfechtung der Anfechtungserklärung führt zu ihrer rückwirkenden Nichtigkeit und stellt die ursprüngliche Rechtslage vor der ersten Anfechtung wieder her (Kroiß/Ann/Mayer/*Pohl/Hartl* § 1954 Rn 22).

27 **II. Konkurrenzen.** Neben der Anfechtung nach §§ 1954 ff ist ein Widerruf nicht möglich (Soergel/*Stein* § 1954 Rn 1). Im Übrigen ist auch für die Anwendung der Grundsätze über den Störung der Geschäftsgrundlage auf die Annahme- oder Ausschlagungserklärung nach § 313 kein Raum (Soergel/*Stein* § 1954 Rn 5 mwN). Bei einem Irrtum über den Berufungsgrund ist § 1949 zu beachten.

28 **F. Verfahrensfragen. I. Beweislast.** Nach den allgemeinen Beweislastregeln hat derjenige, der sich auf die Folgen der Anfechtung beruft, den Anfechtungsgrund, die Anfechtungserklärung und den Anfechtungszeitpunkt darzulegen und zu beweisen. Die Überschreitung oder Versäumung der Anfechtungsfrist, und damit den Ausschluss der Anfechtungsfrist sowie den Zeitpunkt der Kenntnisnahme des Anfechtungsgrund durch den Anfechtungsberechtigten bzw den Wegfall der Zwangslage, hat, da es sich um eine rechtsvernichtende Einwendung handelt, derjenige zu beweisen, der die Unwirksamkeit der Anfechtung geltend macht (hM; Staud/*Otte* § 1954 Rn 18; aA RGRK/*Johannsen* § 1954 Rn 15).

29 **II. Verfahren vor dem Nachlassgericht.** Das Nachlassgericht prüft nur, ob die vorgetragenen Anfechtungsgründe beachtlich sind. Der Anfechtende kann innerhalb der Anfechtungsfrist weitere Anfechtungsgründe vortragen (Soergel/*Stein* § 1954 Rn 8).

30 Die Kosten ergeben sich aus §§ 38 III, 112 I Nr 2 KostO.

§ 1955 Form der Anfechtung

¹Die Anfechtung der Annahme oder der Ausschlagung erfolgt durch Erklärung gegenüber dem Nachlassgericht. ²Für die Erklärung gelten die Vorschriften des § 1945.

1 **A. Allgemeines.** Die Anfechtungserklärung hat ggü dem Nachlassgericht zu erfolgen, weil ihre Wirkung nicht nur den Adressaten der Annahmeerklärung betrifft, sondern alle Beteiligten. Dadurch kann das Gericht erforderliche Sicherungsmaßnahmen für den Nachlass treffen.

Bei Zweifeln an der örtlichen Zuständigkeit sollte die Ausschlagung ggü allen in Betracht kommenden Gerichten erklärt werden (BGH NJW 84, 971). Aus Beweisgründen sollte der Erklärende eine Bestätigung verlangen.

B. Anfechtungserklärung. Die Anfechtungserklärung ist bedingungs- und befristungsfeindlich. Sie kann nur in öffentlich beglaubigter Form oder zur Niederschrift des Nachlassgerichts abgegeben werden, § 1945. Der Bevollmächtigte benötigt eine Vollmacht in öffentlich beglaubigter Form, die innerhalb der Anfechtungsfrist nachzureichen ist. Entspr gilt für die Anfechtung der Annahme, da sie gem § 1957 I als Ausschlagung gilt (*Brox* Rn 303) und für die Ausschlagung, wenn sie der vormundschaftsgerichtlichen Genehmigung bedürfen. Ist die Genehmigung für die Ausschlagung erteilt, so genügt sie auch für die Anfechtung der Annahme (BayObLGZ 83, 9).

Für die Anfechtungserklärung ist kein bestimmter Inhalt vorgesehen; aus der Erklärung muss aber hervorgehen, dass eine Willenserklärung wegen eines Willensmangels nicht gelten soll und angefochten wird (Staud/*Otte* § 1955 Rn 3). Ggf ist ihr Inhalt durch Auslegung zu ermitteln (BayObLG FamRZ 96, 59).

Der Anfechtungsgrund kann bereits bei Abgabe der Erklärung angegeben werden. Das Nachlassgericht überprüft im Erbscheinsverfahren von Amts wegen nur die angegebenen Gründe (BayObLG FamRZ 94, 848). Nachgeschobene neue Gründe sind neue Anfechtungserklärungen, für die eigene Fristen gelten (BGH NJW 66, 39).

C. Unwiderruflichkeit. Die Anfechtung der Annahme oder Ausschlagung ist unwiderruflich. Bei Vorliegen eines Irrtums kann die Erklärung nur unverzüglich angefochten werden (BayObLG 80, 23).

§ 1956 Anfechtung der Fristversäumung

Die Versäumung der Ausschlagungsfrist kann in gleicher Weise wie die Annahme angefochten werden.

A. Allgemeines. Das Recht, bei Fristversäumnis die Ausschlagung anzufechten, besteht aus Billigkeitsgründen (Staud/*Otte* § 1956 Rn 1) und ist ebenso möglich wie die Anfechtung der erklärten Annahme.

B. Anfechtbarkeit. Wegen der Gleichbehandlung desjenigen, dessen Annahme durch Fristablauf fingiert wird mit demjenigen, der die Erbschaft tatsächlich angenommen hat, muss auch letzterem ein Anfechtungsrecht zustehen. Ein Anfechtungsrecht steht auch demjenigen zu, der über die objektive Bedeutung seines Verhaltens im Irrtum war, weil er nicht wusste, dass sein Schweigen als Annahme gilt (Palandt/*Edenhofer* § 1956 Rn 2). Entspr gilt beim Irrtum über die Länge der Ausschlagungsfrist, der Formbedürftigkeit der Ausschlagung (BayObLG DNotZ 94, 402) und der irrigen Annahme, die Erbschaft wirksam ausgeschlagen zu haben (BayObLG MittRhNotK 79, 159). Hätte der Irrende bei Kenntnis der Konsequenzen des Fristablaufs die Erbschaft ausgeschlagen, so ist das Anfechtungsrecht gegeben. Eine wirksame Schranke gegen leichtfertige oder böswillige Anfechtungserklärungen bilden die §§ 119 I, 122.

Die Anfechtung kann mangels Ursächlichkeit nicht begründet werden durch einen Irrtum über den Nachlassbestand (KG NJW 69, 191).

Eine Anfechtung der Anfechtung wegen Versäumung der Anfechtungsfrist ist mangels Analogiefähigkeit der speziellen Vorschrift des § 1956 abzulehnen (MüKo/*Leipold* § 1956 Rn 9).

C. Frist, Form, Wirkung. Es gelten dieselben Form- und Fristbestimmungen wie bei der Anfechtung der Annahme, dh die Anfechtung der Fristversäumung muss innerhalb von 6 Wochen ggü dem Nachlassgericht erfolgen (DGE/*Hanhörster/Dospil* § 1956 Rn 2). Die Frist beginnt in dem Zeitpunkt, in dem der Anfechtungsberechtigte gesicherte Kenntnis vom Ablauf der Ausschlagungsfrist und ihrer rechtlichen Wirkungen (Hamm FamRZ 85, 1185) erlangt hat.

Die wiederholte Ausschlagung der Erbschaft kann uU eine Anfechtung der Versäumung der Ausschlagungsfrist bedeuten (München DFG 42, 21).

Eine für die Ausschlagung eingeholte vormundschaftsgerichtliche Genehmigung deckt auch die Anfechtung der Ausschlagung wegen Fristversäumung (Palandt/*Edenhofer* § 1956 Rn 4).

§ 1957 Wirkung der Anfechtung

(1) Die Anfechtung der Annahme gilt als Ausschlagung, die Anfechtung der Ausschlagung gilt als Annahme.

(2) ¹**Das Nachlassgericht soll die Anfechtung der Ausschlagung demjenigen mitteilen, welchem die Erbschaft infolge der Ausschlagung angefallen war.** ²**Die Vorschrift des § 1953 Abs. 3 Satz 2 findet Anwendung.**

A. Allgemeines. § 1957 enthält als gesetzliche Fiktion eine abw Regelung zu § 142 I und verhindert das Entstehen der durch die Anfechtung bedingten vorläufigen Erbenstellung.

2 **B. Unwiderlegliche Vermutung.** Die Vorschrift enthält die unwiderlegbare Vermutung, dass mit der angefochtenen Annahme die Ausschlagung und mit der angefochtenen Ausschlagung die Annahme der Erbschaft erfolgt ist (DGE/*Hanhörster/Dospil* § 1957 Rn 1). Ist für die Ausschlagung eine vormundschaftsgerichtliche Genehmigung erforderlich, so ist sie auch für die Anfechtung der Annahme einzuholen (BayObLGZ 83, 13 f). Entspr gilt für die Anfechtung der Annahme der Nacherbschaft durch den Nacherben vor Eintritt des Nacherbfalls (BayObLGZ 62, 239). Die Wirkung des § 1957 tritt auch bei der Anfechtung des Fristversäumnisses nach § 1956 ein (LG Berlin NJW 91, 1238).

3 **C. Mitteilungspflicht des Nachlassgerichts.** Das Nachlassgericht ist nach § 1953 III zur Mitteilung der Anfechtung der Annahme an den nächstberufenen Erben sowie zur Mitteilung der Anfechtung der Ausschlagung verpflichtet. Darüber hinaus gelten auch die Vorschriften über die Einsichtnahme nach § 1953 III 2 entspr. Danach kann jeder, der ein rechtliches Interesse geltend macht, Einsicht in die Ausschlagungserklärung verlangen (Kroiß/Ann/Mayer/*Ivo* § 1957 Rn 6).

4 **D. Rechtsfolgen.** Der Anfechtende ist zum Ersatz des **Vertrauensschadens** (§ 122) verpflichtet, wenn dem Dritten, der auf die Gültigkeit der Annahme oder Ausschlagung vertraut hat, ein Schaden entstanden ist (Staud/*Otte* § 1957 Rn 3). Hierzu gehören ua die Prozesskosten eines Rechtsstreits, den der Nachlassgläubiger gegen den Erben nach Annahme der Erbschaft angestrengt hat, § 1958, der sich aber durch die Anfechtung erledigt hat (Palandt/*Edenhofer* § 1957 Rn 2) oder vergebliche Vollstreckungskosten (Erman/*Schlüter* § 1954 Rn 9).

5 Der Erbe, der seine Ausschlagung anficht, kann gegen den Erbschaftsbesitzer nach § 2018 vorgehen (Staud/*Otte* § 1957 Rn 4; aA Soergel/*Stein* § 1957 Rn 2).

§ 1958 Gerichtliche Geltendmachung von Ansprüchen gegen den Erben

Vor der Annahme der Erbschaft kann ein Anspruch, der sich gegen den Nachlass richtet, nicht gegen den Erben gerichtlich geltend gemacht werden.

1 **A. Allgemeines.** Mit dem Anfall der Erbschaft geht der Nachlass mit allen Aktiva und Passiva auf den Erben über. Bevor er sich entschieden hat, die Erbschaft anzunehmen, soll der vorläufige Erbe nicht gezwungen werden können, einen gegen den Nachlass gerichteten Prozess zu führen. Vom Anfall bis zur Entscheidung über die Annahme der Erbschaft bleibt das Eigenvermögen des Erben auch vor dem Zugriff der Nachlassgläubiger geschützt (DGE/*Hanhörster/Dospil* § 1958 Rn 1). Während dieser Zeit fehlt ihm als Beklagten die Prozessführungsbefugnis (Soergel/*Stein* § 1958 Rn 2 mN; hM; aA RGZ 60, 179), worauf das Gericht vAw zu achten hat. Nach § 239 V ZPO ist der vorläufige Erbe nicht verpflichtet, einen durch den Tod des Erblassers unterbrochenen Rechtsstreit fortzusetzen; im Übrigen ist er hierzu ohne Annahme der Erbschaft auch nicht berechtigt. Klagt ein Nachlassgläubiger gegen den Erben, ist die Erbschaftsannahme eine vAw zu berücksichtigende Prozessvoraussetzung, die der Kläger schlüssig behaupten muss (Palandt/*Edenhofer* § 1958 Rn 1). Ist sie nicht feststellbar, wird die Klage als unzulässig abgewiesen.

2 Darüber hinaus schützt § 1958 vor Gerichtsverfahren, die durch eine Ausschlagung überflüssig werden. Wer nicht Erbe wird, weil er ausschlägt oder die Annahme angefochten hat, bedarf des prozessualen Schutzes nicht. Daher sind die gegen ihn gerichteten Klagen mangels materieller Verpflichtung unbegründet.

3 § 1958 gilt nur für Passivprozesse des vorläufigen Erben. Nach der Erbschaftsannahme sind die §§ 2014 f, 1967 ff zu prüfen, da der Erbe auch dann noch durch aufschiebende Einreden geschützt ist.

4 **B. Gerichtliche Geltendmachung vor der Annahme.** Die Vorschrift erfasst alle Nachlassverbindlichkeiten iSd § 1967, dh alle Erblasser- und Erbfallschulden. Für die Nachlasserbenschulden gilt dies nur, wenn die Haftung gem Vereinbarung auf den Nachlass beschränkt wurde. Ansonsten haftet der vorläufige Erbe für die Nachlasserbenschulden ohnehin ohne Rücksicht auf eine evtl spätere Ausschlagung mit seinem Eigenvermögen (Kroiß/Ann/Mayer/*Ivo* § 1958 Rn 3). Insoweit verbietet § 1958 die gerichtliche Geltendmachung eines solchen Anspruchs vor der Erbschaftsannahme nicht (MüKo/*Leipold* § 1958 Rn 2).

5 Entspr seinem Zweck ist § 1958 nicht auf Ansprüche iSv § 194 I beschränkt, sondern lässt vor der Annahme die gerichtliche Geltendmachung von Rechten ggü dem Nachlass schlechthin nicht zu (MüKo/*Leipold* § 1958 Rn 3 f). § 1958 gilt auch für Verfahren der freiwilligen Gerichtsbarkeit (Staud/*Marotzke* § 1958 Rn 11).

6 In dieser Zeit ist die Zwangsvollstreckung wegen Eigenverbindlichkeiten nur in das Vermögen des Erben, wegen Nachlassverbindlichkeiten nur in den Nachlass zulässig, §§ 778, 779 ZPO (LG Dortmund NJW 73, 374), § 928 ZPO (*Brox* Rn 315). Auch eine Sicherung des Anspruchs durch Arrest oder einstweilige Verfügung ist gegen den Erben nicht zulässig (RGZ 60, 179). Dagegen sind einstweilige Maßnahmen zum Schutz absoluter Rechte nicht ausgeschlossen (Staud/*Marotzke* § 1958 Rn 4).

7 Hat die Zwangsvollstreckung gegen den Erblasser bereits zu dessen Lebzeiten begonnen, wird das Zwangsvollstreckungsverfahren nach § 779 I ZPO fortgesetzt. Gegen unzulässige Zwangsvollstreckungsmaßnahmen kann sich der vorläufige Erbe nach §§ 766, 771 ZPO wehren (Damrau/*Masloff* § 1958 Rn 5).

Eine Umschreibung eines Vollstreckungstitels wegen einer Nachlassverbindlichkeit ist gegen den Erben 8
genauso wenig möglich wie das Erwirken eines derartigen Titels (Palandt/*Edenhofer* § 1958 Rn 2). Wird dennoch die Klausel erteilt, kann der vorläufige Erbe nach § 732 ZPO oder nach § 768 ZPO vorgehen (*Brox* Rn 306).
Die Führung von Aktivprozessen, die Einlassung auf Passivprozesse oder die Aufnahme eines laufenden Ver- 9
fahrens gelten als Annahme der Erbschaft (Palandt/*Edenhofer* § 1958 Rn 2).
Macht der Nachlassgläubiger einen Anspruch gegen den Erben gerichtlich geltend, hat er die Annahme der 10
Erbschaft durch den vorläufigen Erben darzulegen und ggf zu beweisen (Baumgärtel/*Schmitz* § 1958 Rn 1).

C. Ausnahmen. § 1958 findet keine Anwendung bei Testamentsvollstreckung, § 2213 II, und Nachlasspfleg- 11
schaft, § 1960 III.
Will der Gläubiger bereits vor Annahme der Erbschaft durch den Erben vorgehen, muss er nach § 1961 die 12
Nachlasspflegschaft beantragen. Allerdings ist die Nachlasspflegschaft nicht geeignet, Verfügungen des vorläufigen Erben nach § 1959 zu verhindern. Str ist, ob er die Nachlassverwaltung beantragen kann; hierzu wird es aber vor der Erbschaftsannahme regelmäßig nicht kommen (Palandt/*Edenhofer* § 1958 Rn 3).
Nach § 316 InsO ist die Einleitung des Nachlassinsolvenzverfahrens bereits vor Annahme der Erbschaft zulässig. 13

D. Außergerichtliche Geltendmachung. § 1958 beschränkt nicht die außergerichtliche Geltendmachung 14
eines Anspruchs ggü dem vorläufigen Erben und ist auch im Falle der Ausschlagung dem endgültigen Erben ggü wirksam, § 1959 III. Dies gilt vor allem für die Mahnung, Kündigung, Anfechtung, Genehmigung, die Aufrechnung, den Rücktritt und das Zurückbehaltungsrecht. Dessen ungeachtet gerät der Erbe erst mit der Annahme der Erbschaft in Verzug (RGZ 79, 201), ohne dass eine erneute Mahnung erforderlich wäre (Soergel/*Stein* § 1958 Rn 4). Befand sich schon der Erblasser im Schuldnerverzug, wird dieser vom Erbfall nicht berührt, sondern bleibt bestehen (Kroiß/Ann/Mayer/*Ivo* § 1958 Rn 9).
Rechnet ein Nachlassschuldner mit einer gegen den Nachlass gerichteten Forderung schon ggü dem vorläufi- 15
gen Erben auf, wirkt diese gem § 1959 III auch ggü dem endgültigen Erben. Dagegen kommt es bei der Aufrechnung des persönlichen Schuldners des vorläufigen Erben mit einer gegen den Nachlass gerichteten Forderung und der Aufrechnung eines persönlichen Gläubigers des vorläufigen Erben mit einer Nachlassforderung darauf an, dass der Erbe nicht ausschlägt (Erman/*Schlüter* § 1958 Rn 21).

§ 1959 Geschäftsführung vor der Ausschlagung

(1) Besorgt der Erbe vor der Ausschlagung erbschaftliche Geschäfte, so ist er demjenigen gegenüber, welcher Erbe wird, wie ein Geschäftsführer ohne Auftrag berechtigt und verpflichtet.
(2) Verfügt der Erbe vor der Ausschlagung über einen Nachlassgegenstand, so wird die Wirksamkeit der Verfügung durch die Ausschlagung nicht berührt, wenn die Verfügung nicht ohne Nachteil für den Nachlass verschoben werden konnte.
(3) Ein Rechtsgeschäft, das gegenüber dem Erben als solchem vorgenommen werden muss, bleibt, wenn es vor der Ausschlagung dem Ausschlagenden gegenüber vorgenommen wird, auch nach der Ausschlagung wirksam.

A. Allgemeines. Vor Annahme der Erbschaft ist der Erbe zur Nachlassfürsorge nicht verpflichtet (Palandt/ 1
Edenhofer § 1959 Rn 1); dafür hat ggf das Nachlassgericht nach § 1960 zu sorgen. Wird der vorläufige Erbe aber, ohne Annahmewille, tätig und schlägt er später wirksam aus oder ficht er an, hat er sich dem Nachlass ggü wie ein Treuhänder und demjenigen, der Erbe wird, wie ein Geschäftsführer ohne Auftrag verhalten und ist verpflichtet, weiter tätig zu sein (Palandt/*Edenhofer* § 1959 Rn 1). Nach dem Wortlaut des Gesetzes sind nur Geschäfte vor der Ausschlagung, nicht aber solche vor der Annahme/Anfechtung der Ausschlagung gemeint. Besonderheiten gelten in letzterem Fall auch für den wirklichen Erbe im Nachlassinsolvenzverfahren oder bei der Nachlassverwaltung, § 1978 I 2; III.
Nach Abs 3 muss der Ausschlagende zum Erben berufen gewesen sein. 2
Ein Dritter haftet als Erbschaftsbesitzer gem §§ 2018 ff. 3

B. Geschäftsführung ohne Auftrag. Der vorläufige Erbe hat die Interessen des endgültigen Erben zu wah- 4
ren und dessen wirklichen oder mutmaßlichen Willen zu berücksichtigen (Celle MDR 70, 1012). Bei schuldhafter Verletzung der Pflichten zur Interessenwahrung haftet der vorläufige dem endgültigen Erben, wobei dieser Anspruch zum Nachlass gehört (Celle aaO). Im Übrigen haftet der Ausschlagende dem Erben nach §§ 681 S 2, 667 auf Herausgabe des Erlangten.
Geschäfte des Ausschlagenden, wie die Bestattung, und die ihm daraus erwachsenen Erstattungsansprüche 5
sind Nachlassverbindlichkeiten, für die der endgültige Erbe einzustehen hat; im Nachlassinsolvenzverfahren sind dies Masseschulden nach § 324 Nr 6 InsO.
Der vorläufige, später ausschlagende Erbe ist bei einer vom Erblasser abgeschlossenen Versicherung nicht 6
dessen Repräsentant (BGH LM § 61 VV Nr 2).

7 **C. Unaufschiebbare Verfügungen.** Nach Abs 2 bleiben unaufschiebbare Verfügungen trotz späterer Ausschlagung wirksam. Inweiweit eine Verfügung ohne Nachteil für den Nachlass aufgeschoben werden kann, bestimmt sich nach objektiven und wirtschaftlichen Gesichtspunkten (MüKo/*Leipold* § 1959 Rn 6). Die Vorschrift erfasst nur Verfügungen, nicht aber auch das schuldrechtliche Verpflichtungsgeschäft (hM, so Palandt/*Edenhofer* § 1959 Rn 3; aA *Bertzel* AcP 158, 107). Verfügung ist jedes Rechtsgeschäft, durch das unmittelbar auf ein zum Nachlass gehörendes Recht eingewirkt wird, wie zB Annahme von Zahlungen zwecks Erfüllung einer Nachlassforderung, Begleichung der Beerdigungskosten aus Nachlassmittel (LAG Berlin MDR 85, 169), Verkauf verderblicher Waren ua (Palandt/*Edenhofer* § 1959 Rn 3). Hierzu gehört auch die Ausübung eines Gestaltungsrechts wie Kündigung oder Anfechtung sowie die Erfüllung einer fälligen Nachlassverbindlichkeit durch den vorläufigen Erben (Erman/*Schlüter* § 1959 Rn 6). Die erforderliche Dringlichkeit ist insbes dann zu bejahen, wenn andernfalls Annahmeverzug eintreten würde oder die Vermögensverhältnisse des Schuldners einen späteren Ausfall des endgültigen Erben befürchten lassen (Kroiß/Ann/Mayer/*Ivo* § 1959 Rn 9).

8 Von Abs 2 werden nicht erfasst die Verfügungen über fremde, nicht zum Nachlass gehörende Gegenstände (Erman/*Schlüter* § 1959 Rn 4) und die Prozessführung, da sie eine Verwaltungshandlung ist. Danach begründet die **aktive Prozessführung** des vorläufigen Erben keine Rechtskraft ggü dem endgültigen Erben (RGRK/*Johannsen* § 1959 Rn 2). Der Kläger kann in der Klage die Leistung an sich verlangen, wobei darin die schlüssige Annahme der Erbschaft liegt, oder an den endgültigen Erben oder auf Hinterlegung zu seinen Gunsten (str; BaRoth/*Seidl* § 1959 Rn 16; aA MüKo/*Leipold* § 1959 Rn 11).

9 Aufschiebbare Verfügungen sind grds unwirksam, können aber vom endgültigen Erben nach § 185 II genehmigt werden (Staud/*Marotzke* § 1959 Rn 13 ff) oder durch gutgläubigen Erwerb nach §§ 932 ff wirksam werden (*Lüke* JuS 78, 254).

10 **D. Einseitige Rechtsgeschäfte.** Einseitige, empfangsbedürftige Rechtsgeschäfte iSd Abs 3, die ggü dem vorläufigen Erben vorgenommen wurden, bleiben auch ggü dem endgültigen Erben wirksam. Sie sind auch dann ggü dem vorläufigen Erben vorzunehmen, wenn das Insolvenzverfahren eröffnet ist, da der Nachlass erst nach der Annahme der Erbschaft zur Insolvenzmasse gehört (Celle OLGE 30, 207). Auf das Nachlassinsolvenzverfahren finden die Abs 1 und 2 keine Anwendung (Palandt/*Edenhofer* § 1959 Rn 4).

11 Wird dem Ausschlagenden ggü eine Forderung gegen den Nachlass geltend gemacht, so wahrt dies die Frist des § 1974 (Palandt/*Edenhofer* § 1959 Rn 4).

§ 1960 Sicherung des Nachlasses; Nachlasspfleger

(1) ¹Bis zur Annahme der Erbschaft hat das Nachlassgericht für die Sicherung des Nachlasses zu sorgen, soweit ein Bedürfnis besteht. ²Das Gleiche gilt, wenn der Erbe unbekannt oder wenn ungewiss ist, ob er die Erbschaft angenommen hat.
(2) Das Nachlassgericht kann insbesondere die Anlegung von Siegeln, die Hinterlegung von Geld, Wertpapieren und Kostbarkeiten sowie die Aufnahme eines Nachlassverzeichnisses anordnen und für denjenigen, welcher Erbe wird, einen Pfleger (Nachlasspfleger) bestellen.
(3) Die Vorschrift des § 1958 findet auf den Nachlasspfleger keine Anwendung

1 **A. Allgemeines.** Nach dem Erbfall ist der Erbe als Gesamtrechtsnachfolger des Erblassers für alle sich aus der Erbschaft ergebenden Angelegenheiten zuständig. Grds greift daher der Staat in die privaten Nachlassangelegenheiten des Erben nicht ein. Bestehen von Seiten des Nachlassgerichts keine Zweifel an der Existenz des Erben, ihrer Identität, Erbberechtigung und Erbschaftsannahme, werden keine staatlichen Fürsorgemaßnahmen ergriffen (Ddorf FamRZ 95, 895). Dies gilt selbst dann, wenn an sich wegen der Zerstrittenheit der vorhandenen Erben ein Bedürfnis bestehen würde (Zweibr Rpfleger 86, 433).

2 Die Anordnung der Nachlasssicherung ist auch nur hinsichtlich eines Erbteils zulässig, wenn nur diesbezüglich die Voraussetzungen des § 1960 vorliegen (Palandt/*Edenhofer* § 1960 Rn 1).

3 **B. Nachlasssicherung.** Es besteht, von landesrechtlichen Ausnahmen in Baden-Württemberg, § 41 LFGG, und Bayern, § 37 BayAGGVG, abgesehen, keine Pflicht des Nachlassgerichts, bei einem Erbfall tätig zu werden, dh es ist nicht generell verpflichtet, die Erben zu ermitteln oder um deren Annahme nachzusuchen (Staud/*Marotzke* § 1960 Rn 2). Ist unbekannt, wer Erbe geworden ist oder ist die Erbschaft noch nicht angenommen, **kann** das Nachlassgericht Sicherungsmaßnahmen ergreifen. Dagegen ist das Nachlassgericht zur Sicherung des Nachlasses verpflichtet, wenn der Erbe unbekannt **und** ein Sicherungsbedürfnis besteht. Es hat die Voraussetzungen vAw zu prüfen und festzustellen (KG OLGZ 7, 132), und zwar unabhängig davon, ob umfangreiche und zeitraubende Ermittlungen anstehen (BayObLG NJW-RR 99, 157). Ob die Ermittlung des Erben möglich sein wird, hat der Nachlasspfleger zu entscheiden (Staud/*Marotzke* § 1960 Rn 9).

4 Das Fehlen einer dieser beiden materiell-rechtlichen Voraussetzungen macht die getroffene Maßnahme nicht nichtig, sie ist aber aufzuheben; bis zur Aufhebung ist die angeordnete Pflegschaft wirksam (BGHZ 49, 1). Eine schuldhafte Amtspflichtverletzung bei der Beauftragung und Beaufsichtigung des Nachlasspflegers führt zur Staatshaftung ggü dem Erben gem § 839, Art 34 GG (*Tidow* Rpfleger 91, 400).

I. Unbekannter Erbe. Ein Erbe ist aus Sicht des Nachlassgerichts unbekannt iSd § 1960, wenn nicht mit zumindest hoher Wahrscheinlichkeit feststeht, wer Erbe ist. Entspr gilt, wenn zwar mehrere Erben in Betracht kommen, aber ungewiss ist, wer von ihnen der richtige Erbe ist (Ddorf JR 49, 254), wie zB bei Ungewissheit über die Gültigkeit eines Testaments (BayObLG FamRZ 1996, 308), wenn die Geburt eines weiteren Erben erwartet wird, bei einer Klage wegen Erbunwürdigkeit (Staud/*Marotzke* § 1960 Rn 8), eine noch zu errichtende Stiftung als Erbe berufen ist oder bei Zweifeln an der Verwandtschaft einer Person (Stuttg NJW 75, 880). Ergibt sich aus dieser Situation ein Sicherungsbedürfnis, muss das Nachlassgericht geeignete Maßnahmen treffen. 5

Ein Erbe ist als bekannt anzusehen, wenn für das Nachlassgericht aufgrund klarer tatsächlicher Verhältnisse mit hoher Wahrscheinlichkeit feststeht, wer Erbe geworden ist (KG OLG-NL 99, 33), ohne dass letzte Gewissheit erforderlich ist. Ein erteilter Erbschein enthält die Vermutung für das Bekanntsein des Erben (BayObLG NJW-RR 02, 1349); allerdings kann die Einziehung des Erbscheins zur Unbekanntheit des Erben führen (BayObLGZ 62, 307), weshalb uU die Anordnung einer Nachlasspflegschaft vor der Einziehung erforderlich sein kann (BayObLGZ 60, 267). 6

Ist der zum Erben Berufene verschollen, besteht aber für ihn eine Lebendvermutung nach § 10 VerschG, ist ihm ein Abwesenheitspfleger zu bestellen; dies gilt auch dann, wenn zwar die Person des Erben bekannt, nur sein Aufenthalt unbekannt ist. 7

Die Ungewissheit der Annahme einer Erbschaft steht der Ungewissheit über die Person des Erben gleich und liegt vor, wenn der bekannte Erbe die Erbschaft noch nicht angenommen hat oder seine Annahme ungewiss ist. 8

II. Sicherungsbedürfnis. Voraussetzung ist das Bedürfnis zu einer gerichtlichen Fürsorge, dh dass ohne das Eingreifen des Nachlassgerichts der Bestand des Nachlasses gefährdet wäre (Karlsr FamRZ 04, 222), wobei das Nachlassgericht nach pflichtgemäßem Ermessen über das Ob und die Art der Fürsorgemaßnahme entscheidet (FA-ErbR/*Tschichoflos* Kap 5, B Rn 113). Maßgebend ist das Interesse des endgültigen Erben am staatlichen Einschreiten. Grundlage der Ermessensentscheidung ist die Kenntnis des Nachlassgerichts zum Zeitpunkt seiner Entscheidung (KG Rpfleger 82, 184). 9

An einem Sicherungsbedürfnis fehlt es idR, wenn die erforderliche Sicherung auf einfachere Weise erlangt werden kann, wie etwa durch eine einstweilige Verfügung nach § 938 ZPO oder den Ehegatte, Abkömmlinge, vertrauenswürdige Miterben (Staud/*Marotzke* § 1960 Rn 15) oder ein Testamentsvollstrecker vorhanden sind. Ein Sicherungsbedürfnis besteht nicht, wenn die Nachlassangelegenheiten von einem Bevollmächtigten ordnungsgemäß erledigt werden (KG ZEV 99, 395); kommt er dagegen seinen Pflichten nicht nach, hat das Nachlassgericht geeignete Maßnahmen einzuleiten. 10

C. Nachlassgericht. Nach § 1962 ist in erster Linie das Nachlassgericht zuständig; daneben aber jedes Amtsgericht, in dessen Bezirk ein Fürsorgebedürfnis hervortritt, § 74 FGG. Ob und inwieweit sich Fürsorgemaßnahmen auf im Ausland befindliches Vermögen eines Deutschen erstrecken kann, beurteilt sich danach, ob eine Nachlassspaltung eingetreten ist (BayObLGZ 82, 284). 11

Bei ausländischem Erblasser ist das deutsche Gericht zur Sicherung nur des inländischen Nachlasses befugt (BGH FamRZ 1968, 26). Ob die Voraussetzungen hierfür vorliegen und welche Maßnahme angeordnet wird, beurteilt sich nach deutschem Recht, auch wenn das maßgebliche ausländische Erbrecht eine Nachlasspflegschaft nicht kennt (BGHZ 49, 1). 12

D. Sicherungsmaßnahmen. I. Anlegen von Siegeln. Das Anlegen von Siegeln kommt in Betracht bei der Versiegelung der Wohnung des Erblassers, wenn sich Nachlassgegenstände an verschiedenen Orten befinden und eine Inbesitznahme infolge der räumlichen Entfernung nicht schnell genug möglich ist (*Scherer/Benninghoven* § 49 Rn 12). 13

Der Rechtspfleger beim Nachlassgericht ist für die Anordnung der Siegelung zuständig. Sie kann vAw oder auf Antrag erfolgen und wird entweder vom Rechtspfleger selbst vorgenommen oder auf Organe übertragen (Krug/Rudolf/*Kroiß* § 6 II 1). Bei Bedarf, dh wenn die Siegelung durch Dritte behindert wird, kann sie aufgrund einer Anordnung des Nachlassgerichts mit Gewaltmitteln nach § 33 FGG erzwungen werden (Krug/Tanck/*Kerscher* § 11 Rn 27). Wenn zur Durchführung der Sicherungsmaßnahme Räume Dritter betreten werden müssen und sie den Zutritt verweigern, ist eine richterliche Entscheidung erforderlich, es sei denn, Gefahr ist im Verzug (Damrau/*Boecken* § 1960 Rn 24). 14

Der Anspruch auf Siegelung entfällt, wenn der Erbe bekannt ist und den Nachlass in Besitz hat. Gegen die Aufhebung der Siegelung steht dem Erben kein Beschwerderecht zu (Krug/Rudolf/*Kroiß* § 6 II 1). 15

II. Hinterlegung. Wurden bei der Siegelung Geld, Wertpapiere oder andere Kostbarkeiten aufgefunden, kommt eine Hinterlegung nach der Hinterlegungsordnung iVm § 30 RPflG in Betracht. Der die Siegelung durchführende Beamte hat die aufgefundenen Gegenstände sofort zu verzeichnen und in die amtliche Verwahrung zu bringen. 16

III. Nachlassverzeichnis. Das Nachlassgericht kann auch die Erstellung eines Nachlassverzeichnisses anordnen (Staud/*Marotzke* § 1961 Rn 1), das bei der Fortführung eines Betriebes die Aktiva und Passiva zum Stichtag 17 feststellt (BayObLGZ 14, 542), weil bis zur Feststellung des wirklichen Erben Veränderungen des Nachlasses unvermeidbar sind. Allerdings darf dieses Verzeichnis nicht verwechselt werden mit dem Nachlassverzeichnis nach §§ 2314 I 1, 260 bzw §§ 1993 ff. Es dient der Nachlasssicherung, weshalb eine Aufstellung über die im Nachlass vorhandenen Aktiva genügt (MüKo/*Leipold* § 1960 Rn 26), was aber die Aufnahme von vorhandenen Nachlassverbindlichkeiten nicht ausschließt. Die Einsicht in das Verzeichnis ist jedem zu gestatten, der ein rechtliches Interesse glaubhaft macht (MüKo/*Leipold* § 1960 Rn 26).

18 **IV. Kontensperrung.** Zur Sicherung des Nachlasses kann das Nachlassgericht eine Kontensperrung veranlassen (KG Rpfleger 82, 184), um das Risiko des Missbrauchs von transmortalen Vollmachten zu begrenzen und einen unkontrollierten Geldabfluss zu vermeiden. Dabei hat es insbes Rechte Dritter zu berücksichtigen, wenn diese nach dem Erbfall Rechte am Nachlassvermögen erworben haben (OLGZ 1982, 398). Allerdings kann das Gericht den Beteiligten einen bestimmten Geldbetrag überlassen, welcher der Fortführung des Geschäftsbetriebs, des Haushalts oder der Erfüllung dringender Nachlassverbindlichkeiten wie zB Beerdigungskosten dient, und die Überlassung mit der Auflage verbinden, später mit den Erben abzurechnen.

19 **V. Nachlasspfleger.** Die Nachlasspflegschaft ist die wichtigste, im Interesse des Erben angeordnete Sicherungsmaßnahme. Das Nachlassgericht legt, wenn sie notwendig ist, den Wirkungskreis des Pflegers nach den jeweiligen Bedürfnissen des Einzelfalls fest. IdR gehört zu seinen Aufgaben die Ermittlung der unbekannten Erben (KG NJW 71, 565) sowie die Sicherung und Erhaltung des Nachlassvermögens bis zur Annahme der Erbschaft durch den/die Erben (BGH LM § 1960 Nr 1). Eine nur vorläufige Nachlasspflegschaft darf das Nachlassgericht nicht anordnen (*Zimmermann* Rn 181).

20 Bei der Nachlasspflegschaft handelt es sich rechtlich um eine Unterart der Pflegschaft, mit der Folge, dass die Vorschriften über die Vormundschaft gem § 1915 I Anwendung finden, soweit sich nicht etwas anderes ergibt, das den Nachlass betrifft.

21 **1. Bestellung eines Nachlasspflegers.** Die Bestellung des Nachlasspflegers erfolgt durch das Gericht, sie ist rechtsbegründend und ist, trotz Fehlens materiell-rechtlicher Voraussetzungen bis zur Aufhebung wirksam (BGHZ 49, 1). Der Nachlasspfleger erhält eine Bestallungsurkunde nach Maßgabe des ihm übertragenen Aufgabenkreises. Das Nachlassgericht kann mehrere Pfleger bestellen und sie mit unterschiedlichen Wirkungskreisen betrauen (Oldbg FGPrax 98, 108).

22 Die Auswahl nimmt das Nachlassgericht nach pflichtgemäßem Ermessen vor, wobei die Beteiligten keinen Anspruch auf einen bestimmten Pfleger haben (KG DFG 44, 54). Sie hat sich ausschl an der Eignung zu orientieren; es dürfen keine in den §§ 1780–1784 genannten Gründen entgegenstehen, so dass ein Nachlassgläubiger nicht geeignet ist (BayObLG NJW-RR 92, 967).

23 Der Nachlasspfleger dient ausschl der Vertretung einer bestimmten Person zur Wahrung ihrer Interessen (Palandt/*Edenhofer* § 1960 Rn 11) und in diesem Rahmen verwaltet er den Nachlass für einen anderen. Daher ist er im Rahmen der Sicherung und Erhaltung des Nachlasses gesetzlicher Vertreter des unbekannten Erben, auch wenn seine Stellung tendenziell bis zur Feststellung des wahren Erben gegen alle Erbanwärter gerichtet ist (BGH NJW 83, 226). Die Verfügungsbefugnis des Erben wird, anders als beim Testamentsvollstrecker, durch seine Bestellung nicht berührt. Bei widersprechenden Verfügungen gilt die zeitlich frühere.

24 Die Vertretungsmacht des Nachlasspflegers ist für die im Rahmen seines Wirkungskreises vorgenommenen Rechtsgeschäfte nach außen unbeschränkt und nicht von Zweckmäßigkeitsüberlegungen abhängig (BGHZ 49, 1). Allerdings hat er § 181 zu beachten. Eine Ausnahme gilt für die Rechtsgeschäfte, die einer gerichtlichen Genehmigung bedürfen.

25 Das Nachlassgericht bedient sich des Nachlasspflegers in Erfüllung seiner staatlichen Fürsorgepflicht (BGH NJW 83, 226), **überwacht** und unterstützt ihn und weist ihn ggf auf die sachgemäße Erledigung seiner Aufgaben hin. Ungeachtet dessen handelt der Pfleger eigenverantwortlich und führt sein Amt selbständig aus. Daher darf ihn das Nachlassgericht nicht mit bindenden Anweisung belegen (BayObLG NJW-RR 97, 326), soweit es sich nicht um Rechtsgeschäfte handelt, die der Genehmigung des Nachlassgerichts bedürfen, wie zB §§ 1812, 1821, 1822 (Frankf 74, 473). Bei pflichtwidrigem Handeln kann das Nachlassgericht Ge- und Verbote aussprechen (BayObLGZ 83, 62) und ihm bei Verstößen gegen zwingende gesetzliche Vorschriften Weisungen erteilen (Palandt/*Edenhofer* § 1960 Rn 12).

26 **2. Aufgaben des Nachlasspflegers.** Die Aufgaben des Nachlasspflegers werden durch den Wirkungskreis, welcher vom Nachlassgericht festgelegt wird, bestimmt. Die sich im Rahmen der Erhaltung und Sicherung vorzunehmenden Maßnahmen bestimmen sich weitgehend nach der Zweckmäßigkeit. Sofern er nicht selbst über die erforderlichen Kenntnisse verfügt, kann er sich Hilfspersonen bedienen.

27 Kann er selbst den/die Erben nicht ermitteln, kann die Beauftragung eines gewerbsmäßigen Erbenermittlers pflichtgemäß sein (Schlesw FGPrax 05, 129). Zur Sicherung und Verwaltung des Nachlasses gehört in erster Linie die Erhaltung und Verwaltung des Nachlasses sowie die Wahrnehmung der Vermögensinteressen des noch unbekannten Erben. Zur Aufgabenerfüllung hat er den Nachlass kraft Amtes an sich (BGH NJW 83, 226) und die Nachlasssachen in Besitz zu nehmen. Daher kann er von jedem, der Nachlassgegenstände besitzt, deren Herausgabe verlangen. Darüber hinaus hat er ein Nachlassverzeichnis einzureichen und für die Zahlung von Steuerschulden zu sorgen. Er kann Pflichtteilsansprüche geltend machen (*Primozic* NJW 00,

711) und für den Erben ein Inventar nach § 1993 errichten, wobei ihm eine Inventarfrist nicht gesetzt werden kann, § 2012 I 1; er ist weiter berechtigt, das Aufgebot der Nachlassgläubiger sowie die Eröffnung des Nachlassinsolvenzverfahrens zu beantragen. Schließlich kann er den Antrag auf eine Todeserklärung für einen verschollenen Erben als gesetzlicher Vertreter des Erben stellen (Köln FamRZ 67, 59).

Nach § 2012 I 2 hat der Nachlasspfleger den Nachlassgläubigern **Auskunft** über den Bestand des Nachlasses zu geben. Es ist allerdings nicht seine Aufgabe, die Beschränkung der Erbenhaftung herbeizuführen und die Nachlassgläubiger zu befriedigen, obgleich es zur Sicherung des Nachlasses und Erhaltung des Nachlasswertes angezeigt sein kann, Nachlassverbindlichkeiten aus Mitteln des Nachlasses zu erfüllen, insbes um Kosten unnötiger Rechtsstreitigkeiten zu vermeiden (MüKo/*Leipold* § 1960 Rn 53) oder einen Schaden abzuwenden. Hierzu kann er zeitweilig auf die Einrede der Verjährung verzichten (BayObLG NJW-RR 97, 326) oder Nachlassgegenstände veräußern (BGH DRiZ 66, 395). 28

Die Nachlasspflegschaft umfasst nicht die Geltendmachung **höchstpersönlicher Rechte** des Erben, so dass er weder die Erbschaft annehmen noch ausschlagen oder einen Erbschein beantragen kann. Ihm steht auch die Nachlassauseinandersetzung nicht zu (KG NJW 71, 565). Allerdings kann der Teilnachlasspfleger für den von ihm vertretenen Miterben an einer von den anderen Mitgliedern der Erbengemeinschaft durchgeführten Nachlassauseinandersetzung teilnehmen (*Avenarius* MDR 97, 1033). 29

Zum Aufgabengebiet des Nachlasspflegers gehört auch die **Prozessführung**, so dass er als gesetzlicher Vertreter des Erben auf Herausgabe von Nachlassgegenständen klagen kann (BGH NJW 89, 2133) oder aufgrund seiner Stellung als Kläger (BGH NJW 83, 226) zum Nachlass gehörende Rechte einklagen kann. Für die Bewilligung von Prozesskostenhilfe kommt es darauf an, ob die Prozesskosten aus dem Nachlass gedeckt werden können, da die Prozesskostenhilfe nur dem unbekannten Erben bewilligt wird (BVerfG NJW-RR 98, 1081). Ein wegen des Todes des Erblassers nach §§ 239, 246 ZPO unterbrochener Prozess endet mit der Anzeige der Pflegerbestellung, §§ 243, 246 II, 241 (BGH NJW 95, 2171). 30

Der Nachlasspfleger ist bei Prozessen, die gegen den Nachlass gerichtet sind, passivlegitimiert und prozessführungsbefugt (Köln NJW-RR 97, 1091). Dagegen ist er nicht berechtigt, einen Prozess über das Erbrecht zu führen. Schließlich kann der Erbe gegen den Pfleger Feststellungsklage erheben, wenn der Pfleger das Erbrecht dieses Erben bestreitet (RGZ 106, 46). 31

3. Haftung des Nachlasspflegers. Der Nachlasspfleger haftet dem Erben für den Schaden, der aus vorsätzlicher und fahrlässiger Pflichtverletzung entstanden ist, §§ 1915, 1833 (BGHZ 49, 1). Dieser Ersatzanspruch ist im Prozesswege geltend zu machen. 32

Der Nachlasspfleger haftet den Nachlassgläubigern nur bei Verletzung der Auskunftspflicht nach § 2012 I 2 und bei unerlaubter Handlung, wobei der von ihm gesetzlich vertretene Erbe ein Verschulden des Pflegers nach § 278 zu vertreten hat. Allerdings kann er seine Haftung auf den Nachlass beschränken, da die Ansprüche, die aus den Maßnahmen des Nachlasspflegers entstanden sind, Nachlassverbindlichkeiten darstellen (Palandt/*Edenhofer* § 1960 Rn 18). 33

Der Nachlasspfleger haftet dem Finanzamt ggü nach Bekanntgabe des Steuerbescheids für die Erbschaftssteuer und für rückständige Steuern des Erblassers, wenn deren Nichtzahlung auf vorsätzlicher oder grob fahrlässiger Pflichtverletzung des Pflegers beruht. 34

4. Vergütung des Nachlasspflegers. Der Nachlasspfleger hat nur Anspruch auf Vergütung, wenn das Nachlassgericht bei seiner Bestellung feststellt, dass die Pflegschaft berufsmäßig geführt wird. Ohne diese Feststellung ist § 1836 II maßgeblich. Der ehrenamtlich tätige Pfleger erhält nach § 1835 a nur eine Aufwandsentschädigung von 323 € pro Jahr. Der Vergütungsanspruch entsteht mit jeder im Vertrauen auf die erfolgte Bestellung entfaltende einzelne Tätigkeit, somit tageweise (BayObLG NJW-RR 03, 438). Der Anspruch erlischt, wenn er nicht binnen 15 Monate nach Entstehung beim Nachlassgericht geltend gemacht wird (Berlin FamRZ 04, 1518). 35

a) Höhe. Die Höhe der Vergütung bestimmt sich seit 1.7.05 nach dem 2. BtÄndG und gilt für alle Tätigkeiten nach dem 30.6.05, wonach für die Vergütungshöhe maßgebend ist, in welchem Umfang Fachkenntnisse des Pflegers genutzt werden können und wie zeitlich umfangreich und schwierig die Pflegschaftsgeschäfte sind. Die Schwierigkeit wirkt sich in der Höhe des Stundensatzes aus, der sich im Einzelfall mit dem Satz des § 3 I VBVG decken kann, wonach ein Rechtsanwalt eine Vergütung von 33,50 € pro Stunde erhält. Abgerechnet wird somit nach erbrachtem Zeitaufwand und angemessenem Stundensatz (BayObLGZ 00, 26). 36

Bei einem mittellosen Nachlass erhält der Nachlasspfleger eine dem Vormund entspr Vergütung, § 1836 I 3, dh je nach Ausbildung 19,50 €, 25 € oder 33,50 € zzgl Umsatzsteuer, § 3 I, III 2 VBVG. Eine bereits durch Aufwendungsersatz abgegoltene Tätigkeit kann nicht nochmals bei der Vergütungsbewilligung berücksichtigt werden (Frankf FamRZ 98, 497). 37

Die festgesetzte Vergütung ist vom Erben zu leisten. Er haftet für die Schuld, da sie als Erbfallschuld eine Nachlassverbindlichkeit darstellt (Frankf Rpfleger 93, 284). Ist der Nachlass mittellos, hat die Staatskasse für die Vergütung des Pflegers anstelle des Erben einzustehen. Ein nach § 90 SGB XII anerkanntes Schonvermögen wird nicht berücksichtigt (BayObLG NJW-RR 03, 1305). Allerdings gibt es keinen Vorrang der Ersatzansprüche des Sozialhilfeträgers (BayObLG NJW-RR 05, 1315). 38

39 Das Nachlassgericht setzt die Vergütung auf Antrag oder nach §§ 75, 56 g I Nr 2, VII FGG vAw durch Beschluss fest, der erst mit seiner Unanfechtbarkeit rechtskräftig wird. Dabei kann das Gericht die Vergütung einmalig oder für bestimmte Zeitabschnitte bewilligen (BayObLG FamRZ 94, 266). Der Feststellungsbeschluss stellt einen Vollstreckungstitel dar. Das Nachlassgericht hat sich vor Beschlussfassung Kenntnis von den vergütungsrelevanten Umständen des Einzelfalls zu verschaffen, den Zeitaufwand des Pflegers zu überprüfen und den im Einzelfall zutreffenden Stundensatz zu ermitteln und den Erben zu hören. Der Pfleger darf die festgesetzte Vergütung dem von ihm verwalteten Barvermögen entnehmen, wobei eine Verzinsung nur unter den Voraussetzungen der §§ 288, 291 verlangt werden kann (BayObLG Rpfleger 2004, 422). Über materiell-rechtliche Einwendungen entscheidet das Prozessgericht, weshalb der Einwand mangelnder Amtsführung oder pflichtwidrigen Verhaltens nach hM grds unbeachtlich ist (KG NJW 88, 261). Allerdings können vorsätzliche Schädigungen des Nachlasses wie Untreue uä zu einer Verwirkung des Vergütungsanspruchs führen (BayObLG NJW 88, 1919), was vom Nachlassgericht dann zu beachten ist, wenn die entspr Tatsachen feststehen.

40 Vergütungsvereinbarungen mit dem Erben hindern das gerichtliche Festsetzungsverfahren nicht, weil der Pfleger infolge der Kontrollfunktion des Nachlassgerichts auf den § 1836 verwiesen ist (MüKo/*Schwab* § 1836 Rn 17).

41 Gegen die Festsetzung steht folgenden Personen ein Beschwerderecht zu: Erbe, Erbanwärter, Nachlassgläubiger, wenn die Vergütung seine Befriedigung beeinträchtigt (BayObLGZ 58, 74), die Staatskasse als Schuldner, Testamentsvollstrecker, Pflichtteilsberechtigte (Köln Rpfleger 99, 397), der Erbschaftskäufer und der Nachlasspfleger selbst, wobei das Verbot der Schlechterstellung gilt (KG FamRZ 86, 1016).

42 **b) Aufwendungsersatz.** Dem Nachlasspfleger steht zu seiner Vergütung auch ein Aufwendungsersatz zu. Danach sind ihm seine Auslagen, Anwaltsgebühren (LG München I Rpfleger 75, 396), Bürounkosten einschl vom Pfleger zu zahlender Umsatzsteuer (Frankf FGPrax 00, 111) sowie die Kosten für den von ihm beauftragten Erbensucher zu erstatten, die er dem von ihm verwalteten Bargeldvermögen entnehmen darf (*Tidow* S 98). Der Ersatzanspruch des Pflegers gegen die Erben wird nicht vom Nachlassgericht festgesetzt (KG Rpfleger 77, 225), wobei das Prozessgericht bei Streit über den Grund und die Höhe zu entscheiden hat. Hat der Pfleger als Rechtsanwalt einen Rechtsstreit geführt, kann er sich seine Kosten nicht nach § 11 RVG festsetzen lassen, sondern muss die Gebühren bei den Erben geltend machen (München NJW 65, 1027).

43 **5. Entlassung.** Nach § 1781 ist der Nachlasspfleger bei Vorliegen eines Untauglichkeitsgrundes zu entlassen. Im Übrigen ist die Entlassung gegen seinen Willen nur gem §§ 1915, 1886 möglich.

44 In allen anderen Fällen, zB bei Gefährdung der Erbeninteressen infolge pflichtwidrigen Verhaltens, kommt die Entlassung nur als letztes Mittel in Betracht, wenn weniger einschneidende Maßnahmen erfolglos geblieben sind oder im konkreten Fall objektiv nicht ausreichen (BayObLG Rpfleger 83, 108). Dem Pfleger ist zuvor rechtliches Gehör zu gewähren; die Entlassungsverfügung ist ihm gem § 16 II FGG zuzustellen. Gegen diese Entscheidung ist die Beschwerde statthaft (Oldbg FGPrax 98, 108). Wird die Entlassung aufgehoben, ist eine Neubestellung nicht erforderlich, er ist rückwirkend im Amt verblieben (KG OLGZ 71, 198).

45 **6. Aufhebung und Abwicklung.** Die Nachlasspflegschaft endet durch einen Aufhebungsbeschluss gem § 1919, sobald die Erben ermittelt sind, sie die Erbschaft angenommen haben bzw der Erbschein erteilt ist. Eine Teilaufhebung ist zulässig. Eine vom Nachlasspfleger vorgelegte Schlussrechnung ist vor der Aufhebung zu prüfen. Die Nachlasspflegschaft wird durch die Anordnung einer Nachlassverwaltung oder Eröffnung eines Nachlassinsolvenzverfahrens nicht aufgehoben, wenngleich neben einer Nachlassverwaltung regelmäßig kein Sicherungsbedürfnis mehr besteht. Allerdings wird vor der Erbschaftsannahme kaum eine Nachlassverwaltung angeordnet werden (Staud/*Marotzke* § 1960 Rn 57).

46 Die Aushändigung des Nachlasses obliegt nach der Beendigung der Nachlasspflegschaft nicht dem Nachlassgericht, sondern den Beteiligten, wobei der Pfleger verpflichtet ist, den Nachlass an die Erben herauszugeben, §§ 1960, 1915, 1890. Ihm steht aber ein Zurückbehaltungsrecht bezüglich der bewilligten Vergütung an den Nachlassgegenständen zu, soweit nicht vorrangige Sicherungsrechte anderer Nachlassgläubiger bestehen; die Entnahme von Nachlassgegenständen ist ihm verwehrt (*Tidow* S 62).

47 Dem Nachlassgericht ggü hat der Pfleger eine formell ordnungsgemäße Schlussrechnung einzureichen und die Bestallungsurkunde zurückzugeben, wozu er durch die Festsetzung von Zwangsgeld angehalten werden kann.

48 **7. Beschwerderecht.** Gegen die Aufhebung der Nachlasspflegschaft steht dem Nachlasspfleger kein Beschwerderecht zu, auch nicht gegen die Anordnung des LG, die Aufhebung durchzuführen (BayObLGZ 61, 277).

49 Gegen die Anordnung der Nachlasspflegschaft ist die Beschwerde der Erbprädenten statthaft (Köln FamRZ 89, 547). Nicht beschwerdeberechtigt sind dagegen die Ersatzerben und der Nachlassinsolvenzverwalter.

50 Gegen die Ablehnung der Anordnung der Nachlasspflegschaft kann die Beschwerde von demjenigen eingelegt werden, der ein rechtliches Interesse an der Verfügung geltend macht, wie zB der Nachlassgläubiger.

51 **VI. Andere Sicherungsmaßnahmen.** Die Aufzählung in § 1960 II ist nicht abschließend, im Bedarfsfall sind andere Sicherungsmaßnahmen möglich, wie zB bei verderblichen Waren einen freihändigen Verkauf, wobei der Erlös dem Nachlass zufällt. In Betracht kommt auch die Bestellung einer Wächters bei besonders vermö-

gendem Nachlass, die Verhängung einer Postsperre, die Eintragung einer Vormerkung im Grundbuch (DGE/*Hanhörster/Dospil* § 1960 Rn 15) oder die Anordnung, eidesstattliche Versicherungen der Erbanwärter einzuholen (Celle FamRZ 59, 33).

E. Kosten. Nach § 104 I KostO erhebt das Nachlassgericht für die Kosten der **Nachlasssicherung** eine volle 52 Gebühr, deren Höhe sich nach dem zu sichernden Nachlasswert richtet, wobei Nachlassverbindlichkeiten unberücksichtigt bleiben, § 18 I, III KostO. Bestellt ein Nachlassgläubiger zur weiteren Zwangsvollstreckung einen Nachlasspfleger, ist ebenfalls der Wert des gesamten zu sichernden Nachlasses maßgebend, da die Nachlasspflegschaft den gesamten Nachlass erfasst.

Ordnet das Gericht eine Siegelung oder die Aufnahme eines Vermögensverzeichnisses an, fällte eine weitere halbe 53 Gebühr aus dem Wert der verzeichneten Gegenstände an, § 104 II iVm § 52 KostO. Kostenschuldner ist nach § 6 KostO der Erbe; allerdings können die Kosten aus dem Nachlass beigetrieben werden.

Ordnet das Nachlassgericht die Nachlasspflegschaft an, entsteht gem § 106 KostO eine volle Gebühr, und 54 zwar auch dann, wenn mehrere Nachlasspfleger gemeinsam für denselben Wirkungskreis bestimmt wurden (DGE/*Hanhörster/Dospil* § 1960 Rn 17).

Eine nach § 104 KostO erhobene Gebühr wird auf eine nach § 106 KostO entstehende Gebühr angerechnet, 55 § 106 II KostO. Dies gilt nicht, wenn nach der Nachlasspflegschaft die Nachlassverwaltung angeordnet wurde. Dann entsteht die Gebühr in vollem Umfang neu, da zwei verschiedene Anordnungszwecke vorliegen.

Wurde der Antrag auf Anordnung der Nachlasspflegschaft abgelehnt, entsteht nach § 106 III KostO eine ¼ 56 Gebühr. Kostenschuldner ist in diesem Fall der Antragsteller.

§ 1961 Nachlasspflegschaft auf Antrag

Das Nachlassgericht hat in den Fällen des § 1960 Abs. 1 einen Nachlasspfleger zu bestellen, wenn die Bestellung zum Zwecke der gerichtlichen Geltendmachung eines Anspruchs, der sich gegen den Nachlass richtet, von dem Berechtigten beantragt wird.

A. Allgemeines. § 1961 regelt die Klagepflegschaft: Ist der Erbe unbekannt, können die Nachlassgläubiger 1 die Bestellung eines Nachlasspflegers beantragen, um einen durch den Tod des Erblassers unterbrochenen Prozess fortzusetzen oder die Zwangsvollstreckung durchzuführen.

Die Anordnung einer Nachlasspflegschaft in Form einer Erbteilspflegschaft ist dann möglich, wenn nur ein 2 Teil der Erben bekannt ist (DGE/*Hanhörster/Dospil* § 1961 Rn 1).

Gegen die Antragsablehnung steht dem antragstellenden Gläubiger das Recht zur Beschwerde nach § 57 3 Nr 3 FGG zu (Hamm Rpfleger 87, 416).

B. Antragstellung. Antragsberechtigt ist der Nachlassgläubiger, der beabsichtigt, einen Anspruch gegen den 4 Nachlass gerichtlich geltend zu machen (Ddorf JMBl NRW 54, 83) und jeder, der berechtigt ist, eine Forderung als Nachlassgläubigers geltend zu machen (Soergel/*Stein* § 1961 Rn 1).

Der Antrag bedarf keiner Form, er kann aber schriftlich oder zu Protokoll der Geschäftsstelle des zuständigen 5 Nachlassgerichts oder eines beliebigen Amtsgerichts gestellt werden (Staud/*Marotzke* § 1961 Rn5), wobei der Antrag Angaben zur Inhaberschaft ggü dem Nachlass enthalten muss (KG OLGE 3, 251). Zwar ist der Anspruch nicht glaubhaft zu machen (Staud/*Marotzke* § 1961 Rn 7), er kann bei offensichtlicher Mutwilligkeit oder Unbegründetheit abgelehnt werden (MüKo/*Leipold* § 1961 Rn 8). Er ist abzulehnen, wenn Testamentsvollstreckung besteht.

C. Voraussetzungen. Ein Erbe ist bekannt, wenn der Erbschein erteilt ist oder die Gläubiger die zur sachge- 6 mäßen Rechtsverfolgung erforderlichen Tatsachen kennen (LG Oldenburg Rpfleger 82, 105). Im Übrigen muss hinsichtlich der Frage, ob der Erbe unbekannt ist, berücksichtigt werden, dass es dem Gläubiger nicht zugemutet werden kann, umfangreiche Nachforschungen oder Nachweisbeschaffungen anzustellen (BayObLG Rpfleger 1984, 102).

Der Erbe ist dagegen unbekannt, wenn von mehreren bekannten Personen, die die Erbschaft angenommen 7 haben, über das Erbrecht gestritten wird (LG Verden MDR 51, 34) oder die Wirksamkeit der Ausschlagung oder die Anordnung einer Ersatzberufung nicht ohne Ermittlungen festzustellen ist (LG Oldenburg Rpfleger 82, 105).

Anders als in § 1960 ist, sofern die Voraussetzungen vorliegen, die Bestellung eines Nachlasspflegers zwingend. 8

Es ist nicht erforderlich, dass der Gläubiger die gerichtliche Geltendmachung glaubhaft macht. Ausreichend 9 ist das Vorliegen eines Rechtsschutzinteresses (BayObLGE 60, 405).

D. Aufgabe des Nachlasspflegers. Die Vertretungsbefugnis des Nachlasspflegers erstreckt sich, sofern keine 10 Beschränkung des Wirkungskreises vorgenommen wurde, auch auf die Nachlasssicherung iSd § 1960 (Hamm Rpfleger 87, 416) und erfasst auch den inländischen Nachlass eines Ausländers (Hamm JMBl NJW 62, 209).

Das Amt des Nachlasspflegers endet mit der Aufhebung der Pflegschaft. War der Wirkungskreis auf 11 bestimmte Angelegenheiten beschränkt, endet das Amt mit der Erledigung dieser Aufgabe, § 1918 III (Palandt/*Edenhofer* § 1961 Rn 4).

12 Ist bei einer Vollstreckungshandlung die Zuziehung eines Schuldners erforderlich, hat das Vollstreckungsgericht auf Antrag einen einstweiligen besonderen Vertreter des Erben zu bestellen, sofern weder die Nachlasspflegschaft angeordnet noch ein Testamentsvollstrecker bestimmt ist (LG Oldenburg Rpfleger 82, 105).

13 **E. Kosten.** Für die Kosten der Nachlasspflegschaft einschl der Vergütung des Pflegers, die eine Nachlassverbindlichkeit darstellen, haften die Erben (Palandt/*Edenhofer* § 1961 Rn 1), wobei aber ein Vorschuss auf die Kosten vom Gläubiger nicht verlangt werden kann (LG Oldenburg Rpfleger 89, 460).

§ 1962 Zuständigkeit des Nachlassgerichts

Für die Nachlasspflegschaft tritt an die Stelle des Vormundschaftsgerichts das Nachlassgericht.

1 **A. Allgemeines.** Auf die Nachlasspflegschaft finden die Vorschriften der §§ 1909 ff entspr Anwendung. Lediglich aus Zweckmäßigkeitsgründen bestimmt § 1962 das Nachlassgericht statt des Vormundschaftsgerichts zum zuständigen Gericht, welches das Finanzamt gem § 12 ErbStDV von der Einleitung des Verfahrens zu unterrichten hat (DGE/*Hanhörster/Dospil* § 1962 Rn 1).

2 **B. Zuständigkeit.** Die örtliche Zuständigkeit des Nachlassgerichts (in Baden-Württemberg üben die staatlichen Notariate die Aufgaben des Nachlassgerichts aus, Art 147 EGBGB, §§ 1 II, 38, 40 ff LFGG) ergibt sich aus §§ 73, 74 FGG (BGHZ 49, 1 zur internationalen Zuständigkeit).

3 Da die Nachlasspflegschaft eine Pflegschaft iSd §§ 1909 ff darstellt, ist aufgrund der Zuständigkeitszuweisung in § 1962 das Nachlassgericht sachlich zuständig. Darüber hinaus ist auch jedes Amtsgericht, in dessen Bezirk ein Fürsorgebedürfnis besteht, sachlich zuständig. Gem § 74 FGG verständigt es dann das Nachlassgericht.

4 Funktionell zuständig für die Anordnung der Nachlasspflegschaft ist der Rechtspfleger, § 3 Nr 2 c RPflG, sofern es sich nicht um einen ausländischen Nachlass handelt, für den der Richter zuständig ist, §§ 16 I Nr 1, 14 I Nr 4 RPflG.

5 Befinden sich überwiegend Grundstücke im Nachlass, die nicht im Bezirk des örtlich zuständigen Amtsgerichts liegen, kann angeregt werden, die Nachlasspflegschaft an das Gericht abzugeben, in dessen Bezirk sich die Grundstücke befinden, sofern dieses Nachlassgericht zur Übernahme bereit ist, §§ 46, 75 FGG (Staud/*Marotzke* § 1962 Rn 2).

6 Wird statt des zuständigen Nachlassgerichts das Vormundschaftsgericht tätig, ist die Entscheidung grds wirksam, ist aber auf ein Rechtsmittel hin aufzuheben (Zweibr FGPrax 99, 221). Gem § 131 III KostO ist über die Beschwerden gebührenfrei zu entscheiden, §§ 75, 57 Nr 3 FGG (BayObLG Rpfleger 81, 327).

7 **C. Aufgaben des Nachlassgerichts.** Das Nachlassgericht ist für die Anordnung der Pflegschaft, die Auswahl, Bestellung, Beaufsichtigung und Festsetzung der Vergütung des Nachlasspflegers sowie die Aufhebung der Pflegschaft zuständig, §§ 1915, 1789, 1791, 1836, 1837 (BGH DNotZ 67, 320). Darüber hinaus erteilt das Gericht auch die Genehmigungen in den Fällen der §§ 1821 f. Es wird nur bei tatsächlicher oder rechtlicher Verhinderung des Pflegers gem § 1846 selbst tätig. Im Übrigen hat das Nachlassgericht die Rechnungslegung entgegenzunehmen und zu prüfen (Frankf NJW 63, 2278).

8 Um eine pflichtgemäße, der Sicherung und Erhaltung des Nachlasses dienende Verwaltung sicherzustellen, hat das Nachlassgericht bei Pflichtwidrigkeiten im Rahmen seiner Aufsicht durch geeignete Ge- und Verbote sowie ggf durch Festsetzung von Zwangsmitteln nach § 1837 einzugreifen (Palandt/*Edenhofer* § 1962 Rn 3). Werden die Interessen des Erben durch den Pfleger gefährdet, ist er zu entlassen, § 1886.

9 Aus der Pflicht des Nachlassgerichts, im Bedarfsfall für die Sicherung und Erhaltung des Nachlasses zu sorgen, resultiert die Pflicht zur Betreuung fremder Vermögensinteressen, wobei sich das Gericht bei der Ausübung der ihm eingeräumten unmittelbaren Verfügungs- und Verpflichtungsbefugnis, wenn es in dringenden Fällen in unmittelbarer Vertretung des Erben selbst die erforderlichen Maßnahmen treffen muss, stets von den Interessen des endgültigen Erben leiten lassen muss (BGH DRiZ 66, 395).

10 Verletzt der Rechtspfleger vorsätzlich seine Pflichten, kann er sich wegen seiner Vermögensbetreuungspflicht nicht nur nach § 266 StGB in beiden Tatbestandsvarianten, sondern auch wegen Rechtsbeugung strafbar machen, da seine Tätigkeit als richterliche iSv § 336 StGB zu werten ist (BGH NJW 88, 2809), obgleich der Rechtspfleger nicht die Stellung eines Richters hat (BVerwG Rpfleger 88, 244).

§ 1963 Unterhalt der werdenden Mutter eines Erben

¹Ist zur Zeit des Erbfalls die Geburt eines Erben zu erwarten, so kann die Mutter, falls sie außerstande ist, sich selbst zu unterhalten, bis zur Entbindung angemessenen Unterhalt aus dem Nachlass oder, wenn noch andere Personen als Erben berufen sind, aus dem Erbteile des Kindes verlangen. ²Bei der Bemessung des Erbteils ist anzunehmen, dass nur ein Kind geboren wird.

1 **A. Allgemeines.** § 1963 ergänzt § 1923 II, hat aber nur geringe praktische Bedeutung (BayObLG Rpfleger 81, 327). Vor dem Hintergrund, dass das Erbrecht auch der Sicherstellung der Versorgung naher Familienangehöriger dient, ist die Begründung eines Unterhaltsanspruchs der werdenden Mutter zulasten des Nachlasses

bei zu erwartender Alleinerbschaft des nasciturus oder aus seinem noch hypothetischen Erbteil folgerichtig (Kroiß/Ann/Mayer/*Krug* § 1963 Rn 1). Der an die Mutter gezahlte Unterhalt ist dann mit dem Erbteil des Kindes zu verrechnen (Staud/*Marotzke* § 1963 Rn 10). Der Erblasser kann den Anspruch weder beschränken noch ausschließen. Allerdings ist der Anspruch nach § 1963 ggü Ansprüchen auf Sozialleistungen, wie zB Sozialhilfe, vorrangig (Damrau/*Boecken* § 1963 Rn 29).

B. Anspruchsvoraussetzungen. I. Unterhaltsgläubiger. Nur die Mutter des Kindes, und nicht etwa das Kind, ist Gläubigerin des Unterhaltsanspruchs. Dies gilt unabhängig davon, ob die Mutter mit dem Kindsvater verheiratet war oder nicht, denn nach dem Erbrechtsgleichstellungsgesetz vom 1. 4. 98 ist auch das nichteheliche Kind in vollem Umfang gesetzlicher Erbe nach seinem biologischen Vater.

Der Anspruch ist eine Nachlassverbindlichkeit iSv § 1967 II (Kroiß/Ann/Mayer/*Krug* § 1963 Rn 2) und nach Insolvenzeröffnung wird aus der einfachen Insolvenzforderung eine Masseverbindlichkeit, § 100 InsO. Die Dreimonatseinrede des § 2014 kann ggü dem Unterhaltsanspruch des § 1963 nicht geltend gemacht werden, da der Anspruch ansonsten bedeutungslos wäre (MüKo/*Siegmann* § 2014 Rn 3).

II. Berufungsgrund des nasciturus. Entscheidend ist, ob der nasciturus durch eine Verfügung von Todes wegen oder kraft Gesetzes zum Erben bestimmt wurde und ob er Erbe wäre, wenn er im Zeitpunkt des Erbfalls bereits leben würde (Kroiß/Ann/Mayer/*Krug* § 1963 Rn 3). Dabei ist gleichgültig, welcher Erbenordnung er angehören wird. Für die Ersatzerbenstellung genügt es, wenn der Ersatzerbfall vor der Geburt eintritt. Bei Bestehen eines Pflichtteilsanspruchs ist § 1963 analog anwendbar (Staud/*Marotzke* § 1963 Rn 4; aA MüKo/*Leipold* § 1963 Rn 3). Die Stellung als Vermächtnisnehmer ist nicht ausreichend (DGE/*Hanhörster/Dospil* § 1963 Rn 1).

Da die Unterhaltsansprüche aufgrund der Erwartung der Geburt geschuldet werden, können die erbrachten Unterhaltszahlungen nicht zurückgefordert werden, wenn das Kind nicht lebend geboren oder nach der Geburt gestorben ist (Kroiß/Ann/Mayer/*Krug* § 1963 Rn 3).

III. Nachweis der Vaterschaft. Er ergibt sich aus der Vermutung des § 1592 Nr 1 für das eheliche Kind; für das nichteheliche Kind kann das Vaterschaftsanerkenntnis bereits vor der Geburt abgegeben werden mit der Folge, dass die Voraussetzungen des § 1592 Nr 2 erfüllt sind. Ansonsten genügt für § 1600 d II die Glaubhaftmachung dieser Voraussetzungen (Soergel/*Stein* § 1963 Rn 2).

IV. Inhalt des Anspruchs. Anspruchsvoraussetzung ist neben der Schwangerschaft auch die Erbberechtigung des werdenden Kindes und die unterhaltsrechtliche Bedürftigkeit der Mutter nach § 1602. Sie ist bedürftig, wenn sie ihren Unterhalt weder aus Einkünften noch aus Arbeitseinkommen oder ihrem Vermögen bestreiten kann. Kann die Mutter den Dreißigsten nach § 1969 geltend machen, so ist sie für deren Dauer mit § 1963 ausgeschlossen (MüKo/*Leipold* § 1963 Rn 5).

Geschuldet ist der angemessene Unterhalt bis zur Entbindung, der sich an der Lebensstellung der Mutter orientiert. Daher sind die Grundsätze des § 1615 l anwendbar, wonach nicht nur ein Anspruch auf Ersatz der allgemeinen Lebenshaltungskosten besteht, sondern auch auf ärztliche Heilbehandlung einschl Entbindung und sonstige gesundheitliche Maßnahmen. Der Unterhalt ist monatlich im Voraus in Rentenform zu bezahlen, § 1612 I. Dabei wird der volle Unterhaltsbetrag auch dann geschuldet, wenn die Mutter im Laufe des Monats verstirbt, § 1612 III (Palandt/*Edenhofer* § 1963 Rn 2).

Hat sich herausgestellt, dass das Kind einem anderen Familienstamm angehört hat und infolgedessen mit dem Erblasser nicht verwandt ist, besteht ein Rückerstattungsanspruch. Nimmt die Anspruchstellerin irrig an, sie sei schwanger, schließt § 814 den Bereicherungsanspruch nach § 812 I aus (Erman/*Schlüter* § 1963 Rn 8). Wusste die Unterhaltsgläubigerin, dass sie nicht schwanger ist, trifft sie die verschärfte Haftung nach §§ 819, 823, 826 iVm § 263 StGB.

C. Prozessuales. Da § 1963 im Katalog des § 621 ZPO nicht genannt ist, gelten die allgemeinen Zuständigkeitsregeln der §§ 12 ff ZPO. Dies gilt auch für den einstweiligen Rechtsschutz, weshalb für den Unterhaltsanspruch die Regelungsverfügung nach § 940 ZPO statthaft sein dürfte, sofern die anspruchsbegründenden Tatsachen, dh diejenigen, die die Vaterschaft des Erblassers begründen können, für die Glaubhaftmachung des Anspruchs von besonderer Bedeutung sind, §§ 936, 920 II, 294 ZPO.

Die Unterhaltsrente genießt Pfändungsschutz nach § 850 b I Nr 2 ZPO. Darüber hinaus besteht das Aufrechnungsverbot des § 394, und auch das Zurückbehaltungsrecht nach § 273 ist ausgeschlossen. Entspr gilt, wenn statt eines Rentenbeitrages nur unregelmäßige Summen zu zahlen sind (*Dütz* NJW 67, 1107).

§ 1964 Erbvermutung für den Fiskus durch Feststellung

(1) Wird der Erbe nicht innerhalb einer den Umständen entsprechenden Frist ermittelt, so hat das Nachlassgericht festzustellen, dass ein anderer Erbe als der Fiskus nicht vorhanden ist.
(2) Die Feststellung begründet die Vermutung, dass der Fiskus gesetzlicher Erbe sei.

A. Allgemeines. Das Verfahren nach §§ 1964–1966 wird nur bei gesetzlicher Erbfolge von Amts wegen eingeleitet, wenn Erben nicht zu ermitteln sind und daher der Fiskus als gesetzlicher Erbe in Betracht kommt (*Frohn* Rpfleger 86, 37). Dabei trifft das Nachlassgericht oder den bestellten Nachlasspfleger die Ermittlungspflicht, dessen Intensität im Ermessen des Gerichts steht (Palandt/*Edenhofer* § 1964 Rn 2). Vor der Feststellung muss eine öffentliche Aufforderung zur Anmeldung von Erbrechten nach § 1965 erfolgen.

2 Bei berechtigtem Interesse kann nach § 78 FGG Akteneinsicht beantragt werden.

3 Str ist, ob das Staatserbrecht festgestellt werden muss, wenn der Nachlass überschuldet oder ein solcher nicht vorhanden ist (so LG Ddorf Rpfleger 81, 358; aA Staud/*Marotzke* § 1964 Rn 8).

4 **B. Feststellungsbeschluss.** Grundlage des Erbrechts des Fiskus ist der Feststellungsbeschluss (BayObLG JW 35, 2518), der aber den nach § 35 GBO erforderlichen Erbschein nicht ersetzt (BayObLG MDR 87, 762).

5 Zuständig ist der Rechtspfleger.

6 Die Gebühr ergibt sich aus § 110 KostO, für die ein anderer Erbe als der Fiskus nicht haftet.

7 Gegen die Feststellung des Staatserbrechts ist die Beschwerde zulässig. Beschwerdeberechtigt sind neben dem Fiskus auch andere Erbprätendenten, auch wenn sie ausdrücklich von der gesetzlichen Erbfolge ausgeschlossen wurden (BayObLG FamRZ 86, 728). Gegen die Ablehnung des Staates als gesetzlichen Erben steht auch den Nachlassgläubigern die Beschwerdemöglichkeit zu (BayObLGZ 57, 360). Da andere Erben kein Beschwerderecht besitzen, kann der angeblich übergangene Erbe nach § 1965 II Klage gegen den Staat erheben oder einen Erbschein beantragen (KG Rpfleger 70, 340).

8 Nach Erlass des Beschlusses ist die Nachlasspflegschaft aufzuheben und der Nachlass an den Staat auszuhändigen (Erman/*Schlüter* § 1964 Rn 4).

9 **C. Vermutung.** Bei Abs 2 handelt es sich um eine widerlegbare Vermutung, wobei der Beschluss aber der Rechtsscheinswirkung eines Erbscheins im Verhältnis zu Dritten entbehrt (Palandt/*Edenhofer* § 1964, Rn 4). Der Feststellungsbeschluss kann vAw jederzeit aufgehoben werden. Er steht weder dem Fortgang des Erbscheinverfahren noch der Einlegung von Rechtsmitteln entgegen (BayObLGE 83, 204); vielmehr kann der Fiskus, wird die Feststellung abgelehnt, den Klageweg beschreiten (Palandt/*Edenhofer* § 1964, Rn 4). Im Übrigen kann der Fiskus nach der Feststellung den für die Grundbucheintragung notwendigen Erbschein beantragen (BayObLG MDR 87, 762), mithin ersetzt der Feststellungsbeschluss nicht den Erbschein (Dresden OLG-NL 99, 159).

§ 1965 Öffentliche Aufforderung zur Anmeldung der Erbrechte

(1) ¹Der Feststellung hat eine öffentliche Aufforderung zur Anmeldung der Erbrechte unter Bestimmung einer Anmeldungsfrist vorauszugehen; die Art der Bekanntmachung und die Dauer der Anmeldungsfrist bestimmen sich nach den für das Aufgebotsverfahren geltenden Vorschriften. ²Die Aufforderung darf unterbleiben, wenn die Kosten dem Bestand des Nachlasses gegenüber unverhältnismäßig groß sind.

(2) ¹Ein Erbrecht bleibt unberücksichtigt, wenn nicht dem Nachlassgericht binnen drei Monaten nach dem Ablauf der Anmeldungsfrist nachgewiesen wird, dass das Erbrecht besteht oder dass es gegen den Fiskus im Wege der Klage geltend gemacht ist. ²Ist eine öffentliche Aufforderung nicht ergangen, so beginnt die dreimonatige Frist mit der gerichtlichen Aufforderung, das Erbrecht oder die Erhebung der Klage nachzuweisen.

1 **A. Allgemeines.** Durch die Vorschrift ist es möglich, die in § 1964 genannten Feststellungen zu treffen (KG FamRZ 97, 969). Darüber hinaus wird mit der öffentlichen Aufforderung auch die Erbenermittlung ermöglicht (KG ZEV 97, 118).

2 **B. Öffentliche Aufforderung.** Die öffentliche Aufforderung, die dem nach § 1964 vorgesehenen Feststellungsbeschluss vorausgehen muss, darf erst nach Ablauf der Frist des § 1964 I erfolgen (*Frohn* Rpfleger 86, 37). Sind bis zum Feststellungsbeschluss keine Anmeldungen erfolgt, ist die Dreimonatsfrist des Abs 2 nicht abzuwarten (KGJ 36 A 67).

3 Der erbende Fiskus haftet nicht für die Auslagen des Erbenaufgebots (BayObLG Rpfleger 70, 181).

4 Nach Art 138 EGBGB findet die Vorschrift auch auf juristische Personen des öffentlichen Rechts Anwendung.

5 **C. Verfahren.** Das Verfahren regelt sich nach den Vorschriften des FGG (Palandt/*Edenhofer* § 1965 Rn 2), so dass das Nachlassgericht von Amts wegen zu ermitteln hat (Erman/*Schlüter* § 1965 Rn 1). Die Bekanntmachung sowie die mindestens sechswöchige Frist bestimmen sich nach Maßgabe der §§ 948 – 950 ZPO. Danach ist die Aufforderung durch Anheftung an die Gerichtstafel und Veröffentlichung im Bundesanzeiger bekannt zumachen. Eine Veröffentlichung in anderen Blättern steht im Ermessen des Gerichts. Die Frist beginnt an dem Tag der ersten Ankündigung im Bundesanzeiger, § 950 ZPO. Daran schließt sich eine **dreimonatige Wartefrist** an, innerhalb der der Erbanwärter sein Erbrecht nachweisen oder Klage (positive Feststellungsklage) gegen den Fiskus erheben kann (Palandt/*Edenhofer* § 1965 Rn 2). Die Frist beginnt mit Ablauf der Anmeldefrist des § 1965 I 1 (Damrau/*Boecken* § 1965 Rn 10). Erfolgt innerhalb der Anmeldfrist keine Anmeldung, kann von der Einhaltung der Wartezeit abgesehen werden (DGE/*Hanhörster/Dospil* § 1965 Rn 2) mit der Folge, dass der Feststellungsbeschluss bereits nach Ablauf der Anmeldefrist ergehen kann.

6 Über das angemeldete Recht entscheidet das Nachlassgericht; wird das Recht nicht nachgewiesen, bleibt es lediglich unberücksichtigt, erlischt aber nicht (Palandt/*Edenhofer* § 1965 Rn 2). Ist die Klageerhebung nachge-

wiesen, darf kein Feststellungsbeschluss ergehen (RGZ 8, 243). Entspr gilt, wenn der Fiskus die negative Feststellungsklage erhoben hat (Soergel/*Stein* § 1965 Rn 2).

Ein vor dem Prozessgericht erstrittenes rechtskräftiges Urteil zwischen Erbprätendenten und Staat bindet das Nachlassgericht, soweit sich die Rechtskraftwirkung erstreckt. Im Verhältnis der Prozessparteien ist es auch für das Feststellungsverfahren maßgebend (BayObLGZ 69, 184). 7

Entstehen durch die öffentliche Aufforderung im Verhältnis zum Bestand des Nachlasses unverhältnismäßig hohe Kosten oder ist eine die Kosten deckende Nachlassmasse nicht vorhanden, kann von der öffentlichen Aufforderung abgesehen werden (DGE/ *Hanhörster/Dospil* § 1965 Rn 3). Die Entscheidung hierüber trifft das Nachlassgericht nach seinem Ermessen. Meldet ein Erbanwärter in dem Verfahren, in dem von der öffentlichen Aufforderung abgesehen wurde, sein Erbrecht an, ist er nach § 1965 II 2 aufzufordern, sein Erbrecht oder die Erhebung der Feststellungsklage innerhalb einer Wartefrist von 3 Monaten nachzuweisen (DGE/ *Hanhörster/Dospil* § 1965 Rn 3). Insoweit ist das Nachlassgericht nicht verpflichtet, von Amts wegen tätig zu werden. Es steht vielmehr im Ermessen des Nachlassgerichts, wann es ein Erbrecht für festgestellt erachtet (Palandt/*Edenhofer* § 1965 Rn 2). Hält es den angebotenen Beweis nicht für ausreichend, sollte das Nachlassgericht den Erbprätendenten auf die klageweise Geltendmachung nach § 1965 II hinweisen. 8

§ 1966 Rechtsstellung des Fiskus vor Feststellung

Von dem Fiskus als gesetzlichem Erben und gegen den Fiskus als gesetzlichen Erben kann ein Recht erst geltend gemacht werden, nachdem von dem Nachlassgericht festgestellt worden ist, dass ein anderer Erbe nicht vorhanden ist.

A. Allgemeines. Die Vorschrift gewährt dem Fiskus außerprozessual ein Leistungsverweigerungsrecht (Soergel/*Stein* § 1966 Rn 1). 1

Bevor der Staat den Nachlass im Wege der gesetzlichen Erbfolge an sich ziehen kann, muss sein Erbrecht nach §§ 1964, 1965 festgestellt werden (Dresden VIZ 00, 55). Bis dahin ist er gegen Inanspruchnahme geschützt (Palandt/*Edenhofer* § 1966 Rn 1). Allerdings ist es möglich, Forderungen gegen den erbenden Fiskus erst nach dem erfolgten Feststellungsbeschluss gerichtlich und außergerichtlich geltend zu machen (MüKo/*Leipold* § 1966 Rn 1). 2

Bei gewillkürter Erbfolge gelten die allgemeinen Vorschriften der §§ 1942 I, 1958, 2014 mit der Folge, dass der Fiskus sein Erbrecht sofort geltend machen kann (Erman/*Schlüter* § 1966 Rn 1). 3

Das Feststellungsverfahren gilt auch beim Anfall von Verein- oder Stiftungsvermögen, §§ 46, 88 (Staud/*Weick* § 46 Rn 4). 4

B. Prozessuales. Im Prozess ist die Prozessführungsbefugnis des Fiskus auch ggü den Personen zu verneinen (Staud/*Marotzke* § 1966 Rn 3), gegen die er ein rechtskräftiges, sein Erbrecht feststellendes Urteil erstritten hat (Soergel/*Stein* § 1966 Rn 1), weil dieses Urteil das Nachlassgericht nicht daran hindern kann, den Feststellungsbeschluss wegen ermittelter Verwandter zu unterlassen. 5

Eine gegen den Fiskus erhobene Klage ist in analoger Anwendung des § 1958 als unwirksam anzusehen, wenn sie vor Erlass des Feststellungsbeschlusses erhoben wurde (Kroiß/Ann/Mayer/*Krug* § 1966 Rn 12). 6

C. Hinweise. Zur Vermeidung der Folgen des § 1966 sollte, wegen der meist langen Verfahrensdauer des Feststellungsverfahrens nach § 1964, die Bestellung eines Nachlasspfleger gem § 1961 beantragt werden (DGE/ *Hanhörster/Dospil* § 1966 Rn 2). 7

Titel 2 Haftung des Erben für die Nachlassverbindlichkeiten

Untertitel 1 Nachlassverbindlichkeiten

§ 1967 Erbenhaftung, Nachlassverbindlichkeiten

(1) Der Erbe haftet für die Nachlassverbindlichkeiten.
(2) Zu den Nachlassverbindlichkeiten gehören außer den vom Erblasser herrührenden Schulden die den Erben als solchen treffenden Verbindlichkeiten, insbesondere die Verbindlichkeiten aus Pflichtteilsrechten, Vermächtnissen und Auflagen.

A. Allgemeines. Da der Erbe nach § 1922 in die Rechtsstellung des Erblassers eintritt, haftet er auch für die Nachlassverbindlichkeiten, zu denen nicht nur die Erblasserschulden, sondern auch die Verbindlichkeiten gehören, die erst mit dem Erbfall entstanden sind. Der Erbe hat aber die Möglichkeit, die Haftung für die Nachlassverbindlichkeiten auf das ererbte Vermögen zu beschränken mit der Folge, dass der Nachlass vom Eigenvermögen des Erben getrennt zu behandeln ist. 1

2 Keine Nachlassverbindlichkeiten sind Einkommenssteuerforderungen, die aufgrund von Einkünften des Erben aus dem Nachlassvermögen entstanden sind (BFH NJW 93, 350) sowie Geldstrafen des Erblassers, da gem § 459 c III StPO nicht in den Nachlass des Verurteilten vollstreckt werden darf; entspr gilt auch für Geldbußen nach § 101 OWiG (DGE/*Hanhörster/Dospil* § 1967 Rn 3). Der Nachlass haftet nach § 465 III StPO nicht für die Verfahrenskosten, wenn der Verurteilte vor Rechtskraft des Urteils stirbt (*Kleinknecht/Meyer* § 465 StPO Rn 12).

3 Für Nachlassforderungen aus schuldhafter Nachlassverwaltung haftet der Erbe ohne Beschränkung.

4 Wird der Erbe wegen einer Nachlassverbindlichkeit in Anspruch genommen, ist dafür zu sorgen, dass der Vorbehalt der beschränkten Erbenhaftung in den Urteilstenor aufgenommen wird (BGH NJW 92, 2694).

5 **B. Erblasserschulden.** Erblasserschulden sind Verbindlichkeiten, die der Erblasser noch zu Lebzeiten begründet hat, die vererblich sind; höchstpersönliche Verbindlichkeiten wie die Unterhaltspflicht ggü Verwandten nach § 1615 l I erlöschen mit dem Tod des Erblassers (Frieser/Sarres/Stückemann/*Tschichoflos* Kap 5 G Rn 738). Dabei ist es unerheblich, ob sie auf vertraglicher, außervertraglicher oder gesetzlicher Grundlage beruhen und wann die Folgen eintreten (Palandt/*Edenhofer* § 1967 Rn 2).

6 Zu den Erlasserschulden gehören insbes: Betreuerkosten (LG München NJW-RR 98, 438); Steuerschulden (BFH NJW 93, 350); Bürgschaftsforderung (BGH WM 76, 808); Prozesskosten (Palandt/*Edenhofer* § 1967 Rn 3); vor dem 1. 4. 98 wirksam vereinbarter Erbausgleich (DGE/*Hanhörster/Dospil* § 1967 Rn 2); Unterhaltspflichten ggü dem geschiedenen Ehegatten (Frieser/Sarres/Stückemann/*Tschichoflos* Kap 5 G Rn 739); Anspruch auf öffentlich-rechtlichen Versorgungsausgleich (Palandt/*Edenhofer* § 1967 Rn 4); Geldforderung aus Zugewinnausgleich nach § 1371 II (BFH NJW 93, 2462); Forderungen des überlebenden Ehegatten aus einer Innengesellschaft (Frieser/Sarres/Stückemann/*Tschichoflos* Kap 5 G Rn 740); Abgabe einer Willenserklärung und Auskunftserteilung (RGZ HRR 33, Nr 569); Eintragungsbewilligung des Erblassers (BGHZ 48, 351); Verpflichtung des Erben eines Beamten zur Rückzahlung überzahltem Ruhegehalt (BVerwG MDR 71, 748) Schulden wegen unzulässiger Entnahmen aus Gesellschaftsvermögen (BGH LM § 115 HGB Nr 3) und Wohngeldschulden, wenn die Eigentumswohnung der Befriedigung der Nachlassgläubiger zugeführt wird (BayObLG FamRZ 00, 909). Im Übrigen haftet der Erbe auch für die Verbindlichkeiten des Erblassers, die durch die Aufnahme in ein Kontokorrent und die nachfolgenden Saldoanerkenntnisse als Einzelforderung erloschen ist (BGH WM 64, 881).

7 Für Regressansprüche der Staatskasse wegen der von ihr bezahlten Betreuerkosten haftet der Erbe nur mit dem Nachlass (Palandt/*Edenhofer* § 1967 Rn 2). Dies gilt auch bei der Festsetzung unmittelbar gegen den Erben (Frankf NJW 04, 373).

8 Aus einer nichtehelichen Lebensgemeinschaft erwachsen grds keine Erblasserschulden (BFH NJW 89, 1696), sofern die Partner keine derartigen Ansprüche vertraglich vereinbart haben oder dass Bereicherungsansprüche gegeben sind, weil der Erbe auch sonst für diese Forderungen haftet.

9 **C. Erbfallschulden.** Erbfallschulden sind Verbindlichkeiten, die aus dem Erbfall und in der Person des Erben entstehen. Hierzu gehören insbes: Pflichtteilsansprüche und -ergänzungsansprüche (BGHZ 80,206); Vermächtnisansprüche aus gewillkürtem und gesetzlichem Vermächtnis (Voraus, § 1932; Dreißigster, § 1969; BayObLGZ 82, 20); Auflagen (Frieser/Sarres/Stückemann/*Tschichoflos* Kap 5 G Rn 743); vor dem 1. 4. 98 entstandene Erbersatzansprüche nach § 1934a; Beerdigungskosten (OVG Münster NJW 98, 2154); Unterhaltsanspruch der werdenden Mutter, die den Erben erwartet, § 1963; Erbschaftssteuer (BFH NJW 93, 350; aA Hamm OLGZ 90, 393 mwN); Altenteilsrente (BGHZ 8, 217); Miete für die Wohnung des Erblassers bis zum Ablauf der 3-monatigen Kündigungsfrist (Ddorf FamRZ 02, 1658); Nachlasssicherungskosten (Frieser/Sarres/Stückemann/*Tschichoflos* Kap 5 G Rn 744); Kosten der Todeserklärung, §§ 34 II, 40 VerschG (DGE/*Hanhörster/Dospil* § 1967 Rn 3); Vergütung des Nachlasspflegers und Testamentsvollstreckers sowie Verbindlichkeiten aus deren wirksamen Rechtshandlungen (RGZ 60, 30).

10 **D. Nachlasserbenschulden.** Bei Nachlasserbenschulden handelt es sich um Verbindlichkeiten, die durch Rechtshandlungen des Erben anlässlich eines Erbfalls entstehen. Hierbei handelt es sich grds um Eigenschulden des Erben, für die er mit seinem eigenen Vermögen haftet (Köln NJW 52, 1145). Sind die Schulden im Rahmen einer ordnungsgemäßen Nachlassverwaltung entstanden, hat der Erbe im Außenverhältnis nicht nur mit dem Nachlass, sondern auch mit seinem Eigenvermögen einzustehen (BGH 32, 60). Dann haften im Außenverhältnis Nachlass- und Eigenvermögen „gesamtschuldnerisch", dh es liegt ein einheitliches Schuldnerverhältnis mit doppeltem Haftungsgegenstand im Falle der Haftungssonderung vor (Erman/*Schlüter* § 1967 Rn 9 mwN). Im Innenverhältnis besteht ein Ersatzanspruch des Erben ggü dem Nachlass (Palandt/*Edenhofer* § 1967 Rn 8).

11 Eine Nachlassverbindlichkeit liegt vor, wenn die Verbindlichkeit vom Standpunkt eines sorgfältigen Verwalters als ordnungsgemäße Verwaltung des Nachlasses eingegangen ist, wobei es nicht darauf ankommt, dass die Verbindlichkeit für den Nachlass übernommen wurde oder die Beziehung zum Nachlass dem Geschäftsgegner erkennbar war (BGH WM 73, 362). Handelt es sich dabei um Geschäfte, die ein Miterbe in Fortführung eines vom Erblasser hinterlassenen Handwerksbetriebs abschließt, können die Grundsätze über die Haftung aus Anscheinsvollmacht anwendbar sein (BGH LM § 2032 Nr 2).

Nimmt der Erbe einen dem Erblasser von einer Bank eingeräumten Kredit weiter in Anspruch, handelt es 12
sich nicht nur um eine Erblasserschuld, sondern auch um eine Nachlasserbenschuld (*Brox* Rn 655). Zu den
Nachlasserbenschulden gehört insbes der Rückerstattungsanspruch wegen unberechtigt nach dem Tod des
Erblassers gezahltem Altersruhegeld (BGHZ 73, 202; aA KG FamRZ 77, 349). Die vom Vorerben begründeten
Schulden aus einer ordnungsgemäßen Verwaltung des Nachlasses sind für den Nacherben Nachlassverbindlichkeiten (BGHZ 32, 60), sofern nicht nur einen erkennbar persönliche Haftung bestehen sollte (RGRK/*Kregel* § 1967 Rn 12). Der Vorerbe haftet für seine Eigenverbindlichkeiten ohnehin unbeschränkt (RGZ 112, 131).

E. Erbenschulden. Dabei handelt es sich um Forderungen, die bereits vor dem Erbfall gegen den Erben 13
gerichtet waren und jene, die er nach dem Erbfall begründet hat, ohne dass es sich dabei um Nachlassverbindlichkeiten handelt (Soergel/*Stein* § 1967 Rn 17). Zwar haftet den Gläubigern bei der Erbenschuld grds
auch der Nachlass. Kann der Erbe aber eine erbrechtliche Haftungsbeschränkung herbeiführen, genießen die
Nachlassgläubiger Vorrang vor den Eigengläubigern. Im Nachlassinsolvenzverfahren sind die Eigengläubiger
nicht beteiligt; eine Zwangsvollstreckung während des Verfahrens ist ausgeschlossen (Erman/*Schlüter* § 1967
Rn 8).
Keine Nachlassverbindlichkeiten sind die Forderungen aus eigenen unerlaubten Handlungen des Erben sowie 14
Verbindlichkeiten, die den Gläubigern aus der schuldhaften Schlechtverwaltung des Nachlasses erwächst,
§§ 1978, 1980 (Soergel/*Stein* § 1967 Rn 17). Die Eigengläubiger eines Miterben können auf einzelne Nachlassgegenstände nicht zugreifen; ihnen bleibt nur die Pfändung des Miterbenanteils als solchen (Soergel/*Stein*
§ 1967 Rn 18).

F. Sozialhilfe. Im Rahmen der Nachlassverbindlichkeiten nimmt die Sozialhilfe eine Vorrangstellung ein, da 15
der Sozialhilfeträger für die in den letzten 10 Jahren vor dem Erbfall erfolgten Leistungen von dem Erben gem
§ 102 SGB XII Ersatz verlangen kann, sofern diese rechtmäßig gewährt wurde (BayVGH FamRZ 04, 488).
Daneben haften auch die Erben des vorverstorbenen Ehegatten (BVerwG NJW 03, 3792). Die Erbenhaftung
ist in diesem Fall auf den Wert des Nachlasses im Zeitpunkt des Erbfalls beschränkt, § 102 II SGB XII, damit
er nicht zur Ausschlagung gezwungen ist.
Zur Berechnung des Nachlasses sind von den Aktiva die Nachlassverbindlichkeiten wie zB die Beerdigungs- 16
kosten (OVG Münster NJW 02, 695) in Abzug zu bringen. Zusätzlich ist dem Erben ein Freibetrag in Höhe
des zweifachen Grundbetrages nach § 85 I SGB XII zu belassen, § 102 III Nr 1SGB XII (Ddorf NJW-RR 02,
1660). Hinsichtlich der selbständigen Erbenhaftung ist es unerheblich, ob der gekürzte Nachlass für den Erblasser zugriffsfreies Schonvermögen gewesen wäre, da es als unmittelbar nicht von originären Ansprüchen
gegen den Erblasser abhängt (OVG Kobl NVwZ 02, 1009).
Hat der Erblasser die Sozialhilfeleistungen sozialwidrig erlangt, geht die aus der Rückforderung gem § 103 17
SGB XII stammende Verbindlichkeit als Erblasserschulden auf den Erben über, der mit dem Nachlass haftet
(AG Düren DAV 80, 730).

G. Abweichende Vereinbarungen. Grds ist eine Vereinbarung des Erben mit dem Gläubiger dahingehend 18
möglich, dass die Verbindlichkeit nur ggü dem Nachlass oder dem Eigenvermögen bestehen soll (BGH BB 68,
769). Will der Erbe die Beschränkung auf den Nachlass, genügt, wenn er zum Ausdruck bringt, dass er nur
für den Nachlass handelt und der Gläubiger sich darauf einlässt (RGZ 146, 346).

H. Besonderheiten. Für Forderungen des Erben gegen den Erblasser haftet der Nachlass, §§ 1976, 1991 I, II, 19
1978 III. Nach Eintritt der Volljährigkeit haben Minderjährige die Möglichkeit der Haftungsbeschränkung
nach §§ 1629 a, 1793. Die Erben haften nach den Vorschriften über die Nachlassverbindlichkeiten für die
Gerichtskosten wegen der in § 6 KostO bezeichneten Geschäfte des Nachlassgerichts (Ddorf Rpfleger 68, 98).
Die Haftung des Alleinerben eines GmbH-Gesellschafters für die Nachlassverbindlichkeiten ggü der GmbH 20
bestimmt sich nach den Vorschriften des BGB (Palandt/*Edenhofer* § 1967 Rn 11).
Beerbt der einzige Kommanditist in einer zweigliedrigen KG den einzigen Komplementär, wird die 21
Gesellschaft beendet und gleichzeitig aufgelöst. Der erbende Gesellschafter wird Alleininhaber (BGHZ
65, 79). Seine Haftung ergibt sich, wenn er das Handelsgeschäft fortführt, aus § 27 HGB, nicht mehr
aber aus § 130 HGB (BGH DB 81, 2165). Der Erbe eines Gesellschafters einer OHG oder des Komplementärs einer KG haftet im Falle der Fortsetzung für alle vor und nach dem Erbfall entstandenen
Gesellschaftsschulden persönlich und unbeschränkt, für die alten gem § 130 HGB, für die neuen nach
§ 128 HBG (BGH NJW 82, 45; aA *Liebisch* ZHR 116, 128). Der Erbe eines Kommanditisten einer KG
haftet für die **alten** Geschäftsschulden mit seinem Kommanditanteil, mit dem Nachlass bis zur Höhe
der rückständigen Haftsumme und mit seinem Eigenvermögen bis zur Höhe der rückständigen Haftsumme (RGZ 123, 370). Für die **neuen** Geschäftsschulden hat der Erbe mit dem ererbten Kommanditanteil und bis zur Höhe der Haftsumme persönlich mit seinem ganzen Vermögen einzustehen (Erman/
Schlüter § 1967 Rn 15).

§ 1968 Beerdigungskosten
Der Erbe trägt die Kosten der Beerdigung des Erblassers.

1 **A. Allgemeines.** Beerdigungskosten sind Nachlassverbindlichkeiten (= Nachlasserbenschuld) iSd § 1967. Nach § 324 I Nr 4 InsO handelt es sich um Masseschulden in einem Insolvenzverfahren. Sie sind das Korrelat für den Vermögensanfall infolge des Erbfalls des Erblassers.

2 **B. Anspruchsberechtigte.** Nur der Bestattungsberechtigte, der später nicht Erbe geworden ist, hat Anspruch auf Ersatz der Beerdigungskosten, wobei ihm die Bank ohne besonderen Auftrag die Kosten nicht aus dem Guthaben des Erblassers auszahlen darf (Saarbr FamRZ 01, 1487). Im Übrigen kann eine andere Person, der das Recht zur Totenfürsorge nicht zusteht, den Anspruch nach § 1968 nicht geltend machen. Ggf bestehen Ansprüche aus GoA (*Widmann* FamRZ 88, 351), § 812, § 844 I oder § 2022 II (BGHZ 61, 238). UU kann es eine Kostenerstattungspflicht nach öffentlichem Recht geben, die an die Bestattungsberechtigung anschließt (OVG Lüneburg NJW 03, 1268), ohne dass es auf die Erbenstellung ankommt (VG Karlsr NJW 02, 3491). Sind die Kosten vom Erben nicht zu erlangen, haften beim Tod des Unterhaltsberechtigten die Unterhaltspflichtigen gem § 1615 II (*LG Dortmund NJW-RR 96, 775*). Nicht anspruchsberechtigt ist, wer, wie zB das Beerdigungsinstitut, sich aufgrund eines Vertrages verpflichtet, die Bestattung vorzunehmen (Soergel/*Stein* § 1968 Rn 3; aA Staud/*Marotzke* § 1968 Rn 13). Ihm haftet der Vertragspartner.

3 Da der Nacherbe nicht Erbe des Vorerben ist, kann der Nacherbe nicht für die Kosten der Beerdigung eines Vorerben in Anspruch genommen werden (Celle HRR 41, Nr 127).

4 **C. Weitere Zahlungsverpflichtete.** Neben dem Erben kommen uU auch vertraglich haftende Dritte oder infolge Ersatzpflicht bei Tötung Verpflichtete in Betracht (*Zimmermann* ZEV 97, 440). So hat der Sozialhilfeträger die erforderlichen Bestattungskosten zu tragen, soweit dem verpflichteten Erbe (BVerwG NJW 98, 1329) nach seinen Verhältnissen die Tragung der Beerdigungskosten nicht zugemutet werden kann, in Betracht (OVG Münster NJW 98, 2154). Eine Unterrichtungspflicht des Sozialhilfeträgers vor der Bestattung ist nicht erforderlich (BVerwG FamRZ 97, 1472). Örtlich zuständig ist die Behörde, die bis zum Tod die Sozialhilfe gewährt hat, ansonsten die Behörde, in deren Bezirk der Sterbeort liegt (DGE/*Hanhörster/Dospil* § 1968 Rn 2).

5 Wer nur aus sittlichem Anstand, ohne eine Rechtspflicht, die Bestattung übernimmt, ist nicht bestattungspflichtig (BVerwG NJW 03, 3146).

6 **D. Beerdigungskosten.** Die Kosten der Beerdigung oder der Feuerbestattung haben grds die Erben zu tragen (RGZ 154, 270), wobei sich der Aufwand der Beerdigung auf die Lebensstellung des Erblassers beschränkt (Ddorf NJW-RR 95, 1161).

7 Zu den Beerdigungskosten gehören: die Bestattung als solche (RGZ 139, 394), dh das Grab (Ddorf NJW-RR 95, 1151), die Kosten des Bestatters, der Traueranzeigen, Danksagung und des Verdienstausfalls (RGZ 139, 394; aA Soergel/*Stein* § 1968 Rn 5); der Grabstein und die Erstanlage der Grabstätte mit Erstbepflanzung (Ddorf aaO), nicht jedoch für ein Doppelgrab (BGHZ 61, 238); die Kosten für die Trauerkleidung (Hamm DAR 56, 217; aA MüKo/*Siegmann* § 1968 Rn 4); die Kosten einer üblichen kirchlichen oder bürgerlichen Feier (AG Grimma NJW-RR 97, 1027) und die Kosten für eine Sterbeurkunde (LG Hburg VersR 79, 64). Im Übrigen sollen die Erben auch die Kosten für eine Umbettung treffen, wenn entspr Gründe vorliegen (München NJW 74, 703).

8 Die Grabpflegekosten sind keine Beerdigungskosten iSd § 1968, da die spätere Grabpflege nur eine sittliche, nicht aber eine rechtliche Pflicht darstellt (BGHZ 61, 238). Ggf kann der Erblasser diese Pflicht im Wege einer Auflage auf die Erben übertragen, die dann eine Nachlassverbindlichkeit darstellt (DGE/*Hanhörster/ Dospil* § 1968 Rn 4). In diesem Fall oder wenn der Erblasser bereits einen Grabpflegevertrag geschlossen hat, gehören die Kosten zu den vom Erben zu tragenden Nachlassverbindlichkeiten. Im Übrigen kann in einem Pflegevertrag für die gesamte Ruhezeit der Grabstätte ein Ausschluss des Kündigungsrechts mit bindender Wirkung für die Erben liegen (Karlsr Justiz 90, 356). Der Vertrag kann aber sittenwidrig sein, wenn die einmalig zu leistende Vorauszahlung unangemessen hoch ist (LG München I NJW-RR 89, 197).

9 Auch die Kosten für die Anreise der Angehörigen zur Beerdigung sind nicht erstattungsfähig (BGHZ 32, 72), es sei denn, dass das öffentliche Recht den Angehörigen zur Teilnahme an der Beerdigung verpflichtet (Karlsr MDR 70, 48). Finanzielle Verluste, welche die nächsten Angehörigen dadurch erleiden, dass sie psychisch nicht in der Lage sind, eine gebuchte Urlaubsreise anzutreten und deshalb ihr hierfür entrichtetes Entgelt zumindest teilweise entfällt, sind keine Beerdigungskosten (BGH NJW 89, 2317).

§ 1969 Dreißigster

(1) ¹Der Erbe ist verpflichtet, Familienangehörigen des Erblassers, die zur Zeit des Todes des Erblassers zu dessen Hausstand gehören und von ihm Unterhalt bezogen haben, in den ersten 30 Tagen nach dem Eintritt des Erbfalls in demselben Umfang, wie der Erblasser es getan hat, Unterhalt zu gewähren und die

Benutzung der Wohnung und der Haushaltsgegenstände zu gestatten. ²Der Erblasser kann durch letztwillige Verfügung eine abweichende Anordnung treffen.
(2) Die Vorschriften über Vermächtnisse finden entsprechende Anwendung.

A. Allgemeines. Der Dreißigste soll es dem Berechtigten ermöglichen, seine Lebensführung in der Haus- und Familiengemeinschaft des Erblassers ohne Überstürzung umzustellen (Erman/*Schlüter* § 1969 Rn 1). Daher kann es uU sogar geboten sein, von der nur unmittelbar nach dem Tod möglichen Kündigung des Mietverhältnisses abzusehen (Staud/*Marotzke* § 1969 Rn 10). Bei diesem Anspruch handelt es sich nicht um ein dingliches Nutzungsrecht, sondern um ein vermächtnisähnliches Forderungsrecht gegen den Erben (Damrau/*Gottwald* § 1969 Rn 6), welches in der Weise zu gewähren ist, in welcher der Erblasser tatsächlich Unterhalt und Benutzung von Wohnung und Haushaltsgegenständen gewährt hat (Soergel/*Stein* § 1969 Rn 4). 1

B. Anspruchsberechtigter. Nur diejenigen Familienangehörigen, die zum Hausstand iSd § 1619 gehörten, dh wegen ihrer persönlichen Beziehung zum Erblasser und ihrer tatsächlichen Aufnahme in die Familiengemeinschaft als zu ihr gehörig angesehen werden (Staud/*Marotzke* § 1969 Rn 4–6) und die vom Erblasser Unterhalt bezogen haben, ohne Rücksicht auf eine entspr Verpflichtung, sind antragsberechtigt. Zum Kreis der Antragsberechtigten gehören daher auch der eingetragene Lebenspartner (§ 11 I LPartG), der mit dem Erblasser zusammenlebende nichteheliche Lebenspartner (str; so: Ddorf NJW 83, 1566; aA *Steinert* NJW 86, 686) und die Pflegekinder (Palandt/*Edenhofer* § 1969 Rn 1), nicht aber die Hausangestellte (*Müller/Freienfels* JuS 67, 127), Hauslehrer, Erzieherinnen (Erman/*Schlüter* § 1969 Rn 2) und der in Scheidung lebende Ehegatte (str; Palandt/*Edenhofer* § 1969 Rn 1; aA Soergel/*Stein* § 1969 Rn 2). 2

C. Anspruchsinhalt. Der Anspruch ist in Natur und im bisherigen Umfang zu erfüllen (Palandt/*Edenhofer* § 1969 Rn 2). Ist eine vorherige Haushaltsauflösung erforderlich, entsteht der Anspruch in Geld. Er ist weder übertragbar noch pfändbar (§§ 399, 400) und unterliegt damit dem Aufrechnungsverbot des § 394 und dem Ausschluss des Zurückbehaltungsrechts, § 273 (*Dütz* NJW 67, 1107). Allerdings kann der Erbe die Haftung beschränken, wobei der Anspruch vom Aufgebot nicht betroffen wird, Abs 2, § 1972 (Palandt/*Edenhofer* § 1969 Rn 2). 3

Einstweilige Verfügungen sind grds zulässig; wird der Anspruch aber vor Annahme der Erbschaft geltend gemacht, ist im Hinblick auf die §§ 1958, 1960 III die Bestellung eines Nachlasspflegers erforderlich (Soergel/*Stein* § 1969 Rn 3). 4

Der Erblasser kann den Anspruch auf den Dreißigsten durch eine letztwillige Verfügung ausschließen, herabsetzen oder erhöhen. Dann handelt es sich um ein reines Vermächtnis (Palandt/*Edenhofer* § 1969 Rn 2). 5

Ein Verzicht ist, da ein Vermächtnis auch ausgeschlagen werden kann, nach dem Erbfall möglich (Staud/*Marotzke* § 1969 Rn 14). 6

Untertitel 2   Aufgebot der Nachlassgläubiger

§ 1970 Anmeldung der Forderungen

Die Nachlassgläubiger können im Wege des Aufgebotsverfahrens zur Anmeldung ihrer Forderungen aufgefordert werden.

A. Allgemeines. Für das Aufgebotsverfahren gelten die §§ 946–959; 989–1000 ZPO; es bietet sich an, wenn die Höhe der Nachlassverbindlichkeiten den Erben nicht oder nicht genau bekannt ist. Es ist als solches nicht geeignet, die Haftungsbeschränkung herbeizuführen (Palandt/*Edenhofer* § 1970 Rn 2); es dient vielmehr der Vorbereitung. 1

B. Aufgebot. Das Aufgebot soll dem Erben Aufschluss über den Stand des Nachlasses und die Höhe der Nachlassverbindlichkeiten geben, um ihm die Entscheidung über die Beantragung der Nachlassverwaltung/ des Nachlassinsolvenzverfahrens und die Errichtung eines ordnungsgemäßen Inventars zu ermöglichen und ihn gegen unbekannte Nachlassgläubiger zu sichern. Dem Erben, Nachlasspfleger, -verwalter und Testamentsvollstrecker soll es Unterlagen verschaffen, um die Masse an die Gläubiger verteilen zu können (Palandt/*Edenhofer* § 1970 Rn 1). 2

Bis zur Beendigung des Aufgebotsverfahrens verlängert sich die Dreimonatsfrist des § 2014 ZPO nach Maßgabe des § 2015 mit der Folge, dass der Erbe nicht in Verzug gerät und den Vorbehalt der beschränkten Erbenhaftung im Prozess geltend machen kann. 3

Das Ausschlussurteil gewährt dem Erben nach § 952 I ZPO die Ausschlusseinrede des § 1973 zur Haftungsbeschränkung (Erman/*Schlüter* § 1970 Rn 3). 4

C. Nachlassgläubiger. Das Aufgebot betrifft alle Nachlassgläubiger mit und ohne Titel, sofern ihnen zu Beginn der Aufgebotsfrist eine Nachlassforderung zustand. Der antragstellende Erbe, der selbst Inhaber einer 5

Nachlassforderung ist, muss sie nur anmelden, wenn das Aufgebot vom Nachlassverwalter oder Testamentsvollstrecker beantragt ist oder einem anderen Miterben zustatten kommt, § 997 ZPO.

6 Vom Aufgebot nicht betroffen werden die Eigengläubiger des Erben (RGZ 92, 344) und der in §§ 1971, 1972 genannte Personenkreis sowie die Forderungen gegen den Nachlass, die erst nach dem Ausschlussurteil oder durch Rechtshandlungen des Nachlasspflegers oder Testamentsvollstreckers nach Erlass des Aufgebots entstanden sind (Palandt/*Edenhofer* § 1970 Rn 4 – bestr.; aA Soergel/*Stein* § 1970 Rn 4 mN, wonach die Veröffentlichung maßgebend ist).

7 **D. Aufgebotsverfahren.** Das Aufgebotsverfahren ist als eine besondere Prozessart in den §§ 946 ff; 989 ff ZPO geregelt. Nach § 23 Nr 2 h ZPO ist sachlich stets das Amtsgericht und örtlich dasjenige Gericht, das ansonsten das Nachlassgericht ist und funktionell die allgemeine Zivilabteilung (nach § 20 Nr 2 RPflG grds der Rechtspfleger, für das Ausschlussurteil aber der Richter) zuständig (*Harder* ZEV 02, 90).

8 **I. Antragsberechtigung.** Jeder Erbe (Vor-/Ersatz-/Nach- und Miterbe) ist, nachdem er die Erbschaft angenommen hat und nicht bereits unbeschränkbar haftet, berechtigt, den Antrag zu stellen, § 2013 I; darüber hinaus der Nachlasspfleger, -verwalter, der Testamentsvollstrecker nach der Annahme der Erbschaft, § 991 II, III ZPO, und der Erbschaftskäufer. Str ist, ob auch der Nachlassverwalter und der Testamentsvollstrecker nach Eintritt der unbeschränkbaren Haftung des Erben noch antragsberechtigt sind (so Staud/*Marotzke* § 1970 Rn 7; aA Soergel/*Stein* § 1970 Rn 1).

9 Der Verlust des Rechts zur Haftungsbeschränkung während des Aufgebotsverfahrens führt beim Erben zum Verlust seines Antragsrecht, da die Ziele des Aufgebotsverfahrens nicht mehr erreicht werden können (Erman/*Schlüter* § 1970 Rn 2).

10 Gehört der Nachlass zum Gesamtgut einer Gütergemeinschaft, ist nicht nur der erbende, sondern auch der allein oder mitverwaltende Ehegatte berechtigt, das Aufgebot auch ohne Zustimmung des anderen zu beantragen, § 999 ZPO.

11 **II. Ausschlussfrist.** Nach § 2015 I muss der Aufgebotsantrag binnen Jahresfrist seit Annehme der Erbschaft gestellt werden; eine Ausschlussfrist für den Antrag gibt es darüber hinaus nicht (Palandt/*Edenhofer* § 1970 Rn 7). Besteht Grund zur Annahme, dass unbekannte Nachlassverbindlichkeiten vorhanden sind, muss der Antrag, zur Vermeidung von Schadensersatzansprüchen, unverzüglich gestellt werden, §§ 1980 II, 1975 II 2.

12 **III. Verzeichnis.** Dem Antrag ist ein Verzeichnis der bekannten Gläubiger beizufügen. Unterbleibt schuldhaft die Aufnahme eines bekannten Gläubigers, macht sich der Erbe schadensersatzpflichtig und kann sich ihm ggü nicht mehr auf die Einrede des § 1973 berufen (Soergel/*Stein* § 1973 Rn 3).

13 **IV. Verfahren.** Neben der Aufforderung an alle Gläubiger, ihre Ansprüche und Rechte bis spätestens im Aufgebotstermin anzumelden, enthält der Erlass des Aufgebots die Androhung der Zurücksetzung sowie die Bestimmung eines Termins. Das Aufgebot muss öffentlich bekannt gemacht werden durch Aushang an der Gerichtstafel sowie Veröffentlichung im Bundesanzeiger, § 948 I ZPO. Die Aufgebotsfrist beträgt mindestens 6 Wochen seit dem ersten Einrücken im Bundesanzeiger und soll maximal 6 Monate betragen (DGE/*Hanhörster/Dospil* § 1970 Rn 2). Das Aufgebot soll den bekannten Nachlassgläubigern nach § 994 II ZPO von Amts wegen zugestellt werden (Damrau/*Gottwald* § 1970 Rn 7).

14 Ist bereits ein Nachlassinsolvenzverfahren eröffnet, ist der Aufgebotsantrag mangels Rechtsschutzbedürfnis abzulehnen; die begonnene Zwangsversteigerung bleibt nach § 178 II ZVG hiervon unberührt.

15 Dagegen ist das Aufgebotsverfahren einzustellen, wenn das Beschränkungsrecht des Erben vor Erlass des Ausschlussurteils verloren geht (Staud/*Marotzke* § 1970 Rn 9) oder wenn er den Aufgebotstermin versäumt, § 2015 II (Palandt/*Edenhofer* § 1970 Rn 9).

16 Es ist möglich, ein ausländisches Ausschlussurteil bei deutschem Erbstatut anzuerkennen (Palandt/*Edenhofer* § 1970 Rn 10).

17 **V. Kosten.** Die Kosten des Aufgebotsverfahrens sind Nachlassverbindlichkeiten bzw Masseschulden im Nachlassinsolvenzverfahren, § 324 I Nr 4 InsO und treffen nach § 22 I GKG den Antragsteller.

§ 1971 Nicht betroffene Gläubiger

¹Pfandgläubiger und Gläubiger, die im Insolvenzverfahren den Pfandgläubigern gleichstehen, sowie Gläubiger, die bei der Zwangsvollstreckung in das unbewegliche Vermögen ein Recht auf Befriedigung aus diesem Vermögen haben, werden, soweit es sich um die Befriedigung aus den ihnen haftenden Gegenständen handelt, durch das Aufgebot nicht betroffen. ²Das Gleiche gilt von Gläubigern, deren Ansprüche durch eine Vormerkung gesichert sind oder denen im Insolvenzverfahren ein Aussonderungsrecht zusteht, in Ansehung des Gegenstands ihres Rechts.

1 **A. Allgemeines.** Dinglich gesicherte Gläubiger bzw die ihnen gleichgestellten Gläubiger werden durch den Ausschluss im Aufgebotsverfahren des § 1973 nicht betroffen und brauchen ihre Forderungen nicht anmelden, da ihre Ansprüche nicht den Nachlass als Ganzes, sondern nur einen bestimmten Nachlassgegenstand

betreffen (Palandt/*Edenhofer* § 1971 Rn 1). Dabei kommt es nicht darauf an, ob sie die bevorrechtigte Stellung vor oder nach dem Erbfall erlangt haben, sofern das Recht vor dem Ausschlussurteil bestanden hat (DGE/*Hanhörster/Dospil* § 1971Rn 1).

Vom Anwendungsbereich des § 1971 sind nicht betroffene Gläubiger: Pfandgläubiger nach §§ 1204, 1273, Gläubiger, deren Ansprüche durch eine Vormerkung gesichert sind, Gläubiger wegen eines kaufmännischen Zurückbehaltungsrechts an bestimmten Gegenständen, § 369 ff HGB und Gläubiger, die ein Zurückbehaltungsrecht wegen Verwendungen auf eine Sache haben (Palandt/*Edenhofer* § 1971 Rn 2), Absonderungs- und Aussonderungsberechtigte sowie die öffentlichen Kassen bzgl der wegen Abgaben beschlagnahmten Gegenstände (RGZ 64, 248) und die Realberechtigten in der Zwangsversteigerung nach § 10 ZVG (Erman/*Schlüter* § 1971 Rn 1).

B. Wirkungen. Die dinglich gesicherten Gläubiger müssen ihre Ansprüche zur Rechtswahrung nicht im Aufgebotsverfahren anmelden, soweit sich die bevorrechtigte Stellung auf die mit dem Sicherungsrecht belasteten Gegenstände bezieht (DGE/*Hanhörster/Dospil* § 1971Rn 2); ansonsten hat eine Anmeldung zu erfolgen.

Der Erbe hat während des Aufgebotsverfahrens nach §§ 2014, 2015 kein Leistungsverweigerungsrecht ggü den bevorrechtigten Nachlassgläubigern. Dies gilt nicht, wenn diese Gläubiger ihre Sicherungsrechte erst nach dem Erbfall im Wege des einstweiligen Rechtsschutzes oder durch Zwangsvollstreckung erlangt haben, § 2016 II.

Hat der Nachlassgläubiger für seine persönliche Forderung ein Befriedigungsrecht aus einem Nachlassgrundstück, so wird § 1971 durch § 175 ZVG ergänzt, da der Erbe die Zwangsversteigerung zur Feststellung, ob und inwieweit sich der Gläubiger aus dem Grundstück befriedigen kann und der Erbe danach noch persönlich für den Ausfall haftet, betreiben kann (Palandt/*Edenhofer* § 1971 Rn 3).

§ 1972 Nicht betroffene Rechte

Pflichtteilsrechte, Vermächtnisse und Auflagen werden durch das Aufgebot nicht betroffen, unbeschadet der Vorschrift des § 2060 Nr. 1.

Nicht betroffen vom Aufgebotsverfahren sind Pflichtteilsrechte, Vermächtnisse (auch Voraus und Dreißigster) und Auflagen. Dies gilt auch für die bis zum 1. 4. 98 entstandenen Erbersatzansprüche, § 1934 b (Erman/*Schlüter* § 1972 Rn 1). Es ist davon auszugehen, dass die sog nachlassbeteiligten Gläubiger (Palandt/*Edenhofer* § 1972 Rn 1) diese Verbindlichkeiten durch die Eröffnung der Verfügung von Todes wegen kennen (Prot V S 774). Sie sind den anderen Nachlassgläubigern ggü, auch denen ausgeschlossenen, zurückgesetzt, § 1973 I 2. Werden erst nach der Erfüllung der Pflichtteile, Vermächtnisse und Auflagen ausgeschlossene Gläubiger bekannt, steht diesen bzw dem Nachlassinsolvenzverwalter nach § 322 InsO ein Anfechtungsrecht zu (Kroiß/Ann/Mayer/*Krug* § 1972 Rn 6).

Nach §§ 1978 f haben die am Nachlass beteiligten Gläubiger, anders als die ausgeschlossenen, Ansprüche gegen den Erben aus dessen Verwaltung. Eine Mithaftung des Miterben kann nach § 2060 Nr 1 nur durch die Anmeldung der Ansprüche verhindert werden (Palandt/*Edenhofer* § 1972 Rn 1). Unterbleibt die Anmeldung, kann zwar nicht die Verweigerungseinrede nach § 1973, wohl aber die Versäumungseinrede aus § 1974 gegen sie erhoben werden, wenn er sich erst nach Ablauf von 5 Jahren nach dem Erbfall meldet, § 1974 III (Soergel/*Stein* § 1972 Rn 3). Diese Ansprüche treten ggü den übrigen Nachlassverbindlichkeiten bei der Befriedigung zurück, vgl §§ 1973 I 2, 1991 IV; 322, 327 f InsO.

Um sich alle Rechte vorzubehalten, sollten die Pflichtteilsberechtigten, Vermächtnisnehmer und Auflagenbegünstigten ihre Rechte im Aufgebotsverfahren anmelden (Kroiß/Ann/Mayer/*Krug* § 1972 Rn 5).

§ 1973 Ausschluss von Nachlassgläubigern

(1) ¹Der Erbe kann die Befriedigung eines im Aufgebotsverfahren ausgeschlossenen Nachlassgläubigers insoweit verweigern, als der Nachlass durch die Befriedigung der nicht ausgeschlossenen Gläubiger erschöpft wird. ²Der Erbe hat jedoch den ausgeschlossenen Gläubiger vor den Verbindlichkeiten aus Pflichtteilsrechten, Vermächtnissen und Auflagen zu befriedigen, es sei denn, dass der Gläubiger seine Forderung erst nach der Berichtigung dieser Verbindlichkeiten geltend macht.

(2) ¹Einen Überschuss hat der Erbe zum Zwecke der Befriedigung des Gläubigers im Wege der Zwangsvollstreckung nach den Vorschriften über die Herausgabe einer ungerechtfertigten Bereicherung herauszugeben. ²Er kann die Herausgabe der noch vorhandenen Nachlassgegenstände durch Zahlung des Wertes abwenden. ³Die rechtskräftige Verurteilung des Erben zur Befriedigung eines ausgeschlossenen Gläubigers wirkt einem anderen Gläubiger gegenüber wie die Befriedigung.

A. Allgemeines. Für Forderungen, die die Gläubiger ordnungsgemäß im Aufgebotsverfahren angemeldet haben, haftet der Erbe nach allgemeinen Regeln. Sie werden vorrangig befriedigt. Gläubiger, die sich im Aufgebotsverfahren nach § 1970 nicht angemeldet haben, werden zurückgesetzt (DGE/*Hanhörster/Dospil* § 1973

Rn 1), wodurch es zu einer außerordentlichen Haftungsbeschränkung für den Erben kommt mit der Folge, dass er den ausgeschlossenen Nachlassgläubigern nur auf den Nachlassüberschuss haftet (Palandt/*Edenhofer* § 1973 Rn 1), dh die Gläubiger werden nur aus den Mitteln des Nachlasses befriedigt.

2 **B. Erschöpfungseinrede.** Haftet der Erbe bei Erlass des Ausschlussurteils nach § 952 ZPO nicht bereits unbeschränkbar, kann er dem ausgeschlossenen Nachlassgläubiger als Wirkung des Urteils die Erschöpfungseinrede entgegenhalten, ohne die Haftungsbeschränkung der Nachlassverwaltung bzw -insolvenz herbeiführen zu müssen (Palandt/*Edenhofer* § 1973 Rn 1). Allerdings kann der ausgeschlossene Gläubiger nach § 317 I InsO das Nachlassinsolvenzverfahren beantragen. Hat es der Erbe schuldhaft unterlassen, einen ihm bekannten, nunmehr ausgeschlossenen Gläubiger in das dem Aufgebotsantrag beizufügende Verzeichnis aufzunehmen, haftet er aus dem Gesichtspunkt der positiven Vertragsverletzung für den hieraus entstehenden Schaden (Hburg OLGE 18, 324).

3 Nach Erlass des Ausschlussurteils kann der Erbe mit dem Nachlass nach Belieben verfahren, dh er kann ihn, da er den zurückgesetzten Gläubigern ggü nur nach Bereicherungsrecht haftet, auch durch Luxusreisen aufzehren (*Lange/Kuchinke* § 49 IX). Erhält er aber Kenntnis von der Forderung eines zurückgesetzten Gläubigers, tritt die verschärfte Haftung des § 819 I ein.

4 Die Ansprüche der ausgeschlossenen Gläubiger sind aber vorrangig vor den am Nachlass beteiligten Gläubigern, dh den Pflichtteilsberechtigten, Vermächtnisnehmern, Auflagenbegünstigten und Erbersatzberechtigten, zu erfüllen, sofern deren Forderung nicht erst nach der Berichtigung geltend gemacht wurde (DGE/*Hanhörster/Dospil* § 1973 Rn 1). Da eine Reihenfolge nicht einzuhalten ist, kann der Erbe diese Gläubiger befriedigen, wie sie sich melden.

5 **C. Überschuss.** Ein evtl Überschuss errechnet sich nach Bereicherungsgrundsätzen, §§ 818, 819. Maßgebend ist der Aktivbestand des Nachlasses, dem neben den Nutzungen auch die Surrogate, die beim Erbfall erloschenen Verbindlichkeiten und Lasten des Erben ggü dem Erblasser hinzuzurechnen sind. Abzusetzen sind dagegen die beim Erbfall auf gleiche Weise erloschenen Forderungen und Rechte des Erben, die – auch erfüllten – Forderungen der nicht ausgeschlossenen und vom Aufgebot nicht betroffenen Gläubiger mit Ausnahme der noch nicht befriedigten Ansprüche aus § 1972, die aus dem Nachlass bereits befriedigten Forderungen anderer ausgeschlossener Gläubiger mit der Maßgabe des Abs 2 S 3 sowie alle Aufwendungen des Erben, die er mit seinem Eigenvermögen für den Nachlass gemacht hat (Palandt/*Edenhofer* § 1973 Rn 2; einschränkend Soergel/*Stein* § 1973 Rn 5).

6 Maßgebender Zeitpunkt für den Haftungsumfang ist entweder die letzte mündliche Verhandlung, auf die das Urteil im Rechtsstreit mit dem Ausgeschlossenen ergeht oder der Entscheidung über die gegen seine Vollstreckung erhobenen Einwendungen; auf den Zeitpunkt der Geltendmachung der Forderung kommt es nur in Abs 1 S 2 an (Palandt/*Edenhofer* § 1973 Rn 2).

7 **D. Wirkung.** Durch die Erschöpfungseinrede erlischt die Gläubigerforderung nicht, sondern ist nur einredebehaftet mit der Folge, dass der Gläubiger mit ihr gegen eine Nachlassforderung aufrechnen kann; § 390 steht nicht entgegen (MüKo/*Siegmann* § 1973 Rn 2). Der Erbe kann auf die Erschöpfungseinrede auch die Einrede des § 322 stützen (Palandt/*Edenhofer* § 1973 Rn 4).

8 Im Prozess muss der Erbe die Erschöpfung nachweisen; gelingt ihm der Nachweis, führt dies zur Klageabweisung als zzt unzulässig (BGH NJW 54, 635).

9 Die Wirkung der Erschöpfungseinrede besteht im wesentlichen darin, dass der Erbe die Befriedigung der Nachlassgläubiger insoweit verweigern kann, als der Nachlass durch Erfüllung der nicht ausgeschlossenen Forderungen erschöpft ist oder wäre (Palandt/*Edenhofer* § 1973 Rn 4). Im Falle eines Überschusses beschränkt sich der Gläubigeranspruch auf die im Nachlass noch vorhandenen Gegenstände bzw deren Ersatz, wobei der Erbe die Zwangsvollstreckung in diese Gegenstände dulden muss. Allerdings kann der Gläubiger vom Erben zuvor Auskunft und die eV nach §§ 260, 261 verlangen (Palandt/*Edenhofer* § 1973 Rn 4).

10 **E. Abwendungsbefugnis.** Der Erbe kann die bereits gegenständlich beschränkte Zwangsvollstreckung durch Zahlung des Schätzwertes abwenden, wenn er hinter der Forderung des Ausgeschlossenen zurückbleibt (Palandt/*Edenhofer* § 1973 Rn 5). Er kann aber die zur Befriedigung seiner eigenen Ersatzansprüche erforderlichen Gegenstände zurückbehalten, da sie nicht zum Nachlassüberschuss gehören (RGRK/*Kregel* § 1973 Rn 22). Maßgebender Zeitpunkt zur Ermittlung des Schätzwertes für den Wertersatz ist die Ausübung des Wahlrechts durch den Erben (Staud/*Marotzke* § 1973 Rn 26).

11 **F. Prozessuales.** Der Erbe kann auf die Geltendmachung der Erschöpfungseinrede verzichten. Sie geht durch Versäumung des Vorbehalts nach § 780 I ZPO verloren (RGZ 59, 305), falls der Vorbehalt nicht durch Urteilsergänzung nach § 321 ZPO oder durch ein Rechtsmittel, wobei dies in der Revisionsinstanz nur noch ausnahmsweise möglich ist (BGH NJW 62, 1250), nachgeholt wird. Es genügt der allgemeine Vorbehalt nach §§ 205, 780 I ZPO, auch wenn er versehentlich nur in den Gründen steht (OLGE 17, 134). Im Übrigen ist der Vorbehalt auch der Klage auf Erteilung einer Vollstreckungsklausel nach § 731 ZPO notwendig, nicht aber bei der Klauselumstellung des § 727 ZPO, da § 781 ZPO Anwendung findet (Zöller/*Stöber* § 780 ZPO Rn 9).

Wurde die Klage nicht bereits mit Erheben der Erschöpfungseinrede abgewiesen, muss der Erbe in der 12
Zwangsvollstreckung mittels der Vollstreckungsabwehrklage nach § 785 ZPO die beschränkte Haftung, § 781
ZPO, einwenden, die aber dann versagt wird, wenn der Erbe vorbehaltlos verurteilt wurde. Hat der Erbe
unter dem Druck der Zwangsvollstreckung gezahlt, kann er nach §§ 813, 814 die Rückzahlung des Geleisteten
verlangen (RGZ 64, 244).

Auch wenn § 1973 II 1 den Erben zur Herausgabe zum Zwecke der Zwangsvollstreckung verpflichtet, so bein- 13
haltet dies aber keine Verpflichtung zur Eigentumsübertragung auf den ausgeschlossenen Gläubiger, sondern
nur zur Duldung der Zwangsvollstreckung in noch etwa vorhandene Nachlassgegenstände (MüKo/*Siegmann*
§ 1973 Rn 6).

G. Besonderheiten. Der Ausgeschlossene kann im Nachlassverwaltungs- und Nachlassinsolvenzverfahren 14
nur dann auf Duldung der Zwangsvollstreckung klagen, wenn nach dem Teilungsplan feststeht, dass nach der
Befriedigung der nicht ausgeschlossenen Gläubiger ein Überschuss verbleibt (RGZ 61, 221).

§ 1974 Verschweigungseinrede

(1) ¹Ein Nachlassgläubiger, der seine Forderung später als fünf Jahre nach dem Erbfall dem Erben gegenüber geltend macht, steht einem ausgeschlossenen Gläubiger gleich, es sei denn, dass die Forderung dem Erben vor dem Ablauf der fünf Jahre bekannt geworden oder im Aufgebotsverfahren angemeldet worden ist. ²Wird der Erblasser für tot erklärt oder wird seine Todeszeit nach den Vorschriften des Verschollenheitsgesetzes festgestellt, so beginnt die Frist nicht vor dem Eintritt der Rechtskraft des Beschlusses über die Todeserklärung oder die Feststellung der Todeszeit.
(2) Die dem Erben nach § 1973 Abs. 1 Satz 2 obliegende Verpflichtung tritt im Verhältnis von Verbindlichkeiten aus Pflichtteilsrechten, Vermächtnissen und Auflagen zueinander nur insoweit ein, als der Gläubiger im Falle des Nachlassinsolvenzverfahrens im Range vorgehen würde.
(3) Soweit ein Gläubiger nach § 1971 von dem Aufgebot nicht betroffen wird, finden die Vorschriften des Absatzes 1 auf ihn keine Anwendung.

A. Allgemeines. § 1974 schützt den Erben vor sehr später Inanspruchnahme eines Gläubigers (Prot V, 795) 1
und gilt nach § 2144 auch für den Nacherben (DGE/*Hanhörster/Dospil* § 1974 Rn 2). Verliert der Erbe vor
Ablauf der Frist sein Recht zur Haftungsbeschränkung nach § 2013 I, kann er die Verschwiegenheitseinrede
nicht mehr geltend machen.

B. Norminhalt. Die Gläubiger, die erst 5 Jahre (Ausschlussfrist, Staud/*Marotzke* § 1974 Rn 3) nach dem Erb- 2
fall ihre Forderungen geltend machen, werden wie ausgeschlossene Gläubiger iSd § 1973 behandelt. Macht
der Gläubiger seinen Anspruch innerhalb der Frist nicht, dh weder ggü dem Nachlasspfleger noch dem Nachlassverwalter, Testamentsvollstrecker oder vorläufigen Erben geltend, liegt ein Fall der Säumnis vor (DGE/
Hanhörster/Dospil § 1974 Rn 1). Dabei genügt jede private Meldung des Gläubiger (Erman/*Schlüter* § 1974
Rn 2).

Bedeutung hat die Norm auch dann, wenn ein Aufgebotsverfahren bereits stattgefunden hat, und zwar ggü 3
den Neugläubigern, deren Ansprüche erst nach dem Ausschlussurteil bzw nach Fristablauf entstanden sind
(str: Palandt/*Edenhofer* § 1974 Rn 1, aA Soergel/*Stein* § 1974 Rn 3) und den vom Verfahren nicht betroffenen
nachlassbeteiligten Gläubigern des § 1972, da es nicht darauf ankommt, ob die Forderung geltend gemacht
werden konnte oder nicht. IdR wird der Erbe den Anspruch kennen oder es liegt eine Nachlasserbenschuld
vor (Palandt/*Edenhofer* § 1974 Rn 1).

Die fünfjährige Frist beginnt am Tag nach dem Erbfall zu laufen. Bei der Todeserklärung ist Fristbeginn der 4
erste Tag der Rechtskraft des Feststellungsbeschlusses, §§ 39 ff VerschG.

Die Verschwiegenheitseinrede kann nicht geltend gemacht werden ggü den Gläubigern, die im Aufgebotsver- 5
fahren ihre Forderung angemeldet haben, die vom Aufgebotsverfahren gem § 1971 nicht betroffen sind und
deren Forderung dem Erben vor Fristablauf bekannt wurde (DGE/*Hanhörster/Dospil* § 1974 Rn 1).

Da der Erbe die Verbindlichkeit aus der Verfügung von Todes wegen kennt, hat Abs 2 kaum praktische 6
Bedeutung (Palandt/*Edenhofer* § 1974 Rn 1).

C. Wirkungen der Säumnis. Die Erbenhaftung wird auf die Bereicherung des Nachlasses beschränkt 7
(Erman/*Schlüter* § 1974 Rn 3). Wurde der Nachlass bereits geteilt, gilt § 2060 Nr 2 unter den Miterben. Hat
der Erbe sein Recht zur Haftungsbeschränkung in der fünfjährigen Frist verloren, entfällt die Wirkung der
Säumnis, § 2013 I 1 (Erman/*Schlüter* § 1974 Rn 3). Für die Geltendmachung von Pflichtteilsrechten ergeben
sich Besonderheiten, die aber ohne praktische Bedeutung sind, da die Ansprüche dem Erben idR bekannt
sind. Nach § 327 I InsO sind Verbindlichkeiten ggü Pflichtteilsberechtigten vor den Verbindlichkeiten aus den
vom Erblasser angeordneten Vermächtnissen zu erfüllen, wobei die Verschwiegenheitseinrede an dieser Rangordnung grds nichts ändert, § 327 III 2 InsO (Damrau/*Gottwald* § 1974 Rn 8).

Untertitel 3 Beschränkung der Haftung des Erben

§ 1975 Nachlassverwaltung; Nachlassinsolvenz

Die Haftung des Erben für die Nachlassverbindlichkeiten beschränkt sich auf den Nachlass, wenn eine Nachlasspflegschaft zum Zwecke der Befriedigung der Nachlassgläubiger (Nachlassverwaltung) angeordnet oder das Nachlassinsolvenzverfahren eröffnet ist.

1 **A. Allgemeines.** Durch die Nachlassverwaltung kann der Erbe, ebenso wie durch das Nachlassinsolvenzverfahren, seine Haftung für die Nachlassverbindlichkeiten auf den Nachlass beschränken. Dies führt mit der Anordnung der Nachlassverwaltung bzw mit der Eröffnung des Nachlassinsolvenzverfahrens zu einer rückwirkenden Trennung von Nachlassvermögen und Eigenvermögen des Erben auf den Zeitpunkt des Erbfalls mit der Folge, dass der Erbe nicht mehr auf Leistung verklagt werden kann (RG JW 13, 752), wohl aber auf Feststellung und künftige Leistung. Allerdings sollte sich der Erbe bei einem zuvor erfolgten Prozess den Vorbehalt des § 780 ZPO in den Urteilstenor aufnehmen lassen, um sich danach auf die zwischenzeitlich eingetretene Haftungsbeschränkung berufen zu können (RGZ 59, 301).

2 Die Nachlassverwaltung sollte immer dann gewählt werden, wenn der Nachlass unübersichtlich, aber ausreichend Nachlassmasse vorhanden ist.

3 In beiden Fällen, dh sowohl bei der Nachlassverwaltung als auch bei der Nachlassinsolvenz, wird dem Erben die Verwaltung des Nachlasses entzogen und einem amtlich bestellten Verwalter übergeben, § 1981 bzw § 80 InsO.

4 Nach § 784 I ZPO kann der so beschränkt haftende Erbe verlangen, dass die Zwangsvollstreckung, die zugunsten eines Nachlassgläubigers in sein Eigenvermögen erfolgt ist, aufgehoben wird. Umgekehrt darf auch kein Eigengläubiger, der nicht zugleich Nachlassgläubiger ist, in den Nachlass vollstrecken, § 1984 II. Der Nachlassverwalter kann verlangen, dass die Zwangsvollstreckung in den Nachlass aufgehoben wird, § 784 II ZPO. Im Nachlassinsolvenzverfahren gilt ein allgemeines Vollstreckungsverbot.

5 Die Haftungsbeschränkung bleibt auch nach Beendigung der Nachlassverwaltung bzw Aufhebung des Nachlassinsolvenzverfahrens bestehen (hM; BGH NJW 54, 635). Ungeachtet dessen können die Gläubiger ihre Ansprüche ggü dem Erben geltend machen; er haftet ihnen aber gem § 1973 nur wie einem ausgeschlossenen Gläubiger. Wurde das Nachlassinsolvenzverfahren mangels Masse abgewiesen, tritt keine Haftungsbeschränkung ein (DGE/*Hanhörster/Dospil* § 1975 Rn 4). In diesem Fall kann der Erbe, der nach § 215 II InsO die Verfügungsbefugnis über die Masse zurückerhält, die Dürftigkeitseinrede nach §§ 1990, 1991 erheben.

6 Das Recht zur Haftungsbeschränkung kann nicht nur durch Verzicht, sondern auch durch Eintritt der unbeschränkten Haftung allgemein oder ggü einzelnen Gläubigern eintreten. Im Falle eines allgemeinen Verlustes kann der Erbe keine Nachlassverwaltung mehr beantragen, wohl aber das Nachlassinsolvenzverfahren, um Übergriffe der Privatgläubiger zu verhindern. Die Testamentsvollstreckung steht der Haftungsbeschränkung nicht entgegen.

7 **B. Nachlassverwaltung.** Auf die Nachlassverwaltung als einer Art der Nachlasspflegschaft (Staud/*Marotzke* § 1975 Rn 11) finden, soweit der besondere Zweck der Nachlassverwaltung dem nicht entgegensteht (RGZ 135, 305), die Vorschriften der Pflegschaft Anwendung (Jena Rpfleger 98, 427) und insofern auch die Vorschriften der Vormundschaft, § 1915 I (RGZ 72, 260). Sie führt vielfach zum Nachlassinsolvenzverfahren und endigt mit dessen Eröffnung, § 1988. Im Einverständnis mit den Gläubigern kann der Erbe als deren Beauftragter den Nachlass auch ohne Nachlassverwalter abwickeln (Palandt/*Edenhofer* § 1975 Rn 2), wobei diese Vereinbarung durch die Eröffnung des Nachlassinsolvenzverfahrens hinfällig wird (*Molitor* JhJ 69, 314).

8 Die Nachlassverwaltung über einen Erbteil ist ebenso unzulässig wie nach der Nachlassteilung, § 2062. Das Vorhandensein eines Nachlasspflegers steht der Anordnung der Nachlassverwaltung nicht entgegen (BayObLGZ 76, 167). Stellt sich während der Nachlassverwaltung heraus, dass der Nachlass überschuldet ist, geht das Verfahren regelmäßig in das Nachlassinsolvenzverfahren über. Im Einverständnis aller Nachlassgläubiger kann der Nachlassverwalter zur Abwendung der wertvernichtenden Nachlassinsolvenz bestellt werden (Staud/*Marotzke* § 1975 Rn 12).

9 Der Nachlassverwalter hat die Aufgabe, die Nachlassgläubiger zu befriedigen. Er ist aber nicht gesetzlicher Vertreter, sondern Amtstreuhänder mit einer gesetzlichen Verfügungs-, Erwerbs- Verpflichtungs- und Prozessführungsermächtigung (hM; *Jauernig* ZPO § 38 V 4 mwN). Er verfügt im eigenen Namen über die Nachlassgegenstände als Partei kraft Amtes mit Wirkung für und gegen den Erben, der dabei stets als Träger des Sondervermögens Nachlass berechtigt und verpflichtet wird (RGZ 151, 57). Daher wird nicht der Nachlassverwalter, sondern der Erbe als Eigentümer eines Nachlassgrundstücks ins Grundbuch eingetragen (BGH DNotZ 61, 485).

10 Für die Anordnung der Nachlassverwaltung ist das Nachlassgericht zuständig, § 1962. Antragsberechtigt ist neben dem Erben auch der Nachlassgläubiger unter den Voraussetzungen des § 1981 II. Das Antragsrecht und die Anordnung der Nachlassverwaltung ist in § 1981 geregelt, die Rechtsstellung des Nachlassverwalters

in den §§ 1984 – 1987. Für den Nachlass eines österreichischen Erblassers fehlt in der Bundesrepublik Deutschland die internationale Zuständigkeit, wenn Erbstatut das österreichische Recht ist (KG OLGZ 77, 309). Die Nachlassverwaltung endet entweder durch die Aufhebung des Nachlassgerichts oder durch die Eröffnung des Nachlassinsolvenzverfahrens.
Die Kosten der Nachlassverwaltung stellen Nachlassverbindlichkeiten dar. 11

C. Nachlassinsolvenz. Das Nachlassinsolvenzverfahren wird stets über den Nachlass als ganzes geführt, nach 12
§ 316 III InsO ist das Verfahren über einen Erbteil unzulässig. Im Übrigen gelten die Vorschriften der §§ 315–331 InsO. Eröffnungsgrund ist danach die Zahlungsunfähigkeit und die Überschuldung. Bei einem Antrag des Erben, Testamentsvollstreckers, Nachlasspflegers oder -verwalters genügt auch die drohende Zahlungsunfähigkeit.
Nach § 316 InsO steht weder die unbeschränkte Erbenhaftung noch die bereits erfolgte Nachlassteilung, die 13
Nichtannahme oder der ausstehende Ablauf der Ausschlagungsfrist entgegen.
Gegenstand des Nachlassinsolvenzverfahrens können nur Nachlassverbindlichkeiten sein, § 325 InsO. 14
Gemeinschuldner ist der Erbe, der zugleich auch Nachlassgläubiger sein kann sowie beim Erbschaftskauf der Käufer anstelle des Erben, § 330 I InsO. Insolvenzgläubiger sind sämtliche Nachlassgläubiger. Eine abgesonderte Befriedigung kann aufgrund einer nach dem Erbfall erfolgten Zwangsvollstreckung in den Nachlass nicht verlangt werden, § 321 InsO (Palandt/*Edenhofer* § 1975 Rn 3).
Pflichtteilsansprüche, Vermächtnisse und Auflagen sind nachrangig, § 327 InsO; werden sie vor Eröffnung des 15
Nachlassinsolvenzverfahrens erfüllt, ist ihre Erfüllung anfechtbar.
Das Amtsgericht ist als Insolvenzgericht am letzten Wohnsitz des Erblassers ausschl zuständig, sofern der 16
Erblasser den Mittelpunkt seiner selbständigen wirtschaftlichen Tätigkeit nicht an einem anderen Ort hatte, § 315 InsO. Nach § 317 InsO sind neben dem Erben auch der Miterbe bei Glaubhaftmachung des Eröffnungsgrundes, der Testamentsvollstrecker, Nachlassverwalter, -pfleger sowie jeder Nachlassgläubiger antragsberechtigt. Allerdings kann der Nachlassgläubiger den Antrag nur innerhalb von 2 Jahren ab Annahme der Erbschaft stellen, § 319 InsO. Unter bestimmten Voraussetzungen ist auch der Ehegatte des Erben bei bestehender Gütergemeinschaft ebenso berechtigt, den Eröffnungsantrag zu stellen wie der Lebenspartner bei einer Lebenspartnerschaft (str; zust Staud/*Marotzke* § 1975 Rn 34 mwN).

§ 1976 Wirkung auf durch Vereinigung erloschene Rechtsverhältnisse

Ist die Nachlassverwaltung angeordnet oder das Nachlassinsolvenzverfahren eröffnet, so gelten die infolge des Erbfalls durch Vereinigung von Recht und Verbindlichkeit oder von Recht und Belastung erloschenen Rechtsverhältnisse als nicht erloschen.

A. Allgemeines. Durch die Nachlassverwaltung bzw Nachlassinsolvenz kommt es zur endgültigen Trennung 1
zwischen Nachlass und Eigenvermögen des Erben. Die Nachlassabsonderung führt zum Verlust der Verwaltungs- und Verfügungsbefugnis über die Nachlassgegenstände nach § 1984 I 1, §§ 22 I 1, 80 I InsO mit der Folge, dass die materielle Berechtigung des Erben am Nachlass so zu betrachten ist, als hätte sie von Anfang an nicht bestanden.
Im Übrigen ist es für die Anwendung dieser Vorschrift unerheblich, ob der Erbe bei Anordnung eines der 2
beiden förmlichen Nachlassverfahren die Haftungsbeschränkungsmöglichkeit bereits verloren hatte oder nicht (Kroiß/Ann/Mayer/*Krug* § 1976 Rn 2). Da der Erbe Rechtsinhaber ist, kann er im Prozess als gewillkürter, vom Nachlassverwalter ermächtigter Prozessstandschafter auftreten (BGH NJW 63, 297).
§ 1976 findet in folgenden Fällen keine Anwendung: bei dinglichen Rechten nach § 889, beim Nießbrauch 3
nach §§ 1063, 1068 und beim Pfandrecht, §§ 1256, 1273 (Kroiß/Ann/Mayer/*Krug* § 1976 Rn 3). Von der Rspr wurden Fälle entwickelt, bei denen weder Konfusion noch Konsolidation eintritt, wie bei der Erbengemeinschaft (BGH NJW 57, 1916), bei der Testamentsvollstreckung (BGHZ 48, 214), beim Quotenvermächtnis (BGH WM 1978, 377) und im Pflichtteilsrecht (BGH NJW 87, 1260).

B. Nachlassabsonderung. Die Nachlassabsonderung hat zur Folge, dass Forderungen, die durch Konfusion 4
(= Vereinigung von Recht und Verbindlichkeit) oder Rechte, die durch Konsolidation (Vereinigung von Recht und Belastung) untergegangen sind, im Verhältnis Erbe-Nachlass- Nachlassgläubiger so behandelt werden, als ob sie vom Erbfall an fortbestanden hätten (DGE/*Hanhörster/Dospil* § 1976 Rn 1). Daher stehen sowohl die Konfusion als auch die Konsolidation unter der auflösenden Bedingung der Nachlassabsonderung, wobei diese Rechtsfolge automatisch eintritt (Staud/*Otte* § 1976 Rn 1).
Konfusion und Konsolidation treten mit dem Erbfall in einer Person ein, wenn der Erblasser von **einem** 5
Erben beerbt wird. Dies gilt nicht, wenn Verwaltungsvollstreckung angeordnet ist, da schon im Zeitpunkt des Erbfalls keine Vereinigung von Forderung und Schuld stattfand (BGHZ 48, 214).
Akzessorische Nebenrechte der erloschenen Forderung, wie Pfandrecht oder Bürgschaft, sind als fortlaufend 6
zu betrachten (Soergel/*Stein* § 1976 Rn 1). Ein Pfandrecht drängt ein nachrückendes Pfandrecht durch die Absonderung nicht wieder zurück; nach § 1256 II geht das Pfandrecht mit der Forderung unter, und zwar unabhängig von einem rechtlichen Interesse des Erben an seinem Fortbestand.

7 Die Auflassungsvormerkung, die bereits erloschen war, als der Grundstückskäufer den Verkäufer beerbte, gilt als bestehend (BGH NJW 81, 1577). Eine gelöschte Hypothek des Erben am Grundstück des Erblassers muss im Rang dem zwischenzeitlich von ihm als Grundstückeigentümer einem Dritten bestellten Grundpfandrecht nachgehen (Dresden RJA 16, 148); sie wird wieder zur Fremdgrundschuld, wenn sie zuvor eine Eigentümergrundschuld war.

8 Auch kann die Nachlassabsonderung die Anwachsung des Gesellschaftsanteils des Erblassers beim Erbfall auf die übrigen Gesellschafter nicht verhindern, sofern sie kraft Gesellschaftsvertrag und nicht kraft Erbrecht erfolgt (RGZ 136, 97). Der Anspruch auf Leistung eines Abfindungsguthabens aus diesem gesellschaftsrechtlichen Vorgang lebt, sollte er erloschen sein, wieder auf (BGH NJW 91, 844).

9 Da die Erbschaftssteuer nach § 10 III ErbStG an die beim Erben eingetretene Bereicherung anknüpft, gelten die Rechte und Belastungen, die infolge des Erbfalls entstanden sind, selbst dann nicht als erloschen, wenn die Voraussetzungen des § 1976 nicht vorliegen (BGH NJW 87, 1260).

10 **C. Wirkung.** Da die Rechte des Erben gegen den Nachlass nach § 1976 wiederaufleben, kann er diese Forderungen als Nachlassgläubiger gegen den Nachlassverwalter bzw Insolvenzverwalter geltend machen (BGHZ 48, 214). Die vor Verfahrenseröffnung getätigten Verfügungen des Erben über Nachlassgegenstände bleiben wirksam (DGE/*Hanhörster/Dospil* § 1976 Rn 3). Dagegen kann die Verfügung eines Nichtberechtigten, den der Berechtigte beerbt, nicht wirksam werden, da dies voraussetzen würde, dass die Möglichkeit der Haftungsbeschränkung nicht mehr besteht (Palandt/*Edenhofer* § 1976 Rn 5). Im Falle der unbeschränkten Haftung ist Konvaleszenz eingetreten mit der Folge, dass sie auch durch die spätere Eröffnung des Nachlassinsolvenzverfahrens nicht mehr beseitigt wird.

11 Waren Erbe und Erblasser Miteigentümer eines Grundstücks, kann nach § 1976 nur in die dem Erblasser gehörende Eigentumshälfte vollstreckt werden. Gegen die Zwangsvollstreckung in das gesamte Grundstück kann nach § 784 I ZPO vorgegangen werden (Staud/*Otte* § 1976 Rn 8).

§ 1977 Wirkung auf eine Aufrechnung

(1) Hat ein Nachlassgläubiger vor der Anordnung der Nachlassverwaltung oder vor der Eröffnung des Nachlassinsolvenzverfahrens seine Forderung gegen eine nicht zum Nachlass gehörende Forderung des Erben ohne dessen Zustimmung aufgerechnet, so ist nach der Anordnung der Nachlassverwaltung oder der Eröffnung des Nachlassinsolvenzverfahrens die Aufrechnung als nicht erfolgt anzusehen.
(2) Das Gleiche gilt, wenn ein Gläubiger, der nicht Nachlassgläubiger ist, die ihm gegen den Erben zustehende Forderung gegen eine zum Nachlass gehörende Forderung aufgerechnet hat.

1 **A. Allgemeines.** § 1977 steht, ebenso wie § 1976, in engem Zusammenhang mit der Absonderung des Nachlasses vom Eigenvermögen des Erben (BaRoth/*Lohmann* § 1977 Rn 1).

2 Die Aufrechnung eines Nachlassgläubigers gegen eine dem Erben persönlich gegen ihn zustehende Forderung führt grds zum Erlöschen beider Forderungen. Aufgrund der Stellung des Erben als persönlicher Schuldner aller Nachlassverbindlichkeiten stehen die Ansprüche der Nachlassgläubiger im Gegenseitigkeitsverhältnis, und zwar auch zu den Eigenforderungen des Erben, weshalb eine Aufrechnung nach §§ 387 ff möglich ist (DGE/*Hanhörster/Dospil* § 1977 Rn 1).

3 **B. Aufrechnung durch Nachlassgläubiger.** Erklärt der Nachlassgläubiger nach dem Erbfall gegen eine Eigenforderung des Erben ohne dessen Zustimmung die Aufrechnung, wird sie bei späterer Nachlassverwaltung bzw Eröffnung des Nachlassinsolvenzverfahren kraft Gesetzes ex tunc wirkungslos und gilt als nicht erklärt mit der Folge, dass die Wirkung des § 398 nicht eingetreten ist und die an sich erloschenen Forderungen einschl der Nebenrechte wie Pfandrecht, fortbestehen (Palandt/*Edenhofer* § 1977 Rn 1). Abs 1 schützt dadurch, dh als Konsequenz der rückwirkend eingetretenen Nachlassabsonderung, den Erben vor dem Verlust der unbeschränkten Haftung, indem dieser es nicht hinnehmen muss, dass Nachlassschulden auf seine Kosten getilgt werden. Hat der Erbe die Möglichkeit der Haftungsbeschränkung verloren, ist ihm auch die Berufung auf die Unwirksamkeit der Aufrechnung versagt.

4 Dagegen bleibt die Aufrechnung des Nachlassgläubigers wirksam, wenn der Erbe ausdrücklich oder durch schlüssiges Verhalten zugestimmt hat. Die **Zustimmung** ist als Verfügung über sein Eigenvermögen und gleichzeitig als Verzicht auf die Haftungsbeschränkung ggü diesen Gläubigern zu bewerten (Palandt/*Edenhofer* § 1977 Rn 2). Dies gilt insbes dann, wenn der Erbe selbst die Aufrechnung ggü dem Nachlassgläubiger erklärt hat. In diesem Fall erwirbt der Erbe nach § 1979 einen Ersatzanspruch bzw einen Bereicherungsanspruch gegen den Nachlass. Darüber hinaus tritt er im Nachlassinsolvenzverfahren an die Stelle des Gläubigers, § 326 II InsO.

5 Der Nachlassgläubiger kann, sobald die Nachlassabsonderung abgeschlossen ist, seine Forderung nur noch gegen den Verwalter geltend machen, § 1984 I 3. Daher entfaltet eine dennoch erklärte Aufrechnung gegen eine Eigenforderung des Erben keine Wirkung (RG LZ 1933, 521); entspr gilt für die Aufrechnungserklärung eines Eigengläubigers gegen eine Nachlassforderung. Umgekehrt kann sich auch der Erbe nicht mehr durch

Aufrechnung mit einer Nachlassforderung von einer Eigenschuld befreien, §§ 1975, 1984 I 1, wohl aber noch eine Nachlassforderung durch Aufrechnung gegen den Nachlassgläubiger mit einer Eigenforderung tilgen (str; so Soergel/*Stein* § 1977 Rn 2, 7 mN; aA Erman/*Schlüter* § 1977 Rn 2). Dies hat zur Folge, dass dem Erben dann ein Bereicherungsanspruch gegen die Masse zusteht. Rechnet der Erbe mit einer Eigenforderung auf, steht ihm gegen den Nachlass bzw die Insolvenzmasse ein bereicherungsrechtlicher Aufwendungsersatzanspruch zu, §§ 683, 684, 1978 III (MüKo/*Siegmann* § 1977 Rn 3).
Im Übrigen bleiben die Bestimmungen über die Aufrechnung im gewöhnlichen Insolvenzverfahren nach §§ 94–97 InsO davon unberührt. 6

C. Aufrechnung durch Eigengläubiger. Zum Schutz der Nachlassgläubiger gegen eine Verringerung des Nachlasses gilt nach Abs 2 „das Gleiche" wie in Abs 1, wenn Eigengläubiger des Erben gegen eine Nachlassforderung aufrechnen, da ihm insoweit die Verfügungsbefugnis fehlt, § 1984 I 1. Die ohne Zustimmung des Erben erfolgte Aufrechnung verliert mit der Nachlassabsonderung ihre Wirkung, wobei dies der Möglichkeit dient, Vollstreckungsmaßnahmen der Eigengläubiger in den Nachlass nach §§ 784 II, 785 ZPO zu beseitigen (Staud/*Lehmann* § 1977 Rn 3). 7

Str ist, ob die Zustimmung des Erben zur erklärten Aufrechnung bei Abs 2 ihre Wirkung erhält (so Soergel/*Stein* § 1977 Rn 5). Bejahendenfalls haftet der Erben den Nachlassgläubigern persönlich für die dann erloschene Nachlassforderung, § 1978 I 1. Im Hinblick auf den unterschiedlichen Normzweck in Abs 1 und 2 kommt der Zustimmung aber keine Bedeutung zu, so dass mit der Nachlassabsonderung diese Aufrechnung wirkungslos wird (MüKo/*Siegmann* § 1977 Rn 6). Infolgedessen ist dann auch eine vom Erben ggü seinem Eigengläubiger erklärte Aufrechnung mit einer Nachlassforderung unwirksam (Palandt/*Edenhofer* § 1977 Rn 5). 8

D. Unbeschränkte Haftung. Die Wirkung des § 1977 tritt nur ein, wenn die Aufrechnung nach dem Erbfall, aber noch vor der Anordnung der Nachlassverwaltung/Eröffnung des Nachlassinsolvenzverfahrens erklärt wird. 9

Bei der nach § 2013 I bestehenden unbeschränkbaren Haftung hat der Erbe jeden Schutzanspruch verloren mit der Folge, dass Abs 1 nicht gilt. 10

Abs 2 dient dem Schutz der Nachlassgläubiger vor Nachlassverkürzung und ist trotz des § 2013 bei allgemein unbeschränkbarer Haftung des Erben anzuwenden, da sie andernfalls beim Unvermögen des Erben durch eine zu ihren Gunsten geschaffene Rechtslage benachteiligt würden (MüKo/*Siegmann* § 1977 Rn 7). 11

Die in § 2013 II vorgenommene Verweisung auf § 1977 kann sich nur auf dessen Abs 2 wegen der zu verhindernden Verkürzung der übrigen Nachlassgläubiger beziehen; denn aus der Nichterwähnung des § 1975 in § 2013 II ist zu schließen, dass eine teilweise unbeschränkbare Haftung nicht wieder beschränkt werden kann (Palandt/*Edenhofer* § 1977 Rn 5). Daher kann der auf diese Weise begünstigte Gläubiger die Erbenforderung ungeachtet des Abs 2 durch Aufrechnung zum Erlöschen bringen, und zwar auch noch nach Verfahrensanordnung (Erman/*Schlüter* § 1977 Rn 4). 12

E. Verjährung. Durch § 1977, der die Aufrechnung als nicht erfolgt bewertet, werden die durch Aufrechnung erloschenen Forderungen wieder durchsetzbar gemacht. Würde nun eine oder beide Forderungen während der Zeit zwischen Aufrechnungserklärung und amtlicher Vermögenssonderung die Verjährungsfrist ablaufen, könnte die Forderung nicht mehr durchgesetzt werden, sofern sich die Beteiligten auf die Einrede der Verjährung berufen würden (Damrau/*Gottwald* § 1977 Rn 10). Kraft Gesetzes ist die Aufrechnung nach § 1977 auflösend bedingt. Diesen Sonderfall habe der Gesetzgeber bei den Verjährungsvorschriften nicht berücksichtigt, weshalb die Ansicht vertreten wird, dass § 205 analog anzuwenden und für die Zeit zwischen Aufrechnungserklärung und Eintritt der Vermögenssonderung eine Hemmung der Verjährung anzunehmen sei (Staud/*Marotzke* § 1977 Rn 14). 13

§ 1978 Verantwortlichkeit des Erben für bisherige Verwaltung, Aufwendungsersatz

(1) ¹Ist die Nachlassverwaltung angeordnet oder das Nachlassinsolvenzverfahren eröffnet, so ist der Erbe den Nachlassgläubigern für die bisherige Verwaltung des Nachlasses so verantwortlich, wie wenn er von der Annahme der Erbschaft an die Verwaltung für sie als Beauftragter zu führen gehabt hätte. ²Auf die vor der Annahme der Erbschaft von dem Erben besorgten erbschaftlichen Geschäfte finden die Vorschriften über die Geschäftsführung ohne Auftrag entsprechende Anwendung.
(2) Die den Nachlassgläubigern nach Absatz 1 zustehenden Ansprüche gelten als zum Nachlass gehörend.
(3) Aufwendungen sind dem Erben aus dem Nachlass zu ersetzen, soweit er nach den Vorschriften über den Auftrag oder über die Geschäftsführung ohne Auftrag Ersatz verlangen könnte.

A. Allgemeines. Der Erbe haftet unterschiedlich: Hat er die Erbschaft noch nicht angenommen, hat er als Geschäftsführer ohne Auftrag einzustehen, und wenn er sie angenommen hat, als Beauftragter. Die Ansprüche der Nachlassgläubiger aus § 1978 richten sich gegen das Eigenvermögen des Erben, und zwar unabhängig 1 davon, ob eine beschränkte Erbenhaftung besteht (DGE/*Hanhörster/Dospil* § 1978 Rn 1). Hat der Erbe vor der Nachlassabsonderung Nachlassverbindlichkeiten erfüllt, haben die Nachlassgläubiger diese Tilgung als für Rechnung des Nachlasses gegen sich gelten zu lassen, sofern er davon ausgehen durfte, dass der Nachlass für alle Gläubiger ausreichen wird, § 1979.

2 Da es sich nicht um erbrechtliche Ansprüche handelt, gelten die §§ 195, 199 (*Löhnig* ZEV 04, 267).

3 **B. Erbenhaftung für die Verwaltung.** Haftet der Erbe mit dem Nachlass infolge Nachlassverwaltung/-insolvenz beschränkt, muss der Nachlass den Gläubigern möglichst ungeschmälert erhalten bleiben. Daher ist ihnen der Erbe für seine Verwaltungsmaßnahmen verantwortlich. Daher hat der Erbe Auskunft zu erteilen, ein Verzeichnis aufzustellen, Rechenschaft abzulegen und ggf die eidesstattliche Versicherung abzulegen, und zwar unabhängig davon, ob es sich um den Zeitraum vor oder nach der Annahme der Erbschaft handelt (Soergel/*Stein* § 1978 Rn 3). Im Übrigen ist zu unterscheiden zwischen der Zeit vor und nach der Annahme der Erbschaft.

4 Haftet der Erbe bereits unbeschränkbar, macht es keinen Sinn, die Ersatzansprüche dem Nachlass nach Abs 2 zuzuweisen. Im Falle der Verwaltung der durch den Erblasser einem Dritten begründeten Rechte hat der Erbe hierfür nicht nur nach § 1978, sondern auch persönlich einzustehen (RGZ 92, 343). Schädigt er den Nachlass, weil der Mietzins weggefallen ist, haftet er den Nachlassgläubigern.

5 **I. Vor Erbschaftsannahme.** Der Erbe ist vor Annahme der Erbschaft nicht verpflichtet, hinsichtlich des Nachlasses tätig zu werden, da er zur GoA nicht gezwungen ist (Palandt/*Edenhofer* § 1978 Rn 2). Wird er aber tätig, geltend die §§ 677–684, 259, 260 analog (Celle MDR 70, 1012). Ausreichend ist, wenn er sein Verhalten nach sachlichen Erwägungen und dem objektiven Interesse ausrichtet (*Brox* Rn 650). In jedem Fall ist er verpflichtet, Vollstreckungsmaßnahmen eines Eigengläubigers in den Nachlass abzuwehren (Damrau/*Gottwald* § 1978 Rn 3). Handelt der Erbe den Interessen der Nachlassgläubiger zuwider, haftet er persönlich (MüKo/*Siegmann* § 1978 Rn 3).Bei Handlungen zur Abwendung einer für den Nachlass drohenden und dringenden Gefahr hat der Erbe nach §§ 1978, 680 nur Vorsatz und grobe Fahrlässigkeit zu vertreten (DGE/*Hanhörster/Dospil* § 1978 Rn 2). Seine Aufwendungen werden nach §§ 683, 684 ersetzt, Abs 3.

6 **II. Nach Erbschaftsannahme.** Von der Erbschaftsannahme bis zur Absonderung des Nachlasses haftet der Erbe für die ordnungsgemäße Verwaltung und Erhaltung des Nachlasses. Darüber hinaus hat er Rechenschaft abzulegen, den Nachlass nebst Nutzungen und Ersatzansprüchen an den Nachlass-/Insolvenzverwalter herauszugeben, §§ 1984, 667 (Palandt/*Edenhofer* § 1978 Rn 3). Dies gilt auch für Surrogate, die zufällig, ohne Zutun des Erben, in den Nachlass gelangt sind (BGHZ 46, 221). Hat der Erbe Geld aus dem Nachlass genommen, hat er es nach § 668 zu verzinsen (MüKo/*Siegmann* § 1978 Rn 8).

7 Auch wenn der Erbe zu Unrecht untätig geblieben ist, wird er behandelt, als hätte er als Beauftragter die Verwaltung für die Nachlassgläubiger zu führen gehabt. Er macht sich schadensersatzpflichtig, wenn er trotz Kenntnis oder fahrlässiger Unkenntnis der Überschuldung des Nachlasses kein Aufgebotsverfahren bestellt oder die Eröffnung des Nachlassinsolvenzverfahrens nicht beantragt, § 1980. Darüber hinaus hat der Erbe die Pflicht, die Einreden der §§ 2014, 2015 zu erheben (MüKo/*Siegmann* § 1978 Rn 8).

8 Im Hinblick auf die durch § 1975 bewirkte Nachlassabsonderung gelten die zum Nachlass gehörenden Geschäfte, wie zB die Bestellung einer Hypothek am Nachlassgrundstück, wirtschaftlich als für Rechnung des Nachlasses abgeschlossen (RGZ 134, 259). Gegenstände, die der Erbe mit Mitteln des Nachlasses in Form eines Rechtsgeschäfts angeschafft hat, gehören mangels Anordnung einer dinglichen Surrogation nicht allein deshalb zum Nachlass (Palandt/*Edenhofer* § 1978 Rn 3). Hat der Erbe auf Rechnung des Nachlasses für sich selbst erworben, kann lediglich Wertersatz wegen schuldhafter Verletzung seiner Verwalterpflichten, nicht aber die Herausgabe des beschafften Gegenstandes verlangt werden (BGH NWJ-RR 89, 1226). Nur wenn er auch für den Nachlass erwerben wollte, wird der Gegenstand durch dingliche Surrogation kraft Parteiwillens Nachlassbestandteil (MüKo/*Siegmann* § 1978 Rn 6a mwN).

9 Der Erbe haftet für den Nachlasspfleger, den Testamentsvollstrecker (RGZ 144, 399, aber RGZ 159, 337), andere gesetzliche Vertreter und Erfüllungsgehilfen nach § 278, für die beiden ersteren aber nur mit dem Nachlass (Erman/*Schlüter* § 1978 Rn 4). Darüber hinaus hat der Erbe für verbrauchte oder auf eigene Rechnung veräußerte Nachlassgegenstände Ersatz zu leisten. Lediglich die Ersatzforderung nach Abs 2 gehört zum Nachlass.

10 **C. Nachlasszugehörigkeit.** Die den Nachlassgläubigern zustehenden Ersatzansprüche gegen den Erben werden kraft Gesetzes dem Nachlass zugeordnet, um zu ermöglichen, dass der Nachlassverwalter die Ansprüche im Interesse **aller** Nachlassgläubiger gegen den Erben/die Miterben als Gesamtschuldner geltend machen kann und zwar trotz der Haftungsbeschränkung (Palandt/*Edenhofer* § 1978 Rn 4).

11 Im Fall des § 1990 tritt der Zweck dieser Fiktion nicht ein. Da die Erhebung der Dürftigkeitseinrede nicht zur amtlichen Nachlassverwaltung führt, ist der einzelne Nachlassgläubiger nicht gehindert, die Verwalterhaftung aus eigenem Recht zu fordern.

12 **D. Aufwendungsersatz.** Die Aufwendungsersatzansprüche sind ggü dem Nachlassverwalter/-insolvenzverwalter geltend zu machen. Allerdings kann bei mehreren Erben nur derjenige einen Erstattungsanspruch geltend machen, der die Aufwendungen hatte (Braunschw OLGE 24, 64).

§ 323 InsO versagt dem Erben im Nachlassinsolvenzverfahren die Geltendmachung des Zurückbehaltungs- 13
rechts, um die beschleunigte Verfahrensabwicklung nicht zu behindern. Trotz § 273 II gilt dies auch für die
Nachlassverwaltung, die eher zu einer Befriedigung des Aufwendungsersatzanspruchs des Erben führt als das
Nachlassinsolvenzverfahren und er durch die gerichtliche Aufsicht hinreichend gesichert ist (Soergel/*Stein*
§ 1978 Rn 9 mwN).
Im Übrigen ist der Erbe grds nicht berechtigt, für seine Geschäftsführung und Verwaltung ein Honorar zu 14
beanspruchen, da ihm aus § 1978 kein Vergütungsanspruch zusteht (BGHZ 122, 297).

§ 1979 Berichtigung von Nachlassverbindlichkeiten

Die Berichtigung einer Nachlassverbindlichkeit durch den Erben müssen die Nachlassgläubiger als für
Rechnung des Nachlasses erfolgt gelten lassen, wenn der Erbe den Umständen nach annehmen durfte, dass
der Nachlass zur Berichtigung aller Nachlassverbindlichkeiten ausreiche.

A. Allgemeines. Darf der Erbe davon ausgehen, dass der Nachlass zur Befriedigung aller Verbindlichkeiten 1
ausreicht, kann er die Nachlassgläubiger, und zwar auch minderjährige (*Lange/Kuchinke* § 49 VIII 4 a), nach
seinem Belieben befriedigen.
Ggü Nachlassgläubigern, die sich erst später beim Erben melden, macht er sich wegen der vorherigen Befriedigung anderer Nachlassgläubiger nicht schadenersatzpflichtig.
Die Vorschrift gilt nicht, wenn der Erbe bereits unbeschränkt haftet, § 2013. Dies gilt nicht, wenn er nur ggü 2
einzelnen Gläubigern unbeschränkt haftet (Palandt/*Edenhofer* § 1979 Rn 2).
§ 1979 gilt nach § 1985 II auch für den Nachlassverwalter und in den Fällen, in denen der Erbe die Unzuläng- 3
lichkeitseinrede nach den §§ 1991, 1990, 1992 erhebt (Soergel/*Stein* § 1979 Rn 5).

B. Nachlassverbindlichkeiten. Vor Berichtigung von Nachlassverbindlichkeiten hat der Erbe sorgfältig zu 4
prüfen, ob der Nachlass überschuldet ist (BGH NJW 85, 140). Zu diesem Zweck hat er den Nachlass zu sich-
ten, Unterlagen durchzuarbeiten, Rücksprache zu halten und auf dieser Grundlage eine Bewertung des akti-
ven und passiven Nachlasses vorzunehmen (Palandt/*Edenhofer* § 1979 Rn 2). Fahrlässige Unkenntnis steht der
Kenntnis von der Überschuldung gleich (Soergel/*Stein* § 1979 Rn 2). Dabei kommt es nicht auf das objektive
Ausreichen des Nachlasses für die Erfüllung sämtlicher Verbindlichkeiten an, sondern auf die begründete
Überzeugung des Erben (Soergel/*Stein* § 1979 Rn 2).
Er ist aber nicht verpflichtet, bei der Tilgung den konkreten Interessen der Gläubiger zu entsprechen (Staud/ 5
Marotzke § 1979 Rn 4).
Weil der Erbe zur Feststellung des Aktiv- und Passivbestandes des Nachlasses die ihm zur Verfügung stehen- 6
den Mittel auszuschöpfen hat, muss er bei unbekannten Nachlassverbindlichkeiten das Aufgebotsverfahren
beantragen, § 1980 II (DGE/*Hanhörster/Dospil* § 1979 Rn 1) oder sich der Inventarerrichtung bedienen (Soer-
gel/*Stein* § 1979 Rn 2). Er muss sich aber das Wissen eines Testamentsvollstreckers über die Überschuldung
des Nachlasses nicht zurechnen lassen.

C. Rechtsfolgen. Die rechtlichen Wirkungen der Berichtigung von Nachlassverbindlichkeiten sind davon 7
abhängig, ob der Erbe hierzu berechtigt war: Hat der Erbe berechtigt **aus dem Nachlass geleistet**, müssen die
Nachlassgläubiger dies gegen sich gelten lassen mit der Folge, dass der Nachlass reduziert bleibt und auch
keine Ersatzforderung nach § 1978 droht.
Nach § 1978 III hat der Erbe, wenn er aus seinem **Eigenvermögen** Nachlassverbindlichkeiten tilgt, Anspruch 8
auf Aufwendungsersatz in der Höhe, in der er den Gläubiger befriedigt hat (MüKo/*Siegmann* § 1979 Rn 4).
Diesen Anspruch kann der Erbe gegen den Nachlassverwalter geltend machen.
Eine unberechtigte Leistung aus dem Nachlass führt gem § 1978 zu Ersatzansprüchen gegen den Erben. § 326 9
II InsO gilt im Insolvenzverfahren für ihn nur, wenn er den zu Unrecht entnommenen Betrag der Masse
zurückerstattet hat (Ddorf ZEV 00, 236).
Allerdings bleibt die Erfüllungswirkung der Leistung erhalten mit der Folge, dass sowohl Herausgabe- als 10
auch Bereicherungsansprüche der übrigen Nachlassgläubiger nicht bestehen (RG JW 08, 487). Hatte der Erbe
aus seinem eigenen Vermögen gezahlt, tritt er im Nachlassinsolvenzverfahren an die Stelle des befriedigten
Gläubigers (Soergel/*Stein* § 1979 Rn 4).
Da es sich bei der Frage der Ersatzpflicht des Erben um eine Eigenverbindlichkeit handelt, muss diese Frage 11
im Prozess geklärt werden, wobei die Regelungen der §§ 780 ff ZPO keine Anwendung finden (Staud/
Marotzke § 1979 Rn 9).

D. Anfechtung. Eine unter Verletzung von § 1979 erfolgte Befriedigung einer Nachlassverbindlichkeit ist 12
zwar wirksam (RG Warn 08 Nr 650), kann aber nur vom Nachlassverwalter bzw Insolvenzverwalter ggü dem
Befriedigten nach §§ 130 ff, 322 InsO angefochten werden (Palandt/*Edenhofer* § 1979 Rn 5). Im Übrigen ist
ein Rückgriff des Übergangenen ggü dem Befriedigenden nicht möglich.

§ 1980 Antrag auf Eröffnung des Nachlassinsolvenzverfahrens

(1) ¹Hat der Erbe von der Zahlungsunfähigkeit oder der Überschuldung des Nachlasses Kenntnis erlangt, so hat er unverzüglich die Eröffnung des Nachlassinsolvenzverfahrens zu beantragen. ²Verletzt er diese Pflicht, so ist er den Gläubigern für den daraus entstehenden Schaden verantwortlich. ³Bei der Bemessung der Zulänglichkeit des Nachlasses bleiben die Verbindlichkeiten aus Vermächtnissen und Auflagen außer Betracht.

(2) ¹Der Kenntnis der Zahlungsunfähigkeit oder der Überschuldung steht die auf Fahrlässigkeit beruhende Unkenntnis gleich. ²Als Fahrlässigkeit gilt es insbesondere, wenn der Erbe das Aufgebot der Nachlassgläubiger nicht beantragt, obwohl er Grund hat, das Vorhandensein unbekannter Nachlassverbindlichkeiten anzunehmen; das Aufgebot ist nicht erforderlich, wenn die Kosten des Verfahrens dem Bestand des Nachlasses gegenüber unverhältnismäßig groß sind.

1 **A. Allgemeines.** Der Erbe ist bei Kenntnis der Überschuldung des Nachlasses verpflichtet, die Nachlassinsolvenz zu beantragen. Zuständig ist das Insolvenzgericht, dh das Amtsgericht, in dessen Bezirk ein Landgericht seinen Sitz hat. Die örtliche Zuständigkeit ergibt sich aus § 315 InsO und richtet sich nach dem letzten allgemeinen Gerichtsstand des Erblassers. Da es sich nicht um erbrechtliche Ansprüche handelt, richtet sich die Verjährung der Ansprüche nach §§ 195, 199 (Staud/*Marotzke* § 1980 Rn 21).

2 **B. Antragspflicht.** Der endgültige Erbe ist verpflichtet, unverzüglich das Nachlassinsolvenzverfahren zu beantragen, sobald er Kenntnis von der Zahlungsunfähigkeit oder einer Überschuldung des Nachlasses hat, um zu vermeiden, dass ihn die Nachlassgläubiger auf Schadensersatz in Anspruch nehmen. Der Kenntnis in Abs 1 steht die auf Fahrlässigkeit beruhende Unkenntnis in Abs 2 gleich.

3 Bis zur Annahme der Erbschaft ist der Erbe grds nicht verpflichtet, sich um den Nachlass zu kümmern. Der Erbe wird auch nach der Annahme der Erbschaft von seiner Pflicht zur Beantragung des Nachlassinsolvenzverfahrens nicht mehr befreit, wenn Dritte seine Erbenstellung in Frage stellen; dies gilt zur Vermeidung von Rechtsunsicherheiten auch dann, wenn ein Rechtsstreit darüber vor Gericht ausgetragen wird oder die Nachlasspflegschaft notwendig macht (BGH FamRZ 05, 446).

4 Der Nachlasspfleger ist ebenso wenig wie der Testamentsvollstrecker zur Antragstellung verpflichtet, wohl aber nach § 317 InsO berechtigt mit der Folge, dass der Erbe seine Verantwortung auch dann über § 2215 wahrnehmen muss (Palandt/*Edenhofer* § 1980 Rn 1).

5 Zwar ist die drohende Zahlungsunfähigkeit Eröffnungsgrund nach § 320 S 2 InsO, löst aber noch keine Antragspflicht aus; sie gibt aber dem Erben ein Antragsrecht.

6 Die Antragspflicht des Erben entfällt, wenn er nach § 2013 I 1 für die Nachlassverbindlichkeiten bereits unbeschränkt haftet, weil es dann einer zusätzlichen Haftung nicht bedarf, wenn dem Erben die Schulden von sämtlichen Nachlassgläubigern durch Vereinbarung erlassen worden sind oder nach § 315 InsO ein inländischer Gerichtsstand nicht besteht (Palandt/*Edenhofer* § 1980 Rn 1). Sie endet, wenn Nachlassverwaltung angeordnet wird, weil nunmehr dem Verwalter diese Pflicht obliegt, § 1985 II 2 (MüKo/*Siegmann* § 1980 Rn 11). Sein Antragsrecht ist dadurch noch nicht erloschen.

7 Hatte der Erbe schon vor der Anordnung der Nachlassverwaltung Kenntnis oder hatte er den Verwalter nur schuldhaft mangelhaft unterrichtet, haftet er.

8 Neben dem Erben ist auch der Nachlassverwalter, ein anderer Nachlasspfleger, der verwaltende Testamentsvollstrecker und jeder Nachlassgläubiger, dh auch der Ersatzerbberechtigte, Vermächtnisnehmer und der Vollziehungsberechtigte einer Auflage (*Lange/Kuchinke* § 49 IV 3 Fn 118) nach § 317 InsO **antragsberechtigt**. Im Rahmen der Vor- und Nacherbfolge ist der jeweilige Vor- bzw Nacherbe während seiner Erbzeit antragsberechtigt (*Lange/Kuchinke* § 49 IV 3 Rn 116). Bei mehreren Erben ist jeder Erbe für sich antragsberechtigt. Stellt nur einer von mehreren Erben den Antrag, bedarf es der Glaubhaftmachung, § 317 II InsO. Das Insolvenzgericht hat die übrigen Miterben vor Eröffnung des Insolvenzverfahrens anzuhören. Die Ausschlagung führt zum Verlust des Antragsrechts (Kobl Rpfleger 89, 510).

9 Gehört der Nachlass zum Gesamtgut einer Gütergemeinschaft, ist nicht nur der erbende Ehegatte, sondern auch der andere Ehegatte antragsberechtigt, wobei die Zustimmung des anderen Ehegatten nicht erforderlich ist. Der Eröffnungsgrund ist glaubhaft zu machen und der andere Ehegatte anzuhören, § 318 II InsO.

10 Die Nachlassgläubiger können den Antrag nur innerhalb einer Frist von 2 Jahren ab Annahme der Erbschaft stellen, § 319 InsO. Darüber hinaus haben sie ein rechtliches Interesse an der Eröffnung, dem Bestehen einer Forderung und dem Vorliegen eines Eröffnungsgrundes nachzuweisen, § 14 I InsO (DGE/*Hanhörster/Dospil* § 1980 Rn 3).

11 **C. Schadensersatz (I 2).** Verletzt der Erbe seine Pflicht zur Antragstellung ggü den Nachlassgläubigern, ist er ihnen zum daraus entstandenen Schaden verpflichtet. Miterben haften als Gesamtschuldner nach §§ 823 II 2, 840 I, 421 ff. Die Ersatzpflicht des Erben beinhaltet die Herstellung des Zustandes, der bestehen würde, wenn der zum Ersatz verpflichtende Umstand nicht eingetreten wäre (BGH NJW 85, 140).

12 Objektive Voraussetzung ist die Zahlungsunfähigkeit des Erben oder die Überschuldung des Nachlasses. Dabei liegt Zahlungsunfähigkeit vor, wenn der Erbe seine fälligen Zahlungspflichten nicht erfüllen kann und

ist bei Einstellung der Zahlung anzunehmen, § 17 II InsO. Von einer Überschuldung ist auszugehen, wenn die Verbindlichkeiten den Wert der Nachlassgegenstände übersteigen. Den Aktiva sind neben den Ersatzansprüchen gegen den Erben nach § 1978 II auch die wiederauflebenden Rechte nach §§ 1976, 1977 hinzuzurechnen. Zu den Verbindlichkeiten gehören grds auch die Vermächtnisse und Auflagen, sofern sie nicht den Grund für die Überschuldung bilden, Abs 1 S 3. In diesem Fall entfällt die Antragspflicht (Staud/*Marotzke* § 1980 Rn 2); er kann nun nach § 1992 vorgehen. Entspr gilt bei Überschuldung infolge der Forderungen ausgeschlossener Gläubiger, die im Insolvenzverfahren nichts erhalten haben; sie erleiden durch das Unterlassen des Antrags keinen Schaden (MüKo/*Siegmann* § 1980 Rn 6). Nach § 327 InsO wird die Antragspflicht dann ausgelöst, wenn die Überschuldung auf Pflichtteilsansprüchen beruht, auch wenn diese nachrangig sind (Palandt/*Edenhofer* § 1980 Rn 2).

Der Insolvenzgrund der drohenden Zahlungsunfähigkeit ist im Rahmen des § 1980 nicht zu berücksichtigen, da der Erbe noch die Möglichkeit haben soll, die Sanierung des zum Nachlass gehörenden Unternehmens ohne Gefahr von Schadensersatzansprüchen zu versuchen (Erman/*Schlüter* § 1980 Rn 3). 13

I. Subjektive Voraussetzungen. Kenntnis oder auf Fahrlässigkeit beruhende Unkenntnis des Erben von der Zahlungsunfähigkeit sind die subjektiven Voraussetzungen, wobei **Kenntnis** dann vorliegt, wenn der Erbe weiß, dass die erforderlichen Zahlungsmittel fehlen und er daher dauerhaft außerstande ist, die fälligen Verbindlichkeiten zu erfüllen. Sie ergibt sich aus den Tatsachen, die ihm die Überzeugung vom Vorliegen der Überschuldung aufzwingen. Fahrlässige Unkenntnis hat der Erbe, wenn er Grund hatte, davon auszugehen, dass unbekannte Nachlassverbindlichkeiten vorhanden sind, die ihn zwingen, das Aufgebotsverfahren zu beantragen (Palandt/*Edenhofer* § 1980 Rn 3). 14

Wenn die Kosten des Aufgebotsverfahrens unverhältnismäßig sind, entfällt zwar das Verschulden, es entbindet den Erben aber nicht von der Pflicht, sich auf andere Weise Kenntnis von einer evtl Überschuldung zu verschaffen. In Betracht kommt insbes die Inventarerrichtung, das Privataufgebot nach § 2061 oder die Prüfung sämtlicher im Nachlass befindlicher Unterlagen. Daher darf er den Nachlass nicht unbesehen zur Befriedigung der Nachlassgläubiger verwenden. 15

Die Kenntnis des Nachlasspflegers ist dem Erben ebenso wenig über § 278 zuzurechnen (BGH FamRZ 05, 446) wie die des Testamentsvollstreckers (RGZ 159, 337). 16

II. Höhe. Der Schaden, welcher durch die schuldhaft verzögerte Antragstellung entstanden ist, besteht in der Differenz zwischen dem tatsächlich erhaltenen Betrag und dem, was der Nachlassgläubiger bei rechtzeitiger Antragstellung erhalten hätte (Palandt/*Edenhofer* § 1980 Rn 4). Er kann darin bestehen, dass einzelne Nachlassgläubiger bereits in den Nachlass vollstreckt haben oder dass ihnen unnötige Prozesskosten entstanden sind. Die Geltendmachung des zur Masse gehörenden Anspruchs nach § 328 II InsO erfolgt im Insolvenzverfahren durch den Insolvenzverwalter. Hinsichtlich der Verjährung finden die §§ 195, 199 Anwendung (*Löhnig* ZEV 04, 267). 17

Der Erbe haftet für eigene Maßnahmen bereits nach § 1978. 18

§ 1981 Anordnung der Nachlassverwaltung

(1) Die Nachlassverwaltung ist von dem Nachlassgericht anzuordnen, wenn der Erbe die Anordnung beantragt.
(2) ¹Auf Antrag eines Nachlassgläubigers ist die Nachlassverwaltung anzuordnen, wenn Grund zu der Annahme besteht, dass die Befriedigung der Nachlassgläubiger aus dem Nachlass durch das Verhalten oder die Vermögenslage des Erben gefährdet wird. ²Der Antrag kann nicht mehr gestellt werden, wenn seit der Annahme der Erbschaft zwei Jahre verstrichen sind.
(3) Die Vorschrift des § 1785 findet keine Anwendung.

A. Allgemeines. Die Nachlassverwaltung wird nur auf Antrag der Beteiligten vom Rechtspfleger beim zuständigen Nachlassgericht angeordnet. Sie wird nach § 16 FGG erst mit der Bekanntmachung an den Erben wirksam. Bei unbekannten Erben ist ein Nachlasspfleger zu bestellen, dem ggü die Anordnung bekannt zu machen ist (BayObLGZ 76, 167). 1

Die Anordnung der Nachlassverwaltung kann nach § 1982 abgelehnt werden, wenn keine kostendeckende Masse vorhanden ist. 2

Nach § 12 ErbStDVO muss die Nachlassverwaltung der Finanzbehörde mitgeteilt werden. Die Gebühren richten sich nach § 106 KostO, für die nur die Erben haften, § 6 KostO. 3

B. Nachlassverwaltung. I. Antrag des Erben. Das Nachlassgericht ordnet die Nachlassverwaltung auf **Antrag des Erben**, der allen Gläubigern ggü noch nicht unbeschränkbar haftet, § 2013 I 1, II ohne weitere Voraussetzung an, sofern kein Fall des § 1982 vorliegt. Insoweit dient die Nachlassverwaltung der Abwehr einer Vollstreckung in das Eigenvermögen des Erben, uU auch der Abwendung des Nachlassinsolvenzverfahren (Palandt/*Edenhofer* § 1981 Rn 2). Der antragstellende Erbe muss sich durch eine letztwillige Verfügung oder durch Erbschein ausweisen. 4

5 Der Erbe kann sein Antragsrecht zeitlich unbegrenzt ausüben; es besteht bereits vor Annahme der Erbschaft, wobei in dem Antrag regelmäßig keine Annahme liegt, jedoch nicht mehr, wenn das Nachlassinsolvenzverfahren eröffnet wurde, § 1988 I. Durch das Insolvenzverfahren über das Eigenvermögen des Erben wird das Recht, die Nachlassverwaltung zu beantragen, nicht beeinträchtigt (LG Aachen NJW 60, 46).

6 Antragsberechtigt ist auch der Nacherbe nach § 2144 I, der verwaltende Testamentsvollstrecker und der Erbschaftskäufer, § 2383. Nicht antragsberechtigt ist dagegen der Nachlasspfleger, da er weder für die Haftungsbeschränkung noch die Gläubigerbefriedigung zu sorgen hat (BayObLG FamRZ 77, 487; str; aA *Jansen* § 76 Rn 8).

7 Gehört der Nachlass zum Gesamtgut der Gütergemeinschaft, gilt § 318 InsO analog für das Antragsrecht der Ehegatten (Palandt/*Edenhofer* § 1981 Rn 3).

8 Der Antrag kann nicht mehr zurückgenommen werden, wenn die Anordnung der Nachlassverwaltung zugestellt ist (KG DNotZ 1941, 11).

9 Im Falle einer zu Unrecht angeordneten Nachlassverwaltung von Amts wegen oder auf Antrag eines Nichtberechtigten oder trotz fehlender internationaler Zuständigkeit (BayObLGZ 76, 151), ist sie von Amts wegen oder auf Antrag bzw einfache Beschwerde hin aufzuheben, es sei denn, ein Antragsberechtigter stellt noch den Antrag bzw kann ihn noch stellen. Wurde die Nachlassverwaltung von einem Nachlassgläubiger beantragt, scheidet eine Aufhebung von Amts wegen aus (LG Mannheim MDR 60, 505). Da die Verwaltung im Interesse der Gläubiger liegt, unterliegt der Antrag des Erben auf Anordnung der Nachlassverwaltung nicht der Gläubigeranfechtung nach § 3 I Nr 1 AnfG (RG LZ 07, 841).

10 **II. Antrag des Gläubigers.** Die Nachlassverwaltung kann auch auf **Antrag des Nachlassgläubigers** angeordnet werden, wenn durch das Verhalten oder die Vermögenslage des Erben Grund zur Annahme besteht, dass die Befriedigung der Nachlassgläubiger aus dem Nachlass gefährdet würde. Dabei genügt es, wenn nur ein Miterbe die Voraussetzungen erfüllt, wie zB leichtfertiges Verschleudern des Nachlasses, voreilige Befriedigung einzelner Nachlassgläubiger (DGE/*Hanhörster/Dospil* § 1981 Rn 1), Gleichgültigkeit (BayObLG NJW-RR 02, 871). Das Verhalten des verwaltenden Testamentsvollstreckers ist nur dann erheblich, wenn den Erben ein Verschulden trifft (MüKo/*Siegmann* § 1981 Rn 6; aA Staud/*Marotzke* § 1981 Rn 23). Die schlechte Vermögenslage des Erben hat insoweit Auswirkungen, als die Gefahr besteht, dass Eigengläubiger auf den Nachlass zugreifen. Durch eine entspr Sicherheitsleistung kann die Gefährdung beseitigt werden, wobei das bloße Anbieten der Sicherheit nicht ausreicht (OLG 12, 357).

11 Antragsberechtigt sind darüber hinaus auch der Pflichtteilsberechtigte und der Vermächtnisnehmer sowie der nach §§ 1973, 1974 Ausgeschlossene, allerdings nur innerhalb einer Ausschlussfrist von 2 Jahren seit Annahme der Erbschaft durch den Erben bzw Nacherben, § 2144, wobei dies auch bei bereits unbeschränkbarer Erbenhaftung gilt (Palandt/*Edenhofer* § 1981 Rn 3).

12 Nach § 2062 können mehrere Erben die Nachlassverwaltung nur gemeinschaftlich und nur solange beantragen, als der Nachlass noch nicht geteilt ist. Die Anordnung der Nachlassverwaltung über einen Erbteil unzulässig (Staud/*Marotzke* § 1975 Rn 13). Der Anordnung der Nachlassverwaltung steht weder ein Testamentsvollstrecker (KG OLGE 18, 316) noch eine angeordnete Nachlasspflegschaft entgegen (BayObLGZ 1976, 167).

13 Der Antragsteller muss nicht nur seine Forderung, sondern auch die Gefährdung glaubhaft machen und Beweismittel angeben (KG OLGZ 77, 309), so dass eine Ermittlung durch das Nachlassgericht vAw möglich ist. Im Allgemeinen reicht die schlüssige Darlegung einer Forderung nicht (KG FamRZ 05, 837).

14 Im Übrigen kann der Erbe auch bei bestehender Nachlassverwaltung eine Nachlassforderung einklagen, wenn er vom Nachlassverwalter zur Prozessführung ermächtigt ist und ein eigenes rechtsschutzwürdiges Interesse an der Prozessführung im eigenen Namen hat, das sich regelmäßig daraus ergibt, dass er Träger des materiellen Rechts ist (BGHZ 38, 281).

15 **C. Nachlassverwalter.** Der Nachlassverwalter wird vom Rechtspfleger nach pflichtgemäßem Ermessen eingesetzt. Allerdings sollte, wegen eines möglichen Interessenkonflikts, ein Miterbe nicht zum Nachlassverwalter eingesetzt werden (KG OLGE 18, 316; aA *Reihlen* MDR 89, 603).

16 Der Erbe selbst kann nicht Nachlassverwalter sein, wohl aber der Testamentsvollstrecker (Palandt/*Edenhofer* § 1981 Rn 4) und auch der Zwangsverwalter eines Nachlassgrundstücks, da ein Interessenwiderstreit nicht in jedem Fall zu besorgen ist (KG JFG 18, 331).

17 Eine Pflicht zur Übernahme des Verwalteramtes besteht nicht, da Abs 3 die Vorschrift des § 1785 ausschließt, weil die Tätigkeit nicht unmittelbar im öffentlichen Interesse erfolgt (Soergel/*Stein* § 1981 Rn 14).

18 **D. Rechtsmittel.** Gegen die **Anordnung** der Nachlassverwaltung findet die sofortige Beschwerde nur statt, wenn sie auf Antrag eines Nachlassgläubigers beschlossen wurde. Die Beschwerdeberechtigung ergibt sich aus § 76 II FGG. Die Beschwerde kann nur darauf gestützt werden, dass zur Zeit der Anordnung die erforderlichen Voraussetzungen nicht vorgelegen haben. Gründe, die erst nach der Anordnung eingetreten sind, können nicht zur Anfechtung herangezogen werden (BayObLGZ 66, 75). Die Beschwerde gegen die vom Erben beantragte Anordnung der Nachlassverwaltung ist nicht zugelassen, § 76 I FGG.

Gegen die **Ablehnung** des Antrags ist die einfache Beschwerde nach § 19 FGG statthaft. Mehrere Erben können nur gemeinschaftlich handeln; dies gilt nicht bei der Ablehnung der Aufhebung der Nachlassverwaltung wegen Zweckerreichung – hier ist jeder Miterbe berechtigt (Frankf JZ 53, 53). 19

Gegen die **Aufhebung** der Nachlassverwaltung sind nur der Antragsteller und der rechtlich Interessierte beschwerdeberechtigt; dem Nachlassverwalter fehlt das rechtliche Interesse (RGZ 151, 62). 20

§ 1982 Ablehnung der Anordnung der Nachlassverwaltung mangels Masse

Die Anordnung der Nachlassverwaltung kann abgelehnt werden, wenn eine den Kosten entsprechende Masse nicht vorhanden ist.

A. Kosten der Nachlassverwaltung. Nach §§ 1983, 1987; 106, 136 ff KostO umfassen die Kosten neben den Gerichtsgebühren, berechnet aus dem Bruttowert des Nachlasses, auch die Gebühren und Auslagen, die bei der Nachlassverwaltung selbst entstehen. Hierzu gehören insbesondere die Auslagen für die Bekanntmachungen und die Vergütung des Nachlassverwalters, § 1987. 1

B. Kostendeckende Masse. Ob eine kostendeckende Masse vorhanden ist, bestimmt das Nachlassgericht nach eigenem Ermessen. Die ggf von einem Sachverständigen zu schätzende Masse (MüKo/*Siegmann* § 1982 Rn 1) entspricht nicht den Kosten, wenn diese nicht gedeckt sind. Zur Masse gehören auch die Ersatzansprüche gegen den Erben gem §§ 1978 ff (Staud/*Marotzke* § 1982 Rn 1). 2

C. Ablehnung der Anordnung. Die Nachlassverwaltung kann abgelehnt werden, wenn die zu erwartenden Kosten mit Sicherheit die vorhandene Masse übersteigen werden (DGE/*Hanhörster/Dospil* § 1982 Rn 3). Allerdings kann ein geringfügiger Überschuss unberücksichtigt bleiben (KG OLG 11, 227). Entspr gilt, wenn ein Großteil der Masse durch die Kosten verbraucht wird (MüKo/*Siegmann* § 1982 Rn 1). Der Antragsteller kann die Ablehnung der Nachlassverwaltung durch Zahlung eines ausreichenden Vorschusses abwenden, § 107 KostO analog. 3

Stellt sich erst nach der Anordnung heraus, dass die Masse zur Kostendeckung nicht ausreicht, kann die Nachlassverwaltung nachträglich aufgehoben werden, § 1988 II, sofern nicht ein entspr Vorschuss einbezahlt wird, § 204 I 2 KostO analog (Staud/*Marotzke* § 1982 Rn 5). 4

Die Unzulänglichkeit der Masse gibt dem Erben die Dürftigkeitseinrede, §§ 1990–1992. Ein weiterer Nachweis der Dürftigkeit muss nicht geführt werden (BGH NJW-RR 89, 1227). Das Prozessgericht ist an die Ablehnung der Anordnung der Nachlassverwaltung gebunden; es hat ebenfalls von der Dürftigkeit des Nachlasses auszugehen (BaRoth/*Lohmann* § 1982 Rn 2). 5

Gegen den Zurückweisungsbeschluss steht dem Antragsteller die einfache, unbefristete Beschwerde nach §§ 19, 20 FGG zu. Dies gilt nicht für den antragstellenden Erben, wenn die Anordnung abgelehnt wurde, weil der angeforderte Gerichtskostenvorschuss nicht einbezahlt worden ist; hier fehlt es an der Beschwer des Erben (Kroiß/Ann/Mayer/*Krug* § 1982 Rn 10). Wurde dem Antrag des Erben auf Anordnung der Nachlassverwaltung stattgegeben, ist die Beschwerde unzulässig, § 76 I FGG. Hat das Nachlassgericht auf Antrag eines Nachlassgläubigers die Nachlassverwaltung gem § 1981 II angeordnet, ist die sofortige Beschwerde jedes Miterben und des verwaltenden Testamentsvollstreckers statthaft, § 76 II FGG. 6

§ 1983 Bekanntmachung

Das Nachlassgericht hat die Anordnung der Nachlassverwaltung durch das für seine Bekanntmachungen bestimmte Blatt zu veröffentlichen.

A. Bekanntmachung. Die Anordnung, die regelmäßig im Beschlusswege ergeht, wird gem § 16 FGG mit der Zustellung des Anordnungsbeschlusses an den/die Erben bzw den Testamentsvollstrecker (BayObLGE 66, 75) oder den Nachlasspfleger wirksam, wenngleich die Verfahrensanordnung nicht Wirksamkeitsvoraussetzung ist. Eine bestimmte Wortwahl ist nicht erforderlich (Palandt/*Edenhofer* § 1983 Rn 1). Sind mehrere Erben vorhanden, so muss die Bekanntmachung sämtlichen Nachlasserben zugestellt werden (Soergel/*Stein* § 1981 Rn 1; aA Staud/*Marotzke* § 1984 Rn 2). 1

Die Bekanntmachung kann sich auf die nähere Bezeichnung des Nachlasses, Name und letzter Wohnsitz des Erblassers, der Daten des Nachlassverwalters und der Tatsache der Anordnung der Nachlassverwaltung beschränken, wobei die Namen der Erben nicht eigens aufzuführen sind (MüKo/*Siegmann* § 1983 Rn 1). Eine einmalige Veröffentlichung genügt. Sie erfolgt regelmäßig in einer überregionalen, aber örtlich gebundenen Tageszeitung (Damrau/*Gottwald* § 1983 Rn 2). Die Veröffentlichung im Bundesanzeiger ist nicht erforderlich (DGE/*Hanhörster/Dospil* § 1983 Rn 2). 2

3 **B. Veröffentlichungspflicht.** Die Pflicht zur Veröffentlichung dient dem Schutz der Nachlassgläubiger, weil sie verhindern soll, dass der Schuldner noch nach dem Wirksamwerden der Anordnung der Nachlassverwaltung befreiend an die Erben leisten kann und dadurch die Nachlassgläubiger beeinträchtigt.

4 **C. Eintragung.** Der Nachlassverwalter hat, da die Eintragung der Verfügungsbeschränkung des Erben hinsichtlich des Nachlassgrundstückes nicht vAw erfolgt, diese zu bewirken (Palandt/*Edenhofer* § 1983 Rn 2). Das Nachlassgericht kann das Eintragungsersuchen nicht stellen, da es an einer gesetzlichen Ermächtigung mangelt. Nach §§ 1915, 1837 kann das Nachlassgericht den Nachlassverwalter zur Herbeiführung der Eintragung anhalten. Wurde dem Ersuchen dennoch stattgegeben, ist das Grundbuch nicht unrichtig, sodass ein Amtswiderspruch nach § 53 GBO nicht eingetragen werden kann (MüKo/*Siegmann* § 1983 Rn 2). Im Grundbuch ist nur die Tatsache der Anordnung der Nachlassverwaltung, nicht aber auch die Person des Nachlassverwalters einzutragen (BGH DNotZ 61, 485).

5 Damit die Verfügungsbeschränkung des Erben nach § 1984 auch ggü gutgläubigen Erwerbern wirkt, ist die Eintragung der Nachlassverwaltung im Grundbuch zulässig und erforderlich (Erman/*Schlüter* § 1983 Rn 2).

§ 1984 Wirkung der Anordnung

(1) ¹Mit der Anordnung der Nachlassverwaltung verliert der Erbe die Befugnis, den Nachlass zu verwalten und über ihn zu verfügen. ²Die Vorschriften der §§ 81 und 82 der Insolvenzordnung finden entsprechende Anwendung. ³Ein Anspruch, der sich gegen den Nachlass richtet, kann nur gegen den Nachlassverwalter geltend gemacht werden.
(2) Zwangsvollstreckungen und Arreste in den Nachlass zugunsten eines Gläubigers, der nicht Nachlassgläubiger ist, sind ausgeschlossen.

1 **A. Allgemeines.** Die Vorschrift regelt die Wirkung der Anordnung nicht abschließend; sie wird vielmehr ergänzt durch die §§ 1975–1977, 2000 und die §§ 241, 246, 784 ZPO (Palandt/*Edenhofer* § 1984 Rn 1). Geregelt sind die unmittelbaren Folgen hinsichtlich der Rechtsstellung des Erben im Anschluss an die insolvenzrechtlichen Bestimmungen, wonach der Erbe die Verwaltungs- und Verfügungsbefugnis über den Nachlass und die Aktiv- und Passivlegitimation im Prozess zugunsten des Nachlassverwalters verliert, um dadurch die Befriedigung der Nachlassgläubiger zu erreichen, § 80 InsO analog. Allerdings kann der Miterbe noch über seinen Anteil am Nachlass verfügen (Soergel/*Stein* § 1984 Rn 3), da dies die Stellung des Verwalters und die Rechte der Gläubiger nicht tangiert (Palandt/*Edenhofer* § 1984 Rn 1).

2 Allerdings bleibt dem Erben das Recht erhalten, ein Inventar zu errichten und das Gläubigeraufgebot zu beantragen (Soergel/*Stein* § 1984 Rn 10). Der Einkommensteuerbescheid auch wegen der Einkünfte aus Erträgen des Nachlassvermögens ist an den Erben zu richten und ihm bekannt zu geben (BFH FamRZ 92, 178 mwN).

3 **B. Zeitpunkt der Anordnung.** Mit der Bekanntmachung des Beschlusses ggü dem Erben wird die Anordnung der Nachlassverwaltung nach § 16 FGG wirksam. Die Veröffentlichung nach § 1983 ist insoweit ohne Bedeutung.

4 **C. Verlust des Verwaltungs- und Verfügungsrechts.** Die Verfügungsbeschränkung des Erben tritt kraft Gesetzes unmittelbar und sofort ein (RGZ 130, 193). Hierunter fallen insbes die Möglichkeit der rechtsgeschäftlichen Rechtsübertragung, -änderung, -begründung oder -belastung sowie die Rechtsaufgabe (Soergel/*Stein* § 1984 Rn 3).Die nach Anordnung der Nachlassverwaltung vorgenommenen Rechtshandlungen des Erben sind den Nachlassgläubigern ggü unwirksam, was im Rahmen des Zwecks, den Nachlass für die gemeinschaftliche Befriedigung der Gläubiger zu erhalten, von jedermann geltend gemacht werden kann (BGHZ 46, 229). Bei fehlender Kenntnis des Erben von der Anordnung ist er den Nachlassgläubigern ggü geschützt, §§ 1978 I, 674.

5 Eine transmortale Vollmacht des Erblassers erlischt. Ein Grundbuchantrag des Erben, der über den bloßen Berichtigungsantrag hinausgeht, ist, sofern er nach der Anordnung beim Grundbuchamt eingeht, zurückzuweisen.

6 Die Wirkung des § 1984 erstreckt sich auch auf das Amt des Testamentsvollstreckers (KG OLGE 18, 316): Sein Amt endet zwar nicht, aber bis zur Aufhebung der Nachlassverwaltung werden seine Befugnisse ausgeschaltet, soweit die des Nachlassverwalters reichen. Danach erlangt er seine Rechte wieder.

7 Die Rechtshandlungen des Erben ggü Dritten beurteilen sich nach den §§ 81, 82 InsO: Ist die Nachlassverwaltung nicht eingetragen und ist sie dem Erwerber nicht bekannt, wird der gute Glaube an die Verfügungsbefugnis des Erben bei Verfügungen über Grundstücke bzw -rechte gem §§ 892, 893 analog geschützt.

8 Aus dem Umkehrschluss zu § 81 I 2 InsO finden, unabhängig von der Kenntnis der Anordnung, die Vorschriften über den Schutz des gutgläubigen Erwerbs ggü Veräußerungsverboten beim Erwerb beweglicher Sachen und Rechte vom Erben keine Anwendung (Palandt/*Edenhofer* § 1984 Rn 2), es sei denn, dem Erblasser war die Zugehörigkeit zum Nachlass ohne grobe Fahrlässigkeit unbekannt geblieben (hM; Palandt/*Eden-*

hofer § 1984 Rn 2; aA Staud/*Marotzke* § 1984 Rn 15). Allerdings wird ein nachfolgender gutgläubiger Zweiterwerb von demjenigen, der vom Erben einen Nachlassgegenstand erworben hat, durch das Verfügungsverbot nicht berührt. Sind die Sachen dem Nachlassverwalter nach Inbesitznahme abhanden gekommen, findet § 935 Anwendung (RGZ 101, 224).

D. Prozessuale Auswirkungen der Nachlassverwaltung. Der Erbe verliert die Prozessführungsbefugnis hinsichtlich aller den Nachlass betreffenden Streitigkeiten für und gegen diesen. Vielmehr ist nun der Nachlassverwalter ausschl prozessführungsbefugt, dh eine nach Anordnung der Nachlassverwaltung erhobene Klage gegen den oder von dem Erben ist als unzulässig abzuweisen. Dies gilt nicht, wenn geltend gemacht wird, dass der Erbe unbeschränkt haftet und daher die Befriedigung aus seinem Eigenvermögen angestrebt wurde (Palandt/*Edenhofer* § 1984 Rn 3).   9

Ein bereits anhängiger Streit wird unterbrochen, es sei denn, dass ein Prozessbevollmächtigter tätig ist; das Verfahren kann fortgesetzt werden, wenn es der Verwalter als Partei kraft Amtes (RGZ 135, 307) aufnimmt und es sich um eine vermögensrechtliche Streitigkeit des Nachlasses einschl Finanzgerichtsprozessen handelt (BGH NJW 77, 1472). Der Nachlassverwalter kann auch nichtvermögensrechtliche Streitigkeiten fortsetzen, wenn sich die Hauptsache durch den Tod des Erblassers zwar erledigt, aber noch über die Kosten zu entscheiden ist. Er kann aber auch die Erben ermächtigen, einen Aktivprozess im Wege der gewillkürten Prozessstandschaft im eigenen Namen für den Nachlass zu führen (BGH NJW 63, 297).   10

E. Auswirkungen auf Zwangsvollstreckungsmaßnahmen. Die von den Nachlassgläubigern eingeleiteten Vollstreckungsmaßnahmen und Arreste in den Nachlass bleiben wirksam und sind gem Abs 2 auch noch nach Anordnung der Nachlassverwaltung zulässig. Unabhängig davon, ob das Urteil gegen den Erblasser oder gegen den Erben gerichtet ist, ist eine Vollstreckungsklausel gegen den Verwalter nach § 727 ZPO nicht erforderlich (MüKo/*Siegmann* § 1984 Rn 8), wenngleich der auf den Erblasser lautende Titel auf den Erben umgeschrieben werden muss.   11

Vollstreckungsmaßnahmen in sein Eigenvermögen muss der Erbe nicht mehr hinnehmen, wenn er noch nicht unbeschränkt haftet; er kann, wenn ihm die Haftungsbeschränkung im Urteil vorbehalten wurde, Vollstreckungsabwehrklage nach §§ 767, 785 ZPO erheben. Gegen eine bereits erfolgte Vollstreckung kann der Erbe mit der Aufhebungsklage gem §§ 781, 784 I, 785, 767 ZPO vorgehen (Palandt/*Edenhofer* § 1984 Rn 4).   12

Der Verwalter kann die Vollstreckung der **Eigengläubiger** abwehren und die von ihnen vor der Anordnung vorgenommenen Maßnahmen durch die Vollstreckungsabwehrklage beseitigen, und zwar auch dann noch, wenn der Erbe bereits unbeschränkt haftet (MüKo/*Siegmann* § 1984 Rn 10). Allerdings haben die Gläubiger die Möglichkeit, den Anspruch des Erben gegen den Verwalter auf Herausgabe des künftigen Überschusses zu pfänden, § 1986 (*Lange/Kuchinke* § 49 III 5 Fn 95).   13

F. Insolvenzverfahren. Ist die Insolvenzmasse durch eine Gegenleistung für die unwirksame Verfügung des Erben bereichert, ist sie nach § 81 I 3 InsO im Insolvenzverfahren aus der Masse zurückzugewähren. Bei Verfügungen des Erben am Tag der Eröffnung des Verfahrens wird vermutet, dass sie nach Eröffnung erfolgt sind, § 81 III InsO. Eine nach Anordnung erfolgte Leistung auf eine Nachlassforderung an den Erben hat befreiende Wirkung, wenn der Leistende die Verfahrenseröffnung nicht kannte, was bei einer Leistung vor der öffentlichen Bekanntmachung vermutet wird, § 82 InsO.   14

§ 1985 Pflichten und Haftung des Nachlassverwalters

(1) Der Nachlassverwalter hat den Nachlass zu verwalten und die Nachlassverbindlichkeiten aus dem Nachlass zu berichten.
(2) ¹Der Nachlassverwalter ist für die Verwaltung des Nachlasses auch den Nachlassgläubigern verantwortlich. ²Die Vorschriften des § 1978 Abs. 2 und der §§ 1979, 1980 finden entsprechende Anwendung.

A. Allgemeines. Die Vorschrift regelt die Aufgaben und die Verantwortlichkeit des Nachlassverwalters. Sie beschränkt sich aber darauf, die wichtigsten Aufgaben, wie die Verwaltung des Nachlasses und die Berichtigung der Nachlassverbindlichkeiten, zu benennen. Ergänzt wird § 1985 durch zahlreiche weitere Bestimmungen wie § 2012, § 991 ZPO und § 317 InsO.   1

Die Nachlassverwaltung ist ein Instrument der Haftungsbeschränkung und dient in erster Linie der Werterhaltung des Nachlasses und der Erfüllung der Nachlassverbindlichkeiten (Kroiß/Ann/Mayer/*Krug* § 1985 Rn 1).   2

Der Nachlassverwalter ist ein amtlich bestelltes Organ mit eigener Parteistellung (RGZ 135, 307), die der Stellung des Insolvenzverwalters gleicht (BGHZ 38, 281). Mit der Anordnung der Verwaltung verliert der Erbe die Verwaltungs- und Verfügungsbefugnisse über den Nachlass; sie gehen auf den Nachlassverwalter über. Der Erbe bleibt aber Inhaber des Nachlasses, wenngleich der Verwalter im Rahmen seines Aufgabengebietes allein aktiv und passiv prozessführungsbefugt ist. Allerdings ist die Kostentragungspflicht als solche keine persönliche Schuld des Nachlassverwalters, sondern eine Nachlassverbindlichkeit (Damrau/*Gottwald* § 1985 Rn 2).   3

4 **B. Rechtsstellung des Nachlassverwalters.** Da die Nachlassverwaltung der Wahrnehmung der Interessen aller Beteiligten dient, vertritt der Nachlassverwalter nicht einseitig die Interessen der Erben oder der Nachlassgläubiger und somit auch nicht gesetzlicher Vertreter des Nachlasses/der Erben/der Nachlassgläubiger (hM, BayObLGZ 1976, 171), sondern amtlich bestellt mit der Aufgabe, eine fremde Vermögensmasse zu verwalten (DGE/*Hanhörster*/*Dospil* § 1985 Rn 1).

5 Daher hat der Nachlassverwalter sein Amt eigenverantwortlich und unabhängig zu führen. Er ist bei reinen Zweckmäßigkeitsüberlegungen nicht an die Weisungen des Gerichts gebunden (BGHZ 49, 1). Nur indirekt unterliegt er nach § 1915 dem Vormundschaftsrecht und untersteht somit der Aufsicht des Nachlassgerichts, das zuständig ist auch für die Erteilung der Genehmigungen in den Fällen der §§ 1821, 1822, 1828–1831, auch wenn keine minderjährige Erben vorhanden sind (Palandt/*Edenhofer* § 1985 Rn 2).

6 Da der Nachlassverwalter keine materielle Rechtsposition innehat, kann er bzgl des Nachlassvermögens nicht als Berechtigter im Grundbuch eingetragen werden (BGH DNotZ 61, 485).

7 Nach § 1839 ist der Nachlassverwalter dem Gericht ggü zur jederzeitigen Auskunftserteilung und zur Rechnungslegung über seine Amtsführung verpflichtet. Verzichten die Nachlassgläubiger und Miterben auf die Nachprüfung, darf das Nachlassgericht keine Prüfung anordnen (Frankf NJW 63, 2278).

8 Er ist befugt, den Nachlass zu verwalten und über die Nachlassgegenstände zu verfügen (*Lange*/*Kuchinke* § 49 III 5 mwN). Für die Zeit der Nachlassverwaltung ruht das Verwaltungsrecht des Testamentsvollstreckers und lebt nach Beendigung der Nachlassverwaltung wieder auf.

9 Bei einer Gefährdung der Interessen der Erben oder der Nachlassgläubiger kann der Nachlassverwalter entlassen werden, sofern kein milderes Mittel zum Erfolg führt (Palandt/*Edenhofer* § 1985 Rn 3). UU kann auch ein Gegenverwalter bestellt werden, § 1792 (KG DJZ 28, 388). Ein Verschulden auf Seiten des Nachlassverwalters ist nicht erforderlich, maßgebend ist vielmehr die Gefährdung der Interessen der Nachlassgläubiger oder der Erben gem §§ 1915, 1897, 1886. Von einer Interessengefährdung ist bei der beharrlichen, lang andauernden Unterlassung der Vorlage des Nachlassverzeichnisses (Palandt/*Edenhofer* § 1985 Rn 3) oder bei Gleichgültigkeit ggü der Pflicht zur jährlichen Rechnungslegung gem § 1840 auszugehen (BayObLG FamRZ 88, 543).

10 Str ist, ob der Nachlassgläubiger den Antrag auf Entlassung des Nachlassverwalters stellen kann (Frankf Rpfleger 98, 200; aA Karlsr NJW-RR 89, 1095).

11 **C. Gegenstand.** Der Nachlassverwaltung unterliegen alle vermögensrechtlichen Bestandteile des Nachlasses einschl der nach dem Erbfall entstandenen Ansprüche, nicht aber die höchstpersönlichen Rechte und Sachen des Erblassers (Palandt/*Edenhofer* § 1985 Rn 4).

12 Auch das unpfändbare Vermögen sollte nicht von der Nachlassverwaltung erfasst werden (Palandt/*Edenhofer* § 1985 Rn 4; aA Seorgel/*Stein* § 1985 Rn 7), wobei sich die Unpfändbarkeit aus der Person des Erben bestimmt (MüKo/*Siegmann* § 1985 Rn 4). Der Nachlassverwaltung unterliegt nicht ein im Wege der Sondererbfolge übergegangener Gesellschaftsanteil an einer Personengesellschaft mit der Folge, dass der Verwalter weder die ererbten Mitgliedschaftsrechte noch die Rechte des Gesellschaftererben bei der Geschäftsführung ausüben kann (Palandt/*Edenhofer* § 1985 Rn 4). Daher kann er auch nicht über ein der Gesellschaft gehörendes Grundstück nicht mitveräußern (BayObLGZ 1990, 306), so dass auch kein Grundbuchberichtigungsverfahren gegen ihn eingeleitet werden kann (Hamm OLGZ 93, 147). Der Nachlassverwalter ist in diesen Fällen darauf beschränkt, den Anspruch des Gesellschaftererben auf den Gewinnanteil und das Auseinandersetzungsguthaben geltend zu machen (BGHZ 47, 293).

13 Bei Kapitalgesellschaften kann der Verwalter dagegen das ererbte Mitgliedschaftsrecht ohne Rücksicht auf den Inhalt der Satzung wahrnehmen (Palandt/*Edenhofer* § 1985 Rn 4).

14 Verliert der Erbe infolge Verschuldens seines Anwalts ein zum Nachlass gehörendes Grundstück, fällt der Schadensersatzanspruch des Erben gegen den Anwalt in das der Nachlassverwaltung unterliegende Vermögen (BGHZ 46, 222).

15 **D. Pflichten des Verwalters.** Der Nachlassverwalter hat alsbald den Nachlass in Besitz zu nehmen. Verweigert der Erbe dessen Herausgabe, muss der Verwalter klagen (Stuttg BWNotZ 78, 164), weil der Anordnungsbeschluss des Nachlassgerichts kein Vollstreckungstitel iSd § 794 I Nr 3 ZPO darstellt. Daher kann auch das Nachlassgericht keine Gerichtsvollzieher beauftragen, selbst wenn die Zugehörigkeit der Gegenstände zum Nachlass unstr ist (Palandt/*Edenhofer* § 1985 Rn 5). Ein Zurückbehaltungsrecht steht den Erben wegen seiner Ersatzansprüche aus der Nachlassverwaltung nicht zu (Erman/*Schlüter* § 1985 Rn 2).

16 Bei der Verwaltung und der Berichtigung der Verbindlichkeiten hat er die Wünsche der Erben und der Nachlassgläubiger zu berücksichtigen, er ist aber nicht an sie gebunden (Palandt/*Edenhofer* § 1985 Rn 5). Eine vom Erblasser erteilte Generalvollmacht kann er widerrufen (KG NJW 71, 566), ebenso die einem Anwalt erteilte Vollmacht (Ddorf BB 78, 1442).

17 Der Erbe ist dem Verwalter verzeichnis- und eidespflichtig nach § 260; der Verwalter ist den Nachlassgläubigern auskunftspflichtig; außerdem hat er dem Nachlassgericht ein Verzeichnis einzureichen.

18 **E. Berichtigung der Nachlassverbindlichkeiten.** Die Berichtigung der Nachlassverbindlichkeiten ist Hauptaufgabe des Nachlassverwalters. Ggf muss er erst die Nachlassgläubiger durch ein Aufgebot nach §§ 1970 ff ermitteln (BGH FamRZ 84, 1004). Nach § 1802 hat er das von den Erben vorzulegenden Nachlassverzeichnis

beim Nachlassgericht einzureichen. Er hat den Gläubigern nach § 2012 I 2, II Auskunft zu erteilen, weil ihm eine Inventarfrist nicht gesetzt werden kann (Palandt/*Edenhofer* § 1985 Rn 6).

Der Nachlassverwalter kann Nachlassgegenstände wirksam veräußern, neue Nachlassschulden begründen, wenn es zur Befriedigung der Gläubiger erforderlich ist. Er ist auch befugt, ohne Zustimmung der Nacherben eine Nachlassgrundstück zu veräußern, um Verbindlichkeiten zu tilgen (Braunschw OLGZ 88, 392). Unter den Voraussetzungen des § 1980 hat er Insolvenzantrag zu stellen (Erman/*Schlüter* § 1985 Rn 4), und zwar auch dann, wenn mangels Masse mit der Ablehnung der Eröffnung des Verfahrens zu rechnen ist (DGE/*Hanhörster/Dospil* § 1985 Rn 3). Schließt er stattdessen noch Rechtsgeschäfte mit Nachlassgläubigern ab, ist ihm die notwendige nachlassgerichtliche Genehmigung zu versagen (Stuttg Rpfleger 84, 416). Eine Antragspflicht besteht nicht, wenn die Überschuldung auf ausgeschlossenen Forderungen beruht (Palandt/*Edenhofer* § 1985 Rn 7). 19

Bei dürftigem Nachlass hat er die Aufhebung der Nachlassverwaltung zu beantragen, § 1988 II (Stuttg Rpfleger 84, 416); im Übrigen kann er aber die Einrede der Überschwerung des § 1992 erheben (Palandt/*Edenhofer* § 1985 Rn 10). 20

Bei der Erfüllung der Nachlassverbindlichkeiten ist der Verwalter an § 1979 gebunden. Er hat sowohl die Interessen des Erben als auch die der Nachlassgläubiger zu berücksichtigen. Daher bleibt ihm die Einschätzung, ob die aktiven Nachlassmittel für alle Nachlassverbindlichkeiten ausreichen, überlassen, wobei er entspr Sorgfalt walten lassen muss (Kroiß/Ann/Mayer/*Krug* § 1985 Rn 14). Aus diesem Grunde darf er, bevor er nicht den gesamten Nachlass schriftlich erfasst hat, keine Nachlassverbindlichkeiten erfüllen (BGH NJW 85, 140). Zahlungen an Nachlassgläubiger sind ihm erst nach einer sorgfältigen Zulänglichkeitsprüfung gestattet, wozu er zunächst den Nachlass zu sichten und die Unterlagen zu prüfen hat. 21

Die Forderungen einzelner Gläubiger dürfen nur erfüllt werden, wenn der Nachlass voraussichtlich zur Begleichung aller Verbindlichkeiten ausreicht; ansonsten hat er sich den Nachlassgläubigern ggü auf die §§ 2014, 2015 zu berufen (DGE/*Hanhörster/Dospil* § 1985 Rn 3). 22

F. Weitere Aufgaben. Ist ausreichend Masse vorhanden, kann der Nachlassverwalter den Erben einen notdürftigen Unterhalt gewähren, wobei allerdings die Genehmigung des Nachlassgerichts einzuholen ist (DGE/*Hanhörster/Dospil* § 1985 Rn 4). 23

Nicht zu den Aufgaben eines Nachlassverwalters gehört die Errichtung eines Inventars, da dieses Recht weiterhin dem Erben zusteht (Staud/*Marotzke* § 1985 Rn 37) sowie die Auseinandersetzung des Nachlasses und dessen Verteilung unter den Miterben (RGZ 72, 260). 24

G. Haftung des Nachlassverwalters. Der Nachlassverwalter haftet dem **Erben** auf der zwischen ihm und dem Erben geschaffenen und durch die Bestellung begründeten Rechtsbeziehung (RGZ 150, 190) für schuldhafte Pflichtverletzungen gem §§ 1915, 1833 (BGH NJW 85, 140). Eine Haftungsbeschränkung kann sich aus einer abw Vereinbarung mit dem Erben ergeben (DGE/*Hanhörster/Dospil* § 1985 Rn 5). UU verstößt es gegen den Grundsatz von Treu und Glauben, wenn der Erbe den Nachlassverwalter für jeden Schaden zur Verantwortung zieht, und zwar insbes dann, wenn der Verwalter zur Erhaltung des Nachlasses über seine gesetzliche Verpflichtung hinausgehende Anstrengungen unternommen hat, weil andernfalls der Erbe einen bedeutend größeren Schaden erlitten hätte (MüKo/*Siegmann* § 1985 Rn 10). 25

Den Nachlassgläubigern ggü haftet er gem Abs 2 unmittelbar wie ein Beauftragter, sofern er seine Pflicht zur ordnungsgemäßen Verwaltung schuldhaft verletzt und dem Gläubiger dadurch ein Schaden entsteht (BGH FamRZ 84, 1004). 26

In beiden Fällen haftet der Nachlassverwalter nur mit seinem Eigenvermögen, wenngleich die Ansprüche der Gläubiger entspr § 1978 II dem Nachlass zugeordnet werden (Erman/*Schlüter* § 1985 Rn 5). 27

Verstößt der Verwalter gegen § 1979, kommt ein Ersatzanspruch nur dann in Betracht, wenn und soweit andere vor- oder gleichrangige Gläubiger weniger erhalten, als sie bei Unterbleiben vorzeitiger Zahlungen erlangt haben würde (BGH NJW 85, 140). Bei einem Aufgebot kann sich der Verwalter auf § 1973 berufen (RGZ 61, 221). 28

§ 1986 Herausgabe des Nachlasses

(1) Der Nachlassverwalter darf den Nachlass dem Erben erst ausantworten, wenn die bekannten Nachlassverbindlichkeiten berichtigt sind.
(2) ¹Ist die Berichtigung einer Verbindlichkeit zur Zeit nicht ausführbar oder ist eine Verbindlichkeit streitig, so darf die Ausantwortung des Nachlasses nur erfolgen, wenn dem Gläubiger Sicherheit geleistet wird. ²Für eine bedingte Forderung ist Sicherheitsleistung nicht erforderlich, wenn die Möglichkeit des Eintritts der Bedingung eine so entfernte ist, dass die Forderung einen gegenwärtigen Vermögenswert nicht hat.

A. Allgemeines. Durch die Verpflichtung des Nachlassverwalters in Abs 1 werden die Gläubiger vor einer verfrühten Herausgabe des Nachlassrestes an den Erben geschützt. Der Verstoß führt zur Schadensersatzpflicht des Verwalters, § 1985 II (MüKo/*Siegmann* § 1986 Rn 1). 1

2 **B. Herausgabe.** Die Ausantwortung des Nachlassrestes an den Erben bzw bei mehreren an alle, erfolgt auch ohne formelle Aufhebung der Nachlassverwaltung nach Berichtigung der bekannten Nachlassverbindlichkeiten, wozu auch die Erbschaftssteuer gehört (MüKo/*Siegmann* § 1986 Rn 2); entspr gilt auch ggü einem evtl neu bestellten Verwalter (KG NJW 71, 566). Wird die Verwaltung durch den bisherigen Testamentsvollstrecker fortgesetzt, erfolgt die Herausgabe an ihn (Palandt/*Edenhofer* § 1986 Rn 1), wodurch sein Recht zur Verwaltung wieder auflebt (MüKo/*Siegmann* § 1986 Rn 3). Die Herausgabepflicht umfasst alles, was der Nachlassverwalter aus der Verwaltung des Nachlasses erlangt hat einschl der von ihm angelegten Akten (KG NJW 71, 566).

3 Da die Haftungsbeschränkung der Nachlassverwaltung bei ordnungsgemäß durchgeführtem Verfahren bestehen bleibt, kann der Erbe den Gläubigern ggü entspr § 1990 I auf den evtl vorhandenen Nachlassrest verweisen (BGH LM Nr 1 zu § 1975). Allerdings besteht noch die Möglichkeit, eine Inventarfrist zu bestimmen und dadurch ggf die beschränkte Erbenhaftung herbeizuführen. Dem Nachlassverwalter ist zu empfehlen, sich gegen unbekannte Gläubiger durch Aufgebot nach §§ 1970 ff zu sichern (Palandt/*Edenhofer* § 1986 Rn 1). Bevor er den Nachlassrest an den Berechtigten auszahlt, ist das Ergebnis des Aufgebotsverfahrens abzuwarten.

4 Mit der Auszahlung des Nachlassrestes an den Erben ist die Nachlassverwaltung noch nicht beendet, sondern erst durch die gerichtliche Aufhebung. Daher ist ein nach der Ausantwortung und vor dem gerichtlichen Aufhebungsbeschluss geltend gemachter Anspruch eines Nachlassgläubigers zu befriedigen (DGE/*Hanhörster/Dospil* § 1986 Rn 3). Zu diesem Zweck hat der Erbe seinen Nachlassrest an den Nachlassverwalter zurückzugeben. Allerdings steht dem Nachlassverwalter kein Zurückbehaltungsrecht wegen der vorgenommenen Verwendungen, § 1835, oder wegen seiner Vergütungsansprüche, § 1887, zu, da für diese Ansprüche § 1986 I oder II gilt (Soergel/*Stein* § 1986 Rn 6; BayObLGZ 25, 454 bzw der Vergütung).

5 **C. Sicherheitsleistung.** Eine Nachlassverbindlichkeit ist str, wenn der Nachlassverwalter sie bestreitet; dabei kommt es auf die Ansicht des Erben nicht an (Frankf JZ 53, 53). Die Sicherheitsleistung bestimmt sich nach den §§ 232 ff. Alternativ kommt auch eine Hinterlegung nach §§ 372 ff in Betracht (DGE/*Hanhörster/Dospil* § 1986 Rn 4). Zu den Forderungen ohne Vermögenswert iSd § 1986 II 2 gehört nicht der Unterhaltsanspruch des § 1615 o oder der Anspruch der Mutter aus § 1963 (Palandt/*Edenhofer* § 1986 Rn 2).

§ 1987 Vergütung des Nachlassverwalters

Der Nachlassverwalter kann für die Führung seines Amtes eine angemessene Vergütung verlangen.

1 **A. Allgemeines.** Der Festsetzungsbeschluss des Nachlassgerichts über die Vergütung ist gem § 56 g VI FGG ein Vollstreckungstitel. Nach § 1985 ist die Aufrechnung mit Ersatzansprüchen des Erben möglich (MüKo/*Siegmann* § 1987 Rn 4).

2 **B. Vergütungsanspruch.** Wegen der Gleichstellung mit dem Testamentsvollstrecker und dem Insolvenzverwalter und dem Umstand, dass sie zur Übernahme des Amtes nicht verpflichtet sind, ihr Handeln aber nicht der Allgemeinheit, sondern dem Wohl des Erben dienen muss, erhalten berufsmäßige und ehrenamtliche Nachlassverwalter eine Vergütung (DGE/*Hanhörster/Dospil* § 1987 Rn 1). Nach § 1836 I 3 kommt es bei der Bestellung des Nachlassverwalters nicht darauf an, ob er die Verwaltung berufsmäßig ausübt. Eine Vergütung ist allerdings dann nicht zu entrichten, wenn der Nachlassverwalter nicht tätig geworden ist (RGZ 154, 117). Die Gebühr für die Tätigkeit als Insolvenzverwalter wird auf die Gebühr des Nachlassverwalters nicht angerechnet (München DFG 36, 215).

3 Das Nachlassgericht setzt im Verfahren nach § 56 g FGG die Vergütung fest (BayObLGE 00, 8). Gegen den Festsetzungsbeschluss ist, sofern der Beschwerdewert 150 € übersteigt oder bei entspr Zulassung durch das Nachlassgericht, die sofortige Beschwerde gem § 75 FGG statthaft (BayObLG NJW-RR 01, 870). Andernfalls kann die befristete Erinnerung nach § 11 II RPflG eingelegt werden. Beschwerdeberechtigt sind der Nachlassverwalter, der Erbe, der Testamentsvollstrecker und der Nachlassgläubiger, wenn die Vergütung ihre Befriedigung beeinträchtigt (Palandt/*Edenhofer* § 1987 Rn 1).

4 **C. Höhe der Vergütung.** Hinsichtlich der Angemessenheit der Vergütung verweist § 1915 auf § 1836, wonach der Nachlassverwalter nach Zeitaufwand zu vergüten ist. Die Höhe des Stundensatzes richtet sich nach der Schwierigkeit des Einzelfalls und dem Beruf des Verwalters (Palandt/*Edenhofer* § 1987 Rn 2), da seit 1.1.99 nach § 1836 II nutzbare Fachkenntnisse sowie Umfang und Schwierigkeit der Geschäfte bei der Vergütung zu berücksichtigen sind. Für Verwaltungen, die vor dem 1.1.99 angeordnet wurden, gelten die alten Grundsätze (BayObLG FamRZ 91, 861). Zweifelhaft ist, ob weiterhin eine pauschalierende Festsetzung der Vergütung nach Prozentsätzen des Vermögens möglich ist (so Soergel/*Stein* § 1987 Rn 2).

5 Materiell-rechtliche Einwendungen gegen den Vergütungsanspruch, wie zB Verzicht auf Vergütung oder anderweitige Vereinbarung, sind im Prozesswege geltend zu machen (Palandt/*Edenhofer* § 1987 Rn 2).

6 Eine Änderung der festgesetzten Vergütung ist nach Aufhebung der Nachlassverwaltung nicht möglich (KG JFG 14, 42).

D. Aufwendungsersatz. Neben der Vergütung kann der Nachlassverwalter Ersatz seiner Aufwendungen verlangen, §§ 1915, 1835. Hierzu gehören zB Bürokosten des Verwalters, wobei aber ein zahlenmäßiger Bruchteil der Kosten nicht zugrunde gelegt werden darf (BayObLG Rpfleger 85, 402). Dies gilt insbes in den Fällen, in denen der Verwalter aufgrund seiner beruflichen Tätigkeit ein Büro vorhalten muss. Die Benutzung des Büros kann bei der Bemessung der Vergütung in die Billigkeitserwägung einbezogen werden (BayObLG Rpfleger 85, 402).

Im Streit mit den Erben über den Aufwendungsersatzanspruch entscheidet das Prozessgericht, wobei die Einrechnung der Aufwendungen in die Pauschalvergütung durch das Nachlassgericht mittels Festsetzung unzulässig ist (Zweibr Rpfleger 80, 103).

§ 1988 Ende und Aufhebung der Nachlassverwaltung

(1) Die Nachlassverwaltung endigt mit der Eröffnung des Nachlassinsolvenzverfahrens.
(2) Die Nachlassverwaltung kann aufgehoben werden, wenn sich ergibt, dass eine den Kosten entsprechende Masse nicht vorhanden ist.

A. Allgemeines. Da die Nachlassverwaltung keine Pflegschaft iSd § 1918 III ist, endet sie mit der Aufhebung durch das Nachlassgericht oder kraft Gesetzes mit der Eröffnung des Nachlassinsolvenzverfahrens (RGZ 72, 263).

B. Eröffnung des Insolvenzverfahrens. Mit Eröffnung des Insolvenzverfahrens geht die Verwaltungs- und Verfügungsbefugnis des Nachlassverwalters auf den Nachlassinsolvenzverwalter über (MüKo/*Siegmann* § 1988 Rn 1). Rechtshandlungen des bisherigen Verwalters nach Eröffnung des Insolvenzverfahrens sind unwirksam, §§ 81, 82 InsO. Daher ist eine Nachlassverwaltung neben dem Insolvenzverfahren nicht möglich.

C. Aufhebung durch das Nachlassgericht. Neben mangelnder Masse führt auch die Zweckerreichung zur Aufhebung der Nachlassverwaltung. Der Zweck der Nachlassverwaltung ist erreicht, wenn alle bekannten Nachlassverbindlichkeiten berichtigt bzw sichergestellt sind (BayObLGZ 76, 167). Allerdings kann die Aufhebung der Nachlassverwaltung vor Zweckerreichung weder vom Erben noch von den Nachlassgläubigern erzwungen werden (KGJ 42, 94). Selbst die Rücknahme des Antrags auf Nachlassverwaltung durch den Erben oder sein Tod reicht nicht als Aufhebungsgrund (DGE/*Hanhörster/Dospil* § 1988 Rn 2).

Die Aufhebung der Nachlassverwaltung erfolgt durch das Nachlassgericht in Form eines formellen Beschlusses; er ist in jedem Fall zur Beendigung erforderlich (Palandt/*Edenhofer* § 1988 Rn 2).

Im Übrigen kann jeder Miterbe einzeln den Aufhebungsantrag stellen; er stellt allerdings nur eine Anregung an das Gericht dar. Durch eine ablehnende Entscheidung ist der Antragsteller beschwerdeberechtigt (Frankf JZ 53, 53). Gegen den Aufhebungsbeschluss ist die einfache Beschwerde nach § 19 FGG statthaft; antragsberechtigt ist jeder Erbe und jeder Nachlassgläubiger, nicht aber der Nachlassverwalter (RGZ 151, 57).

Die Nachlassverwaltung ist aufzuheben, wenn der die Nachlassverwaltung beantragende Erbe die Erbschaft ausschlägt und die Nachberufene die Aufhebung der Nachlassverwaltung betreibt (Staud/*Marotzke* § 1988 Rn 12) oder wenn Nacherbfolge eintritt, da die Haftung des Nacherben besonders beschränkt werden muss (RGRK/*Kregel* § 1988 Rn 5).

Im Übrigen führt auch der Tod oder die Entlassung des Nachlassverwalters nur zur Beendigung seiner Amtsstellung; die Nachlassverwaltung bleibt hiervon unberührt. Besteht kein Aufhebungsgrund, ist unverzüglich ein neuer Nachlassverwalter zu bestellen (DGE/*Hanhörster/Dospil* § 1988 Rn 4).

D. Rechtsfolgen der Aufhebung. Mit Zustellung des Aufhebungsbeschlusses an den Nachlassverwalter wird die Aufhebung wirksam, § 16 FGG. Der Nachlassverwalter hat nun die Schlussrechnung zu erstellen, § 1890, und den Nachlassrest herauszugeben, § 1986. Wird der Aufhebungsbeschluss durch das Beschwerdegericht aufgehoben und dann erneut Nachlassverwaltung angeordnet, ist der bisherige Nachlassverwalter erneut zu verpflichten, §§ 1791, 1915 (Palandt/*Edenhofer* § 1988 Rn 3).

Allerdings steht dem Nachlassverwalter wegen seiner Ansprüche auf Aufwendungsersatz und Vergütung das Zurückbehaltungsrecht nach § 273 zu (Palandt/*Edenhofer* § 1988 Rn 5).

Mit der Aufhebung der Nachlassverwaltung können die Erben bzw der Verwalter die Löschung der Vermerke über die Nachlassverwaltung im Grundbuch beantragen (DGE/*Hanhörster/Dospil* § 1988 Rn 4).

§ 1989 Erschöpfungseinrede des Erben

Ist das Nachlassinsolvenzverfahren durch Verteilung der Masse oder durch einen Insolvenzplan beendet, so findet auf die Haftung des Erben die Vorschrift des § 1973 entsprechende Anwendung.

A. Allgemeines. Nach § 1989 wird die Erbenhaftung beschränkt, wenn das Nachlassinsolvenzverfahren entweder durch Verteilung der Masse, §§ 196, 200 InsO, oder durch einen Insolvenzplan, §§ 217 ff InsO, beendet wurde mit der Folge, dass nur in diesen Fällen der Erbe den im Aufgebotsverfahren wegen Nichtanmeldung ihrer Forderung ausgeschlossenen Gläubigern und den nicht befriedigten Nachlassgläubigern unter Beschränkung auf den Nachlass und nach Bereicherungsrecht haftet (MüKo/*Siegmann* § 1989 Rn 1 a). Auch eine danach erfolgende Inventarerrichtung führt zu keinem anderen Ergebnis, da im Insolvenzverfahren bereits ein Inventar errichtet wurde, § 2000 S 3.

2 § 1989 findet keine Anwendung, wenn der Erbe bereits nach § 2013 I 1 unbeschränkbar haftet oder das Insolvenzverfahren auf andere Weise, wie zB durch eine Nachlassverwaltung, beendet wird (Soergel/*Stein* § 1989 Rn 1). Dies gilt insbes auch für die Aufhebung des Eröffnungsbeschlusses nach § 34 InsO, da das Verfahren als nicht eröffnet gilt mit der Folge, dass eine Haftungsbeschränkung nicht möglich ist. Gem § 34 III InsO bleiben die Rechtshandlungen, die vom Insolvenzverwalter in der Zwischenzeit vorgenommen wurden, bestehen (FK-InsO § 34 Rn 41 a). Die Vorschrift gilt ferner nicht für einen Gläubiger nach § 1971, der von einem Aufgebot nicht betroffen würde (Staud/*Marotzke* § 1989 Rn 5).

3 Bei der Einstellung des Insolvenzverfahrens ist zwischen einer Einstellung mit Zustimmung der Gläubiger nach § 213 InsO und der Einstellung mangels Masse nach § 207 InsO zu unterscheiden. Im erstgenannten Fall werden die Auswirkungen des § 1975 augrund des Einverständnisses zwischen Gläubiger und Schuldner wieder aufgehoben, wohingegen sich die Erbenhaftung im zweiten Fall nach § 1990 richtet (DGE/ *Hanhörster/Dospil* § 1989 Rn 1).

4 **B. Beendigung durch Verteilung der Masse.** Nach § 201 I InsO können die Gläubiger ihre restlichen Forderungen nach Verteilung der Masse grds unbeschränkt gegen den Erben geltend machen. Dem wirkt § 1989 entgegen, indem er den Erben, solange er nicht unbeschränkbar haftet, nur mit einem etwaigen Nachlassüberschuss, nicht aber mit seinem sonstigen Vermögen einstehen lässt (Soergel/*Stein* § 1989 Rn 2). Werden nach dem Vollzug der Schlussverteilung Nachlassgegenstände aufgefunden, werden sie frei oder fließen sie zurück (FK-InsO § 203 Rn 3 ff), muss der Insolvenzverwalter eine **Nachtragsverteilung** gem §§ 203, 205 InsO vornehmen (DGE/*Hanhörster/Dospil* § 1989 Rn 2). Ein diesbezüglicher Zugriff außerhalb des Insolvenzverfahrens ist den Gläubigern nicht möglich (Soergel/*Stein* § 1989 Rn 2), wodurch die Erbenhaftung weiter eingeschränkt wird.

5 **C. Beendigung durch Aufhebungsbeschluss.** Auch in diesem Fall tritt eine endgültige Haftungsbeschränkung ein, wobei der Insolvenzplan, dessen Inhalt ggf durch Auslegung zu ermitteln ist, entscheidendes Indiz ist. Der Insolvenzplan sieht häufig vor, dass der Erbe für die festgestellten Forderungen auch mit seinem Eigenvermögen haftet (Staud/*Marotzke* § 1989 Rn 15). Enthält der Plan hierzu keine Angaben, kann nicht ohne weiteres davon ausgegangen werden, dass der Erbe mit seinem Eigenvermögen haftet (Staud/*Marotzke* § 1989 Rn 15; aA MüKo/*Siegmann* § 1989 Rn 6). Da der Insolvenzverwalter die Rechte der Aussonderungsberechtigten und der Massegläubiger nach § 258 InsO bereits vor der Aufhebung berücksichtigen muss, kann der Insolvenzplan in diese Rechte nicht eingreifen (MüKo/*Siegmann* § 1989 Rn 6a).

6 **D. Prozessuales.** Liegen die Voraussetzungen des § 1989 vor, ist im Rechtsstreit des Erben mit den Nachlassgläubigern die eingetretene Haftungsbeschränkung im Urteil festzustellen mit der Folge, dass die Zwangsvollstreckung auf den Nachlass und ggf auf einzelne Gegenstände beschränkt wird (Soergel/*Stein* § 1989 Rn 6).

7 Vollstreckt ein Gläubiger nach § 201 II aus dem Tabellenauszug in das Eigenvermögen des Erben, kann dieser dennoch, dh auch ohne Vorbehalt nach § 780 ZPO, Klage nach §§ 781, 785, 767 ZPO erheben, weil die Tabelle nur einen Titel zur Vollstreckung in den Nachlass enthält (MüKo/*Siegmann* § 1989 Rn 7).

§ 1990 Dürftigkeitseinrede des Erben

(1) ¹Ist die Anordnung der Nachlassverwaltung oder die Eröffnung des Nachlassinsolvenzverfahrens wegen Mangels einer den Kosten entsprechenden Masse nicht tunlich oder wird aus diesem Grunde die Nachlassverwaltung aufgehoben oder das Insolvenzverfahren eingestellt, so kann der Erbe die Befriedigung eines Nachlassgläubigers insoweit verweigern, als der Nachlass nicht ausreicht. ²Der Erbe ist in diesem Falle verpflichtet, den Nachlass zum Zwecke der Befriedigung des Gläubigers im Wege der Zwangsvollstreckung herauszugeben.

(2) Das Recht des Erben wird nicht dadurch ausgeschlossen, dass der Gläubiger nach dem Eintritt des Erbfalls im Wege der Zwangsvollstreckung oder der Arrestvollziehung ein Pfandrecht oder eine Hypothek oder im Wege der einstweiligen Verfügung eine Vormerkung erlangt hat.

1 **A. Allgemeines.** Nach § 1990 kann der Erbe durch Erheben der Einrede seine Haftung auf den Nachlass beschränken, wenn der Nachlass zur Erfüllung der Verbindlichkeiten unzureichend ist und nicht ausreicht, um die Kosten für die amtliche Nachlassverwaltung oder eines Nachlassinsolvenzverfahrens aus der Masse zu decken, §§ 1988 II, 207 InsO. Der zunächst unbeschränkt haftende Erbe ist somit nicht gezwungen, die Verfahrenskosten vorzuschießen, um die Haftungsbeschränkung herbeizuführen, § 26 I 2 InsO. Dies setzt aber voraus, dass der Erbe nicht bereits sein Recht zu Haftungsbeschränkung verloren hat, § 2013 I 1.

2 Die Einrede wird begrifflich nochmals wie folgt unterteilt: Mit der reinen **Dürftigkeitseinrede** (Soergel/*Stein* § 1990 Rn 2) kann der Erbe, wenn der Nachlass zwar unzureichend, aber nicht überschuldet ist, den Zugriff

der Nachlassgläubiger auf das Eigenvermögen des Erben abwehren (hM; Palandt/*Edenhofer* § 1990 Rn 1; aA Staud/*Marotzke* § 1990 Rn 2, 3). Die **Unzulänglichkeitseinrede** wird erhoben, wenn der dürftige Nachlass darüber hinaus auch überschuldet ist und somit eine vollständige Befriedigung aus dem Nachlass nicht möglich ist, wobei sich dies erst nach der Herausgabe des Nachlasses (Abs 1 S 2) in der Zwangsvollstreckung ergibt. Die Nachlassgläubiger sind dann nur noch auf den Nachlassrest verwiesen (Soergel/*Stein* § 1990 Rn 2). Sind im Nachlass keinerlei Aktiva (mehr) vorhanden und bestehen nach § 1991 auch keine Ersatzforderungen gegen den Erben, steht die **Erschöpfungseinrede** zur Verfügung. Liegen diese Voraussetzungen vor, wird schon die Klage des Nachlassgläubigers mangels Haftungsmasse abgewiesen.

Der Erbe kann ggü bestimmten nachlassbeteiligten Gläubigern auch die **Überschwerungseinrede** des § 1992 3 erheben (s § 1992 Rn 4 ff).

Für die Haftungsbeschränkung ist ausreichend, dass der Erbe den allgemeinen Vorbehalt des § 780 ZPO verlangt (Staud/*Marotzke* § 1990 Rn 13), ohne dass es der konkreten Bezeichnung der Einrede oder der Berufung auf § 1990 bedarf (Palandt/*Edenhofer* § 1990 Rn 1). 4

B. Unzulänglichkeit des Nachlasses. Der Nachlass ist unzulänglich, wenn die Nachlassaktiva nicht ausreichen, um die Kosten der Nachlassverwaltung oder des Nachlassinsolvenzverfahrens zu decken. Es ist nicht erforderlich, dass der Nachlass überschuldet ist, kann aber gegeben sein (*Lange/Kuchinke* § 49 VIII). Der Nachweis der Dürftigkeit ist vom Erben zu führen. Er ist gelungen, wenn der Nachlass aus nur einem Gegenstand besteht, der nicht oder nicht sinnvoll verwertet werden kann (BGH NJW 83, 1485), durch Inventarerrichtung, § 2009 oder durch Vorlage von Entscheidungen, durch welche das Nachlass- oder Insolvenzgericht die Eröffnung der beantragten Verfahren mangels Masse abgewiesen bzw aufgehoben hat, wobei diese Entscheidungen auch das Prozessgericht binden (hM, BGH NJW-RR 89, 1226). 5

Für die Beurteilung der Dürftigkeit kommt es auf den Zeitpunkt der Entscheidung über die Einrede an (BGHZ 85, 274; aA Staud/*Marotzke* § 1990 Rn 7: Erhebung der Einrede; Soergel/*Stein* § 1990 Rn 5: Zeitpunkt der Geltendmachung des Anspruchs durch die Gläubiger), nach allgemeiner Meinung nicht aber auf den Zeitpunkt des Erbfalls, wodurch sich für die Gläubiger unterschiedliche Zeitpunkte ergeben können (Palandt/*Edenhofer* § 1990 Rn 3). 6

Ist der Nachlass durch Maßnahmen des Erben dürftig geworden und haben diese Ersatzansprüche der Gläubiger zur Folge, §§ 1991, 1978, 1979, wie zB die schuldhafte Verletzung der Nachlasserhaltungspflicht, sind diese Ansprüche dem Nachlass nach § 1978 II hinzuzurechnen, so dass die Dürftigkeit uU entfällt (BGH NJW 89, 1070). Dagegen sind Aufwendungsersatzansprüche des Erben nach § 1978 III vom Nachlass abzusetzen, sofern diese nicht bereits aus dem Nachlass befriedigt wurden. 7

C. Einredeberechtigte. Der Erbe kann die Einrede allen Nachlassgläubigern ggü erheben, denen er nicht unbeschränkbar haftet (Soergel/*Stein* § 1990 Rn 5) und zwar unabhängig von der Art der Forderung und unbeschadet der Einrede aus den §§ 1973, 1974 ggü den Ausgeschlossenen (Palandt/*Edenhofer* § 1990 Rn 4). Die Einrede steht ihm auch ggü dem Pflichtteilsergänzungsanspruch nach § 2325 (BGH LM § 2325 Nr 2), der Rückforderung von Sozialhilfe nach § 50 I SGB X (VGH Mannheim NJW 86, 272) und ggü öffentlich-rechtlichen Erstattungsansprüchen nach dem LAG (BVerwGE 15, 234) zu. Sie ist auch nach der Teilung noch möglich, wenn der Nachlass bereits bei der Teilung unzulänglich war (RGRK/*Johannsen* § 1990 Rn 3). 8

Die Einrede ist dispositiv mit der Folge, dass der Erbe auf sie verzichten kann (DGE/*Hanhörster/Dospil* § 1990 Rn 2), wobei hierzu aber der Umstand, dass der Erbe den Nachlassgläubigern nicht sofort darauf hinweist, er wolle von der Haftungsbeschränkungsmöglichkeit Gebrauch machen, nicht ausreicht und infolgedessen nicht dazu führt, dass die spätere Ausübung dieses Rechts eine unzulässige Rechtsausübung darstelle (Celle NdsRpfl 62, 232). Sie muss, wenn sie zunächst unbegründet war und der Erbe infolge nachträglicher Veränderungen eine Begründung abgibt, beachtet werden (BGHZ 85, 281). 9

Einredeberechtigt sind auch der gesetzliche und der rechtsgeschäftlich bestellte Vertreter des Erben, bei Gütergemeinschaft der das Gesamtgut verwaltende Ehegatte (Staud/*Thiele* § 1432 Rn 7), der Nachlasspfleger, der Testamentsvollstrecker und der Insolvenzverwalter im Gesamtinsolvenzverfahren des Erben, § 331 InsO (*Börner* JuS 68, 55). Im Übrigen kann sich auch der Träger der Sozialversicherung auf die Einrede berufen, wenn sie auch dem Erben des Unfallgeschädigten ggü dem Schadensersatzpflichtigen zusteht und der Schadensersatzanspruch auf den Träger der Sozialversicherung übergegangen ist (BGH VersR 65, 688). 10

Da die Nachlassverwaltung mangels kostendeckender Masse aufgehoben werden kann, steht dem Nachlassverwalter die Erhebung der Einrede nicht zu, § 1988 II, wenngleich die Einrede nach einer durchgeführten Nachlassverwaltung noch möglich ist (BGH NJW 54, 635). 11

D. Dingliche Sicherung (II). Nach § 1990 II kann der Erbe auch dann noch, wenn der Nachlassgläubiger nach dem Erbfall ein Sicherungsrecht im Wege der Zwangsvollstreckung, der Arrestvollziehung (Pfandrecht/Sicherungshypothek) oder einer einstweiligen Verfügung (Vormerkung) erlangt hat, die Einrede erheben, um nicht schlechter gestellt zu sein als bei der angeordneten Nachlassverwaltung. Liegen die Voraussetzungen vor, kann er mit der Vollstreckungsgegenklage nach §§ 785, 767 ZPO gegen die Vollstreckung in sein Eigenvermögen vorgehen und die bereits getroffenen Vollstreckungsmaßnahmen aufheben lassen. Allerdings hat die durch die Zwangsvollstreckung erwirkte dingliche Sicherung grds Bestand. Der Erbe kann deren Aufhebung 12 verlangen, wenn sie ihn an der Einhaltung der Rangfolge des § 1991 IV oder an der Geltendmachung seiner Ersatzforderung, § 1978 III, hindert (Palandt/*Edenhofer* § 1990 Rn 6).

13 Auch die Eigengläubiger sind berechtigt, in den Nachlass zu vollstrecken. Gesetzlich nicht geregelt ist, ob der Erbe dem widersprechen darf. Er kann sich mit der Vollstreckungsabwehrklage nach §§ 787, 767 ZPO gegen die Vollstreckung verteidigen, um die Haftungssituation nicht einseitig zulasten der Nachlassgläubiger zu verändern (str: Soergel/*Stein* § 1990 Rn 9, aA MüKo/*Siegmann* § 1990 Rn 7).

14 Dagegen werden die Nachlassgläubiger, denen der Erbe auch persönlich haftet, nicht von § 1990 betroffen (Palandt/*Edenhofer* § 1990 Rn 8). Der Erbe kann wegen Forderungen, die erst in seiner Person entstanden sind, nicht die Einrede erheben (Köln NJW 52, 1145).

15 **E. Rechtsfolgen.** Nachdem der Erbe die Einrede erhoben hat, kann er die Befriedigung der Nachlassgläubiger insoweit verweigern, als der Nachlass nicht ausreicht; er hat ihn daher zum Zwecke der Befriedigung des Gläubigers im Wege der Zwangsvollstreckung herauszugeben, Abs 1 S 2. Von der Herausgabepflicht sind auch solche Nachlassgegenstände erfasst, die nach § 811 ZPO unpfändbar sind (MüKo/*Siegmann* § 1990 Rn 14). Der Erbe kann diese Folge auch nicht durch Zahlung des Wertes des Nachlassgegenstandes abwenden.

16 Die Einrede hat nur den Zweck, den Zugriff der Nachlassgläubiger auf das Eigenvermögen des Erben abzuwehren, hat aber, anders als eine Nachlassverwaltung oder -insolvenz, keine Absonderung des Nachlasses vom Eigenvermögen des Erben zur Folge, sondern führt lediglich zu einer Trennung im Verhältnis zwischen Erben und jeweiligem Nachlassgläubiger (Palandt/*Edenhofer* § 1990 Rn 9). Der Erbe ist, wie sein eigener Verwalter (hM, *Brox* Rn 683; aA Staud/*Marotzke* § 1990 Rn 28), damit beauftragt, die Nachlassgläubiger zu befriedigen, wobei er aber verpflichtet ist, dabei die Reihenfolge des Insolvenzverfahrens einzuhalten. Daher ist der Erbe, wenn er die Einrede erhebt, den Nachlassgläubigern ggü für seine Verwaltung verantwortlich. Hat er sich wegen schuldhafter Pflichtverletzung schadensersatzpflichtig gemacht, vergrößert der zum Nachlass gehörende Ersatzanspruch den unzureichenden Nachlass (vgl Rn 7).

17 Zur Abwehr des Gläubigeransturms kann der Erbe den Nachlass den Gläubigern freiwillig zur Befriedigung überlassen oder sich zur Vermeidung von Prozesskosten der sofortigen Zwangsvollstreckung nach § 794 I Nr 5 ZPO unterwerfen (RGZ 137, 53). Allerdings führt die freiwillige Freigabe des Nachlasses zur Vollstreckung, nicht zu einer Schuldbefreiung; er unterliegt auch in diesem Fall der Verwalterhaftung nach § 1991 I, so dass er sich durch Vollstreckungsvereinbarungen mit den Gläubigern, entweder einzeln oder mit allen zusammen, absichern sollte, die vorsehen, dass der Nachlass entweder mittels eines Titels im Wege der Zwangsvollstreckung oder, sofern ein Titel nicht existiert, im Wege der öffentlichen Versteigerung verwertet werden müssen (MüKo/*Siegmann* § 1990 Rn 17).

18 **F. Aufrechnung.** Um zu vermeiden, dass die Beschränkbarkeit der Haftung nach § 1990 umgangen wird, ist es den Nachlassgläubigern nicht möglich, gegen eine Eigenforderung des Erben aufzurechnen (BGHZ 35, 317). Dagegen ist es zulässig, gegen eine Nachlassforderung aufzurechnen, da die haftungsbeschränkende Einrede nicht unter § 390 S 1 fällt (hM, Palandt/*Edenhofer* § 1990 Rn 12).

19 Da der Eigengläubiger auch in den Nachlass vollstrecken kann, ist ihm die Aufrechnung auch gegen eine Nachlassforderung erlaubt (str; MüKo/*Siegmann* § 1990 Rn 6; aA Soergel/*Stein* § 1990 Rn 8).

20 **G. Zwangsvollstreckung.** Der Erbe kann, wenn er die Einrede nicht bereits im Prozess gegen die Nachlassgläubiger erhoben hat oder eine Verurteilung nur in genau bezeichnete Gegenstände nicht erreichen konnte, sich die Haftungsbeschränkungsmöglichkeit für die nachfolgende Zwangsvollstreckung nur durch den Vorbehalt nach § 780 ZPO im Urteil erhalten (Palandt/*Edenhofer* § 1990 Rn 11). Allerdings bleibt die Haftungsbeschränkung solange unberücksichtigt, bis der Erbe die Dürftigkeitseinrede erhebt, indem er sich mit der Vollstreckungsgegenklage nach §§ 784 I, 785, 767, 769, 770 ZPO zur Wehr setzt. Der Gläubiger kann aber im Wege der Widerklage die Herausgabe der Nachlassgegenstände, ein Verzeichnis des ursprünglichen und derzeitigen Nachlassbestandes, Auskunft über die Gründe der Veränderung des Nachlasses inkl einer eidesstattlichen Versicherung über die Vollständigkeit des Verzeichnisses verlangen (Palandt/*Edenhofer* § 1990 Rn 11). Der Erbe ist, nachdem er der die Einwendungen nach § 781 ZPO erhoben hat, nicht mehr verpflichtet, sein Eigenvermögen offen zulegen; hierzu ist er auch im Falle der Abgabe einer eidesstattlichen Versicherung nicht gezwungen (Soergel/*Stein* § 1990 Rn 11).

§ 1991 Folgen der Dürftigkeitseinrede

(1) Macht der Erbe von dem ihm nach § 1990 zustehenden Recht Gebrauch, so finden auf seine Verantwortlichkeit und den Ersatz seiner Aufwendungen die Vorschriften der §§ 1978, 1979 Anwendung.
(2) Die infolge des Erbfalls durch Vereinigung von Recht und Verbindlichkeit oder von Recht und Belastung erloschenen Rechtsverhältnisse gelten im Verhältnis zwischen dem Gläubiger und dem Erben als nicht erloschen.
(3) Die rechtskräftige Verurteilung des Erben zur Befriedigung eines Gläubigers wirkt einem anderen Gläubiger gegenüber wie die Befriedigung.

(4) Die Verbindlichkeiten aus Pflichtteilsrechten, Vermächtnissen und Auflagen hat der Erbe so zu berichtigen, wie sie im Falle des Insolvenzverfahrens zur Berichtigung kommen würden.

A. Verwalterhaftung des Erben (I). Die Herbeiführung der Haftungsbeschränkung des § 1990 führt über §§ 1991 I, 1978 ff, wenn der dürftige Nachlass durch die schlechte Verwaltung des Erben weiter geschmälert wird, zur verschuldensunabhängigen Verwalterhaftung (BGH NJW 92, 2694) mit der Folge, dass der Erbe für die bisherige Verwaltung so verantwortlich ist, als hätte er ab Annahme der Erbschaft als Beauftragter die Verwaltung für die Nachlassgläubiger geführt. Nach § 1978 I 2 finden die Vorschriften der GoA auf die Handlungen des Erben, die dieser vor Annahme der Erbschaft vorgenommen hat, entspr Anwendung. Ansprüche hieraus gebühren dem Nachlass, § 1978 II; insoweit haftet der Erbe mit seinem Eigenvermögen (Soergel/*Stein* § 1991 Rn 2). Bis zur Herausgabe an die Gläubiger bleibt der Nachlass in der Hand des Erben. 1

Im Übrigen gilt § 1980, auch dann, wenn der Nachlass zwar noch die Verfahrenskosten des Nachlassinsolvenzverfahrens gem § 26 InsO deckt, der Erbe aber den gebotenen Eröffnungsantrag unterlässt, wobei als Insolvenzgrund auch die Zahlungsunfähigkeit ausreicht. Befriedigt er weitere Nachlassgläubiger, sind die nicht befriedigten Gläubiger so zu stellen, wie sie stünden, wenn das Nachlassinsolvenzverfahren rechtzeitig beantragt worden wäre. 2

Hat der Erbe einen Gläubiger in Unkenntnis der Unzulänglichkeit des Nachlasses befriedigt, steht ihm nach §§ 813, 814 ein Bereicherungsanspruch zu, soweit dessen Forderung bei Erhebung der Einrede unberücksichtigt geblieben wäre (Palandt/*Edenhofer* § 1991 Rn 1). 3

Der Erbe kann aber, sofern er Aufwendungen gemacht hat, diese Ansprüche nach § 1978 III den Nachlassgläubigern in Rechnung stellen. 4

B. Berechnung des Nachlassbestandes. Die gegen den Erben gerichteten Ansprüche gem Abs 1 gelten ebenso als zum Nachlass gehörig wie der Ersatz für verbrauchte Gegenstände oder für anfechtbar veräußerte (LG Köln ZIP 81, 1385). Jeder Nachlassgläubiger kann, wenn er mit der Dürftigkeitseinrede konfrontiert wird, aus eigenem Recht verlangen, dass ihm der Erbe das aus der Verwalterhaftung Geschuldete zur Befriedigung seiner Forderung zur Verfügung stellt (BGH NJW-RR 89, 1226) und kann somit seinen Vollstreckungszugriff auch auf das Eigenvermögen des Erben ausdehnen. Diesen Anspruch kann der Nachlassgläubiger nicht nur durch Klage gegen den Erben, sondern auch mittels der Einrede der Arglist gegen die Vollstreckungsgegenklage des Erben, auf dessen Eigenvermögen zugegriffen wurde, geltend machen (BGH FamRZ 92, 1409). Macht der Erbe Aufwendungsersatz geltend, kann er diesen vom Ersatzanspruch des Gläubigers in Abzug bringen; eine Verrechnung gegen die Gläubigerforderung ist nicht möglich (Palandt/*Edenhofer* § 1991 Rn 2). 5

Neben den Ansprüchen aus § 1978 ist nach Abs 2 die Fiktion des Wiederauflebens der beim Erbfall durch Konfusion oder Konsolidation erloschenen Forderungen und Rechte zugunsten/zulasten des Erben zu beachten (Soergel/*Stein* § 1991 Rn 5). Allerdings entfaltet sich die Wirkung nur im Verhältnis zu den jeweiligen Gläubigern, nicht aber zu seinen Eigengläubigern (BGHZ 113, 132). Dadurch kann sich der Erbe aus dem Nachlass befriedigen, obwohl seine Forderung tatsächlich erloschen ist. Eine Verrechnung gegen die Gläubigerforderung ist auch hier nicht möglich; er darf aber den Nachlass solange behalten, bis seine eigenen Ansprüche befriedigt sind. § 181 gestattet ihm, den erforderlichen Betrag aus dem Nachlass zu entnehmen (RGZ 82, 278). 6

Darüber hinaus kann der Erbe gem § 1979 alle Nachlassgläubiger befriedigen, solange er ohne Verschulden davon ausgehen kann, dass der Nachlass hierzu ausreicht und die dadurch entstehenden eigenen Aufwendungen den Gläubigern in Rechnung stellen. 7

Der Erbe kann die Aufrechnung der Nachlassgläubiger gegen seine Eigenforderungen wegen seiner beschränkten Haftung zurückweisen (BGH NJW 61, 1966). Dagegen kann er sich bei der Aufrechnung seiner Eigengläubiger gegen eine zum Nachlass gehörende Forderung nicht auf die Dürftigkeit berufen (MüKo/*Siegmann* § 1991 Rn 6). Allerdings können die Nachlassgläubiger trotz Dürftigkeit des Nachlasses gegen Nachlassforderungen aufrechnen, da sie nicht schlechter stehen können als im Nachlassinsolvenzverfahren, §§ 94, 95 InsO. 8

C. Reihenfolge der Gläubigerbefriedigung. Der Erbe muss sich bei der Gläubigerbefriedigung grds an keine, auch nicht an die Rangfolge im Insolvenzverfahren halten, es sei denn, dass der Nachlass nicht zur Befriedigung aller Gläubiger ausreicht (MüKo/*Siegmann* § 1991 Rn 7). Ein Verstoß gegen § 1980 macht ihn zwar ersatzpflichtig, nimmt ihm aber nicht die Einrede des § 1990. Ausgeschlossene ohne gleichgestellte Gläubiger sind hinter den anderen zurückzustellen (Palandt/*Edenhofer* § 1991 Rn 9); sie sind aber nicht vor den nachlassbeteiligten Gläubigern des Abs 4 zu befriedigen, § 327 I Nr 1, 2 InsO. Er kann also den Nachlass demjenigen Nachlassgläubiger mit befreiender Wirkung ggü den anderen überlassen, der ihn als erster im Wege der Zwangsvollstreckung wegen einer Nachlassforderung in Anspruch nimmt. Von diesem Grundsatz macht das Gesetz zwei Ausnahmen: 9

Die sog Urteilsgläubiger, dh Gläubiger, die gegen den Erben ein rechtskräftiges Urteil erstritten haben, gehen nach Abs 3 den noch nicht befriedigten Gläubigern vor. Nach hM ist der Erbe sogar verpflichtet, den Urteilsgläubiger vor den übrigen Gläubigern zu befriedigen (BGHZ 122, 197), er kann sich bereits ab Rechtskraft 10 dieser Entscheidung ggü den späteren Gläubigern auf Erschöpfung berufen (BGH NJW-RR 89, 1226). Der Erbe kann aber auch diesen Gläubigern ggü die Herausgabe des Nachlasses zur Zwangsvollstreckung verweigern, wenn er den Nachlass benötigt, um seine eigenen Aufwendungsersatzansprüche, die er nicht einklagen kann, zu erfüllen (BGH NJW 83, 120).

11 Nachrangig sind dagegen die am Nachlass beteiligten Gläubiger, und zwar auch dann, wenn sie im Besitz eines rechtskräftigen Urteils sind, da sie so zu befriedigen sind, als seien sie im Nachlassinsolvenzverfahren beteiligt, § 327 InsO. Innerhalb dieser Gläubigergruppe ist die Reihenfolge Pflichtteilsansprüche, auch Ergänzungsansprüche (BGHZ 85, 270), Vermächtnisse und Auflagen und ggf Erbersatzansprüche zu beachten.

12 Hat der Erbe die Dürftigkeit herbeigeführt, ist er aufgrund seiner Verwalterhaftung verpflichtet, dem Nachlass aus seinem Eigenvermögen so viel zu ersetzen, dass alle sich später meldenden Gläubiger mit dem Anteil befriedigt werden können, den sie im Insolvenzverfahren erhalten hätten (BGH FamRZ 92, 1409). Verletzt der Erbe die Rangordnung des Abs 4, haftete er den vorrangigen Gläubigern nach Abs 1 (Palandt/*Edenhofer* § 1991 Rn 5). Den bevorzugten Gläubiger trifft keine Haftung, da er nur das erhalten hat, was er beanspruchen kann.

13 Schließlich kann dem Erben auch ein Bereicherungsanspruch nach §§ 813, 814 gegen einen Gläubiger zustehen, wenn dieser in Unkenntnis der Unzulänglichkeit des Nachlasses befriedigt wurde, sofern dessen Forderung bei Erhebung der Einrede nicht berücksichtigt worden wäre (Soergel/*Stein* § 1991 Rn 8).

§ 1992 Überschuldung durch Vermächtnisse und Auflagen

¹Beruht die Überschuldung des Nachlasses auf Vermächtnissen und Auflagen, so ist der Erbe, auch wenn die Voraussetzungen des § 1990 nicht vorliegen, berechtigt, die Berichtigung dieser Verbindlichkeiten nach den Vorschriften der §§ 1990, 1991 zu bewirken. ²Er kann die Herausgabe der noch vorhandenen Nachlassgegenstände durch Zahlung des Wertes abwenden.

1 **A. Allgemeines.** Die Vorschrift, die eine Sonderregelung darstellt (MüKo/*Siegmann* § 1992 Rn 1), erspart dem Erben den Insolvenzantrag nach § 317 InsO, wenn die Überschuldung des Nachlasses nur auf Vermächtnissen und Auflagen beruht, zumal ihn dann keine Pflicht zur Antragstellung nach § 1980 I 3 trifft (Palandt/*Edenhofer* § 1992 Rn 1). Im Übrigen findet die Vorschrift entspr Anwendung auf das Untervermächtnis gem § 2187 III. Nicht erfasst werden Pflichtteilsrechte, da sie einen aktiven Nachlassbestand zum Zeitpunkt des Erbfalls voraussetzen (Staud/*Marotzke* § 1992 Rn 6).

2 **B. Überschwerung.** Der Erbe, der das Recht zur Haftungsbeschränkung noch nicht verloren hat, haftet den Vermächtnisnehmern und Auflagenberechtigten ggü nicht, solange der Nachlass zu ihrer Befriedigung nicht ausreicht. Die Überschuldung muss auf Vermächtnissen und Auflagen beruhen (Soergel/*Stein* § 1992 Rn 2). Ist der Nachlass auch ohne Vermächtnisse und Auflagen überschuldet, ist § 1992 nicht anwendbar (München ZEV 98, 100; str). Haftet der Erbe nicht bereits allgemein unbeschränkbar und reicht der Nachlass zur Befriedigung dieser letztrangigen Gläubiger nicht aus, trifft den Erben keine Haftung.

3 **C. Einredeberechtigte.** Das Recht, die Überschwerungseinrede zu erheben, steht neben dem Erben auch dem Testamentsvollstrecker, Nachlassverwalter und dem Nachlasspfleger (Staud/*Marotzke* § 1992 Rn 15) sowie dem Erbteilserwerber und dem Hauptvermächtnisnehmer zu, wenn er mit einem Untervermächtnis/-auflage überschwert wurde (Kroiß/Ann/Mayer/*Krug* § 1992 Rn 8).

4 **D. Rechtsfolgen.** Die Rechtsfolgen der erhobenen Einrede ergeben sich aus den §§ 1990, 1991, wobei im Gegensatz zur Unzulänglichkeitseinrede des § 1990 ein sog Abfindungsrecht besteht, wonach die Herausgabe der noch vorhandenen Nachlassgegenstände durch Zahlung des Wertes abgewendet werden kann (DGE/*Hanhörster/Dospil* § 1992 Rn 1). Maßgebend ist der Verkehrswert im Zeitpunkt der Erhebung der Einrede (Soergel/*Stein* § 1992 Rn 4).

5 Nach § 1991 beschränkt sich die Haftung für Vermächtnisse und Auflagen auf den zu ermittelnden Nachlass; allerdings ist der Nachrang des § 1991 IV zu beachten (Palandt/*Edenhofer* § 1992 Rn 3) mit Folge, dass der Erbe das Recht hat, seine und die Forderungen der anderen Nachlassgläubiger bei den Passiva einzusetzen.

6 Darüber hinaus gewährt ihm S 2 ein Abfindungsrecht, welches ihm ermöglicht, die Herausgabe der noch vorhandenen Nachlassgegenstände durch Zahlung des Wertes abzuwenden. Wurde ein bestimmter Gegenstand vermacht, verwandelt sich der Vermächtnisanspruch durch das Erheben der Einrede in einen gekürzten Geldanspruch (Palandt/*Edenhofer* § 1992 Rn 3). Allerdings kann der Vermächtnisnehmer gegen Einzahlung eines den Kürzungsbetrag entspr Geldbetrages in den Nachlass die Sachleistung verlangen (BGH NJW 64, 2298). Dies gilt auch bei einem Verschaffungsvermächtnis nach § 2170 (Soergel/*Stein* § 1992 Rn 4). Beim Erlass einer Schuld gehört die Forderung anteilig zum Nachlass, soweit sie zur Deckung vorrangiger/gleichrangiger Gläubiger erforderlich ist (Palandt/*Edenhofer* § 1992 Rn 3).

7 Obgleich es sich bei § 1992 nicht um Erblasserschulden handelt, muss der Erbe im Prozess den Vorbehalt der §§ 780, 781 ZPO in Anspruch nehmen (BGH NJW 64, 2298). Das Prozessgericht kann, wenn die Einrede

erhoben ist, entweder den Haftungsumfang sachlich aufklären und sodann entscheiden oder sich mit dem Vorbehalt der Haftungsbeschränkung im Urteil begnügen und die sachliche Prüfung dem Vollstreckungsgericht überlassen (BGH NJW 64, 2298).

E. Aufrechnung. Gegen eine eigene Forderung des Erben kann nicht mit einem Vermächtnisanspruch aufgerechnet werden, wohl aber gegen eine Nachlassforderung gem §§ 94 ff InsO analog (Palandt/*Edenhofer* § 1992 Rn 4), ohne dass § 390 entgegensteht (Soergel/*Stein* § 1992 Rn 6). Die Aufrechnungsmöglichkeit besteht dann nicht, wenn der Nachlass von Anfang an überschuldet war, weil dem Vermächtnisanspruch § 1992 entgegensteht (MüKo/*Siegmann* § 1992 Rn 8). Reicht dadurch der Nachlass zur Befriedigung der übrigen Nachlassgläubiger nicht mehr, muss der Erbe die Unzulänglichkeitseinrede nach § 1990 erheben oder Nachlassinsolvenz beantragen, wenn hierfür ausreichend Masse vorhanden ist (Soergel/*Stein* § 1992 Rn 6). 8

Untertitel 4 Inventarerrichtung, unbeschränkte Haftung des Erben

§ 1993 Inventarerrichtung

Der Erbe ist berechtigt, ein Verzeichnis des Nachlasses (Inventar) bei dem Nachlassgericht einzureichen (Inventarerrichtung).

A. Allgemeines. Der Begriff des Inventars ist in § 1993 legal definiert. Es wird bei dem nach § 72 FGG zuständigen Nachlassgericht (= Amtsgericht) am Wohnsitz/Aufenthalt des Erblassers zum Zeitpunkt des Erbfalls, eingereicht. Zur Aufnahme des Inventars kann der Erbe jedes Amtsgericht zuziehen, § 2002, beim örtlich zuständigen Nachlassgericht nach § 2003 die Aufnahme beantragen oder auf ein anderes vorschriftsmäßig errichtetes Inventar Bezug nehmen, § 2004 (Palandt/*Edenhofer* § 1993 Rn 1). Nach § 2215 muss der Testamentsvollstrecker dem Erben bei der Errichtung, insbes bei der Wertermittlung, helfen (Erman/*Schlüter* § 1993 Rn 1). 1

Die Vermögensverzeichnisse des § 260, der §§ 2121, 2215 und des § 2314 sind keine Inventare iSd Vorschrift (Hamm MDR 76, 667). 2

Vom Nachlassgericht kann der Erbe eine Empfangsbestätigung, der Nachlassgläubiger nach § 2010, § 34 FGG eine Abschrift des Inventars verlangen (RGZ 129, 243). 3

B. Inventar. I. Antragsberechtigung. Nur der Erbe, bei mehreren Erben jeder für sich, ist berechtigt, nicht aber verpflichtet, und zwar auch nicht auf einen dahingehenden Antrag eines Gläubigers, der Vor- und Nacherbe jeder im Zeitraum seiner Erbschaft, ein Inventar zu errichten (Staud/*Marotzke* § 1993 Rn 14). Durch die Inventarerrichtung kann der Erbe den Fortfall der Haftungsbeschränkungsmöglichkeit als Folge einer Inventarsäumung zwar ausschließen, er verliert aber die Einrede des § 2014 (Soergel/*Stein* § 1993 Rn 1). Auch der Vorbehalt des § 780 I ZPO wird nicht entbehrlich (RG Recht 1914 Nr 1606). 4

Jeder Ehegatte bzw Lebenspartner kann ohne Mitwirkung des anderen ein Inventar über eine ihm selbst angefallene Erbschaft errichten (Damrau/*Gottwald* § 1993 Rn 4). Neben dem in Gütergemeinschaft lebenden und erbenden, nicht verwaltenden Ehegatten, § 1432 II, kann auch der nicht erbende, aber verwaltende Ehegatte nach §§ 2008 I 3, 1455 Nr 3 (MüKo/*Siegmann* § 1993 Rn 4) und ein Bevollmächtigter (Staud/*Marotzke* § 1993 Rn 15) ein Inventar aufnehmen und einreichen. Das Einreichen eines verschlossenen Inventars ist möglich (Palandt/*Edenhofer* § 1993 Rn 1); das Gericht muss aber zur Eröffnung für befugt erklärt werden. Das Inventar des Testamentsvollstreckers oder Nachlassverwalters (Staud/*Marotzke* § 2012 Rn 9) wird erst durch die Anerkennung des Erben zum Inventar im Rechtssinn und iSd Vorschrift. 5

II. Inhalt. Der Inhalt des Inventars ist in § 2001 festgelegt. Eine Frist für die Errichtung ist nicht zu beachten (Palandt/*Edenhofer* § 1993 Rn 1). Es wird weder durch die Nachlassverwaltung (KGJ 42, 94) noch durch das Nachlassinsolvenzverfahren ausgeschlossen. 6

III. Kosten. Die Kosten für die Inventarerrichtung sind Nachlassverbindlichkeiten, §§ 6, 52, 114 Nr 1 KostO, und zwar Nachlasserbenschulden (Soergel/*Stein* § 1967 Rn 11); im Nachlassinsolvenzverfahren sind sie Masseschulden, § 324 I Nr 4 InsO. Die Bewilligung von Prozesskostenhilfe wegen Unzulänglichkeit des Nachlasses ist nicht möglich (KGJ 42, 99). 7

§ 1994 Inventarfrist

(1) ¹Das Nachlassgericht hat dem Erben auf Antrag eines Nachlassgläubigers zur Errichtung des Inventars eine Frist (Inventarfrist) zu bestimmen. ²Nach dem Ablauf der Frist haftet der Erbe für die Nachlassverbindlichkeiten unbeschränkt, wenn nicht vorher das Inventar errichtet wird.

(2) ¹Der Antragsteller hat seine Forderung glaubhaft zu machen. ²Auf die Wirksamkeit der Fristbestimmung ist es ohne Einfluss, wenn die Forderung nicht besteht.

1 **A. Allgemeines.** § 1994 dient den Nachlassgläubigern zur Verschaffung von Informationen über den Bestand des Nachlasses im Zeitpunkt des Erbfalls. Diesem Recht entspricht aber keine im Wege der Zwangsvollstreckung durchsetzbare Pflicht, die ggf zu Schadensersatzansprüchen führt (RGZ 129, 239). Der Erbe hat, wenn er diese Obliegenheit verletzt, Rechtsnachteile in Form einer nicht mehr beschränkbaren Haftung zu befürchten (Soergel/*Stein* § 1994 Rn 1). Diese Folge tritt nicht nur ein, wenn der Erbe das Inventar nicht rechtzeitig errichtet, sondern auch bei absichtlich falschen Angaben, die zur Unrichtigkeit des Inventars führen, wenn er die Auskunft verweigert, § 2003 II, oder vorsätzlich verzögert, § 2005 I 2. Dies gilt auch dann, wenn die Eröffnung des Nachlassinsolvenzverfahrens zuvor mangels Masse abgelehnt worden ist (Stuttg FGPrax 95, 68).

2 Ein verspätet eingereichtes Inventar kann die Folgen der Fristversäumnis nicht mehr abwenden. Die Entscheidung über die Wirkung des Fristablaufs trifft das Prozessgericht (KGJ 34 A 94).

3 Die Wirkungen des Abs 1 S 2 erstrecken sich weder auf den Mit- noch auf den Nacherben. Darüber hinaus ist eine Gläubigerausschließung nach §§ 1973, 1974 nicht mehr möglich. Der Erbe kann nur noch das Nachlassinsolvenzverfahren, nicht aber die Nachlassverwaltung beantragen, § 2013 I 1 (Palandt/*Edenhofer* § 1994 Rn 1).

4 **B. Voraussetzungen. I. Verfahren.** Die Inventarfrist ist keine gesetzliche, sondern eine richterliche Frist (Erman/*Schlüter* § 1994 Rn 1); sie wird nur auf den Antrag eines Nachlassgläubigers hin bestimmt. Er hat in dem Antrag nicht nur glaubhaft zu machen, dass es sich um seine Forderung gegen den Nachlass handelt, sondern auch, dass er Nachlassgläubiger ist (BayObLGZ 92, 162). Des Weiteren muss er nur behaupten, dass der Antragsgegner Erbe geworden ist, da das Nachlassgericht die Feststellungen von Amts wegen zu prüfen hat (Bochum Rpfleger 91, 154).

5 Zwar ist die Erbschaftsannahme keine Voraussetzung, § 1995 II, wohl aber das für den Fristbeginn maßgebliche Ereignis (Palandt/*Edenhofer* § 1994 Rn 2). Schlägt der Erbe die Erbschaft aus, ist der Antrag abzulehnen (BayObLG FamRZ 94, 264), womit die dem vorläufigen Erben gesetzte Inventarfrist wirkungslos wird.

6 Jeder Nachlassgläubiger, und zwar unabhängig von einem evtl bestehenden Auskunftsanspruch des nachlassbeteiligten Gläubigers (Vermächtnisnehmer, die in § 2194 Genannten, Pflichtteilsberechtigte und Erbersatzanspruchsberechtigte), ist berechtigt, formlos beim Nachlassgericht eine Inventarfrist für den Erben zu beantragen. Ist sein Anspruch gepfändet, steht das Antragsrecht dem Pfändungsgläubiger zu (BayObLG 8, 263). Nicht antragsberechtigt ist der nach § 1973 ausgeschlossene Gläubiger, der ihm nach § 1974 Gleichgestellte (Palandt/*Edenhofer* § 1994 Rn 3; aA Soergel/*Stein* § 1994 Rn 3 mwN) sowie nach § 2063 II der Miterbe, auch wenn er zugleich Nachlassgläubiger ist, weil er schon als Erbe nach § 1993 das Inventar errichten kann (KG Rpfleger 1979, 136).

7 Der Antrag kann zur Niederschrift des Urkundsbeamten der Geschäftsstelle des zuständigen Nachlassgerichts oder bei jedem Amtsgericht schriftlich oder durch einen Bevollmächtigten gestellt werden (Erman/*Schlüter* § 1994 Rn 2).

8 **II. Kosten.** Die Kosten ergeben sich aus § 114 Nr 1 KostO und treffen nur den Antragsteller.

9 **III. Fristbestimmung.** Die Frist wird ohne Rücksicht auf einen aktiven Nachlass bestimmt und zwar unabhängig davon, ob überhaupt Nachlassgegenstände von Wert existieren (Staud/*Marotzke* § 1994 Rn 19), und kann bereits vor der Erbschaftsannahme gesetzt werden. Sie soll mindestens einen, höchstens drei Monate betragen (Damrau/*Gottwald* § 1994 Rn 9). Verstirbt der Erbe vor Ablauf der Frist, endet sie nicht vor Ablauf der für die Erbschaft vorgeschriebenen Ausschlagungsfrist, § 1998.

10 Eine Fristsetzung ist nicht möglich gegen den Fiskus, § 2011, Nachlasspfleger oder Nachlassverwalter, § 2011 und ist unzulässig in den Fällen des § 2000 S 2, 3 (Palandt/*Edenhofer* § 1994 Rn 4).

11 Die Fristbestimmung erfolgt durch Beschluss des Rechtspflegers nach Anhörung der Erben (BayObLG 92, 162); sie kann verlängert und neu festgesetzt werden, aber nicht mehr von Amts wegen zurückgenommen werden. Dies gilt sogar in dem Fall, dass der Antragsgegner kein Erbe ist oder der Erbe später die Erbschaft ausschlägt, § 18 II FGG (MüKo/*Siegmann* § 1994 Rn 8).

12 **C. Rechtsmittel.** Der Erbe kann sowohl gegen die Fristbestimmung als auch gegen die Ablehnung der Fristverlängerung oder Neugewährung sofortige Beschwerde einlegen, §§ 77, 22 I FGG, mit der er zB geltend machen kann, dass das Inventar bereits eingereicht ist (Hamm NJW 62, 53). Dabei beginnt die Beschwerdefrist für alle Nachlassgläubiger mit dem Zeitpunkt, in dem der Beschluss dem Antragsteller bekannt gemacht wurde, für den Erben im Zeitpunkt der Zustellung (Soergel/*Stein* § 1994 Rn 11).

13 Die sofortige Beschwerde ist in gleicher Weise für den Nachlassgläubiger statthaft, sofern er sich gegen die Festsetzung einer zu langen Frist, einer Fristverlängerung oder der Neugewährung einer Inventarfrist wendet.

14 Gegen die Ablehnung der Entgegennahme des Inventars kann der Erbe, gegen die Ablehnung der Fristbestimmung der Nachlassgläubiger die unbefristete Beschwerde erheben.

15 Die sofortige Beschwerde hemmt nicht den Fristablauf, § 24 I FGG.

§ 1995 Dauer der Frist

(1) ¹Die Inventarfrist soll mindestens einen Monat, höchstens drei Monate betragen. ²Sie beginnt mit der Zustellung des Beschlusses, durch den die Frist bestimmt wird.
(2) Wird die Frist vor der Annahme der Erbschaft bestimmt, so beginnt sie erst mit der Annahme der Erbschaft.
(3) Auf Antrag des Erben kann das Nachlassgericht die Frist nach seinem Ermessen verlängern.

A. Allgemeines. § 1995 ergänzt als Sollvorschrift § 1994. Auf Antrag eines Gläubigers ist im Rahmen des § 2005 II eine Neubestimmung der Frist möglich (Ann/Kroiß/Mayer/*Odersky* § 1995 Rn 1). Dem Nachlasspfleger kann, wenn der Erbe unbekannt ist, keine Inventarfrist gesetzt werden, § 2012. 1
Bevor das Nachlassgericht die gesetzliche Mindestfrist anordnet, hat es, zur Vermeidung von Ermessensfehlern, den Erben anzuhören. Eine Verkürzung der festgesetzten Frist ist auch auf Antrag eines Gläubigers ausgeschlossen (Soergel/*Stein* § 1995 Rn 4). 2

B. Fristbeginn. Die Inventarfrist beginnt gem § 16 II FGG mit der Zustellung des Beschlusses an die Erben, wobei die Frist für jeden Erben gesondert läuft (*Klautern* DAV 73, 625). Erfolgte die Annahme der Erbschaft vor der Fristbestimmung, so beginnt sie aber erst mit Bestimmung der Frist. Schlägt der Erbe aus, wird sie kraft Gesetzes unwirksam (Soergel/*Stein* § 1995 Rn 1); eine bereits gesetzte Frist wird wirkungslos (AG Oldbg Rpfleger 90, 21). 3
Der Verstoß gegen Abs 1 führt nicht nur Unwirksamkeit (Palandt/*Edenhofer* § 1995 Rn 1). Bei Unklarheiten ist der Beschluss auszulegen (BayObLG FamRZ 92, 1326). 4

C. Fristverlängerung. Das Nachlassgericht kann auf begründeten und vor Fristablauf gestellten und bei Gericht eingegangenen (BayObLG FamRZ 92, 1326) Antrag des Erben die Frist nach seinem Ermessen ein- oder mehrmals (*Lange/Kuchinke* VI § 48 5 c) verlängern, ohne an den Antrag oder die Höchstfrist des Abs 1 gebunden zu sein (KG Rpfleger 85, 193). War der Antrag rechtzeitig und nach den Umständen gerechtfertigt, verhindert er die in § 1994 I 2 genannten gesetzlichen Folgen einer Fristversäumung (Ddorf Rpfleger 97, 216). 5
Gegen die Entscheidung des Nachlassgerichts steht dem Erben ebenso wie dem Nachlassgläubiger (BayObLG FamRZ 92, 1326) die sofortige Beschwerde nach § 77 I FGG (Staud/*Marotzke* § 1995 Rn 1) zu. Der Erbe hat als Antragsteller die Kosten, die durch den Verlängerungsantrag entstehen, zu tragen (Soergel/*Stein* § 1995 Rn 3). 6

§ 1996 Bestimmung einer neuen Frist

(1) War der Erbe ohne sein Verschulden verhindert, das Inventar rechtzeitig zu errichten, die nach den Umständen gerechtfertigte Verlängerung der Inventarfrist zu beantragen oder die in Absatz 2 bestimmte Frist von zwei Wochen einzuhalten, so hat ihm auf seinen Antrag das Nachlassgericht eine neue Inventarfrist zu bestimmen.
(2) Der Antrag muss binnen zwei Wochen nach der Beseitigung des Hindernisses und spätestens vor dem Ablauf eines Jahres nach dem Ende der zuerst bestimmten Frist gestellt werden.
(3) Vor der Entscheidung soll der Nachlassgläubiger, auf dessen Antrag die erste Frist bestimmt worden ist, wenn tunlich gehört werden.

A. Allgemeines. Die Vorschrift dient dem Schutz des Erben gegen eine unverschuldete Versäumung der Inventarfrist. 1

B. Neue Inventarfrist. Dem Erben wird, wenn er die ihm gesetzte Inventarfrist oder die Frist zur Beantragung einer gerechtfertigten Verlängerung der Frist versäumt, eine der Wiedereinsetzung in den vorigen Stand entsprechende neue Inventarfrist gesetzt (RGZ 54, 151), die ihm die Möglichkeit der Heilung der Fristversäumung gewährt. Das der Wiedereinsetzung entspr Institut entspricht den Vorschriften der §§ 233 ZPO, 22 II FGG (Palandt/*Edenhofer* § 1996 Rn 1). 2
Die neue Fristbestimmung erfolgt nur, wenn die Frist schuldlos versäumt wurde (Palandt/*Edenhofer* § 1996 Rn 1) und die erste Frist wirksam bestimmt war, was zunächst zu prüfen ist (BayObLGZ 93, 88). Bei unverschuldeter Fristversäumung der neuen Frist ist eine neuerliche Wiedereinsetzung zulässig, sofern dies rechtzeitig beantragt wurde (Staud/*Marotzke* § 1996 Rn 7). Der Erbe muss sich das Verschulden seines gesetzlichen Vertreters oder Generalbevollmächtigten zurechnen lassen, § 171 ZPO (Erman/*Schlüter* § 1996 Rn 2). 3
Befindet sich ein Dritter im Besitz des Nachlasses oder eines Teils davon und erteilt er keine Auskunft, ist darin kein Wiedereinsetzungsgrund zu sehen, vielmehr muss der Erbe gegen den Besitzer gerichtlich vorgehen oder Verlängerung der Inventarfrist nach § 1995 III beantragen (Soergel/*Stein* § 1996 Rn 1). 4

C. Verfahren. Nach Abs 2 muss der Antrag auf Gewährung einer neuen Frist innerhalb von zwei Wochen vor Fristablauf bei Gericht gestellt werden (Palandt/*Edenhofer* § 1996 Rn 2). Wird die Frist erneut schuldlos versäumt, kann eine neue Frist beantragt werden, wobei entgegen Abs 3, aber wegen Art 103 GG rechtliches Gehör zu gewähren ist (Palandt/*Edenhofer* § 1996 Rn 2). 5

6 Gegen die Entscheidung des Gerichts ist die sofortige Beschwerde sowohl für die Erben als auch die Gläubiger statthaft, §§ 77 II, III FGG (BayObLG NJW-RR 93, 780). An eine formell rechtskräftige Entscheidung des Nachlassgerichts ist auch das Prozessgericht gebunden, wenngleich das Prozessgericht über die Wirkung des Fristablaufs zu entscheiden hat (KGJ 34 A 94).

§ 1997 Hemmung des Fristablaufs

Auf den Lauf der Inventarfrist und der im § 1996 Abs. 2 bestimmten Frist von zwei Wochen finden die für die Verjährung geltenden Vorschriften des § 210 entsprechende Anwendung.

1 **A. Allgemeines.** Die Vorschrift gilt nicht nur für § 1995 III, sondern auch für § 1996 I und ergänzt beide Normen. Sie erfasst zum einen sämtliche Inventarfristen, dh neben der ursprünglich gesetzten auch die nach § 1995 III verlängerten und die gem § 1996 I, 2005 II neu bestimmten Fristen (MüKo/*Siegmann* § 1997 Rn 1).

2 **B. Hemmung.** Der Fristablauf ist gehemmt, wenn der Erbe wegen höherer Gewalt an der Rechtsverfolgung gehindert ist, § 206, oder ein während des Fristlaufs geschäftsunfähig/beschränkt geschäftsfähig gewordener Erbe keinen gesetzlichen Vertreter hat, § 210. Lagen diese Umstände bereits vor dem Beschluss des Nachlassgerichts vor, kann die Inventarfrist nicht wirksam ablaufen, da die Zustellung gem § 1995 I 2 nur an den gesetzlichen Vertreter erfolgen darf, § 16 II FGG.

3 Hat der inzwischen geschäftsfähig gewordene Erbe bzw ein neuer gesetzlicher Vertreter keine Kenntnis von der Fristsetzung erlangt, so läuft dennoch die Frist ab (Palandt/*Edenhofer* § 1944 Rn 9); in Betracht kommt aber die Bestimmung einer neuen Inventarfrist nach § 1996 I 2. Wurde die Frist schuldhaft vom gesetzlichen Vertreter versäumt, ist der Erbe durch diese Vorschrift nicht geschützt.

4 Wird die Frist des § 1996 II versäumt, tritt keine Hemmung nach §§ 206, 210 ein, weshalb eine Wiedereinsetzung in den vorigen Stand ausscheidet (hM; Palandt/*Edenhofer* § 1997 Rn 1).

§ 1998 Tod des Erben vor Fristablauf

Stirbt der Erbe vor dem Ablauf der Inventarfrist oder der in § 1996 Abs. 2 bestimmten Frist von zwei Wochen, so endigt die Frist nicht vor dem Ablauf der für die Erbschaft des Erben vorgeschriebenen Ausschlagungsfrist.

1 **A. Allgemeines.** § 1998 ergänzt, ebenso wie § 1997, die §§ 1996, 1995, indem § 1952 II zweckmäßigerweise auf die Frist zur Inventarerrichtung übertragen wird (MüKo/*Siegmann* § 1998 Rn 1).

2 **B. Norminhalt.** Der Erbeserbe soll sich über die ihm zugefallene Erbschaft informieren können und nach der sechswöchigen Ausschlagungsfrist über die Annahme/Haftungsbeschränkung entscheiden. Daher enden die genannten Fristen nicht vor Ablauf der Ausschlagungsfrist; der Erbe des Erben kann, und zwar unabhängig von der tatsächlichen Kenntnis der Fristsetzung und einer bereits erfolgten Annahme der Erbschaft durch den Erben, sowohl eine Fristverlängerung als auch eine neue Frist beantragen (MüKo/*Siegmann* § 1998 Rn 3), sofern die Voraussetzungen der §§ 1995 III, 1996 I für ihn vorliegen.

3 Die Pflicht zur Inventarerrichtung geht, wenn mehrere Erben vorhanden sind, auf alle einzeln über (Ann/Kroiß/Mayer/*Odersky* § 1998 Rn 2). Das Inventar eines Erbeserben kommt gem § 2063 I auch den anderen zugute. Wegen § 1944 II und III können die Inventarfristen zu unterschiedlichen Zeitpunkten enden.

§ 1999 Mitteilung an das Vormundschaftsgericht

¹Steht der Erbe unter elterlicher Sorge oder unter Vormundschaft, so soll das Nachlassgericht dem Vormundschaftsgericht von der Bestimmung der Inventarfrist Mitteilung machen. ²Dies gilt auch, wenn die Nachlassangelegenheit in den Aufgabenkreis eines Betreuers des Erben fällt.

1 **A. Allgemeines.** § 1999 stellt eine bloße Ordnungsvorschrift dar, deren Nichtbeachtung keinen Einfluss auf den Beginn und Lauf der Frist hat (Palandt/*Edenhofer* § 1999 Rn 1). Die Inventarfrist wird durch die unterbliebene Mitteilung weder unwirksam noch verlängert.

2 **B. Schutzzweck.** Die Vorschrift dient dem Schutz des unter elterlicher Sorge, Vormundschaft oder Betreuung mit Aufgabenkreis Nachlassangelegenheiten stehenden Erben vor der Versäumung der Inventarfrist durch den jeweiligen gesetzlichen Vertreter, indem dem Nachlassgericht die Pflicht auferlegt wird, das Vormundschaftsgericht über die Bestimmung einer Inventarfrist zu informieren. Das Vormundschaftsgericht hat dann von Amts wegen darauf zu achten, dass die Frist eingehalten wird (MüKo/*Siegmann* § 1999 Rn 1). Zu diesem Zweck kann das Gericht den gesetzlichen Vertreter zur Errichtung des Inventars anhalten.

Dies gilt nach § 1915 auch, wenn für den Erben ein Pfleger bestellt ist (Staud/*Marotzke* § 1999 Rn 1). 3
Die Mitteilung hat unverzüglich zu erfolgen und neben der Dauer der Frist auch das Datum der Zustellung 4
des Beschlusses bzw seines Erlasses zu enthalten (Soergel/*Stein* § 1999 Rn 1).

§ 2000 Unwirksamkeit der Fristbestimmung

¹Die Bestimmung einer Inventarfrist wird unwirksam, wenn eine Nachlassverwaltung angeordnet oder das Nachlassinsolvenzverfahren eröffnet wird. ²Während der Dauer der Nachlassverwaltung oder des Nachlassinsolvenzverfahrens kann eine Inventarfrist nicht bestimmt werden. ³Ist das Nachlassinsolvenzverfahren durch Verteilung der Masse oder durch einen Insolvenzplan beendet, so bedarf es zur Abwendung der unbeschränkten Haftung der Inventarerrichtung nicht.

A. Allgemeines. Durch die Nachlassverwaltung bzw das Nachlassinsolvenzverfahren werden, da sie eine ordnungsgemäße Aufnahme des Nachlasses und die Befriedigung der Gläubiger sichern, nicht nur die Inventaraufnahme, sondern auch die Folgen einer Fristversäumung hinsichtlich der haftungsbeschränkenden Wirkung dieser Verfahren überflüssig. Die Anordnung/Eröffnung des Verfahrens zur Aufnahme des Inventars wird ebenso wie die Fristsetzung unwirksam (Erman/*Schlüter* § 2000 Rn 1). Ist das Nachlassinsolvenzverfahren durchgeführt und die Masse verteilt bzw ein Insolvenzplan erstellt, haftet der Erbe nicht mehr unbeschränkt, §§ 1989, 1973 (Palandt/*Edenhofer* § 2000 Rn 1). Endet das Verfahren auf andere Weise, zB durch Ablehnung mangels Masse (Stuttg FamRZ 95, 57), oder ist die Nachlassverwaltung ordnungsgemäß durchgeführt, kann dem Erben auf Antrag eine neue Frist gesetzt werden mit der Folge, dass die unbeschränkte Haftung eintritt, wenn er die Frist versäumt (Erman/*Schlüter* § 2000 Rn 1). Im Übrigen kann sich der Erbe nach § 2004 auf das Inventar des Nachlassverwalters beziehen. 1

B. Inventaruntreue. Bei bereits errichtetem Inventar bleibt die infolge Inventaruntreue eingetretene unbeschränkte Erbenhaftung erhalten, auch wenn später die Nachlassverwaltung angeordnet oder das Nachlassinsolvenzverfahren durchgeführt wird (Palandt/*Edenhofer* § 2000 Rn 2). Ein freiwillig innerhalb dieser Verfahren errichtetes Inventar (KG KGJ 42 A 98) führt, auch wenn ein Fall der Inventaruntreue vorliegt, nicht zur unbeschränkten Haftung (str; so MüKo/*Siegmann* § 2000 Rn 6; aA Staud/*Marotzke* § 2000 Rn 8). Im Übrigen geht das Recht zur Haftungsbeschränkung auch dann verloren, wenn die Frist noch nicht abgelaufen war (Erman/*Schlüter* § 2000 Rn 2). 2

C. Rechtsmittel. Zur Wahrung seiner Rechte steht dem Erben die sofortige Beschwerde nach § 77 FGG 3
sowohl im Fall des S 1 als auch im Fall des S 2 zu (Staud/*Marotzke* § 2000 Rn 4).

§ 2001 Inhalt des Inventars

(1) In dem Inventar sollen die bei dem Eintritt des Erbfalls vorhandenen Nachlassgegenstände und die Nachlassverbindlichkeiten vollständig angegeben werden.
(2) Das Inventar soll außerdem eine Beschreibung der Nachlassgegenstände, soweit eine solche zur Bestimmung des Wertes erforderlich ist, und die Angabe des Wertes enthalten.

A. Allgemeines. § 2001 stellt eine reine Ordnungsvorschrift dar, deren Nichtbeachtung weder die Nichtigkeit 1
des Inventars noch den Verlust bestehender Haftungsbeschränkungen zur Folge hat. Allerdings ist ein Nachlassverzeichnis ohne amtliche Mitwirkung kein Inventar im Rechtssinne (Palandt/*Edenhofer* § 2001 Rn 1). Die Beteiligung des Nachlassgerichts, der Behörden und Amtsträger nach §§ 2002, 2003 gewährleistet weitgehend die Einhaltung der Vorschrift (Soergel/*Stein* § 2001 Rn 1). Zu beachten ist, dass die Inventaruntreue des § 2005 dem Erben das Recht zur Haftungsbeschränkung nimmt (Erman/*Schlüter* § 2001 Rn 1).

B. Inhalt. In das Nachlassverzeichnis sind sämtliche zum Zeitpunkt des Erbfalls vorhandenen Nachlassgegenstände (Staud/*Marotzke* § 2001 Rn 1), zu denen auch die Anteile an Personengesellschaften gehören und zwar unabhängig davon, ob sie frei vererblich sind oder im Wege der Sonderrechtsnachfolge übergehen (Soergel/*Stein* § 2001 Rn 2) sowie alle Nachlassverbindlichkeiten aufzunehmen. Maßgebend ist der Zeitpunkt der Inventarerrichtung (BGHZ 32, 60), so dass auch die nach dem Erbfall entstandenen Forderungen wie zB die Kosten für die Beerdigung, zu berücksichtigen sind. Sie müssen einzeln und hinreichend identifizierbar angegeben werden (Soergel/*Stein* § 2001 Rn 2). Spätere Veränderungen durch Abgänge oder Erwerbe bleiben unbeachtet, ebenso die Vorempfänge (RGZ 24, 195). Allerdings sind aufzuführen die Rechte, Schulden und Lasten, die durch Aufrechnung nach § 1977 I, Konfusion oder Konsolidation erloschen sind (Staud/*Marotzke* § 2001 Rn 2, 3). 2

Nach II soll das Inventar auch eine Beschreibung der Nachlassgegenstände, soweit eine solche zur Wertbestimmung erforderlich ist, und eine Wertangabe enthalten. Eine nur pauschalierte Zusammenfassung reicht nicht aus. 3

4 Die Vorschrift findet auch Anwendung auf das Inventar eines Mit- und Nacherben, das den gesamten Nachlass umfassen muss (Palandt/*Edenhofer* § 2001 Rn 1 aE). Der Nacherbe muss in das Inventar alles aufnehmen, was er aus der Erbschaft erlangt hat, einschließlich der ihm gegen den Vorerben zustehenden Ansprüche, § 2144.
5 Der Erbe hat das von ihm erstellte Inventar zu unterzeichnen (RGZ 77, 247).

§ 2002 Aufnahme des Inventars durch den Erben

Der Erbe muss zu der Aufnahme des Inventars eine zuständige Behörde oder einen zuständigen Beamten oder Notar zuziehen.

1 **A. Allgemeines.** Ein Inventar, das nur vom Erben ohne amtliche Unterstützung aufgenommen wird, ist nicht zugelassen (Palandt/*Edenhofer* § 2002 Rn 1), da nur durch die amtliche Mitwirkung sichergestellt werden kann, dass das Inventar eine brauchbare Grundlage zur Beurteilung des Nachlassbestandes darstellt (Staud/*Marotzke* § 2002 Rn 1).
2 **B. Amtliche Mitwirkung.** Bei der Aufnahme eines Inventars durch den Erben bedarf es der Mitwirkung eines Notars oder einer Behörde bzw eines Beamten. Die Mitwirkung besteht in der Beistandleistung und der Belehrung, wobei die Prüfung der Vollständigkeit und sachlichen Richtigkeit der Angaben des Erben nicht der amtlichen Mitwirkung unterliegt (Staud/*Marotzke* § 2002 Rn 2). Allerdings kann die Amtsperson/der Notar die von den Erklärungen des Erben abw Vorstellungen in das Inventar aufnehmen bzw das Nachlassgericht hierüber informieren (Soergel/*Stein* § 2002 Rn 4).
3 Der Erbe hat das Inventar zu unterschreiben (RGZ 77, 246). Er übernimmt damit die Verantwortung für die inhaltliche Richtigkeit und Vollständigkeit des Inventars sowie für die Einreichung beim Nachlassgericht (DGE/*Hanhörster/Dospil* § 2002 Rn 1). Die Unterschrift des Notars bzw der Amtsperson ist daher nicht erforderlich; sie macht das Inventar aber nicht unwirksam (Staud/*Marotzke* § 2002 Rn 2 aE).
4 Die örtliche und sachliche **Zuständigkeit** ergibt sich aus dem Landesrecht, wobei der Notar nach den § 20 I, IV BNotO, § 61 Nr 2 BeurkG in allen Bundesländern sachlich zuständig ist. In Baden-Württemberg (§ 41 V LFGG) und Bayern (§ 8 AGGVG) ist der Notar ausschließlich zuständig. Das Inventar ist bei sachlicher Unzuständigkeit unwirksam (Palandt/*Edenhofer* § 2002 Rn 2; aA: Nach Soergel/*Stein* § 2002 Rn 3 ist die Zuständigkeit gegeben, wenn die Behörde der eigene Zuständigkeit bejaht.).
5 Die **Form** des Inventars ergibt sich aus §§ 36, 37 BeurkG. Landesrechtliche Bestimmungen stellen lediglich Ordnungsvorschriften dar (Soergel/*Stein* § 2002 Rn 4). Die Gebühr nach § 52 KostO ist Nachlassverbindlichkeit.
6 **C. Fristwahrung.** Die Frist ist nicht schon durch die Zuziehung, sondern erst durch die rechtzeitige Einreichung des Inventars beim Nachlassgericht gewahrt, § 1993 (Hamm NJW 62, 53). Bei Verzögerung durch die Behörde ist die Inventarfrist nach §§ 1995 III, 1996 I zu verlängern (MüKo/*Siegmann* § 2002 Rn 4). Im Übrigen kann auch der Antrag auf amtliche Aufnahme des Inventars nach § 2003 gestellt werden.
7 Ein Amtshaftungsanspruch wegen Versäumung der Inventarfrist infolge schuldhafter Verzögerung der Mitwirkung bei der Inventarerrichtung kommt nur ggü dem Erben, nicht aber ggü den Nachlassgläubigern in Betracht (Soergel/*Stein* § 2002 Rn 4).

§ 2003 Amtliche Aufnahme des Inventars

(1) ¹Auf Antrag des Erben hat das Nachlassgericht entweder das Inventar selbst aufzunehmen oder die Aufnahme einer zuständigen Behörde oder einem zuständigen Beamten oder Notar zu übertragen. ²Durch die Stellung des Antrags wird die Inventarfrist gewahrt.
(2) Der Erbe ist verpflichtet, die zur Aufnahme des Inventars erforderliche Auskunft zu erteilen.
(3) Das Inventar ist von der Behörde, dem Beamten oder dem Notar bei dem Nachlassgericht einzureichen.

1 **A. Allgemeines.** Neben der Aufnahme des Inventars durch den Erben nach § 2002 kann er diese Aufgabe auch dem Nachlassgericht überlassen.
2 **B. Inventarerrichtung durch Dritte.** Das Inventar kann auf Antrag des Erben vom Nachlassgericht aufgenommen werden. Der Antrag muss an das Nachlassgericht und darf nicht unmittelbar an eine andere Behörde/Amtsperson gerichtet sein (Erman/*Schlüter* § 2003 Rn 2), da die Übertragung der Aufnahme Aufgabe des Nachlassgerichts ist (RGZ 77, 246).
3 Antragsberechtigt ist nur ein Erbe. Nach § 2003 kann ein einzelner Miterbe, auch wenn er nicht im Besitz des Nachlasses ist, die Inventaraufnahme beantragen (Soergel/*Stein* § 2003 Rn 1). Nicht antragsbefugt sind die Nachlassgläubiger (MüKo/*Siegmann* § 2003 Rn 2), dh auch kein Pflichtteils- oder Auflagenberechtigter und kein Vermächtnisnehmer (Karlsr OLGE 35, 361).

Die bloße Antragstellung wahrt die Inventarfrist, und zwar auch dann, wenn nur ein Miterbe den Antrag für 4
alle gestellt hat, § 2063 I (DGE/*Hanhörster/Dospil* § 2003 Rn 1).
Zuständig ist das Nachlassgericht nach §§ 72 ff FGG. Überträgt das Gericht die Inventaraufnahme auf eine 5
Behörde, bestimmt sich deren Zuständigkeit gem Art 147 EGBGB nach Landesrecht (Soergel/*Stein* § 2003
Rn 3). Hat eine offensichtlich sachlich unzuständige Behörde gehandelt, ist das Inventar nur unwirksam
(Staud/*Marotzke* § 2002 Rn 3). Das örtlich zuständige Nachlassgericht kann seinerseits ein auswärtiges
Gericht oder eine auswärtige Behörde im Wege des Rechtshilfeersuchens mit der Aufnahme beauftragen
(RGZ 106, 288).
Zur Form des Inventars enthält das BGB keine Vorschriften. Da die Verantwortung für die Errichtung des 6
Inventars beim Gericht bzw bei der Behörde liegt, ist die Unterschrift des Erben nicht erforderlich (Soergel/
Stein § 2003 Rn 4).
Die Mitwirkungspflicht des Erben erschöpft sich hierbei in der bloßen Auskunft nach II. Kommt der Erbe 7
dieser Pflicht nicht nach oder verzögert er sie absichtlich, hat dies die unbeschränkte Haftung bei Inventarun-
treue nach § 2005 I 2 zur Folge (KG OLGE 14, 293).
Nach III hat die aufnehmende Stelle das Inventar beim Nachlassgericht einzureichen. Erst dann ist das Inven- 8
tar iSd § 1993 errichtet (Staud/*Marotzke* § 2003 Rn 2, 10).
Die Kosten der Inventarerrichtung nach § 52 KostO sind Nachlassverbindlichkeiten (DGE/*Hanhörster/Dospil* 9
§ 2003 Rn 1).

§ 2004 Bezugnahme auf ein vorhandenes Inventar

Befindet sich bei dem Nachlassgericht schon ein den Vorschriften der §§ 2002, 2003 entsprechendes Inventar, so genügt es, wenn der Erbe vor dem Ablauf der Inventarfrist dem Nachlassgerichte gegenüber erklärt, dass das Inventar als von ihm eingereicht gelten soll.

A. Allgemeines. Bei der Bezugnahme des Erben auf ein beim Nachlassgericht befindliches Inventar handelt es 1
sich neben dem vom Erben gem §§ 1993, 2002 errichteten und dem amtlich aufgenommenen Inventar um die
dritte Art der Inventaraufnahme (Palandt/*Edenhofer* § 2004 Rn 1). In den Anwendungsbereich der Vorschrift
fallen somit diejenigen Inventare, die vom Nachlass-/Nachlassinsolvenzverwalter, Testamentsvollstrecker, einem
auftraglosen Geschäftsführer, einem nicht ausgewiesenen Bevollmächtigten, einem ausschlagenden Erben,
einem Erbschaftsbesitzer oder vom Nachlassgericht selbst aufgenommen wurden (Damrau/*Gottwald* § 2004
Rn 2).

B. Bezugnahme. Die Bezugnahme setzt voraus, dass das Inventar dem Erben noch nicht zugerechnet wird 2
(DGE/*Hanhörster/Dospil* § 2004 Rn 1) und dass es den Anforderungen der §§ 2002, 2003 entspricht (KG OLG
14, 295). Sie ist frist-, nicht aber formgebunden (MüKo/*Siegmann* § 2003 Rn 2), weshalb sie auch durch
einen Bevollmächtigten erfolgen kann, der seine Vollmacht nachreichen kann. Dies gilt nicht, wenn dem
Erben bereits eine Inventarfrist gesetzt war; dann kann die Vollmacht nur innerhalb dieser Frist beigebracht
werden (Soergel/*Stein* § 2004 Rn 3).
Durch die Bezugnahme auf ein fremdes Inventar kann Inventaruntreue begangen werden, sofern der Erbe in 3
Kenntnis der Unrichtigkeit gehandelt hat (Palandt/*Edenhofer* § 2004 Rn 1). § 2005 II ist analog anwendbar,
wenn ihm die Kenntnis der Unrichtigkeit fehlt (Staud/*Marotzke* § 2004 Rn 9).

C. Ausschluss. Ist das Inventar von einem gesetzlichen/gewillkürten Vertreter des Erben errichtet oder 4
kommt dessen Inventar dem Erben zugute, §§ 2008, 2063, 2144, 2383, findet die Vorschrift keine Anwendung, da das Inventar als das des Erben gilt und nicht mehr seiner besonderen Erklärung bedarf (Palandt/
Edenhofer § 2004 Rn 2). Befindet sich bereits ein Nachlassverzeichnis des Erben bei den Akten des Nachlassgerichts, wird es nicht durch die Erklärung des Erben ggü dem Nachlassgericht, es solle als von ihm errichtetes Inventar gelten, zu einem wirksam errichteten Inventar (Hamm NJW 62, 53).

§ 2005 Unbeschränkte Haftung des Erben bei Unrichtigkeit des Inventars

(1) ¹Führt der Erbe absichtlich eine erhebliche Unvollständigkeit der im Inventar enthaltenen Angabe der Nachlassgegenstände herbei oder bewirkt er in der Absicht, die Nachlassgläubiger zu benachteiligen, die Aufnahme einer nicht bestehenden Nachlassverbindlichkeit, so haftet er für die Nachlassverbindlichkeiten unbeschränkt. ²Das Gleiche gilt, wenn er im Falle des § 2003 die Erteilung der Auskunft verweigert oder absichtlich in erheblichem Maße verzögert.
(2) Ist die Angabe der Nachlassgegenstände unvollständig, ohne dass ein Fall des Absatzes 1 vorliegt, so kann dem Erben zur Ergänzung eine neue Inventarfrist bestimmt werden.

1 **A. Allgemeines.** Bei Vorliegen der Tatbestandsvoraussetzungen haftet der Erbe allen Nachlassgläubigern ggü unbeschränkbar. Bei einem Miterben gilt dies nur hinsichtlich seines ideellen Erbteils entspr Teils einer jeden Nachlassverbindlichkeit (Staud/*Marotzke* § 2005 Rn 2). Daher kann grds jeder Nachlassgläubiger vollstreckungsrechtlich auf das sonstige Vermögen des Erben zugreifen.
2 Unrichtige Angaben eines Bevollmächtigten gehen nach § 278 zulasten des Erben (Palandt/*Edenhofer* § 2005 Rn 1).
3 Bei § 2005 liegt die Verfehlung des Erben in der Täuschung der Behörden (Palandt/*Edenhofer* § 2005 Rn 2).
4 **B. Tatbestandsvarianten. I. 1. Alternative.** Eine Inventaruntreue kommt beim freiwilligen Inventar ebenso wie beim Inventar auf Antrag eines Nachlassgläubigers nach § 1994 dann in Betracht, wenn das Inventar absichtlich unvollständige Angaben über die Nachlassgegenstände enthält (Rostock OLG 30, 189), wobei dies nicht für die Wertangaben nach § 2001 II und die Beschreibungen gilt (Palandt/*Edenhofer* § 2005 Rn 2). Das absichtliche Handeln setzt voraus, dass der Erbe mit der Unvollständigkeit einen bestimmten Zweck verfolgt. Dabei genügt die Absicht, die Nachlassgläubiger zu schädigen (Staud/*Marotzke* § 2005 Rn 4) oder die Steuerbehörde über den tatsächlichen Umfang des Nachlasses zu täuschen (DGE/*Hanhörster/Dospil* § 2005 Rn 2). Nicht erforderlich ist ein Benachteiligungsvorsatz bei der Angabe der Aktiven. Dagegen muss die Aufnahme einer nicht bestehenden Nachlassverbindlichkeit in der Absicht erfolgt sein, die Nachlassgläubiger zu benachteiligen (RGRK/*Kregel* § 2005 Rn 5). Hier liegt gleichzeitig der Straftatbestand des § 283 I Nr 4 StGB vor. Für die Absicht genügt es, dass der Erbe bei seinem Handeln weiß er werde mit aller Wahrscheinlichkeit die Gläubiger benachteiligen (Erman/*Schlüter* § 2005 Rn 2).
5 Die Untreue bei einem Inventar, welches dem Erben nur zustatten kommt, führt zwar nicht zu seiner unbeschränkten Haftung; es ist aber nicht geeignet, die Inventarfrist zu wahren (Staud/*Marotzke* § 2005 Rn 11).
6 **II. 2. Alternative.** Die 2. Tatbestandsvariante verlangt ein Handeln des Erben in der Absicht, die Nachlassgläubiger zu benachteiligen. Zu diesem Zweck muss er die Aufnahme einer nicht bestehenden Nachlassverbindlichkeit verfolgen, um zB die Überschuldung des Nachlasses vorzuspiegeln.
7 **C. Verletzung der Auskunftspflicht.** Ein weiterer Fall der Inventaruntreue liegt vor, wenn der Erbe seine Auskunftspflicht nach § 2003 II verletzt. Voraussetzung dafür ist, dass die dem Erben gesetzte Inventarfrist bereits zu laufen begonnen hat (Staud/*Marotzke* § 2005 Rn 7). Dadurch soll verhindert werden, dass sich der Erbe der fristwahrenden Folge bedienen kann, um eine korrekte Bestandsaufnahme zu vereiteln (DGE/*Hanhörster/Dospil* § 2005 Rn 3). Diese Rechtsfolge tritt dann nicht ein bei der freiwilligen Inventarerrichtung nach § 1993, bei unerheblicher Unvollständigkeit oder wenn die Absicht im Fall des § 2003 fehlt.
8 Bei Ehegatten kommt es auf die Auskunft des erbenden Teils an. Allerdings kommt im Fall des § 2008 die Auskunft des das Gesamtgut (mit-)verwaltenden Ehegatten dem anderen zustatten (Palandt/*Edenhofer* § 2005 Rn 3).
9 **D. Berichtigung.** Nach Einreichung des Inventars ist eine Berichtigung eines absichtlich falschen oder unrichtigen Inventars ausgeschlossen. Im Übrigen verliert die Inventarfrist ihre Bedeutung, wenn das Inventar rechtzeitig eingereicht ist, und zwar auch dann, wenn es unvollständig sein sollte.
§ 2006 II schützt den Erben nur vor einer Strafe, nicht aber vor dem Verlust des Beschränkungsrechts (Palandt/*Edenhofer* § 2005 Rn 4).
10 **E. Neue Inventarfrist.** Das Nachlassgericht kann eine neue Inventarfrist bestimmen, um das Inventar zu ergänzen, wenn kein Fall des I vorliegt. Die Frist zur Ergänzung des Inventars kann nach § 1994 nur auf Antrag eines Nachlassgläubigers bestimmt werden (Staud/*Marotzke* § 2005 Rn 14). Darüber hinaus ist auch der Erbe antragsberechtigt (MüKo/*Siegmann* § 2005 Rn 5). Für die neue Frist gelten die §§ 1994–2007 (Palandt/*Edenhofer* § 2005 Rn 5).
11 Wird die neue Inventarfrist abgelehnt, ist dagegen die sofortige Beschwerde nach §§ 77 II, 22 I FGG, § 11 RPflG gegeben.

§ 2006 Eidesstattliche Versicherung

(1) Der Erbe hat auf Verlangen eines Nachlassgläubigers zu Protokoll des Nachlassgerichts an Eides Statt zu versichern, dass er nach bestem Wissen die Nachlassgegenstände so vollständig angegeben habe, als er dazu imstande sei.
(2) Der Erbe kann vor der Abgabe der eidesstattlichen Versicherung das Inventar vervollständigen.
(3) ¹Verweigert der Erbe die Abgabe der eidesstattlichen Versicherung, so haftet er dem Gläubiger, der den Antrag gestellt hat, unbeschränkt. ²Das Gleiche gilt, wenn er weder in dem Termin noch in einem auf Antrag des Gläubigers bestimmten neuen Termin erscheint, es sei denn, dass ein Grund vorliegt, durch den das Nichterscheinen in diesem Termin genügend entschuldigt wird.
(4) Eine wiederholte Abgabe der eidesstattlichen Versicherung kann derselbe Gläubiger oder ein anderer Gläubiger nur verlangen, wenn Grund zu der Annahme besteht, dass dem Erben nach der Abgabe der eidesstattlichen Versicherung weitere Nachlassgegenstände bekannt geworden sind.

A. Allgemeines. Da trotz der §§ 2002, 2003 keine Gewähr für die Richtigkeit und Vollständigkeit des vom 1
Erben errichteten Inventars besteht und die allgemeine Auskunftspflicht aus §§ 1978, 666, 681, 259, 260 nur
im Klagewege vor dem Prozessgericht durchzusetzen ist (Erman/*Schlüter* § 2006 Rn 2), haben die Nachlassgläubiger im Verfahren der freiwilligen Gerichtsbarkeit das Recht, den Erben zur Bekräftigung des Inventars aufzufordern, die eidesstattliche Versicherung abzugeben. Gibt der Erbe die eV ab, verstärkt sich die Vermutung des § 2009, dass keine weiteren Nachlassgegenstände vorhanden sind. Im Übrigen kann der Erbe dadurch die Haftung auf den Nachlass beschränken.

B. Voraussetzungen. Hat der Erbe ein Inventar (freiwillig oder nach Fristsetzung, § 1994) errichtet, ist er 2
zur Abgabe der eV verpflichtet, und zwar auch bei einem für den Erben wirkenden Inventar, §§ 2008, 2063,
2144, 2383 (Palandt/*Edenhofer* § 2006 Rn 1). Diese Verpflichtung trifft weder den Ehegatten des Erben noch
den Nachlasspfleger oder Nachlassinsolvenzverwalter (Staud/*Marotzke* § 2006 Rn 8). Im Übrigen kann die eV
während dieser Verfahren vom Erben nicht verlangt werden.
Allerdings kann der Nachlassverwalter vom Erben und der Gläubiger vom Nachlassverwalter aufgrund des 3
§ 260 II die eV im Klageweg verlangen (RGZ 129, 244).
Im Nachlassinsolvenzverfahren beruht die Pflicht zur Abgabe der eV auf § 153 II InsO, wobei die Verletzung 4
dieser Vorschrift nicht den Verlust der Haftungsbeschränkungsmöglichkeit des § 2006 III nach sich zieht
(Palandt/*Edenhofer* § 2006 Rn 1).
Jeder Nachlassgläubiger, dh auch der Ausgeschlossene nach §§ 1973, 1974 sowie der Pflichtteilsberechtigte 5
(LG Krefeld MDR 70, 766), der keine Inventarfrist beantragt hat, kann die Abgabe der eV beantragen.
Anders als nach § 260 (RGZ 129, 245) kann er sie nicht erzwingen (Palandt/*Edenhofer* § 2006 Rn 2). Nach
§ 79 FGG kann auch der Erbe die Terminsbestimmung beantragen. Er hat gem § 1994 analog seine Forderung glaubhaft zu machen.

C. Verfahren der Abgabe der eV. Die Abgabe der eV erfolgt ggü dem nach § 3 Nr 2 c RPflG zuständigen 6
Rechtspfleger zu Protokoll des Nachlassgerichts. Nach §§ 1 II, 38 LFGG ist in Baden-Württemberg das Notariat zuständig: im württembergischen Landesteil erfolgt die Abnahme durch den Bezirksnotar, im badischen Landesteil durch den Rechtspfleger, § 35 I, III RPflG.
Der Rechtspfleger hat auf Bedenken gegen die Richtigkeit des Inventars hinzuweisen, da der Erbe nach II die 7
Möglichkeit hat, es zu vervollständigen; im Übrigen hat er auch nach der Erhebung von Einwendungen der
Nachlassgläubiger noch die Gelegenheit, seine bisherigen Angaben zu überprüfen (Hamm FGPrax 1995, 69).
Die eV erfasst nur die Vollständigkeit der angegebenen Aktiva zum Zeitpunkt des Erbfalls; sie erstreckt sich 8
nicht auf die Verbindlichkeiten, die Beschreibung und die Wertangabe, § 2001 II (Palandt/*Edenhofer* § 2006
Rn 3). Der Erbe muss, bezogen auf seinen Wissensstand, eine aktuelle Auskunft eidesstattlich versichern
(Kroiß/Ann/Mayer/*Odersky* 2006 Rn 10). Soweit nicht ein Fall des IV vorliegt, ist der Erbe vor einem neuen
Verlangen desselben oder anderer Gläubiger geschützt.
Im Prozess ist der Gegenbeweis ohne Einschränkung zulässig. 9
Die Entscheidung des Nachlassgerichts, ob die eV als verweigert anzusehen ist oder ob das Nichterscheinen entschuldigt ist, bindet das Prozessgericht, da bereits eine gerichtliche Entscheidung vorliegt (Palandt/Edenhofer § 2006 Rn 3; str, aA Soergel/*Stein* § 2006 Rn 7 mwN).
Das Verfahren zur Abgabe der eV richtet sich nach § 79 FGG iVm §§ 478–480, 483 ZPO analog (Hamm 10
FGPrax 1995, 69). Gem § 79 S 1–3 FGG sind beide Teile zum Termin zu laden, wobei die Anwesenheit des
Gläubigers nicht erforderlich ist (DGE/*Hanhörster/Dospil* § 2006 Rn 3). Über den Verlauf des Termins ist ein
Protokoll anzufertigen, in welches gem § 78 I 2 FGG Einsicht gewährt werden kann. Gegen die Ablehnung
der Terminsbestimmung oder die Abnahme der eV findet die einfache Beschwerde statt, nicht aber gegen die
Terminsbestimmung oder die Ladung bzw Vertagung (Hamm FGPrax 95, 69).
Die Kosten, die sich aus § 124 KostO ergeben, hat der Antragsteller zu tragen. 11

D. Verweigerung/Unentschuldigtes Nichterscheinen. Nach hM hat das unentschuldigte Nichterscheinen 12
im zweiten Termin oder die Verweigerung nach III 1 ggü dem Antragsteller wegen der im Antrag bezeichneten Forderungen eine relativ unbeschränkbare Haftung, § 2013 II, zur Folge (ua Palandt/*Edenhofer* § 2006
Rn 5; aA Soergel/*Stein* § 2006 Rn 6). Dies gilt nicht, wenn die unbeschränkte Haftung bereits wegen Inventaruntreue oder wegen Inventarversäumnis eingetreten ist. Hierüber entscheidet nicht das Nachlass-, sondern
das Prozessgericht (Hamm FGPrax 1995, 69).
Verweigert der Erbe ggü einem Gläubiger die Abgabe der eV, können andere Gläubiger ihrerseits die Abgabe 13
der eV verlangen (Prot. V 758). Der Erbe kann aber nicht zur Abgabe der eV gezwungen werden (DGE/*Hanhörster/Dospil* § 2006 Rn 4).
Die vorsätzlich wahrheitswidrige Abgabe der eV steht der Verweigerung gleich (Staud/*Marotzke* § 2006 14
Rn 16); darüber hinaus macht sich der Erbe nach § 156 StGB strafbar.

§ 2007 Haftung bei mehreren Erbteilen

¹Ist ein Erbe zu mehreren Erbteilen berufen, so bestimmt sich seine Haftung für die Nachlassverbindlichkeiten in Ansehung eines jeden der Erbteile so, wie wenn die Erbteile verschiedenen Erben gehörten. ²In den Fällen der Anwachsung und des § 1935 gilt dies nur dann, wenn die Erbteile verschieden beschwert sind.

1 **A. Allgemeines.** Die Vorschrift unterscheidet zwischen der Berufung zu mehreren Erbteilen einerseits und den Fällen der Anwachsung eines gewillkürten Erbteils und der Erhöhung des gesetzlichen Erbteils andererseits. Im ersten Fall soll der Erbe für die Nachlassverbindlichkeiten so haften, als wenn die Erbteile verschiedenen Erben angefallen wären, wohingegen dies im zweiten Fall nur gelten soll, wenn die Erbteile verschieden beschwert sind.

2 Die praktische Bedeutung der Vorschrift ist gering.

3 **B. Mehrere Erbteile.** Beim Hinzuerwerb eines weiteren selbständigen Erbteils hat der Erbe nach S 1 die Möglichkeit, die Haftung auch für diesen Erbteil zu beschränken, auch wenn er bereits unbeschränkt haftet (DGE/*Hanhörster/Dospil* § 2007 Rn 2). Bei mehreren Erben haftet der Miterbe, dem mehrere Erbteile angefallen sind, vor der Nachlassteilung nach § 2059 I 2 mit seinem Privatvermögen nur für den Anteil der Nachlassverbindlichkeiten, welcher der Quote des Erbteils entspricht, mit der er bereits unbeschränkt haftet (DGE/*Hanhörster/Dospil* § 2007 Rn 2). Insoweit steht ihm bis zur Teilung das Leistungsverweigerungsrecht des § 2059 I zur Verfügung. Ähnlich ist die Situation beim **Alleinerben**, der mehrere Erbteile erhält: Ist er zu mehreren Erbteilen berufen, scheidet eine Nachlassteilung aus. Die hM wendet § 2059 I 2 analog an (Soergel/*Stein* § 2007 Rn 2; aA Staud/*Marotzke* § 2007 Rn 2, der in der analogen Anwendung einen Verstoß gegen den Sinn und Zweck des § 2059 sieht, weil beim Alleinerben keine gesamthänderische Bindung gerade nicht vorliege). Hat der Erbe die verschiedenen Erbteile in dem Zeitpunkt, indem er bereits unbeschränkt haftet, endgültig erworben, findet § 2007 keine Anwendung (Staud/*Marotzke* § 2007 Rn 13). Die dem Erben gesetzte Inventarfrist erstreckt sich nach § 1994 auf den gesamten Nachlass.

4 IdR sind die Voraussetzungen für die Haftungsbeschränkung für alle Erbteile gleich; ausnahmsweise kann aber für jeden Erben eine besondere Inventarfrist laufen, wenn sie verschieden bestimmt ist, der Erbe nach § 1951 I die Erbteile verschieden annehmen konnte und angenommen hat (Erman/*Schlüter* § 2007 Rn 1).

5 **C. Anwachsung.** Wird der Erbanteil durch **Anwachsung** oder Erbteilserhöhung vergrößert, erweitert sich auch die Haftung auf den Zuerwerb, sofern nicht unterschiedliche Beschwerungen vorliegen (Palandt/*Edenhofer* § 2007 Rn 2). Die Selbständigkeit der Erbteile bleibt nur hinsichtlich Vermächtnissen und Auflagen erhalten, da das Gesetz bei der Anwachsung und der Erhöhung des Erbteils grds von einer Einheit des vergrößerten Erbteils ausgeht (Soergel/*Stein* § 2007 Rn 3). Ggü den sonstigen Nachlassgläubigern liegen keine selbständigen Erbteile vor; stattdessen ist von einem einheitlichen Erbteil auszugehen (MüKo/*Siegmann* § 2007 Rn 3).

§ 2008 Inventar für eine zum Gesamtgut gehörende Erbschaft

(1) ¹Ist ein in Gütergemeinschaft lebender Ehegatte Erbe und gehört die Erbschaft zum Gesamtgut, so ist die Bestimmung der Inventarfrist nur wirksam, wenn sie auch dem anderen Ehegatten gegenüber erfolgt, sofern dieser das Gesamtgut allein oder mit seinem Ehegatten gemeinschaftlich verwaltet. ²Solange die Frist diesem gegenüber nicht verstrichen ist, endet sie auch nicht dem Ehegatten gegenüber, der Erbe ist. ³Die Errichtung des Inventars durch den anderen Ehegatten kommt dem Ehegatten, der Erbe ist, zustatten.

(2) Die Vorschriften des Absatzes 1 gelten auch nach der Beendigung der Gütergemeinschaft.

1 **A. Allgemeines.** § 2008 findet nur Anwendung mit der Folge, dass auch der nichterbende Ehegatte für die Nachlassverbindlichkeiten haftet, wenn der überlebende Ehegatte im Güterstand der Gütergemeinschaft lebt, der Nachlass ins Gesamtgut fällt und das Gesamtgut vom nichterbenden Ehegatten allein oder gemeinschaftlich mit dem erbenden Ehegatten verwaltet wird. Verwaltet der Ehegatte des Erben das Gesamtgut allein oder zusammen mit dem Erben, haftet er auch persönlich als Gesamtschuldner, §§ 1437, 1439 (Soergel/*Stein* § 2008 Rn 2).

2 **B. Regelungszweck.** Die Vorschrift soll verhindern, dass dem das Gesamtgut (mit-)verwaltende Ehegatte die ihm möglichen Haftungsbeschränkungsmittel dadurch verloren gehen, dass der erbende Ehegatte eine allein ihm bestimmte Inventarfrist versäumt oder eine sonstige Inventarverfehlung nach §§ 2005 I, 2006 III begeht (Staud/*Marotzke* § 2008 Rn 11, 24 ff). Allerdings wird dem nicht erbenden Ehegatten durch § 2008 kein selbständiges Inventarrecht eingeräumt.

3 **C. Fristbeginn.** Die Inventarfrist muss, auch wenn dies nicht beantragt ist, auch dem nichterbenden Ehegatten, der das Gesamtgut (mit-)verwaltet, gesetzt werden (Palandt/*Edenhofer* § 2008 Rn 1). Im Falle der Alleinverwaltung ist nur ihm die Frist zu setzen.

Die Frist beginnt nach § 1995 I 2 mit der Zustellung; sie läuft für jeden Ehegatten gesondert, so dass sie auch 4
dem Erben ggü nicht endet, solange sie dem Ehegatten des Erben ggü nicht verstrichen ist, § 2008 I 2. Es ist
aber möglich, dass die Frist ggü dem erbenden Ehegatten später endet als die dem nichterbenden Ehegatten
gesetzte (Palandt/*Edenhofer* § 2008 Rn 1).
Haben die Ehegatten erst nach dem Anfall der Erbschaft geheiratet oder Gütergemeinschaft vereinbart, muss 5
dem nichterbenden Ehegatten, gleichgültig, ob allein- oder mitverwaltend, nachträglich eine Inventarfrist
gesetzt werden. Daher kann er sowohl eine Fristverlängerung als auch die Bestimmung einer neuen Inventarfrist beantragen bzw Beschwerde gegen den Fristsetzungsbeschluss einlegen. Auf den Zeitpunkt, wann der
Nachlass Gesamtgut geworden ist, kommt es nicht an (DGE/*Hanhörster/Dospil* § 2008 Rn 3).
War die Inventarfrist bereits in diesem Zeitpunkt abgelaufen, tritt der nicht erbende Ehegatte in die entstan- 6
dene Haftungssituation ein, läuft die Frist noch, ist ihm nachträglich eine Inventarfrist zu setzen (RGRK/
Johannsen § 2008 Rn 6; aA Staud/*Marotzke* § 2008 Rn 18).

D. Verfahren. Der Fristsetzungsbeschluss ist beiden Ehegatten von Amts wegen zuzustellen, wodurch es zu 7
unterschiedlichem Fristablauf kommen kann. Eines dahingehenden Antrages bedarf es nicht, weil das Nachlassgericht den Güterstand von Amts wegen zu beachten, ggf zu ermitteln hat (Soergel/*Stein* § 2008 Rn 4).
Das Inventar kann von beiden Ehegatten getrennt oder gemeinsam errichtet werden. Der erbende Ehegatte 8
haftet für die Nachlassverbindlichkeiten unbeschränkt erst ab dem Zeitpunkt, in dem auch der allein- oder
mitverwaltende Ehegatte die Inventarfrist versäumt hat, § 2008 I 3. Jeder Ehegatte kann die Inventarsäumnis
des Partners oder dessen Inventaruntreue durch ein rechtzeitiges und richtiges Inventar abwenden (Palandt/
Edenhofer § 2008 Rn 2). Der Ehegatte eines bereits unbeschränkt haftenden Erben kann dem Erben das verwirkte Haftungsbeschränkungsrecht durch die Errichtung eines Inventars, welches auch dem Erben zustatten
kommt, verschaffen, um sich selbst darauf zu berufen (DGE/*Hanhörster/Dospil* § 2008 Rn 3; aA Soergel/*Stein*
§ 2008 Rn 8), sofern es um das Gesamtgut geht und eine damit zusammenhängende persönliche Haftung des
Ehegatten des Erben in Betracht kommt.
Nach § 2008 II haftet der Ehegatte auch nach Beendigung des Güterstandes bis zur Auseinandersetzung des 9
Gesamtgutes, § 1472 (Staud/*Marotzke* § 2008 Rn 3 ff). Bei der Beendigung der Gütergemeinschaft durch Tod
des nichterbenden (mit-)verwaltenden Ehegatten läuft die begonnene Inventarfrist gegen den Erben weiter;
war sie noch nicht bestimmt, muss sie ggü dem Erben festgesetzt werden (Soergel/*Stein* § 2008 Rn 8).
Abkömmlinge, welche die Gütergemeinschaft **fortsetzen**, ist keine Frist zu setzen, da sie nach § 1489 III nicht
persönlich haften.
Die Pflicht zur Abgabe der eidesstattlichen Versicherung nach § 2006 hat in den Fällen des § 2008 nicht nur 10
der erbende Ehegatte, sondern auch sein (mit-)verwaltender Ehegatte zu erfüllen. Daher müssen beide Ehegatten zum Termin geladen werden (RGRK/*Johannsen* § 2008 Rn 13; aA Erman/*Schlüter* § 2008 Rn5), wobei
die eV des einen dem anderen zustatten kommt.

E. Möglichkeiten der Haftungsbeschränkung. Der Ehegatte des Erben kann die Haftungsbeschränkung in 11
erster Linie durch die haftungsbeschränkenden Einreden der §§ 1973, 1974, 1989, 1990–1992, 2014, 2015 herbeiführen. Ein Verzicht auf das Beschränkungsrecht ist nur mit Zustimmung des anderen, das Gesamtgut
(mit-)verwaltenden Ehegatten wirksam. Hat der Erbe den Vorbehalt des § 780 ZPO versäumt, kann sein Ehegatte diesen in das gegen ihn ergehende Duldungsurteil aufnehmen lassen (Erman/*Schlüter* § 2008 Rn 6).
Gehört der Nachlass weder zum Sonder- noch zum Vorbehaltsgut, kann er die Haftung durch das Aufgebot 12
der Nachlassgläubiger gem § 999 ZPO, das Nachlassinsolvenzverfahren nach § 318 InsO oder durch die
Anordnung der Nachlassverwaltung herbeiführen.

§ 2009 Wirkung der Inventarerrichtung

Ist das Inventar rechtzeitig errichtet worden, so wird im Verhältnis zwischen dem Erben und den Nachlassgläubigern vermutet, dass zur Zeit des Erbfalls weitere Nachlassgegenstände als die angegebenen nicht vorhanden gewesen seien.

A. Vermutung. Die Bedeutung der positiven Vermutungswirkung zugunsten des Erben, die sich nur auf die 1
Zeit des Erbfalls bezieht, ist insoweit eingeschränkt, als sie nur ggü den Nachlassgläubigern und nicht für die
Nachlassverbindlichkeiten (§ 2001 I) gilt (Palandt/*Edenhofer* § 2009 Rn 1). Sie beansprucht Geltung nur hinsichtlich der Aktiva des Nachlasses, nicht aber für die Angaben über deren Wert. Es wird angenommen, dass
nicht im Inventar aufgeführte Gegenstände auch nicht zum Nachlass gehören, was insbes bei der Klage nach
§ 785 ZPO von Bedeutung ist (DGE/*Hanhörster/Dospil* § 2009 Rn 3). Die Vermutung hat lediglich negativen
Inhalt und bedeutet nicht, dass die im Inventar aufgeführten Gegenstände tatsächlich zum Nachlass gehören.
Nicht erfasst werden Erbengläubiger, Erbschaftsbesitzer, Nacherben, Erbschaftskäufer und Testamentsvoll- 2
strecker; ggü den Miterben gilt sie nur, soweit sie Nachlassgläubiger sind (Palandt/*Edenhofer* § 2009 Rn 1). Sie
gilt auch nicht zwischen dem Erben und seinen persönlichen Gläubigern (ganz hM; aA *Wendt* AcP 86, 395).
Das Inventar unterliegt bei Rechtsstreitigkeiten zwischen diesen Personen der freien Beweiswürdigung des
§ 286 ZPO (DGE/*Hanhörstser/Dospil* § 2009 Rn 3).

3 **B. Voraussetzungen.** Das Inventar muss unter Beachtung der §§ 2002, 2003 rechtzeitig, dh vor Ablauf der Frist des § 1994 I oder freiwillig (§ 1993), errichtet werden, und es darf keine Inventaruntreue vorliegen, da es ansonsten als nicht errichtet gilt (Prot 5, 756). Fehlen die in § 2001 aufgeführten Beschreibungen und Wertangaben, wird das Inventar dadurch nicht unwirksam (MüKo/*Siegmann* § 2009 Rn 2). Nach hM wird bei Unvollständigkeit des Nachlassverzeichnisses nach § 2005 II die Vermutung nicht entkräftet, dass weitere Nachlassgegenstände nicht vorhanden sind (Palandt/*Edenhofer* § 2009 Rn 2). Bei vorsätzlicher Unvollständigkeit haftet der Erbe unbeschränkbar (DGE/*Hanhörstser/Dospil* § 2009 Rn 1).

4 **C. Bedeutung der Vermutung.** Aufgrund der Vermutung wird dem Erben der Nachweis ordentlicher Verwaltung (§ 1978) ggü den Nachlassgläubigern erleichtert und gesichert (Erman/*Schlüter* § 2009 Rn 1). Darüber hinaus wird der Umfang der Herausgabepflicht des Nachlasses in den Fällen der §§ 1973, 1974, 1990, 1992 bis zum Beweis des Gegenteils begrenzt, wodurch dem Erben der Beweis der Nichtzugehörigkeit des Vollstreckungsgegenstandes zum Nachlass erleichtert wird (Palandt/*Edenhofer* § 2009 Rn 3). Nach § 292 ZPO kann der Gläubiger den Gegenbeweis mit allen zulässigen Mitteln gegen die Vermutung als bloße Tatsachenvermutung führen (BayObLGZ 8, 127). Die Bekräftigung des Inventars durch eine eidesstattliche Versicherung des Erben nach § 2006 ist möglich, aber nicht erforderlich, weil dadurch der Nachweis der Unvollständigkeit nicht ausgeschlossen wird (Damrau/*Gottwald* § 2009 Rn 2).

§ 2010 Einsicht des Inventars

Das Nachlassgericht hat die Einsicht des Inventars jedem zu gestatten, der ein rechtliches Interesse glaubhaft macht.

1 **A. Allgemeines.** Die Vorschrift beinhaltet eine Anweisung an das Nachlassgericht, jedem, der ein rechtliches Interesse glaubhaft macht, Einsicht in das Inventar zu gewähren. Erfolgt die Glaubhaftmachung, besteht ein Anspruch auf Einsicht, der vom Nachlassgericht zwingend zu erfüllen ist. Durch die Einsicht erlangen die an einem Erbfall Beteiligten und sonstigen Betroffenen Kenntnis vom Bestand des Nachlasses, wodurch das weitere Verfahren erleichtert wird.

2 **B. Einsichtsberechtigte.** Einsichtsberechtigt sind die Miterben, der Testamentsvollstrecker, der Nachlassverwalter, die Nachlassgläubiger und die Steuerbehörde (Palandt/*Edenhofer* § 2010 Rn 1).

3 **C. Rechtliches Interesse.** § 2010 verlangt für die Einsicht in das Inventar ein rechtliches Interesse, das enger ist als das berechtigte Interesse, für welches wirtschaftliche oder wissenschaftliche Belange ausreichen (KKW/*Kahl* § 34 FGG Rn 13). Erforderlich ist ein bestehendes Recht ggü dem Erben (MüKo/*Siegmann* § 2010 Rn 1).

4 **D. Einsichts- und Abschriftsrechte.** Die Vorschrift gewährt keinen Anspruch auf Erteilung einer Abschrift des Inventars. Dennoch kann der funktionell zuständige Rechtspfleger (§ 3 Nr 2 c RPflG) iRd § 34 I FGG nach pflichtgemäßem Ermessen eine Abschrift erteilen oder auch bei nur einem berechtigten Interesse die Einsicht gewähren (MüKo/*Siegmann* § 2010 Rn 2). Ist das Interesse durch eine eidesstattliche Versicherung glaubhaft gemacht (§ 15 II FGG) und stehen keine gleich- oder höherrangigen öffentlichen oder privaten Belange des Erben oder Dritter entgegen, hat er dem Antrag zu entsprechen (im Einzelnen KKW/*Kahl* § 34 FGG Rn 12 ff).

5 Gegen den ablehnenden oder stattgebenden Beschluss des Rechtspflegers über den Antrag auf Einsicht oder Erteilung einer Abschrift ist die einfache unbefristete Beschwerde nach §§ 19, 20 FGG statthaft.

6 **E. Verschlossenes Inventar.** Die Übergabe eines verschlossenen/versiegelten Inventars stellt wegen des Einsichtsrechts und der bei Einreichen des Inventars anfallenden Gebühren, die sich nach dem Wert des Nachlasses richten, keine wirksame Inventarerrichtung dar (Palandt/*Edenhofer* § 2010 Rn 2; aA RGRK/*Johannsen* § 2010 Rn 2), und zwar auch dann nicht, wenn bei der Eröffnung die Einsicht gestattet wird (Erman/*Schlüter* § 2010 Rn 1).

§ 2011 Keine Inventarfrist für den Fiskus als Erben

¹Dem Fiskus als gesetzlichem Erben kann eine Inventarfrist nicht bestimmt werden. ²Der Fiskus ist den Nachlassgläubigern gegenüber verpflichtet, über den Bestand des Nachlasses Auskunft zu erteilen.

1 **A. Allgemeines.** Die Norm schafft einen Ausgleich für die Rechtsstellung des Staates als Zwangserbe; sie ist nicht anwendbar, wenn der Fiskus im Wege der gewillkürten Erbfolge zum Erben berufen ist (Soergel/*Stein* § 2011 Rn 3).

2 **B. Ausschluss der Inventarfrist.** Dem Fiskus sowie den Körperschaften usw nach Art 138 EGBGB (Palandt/*Edenhofer* § 2011 Rn 1) als gesetzlichem Erben ist, da er nicht ausschlagen, verzichten oder für erbunwürdig erklärt werden kann, die Geltendmachung der Haftungsbeschränkung durch § 2011 und § 780 II ZPO

wesentlich erleichtert. Auch wenn die §§ 2005, 2006 nicht zur Anwendung gelangen, so muss sich auch der Fiskus zur endgültigen Haftungsbeschränkung der Einreden nach §§ 1990, 1992 bzw der Nachlassverwaltung oder -insolvenz bedienen (Staud/*Marotzke* § 2011 Rn 4). Die Haftung beschränkt sich daher faktisch nur auf den Nachlass, und zwar auch dann, wenn er überschuldet ist (Palandt/*Edenhofer* 2011 Rn 1).

Eine dem Fiskus gesetzte Inventarfrist ist kraft Gesetzes unwirksam; deshalb kann es in keinem Fall zu einer unbeschränkten Haftung nach § 1994 I 2 kommen. Für ein freiwillig errichtetes Inventar gelten die allgemeinen Vorschriften. 3

C. Auskunftspflicht. Die Pflicht zur Auskunftserteilung tritt erst ein, wenn das Nachlassgericht festgestellt hat, dass ein anderer Erbe als der Fiskus nicht vorhanden ist, § 1964. Eine Verletzung der Aufklärungspflicht führt nicht zum Verlust des Rechts zur Haftungsbeschränkung (Staud/*Marotzke* § 2011 Rn 6). Die Geltendmachung der Auskunftspflicht erfolgt vor dem Prozessgericht und bezieht sich nur auf den gegenwärtigen Bestand des Nachlasses. Umfasst ist sowohl die Erstellung eines Nachlassverzeichnisses als auch die Abgabe einer eidesstattlichen Versicherung, § 260. Darüber hinaus können sich für den Fiskus aus den §§ 1978, 1991, 666 weitergehende Rechenschaftspflichten ergeben (Kroiß/Ann/Mayer/*Odersky* § 2011 Rn 4). 4

§ 2012 Keine Inventarfrist für den Nachlasspfleger und Nachlassverwalter

(1) ¹Einem nach den §§ 1960, 1961 bestellten Nachlasspfleger kann eine Inventarfrist nicht bestimmt werden. ²Der Nachlasspfleger ist den Nachlassgläubigern gegenüber verpflichtet, über den Bestand des Nachlasses Auskunft zu erteilen. ³Der Nachlasspfleger kann nicht auf die Beschränkung der Haftung des Erben verzichten.
(2) Diese Vorschriften gelten auch für den Nachlassverwalter.

A. Allgemeines. Durch die Nachlassverwaltung und die -pflegschaft ist dem Erben die Herrschaft über den Nachlass entzogen, so dass er vor den Folgen von Säumnis oder Verzichtserklärung des Nachlassverwalters bzw -pflegers zu schützen ist, in dem er sein Recht, die Haftung auf den Nachlass zu beschränken, nicht verliert. Die Nachlassgläubiger sind durch die dem Verwalter bzw Pfleger obliegende Pflicht, ein ordnungsgemäßes Verzeichnis der Masse zu erstellen, hinreichend geschützt. 1

B. Keine Inventarfrist. Die Vorschrift gewährt dem Nachlasspfleger ebenso wie dem Nachlassverwalter aufgrund der entspr Pflichten dieselbe Privilegierung wie dem Fiskus in § 2011, dh ihnen kann keine Inventarfrist bestimmt werden. Im Falle des Verstoßes ist die Frist kraft Gesetzes unwirksam. Zu einer unbeschränkten Haftung nach § 1994 I 2 kann dies unter keinen Umständen führen. 2

Darüber hinaus ist dem Nachlasspfleger und dem -verwalter die Befugnis zum Verzicht auf die Haftungsbeschränkung in jeder Form genommen, I 3, wobei ein Schuldanerkenntnis oder die vertragliche Novation eines bestehenden Schuldverhältnisses im Zweifel noch keinen Verzicht beinhalten (Soergel/*Stein* § 2012 Rn 1). 3

C. Auskunftsanspruch. Die Nachlassgläubiger haben Anspruch auf Auskunft über den gegenwärtigen Bestand des Nachlasses, der im Klageweg durchsetzbar ist und nach § 260 auch die Pflicht zur Abgabe der eidesstattlichen Versicherung nach sich ziehen kann (KG KGJ 28, 27), wobei die eV nach §§ 888, 889 ZPO zwangsweise erlangt werden kann (Frankf WM 77, 184 mwN). Allerdings führt die Verweigerung der Versicherung nicht zu den in § 2006 III angeordneten Konsequenzen (Soergel/*Stein* § 2012 Rn 2). 4

Dessen ungeachtet besteht die Pflicht des Nachlasspflegers und -verwalters, nach §§ 1915 I, 1802 bei Gericht ein Nachlassverzeichnis einzureichen, in das jeder, der ein berechtigtes Interesse nachweist, gem § 34 FGG Einsicht nehmen kann. 5

Verletzen der Nachlasspfleger oder -verwalter ihrer Auskunftspflicht, so haften sie den Nachlassgläubigern gem § 1985 II unmittelbar. Für diese Pflichtverletzung hat der Erbe nicht, auch nicht über § 278, einzustehen (Damrau/*Gottwald* § 2012 Rn 4). Daneben ist auch der Erbe nach § 2314 I zur Auskunft verpflichtet (Celle JZ 60, 375). Ihm kann aber während der haftungsbeschränkenden Verfahren keine Inventarfrist gesetzt werden (Soergel/*Stein* § 2012 Rn 3). 6

§ 2013 Folgen der unbeschränkten Haftung des Erben

(1) ¹Haftet der Erbe für die Nachlassverbindlichkeiten unbeschränkt, so finden die Vorschriften der §§ 1973 bis 1975, 1977 bis 1980, 1989 bis 1992 keine Anwendung; der Erbe ist nicht berechtigt, die Anordnung einer Nachlassverwaltung zu beantragen. ²Auf eine nach § 1973 oder nach § 1974 eingetretene Beschränkung der Haftung kann sich der Erbe jedoch berufen, wenn später der Fall des § 1994 Abs. 1 Satz 2 oder des § 2005 Abs. 1 eintritt.
(2) Die Vorschriften der §§ 1977 bis 1980 und das Recht des Erben, die Anordnung einer Nachlassverwaltung zu beantragen, werden nicht dadurch ausgeschlossen, dass der Erbe einzelnen Nachlassgläubigern gegenüber unbeschränkt haftet.

1 **A. Allgemeines.** Unbeschränkte Haftung iSd § 2013 I liegt vor, wenn der Erbe sowohl mit dem Nachlass- als auch mit seinem Eigenvermögen ggü allen Nachlassgläubigern haftet. Sie tritt ein bei Versäumung der Inventarfrist nach § 1994 I 2, bei vorsätzlicher Unvollständigkeit des Inventars gem § 2005 I und bei Verzicht des Erben durch entspr Haftungsvereinbarung; dies gilt nicht für den Nachlasspfleger, der gem § 2012 I 3 auf die Haftungsbeschränkung des Erben nicht verzichten darf.
2 II lässt dagegen die unbeschränkte Haftung des Erben nur ggü einzelnen Nachlassgläubigern zu; ggü den anderen Nachlassgläubigern kann er seine Haftung grds noch auf den Nachlass beschränken.
3 § 2013 stellt eine kraft Gesetzes entstandene Verwirkung dar (Palandt/*Edenhofer* § 2013 Rn 1). Die Beweislast dafür, dass die Voraussetzungen der unbeschränkten Erbenhaftung eingetreten sind, trägt im Streitfall der Nachlassgläubiger (MüKo/*Siegmann* § 2013 Rn 5).
4 **B. Folgen der unbeschränkten Haftung.** Durch Eintritt der unbeschränkten Haftung verliert der Erbe die Möglichkeit, das Gläubigeraufgebotsverfahren nach § 991 I ZPO zu betreiben, die Ausschließungs- und Verschweigungseinrede der §§ 1973, 1974 und die Erschöpfungs- und Überlastungseinrede nach §§ 1989–1992 sowie die aufschiebende Einrede nach § 2016 zu erheben. Auch die §§ 1978–1980 gelten nicht mehr, da der Erbe ohnehin mit seinem ganzen Vermögen haftet (Palandt/*Edenhofer* § 2013 Rn 2).
5 Nach Eintritt der unbeschränkten Haftung ggü allen Nachlassgläubigern sind die §§ 2014, 2015 nicht mehr anwendbar, weil diese Einreden die Aufgabe haben, dem Erben eine Haftungsbeschränkungsmöglichkeit vorzubehalten (Erman/*Schlüter* § 2013 Rn 2).
6 Weder die Nachlassverwaltung noch die Nachlassinsolvenz können die persönliche Inanspruchnahme des Erben verhindern; sie führen aber zu einer Trennung von Nachlass und Eigenvermögen des Erben, damit die Nachlassgläubiger vorrangig aus dem Nachlass befriedigt werden können (Erman/*Schlüter* § 2013 Rn 2). Die Möglichkeit der Aufrechnung bleibt erhalten (DGE/*Hanhörster/Dospil* § 2013 Rn 2).
7 Nach §§ 316 I, 317 InsO kann der Erbe noch das Nachlassinsolvenzverfahren beantragen.
8 **C. Ausnahmen von der unbeschränkten Haftung.** Ausnahmsweise kann eine nach §§ 1973, 1974 bereits eingetretene Haftungsbeschränkung bestehen bleiben. Die Versäumung der Inventarfrist oder die Verwirklichung der Inventaruntreue, nachdem bei Beginn der Inventarfrist das Aufgebot bereits erledigt oder Verschweigung eingetreten war, erhält dem Erben ggü den so ausgeschlossenen Gläubigern die Ausschließungs- und Verschweigungseinrede, obgleich er den anderen Gläubigern unbeschränkt haftet (Palandt/*Edenhofer* § 2013 Rn 3). Das gleiche gilt nach § 2000 S 3 für die Einrede aus § 1989, für die § 1973 entspr gilt. Im Übrigen kommt der Ablehnung der Eröffnung des Nachlassinsolvenzverfahrens mangels Masse nicht die gleiche Wirkung zu, mit der Folge, dass auch danach noch die Versäumung der Inventarfrist zu einer unbeschränkten Haftung führt (Stuttg FGPrax 95, 68).
9 **D. Unbeschränkte Haftung ggü einzelnen Nachlassgläubigern.** Die unbeschränkte Haftung des Erben entsteht, wenn er sich weigert, die eV gem § 2006 III abzugeben, er den Vorbehalt des § 780 I ZPO verliert (DGE/*Hanhörster/Dospil* § 2013 Rn 4) oder verzichtet und hat im Allgemeinen dieselben Folgen wie bei allgemein unbeschränkter Haftung. Der Erbe kann aber sein Beschränkungsrecht den übrigen Nachlassgläubigern ggü geltend machen; insoweit gelten die §§ 1977 II, 1978–1980. Darüber hinaus kann er ggü den anderen Nachlassgläubigern das Aufgebot beantragen und die Einreden aus §§ 1973, 1974, 1989, 1990–1992 erheben (Staud/*Marotzke* § 2013 Rn 9).

Untertitel 5   Aufschiebende Einreden

§ 2014   Dreimonatseinrede

Der Erbe ist berechtigt, die Berichtigung einer Nachlassverbindlichkeit bis zum Ablauf der ersten drei Monate nach der Annahme der Erbschaft, jedoch nicht über die Errichtung des Inventars hinaus, zu verweigern.

1 **A. Allgemeines.** Mit Erheben der Dreimonatseinrede hat der Erbe die Erbschaft angenommen (Soergel/*Stein* § 2014 Rn 6; aA Staud/*Marotzke* § 2014 Rn 15). Bis zur Annahme kann ein Nachlassgläubiger gegen einen Erben nicht gerichtlich vorgehen; eine Klage wäre unzulässig, § 1958 (Kroiß/Ann/Mayer/*Krug* § 2014 Rn 1).
2 **B. Einrede.** Nach Annahme der Erbschaft wird dem Erben eine zeitlich begrenzte Schonfrist vor den Forderungen der Gläubiger gewährt, die mit der Annahme, dh spätestens nach Ablauf der Ausschlagungsfrist, beginnt, während sich der Erbe über den Umfang der Erbschaft informieren, das Nachlassverzeichnis vorbereiten und von den drängenden Nachlassgläubigern verschont bleiben soll (Palandt/*Edenhofer* § 2014 Rn 1). Sie endet spätestens mit Ablauf von drei Monaten, wenn nicht zuvor das Inventar errichtet wurde, da sich der Erbe dadurch einen ausreichenden Überblick über die Erbschaftsverhältnisse und Nachlassschulden machen konnte.

Darüber hinaus verliert der Erbe die Einrede durch den Verlust des Beschränkungsrechts nach § 2016 I, indem er die Inventarfrist versäumt, Inventaruntreue vor Errichtung begeht, durch Verzicht auf das Beschränkungsrecht oder Nichterwirken des Vorbehalt nach §§ 305 I, 780 I ZPO (Erman/*Schlüter* § 2014 Rn 3).

Das gleiche Recht haben neben dem Nachlasspfleger auch der Nachlassverwalter, der verwaltende Testamentsvollstrecker und der gesamtgutsverwaltende Ehegatte bei der Gütergemeinschaft (Palandt/*Edenhofer* § 2014 Rn 1). 3

Die Einrede wird nicht gewährt ggü den sofort zu befriedigenden Ansprüchen aus § 1963 und § 1969, wohl aber ggü dem Erbersatzanspruch in Erbfällen vor dem 1. 4. 98, Art 225 I Nr 1 EGBGB. § 1489 II findet entspr Anwendung. 4

C. Voraussetzungen. § 2014 setzt voraus, dass der Erbe nicht bereits nach § 2016 I unbeschränkt haftet und er die Einrede nur gegen den Anspruch des Nachlassgläubigers erhebt. Einschränkungen können sich aus § 2016 II ergeben, wenn die Gläubiger über Sicherungen verfügen. Kennt der Erbe sämtliche Nachlassgläubiger und reicht der Nachlass offensichtlich für deren Forderungen aus, so kann die Erhebung der Dreimonatseinrede treuwidrig sein (Soergel/*Stein* § 2014 Rn 2). 5

D. Wirkung der Einrede. Die Einrede hat keine materiell-rechtliche Wirkung, weshalb der Verzug des Erben mit all seinen Folgen (Verzugszinsen, Schadensersatz und Vertragsstrafen) durch die Einrede nicht ausgeschlossen ist (str, Staud/*Marotzke* § 2014 Rn 8 mwN); sie ist vielmehr nur im Prozess und in der Vollstreckung von Bedeutung (RGZ 79, 201). Im Übrigen kann der Gläubiger auch die Rechte aus § 326 geltend machen. 6

Eine Klage auf Leistung oder eine Verurteilung hierzu kann die Einrede ebenso wenig verhindern wie den Beginn der Zwangsvollstreckung, die nur zur Sicherung des Gläubigers (§§ 782, 783, 785 ZPO), keinesfalls aber zu seiner Befriedigung führen darf (Palandt/*Edenhofer* § 2014 Rn 3). Sie wird auch nicht erhoben mit dem Ziel der Klageabweisung, sondern des Vorbehalts nach §§ 305 I, 780 I ZPO. 7

Durch die Einrede wird weder die Aufrechnung der Nachlassgläubiger gegen eine Nachlassforderung (MüKo/*Siegmann* § 2014 Rn 7) noch die Ausübung des Zurückbehaltungsrechts gehindert. Sie führt auch nicht zur Hemmung der Verjährung. 8

§ 2015 Einrede des Aufgebotsverfahrens

(1) Hat der Erbe den Antrag auf Erlassung des Aufgebots der Nachlassgläubiger innerhalb eines Jahres nach der Annahme der Erbschaft gestellt und ist der Antrag zugelassen, so ist der Erbe berechtigt, die Berichtigung einer Nachlassverbindlichkeit bis zur Beendigung des Aufgebotsverfahrens zu verweigern.
(2) Der Beendigung des Aufgebotsverfahrens steht es gleich, wenn der Erbe in dem Aufgebotstermin nicht erschienen ist und nicht binnen zwei Wochen die Bestimmung eines neuen Termins beantragt oder wenn er auch in dem neuen Termin nicht erscheint.
(3) Wird das Ausschlussurteil erlassen oder der Antrag auf Erlassung des Urteils zurückgewiesen, so ist das Verfahren nicht vor dem Ablauf einer mit der Verkündung der Entscheidung beginnenden Frist von zwei Wochen und nicht vor der Erledigung einer rechtzeitig eingelegten Beschwerde als beendigt anzusehen.

A. Zweck der Einrede. Die aufschiebende Einrede dient der gleichmäßigen Befriedigung der Nachlassgläubiger und dem Schutz unbekannter Gläubiger vor einer Vorwegbefriedigung einzelner vordrängender Gläubiger (Palandt/*Edenhofer* § 2015 Rn 1). Zur Erreichung dieses Zwecks ist der Erbe berechtigt, die Vorabbefriedigung einzelner Gläubiger zu verweigern. Dies setzt aber nach § 947 II ZPO voraus, dass der Erbe bzw einer der Miterben innerhalb eines Jahres nach der Erbschaftsannahme den Antrag auf Erlass des Aufgebots der Nachlassgläubiger stellt und dieser auch zugelassen worden ist (Palandt/*Edenhofer* § 2015 Rn 1). 1

B. Regelungsinhalt. Der antragstellende Erbe hat für seinen Aufgebotsantrag, zu dem er nach § 1980 II verpflichtet ist, die Frist des I zu beachten. Soweit die Miterben noch nicht unbeschränkt haften, kommt der Antrag eines Miterben allen anderen zustatten. Darüber hinaus sind antragsberechtigt der verwaltungsbefugte Testamentsvollstrecker, der Nachlasspfleger und der -verwalter. Wichtig ist, dass der Aufgebotsantrag nicht nur gestellt, sondern auch zugelassen sein muss (§ 947 II ZPO). Die Zulassung nach Ablauf der Jahresfrist ist aber unschädlich (Palandt/*Edenhofer* § 2015 Rn 1). 2

Das Aufgebotsverfahren kann auf unterschiedliche Weise beendet werden, und zwar durch den Erlass eines Ausschlussurteils, durch Zurückweisungsbeschluss nach § 952 I, IV ZPO, Antragsrücknahme, Einstellung des Verfahrens und durch Eröffnung des Nachlassinsolvenzverfahrens gem § 993 II ZPO (Kroiß/Ann/Mayer/*Krug* § 2015 Rn 7). 3

C. Gleichgestellte Fälle. Die Gleichstellung der in II genannten Fälle dient der Vermeidung von Verschleppung des Aufgebotsverfahrens (MüKo/*Siegmann* § 2015 Rn 3) und letztlich der Beschleunigung des Aufgebotsverfahrens, weshalb die Sechsmonatsfrist auf zwei Wochen verkürzt wurde (Erman/*Schlüter* § 2015 Rn 2). Daher ist das Verfahren schon dann als beendet anzusehen, wenn der Erbe nicht innerhalb von 2 Wochen den Antrag auf Anberaumung eines neuen Termins gestellt oder in diesem nicht erschienen ist (RGRK § 2015 4

Rn 2, 3). Hat der ausgebliebene Erbe bereits vor dem ersten oder zweiten Termin den Erlass eines Ausschlussurteils schriftlich oder zu Protokoll beantragt, verliert er die Einrede nicht (Palandt/*Edenhofer* § 2015 Rn 2).
5 Nach Erlass des Aufgebots kann der Erbe die Einrede bis zur Verfahrensbeendigung geltend machen (DGE/*Hanhörster/Dospil* § 2015 Rn 2).
6 III verweist auf die nach § 952 IV ZPO statthafte sofortige Beschwerde.
7 **D. Hinweise.** Die Geltendmachung der Einrede im Prozess führt zu einem Vorbehaltsurteil nach § 305 ZPO und einer Klage nach § 782 ZPO in der Zwangsvollstreckung. Um dem beklagten Erben die Möglichkeiten der Haftungsbeschränkung umfassend zu ermöglichen, sollte er nicht nur den Antrag nach § 305 ZPO, sondern auch nach § 780 ZPO stellen, damit der Vorbehalt gem § 2015 in den Urteilstenor aufgenommen wird (Kroiß/Ann/Mayer/*Krug* § 2015 Rn 10). Zu beachten ist, dass das Ende der Schonfrist nicht nach dem Kalender bestimmt werden kann, sondern nur allgemein die Beendigung des Aufgebotsverfahrens (BaRoth/*Lohmann* § 2015 Rn 5).

§ 2016 Ausschluss der Einreden bei unbeschränkter Erbenhaftung

(1) Die Vorschriften der §§ 2014, 2015 finden keine Anwendung, wenn der Erbe unbeschränkt haftet.
(2) Das Gleiche gilt, soweit ein Gläubiger nach § 1971 von dem Aufgebot der Nachlassgläubiger nicht betroffen wird, mit der Maßgabe, dass ein erst nach dem Eintritt des Erbfalls im Wege der Zwangsvollstreckung oder der Arrestvollziehung erlangtes Recht sowie eine erst nach diesem Zeitpunkt im Wege der einstweiligen Verfügung erlangte Vormerkung außer Betracht bleibt.

1 **A. Ausschluss (I).** Die Einreden der §§ 2014, 2015 sind für den unbeschränkbar haftenden Erben ausgeschlossen, da sie den Erben nicht mehr auf die Haftungsbeschränkung vorbereiten und sichern können (Palandt/*Edenhofer* § 2016 Rn 1). Der Ausschluss gilt sowohl bei allgemein unbeschränkbarer Haftung als auch bei einzelnen Nachlassgläubigern, ggü denen der Erbe sein Beschränkungsrecht bereits verloren hat. Allerdings können sowohl der Nachlassverwalter als auch der verwaltende Testamentsvollstrecker noch das Aufgebot beantragen (hM Staud/*Marotzke* § 2016 Rn 2; aA Soergel/*Stein* § 2016 Rn 1) und unter den Voraussetzungen des § 2015 die Aufgebotseinrede geltend machen (Staud/*Marotzke* § 2016 Rn 2).
2 **B. Dinglich gesicherte Gläubiger (II).** Die Einreden wirken nicht gegenüber dinglich Berechtigten oder Pfandgläubigern, soweit sie sich auf die Geltendmachung dieser dinglichen Ansprüche beschränken (DGE/*Hanhörster/Dospil* § 2016 Rn 2). Entspr gilt für Gläubiger, die im Wege der Zwangsvollstreckung bzw Arrestvollstreckung **vor** dem Erbfall ein dingliches Recht an Nachlassgegenständen erlangt haben. Einem Erwerb **nach** dem Erbfall stehen die aufschiebenden Einreden des Erben nach § 1990 und § 321 InsO entgegen. Hinsichtlich der Geltendmachung sind die §§ 782, 783, 785 ZPO zu beachten (Palandt/*Edenhofer* § 2016 Rn 2).
3 Das gleiche gilt auch für die nach dem Erbfall im Wege der einstweiligen Verfügung erlangte Vormerkung (DGE/*Hanhörster/Dospil* § 2016 Rn 2). Hinsichtlich einer vom Erben nach § 885 bewilligten Vormerkung bleibt die Einrede ausgeschlossen (MüKo/*Siegmann* § 2016 Rn 2).

§ 2017 Fristbeginn bei Nachlasspflegschaft

Wird vor der Annahme der Erbschaft zur Verwaltung des Nachlasses ein Nachlasspfleger bestellt, so beginnen die in § 2014 und in § 2015 Abs. 1 bestimmten Fristen mit der Bestellung.

1 **A. Allgemeines.** Ist der Nachlasspfleger nicht nur mit der Regelung einzelner Angelegenheit betraut, sondern mit der gesamten Nachlassverwaltung, kann er auch die Dreimonatseinrede des § 2014 und die Einrede des Aufgebotsverfahrens nach § 2015 erheben (Palandt/*Edenhofer* § 2017 Rn 1). Im Falle der bereits eingetretenen unbeschränkten Haftung des Erben können sich weder Nachlassverwalter noch Testamentsvollstrecker wegen ihres vom Erben abgeleiteten Rechts auf die Dreimonatseinreden berufen (Soergel/*Stein* § 2017 Rn 5).
2 **B. Fristbeginn.** Die Fristen zur Erhebung der Einreden nach §§ 2014, 2015 beginnen im Zeitpunkt der Bestellung des Nachlasspflegers, dh mit der Bekanntmachung des Beschlusses an ihn, § 16 FGG. Entspr gilt auch für den eher selten vor der Erbschaftsannahme eingesetzten **Nachlassverwalter** (Soergel/*Stein* § 2017 Rn 1). Dieser ist zwar auch Nachlasspfleger (vgl Wortlaut des § 1975), aber nicht gesetzlicher Vertreter, sondern nur Partei kraft Amtes (RGZ 135, 307). Für den **Testamentsvollstrecker** (MüKo/*Siegmann* § 2017 Rn 3) beginnt die Frist entweder bereits mit der Bestellung eines verwaltenden Nachlasspflegers oder mit der Erbschaftsannahme (Staud/*Marotzke* § 2017 Rn 2, 4). Er muss sich auf die Dreimonatseinrede berufen, wenn vor der Anordnung der Nachlasspflegschaft bzw Erbschaftsannahme Ansprüche gegen ihn geltend gemacht werden. Im Übrigen laufen die begonnenen Fristen weiter, wenn die Nachlasspflegschaft wegen der Annahme der Erbschaft nach § 1919 aufgehoben wird (Palandt/*Edenhofer* § 2017 Rn 2), weil der verwaltende Nachlasspfleger gesetzlicher Vertreter des Erben ist (Erman/*Schlüter* § 2017 Rn 1).

Fehlt dem Nachlasspfleger die Verwaltungsbefugnis, bestimmt sich der Fristbeginn nicht nach § 2017. Maßgebend ist dann der Zeitpunkt der Annahme der Erbschaft durch den Erben mit der unbefriedigenden Folge, dass der Nachlassgläubiger bis zur vollständigen Befriedigung ebenso lange warten muss, als hätte er den Antrag nach § 1961 nicht gestellt (Soergel/*Stein* § 2017 Rn 3). Vorteilhaft ist lediglich die Möglichkeit, in der Zwischenzeit Sicherungsmaßnahmen zu ergreifen.

Titel 3 Erbschaftsanspruch

§ 2018 Herausgabepflicht des Erbschaftsbesitzers

Der Erbe kann von jedem, der auf Grund eines ihm in Wirklichkeit nicht zustehenden Erbrechts etwas aus der Erbschaft erlangt hat (Erbschaftsbesitzer), die Herausgabe des Erlangten verlangen.

A. Allgemeines. Der Gesamtanspruch des § 2018 begünstigt den Erben, indem es wegen seines Anspruchsumfangs den Gesamtwert des Nachlasses sichert, schützt aber zugleich den gutgläubigen Erbschaftsbesitzer, indem ihm die Verwendungsersatzregelung des § 2022 großzügigen Verwendungsersatz und ein erweitertes Zurückbehaltungsrecht einräumt (Soergel/*Dieckmann* § 2018 Rn 3).

B. Anspruchsberechtigte. Anspruchsberechtigt ist in erster Linie der wahre Erbe, aber auch der Miterbe, der aber nach § 2039 S 2 die Leistung wegen der gesamthänderischen Bindung vor der Nachlassauseinandersetzung nur an Miterben oder die Hinterlegung/Verwahrung verlangen kann, der Vorerbe bis zum Eintritt des Nacherbfalls und der Nacherbe im Anschluss, § 2139 (KG OLGZ 21, 310), wobei allerdings § 2130 zu beachten ist (Palandt/*Edenhofer* § 2018 Rn 3).

Zum Kreis der Anspruchsberechtigten gehört auch der Erbteilserwerber nach § 2033 I, der Pfändungsgläubiger eines Erbteils (RG Warn 1911 Nr 139) und der Erbschaftskäufer nach Abtretung durch den hierzu verpflichteten Verkäufer gem § 2374 (RG JW 1903 Beil 11 Nr 234) sowie der verwaltende Testamentsvollstrecker, §§ 2211 f, der Nachlassverwalter, § 1984 und der Nachlassinsolvenzverwalter nach § 80 InsO.

Aufgrund seines Rechts zum Besitz und zur Verwaltung kann der Nachlasspfleger von jedem, dh ggf auch vom wahren Erben, Herausgabe der Nachlassgegenstände verlangen, ohne die Nichtberechtigung des Erbanwärters nachweisen zu müssen (BGH NJW 83, 226; bestr; MüKo/*Helms* § 2018 Rn 13). Leitet der Anspruchsgegner seine Berechtigung aus seinem behaupteten Erbrecht ab, werden auch die Ersatzgegenstände analog § 2019 von seinem Herausgabeanspruch erfasst (BGH NJW 72, 1752).

C. Anspruchsgegner. Anspruchsgegner ist, wer aus der Erbschaft etwas aufgrund eines ihm in Wirklichkeit nicht zustehenden Erbrechts erlangt hat. Dem Erbschaftsbesitzer gleichgestellt ist nach § 2030 derjenige, der von ihm die Erbschaft durch Vertrag erwirbt und derjenige, der unter Berufung auf ein nicht bestehendes Erbrecht nachträglich Gegenstände verteidigt, die er aus dem Erblasservermögen erlangt hat, ohne zunächst ein Erbrecht zu beanspruchen (BGH NJW 85, 3068). Den Erben des Erbschaftsbesitzers trifft die Herausgabepflicht, ohne dass es einer zusätzlichen Erbrechtsanmaßung durch ihn bedarf (BGH NJW 85, 3068).

Erbschaftsbesitzer ist danach, wer als Erbe Gegenstände verteidigt, die er bereits zu Lebzeiten des Erblassers aus dessen Vermögen (RGZ 81, 293) oder nach dem Erbfall zunächst ohne Erbrechtsanmaßung erlangt hat (RGRK/*Kregel* § 2018 Rn 6).

I. Kein Erbschaftsbesitzer ist, wer zwar Erbschaftsgegenstände besitzt, aber diesbezüglich zu keiner Zeit ein Erbrecht in Anspruch genommen hat (Soergel/*Dieckmann* § 2018 Rn 4) und wer aufgrund eines vermeintlichen persönlichen oder dinglichen Anspruchs gegen den Erblasser oder auch ohne solchen (zB Dieb) den Nachlass ganz oder teilweise an sich genommen hat. In diesen Fällen stehen dem Erben die Besitzschutzansprüche der §§ 857 ff, der Anspruch aus dem früheren Besitz nach § 1007 und der Auskunftsanspruch nach § 2027 zur Verfügung. Erbschaftsbesitzer ist demnach nicht, wer seinen Besitz mit einem Einzelerwerb rechtfertigt, wie zB mit einer Übereignung zu Lebzeiten des Erblassers (Hburg OLGZ 42, 132), mit einer Schenkung von Todes wegen (Kiel Recht 1906 Nr 480) oder mit der Erfüllung eines Vermächtnisses (Erman/*Schlüter* § 2018 Rn 2).

Der Miterbe wird, auch wenn er einen Nachlassgegenstand allein in Besitz hat, nicht dadurch zum Erbschaftsbesitzer, wenn die übrigen Miterben ihre Befugnis zum Mitgebrauch nicht fordern, wohl aber dann, wenn er sich später die Stellung eines Alleinerben anmaßt und die Berechtigung der anderen verneint (BGH FamRZ 04, 537).

Der Vorerbe wird nicht zum Erbschaftsbesitzer, wenn er den Eintritt der Nacherbfolge zu Unrecht bestreitet; im Übrigen gilt für ihn die weitergehende Haftung des § 20310 (Staud/*Gursky* § 2018 Rn 14).

Auch der vorläufige Erbe ist kein Erbschaftsbesitzer, wenn er ausgeschlagen hat, und zwar auch dann nicht, wenn er die Ausschlagung zu Unrecht bestreitet (Soergel/*Dieckmann* § 2018 Rn 6); gegen ihn besteht nur der Anspruch aus Geschäftsführung ohne Auftrag gem § 1959.

11 Da der Nachlasspfleger, der Nachlassverwalter, der Nachlassinsolvenzverwalter und der Testamentsvollstrecker (RGZ 81, 152) kraft ihres Amtes und nicht aufgrund angemaßten Erbrechts besitzen, fallen sie ebenfalls als Anspruchsgegner aus. Machen sie aber das Erbrecht des Erben streitig, kann gegen sie Feststellungsklage erhoben werden (BGH LM § 1960 Nr 1).

12 **II.** Der gut- oder bösgläubige Besitzer muss aufgrund eines **angemaßten Erbrechts** etwas aus der Erbschaft erlangt haben, was ihm in Wirklichkeit nicht oder bei Miterben (RGZ 81, 293) nicht in diesem Umfang zusteht. Der Erbschaftsbesitzer kann sich dem Herausgabeanspruch nicht dadurch entziehen, dass er nachträglich seine Stellung wechselt und sich nun keines Erbrechts mehr berühmt (BGH FamRZ 85, 693).

13 Allerdings wird der besitzende, vermeintliche Erbe durch rückwirkenden Wegfall einer zunächst angenommenen Erbenstellung infolge Anfechtung, §§ 2078, 2979 oder durch Erbunwürdigkeitserklärung nach § 2344 zum Erbschaftsbesitzer (Soergel/*Dieckmann* § 2018 Rn 6). Unerheblich ist, ob er sich nunmehr keines Erbrechts mehr berühmt (BGH NJW 85, 3068).

14 Erbschaftsbesitzer ist auch der Nachlassschuldner, der dem wahren Erben die Erfüllung des Herausgabeanspruchs verweigert mit der Behauptung, selbst Erbe zu sein (Staud/*Gursky* § 2018 Rn 17).

15 **D. Herausgabeanspruch.** Der Anspruch auf Herausgabe erstreckt sich sowohl auf die unmittelbar aus dem Nachlass erlangten Gegenstände sowie die Surrogate, § 2019. Er stellt einen **Gesamtanspruch** dar, weil er sämtliche auf die erlangten Gegenstände gerichteten Einzelansprüche zusammenfasst. Daneben kann der Erbe, in die Rechtsposition des Erblassers eingerückt, seine Rechte auch durch Einzelansprüche geltend machen (Palandt/*Edenhofer* § 2018 Rn 1). Das Erlangte ist als Ganzes herauszugeben.

16 Der Anspruch ist übertragbar, pfändbar und vererblich. Er unterliegt der 30jährigen Verjährung des § 197 I Nr 2.

17 Ein Zurückbehaltungsrecht wegen eines ihm zustehenden Pflichtteils- oder Vermächtnisanspruches des Erbschaftsbesitzers gegen das Herausgabeverlangen besteht nicht (Ddorf FamRZ 92, 600), da Ziel des Erbschaftsanspruchs die Einziehung des Nachlasses ist, bevor etwaige, gegen den Nachlass gerichtete Ansprüche erfüllt werden können (str; Palandt/*Edenhofer* § 2018 Rn 2; einschränkend *Dütz* NJW 67, 1105).

18 **E. Aus dem Nachlass erlangt.** Für den Erwerb genügt die Erlangung des mittelbaren Besitzes einzelner Nachlassgegenstände oder des gesamten Nachlasses. Aus dem Nachlass hat ein Nichterbe Beträge erlangt mit der Pflicht zur Herausgabe an den Erben, die er aus einem ihm vom Erblasser übergebenen Blankoscheck nach dessen Tod erhalten hat, weil die Leistung der Scheckvaluta erst nach dem Erbfall erfolgt ist (KG NJW 70, 329).

19 Erlangt ist nach § 2023 alles, was zur Erbschaft gehört, und zwar unabhängig davon, ob die Sachen im Eigentum des Erblassers standen oder er an ihnen nur den unmittelbaren oder mittelbaren (RGZ 81, 293) Besitz infolge Miete, Pacht oder Verwahrung hatte (Palandt/*Edenhofer* § 2018 Rn 9). Darüber hinaus sind es Erbschaftsgegenstände, Forderungen und Rechte, § 2025, und alles, was der Erbschaftsbesitzer durch Rechtsgeschäft mit Mitteln der Erbschaft erlangt hat, § 2019, was aufgrund einer Nachlassforderung an ihn geleistet wurde und die durch Aufrechnung gegen eine Nachlassforderung erlangte Schuldbefreiung. Auch eine erlangte Bucheigentümerposition ist ein aus dem Nachlass erlangter Vorteil (BGH FamRZ 04, 537). Als erlangt gilt auch, was bereits vor dem Erbfall erlangt und aufgrund der Erbanmaßung einbehalten wurde, wie zB die Verweigerung der Rückzahlung eines vom Erblasser gewährten Darlehen oder die Verweigerung der Rückgabe von dem Erblasser gehörenden Sachen, die der Erbschaftsbesitzer ohne Einverständnis des Erblassers an sich brachte (KG OLGZ 74, 17). War der Erblasser einverstanden, greift nicht der Erbschaftsanspruch, sondern uU der Pflichtteilsergänzungsanspruch nach § 2325 ein (Palandt/*Edenhofer* § 2018 Rn 9).

20 **F. Beweislast.** Der Kläger muss sein Erbrecht nachweisen (RGZ 92, 68). Dies kann er durch Vorlage einer formgerechten letztwilligen Verfügung oder durch einen Erbschein nach § 2365, dessen Vermutung der Beklagte aber widerlegen kann. Darüber hinaus hat er den Erbschaftsbesitz zu beweisen, dh dass der herausverlangte Gegenstand zum Nachlass gehört (Oldbg FamRZ 98, 1468).

21 Demgegenüber hat der Beklagte den Beweis zu führen, dass der Besitz der Sache oder die Bereicherung weggefallen ist (Palandt/*Edenhofer* § 2018 Rn 10).

22 Die Eigentumsvermutung des § 1006 gilt auch iRd Erbschaftsanspruchs (AnwK/*Wendt* § 2018 Rn 88).

23 **G. Erbschaftsklage.** Der Erbe muss, trotz des Gesamtanspruchs, im Klageantrag, wegen § 253 II Nr 2 ZPO und einer eventuellen Vollstreckung, die herausverlangten Nachlassgegenstände einzeln bezeichnen, kann sie aber, ohne dass es sich um eine Klageänderung handelt, ergänzen. Im Wege der Stufenklage kann der Erbe den Auskunfts- und Herausgabeanspruch verfolgen. Der besondere Gerichtsstand ergibt sich aus § 27 I ZPO (Nürnbg OLGZ 1981, 115), der auch für die Auskunftsklage gegen einen sonstigen Besitzer von Erbschaftsgegenständen gegeben ist.

24 Der Erbschaftsbesitzer kann auch gegen den Gesamtanspruch Einzeleinreden erheben, mit denen er nur ein Recht auf einzelne der herausverlangten Gegenstände behauptet (Ddorf FamRZ 92, 600; aA Staud/*Gursky* § 2018 Rn 29).

Nach §§ 323, 325 ZPO wirkt die **Rechtskraft** des Urteils nur zwischen den Parteien und erfasst nur die im 25
Klageantrag bezeichneten Gegenstände (MüKo/*Frank* § 2018 Rn 32). Aus diesem Grunde wird mit der
Herausgabeklage zweckmäßigerweise die Klage auf Feststellung des Erbrechts und auf Auskunft verbunden
werden (Nürnbg OLGZ 81, 115). Verlangt der Kläger dann weitere, über das Verzeichnis des Beklagten
hinausgehend, Gegenstände heraus, ist zwar nicht deren Zugehörigkeit zur Erbschaft festgestellt, so aber
zumindest das Erbrecht (Palandt/*Edenhofer* § 2018 Rn 3).
Davon zu unterscheiden ist die Klage auf Feststellung des Erbrechts, bei der Streitgegenstand ausschließlich 26
das Erbrecht ist. Allerdings können beide Klagen miteinander verbunden werden (Zöller/*Vollkommer* § 27
ZPO Rn 5), was insbes wegen der Rechtskraftwirkung des § 322 ZPO von Vorteil ist.
Die Besonderheit der Erbschaftsklage zeigt sich ua darin, dass die Klage schon dann abzuweisen ist, wenn 27
dem Kläger der Beweis seines Erbrechts nicht gelingt.
Eine einstweilige Verfügung auf Herausgabe der Erbschaftsgegenstände in Form einer Leistungsverfügung 28
kommt nur dann in Betracht, wenn der Erbe die Sachen zur Erzielung seines Lebensunterhalts oder zur Vermeidung/Beseitigung einer Notlage benötigt (Köln VersR 97, 467). Dagegen ist eine Sicherungsverfügung
immer dann möglich, wenn die Substanz der Nachlassgegenstände durch die Nutzung eines Dritten, wie zB
das Wohnrecht, nachhaltig beeinträchtigt und erheblich verschlechtert wird (Ddorf MDR 95, 635).

§ 2019 Unmittelbare Ersetzung

(1) Als aus der Erbschaft erlangt gilt auch, was der Erbschaftsbesitzer durch Rechtsgeschäft mit Mitteln der Erbschaft erwirbt.
(2) Die Zugehörigkeit einer in solcher Weise erworbenen Forderung zur Erbschaft hat der Schuldner erst dann gegen sich gelten zu lassen, wenn er von der Zugehörigkeit Kenntnis erlangt; die Vorschriften der §§ 406 bis 408 finden entsprechende Anwendung.

A. Allgemeines. § 2019 gewährt keinen eigenständigen Anspruch, sondern ergänzt lediglich § 2018. 1

B. Grundsatz der Ersetzung. Die in den §§ 2019, 2041, 2111 geregelte dingliche Surrogation ist eine erb- 2
rechtliche Besonderheit. Durch sie wird der wirtschaftliche Wert des Sondervermögens über den Wechsel seiner Bestandteile hinweg im Interesse des Erben bzw Nacherben und zur Befriedigung der Nachlassgläubiger
erhalten (BGHZ 109, 214). Treten im Laufe der wirtschaftlichen Entwicklung des Nachlasses Veränderungen
im konkreten Bestand auf, wird kraft Gesetzes und ohne Rücksicht auf den Willen der Beteiligten und ohne
weiteren Übertragungsakt ein Wertausgleich herbeigeführt (Soergel/*Dieckmann* § 2019 Rn 1 mwN). Hiervon
sind auch nichtübertragbare Rechtspositionen nicht ausgenommen, da sich die dingliche Sicherung ansonsten ohne zwingenden Grund zu einem nur persönlich gesicherten Geldanspruch verflüchtigen würde (BGH
aaO), wie zB durch Einbringen des Nachlasses in eine neue entstandene Gesellschafterstellung einer Gesellschaft (Ddorf FamRZ 92, 600).
Allerdings erscheint es richtiger, dass weder bei höchstpersönlichen Rechten (Soergel/*Dieckmann* § 2019 3
Rn 7) noch bei Rechten, die Bestandteil eines dem Erbschaftsbesitzer gehörenden Grundstücks sind, § 96. Ein
Zwischenerwerb findet dagegen bei Kreditgeschäften statt, bei denen der Erbschaftsbesitzer seine Leistung aus
dem Nachlass erst nach dem Empfang der Gegenleistung erbringt (MüKo/*Frank* § 2019 Rn 15; str; aA Soergel/*Dieckmann* § 2019 Rn 1).

C. Voraussetzungen. Die Surrogation setzt voraus, dass der Ersatzgegenstand mit Mitteln des Nachlasses 4
rechtsgeschäftlich erworben wird, wobei es auf die Wirksamkeit der Verfügung nicht ankommt (Palandt/
Edenhofer § 2019 Rn 2). Der Erwerb ist auch dann rechtsgeschäftlich, wenn der Besitzer Erbschaftsmittel weggegeben hat. Als Erbschaftsmittel kommen alle Nachlassmittel wie Geld, Forderungen, bewegliche und unbewegliche Sachen sowie sonstige Rechte, wie zB der Besitz (Erman/*Schlüter* § 2019 Rn 4; aA Staud/*Gursky*
§ 2019 Rn 10), in Betracht (Lange/Kuchinke § 41, III 2 c). Zu den Mitteln der Erbschaft zählt nicht, was der
Erbschaftsbesitzer nach Bereicherungsrecht, § 2021, oder als Schadensersatz (§§ 2023–2025) schuldet (Erman/
Schlüter § 2019 Rn 4).
Verlangt der Erbe bei einer unwirksamen Verfügung das Ersatzgut heraus, liegt darin die Genehmigung nach 5
§ 185, bedingt durch die tatsächliche Herausgabe (Soergel/*Dieckmann* § 2019 Rn 3; str).
Der Surrogation unterliegen auch Gegengeschenke für verschenkte Nachlasssachen, wenn diese bereits bei der 6
Schenkung vereinbart werden (Staud/*Gursky* § 2019 Rn 13; bestr). Nicht erforderlich ist, dass der Ersatzgegenstand und der aus dem Nachlass hingegebene Gegenstand gleichwertig sind (Soergel/*Dieckmann* § 2019 Rn 2).
Beim Erwerb mit Eigen- und Nachlassmitteln entsteht Miteigentum zwischen dem Erben und dem Erb- 7
schaftsbesitzer nach § 1008 (MüKo/*Frank* § 2019 Rn 8 mwN).
Die gesetzlichen Ersatzvorteile nach § 2111 I 1, die infolge Zerstörung, Beschädigung oder Einziehung eines 8
Erbschaftsgegenstandes an dessen Stelle treten, stehen dem Erben zu, auch ohne dass sie in § 2019 erwähnt
werden (Palandt/*Edenhofer* § 2019 Rn 3). II gilt für den Schuldner dieser Forderungen nicht, da rechtsgeschäftlicher Erwerb vorausgesetzt ist; es gelten aber die §§ 851, 893, 2367 (Staud/*Gursky* § 2019 Rn 18).

9 Der Erwerb eines Ersatzgegenstandes durch die Hingabe eines Ersatzgegenstandes, sog **Kettensurrogation**, ist möglich (MüKo/*Frank* § 2019 Rn 3).

10 **D. Wirkung.** Die dingliche Surrogation bewirkt, dass ein gesicherter Zwischenerwerb des Erbschaftsbesitzers nicht stattfinden kann (Olzen JuS 89, 374). Der Erlös aus dem Verkauf eines Erbschaftsgegenstandes, aus der Einziehung einer Nachlassforderung oder der Gegenstand aus dem Erwerb mit Mitteln des Nachlasses (BGHZ 109, 214) wird, unabhängig vom Willen des Erben, des Erbschaftsbesitzers oder eines Dritten, von selbst Bestandteil des Nachlasses und unterliegt damit der Herausgabepflicht des § 2018 und im Insolvenzverfahren des Erbschaftsbesitzers der Aussonderung, § 47 InsO. Das Eigentum steht unmittelbar den Erben zur gesamten Hand zu. Ist der Erbschaftsbesitzer im Grundbuch eingetragen, hat der Erbe einen Berichtigungsanspruch nach § 894, § 22 GBO.

11 Die Surrogation tritt dann nicht ein, wenn der erlangte Vorteil im Vermögen des Erbschaftsbesitzers vollständig aufgeht, weil er zB Eigenverbindlichkeiten mit Mitteln des Nachlasses beglichen hat (Staud/*Gursky* § 2019 Rn 7) oder beim Erwerb eines höchstpersönlichen Rechts, wie zB dem Nießbrauch (MüKo/*Frank* § 2019 Rn 6; aA Soergel/*Dieckmann* § 2019 Rn 7) oder der beschränkten persönlichen Dienstbarkeit, sowie bei Rechten, die Bestandteil eines dem Erbschaftsbesitzer gehörigen Grundstücks sind, § 96 (DGE/*Lenz* § 2019 Rn 4). In diesen Fällen erfolgt nur Wertsatz nach Bereicherungsgrundsätzen, § 2021 (MüKo/*Helms* § 2019 Rn 6).

12 **E. Schutz des gutgläubigen Schuldners.** Dieser Schutz ist in den §§ 406–408 angeordnet. Dabei kommt es nur auf die Kenntnis der Zugehörigkeit einer Forderung zum Nachlass an, nicht aber auf die Kenntnis einer Abtretung oder der Geltendmachung der Forderung. Bis zu diesem Zeitpunkt darf der Schuldner den Erbschaftsbesitzer als Gläubiger betrachten (Palandt/*Edenhofer* § 2019 Rn 5). Selbstverständlich kann der Schuldner dem Erben die begründeten Einwendungen aus Verjährung, Sachmängel u dgl, die ihm zzt der Kenntnis ggü dem Erbschaftsbesitzer zustanden, entgegenhalten.

13 Im Übrigen kann der Schuldner unter den in § 406 genannten Voraussetzungen eine ihm gegen den Erbschaftsbesitzer zustehende Forderung auch ggü dem Erben aufrechnen (Palandt/*Edenhofer* § 2019 Rn 5).

14 Nach § 407 befreien die Leistungen des Schuldners an den Besitzer nur, wenn sie vor Kenntnis der Zugehörigkeit zum Nachlass erfolgt sind. Entspr gilt für Rechtsgeschäfte und Leistungen des Schuldners bei Weiterabtretung, § 408.

§ 2020 Nutzungen und Früchte

Der Erbschaftsbesitzer hat dem Erben die gezogenen Nutzungen herauszugeben; die Verpflichtung zur Herausgabe erstreckt sich auch auf Früchte, an denen er das Eigentum erworben hat.

1 **A. Allgemeines.** Der Erbschaftsbesitzer hat die von ihm gezogenen Nutzungen herauszugeben.

2 **B. Nutzungen.** Nach § 100 gehören zu den Nutzungen neben den Sach- und Rechtsfrüchten auch die Gebrauchsvorteile. Der Erbe erhält an den unmittelbaren Sachfrüchten Eigentum mit der Folge, dass ihm gegen den Erbschaftsbesitzer ein dinglicher Herausgabeanspruch zusteht, der in der Insolvenz des Erbschaftsbesitzers zur Aussonderung, § 47 InsO, und in der Zwangsvollstreckung zur Erhebung der Drittwiderspruchsklage nach § 771 ZPO berechtigt (MüKo/*Frank* § 2020 Rn 3). Hat der gutgläubige Erbschaftsbesitzer die Nutzungen nicht gezogen, so haftet er hierfür nicht. Bei Bösgläubigkeit und Rechtshängigkeit trifft ihn eine verschärfte Haftung, §§ 2023 II, 2024, 987 II. Insoweit entspricht die Rechtslage dem Eigentümer-Besitzer-Verhältnis.

3 **C. Früchte.** Der Erbschaftsbesitzer muss die noch vorhandenen Früchte herausgeben. Rechtsgrundlage ist entweder der besondere schuldrechtliche Anspruch nach Hs 2 bei gutgläubigem Erwerb, § 955, oder, sofern der Erbe wegen der Bösgläubigkeit des Besitzers Eigentümer geworden ist, aufgrund des dinglichen Anspruchs § 953. Im Übrigen, insbes auch bei aus der Nachlasssache gezogenen Gebrauchsvorteilen, haftet der Besitzer nach bereicherungsrechtlichen Grundsätzen für deren Nichtvorhandensein, § 2021, 818 II. Bei ersparten Aufwendungen hat der Erbe Anspruch auf Wertsatz für diese Aufwendungen (MüKo/*Frank* § 2020 Rn 5).

4 Dagegen unterliegen die mittelbaren Sach- und Rechtsfrüchte, wie zB der Miet- oder Pachtzins für das Nachlassgrundstück, Darlehenszinsen für ein vom Erblasser gewährtes Darlehen, der Surrogation des § 2019, die dem Erben zustehen, da die Früchte mit Mitteln der Erbschaft erworben wurden (Soergel/*Dieckmann* § 2020 Rn 2). Im Interesse der Erben und Nachlassgläubiger soll der Nachlass in seinem Bestand erhalten bleiben (BGHZ 109, 214).

5 Hat der Erbschaftsbesitzer Nutzungen von Sachen gezogen, die zwar tatsächlich, nicht aber rechtlich zum Nachlass gehört haben, weil der Erblasser weder ein dingliches noch ein schuldrechtliches Nutzungsrecht besaß, so sind diese dennoch an den Erben herauszugeben (Staud/*Gursky* § 2020 Rn 11), der dem Eigentümer im Wege der Eingriffskondition des § 812 die Weiterleitung der Nutzung schuldet (Damrau/*Schmalenbach* § 2020 Rn 7).

6 Der Anspruch verjährt nach 30 Jahren (BGH FamRZ 04, 537).

§ 2021 Herausgabepflicht nach Bereicherungsgrundsätzen

Soweit der Erbschaftsbesitzer zur Herausgabe außerstande ist, bestimmt sich seine Verpflichtung nach den Vorschriften über die Herausgabe einer ungerechtfertigten Bereicherung.

A. Allgemeines. Die Vorschrift, die eine bloße Rechtsfolgenverweisung darstellt (RGZ 139, 17), schützt den unverklagten gutgläubigen Erbschaftsbesitzer im Falle der Unmöglichkeit, indem seine Herausgabepflicht dem Umfang nach auf eine Haftung nach Bereicherungsgrundsätzen beschränkt ist (DGE/*Lenz* § 2021 Rn 1). Der zunächst dingliche Herausgabeanspruch wandelt sich in einen schuldrechtlichen Wertersatzanspruch (Palandt/*Edenhofer* § 2021 Rn 3), welcher der 30jährigen Verjährungsfrist des Erbschaftsanspruchs, § 197 I 1 Nr 2, unterliegt. 1

Nach Maßgabe der §§ 2023–2025 verschärft sich die Haftung des Erbschaftsbesitzers mit der Folge, dass die beschränkte Herausgabepflicht des § 2021 ausscheidet (Kroiß/Ann/Mayer/*Fleindl* § 2021 Rn 3). 2

B. Regelungsinhalt. § 2021 setzt voraus, dass der Erbschaftsbesitzer zur Herausgabe außerstande ist, dh dass ihm die Herausgabe des Nachlassgegenstandes/dessen Surrogats/Nutzungen und Früchte in Natur nicht möglich ist. Worauf die Unmöglichkeit beruht, ist unerheblich (Palandt/*Edenhofer* § 2021 Rn 2). Hat der Erbschaftsbesitzer nur Gebrauchsvorteile, wie zB mietfreies Wohnen in der Wohnung des Erblassers (Palandt/*Edenhofer* § 2021 Rn 2), oder ein höchstpersönliches Recht erworben, ist die Herausgabe unmöglich (DGE/*Lenz* § 2021 Rn 2). Entspr gilt, wenn das Erlangte im Eigenvermögen des Besitzers aufgeht (MüKo/*Frank* § 2021 Rn 2). Ist der Herausgabeanspruch auf Geld gerichtet, so kann sich der Erbschaftsbesitzer auf den Bereicherungswegfall des § 818 III berufen, § 279 findet keine Anwendung (RG Recht 20 Nr 417). 3

C. Bereicherungsgrundsätze. Der Erbschaftsbesitzer hat, sofern ihm die Herausgabe unmöglich ist, Wertersatz nach § 818 II zu leisten. Beim gutgläubigen unverklagten Besitzer kann der Wertersatz unter den Voraussetzungen des § 818 III entfallen. Hat er im Vertrauen darauf, dass er den Nachlass behalten darf, diesen geschont und Eigenmittel für seine Lebenshaltung eingesetzt, kann er sich dennoch auf § 818 III berufen (RGRK/*Kregel* § 2021 Rn 5). Sind die Nachlassgegenstände, Surrogate und Früchte noch vorhanden, kann sich der Erbschaftsbesitzer nach § 2022 I schadlos halten (Soergel/*Dieckmann* § 2021 Rn 4). 4

Verwendungen des Erbschaftsbesitzers auf den Nachlass mindern seine Bereicherung (*Kregel* § 2021 Rn 5), sofern es sich nicht um Aufwendungen handelte, um in den Besitz des Nachlasses zu gelangen, wie zB Erbscheins- und Prozesskosten (Soergel/*Dieckmann* § 2021 Rn 5). Unentgeltliche Zuwendungen des Erbschaftsbesitzers an einen Dritten führen zu einer Haftung des Erwerbers nach § 822 und einer Haftung des Dritten nach § 816 I 2 bei wirksamer Verfügung als Nichtberechtigter über die Nachlassgegenstände (Soergel/*Dieckmann* § 2021 Rn 3). 5

§ 2022 Ersatz von Verwendungen und Aufwendungen

(1) ¹Der Erbschaftsbesitzer ist zur Herausgabe der zur Erbschaft gehörenden Sachen nur gegen Ersatz aller Verwendungen verpflichtet, soweit nicht die Verwendungen durch Anrechnung auf die nach § 2021 herauszugebende Bereicherung gedeckt werden. ²Die für den Eigentumsanspruch geltenden Vorschriften der §§ 1000 bis 1003 finden Anwendung.

(2) Zu den Verwendungen gehören auch die Aufwendungen, die der Erbschaftsbesitzer zur Bestreitung von Lasten der Erbschaft oder zur Berichtigung von Nachlassverbindlichkeiten macht.

(3) Soweit der Erbe für Aufwendungen, die nicht auf einzelne Sachen gemacht worden sind, insbesondere für die im Absatz 2 bezeichneten Aufwendungen, nach den allgemeinen Vorschriften in weiterem Umfang Ersatz zu leisten hat, bleibt der Anspruch des Erbschaftsbesitzers unberührt.

A. Allgemeines. § 2022 stellt ggü dem Herausgabeanspruch der zur Erbschaft gehörenden Sachen den gutgläubigen, noch nicht verklagten Erbschaftsbesitzer hinsichtlich seiner Verwendungen besser als den Besitzer ggü dem Eigentümer nach §§ 985 ff, da sich sein Vergütungsanspruch nicht auf die notwendigen und werterhöhenden Verwendungen oder die in Bezug auf die Sache gemachten Aufwendungen beschränkt (Palandt/*Edenhofer* § 2022 Rn 1). Der Erbschaftsbesitzer kann vielmehr alle für die Erbschaft gemachten Verwendungen, gleichgültig ob sie nützlich oder überflüssig waren oder auf einen anderen als den konkret herausverlangten Nachlassgegenstand gemacht wurden (BGH FamRZ 04, 537) nach den §§ 1000–1003 ersetzt verlangen, sofern sie nicht schon durch Anrechnung die nach § 2021 herauszugebende Bereicherung mindern, § 2022 I 1. 1

Durch III bleiben dem Erbschaftsbesitzer weitergehende Ansprüche, wie insbes Bereicherungsansprüche, erhalten. 2

Darüber hinaus findet die Vorschrift ihrem Sinn nach auch auf die schuldrechtlichen Herausgabeansprüche bzgl der Früchte, an denen der Besitzer nach § 2020 Eigentum erworben hat, Anwendung (Palandt/*Edenhofer* § 2022 Rn 1). 3

4 **B. Verwendungen.** Verwendungen sind freiwillige Ausgaben des Erbschaftsbesitzers, die dieser aus eigenen, nicht aus Nachlassmitteln, im Interesse des herauszugebenden Nachlasses gemacht hat (Ddorf FamRZ 92, 600), sowie die Kosten für die Gewinnung der Früchte, die der Besitzer nach § 2022 herauszugeben hat. Hinzukommen nach II auch die Aufwendungen, die zur Bestreitung von Kosten der Erbschaft oder zur Tilgung von Nachlassverbindlichkeiten aus Eigenmitteln, wie zB die für den Erben gezahlten Erbschaftssteuer (Staud/*Gursky* § 2022 Rn 5). Die eigene Arbeitsleistung kann der Erbschaftsbesitzer nur dann ersetzt verlangen, wenn er dadurch einen Verdienstausfall erlitten hat (KG OLGZ 74, 17). Die Verwendungen müssen vor Rechtshängigkeit, § 2023 II, und bei Gutgläubigkeit des Erbschaftsbesitzers vorgenommen worden sein (Erman/*Schlüter* § 2022 Rn 1).

5 Von § 2022 nicht erfasst werden die Aufwendungen, die der Erbschaftsbesitzer im Vertrauen auf die Beständigkeit des Erbanfalls vorgenommen hat oder Leistungen aus Eigenmitteln auf nur vermeintliche Nachlassverbindlichkeiten. Sie können allenfalls als Minderung des Bereicherungsanspruchs nach § 2021 Berücksichtigung finden (DGE/*Lenz* § 2022 Rn 3).

6 **C. Geltendmachung.** Nach I 2 richtet sich der Verwendungsersatzanspruch nach den für den Eigentumsanspruch geltenden Bestimmungen der §§ 1000 bis 1003. Danach hat der Erbschaftsbesitzer folgende Rechte, für die er darlegungs- und beweispflichtig ist (Ddorf FamRZ 92, 600):

7 **I. Zurückbehaltungsrecht, §§ 1000, 273, 274.** Dem Erbschaftsbesitzer steht wegen seiner Aufwendungen an allen herauszugebenden Sachen ein Zurückbehaltungsrecht zu, dh er kann die Herausgabe eines Gegenstandes verweigern, auch wenn er nicht auf diese, sondern auf eine andere Nachlasssache, auf eine nicht mehr vorhandene Sache oder auf den Nachlass als Ganzes Verwendungen gemacht hat (BGH NJW 72, 1752). Soweit die Anrechnung nach I 1 erfolgt, ist das Zurückbehaltungsrecht ausgeschlossen.

8 Ein Zurückbehaltungsrecht steht dem Erbschaftsbesitzer, der zugleich Vermächtnisnehmer oder Pflichtteilsberechtigter ist, nur hinsichtlich der Verwendungen zu, nicht aber hinsichtlich der Vermächtnis- bzw Pflichtteilsansprüche (BGHZ 120, 96; teilweise aA Staud/*Gursky* § 2018 Rn 29). UU kann auch dem Nachlasspfleger ein Zurückbehaltungsrecht nach §§ 2022, 1000 analog zustehen (BGH NJW 72, 1752).

9 Hat der Erbschaftsbesitzer eine zu seinen Gunsten lautende unrichtige Eintragung im Grundbuch erlangt, ist § 2022 auf den Anspruch des Erben auf Berichtigung des Grundbuchs entspr anwendbar (Palandt/*Edenhofer* § 2022 Rn 4). Er kann aber die Zustimmung solange verweigern, bis ihm die Verwendungen auf das Grundstück ersetzt wurden (Staud/Gursky § 2022 Rn 2). Der Erbe kann sich nur durch die Eintragung eines Widerspruchs sichern.

10 **II. Klage auf Verwendungsersatz, § 1001.** Der Besitzer kann den Verwendungsersatz innerhalb der Ausschlussfrist des § 1002 (ein Monat bei beweglichen Sachen und 6 Monate bei Grundstücken, beginnend mit der Herausgabe der Sache oder dem letzten Nachlassgegenstand, wenn die Verwendung auf den Nachlass als Ganzen erfolgte) gerichtlich geltend machen. Str ist, ob der Anspruch von der Rückgabe der gesamten Erbschaft abhängt (Staud/*Gursky* § 2022 Rn 9) oder davon, dass der Erbe die Gegenstände, auf welche die Verwendungen gemacht wurden, erhalten oder die Verwendungen genehmigt hat (Soergel/*Dieckmann* § 2022 Rn 7).

11 Hat der Erbschaftsbesitzer Verwendungen auf die ganze Erbschaft gemacht, muss der Erbe die ganze Erbschaft, ihre Surrogate oder ihre Ersatzwerte erhalten haben; vom Ersatzanspruch kann er sich nach § 1000 S 2 nur durch Rückgabe aller wiedererlangten Erbschaftsgegenstände befreien.

12 **III. Pfandähnliches Befriedigungsrecht, § 1003.** Der Erbschaftsbesitzer hat ein pfandähnliches Befriedigungsrecht an allen in seinem Besitz befindlichen Erbschaftssachen und ein Wegnahmerecht gem §§ 997, 258 analog (Soergel/*Dieckmann* § 2022 Rn 9 mN).

13 **D. Weitere Ansprüche.** Nach § 2022 III kann der Erbschaftsbesitzer Ansprüche wegen seiner Verwendungen, die nicht einzelne Sachen betreffen, nach den allgemeinen Vorschriften geltend machen. In Betracht kommen nur bereicherungsrechtliche Ansprüche, da Ansprüche aus GoA mangels Fremdgeschäftsführungswillen ausscheiden (MüKo/*Frank* § 2022 Rn 14).

14 Der Ersatzanspruch des Besitzers ist nach der Herausgabe der Erbschaft ebenso beschränkt wie ggü der Eigentümerklage nach §§ 1001 ff. Ein Vergütungsanspruch besteht nur dann, wenn der Erbe die Sache wiedererlangt oder er die Verwendung genehmigt (Palandt/*Edenhofer* § 2022 Rn 7).

§ 2023 Haftung bei Rechtshängigkeit, Nutzungen und Verwendungen

(1) Hat der Erbschaftsbesitzer zur Erbschaft gehörende Sachen herauszugeben, so bestimmt sich von dem Eintritt der Rechtshängigkeit an der Anspruch des Erben auf Schadensersatz wegen Verschlechterung, Untergangs oder einer aus einem anderen Grund eintretenden Unmöglichkeit der Herausgabe nach den Vorschriften, die für das Verhältnis zwischen dem Eigentümer und dem Besitzer von dem Eintritt der Rechtshängigkeit des Eigentumsanspruchs an gelten.

(2) Das Gleiche gilt von dem Anspruch des Erben auf Herausgabe oder Vergütung von Nutzungen und von dem Anspruch des Erbschaftsbesitzers auf Ersatz von Verwendungen.

A. Allgemeines. Die Vorschrift findet Anwendung auf den dinglichen Herausgabeanspruch des Erben gegen den Erbschaftsbesitzer wegen der Nachlassgegenstände und deren Surrogate, I, sowie auf den Herausgabe-/ Vergütungsanspruch von Nutzungen (DGE/*Lenz* § 2023 Rn 1) und den Ersatzanspruch des Erbschaftsbesitzers hinsichtlich seiner Verwendungen. 1

B. Haftungsverschärfung. Die Haftung des Erbschaftsbesitzers verschärft sich ab dem Eintritt der Rechtshängigkeit, § 261 ZPO, dh mit Zustellung der Klageschrift/des Mahnbescheids. Gleichzeitig mindert sich sein Gegenanspruch. Er muss nun damit rechnen, dass ein anderer wahrer Erbe ist und er im Rechtsstreit unterliegt mit der Folge, dass er von dem Zeitpunkt an die Erbschaft wie fremdes Gut zu behandeln hat (Palandt/ *Edenhofer* § 2023 Rn 1). Veräußert der Besitzer die Sachen, gehen sie unter oder verschlechtern sie sich, so hat er Schadensersatz zu leisten und für Verschulden und wegen schuldhaft nicht gezogener Nutzungen einzustehen. Dem Umkehrschluss des § 2024 S 3 wird entnommen, dass die Haftung des gutgläubigen verklagten Erbschaftsbesitzers durch Verzug nicht verschärft wird (Staud/*Gursky* § 2023 Rn 3). 2

Durch Klagerücknahme, Vergleich oder Urteil endet die Rechtshängigkeit. 3

C. Bereicherungsanspruch. Ein Bereicherungsanspruch des Erben nach § 2021 richtet sich nach den allgemeinen Vorschriften, §§ 818 IV, 291, 292, 288 I 2, III, 289 S 1 (RG JW 38, 1025). Str ist, ob sich der Besitzer noch auf den Wegfall oder die Minderung der Bereicherung berufen kann (Soergel/*Dieckmann* § 2023 Rn 2 mN). Hat der Erbschaftsbesitzer den Wegfall der Bereicherung nicht zu vertreten, soll er nicht nach §§ 292, 989 haften (RG JW 18,133). 4

Der Anspruch unterliegt der einheitlichen Verjährung des § 197 I Nr 2. Dies gilt nicht nur für den dinglichen, sondern auch den schuldrechtlichen Teil des Anspruchs (BGH FamRZ 04, 537). 5

D. Notwendige Verwendungen. Nur die notwendigen Verwendungen sind nach den Grundsätzen der GoA zu ersetzen, §§ 994 II, 996, dh wenn sie dem tatsächlichen oder mutmaßlichen Willen des Erben entsprochen haben, von ihm genehmigt wurden oder den Erben noch bereichern, §§ 683, 684. Die Verwendungen müssen auf die herauszugebende Sache gemacht worden sein (str; Palandt/*Edenhofer* § 2023 Rn 1; aA Soergel/*Dieckmann* § 2023 Rn 3). 6

Besteht die Verwendung in der Bezahlung von Nachlassschulden, kann der Erbschaftsbesitzer nur dann Ersatz verlangen, wenn die Verwaltung des Nachlasses unter Beachtung der §§ 1978–1980, 1991 erfolgt ist (MüKo/*Frank* § 2023 Rn 7). 7

§ 2024 Haftung bei Kenntnis

¹Ist der Erbschaftsbesitzer bei dem Beginn des Erbschaftsbesitzes nicht in gutem Glauben, so haftet er so, wie wenn der Anspruch des Erben zu dieser Zeit rechtshängig geworden wäre. ²Erfährt der Erbschaftsbesitzer später, dass er nicht Erbe ist, so haftet er in gleicher Weise von der Erlangung der Kenntnis an. ³Eine weitergehende Haftung wegen Verzugs bleibt unberührt.

A. Allgemeines. Die Haftungsverschärfung gilt nicht nur für den schuldrechtlichen, sondern auch für den dinglichen Anspruch (Erman/*Schlüter* § 2024 Rn 1) sowie für den Bereicherungsanspruch des § 2021 (Soergel/ *Dieckmann* § 2024 Rn 1), um dem Auseinanderfallen der Rechtsfolgen entgegenzuwirken. 1

B. Bösgläubigkeit. Der Erbschaftsbesitzer ist bösgläubig, wenn er bereits bei Besitzerlangung positiv weiß oder es ihm infolge grober Fahrlässigkeit unbekannt geblieben ist, dass er nicht Erbe geworden ist, weil er zB das vorgefundene Testament nicht gelesen hat (Palandt/*Edenhofer* § 2024 Rn 1). Er wird nachträglich bösgläubig, sobald der Besitzer zB vom Nachlassgericht erfährt, dass er nicht Erbe geworden ist. Grobe Fahrlässigkeit reicht hier nicht (RGZ 56, 317). 2

C. Haftung. Nach § 2023 haftet der bösgläubige Erbschaftsbesitzer ggü den Herausgabe- und Bereicherungsansprüchen des Erben wie ein gutgläubiger Besitzer nach Rechtshängigkeit. Dabei schadet dem minderjährigen Erbschaftsbesitzer die Bösgläubigkeit seines gesetzlichen Vertreters (Damrau/*Schmalenbach* § 2024 Rn 5). Die Haftung verschärft sich bei Verzug und schließt die Haftung für den Zufall (§ 287 S 2) mit ein. War der Besitzer hinsichtlich seines Besitzrechts an einem Gegenstand gutgläubig, entfällt die Haftung nur hinsichtlich dieses Gegenstandes, weil sich der Besitzer ggü dem Gesamtanspruch mit Einzeleinwendungen verteidigen kann (Staud/*Gursky* § 2024 Rn 3; aA Palandt/*Edenhofer* § 2024 Rn 2, der die Haftung gänzlich entfallen lässt). 3

Der Erbe hat nicht nur den Verzug, sondern auch die Bösgläubigkeit zu beweisen. 4

Der Anspruch verjährt gem § 197 I Nr 2 nach 30 Jahren. 5

D. Verzug. Die Haftung des bösgläubigen Erbschaftsbesitzers richtet sich darüber hinaus auch nach den §§ 284 ff, wenn er in Verzug gesetzt wurde und erstreckt sich auf die Haftung für den Zufall. Er hat dem Erben nach einer entspr Mahnung alle Schäden zu ersetzen, die durch die Leistungsverzögerung entstanden sind. Da die Vorschrift auf den gutgläubigen Erbschaftsbesitzer keine Anwendung findet, schadet dem Erbschaftsbesitzer ein leicht fahrlässiger Irrtum über seine Erbberechtigung nicht (Kroiß/Ann/Mayer/*Fleindl* § 2024 Rn 4). 6

§ 2025 Haftung bei unerlaubter Handlung

¹Hat der Erbschaftsbesitzer einen Erbschaftsgegenstand durch eine Straftat oder eine zur Erbschaft gehörende Sache durch verbotene Eigenmacht erlangt, so haftet er nach den Vorschriften über den Schadensersatz wegen unerlaubter Handlungen. ²Ein gutgläubiger Erbschaftsbesitzer haftet jedoch wegen verbotener Eigenmacht nach diesen Vorschriften nur, wenn der Erbe den Besitz der Sache bereits tatsächlich ergriffen hatte.

1 **A. Allgemeines.** § 2025 stellt eine Rechtsgrundverweisung auf das Deliktsrecht dar mit der Folge, dass die regelmäßige Verjährungsfrist des § 195 Anwendung findet, modifiziert durch die Höchstfristen des § 199 III, der Anspruch somit nach 3 Jahren verjährt ist (Staud/*Gursky* § 2025 Rn 3). IRd Vorschrift bleibt der Ersetzungsgrundsatz des § 2019 anwendbar mit der Folge, dass es an einem Schaden des Erben fehlen kann (Erman/*Schlüter* § 2025 Rn 1).

2 **B. Deliktische Haftung.** Nicht nur einzelne Nachlassgegenstände, sondern die gesamte Erbschaft kann durch eine Straftat wie Urkundenfälschung, Abgabe einer falschen eidesstattlichen Versicherung im Erbscheinsverfahren, Betrug, Erpressung oder Diebstahl erlangt sein (MüKo/*Frank* § 2025 Rn 3), nicht aber durch Unterschlagung von Nachlasssachen (Erman/Schlüter § 2025 Rn 3). In aller Regel ist der Erbschaftsbesitzer bösgläubig iSd § 2024. Unabhängig davon entfaltet die Gutgläubigkeit in Bezug auf sein Erbrecht keinen Schutz für den Straftäter. (Soergel/*Dieckmann* § 2025 Rn 2).

3 Nimmt der Erbanwärter einen Nachlassgegenstand an sich, so begeht er verbotene Eigenmacht. Dh die Vorschrift wendet sich gegen die tatsächlich ausgeübte Sachherrschaft des Erben, wobei der mittelbare Besitz ausreicht (Staud/*Gursky* § 2025 Rn 6). Haftungsvoraussetzung ist ein doppeltes Verschulden: Zum einen muss der Erbschaftsbesitzer dem Erben schuldhaft dessen tatsächlich begründete Sachherrschaft entziehen (MüKo/*Frank* § 2025 Rn 4) und zum anderen muss er wegen der Rechtsgrundverweisung schuldhaft iSd § 823 I hinsichtlich seines fehlenden eigenen Erbrechts gehandelt haben (MüKo/*Frank* § 2025 Rn 4), wobei Fahrlässigkeit als Verschuldensform ausreichen sollte (Palandt/*Edenhofer* § 2025 Rn 2).

4 **C. Rechtsfolgen.** Die Haftungsverschärfung wirkt sich immer nur für den konkreten Gegenstand aus, den der Erbschaftsbesitzer im Wege einer Straftat/der verbotenen Eigenmacht erlangt hat (Staud/*Gursky* § 2025 Rn 4). Darüber hinaus ist der Erbanwärter durch die deliktische Haftung nicht nur mit dem Zufallsrisiko des § 848 für Untergang, Verschlechterung oder Unmöglichkeit der Herausgabe, sondern auch mit der Beschränkung seiner Verwendungsersatzansprüche nach §§ 950, 994–996 auf die nützlichen und notwendigen Verwendungen belastet (Kroiß/Ann/Mayer/*Fleindl* § 2025 Rn 1).

§ 2026 Keine Berufung auf Ersitzung

Der Erbschaftsbesitzer kann sich dem Erben gegenüber, solange nicht der Erbschaftsanspruch verjährt ist, nicht auf die Ersitzung einer Sache berufen, die er als zur Erbschaft gehörend im Besitz hat.

1 **A. Allgemeines.** Im Hinblick auf die 30jährige Verjährungsfrist des Erbschaftsanspruchs bei beweglichen Sachen schließt es § 2026 aus, dass sich der Erbschaftsbesitzer bereits nach 10 Jahren auf seinen Eigentumserwerb durch Ersitzung, § 937 I, berufen kann (Palandt/*Edenhofer* § 2026 Rn 1). Eine Ersitzung der Erbschaft als Ganzes gibt es nicht (Palandt/*Edenhofer* § 2026 Rn 2).

2 **B. Herausgabe.** Dem Erben ggü ist der Erbschaftsbesitzer trotz erlangten Eigentums schuldrechtlich zur Herausgabe verpflichtet; lediglich Dritten ggü kann er sich auf Ersitzung berufen (str; so: MüKo/*Frank* § 2026 Rn 7; aA Soergel/*Dieckmann* § 2026, wonach der Eigentumserwerb relativ unwirksam ist). Hat der Gegenstand dem Erblasser nicht gehört, so kommt die Ersitzungszeit dem gutgläubigen Erben zugute, § 944 (Palandt/*Edenhofer* § 2026 Rn 2).

3 Bei **Grundstücken** ist § 2026 ebenfalls anwendbar; sie ist aber wegen der gleich langen Buchersitzungsfrist des § 900 nur von geringer praktischer Bedeutung. Sie ist nur dann zu beachten, wenn der Erbschaftsbesitzer die Verjährungsfrist durch ein Anerkenntnis nach § 212 von neuem in Gang setzt (Palandt/*Edenhofer* § 2026 Rn 1).

4 **C. Verjährung.** Der Erbschaftsanspruch verjährt nach § 197 I Nr 2 einheitlich nach 30 Jahren. Dies gilt auch beim Erbschaftsanspruch eines Miterben gegen einen anderen (Erman/*Schlüter* § 2026 Rn 2). Erfasst werden auch solche Gegenstände, die der Besitzer erst später erlangt (MüKo/*Frank* § 2026 Rn 1 mwN). Dabei **beginnt die Verjährungsfrist** in dem Augenblick, in dem der Erbschaftsbesitzer etwas aus der Erbschaft erlangt hat und er sich als Erbe geriert (hM, BGH FamRZ 04, 537). Sofern der Erbe durch Anfechtung rückwirkend zum Erbschaftsbesitzer wird, so beginnt die Verjährungsfrist mit der Zulässigkeit der Anfechtung, nicht aber bevor der Anfechtungsgegner etwas aus der Erbschaft erlangt hat (Palandt/*Edenhofer* § 2026 Rn 2).

5 **Nach Ablauf** der Verjährungsfrist kann der Erbschaftsbesitzer ggü dem Erben die Einrede der Verjährung erheben; er erlangt aber nicht die Rechtsstellung eines Erben (Staud/*Gursky* § 2026 Rn 7).

Die Verjährung wird nur **gehemmt** hinsichtlich der in der Klageschrift bezeichneten Gegenstände (Palandt/ *Edenhofer* § 2026 Rn 3), sofern es sich nicht um eine Stufenklage handelt, deren Konkretisierung erst nach der Auskunftserteilung erfolgt. Wird der Erbschaftsbesitz aufgrund eines Erbschaftskaufs auf einen Rechtsnachfolger übertragen, kommt diesem die bereits verstrichene Verjährungsfrist sowohl bei dinglichen als auch bei schuldrechtlichen Ansprüchen zugute (Erman/*Schlüter* § 2026 Rn 1). 6

§ 2027 Auskunftspflicht des Erbschaftsbesitzers

(1) Der Erbschaftsbesitzer ist verpflichtet, dem Erben über den Bestand der Erbschaft und über den Verbleib der Erbschaftsgegenstände Auskunft zu erteilen.
(2) Die gleiche Verpflichtung hat, wer, ohne Erbschaftsbesitzer zu sein, eine Sache aus dem Nachlass in Besitz nimmt, bevor der Erbe den Besitz tatsächlich ergriffen hat.

A. Allgemeines. Der Auskunftsanspruch gehört zum Nachlass und ist infolgedessen vererblich (Nürnbg OLGZ 81, 115). Er kann aber auf einen Nichterben nicht übertragen werden (Karlsr FamRZ 67, 692), wohl aber kann der Berechtigte auf ihn verzichten. Neben dem Anspruch aus § 2027 kann der Erbe auch nach § 260 Auskunft verlangen. Hinsichtlich der Verjährung gilt § 197 I Nr 2. 1

B. Auskunftspflicht. Die Auskunftspflicht des Erbschaftsbesitzers wird durch § 2027 hinsichtlich des Aktivbestandes des Nachlasses erweitert. Dagegen erfasst die Auskunftspflicht nicht den Wert des Nachlasses, die Schulden (RGZ 71, 360) oder die lebzeitigen Schenkungen (BGHZ 61, 182). 2

Auskunft kann auch von den anderen Miterben verlangt werden (Karlsr MDR 72, 424); dies gilt nicht, wenn der Miterbe als Vertreter der Erbengesamtheit vom Nachlass Besitz ergriffen hat (RG HRR 32 Nr 1928). In Betracht kommt dann aber die Auskunftspflicht nach §§ 666, 681 (Staud/*Gursky* § 2027 Rn 5). 3

Die Auskunft erstreckt sich auf den Bestand der Erbschaft einschl aller Surrogate iSv § 2019, der Nutzungen nach § 2020 und auf den Verbleib der nicht mehr vorhandenen oder nicht auffindbaren Gegenstände. Darüber hinaus hat der Erbschaftsbesitzer Auskunft zu erteilen über die Gegenstände, die er als Voraus oder als Vorausvermächtnis erhalten hat (Kiel SeuffA 66, 141) und die beim Tod des Erblassers nur in dessen Besitz gestanden haben (BGH LM Nr 1 zu § 260). Der Erbe kann eine schriftliche Aufstellung in Form eines übersichtlichen Bestandsverzeichnisses verlangen, die im Ergebnis zur Rechenschaftslegung über die Verwaltung nach § 259 führt (Braunschw OLGZ 26, 296); bei der Auskunftspflichtigen auch zur Vorlage von Belegen verpflichtet (MüKo/*Frank* § 2027 Rn 7; aA Staud/*Gursky* § 2027 Rn 8). UU können auch mehrere Teilverzeichnisse eine ausreichende Auskunft darstellen (BGH NJW 62, 1499). Die Anforderungen für die Auskunft nach § 2027 bleiben aber hinter denen des Inventars zurück (Palandt/*Edenhofer* § 2027 Rn 1). 4

Die Auskunftspflicht des Erbschaftsbesitzers geht mit seinem Tod auf seine Erben über, die sich die fehlende eigene Kenntnis in zumutbarer Weise beschaffen müssen; daneben kann aus I eine eigene Auskunftspflicht des Erben bestehen (BGH NJW 85, 3068). 5

Der Erlass der Auskunftspflicht durch den Erblasser ist nicht möglich. 6

C. Auskunftspflicht sonstiger Besitzer (II). Hat ein Dritter, ohne Erbschaftsbesitzer zu sein, Sachen aus dem Nachlass in Besitz genommen, ist er, gleichgültig aus welchem Grund er in die Erbschaft eingegriffen hat, auskunftspflichtig (Palandt/*Edenhofer* § 2027 Rn 3). Entspr gilt für denjenigen, der aufgrund eines Rechts zum Besitz die Sache eigenmächtig an sich genommen hat (Braunschw OLGRspr 24, 70 f) oder nur die Möglichkeit einer tatsächlichen Verfügung über den Nachlass erlangt hat, wie zB der Vermieter, der die Wohnungsschlüssel an sich genommen hat. Dabei kommt es auf die Kenntnis des Besitzers von seinem Eingriff in den Nachlass nicht an. Hat der Besitzer in der Meinung, es handele sich um sein eigenes Erbrecht, die Sache in Besitz genommen, ist er als Erbschaftsbesitzer nur nach I auskunftspflichtig (DGE/*Lenz* § 2027 Rn 4). 7

Wer den Besitz schon vor dem Erbfall vom Erblasser erlangt hat, ist ebenso wenig auskunftspflichtig (Staud/ *Gursky* § 2027 Rn 15), wie derjenige, der nach dem Tod des Erblassers eine Sache in Besitz nimmt, die der Erblasser schon zu seinen Lebzeiten einem Dritten übergeben hatte (BGH LM Nr 1 zu § 1412). 8

Keine Pflicht zur Auskunft nach II besteht für den verwaltenden Testamentsvollstrecker, den Nachlassverwalter, den Nachlasspfleger und den Nachlassinsolvenzverwalter, da sie bereits aufgrund von Sondervorschriften Rechenschaft geben müssen (RGZ 81, 30). 9

Der Umfang der Auskunftspflicht nach II entspricht dem des I (DGE/*Lenz* § 2027 Rn 5). 10

D. Auskunftsberechtigte. Berechtigt, die Auskunft zu verlangen, ist nicht nur der Erbe, sondern auch der Vorerbe, der Nacherbe erst nach Eintritt des Nacherbfalls, der Nachlasspfleger, Nachlassverwalter, der verwaltende Testamentsvollstrecker und der Gläubiger, der den Erbschaftsanspruch gepfändet hat (Palandt/*Edenhofer* § 2027 Rn 4). Nach §§ 2039 S 1, 2027 kann jeder Miterbe verlangen, dass allen Miterben gemeinschaftlich Auskunft erteilt wird. 11

12 **E. Prozessuales.** Örtlich zuständig für die Auskunftsklage ist der Gerichtsstand des § 27 ZPO (Nürnbg OLGZ 81, 115, str). Sie macht aber nur im Wege der Stufenklage den Erbschaftsanspruch rechtshängig (RGZ 115, 29), wenn zugleich die genaue Kennzeichnung und die Herausgabe der Erbschaftsgegenstände verfolgt wird. Daher beginnt auch die Verjährung nicht von neuem zu laufen.
13 Die Vollstreckung im Einzelnen richtet sich nach § 888 ZPO. Ob eine nach Verurteilung des Erbschaftsbesitzers erteilte Auskunft den Anforderungen entspricht, ist im Zwangsvollstreckungsverfahren zu klären (MüKo/*Frank* § 2027 Rn 8). Der Einwand des Erbschaftsbesitzers, er habe die Auskunft bereits vollständig erteilt, ist im Wege der Vollstreckungsabwehrklage nach § 767 ZPO geltend zu machen (Krug/Rudolf/*Kroiß* Erbrecht S 603). Eine Fristsetzung ist beim Antrag auf Festsetzung eines Zwangsmittels gem § 888 ZPO nicht erforderlich (Brandbg ZErb 04, 104).
14 Besteht der Verdacht, dass das Verzeichnis nicht mit der erforderlichen Sorgfalt erstellt wurde, hat der Erbschaftsbesitzer eidesstattlich zu versichern, dass er die Auskunft nach bestem Wissen so vollständig wie möglich erteilt hat (Staud/*Gursky* § 2027 Rn 15). Dabei ist auf das Gesamtverhalten des Auskunftspflichtigen abzustellen. Kann die mangelhafte Auskunft auch auf unverschuldeter Unkenntnis oder entschuldbarem Irrtum beruhen, ist eine Verurteilung zur Abgabe einer eidesstattlichen Versicherung nicht möglich (BGHZ 98, 137).
15 Die eV kann nach § 163 FGG freiwillig vor dem Rechtspfleger des FG-Gerichts abgegeben werden; nach einer Verurteilung nach § 889 ZPO ist das Vollstreckungsgericht zuständig (Ddorf MDR 60, 590), es sei denn, dass Gläubiger und Schuldner mit der Abgabe vor dem FG-Gericht einverstanden sind (Hamm Rpfleger 58, 189).
16 Die Auskunft kann nur durch eine eV vervollständigt werden; durch eine Klage kann die Vervollständigung nicht erzwungen werden (Erman/*Schlüter* § 2027 Rn 1). Wurde aber ein selbständiger Vermögensteil vollständig ausgelassen und liegt daher kein Nachlassverzeichnis vor, bedarf es einer erneuten Klage (RGZ 84, 44).

§ 2028 Auskunftspflicht des Hausgenossen

(1) Wer sich zur Zeit des Erbfalls mit dem Erblasser in häuslicher Gemeinschaft befunden hat, ist verpflichtet, dem Erben auf Verlangen Auskunft darüber zu erteilen, welche erbschaftlichen Geschäfte er geführt hat und was ihm über den Verbleib der Erbschaftsgegenstände bekannt ist.
(2) Besteht Grund zu der Annahme, dass die Auskunft nicht mit der erforderlichen Sorgfalt erteilt worden ist, so hat der Verpflichtete auf Verlangen des Erben zu Protokoll an Eides Statt zu versichern, dass er seine Angaben nach bestem Wissen so vollständig gemacht habe, als er dazu imstande sei.
(3) Die Vorschriften des § 259 Abs. 3 und des § 261 finden Anwendung.

1 **A. Allgemeines.** Hintergrund der Auskunftspflicht ist, dass der schlechter informierte Erbe auf Informationen des Hausgenossen angewiesen ist, die letzterer wegen der häuslichen Gemeinschaft hatte. Daher ist die Vorschrift weit auszulegen (Palandt/*Edenhofer* § 2028 Rn 1).
2 **B. Auskunftspflicht.** Auskunftspflichtig ist jeder, bei dem aufgrund der engen räumlichen und persönlichen Beziehungen zwischen ihm und dem Erblasser sowie zum Nachlass die Kenntnis iSd § 2028, dh aufgrund des Aufenthalts die Kenntnis von ihrem Verbleib und der Möglichkeit der unmittelbaren Einwirkung auf die Nachlassgegenstände, unter Berücksichtigung aller Umstände des Einzelfalls zu vermuten ist (BGH LM § 2028 Nr 1). Daher kann, wenn die Voraussetzungen vorliegen, auch im Miterbe Hausgenosse sein (RGZ 81, 30), wobei aber weder Verwandtschaft noch Familienzugehörigkeit erforderlich ist. Aus diesem Grunde können auch Besucher, die längere Zeit beim Erblasser lebten (RGZ 80, 285), sein Lebensgefährte (LG Berlin FamRZ 79, 503), das Haus- oder Pflegepersonal und der Zimmernachbar unter den Anwendungsbereich des § 2028 fallen. Entspr gilt für einen Mieter, der das möblierte Haus des Erblassers angemietet und ihm ein Zimmer als Untermieter überlassen und seine Versorgung und Verpflegung übernommen hat (BGH LM § 2028 Nr 1). Die häusliche Gemeinschaft wird nicht durch einen Krankenhausaufenthalt kurz vor dem Tod des Erblasser aufgehoben (RG WarnRsp 22 Nr 75).
3 Der Miterbe, auch der Minderjährige, ist zur Auskunft verpflichtet und kann sie nicht mit der Begründung verweigern, die Nachlassgegenstände seien wertlos (Köln 61, 147). Ungeachtet dessen kann auch eine allgemeine Auskunftspflicht der Miterben untereinander bestehen (Erman/*Schlüter* § 2028 Rn 2)
4 Der Erwerber einzelner Nachlassgegenstände gehört nicht in den Kreis der Auskunftspflichtigen (Berlin JR 56, 300).
5 Der Auskunftsanspruch wird nach § 888 ZPO vollstreckt.
6 **C. Auskunft.** Auskunft ist nur die Erklärung, die der Erklärende in dem Bewusstsein abgibt, er genüge damit seiner gesetzlichen Pflicht (BGH WM 71, 443). Die Auskunft nach § 2028 umfasst, anders als § 2027, nicht die Vorlage eines Bestandsverzeichnisses, erstreckt sich aber auf die Führung erbschaftlicher Geschäfte (Soergel/*Dieckmann* § 2028 Rn 3). Insoweit findet auch § 681 Anwendung. Der Auskunftspflichtige hat keine Nachforschungen über den Verbleib der Erbschaftsgegenstände anzustellen; es ist ausreichend, wenn er sein Wissen offenbart.

Unter „Verbleib der Erbschaftsgegenstände" fallen auch diejenigen, die vor dem Erbfall beiseite geschafft wurden, nicht aber vorher verschenkte Gegenstände (BGHZ 18, 67). 7

Auskunftsberechtigt ist der Erbe, jeder Miterbe nach § 2039 und jede andere Person, die zur Verwaltung des Nachlasses berechtigt ist (Erman/*Schlüter* 2028 Rn 3). 8

Die Auskunftserteilung nach § 2027 entbindet nicht von der Auskunft nach § 2028 (Staud/*Gursky* § 2028 Rn 11). 9

Nach bestrittener Meinung ist der Gerichtsstand des § 27 ZPO nicht gegeben; die Zwangsvollstreckung richtet sich nach § 888 ZPO (Palandt/*Edenhofer* § 2028 Rn 3). 10

D. Eidesstattliche Versicherung. Die Abgabe der eV setzt voraus, dass die Auskunft erteilt wurde (BGH DB 64, 1443) und erstreckt sich nur auf die Vollständigkeit, nicht aber auf den Bestand des Nachlasses. Dabei besteht die Pflicht zur Abgabe einer eV nicht schon bei objektiver Unvollständigkeit der Angaben, sondern erst dann, wenn Grund zu der Annahme besteht, die erteilte Auskunft sei nicht mit der gebotenen Sorgfalt erfolgt (BGH BB 63, 1148). In Angelegenheiten von geringer Bedeutung entfällt nach § 2028 III mit 259 III die Pflicht zur Abgabe der eV (Soergel/*Dieckmann* § 2028 Rn 5). 11

Das Gericht der freiwilligen Gerichtsbarkeit hat, wenn der Hausgenosse zur Abgabe der eV bereit ist, nicht mehr zu prüfen, ob Grund zur Annahme einer unsorgfältigen Auskunft besteht (KGJ 45, 112). Seine Tätigkeit beschränkt sich auf die Anberaumung des Termins, Ladung der Beteiligten und, sofern der Pflichtige bereit ist, Entgegennahme der Erklärung zu Protokoll des Rechtspflegers (München JFG 15, 118). 12

Voraussetzung ist, dass der Erbe die Abgabe der eV verlangt oder zumindest damit einverstanden ist, wobei in der Klage auf Abgabe der eV das Einverständnis zu sehen ist (BayObLG 53, 135). 13

Verweigert der Pflichtige die Abgabe, entscheidet das Prozessgericht, ob der Erbe Gründe dargelegt und ggf bewiesen hat, die die Annahme rechtfertigen, dass die Auskunft aus mangelnder Sorgfalt unvollständig oder unrichtig erteilt ist (BGH DB 64, 1443). 14

§ 2029 Haftung bei Einzelansprüchen des Erben

Die Haftung des Erbschaftsbesitzers bestimmt sich auch gegenüber den Ansprüchen, die dem Erben in Ansehung der einzelnen Erbschaftsgegenstände zustehen, nach den Vorschriften über den Erbschaftsanspruch.

A. Allgemeines. Die Vorschrift ist anwendbar auf alle Normen, die Art und Umfang der Leistungspflicht des Erbschaftsbesitzers regeln, unabhängig davon, ob sie vor- oder nachteilig für den Erbschaftsbesitzer sind (DGE/*Lenz* § 2029 Rn 2). Sie stellt klar, dass der Erbschaftsbesitzer durch die Erhebung der Einzelklagen nicht ungünstiger gestellt wird als ggü der Gesamtklage. Daher verliert er zwar nicht die Vorteile des Erbschaftsanspruchs, er hat aber auch dessen Nachteile zu tragen, wie zB die strengere Haftung hinsichtlich der Nutzungen nach § 2020, der Herausgabe der Bereicherung nach § 2024 oder der Ausschluss der Ersitzungseinrede des § 2026 (Palandt/*Edenhofer* § 2029 Rn 1). 1

B. Einzelansprüche. Der Erbe kann als Inhaber des Nachlasses die dinglichen und schuldrechtlichen Einzelansprüche auf Herausgabe, Schadensersatz oder aus Bereicherung auch gegen den Erbschaftsbesitzer geltend machen (*Wiegand* JuS 75, 286). Dabei ist es in sein Belieben gestellt, ob er die Gesamt- oder Einzelklage erhebt. 2

Auf die Einzelansprüche sind demnach nicht nur die Vorschriften über die Herausgabe der Surrogate, Nutzungen und der Bereicherung (§§ 2019–2021, 2024), sondern auch über den Verwendungsersatz nach § 2022, die Wirkung der Rechtshängigkeit, § 2023, die Voraussetzungen und Wirkungen der Bösgläubigkeit gem § 2024, über die Verjährung und den Ausschluss des Ersatzeinwandes nach § 2026 anwendbar (Staud/*Gursky* § 2029 Rn 5). 3

Str ist, inwieweit die Vorschriften über den Erbschaftsbesitz zugunsten des Erbschaftsbesitzers auch dann anzuwenden sind, wenn der Erbe Besitzschutzansprüche nach §§ 861, 862 geltend macht (Staud/*Gursky* § 2029 Rn 6). Nach hM kann sich der gutgläubige Erbschaftsbesitzer ggü den Besitzansprüchen des Erben trotz § 863 auf ein Zurückbehaltungsrecht wegen der von ihm vorgenommenen Verwendungen berufen, wenn er die Nachlasssache vor der Besitzergreifung durch den Erben erlangt hat (MüKo/*Frank* § 2029 Rn 3). 4

Der Anspruch verjährt nach § 197 I Nr 2 in 30 Jahren. Allerdings ist der Grundbuchberichtigungsanspruch des § 894 auch ggü dem Erbschaftsbesitzer unverjährbar (Brandbg ZEV 03, 516). 5

C. Prozessuales. Der besondere Gerichtsstand des § 27 ZPO gilt nicht für Einzelklagen (Nürnbg OLGZ 81, 115). 6

Das Gericht hat die Vorschriften über den Erbschaftsanspruch von Amts wegen zu beachten, sofern sich der Erbschaftsbesitz aus dem Parteivortrag ergibt (Palandt/*Edenhofer* § 2029 Rn 2). 7

Durch eine Einzelklage wird das Erbrecht nur dann rechtskräftig festgestellt, wenn der Beklagte die Widerklage hierauf erstreckt (Palandt/*Edenhofer* § 2029 Rn 2). 8

§ 2030 Rechtsstellung des Erbschaftserwerbers

Wer die Erbschaft durch Vertrag von einem Erbschaftsbesitzer erwirbt, steht im Verhältnis zu dem Erben einem Erbschaftsbesitzer gleich.

1 **A. Allgemeines.** Der Erwerber einer Erbschaft steht im Verhältnis zum Erben einem Erbschaftsbesitzer gleich, von dem er den Nachlass erworben hat mit der Folge, dass der Erbe nicht auf die Erhebung von Einzelklagen angewiesen ist, sondern die Erbschaft als Ganzes herausverlangen kann. Ein formgültiges Verpflichtungsgeschäft ist nicht erforderlich (MüKo/*Frank* § 2030 Rn 4; aA Staud/*Gursky* § 2030 Rn 2).

2 Es kann im Gerichtsstand des § 27 ZPO geklagt werden (hM; Staud/*Gursky* § 2030 Rn 11).

3 § 2030 erfasst sowohl die Fallgestaltungen, in denen der Erwerber aufgrund eines auf die Veräußerung des Nachlasses als Ganzes gerichtetes Verpflichtungsgeschäft mit dem Erbschaftsbesitzer Nachlassgegenstände aufgrund einzelner Verfügungsgeschäfte erlangt hat (MüKo/*Frank* § 2030 Rn 2) als auch die, in denen der Besitzer dem Erwerber einen angeblichen Erbteil übertragen hat oder sich zur Übertragung eines solchen Erbteils verpflichtet und der Erwerber zumindest an einem Nachlassgegenstand Mitbesitz erlangt hat (Soergel/*Dieckmann* § 2030 Rn 1). Nicht unter den Anwendungsbereich dieser Vorschrift fällt der Verkauf wesentlicher Nachlassgegenstände, wenn dem Erwerber nicht auch die Sorge für die Nachlassabwicklung anvertraut wird (Staud/*Gursky* § 2030 Rn 2), er somit die Erbschaft nicht erlangt hat.

4 **B. Erwerberhaftung.** Der Erbe kann den Erbschaftsanspruch auf den Erlös gegen den Erwerber nach § 2019 geltend machen. Mit der tatsächlichen Übertragung der Erbschaft haftet der Erwerber wie der Erbschaftsbesitzer und kann sich nicht auf einen gutgläubigen Erwerb iSd §§ 892, 932–936, 2366, 2367 berufen (Staud/*Gursky* § 2030 Rn 3).

5 Der Erbe hat die Wahl, ob er gegen den Erwerber nach §§ 2018, 2030 oder den Erbschaftsbesitzer nach §§ 2018, 2019 vorgeht. Erhält er die Erbschaft zurück, hat er keinen Anspruch auf den Verkaufserlös. Diesen kann er aber vom Besitzer nach § 437 Nr 2 verlangen, sofern er den Rechtsmangel nicht kannte, § 442 (Palandt/*Edenhofer* § 2030 Rn 2). Verlangt der Erbe zunächst vom Erbschaftsbesitzer den Veräußerungserlös heraus, ist er verpflichtet, die Genehmigung der Verfügung des Erbschaftsbesitzers Zug um Zug gegen die Herausgabe der Ersatzgegenstände oder der Bereicherung zu erteilen (Staud/*Gursky* § 2030 Rn 6 ff). Hat der Erbschaftsbesitzer den Herausgabeanspruch nur teilweise erfüllt, soll sich der Erbe wegen des Anspruchsrestes an den Erwerber halten können (str, so Soergel/*Dieckmann* § 2030 Rn 5; aA Staud/*Gursky* § 2030 Rn 8).

6 Die Herausgabepflicht erstreckt sich auf das Erlangte, die Ersatzgegenstände, Nutzungen und Bereicherung, wobei den Erwerber die §§ 2024, 2025 nur dann treffen, wenn deren Voraussetzungen in seiner Person vorliegen (Erman/*Schlüter* § 2030 Rn 2). Im Gegenzug kann der Erwerber vom Erben die Verwendungen verlangen, die er und der Besitzer gemacht haben (Staud/*Gursky* § 2030 Rn 5).

7 Die Haftung des Erwerbers scheidet dann aus, wenn der Erwerber nur einzelne Gegenstände aus dem Nachlass erlangt hat; hier ist auch ein gutgläubiger Erwerb möglich (Palandt/*Edenhofer* § 2030 Rn 2).

8 § 2030 findet entspr Anwendung auf den Erwerb einer Erbschaft aufgrund eines Vermächtnisses des Erbschaftsbesitzers in einer Verfügung von Todes wegen (hM; MüKo/*Frank* § 2030 Rn 14).

9 Schließlich kann dem Erwerber die Ersitzungszeit des Erbschaftsbesitzers nach §§ 942, 198 ebenso zugute kommen, wie die bereits gegen den Erbschaftsbesitzer abgelaufene Verjährungsfrist (DGE/*Lenz* § 2030 Rn 2).

§ 2031 Herausgabeanspruch des für tot Erklärten

(1) ¹Überlebt eine Person, die für tot erklärt oder deren Todeszeit nach den Vorschriften des Verschollenheitsgesetzes festgestellt ist, den Zeitpunkt, der als Zeitpunkt ihres Todes gilt, so kann sie die Herausgabe ihres Vermögens nach den für den Erbschaftsanspruch geltenden Vorschriften verlangen. ²Solange sie noch lebt, wird die Verjährung ihres Anspruchs nicht vor dem Ablauf eines Jahres nach dem Zeitpunkt vollendet, in welchem sie von der Todeserklärung oder der Feststellung der Todeszeit Kenntnis erlangt.
(2) Das Gleiche gilt, wenn der Tod einer Person ohne Todeserklärung oder Feststellung der Todeszeit mit Unrecht angenommen worden ist.

1 **A. Allgemeines.** Der Gesetzgeber hat dem Überlebenden, der uU vor den gleichen Schwierigkeiten steht wie der Erbe, um sein Vermögen wiederzuerlangen, einen Gesamtanspruch entspr § 2018 zur Verfügung gestellt (DGE/*Lenz* § 2031 Rn 1). Allerdings kann er den Anspruch nicht im Gerichtsstand des § 27 ZPO geltend machen (Staud/*Gursky* § 2031 Rn 8).

2 **B. Anspruchsbefugnis.** Anspruchsbefugt ist der für Tod Erklärte oder dessen Todeszeit festgestellt worden ist, aber die Zeit, die als Zeitpunkt seines Todes gilt, überlebt hat.

3 **C. Todeszeitpunkt.** Er wird bei der Todeserklärung oder der Feststellung des Todeszeitpunkts durch Beschluss nach §§ 9, 23, 44 VerschG festgestellt. Ohne dieses förmlichen Verfahrens fehlt ein Todeszeitpunkt, weshalb in den Fällen des II (Personenverwechslung, Scheintod, Aufhebung der Todeserklärung/der Todes-

zeitfeststellung oder falsche Sterbeurkunde, § 30 VerschG) das Leben des Totgeglaubten ausreicht (Palandt/*Edenhofer* § 2031 Rn 1). In diesem Fall kann der Anspruch durch einen Abwesenheitspfleger geltend gemacht werden.

D. Anspruchsgegner. Anspruchsgegner ist der vermeintliche Erbe bzw dessen Gesamtrechtsnachfolger, der 4 das Vermögen oder Teile des Vermögens von dem Scheinerblasser erlangt hat (Soergel/*Dieckmann* § 2031 Rn 4). Die Vorschrift ist analog anzuwenden auf denjenigen, der sich selbst als Verschollenen ausgegeben hat und dadurch das Vermögen erlangt hat (Erman/*Schlüter* § 2031 Rn 1). Bei sonstigen Eingriffen in das Vermögen des Totgeglaubten steht ihm nicht der Gesamtanspruch, sondern Einzelansprüche zur Verfügung (MüKo/*Frank* § 2031 Rn 6).

E. Rechtsfolge. Auf den Gesamtanspruch sind sämtliche Vorschriften über den Erbschaftsanspruch entspr 5 anwendbar (MüKo/*Frank* § 2031 Rn 7).
Da der Anspruch vererblich ist, geht sein Herausgabeanspruch auf seine Erben über und ist dann ein wirkli- 6 cher Erbschaftsanspruch, wenn der Scheinerblasser tatsächlich stirbt (Palandt/*Edenhofer* § 2031 Rn 1).
Nach I 2 ist der Ablauf der Verjährungsfrist beim Gesamtanspruch gehemmt, dh sie wird nicht vor Ablauf 7 eines Jahres nach dem Zeitpunkt vollendet, in dem der Verschollene von seiner Todeserklärung oder der Annahme seines Todes Kenntnis erlangt (Kroiß/Ann/Mayer/*Ann* § 203 Rn 3). Dies gilt aber nicht zugunsten der Erben des scheinbar Verstorbenen (Soergel/*Dieckmann* § 2031 Rn 9).
Schließlich wird der Dritte, der von einem vermeintlichen Erben des Scheinerblassers erwirbt, nach § 2370 8 geschützt (Erman/*Schlüter* § 2031 Rn 6).

Titel 4   Mehrheit von Erben

Untertitel 1   Rechtsverhältnis der Erben untereinander

§ 2032 Erbengemeinschaft

(1) Hinterlässt der Erblasser mehrere Erben, so wird der Nachlass gemeinschaftliches Vermögen der Erben.
(2) Bis zur Auseinandersetzung gelten die Vorschriften der §§ 2033 bis 2041.

A. Allgemeines. Durch den Tod des Erblassers entsteht kraft Gesetzes eine Gesamthandsgemeinschaft, deren 1 ausschließlicher Zweck die Abwicklung des Nachlasses ist. Sie entsteht unabhängig vom Berufungsgrund und kann weder vertraglich begründet noch nach Auseinandersetzung wiederhergestellt werden (Palandt/*Edenhofer* Einf v § 2032 Rn 1). Die Rechtsfortbildung, die bei der GbR zur Rechtsfähigkeit geführt hat, lässt sich nach Ansicht des BGH nicht auf die kraft Gesetzes begründete und auf Auseinandersetzung gerichtete Erbengemeinschaft übertragen (NJW 02, 3389).
Die Miterben sind, von einigen gesetzlichen Ausnahmen abgesehen, zu gemeinschaftlichem Handeln ver- 2 pflichtet, §§ 2038–2040. Ausnahmen sind die Verfügungsbefugnis hinsichtlich des Erbanteils nach § 2033 I und der Anspruch auf jederzeitige Auseinandersetzung, § 2042 I.
Stirbt ein Miterbe vor der Erbauseinandersetzung kann er aufgrund einer Verfügung von Todes wegen oder 3 aufgrund Gesetzes von mehreren Personen beerbt werden, die wiederum in seine Rechtsposition eintreten. Sein Anteil am Sondervermögen der Erbengemeinschaft geht auf diese Erben über, die ihrerseits eine gesamthänderische Unterbeteiligung, dh eine Erbeserbengemeinschaft, bilden. Die Erbeserben können nicht über den Anteil an der Erbschaft nach dem ersten Erblasser verfügen, wohl aber über den ideellen Bruchteil des von ihnen ererbten Nachlass (Palandt/*Edenhofer* Einf v § 2032 Rn 3).
Der beschränkte Vollstreckungsschutz bietet, wenn sich Grundstücke im Nachlass befinden eine gewisse 4 Sicherheit gegen zu krasse Auseinandersetzungsverlangen, wodurch eine Einigung zwischen den Miterben erreicht werden soll, § 180 II ZVG. Gehört der Erbengemeinschaft ein landwirtschaftlicher Betrieb, so ermöglichen die §§ 13–17 GrdstVG die gerichtliche Zuweisung des Betriebes an einen Miterben.

B. Gesamthandsgemeinschaft. Die Erbschaft geht nach dem Grundsatz der Universalsukzession des § 1922 5 I mit dem Erbfall als Ganzes auf die Miterben über mit der Folge, dass der Nachlass den Miterben gemeinschaftlich zur gesamten Hand zusteht. Sie bilden, unabhängig von ihrem Willen, eine Erbengemeinschaft, die aber keine eigene Rechtspersönlichkeit besitzt, also weder rechts- noch parteifähig ist (BGH NJW 02, 3389 mwN), kann aber nach § 70 Nr 2 SGG am sozialgerichtlichen Verfahren beteiligt werden (BSozG NJW 58, 1560). Aus der fehlenden Parteifähigkeit folgt, dass die Erbengemeinschaft als solche nicht verklagt werden kann, weshalb der Kläger vor Klageerhebung zunächst alle Miterben ermitteln muss. Das Urteil kann nicht gegen die Erbengemeinschaft gerichtet werden. Die Vollstreckungsorgane haben bei einem Titel nach § 747 ZPO vorab zu prüfen, ob darin alle Miterben genannt sind.

6 Mangels Rechtsfähigkeit ist die Erbengemeinschaft weder grundbuch- noch sonst registerfähig (*Demharter* § 19 GBO Rn 108).

7 Die einzelnen Miterben haben zwar eine Gesamtberechtigung am Nachlass und einen Anspruch auf Auseinandersetzung der Erbengemeinschaft; bis zu diesem Zeitpunkt steht ihnen aber keine unmittelbare dingliche Berechtigung an den einzelnen Nachlassgegenständen zu, auch wenn der Nachlass nur noch aus einem Gegenstand besteht (BGH NJW 01, 2396).

8 Mitglieder einer Erbengemeinschaft können neben rechts- und erbfähigen natürlichen Personen auch rechtsfähige Personenvereinigungen sein einschl der GbR mit Gesamthandsvermögen (Kroiß/Ann/Mayer/*Ann* § 2032 Rn 11). Für nichteheliche Kinder, die ihre Väter bis 1. 4. 98 nicht beerben konnten, ist die Übergangsregelung in Art 227 EGBGB zu beachten.

9 Das Gemeinschaftsverhältnis besteht nur zwischen den unmittelbar eintretenden Miterben, nicht aber bereits mit dem Ersatz- oder Nacherben. Sie werden erst Mitglieder der Erbengemeinschaft, wenn der Ersatz- oder Nacherbfall eintritt (BayObLGZ 28, 117). Mehrere Nacherben bilden mit Eintritt des Nacherbfalls eine Erbengemeinschaft nach dem ursprünglichen Erblasser. Miterben sind die Personen, die als wirkliche Erben in die Erbfolge eintreten.

10 Die Miterben haften nach § 840 I gesamtschuldnerisch für die von allen Miterben gemeinschaftlich verursachten deliktischen Schäden. Diese werden, wenn ein Miterbe beim Handeln für die Erbengemeinschaft einen Schaden verursacht, gem § 31 analog der Erbengemeinschaft zugerechnet (Soergel/*Wolf* § 2038 Rn 1 mwN; aA Staud/*Werner* § 2032 Rn 5 mwN)

11 Die Erbengemeinschaft ist beendet, wenn der letzte Nachlassgegenstand verteilt oder der vorletzte Miterbe ausgeschieden ist. Sie kann nicht wiederbelebt werden, es sei denn, dass ihre Beendigung nicht dauerhaft wirksam war, weil Willenserklärungen angefochten wurden oder ein Rücktritt erfolgt ist (BGH DNotZ 55, 406).

12 **C. Gemeinschaftliches Vermögen.** Die Miterben sind bis zur Nachlassteilung in gesamthänderischer Verbundenheit am Nachlass berechtigt, wobei der einzelne Miterbe aber kein Bruchteilseigentum an einzelnen Nachlassgegenständen hält. Er ist nur als Mitglied der Erbengemeinschaft am Nachlass berechtigt. Daher bleiben beim einzelnen Miterben dessen persönliches Vermögen und sein in der Erbengemeinschaft gebundener Nachlassteil bis zum Abschluss der Nachlassauseinandersetzung grds getrennt (BGHZ 138, 8).

13 Der einzelne Miterbe kann, weil er nicht an einzelnen Nachlassgegenständen berechtigt ist, sondern nur am Nachlass insgesamt, nur über seinen Nachlassanteil, nicht aber über Anteile an einzelnen Nachlassgegenständen verfügen, § 2033 I.

14 Die durch den Tod des Erblassers erforderliche Berichtigung des *Grundbuchs* wird in der Weise vollzogen, dass gleichzeitig alle Miterben unter Angabe des Gemeinschaftsverhältnisses, § 47 GBO, eingetragen werden. Eventuell entstandene Untergemeinschaften nach verstorbenen Miterben sind mit ihrer Zusammensetzung einzutragen (BayObLGZ 90, 188).

15 **D. Besondere Nachlassgegenstände.** Den Miterben steht der Anteil, den sie am Sondervermögen Nachlass haben, auch an den einzelnen Nachlassgegenständen zu; er ist aber kein beschränktes Teilrecht an einem Nachlassgegenstand (DGE/*Wrede* § 2032 Rn 4), über den der einzelne frei verfügen kann. Verfügt er über einen Nachlassgegenstand, handelt er als Nichtberechtigter iSv § 185. Eine Verfügung über seinen Anteil an einem Nachlassgegenstand ist unwirksam (RGZ 88, 21).

16 Sachenrechtlich gehören die Nachlassgegenstände jedem einzelnen Miterben in vollem Umfang, aber beschränkt durch die Rechte der übrigen Mitglieder der Erbengemeinschaft (DGE/*Wrede* § 2032 Rn 5).

17 **I. Personengesellschaftsanteile. 1. GbR.** Nach § 727 I bewirkt der Tod eines GbR-Gesellschafters die Auflösung der Gesellschaft. Sieht aber der Gesellschaftsvertrag die Vererblichkeit der Mitgliedschaft vor, wird, wenn ein Gesellschafter von mehreren Personen beerbt wird, nicht die Erbengemeinschaft, sondern jeder Miterbe Gesellschafter mit dem Anteil, der seinem Erbteil entspricht (BGH NJW 81, 749). Seit 1. 1. 99 ist nach § 723 I 2 Nr 2 die Vollendung des 18. Lebensjahres bei minderjährigen Erben ein wichtiger Grund für eine Kündigung.

18 **2. OHG und KG.** Nach § 131 III Nr 1 HGB wird eine OHG durch den Tod eines Gesellschafters nicht aufgelöst, sondern mit den verbleibenden Gesellschaftern fortgesetzt. Der bis zum Erbfall einheitlich bestehende Gesellschaftsanteil zerfällt. Jeder Miterbe erhält im Wege der Sondererbfolge eine selbständige Gesellschafterstellung und einen gesonderten Gesellschaftsanteil. Dieser Anteil wird mit dinglicher Wirkung unter den Miterben entspr ihren Erbquoten automatisch aufgeteilt und jeder Miterbe wird unmittelbar Gesellschafter mit einem seinem Erbteil entspr Gesellschaftsanteil (Palandt/*Edenhofer* § 2032 Rn 8). Entspr gilt auch bei der Vererbung eines Kommanditanteils: Jeder Miterbe wird mit dem Anteil, der seinem Erbteil entspricht, Kommanditist.

19 Lebt nur noch ein Gesellschafter und wird die Gesellschaft auch nicht mit einem/mehreren Erben fortgesetzt, ist die OHG beendet und es entsteht ein einzelkaufmännisches Unternehmen. Für die KG gilt nach § 161 II HGB entspr, wenn der Komplementär verstirbt.

Enthält der Gesellschaftsvertrag eine Nachfolgeklausel, geht bei einer **einfachen Nachfolgeklausel** der OHG- 20
Anteil im Erbfall durch Singularsukzession direkt auf alle Erben über (BGHZ 101, 123). Durch eine **qualifizierte Nachfolgeklausel** kann ein ungeteilter Gesellschaftsanteil auf einen zuvor bestimmten Miterben übergeleitet werden (Kroiß/Ann/Mayer/*Ann* § 2032 Rn 24).
Der Erbe eines Komplementärs kann nach § 139 I HGB verlangen, dass ihm die Stellung eines Kommanditisten 21
eingeräumt wird. Der Erbe eines Kommanditisten bleibt nach § 177 HGB Kommanditist.

II. Einzelkaufmännisches Unternehmen. Befindet sich ein einzelkaufmännisches Unternehmen im Nach- 22
lass, geht das vererbliche Handelsgeschäft auf die Miterben als Rechtsträger in gesamthänderischer Verbundenheit über. Es kann nach hM zumindest in der Dreimonatsfrist des § 27 II HGB von der Erbengemeinschaft fortgeführt werden (KG NJW-RR 90, 880), ohne sich zu einer Handelsgesellschaft zusammenzuschließen (GBHZ 92, 259). Solange noch zwei Miterben verbleiben, steht der Fortführung auch das Ausscheiden einzelner Miterben nicht entgegen (KG JW 39, 565). In der Fortführung des Unternehmens durch einen Miterben ist die Fortführung durch alle nur dann anzunehmen, wenn er von den übrigen Miterben zur Fortführung ausdrücklich oder stillschweigend bevollmächtigt wurde (BGH NJW 60, 962). Dagegen ist in der Übernahme des Geschäfts durch einen Miterben mit Zustimmung der übrigen eine Teilauseinandersetzung mit Zuweisung des Geschäfts an den Miterben zu sehen (Staud/*Werner* § 2032 Rn 20).
Die Erbengemeinschaft kann unter ihrer Firma Rechte erwerben und Verbindlichkeiten eingehen, klagen und 23
verklagt werden, muss nach § 31 I Alt 2 HGB die Unternehmensträgerschaft im Handelsregister eintragen lassen und, wenn sie eine neue Firma wählt, diese durch einen Zusatz anpassen, aus dem sich die Unternehmensträgerschaft ergibt, § 19 II HGB. Die Miterben können das Geschäft auch unter der alten Firma mit oder ohne Nachfolgezusatz fortführen, wobei die Geschäftsführung idR allen gemeinsam zusteht (Frankf BB 75, 1319). Im Übrigen ist auch die Eintragung als Kaufmann der Miterben in gesamthänderischer Verbundenheit möglich (KG JFG 5, 209).
Im Innenverhältnis können die Rechtssätze der OHG auf ihre Rechtsbeziehungen untereinander angewendet 24
werden (BGHZ 17, 299). Da die Unternehmensfortführung der Gemeinschaftsverwaltung nach § 2038 unterliegt, muss die Entscheidung einstimmig von allen Miterben getroffen werden, ohne dass es der Zustimmung des Erblassers iSv § 22 I letzter Hs HGB bedarf. Hat allerdings der Erblasser die Firmenfortführung unter Lebenden oder letztwillig untersagt, ist sie nicht zulässig.
Wird der Prokurist ein Miterbe, erlischt seine Prokura (BGH NJW 59, 2114); im übrigen kann ein Miterbe 25
nicht zum Prokuristen bestellt werden (KG JW 39, 565).
Die Beteiligung einer Erbengemeinschaft an einer OHG oder KG ist nicht möglich (BGHZ 22, 192). 26
Die Miterben haften für die aus dem Betrieb eines einzelkaufmännischen Unternehmens nicht nur erbrecht- 27
lich nach den §§ 2058, 2059, sondern auch handelsrechtlich, wobei eine Beschränkung nach § 2059 I nicht möglich ist (allg Ansicht, GK-HGB/*Hüffer* § 27 Rn 37). Eine Beschränkung der Haftung auf den Nachlass kann nur durch Vereinbarung mit dem Vertragspartner erreicht werden (Frankf BB 75, 1319). Für von den Miterben begründeten **Neuschulden** haften die Miterben nach allgemeinen Vorschriften (§ 128 HGB, *K Schmidt* NJW 85, 2785), ebenso für **Altschulden** unbeschränkt (*Baumbach/Hopf* § 27 HGB Rn 1), wenn die Miterben nicht innerhalb der Dreimonatsfrist des § 27 II HGB ihre Enthaftung herbeiführen (MüKo/*Lieb* § 27 HGB Rn 27), indem sie kurz vor Ablauf der Frist die Geschäftstätigkeit einstellen, dh wenn keine nach außen gerichtete unternehmerische Tätigkeit mit Gewinnerzielungsabsicht mehr entfaltet wird, so bei Veräußerung, Vermietung, Verpachtung oder Stilllegung (MüKo/*Lieb* § 27 HGB Rn 52; aA RGZ 56, 196), nicht aber bei Abwicklungstätigkeiten. Teilstilllegungen müssen den „wesentlichen Teil" des Unternehmens einschließen (Kroiß/Ann/Mayer/*Ann* § 2032 Rn 21).
Besteht die Erbengemeinschaft aus minderjährigen Kindern und ihren Eltern, haften auch die Kinder als Mit- 28
inhaber für die Verbindlichkeiten, die ihre Eltern als ihre gesetzlichen Vertreter unter der Firma des fortgeführten Unternehmens eingegangen sind (Palandt/*Edenhofer* § 2032 Rn 6). Allerdings können die Kinder nach Eintritt ihrer Volljährigkeit ihre Haftung nach §§ 1629 a, 1793 II für Verbindlichkeiten, die während ihrer Minderjährigkeit aufgrund des Erwerbs von Todes wegen entstanden sind, auf den Bestand ihres Vermögens zu diesem Zeitpunkt beschränken (*Habersack* FamRZ 99, 1). Verlangt der nunmehr Volljährige nicht innerhalb von 3 Monaten die Auseinandersetzung, wird vermutet, dass die Verbindlichkeiten erst nach Vollendung seines 18. Lebensjahres entstanden sind (Palandt/*Edenhofer* § 2032 Rn 6).
Werden nachlasszugehörige Unternehmungen über die Auseinandersetzung hinaus fortgeführt, ist dies nur in 29
den Gesellschaftsformen des Handelsrechts möglich (Kroiß/Ann/Mayer/*Ann* § 2032 Rn 22).
Die Umwandlung eines Handelsgeschäfts in eine Handelsgesellschaft erfordert eine Teilauseinandersetzung 30
und eine Sachgründung (*K. Schmidt* NJW 85, 2785). Zur Fortführung des Unternehmens als OHG ist der Abschluss eines Gesellschaftsvertrages und die Übertragung der Unternehmensgüter auf die Personengesellschaft erforderlich (BGHZ 92, 259). Ohne Gesellschaftsvertrag bleibt die Erbengemeinschaft Träger des Unternehmens. UU kann der Wille der Miterben, zur Unternehmensfortführung eine OHG zu gründen, auch schlüssig zum Ausdruck kommen (Palandt/*Edenhofer* § 2032 Rn 7), wobei der Gründungswille nicht schon im Entschluss zur Fortführung zu sehen ist (Hamm NZG 99, 588).

31 **III. Kapitalgesellschaftsanteile. 1. GmbH-Anteile.** Nach § 15 I GmbHG ist auch der Gesellschaftsanteil einer GmbH vererblich und kann kraft Erbrechts auf die Mitglieder einer Erbengemeinschaft übergehen. Sind nur einige Miterben nach dem Gesellschaftsvertrag nachfolgeberechtigt, kann der vererbte Gesellschaftsanteil im Wege der Erbauseinandersetzung auf diese Miterben übertragen werden (BGHZ 92, 386). Die GmbH-Anteilsrechte können von den Miterben nur gemeinschaftlich ausgeübt werden (BGH WM 60, 590); dies gilt insbes für das Stimmrecht. Auch Erklärungen ggü der Gesellschaft können nur gemeinsam abgegeben werden; insoweit ist § 2038 I 2 Hs 2 nicht anwendbar, § 18 I GmbHG.

32 Da der GmbH-Anteil nicht durch Singularsukzession übertragen wird, gibt es bei der GmbH keine echte „Nachfolge" in Anteile mit der Folge, dass eine vollzugsbedürftige Verpflichtung aller Miterben zur Übertragung des der Erbengemeinschaft zugefallenen Anteil in der Auseinandersetzung auf einen bestimmten Miterben nur durch eine satzungsmäßige Nachfolgeklausel geschaffen werden kann (Kroiß/Ann/Mayer/*Ann* § 2032 Rn 27). Die Übertragung eines GmbH-Anteils einer Erbengemeinschaft auf eine OHG bedarf der notariell beurkundeten Übertragung selbst dann, wenn die Gesellschafter identisch sind (Karlsr NJW-RR 95, 1189).

33 **2. Aktien.** Nach § 8 V AktG sind Aktien vererblich, in der Auseinandersetzung aber nicht teilbar. Die Vererblichkeit des Aktienrechts kann nicht ausgeschlossen werden. Allerdings kann die Satzung der AG das Recht vorbehalten, die betroffenen Akten beim Erbfall an bestimmte Personen oder beim Eintritt des Erbfalls einzuziehen, § 237 AktG. Die Eintragung des Rechtsübergangs von Namensaktien im Aktienbuch ist nach §§ 67, 68 AktG nicht erforderlich. Mehrere Erben erben die Aktien als Erbengemeinschaft zur gesamten Hand (Palandt/*Edenhofer* § 2032 Rn 13). Die sich aus den Aktien ergebenden Rechte müssen einheitlich ausgeübt werden, § 69 I AktG. Für den Fall, dass Miterben erben, sollte zur Sicherung der Handlungs- und Beschlussfähigkeit der AG eine Vertreterklausel in die Statuten aufgenommen werden, die in seinem solchen Fall die Bestellung eines Vertreters vorsieht (Kroiß/Ann/Mayer/*Ann* § 2032 Rn 28).

34 **E. Rechtsübertragungen.** Zur Begründung von Alleineigentum oder zur Umwandlung von Gesamthands- in Bruchteilseigentum bedarf es besonderer Übertragungsakte: Die Übertragung eines Nachlassgrundstückes bedarf zu ihrer Wirksamkeit eines notariell beurkundeten schuldrechtlichen Übertragungsvertrages nach § 311b I (BGHZ 21, 231) und der Auflassung. Die Auflassung ist auch bei der Eigentumsumschreibung auf eine von den Miterben gebildeten OHG (KG JFG 21, 168) oder KG (Hamm JMBl NRW 58, 268) erforderlich. Dies gilt nicht, wenn die von den Miterben gebildete GbR sämtliche Erbteile einschl des Nachlassgrundstücks erwirbt (KG DR 44, 455). Darüber hinaus ist die Genehmigung nach § 2 II Nr 2 GrdstVG erforderlich (Oldbg RdL 64, 234).

35 Hat der Erblasser letztwillig über die Vermögensgegenstände verfügt und einzelne Sachen bestimmten Erben zugewendet, liegt darin entweder eine Teilungsanordnung nach § 2048 oder ein Vorausvermächtnis nach § 2150, die aufgrund ihrer schuldrechtlichen Wirkung erst bei der Nachlassteilung zu berücksichtigen sind.

36 **F. Haftung der Erbengemeinschaft.** Der Nachlass ist den Miterben als Sondervermögen bis zur Auseinandersetzung zu erhalten. Alles, was dem Nachlass zufließt, wird Teil des Sondervermögens. In gleicher Weise gilt das Gesamthandsprinzip auch für die Nachlassverbindlichkeiten: Die Miterben haften nach § 2058 als Gesamtschuldner.

37 Aus dem Gesamthandsprinzip ergibt sich, dass alle Miterben entweder als notwendige Streitgenossen oder als einzelne Mitglieder der Erbengemeinschaft klagen können. Im letztgenannten Fall sind die klagenden Miterben nur einfache Streitgenossen. Nach § 2058 kann jeder Erbe einzeln als Gesamtschuldner verklagt werden, wobei mehrere Miterben nur einfache Streitgenossen iSd § 60 ZPO sind. Richtet sich dagegen die Gesamthandsklage nach § 2059 II gegen alle Erben, so sind sie notwendige Streitgenossen iSd § 62 ZPO, gegen die nur einheitlich entschieden werden kann.

38 **I. Bis zur Nachlassteilung.** Bis zur Nachlassteilung kann jedes Mitglied der Erbengemeinschaft seine Haftung auf seinen Anteil am Nachlass beschränken, § 2059 I 1.

39 Die Nachlassgläubiger können gegen die Miterben nach § 2058 die Gesamtschuldnerklage erheben oder von ihnen gem § 2059 II die Befriedigung aus dem ungeteilten Nachlass verlangen.

40 Soll bei der Nachlassauseinandersetzung ein GmbH-Anteil aufgeteilt werden, ist § 17 GmbHG zu beachten.

41 **II. Nach der Teilung.** Ist der Nachlass geteilt, steht den Gläubigern die Klagemöglichkeit nach § 2059 II nicht mehr zur Verfügung. Sie können nur noch nach § 2058 vorgehen. In gleicher Weise eingeschränkt sind auch die Miterben, die ihre Haftung nur noch nach §§ 2060 ff beschränken können. Daneben steht ihnen auch die Haftungsbeschränkung des Alleinerben zur Verfügung.

42 Wird das Miterbenrecht eines Dritten von den Mitgliedern der Erbengemeinschaft bestritten, kann der Dritte gegen die Erbengemeinschaft die Klage nach § 2018 erheben, die nur auf das Ziel der Einräumung von Mitbesitz gerichtet werden kann. Die Klage nach § 2018 ist allerdings ausgeschlossen, wenn ein Miterbe einen zu hohen Erbteil am Nachlass fordert. In diesem Fall kommt nur die Erbenfeststellungsklage in Betracht. Mehrere Erben, die zuviel beanspruchen, sind keine notwendigen Streitgenossen, weil die Erbenstellung und der Erbteil nicht einheitlich aus der Natur der Sache heraus festgestellt werden können (DGE/*Wrede* § 2032 Rn 6).

Wird in das Gesamthandsvermögen vollstreckt, ist hierzu ein Titel gegen alle Miterben erforderlich, § 2040 iVm § 747 ZPO. Bei der Zwangsvollstreckung gegen einen Miterben können nur die Rechte dieses Mitglieds der Erbengemeinschaft zusammen mit dem Anspruch auf Auseinandersetzung der Erbengemeinschaft gepfändet werden. Hat sich der Erbe im Prozess seine Haftungsbeschränkung vorbehalten, verhindert dies die Zwangsvollstreckung in sein Eigenvermögen.

§ 2033 Verfügungsrecht des Miterben

(1) ¹Jeder Miterbe kann über seinen Anteil an dem Nachlass verfügen. ²Der Vertrag, durch den ein Miterbe über seinen Anteil verfügt, bedarf der notariellen Beurkundung.

(2) Über seinen Anteil an den einzelnen Nachlassgegenständen kann ein Miterbe nicht verfügen.

A. Allgemeines. Nach § 2033 I kann, da die Erbengemeinschaft auf Auslösung gerichtet ist, jeder Miterbe über seinen Nachlassanteil verfügen. Die Vorschrift will dadurch primär einen Ausgleich zwischen den Sicherungsinteressen der Nachlassgläubiger und den Liquiditätsinteressen der Miterben schaffen: Den Nachlassgläubigern soll der Nachlass gesamthänderisch gebunden bleiben, den Miterben soll aber auch keine Totalsistierung des Nachlasses bis zur Befriedigung der Nachlassverbindlichkeiten zugemutet werden (Kroiß/Ann/Mayer/*Ann* § 2033 Rn 1).

Abgesehen von Verträgen nach § 312 II ist es nicht möglich, über einen künftigen Erbteil zu verfügen, da ein verfügungsfähiges Recht an einem Erbteil erst durch den Erbfall entsteht (DGE/*Wrede* § 2033 Rn 2).

B. Verfügungsgegenstand. Verfügungsgegenstand ist nur der jeweilige Anteil des Erben am Nachlass, dh die jedem Miterben zustehende ideelle Quotalberechtigung am Nachlass im Ganzen (Kroiß/Ann/Mayer/*Ann* § 2033 Rn 2) solange sich noch ein Gegenstand des Nachlasses im Gesamthandsbesitz der Erbengemeinschaft befindet, da der Wert dieser Berechtigung vom Wert der Gegenstände abhängt.

Nach § 2033 I kann der Miterbe zwar über einen Bruchteil seines Nachlassanteils verfügen (BGH NJW 63, 1610 f), aus Gründen des Gläubigerschutzes nicht aber über das Auseinandersetzungsguthaben eines Nachlasses (hM, RGZ 60, 126; aA *Sigler* MDR 64, 372), da dieser Anspruch auch hinsichtlich der Haftung an die Stelle des Erbteils tritt (Staud/*Werner* § 2033 Rn 12), so dass die Möglichkeit einer isolierten Übertragung den Erbteil aushöhlen würde (MüKo/*Heldrich* § 2033 Rn 10).

Gegenstand der Verfügung kann darüber hinaus auch der Anteil eines Miterben an der Beteiligung des Erblassers an einer Gesellschaft oder einer Erbengemeinschaft sein (DGE/*Wrede* § 2033 Rn 3), wenngleich nach II eine Verfügung über Anteile an einzelnen Nachlassgegenständen nicht möglich ist. Allerdings sind Teilauseinandersetzungen aller Miterben denkbar mit dem Ziel, einzelne Nachlassgegenstände aus dem Nachlass auszusondern, über die dann nach allgemeinen sachenrechtlichen Regeln verfügt werden kann.

Dagegen ist die vom BGH zugelassene Abschichtung (BGH MittBayNot 98, 188), bei der ein Miterbe gegen Abfindung einverständlich aus der Erbengemeinschaft dadurch ausscheidet, dass er seine Mitgliedschaftsrechte einschl seines Rechts auf das Auseinandersetzungsguthabens aufgibt, so dass sein Nachlassanteil den verbleibenden Miterben kraft Gesetzes zuwächst, keine Anteilsverfügung.

Die Erbengemeinschaft ist aufgelöst, wenn sich durch die Übertragung alle Anteile am Nachlass in der Person eines Miterben vereinigen. Der Eigentümer des gesamten Nachlasses kann in diesem Fall nur noch einzelne Erbschaftsgegenstände übertragen.

C. Verfügender. Verfügungsberechtigt sind bei einer bestehenden Erbengemeinschaft, der Miterbe, nach § 2037 auch sein Rechtsnachfolger sowie diejenigen, die bedingt oder befristet als Miterben eingesetzt sind, somit auch die Vorerben unbeschadet der Nacherbfolge. Nach § 2018 II kann der Nacherbe über die Anwartschaft nach § 2033 I analog verfügen.

In den Grenzen der §§ 2113–2115 kann der Vorerbe vor Anfall des Erbteils beim Mitnacherben in der Form des § 2033 I über den Nachlass verfügen, der Nacherbe nur über das ihm zustehende Anwartschaftsrecht (Kroiß/Ann/Mayer/*Ann* § 2033 Rn 8). Nach Eintritt des Nacherbfalls ist nur noch der Mitnacherbe nach § 2033 I verfügungsberechtigt. Dies gilt nicht für den alleinerbenden Nacherben; er kann aber nach allgemeinen sachenrechtlichen Vorschriften über einzelne Nachlassgegenstände verfügen.

Eine vor Anfall der Erbschaft getroffene Verfügung iSd § 2033 I ist nach § 311 b IV, V nichtig (Kroiß/Ann/Mayer/*Ann* § 2033 Rn 9).

D. Verfügungsgeschäft. Eine Verfügung iSd § 2033 I ist jedes Rechtsgeschäft, das den Bestand des Rechts am Nachlass ändert: die dingliche Aufhebung, Belastung, Inhaltsänderung oder Übertragung eines Nachlassanteils. Aufgrund des Abstraktionsgrundsatzes ist diese Verfügung getrennt vom zugrunde liegenden Verpflichtungsgeschäft (Palandt/*Edenhofer* § 2033 Rn 8).

I. Übertragung. Die Übertragung des Nachlassanteils nach § 2033 I führt zur Gesamtrechtsnachfolge in die Rechtsstellung des Veräußerers, wobei nicht einzelne Nachlassgegenstände übertragen werden, sondern der Anteil am Nachlass als Ganzes. Befindet sich ein Grundstück im Nachlass, welches übertragen wurde, wird das Grundbuch durch die Übertragung unrichtig; der Erwerber ist nach §§ 894 iVm 22 GBO als Gesamthänder der ungeteilten Erbengemeinschaft eingetragen, ohne dass es einer Auflassung bedarf. Bei der Bruchteilsübertragung ist der neue Gesamthänder zusätzlich zum alten einzutragen. Eine Übertragung des Nachlassanteils kann auch zur Sicherung übertragen werden (Kroiß/Ann/Mayer/*Ann* § 2033 Rn 11).

13 **II. Verpfändung.** Der Nachlassanteil wird, da sie ein Recht, nicht aber eine Forderung betrifft, nach §§ 1274 I, 2033 I verpfändet, wobei eine Anzeige nach § 1280 nicht erforderlich ist; sie sollte aber erfolgen, da nur die mitgeteilte Verpfändung die Rechte der übrigen Miterben beschränkt. Auch die Verpfändung erfasst nur den Nachlassanteil, nicht aber die einzelnen Nachlassgegenstände.

14 **III. Nießbrauchsbestellung.** Nach §§ 1069 I, 2033 I kann der Nießbrauch sowohl am Nachlassanteil als auch an einem Anteilsbruchteil bestellt werden, wobei es sich, anders als beim Nießbrauch am Gesamtnachlass, der Sachnießbrauch nach § 1089 ist, um Rechtsnießbrauch handelt. § 1071 gewährt einen Mindestschutz gegen Anteilsentwertungen durch beeinträchtigende Verfügungen (RGZ 90, 236).

15 **E. Form.** Die der Verfügung zugrunde liegenden Rechtsgeschäfte sind an sich formfrei, wobei aber die besonderen Formvorschriften, insbes zum Erbteilskauf, § 2371, zu beachten sind. Dagegen bedarf das Verfügungsgeschäft nach § 2033 I 2 stets der notariellen Beurkundung. Diese zwingende Form gilt auch für Vollmachten zum Erbteilserwerb oder zur Veräußerung des Erbteils.

16 Eine Ausnahme gilt nur, wenn die Übertragung im gerichtlichen Erbteilungsverfahren nach § 91 FGG erfolgt oder ein gepfändeter Erbteil im Wege der Zwangsvollstreckung durch Zuschlag auf den Erwerber übergeht (DGE/*Wrede* § 2033 Rn 4).

17 Ist nicht nur die Verfügung, sondern auch das Grundgeschäft formbedürftig, heilt die nach § 2033 I 2 formwirksame Anteilsübertragung die Formnichtigkeit des zugrunde liegenden Kaufvertrages nicht, wenn dieser entgegen § 2371 nicht notariell beurkundet worden ist (st Rspr: RGZ 129, 123).

18 Die zur Übertragung einzelner Nachlassgegenstände erforderliche Form des § 311 b I muss, da die Verfügung nach § 2033 I nur den Nachlassanteil erfasst, nicht gewahrt werden. Ebenso wenig müssen Genehmigungs- und Zustimmungserfordernisse eingehalten werden. Nach § 2 II Nr 2 GrdstVG gilt dies nicht für Nachlässe, die im Wesentlichen aus einem Betrieb der Land- oder Forstwirtschaft bestehen (Kroiß/Ann/Mayer/*Ann* § 2033 Rn 17).

19 Die Nichtbeachtung der notariellen Form hat nicht zwangsläufig die Unwirksamkeit der Anteilsübertragung zur Folge, vielmehr kann darin ein formlos gültiger Auseinandersetzungsvertrag (RG JW 32, 1354) oder eine wirksame schuldrechtliche Verpflichtung (RGRK/*Kregel* § 2033 Rn 13) gesehen werden. Obgleich die schuldrechtliche Verpflichtung, wie Verpfändung, Veräußerung und Nießbrauchsbestellung formfrei erfolgen können, sollte dennoch die notarielle Form beachtet werden, zumal die Frage der Heilung der mangelnden Form nach § 311 b I 2 kontrovers diskutiert wird. Bei Schenkungen ist die Rechtslage im Hinblick auf § 518 II eindeutig, die Heilung wird allgemein anerkannt.

20 **F. Rechtsfolgen.** Durch die Erbteilsübertragung tritt der Erwerber nur in die vermögensrechtliche Stellung des Veräußerers ein mit der Folge, dass er Gesamthänder wird (RGZ 83, 30). Er wird aber dadurch nicht Miterbe der Erbengemeinschaft (BGH NJW 93, 726). Auf ihn gehen nur die Rechte und Pflichten zur Verwaltung und Auseinandersetzung des Nachlasses über (DGE/*Wrede* § 2033 Rn 5).

21 **I. Rechtsstellung des Veräußerers.** Der Veräußerer bleibt Erbe, dem auch nach der Verfügung unveräußerliche Befugnisreste verbleiben; er haftet aber weiterhin, und zwar neben dem Erbteilskäufer für die Nachlassverbindlichkeiten und kann noch nach § 2344 für erbunwürdig erklärt werden (Palandt/*Edenhofer* § 2033 Rn 7). Durch die Veräußerung wird die Stellung des Veräußerers als Miterbe nicht beeinträchtigt. Daher fallen ihm beim Erbteilskauf nach § 2373 im Zweifel Nacherbschaften, Anwachsungen und Vorausvermächtnisse an, die nach Kaufvertragsabschluss erfolgen. Allerdings ist § 2373 nur eine Auslegungsregel, die ihrem Wortlaut nach nur den Erbteilskauf, nicht aber den Kauf eines Nachlassanteils erfasst, weshalb eine analoge Anwendung dieser Vorschrift zu erwägen ist.

22 Er bleibt auch weiterhin Inhaber etwaiger Pflichtteils- und Pflichtteilsergänzungsansprüche (*Lange/Kuchinke* § 42 II 3).

23 Ein bereits erteilter Erbschein ist durch die Veräußerung nicht unrichtig geworden. Erfolgte die Veräußerung des Erbteils vor Ausstellung des Erbscheins, so ist dennoch der veräußernde Miterbe und nicht der Erwerber darin zu benennen (RGZ 64, 173).

24 Erbrechtliche Gestaltungserklärungen wie die Erbschaftsannahme nach § 1943, die Ausschlagung oder auch die Anfechtung nach §§ 1954 kann nur der Miterbe abgeben. Er allein ist nach § 2227 berechtigt, die Entlassung des Testamentsvollstreckers zu verlangen und zu beantragen (KG KJZ 39, 1347).

25 Hat der Miterbe über seinen Nachlassanteil verfügt, kann er weder die Auseinandersetzung nach § 2042 verlangen noch sein Miterbenvorkaufsrecht nach § 2034 ausüben (BGH NJW 93, 726).

26 **II. Rechtsstellung des Erwerbers.** Der Erwerber tritt in die vermögensrechtliche Stellung des veräußernden Miterben, wird aber mangels Rechtsbeziehung zum Erblasser nicht Miterbe (BGH NJW 60, 291). Er wird

Inhaber aller Verwaltungs-, Benutzungs- und Fruchtziehungsrechte und ist richtiger Adressat einer Inventarfrist. Ein vom Anteilsveräußerer errichtetes Nachlassinventar wirkt nach § 2383 II zugunsten des Erwerbers. Darüber hinaus trägt er alle Beschränkungen und Beschwerungen des Nachlassanteils wie Auflagen, Ausgleichungs- und Pflichtteilsansprüche, Pfandrechte, Teilungsanordnungen, Testamentsvollstreckung und Nacherbenrechte (MüKo/*Dütz* § 2033 Rn 26).

Neben dem Veräußerer kann auch der Erwerber Nachlassverwaltung und -insolvenz beantragen (Palandt/ *Edenhofer* § 2033 Rn 7). Im Insolvenzverfahren tritt der Erwerber nach § 330 I InsO an die Stelle des Erben. Der Anteilserwerber hat gegen den Miterben einen auf Eintragung seiner Mitberechtigung gerichteten Grundbuchberichtigungsbewilligungsanspruch nach § 894.

Die von der Erbengemeinschaft getroffenen Regelungen zur Verwaltung und Nutzung des Nachlasses wirken nach §§ 2038 II 1 iVm 746 auch gegen den Erwerber (Damrau/*Rissmann* § 2033 Rn 11).

Der Erbteilserwerber erlangt den Mitbesitz am Nachlass nicht über § 857, sondern nur durch die Einräumung des Besitzes nach § 854 II bzw § 870, wobei die Besitzübertragung bereits in der Anteilsübertragung liegen kann (BaRoth/*Lohmann* § 2033 Rn 9).

Durch die Übertragung eines Miterbenanteils an die übrigen Miterben entsteht keine Bruchteilsgemeinschaft am Erbteil, sofern nicht abw Anhaltspunkte, wie zB die Angabe der Bruchteile, vorhanden sind; vielmehr wächst der übertragene Erbteil den in Gesamthandsgemeinschaft stehenden Erwerbern zur gesamten Hand an (BayObLG NJW 81, 830).

III. Rechtsstellung des Pfandgläubigers. Der Pfandgläubiger ist nach §§ 1273 II, 1258 nur am Nachlassanteil berechtigt, nicht aber an einzelnen Nachlassgegenständen. Das Pfandrecht sollte zum Schutz des Pfandgläubigers im Grundbuch eingetragen werden (RGZ 90, 232). Es umfasst die Befugnis zur Ausübung aller nicht höchstpersönlicher Rechte des verpfändenden Miterben wie Verwaltung, Verfügung, Mitwirkung bei der Auseinandersetzung, die er zusammen mit dem Miterben verlangen kann (BGH NJW 69, 1347) und den Überschuss, §§ 2047 I, 1258 III (Kroiß/Ann/Mayer/*Ann* § 2033 Rn 22).

Der Pfandgläubiger muss zwar die Befriedigung der Nachlassgläubiger aus den Nachlassgegenständen dulden, er haftet aber nicht für die Nachlassverbindlichkeiten (RGZ 60, 126). Daher kann der Pfandgläubiger der Zwangsvollstreckung nicht nach § 771 ZPO widersprechen; er wird lediglich vorrangig aus dem Erlös befriedigt.

Das Pfandrecht am Nachlassanteil setzt sich nach der Auseinandersetzung entgegen dem Wortlaut des § 1258 III durch Surrogation an allen Nachlassgegenständen fort, die der Miterbe in der Teilung erhalten hat (BGH NJW 69, 1347; aA RGZ 84, 395).

IV. Rechtsstellung des Nießbrauchers. Nach §§ 1068 II, 1066 ist auch der Nießbraucher nur am Nachlassanteil als einem Rechtsnießbrauch berechtigt. Zum Schutz des Nießbrauchers sollte, als Verfügungsbeschränkung der Miterben, der Nießbrauch im Grundbuch eingetragen werden (RGZ 90, 232). Der Nießbraucher hat das Recht zur Ausübung aller Verwaltungs- und Nutzungsrechte, die dem verpflichteten Miterben zustehen (Staud/*Werner* § 2033 Rn 28). Auch er muss die Befriedigung der Nachlassgläubiger aus den Nachlassgegenständen dulden, haftet aber selbst nicht für die Nachlassverbindlichkeiten.

Der Nießbrauch wird durch Auseinandersetzung und Teilung beendet. Allerdings bedarf es hierzu der Zustimmung des Nießbrauchers gem § 1071 I 1 (BayObLG NJW 59, 1780).

G. Verfügungsverbot. Vom Verfügungsverbot des II werden auch Verfügungen aller Miterben einer Erbengemeinschaft über Anteile an Nachlassgegenständen erfasst. Nach § 2040 können die Miterben nur über einen Nachlassgegenstand insgesamt verfügen.

Liegt ein gem § 2033 II unwirksamer Vertrag vor, ist zu prüfen, ob eine Umdeutung zum gewünschten Erfolg führen kann, was dann der Fall sein kann, wenn der Nachlass nur noch aus einem Gegenstand besteht, weil darin eine Verfügung über den Erbteil selbst gesehen werden kann (Damrau/*Rissmann* § 2033 Rn 14). Voraussetzung dafür ist aber, dass der Erwerber weiß, dass es sich dabei um den ganzen oder nahezu ganzen Erbteil handelt; zumindest muss er aber die Verhältnisse kennen, aus denen sich dies ergibt (BGH FamRZ 65, 267). Insoweit wendet der BGH die zu § 419 aF entwickelten Grundsätze entspr an.

§ 2034 Vorkaufsrecht gegenüber dem Verkäufer

(1) Verkauft ein Miterbe seinen Anteil an einen Dritten, so sind die übrigen Miterben zum Vorkauf berechtigt.
(2) ¹Die Frist für die Ausübung des Vorkaufsrechts beträgt zwei Monate. ²Das Vorkaufsrecht ist vererblich.

A. Allgemeines. Das Vorkaufsrecht soll es den Miterben ermöglichen, unerwünschte familienfremde Dritte von der Erbengemeinschaft fernzuhalten (BGH NJW 82, 330). Daher hat das Vorkaufsrecht eine gewisse dingliche Wirkung, da es nicht als Belastung der Miterbenanteile ins Grundbuch eingetragen werden kann, auch wenn der Nachlass ganz oder zum Teil aus Grundstücken besteht (BayObLGZ 1952, 231). Die Wirkung wird dadurch verstärkt, dass es einen gutgläubigen lastenfreien Erwerb von Erbteilen nicht gibt. Dadurch wird verhindert, dass das Vorkaufsrecht durch Veräußerung des Anteils an Dritte untergehen kann (Erman/ *Schlüter* § 2034 Rn 1).

2 Das noch nicht ausgeübte Vorkaufsrecht ist für sich allein weder übertragbar, § 473, noch pfändbar. Es ist aber nach II vererblich.

3 Haben die Miterben Gesamthandseigentum an einem Grundstück in Miteigentum umgewandelt, haben die Miteigentümer kein Vorkaufsrecht an den anderen Anteilen (Hamm RdL 53, 52 Nr 3).

4 Die allgemeinen Vorschriften der §§ 504 finden nur insoweit Anwendung, als die §§ 2034–2037 keine speziellere Regelung enthalten.

5 **B. Entstehung.** Das Vorkaufsrecht entsteht nur bei gültigem, dh formwirksamem Verkauf des Erbteils durch einen Miterben, den Erben oder Erbeserben eines Miterben (BGH NJW 69, 92) an Dritte (BGH DNotZ 60, 551), nicht aber an einen anderen Miterben (BGH NJW 93, 726), und zwar unabhängig davon, dass dieser Dritte einen weiteren Erbteil hinzu erwirbt (BGHZ 56,115).

6 Wird ein Erbteil zur Sicherung eines Darlehens übertragen und ist dessen Rückzahlung und die Rückübertragung des Erbteils durch besondere Vereinbarungen praktisch für immer ausgeschlossen, liegt darin ein Erbschaftskauf, aber kein Vorkaufsrecht (BGH NJW 57, 1515).

7 Das gesetzliche Vorkaufsrecht entfällt, wenn ein Miterbe seinen Anteil an einen anderen Miterben verkauft (BGH NJW 93, 726), die Erben eines Miterben ihre Anteile an dessen Nachlass durch ein einheitliches Rechtsgeschäft, sondern durch selbständigen Vertrag an Dritte verkaufen (BGH RhNK 70, 535) oder die Erben eines anderen Miterben ihre Anteile an dessen Nachlass veräußern und der Nachlass nicht nur aus dem Erbteil des beerbten Miterben des von ihm beerbten Erblassers besteht (BGH NJW 75, 445). Ein Miterbe erlangt auch dann kein Vorkaufsrecht, wenn er, bevor seine Vorkaufserklärung dem andere veräußernden Miterben zugeht, diesen Anteil seinerseits schon an einen Dritten weiterveräußert hat (BGH FamRZ 90, 1110). Nach hM entsteht auch durch die Weiterveräußerung des Erbteils durch den Erwerber kein Vorkaufsrecht (Palandt/*Edenhofer* § 2034 Rn 3). Darüber hinaus entfällt der Schutzzweck des § 2034, wenn der letzte verbliebene Erbteil an den Erwerber der anderen Erbteile verkauft wird (BGHZ 86, 379).

8 Das Vorkaufsrecht besteht auch nicht bei Schenkungen, gemischter Schenkung, Verpfändung, Sicherungsabtretung (BGH NJW 57, 1515), Hingabe an Zahlungs Statt (Hburg OLGZ 14, 285), beim Verkauf im Wege der Zwangsvollstreckung oder durch den Insolvenzverwalter (BGH NJW 77, 37). Es besteht auch dann nicht, wenn ein Erbe die Versteigerung des Nachlasses betreibt (BGH NJW 72, 1199).

9 Der vorkaufsberechtigte Miterbe kann der Berufung eines Miterben und des Käufers seines Erbteils auf die Formungültigkeit des Kaufvertrages dann nicht mit dem Einwand der Arglist entgegentreten, wenn der Erbteil an den verkaufenden Miterben zurück übertragen wird (RGZ 170, 203).

10 Im Übrigen löst die öffentlich-rechtliche Veräußerung eines Anteils am Nachlass, der nur aus einem Grundstück besteht, das Vorkaufsrecht nicht aus (*Clasen* DVBl 56, 821).

11 Die vorkaufsberechtigten Miterben können den Erbteil nur zum vereinbarten Preis erwerben, den auch der Richter nicht auf einen angemessenen herabsetzen kann (Erman/*Schlüter* § 2034 Rn 2).

12 **C. Vorkaufsberechtigte.** Nach § 513 I sind sämtliche Miterben als Gesamthänder vorkaufsberechtigt (BGH NJW 82, 330). Auch der Miterbe, der beabsichtigt, den begehrten Erbteil später zu veräußern, ist zur Ausübung des Vorkaufsrechts berechtigt (Rostock MDR 99, 941).

13 § 513 S 2 ist, im Hinblick auf den Zweck des § 2034, das Eindringen Familienfremder in die Erbengemeinschaft zu verhindern, nicht anzuwenden, wenn ein Erbteil an den zur gesetzlichen Erbfolge berufenen Abkömmling eines Miterben verkauft wird und dieser der Ausübung des Vorkaufsrechts durch einen anderen Miterben widerspricht (BGH MDR 71, 377).

14 Nicht zum Kreis der Vorkaufsberechtigten gehört der Dritte, der bereits zu einem früheren Zeitpunkt den Erbteil eines anderen Miterben vollständig erworben hat (BGH NJW 83, 2142) sowie der durch Übertragung seines Anteils vollständig aus der Erbengemeinschaft ausgeschiedene Miterbe, der zwar noch Erbe im Rechtssinne geblieben ist (BGHZ 86, 379), aber keines Schutzes vor dem Eindringen Dritter in die Erbengemeinschaft bedarf (BGHZ 121, 47) und ohne dass das Vorkaufsrecht auf den Erwerber übergeht (BGH NJW 83, 2142).

15 Nicht vorkaufsberechtigt sind Erbteilserwerber, da sie den Gesamthändern nur aus freiem Entschluss angehören, und das Vorkaufsrecht weder allein noch zusammen mit dem Anteil übertragbar ist (BGH NJW 82, 2142).

16 **D. Ausübung.** Die Ausübung des Vorkaufsrechts erfolgt durch formlose, aber eindeutige Erklärung ggü dem Verkäufer oder nach § 2035 ggü dem Käufer, wenn die Übertragung auf den Käufer mitgeteilt ist, die den Willen erkennen lässt, dass vollumfänglich in den Kaufvertrag eingetreten wird (Soergel/*Wolf* § 2034 Rn 11). Dabei stellt die Erklärung, erst noch die Bedingungen des Erwerbs aushandeln zu wollen, keine wirksame Ausübung des Vorkaufsrechts dar (BGH DB 63, 828). Nach § 472 müssen die ausübungsbereiten Miterben ihr Vorkaufsrecht einheitlich ausüben (BGH WM 79, 1066), allerdings nicht gleichzeitig (RGZ 158, 57). Fehlt es an einer Einigung dieser Miterben, scheidet eine gemeinschaftliche Ausübung aus. Will nur einer der Miterben sein Vorkaufsrecht nicht ausüben, verbleibt es den anderen als Gesamthänder im Ganzen (BGH NJW 82, 330).

17 Einzelne Miterben sind berechtigt, das Vorkaufsrecht für sich allein auszuüben, wenn entweder die anderen Berechtigten keinen Gebrauch davon machen wollen oder es für sie nicht mehr besteht; unter der ausdrückli-

chen oder stillschweigenden Bedingung, dass es die übrigen nicht geltend machen wollen, ist die alleinige Ausübung ebenfalls möglich (BGH NJW 82, 330).

Gehört ein Grundstück zum Nachlass, benötigt der gesetzliche Vertreter (Eltern, Vormund, Betreuer) zur Ausübung des Vorkaufsrechts der vormundschaftsgerichtlichen Genehmigung, §§ 1821 I Nr 5, 1643, 1908 i. 18

Ob und wie der Vorkaufsberechtigte seine aus der Ausübung ergebenden Pflichten erfüllen kann, hat auf die Wirksamkeit der Vorkaufserklärung keinen Einfluss (BGH NJW 72, 202). Die Ausübung ist ausgeschlossen, wenn er die Erfüllung ablehnt (BGH WM 62, 722). 19

Ist der berechtigte Miterbe nur zu einem geringen Anteil am Nachlass beteiligt und hat der Käufer nahezu alle Erbteile der übrigen Miterben erworben, ist die Ausübung des Vorkaufsrecht nicht deswegen unzulässig (Soergel/*Wolf* § 2034 Rn 11), und zwar auch dann nicht, wenn dem Käufer die Anteile nur mit Rücksicht auf seine persönliche Beziehung zum Erblasser verkauft wurden (BGH LM § 2034 Nr 8). 20

E. Wirkung. Die vorkaufsberechtigten Miterben erhalten mit der Ausübung des Vorkaufsrechts einen Anspruch auf Übertragung des Erbteils, der aber nicht hinsichtlich einzelner Nachlassgegenstände geltend gemacht werden kann (BGH LM § 2034 Nr 1). Vor Ausübung des Vorkaufsrecht erwirbt der Dritte den Erbteil mit der Einschränkung, dass das Vorkaufsrecht auch ggü ihm ausgeübt werden kann, § 2035, danach zusammen mit der bereits dem Verkäufer ggü bestehenden Verpflichtung zur Übertragung (BGH DNotZ 02, 297). 21

Durch die Ausübung ggü dem Käufer kommt der Kaufvertrag mit ihm zustande. Er ist vielmehr aufgrund des gesetzlichen Schuldverhältnisses (Hburg MDR 61, 851) verpflichtet, den erhaltenen Erbteil auf den Miterben zu übertragen. Als Gegenleistung erhält er von den Miterben den Kaufpreis nebst sonstigen, durch den Kaufvertrag und etwaiger Genehmigungen entstandenen Kosten erstattet. Im Übrigen tragen die Miterben als Gesamtschuldner auch die Kosten für die Ausübung des Vorkaufsrechts einschl der Kosten der Rückübertragung (BGH WM 62, 722). 22

Wurde das Vorkaufsrecht von mehreren Miterben ausgeübt, kann der daraus entstandene Anspruch wegen seiner gesamthänderischen Bindung nicht nur von einem der Miterben anteilig übertragen werden, und zwar auch nicht auf einen anderen, sein Vorkaufsrecht ausübenden Miterben (BGH NJW 83, 2142). 23

Der Anspruch kann nicht durch eine Vormerkung gesichert werden, wohl aber durch Erwirkung eines Veräußerungsverbots (Stuttg BWNotZ 76, 150). 24

Erfüllt der Miterbe nach Geltendmachung des Vorkaufsrechts seine Zahlungsverpflichtung nicht, kann der Käufer nicht nur Ansprüche aus Verzug geltend machen, sondern nach § 323 auch vom Vertrag zurücktreten (BGH NJW 54, 1883). 25

Die das Vorkaufsrecht ausübenden Miterben werden erst mit der Übereignung, dh der Übertragung des Erbteils Eigentümer, wobei mehrere Miterben als Gesamthänder so erwerben, dass sich der Anteil sofort im Verhältnis ihrer Erbteile teilt (BayObLGZ 80, 328). 26

F. Ausübungsfrist. Die Frist von zwei Monaten zur Ausübung des Vorkaufsrechts beginnt mit dem Empfang der Benachrichtigung vom Abschluss des wirksamen Kaufvertrages für jeden Vorkaufsberechtigten. Dabei ist die Benachrichtigung von der dinglichen Eigentumsübertragung wichtig für die Frage, wem ggü das Vorkaufsrecht ausgeübt werden muss, dh ggü dem Verkäufer oder dem Käufer. 27

Nach § 510 I ist der veräußernde Miterbe zur unverzüglichen Benachrichtigung der übrigen Miterben verpflichtet. Diese kann formlos und durch einen Beauftragten erfolgen (Colmar OLGZ 26, 302), sie muss aber geeignet sein, beim Vorkaufsberechtigten den Eindruck zu erwecken, es handele sich um eine rechtlich bedeutsame Erklärung (RG WarnR 1930 Nr 8). Bei einer mündlichen Mitteilung sind an den Nachweis der ordnungsgemäßen Benachrichtigung strenge Anforderungen zu stellen: Solange den vorkaufsberechtigten Miterben der Kaufpreis nicht richtig mitgeteilt ist, gilt die Benachrichtigung als nicht erfolgt (RG JW 24, 1247). Darüber hinaus sind auch die sonstigen Vertragsbedingungen, inbes Vertragsergänzungen und -änderungen vollständig mitzuteilen (Köln DNotZ 59, 263). Bedarf es zur Veräußerung des Erbteils einer Genehmigung, gehört zur Benachrichtigung auch die Mitteilung der rechtskräftigen Genehmigung (BGH WM 79, 1066), weil ansonsten die Frist nicht zu laufen beginnt. 28

Die Kenntniserlangung von Seiten Dritter ist nicht ausreichend, vielmehr muss die Mitteilung jedem vorkaufsberechtigten Miterben durch den Verkäufer oder Käufer bzw deren Beauftragten gemacht werden (BGH WM 79, 1066). Für die bei Vertragsschluss Anwesenden beginnt am Beurkundungstag die Frist zu laufen (Köln DNotZ 59, 263), wenn der Kaufvertrag wirksam ist, dh inbes die erforderlichen Genehmigungen vorliegen (Soergel/*Wolf* § 2034 Rn 13). 29

Die Frist zur Ausübung des Vorkaufsrechts läuft, auch wenn der Erbteil weiterveräußert wird, nur einmal (Soergel/*Wolf* § 2034 Rn 13). 30

G. Erlöschen. Das Vorkaufsrecht erlischt gem § 2034 I 1 nach Ablauf der Frist von zwei Monaten sowie durch formlosen vertraglichen Verzicht (MüKo/*Dütz* § 2034 Rn 42) sämtlicher Beteiligter auch schon vor der Mitteilung nach § 469 (RG JW 24, 1247). Da die Frist eine Ausschlussfrist darstellt (*Damrau/Rissmann* § 2034 Rn 17), ist eine Hemmung nicht möglich. Darüber hinaus führt jede Veräußerung des Erbteils, bei der die Ausübung des Vorkaufsrechts ausgeschlossen ist, zum Erlöschen des Vorkaufsrechts (*Dumoulin* RhNK 67, 740). 31

32 Nach der Auseinandersetzung der Miterben besteht das Vorkaufsrecht hinsichtlich des Miteigentumsanteils eines Miterben nicht mehr (Hamm RdL 53, 52).
33 Allerdings wird das beim Kaufvertrag mit einem Miterben entstandene Vorkaufsrecht durch die Rückgängigmachung des Vertrages nicht beseitigt (Stuttg BWNotZ 76, 150).
34 **H. Vererblichkeit.** Nach II 2 ist das Vorkaufsrecht, abw zu § 514, zusammen mit dem Miterbenanteil, vererblich (Staud/*Werner* § 2034 Rn 11). Es kann aber nicht belastet, gepfändet oder unter Lebenden übertragen werden (KG KGJ 28 A 204).
35 Das Vorkaufsrecht gehört im Falle der Insolvenz eines Miterben nicht in die Insolvenzmasse und steht daher auch nicht dem Insolvenzverwalter zu (KG OLG 9, 388). Es geht auch nicht zusammen mit der Erbteilsübertragung auf den Erwerber über (Soergel/*Wolf* § 2034 Rn 16). Einzelne Miterben können es, solange das Vorkaufsrecht anderen Miterben zusteht, unter der ausdrücklich oder schlüssig erklärten Bedingung geltend machen, dass die übrigen es nicht ausüben (Jena HRR 32, 451).

§ 2035 Vorkaufsrecht gegenüber dem Käufer

(1) ¹Ist der verkaufte Anteil auf den Käufer übertragen, so können die Miterben das ihnen nach § 2034 dem Verkäufer gegenüber zustehende Vorkaufsrecht dem Käufer gegenüber ausüben. ²Dem Verkäufer gegenüber erlischt das Vorkaufsrecht mit der Übertragung des Anteils.
(2) Der Verkäufer hat die Miterben von der Übertragung unverzüglich zu benachrichtigen.

1 **A. Allgemeines.** Die Vorschrift erweitert den Schutz des Vorkaufsberechtigten. Dieser kann das Vorkaufsrecht auch dann noch ausüben, wenn der Erbteilskauf innerhalb der Ausübungsfrist des § 2034 II 1 bereits vollzogen ist (DGE/*Wrede* § 2035 Rn 1).
2 **B. Voraussetzungen.** Das Vorkaufsrecht kann durch formlose Erklärung erfolgen (BGH BB 67, 1104). Sie muss, ebenso wie die übrigen Voraussetzungen für die Ausübung des Vorkaufsrechts, innerhalb der Frist des § 2034 II 1 vorliegen. Bis zur Übertragung des verkauften Anteils ist das Vorkaufsrecht ggü dem Miterben nach § 505 auszuüben; nach der dinglichen Übertragung ändert sich die Person des Erklärungsempfängers, so dass die Erklärung nur ggü dem Käufer abgegeben werden kann (KG ZEV 1995, 296). Der Veräußerer ist hierfür nicht mehr zuständig.
3 **C. Wirkungen.** Durch die Erklärung, das Vorkaufsrecht auszuüben, entsteht ein gesetzliches Schuldverhältnis in der Weise, dass der Vertrag zwischen Käufer und Vorkaufsberechtigtem zu den Bedingungen des Ausgangsvertrages zustande gekommen ist. Mehrere Miterben erwerben den Anteil als Gesamthänder, nicht nach Kopfteilen, aber so, dass sich der Anteil entspr dem Verhältnis ihrer Nachlassanteile nach Anwachsungs- bzw. Erhöhungsgrundsätzen teilt (BayObLGE 1980, 328). In gleicher Weise haften mehrere Vorkaufsberechtigte als Verpflichtungsgemeinschaft für den Kaufpreis gem § 427 analog als Gesamtschuldner (Erman/*Schlüter* § 2035 Rn 4).
4 Dem Käufer steht nach hM kein Rücktrittsrecht zu, wenn sich der Vorkaufsberechtigte in Verzug befindet, da die §§ 325, 326 mangels Leistungsaustausches iRd gesetzlichen Schuldverhältnisses entfallen (DGE/*Wrede* § 2035 Rn 5). Die Miterben sind dem Käufer ggü zur Erstattung des gezahlten Kaufpreises verpflichtet (BGH WM 62, 722). Darüber hinaus sind auch die sonstigen dem Käufer im Zusammenhang mit dem Erwerb entstandenen Aufwendungen, wie zB Notarkosten, zu erstatten (BGH WM 79, 1066).
5 Hat der Käufer seine Pflichten aus dem Austauschvertrag bereits erfüllt, hat er ggü dem Vorkaufsberechtigten nach hM ein Zurückbehaltungsrecht nach §§ 273/320 bzw 1100. Er kann daher Zug um Zug Erstattung seiner Aufwendungen gegen die Übertragung des von ihm erworbenen Erbteils fordern (DGE/*Wrede* § 2035 Rn 4).
6 Veräußert der Erwerber den Anteil weiter, obgleich zumindest ein Miterbe das Vorkaufsrecht ausgeübt hat, muss der zweite Käufer aufgrund der Drittwirkung des § 2035 die ggü dem Verkäufer abgegebene Erklärung gegen sich gelten lassen, als wäre sie ihm ggü abgegeben worden. Da mit der Erklärung, das Vorkaufsrecht auszuüben, der Anspruch auf Übertragung bereits entstanden ist, scheidet eine erneute Erklärung aus (DGE/*Wrede* § 2035 Rn 6).
7 Überträgt der verkaufende Miterbe unter Missachtung des ihm ggü ausgeübten Vorkaufsrechts den Anteil mit dinglicher Wirkung auf den Käufer, so billigt die hM dem vorkaufsberechtigten Miterben gem § 2035 I 1 analog einen Rückübereignungsanspruch hinsichtlich des Erbteils gegen den Erwerber zu (BGH ZEV 02, 67).
8 **D. Benachrichtigungspflicht.** Die Pflicht zur Benachrichtigung ergibt sich für den Käufer aus dem Gesetz. Die gleiche Pflicht trifft den Verkäufer, wenn er weiterveräußert. Er hat den Miterben nicht nur den Inhalt des Kaufvertrages, sondern auch die Übertragung unverzüglich anzuzeigen (Palandt/*Edenhofer* § 2035 Rn 2). Die Miterben können, bis die Übertragung angezeigt wird, das Vorkaufsrecht dem Verkäufer ggü nach dem Rechtsgedanken des § 407 I wirksam ausüben (RGRK/*Kregel* § 2035 Rn 4). Das pflichtwidrige Unterlassen der Benachrichtigung hindert nicht die Ausübung des Vorkaufsrechts. Unabhängig von § 2035 II läuft aber die Frist des § 2034 II.

§ 2036 Haftung des Erbteilkäufers

¹Mit der Übertragung des Anteils auf die Miterben wird der Käufer von der Haftung für die Nachlassverbindlichkeiten frei. ²Seine Haftung bleibt jedoch bestehen, soweit er den Nachlassgläubigern nach den §§ 1978 bis 1980 verantwortlich ist; die Vorschriften der §§ 1990, 1991 finden entsprechende Anwendung.

A. Normzweck. Die grds unausschließbare Haftung für die Nachlassverbindlichkeiten des Erbschaftskäufers nach den §§ 1922 II, 2382, 2383, 2385 entfällt nur dann, wenn der Erbschaftskäufer den Anteil an den/die vorkaufsberechtigten Erben abgeben muss. Vom Haftungswegfall wird nicht erfasst die Haftung für die vom Käufer während seiner Mitgliedschaft in der Erbengemeinschaft begründeten Eigenverbindlichkeiten (Kroiß/Ann/Mayer/*Ann* § 2036 Rn 5). 1

B. Haftungsbefreiung. Die Haftungsfreistellung erfolgt nach überwiegender Ansicht im Zeitpunkt der Übertragung, nicht im Zeitpunkt der Ausübung des Vorkaufsrechts (DGE/*Wrede* § 2036 Rn 2). 2

Nach S 1 wird der Käufer von der Haftung frei, und zwar auch dann, wenn er das Recht zur Haftungsbeschränkung bereits verloren hat (Palandt/*Edenhofer* § 2036 Rn 1). Allerdings trifft die Miterben die unbeschränkte Haftung hinsichtlich des durch das Vorkaufsrecht hinzu erworbenen Erbteils (Staud/*Werner* § 2036 Rn 3). 3

Es verbleibt aber nach S 2 bei der Haftung für mangelhafte Verwaltungshandlungen nach den §§ 1978–1980. Die Haftung umfasst auch das Privatvermögen (DGE/*Wrede* § 2036 Rn 2). Voraussetzung ist, dass der Haftende den Nachlass in Besitz hat. Nach allg Meinung bedeutet der Verweis auf §§ 1990, 1991 nur, dass der Erwerber nach den §§ 1978 ff auch dann haftet, wenn wegen der Bedürftigkeit des Nachlasses weder die Nachlassverwaltung noch das Nachlassinsolvenz beantragt wird (MüKo/*Dütz* § 2036 Rn 5 mwN). In diesem Fall haftet der Käufer den Nachlassgläubigern. 4

Im Übrigen ist nur der Nachlass- bzw Insolvenzverwalter anspruchsberechtigt. Der Aufwendungsersatz richtet sich nach § 1978 III. 5

C. Ansprüche der Miterben. Im Falle des Erbteilskaufs durch einen Miterben haftet der Käufer den vorkaufsberechtigten Miterben nach §§ 1922 I, 2382, der Erwerber nach §§ 2042 II, 756. 6

§ 2037 Weiterveräußerung des Erbteils

Überträgt der Käufer den Anteil auf einen anderen, so finden die Vorschriften der §§ 2033, 2035, 2036 entsprechende Anwendung.

A. Allgemeines. § 2037 ermöglicht die Ausübung des Vorkaufsrechts auch bei weiteren Übertragungen nach dem erstmaligen Verkauf, sofern es sich nicht um die Übertragung aufgrund der Ausübung des Vorkaufsrechts handelt; diese ist ausgenommen (DGE/*Wrede* § 2037 Rn 1). 1

B. Weiterveräußerung. Durch die Anteilsübertragung vom Käufer auf den Dritten entsteht kein neues Vorkaufsrecht (BGH NJW 71, 1265). Vielmehr greift das nach § 2034 entstandene Vorkaufsrecht in jedes weitere (dingliche) Übertragungsgeschäft ein (DGE/*Wrede* § 2037 Rn 1), und zwar unabhängig davon, ob es auf Kauf oder einem anderen Rechtsgrund beruht (Palandt/*Edenhofer* § 2037 Rn 1). Daher beginnt auch keine neue Frist zur Ausübung des Vorkaufsrechts, sie läuft vielmehr nur einmal seit der ersten Anzeige (Palandt/*Edenhofer* § 2037 Rn 1). 2

Allerdings löst jeder Übertragungsvorgang die Pflicht zur Benachrichtigung der Mitglieder der Erbengemeinschaft von der Übertragung nach § 2035 II aus. Durch die weitere Übertragung werden die früheren Erwerber von der Haftung für die Nachlassverbindlichkeiten befreit, § 2036. Die Weiterveräußerung an einen „anderen" meint nicht die Übertragung auf die Miterben (RGZ 170, 203). Im Falle der Rückkehr des Anteils zu den Miterben erlischt das Vorkaufsrecht (Erman/*Schlüter* § 2037 Rn 1). 3

Der Letzterwerber hat die Pflicht zur Rückübertragung des Anteils, wenn der Erwerber nach Ausübung des Vorkaufsrechts wirksam verfügt hat (BGH ZEV 02, 67). Da der Erwerber die Pflicht zur Erfüllung nicht unmöglich machen kann, sind die Vorkaufsberechtigten wegen der quasi-dinglichen Wirkung des Vorkaufsrechts nicht nur auf Schadensersatzansprüche verwiesen (Kroiß/Ann/Mayer/*Ann* § 2037 Rn 6). 4

§ 2038 Gemeinschaftliche Verwaltung des Nachlasses

(1) ¹Die Verwaltung des Nachlasses steht den Erben gemeinschaftlich zu. ²Jeder Miterbe ist den anderen gegenüber verpflichtet, zu Maßregeln mitzuwirken, die zur ordnungsmäßigen Verwaltung erforderlich sind; die zur Erhaltung notwendigen Maßregeln kann jeder Miterbe ohne Mitwirkung der anderen treffen.
(2) ¹Die Vorschriften der §§ 743, 745, 746, 748 finden Anwendung. ²Die Teilung der Früchte erfolgt erst bei der Auseinandersetzung. ³Ist die Auseinandersetzung auf längere Zeit als ein Jahr ausgeschlossen, so kann jeder Miterbe am Schluss jedes Jahres die Teilung des Reinertrages verlangen.

1 **A. Allgemeines.** Die Vorschrift regelt die gemeinschaftliche Verwaltung des Erbes im Innenverhältnis und trifft insbes Bestimmungen zu den Mitwirkungspflichten. Da die Verwaltungsmaßnahmen stets einstimmig beschlossen werden müssen, ist die Verwaltung sehr schwerfällig.

2 **B. Verwaltungsbefugnis.** Die Erbengemeinschaft verwaltet bis zur Auseinandersetzung den Nachlass gemeinschaftlich und ist als solche dessen handlungsfähiges Organ. Hierzu gehört auch das Erfordernis gemeinschaftlicher Verfügungen nach § 2040. Trotz des Grundsatzes der gemeinschaftlichen Verwaltung ist die **einstimmige Entscheidung** nur bei außerordentlichen Verwaltungsmaßnahmen erforderlich. Über Maßnahmen der laufenden Verwaltung entscheiden die Miterben nur mit Stimmenmehrheit (sog **ordnungsgemäße Verwaltung**), insoweit besteht auch eine Mitwirkungsverpflichtung für die Miterben, I 2. Für **dringliche Maßnahmen** hat jeder Miterbe iRs Notverwaltungsrecht die alleinige Entscheidungskompetenz (Palandt/*Edenhofer* § 2038 Rn 1).

3 Fehlen die Voraussetzungen für die Rechtmäßigkeit einer der drei Verwaltungsarten ist sie nach innen und außen unwirksam (MüKo/*Heldrich* § 2038 Rn 8).

4 **C. Ausnahmen.** Steht die Verwaltung dem Testamentsvollstrecker, dem Nachlassverwalter oder dem Insolvenzverwalter zu, entfällt das Verwaltungsrecht der Miterben ebenso, wie dann, wenn das Verwaltungsrecht eines Miterben durch Pfändung dem Pfändungsgläubiger überwiesen wurde. Der Testamentsvollstrecker ist an den nur für Miterben geltenden § 2038 nicht gebunden (BGH Rpfleger 86, 434).

5 Der Erblasser kann in seiner Verfügung von Todes wegen einzelnen Miterben besondere Verwaltungsrechte übertragen, welche aber aus wichtigem Grund auch wieder entzogen werden können (BGHZ 6, 76).

6 Die Miterben können durch Mehrheitsbeschluss (BGH NJW 71, 1265) oder stillschweigend (*Brox* Rn 489) jede denkbare Verwaltungsregelung beschließen, ohne dass die Minderheit bei mangelhafter Verwaltung Schadensersatzansprüche stellen kann (MüKo/*Heldrich* § 2038 Rn 21).

7 Eine einvernehmlich getroffene Verwaltungsvereinbarung (BGH WM 68, 1272) kann aus wichtigem Grund von jedem Erben gekündigt werden. Auch eine einem Miterben von den übrigen Miterben erteilter Verwaltungsauftrag ist jederzeit widerruflich und kündbar, § 671 (Palandt/*Edenhofer* § 2038 Rn 2). Im Übrigen kann eine Änderung immer dann verlangt werden, wenn sich die tatsächlichen Verhältnisse erheblich verändert haben und die Änderung gerechtfertigt erscheint (KG NJW 61, 733).

8 Ein Miterbe kann die Zustimmung der übrigen Miterben zur Fremdverwaltung des Nachlasses klageweise nur dann erzwingen, wenn die anderen Miterben zur Verwaltung nicht bereit oder nicht in der Lage sind (BGH NJW 83, 2142).

9 **D. Verwaltung.** Art und Inhalt der Verwaltung können die Miterben frei bestimmen, wobei § 2038 nur die Mitwirkungsrechte und -pflichten regelt. Die Verwaltung umfasst alle „rechtlichen und tatsächlichen Maßnahmen, die der Verwaltung, Sicherung, Erhaltung, Vermehrung, Nutzungsgewinnung, Verwertung von Nachlassgegenständen und der Schuldentilgung dienen" (iE s MüKo/*Dütz* § 2038 Rn 16 f), wobei aber der Erlass von Nachlassforderungen nicht zur Nachlassverwaltung gehört (DGE/*Wrede* § 2038 Rn 2). Sie umfasst sowohl die Maßnahmen im Innenverhältnis als auch im Außenverhältnis. Mehrheitsbeschlüsse iRd ordnungsgemäßen Verwaltung wirken nicht nur nach innen, sondern berechtigen zur Ausführung der beschlossenen Maßnahme. Im verbindlichen Abschluss eines Vertrages ist folglich eine Verwaltungsmaßnahme, nicht eine Verfügung zu sehen (BGHZ 56, 47), zu dessen Durchführung es der Mitwirkung aller Miterben bedarf, weil § 2040 I im Außenverhältnis gilt und als Spezialnorm vorgeht (str; BGHZ 56, 47; aA Soergel/*Wolf* § 2038 Rn 5 mwN). Verweigert ein Miterbe seine Mitwirkung, kann er durch Klage auf Erfüllung seiner Mitwirkungspflicht von jedem anderen Miterben dazu gezwungen werden.

10 Handlungen iRd Totenfürsorge gehören ebenso wenig zu den Verwaltungshandlungen wie Maßnahmen der Auseinandersetzung.

11 **E. Verwaltungsarten. I. Notgeschäftsführung.** Jeder Miterbe ist berechtigt und verpflichtet, notwendige Erhaltungsmaßnahmen ohne Mitwirkung der anderen, aber unter Einsatz seines eigenen Vermögens zu treffen (BGH JZ 53, 706). Eine Maßnahme ist **notwendig**, wenn sie der ordnungsgemäßen Verwaltung des gesamten Nachlasses dient. In Betracht kommt auch eine Verfügung (Soergel/*Wolf* § 2038 Rn 12) oder die Erhebung einer Klage, wenn nur durch sie ein dem Nachlass gehörendes Recht erhalten werden kann (BGHZ 94, 117). Bedeutsame Maßnahmen, durch die erhebliche Verpflichtungen für den Nachlass oder die anderen Miterben begründet werden, sind nur dann notwendig, wenn die Zustimmung der anderen Miterben wegen der Dringlichkeit der Maßnahme nicht mehr eingeholt werden konnte (BGHZ 6, 83).

12 Art und Umfang der Maßnahme ist vom Standpunkt eines vernünftigen und wirtschaftlich Denkenden zu beurteilen und zu entscheiden (BGHZ 6, 76), weshalb der Abschluss eines langjährigen Mietvertrages nicht vom Notgeschäftsführungsrecht umfasst ist (BGH NJW 1958, 2061).

13 Die vom notverwaltenden Miterben begründeten Verpflichtungen sind zunächst Eigenverbindlichkeiten, aber auch Nachlassverbindlichkeiten, wenn die Erhaltungsaufwendungen vom Standpunkt eines sorgfältigen Verwalters einer ordnungsgemäßen Verwaltung entsprechen. War sein Vorgehen berechtigt, kann er nach § 748 im Innenverhältnis von den übrigen Miterben anteiligen Ersatz verlangen. Hat er dagegen sein Notverwal-

tungsrecht überschritten, kommt ein Aufwendungsersatzanspruch nach GoA in Betracht (BGH NJW 87, 3001). War sein eigenmächtiges Vorgehen unberechtigt, hat er der Erbengemeinschaft den Nachteil zu ersetzen, der ihr bei pflichtgemäßem Handeln erspart geblieben wäre (*Wernecke* AcP 193, 240).

II. Ordnungsgemäße Verwaltung. Hierunter fallen die Maßnahmen der laufenden Verwaltung in Bezug auf den Nachlass als Gesamtvermögen, dh alle Maßnahmen, die der Beschaffenheit des Gegenstandes und dem Interesse aller Miterben nach billigem Ermessen entsprechen (Palandt/*Edenhofer* § 2038 Rn 6). Daher dürfen einzelne Gegenstände veräußert, verarbeitet oder umgestaltet werden, solange die Leistungsfähigkeit des Nachlasses erhalten bleibt (MüKo/*Heldrich* § 2038 Rn 30). Maßstab ist, wie sich eine vernünftige, wirtschaftlich denkende Person in der gegebenen Lage verhalten würde (BGH FamRZ 65, 267). Im Rahmen ordnungsgemäßer Verwaltung ist nur ein Mehrheitsbeschluss erforderlich, der dann auch die Rechtsnachfolger gem § 746 bindet. 14

1. Mitwirkungspflicht. Jeder Miterbe ist verpflichtet, an den zur ordnungsgemäßen Verwaltung erforderlichen Maßnahmen mitzuwirken, dh seine Zustimmung zu erteilen und selbst tätig zu werden (Palandt/*Edenhofer* § 2038 Rn 8). Die Zustimmung kann im Klagewege erzwungen werden (BGHZ 6, 76) mit einem auf eine bestimmte Maßnahme gerichteten Antrag, der im Interesse aller Miterben stehen und billigem Ermessen entsprechen muss. 15

Das Aufstellen eines Nachlassverzeichnisses gehört nicht zur Mitwirkungspflicht (RGZ 81, 30). 16

Verletzt ein Miterbe seine Mitwirkungspflicht oder seine Pflicht, gegen schädigendes Verhalten anderer Mitglieder der Erbengemeinschaft einzuschreiten, macht er sich schadensersatzpflichtig; für einen Erfüllungsgehilfen haftet er nach § 278 (BGH DRiZ 66, 396). Da die Mitwirkungspflicht nur im Innenverhältnis Wirkung entfaltet, kann sich ein Dritter nicht darauf berufen, dass die übrigen Miterben an der Maßnahme des einen Miterben hätten mitwirken müssen (BGH NJW 58, 2061). 17

2. Entscheidungen. Stimmberechtigt ist neben den Miterben, die auch dann mitstimmen dürfen, wenn sie unter Berücksichtigung ihrer Ausgleichungspflicht nichts mehr erhalten, auch der Erbteilserwerber, wobei die Stimmenmehrheit nach der Größe der Erbteile zu berechnen ist (BayObLGZ 63, 324). 18

Das Stimmrecht ist wegen Interessenwiderstreits ausgeschlossen in eigenen Angelegenheiten wie zB bei der Einziehung einer Forderung, deren Schuldner der Miterbe ist (BGH WM 73, 360), es sei denn, dass die Nachlassverwaltung einem Miterben übertragen werden soll. Er darf dann über die Übertragung sowie die Höhe der Vergütung mit abstimmen (*Nipperdey* AcP 143, 315). 19

Stellt sich heraus, dass die beschlossene Maßnahme ungeeignet war, kann jeder Miterbe von den anderen die zur Störungsbeseitigung erforderlichen Handlungen verlangen (OLGZ 40, 111). 20

Nach II entscheiden die Miterben durch Stimmenmehrheit, sofern Einstimmigkeit nicht erreicht werden kann, in folgenden Fällen: Übertragung der Verwaltung auf einen oder einzelne Miterben oder einen Dritten (BGH DRiZ 66, 396); die Benutzungsregelung von Nachlassgegenständen (BGH WM 68, 1172); die Vertretung des Nachlasses durch einen Miterben (Palandt/*Edenhofer* § 2038 Rn 9). 21

3. Wirkung. Ein wirksamer Mehrheitsbeschluss kann Außenwirkung haben (BGHZ 56, 47), so dass ein Miterbe für ein Verpflichtungsgeschäft bevollmächtigt ist (MüKo/*Heldrich* § 2038 Rn 51) und eine Nachlassverbindlichkeit begründen kann. Die Kosten für die Erhaltung, Verwaltung, einer gemeinschaftlichen Benutzung und die sonstigen Lasten werden im Innenverhältnis von den Miterben nach dem Verhältnis ihrer Erbteile getragen, II, wobei sich die Verpflichtung auf die im Nachlass vorhandenen bereiten Mittel beschränkt und eine Vorschusspflicht nicht begründet (MüKo/*Heldrich* § 2038 Rn 66, bestr). 22

4. Beispiele für eine ordnungsgemäße Verwaltung. Berichtigung von Nachlassverbindlichkeiten nach § 2046, sofern sie nicht von einem Konto getilgt werden, das den gesamten Nachlass bildet, dafür aber nicht ausreicht und der Nachlass dadurch überschuldet wird (Celle FamRZ 03, 1224); Einziehung von Miet- und Pachtforderungen und anderen Nachlassforderungen (BGH NJW 67, 440); Abschluss von Miet- und Pachtverträgen (BGH NJW 71, 1265), die nur mit den Mitgliedern der Erbengemeinschaft zustande kommen können (BGH NJW 02, 3389); Kündigung eines Miet- oder Pachtvertrages ist möglich (BGH NJW 52, 111), muss aber gemeinschaftlich erfolgen (str), da es sich um eine Verfügung über das Mietverhältnis handelt; Baumaßnahmen auf einem Grundstück (Ddorf MDR 47, 289); Fortführung eines Handelsgeschäfts im Namen der Erbengemeinschaft (BGH NJW 60, 962) und die Fortführung eines Gewerbebetriebs (Frankf WM 75, 129). 23

5. Auskunftspflicht. Eine allgemeine Auskunftspflicht besteht zwischen den Miterben nicht (BGH JR 90, 16). Eine Auskunftspflicht besteht auch nicht über Umstände im Hinblick auf die Testierfähigkeit des Erblassers (BGH aaO) oder über lebzeitige Zuwendungen (*Sarres/Afraz* ZEV 95, 433), da sich die erbrechtliche Auskunftspflicht stets nur auf den Bestand und Verbleib des Nachlasses erstreckt. Allerdings kann sich der Miterbe als Gesamthänder jederzeit selbst Kenntnis über den Bestand und den Wert des Nachlasses beschaffen und dazu ggf über §§ 2027, 2028 die Mitwirkung der übrigen Miterben verlangen (BGH NJW 73, 1876). 24

Die Auskunftspflicht besteht nach §§ 666, 681 aber dann, wenn ein Miterbe die Verwaltung allein geführt hat (RGZ 81, 30). UU besteht auch eine Pflicht zur Mitwirkung bei der Errichtung eines Nachlassverzeichnisses (Karlsr MDR 72, 424). 25

26 **III. Außerordentliche Verwaltung.** Alle Maßnahmen, die nicht unter die Notgeschäftsführung oder die laufende Verwaltung fallen, bedürfen der Übereinstimmung aller Miterben, wobei aber eine Mitwirkungspflicht nicht besteht (Palandt/*Edenhofer* § 2038 Rn 5). Nach außen ist aber einheitliches Auftreten zwingend. Allerdings kann ein Miterbe mit Zustimmung der übrigen handeln, §§ 182 ff. Bei Vertretung ohne Vertretungsmacht finden die §§ 177 ff Anwendung. Dulden die übrigen Miterben die Vornahme von Verwaltungshandlungen eines Miterben, kann darin eine stillschweigende Bevollmächtigung liegen (BGH NJW 59, 2114).

27 **F. Früchte.** Die Früchte gebühren den Miterben entspr dem Verhältnis ihrer Erbteile. Nach § 2038 II 2 soll die Teilung der Früchte grds erst bei der Auseinandersetzung der Erbengemeinschaft erfolgen, da das Gesamthandsvermögen zunächst noch vermehrt werden soll (DGE/*Wrede* § 2038 Rn 16). Daher können auch keine Abschlagszahlungen verlangt werden (Hburg MDR 65, 66), weil erst bei der Auseinandersetzung feststeht, was dem einzelnen Miterben unter Berücksichtigung seiner Ausgleichspflicht tatsächlich zusteht. Eine frühere Verteilung kann nur durch eine Vereinbarung aller Miterben angeordnet werden (RGZ 81, 241).

28 Der Reinertrag ist auf Verlangen eines Miterben am Ende eines jeden Jahres zu teilen, wenn die Auseinandersetzung länger als ein Jahr ausgeschlossen ist (Hburg MDR 65, 55). Erfolgt die Befriedigung eines Miterben durch Vorschüsse auf sein Auseinandersetzungsguthaben, stehen ihm die Früchte nur nach seiner tatsächlichen Beteiligung am Nachlassvermögen zu, wobei die Wertverhältnisse am Teilungsstichtag maßgebend sind (Hburg MDR 65, 107).

§ 2039 Nachlassforderungen

¹Gehört ein Anspruch zum Nachlass, so kann der Verpflichtete nur an alle Erben gemeinschaftlich leisten und jeder Miterbe nur die Leistung an alle Erben fordern. ²Jeder Miterbe kann verlangen, dass der Verpflichtete die zu leistende Sache für alle Erben hinterlegt oder, wenn sie sich nicht zur Hinterlegung eignet, an einen gerichtlich zu bestellenden Verwahrer abliefert.

1 **A. Allgemeines.** § 2039 ergänzt die Konstruktion der Erbengemeinschaft als Gesamthandsgemeinschaft, indem der verpflichtete Dritte nur an alle Erben gemeinsam leisten kann. In entspr Weise können die berechtigten Miterben die Leistung nur an alle Mitglieder der Erbengemeinschaft verlangen. Ausgenommen hiervor ist der Testamentsvollstrecker nach § 2212.

2 Die Vorschrift kann auf andere Gesamthandsgemeinschaften angewendet werden, wie zB für die Gütergemeinschaft (RGZ 158, 40), sofern das Zustimmungsverfahren wegen Gefahr im Verzug nicht eingehalten werden kann und mangels Abwesenheit oder Krankheit ein Notverwaltungsrecht gem § 1429 nicht gegeben ist. Dagegen ist § 2039 auf Gesellschaften nur bei Vorliegen besonderer Gründe analog anwendbar (BGHZ 39, 14).

3 **B. Nachlassansprüche.** Die Vorschrift erfasst alle schuldrechtlichen, dinglichen, erbrechtlichen und öffentlich-rechtlichen Nachlassansprüche, nicht aber die Ausübung von Gestaltungsrechten, wie Testamentsanfechtung, der Anspruch auf Übertragung von Gesellschaftsanteilen oder der Anspruch gegen den Testamentsvollstrecker auf ordnungsgemäße Verwaltung.

4 Nach §§ 994 ff muss die Leistung allen ggü angeboten werden. Allerdings genügt es, wenn an ein zur Entgegennahme bevollmächtigtes Mitglied der Erbengemeinschaft bzw deren Verwalter geleistet wird. Das Gesetz ermächtigt nun jeden Miterben allein und unabhängig von den anderen, die geschuldete Leistung an alle einzufordern, wodurch jeder Miterbe die der Erbengemeinschaft durch Nachlässigkeit einzelner ihrer Mitglieder drohenden Nachteile abwenden kann, ohne selbst einen unberechtigten Sondervorteil zu erlangen (Palandt/*Edenhofer* § 2039 Rn 1).

5 Erfasst werden nur Ansprüche, die zum Nachlass gehören, und zwar unabhängig davon, ob sie schuldrechtlicher, dinglicher oder öffentlich-rechtlicher Natur sind. Hierzu gehören insbes der Erbschaftsanspruch nach §§ 2018 ff, der Unterlassungsanspruch, der Freistellungsanspruch (RGZ 158, 42), der Anspruch auf Auseinandersetzung und Antrag auf Teilungsversteigerung nach § 181 ZVG, und zwar auch dann, wenn die Gemeinschaft zwischen der Miterbengemeinschaft und einem Dritten besteht (RGZ 108, 424), der Anspruch auf Hinterlegung nach § 432 I 2, auch wenn die Erbengemeinschaft nur Teilhaber der Geldforderung ist (BGH NJW 83, 2020), der Anspruch auf Rechnungslegung gegen den Testamentsvollstrecker (BGH NJW 65, 396) sowie der Anspruch auf Berichtigung des Grundbuchs (BGHZ 44, 367).

6 Darüber hinaus gehören auch Ersatzforderungen aufgrund von § 2041 (*Wieser* FS Lange 70, 325), wie der Schadensersatzanspruch wegen Nicht-/Schlechterfüllung der zum Nachlass gehörenden Kaufpreisforderung oder, sofern dieser gegen den Schuldner nicht durchsetzbar ist, der Schadensersatzanspruch gegen den Notar wegen seiner schuldhaften Amtspflichtverletzung bei der Beurkundung des Rechtsgeschäfts (BGH NJW 87, 434).

7 Weitere Fälle sind: der Anspruch auf das bei der GoA Erlangte, sobald die Erbengemeinschaft die Geschäftsführung genehmigt hat (RG SeuffA 81 Nr 95), der Antrag auf Aufnahme eines durch den Tod des Erblassers unterbrochenen Wiederaufnahmeverfahrens, wenn das angefochtene Urteil einen Nachlassanspruch abgewiesen hatte (BGH NJW 54, 1523), der Antrag auf Bestimmung einer Inventarfrist gegen die Erben des Schuld-

ners (RGRK/*Kregel* § 2039 Rn 2; aA KG OLGZ 35, 360) und schließlich auch die öffentlich-rechtlichen Ansprüche wie die Geltendmachung des Witwerrentenanspruchs des verstorbenen Vaters (BVerfGE 17, 86), der Kostenerstattungsanspruch aus dem vom Vater und später von den Erben für den Vater geführten Rechtsstreit (LSozG Celle NJW 68, 1743) oder der Erlass von Säumniszuschlägen (BFH FamRZ 89, 975).

Für die Ansprüche der Erbengemeinschaft aus unerlaubter Handlung beginnt die Verjährungsfrist der §§ 195, 199 mit der Kenntnis des Erblassers vom Schaden und der Person des Ersatzpflichtigen, ansonsten dann, dh wenn er sie nicht mehr erlangt hat, wenn diese Voraussetzungen in der Person jedes Erben begründet sind (Celle NJW 64, 869). 8

Gestaltungsrechte sind, da sie die Rechtsfolgen unmittelbar herbeiführen, keine Ansprüche (BGH NJW 51, 308). Daher fallen nicht unter § 2039 die Anfechtungs-, Minderungs-, Rücktritts- und Widerrufserklärung (BGH NJW 89, 2694), die Ausübung von Wahl-, Vorkaufs- und Wiederkaufsrechten (BGHZ 14, 251), die Erhebung der Nichtigkeitsklage oder die Nachfristsetzung (BGH NJW 00, 506). Auch die Kündigung einer Forderung kann, da sie eine Verfügung enthält, nur gemeinschaftlich erfolgen (RGZ 65, 5). 9

§ 2039 ist bei der Anfechtung eines **Verwaltungsaktes**, der die Erbengemeinschaft belastet oder verpflichtet, nicht entspr anwendbar; sie kann von den Miterben grds nur gemeinschaftlich in notwendiger Streitgenossenschaft durchgeführt werden (BVerwG NJW 56, 1295). 10

Da Mahnungen keine Gestaltungsrechte sind, fallen sie unter den Anwendungsbereich des § 2039 (Kroiß/ Ann/Mayer/*Ann* § 2039 Rn 5). Die Ausübung der Gestaltungsrechte ist Teil der Nachlassverwaltung und folgt deren Regeln, §§ 2038, 2040 (Kroiß/Ann/Mayer/*Ann* § 2039 Rn 5). 11

Der einzelne Erbe kann nicht verlangen, dass die Leistung an ihn erbracht wird, auch wenn es von dem geltend gemachten Anspruch nur den Teil betrifft, der seiner Quote am Nachlass entspricht (Palandt/*Edenhofer* § 2039 Rn 9). Ist er von den Miterben zur Entgegennahme der Leistung ermächtigt, kann er sie an sich verlangen (BGH NJW-RR 05, 955). Sind die Miterben zur Annahme nicht bereit, muss er die Hinterlegung für alle erwirken; im Übrigen kann jeder Miterbe fordern, dass die Hinterlegung oder bei Ungeeignetheit die Ablieferung an einen vom Amtsgericht bestellten Verwahrer erfolgt (Palandt/*Edenhofer* § 2039 Rn 9). 12

Verweigert nur ein Miterbe die Annahme, tritt Annahmeverzug bei allen Miterben ein, weshalb der Schuldner nicht zu erfüllen braucht. 13

Jeder Miterbe kann einen Schuldner der Erbengemeinschaft durch **Mahnung** in Verzug setzen, wobei Schuldnerverzug nur eintritt, wenn alle Miterben zur Entgegennahme bereit sind. Sie entfaltet aber Gesamtwirkung, dh sie wirkt für alle und nicht nur für und gegen den handelnden Miterben (hM, MüKo/*Dütz* § 2039 Rn 18 mwN). 14

Demzufolge müssen auch die Maßnahmen, die ein Miterbe zur Hemmung oder zum Neubeginn der Verjährung ergreift, Gesamtwirkung entfalten (MüKo/*Dütz* § 2039 Rn 20; aA RGRK/*Kregel* § 2039 Rn 12). Daher unterbricht die ordnungsgemäße Klageerhebung eines Miterben die Verjährung mit Wirkung für alle Mitglieder der Erbengemeinschaft. Jeder Erbe muss durch den Tod des Erblassers unterbrochenen Prozess aufnehmen. Er kann etwaige Prozessführungsmängel durch Genehmigung heilen. 15

Sofern der Erblasser nicht bereits zu seinen Lebzeiten die Aufrechnung erklärt hat, kann die Aufrechnungserklärung nur von allen Miterben gemeinsam abgegeben werden (DGE/*Wrede* § 2039 Rn 2). 16

Unter den Voraussetzungen des § 2039 kann jeder Miterbe alle zur Realisierung eines Anspruchs der Erbengemeinschaft geeignet erscheinenden Maßnahmen ergreifen, dh er kann als gesetzlicher Prozessstandschafter auf Leistung an alle Miterben und auf zukünftige Leistung klagen (Kroiß/Ann/Mayer/*Ann* § 2039 Rn 11). 17

Es besteht aber keine notwendige Streitgenossenschaft. 18

C. Durchsetzung. Der einzelne Miterbe kann den Schuldner eines fälligen Anspruchs mahnen und dadurch in Verzug setzen. Sodann kann der Anspruch durch Leistungs- oder Feststellungsklage gerichtlich geltend gemacht und zur Sicherung ein Arrest oder eine einstweilige Verfügung erwirkt werden. Schließlich kann, wenn der Titel von allen Miterben erwirkt worden ist, die Zwangsvollstreckung betrieben werden (KG NJW 57, 1154). 19

Der Miterbe klagt stets im eigenen Namen; die Erbengemeinschaft als solche ist nicht parteifähig, dh auch in dem von allen Miterben als Gemeinschaft geführten Prozess sind deshalb die einzelnen Miterben selbst Partei mit der Folge, dass sie einzeln den materiell-rechtlichen und prozessualen Einwendungen ausgesetzt sind oder diese geltend machen können (BGH NJW 89, 2133). Das rechtskräftige Urteil schafft Rechtskraft für und gegen die anderen Miterben (RGZ 93, 127). 20

Die Klage des einen Miterben hemmt nach § 204 I Nr 1 die Verjährung auch für die übrigen Miterben (MüKo/*Heldrich* § 2039 Rn 20 mwN, str). Der Schuldner ist dem Obsiegenden zur Zahlung des gesamten Betrages an alle Erben gemeinschaftlich verpflichtet (Palandt/*Edenhofer* § 2039 Rn 7). 21

Klagt der Miterbe gegen den Willen der anderen Miterben eine Nachlassforderung ein, kann der in Anspruch Genommene Rechtsmissbrauch einwenden mit der Folge, dass die Klage als unzulässig abgewiesen werden muss (DGE/*Wrede* § 2039 Rn 3). 22

§ 2039 gilt nicht nur für Leistungsklagen, sondern auch für Feststellungsklagen, wenn sie sich auf einen Anspruch der Erbengemeinschaft beziehen, auf Widerklagen und Rechtsmittel sowie für Aufnahme- und Nichtigkeitsklagen. Darüber hinaus findet sie Anwendung auf Beschwerden, Verfahren der freiwilligen Gerichtsbarkeit bei schon bestehenden Ansprüchen, auf Zwangsvollstreckungsmaßnahmen, die die Einzie- 23 hung von Nachlassforderungen betreffen sowie auf Sicherungsmaßnahmen im einstweiligen Rechtsschutz und den Antrag auf Insolvenzeröffnung (DGE/*Wrede* § 2039 Rn 3). Bei Widersprüchen und Anfechtungsklagen gegen Verwaltungsakte gilt die Vorschrift aber nur eingeschränkt (vgl Rn 9).

24 **D. Streitwert.** Der Streitwert für die Klage eines Miterben gegen einen anderen richtet sich nach der Höhe des geltend gemachten Anspruchs der Erbengemeinschaft, von dem der Betrag abzuziehen ist, der dem Miterbenanteil des Beklagten entspricht (BGH NJW 67, 443). Bei Herausgabe- und Zahlungsklagen nach § 2039 sind die klagenden Miterben aber am Streitgegenstand gemeinschaftlich beteiligt (Schlesw SchlHA 93, 155).

25 **E. Kosten.** Die gerichtlichen und außergerichtlichen Kosten trägt der klagende Miterbe. Über § 670 können die übrigen Mitglieder der Erbengemeinschaft zum Ausgleich verpflichtet sein.

26 **F. Ansprüche der Miterbengemeinschaft.** Die Vorschrift erfasst auch alle Ansprüche der Erbengemeinschaft gegen eines ihrer Mitglieder. Allerdings kann der in Anspruch genommene Erbe dieser Forderung, sofern die Voraussetzungen des § 273 I vorliegen, das sich aus der Nachlassauseinandersetzung ergebende Zurückbehaltungsrecht entgegenhalten. Ist die eingeforderte Verbindlichkeit wesentlich niedriger als der Miterbenanteil des betroffenen Miterben, ist auch der Einwand des Rechtsmissbrauchs in Erwägung zu ziehen (DGE/*Wrede* § 2039 Rn 6).

27 Darüber hinaus kann der einzelne Miterbe, ohne bis zur Auseinandersetzung warten zu müssen, Ansprüche gegen Miterbenschuldner im eigenen Namen geltend machen, und zwar auch dann, wenn der Schuldner seine Schuld in der Auseinandersetzung ausgleichen könnte (Erman/*Schlüter* § 2039 Rn 5). Da die Forderung der Erbengemeinschaft auch nicht teilweise durch Vereinigung von Gläubigerrecht und Schuld in einer Person erloschen ist, kann die Klage auch nicht teilweise abgewiesen werden, wenngleich der Miterbenschuldner im Einzelfall den Einwand der unzulässigen Rechtsausübung erheben kann, wenn zB schon vorauszusehen ist, dass er mit Sicherheit seine Schulden durch seinen Erbteil decken kann (BGH WM 71, 653).

28 Im Übrigen kann der Miterbenschuldner dem Testamentsvollstrecker, der eine Nachlassforderung gegen ihn geltend macht, nicht einwenden, er verstoße gegen die Grundsätze der ordnungsgemäßen Verwaltung, da der Grundsatz von Treu und Glauben es dem einzelnen Miterben nicht verwehrt, Ansprüche der Erbengemeinschaft nach § 2039 zu verfolgen, obwohl er selbst ggü der Erbengemeinschaft in der Schuld steht (Erman/*Schlüter* § 2039 Rn 5). Dies gilt in besonderer Weise, wenn es sich um Forderungen anderer Art handelt (BGH WM 71, 653). Der Miterbenschuldner kann mangels Gegenseitigkeit nicht mit einem Gegenanspruch gegen den klagenden Miterben aufrechnen, wohl aber mit einem Anspruch gegen die Erbengemeinschaft, wobei die Aufrechnungserklärung ggü allen Miterben abgegeben werden muss (Erman/*Schlüter* § 2040 Rn 4).

§ 2040 Verfügung über Nachlassgegenstände, Aufrechnung

(1) Die Erben können über einen Nachlassgegenstand nur gemeinschaftlich verfügen.
(2) Gegen eine zum Nachlasse gehörende Forderung kann der Schuldner nicht eine ihm gegen einen einzelnen Miterben zustehende Forderung aufrechnen.

1 **A. Allgemeines.** Diese Vorschrift ist Ausfluss des die Erbengemeinschaft beherrschenden Gesamthandsprinzips und ist nicht nur von Nacherben, sondern auch von Erbteilserwerbern zu beachten. Auf die Erlangung des Erbteils kommt es dabei nicht an.

2 **B. Verfügungsbefugnis.** Da die Miterben nur gemeinsam über einen Nachlassgegenstand verfügen können, kann jeder einzelne die Verfügung verhindern, auch wenn es sich um eine ordnungsgemäße Verwaltungsmaßnahme iSd § 2038 handelt, die durch einen Mehrheitsbeschluss gedeckt ist (DGE/*Wrede* § 2040 Rn 2).

3 Die Erbengemeinschaft muss sich nur dann mit Gegenforderungen Dritter beschäftigen, wenn sie sich gegen alle Mitglieder der Erbengemeinschaft richten.

4 **C. Nachlassgegenstand.** § 2040 findet nur Anwendung, wenn es sich um einen einzelnen Nachlassgegenstand (Sachen oder Rechte) handelt. Sie gilt nicht für den Gesamtnachlass.

5 Zu Schwierigkeiten kann es kommen, wenn es sich um eine im Rahmen ordnungsgemäßer Verwaltung liegenden Verwaltungsmaßnahme in Form einer Verfügung handelt: Im Innenverhältnis genügt ein Mehrheitsbeschluss, im Außenverhältnis bedarf es aber zur Wirksamkeit der Mitwirkung aller Erben. Verweigert ein Miterbe seine Mitwirkung, kann er auf Mitwirkung verklagt werden, § 2038 I 2 iVm § 894 ZPO (DGE/*Wrede* § 2040 Rn 3).

6 **D. Verfügungen.** Verfügungen sind Rechtsgeschäfte, die bestehende Rechte aufheben, belasten und/oder inhaltlich verändern. Hierzu gehören insbes die Kündigung einer Forderung (RGZ 146, 316); ihre Einziehung; der Rücktritt (RGZ 151, 313); die Anfechtung nach § 119 (BGH NWJ 51, 308); die Anerkennung und der Verzicht auf ein Recht (RG SeuffA 79 Nr 180); die Abtretung; das Anerkenntnis und die Aufrechnung (BGHZ 38, 122); die Ermächtigung eines Dritten zur Vornahme einer Verfügung (RGZ 67, 27); der Widerruf eines Auftrags (RG SeuffA 79 Nr 221); die Annahme einer Leistung als Erfüllung (Erman/*Schlü-*

ter § 2040 Rn 1); die Zustimmung einer Erbengemeinschaft als Grundstückseigentümerin zur Veräußerung des Erbbaurechts (Hamm 1967, 127); die Zustimmung zur Grundbuchberichtigung (RGZ 93, 292); die Löschungsbewilligung einer Reallast (BayObLGZ 1988, 230); die Erhebung einer Mietaufhebungsklage (AG Hannover ZMR 66, 152) und die Klage auf geräumte Herausgabe einer Wohnung (LG Köln MDR 72, 520). Ist der Miterbe auch Schuldner der Forderung, ist seine Mitwirkung nicht erforderlich (BayObLGZ 6, 327).

Keine Verfügungen in diesem Sinne sind die Ausschlagung der Erbschaft nach § 1952 III, der Widerruf erteilter Vollmachten des Erblassers, wohl aber die Kündigung des zugrunde liegenden Auftragsverhältnisses, soweit dadurch über einen Nachlassgegenstand verfügt wird (RG SeuffA 79 Nr 221); die Rücknahme des Eintragungsantrags des Erblassers (Ddorf NJW 56, 876) oder das Anerkenntnis einer Nachlassverbindlichkeit, weil sich das nach § 2038 richtet (DGE/*Wrede* § 2040 Rn 4) sowie der Antrag, ein Aufgebotsverfahren nach § 927 ZPO einzuleiten (Bambg NJW 66, 1413). 7

Diese Verfügungen über einzelne Nachlassgegenstände können von den Miterben nur gemeinschaftlich getroffen werden, sofern es sich nicht nur um Verfügungen eines einzelnen Miterben handelt, die der Erhaltung des Nachlasses dienen, § 2038 I 2 Hs 2. Insoweit ergänzt § 2040 I die Bestimmung des § 2033 II; er findet aber auch auf den Erbteilserwerber Anwendung, der nur wie der veräußernde Miterbe verfügen kann (RGZ 112, 129). 8

E. Gemeinschaftlich. Gemeinschaftlichkeit meint alle Zusammenwirkungsmöglichkeiten wie Stellvertretung oder Genehmigung, die schlussendlich die gemeinsame Verfügung ergeben. Nicht erforderlich ist die rechtliche Gleichartigkeit der Mitwirkung aller Beteiligter (Palandt/*Edenhofer* § 2040 Rn 4). Es ist nicht erforderlich, dass die Erklärungen gleichzeitig und bei derselben Gelegenheit abgegeben werden, sofern sie sich nur zu einer einheitlichen Verfügung ergänzen (KGJ 53, 133). Allerdings müssen die Verfügungserklärungen der einzelnen Mitglieder auf ihre Wirksamkeit hin überprüft werden, insbes ob eine vormundschaftsgerichtliche Genehmigung einzuholen ist (DGE/*Wrede* § 2040 Rn 5). 9

Die vom einzelnen Miterben getroffene Verfügung wird mit der vorherigen Zustimmung der übrigen Miterben (RGZ 129, 284) oder deren nachträglichen Genehmigung (BGHZ 19, 138) wirksam. Die allein sorgeberechtigte Mutter kann, wenn sie und ihr minderjähriges Kind Miterben sind, ihr Kind bei dem nach §§ 1821, 1828 genehmigungsbedürftigen Verkauf eines Nachlassgrundstückes vertreten (Jena NJW 95, 3126). Erfolgt der Verkauf in Erfüllung einer Nachlassverbindlichkeit, ist auch der Betreuer nicht von der Vertretung nach §§ 1908 i, 1795 ausgeschlossen (BayObLG FamRZ 01, 51). Die Verfügung ist unwirksam, wenn der Miterbe seine oder die Erklärung des Erblassers zulässigerweise widerruft (Ddorf NJW 56, 876). 10

Bei einseitigen Verfügungen ist eine nachträgliche Genehmigung wirkungslos. 11

Will ein Dritter ggü der Erbengemeinschaft eine Verfügung (Anfechtung, Kündigung ua) vornehmen, muss er sie nach § 2040 I ggü sämtlichen Miterben erklären. Daher muss eine Klage die auf eine Verfügung über Nachlassgegenstände gerichtet ist, gegen alle Miterben erhoben werden, sofern nicht bereits einige unstreitig oder nachweislich zu dieser Verfügung bereit oder verurteilt sind (BGH WM 78, 1327). Diese Grundsätze gelten auch für einen Antrag auf Ersetzung der Zustimmung nach § 7 ErbbauVO (Hamm OLGZ 66, 574) oder die Rücknahme eines begünstigenden Verwaltungsaktes, die einen Erstattungsanspruch begründet (OVG München NJW 85, 2439). 12

Die Zwangsvollstreckung in einen einzelnen Nachlassgegenstand kann nur dann betrieben werden, wenn ein Urteil gegen sämtliche Mitglieder der Erbengemeinschaft vorliegt. 13

§ 2040 ist schließlich auch dann anwendbar, wenn die Erbengemeinschaft ggü einem Miterben verfügen will oder wenn umgekehrt ein Miterbe eine Verfügung ggü den übrigen Miterben treffen will. 14

F. Aufrechnung. Der Schuldner kann nach II gegen eine Nachlassforderung nicht mit der Forderung gegen einen einzelnen Miterben aufrechnen. Die Aufrechnungserklärung wird auch durch die Zustimmung dieses Miterben nicht wirksam (Staud/*Werner* § 2040 Rn 27). Die Aufrechnung mit einer zum Nachlass gehörenden Forderung kann nach I nur von den Miterben gemeinschaftlich erklärt werden (BGHZ 38, 124). Hat bereits der Erblasser die Aufrechnung erklärt, kann sich jeder Miterbe im Prozess einredeweise auf die Aufrechnung berufen (RG Warn 13 Nr 235). 15

Darüber hinaus ist dem Nachlassschuldner die Ausübung des Zurückbehaltungsrechts wegen einer gegen einen Miterben zustehenden Forderung nicht erlaubt (BGHZ 31, 394). 16

Auch der Besitzer kann sich ggü dem von allen Miterben erhobenen Eigentumsanspruch nicht auf sein Besitzrecht berufen, wenn es ihm nur gegenüber einem Miterben zusteht (München MDR 57, 103). Diese Regelung findet auch beim Zurückbehaltungsrecht Anwendung, wenn dieses Recht nicht allen Miterben ggü ausgeübt werden kann (DGE/*Wrede* § 2040 Rn 6). 17

Allerdings kann ein mit der Gesamthandsklage in Anspruch genommener Miterbe die Befriedigung des Gläubigers verweigern, solange sich der Gläubiger durch Aufrechnung gegen eine fällige Forderung der Erbengemeinschaft befriedigen kann (BGHZ 38, 122). 18

§ 2041 Unmittelbare Ersetzung

¹Was auf Grund eines zum Nachlass gehörenden Rechts oder als Ersatz für die Zerstörung, Beschädigung oder Entziehung eines Nachlassgegenstandes oder durch ein Rechtsgeschäft erworben wird, das sich auf den Nachlass bezieht, gehört zum Nachlass. ²Auf eine durch ein solches Rechtsgeschäft erworbene Forderung findet die Vorschrift des § 2019 Abs. 2 Anwendung.

1 **A. Allgemeines.** Durch die Vorschrift sollen die wirtschaftliche Einheit und der Wert des Nachlassvermögens als Gesamthandsvermögen für die Miterben und die Nachlassgläubiger erhalten bleiben (BGH NJW 87, 434). Sie findet dann keine Anwendung, wenn über den Nachlass Nachlassverwaltung, -pflegschaft oder das Nachlassinsolvenzverfahren eröffnet ist, weil den Berechtigten mit diesen Verfahren ausreichend Schutz gewährt wird (DGE/*Wrede* § 2041 Rn 2).

2 **B. Surrogationserwerb.** Die kraft dinglicher Surrogation erworbenen Gegenstände gehören zum Nachlass und stehen den Miterben zur gesamten Hand zu. Dies gilt auch für den Erwerb von Surrogaten der Surrogate und bei Verfügungen des Testamentsvollstreckers über Nachlassgegenstände (MüKo/*Dütz* § 2041 Rn 3), wobei die dingliche Surrogation ohne Zwischenerwerb des Testamentsvollstreckers unmittelbar bei den Miterben eintritt. Ein etwa entgegenstehender Wille des Testamentsvollstreckers ist unbeachtlich (Hamm 01, 275).

3 **C. Rechtsgeschäftlicher Erwerb.** § 2041 regelt nur den Erwerb durch Mitglieder der Erbengemeinschaft und enthält drei Arten der Surrogation.

4 **I. Rechtssurrogation.** Von ihr wird alles erfasst, was aufgrund eines zum Nachlass gehörenden Rechts, eines zum Nachlass gehörenden schuldrechtlichen oder dinglichen Anspruchs erworben wird (Erman/*Schlüter* § 2041 Rn 2). Der Erwerb erfolgt aufgrund von Ansprüchen, die bereits beim Erbfall begründet waren (MüKo/*Dütz* § 2041 Rn 7).

5 **II. Ersatzsurrogation.** Gegenstand dieser Surrogationsart ist alles, was für die Zerstörung, Beschädigung oder Entziehung von Nachlassgegenständen kraft Gesetzes erworben wird (Erman/*Schlüter* § 2041 Rn 3). Zu nennen sind insbes Schadensersatz- und Bereicherungsansprüche sowie Ansprüche gegen eine Sachversicherung bei Eintritt des Versicherungsfalls oder Schadensersatzansprüche gegen einen Notar wegen einer Nachlassschädigung infolge einer Amtspflichtverletzung (BGH NJW 87, 435).

6 **III. Beziehungssurrogation.** Sie erfordert neben dem subjektiven Willen, für den Nachlass zu erwerben (KG JFG 15, 155), ein objektives Element, nämlich einen inneren Zusammenhang zwischen Nachlass und Erwerb (KG DR 1944, 190). Nicht erforderlich ist, dass es sich um ein Austauschgeschäft handelt (BGH NJW 90, 514).

7 Es reicht allein die objektive Beziehung zum Nachlass aus, wenn das Rechtsgeschäft mit Mitteln des Nachlasses vorgenommen wird, sog **Mittelsurrogation**. Ein evtl entgegenstehender Wille ist unerheblich, es sei denn, der Miterbe hat mit Einverständnis der anderen Miterben den Gegenstand zu Alleineigentum erwerben sollen (BGH NJW 68, 1824). Dabei sind Vermögensgegenstände aller Art zu berücksichtigen, und zwar unabhängig davon, ob sie aus dem Nachlass stammen oder in den Nachlass fallen.

8 Kommt aber als Miterbe ein Erbschaftsbesitzer in Betracht, gilt nur § 2019, nach dem darüber zu entscheiden ist, ob der Erwerb mit Mitteln der Erbschaft bewirkt wurde.

9 Erwirbt der Erbe **mit fremden Mitteln**, bedarf es eines subjektiven Willens, für den Nachlass zu erwerben (*Wolf* JuS 75, 714; aA MüKo/*Dütz* § 2041 Rn 25). Daneben muss auch ein objektiver Zusammenhang gegeben sein, der immer dann vorliegt, wenn das Geschäft der Erhaltung und Verwaltung des Nachlasses dient; aber auch Gründe der wirtschaftlichen Zweckmäßigkeit können den inneren Zusammenhang begründen (Soergel/*Wolf* § 2041 Rn 11).

10 **D. Gutgläubiger Erwerb.** Die Bestimmungen der §§ 932 ff über den gutgläubigen Erwerb vom Nichtberechtigten gelten auch beim Surrogationserwerb. Ist der Miterbe, der das Rechtsgeschäft tätigt, bösgläubig, ist ein gutgläubiger Erwerb durch die Erbengemeinschaft von Anfang an ausgeschlossen. Dies gilt nicht, wenn der unmittelbar am Erwerb beteiligte Miterbe gutgläubig, ein anderer Miterbe dagegen bösgläubig ist; hier ist § 166 analog anzuwenden (*Gross* MDR 65, 443).

11 **E. Verkehrsschutz.** S 2 bestimmt zum Schutz Dritter, dass sie die durch Surrogation erworbene Forderung als zum Nachlass gehörend erst dann gelten lassen müssen, wenn sie davon Kenntnis haben, § 2019 II.

§ 2042 Auseinandersetzung

(1) Jeder Miterbe kann jederzeit die Auseinandersetzung verlangen, soweit sich nicht aus den §§ 2043 bis 2045 ein anderes ergibt.
(2) Die Vorschriften des § 749 Abs. 2, 3 und der §§ 750 bis 758 finden Anwendung

1 **A. Allgemeines.** Die Erbengemeinschaft entsteht unabhängig vom Willen der Miterben und ohne ihr Zutun und ist insoweit eine Zwangs- und Zufallsgemeinschaft. Daher kann jeder Miterbe gem § 2042 I 1 jederzeit die Auseinandersetzung verlangen (*Harder/Kroppenberg* Rn 612).

B. Auseinandersetzungsanspruch. Nach § 2042 I Hs 1 hat jeder Miterbe einen Anspruch auf Durchführung 2
der Erbauseinandersetzung, wobei die Art der Auseinandersetzung durch die Miterben vereinbart werden
kann und entgegen § 723 II auch zur Unzeit verlangt werden kann, wobei aber das Gebot der Rücksichtnahme
auf die Interessen der übrigen Miterben zu berücksichtigen ist. Die maßgebliche Art der Auseinandersetzung
lässt sich mangels Vereinbarung aus etwaigen Auseinandersetzungsanordnungen des Erblassers, § 2048, aus
Vereinbarungen der Miterben über einzelne Punkte oder aus gesetzlichen Auseinandersetzungsregeln, § 2042
iVm §§ 752 ff, §§ 2046 ff entnehmen (BGHZ 21, 229), die dann zur Anwendung gelangen, wenn eine Vereinbarung nicht zustande gekommen ist. Nach § 2046 I sind zunächst die Nachlassverbindlichkeiten zu tilgen und
der Rest im Verhältnis der Erbteile zu teilen, § 2047, nachdem er, soweit erforderlich, versilbert wurde.
Ist eine Teilungsanordnung des Erblassers nach § 2048 vorhanden, hat diese, ebenso wie die Vereinbarung der 3
Miterben, nur schuldrechtliche Wirkung, ersetzt aber den Teilungsplan und geht den gesetzlichen Auseinandersetzungsregeln vor (BGH NJW 02, 2712). Jeder Miterbe hat Anspruch auf Einhaltung dieser Anordnung
(Palandt/*Edenhofer* § 2048 Rn 4).
Danach ist der Anspruch aus § 2042 I Hs 1 zumindest auf Mitwirkung der übrigen Miterben bei der Ausei- 4
nandersetzung des Nachlasses gerichtet (*Eberl-Bonges* S. 187). Nach hM beinhaltet die Vorschrift darüber
hinaus einen Anspruch auf Abschluss bestimmter Erbauseinandersetzungsvereinbarungen gegen die Miterben (KG NJW 61, 733).
Die Mitwirkungspflicht betrifft alle Maßnahmen, die zur Auseinandersetzung erforderlich sind, wie zB die 5
Mitwirkung bei der Tilgung von Nachlassverbindlichkeiten durch Zustimmung zur Auszahlung aus dem
Nachlass (Kroiß/Ann/Mayer/*Eberl-Bonges* § 2042 Rn 3).
Hat ein Gläubiger den Miterbenanteil gepfändet und zahlt ein anderer Erbe dessen Schulden, um die einge- 6
leitete Zwangsversteigerung abzuwenden, geht die Forderung des Gläubigers nach § 268 III analog auf den
leistenden Miterben über (Karlsr NJW-RR 92, 713).
Anspruchsberechtigt ist zunächst jeder Miterbe, aber auch der Erbteilserwerber (OLG 14, 154), der Insol- 7
venzverwalter eines in Insolvenz geratenen Miterben, § 35 InsO mit § 859 II ZPO, § 84 InsO, der verwaltende
Testamentsvollstrecker und der Teilnachlasspfleger für einzelne unbekannte Erben, wobei der Miterbe bzw
Erbteilserwerber und der Nießbraucher nur gemeinschaftlich berechtigt sind, den Anspruch geltend zu
machen. Entspr gilt beim Pfandrecht am Erbteil, wobei der Pfandgläubiger nach Pfandreife die Auseinandersetzung alleine verlangen kann (RGZ 84, 396).
Der Auseinandersetzungsanspruch ist an die Stellung als Miterbe gebunden mit der Folge, dass er nicht abge- 8
treten werden kann. Allerdings ist eine gewillkürte Prozessstandschaft möglich (BGH FamRZ 65, 267).
C. Anspruch auf Teilauseinandersetzung. Mangels anderweitiger Vereinbarungen der Miterben hat jeder 9
von ihnen Anspruch auf Erbauseinandersetzung gem den Erblasseranordnungen bzw der im Gesetz
bestimmten Art und Weise. Da die §§ 2046 ff, 2042 II iVm 752 ff eine alle Miterben und den gesamten Nachlass, mit Ausnahme von § 2047 II, erfassende Auseinandersetzung des Nachlasses vorsehen, hat jeder Miterbe Anspruch auf
eine vollständige Auseinandersetzung des Nachlasses. Eine Teilauseinandersetzung ist daher grds nicht möglich (BGH NJW 85, 51), es sei denn, der Erblasser hat sie vorgesehen, die Erben haben sich auf eine Teilauseinandersetzung geeinigt oder es liegen besondere Gründe vor, die eine Teilauseinandersetzung auch gegen den
Willen eines Miterben rechtfertigt, sofern dadurch berechtigte Belange der Erbengemeinschaft oder einzelner
Miterben nicht beeinträchtigt werden (BGH FamRZ 84, 688).
Sind alle Nachlassverbindlichkeiten getilgt, kann jeder Miterbe nach §§ 2047 I, 2042 II mit 752–754 die Tei- 10
lung jedes Nachlassgegenstandes verlangen, wodurch **gegenständliche Teilauseinandersetzungen** möglich
sind, ohne dass gleichzeitig die Teilung aller übrigen Nachlassgegenstände betrieben werden müsste (*Eberl-Bonges* S 201). Dagegen muss, wenn noch Nachlassverbindlichkeiten vorhanden sind, neben dem Vorliegen
eines sachlichen Grundes eine Beeinträchtigung der Interessen der übrigen Miterben ausgeschlossen sein
(BGH NJW 63, 1610). Die Interessen der Miterben sind beeinträchtigt, wenn nach der Teilauseinandersetzung kein Nachlassrest verbleibt, der die noch bestehenden Nachlassverbindlichkeiten nicht decken würde
(*Petzold* S 100). Eine gegenständliche Teilauseinandersetzung kommt also nur in Betracht, wenn sich die Miterben über die Auseinandersetzung einzelner Nachlassgegenstände uneinig sind (MüKo/*Dütz* § 2042 Rn 19).
Es besteht aber kein Anspruch auf eine persönliche Teilauseinandersetzung, diese kann nur einvernehmlich 11
vereinbart werden (BGH NJW 85, 51) und darf berechtigte Belange anderer Nachlassbeteiligter nicht betreffen. Will der Miterbe aus der Erbengemeinschaft ausscheiden, hat er die Möglichkeit, seinen Erbteil gem
§ 2033 auf die anderen zu übertragen (BGZZ 86, 379), im Wege der Abschichtung, indem der austrittswillige
Miterbe vertraglich seine Mitgliedschaftsrechte gegen Abfindung an die Erbengemeinschaft aufgibt und
dadurch einvernehmlich aus der Erbengemeinschaft ausscheidet (BGH NJW 98, 1557), oder zu veräußern.
Dadurch wächst der Anteil des Ausscheidenden den verbleibenden Miterben nach dem Verhältnis ihrer bisherigen Anteile an, wodurch aber der Fortbestand der Gesamthand unter den verbleibenden Miterben erhalten bleibt (BGH ZEV 05, 22). Verbleibt nur noch ein Miterbe, wird die Erbengemeinschaft dadurch beendet.
D. Jederzeitige Auseinandersetzung, Ausschluss der Auseinandersetzung. Nach § 2042 I Hs 1 kann die 12
Auseinandersetzung jederzeit verlangt werden. Der Anspruch entsteht mit dem Erbfall. Seine Geltendmachung ist an keine Voraussetzungen gebunden. Es ist lediglich § 242 zu beachten (LG Ddorf FamRZ 55, 303).

13 Allerdings verweist § 2042 I Hs 2 auf Fallgestaltungen, in denen die Auseinandersetzung vorübergehend ausgeschlossen ist, wie zB bei noch unbestimmten Erbteilen, weil die Geburt eines Miterbe zu erwarten ist, § 2043, bei der Ausschlussanordnung des Erblassers nach § 2044 oder dem Verlangen des Miterben, die Auseinandersetzung bis zur Beendigung eines Gläubigeraufgebots aufzuschieben, § 2045.
14 Darüber hinaus können die Miterben die Auseinandersetzung **durch formfreie Vereinbarung** vorübergehend oder auf Dauer ausschließen, §§ 2042 II mit 749 II, III, 750, 751. Dadurch ändert sich aber nicht der Rechtscharakter der Erbengemeinschaft, dh sie wird dadurch nicht zu einer Personengesellschaft. Gem § 84 InsO entfaltet die Vereinbarung im Insolvenzverfahren keine Wirkung, da sie nur schuldrechtlich wirkt. Die Miterben können die Auseinandersetzung nur hinsichtlich einzelner Nachlassgegenstände ausschließen (BGH WM 68, 1172) oder auch eine bestimmte Art der Aufhebung wie zB den Verkauf durch Zwangsversteigerung, ausschließen (Soergel/*Wolf* § 2042 Rn 16), wobei aber das Recht zur Kündigung aus einem wichtigen Grund in jedem Fall erhalten bleibt, § 749 II.

E. Durchführung. Die Auseinandersetzung kann auf verschiedene Weise durchgeführt werden:

15 **I. Auseinandersetzungsvereinbarung.** Obliegt die Auseinandersetzung nicht einem Testamentsvollstrecker, führen die Miterben die Auseinandersetzung durch vertragliche Aufhebung der unter ihnen bestehenden Gemeinschaft durch. Dieser Auseinandersetzungsvertrag bedarf als solcher keiner Form; er ist nur dann formbedürftig, wenn er Absprachen enthält, die aus anderen Gründen der Form bedürfen (KG FamRZ 63, 468), wie zB wenn ein Grundstück zum Nachlass gehört, § 311 b I (*Zunft* JZ 56, 553) oder Erbteile übertragen werden, § 2033 (BFH NJW 81, 784). Ein wegen Formmangel nichtiger Erbteilsverkauf unter Miterben kann uU im Wege der Konversion als Auseinandersetzungsvertrag aufrechterhalten werden (RGZ 129, 123).
16 Eine Anfechtung des Auseinandersetzungsvertrages ist unter den Voraussetzungen des §§ 119 ff möglich (Palandt/*Edenhofer* § 2042 Rn 5).
17 Die Auseinandersetzung kann auch in mehreren Verträgen erfolgen, sofern die Verträge in einem gewollten Zusammenhang stehen, so dass sich die Auseinandersetzung als Ganzes auf sämtliche Miterben erstreckt (RG HRR 30 Nr 1466).
18 **1. Inhalt.** Maßgebend sind die freien Vereinbarungen der Miterben, die aber, sofern solche vorhanden sind, die Anordnungen des Erblassers zu berücksichtigen haben, da jeder Miterbe die Einhaltung der Teilungsanordnungen beanspruchen kann. Die Auseinandersetzung kann in der Weise erfolgen, dass der Nachlass einem oder mehreren Miterben zugewiesen wird mit der Folge, dass die übrigen Miterben eine Abfindung erhalten; durch Begründung von Wohnungseigentum oder dass ein Miterbe seinen Anteil in Form einer nur zeitweiligen Nutzung des Nachlassvermögens erhält wie zB als Wohnrecht (BFH FamRZ 92, 1076). Übernimmt ein Miterbe den einzig vorhandenen Nachlassgegenstand durch einen Miterben gegen Abfindung der anderen, kann darin ein Kaufvertrag gesehen werden (BGH DNotZ 55, 406).
19 Soll die Auseinandersetzung zwischen mehreren **minderjährigen Kindern** vertraglich geregelt werden, bedarf jedes Kind wegen § 181 einen besonderen gesetzlichen Vertreter (BGH FamRZ 68, 245), und zwar auch dann, wenn die Auseinandersetzung nur eine rechnerische ist (RGZ 93, 336; bestr). Die gesetzliche Vertretung mehrerer Kinder durch einen gesetzlichen Vertreter ist ausreichend, wenn die Auseinandersetzung vollständig unter Beachtung der gesetzlichen Regeln erfolgt, weil die Auseinandersetzung dann nur der Erfüllung der Verbindlichkeiten dient (BGH FamRZ 68, 245). Gem § 1822 Nr 2 ist eine vormundschaftsgerichtliche Genehmigung erforderlich (KG FamRZ 63, 467). Eine Erweiterung der Vertretungsmacht des gesetzlichen Vertreters durch das Vormundschaftsgericht in Form der Gestattung nach § 181 ist nicht möglich (RGZ 71, 162). Enthält der Vertrag eines der in § 1643 I genannten Geschäfte, bedürfen die Eltern der familiengerichtlichen Genehmigung (BGH FamRZ 61, 216). In den Fällen der §§ 88, 97 II FGG ist statt des Familiengerichts das Nachlassgericht zuständig; der Rechtspfleger muss die Genehmigung durch einen beschwerdefähigen Vorbescheid ankündigen, andernfalls ist die Beschwerde gegeben (BVerfG NJW 00, 1709).
20 Besteht die Erbengemeinschaft zwischen **Eltern und Kindern**, kann auch bei einem unentgeltlichen Erwerb eines Nachlassgrundstücks durch das Kind ein unerlaubtes Selbstkontrahieren vorliegen, wenn damit gleichzeitig die Übernahme einer Verpflichtung aus einer schuldrechtlichen Wohnberechtigung verbunden ist (Hamm OLGZ 83, 144).
21 Bei der Zugewinngemeinschaft bedarf der erbende **Ehegatte** nicht der Zustimmung des anderen zur Auseinandersetzung, es sei denn, der Erbteil macht sein ganzes Vermögen aus und dieser bzw die Nachlassgegenstände werden auf einen Miterben übertragen, § 1365 (BGHZ 35, 135). Dies gilt nicht, wenn die Miterben die Realteilung vereinbaren (München MDR 70, 928). Hat der andere Ehegatte einen Zugewinnausgleichsanspruch, kann er beim Familiengericht gem § 1383 zur Vermeidung grober Unbilligkeit verlangen, dass ihm bestimmte Nachlassgegenstände unter Anrechnung auf seine Ausgleichsforderung übertragen werden (Palandt/*Edenhofer* § 2042 Rn 8).
22 Bei der Gütertrennung ist die Zustimmung des anderen Ehegatten nie erforderlich.
23 Bei der Gütergemeinschaft ist eine Zustimmung bezüglich des Vorbehalts- und Sondergutes nicht erforderlich. Gehört der Erbteil zum Gesamtgut, ist in den Fällen der §§ 1423, 1424 die Zustimmung des verwalten-

den Ehegatten erforderlich; bei gemeinschaftlicher Verwaltung kann der Auseinandersetzungsvertrag nur von beiden Ehegatten gemeinsam beschlossen werden (Palandt/*Edenhofer* § 2042 Rn 8).

2. Vollziehung. Der schuldrechtliche Vertrag bedarf der Ausführung in der für das jeweils notwendige 24 Geschäft vorgeschriebenen Form, weil erst dieses das Gesamthandsrecht mit dinglicher Wirkung in eine Alleinbeteiligung überführt (BGH WM 65, 155), weshalb es bei einem Grundstück der Auflassung bedarf (BGHZ 21, 229). Bei land- und forstwirtschaftlichen Grundstücken unterliegt die Auflassung der Genehmigungspflicht nach § 2 GrdstVG (SchlH SchlHA 65, 143).

Ein zum Nachlass gehörendes **Urheberrecht** kann im Wege der Erbauseinandersetzung auf einen Miterben 25 übertragen werden mit der Folge, dass ihm sämtliche Befugnisse, die dem Urheber in den §§ 28–30 UrhG eingeräumt sind, zustehen (*Fromm* NJW 66, 1247).

Die Aufteilung von **GmbH-Anteilen** in mehrere Teilgeschäftsanteile bedarf der Genehmigung der Gesellschafter, 26 sofern das Genehmigungserfordernis bereits im Gesellschaftsvertrag ausgeschlossen wurde, § 17 III GmbHG. Allerdings ist die Auseinandersetzung durch Zuteilung des Geschäftsanteils an einen der Miterben nur durch Abtretung nach § 15 III GmbHG möglich, für welche die Genehmigung der Gesellschafter erforderlich ist, § 15 V GmbHG. Aktien sind nach § 8 V AktG unteilbar; Inhaberaktien sind frei übertragbar (s § 2032 Rn 33).

II. Teilung durch den Testamentsvollstrecker. Dem Testamentsvollstrecker obliegt die Auseinandersetzung 27 der Erbengemeinschaft, sofern nichts anderes bestimmt ist. Die Miterben können sich nicht durch eine Vereinbarung auseinandersetzen, sondern haben nur die Möglichkeit, die Auseinandersetzung vom Testamentsvollstrecker zu verlangen. An Weisungen der Miterben ist der Testamentsvollstrecker nicht gebunden, er kann sich aber mit Zustimmung aller Erben über ein Auseinandersetzungsverbot hinwegsetzen. Eine Zustimmung zum Teilungsplan ist nicht erforderlich (RGZ 108, 289); er hat aber die Miterben vor der Ausführung des Plans zu hören, § 2204 II. Infolge seiner Verfügungsmacht kann er auch den dinglichen Vollzug bewirken, notfalls gerichtlich erzwingen (MüKo/*Heldrich* § 2042 Rn 29).

III. Amtliche Vermittlung. Das Nachlassgericht vermittelt nach § 86 I FGG nur auf Antrag zwischen Miterben, 28 wenn der Nachlass teilungsreif ist, kein Testamentsvollstrecker vorhanden ist, nur die Auseinandersetzung zu betreiben ist und keine streitigen Rechtsfragen bestehen, die vom Prozessgericht zu entscheiden sind (Ddorf NJW-RR 03, 5). Jeder Erbe kann das Verfahren durch einen Widerspruch zum Scheitern bringen. Säumige Miterben werden behandelt, als hätten sie zugestimmt (Palandt/*Edenhofer* § 2042 Rn 15).

IV. Erbteilungsklage. Bei fehlender Einigung der Miterben kann die Auseinandersetzung eines teilungsreifen 29 Nachlasses durch Erbteilungsklage klageweise erzwungen werden, indem die notwendigen Zustimmungen der Miterben durch Urteil ersetzt werden (hM; Karlsr NJW 74, 956). Das Vermittlungsverfahren nach § 86 I FGG muss nicht versucht worden sein. Ein Auskunftsanspruch nach § 2057 geht dem Auseinandersetzungsanspruch des Miterben vor (Stuttg BWNotZ 76, 89).

Der die Klage erhebende Miterbe muss in der Klageschrift bestimmte Anträge, ggf Hilfsanträge stellen und 30 einen detaillierten Teilungsplan vorlegen, der das Ergebnis der vorzunehmenden Auseinandersetzung zutreffend wiedergeben muss, weil nur dann die Zustimmung hierzu verlangt werden kann (Ddorf FamRZ 00, 1049), wobei die Klage auf Abschluss eines konkreten schuldrechtlichen Auseinandersetzungsvertrages zu richten ist, der grds den gesamten Nachlass umfassen muss. Eventuell erforderliche Genehmigungen, wie zB nach § 1821 Nr 1, 3, sind vor der Entscheidung beizubringen. Das Gericht kann den Teilungsplan nicht selbständig abändern, sondern hat auf eine sachgemäße Antragstellung hinzuwirken (KG NJW 61, 733).

Mit der Klage kann auch der Antrag auf dinglichen Vollzug des schuldrechtlichen Teilungsplans, wie zB der 31 Zustimmung zur Auflassung (MüKo/*Heldrich* § 2042 Rn 68), verbunden werden.

Besteht nur hinsichtlich einzelner Punkte Streit, kann eine darauf gerichtete Feststellungsklage nach § 256 ZPO 32 erhoben werden (BGH NJW-RR 90, 1220) und auf die sich widersetzenden Miterben beschränkt werden.

Ist einem Miterben durch die Teilungsanordnung ein bestimmter Betrag zugewiesen worden, kann er, statt 33 auf Auseinandersetzung, auf Leistung klagen (Frankf OLGZ 77, 228).

F. Aufhebung der Gemeinschaft (II). Die Erbengemeinschaft kann nicht nur durch Vereinbarung, sondern 34 durch Zeitablauf, Tod eines Miterben, Pfändung eines Nachlassanteils eines Miterben, Insolvenz eines Miterben oder durch Aufhebung nach § 749 II beendet werden (Palandt/*Edenhofer* § 2042 Rn 17).

Nach § 2042 II finden auf die Erbauseinandersetzung die Vorschriften über die Aufhebung einer Gemeinschaft 35 ergänzend Anwendung.

I. Nachlassteilung, § 2042 II iVm §§ 752–754. 1. Naturalteilung. Nach § 2042 II mit § 752 S 1 werden die 36 in der Teilungsmasse befindlichen Gegenstände in Natur geteilt, wenn sie sich ohne Verminderung des Wertes in gleichartige, den Anteilen der Miterben entspr Teile zerlegen lassen. Voraussetzung ist, dass sie sowohl rechtlich als auch wirtschaftlich teilbar sind (*Exner* S 135). Teilbar sind danach Geld und andere vertretbare Sachen, wenn sie in ausreichender Stückzahl vorhanden sind; Wertpapiere, wenn ein Stückelung möglich ist (RGZ 91, 416); Geldforderungen (BGHZ 52, 99) und auf andere Leistungen gerichteten Forderungen, wenn die Leistung selbst teilbar ist (*Exner* S 135).

37 Die Teile werden, nachdem die in der Teilungsmasse befindlichen Gegenstände zerlegt wurden, den Berechtigten zugeordnet. Nach § 752 S 2 erfolgt die Teilung durch das Los. Die Zuteilung wird durch Verfügungsgeschäft, dh durch Einigung und Übergabe, Auflassung und Eintragung oder Abtretung, bewirkt.

38 **2. Teilung durch Verkauf.** Ist eine Teilung in Natur ausgeschlossen, wird der Gegenstand verkauft und der Erlös unter den Erben verteilt, §§ 2042 II mit 753 I 1, wobei der Verkauf beweglicher Sachen nach den Regeln des Pfandverkaufs, der Verkauf unbeweglicher Sachen durch Zwangsversteigerung nach den Regeln des ZVG erfolgt.

39 Forderungen werden nach § 754 eingezogen und die Leistung nach §§ 752, 753 verwertet. Ist eine Einziehung nicht möglich, wird die Forderung nach §§ 753 I 1, 754 verkauft und der Erlös nach § 753 I 1 unter den Erben verteilt.

40 **II. Berichtigung von Forderungen, § 2042 II iVm § 756.** Nach § 2042 II iVm § 756 kann ein Miterbe, der gegen einen anderen Miterben eine Forderung hat, die sich auf die Erbengemeinschaft gründet, bei der Auseinandersetzung die Berichtigung seiner Forderung aus dem auf den Schuldner entfallenden Teil des Auseinandersetzungsguthabens verlangen. Zu diesen Ansprüchen gehören insbes: Aufwendungsersatzanspruch aufgrund von Verwaltungsmaßnahmen, Forderungen des Erblassers, die ihm schon vor dem Erbfall gegen den Miterben zustanden und mit dem Erbfall auf die Erbengemeinschaft übergegangen sind (RGZ 78, 273). Die Tilgung erfolgt durch Auszahlung an den Gläubigermiterben unter Anrechnung auf das Auseinandersetzungsguthaben des haftenden Miterben (Kroiß/Ann/Mayer/*Eberl-Bonges* § 2042 Rn 15). Zu beachten ist, dass dieses Vorrecht des Gläubigers im Insolvenzverfahren zur abgesonderten Befriedigung berechtigt, § 84 I 2 InsO.

41 **III. Haftung für Sach- und Rechtsmängel und bei Pflichtverletzungen, § 2042 II iVm § 757.** Schließlich haftet jeder Miterbe nach §§ 2042 II iVm 757 für Sach- und Rechtsmängel an den bei der Auseinandersetzung übertragenen Gegenständen wie ein Verkäufer; die §§ 437 ff finden Anwendung (Soergel/*Wolf* § 2042 Rn 43). Weist nur einer von mehreren auf einen Miterben übertragenen Gegenstände einen Sachmangel auf, kann der Miterbe von der Erbauseinandersetzungsvereinbarung nicht insgesamt zurücktreten (Kroiß/Ann/Mayer/*Eberl-Bonges* § 2042 Rn 16). Da sich die Auseinandersetzungsvereinbarung nicht in Teilstücke zerlegen lässt, scheidet ein Teilrücktritt aus (*Eberl-Bonges* S 384, 394).

42 Bei Pflichtverletzungen im Zusammenhang mit der Übertragung von Nachlassgegenständen, wie Unmöglichkeit, Leistungsverzögerung und Schlechtleistung, geltend die allgemeinen Vorschriften der §§ 280 ff, 323 ff (*Eberl-Bonges* S 362). Nach §§ 346 ff bzw 812 ff kann es zur Rückabwicklung der Auseinandersetzungsmaßnahmen kommen, sofern die Erbengemeinschaft nicht bereits infolge der Auseinandersetzung erloschen ist. Str ist, ob die Rückgewähransprüche gem § 2041 im Wege der dinglichen Surrogation wieder in den Nachlass fallen (Soergel/*Wolf* § 2042 Rn 43) oder ob die Auseinandersetzung auf der Grundlage eines neuen Auseinandersetzungsplans durchzuführen ist (*Eberl-Bonges* S 406 ff).

43 **G. Nach der Auseinandersetzung.** Eine vertragliche Wiedereinführung der ursprünglichen Gesamthandsgemeinschaft ist, nachdem die Auseinandersetzung durchgeführt wurde, nicht mehr möglich (Ddorf Rpfleger 52, 244). Entspr gilt, wenn bislang nur eine Teilauseinandersetzung hinsichtlich einzelner Nachlassgegenstände vorgenommen wurde, die Erbengemeinschaft ansonsten noch fortbesteht (KG DNotZ 1952, 84). Auch ist eine Erbteilsübertragung nach erfolgter Auseinandersetzung nicht mehr möglich (RGZ 134, 296). Allerdings können die Beteiligten den erstrebten Erfolg durch Gründung einer GbR herbeiführen.

44 **H. Landwirtschaftliche Betriebszuweisung.** Das Zuweisungsverfahren nach §§ 13–17, 33 GrdstVG ist eine besondere Regelung zur Auseinandersetzung und lex speziales zu II, da es der Erhaltung lebensfähiger landwirtschaftlicher Betriebe dient.

§ 2043 Aufschub der Auseinandersetzung

(1) Soweit die Erbteile wegen der zu erwartenden Geburt eines Miterben noch unbestimmt sind, ist die Auseinandersetzung bis zur Hebung der Unbestimmtheit ausgeschlossen.
(2) Das Gleiche gilt, soweit die Erbteile deshalb noch unbestimmt sind, weil die Entscheidung über einen Antrag auf Annahme als Kind, über die Aufhebung des Annahmeverhältnisses oder über die Anerkennung einer vom Erblasser errichteten Stiftung als rechtsfähig noch aussteht.

1 **A. Allgemeines.** § 2043 enthält neben §§ 2044, 2045 eine Ausnahme vom Grundsatz des § 2042, wonach die Auseinandersetzung jederzeit verlangt werden kann (Soergel/*Wolf* § 2043 Rn 2) und dient der Sicherung des Erbteils des nasciturus sowie der Erbteile der in II aufgeführten Personen solange, als Erbteile noch unbestimmt sind. Die Auseinandersetzung ist nur „insoweit" (Mot V, 689) ausgeschlossen, als die Erbteile infolge der zu erwartenden Geburt oder aus den Gründen des II unbestimmt sind (Erman/*Schlüter* § 2043 Rn 2).

2 **B. Unbestimmtheit.** Unbestimmtheit iSd § 2043 liegt vor, wenn es möglich ist, dass eine aus dem aufgezählten Personenkreis Erbe wird und sie sich nur auf Erbteile bezieht. Der Miterbe, dessen Geburt erwartet wird, muss im Zeitpunkt des Erbfalls bereits gezeugt sein (Palandt/*Edenhofer* § 2043 Rn 1).

Wenn die Ungewissheit nur einen Stamm betrifft, kann hinsichtlich der anderen Stämme die Auseinandersetzung verlangt werden. Die Auseinandersetzung des Erbteils des betroffenen Erbenstammes ist somit bis zur Beseitigung der Ungewissheit aufgeschoben (DGE/*Wrede* § 2043 Rn 2). 3

Eine vom Erblasser errichtete Stiftung wird mit ihrer Anerkennung rechtsfähig. Gleichzeitig wird über ihre Erbfähigkeit entschieden (Kroiß/Ann/Mayer/*Eberl-Borges* § 2043 Rn 6). 4

C. Aufschubgründe. Die Vorschrift nennt abschließend die Aufschubgründe. Daher werden vergleichbare Unbestimmtheiten von § 2043 auch nicht im Wege der analogen Anwendung erfasst. UU kann die Bestellung eines Pflegers oder die Erhebung der Arglisteinrede gegen den Auseinandersetzungsanspruch weiterhelfen (DGE/*Wrede* § 2043 Rn 3). 5

D. Auseinandersetzung. § 2043 verbietet nicht die Auseinandersetzung des Nachlasses, sondern beseitigt lediglich das Recht des Miterben, jederzeit die Auseinandersetzung zu verlangen (Palandt/*Edenhofer* § 2043 Rn 2). Eine trotz Aufschubgründen durchgeführte Auseinandersetzung ist nicht nichtig (DGE/*Wrede* § 2043 Rn 4). Es liegt aber ein Abschlussmangel vor, der zur Aufhebung der Auseinandersetzungsvereinbarung berechtigt. Wird der erwartete Erbe in der Auseinandersetzungsvereinbarung berücksichtigt, ist sie lediglich schwebend unwirksam mit der Folge, dass er an sie nicht gebunden ist, sie aber genehmigen kann (DGE/*Wrede* § 2043 Rn 4). 6

Wird der erwartete Miterbe doch nicht Erbe, kann über die dem erwarteten Erben vorbehaltenen Gegenstände die Nachtragsauseinandersetzung durchgeführt werden (Palandt/*Edenhofer* § 2043 Rn 1). 7

Wird die gesetzliche Erbfolge durch die Entscheidung über die Annahme als Kind oder die Aufhebung des Annahmeverhältnisses, die lediglich Auswirkungen auf die gesetzliche Verwandtenerbfolge hat, beeinflusst, ist die Auseinandersetzung nach II bis zur Entscheidung über die Annahme oder Aufhebung des Annahmeverhältnisses ausgeschlossen (Erman/*Schlüter* § 2043 Rn 3). 8

Die Auseinandersetzung ist auch ausgeschlossen, solange eine für den Erwerb von Todes wegen erforderliche Genehmigung (Art 86 EGBGB) fehlt (RGZ 75, 408). 9

§ 2044 Ausschluss der Auseinandersetzung

(1) ¹Der Erblasser kann durch letztwillige Verfügung die Auseinandersetzung in Ansehung des Nachlasses oder einzelner Nachlassgegenstände ausschließen oder von der Einhaltung einer Kündigungsfrist abhängig machen. ²Die Vorschriften des § 749 Abs. 2, 3, der §§ 750, 751 und des § 1010 Abs. 1 finden entsprechende Anwendung.

(2) ¹Die Verfügung wird unwirksam, wenn 30 Jahre seit dem Eintritt des Erbfalls verstrichen sind. ²Der Erblasser kann jedoch anordnen, dass die Verfügung bis zum Eintritt eines bestimmten Ereignisses in der Person eines Miterben gelten soll, falls er ein Vermächtnis oder eine Nacherbfolge anordnet, bis zum Eintritt der Nacherbfolge oder bis zum Anfall des Vermächtnisses gelten soll. ³Ist der Miterbe, in dessen Person das Ereignis eintreten soll, eine juristische Person, so bewendet es bei der dreißigjährigen Frist.

A. Allgemeines. § 2044 ist eine Ausnahme zu § 2042. Sie hat ihren Ursprung in der Testierfreiheit des Erblassers und soll der Erhaltung des Familienbesitzes dienen. Das Teilungsverbot des Erblassers kann sich nicht nur auf den gesamten Nachlass beziehen, sondern auf einzelne Gegenstände beschränken oder die Auseinandersetzung durch Bestimmung von Kündigungs- und anderen Fristen hinauszögern. Darüber hinaus können auch anderweitige Erschwernisse für eine Auseinandersetzung verfügt werden wie zB das Erfordernis bestimmter Mehrheiten unter den Miterben (RGZ 100, 273). Die Teilung kann auch nur einzelnen Erbstämmen untersagt werden. Der Ausschluss der Auseinandersetzung bis zur Wiederverheiratung des überlebenden Ehegatten, der bis zu diesem Zeitpunkt zum Testamentsvollstrecker bestellt ist, wird nur im Interesse des Überlebenden angeordnet, der die Auseinandersetzung bereits vorher vornehmen darf (Stuttg HEZ 2, 115). Derartige Anordnungen sind auch bei gesetzlicher Erbfolge möglich (BayObLGZ 66, 408). 1

Nach II 1 wird das nicht schon vom Erblasser zeitlich begrenzte Auseinandersetzungsverbot grds 30 Jahre nach dem Erbfall unwirksam. Hat der Erblasser das Verbot an ein bestimmtes postmortales Ereignis in der Person eines Mit- oder Nacherben oder eines Vermächtnisnehmers geknüpft, gilt es bis zum Eintritt dieses Ereignisses. Dies entspricht §§ 2109, 2162, 2163, 2210 (Palandt/*Edenhofer* § 2044 Rn 1). Übersteigt der einem als Miterben berufenen Pflichtteilsberechtigten hinterlassene Erbteil die Hälfte des gesetzlichen Erbteils nicht, § 2306, ist der angeordnete Ausschluss als Teilungsanordnung unwirksam. Ebenso wenig wirkt sie gegen die Insolvenzmasse eines Miterben, § 84 II 2 InsO oder bei der Wiederverheiratung eines Elternteils, der mit minderjährigen Kindern in einer Erbengemeinschaft lebt (BayObLGZ 67, 230). 3

Die Anordnung der Ausschließung der Auseinandersetzung kann der Erblasser durch Verfügung von Todes wegen in Form eines Vermächtnisses oder einer Auflage anordnen. 4

B. Auflage. Die Ausschließung ist durch eine Auflage angeordnet, wenn der Erblasser die Auseinandersetzung generell, also auch gegen den übereinstimmenden Willen der Erben, verbieten wollte. Ihr Vollzug bestimmt sich nach § 2094. 5

6 Aus der Auflage erlangt der einzelne Miterbe keine eigenen Unterlassungsanspruch ggü den anderen Erben (DGE/*Wrede* § 2044 Rn 2). Er kann, ebenso wie die in § 2194 aufgeführten Personen, lediglich den Vollzug der Auflage als den Erblasserwillen verlangen. Nach § 2040 I sind aber die dinglichen Verfügungen des Erben wirksam, und zwar auch bei einem gemeinschaftlichen Verstoß gegen den Erblasserwillen. Dies gilt selbst dann, wenn ein Testamentsvollstrecker eingesetzt und ihm gem § 2208 die Verfügungsbefugnis für die Auseinandersetzung entzogen ist (Palandt/*Edenhofer* § 2044 Rn 4). Der Testamentsvollstrecker hat das Verbot des Erblassers als Verwaltungsanordnung nach § 2216 II 1 zu beachten. Er ist an die Anordnung gebunden.

7 **C. Vermächtnis.** Die Ausschließung in Form eines Vermächtnisses liegt vor, wenn Miterben gegen den Willen anderer oder eines bestimmten anderen die Auseinandersetzung nicht betreiben dürfen (MüKo/*Heldrich* § 2044 Rn 13; aA *Bengel* ZEV 95, 178). Der Berechtigte kann von demjenigen, der die Auseinandersetzung betreibt, die Unterlassung verlangen.

8 **D. Wirkung der Ausschließung.** Allein die Anordnung der Ausschließung wirkt für und gegen alle Sonderrechtsnachfolger, die ihre Rechte aus § 2033 herleiten; sie wirkt dagegen nicht für und gegen die Pfändungsgläubiger, § 751 S 2 (DGE/*Wrede* § 2044 Rn 4).

9 Die Regelung des § 1010 zur Sonderrechtnachfolge sind iRd § 2044 nur eingeschränkt anwendbar, und zwar dann, wenn die Anordnungen des Erblassers die Umwandlung der Erbengemeinschaft in eine Bruchteilsgemeinschaft zulassen, deren Teilung aber vom Erblasser ausgeschlossen ist (KG JW 35, 3121; RGRK/*Kregel* § 2044 Rn 7).

10 **E. Art der Anordnung.** Die Anordnung, durch welche der Erblasser die Auseinandersetzung einschränkt oder ausschließt, muss letztwillig, dh durch Testament oder Erbvertrag verfügt sein; die Miterben können sie aber auch vereinbaren (BGH WM 68, 1172).

11 **F. Wirkung der Anordnung.** Die Beschränkungen können alle oder nur einzelne Erben, den gesamten oder einen Teil des Nachlasses erfassen, wobei die Verfügungen nach § 2044 nur schuldrechtliche Wirkung entfalten mit der Folge, dass sich die Erben einvernehmlich darüber hinwegsetzen können (BGHZ 40, 115).

12 Entspr gilt auch bei angeordneter Testamentsvollstreckung, da sich der Testamentsvollstrecker mit Zustimmung aller Erben über die Verfügungen des Erblassers hinwegsetzen (§ 2204 I) und einzelne Nachlassgegenstände mit dinglicher Wirkung freigeben kann, ohne Schadenersatzansprüche wegen Pflichtverletzung befürchten zu müssen.

13 Hält sich auch nur ein Miterbe an die Verfügungen des Erblassers, sind Auseinandersetzungsverträge unter Missachtung der Verfügungen unwirksam.

14 Mangels dinglicher Wirkung der Anordnungen des Erblassers ist eine Eintragung im Grundbuch nicht möglich. Sie begründen lediglich eine schuldrechtliche Unterlassungsverpflichtung iSd § 137 II (BGHZ 40, 115). Wegen des Vorrangs des § 137 S 1 vor § 2208 kann der Erblasser weder dem Erben noch dem Testamentsvollstrecker diese Verfügungsmacht letztwillig entziehen, weil seine Verfügungsbefugnis nicht mit dinglicher Wirkung beschränkt wird (Soergel/*Wolf* § 2044 Rn 4; aA BGH NJW 84, 2464).

15 Der Erblasser kann die Auseinandersetzung zwar untersagen, letztlich aber nur durch eine bedingte Erbeinsetzung verhindern, da der Erbe nur solange Erbe bleibt, als der Nachlass nicht auseinandergesetzt ist.

16 **G. Auseinandersetzung trotz Ausschluss.** Das Nachlassgericht hat das Teilungsverbot als Auflage zu beachten. Bei einer Auseinandersetzung entgegen des Verbots des Erblassers darf das Nachlassgericht daher nicht vermittelnd tätig werden; es hat das Verfahren nach §§ 86 ff FGG abzulehnen. Der Miterbe, welcher sich an das Auseinandersetzungsverbot des Erblassers halten will, kann einer Auseinandersetzungsvollstreckung mit einer Drittwiderspruchsklage beggnen (BGH FamRZ 85, 178).

17 **H. Grenzen der Ausschließung.** Die Ausschließung unterliegt sachlichen und zeitlichen Grenzen: Nach § 749 II kann die Ausschließung bei Eintritt eines wichtigen Grundes wirkungslos werden mit der Folge der Nichtigkeit. Ob ein wichtiger Grund vorliegt, bestimmt sich nach den Umständen des Einzelfalls (Hburg MDR 61, 610) und durch sinngemäße Anwendung der Regelung in § 626 I und wird vom um Vermittlung der Auseinandersetzung angegangene Nachlassgericht, sonst vom Prozessgericht, bei angeordneter Testamentsvollstreckung vom Testamentsvollstrecker (LG Ddorf FamRZ 55, 303), entschieden.

18 Ist die Auseinandersetzung zeitlich ausgeschlossen, tritt sie mit dem Tod eines Miterben außer Kraft; § 750 analog; es ist von einer neuen Situation auszugehen.

19 Die zeitlichen Grenzen ergeben sich aus § 2044 II, wonach der Ausschluss mit Ablauf von dreißig Jahren nach dem Erbfall seine Wirksamkeit verliert. Danach kann die Auseinandersetzung bis zum Eintritt der Nacherbfolge aufgeschoben sein, § 2139 (Erman/*Schlüter* § 2044 Rn 10). Nach S 3 gilt dies zwingend für juristische Personen; bei natürlichen Personen können sich längere Zeiträume ergeben, wenn an ein bestimmtes Ereignis angeknüpft wird, wie zB Erreichen eines bestimmten Alters, Heirat oder Eintritt des Nacherbfalls.

§ 2045 Aufschub der Auseinandersetzung

¹Jeder Miterbe kann verlangen, dass die Auseinandersetzung bis zur Beendigung des nach § 1970 zulässigen Aufgebotsverfahrens oder bis zum Ablauf der in § 2061 bestimmten Anmeldungsfrist aufgeschoben wird. ²Ist das Aufgebot noch nicht beantragt oder die öffentliche Aufforderung nach § 2061 noch nicht erlassen, so kann der Aufschub nur verlangt werden, wenn unverzüglich der Antrag gestellt oder die Aufforderung erlassen wird.

A. Allgemeines. Die Vorschrift gewährt jedem Miterben eine aufschiebende Einrede gegen den geltend gemachten Auseinandersetzungsanspruch, um den Miterben vor der Teilung des Nachlasses die Möglichkeit zu geben, die Nachlassgläubiger iRd Aufgebots festzustellen und gegenüber säumigen Gläubigern die Haftung nach der Teilung auf den ihrem Erbteil entsprechenden Teil jeder einzelnen Nachlassverbindlichkeit zu beschränken, §§ 2060 Nr 1, 2061 I 2 (Erman/*Schlüter* § 2045 Rn 1). Der Erblasser kann die Bestimmung nicht ausschließen, wenngleich der Erbe auf die Geltendmachung verzichten kann. 1

B. Aufschub. Den Aufschub der Auseinandersetzung kann jeder Miterbe verlangen, da er nach §§ 2060 Nr 1, 2061 nur anteilig für die Nachlassverbindlichkeiten haftet, wenn sich der Gläubiger nicht rechtzeitig meldet; er dauert bis sämtliche Rechtsmittelfristen abgelaufen bzw sämtliche Rechtsmittel dieses Verfahrens erschöpft sind (DGE/*Wrede* § 2045 Rn 2). Im Falle der bereits beantragten Auseinandersetzung kann der Aufschub nur durch eine unverzügliche Antragstellung bzw den Erlass der Aufforderung erreicht werden. 2
Für die Beendigung des Aufgebotsverfahrens gilt § 2015 III analog (Palandt/*Edenhofer* § 2045 Rn 1), wonach das Verfahren nicht vor Ablauf von 2 Wochen nach Verkündung der Entscheidung und nicht vor Erledigung einer rechtzeitig eingelegten Beschwerde als beendigt anzusehen ist, wenn ein Ausschlussurteil erlassen oder der Antrag auf Erlassung des Urteils zurückgewiesen wird. 3

C. Prozessuales. Eine bereits eingereichte Auseinandersetzungsklage wird aufgrund der erhobenen Einrede nach § 148 ZPO analog nur ausgesetzt (RGRK/*Kregel* § 2045 Rn 3), sie führt nicht zur Unbegründetheit der Klage. 4
Im Hinblick auf die Kostentragungspflicht ist bei einer bereits erhobenen Auseinandersetzungsklage von der Einrede nach § 2045 abzuraten und, solange noch Nachlassverbindlichkeiten bestehen, auf eine schnelle Entscheidung zu drängen, da dann der Klage der Einwand des nicht teilungsreifen Nachlasses entgegengehalten werden kann, was zu einer Prozessniederlage für den Kläger führt (Damrau/*Rissmann* § 2045 Rn 9). 5

§ 2046 Berichtigung der Nachlassverbindlichkeiten

(1) ¹Aus dem Nachlass sind zunächst die Nachlassverbindlichkeiten zu berichtigen. ²Ist eine Nachlassverbindlichkeit noch nicht fällig oder ist sie streitig, so ist das zur Berichtigung Erforderliche zurückzubehalten.
(2) Fällt eine Nachlassverbindlichkeit nur einigen Miterben zur Last, so können diese die Berichtigung nur aus dem verlangen, was ihnen bei der Auseinandersetzung zukommt.
(3) Zur Berichtigung ist der Nachlass, soweit erforderlich, in Geld umzusetzen.

A. Allgemeines. Die Vorschrift gilt nur für das Innenverhältnis der Miterben untereinander (Palandt/*Edenhofer* § 2046 Rn 1), nicht aber für die Nachlassgläubiger (BGHZ 57, 93) und regelt, wie Nachlassverbindlichkeiten zu begleichen sind. Sie ergänzt somit die Regelung in § 2045. Die Rechte der Nachlassgläubiger ergeben sich aus den §§ 2058 ff mit den Möglichkeiten des vorläufigen Rechtsschutzes (DGE/*Wrede* § 2046 Rn 2). 1

B. Schuldentilgung vor Teilung. § 2046 berechtigt jeden Miterben, vor der Auseinandersetzung die Begleichung der Nachlassverbindlichkeiten zu verlangen. Das dahinterstehende Interesse an einer vorherigen Schuldentilgung ist darin begründet, dass die Miterben den Gläubigerzugriff auf ihr Eigenvermögen nach § 2059 nur bis zur Teilung verhindern können (RGZ 95, 325). 2
Da § 2046 I nicht zwingend ist, können die Miterben abw von der gesetzlichen Regelung die Teilung vor der Tilgung vereinbaren. Auch der Erblasser kann nach § 2048 abw Anordnungen treffen. Hieran ist der Testamentsvollstrecker aber gebunden (BGH NJW 71, 2266). Darüber hinaus können auch die Erben mit den Nachlassgläubigern jederzeit abw Vereinbarungen in Form eines Erlasses, einer Schuldübernahme ua treffen (DGE/*Wrede* § 2046 Rn 2). 3
Haben nicht alle Miterben andere Anträge gestellt, hat das Nachlassgericht § 2046 zu beachten (Staud/*Werner* § 2046 Rn 3). 4

C. Nachlassverbindlichkeiten. Zu den Nachlassverbindlichkeiten gehören auch die Pflichtteilsansprüche einschl des Ergänzungsanspruchs nach § 2325 (BGH WM 89, 382) und sogar nicht einklagbare und rein moralische Verpflichtungen (MüKo/*Dütz* § 2046 Rn 2). Ist eine Forderung bestritten, wie zB bei einem Streit der Miterben um eine Ausgleichungspflicht nach §§ 2050 ff, ist das zur Tilgung erforderliche bis zur Klärung zurückzubehalten, I 2. Der Erbe hat hierauf aber keinen einklagbaren Anspruch (Damrau/*Rißmann* § 2046 5

Rn 2). Eine Sicherstellung in Form der Hinterlegung (MüKo/*Dütz* § 2046 Rn 10) ist nicht erforderlich. Entspr gilt bei Regressansprüchen der Erbengemeinschaft gegen einzelne Miterben (Celle FamRZ 03, 1224).

6 Haben nur einige Miterben die Nachlassverbindlichkeit zu erfüllen, weil es sich zB um ein ihnen auferlegtes Vermächtnis oder eine sie beschwerende Auflage handelt, kann der betroffene Miterbe die Begleichung dieser Verbindlichkeit vor der Teilung verlangen, I 1. Nach II ist die Berichtigung der Forderung nur aus dem Überschuss vorzunehmen, der diesem Miterben bei der Ausgleichung zukommt, so dass insoweit eine vorausgehende Vorauftteilung geboten ist.

7 **D. Versilberung.** Die Verwertung nach § 2046 III erfolgt durch Veräußerung nach §§ 753 ff oder Forderungseinzug. Im Übrigen gilt Naturalteilung, § 752.

8 Die Auswahl der zu verwertenden Nachlassgegenstände kann gem § 2038 II nicht durch Mehrheitsbeschluss erfolgen. Da es sich nicht um eine Verwaltungsmaßnahme handelt, bedarf es der Zustimmung aller Miterben. Widerspricht ein Miterbe, ist er ggf auf Einwilligung zu verklagen (Staud/*Werner* § 2046 Rn 17). Im Übrigen erfolgt die Verwertung nach den §§ 753, 754.

9 **E. Durchsetzung der Ansprüche.** Die gerichtliche Durchsetzung der Ansprüche des Miterbengläubigers erfolgt entweder im Wege der Gesamthandsklage gegen alle übrigen Miterben oder durch Klage gegen diejenigen, die den Anspruch bestreiten (DGE/*Wrede* § 2046 Rn 6).

10 Nur der belastete Miterbe kann den Anspruch aus § 2046 II geltend machen, wobei nicht ausgeschlossen ist, dass die Tilgung der Nachlassverbindlichkeiten vor der Teilung erfolgt. Da II nur das regelt, was dem einzelnen Miterben zusteht, ist die Tilgung dem Teil zu entnehmen, der dem betreffenden Miterben bei der Auseinandersetzung zusteht.

11 **F. Miterbengläubiger.** Ist der Miterbe auch Nachlassgläubiger, kann er, wie jeder andere Nachlassgläubiger, Berichtigung seiner Forderung vor der Nachlassauseinandersetzung verlangen (BGH NJW 53, 501). Dies gilt auf für die Vorwegbefriedigung bei einem Vorausvermächtnis, soweit der Erblasser nichts anderes bestimmt hat (KG OLGZ 77, 461). Im Einzelfall kann es nach § 242 geboten sein, dass der Miterbengläubiger auf die Befriedigung seiner Forderung bis zur Auseinandersetzung warten muss (RGZ 93, 197). Allerdings ist er im Hinblick auf seine Miterbenstellung gehalten, nach Möglichkeit im Wege der Gesamthandsklage vorzugehen (Erman/*Schlüter* § 2046 Rn 2).

12 Besteht die Erbengemeinschaft nur aus zwei Erben und macht ein Miterbe eine Nachlassforderung geltend, kann er Befriedigung nur insoweit verlangen, als der andere Erbe geworden ist und soweit das Verlangen auf Vorwegbefriedigung nicht gegen Treu und Glauben verstößt (BGH LM Nr 1).

§ 2047 Verteilung des Überschusses

(1) Der nach der Berichtigung der Nachlassverbindlichkeiten verbleibende Überschuss gebührt den Erben nach dem Verhältnisse der Erbteile.
(2) Schriftstücke, die sich auf die persönlichen Verhältnisse des Erblassers, auf dessen Familie oder auf den ganzen Nachlass beziehen, bleiben gemeinschaftlich.

1 **A. Allgemeines.** Die Vorschrift gewährt jedem Miterben einen seinem Erbanteil entspr schuldrechtlichen Anspruch auf Auszahlung des Überschusses gegen die übrigen Miterben (Soergel/*Wolf* § 2047 Rn 4), wobei der Anspruch als solcher weder übertragbar noch pfändbar ist (RGZ 60, 131).

2 **B. Überschuss.** Überschuss ist die aktive Teilungsmasse, die nach Hinzurechnung der ausgleichspflichtigen Zuwendungen des § 2055 I 2 und nach Abzug der Verbindlichkeiten vom Nachlass verbleibt (DGE/*Wrede* § 2047 Rn 2). Er ist noch Gesamthandsvermögen der Erbengemeinschaft (Palandt/*Edenhofer* § 2047 Rn 1).

3 **C. Teilung.** Verteilung ist der nach Bewertung der Nachlassgegenstände erfolgende Vollzug der Auseinandersetzung unter Berücksichtigung der Erbquoten nach §§ 752–754, den Teilungsanordnungen des Erblassers bzw der Vereinbarungen der Erbengemeinschaft zur Nachlassteilung (DGE/*Wrede* § 2047 Rn 2). Zu beachten ist, dass sich die Teilungsquoten durch eine Ausgleichung nach §§ 2050 ff ggü den Erbquoten verschieben können (BGHZ 96, 174).

4 **D. Schriftstücke.** Hinsichtlich der Schriftstücke des Erblassers haben die Erben keinen Auseinandersetzungsanspruch, II. Sie bleiben Gesamthandseigentum (anders Prot II, 887), bis die Erben die Umwandlung in Bruchteilseigentum vereinbaren (Palandt/*Edenhofer* § 2047 Rn 3).

5 Mangels Verbot können die Erben eine von der gesetzlichen Regelung abw Vereinbarung treffen (DGE/*Wrede* § 2047 Rn 3). Kommt eine Einigung nicht zustande, verbleiben die Schriftstücke im Gesamthandseigentum und sind nach §§ 2038, 745 zu verwalten und können von den Erben benutzt werden. Enthalten die Schriftstücke zB schriftstellerische Lebenserinnerungen und besitzen sie dadurch einen nachhaltigen Wert, gilt dies entspr.

Von der Vorschrift werden nicht erfasst Familienbilder oder andere Familienerinnerungsstücke (Staud/*Werner* § 2047 Rn 5). 6

Hat der Erblasser letztwillig verfügt und Dritte zu Erben bestimmt, ohne eine Regelung zu den Schriftstücken iSd § 2047 II zu treffen, kann darin eine Zuweisung der Schriftstücke an die Familie zu sehen sein (DGE/*Wrede* § 2047 Rn 3). 7

§ 2048 Teilungsanordnungen des Erblassers

¹Der Erblasser kann durch letztwillige Verfügung Anordnungen für die Auseinandersetzung treffen. ²Er kann insbesondere anordnen, dass die Auseinandersetzung nach dem billigen Ermessen eines Dritten erfolgen soll. ³Die von dem Dritten auf Grund der Anordnung getroffene Bestimmung ist für die Erben nicht verbindlich, wenn sie offenbar unbillig ist; die Bestimmung erfolgt in diesem Falle durch Urteil.

A. Allgemeines. § 2048 erlaubt es dem Erblasser, zu bestimmen, wie der Nachlass auseinander zusetzen ist. Er bildet damit das Gegenstück zu § 2044, der dem Erblasser die Möglichkeit einräumt, anzuordnen, dass der Nachlass nicht oder nur unter erschwerten Bedingungen auseinandergesetzt werden darf (DGE/*Wrede* § 2048 Rn 1). 1

B. Auseinandersetzungsanordnungen. Mit einer Teilungsanordnung will der Erblasser nicht die von ihm gewünschte Erbfolge verschieben, sondern unangetastet lassen (BGH FamRZ 85, 62). Allerdings sind den einzelnen Miterben die ihnen zugewiesenen Gegenstände wertmäßig auf ihre Anteile anzurechnen. Ist deren Wert höher, als ihm nach der Quote zustehen würde, ist er zur Zahlung des Mehrwertes an die übrigen Miterben verpflichtet (BGH NJW-RR 96, 577). 2

Die Teilungsanordnung kann nicht nur die Auseinandersetzung des Nachlasses, sondern auch seine Verwaltung betreffen. Der Erblasser kann zB einzelne Gegenstände einem Miterben zuweisen oder seinen Nachlass vollständig auf alle Miterben aufteilen, so dass diese die Anordnungen nur noch vollziehen müssen, eine vereinbarte Auseinandersetzung aber nicht mehr stattfinden kann (Palandt/*Edenhofer* § 2048 Rn 2). 3

Die Anordnung kann auch die Art der Verwaltung (Ausübung durch einen Miterben) betreffen, die Aufteilung der Nachlassverbindlichkeiten im Innenverhältnis regeln (BGH LM § 138 Nr 2) oder Bestimmungen über die Ausgleichung einer Schuld gem § 2050 treffen (Palandt/*Edenhofer* § 2048 Rn 2). 4

Erhält jeder der beiden Erben nach der Teilungsanordnung eines der beiden im Nachlass befindlichen Grundstücke, liegt eine Erbeinsetzung zu gleichen Teilen vor (BayObLG FamRZ 85, 312). 5

Anordnungen nach § 2048 können nur durch eine Verfügung von Todes wegen getroffen werden, § 2099, wobei es einer Erbeinsetzung nicht bedarf (DGE/*Wrede* § 2048 Rn 3). Im Falle der Verbindung mit einem Vermächtnis oder einer Auflage erfolgt dies im Erbvertrag nach § 2278 I und im Ehegattentestament nach § 2270. 6

Mündliche oder maschinenschriftliche Anordnungen sind wegen Formverstoßes nichtig. Sie entfalten allenfalls moralische Wirkung und können, wenn sie von den Erben anerkannt werden, entspr umgesetzt werden. 7

C. Wirkung. Die Teilungsanordnung wirkt nur schuldrechtlich im Verhältnis der Erben zueinander und gibt ihnen einen Anspruch auf entspr Auseinandersetzung (BGH NJW 81, 1837). Da sie zu keiner dinglichen Zuordnung der Nachlassgegenstände führt, begründet sie auch keine Sondererbfolge an einzelnen Nachlassgegenständen, weshalb die Höhe der Erbteile und der Wert der Beteiligung der einzelnen Miterben am Nachlass unberührt bleibt (BGH NJW 85, 51). Die dingliche Aufteilung erfolgt iRd Auseinandersetzung, bei der die Miterben zur Verteilung des Nachlasses nach den Anordnungen des Erblassers verpflichtet sind. Die zugewiesenen Gegenstände sind dem betreffenden Miterben erst aus dem Gesamthandsvermögen unter Beachtung der allgemein geltenden Formvorschriften zu übertragen (Palandt/*Edenhofer* § 2048 Rn 4). Bis dahin ändert die Teilungsanordnung die Rechtsstellung des Miterben als Gesamthänder nichts. Verfügungsbeschränkungen sind damit nicht verbunden (Soergel/*Wolf* § 2048 Rn 2). 8

Für den Testamentsvollstrecker sind die Teilungsanordnungen des Erblassers bindend, §§ 2203, 2204; bei einer Verwaltungsanordnung gilt § 2216 II. 9

Jeder Miterbe hat Anspruch auf Einhaltung des angeordneten Teilungsmodus; gemeinsam können die Miterben aber im Einverständnis aller eine abw Aufteilung vornehmen, sofern es sich bei der Teilungsanordnung nicht zugleich um eine Auflage handelt, die aber gleichwohl dinglich wirksam ist (BGHZ 40, 115). Eine Teilungsanordnung kann im Fall des § 2306 ggü dem pflichtteilsberechtigten Miterben unwirksam sein, wenn sie seinen Erbteil beschwert (Palandt/*Edenhofer* § 2048 Rn 4). 10

Die Teilungsanordnung wird nicht wirksam, wenn eine Auseinandersetzung nicht durchgeführt wird, weil den Miterben nach erfolgter Berichtigung der Nachlassverbindlichkeiten kein Nachlass verbleibt, der verteilt werden könnte (Palandt/*Edenhofer* § 2048 Rn 4). 11

D. Abgrenzung zu anderen Gestaltungsformen. I. Teilungsanordnung und Erbeinsetzung. Teilungsanordnungen regeln nur, welche Gegenstände einem Miterben aus dem Nachlass zukommen sollen, ohne in wertmäßig zu begünstigen; sie haben nicht die Wirkung, dass ein Miterbe mehr oder weniger als seinen Erb- 12 teil erhält (RG DR 42, 977). Der Wert des zugewiesenen Gegenstandes wird auf den Erbteil des Miterben angerechnet (Soergel/*Wolf* § 2048 Rn 2). Übersteigt der Wert des Gegenstandes wertmäßig seinen Erbteil, muss er den anderen einen Ausgleich leisten (Soergel/*Wolf* § 2048 Rn 6).

13 **II. Teilungsanordnung und Auflage.** Will der Erblasser erreichen, dass sich die Miterben nicht über seine Anordnung hinwegsetzen, liegt eine Auflage zulasten aller Miterben vor (Kroiß/Ann/Mayer/*Eberl-Borges* § 2048 Rn 9). Die Auflage setzt keine Zuwendung voraus, gewährt aber dem Begünstigten auch keinen unmittelbaren Anspruch auf die Leistung, § 1940. Allerdings ist jeder Miterbe verpflichtet, die Ausführung der Erblasseranordnung von den anderen Miterben zu verlangen. Da die Auflage ebenfalls nur schuldrechtliche Wirkung entfaltet, können die Miterben auch in diesem Fall abw Vereinbarungen treffen (BGHZ 40, 115).

14 **III. Teilungsanordnung und Vorausvermächtnis.** Die Abgrenzung der Teilungsanordnung vom Vorausvermächtnis kann schwierig sein, insbes deshalb, weil eine Verfügung des Erblassers zugleich Teilungsanordnung und Vermächtnis sein kann (BGHZ 36, 115).

15 Bei der **Teilungsanordnung** wird der dem Miterben zugewendete Nachlassgegenstand wertmäßig voll auf den Erbteil angerechnet. Sie beschränkt sich auf die bloße Abwicklung der Nachlassauseinandersetzung, führt aber nicht zu einer Begünstigung eines Miterben (MüKo/*Dütz* § 2048 Rn 16). Ein **Vorausvermächtnis** liegt dagegen vor, wenn dem Miterben ein wertmäßiger Vorteil ggü den anderen Miterben verschafft werden soll. Davon ist auszugehen, wenn dessen Wert bei der Verteilung des übrigen Nachlasses nicht berücksichtigt wird, der Miterbe vielmehr so gestellt werden soll, als sei der Gegenstand einem Dritten zugewendet worden (BGHZ 36, 115). Er erhält also den im Wege des Vorausvermächtnisses zugewendeten Vermögenswert zusätzlich zu seinem Erbteil, ohne dass dieser in irgendeiner Weise auszugleichen wäre.

16 Für die Abgrenzung sind Begünstigungswille und Vermögensvorteil die wesentlichen Kriterien, wobei die vom Erblasser gewollte wertmäßige Verteilung des Nachlasses der wichtigste Gesichtspunkt ist (BGH NJW 98, 682), weil es darauf ankommt, ob der Erblasser einen Miterben wertmäßig, dh vermögensmäßig, begünstigen wollte (BGH NJW 95, 721).

17 Der Wille des Erblassers ist, wenn er sich nicht eindeutig aus der Verfügung von Todes wegen ergibt, durch Auslegung zu ermitteln (BGH FamRZ 90, 1114). Die Festsetzung einer Ausgleichspflicht bedarf keiner ausdrücklichen oder konkludenten Bestimmung, beim Schweigen der letztwilligen Verfügung wird stets ein Wertausgleich vermutet (BGH FamRZ 90, 396). Ist dem Erblasser der objektive Vermögensvorteil nicht bekannt bzw nicht bewusst, ist ergänzende Auslegung geboten (Soergel/*Wolf* § 2048 Rn 8). Führt auch sie nicht zu einer zusätzlichen Zuwendung des Mehrwertes, ist von einer Teilungsanordnung auszugehen, da sie grds nicht wertverschiebend ist (BGH FamRZ 87, 475).

18 Die Abgrenzung erlangt in vielerlei Hinsicht Bedeutung: Das Vorausvermächtnis kann ausgeschlagen werden, die Teilungsanordnung nicht. Darüber hinaus hat der Vermächtnisnehmer mit seiner Forderung einen besseren Rang (Palandt/*Edenhofer* § 2048 Rn 7). Dagegen gehört der durch die Teilungsanordnung zugewiesene Gegenstand bei beschränkter Erbenhaftung zum haftenden Nachlass (BayObLGZ 1074, 312), nicht dagegen der im Wege des Vorausvermächtnis zugewendete Gegenstand.

19 Im Übrigen kann eine Teilungsanordnung im Erbvertrag bzw Ehegattentestament vom Überlebenden jederzeit nach §§ 2270 III, 2278 II einseitig widerrufen werden, während der Vermächtnisnehmer bereits vor dem Erbfall den Schutz der §§ 2287, 2288 genießt und ihm die Bindungswirkung der §§ 2270, 2271, 2289–2291 zugute kommt.

20 **E. Verteilung durch Dritten.** Nach § 2048 S 2 kann der Erblasser die Auseinandersetzung in das billige Ermessen eines Dritten stellen, wobei Dritter auch ein Miterbe (RGZ 110, 274) oder der Testamentsvollstrecker sein kann. Er hat den Auseinandersetzungsplan aufzustellen; an die gesetzlichen Auslegungsregeln ist er dabei nicht gebunden. Die Teilungsquoten kann er auch nicht beliebig festlegen. Sieht der Auseinandersetzungsplan die Teilung vor der Schuldentilgung vor, ist der Plan offensichtlich unbillig (Kroiß/Ann/Mayer/*Eberl-Borges* § 2048 Rn 15).

21 Der Plan, eine einseitige, empfangsbedürftige Willenserklärung, wird durch Erklärung des Dritten, die ggü allen Miterben abzugeben ist (*Eberl-Borges* S 116 f) für die Miterben verbindlich (MüKo/*Gottwald* § 315 Rn 21). Die Erklärung hat keine Form- oder Genehmigungserfordernisse zu beachten. Zwischen den Miterben entfaltet der Auseinandersetzungsplan schuldrechtliche Wirkung mit der Folge, dass sie einander verpflichtet sind, die Auseinandersetzung entspr dem Plan durchzuführen (Staud/*Werner* § 2048 Rn 14).

22 Die Verbindlichkeit des Plans entfällt für die Miterben, wenn er offenbar unbillig ist. Eine Bestimmung ist offenbar unbillig, wenn sie sachlicher Gründe entbehrt und deren Sachwidrigkeit für jeden auf dem betreffenden Gebiet sachkundigen erkennbar ist (Rostock OLGRspr 36, 242).

23 Da § 2048 keine entspr Befugnis vorsieht, kann der Dritte den Auseinandersetzungsplan nicht selbst vollziehen. Die Vollziehung obliegt vielmehr den Miterben (RGZ 110, 270). Sind sich die Miterben einig, können sie die Auseinandersetzung in anderer Weise unter Missachtung des Auseinandersetzungsplans des Dritten durchführen (*Kretschmar* SächsArchiv 08, 153). Dies gilt auch bei einem durch Urteil festgelegten Auseinandersetzungsplan (Kroiß/Ann/Mayer/*Eberl-Borges* § 2048 Rn 18).

F. Übernahmerecht. Der Erblasser kann anordnen, dass ein Miterbe frei entscheiden kann, ob er einen 24
Nachlassgegenstand übernehmen will oder nicht. Dabei kann das Übernahmerecht auch nur gegen Wertausgleich eingeräumt werden (*Johannsen* WM 77, 276). Erst die Ausübung dieses Gestaltungsrechts lässt bei der Auseinandersetzung den Anspruch auf Übertragung des zugewiesenen Gegenstandes entstehen (Palandt/*Edenhofer* § 2048 Rn 8). Insoweit ist eine Teilauseinandersetzung möglich (LG Stuttg ZEV 02, 237). Die Zuwendung eines Mehrwertes stellt ein Vorausvermächtnis dar (BGHZ 82, 274). Allerdings kann auch bei objektiv gleichwertigem Übernahmepreis ein Vermächtnis vorliegen (BGHZ 36, 115).
Denkbar ist auch die Anordnung einer Übernahmepflicht (*Benk* RhNK 79, 61). 25

G. Wertermittlung. Für die Bewertung des zugewiesenen Gegenstandes ist grds der objektive Verkehrswert 26
nach dem Zeitpunkt maßgebend, zu dem die Durchführung der Teilungsanordnung verlangt werden kann (Soergel/*Wolf* § 2048 Rn 13). Eine Ausnahme gilt nach § 2049 für das Landgut. Für die Bewertung eines Unternehmens wird die Mittelwertmethode angewandt, wonach Substanz- und Ertragswert addiert werden und die Summe halbiert wird; der „good will" eines Unternehmens ist dabei bereits im Ertragswert enthalten (BGH NJW 82, 575 zu § 2311).

H. Prozessuales. Ein Rechtsschutzbedürfnis für eine Klage besteht nur, solange nur ein Erbe den Teilungs- 27
plan für offensichtlich unbillig hält. Die Klage ist dann gegen den Widersprechenden zu richten mit dem Ziel, dass das Gericht einen Teilungsplan aufstellt, wobei auch das Gericht nicht an die gesetzlichen Teilungsregeln gebunden ist. Das Gestaltungsurteil hat für den Erben aber nur schuldrechtliche Wirkung, die des dinglichen Vollzugs bedarf (DGE/*Wrede* § 2048 Rn 8).

I. Steuerliche Behandlung. Da die Teilungsanordnungen nur schuldrechtlich, nicht aber dinglich wirken, ist 28
die auf einer Teilungsanordnung beruhende Erbauseinandersetzung erbschaftsteuerfrei (BFHE 71, 266). Enthält die Teilungsanordnung zusammen mit einem Vorausvermächtnis den Anspruch auf einen bestimmten Gegenstand, ist für die Bemessung der Erbschaftsteuer nur der Gegenstand, nicht aber die Erbquote maßgebend. Entspr wird verfahren, wenn, ohne dass ein Vorausvermächtnis vorliegt, die Teilungsanordnung dem Miterben einen bestimmten Gegenstand zuweist (BFH BStBl II 1977, 640).
Durch die Teilungsanordnung wird lediglich die Art und Weise der Erbauseinandersetzung durch den Erblas- 29
ser festgelegt mit der Folge, dass einkommensteuerrechtlich zunächst sämtliche Nachlassgegenstände auf die Erbengemeinschaft übergehen. Die darauf beruhende Erbauseinandersetzung wird nach den allgemeinen steuerlichen Grundsätzen zur Erbauseinandersetzung behandelt (Kroiß/Ann/Mayer/*Pohl/Hartl* § 2048 Anh Rn 1).

§ 2049 Übernahme eines Landgutes

(1) Hat der Erblasser angeordnet, dass einer der Miterben das Recht haben soll, ein zum Nachlass gehörendes Landgut zu übernehmen, so ist im Zweifel anzunehmen, dass das Landgut zu dem Ertragswert angesetzt werden soll.
(2) Der Ertragswert bestimmt sich nach dem Reinertrag, den das Landgut nach seiner bisherigen wirtschaftlichen Bestimmung bei ordnungsmäßiger Bewirtschaftung nachhaltig gewähren kann.

A. Allgemeines. Die Vorschrift ist eine reine Auslegungsregel, die die Zerschlagung landwirtschaftlichen 1
Grundbesitzes verhindern soll und dann zur Anwendung gelangt, wenn ein anderer Wille des Erblassers nicht feststellbar ist. Daher ist zunächst der Erblasserwille zu ermitteln.
Ist der Verkehrswert niedriger als der Ertragswert, ist die Norm nicht anwendbar. Sie ist aber anwendbar bei 2
Übergabeverträgen im Wege der vorweggenommenen Erbfolge (BGH NJW 64, 1223), wenn das Landgut einem Miterben in der Erbauseinandersetzungsvereinbarung zugewiesen wird, sofern die Anwendung der Vorschrift nicht vereinbart worden ist (Kroiß/Ann/Mayer/*Eberl-Borges* § 2049 Rn 1), und bei der Berechnung des Erbersatzanspruchs nach § 1934 b.

B. Landgut. Landgut ist die wirtschaftliche Einheit, die zum selbständigen und dauernden Betrieb geeignet 3
ist, sowie die dazugehörenden land- und forstwirtschaftlichen Grundstücke, die Hofstelle einschließlich Wohn- und Wirtschaftsgebäude und das Zubehör iSd § 98 Nr 2 (BGH NJW 64, 1414) bzw der gütergemeinschaftliche Anteil eines Erblassers an einem Landgut. Es muss eine bestimmte Größe haben und für den Inhaber eine selbständige Nahrungsquelle darstellen, die auch nebenberuflich geführt werden kann, sofern sie nur zu einem erheblichen Teil zum Lebensunterhalt des Inhabers beiträgt (Damrau/*Rissmann* § 2049 Rn 2). Dabei kommt es auf die Verhältnisse zum Zeitpunkt des Erbfalls an (BGH NJW-RR 92, 770).

C. Ertragswert. Der Ertragswert ist ein bestimmtes Vielfaches des Reinertrages, der sich wegen der Beson- 4
derheiten des Einzelfalls nach betriebswirtschaftlichen Jahresabschlüssen (Ddorf FamRZ 86, 168) und nach den steuerrechtlichen Vorschriften bestimmt, wobei auch landesrechtliche Besonderheiten zu beachten sind, Art 137 EGBGB, BStBl 1993 I S. 62. Er ergibt sich aus den in II genannten Kriterien. Der Reinertrag ist der

Überschuss des Rohertrages über den Aufwand (*Müller-Feldhammer* ZEV 95, 161). Er beträgt in Baden-Württemberg (Art 48 II AGBGB) und Bayern (Art 68 AGBGB) den 18fachen Betrag des jährlichen Reinertrages, wohingegen es sich in Hessen (§ 30 AGBGB) und Rheinland-Pfalz (§ 24 AGBGB) um den 25fachen Betrag handelt.

5 **D. Übernahme.** Wird das Landgut nach erbrechtlichen Grundsätzen des BGB an eine Erbengemeinschaft vererbt, so kann der Erblasser einem Miterben das Recht einräumen, das Landgut allein zu übernehmen. Dann ist das Landgut bei der Auseinandersetzung nach I nur mit dem ggü dem Verkehrswert geringeren Ertragswert anzusetzen(BVerfGE 67, 348), um einen leistungsfähigen landwirtschaftlichen Betrieb in einer Person zu erhalten (Palandt/*Edenhofer* § 2049 Rn 1). Eine entspr Privilegierung des übernehmenden Miterben gilt nach § 2312 für die Pflichtteilsberechnung und nach § 1379 IV für die Berechnung des Anfangs- und Endvermögens bei der Zugewinngemeinschaft (BVerfG NJW 85, 1329). Solange davon auszugehen ist, dass der Gesetzeszweck im Einzelfall erreicht wird, ist ein Verstoß gegen den allgemeinen Gleichheitsgrundsatz nicht anzunehmen (BGHZ 98, 375).

6 Bei der Übernahme nur eines Bruchteils des Eigentums an einem Landgut ist im Zweifel davon auszugehen, dass der Bruchteil zum Verkehrswert angesetzt werden soll (BGH NJW 1973, 995).

§ 2050 Ausgleichungspflicht für Abkömmlinge als gesetzliche Erben

(1) Abkömmlinge, die als gesetzliche Erben zur Erbfolge gelangen, sind verpflichtet, dasjenige, was sie von dem Erblasser bei dessen Lebzeiten als Ausstattung erhalten haben, bei der Auseinandersetzung untereinander zur Ausgleichung zu bringen, soweit nicht der Erblasser bei der Zuwendung ein anderes angeordnet hat.
(2) Zuschüsse, die zu dem Zwecke gegeben worden sind, als Einkünfte verwendet zu werden, sowie Aufwendungen für die Vorbildung zu einem Beruf sind insoweit zur Ausgleichung zu bringen, als sie das den Vermögensverhältnissen des Erblassers entsprechende Maß überstiegen haben.
(3) Andere Zuwendungen unter Lebenden sind zur Ausgleichung zu bringen, wenn der Erblasser bei der Zuwendung die Ausgleichung angeordnet hat.

1 **A. Allgemeines.** § 2050 ordnet die Ausgleichspflicht für Abkömmlinge an, die bereits zu Lebzeiten des Erblassers bestimmte Zuwendungen erhalten haben, wobei die Ausgleichung gem § 2055 nur rechnerisch erfolgt und nur bei Vorhandensein eines zu verteilenden Nachlasses möglich ist.

2 Die Ausgleichspflicht stellt weder ein Vermächtnis zugunsten der übrigen Miterben noch eine Verbindlichkeit ggü dem Nachlass dar (MüKo/*Dütz* § 2050 Rn 17). Sie ist vielmehr Teil der Berechnungsmethode zur Bestimmung der Zuteilungsansprüche nach § 2047 I (*Eberl-Borges* S 236) und begründet die Pflicht zur Einhaltung der Ausgleichungsregeln bei der Nachlassauseinandersetzung.

3 **B. Abkömmlinge.** Nach § 2050 I sind nur die Abkömmlinge zur Ausgleichung verpflichtet, umgekehrt kommt sie auch nur den Abkömmlingen zugute, wenn sie als gesetzliche Erben zur Erbfolge berufen sind. Der Erblasser kann aber auch bei gewillkürter Erbfolge unter den Miterben eine Ausgleichung anordnen (Soergel/*Wolf* § 2050 Rn 9). Andere Verwandte sind ebenso wenig wie der Ehegatte von der Ausgleichung betroffen. Allerdings kann der Erblasser durch Teilungsanordnung und Vorausvermächtnis anderweitig verfügen.

4 Im Übrigen betrifft die Ausgleichung auch den Erbteilserwerber und den Pfandgläubiger am Nachlass (Soergel/*Wolf* § 2050 Rn 5 f).

5 **C. Zuwendungen.** Zuwendungen sind freiwillige Vermögensopfer des Erblassers, indem er zu seinen Lebzeiten einen Vermögensgegenstand aus seinem Vermögen in das Vermögen des Abkömmlings überträgt. Dadurch mindert sich nicht nur der künftige Nachlass, sondern auch das den Miterben zur Verfügung stehende Auseinandersetzungsguthaben (Soergel/*Wolf* § 2050 Rn 9).

6 Ist die Zuwendung entgeltlich erfolgt, hat sie der Abkömmling dann auszugleichen, wenn der Wert der Zuwendung den Wert des Entgelts übersteigt (RGZ 73, 372). Die Zuwendung erfordert kein Rechtsgeschäft, sondern kann durch jedes Vermögensopfer begründet werden, dh nicht nur durch Übertragung von Rechten, sondern auch durch Einräumung schuldrechtlicher Ansprüche (BGHZ 44, 91) oder die Nutzungsüberlassung (MüKo/*Dütz* § 2050 Rn 8).

7 Keine Zuwendungen sind Leistungen, die einer gesetzlichen Pflicht genügen, da es an der Freiwilligkeit des Vermögensopfers fehlt; dies gilt vorrangig für die gesetzliche Unterhaltspflicht (MüKo/*Dütz* § 2050 Rn 30; aA Staud/*Werner* § 2050 Rn 17, 31). Auch solche Zuwendungen, die zurückzugewähren sind, begründen keine Ausgleichungspflicht, da kein endgültiges Vermögensopfer erbracht wird (Soergel/*Wolf* § 2050 Rn 10).

8 **I. Ausstattung.** § 2050 I knüpft an den in § 1624 I legaldefinierten Begriff der Ausstattung an und erweitert ihn insoweit, als er auch Zuwendungen an weiter entferntere Abkömmlinge, dh Enkel und Urenkel erfasst. Die Zuwendungen erfolgen zur Verheiratung oder Begründung einer selbständigen Lebensstellung des

Abkömmlings (BGHZ 44, 91), dh um Einrichtungen für Wohnungen, Büros oder Praxen (*Ann* S 287). Zum Ausstattungsbegriff des § 1624 I gehören auch Aufwendungen für die Berufsausbildung. Sie werden aber über § 2050 II ausgeglichen.

Die Aussteuer ist als Unterart der Ausstattung grds auszugleichen, wenn sie neben einer Berufsausbildung gewährt wurde oder soweit sie deren regelmäßige Kosten übersteigt (BGH NJW 82, 575), weil heute auch die Töchter idR eine Berufsausbildung erhalten. 9

Die Ausgleichungsanordnung ist gerechtfertigt, weil es dem Erblasser nicht um die Bevorzugung eines Abkömmlings geht, sondern um ihm zu ermöglichen oder erleichtern, eine selbständige Lebensstellung zu erlangen. Die Gewährung einer Ausstattung ändert im Hinblick auf die Ausgleichungspflicht an dem vermuteten Willen des Erblassers, alle Abkömmlinge vermögensmäßig gleichzustellen, nichts (Soergel/*Wolf* § 2050 Rn 12). 10

Abzugrenzen ist die Ausstattung von der Schenkung. Wer verlangt, dass eine einem anderen Abkömmling gewährte Ausstattung auszugleichen ist, hat zu beweisen, dass es sich um eine Ausstattung und nicht um eine gewöhnliche Schenkung gehandelt hat (RG Recht 1912 Nr 445). 11

II. Als Einkünfte zugewendete Zuschüsse (II). Ausgleichspflichtig sind Zuschüsse, die der Erblasser zum Zwecke gewährt, dass sie als Einkünfte verwendet werden. Sie sind Beiträge des Erblassers zum Einkommen des Abkömmlings, die der Deckung des laufenden Bedarfs dienen, wobei es sich um wiederkehrende Leistungen von einer gewissen Dauer und Regelmäßigkeit handeln muss; einmalige Zahlungen sollen nicht unter den Normenbegriff fallen (RGRK/*Kregel* § 2050 Rn 5). Allerdings kann es wohl keinen Unterschied machen, ob der Unterhaltszuschuss in einem Betrag oder in Raten gezahlt wird, sofern er sich um eine Summe handelt, die den Unterhalt für einen nicht ganz unerheblichen Zeitraum sichert. 12

III. Aufwendungen zur Berufsausbildung (II). Vom Anwendungsbereich dieser Norm ist nicht der Besuch allgemeinbildender Schulen erfasst, sondern nur solche Einrichtungen, die einen berufsqualifizierenden Abschluss vermitteln, in erster Linie handelt es sich dabei um Universitäten, Fachhochschulen und berufliche Bildungseinrichtungen (BaRoth/*Lohmann* § 2050 Rn 9) und damit um Studien-, Promotions- und Fachschulkosten (Palandt/*Edenhofer* § 2050 Rn 10). Die Ausbildung ist beendet, wenn der Abkömmling durch Ablegen der Prüfung die Befähigung für den Beruf nachgewiesen hat (RG WarnR 13 Nr 237). Allerdings kann später ein neuer Beruf erlernt werden, für den wiederum II gilt (RGZ 114, 54). 13

Erfasst werden nur solche Aufwendungen, die nicht in Erfüllung einer gesetzlichen Unterhaltspflicht gemacht werden, sondern darüber hinausgehen. Insoweit ist eine Abgrenzung zu § 1610 II vorzunehmen. 14

IV. Sonstige Zuwendungen (III). § 2050 III betrifft die Zuwendungen, die nicht zu den in I und II genannten Zwecken gemacht wurden, sofern es sich, wie alle Zuwendungen des § 2050, um solche unter Lebenden handelt (Kroiß/Ann/Mayer/*Eberl-Borges* § 2050 Rn 14). In Betracht kommen inbes Geschenke oder die Begleichung einer Schuld. 15

D. Umfang der Ausgleichung (I, II). Der Abkömmling hat die Zuschüsse und Aufwendungen zur Berufsausbildung nach § 2050 II nur insoweit auszugleichen, als die Zuwendung das den Vermögensverhältnissen des Erblassers entspr Maß übersteigt. Übersteigen sie das entspr Maß nicht, besteht keine Ausgleichungspflicht, und zwar auch dann nicht, wenn es sich um eine Ausstattung gehandelt hat (RGZ 79, 267). Abzustellen ist also auf die Vermögensverhältnisse des Erblassers zum Zeitpunkt der Zuwendung (MüKo/*Dütz* § 2050 Rn 26). Das Übermaß liegt nicht schon deshalb vor, weil Aufwendungen, die dem Abkömmling zum Zwecke der Vorbildung zu einem Beruf gewährt worden sind, höher sind als die für die anderen Abkömmlinge zum selben Zweck gemachten Aufwendungen (MüKo/*Dütz* § 2050 Rn 26). 16

Da § 2050 I eine derartige Einschränkung nicht vorsieht, sind Ausstattungen voll auszugleichen. Zuwendungen nach II, die ebenfalls dem Ausstattungsbegriff des I unterfallen, unterliegen der spezielleren Ausgleichungsregel des II mit der Folge, dass nur das Übermaß auszugleichen ist (Kroiß/Ann/Mayer/*Eberl-Borges* § 2050 Rn 16), was der begabungsgerechten Förderung von Kindern dient (*Ann* S 287). 17

E. Anordnung der Ausgleichung (III). Nach § 2050 III sind sonstige Zuwendungen, wenn der Erblasser dies, vor oder bei der Zuwendung angeordnet hat, auszugleichen. Die Anordnung kann auch durch Auslegung der Verfügung des Erblassers ergeben. Maßgebend ist, dass der Empfänger die Anordnung erkennen und die Zuwendung ablehnen kann (RGZ 67, 306). 18

Erfolgte die Zuwendung ohne Ausgleichungsanordnung, kann der Erblasser die Anordnung nicht durch einseitiges Rechtsgeschäft unter Lebenden nachholen. Denkbar ist aber die vertragliche Begründung eines Ausgleichungsanspruchs zugunsten der übrigen Miterben in Form eines Vertrages zugunsten Dritter nach § 328 (Staud/*Werner* § 2050 Rn 33). Darüber hinaus kann der Erblasser die Ausgleichung durch eine letztwillige Verfügung nachträglich anordnen, indem er sie als Vermächtnis zugunsten der anderen Miterben anordnet (Kroiß/Ann/Mayer/*Eberl-Borges* § 2050 Rn 18). 19

Ansonsten kommen, wenn eine Ausgleichung nicht angeordnet wird, Pflichtteilsergänzungsansprüche nach §§ 2325, 2329 in Betracht. 20

21 Eine vom Erblasser angeordnete Ausgleichungspflicht nach § 2050 III kann er durch eine letztwillige Verfügung nachträglich wieder aufheben (*Mayer* ZEV 96, 441).

22 **F. Abdingbarkeit.** § 2050 enthält eine Vermutungsregelung, wonach die Ausgleichung in den Fällen des I und II dem Willen des Erblassers entspricht. Infolgedessen kann er sie abbedingen, indem er eine Ausgleichung ausschließt, sie nur unter bestimmten Voraussetzungen vorsieht oder er einen niedrigeren als den tatsächlichen Wert als Ausgleichungsbetrag festsetzt, was auch für die Anordnungen des II gilt (Soergel/*Wolf* § 2050 Rn 22).

23 Die Anordnung der Ausgleichung kann in allen Fällen nur vor oder bei der Zuwendung erfolgen, nicht aber durch ein späteres Rechtsgeschäft unter Lebenden (KG OLGE 21, 318). Ein nachträglicher Ausschluss ist dagegen durch eine letztwillige Verfügung in Form einer Teilungsanordnung und einem Vorausvermächtnis zugunsten des Zuwendungsempfängers möglich. Die Ausschließung kann auch durch einen Erbvertrag angeordnet werden (RGZ 90, 419). Darüber hinaus kann er auch eine gesetzlich nicht vorgesehene Ausgleichung anordnen (BGH NJW-RR 92, 771).

24 Eine Einschränkung seiner Anordnungsfreiheit enthält § 2316 III, soweit das Pflichtteilsrecht betroffen ist. Bei einer Bindung des Erblassers durch gemeinschaftliches Testament oder Erbvertrag ist der Ausschluss zwar nach dem Grundgedanken des § 2286 möglich; an die Stelle der ausgeschlossenen Ausgleichung kann aber der Anspruch nach § 2287 treten (Soergel/*Wolf* 2050 Rn 22).

25 Da die Auseinandersetzungsregeln der §§ 2050 ff auch für die Miterben abdingbar sind, können sie eine Ausgleichungspflicht durch Vertrag begründen, ausschließen oder abändern (*Eberl-Borges* S 98).

26 **G. Prozessuales. I. Beweislast.** Die Beweislast für die Ausgleichungspflicht trifft denjenigen, der die Ausgleichung beansprucht. Den Ausschluss der Ausgleichspflicht hat derjenige zu beweisen, der sich auf ihn beruft (MüKo/*Dütz* § 2050 Rn 39). In den Fällen des § 2050 III muss aber zunächst die Anordnung des Erblassers feststehen (Soergel/*Wolf* § 2050 Rn 24).

27 **II. Prozessrecht.** Streitigkeiten im Zusammenhang mit der Ausgleichung werden häufig mit der Feststellungsklage entschieden, weil meist die Leistungsklage ausscheidet. So zB dann, wenn auf Feststellung geklagt wird, dass ein anderer Miterbe infolge der Ausgleichungspflicht nichts mehr aus dem Nachlass zu erhalten hat (Kroiß/Ann/Mayer/*Eberl-Borges* § 2050 Rn 25). Die Feststellungsklage ist auch dann zulässig, wenn festgestellt werden soll, dass ein bestimmter Gegenstand mit einem bestimmten Betrag auszugleichen ist (BGH NJW-RR 92, 771). Sie kommt auch als Stufenklage in Betracht mit dem Antrag auf Auskunftserteilung, Abgabe der eidesstattlichen Versicherung und Feststellung der Ausgleichspflicht (BayObLG OLGE 37, 253).

28 Dagegen ist die Klage auf Feststellung der Ausgleichungspflicht unter künftigen Nacherben mangels Feststellungsinteresse unzulässig, da die Ausgleichungspflicht erst mit Eintritt des Nacherbfalls entstehen kann (Karlsr NJW-RR 90, 137).

29 Im Übrigen enthält § 12 IX HöfeO eine besondere Ausgleichungsvorschrift, die entgegen § 2056 eine Zahlungs- und Herausgabepflicht vorsieht (Soergel/*Wolf* § 2050 Rn 26).

§ 2051 Ausgleichungspflicht bei Wegfall eines Abkömmlings

(1) Fällt ein Abkömmling, der als Erbe zur Ausgleichung verpflichtet sein würde, vor oder nach dem Erbfall weg, so ist wegen der ihm gemachten Zuwendungen der an seine Stelle tretende Abkömmling zur Ausgleichung verpflichtet.

(2) Hat der Erblasser für den wegfallenden Abkömmling einen Ersatzerben eingesetzt, so ist im Zweifel anzunehmen, dass dieser nicht mehr erhalten soll, als der Abkömmling unter Berücksichtigung der Ausgleichungspflicht erhalten würde.

1 **A. Allgemeines.** Die Vorschrift regelt die Ausgleichspflicht des „nachrückenden" Erben, der in gleicher Weise ausgleichspflichtig ist wie der weggefallene Erbe. Sie werden ausgleichspflichtig, obgleich sie keine Zuwendung erhalten haben. Dadurch soll verhindert werden, dass die ausgleichsberechtigten Miterben durch den Wegfall eines Abkömmlings einen Nachteil erleiden und dass der Ausgleichspflichtige seinen Stamm durch Erbausschlagung von der Ausgleichspflicht befreien kann (MüKo/*Dütz* § 2051 Rn 1).

2 **B. Wegfall.** Der Wegfall eines Erben kann erfolgen durch Vorversterben, § 1923 I, Enterbung, § 1938, Ausschlagung, § 1953, Erbunwürdigkeit, § 2344, Erbverzicht, §§ 2346, 2349 und Unwirksamkeit der Erbeinsetzung nach § 27 BeurkG und bedeutet, dass der Abkömmling nicht Erbe wird. Die Einsetzung eines Erben unter Umgehung des Ausgleichspflichtigen durch eine Verfügung von Todes wegen ist kein Wegfall iSd Vorschrift, so dass § 2051 nicht anwendbar ist (Palandt/*Edenhofer* § 2051 Rn 1) und ihn keine Ausgleichspflicht trifft.

3 **C. Ausgleichspflichtiger.** Ausgleichspflichtig ist der durch den Wegfall nachrückende Abkömmling des Erblassers, und zwar unabhängig davon, ob der Nachrückende Erbe des Weggefallenen ist, so dass auch Seitenverwandte des Weggefallenen ausgleichspflichtig werden können. Die Ausgleichspflicht entsteht mit der

Annahme der Erbschaft und trifft die Erben, wenn mehrere nachrücken, entspr dem Verhältnis ihrer Erbteile. Stirbt der Ausgleichspflichtige, nachdem er Erbe geworden ist, geht die mit dem Erbteil verbundene Ausgleichspflicht im Wege der Gesamtrechtsnachfolge auf seine Erben über. Allerdings kann der entferntere Abkömmling durch ein bedingtes Vorausvermächtnis von der Ausgleichung befreit werden (Soergel/*Wolf* § 2051 Rn 4).

D. Ersatzerbe. Der Ersatzerbe eines weggefallenen Abkömmling soll nicht mehr erhalten, als der ursprüngliche Erbe unter Berücksichtigung der Ausgleichspflicht erhalten würde (Palandt/*Edenhofer* § 2051 Rn 2). Dabei sind nicht nur die Ausgleichspflichten des ursprünglichen Erben, sondern auch die begünstigenden Ausgleichspflichten eines anderen Miterben zu beachten (Staud/*Werner* § 2051 Rn 7). Ist der Ersatzerbe iSd § 2096 Abkömmling, trifft ihn die Ausgleichspflicht über § 2052 I, ist er kein Abkömmling, dann über § 2052 II und erbt er unmittelbar, so gilt § 2053. 4

E. Höchstgrenze. Die Höchstgrenze dessen, was der Ersatzerbe erhalten soll, entspricht dem, was der weggefallene Abkömmling unter Berücksichtigung seiner Ausgleichspflicht erhalten hätte. 5

F. Erblasserwille. Da § 2051 II eine Auslegungsregel darstellt, ist zunächst der Erblasserwille zu ermitteln, wobei der Ersatzerbe die Beweislast für ein Abweichen von der Regel zu tragen hat (DGE/*Wrede* § 2051 Rn 9). 6

§ 2052 Ausgleichungspflicht für Abkömmlinge als gewillkürte Erben

Hat der Erblasser die Abkömmlinge auf dasjenige als Erben eingesetzt, was sie als gesetzliche Erben erhalten würden, oder hat er ihre Erbteile so bestimmt, dass sie zueinander in demselben Verhältnisse stehen wie die gesetzlichen Erbteile, so ist im Zweifel anzunehmen, dass die Abkömmlinge nach den §§ 2050, 2051 zur Ausgleichung verpflichtet sein sollen.

A. Allgemeines. Die in dieser Auslegungsregel (Karlsr OLGE 26, 305) enthaltene Ausgleichungspflicht findet auf Testamentserben nur Anwendung, wenn gesetzliche Erbfolge aufgrund letztwilliger Verfügung eintritt in der Weise, dass die Abkömmlinge genau den gesetzlichen Erbteil erhalten (RGZ 149, 133) oder ihre Erbteile in demselben Verhältnis wie die gesetzliche Quote zueinander bestimmt sind (Palandt/*Edenhofer*, § 2052 Rn 1), aber hinsichtlich einer Ausgleichspflicht nichts geregelt ist und die Erben Miterben sind. 1

§ 2052 ist nicht nur bei der Einsetzung als Ersatz- oder Nacherbe (Palandt/*Edenhofer*, § 2052 Rn 1), sondern auch auf den Erbersatzanspruch des § 1934b und bei besonderen Leistungen nach § 2057 a analog anwendbar; bei fortgesetzter Gütergemeinschaft gilt § 1503 II. 2

B. Tatbestand. Wenn diese Erbfolge oder die Anwachsung nach § 2095 eine Erhöhung des Erbteils zur Folge hat, so sind beide Erbteile als jeweils gesonderte Erbteile zu behandeln (Staud/*Werner* § 2052 Rn 5). Die Zuwendung eines **Vorausvermächtnisses**, einer Auflage oder sonstigen Anordnung an einen Miterben führt nicht zwingend zum Ausschluss der Ausgleichung hinsichtlich des Nachlassrestes (RGZ 90, 419). UU kann aber dadurch die Ausgleichspflicht der anderen Miterben ausgeschlossen sein (Palandt/*Edenhofer* § 2052 Rn 1). In jedem Fall ist aber der Erblasserwille zu ermitteln, der vor oder bei der Zuwendung und nur in einer letztwilligen Verfügung zum Ausdruck gekommen sein kann (Erman/*Schlüter* § 2052 Rn 2). Wurden die Erbteile nur für einen Teil der Abkömmlingen nach dem Verhältnis der gesetzlichen Erbteile bestimmt, so findet die Ausgleichung hinsichtlich dieses Teils statt (RGZ 90, 419). 3

Ist der Empfänger einer Zuwendung des erstverstorbenen Ehegatten aufgrund eines Ehegattentestaments oder Erbvertrages nur Schlusserbe des Längerlebenden, so gilt bei einem **Berliner Testament** auch der erstverstorbene Ehegatte als Erblasser iSd § 2052 (hM KG OLGZ 74, 257; aA BGH NJW 83, 2875 für das Pflichtteilsrecht) mit der Folge, dass die Abkömmlinge beim Tod des Längerlebenden die Zuwendung, die vom Erstverstorbenen stammt oder aus dessen Nachlass erfolgt ist, auszugleichen haben (BGH NJW 82, 43). 4

Die Beweislast trifft denjenigen, der behauptet, nicht ausgleichspflichtig zu sein. Macht ein Ausgleichsberechtigter bei anderen, nicht unter § 2052 fallenden Erbeinsetzungen Ausgleichsansprüche geltend, muss er eine entspr Anordnung auf der Grundlage einer letztwilligen Verfügung nachweisen oder die Verfügung nach § 2078 vernichten, damit er sein Ausgleichsrecht nach § 2050 geltend machen kann (Erman/*Schlüter* § 2052 Rn 4). 5

C. Rechtsfolge. Die Ausgleichung der Zuwendung findet nur unter den Abkömmlingen statt, hinsichtlich derer die Einsetzung auf den gesetzlichen Erbteil erfolgt ist (Staud/*Werner* § 2052 Rn 2). 6

§ 2053 Zuwendung an entfernteren oder angenommenen Abkömmling

(1) Eine Zuwendung, die ein entfernterer Abkömmling vor dem Wegfall des ihn von der Erbfolge ausschließenden näheren Abkömmlings oder ein an die Stelle eines Abkömmlinges als Ersatzerbe tretender Abkömmling von dem Erblasser erhalten hat, ist nicht zur Ausgleichung zu bringen, es sei denn, dass der Erblasser bei der Zuwendung die Ausgleichung angeordnet hat.

(2) Das Gleiche gilt, wenn ein Abkömmling, bevor er die rechtliche Stellung eines solchen erlangt hatte, eine Zuwendung von dem Erblasser erhalten hat.

1 **A. Allgemeines.** Die Vorschrift regelt den mutmaßlichen Erblasserwillen in der Weise, dass eine Ausgleichspflicht bei Zuwendungen an einen entfernteren Abkömmling nicht besteht, sofern der Erblasser keine anderweitige Anordnung getroffen hat. Zur Berücksichtigung des tatsächlichen Erblasserwillens ist es notwendig, dass dieser bei der Zuwendung selbst oder später ausdrücklich geäußert wurde oder dokumentiert ist (DGE/*Wrede* § 2053 Rn 2).

2 **B. Ausgleichspflichtige Zuwendung.** Erhält der entferntere Abkömmling vor Wegfall des ihn von der Erbfolge ausschließenden Abkömmlings eine Zuwendung, ist sie nach § 2053 I Alt 1 nicht ausgleichspflichtig, wenn der nähere Abkömmling im Zeitpunkt des Erbfalls wegfällt oder bereits weggefallen ist. Im Falle der Enterbung gelten die §§ 2050 ff.

3 Erhält der als Ersatzerbe eingesetzte Abkömmling vor Wegfall des ihn von der Erbfolge ausschließenden Abkömmlings eine Zuwendung, ist sie nach § 2053 I Alt 2 nicht ausgleichspflichtig, wenn der Ersatzerbe kein Abkömmling des Erblassers ist, § 2050. In beiden Fällen kann nicht vermutet werden, dass es sich um eine Vorleistung des Erblassers auf den zu erwartenden Erbteil handelt (Palandt/*Edenhofer* § 2053 Rn 1). Daher ist die Zuwendung nur ausgleichspflichtig, wenn der Erblasser dies mit ihr angeordnet hat.

4 Nicht gesetzlich geregelt ist der Fall, dass sich der Erblasser über das Näheverhältnis des Abkömmlings geirrt hat. Es sollten auch hier die Vorstellungen des Erblassers entscheiden (Palandt/*Edenhofer* § 2053 Rn 1; aA MüKo/*Dütz* § 2053 Rn 4, wonach die tatsächliche Lage maßgebend sein soll). Die Vorschrift findet daher auch Anwendung, wenn der Zuwendungsempfänger tatsächlich der nächste Abkömmling war, weil der nähere weggefallen ist und der Erblasser hiervon keine Kenntnis hatte. Sie gilt nicht, wenn der Erblasser den entfernteren Abkömmling bei der Zuwendung für den nächsten hielt (Palandt/*Edenhofer* § 2053 Rn 1). § 2053 I ist auch dann nicht anwendbar, wenn die Zuwendung an den entfernteren Abkömmling zu einer Zeit erfolgt ist, zu der der nähere Abkömmling bereits durch eine Verfügung von Todes wegen von der Erbfolge ausgeschlossen war (RGZ 149, 129).

5 Die Ausgleichsanordnung des Erblassers kann uU auch den näheren zum Erben gewordenen Abkömmling mit einer Ausgleichspflicht für die Zuwendungen an den entfernteren belasten (Erman/*Schlüter* § 2053 Rn 1).

6 **C. Gleichgestellte, II.** Die Zuwendung in gleichgestellten Fälle, die sich seit 1. 7. 98 nur noch auf die Legitimation durch Adoption, §§ 1741 ff beziehen, nachdem das Kindschaftsreformgesetz die Legitimation durch Ehelichkeitserklärung, §§ 1723 ff, oder spätere Eheschließung, §§ 1719 ff, beseitigt hat, muss vor der Legitimation erfolgen (Palandt/*Edenhofer* § 2053 Rn 2).

§ 2054 Zuwendung aus dem Gesamtgut

(1) ¹Eine Zuwendung, die aus dem Gesamtgut der Gütergemeinschaft erfolgt, gilt als von jedem der Ehegatten zur Hälfte gemacht. ²Die Zuwendung gilt jedoch, wenn sie an einen Abkömmling erfolgt, der nur von einem der Ehegatten abstammt, oder wenn einer der Ehegatten wegen der Zuwendung zu dem Gesamtgut Ersatz zu leisten hat, als von diesem Ehegatten gemacht.

(2) Diese Vorschriften sind auf eine Zuwendung aus dem Gesamtgut der fortgesetzten Gütergemeinschaft entsprechend anzuwenden.

1 **A. Allgemeines.** Die Vorschrift schafft Klarheit darüber, wer als Leistender gilt, wenn aus dem Gesamthandsvermögen einer Gütergemeinschaft eine Zuwendung gemacht wird (Palandt/*Edenhofer* § 2054 Rn 1). Die Vorschrift gilt auch für den Pflichtteilsergänzungsanspruch des § 2331.

2 **B. Ausgleichung.** Sofern kein gegenteiliger Wille des verwaltenden Ehegatten erkennbar ist, gilt jeder Ehegatte als hälftiger Zuwendender, unabhängig davon, wer das Gesamtgut verwaltet (Staud/*Werner* § 2054 Rn 2). Dementsprechend ist die Ausgleichung je zur Hälfte bei der Nachlassteilung jedes Ehegatten durchzuführen (Soergel/*Wolf* § 2054 Rn 3). Die Ausgleichung kann jeder Ehegatte anordnen oder erlassen; allerdings nur soweit er als Zuwendender gilt (Palandt/*Edenhofer* § 2054 Rn 1).

3 Verwaltet nur ein Ehegatte das Vermögen, gilt die gesetzliche Fiktion des § 2094 I 1, er ist Zuwendender. § 2054 I 2 verhindert die Verschiebung des Erbteils zulasten des Erbenstammes des anderen Ehegatten (DGE/*Wrede* § 2054 Rn 2). Wendet ein Ehegatte nur einem von ihm abstammenden Abkömmling etwas zu, so ist er Zuwendender, wenn die Zuwendung die Verhältnisse des Gesamtgutes übersteigt, wenn er das Gesamtgut schädigen will oder ohne Zustimmung des anderen Ehegatten handelt (DGE/*Wrede* § 2054 Rn 2).

4 Die Ausgleichung muss grds zweimal erfolgen, und zwar beim Tod jedes Ehegatten und jeweils in Höhe der Hälfte der Zuwendung (MüKo/*Dütz* § 2054 Rn 1), sofern sie nicht bis zur Beendigung der fortgesetzten Gütergemeinschaft hinausgeschoben ist (RGRK/*Kregel* § 2054 Rn 3). Im Übrigen können die Ehegatten von § 2054 abw Anordnungen treffen (Erman/*Schlüter* § 2054 Rn 2). Ist die Ausgleichung beim Nachlass eines Ehegatten mangels hinreichendem Gesamthandsanteil nicht möglich, ist eine entspr höhere Ausgleichung beim Nachlass des anderen vorzunehmen (MüKo/*Dütz* § 2054 Rn 8; aA Soergel/*Wolf* § 2054 Rn 3).

C. Ausnahmen. Ausgleichungen finden ausnahmsweise nur ggü einem Elternteil statt, wenn der Abkömmling 5
die Zuwendung nur von einem der Ehegatten erhalten hat oder wegen der Zuwendung Ersatz zum Gesamtgut
leisten muss (Palandt/*Edenhofer* § 2054 Rn 2). Letzteres ist nur bei Ausstattungen nach §§ 1444, 1466 gegeben.
Darüber hinaus kann es zur Ersatzpflicht in den Fällen der §§ 1435 iVm 1423–1425, 1445 kommen (Kroiß/Ann/
Mayer/§ 2054 Rn 7). I 2 ist insoweit einschränkend auszulegen, als die Fiktion nur soweit reicht, wie die auf den
betroffenen Ehegatten treffende Hälfte des Gesamtgutes im Zeitpunkt der Beendigung der Gütergemeinschaft
reicht (RGZ 94, 262), dh die Zuwendungen aus dem Gesamtgut sind erst nach Beendigung der fortgesetzten
Gütergemeinschaft auszugleichen.

§ 2055 Durchführung der Ausgleichung

(1) ¹Bei der Auseinandersetzung wird jedem Miterben der Wert der Zuwendung, die er zur Ausgleichung
zu bringen hat, auf seinen Erbteil angerechnet. ²Der Wert der sämtlichen Zuwendungen, die zur Ausgleichung zu bringen sind, wird dem Nachlass hinzugerechnet, soweit dieser den Miterben zukommt, unter
denen die Ausgleichung stattfindet.
(2) Der Wert bestimmt sich nach der Zeit, zu der die Zuwendung erfolgt ist.

A. Allgemeines. Die Vorschrift regelt zusammen mit § 2056 die Durchführung der Ausgleichung nach den 1
§§ 2050 ff, für die im Falle der streitigen Ausgleichung der Gerichtsstand der Erbschaft nach § 27 ZPO gegeben
ist (BGH NJW 92, 364). Grundlage dieser Vorschriften ist die Vermutung, dass der Erblasser dem Abkömmling
die Zuwendung endgültig zukommen lassen wollte (Damrau/*Schmalenbach* § 2055 Rn 1), die beteiligten
Abkömmlinge nach dem Vollzug des Ausgleichs wirtschaftlich gleichgestellt sein sollen (MüKo/*Dütz* § 2055
Rn 1) und die Fiktion, dass die Gegenstände, wie sie vom Erblasser lebzeitig zugewendet wurden, noch im
Nachlass vorhanden sind und zur Verteilung anstehen (BGH NJW 75, 1831).

B. Durchführung der Ausgleichung. Die Ausgleichung wird nur rechnerisch nach der dispositiven Vor- 2
schrift des § 2047 unter den beteiligten Abkömmlingen vorgenommen. Daher verschafft sie keinen Zahlungsanspruch, sondern bewirkt nur eine Verschiebung der Teilungsquote nach § 2047 I. Der Nachlass wird rein
rechnerisch um die auszugleichenden Zuwendungen vermehrt, nicht aber tatsächlich mit der Folge, dass
diese Regelung zu Teilungsquoten führt, die von den Erbquoten abweichen und stets, dh nicht nur bei der
Verteilung von Geld, zu beachten sind (BGHZ 96, 174). Im Übrigen sind auch untergegangene Zuwendungen ausgleichspflichtig (Staud/*Werner* § 2055 Rn 10).
Im Innenverhältnis kann der ausgleichspflichtige Miterbe verlangen, dass vor der Teilung zunächst die Nach- 3
lassverbindlichkeiten beglichen werden, § 2046 I (MüKo/*Dütz* § 2055 Rn 10). Wird er von einem Nachlassgläubiger aus seiner gesamtschuldnerischen Haftung nach Maßgabe seiner Erbquote in Anspruch genommen, kann er von den übrigen Miterben insoweit Freistellung bzw Ersatz verlangen (Soergel/*Wolf* § 2055
Rn 2).
Wurde die Auseinandersetzung vollständig durchgeführt und ist die Ausgleichung unterblieben, besteht ein 4
Bereicherungsanspruch nach § 812, sofern § 814 nicht entgegensteht (RGRK/*Kregel* § 2055 Rn 21). Im Falle
einer Teilauseinandersetzung muss sie bei der Aufteilung des Restes nachgeholt werden, wodurch sich die Teilungsquoten weiter verschieben (BGH FamRZ 92, 665).
Eine dem Miterben entspr Stellung im Hinblick auf die Ausgleichungspflicht erlangen der Erbteilserwerber 5
nach § 2033, der Gläubiger des Miterben, der dessen Anteil gepfändet hat und der Nachlassgläubiger, der
bereits vor der Auseinandersetzung die Zwangsvollstreckung in den Erbteil des Miterben eingeleitet hat
(Palandt/*Edenhofer* § 2055 Rn 1).
Die Ausgleichung wird in folgenden Schritten durchgeführt: Vom Gesamtnachlass werden gem § 2046 I 6
zunächst alle Nachlassverbindlichkeiten in Abzug gebracht. Daraus werden die Erbteile des Ehegatten und
der nicht an der Ausgleichung beteiligten Miterben berechnet und abgesondert. Zu dem sich so ergebenden
„Netto-Nachlass" der Abkömmlinge werden die auszugleichenden Zuwendungen hinzugerechnet (Palandt/
Edenhofer § 2055 Rn 2). Der rechnerisch so erhöhte Nachlass ist Grundlage für die Erbteile der ausgleichspflichtigen Abkömmlinge, von denen jeweils die anzurechnende Zuwendung abgezogen wird.
Bsp: Neben der Ehefrau F erben die beiden Kinder A und B je zu gleichen Teilen. A hat 2100 und B 700 aus- 7
zugleichen. Der Nachlass beträgt nach Abzug der Verbindlichkeiten 9000. F erhält davon 3000. Der noch verbleibende Netto-Nachlass von 6000 wird nun um die auszugleichenden Zuwendungen (2100 + 700) rechnerisch auf 8800 erhöht. Davon erhält A 4400–2100 = 2300 und B 4400–700 = 3700.
Bei der Zugewinngemeinschaft erbt F ½, die Kinder jeweils ¼. Vom Nachlass erhält F vorab 4500. Der Netto- 8
Nachlass der Abkömmlinge erhöht sich rechnerisch um 2800 auf 7300. Davon erhält A 3650–2100 = 1550,
B 3650–700 = 2950.

C. Früchte. Die Früchte, die bereits vor der Auseinandersetzung der Quote verteilt wurden, und wenn sich 9
unter Berücksichtigung der Ausgleichspflicht herausstellt, dass der Bezug übermäßig war, sind nachträglich
auszugleichen (DGE/*Wrede* § 2055 Rn 3).

10 **D. Erbteile.** Gehen verschiedene Erbteile im Wege eines nachfolgenden Erbgangs auf einen Dritten über, bleiben sie nach § 1927 rechtlich getrennte Erbteile. Entspr gilt auch bei der Anwachsung von Erbteilen nach § 2095 und der Erbteilserhöhung nach § 1935. Die Erbteile sind auch dann getrennt zu behandeln, wenn sie sich in der Person eines Miterben vereinigen, der nicht nur Miterbe, sondern zugleich Nacherbe eines anderen Miterben ist (DGE/*Wrede* § 2055 Rn 4).

11 **E. Nachlassgläubiger.** Hinsichtlich der Ausgleichung kommt es bei den Nachlassgläubigern darauf an, zu welchem Zeitpunkt sie ihre Forderung geltend machen: Die Geltendmachung vor der Auseinandersetzung führt zur Haftung aller Erben für die Nachlassverbindlichkeit gem §§ 2058 f entspr den Erbteilen, nicht aber entspr ihrer Ausgleichsquote.

12 **F. Haftung nach Ausgleichung.** Die gesamtschuldnerische Haftung besteht auch nach der Auseinandersetzung fort. Allerdings können die einzelnen Miterben, sofern die Voraussetzungen vorliegen, die Haftung auf die Ausgleichsquote, dh auf das, was sie tatsächlich aus dem Nachlass erhalten haben, beschränken. Da der Miterbe die ausgleichspflichtige Zuwendung nicht von Todes wegen erworben hat, zählt sie auch nicht zum Haftungsvermögen.

13 **G. Wertermittlung.** Die Bewertung des Nachlasses erfolgt zum Zeitpunkt des Erbfalls (BGHZ 96, 181), die Zuwendung dagegen gem II zu dem ihrer Vornahme.

14 Mangels gesetzlicher Vorgaben wird der Wert durch eine freie Schätzung ermittelt: Zugewendete Forderungen sind mit dem Verkaufs-, nicht aber mit dem Nennwert anzugeben. Mit Hilfe eines Sachverständigengutachtens kann der Geldbetrag festgestellt werden, der im Zuwendungszeitpunkt für einen bestimmten Gegenstand aufzuwenden war (DGE/*Wrede* § 2055 Rn 7). Dabei bleiben die aus dem Zugewendeten gezogenen Früchte oder eingetretenen Wertveränderungen außer Ansatz. Im Übrigen ist eine spätere Veränderung des Geldmaßstabes durch Entwertung oder Umstellung, etwa auf Euro, zu berücksichtigen (DGE/*Wrede* § 2055 Rn 7).

15 **H. Kaufkraftschwund.** Zur Ermittlung gerechter Ergebnisse ist die Entwicklung des aktuellen Lebenshaltungsindexes nach den amtlichen Umrechnungsformeln zu berücksichtigen und so der Wert der in der Vergangenheit liegenden Zuwendung auf das Niveau auf den Tag des Erbfalls umzurechnen (BGH NJW 75, 1179). Der Kaufkraftwert zur Zeit des Erbfalls (KE) wird ermittelt durch die Multiplikation des Kaufkraftwertes im Zeitpunkt der Zuwendung (KZ) mit dem Lebenshaltungsindex des statistischen Bundesamtes im Jahr des Erbfalls (IndE) und durch die Indexzahl im Jahr der Zuwendung (IndZ) dividiert:
$KE = KZ \times IndE : IndZ$

16 Der Erblasser kann bei der Zuwendung den anzurechnenden Wert formlos bindend festlegen (Hamm MDR 66, 330); uU kann sich eine derartige Anordnung auch aus den Umständen des Falles ergeben (*Werner* DNotZ 78, 66). Diese Anordnung des Erblassers hat Vorrang vor anderen Wertbestimmungen (Soergel/*Wolf* § 2055 Rn 6).

17 Die Erben können, soweit sie an der Ausgleichung beteiligt sind, von der dispositiven Norm des § 2055 abweichen und einvernehmlich die Ausgleichung auf andere Art und Weise vornehmen. Im Übrigen kann auch der Erblasser eine andere Art der Ausgleichung bestimmen, sofern er dadurch die Pflichtteilsberechtigten nicht benachteiligt.

18 **I. Prozessuales.** Die Beweislast für einen höheren Wert der Zuwendung als den angesetzten, trägt derjenige, der sich auf den höheren Wert beruft.

19 Eine Klage, gerichtet auf die Feststellung, dass der Miterbe aufgrund der Höhe seiner Vorempfänge aus dem Nachlass nichts mehr zu bekommen hat, ist zulässig.

20 Streitwert ist der Betrag, der anzurechnen bzw zusätzlich anzurechnen ist.

§ 2056 Mehrempfang

¹Hat ein Miterbe durch die Zuwendung mehr erhalten, als ihm bei der Auseinandersetzung zukommen würde, so ist er zur Herauszahlung des Mehrbetrages nicht verpflichtet. ²Der Nachlass wird in einem solchen Falle unter den übrigen Erben in der Weise geteilt, dass der Wert der Zuwendung und der Erbteil des Miterben außer Ansatz bleiben.

1 **A. Allgemeines.** § 2056 ergänzt § 2055 in der Weise, dass der Miterbe, dem mehr zugewendet wurde als ihm unter Berücksichtigung dieser Zuwendung zustehen würde, diesen Mehrbetrag nicht zu erstatten hat, sondern ihm dieser endgültig zugute kommen soll (MüKo/*Frank* § 2056 Rn 1). Voraussetzung dafür ist, dass die Zuwendung höher oder gleich ist als der ihm gebührende Erbteil, mit der möglichen Folge, dass der Vorempfänger keine weitere Leistung erhält (DGE/*Wrede* § 2056 Rn 1). Seine Stellung als Miterbe ist davon nicht betroffen.

B. Schutz des Vorempfängers. Da den Miterben keine Herausgabepflicht trifft, ist er auch vor Ansprüchen Pflichtteilsberechtigter geschützt, da der Vorempfang dem Nachlass nicht zugerechnet wird (RGZ 77, 282). Die Vorschrift schützt den Zahlungsempfänger auch vor Pflichtteilsergänzungsansprüchen nach § 2325, sofern es sich nicht um eine Schenkung gehandelt hat
Der Erblasser kann den Vorempfänger durch eine Verfügung von Todes wegen nicht wirksam zur Rückgabe bzw Rückzahlung verpflichten (DGE/*Wrede* § 2056 Rn 1). Er kann lediglich die Ausgleichung abw von der gesetzlichen Bestimmung regeln (Celle OLGZ 32, 52).

C. Verfahren der Ausgleichung. Bei der Nachlassverteilung unter den übrigen Miterben wird der Erbteil des Vorempfängers nicht mitgerechnet. Der Nachlass wird verteilt, als wäre der ausgleichspflichtige Miterbe nicht vorhanden. (Erman/*Schlüter* § 2056 Rn 2). Maßgebend ist nicht die Höhe der Erbquote, sondern nur die Relation der restlichen Erbteile zueinander (Soergel/*Wolf* § 2056 Rn 4), die in demselben Verhältnis zueinander stehen müssen wie bisher (Palandt/*Edenhofer* § 2056 Rn 2).
Besteht der Nachlass aus 10 000 € und erben A 1/2, B und C je 1/4, so beträgt die erhöhte Teilungsmasse bei einem Vorempfang von 6 000 € durch C insgesamt 16 000 €. Davon würden auf C 4 000 € entfallen. Da er bereits 6 000 € erhalten hat, fällt er heraus. A und B teilen sich den Nachlass von 10 000 € im Verhältnis 2/3 zu 1/3 (BGH NJW 65, 1526).
Die Ausgleichspflicht erhöht sich für jeden ausgleichspflichtigen Erbteil dann, wenn ein gesetzlicher Erbe wegfällt, § 1935, ein Erbe aufgrund mehrfacher Verwandtschaft kraft Gesetzes zum Erben berufen ist, § 1927, oder wenn die Erbeinsetzung letztwillig erfolgt, § 2066.

§ 2057 Auskunftspflicht

¹Jeder Miterbe ist verpflichtet, den übrigen Erben auf Verlangen Auskunft über die Zuwendungen zu erteilen, die er nach den §§ 2050 bis 2053 zur Ausgleichung zu bringen hat. ²Die Vorschriften der §§ 260, 261 über die Verpflichtung zur Abgabe der eidesstattlichen Versicherung finden entsprechende Anwendung.

A. Allgemeines. Das Auskunftsrecht dient der Sicherung der Ausgleichungspflicht. Über § 2057 hinaus kennt das Gesetz keine allgemeine Auskunftspflicht unter den Miterben über den Nachlass (KG DR 1940,1775). Es verjährt gem § 197 I Nr 2 nach 30 Jahren (*Sarres* ZEV 02, 96).

B. Auskunftsrecht. Den Auskunftsanspruch kann jeder Miterbe gegen jeden einzelnen anderen Miterben geltend machen (Stuttg BWNotZ 76, 89). Er ist kein Anspruch der gesamten Hand, der unter § 2039 S 1 fällt, sondern ein Individualrecht aus der Miterbengemeinschaft. Wegen der Ausgleichungspflicht des § 2316 I hat auch der pflichtteilsberechtigte Nichterbe ein Auskunftsrecht (Zweibr FamRZ 87, 1197). Das gleiche Recht steht darüber hinaus dem mit der Auseinandersetzung beauftragten Testamentsvollstrecker sowie dem Nachlassverwalter zu.

C. Auskunftspflicht. Auskunftspflichtig ist jeder Miterbe sowie der pflichtteilsberechtigte Nichterbe (Nürnbg NJW 57, 1482). Darüber hinaus ist auch der den Nachlass auseinandersetzende Testamentsvollstrecker nach § 2204 sowie der Nachlassverwalter oder Nachlassinsolvenzverwalter bei Nachweis eines besonderen Interesses auskunftsberechtigt (RGRK/*Kregel* § 2057 Rn 5).
Die Auskunft erstreckt sich nicht nur auf die ausgleichspflichtigen Zuwendungen der §§ 2050 ff, sondern auch auf die möglicherweise ausgleichspflichtigen, soweit der Miterbe sie persönlich erhalten hat (Palandt/*Edenhofer* § 2057 Rn 2) sowie auf den Zeitpunkt der Zuwendung und die Auflagen des Zuwendenden (DGE/*Wrede* § 2057 Rn 2). Hinzu kommt auch, was über den Wert des Erhaltenen und die zu seiner Berechnung vorhandenen Anhaltspunkte bekannt ist. (BayObLG OLG 40, 149).
Die Entscheidung über die Zugehörigkeit einer Zuwendung zum Kreis der ausgleichspflichtigen steht nicht im Belieben des Auskunftspflichtigen; er hat vielmehr Auskunft zu erteilen, ohne dass das Vorhandensein von Zuwendungen zuvor festgestellt sein müsste (Palandt/*Edenhofer* § 2057 Rn 2).

D. Verfahren der Auskunftserteilung. Bei Bereitschaft des Pflichtigen zur Abgabe der eV bestimmt sich das Verfahren nach §§ 163, 79 FGG. Nach § 3 Nr 1 b RPflG ist der Rechtspfleger beim Amtsgericht am Wohnsitz des Pflichtigen für die Abnahme der eV zuständig. Im Streitfalle entscheidet das Prozessgericht.
Eine besondere Form der Auskunftserteilung ist nicht vorgesehen. Ist allerdings der Vorempfang ein „Inbegriff von Gegenständen", muss die Form des § 2060 I beachtet werden. Daher ist eine mündliche Auskunftserteilung ausreichend im Hinblick auf die eV, die nur dann zu leisten ist, wenn Grund zur Annahme besteht, dass die Auskunft nicht mit der erforderlichen Sorgfalt erteilt ist (Palandt/*Edenhofer* § 2057 Rn 3).
Der Auskunftsanspruch ist einklagbar, wenn der Miterbe die Auskunft verweigert. Dann hat der Kläger lediglich nachzuweisen, dass beide Parteien Mitglieder einer Erbengemeinschaft mit evtl vorzunehmenden Ausgleichungen nach § 2050 sind (DGE/*Wrede* § 2057 Rn 5). Dabei bemisst sich der Streitwert einer Auskunftsklage nicht nach dem von der Ausgleichung zu erwartenden Vorteil, sondern nach dem Interesse des Klägers an der begehrten Hilfestellung (Soergel/*Wolf* § 2057 Rn 7).

9 Darüber hinaus ist auch ein Vertrag auf Leistung einer eV zulässig, bei dem das Gericht nicht zu prüfen hat, ob die gesetzlichen Voraussetzungen vorliegen (Hburg HansGZ 40, 98).
10 Die Kosten hat der Antragsteller zu tragen, wobei sich die Gebühr nach § 124 KostO bestimmt.

§ 2057a Ausgleichungspflicht bei besonderen Leistungen eines Abkömmlings

(1) ¹Ein Abkömmling, der durch Mitarbeit im Haushalt, Beruf oder Geschäft des Erblassers während längerer Zeit, durch erhebliche Geldleistungen oder in anderer Weise in besonderem Maße dazu beigetragen hat, dass das Vermögen des Erblassers erhalten oder vermehrt wurde, kann bei der Auseinandersetzung eine Ausgleichung unter den Abkömmlingen verlangen, die mit ihm als gesetzliche Erben zur Erbfolge gelangen; § 2052 gilt entsprechend. ²Dies gilt auch für einen Abkömmling, der unter Verzicht auf berufliches Einkommen den Erblasser während längerer Zeit gepflegt hat.
(2) ¹Eine Ausgleichung kann nicht verlangt werden, wenn für die Leistungen ein angemessenes Entgelt gewährt oder vereinbart worden ist oder soweit dem Abkömmling wegen seiner Leistungen ein Anspruch aus anderem Rechtsgrund zusteht. ²Der Ausgleichungspflicht steht es nicht entgegen, wenn die Leistungen nach den §§ 1619, 1620 erbracht worden sind.
(3) Die Ausgleichung ist so zu bemessen, wie es mit Rücksicht auf die Dauer und den Umfang der Leistungen und auf den Wert des Nachlasses der Billigkeit entspricht.
(4) ¹Bei der Auseinandersetzung wird der Ausgleichungsbetrag dem Erbteil des ausgleichungsberechtigten Miterben hinzugerechnet. ²Sämtliche Ausgleichungsbeträge werden vom Werte des Nachlasses abgezogen, soweit dieser den Miterben zukommt, unter denen die Ausgleichung stattfindet.

1 **A. Allgemeines.** § 2057a ist subsidiär, findet aber auch auf die Leistungen des Hoferben Anwendung; eine Ausgleichung entfällt, wenn für Leistungen ein angemessenes Entgelt gewährt, wirksam vereinbart oder aus einem anderen Rechtsgrund zusteht (Erman/*Schlüter* § 2057a Rn 2).
2 **B. Ausgleich nach Billigkeit.** Auszugleichen sind nur die besonderen Leistungen eines Abkömmlings an den Erblasser, wenn sie unentgeltlich oder gegen unangemessen geringes Entgelt erbracht worden sind. Dafür findet nach § 2052, der gem I 2 entspr anwendbar ist, bei der Erbauseinandersetzung unter den Abkömmlingen eine Ausgleichung statt, wenn sie entweder gesetzliche Erben, testamentarisch auf den gesetzlichen Erbteil oder im Verhältnis derselben eingesetzt wurden (Soergel/*Wolf* § 2057a Rn 11). Nach § 2316 I 1 wirkt sich die Ausgleichung auf die Größe des Pflichtteils aus.
3 Der Ehegatte ist an dieser Ausgleichung nicht beteiligt, da sie nur zwischen den dazu Berechtigten und Verpflichteten stattfindet, nicht aber unter sämtlichen Miterben (Palandt/*Edenhofer* § 2057a Rn 1). Bei einem Berliner Testament kann auch der erstverstorbene Ehegatte als Erblasser angesehen werden (MüKo/*Heldrich* § 2057a Rn 7, str).
4 **C. Ausschluss.** Durch eine Verfügung von Todes wegen kann der Erblasser die gesetzliche Regelung im Wege des Vermächtnisses zugunsten der übrigen Abkömmlinge ausschließen, einschränken oder auf andere Weise abändern (MüKo/*Heldrich* § 2057a Rn 3 mwN).
5 Nach II 1 steht dem Abkömmling kein Ausgleichungsrecht zu, wenn er für die erbrachte Leistung iRe Dienst- oder Arbeitsverhältnisses mit dem Erblasser in dessen Geschäft ein angemessenes Entgelt erhalten hat (Palandt/*Diederichsen* § 1619 Rn 10). Dies gilt auch, wenn ein solches Entgelt zwar vereinbart, tatsächlich aber für die Leistung nicht entrichtet wird, weil der Abkömmling mit dem Tod des Erblassers einen Anspruch auf Zahlung des vereinbarten Entgelts als Nachlassforderung hat oder, sofern es sich um eine Geldleistung handelt, einen Anspruch auf Rückzahlung gem der zugrunde liegenden Vereinbarung besteht (Palandt/*Edenhofer* § 2057a Rn 2).
6 Ein Ausgleichungsanspruch entfällt auch dann, wenn dem Abkömmling aus einem anderen Rechtsgrund ein solches Recht zusteht, wie zB aus Geschäftsführung ohne Auftrag oder ungerechtfertigter Bereicherung.
7 Hat der Abkömmling für seine Leistung ein unangemessen geringes Entgelt erhalten oder kann der Nachweis eines entgeltlichen Dienstvertrages nicht erbracht werden, kann er eine Ausgleichung verlangen.
8 **D. Ausgleichsberechtigte.** Ausgleichspflichtig sind die Abkömmlinge des Erblassers, sofern sie gesetzliche Erben sind oder nach Maßgabe von § 2052 eingesetzt wurden, der Erbe eines ausgleichspflichtigen Miterben sowie der Erbteilserwerber, wenn den veräußernden Miterben eine Ausgleichungspflicht traf, § 2376 (Palandt/*Edenhofer* § 2057a Rn 3).
9 Neben dem Abkömmling, der Leistungen iSd I selbst erbracht hat, ist auch der Erbe eines ausgleichsberechtigten Miterben, da das Recht und die Pflicht vererblich sind, sowie der Erbteilserwerber, soweit es auch der veräußernde Miterbe war, ausgleichsberechtigt. Darüber hinaus ist auch der nach Wegfall eines ausgleichsberechtigten Abkömmlings an dessen Stelle tretenden Abkömmling/Ersatzerbe gem § 2051 analog berechtigt, die Ausgleichung zu verlangen (hM; MüKo/*Heldrich* § 2057a Rn 7 mwN).

E. Ausgleichspflichtige Leistungen. Gegenstand der Ausgleichung sind nur die Sonderleistungen eines 10
Abkömmlings, die in besonderem Maße der Erhaltung oder Vermehrung des Erblasservermögens gedient
haben (Oldbg FamRZ 99, 1466). Im Ergebnis müssen sie den gesamten aktiven Vermögensbestand positiv
beeinflusst haben, dh diese Leistungen müssen nicht unerheblich gewesen und in jedem Fall über die bloßen
Unterhaltspflichten hinausgegangen sein (Palandt/*Edenhofer* § 2057 a Rn 4). Dabei ist die Vermehrung des
Aktivvermögens der Erhaltung des wirtschaftlichen Werts gleichgestellt. Folgende Leistungen sind im Gesetz
genannt:

I. Mitarbeit im Haushalt, Beruf oder Geschäft des Erblassers. Es gelten die zu § 1619 entwickelten Grund- 11
sätze über Dienstleistungen des dem elterlichen Hausstand angehörenden Kindes im Hauswesen und
Geschäft der Eltern (BGH NJW 72, 429). Darüber hinaus ist auch die Mitarbeit der Familie des Kindes oder
anderer Hilfskräfte im Auftrag des Kindes zu berücksichtigen (Soergel/*Wolf* § 2057 a Rn 4 mwN).
Zum Haushalt des Erblassers gehören alle Angelegenheiten des Hauswesens, die die gemeinsame Lebensfüh- 12
rung mit sich bringt, wie Sauberhalten der Wohnung, Waschen, Kochen, aber auch die Vornahme von Reparaturen oder der Abschluss von Rechtsgeschäften beim täglichen Einkauf (Soergel/*Lange* § 1356 Rn 7).
Geschäft ist jeder Geschäftsbetrieb, dh auch der einer Gesellschaft, deren Geschäft er als Gesellschafter führt
und ein landwirtschaftlicher Betrieb; dabei kann der Beruf des Erblasser ein selbständiger (Arzt, Rechtsanwalt, Steuerberater) oder ein unselbständiger (Angestellter) sein (Palandt/*Edenhofer* § 2057 a Rn 5); ausreichend ist, wenn die Mitarbeit den Beruf mittelbar fördert, zB durch Transport- oder Schreibarbeiten (Soer-
gel/*Wolf* § 2057 a Rn 4).
Die Mitarbeit kann verschieden sein; sie muss sich aber über eine längere Zeit erstrecken, dh von mehrjähri- 13
ger Dauer sein, wobei eine Mindestzeitdauer ebenso wenig erforderlich ist wie ein zusammenhängender Zeitraum
(Soergel/*Wolf* § 2057 a Rn 4). Allerdings wird nur die gelegentliche Aushilfe nicht erfasst (*Odersky* NichtehelG
Bem II 2 b). Bei wertvollen Diensten höherer Art genügt ein kürzerer Zeitraum als bei einfachen Diensten. Sie
muss unentgeltlich gewesen sein; bei teilweiser Unentgeltlichkeit hat der Abkömmling einen Ausgleichsanspruch nur für den unentgeltlichen Teil der erbrachten Leistung.

II. Erhebliche Geldleistungen. Die Geldleistungen sind einer Mitarbeit in Haushalt, Beruf oder Geschäft 14
des Erblassers gleichgestellt, wobei sie nach einem objektiven, allgemein gültigen Maßstab festzulegen sind.
Dabei ist aber ein objektiver Maßstab anzulegen. Auf die Vermögensverhältnisse des Erblassers ist nicht abzustellen, vielmehr kommt es auf die objektive Erheblichkeit an. Erst bei der Würdigung der Auswirkungen auf
sein Vermögen sind die Vermögensverhältnisse des Erblassers von Bedeutung (Soergel/*Wolf* § 2057 a Rn 5; aA
MüKo/*Heldrich* § 2057 a Rn 22). Die sonstigen Leistungen wie zB die Bezahlung höherer Schulden, erhebliche
Investitionen in den Betrieb (*Weimar* MDR 73, 24) oder die Zurverfügungstellung eines dem Abkömmling
gehörenden Grundstücks für den Geschäftsbetrieb des Erblassers stehen den Geldleistungen gleich (Palandt/
Edenhofer § 2057 a Rn 6).

III. Pflegeleistungen. Nach I 12 hat der Abkömmling, der unter Verzicht auf ein berufliches Einkommen 15
den Erblasser während einer längeren Zeit gepflegt hat, einen Ausgleichsanspruch. Die Pflege in Form der
Betreuung muss längere Zeit gedauert haben, wobei es sich um eine Leistung von besonderem Maße gehandelt haben muss, die einen völligen oder teilweisen Verzicht auf Erwerbseinkommen notwendig gemacht hat
(Soergel/*Wolf* § 2057 a Rn 7). Wer nicht berufstätig und berufswillig ist, verzichtet nicht auf Einkommen und
ist infolgedessen nicht ausgleichsberechtigt (*Odersky* NichtehelG Bem II 2 f). Die Pflegeleistung muss dem
Erblasser in Person erbracht werden, wobei die Pflege anderer eine Leistung sonstiger Art darstellen, wenn
der Erblasser dadurch Aufwendungen erspart (Staud/*Werner* § 2057 a Rn 18). Nicht erforderlich ist, dass der
Abkömmling die Pflege allein durchgeführt hat. Einer Ausgleichung steht nicht entgegen, dass er sich zur
Unterstützung bezahlter Hilfskräfte bedient hat (Palandt/*Edenhofer* § 2057 a Rn 7).

IV. Kinder im elterlichen Haushalt. Leistungen eines Hauskindes zugunsten des Erblassers iRs Dienstleis- 16
tungspflicht nach § 1619 oder die Überlassung von Vermögen des Hauskindes zur Bestreitung der Haushaltskosten iSd § 1620 stehen einer Ausgleichspflicht der übrigen Abkömmlinge nicht entgegen, II 2. Hat das
volljährige Kind ohne die Absicht, Ersatz zu verlangen, dem Vater zur Bestreitung von Haushaltskosten einen
größeren Geldbetrag überlassen und wird es neben anderen Abkömmlingen nach dem Tod des Vaters kraft
Gesetzes Miterbe, sind die Voraussetzungen für die Entstehung einer Ausgleichspflicht gegeben (Palandt/
Edenhofer § 2057 a Rn 8).

F. Höhe der Ausgleichung (III). Bei der Bemessung der Höhe des Ausgleichsbetrages ist neben der Dauer 17
und dem Umfang der Leistungen des Abkömmlings, der Wert der Mitarbeit im Haushalt, Beruf oder
Geschäft des Erblassers, die Höhe des geleisteten Geldbetrages, die Dauer der Pflege und die damit verbun-
denen Einkommenseinbußen auch der Wert des Reinnachlasses zum Zeitpunkt des Erbfalls zu berücksichtigen
(Palandt/*Edenhofer* § 2057 a Rn 9). Darüber hinaus sind auch die Auswirkungen der Leistungen des
Abkömmlings auf das hinterlassene Vermögen des Erblassers zu ermitteln.
Die so vorgenommene Ausgleichung muss, unter Beachtung dieser Umstände, der Billigkeit entsprechen. Die 18
Billigkeitsklausel ermöglicht es, auf die Nachrechnung aller Einzelheiten, was idR ohnedies nicht möglich ist,

zu verzichten (Palandt/*Edenhofer* § 2057 a Rn 9). Allerdings darf die Anwendung der Vorschrift nicht zu einer Übertragung des gesamten Nachlasses auf den Ausgleichsberechtigten führen, sodass die anderen Abkömmlinge leer ausgehen (Staud/*Werner* § 2057 a Rn 29; aA Soergel/*Wolf* § 2057 a Rn 17).

19 **G. Durchführung der Ausgleichung (IV).** Die Ausgleichung erfolgt iRd Auseinandersetzung nur rechnerisch, dh nachdem die Nachlassschulden vom Nachlass beglichen wurden, werden vom verbleibenden Reinnachlass die Anteile der nicht ausgleichsberechtigten Abkömmlinge abgezogen. Der so ermittelte Nettonachlass steht nun den Abkömmlingen zu, unter denen die Ausgleichung stattfindet. Von diesem Betrag wird sodann der errechnete Ausgleichsbetrag in Abzug gebracht und der Restnachlass entspr der Erbquoten auf die Abkömmlinge verteilt. Schließlich ist dem Erbteil des Ausgleichsberechtigten der Ausgleichsbetrag hinzuzurechnen.

20 Berechnungsbsp: Der Reinnachlass beträgt 24000. Miterben sind die Witwe W zu ½ und die Kinder A und B zu je ¼. Der Ausgleichsbetrag von 2000 steht B zu. W erhält vorab 12000. Vom verbleibenden Nachlass wird der Ausgleichsbetrag von 2000 abgezogen. Von dem so verbleibenden rechnerischen Nachlass von 10000 erhalten A und B je 5000. Dem Erbteil des B wird der Ausgleichsbetrag von 2000 zugerechnet, so dass sein Anteil am Nachlass des Erblassers 7000 beträgt.

21 **H. Prozessuales.** Die Ausgleichspflicht kann bei Errechnung eines bestimmten Betrages als Leistungsklage erhoben werden, wobei der Gerichtsstand der Erbschaft nach § 27 ZPO gegeben ist (BGH NJW 92, 364). Möglich ist auch ein unbezifferter Antrag, mit dem die Höhe der Ausgleichung in das Ermessen des Gerichts gestellt wird. Der Ausgleichsbetrag wird im Streitfall vom Prozessgericht festgesetzt. Die *Beweislast* für die ausgleichspflichtigen Leistungen liegt bei dem die Ausgleichung begehrenden Abkömmling, für die Gewährung oder Vereinbarung eines angemessenen Entgelts hat der Gegner den Beweis zu führen (*Petersen* ZEV 00, 432).

Untertitel 2 Rechtsverhältnis zwischen den Erben und den Nachlassgläubigern

§ 2058 Gesamtschuldnerische Haftung

Die Erben haften für die gemeinschaftlichen Nachlassverbindlichkeiten als Gesamtschuldner.

1 **A. Allgemeines.** Die §§ 1967–2017 regeln allgemein die Haftung des Erben, die vollstreckungsrechtlich durch die §§ 780–785 ZPO ergänzt werden. Darüber hinaus bestimmen die §§ 2058–2063, ob die Erbengemeinschaft als solche oder der einzelne Erbe als Gesamtschuldner oder nur anteilig im Außenverhältnis haftet. Die Haftung des einzelnen Miterben kann danach gesamtschuldnerisch und beschränkt oder unbeschränkt, anteilig und unbeschränkt oder beschränkt sein (Palandt/*Edenhofer* Einf v § 2058 Rn 1).

2 **B. Haftung im Außenverhältnis.** Neben der gesamtschuldnerischen Haftung der Erbengemeinschaft als solcher, § 2059, besteht im Außenverhältnis grds auch die persönliche gesamtschuldnerische Haftung der Miterben, die losgelöst ist von der Möglichkeit einer Haftungsbeschränkung (Palandt/*Edenhofer* § 2058 Rn 1). Die Einzelhaftung beginnt mit Erbengemeinschaft, gilt aber auch nach der Teilung fort, wobei die in den §§ 2060, 2061 enthaltenen Ausnahmen für die Zeit nach der Teilung zu berücksichtigen sind.

3 Die gesamtschuldnerische Haftung besteht nur für die gemeinschaftlichen Nachlassverbindlichkeiten, für die alle Miterben haften. Dies gilt zB auch für die Rückforderung von irrtümlich nach dem Tod des Berechtigten an dessen Erben ausgezahlten Renten (BGH NJW 78, 1378; aA AG Kassel NJW-RR 92, 585 mwN). Bei anderen Gläubigern tritt diese Haftung ein, wenn ihnen die Erben als Gesamtschuldner aus demselben Rechtsgrund haften (BGH NJW 70, 473).

4 Vermächtnisse bzw Auflagen, die nur einzelnen Miterben auferlegt wurden oder Verbindlichkeiten der Miterben eines Pflichtteilsberechtigten nach §§ 2305, 2306 sind keine gemeinschaftlichen Verbindlichkeiten (RGRK/*Kregel* § 2058 Rn 2). Die nicht betroffenen Miterben haften für diese Verbindlichkeiten nicht, mehrere Betroffene aber gesamtschuldnerisch nach § 2058 (Palandt/*Edenhofer* § 2058 Rn 1). § 2058 findet dagegen auf die den Nachlassgläubigern nach den §§ 1978 ff zustehenden Ansprüche keine Anwendung, da diese nach § 1978 II als Nachlassaktiva gelten (Palandt/*Edenhofer* § 2058 Rn 1).

5 Für die Erbschaftssteuer haftet jeder Miterbe zunächst persönlich auch mit seinem Eigenvermögen in Höhe der auf ihn entfallenden Erbschaftssteuerlast, § 15 I ErbStG. Daneben haftet auch der Nachlass insgesamt für die Steuerschuld jedes Miterben und jeder Miterbe haftet als Gesamtschuldner für die Steuer des am Erbfall Beteiligten, soweit er aus der Erbschaft etwas erlangt hat, wobei die gesamtschuldnerische Haftung auf den Wert des Erlangten beschränkt ist, § 15 III ErbStG (Soergel/*Wolf* § 2058 Rn 18). Bei Steuerschulden des Erblassers handelt es sich um Nachlassverbindlichkeiten, für die die Miterben als Gesamtschuldner haften.

6 **C. Haftung im Innenverhältnis.** Die Nachlassverbindlichkeiten sind gem § 2046 vor der Teilung zu tilgen. Im Innenverhältnis der Miterben untereinander regelt sich der Ausgleich nach dem Verhältnis ihrer Erbteile nur anteilig (BayObLGZ 1970, 132). Erfolgt die Befriedigung (freiwillig oder im Wege der Zwangsvollstreckung)

durch einen Miterben aus seinem Eigenvermögen, kann er von den übrigen Miterben Ausgleichung nach § 426 im Verhältnis der Erbteile, aber unter Berücksichtigung der Ausgleichsrechte und -pflichten unter Miterben nach §§ 2050 ff. verlangen (Erman/*Schlüter* § 2058 Rn 2). Die Durchführung der Ausgleichung erfolgt nach dem Betrag, den der jeweilige Miterbe aus dem Nachlass erhalten hat, nicht nach den Erbquoten.

Allerdings kann der Miterbe **bis zur Teilung** des Nachlasses und unter Hinweis auf § 2059 I 1 die Berichtigung aus seinem Vermögen verweigern, indem er in dem gegen ihn gerichteten Prozess eine entspr Einrede erhebt (Damrau/*Syrbe* § 2058 Rn 11). Hat ein Miterbe **nach der Teilung** eine Nachlassverbindlichkeit getilgt, richtet sich der Erstattungsanspruch nicht mehr nach § 426 I, sondern nach den §§ 2038 II, 748 (DGE/*Wrede* § 2058 Rn 9). 7

D. Gesamtschuldklage. Der Gläubiger hat bis zur Teilung die Wahl, die Gesamtschuldklage gegen die einzelnen Miterben zu erheben, um gegen sie persönlich vollstrecken zu können, oder mit der Gesamthandklage die Erbengemeinschaft zu verklagen, wenn er nur auf den Nachlass zugreifen will (BGH NJW 63, 1611). Wegen § 2059 I 1 hat die unterschiedliche Vollstreckungsmöglichkeit nur geringe praktische Bedeutung (BGH NJW-RR 88, 710). Verklagt der Nachlassgläubiger mehrere Miterben wegen derselben Schuld als Gesamtschuldner, sind sie wegen § 425 II keine notwendigen Streitgenossen iSd § 62 ZPO (BGH JZ 64, 722). 8

Zur Herbeiführung der Auflassung kann die Gesamtschuldklage erhoben werden; sie kann, da jeder Miterbe zwar auf Abgabe seiner Erklärung zur Gesamtauflassung verklagt werden kann, die Miterben aber gem § 2040 I nur gemeinschaftlich verfügen können, nicht auf unmittelbaren Vollzug der Auflassungserklärung gerichtet werden (BGH NJW-RR 88, 710). Dem Gläubiger steht, wenn einzelne Miterben bestreiten, auch die Klage auf Feststellung der Forderung zur Verfügung (RG Warn 1908 Nr 487). 9

Soll in den ungeteilten Nachlass vollstreckt werden, ist ein Urteil gegen alle Miterben erforderlich (RGZ 68, 221), wobei es ausreichend ist, wenn getrennte Titel gegen die verschiedenen Miterben vorliegen (BayObLGZ 1931, 164). Die Zwangsvollstreckung aus dem gegen einen Miterben allein erlangten Titel ist nur in den Erbteil dieses Miterben, nicht aber in den Nachlass oder einzelne Nachlassgegenstände statthaft (RGZ 68, 221). 10

Verklagt der Gläubiger die Miterben mit der **Gesamthandklage** gemeinschaftlich, sind sie notwendige Streitgenossen nach § 62 ZPO (RG JW 31, 3541). 11

Der **miterbende Gläubiger** kann bereits vor der Teilung die Gesamtschuldklage gegen die übrigen Miterben erheben (BGH NJW 63, 1611), wobei er aber den Anteil, der seiner Erbquote entspricht, abzusetzen hat (Ddorf MDR 70, 766), sofern er nicht ausdrücklich nur die Zahlung des ihm gebührenden Betrages „aus dem Nachlass" verlangt (BGH NJW-RR 88, 710). Str ist, ob der forderungsberechtigte Miterbe mit der Gesamtschuldklage auch einzelne Miterben verklagen kann (MüKo/*Heldrich* § 2058 Rn 28). Er kann aber gegen die übrigen Miterben die Gesamthandklage nach § 2059 II erheben (BGH LM § 2046 Nr 1; Karlsr NJW-RR 05, 1317). 12

Der Gläubiger, der zugleich Miterbe ist, kann nach der Teilung jeden seiner Miterben als Gesamtschuldner auf den vollen Betrag unter Abzug des auf seinen eigenen Bruchteil entfallenden Betrages in Anspruch nehmen (RGZ 150, 344). 13

Gerichtsstand ist nach §§ 27, 28 ZPO der Gerichtsstand der Erbschaft (BayObLG NJW-RR 04, 944). Er ist auch nach der Nachlassteilung für Vermächtnisse, Auflagen und Pflichtteilsrechte unbeschränkt und solange begründet, als die Miterben als Gesamtschuldner haften (Soergel/*Wolf* § 2058 Rn 13). 14

Der **Streitwert** bemisst sich auch bei Feststellungsklagen nach dem vollen Betrag der streitigen Verbindlichkeit (KG NW 35, 1579). 15

E. Haftungsbeschränkungen. Jeder Miterbe hat die Möglichkeit, seine Haftung auf den Nachlass zu beschränken, wobei die §§ 2058 ff für den Miterben einige Abweichungen von den allgemeinen Grundsätzen enthalten: Nach § 2062 können die Miterben nur gemeinschaftlich und nur bis zur Teilung die *Nachlassverwaltung* beantragen. Mit dem Eintritt der unbeschränkten Haftung bei nur einem Miterben scheidet die Nachlassverwaltung als Mittel der Haftungsbeschränkung aus. Dagegen kann das **Nachlassinsolvenzverfahren** von jedem Miterben selbständig beantragt werden, wenn er den Eröffnungsgrund glaubhaft macht, § 317 II InsO, und auch noch nach der Teilung angeordnet werden. 16

Eine Inventareröffnung kann zwar selbst die Haftungsbeschränkung nicht herbeiführen, erhält aber die Möglichkeit dazu (Palandt/*Edenhofer* Einf v § 2058 Rn 2). 17

Handelt der Miterbe, wenn er iRd Nachlassverwaltung ein Verpflichtungsgeschäft vornimmt, erkennbar für den Nachlass, wird die Erbengemeinschaft nur mit dem Nachlass verpflichtet, ohne dass auf das sonstige Vermögen der Miterben ankommt (BGH BB 68 Rn 769), weil davon auszugehen ist, dass insofern eine Haftungsbeschränkung vereinbart sein soll (*Brox* Rn 504). 18

F. Sonderfälle. Gem §§ 128, 130 haften die Miterben bei der Vererbung des Anteils eines persönlich haftenden OHG-Gesellschafters für die bisherigen Gesellschaftsschulden, wobei eine Haftung nach §§ 2058 ff entweder nur nach Ausscheiden des Miterben und Auflösung der Gesellschaft eintritt (BGH NJW 82, 45) oder wenn der Erbe nach § 139 II in die Kommanditistenstelle eintritt (BGHZ 55, 267). 19

Der Hoferbe haftet als Gesamtschuldner neben den übrigen Miterben, § 15 HöfeO, wobei die Nachlassverbindlichkeiten aus dem außer dem Hof vorhandenen Nachlass zu berichtigen sind (Soergel/*Wolf* § 2058 Rn 17). 20

21 § 16 II GrdstVG enthält bei der gerichtlichen Zuweisung eines landwirtschaftlichen Betriebes an einen Miterben eine Sonderregelung für die Berichtigung von Nachlassverbindlichkeiten, die zur Zeit des Erwerbs der zugewiesenen Gegenstände noch bestehen (Palandt/*Edenhofer* § 2058 Rn 5).

§ 2059 Haftung bis zur Teilung

(1) ¹Bis zur Teilung des Nachlasses kann jeder Miterbe die Berichtigung der Nachlassverbindlichkeiten aus dem Vermögen, das er außer seinem Anteil an dem Nachlass hat, verweigern. ²Haftet er für eine Nachlassverbindlichkeit unbeschränkt, so steht ihm dieses Recht in Ansehung des seinem Erbteil entsprechenden Teils der Verbindlichkeit nicht zu.
(2) Das Recht der Nachlassgläubiger, die Befriedigung aus dem ungeteilten Nachlass von sämtlichen Miterben zu verlangen, bleibt unberührt.

1 **A. Allgemeines.** § 2059 ergänzt § 2058 hinsichtlich der Masse, mit der die Miterben den Nachlassgläubigern haften. Sie ist die Folge davon, dass der Nachlass Sondervermögen der Miterbengemeinschaft wird, sich mit deren Eigenvermögen durch den Erbfall also nicht vermischt (DGE/*Wrede* § 2059 Rn 1).

2 **B. Besonderes Verweigerungsrecht.** Der Gläubiger kann sich bis zur Teilung des Nachlasses entweder an den ungeteilten Nachlass halten oder von jedem einzelnen der als Gesamtschuldner haftenden Miterben Erfüllung verlangen, II. Nach I 1 hat der Miterbe für den Zeitraum von der Annahme der Erbschaft bis zur Teilung des Nachlasses aber ein besonderes Verweigerungsrecht, welches selbständig neben den allgemeinen Möglichkeiten der Haftungsbeschränkung, dh ohne Nachlassverwaltung und Dürftigkeitseinrede, geltend gemacht werden kann.

3 Da der Nachlass als gesamthänderisches Sondervermögen der Erbengemeinschaft noch vom Eigenvermögen des einzelnen Miterben getrennt ist, bedarf es einer amtlichen Absonderung des Nachlasses nicht (Palandt/*Edenhofer* § 2059 Rn 1).

4 Haftet der Miterbe unbeschränkbar auch mit seinem Eigenvermögen, ordnet I 2 eine anteilige Haftung zu seinem Schutz an, der zwar nicht die Befriedigung aus dem Nachlass verhindert, es ihm aber ermöglicht zu verhindern, dass der Gläubiger auf sein gesamtes Eigenvermögen zugreift, indem er nur in Höhe des seinem ideellen Erbteil entspr Teils der Schuld zurückgreifen kann (*Klautern* DAV 73, 625). Hinsichtlich des Restes kann sich der für die gesamte Forderung haftende Gesamtschuldner auf I 1 berufen, wozu es aber des Vorbehalts des § 780 ZPO im Urteil bedarf, wobei der allgemeine Vorbehalt genügt; er muss aber im Urteilstenor eingeschränkt werden (Palandt/*Edenhofer* § 2059 Rn 1).

5 **C. Prozessuales.** Das besondere Weigerungsrecht des I wird, da es sich um eine Einrede handelt, nicht im Urteil ausgesprochen, sondern muss nach § 780 ZPO vorbehalten werden. Der Miterbe kann zwar als Gesamtschuldner verurteilt werden (RGZ 71, 371), er kann aber durch Erheben der Einrede den Eintritt des Verzugs verhindern (München OLGE 30, 203). Vielmehr kommt es erst in der Zwangsvollstreckung darauf an, den Zugriff der Gläubiger nach §§ 781, 785, 767 ZPO in sein Privatvermögen abzuwehren, weshalb ihm I die Geltendmachung des allgemeinen Vorbehalts erlaubt, sofern er beweisen kann, dass der Nachlass noch nicht geteilt ist (Palandt/*Edenhofer* § 2059 Rn 2).

6 Die Zwangsvollstreckung in den Anteil am ungeteilten Nachlass, die stets zulässig ist, erfolgt durch Pfändung des Erbteils gem § 859 ZPO.

7 **D. Teilung.** Mit Vollzug der Auseinandersetzung tritt die Teilung ein, wobei die Verteilung einzelner, wenn auch wertvoller Gegenstände, noch keine Teilung sein muss (RGZ 89, 408). Sie ist die tatsächliche dingliche Übertragung der einzelnen Nachlassgegenstände auf die einzelnen Miterben. Nicht erforderlich ist, dass die Erbengemeinschaft an keinem Nachlassgegenstand mehr besteht. Das Tätigwerden der Erbengemeinschaft iRd Aufstellung des Teilungsplans ist keine Teilung. Sie ist vollzogen, wenn der gesamte Nachlass verteilt ist.

8 Im Zeitpunkt der Teilung entfällt der Schutz des § 2059 I 2 mit der Folge, dass der Miterbe vollumfänglich mit seinem Eigenvermögen haftet, sofern nicht die §§ 2060, 2061 eingreifen (Soergel/*Wolf* § 2059 Rn 1, aA Staud/*Marotzke* § 2059 Rn 6 ff).

9 Der Zeitpunkt der Teilung bestimmt sich vielmehr nach dem objektiven Gesamtbild: Die Teilung ist vollzogen, wenn sich im Nachlass keine für die Berichtigung der Nachlassverbindlichkeiten ausreichenden Gegenstände mehr befinden, weil bereits ein erheblicher Teil der Nachlassgegenstände aus der Gesamthand in das Einzelvermögen der Miterben überführt wurde (Soergel/*Wolf* § 2059 Rn 2). Die Gläubiger sind auf den zum Nachlass gehörenden Rückgewähranspruch verwiesen, soweit die Gegenstände erforderlich sind, um die Nachlassverbindlichkeiten zu befriedigen (RGZ 89, 403).

10 Maßgebend für die Teilung ist nicht die verteilte Masse, sondern der in gesamthänderischer Bindung verbleibende Rest (Kroiß/Ann/Mayer/*Kick* § 2059 Rn 7). Daher liegt eine Teilung auch dann vor, wenn die Miterben sämtliche Nachlassgegenstände verschenkt, selbst also nichts aus dem Nachlass zurückbehalten haben (*Dauner-Lieb* S 427) oder ein Miterbe im Wege der Ausgleichung den gesamten Nachlass erhält (RGRK/*Kregel* § 2059 Rn 7).

Der Nachlass gilt als geteilt, wenn er nur für einzelne Nachlassgegenstände fortgesetzt wird, wie zB ein Mietobjekt oder ein Gewerbebetrieb (DGE/*Wrede* § 2059 Rn 5). Gehört zum Nachlass der Anteil an einer Personengesellschaft, geht der Anteil des Erblassers auf die Miterben je im Anteilsverhältnis ihrer Erbquoten über, sofern die Gesellschaft nach dem Gesellschaftsvertrag mit den Erben fortgesetzt werden soll; hier erfolgt die Teilung kraft Gesetzes (DGE/*Wrede* § 2059 Rn 5). 11

Die Teilung ist nicht erfolgt, wenn der Miterbe sämtliche Anteile der übrigen Miterben gegen Entgelt erworben hat, welches aber nicht aus dem Nachlass entnommen wurde; insoweit entfällt das Verweigerungsrecht des I 1 (RGRK/*Kregel* § 2059 Rn 7). 12

Zweifelhaft ist, ob die fortgesetzte Gütergemeinschaft aus dem Anwendungsbereich des § 2059 I auszuschließen ist (Palandt/*Edenhofer* § 2059 Rn 3). 13

E. Gesamthandklage (II). Diese Klage muss, da sie sich gegen die Erbengemeinschaft als solche richtet, gegen alle Miterben erhoben werden. Sie sind notwendige Streitgenossen iSd § 62 ZPO (BGH LM § 62 ZPO Nr 2). Sind einzelne Miterben mit der Befriedigung aus dem Nachlass einverstanden, ist die Klage auf Einwilligung hierzu nur gegen die Widersprechenden zulässig (RG JW 29, 585). 14

Bis zur Teilung hat der Nachlassgläubiger die Wahl zwischen der Gesamthandklage und der Gesamtschuldklage gegen die einzelnen Miterben, die aber bei der Klage auf Grundbuchberichtigung nicht gegeben ist (Naumbg NJW-RR 98, 308). Letztere dient dem unbeschränkten Recht auf Befriedigung aus dem ungeteilten Nachlass, wozu es eines gegen alle Miterben ergangenen Urteils nach § 747 ZPO bedarf. Es genügen aber auch getrennte Titel (Palandt/*Edenhofer* § 2059 Rn 4). Zu beachten ist, dass der Vorbehalt der beschränkten Erbenhaftung die Verurteilung nicht hindert (RGZ 71, 371). 15

Welche der beiden Klagen erhoben wurde, ist durch Auslegung zu ermitteln (BGH NJW-RR 88, 710). Der Übergang von der Gesamtschuld- zur Gesamthandklage ist keine Klageänderung, sondern fällt unter § 264 Nr 2 ZPO (RGZ 93, 198). Der Vorbehalt der Haftungsbeschränkung steht dem Miterben auch ggü der Gesamthandklage zu (Palandt/*Edenhofer* § 2059 Rn 4). Ist der Miterbe zugleich Gläubiger, kann er nur mit der auch ihm zustehenden Gesamthandklage vorgehen, wobei er diese nur gegen die übrigen Miterben zu richten braucht (RG Warn 1935 Nr 125). Aufgrund der Gesamthandklage kann der Miterbe Bezahlung seiner vollen Forderung verlangen, ohne einen Abzug in Höhe seiner Erbquote vornehmen zu müssen (BGH NJW-RR 88, 710). Zur Zwangsvollstreckung in den ungeteilten Nachlass genügt in diesem Fall ein Titel gegen die übrigen Erben und, sofern bereits ein Vollstreckungstitel gegen den Erblasser vorliegt, die Umschreibung der Vollstreckungsklausel nach § 727 ZPO gegen die übrigen Erben (Hamm DRiZ 1936 Nr 274). 16

§ 2060 Haftung nach der Teilung

Nach der Teilung des Nachlasses haftet jeder Miterbe nur für den seinem Erbteil entsprechenden Teil einer Nachlassverbindlichkeit:
1. wenn der Gläubiger im Aufgebotsverfahren ausgeschlossen ist; das Aufgebot erstreckt sich insoweit auch auf die in § 1972 bezeichneten Gläubiger sowie auf die Gläubiger, denen der Miterbe unbeschränkt haftet;
2. wenn der Gläubiger seine Forderung später als fünf Jahre nach dem in § 1974 Abs. 1 bestimmten Zeitpunkt geltend macht, es sei denn, dass die Forderung vor dem Ablauf der fünf Jahre dem Miterben bekannt geworden oder im Aufgebotsverfahren angemeldet worden ist; die Vorschrift findet keine Anwendung, soweit der Gläubiger nach § 1971 von dem Aufgebote nicht betroffen wird;
3. wenn das Nachlassinsolvenzverfahren eröffnet und durch Verteilung der Masse oder durch einen Insolvenzplan beendigt worden ist.

A. Allgemeines. Grds haftet jeder Erbe auch nach der Nachlassteilung gesamtschuldnerisch und unbeschränkt mit seinem Eigenvermögen, zu dem nun auch sein Anteil am Nachlass gehört, für die noch nicht vorab getilgten Nachlassverbindlichkeiten (BGH NJW 98, 682). § 2060 enthält hierzu Ausnahmen, wonach der einzelne Miterbe für eine Nachlassverbindlichkeit nur mit dem Betrag haftet, der dem Wert seines Anteils am Nachlass entspricht, sog ideeller Erbteil (DGE/*Wrede* § 2060 Rn 1). Im Innenverhältnis kann es wegen Ausgleichspflichten zu einer Verschiebung und damit zu einer Berücksichtigung des realen Erwerbs aus der Erbschaft kommen (Palandt/*Edenhofer* § 2060 Rn 1). Bei Vorliegen der Tatbestandsvoraussetzungen des § 2060 wird aus der Gesamtschuld eine Teilschuld, wobei die dinglichen Ansprüche der Nachlassgläubiger von dieser Vorschrift nicht erfasst werden. 1

B. Haftungsumfang. Der Umfang seiner Haftung richtet sich beim Miterben nach der Höhe seines Anteils am geteilten Nachlass, dh nach der Quote. Dies kann dazu führen, dass der Nachlassgläubiger keine volle Befriedigung erlangen kann. So kann zB der Miterbe beschränkt haften, wegen ausgleichspflichtiger Vorempfänge aber nichts aus dem Nachlass erhalten mit der Folge, dass eine Haftung ggü den Nachlassgläubigern ausscheidet. Die übrigen Miterben haften ihm nur entspr ihrer Quote, was zu einem teilweisen Ausfall der 2

Forderung beim Gläubiger führt, obwohl ausreichend Masse vorhanden ist (RGRK/*Kregel* § 2060 Rn 2). Diese Folge kann nur dadurch vermieden werden, dass der Nachlassgläubiger seinen Anspruch rechtzeitig geltend macht.

3   **C. Haftung bei Erbteilserwerb.** Der übernehmende Miterbe haftet bei Erbteilserwerben durch Miterben für die seinem Erbteil entspr Teilschuld; für die übernommenen Erbteile haftet er nach §§ 2382, 2385 aber nur anteilig je übernommenen Erbteil nach § 2060. Entspr gilt für den Erbteilserwerb durch Dritte.

4   Bei unteilbarer Nachlassschuld muss der Nachlassgläubiger analog der insolvenzrechtlichen Bestimmungen den Geldwert seiner Forderung geltend machen oder seine Forderung auf Schadensersatz umstellen.

5   **D. Zu Ziffer 1.** Eine Haftungsbeschränkung der Miterben kann durch das Aufgebotsverfahren nach §§ 1970 ff nur dann eintreten, wenn es vor der Teilung betrieben wird. Allerdings darf die Teilung erst nach Abschluss des Aufgebotsverfahrens erfolgen (MüKo/*Dütz* § 2060 Rn 8, str).

6   Das Ausschlussurteil kommt allen Miterben zugute, auch wenn es nur von einem Miterben erwirkt wurde, § 997 I 1 ZPO. Dabei kommt es auf deren Kenntnis von der Forderung nicht an. Wird das Aufgebotsverfahren durch einen bereits unbeschränkt haftenden Miterben eingeleitet, führt das Ausschlussurteil zwar nicht zu einer beschränkten Haftung iSd § 2013, wohl aber wegen § 2060 Ziff 1 zur Teilschuld (DGE/*Wrede* § 2060 Rn 4). Im Übrigen wirkt das Urteil auch ggü dem in § 1972 genannten Personenkreis mit der Einschränkung, dass die Haftungsmasse nicht verändert wird.

7   Im Aufgebotsverfahren muss als besonders nachteilige Folge aufgeführt werden, dass bei nicht fristgerechter Anmeldung der Forderung eine Teilschuld entsteht.

8   **E. Zu Ziffer 2.** Macht der Nachlassgläubiger seine Forderung erst 5 Jahre nach dem Tod des Erblassers geltend, wird seine Forderung zur Teilschuld, wobei die Frist mit der Feststellung des Todeszeitpunkts, ggf mit Rechtskraft des Beschlusses über die Todeserklärung, beginnt. Vor Ablauf der Fünfjahresfrist gibt es im Allgemeinen keine Verwirkung der Ansprüche eines Nachlassgläubigers nach § 242 (BGH WM 82, 101). Der Rechtsirrtum über den Bestand einer Forderung ist einer verspäteten Geltendmachung gleichzustellen (KG NJW 67, 1137).

9   Die Geltendmachung kann auch durch eine außergerichtliche Mahnung erfolgen. Sie gilt als geltend gemacht, wenn sie im privaten oder gerichtlichen Aufgebotsverfahren angemeldet wurde (DGE/*Wrede* § 2060 Rn 5).

10 Die Frage der Kenntnisnahme ist für jeden Miterben gesondert zu prüfen. Daher kann ein Miterbe gesamtschuldnerisch, ein anderer dagegen teilschuldnerisch haften. Allerdings hat der gesamtschuldnerisch Haftende einen Ausgleichsanspruch im Innenverhältnis.

11 Im Übrigen werden auch hier die Gläubiger einer dinglichen Forderung über § 1971 privilegiert.

12 **F. Zu Ziffer 3.** Zur Entstehung einer Teilschuld muss das Insolvenzverfahren vor der Teilung eröffnet werden. Eine Teilschuld entsteht dann durch Aufhebung infolge Verteilung der Masse, § 200 InsO, oder durch rechtskräftigen Insolvenzplan, § 258 InsO. Sie kann nicht eintreten, wenn das Verfahren auf andere Weise endet, wie zB im Falle einer Einstellung des Verfahrens nach §§ 207, 213 InsO. Wird das Verfahren erst nach der Teilung eröffnet, findet § 2060 Ziff 3 keine Anwendung. Im Übrigen ist § 1980 zu beachten.

13 **G. Prozessuales.** § 2060 ist von Amts wegen zu beachten, sobald der Tatsachenvortrag in den Rechtsstreit eingeführt wird. Der verklagte Erbe ist in den Fällen der §§ 2060, 2061 nur anteilig zu verurteilen, wobei es des Vorbehalts nach § 780 ZPO nicht bedarf, weil der Einwand des Miterben aus § 2060 nur auf die Beschränkung der Schuld, nicht aber auf eine Haftungsbeschränkung gerichtet ist (Erman/*Schlüter* § 2060 Rn 3). Will der Miterbe aber seine Haftung für die Teilschuld auf Gegenstände beschränken, die er im Wege der Nachlassteilung erhalten hat, muss der Vorbehalt aus § 780 ZPO geltend gemacht werden (DGE/*Wrede* § 2060 Rn 7).

14 Wird aus der Gesamtschuld noch vor der letzten mündlichen Verhandlung eine Teilschuld, kann nur mit der Vollstreckungsgegenklage nach § 767 ZPO vorgegangen werden. Die hypothekarische Sicherung der ursprünglichen Schuld bleibt im vollen Umfang auch nach Entstehen einer Teilschuld erhalten (DGE/*Wrede* § 2060 Rn 7).

§ 2061 Aufgebot der Nachlassgläubiger

(1) ¹Jeder Miterbe kann die Nachlassgläubiger öffentlich auffordern, ihre Forderungen binnen sechs Monaten bei ihm oder bei dem Nachlassgericht anzumelden. ²Ist die Aufforderung erfolgt, so haftet nach der Teilung jeder Miterbe nur für den seinem Erbteil entsprechenden Teil einer Forderung, soweit nicht vor dem Ablauf der Frist die Anmeldung erfolgt oder die Forderung ihm zur Zeit der Teilung bekannt ist.
(2) ¹Die Aufforderung ist durch den Bundesanzeiger und durch das für die Bekanntmachungen des Nachlassgerichts bestimmte Blatt zu veröffentlichen. ²Die Frist beginnt mit der letzten Einrückung. ³Die Kosten fallen dem Erben zur Last, der die Aufforderung erlässt.

A. Allgemeines. Das Privataufgebot der Miterben ist kein gerichtliches Verfahren, sondern ein privater 1
Gläubigeraufruf, den jeder Miterbe auf seine Kosten erlassen kann, und zwar noch der bereits unbeschränkbar haftende (Palandt/*Edenhofer* § 2061 Rn 1). Es hat nicht die Wirkung der endgültigen beschränkten Erbenhaftung, sondern begrenzt ihre Schuld auf das Verhältnis ihrer Erbteile (Erman/*Schlüter* § 2061 Rn 1).

B. Aufgebotsverfahren. Die Aufforderung zur Anmeldung der Forderung erfolgt durch Veröffentlichung im 2
Bundesanzeiger und in der für die amtlichen Mitteilungen des Nachlassgerichts bestimmten Zeitung, II 1. Für die Durchführung der Veröffentlichung ist das Nachlassgericht zuständig (*Harder* ZEV 02, 90). Eine Form ist für die Anmeldung der Forderung nicht vorgeschrieben; sie muss lediglich ggü dem Aufgeforderten oder ggü dem zuständigen Nachlassgericht erfolgen; die Anmeldung bei einem sonstigen Miterben reicht nicht aus (Soergel/*Wolf* § 2061 Rn 3). Hierfür entsteht eine Gebühr nach § 112 I Nr 3 KostO.

Die Frist des § 2061 ist eine gesetzliche Ausschlussfrist (RGZ 128, 47). 3

Für verspätet angemeldete Forderungen wird die Haftung eines Miterben anteilig begrenzt im Verhältnis der 4
Erbteile zueinander (Palandt/*Edenhofer* § 2061 Rn 1).

Bei einer ordnungsgemäß angemeldeten Forderung haften die Miterben gem § 2058 gesamtschuldnerisch. 5
Entspr gilt bei Kenntnis von der Schuld vor der Teilung, I 2. Hat nur ein Miterbe Kenntnis, so haftet er gesamtschuldnerisch, die übrigen Miterben entspr ihrem Anteil (Palandt/*Edenhofer* § 2061 Rn 1). Die Beweislast für die Kenntnis der Miterben trägt der Gläubiger.

C. Teilhaftung. Die Teilhaftung, die gesichert werden soll, tritt erst ein, nachdem die den Gläubigern in der 6
Aufforderung gesetzte Frist abgelaufen und der Nachlass verteilt wurde (Palandt/*Edenhofer* § 2061 Rn 2). Bei einer Teilung vor Fristablauf tritt die Teilhaftung erst mit Fristablauf ein, sofern die Aufforderung vor der Teilung erlassen wurde (str; Soergel/*Wolf* § 2061 Rn 2; aA RGRK/*Kregel* § 2061 Rn 2).

D. Wirkungen. Das Privataufgebot wirkt für alle Miterben und nach § 1972 auch gegen die nachlassbeteilig- 7
ten Gläubiger (MüKo/*Dütz* § 2061 Rn 6; str), nicht aber gegen die dinglich Berechtigten.

E. Kosten. Die Kosten fallen dem Erben, der das Aufgebot erlässt, zur Last. Dabei handelt es sich nach hM 8
um reine Eigenverbindlichkeiten (MüKo/*Dütz* § 2061 Rn 7). Da die Wirkung des Aufgebots aber allen Miterben zugute kommt, sollte dem kostentragenden Miterben nach den Grundsätzen der Geschäftsführung ohne Auftrag nach § 683 ein Erstattungsanspruch zugebilligt werden (Staud/*Marotzke* § 2061 Rn 6).

§ 2062 Antrag auf Nachlassverwaltung

Die Anordnung einer Nachlassverwaltung kann von den Erben nur gemeinschaftlich beantragt werden; sie ist ausgeschlossen, wenn der Nachlass geteilt ist.

A. Allgemeines. Die Vorschrift steht mit ihren Beschränkungen im Zusammenhang mit den Bestimmungen 1
zur Erbengemeinschaft. Die Anordnung der Nachlassverwaltung über einen Erbteil ist nicht möglich (MüKo/ *Dütz* § 2062 Rn 14).Unberührt bleibt hiervon die Möglichkeit der Pfändung des Erbteils, § 2059 I, § 859 II ZPO (Staud/*Marotzke* § 2062 Rn 6).

B. Antragsberechtigung. Bis zur Entscheidung des Gerichts über den Antrag auf Nachlassverwaltung muss 2
die Antragsberechtigung bei allen Miterben vorliegen. Nimmt auch nur ein Miterbe seinen Antrag zurück oder verliert ein Miterbe das Antragsrecht nach § 2013 I 1, ist der gesamte Antrag wirkungslos (hM; DGE/ *Wrede* § 2062 Rn 3). Ist der Miterbe auch Nachlassgläubiger, kann er den Antrag nach § 1981 II stellen (KGJ 44, 72); hierbei ist die Mitwirkung der übrigen Miterben nicht erforderlich.

C. Gemeinschaftlicher Antrag. Voraussetzung ist, im Gegensatz zur Nachlassinsolvenz (Soergel/*Wolf* § 2062 3
Rn 2), ein gemeinschaftlicher Antrag aller Miterben, der aber nicht durch Mehrheitsbeschluss erzwingbar ist (Palandt/*Edenhofer* § 2062 Rn 1), da sie durch die Nachlassverwaltung ihr Recht verlieren, den Nachlass gemeinsam zu verwalten und über ihn zu verfügen. Das Einverständnis der Miterben muss noch zzt der Entscheidung vorliegen (KG HRR 32, Nr 956).

Zu berücksichtigen ist aber, dass die Miterben bis zur Teilung nur mit dem Nachlass haften und die Ausei- 4
nandersetzung bis zur Ermittlung der Nachlassgläubiger verhindern können. Dadurch sind sie hinreichend geschützt. Darüber hinaus kann jeder Miterbe das Aufgebotsverfahren einleiten und auf die Inventarerrichtung hinwirken.

D. Verfahrensrechtliches. Die Anordnung der Nachlassverwaltung ist nach § 76 I FGG unanfechtbar. Wurde 5
die Nachlassverwaltung unter Missachtung des § 2062 nur auf Antrag eines Miterben angeordnet, ist der Beschluss nach § 19 FGG mit der einfachen Beschwerde anfechtbar. Der bloße Vermächtnisnehmer ist nicht beschwerdeberechtigt (BayObLGZ 9, 339). Die Beschwerde ist auch dann möglich, wenn der Antrag der Miterben auf Anordnung der Nachlassverwaltung zurückgewiesen wird. In diesem Fall können die Miterben nur gemeinschaftlich das Rechtsmittel einlegen. Jeder Miterbe kann, wenn der Zweck der Nachlassverwaltung erreicht ist, den Antrag auf Aufhebung der Nachlassverwaltung stellen, da es sich nur um eine Anregung zu

einer von Amts wegen zu treffenden Maßnahme handelt (Palandt/*Edenhofer* § 2062 Rn 1). Gegen die Ablehnung dieses Antrags ist jeder Miterbe für sich beschwerdeberechtigt (Frankf JZ 53, 53).

6   **E. Nachlassteilung.** Nach erfolgter Nachlassteilung ist der Antrag auf Anordnung der Nachlassverwaltung weder durch die Miterben noch durch die Nachlassgläubiger zulässig (DGE/*Wrede* § 2062 Rn 6). Den Antrag kann auch ein Nachlassgläubiger nicht mehr stellen (hM; MüKo/*Dütz* § 2062 Rn 8). Sie ist dann zulässig, wenn die Miterbengemeinschaft nicht durch Teilung aufgehoben wurde oder sich durch eine nicht rechtsgeschäftliche Übertragung alle Erbteile in der Hand eines Miterben vereinigen (*RGRK/Kregel* § 2062 Rn 2).

§ 2063 Errichtung eines Inventars, Haftungsbeschränkung

(1) Die Errichtung des Inventars durch einen Miterben kommt auch den übrigen Erben zustatten, soweit nicht ihre Haftung für die Nachlassverbindlichkeiten unbeschränkt ist.
(2) Ein Miterbe kann sich den übrigen Erben gegenüber auf die Beschränkung seiner Haftung auch dann berufen, wenn er den anderen Nachlassgläubigern gegenüber unbeschränkt haftet.

1   **A. Allgemeines.** Die Vorschrift ergänzt die §§ 1993–2013 für die Erbengemeinschaft.

2   **B. Inventarerrichtung (I).** Die Inventarerrichtung eines Miterben genügt dem Schutz der Nachlassgläubiger, wenn sie sich auf den gesamten Nachlass und nicht nur auf seinen Erbteil erstreckt (Palandt/*Edenhofer* § 2063 Rn 1). Sofern die übrigen Miterben nicht bereits unbeschränkt haften, kommt ihnen die Inventarerrichtung eines einzigen Miterben zustatten. Es ist daher nicht erforderlich, die Erklärung nach § 2024 abzugeben (Palandt/*Edenhofer* § 2063 Rn 1). Im Übrigen kommt für sie auch nicht die eidesstattliche Versicherung nach §§ 2006, 260 II in Betracht (RGZ 129, 246).

3   Fordert der Gläubiger, dass die Miterben ein Inventar errichten, setzt das Nachlassgericht jedem einzelnen Miterben eine Frist zur Errichtung, was zur Folge haben kann, dass die Fristen unterschiedlich zu laufen beginnen (Kaiserslautern DAVorm 73, 625 f). Im Übrigen kann sich ein Miterbe, der die ihm gesetzte Frist versäumt hat, nicht darauf berufen, dass ein anderer Miterbe das Inventar fristgemäß und ordentlich errichtet hat (DGE/*Wrede* § 2063 Rn 3). Das führt dazu, dass die Miterben nicht für Fehler, wie Inventaruntreue oder Versäumung der Inventarfrist, die ein anderer bei der Errichtung begeht, haften, sofern die Miterben nicht den gleichen Notar mit der Inventarerrichtung beauftragt haben, denn in diesem Fall ist das Inventar allen Miterben zuzurechnen (RGZ 129, 246).

4   **C. Miterbe (II).** Ist der Miterbe Nachlassgläubiger, so bedarf er wegen der Möglichkeit, sich selbst Aufschluss über den Nachlassbestand zu verschaffen, nicht des besonderen Schutzes, weshalb Inventarverfehlungen nicht unter den Miterben Wirkung entfalten (Palandt/*Edenhofer* § 2063 Rn 2). Seine Stellung als Teil- oder Gesamtschuldner ggü den Miterbennachlassgläubigern ergibt sich aus den §§ 2060 ff. Die übrigen Miterben haften ihm ggü, auch wenn sie ansonsten ihr Beschränkungsrecht bereits verloren haben, nie unbeschränkbar, II. Unklar ist, ob der Miterbe als Gläubiger oder als Erbe zu behandeln ist (*Buchholz* JR 90, 45). Allerdings muss sich der Miterbe das Beschränkungsrecht nach § 780 ZPO vorbehalten und in der Zwangsvollstreckung geltend machen (Palandt/*Edenhofer* § 2063 Rn 2). Tut er dies nicht, haftet er dem Miterbengläubiger ggü mit seinem Eigenvermögen.

5   § 185 II 1 Hs 3 ist wegen § 2063 nicht anwendbar (RGZ 110, 94). Dies gilt selbst dann, wenn ein Vorerbe zugunsten eines der Nacherben eine unentgeltliche Verfügung nach § 2113 II trifft und seinerseits vom Nacherben beerbt wird (BGH LM Nr 1 zu § 2113).

Abschnitt 3   Testament

Vorbemerkungen vor §§ 2064 ff

1   **A. Auf Testamente anwendbare Vorschriften.** Das Testament ist ein einseitiges Rechtsgeschäft, das aus einer nicht empfangsbedürftigen Willenserklärung besteht. Soweit sich nicht im fünften Buch des BGB Spezialregelungen finden, sind deshalb die Normen aus dem Allgemeinen Teil des BGB anwendbar.

2   **I. §§ 104–113: Testierwille, Testierfähigkeit.** Der Testierwille stellt die erbrechtliche Form des rechtsgeschäftlichen Erklärungsbewusstseins oder Erklärungswillens dar. Er zielt also, anders als der konkrete Geschäftswille, lediglich auf die Herbeiführung von Rechtsfolgen durch Verfügung von Todes wegen überhaupt. Ob ein derartiger Wille des Erblassers bei Abfassung eines Schriftstücks vorliegt oder ob es sich bei einem aufgefundenen Schriftstück nur um eine Vorüberlegung, Ankündigung oder einen Entwurf des Erblassers handelt, ist im Wege der Auslegung, § 133, zu ermitteln. Dabei spricht keine Vermutung für das Vorliegen des Testierwillens.

Die Vorschriften zur Geschäftsfähigkeit werden durch § 2229, der die Testierfähigkeit regelt, vollständig verdrängt. Bei der Auslegung des Begriffs „Testierfähigkeit" kann das Vorhandensein einzelner rudimentär vorhandener intellektueller Fähigkeiten zurücktreten ggü der als vorrangig anzusehenden Befähigung des Erblassers, sich über die für und gegen die sittliche Berechtigung einer letztwilligen Verfügung sprechenden Gründe ein klares Urteil zu bilden und nach diesem Urteil frei von Einflüssen interessierter Dritter zu handeln (BayObLG NJW-RR 05, 1025). 3

II. §§ 116–124; 142–144: Willensmängel. §§ 116–118 sind auf Testamente nur beschränkt anwendbar. § 116 (RGZ 104, 320, 322; BayObLG FamRZ 77, 347; Frankf FamRZ 93, 858, 860; aA *Lange/Kuchinke* § 35 I 1 b) und § 118 können angewendet werden. Eine Schadensersatzpflicht des Erblassers aus § 122 wird jedoch nicht ausgelöst (MüKo/*Leipold* vor § 2064 Rn 2). Ein Einverständnis mit dem Erklärungsempfänger iSd § 117 ist hingegen mangels Erklärungsempfängers nicht denkbar. 4

§§ 2078 ff enthalten Sonderregelungen zur Anfechtung von Testamenten. §§ 2078, 2079 regeln anstelle der §§ 119, 120, 123 besondere Anfechtungsgründe, § 2082 verdrängt die Regelungen der §§ 121, 124 zur Anfechtungsfrist. § 122 ist nicht anwendbar, § 2078 III. 5

Die Wirkung der Anfechtung ergibt sich aus § 142. Bezüglich des Anfechtungsadressaten verdrängt § 2081 in seinem Anwendungsbereich § 143. Der Erblasser kann die anfechtbare Verfügung bestätigen, § 144 I, mit der Folge, dass den nach § 2080 Anfechtungsberechtigten kein Anfechtungsrecht zusteht. 6

III. §§ 125–129: Form. Besondere, die §§ 126 ff verdrängende Formvorschriften finden sich in §§ 2231 ff. Für die Folgen des Formverstoßes gilt § 125 Satz 1. 7

IV. §§ 130–132: Wirksamwerden; Bindung. Als nicht empfangsbedürftige Willenserklärung wird das Testament bereits mit Errichtung wirksam und ist frei widerruflich, § 2253. Die §§ 130 ff gelten nicht. Das Vertrauen der Bedachten auf den Fortbestand des Testaments wird also nicht geschützt. Wird eine Bindung des Erblassers angestrebt, so ist ein Erbvertrag zu schließen oder – soweit der Anwendungsbereich eröffnet ist – ein gemeinschaftliches Testament mit wechselbezüglichen Verfügungen zu errichten. 8

V. §§ 133–141. § 133 gilt auch für die Auslegung von Testamenten (dazu § 2084 Rn 5 ff). Mängel der vom Erblasser getroffenen Anordnungen werden durch besondere Vorschriften beseitigt, die Auswirkungen von Unklarheiten oder Lücken im Testament beschränken, §§ 2066–2073, 2084–2086. 9

Eine letztwillige Verfügung kann nach §§ 134, 138 nichtig sein. Wichtigstes Verbotsgesetz ist § 14 HeimG. Diese Norm untersagt es dem Träger eines Alten- oder Pflegeheims, sich von Heimbewohnern zusätzliche Leistungen über das geschuldete Entgelt hinaus versprechen oder gewähren zu lassen, und erfasst auch letztwillige Verfügungen zugunsten des Heimträgers, die diesem zu Lebzeiten bekannt werden (BayObLG NJW-RR 99, 1454; KG ZEV 98, 1542). Dasselbe gilt für Leiter, Beschäftigte und sonstige Mitarbeiter des Heims. Zur Sittenwidrigkeit unten Rn 16. 10

Mangels Vorliegen einer Verfügung iSd §§ 135–137 können diese Normen nicht angewendet werden. § 139 wird durch § 2085 verdrängt. Letztwillige Verfügungen können umgedeutet werden, § 140. Eine Bestätigung iSd § 141 ist möglich. 11

VI. §§ 145–157: Besondere Vorschriften über Verträge. Auf das Testament als einseitiges Rechtsgeschäft können §§ 145 ff nicht angewendet werden. 12

VII. §§ 158–163: Bedingung und Befristung. Aus §§ 2074, 2075 ergibt sich die Möglichkeit bedingter oder befristeter letztwilliger Verfügungen, so dass §§ 158 ff grds angewendet werden können. 13

VIII. §§ 164–181: Stellvertretung. Die Stellvertretungsregeln sind wegen der Höchstpersönlichkeit der Testamentserrichtung, §§ 2064, 2065, nicht anwendbar. 14

IX. §§ 182–185: Genehmigung. Das Testament als höchstpersönliches Rechtsgeschäft bedarf keiner Genehmigung durch Dritte. 15

B. Nichtigkeit letztwilliger Verfügungen wegen Verstoß gegen die guten Sitten. I. Allgemeines. Erbrechtliche Verfügungen können gegen die guten Sitten verstoßen. Folge ist die Nichtigkeit der Verfügung, § 138 I (insbesondere zur Sittenwidrigkeit von Bedingungen vgl §§ 2074, 2075 Rn 6 ff), soweit die Sittenwidrigkeit reicht. Angesichts der in Art. 14 GG geschützten Testierfreiheit ist bei der Bejahung der Sittenwidrigkeit Zurückhaltung geboten. Voraussetzung ist das Vorliegen objektiv sittenwidriger Tatsachen, die (anders als das Sittenwidrigkeitsurteil selbst) dem Erblasser evident waren. 16

Für die Ermittlung der Sittenwidrigkeit ist – wie bei anderen Rechtsgeschäften – grds auf den Zeitpunkt der Vornahme des Rechtsgeschäfts, also der Errichtung des Testaments, abzustellen (BGHZ 20, 71). Es wird jedoch zu Recht darauf hingewiesen, dass eine Verfügung, die bei Eintritt des Erbfalls aufgrund eines Wandels der Anschauungen nicht mehr als sittenwidrig anzusehen ist, nach den zur Zeit des Erbfalls herrschenden Kriterien zu behandeln ist (Hamm FamRZ 79, 1074; Erman/*Schmidt* vor § 2064 Rn 13; *Lange/Kuchinke* § 34 IV 5; krit Staud/*Otte* vor § 2064 Rn 182). 17

18 **II. Fallgruppen. 1. Belohnung sittenwidrigen Verhaltens.** Die bislang herrschende Auffassung hielt eine Zuwendung für sittenwidrig, wenn sie den ausschließlichen Zweck hatte, Geschlechtsverkehr zu entlohnen oder durch die Aussicht auf den künftigen Erwerb zum Geschlechtsverkehr zu motivieren („Geliebtentestament", vgl BGHZ 53, 369; Soergel/*Stein* § 1937 Rn 28). In der Regel liegt Sittenwidrigkeit schon deshalb nicht vor, weil die Motivation des Erblassers nicht ausschließlich im sexuellen Bereich liegt (BayObLG FamRZ 02, 915). Inzwischen hat das ProstG vom 20. 12. 2001 dieser Auffassung den Boden entzogen. Wenn § 1 Satz 1 dieses Gesetzes die Vereinbarung eines Entgelts für sexuelle Kontakte für rechtsverbindlich erklärt, kann eine solche Vereinbarung nicht gleichzeitig wegen Sittenwidrigkeit für nichtig gehalten werden. Gleiches gilt für ein von Todes wegen zugewendetes Entgelt für sexuelle Kontakte (Staud/*Otte* vor § 2064 Rn 150; *Armbrüster* NJW 02, 2764), vgl aber unten Rn 20.

19 **2. Verletzung familiärer Solidaritätspflichten.** Ehegatten tragen füreinander Verantwortung, § 1353 I 2, Eltern und Kinder sind einander Beistand und Rücksicht schuldig, § 1618 a. Diese Verpflichtungen gelten auch im Bereich der Errichtung letztwilliger Verfügungen. Grds ist der Erblasser allerdings bereits durch das die Testierfreiheit beschränkende Pflichtteilsrecht, §§ 2303 ff, zu familiärer Solidarität gezwungen und kann ansonsten nach Belieben testieren (*Grziwotz* ZEV 94, 269). Allerdings verstößt in Ausnahmefällen eine Verfügung von Todes wegen gegen die guten Sitten, wenn sie den Ehegatten oder ein Kind zugunsten nichtpflichtteilsberechtigter Personen übergeht und dies trotz des Pflichtteilsanspruches zur Folge hat, dass der Übergangene bedürftig iSd Unterhaltsrechts bleibt oder wird (BGH NJW 84, 2150f; BayObLG FamRZ 02, 915). Eine Ungleichbehandlung von Angehörigen, also eine Übergehung eines Angehörigen zugunsten eines anderen Angehörigen verstößt hingegen nicht gegen § 138 (vgl BVerfG NJW 00, 2495).

20 Der BGH hat die Voraussetzungen des § 138 I BGB darüber hinaus auch bei „kränkender Zurücksetzung naher Angehöriger" hinter fernstehendere Personen, etwa Geliebte oder Freunde, bejaht (BGH NJW 84, 2150). Es kann jedoch angesichts der Pflichtteilsansprüche nur die krasse Zurücksetzung in Gestalt der völligen Enterbung als Anknüpfungspunkt für die Sittenwidrigkeit in Betracht kommen. § 138 würde missverstanden, wenn man aus der Vorschrift einen weitergehenden Schutz bloßer Empfindlichkeiten herleiten wollte (BayObLG FamRZ 92, 226; Staud/*Otte* vor § 2064 Rn 168).

21 **3. Testierfreiheit und Sozialleistungen.** Als sittenwidrig wurde es zum Teil auch angesehen, wenn ein Erblasser, zu dessen pflichtteilsberechtigten Angehörigen ein Empfänger von Sozialhilfe zählt, Zuwendungen an diese Person so gestaltet, dass diese nicht dem Zugriff des Sozialhilfeträgers ausgesetzt sind („Behindertentestament", LG Konstanz FamRZ 92, 360; LG Flensburg NJW 93, 1866; krit Staud/*Otte* vor § 2064 Rn 174; *Damrau* ZEV 98, 1). Der BGH hat jedoch die Sittenwidrigkeit von Behindertentestamenten verneint. Eine Verfügung von Todes wegen, mit der die Eltern ein ihr behindertes, auf Kosten der Sozialhilfe untergebrachtes Kind nur als Vorerben auf einen den Pflichtteil kaum übersteigenden Erbteil einsetzen, bei seinem Tod ein anderes Kind als Nacherben berufen und dieses zum Vollerben auch des übrigen Nachlasses bestimmen, verstößt nach Auffassung der BGH nicht gegen § 138 I, auch soweit dadurch der Träger der Sozialhilfe keinen Kostenersatz erlangt (BGH NJW 94, 248; NJW 90, 2055).

22 Genauso dürfte auch bei der Erbeinsetzung von Personen zu verfahren sein, die aus anderen Gründen Sozialleistungen beziehen („Hartz IV-Testament").

Titel 1 Allgemeine Vorschriften

§ 2064 Persönliche Errichtung

Der Erblasser kann ein Testament nur persönlich errichten.

1 Die persönliche Errichtung eines Testaments ist in § 2064 zwingend vorgeschrieben, um die freie Willensentschließung des Erblassers zu sichern. Die Vorschrift schließt die rechtsgeschäftliche (BayObLG FamRZ 90, 441) wie gesetzliche (vgl auch §§ 1903, 2229) Vertretung des Erblassers aus, sei es im Willen, sei es in der Erklärung (BGH NJW 55, 100). Das von einem Vertreter errichtete Testament ist nichtig (formelle Höchstpersönlichkeit). Es wird auch nicht durch nachträgliche Genehmigung des Erblassers wirksam. Davon Abzugrenzen ist die bloße Beratung durch einen Notar oder Rechtsanwalt bei Letztentscheidung durch den Erblasser.

2 Auch der Widerruf eines Testaments durch Testament, §§ 2254, 2258, unterliegt dem Gebot der formellen Höchstpersönlichkeit. Die Rückgabe eines Testaments nach § 2256 muss an den Erblasser persönlich erfolgen. Jedoch kann der Erblasser, der sich zum Widerruf eines Testaments entschlossen hat, einen Dritten mit der Vernichtung des Schriftstücks beauftragen, vgl § 2255.

3 Vorschriften, die persönliches Handeln des Erblassers anordnen, finden sich darüber hinaus für den Abschluss von Erbverträgen, § 2274, und Erbverzichtsverträgen, § 2374 II, für die Bestätigung eines anfechtbaren Erbvertrages, § 2284 Satz 1, die Aufhebung eines Erbvertrags, § 2290 I, und den Rücktritt vom Erbvertrag, § 2296 I 1.

§ 2065 Bestimmung durch Dritte

(1) Der Erblasser kann eine letztwillige Verfügung nicht in der Weise treffen, dass ein anderer zu bestimmen hat, ob sie gelten oder nicht gelten soll.
(2) Der Erblasser kann die Bestimmung der Person, die eine Zuwendung erhalten soll, sowie die Bestimmung des Gegenstands der Zuwendung nicht einem anderen überlassen.

A. Allgemeines. Der Erblasser muss Geltung und Inhalt sämtlicher letztwilliger Verfügungen selbst festlegen, also seinen Willen vollständig und abschließend selbst bilden und diesen wirksam in einem Testament niederlegen (materielle Höchstpersönlichkeit). Der Erblasser darf deshalb die Entscheidung, ob und wann eine Verfügung gelten soll, wer Zuwendungsempfänger ist und welchen Gegenstand dieser erhalten soll, nicht einem Dritten überlassen.

Vor Anwendung des § 2065 ist zunächst der Wille des Erblassers durch Auslegung zu ermitteln (vgl etwa BayObLG NJW 88, 2742). Erst wenn der Inhalt hiernach unklar bleibt oder ein Dritter zur Entscheidung über Geltung, Empfänger oder Gegenstand berufen ist, stellt sich die Frage nach der Vereinbarkeit mit dem Selbstbestimmungsgebot (BayObLG FamRZ 02, 200).

Verfügungen, die gegen § 2065 verstoßen, sind nichtig (BayObLG FamRZ 00, 1392, 1394). In Betracht kommt jedoch eine Umdeutung der unwirksamen Erbeinsetzung etwa in ein wirksames Vermächtnis oder eine wirksame Auflage, § 140 (BGH WM 87, 564, vgl auch § 2084 Rn 18).

B. Geltung einer letztwilligen Verfügung. I. Unzulässige Anordnungen. § 2065 I verbietet es, die Geltung des Testaments insgesamt oder einer einzelnen darin enthaltenen letztwilligen Verfügung vom Willen eines Dritten abhängig zu machen. Der Erblasser kann deshalb seine Verfügungen weder an die Zustimmung eines Dritten knüpfen noch einen Dritten ermächtigen, sie zu widerrufen oder abzuändern (RGZ 79, 32) oder unter mehreren Verfügungen auszuwählen. So kann zB dem überlebenden Ehegatten in einem Ehegattentestament oder Erbvertrag nicht das Recht eingeräumt werden, Zuwendungen seitens des verstorbenen Ehegatten zu ändern oder aufzuheben, „wenn das Verhalten der im Testament bedachten Personen dem Überlebenden berechtigten Anlass zu Beschwerden gibt" (BGH NJW 51, 959).

II. Zulässige Anordnungen. Wohl aber kann der Erblasser bestimmten, dass für Streitigkeiten über Wirksamkeit oder Inhalt des Testaments ein Schiedsrichter zuständig ist, vgl § 1066 ZPO, der jedoch nicht anstelle des Erblassers, sondern anstelle der staatlichen Zivilgerichtsbarkeit handelt; dieses Amt kann auch der Testamentsvollstrecker wahrnehmen (RGZ 100, 76), soweit er dabei nicht Richter in eigener Sache wird, vgl § 41 ZPO (BGHZ 41, 23).

Das Verbot, die Entscheidung über die Geltung einem anderen zu überantworten, § 2065 I, verbietet nicht aufschiebend oder auflösend bedingte Verfügungen, vgl §§ 2074, 2075. Zur Entscheidung über den Eintritt der Bedingung kann der Erblasser einen Schiedsgutachter einsetzen. Die Bedingung muss jedoch ausreichend bestimmt formuliert sein. Eine Potestativbedingung ist nur dann zulässig, wenn für den Erblasser das Ereignis, nicht aber dessen Abhängigkeit vom Willen eines Dritten im Vordergrund steht, weil ansonsten die Bedingung auf eine Vertretung im Willen hinausliefe (BGH NJW 55, 100; BayObLG NJW 93, 138; KG ZEV 98, 260). Eine unzulässige Vertretung im Willen soll hingegen insbesondere dann vorliegen, wenn zwar das Ereignis bestimmt ist, sein Eintritt aber von jeder beliebigen Person herbeigeführt werden kann (Grabpflege, Einäscherung, Beistand, vgl BayObLG FamRZ 91, 610; FamRZ 92, 987; Frankf FamRZ 92, 226; KG ZEV 98, 260; aA *Wagner* ZEV 98, 255; Staud/*Otte* § 2065 Rn 15). Es muss das Ereignis allein genommen für den Entschluss des Erblassers und seine Vorstellungen Bedeutung haben, nicht lediglich der darin zum Ausdruck kommende Wille des Dritten als solcher, weil ansonsten die Potestativbedingung auf eine wegen § 2065 unzulässige Vertretung im Willen hinausliefe (Stuttg FGPrax 05, 221, 222).

Zulässig ist die Anordnung, dass die Wirksamkeit der Verfügung davon abhängen soll, ob der Bedachte den Pflichtteil fordert, die Erbschaft ausschlägt, heiratet, oder eine bestimmte Ausbildung abschließt. Ebenfalls zulässig ist die Einsetzung von Nacherben unter der Bedingung, dass der Vorerbe keine (BGH NJW 81, 2051) oder eine ganz bestimmte (BGHZ 59, 220, 222) Verfügung über seinen eigenen Nachlass (Stuttg FGPrax 05, 220, 222; nicht jedoch über den Nachlass des Erblassers) trifft (Staud/*Otte* § 2065 Rn 20; aA MüKo/*Leipold* § 2065 Rn 10: Auch hier greift der Vorerbe unzulässig auf die Erbfolge nach dem Erblasser zu). Errichtet der Vorerbe eine bedingungswidrige Verfügung, so entfällt die Nacherbeneinsetzung und er wird damit rückwirkend Vollerbe.

C. Zuwendungsempfänger und Zuwendungsgegenstand. § 2065 II gebietet es dem Erblasser, bei Erbeinsetzungen Zuwendungsempfänger und -gegenstand selbst zu bestimmen, also so zu benennen, dass eine Bestimmung nach objektiven Kriterien möglich ist (BayObLG FamRZ 00, 1392). Der Erblasser darf dabei keinem Dritten eine Entscheidungsbefugnis einräumen (BayObLG FamRZ 91, 610).

Bei anderen Verfügungen als Erbeinsetzungen gelten jedoch Abweichungen vom Gebot materieller Höchstpersönlichkeit: Beim Vermächtnis darf der Erblasser die Auswahl zwischen mehreren von ihm bestimmten Vermächtnisnehmern, §§ 2151, 2152, oder Vermächtnisgegenständen, §§ 2153–2156, einem Dritten überlassen, §§ 2151, 2152, nicht jedoch dem Bedachten selbst (BGH NJW 91, 1885). Bei der Auflage genügt die Zweckbestimmung durch den Erblasser, der Kreis der Begünstigten kann offen bleiben, § 2193 I; für den Auflagengegenstand gelten über § 2192 die §§ 2153 bis 2156. Die Auseinandersetzung kann durch Teilungsanordnung in das Ermessen eines Dritten gestellt werden, soweit die gerichtliche Nachprüfbarkeit nicht ausgeschlossen wird, § 2048 Satz 2. Schließlich kann zwar nicht die Anordnung der Testamentsvollstreckung, wohl aber die Ernennung des Amtsinhabers einem Dritten übertragen werden, §§ 2198–2200.

10 Eine Verfügung, mit der ein Erblasser die Auswahl des Erben oder des Erbteils einem von ihm selbst bestimmten Dritten überlässt, ist dann mit § 2065 II vereinbar, wenn er dabei die Auswahlkriterien und den Dritten (BGH NJW 65, 2201) genau bestimmt hat. Die Auswahlkriterien müssen so gefasst sein, dass dem Dritten kein Entscheidungs- oder Ermessensspielraum mehr zusteht (BGH NJW 55, 100: nur Bezeichnung, keine Bestimmung; BayObLG NJW 99, 1119; NJW-RR 00, 1174). Unzulässig ist also etwa die Erbeinsetzung des „am besten geeigneten Sohnes" (vgl BGH NJW 65, 2201), „einer sozialen Einrichtung" (vgl BayObLG FamRZ 01, 317) oder „zehn vom Leiter des Waisenhauses auszuwählender Kinder" (BayObLG NJW-RR 98, 727, 729). Ist ein solcher Spielraum erforderlich, etwa bei der Gestaltung einer Unternehmens- oder Betriebsnachfolge, sollte ein Auswahlvermächtnis, § 2151, angeordnet werden, weil auch § 2073 keine alternative Erbeinsetzung zulässt (Mayer ZEV 95, 248). Zulässig ist die Einsetzung der gesetzlichen, nicht jedoch der gewillkürten Erben eines Dritten (Soergel/Loritz § 2065 Rn 14).

11 Wurde der überlebende Ehegatte zum Vorerben eingesetzt, so ist eine Verfügung, nach der es dem überlebenden Ehegatten gestattet ist, den Nacherben aus einem vorgegebenen Personenkreis frei auszuwählen, unwirksam (Hamm ZEV 95, 376; Soergel/Loritz § 2065 Rn 20; aA noch Oldenburg RPfleger 66, 47). Unzulässig ist es auch, dem zum Vorerben eingesetzten Ehegatten die Möglichkeit zu verleihen, die Erbquoten der Nacherben zu verändern (Hamm DNotZ 67, 315; Frankf DNotZ 01, 143; aA BGHZ 59, 220; Mayer ZEV 00, 1, 7).

12 **D. Benennungsverfahren.** Das Verfahren der Benennung des Bedachten oder des zugewendeten Gegenstandes richtet sich mangels abweichender Anordnung durch den Erblasser nach § 2198 analog (MüKo/Leipold § 2065 Rn 19). Das Nachlassgericht kann dem Berechtigten auf Antrag eines Beteiligten eine angemessene Frist setzen, nach deren Ablauf das Benennungsrecht auf das Gericht gemäß § 319 I 2 analog übergeht. Die Benennung durch den Dritten unterliegt in analoger Anwendung des § 319 I 2 der gerichtlichen Überprüfung nur, wenn sie grob unbillig ist (BaRoth/Litzenburger § 2065 Rn 18).

Vorbemerkungen vor §§ 2066 ff

1 §§ 2066 ff BGB enthalten Regeln, die nur in Zweifelsfällen anwendbar sind, also dann, wenn die Auslegung der letztwilligen Verfügung (dazu § 2084 Rn 5 ff) zu keinem eindeutigen Ergebnis führt (vgl BGH NJW 81, 2744), weil der Erblasser unklare Bezeichnungen wählt (gesetzliche Erben, Verwandte, Kinder, Arme, etc.). §§ 2066 ff gelten unmittelbar nur für die Erbeinsetzung, können jedoch auf Vermächtnis und Auflage analog angewendet werden (MüKo/Leipold § 2066 Rn 7).

2 Die §§ 2066 ff BGB führen auf prozessualer Ebene dazu, dass derjenige darlegungs- und beweispflichtig ist bzw die Feststellungslast trägt, der einen abweichenden Willen des Erblassers behauptet.

§ 2066 Gesetzliche Erben des Erblassers

¹Hat der Erblasser seine gesetzlichen Erben ohne nähere Bestimmung bedacht, so sind diejenigen, welche zur Zeit des Erbfalls seine gesetzlichen Erben sein würden, nach dem Verhältnis ihrer gesetzlichen Erbteile bedacht. ²Ist die Zuwendung unter einer aufschiebenden Bedingung oder unter Bestimmung eines Anfangstermins gemacht und tritt die Bedingung oder der Termin erst nach dem Erbfall ein, so sind im Zweifel diejenigen als bedacht anzusehen, welche die gesetzlichen Erben sein würden, wenn der Erblasser zur Zeit des Eintritts der Bedingung oder des Termins gestorben wäre.

1 § 2066 Satz 1 greift, wenn der Erblasser wörtlich oder in einer bedeutungsgleichen Formulierung seine „gesetzlichen Erben" einsetzt, nicht hingegen, wenn er die Erben nach Gruppen („Kinder", „Enkel") oder Namen bezeichnet, denn insoweit gilt § 2091. Die Regel des § 2066 Satz 1 hilft über eine fehlende (und auch im Wege der Auslegung nicht zu ermittelnde) Festlegung der Anteilshöhe und/oder ein Fehlen des für die Ermittlung der gesetzlichen Erben maßgeblichen Zeitpunkts hinweg (RGZ 70, 391). Sie kann auch die Einsetzung der gesetzlichen Erben eines Dritten analog angewendet werden (vgl Zweibr NJW-RR 90, 1261). Hinsichtlich des Verhältnisses zu § 2096 vgl. dort Rn 3.

2 Gilt § 2066 Satz 1, so werden alle gesetzlichen Erben, die im Zeitpunkt des Erbfalls vorhanden sind, nach Maßgabe des zur Zeit des Erbfalls gültigen Erbrechts bedacht, soweit kein abweichender Wille des Erblassers erkennbar ist (Frankf FamRZ 95, 1087). Dazu gehören insbesondere auch Ehegatten, eingetragene Lebenspartner, außereheliche Kinder (im Verhältnis zum Vater nur nach Anerkennung oder Vaterschaftsfeststellung,

§ 1592 Nr. 2 und 3), Adoptivkindern und Adoptiveltern (Stuttg FamRZ 73, 278). Abweichenden Vorstellungen des Erblassers über den Kreis seiner gesetzlichen Erben berechtigen nach Maßgabe der §§ 2078, 2281 zur Anfechtung der letztwilligen Verfügung (BGH NJW 81, 1736).

§ 2066 Satz 2 gilt für Erbeinsetzungen, die nicht mit dem Erbfall, sondern erst zu einem späteren Zeitpunkt 3
wirksam werden. Fehlt es an einem Erblasserwillen, so ist der Kreis der gesetzlichen Erben in der Weise zu ermitteln, als wäre der Erblasser erst zum Zeitpunkt des Wirksamkeitseintritts gestorben. Das ist insbesondere bei Einsetzung der gesetzlichen Erben als Nacherben von Bedeutung (BayObLG NJW-RR 91, 1096). Die Regelung begünstigt also in der Schwebezeit geborene gesetzliche Erben.

§ 2067 Verwandte des Erblassers

¹Hat der Erblasser seine Verwandten oder seine nächsten Verwandten ohne nähere Bestimmung bedacht, so sind im Zweifel diejenigen Verwandten, welche zur Zeit des Erbfalls seine gesetzlichen Erben sein würden, als nach dem Verhältnis ihrer gesetzlichen Erbteile bedacht anzusehen. ²Die Vorschrift des § 2066 Satz 2 findet Anwendung.

§ 2067 Satz 1 greift, wenn der Erblasser wörtlich oder in einer bedeutungsgleichen Formulierung seine „Verwandten" oder seine „nächsten Verwandten" iSd § 1589 BGB bedacht hat, nicht hingegen, wenn er die Erben 1
nach Gruppen („Kinder", „Enkel") oder Namen bezeichnet, denn insoweit gilt § 2091. Die Regel des § 2067 Satz 1 kann auch auf Teile des Nachlasses angewendet werden, wenn neben den Verwandten noch andere Personen, etwa der Ehegatte, bedacht sind; dann gilt sie in Ansehung des den Verwandten zugedachten Anteils (BayObLG FamRZ 01, 1561, 1563). Hat der Erblasser seine Verwandten iSd § 1589 bedacht, so hilft § 2067 Satz 1 über eine fehlende Bestimmung der Höhe der Anteile und/oder das Fehlen des für die Ermittlung der Verwandten maßgebenden Zeitpunkts (BayObLG NJW 92, 322) hinweg. Die Regel kann auf eine Einsetzung der Verwandten eines Dritten analog angewendet werden (MüKo/*Leipold* 2067 Rn 5).

Folge einer Anwendung des § 2067 Satz 1 ist, dass alle gesetzlichen Erben des Erblassers, die im Zeitpunkt des 2
Erbfalls oder des Eintritts der Bedingung/des Termins, § 2067 Satz 2, vorhanden sind, nach Maßgabe der zu diesem Zeitpunkt bestehenden Gesetzeslage bedacht sind. Das ist insbesondere bei Einsetzung der Verwandten als Nacherben von Bedeutung (BayObLG FamRZ 01, 1561, 1563). Zu den Verwandten gehören auch außereheliche Kinder (im Verhältnis zum Vater nur nach Anerkennung oder Vaterschaftsfeststellung, § 1592 Nr. 2 und 3), Adoptivkinder und Adoptiveltern, nicht aber der Ehegatte oder eingetragene Lebenspartner. Abweichenden Vorstellungen des Erblassers über den Kreis seiner Verwandten berechtigen nach Maßgabe der §§ 2078, 2281 zur Anfechtung der letztwilligen Verfügung.

§ 2068 Kinder des Erblassers

Hat der Erblasser seine Kinder ohne nähere Bestimmung bedacht und ist ein Kind vor der Errichtung des Testaments mit Hinterlassung von Abkömmlingen gestorben, so ist im Zweifel anzunehmen, dass die Abkömmlinge insoweit bedacht sind, als sie bei der gesetzlichen Erbfolge an die Stelle des Kindes treten würden.

§ 2068 greift, wenn der Erblasser wörtlich oder in einer bedeutungsgleichen Formulierung seine „Kinder" iSd 1
§ 1924 IV, dh seine sämtlichen leiblichen, also ehelichen und außerehelichen (im Verhältnis zum Vater nur nach Anerkennung oder Vaterschaftsfeststellung, § 1592 Nr. 2 und 3) Kinder und Adoptivkinder (BayObLG FamRZ 85, 426) bedacht hat (BayObLG NJW 74, 954) und eines der Kinder bereits vor Errichtung der letztwilligen Verfügung gestorben ist. Dabei schadet es nicht, wenn einzelne Kinder ausdrücklich ausgenommen oder nur bestimmte Kinder („A und B", „meine Söhne") benannt werden (MüKo/*Leipold* § 2068 Rn 4). Bei Tod des Kindes nach Errichtung gilt hingegen § 2069, bei Erbverzicht des Kindes gilt § 2349.

Die Regel kann auf die Einsetzung der Kinder eines Dritten analog angewendet werden, weil sie sich nicht auf 2
die Erbenstellung der Abkömmlinge überhaupt, sondern lediglich auf deren Erbquote bezieht und die Situation deshalb mit der Erbeinsetzung eigener Kinder vergleichbar ist (MüKo/*Leipold* § 2068 Rn 5; aA KG FamRZ 91, 486, 489).

§ 2068 hilft über eine fehlende Bestimmung der Höhe der Anteile hinweg. Infolge der Anwendung des § 2068 3
treten die Abkömmlinge eines vorverstorbenen Kindes nach § 1924 II-IV an dessen Stelle (vgl BGHZ 33, 60, 63). Maßgeblich ist immer der Zeitpunkt des Erbfalls, denn § 2066 Satz 2 gilt mangels Verweisung in § 2068 nicht. Stirbt das Kind ohne Hinterlassung von Abkömmlingen, so gilt § 2094.

§ 2069 Abkömmlinge des Erblassers

Hat der Erblasser einen seiner Abkömmlinge bedacht und fällt dieser nach der Errichtung des Testaments weg, so ist im Zweifel anzunehmen, dass dessen Abkömmlinge insoweit bedacht sind, als sie bei der gesetzlichen Erbfolge an dessen Stelle treten würden.

1   **A. Anwendungsbereich. I. Testamente.** § 2069 greift bei Wegfall eines (auch des einzigen, BayObLGZ 71, 386) Abkömmlings, § 1589, nicht nur durch Tod, sondern auch aus rechtlichen Gründen nach Errichtung der Verfügung (bei Tod vor Errichtung: § 2068) zB durch Ausschlagung (RGZ 95, 97, vgl aber Rn 5), Erbunwürdigkeit (Frankf ZEV 95, 457) oder bei auflösender Bedingung (MüKo/*Leipold* § 2069 Rn 16), nicht jedoch bei Erbverzicht gegen Abfindung, weil der Stamm des Verzichtenden ansonsten sachwidrig begünstigt würde (BGH NJW 74, 43; Köln FamRZ 90, 99). Zu den Abkömmlingen gehören auch außereheliche Kinder (BayObLG NJOZ 04, 3827), im Verhältnis zum Vater nur nach Anerkennung oder Vaterschaftsfeststellung, § 1592 Nr. 2 und 3, und Adoptivkinder (BayObLG FamRZ 85, 426), nicht aber Pflege- oder Stiefkinder. § 2069 hilft, wenn sich im Wege der Auslegung nicht ermitteln lässt, wie der Erblasser beim Tod eines bedachten Abkömmlings verfahren wissen wollte.

2   Die Norm kann analog angewendet werden, wenn der Bedachte zwar in Wahrheit vor der Errichtung gestorben ist, der Erblasser jedoch bei der Errichtung glaubte, dass er noch lebte (RGZ 149, 134). Eine analoge Anwendung auf Nichtabkömmlinge scheidet aus, weil hier nicht unterstellt werden kann, dass der Erblasser deren gesetzliche Erben gleichermaßen bedenken möchte (BayObLG FGPrax 03, 272; ZEV 04, 463).

3   **II. Ehegattentestamente, Erbverträge.** Bei einem gemeinschaftlichen Testament/Ehegattenerbvertrag in der Variante des Berliner Testaments kann § 2069 analog auf allein mit dem zuerst verstorbenen Ehegatten verwandte Schlusserben/Vermächtnisnehmer angewendet werden (BayObLG FamRZ 91, 234; Frankf FamRZ 99, 772). Haben die Ehegatten einen Abkömmling des zuerst Verstorbenen für den zweiten Erbfall bedacht, so treten bei dessen Wegfall seine Abkömmlinge an dessen Stelle. § 2069 ist auch dann analog anwendbar, wenn es sich bei der bedachten und weggefallenen Person um eine dem Erblasser nahe stehende Person handelt, die nicht Abkömmling ist, etwa Ehegatten oder Lebensgefährten (vgl BayObLG FamRZ 88, 986; FamRZ 00, 58; FamRZ 01, 516; NJW 97, 517), nicht aber Geschwister (BayObLG FamRZ 04, 569).

4   Bei einer wechselbezüglichen Schlusserbeneinsetzung in einem gemeinschaftlichen Testament gilt § 2069 insoweit nicht, als eine Bindung des überlebenden Ehepartners nach § 2270 II zugunsten der Abkömmlinge des weggefallenen Abkömmlings ausgeschlossen ist (BGH NJW 02, 1126; BayObLG ZEV 04, 244; aA *Leipold* JZ 2002, 895, 896).

5   **III. Verhältnis zu § 2108 II 1.** Stirbt ein als Nacherbe eingesetzter Abkömmling nach dem Erblasser und vor Eintritt des Nacherbfalls, so verdrängt § 2108 II 1 die Auslegungsregel des § 2069 (BGH NJW 63, 1150). Verlangt der ausschlagende Erbe seinen Pflichtteil, so kann § 2069 nicht angewendet werden, weil ansonsten der Stamm des Ausschlagenden ungerechtfertigt begünstigt würde (BGH NJW 60, 1899; BayObLG NJW-RR 00, 1361; aA MüKo/*Leipold* § 2069 Rn 13: Verhinderung der Doppelbelastung durch § 2320), weil dieser Stamm über seinen dem/den Ersatzerben zugute kommenden Erbteil hinaus noch einen Pflichtteilsanspruch erhielte.

6   **B. Rechtsfolge.** Infolge der Anwendung des § 2069 treten die Abkömmlinge des weggefallenen Abkömmlings nach § 1924 II-IV an dessen Stelle. Maßgeblich ist der Zeitpunkt des Erbfalls. Steht eine Zuwendung unter einer aufschiebenden Bedingung oder Terminbestimmung, so ist, trotzdem es an einer entsprechenden Verweisung fehlt, nach § 2066 Satz 2 zu verfahren (BGH NJW 58, 22; NJW 02, 1126: Zeitpunkt des Schlusserbfalls; *Otte* ZEV 02, 151). Beim Berliner Testament kommt es auf den Schlusserbfall an (BaRoth/*Litzenburger* § 2069 Rn 13).

7   **C. Analoge Anwendung.** § 2069 kann jedenfalls auch dann angewendet werden, wenn der Erblasser selbst die Ersatzberufung der Abkömmlinge seines Abkömmlings angeordnet hat, ohne dabei jedoch die Quoten festzulegen.

8   Fallen andere Erben weg, die nicht Abkömmlinge sind, so kann in der Regel § 2069 nicht in der Weise analog angewendet werden, dass dessen Abkömmlinge an seine Stelle treten; die Sachverhalte sind nämlich nicht ohne weiteres vergleichbar (BayObLG FamRZ 87, 1086; FamRZ 91, 865; FamRZ 97, 641; Soergel/*Loritz* § 2069 Rn 32). Jedoch kann sich das Nachrücken der Abkömmlinge aus einer ergänzenden Auslegung des Testaments (dazu § 2084 Rn 5 ff) ergeben (BayObLG FamRZ 00, 58; Karlsr FamRZ 93, 363). Es muss sich also aufgrund des Testaments ermitteln lassen, dass der Erblasser den ursprünglich Bedachten als „Kopf" seines Stammes eingesetzt hat.

§ 2070 Abkömmlinge eines Dritten

Hat der Erblasser die Abkömmlinge eines Dritten ohne nähere Bestimmung bedacht, so ist im Zweifel anzunehmen, dass diejenigen Abkömmlinge nicht bedacht sind, welche zur Zeit des Erbfalls oder, wenn die Zuwendung unter einer aufschiebenden Bedingung oder unter Bestimmung eines Anfangstermins gemacht ist und die Bedingung oder der Termin erst nach dem Erbfall eintritt, zur Zeit des Eintritts der Bedingung oder des Termins noch nicht gezeugt sind.

1   § 2070 greift, wenn der Erblasser wörtlich oder in einer bedeutungsgleichen Formulierung „Abkömmling(e)" eines Dritten (also einer Person, die nicht Abkömmling des Erblassers ist, Köln NJW-RR 92, 1031) bedacht

hat. Infolge der Anwendung des § 2070 werden die zur Zeit des Erbfalls oder Eintritts einer aufschiebenden Bedingung oder Termins erzeugten, aber noch nicht geborenen Abkömmlinge des Dritten entgegen §§ 1923, 2101 I, 2106 II 1 von der Zuwendung ausgeschlossen. § 2070 regelt nur den Personenkreis, nicht die Erbquoten der Abkömmlinge des Dritten, die sich im Zweifel nach der fiktiven gesetzlichen Erbfolge nach dem Dritten bemessen (MüKo/*Leipold* § 2070 Rn 7; Staud/*Otte* § 2070 Rn 2).

§ 2071 Personengruppe

Hat der Erblasser ohne nähere Bestimmung eine Klasse von Personen oder Personen bedacht, die zu ihm in einem Dienst- oder Geschäftsverhältnisse stehen, so ist im Zweifel anzunehmen, dass diejenigen bedacht sind, welche zur Zeit des Erbfalls der bezeichneten Klasse angehören oder in dem bezeichneten Verhältnis stehen.

Hat der Erblasser Personen nur mit einer Gruppenbezeichnung („Meine Angestellten", „Meine Fußballmannschaft") zu Erben eingesetzt, mit einem Vermächtnis bedacht oder durch eine Auflage begünstigt, so ist zu klären, ob die Gruppenbezeichnung im Lichte des Selbstbestimmungsgrundsatzes aus § 2065 ausreichend bestimmt gefasst ist. Liegt diese Voraussetzung vor, so hilft § 2071 über eine fehlende Angabe des Zeitpunkts der Gruppenzugehörigkeit hinweg, indem sie den Erbfall als maßgeblichen Zeitpunkt festlegt. Das gilt mangels Verweisung auf § 2066 Satz 2 auch bei aufschiebend bedingten oder befristeten Verfügungen. Für die Erbquoten gilt § 2091. 1

IRd Auslegung ist zu prüfen, ob bei Einsetzung einer rechtlich organisierten Personengruppe die rechtsfähige Einheit (z. B. Verein) selbst oder die Mitglieder persönlich bedacht werden sollen. 2

§ 2072 Die Armen

Hat der Erblasser die Armen ohne nähere Bestimmung bedacht, so ist im Zweifel anzunehmen, dass die öffentliche Armenkasse der Gemeinde, in deren Bezirk er seinen letzten Wohnsitz gehabt hat, unter der Auflage bedacht ist, das Zugewendete unter Arme zu verteilen.

§ 2072 fasst eine Erbeinsetzung, die wörtlich oder in einer bedeutungsgleichen Formulierung (Hamm OLGZ 84, 323, 324) zugunsten der „Armen" verfügt wird, mangels anderer Anhaltspunkte im Willen des Erblassers als eine Erb- oder Vermächtniseinsetzung des Trägers der Sozialhilfe am letzten Wohnsitz, § 7, des Erblassers, §§ 9, 96 I 1 BSHG (Hamm MDR 84, 940), auf, die mit der Auflage verbunden ist, das Geld unter Arme am letzten Wohnsitz des Erblassers nach Maßgabe des § 2193 zu verteilen. Bei einem Wohnsitzwechsel etwa aus Pflegegründen nicht allzu lange Zeit vor dem Tod des Erblassers wird die Auslegung ergeben, dass ein über lange Jahre zuvor bestehender Wohnsitz maßgeblich sein soll. 1

Die Regel gilt analog, wenn der Erblasser nicht alle Armen, sondern nur einen bestimmten Kreis grds bedürftiger Menschen bedacht hat, etwa „die Behinderten" oder „die Obdachlosen" (KG NJW-RR 93, 76; BayObLG NJW-RR 98, 340; NJW-RR 00, 1174). Weitere Analogien scheitern daran, dass § 2072 eine Vorschrift ist, die lediglich ausnahmsweise sozial nützlichen Verfügungen, die gemäß § 2065 unwirksam wären, zur Geltung verhelfen soll. 2

§ 2073 Mehrdeutige Bezeichnung

Hat der Erblasser den Bedachten in einer Weise bezeichnet, die auf mehrere Personen passt, und lässt sich nicht ermitteln, wer von ihnen bedacht werden sollte, so gelten sie als zu gleichen Teilen bedacht.

§ 2073 erfasst Erbeinsetzungen, bei denen die vom Erblasser gewählte und nach dem Maßstab des § 2065 ausreichend bestimmte Bezeichnung des Begünstigten auf mehrere Personen passt, ohne dass abschließend (BayObLG NJW-RR 90, 1417) geklärt werden kann, wer davon gemeint ist. Für diesen Fall regelt § 2073, dass alle, die als Empfänger einer objektiv mehrdeutigen Bezeichnung in Betracht kommen, zu gleichen Teilen erben oder Vermächtnisgegenstand/Auflagenbegünstigung zu gleichen Teilen erhalten (Celle FamRZ 03, 787: „Tierschutzverein in Celle" = Erbeinsetzung beider Vereine in Celle zu je 1/2). 1

§ 2074 Aufschiebende Bedingung

Hat der Erblasser eine letztwillige Zuwendung unter einer aufschiebenden Bedingung gemacht, so ist im Zweifel anzunehmen, dass die Zuwendung nur gelten soll, wenn der Bedachte den Eintritt der Bedingung erlebt.

§ 2075 Auflösende Bedingung

Hat der Erblasser eine letztwillige Zuwendung unter der Bedingung gemacht, dass der Bedachte während eines Zeitraums von unbestimmter Dauer etwas unterlässt oder fortgesetzt tut, so ist, wenn das Unterlassen oder das Tun lediglich in der Willkür des Bedachten liegt, im Zweifel anzunehmen, dass die Zuwendung von der auflösenden Bedingung abhängig sein soll, dass der Bedachte die Handlung vornimmt oder das Tun unterlässt.

1 **A. Allgemeines. I. Aufschiebende und auflösende Bedingungen.** Jede Verfügung von Todes wegen kann insgesamt oder hinsichtlich einzelner Verfügungen unter eine aufschiebende, § 2074, oder auflösende, § 2075, Bedingung, §§ 158 ff BGB, oder Rechtsbedingung gestellt werden (zu Potestativbedingungen § 2065 Rn 6). Es ist durch Auslegung nach den Gestaltungszielen des Erblassers zu ermitteln, ob eine auflösende oder eine aufschiebende Bedingung gewollt ist (vgl BayObLG ZEV 04 461). Die Bedingung muss hinreichend bestimmt sein, wobei die Rechtsprechung hier großzügig verfährt (Dresden NJW-RR 99, 1165: „Wer das Testament anficht" = alle Handlungen, die dazu geeignet sind, das Testament zu Fall zu bringen). Auch eine Befristung, § 163, einer letztwilligen Verfügung ist zulässig, etwa in der Form, dass der Bedachte die Zuwendung erst mit Erreichen eines bestimmten Lebensalters erhält.

2 **II. Abgrenzung von Motiven.** Es ist sorgfältig zu ermitteln, ob der Erblasser lediglich ein Motiv für seine Verfügung mitteilen wollte (das iRd Anfechtung nach § 2078 bedeutsam sein kann) oder tatsächlich den Willen hatte, die Verfügung unter eine Wirksamkeitsbedingung zu stellen (BayObLG FamRZ 83, 1226; FamRZ 93, 1494; NJW-RR 96, 1351). Letzteres wird dann der Fall sein, wenn der Erblasser den Bedachten zu einem bestimmten Tun oder Unterlassen bewegen möchte. Davon ist in der Regel etwa bei Pflichtteilsstrafklauseln in Ehegattentestamenten (zu deren Wirkung zuletzt BayObLG DNotZ 04, 804) oder Bauverpflichtungen (BayObLG FamRZ 04, 1752) auszugehen. Trotzdem ist auch hier sorgfältig zu prüfen, ob der Erblasser die Zuwendung tatsächlich von diesem Handeln abhängig machen wollte. Sieht der Erblasser keine Regelungen für den Fall des Ausbleibens der aufschiebenden oder des Eintritts der auflösenden Bedingung vor, so werden die gesetzlichen Erben begünstigt. Soweit eine Erbeinsetzung bedingt ist, ordnet der Erblasser damit Vor- und Nacherbschaft an.

3 **III. Bedeutung der §§ 2074, 2075.** § 2074 hilft bei aufschiebenden bedingten (nicht: befristeten) Zuwendungen über eine fehlende Anordnung des Erblassers für den Fall, dass der Bedachte vor dem Eintritt der Bedingung gestorben ist, hinweg. Für diesen Fall ist die Zuwendung insgesamt unwirksam.

4 Hat der Erblasser eine Zuwendung dadurch bedingt, dass der Bedachte fortgesetzt etwas tut (Potestativbedingung, BayObLG FamRZ 99, 59) oder unterlässt, so hilft § 2075 über die fehlende Anordnung der Wirkungsweise der Bedingung hinweg und ordnet eine auflösende Bedingung an. Das Handeln des Bedachten ist also nicht Voraussetzung für den Erwerb, sondern für das Behalten der Zuwendung (BayObLG FamRZ 99, 59: Ordentliche Bewirtschaftung eines Hofes). Unter § 2075 fallen auch Verwirkungsklauseln bei Geltendmachung des Pflichtteils oder Wiederverheiratungsklauseln (BayObLG FamRZ 90, 1158; FamRZ 95, 1447). § 2075 kann auf vergleichbare Fälle analog angewendet werden, etwa bei der Bedingung, dass der Bedachte mit seinem Ehegatten in Gütertrennung lebt (KG FamRZ 68, 334, eigentlich fehlt es hier an einem fortgesetzten Tun oder Unterlassen) oder dass der Erbe einen Dritten pflegt (BayObLG FamRZ 93, 1494, hier ist zusätzlich die Mitwirkung des Dritten erforderlich).

5 **IV. Rechtsfolgen.** Der unter aufschiebender Bedingung eingesetzte Erbe ist Nacherbe, § 2105. Bereits mit Erbfall erwirbt er ein nicht vererbliches Anwartschaftsrecht, § 2108 II 2. Ein aufschiebend bedingtes Vermächtnis fällt erst mit Bedingungseintritt an, § 2177

6 **B. Sittenwidrigkeit von Bedingungen.** Insbesondere Bedingungen, die den Bedachten zu einem bestimmten Tun oder Unterlassen bewegen sollen, sind an § 138 I messen. Dabei ist grds aus den Zeitpunkt der Errichtung der Verfügung abzustellen; bei einem Wertewandel kann auch angezeigt sein, auf den Zeitpunkt des Erbfalls abzustellen, um den Verfügungen des Erblassers zur Wirksamkeit zu verhelfen.

7 Eine Bedingung ist dann sittenwidrig, wenn sie unerträglich in das Selbstbestimmungsrecht des Bedachten eingreift, was nur dann der Fall sein kann, wenn die Zuwendung so erheblich ist, dass sie dazu geeignet erscheint, die Willensentschließung des Bedachten zu beeinflussen, indem sie unzumutbaren Druck ausübt (BVerfG ZEV 04, 241). Nicht sittenwidrig sind Bedingungen, die geeignet und bestimmt sind, den Bestand des Nachlasses beim Bedachten zu erhalten oder vor dem Zugriff Dritter zu schützen: Vereinbarung der Gütertrennung, Ausschluss des Zugewinnausgleichs, Wiederverheiratungsklauseln in Ehegattentestamenten, die bei erneuter Heirat des überlebenden Ehegatten den Abkömmlingen sofort ihren Erbteil zukommen lassen und den Ehegatten auf seinen gesetzlichen Erbteil beschränken, Verfügung über den Nachlass auf bestimmte Weise, Abschluss einer bestimmten Ausbildung, Drogenentzug, Pflichtteilsverlangen oder -erhalt eines Kindes bereits nach dem Tode des ersten Elternteils (Verwirkungsklausel im Ehegattentestament, BGH FamRZ 91, 796; BayObLG ZEV 95, 19; Zweibr FamRZ 99, 468).

Sittenwidrig sind Bedingungen, die eine Zuwendungen von Entscheidungen des Bedachten abhängig 8
machen, die in keinem sachlichen Zusammenhang zum Zuwendungsgegenstand oder dessen Erhaltung stehen und in die persönliche Selbstbestimmung eingreifen (Ddorf NJW 88, 2615): Heirat eines bestimmten Ehepartners, Ehescheidung, Wechsel der Konfession, Parteizugehörigkeit, Eintritt in den Priesterstand, Wahl eines Berufs ohne Zusammenhang zur Zuwendung (BaRoth/*Litzenburger* § 2074 Rn 7), Entzug auch des gesetzlichen Erbteils bei Wiederverheiratung.

Die Sittenwidrigkeit einer Bedingung führt zur Nichtigkeit der bedingten Verfügung insgesamt, da es nicht 9
Sache des Erbrechts ist, die sittenwidrige Gesinnung des Erblassers zu bestrafen und dem bedingt Bedachten die Zuwendung zukommen zu lassen (MüKo/*Leipold* § 2074 Rn 17; Ermann/*Schmidt* § 2074 Rn 2; BaRoth/ *Litzenburger* § 2075 Rn 8; aA Staud/*Otte* § 2074 Rn 67; Soergel/*Loritz* § 2074 Rn 32 ff, die jedenfalls bei auflösenden Bedingungen §§ 139 oder 2085 anwenden wollen). Etwas anderes gilt nur dann, wenn die Auslegung ergibt, dass der Erblasser dem Bedachten lieber eine unbedingte Zuwendung als überhaupt keine Zuwendung machen wollte, was nicht selten der Fall sein wird. Eine Umdeutung, § 140, der unwirksamen bedingten in eine wirksame unbedingte Verfügung kommt hingegen nicht in Betracht, weil der Erblasser gerade nicht unbedingt verfügen wollte.

C. Erbschein. Im Erbschein ist die im Wege einer auflösenden Bedingung angeordnete Nacherbfolge unter 10
Nennung der Bedingung anzugeben, § 2363.

§ 2076 Bedingung zum Vorteil eines Dritten

Bezweckt die Bedingung, unter der eine letztwillige Zuwendung gemacht ist, den Vorteil eines Dritten, so gilt sie im Zweifel als eingetreten, wenn der Dritte die zum Eintritt der Bedingung erforderliche Mitwirkung verweigert.

§ 2076 ergänzt § 162. Die Norm greift, wenn eine aufschiebende Bedingung, die an eine Zuwendung geknüpft 1
ist, für einen Dritten einen beliebigen, nicht notwendig vermögenswerten (MüKo/*Leipold* § 2076 Rn 2) Vorteil bewirken soll und die Bedingung allein (BayObLG FamRZ 86, 606) deshalb nicht eintritt, weil der Dritte die erforderliche Mitwirkung verweigert. Hier hilft § 2076 über eine fehlende Erblasseranordnung für diesen Fall hinweg und ordnet Bedingungseintritt an. § 2076 kann analog auf auflösende Bedingungen angewendet werden, die bei Verweigerung der Mitwirkung nicht eintreten (vgl LG Rostock FamRZ 04, 1324, 1326), nicht hingegen auf Vermächtnisse oder auflagen zugunsten Dritter.

§ 2077 Unwirksamkeit letztwilliger Verfügungen bei Auflösung der Ehe oder Verlobung

(1) ¹Eine letztwillige Verfügung, durch die der Erblasser seinen Ehegatten bedacht hat, ist unwirksam, wenn die Ehe vor dem Tode des Erblassers aufgelöst worden ist. ²Der Auflösung der Ehe steht es gleich, wenn zur Zeit des Todes des Erblassers die Voraussetzungen für die Scheidung der Ehe gegeben waren und der Erblasser die Scheidung beantragt oder ihr zugestimmt hatte. ³Das Gleiche gilt, wenn der Erblasser zur Zeit seines Todes berechtigt war, die Aufhebung der Ehe zu beantragen, und den Antrag gestellt hatte.
(2) Eine letztwillige Verfügung, durch die der Erblasser seinen Verlobten bedacht hat, ist unwirksam, wenn das Verlöbnis vor dem Tode des Erblassers aufgelöst worden ist.
(3) Die Verfügung ist nicht unwirksam, wenn anzunehmen ist, dass der Erblasser sie auch für einen solchen Fall getroffen haben würde.

A. Regelungsgegenstand. Anders als bei gesetzlicher Erbfolge und der dort normierten starren Regelung der 1
§§ 1931, 1933 gibt es keine automatische Unwirksamkeit einer zugunsten des überlebenden Ehegatten getroffenen Verfügung bei gerichtlicher Auflösung der Ehe oder bei Tod eines Ehegatten während eines Scheidungs- oder Aufhebungsverfahrens. Wie generell bei gewillter Erbfolge ist allein entscheidend der in der fraglichen Verfügung von Todes wegen zum Ausdruck gekommene Wille des Erblassers. Falls der Erblasser für den Fall einer Eheauflösung oder eines Auflösungsverfahrens eine ausdrückliche Bestimmung zur Frage der Unwirksamkeit oder Weitergeltung getroffen hat, ist diese maßgeblich. Wenn allerdings das zugunsten des Ehegatten errichtete Testament eine solche Bestimmung nicht enthält, ist zunächst im Wege ergänzender Auslegung nach § 133 zu ermitteln, ob der Erblasser die Weitergeltung des Testaments auch für den Fall der Auflösung oder des Auflösungsverfahrens gewollt hat. Ist dies nicht sicher feststellbar, greift die Regelung in § 2077; die Norm ist Auslegungsregel (BGH FamRZ 60, 28).

B. Anwendungsbereich. § 2077 gilt nach I 1 dann, wenn die Ehe anders als durch Tod aufgelöst wird. Dies 2
ist der Fall bei rechtskräftiger Scheidung sowie bei rechtskräftiger Aufhebung der Ehe und gilt darüber hinaus bei rechtskräftiger Nichtigkeitsfeststellung alten Rechts (vgl Art 226 II EGBGB) sowie beim Vorliegen auslän-

discher Entscheidungen, die die Eheauflösung aussprechen, sofern sie im Inland anzuerkennen sind (vgl dazu KKFamR/*Rausch* vor § 606 a ZPO Rn 43 ff).

3 Nach I 2 und 3 kommt die Anwendung der Norm auch dann in Betracht, wenn die Ehe zum Zeitpunkt des Erbfalls zwar noch nicht aufgelöst, jedoch das Verfahren zur Scheidung oder Aufhebung der Ehe rechtshängig war – s.u. Rn 8.

4 Nach II ist die Vorschrift anzuwenden, wenn ein bei Testamentserrichtung bestehendes Verlöbnis (§ 1297) vor dem Tode des Erblassers aufgelöst worden ist. Dies gilt nicht bei nichtehelicher Lebensgemeinschaft, Analogie ist nicht möglich (Celle FamRZ 04, 310; BayObLGR 02, 50). Waren der Erblasser und die bedachte Person im Zeitpunkt der Testamentserrichtung verlobt und haben danach geheiratet, findet I Anwendung (BayObLG 93, 362).

5 Nach § 10 V LPartG ist § 2077 auf eine letztwillige Verfügung, durch die der Erblasser seinen Lebenspartner – iSd LPartG – bedacht hat, entspr anzuwenden. Analoge Anwendung auf andere Lebensgemeinschaften ist nicht möglich.

6 § 2077 gilt nur für den Fall, dass die **Ehe des Erblassers** aufgelöst worden ist. Eine Auslegungsregel auch für den Fall, dass der Erblasser ein Schwiegerkind zum Erben eingesetzt hatte und danach dessen Ehe mit dem Kind des Erblassers aufgelöst wird, enthält das Gesetz nicht. Hier wäre an Analogie zu denken (so Saarbr NJW-RR 94, 589). Der BGH (NJW 03, 2095) jedoch hat sich gegen eine analoge Anwendung entschieden. Ob ein hypothetischer Wille zur Weitergeltung der Zuwendung bei Auflösung der Ehe mit dem eigenen Kind anzunehmen ist, lässt sich nur aufgrund individueller Auslegung klären.

7 Ihrem Wortlaut nach gilt die Norm für „letztwillige Verfügungen", also Testamente. Auf entspr Zuwendungen im Erbvertrag ist sie entspr anzuwenden (§§ 2279 I, II), ebenso auf dementsprechende Zuwendungen im gemeinschaftlichen Testament (§ 2268). Darüber hinaus ist ihr Anwendungsbereich auf erbvertragliche Verfügungen zu Gunsten Dritter erweitert (§ 2279 II), ähnlich auf weitere Verfügungen im gemeinschaftlichen Testament (§ 2268 I, II) – dazu u. Rn 10 f.

8 **C. Anwendungsvoraussetzungen.** Tatbestandliche Voraussetzung nach I 1 ist die nach Testamentserrichtung erfolgte Auflösung der Ehe durch rechtskräftige Scheidung, Eheaufhebung oder Nichtigkeitsfeststellung. Nach I 2 ist Voraussetzung, dass der Erblasser nach Testamentserrichtung während eines rechtshängigen Scheidungsverfahrens gestorben ist, er die Scheidung beantragt oder ihr zugestimmt hatte und die materiellen Voraussetzungen für die Scheidung zum Zeitpunkt des Erbfalls vorlagen. Nach I 3 ist Voraussetzung, dass der Erblasser während eines rechtshängigen Eheaufhebungsverfahrens gestorben ist, die Aufhebung beantragt hatte und die materiellen Voraussetzungen für die Aufhebung zum Zeitpunkt des Erbfalls vorlagen. II 2 und 3 sind inhaltsgleich mit den in § 1933 S. 1 und 2 normierten Voraussetzungen – s. dazu näher § 1933 Rn 5–15.

9 Bei Vorliegen von I ist im Zweifel die Bedenkung des Ehegatten unwirksam, bei II die Zuwendung an den Verlobten. Dies gilt nicht nur für Erbeinsetzungen, sondern auch für andere Zuwendungen. Enthält das Testament neben der Zuwendung an den Partner weitere Verfügungen, insbes Zuwendungen an Dritte, kommt auch deren Unwirksamkeit in Betracht. Entscheidend hierfür ist der Wille des Erblassers zu dieser Frage; ist ein solcher nicht feststellbar, bestimmt sich die Konsequenz der Teilunwirksamkeit grds nach der Auslegungsregel des § 2085.

10 Für **gemeinschaftliche Testamente** gilt zur Frage der Folgeunwirksamkeit die spezielle Regelung des § 2268, die ihrerseits § 2085 vorgeht. In § 2268 I wird für den Fall, dass die Voraussetzungen des § 2077 zu bejahen sind, dessen Rechtsfolge dahin erweitert, dass nicht nur die Zuwendung an den Ehegatten des Erblassers unwirksam wird, sondern das gesamte gemeinschaftliche Testament. Für den Fall der Scheidung oder Aufhebung der Ehe und für die dem gleichgestellten Fälle (Scheidungs- oder Aufhebungsverfahren bei Vorliegen der Voraussetzungen von § 2077 I 2 und 3) – nicht also zB bei Nichtigkeitserklärung nach altem Recht – ist allerdings zu prüfen, ob ein der gesamten Unwirksamkeit entgegenstehender Aufrechterhaltungswille anzunehmen ist (§ 2268 II), der zum Zeitpunkt der Errichtung des gemeinschaftlichen Testaments vorgelegen haben muss (BGH NJW 04, 3113).

11 Über §§ 2279 I, 2299 I, II gilt § 2077 auch für **erbvertragliche Verfügungen.** Bei diesen erstreckt sich die anzunehmende Unwirksamkeit der Bedenkung des Partners im Zweifel auch auf im Erbvertrag enthaltene Verfügungen zugunsten Dritter (§ 2279 II als § 2085 vorgehende Auslegungsregel).

12 Aus der Normstruktur des § 2077 – widerlegbare Vermutung vom Erblasser gewollter Unwirksamkeit – folgt, dass bei Vorliegen der in I und II geregelten tatbestandlichen Voraussetzungen derjenige die **Feststellungs- und Beweislast** für einen Weitergeltungswillen des Erblassers trägt, der sich auf die Weitergeltung der Verfügung beruft (BGH NJW 04, 3113; BayObLG FamRZ 93, 362).

Vorbemerkungen vor §§ 2078 ff

1 **A. Allgemeines.** Die Anfechtungsregeln der §§ 119 ff dienen dazu, die Willensfreiheit des Erklärenden wiederherzustellen, der eine wirksame Willenserklärung zum Schutz des Erklärungsempfängers nur unter bestimmten Voraussetzungen durch Anfechtung vernichten kann, § 142 I. Der Erblasser hingegen kann seine

letztwillige Verfügung als einseitige, nicht empfangsbedürftige Willenserklärung jederzeit widerrufen, § 2253, bedarf also keines Anfechtungsrechts. §§ 2078 ff dienen deshalb allein dazu, Dritten, vgl. § 2080, die Beseitigung einer auf einem Willensmangels des Erblassers beruhenden letztwilligen Verfügung nach Eintritt des Erbfalls zu ermöglichen.

Etwas anderes gilt für wechselbezügliche und somit bindenden Verfügungen iSd § 2270 und erbvertragliche Verfügungen. Hier steht dem Erblasser ein eigenes Anfechtungsrecht zu, § 2281. Dritte, § 2080, leiten ihr Anfechtungsrecht insoweit vom Anfechtungsrecht des Erblassers hier, als sie nach Eintritt des Erbfalls nur anfechtungsberechtigt sind, wenn der Erblasser im Zeitpunkt seines Todes noch anfechtungsberechtigt war, § 2285. Unterschiede bestehen wiederum im Verhältnis zur Anfechtung von Willenserklärungen unter Lebenden, denn trotz vertraglicher oder quasivertraglicher, §§ 2270, Bindung kann der Erblasser seine Anfechtung auf einen beliebigen Motivirrtum stützen, §§ 2281 I, 2078 II (MüKo/*Leipold* § 2078 Rn 8; kritisch Soergel/ *Loritz* § 2078 Rn 2, der sich – aus verständlichen Gründen! – jedoch gegen den klaren Gesetzeswortlaut stellt). 2

Die Anfechtung dient der Vernichtung des irrtumsbehafteten Erblasserwillens, der zuvor durch Auslegung zu ermitteln ist (BGH NJW 78, 264; BayObLG NJW-RR 02, 367). Die Anfechtung greift also nur dann, wenn dem Erblasserwillen nicht durch Anwendung der erbrechtlichen Auslegungsmittel (vgl § 2084 Rn 5 ff) zur Geltung verholfen werden kann (BayObLG NJW-RR 02, 367, 369). Gegenstand der Anfechtung ist nicht das gesamte Testament/Ehegattentestament/Erbvertrag, sondern nur jeweils eine einzelne Verfügung (BGH NJW 85, 2025). Anfechtbar sind auch Akte nach §§ 2253 ff, etwa die Rücknahme aus amtlicher Verwahrung (BayObLG ZEV 05, 480; München ZEV 05, 482). 3

Folge der wirksamen Anfechtung ist ausschließlich die absolute Nichtigkeit der betroffenen Einzelverfügung, § 142 I, so dass mangels Anordnung des Erblassers für diesen Fall insoweit die gesetzliche Erbfolge eintritt. Das gilt insbesondere auch für die Anfechtung nach § 2079, so dass hier in der Regel das gesamte Testament nichtig ist (BayObLGZ 80, 42, 49; Frankfurt NJW-RR 95; Brandenburg FamRZ 98, 59; aA Köln NJW 56, 1522; MüKo/*Leipold* § 2079 Rn 19; *Jung* AcP 194, 77ff: Nichtigkeit der Verfügung nur insoweit, als erforderlich um dem Übergangenen den gesetzlichen Erbteil einzuräumen). Etwas anderes gilt nur für einzelne Verfügungen, für die die Vermutung des § 2079 Satz 2 widerlegt worden ist („soweit", Frankf FamRZ 95, 1522; Brandbg FamRZ 98, 59, 62; Ddorf FamRZ 99, 122; BayObLG FGPrax 04, 130). Zu den Auswirkungen der erfolgreichen Anfechtung auf die nicht betroffenen Teile einer letztwilligen Verfügung vgl § 2085. 4

B. Anwendbare Normen. §§ 2078, 2079 regeln anstelle der §§ 119, 120, 123 besondere Anfechtungsgründe. §§ 2080, 2281 I, 2285 regeln die im Allgemeinen Teil nicht gesondert regelungsbedürftige Anfechtungsberechtigung. §§ 2082, 2283 verdrängen die Regelungen der §§ 121, 124 zur Anfechtungsfrist. § 122 ist nicht anwendbar, § 2078 III. Die Wirkung der Anfechtung ergibt sich hingegen aus § 142. Bezüglich des Anfechtungsadressaten verdrängen §§ 2081, 2281 II in ihrem Anwendungsbereich den § 143. Der Erblasser kann die anfechtbare Verfügung bestätigen, § 144 I, mit der Folge, dass den nach § 2080 Anfechtungsberechtigten kein Anfechtungsrecht zusteht. 5

C. Andere Unwirksamkeitsgründe. Bevor die Anfechtung einer letztwilligen Verfügung in Betracht gezogen wird, sollte zunächst überprüft werden, ob nicht andere Unwirksamkeitsgründe vorliegen. Es ist zu prüfen, ob der Erblasser testierfähig war, § 2229, ob er die Verfügung höchstpersönlich errichtet hat, §§ 2064, 2065, und ob er dabei Testierwillen (vor § 2064 Rn 2) hatte. Denkbar ist auch, dass eine Verfügung gegen ein gesetzliches Verbot oder gegen die guten Sitten (vor § 2064 Rn 16 ff) verstößt. Auch ist zu prüfen, ob eine Verfügung vorhergehende vertragsmäßige oder wechselbezügliche Verfügungen beeinträchtigt und deshalb insoweit unwirksam ist. Schließlich können infolge einer Ehekrise Verfügungen unwirksam geworden sein, §§ 2077, 2268, 2279, 2298. 6

§ 2078 Anfechtung wegen Irrtums oder Drohung

(1) Eine letztwillige Verfügung kann angefochten werden, soweit der Erblasser über den Inhalt seiner Erklärung im Irrtum war oder eine Erklärung dieses Inhalts überhaupt nicht abgeben wollte und anzunehmen ist, dass er die Erklärung bei Kenntnis der Sachlage nicht abgegeben haben würde.
(2) Das Gleiche gilt, soweit der Erblasser zu der Verfügung durch die irrige Annahme oder Erwartung des Eintritts oder Nichteintritts eines Umstands oder widerrechtlich durch Drohung bestimmt worden ist.
(3) Die Vorschrift des § 122 findet keine Anwendung.

§ 2079 Anfechtung wegen Übergehung eines Pflichtteilsberechtigten

¹Eine letztwillige Verfügung kann angefochten werden, wenn der Erblasser einen zur Zeit des Erbfalls vorhandenen Pflichtteilsberechtigten übergangen hat, dessen Vorhandensein ihm bei der Errichtung der Verfügung nicht bekannt war oder der erst nach der Errichtung geboren oder pflichtteilsberechtigt geworden ist. ²Die Anfechtung ist ausgeschlossen, soweit anzunehmen ist, dass der Erblasser auch bei Kenntnis der Sachlage die Verfügung getroffen haben würde.

1 **A. Inhaltsirrtum, § 2078 I 1.** Ein Inhaltsirrtum liegt (wie in § 119 I Alt 1) vor, wenn Erblasser bei Errichtung der Verfügung unzutreffende Vorstellungen über die Bedeutung seiner abgegebenen Erklärung hatte, also etwa nicht wusste, was die Anordnung eines Vermächtnisses oder der Nacherbfolge bedeutet (vgl BayObLG NJW-RR 97, 1925), welche Personen von der Einsetzung der „gesetzlichen Erben" erfasst sind (Hamm FamRZ 67, 697) oder welche Folgen die Rücknahme eines Testaments aus amtlicher Verwahrung hat (BayObLG ZEV 05, 480, 481). Der Inhaltsirrtum berechtigt zur Anfechtung, wenn der Erblasser (nicht: ein verständiger Dritter) die Verfügung bei Kenntnis der Sachlage nicht errichtet hätte.

2 **B. Erklärungsirrtum, § 2078 I Alt 2.** Ein Erklärungsirrtum Inhaltsirrtum liegt (wie in § 119 I Alt 2) vor, wenn der Erblasser eine Verfügung mit diesem Inhalt überhaupt nicht errichten wollte, sich also etwa verschrieben hat. Er berechtigt zur Anfechtung, wenn der Erblasser (nicht: ein verständiger Dritter) die Verfügung bei Kenntnis der Sachlage nicht errichtet hätte.

3 **C. Motivirrtum und enttäuschte Zukunftserwartung, § 2078 II Alt 1.** Anders als im allgemeinen Anfechtungsrecht berechtigt im Erbrecht auch ein Motivirrtum, also jegliche irrige Vorstellung über vergangene oder gegenwärtige Tatsachen, oder eine enttäuschte Zukunftserwartung zur Anfechtung, soweit Irrtum oder Erwartung bereits bei Errichtung der Verfügung bestanden (BGHZ 42, 327, 332; München NJW-RR 89, 1410; BayObLG FamRZ 03, 708: Kriminelle Vergangenheit des Bedachten; Köln NJOZ 04, 3836: Entwicklung der wirtschaftlichen und persönlichen Verhältnisse eines enterbten Kindes). Eine zur Anfechtung berechtigende Enttäuschung einer Erwartung kann auch nach dem Erbfall noch eintreten (Frankf FamRZ 93, 613); die Grenze wird durch die Anfechtungsfrist, § 2082, gezogen. Das Motiv oder die Erwartungen des Erblassers müssen sich nicht aus dem Testament ergeben, sondern können aus beliebigen Anhaltspunkten ermittelt werden (BGH NJW 65, 584; zu den Anforderungen an den Nachweis BayObLG NJOZ 03, 3267).

4 Hatte der Erblasser erhebliche Zweifel am Eintritt oder Ausbleiben bestimmter Tatsachen oder Rechtswirkungen, so hat er das entsprechende Risiko bewusst in Kauf genommen und eine Anfechtung ist ausgeschlossen (BaRoth/*Litzenburger* § 2078 Rn 6); gleiches gilt, wenn er selbst durch Regelungen Vorsorge getroffen hat (BayObLG FamRZ 01, 873).

5 Hingegen berechtigen auch solche Vorstellungen und Erwartungen zur Anfechtung, die dem Erblasser bei Errichtung der Verfügung zwar nicht bewusst waren, die er ihr aber als selbstverständlich zugrunde gelegt hat (BGH FamRZ 83, 898; BGH NJW-RR 87, 1412), etwa den positiven Verlauf seiner Ehe (BayObLG FamRZ 90, 322; BayObLG ZEV 04, 152) oder den Fortbestand einer freundschaftlichen Beziehung (BayObLG FamRZ 02, 915) oder eines langjährigen Zwistes (BayObLG NJW-RR 02, 367). Bei einem völligen Fehlen einer Vorstellung oder Erwartung kommt hingegen keine Anfechtung in Betracht (BGH WM 71, 1153).

6 Irrtum oder enttäuschte Erwartung berechtigen zur Anfechtung, wenn sicher erscheint, dass der Erblasser (nicht: ein verständiger Dritter) die Verfügung bei Kenntnis der Sachlage nicht errichtet hätte (BGH NJW-RR 87, 1412; BayObLG NJW-RR 02, 367, 369; FamRZ 03, 1787, 1788).

7 **D. Drohung, § 2078 II Alt 2.** Eine Drohung liegt (wie in § 123 I) vor, wenn der Erblasser durch eine beliebige Person rechtswidrig unter Ankündigung eines künftigen Übels, auf dessen Eintritt oder Ausbleiben sich der Drohende Einfluss zuschreibt, zu einer Verfügung veranlasst worden ist. Die Rechtswidrigkeit kann sich aus dem angewandten Mittel, dem verfolgten Zweck oder der Beziehung zwischen Mittel und Zweck ergeben (BGH FamRZ 96, 605), etwa der Drohung mit dem Einstellen von Hilfeleistungen. Die in § 123 I ebenfalls enthaltene Anfechtung wegen arglistiger Täuschung musste nicht gesondert angeordnet werden, weil hier die Anfechtung wegen Motivirrtums greift.

8 **E. Übergehung oder Hinzukommen eines Pflichtteilsberechtigten, § 2079.** Ein im Zeitpunkt des Erbfalls Pflichtteilsberechtigter, §§ 2303, 1923 II, wird dann übergangen, wenn er in der angefochtenen Verfügung überhaupt vom Erblasser nicht erwähnt, also weder enterbt (Hamburg FamRZ 90, 910), noch als Erbe eingesetzt, noch mit einem Vermächtnis bedacht worden ist (BayObLG ZEV 94, 106; Karlsruhe ZEV 95, 454). Eine hinter dem gesetzlichen Erbteil zurückbleibende Zuwendung berechtigt hingegen nicht zur Anfechtung nach § 2079 (RGZ 50, 238; BayObLG ZEV 94, 106; BaRoth/*Litzenburger* § 2079 Rn 3; aA MüKo/*Leipold* § 2079 Rn 6; *Graf* ZEV 94, 109 für Fälle, in denen die Zuwendung nicht im Hinblick auf die Stellung als Pflichtteilsberechtigter angeordnet worden ist), weil das Anfechtungsrecht nicht der Sicherung der wirtschaftlichen Interessen der Pflichtteilsberechtigten dient.

9 Ein Anfechtungsrecht besteht, wenn der Erblasser außerdem zur Zeit der Errichtung der Verfügung weder vom Vorhandensein dieses Pflichtteilsberechtigten, noch von dessen Pflichtteilsberechtigung wusste, also etwa einen Pflichtteilsberechtigten irrig für verstorben hielt oder über die die Pflichtteilsberechtigung vermittelnden Verwandtschaftsbeziehung zu einer Person irrte.

10 Die Verfügung ist auch dann anfechtbar, wenn ein im Zeitpunkt des Erbfalls Pflichtteilsberechtigter erst nach der Errichtung der Verfügung hinzukommt, weil er später geboren oder, etwa durch Heirat mit dem Erblasser, Adoption oder Gesetzesänderung, pflichtteilsberechtigt wird. Das gilt allerdings nicht, wenn der Pflichtteilsberechtigte bereits in einer Verfügung, die vor Eintritt der Pflichtteilsberechtigung, errichtet wurde, bedacht worden ist (RGZ 148, 218, 223; Celle NJW 69, 101; BayObLGZ 93, 389; aA MüKo/*Leipold* § 2079

Rn 6: Das soll nicht gelten, wenn diese Person nicht im Hinblick auf die zukünftige Pflichtteilsberechtigung, sondern unabhängig davon bedacht wurde). Auch ist die Anfechtung ausgeschlossen, wenn (vor allem bei Ehegattentestamenten oder Erbverträgen) eine pflichtteilsberechtigende Beziehung zur Schaffung eines Anfechtungsrechts hergestellt werden soll (BGH FamRZ 70, 79, 82).

Eine Anfechtung scheidet jedoch aus, wenn der Erblasser (nicht: ein vernünftiger Dritter) die Verfügung auch 11 dann getroffen hätte, wenn er im Zeitpunkt der Errichtung der Verfügung (BGH NJW 1981, 1735) von der Pflichtteilsberechtigung gewusst hätte, § 2079 Satz 2. Die Kausalität zwischen der Unkenntnis der Pflichtteilsberechtigung und der Verfügung wird also, anders als in anderen Fällen des Motivirrtums oder der irrigen Zukunftserwartung, § 2078 II, kraft Gesetzes widerleglich vermutet, so dass insoweit eine Beweislastumkehr eintritt (BayObLG NJW-RR 2001, 725) und derjenige, der sich gegen die Anfechtbarkeit wendet, nachweisen muss, dass der Erblasser auch in Kenntnis des Pflichtteilsberechtigten nicht anders testiert hätte (Ddorf FamRZ 1999, 1024; Hburg FamRZ 1990, 910).

Die Vermutung ist etwa dann widerlegt, wenn der Erblasser bei Errichtung der Verfügung bereits eine Heirat 12 plante und trotzdem den zukünftigen Ehegatten nicht bedacht hat (BayObLG FamRZ 92, 988), nicht aber bereits allein dann, wenn der Erblasser seine Verfügung trotz Kenntniserlangung über die Pflichtteilsberechtigung nicht geändert hat (Hburg FamRZ 990, 910); es muss vielmehr feststehen, dass dies im Hinblick auf den Übergangenen bewusst geschehen ist (BayObLGZ 71, 147, 152). Die Vermutung wird auch nicht allein dadurch widerlegt, dass der Erblasser sein Testament nicht ändert, nachdem er von der Existenz eines weiteren Pflichtteilsberechtigten erfahren hat (MüKo/*Leipold* § 2079 Rn 14; aA Frankf FamRZ 95, 1522)

§ 2080 Anfechtungsberechtigte

(1) Zur Anfechtung ist derjenige berechtigt, welchem die Aufhebung der letztwilligen Verfügung unmittelbar zustatten kommen würde.
(2) Bezieht sich in den Fällen des § 2078 der Irrtum nur auf eine bestimmte Person und ist diese anfechtungsberechtigt oder würde sie anfechtungsberechtigt sein, wenn sie zur Zeit des Erbfalls gelebt hätte, so ist ein anderer zur Anfechtung nicht berechtigt.
(3) Im Falle des § 2079 steht das Anfechtungsrecht nur dem Pflichtteilsberechtigten zu.

A. Grundsatz. Das Anfechtungsrecht entsteht mit dem Erbfall. Anfechtungsberechtigt ist, wer durch die 1 Nichtigkeit der angefochtenen Verfügung unmittelbar einen rechtlichen Vorteil erlangt. Der Vorteil kann in einer Begünstigung (zB Erbschaft, Vermächtnis, Gestaltungsrecht etwa nach § 2341, BGH NJW 91, 169, Befugnis zur Verfügung über den Nachlass oder Verwaltung des Nachlasses) oder im Wegfall eine Beschwer (zB Vermächtnis, Auflage, Testamentsvollstreckung), liegen. Eine entsprechende Behauptung allein genügt nicht (BGH NJW 85, 2025), es ist deshalb zur Begründung des Anfechtungsrechts die Rechtslage, die sich nach wirksamer Anfechtung ergäbe, mit der gegenwärtigen Rechtlage zu vergleichen. Zur Anfechtungsberechtigung des Erblassers selbst iRv Erbverträgen und Ehegattentestamenten siehe § 2281.

Unmittelbar wird der Vorteil nur erlangt, wenn nicht das Dazwischentreten weiterer Umstände erforderlich 2 ist und also nur eine verbesserte Erwerbsaussicht erstrebt wird. Hängt jedoch der Eintritt der Begünstigung von einem Umstand ab, der rechtlich Rückwirkung auf den Erbfall hat (zB Ausschlagung, Anfechtung, Erbunwürdigkeitserklärung), so fehlt es nicht an der Unmittelbarkeit, wenn die Ausschlagung erklärt wird, die Anfechtung Erfolg hat oder die Erbunwürdigkeitserklärung ergeht (BaRoth/*Litzenburger* § 2080 Rn 3).

Eine Erbeinsetzung kann hiernach gegebenenfalls von Ersatzerben, § 2096, Miterben, § 2094, oder von durch 3 die gewillkürte Erbfolge ausgeschlossene gesetzliche Erben angefochten werden, die Vorerbschaft darüber hinaus vom Nacherben, der auch die Befreiung des Vorerben, § 2136, anfechten kann. Vermächtnis und Auflage als solche kann der jeweils Beschwerte anfechten. Darüber hinaus sind Ersatz- oder Mitvermächtnisnehmer anfechtungsberechtigt. Auseinandersetzungsverbot, § 2044, oder Teilungsanordnung, § 2048, können die damit belasteten Erben anfechten. Enterbung und Pflichtteilsentziehung können die jeweils Betroffenen anfechten. Akte nach §§ 2253 ff könne die in der widerrufenen Verfügung Begünstigten, denen diese Begünstigung entzogen worden ist, anfechten. Die Anordnung der Testamentsvollstreckung können die Erben anfechten.

Das Anfechtungsrecht ist vererblich (Ddorf FamRZ 99, 1461, 1463). Es kann als unselbständiges Gestaltungs- 4 recht nicht isoliert übertragen werden, §§ 851 ZPO, 413. Als höchstpersönliches Recht geht es auch nicht auf den Erbschaftskäufer über (Staud/*Otte* § 2080 Rn 14; Soergel/*Loritz* § 2080 Rn 20; aA MüKo/*Leipold* § 2080 Rn 10). Es ist unpfändbar, §§ 851 I, 857 I ZPO, und gehört nicht zur Insolvenzmasse. Wohl aber können Gläubiger auf die Rechtspositionen zugreifen, die der Anfechtungsberechtigte infolge der Anfechtung erhalten hat oder erhalten wird.

B. Beschränkungen. Im Fall der Anfechtung wegen Irrtums oder enttäuschter Erwartung nach § 2078 5 schließt § 2080 II das Anfechtungsrecht anderer aus, wenn die betroffene Person selbst gemäß § 2080 I anfechtungsberechtigt ist oder vor dem Erbfall stirbt (bei Versterben nach dem Erblasser geht das Anfechtungsrecht dagegen auf die Erben des Anfechtungsberechtigten über), oder die Verfügung bestehen lassen möchte (BayObLG NJW-RR 02, 727: Dritte sollen hier keinen Vorteil ziehen können).

6 Das Recht, eine Verfügung nach § 2079 anzufechten, steht ausschließlich dem übergangenen oder später hinzugekommenen Pflichtteilsberechtigten selbst zu, § 2080 III; etwas anderes gilt jedoch bei Ehegattentestamenten und Erbverträgen, § 2281. Stirbt der Pflichtteilsberechtigte vor dem Erblasser, so entfällt der Anfechtungsgrund. Bei Versterben nach dem Erblasser geht das Anfechtungsrecht auf die Erben des übergangenen oder später hinzugekommenen Pflichtteilsberechtigten (MüKo/*Leipold* § 2080 Rn 3).

7 Zur Beschränkung des Anfechtungsrechts iRv Erbverträgen und Ehegattentestamenten siehe § 2285.

8 Hat der Erblasser zu Lebzeiten von der Anfechtbarkeit seiner Verfügung Kenntnis erlangt, so kann er die Verfügung bestätigen, § 144 I, und auf diese Weise das Anfechtungsrecht der nach § 2080 anfechtungsberechtigten Personen ausschließen (Soergel/*Loritz* § 2080 Rn 23; Staud/*Otte* § 2080 Rn 22). Dagegen verfängt nicht die Behauptung, der Erblasser habe kein Anfechtungsrecht und könne deshalb die anfechtbare Verfügung nicht bestätigen, sondern müsse eine neue, willensmängelfreie Verfügung (BayObLG RPfleger 75, 242) oder eine Erklärung, die alte Verfügung solle trotz Willensmangels gelten (Hamm FamRZ 94, 1062, 1065) formgerecht errichten.

§ 2081 Anfechtungserklärung

(1) Die Anfechtung einer letztwilligen Verfügung, durch die ein Erbe eingesetzt, ein gesetzlicher Erbe von der Erbfolge ausgeschlossen, ein Testamentsvollstrecker ernannt oder eine Verfügung solcher Art aufgehoben wird, erfolgt durch Erklärung gegenüber dem Nachlassgericht.
(2) ¹Das Nachlassgericht soll die Anfechtungserklärung demjenigen mitteilen, welchem die angefochtene Verfügung unmittelbar zustatten kommt. ²Es hat die Einsicht der Erklärung jedem zu gestatten, der ein rechtliches Interesse glaubhaft macht.
(3) Die Vorschrift des Absatzes 1 gilt auch für die Anfechtung einer letztwilligen Verfügung, durch die ein Recht für einen anderen nicht begründet wird, insbesondere für die Anfechtung einer Auflage.

1 **A. Anfechtungsgegner.** Die Anfechtung letztwilliger Verfügungen iSd § 2081 I ist (schriftlich oder zu Protokoll des Geschäftsstelle, § 11 FGG) gegenüber dem zuständigen Nachlassgericht, § 73 FGG, zu erklären (amtsempfangsbedürftige Willenserklärung, § 130 III). Das gilt auch, wenn sich die Nachlass-Sache bereits in der Beschwerdeinstanz befindet (BayObLG FamRZ 92, 226).

2 Die Anfechtungserklärung muss keinen bestimmten Wortlaut haben. Sie muss jedoch erkennen lassen, welche Verfügung angefochten wird (BayObLG FamRZ 92, 226), nicht hingegen, aus welchem Grund (BayObLG FamRZ 89, 1346, 1348; München ZEV 05, 482, 483; aA MüKo/*Leipold* § 2081 Rn 16; Staud/*Otte* § 2081 Rn 11: Zugrunde liegender Lebenssachverhalt in groben Zügen). Das Gericht teilt die Erklärung gegebenenfalls den durch die angefochtene Verfügung unmittelbar Begünstigten mit, § 2081 II 1. Zur Anfechtung durch den Erblasser selbst iRv Erbverträgen und Ehegattentestamenten siehe § 2282.

3 Vermächtnisse und Teilungsanordnungen werden nicht von § 2081 erfasst und müssen deshalb gemäß § 143 IV 1 durch formlose, empfangsbedürftige Willenserklärung gegenüber demjenigen angefochten werden, der durch die angefochtene Verfügung unmittelbar einen rechtlichen Vorteil erlangt. Die Anfechtung eines Vermächtnisses hat folglich gegenüber dem Vermächtnisnehmer und die einer Teilungsanordnung gegenüber dem daraus Berechtigten zu erfolgen. Wird der Widerruf derartiger Verfügungen angefochten, so ist Adressat der Erklärung bei einem Vermächtnis der damit Beschwerte und bei einer Teilungsanordnung die Erbengemeinschaft (BaRoth/*Litzenburger* § 2081 Rn 6; aA MüKo/*Leipold* § 2081 Rn 7: Für Teilungsanordnungen gilt § 2080 III). Für die Anfechtung einer Befreiung des Vorerben soll hingegen § 2081 I gelten (BayObLG FamRZ 90, 1159; aA Staud/*Otte* § 2081 Rn 2).

4 § 2081 III erfasst Verfügungen, für die sich ein Anfechtungsgegner weder aus § 2080 I, noch aus § 143 ermitteln lässt, weil sie keine Rechte begründen, also etwa Pflichtteilsbeschränkungen und -entziehungen, §§ 2336, 2338.

5 **B. Hinweise.** Es ist darauf zu achten, dass jede einzelne Verfügung getrennt angefochten werden muss und deshalb hinsichtlich jeder Verfügung gesondert der zutreffende Adressat zu ermitteln ist. In den genannten Zweifelsfällen bietet es sich an, zur Sicherheit sowohl gegenüber dem Nachlassgericht als auch gegenüber dem Begünstigten die Anfechtung zu erklären. Gleiches gilt, wenn nicht sicher ist, ob eine Verfügung des Erblassers als Erbeinsetzung oder Vermächtnis anzusehen ist.

6 Bei Anfechtung durch den Rechtsanwalt ist zu beachten, dass der Erklärung eine Originalvollmacht beizufügen ist. Andernfalls ist die Erklärung als einseitige empfangsbedürftige Willenserklärung bei sofortiger Rüge des Fehlens der Vollmacht unwirksam, § 174, und wahrt nicht die Anfechtungsfrist.

§ 2082 Anfechtungsfrist

(1) Die Anfechtung kann nur binnen Jahresfrist erfolgen.
(2) ¹Die Frist beginnt mit dem Zeitpunkt, in welchem der Anfechtungsberechtigte von dem Anfechtungsgrund Kenntnis erlangt. ²Auf den Lauf der Frist finden die für die Verjährung geltenden Vorschriften der §§ 206, 210, 211 entsprechende Anwendung.
(3) Die Anfechtung ist ausgeschlossen, wenn seit dem Erbfall 30 Jahre verstrichen sind.

A. Fristen des § 2082 I und III. Die Ausschlussfrist für die Anfechtung letztwilliger Verfügungen beträgt ein Jahr, § 2082 I. Sie beginnt mit Kenntnis vom Anfechtungsgrund, §§ 2078, 2079, seitens des Anfechtungsberechtigten (Ereignisfrist, § 187 I), nicht jedoch vor dem Tod des Erblassers (vgl Brandenburg FamRZ 98, 59, 60). Nach Fristablauf kann die Einrede des § 2083 erhoben werden. § 2082 III sieht eine dreißigjährige Höchstfrist vor, die mit dem Erbfall beginnt (Ereignisfrist, § 187 I). Zur Anfechtung durch den Erblasser selbst iRv Erbverträgen und Ehegattentestamenten siehe § 2283. 1

B. Auslösendes Ereignis. I. Kenntnis. Kenntnis des Anfechtungsgrundes setzt die Kenntnis des Erbfalls, des Vorliegens einer letztwilligen Verfügung, des Willensmangels nach §§ 2078, 2079 und der infolgedessen eintretenden Benachteiligung, die zur Anfechtungsberechtigung führt, § 2080 I, voraus (Staud/*Otte* § 2082 Rn 3). Diese Kenntnis muss so sicher sein, dass ein vernünftiger Mensch in der Lage ist, daraus einen Entschluss zumindest zur Einholung von Rechtsrat abzuleiten (MüKo/*Leipold* § 2082 Rn 4), sie muss also nicht völlig zweifelsfrei sein (BayObLG NJW-RR 98, 797; München ZEV 05, 482); ein Kennenmüssen reicht jedoch nicht aus. Der Fristbeginn verliert seine Wirkung, wenn der Anfechtungsgrund – etwa das Scheitern einer Ehe – nach Kenntnis wieder wegfällt (BayObLG FamRZ 83, 1275) 2

II. Irrtum. Ein Irrtum über die rechtlichen Schlussfolgerungen aus diesen Tatsachen beeinflusst den Fristbeginn grds nicht (unbeachtlicher Rechtsirrtum, BGH NJW 70, 279; BayObLGZ 75, 6, 10; BayObLG NJW-RR 90, 846). Etwas anderes soll jedoch bei einem Irrtum gelten, der verhindert, dass der Berechtigte bestimmte Tatsachen zur Kenntnis nimmt, weil er etwa glaubt, die anfechtbare Verfügung sei bereits angefochten oder widerrufen (Hamm OLGZ 71, 312) oder aus Rechtsgründen unwirksam (Hamm NJW 94, 522; *Rosenmeier* ZEV 95, 124, 129). Bereits eine erstinstanzliche Gerichtsentscheidung, die bestimmte Rechtswertungen vornimmt, schließt einen beachtlichen Irrtum aus (BayObLG NJW-RR 98, 797; Frankf FamRZ 02, 352). 3

C. Hemmung. Unter den Voraussetzungen der §§ 206, 210, 211 wird der Fristlauf gehemmt nach § 2081 I, nicht jedoch nach § 2082 III gehemmt. Die Darlegungs- bzw Feststellungslast für den Ablauf der von Amts wegen zu beachtenden Ausschlussfrist trägt der Anfechtungsgegner (BayObLG FamRZ 95, 1024). 4

§ 2083 Anfechtbarkeitseinrede

Ist eine letztwillige Verfügung, durch die eine Verpflichtung zu einer Leistung begründet wird, anfechtbar, so kann der Beschwerte die Leistung verweigern, auch wenn die Anfechtung nach § 2082 ausgeschlossen ist.

Nach Ablauf der Frist des § 2082 hat der mit einem Vermächtnis oder einer Auflage Beschwerte ein Leistungsverweigerungsrecht aus § 2083, soweit er in offener Frist anfechten hätte können, §§ 2078–2080. Es handelt sich um eine Einrede, die nur berücksichtigt werden kann, wenn sich der Beschwerte darauf beruft, und die zur Abweisung einer Leistungsklage als unbegründet führt. 1

Bei Leistung in Unkenntnis der Einrede kann der Beschwerte des Geleistete zurückfordern, § 813 I 1, nicht jedoch bei Leistung in Kenntnis der Einrede, § 814. 2

§ 2084 Auslegung zugunsten der Wirksamkeit

Lässt der Inhalt einer letztwilligen Verfügung verschiedene Auslegungen zu, so ist im Zweifel diejenige Auslegung vorzuziehen, bei welcher die Verfügung Erfolg haben kann.

A. Allgemeines. I. Ziel der Auslegung. Ziel der Auslegung ist allein die Ermittlung des Erblasserwillens nach dem Verständnis des Erblassers selbst, § 133. Lediglich bei wechselseitigen Verfügungen in Ehegattentestamenten und Erbverträgen kommt es auf den Verständnishorizont eines verständigen Dritten an, § 157. Erst in einem zweiten Schritt ist zu prüfen, ob der ermittelte Wille formgerecht Ausdruck gefunden hat. Liefert die Auslegung kein eindeutiges Ergebnis, so ist diejenige Auslegung vorzuziehen, bei der die Verfügung Erfolg haben kann, § 2084. Für die Auslegung kommt es stets allein auf den Zeitpunkt der Errichtung der letztwilligen Verfügung an (BGHZ 31, 13). 1

Im Prozess ist die Auslegung der Verfügung Aufgabe des Tatrichters, das Revisionsgericht kann das Auslegungsergebnis nur danach überprüfen, ob es auf logischen oder methodischen Fehlern beruht (BGH NJW 93, 2168, 2170; BayObLG NJW-RR 02, 366). Das ist nicht schon dann der Fall, wenn auch eine andere Auslegung denkbar ist. 2

3 **II. Auslegungsvertrag.** Um zeitintensive Streitigkeiten über die Auslegung zu verhindern und die oft erheblichen Verfahrenskosten zu sparen, können die Bedachten einen Auslegungsvertrag schließen, der eine bestimmte Auslegung – allerdings ohne Bindungswirkung für die staatliche Gerichtsbarkeit – festschreibt. Er hat zur Folge, dass sich die Parteien auf schuldrechtlicher Ebene verpflichten, die im Vertrag vereinbarte Rechtslage zu schaffen (BGH NJW 86, 1812), und vertragswidrigen Ansprüchen im Prozess die Einrede der unzulässigen Rechtsausübung entgegenhalten können (Soergel/*Loritz* § 2084 Rn 32).

4 Es handelt sich dabei um einen atypischen Vertrag (BGH NJW 86, 1812), der jedoch oftmals den Charakter eines Vergleichs, § 779, tragen wird. Soweit eine Erbanteilsübertragung, § 2033, vereinbart wird um der Vereinbarung auch dingliche Wirkung zu verleihen, fällt ein solcher Vertrag unter § 2385 I und bedarf der notariellen Beurkundung, § 2371. Eine notarielle Beurkundung ist auch dann erforderlich, wenn infolge des Auslegungsvertrages die Verpflichtung entsteht, etwa ein Grundstück, § 311b I, oder einen GmbH-Anteil, § 15 II GmbHG, zu übertragen.

5 **B. Ermittlung des Willens. I. Wortlautanalyse. 1. Einseitige Verfügungen.** Bei einseitigen Verfügungen als nicht empfangsbedürftigen Willenserklärungen ist Auslegungsmaßstab allein der Verständnishorizont des Erblassers maßgeblich, § 133; keine Bedeutung hat der Horizont des von der Verfügung Betroffenen. Der Wortlaut stellt dabei keine Auslegungsgrenze dar (BGH NJW 83, 672; FamRZ 02, 26; BayObLG FamRZ 2003, 326). So ist etwa bei scheinbar eindeutigen Formulierungen ein von der Norm abweichender Sprachgebrauch des Erblassers oder generell am Wohnort des Erblassers zu berücksichtigen (z.B. Bezeichnung der Ehefrau als „Mutter") und es kommt nicht darauf an, wie die Verfügung von einem Dritten zu verstehen ist, sondern allein darauf, was der Erblasser ausdrücken wollte (BGH NJW 81, 1736; FamRZ 87, 475; BayObLG FamRZ 97, 251). Das gilt insbes bei der Verwendung von juristischen Fachbegriffen durch Laien; so kann die Verwendung des Begriffes „vermachen" durchaus eine Erbeinsetzung kennzeichnen, eine „Nacherbeneinsetzung nach dem Tode des länger lebenden Ehegatten" eine Schlusserbeneinsetzung (OLG Hamm FamRZ 96, 312), die Zuwendung des „Nießbrauchs am Nachlass" eine nicht befreite Vorerbschaft (BayObLG FamRZ 81, 403). Außerdem ist auf den Zweck der Anordnung zu sehen (Karlsr ZEV 04, 26; BGH ZEV 05, 117: Unwirksamkeit einer Pflichtteilsstrafklausel im Behindertentestament, wenn der Sozialhilfeträger den Pflichtteil verlangt).

6 Eine wichtige Auslegungshilfe ist der Textzusammenhang, innerhalb dessen sich eine letztwillige Verfügung befindet. So kann die Zusammenschau verschiedener Anordnungen des Erblassers als einheitlicher Regelungsplan des Erblassers oder die Mitteilung von Motiven für eine Anordnung Rückschlüsse auf deren Inhalt zulassen.

7 Lediglich bei einer von einem Notar beurkundeten Verfügung ist zu vermuten, dass der Notar den Erblasserwillen in eindeutiger und normkonformer Sprache niedergelegt hat (BayObLG FamRZ 96, 1037), es sei denn, es bestehen Anhaltspunkte dafür, dass der Notar die Gestaltungsziele des Erblassers nicht zutreffend verstanden hat (Hamm FamRZ 94, 188).

8 Eine Ausnahme gilt bei Verfügungen, die sich insofern an den Begünstigten richten, als sie ihn zu einem bestimmten Verhalten veranlassen wollen, also insbes bei Bedingungen oder Auflagen. Der Erblasser kann jemanden nämlich nur dann zu einem Verhalten veranlassen, wenn dieser seine Anordnung verstehen kann (Staud/*Otte* vor § 2064 Rn 24).

9 **2. Wechselbezügliche oder vertragsmäßige Verfügungen.** Bei vertragsmäßigen Verfügungen ist Auslegungsmaßstab zwar zunächst ebenfalls der Verständnishorizont des Erblassers, § 133. Der hiernach ermittelte Erblasserwille kann jedoch nur insoweit berücksichtigt werden, als dieser aus der Sicht des Ehe- oder Vertragspartners bei Anwendung der verkehrsüblichen Sorgfalt erkennbar war (BGH NJW 84, 781), § 157, denn dem Vertragsschluss liegen empfangsbedürftige Willenserklärungen zugrunde. Haben die Beteiligten übereinstimmend etwas anderes unter einem beurkundeten Begriff verstanden, so ist das Gewollte, nicht das Beurkundete maßgebend (falsa demonstratio).

10 Wechselbezügliche Verfügungen sind hingegen keine empfangsbedürftigen Willenserklärungen, sondern aufeinander bezogene, parallel laufende nicht empfangsbedürftige Erklärungen. Zu prüfen ist deshalb nach dem Maßstab des § 133, ob eine Willensübereinstimmung der beiden Erblasser gegeben war oder nicht (BGH NJW 91, 169; FamRZ 93, 318). Fehlt es an dieser Übereinstimmung so ist zu prüfen, wie der jeweils andere Ehegatte die Verfügung verstehen durfte, denn er musste sich auf den Inhalt dieser Verfügung verlassen und einstellen (BGH FamRZ 93, 318). Ggf kommt eine Umdeutung (Rn 18) des Ehegattentestaments in zwei Einzeltestamente in Betracht (*Kanzleiter* ZEV 96, 306).

11 **II. Umstände außerhalb der Urkunde.** Bei der Auslegung letztwilliger Verfügungen sind über den Wortlaut hinaus auch außerhalb der Urkunde liegende Umstände einzubeziehen (BGH NJW 85, 1554; FamRZ 87, 475), die einen Schluss auf den Willen des Erblassers bei Errichtung der Verfügung (BayObLG NJW-RR 89, 326) zulassen. Zu beachten sind frühere Testamente oder Einzelverfügungen, auch wenn sie unwirksam sind (BayObLG FamRZ 04, 1141 mit kritischer Anmerkung *Leipold*; Brandbg FamRZ 04, 981), jegliche Schriftstücke, soweit die Urheberschaft des Erblassers gesichert ist; mündliche Äußerungen des Erblassers (BayObLG FamRZ 88, 1098), Eigenheiten oder Lebenszuschnitt des Erblassers und allgemeine Erfahrungssätze (BGH NJW 83, 672). Ein bei Testamentserrichtung noch nicht vorhandener, erst später gebildeter Erblasserwille ist jedoch für die Auslegung unbeachtlich (BGHZ 31, 13; FamRZ 62, 256). Beachtenswert sein können

Umstände, die nach Errichtung der Verfügung liegen, jedoch dann, wenn sie nicht Ausdruck einer späteren Willensänderung des Erblassers sind, sondern Rückschlüsse auf den Willen des Erblassers bei Errichtung seiner Verfügung zulassen (BayObLG FamRZ 93, 1250).

Erschüttern diese Umstände einen scheinbar klaren Wortlaut der Verfügung, so sind an den Beweis dieser Umstände hohe Anforderungen zu stellen (BayObLGZ 96, 204, 218).

III. Ergänzende Auslegung. Regelungslücken in letztwilligen Verfügungen können durch ergänzende Auslegung geschlossen werden, wenn feststeht, dass es sich, gemessen an den Vorstellungen des Erblassers (oder der Ehe-/Vertragspartner bei zweiseitigen Verfügungen, KG OLGZ 66, 506; BGH FamRZ 83, 380), um eine planwidrige, ungewollte (BayObLG FamRZ 00, 119) Lücke handelt. Eine derartige Lücke kann bereits bei Errichtung der Verfügung vorhanden sein (BGH NJW 78, 152; BayObLG NJW-RR 97, 1438), weil der Erblasser die Verhältnisse zur Zeit der Errichtung seiner Verfügung unzutreffend beurteilt hat; die Auslegung kann aber nur dann helfen, wenn die Verfügung nicht bereits nach § 2065 unwirksam ist.

Eine Lücke kann aber auch durch tatsächliche oder rechtliche Änderungen nach Errichtung der Verfügung entstehen, die der Erblasser nicht bedacht hat (BayObLG FamRZ 97, 509), insbes wenn der Erblasser auf ihren Eintritt keinen Einfluss hat, auch nach Eintritt des Erbfalls (BGH NJW 63, 1150; BayObLG BayObLGZ 88, 165; a.A. MüKo/*Leipold* § 2084 Rn 59). So kann sich, etwa durch Veränderung des ehelichen Güterrechts oder den Beitritt der neuen Bundesländer, die Rechtslage verändert haben (dazu Frankf FamRZ 93, 857; Köln FamRZ 94, 591; BayObLG ZEV 94, 47). Die Geldentwertung kann dazu führen, dass der vom Erblasser mit einem Geldvermächtnis erstrebte Zweck nicht mehr erreicht wird (RGZ 108, 83). Ein erheblicher Vermögenszuwachs oder Vermögensverlust beim Erblasser, eine Wertveränderung einzelner Gegenstände oder eine erhebliche Veränderung der Vermögensstruktur des Erblassers nach Errichtung der Verfügung kann den Regelungsplan des Erblassers durchkreuzen. Allein das Fortbestehenlassen einer Lücke trotz Kenntniserlangung von dieser Lücke nach Errichtung der Verfügung spricht noch nicht für eine gewollte Lücke (MüKo/*Leipold* § 2084 Rn 49).

Die Lückenschließung geschieht durch Ermittlung des hypothetischen Erblasserwillens (bzw des gemeinsamen Willens der Ehe-/Vertragspartner) zur Zeit der Errichtung der Verfügung. Dabei ist der tatsächliche Wille des Erblassers „zu Ende zu denken", es ist also zu erforschen, was der Erblasser geregelt hätte, wenn er von der ergänzungsbedürftigen Lücke gewusst hätte (BayObLG FamRZ 91, 865). Abzustellen ist allein auf den Zeitpunkt der Errichtung der Verfügung (BayObLG FamRZ 00, 1394). Der hypothetische Erblasserwille kann nur in dem Umfang berücksichtigt werden, in dem er seine Grundlage in dem vom Erblasser tatsächlich geäußerten Willen hat (RGZ 99, 82, 86; BGHZ 22, 357, 360; FamRZ 83, 380, 383). Auf die Frage, was nach objektiven Umständen geboten gewesen wäre, kommt es nicht an.

Die ergänzende Auslegung ist nicht darauf beschränkt, eine getroffene Verfügung zu verändern oder weiterzuentwickeln, sondern sie kann auch ganz neue Verfügungen erzeugen, soweit ein entspr Anhaltspunkt im Willen des Erblassers vorhanden ist. Das ist etwa dann der Fall, wenn der Erblasser eine Person nur deshalb zum Erben einsetzt, weil diese ihm das Leben gerettet habe, in Wahrheit aber eine andere Person der Lebensretter war (vgl. MüKo/*Leipold* § 2084 Rn 47). Dann kann die Verfügung zugunsten des vermeintlichen Retters im Wege der Auslegung beseitigt und eine inhaltsgleiche Verfügung zugunsten des tatsächlichen Retters begründet werden, ohne dass es dafür der Anfechtung wegen Motivirrtums bedürfte.

IV. § 2084. Die Auslegungsregel des § 2084 greift, wenn zwar der vom Erblasser angestrebte wirtschaftliche Erfolg feststeht, nicht aber der vom Erblasser gewählte rechtliche Weg. § 2084 ordnet für diesen Fall an, dass die rechtlich zulässige der unzulässigen Gestaltungsmöglichkeit vorzuziehen ist; das gilt auch, wenn zweifelhaft ist, ob der Erblasser eine Verfügung unter Lebenden oder von Todes wegen angestrebt hat (BGH NJW 84, 46; 88, 2731). Bei mehreren zulässigen Gestaltungsmöglichkeiten ist diejenige zu wählen, die dem Zuwendungsempfänger die wenigsten Umstände verursacht (BaRoth/*Litzenburger* § 2084 Rn 15). § 2084 hilft hingegen nicht über Mängel in der Wirksamkeit der letztwilligen Verfügung als solcher hinweg (vgl BayObLG FamRZ 83, 836), etwa das Fehlen des Testierwillens (BGH FamRZ 85, 693).

Ist die Verfügung hingegen inhaltlich eindeutig, aber unzulässig, hilft § 140 (BGH NJW 94, 1785, 1787), soweit die unwirksame Verfügung Bestandteile eines anderen, wirksamen Rechtsgeschäfts enthält, das den angestrebten Erfolg bewirkt. Ein mangels Geschäftsfähigkeit des anderen Teils nichtiger Erbvertrag kann so in ein Testament umgedeutet werden (BayObLG NJW-RR 96, 7), ein formunwirksames Testament in ein formwirksames Rechtsgeschäft unter Lebenden (BGH NJW 78, 423). Einer gegen § 2065 verstoßenden Verfügung kann allerdings weder über § 2084 noch über § 140 zur Wirksamkeit verholfen werden.

V. Gesetzliche Auslegungsregeln. Die gesetzlichen Auslegungsregeln („im Zweifel") greifen nur, wenn die erörterten Auslegungsmethoden nicht zur zweifelsfreien Feststellung eines Erblasserwillens führen. So ist etwa bei der Abgrenzung von Erbeinsetzung und Vermächtnis (§ 2087 Rn 2ff) zunächst der Wille des Erblassers zu ermitteln, bevor auf die Regel des § 2087 zurückgegriffen werden kann. Die Zweifelsregeln können jedenfalls dann nicht angewendet werden, wenn der Erblasser ihre Folgen tatsächlich ausgeschlossen hat oder hätte (hypothetischer Wille).

20 **C. Einhaltung der erbrechtlichen Formerfordernisse.** Ist der Erblasserwille im Wege der Auslegung festgestellt, so ist in einem zweiten Schritt zu prüfen, ob er formgerecht erklärt wurde, also in der Urkunde wenigstens angedeutet ist (BGH NJW 81, 1737; 85, 1554; FamRZ 02, 26, 27: Hinreichende Stütze). Die „Andeutungstheorie" verbindet die weitgehende Respektierung des Erblasserwillens mit der Respektierung des Formerfordernisses. Die Berücksichtigung eines im Testament nicht einmal angedeuteten Willens würde hingegen Geltung eines nicht formgerecht erklärten Willens bedeuten (Staud/*Otte* vor § 2064 Rn 38). Es geht dabei nicht nur um das Ernstnehmen der gesetzlichen Form, sondern vor allem um den Schutz des Erblasserwillens vor verfälschenden Behauptungen (BGHZ 80, 246, 251). Damit können werde unterlassene noch irrig angeordnete letztwillige Verfügungen im Wege der Auslegung erzeugt oder korrigiert werden. Auch bei der Prüfung der „Andeutung" ist zu jedoch beachten, dass diese Andeutung nicht nach objektiven Gesichtspunkten, sondern nach der Sichtweise und dem Sprachgebrauch des Erblassers vorhanden sein muss.

21 Bei einer falsa demonstratio kann nicht mehr von einer formgerechten Andeutung des Willens in der Urkunde gesprochen werden. Die Rechtsprechung sieht sich in diesen Fällen jedoch nicht an die ansonsten durch die erbrechtlichen Formerfordernisse gezogenen Grenzen gebunden (BGH NJW 83, 1610). Bei einseitigen Verfügungen ergibt sich dies schon daraus, dass nach zutreffender Auffassung ohnehin das begriffliche Verständnis und der Sprachgebrauch des Erblassers maßgeblich sind (Rn 5).

22 Ein im Wege ergänzender Auslegung zur Lückenschließung ermittelter Wille kann notwendig nicht formgerecht angedeutet sein, weil es andernfalls an einer ausfüllungsbedürftigen Lücke fehlen würde, wohl aber muss sich für die beim Weiterdenken zugrunde gelegte Willensrichtung des Erblassers eine Andeutung finden (Köln FamRZ 90, 438; BayObLG FamRZ 00, 119; BayObLG NJW-RR 02, 367, 370).

§ 2085 Teilweise Unwirksamkeit

Die Unwirksamkeit einer von mehreren in einem Testament enthaltenen Verfügungen hat die Unwirksamkeit der übrigen Verfügungen nur zur Folge, wenn anzunehmen ist, dass der Erblasser diese ohne die unwirksame Verfügung nicht getroffen haben würde.

1 § 2085 kehrt die Regel des § 139 um und gilt für jegliche einseitige letztwillige Verfügungen (RGZ 116, 148; Hamm FamRZ 72, 660; Stuttg FamRZ 04, 407, 409); für wechselbezügliche Verfügungen gilt § 2270, für vertragsmäßige Verfügungen § 2298. Enthält eine Verfügung von Todes wegen mehrere wirksame Einzelverfügungen, so bleiben bei Unwirksamkeit einer oder mehrerer (BayObLG FamRZ 04, 312) Verfügungen aus beliebigem Grund (etwa Formunwirksamkeit, BayObLG FamRZ 86, 726; Anfechtung, BGH NJW 85, 2025) die übrigen Verfügungen wirksam, soweit nicht ein abweichender Wille der Erblassers im Zeitpunkt der Errichtung der letztwilligen Verfügung feststeht. Die Darlegungs- beziehungsweise Feststellungslast trägt der Beteiligte, der die Nichtigkeit der letztwilligen Verfügung insgesamt erreichen will.

2 Betrifft die Unwirksamkeit nicht die ganze Einzelverfügung, sondern nur einen Teil einer inhaltlich teilbaren Einzelverfügung, so gilt für den Rest der Einzelverfügung ebenfalls § 2085, der dem Erblasserwillen möglichst weitreichende Geltung verschaffen will (BaRoth/*Litzenburger* § 2085 Rn 3). Nicht teilbar ist etwa eine Erbeinsetzung mit Wiederverheiratungsklausel in dem Sinn, dass bei Wegfall der Klausel eine unbedingte Erbeinsetzung anzunehmen wäre (BayObLG FGPrax 04, 38).

§ 2086 Ergänzungsvorbehalt

Ist einer letztwilligen Verfügung der Vorbehalt einer Ergänzung beigefügt, die Ergänzung aber unterblieben, so ist die Verfügung wirksam, sofern nicht anzunehmen ist, dass die Wirksamkeit von der Ergänzung abhängig sein sollte.

1 § 2086 kehrt die Regel des § 154 I um und gilt für jegliche letztwillige Verfügungen. § 2086 geht davon aus, dass der Erblasser trotz Ergänzungsvorbehalts deren endgültige Geltung wollte, wenn nicht ein abweichender Wille des Erblassers feststeht. Ein derartiger Vorbehalt kann sich ausdrücklich aus dem Wortlaut, aber auch aus anderen Umständen, etwa Lücken im Text, ergeben. Voraussetzung ist jedoch immer, dass trotz fehlender Ergänzung eine sinnhafte Regelung vorliegt.

2 Wer die Nichtgeltung der Verfügung behauptet, trägt die Darlegungs- bzw Feststellungslast.

Titel 2 Erbeinsetzung

Vorbemerkung vor §§ 2087 ff

1 §§ 2087 stellen Regeln auf, die nur bei unklaren oder unvollständigen Verfügungen des Erblassers greifen. Vorrangig ist deshalb die Auslegung der letztwilligen Verfügung, vgl § 2084 Rn 5 ff. Das bedeutet, dass denjenigen, der einen von den §§ 2087 ff abweichenden Willen des Erblassers behauptet, die Darlegungs- bzw Feststellungslast trifft.

§ 2087 Zuwendung des Vermögens, eines Bruchteils oder einzelner Gegenstände

(1) Hat der Erblasser sein Vermögen oder einen Bruchteil seines Vermögens dem Bedachten zugewendet, so ist die Verfügung als Erbeinsetzung anzusehen, auch wenn der Bedachte nicht als Erbe bezeichnet ist.
(2) Sind dem Bedachten nur einzelne Gegenstände zugewendet, so ist im Zweifel nicht anzunehmen, dass er Erbe sein soll, auch wenn er als Erbe bezeichnet ist.

A. Allgemeines. Das BGB gestattet grds nicht die Erbfolge bezüglich einzelner Gegenstände (vgl § 1922). 1
Deshalb sind letztwillige Vermögenszuwendungen nur als Erbeinsetzung (dingliche Beteiligung am Nachlass) oder Vermächtnis (schuldrechtlicher Anspruch gegen den/die Erben etc) möglich. Die Auslegungsregel des § 2087 ordnet unabhängig von der Wortwahl des Erblassers die Zuwendung des Vermögens oder eines Vermögensbruchteils als Erbeinsetzung, die Zuwendung von einzelnen Gegenständen als Vermächtnis ein, wenn die Auslegung (§ 2084 Rn 5ff) keine eindeutige Zuordnung zu einer der beiden Kategorien ergibt. Zur Vermeidung von Streitigkeiten unter den Bedachten empfiehlt sich ein Auslegungsvertrag (dazu § 2084 Rn 2).

B. Unterscheidung von Erbeinsetzung und Vermächtnis. Die Bezeichnung des Bedachten als „Erben" oder 2
der Zuwendung als „Erbschaft" ist keine notwendige Voraussetzung für die Erbeinsetzung, § 2087 I. Umgekehrt führt die wörtliche oder bedeutungsgleiche Verwendung dieser Bezeichnung nicht notwendig zu einer Erbeinsetzung, § 2087 II. Gleiches gilt für die wörtliche oder bedeutungsgleiche Bezeichnung einer Zuwendung als „Vermächtnis". Die Zuordnung zu der einen oder anderen Zuwendungsform erfordert vielmehr jeweils das Hinzukommen weiterer Gesichtspunkte.

I. Erbeinsetzung. Der Erblasser kann die Absicht, einem Erben sein Vermögen oder einen Teil hiervon im 3
Wege der Gesamtrechtsnachfolge zuzuwenden, auf vielfältige Weise ausdrücken. Ob er in dieser Weise über sein Vermögen verfügen wollte, ist allein aus der Sicht des Erblassers zu beurteilen. Maßgeblich sind dabei die Vorstellungen des Erblassers bei Errichtung der Verfügung. Daher wird eine Erbeinsetzung nicht durch einen nach der Errichtung eingetretenen Vermögenserwerb berührt (vgl aber § 2078: Motivirrtum).
Es ist also ein Vergleich der vom Erblasser verfolgten wirtschaftlichen Zwecke mit den Rechtswirkungen einer 4
Erbeinsetzung und eines Vermächtnisses durchzuführen. Wollte der Erblasser sein Vermögen mehr oder weniger umfassend auf eine oder mehrere Personen übergehen lassen, die eine starke Stellung erhalten (BayObLG FamRZ 01, 1174), die Nachlassabwicklung übernehmen (BayObLGZ 86, 604) und wirtschaftlich an die Stelle des Erblassers treten sollen, also auch die Nachlassverbindlichkeiten tragen sollen (BayObLG FamRZ 86, 604), so spricht dies für eine Erbeinsetzung (BayObLGZ 65, 460). Unerheblich ist es jedoch, ob dem Erben nach Begleichung der Nachlassverbindlichkeiten und Erfüllung der Vermächtnisse und Auflagen überhaupt ein wirtschaftlich nennenswerter Vermögensvorteil verbleibt (BayObLG FamRZ 03, 119).
Auch eine Verfügung über einen einzelnen Vermögensgegenstand, der nahezu das gesamte Erblasservermögen, 5
vgl § 1365, im Zeitpunkt der Errichtung der Verfügung ausmacht, wird in der Regel als Erbeinsetzung anzusehen sein (BayObLG FamRZ 97, 1177; Immobilie, die den wesentlichen Nachlass bildet; BayObLG FamRZ 98, 76; RPfleger 00, 817; FamRZ 03, 119; zu einem Gegenbeispiel BayObLG FamRZ 04, 567). Schließlich wird man auch bei einer (nahezu) erschöpfenden Vermögensverteilung auf mehrere Erben nicht nach Bruchteilen, sondern nach einzelnen Vermögensgruppen oder Gegenständen von einer Erbeinsetzung, ggf verbunden mit einer Teilungsanordnung, § 2048, oder Vorausvermächtnissen, § 2150, ausgehen können (BGHZ 120, 96, 98; BayObLG FamRZ 04, 312). Die Bruchteile bestimmen sich dann in der Regel nach den Wertverhältnissen zur Zeit der Errichtung der Verfügung (BGH LM § 2084 Nr 12), wenn es dem Erblasser nicht gerade auf die Zuwendung der Gegenstände als solcher ankam.
Wird hingegen nicht das gesamte Vermögen nach Gegenständen oder Vermögensgruppen verteilt, kann nicht 6
ohne weiteres von einer erschöpfenden Einsetzung nach Bruchteilen ausgegangen werden. Es kommt auch eine Erbeinsetzung iSd § 2088 oder eine Kombination aus Erbeinsetzung/en und Vermächtnissen (BayObLG NJW-RR 95, 1096) in Betracht.

II. Vermächtnis. Kam es dem Erblasser darauf an, dass der Bedachte einen bestimmten Gegenstand unge- 7
schmälert durch etwaige Nachlassverbindlichkeiten erhält, so spricht dies für die Annahme eines Vermächtnisses, vgl § 2087 II. Das gilt allerdings nicht, wenn dieser Gegenstand fast den gesamten Nachlasswert ausmacht (Rn 5) oder es sich wenigstens um den Hauptnachlassgegenstand handelt und ansonsten kein Erbe berufen ist, weil in der Regel davon auszugehen ist, dass der Erblasser zumindest einen Erben berufen möchte (BayObLG FamRZ 95, 246; NJW-RR 02, 873; 02, 1232). Wird nur eine Verfügung über einen geringen Nachlassteil getroffen, so wird man von einem Vermächtnis bei Geltung der gesetzlichen Erbfolge ausgehen können (BayObLG FamRZ 90, 1156).
Von einem Vermächtnis ist auch bei der Aussetzung von festen Geldbeträgen auszugehen, soweit sie nicht im 8
Wesentlichen den Nachlass ausmachen (BayObLG FamRZ 97, 1177; NJW-RR 02, 873). Darüber hinaus kann ein Vermächtnis sich freilich auf jede beliebige Leistung, auf Sachgesamtheiten oder Werte richten. Soweit der Erblasser den Bedachen nicht als Erben einsetzen, ihm aber – anders als einem Auflagenbegünstigten – einen eigenen Anspruch einräumen wollte, liegt ein Vermächtnis vor.

§ 2088 Einsetzung auf Bruchteile

(1) Hat der Erblasser nur einen Erben eingesetzt und die Einsetzung auf einen Bruchteil der Erbschaft beschränkt, so tritt in Ansehung des übrigen Teiles die gesetzliche Erbfolge ein.
(2) Das Gleiche gilt, wenn der Erblasser mehrere Erben unter Beschränkung eines jeden auf einen Bruchteil eingesetzt hat und die Bruchteile das Ganze nicht erschöpfen.

1 § 2088 trifft den Fall, dass der Erblasser eine Person oder mehrere Personen wörtlich oder durch bedeutungsgleiche Formulierung als Erben zu Bruchteilen, die in der Summe nicht 100% erreichen, eingesetzt hat, was durch Auslegung zu ermitteln ist (BayObLG FamRZ 03, 1783). Das ist auch dann der Fall, wenn die Summe deshalb 100% unterschreitet, weil die Erbeinsetzung eines oder mehrerer Erben von Anfang an unwirksam ist (etwa wegen Sittenwidrigkeit, BGH NJW 69, 1343) oder widerrufen wurde (BGH NJW 69, 1343, 1346). Eine Erbeinsetzung nach Quoten in Form einer Erbeinsetzung nach Gegenständen oder Vermögensgruppen (§ 2087 Rn 5) ist jedoch dann nicht gegeben, wenn bewusst bestimmte Vermögensgegenstände, etwa Schwarzgeldkonten, nicht erwähnt werden (BayObLG FamRZ 03, 1779, 1781).

2 Hat der Erblasser hingegen die Bruchteile nur teilweise bestimmt, so gilt § 2092 (BayObLG FamRZ 84, 825). Wenn feststeht, dass der Erblasser andere als die eingesetzten Personen von der Erbfolge auszuschließen wollte, so gilt § 2089, der eine Erhöhung der Bruchteile anordnet. Bei späterem Wegfall eines Erben durch Tod gilt § 2094.

3 Infolge der Anwendung des § 2088 tritt bezüglich des nicht verteilten Bruchteils die gesetzliche Erbfolge ein. Ist eine der auf einen Bruchteil eingesetzten Erben zugleich gesetzlicher Erbe, so ist sorgfältig zu ermitteln, ob der Erblasser ihn durch die Bruchteilseinsetzung nicht darüber hinaus von der gem § 2088 eintretenden gesetzlichen Erbfolge ausschließen wollte (BayObLGZ 65, 166, 177), so dass sich sein Erbteil nicht um den gesetzlichen Erbteil am Rest erhöht.

§ 2089 Erhöhung der Bruchteile

Sollen die eingesetzten Erben nach dem Willen des Erblassers die alleinigen Erben sein, so tritt, wenn jeder von ihnen auf einen Bruchteil der Erbschaft eingesetzt ist und die Bruchteile das Ganze nicht erschöpfen, eine verhältnismäßige Erhöhung der Bruchteile ein.

1 § 2089 trifft den Fall, dass der Erblasser eine Person oder mehrere Personen wörtlich oder durch bedeutungsgleiche Formulierung als Erben zu Bruchteilen, die in der Summe nicht 100% erreichen, eingesetzt hat, etwa weil er sich verrechnet hat. Steht dabei fest, dass der Erblasser andere als die eingesetzten Personen von der Erbfolge auszuschließen wollte, so ordnet § 2089 eine Erhöhung der Bruchteile an dieser Erben an. Diese vollzieht sich im Verhältnis der vom Erblasser bestimmten Erbteile zueinander.

2 Ist also A zu $\frac{1}{2}$ und B zu $\frac{1}{4}$ eingesetzt, so verteilt sich das restliche $\frac{1}{4}$ nicht gleichmäßig, sondern im Verhältnis 2:1 auf A und B. Von dem restlichen $\frac{1}{4}$ (= $\frac{3}{12}$) erhält also A $\frac{2}{12}$ und B $\frac{1}{12}$, so dass A insgesamt $\frac{1}{2}$ (= $\frac{6}{12}$) + $\frac{2}{12}$ = $\frac{8}{12}$ (= $\frac{2}{3}$) erhält, B $\frac{1}{4}$ (= $\frac{3}{12}$) + $\frac{1}{12}$ = $\frac{4}{12}$ (= $\frac{1}{3}$).

3 Wollte der Erblasser andere Personen nicht von der Erbfolge ausschließen, so gilt § 2088 und es tritt bezüglich des Rests die gesetzliche Erbfolge ein. Hat der Erblasser die Bruchteile nur teilweise bestimmt, so gilt insoweit § 2092.

§ 2090 Minderung der Bruchteile

Ist jeder der eingesetzten Erben auf einen Bruchteil der Erbschaft eingesetzt und übersteigen die Bruchteile das Ganze, so tritt eine verhältnismäßige Minderung der Bruchteile ein.

1 § 2090 trifft den Fall, dass der Erblasser in einer letztwilligen Verfügung mehrere Personen wörtlich oder durch bedeutungsgleiche Formulierung sämtlich als Erben zu Bruchteilen, die in der Summe 100% übersteigen, eingesetzt hat. Das kann etwa durch einen Rechenfehler des Erblassers geschehen. Infolge der Anwendung des § 2090 tritt eine Minderung der Bruchteile ein. Diese vollzieht sich im Verhältnis der vom Erblasser bestimmten Erbteile zueinander.

2 Ist also A zu $\frac{1}{4}$, B zu $\frac{2}{4}$ und C zu $\frac{3}{4}$ eingesetzt, so dass der Erblasser insgesamt $\frac{6}{4}$ verteilt hat, so geschieht die Minderung um $\frac{2}{4}$ nicht gleichmäßig, sondern im Verhältnis 1:2:3. Die überzähligen $\frac{2}{4}$ (= $\frac{6}{12}$) sind also in der Weise abzuziehen, dass A $\frac{1}{12}$, B $\frac{2}{12}$ und C $\frac{3}{12}$ abgeben muss. A erhält dann $\frac{1}{4}$ (= $\frac{3}{12}$) – $\frac{1}{12}$ = $\frac{2}{12}$ (= $\frac{1}{6}$), B erhält $\frac{2}{4}$ (= $\frac{6}{12}$) – $\frac{2}{12}$ = $\frac{4}{12}$ (= $\frac{2}{6}$ = $\frac{1}{3}$) und C erhält $\frac{3}{4}$ (=9/12) – $\frac{3}{12}$ = $\frac{6}{12}$ (= $\frac{3}{6}$ = $\frac{1}{2}$).

3 Ergibt sich die 100% übersteigende Summe aus einer Zusammenschau von zu verschiedenen Zeiten errichteten Verfügungen, so ist durch Auslegung zu ermitteln, ob in der Überschreitung der 100% nicht ein teilweiser Widerruf der früheren Verfügung zu sehen ist, § 2258, soweit die 100% überschritten werden (BaRoth/Litzenburger § 2090 Rn 2). Hat der Erblasser die Bruchteile nur teilweise bestimmt, so gilt insoweit § 2092.

§ 2091 Unbestimmte Bruchteile

Sind mehrere Erben eingesetzt, ohne dass die Erbteile bestimmt sind, so sind sie zu gleichen Teilen eingesetzt, soweit sich nicht aus den §§ 2066 bis 2069 ein anderes ergibt.

§ 2091 trifft den Fall, dass mehrere Personen zu Erben eingesetzt sind. Die Norm hilft über eine fehlende Bestimmung der Bruchteile hinweg, indem sie Erbeinsetzung dieser Erben zu gleichen Teilen anordnet, soweit sich nicht aus §§ 2066–2069 etwas anderes ergibt (BayObLG FamRZ 86, 610: Vorrang auch bei analoger Anwendung). 1

Erwähnt der Erblasser nur die Personen, die seine gesetzlichen Erben sind („Meine Frau und meine Kinder"), dann wird in der Regel davon auszugehen sein, dass auch die im Wege der Anwendung der gesetzlichen Erbfolge ermittelten Quoten gelten. 2

§ 2092 Teilweise Einsetzung auf Bruchteile

(1) Sind von mehreren Erben die einen auf Bruchteile, die anderen ohne Bruchteile eingesetzt, so erhalten die letzteren den freigebliebenen Teil der Erbschaft.
(2) Erschöpfen die bestimmten Bruchteile die Erbschaft, so tritt eine verhältnismäßige Minderung der Bruchteile in der Weise ein, dass jeder der ohne Bruchteile eingesetzten Erben so viel erhält wie der mit dem geringsten Bruchteil bedachte Erbe.

§ 2092 I trifft den Fall, dass der Erblasser mehrere Erben einsetzt, jedoch nur bei einem Teil von ihnen die Bruchteile bestimmt, die in ihrer Summe unter 100% bleiben. Infolge der Anwendung des § 2092 erhalten die Erben, deren Bruchteile offen geblieben sind, den verbleibenden Bruchteil und zwar mangels abweichenden Erblasserwillens zu gleichen Teilen, § 2091. 1

Sind also A zu ½, B zu ¼ und außerdem noch C und D zu Erben eingesetzt, so verteilt sich das verbliebene ¼ zu gleichen Teilen auf C und D, so dass jeder von ihnen ⅛ erhält. 2

§ 2092 II trifft den Fall, dass der Erblasser mehrere Erben einsetzt, jedoch nur bei einem Teil von ihnen die Bruchteile bestimmt, die – insbes infolge eines Rechenfehlers – in ihrer Summe 100% übersteigen, und ein Teilwiderruf (§ 2090 Rn 1) oder eine bloße Einsetzung zu Ersatzerben (Staud/*Otte* § 2092 Rn 3) ausscheidet. Infolge der Anwendung der Auslegungsregel des § 2092 II erhält jeder Erbe ohne Bruchteilsangabe den gleichen Bruchteil wie derjenige mit dem geringsten festgelegten Bruchteil. Anschließend sind die Bruchteile gem § 2090 zu mindern. 3

Sind also A zu ½ (= ⁶/₁₂), B zu ⅓ (= ⁴/₁₂), C zu ¼ (= ³/₁₂) und außerdem noch D zu Erben eingesetzt, so erhält D den geringsten Bruchteil, also ¼ (= ³/₁₂). Weil damit die Summe von 100% um ⁴/₁₂ (= ⅓) überschritten wird, sind anschließend die Bruchteile nach § 2090 im Verhältnis 6:4:3:3 zu mindern (vgl § 2090 Rn 2). 4

§ 2093 Gemeinschaftlicher Erbteil

Sind einige von mehreren Erben auf einen und denselben Bruchteil der Erbschaft eingesetzt (gemeinschaftlicher Erbteil), so finden in Ansehung des gemeinschaftlichen Erbteils die Vorschriften der §§ 2089 bis 2092 entsprechende Anwendung.

§ 2093 erklärt die §§ 2089–2092 auch für den Fall anwendbar, dass mehrere Erben auf einen gemeinsamen Erbteil, also etwa gemeinsam auf 50%, eingesetzt sind, was durch Auslegung zu ermitteln ist (BayObLG FamRZ 2000, 120). Für die Anwendung des § 2093 soll es nicht genügen, dass der Erblasser die Erbeinsetzung mehrerer Personen in einem Satz, unter einem gemeinsamen Oberbegriff oder unter einem einheitlichen Bruchteil äußerlich zusammengefasst hat („Eheleute" allein genügt nicht, BayObLG ZEV 99, 355). Hinzutreten muss eine aus Erblassersicht sachliche Rechtfertigung für die Anwendung der §§ 2089–2092, aber auch der §§ 2094 I und II, 2098 II innerhalb dieser Gruppe, die sich aus einer persönlichen oder sachlichen Beziehung der Gruppenangehörigen zueinander ergibt (BaRoth/*Litzenburger* § 2093 Rn 1). Der Erblasser muss also hinsichtlich einzelner Erben eine im Vergleich zu den anderen Erben engere Gemeinschaft schaffen wollen. 1

§ 2094 Anwachsung

(1) ¹Sind mehrere Erben in der Weise eingesetzt, dass sie die gesetzliche Erbfolge ausschließen, und fällt einer der Erben vor oder nach dem Eintritt des Erbfalls weg, so wächst dessen Erbteil den übrigen Erben nach dem Verhältnis ihrer Erbteile an. ²Sind einige der Erben auf einen gemeinschaftlichen Erbteil eingesetzt, so tritt die Anwachsung zunächst unter ihnen ein.
(2) Ist durch die Erbeinsetzung nur über einen Teil der Erbschaft verfügt und findet in Ansehung des übrigen Teiles die gesetzliche Erbfolge statt, so tritt die Anwachsung unter den eingesetzten Erben nur ein, soweit sie auf einen gemeinschaftlichen Erbteil eingesetzt sind.
(3) Der Erblasser kann die Anwachsung ausschließen.

1 § 2094 I trifft den Fall, dass der Erblasser durch seine Verfügung von Todes wegen die gesetzliche Erbfolge vollständig ausgeschlossen hat und einer der gewillkürten Erben aus jeglichem tatsächlichen oder rechtlichen Grund anfänglich oder später wegfällt. Für diesen Fall geht § 2094 davon aus, dass der Erblasser diese abschließende Regelung auch bei Wegfall eines Erben aufrecht erhalten will. § 2094 gilt deshalb nicht bei Widerruf der Erbeinsetzung, weil damit der Erblasser seinen Gesamtregelungsplan aufgegeben hat (BayObLG FamRZ 93, 736), wohl aber bei unwirksamer Einsetzung eines Erben (Damrau/*Stehlin* § 2094 Rn 5).

2 Infolge der Anwendung dieser Regel wächst den übrigen gewillkürten Erben der Erbteil des weggefallenen Erben im Verhältnis der vom Erblasser bestimmten Erbteile zueinander zu. Gleiches gilt bei Anordnung gewillkürter Erbfolge für einen Bruchteil der Erbschaft, § 2094 II. Es entsteht damit nicht ein zweiter Erbteil in der Hand des Erben, sondern es bleibt vielmehr bei einem einheitlichen Erbteil bei jedem Erben, soweit nicht die Ausnahmevorschriften der §§ 2007, 2095, 2110 und 2373 Satz 1 greifen.

3 Ist also A zu ½ (= 2/4), B zu ¼ und C zu ¼ eingesetzt und fällt C weg, so ist das freiwerdende ¼ nicht gleichmäßig, sondern im Verhältnis 2:1 auf A und B zu verteilen. Von dem ¼ (= 3/12) erhält also A 2/12 und B 1/12, so dass A insgesamt einen Erbteil von ½ (= 6/12) + 2/12 = 8/12 (= 2/3) erhält und B einen Erbteil von ¼ (= 3/12) + 1/12 = 4/12 (= 1/3).

4 § 2094 III ordnet deklaratorisch an, dass der Erblasser die Anwachsung für einzelne Erben oder insgesamt ausschließen kann. Ein Ausschluss ergibt sich allerdings noch nicht aus der Erbeinsetzung auf einen Bruchteil allein (KG FamRZ 77, 344), sondern nur dann, wenn feststeht, dass ein Erbe keinesfalls mehr erhalten soll. Eine Ersatzerbenberufung, die sich auch aus der Auslegungsregel des § 2069 ergeben kann (BayObLG FamRZ 91, 614), schließt die Anwachsung aus, § 2099.

§ 2095 Angewachsener Erbteil

Der durch Anwachsung einem Erben anfallende Erbteil gilt in Ansehung der Vermächtnisse und Auflagen, mit denen dieser Erbe oder der wegfallende Erbe beschwert ist, sowie in Ansehung der Ausgleichungspflicht als besonderer Erbteil.

1 Grds führt die Anwachsung nach § 2094 nicht zu zwei selbständigen Erbteilen, sondern bewirkt lediglich eine Bruchteilserhöhung. § 2095 bestimmt, dass diese Einheitlichkeit nicht in Ansehung der Beschwerung des Zuwachses mit Vermächtnissen oder Auflagen und der Ausgleichungspflicht nach § 2052 gilt. Vielmehr werden für diesen Fall zwei Erbteile als selbständige Haftungsmassen fingiert mit der Folge, dass der Erbe sich für jeden Erbteil auf §§ 1991 IV, 1992 berufen kann. Andernfalls hätte eine Beschwerung des Zuwachses über dessen Wert hinaus auch eine Minderung des ursprünglichen Erbteils zur Folge und die Anwachsung wäre nachteilig. Umgekehrt muss der Erbe auch den angewachsenen Teil nicht einsetzen, wenn sein ursprünglicher Erbteil über dessen Wert hinaus mit Vermächtnissen und/oder Auflagen beschwert ist.

2 Die Fiktion zweier Erbteile führt darüber hinaus dazu, dass die Ausgleichungspflicht des § 2052, beim Wegfall eines Ausgleichungspflichtigen nicht auf den ursprünglichen Erbteil des Erben, dessen Erbteil durch Anwachsung erhöht wird, übergreifen kann und umgekehrt, §§ 2095, 2056.

§ 2096 Ersatzerbe

Der Erblasser kann für den Fall, dass ein Erbe vor oder nach dem Eintritt des Erbfalls wegfällt, einen anderen als Erben einsetzen (Ersatzerbe).

1 **A. Regelungsgehalt.** § 2096 stellt klar, dass der Erblasser durch Verfügung von Todes bestimmen kann (und sollte!), dass beim Wegfall eines gesetzlichen oder gewillkürten Erben aus jeglichem tatsächlichen oder rechtlichen Grund vor oder nach dem Erbfall ein oder mehrere andere Erben an dessen Stelle treten sollen (zu Problemen der Doppelbegünstigung eines Stammes bei Ausschlagung § 2069 Rn 5).

2 Auf diese Weise kann der Erblasser die Anwachsung, vgl § 2099, und den Eintritt der gesetzlichen Erbfolge ausschließen. Für den Eintritt des Ersatzerbfalls kommt es auf den Zeitpunkt des Erbfalls an, § 2074 gilt nicht. Es kann auch eine mehrstufige Ersatzerbfolge angeordnet oder eine Beschränkung auf einzelne Wegfallgründe vorgenommen werden. Der Ersatzerbe tritt unmittelbar die Gesamtrechtsnachfolge des Erblassers an und hat im Zweifel die gleichen Verpflichtungen zu erfüllen wie der Erbe, vgl §§ 2051, 2161, 2192. Zur Abgrenzung von Ersatz- und Nacherbfolge § 2102.

3 **B. Verhältnis zu § 2069.** Unklar ist das Verhältnis von § 2096 zu § 2069, also die Frage, ob ein ausdrücklich eingesetzter Ersatzerbe zurücktreten muss, wenn ein eingesetzter Abkömmling des Erblassers wegfällt (Vorrang des § 2069, Staud/*Otte* § 2069 Rn 20) oder nicht (Vorrang des § 2096, Soergel/*Loritz* § 2096 Rn 3) oder ob je nach Einzelfall zu entscheiden ist (so wohl BayObLG NJW-RR 94, 460). Die willensgestützte Einsetzung von Ersatzerben sollte nach zutreffender Auffassung der Zweifelsregelung des § 2069 vorgehen. Aufgrund der Unsicherheit empfiehlt sich eine ausdrückliche Regelung im Testament.

C. Rechtsstellung des Ersatzerben. Vor Eintritt des Erbfalls und Wegfall des Erstberufenen erwirbt der Ersatzerbe keine Rechtsposition (BGHZ 40, 115). Mit Eintritt des Erbfalls aber vor Wegfall des Erstberufenen etwa durch Ausschlagung erwirbt der Ersatzerbe ein Anwartschaftsrecht, das seinerseits vererblich ist (BayObLGZ 60, 407, 410). Er kann die Erbschaft bereits für den Fall des Wegfalls des Erstberufenen annehmen oder ausschlagen und das Testament mit dem Ziel der Beseitigung des Erbrechts des Erstberufenen anfechten. Sobald der Erstberufene wegfällt, wird der Ersatzerbe rückwirkend mit Eintritt des Erbfalls Erbe des Erblassers.

§ 2097 Auslegungsregel bei Ersatzerben

Ist jemand für den Fall, dass der zunächst berufene Erbe nicht Erbe sein kann, oder für den Fall, dass er nicht Erbe sein will, als Ersatzerbe eingesetzt, so ist im Zweifel anzunehmen, dass er für beide Fälle eingesetzt ist.

§ 2097 korrigiert die sprachliche Ungenauigkeit des Erblassers, der nicht zwischen „wollen" und „können" zu unterscheiden vermochte. Die Regel ist deshalb unanwendbar, wenn der Erblasser die Formulierung bewusst gewählt hat (BayObLG FamRZ 89, 666). Das wird insbes dann der Fall sein, wenn der Erbe ausschlägt, dadurch einen Pflichtteil erhält und der Ersatzerbe seinem Stamm angehört, denn andernfalls würde dieser Stamm ggü den anderen Stämmen begünstigt (ZweibrOLGZ 84, 3; vgl auch § 2069 Rn 5). Folge der Anwendung des § 2097 ist, dass die Ersatzerbeneinsetzung für beide Fälle gilt.

§ 2098 Wechselseitige Einsetzung als Ersatzerben

(1) Sind die Erben gegenseitig oder sind für einen von ihnen die übrigen als Ersatzerben eingesetzt, so ist im Zweifel anzunehmen, dass sie nach dem Verhältnis ihrer Erbteile als Ersatzerben eingesetzt sind.
(2) Sind die Erben gegenseitig als Ersatzerben eingesetzt, so gehen Erben, die auf einen gemeinschaftlichen Erbteil eingesetzt sind, im Zweifel als Ersatzerben für diesen Erbteil den anderen vor.

§ 2098 trifft den Fall, dass der Erblasser mehrere Ersatzerben nebeneinander eingesetzt hat, ohne jedoch die Bruchteile zu bestimmen. Dieser Fall wird eigentlich von § 2091 erfasst, § 2098 macht jedoch eine Ausnahme für den Fall, dass zu Ersatzerben ausschließlich sämtliche Miterben des weggefallenen Erben bestimmt sind. Dann treten die Miterben nicht zu gleichen Teilen, sondern im Verhältnis ihrer Bruchteile an die Stelle des weggefallenen Erben, § 2098 I.

Sind A zu $\frac{1}{2}$, B zu $\frac{1}{4}$, C zu $\frac{1}{4}$ als Erben und A, B und C gegenseitig zu Ersatzerben eingesetzt, dann wird bei Wegfall des C das frei werdende $\frac{1}{4}$ (= $\frac{3}{12}$) nicht zu gleichen Teilen, sondern im Verhältnis 2:1 auf A und B verteilt. Der Erbteil des A beträgt dann $\frac{1}{2}$ (= $\frac{6}{12}$) + $\frac{2}{12}$ = $\frac{8}{12}$ (= $\frac{2}{3}$), der Erbteil des B $\frac{1}{4}$ (= $\frac{3}{12}$) + $\frac{1}{12}$ = $\frac{4}{12}$ (= $\frac{1}{3}$).

Sind die mehrere Erben auf einen gemeinschaftlichen Erbteil, § 2093, eingesetzt, so gilt im Verhältnis der Erben aus dieser Erbengruppe dasselbe, wenn einer von ihnen wegfällt und alle Erben des gemeinschaftlichen Erbteils vom Erblasser gegenseitig zu Ersatzerben eingesetzt sind, § 2098 II. Es entstehen, anders als bei Anwachsung, § 2094, zwei selbständige Erbteile.

§ 2099 Ersatzerbe und Anwachsung

Das Recht des Ersatzerben geht dem Anwachsungsrecht vor.

§ 2099 regelt den Vorrang der Ersatzerbeneinsetzung (vgl BayObLG FamRZ 92, 355; ZEV 04, 463 zur Auslegung) vor der Anwachsung, § 2094, die nur bei Wegfall sämtlicher Ersatzerben, § 2096, und außerhalb des Anwendungsbereichs von § 2069 greift.

Titel 3 Einsetzung eines Nacherben

§ 2100 Nacherbe

Der Erblasser kann einen Erben in der Weise einsetzen, dass dieser erst Erbe wird, nachdem zunächst ein anderer Erbe geworden ist (Nacherbe).

A. Allgemeines. I. Grundsätze. Vorerbe und Nacherbe sind nacheinander Erben desselben Erblassers und Träger der auf dessen Nachlass bezogenen Rechte und Pflichten. Mit dem Nacherbfall hört der Vorerbe auf, Erbe zu sein und fällt die Erbschaft dem Nacherben an (§ 2139).

2 Der Nacherbe ist Gesamtrechtsnachfolger (§ 1922) des Erblassers. Die Erbschaft fällt dem Nacherben automatisch ohne Übertragungsakt des Vorerben an. In Einzelgegenstände des Nachlasses gibt es keine Nacherbfolge; möglich ist die Anordnung eines Nachvermächtnisses (§ 2191).

3 Der Nacherbe ist als solcher nicht Gesamtrechtsnachfolger des Vorerben. Erbe des Vorerben ist vielmehr, wen dieser einsetzt oder wen das Gesetz zu seinem Erben beruft; natürlich kann er gleichwohl mit dem Nacherben identisch sein. Beide Vermögensmassen sind aber zu trennen; der Nachlass des Erblassers gehört nicht zum Nachlass des Vorerben. Vor- und Nacherbe bilden mithin auch keine Erbengemeinschaft miteinander.

4 Die Vorerbschaft ist auflösend bedingte, meist, da der Nacherbfall grds mit dem Tod des Vorerben eintritt, auflösend befristete Erbeinsetzung. Die Nacherbschaft ist aufschiebend bedingte, meist aufschiebend befristete Erbeinsetzung. Der Vorerbe ist vorläufiger Erbe, Erbe auf Zeit; der Nacherbe ist endgültiger Erbe.

5 **II. Verhältnis zwischen Vor- und Nacherben.** Die Aufeinanderfolge zweier Erben führt zu Regelungsbedarf. Zwischen Vor- und Nacherben besteht ein gesetzliches Schuldverhältnis.

6 Den Vorerben trifft eine Verwaltungspflicht, die im G nicht ausdrücklich ausgesprochen ist, aber allgemein aus § 2130 I hergeleitet wird. Dem steht ein Verwaltungsrecht gegenüber, das sich aus §§ 2128, 2129 erschließt. Haftungsmaßstab: § 2131 (Sorgfalt wie in eigenen Angelegenheiten, § 277).

7 Den Vorerben treffen Verfügungsbeschränkungen gem §§ 2112 ff. Der Erblasser kann den Vorerben hiervon weitgehend befreien (§§ 2136, 2137; befreite Vorerbschaft). Erfordert die ordnungsgemäße Verwaltung eine Verfügung, die der Vorerbe hiernach nicht mit Wirkung gegen den Nacherben vornehmen kann, so hat er gegen diesen einen Anspruch auf Zustimmung (§ 2120). Zum Schutz des gutgläubigen Vorerben besteht dessen Verfügungsbefugnis fort, solange er unverschuldet keine Kenntnis vom Eintritt des Nacherbfall hat (§ 2140 S 1).

8 Vor dem Nacherbfall hat der Nacherbe gegen den Vorerben Anspruch auf ein Verzeichnis der Nachlassgegenstände (§ 2121 S.1), auf Feststellung ihres Zustandes (§ 2121 S 2) und, wenn Grund zu der Annahme besteht, dass der Vorerbe durch seine Verwaltung die Rechte des Nacherben erheblich verletzt, auch auf Auskunft über den Bestand der Erbschaft (§ 2127); für Inhaberpapiere vgl §§ 2116, 2117 und für Schuldbuchforderungen § 2118. Begründet das Verhalten des Vorerben oder seine ungünstige Vermögenslage die Besorgnis einer erheblichen Verletzung der Rechte des Nacherben, so kann dieser Sicherheit (§ 2128 I), notfalls die Einsetzung eines gerichtlich bestellten Verwalters (§§ 2128 II; 2129) verlangen.

9 Nach dem Nacherbfall hat der Nacherbe gegen den Vorerben vor allem den Anspruch auf Herausgabe der Erbschaft (§ 2130), bei befreiter Vorerbschaft nur der noch vorhandenen Nachlassgegenstände (§ 2138 I). Er hat ferner Anspruch auf Rechenschaft (§ 2130 II), bei Verletzung der Verwaltungspflichten des Vorerben auch auf Schadensersatz (§ 2130 I); Haftungsmaßstab: § 2131.

10 Die Verteilung der Lasten des Nachlasses im Verhältnis zwischen Vor- und Nacherben regeln §§ 2124 bis 2126, die Verteilung der Nutzungen §§ 2132 bis 2135. Die Vorschriften gehen von dem Gedanken aus, dass dem Vorerben für die Zeit der Vorerbschaft die gewöhnlichen Nutzungen gebühren, er aber im Nacherbfall den Stamm des Vermögens an den Nacherben herauszugeben hat.

11 Die §§ 2144 und 2145 grenzen die Haftung zwischen Vor- und Nacherben ab. § 2143 ordnet an, dass eine eventuell in der Person des Vorerben eingetretene Konfusion oder Konsolidation mit dem Nacherbfall endet, in dem die erloschenen Rechtsverhältnisse wieder aufleben.

12 **B. Anordnung der Vor- und Nacherbschaft. I. Verfügung vTw.** Eine solche ist grds notwendig. Ausnahmen enthalten die §§ 2104 und 2105. Sie dienen der Vervollständigung unvollständiger Verfügungen vTw. § 2104 ordnet Nacherbschaft an und bestimmt den Nacherben für den Fall, dass der Erblasser nur verfügt hat, der Erbe solle nur bis zu einem bestimmten Zeitpunkt oder Ereignis Erbe sein (sog konstruktive Nacherbfolge). § 2105 macht den eingesetzten Erben, der die Erbschaft erst mit einem bestimmten Zeitpunkt oder Ereignis erhalten soll oder beim Erbfall noch nicht gezeugt ist, zum Nacherben, und bestimmt die Vorerben (sog konstruktive Vorerbschaft).

13 **II. Auslegung.** Vielfach wird sich die Anordnung der Vor- und Nacherbschaft erst aus einer Auslegung der Verfügung vTw ergeben. Entscheidend dabei ist, ob der Erblasser wollte, dass die Erbschaft zweimal anfällt.

14 Das sog Berliner Testament enthält im Zweifel keine solche Anordnung. Vielmehr wird im Zweifel der zuletzt versterbende Ehegatte Vollerbe des zuerst Verstorbenen, und der Dritte wird als Vollerbe des zuletzt verstorbenen Ehegatten „Schlusserbe" (§ 2269 I). Diese Auslegungsregel kann auch dann greifen, wenn der Dritte ausdrücklich als Nacherbe bezeichnet ist (BGH NJW 83, 277).

15 Wiederverheiratungsklauseln, denen zufolge der zum Erben eingesetzte überlebende Ehegatte im Fall seiner Wiederheirat sein Erbrecht verlieren und den Nachlass an Dritte (meist die gemeinsamen Kinder) herausgeben soll, führen nach BGHZ 96, 198, 202 ff zu einer eigenartigen Kombination: Der überlebende Ehegatte ist zugleich als auflösend bedingter Vollerbe und als aufschiebend bedingter Vorerbe anzusehen, wobei die Bedingung und der Nacherbfall in der Wiederheirat liegen; in diesem Fall sind die Dritten Nacherben. Verstirbt der überlebende Ehegatte, ohne sich wiederverheiratet zu haben, so tritt die Bedingung nicht ein; er ist Vollerbe geblieben und wird seinerseits nach allgemeinen Regeln beerbt. Die aufschiebende Bedingung führt freilich dazu, dass der überlebende Ehegatte den Verfügungsbeschränkungen der §§ 2113 ff unterliegt, wobei

seine Verfügungen wirksam bleiben, wenn er Vollerbe geblieben ist – ein Ergebnis, das die Ehegatten mit der bloßen Anordnung von Vor- und Nacherbschaft nicht erreichen können, jedenfalls soweit keine Befreiung nach § 2136 möglich ist. Offen bleibt, ob der überlebende Ehegatte dabei auch ohne ausdrückliche Anordnung durch den Erblasser als gem § 2136 befreit anzusehen ist.

Bei zeitlich begrenzter Zuwendung der Verwaltung und Nutznießung am Nachlass (Nießbrauchsvermächtnis) ist die Abgrenzung von der Vor- und Nacherbschaft schwierig. Die Rechtsprechung hat mehrfach eine Vorerbschaft angenommen, wenn dem Nießbraucher die freie Verfügung über den Nachlass zugewendet war (BayObLG NJW 60, 1765) oder wenn er zugleich dinglicher Vermögensinhaber und Herr des Nachlasses sein sollte, ohne sich erst beim Erben um die Einräumung eines Nießbrauchs bemühen zu müssen (BGH LM Nr 2 zu § 2100). Die günstigere steuerliche Behandlung (s.u. Rn 26) kann dagegen für ein Nießbrauchsvermächtnis sprechen (BayObLG NJW 60, 1765). 16

Jede aufschiebend bedingte Erbeinsetzung führt zur Vor- und Nacherbschaft, wenn die Bedingung beim Erbfall noch nicht eingetreten ist. 17

Ein Testiergebot an den Erben (Gebot, eine bestimmte Person als seinen Erben einzusetzen) wird vielfach als Anordnung der Vor- und Nacherbschaft anzusehen sein. In einem Testierverbot gegenüber dem Erben liegt vielfach die Einsetzung seiner gesetzlichen Erben als Nacherben. Dasselbe kann bei einem Verbot gelten, den Nachlass an andere als die vom Erblasser genannten Personen weiter zu vererben (BayObLGZ 58, 226 und BayObLG FamRZ 86, 608). 18

Auch die vom Erblasser letztwillig geäußerte Erwartung, der Erbe werde seinen Nachlass einem bestimmten Dritten zukommen lassen, kann als dessen Einsetzung zum Nacherben ausgelegt werden (BGH IV ZR 17/50 vom 11.10.51), nicht dagegen eine nur moralisch gemeinte Verpflichtung (Hamm DNotZ 63, 559). 19

Die Berufung von Ersatzerben (§ 2096) enthält dagegen im Zweifel nicht die Berufung von Nacherben und damit auch nicht die Anordnung der Vor- und Nacherbschaft. Das folgt aus § 2102. Die fehlende Rechtskunde des Erblassers kann jedoch zu einem anderen Ergebnis führen (BGH LM Nr 1 zu § 2100). 20

III. Motive. Die Motive für die letztwillige Anordnung von Vor- und Nacherbschaft sind vielfältig. Sie lassen sich indessen alle auf zwei kennzeichnende Umstände dieser Rechtsfigur zurückführen: 21

Dies ist zum einen die zeitliche Aufeinanderfolge zweier Erben. Sie kann den Erblasser motivieren, wenn er 22
– den Nacherben auf eine gewisse Zeit vom Nachlass fern halten will, weil er ihn für noch unvernünftig oder nicht hinreichend ausgebildet oder unfähig (Gewerbebetrieb) hält oder weil er ihm erst zu einem bestimmten Zeitpunkt (Heirat) etwas zuwenden will, oder
– den Nachlass möglichst lange als Einheit in der Familie erhalten will (nach Art der früheren Fideikommisse) oder
– den Anfall der Erbschaft bei bestimmten gesetzlichen oder gewillkürten Erben seines Erben (Vorerben) ausschließen will, oder
– wenn eine noch nicht gezeugte Person oder eine beim Erbfall noch nicht entstandene juristische Person Erbe werden soll, denn sie kann nur als Nacherbe eingesetzt werden (§ 2101), nicht als Erbe (§ 1923).

Zum anderen ist die nießbraucherähnliche Rechtsposition des Vorerben charakteristisch, die ihm zwar die Nutzungen des Nachlasses sichert, grds aber nicht dessen Substanz zukommen lässt. Hierauf kann der Erblasser Wert legen, wenn er 23
– den Unterhalt des Vorerben (insbes des überlebenden Ehegatten) sichern will,
– den Zugriff von Gläubigern des Vorerben auf die Substanz des Nachlasses verhindern will, und zwar entweder im Interesse des Nacherben (s.u. Rn 62), aber auch im Interesse des Vorerben, insbes beim sog Behindertentestament den Zugriff der Sozialhilfeträger (dazu Rn 24).

IV. Behindertentestament. Dem sog Behindertentestament liegt eine eigenartige Kombination aus Vorerbschaft und Testamentsvollstreckung zugrunde. Dort wird ein behinderter Abkömmling des Erblassers zum befreiten Vorerben eingesetzt, und zwar wegen § 2106 I mit einer Erbquote, die seine Pflichtteilsquote übersteigt (Soergel/*Harder/Wegmann* § 2100 Rn 24). Die Vorerbschaft sichert dem Behinderten die Nutzungen des Nachlasses; dem Testamentsvollstrecker wird auferlegt, sie ihm zukommen zu lassen (§ 2216). Die Substanz des Nachlasses ist durch die Testamentsvollstreckung dem Zugriff der Eigengläubiger des Vorerben, insbes der Sozialhilfeträger, entzogen (§ 2214), auch ohne dass der Vorerbe nach allgemeinen Vorschriften (s.u. Rn 62) die Sonderung der Vermögensmassen herbeiführen müsste; dem Testamentsvollstrecker kann aufgelegt werden, die Substanz des Nachlasses dem Vorerben insoweit zur Verfügung zu stellen, als sie Schonvermögen iSd § 88 BSHG darstellt. Testamentsvollstrecker ist vielfach der Nacherbe; vielfach fungiert er auch als Betreuer des behinderten Vorerben. Diese Konstruktion ist in der Rechtsprechung anerkannt und nicht sittenwidrig (BGH NJW 90, 2055; Z 123, 368). Sie eignet sich auch, wenn hoch verschuldete Personen zu Erben eingesetzt werden sollen (Soergel/*Harder/Wegmann* § 2100 Rn 23; *Engelmann* MDR 99, 968). 24

V. Nachteile. Sie liegen zivilrechtlich darin, dass die §§ 2100 ff unübersichtlich und schwer zu handhaben sind. Die Verfügungsbefugnisse des Vorerben sind nicht immer klar. Der Nacherbe wird vielfach die Befürchtung hegen, der Vorerbe verwende den Nachlass für sich, was besonders im Unternehmensbereich zu Spannungen führen kann. 25

26   Steuerliche Nachteile entstehen, weil das ErbStG das Institut nicht anerkennt, sondern den Vorerben als Vollerben (§ 6 I ErbStG) und den Erwerb des Nacherben als vom Vorerben stammend (§ 6 II 1 ErbStG) ansieht. Folglich wird sowohl der Anfall beim Vorerben als auch der beim Nacherben besteuert.

27   **C. Gestaltungsmöglichkeiten für Erblasser und Dritte:. I. Person des Vorerben.** Der Erblasser bestimmt die Person des Vorerben. Er kann auch einen Ersatzvorerben berufen (§ 2096). Verstirbt der Vorerbe vor dem Erblasser und ist kein Ersatzvorerbe berufen, so tritt im Zweifel der Nacherbe als Vollerbe ein (§ 2102); zur Nacherbschaft kommt es dann nicht.

28   **II. Person des Nacherben.** Der Erblasser bestimmt die Person des Nacherben. Der Erblasser kann auch einen Ersatznacherben berufen (§ 2096). Dieser hat eine schwache Rechtsposition, die Rspr erkennt aber deren Übertragbarkeit und damit auch deren Qualifikation als Anwartschaftsrecht an (BayObLGZ 60, 410; Frankf DNotZ 1970, 691). Die Kontroll-, Sicherungs- und Auskunftsrechte des Nacherben stehen ihm jedoch nicht zu (RGZ 145, 316). Seine Zustimmung zu Verfügungen des Vorerben ist nicht erforderlich (RGZ aaO; BGHZ 40, 115, 119).

29   **III. Staffelung.** Der Erblasser kann eine mehrfach gestaffelte Nacherbschaft anordnen. Er darf damit zwar die Grenzen des § 2109 BGB nicht überschreiten, doch enden diese vielfach nicht bei 30 Jahren. Eine gestaffelte Nacherbfolge kann etwa angenommen werden, wenn der Erblasser seine beiden Kinder als Vorerben und seine Enkel als Nacherben berufen und weiter bestimmt hat, dass beim Tod eines Kindes dessen Erbteil auf das andere Kind und die Enkel übergehen soll (BayObLG ZEV 96, 473). Die Zahl der Nacherbfälle ist grds unbeschränkt. Im Verhältnis zum Vorerben haben alle die Stellung des Nacherben; demgemäß müssen bei zustimmungsbedürftigen Verfügungen des Vorerben alle Nacherben mitwirken. Im Verhältnis zum folgenden Nacherben hat der vorrangige Nacherbe von dem ihn betreffenden Nacherbfall an die Stellung eines Vorerben (BayObLG NJW-RR 90, 199).

30   **IV. Bruchteile.** Der Erblasser kann Vor- und Nacherbschaft auch für einen Bruchteil des Nachlasses anordnen. Ist dieser Vorerbe mit dem für den Rest eingesetzten Vollerben identisch, so ist fraglich, wie die Auseinandersetzung zu geschehen hat; eine Teilungsanordnung ist zu empfehlen. Die Zuwendung eines Teils der Erbschaft an den Vorerben zum Verbleib bei ihm lässt sich auch durch ein Vorausvermächtnis (§ 2150) erreichen; darauf erstreckt sich nämlich das Recht des Nacherben im Zweifel nicht (§ 2110 II).

31   **V. Mehrere Vor- und Nacherben.** Es können mehrere Erben als Vorerben eingesetzt sein. Sie bilden eine Erbengemeinschaft als Mitvorerben. Diese kann nach allgemeinen Regeln auseinandergesetzt werden. Die Mitwirkung der Nacherben ist nur erforderlich, soweit Verfügungen gem §§ 2113, 2114 getroffen werden müssen (Hamm ZEV 95, 336; RGZ 75, 366), und auch dort nicht, soweit Teilungsanordnungen des Erblassers reichen (Hamm aaO). Im übrigen sind die Nacherben aus § 2120 verpflichtet, die Zustimmung zu erteilen.

32   Es können auch mehrere Erben als Nacherben eingesetzt sein. Sie bilden jedoch erst vom Nacherbfall an eine Erbengemeinschaft (BGH NJW 93, 1582). Vorher können sie deren Bildung auch nicht vereinbaren (KG ZEV 99, 28, 29), diesen Erfolg aber erreichen, indem sie sämtliche Erbanteile der Vorerben erwerben.

33   **VI. Nacherbfall.** Dies ist der Zeitpunkt, in dem der Vorerbe aufhört, Erbe zu sein, und die Erbschaft dem Nacherben anfällt (§ 2139). Ihn bestimmt der Erblasser. Häufig ist es der Tod des Vorerben oder die Geburt des Nacherben. In Betracht kommen auch weitere Ereignisse im Leben des Vorerben (Wiederheirat) oder des Nacherben (bestimmtes Lebensalter, Heirat, Abschluss einer Ausbildung, Ablegung einer Prüfung) oder schlicht ein bestimmter Kalendertag. Der Erblasser ist dabei aber in keiner Weise beschränkt. Möglich ist es etwa auch, den Nacherbfall mit der Nichterfüllung einer Pflicht (Bauverpflichtung, die innerhalb bestimmter Frist zu erfüllen ist, BayObLG ZEV 05, 27) oder mit dem Verstoß gegen ein Unterlassungsgebot (BayObLG ZEV 01, 189) eintreten zu lassen. Das Ereignis kann bis zur Grenze des § 162 auch vom freien Willen des Vor- oder des Nacherben abhängen. Unerheblich ist auch, welche Wahrscheinlichkeit für den Eintritt des Nacherbfalls besteht. Hat der Erblasser einen Nacherben eingesetzt, ohne den Nacherbfall zu definieren, so ist dies der Tod des Vorerben (§ 2106).

34   **VII. Bedingungen und Befristungen. 1. Vorerbschaft.** Der Vorerbe kann unter einer aufschiebenden Bedingung eingesetzt werden, etwa der, dass er beim Erbfall verheiratet ist oder eine bestimmte Ausbildung abgeschlossen hat. Ist die Bedingung nicht erfüllt, so tritt der Ersatzvorerbe ein. Hat der Erblasser einen solchen nicht bestimmt, so soll der Nacherbe schon beim Erbfall Vollerbe werden.

35   **2. Nacherbschaft.** Neben dem Eintritt des Nacherbfalls kann die Nacherbschaft an weitere aufschiebende Bedingungen geknüpft werden. Auch hier sind Beispiele etwa die Heirat des Nacherben oder der Abschluss einer Ausbildung. Treten diese Ereignisse erst nach dem Nacherbfall ein und besteht dieser im Tod des Vorerben, so müssen dessen gesetzliche Erben als weitere Vorerben angesehen werden; es tritt dann eine gestaffelte Vor- und Nacherbschaft ein.

36   Als auflösende Bedingung für die Nacherbschaft kommt insbes die (Wieder-)Heirat des Vorerben oder des Nacherben in Betracht (nicht aber die Heirat in einer nach den Hausgesetzen des Adels nicht ebenbürtigen Ehe, BVerfG DNotZ 04, 798, dazu *Isensee* DNotZ 04, 754 und *Scheuren-Brandes* ZEV 05, 185, gegen BGHZ

140, 118). Die Nacherbschaft kann auch für den Fall angeordnet werden, dass der Vorerbe vor einem bestimmten Zeitpunkt verstirbt; erlebt er diesen, so ist er Vollerbe. In einem Ehegattentestament kann die Vor- und Nacherbschaft auch unter der auflösenden Bedingung verfügt werden, dass der überlebende Ehegatte nicht anderweit testiert (BGHZ 2, 35, 36); im Wege der Auslegung kann der Eintritt der Bedingung dann auch darin gefunden werden, dass der überlebende Ehegatte unter Lebenden über einen einzelnen, als wesentlichen Nachlassgegenstand angesehenen Vermögenswert (Hausgrundstück) verfügt hat (Hamm ZEV 00, 197 mit Anm *Loritz*). Tritt die auflösende Bedingung vor dem Nacherbfall ein, so wird der Vorerbe Vollerbe. Tritt sie nach dem Nacherbfall ein, so liegt eine gestaffelte Nacherbschaft vor; zweiter Nacherbe ist dann der Vorerbe.

Aufschiebende Bedingungen, deren Eintritt oder Nichteintritt sich erst beim Tode des Vorerben oder des Nacherben erweist („wenn er nicht mehr trinkt"), müssen in auflösende Bedingungen umgedeutet werden (§ 2075). 37

VIII. Einflussnahme durch den Vorerben. Der Erblasser kann die Nacherbschaft von der aufschiebenden Bedingung abhängig machen, dass der Vorerbe nicht anders testiert (BGHZ 59, 220, dazu J *Mayer* ZEV 96, 104 mit Formulierungsbeispielen; für den länger lebenden Ehegatten beim gemeinschaftlichen Testament BayObLG DNotZ 92, 521). Auch eine auflösende Bedingung dieses Inhalts ist zulässig. Der Vorerbe kann dadurch die Nacherbschaft insgesamt beseitigen (Oldbg NJW-RR 91, 646). Eine Verletzung des § 2065 II liegt darin nicht, da nicht unmittelbar ein fremder Wille entscheidet, sondern sich die vom Erblasser für die Nacherbschaft gesetzte Bedingung auswirkt (RGZ 95, 279). 38

Der Vorerbe kann in solchen Fällen mittelbar auch über die Person des Nacherben entscheiden (BGHZ 59, 220; RGZ 95, 278), etwa in dem er einem von mehreren eingesetzten Nacherben die Nacherbschaft entzieht (BGHZ 59, 220) oder aus mehreren vom Erblasser vorgesehenen Personen einen Nacherben auswählt (BGH LM Nr 2 zu § 2065; RGZ 159, 299) oder die Nacherbschaft unter den als Nacherben eingesetzten Abkömmlingen anders verteilt (BGHZ 59, 220). 39

Mittelbar kann der Vorerbe die Person des Nacherben auch beeinflussen, wenn der Erblasser diejenigen Personen zu Nacherben eingesetzt hat, die der Vorerbe zu seinen eigenen Erben beruft. Die Zulässigkeit dieser Klausel ist aber wegen § 2065 II äußerst umstritten (dafür Stuttg BWNotZ 98, 47; dagegen Frankf DNotZ 01, 143 mit Anm *Kanzleiter* = ZEV 01, 316 mit abl Anm *Otte*). 40

IX. Bestimmungen durch Dritte. Die Anordnung der Vor- und Nacherbschaft und die Bestimmung der Person des Nacherben kann der Erblasser keinem Dritten überlassen; das folgt nach einhelliger Auffassung aus § 2065 II. Dasselbe gilt für den Zeitpunkt des Nacherbfalls (BGHZ 15, 199). 41

D. Anfall und Ausschlagung. I. Vorerbe. Die Anordnung der Nacherbschaft enthält zu Lasten eines pflichtteilsberechtigten Vorerben eine Beschränkung im Sinne von § 2306. Sie gilt deshalb als nicht angeordnet, wenn der ihm hinterlassene Erbteil die Hälfte des gesetzlichen Erbteils nicht übersteigt (§ 2306 I 1). Ist er größer, so kann der Vorerbe ausschlagen und den Pflichtteil verlangen; die Ausschlagungsfrist beginnt erst, wenn der Vorerbe von der Anordnung der Nacherbschaft Kenntnis erlangt (§ 2306 I 2). 42

Die Ausschlagung des Vorerben aus diesem oder anderen Gründen führt zum Anfall beim Ersatzvorerben, falls ein solcher eingesetzt ist (§ 2096). Ist ein solcher nicht eingesetzt, so fällt der Nachlass je nach Auslegung entweder dem gesetzlichen Erben des Vorerben als Vorerben zu (§ 2105 I analog) oder er fällt schon mit dem Erbfall dem Nacherben an (§ 2102 I). Ähnliche Probleme stellen sich auch bei Wegfall des Vor- oder des Nacherben aus anderen Gründen, etwa bei vorzeitigem Tod, beschränkter Testamentsanfechtung, Erbverzicht oder Erbunwürdigkeit. 43

II. Nacherbe. Auch der Nacherbe hat das allgemeine Ausschlagungsrecht; es ist auf den Nacherbfall bezogen. § 2142 I gibt ihm aber ein besonderes Ausschlagungsrecht, das er ausüben kann, sobald der Erbfall eingetreten ist. Zu den Rechtsfolgen jeder Ausschlagung s § 2142 Rn 5 und 6. 44

E. Rechtsstellung des Vorerben. Der Vorerbe ist als Erbe auf Zeit grds Träger aller zum Nachlass gehörenden Rechten und Pflichten. Im Interesse des Nacherben darf er ihn aber grds nur nutzen, nicht auch darüber verfügen. Er ist für ihn ein Sondervermögen, wofür ihn Verwaltungspflichten treffen, denen jedoch auch ein Recht zur Verwaltung gegenübersteht. Zwischen Vor- und Nacherben besteht ein gesetzliches Schuldverhältnis, das in §§ 2111 ff näher geregelt ist. 45

Der Erblasser kann die Rechtsstellung des Vorerben verbessern, in dem er ihn von bestimmten Bindungen befreit (§ 2136), insbes seine Verfügungsmacht erweitert. Er kann ihm aber auch mit schuldrechtlicher Wirkung zusätzliche Verwaltungspflichten auferlegen, insbes in dem er Vermächtnisse oder Auflagen zugunsten eines Dritten anordnet. Diese können etwa dahin gehen, dass er die Nutzungen des Nachlasses ganz oder teilweise dem Nacherben oder einem Dritten zu überlassen hat. 46

Der Erblasser kann Testamentsvollstreckung für den Vorerben anordnen, und zwar auch für den befreiten Vorerben (Bremen ZEV 2005, 27). Sie verhindert die Zwangsvollstreckung von Eigengläubigern des Vorerben in den Nachlass (§ 2214) und endet mit der Erfüllung der Aufgaben des Testamentsvollstreckers (§§ 2203, 2204), bei Verwaltungsvollstreckung (§ 2209) mit dem Nacherbfall. Für den Testamentsvollstrecker gelten 47 dieselben Verfügungsbeschränkungen wie für den Vorerben selbst (MüKo/*Zimmermann* § 2222 Rn 11; *Kummer* FS Brandner 96 S 762 f; aA Erman/*Schmidt* § 2222 Rn 5). Keine Verfügungsbeschränkungen nach §§ 2113 ff gelten für den Testamentsvollstrecker, der zugleich für Vor- und Nacherben eingesetzt ist (BayObLG MittBayNotK 91, 122) oder der mit dem Nacherben identisch ist.

48 **F. Rechtsstellung des Nacherben vor dem Nacherbfall. I. Anwartschaftsrecht.** Vor dem Erbfall hat der Nacherbe wie jeder Erbe keine Rechte, insbes auch kein Anwartschaftsrecht und auch keine sonstige gesicherte Rechtsposition (BGH NJW 96, 1062, 1063; RGZ 49, 372), sondern allenfalls eine rein tatsächliche Erwerbsaussicht. Eine Feststellungsklage mit Bezug auf sein künftiges Nacherbenrecht wäre unzulässig, weil es an einem gegenwärtigen Rechtsverhältnis fehlt (BGHZ 37, 137). Ein Vertrag über sein Nacherbenrecht wäre nichtig (§ 311 b IV; BGHZ 37, 319 für das Anwartschaftsrecht des Schlusserben beim Berliner Testament).

49 Mit dem Erbfall erwirbt der Nacherbe ein Anwartschaftsrecht (BGHZ 87, 367, 369). Es handelt sich um eine unentziehbare und unbeschränkbare Rechtsstellung und um einen gegenwärtigen Vermögenswert in der Hand des Nacherben (BGH aaO). Es wirkt absolut und ist deliktisch geschützt.

50 **II. Sicherung des Anwartschaftsrechts.** Zu den Sicherungs-, Auskunfts- und Kontrollrechten des Nacherben s.o. Rn 8. Ob der Nacherbe gegen den Vorerben eine Feststellungsklage bezüglich seines Nacherbenrechts erheben kann, ist umstritten (Staud/*Avenarius* § 2100 Rn 91). Dasselbe gilt für eine Klage gegen den Vorerben auf Feststellung, dass eine von diesem getroffene Verfügung dem Nacherben gegenüber unwirksam ist (Staud/*Avenarius* § 2113 Rn 42).

51 Keine Rechte stehen dem Nacherben in diesem Stadium gegen Dritte zu. Er kann also weder den Erbschaftsanspruch (§ 2018) erheben noch die Auskunftsrechte aus §§ 2027, 2028 geltend machen.

52 **III. Übertragbarkeit des Anwartschaftsrechts.** Sie ist grds gegeben; der Erblasser kann sie jedoch ausschließen (hM im Anschl an RGZ 170, 163, 168). Der Nacherbe erklärt mit der Veräußerung oder Verpfändung der Nacherbschaft deren Annahme.

53 Für Verfügungs- und Verpflichtungsgeschäfte zur Abtretung des Anwartschaftsrechts gelten die §§ 2033, 2371, 2385 (notarielle Beurkundung). Mitnacherben steht ein Vorkaufsrecht zu. Sind keine Mitnacherben vorhanden oder üben sie ihr Vorkaufsrecht nicht aus, so ist analog § 2034 auch der Vorerbe zum Vorkauf berechtigt. Der Erwerber des Anwartschaftsrechts erhält die volle Rechtsstellung des Nacherben, also alle Sicherungs-, Kontroll- und Auskunftsrechte vor dem Nacherbfall. Mit dem Nacherbfall erwirbt er den Nachlass unmittelbar vom Erblasser. Die Zustimmung eines Ersatznacherben ist zur Veräußerung des Anwartschaftsrechts nicht erforderlich (BayObLG NJW 70, 1794, 1795).

54 Sonderheiten gelten für die Übertragung des Anwartschaftsrechts auf den Vorerben (Staud/*Avenarius* § 2100 Rn 85). Er wird dadurch grds Vollerbe; das Anwartschaftsrecht geht durch Konsolidation unter (BGH ZEV 95, 453), so dass es auch nicht weiter übertragen werden kann (RG Recht 23 Nr 1248). Ausnahmsweise erlischt das Anwartschaftsrecht jedoch nicht, nämlich dann, wenn dies die Rücksichtnahme auf Rechte Dritter gebietet (BGH ZEV 95, 453, bestritten; nach dieser Entscheidung dann nicht, wenn es nur zur Sicherung übertragen ist; ähnlich nach BGH ZEV 95, 378, wenn Erstattungsansprüche des Sozialhilfeträgers gegenüber dem Erblasser = Schenker in Betracht kommen und er vom Beschenkten beerbt wird). § 311 b IV hindert nach dem Tod des Erblassers einen Vertrag zwischen Vor- und Nacherben über den Nachlass nicht mehr.

55 Das Anwartschaftsrecht kann verpfändet werden. Auch insoweit ist notarielle Beurkundung erforderlich (§§ 1274 I 1, 2033, 2371, 2385). Die Verpfändung kann im Grundbuch eingetragen werden.

56 Das Anwartschaftsrecht ist vererblich. Dies ist in § 2108 II ausdrücklich vorgesehen, aber mit der Maßgabe, dass der Erblasser die Vererblichkeit ausschließen kann. Der Fall tritt insbes dann ein, wenn der Nacherbe vor dem Nacherbfall verstirbt und kein Ersatznacherbe eingesetzt ist.

57 Das Anwartschaftsrecht kann gepfändet werden. Die Pfändung geschieht nach § 857 ZPO. Sind Mitnacherben vorhanden, so muss der Pfändungsbeschluss auch ihnen zugestellt werden. Dagegen ist eine Zustellung an den Vorerben nach hM nicht erforderlich; er wird nicht als Drittschuldner angesehen, weil der Nacherbe nicht sein Erbe ist. Einzelne Befugnisse des Nacherben, etwa der Herausgabeanspruch aus § 2130, sind vor dem Nacherbfall nicht pfändbar.

58 **IV. Testamentsvollstreckung für den Nacherben.** Dem Nacherben kann ein Testamentsvollstrecker mit der Maßgabe ernannt werden, dass er nur bis zum Nacherbfall dessen Rechte ausübt und dessen Pflichten erfüllt, dies dient idR einer wirksamen Beaufsichtigung des Vorerben und ist in § 2222 geregelt. Der Testamentsvollstrecker kann den Nacherben aber auch für die Zeit ab dem Nacherbfall ernannt werden; Besonderheiten ergeben sich dabei nicht. Natürlich kann er auch für die Zeit vor und nach dem Nacherbfall ernannt werden.

59 **G. Sondervermögen.** Die Nacherbschaft wird in den Händen des Vorerben als Sondervermögen behandelt. § 2111 sieht eine dingliche Surrogation vor.

60 **I. Vor dem Nacherbfall.** Der **Vorerbe** ist insbes gegenüber den Nachlassgläubigern Träger aller auf diese Vermögensmasse bezogenen Rechte und Pflichten. Verbindlichkeiten, die er in Verwaltung des Nachlasses

eingeht, sind regelmäßig Eigenverbindlichkeiten des Vorerben; sie können aber zugleich Nachlassverbindlichkeiten sein, wenn er sie vom Standpunkt eines sorgfältigen Verwalters fremden Vermögens in ordnungsgemäßer Verwaltung des Nachlasses eingegangen ist (BGH NJW 90, 1237, 1238). Vorerbe und Eigengläubiger können indessen vereinbaren, dass nur das Eigenvermögen des Vorerben haften solle (RG JW 38, 2822).

Nachlassgläubiger können grds auch auf das Eigenvermögen des Vorerben zugreifen (§ 1967). Diese Möglichkeit kann der Vorerbe nach §§ 1975 ff ausschließen (Beschränkung der Vorerbenhaftung). Wird Nachlassverwaltung angeordnet oder das Nachlassinsolvenzverfahren eröffnet, so kann der Vorerbe die Aufhebung aller Vollstreckungsmaßnahmen verlangen, die zugunsten von Nachlassgläubigern bereits in sein Eigenvermögen vorgenommen worden sind (§ 784 I ZPO); es handelt sich um eine besondere Art der Vollstreckungsabwehrklage (§§ 785, 767 ZPO). Beginnt die Zwangsvollstreckung in sein Eigenvermögen erst nach Anordnung der Nachlassverwaltung oder nach Eröffnung des Nachlassinsolvenzverfahrens, so kann der Vorerbe diese Haftungsbeschränkung nur geltend machen, wenn sie ihm im Urteil vorbehalten ist (§ 780 I ZPO). 61

Andererseits können auf den Nachlass grds auch die **Eigengläubiger** des Vorerben zugreifen. Auch dem kann der Vorerbe entgehen, in dem er nach allgemeinen Vorschriften (§§ 1975 ff) eine Nachlasssonderung herbeiführt. Mit Anordnung der Nachlassverwaltung werden Zwangsvollstreckungen und Arreste in den Nachlass zugunsten von Eigengläubigern des Vorerben unzulässig (§ 1984 II); wo solche doch vorgenommen worden sind, kann der Nachlassverwalter nach § 784 II ZPO deren Aufhebung verlangen. Unabhängig hiervon kann der Nacherbe gem § 773 S 2 ZPO solchen Vollstreckungsmaßnahmen der Eigengläubiger widersprechen, die im Nacherbfall gem § 2115 ihm gegenüber unwirksam wären. Dieses Recht hat der Nacherbe indessen nicht gegen die Zwangsvollstreckung wegen Nachlassverbindlichkeiten und solcher Ansprüche, die vom Vorerben in ordnungsgemäßer Verwaltung des Nachlasses oder mit Einwilligung des Nacherben begründet worden sind (BGH NJW 90, 1237). 62

Gläubiger des Nacherben können logischerweise vor dem Nacherbfall nicht auf den Nachlass, sondern nur auf die Anwartschaft des Nacherben zugreifen. 63

In der **Insolvenz des Vorerben** gehört der Nachlass zur Masse, ebenso die Surrogate nach § 2111. Dies gilt auch für einen Nachlass, der dem Vorerben erst nach Eröffnung des Insolvenzverfahrens über sein Vermögen anfällt (§ 35 InsO). Die Zugehörigkeit zur Masse endet mit dem Nacherbfall. Der Insolvenzverwalter darf über die Nachlassgegenstände nicht verfügen, wenn die Verfügung bei Eintritt der Nacherbfolge gem § 2115 dem Nacherben gegenüber unwirksam ist (§ 83 II InsO); dabei wirken Befreiungen des Vorerben aus § 2136 nicht zugunsten des Insolvenzverwalters, denn dessen Befreiung ist dort nicht vorgesehen. Verfügungen des Insolvenzverwalters, die gegen § 83 II InsO verstoßen, sind zunächst wirksam, aber aufschiebend bedingt unwirksam. Beim Nacherbfall werden sie endgültig und absolut unwirksam, sind aber endgültig wirksam, wenn der Nacherbfall nicht eintritt (s.u. § 2112 Rn 3 und 4, § 2113 Rn 4 und 27 ff, § 2115 Rn 4 und 5). Insolvenzgläubiger sind auch die Eigengläubiger des Vorerben, solange keine Haftungssonderung (insbes durch Nachlassverwaltung oder Nachlassinsolvenz) eingetreten ist. Ein Aussonderungsrecht des Nacherben besteht vor Eintritt des Nacherbfalls nicht. 64

In der **Insolvenz des Nacherben** fällt auch dessen Anwartschaftsrecht in die Masse. Er kann aber die Nacherbschaft gleichwohl ausschlagen. 65

In der **Nachlassinsolvenz** – die von der Insolvenz des Vorerben scharf zu unterscheiden ist – sind Gläubiger nur die Nachlassgläubiger (§ 325 InsO), nicht auch die Eigengläubiger des Vorerben oder gar des Nacherben. Die Nachlassgläubiger dürfen andererseits nicht in das Eigenvermögen des Vorerben vollstrecken (arg § 89 I InsO), außer wenn dieser schon in die unbeschränkbare Haftung gefallen ist (§ 2013). Für die Verwertung des Nachlasses durch den Insolvenzverwalter gilt § 2115 nicht (RGZ 133, 263, 265). 66

II. Eintritt des Nacherbfalls. Träger der auf den Nachlass bezogenen Rechte und Pflichten ist nunmehr der Nacherbe. Auf ihn können die Nachlassgläubiger und die Eigengläubiger des Nacherben zugreifen, nicht mehr aber die Eigengläubiger des Vorerben. Wie der Vorerbe kann der Nacherbe den Zugriff der Nachlassgläubiger auf sein Eigenvermögen und den Zugriff seiner Eigengläubiger auf den Nachlass mit Hilfe von Nachlassverwaltung oder Nachlassinsolvenz verhindern. 67

Ist bei Eintritt des Nacherbfalls das Insolvenzverfahren über das Vermögen des Vorerben anhängig, so kann der Nacherbe den Nachlass aussondern. In der Insolvenz des Nacherben gehört der Nachlass zur Masse, damit auch die Surrogate nach § 2111 und die Ansprüche des Nacherben gegen den Vorerben wegen dessen Verwaltung. In der Nachlassinsolvenz geht mit dem Nacherbfall die Stellung des Insolvenzschuldners auf den Nacherben über. 68

H. Sonderheiten. I. Vor- und Nacherbschaft bei Personenhandelsgesellschaften:. Beteiligungen hieran können zur Vor- und Nacherbschaft gehören (BGHZ 69, 49). Einzelheiten siehe KK ErbR/*Kummer* Rn 104 ff. 69

II. Landwirtschaft. Zu Sonderheiten im Höferecht siehe KK ErbR/*Kummer* Rn 109 ff. 70

III. Recht der DDR. Im ZGB der DDR war die Vor- und Nacherbschaft nicht vorgesehen. Für Erbfälle, die vor Inkrafttreten des ZGB am 1.1.76 eingetreten waren, blieb es jedoch bei der Geltung des BGB, wobei der Zeitpunkt des Nacherbfalls keine Rolle spielte (§ 8 I EGZGB). 71

72 Trat der Erbfall nach Inkrafttreten des ZGB ein, hatte der Erblasser aber vorher letztwillig Vor- und Nacherbschaft angeordnet, so galt die Übergangsvorschrift des § 8 II 2 EGZGB. Danach entfielen zwar für den Vorerben die Beschränkungen hinsichtlich der Verfügungen unter Lebenden insgesamt, also einschließlich des § 2113 II (BayObLG ZEV 1996, 435). Die Anordnung der Nacherbschaft als solche blieb indessen wirksam (BayObLG aaO) und konnte insbes nicht vom Vorerben durch Verfügung vTw beseitigt werden (Naumbg ZEV 99, 271).

73 Ab dem 1.1.76 konnte die Vor- und Nacherbschaft nicht mehr letztwillig angeordnet werden. Eine entspr Verfügung vTw konnte aber dahin umgedeutet werden, dass der eingesetzte Vorerbe Vollerbe wurde und dem eingesetzten Nacherben ein aufschiebend bedingtes Vermächtnis zugewendet war (KG ZEV 96, 349).

§ 2101 Noch nicht gezeugter Nacherbe

(1) ¹Ist eine zur Zeit des Erbfalls noch nicht gezeugte Person als Erbe eingesetzt, so ist im Zweifel anzunehmen, dass sie als Nacherbe eingesetzt ist. ²Entspricht es nicht dem Willen des Erblassers, dass der Eingesetzte Nacherbe werden soll, so ist die Einsetzung unwirksam.
(2) Das Gleiche gilt von der Einsetzung einer juristischen Person, die erst nach dem Erbfall zur Entstehung gelangt; die Vorschrift des § 84 bleibt unberührt.

1 **A. Auslegungsregel.** Nach § 1923 kann Erbe nur werden, wer beim Erbfall lebt oder schon gezeugt ist. Analog § 2108 I muss der Nacherbe beim Erbfall noch nicht existieren, wohl aber beim Nacherbfall leben oder schon gezeugt sein.

2 Daraus ergibt sich die Regel des § 2101 I für den Fall, dass eine Person als Erbe eingesetzt ist, die beim Erbfall noch nicht lebt und auch noch nicht gezeugt ist. Sie geht dahin, dass diese Person als Nacherbe eingesetzt ist (§ 2101 I 1).

3 **B. Widerlegung.** Die Regel ist widerlegt, wenn der Erblasser den noch nicht Erzeugten nur als sofortigen Erben, keinesfalls aber als Nacherben einsetzen wollte. Der bloße Nachweis, dass der Erblasser ihn als Erben einsetzen wollte, genügt nicht.

4 Ist die Regel widerlegt, so ist die Erbeinsetzung unwirksam gem §§ 2101 I 2, 1923. Die Beweislast liegt bei demjenigen, der sich auf die Unwirksamkeit beruft und daraus Rechte herleiten will.

5 **C. Rechtsfolgen.** Greift die Auslegungsregel, so sind Vorerben die gesetzlichen Erben (§ 2105 II); indessen kann der Erblasser auch hiervon abweichend testieren. Gem § 2106 II tritt der Nacherbfall mit der Geburt des Nacherben ein. Dem Nacherben kann ein Pfleger bestellt werden (§ 1913). Der Schwebezustand endet mit der Geburt des Nacherben oder wenn feststeht, dass mit einer solchen nicht mehr zu rechnen ist, oder nach 30 Jahren (§ 2109).

6 **D. Anwendungsfälle.** Als praktisch häufigsten Anwendungsfall nimmt die Literatur die Erbeinsetzung der Kinder eines nahen Angehörigen des Erblassers an, jedoch auch nur unter der weiteren Voraussetzung, dass entgegen der Auslegungsregel des § 2070 auch die beim Erbfall noch nicht gezeugten Abkömmlinge eingesetzt werden sollten. Die schon lebenden und die schon gezeugten Abkömmlinge sind dann Vorerben. Ist mit der Geburt mehrerer Abkömmlinge zu rechnen, so tritt eine gestaffelte Nacherbfolge (s § 2100 Rn 29) ein.

7 **E. Analogien. I. Abs. 1.** Die Vorschrift gilt entspr, wenn der Nacherbfall durch ein anderes Ereignis als die Geburt des Nacherben definiert, dieser aber bis dahin nicht gezeugt ist. Auch hier handelt es sich um eine gestaffelte Nacherbschaft.

8 Die Vorschrift gilt ferner entspr, wenn eine beim Erbfall noch nicht gezeugte Person als Ersatzerbe eingesetzt ist; § 2102 steht nicht entgegen.

9 **II. Abs. 2 Hs 1.** Danach gilt I entspr, wenn eine juristische Person zum Erben eingesetzt ist, aber erst nach dem Erbfall entsteht, dh der Rechtsfähigkeit erlangt. Der Nacherbfall tritt mit Erlangung der Rechtsfähigkeit ein.

10 Eine andere Regelung gilt für eine vom Erblasser begründete Stiftung (§ 2101 II Hs 2 iVm § 84). § 84 fingiert ihre Entstehung und damit auch ihre Erbfähigkeit schon für die Zeit vor dem Tode des Erblassers. Eine Vor- und Nacherbschaft besteht insoweit nicht. Rechtstechnisch muss die Zeit vom Erbfall bis zur Entstehung der Stiftung durch eine Nachlasspflegschaft überbrückt werden.

§ 2102 Nacherbe und Ersatzerbe

(1) Die Einsetzung als Nacherbe enthält im Zweifel auch die Einsetzung als Ersatzerbe.
(2) Ist zweifelhaft, ob jemand als Ersatzerbe oder als Nacherbe eingesetzt ist, so gilt er als Ersatzerbe.

1 **A. I.** Der Nacherbe ist im Zweifel auch Ersatzerbe.

2 **I. Auslegungsregel.** Sie greift ein, wenn der Vorerbe den Erblasser nicht überlebt hat oder aus einem anderen Grund wegfällt (Ausschlagung usw). Sie setzt voraus, dass der als Nacherbe Eingesetzte schon

lebt oder gezeugt ist. Ansonsten kann er gem § 1923 nicht Ersatzerbe werden, bleibt aber als Nacherbe berufen (s § 2101 Rn 1).

Sie greift auch ein, wenn sich Ehegatten in einem gemeinschaftlichen Testament gegenseitig als Vorerben und einen oder mehrere Dritte, etwa ihre Abkömmlinge, als Nacherben einsetzen ohne ausdrücklich zu bestimmen, wer Erbe des zuletzt versterbenden Ehegatten sein soll (BGH FamRZ 87, 475, 476), was oft übersehen wird. Der Dritte ist nicht nur Nacherbe des zunächst verstorbenen Ehegatten, sondern kann auch Vollerbe des länger lebenden Ehegatten sein, nämlich als Ersatzerbe für den zunächst verstorbenen Ehegatten (BGH ZEV 99, 26). Gleichwohl bleibt in jedem Fall zu prüfen, ob die Vermutung des § 2102 I widerlegt ist, ebenso, ob diese Testamentsklausel wechselbezüglich ist. 3

II. Hintergrund. Vielfach ordnet der Erblasser Vor- und Nacherbschaft an, um den Rechtserwerb des Nacherben mit Rücksicht auf den Vorerben hinauszuschieben; ist aber der Vorerbe weggefallen, so gibt es dafür keinen Grund mehr. 4

III. Widerlegung. Sie verlangt die Feststellung eines Erblasserwillens, wonach der Nacherbe nur als Nacherbe berufen sein soll. Dies wird häufig der Fall sein, wenn die Vor- und Nacherbschaft nicht mit Rücksicht auf die Person des Vorerben, sondern auf die des Nacherben angeordnet ist, insbes wenn der Nacherbfall mit einem bestimmten Ereignis in der Person des Nacherben (Lebensalter, Heirat, Prüfung) eintritt. 5

Die Beweislast für die Widerlegung der Auslegungsregel trägt, wer Rechte daraus herleitet, dass der Nacherbe nicht auch zum Ersatzerben eingesetzt ist. Ist die Auslegungsregel widerlegt, so treten die gesetzlichen Erben des Erblassers als Vorerben ein (§ 2105 I). 6

IV. Keine Umkehrbarkeit. Der Ersatzerbe ist im Zweifel nicht auch Nacherbe (§ 2102 II). Indessen bleibt die Möglichkeit offen, dass der Erblasser laienhaft von dem einen Institut gesprochen, aber das andere gemeint hat (s Rn 10). 7

B. II. Ist zweifelhaft, ob jemand als Ersatzerbe oder als Nacherbe eingesetzt ist, so gilt er als Ersatzerbe. 8

I. Voraussetzungen. Die Bestimmung ist auch anzuwenden, wenn Abkömmlinge des Erblassers in dieser Weise eingesetzt sind (OGH MDR 49, 482, 483). Auch sie setzt voraus, dass der Bedachte bereits lebt oder gezeugt ist. 9

II. Auslegungsregel. Sie greift ein, wenn kein anderer Wille des Erblassers feststeht. Zu bedenken ist jedoch, dass die Begriffe „Nacherbe" und „Ersatzerbe" dem Rechtslaien oft nicht vertraut sind (BGH LM Nr 1 zu § 2100). Entscheidend ist allemal die Auffassung des Erblassers, die sich auch mit der des Notars nicht zu decken braucht (BGH aaO), obwohl in der Regel vom Rechtsbegriff ausgegangen werden darf, wenn ein Rechtskundiger bei der Abfassung des Testaments mitgewirkt hat (RGZ 160, 109). 10

§ 2103 Anordnung der Herausgabe der Erbschaft

Hat der Erblasser angeordnet, dass der Erbe mit dem Eintritt eines bestimmten Zeitpunkts oder Ereignisses die Erbschaft einem anderen herausgeben soll, so ist anzunehmen, dass der andere als Nacherbe eingesetzt ist.

A. Auslegungsregel. Es handelt sich um eine Regel, die eine Herausgabepflicht des Erben als Einsetzung des Empfängers zum Nacherben deutet. Dahinter steht die Erfahrung, dass der Rechtslaie oftmals mit der „Herausgabe" der Erbschaft meint, der andere solle Erbe werden (MüKo/*Grunsky* § 2103 Rn 1). 1

B. Widerlegung. Die Regel ist widerlegt, wenn ein anderer Wille des Erblassers feststeht. Er kann dahin gehen, die Erbschaft dem Dritten nur zur zeitweiligen Nutzung zu überlassen oder aber ihn zum Testamentsvollstrecker zu ernennen. Er kann sich auch ausschließlich darauf richten, den Erben von den Beschränkungen zu befreien, von denen auch ein Vorerbe nicht befreit werden kann. 2

C. Anwendungsfälle. Anwendungsfälle sind die Verfügung, den Nachlass ab einem bestimmten Zeitpunkt mit einem Dritten zu teilen, die Verpflichtung, in bestimmter Weise zu testieren oder nicht zu testieren (s a oben § 2100 Rn 38), oder den Überrest zu einem bestimmten Zeitpunkt an einen Dritten herauszugeben (dann befreite Vorerbschaft gem §§ 2137, 2138; RGZ 152, 190). Die entspr Verfügung hinsichtlich einzelner Nachlassgegenstände reicht nicht aus; insoweit kommt die Auslegung als Vermächtnis in Betracht. 3

Die Bestimmung des Zeitpunkts und des Empfängers darf nicht einem Dritten überlassen werden (s. § 2100 Rn 41). Die Umdeutung in ein Vermächtnis, bei dem der Bedachte durch einen Dritten bestimmt werden kann (§ 2151 I), scheidet aus, wenn es sich um den gesamten Nachlass handelt. 4

§ 2104 Gesetzliche Erben als Nacherben

¹Hat der Erblasser angeordnet, dass der Erbe nur bis zu dem Eintritt eines bestimmten Zeitpunkts oder Ereignisses Erbe sein soll, ohne zu bestimmen, wer alsdann die Erbschaft erhalten soll, so ist anzunehmen, dass als Nacherben diejenigen eingesetzt sind, welche die gesetzlichen Erben des Erblassers sein würden, wenn er zur Zeit des Eintritts des Zeitpunkts oder des Ereignisses gestorben wäre. ²Der Fiskus gehört nicht zu den gesetzlichen Erben im Sinne dieser Vorschrift.

1 **A. Auslegungsregel.** Es handelt sich um eine Auslegungsregel (BGH NJW 86, 1812) für den Fall der unvollständigen Verfügung des Erblassers, der den Nacherben nicht bestimmt hat. Die Regel beruht auf der Vermutung, dass die Einsetzung der fiktiven gesetzlichen Erben dem Willen des Erblassers entspricht.

2 **B. Anwendungsbereich. I. Gewollte Vor- und Nacherbschaft.** Es muss zunächst feststehen, dass sich aus der befristeten Berufung des (Vor-)Erben der Wille des Erblassers zur Anordnung einer Vor- und Nacherbschaft ergibt.

3 **II. Unbestimmtheit des Nacherben.** Alsdann darf der Erblasser den Nacherben nicht bestimmt haben. Dieser darf sich auch nicht durch Auslegung der letztwilligen Verfügung ergeben.

4 Demgemäß ist die Regel unanwendbar, wenn der Nacherbe durch Merkmale gekennzeichnet und hiernach bestimmt oder zumindest bestimmbar ist. Sie ist ebenfalls unanwendbar, wenn der Erblasser seine gesetzlichen Erben zu Nacherben berufen hat; dann ist freilich Auslegungsfrage, ob die gesetzlichen Erben beim Erbfall oder die fiktiven gesetzlichen Erben beim Nacherbfall gemeint sind (BayObLGZ 66, 227, 232; nach Soergel/*Harder/Wegmann* § 2104 Rn 3 im Zweifel letzteres). Die Regel ist auch unanwendbar, wenn die Auslegungsregel des § 2269 I widerlegt ist und Ehegatten die beiderseitigen Kinder zu Nacherben eingesetzt haben; Nacherben des zuerst versterbenden Ehegatten sind dann seine fiktiven gesetzlichen Erben zum Zeitpunkt des Todes des länger lebenden Ehegatten. Die Regel ist auch unanwendbar, wenn der Erblasser den Nacherben bestimmt hat und nur die Bestimmung hinfällig ist oder (zB durch Vorversterben des Nacherben oder durch Anfechtung) hinfällig wird (BGH NJW 1986, 1812). Steht aber fest, dass der Erbe den Nachlass auf jeden Fall nur bis zu einem bestimmten Zeitpunkt oder bis zum Eintritt eines bestimmten Ereignisses behalten soll, so gilt § 2104 entspr (RG JW 1907, 259; KG DNotZ 33, 286).

5 Umstritten ist die Anwendbarkeit der Regel, wenn der Erblasser die Bestimmung des Nacherben (in unzulässiger Weise, s. § 2100 Rn 27 und 38 f) dem Vorerben überlassen hat (dafür Hamm ZEV 95, 376; dagegen Frankf DNotZ 01, 143 mit Anm *Kanzleiter*, der von dieser Klausel abrät).

6 **III. Kombination mit § 2106.** Die Auslegungsregeln der §§ 2104, 2106 können miteinander kombiniert werden, wenn der Erblasser auch den Nacherbfall nicht bestimmt hat (BayObLGZ 66, 227); Nacherben sind dann seine fiktiven gesetzlichen Erben beim Tod des Vorerben (BayObLG FamRZ 96, 1577). Der Vorerbe muss allerdings bestimmt sein.

7 **C. Rechtsfolgen.** Zu Nacherben berufen sind die Personen, die die gesetzlichen Erben des Erblassers wären, wenn er erst zum Zeitpunkt des Nacherbfalls verstorben wäre (fiktive gesetzliche Erben). Wer dazu gehört, sagt im Zweifel § 2066 S. 2. Es können dies ganz andere Personen sein als seine gesetzlichen Erben beim Erbfall. Ist die Abweichung zu groß, so kann die Auslegung ergeben, dass der Vorerbe als Vollerbe eingesetzt ist.

8 Bis zum Nacherbfall sind die Nacherben unbekannt. Für sie kann Pflegschaft angeordnet (§ 1913) oder ein Testamentsvollstrecker eingesetzt (§ 2222) werden. Die als Nacherben in Betracht kommenden fiktiven gesetzlichen Erben haben bis zum Nacherbfall kein Anwartschaftsrecht (BayObLGZ 66, 227, 229).

9 **D. Fiskus.** Die Auslegungsregel gilt grds nicht zugunsten des Fiskus als Nacherben (§ 2104 S. 2). Es ist umstritten, ob die Erbschaft dann dem Vorerben als Vollerben verbleibt (MüKo/*Grunsky* § 2104 Rn 6) oder dessen gesetzlichen Erben anfällt (RGRK/*Johannsen* § 2104 Rn 11). Die Auslegung der Verfügung vTw kann aber auch ergeben, dass der Erblasser auch den Fiskus als Nacherben einsetzen wollte (MüKo/*Grunsky* aaO).

§ 2105 Gesetzliche Erben als Vorerben

(1) Hat der Erblasser angeordnet, dass der eingesetzte Erbe die Erbschaft erst mit dem Eintritt eines bestimmten Zeitpunkts oder Ereignisses erhalten soll, ohne zu bestimmen, wer bis dahin Erbe sein soll, so sind die gesetzlichen Erben des Erblassers die Vorerben.
(2) Das Gleiche gilt, wenn die Persönlichkeit des Erben durch ein erst nach dem Erbfall eintretendes Ereignis bestimmt werden soll oder wenn die Einsetzung einer zur Zeit des Erbfalls noch nicht gezeugten Person oder einer zu dieser Zeit noch nicht entstandenen juristischen Person als Erbe nach § 2101 als Nacherbeinsetzung anzusehen ist.

1 **A. Auslegungsregeln.** Es handelt sich um zwei weitere Regeln zur Ergänzung einer unvollständigen letztwilligen Verfügung, ein Gegenstück zu § 2104. Sie benennen den Vorerben, wo der Erblasser dies unterlassen hat, und vermeiden damit herrenlose (ruhende) Erbschaften. In beiden Fällen werden die gesetzlichen Erben zu Vorerben berufen, und zwar die gesetzlichen Erben des Erblassers zum Zeitpunkt des Erbfalls.

B. Anwendungsbereich. I trifft den Fall, dass der eingesetzte Erbe die Erbschaft erst mit einem bestimmten 2
Zeitpunkt erhalten soll, insbes dass er unter einer aufschiebenden Bedingung eingesetzt ist (§ 2074; s § 2100
Rn 37).
II trifft den Fall, dass der eingesetzte Erbe die Erbschaft beim Tode des Erblassers noch nicht erhalten kann. 3
Dies tritt ein, wenn der eingesetzte Erbe beim Erbfall noch objektiv unbestimmt ist (zB Ehegatte eines
Abkömmlings), nicht aber, wenn er zwar schon objektiv bestimmt und vorhanden, aber nur noch nicht identifiziert ist. Unter II fällt auch die Erbeinsetzung einer beim Erbfall noch nicht gezeugten Person oder einer
noch nicht existierenden juristischen Person, nicht aber einer vom Erblasser selbst begründeten Stiftung (s
§ 2101 Rn 10).
Kein Fall des § 2105 liegt vor, wenn der Erblasser den Zeitpunkt oder den Eintritt der Bedingung für den 4
Nacherbfall noch erlebt. Vielmehr werden dann die Nacherben mit dem Erbfall Vollerben.

C. Widerlegung. Die Auslegungsregeln greifen nicht, wenn die Auslegung ergibt, dass der Erblasser 5
bestimmte gesetzliche Erben keinesfalls einsetzen, sondern gleich den Nacherbfall eintreten lassen wollte,
oder dass er die Anordnung der Nacherbschaft insgesamt entfallen lassen wollte.
Ist die Person des Vorerben unbekannt, weil der eingesetzte Vorerbe nachträglich enterbt worden ist, verzich- 6
tet hat, für erbunwürdig erklärt worden ist, ausgeschlagen hat, von einem Dritten unwirksam bestimmt worden ist oder vor dem Erbfall verstorben ist, ohne dass in diesen Fällen ein Ersatzvorerbe berufen ist, so ist
durch Auslegung zu ermitteln, was geschehen soll. Die Auslegung kann ergeben, dass die gesetzlichen Erben
zu Vorerben berufen sein sollen, dass alsbald die Nacherbe Vollerbe werden soll oder dass die Vor- und
Nacherbschaft insgesamt wegfällt (so dass die gesetzlichen Erben alsbald Vollerben werden). Für eine Vorerbschaft der gesetzlichen Erben kann es dabei sprechen, wenn die Anordnung der Vor- und Nacherbschaft
bezweckt, die Nacherben auf Zeit vom Nachlass auszuschließen. Ging es dem Erblasser dagegen um die
Sicherung des Unterhalts für den Vorerben, so liegt nahe, den Nachlass alsbald dem Nacherben anfallen zu
lassen.

D. Fiskus. Vorerbe kann auch der Fiskus sein; eine Parallele zu § 2104 II gibt es nicht. Wird er das jedoch 7
wider Erwarten des Erblassers, so kommt eine Auslegung in Betracht, wonach die Nacherben schon beim
Erbfall Vollerben werden.

§ 2106 Eintritt der Nacherbfolge

(1) Hat der Erblasser einen Nacherben eingesetzt, ohne den Zeitpunkt oder das Ereignis zu bestimmen,
mit dem die Nacherbfolge eintreten soll, so fällt die Erbschaft dem Nacherben mit dem Tode des Vorerben
an.
(2) Ist die Einsetzung einer noch nicht gezeugten Person als Erbe nach § 2101 Abs. 1 als Nacherbeinsetzung
anzusehen, so fällt die Erbschaft dem Nacherben mit dessen Geburt an. Im Falle des § 2101 Abs. 2 tritt der
Anfall mit der Entstehung der juristischen Person ein.

A. Anwendungsbereich. Auch hier wird eine unvollständige letztwillige Verfügung ergänzt. Der Erblasser 1
hat nicht bestimmt, wann der Nacherbfall eintreten soll.
Er kann diese Bestimmung nicht einem Dritten überlassen (s § 2100 Rn 41). Tut er es doch, so muss die Aus- 2
legung ergeben, ob nach § 2106 I zu verfahren oder die Anordnung der Vor- und Nacherbschaft überhaupt
unwirksam ist.
Der Erblasser kann Vor- und Nacherbschaft anordnen und den Nacherben unter zusätzlichen Bedingungen 3
einsetzen, die ihrerseits den Eintritt des Nacherbfalls nicht definieren (mehrfach bedingte Nacherbschaft, s
§ 2100 Rn 35). Auch in diesem Fall greift § 2106, wenn der Nacherbfall als solcher nicht durch Auslegung zu
ermitteln ist.
§ 2106 ist neben § 2104 anwendbar, wenn auch die Person des Nacherben nicht aus der letztwilligen Verfü- 4
gung zu ermitteln ist (s § 2104 Rn 8), nicht aber neben § 2105 II.

B. I. I enthält eine Auslegungsregel. Danach ist Nacherbfall der Tod des Vorerben. Dies entspricht dem mut- 5
maßlichen Erblasserwillen jedenfalls dann, wenn die Vor- und Nacherbschaft die Versorgung des Vorerben
bezweckt. Stirbt der Vorerbe vor dem Erbfall, so treten etwa bestimmte Ersatzvorerben, ansonsten die gesetzlichen Erben des Vorerben als Vorerben ein.

C. II. II enthält eine Ergänzung zu § 2101. Ist eine noch nicht gezeugte Person als Erbe eingesetzt und nach 6
dieser Vorschrift als zum Nacherben eingesetzt anzusehen, so fällt ihr die Erbschaft mit ihrer Geburt an. Der
noch nicht entstandenen juristischen Person, die nach § 2101 II als zum Nacherben eingesetzt anzusehen ist,
fällt die Nacherbschaft mit ihrer Entstehung an.
Anders ist es, wenn diese Personen von vornherein ausdrücklich als Nacherben eingesetzt sind. Dann gilt 7
§ 2106 I. In der Zwischenzeit nach dem Tod des Vorerben treten dessen Erben als Vorerben ein (gestaffelte
Vor- und Nacherbschaft).

§ 2107 Kinderloser Vorerbe

Hat der Erblasser einem Abkömmling, der zur Zeit der Errichtung der letztwilligen Verfügung keinen Abkömmling hat oder von dem der Erblasser zu dieser Zeit nicht weiß, dass er einen Abkömmling hat, für die Zeit nach dessen Tode einen Nacherben bestimmt, so ist anzunehmen, dass der Nacherbe nur für den Fall eingesetzt ist, dass der Abkömmling ohne Nachkommenschaft stirbt.

1 **A. Anwendungsbereich.** Die Vorschrift greift ein, wenn der zum Vorerben eingesetzte Abkömmling des Erblassers bei Errichtung der letztwilligen Verfügung seinerseits keine Abkömmlinge hat oder der Erblasser dies irrig annimmt. Hat der Erblasser gewusst, dass der zum Vorerben eingesetzte Abkömmling seinerseits Abkömmlinge hat, so zeigt die Anordnung der Vor- und Nacherbschaft hingegen, dass der Nachlass nicht an diese gelangen soll.

2 Die Vorschrift setzt weiterhin voraus, dass der Nacherbfall (ausdrücklich oder kraft Auslegung oder gem § 2106 I) mit dem Tod des Vorerben eintreten soll. Sie greift also nicht ein, wenn der Nacherbfall durch einen bestimmten Zeitpunkt oder den Eintritt eines anderen Ereignisses definiert ist (§ 2105) oder wenn eine noch nicht gezeugte Person oder eine noch nicht entstandene juristische Person zum Nacherben eingesetzt ist (§ 2106 II).

3 Abkömmlinge des Vorerben sind auch nicht eheliche (§ 1589 S 1), ferner Adoptivkinder, wobei die Adoption bis zur Grenze des § 162 II auch nach dem Erbfall stattgefunden haben kann.

4 Die Abkömmlinge des Vorerben müssen bei dessen Tod noch leben. Andererseits tritt mit ihrer bloßen Geburt noch kein Rechtsverlust für den eingesetzten Nacherben ein.

5 **B. Hintergrund.** Die Vorschrift beruht auf der Überlegung, dass der Erblasser üblicherweise entferntere Abkömmlinge nicht hinter völlig Familienfremde zurücksetzen möchte. Es handelt sich um die unwissentliche Übergehung dieser Abkömmlinge. Dabei wird der Irrtum des Erblassers unterstellt. Eine Anfechtung durch den Vorerben ist nicht erforderlich. Dies kann dann anders sein, wenn der Erblasser auch ohne den Irrtum nicht iSd § 2107 testiert hätte.

6 **C. Widerlegung.** Der Erbe des ursprünglichen Vorerben, der letztlich den Nachlass erwirbt, muss nicht identisch mit den Abkömmlingen sein, deren Existenz zur Anwendung des § 2107 geführt hat (BGH NJW 80, 1276, 1277). Indessen kommt eine Auslegung zugunsten des Fortbestandes der Nacherbschaft und der eingesetzten Nacherben in Betracht, wenn
  – die Abkömmlinge des Vorerben die Erbschaft ausschlagen, für erbunwürdig erklärt werden oder einen Erbverzicht erklären, oder
  – die eingesetzten Nacherben dem Erblasser näher stehen als die Abkömmlinge des Vorerben (BGH NJW 80, 1276; 81, 2743) oder
  – überhaupt, wenn der Erblasser mit der Anordnung der Vor- und Nacherbschaft einen Zweck verfolgt hat, der ihm wichtiger war als die Abkömmlinge seines Abkömmlings zu bedenken; die Geltung dieser Auslegungsregel ist aber nicht allein dadurch ausgeschlossen, dass andere Abkömmlinge des Erblassers zu Nacherben eingesetzt sind.

7 Natürlich ist die Anwendung des § 2107 ausgeschlossen, wenn der Erblasser die Nacherbschaft ausdrücklich für den Fall angeordnet hat, dass der Vorerbe noch Abkömmlinge bekommt und diese ihn überleben (BayObLG NJW-RR 91, 1094, 1095). Sie kann auch ausgeschlossen sein, wenn der zum Vorerben eingesetzte Abkömmling den in Betracht kommenden Abkömmling adoptiert hat (BayObLGZ 84, 246, 249). Hat der Erblasser nach Errichtung der letztwilligen Verfügung Kenntnis davon erlangt, dass der zum Vorerben eingesetzte Abkömmling seinerseits Abkömmlinge hat, und gleichwohl längere Zeit seine Verfügung nicht geändert, so ist dies allenfalls ein Indiz, aber kein zwingender Umstand gegen die Anwendung des § 2107.

8 Die Beweislast für einen ausdrücklich oder mutmaßlich von § 2107 abweichenden Erblasserwillen liegt bei dem Nacherben, der trotz Existenz des Abkömmlings seinerseits Nacherbe bleiben will.

9 **D. Rechtsfolge.** Greift die Auslegungsregel, so besteht die Rechtsfolge in der Umdeutung der vom Erblasser verfügten unbedingten Einsetzung des Nacherben in eine auflösend bedingte. Tritt die Bedingung ein, stirbt also der Vorerbe unter Hinterlassung von Abkömmlingen, so entfällt die Nacherbschaft. Der Vorerbe wird rückwirkend zum Vollerben und gibt den Nachlass an seinen Erben weiter, der insoweit wiederum Vollerbe, nicht etwa Nacherbe, ist. Verfügungen, zu denen der Vorerbe der Zustimmung des Nacherben bedurft hätte, werden nachträglich wirksam.

§ 2108 Erbfähigkeit; Vererblichkeit des Nacherbrechts

(1) Die Vorschrift des § 1923 findet auf die Nacherbfolge entsprechende Anwendung.
(2) ¹Stirbt der eingesetzte Nacherbe vor dem Eintritt des Falles der Nacherbfolge, aber nach dem Eintritt des Erbfalls, so geht sein Recht auf seine Erben über, sofern nicht ein anderer Wille des Erblassers anzunehmen ist. ²Ist der Nacherbe unter einer aufschiebenden Bedingung eingesetzt, so bewendet es bei der Vorschrift des § 2074.

A. Absatz 1: Fähigkeit, Nacherbe zu werden. I ordnet die analoge Anwendung des § 1923 auf den Nacherb- 1
fall an. Dies ist so zu verstehen, dass der Nacherbe nicht beim Erbfall, wohl aber beim Nacherbfall zumindest
gezeugt sein und alsdann lebend geboren werden muss (s auch § 2101 I).
Ist der Nacherbe beim Nacherbfall noch nicht gezeugt, so tritt gestaffelte Nacherbschaft ein (analog § 2101 I); 2
der erste Nacherbe ist im Zweifel gem § 2104 zu bestimmen. Ist der Nacherbe schon vor dem Erbfall verstorben (und ein Ersatznacherbe weder eingesetzt noch nach § 2069 BGB berufen, BGHZ 33, 60, 61), so entfällt
die Nacherbschaft, und der Vorerbe erwirbt den Nachlass beim Erbfall als Vollerbe.

B. II: Vererblichkeit des Anwartschaftsrechts des Nacherben. II regelt den Fall, dass der Nacherbe nach 3
dem Erbfall, aber vor dem Nacherbfall verstirbt. Nach II 1 geht sein Recht alsdann auf seine Erben über,
soweit kein anderer Wille des Erblassers anzunehmen ist. Dasselbe gilt, wenn der Nacherbe gleichzeitig mit
dem Nacherbfall verstorben ist. Vererblich ist auch das Recht des späteren Nacherben bei gestaffelter Nacherbschaft.

I. Anwendungsbereich. Die Auslegungsregel greift nicht im Fall des § 2104, also wenn der Erblasser den 4
Nacherben nicht bestimmt hat.

II. Bestimmungen des Erblassers. Der Erblasser kann die Vererblichkeit, nicht aber die Veräußerlichkeit des 5
Nacherbenrechts ausschließen (arg § 137). Er kann die Vererblichkeit auch auf bestimmte Erben des Nacherben beschränken (BGH NJW 63, 1150), etwa auf dessen Ehegatten oder Abkömmlinge; es sind zahlreiche
Fälle denkbar, in denen der Erblasser das Vermögen in der Familie halten und Familienfremde ausschließen
wollte. Ebenso kann er die Vererblichkeit zeitlich begrenzen. Dies alles kann ausdrücklich geschehen oder
sich durch Auslegung der Verfügung vTw ergeben.
In der Regel hat die Einsetzung eines Ersatznacherben diese Folge. Zwar kann die Einsetzung eines Ersatz- 6
nacherben auch neben der Vererblichkeit des Nacherbenrechts ihren Sinn behalten, etwa wenn der eingesetzte Nacherbe nicht durch vorzeitigen Tod wegfällt, sondern wegen Ausschlagung, Erbunwürdigkeit, Erbverzichts oder Anfechtung der ihn betreffenden letztwilligen Verfügung, doch sind diese Fälle so selten, dass
sie der Erblasser regelmäßig nicht in den Blick nimmt und sie in diesem Rahmen nicht zu einer anderen
Beurteilung der Nacherbeneinsetzung führen können.

III. Widerlegung. Die Beweislast für die Unvererblichkeit liegt bei demjenigen, der sie bzw einen entspr 7
Willen des Erblassers behauptet. Ergibt sich, dass der Erblasser die Vererblichkeit des Nacherbenrechts ausgeschlossen hat, so muss weiter im Wege der Auslegung ermittelt werden, ob damit die Vor- und Nacherbschaft
insgesamt wegfallen (Vorerbe als Vollerbe) oder Ersatznacherbfolge eintreten oder eventuell ein weiterer
Nacherbe analog § 2102 I als Ersatznacherbe berufen sein soll.

IV. Weitere aufschiebende Bedingung. Der Nacherbe kann unter einer zusätzlichen aufschiebenden Bedin- 8
gung eingesetzt sein, die nicht mit derjenigen identisch ist, die der Nacherbschaft begriffsnotwendig innewohnt (s § 2100 Rn 35 und § 2106 Rn 3). Löst diese Bedingung den Nacherbfall noch nicht aus, sondern soll
dieser erst später eintreten, so gilt § 2108 II 1; das Nacherbenrecht ist vererblich (RGRK/*Johannsen* § 2108
Rn 16). Tritt diese Bedingung aber zu Lebzeiten dessen, der zum Nacherben berufen ist, nicht mehr ein, so
gilt § 2108 II 2; dann ist die Nacherbschaft nach § 2074 BGB im Zweifel nicht vererblich (RGRK/*Johannsen*
§ 2108 Rn 17). Gleichwohl soll der Nacherbe über sein Anwartschaftsrecht unter Lebenden für den Fall des
Eintritts der Bedingung verfügen können.
Bei gestaffelter Nacherbfolge gilt § 2108 II nur für den letzten Nacherben. 9

V. Juristische Personen. § 2108 II gilt nicht analog für juristische Personen, die vor dem Nacherbfall erlö- 10
schen. In diesem Fall tritt Ersatznacherbfolge ein, falls ein Ersatznacherbe berufen ist. Fehlt ein solcher, so
entfällt die Vor- und Nacherbschaft, und der Nachlass verbleibt dem Vorerben als Vollerben.

§ 2109 Unwirksamwerden der Nacherbschaft

(1) ¹Die Einsetzung eines Nacherben wird mit dem Ablauf von 30 Jahren nach dem Erbfall unwirksam,
wenn nicht vorher der Fall der Nacherbfolge eingetreten ist. ²Sie bleibt auch nach dieser Zeit wirksam,
1. wenn die Nacherbfolge für den Fall angeordnet ist, dass in der Person des Vorerben oder des Nacherben
   ein bestimmtes Ereignis eintritt, und derjenige, in dessen Person das Ereignis eintreten soll, zur Zeit des
   Erbfalls lebt;
2. wenn dem Vorerben oder einem Nacherben für den Fall, dass ihm ein Bruder oder eine Schwester geboren wird, der Bruder oder die Schwester als Nacherbe bestimmt ist.

(2) Ist der Vorerbe oder der Nacherbe, in dessen Person das Ereignis eintreten soll, eine juristische Person,
so bewendet es bei der dreißigjährigen Frist.

A. Begrenzung der Vor- und Nacherbschaft. Die Vorschrift beschränkt die Wirksamkeit der Nacherbenein- 1
setzung grds auf 30 Jahre nach dem Erbfall.

2 Sie dient der Vermeidung von fideikommissähnlichen Strukturen (vgl §§ 2162, 2163 für aufschiebend bedingte und befristete Vermächtnisse). Sie gilt auch bei gestaffelter Nacherbschaft; insoweit ist die Einsetzung der späteren Nacherben in ihrer Wirksamkeit beschränkt. Der Erblasser kann die Frist also nicht allein dadurch verlängern, dass er eine gestaffelte Nacherbschaft anordnet.

3 Bei Ablauf der 30 Jahre verbleibt der Nachlass dem Vorerben als Vollerben, bei gestaffelter Nacherbfolge demjenigen, der gerade bei Fristablauf Vorerbe ist. Die Auslegung kann indessen ergeben, dass bei Ablauf der 30 Jahre die letzte angeordnete Nacherbschaft eintreten soll, so wenn der Erblasser den Nachlass jedenfalls dem letzten Nacherben zuwenden und dessen Erwerb nur so weit wie möglich hinausschieben wollte.

4 Die 30 Jahre können jedoch beliebig lange überschritten werden, wenn eine der beiden folgenden Ausnahmen greift. Es kann dann also während der ganzen restlichen Lebensdauer des Vor- bzw des Nacherben der Nacherbfall eintreten.

5 **B. Erste Ausnahme.** Sie hängt von zwei Voraussetzungen ab:

6 **I. Art des Ereignisses.** Zum einen muss der Nacherbfall in einem Ereignis bestehen, das in der Person des jeweils in Betracht kommenden Vor- oder Nacherben eintritt. Das Ereignis wird herkömmlich als Tun, Unterlassen oder Dulden definiert. Insbes gehören dazu aber auch familiäre Ereignisse wie Geburt, Tod oder Heirat. Am häufigsten handelt es sich um den Tod des Vorerben. Auch reine Potestativbedingungen, deren Eintritt nur vom Willen des Vor- oder des Nacherben abhängt, reichen aus. Umstritten ist, welche Nähe zum Vor- oder Nacherben Ereignisse haben müssen, die außerhalb der Familie eintreten.

7 **II. Existenz des Nacherben.** Zum anderen muss der betreffende Vor- oder Nacherbe zur Zeit des Erbfalls schon leben oder jedenfalls (§ 1923 II) schon gezeugt sein. Ist Nacherbe ein Kind des Vorerben, so wird dieses auch dann Nacherbe, wenn es erst später als 30 Jahre nach dem Erbfall gezeugt wird, denn seine Zeugung ist ein Ereignis in der Person des Vorerben.

8 **C. Zweite Ausnahme.** Sie tritt ein, wenn Nacherbe ein Geschwister des Vor- oder des Nacherben sein soll. In Betracht kommen auch Halbgeschwister, ebenso Adoptivgeschwister, außer sie wären erst als Volljährige adoptiert worden (arg § 1770 I 1). Damit kann der Erblasser seinen Nachlass einer ganzen Generation zukommen lassen.

9 **D. Beweislast.** Die Beweislast für eine der Ausnahmen trägt, wer sich auf die Wirksamkeit der Nacherbeneinsetzung beruft.

10 **E. Rückausnahme.** Eine solche besteht nach § 2109 II für juristische Personen. Sind sie zu Nacherben eingesetzt, so kann sich die Frist von 30 Jahren nicht verlängern.

§ 2110 Umfang des Nacherbrechts

(1) Das Recht des Nacherben erstreckt sich im Zweifel auf einen Erbteil, der dem Vorerben infolge des Wegfalls eines Miterben anfällt.
(2) Das Recht des Nacherben erstreckt sich im Zweifel nicht auf ein dem Vorerben zugewendetes Vorausvermächtnis.

1 **A. Auslegungsregel.** Die Vorschrift definiert den Umfang des Nacherbenrechts in zwei Zweifelsfällen. Sie beruht auf dem Grundgedanken, dass der Erblasser dem Nacherben im Zweifel alles das zuwenden will, was der Vorerbe von ihm erlangt hat. Das Gegenteil muss beweisen, wer Rechte daraus herleitet.

2 **B. I: Wegfall eines Mitvorerben.** Im Zweifel umfasst das Nacherbenrecht auch den Erbteil, der dem Vorerben deshalb anfällt, weil ein Miterbe (Mitvorerbe) wegfällt (§ 2110 I). Dies kann eintreten nach Erhöhung des gesetzlichen Erbteils gem § 1935, Anwachsung (§ 2094) oder Berufung des Vorerben zum Ersatzerben eines Mitvorerben (§ 2096). Weitere Beispiele sind die Ausschlagung (§ 1953), Erbunwürdigkeitserklärung (§ 2344), Nichterleben einer aufschiebenden Bedingung (§ 2074) oder die Anfechtung (§ 2078) mit Bezug auf einen Miterben. Wegen der Rückwirkung dieser Akte spielt es insoweit keine Rolle, ob der Miterbe vor oder nach dem Nacherbfall weggefallen ist.

3 Ist die Auslegungsregel widerlegt, so wird der betreffende Teil des Nachlasses freies Vermögen des Vorerben.

4 **C. II: Vorausvermächtnis.** Im Zweifel erstreckt sich das Nacherbenrecht nicht auf ein Vorausvermächtnis zugunsten des Vorerben (§ 2110 II). Die Vorschrift gilt auch für den Voraus (§ 1932) als gesetzliches Vorausvermächtnis.

5 Der Erblasser kann freilich das Gegenteil anordnen. Die Auslegung der Verfügung vTw kann das ergeben, wenn er nur den Vorerben im Verhältnis zu Mitvorerben begünstigen, nicht aber den Nacherben benachteiligen wollte.

6 Ansonsten ist auch ein Nachvermächtnis möglich (§ 2191). Nachvermächtnisnehmer oder Ersatzvermächtnisnehmer kann auch der Nacherbe sein.

§ 2111 Unmittelbare Ersetzung

(1) ¹Zur Erbschaft gehört, was der Vorerbe auf Grund eines zur Erbschaft gehörenden Rechts oder als Ersatz für die Zerstörung, Beschädigung oder Entziehung eines Erbschaftsgegenstandes oder durch Rechtsgeschäft mit Mitteln der Erbschaft erwirbt, sofern nicht der Erwerb ihm als Nutzung gebührt. ²Die Zugehörigkeit einer durch Rechtsgeschäft erworbenen Forderung zur Erbschaft hat der Schuldner erst dann gegen sich gelten zu lassen, wenn er von der Zugehörigkeit Kenntnis erlangt; die Vorschriften der §§ 406 bis 408 finden entsprechende Anwendung.
(2) Zur Erbschaft gehört auch, was der Vorerbe dem Inventar eines erbschaftlichen Grundstücks einverleibt.

A. Grundsatz. § 2111 ordnet für verschiedene Fälle die dingliche Surrogation an. Nach ihrem Grundgedanken werden bestimmte Gegenstände automatisch Bestandteil des Nachlasses. Sie gehen mit auf den Nacherben über und werden von seinem Herausgabeanspruch aus § 2130 erfasst. Die Beweislast für die Umstände, die die Surrogation begründen, liegt beim Nacherben (BGH NJW 83, 2874). 1

Dahinter steht das Ziel, die Substanz des Nachlasses für den Nacherben zu erhalten (BGHZ 109, 214, 217). Er soll nicht auf schuldrechtliche Ersatzansprüche verwiesen werden. 2

B. Weitere Rechtsfolgen. Entscheidend für die weitere Behandlung im Rahmen der Vor- und Nacherbschaft ist nicht der Charakter des weggegebenen Gegenstandes, sondern der des Surrogates (MüKo/*Grunsky* § 2111 Rn 5). So etwa gilt für den Erlös aus einem verkauften Grundstück nicht § 2113 I; vielmehr ist er nach § 2119 anzulegen (BGH NJW 93, 3199), falls der Vorerbe nicht hiervon wiederum gem § 2136 befreit ist. 3

Sehr strittig ist, ob die Surrogation auch zugunsten von Nachlassgläubigern wirkt oder nur den Nacherben begünstigen will (so wohl BGHZ 81, 8, 12). 4

Im übrigen unterliegt die Surrogation nicht der Disposition der Beteiligten. Der Erblasser kann den Vorerben nicht generell von der Surrogation befreien. Auch ein Dritter kann bei seiner Zuwendung nicht bestimmen, dass Surrogation eintreten soll, wo sie nach dem Gesetz nicht eintritt, erst recht nicht umgekehrt. Der Vorerbe kann nicht von sich aus Gegenstände seines freien Vermögens mit dinglicher Wirkung dem Nachlass zuweisen (BGHZ 40, 115, 125); immerhin kann der Nacherbe einer Verfügung des Vorerben mit der Wirkung zustimmen, dass die Surrogation ausgeschlossen wird. 5

C. Anwendungsbereich. Es handelt sich um eine Ausnahmevorschrift, die keiner ausdehnenden Auslegung zugänglich ist (BGH NJW 93, 3199). 6

Allerdings erfasst sie auch den Erwerb nicht übertragbarer Rechtspositionen; dies zeigt sich etwa dann, wenn der Vorerbe einen nicht übertragbaren Gesellschaftsanteil mit Nachlassmitteln erwirbt (BGHZ 109, 214, 217 ff.) oder wenn er aus Nachlassmitteln eine Gegenleistung dafür erbringt, dass ihm ein Nießbrauch bestellt wird. Sie erfasst auch Girokonten, die dem Nachlass zugehören, doch ist dann für jede einzelne Position zu klären, ob sie aus dem Nachlass oder aus freiem Vermögen des Vorerben herrührt (BGHZ 131, 60). 7

Keine Surrogation besteht bezüglich Nutzungen, die der Vorerbe ordnungsgemäß gezogen hat. Sie fallen in sein freies Vermögen. Dies ergibt sich aus § 2111 I 1, Hs. 1 (BGHZ 78, 177, 188; BGHZ 81, 8, 12; BGH NJW 83, 2874). 8

D. Erster Fall der Surrogation: Erwerb aufgrund eines zur Erbschaft gehörenden Rechts. Gemeint ist ein nicht rechtsgeschäftlicher Erwerb, etwa nach §§ 946 ff., 984, 937 ff (Ersitzung aufgrund eines zum Nachlass gehörenden Besitzes, § 857) sowie § 1952 (Annahme einer dem Erblasser angefallenen Erbschaft durch den Vorerben). 9

Dieser Fall ist nicht gegeben, wenn der nicht rechtsgeschäftliche Erwerb durch ein Rechtsgeschäft des Vorerben ausgelöst oder vermittelt worden ist, etwa die Umwandlung der Fremd- in eine Eigentümerhypothek (§§ 1163, 1177) durch Tilgung der gesicherten Forderung. Dagegen liegt Fall 3 (s Rn 12 ff) vor, wenn der Vorerbe diese Tilgung aus Nachlassmitteln bewirkt hat. 10

E. Zweiter Fall der Surrogation: Ersatz für Zerstörung, Beschädigung oder Entzug eines Nachlassgegenstandes. Ob ein solcher Ersatz vorliegt, ist wirtschaftlich zu entscheiden, nicht formalrechtlich. Hierher zählen etwa auch der an den Vorerben ausgekehrte Überschuss aus der Zwangsversteigerung eines Nachlassgrundstücks (BGH NJW 93, 3198), Leistungen aus dem Lastenausgleich für Vermögenswerte, die der Erblasser verloren hat (BGHZ 44, 336 und BGH WM 72, 802, 803), Ansprüche aus unerlaubter Handlung im weitesten Sinne (auch Ansprüche auf Versicherungsleistungen oder Enteignungsentschädigung), Bereicherungsansprüche wegen des Verlustes von Nachlassgegenständen (vor allem aus § 951) und Restitutionsansprüche nach dem Vermögensgesetz. Nicht hierzu zählen Aufwendungsersatzansprüche. 11

F. Dritter Fall der Surrogation: Erwerb durch Rechtsgeschäft mit Mitteln der Erbschaft. I. Wirtschaftliche Betrachtung. Auch hier entscheiden wirtschaftliche Gesichtspunkte. Deshalb gehört hierher auch die Ersteigerung, wenn und soweit dazu Mittel aus der Vorerbschaft verwendet werden. 12

II. Mittel der Erbschaft. Mit Mitteln der Erbschaft hat der Erwerb stattgefunden, wenn ihr der Gegenwert entnommen worden ist. Auch hier ist eine wirtschaftliche Betrachtungsweise angezeigt (BGHZ 40, 115). Es 13 kommt mithin nicht darauf an, ob es die Geld- oder die andere Leistung ist, die aus dem Nachlass stammt. Surrogation tritt etwa auch ein, wenn der Vorerbe die auf einem Nachlassgrundstück ruhende Hypothek mit Nachlassmitteln ablöst (BGHZ 40, 115, 122).

14 Es genügt, dass der Nachlass mittelbar für den Gegenwert aufkommt. Kauft etwa der Vorerbe ein Grundstück mit Hilfe eines Bankkredits, den er später mit Nachlassmitteln ablöst, so fällt das Grundstück kraft Surrogation in den Nachlass (BGH NJW 90, 1237, 1238). Auch gehören zum Nachlass kraft Surrogation die Gegenstände, die dem Vorerben bei Auseinandersetzung der Erbengemeinschaft unter den Vorerben zugeteilt werden (BGHZ 40, 115, 123; BGHZ 52, 269; BGH NJW-RR 01, 217).

15 Wird ein Gegenstand teilweise mit Mitteln des Nachlasses erworben, so fällt der Erwerb mit dem entspr Anteil in die Nacherbschaft (RGZ 89, 53 und 90, 97). Nach BGH NJW 77, 1631 gilt dies auch für den Fall, dass der Vorerbe aus eigenen Mitteln ein Grundstück kauft und es unter Verwendung von Nachlassmitteln bebaut.

16 **G. Vierter Fall der Surrogation: Inventar eines Grundstücks, das zum Nachlass gehört.** Hier ordnet § 2111 II die Surrogation der Inventargegenstände an. Die Vorschrift setzt voraus, dass der Vorerbe den Inventargegenstand aus eigenen Mitteln beschafft hat; sonst liegt schon Fall 3 (s.o. Rn 12 ff) vor. Sie greift auch dann, wenn es sich nicht um Ersatzstücke für andere Inventarbestandteile handelt, und geht damit über den gewöhnlichen Rahmen einer Surrogation hinaus.

17 **H. Schutz des guten Glaubens für Schuldner surrogierter Forderungen.** Nach § 2111 I 2 muss der Schuldner die Zugehörigkeit einer durch Rechtsgeschäft erworbenen Forderung zum Nachlass erst dann gegen sich gelten lassen, wenn er davon (positive) Kenntnis erlangt. Für die Kenntnis vom Nacherbfall gilt dagegen § 2140 S. 2; danach schadet es dem Schuldner schon, wenn er dessen Eintritt fahrlässig ausschließt.

§ 2112 Verfügungsrecht des Vorerben

Der Vorerbe kann über die zur Erbschaft gehörenden Gegenstände verfügen, soweit sich nicht aus den Vorschriften der §§ 2113 bis 2115 ein anderes ergibt.

1 **A. Grundregel. I. Verfügungsbefugnis.** Der Vorerbe darf grds über den Nachlass verfügen, der der Nacherbschaft unterliegt. Gemeint sind alle Verfügungen im Sinne des § 185 BGB, also alle Rechtsgeschäfte, durch die ein Recht übertragen, belastet, inhaltlich verändert oder aufgehoben wird. Seine Verfügungsbefugnis endet grds mit dem Nacherbfall, dauert aber unter den Voraussetzungen des § 2140 weiter fort.

2 Der Vorerbe muss aber die dinglichen Beschränkungen hinnehmen, die sich im Interesse des Nacherben aus den §§ 2113 bis 2115 ergeben. Sie wirken absolut, also jedem Dritten gegenüber; nicht etwa handelt es sich um relative Veräußerungsverbote iSv § 135. Sie können von jedermann geltend gemacht werden (BGHZ 52, 269, 279). Befreiungen sind in großem Umfang möglich (§ 2136), aber auch rein schuldrechtlich wirkende (im Ergebnis über die §§ 2113 bis 2115 hinausreichende) Beschränkungen (s § 2136 Rn 3).

3 Die Unwirksamkeit einer Verfügung, die sich aus den §§ 2113 bis 2115 ergibt, ist zeitlich auf den Eintritt des Nacherbfalls hinaus geschoben (BGHZ 52, 269, 270); es handelt sich also um eine aufschiebend bedingte Unwirksamkeit. Bis dahin ist die Verfügung grds wirksam. Die Unwirksamkeit tritt alsdann automatisch ein, ohne besonderes Zutun des Nacherben. Rechte, die nicht unter einer auflösenden Bedingung stehen können, können von vornherein nicht ohne Zustimmung des Nacherben wirksam begründet oder übertragen werden (BGHZ 52, 269 zum Erbbaurecht an einem Nachlassgrundstück). Andererseits bleibt die Verfügung grds wirksam, wenn und soweit sie den Nacherben nicht beeinträchtigt, er zugestimmt hat oder ihre Wirkung von vornherein bis zum Eintritt des Nacherbfalls begrenzt ist, wie etwa die Einräumung eines Nießbrauchs oder eines dinglichen Vorkaufsrechts bis dahin. Die Verfügung bleibt auch wirksam, wenn der Nacherbfall nicht eintritt.

4 **II. Ordnungsgemäße Verwaltung des Nachlasses.** Von der Wirksamkeit der Verfügung und der Verfügungsfreiheit des Vorerben ist die Frage zu trennen, ob die Verfügung der ordnungsgemäßen Verwaltung des Nachlasses entspricht. Tut sie dies nicht, so wird sie zwar in den Grenzen der §§ 2113 bis 2115, 2136 wirksam, doch ist der Vorerbe dem Nacherben schadensersatzpflichtig aus §§ 2130, 2131. Der Nacherbe kann gegen den Vorerben aus dem gesetzlichen Schuldverhältnis zwischen ihnen auch einen Rechtsanspruch auf Unterlassung der Verfügung haben (sog schuldrechtliche Beschränkung der Verfügungsmacht).

5 **III. Verpflichtungsgeschäfte.** Die schuldrechtlichen Verpflichtungsgeschäfte, die der Verfügung zugrunde liegen, sind und bleiben grds wirksam. Sie verpflichten jedenfalls den Vorerben, zumindest zum Ersatz des Schadens gegenüber dem Vertragspartner. Vor der Schuldrechtsreform handelte es sich um einen Fall der Haftung für Rechtsmängel (BGH NJW 00, 3496). Sie verpflichten aber auch den Nacherben, wenn der Vorerbe sie im Rahmen einer ordnungsgemäßen Verwaltung des Nachlasses abgeschlossen hat (§ 2130), und begründen insoweit auch eine Nachlassverbindlichkeit.

IV. Gegenleistung. Die Gegenleistung für die Verfügung fällt in der Regel als dingliches Surrogat in den Nachlass (s § 2111 Rn 12 ff). 6

B. Sonderfälle. I. Handelsrecht. Zur Fortführung eines einzelkaufmännischen Unternehmens vgl Kompaktkommentar Rn 9. 7

II. Verfügungen über das Sondervermögen im Ganzen. Der Vorerbe kann sich ohne Zustimmung des Nacherben verpflichten, die Vorerbschaft im Ganzen zu veräußern (§§ 2371, 2385). Die erforderlichen einzelnen Erfüllungsgeschäfte sind jedoch im Rahmen der §§ 2113 bis 2115, 2136 zustimmungspflichtig. Demgegenüber kann ein Mitvorerbe seinen Erbteil ohne weiteres auch ohne Zustimmung des Nacherben veräußern (BayObLG DNotZ 83, 320, 325). 8

III. Urteilsverfügungen. Dies sind solche, bei denen die Willenserklärung des Vorerben als abgegeben gilt, weil er hierzu rechtskräftig verurteilt worden ist (§§ 894, 895 ZPO). Sie stehen seinen sonstigen, freiwilligen Verfügungen gleich. Die Verurteilung des Vorerben zur Abgabe solcher Willenserklärungen ist deshalb nur dann zulässig, wenn er die Verfügung auch nach §§ 2113 bis 2115, 2136 mit Wirkung gegen den Nacherben vornehmen kann oder ihre Wirkung auf die Zeit der Vorerbschaft beschränkt ist oder wenn der Nacherbe dem Rechtsgeschäft zugestimmt hat. 9

C. Vollmachten. Eine Vollmacht des Erblassers zugunsten des Vorerben erlischt mit dem Erbfall (MüKo/ *Grunsky* § 2112 Rn 8). Es dürfte auch nicht möglich sein, dem Vorerben Vollmacht für den Nacherben für die Zeit bis zum Nacherbfall zu erteilen; insoweit kommt nur eine Testamentsvollstreckung für den Nacherben in Betracht (§ 2222 BGB). 10

Eine (postmortale) Vollmacht des Erblassers an Dritte besteht fort, solange sie nicht vom Vorerben (bis zum Nacherbfall) oder vom Nacherben (danach) widerrufen wird und soweit das zugrunde liegende Rechtsgeschäft ebenfalls fortbesteht. Sie berechtigt vor dem Nacherbfall nur zur Vertretung des Vorerben und befreit nicht von der Pflicht, bei zustimmungspflichtigen Verfügungen die Zustimmung des Nacherben einzuholen. Nach dem Nacherbfall berechtigt sie zur Vertretung des Nacherben. Unwiderruflich kann diese Vollmacht nicht erteilt werden; entspr Beschränkungen können nur mit Hilfe der Testamentsvollstreckung herbeigeführt werden (§ 2211 I; Staud/*Avenarius* § 2112 Rn 30). 11

Eine Vollmacht des Vorerben an Dritte befreit ebenfalls nicht von den Zustimmungspflichten aus §§ 2113 bis 2115, 2136. Sie endet grds mit dem Nacherbfall, es sei denn, es läge ihr ein Rechtsverhältnis zugrunde, das – namentlich aufgrund der Zustimmung des Nacherben – auch ihm gegenüber wirksam ist. 12

§ 2113 Verfügungen über Grundstücke, Schiffe und Schiffsbauwerke; Schenkungen

(1) Die Verfügung des Vorerben über ein zur Erbschaft gehörendes Grundstück oder Recht an einem Grundstück oder über ein zur Erbschaft gehörendes eingetragenes Schiff oder Schiffsbauwerk ist im Falle des Eintritts der Nacherbfolge insoweit unwirksam, als sie das Recht des Nacherben vereiteln oder beeinträchtigen würde.

(2) ¹Das Gleiche gilt von der Verfügung über einen Erbschaftsgegenstand, die unentgeltlich oder zum Zwecke der Erfüllung eines von dem Vorerben erteilten Schenkungsversprechens erfolgt. ²Ausgenommen sind Schenkungen, durch die einer sittlichen Pflicht oder einer auf den Anstand zu nehmenden Rücksicht entsprochen wird.

(3) Die Vorschriften zugunsten derjenigen, welche Rechte von einem Nichtberechtigten herleiten, finden entsprechende Anwendung.

A. Grundsatz. Der Vorerbe darf nicht über ein Grundstück oder ein Recht an einem Grundstück verfügen (I), ebenso wenig über irgendeinen Nachlassgegenstand unentgeltlich (II). Dies gilt auch, wenn das Verfügungsobjekt als Surrogat gem § 2111 in den Nachlass gelangt ist. 1

Eine ausdehnende Auslegung auf andere Fälle kommt nicht in Betracht, mag die Verfügung auch gravierende wirtschaftliche Konsequenzen für den Nacherben haben. Eigenmächtige Verfügungen des Vorerben, die auch von § 2130 nicht gedeckt sind, geben dem Nacherben die Rechte aus §§ 2127 bis 2129. 2

Die beiden Absätze enthalten zwei selbständig nebeneinander stehende Ausnahmen vom Grundsatz des § 2112. Der Erblasser kann den Vorerben vom ersten, nicht vom zweiten Verbot befreien (§ 2136), somit auch nicht vom Verbot unentgeltlicher Verfügungen über Grundstücke und Rechte an Grundstücken (RGZ 133, 263, 267). 3

B. Rechtswirkungen. Die Unwirksamkeit der Verfügungen tritt erst mit dem Nacherbfall ein und wirkt nicht zurück. Kommt es nicht zum Nacherbfall, so bleiben die Verfügungen wirksam (s § 2112 Rn 3). 4

C. Grundstücke und Rechte an Grundstücken. I. Definition. Als Grundstücke gelten auch grundstücksgleiche Rechte (Erbbaurecht). Als Rechte an Grundstücken kommen Nießbrauch und beschränkte persönliche Dienstbarkeit, da unvererblich, hier nicht in Betracht. 5

6 § 2113 I betrifft hingegen nicht Verfügungen über Grundstücke und Rechte an Grundstücken, die ihrerseits zum Vermögen einer Gesamthand (Gesamtgut der Gütergemeinschaft, Personengesellschaft, Miterbengemeinschaft) gehören (BGH NJW 58, 708; 76, 893; 78, 698), ebenso wenig Anteile an einer Gesamthand, zu der ein Grundstück gehört (MüKo/*Grunsky* § 2113 Rn 5). Das aus einem Grundstück bestehende Vermögen einer Gesellschaft bürgerlichen Rechts, an der neben anderen Gesellschaftern nicht befreite Vorerben beteiligt sind, kann auch gegen den Willen der Nacherben auseinandergesetzt werden (Hburg NJW-RR 94, 1231). Die Nacherben sind jedoch insoweit nicht schutzlos. Bei nicht befreiter Vorerbschaft kann sich der Vorerbe durch die Veräußerung, wenn sie keiner ordnungsgemäßen Verwaltung des Nachlasses entspricht, nach §§ 2130, 2131 schadensersatzpflichtig machen; bei befreiter Vorerbschaft können Ansprüche aus § 2138 II bestehen (*Johannsen* in Anmerkung zu BGH LM Nr 1 zu § 2138 = NJW 58, 708).

7 **II. Verfügung.** Zum Begriff der Verfügung s. zunächst § 2112 Rn 1. Keine Verfügung liegt in der Eigentumsübertragung durch Teilungsversteigerung (BayObLGZ 65, 212, 216). Für die Kündigung und Einziehung von Hypotheken und Grundschulden gilt § 2114. Vermietung und Verpachtung (§ 2135) sind keine Verfügungen. Eine Verfügung liegt dagegen in der Bestellung einer Baulast (VG Schleswig DNotZ 86, 95) und in der Revalutierung einer Grundschuld auf einem Nachlassgrundstück (MüKo/*Grunsky* § 2113 Rn 7). Sie liegt ferner in der Löschungsbewilligung für beschränkte dingliche Rechte, die zum Nachlass gehören, außer wenn das zu löschende Recht letztrangig eingetragen ist (Soergel/*Harder/Wegmann* § 2113 Rn 13); umstritten ist, ob eine Ausnahme auch dann gilt, wenn bereits der Erblasser eine Löschungsvormerkung bewilligt hat (Soergel/*Harder/Wegmann* § 2113 Rn 14).

8 **III. Unwirksamkeit.** Die Verfügung ist nur insoweit unwirksam, als sie das Nacherbenrecht vereiteln oder beeinträchtigen kann (dann aber auch allen Dritten gegenüber, s. § 2112 Rn 2). Dies ist unter rein rechtlichen, nicht unter wirtschaftlichen Gesichtspunkten zu entscheiden (Staud/*Avenarius* § 2113 Rn 22 und 51). Unwirksam sind deshalb auch ein – selbst vorteilhafter – Grundstückstausch und die Bewilligung einer Vormerkung; will der Nacherbe von einer vorteilhaften Verfügung profitieren, so kann er sie genehmigen.

9 Veräußerungen und Belastungen von Nachlassgrundstücken sind regelmäßig nachteilig. Eine Ausnahme gilt, wenn der Erblasser schon den verpflichtenden Vertrag geschlossen hat.

10 **IV. Fälle wirksamer Verfügung.** Der Erblasser kann den Vorerben befreien, soweit er nicht unentgeltlich verfügt (§ 2136 BGB). Im übrigen gilt:

11 Die Verfügung wird durch Zustimmung des Nacherben wirksam. Er muss gem § 2124 zustimmen, wenn die Verfügung einer ordnungsgemäßen Verwaltung des Nachlasses im Sinne des § 2130 entspricht. Dies ist etwa der Fall, wenn mit der Verfügung ein Vermächtnis erfüllt wird (Ddorf DNotZ 03, 637; BayObLG DNotZ 01, 808).

12 Analogien zu § 185 II sind zulässig (BayObLG DNotZ 98, 138 und 1998, 206, 207). Danach wird die Verfügung des Vorerben auch wirksam, wenn dieser das Grundstück zu freiem Eigentum erwirbt (S 1 Fall 2 aaO), jedoch abweichend von § 184 I nur für die Zukunft (RGZ 110, 94), oder wenn er das Nacherbenrecht erwirbt (Staud/*Avenarius* § 2113 Rn 19) oder wenn der Nacherbe unbeschränkbar (BayObLG DNotZ 98, 138) haftender Alleinerbe (BGH LM Nr 1 zu § 2113) des Vorerben wird (§ 185 II 1 Fall 3, auch hier nur für die Zukunft).

13 **V. Geltendmachung der Unwirksamkeit.** Eine Feststellungsklage des Nacherben ist schon vor dem Nacherbfall zulässig (BGHZ 52, 269). Ebenso kann der Vorerbe auf Feststellung der Wirksamkeit seiner Verfügung klagen (BGHZ 7, 276). Wert- und Schadensersatzansprüche gegen den Vorerben (§§ 2130, 2134) kann der Nacherbe erst nach dem Nacherbfall erheben; vorher hat er jedoch schon die Rechte aus §§ 2127 bis 2129.

14 Nach dem Nacherbfall hat der Nacherbe gegen den Dritten, falls dieser nicht gutgläubig erworben hat (s.u. Rn 33ff) einen Anspruch auf Herausgabe (Grundbuchberichtigung, §§ 894, 985). Der Dritte hat ein Zurückbehaltungsrecht wegen des an den Vorerben geleisteten Entgelts (BGH NJW 85, 382). Der Anspruch des Dritten auf Ersatz seiner Verwendungen richtet sich für die Zeit vor dem Nacherbfall nach §§ 2124 bis 2126, danach nach §§ 987 ff (BGH NJW 85, 382, 384).

15 **D. Unentgeltliche Verfügungen. I. Geltungsbereich.** Diese Verfügungsbeschränkung für den Vorerben betrifft Nachlassgegenstände aller Art, insbes auch Grundstücke und Rechte daran (s Rn 3), nicht aber Nutzungen. Über letztere kann der Vorerbe grds frei verfügen. Nicht betroffen ist die Erfüllung von Schenkungsversprechen des Erblassers.

16 Auch ein befreiter Vorerbe unterliegt ihr (vgl § 2136), er kann also über ein Grundstück zwar entgeltlich verfügen, nicht aber unentgeltlich. Der Erblasser kann den Vorerben auch nicht ad hoc in der letztwilligen Verfügung befreien (RGZ 133, 267), nicht einmal den ansonsten befreiten Vorerben. Keine Befreiung bewirkt insbes auch eine Testamentsklausel, wonach der Vorerbe (im konkreten Fall die Ehefrau) über den gesamten Nachlass frei nach seinem Willen solle verfügen können (BGHZ 7, 275). Ein Ausweg kann in einem Vorausvermächtnis zugunsten des Vorerben bestehen.

17 Die Unwirksamkeit der unentgeltlichen Verfügung tritt erst mit dem Nacherbfall ein und nur insoweit, als das Recht des Nacherben beeinträchtigt ist. Das schuldrechtliche Grundgeschäft des Vorerben, das zur unentgeltlichen Verfügung verpflichtet, bleibt stets wirksam (BGHZ 98, 130; s § 2112 Rn 5).

II. Unentgeltlichkeit. Diese ist – anders als nach Absatz 1 die Verfügung über ein Grundstück (s Rn 8) – nach wirtschaftlichen Gesichtspunkten zu beurteilen (Soergel/*Harder/Wegmann* § 2113 BGB Rn 18 und 19; Staud/*Avenarius* § 2113 BGB Rn 22). 18

Anders als bei §§ 516 ff ist auch unerheblich, ob sich die Parteien über die Unentgeltlichkeit des Rechtsgeschäfts geeinigt haben (BGH BB 1991, 237); die Vorschrift betrifft auch nicht nur Schenkungen. Für die Frage, ob die Gegenleistung ausreicht, entscheiden die Verhältnisse bei Vornahme des Rechtsgeschäfts (BayObLGZ 57, 285); unerheblich ist, wann die Gegenleistung zu erbringen ist. 19

Unentgeltlich ist eine Verfügung dann, wenn sie ein bestimmtes objektives und ein bestimmtes subjektives Moment aufweist. Ersteres besteht darin, dass für das vom Vorerben Weggegebene keine objektiv gleichwertige Gegenleistung in den Nachlass fließt. Das subjektive Moment ist wiederum in zwei Fällen gegeben. Der Vorerbe muss entweder wissen, dass der Weggabe keine gleichwertige Gegenleistung an den Nachlass gegenübersteht, oder er muss bei ordnungsgemäßer Verwaltung des Nachlasses (§ 2130) unter Berücksichtigung seiner künftigen Pflicht, die Erbschaft dem Nacherben herauszugeben, das Fehlen der Unzulänglichkeit der Gegenleistung erkennen (BGH NJW 84, 366; Staud/*Avenarius* § 2112 BGB Rn 62). Nicht berufen kann sich der Vorerbe auf einen Irrtum darüber, dass überhaupt eine Gegenleistung erbracht worden ist (RGZ 105, 246). Unentgeltlich sind auch unbenannte Zuwendungen unter Ehegatten (MüKo/*Grunsky* § 2113 Rn 25). Keine unentgeltliche Leistung ist die Anerkennung oder Erfüllung einer verjährten Pflichtteilsforderung (BGH NJW 73, 1690); evtl besteht aber eine Ersatzpflicht des Vorerben aus § 2130. 20, 21

Die Aufgabe einer Eigentümergrundschuld stellt regelmäßig eine unentgeltliche Verfügung dar, außer sie war letztrangig (Soergel/*Harder/Wegmann*, § 2113 BGB Rn 25). Keine (teilweise) unentgeltliche Verfügung liegt in der Veräußerung eines Grundstücks gegen Einräumung oder unter Zurückbehaltung eines Nießbrauchs; dieser stellt kein Entgelt dar, sondern nur ein Minus hinsichtlich der Gegenleistung (Braunschw FamRZ 95, 443, 445). 22

Als Gegenleistungen zu berücksichtigen sind nur solche, die in den Nachlass fließen, so dass Surrogation gem § 2111 eintritt (BGHZ 7, 274, 277). Unentgeltlichkeit liegt mithin grds vor, wenn die Gegenleistung in das Eigenvermögen des nicht befreiten Vorerben fließt (BGHZ 69, 47) oder in das Eigenvermögen eines von mehreren Nacherben (RGZ 125, 246: Belastung eines Nachlassgrundstücks zur Sicherung eines Darlehens, das nur einem von ihnen gewährt ist) oder in das Vermögen eines Dritten (etwa bei Absicherung der Darlehensschuld eines Dritten durch ein Grundpfandrecht auf dem Nachlassgrundstück, Staud/*Avenarius* § 2113 Rn 78). Unentgeltlich sind auch rechtsgrundlose Verfügungen (RGZ 105, 246 u 163, 348, 357). 23

III. Entgelte an den Vorerben. Soweit ein Rechtserwerb des Vorerben trotz § 2111 überhaupt in Betracht kommen kann (s Rn 23), kann die Unentgeltlichkeit ausgeschlossen sein, wenn ihm die Gegenleistung zur Sicherung seines Lebensunterhalts dienen soll (BGH LM Nr 2 zu § 2136), so bei Veräußerung eines Nachlassgrundstücks gegen Gewährung eines Altenteils oder einer Leibrente. 24

IV. Unwirksamkeit. Die unentgeltliche Verfügung wird beim Nacherbfall nur insoweit unwirksam, als sie das Recht des Nacherben vereiteln oder beeinträchtigen würde (BGHZ 7, 274, 279). Neben der Unentgeltlichkeit muss also die Beeinträchtigung des Nacherbenrechts selbständig geprüft werden (Staud/*Avenarius* § 2113 Rn 67). Dies geschieht nach rein objektiven Gesichtspunkten (BGHZ 7, 274, 279) und nach den beim Nacherbfall bestehenden Verhältnissen (RGZ 159, 393; BGHZ 7, 274, 279). Eine solche Beeinträchtigung wird etwa nicht angenommen, wenn eine praktisch unverkäufliche Sache, die nur Kosten verursacht, unentgeltlich weggegeben wird (BGH NJW 99, 203). Sie fehlt auch, wenn das Entgelt zwar nicht in den Nachlass gelangt, aber die Nachteile für den Vorerben anderweit ausgeglichen werden (BGHZ 7, 274, 279), etwa auch durch Befreiung des Nachlasses von Verbindlichkeiten des Erblassers (BGH NJW 84, 366). Sie fehlt schließlich, soweit es dem Vorerben gestattet ist, die Gegenleistung für sich zu verwenden, etwa aufgrund einer Befreiung von § 2134 (BGHZ 69, 47 m Anm *Peters* in NJW 77, 2075; auch BGH NJW 84, 366, 367). 25

V. Fälle wirksamer Verfügung. Wirksam ist die Verfügung bei sog Pflichtschenkungen (§ 2113 II 2). Die sittliche Pflicht muss dabei aber gerade auch die Entnahme des verschenkten Gegenstandes aus dem gebundenen Nachlass decken, nicht nur die Schenkung als solche. Hierzu kann die Anerkennung eines verjährten Pflichtteilsanspruchs gehören. 26

Die Verfügung wird ferner endgültig wirksam, wenn der Nacherbfall gar nicht eintritt. 27

Im Übrigen wird die Verfügung durch Zustimmung des Nacherben wirksam. Dabei dürften Zustimmungspflichten aus § 2120 selten sein. Allerdings kann der Erblasser den Nacherben durch Vermächtnis mit der Zustimmungspflicht für bestimmte unentgeltliche Verfügungen des Vorerben beschweren; umstritten ist, ob dies generell für alle Verfügungen möglich ist (Staud/*Avenarius* § 2113 Rn 56). 28

VI. Teilweise Unentgeltlichkeit. Bei teilweiser Unentgeltlichkeit wird die Verfügung ebenfalls in vollem Umfang unwirksam (BGHZ 5, 173, 182; BGH NJW 85, 382 entgegen einer vom RG zeitweise vertretenen Auffassung). Der auf Herausgabe in Anspruch genommene Dritte hat jedoch ein Zurückbehaltungsrecht wegen der (unzulänglichen) Gegenleistung (BGH NJW 85, 382; s.a. Rn 14), welches zur Rückabwicklung Zug um Zug führt (BGH NJW 85, 382). 29

30 Eine Heilung durch Nachzahlung des an der Gegenleistung fehlenden Betrages ist nicht möglich (Staud/*Avenarius* § 2113 Rn 66).

31 **VII. Geltendmachung der Unwirksamkeit.** Zur Geltendmachung der Unwirksamkeit s. zunächst oben Rn 13 und 14. Im Fall der Unentgeltlichkeit besteht auch gegen den gutgläubigen Erwerber ein Herausgabeanspruch, nämlich aus § 816 I 2 (MüKo/*Grunsky* § 2113 Rn 32). Gegen den Vorerben kommt zusätzlich ein Schadensersatzanspruch aus § 2128 II Fall 1 in Betracht. Für die gemischte Schenkung wird vertreten, dass der Nacherbe vom Dritten nur den Wertausgleich verlangen kann (Staud/*Avenarius* § 2113 Rn 3; Erman/*Schmidt* § 2113 Rn 21).

32 **E. Auskunftsanspruch.** § 2130 II gewährt dem Nacherben einen Auskunftsanspruch gegen den Vorerben hinsichtlich der Verfügungen aus § 2113 BGB. Nach dem Tod des Vorerben sind dessen Erben auskunftspflichtig, vielfach aber nicht auskunftsfähig. Der BGH gibt deshalb hilfsweise einen Auskunftsanspruch gegen den Empfänger der unentgeltlichen Leistung (BGHZ 58, 237).

33 **F. Schutz des guten Glaubens.** Der gute Glaube des Dritten, den § 2113 III schützt, muss sich darauf beziehen, dass der erworbene Gegenstand nicht zum Nachlass gehört. Bei I, nicht aber bei II, kann er sich auch darauf beziehen, dass der Vorerbe nach § 2136 befreit ist (MüKo/*Grunsky* § 2113 Rn 39). In beiderlei Hinsicht schadet bei beweglichen Sachen bereits grobe Fahrlässigkeit (§ 932 II), bei Immobilien nur positive Kenntnis (§ 892 I). Nicht geschützt wird der gute Glaube des Erwerbers daran, dass die Verfügung des Vorerben entgeltlich ist (MüKo/*Grunsky* § 2113 Rn 32).

34 Weitergehender Gutglaubensschutz für den Erwerber besteht, wenn dem Vorerben ein Erbschein erteilt ist, der die Nacherbfolge nicht erwähnt (§§ 2366, 2363). Insoweit ist gutgläubiger Erwerb sogar an Forderungen und sonstigen Rechten möglich (Staud/*Schilken* § 2366 BGB Rn 12). Dem Erwerber schadet stets nur die positive Kenntnis von der Anordnung der Nacherbschaft (§ 2366).

35 Bei unentgeltlicher Verfügung besteht trotz guten Glaubens des Erwerbers ein Herausgabeanspruch des Nacherben gegen ihn aus § 816 I 1 (s Rn 31).

36 Verfügt der Vorerbe über einen Gegenstand, der gar nicht zum Nachlass gehört, so gelten die allgemeinen Vorschriften (§§ 892, 932 usw); ebenso, wenn jemand über einen Nachlassgegenstand verfügt, der gar nicht Vorerbe ist.

§ 2114 Verfügungen über Hypothekenforderungen, Grund- und Rentenschulden

¹Gehört zur Erbschaft eine Hypothekenforderung, eine Grundschuld, eine Rentenschuld oder eine Schiffshypothekenforderung, so steht die Kündigung und die Einziehung dem Vorerben zu. ²Der Vorerbe kann jedoch nur verlangen, dass das Kapital an ihn nach Beibringung der Einwilligung des Nacherben gezahlt oder dass es für ihn und den Nacherben hinterlegt wird. ³Auf andere Verfügungen über die Hypothekenforderung, die Grundschuld, die Rentenschuld oder die Schiffshypothekenforderung findet die Vorschrift des § 2113 Anwendung.

1 **A. Inhalt.** Die Vorschrift erlaubt dem Vorerben ohne Zustimmung des Nacherben bestimmte Verfügungen über bestimmte dingliche Rechte und die dadurch gesicherten Forderungen. Sie bezieht sich auf Hypotheken, Grundschulden, Rentenschulden, Schiffshypotheken und Registerpfandrechte an Luftfahrzeugen (letztere nach § 98 II LuftfzG), die zum Nachlass gehören, und die hierdurch gesicherten Forderungen unabhängig davon, ob der persönliche Schuldner mit dem Eigentümer des Grundstücks bzw der sonstigen Sicherheit identisch ist.

2 **B. Kündigung.** Dem Vorerben ist die Kündigung gestattet, doch nur unter dem Vorbehalt der ordnungsgemäßen Verwaltung (§ 2130). Umgekehrt ist die Kündigung durch den Eigentümer bzw Schuldner an den Vorerben zu richten.

3 **C. Kapital.** Das Kapital kann an den Vorerben hingegen nur mit Zustimmung des Nacherben bezahlt werden; ansonsten ist es für den Nacherben zu hinterlegen. Der Vorerbe kann die Forderung gerichtlich und außergerichtlich geltend machen, auch im Wege der Zwangsversteigerung (RGZ 136, 353, 358), bis auf die Empfangnahme des Erlöses (Staud/*Avenarius* § 2114 Rn 7). Zinsen kann der Vorerbe dagegen in Empfang nehmen, da sie ihm ohnehin gebühren.

4 **D. Geltungsbereich.** Die Vorschrift gilt nicht für andere Verfügungen über die genannten Rechte und die dadurch gesicherten Forderungen, etwa die Aufrechnung, Abtretung, Verpfändung oder Löschungsbewilligung; hierfür gilt § 2113. Ein negatives Schuldanerkenntnis des Vorerben ist analog § 2114 sogleich unwirksam.

§ 2115 Zwangsvollstreckungsverfügungen gegen Vorerben

¹Eine Verfügung über einen Erbschaftsgegenstand, die im Wege der Zwangsvollstreckung oder der Arrestvollziehung oder durch den Insolvenzverwalter erfolgt, ist im Falle des Eintritts der Nacherbfolge insoweit unwirksam, als sie das Recht des Nacherben vereiteln oder beeinträchtigen würde. ²Die Verfügung ist unbeschränkt wirksam, wenn der Anspruch eines Nachlassgläubigers oder ein an einem Erbschaftsgegenstand bestehendes Recht geltend gemacht wird, das im Falle des Eintritts der Nacherbfolge dem Nacherben gegenüber wirksam ist.

A. Geltungsbereich. Die Vorschrift betrifft Verfügungen im Wege der Zwangsvollstreckung, des Arrestvollzugs und des Vollzugs der seltenen einstweiligen Verfügungen auf Geldleistung, ferner Verfügungen durch den Insolvenz- oder den Nachlassverwalter. 1

Die Vorschrift betrifft nicht die Zwangsvollstreckung zur Abgabe einer Willenserklärung (§§ 894 ff ZPO; MüKo/*Grunsky* § 2115 Rn 6); diese stellt vielmehr in der Sache eine rechtsgeschäftliche Verfügung des Vorerben dar und unterfällt den §§ 2112, 2113 (sog Urteilsverfügung, siehe oben § 2112 Rn 9). Sie betrifft auch nicht die Zwangsvollstreckung zur Herausgabe von Sachen (§§ 883 ff ZPO) und nicht die Teilungsversteigerung (MüKo/*Grunsky* § 2115 Rn 6). 2

Dagegen ist sie anwendbar auf die Zwangsvollstreckung aus Vermieterpfandrechten (Staud/*Avenarius* § 2115 Rn 7, bestritten). Unzulässig ist analog § 394 auch die Aufrechnung durch Nachlassschuldner mit Forderungen gegen den Vorerben persönlich (RGZ 80, 1, 7; Staud/*Avenarius* § 2115 Rn 4). 3

B. Rechtswirkungen. Die Vollstreckungsmaßnahmen sind im Nacherbfall grds unwirksam, soweit sie das Nacherbenrecht vereiteln oder beeinträchtigen würden. Sie sind auch unwirksam, soweit der Vorerbe befreit ist; eine Befreiung von § 2115 ist nicht möglich. Sie sind auch unwirksam, soweit der Vorerbe ohne Zustimmung des Nacherben verfügen könnte (MüKo/*Grunsky* § 2115 Rn 2), da sonst die Rechte wirkungslos wären, die dem Nacherben in den §§ 2130 f eingeräumt sind. 4

Die Zwangsvollstreckung als solche ist jedoch zunächst zulässig, soweit sie zur Sicherung des Gläubigers führt, also zur Begründung des Pfändungspfandrechts, zur Eintragung der Sicherungshypothek aus § 866 ZPO, zu bloßer Beschlagnahme des Grundstücks gem § 20 ZVG und zur Zwangsverwaltung als solcher; auch die Beschlagnahmewirkung in der Insolvenz gem § 80 InsO tritt ein (Staud/*Avenarius* § 2115 Rn 2). Überhaupt bleiben bloße Sicherungsmaßnahmen zulässig. Unwirksam ist nur die Verwertung, insbes die Überweisung oder Veräußerung. 5

C. Schutz des Nacherben. Der Nacherbe ist vor dem Nacherbfall in der Einzelzwangsvollstreckung durch das Verwertungsverbot in § 773 ZPO geschützt. Zudem kommt die Einstellung des Zwangsvollstreckungsverfahrens in Betracht, bis Klarheit über die Zulässigkeit des Gläubigerzugriffs herrscht, insbes also darüber, ob der Nacherbfall überhaupt eintritt (Staud/*Avenarius* § 2115 Rn 16, 18). 6

In der Insolvenz des Vorerben, in der der Nachlass zur Masse gehört (s.o. § 2100 Rn 64), hat der Nacherbe vor dem Nacherbfall noch kein Aussonderungsrecht. Indessen muss sich die Verwaltungstätigkeit des Insolvenzverwalters auf die Nutzungen beschränken, die dem Vorerben gebühren und mithin seinen Eigengläubigern zugute kommen (Staud/*Avenarius* § 2115 Rn 21). Nach Eintritt des Nacherbfalls kann der Nacherbe die Aufhebung der Zwangsvollstreckungsmaßnahmen verlangen (MüKo/*Grunsky* § 2115 Rn 10 arg § 47 InsO). 7

D. Zulässige Vollstreckungsmaßnahmen. I. Nutzungen. Nicht beschränkt ist die Zwangsvollstreckung wegen der dem Vorerben gebührenden Nutzungen. 8

II. Verpflichtungen des Nacherben. Nicht beschränkt sind ferner die Zwangsvollstreckung und der Insolvenzbeschlag zur Durchsetzung von Rechten, die auch der Nacherbe gegen sich gelten lassen muss. Dies sind zum einen die Ansprüche der Nachlassgläubiger. Deshalb sind auch Verfügungen des Insolvenzverwalters zur Befriedigung von Nachlassgläubigern wirksam; ein Duldungstitel gegen den Nacherben ist nicht erforderlich. Dies betrifft zum anderen die Geltendmachung von Rechten an Nachlassgegenständen, die im Nacherbfall auch dem Nacherben gegenüber wirken, die also entweder der Erblasser oder der Vorerbe nach § 2113 wirksam begründet hat (RGZ 133, 263). 9

§ 2116 Hinterlegung von Wertpapieren

(1) ¹Der Vorerbe hat auf Verlangen des Nacherben die zur Erbschaft gehörenden Inhaberpapiere nebst den Erneuerungsscheinen bei einer Hinterlegungsstelle oder bei der Reichsbank, bei der Deutschen Zentralgenossenschaftskasse oder bei der Deutschen Girozentrale (Deutschen Kommunalbank) mit der Bestimmung zu hinterlegen, dass die Herausgabe nur mit Zustimmung des Nacherben verlangt werden kann. ²Die Hinterlegung von Inhaberpapieren, die nach § 92 zu den verbrauchbaren Sachen gehören, sowie von Zins-, Renten- oder Gewinnanteilscheinen kann nicht verlangt werden. ³Den Inhaberpapieren stehen Orderpapiere gleich, die mit Blankoindossament versehen sind.

(2) Über die hinterlegten Papiere kann der Vorerbe nur mit Zustimmung des Nacherben verfügen.

§ 2117 Umschreibung; Umwandlung

¹Der Vorerbe kann die Inhaberpapiere, statt sie nach § 2116 zu hinterlegen, auf seinen Namen mit der Bestimmung umschreiben lassen, dass er über sie nur mit Zustimmung des Nacherben verfügen kann. ²Sind die Papiere vom Bund oder von einem Land ausgestellt, so kann er sie mit der gleichen Bestimmung in Buchforderungen gegen den Bund oder das Land umwandeln lassen.

1 **A. Hinterlegungspflicht.** Die Vorschriften statuieren für bestimmte Wertpapiere eine Hinterlegungspflicht (nicht: Herausgabepflicht) des Vorerben im Sinne einer schuldrechtlichen Bindung. Sie tritt nur auf Verlangen des Nacherben ein.

2 Verfügungen des Vorerben über hinterlegte Wertpapiere ohne Zustimmung des Nacherben sind von Anfang an unwirksam, nicht nur im Nacherbfall bei Beeinträchtigung der Nacherbenrechte (Staud/*Avenarius* § 2116 Rn 10). Befreiung nach § 2136 BGB ist möglich.

3 **B. Hinterlegungsstellen.** Zu hinterlegen ist bei der Hinterlegungsstelle nach der HO oder einer der in § 2116 I genannten Banken. Zum aktuellen Stand: Staud/*Avenarius* § 2116 Rn 6.

4 **C. Umschreibung.** Bei Inhaberpapieren kann der Vorerbe stattdessen nach § 2117 die Umschreibung auf seinen Namen, bei Forderungen gegen Bund und Länder (sowie Kommunen: Soergel/*Harder/Wegmann* § 2117 Rn 3) die Umwandlung in Schuldbuchforderungen jeweils mit der Maßgabe vornehmen lassen, dass er darüber nur mit Zustimmung des Nacherben verfügen kann.

§ 2118 Sperrvermerk im Schuldbuch

Gehören zur Erbschaft Buchforderungen gegen den Bund oder ein Land, so ist der Vorerbe auf Verlangen des Nacherben verpflichtet, in das Schuldbuch den Vermerk eintragen zu lassen, dass er über die Forderungen nur mit Zustimmung des Nacherben verfügen kann.

1 Die Vorschrift betrifft Forderungen, die bereits Schuldbuchforderungen sind. Bei ihnen kann der Nacherbe die Eintragung eines Vermerks verlangen, wonach der Vorerbe nur mit seiner Zustimmung verfügungsberechtigt ist.

§ 2119 Anlegung von Geld

Geld, das nach den Regeln einer ordnungsmäßigen Wirtschaft dauernd anzulegen ist, darf der Vorerbe nur nach den für die Anlegung von Mündelgeld geltenden Vorschriften anlegen.

1 **A. Anlegungspflicht „dem Grunde nach".** Ob Geld dauernd anzulegen ist, entscheidet sich nach den Regeln einer ordnungsgemäßen Wirtschaft. Was zu den Regeln einer ordnungsgemäßen Wirtschaft gehört, ist objektiv und aus den Verhältnissen des Nachlasses, nicht des Vorerben, zu beurteilen (RGZ 73, 4, 6).

2 In Betracht kommen insbes Gelder, die der Vorerbe weder zur Verwaltung des Nachlasses noch eventuell zur Fortführung eines dem Nachlass zugehörigen Unternehmens einschließlich erforderlicher Investitionen benötigt. Nicht maßgebend sind die eigenen Gepflogenheiten des Vorerben (Ausn v § 2131, vgl RGZ 73, 4, 7). Andererseits besteht nicht wie in § 1806 (iVm §§ 1897, 1915) die strikte Pflicht, Geld dauernd anzulegen, soweit es nicht zu Bestreitung von Ausgaben bereitzuhalten ist.

3 **B. Art der Anlage.** Wenn danach Geld dauernd anzulegen ist, muss dies mündelsicher geschehen. Welche Anlagen danach in Betracht kommen, sagen § 1807 und das nach Art 212 EGBGB aufrechterhaltene Landesrecht. Fraglich ist, ob auch § 1809 gilt, also beim Sparbuch der Vorerbe zur zusätzlichen Sicherung des Nacherben einen Sperrvermerk („Mündelgeld") mit der Folge muss eintragen lassen, dass die Sparkasse nicht mit befreiender Wirkung leistet, wenn sie ohne Zustimmung des Nacherben auszahlt (vgl RGZ 85, 416, 422; dafür MüKo/*Grunsky* § 2119 Rn 4; dagegen Staud/*Avenarius* § 2119 Rn 6 je mwN).

4 **C. Anwendungsbereich.** Die Vorschrift bezieht sich auf die Gelder, die sich beim Erbfall im Nachlass befinden, und auf solche, die während der Vorerbschaft durch Surrogation (§ 2111) in den Nachlass gelangen. Der Erblasser kann nach § 2136 befreien.

§ 2120 Einwilligungspflicht des Nacherben

¹Ist zur ordnungsmäßigen Verwaltung, insbesondere zur Berichtigung von Nachlassverbindlichkeiten, eine Verfügung erforderlich, die der Vorerbe nicht mit Wirkung gegen den Nacherben vornehmen kann, so ist der Nacherbe dem Vorerben gegenüber verpflichtet, seine Einwilligung zu der Verfügung zu erteilen. ²Die Einwilligung ist auf Verlangen in öffentlich beglaubigter Form zu erklären. ³Die Kosten der Beglaubigung fallen dem Vorerben zur Last.

A. Inhalt. Die Vorschrift gibt dem Vorerben einen Rechtsanspruch gegen den Nacherben auf Erteilung der Zustimmung bei Verfügungen, die der ordnungsgemäßen Verwaltung des Nachlasses dienen. Er betrifft die Fälle, in denen der Vorerbe wegen der Beschränkungen aus §§ 2112 ff die Verfügung nicht ohne Zustimmung des Nacherben vornehmen kann. Der hauptsächliche Anwendungsfall ist die Veräußerung von Nachlassgegenständen zwecks Erfüllung von Nachlassverbindlichkeiten. Die Vorschrift gilt entspr für die Eingehung von Nachlassverbindlichkeiten, so dass der Nacherbe sie als solche mit den Rechtsfolgen ua aus § 2144 anerkennen muss (RGZ 90, 96).

Der Anspruch besteht auch dann, wenn die Zustimmungsbedürftigkeit der Verfügung zweifelhaft ist, der Vorerbe oder der Dritte aber ein berechtigtes Interesse an ihrer Absicherung haben. Er besteht weiterhin im Beschleunigungsinteresse, wenn das Grundbuchamt vom befreiten Vorerben bei entgeltlicher Veräußerung von Grundstücken, die an sich nicht zustimmungsbedürftig ist, einen nur schwierig zu führenden Nachweis der Entgeltlichkeit verlangt (Karlsr ZEV 94, 45 mit Anm *Kummer*).

B. Ordnungsgemäße Verwaltung des Nachlasses. Diese ist aus der Sicht eines sorgfältigen Verwalters objektiv zu beurteilen (BGH WM 73, 361, 362), und zwar bezogen auf die objektiven Verhältnisse des konkreten Nachlasses unter wirtschaftlichen Kriterien unabhängig von der persönlichen Situation des konkreten Vorerben (Soergel/*Harder/Wegmann* § 2120 Rn 4). In der Regel wird das Interesse des Nacherben an der Erhaltung und Erlangung der Substanz des Nachlasses im Vordergrund stehen (BGH NJW 93, 1583), evtl auch ideelle Aspekte (MüKo/*Grunsky* § 2120 Rn 6). Stets ordnungsgemäß ist kraft Gesetzes (§ 2120 S. 1) die Erfüllung von Nachlassverbindlichkeiten, also solcher aus lebzeitigen Verpflichtungen des Erblassers und letztwilligen Anordnungen.

Die Aufnahme von Kredit zur Verwendung für den Nachlass entspricht in der Regel nicht der ordnungsgemäßen Verwaltung, wenn er aus der Substanz des Nachlasses getilgt werden muss (BGHZ 110, 175, 180). Dasselbe gilt, wenn er zwar in den Nachlass verwendet werden soll, der Vorerbe dabei jedoch einen unangemessenen Aufwand treibt oder keine Vorkehrungen (Treuhänder, BGH NJW 93, 1583) gegen eine Verwendung der Darlehensvaluta in sein Eigenvermögen trifft (BGHZ 110, 175, 180/181).

Zu Verfügungen, die der ordnungsgemäßen Verwaltung des Nachlasses widersprechen, kann der Vorerbe die Zustimmung des Nacherben nicht verlangen, auch nicht der befreite Vorerbe (RGZ 148, 391); § 2120 erweitert die Verfügungsbefugnis des Vorerben nicht. Nicht ordnungsgemäß sind in der Regel unentgeltliche Verfügungen, ferner solche, die eine Benachteiligung des Nacherben bezwecken (RGZ 70, 132; vgl § 2138 BGB). Fraglich ist, ob die Zustimmung des Nacherben den Vorerben von der Sorgfalt entbindet, die er nach § 2120 schuldet (dagegen Soergel/*Harder/Wegmann* § 2120 Rn 1; MüKo/*Grunsky* § 2120 Rn 2; dafür RGZ 148, 391).

C. Rechtsstellung des Dritten. Die Verpflichtung zur Zustimmung besteht grds nur gegenüber dem Vorerben, nicht gegenüber dem Dritten, zu dessen Gunsten der Vorerbe verfügt. Der Vorerbe kann dem Dritten aber den Anspruch abtreten (Soergel/*Harder/Wegmann* § 2120 Rn 10). Der Dritte kann dem Herausgabeanspruch des Nacherben dessen Zustimmungspflicht aus § 2120 entgegenhalten.

D. In Betracht kommende Nacherben. Mehrere Nacherben, auch im Staffelverhältnis, müssen alle zustimmen (Soergel/*Harder/Wegmann* § 2120 Rn 9), Ersatznacherben hingegen nicht. Für unbekannte Nacherben ist ein Pfleger zu bestellen, der eventuell seinerseits zur Zustimmung die Genehmigung des Vormundschaftsgerichts benötigt (§ 1821 iVm § 1915 I). Im Fall des § 2222 muss der Testamentsvollstrecker zustimmen.

E. Beweislast. Die Beweislast für die Anspruchsvoraussetzungen liegt grds beim Vorerben. Er muss also insbes die Ordnungsmäßigkeit der Verfügung beweisen.

F. Form. Auf Verlangen des Vorerben muss der Nacherbe die Zustimmung in öffentlich beglaubigter Form erteilen (§ 2120 II). Verpflichtet sich der Nacherbe rechtsgeschäftlich, die Zustimmung zur Verfügung über ein Grundstück zu erteilen, so bedarf die Verpflichtungserklärung der notariellen Beurkundung analog § 311 b I (BGH MDR 72, 496).

§ 2121 Verzeichnis der Erbschaftsgegenstände

(1) ¹Der Vorerbe hat dem Nacherben auf Verlangen ein Verzeichnis der zur Erbschaft gehörenden Gegenstände mitzuteilen. ²Das Verzeichnis ist mit der Angabe des Tages der Aufnahme zu versehen und von dem Vorerben zu unterzeichnen; der Vorerbe hat auf Verlangen die Unterzeichnung öffentlich beglaubigen zu lassen.
(2) Der Nacherbe kann verlangen, dass er bei der Aufnahme des Verzeichnisses zugezogen wird.
(3) Der Vorerbe ist berechtigt und auf Verlangen des Nacherben verpflichtet, das Verzeichnis durch die zuständige Behörde oder durch einen zuständigen Beamten oder Notar aufnehmen zu lassen.
(4) Die Kosten der Aufnahme und der Beglaubigung fallen der Erbschaft zur Last.

1 **A. Verlangen des Nacherben.** Der Nacherbe kann das Nachlassverzeichnis nur während der Vorerbschaft verlangen (RGZ 98, 25). Beim Nacherbfall gilt § 2130 II. Das Verlangen nach dem Verzeichnis bedarf keiner Begründung. Der Erblasser kann nicht nach § 2136 befreien.
2 Das Verlangen kann auch von einem Nacherben allein für alle Nacherben gestellt werden (BGHZ 127, 360, 365; RGZ 98, 26). Ersatznacherben können das Verzeichnis nicht verlangen, bevor nicht der zunächst berufene Nacherbe weggefallen ist (RGZ 145, 316). Im Fall des § 2222 BGB stellt der Testamentsvollstrecker das Verlangen (BGHZ 127, 360, 365).
3 **B. Inhalt.** Zu verzeichnen sind die Aktiva, die in die Nacherbschaft fallen (Staud/*Avenarius* § 2121 Rn 4), nicht auch die Verbindlichkeiten (arg § 2121 I 1). Gehört ein Betrieb zum Nachlass, so kann keine Bilanz gefordert werden (Staud/*Avenarius* aaO). Auch Beschreibungen und Wertangaben kann der Nacherbe nicht verlangen. Das Verzeichnis ist nach den Verhältnissen bei seiner Aufstellung, nicht beim Erbfall zu erstellen (BGHZ 127, 360, 365; RGZ 164, 208 arg § 2121 III), insbes also unter Berücksichtigung der bis dahin eingetretenen Surrogation (§ 2111).
4 Der Vorerbe muss es nur einmal aufstellen (BGHZ 127, 360, 366). Es besteht auch kein Anspruch auf Auskunft über den späteren Verbleib der Gegenstände, die im Verzeichnis aufgeführt sind (BGHZ 127, 360, 365). Jedoch wird vertreten (Staud/*Avenarius* § 2121 Rn 1), dass bei langjähriger Vorerbschaft mit vielen Surrogationsfällen ein Anspruch auf Fortschreibung des Verzeichnisses besteht.
5 **C. Rechtswirkungen.** Das Verzeichnis begründet den einfachen Beweis, dass die aufgeführten Gegenstände zum Zeitpunkt der Errichtung des Verzeichnisses Nachlassgegenstände waren. Der Gegenbeweis dahin, dass ein aufgeführter Gegenstand nicht zum Nachlass gehört, ist jederzeit möglich, und zwar auch dann, wenn das Verzeichnis in öffentlicher Urkunde gem § 2121 III aufgenommen ist. Das Verzeichnis entfaltet nicht die Vermutung der Vollständigkeit (Staud/*Avenarius* § 2121 Rn 6). Die eidesstattliche Versicherung der Richtigkeit des Verzeichnisses kann nicht verlangt werden.

§ 2122 Feststellung des Zustands der Erbschaft

¹Der Vorerbe kann den Zustand der zur Erbschaft gehörenden Sachen auf seine Kosten durch Sachverständige feststellen lassen. ²Das gleiche Recht steht dem Nacherben zu.

1 **A. Anspruchsberechtigung.** Vor- und Nacherbe können den Zustand des Nachlasses jeweils auf eigene Kosten durch Sachverständige feststellen lassen. Sinn und Zweck ist auch hier die Schaffung eines Beweismittels (Soergel/*Harder/Wegmann* § 2122 Rn 1). Eine Begründung für das Verlangen ist nicht erforderlich. Der Erblasser kann den Vorerben nicht gem § 2136 befreien.
2 **B. Zeitpunkt.** Der Nacherbe hat das Recht nur während der Vorerbschaft (RGZ 98, 26). Es ergänzt § 2121, wonach nur ein Verzeichnis ohne nähere Angaben über die Nachlassgegenstände gefordert werden kann (s § 2121 Rn 3).
3 Der Anspruch kann bis zur Grenze der §§ 226, 242 wiederholt geltend gemacht werden (Staud/*Avenarius* § 2122 Rn 1). Dies anders als bei § 2121 (s. § 2121 Rn 4) deshalb, weil dem Nacherben aus dem Zustand des Nachlasses ein Anspruch auf Sicherheitsleistung erwachsen kann (§ 2128).
4 **C. Inhalt.** Festzustellen ist der Zustand einzelner oder aller Nachlassgegenstände, nicht ihr Wert. Nachlassgegenstände sind diejenigen, die derzeit unter Berücksichtigung der Surrogation zum Nachlass gehören.

§ 2123 Wirtschaftsplan

(1) ¹Gehört ein Wald zur Erbschaft, so kann sowohl der Vorerbe als der Nacherbe verlangen, dass das Maß der Nutzung und die Art der wirtschaftlichen Behandlung durch einen Wirtschaftsplan festgestellt werden. ²Tritt eine erhebliche Änderung der Umstände ein, so kann jeder Teil eine entsprechende Änderung des Wirtschaftsplans verlangen. ³Die Kosten fallen der Erbschaft zur Last.
(2) Das Gleiche gilt, wenn ein Bergwerk oder eine andere auf Gewinnung von Bodenbestandteilen gerichtete Anlage zur Erbschaft gehört.

1 **A. Anwendungsbereich.** Gehört zum Nachlass ein Wald, ein Bergwerk oder eine andere auf Gewinnung von Bodenbestandteilen gerichtete Anlage (Kies-, Sand-, Lehmgrube, Steinbruch, Torfmoor), so können Vor- und Nacherbe verlangen, dass ein Wirtschaftsplan aufgestellt wird. Dadurch sollen Streitigkeiten über das Ausmaß der Nutzung, also über die Regeln ordnungsgemäßer Bewirtschaftung vermieden werden, die bei solchen Betrieben besonders nahe liegen. Auf andere Betriebe im Nachlass ist die Bestimmung aber nicht anzuwenden. Befreiung nach § 2136 ist möglich.
2 **B. Aufstellung.** Sie geschieht von Vor- und Nacherben gemeinsam. Im Streitfall geht die Klage auf Zustimmung des Beklagten zu einem vom Kläger aufgestellten Plan (MüKo/*Pohlmann* § 1038 Rn 4). Einzelheiten des

Plans richten sich nach § 1038. Ist er schon nach öffentlichem Recht erforderlich, so kann er auch geeignet sein, den Anspruch aus §§ 2123, 1038 zu erfüllen.

C. Rechtswirkungen. Der Plan regelt verbindlich den Inhalt der ordnungsgemäßen Verwaltung iSv § 2130. Ist der Vorerbe nach § 2136 von den Verpflichtungen aus §§ 2123 und 2130 befreit, so kann mit der Verletzung des Wirtschaftsplans gleichwohl eine Benachteiligungsabsicht iSv § 2138 II verbunden sein (Staud/*Avenarius* § 2123 Rn 2). Jede Partei kann eine Änderung des Plans verlangen, wenn sich die maßgeblichen Verhältnisse erheblich gewandelt haben (§ 1038 I 2). 3

§ 2124 Erhaltungskosten

(1) Der Vorerbe trägt dem Nacherben gegenüber die gewöhnlichen Erhaltungskosten.
(2) ¹Andere Aufwendungen, die der Vorerbe zum Zwecke der Erhaltung von Erbschaftsgegenständen den Umständen nach für erforderlich halten darf, kann er aus der Erbschaft bestreiten. ²Bestreitet er sie aus seinem Vermögen, so ist der Nacherbe im Falle des Eintritts der Nacherbfolge zum Ersatz verpflichtet.

§ 2125 Verwendungen; Wegnahmerecht

(1) Macht der Vorerbe Verwendungen auf die Erbschaft, die nicht unter die Vorschrift des § 2124 fallen, so ist der Nacherbe im Falle des Eintritts der Nacherbfolge nach den Vorschriften über die Geschäftsführung ohne Auftrag zum Ersatz verpflichtet.
(2) Der Vorerbe ist berechtigt, eine Einrichtung, mit der er eine zur Erbschaft gehörende Sache versehen hat, wegzunehmen.

§ 2126 Außerordentliche Lasten

¹Der Vorerbe hat im Verhältnis zu dem Nacherben nicht die außerordentlichen Lasten zu tragen, die als auf den Stammwert der Erbschaftsgegenstände gelegt anzusehen sind. ²Auf diese Lasten findet die Vorschrift des § 2124 Abs. 2 Anwendung.

A. Allgemeines. Die Vorschriften regeln den Ersatz von Verwendungen des Vorerben auf den Nachlass im Innenverhältnis zum Nacherben. Sie unterscheiden zwischen 1
– gewöhnlichen Erhaltungskosten; sie trägt der Vorerbe (§ 2124 I);
– anderen Aufwendungen, die der Vorerbe zwecks Erhaltung von Nachlassgegenständen für erforderlich halten durfte; sie trägt der Nachlass; hat der Vorerbe sie aus seinem eigenen Vermögen bestritten, so hat er beim Nacherbfall einen Erstattungsanspruch gegen den Nachlass (§ 2124 II);
– Aufwendungen für außerordentliche Lasten, die als auf den Stammwert des Nachlassgegenstandes gelegt anzusehen sind; für sie gilt dasselbe (§ 2126);
– allen anderen Verwendungen; sie trägt zunächst der Vorerbe, doch hat er im Nacherbfall einen Ersatzanspruch gegen den Nacherben nach den Vorschriften über die Geschäftsführung ohne Auftrag (§ 2125 I).
Befreiung des Vorerben ist nicht möglich (§ 2136). Der Erblasser kann dem Vorerben aber ein entspr Vermächtnis zuwenden oder ihn von der Ersatzpflicht aus §§ 2130, 2134 befreien. 2
Im Außenverhältnis zu den Nachlassgläubigern ist bis zum Nacherbfall der Vorerbe verpflichtet. Danach haftet er weiter im Rahmen von § 2145. 3
In jedem Fall trägt der Vorerbe die Kosten der Fruchtziehung (§ 102; BGH NJW-RR 186, 1069 und ZEV 04, 425, 426). 4

B. Gewöhnliche Erhaltungskosten. Diese trägt der Vorerbe gem § 2124 I. Es sind die Kosten, die nach den rechtlichen und wirtschaftlichen Umständen des Nachlasses regelmäßig aufgewendet werden müssen, um ihn in seinen Beständen rechtlich und tatsächlich zu erhalten (BGH NJW 93, 3198). Im einzelnen handelt es sich um 5
– Aufwendungen für die Erhaltung der einzelnen Nachlassgegenstände in ihrem Bestand einschließlich Ausbesserungen und Erneuerungen (§ 1041, auch §§ 582 und 601); in Zweifelsfällen kann Indiz für die Abgrenzung sein, ob sie aus den Nutzungen eines Jahres bestritten werden können (Staud/*Avenarius* § 2124 Rn 4);
– wiederkehrende privatrechtliche Leistungen und öffentliche Abgaben auf den Nachlassgegenstand, etwa Grund- und Kfz-Steuer, Zinsen für Nachlassverbindlichkeiten (auch Grundschuld- und Hypothekenzinsen, BGH ZEV 04, 425, 426), übliche Versicherungsprämien (RGRK/*Johannsen* § 2124 Rn 1).
Bei Betrieben werden vielfach die laufenden Ausgaben für Personal, ja sogar für Rohstoffe (Düngemittel: 6 BGH WM 73, 361) und Produktionsmittel dazu gerechnet. Es kann aber nicht richtig sein, dass der Vorerbe all dies aus seinem Eigenvermögen bestreiten muss, die betrieblichen Erlöse aber in den Nachlass fließen. Richtigerweise mindern betriebliche Aufwendungen den Gewinn, der dem Vorerben als Nutzung gebührt

(MüKo/*Grunsky* § 2124 Rn 3; BaRoth/*Litzenburger*, § 2124 Rn 3); wirtschaftet der Vorerbe mit Verlusten, so ist er im Rahmen von § 2120 ersatzpflichtig (MüKo/*Grunsky* aaO).

7 **C. Andere Erhaltungskosten.** Andere als die gewöhnlichen Erhaltungskosten gehen letztlich zu Lasten des Nachlasses, wenn der Vorerbe sie den Umständen nach für erforderlich halten durfte (§ 2124 II). Sie führen in der Regel zu einem Wertzuwachs, der später auch dem Nacherben zugute kommt.

8 Es handelt sich um Aufwendungen mit langfristig Wert steigernder Wirkung (BGH NJW 93, 3198 f), etwa für die außergewöhnliche Ausbesserung und Erneuerung von Nachlassgegenständen (§§ 1042, 1043), insbes für Rationalisierung und Modernisierung (Einbau einer modernen Heizung: BGHZ 52, 234, 236 und BGH NJW 93, 3198 f; Isolierverglasung des ganzen Hauses: BGH NJW 93, 3198 f) oder für den Wiederaufbau eines zerstörten Hauses (Soergel/*Harder/Wegmann* § 2124 Rn 5).

9 Ob der Vorerbe die Aufwendungen für erforderlich halten durfte, beurteilt sich nach dessen gutgläubig ausgeübtem Ermessen (§ 670; MüKo/*Grunsky* § 2124 Rn 6). Er ist nicht von vornherein an größeren Maßnahmen nur deshalb gehindert, weil der Nacherbfall kurz bevorsteht (Staud/*Avenarius* § 2124 Rn 13). Nicht entscheidend ist (anders als unten bei Rn 19), ob die Aufwendungen dem wirklichen oder mutmaßlichen Willen des Erblassers entspr.

10 Der Vorerbe kann die Aufwendungen aus dem Stamm der Nacherbschaft bestreiten, also dafür einen Nachlassgegenstand veräußern; dem muss der Nacherbe unter den Voraussetzungen des § 2120 zustimmen. Erst recht kann er die Mittel schon vor dem Nacherbfall dem Nachlass entnehmen, wenn dies im Rahmen ordnungsgemäßer Verwaltung ohne Veräußerung von Nachlassgegenständen möglich ist.

11 Hat der Vorerbe die Kosten aus seinem eigenen Vermögen bestritten (auch aus den ihm gebührenden Nutzungen der Vorerbschaft), so hat er einen Ersatzanspruch gegen den Nachlass. Dieser entsteht aber erst mit dem Nacherbfall und ist auch erst von da an verzinslich; er ist Nachlassverbindlichkeit. Er hängt nicht davon ab, ob der Nacherbe den Nachlassgegenstand, für den die Verwendungen vorgenommen worden sind, auch tatsächlich erlangt. Nimmt allerdings der Vorerbe zur Finanzierung solcher Maßnahmen einen Kredit auf, den er aus eigenen Mitteln verzinst und tilgt, so soll er hierfür keinen Ersatzanspruch gegen den Nachlass haben (da ihm bis zum Nacherbfall auch die erhöhten Nutzungen aus dem Objekt verbleiben, BGH NJW 93, 3199 = ZEV 94, 116; dazu *Voit* ZEV 94, 138).

12 **D. Außerordentliche Lasten.** Außerordentliche Lasten, die als auf den Stammwert des Nachlassgegenstandes gelegt anzusehen sind, fallen im Innenverhältnis dem Nacherben zur Last (§ 2126). Sie sind in der Regel einmalig und entspringen einem besonderen Ereignis (BGH NJW 56, 1070). Ihre Höhe ist allerdings kein Indiz für die Einordnung. In der Regel treffen sie den Eigentümer, Rechtsinhaber oder Besitzer als solchen (BGH NJW 80, 2465).

13 Hierzu gehören zum einen die sämtlichen Verbindlichkeiten des Erblassers und die meisten Erbfallschulden, ferner die Pflichtteilsansprüche. Zum anderen gehören hierher öffentliche und private Lasten, etwa die Tilgungsbeträge für Hypotheken und Grundschulden, die bereits der Erblasser bestellt hatte, unabhängig von ihrer Höhe und Dauer, ferner Anliegerbeiträge, Vermögensteuer, Erbschaftsteuer, Einkommensteuer in den Fällen der §§ 16 EStG (BGH NJW 80, 2465) und 17 EStG (BGH MDR 68, 566).

14 Insoweit hat der Vorerbe beim Nacherbfall einen Aufwendungsersatzanspruch gegen den Nacherben. Der Erblasser kann den Vorerben aber durch Vermächtnis zugunsten des Nacherben verpflichten, das Kapital von Grundpfandrechten aus den Nutzungen zu tilgen, die an sich dem Vorerben gebühren.

15 **E. Sonstige Aufwendungen.** Für sonstige Aufwendungen gilt das Recht der Geschäftsführung ohne Auftrag (§ 2125 I). In Betracht kommen Ausgaben, die
 – zwar im Interesse des Nachlasses liegen, aber über den Erhaltungszweck hinausgehen, also für verändernde und erweiternde Maßnahmen (Erhöhung des Kapitals bei einem zum Nachlass gehörenden Unternehmen, Erweiterung einer gewerblichen Anlage, Vergrößerung eines Hauses), oder
 – zwar ebenfalls dem Erhaltungszweck dienen, aber vom Vorerben nicht für erforderlich gehalten werden durften, insbes unzweckmäßige Maßnahmen und Luxusaufwendungen.

16 § 2125 enthält eine Rechtsgrundverweisung auf die §§ 677 ff. Danach entsteht dem Vorerben mit dem Nacherbfall ein Erstattungsanspruch gegen den Nacherben, wenn
 – die Verwendung dem wirklichen oder mutmaßlichen Willen des Nacherben entspricht (§§ 683, 670, ohne dass der Vorerbe sie für erforderlich halten durfte (denn dann liegt ein Fall des § 2124 II vor),
 – die Verwendung der Erfüllung einer Pflicht diente, die im öffentlichen Interesse lag (§ 679), oder
 – der Nacherbe die Verwendungen genehmigt (§ 684 S. 2), wozu er nach § 2120 verpflichtet sein kann.
Liegt keiner dieser drei Fälle vor, so hat der Vorerbe nur einen Bereicherungsanspruch gegen den Nacherben (§ 685 S. 1). Dem Nachlass entnehmen darf er den aufgewendeten Betrag keinesfalls.

§ 2127 Auskunftsrecht des Nacherben

Der Nacherbe ist berechtigt, von dem Vorerben Auskunft über den Bestand der Erbschaft zu verlangen, wenn Grund zu der Annahme besteht, dass der Vorerbe durch seine Verwaltung die Rechte des Nacherben erheblich verletzt.

A. Auskunftsanspruch. Er ergänzt die Informationsrechte des Nacherben aus §§ 2121 und 2122, erleichtert die Ausübung seines Rechts aus § 2128 und gewährt vorbeugenden Schutz vor wirtschaftlicher Verschlechterung des Nachlasses. Das Recht kann von jedem einzelnen Nacherben zur Erteilung der Auskunft an alle ausgeübt werden, auch vom Nachlasspfleger oder vom Testamentsvollstrecker des § 2222, nicht vom Ersatznacherben (s § 2121 Rn 2). Es kann auch wiederholt ausgeübt werden, wenn sich neue Gründe ergeben haben (Soergel/*Harder/Wegmann* § 2127 Rn 5). Befreiung nach § 2136 ist möglich. 1

B. Voraussetzungen. Voraussetzung ist ein Grund für die Annahme, dass der Vorerbe durch seine Verwaltung die Rechte des Nacherben erheblich verletzt, nämlich die auf Herausgabe des Nachlasses in der von § 2130 vorausgesetzten Beschaffenheit. Die Besorgnis wird sich in der Regel aus der Art der Verwaltung ergeben. Sie kann sich auch auf einzelne wesentliche Nachlassgegenstände beziehen. Sie wird etwa angenommen bei eigenmächtigen Verfügungen, die unter § 2113 fallen (RGZ 149, 65, 68), Verletzung der Pflichten aus § 2116 oder 2119 (Staud/*Avenarius* § 2127 Rn 7) oder Unvollständigkeit eines gem § 2121 vorgelegten Nachlassverzeichnisses (Soergel/*Harder/Wegmann*, § 2127 Rn 3). Die schlechte Vermögenslage des Vorerben als solche genügt nicht (Staud/*Avenarius* § 2127 Rn 6; anders § 2128 I). Ein böswilliges Verhalten des Vorerben braucht aber nicht vorzuliegen. Erheblich ist eine Rechtsverletzung, wenn zu befürchten ist, dass sie sich auf nicht unerhebliche Nachlassbestandteile bezieht. 2

C. Inhalt. Die Auskunft bezieht sich auf den gegenwärtigen Bestand des Nachlasses einschließlich der Surrogate. Nach deren Verbleib kann nicht gefragt werden (MüKo/*Grunsky* § 2127 Rn 4). Hat der Vorerbe schon ein Verzeichnis nach § 2121 errichtet, so schuldet er Auskunft nur über die eingetretenen Veränderungen. 3

D. Zeitpunkt. Der Vorerbe schuldet diese Auskunft nur bis zum Nacherbfall (RGZ 98, 60). Danach gelten §§ 2130 II, 260. 4

E. Eidesstattliche Versicherung. Der Anspruch besteht bei Grund zur Annahme, dass die Auskunft nicht mit der erforderlichen Sorgfalt erteilt ist (Staud/*Avenarius* § 2127 Rn 9). 5

§ 2128 Sicherheitsleistung

(1) Wird durch das Verhalten des Vorerben oder durch seine ungünstige Vermögenslage die Besorgnis einer erheblichen Verletzung der Rechte des Nacherben begründet, so kann der Nacherbe Sicherheitsleistung verlangen.
(2) Die für die Verpflichtung des Nießbrauchers zur Sicherheitsleistung geltende Vorschrift des § 1052 findet entsprechende Anwendung.

§ 2129 Wirkung einer Entziehung der Verwaltung

(1) Wird dem Vorerben die Verwaltung nach der Vorschrift des § 1052 entzogen, so verliert er das Recht, über Erbschaftsgegenstände zu verfügen.
(2) ¹Die Vorschriften zugunsten derjenigen, welche Rechte von einem Nichtberechtigten herleiten, finden entsprechende Anwendung. ²Für die zur Erbschaft gehörenden Forderungen ist die Entziehung der Verwaltung dem Schuldner gegenüber erst wirksam, wenn er von der getroffenen Anordnung Kenntnis erlangt oder wenn ihm eine Mitteilung von der Anordnung zugestellt wird. ³Das Gleiche gilt von der Aufhebung der Entziehung.

A. Grundsatz. Die Vorschriften enthalten weitere Sicherungsrechte zugunsten des Nacherben. Er kann vom Vorerben Sicherheit verlangen (§ 2128 I) und, wenn diese unterbleibt, ihm die Verwaltungs- und Verfügungsbefugnis entziehen lassen (§ 2128 II iVm § 1052); dies löst die Rechtsfolgen des § 2129 aus. Das Verlangen kann auch von einem Nacherben für alle gestellt werden; s § 2121 Rn 2. Befreiung nach § 2136 ist möglich. 1

B. Voraussetzungen. I. Verhalten des Vorerben. Voraussetzung ist entweder ein Verhalten des Vorerben, das die Besorgnis einer erheblichen Verletzung der Nacherbenrechte begründet. Dieses Verhalten braucht nicht pflichtwidrig zu sein (Staud/*Avenarius* § 2128 Rn 1; aA MüKo/*Grunsky* § 2128 Rn 1), erst recht nicht schuldhaft oder gar arglistig. Es muss nur objektiv die Besorgnis einer erheblichen Verletzung der Nacherbenrechte rechtfertigen. In Betracht kommt die unordentliche Verwaltung des Nachlasses (s § 2127 Rn 2), aber auch die des eigenen freien Vermögens des Vorerben (Soergel/*Harder/Wegmann* § 2128 Rn 2). 2

3 **II. Vermögenslage des Vorerben.** Voraussetzung ist alternativ eine ungünstige Vermögenslage des Vorerben, die die Besorgnis einer erheblichen Verletzung der Nacherbenrechte begründet. Wann diese ungünstige Vermögenslage eingetreten ist, ist unerheblich. Die Besorgnis kann sich insbes aus drohendem Zugriff der Eigengläubiger des Vorerben auf den Nachlass ergeben, unabhängig davon, ob dieser nach § 2115 unwirksam wäre.

4 **C. Sicherheitsleistung.** Für die Art und Weise gelten §§ 232 ff. Die Höhe wird vom Gericht festgesetzt; maßgebend sind der Nachlasswert (RGRK/*Johannsen* § 2128 Rn 7) und das Ausmaß der Gefährdung (Staud/*Avenarius* § 2128 Rn 8). Sinnvollerweise muss der Vorerbe die Sicherheit aus seinem eigenen Vermögen leisten. Die Hinterlegung von Nachlassgegenständen, insbes Wertpapieren, gem § 232 reicht jedoch, wenn gerade diese gefährdet sind (Staud/*Avenarius* § 2128 Rn 9).

5 **D. Entzug der Verwaltung.** Nach fruchtloser Fristsetzung (schon im Urteil, § 255 II ZPO) kann dem Vorerben die Verwaltung des Nachlasses entzogen werden (§§ 2128 II, 1052). Der Entzug ist vom Vollstreckungsgericht auszusprechen. Damit verliert der Vorerbe das allgemeine Verwaltungsrecht und die Verfügungsbefugnis (§ 2129 I) über den Nachlass. Beides geht auf einen vom Vollstreckungsgericht zu bestellenden Verwalter über; für die Verwaltung gelten §§ 146 ff ZVG analog (MüKo/*Pohlmann* § 1052 Rn 5).

6 Vorab kann der Nacherbe durch Arrest oder einstweilige Verfügung vorläufige Sicherungsmaßnahmen erwirken, die bis zum vorläufigen Entzug des Verwaltungsrechts und der Verfügungsbefugnis des Vorerben gehen können (Soergel/*Harder/Wegmann* § 2128 Rn 5).

7 **E. Rechtsfolgen.** Der Vorerbe ist verpflichtet, den Nachlass dem Verwalter herauszugeben. Der Beschluss über den Entzug des Verwaltungsrechts ist insoweit ein Vollstreckungstitel zugunsten des Verwalters gegen den Vorerben. Der Vorerbe behält aber den Anspruch auf die Nutzungen. Der Verwalter übt das Verfügungsrecht aus und hat dabei (nur) die Befugnisse des Vorerben. Zustimmungsvorbehalte des Nacherben bleiben also bestehen.

8 § 2129 II schützt den guten Glauben des Dritten, der vom Vorerben in Unkenntnis des Verlustes von dessen Verfügungsmacht einen Gegenstand aus dem Nachlass erworben hat. Bei beweglichen Sachen darf die Unkenntnis nicht auf grober Fahrlässigkeit beruhen (§ 932 II). Im Grundbuch kann – und muss auf Antrag des Nacherben – der Entzug der Verfügungsbefugnis eingetragen werden, was den gutgläubigen Erwerb verhindert; bei Grundstücken schadet dem Erwerber ansonsten nur die positive Kenntnis vom Verlust der Verfügungsmacht (§ 892 I). Ungenügend wäre ein Vertrauen des Dritten auf einen Erbschein zugunsten des Vorerben, da dieser den Entzug der Verfügungsbefugnis nicht ausweist. Die Rechtsstellung des Schuldners einer zum Nachlass gehörenden Forderung regelt § 2129 II 2 weniger günstig als die §§ 406 ff, da ihm nicht erst die positive Kenntnis vom Verlust der Verfügungsmacht des Vorerben schadet, sondern schon die Zustellung einer entspr Mitteilung, die er nicht zur Kenntnis genommen zu haben braucht.

§ 2130 Herausgabepflicht nach dem Eintritt der Nacherbfolge, Rechenschaftspflicht

(1) Der Vorerbe ist nach dem Eintritt der Nacherbfolge verpflichtet, dem Nacherben die Erbschaft in dem Zustand herauszugeben, der sich bei einer bis zur Herausgabe fortgesetzten ordnungsgemäßen Verwaltung ergibt. Auf die Herausgabe eines landwirtschaftlichen Grundstücks findet die Vorschrift des § 596 a, auf die Herausgabe eines Landguts finden die Vorschriften der §§ 596 a, 596 b entsprechende Anwendung.
(2) Der Vorerbe hat auf Verlangen Rechenschaft abzulegen.

1 **A. Allgemeines.** Die Vorschrift regelt die Rechtsfolgen aus dem Eintritt des Nacherbfalls. Sie berücksichtigt, dass der Nacherbe nicht etwa der Rechtsnachfolger des Vorerben ist, sondern ihn nur in der Herrschaft über den Nachlass ablöst.

2 **B. Herausgabeanspruch. I. Rechtsnatur.** Es handelt sich um einen schuldrechtlichen Anspruch, der erst mit dem Nacherbfall entsteht. Er ist auf Herausgabe gerichtet, nicht auf Übereignung, demgemäß bei Grundstücken auf Grundberichtigung (§ 894).

3 **II. Anspruchsgegner.** Der Anspruch richtet sich gegen den Vorerben. Ist der Nacherbfall durch den Tod des Vorerben eingetreten, so richtet er sich gegen dessen persönliche Erben (RGZ 163, 51, 53). Er richtet sich nicht gegen Dritte. Ansprüche gegen Dritte können aber namentlich aus § 2018 bestehen.

4 **III. Umfang.** Herauszugeben ist der Nachlass, so wie er beim Eintritt des Nacherbfalls aufgrund eingetretener Surrogation (§ 2111) und der tatsächlichen Verwaltungstätigkeit des Vorerben vorhanden ist. Herauszugeben wäre er allerdings darüber hinaus so, wie er aufgrund der ordnungsgemäßen Verwaltungstätigkeit des Vorerben vorhanden sein müsste. Besteht hier eine Differenz zum Nachteil des Nacherben, so gibt ihm das Gesetz einen Ersatzanspruch (§ 2134).

IV. Erfüllung. Der Vorerbe hat ein Zurückbehaltungsrecht wegen Ersatzansprüchen gegen den Nacherben. Dies gilt insbes für Verwendungen nach § 2125 (s §§ 2124 bis 2126 Rn 16), bei landwirtschaftlichen Grundstücken und Betrieben für die Feldbestellungskosten (§ 2130 I 2 iVm § 596 a II).

C. Ordnungsgemäße Verwaltung durch den Vorerben. I. Inhalt. Diese Pflicht wird aus § 2130 I erschlossen, ebenso die Schadensersatzpflicht bei Verletzung. Letztere tritt erst mit dem Nacherbfall ein. Die Einflussnahme des Nacherben auf den Vorerben während der Vorerbschaft beschränkt sich auf die §§ 2116 ff, 2123 und 2127 bis 2129.

II. Objektiver Maßstab. Objektiver Maßstab für die Beurteilung der Ordnungsmäßigkeit der Verwaltung des Vorerben ist die Erhaltung des Nachlasses in seiner Wertsubstanz. Dies bedeutet wegen § 2111 nicht die Erhaltung der konkreten Nachlassgegenstände. Andererseits soll der Nacherbe beim Nacherbfall nicht nur „ein Bündel von Ersatzansprüchen" vorfinden. Eine Pflicht zur Mehrung des Nachlasses hat die Rechtsprechung vom Vorerben bislang nicht angenommen. Befindet sich ein Unternehmen im Nachlass, so schuldet der Vorerbe eine unternehmerische Leistung (Einzelh bei Staud/*Avenarius* § 2130 Rn 9 f).

Vielfach wird unter Bezugnahme auf BGH WM 73, 361 formuliert, die Einhaltung der Verwaltungspflicht durch den Vorerben sei nicht im Hinblick auf einzelne Verwaltungshandlungen, sondern nur unter Berücksichtigung des gesamten Verwaltungsergebnisses zu prüfen (RGRK/*Johannsen*, § 2130 Rn 2; Soergel/*Harder/ Wegmann* § 2130 Rn 1). Dies bedeutet aber keineswegs, dass generell Nachteile aus einzelnen Verwaltungshandlungen mit Vorteilen aus anderen saldiert werden dürften, etwa auch dann, wenn sie ganz verschiedene Nachlassgegenstände betreffen. Dies hat auch der BGH aaO nicht angenommen. Er hat im Gegenteil ausgesprochen, dass es bei der Frage, ob ein ordnungsgemäßes Verwaltungshandeln vorliegt, in erster Linie auf die einzelnen Maßnahmen ankommt. Allerdings können diese verständig und zweckmäßig sein, auch wenn die Verwaltung des Nachlasses im Ganzen nicht ordnungsgemäß geführt wird; ebenso kann aber auch eine insgesamt betriebene Misswirtschaft einer Einzelmaßnahme, gegen die sonst nichts einzuwenden wäre, die Ordnungsmäßigkeit nehmen.

III. Subjektiver Maßstab. Es gelten die §§ 2131, 277.

D. Rechenschaft. Den Vorerben trifft beim Nacherbfall die Rechenschaftspflicht aus § 259 (geordnete Zusammenstellung der Einnahmen und Ausgaben) und die Auskunftspflicht aus § 260 (Bestandsverzeichnis). In beiden Fällen ist er zur eidesstattlichen Versicherung verpflichtet. Von der Rechenschaftspflicht sind die Einnahmen ausgenommen, die dem Vorerben als Nutzungen zustehen, und ebenso die Ausgaben, die gewöhnliche Erhaltungskosten im Sinne des § 2124 I darstellen. Das Bestandsverzeichnis aus § 260 kann auf das Verzeichnis gem § 2121 und die Auskunft gem § 2127 Bezug nehmen, soweit diese erteilt sind (MüKo/ *Grunsky* § 2130 Rn 8).

Auch diese Ansprüche richten sich, wenn der Nacherbfall mit dem Tod des Vorerben eingetreten ist, gegen dessen persönliche Erben. Wegen der daraus resultierenden erheblichen Schwierigkeiten gibt BGHZ 58, 237 dem Nacherben unter bestimmten Voraussetzungen auch einen Auskunftsanspruch gegen den Dritten, der einen Nachlassgegenstand unentgeltlich erworben hat (§ 2113 II).

E. Befreiung. § 2136 nennt auch § 2130 als eine der Vorschriften, von deren Einhaltung der Erblasser den Vorerben befreien kann. Ist das geschehen, so bedeutet das freilich nicht, dass der Vorerbe beim Nacherbfall überhaupt nichts herauszugeben hätte. Vielmehr besteht die Herausgabepflicht noch im Umfang des § 2138 I. Er muss also die noch vorhandenen Nachlassgegenstände herausgeben. Ebenso ist er nicht völlig von der Schadensersatzpflicht gegenüber dem Nacherben befreit. Vielmehr schuldet er nach § 2138 II Schadensersatz insoweit, als er entgegen § 2113 II, also unentgeltlich, über einen Nachlassgegenstand verfügt hat, und weiter insoweit, als er die Erbschaft in der Absicht vermindert hat, den Nacherben zu benachteiligen.

§ 2131 Umfang der Sorgfaltspflicht

Der Vorerbe hat dem Nacherben gegenüber in Ansehung der Verwaltung nur für diejenige Sorgfalt einzustehen, welche er in eigenen Angelegenheiten anzuwenden pflegt.

A. Allgemeiner Sorgfaltsmaßstab. Für die ordnungsgemäße Verwaltung des Nachlasses im Allgemeinen haftet der Vorerbe nach § 277. Von der Haftung für grobe Fahrlässigkeit ist er dadurch also keinesfalls befreit. Die Beweislast dafür, dass er in eigenen Angelegenheiten eine geringere als die im Verkehr erforderliche Sorgfalt anwendet, liegt beim Vorerben.

B. Sorgfaltsmaßstab in besonderen Fällen. Für die Erfüllung konkreter Einzelpflichten haftet der Vorerbe indessen nach dem Maßstab des § 276. Dies betrifft die in §§ 2116 bis 2119, 2123 und 2133 vorgesehenen Maßnahmen, ferner die Haftung des Vorerben dafür, dass er Nachlassgegenstände für sich verwendet (§ 2134).

3   Nach § 2138 II haftet auch der befreite Vorerbe dem Nacherben auf Schadensersatz, wenn er entgegen § 2113 II über einen Nachlassgegenstand verfügt hat. Daraus ergibt sich für den Vorerben ua die Pflicht zu prüfen, ob der Verfügung über den Nachlassgegenstand eine ausreichende Gegenleistung gegenübersteht (s § 2113 Rn 23). Auch diese Pflicht des Vorerben wird als besondere gesetzliche Pflicht angesehen, für deren Erfüllung er nach § 276 und nicht nach § 277 haftet (Staud/*Avenarius* § 2131 Rn 3).

4   **C. Befreiung.** Der Erblasser kann den Vorerben nach § 2136 von der Vorschrift des § 2131 befreien. Befreit er ohne weiteres, so haftet der Vorerbe nicht einmal mehr für grobe Fahrlässigkeit, sondern nur für Vorsatz (§ 276 III). Der Erblasser kann den Vorerben aber etwa auch in der Weise befreien, dass er nur für Vorsatz und grobe Fahrlässigkeit haftet. Nicht befreien kann der Erblasser den Vorerben nach § 2138 II von der Haftung für die unentgeltliche Verfügung über Nachlassgegenstände und für die arglistige Verminderung des Nachlasses zum Nachteil des Nacherben.

5   **D. Verschärfung.** Der Erblasser kann auch eine strengere Haftung des Vorerben anordnen. Die Beweislast dafür liegt beim Nacherben.

§ 2132 Keine Haftung für gewöhnliche Abnutzung

Veränderungen oder Verschlechterungen von Erbschaftssachen, die durch ordnungsmäßige Benutzung herbeigeführt werden, hat der Vorerbe nicht zu vertreten.

1   **A. Grundsatz.** Der Vorerbe haftet (auch angesichts des § 2130) nicht für die gewöhnliche Abnutzung von Nachlassgegenständen. Wegen § 2131 ist eine Nutzung, die den sonstigen Gepflogenheiten des Vorerben entspricht, als gewöhnlich anzusehen.

2   **B. Beweislast.** Die Beweislast dafür, dass die Veränderung oder Verschlechterung des Nachlassgegenstandes aus einer solchen gewöhnlichen Abnutzung herrührt, und für seine Nutzungsgewohnheiten liegt beim Vorerben.

3   **C. Befreiung.** Befreiung ist möglich, auch wenn die Vorschrift in § 2136 nicht erwähnt ist, denn sie ist zusammen mit § 2130 zu lesen. Die Befreiung bezieht sich auf den Zustand der Nachlassgegenstände schlechthin und bewirkt, dass der Vorerbe nur bei Benachteiligungsabsicht haftet (§ 2138 II).

§ 2133 Ordnungswidrige oder übermäßige Fruchtziehung

Zieht der Vorerbe Früchte den Regeln einer ordnungsmäßigen Wirtschaft zuwider oder zieht er Früchte deshalb im Übermaß, weil dies infolge eines besonderen Ereignisses notwendig geworden ist, so gebührt ihm der Wert der Früchte nur insoweit, als durch den ordnungswidrigen oder den übermäßigen Fruchtbezug die ihm gebührenden Nutzungen beeinträchtigt werden und nicht der Wert der Früchte nach den Regeln einer ordnungsmäßigen Wirtschaft zur Wiederherstellung der Sache zu verwenden ist.

1   **A. Grundsatz.** Früchte, die bei ordnungsgemäßer Verwaltung anfallen, gebühren nach ihrer Substanz und ihrem Wert dem Vorerben. Dies ist im Gesetz nicht ausdrücklich angeordnet, ergibt sich aber aus § 2111. An Früchten, die aus nicht ordnungsgemäßer Verwaltung oder im Übermaß anfallen, erwirbt der Vorerbe zwar ebenfalls Eigentum (§ 953). Ihr Wert gebührt aber grds dem Nacherben.

2   Nicht ordnungsgemäßer Fruchtbezug beruht auf dem Willen des Vorerben (Raubbau an einem Wald). Übermäßiger Fruchtbezug beruht nicht auf dem Willen, jedenfalls nicht auf dem Verschulden des Vorerben (Windbruch in einem Wald).

3   **B. Wertzuweisungen.** Der Wert solcher Früchte gebührt dem Vorerben nur ausnahmsweise.

4   **I. Ausfall beim Vorerben.** Er gebührt ihm insoweit, als durch solchen Fruchtbezug die ihm eigentlich gebührenden Nutzungen beeinträchtigt werden, das heißt, soweit er selbst einen Ausfall bei den Nutzungen erleidet. Das bedeutet, dass jedes Ereignis, das zum Bezug solcher Früchte geführt hat, in seinen Gesamtauswirkungen betrachtet werden muss, nicht etwa beschränkt auf ein Kalender- oder Wirtschaftsjahr (Kompensation, Soergel/*Harder/Wegmann* § 2133 Rn 2 und MüKo/*Grunsky* § 2133 Rn 1). Der Wert der Früchte verbleibt dem Vorerben, soweit er dieselben Früchte in späteren Jahren gezogen hätte und aufgrund desselben Ereignisses nicht ziehen kann.

5   **II. Wiederherstellung der Sache.** Der Wert solcher Früchte gebührt dem Vorerben aber auch insoweit nicht, als er nach den Regeln einer ordnungsgemäßen Wirtschaft zur Wiederherstellung der Sache zu verwenden ist (Erlös aus Windbruch zur Wiederaufforstung). Der Vorerbe muss also trotz seiner Verluste (mindestens) diesen Wert in die Wiederherstellung der früheren Ertragsfähigkeit der Sache investieren.

C. Wertersatzanspruch. In obigen Grenzen begründet § 2133 BGB einen Wertersatzanspruch des Nacherben, der freilich erst vom Nacherbfall an geltend gemacht werden kann. Zu ersetzen ist der objektive Wert der Früchte. Daneben kann ein Schadensersatzanspruch des Nacherben aus §§ 2130, 2131 bestehen. 7

D. Befreiung. Der Erblasser kann den Vorerben bis zur Grenze des § 2138 II befreien (§ 2136). Die Befreiung bedeutet praktisch, dass der Vorerbe den Wert solcher Früchte unabhängig davon behalten darf, weshalb sie angefallen sind, sofern er sie nicht zur Schädigung des Nacherben im Übermaß gezogen hat. 8

§ 2134 Eigennützige Verwendung

¹Hat der Vorerbe einen Erbschaftsgegenstand für sich verwendet, so ist er nach dem Eintritt der Nacherbfolge dem Nacherben gegenüber zum Ersatz des Wertes verpflichtet. ²Eine weitergehende Haftung wegen Verschuldens bleibt unberührt.

A. Anwendungsbereich. Die Vorschrift statuiert eine Ersatzpflicht des Vorerben für den Fall, dass er Nachlassgegenstände für sich selbst verwendet hat. Sie gehört zu den Konsequenzen aus § 2130 und setzt mithin voraus, dass dem Vorerben deshalb die Herausgabe an den Nacherben unmöglich ist. Demgemäß greift sie nicht, wenn und soweit ein hinreichend werthaltiges Surrogat in den Nachlass gelangt ist (BGHZ 40, 115, 124). Sie greift aber jedenfalls bei unentgeltlichen Verfügungen (§ 2113 II). Auf Nutzungen bezieht sie sich nicht (s § 2111 Rn 8 u § 2133 Rn 1). Der Erblasser kann nach § 2136 befreien. 1

Der Vorerbe schuldet Wertersatz. Der zu ersetzende Wert ist der zum Zeitpunkt der Verwendung, da sich danach auch der Wert eines Surrogates hätte richten müssen (MüKo/*Grunsky* § 2134 Rn 4). Der Anspruch entsteht gleichwohl erst beim Nacherbfall. Er besteht unabhängig von Verschulden des Vorerben. Bei Verschulden besteht zusätzlich (§ 2134 II) ein Schadensersatzanspruch aus §§ 2130, 2131, etwa bei Verlust von Wertsteigerungen und negativen Auswirkungen auf weitere Nachlassgegenstände (Soergel/*Harder/Wegmann* § 2134 Rn 4). 2

§ 2135 Miet- und Pachtverhältnis bei der Nacherbfolge

Hat der Vorerbe ein zur Erbschaft gehörendes Grundstück oder eingetragenes Schiff vermietet oder verpachtet, so findet, wenn das Miet- oder Pachtverhältnis bei dem Eintritt der Nacherbfolge noch besteht, die Vorschrift des § 1056 entsprechende Anwendung.

A. Anwendungsbereich. Die Vorschrift regelt das Schicksal von Miet- und Pachtverhältnissen über Grundstücke (insbes auch Wohnraum) und eingetragene Schiffe (künftig nur noch: Mietverhältnisse über Grundstücke), die der Vorerbe abgeschlossen hat, im Nacherbfall. Sie verweist auf § 1056, der wieder auf zahlreiche Bestimmungen des Mietrechts weiter verweist. 1

Die Vorschrift gilt nur für Mietverträge, die der Vorerbe abgeschlossen hat. An Mietverträge, die noch der Erblasser abgeschlossen hat, ist der Nacherbe ohnehin als dessen Rechtsnachfolger gebunden (§§ 1922, 1967). 2

Bei beweglichen Sachen bindet der Mietvertrag des Vorerben den Nacherben nicht (wohl aber wiederum der des Erblassers); vielmehr endet er mit dem Nacherbfall. Der Nacherbe kann also die bewegliche Sache vom Mieter herausverlangen. Diesem können Ersatzansprüche wegen Nichterfüllung des Vertrages gegen den Vorerben zustehen. Nach altem Schuldrecht handelt es sich um einen Rechtsmangel, der für den Vorerben freilich regelmäßig vorauszusehen war. 3

B. Rechtsfolgen. Mit dem Nacherbfall tritt der Nacherbe anstelle des Vorerben in das Mietverhältnis ein. Der Vorerbe bleibt dem Mieter aber als selbstschuldnerischer Bürge haftbar (§ 566 II 1), solange der Mieter nicht durch eine Mitteilung des Vorerben vom Nacherbfall Kenntnis erlangt hat (§ 566 II 2). Hat der Mieter von Wohnraum dem Vorerben eine Sicherheit geleistet, so tritt der Nacherbe auch in die Sicherungsabrede ein; indessen bleibt der Vorerbe zur Rückgewähr der Sicherheit verpflichtet, wenn der Mieter sie beim Ende des Mietverhältnisses nicht vom Nacherben erlangen kann (§ 566 a). 4

Der Nacherbe kann grds das Mietverhältnis mit gesetzlicher Frist kündigen (§ 1056 II 1). Er braucht dabei jedoch nicht auf den ersten zulässigen Termin zu kündigen, sondern kann dies während der gesamten Laufzeit des Mietvertrages tun (MüKo/*Pohlmann* § 1056 Rn 12). Der Mieter kann den Nacherben unter Bestimmung einer angemessenen Frist zur Erklärung darüber auffordern, ob er von seinem Kündigungsrecht Gebrauch macht (§ 1056 III 1); dann kann der Nacherbe die Kündigung nur innerhalb dieser Frist erklären (§ 1056 III 2). Der Nacherbe kann nicht kündigen, wenn er dem Vorerben gegenüber dem Vertragsabschluss zugestimmt hat (wozu er nach § 2120 verpflichtet sein kann) oder wenn der Abschluss eines unkündbaren Mietvertrages über den Zeitpunkt des Nacherbfalls hinaus einer ordnungsgemäßen Verwaltung des Nachlasses entsprochen hat (MüKo/*Grunsky* § 2135 Rn 3). Auf Kündigungsschutzbestimmungen kann sich der Mieter auch gegenüber dem Nacherben berufen (Staud/*Avenarius* § 2135 Rn 11; MüKo/*Pohlmann* § 1056 Rn 11). 5

6   **C. Arbeitsverhältnisse.** Nach MüKo/*Grunsky* (§ 2135 Rn 5) tritt der Nacherbe analog § 2135 auch in Arbeitsverhältnisse ein, die der Vorerbe für einen zum Nachlass gehörenden Betrieb eingegangen ist (in die noch vom Erblasser begründeten ohnehin).

§ 2136 Befreiung des Vorerben

Der Erblasser kann den Vorerben von den Beschränkungen und Verpflichtungen des § 2113 Abs. 1 und der §§ 2114, 2116 bis 2119, 2123, 2127 bis 2131, 2133, 2134 befreien.

1   **A. Bestimmungen des Erblassers.** Der Erblasser kann den Vorerben von den dort genannten Beschränkungen befreien, diese Befreiung aber auch modifizieren.
2   Der Erblasser kann den Vorerben auch nur von einigen, nicht aber von allen oben genannten Beschränkungen und Verpflichtungen befreien; im Zweifel ist der Vorerbe aber, wenn er denn befreit ist, insgesamt befreit (Staud/*Avenarius* § 2136 Rn 14). Er kann ihn auch nur bezüglich einzelner Nachlassgegenstände, bezüglich einzelner Verfügungen oder gegenüber einzelnen von mehreren Nacherben befreien. Er kann auch nur einzelne von mehreren Vorerben befreien; die Befreiung von Ersatzvorerben und der Erben des Vorerben ist besonders festzustellen. Er kann eine Befreiung unter einer Bedingung oder Befristung anordnen, etwa für den Fall der Not des Vorerben (aufschiebende Bedingung, *J. Mayer* ZEV 00, 1, 3; BayObLG FamRZ 84, 1272).
3   Der Erblasser kann dem Vorerben über die §§ 2111 ff hinaus durch Vermächtnisse und Auflagen weitere schuldrechtliche Verpflichtungen auferlegen, bei deren Verletzung er dem Nacherben gem §§ 2130, 2131 ersatzpflichtig wird. Die Beschränkungen können auch die Nutznießung durch den Vorerben betreffen.
4   **B. Unmöglichkeit der Befreiung.** Im Gegenschluss aus § 2136 ergibt sich, dass der Erblasser den Vorerben nicht befreien kann von
    – § 2111 (Rechtsfolgen der dinglichen Surrogation),
    – § 2113 II (Unwirksamkeit unentgeltlicher Verfügungen über Nachlassgegenstände aller Art einschließlich der Grundstücke, in der Praxis besonders wichtig),
    – § 2115 (Unwirksamkeit von Verfügungen im Wege der Zwangsvollstreckung, des Arrestes, der einstweiligen Verfügung und durch den Insolvenzverwalter),
    – § 2121 (Inventarpflicht),
    – § 2122 S. 2 (Pflicht, die Feststellung des Nachlasszustandes zu dulden),
    – §§ 2124 bis 2126 (Ausschluss der Erstattung bestimmter Aufwendungen des Vorerben durch den Nacherben) und
    – § 2138 II (Arglisthaftung bei Verfügungen zwecks Benachteiligung des Nacherben).
5   Der Erblasser kann aber weitgehend dasselbe erreichen, in dem er dem Nacherben Vermächtnisse zugunsten des Vorerben auferlegt. Er kann ihn dergestalt etwa verpflichten, bestimmte Verfügungen des Vorerben zu genehmigen oder deren Wirksamkeit anzuerkennen (für unentgeltliche Verfügungen: Ddorf ZEV 00, 29 mit Anm *Wübben*; weitere Gestaltungsmöglichkeiten bei *J. Mayer* ZEV 00, 1, 4) oder entgegen § 2124 I auch die gewöhnlichen Erhaltungskosten für den Nachlass zu übernehmen.
6   Eine generelle Befreiung des Vorerben von allen Beschränkungen ist nicht möglich. Dies gilt auch dann, wenn der Erblasser seine Ehefrau mit der Maßgabe als Vorerbin eingesetzt hat, dass sie über seinen gesamten Nachlass frei nach ihrem Willen solle verfügen können (BGHZ 7, 274, 276). Indessen ist in solchen Fällen eine Auslegung dahin zu erwägen, dass sie als Vollerbin eingesetzt und dem „Nacherben" nur ein Vermächtnis auf den Überrest zugewendet ist.
7   **C. Auslegung.** Vielfach wird erst der Auslegung einer Verfügung vTw zu entnehmen sein, ob und inwieweit der Vorerbe befreit sein soll. Insoweit liegt eine Befreiung näher, wenn der Wille des Erblassers primär auf die Rechtsnachfolge durch den Vorerben oder die Gewährleistung seines sicheren Auskommens auch aus dem Stamm des Nachlasses gerichtet war. Eine Beschränkung liegt weiter nahe, wenn es ihm primär um die Bewahrung der Vermögenswerte für den Nacherben ging. Es ist auch denkbar, dass der Erblasser die Vorstellung hatte, „Vorerbe" sei bereits die befreite Vorerbe. Rechtsprechung und Literatur haben differenzierte Regeln entwickelt. Vor deren schematischer Anwendung ist indessen zu warnen. Im einzelnen:
8   „Alleinerbe" oder „Universalerbe" besagen nichts für oder gegen die Befreiung (BGH FamRZ 70, 192; aA Ddorf FamRZ 98, 389 mit krit Anm *Avenarius*). Dasselbe gilt, wenn die Vorerbschaft nur für einen Teil des Nachlasses angeordnet ist (BayObLG NJW 58, 1863).
9   Für eine Befreiung kann es dagegen sprechen, wenn
    – sich Ehegatten gegenseitig zu Vorerben eingesetzt haben und kinderlos geblieben sind (so Staud/*Avenarius* § 2136 Rn 20; aA BGH FamRZ 70, 192, 193),
    – der Nacherbe unter aufschiebender Bedingung, insbes durch Wiederverheiratungsklauseln, eingesetzt ist (Staud/*Avenarius* § 2136 Rn 22 und 23),
    – die Einsetzung des Nacherben durch die Existenz von Abkömmlingen des Vorerben auflösend bedingt ist (BayObLG FamRZ 81, 403) oder

– Vorerbe eine dem Erblasser nahe stehende Person (insbes der Ehegatte) ist, Nacherbe aber ein entfernter Verwandter, und der Vorerbe wesentlich zum Vermögenserwerb des Erblassers beigetragen hat (BayObLGZ 60, 432, 437; Hamm NJW-RR 97, 453).

§ 2137 Auslegungsregel für die Befreiung

(1) Hat der Erblasser den Nacherben auf dasjenige eingesetzt, was von der Erbschaft bei dem Eintritt der Nacherbfolge übrig sein wird, so gilt die Befreiung von allen in § 2136 bezeichneten Beschränkungen und Verpflichtungen als angeordnet.
(2) Das Gleiche ist im Zweifel anzunehmen, wenn der Erblasser bestimmt hat, dass der Vorerbe zur freien Verfügung über die Erbschaft berechtigt sein soll.

A. Grundsatz. Nach dieser Vorschrift ist der Vorerbe in zwei praktisch wichtigen Fällen von allen Beschränkungen befreit, von denen er nach § 2136 befreit werden kann. 1

B. 1. Fall: Überrest. Er ist dergestalt befreit, wenn der Nacherbe auf den Überrest eingesetzt ist (§ 2137 I). 2
Vorab ist hier aber zu prüfen, ob überhaupt eine Vor- und Nacherbschaft gewollt ist. Es kommt nämlich auch die Auslegung in Betracht, dass der „Vorerbe" als Vollerbe eingesetzt und dem „Nacherben" ein Vermächtnis in Gestalt des Überrestes zugewendet ist.

C. 2. Fall: Freie Verfügung. Nach § 2137 II ist Befreiung anzunehmen, wenn der Erblasser angeordnet hat, 3
dass der Vorerbe zur freien Verfügung über die Erbschaft berechtigt sein soll. Die Auslegung der letztwilligen Verfügung kann indessen etwas anderes ergeben, zum Beispiel dass der Vorerbe nur von den Verfügungsbeschränkungen aus §§ 2113 I und 2114 befreit sein soll. Sie kann auch ergeben, dass der „Vorerbe" ein wirklich freies Verfügungsrecht haben sollte; dann ist er als Vollerbe und der „Nacherbe" als Vermächtnisnehmer anzusehen.

§ 2138 Beschränkte Herausgabepflicht

(1) ¹Die Herausgabepflicht des Vorerben beschränkt sich in den Fällen des § 2137 auf die bei ihm noch vorhandenen Erbschaftsgegenstände. ²Für Verwendungen auf Gegenstände, die er infolge dieser Beschränkung nicht herauszugeben hat, kann er nicht Ersatz verlangen.
(2) Hat der Vorerbe der Vorschrift des § 2113 Abs. 2 zuwider über einen Erbschaftsgegenstand verfügt oder hat er die Erbschaft in der Absicht, den Nacherben zu benachteiligen, vermindert, so ist er dem Nacherben zum Schadensersatz verpflichtet.

A. Inhalt. Die Vorschrift regelt die Rechtsfolgen aus der Befreiung des Vorerben von seiner Herausgabe- und 1
Schadensersatzpflicht. Sie ist nicht nur in den Fällen des § 2137 anzuwenden, sondern immer dann, wenn der Erblasser den Vorerben ausdrücklich oder schlüssig nach § 2136 befreit hat.

B. Rechtsfolgen. Die Herausgabepflicht des Vorerben (Rechtsgrundlage: § 2130 I 1) beschränkt sich auf den 2
Überrest (§ 2138 I). Dies sind die beim Nacherbfall tatsächlich in der Hand des Vorerben noch vorhandenen Nachlassbestandteile einschließlich noch vorhandener Surrogate, beides in dem Zustand, in dem sie sich beim Nacherbfall befinden. Die Beweislast für die Eigenschaft als Surrogat liegt beim Nacherben.
Ist der Vorerbe nur von einzelnen Beschränkungen und Verpflichtungen befreit, so kommt es darauf an, ob 3
die Summe der Befreiungen so gewichtig ist, dass sie zur Beschränkung der Herausgabepflicht auf den Überrest führen kann. In jedem Fall muss der Vorerbe, damit er sich darauf berufen kann, von § 2134 befreit sein (Soergel/Harder/Wegmann § 2138 Rn 4).
Für die Gegenstände, für die den Vorerben aufgrund der Befreiung keine Herausgabepflicht trifft, kann er 4
auch keinerlei Verwendungsersatz beanspruchen (§ 2138 I 2). Er behält diese Ansprüche (§§ 2124 bis 2126) jedoch für Gegenstände, die er herausgeben muss, und für solche, die er aus anderen Gründen nicht herausgeben kann, etwa wegen zufälligen Untergangs.

C. Auswirkungen auf die Schadensersatzpflicht des Vorerben. Der vollständig befreite Vorerbe ist nur in 5
zwei Fällen schadensersatzpflichtig (§ 2138 II):

I. 1. Fall: Unentgeltliche Verfügungen. Er bleibt schadensersatzpflichtig für Verfügungen, die er entgegen 6
§ 2113 II vorgenommen hat, also unentgeltliche Verfügungen über Nachlassgegenstände einschließlich solcher, für die kein hinreichendes Entgelt in den Nachlass gelangt ist. Eine Benachteiligungsabsicht des Vorerben wird insoweit nicht verlangt. Der Verschuldensmaßstab ist der des § 276 I, nicht der der §§ 2131, 277 (s § 2131 Rn 3).

II. Zweiter Fall: Benachteiligungsabsicht. Der Vorerbe schuldet außerdem Schadensersatz, soweit er die 7
Erbschaft in der Absicht vermindert hat, den Nacherben zu benachteiligen. Gemeint ist seine Kenntnis von

der schädigenden Wirkung seines Handelns (Vorsatz). Er fehlt, wenn sich der Vorerbe der wirtschaftlichen Tragweite des Rechtsgeschäfts nicht bewusst gewesen ist (BGHZ 26, 378, 383). Die Grenze ist beim befreiten Vorerben nur schwer zu ziehen, wo es um die Verwendung von Nachlassgegenständen für eigene Zwecke geht. Die Literatur (Staud/*Avenarius* § 2138 Rn 16) will dies bei verschwenderischer Lebensführung auf Kosten des Nachlasses annehmen, ferner bei einer Entschuldung des Vorerben mit Nachlassmitteln und allgemein dann, wenn die Absicht einer Wertverschiebung erkennbar ist.

8 Der Anspruch richtet sich auf Schadensersatz, nicht auf bloßen Wertersatz. Inbegriffen sind deshalb etwa auch die Kosten der Wiederbeschaffung eines weggegebenen Nachlassgegenstandes. Für die Bewertung dieses Nachlassgegenstandes entscheidet der Zeitpunkt der Ersatzleistung, nicht der der Verminderung des Nachlasses. Der Ersatzanspruch entsteht erst mit dem Nacherbfall, doch ist schon zuvor Feststellungsklage möglich (Staud/*Avenarius* § 2138 Rn 19).

§ 2139 Wirkung des Eintritts der Nacherbfolge

Mit dem Eintritt des Falles der Nacherbfolge hört der Vorerbe auf, Erbe zu sein, und fällt die Erbschaft dem Nacherben an.

1 **A. Grundregel.** Die Norm spricht die Wirkung aus, die der Eintritt des Nacherbfalls mit sich bringt: der Nachlass fällt dem Nacherben an. Der Nacherbe wird damit Erbe des Erblassers im Sinne einer Gesamtrechtsnachfolge (§ 1922). Der Erwerb wird aber nicht auf den Tod des Erblassers zurück bezogen. Der Nacherbe wird auch nicht Erbe des Vorerben. Rechtsnachfolger des Vorerben sind dessen eigene Erben.

2 **B. Einzelheiten.** Der Nacherbe kann noch nach der allgemeinen Regel des § 1942 ausschlagen, falls er die Erbschaft noch nicht angenommen hat (etwa durch Veräußerung oder Verpfändung seines Anwartschaftsrechts). Die Ausschlagungsfrist beginnt mit seiner Kenntnis vom Anfall der Nacherbschaft und vom Grund seiner Berufung zum Nacherben (§ 1944 II 1). Sie beginnt also niemals vor dem Nacherbfall. Dieses allgemeine Ausschlagungsrecht besteht neben dem besonderen aus § 2142.

3 Den Zeitpunkt des Nacherbfalls bestimmt ausschließlich der Erblasser (s § 2100 Rn 33 und 41). Häufig ist es der Tod des Vorerben. Hat der Erblasser keine Bestimmung getroffen, so gilt § 2106. Der Vorerbe kann das Ende seiner Vorerbenstellung nicht rechtsgeschäftlich vorverlagen.

4 Die Erbschaft fällt dem Nacherben kraft Gesetzes und ohne irgendwelche Übertragungsakte an. Der unmittelbare Besitz (§ 857) geht freilich auf den Nacherben nur über, wenn der Vorerbe ihn noch nicht ergriffen hatte, ansonsten nur mittels Übertragung durch den Vorerben oder dessen Erben (MüKo/*Grunsky* § 2139 Rn 2). Den mittelbaren Besitz erwirbt der Nacherbe unmittelbar mit dem Herausgabeanspruch.

5 **C. Rechtsbehalt des Vorerben.** Persönliche Rechtsbeziehungen des Vorerben verbleiben bei diesem. Löst sein Tod den Nacherbfall aus, so gehen sie auf seine eigenen Erben über.

6 Die Rechtsstellung des Vorerben als Vorerben wirkt weiter gem § 2140 (Fortbestand der Verfügungsbefugnis bis zur Kenntnis vom Nacherbfall), § 2142 II (Verbleib der Erbschaft beim Vorerben, wenn der Nacherbe ausschlägt) und § 2145 (Haftung für Nachlassverbindlichkeiten).

7 **D. Grundbuch und Erbschein.** Der Nacherbfall nötigt zur Berichtigung des Grundbuchs. In der Regel geschieht sie auf Betreiben des Nacherben. Der dem Vorerben erteilte Erbschein ist unrichtig geworden und einzuziehen (§ 2361). Der Nacherbe kann vom Vorerben verlangen, dass er den ihm erteilten Erbschein dem Nachlassgericht herausgibt.

§ 2140 Verfügungen des Vorerben nach Eintritt der Nacherbfolge

[1]Der Vorerbe ist auch nach dem Eintritt des Falles der Nacherbfolge zur Verfügung über Nachlassgegenstände in dem gleichen Umfang wie vorher berechtigt, bis er von dem Eintritt Kenntnis erlangt oder ihn kennen muss. [2]Ein Dritter kann sich auf diese Berechtigung nicht berufen, wenn er bei der Vornahme eines Rechtsgeschäfts den Eintritt kennt oder kennen muss.

1 **A. Fortbestehendes Verfügungsrecht des Vorerben.** Die Vorschrift gibt dem Vorerben ein Verfügungsrecht über den Nachlass auch nach dem Eintritt der Nacherbfolge. Er bleibt in gleicher Weise wie bis dahin verfügungsbefugt, also mit allen Beschränkungen und eventuell bestehenden Befreiungen.

2 Voraussetzung ist, dass er den Eintritt des Nacherbfalls weder kennt noch kennen muss (§ 122 II, so dass schon einfache Fahrlässigkeit schadet). Unerheblich ist die Kenntnis oder Unkenntnis von der Person des Nacherben und von der Tatsache, dass der Erblasser Nacherbfolge angeordnet hat.

3 **B. Umfang.** Die Vorschrift deckt Verfügungen aller Art, auch solche über Forderungen und andere Rechte, und gilt analog für den Abschluss schuldrechtlicher Verträge. Insoweit dauert auch die Verantwortung des Vorerben für die Verwaltung des Nachlasses fort. Die Verpflichtung aus solchen Verträgen trifft den Vorer-

ben, doch ist der Nacherbe zu dessen Befreiung verpflichtet, wenn das Rechtsgeschäft der ordnungsgemäßen Verwaltung des Nachlasses entspricht.

C. Schutz des guten Glaubens. Der Erwerber kann sich auf die Verfügungsmacht des Vorerben nicht berufen, wenn er seinerseits bei Vornahme des Rechtsgeschäfts den Eintritt des Nacherbfalls kennt oder kennen muss (§ 2140 S 2). Auch hier kommt es nur auf die Kenntnis vom Eintritt des Nacherbfalls an. Auch hier schadet schon leichte Fahrlässigkeit. Auch diese Vorschrift bezieht den Erwerb von Forderungen oder sonstigen Rechten ein. Der böse Glaube des Erwerbers schadet aber nur diesem und macht den Erwerb unwirksam. Er schadet nicht dem gutgläubigen Vorerben, soweit es um dessen Verantwortung gegenüber dem Nacherben geht (Staud/*Avenarius* § 2140 Rn 9). 4

Für den Schutz des Schuldners bei Forderungen und sonstigen Rechten gelten die §§ 406 bis 408 analog, doch schadet ihm nach dem Rechtsgedanken des § 2140 S. 2 auch schon leicht fahrlässige Unkenntnis vom Eintritt des Nacherbfalls (KG ZEV 03, 110). 5

D. Informationsrecht des Erwerbers. Der Erwerber kann sich unterrichten, in dem er beim Nachlassgericht feststellt, ob der Nacherbfall angezeigt worden ist (§ 2146 II). 6

E. Beweislast. Die Beweislast ist umstritten. Nach Soergel/*Harder/Wegmann* (§ 2140 Rn 2) hat, wer sich auf die Unwirksamkeit eines Rechtserwerbs vom Vorerben beruft, die Kenntnis oder fahrlässige Unkenntnis des Vorerben oder des Dritten zu beweisen. Nach Staud/*Avenarius* (§ 2140 Rn 3) muss hingegen der Vorerbe, der sich gegenüber dem Nacherben auf die Wirksamkeit seiner Verfügung beruft, seinen guten Glauben beweisen. 7

§ 2141 Unterhalt der werdenden Mutter eines Nacherben

Ist bei dem Eintritt des Falles der Nacherbfolge die Geburt eines Nacherben zu erwarten, so findet auf den Unterhaltsanspruch der Mutter die Vorschrift des § 1963 entsprechende Anwendung.

Ist der Nacherbe bei Eintritt des Nacherbfalls schon gezeugt, aber noch nicht geboren, so gilt er gem §§ 2108, 1923 als vor dem Nacherbfall geboren. Für diesen Fall gibt § 2141 seiner werdenden Mutter den Unterhaltsanspruch des § 1963. Es handelt sich um eine Rechtsgrundverweisung. Die übrigen Tatbestandsmerkmale des § 1963 BGB müssen also gegeben sein. Insbes muss die Mutter außerstande sein, sich selbst zu unterhalten. Der Anspruch richtet sich gegen den Vorerben, wenn der Nacherbfall mit der Geburt des Kindes eintritt (MüKo/*Grunsky* § 2141 Rn 2), ansonsten gegen den Nachlass, der vom Pfleger für den Nacherben vertreten wird. 1

§ 2142 Ausschlagung der Nacherbschaft

(1) Der Nacherbe kann die Erbschaft ausschlagen, sobald der Erbfall eingetreten ist.
(2) Schlägt der Nacherbe die Erbschaft aus, so verbleibt sie dem Vorerben, soweit nicht der Erblasser ein anderes bestimmt hat.

A. Ausschlagung der Erbschaft durch den Nacherben. Die Vorschrift regelt diese dahin, dass sie schon zwischen Erbfall und Nacherbfall möglich ist. Dies gilt auch dann, wenn der Nacherbe nur unter einer weiteren Bedingung oder Befristung eingesetzt ist. 1

Vernünftigerweise kann der Nacherbe die Erbschaft auch schon zwischen Erbfall und Nacherbfall annehmen (§ 1946), auch konkludent. In der Veräußerung oder Verpfändung seines Anwartschaftsrechts liegt in der Regel die Annahme. In der Wahrnehmung der Nacherbenrechte aus §§ 2116 ff, 2127, 2120 liegt sie in der Regel nicht (RGZ 80, 385). Pfändung und Insolvenz beschränken das Annahme- und Ausschlagungsrecht des Nacherben nicht (vgl § 83 I 1 InsO; BGH NJW 97, 2384). Es unterliegt auch nicht der Testamentsvollstreckung, nicht einmal im Fall des § 2222. 2

Stirbt der Nacherbe nach dem Nacherbfall, so gehen Annahme- und Ausschlagungsrecht auf seine Erben über (§ 1952). 3

B. Zeitpunkt. Sonderheiten gelten für jede Ausschlagung, wenn der Nacherbe nach dem Erblasser pflichtteilsberechtigt ist und nach § 2306 II iVm I 2 Hs 2 zwecks Erlangung des Pflichtteils ausschlagen will. In diesem Fall kann die Ausschlagungsfrist noch später beginnen. Es ist nämlich zwischen der Kenntnis des Nacherben vom Anfall der Nacherbschaft und seiner Kenntnis von der Beschränkung seiner Erbeinsetzung (durch die Rechte des Vorerben) zu unterscheiden; im Fall des § 2306 entscheidet der spätere der beiden Zeitpunkte (BayObLG NJW 67, 446, 447). Andererseits kann der Nacherbe zur Ausschlagung schon weit früher genötigt sein, weil die Verjährung der Pflichtteilsansprüche droht; hierfür läuft nach § 2332 I eine Frist von drei Jahren ab Kenntnis vom Erbfall (nicht: vom Nacherbfall). 4

5 **C. Rechtsfolgen.** Schlägt der Nacherbe aus, so wird die Nacherbfolge insoweit hinfällig. Es tritt Anwachsung bei den anderen Miterben (§ 2094), Anfall beim Ersatznacherben (§ 2096) oder Ersatzberufung der Abkömmlinge des Nacherben (§ 2069) ein. Liegt keiner dieser Fälle vor, so verbleibt der Nachlass dem Vorerben als Vollerben (§ 2142 II).

6 Dies alles ist der Modifikation durch die Verfügung vTw zugänglich. So kann deren Auslegung ergeben, dass der Nachlass keinesfalls dem Vorerben anfallen soll, seine Beschränkung durch die Nacherbschaft vielmehr „absolut gewollt" ist; dann treten die gesetzlichen Erben des Nacherben ein. Schlägt ein als Nacherbe berufener Abkömmling aus, um den Pflichtteil zu erlangen, so kann es eine vom Erblasser ungewollte Bevorzugung des Stammes dieses Abkömmlings darstellen, nunmehr neben der Zahlung des Pflichtteils an ihn auch noch seine Abkömmlinge gem § 2069 als zu Nacherben berufen anzusehen (BGHZ 33, 60, 64).

§ 2143 Wiederaufleben erloschener Rechtsverhältnisse

Tritt die Nacherbfolge ein, so gelten die infolge des Erbfalls durch Vereinigung von Recht und Verbindlichkeit oder von Recht und Belastung erloschenen Rechtsverhältnisse als nicht erloschen.

1 **A. Grundsatz.** Obwohl man den Nachlass, der der Nacherbschaft unterliegt, in der Hand des Vorerben wegen dessen Bindungen gegenüber dem Nacherben als Sondervermögen anzusehen hat (s.o. § 2100 Rn 62), geht der Gesetzgeber davon aus, dass sich mit Bezug auf Nachlass und Eigenvermögen bei ihm Forderung und Schuld in einer Hand vereinigen (Konfusion), ebenso dingliches Recht und Belastung (Konsolidation), und die Rechtsverhältnisse damit erlöschen. Eine Ausnahme davon gilt nur, wenn Testamentsvollstreckung zur Verwaltung des Nachlasses angeordnet ist (BGHZ 48, 214). Die Vorschrift ordnet jedoch an, dass diese Rechtsverhältnisse bei Eintritt der Nacherbfolge nicht als erloschen gelten. Sie leben wieder auf, und zwar automatisch ohne rechtsgeschäftliche Wiederbegründung, freilich nicht mit Rückwirkung (Soergel/*Harder/Wegmann* § 2143 Rn 2). Auch Sicherungsrechte leben wieder auf; auch ihr Rang bestimmt sich folgerichtig nach dem Zeitpunkt des Wiederauflebens, nicht der erstmaligen Begründung (MüKo/*Grunsky* § 2143 Rn 2; aA Staud/*Avenarius* § 2143 Rn 5).

2 **B. Feststellungsklage.** Schon während der Vorerbschaft ist eine Feststellungsklage des Nacherben gegen den Vorerben dahin möglich, dass ihm die durch Konfusion erloschene Forderung bei Eintritt des Nacherbfalls wieder zusteht (BGH LM Nr 1 zu § 2100).

§ 2144 Haftung des Nacherben für Nachlassverbindlichkeiten

(1) Die Vorschriften über die Beschränkung der Haftung des Erben für die Nachlassverbindlichkeiten gelten auch für den Nacherben; an die Stelle des Nachlasses tritt dasjenige, was der Nacherbe aus der Erbschaft erlangt, mit Einschluss der ihm gegen den Vorerben als solchen zustehenden Ansprüche.
(2) Das von dem Vorerben errichtete Inventar kommt auch dem Nacherben zustatten.
(3) Der Nacherbe kann sich dem Vorerben gegenüber auf die Beschränkung seiner Haftung auch dann berufen, wenn er den übrigen Nachlassgläubigern gegenüber unbeschränkt haftet.

1 **A. Grundsatz.** Der Nacherbe haftet für die Nachlassverbindlichkeiten. Er haftet hierfür ab dem Nacherbfall und löst den bis dahin haftenden Vorerben ab. Dies gilt auch dann, wenn der Nacherbe die Nacherbschaft schon früher angenommen hat. Die Nachlassverbindlichkeiten gehen auf ihn in dem Zustand über, in dem sie sich beim Nacherbfall befinden; so etwa kommt eine dem Vorerben bewilligte Stundung auch dem Nacherben zugute. Nachlassverbindlichkeiten sind auch solche, die der Vorerbe im Rahmen der ordnungsgemäßen Verwaltung des Nachlasses eingegangen ist; diese muss der Nacherbe gegen sich gelten lassen (BGHZ 32, 60, 64; WM 73, 361), doch haftet daneben der Vorerbe persönlich (Gesamtschuldverhältnis: Staud/*Avenarius* § 2144 Rn 13).

2 **B. Haftungsumfang.** Der Nacherbe haftet mit seinem Eigenvermögen und dem Nachlass. Dies ist gem § 2144 I 2 der nach § 2130 vom Vorerben herauszugebende Nachlass, nicht der beim Erbfall vorhandene Nachlass. Die Haftungsbeschränkung auf den Nachlass kann der Nacherbe nach allgemeinen Vorschriften herbeiführen. Er hat die Einreden aus §§ 1990, 2014, 2015. Ein Inventar des Vorerben kommt ihm zugute (§ 2144 II).

§ 2145 Haftung des Vorerben für Nachlassverbindlichkeiten

(1) [1]Der Vorerbe haftet nach dem Eintritt der Nacherbfolge für die Nachlassverbindlichkeiten noch insoweit, als der Nacherbe nicht haftet. [2]Die Haftung bleibt auch für diejenigen Nachlassverbindlichkeiten bestehen, welche im Verhältnis zwischen dem Vorerben und dem Nacherben dem Vorerben zur Last fallen.

(2) ¹Der Vorerbe kann nach dem Eintritt der Nacherbfolge die Berichtigung der Nachlassverbindlichkeiten, sofern nicht seine Haftung unbeschränkt ist, insoweit verweigern, als dasjenige nicht ausreicht, was ihm von der Erbschaft gebührt. ²Die Vorschriften der §§ 1990, 1991 finden entsprechende Anwendung.

A. Grundsatz. Der Vorerbe haftet für Nachlassverbindlichkeiten (s § 2144 Rn 2) nach dem Nacherbfall grds nicht mehr. Der Eintritt des Nacherbfalls begründet die Klage aus § 767 ZPO (MüKo/*Grunsky* und Staud/*Avenarius*, jew § 2145 Rn 1). 1

B. Ausnahmen. Ausnahmsweise haftet er doch in vier Fällen. Der erste Fall ist der, dass er bereits unbeschränkbar haftet (arg § 2145 II 1). Die übrigen Fälle ergeben sich unmittelbar aus § 2145 I. 2

I. Subsidiäre Haftung. Der Vorerbe haftet für Nachlassverbindlichkeiten, soweit der Nacherbe nicht haftet (§ 2145 I 1). Gemeint ist, dass der Nacherbe aufgrund haftungsbeschränkender Maßnahmen nicht mit seinem Eigenvermögen haftet und der Nachlass nicht ausreicht. Deshalb haftet der Vorerbe nicht, wenn der Nacherbe zwar unbeschränkt haftet, bei ihm aber nichts zu holen ist. 3

Für solche Nachlassverbindlichkeiten haftet der Vorerbe grds nur mit demjenigen, was er aus dem Nachlass erlangt hat. Hierzu gehören insbes Nutzungen, beim befreiten Vorerben auch dasjenige, was er aus der Erbschaft für sich verwendet hat (§§ 2124, 2136). Zur Haftungsbeschränkung gibt ihm § 2145 II (nur) die Einreden der §§ 1990, 1991, womit er sich freilich auch der Ersatzpflicht aus § 1978 aussetzt. Im Prozess des Nachlassgläubigers muss der Vorerbe entweder beweisen, dass er aus der Erbschaft nichts mehr hat, oder sich diese Haftungsbeschränkung gem § 780 ZPO vorbehalten lassen. 4

II. Haftung neben dem Nacherben. Der Vorerbe haftet weiter für solche Nachlassverbindlichkeiten, die ihm im Innenverhältnis zum Nacherben zur Last fallen (§ 2145 I 2). Im Interesse einer Verkürzung des Rechtsweges für die Nachlassgläubiger sind beide hier Gesamtschuldner. Hierunter fallen insbes gem §§ 2124 ff gewöhnliche Erhaltungskosten, Lasten und Zinsen, ferner Eigenverbindlichkeiten des Vorerben aus ordnungsgemäßer Verwaltung des Nachlasses angewendet, die neben der entspr Nachlassverbindlichkeit bestehen (s.o. Rn 1). Auch hier gilt § 2145 II (s.o. Rn 4). 5

III. Eigene Verbindlichkeiten. Für Eigenverbindlichkeiten haftet der Vorerbe ohne Rücksicht auf den Nacherbfall weiter. Sie fallen nicht unter § 2145. Dazu gehören etwa Verbindlichkeiten aus nicht ordnungsgemäßer Verwaltung des Nachlasses, auch seine Verbindlichkeiten gegenüber dem Nacherben aus §§ 2130, 2134, ferner solche aus Vermächtnissen und Auflagen, die den Vorerben persönlich beschweren. 6

§ 2146 Anzeigepflicht des Vorerben gegenüber Nachlassgläubigern

(1) ¹Der Vorerbe ist den Nachlassgläubigern gegenüber verpflichtet, den Eintritt der Nacherbfolge unverzüglich dem Nachlassgericht anzuzeigen. ²Die Anzeige des Vorerben wird durch die Anzeige des Nacherben ersetzt.

(2) Das Nachlassgericht hat die Einsicht der Anzeige jedem zu gestatten, der ein rechtliches Interesse glaubhaft macht.

Der Nacherbfall ist unverzüglich (§ 121 I) dem Nachlassgericht (nicht den Nachlassgläubigern) anzuzeigen. Die Anzeigepflicht trifft den Vorerben, im Falle seines Todes seine Erben. Die Verletzung der Anzeigepflicht kann Schadensersatzansprüche von Nachlassgläubigern auslösen. Die Vorschrift dient ihrem Interesse, denn häufig erfahren sie nicht rechtzeitig vom Nacherbfall. 1

Titel 4 Vermächtnis

Vorbemerkungen vor §§ 2147 ff

In den §§ 2147 ff regelt das Gesetz sehr ausführlich das schon in § 1939 als möglicher Inhalt einer letztwilligen Verfügung genannte Vermächtnis. Die wichtigste Vorschrift ist § 2174, wonach der Begünstigte nicht unmittelbar mit dem Erbfall den Vermächtnisgegenstand erhält. Vielmehr hat sich der Gesetzgeber für einen rein **schuldrechtlichen Charakter** des Vermächtnisses entschieden. Daher nimmt der **Vermächtnisnehmer** im allgemeinen (Ausnahme: Vorausvermächtnis zugunsten des Vorerben) an der Gesamtrechtsnachfolge gemäß § 1922 nicht teil und ist im Erbschein nicht anzugeben. 1

Die meisten Vorschriften des Abschnitts dienen der Hilfe bei **Unklarheiten über den Erblasserwillen**. Insgesamt gehen die gesetzlichen Regeln sehr ins Einzelne und spiegeln darin die Jahrtausende alte Erfahrung mit dem Recht der Legate wider. Kautelarjuristisch besonders bedeutsam ist § 2151, der das Prinzip der „materiellen Höchstpersönlichkeit" der letztwilligen Verfügungen (§ 2065 II) auflockert und dadurch sehr flexible 2

Lösungen ermöglicht. Aber auch sonst ist das Vermächtnis wegen des Fehlens einer dinglichen Wirkung besonders vielfältig zur Gestaltung einsetzbar (zB als Universalvermächtnis, als Recht zur Übernahme eines Unternehmens oder Unternehmensanteils, als Schulderlassvermächtnis oder als einseitige Aufhebung der Anrechnungspflicht von Abkömmlingen nach § 2050).

3 Der Abschnitt zum Vermächtnis enthält zuerst Vorschriften über die Verpflichtung (in der gesetzlichen Terminologie: Beschwerung, §§ 2147 f) und die Berechtigung (§§ 2149–2159), anschließend über die (Un)Wirksamkeit (§§ 2160–2163) sowie Inhalt und Umfang der Vermächtnisverpflichtung (§§ 2164–2173). Nach der Anspruchsgrundlage (§ 2174) stellt das Gesetz die Fiktion des Fortbestehens erloschener Forderungen und Rechte auf (§ 2175), regelt den Anfall des Vermächtnisses (§§ 2176–2179), dessen Annahme und Ausschlagung (§ 2180), Fälligkeit (§ 2181), schuldrechtliche Sekundär- und Nebenansprüche (§§ 2182-2185), die Beschwerung des Vermächtnisnehmers selbst (§§ 2186-2189) und schließlich Ersatz- und Nachvermächtnis (§§ 2190 f).

§ 2147 Beschwerter

¹Mit einem Vermächtnis kann der Erbe oder ein Vermächtnisnehmer beschwert werden. ²Soweit nicht der Erblasser ein anderes bestimmt hat, ist der Erbe beschwert.

1 Das Gesetz nennt in § 2147 denjenigen, der den Vermächtnisanspruch (§ 2174) erfüllen muss, mit dem Vermächtnis beschwert. Das Vermächtnis selbst wird bereits in § 1939 als testamentarischer Vermögensvorteil **definiert**. Regelungsgegenstand des § 2147 ist die Bestimmung des Beschwerten, wer also Anspruchsgegner des Vermächtnisnehmers ist und wer etwa innerhalb einer Erbengemeinschaft oder unter Erben und (anderen) Vermächtnisnehmern das Vermächtnis letztlich zu tragen hat.

2 Als Beschwerte kommen **Erben** und **Vermächtnisnehmer** in Betracht (S. 1). Hat der Erblasser keine Bestimmung darüber getroffen (was aber zur Vermeidung von Streit dringend zu empfehlen ist), trägt der Erbe die Vermächtnislast (S 2). Zu den Erben gehören auch Ersatzerbe und Nacherbe, beide jedoch erst von Beginn ihrer vollen Erbenstellung an (BayObLG NJW 67, 446). Dies gilt auch für die als Vorausvermächtnis zugunsten des Vorerben anzusehende Verpflichtung des Nacherben, unentgeltlichen Verfügungen des Vorerben zuzustimmen (Staud/*Otte* Rn 3 mN). Als Erbe ist ferner der Hoferbe nach der HöfeO zu betrachten, dem der Hof bereits zu Lebzeiten des Erblassers übergeben worden ist (BGHZ 37, 192; NJW-RR 86, 164). Für andere Verträge zur Vorwegnahme der Erbfolge gilt das nicht, ebenso wenig für Schenkungen und sonstige Verträge auf den Todesfall, es sei denn auf den Beschenkten ist nach § 2301 I das Recht der Verfügungen von Todes wegen und somit Vermächtnisrecht anzuwenden (für Anwendung des Vermächtnisrechts auch auf das Valutaverhältnis von Verträgen zugunsten Dritter nach §§ 328, 331 ua Lange/*Kuchinke* § 29 III 1a; Soergel/*Wolf* Rn 15). Nicht beschwert werden kann auch, wer nur mittelbar etwas aus dem Nachlass erhält wie Testamentsvollstrecker und Pflichtteilsberechtigte. Der ausdrücklich genannte beschwerte Vermächtnisnehmer ist die einzige Ausnahme hiervon. Vermächtnisnehmer ist aber auch, wer ein gesetzliches Vermächtnis (§§ 1932, 1969) erhält.

§ 2148 Mehrere Beschwerte

Sind mehrere Erben oder mehrere Vermächtnisnehmer mit demselben Vermächtnis beschwert, so sind im Zweifel die Erben nach dem Verhältnis der Erbteile, die Vermächtnisnehmer nach dem Verhältnis des Wertes der Vermächtnisse beschwert.

1 Die Vorschrift enthält eine Auslegungsregel für den Fall, dass der Erblasser mehrere Erben oder Vermächtnisnehmer beschwert hat, ohne eine Regelung dafür zu treffen, wer zu welchem Teil die Last des Vermächtnisses tragen soll. Demnach bestehen jedenfalls **im Innenverhältnis** der Beschwerten Ausgleichsansprüche, und zwar unter Erben nach den Erbquoten, unter Vermächtnisnehmern nach dem Verhältnis der Werte ihrer eigenen Vermächtnisse. Letzteres wird man auch dann annehmen müssen, wenn Vermächtnisnehmer und Erbe(n) gemeinsam beschwert sind. Dazu ist dann der Erbteil in einen Geldwert umzurechnen.

2 Str. ist, ob § 2148 auch für das **Außenverhältnis** zwischen dem Berechtigten und den mehreren Verpflichteten gilt. Teilweise wird vertreten, dass bei Beschwerung der (Haupt-)Vermächtnisnehmer oder nur eines Teils der Erben eine teilbare Vermächtnisleistung zu Teilschuld führe, § 420 (Überblick über den Meinungsstand bei Staud/*Otte* Rn 3 f). Die Zuwendung eines Vermächtnisses durch den Erblasser soll jedoch in der Regel – vergleichbar der gemeinsamen Schuldbegründung durch die Schuldner selbst, § 427 – den Begünstigten nicht in die Verlegenheit zum „Klinkenputzen" bringen. Die Verpflichtungen sind gleichartig, stehen auf derselben Stufe und haben einen gemeinsamen Verpflichtungsgrund. Daher liegt generell entgegen § 2148 Gesamtschuld vor, wenn nicht der Erblasser mehrere gleichartige Einzelvermächtnisse angeordnet hat.

§ 2149 Vermächtnis an die gesetzlichen Erben

¹Hat der Erblasser bestimmt, dass dem eingesetzten Erben ein Erbschaftsgegenstand nicht zufallen soll, so gilt der Gegenstand als den gesetzlichen Erben vermacht. ²Der Fiskus gehört nicht zu den gesetzlichen Erben im Sinne dieser Vorschrift.

Die Vorschrift, die nach dem spärlichen Rechtsprechungsmaterial zu schließen kaum praktische Bedeutung hat, dient der Lückenfüllung des Testaments, wenn der Erblasser nur zum Ausdruck gebracht hat, dass der oder die eingesetzten Erben einen bestimmten Gegenstand nicht behalten sollen. Dann soll dieser offenbar jemand anderem zufallen, und entspr der „Reservestellung" der gesetzlichen Erben im Erbrecht gelten sie dann – nicht unbedingt wirklichkeitsnah – als bedacht. Ist gesetzlicher Erbe, weil kein Verwandter ermittelt werden kann, der Fiskus, verbleibt der Gegenstand nach S 2 entgegen der Anordnung des Erblassers dem eingesetzten Erben. 1

§ 2150 Vorausvermächtnis

Das einem Erben zugewendete Vermächtnis (Vorausvermächtnis) gilt als Vermächtnis auch insoweit, als der Erbe selbst beschwert ist.

Die Vorschrift stellt klar, dass auch Erben Vermächtnisnehmer sein können. Sie sind dann zugleich (als Erben) Inhaber der Nachlassgegenstände und schuldrechtlich zu einer Leistung gegen die Erben einschließlich des Begünstigten selbst berechtigt. Andere schuldrechtliche Ansprüche der einzelnen Erben entstehen aus Teilungsanordnungen nach § 2048. Im Gegensatz dazu erhält der Erbe bei Vorliegen des § 2050 über seine Teilungsquote hinaus i. d. R. einen Vorteil aus dem Nachlass. Der Unterschied zwischen beiden Berechtigungen ist wichtig vor allem, weil nur Vermächtnisse der Bindungswirkung nach §§ 2270 III, 2278 II zugänglich sind und weil Vermächtnisse zu erfüllen sind, ehe die Teilung gemäß der Anordnung nach § 2048 vorgenommen werden kann. Dies gilt auch bei Überschuldung des Nachlasses, § 1991 IV. Vermächtnis und Erbschaft können unabhängig voneinander ausgeschlagen werden. Diese Selbständigkeit besteht auch beim Vermächtnis für den Alleinerben. Eine Dauertestamentsvollstreckung nach § 2209 gilt für den Vermächtnisgegenstand nur bei besonderer Anordnung (AnwK/*Mayer* Rn 4). Weitere Unterschiede bestehen im Pflichtteilsrecht (§ 2306 für Teilungsanordnung, § 2307 für Vermächtnis). 1

Kautelarjuristisch besonders beliebt ist das **Vorerbenvorausvermächtnis** (vgl. insbes *J Mayer* ZEV 00, 1). Nach § 2110 II fällt ein solches Vermächtnis im Zweifel unbeschränkt dem Vorerben zu, so dass er insbes nicht den Verfügungsbeschränkungen der §§ 2113 ff unterliegt und auch von Todes wegen frei über den Gegenstand verfügen kann. Ein solches Vermächtnis kann von der Potestativbedingung abhängig gemacht werden, dass der Vorerbe Nachlassgegenstände Angehörigen eines bestimmten Personenkreises zuwendet, also dem alleinigen Zweck einer Erweiterung der Verfügungsbefugnis über § 2136 hinaus dienen. Möglich ist ferner ein solches Vermächtnis in Gestalt einer gegenständlich beschränkten Nacherbschaft: Der Nacherbe soll nur bestimmte Gegenstände aus dem Nachlass erhalten; alles Übrige ist dann dem Vorerben als Vermächtnis zugewendet. Steht das Vermächtnis dem einzigen Vorerben zu, wird dieser unmittelbar („dinglich") und somit ohne die Entstehung eines Anspruchs aus § 2174 Inhaber des Rechts (BGHZ 37, 60). Eine Umgehung des gesetzlichen „Prinzips", kein Vindikationslegat zuzulassen, liegt darin nicht (etwas abw Begründung bei Staud/*Otte* Rn 4 a). Im Erbschein ist zu vermerken, für welche Gegenstände die Nacherbfolge demnach nicht gilt. Bezieht sich das Vermächtnis auf ein Grundstück, ist im Grundbuch kein Nacherbenvermerk einzutragen (München DNotZ 42, 385). 2

Das Vermächtnis zugunsten eines **Miterben** wirkt sich nach § 2147 S 2 so aus, dass der Erbteil des Begünstigten von dem Nachlass berechnet wird, der nach Abzug des Vermächtnisses bleibt. Möglich ist aber eine Anordnung des Erblassers, dass nur die anderen Erben durch das Vermächtnis beschwert sind; dann wird der Vermächtnisnehmer doppelt begünstigt: Er erhält das Vermächtnis und zusätzlich den ungekürzten Erbteil, der sich aus dem Nachlass einschließlich des Vermächtnisgegenstandes ergibt. 3

Die praktisch wichtigste Frage zu § 2150 ist die **Abgrenzung** zwischen Vorausvermächtnis und **Teilungsanordnung**. Die zusätzliche **Begünstigung** des Miterben durch das Vermächtnis ist Rechtsfolge, nicht Voraussetzung der Abgrenzung. Die Begünstigung durch einen Vermögensvorteil führt aber dann zum Vorliegen eines Vermächtnisses, wenn der Erblasser sie **in seinen Willen aufgenommen** hat (BGHZ 36, 115; BGH NJW 85, 51; NJW-RR 90, 1220; NJW 98, 682). Ein Vermögensvorteil mit Begünstigungswillen wird von der Rspr schon darin gesehen, dass dem Erben ein Gestaltungsrecht, insbes ein Übernahmerecht, eingeräumt wird (BGHZ 36, 115, 117 f). Rechtlich ist ein solches Entscheidungsrecht gewiss ein Vorteil gegenüber der Gebundenheit aus einer Teilungsanordnung. Ob aber auch ein wirtschaftlicher Wert darin zu sehen ist, hängt von den Zukunftserwartungen ab, die mit dem übernommenen Gegenstand, insbes einem Unternehmen, verbunden sind. Teilweise verzichtet die Rspr aber auch ganz auf einen Vermögensvorteil des Bedachten und stellt auf den Willen des Erblassers ab, dem Bedachten etwas unabhängig von seiner Erbenstellung zukom- 4 men zu lassen (BGH ZEV 95, 144). Dem ist für den Fall zu folgen, dass ein hierauf gerichteter Erblasserwille fest steht. Andernfalls kann auf das Kriterium des zusätzlichen Vermögensvorteils für den Erben nicht verzichtet werden. Ein solcher Vorteil liegt allerdings auch dann vor, wenn der Bedachte zum vollen Wertausgleich aus seinem sonstigen Vermögen verpflichtet ist oder sich das Vermächtnis nur teilweise auf sein Erbe anrechnen lassen muss. Konsequent zum hier eingenommenen Standpunkt ist allein die Annahme eines Vorausvermächtnisses am ganzen Gegenstand in beiden Fällen. Anrechnung oder Wertausgleich erfolgen erst in einer späteren Phase der Nachlassregulierung als Vollzug eines Untervermächtnisses zugunsten der anderen Erben (AnwK/*Mayer* Rn 13 gegen die h M., ua BGH NJW 85, 51; FamRZ 87, 475, die eine Kombination von Vermächtnis und Teilungsanordnung für möglich hält, jedoch zu Unrecht, Staud/*Otte* Rn 9).

§ 2151 Bestimmungsrecht des Beschwerten oder eines Dritten bei mehreren Bedachten

(1) Der Erblasser kann mehrere mit einem Vermächtnis in der Weise bedenken, dass der Beschwerte oder ein Dritter zu bestimmen hat, wer von den mehreren das Vermächtnis erhalten soll.
(2) Die Bestimmung des Beschwerten erfolgt durch Erklärung gegenüber demjenigen, welcher das Vermächtnis erhalten soll; die Bestimmung des Dritten erfolgt durch Erklärung gegenüber dem Beschwerten.
(3) ¹Kann der Beschwerte oder der Dritte die Bestimmung nicht treffen, so sind die Bedachten Gesamtgläubiger. ²Das Gleiche gilt, wenn das Nachlassgericht dem Beschwerten oder dem Dritten auf Antrag eines der Beteiligten eine Frist zur Abgabe der Erklärung bestimmt hat und die Frist verstrichen ist, sofern nicht vorher die Erklärung erfolgt. ³Der Bedachte, der das Vermächtnis erhält, ist im Zweifel nicht zur Teilung verpflichtet.

1 Im Gegensatz zu § 2065 II für die Erbeinsetzung lässt § 2151 für das Vermächtnis in weitem Umfang die Bestimmung des Begünstigten durch einen Dritten zu. Dies ist von grundlegender Bedeutung vor allem für das „vorzeitige" (richtiger: frühzeitige) **Unternehmertestament**. Wenn ein Unternehmer (noch) keine erwachsenen Kinder hat, die als Nachfolger in Frage kommen, zur Sicherung der Nachfolge eine testamentarische Regelung aber unerlässlich ist, muss ein Weg gefunden werden, aus einem relativ eng gezogenen Kreis den oder die Nachfolger von einer Vertrauensperson auswählen zu lassen. Dies kann durch die Bedenkung mit einem Vermächtnis für den– oder diejenigen geschehen, die erst vom Beschwerten oder einem Dritten bestimmt werden (gegen eine Überschätzung der Tauglichkeit einer Drittbestimmung mit guten Gründen aber AnwK/*Mayer* Rn 21). Hinsichtlich Umfang und Art des Vermächtnisses enthält § 2151 keine Beschränkung. Daher kann es das Vermögen des Erblassers weitgehend oder – als Universalvermächtnis – sogar ganz umfassen (hM Staud/*Otte* Rn 2 mN). Der unklare Gesichtspunkt einer angeblichen Umgehung des § 2065 II (insbes *Sudhoff* DB 66, 1720) steht nicht entgegen, da § 2065 II (auch) die Sicherheit der dinglichen Zuordnung des Nachlasses gewährleisten will, die bei § 2151 überhaupt nicht fraglich ist.
2 Der nach § 2151 Bestimmungsberechtigte ist in seiner Entscheidung über die Person des Vermächtnisnehmers nicht völlig frei. Der Erblasser muss vorgeben, „wer von mehreren" das Vermächtnis erhalten soll. Zusätzliche Beschränkungen enthält das Gesetz allerdings nicht. Zu den Begünstigten können daher sowohl der Erbe (vgl § 2150), als auch der Auswahlberechtigte selbst (zB ein Testamentsvollstrecker) gehören. Ist der Kreis der zur Auswahl tauglichen Personen auch mit Hilfe der Auslegungsregeln nicht genau zu bestimmen, hat der Erblasser aber einen Zweck der Zuwendung angegeben, bleibt die Umdeutung in eine Auflage möglich (ebenso im Ergebnis, wohl sogar ohne Umdeutung, RGZ 96, 15, 19f.; Staud/*Otte* Rn 3). Bis zur Ausübung oder zum definitiven Ausbleiben der Auswahlentscheidung sind alle, die die Kriterien des Erblassers erfüllen, gemäß der Auffangregel des III aufschiebend (nach AnwK/*Mayer* Nr. 7: auflösend) bedingt berechtigt.
3 Die Auswahlentscheidung erfolgt nach II durch formlose **empfangsbedürftige Willenserklärung**, bei Ausübung durch den Beschwerten gegenüber dem Ausgewählten, bei Ausübung durch Dritte gegenüber dem Beschwerten. Schlägt der Ausgewählte aus, hat der Bestimmungsberechtigte eine neue Entscheidung zu treffen. Auf die Erklärung sind §§ 119 ff, 138 anwendbar, § 119 II wegen Irrtums über eine Eigenschaft des Ausgewählten aber nach seinem Sinne nicht (unzulässige Korrektur der Auswahl „bei Nichtbewährung", Staud/*Otte* § 2065 Rn 43). Die Auswahl kann nicht durch die Billigkeitsentscheidung des Gerichts ersetzt werden (Umkehrschluss aus § 2156 S 2). Gerichtlich überprüfbar sind aber die persönlichen Voraussetzungen des Bestimmungsberechtigten und die Einhaltung der Auswahlkriterien, die der Erblasser angegeben hat. Denkbar ist freilich auch, dass der Erblasser trotz der Angabe solcher Richtlinien überhaupt keine gerichtliche Überprüfung will. Der historische Gesetzgeber betrachtete dies sogar – unter noch teilweise anderen rechtskulturellen Voraussetzungen – als Regel (Prot V, 28).
4 Nach III erlischt das Bestimmungsrecht, wenn der Berechtigte die Bestimmung nicht mehr treffen kann (S 1) oder eine ihm vom Nachlassgericht gesetzte Frist ungenutzt verstrichen ist (S 2). Dann sind alle, die dem vom Erblasser bezeichneten Personenkreis angehören, Gesamtgläubiger, jedoch nach S 3 mit dem Recht des ersten Zugriffs für denjenigen, der das Vermächtnis tatsächlich erhält: Er kann es behalten.

§ 2152 Wahlweise Bedachte

Hat der Erblasser mehrere mit einem Vermächtnis in der Weise bedacht, dass nur der eine oder der andere das Vermächtnis erhalten soll, so ist anzunehmen, dass der Beschwerte bestimmen soll, wer von ihnen das Vermächtnis erhält.

Die Vorschrift enthält mit der alternativen Benennung der Begünstigten einen Sonderfall des § 2151, ohne dass ein Bestimmungsberechtigter benannt ist. Dann hat der Beschwerte das Auswahlrecht nach § 2151. 1

§ 2153 Bestimmung der Anteile

(1) ¹Der Erblasser kann mehrere mit einem Vermächtnis in der Weise bedenken, dass der Beschwerte oder ein Dritter zu bestimmen hat, was jeder von dem vermachten Gegenstand erhalten soll. ²Die Bestimmung erfolgt nach § 2151 Abs. 2.
(2) ¹Kann der Beschwerte oder der Dritte die Bestimmung nicht treffen, so sind die Bedachten zu gleichen Teilen berechtigt. ²Die Vorschrift des § 2151 Abs. 3 Satz 2 findet entsprechende Anwendung.

Die Vorschrift sieht in entspr Weise wie § 2151 für den Sonderfall der Anteilsbestimmung das Bestimmungsrecht des Beschwerten oder eines Dritten über das Vermächtnis vor. Dies kann mit einem Bestimmungsrecht nach § 2151 kombiniert werden (RGZ 96, 15, 17), so dass aus einem größeren Personenkreis mehrere einzelne ausgewählt und ihnen dann bestimmte Anteile (real oder ideal) zugeteilt werden können. Abweichend von § 2151 III sieht § 2153 II 1 beim Ausbleiben der Bestimmung nicht Gesamtgläubigerschaft vor, sondern Aufteilung auf alle Bedachten. Letzteres gilt auch dann ausschließlich, wenn der Erblasser § 2153 mit § 2151 kombiniert hat (Staud/*Otte* Rn 3 mN). 1

§ 2154 Wahlvermächtnis

(1) ¹Der Erblasser kann ein Vermächtnis in der Art anordnen, dass der Bedachte von mehreren Gegenständen nur den einen oder den anderen erhalten soll. ²Ist in einem solchen Falle die Wahl einem Dritten übertragen, so erfolgt sie durch Erklärung gegenüber dem Beschwerten.
(2) ¹Kann der Dritte die Wahl nicht treffen, so geht das Wahlrecht auf den Beschwerten über. ²Die Vorschrift des § 2151 Abs. 3 Satz 2 findet entsprechende Anwendung.

Die Vorschrift regelt einen Sonderfall der Wahlschuld iSd §§ 262 ff, die für das Wahlvermächtnis anzuwenden sind, soweit § 2154 nichts Spezielles vorsieht. Daher ergibt sich aus § 262, dass die Wahl des Vermächtnisgegenstandes dem Beschwerten zusteht, wenn nicht der Erblasser das Auswahlrecht gem § 263 dem Bedachten oder gem § 2154 I 2 einem Dritten übertragen hat. Kann letzterer die Wahl nicht vornehmen, fällt das Wahlrecht nach II wie nach der allgemeinen Regelung an den Beschwerten. § 2154 kann auch in den Fällen der §§ 2155, 2170 vorliegen. – Fraglich ist, ob § 2154 anzuwenden ist, wenn der Erblasser nur einen bestimmten Gegenstand dem Bedachten zuwenden wollte, die Bezeichnung aber auf mehrere Gegenstände des Nachlasses zutrifft (dafür Soergel/*Wolf* Rn 2). Hierauf passt jedoch die Regelung des beschränkten Gattungsvermächtnisses nach § 2155 (Staud/*Otte* Rn 10). 1

§ 2155 Gattungsvermächtnis

(1) Hat der Erblasser die vermachte Sache nur der Gattung nach bestimmt, so ist eine den Verhältnissen des Bedachten entsprechende Sache zu leisten.
(2) Ist die Bestimmung der Sache dem Bedachten oder einem Dritten übertragen, so finden die nach § 2154 für die Wahl des Dritten geltenden Vorschriften Anwendung.
(3) Entspricht die von dem Bedachten oder dem Dritten getroffene Bestimmung den Verhältnissen des Bedachten offenbar nicht, so hat der Beschwerte so zu leisten, wie wenn der Erblasser über die Bestimmung der Sache keine Anordnung getroffen hätte.

§ 2155 ist eine **Spezialvorschrift zu § 243**. Die Bestimmung des Vermächtnisgegenstandes „der Gattung nach" erfolgt durch den Erblasser. Ist dessen Wille nicht eindeutig zu ermitteln, kann sich die Gattungsschuld aus der Verkehrsauffassung ergeben. Anders als beim Vermächtnis nach § 2154 sind nicht schon die in Frage kommenden Gegenstände selbst konkret festgelegt, sondern nur deren Eigenschaft(en). Dabei geht das Gesetz – wie § 243 – von einer Sachschuld aus. Für die gesetzlich nicht geregelten sonstigen Gegenstände wie Rechte und Dienstleistungen hat aber Entsprechendes zu gelten (Bremen ZEV 01, 401; Staud/*Schiemann* § 243 Rn 44 ff). Anderseits passt § 2155 auf Geldvermächtnisse nicht. Eine Sonderregelung dafür ist auch überflüssig. Die Besonderheit des § 2155 gegenüber § 243 liegt vor allem darin, dass nicht Sachen von mittle- 1 rer Art und Güte zu leisten sind, sondern – der typischerweise persönlichen Prägung des Vermächtnisrechts gemäß – Sachen (und sonstige Gegenstände), die den Verhältnissen des Bedachten entsprechen. Um dieses Merkmal erfüllen zu können, ist uU die Mitwirkung des Vermächtnisnehmers auch dann erforderlich, wenn ihm nicht gem II Alt 1 die Bestimmung der Sache überlassen worden ist. Der Erblasser kann freilich – und dies wird meistens seinem Willen entsprechen (zurückhaltend aber Staud/*Otte* Rn 5) – die Gattung, aus der zu leisten ist, auf den Nachlass beschränken (zB „10 Flaschen aus meinem Weinkeller"). Dann steht die Anordnung einem Wahlvermächtnis sehr nahe. § 2155 sollte aber wegen des für den Vermächtnisnehmer günstigeren und individuellen Maßstabes im Zweifel den Vorrang haben.

2 Hat der Erblasser selbst noch einen der Vermächtnisanordnung entspr Gegenstand auf den Bedachten übertragen, ist § 2169 I mangels „bestimmten Gegenstandes" nicht anzuwenden, so dass das Vermächtnis **wirksam** bleibt. Auch wenn der Erblasser bei der Zuwendung unter Lebenden die Vermächtnisanordnung vergessen hatte, kann der Bedachte das Vermächtnis nochmals fordern. Gegenüber der Annahme einer „stillschweigenden" auflösenden Bedingung der Anordnung oder eines Schuldbefreiungszwecks iSd § 267 bei der vorzeitigen Leistung ist große Vorsicht geboten.

3 Nach § 243 II hat das Recht zur Bestimmung des Leistungsgegenstandes der Beschwerte. Entspricht ein Angebot nicht den Verhältnissen des Bedachten, kann dieser nicht auf eine von ihm selbst oder dem Gericht zu bestimmende Sache klagen. Er ist auf die **Zwangsvollstreckung** nach § 884 ZPO oder den Übergang zum Schadensersatz statt der Leistung nach § 893 ZPO verwiesen (zum Ausnahmefall, dass infolge des Bestimmungsmaßstabs nur eine erfüllungsgeeignete Sache übrig geblieben ist, Staud/*Otte* Rn 8). – Zur Verweisung in II auf § 2154 vgl dort. III bringt die allgemeine Regel wieder zur Anwendung, dass der Beschwerte die Leistungsbestimmung vorzunehmen hat, jedoch nach dem Maßstab des I, nicht nach § 243 I.

§ 2156 Zweckvermächtnis

¹Der Erblasser kann bei der Anordnung eines Vermächtnisses, dessen Zweck er bestimmt hat, die Bestimmung der Leistung dem billigen Ermessen des Beschwerten oder eines Dritten überlassen. ²Auf ein solches Vermächtnis finden die Vorschriften der §§ 315 bis 319 entsprechende Anwendung.

1 Abweichend von § 2065 II kann der Erblasser die Bestimmung des Vermächtnisgegenstandes dem Beschwerten oder einem Dritten überlassen, wenn er selbst den Zweck und dessen Verbindlichkeit (das „Ob") festgelegt hat (zB die Kosten eines Studiums) sowie die Person des Bedachten. Über diese Beschränkung hilft jedoch § 2151 oder § 2152 hinweg. Mit diesen Vorschriften kann § 2156 kombiniert werden. Hiervon wird beim Berliner Testament mit der Zwecksetzung Gebrauch gemacht, die erbschaftssteuerlichen Freibeträge bestmöglich auszunutzen (dazu AnwK/*Mayer* 2152 Rn 23, sog Supervermächtnis). Immer muss aber der Zweck selbst vom Erblasser hinreichend bestimmt worden sein. Ein „Geldbetrag für die Behindertenwerkstatt" genügt nicht, weil dies überhaupt nur die Person des Bedachten bezeichnet, aber keinen konkreten Zweck (vgl BayObLG NJW-RR 99, 946).

2 Liegt der Zweck fest, erfolgt die Auswahl des Mittels zu seiner Verwirklichung nach billigem Ermessen, also nicht nach freiem Belieben. Dafür gelten nach S 2 §§ 315–319 entsprechend, also auch die Ersetzung einer unbilligen Bestimmung durch Urteil (§§ 315 III 2, 319). Die Verweisung ist etwas missverständlich, weil nach § 315 I auch der Gläubiger das Bestimmungsrecht hat, der Bedachte in S 1 aber gerade nicht genannt ist. § 2156 hat als speziellere Vorschrift insoweit den Vorrang (im Ergebnis ebenso BGH NJW 91, 85 und die hM; aA Soergel/*Wolf* Rn 4; Erman/*Schmidt* Rn 1).

§ 2157 Gemeinschaftliches Vermächtnis

Ist mehreren derselbe Gegenstand vermacht, so finden die Vorschriften der §§ 2089 bis 2093 entsprechende Anwendung.

1 Hat der Erblasser einen Gegenstand mehreren vermacht und überhaupt keine oder eine nicht unmittelbar praktisch umsetzbare Anordnung über die Anteile der Bedachten getroffen, liegt ein gemeinschaftliches Vermächtnis zu gleichen Teilen (§§ 2091, 2093) vor oder zu gleichen Teilen derjenigen, die ohne Anteilsangabe bedacht sind (§ 2092), oder zu proportional erhöhten (§ 2089) oder geminderten (§ 2090) Anteilen. Die Berechtigten sind nicht Gesamtgläubiger, sondern bei Teilbarkeit Teilgläubiger nach § 420 (str), bei Unteilbarkeit Mitgläubiger nach § 432.

§ 2158 Anwachsung

(1) ¹Ist mehreren derselbe Gegenstand vermacht, so wächst, wenn einer von ihnen vor oder nach dem Erbfall wegfällt, dessen Anteil den übrigen Bedachten nach dem Verhältnis ihrer Anteile an. ²Dies gilt auch dann, wenn der Erblasser die Anteile der Bedachten bestimmt hat. ³Sind einige der Bedachten zu demselben Anteil berufen, so tritt die Anwachsung zunächst unter ihnen ein.

(2) Der Erblasser kann die Anwachsung ausschließen.

Die allgemeine erbrechtliche Anwachsungsvorschrift § 2094 gilt nur für Erben. § 2158 bestimmt für Vermächtnisnehmer beim gemeinschaftlichen Vermächtnis der Sache nach dasselbe, wenn der Erblasser nichts anderes bestimmt (II), was insbes durch ein Ersatzvermächtnis geschehen kann und sollte. Unterschiede zur Regelung bei Erbfolge ergeben sich jedoch hinsichtlich der Voraussetzung des Wegfalls eines Berechtigten. Neben Zuwendungsverzicht (§ 2352), Vorversterben (§ 2160), Ausschlagung (§§ 2180 III, 1953 I), Anfechtung (§ 2078) und Nichterleben des Eintritts einer aufschiebenden Bedingung oder einer Befristung kommt auch der Wegfall einer auflösenden Bedingung oder eines Endtermins in Betracht, weil dadurch die Universalsukzession nicht berührt wird und deshalb ohne Rückwirkung auf den Erbfall oder (wenigstens konstruktive) Nacherbfolge eine Veränderung der Rechtsstellung möglich ist (Staud/*Otte* Rn 4). Der angewachsene Anteil ist (abgesehen von § 2159) nicht selbständig, sondern teilt das Schicksal des ursprünglichen Anteils.

§ 2159 Selbständigkeit der Anwachsung

Der durch Anwachsung einem Vermächtnisnehmer anfallende Anteil gilt in Ansehung der Vermächtnisse und Auflagen, mit denen dieser oder der wegfallende Vermächtnisnehmer beschwert ist, als besonderes Vermächtnis.

Abweichend von der allgemeinen Unselbständigkeit des angewachsenen Anteils bestimmt § 2159 für Untervermächtnisse und Auflagen eine – fiktive – Selbständigkeit mit der Folge, dass es für das Leistungsverweigerungsrecht nach § 2187 nur auf den jeweils beschwerten (ursprünglichen) Anteil ankommt.

§ 2160 Vorversterben des Bedachten

Ein Vermächtnis ist unwirksam, wenn der Bedachte zur Zeit des Erbfalls nicht mehr lebt.

Entgegen der für Erben geltenden Auslegungsregel in § 2069 gibt es bei Vermächtnissen keine Vermutung für eine Ersatzberufung. Die in § 2160 vorgesehene Unwirksamkeit erfasst nach § 2161 S 1 aber nicht etwaige Untervermächtnisse oder Auflagen. Bei einem gemeinschaftlichen Vermächtnis wird § 2160 von § 2158 verdrängt. Für bedachte juristische Personen, die vor dem Erbfall erloschen sind, gilt § 2160 entsprechend, wobei eine Ersatzberufung zur Erreichung des mit dem Vermächtnis verfolgten Zwecks im Wege der ergänzenden Auslegung zuvor in Betracht kommt (Staud/*Otte* Rn 4).

§ 2161 Wegfall des Beschwerten

¹Ein Vermächtnis bleibt, sofern nicht ein anderer Wille des Erblassers anzunehmen ist, wirksam, wenn der Beschwerte nicht Erbe oder Vermächtnisnehmer wird. ²Beschwert ist in diesem Falle derjenige, welchem der Wegfall des zunächst Beschwerten unmittelbar zustatten kommt.

Im Gegensatz zum Wegfall des Bedachten (vgl § 2160) führt der Wegfall des Beschwerten als Erbe oder Vermächtnisnehmer nach § 2161 im Zweifel nicht zur Unwirksamkeit des Vermächtnisses. Als Konsequenz sieht S 2 vor, dass der durch den Wegfall Begünstigte das Vermächtnis zu erfüllen hat. Hierfür gilt aber beim Untervermächtnis die Haftungsbeschränkung des § 2187 II.

§ 2162 Dreißigjährige Frist für aufgeschobenes Vermächtnis

(1) Ein Vermächtnis, das unter einer aufschiebenden Bedingung oder unter Bestimmung eines Anfangstermins angeordnet ist, wird mit dem Ablauf von 30 Jahren nach dem Erbfall unwirksam, wenn nicht vorher die Bedingung oder der Termin eingetreten ist.

(2) Ist der Bedachte zur Zeit des Erbfalls noch nicht gezeugt oder wird seine Persönlichkeit durch ein erst nach dem Erbfall eintretendes Ereignis bestimmt, so wird das Vermächtnis mit dem Ablauf von 30 Jahren nach dem Erbfall unwirksam, wenn nicht vorher der Bedachte gezeugt oder das Ereignis eingetreten ist, durch das seine Persönlichkeit bestimmt wird.

Die Vorschrift, zu der § 2163 eine wichtige Ausnahme enthält, sieht für das Vermächtnis wie §§ 2044 II (Teilungsverbot), 2109 I (Nacherbfolge) und 2210 (Dauertestamentsvollstreckung) eine Dreißig-Jahresfrist vor. Eine aufschiebende Bedingung oder ein Anfangstermin muss spätestens vor Ablauf dieser Frist eingetreten sein. Dies gilt nach II Alt 2 auch für den Fall, dass der Eintritt der Bedingung erst die Person des Begünstigten festlegt (zB „wer als Erster heiratet"). Ist das Vermächtnis (einschließlich Unter-, Ersatz- oder Nachvermächtnis) innerhalb dreißig Jahren wirksam geworden, kann seine Erfüllung noch später verlangt werden. Dann unterliegt der Anspruch aber der Verjährung. Die Frist für den Anfall des Vermächtnisses kann sich nach II um die Empfängniszeit eines noch nicht geborenen Vermächtnisnehmers verlängern.

§ 2163 Ausnahmen von der dreißigjährigen Frist

(1) Das Vermächtnis bleibt in den Fällen des § 2162 auch nach dem Ablauf von 30 Jahren wirksam:
1. wenn es für den Fall angeordnet ist, dass in der Person des Beschwerten oder des Bedachten ein bestimmtes Ereignis eintritt, und derjenige, in dessen Person das Ereignis eintreten soll, zur Zeit des Erbfalls lebt;
2. wenn ein Erbe, ein Nacherbe oder ein Vermächtnisnehmer für den Fall, dass ihm ein Bruder oder eine Schwester geboren wird, mit einem Vermächtnis zugunsten des Bruders oder der Schwester beschwert ist.

(2) Ist der Beschwerte oder der Bedachte, in dessen Person das Ereignis eintreten soll, eine juristische Person, so bewendet es bei der dreißigjährigen Frist.

1 Die Vorschrift, die fast wörtlich § 2109 I 2 entspricht, enthält in I Nr 1 die gegenüber § 2162 praktisch wichtigere Regel. Da zu den Ereignissen in der Person des Beschwerten auch dessen Tod gehören kann, ermöglicht I Nr 1 eine faktische Beschwerung von dessen Erben. Ist das Ereignis der Tod eines Vermächtnisnehmers, dem zB der Nießbrauch vermacht war, gilt I Nr 1 aber nicht, weil dieser wegen des Erlöschens des Nießbrauchs (§ 1061 S 1) nicht beschwert sein kann (vgl BGH NJW-RR 92, 643; FamRZ 92, 800). „In der Person" betreffen den Beschwerten oder den Bedachten auch Ereignisse, die nicht seine Person selbst, sondern seine Vermögensstellung betreffen, zB die Insolvenz (BGH NJW 69, 1112), hingegen keine „allgemeinen Vorgänge" (AnwK/*Mayer* Rn 2 mwN Fn 6).

§ 2164 Erstreckung auf Zubehör und Ersatzansprüche

(1) Das Vermächtnis einer Sache erstreckt sich im Zweifel auf das zur Zeit des Erbfalls vorhandene Zubehör.
(2) Hat der Erblasser wegen einer nach der Anordnung des Vermächtnisses erfolgten Beschädigung der Sache einen Anspruch auf Ersatz der Minderung des Wertes, so erstreckt sich im Zweifel das Vermächtnis auf diesen Anspruch.

1 Wie §§ 311c, 926 erstreckt die Vorschrift das Vermächtnis im Zweifel auf das Zubehör, und zwar nicht nur, wenn die Hauptsache ein Grundstück ist. Maßgeblicher Zeitpunkt ist der Erbfall, also weder Testamentserrichtung noch (zB bei einer Bedingung) Anfall (hM). Was bei ordnungsgemäßer Wirtschaft nach dem Erbfall ausgetauscht worden ist, muss aber nach dem Sinn der vom Erblasser gewollten Begünstigung in das Vermächtnis einbezogen werden. War der Erblasser nicht Eigentümer des Zubehörs, kann nach dem (mutmaßlichen) Willen des Erblassers ein Besitzvermächtnis nach § 2169 II oder ein Verschaffungsvermächtnis nach § 2170 vorliegen. Was Zubehör ist, bestimmen §§ 97, 98. Bestandteile sind in § 2164 nicht erwähnt, weil die Erstreckung darauf selbstverständlich ist (Staud/*Otte* Rn 5). Darüber hinaus wird der nach § 2164 **maßgebliche Zeitpunkt** (der Erbfall) mit Recht auf vermachte Inbegriffe von Sachen und Rechten analog angewendet. Und der für die Einbeziehung von Zubehör maßgebliche Gedanke passt ebenso auf Gegenstände, die mit dem vermachten (Haupt)Gegenstand in engem wirtschaftlichen Zusammenhang stehen, ohne Zubehör zu sein (Beispiel bei Planck/*Flad* Anm 4: Notweg über nicht vermachtes Nachbargrundstück des Erblassers ohne Entschädigung).

2 Im Sinne einer Art schuldrechtlicher Surrogation hat der Erblasser im Zweifel ihm zustehende **Ersatzansprüche** wegen Sachbeschädigungen **mitvermacht**. Dieser Inhalt des II ist unabhängig vom Rechtsgrund des Ersatzanspruchs. Wegen des Stufenverhältnisses gegenüber der Minderung wird man den Nacherfüllungsanspruch nach § 437 den Ersatzansprüchen gleichstellen müssen (Palandt/*Edenhofer* Rn 3; Staud/*Otte* Rn 9). Kein Ersatzanspruch ist hingegen der Rückgewähranspruch nach Rücktritt (aA MüKo/*Schlichting* Rn 5). Bei Zerstörung gilt § 2169 III, bei Veränderungen iSd §§ 946 ff uU § 2172 II. Nach dem Erbfall richten sich Ersatzansprüche nach § 285.

§ 2165 Belastungen

(1) ¹Ist ein zur Erbschaft gehörender Gegenstand vermacht, so kann der Vermächtnisnehmer im Zweifel nicht die Beseitigung der Rechte verlangen, mit denen der Gegenstand belastet ist. ²Steht dem Erblasser ein Anspruch auf die Beseitigung zu, so erstreckt sich im Zweifel das Vermächtnis auf diesen Anspruch.
(2) Ruht auf einem vermachten Grundstück eine Hypothek, Grundschuld oder Rentenschuld, die dem Erblasser selbst zusteht, so ist aus den Umständen zu entnehmen, ob die Hypothek, Grundschuld oder Rentenschuld als mitvermacht zu gelten hat.

1 §§ 2165–2168a enthalten Regeln für den Fall, dass der vermachte Gegenstand belastet ist. Mangels näherer Bestimmung durch den Erblasser soll die Belastung bei Erfüllung des Vermächtnisanspruchs bestehen bleiben (I), in dem besonderen Fall des § 1108 wohl auch die persönliche Haftung (AnwK/*Mayer*Fn 9). Bei Bestehen

einer Reallast ist eine ausdrückliche testamentarische Regelung daher dringend anzuraten. Keine Belastung ist die Sicherungsübereignung. Wird ein zur Sicherheit übereigneter Gegenstand vermacht, sind aber §§ 2169 f anzuwenden, so dass der Beschwerte verpflichtet sein kann, die Sicherheit abzulösen. Hatte schon der Erblasser einen Rückgewähranspruch auf das Sicherungseigentum, wird man ihn genauso wie den Anspruch auf Beseitigung einer Belastung nach I 2 als mit vermacht ansehen können. Dies gilt genauso, wenn der Beseitigungsanspruch erst mit dem Erbfall entsteht, wie bei Fälligkeit einer Risikolebensversicherung, die zur Sicherung des Kredits abgeschlossen war (BGH WM 80, 310). Ein Wille des Erblassers, dem Vermächtnisnehmer den Beseitigungsanspruch zu verschaffen, kann sich im Übrigen ebenso aus den Umständen ergeben (BGH NJW 98, 682) wie der Wille, ein Eigentümerpfandrecht auf ihn übergehen zu lassen (II).

§ 2166 Belastung mit einer Hypothek

(1) ¹Ist ein vermachtes Grundstück, das zur Erbschaft gehört, mit einer Hypothek für eine Schuld des Erblassers oder für eine Schuld belastet, zu deren Berichtigung der Erblasser dem Schuldner gegenüber verpflichtet ist, so ist der Vermächtnisnehmer im Zweifel dem Erben gegenüber zur rechtzeitigen Befriedigung des Gläubigers insoweit verpflichtet, als die Schuld durch den Wert des Grundstücks gedeckt wird. ²Der Wert bestimmt sich nach der Zeit, zu welcher das Eigentum auf den Vermächtnisnehmer übergeht; er wird unter Abzug der Belastungen berechnet, die der Hypothek im Range vorgehen.
(2) Ist dem Erblasser gegenüber ein Dritter zur Berichtigung der Schuld verpflichtet, so besteht die Verpflichtung des Vermächtnisnehmers im Zweifel nur insoweit, als der Erbe die Berichtigung nicht von dem Dritten erlangen kann.
(3) Auf eine Hypothek der in § 1190 bezeichneten Art finden diese Vorschriften keine Anwendung.

Da nach § 2165 I die Belastungen auf einem vermachten Grundstück im Zweifel bestehen bleiben, muss der Vermächtnisnehmer sie wirtschaftlich endgültig tragen und gegebenenfalls ablösen. Daraus zieht § 2166 I 1 die Konsequenz, indem er dem Vermächtnisnehmer, der die persönliche Schuld, für die die Sicherheit besteht, zurückzahlt, den Regress gegenüber dem Erben und Rechtsnachfolger des Erblassers als persönlichen Schuldner aus § 1143 abschneidet. Das passt sinngemäß auch auf die Sicherungsgrundschuld (BGH NJW 63, 1612), es sei denn es handelt sich um die Sicherheit für einen Kontokorrendkredit (BGHZ 37, 233, 246). Denn dann ist das gesicherte Darlehen wie bei der Höchstbetragshypothek (III) iA nicht für die Bebauung des Grundstücks aufgenommen worden, so dass auch die „Gegenleistung" eines entspr Grundstückswertes dem Vermächtnisnehmer nicht zugute kommt. 1

Der Anspruch aus I 1 ist in zweifacher Hinsicht **subsidiär**: wirtschaftlich durch die Beschränkung auf den Grundstückswert, und zwar zu dem Zeitpunkt, in dem er dem Vermächtnisnehmer wirklich zugute kommt (I 2), rechtlich-konstruktiv durch den Nachrang des Vermächtnisnehmers gegenüber Drittverpflichteten (II). 2

§ 2167 Belastung mit einer Gesamthypothek

¹Sind neben dem vermachten Grundstück andere zur Erbschaft gehörende Grundstücke mit der Hypothek belastet, so beschränkt sich die in § 2166 bestimmte Verpflichtung des Vermächtnisnehmers im Zweifel auf den Teil der Schuld, der dem Verhältnis des Wertes des vermachten Grundstücks zu dem Werte der sämtlichen Grundstücke entspricht. ²Der Wert wird nach § 2166 Abs. 1 Satz 2 berechnet.

Die Vorschrift erstreckt die in § 2166 I 2, II niedergelegte Subsidiarität auf den Fall der Gesamthypothek: Die Verpflichtung des Vermächtnisnehmers gegenüber dem Erben aus § 2166 I 1 beschränkt sich auf den Teil, der dem Wert des vermachten Grundstücks im Verhältnis zu allen haftenden Grundstücken entspricht (zur Berechnungsformel AnwK/*Mayer* Rn 4). 1

§ 2168 Belastung mit einer Gesamtgrundschuld

(1) ¹Besteht an mehreren zur Erbschaft gehörenden Grundstücken eine Gesamtgrundschuld oder eine Gesamtrentenschuld und ist eines dieser Grundstücke vermacht, so ist der Vermächtnisnehmer im Zweifel dem Erben gegenüber zur Befriedigung des Gläubigers in Höhe des Teils der Grundschuld oder der Rentenschuld verpflichtet, der dem Verhältnis des Wertes des vermachten Grundstücks zu dem Wert der sämtlichen Grundstücke entspricht. ²Der Wert wird nach § 2166 Abs. 1 Satz 2 berechnet.
(2) Ist neben dem vermachten Grundstück ein nicht zur Erbschaft gehörendes Grundstück mit einer Gesamtgrundschuld oder einer Gesamtrentenschuld belastet, so finden, wenn der Erblasser zur Zeit des Erbfalls gegenüber dem Eigentümer des anderen Grundstücks oder einem Rechtsvorgänger des Eigentümers zur Befriedigung des Gläubigers verpflichtet ist, die Vorschriften des § 2166 Abs. 1 und des § 2167 entsprechende Anwendung.

1 Nach I gilt für die Gesamtgrundschuld dasselbe wie für die Gesamthypothek nach § 2167 (vgl Erläuterungen dort). II erweitert § 2166 I 1 (Verpflichtung gegenüber dem Erben zur Erfüllung der persönlichen Schuld des Erblassers) auf den Fall, dass der Erblasser nur überhaupt (zB nach § 415 III) zur Befriedigung des Gläubigers verpflichtet war, um ein gar nicht zum Nachlass gehörendes mitbelastetes Grundstück frei zu machen. Über den Wortlaut hinaus passt dies für Verpflichtungen nicht nur gegenüber dem Eigentümer des belasteten Grundstücks sondern auch gegenüber dem persönlichen Schuldner (AnwK/*Mayer* Rn 3).

§ 2168 a Anwendung auf Schiffe, Schiffsbauwerke und Schiffshypotheken

§ 2165 Abs. 2, §§ 2166, 2167 gelten sinngemäß für eingetragene Schiffe und Schiffsbauwerke und für Schiffshypotheken.

1 Ist Gegenstand des Vermächtnisses ein Schiff(santeil), gelten die Vorschriften über die Hypothek (nicht: über die Grundschuld) beim Vermächtnis auch für Schiffshypotheken. Dasselbe gilt nach § 98 II LuftFZRegG für das Registerpfand an Luftfahrzeugen.

§ 2169 Vermächtnis fremder Gegenstände

(1) Das Vermächtnis eines bestimmten Gegenstands ist unwirksam, soweit der Gegenstand zur Zeit des Erbfalls nicht zur Erbschaft gehört, es sei denn, dass der Gegenstand dem Bedachten auch für den Fall zugewendet sein soll, dass er nicht zur Erbschaft gehört.
(2) Hat der Erblasser nur den Besitz der vermachten Sache, so gilt im Zweifel der Besitz als vermacht, es sei denn, dass er dem Bedachten keinen rechtlichen Vorteil gewährt.
(3) Steht dem Erblasser ein Anspruch auf Leistung des vermachten Gegenstands oder, falls der Gegenstand nach der Anordnung des Vermächtnisses untergegangen oder dem Erblasser entzogen worden ist, ein Anspruch auf Ersatz des Wertes zu, so gilt im Zweifel der Anspruch als vermacht.
(4) Zur Erbschaft gehört im Sinne des Absatzes 1 ein Gegenstand nicht, wenn der Erblasser zu dessen Veräußerung verpflichtet ist.

1 Nicht immer befindet sich der vermachte Gegenstand zzt des Erbfalls (noch) im Vermögen des Erblassers oder im Nachlass. Dafür treffen §§ 2169 f, 2173 und 2175 Sonderregeln. Die einfachste und allgemeinste Regel enthält § 2169 I: Wenn der Erblasser nicht (ausdrücklich oder bei entspr Auslegung seiner Verfügung) keine andere Anordnung getroffen hat, ist das Vermächtnis eines Gegenstandes, der **nicht Nachlassbestandteil** wird, unwirksam. Dies wird vom Gesetz nur für das Vermächtnis eines „bestimmten" Gegenstandes ausgesprochen, also für ein Stückvermächtnis. Nach der typischen Interessenlage hat aber dasselbe zu gelten, wenn der Erblasser eine beschränkte Gattungsschuld des Beschwerten begründen wollte, zB über „20 Flaschen aus meinem Weinkeller". Ist der Vorrat beim Erbfall schon erschöpft, trifft den Beschwerten keine Verschaffungspflicht. Anderes gilt, wenn der Erblasser ein Verschaffungsvermächtnis („es sei denn" nach I, genauer § 2170) zuwenden wollte.
2 II–IV geben genauer an, wann ein Gegenstand (nicht) zur Erbschaft gehört: hatte der Erblasser an der vermachten Sache nur den Besitz, gilt wenigstens dieser als vermacht; ist der Vermächtnisnehmer aber zB verpflichtet, die Sache alsbald dem Eigentümer herauszugeben, ist das Vermächtnis unwirksam (II). Hatte der Erblasser (nur) einen Anspruch auf den vermachten Gegenstand oder wenigstens auf Ersatz seines Wertes (nicht aber: auf eine Gegenleistung dafür, BGHZ 22, 357), gilt der Anspruch anstelle des Gegenstandes selbst als vermacht (III). Umgekehrt bleibt es bei Unwirksamkeit trotz (formaler) Nachlasszugehörigkeit, wenn der Erblasser zur Veräußerung des Gegenstandes verpflichtet war (IV).

§ 2170 Verschaffungsvermächtnis

(1) Ist das Vermächtnis eines Gegenstands, der zur Zeit des Erbfalls nicht zur Erbschaft gehört, nach § 2169 Abs. 1 wirksam, so hat der Beschwerte den Gegenstand dem Bedachten zu verschaffen.
(2) ¹Ist der Beschwerte zur Verschaffung außerstande, so hat er den Wert zu entrichten. ²Ist die Verschaffung nur mit unverhältnismäßigen Aufwendungen möglich, so kann sich der Beschwerte durch Entrichtung des Wertes befreien.

1 Die Vorschrift regelt den Fall, dass der Erblasser entgegen der Vermutung nach § 2169 I ein Vermächtnis über einen Gegenstand angeordnet hat, der zur Zeit des Erbfalls **nicht zum Nachlass** gehört. Dann ist der Beschwerte nicht einfach zur Übertragung des Gegenstandes an den Bedachten verpflichtet (wozu er gar nicht in der Lage ist, wenn er nicht selbst Inhaber ist), sondern dazu, das Objekt **zu verschaffen** (daher „Verschaffungsvermächtnis"). Da der Beschwerte, vor allem wenn er den Vermächtnisgegenstand nicht mit Mit-

teln des Nachlasses beschaffen kann, durch ein solches Vermächtnis erheblich belastet wird, sind an die Annahme eines Vermächtnisses dieses Typs hohe Anforderungen zu stellen. Die Rspr trägt dem Rechnung durch das Erfordernis einer „besonderen Intensität des Verpflichtungswillens" beim Erblasser (BGH FamRZ 84, 41; Oldbg FamRZ 99, 532). Liegt hiernach ein Vermächtnis gemäß § 2170 vor, entspricht die Pflicht des Beschwerten derjenigen eines Verkäufers (Eigentumsübertragung, Rechtsverschaffung), allerdings außer bei einem Gattungsvermächtnis (§ 2183) ohne Gewährleistung wegen Sachmängeln. Die Rechtsmängelhaftung richtet sich hingegen nach § 2182 II und III.

Für die Verschaffung selbst ist danach zu unterscheiden, wem der Gegenstand gehört: Gehört er bereits **dem** **Vermächtnisnehmer**, ist das Vermächtnis selbst gegenstandslos (AnwK/*Mayer* Rn 8), es sei denn der Wille des Erblassers ist erkennbar darauf gerichtet, dem Bedachten trotzdem den Wert oder den Beschaffungsaufwand zukommen zu lassen. Gehört der Gegenstand **dem Beschwerten**, bietet die Erfüllung keine Probleme. Allerdings ist § 2059 I zu beachten, wenn der Beschwerte Miterbe ist. Für die Vollstreckung gelten §§ 894, 897 ZPO (dazu genauer Staud/*Otte* Rn 16). Am kompliziertesten ist die Lage, wenn der Gegenstand **einem Dritten** gehört. Von diesem kann der Bedachte nichts verlangen. Vielmehr muss er den Beschwerten darauf verklagen, die Bereitschaft des Dritten zur Übertragung an sich herbeizuführen. Die Vollstreckung erfolgt dann nach § 887 ZPO (dazu – einschließlich der Ermächtigung durch das Prozessgericht an den Bedachten und Vorauszahlung der Kosten durch den Beschwerten – Staud/*Otte* Rn 13,14). 2

II enthält eine Sonderregelung zur Störung des Leistungsprogramms eines Verschaffungsvermächtnisses, die den Schuldner teilweise gegenüber dem Allgemeinen Schuldrecht privilegiert: Im Falle des **Unvermögens** bleibt er nicht – wie nach der allgemeinen Regelung des § 276 I 1 für das Beschaffungsrisiko – zur Primärleistung oder zu Schadensersatz statt der Leistung nach §§ 281 ff verpflichtet, sondern schuldet Wertersatz. Die Möglichkeit, Wertersatz zu leisten, (Ersetzungsbefugnis) gilt entgegen dem Schuldner als Privileg gegenüber der strengeren allgemeinen Opfergrenze nach § 275 II auch bei **unverhältnismäßigen Aufwendungen** für die Beschaffung zu. Hat der Beschwerte ein nachträglich eintretendes Unvermögen wegen Verschuldens oder Verzugs zu vertreten, gelten ebenso die allgemeinen Vorschriften wie bei nachträglicher objektiver Unmöglichkeit. Durch die Herbeiführung einer Haftungsbeschränkung kann sich der Beschwerte von der Verpflichtung aus I nicht befreien (Staud/*Otte* Rn 9). Durch Erhebung der **Einrede des § 1992** kann er aber erreichen, dass er die Verpflichtung aus I nur gegen Bezahlung der Differenz zwischen dem Wert des Vermächtnisses und dem Nachlasswert zu erfüllen braucht (BGH NJW 64, 2298). Sowohl die Voraussetzungen für den Übergang zum Anspruch aus II, als auch die Berechnung des Wertes bieten Anlass für Streit. Der Erblasser selbst sollte daher durch Festsetzung eines Endtermins für die Verschaffung und eines Wertes vorsorgen (AnwK/*Mayer* Rn 10). 3

§ 2171 Unmöglichkeit, gesetzliches Verbot

(1) Ein Vermächtnis, das auf eine zur Zeit des Erbfalls für jedermann unmögliche Leistung gerichtet ist oder gegen ein zu dieser Zeit bestehendes gesetzliches Verbot verstößt, ist unwirksam.
(2) Die Unmöglichkeit der Leistung steht der Gültigkeit des Vermächtnisses nicht entgegen, wenn die Unmöglichkeit behoben werden kann und das Vermächtnis für den Fall zugewendet ist, dass die Leistung möglich wird.
(3) Wird ein Vermächtnis, das auf eine unmögliche Leistung gerichtet ist, unter einer anderen aufschiebenden Bedingung oder unter Bestimmung eines Anfangstermins zugewendet, so ist das Vermächtnis gültig, wenn die Unmöglichkeit vor dem Eintritt der Bedingung oder des Termins behoben wird.

Die Vorschrift ist eine Spezialregelung zu § 311 a. Anders als dort für den Vertrag vorgesehen, ist die Vermächtnisanordnung bei anfänglicher objektiver Unmöglichkeit **unwirksam**. Dasselbe gilt für ein zur Zeit des Erbfalls gesetzwidriges Vermächtnis. Schon nach dem Recht vor der Schuldrechtsmodernisierung war die praktische Bedeutung der Vorschrift gering. Daran wird sich nach der Neufassung (gültig seit 1.1.02) kaum etwas ändern. Im Sinne des favor testamenti ermöglichen II und III die Gültigkeit des Vermächtnisses trotz anfänglicher Unmöglichkeit: II von Anfang an, wenn die Unmöglichkeit vorübergehender Art ist und der Erblasser das Vermächtnis unter der Bedingung der Möglichkeit angeordnet hat; III auch ohne darauf gerichteten Erblasserwillen bei einem Vermächtnis unter einer anderen Bedingung als derjenigen des II, wenn die Unmöglichkeit vor Bedingungseintritt behoben wird. Nicht in der Vorschrift genannt ist das sittenwidrige Vermächtnis. Die hM stellt zum Teil gerade wegen § 2171 I bei der Beurteilung auf den Zeitpunkt des Erbfalls ab (Soergel/*Wolf* Rn 8 mwN; unentschieden BGHZ 140, 118, 120). § 138 I hat jedoch keine Straffunktion gegenüber dem Erblasser, sondern will nur verhindern, dass sittenwidrige Rechtsgeschäfte den Schutz der Rechtsordnung genießen. Sieht man das Rechtsgeschäft zum Zeitpunkt der richterlichen Entscheidung nicht mehr als sittenwidrig an, hat diese Beurteilung deshalb den Vorrang (AnwK/*Mayer* Rn 9 m Fn 21). 1

2 Ist die Vermächtnisanordnung selbst von einer behördlichen **Genehmigung** abhängig (wie nach § 16 II HöfeO) und wird die Genehmigung versagt, liegt ein Fall des I vor. Bedarf – wie meist – nur die Erfüllung einer Genehmigung (zB nach §§ 1643, 1821 f) und wird diese verweigert, tritt nachträgliche Unmöglichkeit ein (Staud/*Otte* Rn 4 mwN) mit der Folge der §§ 275, 280, 283. Die anfängliche subjektive Unmöglichkeit (Unvermögen) ist hingegen von §§ 2169, 2170 erfasst.

§ 2172 Verbindung, Vermischung, Vermengung der vermachten Sache

(1) Die Leistung einer vermachten Sache gilt auch dann als unmöglich, wenn die Sache mit einer anderen Sache in solcher Weise verbunden, vermischt oder vermengt worden ist, dass nach den §§ 946 bis 948 das Eigentum an der anderen Sache sich auf sie erstreckt oder Miteigentum eingetreten ist, oder wenn sie in solcher Weise verarbeitet oder umgebildet worden ist, dass nach § 950 derjenige, welcher die neue Sache hergestellt hat, Eigentümer geworden ist.
(2) ¹Ist die Verbindung, Vermischung oder Vermengung durch einen anderen als den Erblasser erfolgt und hat der Erblasser dadurch Miteigentum erworben, so gilt im Zweifel das Miteigentum als vermacht; steht dem Erblasser ein Recht zur Wegnahme der verbundenen Sache zu, so gilt im Zweifel dieses Recht als vermacht. ²Im Falle der Verarbeitung oder Umbildung durch einen anderen als den Erblasser bewendet es bei der Vorschrift des § 2169 Abs. 3.

1 Die Vorschrift, die wie § 2171 geringe praktische Bedeutung hat, enthält eine Auslegungsregel für den Fall der **sachenrechtlichen Änderung** des Vermächtnisgegenstandes bis zum Erbfall nach §§ 946 ff (einschließlich der in der Überschrift nicht genannten Verarbeitung, I aE, II 2). Der Erblasser kann von sich aus Ersatzregeln für diesen Fall treffen. Unterlässt er dies, ist das Vermächtnis nach I iVm § 2171 unwirksam. Hat der Erblasser aufgrund der Veränderung Miteigentum oder einen Wegnahmeanspruch erworben oder steht ihm wegen der Verarbeitung ein Wertersatzanspruch nach § 951 zu, bleibt das Vermächtnis wirksam und bezieht sich nach II auf das Surrogat.

§ 2173 Forderungsvermächtnis

¹Hat der Erblasser eine ihm zustehende Forderung vermacht, so ist, wenn vor dem Erbfall die Leistung erfolgt und der geleistete Gegenstand noch in der Erbschaft vorhanden ist, im Zweifel anzunehmen, dass dem Bedachten dieser Gegenstand zugewendet sein soll. ²War die Forderung auf die Zahlung einer Geldsumme gerichtet, so gilt im Zweifel die entsprechende Geldsumme als vermacht, auch wenn sich eine solche in der Erbschaft nicht vorfindet.

1 Die Vorschrift gibt eine **Auslegungsregel** für den Fall, dass eine vermachte Forderung vor dem Erbfall erfüllt worden ist. Dann wird der ursprüngliche Vermächtnisgegenstand durch den im Nachlass vorhandenen Erfüllungsgegenstand surrogiert. Entspr anwendbar ist dies, wenn eine Geldforderung durch Aufrechnung erloschen ist. Denn auch in einem solchen Fall befindet sich der Wert noch im Nachlass. Entsprechendes gilt, wenn die vermachte Forderung nicht erloschen ist, sondern mit der Leistung an den Erblasser auf den Leistenden (zB den Bürgen nach § 774 I) übergegangen ist (Staud/*Otte* Rn 4). Genauso ist beim Forderungsverkauf zu verfahren (aaO Rn 7).
2 Von der Vorschrift nicht erfasst wird das **Befreiungsvermächtnis**. Hat der Bedachte vor dem Anfall des Vermächtnisses die Forderung noch nicht erfüllt, kann er von den Erben nach § 2174 den Abschluss eines Erlassvertrages (§ 397) verlangen. Hat der Bedachte schon geleistet, kann er entspr dem Sinn des § 2173 die Leistung nach dem Erbfall zurück verlangen (Staud/*Otte* Rn 11). Beim **Schuldvermächtnis**, das von § 2173 nicht erfasst wird, vermacht der Erblasser dem Gläubiger den ohnehin geschuldeten Gegenstand und verschafft dem Gläubiger als Vermächtnisnehmer dadurch die zusätzliche und oft einfacher zu realisierende Anspruchsbegründung aus § 2174. Erhält erst **der Erbe** die vermachte Forderung auf die vermachte Forderung, gilt dafür § 285, bei Verschulden des Erben auch §§ 280, 283 (AnwK/*Mayer* Rn 5 mwN).

§ 2174 Vermächtnisanspruch

Durch das Vermächtnis wird für den Bedachten das Recht begründet, von dem Beschwerten die Leistung des vermachten Gegenstands zu fordern.

1 Die Vorschrift enthält die **Anspruchsgrundlage** für den Vermächtnisnehmer und somit zugleich die Aussage, dass nach geltendem Recht das Damnations- und nicht das Vindikationslegat gilt (vor § 2147 Rn 1). Dem schuldrechtlichen Charakter des Vermächtnisanspruchs entspr sind auf ihn die Vorschriften des Allgemeinen Schuldrechts anwendbar, soweit sich aus den §§ 2147 ff oder allgemeinen erbrechtlichen Erwägungen nichts

anderes ergibt. Den Gläubiger (Vermächtnisnehmer) bezeichnet das Gesetz als Bedachten, den Schuldner als Beschwerten (vgl § 2147 und Erläuterung dazu). Der Anspruch wird fällig mit dem Erbfall oder nach §§ 2181, 2186, jedoch nicht vor dem Anfall des Vermächtnisses nach §§ 2176 ff. Die **Erfüllung** erfolgt nach den allgemeinen Regeln, also etwa durch Eigentumsübertragung nach §§ 873, 925 oder 929 ff oder durch Übertragung der Forderung oder des Rechts nach §§ 398, 413, beim Vermächtnis eines Universalnießbrauchs durch Bestellung des Nießbrauchs an allen einzelnen Nachlassgegenständen. Soweit der Gesellschaftsvertrag es zulässt, können auch die Gesellschaftsanteile einer Personengesellschaft Gegenstand eines Vermächtnisses sein. Dann ist der Anteil auf den Vermächtnisnehmer zu übertragen (BGH NJW 83, 2376). Wie andere schuldrechtliche Ansprüche ist der Vermächtnisanspruch durch Nebenleistungen, Nebenpflichten und Schutzpflichten zu ergänzen. Ein Geldvermächtnis ist ab Verzug oder Rechtshängigkeit zu verzinsen, soweit die Zinsen nicht ohnehin nach § 2184 S 1 als Früchte (vom Anfall an) mit vermacht sind. Kein Raum ist hingegen für § 313. Stattdessen ist eine grundlegende Veränderung der Verhältnisse durch ergänzende Auslegung oder Anfechtung nach § 2178 II zu erfassen (BGH NJW 93, 850). Der Vermächtnisanspruch selbst kann idR nach § 398 **abgetreten** werden. Hiergegen kann der Erblasser kein dinglich wirkendes Abtretungsverbot nach § 399, Alt 2 vorsehen, wohl aber eine auflösende Bedingung (AnwK/*Mayer* Rn 7 mwN).

Leistungsstörungen werden teils von den Sondervorschriften des Vermächtnisrechts, teils vom Allgemeinen 2 Schuldrecht erfasst. Hinsichtlich der Sach- oder Rechtsmängel ist zu unterscheiden: Für das Gattungsvermächtnis ist die Haftung in §§ 2182 f geregelt, für das Stückvermächtnis hinsichtlich Rechtsmängeln in §§ 2165-2168a. Eine Haftung für Sachmängel beim Stückvermächtnis besteht nicht. Hat der Beschwerte eine schuldhafte Pflichtverletzung begangen, kommen Ansprüche aus §§ 280–281, 283–288 in Betracht. Hinzu kommen die Spezialvorschriften §§ 2169–2173. Für das Gattungsvermächtnis ist die Haftungsverschärfung durch § 276 I 1 Hs 2 zu beachten.

Einen **Auskunftsanspruch** des Vermächtnisnehmers wollte das RG (RGZ 129, 239) noch nicht allgemein 3 anerkennen, eröffnete aber die Möglichkeit, dass der Erblasser (uU auch nur hypothetisch) einen Auskunftsanspruch „mitvermacht" habe. Man wird einen solchen Anspruch heute aber auch ohne entspr Erblasserwillen aus § 242 nach den Umständen des Einzelfalles selbst herleiten und dann sogar, wenn nötig, bis zu einem Anspruch auf Rechnungslegung gegen den Beschwerten steigern können (BGH NJW-RR 91, 707; Jauernig/*Stürner* Rn 5).

Eine **Sicherung** des Vermächtnisanspruchs ist gesetzlich nicht vorgesehen. Allerdings kann der Erblasser 4 zusätzlich auch eine Sicherheit vermachen, die dann aber gleichfalls erst ab Anfall des Vermächtnisses beansprucht werden kann (BGH NJW 01, 2883). Der Erblasser kann freilich durch Rechtsgeschäfte unter Lebenden Vorsorge für den Vermächtnisnehmer treffen. So kann er ihm eine unwiderrufliche Vollmacht auf den Todesfall zur Erfüllung des Vermächtnisses an sich selbst erteilen. Bei Grundstücken kann sich der Erblasser durch Rechtsgeschäft unter Lebenden verpflichten, keine Verfügung vorzunehmen und bei Verstoß hiergegen das Grundstück unmittelbar an den Vermächtnisnehmer zu übertragen. Dieser Übereignungsanspruch kann, auch wenn er unter einer Bedingung steht, nach § 883 I durch Vormerkung gesichert werden (AnwK/*Mayer* Rn 33).

Für die **Verjährung** des Anspruchs gilt § 197 I Nr 2 (30 Jahre), beim Vermächtnis wiederkehrender Leistun- 5 gen §§ 197 II, 195 (3 Jahre) mit Fristbeginn nach § 200 bzw § 199 I. Die Schadensersatzansprüche wegen Pflichtverletzung (oben Rn 2) werden entscheidend durch das Allgemeine Schuldrecht geprägt und sind daher richtigerweise nicht als (spezifisch) erbrechtliche Ansprüche anzusehen. Für sie gelten daher §§ 195, 199 I, 1 3 (3 Jahre, Staud/*Otte* Rn 30 c, aber str).

Ist der Erbe beschwert, handelt es sich bei § 2174 um eine **Nachlassverbindlichkeit**, für die der Erbe bis zur 6 Erschöpfung des Nachlasses (BGH NJW 93, 850) und mit seinem Eigenvermögen haftet, wenn er nicht seine Haftung nach §§ 1990 ff beschränkt. In Betracht kommt bei Überschuldung des Nachlasses durch Vermächtnisse und Auflagen die Abwendung der Herausgabe durch Zahlung des Wertes nach § 1992 S 2. Daraus ist umgekehrt für den Vermächtnisnehmer die Befugnis zu entnehmen, Herausgabe des Vermächtnisses gegen eine Ausgleichszahlung zur Vermeidung der Überschuldung des Nachlasses zu verlangen (BGH NJW 64, 2298).

§ 2175 Wiederaufleben erloschener Rechtsverhältnisse

Hat der Erblasser eine ihm gegen den Erben zustehende Forderung oder hat er ein Recht vermacht, mit dem eine Sache oder ein Recht des Erben belastet ist, so gelten die infolge des Erbfalls durch Vereinigung von Recht und Verbindlichkeit oder von Recht und Belastung erloschenen Rechtsverhältnisse in Ansehung des Vermächtnisses als nicht erloschen.

Die Vorschrift überwindet eine konstruktive Schwäche, die sich aus dem schuldrechtlichen Charakter des 1 Vermächtnisses nach § 2174 ergibt: Da die Vermächtnisgegenstände aus dem Nachlass des Erben an den Vermächtnisnehmer übertragen werden müssen, können sie nach allgemeinen Grundsätzen zuvor durch **Konfusion** oder **Konsolidation** erloschen sein. Dies verhindert die Fiktion des § 2175. Die Vorschrift passt aber nicht, wenn schon nach den für das fragliche Recht geltenden Vorschriften die Konsolidation ausgeschlossen ist, zB § 889 bei Grundstücken. Dann ist das Vermächtnis ohne weiteres erfüllbar. Erlischt das Recht hingegen mit dem Tod des Erblassers mangels Vererblichkeit (zB nach § 1059), ist das Vermächtnis wegen rechtlicher Unmöglichkeit unwirksam, § 2169 (Soergel/*Wolf* Rn 3).

§ 2176 Anfall des Vermächtnisses

Die Forderung des Vermächtnisnehmers kommt, unbeschadet des Rechts, das Vermächtnis auszuschlagen, zur Entstehung (Anfall des Vermächtnisses) mit dem Erbfall.

1 Der **Anspruch** des Vermächtnisnehmers nach § 2174 **entsteht** vorbehaltlich der §§ 2177-2179 nach § 2176 sogleich mit dem Erbfall. Stirbt der Bedachte vor dem Erbfall, ist das Vermächtnis nach § 2160 überhaupt unwirksam. Bis zum Erbfall hat der Vermächtnisnehmer auch bei einem Erbvertrag oder einem bindend gewordenen gemeinschaftlichen Testament noch keinerlei rechtliche Position. Von der Entstehung des Anspruchs ist die **Fälligkeit** zu unterscheiden. Für sie gilt zunächst eine besondere Anordnung des Erblassers, sodann § 2181 und schließlich als Auffangregel § 271 I. Der Vermächtnisnehmer ist jedoch selbst bei Anwendung des § 271 an der sofortigen Erhebung des Anspruchs bei Beschwerung des Erben uU nach § 1958 (bis zur Erschaftsannahme) und nach § 2014 (Dreimonatseinrede) gehindert. Ob der Erblasser im Einzelfall die Entstehung des Anspruchs durch Bedingung oder Befristung (§ 2177) oder dessen Fälligkeit auf einen späteren Zeitpunkt verschieben wollte, muss im Wege der Auslegung ermittelt werden. Der entstandene, aber noch nicht fällige Vermächtnisanspruch kann zB abgetreten werden (Soergel/*Wolf* Rn 3). Ab Anfall sind dem Vermächtnis nach § 2184 auch die Früchte des Vermächtnisgegenstandes zuzuschlagen. Wertschwankungen bis zur Erfüllung sind im allgemeinen unbeachtlich (vgl BGH NJW-RR 92, 643), während ein Quotenvermächtnis notwendigerweise von der Wertermittlung des Nachlasses insgesamt abhängt.

§ 2177 Anfall bei einer Bedingung oder Befristung

Ist das Vermächtnis unter einer aufschiebenden Bedingung oder unter Bestimmung eines Anfangstermins angeordnet und tritt die Bedingung oder der Termin erst nach dem Erbfall ein, so erfolgt der Anfall des Vermächtnisses mit dem Eintritt der Bedingung oder des Termins.

1 Abweichend von § 2176, aber übereinstimmend mit den allgemeinen Regeln für Bedingungen und Befristungen (§§ 158 I, 163) lässt die Vorschrift aufschiebend bedingte oder befristete Vermächtnisse **erst vom Eintritt der Bedingung** oder vom Ablauf der aufschiebenden Frist **an** entstehen. Zwischen Erbfall und Vermächtnisanfall hat der Vermächtnisnehmer allerdings, wie § 2179 klarstellt, schon eine rechtlich gesicherte Position nach §§ 160, 162. Sie kann übertragen und in sie kann vollstreckt werden (RG JW 29, 586). Besonders verbreitet sind Vermächtnisse nach § 2177 zur Absicherung eines Berliner Testaments („Jastrowsche Klausel", vgl AnwK/*Mayer* Rn 10 m Fn 23). Nach § 2074 muss der Bedachte im Zweifel den Bedingungseintritt erleben. Andernfalls ist das Vermächtnis unwirksam. Ist der Vermächtnisnehmer ein Abkömmling des Erblassers, ist allerdings auch die Auslegungsregel des § 2069 für dessen Abkömmlinge (also typischerweise die Enkel des Erblassers) einschlägig und hat dann Vorrang vor § 2074 (BGH NJW 58, 22; AnwK/*Mayer* Rn 8). Unwirksam wird das Vermächtnis ferner nach § 2162, wenn nicht ein Fall des § 2163 vorliegt.

2 § 2074 gilt für das **befristete** Vermächtnis nicht, so dass die Anwartschaft des Vermächtnisnehmers im Zweifel auf dessen Erben übergeht. Im Einzelfall kann die Auslegung allerdings ergeben, dass der Erblasser das Vermächtnis gar nicht befristen, sondern nur dessen Fälligkeit hinausschieben wollte. Dann gilt für den Anfall wieder § 2176 mit der Folge des § 2184 für Zwischenfrüchte und der Unanwendbarkeit der §§ 2162, 2163. Diese Unterscheidung muss auch beim Vermächtnis wiederkehrender Leistungen beachtet werden: Üblicherweise ist das Stammrecht sofort mit dem Erbfall angefallen, auch wenn die Einzelleistungen uU erst nach mehr als dreißig Jahren fällig werden (Staud/*Otte* Rn 6).

3 Nicht von § 2177 erfasst sind Vermächtnisse unter einer auflösenden Bedingung oder einem Endtermin. Beides führt zu keiner dinglichen Rechtsänderung. Ist für diesen Fall ein anderer bedacht, liegt ein **Nachvermächtnis** nach § 2191 vor. Andernfalls hat der Beschwerte einen Rückgewähranspruch nach § 812 I S 2 Alt 1 wegen Wegfalls des Rechtsgrundes. Diesen Anspruch kann der Erblasser von den Schwächen des Bereicherungsrechts (insbesondere § 818 III) entlasten, indem er dem Beschwerten den Vermächtnisgegenstand wiederum als **Rückvermächtnis** vermacht.

§ 2178 Anfall bei einem noch nicht erzeugten oder bestimmten Bedachten

Ist der Bedachte zur Zeit des Erbfalls noch nicht gezeugt oder wird seine Persönlichkeit durch ein erst nach dem Erbfall eintretendes Ereignis bestimmt, so erfolgt der Anfall des Vermächtnisses im ersteren Falle mit der Geburt, im letzteren Falle mit dem Eintritt des Ereignisses.

Anders als der Erbe nach § 1923 muss der Vermächtnisnehmer nach § 2178 beim Erbfall nicht einmal gezeugt 1
sein. In den Grenzen der §§ 2162, 2163 fällt das Vermächtnis dann mit der Geburt des Bedachten an. Entsprechendes gilt nach § 2178, wenn die Person des Vermächtnisnehmers erst nach dem Erbfall durch ein bestimmtes Ereignis (wie die erste Heirat eines der Neffen) bestimmt wird. Nicht dazu zählt die Bestimmung des Vermächtnisnehmers nach §§ 2151, 2152 (Staud/*Otte* Rn 3). Hingegen ist § 2178 (unmittelbar oder entsprechend) anwendbar auf eine noch nicht entstandene juristische Person als Vermächtnisnehmer (Staud/ *Otte* Rn 4). Für Stiftungen von Todes wegen trifft freilich § 84 eine besondere Regelung durch die Fiktion der rückwirkenden Entstehung.

§ 2179 Schwebezeit

Für die Zeit zwischen dem Erbfall und dem Anfall des Vermächtnisses finden in den Fällen der §§ 2177, 2178 die Vorschriften Anwendung, die für den Fall gelten, dass eine Leistung unter einer aufschiebenden Bedingung geschuldet wird.

Die Vorschrift begründet durch die Anwendbarkeit des Bedingungsrechts eine **Anwartschaft** für den Bedach- 1
ten, die in gewissem Umfang rechtlich geschützt wird. So kann sich der Vermächtnisnehmer bereits durch Arrest oder einstweilige Verfügung nach §§ 916 II, 936 ZPO sichern. Auch die Bestellung einer Hypothek ist möglich (RGZ 65, 277, 283 f). Für den Vermächtnisanspruch auf ein Grundstück oder Grundstücksrecht kann der Bedachte eine Vormerkung nach § 883 I S 2 eintragen lassen (AnwK/*Mayer* Rn 16 mwN). Im übrigen ist die Rechtsstellung des Vermächtnisnehmers nach §§ 2177, 2178 in den Grenzen der §§ 137 S 1, 138, 276 III vom Erblasser gestaltbar und auch gestaltungsbedürftig (AnwK/*Mayer* Rn 22 mwN).
Den Schutz des Bedachten bewirken aus dem Bedingungsrecht §§ 160 und 162: Der Beschwerte haftet nach 2
§ 160 I, wenn er während der Schwebezeit den Vermächtnisanspruch schuldhaft vereitelt oder beeinträchtigt, auf Schadensersatz. Darin ist eine Verwaltungs- und Erhaltungspflicht während dieser Zeit enthalten (AnwK/ *Mayer* Rn 5 mit Fn 6). Verhindert der Beschwerte wider Treu und Glauben den Bedingungseintritt, fingiert § 162 den Bedingungseintritt. Nicht anzuwenden ist hingegen § 161, weil der Vermächtnisnehmer nach § 2174 nur einen Anspruch erwirbt und nicht den Gegenstand des Anspruchs, auf den allein sich Zwischenverfügungen des Beschwerten beziehen könnten (aaO Rn 8 mwN).

§ 2180 Annahme und Ausschlagung

(1) Der Vermächtnisnehmer kann das Vermächtnis nicht mehr ausschlagen, wenn er es angenommen hat.
(2) ¹Die Annahme sowie die Ausschlagung des Vermächtnisses erfolgt durch Erklärung gegenüber dem Beschwerten. ²Die Erklärung kann erst nach dem Eintritt des Erbfalls abgegeben werden; sie ist unwirksam, wenn sie unter einer Bedingung oder einer Zeitbestimmung abgegeben wird.
(3) Die für die Annahme und die Ausschlagung einer Erbschaft geltenden Vorschriften des § 1950, des § 1952 Abs. 1, 3 und des § 1953 Abs. 1, 2 finden entsprechende Anwendung.

Obwohl das Vermächtnis (nur) einen Anspruch des Bedachten begründet, sieht die Vorschrift auch dafür 1
eine Annahme und Ausschlagung vor. Dies entspricht dem auch der Konstruktion eines Schenkungsvertrages zugrunde liegenden Prinzip, dass **niemand ohne sein Einverständnis** etwas zuwenden lassen muss. Wie bei der Erbschaft ist nach I die Ausschlagung ausgeschlossen, wenn die Annahme erfolgt ist. Im übrigen gilt nach §§ 2176 ff auch für das Vermächtnis das Anfallsprinzip, so dass es zur Verwirklichung des Anspruchs aus § 2174 der Annahme nicht bedarf. Wird der Anspruch erhoben, liegt darin freilich typischerweise eine konkludente Annahme. Denn die Annahmeerklärung ist formfrei, muss aber dem Beschwerten nach §§ 130– 132 zugehen und darf nach II 2 Hs 2 keine Bedingung oder Befristung enthalten. Vor dem Erbfall können weder Annahme noch Ausschlagung erklärt werden (II 2 Hs 1). Möglich ist aber anstelle der Ausschlagung ein notarieller Zuwendungsverzichtsvertrag mit dem Erblasser nach §§ 2352, 2348. Da II 2 allein auf den Erbfall abstellt, braucht der Anfall nach § 2177 oder der Nachvermächtnisfall nach § 2191 (dazu BGH NJW 01, 520) noch nicht eingetreten zu sein. Eine Frist ist allgemein weder für die Annahme noch für die Ausschlagung vorgesehen. Der beschwerte Erbe kann dem Vermächtnisnehmer, der zugleich pflichtteilsberechtigt ist, aber nach § 2307 II eine Erklärungsfrist setzen, mit deren Ablauf die Wirkung der Ausschlagung eintritt. Auch der Erblasser kann eine Annahmefrist bestimmen. Deren Ablauf ist dann eine auflösende Bedingung des Vermächtnisses.
Soweit die Anwartschaft auf das Vermächtnis oder der Vermächtnisanspruch selbst vererblich ist, wird auch 2
das Ausschlagungsrecht **vererbt**, III iVm § 1952. Das Ausschlagungsrecht des überlebenden Ehegatten nach § 1371 III (das auch für das Vermächtnis gilt) kann jedoch nur vom Ehegatten selbst ausgeübt werden. Zur Ausschlagung von Minderjährigen oder für sie ist die Genehmigung des Familiengerichts nach §§ 1643 II, 1822 Nr 2 erforderlich, beim Betreuten des Vormundschaftsgerichts nach §§ 1908 i I 1, 1822 Nr 2. Die Erklä-

rung von Ausschlagung oder Annahme ist **unwiderruflich**, jedoch anfechtbar nach den allgemeinen Vorschriften, für den pflichtteilsberechtigten Vermächtnisnehmer zusätzlich nach § 2308.

3 Die Ausschlagung hat die **Wirkung**, dass der Anfall als nicht erfolgt gilt, III iVm § 1953. Dann verbleibt der Vermächtnisgegenstand entweder dem Beschwerten oder wächst – beim gemeinschaftlichen Vermächtnis – den anderen Vermächtnisnehmern an (§ 2158). Hat der Erblasser einen Ersatzvermächtnisnehmer bestimmt oder ist das Testament iSd § 2069 auszulegen, fällt das Vermächtnis der Ersatzperson an. Die Verweisung auf § 1953 II ist dann so zu verstehen, dass der ersatzweise Berufene nach dem Zeitpunkt des Erbfalls, bei §§ 2177, 2178 nach dem Zeitpunkt des späteren Anfalls zu bestimmen ist (AnwK/*Mayer* Rn 10 mwN). Nicht diese Wirkungen hat ein Erlassvertrag mit dem Beschwerten nach § 397. Er kommt ausschließlich dem Beschwerten zugute.

§ 2181 Fälligkeit bei Beliebigkeit

Ist die Zeit der Erfüllung eines Vermächtnisses dem freien Belieben des Beschwerten überlassen, so wird die Leistung im Zweifel mit dem Tode des Beschwerten fällig.

1 Für die Fälligkeit des Vermächtnisanspruchs, die vom Anfall nach §§ 2176 ff verschieden sein kann, gibt die Vorschrift eine Auslegungsregel, falls der Erblasser die Erfüllungszeit ins Belieben des Beschwerten gestellt hat (was nur äußerst selten vorkommen dürfte). Dann soll der Beschwerte den Vermächtnisgegenstand bis zu seinem eigenen Tode behalten dürfen (aber nicht müssen, § 271 II).

§ 2182 Gewährleistung für Rechtsmängel

(1) ¹Ist eine nur der Gattung nach bestimmte Sache vermacht, so hat der Beschwerte die gleichen Verpflichtungen wie ein Verkäufer nach den Vorschriften des § 433 Abs. 1 Satz 1, der §§ 436, 452 und 453. ²Er hat die Sache dem Vermächtnisnehmer frei von Rechtsmängeln im Sinne des § 435 zu verschaffen. ³§ 444 findet entsprechende Anwendung.
(2) Dasselbe gilt im Zweifel, wenn ein bestimmter nicht zur Erbschaft gehörender Gegenstand vermacht ist, unbeschadet der sich aus dem § 2170 ergebenden Beschränkung der Haftung.
(3) Ist ein Grundstück Gegenstand des Vermächtnisses, so haftet der Beschwerte im Zweifel nicht für die Freiheit des Grundstücks von Grunddienstbarkeiten, beschränkten persönlichen Dienstbarkeiten und Reallasten.

1 Die Vorschrift sieht für Rechtsmängel am Vermächtnisgegenstand beim **Gattungs-**(§ 2155) oder **Verschaffungsvermächtnis** (§ 2170) dieselben Rechte wie für einen Käufer solcher Gegenstände vor, beim Verschaffungsvermächtnis allerdings nur als Auslegungsregel, wobei der ausdrücklich genannte § 2170 II ohnehin einen besonderen Surrogatsanspruch mit einer Beschränkung der Haftung auf den Wert (statt Schadensersatz) vorsieht. Ferner enthält III für nach §§ 2155 oder 2170 vermachte **Grundstücke** eine Einschränkung der Rechtsmängelhaftung: Im Zweifel wird für das Bestehen der genannten Dienstbarkeiten nicht gehaftet, sehr wohl aber für andere Belastungen im Gegensatz zur Auslegungsregel für das Stückvermächtnis in § 2165.

2 Praktisch bedeutet die **Verweisung ins Kaufrecht** vor allem, dass der Vermächtnisnehmer nach §§ 437 Nr 1, 439 I Beseitigung des Rechtsmangels oder Leistung eines Ersatzgegenstandes ohne Rechtsmängel verlangen kann (Staud/*Otte* Rn 5; zur Gegenauffassung AnwK/*Mayer* Rn 7 mwN), nicht hingegen Rücktritt oder Minderung, da diese Rechte an ein Gegenseitigkeitsverhältnis anknüpfen. Rechtsmängelfrei erwirbt der Vermächtnisnehmer allerdings auch dann, wenn er gutgläubig ist, bleibt dann aber vielfach dem Anspruch des ursprünglichen Berechtigten nach § 816 I 2 ausgesetzt (Palandt/*Edenhofer* Rn 1).

§ 2183 Gewährleistung für Sachmängel

¹Ist eine nur der Gattung nach bestimmte Sache vermacht, so kann der Vermächtnisnehmer, wenn die geleistete Sache mangelhaft ist, verlangen, dass ihm anstelle der mangelhaften Sache eine mangelfreie geliefert wird. ²Hat der Beschwerte einen Sachmangel arglistig verschwiegen, so kann der Vermächtnisnehmer statt der Lieferung einer mangelfreien Sache Schadensersatz wegen Nichterfüllung verlangen. ³Auf diese Ansprüche finden die für die Gewährleistung wegen Mängeln einer verkauften Sache geltenden Vorschriften entsprechende Anwendung.

1 Die Vorschrift enthält wie § 2182 I für Rechtsmängel keine allgemeine Sachmängelgewährleistung sondern nur eine Haftungsgrundlage für ein **Gattungsvermächtnis**. Für das Stück- und Verschaffungsvermächtnis ist Gewährleistung wegen Sachmängeln nicht vorgesehen. Der Anspruch auf Lieferung einer mangelfreien Ersatzsache nach S 1 entspricht dem Nachlieferungsanspruch des Käufers nach § 439 I. Obwohl in S 3 auf Kaufrecht verwiesen wird, ist ein Nachbesserungsanspruch des Bedachten statt des Ersatzlieferungsanspruchs

in S 1 nicht vorgesehen. Ein vernünftiger Grund dafür ist nicht ersichtlich, so dass diese Alternative des § 439 I und dann auch zugunsten des Beschwerten § 439 III in Berichtigung des S 1 angewendet werden sollten (AnwK/*Mayer* Rn 5 mwN).

Der Schadensersatzanspruch nach S 2 ist (trotz des terminologischen Fehlgriffs) der **Schadensersatz statt der** 2 **Leistung** nach §§ 280 III, 281, der jedoch anders als nach §§ 280 I 2 iVm 276 nicht bei jedem Verschulden eingreift, sondern ausdrücklich bei arglistigem Verschweigen, dem die arglistige Vorspiegelung der Mangelfreiheit gleichzustellen ist.

§ 2184 Früchte; Nutzungen

¹Ist ein bestimmter zur Erbschaft gehörender Gegenstand vermacht, so hat der Beschwerte dem Vermächtnisnehmer auch die seit dem Anfall des Vermächtnisses gezogenen Früchte sowie das sonst auf Grund des vermachten Rechts Erlangte herauszugeben. ²Für Nutzungen, die nicht zu den Früchten gehören, hat der Beschwerte nicht Ersatz zu leisten.

Die Vorschrift regelt für das **Stückvermächtnis** die Verteilung der Nutzungen zwischen Vermächtnisnehmer 1 und Beschwertem in der (zuweilen erheblichen) Zeit zwischen Anfall (§§ 2176 ff) und Erfüllung des Anspruchs aus § 2174, wenn der Erblasser keine Anordnung darüber getroffen hat. Beim Gattungsvermächtnis kommen entspr Herausgabeansprüche wie nach § 2184 erst von Verzug oder Rechtshängigkeit an in Betracht. Hingegen passt der Grundgedanke der Vorschrift für das Verschaffungsvermächtnis vom Zeitpunkt der Besitzergreifung durch den Beschwerten an, beim Wahlvermächtnis von der Ausübung des Wahlrechts an, falls der Gegenstand zur Erbschaft gehört (AnwK/*Mayer* Rn 3 mwN). Ebenso ist für die Ausübung eines vermachten Übernahmerechts zu entscheiden (BGH BWNotZ 62, 259). Eine entspr Anwendung auf die Teilungsanordnung (*Flume* DB 90, 2390 f) ist abzulehnen, weil sie den Unterschied zwischen Vorausvermächtnis und Teilungsanordnung ohne Grund verwischt (Staud/*Otte* Rn 9).

Die Vorschrift gewährt dem Vermächtnisnehmer einen Anspruch auf die **Früchte** und deren Surrogate (zB 2 aufgrund des § 951), nach S 2 jedoch ausdrücklich **nicht** auf die **Gebrauchsvorteile**. Anderes gilt auch hierfür ab Verzug oder Rechtshängigkeit. Von da an ist ferner Ersatz wegen eines Unterlassens der Fruchtziehung zu leisten. Für die Art der Fruchtziehung ist § 101 zu beachten. Die Zurechnung der Einkünfte aus einem vermachten Betrieb nach § 2184 hat für den Vermächtnisnehmer vor allem nachteilige Steuerfolgen (AnwK/*Mayer* Rn 12 mwN).

§ 2185 Ersatz von Verwendungen und Aufwendungen

Ist eine bestimmte zur Erbschaft gehörende Sache vermacht, so kann der Beschwerte für die nach dem Erbfall auf die Sache gemachten Verwendungen sowie für Aufwendungen, die er nach dem Erbfall zur Bestreitung von Lasten der Sache gemacht hat, Ersatz nach den Vorschriften verlangen, die für das Verhältnis zwischen dem Besitzer und dem Eigentümer gelten.

Die Vorschrift verweist für das **Stückvermächtnis** hinsichtlich der Zeit zwischen **Erbfall** und Erfüllung des 1 Vermächtnisanspruchs zugunsten des Beschwerten wegen seiner Verwendungen und Aufwendungen auf §§ 994-1003, 256-258. Sinngemäß ist dies auf das Verschaffungsvermächtnis ab Besitzerlangung durch den Beschwerten anzuwenden sowie auf das Wahlvermächtnis ab Ausübung des Wahlrechts, wenn der Gegenstand zum Nachlass gehört. Die Vorschrift (und nicht §§ 2124 ff) ist ferner auf das Verhältnis zwischen **Vorvermächtnisnehmer** und Nachvermächtnisnehmer nach § 2191 anzuwenden (BGHZ 114, 16, 19). Im übrigen sind Aufwendungen, Lasten, notwendige und nicht notwendige Verwendungen bei § 2185 im selben Sinne zu verstehen wie bei §§ 994 ff (vgl die Erläuterungen dazu).

Entscheidend kommt es für den Umfang der Ersatzpflicht des (letzten) Vermächtnisnehmers hiernach darauf 2 an, ob der **Beschwerte** oder der Vorvermächtnisnehmer **bösgläubig** war. Dies ist der Fall, wenn der Beschwerte weiß oder grob fahrlässig nicht weiß, dass der Anfall erfolgt oder mit Sicherheit zu erwarten ist (BGHZ 114, 16, 28). Ist der Anfall von einer aufschiebenden Bedingung abhängig, kann und darf der Beschwerte damit rechnen, dass die Bedingung ausfällt und der Vermögensgegenstand ihm verbleibt. Bösgläubig ist er erst von den Zeitpunkten an, an dem er weiß oder grob fahrlässig nicht weiß, dass die Bedingung eintreten wird (Staud/*Otte* Rn 2).

§ 2186 Fälligkeit eines Untervermächtnisses oder einer Auflage

Ist ein Vermächtnisnehmer mit einem Vermächtnis oder einer Auflage beschwert, so ist er zur Erfüllung erst dann verpflichtet, wenn er die Erfüllung des ihm zugewendeten Vermächtnisses zu verlangen berechtigt ist.

Die Vorschrift regelt zugunsten des (Haupt-)Vermächtnisnehmers zwingend die Fälligkeit von Untervermächt- 1 nissen und Auflagen, wenn das Untervermächtnis angefallen oder die Voraussetzungen für die Vollziehung einer Auflage gegeben sind, der **Vermächtnisgegenstand** dem (Haupt-)Vermächtnisnehmer aber trotz Anfalls seines Vermächtnisses **noch gar nicht zur Verfügung** steht. Dafür kommen in Frage: der Aufschub der Fälligkeit durch Anordnung des Erblassers, Fehlen der Annahme durch den Erben (§ 1958) und dessen Verweigerung der Leistung an den Hauptvermächtnisnehmer (nach Staud/*Otte* Rn 4 auch schon die Möglichkeit der Einrede), zB nach §§ 1990, 1992, 2014 f. Annahme oder Ausschlagung des Hauptvermächtnisses sind hingegen für die Fälligkeit des Untervermächtnisses ohne Belang. Nach der Interessenlage muss die Vorschrift auch dann gelten, wenn der Begünstigte nach § 1932 oder § 1969 mit Vermächtnissen oder Auflagen belastet ist.

§ 2187 Haftung des Hauptvermächtnisnehmers

(1) Ein Vermächtnisnehmer, der mit einem Vermächtnis oder einer Auflage beschwert ist, kann die Erfüllung auch nach der Annahme des ihm zugewendeten Vermächtnisses insoweit verweigern, als dasjenige, was er aus dem Vermächtnis erhält, zur Erfüllung nicht ausreicht.
(2) Tritt nach § 2161 ein anderer an die Stelle des beschwerten Vermächtnisnehmers, so haftet er nicht weiter, als der Vermächtnisnehmer haften würde.
(3) Die für die Haftung des Erben geltende Vorschrift des § 1992 findet entsprechende Anwendung.

1 Die Vorschrift betrifft über die bloße Hinausschiebung der Fälligkeit nach § 2186 hinaus eine echte **Haftungsbeschränkung des Vermächtnisnehmers**. Diese folgt zum Teil denselben Prinzipien wie die Haftungsbeschränkung des Erben, bedurfte aber einer besonderen Vorschrift, weil die Beschwerung des Vermächtnisnehmers nach § 1967 II keine Nachlassverbindlichkeit begründet. Nach I hat der (Haupt-) Vermächtnisnehmer ein Leistungsverweigerungsrecht, das prozessual zunächst zur Verurteilung unter **Vorbehalt** nach § 780 ZPO führt und dann gegenüber der Vollstreckung in sein Vermögen außerhalb des Vermächtnisgegenstandes nach §§ 767, 785 ZPO geltend gemacht werden kann. Materiell ist die Haftung auf das „Erhaltene" (Erlangte) beim Vermächtnisnehmer beschränkt. Nach II gilt dies auch für einen Ersatzvermächtnisnehmer. Durchgeführt wird die Haftungsbeschränkung mit der modifizierten „**Überschwerungseinrede**" nach § 1992, wobei es in der „entsprechenden" Anwendung nach III allein auf die Belastung durch Untervermächtnis und/oder Auflage ankommt.

§ 2188 Kürzung der Beschwerungen

Wird die einem Vermächtnisnehmer gebührende Leistung auf Grund der Beschränkung der Haftung des Erben, wegen eines Pflichtteilsanspruchs oder in Gemäßheit des § 2187 gekürzt, so kann der Vermächtnisnehmer, sofern nicht ein anderer Wille des Erblassers anzunehmen ist, die ihm auferlegten Beschwerungen verhältnismäßig kürzen.

1 Die Vorschrift gibt dem Vermächtnisnehmer, der selbst zur Erfüllung von Vermächtnissen oder Auflagen verpflichtet ist, eine **Einrede**, wenn er selbst weniger erhält, als sich aus dem „Buchstaben" der letztwilligen Verfügung ergibt. An die Stelle der ursprünglichen Verpflichtung tritt dann eine pro rata-Haftung. Ist Gegenstand der Beschwerung ein unteilbarer Gegenstand, lässt sich dies nur so verwirklichen, dass der Verpflichtete die Erfüllung verweigern kann, bis ihm vom Berechtigten Wertersatz in Höhe des „überschießenden" Wertes angeboten wird (Staud/*Otte* Rn 3). Die **Anwendungsfälle** sind im Wortlaut selbst angegeben: Haftungsbeschränkung infolge unzulänglicher Masse bei Nachlassinsolvenz, Einrede nach § 1992, pflichtteilsbedingte Kürzung nach §§ 2318 oder 2322 und schließlich die Kürzung eines beschwerten Untervermächtnisses nach § 2187.

§ 2189 Anordnung eines Vorrangs

Der Erblasser kann für den Fall, dass die dem Erben oder einem Vermächtnisnehmer auferlegten Vermächtnisse und Auflagen auf Grund der Beschränkung der Haftung des Erben, wegen eines Pflichtteilsanspruchs oder in Gemäßheit der §§ 2187, 2188 gekürzt werden, durch Verfügung von Todes wegen anordnen, dass ein Vermächtnis oder eine Auflage den Vorrang vor den übrigen Beschwerungen haben soll.

1 Ist der Erbe oder Vermächtnisnehmer durch mehrere Vermächtnisse und Auflagen beschwert und müssen diese, um alle aus dem Nachlass oder dem (Haupt-)Vermächtnis zu befriedigen, gekürzt werden (neben § 2188 auch § 327 I Nr 2 InsO iVm § 1991 IV), kann der Erblasser nach § 2189 stattdessen von vornherein eine Rangfolge festlegen. Sinngemäß gilt dies auch, wenn der Erbe oder Vermächtnisnehmer unter der Bedingung eingesetzt ist, an Dritte Leistungen zu erbringen, für diese Zuwendung (Palandt/*Edenhofer* Rn 1 mwN).

§ 2190 Ersatzvermächtnisnehmer

Hat der Erblasser für den Fall, dass der zunächst Bedachte das Vermächtnis nicht erwirbt, den Gegenstand des Vermächtnisses einem anderen zugewendet, so finden die für die Einsetzung eines Ersatzerben geltenden Vorschriften der §§ 2097 bis 2099 entsprechende Anwendung.

Entsprechend zur Einsetzung eines Ersatzerben (§ 2096) kann der Erblasser auch für den Fall des Wegfalls des Vermächtnisnehmers einen Ersatzvermächtnisnehmer bestimmen. Dieser wird unmittelbar **Vermächtnisnehmer**, wenn der zunächst Bedachte zB durch Tod vor dem Anfall oder der Ausschlagung des Vermächtnisses überhaupt nicht erwirbt. Für den Ersatzberufenen gilt dann § 2178; dieser muss seinerseits aber den Anfall erleben (§ 2160). 1

§ 2191 Nachvermächtnisnehmer

(1) Hat der Erblasser den vermachten Gegenstand von einem nach dem Anfall des Vermächtnisses eintretenden bestimmten Zeitpunkt oder Ereignis an einem Dritten zugewendet, so gilt der erste Vermächtnisnehmer als beschwert.
(2) Auf das Vermächtnis finden die für die Einsetzung eines Nacherben geltenden Vorschriften des § 2102, des § 2106 Abs. 1, des § 2107 und des § 2110 Abs. 1 entsprechende Anwendung.

Ähnlich wie der Erblasser mit Vor- und Nacherbschaft mehrere Erben hintereinander einsetzen kann, sieht die Vorschrift die Möglichkeit mehrerer Vermächtnisnehmer in zeitlicher Folge vor, wobei dies auch der mit dem (ersten) Vermächtnis Beschwerte sein kann (**Rückvermächtnis**). Aus der anderen Ausgestaltung des Vermächtnisses gegenüber der Erbenstellung ergeben sich aber wichtige Unterschiede des Nachvermächtnisses zur Nacherbschaft. Insbes fällt der Vermächtnisgegenstand dem Nachvermächtnisnehmer nicht unmittelbar zu. Vielmehr erwirbt er mit dem Anfall einen **Anspruch** gegen den Vorvermächtnisnehmer oder dessen Erben auf Erfüllung des Nachvermächtnisses. Das Nachvermächtnis ist somit ein **Untervermächtnis** des Vorvermächtnisses, das **aufschiebend bedingt** ist durch das Ereignis, das die Berechtigung des Vorvermächtnisnehmers beendet. Daher kann der Nachvermächtnisnehmer nach Anfall des Vorvermächtnisses und vor Bedingungseintritt die Eintragung einer Vormerkung verlangen, wenn ein Grundstück oder Grundstücksrecht Gegenstand des Nachvermächtnisses ist und der Vorvermächtnisnehmer bereits als Rechtsinhaber eingetragen ist (AnwK/*Mayer* Rn 17 m Fn 50). Aufgrund des § 2179 genießt der Nachvermächtnisnehmer den Schutz eines Anwartschaftsberechtigten. Die Vererblichkeit dieser Anwartschaft richtet sich allerdings nicht nach der Erbfolgebestimmung für den Nachvermächtnisnehmer sondern für den (ersten) Erblasser mit den Vermutungen der §§ 2069 (vorrangig) und 2074 (vgl § 2177 Rn 1). 1

Anders als ein sonstiges Untervermächtnis bezieht sich das Nachvermächtnis notwendigerweise auf **denselben** („den vermachten") Gegenstand wie das Vorvermächtnis. Dies kann allerdings auch ein „Überrest" (dazu ausführlich AnwK/*Mayer* Rn 21) oder ein sonstiger Teil dessen sein, was der beschwerte Vorvermächtnisnehmer erhalten hatte (Staud/*Otte* Rn 2). Teil-Identität genügt insbesondere, wenn Gegenstand des Hauptvermächtnisses ein Sachinbegriff ist. Dann kann sich das Nachvermächtnis auch auf Ersatzstücke für ursprüngliche Bestandteile des Vermächtnisgegenstandes beziehen. Abweichend von § 2159 erstreckt sich das Nachvermächtnis gemäß II iVm § 2110 I auf das, was der Vorvermächtnisnehmer durch Anwachsung erworben hat, ferner auf ein etwaiges Ersatzvermächtnis (Staud/*Otte* aaO). 2

Die Vorschriften über **Vor- und Nacherbschaft** sind abgesehen von den in II ausdrücklich genannten auf Vor- und Nachvermächtnis **nicht anwendbar** (BGHZ 114, 16, 18f). Der Vorvermächtnisnehmer ist daher unbeschränkt verfügungsbefugt. Allerdings ist er aus dem gesetzlichen Schuldverhältnis zum Nachvermächtnisnehmer zu einer ordnungsgemäßen Verwaltung verpflichtet (BGHZ aaO 21). Kommt er dieser Anforderung schuldhaft nicht nach, muss er Schadensersatz leisten. Die nach II anwendbaren Vorschriften dienen nur der Auslegung unklarer oder unvollständiger Testamentsbestimmungen: im Zweifel für Ersatz- statt Nachvermächtnis (§ 2102 II) oder für die Kumulierung beider Anordnungen (§ 2102 I), für den Tod des Vorvermächtnisnehmers als Nachvermächtnisfall (§ 2106 I) und für den Vorrang der Abkömmlinge vor dem Nachvermächtnisnehmer (§ 2107). Will der Erblasser den Vorvermächtnisnehmer stärker binden, kann er diesen durch eine Testamentsvollstreckung belasten (AnwK/*Mayer* Rn 24 mwN). Der reine Vermächtnisvollstrecker für den Vorvermächtnisnehmer kann allerdings nicht ohne weiteres den Anspruch des Nachvermächtnisnehmers erfüllen (vgl BGH NJW 01, 520 und dazu AnwK/*Mayer* Rn 25 mwN).– Zur Verteilung von Nutzungen sowie von Verwendungen und Lasten vgl §§ 2184, 2185 und Erläuterungen dazu. 3

Titel 5 Auflage

§ 2192 Anzuwendende Vorschriften

Auf eine Auflage finden die für letztwillige Zuwendungen geltenden Vorschriften der §§ 2065, 2147, 2148, 2154 bis 2156, 2161, 2171, 2181 entsprechende Anwendung.

1 **I. Bedeutung der Auflage.** Der Auflage widmet das BGB nur die wenigen Vorschriften §§ 2192-2196 sowie die allgemeine Begriffsbestimmung in § 1940. Ihre **praktische Bedeutung** ist erheblich größer, als diese geringe Regelungsdichte vermuten lässt. Insbes ermöglicht die Auflage eine weit reichende Flexibilität der Gestaltung, was beispielhaft in folgenden Fällen deutlich wird:

2 Verfügt der Erblasser zugunsten eines Vereins oder einer anderen juristischen Person und beschwert den Bedachten mit einem bestimmten **Stiftungszweck**, ist er hierbei an die sonst im Erbrecht geltenden zeitlichen Grenzen (zB §§ 2162 f für das Vermächtnis) nicht gebunden, muss aber nicht den immer noch umständlichen und aufwendigen Weg der Gründung einer rechtsfähigen Stiftung einschlagen. Sichert der Erblasser (was zu empfehlen ist) die Erfüllung der Auflage durch die Bestimmung eines besonderen Vollzugsberechtigten (vgl § 2194), kann die **Verjährung** des Vollzugsanspruchs nach § 197 I Nr 2 dadurch vermieden werden, dass der Erblasser auf Dauer wiederholte Leistungen für den Stiftungszweck festlegt und jeweils einzeln fällig stellt (zu all diesem insbes AnwK/*Mayer* vor §§ 2192 ff Rn 21 f). Ferner kann eine Zweckbestimmung der geschilderten Art recht allgemein gefasst und die Konkretisierung gemäß § 2193 einem Dritten überlassen werden. Auf diesem Wege kann auch die Unwirksamkeit von Zuwendungen aufgrund des § 14 I, V HeimG vermieden werden (BayObLG NJW 00, 1959).

3 Da die Auflage im Gegensatz zum Vermächtnis dem Begünstigten keinen Anspruch verschafft und daher dessen Rechtsfähigkeit nicht erfordert, können durch sie die **Haustiere** des Erblassers über dessen Tod hinaus **versorgt** werden. In ähnlicher Weise kann eine nicht rechtsfähige Personenvereinigung wie ein (noch) nicht rechtsfähiger Verein oder der private „Club" oder der Musikkreis oder die Fakultät einer Universität bedacht werden. Wird nicht eine Person oder Institution mit der Auflage beschwert, die zB nach ihrer ideellen Ausrichtung selbst ein hinlängliches Interesse am Vollzug der Auflage hat (wie der Tierschutzverein an der Versorgung der Haustiere), ist zur Sicherung der Anordnung eine **Testamentsvollstreckung** sinnvoll, die sich nach § 2208 hierauf beschränken kann.

4 Eine wichtige Funktion erfüllt die Auflage bei der Sicherung der **Unternehmensnachfolge**, wenn der Erblasser für die Leitung des Unternehmens oder die Verwaltung des Anteils als persönlich haftenden Gesellschafter einen Testamentsvollstrecker oder eine andere Vertrauensperson als **Bevollmächtigten** einsetzen will. Die hierfür erforderliche **Vollmacht der Erben** (vgl vor § 2197 Rn 4) kann nur über eine Auflage erreicht werden. Hier wie in anderen Fällen ist die Verbindung mit einer **auflösenden Bedingung** zu erwägen, um die Erfüllung der Auflage wenigstens indirekt erzwingen zu können. Gleichsam die umgekehrte Konstruktion lässt sich für eine **Vollmacht über den Tod hinaus** – auch außerhalb von Unternehmensproblemen, zB zur Vollendung von Schenkungen – in Gestalt eines Widerrufsverbots einsetzen. Ferner kann Gegenstand einer Auflage an die Erben sein, das Unternehmen des Erblassers zB in eine bestimmte Gesellschaftsform zu überführen.

5 Allerdings ist die Auflage kein „Allheilmittel" zur Erreichung sonst erbrechtlich nicht umsetzbarer Ziele des Erblassers. So muss auch die Auflage den Rahmen der §§ 134, 138 wahren und darf dem Beschwerten nicht ein Verhalten auferlegen, über das er von Rechts wegen allein zu entscheiden hat (zB Eheschließungs- und Ehevertragsfreiheit). Ferner stößt die Auflage an praktische Grenzen, wenn mit ihr etwa – was häufig sinnvoll ist – persönlichkeitsrechtliche Vorstellungen und Wünsche des Erblassers (Trauerfeier, Bestattungsart, Organspende uä) verwirklicht werden sollen: Entscheidungen darüber müssen längst getroffen worden sein, wenn das Testament eröffnet wird (AnwK/*Mayer* vor § 2192 ff Rn 9). Auch von dem Versuch, erbschaftssteuerliche Vorteile bei einem gemeinschaftlichen Testament durch „Freibetragsauflagen" gegenüber den Abkömmlingen zu erlangen, ist eher abzuraten (aaO Rn 25).

6 **II. Auf die Auflage anwendbare Vorschriften.** § 2192 verweist auf den Grundsatz der **Höchstpersönlichkeit** und einige Vorschriften des **Vermächtnisrechts**. Dabei wird die Relevanz des § 2065 stark eingeschränkt dadurch, dass sowohl nach § 2193 die Person des Begünstigten als auch durch die Verweisung auf § 2156 der genaue Gegenstand der Auflage von einem Dritten bestimmt werden kann. Die Verweisung auf §§ 2147, 2148 betrifft den oder die Beschwerten (Erbe, Vermächtnisnehmer oder mehrere von ihnen), §§ 2154, 2155 Entsprechungen zur Wahl- und Gattungsschuld, die restlichen Vorschriften Auslegungsregeln für die Fälle, dass der Beschwerte wegfällt (§ 2161), die Auflage zur Zeit des Erbfalls objektiv unmöglich oder gesetzwidrig ist (§ 2171) oder die Fälligkeit vom Belieben des Beschwerten abhängt (§ 2181). Auf die übrigen Vorschriften des Vermächtnisrechts hat der Gesetzgeber vor allem deshalb **nicht verwiesen**, weil durch die Auflage niemand förmlich berechtigt wird und zwischen Begünstigtem und Beschwertem keine Anspruchsbeziehung besteht. Daran scheitert vor allem die Möglichkeit der Annahme oder Ausschlagung (§ 2180, aA aber MüKo/*Musielak* § 2271 Rn 21) sowie ein Anspruch des Beschwerten auf Verwendungsersatz (§ 2185, aA aber AnwK/*Mayer*

Rn 15 mwN). Freilich kann der Erblasser im Testament die Auflage weitergehend in die Nähe eines Vermächtnisses rücken (vgl BGH FamRZ 85, 278 für eine Verschaffungsauflage).

Obwohl der Auflagenbegünstigte keinen Anspruch auf die Zuwendung hat, gibt die Auflage ihm einen Behaltensgrund, also über die bloß reflexartige primäre Besserstellung als Folge davon dennoch dauerhafte Vorteile. Deshalb ist es wertungsmäßig sehr problematisch, dass einzelne Vorschriften nicht ausdrücklich anwendbar sind, die einen Ausgleich unter verschiedenen Vorteilen vorsehen wie § 2307 hinsichtlich der Anrechnung auf den Pflichtteil und § 1371 II hinsichtlich des güterrechtlichen Zugewinnausgleichs. Man sollte daher auf die empfangene Auflage diese Vorschriften analog anwenden (aA die hM zu § 2307, Palandt/Edenhofer § 2307 Rn 1; Staud/*Haas* § 2307 Rn 4; vgl zu § 1371 aber Staud/*Thiele* § 1371 Rn 57 mwN). Im Sinne des „sichersten Weges" ist freilich von der Auflage bei allen Gestaltungen überhaupt abzuraten, die eine Reduzierung der erwähnten Ansprüche zum Ziel haben. 7

§ 2193 Bestimmung des Begünstigten, Vollziehungsfrist

(1) Der Erblasser kann bei der Anordnung einer Auflage, deren Zweck er bestimmt hat, die Bestimmung der Person, an welche die Leistung erfolgen soll, dem Beschwerten oder einem Dritten überlassen.
(2) Steht die Bestimmung dem Beschwerten zu, so kann ihm, wenn er zur Vollziehung der Auflage rechtskräftig verurteilt ist, von dem Kläger eine angemessene Frist zur Vollziehung bestimmt werden; nach dem Ablauf der Frist ist der Kläger berechtigt, die Bestimmung zu treffen, wenn nicht die Vollziehung rechtzeitig erfolgt.
(3) ¹Steht die Bestimmung einem Dritten zu, so erfolgt sie durch Erklärung gegenüber dem Beschwerten. ²Kann der Dritte die Bestimmung nicht treffen, so geht das Bestimmungsrecht auf den Beschwerten über. ³Die Vorschrift des § 2151 Abs 3 Satz 2 findet entsprechende Anwendung; zu den Beteiligten im Sinne dieser Vorschrift gehören der Beschwerte und diejenigen, welche die Vollziehung der Auflage zu verlangen berechtigt sind.

Die Vorschrift ermöglicht dem Erblasser, abweichend von § 2065 die **Bestimmung des Begünstigten** aus einer Auflage anderen zu überlassen. Nach §§ 2192, 2156 kann dies mit einer näheren Bestimmung des Zweckes selbst durch eine andere Person kombiniert werden (§ 2192 Rn 6). Dabei genügt es sogar, dass sich der Zweck durch Auslegung der Verfügung von Todes wegen ermitteln lässt (BGHZ 121, 357 zur Übertragung eines Grundstücks an „eine gemeinnützige Organisation"). Soll der Bestimmungsberechtigte zulässigerweise die Auswahl nach freiem Belieben treffen, unterliegt die Entscheidung der gerichtlichen Kontrolle, ob der vom Erblasser vorgegebene Zweck offensichtlich verfehlt oder ob sie arglistig getroffen worden ist (BGHZ 121, 357, 361). 1

Durch die Absätze 2 und 3 der Vorschrift wird gesichert, dass bei der Übertragung des Bestimmungsrechts jedenfalls eine Entscheidung getroffen wird. Daher kann nach II der **Vollzugsberechtigte** (vgl § 2194) die Entscheidung an sich ziehen. Dafür muss er aus § 2194 klagen und nach § 255 II ZPO damit den Antrag verbinden, dem Beschwerten im Urteil eine Frist für die Ausübung des Bestimmungsrechts zu setzen. Unterlässt der Kläger diesen Antrag, kann er nach Rechtskraft des Urteils selbst die Frist setzen. Nach fruchtlosem Fristablauf geht das Bestimmungsrecht auch hier auf den Vollzugsberechtigten über. Nach III geht das Bestimmungsrecht unter den dort genannten Voraussetzungen auf den Beschwerten über, so dass anschließend dann wieder II angewendet werden kann. 2

§ 2194 Anspruch auf Vollziehung

¹Die Vollziehung einer Auflage können der Erbe, der Miterbe und derjenige verlangen, welchem der Wegfall des mit der Auflage zunächst Beschwerten unmittelbar zustatten kommen würde. ²Liegt die Vollziehung im öffentlichen Interesse, so kann auch die zuständige Behörde die Vollziehung verlangen.

Im Unterschied zu § 2174 hat der aus einer Auflage Begünstigte gerade **keinen Anspruch auf die Leistung**. Der Erblasser will bei der Anordnung einer Auflage aber nicht, dass diese gänzlich unverbindlich bleibt und überhaupt nicht durchgesetzt wird. Deshalb sieht § 2194 einen Vollziehungsanspruch vor, der aber ein Anspruch zur **Leistung an Dritte** ähnlich § 335 ist. Nach der Festlegung in 1940, dass der Begünstigte aus der Auflage kein Recht auf die Leistung haben soll, wäre eine Vollzugsberechtigung des Begünstigten selbst ein Widerspruch in sich (aA Staud/*Otte* Rn 9 mwN; Karlsr NJW-RR 00, 1307). Entgegen einer verbreiteten Ansicht (Palandt/*Edenhofer* Rn 1) ist das Vollziehungsrecht auch genauso wenig vererblich wie übertragbar. Allerdings kann dem Erben eines Vollzugsberechtigten nach S 1 ein selbständiger Vollziehungsanspruch zustehen. Soweit der Erblasser einen Vollzugsberechtigten auswählt, kann er auch ohne ausdrückliche Gesetzesbestimmung einen anderen ersatzweise für den Fall benennen, dass der zuerst Vorgesehene wegfällt. Nahe liegt die Betrauung eines Testamentsvollstreckers mit der Gewährleistung des Vollzugs. Richtigerweise ergibt 1 sich diese Befugnis schon aus den Aufgaben des Testamentsvollstreckers im allgemeinen (§§ 2203, 2208 II, 2223). Allerdings gehört der Vollziehungsanspruch nicht zu den Rechten, die nur vom Testamentsvollstrecker geltend gemacht werden können (§ 2212). Daher bleibt das Recht der anderen, in § 2194 genannten Personen, den Vollzug zu verlangen, neben dem Recht des Testamentsvollstreckers bestehen (AnwK/*Mayer* Rn 7 mwN Fn 14). Welche Behörde nach S 2 für das Vollziehungsrecht bei Bestehen eines öffentlichen Interesses zuständig ist, richtet sich nach Landesrecht (Übersicht bei Staud/*Otte* Rn 11).

§ 2195 Verhältnis von Auflage und Zuwendung

Die Unwirksamkeit einer Auflage hat die Unwirksamkeit der unter der Auflage gemachten Zuwendung nur zur Folge, wenn anzunehmen ist, dass der Erblasser die Zuwendung nicht ohne die Auflage gemacht haben würde.

1 Die Vorschrift bringt für die Auflage noch einmal zum Ausdruck, was sich aus § 2085 ohnehin ergibt. **Unwirksamkeit** der Auflage ist allerdings nach § 2084 nur anzunehmen, wenn das Ziel der Auflage nach dem (mutmaßlichen) Willen des Erblassers auch durch eine andere Art der Vollziehung nicht erreicht werden kann (BGHZ 42, 327, 329 f). Unwirksamkeit von Auflage und beschwerter Zuwendung ist hingegen anzunehmen, wenn die Auflage (zB durch Unmöglichkeit iSd § 275) nicht mehr erfüllt werden kann oder muss und die Zuwendung ausschließlich zu dem Zweck erfolgt war, die Auflage zu erfüllen.

§ 2196 Unmöglichkeit der Vollziehung

(1) Wird die Vollziehung einer Auflage infolge eines von dem Beschwerten zu vertretenden Umstands unmöglich, so kann derjenige, welchem der Wegfall des zunächst Beschwerten unmittelbar zustatten kommen würde, die Herausgabe der Zuwendung nach den Vorschriften über die Herausgabe einer ungerechtfertigten Bereicherung insoweit fordern, als die Zuwendung zur Vollziehung der Auflage hätte verwendet werden müssen.
(2) Das Gleiche gilt, wenn der Beschwerte zur Vollziehung einer Auflage, die nicht durch einen Dritten vollzogen werden kann, rechtskräftig verurteilt ist und die zulässigen Zwangsmittel erfolglos gegen ihn angewendet worden sind.

1 Wird die Erfüllung der Auflage nach § 275 unmöglich und bleibt die **Anordnung** der Zuwendung nach § 2195 dennoch **wirksam**, ist zu unterscheiden: Hat der Beschwerte die Unmöglichkeit nicht zu vertreten, kann er die Zuwendung behalten. Hat er die Unmöglichkeit nach §§ 276 ff zu vertreten, muss er dasjenige, was er für die Erfüllung der Auflage gebraucht hätte, herausgeben, aber nicht an den (ursprünglichen) Auflagebegünstigten, sondern an den erbrechtlich nach dem Beschwerten als nächster Berechtigten. Der Anspruch besteht idR nur, wenn der Beschwerte um den Wert noch bereichert oder unredlich iSd §§ 818 IV, 819 I ist. In II ist dasselbe vorgesehen, wenn sich der Beschwerte dadurch bereichern würde, dass er den allein von ihm zu verwirklichenden Vollzug trotz rechtskräftiger Verurteilung und Zwangsmitteln unterlässt. Der Erblasser kann jedoch hinsichtlich beider Absätze abweichende Anordnungen treffen (AnwK/*Mayer* Rn 8 mwN).

Titel 6 Testamentsvollstrecker

Vorbemerkungen vor §§ 2197 ff

1 **I. Grundlagen der Regelungen.** Um den Willen des Erblassers nach seinem Tode auch gegenüber den Erben möglichst sicher zur Geltung zu bringen, aber auch, um eine Instanz zur neutralen, von den Erben unabhängigen Verwaltung und Teilung des Nachlasses zu haben, sieht das BGB die Möglichkeit vor, dass der Erblasser **Testamentsvollstreckung** bestimmt. Entgegen dem Wortsinn ist nicht die Ausführung des Testaments für die Aufgaben des Testamentsvollstreckers besonders kennzeichnend; vielmehr macht es seine Stellung aus, dass sie **auf Testament beruht**. Zur Erfüllung seiner Funktionen hat das Gesetz den Testamentsvollstrecker mit außerordentlich **weitreichenden Befugnissen** unter teilweisem Ausschluss der Erben ausgestattet. Allgemein lässt sich die Stellung des Testamentsvollstreckers am besten als **Treuhandschaft** für den Erblasser ausdrücken. Freilich wird er nicht Inhaber des Nachlasses, der auch bei Testamentsvollstreckung nach § 1922 unmittelbar auf die Erben übergeht. Für den Nachlass ist der Testamentsvollstrecker dann jedoch der maßgebliche, im eigenen Namen handelnde **Amtsträger**, vergleichbar einem Insolvenzverwalter.

2 Die ausführliche **gesetzliche Regelung** betrifft zunächst die Bestimmung des Testamentsvollstreckers und die Annahme des Amtes (§§ 2197–2202), ergänzt in § 2210 durch die Regelung der Höchstdauer. §§ 2203–2209

enthalten Vorschriften über Aufgaben und Befugnisse des Vollstreckers, §§ 2211–2214 Beschränkungen der Erben und ihrer Gläubiger zugunsten der Testamentsvollstreckerbefugnisse, §§ 2215–2221 die zum Teil zwingenden (§ 2220) Grundlagen des Innenverhältnisses zwischen Erben und Testamentsvollstrecker, §§ 2222–2224 Sonderfälle beschränkter und gemeinschaftlicher Testamentsvollstreckung, §§ 2225–2227 das Ende des Testamentsvollstreckeramtes und § 2228 schließlich ein Akteneinsichtsrecht. Außerhalb des Abschnitts über die Testamentsvollstreckung wird diese vom BGB in §§ 83, 2306, 2338, 2364, 2368 und 2376 erwähnt.

II. Gestaltungsalternativen und -ergänzungen. Statt der Testamentsvollstreckung oder neben ihr kann der Erblasser seinen Willen auch durch die Erteilung einer **Vollmacht über den Tod hinaus** verwirklichen. Nach hM wird eine solche Vollmacht durch die Testamentsvollstreckung nicht berührt (BGH NJW 62, 860; Staud/*Schilken* § 168 Rn 32 mwN; aA Staud/*Reimann* vor § 2197 Rn 68). Dies entspricht der Privatautonomie des Erblassers. Freilich ist die Vollmacht widerruflich, § 168 S 2. Eine unwiderrufliche Vollmacht würde die Formvorschriften für das Testament und somit auch für die Testamentsvollstreckung zunichte machen. Sie ist daher unzulässig (vgl Palandt/*Edenhofer* vor § 2197 Rn 20; für Zulässigkeit aber Staud/*Schilken* § 168 Rn 35 mwN). Zum **Widerruf** berechtigt ist idR der Erbe. Deshalb ist vorgeschlagen worden, den Erben durch Verwirkungsklauseln (vgl §§ 2074, 2075 Rn 4, 7) oder eine Auflage im Testament des Erblassers am Widerruf zu hindern (AnwK/*Weidlich* vor § 2197 Rn 11 mwN). Eine solche Gestaltung greift jedoch zu sehr in die Rechtsstellung der Erben ein: Der Bevollmächtigte wäre als Vertreter der Erben in der Lage, diese persönlich – auch außerhalb des Nachlasses – wenigstens nach Rechtsscheingrundsätzen zu verpflichten. In der Behinderung des Widerrufs kann daher eine unzulässige Knebelung nach § 138 I liegen (vgl AnwK/*Weidlich* § 2205 Rn 36 – Umkehrschluss aus § 2206 – mwN Fn 105, auch zur Gegenansicht). Möglich ist die Vollmachtserteilung an den **Testamentsvollstrecker selbst**. Dann kann er nach hM entgegen § 2205 S 3 und in Widerspruch zu dem Grundgedanken, dass der Erblasser mindestens den Rahmen für etwaige Vermächtnisse selbst festlegen muss, unentgeltliche Verfügungen treffen (bedenklich), vor allem aber sogleich mit dem Erbfall und vor Annahme des Testamentsvollstreckeramtes nach § 2202 II für den Nachlass tätig werden.

Eine **Vollmachtslösung** wird ferner diskutiert für die **Fortführung eines Unternehmens** durch den Testamentsvollstrecker (zur Verwaltung von Gesellschaftsanteilen § 2205 Rn 10-13). Erteilen müssten die Vollmacht in einem solchen Fall die Erben, damit der Testamentsvollstrecker sie als Inhaber des Unternehmens persönlich verpflichten kann. Man hält dies für nötig, weil die Rspr – allerdings schon vor Jahrzehnten (grundlegend RGZ 132, 138, zuletzt BGHZ 24, 106) – eine Fortführung des Unternehmens durch den Testamentsvollstrecker kraft seiner Amtsbefugnisse mangels Haftung mit seinem Privatvermögen für unzulässig hielt. Dies kann, nachdem der Gesetzgeber selbst die Einmann-GmbH und -AG anerkannt hat, kaum noch überzeugen (in diesem Sinne zuletzt AnwK/*Weidlich* § 2205 Rn 33 mwN Fn 99). Jedenfalls muss der Erbe die Vollmacht aber freiwillig erteilen und kann dazu nicht rechtswirksam vom Erblasser angehalten werden (vgl Rn 3).

Unbedenklich ist eine **Treuhandlösung** zur Unternehmensfortführung durch den Testamentsvollstrecker. Üblich ist die Vollrechtstreuhand, bei der alle zum Unternehmen gehörenden Gegenstände auf den Testamentsvollstrecker übertragen werden. Sie hat für diesen freilich den Nachteil seiner persönlichen Haftung. Er kann dafür nur schuldrechtlich Befreiung von den Erben verlangen (BaRoth/*Mayer* § 2205 Rn 29). Die Haftung wegen Altschulden, zu denen für die Erben nach Ende der Testamentsvollstreckung auch die vom Testamentsvollstrecker begründeten Schulden gehören, können Testamentsvollstrecker und Erben nach §§ 25, 27 HGB beschränken (AnwK/*Weidlich* § 2205 Rn 38 mwN).

III. Publizität. Der Testamentsvollstrecker erhält auf Antrag vom Nachlassgericht gemäß § 2368 I ein **Testamentsvollstreckerzeugnis**, das nach § 2368 III die entspr Publizitätswirkungen hat wie der Erbschein nach §§ 2366, 2367 (vgl die Erläuterungen dazu). Auf einem Erbschein ist die Testamentsvollstreckung zu vermerken, weil sie die Verfügungsbefugnis des Erben ausschließt (§ 2211). Ein Testamentsvollstreckervermerk ist nach § 52 GBO für das **Grundbuch** vorgesehen. Erkennt man die Befugnis des Testamentsvollstreckers zur Unternehmensfortführung an (vgl oben Rn 4 aE), sollte ein entspr Vermerk auch im Handelsregister erfolgen.

IV. Der Testamentsvollstrecker im Steuerrecht. Im Umfang der Verwaltung durch den Testamentsvollstrecker hat dieser nach § 34 III AO die steuerlichen Pflichten zu erfüllen und haftet dafür nach §§ 69, 34 AO mit den Erben gesamtschuldnerisch. Im einzelnen ist zu unterscheiden: Für Steuern, die noch **beim Erblasser** entstanden sind, muss der Testamentsvollstrecker die nötigen Steuererklärungen abgeben und die Nebenpflichten aus dem Steuerschuldverhältnis erfüllen. Rechtsbehelfe können jedoch nur die Erben einlegen. Die **Erbschaftssteuererklärung** ist ebenfalls vom Testamentsvollstrecker abzugeben (§ 31 V ErbStG), uU aber beschränkt auf den Gegenstand, für den Testamentsvollstreckung besteht (dazu genauer AnwK/*Weidlich* vor § 2197 Rn 26). Die Zuständigkeit für Rechtsbehelfe liegt auch hier wieder bei den Erben. Andere Steuern, die **nach dem Erbfall** entstehen (zB für Erträge aus dem Nachlass), sind von den Erben zu entrichten und darüber die Erklärungen von ihnen abzugeben. Anderes gilt, wenn der Testamentsvollstrecker (nach bisheriger Praxis: als Vertreter oder Treuhänder, oben Rn 4 f) ein **Unternehmen** fortführt. Dann ist er für die betrieblichen Steuern (GewSt, USt) erklärungspflichtig (genauer *Wälzholz/Vassel-Knauf*, in J Mayer ua, Testamentsvollstreckung, 2205, Rn 1195 ff).

§ 2197 Ernennung des Testamentsvollstreckers

(1) Der Erblasser kann durch Testament einen oder mehrere Testamentsvollstrecker ernennen.
(2) Der Erblasser kann für den Fall, dass der ernannte Testamentsvollstrecker vor oder nach der Annahme des Amts wegfällt, einen anderen Testamentsvollstrecker ernennen.

1 Die Vorschrift regelt die Voraussetzungen für eine wirksame Testamentsvollstreckung. Diese muss nach I idR durch den Erblasser (zu den Ausnahmen hinsichtlich der Person, aber nicht der Testamentsvollstreckung überhaupt §§ 2198–2200) und immer **durch Testament** (oder Erbvertrag, allerdings nicht als „vertragsmäßige" Verfügung, § 2278 II) begründet sein. Wie bei anderen Testamentsinhalten ist nach II eine Ersatzanordnung möglich für den Fall, dass der zunächst bestimmte Vollstrecker wegfällt. Nach § 2199 II kann auch der Vollstrecker selbst vom Erblasser zur Benennung seines Nachfolgers ermächtigt werden. Der Erblasser kann nach I ferner mehrere Testamentsvollstrecker einsetzen. Dann gilt § 2224. Möglich ist aber nach § 2199 I auch, dass der Erblasser den Testamentsvollstrecker ermächtigt, seinerseits einen oder mehrere Mitvollstrecker zu ernennen.

2 Für die Einsetzung der Testamentsvollstreckung gelten die allgemeinen **Testamentsvorschriften**, insbes über Form, Auslegung und Bedingungen. Daraus folgt ua, dass die Testamentsvollstreckung nicht als solche bezeichnet sein muss (BayObLG 82, 59). Erfolgt die Anordnung in einem Erbvertrag oder einem gemeinschaftlichen Testament, ist sie nach §§ 2270 III, 2278 II wie eine einfache testamentarische Anordnung frei widerruflich nach §§ 2253 ff. Umgekehrt kann freilich die nachträgliche Anordnung der Testamentsvollstreckung für einen Vertragserben oder wechselbezüglich eingesetzten Schlusserben eine Beschränkung sein, die der Vertragserblasser oder überlebende Ehegatte ohne entspr Vorbehalt nicht vornehmen kann.

3 Als **zu benennende Person** weist der Gesetzeswortlaut nur auf den „Testamentsvollstrecker", nicht auf irgendwelche persönlichen Merkmale hin. Daher können außer (voll geschäftsfähigen, § 2201) natürlichen auch juristische Personen Testamentsvollstrecker sein, konsequenterweise dann auch andere parteifähige Organisationen wie die BGB-Gesellschaft und der nichtrechtsfähige Verein (strittig, vgl AnwK/*Weidlich* Fn 37 zu Rn 10), nicht jedoch öffentliche Amtsträger als solche oder Behörden (wohl aber, wenn die Person des Notars oder Behördenleiters als Privatrechtssubjekt gemeint ist). Widersprüchlich wäre es, einen Alleinerben zum Testamentsvollstrecker einzusetzen, weil der Testamentsvollstrecker die Befugnisse des Erben einschränkt. Dies ist anders, wenn der Alleinerbe nicht Testamentsvollstrecker für sich selbst sondern Vermächtnisvollstrecker ist, § 2223. Nicht vereinbar sind auch Testamentsvollstreckung und alleinige Vorerbenstellung, weil nicht dieselbe Person nach §§ 2112 ff in der Verfügung über den Nachlass beschränkt, nach §§ 2205 ff aber unbeschränkt verfügungsbefugt sein kann. Zulässig ist hingegen die Bestimmung des (alleinigen) Nacherben zum Testamentsvollstrecker (BGH NJW 90, 2055). Möglich ist auch die Bestimmung des Alleinerben zum Mitvollstrecker nach § 2224 (RGZ 163, 57); dann hat er sogar stärkeren Anteil an der Nachlassverwaltung, als wenn er einer einfachen Testamentsvollstreckung (durch einen anderen) unterworfen wäre.

4 Heftig umstritten war, ob die geschäftsmäßige Übernahme von Testamentsvollstreckungen eine erlaubnispflichtige Tätigkeit nach **Art 1 § 1 RBerG** darstellt. Dies betraf vor allem Banken und Sparkassen, Steuerberater und Wirtschaftsprüfer. Wer jedoch einen Testamentsvollstrecker einsetzt oder mit ihm Rechtsgeschäfte abschließt, erwartet von diesem nicht besondere rechtliche Sachkunde, sondern andere persönliche und geschäftliche Fähigkeiten. Irgendeinen Bezug zur Funktionsfähigkeit der Rechtspflege hat die geschäftsmäßig betriebene Testamentsvollstreckung nicht. Deshalb hat der BGH mit Recht die Anwendung des Art 1 § 1 RBerG auf die Testamentsvollstreckung abgelehnt (NJW 05, 968 für Steuerberater, NJW 05, 969 für Banken). § 5 des Entwurfs für ein Gesetz über Rechtsdienstleistungen sah demgemäß ausdrücklich vor, dass Rechtsdienstleistungen im Zusammenhang mit einer Testamentsvollstreckung stets als erlaubte Nebenleistungen gelten sollten.

5 Handelt jemand als (vermeintlicher) Testamentsvollstrecker, obwohl die Testamentsvollstreckung **nicht rechtswirksam besteht**, ist zu differenzieren: Ist das zunächst wirksam begründete Amt später (zB durch Eintritt einer auflösenden Bedingung) weggefallen und verkennt der Testamentsvollstrecker dies unverschuldet, gilt die Testamentsvollstreckung zu seinen Gunsten als fortbestehend (BGHZ 69, 235). Konsequenterweise haftet er dann auch den Erben nach § 2219. Ist die Testamentsvollstreckung hingegen mit Wirkung ex tunc unwirksam (geworden) und widersprechen die Erben ihr, haftet der Testamentsvollstrecker Dritten als Vertreter ohne Vertretungsmacht und den Erben nach § 2219 analog.

§ 2198 Bestimmung des Testamentsvollstreckers durch einen Dritten

(1) ¹Der Erblasser kann die Bestimmung der Person des Testamentsvollstreckers einem Dritten überlassen. ²Die Bestimmung erfolgt durch Erklärung gegenüber dem Nachlassgericht; die Erklärung ist in öffentlich beglaubigter Form abzugeben.
(2) Das Bestimmungsrecht des Dritten erlischt mit dem Ablauf einer ihm auf Antrag eines der Beteiligten von dem Nachlassgerichte bestimmten Frist.

Anders als nach § 2065 für die Bestimmung des Erben ermöglicht § 2198 für die **Benennung** des Testamentsvollstreckers (nicht: die Anordnung der Testamentsvollstreckung überhaupt) eine „Delegation" vom Erblasser auf **Dritte**, um so insbes ungewissen künftigen Anforderungen gerecht werden zu können. Bestimmungsbefugt kann jeder sein, der geschäftsfähig ist, auch eine juristische Person und auch ein Erbe, nicht aber der Notar, der die letztwillige Verfügung beurkundet, wegen § 7 BeurkG (AnwK/*Weidlich* Rn 2 mwN). In der Auswahl des Testamentsvollstreckers ist der Dritte an die vom Erblasser angegebenen Kriterien gebunden, sonst völlig frei einschließlich der Möglichkeit, sich selbst zu benennen. Auch mehrere Testamentsvollstrecker neben- oder hintereinander können bestellt werden. Eine Haftung des Dritten kommt nur nach § 826 in Betracht. Ist der Testamentsvollstrecker unbefristet bestimmt, kann er nur noch nach § 2227 entlassen werden.

Die Ausübung des Bestimmungsrecht durch den Dritten ist **amtsempfangsbedürftig** und **formgebunden**, I S 2. Dass die Erklärung gegenüber dem nach § 73 FGG örtlich zuständigen Nachlassgericht abzugeben ist, entspricht der Regelung für andere erbrechtliche Gestaltungserklärungen wie die Anfechtung (§ 2081 I) oder die Ausschlagung (§ 1945 I). Nach dem Zugang ist die Erklärung unwiderruflich. Die öffentliche Beglaubigung nach § 129 ist gerade für die dem Nachlassgericht gegenüber abzugebende Erklärung vorgesehen. Dennoch lässt man die Ablieferung öffentlicher Urkunden (zB eines notariellen Testaments) beim Nachlassgericht genügen. Hat der Erblasser eine öffentliche Beurkundung der Erklärung vorgeschrieben, genügt die Beglaubigung für die Sicherheit der Erklärung (*Erman/Schmidt* Rn 3). Für ausreichend gehalten hat zB das OLG Stuttgart (NJW-RR 86,7) die Erklärung durch den Präsidenten eines OLG als Behördenleiter mit der Befugnis, öffentliche Urkunden zu errichten (Bedenken zu diesen und ähnlichen Fällen bei AnwK/*Weidlich* Rn 5).

Zur Klärung einer Ungewissheit über den Testamentsvollstrecker gibt II den Beteiligten das Recht, beim Nachlassgericht eine **Fristsetzung** zur Ausübung der Befugnis nach I zu bestimmen. Beteiligt ist jeder, der in rechtliches Interesse hat, also außer den unmittelbar oder mittelbar (zB als Vermächtnisnehmer oder Pflichtteilsberechtigter) am Nachlass Beteiligten auch zB weitere Nachlassgläubiger (BGHZ 35, 296). Eine schon vom Erblasser gesetzte Frist kann vom Nachlassgericht verkürzt oder verlängert werden (einschränkend AnwK/*Weidlich* Rn 7 mit Fn 21). Übt der Dritte innerhalb der Frist das Bestimmungsrecht nicht aus oder weigert er sich, die Bestimmung vorzunehmen, erlischt das Bestimmungsrecht. Der Dritte kann nicht zur Ausübung des Bestimmungsrechts gezwungen werden. Allenfalls indirekter Druck ist denkbar durch eine Verbindung mit Zuwendungen für den Bestimmungsberechtigten selbst, etwa unter der aufschiebenden Bedingung der Testamentsvollstreckerbestimmung (AnwK/*Weidlich* Rn 11).

§ 2199 Ernennung eines Mitvollstreckers oder Nachfolgers

(1) Der Erblasser kann den Testamentsvollstrecker ermächtigen, einen oder mehrere Mitvollstrecker zu ernennen.
(2) Der Erblasser kann den Testamentsvollstrecker ermächtigen, einen Nachfolger zu ernennen.
(3) Die Ernennung erfolgt nach § 2198 Abs. 1 Satz 2.

Der Erblasser kann den Testamentsvollstrecker testamentarisch ermächtigen, seinerseits **weitere Vollstrecker** (als Mitvollstrecker nach § 2224) oder einen **Nachfolger** beim Ende der eigenen Vollstreckertätigkeit zu bestimmen. Der Testamentsvollstrecker hat es hiermit zugleich in der Hand, ob überhaupt weitere Vollstrecker bestimmt werden. Da der Gebrauch der Ermächtigung Teil der Vollstreckertätigkeit ist (und auch nur solange besteht, wie das Vollstreckeramt andauert), haftet der Testamentsvollstrecker – anders als der Dritte nach § 2198 – den Erben für eine sorgfältige Auswahl nach § 2219. Für das Unterlassen einer Vollstreckerbestimmung soll nach manchen (AnwK/*Weidlich* Rn 4 mit Fn 13) etwas anderes gelten. Bei der Pflichtverletzung nach § 2219 wird aber auch sonst nicht zwischen „falschem" Tun und Unterlassen unterschieden. Soll der Testamentsvollstrecker die Befugnis erst am Ende seiner Amtszeit haben, liegt ein Fall des § 2198 vor. Steht das Recht aus § 2199 mehreren Vollstreckern zu, muss sich aus der Ermächtigung durch den Erblasser (uU im Wege der Auslegung) ergeben, ob diese durch Mehrheitsbeschluss oder einstimmig ausgeübt werden soll (Staud/*Reimann* Rn 4).

Aus der Verweisung in III ergibt sich, dass dem neu bestimmten Vollstrecker das Amt nicht vom Bestimmenden übertragen, sondern als neues Amt verliehen wird. Bei Einräumung der Befugnis nach I an den alleinigen Vorerben besteht nicht das konstruktive Hindernis, dass der Vorerbe ohne einen Mitvollstrecker gar nicht Testamentsvollstrecker sein könnte (so aber Zweibr ZEV 01, 27). Denn die Befugnis soll gerade die Bedenken gegen die alleinige Testamentsvollstreckerstellung des Vorerben überwinden. Die Bestimmung nach II kann der Bestimmende nach entsprechendem Willen des Erblassers auf einen engen Wirkungskreis begrenzen.

§ 2200 Ernennung durch das Nachlassgericht

(1) Hat der Erblasser in dem Testament das Nachlassgericht ersucht, einen Testamentsvollstrecker zu ernennen, so kann das Nachlassgericht die Ernennung vornehmen.
(2) Das Nachlassgericht soll vor der Ernennung die Beteiligten hören, wenn es ohne erhebliche Verzögerung und ohne unverhältnismäßige Kosten geschehen kann.

1 So wie der Erblasser nach § 2198 einen Dritten und nach § 2199 den Testamentsvollstrecker zur Benennung von (weiteren) Testamentsvollstreckern ermächtigen kann, steht ihm nach § 2200 auch die Möglichkeit offen, das Nachlassgericht (dh den Richter nach § 16 I Nr 2 RPflG) um die Bestimmung eines Testamentsvollstreckers zu **ersuchen**. Das Gesetz verlangt für das Ersuchen die Erklärung **im Testament** (oder Erbvertrag, der einem Testament gleich steht, vgl § 2278 II). Dies wird von der Rspr jedoch weit verstanden, so dass sich das Ersuchen auch durch eine (ergänzende) Auslegung begründen lässt, ohne dafür eine Andeutung im Testamentswortlaut zu haben (aA BaRoth/*Mayer* Rn 2). Deshalb genügt zB die Anordnung von Testamentsvollstreckung ohne Nennung eines Vollstreckers (AnwK/*Weidlich* Rn 3 mwN). Ist der vom Erblasser oder einem Dritten benannte Vollstrecker weg gefallen, hängt es von dem Zweck der Testamentsvollstreckung, den der Erblasser erkennbar erreichen wollte, ab, ob das Nachlassgericht als ersucht gelten soll, einen neuen Testamentsvollstrecker zu ernennen (BayObLG FamRZ 87, 98; ZEV 97, 338; NJW-RR 03, 224).

2 Da das Nachlassgericht bei Vorliegen eines Ersuchens einen Testamentsvollstrecker ernennen **kann**, geht die hM von einem **Ermessen** des Nachlassgerichts aus (BGHZ 41, 23; Palandt/*Edenhofer* Rn 4; Staud/*Reimann* Rn 10 mwN). Allerdings hat das Nachlassgericht die Auswahl pflichtgemäß zu treffen. Dazu gehört, vom Erblasser vorgenommene Einschränkungen des Personenkreises zu beachten (BayObLG ZEV 95, 22). Auch ungeeignete Personen darf das Gericht nicht ernennen (Staud/*Reimann* Rn 11 mwN). Eine ermessensfehlerhafte Ernennung ist freilich wirksam. Entsteht den Erben daraus Schaden, haftet der Staat nach § 839, Art 34 GG.

3 Vor der Entscheidung soll das Nachlassgericht, muss aber nicht nach II die Beteiligten **anhören**. Ohne die Anhörung ist die Ernennung daher dennoch wirksam. Der Kreis der Beteiligten entspricht dem des § 2198. Die Entscheidung selbst ist an keine Form gebunden, kann daher auch konkludent, zB durch Erteilung des Testamentsvollstreckerzeugnisses an den „Ernannten" erfolgen (AnwK/*Weidlich* Rn 9). Ist die Ernennung erfolgt, kann sie mit Rechtsmitteln angefochten werden. Daher ist sie den Beteiligten als möglichen Beschwerdeberechtigten bekannt zu geben. Das Rechtsmittel ist die sofortige Beschwerde (§§ 18, 22 FGG), gegen die Ablehnung einer Entscheidung die einfache Beschwerde (§§ 19, 20 FGG). Die Rechtshandlungen des Testamentsvollstreckers bleiben aber auch bei erfolgreichem Rechtsmittel wirksam (§ 32 FGG).

§ 2201 Unwirksamkeit der Ernennung

Die Ernennung des Testamentsvollstreckers ist unwirksam, wenn er zu der Zeit, zu welcher er das Amt anzutreten hat, geschäftsunfähig oder in der Geschäftsfähigkeit beschränkt ist oder nach § 1896 zur Besorgung seiner Vermögensangelegenheiten einen Betreuer erhalten hat.

1 Abweichend von § 165 setzt die Ausübung des Testamentsvollstreckeramtes **volle Geschäftsfähigkeit** bei Amtsantritt voraus (zur später eintretenden Beschränkung der Geschäftsfähigkeit vgl § 2225). Andere Beschränkungsgründe kennt das BGB nicht. Deshalb kann zB der insolvent gewordene Testamentsvollstrecker das Amt ausüben (Palandt/*Edenhofer* Rn 2). Freilich bleibt die Möglichkeit, dass der Erbe Entlassungsantrag beim Nachlassgericht nach § 2227 stellt oder die Anordnung der Testamentsvollstreckung nach § 2078 II anficht. Wird der Testamentsvollstrecker später (wieder) geschäftsfähig, bleibt es bei der Unwirksamkeit. Zur ergänzenden Testamentsauslegung in einem solchen Fall vgl § 2200 Rn 1. Möglich ist auch die Benennung des Testamentsvollstreckers unter der (uU „stillschweigenden") aufschiebenden Bedingung des Eintritts voller Geschäftsfähigkeit (AnwK/*Weidlich* § 2200 Rn 2).

2 Der **Zeitpunkt** des Amtsantritts, für den § 2201 gilt, ist nach § 2202 I die Annahme gegenüber dem Nachlassgericht. Da § 2201 darauf abstellt, dass der Testamentsvollstrecker sein Amt „anzutreten hat", geht die hM zutreffend von dem (früheren) Zeitpunkt aus, zu dem der Testamentsvollstrecker von seiner Einsetzung erfährt und sich deshalb über die Annahme schlüssig werden muss (AnwK/*Weidlich* Rn 4 mwN).

§ 2202 Annahme und Ablehnung des Amts

(1) Das Amt des Testamentsvollstreckers beginnt mit dem Zeitpunkt, in welchem der Ernannte das Amt annimmt.
(2) ¹Die Annahme sowie die Ablehnung des Amts erfolgt durch Erklärung gegenüber dem Nachlassgericht. ²Die Erklärung kann erst nach dem Eintritt des Erbfalls abgegeben werden; sie ist unwirksam, wenn sie unter einer Bedingung oder einer Zeitbestimmung abgegeben wird.

(3) ¹Das Nachlassgericht kann dem Ernannten auf Antrag eines der Beteiligten eine Frist zur Erklärung über die Annahme bestimmen. ²Mit dem Ablauf der Frist gilt das Amt als abgelehnt, wenn nicht die Annahme vorher erklärt wird.

Voraussetzung für die Tätigkeit als Testamentsvollstrecker ist die **Annahme** des Amtes durch die nach §§ 2197-2201 wirksam benannte Person. Die Annahme erfolgt nach II durch formfreie, aber unbedingte, unwiderrufliche und endgültige Erklärung gegenüber dem Nachlassgericht nach dem Erbfall (bei Testamentsvollstreckung für den Nacherben nach dem Nacherbfall). Schon wegen § 2228 ist allerdings die Protokollierung einer mündlichen Erklärung geboten. Erst mit Wirksamkeit der Annahmeerklärung beginnen die Rechte und Pflichten aus dem Amt. Schon vorher gelten jedoch die Beschränkungen der Erben nach §§ 2111, 2114. Zur Gewährleistung bruchloser Handlungsfähigkeit für den Nachlass ist entweder der benannte Testamentsvollstrecker vom Erblasser zusätzlich mit einer Vollmacht zu versehen (vor § 2197 Rn 3), oder es muss vom Nachlassgericht (nach *Damrau* ZEV 96, 81, 83 vom Vormundschaftsgericht) ein Pfleger gemäß § 1960 analog bestellt werden (BaRoth/*Mayer* § 2197 Rn 35 mwN). Obwohl der Testamentsvollstrecker nach §§ 2218 I, 664 I S 1 idR sein Amt – abgesehen von den Fällen der Mitvollstreckung nach §§ 2199, 2224 – höchstpersönlich ausüben muss, schließt II Stellvertretung bei der Annahmeerklärung nicht aus (KG OLGE 10, 451). Der zur Zeit der Erklärung noch nicht voll Geschäftsfähige (vgl § 2201 Rn 1 aE) kann daher mit Einwilligung der gesetzlichen Vertreter nach § 107 oder unmittelbar durch die gesetzlichen Vertreter handeln. 1

Eine **Verpflichtung** des Benannten zur Annahme kann durch Verfügung von Todes wegen nicht begründet werden. Zulässig ist eine zu Lebzeiten des Erblassers übernommene vertragliche Verpflichtung (aA BaRoth/*J Mayer* Rn 11 mwN). Auch dann bleibt dem Testamentsvollstrecker das unentziehbare Kündigungsrecht aus § 2226. Deshalb ist es nur konsequent, dass er die Annahme von vornherein verweigern kann (aA RGZ 139, 41). Allerdings kann er sich durch die Ablehnung des Amtes wegen Vertragsverletzung schadensersatzpflichtig machen (Staud/*Reimann* Rn 25). 2

Vom (späteren) Testamentsvollstrecker **vor Annahme** des Amtes vorgenommene Rechtsgeschäfte sind unwirksam. Einseitige Rechtsgeschäfte bleiben es auch danach (§ 180 S 1 analog), müssen daher erneut vorgenommen werden. Andere Rechtsgeschäfte kann der Testamentsvollstrecker nach §§ 177, 184 analog genehmigen. Dies gilt nach § 185 II 1, Alt 1 auch für Verfügungen (aA Staud/*Reimann* Rn 32: Wirksamwerden nach § 185 II 1, Alt 2). 3

Im Interesse der Beteiligten kann das Nachlassgericht (Rechtspfleger nach § 3 Nr 2 c RPflG) auf Antrag eines von ihnen nach Abs. 3 die Unsicherheit vor der Wirksamkeit der Testamentsvollstreckung bis zur Annahme durch den Testamentsvollstrecker mit einer **Fristsetzung** gegenüber dem Vollstrecker beenden. Die Frist läuft ab Bekanntgabe an den Ernannten. Nach Fristablauf und unterlassener Annahme gilt die Ernennung als abgelehnt. Der Ernannte hat gegen die Fristsetzung die sofortige Beschwerde (§§ 18, 21 FGG), der Antragsteller gegen die Ablehnung einer Fristsetzung die einfache Beschwerde (§§ 19, 22 FGG). Setzt das Nachlassgericht von sich aus dem Ernannten eine Frist, tritt die Wirkung des S 2 nicht ein (AnwK/*Weidlich* Rn 12 mwN). 4

§ 2203 Aufgabe des Testamentsvollstreckers
Der Testamentsvollstrecker hat die letztwilligen Verfügungen des Erblassers zur Ausführung zu bringen.

Die in § 2203 geregelte **Abwicklungs- und Auseinandersetzungsvollstreckung** (zu letzterer genauer § 2204) ist der Regelfall der Testamentsvollstreckung. Die Verwaltungs- oder Dauervollstreckung nach § 2209 sowie die Nacherben- und Vermächtnisvollstreckung nach §§ 2222, 2223 sind demgegenüber Ausnahmen, die deshalb nur bei hinreichenden Indizien für einen entspr Willen des Erblassers anzunehmen sind. Als Regel geht das Gesetz ferner von einer Generalvollstreckung aus, so dass der gesamte Nachlass der Testamentsvollstreckung unterliegt. Maßgeblich sind jedoch immer die letztwilligen Verfügungen des Erblassers, so dass die Befugnisse des Testamentsvollstreckers durch den Erblasser festgelegt werden können. Über die – ohnehin sehr weit reichenden – gesetzlich umschriebenen Aufgaben hinaus kann der Erblasser den Testamentsvollstrecker allerdings nicht ermächtigen (zB über den gesamten Nachlass oder die Miterbenanteile zu verfügen oder die Erbschaft anzunehmen oder auszuschlagen, vgl AnwK/*Weidlich* Rn 6 mwN). Möglich bleibt, den Testamentsvollstrecker zugleich zum Schiedsrichter (§ 1066 ZPO) oder Schiedsgutachter zu bestimmen (BaRoth/*Mayer* Rn 4), nur nicht zum Richter in eigener Sache (BGHZ 41, 23, 25 f.). Beschränkungen des Testamentsvollstreckers sind in § 2208 beispielhaft genannt (s. Erläuterungen dort). 1

Wichtigste Voraussetzung für die meisten Vollstreckertätigkeiten ist die **Verwaltungsbefugnis** nach § 2205 S 1, die dem Vollstrecker auch bei der Abwicklungsvollstreckung idR zusteht. Für die Erfüllung von Vermächtnissen und für die Ausführung der Auseinandersetzung unter den Miterben ist die **Verfügungsbefugnis** über die Nachlassgegenstände nach § 2205 S. 2 besonders wichtig. Ziel der Testamentsvollstreckung nach § 2203 ist die Liquidation des Nachlasses. Sie besteht idR aus der Erfüllung der Nachlassverbindlichkeiten einschließlich der Pflichtteilsansprüche sowie der Vermächtnisse und anschließend der Herausgabe oder Verwertung mit Erlösauskehrung an die Erben. 2

3 Zu diesem Zweck muss der Testamentsvollstrecker zunächst die Testamentseröffnung nach §§ 2259 ff. herbeiführen und – falls nötig – einen Erbschein oder ein Testamentsvollstreckerzeugnis beantragen. Er muss die letztwillige Verfügung des Erblassers auslegen (BaRoth/*Mayer* Rn 8) und kann bei Streit darüber – wie auch der Erbe – **Feststellungsklage** nach § 256 ZPO erheben. Die Testamentsvollstreckung erfolgt für den wahren Erben. Ist die Ausführung der letztwilligen Verfügung davon abhängig, wer dieser Erbe ist, kann (und muss uU) der Testamentsvollstrecker dessen Feststellung durch Klage betreiben (vgl BGH WM 87, 564). Im übrigen aber hat der Testamentsvollstrecker auch prozessual nicht das Dispositionsrecht über die Erbenstellung selbst (oben Rn 1). Deshalb kann er idR das Testament nicht anfechten oder die Einrede nach § 2083 erheben, es sei denn, der Anfechtungsgrund bezieht sich unmittelbar auf die Rechtsstellung des Vollstreckers (BGH NJW 62, 1058).

4 Im einzelnen ergeben sich Rechte und Pflichten des Abwicklungs- und Auseinandersetzungsvollstreckers aus §§ 2205–2207, 2212, 2215–2218. Verletzt der Vollstrecker seine Pflichten, haftet er den Erben und Vermächtnisnehmern für den daraus entstehenden Schaden nach § 2219. Hiergegen kann sich der Testamentsvollstrecker nur dadurch sichern, dass er die Betroffenen umfassend informiert und auf dieser Grundlage ihre **Zustimmung** einholt (AnwK/*Weidlich* § 2219 Rn 17 mwN). Auf demselben Wege kann er sich sogar über die testamentarischen Anordnungen des Erblassers entgegen § 2216 II S 1 hinwegsetzen. Außerhalb einer letztwilligen Verfügung geäußerte Wünsche, Bitten und Hoffnungen des Erblassers sind ohnehin unverbindlich (BayObLG NJW 76, 1692), können aber durch Vereinbarung des Vollstreckers mit den Betroffenen zur Geltung gebracht werden. Im übrigen ist der Testamentsvollstrecker gerade **unabhängig** gegenüber den Erben und braucht sie im allgemeinen nicht einmal ständig anzuhören und zu informieren (vgl aber § 2204 II).

5 Die in § 2210 vorgesehene 30-Jahresfrist gilt nur für die Verwaltungsvollstreckung nach § 2209. Die Vollstreckung nach § 2203 besteht hingegen **ohne zeitliche Grenze**, endet aber mit der Erfüllung der Abwicklungsaufgaben gleichsam von selbst (vgl BGHZ 21, 23, 25).

§ 2204 Auseinandersetzung unter Miterben

(1) Der Testamentsvollstrecker hat, wenn mehrere Erben vorhanden sind, die Auseinandersetzung unter ihnen nach Maßgabe der §§ 2042 bis 2056 zu bewirken.
(2) Der Testamentsvollstrecker hat die Erben über den Auseinandersetzungsplan vor der Ausführung zu hören.

1 Die Vorschrift ordnet als **gesetzliche Aufgabe** des Testamentsvollstreckers die **Auseinandersetzung** unter Miterben an, die sonst in Ermangelung einer Teilungsanordnung des Erblassers nach § 2048 durch Vereinbarung unter den Miterben oder Leistungsklage (so die hM) auf Zustimmung zu einem Auseinandersetzungsplan herbeigeführt werden muss. Allerdings kann der Erblasser nach § 2048 S 2 einen Dritten zur Auseinandersetzung nach billigem Ermessen ermächtigen, ohne ihn zum Testamentsvollstrecker zu bestimmen. Der Erblasser kann dem Testamentsvollstrecker die Befugnisse aus § 2204 nach §§ 2208 I 1, 2209 I 1 vorenthalten.

2 Wie sich aus II ergibt, ist der Testamentsvollstrecker gehalten, einen **Auseinandersetzungsplan** aufzustellen. Dazu soll er die Erben anhören. Dieser Obliegenheit nachzukommen, empfiehlt sich für den Vollstrecker schon deshalb, um einer Ersatzpflicht nach § 2219 vorzubeugen. Ohne Anhörung ist der Plan allerdings dennoch wirksam. Deshalb hindert ein Widerspruch der Erben nicht die Ausführung des Plans. Die Erben müssen vielmehr zu dessen Beseitigung klagen (auf Feststellung seiner Unwirksamkeit oder auf Zustimmung zu einem alternativen Plan, vgl Karlsr NJW-RR 94, 905). Der Plan hat nur schuldrechtliche Wirkung. Zu seiner Wirksamkeit hat der Testamentsvollstrecker ihn durch formfreies, einseitiges Rechtsgeschäft gegenüber den Erben festzustellen. Zur Entgegennahme ist für unbekannte Erben nach § 1913, in Fällen familienrechtlicher Kollisionen (§ 181) nach § 1909 ein Pfleger zu bestellen.

3 Der **Inhalt des Plans** muss zunächst die Vorgaben des Erblassers, insbes dessen Teilungsanordnung nach § 2048 S 1 oder (partielle) Teilungsverbote nach § 2044 I 1 beachten. Sodann richtet sich die Auseinandersetzung nach den gesetzlichen Bestimmungen, wobei für eine etwaige Ausgleichung unter Abkömmlingen außer den in I erwähnten §§ 2050–2056 ebenso § 2057 a und – als Grundlage eines Auskunftsanspruchs des Testamentsvollstreckers selbst – § 2057 (Staud/*Reimann* Rn 26 mwN auch zur Gegenansicht) anzuwenden sind. Vor einer Verteilung hat der Testamentsvollstrecker die Nachlassverbindlichkeiten (außer der Vergütung nach § 2221) zu erfüllen und dafür, soweit erforderlich, Nachlassgegenstände zu liquidieren (§ 2046). Sodann ist der übrige Nachlass nach §§ 749–758 zu teilen. Nach § 2205 S 2 kann der Vollstrecker hierfür Nachlassgegenstände veräußern, auch Grundstücke ohne Teilungsversteigerung nach § 753.

4 Anstelle des Auseinandersetzungsplans kann ein **Auseinandersetzungsvertrag** zwischen dem Testamentsvollstrecker und allen Erben (einschließlich etwaiger Nacherben) treten. Darin können die Vertragsparteien vom Willen des Erblassers und von den gesetzlichen Verteilungsvorschriften abweichen (BGHZ 40, 115, 118; 56, 275, 278 ff). Zu beachten sind für einen solchen Vertrag – im Gegensatz zum einseitigen Plan des Testamentsvollstreckers – etwaige Form- und Verfahrensvorschriften wie §§ 311 b I oder 1629 II, 181 mit dem Erfordernis der Ergänzungspflegschaft (BaRoth/*Mayer* Rn 19). Möglich ist auch eine Vereinbarung der Erben mit der

Wirkung eines Teilungsverbotes (§ 2044). Da der Erblasser mit der Einsetzung eines Testamentsvollstreckers ua Vorsorge für Streitigkeiten zwischen den Erben treffen will und solche Streitigkeiten bei der aufgeschobenen genauso wie bei der sofortigen Auseinandersetzung möglich sind, sollte die Testamentsvollstreckung bei einer solchen Vereinbarung für den Fall der späteren Auseinandersetzung fortbestehen (aA AnwK/*Weidlich* Rn 24 mwN).

Zum **Vollzug** des Auseinandersetzungsplans oder der entspr Vereinbarung ist der Testamentsvollstrecker nach § 2205 S 2 aE befugt, einzelne Gegenstände einzelnen Erben unter deren Mitwirkung in der gesetzlich vorgesehenen Form (zB §§ 873, 925 bei Grundstücken) zu übertragen. Dann geht der Gegenstand aus der Gesamthand der Erbengemeinschaft in Einzelinhaberschaft über. Sind dafür Ausgleichszahlungen fällig, sind diese in den Nachlass zu erbringen. Übersteigt der Wert des übertragenen Gegenstandes den Erbteil des Empfängers und wird keine Ausgleichszahlung vereinbart, ist die Übertragung nach § 2205 S 3 als unentgeltliche Verfügung unwirksam (BGH NJW 63, 1613).

§ 2205 Verwaltung des Nachlasses, Verfügungsbefugnis

¹Der Testamentsvollstrecker hat den Nachlass zu verwalten. ²Er ist insbesondere berechtigt, den Nachlass in Besitz zu nehmen und über die Nachlassgegenstände zu verfügen. ³Zu unentgeltlichen Verfügungen ist er nur berechtigt, soweit sie einer sittlichen Pflicht oder einer auf den Anstand zu nehmenden Rücksicht entsprechen.

I. Verwaltungs- und Verfügungsbefugnis im allgemeinen. Die Vorschrift enthält den **Kern der Vollstreckerbefugnisse**, insbes den Nachlass zu verwalten und über Nachlassgegenstände zu verfügen. Diese Verfügungsbefugnis wird flankiert von § 2211, wonach die Erben über Nachlassgegenstände nicht verfügen können, so dass das Verfügungsrecht dem Testamentsvollstrecker ausschließlich zugewiesen ist. Zusätzlich ist der Testamentsvollstrecker berechtigt, die Nachlassgegenstände in Besitz zu nehmen. Dies dient der Verwaltungsfunktion. Folgerichtig muss der Testamentsvollstrecker solche Nachlassgegenstände, die er für die Verwaltung des Nachlasses nicht benötigt, nach § 2217 I an den oder die Erben auf deren Verlangen herausgeben. Im übrigen aber muss der Erbe, der nach § 857 mit dem Erbfall den Besitz erwirbt, dem Testamentsvollstrecker den unmittelbaren Besitz nach § 2205 S 2 überlassen. Nach § 2041 (bei Miterben unmittelbar, beim Alleinerben analog) erstreckt sich die Verwaltung auch auf **Ersatzgegenstände**, die mit Mitteln der Erbschaft erworben werden (BGH NJW 68, 1824; Hamm ZEV 01, 275).

Der Verwaltung des Testamentsvollstreckers **unterliegt** idR der gesamte Nachlass, soweit sich die Testamentsvollstreckung auf ihn bezieht. Dazu gehören ua Urheberrechte gemäß entspr letztwilliger Verfügung nach § 28 II UrhG (vgl *Klinghöffer* ZEV 99, 421), Ausgleichsansprüche eines Handelsvertreters nach § 89b HGB (AnwK/*Weidlich* Rn 4 mwN), das Recht die Todeserklärung eines Beteiligten nach § 16 II c VerschG zu beantragen (Staud/*Reimann* Rn 27), das Kündigungsrecht nach §§ 564, 580 (RGZ 74, 35) und sogar der Schadensersatzanspruch nach § 2219 gegen einen früheren Testamentsvollstrecker (RGZ 138, 132). Versicherungen sind vom Testamentsvollstrecker zu kündigen, wenn das versicherte Interesse mit dem Tode des Erblassers weg gefallen ist (zB private Kranken- und persönliche Haftpflichtversicherung, dazu genauer Staud/*Reimann* Rn 22). Andere Sachversicherungen (zB Gebäudeversicherung) sind als Versicherung für fremde Rechnung vom Testamentsvollstrecker fortzuführen. Lebens- und Unfallversicherungen fallen hingegen idR unmittelbar dem Bezugsberechtigten zu und gehören nach hM nicht zum Nachlass. **Ausgenommen** vom Verwaltungsrecht des Testamentsvollstreckers sind persönliche Rechte, zu denen zB das Recht des Schenkungswiderrufs gehört (AnwK/*Weidlich* Rn 3). Beim fortwirkenden Persönlichkeitsrecht ist hingegen zu unterscheiden: Die vermögenswerten Bestandteile sind vom Testamentsvollstrecker zu verwalten (vgl BGHZ 143, 214), der auf der Würde des Menschen beruhende Kern des Persönlichkeitsrechts nicht.

Das **Verfügungsrecht** des Testamentsvollstreckers ist – abgesehen von S 3 – gesetzlich unbeschränkt. Allerdings kann der Erblasser nach § 2208 I 1 Verfügungsbeschränkungen anordnen, nicht aber einen völligen Ausschluss des Verfügungsrechts. Außerdem sind die allgemein bei Geschäften mit Wirkung für andere geltenden Grenzen zu beachten: Auch für den Testamentsvollstrecker gilt § 181 (analog), obwohl er nicht Vertreter, sondern Inhaber eines Amtes ist (BGHZ 30, 67). Hiervon kann der Erblasser den Testamentsvollstrecker jedoch testamentarisch (ausdrücklich oder nach Auslegung) befreien, soweit solche Geschäfte nach §§ 2216, 2220 im Rahmen der ordnungsgemäßen Verwaltung bleiben (BGH aaO).

II. Unentgeltliche Verfügung. Unentgeltliche Verfügungen des Testamentsvollstreckers sind ohne Befreiungsmöglichkeit durch den Erblasser (arg § 2207 S 2) nach S 3 idR **unwirksam** (zur Schenkungsvollmacht vgl vor § 2197 Rn 3). Dies gilt auch für gemischte (teils entgeltliche, teils unentgeltliche) Verfügungen, und zwar insgesamt. Die wohl immer noch hM stellt rechtsgrundlose Verfügungen den unentgeltlichen gleich (AnwK/ *Weidlich* Rn 14 mwN Fn 38), jedoch kaum mit Recht: Für die vergleichbaren Konstellationen der §§ 816 I 2, 988 hat man die Gleichstellung aus Gründen des Empfängerschutzes aufgegeben. Diese Gründe gelten bei § 2205 S 3 genauso. Der Gegenstand der Verfügung wird dann durch den Bereicherungsanspruch surrogiert. Ob überhaupt Unentgeltlichkeit vorliegt, ist zunächst objektiv nach den Wertverhältnissen zu entscheiden, ohne dass es auf die Erkennbarkeit für den Geschäftspartner ankommt. Sodann ist zu prüfen, ob der Testamentsvollstrecker die (uU teilweise) Unentgeltlichkeit kannte oder hätte erkennen müssen (BGH NJW 63, 1613; 91, 842). Verkauft der Testamentsvollstrecker zB zu einem für den Erwerber sehr günstigen Preis, um schnell zu einer Auseinandersetzung zu gelangen, liegt darin eine Ermessensentscheidung, die das Geschäft aus der maßgeblichen Sicht des Testamentsvollstreckers noch als (voll) entgeltlich erscheinen lässt. Str ist, ob es als unentgeltliche Verfügung zu beurteilen ist, wenn der Testamentsvollstrecker eine Vorleistung ohne ausreichende Sicherheit auf einen entgeltlichen Schuldvertrag erbringt. Die Annahme der Unentgeltlichkeit (insbes Hamm Rpfleger 71, 147 zu § 2113 II) verwischt aber unzulässig den Charakter eines Schuldvertrages mit der Frage einer Pflichtverletzung nach § 2219. Gerade im Hinblick auf eine etwaige Ersatzpflicht sollte der Testamentsvollstrecker freilich Rechtsgeschäfte mit ungesicherten Vorleistungen aus dem Nachlass vermeiden.

5 Ausgenommen von der Unwirksamkeitsfolge sind **Pflicht- und Anstandsschenkungen**. Hierfür gelten dieselben Kriterien wie bei § 534. Typische Pflichtschenkungen sind Unterstützungsleistungen an nicht unterhaltsberechtigte nahe Angehörige (BGH NJW 00, 3488), Anstandsschenkungen die üblichen Gelegenheitsgeschenke (zB Weihnachtsgeschenk an die langjährige Putzhilfe des Erblassers).

6 Besondere praktische Probleme bereitet der Nachweis der Entgeltlichkeit gegenüber dem **Grundbuchamt**. Der grundbuchrechtlich vorgesehene Weg über Erklärungen nach § 29 GBO ist dafür nicht geeignet. Deshalb muss es idR genügen, wenn der Testamentsvollstrecker formlos den rechtsgeschäftlichen Zusammenhang und die Motive der Verfügung darlegt (BGHZ 57, 84, 95). Erst wenn das Grundbuchamt Anhaltspunkte für die Unrichtigkeit der Angaben hat, ist der Vollzug abzulehnen oder (bei gleichzeitiger Zwischenverfügung) auszusetzen. Dieselben Grundsätze gelten auch für In-sich-Geschäfte des Testamentsvollstreckers (vgl oben Rn 3), während für Einwilligungen, zB der Erben, die Form des § 29 GBO einzuhalten ist.

7 Sinn der Unwirksamkeitsfolge ist es, den Nachlass für die Erben möglichst ungeschmälert zu erhalten. Deshalb können diese durch **Zustimmung** zur Verfügung deren Wirksamkeit herbeiführen (BGHZ 57, 84, 92). Die Rspr verlangt obendrein die Zustimmung der Vermächtnisnehmer (aaO 94), was aber wegen deren generell fehlender Verfügungsbefugnis zu weit geht (AnwK/*Weidlich* Rn 21 mwN). Nicht möglich ist die Zustimmung durch Minderjährige: Ihnen selbst fehlt die Zuständigkeit dafür nach § 107, den gesetzlichen Vertretern nach §§ 1641, 1804.

8 **III. Testamentsvollstreckung an Einzelunternehmen und Gesellschaftsanteilen.** Unzulässig ist nach der immer noch hM die **Fortführung eines Unternehmens** durch den Testamentsvollstrecker (RGZ 132, 138; BGHZ 12, 100; 24, 106; BaRoth/*Mayer* Rn 27 mwN). Die Gründe dafür sind heute nicht mehr stichhaltig (grundl *Muscheler*, Die Haftungsordnung der Testamentsvollstreckung, 94, 285 ff). Die Kautelarjurisprudenz muss jedoch nach dem Gebot des „sichersten Weges" weiterhin von der hM ausgehen, so dass eine Fortführung des Unternehmens durch den Testamentsvollstrecker der **Ersatzlösungen** nach Vertretungs- oder Treuhandrecht bedarf (vor § 2197 Rn 4 f). Wegen der mit diesen Gestaltungen verbundenen Probleme (Schwierigkeiten bei Erzwingung der Vollmachtserteilung durch die Erben, Unzumutbarkeit und teilweise sogar berufsrechtliche Unzulässigkeit treuhänderischer Unternehmensführung durch den Vollstrecker) erscheint es demgegenüber vorzugswürdig, dass der Erblasser selbst das Unternehmen noch umstrukturiert, etwa durch Gründung einer GmbH, deren Geschäfte der Testamentsvollstrecker ohne weiteres führen kann (AnwK/*Weidlich* Rn 44 mwN).

9 Möglich bleiben ferner „kleinere" Lösungen, die freilich in der Praxis noch nicht hinlänglich erprobt sind: Bei der **Weisungsgeberlösung** geht die Unternehmensführung unmittelbar auf den oder die Erben über; der Testamentsvollstrecker erhält vom Erblasser aber nach § 2208 II das Recht zu Weisungen gegenüber den Erben (vgl BaRoth/*Mayer* Rn 33 mwN). Eine „**beaufsichtigende Testamentsvollstreckung**", kombiniert mit der Testamentsvollstreckung an den einzelnen Wirtschaftsgütern des Unternehmens, soll dazu führen, dass der Erbe einerseits das Unternehmen im Sinne des Testamentsvollstreckers und somit letztlich des Erblassers weiter führt, seine Eigengläubiger nach § 2214 aber von der Zwangsvollstreckung in das Betriebsvermögen ausgeschlossen bleiben (Staud/*Reimann* Rn 104). Gegenüber all diesen Umwegen ist die klassische „echte" Testamentsvollstreckerlösung für die Zukunft bei weitem vorzuziehen (*Schiemann* in FS Medicus, 99, 513 ff).

10 Für die Testamentsvollstreckung an **Gesellschaftsanteilen** ist zu unterscheiden: Weitgehend unproblematisch ist die Testamentsvollstreckung bei Anteilen an **Kapitalgesellschaften** und anderen juristischen Personen (Genossenschaften, Vereinen). Eine Verwaltungsvollstreckung am GmbH-Anteil ist möglich, kann aber durch die Satzung der Gesellschaft ausgeschlossen werden. Zu beachten ist, dass der Testamentsvollstrecker nur den Nachlass, nicht die Erben persönlich verpflichten kann. Daher kann der Testamentsvollstrecker zB an Kapitalerhöhungen nicht mitwirken, die vom Erben aus dessen Eigenvermögen zu erfüllen wären. Auch andere neue Leistungspflichten, ganz grundlegende Satzungsänderungen und Eingriffe in mitgliedschaftliche Sonderrechte oder unentziehbare Mitgliedsrechte sind als Teil des „Kernbereichs" der Mitgliedschaft zu betrachten, über den der Testamentsvollstrecker nur mit Zustimmung des Gesellschafterserben disponieren kann (AnwK/*Weidlich* Rn 71). Stimmrecht und Bezugsrecht in der AG übt der Testamentsvollstrecker aus. Soweit die Fortsetzung der Mitgliedsrechte nach dem Tode des Mitglieds in Verein und Genossenschaft möglich ist, können auch diese Rechte mindestens, soweit sie nicht höchstpersönlich auszuüben sind, vom Testamentsvollstrecker für den Nachlass wahrgenommen werden (BaRoth/*Mayer* Rn 55; enger zB Palandt/*Edenhofer* Rn 26).

Besondere Probleme bereitet die Testamentsvollstreckung für Beteiligungen an **Personengesellschaften**. Wird die Gesellschaft nach dem Tod des Gesellschafters in Liquidationsgesellschaft überführt, was bei OHG und KG vertraglich vorgesehen werden kann und für die Gesellschaft bürgerlichen Rechts nach § 727 I der gesetzliche Regelfall ist, kann sich die Testamentsvollstreckung ohne weiteres auf den zum Nachlass gehörenden Liquidationsanteil beziehen (AnwK/*Weidlich* Rn 67 mwN). Wird allerdings die Liquidationsgesellschaft in eine werbende Gesellschaft zurückverwandelt, ist dies eine Grundlagenentscheidung, die als Teil des „Kernbereichs" nur vom Testamentsvollstrecker und allen Erben gemeinsam getroffen werden kann. 11

In der **Kommanditgesellschaft** wird die Testamentsvollstreckung an Kommanditanteilen heute allgemein zugelassen, wenn die übrigen Gesellschafter (meist im Gesellschaftsvertrag) in die Anordnung einer Testamentsvollstreckung für den Gesellschaftsanteil eingewilligt haben oder diese genehmigen (BGHZ 68, 225, 241; 108, 187, 191). Diese Zustimmung ist erforderlich, weil die KG als Personengesellschaft ihrem Typus nach auf das persönlich-individuelle Zusammenwirken der Gesellschafter angelegt ist. In einer Publikums-KG mit vielen Kommanditisten, die nur eine Kapitalanlage, keine persönliche Mitwirkung an der Geschäftstätigkeit im Auge haben, kann man die Zustimmung daher als „stillschweigend" erteilt (*Ulmer* NJW 90, 73, 75 f.) oder von vornherein als überflüssig ansehen. Aber auch wenn dementsprechend eine Testamentsvollstreckung besteht, gilt für sie wiederum (vgl oben Rn 10) die „Kernbereichslehre", so dass der Testamentsvollstrecker zB nicht bei einer Einlagenerhöhung mitwirken kann, die der Gesellschafter aus einem eigenen Vermögen erfüllen müsste (BGHZ 108, 187, 198). Soweit sich hieraus eine Verdoppelung der Gesellschafterrechte (für den Erben selbst und für den Testamentsvollstrecker) ergibt, ist dies wegen der Zustimmung der anderen Gesellschafter hinzunehmen (AnwK/*Weidlich* Rn 55 mwN). 12

Für die Stellung als **persönlich haftender Gesellschafter** einer KG oder OHG sowie als Gesellschafter einer Gesellschaft bürgerlichen Rechts unterscheidet die Rspr zwischen der „Aussen- und Innenseite" der Beteiligung: Die Testamentsvollstreckung beschränkt sich auf die „Aussenseite", während die „Innenseite" von Anfang an dem Gesellschaftererben selbst zugeordnet ist (BGHZ 98, 48, 57 und für die Gesellschaft bürgerlichen Rechts BGH ZEV 96, 110). Zur „Aussenseite" gehören Auseinandersetzungs- und Abfindungsansprüche, laufende Gewinnansprüche (allerdings nur solange und soweit, wie sie nicht durch die eigene Mitarbeit des Gesellschaftererben selbst entstanden sind) und der Gesellschaftsanteil als Vermögensrecht, über den infolgedessen der Erbe nicht verfügen und in den die Privatgläubiger des Erben nicht vollstrecken können. Will man die Aufspaltung der Gesellschafterstellung zwischen Erbe und Testamentsvollstrecker vermeiden, können nach gängiger Praxis auch für den persönlich haftenden Gesellschafter die für das Einzelunternehmen entwickelten **Ersatzlösungen** mit Zustimmung der anderen Gesellschafter verwendet werden (Vollmachts-, Treuhand- und Weisungsgeberlösung, oben Rn 8 und vor §§ 2197 ff Rn 4 f.). Dies ist zu billigen, weil nur die volle persönliche Haftung des Erben oder des Testamentsvollstreckers die Gleichheit der Chancen und Risiken unter den persönlich haftenden Gesellschaftern wahrt, die der Gesellschaftstyp mit persönlich Haftenden das Gepräge gibt. Für die Übergangszeit des § 139 HGB bis zur Entscheidung der Erben über die Haftungsfolgen ihrer Gesellschaftsbeteiligung kann man freilich eine „reine" Vollstreckerlösung ohne Beschränkung auf eine „Außenseite" hinnehmen, so dass für die Schulden allein der Nachlass nach § 2206 haftet. Alle erwähnten Beschränkungen der Testamentsvollstreckung gelten auch für die EWIV und die Freiberufler-GmbH sowie die im Partnerschaftsvertrag vererblich gestellte Freiberufler-Partnerschaft (Staud/*Reimann* Rn 138 f, 142 mwN). Unbeschränkt zulässig ist die Vollstreckung hingegen an der Beteiligung eines stillen Gesellschafters. Wesentlich erweitern kann der Erblasser die Befugnisse des Testamentsvollstreckers im übrigen, wenn er ihm zugleich das Nießbrauchsvermächtnis am Unternehmen oder am Gesellschaftsanteil aussetzt. Ein solcher **Dispositionsnießbrauch** kommt aber nur in Betracht, wenn der Erblasser ein besonderes Interesse an der Zuwendung der Erträge hat, was zB zur Versorgung des überlebenden Ehegatten sinnvoll sein kann. 13

§ 2206 Eingehung von Verbindlichkeiten

(1) ¹Der Testamentsvollstrecker ist berechtigt, Verbindlichkeiten für den Nachlass einzugehen, soweit die Eingehung zur ordnungsmäßigen Verwaltung erforderlich ist. ²Die Verbindlichkeit zu einer Verfügung über einen Nachlassgegenstand kann der Testamentsvollstrecker für den Nachlass auch dann eingehen, wenn er zu der Verfügung berechtigt ist.
(2) Der Erbe ist verpflichtet, zur Eingehung solcher Verbindlichkeiten seine Einwilligung zu erteilen, unbeschadet des Rechts, die Beschränkung seiner Haftung für die Nachlassverbindlichkeiten geltend zu machen.

Die Vorschrift enthält in I die Konsequenz aus der Verwaltungsbefugnis nach § 2205 S 1: So wie der Testamentsvollstrecker nach § 2205 S 2 über die Nachlassgegenstände verfügen kann, hat er nach § 2206 I 2 das Recht, sich zu einer solchen Verfügung zu **verpflichten**. Ferner kann er den Nachlass im Rahmen der ordnungsmäßigen Verwaltung nach I 1 selbständig verpflichten, wobei die **Haftung auf den Nachlass beschränkt** ist. Über den Wortlaut hinaus gilt im Rechtsverkehr eine **Vermutung**, dass die vom Testamentsvollstrecker eingegangene Verpflichtung einer ordnungsmäßigen Verwaltung entspricht (RGZ 130, 131, 134; BGH NJW 83, 40). Nur wenn der Geschäftspartner weiß oder infolge grober Fahrlässigkeit verkennt, dass die Verpflich- 1 tung nicht der ordnungsgemäßen Verwaltung entspricht, wird er nicht durch die Vermutung geschützt. Wie weit daneben noch Raum bleibt für eine Eigenhaftung des Testamentsvollstreckers analog § 179 (Staud/*Reimann* Rn 20 mwN), ist fraglich.

2 Das Recht des Testamentsvollstreckers, nach II die Einwilligung der Erben in sein Verwaltungshandeln zu verlangen, hat keine Bedeutung für die Wirksamkeit der Verpflichtungen und Verfügungen. Die Einwilligung schützt den Testamentsvollstrecker nur vor der Haftung aus § 2219. Sie kann freilich evidente Mängel der Verwaltungsbefugnis nicht heilen (aA BaRoth/*Mayer* Rn 12 mwN). Der Erblasser kann aber nach § 2207 von vornherein die Verpflichtungsbefugnis des Testamentsvollstreckers bis zur Grenze der Verpflichtung zu Schenkungen nach § 2205 S 3 erweitern. Das Recht, vom Erben die Einwilligung zu verlangen, besteht auch in diesen Fällen nur für Geschäfte im Rahmen der ordnungsgemäßen Verwaltung (BaRoth/*Mayer* § 2207 Rn 6).

§ 2207 Erweiterte Verpflichtungsbefugnis

[1]Der Erblasser kann anordnen, dass der Testamentsvollstrecker in der Eingehung von Verbindlichkeiten für den Nachlass nicht beschränkt sein soll. [2]Der Testamentsvollstrecker ist auch in einem solchen Falle zu einem Schenkungsversprechen nur nach Maßgabe des § 2205 Satz 3 berechtigt.

1 Die Vorschrift bezeichnet die äußerste Grenze, bis zu der der Erblasser in einer letztwilligen Verfügung den Testamentsvollstrecker zu **Verpflichtungen ermächtigen** kann. Mit der Dauervollstreckung ist die weitgehende Ermächtigung nach § 2209 S 2 im Zweifel erteilt. Zum Schutze des Rechtsverkehrs ist die Ermächtigung im Testamentsvollstreckerzeugnis anzugeben (§ 2368 I 2). Der wichtigste Anwendungsfall außer § 2209 ist wohl der Auftrag an den Testamentsvollstrecker, ein Verschaffungsvermächtnis (§§ 2169, 2170) zu erfüllen (Staud/*Reimann* Rn 2).

§ 2208 Beschränkung der Rechte des Testamentsvollstreckers, Ausführung durch den Erben

(1) [1]Der Testamentsvollstrecker hat die in den §§ 2203 bis 2206 bestimmten Rechte nicht, soweit anzunehmen ist, dass sie ihm nach dem Willen des Erblassers nicht zustehen sollen. [2]Unterliegen der Verwaltung des Testamentsvollstreckers nur einzelne Nachlassgegenstände, so stehen ihm die in § 2205 Satz 2 bestimmten Befugnisse nur in Ansehung dieser Gegenstände zu.
(2) Hat der Testamentsvollstrecker Verfügungen des Erblassers nicht selbst zur Ausführung zu bringen, so kann er die Ausführung von dem Erben verlangen, sofern nicht ein anderer Wille des Erblassers anzunehmen ist.

1 Abweichend vom gesetzlichen Modell der §§ 2203 ff kann der Erblasser den Testamentsvollstrecker nach § 2208 mit der **bloßen Aufsicht** über die Erben betrauen, ihm insbes **keine Verfügungsbefugnis** einräumen, oder die Testamentsvollstreckung auf **einzelne Gegenstände** (I S 2) oder einzelne Erbteile beschränken. Die Beschränkungen sind nach § 2368 I 2 im Testamentsvollstreckerzeugnis anzugeben. Weitere Fälle beschränkter Testamentsvollstreckung enthalten §§ 2222, 2223.

2 Auch bei beschränkter Testamentsvollstreckung kann der Testamentsvollstrecker zu **Verpflichtungsgeschäften** nach § 2206 ermächtigt sein. So ist es erforderlich, dass zur Verwaltung eines Mietshauses, für die Testamentsvollstreckung angeordnet ist, Mietverträge oder Verträge mit Handwerkern abgeschlossen werden. Für die so begründeten Verbindlichkeiten haftet dann nach § 2206 I 1 der ganze Nachlass. Ist dem Testamentsvollstrecker die **Verfügungsbefugnis** nach § 2205 S 2 entzogen, kann dadurch nicht eine überhaupt nicht verfügungsfähige res extra commercium begründet werden (BGHZ 40, 115, 118; 56, 275, 278). Vielmehr muss dann der Erbe entgegen § 2211 verfügungsbefugt sein. Der Erblasser kann aber für Verfügungen des Erben die Zustimmung des Testamentsvollstreckers vorschreiben.

3 II gibt dem Testamentsvollstrecker anstelle seines eigenen Verfügungsrechts einen **Anspruch** gegen die Erben **auf Ausführung** der letztwilligen Verfügungen des Erblassers. Der Vollstrecker wird dadurch Inhaber eines **Aufsichtsrechts** über die Erben. Eine solche beaufsichtigende Testamentsvollstreckung wird auch für Gesellschaftsanteile vorgeschlagen, wenn die Mitgesellschafter des Erblassers der Testamentsvollstreckung nicht zugestimmt haben (Staud/*Reimann* § 2205 Rn 121). Mindestens bei noch nicht voll geschäftsfähigen Gesellschaftererben ist diese Lösung aber unzureichend.

§ 2209 Dauervollstreckung

[1]Der Erblasser kann einem Testamentsvollstrecker die Verwaltung des Nachlasses übertragen, ohne ihm andere Aufgaben als die Verwaltung zuzuweisen; er kann auch anordnen, dass der Testamentsvollstrecker die Verwaltung nach der Erledigung der ihm sonst zugewiesenen Aufgaben fortzuführen hat. Im Zweifel ist anzunehmen, dass einem solchen Testamentsvollstrecker die in § 2207 bezeichnete Ermächtigung erteilt ist.

Im Gegensatz zum Leitbild der „Abwicklungsvollstreckung" nach § 2203 regelt § 2209 die **Verwaltungsvollstreckung**. Das Verwaltungsrecht am Nachlass steht dem Testamentsvollstrecker bereits nach § 2205 S 1 zu. Dieses Recht kann nach § 2209 verselbständigt werden. Aber auch bei reiner Verwaltungsvollstreckung können die Erben nach § 2211 nicht über Nachlassgegenstände verfügen und die Gläubiger der Erben können nach § 2214 nicht in diese vollstrecken. Daher kann der Verwaltungstestamentsvollstrecker im Rahmen der ordnungsgemäßen Verwaltung über die Nachlassgegenstände verfügen. ²Im Zweifel hat er ferner nach S 2 die erweiterte Verpflichtungsbefugnis zu Lasten des Nachlasses nach § 2207. Gerade der Verwaltungsvollstrecker hat somit weitreichende Macht über den Nachlass unter Ausschluss der Erben. Die Erben können sich dem in der Regel nur durch die Ausschlagung nach § 2306 I 2 entziehen. Eine „Knebelung" des Erben nach § 138 I liegt gerade wegen dieser Ausschlagungsmöglichkeit nicht vor (vgl AnwK/*Weidlich* Rn 19 mwN).

Da der Erblasser die eigenen Rechte des Erben durch die Anordnung eines Testamentsvollstreckung nach § 2209 im allgemeinen bewusst einschränken will, steht dem Erben im Zweifel auch das Recht auf die Überlassung von Nachlassgegenständen nach § 2217 nicht zu. Auch **Erträge** braucht der Testamentsvollstrecker nicht auszuschütten, sondern kann sie thesaurieren (BGH FamRZ 86, 900; 88, 279). Der Testamentsvollstrecker überschreitet allerdings den ihm in § 2216 I gezogenen Rahmen einer ordnungsgemäßen Verwaltung, wenn er den Erben nicht die Mittel zur Begleichung der durch den Erbfall entstandenen Steuerschulden sowie für den eigenen Unterhalt und die Erfüllung gesetzlicher Unterhaltspflichten überlässt (RG Recht 22 Nr 615).

Nach S 1 Hs 2 kann die Verwaltungsvollstreckung **dauerhaft** zusätzlich zur Erfüllung von Abwicklungsaufgaben und über deren Erledigung hinaus angeordnet werden. Die erweiterte Verpflichtungsbefugnis soll dann von Anfang an bestehen (Staud/*Reimann* Rn 4). Zur zeitlichen Grenze der Verwaltungsvollstreckung s § 2210 und die Erläuterungen dazu.

§ 2210 Dreißigjährige Frist für die Dauervollstreckung

¹Eine nach § 2209 getroffene Anordnung wird unwirksam, wenn seit dem Erbfall 30 Jahre verstrichen sind. ²Der Erblasser kann jedoch anordnen, dass die Verwaltung bis zum Tode des Erben oder des Testamentsvollstreckers oder bis zum Eintritt eines anderen Ereignisses in der Person des einen oder des anderen fortdauern soll. ³Die Vorschrift des § 2163 Abs. 2 findet entsprechende Anwendung.

Die **Dauervollstreckung** endet nach § 2210 – wie andere Beschränkungen der Verfügungsfreiheit im Erbrecht (§§ 2044 II, 2109, 2162) – **30 Jahre** nach dem Erbfall. Für die Beschwerung natürlicher Personen (für juristische Personen bleibt es nach S 3 bei der 30jährigen Höchstdauer) kann die Frist darüber hinaus bis zum Tode oder einem anderen Ereignis (zB das Erreichen eines bestimmten Alters) des Testamentsvollstreckers oder des Erben verlängert werden. Im Zusammenhang mit der Befugnis des Testamentsvollstreckers nach § 2199 II zur Ernennung eines Nachfolgers wäre denkbar, das Ende der Testamentsvollstreckung erst auf den Tod des allerletzten Testamentsvollstreckers festzulegen. Dies ist mit dem Sinn des § 2210 nicht zu vereinbaren. Für die Nacherbfolge hat der Gesetzgeber in § 2109 I 2 Nr 1 das entspr Problem dadurch gelöst, dass er zusätzlich verlangt, der Letztberufene müsse beim Erbfall bereits gelebt haben. Dies ist analog für die Testamentsvollstreckung heranzuziehen. Von vornherein eine längere Frist von 70 Jahren gilt nach §§ 28 II 2, 64 UrhG für das Urheberrecht.

Für den **Abwicklungsvollstrecker** und andere Vollstrecker mit Aufgaben außerhalb des § 2209 (zB Überwachung des Vollzugs einer Auflage) gilt § 2210 nicht. ZB bei Ausschöpfung der 30-Jahresfrist nach § 2044 II kann die Vollstreckertätigkeit daher länger als 30 Jahre nach dem Erbfall dauern oder sogar erst später beginnen.

§ 2211 Verfügungsbeschränkung des Erben

(1) Über einen der Verwaltung des Testamentsvollstreckers unterliegenden Nachlassgegenstand kann der Erbe nicht verfügen.

(2) Die Vorschriften zugunsten derjenigen, welche Rechte von einem Nichtberechtigten herleiten, finden entsprechende Anwendung.

§ 2211 ist die zentrale Vorschrift für die Konstituierung des Nachlasses unter Testamentsvollstreckung als **Sondervermögen**. Als Kehrseite der Verfügungsbefugnis des Testamentsvollstreckers nach § 2205 S 2 schließt die Vorschrift die **Verfügungsbefugnis** des Erben aus. Ergänzt wird die Vorschrift durch § 2214, wonach auch die Gläubiger der Erben keinen Zugriff auf den Nachlass haben. Die Verfügungsbeschränkung des Erben reicht aber nur soweit wie die Testamentsvollstreckung: Bezieht sich diese gemäß § 2208 auf Teile oder einzelne Gegenstände des Nachlasses nicht, ist hierüber der Erbe verfügungsbefugt. Andererseits beginnt die Absonderung des Nachlasses und somit die Beschränkung der Erben sogleich mit dem Erbfall, also schon vor Annahme des Amtes durch den Testamentsvollstrecker nach § 2202 (BGHZ 48, 214, 220). Von der Verfügungsbeschränkung nicht erfasst wird der Erbteil selbst, über den der Erbe auch bei Bestehen der Testamentsvollstreckung (die dann gegenüber dem Erwerber sogar bei dessen gutem Glauben fortdauert) nach § 2033 verfügen kann. Soweit der Erbe nicht verfügungsberechtigt ist, hat auch der Insolvenzverwalter über das Vermögen des Erben keinen Zugriff auf die Nachlassgegenstände (Staud/*Reimann* Rn 2).

2 **Verfügungen des Erben** entgegen § 2211 sind schwebend unwirksam (RGZ 87, 432, 433 f), können aber vom Testamentsvollstrecker oder nach Ende der Testamentsvollstreckung (auch durch Überlassung des Gegenstandes nach § 2217 I) vom Erben selbst gemäß § 185 II 1 genehmigt werden. An Verpflichtungsgeschäften ist der Erbe hingegen nicht gehindert; er kann sie jedoch nicht aus dem Nachlass erfüllen, und die Gläubiger aus solchen Geschäften können nicht mit Forderungen gegen den Nachlass aufrechnen (BGHZ 25, 275, 286 f).

3 Nach II können Erwerber vom Erben **kraft guten Glaubens** entgegen der Verfügungsbeschränkung des I Eigentümer der Sache oder Inhaber des Rechts werden nach §§ 892 f, 932 ff, 1032, 1207, 1244, 2364 ff. Dies kommt in Betracht, wenn im Grundbuch (§ 52 GBO) oder im Erbschein kein Testamentsvollstreckervermerk eingetragen worden ist oder der Erwerber die Zugehörigkeit zum Nachlass nicht kennt (AnwK/*Weidlich* Rn 11). Ein redlicher Erwerb von Forderungen ist – wie auch sonst – ausgeschlossen. Entspr anwendbar ist aber § 407 auf Leistungen an den Erben statt an den Testamentsvollstrecker. Bei **Verfügungen des Testamentsvollstreckers** ohne Verfügungsbefugnis über den Gegenstand (vgl Rn 1) gilt II nicht. Möglich bleibt aber ein redlicher Erwerb, wenn der Erwerber den Testamentsvollstrecker für den Eigentümer oder Inhaber hält.

§ 2212 Gerichtliche Geltendmachung von der Testamentsvollstreckung unterliegenden Rechten

Ein der Verwaltung des Testamentsvollstreckers unterliegendes Recht kann nur von dem Testamentsvollstrecker gerichtlich geltend gemacht werden.

1 § 2212 ist Spezialvorschrift zum **Verwaltungsrecht** des Testamentsvollstreckers nach § 2205 S 1. Die Begründung des Prozessrechtsverhältnisses durch den Testamentsvollstrecker hat zugleich die Wirkungen der §§ 2206, 2207 S 1. § 2212 wird ergänzt durch § 327 ZPO. Entspr seiner allgemeinen Stellung ist der Testamentsvollstrecker Partei kraft Amtes (nicht Vertreter, BGHZ 51, 209, 214) iSd § 116 S 1 Nr 1 ZPO. Hierbei ergeben sich allerdings für einzelne Prozesshandlungen wie Anerkenntnis und (Teil-)Verzicht wegen ihres auch materiell-rechtlichen Charakters Einschränkungen insbes aus § 2205 S 3. Unterliegt der Testamentsvollstrecker im Prozess, hat für die Kosten der Nachlass nach § 2206 S 1 aufzukommen, nicht der Testamentsvollstrecker persönlich (Staud/*Reimann* Rn 4 mwN). Hat der Aktivnachlass einen zu geringen Umfang, kann der Testamentsvollstrecker Prozesskostenhilfe beantragen. Zu unterscheiden von der Prozessführung für den Nachlass sind Klagen, die den Testamentsvollstrecker persönlich betreffen, wie etwa eine (negative) Feststellungsklage wegen seiner Haftung aus § 2219 oder die Klage auf Vergütung nach § 2221.

2 § 2212 betrifft die Prozesse, die der Testamentsvollstrecker als Kläger führt. Prozesse **gegen „den Nachlass"** betrifft § 2213. Diese Vorschrift gilt auch, wenn der Testamentsvollstrecker gegen einen Dritten eine negative Feststellungsklage erhebt (BGHZ 104, 1, 4). Amtieren mehrere Vollstrecker, sind sie im Prozess Streitgenossen nach § 62 ZPO (RGZ 98, 173, 174), es sei denn der klagende Vollstrecker hat eine Alleinbefugnis nach § 2224 II. Ist die Verfügungsbefugnis des Testamentsvollstreckers nach § 2208 beschränkt und kann er insoweit nur gemeinsam mit einem oder mehreren Erben handeln, ist er prozessual auch mit diesen notwendiger Streitgenosse nach § 62 ZPO. Nach § 2208 kann der Erblasser dem Testamentsvollstrecker die Prozessführungsbefugnis nach § 2212 ganz entziehen. Dann ist **der Erbe** klageberechtigt. Dasselbe gilt für Ansprüche (insbesondere nach § 2219) des Nachlasses gegen den Testamentsvollstrecker (BGH ZEV 02, 499). Das bloße Unterlassen der Prozessführung durch den Testamentsvollstrecker begründet aber keine eigene Befugnis des Erben. Eine Ausnahme von der Prozessführungsbefugnis für die Testamentsvollstreckung zur Vollziehung einer Auflage ist nicht vorgesehen. Deshalb ist der Testamentsvollstrecker auch insoweit prozessführungsbefugt (aA Palandt/*Edenhofer* Rn 1). Da das Urteil im Prozess nach §§ 2212, 2213 für und gegen die Erben Rechtskraftwirkung hat (§ 327 ZPO), können die Erben dem vom Testamentsvollstrecker geführten Prozess als **Nebenintervenienten** nach § 69 ZPO beitreten. Bestreitet ein Erbe die Zuständigkeit des Vollstreckers für den Prozess (zB weil er gar nicht wirksam Vollstrecker geworden sei), kann er auch als **Hauptintervenient** nach § 69 ZPO beitreten. Umgekehrt kann der Testamentsvollstrecker zB wegen der Gefahr des Schadensersatzes aus § 2219 den Erben den Streit verkünden (§§ 72 ff ZPO).

3 Folge der Prozessführungsbefugnis des Testamentsvollstreckers ist, dass nur er einen vom Erblasser begonnenen Prozess nach § 239, 241, 243 ZPO **aufnehmen** kann (BGHZ 104, 1, 3). Beim Ende des Testamentsvollstreckeramtes während des Prozesses kann ein neuer Testamentsvollstrecker nach §§ 241, 246 ZPO den Prozess fortführen, bei Ende der Testamentsvollstreckung insgesamt der Erbe nach §§ 239, 246 ZPO (BGH NJW 64, 2301). Ferner kann der Erbe nach Ende der Testamentsvollstreckung nach §§ 728, 727 ZPO eine vollstreckbare Ausfertigung des vom Testamentsvollstrecker erstrittenen Urteils verlangen.

§ 2213 Gerichtliche Geltendmachung von Ansprüchen gegen den Nachlass

(1) ¹Ein Anspruch, der sich gegen den Nachlass richtet, kann sowohl gegen den Erben als gegen den Testamentsvollstrecker gerichtlich geltend gemacht werden. ²Steht dem Testamentsvollstrecker nicht die Verwaltung des Nachlasses zu, so ist die Geltendmachung nur gegen den Erben zulässig. ³Ein Pflichtteilsanspruch kann, auch wenn dem Testamentsvollstrecker die Verwaltung des Nachlasses zusteht, nur gegen den Erben geltend gemacht werden.
(2) Die Vorschrift des § 1958 findet auf den Testamentsvollstrecker keine Anwendung.
(3) Ein Nachlassgläubiger, der seinen Anspruch gegen den Erben geltend macht, kann den Anspruch auch gegen den Testamentsvollstrecker dahin geltend machen, dass dieser die Zwangsvollstreckung in die seiner Verwaltung unterliegenden Nachlassgegenstände dulde.

Im Umfang der Verwaltungsbefugnis (§§ 2205 S 1, 2208) und der aktiven Prozessführungsbefugnis nach § 2212 kann der Testamentsvollstrecker nach § 2213 konsequenterweise idR auch **verklagt** werden. § 2213 ermöglicht den Gläubigern **zusätzlich** die Klage gegen die Erben, da nach §§ 1967, 2058 f die Erben persönlich mit ihrem sonstigen Vermögen den Gläubigern haften (können). Will der Gläubiger sowohl in das Eigenvermögen des Erben als auch in den Nachlass vollstrecken, muss er **Erbe und Testamentsvollstrecker** gemeinsam verklagen. Dies gilt auch dann, wenn der Testamentsvollstrecker zugleich selbst Erbe ist. Der Erbe kann allerdings uU den Vorbehalt der auf den Nachlass beschränkten Haftung nach §§ 780, 781 ZPO geltend machen, und bei der Klage gegen den Testamentsvollstrecker trägt der Gläubiger das Risiko etwaiger Beschränkungen der Testamentsvollstreckung. Liegt eine solche Beschränkung vor, ist nach I S 2 nur der Erbe passiv prozessführungsbefugt. In Hinblick auf solche Fälle empfiehlt sich die Verknüpfung der Klage gegen den Erben mit derjenigen nach III gegen den Testamentsvollstrecker auf Duldung der Zwangsvollstreckung in die von ihm verwalteten Gegenstände. Dann kann bei Erfolg der Klage in die Gegenstände nach § 748 II ZPO vollstreckt werden. Dasselbe Modell der Verknüpfung von Leistungsklage gegen den Erben und Duldungstitel gegen den Testamentsvollstrecker ist für Pflichtteilsansprüche nach I 3 iVm § 748 III ZPO vorgesehen. Dingliche Ansprüche wegen Sachen, die der Testamentsvollstrecker in Besitz hat (vgl § 2205 S 2), können überhaupt nur durch Herausgabesprüche gegen die Erben nach I 2 und Duldungstitel gegen den Testamentsvollstrecker nach III (analog) verwirklicht werden (vgl Staud/*Reimann* Rn 14 mwN). In anderen Fällen, in denen der Testamentsvollstrecker überhaupt keine Verwaltungsbefugnis hat, kann gegen ihn hingegen nicht einmal auf Duldung geklagt werden.

Obwohl der Erbe demnach immer und in erster Linie verklagt werden kann, sind seine **Verteidigungsmöglichkeiten** begrenzt: Aufrechnungen mit Nachlassforderungen sind ihm wegen §§ 2211, 2212 ebenso verwehrt wie die Geltendmachung von (anderen) Einwendungen und Einreden oder die Erhebung der Widerklage wegen Forderungen und Rechten, die zum Nachlass gehören. Allerdings kann in das Eigenvermögen des Erben nach § 778 I ZPO **nicht vor der Annahme** der Erbschaft vollstreckt werden. Deshalb kann gegen den Erben nach § 1958 vorher auch nicht geklagt werden.

Obwohl der Testamentsvollstrecker auf Erfüllung von **Pflichtteilsansprüchen** demnach nicht allein verklagt werden kann (o Rn 1), ist ihm die Möglichkeit einzuräumen, bei unstreitig bestehendem Pflichtteilsrecht die Auskunfts- und Leistungsansprüche nach §§ 2314, 2303 zu erfüllen. In Fällen, in denen nur der Testamentsvollstrecker die nötigen Informationen hat, ist er dazu und zur Auskunftserteilung gegenüber dem Erben nach § 2216 I sogar verpflichtet (Staud/*Reimann* Rn 19). Hingegen kann er den Pflichtteilsanspruch gegen den Willen des Erben nicht anerkennen (BGHZ 51, 125).

Das Urteil gegen den Testamentsvollstrecker aufgrund § 2213 **wirkt** auch für und gegen den **Erben**, § 327 II ZPO. Das Urteil gegen den Erben wirkt im Falle des Unterliegens nur gegen diesen selbst, bei Obsiegen hingegen auch für den Testamentsvollstrecker, weil er ja einen Teil des Vermögens des Erben verwaltet, der nach der rechtskräftigen Feststellung gerade nicht haften soll (*Stein/Jonas/Roth* § 327 ZPO Rn 8).

Für Ansprüche gegen den **Testamentsvollstrecker persönlich**, zB der Erben nach § 2219 (BGH NJW-RR 88, 386) oder Dritter nach § 311 III (weitere Fälle bei AnwK/*Weidlich* Rn 19 mwN), gilt § 2213 nicht. Für solche „Privatklagen" (zur Abgrenzung AnwK/*Weidlich* Rn 17, 18 mwN) ist allein der Testamentsvollstrecker zuständig.

§ 2214 Gläubiger des Erben

Gläubiger des Erben, die nicht zu den Nachlassgläubigern gehören, können sich nicht an die der Verwaltung des Testamentsvollstreckers unterliegenden Nachlassgegenstände halten.

Die Vorschrift **schützt** den Nachlass als Sondervermögen in Konsequenz des Prinzips, das schon in § 2111 niedergelegt ist, **vor den Eigengläubigern** der Erben. Dadurch kann der Erblasser mit der Anordnung von Testamentsvollstreckung den Nachlass auf lange Dauer (vgl § 2210) und wirksamer als durch ein Auseinandersetzungsverbot nach § 2044 zusammenhalten. Möglich bleibt den Gläubigern des Erben die Vollstreckung in dessen Erbrecht oder Erbteil selbst (§ 859 II ZPO). Wer auf die Nachlassbeteiligung eines Erben zugreifen will, der unter Testamentsvollstreckung steht, hat aber nicht die Auskunfts- und Verwaltungsrechte nach §§ 2027, 2028, 2038, 2057 (BGH NJW-RR 05, 369 für den Sozialhilfeträger). Betreibt ein Erbengläubiger die Zwangsvollstreckung in den Nachlass, ist diese unzulässig und dem Testamentsvollstrecker steht die Erinnerung nach § 766 ZPO zu (Staud/*Reimann* Rn 4). Auch die Insolvenz des Erben lässt die Wirkung des § 2214 bestehen: § 80 InsO ist auf die Verfügungsbeschränkung des Erben nicht anwendbar. Hatte der Erblasser allerdings zB eine Sache des Erben in Besitz, kann der Erbe ebenso wie die Gläubiger dingliche Ansprüche gegen den Erblasser unmittelbar in den Nachlass vollstrecken.

2 Besondere Probleme ergeben sich bei langer Dauer der Testamentsvollstreckung hinsichtlich der anfallenden **Erträge.** Soweit der Testamentsvollstrecker aufgrund einer Anordnung nach § 2216 II 1 oder auch einer ergänzenden Auslegung des Testaments Erträge an die Erben ausschüttet, sind sie dem Zugriff der Eigengläubiger ausgesetzt. Aber selbst bei Thesaurierung der Erträge können die Gläubiger insoweit nicht an der Zwangsvollstreckung gehindert werden als die angesammelten Erträge wegen ihres Umfanges über den Nachlass „hinausgewachsen" sind (BGH DNotZ 87, 116). Dogmatisch ist dies als partielle Beendigung der Testamentsvollstreckung einzuordnen (Staud/*Reimann* Rn 6). Die Abgrenzung zwischen „normalen" Erträgen und übermäßiger Thesaurierung ist nach betriebswirtschaftlichen Kriterien und Usancen vorzunehmen.

§ 2215 Nachlassverzeichnis

(1) Der Testamentsvollstrecker hat dem Erben unverzüglich nach der Annahme des Amts ein Verzeichnis der seiner Verwaltung unterliegenden Nachlassgegenstände und der bekannten Nachlassverbindlichkeiten mitzuteilen und ihm die zur Aufnahme des Inventars sonst erforderlichen Beihilfe zu leisten.
(2) Das Verzeichnis ist mit der Angabe des Tages der Aufnahme zu versehen und von dem Testamentsvollstrecker zu unterzeichnen; der Testamentsvollstrecker hat auf Verlangen die Unterzeichnung öffentlich beglaubigen zu lassen.
(3) Der Erbe kann verlangen, dass er bei der Aufnahme des Verzeichnisses zugezogen wird.
(4) Der Testamentsvollstrecker ist berechtigt und auf Verlangen des Erben verpflichtet, das Verzeichnis durch die zuständige Behörde oder durch einen zuständigen Beamten oder Notar aufnehmen zu lassen.
(5) Die Kosten der Aufnahme und der Beglaubigung fallen dem Nachlass zur Last.

1 Die Pflicht zur Erstellung eines **Nachlassverzeichnisses** (einschließlich aller Passiva), von der der Erblasser den Testamentsvollstrecker nicht befreien kann (§ 2220), ist die Grundlage für die ganze weitere Tätigkeit des Testamentsvollstreckers. Dieses Verzeichnis hat der Testamentsvollstrecker den Erben nach I unaufgefordert und unverzüglich mitzuteilen. Das Verzeichnis ist nicht identisch mit einem Inventar nach §§ 1993 ff, dessen Errichtung auch bei Bestehen einer Testamentsvollstreckung Sache der Erben ist. Die Angaben des § 2001 II (Beschreibung, Wertangaben) muss das Verzeichnis nach § 2215 nicht enthalten. Der Testamentsvollstrecker ist aber zu Ergänzungen des Verzeichnisses um solche Angaben nach I verpflichtet, wenn der Erbe ein Inventar errichten möchte. Zweckmäßig ist es, den Erben hinzuzuziehen (III) und die Aufnahme des Verzeichnisses durch einen Notar oder das Amtsgericht (als die regelmäßig außerdem „zuständige" Behörde) nach IV zu veranlassen, wenn die Notwendigkeit der Inventarerrichtung in Betracht kommt. Dann kann das Verzeichnis nach § 2004 das Inventar ersetzen. Auf Verlangen jedes Erben ist der Testamentsvollstrecker zur Einhaltung dieses Weges auf Kosten des Nachlasses (V) verpflichtet. Sonst ergibt sich aus II die einfache Schriftform für das Verzeichnis. Verzichtet der Erbe zunächst auf ein Verzeichnis, kann er das Verlangen dennoch später nachholen (Köln NJW-RR 05, 94). Ist der Testamentsvollstrecker zugleich gesetzlicher Vertreter des oder eines Erben, sollte er iSd sichersten Weges einen Pfleger zur Erstellung des Verzeichnisses hinzuziehen.

§ 2216 Ordnungsmäßige Verwaltung des Nachlasses, Befolgung von Anordnungen

(1) Der Testamentsvollstrecker ist zur ordnungsmäßigen Verwaltung des Nachlasses verpflichtet.
(2) ¹Anordnungen, die der Erblasser für die Verwaltung durch letztwillige Verfügung getroffen hat, sind von dem Testamentsvollstrecker zu befolgen. ²Sie können jedoch auf Antrag des Testamentsvollstreckers oder eines anderen Beteiligten von dem Nachlassgericht außer Kraft gesetzt werden, wenn ihre Befolgung den Nachlass erheblich gefährden würde. ³Das Gericht soll vor der Entscheidung, soweit tunlich, die Beteiligten hören.

1 **I. Die Pflicht des Testamentsvollstreckers zur ordnungsgemäßen Verwaltung.** Der vielfach sehr weitgehenden „Herrschaft" des Testamentsvollstreckers über den Nachlass, insbes gem § 2205, entspricht die Pflicht nach § 2216 I, die Verwaltung „ordnungsgemäß" zu führen. Hiervon kann der Erblasser den Testamentsvollstrecker nicht befreien (§ 2220), und die Erben (BGHZ 25, 275, 280) sowie konsequenterweise auch die Vermächtnisnehmer, denen gegenüber die Verpflichtung besteht, können deren Erfüllung, soweit dies mit einem

konkreten Antrag möglich ist, im Klagewege **erzwingen**. Wichtiger noch als die unmittelbare Klagbarkeit ist die Schadensersatzsanktion nach § 2219. Außerdem ist der Verstoß gegen die Ordnungsgemäßheit der Verwaltung ein Grund, den Testamentsvollstrecker nach § 2227 zu entlassen. Verfügungen über Nachlassgegenstände, die den Grundsätzen ordnungsgemäßer Verwaltung widersprechen, sind aber idR gültig. Nur soweit der Empfänger den Missbrauch der Amtsmacht erkannt hat oder hätte erkennen müssen, ist die Verfügung unwirksam (Staud/*Reimann* Rn 17 mwN).

Der Standard einer „ordnungsgemäßen Verwaltung" ist recht unbestimmt und lässt daher dem Testamentsvollstrecker ein beträchtliches **Ermessen** (vgl BGH NJW 87, 1070). Das Leitbild der Testamentsvollstreckertätigkeit hat sich mit den allgemeinen wirtschaftlich-ethischen Vorstellungen **gewandelt**. Während zur Zeit des Inkrafttretens des BGB noch eher der „gute Hausvater" und allenfalls die „kaufmännische Vorsicht" die Ziele der Verwaltung bestimmten, steht heute der „dynamische Kaufmann" im Blickpunkt (BayObLG ZEV 98, 348). Dies rückt den modernen Testamentsvollstrecker in die Nähe eines Managers oder doch eines professionellen Vermögensverwalters. Jedenfalls muss der Testamentsvollstrecker umsichtig Risiken und Chancen kalkulieren und dementsprechend handeln (BGH ZEV 95, 110). Steht nach der Struktur des Nachlasses dessen Verwaltung unternehmerischer Tätigkeit nahe, ist für den Testamentsvollstrecker die Anwendung der „business judgement rule" erwägenswert. Steht die reine Vermögensverwaltung im Vordergrund, ist der Testamentsvollstrecker durchaus zur Eingehung eines kalkulierbaren Risikos berechtigt und verpflichtet, um eine angemessene Rendite zu erzielen (AnwK/*Weidlich* Rn 3 mwN). Zu berücksichtigen hat er im übrigen die Inflationsanfälligkeit, Kosten und Steuern, Liquidierbarkeit und Marktfähigkeit der Anlage im Vergleich zu alternativen Anlagemöglichkeiten (*Schmitz* Zerb 03, 3 ff). Besondere persönliche Qualifikationen des Testamentsvollstreckers erhöhen die Anforderungen an den einzuhaltenden Standard (BaRoth/*Mayer* Rn 7 mwN). 2

Zur Erfüllung seiner Verwaltungsaufgaben **im einzelnen** hat der Testamentsvollstrecker zunächst den genauen Inhalt der letztwilligen Verfügung und seiner eigenen Aufgabenbestimmung – wenn nötig, durch Auslegung – zu ermitteln. Sodann hat er den Nachlassbestand festzustellen (vgl § 2215) und zu sichern. Dazu muss er uU Forderungen einklagen, darf aber – insbes als Rechtsanwalt – keine überflüssigen oder erkennbar aussichtslosen Prozesse führen. Vor allem bei Dauervollstreckung muss er den Vermögensbestand laufend überprüfen und – soweit erforderlich – für Umschichtungen sorgen, um eine befriedigende Verzinsung zu erreichen. Spekulative Anlagen in gewissem Umfang hat der BGH (NJW 87, 1070) ausdrücklich gebilligt. Die erzielten Erträge können iRd kaufmännisch Vertretbaren thesauriert werden, müssen aber an die Erben ausgeschüttet werden, wenn diese sie zur Bestreitung eines angemessenen Unterhalts für sich selbst und ihrer Familienangehörigen sowie zur Begleichung von Steuerschulden benötigen (BaRoth/*Mayer* Rn 15 mwN). Besonders wichtig ist die richtige Verkaufsstrategie bei der Veräußerung von Nachlassgegenständen, um die Nachlassverbindlichkeiten erfüllen und die Erbengemeinschaft auseinandersetzen zu können. So muss er sich um eine günstige Verwertung von Nachlassgrundstücken – etwa durch freihändigen Verkauf – bemühen und darf nicht den bequemen Weg der Teilungsversteigerung wählen, die typischerweise erheblich weniger als den Verkehrswert erbringt (BGH NJW-RR 01, 1369). 3

II. Verwaltungsanordnungen des Erblassers. Der Erblasser kann dem Testamentsvollstrecker Anordnungen für die Verwaltung bis zur Grenze des § 138 I (zB bei Knebelung der Erben) geben. Sie müssen **in einer Verfügung von Todes wegen** enthalten oder ihr durch Auslegung zu entnehmen sein. Einen nicht formgerecht geäußerten Willen des Erblassers kann der Testamentsvollstrecker allenfalls aufgrund besonderer Abmachung mit den Erben zur Geltung bringen. Solche Vereinbarungen schließen Schadensersatzansprüche der Erben nach § 2219 oder den Antrag nach § 2227 aus. In der Verfügung von Todes wegen geäußerte **Wünsche** sind keine Anordnungen, es sei denn der Erblasser pflegte auch sonst Anordnungen als bloße Wünsche zu formulieren. Verbreitet sind bestimmte Verfahrensanordnungen, insbes Zustimmungsrechte der Erben zu Verwaltungsmaßnahmen (Demokratieklauseln, dazu Staud/*Reimann* Rn 24). Neben Verwaltungsanordnungen kommen auch Auseinandersetzungsanordnungen nach § 2048 in Betracht, die ebenfalls für den Testamentsvollstrecker bindend sind. Will der Erblasser den Testamentsvollstrecker nicht nur mit solch schuldrechtlichen Mitteln steuern, muss er die Verwaltungsbefugnis nach § 2208 beschränken. 4

Die Verwaltungsanordnungen können mit Hilfe der **ergänzenden Auslegung** an veränderte Verhältnisse angepasst werden (Staud/*Reimann* Rn 26). Fehlen dafür ausreichende Anhaltspunkte und muss der Testamentsvollstrecker befürchten, durch die Befolgung der Anordnung den Bestand des Nachlasses oder die wirtschaftliche Existenz von Erben (Staud/*Reimann* Rn 28 mwN) zu gefährden oder den Zweck der Testamentsvollstreckung selbst zu vereiteln (weil in diesem Falle Anordnung der Testamentsvollstreckung und Verwaltungsanordnung perplex wären, nach § 2084 die Testamentsvollstreckung aber aufrecht zu erhalten ist), dann können der Testamentsvollstrecker oder andere Beteiligte (Erben, Vermächtnisnehmer) nach II S 2 den **Antrag auf Aufhebung** beim Nachlassgericht stellen. Soweit der Testamentsvollstrecker die Verwaltung nur sinnvoll führen kann, wenn der Antrag gestellt wird, ist er zur Antragstellung verpflichtet (Palandt/*Edenhofer* Rn 5; teilweise aA Staud/*Reimann* Rn 35 mwN). Im Verfahren müssen – in berichtigender Interpretation von II S 3 gemäß Art 103 I GG – die Beteiligten gehört werden. Gegen die Entscheidung kann jeder beschwerte Beteiligte einfache Beschwerde nach §§ 19, 20 FGG erheben, bei mehreren Testamentsvollstreckern jeder selbständig nach § 82 I FGG. Die Ablehnung des Antrags kann nur vom Antragsteller angegriffen werden, § 20 II FGG. 5

§ 2217 Überlassung von Nachlassgegenständen

(1) ¹Der Testamentsvollstrecker hat Nachlassgegenstände, deren er zur Erfüllung seiner Obliegenheiten offenbar nicht bedarf, dem Erben auf Verlangen zur freien Verfügung zu überlassen. ²Mit der Überlassung erlischt sein Recht zur Verwaltung der Gegenstände.
(2) Wegen Nachlassverbindlichkeiten, die nicht auf einem Vermächtnis oder einer Auflage beruhen, sowie wegen bedingter und betagter Vermächtnisse oder Auflagen kann der Testamentsvollstrecker die Überlassung der Gegenstände nicht verweigern, wenn der Erbe für die Berichtigung der Verbindlichkeiten oder für die Vollziehung der Vermächtnisse oder Auflagen Sicherheit leistet.

1   Mit der Anordnung der Testamentsvollstreckung wird der Erblasser vielfach die Erben nicht gänzlich vom Nachlass ausschließen wollen. Eine Verpflichtung zur Ausschüttung von **Erträgen** ergibt sich im allgemeinen schon aus § 2216 I. Im übrigen kann nach § 2217 I der Erbe die Herausgabe von Nachlassgegenständen unter den dort genannten Voraussetzungen verlangen, wenn der Erblasser nichts Gegenteiliges angeordnet hat (vgl 2220). Weitergehend sieht die hM (BGHZ 56, 275, 284; Staud/*Reimann* Rn 10 mwN) die Freigabe an die Erben grds als ausgeschlossen an, wenn **Dauervollstreckung** angeordnet ist. Auch insofern kommt es jedoch auf den Zweck an, den der Erblasser mit der Vollstreckung verfolgt: Wenn sich die Anordnung auf den ganzen Nachlass bezieht (der Erblasser also von § 2208 keinen Gebrauch gemacht hat), der Zweck aber zB die Erhaltung des Grundbesitzes ist, kann den Erben nach Begleichung aller Nachlassverbindlichkeiten einschließlich der ErbSt sehr wohl der Anspruch aus § 2217 I hinsichtlich des Mobiliar- und Wertpapiervermögens zustehen.

2   Das Verlangen gem § 2217 I muss **von allen Erben** geltend gemacht werden. Erbe und Testamentsvollstrecker gemeinsam können sich, soweit § 2216 I nicht entgegen steht, auch über § 2217 hinaus auf eine Teil-Auseinandersetzung einigen. Besteht der Freigabeanspruch, können die Erben gegen den Testamentsvollstrecker klagen. Dabei ist str, ob es sich um eine **Amtsklage** oder eine persönliche Klage (so OGHZ 2, 45, 48) handelt. Da der Anspruch aus dem Nachlass zu erfüllen ist, dürfte die Amtsklage der richtige Weg sein (AnwK/*Weidlich* § 2213 Rn 18 mwN). Ein **Zurückbehaltungsrecht** wegen des Anspruchs aus § 2221 will die überwiegende Meinung (vgl nur Palandt/*Edenhofer* Rn 9 mwN) dem Testamentsvollstrecker nicht erlauben, jedoch zu Unrecht, soweit die Verwirklichung dieses Anspruchs aus dem Nachlass sonst gefährdet wäre. Freilich kann der Erbe das Zurückbehaltungsrecht durch Sicherheitsleistung nach II abwenden.

3   Die Erfüllung des Freigabeverlangens erfolgt durch **einseitiges Rechtsgeschäft** des Erblassers gegenüber dem Erben (AnwK/*Weidlich* Rn 9 mwN, auch zur Gegenansicht). Dies kann zB konkludent durch Überlassung eines Handelsgeschäfts an die Erben zur Führung im eigenen Namen geschehen (BGHZ 12, 100, 104). Lagen die Freigabevoraussetzungen nicht vor, tritt die Wirkung des I S 2 (Erlöschen der Verwaltungs-, Verfügungs- und Prozessführungsbefugnis) dennoch ein. Der Testamentsvollstrecker hat jedoch für den Nachlass einen Herausgabeanspruch nach § 812 I 1Alt 1 (außer bei § 814). Will der Erblasser sicher gehen, dass sich Erben und Testamentsvollstrecker nicht durch freiwillige Überlassung von Nachlassgegenständen über seinen Willen hinwegsetzen, muss er Straf- und Verwirkungsklauseln gegenüber Testamentsvollstrecker und Erben verwenden. Ein für diesen Fall eingesetzter neuer Testamentsvollstrecker braucht sich bei Herausgabeverlangen nicht das Wissen seines Vorgängers nach § 814 zurechnen zu lassen (AnwK/*Weidlich* Rn 19 mwN).

4   Die nach II mögliche Freigabe **gegen Sicherheitsleistung** an den Testamentsvollstrecker oder den betroffenen Nachlassgläubiger ist ausdrücklich ausgeschlossen ua bei Vermächtnissen, weil der Testamentsvollstrecker dieser Gegenstände zur Erfüllung des Vermächtnisanspruchs bedarf. Dies gilt aber ua nicht bei bedingten Vermächtnissen, weil sie bis zum Eintritt der Bedingung oder von diesem Zeitpunkt an dem Testamentsvollstrecker zu seiner Verwaltung überlassen sind. Nach diesem Sinn der Vorschrift ist eine Unterausnahme zu machen, wenn nach Eintritt der **auflösenden Bedingung** der Gegenstand an einen Dritten (Nachvermächtnisnehmer) fallen soll: Dann kann auch gegen Sicherheitsleistung keine Freigabe verlangt werden (Staud/*Reimann* Rn 23).

§ 2218 Rechtsverhältnis zum Erben; Rechnungslegung

(1) Auf das Rechtsverhältnis zwischen dem Testamentsvollstrecker und dem Erben finden die für den Auftrag geltenden Vorschriften der §§ 664, 666 bis 668, 670, des § 673 Satz 2 und des § 674 entsprechende Anwendung.
(2) Bei einer länger dauernden Verwaltung kann der Erbe jährlich Rechnungslegung verlangen.

1   Die Vorschrift dient der Ausgestaltung des **gesetzlichen Schuldverhältnisses** zwischen Erben und Testamentsvollstrecker. Da dieser nicht vom Erben beauftragt ist und der Erblasser als Vertragspartner nicht (mehr) in Frage kommt, bestimmt die Vorschrift, dass die meisten Auftragsregelungen entspr anzuwenden sind, ergänzt durch § 671 II und III, auf die in § 2226 verwiesen wird. Die Verpflichtungen des Testamentsvollstreckers aus § 2218 sind zwingend nach § 2220, während der Erblasser zB den Aufwendungsersatzanspruch nach § 670 als

ein Recht des Testamentsvollstreckers ausschließen kann. Auch durch Vertrag zwischen Erben und Testamentsvollstrecker können die Auftragsverpflichtungen begrenzt oder erweitert werden, wenn dadurch nicht das Testamentsvollstreckeramt ausgehöhlt wird (BGHZ 30, 67, 73). Im Verhältnis zu Vermächtnisnehmern bleibt es bei der allgemeinen Verpflichtung aus § 2216 mit der Schadensersatzfolge des § 2219 bei deren Verletzung. Allerdings kann ein besonderer Auskunftsanspruch (auch sinngemäß) mit vermacht sein (BGH WM 64, 950). Nicht ausdrücklich von § 2218 erfasst wird ferner das Verhältnis eines Testamentsvollstreckers zu seinem Nachfolger im Amt. Darauf ist die Vorschrift jedoch analog anzuwenden, weil der neue Testamentsvollstrecker gleichsam die Rechtsstellung des Erben selbst verwaltet (BGH NJW 72, 1660).

Im einzelnen bedeutet die Anwendung der erwähnten Auftragsvorschriften: Eine **Übertragung** seiner Tätigkeit auf Dritte ist dem Testamentsvollstrecker nach § 664 I verwehrt, vgl aber § 2199 II. Freilich kann der Testamentsvollstrecker Gehilfen mit der Zurechnungsfolge der §§ 664 I 3, 278 heranziehen. Selbständige Vertragspartner wie Steuerberater oder Rechtsanwälte muss der Testamentsvollstrecker nur sorgfältig auswählen (AnwK/*Weidlich* Rn 5 mwN), es sei denn der Erblasser hat ihm die Selbstausführung auferlegt. Die Erteilung von Vollmachten bis hin zu einer Generalvollmacht wird man dem Testamentsvollstrecker gestatten müssen, da er die Vollmacht widerrufen kann und dadurch die Letztentscheidungsbefugnis behält (AnwK/*Weidlich* Rn 6). Auch der Erbe kann seinen Ausführungsanspruch gegenüber dem Testamentsvollstrecker nicht insgesamt übertragen (§ 664 II), wohl aber zB den Freigabeanspruch aus § 2217. 2

Erhebliche Bedeutung hat ferner die **Auskunfts-, Benachrichtigungs- und Rechenschaftspflicht** nach § 666. Die Rechnungslegungspflicht ist nach § 2218 II für eine länger dauernde Testamentsvollstreckung jährlich zu erfüllen. Für die Rechnungslegung und die Auskünfte gelten §§ 259, 260, so dass bei Zweifeln an der Seriosität und Vollständigkeit die eidesstattliche Versicherung des Testamentsvollstreckers verlangt werden kann. Zur Rechenschaft gehört die Vorlage von Belegen (BGHZ 39, 87, 94 f). Oberster Gesichtspunkt ist die Herstellung größtmöglicher Transparenz für die Erben. Unter anderem deshalb hat der Testamentsvollstrecker gegen die Ansprüche aus § 666 auch kein Zurückbehaltungsrecht wegen seines Anspruchs aus § 2221 (BGHZ 107, 200). Ein Anspruch des Testamentsvollstreckers auf Entlastung ist gesetzlich nicht vorgesehen und daher zu verneinen (Staud/*Reimann* Rn 21 mwN, auch zur Gegenansicht). Die Kosten der Informationen trägt der Nachlass. Die Klage der Erben (auch einzelner Miterben nach § 2039) richtet sich gegen den Testamentsvollstrecker als Amtsinhaber (str, vgl AnwK/*Weidlich* Rn 28). Für die Verjährung gilt § 197 I Nr 2 (30 Jahre). 3

Nach §§ 667, 668 hat der Testamentsvollstrecker alles, was er durch die Testamentsvollstrecker erlangt hat, **herauszugeben** und Gelder, die er erlaubterweise für sich selbst verwendet hat, nach § 246 zu **verzinsen**. Der **Aufwendungsersatz** nach § 670 steht dem Testamentsvollstrecker **neben** seiner Vergütung nach § 2221 zu. Erforderlicher Aufwand iSd § 670 ist auch die Prämie für eine Haftpflichtversicherung des Testamentsvollstreckers wegen § 2219 (Soergel/*Damrau* Rn 13 str). Nach dem Tode des Testamentsvollstreckers hat dessen Erbe die Anzeigepflicht nach § 673. Der Testamentsvollstrecker seinerseits wird nach § 674 im guten Glauben an den Fortbestand der Testamentsvollstreckung geschützt. 4

§ 2219 Haftung des Testamentsvollstreckers

(1) Verletzt der Testamentsvollstrecker die ihm obliegenden Verpflichtungen, so ist er, wenn ihm ein Verschulden zur Last fällt, für den daraus entstehenden Schaden dem Erben und, soweit ein Vermächtnis zu vollziehen ist, auch dem Vermächtnisnehmer verantwortlich.
(2) Mehrere Testamentsvollstrecker, denen ein Verschulden zur Last fällt, haften als Gesamtschuldner.

Verletzt der Testamentsvollstrecker seine Pflichten, insbes die Pflicht aus § 2216 I zu ordnungsgemäßer Verwaltung, können die Erben und die Vermächtnisnehmer nach § 2219 **Ersatz** der daraus entstandenen **Schäden** verlangen. Weitere Pflichten sind in §§ 2203-2209, 2215, 2217 f, 2226 iVm 671 II und 3 niedergelegt. Nach Einführung der §§ 241 II, 280 I zum 1.1.02 ist die Vorschrift im Grunde überflüssig. Daher führt die Anwendung des § 197 I Nr 2 (30jährige Verjährungsfrist, vgl dazu BGH ZEV 02, 499) zu einem Wertungswiderspruch, der durch die Anwendung der für § 280 geltenden §§ 195, 199 (3 Jahre ab Kenntnis) auszugleichen ist (*Otte* ZEV 02, 500 f). § 280 I S 2 ist als lex generalis für die Beweislast wegen der objektiven Pflichtverletzung und des Verschuldens anzuwenden. 1

Für das **Verschulden** gilt der Maßstab des § 276. Besondere Qualifikationen des Testamentsvollstreckers (zB als Rechtsanwalt) sind zu berücksichtigen, da der Erblasser den Vollstrecker im Zweifel wegen dieser Qualifikation ausgewählt hat. Für Gehilfen haftet der Testamentsvollstrecker nach §§ 664 I 3, 278. Der Erbe darf allerdings nicht tatenlos zusehen, wenn der Testamentsvollstrecker erkennbar seine Pflichten verletzt, und muss zB Klage gegen den Testamentsvollstrecker auf Vornahme einer ordnungsgemäßen Verwaltungsmaßnahme erheben. Sonst ist sein Anspruch wegen Mitverschuldens nach § 254 zu kürzen (RGZ 138, 132, 137). 2

Durch **Vereinbarungen** mit den Erben (und gegebenenfalls den Vermächtnisnehmern) über einzelne Verfügungen und durch die Zustimmung zu Verpflichtungen gem § 2206 II kann der Testamentsvollstrecker die Haftung vermeiden. Für den Erblasser gilt hingegen § 2220. Der Anspruch richtet sich gegen den **Testamentsvollstrecker persönlich** und führt zur Zwangsvollstreckung in dessen eigenes Vermögen. Klagebefugt sind die 3

Erben oder Vermächtnisnehmer selbst. Ist allerdings ein Nachfolger als Testamentsvollstrecker im Amt, gilt für den zum Nachlass gehörenden Ersatzanspruch der Erben (nicht: des Vermächtnisnehmers) wieder § 2212 (BGH ZEV 02, 499). **Dritte** haben Schadensersatzansprüche gegen den Testamentsvollstrecker uU nach § 311 III. Die Erben haften für das Verschulden des Testamentsvollstreckers gegenüber Dritten im rechtsgeschäftlichen Bereich nach § 278 (analog), aus unerlaubter Handlung hingegen überhaupt nicht (Palandt/*Edenhofer* Rn 5; für die Anwendung von § 31 aber BaRoth/*Mayer* Rn 20 mwN).

§ 2220 Zwingendes Recht

Der Erblasser kann den Testamentsvollstrecker nicht von den ihm nach den §§ 2215, 2216, 2218, 2219 obliegenden Verpflichtungen befreien.

1 Zum **Schutz des Erben** ist der Erblasser nach der Vorschrift gehindert, den Testamentsvollstrecker zum Nachteil der Erben von den aufgeführten Pflichten freizustellen. Durch Vereinbarung zwischen Testamentsvollstrecker und Erben kann hingegen die Haftung gemildert oder ausgeschlossen werden. Weitere zwingende Schutzvorschriften sind §§ 2205 S 3 und 2207 S 2 (Verbot unentgeltlicher Geschäfte). Nach seinem Sinn kann auch § 2227 – ähnlich dem Kündigungsrecht aus wichtigem Grund bei Dauerschuldverhältnissen – nicht abbedungen werden (RGZ 133, 128, 135).

§ 2221 Vergütung des Testamentsvollstreckers

Der Testamentsvollstrecker kann für die Führung seines Amts eine angemessene Vergütung verlangen, sofern nicht der Erblasser ein anderes bestimmt hat.

1 Das Gesetz geht davon aus, dass der Testamentsvollstrecker regelmäßig eine **Vergütung** für seine Tätigkeit verlangen kann, bietet außer dem sehr vagen Hinweis auf die Angemessenheit keine konkreten Grundlagen für die **Höhe**. Kautelarjuristisch vordringlich ist daher, den **Erblasser**, der eine Testamentsvollstreckung anordnen möchte, zu einer Vergütungsregelung zu veranlassen. Der Erblasser kann die Vergütung auch ausdrücklich ausschließen, was aber angesichts der Bedeutung der Tätigkeit kaum zumutbar ist und für die Einsetzung „professioneller" Testamentsvollstrecker (zB Rechtsanwälte, Banken) von vornherein nicht in Frage kommt. Möglich ist allerdings, dass der Erblasser den Testamentsvollstrecker selbst (wenig empfehlenswert) oder einen Dritten testamentarisch damit betraut, die Vergütung festzulegen. Dann gelten §§ 315 ff. Eine ungewöhnlich hohe Vergütung wird steuerrechtlich als Vermächtnis gewertet und unterliegt daher der ErbSt (AnwK/*Weidlich* Rn 41 mwN). Sie ist daher zu vermeiden.

2 Fehlt eine Anordnung durch den Erblasser, ist die angemessene Höhe zu schätzen (neueste Darstellung: J. *Mayer* in Mayer/Bonefeld/Wälzholz/Weidlich,Testamentsvollstreckung 2. Aufl 05, 253-300). Orientieren kann man sich an **Tabellen**. Besonders verbreitet sind diejenigen von Möhring und Klingelhöffer (*Möhring/Beisswingert/Klingelhöffer*, Vermögensverwaltung in Vormundschafts- und Nachlasssachen 8. Aufl 99, 224 ff; Klingelhöffer, Vermögensverwaltung in Nachlasssachen 03, § 2221 Rn 323, abgedruckt ua auch in AnwK/*Weidlich* Rn 10) sowie die der über 75 Jahre alten „Rheinischen Tabelle" aufbauenden des Deutschen Notarvereins (ZEV 00, 181). Die Tabellen orientieren sich für die **Abwicklungsvollstreckung** am Nachlasswert (gebilligt von BGH ZEV 05, 22). Nicht sachgerecht erscheint demgegenüber eine Zeitvergütung (dafür aber *Zimmermann* ZEV 01, 334, 338). Die Sätze schwanken bei durchweg degressiver Festlegung für höhere Nachlasswerte zwischen 10% und 1% des Nachlasses; in der Tabelle des Notarvereins beginnen sie bei 4% und erreichen bei 5 Millionen Euro 1,5%. Zu diesen Sätzen wird die MWSt teilweise hinzugerechnet, während die Rspr (BGHZ 46, 268, 276) einen zusätzlichen Ausweis der USt nicht anerkennt.

3 Die Tabellen können jedoch nur einen **Anhalt** bieten. Bei ungewöhnlich schwierigen Abwicklungen sind Zuschläge, bei sehr einfachen Abschläge angebracht (Überblick bei AnwK/*Weidlich* Rn 16–19). Teilweise sind solche Abweichungen schon im Tabellenwerk aufgeführt (DNotV-Richtlinien ZEV 00, 181 ff).

4 Entsprechendes gilt für die **Dauervollstreckung**, für die allerdings auch eine Orientierung am Jahresertrag, insbes bei „kaufmännisch-dynamischer" Aufgaben und Mitwirkung an unternehmerischer Tätigkeit (vgl § 2216 Rn 2) sinnvoll sein kann. Die DNotV-Richtlinien enthalten einen Satz von 1/3 bis 1/2% des Nachlassbruttowertes im Jahr oder 2 bis 4% des Jahresertrages.

5 Der Vergütungsanspruch besteht **neben** dem **Aufwendungsersatz** nach §§ 2218, 670. Die Vergütung wird regelmäßig in einer Summe nach Beendigung der Testamentsvollstreckung und Erfüllung der Rechnungslegungspflicht **fällig**, bei Dauervollstreckung jeweils nach Ende eines Jahres. Der Anspruch **verjährt** wegen seiner erbrechtlichen Natur nach § 197 I Nr 2 in 30 Jahren. Zuständig ist das **Prozessgericht**, nicht das Nachlassgericht (BGH WM 72, 101). Erforderlich ist nach § 253 II Nr 2 ZPO ein bezifferter Klageantrag (RG JW 37, 3184; für einen Leistungsantrag mit bloßer Größenangabe Erman/*Schmidt* Rn 5).

§ 2222 Nacherbenvollstrecker

Der Erblasser kann einen Testamentsvollstrecker auch zu dem Zwecke ernennen, dass dieser bis zu dem Eintritt einer angeordneten Nacherbfolge die Rechte des Nacherben ausübt und dessen Pflichten erfüllt.

Die Vorschrift regelt ausschließlich den sog Nacherbenvollstrecker. Daneben oder stattdessen kann der Erblasser Testamentsvollstreckung für den Vorerben und den Nacherben nach Anfall der Nacherbschaft mit allen Rechten und Pflichten der §§ 2203 ff anordnen. Die Sonderregel des § 2222 soll es dem Testamentsvollstrecker – ähnlich einer „beaufsichtigenden Testamentsvollstreckung" nach § 2208 – ermöglichen, **anstelle des Nacherben** während des Bestehens der Vorerbschaft dessen Mitwirkungsrechte und -pflichten bei Verfügungen des Vorerben wahrzunehmen. Im einzelnen handelt es sich um die Rechte des Nacherben nach §§ 2116-2123, 2127 f und § 773 ZPO und die Pflichten nach §§ 2120, 2123 (BGHZ 127, 360). Wann nach dem Willen des Erblassers Testamentsvollstreckung nach § 2222, wann hingegen „normale" Testamentsvollstreckung vorliegen soll, ist durch Auslegung zu ermitteln. § 2222 liegt besonders nahe, wenn der Nacherbe noch nicht geboren ist oder seine Person noch von einem künftigen ungewissen Ereignis abhängt oder er minderjährig ist oder unter Betreuung steht. Tauglich zum Vollstrecker nach § 2222 ist einer von mehreren Nacherben (Staud/*Reimann* Rn 17), kaum aber einer der Vorerben (BaRoth/*Mayer* Rn 5 gegen BayObLG ZEV 95, 23). Der Testamentsvollstrecker kann auch zugleich für den Vorerben und nach § 2222 für den Nacherben bestellt werden (BGHZ 127, 360, 362 f). 1

§ 2223 Vermächtnisvollstrecker

Der Erblasser kann einen Testamentsvollstrecker auch zu dem Zwecke ernennen, dass dieser für die Ausführung der einem Vermächtnisnehmer auferlegten Beschwerungen sorgt.

Nach §§ 2197, 2203 umfasst die Einsetzung des Testamentsvollstreckers und dessen Tätigkeit auch die Ausführung von Vermächtnissen. Darüber hinaus kann der Testamenentsvollstrecker mit der Dauervollstreckung am Vermächtnisgegenstand betraut werden. Für all dies ergeben sich **keine Besonderheiten** hinsichtlich des Vermächtnisvollstreckers gegenüber dem Testamentsvollstreckers im allgemeinen. Weitergehend sieht § 2223 vor, dass es Aufgabe des Testamentsvollstreckers sein kann, Unter- und Nachvermächtnisse auszuführen sowie Auflagen, mit denen ein Vermächtnisnehmer beschwert ist, zu vollziehen. Hierfür gelten jedenfalls §§ 2203, 2205 f, 2208 II, 2209–2213, 2216, 2219 entsprechend. Die Vergütung nach § 2221 kann der Testamentsvollstrecker vom Vermächtnisnehmer verlangen, nicht aus dem Nachlass im allgemeinen (hM Staud/*Reimann* Rn 18 mwN). 1

§ 2224 Mehrere Testamentsvollstrecker

(1) ¹Mehrere Testamentsvollstrecker führen das Amt gemeinschaftlich; bei einer Meinungsverschiedenheit entscheidet das Nachlassgericht. ²Fällt einer von ihnen weg, so führen die übrigen das Amt allein. ³Der Erblasser kann abweichende Anordnungen treffen.
(2) Jeder Testamentsvollstrecker ist berechtigt, ohne Zustimmung der anderen Testamentsvollstrecker diejenigen Maßregeln zu treffen, welche zur Erhaltung eines der gemeinschaftlichen Verwaltung unterliegenden Nachlassgegenstands notwendig sind.

Bei der Übertragung des Testamentsvollstreckeramtes an mehrere Personen nach §§ 2197-2000 sieht § 2224 I S 1 als Regelfall **Gesamtvertretung** durch Alle vor. Ausnahmsweise kann nach II jeder Testamentsvollstrecker **allein** die notwendigen **Erhaltungsmaßnahmen** vornehmen (zB dringende Reparaturarbeiten, Klageerhebung zur Hemmung der Verjährung). Im übrigen kann der Erblasser durch Anordnung nach I S 3 Abweichendes anordnen, zB Mehrheitsentscheide mit Vertretungsbefugnis der Mehrheit (BaRoth/*Mayer* Rn 11 mwN) oder Nebenvollstreckungen für bestimmte Wirkungskreise mit jeweils alleiniger Vertretungsbefugnis (AnwK/*Weidlich* Rn 17 mwN). Die Vollstrecker selbst können ihre Aufgaben nur mit Wirkung nach Innen aufteilen. Nach Außen und insbes gem § 2219 II gegenüber den Erben haften sie als Gesamtschuldner. 1

Nach I 1 Hs 2 entscheidet das Nachlassgericht über **Meinungsverschiedenheiten** unter den Testamentsvollstreckern in Fragen der zweck- und ordnungsmäßigen sachlichen Amtsführung (BGHZ 20, 264, 266). Auch insoweit hat nach I S 3 der Erblasser die Möglichkeit einer (uU konkludent, zB durch Bestimmung des Mehrheitsprinzips) abweichenden Anordnung, insbes die Zuweisung der Entscheidung an ein Schiedsgericht (Staud/*Reimann* Rn 6). Vom Streit über die Zweckmäßigkeit zu unterscheiden sind streit Rechtsfragen (zB Testamentsauslegung oder die Frage von Gesamt- oder Einzelzuständigkeit). Für ihre Entscheidung ist das Prozessgericht zuständig. Dies soll nach BGHZ 20, 264, 269 auch für solche rechtlichen Vorfragen gelten, von denen eine beantragte Entscheidung des Nachlassgerichts abhängt. Dies würde aber in vielen Fällen zu einem unnötigen Verfahrensaufwand bis hin zur Lahmlegung des Nachlassgerichts führen. Deshalb muss das Nach- 2 lassgericht (durch den ohnehin zuständigen Richter, § 16 I Nr 4 RpflG) über rechtliche Vorfragen inzident entscheiden können (BaRoth/*Mayer* Rn 6 mwN).

3 Voraussetzung des Verfahrens beim Nachlassgericht ist ein **Antrag**, zu dem alle Beteiligten bis hin zu Pflichtteilsberechtigten befugt sind (AnwK/*Weidlich* Rn 7 mwN). Nur über diesen Antrag ist zu entscheiden. Das Nachlassgericht kann nicht selbst einen Lösung entwickeln. Der unterlegene Vollstrecker muss zur Erteilung einer erforderlichen Zustimmung de lege lata erst noch vor dem Prozessgericht gezwungen werden (Palandt/*Edenhofer* Rn 4 mwN auch zur Gegenansicht), macht sich durch die Weigerung aber schadensersatzpflichtig (AnwK/*Weidlich* Rn 10). Der Antragsteller kann nach § 20 II FGG sofortige Beschwerde (§§ 53, 60 Nr 6, 82 II FGG) einlegen.

4 Für den Fall des **Ausscheidens** oder der Nicht-Annahme eines Testamentsvollstreckers kann der Erblasser nach I 3 Nachfolgeregelungen gem §§ 2197 ff treffen. Fehlen sie, reduziert sich nach I 2 der Kreis der Vollstrecker. Dasselbe gilt, wenn der einzelne Vollstrecker an der Ausübung des Amtes im Einzelfall, zB nach § 181, gehindert ist (RGZ 98, 173, 174 f).

§ 2225 Erlöschen des Amts des Testamentsvollstreckers

Das Amt des Testamentsvollstreckers erlischt, wenn er stirbt oder wenn ein Fall eintritt, in welchem die Ernennung nach § 2201 unwirksam sein würde.

1 Die Vorschrift regelt für die Testamentsvollstreckung den Erlöschensgrund des Todes oder des Wegfalls unbeschränkter Geschäftsfähigkeit des Testamentsvollstreckers, falls keine Ersatzbenennung nach §§ 2197 II, 2199 II vorliegt. Weitere Beendigungsgründe ergeben sich aus §§ 2226 f sowie dem Fristablauf (§ 2210) und (als Regelfall) der Erledigung der Testamentsvollstrecker-Aufgaben. Dem Tod der natürlichen Person steht der Verlust der Rechtsfähigkeit einer juristischen Person gleich (AnwK/*Weidlich* Rn 9). Beim **Tod** ist der Erbe des Testamentsvollstreckers nach §§ 2218, 673 S 2 zur vorläufigen Weiterführung des Amtes verpflichtet. Im übrigen gehen Verfügungs-, Verwaltungs- und Prozessführungsbefugnis auf die Erben über. Sie können Herausgabe des Nachlasses verlangen (§§ 2218, 667). Ein Testamentsvollstreckerzeugnis wird nach § 2368 III S 2 kraftlos. Ist die Testamentsvollstreckung insgesamt beendet, muss ein Erbschein mit Testamentsvollstreckervermerk eingezogen werden (§ 2361) und das Grundbuch berichtigt werden (§§ 84 ff GBO). Prozesse werden unterbrochen (§§ 241, 246 ZPO).

2 Ist eine Grundstücksverfügung des Testamentsvollstreckers beim Ende seines Amtes noch nicht wirksam, soll § 878 nach hM nicht gelten. Dies widerspricht jedoch dem Schutzzweck des § 878 (AnwK/*Weidlich* Rn 12 mwN).

§ 2226 Kündigung durch den Testamentsvollstrecker

¹**Der Testamentsvollstrecker kann das Amt jederzeit kündigen.** ²**Die Kündigung erfolgt durch Erklärung gegenüber dem Nachlassgericht.** ³**Die Vorschrift des § 671 Abs. 2, 3 findet entsprechende Anwendung.**

1 Der Testamentsvollstrecker darf nach § 2226 wie ein Beauftragter **jederzeit kündigen**, jedoch nach S 3, § 671 II nicht zur Unzeit. Kündigung zur Unzeit begründet (nur) eine Schadensersatzpflicht des Kündigenden nach § 671 II S 2. Erklären muss er den Testamentsvollstrecker die Kündigung, jedoch weder in bestimmter Form noch auch nur ausdrücklich (wenn also zB der Testamentsvollstrecker bei der Anhörung im Verfahren nach § 2227 sagt, mit dem Nachlass wolle er sowieso nichts mehr zu tun haben). Die Erklärung ist unwiderruflich, aber gegenüber dem Nachlassgericht anfechtbar, freilich uU mit der Folge einer Schadensersatzpflicht nach §§ 2219, 671 II.

2 Auf das Kündigungsrecht kann der Testamentsvollstrecker **vertraglich** gegenüber dem Erblasser oder den Erben verzichten. Dann bleibt ihm aber die Kündigung aus wichtigem Grund nach § 671 II möglich. Auch eine vertragliche Verpflichtung zur Amtsniederlegung ist möglich und erzwingbar (BGHZ 25, 275, 281), es sei denn die Vereinbarung macht die vom Erblasser gewünschte unabhängige Amtsführung des Testamentsvollstreckers völlig zunichte, zB bei einer Verpflichtung zur Niederlegung auf bloßes Verlangen zu beliebiger Zeit.

§ 2227 Entlassung des Testamentsvollstreckers

(1) Das Nachlassgericht kann den Testamentsvollstrecker auf Antrag eines der Beteiligten entlassen, wenn ein wichtiger Grund vorliegt; ein solcher Grund ist insbesondere grobe Pflichtverletzung oder Unfähigkeit zur ordnungsmäßigen Geschäftsführung.
(2) Der Testamentsvollstrecker soll vor der Entlassung, wenn tunlich, gehört werden.

1 Bei Vorliegen eines **wichtigen Grundes** können die Beteiligten (außer den Erben und Erbteilserwerbern auch Vermächtnisnehmer, Pflichtteilsberechtigte, die Berechtigten aus dem Vollzug einer Auflage und ein Mitvollstrecker, Staud/*Reimann* Rn 22 und § 2198 Rn 21 ff mwN) nicht dem Testamentsvollstrecker kündigen son-

dern nur einen Entlassungsantrag (nicht den Antrag auf Aufhebung der Testamentsvollstreckung überhaupt) beim Nachlassgericht stellen. Das Verfahren vor dem Nachlassgericht kann durch Vereinbarung zwischen Testamentsvollstrecker und Erben (nicht: durch Anordnung des Erblassers) einem Schiedsgericht übertragen werden. Als wichtiger Grund wird nur beispielhaft die grobe Pflichtverletzung des Testamentsvollstreckers und dessen Unfähigkeit zur ordnungsgemäßen Geschäftsführung genannt.

Eine **Pflichtverletzung** kommt nur bei **Verschulden** des Testamentsvollstreckers in Betracht. Schon leichtes 2 Verschulden genügt, wenn die Pflichtverletzung sehr erheblich ist. Allerdings hat der Testamentsvollstrecker für seine Maßnahmen ein weitreichendes Ermessen, insbes bei unternehmerischen Entscheidungen (vgl § 2216 Rn 2). Eine erhebliche Pflichtverletzung liegt aber zB vor bei völliger Untätigkeit (BayObLG ZEV 99, 226), Nichterfüllung eines Vermächtnisses (BayObLG FamRZ 01, 124), unterlassener Mitteilung oder zu später Aufstellung eines Nachlassverzeichnisses mit Gefährdung der Interessen der Beteiligten (BayObLG FamRZ 02, 989), Nichteinhaltung von Zusagen an die Erben (BayObLG FamRZ 00, 193), Bevorzugung eigener Interessen vor denjenigen der Erben (BayObLG ZEV 00, 315) oder grober Ungleichbehandlung der Erben (BGHZ 25, 275, 284).

Unfähigkeit zur ordnungsgemäßen Geschäftsführung ist auch ohne Verschulden ein Entlassungsgrund. Sie ist 3 nicht nur im Sinne mangelnder Qualifikation für die Vollstreckertätigkeiten zu verstehen, sondern kann auch bei Krankheit oder längerer Abwesenheit vorliegen (BayObLG FamRZ 91, 615). Insolvenz des Testamentsvollstreckers ist ein weiteres Beispiel dieser Unfähigkeit (Staud/*Reimann* Rn 8 mwN).

Als weitere **Fallgruppen** eines wichtigen Grundes werden genannt: Umstände, die den Erblasser mutmaßlich 4 dazu veranlasst hätten, den Testamentsvollstrecker nicht zu benennen oder seine Einsetzung zu widerrufen (Hamm ZEV 01, 278; AnwK/*Weidlich* Rn 11 mwN); Zerwürfnisse bis hin zu offener Feindschaft zwischen Testamentsvollstrecker und Erben oder anders begründetes tiefgreifendes Misstrauen in die unparteiische Amtsführung (BayObLG FamRZ 04, 740), obwohl das Amt des Testamentsvollstreckers grds nicht auf einem Vertrauensverhältnis zwischen Testamentsvollstrecker und Erben beruht (AmwK/*Weidlich* Rn 12 mwN); ein Interessengegensatz solchen Ausmaßes zwischen Erben und Testamentsvollstrecker, dass ein erfolgreiches Wirken des Testamentsvollstreckers überhaupt ausgeschlossen scheint oder eine dringende Gefahr droht, dass er die Interessen des Erben grob missachtet (vgl BayObLG ZEV 02, 155). Gerade im letzten Fall ist eine besonders sorgfältige Abwägung angebracht, um nicht den natürlichen Interessengegensatz zwischen Testamentsvollstrecker und Erben in die Nähe des Entlassungsgrundes zu rücken (AnwK/*Weidlich* Rn 4 mwN).

Die Entscheidung, die vom Richter nach pflichtgemäßem Ermessen gefällt wird (§ 16 I Nr 5 RpflG), kann 5 nur entweder die Entlassung des Testamentsvollstreckers oder die Ablehnung des Antrages zum Inhalt haben. „Zwischenlösungen" sind nicht vorgesehen (AnwK/*Weidlich* Rn 16 mwN). Die Anhörung des Testamentsvollstreckers nach II ist wegen Art 103 I GG zwingend. Rechtsmittel sind für den Testamentsvollstrecker die sofortige Beschwerde (§§ 81 II, 20 I, 22 FGG), für den Antragsteller die einfache Beschwerde (§§ 19 I, 20 II FGG). Die Entscheidung des Nachlassgerichts ist dem Testamentsvollstrecker und dem Antragsteller bekannt zu geben. Eine Wiedereinsetzung des Testamentsvollstreckers nach rechtskräftiger Entlassung ist nicht möglich, aber eine neue Ernennung nach §§ 2198–2000.

§ 2228 Akteneinsicht

Das Nachlassgericht hat die Einsicht der nach § 2198 Abs. 1 Satz 2, § 2199 Abs. 3, § 2202 Abs. 2, § 2226 Satz 2 abgegebenen Erklärungen jedem zu gestatten, der ein rechtliches Interesse glaubhaft macht.

Das Recht zur Akteneinsicht wegen der in der Vorschrift genannten Erklärungen des Testamentsvollstreckers 1 oder zu seiner Benennung setzt ein **rechtliches**, nicht nur wirtschaftliches **Interesse** voraus, das nach § 15 II FGG glaubhaft zu machen ist.

Titel 7 Errichtung und Aufhebung eines Testaments

Vorbemerkungen vor §§ 2229 ff

A. Grundsatz der Formstrenge. Testamente und Erbverträge können nur in den gesetzlich vorgeschriebe- 1 nen Formen errichtet werden. Nach der Rechtsnatur der jeweiligen Verfügung richtet sich, welche Formen jeweils zur Verfügung stehen. Die Formstrenge soll es ermöglichen, die Echtheit des Testaments sicherzustellen und den Willen des Erblassers nach dessen Tod zu ermitteln.

B. Sonderbestimmungen. Das Konsulartestament ist durch besondere Bestimmungen geregelt. Die im Aus- 2 land von Konsularbeamten (§§ 18-20, 24 KonsG) beurkundeten Testamente stehen den von einem inländischen Notar erstellten Urkunden gleich (§ 10 II KonsG). Der Testierende soll Deutscher (Art 116 GG) sein (§ 11 I KonsG). Für das Verfahren vgl Staud/*Baumann* Vorbem Rn 44–54.

3   Ein spezifisches Militärtestament kennt das geltende deutsche Recht (anders als ausländische Rechte; vgl Lange/*Kuchinke* § 22 II 2) nicht. Bundeswehrsoldaten können (auch im Auslandseinsatz; vgl Art 26 EGBGB) nach den allgemeinen Regeln testieren, Marineangehörige ggf gem § 2251. Zeitlich unbeschränkt gelten aber die ordentlichen Wehrmachtstestamente fort (vgl Staud/*Baumann* Vorbem Rn 38-41).

4   **C. Kollisionsrecht.** Bei Fällen mit Auslandsbezug wird das anzuwendende Erbrecht nach dem Haager Testamentsabkommen v 5.10.61 (BGBl II 65, 1144) bestimmt. Es verdrängt für alle nach dem 31.12.65 errichteten letztwilligen Verfügungen die Kollisionsvorschriften des EGBGB (BGH NJW 95, 58). Die Regelungen des Abkommens sind im Wesentlichen identisch in Art 26 EGBGB eingegangen.

5   Eine in der DDR erfolgte Testamentserrichtung wird nach dem damals dort geltenden Recht beurteilt (Art 235 § 2 EGBGB). Für Testamente, die zwischen dem 1.1.76 und dem 2.10.90 errichtet wurden, finden insoweit die Vorschriften des DDR-ZGB Anwendung, für ältere Testamente die des fortgeltenden TestG (vgl Staud/*Baumann* Vorbem Rn 34 u 55–108).

6   Das kanonische Recht verweist auf die *sollemnitates iuris civilis* (CodJC c 1299 § 2). Die Testierfähigkeit von Angehörigen geistlicher Orden nach kanonischem Recht beschränkt CodJC c 668, was für das staatliche Recht überwiegend als unbeachtlich angesehen wird (MüKo/*Hagena* Rn 1; aM wegen Art 140 GG iVm Art 137 III WRV Soergel/*Mayer* Rn 6).

§ 2229 Testierfähigkeit Minderjähriger, Testierunfähigkeit

(1) Ein Minderjähriger kann ein Testament erst errichten, wenn er das 16. Lebensjahr vollendet hat.
(2) Der Minderjährige bedarf zur Errichtung eines Testaments nicht der Zustimmung seines gesetzlichen Vertreters.
(3) – weggefallen –
(4) Wer wegen krankhafter Störung der Geistestätigkeit, wegen Geistesschwäche oder wegen Bewusstseinsstörung nicht in der Lage ist, die Bedeutung einer von ihm abgegebenen Willenserklärung einzusehen und nach dieser Einsicht zu handeln, kann ein Testament nicht errichten.

1   **A. Allgemeines.** Die Testierfähigkeit ist ein selbständig geregelter Unterfall der Geschäftsfähigkeit (§§ 104 ff). Nur wer testierfähig ist, kann ein Testament wirksam errichten, ändern oder widerrufen. Die Testierfähigkeit muss beim Errichtungsakt bis zu dessen Ende gegeben sein (BGHZ 30, 294); sie soll vom Notar geprüft werden (§§ 11, 28 BeurkG). Wird der Erblasser später testierunfähig, wird die Gültigkeit des Testaments dadurch nicht berührt.

2   **B. Tatbestandsvoraussetzungen. I. Vollendung des 16. Lebensjahrs.** Testierfähigkeit erfordert gem I die Vollendung des 16. Lebensjahrs. Unter dieser Voraussetzung kann auch der Minderjährige testieren; er benötigt dazu nicht die Zustimmung seines gesetzlichen Vertreters (II). Er kann allerdings nur ein öffentliches Testament (§ 2231 Nr 1) errichten und auch dies nicht durch Übergabe einer verschlossenen Schrift (§ 2233 I). Ein eigenhändiges Testament kann er nicht errichten (§ 2247 IV). Minderjährige unter 16 Jahren können weder selbst noch durch einen gesetzlichen Vertreter testieren (§ 2064).

3   **II. Geistige Fähigkeiten.** Testierfähig ist nur, wer selbstbestimmt handeln und eigenverantwortliche Entscheidungen treffen kann. Unter welchen Voraussetzungen diese Fähigkeit fehlt, hat der Gesetzgeber in IV aufgrund von Art 14 I 2 GG konkretisiert (vgl BVerfG NJW 99, 1853). Aufgrund von IV unterscheidet sich, ob die Testierfähigkeit jeweils vorliegt oder uneingeschränkt fehlt. Dies gilt auch, soweit sich Geistesstörungen nur in einzelnen Lebensbereichen auswirkten (BayObLGZ 91, 59). Es gibt weder eine je nach Schwierigkeit des Testaments abgestufte (relative) Testierfähigkeit (BGHZ 30, 117) noch eine solche, die sich (wie bei der Geschäftsfähigkeit) auf einen bestimmten Bereich von Angelegenheiten bezieht.

4   Die Frage, ob jeweils die Voraussetzungen der Testierfähigkeit gegeben sind, ist im Wesentlichen tatsächlicher Natur. Um testierfähig zu sein, muss der Erblasser Inhalt und Tragweite seiner letztwilligen Verfügungen verstehen können. Insbesondere muss er in der Lage sein, sich ein Urteil zu bilden über die Auswirkungen seiner Verfügungen auf die persönlichen und wirtschaftlichen Verhältnisse der Betroffenen sowie über die Gründe, die für und gegen ihre sittliche Berechtigung sprechen, und entsprechend selbständig, also unabhängig von den Einflüssen Dritter zu handeln (allg M; vgl BGHZ 30, 294; Frankf NJW-RR 98, 870; Soergel/*Mayer* Rn 10). Dass er kraft eigenen Entschlusses Anregungen eines Dritten aufnimmt oder dessen Forderungen und Erwartungen berücksichtigt, steht nicht entgegen (BayObLG FamRZ 90, 318).

5   **1. Testierunfähigkeit.** Testierunfähig ist derjenige, dessen Erwägungen und Willensentschlüsse nicht mehr auf einer dem allgemeinen Verkehrsverständnis entsprechenden Würdigung der Lebensverhältnisse beruhen, sondern durch krankhafte Vorstellungen und Empfindungen derart beeinflusst werden, dass sie nicht mehr frei sind, sondern von diesen Einwirkungen beherrscht werden (BayObLG FamRZ 04, 1822 f).

6   Eine geistige Erkrankung des Erblassers steht der Gültigkeit seines Testaments aber nicht entgegen, wenn dieses von der Erkrankung nicht beeinflusst ist (BayObLG NJW-RR 02, 1088; FamRZ 02, 1066). Eine nur ein-

zelne Lebensbereiche betreffende geistige Störung muss gerade den Bereich der für die Testamentserrichtung maßgebenden geistigen Fähigkeit berühren (BayObLGZ 91, 59). Dabei kann ein nur bezüglich bestimmter Personen bestehender paranoider Verfolgungswahn auch dann testierunfähig machen, wenn der Erblasser im Übrigen imstande ist, Inhalt und Auswirkungen seines Testaments zu erfassen (BayObLG FamRZ 00, 701). Die Testierfähigkeit ist grundsätzlich nicht ausgeschlossen bei Psychopathie oder Rauschgiftsucht (BayObLGZ 91, 64 f; FamRZ 96, 1109), querulatorischer Veranlagung oder abnormem Persönlichkeitsbild (BayObLG FamRZ 92, 724). Chronischer Missbrauch von Alkohol oder Medikamenten bewirkt Testierunfähigkeit erst, wenn der dadurch bedingte Persönlichkeitsabbau den Grad einer Geisteskrankheit erreicht hat (BayObLG FamRZ 03, 125; 712). Bei Altersdemenz oder Cerebralsklerose kommt es auf das Gesamtverhalten und das Gesamtbild der Persönlichkeit z Zt der Testamentserrichtung an (BayObLG FamRZ 96, 566; 97, 1511; Ddorf FamRZ 98, 1064).

2. Lichte Intervalle. In lichten Intervallen errichtete Verfügungen sind wirksam. Auch Bewusstseinsstörungen führen nicht ohne weiteres zur Testierunfähigkeit, wenn noch Einsichtsfähigkeit nach IV vorliegt.

3. Behinderte. Bei geistiger Behinderung kann IV eingreifen. Körperlich Behinderten sind je nach Art der Behinderung einzelne Testamentsformen vorenthalten. Solche Einschränkungen enthalten §§ 2247 IV, 2233 II für Erblasser, die Geschriebenes nicht lesen können.

4. Betreuung. Für den Fall rechtlicher Betreuung gelten keine besonderen Regelungen. Insbesondere kann allein aus der Betreuungsbedürftigkeit des Erblassers (§ 1896 I 1) z Zt der Testamentserrichtung nicht schon auf Testierunfähigkeit geschlossen werden. Auch für den Betreuten wird vielmehr Testierfähigkeit vermutet, wie dies schon für die mit Einwilligung des Erblassers erfolgte Anordnung einer Gebrechlichkeitspflegschaft (§ 1910 aF) galt. Anzuwenden ist daher die allgemeine Regel des IV. Zum Nachweis kann aber ggf auf ein im Betreuungsverfahren erholtes Gutachten zurückgegriffen werden (*Hahn* FamRZ 91, 27). Ein vor dem 31. 12. 91 Entmündigter, der später routinegemäß unter Betreuung gestellt wurde, die nach Begutachtung auf Vermögenssorge beschränkt wurde, kann testierfähig sein (Hamm FamRZ 04, 659). Das Testament eines Entmündigten war dagegen unwirksam und bleibt dies weiterhin (vgl *Hahn* FamRZ 91, 29).

C. Rechtsfolge. Das von einem Testierunfähigen errichtete Testament ist unwirksam. Es wird auch bei einem späteren Eintritt der Testierfähigkeit nicht wirksam (Kipp/*Coing* § 17 II 4), sondern muss formgerecht neu errichtet werden (§ 141 I). Zur Bestätigung eines im Zustand der Testierunfähigkeit errichteten Testaments bedarf es der erneuten Unterzeichnung.

D. Beweisfragen. Der Erblasser ist bis zum Beweis des Gegenteils als testierfähig anzusehen. Dies gilt auch, wenn Betreuung (§ 1896) bestand (Frankf FamRZ 96, 635) oder früher Gebrechlichkeitspflegschaft (§ 1910 aF; BayObLG FamRZ 88, 1099). Der Ausnahmefall der Testierunfähigkeit muss für das Gericht ggf feststehen. Eine mathematische, jede Möglichkeit des Gegenteils ausschließende Gewissheit ist aber nicht erforderlich (BayObLG FGPrax 04, 293).
Hat das Nachlassgericht im Erbscheinverfahren aufgrund konkreter Umstände und dargelegter Auffälligkeiten Zweifel, dann sind dieselben vor vor Erteilung (oder Einziehung) von Amts wegen (§ 2358) zu klären. Der dazu erforderliche Umfang der Ermittlungen richtet sich nach dem Einzelfall (Köln NJW-RR 91, 1412; 94, 396), doch ist sorgfältige Untersuchung geboten (Frankf NJW-RR 98, 870). Dabei sind die konkreten auffälligen Verhaltensweisen des Erblassers zu ermitteln, der medizinische Befund zu klären und anschließend Rückschlüsse auf die Testierfähigkeit zu ziehen (Hamm OLGZ 89, 273; Frankfurt/M NJW-RR 96, 1159). Weitere Zweifel an der Testierfähigkeit sind regelmäßig durch ein Gutachten eines psychiatrischen oder neurologischen Sachverständigen aufgrund der ermittelten Tatsachen zu klären (allg M, zB BGH FamRZ 84, 1003). Stellt sich eine geistige Erkrankung heraus, muss der Sachverständige deren Auswirkungen auf Einsichts- und Willensbildungsfähigkeit des Erblassers prüfen (BayObLG FamRZ 02, 1066). Er muss sein Gutachten auf Antrag mündlich erläutern (§ 15 FGG iVm § 402 ZPO; Hamm OLGZ 92, 409). Vom Gericht ist es auf seinen sachlichen Gehalt, seine logische Schlüssigkeit sowie darauf zu überprüfen, ob es von dem für erwiesen erachteten Sachverhalt ausgeht und eine überzeugende Begründung liefert, die sich am richtigen Begriff der Testierunfähigkeit orientiert (BayObLGZ 82, 314; FamRZ 02, 1066). An das erholte Gutachten ist das Gericht nicht gebunden (BGH NJW 61, 2061). Nach dem Grundsatz freier Beweiswürdigung kann es vielmehr davon nach eingehender Auseinandersetzung abweichen (BayObLG Rpfleger 85, 239) oder ein Obergutachten einholen (BGHZ 53, 258 f; BayObLGZ 82, 315).
Wer die Testierunfähigkeit behauptet, trägt insoweit die Beweislast (BGH FamRZ 58, 127). Der Anscheinsbeweis ist uU möglich (Frankf NJW-RR 98, 870). Dies gilt zB, wenn feststeht, dass der Erblasser erwiesenermaßen vor und nach der Testamentserrichtung testierfähig war (Karlsr OLGZ 82, 280; Köln NJW-RR 91, 1412) und das Gericht nicht von wechselnden Zuständen des Erblassers, sondern von anhaltender Testierunfähigkeit überzeugt ist (BayObLG FamRZ 99, 820). Die ernsthafte Möglichkeit eines lichten Intervalls reicht demgegenüber zur Erschütterung des ersten Anscheins aus; sie hat darzulegen und ggf zu beweisen, wer Rechte aus dem Testament herleitet (Karlsr aaO; BayObLG ZEV 94, 303 m Anm *Jerschke*). Wer sich im FG-Verfahren auf die Unwirksamkeit des Testaments beruft, trägt die Feststellungslast, wenn trotz Ausschöpfung aller Aufklärungsmöglich-

keiten unbehebbare Zweifel bleiben (KG NJW 01, 903). Ist der Testierzeitpunkt ungewiss, steht aber fest, dass der Erblasser für einen Teil des in Frage kommenden Zeitraums testierunfähig war, dann spricht der erste Anschein dafür, dass der Erblasser im Zustand der Testierunfähigkeit verfügte; die Feststellungslast trifft hier denjenigen, der sich auf die Gültigkeit des Testaments beruft (BayObLG NJW-RR 96, 1160).

14 E. **Rechtsvergleich.** Die Altersgrenze des I ist nach dem Vorbild von Art 903 fr CC festgelegt. In Österreich (§ 569 ABGB) und Spanien (Art 663 span CC) ist bereits testierfähig, wer 14 Jahre alt, in der Türkei, wer 15 Jahre alt ist (Art 502 türk ZGB). Viele europäische Rechtsordnungen (zB Italien, Niederlande, England, Schweiz) setzen ein Alter von 18 Jahren voraus (vgl Lange/*Kuchinke* § 18 II 2 Fn 12), ebenso § 370 I 2 iVm § 49 DDR-ZGB (für den Anwendungsbereich vgl Vorbem Rn 5).

§ 2230

– *weggefallen* –

§ 2231 Ordentliche Testamente

Ein Testament kann in ordentlicher Form errichtet werden
1. **zur Niederschrift eines Notars,**
2. **durch eine vom Erblasser nach § 2247 abgegebene Erklärung.**

1 Das Formerfordernis soll bewirken, dass der wirkliche Wille des Erblassers zur Geltung kommt. Dieser wird nämlich genötigt, seinen letzten Willen gewissenhaft zu entwickeln und seine Verfügungen von Todes wegen klar zu formulieren. Vielfach ermöglicht die Form auch, ein Testament vom bloßen Entwurf zu unterscheiden. Sie hilft ferner, die Echtheit der Verfügung zu sichern. Im Wesentlichen sollen die verschiedenen Zwecke der Form bewirken, dass der Erblasser überlegte Verfügungen trifft und Streitigkeiten über den Testamentsinhalt möglichst vermieden werden (BGHZ 80, 251). Bei Testamentserrichtung im Ausland bestimmt Art 26 EGBGB über die anwendbaren Formvorschriften.

2 Die Vorschrift nennt die beiden Formen des ordentlichen Testaments: Das öffentliche Testament (§§ 2231 Nr 1, 2232, 2233; §§ 27–35 mit §§ 1, 11, 13, 16, 17, 18, 22–26 BeurkG) zur Niederschrift eines Notars ermöglicht rechtskundige Beratung des Erblassers (§§ 17; 30 BeurkG) und wird immer in besondere amtliche Verwahrung genommen (§ 34 BeurkG; §§ 2258 a; 2258 b). Im Grundbuchverkehr ersetzt es den Erbschein (§ 35 GBO). Das eigenhändige Testament (§§ 2247, 2267) erfordert keine Mitwirkung einer Urkundsperson und hat den Vorteil der Kostenfreiheit.

3 Außerordentliche Testamente sind das Bürgermeistertestament (§§ 2249, 2250 I), das Dreizeugentestament (§§ 2250 I u III) sowie das Seetestament (§§ 2251, 2250 III). Eine Sonderform ist das Konsulartestament (s.o. Vorbem vor § 2229 Rn 2).

§ 2232 Öffentliches Testament

¹Zur Niederschrift eines Notars wird ein Testament errichtet, indem der Erblasser dem Notar seinen letzten Willen erklärt oder ihm eine Schrift mit der Erklärung übergibt, dass die Schrift seinen letzten Willen enthalte. ²Der Erblasser kann die Schrift offen oder verschlossen übergeben; sie braucht nicht von ihm geschrieben zu sein.

1 **A. Allgemeines.** Das öffentliche Testament wird grundsätzlich nur noch bei einem Notar errichtet (§ 2231 Nr 1; § 20 BNotO); Sonderfälle bilden das Konsulartestament (s.o. Vorbem vor § 2229 Rn 2) und das Bürgermeistertestament (§ 2249). Die Gültigkeit wird nicht dadurch berührt, dass der Notar außerhalb seines Amtsbezirks beurkundet hat (§ 11 III BNotO; § 2 BeurkG).

2 **B. Tatbestand. I. Erklärung gegenüber dem Notar.** Das öffentliche Testament kann durch Erklärung gegenüber dem Notar zur Niederschrift errichtet werden. Die Erklärung muss nicht auf deutsch abgegeben werden; es genügt, dass der Notar die verwendete Sprache versteht. Auch eine mündliche Abgabe der Erklärung ist seit dem 1. 8. 02 nicht mehr erforderlich (OLGVertrÄndG vom 23. 7. 02, BGBl I 2850; für die frühere Rechtslage vgl Staud/*Baumann* Rn 5–12); für das Dreizeugentestament vgl allerdings § 2250. Es genügt jede Äußerung des letzten Willens, also auch jede nonverbale Verständigungsmöglichkeit mit einer testierfähigen Person. Behinderte können also – ebenso wie Nichtbehinderte – Erklärungen durch schlüssige Gebärden, Zeichen oder nicht allgemein verständliche Laute abgeben und sich insoweit geeigneter Kommunikationshilfen wie etwa eines Gebärdendolmetschers bedienen. Ein sprachbehinderter und schreibunfähiger Erblasser kann seine Erklärungen also auch durch Gebärden als Antwort auf Fragen des Notars abgeben. Erforderlich ist jedenfalls, dass der letzte Wille mit der erforderlichen Bestimmtheit zum Ausdruck kommt.

Öffentliches Testament § 2232

II. Übergabe einer Schrift. Möglich ist auch die Errichtung durch Übergabe einer Schrift. Dies setzt voraus, 3
dass die Schrift mit Willen des Erblassers in die Hände des Notars gelangt. Der Erblasser muss dabei erklären,
dass sie seinen letzten Willen enthalte. Die Schrift kann offen oder geschlossen übergeben werden (2), beim
minderjährigen Testator allerdings nur offen (§ 2233 I). Der Erblasser muss die Schrift weder selbst verfasst
noch niedergeschrieben haben. So kann es sich zB um einem vom Notar vorbereiteten Entwurf handeln (vgl
RGZ 150, 191; KG DNotZ 60, 487 f). Die Form der übergebenen Schrift ist gleichgültig; möglich ist also
Maschinen- oder Handschrift, Blindenschrift oder Kurzschrift. Der Text kann auch in einer Fremdsprache
oder in fremden Schriftzeichen abgefasst sein. Datum, Ortsangabe und Unterschrift sind nicht erforderlich.
Kenntnis des Erblassers vom Inhalt der Schrift wird überwiegend nicht vorausgesetzt (Soergel/*Mayer* Rn 17;
vgl RGZ 76, 94), ist jedoch richtigerweise zu verlangen (wie hier Palandt/*Edenhofer* Rn 3), weil andernfalls
kaum von einer Erklärung des letzten Willens gesprochen werden kann. Bei der offen übergebenen Schrift
soll der Notar vom Inhalt Kenntnis nehmen, wenn er die verwendete Sprache hinreichend versteht (§ 30 4
BeurkG). In diesem Fall umfasst die Prüfungs- und Belehrungspflicht (§ 17 BeurkG) auch den Inhalt der
Schrift.

III. Verfahren. 1. Allgemeines. Die Testamentserrichtung besteht stets aus der vom Notar zu führenden 4
Verhandlung, der Niederschrift, ihrer Verlesung, dem Genehmigen und Unterschreiben durch den Erblasser
sowie dem Abschluss durch Unterschrift des Notars und sonst mitwirkender Personen. Der Notar hat Identität und Testierfähigkeit des Erblassers zu prüfen (§§ 10, 11, 28 BeurkG), dessen wahren Willen zu erforschen,
den Sachverhalt zu klären, über die rechtliche Tragweite des Geschäfts zu belehren und die Erklärungen des
Erblassers unzweideutig wiederzugeben (§ 17 BeurkG). Wenn die Unterschrift des Testators nicht die handschriftlichen Aufzeichnungen des Notars abdeckt, sondern als Blankounterschrift geleistet und erst später mit
der Reinschrift verbunden wird, ist das Testament formungültig (Hamm FamRZ 01, 383, dazu *Griziwotz*
MDR 02, 558 f). Formungültigkeit (§ 125) liegt auch vor, wenn die eingesetzte Person in der Niederschrift
nicht wenigstens andeutungsweise genannt oder sonst zu bestimmen ist (BGHZ 80, 251). Ein Versagen des
Notars hilft über den Formmangel nicht hinweg (BGH NJW 81, 1901).
Spezielle Regelungen für Verfügungen von Todes wegen enthalten §§ 27–35 BeurkG. Absolute Ausschlie- 5
ßungsgründe bestehen nach §§ 6, 7 u 27 BeurkG. Danach ist eine Beurkundung ganz oder teilweise unwirksam, wenn an ihr der Notar, sein Ehegatte, Lebenspartner (§ 1 LPartG) oder bestimmte Angehörige beteiligt
sind oder die Verfügung von Todes wegen ihnen einen rechtlichen Vorteil verschafft. Mitwirkungsverbote
ergeben sich für den Notar aus den relativen Ausschließungsgründen in § 3 BeurkG. Bei Verstoß ist die Verfügung aber wirksam, sofern nicht gleichzeitig §§ 6 oder 7 BeurkG eingreifen. Verschließung sowie die besondere amtliche Verwahrung regeln § 34 BeurkG und §§ 2258 a u b. Wegen der Kosten s §§ 46 u 141 KostO.

2. Niederschrift. Die Niederschrift muss die Erklärung des Erblassers enthalten (§ 9 I 1 Nr 2 BeurkG). Sie 6
muss in Gegenwart des Notars vorgelesen, genehmigt und eigenhändig unterschrieben werden (§ 13 I
BeurkG). Leserlichkeit der Unterschrift ist kein zwingendes Erfordernis; es muss aber grds wenigstens mit
dem Familiennamen unterzeichnet werden (BGH DNotZ 03, 269). Bei Verwendung eines Vor- oder Künstlernamens muss unter Berücksichtigung der Verkehrssitte feststehen, dass der Erblasser durch den verwendeten Namen (etwa aufgrund öffentlicher Bekanntheit) zweifelsfrei identifiziert ist und die Unterschrift ernst
meinte (KG FGPrax 96, 113). Kann der Erblasser nicht schreiben, dann ist ein Schreibzeuge oder ein zweiter
Notar zuzuziehen (§ 25 BeurkG). Der Zeuge muss im Bewusstsein seiner Mitwirkung und Verantwortung an
dem Beurkundungsvorgang teilnehmen (BayObLGZ 84, 141), beim Verlesen und bei der Genehmigung
anwesend sein und die Niederschrift unterschreiben.
Nach § 13 III BeurkG ist die Unterschrift des Notars auf der Niederschrift erforderlich; hilfsweise genügt die 7
Unterschrift auf dem verschlossenen Umschlag (§ 35 BeurkG), in den die Niederschrift zu nehmen ist (§ 34
BeurkG).
Bei Übergabe einer Schrift durch den Erblasser soll diese der Niederschrift beigefügt werden; verlesen zu werden
braucht die Schrift nicht (§ 30 5 BeurkG). Die Niederschrift muss die Feststellung enthalten, dass die Schrift übergeben worden ist (§ 30 1 BeurkG); andernfalls ist die Beurkundung unwirksam. Es soll auch vermerkt werden, ob
die Schrift offen oder verschlossen übergeben worden ist (§ 30 3 BeurkG).
Der Erblasser genehmigt die Niederschrift (§ 13 I BeurkG), indem er nach vollständiger Verlesung (bei Hör- 8
behindertem nach Durchsicht) sein Einverständnis mit Worten erklärt (RGZ 161, 381). Hat der schreibunfähige Erblasser seinen letzten Willen mündlich erklärt, kann er die Genehmigung der Niederschrift auch
durch Kopfnicken zum Ausdruck bringen. Die Genehmigung kann mit dem Vorgang der mündlichen Erklärung des letzten Willens sogar zusammenfallen, wenn ein vorher gefertigter Entwurf benutzt und dem Erblasser vorgelesen wird (RGZ 161, 380 f; BayObLG NJW-RR 00, 456).

IV. Beweisfragen. Die über die Errichtung des Testaments aufgenommene notarielle Urkunde ist öffentliche 9
Urkunde (§ 415 ZPO). Sie erbringt vollen Beweis über die Identität der erklärenden Person sowie der Urkundsperson, den Ort, die Zeit und die wiedergegebenen Umstände des Beurkundungsvorgangs. Die Beweiskraft
erstreckt sich ferner darauf, dass die beurkundeten Erklärungen tatsächlich mit dem wiedergegebenen Inhalt
vollständig abgegeben wurden, nicht aber auf dessen Richtigkeit (Soergel/*Mayer* § 2231 Rn 4). Die Beweiskraft

kommt der Urkunde auch im Verfahren der freiwilligen Gerichtsbarkeit (BayObLG NJW-RR 00, 456; vgl Frankf NJW-RR 90, 717) für die beurkundete Testamentserrichtung zu. Zur Widerlegung muss die Unrichtigkeit nachgewiesen werden. Bei Zweifeln ist nicht etwa freie Beweiswürdigung zulässig (BayObLG aaO).

10 **C. Rechtsvergleich.** Während die in den romanischen und germanischen Traditionen stehenden Rechtsordnungen das öffentliche (notarielle) Testament kennen, ist es in England und Irland unbekannt. Dort müssen allerdings bei privaten Testamenten regelmäßig Zeugen mitwirken (vgl Lange/*Kuchinke* § 16 III 3).

§ 2233 Sonderfälle

(1) Ist der Erblasser minderjährig, so kann er das Testament nur durch eine Erklärung gegenüber dem Notar oder durch Übergabe einer offenen Schrift errichten.
(2) Ist der Erblasser nach seinen Angaben oder nach der Überzeugung des Notars nicht im Stande, Geschriebenes zu lesen, so kann er das Testament nur durch eine Erklärung gegenüber dem Notar errichten.

1 **A. Minderjährige.** Nach Vollendung des 16. Lebensjahrs (§ 2229 I) können Minderjährige ohne Zustimmung ihres gesetzlichen Vertreters ein Testament errichten (§ 2229 II). Sie sind allerdings auf das öffentliche Testament beschränkt (§§ 2231 Nr 1; 2247 IV). I soll gewährleisten, dass Minderjährige nur nach Beratung durch einen Notar testieren. Aus diesem Grunde können sie auch das öffentliche Testament nur durch Erklärung gegenüber dem Notar oder durch Übergabe einer offenen Schrift errichten (§ 2232). Die Vorschrift ist zwingend; bei Verstoß ist das Testament nichtig (§ 125). Eine Heilung mit Eintritt der Volljährigkeit ist mit Rücksicht auf den Zweck des I ausgeschlossen (Soergel/*Mayer* Rn 2).

2 **B. Leseunfähige Personen.** Wer Geschriebenes nicht zu lesen vermag, kann gemäß II nur ein öffentliches Testament (§ 2231 Nr 1) errichten, und zwar lediglich durch Erklärung gegenüber dem Notar (§§ 2232 1; 2247 IV). Von anderen Testamentsformen sind Leseunfähige ausgeschlossen, weil diese voraussetzen, dass der Testator Geschriebenes kontrollieren kann (vgl RGZ 76, 94; BayObLG NJW-RR 97, 1438). Ein Verstoß führt zur Nichtigkeit des Testaments. Die Beschränkung betrifft Sehbehinderte, sofern sie zum Zeitpunkt der Testamentserrichtung völlig erblindet (BayObLG FamRZ 00, 322) oder hochgradig schwachsichtig sind (MüKo/*Hagena* Rn 11 mwN). Erfasst sind auch Personen, die Geschriebenes zwar sehen, aber inhaltlich nicht verstehen können, also auch Analphabeten auch solche, die wegen einer Störung im Gehirn das Gelesene nicht umsetzen können (BayObLG NJW-RR 97, 1438).

3 Sehbehinderte, die der Blindenschrift kundig sind, sind mit Hilfe ihres Tastsinns „im Stande, Geschriebenes zu lesen". Sie können daher außer durch Erklärung gegenüber einem Notar auch öffentlich durch Übergabe eines in Braille-Schrift gehaltenen Textes testieren (Soergel/*Mayer* Rn 3). Ein privatschriftliches Testament können sie dagegen nicht errichten (s.u. § 2247 Rn 2 u 4).

4 II findet zwingend Anwendung, wenn entweder der Erblasser angibt, dass er leseunfähig sei, oder wenn der Notar hiervon überzeugt ist. Dies gilt auch, wenn die Überzeugung des Notars auf einem Irrtum beruht (vgl Hamm NJW 02, 3410; FamRZ 00, 704). Ob der Testator angab, leseunfähig zu sein, oder ob der Notar hiervon überzeugt war, soll in die Niederschrift aufgenommen werden. Die entsprechende Feststellung kann nicht durch spätere Ermittlungen des Gerichts ersetzt werden; möglich ist nur ggf der Beweis, dass der Notar die beurkundete Überzeugung in Wahrheit nicht hatte (Hamm FamRZ 00, 704).

5 **C. Anders behinderte Erblasser.** Sprechunfähige können sich, da § 2232 keine mündliche Erklärung mehr erfordert (s.o. § 2232 Rn 2), auf andere Weise ausdrücken und dadurch auch durch Erklärung gegenüber dem Notar testieren. Wer sich überhaupt nicht verständlich machen kann, also auch nicht mittels einer nach § 24 BeurkG zugezogenen Person, kann kein Testament errichten. Taube können ein öffentliches Testament jeder Art errichten. Zum Verfahren bei Hör- Seh- und Sprachbehinderten vgl §§ 22–26 BeurkG.

§§ 2234 bis 2246

– *weggefallen* –

§ 2247 Eigenhändiges Testament

(1) Der Erblasser kann ein Testament durch eine eigenhändig geschriebene und unterschriebene Erklärung errichten.
(2) Der Erblasser soll in der Erklärung angeben, zu welcher Zeit (Tag, Monat und Jahr) und an welchem Orte er sie niedergeschrieben hat.
(3) [1]Die Unterschrift soll den Vornamen und den Familiennamen des Erblassers enthalten. [2]Unterschreibt der Erblasser in anderer Weise und reicht diese Unterzeichnung zur Feststellung der Urheberschaft des Erblassers und der Ernstlichkeit seiner Erklärung aus, so steht eine solche Unterzeichnung der Gültigkeit des Testaments nicht entgegen.

(4) Wer minderjährig ist oder Geschriebenes nicht zu lesen vermag, kann ein Testament nicht nach obigen Vorschriften errichten.
(5) ¹Enthält ein nach Absatz 1 errichtetes Testament keine Angabe über die Zeit der Errichtung und ergeben sich hieraus Zweifel über seine Gültigkeit, so ist das Testament nur dann als gültig anzusehen, wenn sich die notwendigen Feststellungen über die Zeit der Errichtung anderweit treffen lassen. ²Dasselbe gilt entsprechend für ein Testament, das keine Angabe über den Ort der Errichtung enthält.

A. Allgemeines. Das eigenhändige Testament setzt voraus, dass der Erblasser den Text mit eigener Hand niederschreibt und unterschreibt (I). Die Formvorschriften bestehen zwingend und können durch den *favor testamenti* (§ 2084) nicht gemildert werden; bei einem Verstoß liegt kein wirksames eigenhändiges Testament vor (§ 125). Die Form ist gewahrt, wenn zum Todeszeitpunkt eine eigenhändig geschriebene Erklärung des Erblassers existiert, wobei sich die Unterschrift auf die gesamten Verfügungen beziehen muss. Der Ausdruck „Testament" o ä muss nicht verwendet werden. Ebensowenig ist eine Einheitlichkeit des Errichtungsakts (*unitas actus*) erforderlich (BayObLG FamRZ 99, 1392; vgl BGH NJW 74, 1083). Der Gültigkeit steht also nicht entgegen, dass der Erblasser die einzelnen Verfügungen zu unterschiedlichen Zeitpunkten abgefasst hat, sofern er sie nur am Ende in ihrer Gesamtheit als seine letztwillige Verfügung wollte (hM, vgl Karlsr NJW-RR 03, 653). Auch kann die Unterschrift deutlich später als die Niederschrift erfolgen (BayObLGZ 84, 194; FamRZ 99, 1392). Im übrigen ist die Sprache, wenn der Erblasser sie beherrscht, ebenso gleichgültig (Zweibr FamRZ 92, 609) wie die Schriftart (etwa Kurzschrift), sofern die Individualisierung nicht objektiv ausgeschlossen ist. Die äußere Form des Textes ist gleichgültig; es kommt also nicht darauf an, ob die Erklärung etwa mit Tinte auf Büttenpapier geschrieben wird oder mit Bleistift an die Wand (AG München bei Staud/Firsching [12. Aufl 1983], Rn 33). Bei ungewöhnlicher Form ist aber besonders kritisch zu prüfen, ob das Testament auf einem ernsthaftem Testierwillen beruht, also nicht lediglich Entwurf oder Scherz ist (BayObLG ZEV 00, 365 mAv *Kroppenberg*: Testament im Notizbuch; BayObLG Rpfleger 77, 438). 1

Von der Errichtung eines eigenhändigen Testaments ausgeschlossen (IV) sind Minderjährige (§ 2) und Leseunfähige (§ 2233 I, II). 2

Das eigenhändige Testament wird auf Verlangen des Erblassers von jedem Amtsgericht amtlich verwahrt (§§ 2248, 2258 a II Nr 3). Aus der Verwahrung kann es der Erblasser jederzeit wieder zurücknehmen; dies hat auf die Gültigkeit des Testaments keinen Einfluss (§ 2256 II, III). 3

B. Eigenhändig geschriebene Erklärung. I. Eigenhändige Niederschrift. Das Erfordernis der eigenhändig geschriebenen Erklärung soll dazu dienen, dass die Echtheit des Testaments mit Hilfe der jeweils charakteristischen Handschrift geprüft werden kann. Der Erblasser muss deshalb den gesamten Testamentswortlaut selbst mit der Hand niedergeschrieben haben. Behinderte können entsprechend mittels Prothese, Mund, Fuß o ä schreiben. Ein Erblasser, der die Schriftzüge nicht mehr aktiv herstellen kann, ist nicht mehr schreibfähig (BGH NJW 81, 1901). Mechanische Schrift (etwa Schreibmaschine) ist nicht eigenhändig (BGHZ 47, 70). Gleiches gilt für eine Fotokopie (Karlsruhe NJW-RR 03, 654), mit deren Hilfe lediglich ggf bei Verlust der Urkunde Errichtung und Inhalt des Testaments bewiesen werden können (vgl § 2356). Ein Testament in Blindenschrift ist kein eigenhändiges, weil auch bei manuell gefertigter Punktschrift die Individualisierung nicht möglich ist (*Schulze* DNotZ 55, 629; *Werner* DNotZ 72, 8); ein Blinder muss daher notariell testieren (s.o. § 2233 Rn 2). Ein teils eigenhändig, teils maschinenschriftlich errichtetes Testament ist grds hinsichtlich des eigenhändigen Teils gültig, wenn er als selbständige Verfügung einen abgeschlossenen Sinn ergibt (§ 2085; Zweibr NJW-RR 03, 872; BayObLG NJW-RR 05, 1025). 4

Eine mittels Kohlepapier gefertigte Durchschrift eines eigenhändigen Testaments ist formgerecht und kann gültiges Testament sein, wenn sie auf ernstlichem Testierwillen beruht und nicht nur Entwurf oder bloße Abschrift ist (BGHZ 47, 68; KG FamRZ 95, 897), sondern Testamentsurschrift. Es genügt nicht, dass der Erblasser die von einem Dritten vorgegebenen Schriftzüge lediglich durchpaust (BGHZ 47, 71). Die Feststellungslast dafür, dass der Erblasser eine Urschrift herstellen wollte, trägt ggf derjenige, der sich auf das Schriftstück beruft (BayObLG Rpfleger 81, 282). 5

Wirkt ein Dritter bei der Niederschrift des (körperlich geschwächten) Erblassers mit, so ist Eigenhändigkeit nur dann gegeben, wenn der Erblasser die Schriftzüge selbständig formt. Unter dieser Voraussetzung ist es unschädlich, wenn der Dritte etwa Arm oder Hand des Erblassers stützt (vgl BGHZ 47, 68; Hamm NJW-RR 02, 222). Bildet der Dritte die Schriftzüge dagegen selbst, indem er dem Erblasser in entsprechender Weise die Hand führt, so erfolgt die Niederschrift nicht eigenhändig (BGH NJW 81, 1900). Ebenso gelten Abschnitte des Textes, die von der Hand des Dritten herrühren, oder Ergänzungen desselben als nicht geschrieben. Sie führen nicht etwa zur Ungültigkeit des gesamten Testaments, wenn sich nicht ergibt, dass der Erblasser die übrigen Verfügungen nicht ohne die unwirksamen Abschnitte getroffen hätte (BayObLG FamRZ 86, 727). Durch Dritte hergestellte Niederschriften sind auch dann unwirksam, wenn sie nach Weisung des Erblassers angefertigt sind und dessen Unterschrift tragen (Hamm NJW-RR 02, 222; vgl BayObLG FamRZ 90, 442). 6

Unwirksam sind Verfügungen, die nicht zumindest für einen Sachverständigen lesbar sind (BayObLG Rpfleger 01, 181). Dies gilt auch dann, wenn das Gewollte durch außerhalb der Urkunde liegende Umstände ermittelt werden kann (Hamm FamRZ 92, 356; KG FGPrax 98, 111). Hat der Erblasser eine Geheimschrift 7 benutzt, zu deren Entzifferung auf einen außerhalb der Urkunde dokumentierten Schlüssel zurückgegriffen werden muss, ist sein Wille objektiv erkennbar schriftlich niedergelegt und damit formwirksam erklärt (*Musielak* FamRZ 92, 358). Späteres Unlesbarwerden eines anfänglich lesbaren Textes führt nicht zur Nichtigkeit der Verfügungen; hier ergibt sich nur die Schwierigkeit, das Erklärte zu ermitteln und ggf zu beweisen.

8 **II. Bezugnahme auf andere Schriftstücke.** Der Erblasser kann im Rahmen seines Testaments wegen des Inhalts seiner Verfügungen auf andere Schriftstücke Bezug nehmen. Unproblematisch ist dies möglich, wenn es sich bei dem in Bezug genommenen Schriftstück um eine wirksame letztwillige Verfügung des Erblassers selbst handelt. Dafür genügt, wenn es sich um ein formgültiges gemeinschaftliches Testament des Erblassers mit seinem Ehegatten handelt, das von diesem niedergeschrieben wurde (Hamm NJW-RR 91, 1352; Frankf NJW-RR 02, 7). Ist die Haupterklärung des anderen Ehegatten mangels dessen Unterschrift ungültig, dann ist die bloße Beitrittserklärung auch nichtig und keine zulässige Bezugnahme (BayObLGZ 68, 311). Im Falle eines notariellen Testaments genügt es, wenn ein unterschriebener Vermerk auf dessen Abschrift (BGH NJW 66, 201) oder sogar auf einem Entwurf des Notars (Hamm FamRZ 00, 985) gesetzt wird.

9 Ohne Rücksicht auf die Form des in Bezug genommenen Schriftstücks ist die Verweisung wirksam, sofern sie nur zur näheren Erläuterung der Verfügungen dient (zB Verzeichnisse). Es handelt sich dann nämlich nur um eine Hilfe bei der Auslegung des bereits formgültig erklärten Willens (BGH Rpfleger 80, 377; BayObLGZ 79, 218 f). Sind also in einem Testament die „in beigefügter Liste aufgeführten Verwandten" als Schlusserben eingesetzt, dann kann die Liste zu deren Bestimmung herangezogen werden, auch wenn sie in Maschinenschrift gehalten ist (Hamm NJW 03, 2391). Nimmt der Erblasser dagegen wegen des Testamentsinhalts auf ein anderes, nicht formgerechtes Schriftstück Bezug (*testamentum mysticum*), ohne das seine Verfügungen nicht verständlich sind, dann ist insoweit Unwirksamkeit die Folge (Mot V, 294; Soergel/*Mayer* Rn 33); sie erfasst uU gem §§ 2085, 139 das gesamte Testament, wenn sich die Erbeneinsetzung oder die Zuwendung von Vermächtnissen auf die Verweisung beschränkt (BGH Rpfleger aaO; BayObLGZ aaO). Die Bezugnahme auf andere Schriftstücke ist zu unterscheiden von der Heranziehung außertestamentarischer Umstände bei der Testamentsauslegung.

10 **C. Eigenhändige Unterschrift.** Gemäß III ist erforderlich, dass der Erblasser eigenhändig unterschreibt. Er soll mit Vor- und Familiennamen unterschreiben, allerdings genügt auch die Unterzeichnung in anderer Weise, wenn Identität und Ernstlichkeit feststehen. Damit es sich um „Schrift" handelt, müssen Buchstaben erkennbar sein. Die Unterschrift muss nicht insgesamt leserlich sein, aber als individueller Schriftzug auf die Identität des Testators schließen lassen (vgl BGH Rpfleger 64, 211; 76, 127 mAv *Vollkommer*; vgl *Krapp* Jur-Büro 77, 11). Handzeichen (§ 126 I), bloße Schnörkel oder drei Kreuze genügen daher nicht (RGZ 134, 310). Durch die Unterschrift soll Rechtssicherheit im Hinblick auf die Identifikation des Erblassers, sein Bekenntnis zum Inhalt, die Echtheit des Testaments sowie den Abschluss der Verfügung gewährleistet werden; außerdem soll der Erblasser zum überlegten Handeln angehalten werden. Unterzeichnung nur mit dem Vornamen (RGZ aaO) oder nur mit dem Nachnamen oder sogar nur mit der Familienbezeichnung (amtl Begr zum TestG DJ 38, 1257: „Euer Vater"; vgl Naumbg FamRZ 03, 407; BayObLG FamRZ 03, 1779) kann ausreichen; ebenso die Verwendung eines Kose- oder Künstlernamens. Hier wird allerdings sorgfältig zu prüfen sein, ob es sich bereits um eine endgültige Verfügung und nicht vielmehr um einen Entwurf oder eine Ankündigung handelt (besonders beim Brieftestament; BayObLGZ 63, 58). Die Unterzeichnung mit einer Abkürzung, etwa mit den Namensinitialen, wird teilweise für ausreichend gehalten, sofern die Urheberschaft des Erblassers (III 2) und das Nichtvorliegen eines bloßen Entwurfs feststellbar ist. Dies soll insbesondere gelten, wenn der Erblasser unter der Abkürzung bekannt war und sich ihrer stets bedient hat (vgl Celle NJW 77, 1690; Soergel/*Mayer* Rn 22). Nach richtiger Ansicht ist dies abzulehnen (RGRK/*Kregel* Rn 17; Staud/*Baumann* Rn 86; vgl auch BGH DB 67, 1628; amtl Begr z TestG DJ 38, 1257). Die vom Gesetz verfolgten Zwecke der Unterschrift, insbesondere Übereilungsschutz, Fälschungsschutz und Beweis von Aussteller und Ernstlichkeit, werden von Initialen o ä nämlich nicht hinreichend verwirklicht.

11 **I. Abschluss der Verfügungen.** Die Unterschrift muss grds am Ende des Urkundstextes stehen. Sie soll ihn vor Zusätzen sichern, indem sie ihn räumlich abschließt (BayObLG FamRZ 04, 1142); der Namenszug am Beginn des Textes („Oberschrift") genügt daher nicht (BGHZ 113, 48 m Anm *Köhler* JZ 91, 408; vgl aber Celle NJW 96, 2938). Nachfolgende Zeit- bzw Ortsangabe ist aber unschädlich. Bei einem mehrseitigen Text genügt die Unterschrift auf dem letzten Blatt, sofern sicher feststeht, dass die Blätter zusammengehören (BayObLG FamRZ 91, 370; Soergel/*Mayer* Rn 25). Daran fehlt es etwa im Falle eines Ringbuchs mit Öffnungsmechanik (Hamm NJW 83, 689). Eine feste Verbindung der Blätter ist aber nicht in jedem Fall erforderlich; die Zusammengehörigkeit der Blätter kann auch durch fortlaufenden Text oder Seitenzählung gewährleistet sein (LG München I FamRZ 04, 1905).

12 Vom Erblasser selbst geschriebene Anlagen bedürfen nur dann keiner besonderen Unterschrift, wenn der Wille, sie zum Bestandteil des Testaments zu machen, erkennbar ist. Die Unterzeichnung am Rand kann nur dann gelten, wenn nur für sie auf der betreffenden Seite kein Text mehr raum ist und sich deshalb die daneben gesetzte Unterschrift als räumlicher Abschluss darstellt (BayObLGZ 81, 85; FamRZ 86, 728 f; Hamm FamRZ 86, 728; Köln FGPrax 00, 116; vgl BGH NJW 92, 829). Entsprechendes muss für eine Unterschrift auf der Rückseite der vollgeschriebenen Testamentsurkunde gelten.

Die Selbstbezeichnung des Erblassers am Anfang des Testaments (zB: „Ich, NN, bestimme als meinen letzten Willen ...") ersetzt nach hM nicht die Unterschrift (vgl BayObLG FamRZ 88, 1211; Hamm FamRZ 02, 642). Sie bildet nämlich nicht Fortsetzung und Abschluss der Verfügung. Gleiches gilt, wenn sich die Erklärung ihrem äußeren Anschein nach (etwa durch Schlussworte: „Dies ist mein letzter Wille" oder „persönlich"; BayObLGZ 79, 204) als abgeschlossen darstellt, sofern diese abgeschlossene Erklärung nicht unterschrieben ist (Braunschweig MDR 55, 292). Eine Selbstbezeichnung am Schluss des Textes kann allerdings die gesonderte Unterschrift ersetzen, wenn der Erblasser gerade durch die Namensnennung „unterschreiben" und die Erklärung abschließen wollte (vgl BayObLGZ 68, 311; Ddorf JMBl NRW 54, 116; *Haegele* JurBüro 68, 343 f). 13

II. Unterschrift auf Umschlag. Ist die Testamentsurkunde nicht unterschrieben, kann es ggf ausreichen, wenn sie in einem Umschlag verwahrt ist, der seinerseits eine Unterschrift trägt. Dabei muss allerdings zwischen Testament und Umschlag ein so enger Zusammenhang bestehen, dass der Umschlag als gewissermaßen letztes Blatt der Testamentsurkunde die Unterschrift trägt und diese so nach dem Willen des Erblassers und nach der Verkehrsauffassung die äußere Fortsetzung und den Abschluss der Erklärung bildet (Celle NJW 96, 2938; BayObLG FamRZ 88, 1211; Hamm OLGZ 86, 292). Dies muss jeweils für den Einzelfall beurteilt werden. Für Formwirksamkeit spricht, wenn sich die Testamentsurkunde in einem verschlossenen Umschlag befindet, der mit einer den Inhalt bezeichnenden Aufschrift und der Unterschrift des Erblassers versehen ist. Ist der Umschlag dagegen unverschlossen, dürfte die Abschlussfunktion wegen der zu losen, jederzeit aufhebbaren Verbindung zwischen Umschlag und Text regelmäßig nicht gewahrt sein (Hamm OLGZ 86, 292; ausnahmsweise bejahend BayObLG Rpfleger 86, 294). Die Unterschrift auf dem Umschlag ist auch dann nicht äußere Fortsetzung und Abschluss der Erklärung, wenn sie sich lediglich als Absendervermerk oder als Kennzeichnung des Inhalts oder als Schutzmaßnahme gegen fremde Einsicht erweist (BayObLG NJW-RR 02, 1520). 14

D. Zeit- und Ortsangabe. Gemäß II sollen Zeit und Ort der Errichtung im Testament angegeben werden. Unterbleiben die Angaben, so ist das Testament gleichwohl grds gültig (V; vgl BayObLG FamRZ 05, 657). Die Angaben unterliegen nicht den Formerfordernissen des I. Jedenfalls empfiehlt sich die Angabe von Zeit und Ort, weil dies Beweisschwierigkeiten und ggf der Ungültigkeit vorbeugt. So ermöglicht die Zeitangabe die Feststellung, in welcher Reihenfolge mehrere Testamente errichtet wurden (vgl § 2258) und ob ein Testament im Falle zeitweiliger Testierunfähigkeit wirksam ist. 15

An die Angabe von Zeit und Ort durch den Testator knüpft eine tatsächliche Vermutung für ihre Richtigkeit an (BayObLG FamRZ 91, 237; 01, 1329). Wenn die Vermutung hinsichtlich der Zeitangabe widerlegt wird, bleibt das Testament grundsätzlich wirksam, jedoch findet V entsprechend Anwendung (BayObLG FamRZ 94, 594). Kommt es für die Frage der Gültigkeit auf den Zeitpunkt an, fehlen aber Zeitangaben oder sind diese zweideutig, dann trifft denjenigen die Beweislast, der sich auf die Testamentsgültigkeit beruft (entsprechend V 1; BayObLG NJW-RR 03, 299; FGPrax 04, 243). Bei Beweisfälligkeit ist das Testament als ungültig anzusehen. Gleiches gilt bei Widerspruch zwischen einem datierten und einem undatierten Testament (V 1; § 2258 I). 16

E. Nachträge. Der Erblasser kann den Text seines Testaments jederzeit ergänzen. Dabei können Schreibfehler und offensichtliche Versehen stets ohne gesonderte Unterschrift berichtigt werden. Im übrigen bedürfen die Ergänzungen jeweils der Form des § 2247, müssen also grds entweder vom Erblasser gesondert unterschrieben sein oder sich in den übrigen Urkundentext einfügen und zur Zeit des Erbfalls durch die am Schluss stehende Unterschrift nach dem Willen des Erblassers gedeckt sein. Das ist nicht der Fall, wenn der Erblasser auf die formgültige Testamentsurkunde einen Nachtrag *unter* die Unterschrift gesetzt hat, ohne diesen gesondert zu unterschreiben. Etwas anderes kann nur gelten, wenn der Zusammenhang zwischen dem Zusatz und dem über der Unterschrift stehenden Text so eng ist, dass dieser erst mit dem Zusatz sinnvoll wird, zB wenn das Testament ohne den Nachtrag lückenhaft, unvollständig oder nicht durchführbar wäre und der wirkliche Wille des Erblassers nur im Zusammenhang beider Erklärungen hervorgeht (BayObLG FamRZ 04, 1142 m Anm *Leipold*). Gleiches kann gelten, wenn die Ergänzung nach dem festgestellten Willen des Testators von der ursprünglichen Unterschrift gedeckt sein soll und das räumliche Erscheinungsbild der Testamentsurkunde dem nicht entgegensteht (BGH NJW 74, 1083 f; Frankf NJW-RR 95, 711). Dies ist etwa dann der Fall, wenn bei einem vollgeschriebenen Blatt die Deckung zweifelhaft ist (Köln FamRZ 94, 330). Die gesonderte Unterschrift ist auch entbehrlich, wenn der Nachtrag eine voranstehende Verfügung nur klarstellt oder bekräftigt (BayObLG FamRZ 91, 964). 17

Die gesonderte Unterzeichnung eines Nachtrags ist stets erforderlich, wenn der von der Unterschrift abgedeckte Testamentstext bereits vor dem Nachtrag widerrufen worden war (BayObLGZ 92, 186 f; FamRZ 95, 246), wenn der Nachtrag neue, selbständige Verfügungen enthält oder die ursprünglich eindeutige Erbeinsetzung durch eine andere ersetzt (BayObLG FamRZ 86, 836). Ist der Nachtrag eigens unterschrieben, kann die Einfügung in den ursprünglichen Text oder in eine Ergänzung Widerruf oder Einschränkung (§§ 2255, 2258) sein. Für die Änderung einer Testamentskopie vgl München NJW-RR 06, 11. 18

Auf einem gesonderten Blatt abgefasste Nachträge muss der Erblasser eigens unterzeichnen, da es an einem räumlichen Zusammenhang mit dem bereits vorhandenen Testament fehlt und sie daher den Charakter einer neuen letztwilligen Anordnung haben (BGH NJW 74, 1084; Hamm NJW 83, 689; BayObLG FamRZ 84, 19

1269; vgl für ein Vermächtnis auf einem Grundbuchauszug Naumbg FamRZ 03, 407). Eine inhaltliche Anknüpfung allein hilft über das Formerfordernis nicht hinweg (vgl abweichend *Stumpf* FamRZ 92, 1131). Streichungen im Text des Testaments kann der Erblasser jederzeit vornehmen. Zu beachten ist jedoch, dass diese den Beweiswert der Urkunde beeinträchtigen können (§ 419 ZPO) und ggf als Widerruf anzusehen sind (§ 2255).

20 **F. Testierwille.** Der Erblasser muss seine Verfügungen mit ernstlichem Testierwillen getroffen haben. Es genügt das Bewusstsein, dass die Urkunde als Testament aufgefasst werden könne. Bei einem formgerecht abgefassten und inhaltlich vollständigen Testament ist das idR nicht zweifelhaft (KG OLGZ 91, 148), weil die Form der Eigenhändigkeit u a gerade dazu dienen soll, Vorüberlegungen und Entwürfe von der maßgebenden Verfügung zu unterscheiden sowie eine erhöhte Sicherheit vor Verfälschungen des Erblasserwillens zu gewährleisten (BGHZ 80, 246, s auch *Grundmann* AcP 187, 429). Im Zweifelsfall ist eine Prüfung geboten, ob es sich bei der Urkunde nur um einen Entwurf oder eine Ankündigung eines Testaments handelt. Unter Berücksichtigung aller erheblichen, auch außerhalb der Urkunde liegenden Umstände sowie der Lebenserfahrung ist zu ermitteln, ob der Erblasser über sein Vermögen verbindlich von Todes wegen verfügen wollte, oder zumindest wusste, dass das Schriftstück als Testament angesehen werden könne (BayObLG FamRZ 05, 657; NJW-RR 89, 1092). Steht dies außer Zweifel, dann kann etwa in einem eigenhändig verfassten und unterschriebenen Brief ein formgültiges Testament enthalten sein (BayObLG FamRZ 01, 944; 03, 1786; Brandbg FamRZ 98, 985). Die Prüfung ist insbesondere veranlasst, wenn die Verfügungen auf einer ungewöhnlichen Unterlage (vgl o Rn 1 u BayObLG FamRZ 92, 226; 1207: gebrauchter Briefumschlag) geschrieben wurden oder die Urkunde an einem ungewöhnlichem Ort (zB in einem Scheckheft) verwahrt wurde (BayObLG FamRZ 92, 1207). Ob die Urkunde die Überschrift „Testament" oä trägt, ist unerheblich (BayObLG FamRZ 05, 657).

21 Mehrere „Testamente", die der Erblasser am selben Tag mit verschiedenem oder widersprüchlichem Inhalt gefertigt hat, sind nicht bloß aufgrund Einhaltung der Form als endgültige letztwillige Verfügungen zu betrachten (BayObLGZ 89, 1124). Umgekehrt kann ein als „Entwurf" bezeichneter Text formgültig sein (BayObLGZ 70, 179). In einer Vollmacht ist idR kein Testament zu sehen (vgl BayObLG FamRZ 00, 1539 für die bloße Bankvollmacht). Zu prüfen ist allerdings, ob es sich nur um eine falsche Bezeichnung handelt.

22 Der Testierwille muss während der Niederschrift nicht durchgehend vorhanden gewesen sein. So kann der Erblasser auch auf ein Schriftstück zurückgreifen, das er als früheres Testament oder zu anderen Zwecken niedergeschrieben hat, und dasselbe durch eigenhändige Ergänzung zu seinem nunmehr gewollten Testament vollenden (BayObLGZ 84, 197; Zweibr FamRZ 98, 581).

23 **G. Beweisfragen.** Ist unsicher, ob den Erklärungen Testierwille zugrundelag, ist die *favor-testamenti*-Regel des § 2084 nicht anwendbar. Gibt daher etwa die ungewöhnliche Form, in der die Erklärung verkörpert ist (vgl Rn 1 u 20), Anlass zu Zweifeln, dann richten sich an den Nachweis des Testierwillens strenge Anforderungen (KG FamRZ 04, 737; BayObLG FamRZ 01, 945; Brandbg FamRZ 98, 986). Lassen sich die Zweifel nicht beseitigen, dann trägt derjenige die Feststellungslast, der Rechte aus dem Schriftstück herleitet (KG OLGZ 91, 148).

24 Die Feststellungslast für den erbrechtlichen Charakter einer Erklärung trägt derjenige, der aus ihr ein Erbrecht für sich herleitet (Hamm OLGZ 66, 498). Entsprechendes gilt hinsichtlich der Feststellungslast für Echtheit und Eigenhändigkeit der Urkunde (BayObLG FamRZ 85, 837; Köln NJW-RR 04, 1015).

25 Die Echtheit der Unterschrift ist ein Indiz für die Eigenhändigkeit der letztwilligen Erklärung, jedoch kein Beweis. Da die Erklärung nicht nur abgegeben worden sein, sondern gleichzeitig eine bestimmte Form gewahrt haben muss, sind die §§ 416 und 440 II ZPO nicht anwendbar (Hamm OLGZ 93, 141).

26 Im Erbscheinverfahren prüft das Nachlassgericht die Gültigkeit des Testaments von Amts wegen (§ 2358; § 12 FGG). Es prüft etwaige Auffälligkeiten idR selbständig. Die Einholung eines Gutachtens zur Echtheit eines eigenhändigen Testaments von Amts wegen ist nur in Zweifelsfällen geboten (BayObLG FamRZ 98, 644). Das Gutachten kann dann schriftlich oder mündlich erstattet werden oder sich in beigezogenen Akten befinden. Zweifeln des Gutachters geht das Gericht gem § 12 FGG nach (BayObLG Rpfleger 88, 67). Zur Beweiswürdigung bei einander widersprechenden Schriftgutachten vgl BayObLG FamRZ 05, 1014 u 1015.

27 **H. Rechtsvergleich.** Soweit europäische Rechtsordnungen ein privates Testament kennen, ist meistens die Eigenhändigkeit vorgeschrieben (zB Art 970 fr CC, § 578 ABGB; in Österreich kann ein auch maschinengeschriebenes Testament vor drei Zeugen errichtet werden; § 579 ABGB). In England müssen bei der Errichtung eines privaten Testaments grds Zeugen mitwirken (sec 9 Wills Act 1837; sec 17 Administration of Justice Act 1982); eigenhändige Niederschrift ist nicht erforderlich. Das schottische Recht verzichtet seit dem Requirements of Writing Act 1995 auf Eigenhändigkeit und Zeugen.

§ 2248 Verwahrung des eigenhändigen Testaments

Ein nach der Vorschrift des § 2247 errichtetes Testament ist auf Verlangen des Erblassers in besondere amtliche Verwahrung zu nehmen (§§ 2258 a, 2258 b). Dem Erblasser soll über das in Verwahrung genommene Testament ein Hinterlegungsschein erteilt werden.

Der Erblasser kann das eigenhändige Testament in besondere amtliche Verwahrung geben, damit es beim Erbfall aufgefunden wird und vor Unterdrückung, Fälschung, Beschädigung und Abhandenkommen sicher ist. Dies dient dem Interesse des Erblassers an der Sicherung und Geheimhaltung seines Testaments sowie dem öffentlichen Interesse. Durch die besondere amtliche Verwahrung wird das eigenhändige Testament nicht zur öffentlichen Urkunde (vgl MüKo/*Hagena* Rn 19). 1

Zuständig ist jedes Amtsgericht (§ 2258 a II Nr 3). Der Erblasser kann die Rückgabe jederzeit verlangen (§ 2256 II); bei gemeinschaftlichem Testament (§ 2265) müssen beide Erblasser das Rückgabeverlangen äußern (§ 2272). Die Rückgabe löst keine Widerrufswirkungen aus (§ 2256 III), weil die besondere amtliche Verwahrung das Testament nicht zum öffentlichen macht (vgl Rn 1). 2

§ 2249 Nottestament vor dem Bürgermeister

(1) ¹Ist zu besorgen, dass der Erblasser früher sterben werde, als die Errichtung eines Testaments vor einem Notar möglich ist, so kann er das Testament zur Niederschrift des Bürgermeisters der Gemeinde, in der er sich aufhält, errichten. ²Der Bürgermeister muss zu der Beurkundung zwei Zeugen zuziehen. ³Als Zeuge kann nicht zugezogen werden, wer in dem zu beurkundenden Testament bedacht oder zum Testamentsvollstrecker ernannt wird; die Vorschriften der §§ 7 und 27 des Beurkundungsgesetzes gelten entsprechend. ⁴Für die Errichtung gelten die Vorschriften der §§ 2232, 2233 sowie die Vorschriften der §§ 2, 4, 5 Abs. 1, §§ 6 bis 10, 11 Abs. 1 Satz 2, Abs. 2, § 13 Abs. 1, 3, §§ 16, 17, 23, 24, 26 Abs. 1 Nr. 3, 4, Abs. 2, §§ 27, 28, 30, 32, 34, 35 des Beurkundungsgesetzes; der Bürgermeister tritt an die Stelle des Notars. ⁵Die Niederschrift muss auch von den Zeugen unterschrieben werden. ⁶Vermag der Erblasser nach seinen Angaben oder nach der Überzeugung des Bürgermeisters seinen Namen nicht zu schreiben, so wird die Unterschrift des Erblassers durch die Feststellung dieser Angabe oder Überzeugung in der Niederschrift ersetzt.
(2) ¹Die Besorgnis, dass die Errichtung eines Testaments vor einem Notar nicht mehr möglich sein werde, soll in der Niederschrift festgestellt werden. ²Der Gültigkeit des Testaments steht nicht entgegen, dass die Besorgnis nicht begründet war.
(3) ¹Der Bürgermeister soll den Erblasser darauf hinweisen, dass das Testament seine Gültigkeit verliert, wenn der Erblasser den Ablauf der in § 2252 Abs. 1, 2 vorgesehenen Frist überlebt. ²Er soll in der Niederschrift feststellen, dass dieser Hinweis gegeben ist.
(4) Für die Anwendung der vorstehenden Vorschriften steht der Vorsteher eines Gutsbezirks dem Bürgermeister einer Gemeinde gleich.
(5) ¹Das Testament kann auch vor demjenigen errichtet werden, der nach den gesetzlichen Vorschriften zur Vertretung des Bürgermeisters oder des Gutsvorstehers befugt ist. ²Der Vertreter soll in der Niederschrift angeben, worauf sich seine Vertretungsbefugnis stützt.
(6) Sind bei Abfassung der Niederschrift über die Errichtung des in den vorstehenden Absätzen vorgesehenen Testaments Formfehler unterlaufen, ist aber dennoch mit Sicherheit anzunehmen, dass das Testament eine zuverlässige Wiedergabe der Erklärung des Erblassers enthält, so steht der Formverstoß der Wirksamkeit der Beurkundung nicht entgegen.

A. Allgemeines. In bestimmten Notfällen kann ein Testament vor dem Bürgermeister als Urkundsperson errichtet werden. Dieses Testament steht einem öffentlichen gleich, hat aber nur zeitlich beschränkte Gültigkeit (§ 2252). Ehegatten und eingetragene Lebenspartner können sich dieser Testamentsform ggf bedienen, um ein gemeinschaftliches Testament zu errichten (§§ 2265, 2266; § 10 IV LPartG). Einen Noterbvertrag kennt das BGB nicht (vgl § 2276). 1

B. Tatbestand. I. Voraussetzungen. I erfordert die Besorgnis, dass der Erblasser versterben werde, bevor ihm möglich ist, vor einem Notar zu testieren. Gleiches gilt, wenn der Eintritt einer bis zum Tod fortdauernden Testierunfähigkeit des Erblassers zu besorgen ist (BGHZ 3, 377). Die Vorschrift findet auch Anwendung, wenn der Notar zwar erreichbar ist, aber an der Testamentserrichtung nicht mitwirken will (Soergel/*Mayer* Rn 4). Der Bürgermeister selbst muss die Besorgnis hegen; auf die Vorstellung des Erblassers oder der Zeugen kommt es nicht an (BGHZ 3, 378). Ob die Besorgnis des Bürgermeisters tatsächlich begründet ist, ist dagegen unerheblich (II). Ausnahmsweise ist das Nottestament auch dann gültig, wenn zwar der Bürgermeister die Besorgnis nicht hatte, die Gefahr allerdings tatsächlich gegeben war (RGZ 171, 29). Nach § 2250 I kann ein Bürgermeistertestament auch errichtet werden, wenn der Erblasser infolge Abgesperrtseins nicht oder nur unter erheblichen Schwierigkeiten vor einem Notar testieren kann. Hier kann auch die Form des Dreizeugentestaments (§ 2250) gewählt werden. 2

3 **II. Mitwirkende Personen.** Urkundsperson ist der Bürgermeister des Aufenthaltsorts bzw dessen gesetzlich bestimmter Vertreter (V). Die praktische Bedeutung der Möglichkeit, das Testament in einem gemeindefreien Gutsbezirk vor dem Gutsbezirksvorsteher bzw dessen Vertreter zu errichten (IV, V), dürfte sich auf Altfälle beschränken (Staud/*Baumann* Rn 23). Beurkundung außerhalb des Amtsbezirks (Gemeindegebiets) ist unschädlich (I 4 iVm § 2 BeurkG). Die Urkundsperson muss anwesend sein und den letzten Willen des Erblassers selbst entgegennehmen. Daneben sind zwei Zeugen zur Beurkundung hinzuzuziehen (I 2). Wer im Testament bedacht oder zum Testamentsvollstrecker ernannt wird, kann nicht Zeuge sein (I 3); ein Verstoß macht das Testament allerdings nicht in vollem Umfang unwirksam (§§ 7 u 27 BeurkG). Im übrigen ergeben sich Mitwirkungsverbote aus § 26 BeurkG, speziell dessen I Nr 3, 3 a, 4 und II.

4 **III. Testamentserrichtung. 1. Mitwirkung.** Während der Errichtung des Testaments müssen der Bürgermeister und die beiden Zeugen anwesend sein (BGHZ 37, 87; 54, 93). Als erstes muss der Erblasser seinen letzten Willen erklären, und zwar mündlich oder durch anderweitige Verständigung. Die Erklärung wird in eine Niederschrift aufgenommen. Möglich ist auch die Übergabe einer (offenen oder verschlossenen) Schrift mit der Erklärung, dass sie seinen letzten Willen enthalte (I 4; § 2232). Minderjährige können nur durch Übergabe einer offenen Schrift testieren, lesensunfähige auf diesem Wege gar nicht (§ 2233). Der Bürgermeister muss eine Niederschrift über die Testamentserrichtung fertigen. Sie muss in Anwesenheit aller Mitwirkenden dem Erblasser vorgelesen und anschließend von diesem genehmigt werden. Die genehmigte Niederschrift ist schließlich von Erblasser, Bürgermeister und beiden Zeugen zu unterschreiben. Kann der Erblasser nach seinen Angaben oder nach der Überzeugung des Bürgermeisters seinen Namen nicht schreiben, ersetzt die entsprechende Feststellung seine Unterschrift (I 6).

5 **2. Niederschrift.** Die Niederschrift verkörpert den erklärten Willen des Erblassers und ist daher Voraussetzung für die Wirksamkeit des Testaments. Für die vollständige Errichtung des Testaments zu Lebzeiten ist erforderlich, dass die Niederschrift beim Tod des Erblassers bereits fertiggestellt ist (BayObLG NJW-RR 96, 712). Für sie gelten Vorschriften des BeurkG (s.u. Rn 6), bei deren Nichteinhaltung zwischen ggf unschädlichen Formfehlern (VI) und unverzichtbaren Mindestanforderungen zu unterscheiden ist. Bei der Unterscheidung zwischen beiden Kategorien ist unnötige Formstrenge zu vermeiden (BGHZ 37, 88). Es genügt, wenn sich aus der Urkunde die rechtserheblichen Umstände und Erklärungen ergeben, falls deren Wahrnehmung durch alle mitwirkenden Personen erfolgte und durch ihre Unterschrift bezeugt ist (BGH aaO). Der ordnungsgemäßen Niederschrift kommt die Beweiskraft einer öffentlichen Urkunde zu (§ 415 ZPO).

6 **3. Einzelne Verfahrensvorschriften.** Mit der Maßgabe, dass der Bürgermeister an die Stelle des Notars tritt, gelten gem I 4 folgende Vorschriften des BeurkG: § 5 I (Errichtung der Urkunde in deutscher Sprache), §§ 8 u 9 (Niederschrift und deren Inhalt), § 10 (Feststellung der Person des Erblassers), § 11 I 2 u II (Feststellungen über Zweifel an seiner Geschäftsfähigkeit), § 13 I u III (Vorlesen, Genehmigen, Unterschreiben der Niederschrift), § 16 (Übersetzung der Niederschrift bei unzureichenden Deutschkenntnissen des Erblassers), § 17 (Prüfungs- und Belehrungspflicht des Bürgermeisters), § 23 (Vorlage der Niederschrift zur Durchsicht an hörbehinderten Erblasser), § 24 (Zuziehung einer verständigungsfähigen Person bei hör- und sprachbehindertem Erblasser, mit dem eine schriftliche Verständigung nicht möglich ist), § 28 (Feststellung der Geschäftsfähigkeit des Erblassers), § 30 (Übergabe einer Schrift), § 32 (Anfügung einer Übersetzung bei Sprachunkundigkeit des Erblassers), § 35 (Niederschrift ohne Unterschrift des Bürgermeisters).

7 Die Niederschrift ist vom Bürgermeister nach Testamentserrichtung in einen Umschlag zu nehmen, der mit dem Amtssiegel zu verschließen, zu beschriften und zu unterschreiben ist. Anschließend ist das Testament unverzüglich in die besondere amtliche Verwahrung des örtlich zuständigen Amtsgerichts zu geben (I 4; § 34 BeurkG; § 2258 a II Nr 2).

8 **4. Rechtsfolgen von Mängeln.** Formverstöße sind unschädlich, wenn sie nur bei Abfassung der Niederschrift unterlaufen sind, also nur deren Inhalt betreffen und nicht den Errichtungsakt als solchen. Die Bestimmung nimmt Rücksicht darauf, dass beim Bürgermeistertestament Formfehler typischerweise leichter auftreten dürften (Kipp/*Coing* § 29 I 5). Sie setzt immerhin voraus, dass das Testament eine zuverlässige Wiedergabe der Erklärung des Erblassers enthält (VI); letzteres muss derjenige beweisen, der sich auf die Wirksamkeit des Testaments beruft (BGH LM Nr 1 zu § 416 ZPO). In der Frage, wann ein ggf unschädlicher Formverstoß vorliegt, ist unnötige Formstrenge zu vermeiden (BGHZ 37, 88; BayObLGZ 70, 56), sofern die jeweilige Voraussetzung nur nicht den materiellrechtlichen Erfordernissen zuzurechnen ist.

9 Die Wirksamkeit des Testaments wird zB dadurch nicht berührt, dass die Besorgnis der Todesgefahr (BayObLGZ 79, 238) oder der Schreibunfähigkeit des Erblassers (MüKo/*Hagena* Rn 32) nicht festgestellt wurde. Unschädlich sind ebenso fehlende Angaben über Zeit und Ort sowie die ungenaue Bezeichnung der Mitwirkenden. Auch die fehlende Unterschrift der Zeugen auf einem vom Erblasser genehmigten und unterschriebenen Testament steht der Wirksamkeit nicht entgegen, weil diese auch noch nach dem Tod des Erblassers ohne Beteiligung anderer Mitwirkender nachgeholt werden kann (KG NJW 47/48, 191; Lange/*Kuchinke* § 21 IV 1 b).

Werden dagegen wesentliche Erfordernisse des Errichtungsakts mißachtet, dann ist das Nottestament unheilbar nichtig. So liegt es zB, wenn die Niederschrift nicht oder erst nach Ableben des Erblassers erstellt oder von niemandem unterschrieben worden ist. Gleiches gilt, wenn ihre Verlesung oder Genehmigung durch den Erblasser unterbleibt (BGHZ 115, 174), wenn weniger als zwei Zeugen hinzugezogen wurden, wenn dieselben ausgeschlossen oder nicht durchgehend anwesend waren (BayObLG Rpfleger 77, 439), wenn der Bürgermeister oder der schreibfähige Erblasser nicht unterschrieben hat (KG JFG 21, 296; Staud/*Baumann* Rn 41 u 49) oder schließlich, wenn der Bürgermeister mit dem Erblasser verheiratet oder in gerader Linie verwandt ist (I 4 mit § 6 BeurkG). 10

5. Haftung. Für schuldhafte Pflichtverletzungen des Bürgermeisters haftet die Gemeinde (Art 34 GG, § 839; Nürnberg OLGZ 65, 158). Ist das Testament infolge der Pflichtverletzung nichtig und verlangt der eingesetzte Erbe deswegen Schadensersatz, kann ein Selbstverschulden des Erblassers oder seines Beraters nicht eingewendet werden (BGH NJW 56, 260). Der Träger eines öffentlichen Krankenhauses ist öffentlichrechtlich sowie vertraglich verpflichtet, testierwilligen Patienten durch organisatorische Maßnahmen die Errichtung eines wirksamen Testaments zu ermöglichen (BGH NJW 89, 2945; 58, 2107). 11

§ 2250 Nottestament vor drei Zeugen

(1) Wer sich an einem Orte aufhält, der infolge außerordentlicher Umstände dergestalt abgesperrt ist, dass die Errichtung eines Testaments vor einem Notar nicht möglich oder erheblich erschwert ist, kann das Testament in der durch § 2249 bestimmten Form oder durch mündliche Erklärung vor drei Zeugen errichten.
(2) Wer sich in so naher Todesgefahr befindet, dass voraussichtlich auch die Errichtung eines Testaments nach § 2249 nicht mehr möglich ist, kann das Testament durch mündliche Erklärung vor drei Zeugen errichten.
(3) ¹Wird das Testament durch mündliche Erklärung vor drei Zeugen errichtet, so muss hierüber eine Niederschrift aufgenommen werden. ²Auf die Zeugen sind die Vorschriften der § 6 Abs. 1 Nr. 1 bis 3, der §§ 7, 26 Abs. 2 Nr. 2 bis 5 und des § 27 des Beurkundungsgesetzes; auf die Niederschrift sind die Vorschriften der §§ 8 bis 10, 11 Abs. 1 Satz 2, Abs. 2, § 13 Abs. 1, 3 Satz 1, §§ 23, 28 des Beurkundungsgesetzes sowie die Vorschriften des § 2249 Abs. 1 Satz 5, 6, Abs. 2, 6 entsprechend anzuwenden. ³Die Niederschrift kann außer in der deutschen auch in einer anderen Sprache aufgenommen werden. ⁴Der Erblasser und die Zeugen müssen der Sprache der Niederschrift hinreichend kundig sein; dies soll in der Niederschrift festgestellt werden, wenn sie in einer anderen als der deutschen Sprache aufgenommen wird.

A. Allgemeines. Das Dreizeugentestament setzt eine der genannten Notlagen voraus. Es kann nur durch mündliche Erklärung errichtet werden und hat beschränkte Gültigkeitsdauer (§ 2252). Auch ein gemeinschaftliches Nottestament ist möglich (§ 2266). Im Falle der Absperrung (I) kann wahlweise vor dem Bürgermeister (§ 2249) oder vor drei Zeugen testiert werden. 1

B. Tatbestand. I. Absperrung. Die Absperrung muss auf außergewöhnliche Umstände (zB Flut- oder Schneekatastrophe) zurückgehen. Ist der Erblasser durch ein lediglich psychisches Hindernis an der Errichtung eines eigenhändigen Testaments gehindert, ist I nicht anwendbar (vgl KG Rpfleger 68, 392). II setzt nahe Todesgefahr voraus, ohne dass es auf den Grund derselben oder den Ort ankäme, an dem sich der Erblasser befindet (vgl BayObLGZ 90, 297). Sie ist gegeben, wenn der Erblasser tatsächlich zwei Tage später verstirbt (LG München I FamRZ 00, 855). Der Gefahr nahenden Todes ist die des Eintritts einer fortdauernden Testierunfähigkeit gleichzuachten (BGHZ 3, 377). 2

Wenn die Voraussetzungen des Nottestaments bei Testamentserrichtung objektiv vorliegen, kommt es auf die Einschätzung der Lage durch die Zeugen nicht an (BGHZ 3, 380; LG Freiburg ZEV 03, 371 m Anm *Dümig*). Gingen die Zeugen von der nahen Todesgefahr aus, während diese in Wahrheit nicht bestand, ist das Nottestament ebenso wirksam. Unwirksamkeit ist nur gegeben, wenn die Todesgefahr weder objektiv noch nach der Überzeugung der Zeugen vorlag. Ob der Testator selbst von der Gefahr überzeugt war, ist unerheblich (BGHZ 3, 378). 3

II. Zeugen. Die Zeugen übernehmen die Beurkundungsfunktion, da eine amtliche Urkundsperson fehlt. Sie müssen während der Erklärung des Erblassers, des Verlesens der Niederschrift sowie ihrer Genehmigung und Unterzeichnung durch den Erblasser anwesend sein; nur während der Anfertigung der Niederschrift ist dies nicht erforderlich. Wenn auch nur einer der Zeugen bei einem dieser Teilakte fehlt, ist das Nottestament unheilbar nichtig (BGHZ 54, 93). Gleiches gilt im Fall eines anderweitigen Verstoßes gegen die zwingenden Erfordernisse des Errichtungsakts. Jeder Zeuge muss von Anfang an zur Mitwirkung bereit sein (BGH FamRZ 71, 162). 4

Als Zeugen ausgeschlossen sind gem III 2 iVm § 6 I Nr 1-2a BeurkG der Testator selbst sowie sein Ehegatte bzw Lebenspartner; diese können allerdings mittestieren (§ 2266). Ausgeschlossen sind ferner die Verwandten des Testators in gerader Linie (§ 6 I Nr 3 BeurkG). Untereinander dürfen die Zeugen aber verwandt oder ver- 5 schwägert sein. Die Mitwirkung eines durch § 6 I Nr 1-3 BeurkG ausgeschlossenen Zeugen führt zur Unwirksamkeit der Beurkundung. Wirken allerdings außer dem ausgeschlossenen Zeugen noch drei rechtlich geeignete mit, ist seine Beteiligung unschädlich (BGHZ 115, 176). Minderjährige, Geisteskranke und -schwache, Taube, Stumme, Blinde und Schreibunfähige sollen nicht als Zeugen herangezogen werden (§ 26 II Nr 2-5 BeurkG); die Mitwirkung eines geistesschwachen Zeugen bewirkt jedoch keine Unwirksamkeit (Hamm OLGZ 92, 32).

6 Wird in dem Testament dem Ehegatten oder einem nahen Angehörigen iSv § 7 Nr 3 BeurkG eines Zeugen ein rechtlicher Vorteil verschafft oder wird er selbst bedacht oder als Testamentsvollstrecker ernannt, so bewirkt dieser Verstoß gegen die zwingenden Vorschriften von § 7, 27 BeurkG zwar nicht die Unwirksamkeit des gesamten Testaments, wohl aber die der betreffenden Einzelverfügung oder Zuwendung. Es handelt sich nicht nur um einen heilbaren Formmangel (BayObLG NJW-RR 96, 9).

7 **III. Verfahren. 1. Mündliche Erklärung.** Zunächst muss der Erblasser vor den drei Zeugen mündlich seinen letzten Willen erklären. Die Übergabe einer Schrift genügt nicht. Sprechunfähige sind also (im Unterschied zu § 2232) vom Dreizeugentestament ausgeschlossen. Bloße Zeichen oder Gebärden reichen als Ausdrucksmittel allein nicht aus, sofern der Erblasser seine sprachliche Erklärung nicht nur zu einzelnen Punkten durch Zeichen oder Gebärden ergänzt (BGH NJW 62, 1150; BayObLGZ 68, 272).

8 **2. Niederschrift.** Anschließend muss eine Niederschrift über den letzten Willen des Erblassers angefertigt werden. Verstirbt der Erblasser, bevor die Niederschrift vorgelesen, genehmigt und unterschrieben worden ist, ist das Testament unwirksam (Hamm JMBl NRW 62, 212; Köln JMBl NRW 74, 221; BayObLGZ 79, 236 ff). Kurzschrift ist zulässig (BayObLG aaO 239). Die Abfassung in einer anderen Sprache als der deutschen ist nur zulässig, wenn der Erblasser und alle Zeugen die Fremdsprache hinreichend verstehen (III 3 u 4); andernfalls ist das Testament nichtig. Über den letzten Willen hinaus umfasst die Niederschrift gem III 2 Angaben über Erblasser und Zeugen sowie Tag und Ort der Errichtung (§§ 9 u 10 BeurkG). Ferner sollen Feststellungen getroffen werden über die Testierfähigkeit des Erblassers (§ 11 I 2 BeurkG), ggf die Schwere seiner Erkrankung, die nahe Todesgefahr oder drohende Testierunfähigkeit, die Absperrung (I) sowie ggf über eine Schreibunfähigkeit des Erblassers.

9 **3. Verlesung.** Die Urkunde muss dem Erblasser anschließend in Anwesenheit aller Zeugen vorgelesen werden (§ 13 I BeurkG). Lautes Diktat bei der Niederschrift genügt nicht (BayObLG aaO 236). Einem gehörlosen Erblasser ist die Niederschrift ersatzweise zur Durchsicht vorzulegen (§ 23 BeurkG).

10 **4. Genehmigung.** Der Erblasser muss die ihm vorgelesene Niederschrift vor allen Zeugen genehmigen. Er bekundet damit, dass sein letzter Wille richtig niedergeschrieben wurde. Es genügt, wenn der Erblasser den Text durch Kopfnicken „Punkt für Punkt" genehmigt (BayObLGZ 90, 296). Abschließend ist die Niederschrift von Erblasser und Zeugen zu unterschreiben; bei Schreibunfähigkeit des Erblassers ersetzt die entsprechende Feststellung seine Unterschrift (III 2; §§ 8 u 13 I BeurkG; § 2249 I 5 u 6). Unterschreibt der Erblasser nach seiner Genehmigung ein anderes, vom vorgelesenen abgeschriebenes Schriftstück, ist das Testament unwirksam (BGHZ 115, 174).

11 **5. Rechtsfolgen von Formverstößen.** Formverstöße beim Errichtungsakt machen das Nottestament unwirksam. Dies gilt nicht, wenn sie nur bei Abfassung der Niederschrift unterlaufen (III 2 iVm § 2249 VI). Fehlen also zB die erforderlichen Feststellungen (s.o.) oder die Angabe von Tag, Ort oder Beteiligten, so ist dies unschädlich. Gleiches gilt, wenn Zeugen die vom Erblasser unterschriebene Urkunde im Eingangsteil statt am Ende unterzeichnet haben (BayObLGZ 90, 292) oder gar nicht (KG NJW 66, 1662; Köln Rpfleger 94, 66; aM BayObLGZ 79, 240).

12 **6. Einzelne Fragen.** Die Verwahrung des Nottestaments (§§ 2258 a u b) ist entsprechend § 2248 zulässig. Das Nottestament ist Privaturkunde und unterliegt freier richterlicher Würdigung (BGH LM Nr 1 zu § 416 ZPO).

§ 2251 Nottestament auf See

Wer sich während einer Seereise an Bord eines deutschen Schiffes außerhalb eines inländischen Hafens befindet, kann ein Testament durch mündliche Erklärung vor drei Zeugen nach § 2250 Abs. 3 errichten.

1 Das Seetestament durch mündliche Erklärung vor drei Zeugen wird nach § 2250 III errichtet. Seine Wirksamkeit ist zeitlich beschränkt (§ 2252). Der Erblasser muss sich auf einer Seereise befinden, sei es als Besatzungsmitglied oder Passagier; eine besondere Notlage ist nicht erforderlich. Das Seetestament steht auch Ausländern offen. Das ist auch die Fahrt in Küstengewässern sowie der Aufenthalt in einem ausländischen Hafen, solange der Erblasser an Bord ist. Ausgeschlossen sind kurze Sport- und Vergnügungs- oder Fischereifahrten. Das Schiff muss sich außerhalb eines inländischen Hafens befinden; andernfalls kommen nur die sonstigen Testamentsformen in Betracht (bei Quarantäne vgl. besonders § 2250 I).

Es muss sich um ein deutsches Schiff handeln; dies beurteilt sich nach dem FlaggenrechtsG vom 8. 2. 51 2
(BGBl 79). Auf die Eintragung im Schiffsregister kommt es nicht an. Erfasst sind alle Schiffsarten, also See-
wie Binnenschiffe, ebenso Boote. Eine Anwendung der Vorschrift auf Flugzeuge wird von der hM richtigerweise abgelehnt (Palandt/*Edenhofer* Rn 3; aM RGRK/*Kregel* Rn 4); für das ursprünglich verwendete Wort
„Fahrzeug" wurde im TestG bewusst der speziellere Ausdruck „Schiff" gewählt (Staud/*Baumann* Rn 1).

§ 2252 Gültigkeitsdauer der Nottestamente

(1) Ein nach § 2249, § 2250 oder § 2251 errichtetes Testament gilt als nicht errichtet, wenn seit der Errichtung drei Monate verstrichen sind und der Erblasser noch lebt.
(2) Beginn und Lauf der Frist sind gehemmt, solange der Erblasser außerstande ist, ein Testament vor
einem Notar zu errichten.
(3) Tritt im Falle des § 2251 der Erblasser vor dem Ablauf der Frist eine neue Seereise an, so wird die Frist
mit der Wirkung unterbrochen, dass nach Beendigung der neuen Reise die volle Frist von neuem zu laufen
beginnt.
(4) Wird der Erblasser nach dem Ablauf der Frist für tot erklärt oder wird seine Todeszeit nach den Vorschriften des Verschollenheitsgesetzes festgestellt, so behält das Testament seine Kraft, wenn die Frist zu der
Zeit, zu welcher der Erblasser nach den vorhandenen Nachrichten noch gelebt hat, noch nicht verstrichen
war.

Die Wirksamkeit eines Nottestaments ist zeitlich beschränkt. Gem I wird ein Nottestament mit Rücksicht auf 1
seinen nur vorläufigen Charakter in drei Monaten nach Errichtung unwirksam, wenn der Erblasser dann
noch lebt und zur Errichtung eines Testaments vor einem Notar in der Lage ist. Die Unwirksamkeit tritt
rückwirkend ein; das unwirksam gewordene Nottestament behält auch nicht die Wirkung eines Widerrufs
(§§ 2254, 2258). Erfüllt das Nottestament ausnahmsweise die Voraussetzungen eines eigenhändigen Testaments (§ 2247), dann bleibt es auch nach Fristablauf wirksam, kann aber uU angefochten werden, wenn der
Erblasser nur ein zeitlich begrenzt gültiges Nottestament errichten wollte (MüKo/*Hagena* Rn 8; vgl RGZ 104,
322).
Beginn und Lauf der Frist sind gehemmt bei fortdauernder oder wiedereinsetzender Absperrung, sonstiger 2
Unmöglichkeit, einen Notar zu erreichen oder durch Testierunfähigkeit (II). Die Beweislast trifft denjenigen,
der sich auf die fortdauernde Wirksamkeit des Testaments beruft. Wer sich auf die Unwirksamkeit des Testaments infolge Fristablaufs beruft, muss ggf beweisen, dass der Erblasser die Frist überlebte. Für Seetestamente
gem § 2251 ermöglicht die Sonderregelung des III eine Unterbrechung der Frist.
Bei Todeserklärung des Erblassers nach Fristablauf erklärt IV den gem §§ 9 I und 44 VerschG vermuteten 3
Todeszeitpunkt für unmaßgeblich für die Gültigkeit des Testaments. Auch wenn aus dem vermuteten Todestag zu schließen wäre, dass der Erblasser nach Fristablauf noch lebte, soll das Testament in Kraft bleiben,
wenn die Frist zu dem spätesten Zeitpunkt noch nicht abgelaufen war, an dem der Erblasser den vorhandenen Nachrichten zufolge noch am Leben war (Staud/*Baumann* Rn 9).

§ 2253 Widerruf eines Testaments

Der Erblasser kann ein Testament sowie eine einzelne in einem Testament enthaltene Verfügung jederzeit
widerrufen.

Aus der Testierfreiheit ergibt sich nicht nur die Befugnis, ein Testament zu errichten, sondern grds auch die, 1
dasselbe jederzeit ganz oder teilweise zu widerrufen. Soweit er widerruft, verhindert der Erblasser den Eintritt
der Wirkungen des Testaments bei seinem Tode. Der Testator ist in der Ausübung des Widerrufsrechts frei:
Er kann sich dazu weder wirksam vertraglich verpflichten (vgl BGH FamRZ 60, 30) noch darauf verzichten
(§ 2302). Der Widerruf ist eine letztwillige Verfügung. Er setzt daher Testierfähigkeit (§ 2229) voraus und ist
gem § 2078 anfechtbar (BaRoth/*Litzenburger* Rn 3).
Bei bindenden wechselbezüglichen Verfügungen iR gemeinschaftlicher Testamente ist das Widerrufsrecht 2
eingeschränkt (§ 2271). Der Inhalt des widerrufenen Testaments kann uU bei der Auslegung eines späteren, gültigen Testaments herangezogen werden. Zu den Grenzen der Berücksichtigung vgl Oldbg
NdsRpfl 68, 281.
Das Gesetz stellt vier Widerrufsformen zur Verfügung: Der Widerruf kann erfolgen durch ein reines Wider- 3
rufstestament (§ 2254), durch Vernichtung oder entsprechende Veränderung der Testamentsurkunde
(§ 2255), durch Rücknahme eines öffentlichen Testaments aus der besonderen amtlichen Verwahrung
(§ 2256) oder schließlich durch Errichtung eines neuen Testaments mit widersprechendem Inhalt (§ 2258).
Weitere Widerrufsmöglichkeiten sind nicht vorgesehen. Der Widerruf macht die widerrufenen Verfügungen
sofort unwirksam; sie können wieder aufleben, wenn der Widerruf seinerseits widerrufen wird (§ 2257).

§ 2254 Widerruf durch Testament

Der Widerruf erfolgt durch Testament.

1 Die Vorschrift betrifft den Widerruf letztwilliger Verfügungen durch ein später errichtetes Testament. Dieses braucht nur den Willen des Erblassers zum Ausdruck zu bringen, ein früheres Testament zu widerrufen, kann darüber hinaus aber auch weitere Verfügungen enthalten. Der Widerruf kann sich auf das gesamte frühere Testament oder auf einzelne Bestimmungen daraus beziehen. Zulässig ist auch ein bedingter Widerruf, wenn etwa das Verhalten des Erben durch eine Verwirkungsklausel gesteuert werden soll.

2 Der Widerruf durch Testament muss eine der gesetzlich vorgesehenen Formen wahren, jedoch nicht notwendig die des zu widerrufenden Testaments (vgl Köln OLGZ 68, 325). Insofern sind die verschiedenen Testamentsformen einander gleichwertig. Erfolgt der Widerruf durch Nottestament, kann die Wirkung zeitlich beschränkt sein (§ 2252).

3 Der Widerruf gem § 2254 muss nicht ausdrücklich erklärt sein (Staud/*Baumann* Rn 12). Es genügt, wenn er sich im Wege der Auslegung oder Umdeutung aus einem ganz oder teilweise widersprechenden späteren Testament nach § 2258 entnehmen lässt (BayObLGZ 65, 91; 56, 385; Hamm MDR 71, 137). Ist ein Widerrufsvermerk als „Nachtrag" oder zeitlich später auf die Rückseite des Testaments gesetzt, muss seine Reichweite entsprechend durch Auslegung ermittelt werden (BayObLG FamRZ 90, 319). In einem etwa auf Testamentsurkunde oder Hinterlegungsschein angebrachten Vermerk „Testament ungültig" o Ä kann jedenfalls nur ein wirksamer Widerruf liegen, wenn der Vermerk seinerseits den Erfordernissen des § 2247 entspricht, also eigenhändig geschrieben und unterschrieben ist (LG München I FamRZ 98, 1624; MüKo/*Hagena* Rn 8). In einem Prozessvergleich kann der Widerruf nicht erklärt werden (BGH FamRZ 60, 30). Ein ungültiges Widerrufstestament hat keine Wirkung.

4 Auch das Widerrufstestament kann nach §§ 2254-2256, 2258 widerrufen werden; die Rechtsfolge ergibt sich aus § 2257. Es unterliegt auch der Anfechtung gem § 2078 ff.

5 Für den Widerruf wechselbezüglicher Verfügungen im gemeinschaftlichen Testament von Ehegatten bestehen Sonderregelungen in §§ 2271 u 2296 (vgl BGH NJW 87, 902).

§ 2255 Widerruf durch Vernichtung oder Veränderungen

¹Ein Testament kann auch dadurch widerrufen werden, dass der Erblasser in der Absicht, es aufzuheben, die Testamentsurkunde vernichtet oder an ihr Veränderungen vornimmt, durch die der Wille, eine schriftliche Willenserklärung aufzuheben, ausgedrückt zu werden pflegt. ²Hat der Erblasser die Testamentsurkunde vernichtet oder in der bezeichneten Weise verändert, so wird vermutet, dass er die Aufhebung des Testaments beabsichtigt habe.

1 **A. Allgemeines.** Der Widerruf kann durch Einwirkung auf die Testamentsurkunde selbst erfolgen, sofern der Erblasser dies unternimmt, um das Testament ganz oder teilweise unwirksam zu machen (BGH NJW 59, 2113). Da der Widerruf letztwillige Verfügung ist, muss der Erblasser testierfähig sein (§ 2229); vernichtet der nach Testamentserrichtung testierunfähig gewordene Erblasser die Urkunde, dann bleibt das Testament wirksam, sofern der Inhalt noch ermittelt und ggf bewiesen werden kann.

2 **B. Tatbestand. I. Objektive Voraussetzungen.** Der Erblasser persönlich muss die Urschrift der Urkunde vernichtet oder verändert haben. Dafür genügt es, wenn er sich eines Dritten bedient, der ohne eigenen Entscheidungsspielraum im Auftrag und mit Willen des Erblassers zu dessen Lebzeiten die Urkunde vernichtet (BayObLG FamRZ 92, 1351; Hamm NJW-RR 02, 223; Soergel/*Mayer* Rn 11). Wird nach dem Erbfall die Testamentsurkunde verändert aufgefunden, folgt daraus keine gesetzliche Vermutung dafür, dass der Erblasser selbst die Veränderung vorgenommen habe.

3 Die Veränderung muss an der Testamentsurkunde vorgenommen werden. Ein amtlich verwahrtes Testament wird daher nicht durch Veränderung einer Abschrift desselben widerrufen, sofern die Veränderung nicht ihrerseits die formellen Voraussetzungen eines Testaments erfüllt (Frankfurt/M NJW 50, 607). Entsprechendes gilt, wenn von mehreren Urkunden nur eine vernichtet oder verändert wird; hinsichtlich der intakt bleibenden Urkunden ist 1 nicht erfüllt und auch die Vermutung des 2 gilt nicht. In der Vernichtung eines Testaments liegt nicht zwangsläufig ein Widerruf anderer, im Wesentlichen gleich lautender Testamente (BayObLG NJW-RR 90, 1481).

4 Die Widerrufshandlung besteht in der Vernichtung oder Veränderung der Urkunde. Der Erblasser kann die Urkunde etwa durch- bzw einreißen (BayObLGZ 83, 206; NJW-RR 96, 1094), zerknüllen (BayObLGZ 80, 97) oder den Text durchstreichen. „Verändert" wird die Urkunde auch durch einen Entwertungsvermerk (zB „ungültig"). Selbst wenn dieser nicht eigens unterschrieben ist, kann darin der Widerruf des gesamten Testaments oder einzelner in Bezug genommener Verfügungen liegen, wenn sich in ihm ein Widerrufswille manifestiert (vgl KG NJW 57, 1364). Ein solcher Vermerk auf dem Umschlag des Testaments genügt nicht, selbst wenn dieser verschlossen ist (BayObLGZ 63, 33; differenzierend Soergel/*Mayer* Rn 8). Auf diese Weise kann

ein Widerruf nur unter den Voraussetzungen des § 2254 erfolgen. Auch Öffnen oder Beschädigen des Umschlags genügen nicht (BGH NJW 59, 2114). Ein durch Streichung des Textes widerrufenes Testament kann uU zur Auslegung eines späteren, unvollständigen Testaments herangezogen werden, wenn der Erblasser dieses gemeinsam mit dem widerrufenen Testament in einem verschlossenen Umschlag aufbewahrt hat (BayObLG FGPrax 05, 26).

Ein teilweiser Widerruf des Testaments ist möglich (§ 2253), indem zB einzelne Verfügungen gestrichen oder von der Urkunde abgeschnitten werden (BayObLG FamRZ 03, 1783). Durch den Widerruf einzelner Verfügungen kann sich allerdings auch der Inhalt der anderen verändern, so zB wenn das Testament nun lückenhaft oder auslegungsbedürftig wird (BayObLG FamRZ 91, 1115). Wird zB von mehreren, auf bestimmte Quoten eingesetzten Miterben einer gestrichen, dann ist zu prüfen, ob sich gemäß §§ 2088, 2089 die Erbquoten der anderen Miterben verändern (BayObLG NJW-RR 03, 151). Entsprechendes gilt, wenn der Erblasser die infolge Teilwiderrufs entstehende Lücke durch eine positive letztwillige Verfügung ausfüllen wollte, die aber wegen Formverstoßes unwirksam ist (vgl Soergel/*Mayer* Rn 9 mwN).

II. Aufhebungsabsicht des Erblassers. Ein Widerruf ist nur anzunehmen, wenn nach den Umständen des Falles und freier Beweiswürdigung kein Zweifel über den Aufhebungswillen des Erblassers besteht (KG FamRZ 95, 897 mwN). Vermutet wird die Aufhebungsabsicht nur, wenn der Erblasser die Vernichtung oder Veränderung der Urkunde selbst vorgenommen hat. Hierfür spricht der erste Anschein, wenn sich die Urkunde bis zuletzt im Gewahrsam des Erblassers befand (BayObLGZ 83, 208). Wurden die Veränderungen nicht an der Originalurkunde, sondern nur an einer Durchschrift des Testaments vorgenommen, wird die Aufhebungsabsicht nicht vermutet (KG Rpfleger 95, 417). Gleiches gilt, wenn der Erblasser bei der Vernichtung irrig von der Aufhebung durch ein anderes Testament ausgegangen ist (Hamm NJW-RR 02, 223; Staud/*Baumann* Rn 20).

Dienten Teilstreichungen nur der Vorbereitung eines inhaltsgleichen neuen Testaments, dann kann die Vermutung als widerlegt angesehen werden (BayObLG NJW-RR 97, 1303; vgl RGZ 71, 300; 111, 265). Die Übergabe des zerrissenen Testaments an einen Dritten, der die Stücke wieder zusammensetzt, widerlegt die Vermutung nicht (BayObLG NJW-RR 90, 1481).

Kann die Testamentsurkunde nach dem Tod des Erblassers nicht aufgefunden werden, ohne dass sie mit Willen und Zutun des Erblassers vernichtet worden wäre, dann ist die Wirksamkeit des Testaments nicht berührt (BayObLG FamRZ 05, 139). Eine Vermutung, dass der Erblasser die Urkunde in Widerrufsabsicht vernichtet habe, gilt nicht (BayObLG FamRZ 93, 117; Zweibrücken FamRZ 01, 1315; KG OLGZ 75, 356). Form und Inhalt des verschwundenen Testaments können vielmehr mit allen zulässigen Mitteln bewiesen werden (BaRoth/*Litzenburger* Rn 15); beweisbelastet ist derjenige, der aus dem unauffindbaren Testament eine für ihn günstige Rechtsfolge herleitet (Zweibr NJW-RR 87, 1158). An den Beweis des Inhalts sind strenge Anforderungen zu stellen (BayObLG FamRZ 05, 139).

C. Einzelfragen. I. Vernichtung durch einen Dritten. Die Vernichtung der Urkunde durch einen eigenmächtig handelnden Dritten hat auf die Wirksamkeit des Testaments ebensowenig Einfluss wie die Unauffindbarkeit (BayObLG NJW-RR 92, 654; 1358; FamRZ 96, 1306). Steht die ordnungsmäßige Errichtung fest, dann kann der Testamentsinhalt ggf mit allen zulässigen Beweismitteln (zB einer Durchschrift) bewiesen werden (Kipp/*Coing* § 31 II 2). Die Beweislast trägt, wer sich auf einen bestimmten Inhalt beruft (BayObLG Rpfleger 80, 60; 85, 194; FamRZ 86, 1045); hat der Verfahrensgegner die Urkunde vernichtet, finden ggf die Grundsätze der Beweisvereitelung Anwendung. Ein Widerruf liegt nicht bereits darin, dass der Erblasser den vermeintlichen Untergang der Testamentsurkunde (BGH LM Nr 1 zu § 1960) oder die eigenmächtige Vernichtung durch einen Dritten formlos billigt (BGH NJW-RR 90, 516). Er muss vielmehr stets selbst nach §§ 2254, 2258 widerrufen.

II. Gemeinschaftliches Testament. Beim gemeinschaftlichen Testament kann jeder Teil seine einseitigen Verfügungen nach § 2255 widerrufen. Auf wechselbezügliche Verfügungen ist § 2255 dagegen unanwendbar, wenn der andere Teil nicht vorher eingewilligt hat (vgl BayObLG MDR 81, 933). Eine nachträgliche Genehmigung reicht nicht aus (BaRoth/*Litzenburger* Rn 12). Ist dem Längstlebenden ein Widerrufsrecht eingeräumt, so kann dies nur mittels Testaments ausgeübt werden (Stuttg OLGZ 86, 264; Hamm FamRZ 96, 825).

§ 2256 Widerruf durch Rücknahme des Testaments aus der amtlichen Verwahrung

(1) ¹Ein vor einem Notar oder nach § 2249 errichtetes Testament gilt als widerrufen, wenn die in amtliche Verwahrung genommene Urkunde dem Erblasser zurückgegeben wird. ²Die zurückgebende Stelle soll den Erblasser über die in Satz 1 vorgesehene Folge der Rückgabe belehren, dies auf der Urkunde vermerken und aktenkundig machen, dass beides geschehen ist.

(2) ¹Der Erblasser kann die Rückgabe jederzeit verlangen. ²Das Testament darf nur an den Erblasser persönlich zurückgegeben werden.

(3) Die Vorschriften des Absatzes 2 gelten auch für ein nach § 2248 hinterlegtes Testament; die Rückgabe ist auf die Wirksamkeit des Testaments ohne Einfluss.

1 **A. Allgemeines.** Notarielle Testamente sollen bis zur Eröffnung ununterbrochen in der besonderen amtlichen Verwahrung verbleiben, damit sie vor Fälschungen geschützt sind. Gleichzeitig soll der Erblasser verhindern können, dass ein verwahrtes, inhaltlich überholtes Testament gegen seinen Willen verkündet wird. Die Vorschrift trägt beiden Zielen Rechnung, indem sie an die Rückgabe des Testaments die Widerrufsfiktion knüpft. Betroffen sind auch öffentliche Testamente, die vor dem 1.1.70 bei einem Richter errichtet wurden (§ 68 III BeurkG).

2 **B. Rücknahme des öffentlichen Testaments. I. Rückgabe an den Erblasser.** Der Erblasser kann jederzeit die Rückgabe verlangen (II 1). Sie ist Rechtsgeschäft unter Lebenden und nach hM gleichzeitig (wegen der Widerrufswirkung) Verfügung von Todes wegen (BGHZ 23, 211; BayObLGZ 73, 36; BayObLG NJW-RR 05, 957; aM Soergel/*Mayer* Rn 7; *Merle* AcP 171, 492, 508). Daher wird Testierfähigkeit vorausgesetzt. Gemäß § 2078 anfechten können die nach § 2080 Berechtigten, nicht dagegen der Erblasser (BayObLGZ 60, 494). Der Irrtum gem § 2078 muss sich auf die Rücknahme beziehen (BayObLG FamRZ 90, 1405).

3 Der Widerruf ist nur wirksam, wenn das Testament an den (testierfähigen) Erblasser persönlich zurückgegeben wird (II 2). Der Erblasser ist dabei über die Wirkung der Rückgabe zu belehren (I 2). Keinen Widerruf bewirkt die Rückgabe an einen bevollmächtigten Vertreter (hM, vgl BGH NJW 59, 2113; Saarbrücken NJW-RR 92, 586). Stellvertretung ist ausgeschlossen, weil die Rücknahme Verfügung von Todes wegen ist, und weil gewährleistet sein soll, dass der Erblasser die Rückgabe noch im Moment der Herausgabe will (BGH aaO).

4 Keine Rückgabe iSd I liegt in der unverlangten Aushändigung an den Erblasser oder in der bloßen Gewährung der Einsichtnahme bei Gericht, auch wenn das Testament dabei versehentlich zurückgegeben wird. Wenn der Erblasser das Testament heimlich oder gewaltsam wieder an sich bringt, sollte dies aufgrund des Normzwecks als Widerruf iSd I gelten (Staud/*Baumann* Rn 15).

5 **II. Widerrufswirkung.** Die Widerrufswirkung der Rücknahme tritt wegen der gesetzlichen Fiktion der Widerrufsabsicht unabhängig vom Willen des Erblassers ein (BayObLG FGPrax 05, 72; MüKo/*Hagena* Rn 9). Sie gilt nur für die Rückgabe eines öffentlichen Testaments aus der besonderen amtlichen Verwahrung (§ 2258 a), nicht dagegen für die Rückgabe aus einfacher Verwahrung. Ein öffentliches Testament, das zugleich der Form des § 2247 entspricht, fällt nach hM (Erman/*M Schmidt* Rn 5; Kipp/*Coing* § 31 II 3 Fn 18) nicht unter III, sondern ist mit der Rücknahme aufgehoben (differenzierend Staud/*Baumann* Rn 18 f). Auf Erbverträge, die nur Verfügungen von Todes wegen enthalten, ist § 2256 I entsprechend anwendbar (§ 2300 II). Der Widerruf kann nicht seinerseits widerrufen werden, etwa durch neuerliche besondere amtliche Verwahrung des zurückgegebenen Testaments oder spätere letztwillige Verfügung.

6 **C. Rückgabe anderer Testamente.** Ein eigenhändiges Testament kann aus der besonderen amtlichen Verwahrung zurückverlangt werden (III). Ein in analoger Anwendung des § 2248 hinterlegtes Dreizeugentestament (§§ 2250, 2251) kann kann ebenfalls analog zu § 2256 III wieder herausverlangt werden. Die Rückgabe hat in beiden Fällen keinen Einfluss auf die Wirksamkeit.

§ 2257 Widerruf des Widerrufs

Wird der durch Testament erfolgte Widerruf einer letztwilligen Verfügung widerrufen, so ist im Zweifel die Verfügung wirksam, wie wenn sie nicht widerrufen worden wäre.

1 Der Widerruf eines Testaments kann seinerseits widerrufen werden, wenn er durch Testament erfolgt war (§ 2254), und zwar entweder ganz oder auch nur teilweise. Der Widerruf des Widerrufs ist letztwillige Verfügung und setzt daher Testierfähigkeit voraus. Er muss sich nach den in §§ 2254–2256, 2258 vorgesehenen Formen richten und kann gem §§ 2078 ff angefochten werden.

2 Nach der Auslegungsregel des § 2257 wird die Wirkung des früheren Widerrufs rückwirkend beseitigt (s auch § 2258 II). Das ursprüngliche Testament tritt wieder so in Kraft, als sei es niemals widerrufen worden. Dies folgt aus einer Vermutung, die allerdings widerlegbar ist (BayObLG FamRZ 05, 559). Lässt sich ein entgegenstehender Wille des Erblassers feststellen, dann bleibt das frühere Testament widerrufen; es tritt dann die gesetzliche Erbfolge ein, sofern nicht in dem zweiten Widerruf eine neue Verfügung getroffen wurde (Soergel/*Mayer* Rn 7).

3 Der zweite Widerruf kann seinerseits widerrufen werden. In diesem Falle tritt die Wirkung des § 2257 hinsichtlich des ersten Widerrufs ein, so dass dieser wieder wirksam wird und das ursprüngliche Testament aufhebt.

4 War das Testament auf andere Weise widerrufen worden, also durch Vernichtung oder Veränderung der Urkunde in Widerrufsabsicht (§ 2255) oder Rücknahme aus besonderer amtlicher Verwahrung (§ 2256), so kommt ein Widerruf des Widerrufs nicht in Betracht. Ein in Widerrufsabsicht zerrissenes Testament wird also nicht allein dadurch wieder wirksam, dass es zusammengeklebt wird. Das betroffene Testament bleibt

ungültig und muss ggf von neuem errichtet werden. Dafür kann es allerdings genügen, dass der Testator die wieder zusammengeklebte Urkunde in einen Umschlag steckt, diesen verschließt, darauf schreibt „Mein Testament" und dies unterzeichnet (Ddorf JZ 1951, 309; Staud/*Baumann* Rn 7; aM Erman/*M Schmidt* Rn 1).

§ 2258 Widerruf durch ein späteres Testament

(1) Durch die Errichtung eines Testaments wird ein früheres Testament insoweit aufgehoben, als das spätere Testament mit dem früheren in Widerspruch steht.
(2) Wird das spätere Testament widerrufen, so ist im Zweifel das frühere Testament in gleicher Weise wirksam, wie wenn es nicht aufgehoben worden wäre.

A. Allgemeines. Ein später errichtetes Testament hebt das frühere insoweit auf, als es diesem widerspricht; im Übrigen gelten die Bestimmungen des früheren Testaments weiter (vgl Staud/*Baumann* Rn 14). Die Aufhebung erfolgt ggf kraft Gesetzes. Ein entsprechender Wille des Erblassers ist ebensowenig erforderlich wie seine Kenntnis von der früheren Verfügung. 1

Der Erblasser soll jeweils den Errichtungszeitpunkt angeben (§ 2247 II), damit bei mehreren Testamenten die chronologische Aufeinanderfolge festgestellt werden kann. Im Übrigen ist bei Ungewissheit über den Errichtungszeitpunkt jedes Beweismittel zur Klärung zulässig. Ist eine Klärung nicht möglich, gelten mehrere Testamente mit gleichem Datum als gleichzeitig errichtet (BaRoth/*Litzenburger* Rn 4). Dann ist I nicht anwendbar. Beide Testamente heben einander vielmehr, soweit sie sich inhaltlich widersprechen, auf (BayObLG FamRZ 05, 482; KG OLGZ 91, 147); soweit sie gleich lauten, gelten sie nebeneinander (BayObLG FamRZ 00, 1538). Gleiches gilt für mehrere undatierte Testamente. Ist ein Testament datiert, das andere undatiert, gilt im Zweifel das undatierte als das ältere (vgl § 2247 V). Bei gleichlautenden, aber nacheinander errichteten Testamenten bleibt grds (vgl aber Rn 3) auch das frühere wirksam. Das Erbrecht beruht dann auf jedem der Testamente (BayObLG FamRZ 89, 442). 2

B. Regelungsgehalt. I. Inhaltlicher Widerspruch. Ein Widerspruch (I) besteht grds dann, wenn mehrere letztwillige Verfügungen sachlich miteinander unvereinbar sind (BGH NJW 85, 969; vgl aber Rn 4). Dies ist im Wege des inhaltlichen Vergleichs beider Testamente zu ermitteln, der dafür zunächst durch Testamentsauslegung (§§ 133, 2084) festzustellen ist. Ein Widerspruch kann sich auch dadurch ergeben, dass in einem späteren Testament eine frühere Verfügung weggelassen ist (Köln NJW-RR 92, 1419; BayObLGZ 91, 13). In der nachträglichen Einsetzung des zunächst nur als Alleinerben Eingesetzten zum Testamentsvollstrecker liegt ohne weiteres kein Widerruf (BayObLG FGPrax 05, 126). 3

Über das Bestehen eines Widerspruchs entscheidet letztlich der Erblasserwille. Daher kann sogar bei sachlicher Vereinbarkeit mehrerer Verfügungen ein Widerspruch vorliegen, wenn nämlich nach dem Willen des Erblassers allein die spätere Verfügung gelten soll (Jauernig/*Stürner* Rn 2). Dies kommt insbes in Betracht, wenn der Erblasser mit dem späteren Testament die Erbfolge abschließend und umfassend regeln wollte, sei es insgesamt oder auch nur für einen bestimmten Teilbereich (BGH NJW 81, 2746; 85, 969; BayObLG NJW-RR 04, 1524). Dass der Erblasser an seine frühere Verfügung noch gedacht hat, ist nicht erforderlich (BayObLG FamRZ 89, 442). 4

II. Rechtsfolge. 1. Aufhebung. Die spätere Verfügung hebt die frühere nur insoweit auf, als ein Widerspruch besteht. So widerspricht die alleinige Erbeinsetzung des Ehegatten in einem notariellen Testament als bloße Wiederholung nicht einer früheren Erbeinsetzung durch privatschriftliches Testament, auch wenn nun noch Regelungen für den Fall des gleichzeitigen Versterbens oder des Längerlebens des Erblassers getroffen werden (BayObLG aaO). Die alleinige Erbeinsetzung eines Abkömmlings muss hinsichtlich seiner Berufung nicht einem früheren Erbvertrag widersprechen, in dem er auch eingesetzt war, wenngleich neben anderen (BayObLG Rpfleger 87, 60). 5

2. Unwirksamkeit und Unwirksamwerden des Widerrufs. Die Aufhebung wird nur durch ein Testament bewirkt, das zunächst gültig errichtet wird (KG DNotZ 56, 564). Bleibt das Testament dann aus tatsächlichen Gründen wirkungslos (BayObLG NJW-RR 96, 967), so bleibt es bei der Aufhebung der früheren Verfügungen (BaRoth/*Litzenburger* Rn 7). Dies ist etwa der Fall bei Tod oder Ausschlagung des Bedachten sowie bei Bedingungsausfall oder Verlust (KG JW 35, 3122). Wird das Testament dagegen rückwirkend unwirksam, etwa infolge Anfechtung oder Fristablaufs eines Nottestaments (§ 2252), so entfällt die Aufhebungswirkung. Auch der Widerruf des späteren Testaments in den Formen der §§ 2254–2256 beseitigt die Aufhebungswirkung (II) und stellt das frühere Testament wieder her. Allerdings ist II nur Auslegungsregel („im Zweifel"). Das frühere Testament wird daher nicht wiederhergestellt, wenn der Erblasser dies trotz des Widerrufs nicht will, also an der Aufhebung des früheren Testaments festhält (Hamm Rpfleger 83, 401). Will der Erblasser das frühere Testament nur teilweise wiederherstellen, bedarf es entspr neuer Verfügungen (*Klunzinger* DNotZ 74, 286 ff). Die Wirkungen eines Widerrufs gem § 2255 oder § 2256 können nicht aufgehoben werden. 6

§ 2258a Zuständigkeit für die besondere amtliche Verwahrung

(1) Für die besondere amtliche Verwahrung der Testamente sind die Amtsgerichte zuständig.
(2) Örtlich zuständig ist:
1. wenn das Testament vor einem Notar errichtet ist, das Amtsgericht, in dessen Bezirk der Notar seinen Amtssitz hat,
2. wenn das Testament vor dem Bürgermeister einer Gemeinde oder dem Vorsteher eines Gutsbezirks errichtet ist, das Amtsgericht, zu dessen Bezirk die Gemeinde oder der Gutsbezirk gehört,
3. wenn das Testament nach § 2247 errichtet ist, jedes Amtsgericht.
(3) Der Erblasser kann jederzeit die Verwahrung bei einem anderen Amtsgericht verlangen.

1 Die besondere amtliche Verwahrung dient dazu, das Testament zu sichern, indem die Urkunde vor Verlust oder Veränderung geschützt wird; sie gewährleistet auch, dass der Inhalt des Testaments geheim bleibt. Diese Sonderform der Verwahrung muss bei öffentlichen Testamenten stattfinden; bei eigenhändigen Testamenten ist sie möglich. Das Verfahren richtet sich nach § 2258b. Die Pflicht des Notars, ein Testament unverzüglich der besonderen amtlichen Verwahrung zuzuführen, regelt § 34 I 4 BeurkG.

2 Das Gericht muss das für den inländischen Geburtsort des Erblassers zuständige Standesamt (sonst das AG Schöneberg in Berlin) von der Verwahrung benachrichtigen. Die Zuständigkeit des Amtsgerichts besteht im ganzen Bundesgebiet außer in Baden-Württemberg, wo die Notariate zuständig sind (§§ 1 I u II, 38, 46 III LFGG). Der Erblasser kann verlangen, dass ein anderes als das gem II örtlich zuständige Amtsgericht das Testament verwahren möge (III), wenn dies nicht missbräuchlich geschieht. Konsulartestamente sind, wenn nicht anders beantragt, beim AG Schöneberg zu hinterlegen (§ 11 II KonsG). Wird ein Testament beim örtlich unzuständigen Gericht hinterlegt, findet gleichwohl die besondere amtliche Verwahrung statt (vgl § 7 FGG); das Testament wird dann an das örtlich zuständige Gericht weitergeleitet (BaRoth/*Litzenburger* Rn 4).

3 Ein zentrales Register für alle hinterlegten Testamente existiert in Deutschland im Unterschied zu vielen europäischen Ländern nicht. Zur Vereinfachung der Abwicklung von Nachlässen mit Auslandsbezug wird die Schaffung eines einheitlichen europäischen Testamentsregisters erwogen (vgl DNotI/*Dörner/Lagarde*, Rechtsvergleichende Studie der erbrechtlichen Regelungen der EU, Schlussbericht v 18.9./9.11.02).

§ 2258b Verfahren bei der besonderen amtlichen Verwahrung

(1) Die Annahme zur Verwahrung sowie die Herausgabe des Testaments ist von dem Richter anzuordnen und von ihm und dem Urkundsbeamten der Geschäftsstelle gemeinschaftlich zu bewirken.
(2) Die Verwahrung erfolgt unter gemeinschaftlichem Verschluss des Richters und des Urkundsbeamten der Geschäftsstelle.
(3) ¹Dem Erblasser soll über das in Verwahrung genommene Testament ein Hinterlegungsschein erteilt werden. ²Der Hinterlegungsschein ist von dem Richter und dem Urkundsbeamten der Geschäftsstelle zu unterschreiben und mit dem Dienstsiegel zu versehen.

1 Die Vorschrift regelt das Verfahren bei der Annahme von Testamenten zur besonderen amtlichen Verwahrung sowie bei der Herausgabe; Ausführungsvorschriften enthält § 27 AktO. Die Aufgaben des Richters sind durch § 3 Nr 2c RpflG dem Rechtspfleger übertragen. Dieser ordnet die Annahme des Testaments an und bewirkt sie gemeinschaftlich mit dem Urkundsbeamten (I); beide verwahren die Urkunde anschließend unter gemeinschaftlichem Verschluss (II). Verwahrt wird beim notariellen oder konsularischen Testament die Urschrift, im Übrigen das Original des Testaments, nicht aber dessen Abschrift oder Kopie (BaRoth/*Litzenburger* Rn 1). Beim AG ist ein Verwahrungsbuch über alle zur Verwahrung gebrachten Verfügungen von Todes wegen zu führen (§ 27 IV AktO). Der Inhalt des dem Erblasser zu erteilenden Hinterlegungsscheins (III) ergibt sich aus § 27 VI AktO. Zur Veranlassung der besonderen amtlichen Verwahrung durch den Notar vgl § 34 I 4 BeurkG.

2 Die Herausgabe des Testaments aus der besonderen amtlichen Verwahrung erfolgt entweder zur Eröffnung (§§ 2260 ff) oder an den Erblasser auf dessen formlosen Antrag hin (§ 2256 II 1). Die Herausgabe erfolgt nur an den Erblasser persönlich (§ 2256 II 2) bzw beim gemeinschaftlichen Testament an beide Ehegatten (§ 2272); der Hinterlegungsschein muss vorgelegt werden. Der Rechtspfleger ordnet die Herausgabe an und bewirkt sie gemeinschaftlich mit dem Urkundsbeamten. Bei der Herausgabe eines öffentlichen Testaments muss die Belehrung gem § 2256 I 2 erfolgen; ihre Durchführung ist in der Niederschrift zu vermerken (§ 27 IX AktO).

§ 2259 Ablieferungspflicht

(1) Wer ein Testament, das nicht in besondere amtliche Verwahrung gebracht ist, im Besitz hat, ist verpflichtet, es unverzüglich, nachdem er von dem Tode des Erblassers Kenntnis erlangt hat, an das Nachlassgericht abzuliefern.
(2) ¹Befindet sich ein Testament bei einer anderen Behörde als einem Gericht in amtlicher Verwahrung, so ist es nach dem Tode des Erblassers an das Nachlassgericht abzuliefern. ²Das Nachlassgericht hat, wenn es von dem Testament Kenntnis erlangt, die Ablieferung zu veranlassen.

Die Ablieferungspflicht bezieht sich auf alle Urkunden, die nach Form oder Inhalt Testament sein können, also auch auf Schriftstücke mit zweifelhafter Testamentsqualität (BayObLG Rpfleger 84, 19). Es kommt nicht darauf an, ob sie offen oder verschlossen sind. Auch ungültig errichtete oder widerrufene Testamente müssen abgeliefert werden. Die Vorschrift gilt für einseitige Testamente ebenso wie für gemeinschaftliche. Nach BayObLG FamRZ 88, 659 soll sich die Ablieferungspflicht nicht auf eine Mehrzahl unbestimmter Schriftstücke beziehen, unter denen sich ein Testament befinden könnte (zust Staud/*Baumann* Rn 8); es ist allerdings zu beachten, dass die Möglichkeiten des Gerichts zu Ermittlungen gem § 12 FGG nicht von vornherein beschnitten werden dürfen. Von der Ablieferungspflicht erfasst ist jeweils die Urschrift, und wenn es mehrere gibt, alle. Ist die Urschrift verloren, müssen jedenfalls beglaubigte Abschriften abgeliefert werden (Staud/*Baumann* Rn 9). Die Verletzung der Ablieferungspflicht kann zu Schadensersatzansprüchen (§ 823), Erbunwürdigkeit (§ 2339 I Nr 4) sowie Strafbarkeit (§ 274 I Nr 1 StGB) führen. 1

Das Nachlassgericht kann die Ablieferung auf Antrag oder von Amts wegen verfügen oder betreiben (§§ 83, 33 FGG; BayObLG aaO). Teilweise wird vertreten, die „Beteiligten" könnten auf Herausgabe an das Nachlassgericht klagen (Soergel/*Mayer* Rn 14 mwN); dagegen ist einzuwenden, dass es für ein solches Verfahren schon an der Anspruchsqualität der Norm, jedenfalls aber am Rechtsschutzinteresse fehlt (Jauernig/*Stürner* Rn 2). 2

Ablieferungspflichtig ist der unmittelbare Besitzer (vgl § 857) der Urkunde (BayObLG aaO), auch ggf der Mitbesitzer bzw die verwahrende Behörde (II). Darunter fällt auch der Notar; soweit jedoch in Baden-Württemberg das Notariat selbst zur Eröffnung zuständig ist, besteht keine Ablieferungspflicht. 3

§ 2260 Eröffnung des Testaments durch das Nachlassgericht

(1) ¹Das Nachlassgericht hat, sobald es von dem Tode des Erblassers Kenntnis erlangt, zur Eröffnung eines in seiner Verwahrung befindlichen Testaments einen Termin zu bestimmen. ²Zu dem Termin sollen die gesetzlichen Erben des Erblassers und die sonstigen Beteiligten, soweit tunlich, geladen werden.
(2) ¹In dem Termin ist das Testament zu öffnen, den Beteiligten zu verkünden und ihnen auf Verlangen vorzulegen. ²Die Verkündung darf im Falle der Vorlegung unterbleiben. ³Die Verkündung unterbleibt ferner, wenn im Termin keiner der Beteiligten erscheint.
(3) ¹Über die Eröffnung ist eine Niederschrift aufzunehmen. ²War das Testament verschlossen, so ist in der Niederschrift festzustellen, ob der Verschluss unversehrt war.

Der Eröffnungspflicht unterfällt jede Urkunde, die nach Form und Inhalt ein Testament sein kann. Dies hat das Gericht vor der Eröffnung zu prüfen. Erweckt das Erscheinungsbild des Schriftstücks Zweifel am Testierwillen, dann ist dieser zu ermitteln; bei negativem Ergebnis unterbleibt die Eröffnung (Frankf OLGZ 71, 205; KG OLGZ 77, 397). Grundsätzlich ist jedes Testament zu eröffnen, mag es auch widerrufen, geändert oder gegenstandslos sein (s BGHZ 91, 107f; BayObLG NJW-RR 89, 1284; Köln Rpfleger 92, 395). Ein Eröffnungsverbot des Erblassers ist unwirksam (§ 2263), kann jedoch uU als Widerruf des Testaments zu werten sein (MüKo/*Hagena* § 2263 Rn 3). Terminbestimmung und Ladung erfolgen unverzüglich nach Kenntnis vom Tod des Erblassers. 1

Gemäß I 2 sind zum Termin zunächst die gesetzlichen Erben zu laden. Dieses Gebot ist einschränkend auszulegen („soweit tunlich") und bezieht sich nur auf den Ehegatten sowie diejenigen Verwandten, die ohne die Verfügung gesetzliche Erben geworden wären (vgl KG Rpfleger 79, 138). Außerdem sind diejenigen zu laden, deren Rechtspositionen durch das Testament begründet bzw geändert werden oder erlöschen, soweit dies vor der Eröffnung ersichtlich ist (vgl Art 103 I GG; *Eickmann* Rpfleger 82, 455; *Westphal* Rpfleger 83, 205). Zur Problematik schriftlicher Anhörung vgl Köln Rpfleger 92, 395 m Anm *Meyer-Stolte*. 2

Über die Eröffnungsverhandlung ist in analoger Anwendung des § 37 BeurkG ein Eröffnungsprotokoll zu fertigen; dieses ist kein Erbfolgenachweis (BayObLGZ 83, 180). Gehört ein Grundstück zur Erbschaft, soll gem § 83 GBO das zuständige Grundbuchamt benachrichtigt werden. Der Testamentsinhalt ist nach Eröffnung dem Finanzamt mitzuteilen (§ 7 ErbStDVO). Sonderregeln für das gemeinschaftliche Testament enthält § 2273. 3

§ 2261 Eröffnung durch ein anderes Gericht

¹Hat ein anderes Gericht als das Nachlassgericht das Testament in amtlicher Verwahrung, so liegt dem anderen Gericht die Eröffnung des Testaments ob. ²Das Testament ist nebst einer beglaubigten Abschrift der über die Eröffnung aufgenommenen Niederschrift dem Nachlassgericht zu übersenden; eine beglaubigte Abschrift des Testaments ist zurückzubehalten.

1 Fallen Verwahrungsgericht und Nachlassgericht auseinander (vgl § 73 FGG u § 2258 a II u III), eröffnet das Verwahrungsgericht das Testament in selbständigem Verfahren (Hburg Rpfleger 85, 194 m Anm *Meyer-Stolte*). Besondere amtliche Verwahrung (§ 2258 a) ist nicht erforderlich; es genügt vielmehr die einfache Verwahrung, zB nach Ablieferung gem § 2259 (BayObLG FamRZ 92, 1222). Das Verwahrungsgericht ist für die Eröffnung zuständig, damit das Testament alsbald eröffnet werden und Wirksamkeit entfalten kann und nicht zuvor bei Gelegenheit einer Versendung in Verlust gerät. Wegen der Eröffnung bzw Abgabe durch das Verwahrungsgericht kann die Beschwerde allenfalls den Beteiligten zustehen, nicht jedoch dem Nachlassgericht (BaRoth/*Litzenburger* Rn 3). Die Vorschrift ist auch auf Erbverträge (§ 2300 I) anwendbar.

§ 2262 Benachrichtigung der Beteiligten durch das Nachlassgericht

Das Nachlassgericht hat die Beteiligten, welche bei der Eröffnung des Testaments nicht zugegen gewesen sind, von dem sie betreffenden Inhalt des Testaments in Kenntnis zu setzen.

1 Personen, deren Rechte durch die Verfügungen im Testament unmittelbar betroffen sind, sind von dem sie betreffenden Inhalt des Testaments zu benachrichtigen, sofern sie bei der Eröffnung nicht anwesend waren. Die Vorschrift erfasst alle Bedachten, auch bei nur bedingter Zuwendung, also alle eingesetzten Erben einschließlich Vor- und Nacherben sowie Ersatzerben; die Vermächtnisnehmer, auch wenn das Vermächtnis durch ein weiteres Testament widerrufen ist (BayObLGZ 89, 325; Ddorf OLGZ 66, 66), ferner alle gesetzlichen Erben, die nach § 1938 ausgeschlossen oder auf den Pflichtteil gesetzt sind oder denen der Pflichtteil entzogen ist, auch wenn sie in der Verfügung nicht erwähnt sind (Staud/*Baumann* Rn 8). Die Beteiligten sind ggf zu ermitteln (RGZ 69, 275); erforderlichenfalls ist ein Pfleger (§ 1913) zu bestellen (BayObLGZ 79, 343).
2 Das Nachlassgericht (nicht das nach § 2261 eröffnende Gericht) hat formlos und ohne Rücksicht auf die Gültigkeit des Testaments die Beteiligten zu benachrichtigen (s LG Köln Rpfleger 92, 436). Sie sollen damit in die Lage versetzt werden, ihre rechtlichen Interessen wahrzunehmen (BGHZ 70, 176; BayObLGZ 89, 326). Eine Verletzung dieser Mitteilungspflicht kann einen Schadensersatzanspruch begründen (BGH NJW 92, 1886).
3 Der Erblasser kann die Benachrichtigung ebensowenig von vornherein verbieten wie die Eröffnung (§ 2263; Ddorf aaO 67). Auch kommt eine Unterlassung mit Rücksicht auf das Persönlichkeitsrecht des Erblassers oder der Erben nicht in Betracht (BayObLG aaO 327). Die Beteiligten können aber formlos auf die Benachrichtigung verzichten. Der Erbe ist gegen die vom Nachlassgericht angeordnete, unmittelbar bevorstehende Bekanntgabe einer Vermächtnisanordnung an den Bedachten beschwerdeberechtigt (Ddorf aaO 65). Nach § 7 ErbStDVO ist auch das Finanzamt zu benachrichtigen.

§ 2263 Nichtigkeit eines Eröffnungsverbots

Eine Anordnung des Erblassers, durch die er verbietet, das Testament alsbald nach seinem Tode zu eröffnen, ist nichtig.

1 Ebenso wenig wie die Eröffnung des Testaments kann der Erblasser die Ablieferung, Benachrichtigung, Einsichtnahme (§§ 2259, 2262, 2264) sowie die Öffnung der Erblasserwohnung und ihrer Behältnisse wirksam verbieten. Dies gilt auch, wenn das Verbot nur für eine begrenzte Zeit gelten soll (MüKo/*Hagena* Rn 3).
2 Enthält das Testament derartige nichtige Bestimmungen, ist es im Übrigen i Zw wirksam (§ 2085). Hat der Erblasser allerdings jede Eröffnung des Testaments untersagt, kommt entweder ein Mangel der Ernstlichkeit (§ 118) oder ggf Nichtigkeit wegen Widerrufs (§§ 2253 ff) in Betracht (ebenso Soergel/*Mayer* Rn 3; Staud/*Baumann* Rn 4). Für die Auslegung können auch Umstände außerhalb des Testaments herangezogen werden (Erman/*M Schmidt* Rn 1).

§ 2263 a Eröffnungsfrist für Testamente

¹Befindet sich ein Testament seit mehr als 30 Jahren in amtlicher Verwahrung, so hat die verwahrende Stelle von Amts wegen, soweit tunlich, Ermittlungen darüber anzustellen, ob der Erblasser noch lebt. ²Führen die Ermittlungen nicht zu der Feststellung des Fortlebens des Erblassers, so ist das Testament zu eröffnen. ³Die Vorschriften der §§ 2260 bis 2262 sind entsprechend anzuwenden.

Die Vorschrift betrifft Testamente in besonderer oder einfacher amtlicher Verwahrung. Nach Ablauf von 1
30 Jahren ermittelt das Gericht von Amts wegen, ob der Erblasser noch lebt oder bereits verstorben ist.
Dadurch soll verhindert werden, dass ein Testament für immer uneröffnet bleibt, wenn der Tod des Erblassers versehentlich nicht mitgeteilt wurde. Lässt sich der Verwahrungsbeginn nicht ermitteln, so wird die Frist vom Tag der Errichtung bzw des Abschlusses der Verfügung an berechnet (MüKo/*Hagena* Rn 7).
Ergeben die Ermittlungen nicht, dass der Erblasser noch lebt, so wird das Testament eröffnet. Eröffnet wer- 2
den ggf auch vor dem 1. 1. 1900 errichtete Verfügungen, weil eine Erbenstellung weder durch Ersitzung noch durch Verwirkung verändert werden kann (BGHZ 47, 65 ff; BGH DNotZ 73, 379). Ergibt sich, dass der Erblasser noch lebt, so unterbleibt die Eröffnung; die Ermittlungen werden dann, abhängig vom Lebensalter des Erblassers, nach jeweils 3 bis 5 Jahren erneut angestellt (Staud/*Baumann* Rn 8).

§ 2264 Einsichtnahme in das und Abschrifterteilung von dem eröffneten Testament

Wer ein rechtliches Interesse glaubhaft macht, ist berechtigt, ein eröffnetes Testament einzusehen sowie eine Abschrift des Testaments oder einzelner Teile zu fordern; die Abschrift ist auf Verlangen zu beglaubigen.

Ein rechtliches Interesse hat derjenige, der an einem Rechtsverhältnis beteiligt ist, auf das das Testament ein- 1
wirkt. Der Antragsteller muss geltend machen, dass das Testament seine eigenen Rechte unmittelbar verändert oder zumindest verändern kann (Staud/*Baumann* Rn 6). Dies trifft auf den überlebenden Ehegatten beim gemeinschaftlichen Testament ebenso zu (Jena ZEV 98, 262) wie auf den gesetzlichen Erben (BayObLGZ 54, 312), der seine Rechtsstellung und ggf Anfechtungsmöglichkeiten prüfen können muss, sowie nach hM auf den Nachlassgläubiger, der die Identität der Erben ermitteln möchte (Staud/*Baumann* aaO; Soergel/*Mayer* Rn 3).
Das allgemeine Einsichtsrecht aus § 34 FGG, das schon bei „berechtigtem Interesse" besteht, also bei jeder 2
Abhängigkeit künftigen Handelns vom Akteninhalt, wird durch § 2264 nicht verdrängt. Auf welche Weise die Einsicht gewährt wird bzw Abschriften erteilt werden, steht im Ermessen des Gerichts. Auf Herausgabe der handschriftlichen Urschrift besteht, auch bei hohem Erinnerungswert, kein Anspruch (BGH NJW 78, 1484; BayObLG FamRZ 01, 126). Der Berechtigte muss nicht höchstpersönlich Einsicht nehmen; gesetzliche oder rechtsgeschäftlich begründete Vertretung ist möglich (Jena ZEV 98, 262). Der Erbe kann gegen die Absicht des Gerichts, einem Dritten Einsicht zu gewähren, mit der Beschwerde vorgehen.

Titel 8 Gemeinschaftliches Testament

§ 2265 Errichtung durch Ehegatten

Ein gemeinschaftliches Testament kann nur von Ehegatten errichtet werden.

A. Allgemeines. Das gemeinschaftliche Testament ermöglicht Ehegatten, ihrem typischerweise besonderen 1
Bedürfnis nach gemeinsamer Bestimmung der Erbfolge Rechnung zu tragen. Im Unterschied zum Erbvertrag (§ 2276) kann das gemeinschaftliche Testament privatschriftlich errichtet werden, wobei § 2267 sogar ein Formprivileg vorsieht.
B. Tatbestand. I. Ehepartner. Ein gemeinschaftliches Testament kann nur von Partnern einer gültigen Ehe 2
errichtet werden. Nichtverheiratete können nicht wirksam gemeinschaftlich testieren (vgl jedoch unten Rn 5); eine nachträgliche Eheschließung bewirkt nach zutreffender Ansicht keine Heilung (*Kanzleiter* FamRZ 01, 1198). Ausgeschlossen vom gemeinschaftlichen Testament sind insbes auch Verlobte oder Partner einer nichtehelichen Lebensgemeinschaft (BVerfG NJW 89, 1986; *Diederichsen* NJW 83, 1020). Wollen sie eine dem gemeinschaftlichen Testament ähnliche Bindungswirkung erreichen, müssen sie einen Erbvertrag schließen.
II. Testamentserrichtung. Das gemeinschaftliche Testament von Ehegatten setzt voraus, dass Ehegatten ihre 3
jeweiligen letztwilligen Verfügungen aufgrund gemeinsamen Entschlusses in einem Errichtungszusammenhang treffen. Es braucht sich nicht um eine einheitliche Urkunde zu handeln; entscheidend ist vielmehr der Wille beider Ehegatten, gemeinschaftlich ein Testament zu errichten. Dieser gemeinschaftliche Wille ist nicht rechtsgeschäftlicher, sondern tatsächlicher Natur (Soergel/*Wolf* Rn 2). Mit Rücksicht auf die zur Auslegung überwiegend vertretene Andeutungstheorie (Soergel/*Wolf* vor § 2265 Rn 7 mwN) ist richtigerweise zu fordern, dass der Wille in irgendeiner Weise in der Testamentsurkunde Niederschlag gefunden hat (BGHZ 9, 115; BayObLG FamRZ 95, 1448).
C. Umdeutung. Häufig versuchen Geschwister, Verlobte oder Partner einer nichtehelichen Lebensgemein- 4
schaft aus Unkenntnis der Rechtslage gemeinsam zu testieren (vgl Staud/*Kanzleiter* Rn 4). Sofern die Voraus-

setzungen eines oder zweier Einzeltestamente erfüllt sind, kommt Umdeutung (§ 140) in Betracht (Ddorf FamRZ 97, 518; BayObLG Rpfleger 01, 426). Einseitige Verfügungen sind dann gültig (BGH NJW-RR 87, 1410; BayObLG FamRZ 93, 1370; LG Bonn NJW-RR 04, 10). Auch bei wechselbezüglichen Verfügungen kommt Umdeutung grds in Betracht (KG NJW 72, 2136; Frankf MDR 76, 667; FamRZ 79, 347; aM Hamm Rpfleger 96, 458; offen BayObLG FamRZ 93, 1370; zum Ganzen *Kanzleiter* DNotZ 73, 133), sofern der einzelne Verfügende bei Kenntnis der Unwirksamkeit des gemeinschaftlichen Testaments eine gleichlautende einseitige letztwillige Verfügung getroffen hätte (vgl Staud/*Kanzleiter* Rn 11 f). Soweit der überlebende Teil gebunden sein sollte, ist eine Umdeutung ausgeschlossen, weil dieses Ergebnis durch Einzeltestamente nicht erreichbar ist (Jauernig/*Stürner* Rn 1).

5 **D. Einzelfragen.** Gem § 10 IV LPartG finden die §§ 2266-2273 für eingetragene Lebenspartner entsprechende Anwendung.

6 Vielen ausländischen Rechtsordnungen ist das gemeinschaftliche Testament unbekannt. In romanischen Kodifikationen ist es idR ausgeschlossen (vgl Art 589 ital CC; Art 968 fr CC), in Österreich zwar möglich, allerdings ohne Formerleichterung und grds ohne Bindungswirkung (§ 1248 ABGB). In Dänemark und Schweden können nicht nur Ehegatten, sondern auch andere einander nahestehende Personen ein gemeinschaftliches Testament errichten. Vgl *Edenfeld* ZEV 01, 461.

§ 2266 Gemeinschaftliches Nottestament

Ein gemeinschaftliches Testament kann nach den §§ 2249, 2250 auch dann errichtet werden, wenn die dort vorgesehenen Voraussetzungen nur bei einem der Ehegatten vorliegen.

1 Ehegatten können auch dann ein gemeinschaftliches Nottestament gem § 2249 oder § 2250 errichten, wenn die dort bezeichneten Voraussetzungen nur bei einem Teil gegeben sind. Die Ehegatten müssen die Regelung nicht in Anspruch nehmen. Sowohl wenn sich nur ein Teil in einer tatbestandsmäßigen Lage befindet als auch wenn dies für beide zutrifft – so regelmäßig beim Absperrungstestament (§ 2250 I) sowie beim Seetestament (§ 2251) –, kann ein gemeinschaftliches Testament auch dadurch errichtet werden, dass ein Ehegatte seine Erklärungen in der Form und unter den Voraussetzungen der §§ 2250 I oder 2251 abgibt, der andere in ordentlicher Form (RGRK/*Johannsen* Rn 2).

2 Überleben beide Ehegatten die Frist des § 2252 I u II, dann gilt das Testament als nicht errichtet. Solange aber auch nur einer an der Errichtung eines ordentlichen öffentlichen Testaments gehindert ist, ist der Fristenlauf gehemmt (MüKo/*Musielak* Rn 5). Stirbt ein Ehegatte vor Fristablauf, bleibt das Testament dauerhaft wirksam; dies gilt also auch beim Tod des in der Notlage befindlichen Teils. Der Überlebende ist dann gemäß § 2271 an seine wechselbezüglichen Verfügungen gebunden. Nach hM (so Soergel/*Wolf* Rn 3; MüKo/*Musielak* Rn 4) bleiben auch seine einseitigen Verfügungen wirksam (aM Staud/*Kanzleiter* Rn 5).

§ 2267 Gemeinschaftliches eigenhändiges Testament

¹Zur Errichtung eines gemeinschaftlichen Testaments nach § 2247 genügt es, wenn einer der Ehegatten das Testament in der dort vorgeschriebenen Form errichtet und der andere Ehegatte die gemeinschaftliche Erklärung eigenhändig mitunterzeichnet. ²Der mitunterzeichnende Ehegatte soll hierbei angeben, zu welcher Zeit (Tag, Monat und Jahr) und an welchem Orte er seine Unterschrift beigefügt hat.

1 **A. Allgemeines.** Errichten Ehegatten ein eigenhändiges gemeinschaftliches Testament, dann gewährt ihnen das Gesetz ein Formprivileg, das die Gültigkeit der Verfügungen unter erleichterten Voraussetzungen ermöglicht. Das Formprivileg kann gleichzeitig Schwierigkeiten bei der Auslegung nach dem Willen desjenigen Ehegatten mit sich bringen, der den Text nicht selbst niedergeschrieben hat. Außerdem besteht die Gefahr, dass ein Ehegatte den anderen bei der Abfassung des Testaments übervorteilt (vgl Lange/*Kuchinke* § 24 I 1 b).

2 **B. Tatbestand. I. Objektive Merkmale.** Die Formerleichterung besteht insoweit, als nur ein Ehegatte die Verfügungen beider niederschreiben muss, die dann beide unterzeichnen (vgl Hamm OLGZ 72, 143). Der Mitunterzeichnende kann auch zu einem späteren Zeitpunkt unterschreiben, aber nicht mehr nach dem Tod seines Ehegatten. Eine besondere Beitrittserklärung ist nicht nötig; steht die Beziehung zur Haupterklärung fest, kann sie sich auch auf einem unterzeichneten besonderen Blatt befinden (BayObLGZ 93, 243). Auf die Reihenfolge der Unterschriften kommt es nicht an (Staud/*Kanzleiter* Rn 15 mwN). Beide Unterschriften müssen so angebracht sein, dass sie den gesamten Text der Verfügungen abschließen. Entspr müssen Nachträge zum Ursprungstext durch die ursprüngliche Unterschrift beider Ehegatten gedeckt sein. Es genügt dann, wenn der eine Ehegatte sie mit Billigung des anderen beifügt. Deckt die ursprüngliche Unterschrift die Nachträge nicht, dann müssen beide Ehegatten sie gesondert unterschreiben (RGRK/*Johannsen* Rn 14).

Leistet ein Ehegatte eine Blankounterschrift, bevor der andere den Text der Verfügungen darüber setzt, ist 3
§ 2267 nicht erfüllt. Entspricht indessen die Testamentsurkunde nach ihrem äußerlichen Bild einem formgerechten gemeinschaftlichen Testament, dann folgt daraus eine tatsächliche Vermutung, dass die gesetzlich vorgeschriebene Reihenfolge eingehalten wurde (Hamm OLGZ 93, 146).
Ehegatten müssen die Formerleichterung des 1 bei der Errichtung eines gemeinschaftlichen Testaments nicht 4
in Anspruch nehmen. Legt jeder seine jeweils eigenen Verfügungen eigenhändig nieder und unterschreiben jeweils beide, dann ergibt sich daraus der Errichtungszusammenhang. Unterschreibt jeder nur seine eigenen Verfügungen, dann muss sich, soll es sich um ein gemeinschaftliches Testament handeln, der Errichtungszusammenhang anderweitig ergeben. Dies ist u a dann der Fall, wenn jeder Ehegatte seine Verfügungen am selben Tag auf demselben Bogen niedergeschrieben hat und deren Text bis auf den Namen der jeweils eingesetzten Erben wörtlich übereinstimmt (Zweibr FGPrax 00, 244).

II. Verfügungswille des Mitunterzeichnenden. Der Mitunterzeichnende muss die Erklärungen als eigene 5
letztwillige Verfügungen gewollt haben. Dies kann idR angenommen werden, wenn die Verfügungen in Wir-Form gehalten sind und auf gemeinsame Interessen beider Teile Rücksicht nehmen. Die Auslegung kann aber auch ergeben, dass der Mitunterzeichnende mit seiner Unterschrift lediglich zum Ausdruck bringen wollte, dass er die Verfügungen des anderen Ehegatten zur Kenntnis nehme und billige (vgl BayObLGZ 59, 207). Sind verschiedene plausible Erklärungen für die Mitunterzeichnung denkbar, dann muss sich das Nachlassgericht für die nach Wortlaut und Umständen näher liegende Deutung entscheiden (BayObLG FGPrax 04, 34).

III. Zeit- und Ortsangabe. Der Mitunterzeichnende soll Zeit und Ort seiner Unterschriftsleistung angeben 6
(2). Dadurch sollen ggf die Rechtsfolgen von § 2247 V vermieden werden; im Übrigen ist das Fehlen der Angaben unschädlich.

IV. Umdeutung. Ist die von einem Ehegatten handschriftlich verfasste und unterschriebene gemeinschaftli- 7
che Erklärung vom anderen nicht unterschrieben worden, dann ist sie als gemeinschaftliches Testament formunwirksam. Das Schriftstück kann aber uU als eigenhändiges Testament des Verfassers gem § 2247 aufrechterhalten werden, wenn dieser seine Erklärung vollständig abgegeben hat und wollte, dass seine Verfügung ggf auch unabhängig vom dem Beitritt des anderen gelten sollte. Bei dieser Ermittlung ist § 2084 unanwendbar (BayObLG FamRZ 92, 355). Waren wechselbezügliche Verfügungen (§ 2270 I) oder die Einsetzung eines Schlusserben (§ 2269) gewollt, kommt eine Umdeutung regelmäßig nicht in Betracht (BGH NJW-RR 87, 1410; BayObLG NJW-RR 00, 1534; Frankf FGPrax 98, 145).

§ 2268 Wirkung der Ehenichtigkeit oder -auflösung

(1) Ein gemeinschaftliches Testament ist in den Fällen des § 2077 seinem ganzen Inhalt nach unwirksam.
(2) Wird die Ehe vor dem Tode eines der Ehegatten aufgelöst oder liegen die Voraussetzungen des § 2077 Abs. 1 Satz 2 oder 3 vor, so bleiben die Verfügungen insoweit wirksam, als anzunehmen ist, dass sie auch für diesen Fall getroffen sein würden.

Grundlage für das gemeinschaftliche Testament ist insofern die Ehe, als die Ehepartner bei der Errichtung 1
eines gemeinschaftlichen Testaments in aller Regel vom Bestand ihrer Ehe bis zum Tode ausgehen. Wird die Ehe nun vor dem Tod eines der Ehegatten aufgelöst oder für nichtig erklärt, dann beeinträchtigt dies die Wirksamkeit des Testaments. Nach der Lebenserfahrung ist nämlich anzunehmen, dass sie nicht gemeinschaftlich testiert hätten, wenn sie das Scheitern ihrer Ehe vorausgesehen hätten, und dass sie die Fortgeltung des Testaments nach Auflösung ihrer Ehe idR nicht wollen. Dies gilt entgegen dem Wortlaut des § 2077 unabhängig davon, ob das Testament überhaupt Verfügungen zugunsten der Ehegatten enthält (MüKo/*Musielak* Rn 5). Die Regel des I, nach der die volle Unwirksamkeit eintritt, betrifft nur die nichtige Ehe. Wird die Ehe nämlich geschieden oder erweist sie sich als scheidbar oder aufhebbar, besteht uU Raum für den Beweis, dass der Testierwille gleichwohl fortbesteht (II).
Schließen die geschiedenen Ehegatten erneut die Ehe, dann wird das gemeinschaftliche Testament nicht 2
schon allein dadurch wieder wirksam (KG FamRZ 68, 218; BayObLG NJW 96, 133). AM Jauernig/*Stürner* Rn 1, nach dem das Testament in diesem Fall wirksam geblieben sein soll. Das BayObLG aaO leitet dasselbe Ergebnis aus dem hypothetischen Willen der Ehegatten her, dass das Testament ununterbrochen habe weiter gelten sollen. Dazu müsste sich allerdings für den Zeitpunkt der Testamentserrichtung ein dahingehender hypothetischer Wille erkennen lassen, dass das Testament bei einer späteren Scheidung fortgelten solle.
Der Wille, dass die Verfügungen trotz Auflösung der Ehe fortgelten sollen, wird sich bei einseitigen Verfügun- 3
gen eher feststellen lassen als bei gegenseitigen (vgl Hamm NJW-RR 92, 331). Bei wechselbezüglichen Verfügungen kann sich der Aufrechterhaltungswille uU aus der Person des Bedachten ergeben, wenn nämlich zB gemeinschaftliche Abkömmlinge bedacht sind (BayObLG NJW-RR 93, 1158). Liegt dieser Wille vor, dann soll die Bindungswirkung der Verfügungen (§§ 2270, 2271) nach BGHZ 160, 37 über den Bestand der Ehe hinaus wirken, weil es an einer gesetzlichen Einschränkung der Bindungswirkung fehle (zust *Musielak* LMK

04, 208 sowie i Erg *Keim* ZEV 04, 425; *Waldner* BGH-Report 04, 1422; *Schlitt* ZEV 05, 98). Die Vorinstanz (KG FamRB 04, 16) war mit *Muscheler* (DNotZ 94, 741–744, zust *Kanzleiter* ZEV 05, 181) davon ausgegangen, dass die Bindungswirkung wechselbezüglicher Verfügungen mit der Ehe notwendig endete. Die Verfügungen sollten allerdings jedenfalls dann einseitig unaufhebbar bleiben, wenn die Ehegatten es so gewollt haben (vgl BayObLG NJW 96, 134). Dafür spricht nämlich, dass die Wechselbezüglichkeit von Anfang an vom Willen der Parteien abhängt (vgl § 2270 II; Lange/*Kuchinke* § 24 I 6).

§ 2269 Gegenseitige Einsetzung

(1) Haben die Ehegatten in einem gemeinschaftlichen Testament, durch das sie sich gegenseitig als Erben einsetzen, bestimmt, dass nach dem Tode des Überlebenden der beiderseitige Nachlass an einen Dritten fallen soll, so ist im Zweifel anzunehmen, dass der Dritte für den gesamten Nachlass als Erbe des zuletzt versterbenden Ehegatten eingesetzt ist.

(2) Haben die Ehegatten in einem solchen Testament ein Vermächtnis angeordnet, das nach dem Tode des Überlebenden erfüllt werden soll, so ist im Zweifel anzunehmen, dass das Vermächtnis dem Bedachten erst mit dem Tode des Überlebenden anfallen soll.

1 **A. Allgemeines.** Im gemeinschaftlichen Testament verfügen Ehegatten oftmals, dass der Nachlass des Erstversterbenden zunächst an den überlebenden Teil und dann an einen Dritten, etwa ein Kind, fallen soll. Zweifelhaft kann dabei sein, welches Regelungsmodell die Erblasser wollten: So kann der überlebende Ehegatte als Vorerbe und der Dritte als Nacherbe (§ 2100) eingesetzt sein, so dass der Dritte als Erbe des Zweit- und Nacherbe des Erstverstorbenen zwei getrennte Nachlässe erhält (sog Trennungslösung). Auch ist möglich, dass der überlebende Ehegatte Vollerbe werden und das vereinigte Vermögen beider Ehegatten später an den Dritten als Schlusserben gehen soll (sog. Einheitslösung; vgl BayObLG NJW-RR 91, 968). Schließlich kommt auch in Betracht, dass der Dritte den Erstversterbenden sogleich beerben, der überlebende Ehegatte aber ein Nießbrauchsvermächtnis am Nachlass bekommen soll.

2 **B. Voll- und Schlusserbeneinsetzung. I. Auslegungsregel des Abs. 1.** I enthält eine Auslegungsregel (BGH WM 73, 41; BayObLG NJW-RR 92, 201). Sie gibt der Vollerbeneinsetzung des überlebenden Ehegatten den Vorzug; der Dritte ist Schlusserbe (sog Berliner Testament). Die Regel gründet sich auf den Erfahrungssatz, dass Ehegatten ihr Vermögen im Zweifel über den Tod hinaus als Einheit erhalten wollen (Prot V, 406; RGZ 113, 240; BayObLGZ 66, 417; FamRZ 96, 1503; Ddorf FamRZ 96, 1568).

3 **1. Voraussetzungen der Auslegungsregel.** Die Ehegatten müssen einander gegenseitig zu Erben eingesetzt haben. Dies muss nicht wechselbezüglich gem § 2270 erfolgt sein. Ist ein Dritter als Miterbe eingesetzt, findet § 2269 keine Anwendung; die Ehegatten wollen dann offenbar nicht, wie § 2269 es voraussetzt (s Rn 2), ihr Vermögen als Einheit erhalten (MüKo/*Musielak* Rn 12).

4 Ist die Erbeinsetzung des Dritten nicht ausdrücklich verfügt, kann sie sich ggf im Wege der Auslegung ergeben. Sollen aufgrund einer Strafklausel beiderseits pflichtteilsberechtigte Abkömmlinge vom letztversterbenden Ehegatten nur den Pflichtteil bekommen, falls sie ihn vom Erstversterbenden verlangen (Pflichtteilsabwehrklausel), dann kommt die Einsetzung dieser Abkömmlinge als Schlusserben in Betracht (BayObLGZ 59, 203; 60, 219; Frankf FGPrax 01, 246; Saarb NJW-RR 94, 844 gegen 92, 841), ist allerdings nicht zwingend (Hamm FamRZ 04, 2000; Celle MDR 03, 814; restriktiv *Fischer* ZEV 05, 189). Gleiches gilt, wenn die Abkömmlinge nach fortgesetzter Gütergemeinschaft (§ 1483) den Nachlass teilen sollen (BayObLGZ 86, 246).

5 Die Regel findet nur Anwendung, wenn Zweifel am Erblasserwillen bestehen, die sich auch durch Auslegung nicht klären lassen (BGHZ 22, 366; BayObLG NJW-RR 92, 201; Ddorf FamRZ 96, 1568). Auf einen entgegenstehenden Willen kann uU die verwendete Terminologie hindeuten. Dies kommt etwa in Betracht, wenn im öffentlichen Testament die Ausdrücke „Vorerbe" sowie „Nacherbe" verwendet werden (vgl Staud/*Avenarius* § 2100 Rn 16). Wenn die Eheleute einander allerdings im eigenhändigen Testament zu „Vorerben" eingesetzt haben, während beiderseitige Verwandte oder Abkömmlinge „Nacherben" sein sollen, kann gleichwohl zweifelhaft sein, ob Nacherbschaft gewollt ist (BGH NJW 83, 278 m Anm *Stürner* JZ 83, 149; Ddorf aaO m Anm *Leipold*; s aber BayObLG NJW-RR 92, 201). Ist ein Ehegatte vermögenslos, dann spricht dies nicht zwingend dafür, dass er im Falle seines Überlebens durch Nacherbeneinsetzung beschränkt sein soll (BGH NJW 83, 278; BayObLG NJW 66, 1223), falls nicht der Wille des vermögenden Teils ersichtlich ist, den Überlebenden in der Verfügungsbefugnis zu beschränken (*Stürner* JZ 83, 149). Hat ein Ehegatte im Hinblick auf ein ihm allein gehörendes Grundstück Anordnungen für den zweiten Erbfall getroffen, dann kann Nacherbeneinsetzung gewollt sein (BayObLG FamRZ 96, 1503). Wenden die Ehegatten bei Gütergemeinschaft der Abkömmlingen Gegenstände aus dem Gesamtgut zu, ist kein Fall des § 2269 gegeben (BayObLG FamRZ 88, 542).

6 Die Erbeinsetzung für den Fall gleichzeitigen Versterbens beider Ehegatten ist der Auslegung zugänglich (vgl *Keim* ZEV 05, 11). Die Regelung muss also nicht auf den Fall des Versterbens im selben Augenblick beschränkt sein, sondern gilt uU auch für den Fall, dass die Ehegatten innerhalb eines kürzeren Zeitraums (Ddorf FamRZ 04, 1754) nacheinander sterben und der zunächst Überlebende nach dem Tod des Erstverster-

benden praktisch keine Möglichkeit mehr hat, ein Testament zu errichten (BayObLG ZEV 04, 201 m Anm *Kasper*). Unter diesen Voraussetzungen liegt kein Fall des § 2269 vor. Für die Auslegung von Verfügungen, die sinngemäß den Fall des Versterbens in engem Zusammenhang voraussetzen, vgl Stuttg FamRZ 94, 852; BayObLGZ 79, 432; Rpfleger 83, 402: „nach unserem Ableben"; FamRZ 88, 879; 90, 564; Frankf FGPrax 98, 110: „Sollten wir zugleich versterben"; ähnlich BayObLG FGPrax 00, 70; 150).

2. Rechtsstellung des Schlusserben. Der Schlusserbe erwirbt nach dem ersten Erbfall eine Anwartschaft auf 7
den Erwerb (BGH 6. 5. 54, AZ IV ZR 217/53). Es handelt sich lediglich um eine rechtlich begründete Aussicht, kein Anwartschaftsrecht, das durch § 823 II geschützt wäre (Staud/*Kanzleiter* Rn 14). Ihm steht im Falle einer Anfechtung des Testaments durch den überlebenden Ehegatten oder einer Verfügung desselben entgegen § 2271 II die Feststellungsklage zur Verfügung (vgl BGHZ 37, 333; MüKo/*Musielak* Rn 39). Er kann aber nicht gem § 311 b IV u V über die Anwartschaft verfügen (vgl BGHZ 37, 323 zu § 312 aF). Die Anwartschaft ist nicht vererblich; unter den Voraussetzungen des § 2069 treten allerdings die Abkömmlinge des Schlusserben ein. Stammt der ausgefallene Schlusserbe nur vom erstverstorbenen Ehegatten ab (BGH NJW-RR 01, 1154), kann die Auslegung ergeben, dass die Abkömmlinge eingesetzt sind. Ausschlagen kann der Schlusserbe erst nach dem zweiten Erbfall, weil er nur den letztversterbenden Ehegatten beerbt (BGH NJW 98, 543; aM die Vorinstanz Ddorf FamRZ 96, 1569 m krit Anm *Leipold*).

Ist der Schlusserbe pflichtteilsberechtigt, so kann er bereits nach dem ersten Erbfall seinen Pflichtteil verlangen; § 2306 I 2 findet keine Anwendung. Um den überlebenden Ehegatten vor dem Pflichtteilsverlangen zu 8
schützen, kann in das Testament eine Abwehrklausel aufgenommen werden, die den Schlusserben, falls er seinen Pflichtteil fordert, auch nach dem Letztversterbenden auf den Pflichtteil beschränkt (s.o. Rn 4; vgl Zweibr FamRZ 99, 469). Das Vermögen des erstverstorbenen Ehegatten wird dem Pflichtteil dann allerdings zweimal zugrundegelegt. Ein Ausgleich zugunsten der übrigen Abkömmlinge kann bewirkt werden, indem diesen ggf ein bis zum Schlusserbfall gestundetes Vermächtnis am ersten Nachlass ausgesetzt wird. Die infolge Verstoßes gegen eine Pflichtteilsabwehrklausel weggefallene Schlusserbeneinsetzung kann nicht durch Zurückzahlung des Pflichtteils wiederhergestellt werden, weil die durch den Eintritt der Bedingung ausgelöste Rechtswirkung nicht wieder beseitigt werden kann (BayObLG ZEV 04, 204 m krit Anm *Ivo*).

II. Einzelne Fragen. 1. Wiederverheiratungsklausel. Ist für den Fall der Wiederverheiratung des überle- 9
benden Teils verfügt, dass der Nachlass an die Abkömmlinge fallen soll, dann ist bedingte Nacherbschaft angeordnet (RGZ 156, 181; BGH NJW 83, 278). Der Ehegatte ist nach Rspr (BGHZ 96, 204) und hM (Staud/*Avenarius* § 2100 Rn 33 mwN; aM MüKo/*Musielak* Rn 54) auflösend bedingter Vollerbe und aufschiebend bedingter Vorerbe. Hier ist regelmäßig Befreiung gem § 2136 gewollt (BGH FamRZ 61, 276; Staud/*Avenarius* § 2136 Rn 22). Obgleich der Überlebende vorläufig Vollerbe ist, kann er über den Nachlass nicht frei verfügen, weil ihn bei Eintritt der Bedingung rückwirkend diejenigen Verfügungsbeschränkungen treffen, von denen er nicht befreit werden kann (BGHZ 96, 203). Die Bindungswirkung des Überlebenden an seine letztwilligen Verfügungen entfällt bei Wiederverheiratung, weil die Wechselbezüglichkeit (§ 2270) nicht mehr gegeben ist (offengelassen bei BGH FamRZ 85, 1124 mwN). Die Erbeinsetzung der gemeinsamen Abkömmlinge wird im Zweifel auch ohne Widerruf gegenstandslos sein und der gesetzlichen Erbfolge weichen (BayObLG NJW-RR 02, 367; Hamm FamRZ 95, 251).

Wird den Abkömmlingen für den Fall der Wiederverheiratung ein Vermächtnis – uU in Höhe der gesetzli- 10
chen Erbteile – zugewendet, bleibt die Vollerbenstellung des überlebenden Ehegatten unberührt. Im Zweifel erhält der Überlebende auch bei dieser Gestaltung die volle Testierfreiheit zurück (Köln FamRZ 76, 552).

2. Erbschaftsteuerliche Gesichtspunkte. Die gegenseitige Einsetzung zum Alleinerben führt ggf dazu, dass 11
Erbschaftsteuerfreibeträge nicht voll ausgenutzt werden können. Nachteilig kann sich auch auswirken, dass das Vermögen des Erstverstorbenen nach seinem Eingang in das Vermögen des Letztverstorbenen beim Erwerb durch den Schlusserben ein zweites Mal versteuert werden muss; vgl aber § 15 III ErbStG (Jauernig/*Stürner* Rn 9).

III. Zeitpunkt des Vermächtnisanfalls. Gemäß II soll ein Vermächtnis, das erst nach dem Tod des längerle- 12
benden Ehegatten erfüllt werden soll, im Zweifel erst zu diesem Zeitpunkt anfallen. Diese Auslegungsregel gilt, wenn kein entgegenstehender Erblasserwille feststeht (BGH NJW 83, 278 m Anm *Stürner* JZ 83, 149), und richtet sich gegen die Annahme einer bloßen Stundung der Vermächtnisforderung (vgl RGZ 95, 14). Gemäß § 2160 muss der Legatar also den Tod des längerlebenden Ehegatten erleben.

§ 2270 Wechselbezügliche Verfügungen

(1) Haben die Ehegatten in einem gemeinschaftlichen Testamente Verfügungen getroffen, von denen anzunehmen ist, dass die Verfügung des einen nicht ohne die Verfügung des anderen getroffen sein würde, so hat die Nichtigkeit oder der Widerruf der einen Verfügung die Unwirksamkeit der anderen zur Folge.
(2) Ein solches Verhältnis der Verfügungen zueinander ist im Zweifel anzunehmen, wenn sich die Ehegatten gegenseitig bedenken oder wenn dem einen Ehegatten von dem anderen eine Zuwendung gemacht und

für den Fall des Überlebens des Bedachten eine Verfügung zugunsten einer Person getroffen wird, die mit dem anderen Ehegatten verwandt ist oder ihm sonst nahe steht.
(3) Auf andere Verfügungen als Erbeinsetzungen, Vermächtnisse oder Auflagen findet die Vorschrift des Absatzes 1 keine Anwendung.

1 **A. Begriff.** Letztwillige Verfügungen im gemeinschaftlichen Testament der Ehegatten sind gem I wechselbezüglich, wenn ein „Zusammenhang des Motivs" besteht (Prot V, 451; RGRK/*Johannsen* Rn 1) und eine Verfügung mit der anderen „stehen und fallen" soll (RGZ 116, 149; sog *testamentum correspectivum*). Davon zu unterscheiden ist der Fall, dass sich die Ehegatten zwar gegenseitig oder mit Rücksicht auf den jeweils anderen einen Dritten bedenken, ohne allerdings die Wechselbezüglichkeit zu wollen (sog *testamentum reciprocum*). Die Wechselbezüglichkeit kann stillschweigend angeordnet sein (BayObLG FamRZ 93, 367). Ob sie jeweils gewollt ist, muss die Auslegung der Verfügungen ergeben, wobei dies für jede einzelne Verfügung des Testaments gesondert zu prüfen ist (BGH NJW-RR 87, 1410; BayObLG FamRZ 99, 1539; Frankf FGPrax 97, 189), ggf sogar für Teile davon. Dabei kommt es zunächst nicht darauf an, ob sich die Ehegatten wechselseitig bedenken (BayObLG NJW-RR 91, 1289) oder mit einem eingesetzten Dritten verwandt oder verschwägert sind (BayObLG NJW-RR 92, 1224); dies fällt erst für die Auslegungsregel des II ins Gewicht. Die Auslegung setzt regelmäßig eine Klärung des genauen Inhalts der Verfügung voraus (LM Nr 2). Die Ehegatten können frei darüber bestimmen, ob und in welchem Maße ihre Verfügungen wechselbezüglich sein sollen (BGHZ 30, 266). Sie können daher auch eine bloß einseitige Abhängigkeit einer Verfügung vorsehen. Die Wechselbezüglichkeit kann ggf auch durch Ergänzung eines früheren Erbvertrags oder gemeinschaftlichen Testaments hergestellt werden (BayObLGZ 87, 27; BayObLG FamRZ 99, 1540; DNotZ 94, 794 m Anm *Musielak*; Saarb FamRZ 90, 1286; Frankf FamRZ 96, 1040).

2 **B. Auslegungsregel. I. Wechselbezügliche Verfügungen.** Die Auslegungsregel des II greift ein, wenn zweifelhaft bleibt, ob Wechselbezüglichkeit oder Unabhängigkeit gewollt ist (BGH NJW-RR 87, 1411; Saarb FamRZ 90, 1286; BayObLG FamRZ 97, 1242; Hamm NJWE-FER 01, 157). Um die Zweifel zu beseitigen, können zunächst nach den Grundsätzen der „Andeutungstheorie" außerhalb der Urkunde liegende Umstände berücksichtigt werden. Dazu gehören ggf Vermögenslosigkeit eines Teils (BayObLG FamRZ 84, 1155 bei Schlusserbeneinsetzung, einschränkend Hamm NJW-RR 95, 777, wenn Vermögen gemeinsam erarbeitet wurde; ähnlich BayObLG FamRZ 95, 253; Brandbg FamRZ 99, 1543), Zuwendungen während der Ehe, Dankesschuld, Äußerungen des überlebenden Ehegatten (BayObLG Rpfleger 82, 286). Soll der überlebende Ehegatte die freie Verfügungsbefugnis über seinen Nachlass behalten, so kann dies gegen die Wechselbezüglichkeit sprechen (BGH FamRZ 56, 84; BayObLGZ 87, 28), muss es aber nicht (BGH NJW 87, 901). Denn uU legen Ehegatten, die einander für die Zeit nach dem Tod des einen von ihnen freie Hand lassen wollen, für die Zeit vorher Wert darauf, von einer Testamentsänderung des anderen unterrichtet zu werden (§ 2271 I; vgl BGH NJW 64, 2056; Stuttgart NJW-RR 86, 632).

3 Die Auslegungsregel lässt Wechselbezüglichkeit annehmen, wenn der Inhalt des Testaments entweder in wechselseitiger Begünstigung der Ehegatten besteht (Erbeinsetzung, Vermächtnis, Auflage) oder in der Berücksichtigung eines Verwandten oder Nahestehenden des vorverstorbenen Ehegatten als Schlusserbe nach dem überlebenden Teil.

4 Sind Verwandte beider Ehegatten als Schlusserben eingesetzt, besteht Wechselbezüglichkeit zwischen den Erbeinsetzungen der Ehegatten selbst und zwischen der Erbeinsetzung des Überlebenden einerseits und der Erbeinsetzung der Verwandten des Erstverstorbenen andererseits (Stuttgart NJW-RR 92, 516; BayObLG NJW-RR 92, 1224; FamRZ 97, 1241). Die Erbeinsetzung der Verwandten des Überlebenden ist dagegen nicht ohne weiteres von der Wechselbezüglichkeit erfasst (LM Nr 2; BayObLG FamRZ 84, 1155; 85, 1289; Frankfurt/M FGPrax 97, 189); der Überlebende kann daher insoweit im Zweifel neu verfügen (Brandenburg FamRZ 99, 1543). Die Erbeinsetzung gemeinsamer Kinder erfolgt regelmäßig wechselbezüglich (Hamm Rpfleger 02, 151, abw BayObLG ZEV 96, 189, krit dazu *Leipold* JZ 98, 709). Dies gilt besonders, wenn die jeweilige Verfügung mit einer Wiederverheiratungsklausel (BGH NJW 02, 1126) oder mit einem beiderseitigen Erb- und Pflichtteilsverzicht der Ehegatten einhergeht (Hamm Rpfleger 01, 72). Auch Adoptivkinder sind Verwandte (KG FamRZ 83, 98). Ob Schwägerschaft oder bewährte Freundschaft die Eigenschaft als „nahestehende" Person begründet, ist jeweils im Einzelfall zu entscheiden; dabei ist Zurückhaltung geboten (BayObLG Rpfleger 83, 155; FamRZ 84, 1155; 85, 1289; 91, 1234; KG FamRZ 93, 1252). Bei Zuwendungen an juristische Personen kann die Auslegungsregel des II nicht angewendet werden; die Wechselbezüglichkeit kann nur ggf durch Auslegung ermittelt werden (Staud/*Kanzleiter* Rn 31). Bestimmen Eheleute mit gemeinsamen Abkömmlingen für jeden Fall gesetzliche Erbfolge, so kann darin eine wechselseitige Verfügung gesehen werden (vgl Stuttg FamRZ 77, 274). Auch eine Pflichtteilsabwehrklausel gegenüber den gemeinschaftlichen Kindern der Ehegatten kann uU auf eine bindende Schlusserbeneinsetzung hindeuten.

5 Tritt an die Stelle des in einem gemeinschaftlichen Testament durch wechselbezügliche Verfügung eingesetzten Schlusserben nach dessen Tod ein Ersatzerbe, dann ist dessen Einsetzung nach § 2270 II nur als wechselbezüglich anzusehen, wenn sich dem gemeinschaftlichen Testament zumindest durch ergänzende Auslegung der Wille der Testierenden zu dessen Berufung entnehmen lässt. Beruht die Berufung des Ersatzerben dage-

gen ausschließlich auf der Auslegungsregel des § 2069, dann greift § 2270 II nicht ein, weil dieser eine *Verfügung* zugunsten einer verwandten oder sonst nahe stehenden Person voraussetzt (BGHZ 149, 368; BayObLG ZEV 04, 245 m Anm *Keim*). Zur Frage der Übertragbarkeit dieser Rspr auf Fälle des § 2102 I vgl Hamm FGPrax 05, 76.

II. Arten der wechselbezüglichen Verfügungen. Wechselbezüglich können nur Erbeinsetzung, Vermächtnis 6 und Auflage sein (III). Nicht möglich ist dies bei anderen Verfügungen wie etwa Erbverzicht (BGHZ 30, 265), Pflichtteilsentziehung, Teilungsanordnung (BGHZ 82, 277; BayObLG FamRZ 88, 661), Testamentsvollstreckerernennung (KG OLGZ 77, 391; Hamm ZEV 01, 272) und Enterbung (BayObLG NJW-RR 92, 1356). Hier können die Ehegatten allenfalls durch Formulierung geeigneter Bedingungen ein vergleichbares Ergebnis bewirken. Im Übrigen kommt hier ggf die Anfechtbarkeit gem § 2078 II in Betracht.

III. Wirkung der Wechselbezüglichkeit. Wird eine der wechselbezüglichen Verfügungen widerrufen oder 7 (zB infolge Anfechtung) nichtig, dann wird auch die korrespondierende Verfügung unwirksam. Nicht wechselbezügliche Verfügungen können dann gem § 2085 gleichfalls unwirksam sein. Fällt der durch wechselbezügliche Verfügung Begünstigte weg, so gilt nicht ohne Weiteres I. Vorrang hat hier die Ermittlung des Erblasserwillens nach Maßgabe der gesetzlichen Auslegungsregeln. Insoweit soll nach BGH NJW 02, 1127 § 2069 keine uneingeschränkte Geltung zukommen (hierzu *Leipold* JZ 02, 895; abw noch BGH NJW 83, 278 m Anm *Stürner* JZ 83, 149).

§ 2271 Widerruf wechselbezüglicher Verfügungen

(1) ¹Der Widerruf einer Verfügung, die mit einer Verfügung des anderen Ehegatten in dem in § 2270 bezeichneten Verhältnis steht, erfolgt bei Lebzeiten der Ehegatten nach der für den Rücktritt von einem Erbvertrag geltenden Vorschrift des § 2296. ²Durch eine neue Verfügung von Todes wegen kann ein Ehegatte bei Lebzeiten des anderen seine Verfügung nicht einseitig aufheben.
(2) ¹Das Recht zum Widerruf erlischt mit dem Tode des anderen Ehegatten; der Überlebende kann jedoch seine Verfügung aufheben, wenn er das ihm Zugewendete ausschlägt. ²Auch nach der Annahme der Zuwendung ist der Überlebende zur Aufhebung nach Maßgabe des § 2294 und des § 2336 berechtigt.
(3) Ist ein pflichtteilsberechtigter Abkömmling der Ehegatten oder eines der Ehegatten bedacht, so findet die Vorschrift des § 2289 Abs. 2 entsprechende Anwendung.

A. Allgemeines. Die Vorschrift regelt die Bindung der Ehegatten an die im gemeinschaftlichen Testament 1 getroffenen wechselbezüglichen Verfügungen. Dies geschieht zum einen, indem für den Widerruf zu Lebzeiten beider die Form des Rücktritts vom Erbvertrag vorgeschrieben ist, sodass der andere vom Widerruf erfährt, zum andern dadurch, dass nach dem Tode des Erstversterbenden der Überlebende kaum noch Möglichkeiten hat, seine Verfügungen aufzuheben.

B. Rechtslage zu Lebzeiten beider Ehegatten. I. Form. Die gemeinsame Aufhebung der wechselbezügli- 2 chen Verfügungen ist möglich durch ein gemeinschaftliches Widerrufstestament (§ 2254), ein widersprechendes Testament (§ 2258; BayObLG FamRZ 97, 1245), durch Erbvertrag (§ 2289 I 1), durch Rücknahme aus der Verwahrung (§ 2272) sowie durch gemeinschaftliche Vernichtung oder Veränderung (§ 2255). Es genügt nicht, dass nur ein Ehegatte ein neues einseitiges Testament errichtet und der andere formlos zustimmt (KG JW 37, 477). Sofern das Testament nur Auflagen und Vermächtnisse enthält, ist nach hM auch die (hier eher umständliche) Aufhebung entsprechend § 2291 möglich (Staud/*Kanzleiter* Rn 2 u 7).
Der Widerruf durch nur einen Ehegatten ist möglich, muss aber notariell beurkundet werden (§ 2296 II 2). 3 Dem anderen Ehegatten muss die Urschrift oder Ausfertigung der Widerrufserklärung zugehen, nicht lediglich eine beglaubigte Abschrift (BGHZ 31, 7; 36, 203; NJW 81, 2300). Es genügt, wenn der Zugang nach dem Tode des Erklärenden erfolgt (§ 130 II). Wird der Widerruf dagegen auf Weisung des Widerrufenden erst nach seinem Tode dem überlebenden Ehegatten übermittelt, dann ist er unwirksam (BGHZ 9, 235; *A Roth* NJW 92, 791), weil dies den Zweck von I vereitelte. Es genügt auch nicht, dass zu Lebzeiten die beglaubigte Abschrift und erst nach dem Tode die Ausfertigung zur Heilung des Mangels zugestellt wird (BGHZ 48, 379); anderes gilt nur, wenn die Ausfertigung zu Lebzeiten des Empfängers auf den Weg gebracht worden war (Hamm NJW-RR 91, 1481).

II. Einzelfragen. Einseitige Änderungen durch letztwillige Verfügung sind möglich, soweit nur einseitige 4 Verfügungen betroffen sind oder der überlebende Ehegatte ggü der wechselbezüglichen Verfügung des gemeinschaftlichen Testaments begünstigt wird (BGHZ 30, 266).
Die Anfechtung des Testaments ist wegen der Widerrufsmöglichkeit ausgeschlossen. Der Widerruf selbst ist 5 aber nach § 2078 anfechtbar. Ein Widerruf des Widerrufs ist dagegen unzulässig; § 2257 findet keine Anwendung (Staud/*Kanzleiter* Rn 26).
Verfügungen unter Lebenden bleiben jedem Ehegatten grds uneingeschränkt möglich. Im Falle der Entwertung 6 testamentarischer Verfügungen auf diesem Wege schützt den anderen Teil das Widerrufsrecht (I 1). § 2287 ist unanwendbar (BGHZ 87, 23; aM Soergel/*Wolf* Rn 46). Eine Mitteilungspflicht in Form des § 2296 besteht nicht.

7 **C. Rechtslage nach dem Tode eines Ehegatten. I. Bindungswirkung.** Der Überlebende ist an letztwilligen Verfügungen gehindert, die wechselbezügliche Zuwendungen an den Dritten schmälern. Dazu gehört die neu angeordnete Belastung des Schlusserben mit einem Vermächtnis (BGH FamRZ 69, 208) oder einer Testamentsvollstreckung (KG OLGZ 77, 392; Köln FamRZ 90, 1403). Der Unwirksamkeit der schmälernden Verfügung steht weder sittliche Pflicht entgegen (BGH NJW 78, 423) noch die Zustimmung des bedachten Dritten (LM Nr 7; vgl Hamm OLGZ 82, 272).

8 **II. Befreiung von der Bindungswirkung.** Der überlebende Ehegatte wird von der Bindungswirkung frei, wenn er selbst das Zugewandte ausschlägt. Der gesetzliche Erbteil muss grds nur dann mit ausgeschlagen werden (vgl § 1948 I), wenn sich die Bindungswirkung nach dem Willen der Eheleute gerade auf die Zuwendung des gesetzlichen Erbteils beziehen sollte; Gleiches gilt, wenn gesetzlicher und testamentarischer Erbteil denselben Umfang haben (KG OLGZ 91, 10; aM *Tiedtke* FamRZ 91, 1259). Nach der Ausschlagung kann der Überlebende neu testieren (§§ 2253 ff). Das Recht zur Ausschlagung der Erbschaft ist zwar vererblich (§ 1952 I), doch wird eine den Überlebenden bindende Schlusserbeneinsetzung nicht dadurch hinfällig und ein späteres widersprechendes Testament des Überlebenden nicht dadurch wirksam, dass nach dem Tode des zuletzt verstorbenen Ehegatten die von diesem in dem jüngeren Testament Bedachten als seine Erben die ihm vom Erstverstorbenen hinterlassene Erbschaft ausschlagen (Zweibr NJW-RR 05, 8).

9 Der Überlebende ist von der Bindungswirkung auch frei, soweit er durch Freistellungsklausel zur ganz oder teilweise freien Verfügung ermächtigt ist (BGHZ 2, 37; Schlesw ZEV 97, 333 m Anm *Lübbert*). Der Widerruf kann dann durch Testament erfolgen (Stuttg NJW-RR 86, 632; §§ 2254, 2297; kein bloßer Ungültigkeitsvermerk); er ist auch schlüssig möglich (Köln NJW-RR 92, 1419). Der Widerruf nach Freistellung kann ohne Angabe eines Grundes erfolgen; § 2336 II ist unanwendbar (Köln aaO). Ob der Überlebende freigestellt sein soll, ist durch Auslegung zu ermitteln. Dabei kann sich zB aufgrund ergänzender Auslegung die freie Verfügungsbefugnis über nach dem Tode des Erstverstorbenen hinzugewonnenes Vermögen ergeben (Zweibr NJW-RR 92, 588). Strenge Maßstäbe sind anzulegen im Hinblick auf die Befugnis zur Abänderung der Berufung Dritter (BayObLG FamRZ 91, 1488), besonders gemeinsamer Kinder (Hamm Rpfleger 02, 151). Ist dem Überlebenden die freie Verfügung über den Nachlass des Erstversterbenden eingeräumt, dann bezieht sich dies uU nur auf Verfügungen zu Lebzeiten (BayObLG FamRZ 85, 210).

10 Befreiung von der Bindungswirkung findet gem II 2 statt, wenn die Voraussetzungen der Pflichtteilsentziehung vorliegen (§§ 2294, 2336). Entsprechendes gilt gem III bei Pflichtteilsbeschränkung ggü Abkömmlingen in guter Absicht (§§ 2289 II, 2338). Die Regelung soll bei Überschuldung des Abkömmlings ermöglichen, dass das Zugewandte in der Familie bleibt. Jeder Ehegatte kann die entspr Anordnungen treffen, auch wenn es sich um den Abkömmling des anderen handelt (MüKo/*Musielak* Rn 30).

11 Freie Verfügungsbefugnis des Überlebenden besteht auch, soweit die bindende Verfügung gegenstandslos geworden ist. Dies kommt etwa in Betracht bei Wegfall durch Tod (Frankf NJW-RR 95, 266), Erbunwürdigkeit, Erbverzicht (Köln FamRZ 83, 838 m Anm *Brems* aaO 1278; BayObLG FamRZ 01, 320). In den Fällen der §§ 2069, 2094 bleibt es bei der Bindungswirkung (Hamm OLGZ 82, 276).

12 **III. Verfügungen unter Lebenden.** Der überlebende Ehegatte ist durch II nicht gehindert, Verfügungen unter Lebenden vorzunehmen; diese sind grds wirksam (BGHZ 59, 346). §§ 2286-2288 gelten entsprechend (BGHZ 82, 277; 59, 348; 26, 279; Schleswig ZEV 97, 334 m Anm *Lübbert*). Der überlebende Ehegatte kann insbesondere durch Rechtsgeschäfte zu Lebzeiten die Verfügungen des Testaments vorwegnehmen (BGHZ 82, 278). Nichtigkeit kann sich ggf aus § 138 I ergeben (BGHZ 59, 351).

13 **IV. Anfechtung.** Der überlebende Ehegatte kann seine eigenen wechselbezüglichen Verfügungen anfechten. Entspr anwendbar sind die §§ 2281-2285 mit §§ 2078, 2079 (BGHZ 37, 333; FamRZ 70, 80). Die Anfechtungserklärung bedarf der Form des § 2282 III. Die Frist des § 2283 beginnt nicht vor dem Tod des Erstversterbenden. Der Schlusserbe kann gegen die Anfechtungswirkung Feststellungsklage erheben. Verfügungen des Erstverstorbenen kann der Überlebende nach §§ 2078, 2080-2082 anfechten. Rechtsfolge ist grds die Unwirksamkeit der wechselbezüglichen Verfügungen (§ 2270 I); allerdings kann uU ein hypothetischer Erblasserwille die Fortgeltung begründen (Hamm NJW 72, 1089). Wird die Anfechtung aufgrund Irrtums über die Bindungswirkung wechselbezüglicher Verfügungen geltend gemacht, so sind an den Nachweis strenge Anforderungen zu stellen (BayObLG FamRZ 04, 1997; BayObLGZ 02, 135).

14 Verfügungen des Erstverstorbenen können gem §§ 2078 ff auch durch Dritte, etwa adoptierte Kinder, angefochten werden (BGH FamRZ 70, 80). Da der Erstverstorbene kein Anfechtungsrecht hatte, kommt § 2285 auch nicht entspr zur Anwendung (Soergel/*Wolf* Rn 38; aM LG Karlsruhe NJW 58, 714). Die Anfechtung kann aber ausgeschlossen sein, wenn der Erstverstorbene trotz Kenntnis des Anfechtungsgrundes nicht widerrufen hat. Verfügungen des zunächst überlebenden Ehegatten können Dritte erst nach dessen Tode anfechten (KG FamRZ 68, 219). Dies kommt etwa für die Anfechtung durch den pflichtteilsberechtigten neuen Ehegatten des Überlebenden in Betracht. Für wechselbezügliche Verfügungen des Überlebenden gilt aber § 2285 entspr, wenn das Selbstanfechtungsrecht des Erblassers verloren gegangen war (Hamm OLGZ 71, 313; BayObLG NJW-RR 89, 588); anders bei einseitigen Verfügungen (BGH FamRZ 56, 84). Die Wirkung der Anfechtung richtet sich nach §§ 2085, 2270 I.

§ 2272 Rücknahme aus amtlicher Verwahrung
Ein gemeinschaftliches Testament kann nach § 2256 nur von beiden Ehegatten zurückgenommen werden.

Ehegatten können ein gemeinschaftliches Testament gem § 2256 nur persönlich und gleichzeitig zurücknehmen. Dies schützt vor einseitigen rechtswirksamen Handlungen eines Ehegatten. Einsicht in das Testament kann allerdings auch ein Ehegatte allein nehmen (KG JFG 4, 161). Ist ein Ehegatte verstorben, kann der andere das Testament nicht mehr aus der amtlichen Verwahrung zurücknehmen (MüKo/*Musielak* Rn 3). 1

Auch nach Scheidung der Ehe und der daraus resultierenden Unwirksamkeitsfolge des gemeinschaftlichen Testaments nach § 2268 I kann die Rücknahme eines öffentlichen Testaments mit dem Ziel des Widerrufs (§ 2256 I 1) geboten sein, weil andernfalls uU die Möglichkeit des Beweises fortbestehenden Testierwillens besteht (§ 2268 II). 2

§ 2273 Eröffnung
(1) Bei der Eröffnung eines gemeinschaftlichen Testaments sind die Verfügungen des überlebenden Ehegatten, soweit sie sich sondern lassen, weder zu verkünden noch sonst zur Kenntnis der Beteiligten zu bringen.
(2) ¹Von den Verfügungen des verstorbenen Ehegatten ist eine beglaubigte Abschrift anzufertigen. ²Das Testament ist wieder zu verschließen und in die besondere amtliche Verwahrung zurückzubringen.
(3) Die Vorschriften des Absatzes 2 gelten nicht, wenn das Testament nur Anordnungen enthält, die sich auf den Erbfall beziehen, der mit dem Tode des erstversterbenden Ehegatten eintritt, insbesondere wenn das Testament sich auf die Erklärung beschränkt, dass die Ehegatten sich gegenseitig zu Erben einsetzen.

A. Erste Eröffnung. Entspr § 2260 ist Gegenstand der Eröffnung jede Urkunde, die äußerlich als gemeinschaftliches Ehegattentestament erscheint. 1

I. Zu eröffnende Verfügungen. Die Eröffnung eines gemeinschaftlichen Testaments nach dem Tod des zuerst verstorbenen Ehegatten bezieht sich grds nur auf dessen Verfügungen (I). Dies dient dem Interesse des Überlebenden an der Geheimhaltung seiner eigenen Verfügungen. Nur wenn das Testament derart abgefasst ist, dass die Verfügungen des Erstverstorbenen nicht von denen des mittestierenden Ehegatten isoliert werden können, werden Letztere gleichzeitig bekannt gemacht, um die Beteiligten über die sie betreffenden Rechtsfolgen der Verfügungen des Erstverstorbenen vollständig aufzuklären (RGZ 150, 318). So kann zB die Rechtsposition der gesetzlichen Erben und Pflichtteilsberechtigten auch von den Verfügungen des Überlebenden betroffen sein (Zweibr FamRZ 04, 316). In der Bekanntmachung dieser Verfügungen liegt keine Eröffnung im Rechtssinne, sondern ein tatsächlicher Vorgang (Hamm OLGZ 87, 286). Das Unterrichtungsinteresse der Erben überwiegt insoweit ggü dem Geheimhaltungsinteresse der Testierenden, weil diese die Formulierung zu verantworten haben (BGHZ 91, 110 m Anm *Bökelmann* JR 84, 501). Art. 2 u 14 I GG werden durch die Regelung nicht verletzt (BVerfG NJW 94, 2535). 2

Verfügungen des Überlebenden lassen sich absondern, soweit diejenigen des Erstverstorbenen ihrem Inhalt nach auch ohne die Verfügungen des Überlebenden verständlich bleiben (Zweibr NJW-RR 02, 1662). Dies ist nicht der Fall, wenn Verfügungen in der „Wir"-Form zusammengefasst sind, wenn die Verfügungen beider Ehegatten aufeinander Bezug nehmen oder wenn sie ihrem Inhalt nach beiden in gleicher Weise zuzuordnen sind (BayObLG Rpfleger 90, 22; Hamm OLGZ 82, 137; Zweibr FamRZ 04, 315) wie zB: „Wir setzen uns gegenseitig zu Erben ein" oder „Erbe des Überlebenden von uns ist …". 3

Die Prüfung der Wirksamkeit letztwilliger Verfügungen ist nicht Aufgabe des Eröffnungsverfahrens (BGH NJW 84, 2099). Das Nachlassgericht muss nicht zuvor feststellen, welche Teile der Verfügung gültig oder ungültig bzw relevant oder gegenstandslos sind (BGHZ 91, 108; BayObLG aaO 23; Hamm NJW 82, 57), weil ungültig oder gegenstandslos gewordene Verfügungen des Erstverstorbenen gleichfalls verkündet werden. Daher werden auch etwa gemeinschaftliche Regelungen für den nicht eingetretenen Fall gleichzeitigen Versterbens (Köln DNotZ 88, 722 m Anm *Cypionka*) verkündet, ebenso eine von beiden Ehegatten verfügte Wiederverheiratungsklausel (vgl § 2269 Rn 9; *Asbeck* MDR 59, 897) sowie allfällige Strafklauseln. Verkündet wird ferner die Aussetzung von Vermächtnissen (BGH FamRZ 84, 690; Hburg NJW 65, 1970 m krit Anm *Lützeler* NJW 66, 58) sowie mit der Einsetzung des überlebenden Ehegatten zum Vorerben auch die Berufung der Kinder als Nacherben. 4

II. Beteiligte. Beteiligter ist, wem durch die letztwillige Verfügung des Erblassers ein Recht gewährt oder genommen wird oder wessen Rechtslage durch sie sonst unmittelbar beeinflusst wird (BGHZ 70, 176). Dazu gehören Bedachte, gesetzliche Erben des Erstverstorbenen, Nacherben, Vermächtnisnehmer und Testamentsvollstrecker. Der Schlusserbe ist beim ersten Erbfall nur Beteiligter, wenn er zu den gesetzlichen Erben des Erstverstorbenen gehört (Hamm OLGZ 82, 138); Gleiches gilt, wenn in seiner Einsetzung möglicherweise auch die Berufung als Nacherbe oder Ersatzerbe des Erstverstorbenen liegt. 5

Gegen einen Ausschluss von der Eröffnung oder gegen eine Ablehnung der Beschränkung findet die Beschwerde gem § 19 FGG; § 11 RpflG statt (vgl Frankf Rpfleger 77, 206). 6

7 **III. Erneute besondere amtliche Verwahrung.** Nach Eröffnung ist gem II 1 eine beglaubigte Abschrift der eröffneten Verfügungen zu fertigen; die Abschrift tritt im Rechtsverkehr an die Stelle der Urschrift. Im Übrigen ist das bislang amtlich verwahrte gemeinschaftliche Testament in die besondere amtliche Verwahrung zurückzubringen, sofern es Verfügungen des Überlebenden enthält, die sich nicht mit dem Tod des Erstverstorbenen erledigt haben (II 2, III). Die örtliche Zuständigkeit für die Wiederverwahrung ist gesetzlich nicht geregelt. Für den Fall, dass das nach § 2258 a zuständige Gericht das Testament in amtlicher Verwahrung gehabt und eröffnet hat, ohne Nachlassgericht zu sein (§ 2261 1), wird teilweise vertreten, das Testament sei auch anschließend wieder durch das bisher nach § 2258 a zuständige Gericht in Verwahrung zu nehmen (BayObLG FamRZ 95, 682; 00, 638; Saarb Rpfleger 88, 484; Stuttg Rpfleger 88, 189). Richtigerweise ist aber entspr § 2261 2 von der Zuständigkeit des jetzigen Nachlassgerichts auszugehen (Zweibr Rpfleger 98, 428; Frankf NJW-RR 95, 461; MüKo/*Musielak* Rn 8). Letzteres überzeugt aus praktischen Erwägungen. II steht nicht entgegen, weil mit „zurückbringen" nicht der Ort, sondern die Verwahrung gemeint ist (Staud/*Kanzleiter* Rn 16; aM Palandt/*Edenhofer* Rn 5).

8 **IV. Entbehrlichkeit der Wiederverwahrung.** Wenn das gemeinschaftliche Testament nur Anordnungen für den ersten Erbfall enthält, so werden die Verfügungen des überlebenden Ehegatten mit dem Tode des Erstversterbenden gegenstandslos. Dies ist zB der Fall, wenn sich die Verfügungen auf eine gegenseitige Erbeinsetzung der Ehegatten beschränken. Hier wäre es sinnlos, das Testament beim zweiten Erbfall nochmals zu eröffnen und zu verkünden. Die erneute Verbringung in die besondere amtliche Verwahrung ist daher entbehrlich (III). Ein solches Testament wird nur in einfache Verwahrung genommen; es bleibt offen bei den Akten des Nachlassgerichts (Staud/*Kanzleiter* Rn 12).

9 **B. Zweite Eröffnung.** Wenn das gemeinschaftliche Testament auch Anordnungen für den zweiten Erbfall enthält, ist es nach seinem Ableben erneut zu eröffnen. Die Verfügungen des zuletzt verstorbenen Ehegatten sind nach den gewöhnlichen Vorschriften (§§ 2260 ff) zu verkünden. Dies gilt auch, soweit sie mangels Trennungsmöglichkeit (oder unrichtigerweise trotz derselben) bereits bei der ersten Verkündung bekannt gemacht wurden (Staud/*Kanzleiter* Rn 20), weil im bloßen Mitverlesen keine Verkündung im Rechtssinne liegt. Eine nochmalige Eröffnung ist auch dann erforderlich, wenn zweifelhaft ist, ob das Testament Anordnungen enthält, die sich auf den zweiten Erbfall beziehen (Hamm OLGZ 75, 96).

Abschnitt 4   Erbvertrag

Vorbemerkungen vor §§ 2274 ff

1 **A. Begriff.** „Erbvertrag" nennt das Gesetz teils die vertragsmäßige Verfügung (§§ 2281 ff, 2293 ff), teils das Vertragswerk als solches (§§ 2274 ff, 2298, MüKo/*Musielak* Vor 2274 Rn 5). Der Erbvertrag hat eine Doppelnatur. Er ist eine **Verfügung vTw.** Wenigstens ein Vertragspartner muss durch ihn als Erblasser einen Erben einsetzen oder ein Vermächtnis oder eine Auflage (Erbeinsetzungs-, Vermächtnis- bzw Auflagenvertrag; vgl *Schumann* § 1941 Rn 89 ff) anordnen (§§ 1941 I, 2278). Er ist zugleich ein **Vertrag** (BGH NJW 58, 498). Der Verfügende ist an seine vertragsmäßige Verfügung vTw dem anderen Vertragschließenden bereits zu Lebzeiten – anders als bei einseitigen Verfügungen (vgl §§ 2253 ff) – grds unwiderruflich gebunden. Der Erbvertrag als Verfügung vTw bindet erbrechtlich. Vertragsmäßige Verfügungen beeinträchtigende spätere Verfügungen vTw des Erblassers sind grds unwirksam (§ 2289 I 2), es sei denn, sie sind zulässig vorbehalten (§ 2289 Rn 6 f). Schuldrechtliche Pflichten des Vertragserblassers zu Lebzeiten begründet der Erbvertrag im Gegensatz zu Rechtsgeschäften unter Lebenden nicht (BGH NJW 54, 633). Der bedachte Zuwendungsempfänger hat vor dem Tod des Erblassers lediglich eine nicht vererbbare oder übertragbare (BGH NJW 62, 1910, 1911), nicht verpfändbare oder pfändbare (Oldbg OLGE 6, 176, 178 f), nicht vormerkungsfähige (BGH NJW 54, 633; Ddorf DNotI-Rep 03, 58) oder durch Arrest oder eV sicherbare (str, MüKo/*Musielak* § 2286 Rn 6), bei Insolvenz nicht zur Insolvenzmasse des Bedachten gehörende tatsächliche Erwerbsaussicht, kein rechtlich gesichertes Anwartschaftsrecht (BGH NJW 54, 633). Seine Rechtsstellung ist nicht durch §§ 823 I, 823 II iVm §§ 2287, 2288 oder durch § 826 (BGH NJW 89, 2389) geschützt (MüKo/*Musielak* § 2286 Rn 5). Der Zuwendungsempfänger ist nicht verpflichtet, die Erbschaft oder das Vermächtnis anzunehmen. Rechtswirkungen des Erbvertrags treten erst mit dem Todesfall des Vertragserblassers ein (Kobl ZEV 97, 255).

2 Der Erbvertrag ist **einseitig**, wenn nur eine Vertragspartei als Erblasser vertragsmäßig vTw verfügt und die andere Partei lediglich eine korrespondierende vertragliche Erklärung abgibt und ggf einseitige Verfügungen trifft oder sich unter Lebenden verpflichtet. Er ist **zweiseitig** (oder „gemeinschaftlich"), wenn beide Parteien als Erblasser vertragsmäßige Verfügungen vTw treffen (§ 2278 I). Hier hat die Nichtigkeit einer der Verfügungen regelmäßig die Unwirksamkeit des ganzen Vertrags zur Folge (§ 2298 I). Bedenken sich die Vertragspartner jeweils mit vertragsmäßigen Verfügungen, ist er **gegenseitig** (oder „reziprok"). In einem **mehrseitigen** Erbvertrag treffen mehr als zwei Personen vertragsmäßige Verfügungen (RGZ 67, 65). Im Zweifel bindet sich hier

jeder vertragsmäßig Verfügende ggü allen anderen Vertragschließenden (D/R/B/*Mayer* vor §§ 2274 ff Rn 36). Der Vertrag kann dann nur von allen Vertragschließenden gemeinsam aufgehoben werden (§ 2290 I 2). Missverständlich wird vom **entgeltlichen** Erbvertrag gesprochen, wenn beim Abschluss eines Erbvertrags mit ihm (ggf in einer Urkunde) verbunden der andere Vertragspartner durch Rechtsgeschäft unter Lebenden für die vom Vertragserblasser vorgenommene Verfügung eine Gegenleistung (zB Versorgungsleistungen; vgl auch § 2295) verspricht. Wegen der abstrakten Rechtsnatur des Erbvertrags steht diese Verpflichtung mit der vertragsmäßigen Verfügung des Erblassers nicht in einem synallagmatischen Verhältnis iSd §§ 320 ff (BayObLGZ 88, 22, 25; *Leipold* ErbR Rn 496). Es kann auch nicht schuldrechtlich vereinbart werden (vgl § 2302; BayObLG NJW-RR 98, 729, 730; Soergel/*Wolf*, § 2295 Rn 4; aA *Stürzebecher* NJW 88, 2717). Möglich ist die Verknüpfung mit einer Bedingung (§ 158, BayObLG Rpfleger 77, 208; Hamm DNotZ 77, 751, 754; KG FamRZ 05, 1573).

B. Zuwendungsempfänger. Zuwendungsempfänger (auch Vor-, Nach- oder Ersatzerbe) kann jeder Vertragspartner (nicht nur Ehegatten oder Verlobte), auch ausschließlich ein Dritter sein (§ 1941 II; RGRK/*Kregel* § 2278 Rn 2). Dann wird missverständlich vom „Erbvertrag zugunsten Dritter" gesprochen, obwohl kein Vertrag iSd § 328 vorliegt (BGH NJW 62, 1910, 1912; *Schumann* § 1941 Rn 14, 36; Staud/*Kanzleiter* Vorbem zu §§ 2274 Rn 22). Der Vertragserblasser verpflichtet sich dem Dritten nicht schuldrechtlich. Dessen Zustimmung zur Aufhebung des Vertrags ist nicht erforderlich (BGH NJW 54, 633). 3

C. Beseitigung. Die vertragsmäßige Bindung des Erbvertrags wird beseitigt durch Anfechtung (§§ 2281 ff), Aufhebung (§§ 2290 ff) oder gesetzlichen Rücktritt (§§ 2293 ff). Sie wird **gegenstandslos** infolge Vorversterbens, Ausschlagung (§§ 2279 I iVm §§ 1942 ff), Erbunwürdigkeit (§§ 2339 ff) oder Erbverzichts (§§ 2346 ff) des Zuwendungsempfängers (*Schumann* § 1941 Rn 72 ff). 4

D. Abgrenzung. Zum Erbverzicht vgl §§ 2346 ff. Der Hofübergabevertrag nach der HöfeO ist ein Rechtsgeschäft unter Lebenden. Er wirkt zugleich wie eine Verfügung vTw (§§ 7 I, 17 HöfeO), da mit Übergabe des Hofes an den (ggf nach § 6 I Nr 1, 2 HöfeO formlos bestimmten) hoferbenberechtigten Abkömmling zugunsten der anderen Abkömmlinge hinsichtlich des Hofes der Erbfall als eingetreten gilt; § 2289 I 2 ist zu beachten (MüKo/*Musielak* Vor § 2274 Rn 12). 5

Kein Erbvertrag ist ein Vertrag unter Lebenden, bei dem die schuldrechtlichen Verpflichtungen sofort und nicht erst mit dem Tod des Erblassers entstehen, die Erfüllung aber erst nach dem Tod eines der Vertragspartner erfolgen soll (BGH NJW 53, 182 f; 98, 2136, 2138; Kobl ZEV 97, 255), sowie eine Schenkung vTw (§ 2301). Bei einem Vertrag zugunsten Dritter auf den Todesfall (§§ 328, 331), zB Lebensversicherungen, handelt es sich idR um ein Geschäft unter Lebenden, bei dem der Leistungsanspruch nicht in den Nachlass fällt (§ 2311 Rn 5; AnwK/*Kornexl*, Vor §§ 2274–2302 Rn 24). Ein (nur schuldrechtlich wirkender [RGZ 169, 99]) Vertrag über den Nachlass eines noch lebenden Dritten oder über den Pflichtteil oder ein Vermächtnis aus dessen Nachlass („Erbschaftsvertrag") ist nichtig, wenn er nicht unter den künftigen gesetzlichen Erben über den gesetzlichen Erbteil oder den Pflichtteil eines von ihnen geschlossen wird (§ 311 b IV, V; BGH NJW 62, 1910, 1911).

Vom **gemeinschaftlichen Testament** (§ 2265; § 10 IV LPartG) unterscheidet sich der Erbvertrag vor allem durch seine weitergehende Bindungswirkung, die Möglichkeit, auch Dritte einzubinden und den für den Erbvertrag durch §§ 2287, 2288 geregelten Schutz vor Missbrauch. Der Erbvertrag bietet **Kostenvorteile**, wenn zugleich ein Ehe- oder Lebenspartnerschaftsvertrag beurkundet wird (§ 46 III KostO: nur eine Gebühr berechnet nach dem höchsten Geschäftswert), oder Fälle des § 38 II Nr 6 KostO vorliegen. Nach § 35 I 2 Hs 1 GBO kann der Nachweis der Erbfolge statt durch Erbschein durch den Erbvertrag mit der Niederschrift über die Eröffnung der Verfügung erbracht werden. 6

E. Wirtschaftliche Bedeutung. Der Erbvertrag ermöglicht den Schutz einer in Aussicht gestellten Erbeinsetzung, eines Vermächtnisses oder einer Auflage, indem durch die vertragliche Bindung die Testier- und Widerrufsfreiheit des Erblassers bezüglich seiner vertragsmäßigen Verfügungen beschränkt wird. Vertrauen auf erbrechtliche Verfügungen des Erblassers, zB auf die Einsetzung zum Vertragserben zu Lebzeiten für gewährte Versorgung, kann so geschützt werden (MüKo/*Musielak* Vor § 2274 Rn 1; zum „Verpfründungsvertrag" aaO Rn 20; s auch § 2295). Der Erblasser kann aber weiterhin über sein Vermögen durch Rechtsgeschäft unter Lebenden verfügen (§ 2286). Familienrechtliche Akte bleiben ihm, auch wenn sie Einfluss auf spätere Rechte des Zuwendungsempfängers haben, möglich (§ 2286 Rn 2). Nach dem Erbfall kann bei den Vertragserben beeinträchtigenden Schenkungen ggf der Beschenkte (§ 2287) und bei Beeinträchtigungen des Vermächtnisnehmers der Erbe (§ 2288) in Anspruch genommen werden. Der Erblasser kann sich über den Erbvertrag hinaus schuldrechtlich verpflichten, über einen vermachten Gegenstand auch nicht unter Lebenden zu verfügen („Verfügungsunterlassungsvertrag"; s dazu § 2286 Rn 1). 7

F. Nichtigkeit. Neben Formmängeln (§ 2276) können insbes Verstöße gegen ein gesetzliches Verbot (§ 134) oder die guten Sitten (§ 138 I) zur Nichtigkeit führen. Für § 138 reicht nicht, dass ein Vertragspartner eigennützig eine ihm günstige Lage ausnutzt (BGHZ 50, 70 ff) oder einen wirtschaftlich erheblich größeren Vorteil durch den Vertrag erlangt (Staud/*Kanzleiter*, Vorbem zu §§ 2274 ff Rn 31). Ein Verstoß iSv § 138 liegt zB vor, wenn der Erbvertrag auf sittlich zu missbilligende Weise zu Stande gekommen ist, einseitig außergewöhnliche Vorteile gewährt oder eine herbeigeführte psychische Zwangslage (BGHZ aaO) oder die Unerfahrenheit des 8

Erblassers ausgenutzt wurde. Zu Ebenbürtigkeitsklauseln, die gegen das Grundrecht auf Eheschließungsfreiheit verstoßen, s BVerfG NJW 04, 2008 ff m Anm *Gaier* ZEV 06, 2 ff.

9 **G. Auslegung.** Erbvertragliche Erklärungen sind der Auslegung zugänglich. Einseitige Verfügungen, die als frei widerrufbar keinen Vertrauensschutz genießen, werden wie testamentarische nach §§ 2066 ff, 2084, 2087 ff ausgelegt (vgl § 2299 II 1; BayObLG NJW-RR 03, 293 f; *Brox* ErbR Rn 221). Für vertragsmäßige Verfügungen kommt es auf den erklärten übereinstimmenden Willen der Vertragsparteien und ihr übereinstimmendes Verständnis des Vertragswortlauts bei Vertragserrichtung an (BGH FamRZ 73, 189; NJW 84, 721; Zweibr FamRZ 98, 1540, 1542; AnwK/*Kornexl*, Vor §§ 2274–2302 Rn 41 f; nach Entgeltlichkeit differenzierend *Brox* ErbR Rn 223 f). Für die Frage, ob eine vertragsmäßige Verfügung vorliegt (Hamm FGPrax 05, 30 f), und die Auslegung ihres Inhalts ist § 157 zu beachten (BGH NJW 89, 2885; *Schumann* § 1941 Rn 130 ff). Für die Auslegung können auch außerhalb der Urkunde liegende Umstände herangezogen werden. Das Formerfordernis verlangt aber, dass der so gewonnene Wille in der Urkunde selbst angedeutet ist (hM, BGH NJW 81, 1737; ZEV 02, 20; MüKo/*Musielak* Vor § 2274 Rn 33; *Leipold* ErbR Rn 364). Sprachlich mehrdeutige Erklärungen, deren Inhalt nicht mehr aufgeklärt werden kann, sind nach dem mutmaßlichen Erblasserwillen auszulegen (BGH NJW 93, 256). Für bestimmte Erbverträge zwischen Ehegatten oder Lebenspartnern gilt über § 2280 die Auslegungsregel des § 2269 entsprechend. Sollen Rechte und Pflichten von Vertragspartnern schon zu Lebzeiten bestehen, wenn auch erst mit Tod eines von ihnen wirksam werden, kann ein als Erbvertrag bezeichneter Vertrag als Rechtsgeschäft unter Lebenden auszulegen sein (BGH FamRZ 98, 908). Das Formerfordernis (§ 2276) setzt einer ergänzenden Auslegung, für die es auf den Willen beider Vertragsparteien ankommt, Grenzen (vgl § 2084 Rn 20).
Um Auslegungsprobleme zu vermeiden, sollte im Erbvertrag klar gestellt werden, ob Verfügungen vertragsmäßig oder einseitig sind, ob Letztere fortbestehen sollen, wenn der Erbvertrag beseitigt wird (vgl § 2299), und wie weit ggf ein Änderungsvorbehalt (§ 2289 Rn 6 f) reicht (FA-ErbR/*Krause*, Kap 2 Rn 179, 189).

10 **H. Umdeutung.** Werden keine vertragsmäßigen, sondern nur einseitige Verfügungen getroffen, ist eine Umdeutung (§ 140) in eine Schenkung (§ 2301) oder ein einseitiges, bei Eheleuten oder Lebenspartnern in ein gemeinschaftliches Testament (s § 2265; § 10 IV LPartG) denkbar, soweit die dafür geltenden Erfordernisse erfüllt sind (AnwK/*Kornexl* Vor §§ 2274–2302 Rn 32 f; BaRoth/*Litzenburger* § 2278 Rn 1, § 2299 Rn 1; D/R/B/*Mayer* vor §§ 2274 ff Rn 19; Palandt/*Edenhofer* Überbl v § 2274 Rn 10; aA RGRK/*Kregel* § 2299 Rn 2). Die Umdeutung eines gemeinschaftlichen Testaments in einen Erbvertrag kann in Betracht kommen, wenn zB es nicht von Ehe- oder Lebenspartnern errichtet wurde (Staud/*Kanzleiter*, Vorbem zu §§ 2274 ff Rn 12). Nach § 2278 II unzulässige vertragsmäßige Verfügungen können als einseitige aufrechterhalten werden (OLGE 10, 313; 11, 256). Ggf kann ein unwirksamer Erbvertrag in einen (schuldrechtlichen) Vertrag nach § 311 b V (RG JR 27 Nr 1403), eine nach § 311 b II nichtige Verpflichtung zur Übertragung künftigen Vermögens (BGH NJW 53, 182) oder ein nach § 2302 nichtiger Vertrag (Hamm FamRZ 97, 581; Staud/*Kanzleiter*, Vorbem zu §§ 2274 ff Rn 16) in einen Erbvertrag umgedeutet werden.

11 **I. Steuerrecht.** Die erbvertragliche Zuwendung ist steuerpflichtig (§ 3 Nr I 1 ErbStG). Der Begünstigte kann vom Erwerb Gegenleistungen abziehen, die er dem Erblasser zu dessen Lebzeiten erbracht hat (§ 10 V Nr 3 ErbStG; BFH DB 84, 331; 85, 580). Dazu gehören nicht Dienstleistungen im persönlichen Bereich, zB Pflegekosten, es sei denn, der Begünstigte war vertraglich zu ihnen verpflichtet. Wird ein Ehegattenerbvertrag wie ein Berliner Testament ausgestaltet (§§ 2280, 2269), werden ggf Freibeträge (vgl §§ 16, 17 ErbStG; *Schumann* § 2278 Rn 252 ff) verschenkt und die Bemessungsgrundlage erhöht (Fa-ErbR/*Hannes* Kap 9 Rn 241 u *Walpert* Kap 12 Rn 527; *Bühler* BB 97, 551; *Daragan* DStR 99, 393; ZErb 99, 2; *Langfeld* JuS 02, 351; *Mayer* ZEV 98, 50). Zum Ausgleichsanspruch nach § 2287 bei beeinträchtigender Schenkung s § 3 II Nr 7 ErbStG.

12 **J. Ausland.** Erbvertragliche Beschränkungen der Testierfreiheit sind in vielen Rechtsordnungen nicht oder nur zT zugelassen (*Schumann* § 2278 Rn 86 ff). Das DDR-ZGB hatte das Institut des Erbvertrags abgeschafft, Erbverträge aber nicht verboten. Für vor dem 1. 1. 1976 errichtete Erbverträge s § 8 II EGZGB. Verfügungen vTw, die zwischen dem 1. 1. 1976 und dem 3. 10. 1993 errichtet worden sind, sind im Geltungsbereich des DDR-ZGB nach DDR-Erbrecht zu beurteilen (Art 325 § 2 EGBGB).

13 **K. Prozessuales.** Der Erbvertrag begründet rechtliche Beziehungen zum Vertragspartner sowie zum ggf davon verschiedenen Dritten (BGH NJW 62, 1913). Bei Vorliegen schutzwürdigen rechtlichen Interesses an alsbaldiger Feststellung des Bestehens oder Nichtbestehens der rechtlichen Bindung und Bezug der Klage auf ein gegenwärtiges Rechtsverhältnis ist **Feststellungsklage** (§ 256 ZPO) zulässig (BGH aaO).

§ 2274 Persönlicher Abschluss

Der Erblasser kann einen Erbvertrag nur persönlich schließen.

1 Nur der **Erblasser** persönlich kann die, für den Erbvertrag wesentliche vertragsmäßige Verfügung vTw, schließen, bestätigen (§ 2284 S 1) oder aufheben (§ 2290 II 1). Nur er selbst kann zurücktreten (§ 2296 I 1). Für

einseitige Verfügungen ergibt sich das Erfordernis der Höchstpersönlichkeit aus §§ 2299 II 1, 2064. Stellvertretung im Willen oder in der Erklärung ist ausgeschlossen. Es soll gesichert sein, dass durch den Erblasser selbst die Erbfolge bestimmt und sein Wille nicht verfälscht worden ist (BGH NJW 55, 100). Das gilt grds auch für den Erbverzicht (§ 2347 II Hs 1) und für die Anfechtung (§ 2282 I). Der EV bezüglich betreuter Erblasser erstreckt sich nicht auf Verfügungen vTw (§ 1903 II). Nicht persönlich geschlossene Erbverträge sind nichtig.

Der Vertragspartner kann durch gesetzliche oder bevollmächtigte Vertreter handeln, wenn er nicht selbst vertragsmäßige Verfügungen vTw trifft (*Schumann* Rn 4). 2

§ 2275 Voraussetzungen

(1) Einen Erbvertrag kann als Erblasser nur schließen, wer unbeschränkt geschäftsfähig ist.
(2) ¹Ein Ehegatte kann als Erblasser mit seinem Ehegatten einen Erbvertrag schließen, auch wenn er in der Geschäftsfähigkeit beschränkt ist. ²Er bedarf in diesem Falle der Zustimmung seines gesetzlichen Vertreters; ist der gesetzliche Vertreter ein Vormund, so ist auch die Genehmigung des Vormundschaftsgerichts erforderlich.
(3) Die Vorschriften des Absatzes 2 gelten entsprechend für Verlobte, auch im Sinne des Lebenspartnerschaftsgesetzes.

A. Geschäftsfähigkeit. Erbverträge geschäftsunfähiger (§ 104) und mit Ausnahme der II, III **beschränkt** 1 **geschäftsfähiger** (§ 106) Erblasser sind nichtig (I; § 105). Wird der Erblasser nachträglich voll geschäftsfähig, tritt weder Heilung ein noch kann er sie durch Genehmigung bewirken (Damrau/*Krüger* Rn 2). Ggf ist Umdeutung in ein Testament, welches Testierfähigkeit (§§ 2229, 2230, 2233 I, 2247 IV) voraussetzt, möglich (BayObLG FamRZ 82, 1138; NJW-RR 96, 7; Vor § 2274 Rn 10).

Erbverträge eines in der Geschäftsfähigkeit beschränkten **Ehegatten** oder **Verlobten** mit seinem Gatten bzw 2 Verlobten sind möglich (II 1, III; zum Ehevertrag vgl § 1411). Sie bedürfen der Zustimmung des gesetzlichen Vertreters (§§ 108 f, 182 ff). Genehmigung, auch des unbeschränkt geschäftsfähig gewordenen Minderjährigen (§ 108 III), ist bis zum Tod (vgl BGH NJW 78, 1159) des anderen verfügenden Vertragserben denkbar (§ 184 I). Der Notar muss über die Genehmigungsbedürftigkeit und schwebende Unwirksamkeit belehren (vgl §§ 17 II, 18, 28 BeurkG) und soll außer bei Gefahr in Verzug bei Zweifeln bezüglich der erforderlichen Geschäftsfähigkeit die Beurkundung ablehnen (§ 11 I BeurkG).

Für einen Vertragspartner, der nicht vertraglich verfügt, gelten die allgemeinen Vorschriften (§§ 104 ff, insbes 3 § 107).

Auf **nichteheliche Lebensgemeinschaften** finden II, III keine analoge Anwendung. 4

Partner einer **Lebenspartnerschaft** müssen volljährig sein (§ 1 II Nr 1 LPartG). Daher ist auf sie trotz § 1 III 5 LPartG, der als Äquivalent zum Verlöbnis das Versprechen kennt, II trotz III Hs 2 nicht anzuwenden (aA *Wellenhofer* NJW 05, 705, 709).

B. Einseitige Verfügungen. Wegen §§ 2299 II 1 ist es dem minderjährigen, nicht testierfähigen (vgl § 2229 6 Verlobten **nicht** möglich, im Erbvertrag **einseitige Verfügungen** zu treffen (Erman/*Schmidt* § 2299 Rn 2; RGRK/*Kregel* § 2299 Rn 2; Soergel/*Wolf* § 2299 Rn 4; aA AnwK/*Kornexl* Rn 17; BaRoth/*Litzenburger* Rn 4; D/R/B/*Mayer* § 2299 Rn 10).

§ 2276 Form

(1) ¹Ein Erbvertrag kann nur zur Niederschrift eines Notars bei gleichzeitiger Anwesenheit beider Teile geschlossen werden. ²Die Vorschriften der § 2231 Nr. 1 und der §§ 2232, 2233 sind anzuwenden; was nach diesen Vorschriften für den Erblasser gilt, gilt für jeden der Vertragschließenden.
(2) Für einen Erbvertrag zwischen Ehegatten oder zwischen Verlobten, der mit einem Ehevertrag in derselben Urkunde verbunden wird, genügt die für den Ehevertrag vorgeschriebene Form.

A. Zweck. Die Pflicht zur Mitwirkung des Notars auch in Notlagen soll Beweisbarkeit (BGH FamRZ 81, 1 651 f), Vollständigkeit und Authentizität der Erklärung sowie sachkundige Aufklärung und Warnung des Verfügenden sicherstellen.

B. Form. Im Inland kann der Erbvertrag nur zur Niederschrift eines **Notars** (§ 2231 Nr 1) bei gleichzeitiger 2 Anwesenheit der Vertragspartner wie ein öffentliches Testament in der in §§ 2232, 2233 geregelten Weise errichtet werden. § 2233 gilt für einen nicht verfügenden Vertragspartner nur, wenn seine Voraussetzungen bei ihm vorliegen. Nur Erblasser müssen persönlich anwesend sein (§ 2274). Formwirksam ist auch der persönlich abgeschlossene Vergleich im Prozess (§ 127 a) oder FGG-Verfahren. Besteht Anwaltszwang, muss auch der Anwalt die erforderliche Erklärung abgeben (BGH NJW 54, 1886, 1887). Die Form der Erklärung (§ 2232: Erklärung ggü Notar; Einreichung einer Schrift) braucht nicht identisch zu sein. Das **Beurkundungsverfahren** regelt das BeurkG (vgl §§ 2–5, 6–13, 16–18, 22–26, 27–35 BeurkG).

3 **C. Verbindung.** Für die **Verbindung** des Erbvertrags mit einem Ehevertrag (§ 1408) nach II reicht Niederschrift in derselben Urkunde aus. Dann genügt für den Erbvertrag die Form des Ehevertrags (§ 1410). Die §§ 2274, 2275 bleiben unberührt. Für das Verfahren gelten §§ 2–5, 6–13a, 16–18, 22–26 BeurkG; nicht die Sondervorschriften der §§ 28–35 BeurkG.
Der Erbvertrag kann auch mit anderen Verträgen verbunden werden, zB Rentenversprechen, Erbverzicht (§ 2348); zum Verpfründungsvertrag s § 2295. Dieser andere Vertrag muss nur seiner Formpflicht genügen.

4 Ist einer der verbundenen Verträge **unwirksam**, ist mangels notwendiger rechtlicher Einheit iSv § 139 der andere Vertrag nur auch unwirksam, wenn die Verträge nach dem Parteiwillen ein einheitliches Geschäft sind (BGHZ 50, 63, 72; Stuttg FamRZ 87, 1037; Damrau/*Krüger* Rn 7). Wird ein Ehevertrag wegen Auflösung des Verlöbnisses unwirksam, wird es auch der Erbvertrag, wenn nichts anderes bestimmt ist (§§ 2279 II iVm § 2077; s a § 10 V LPartG). Durch den Tod eines Verlobten wird er nicht unwirksam. Für **Rücktritt** vom Erbvertrag gelten §§ 2294 f, nicht § 139. Zur Aufhebung s § 2290.

§ 2277 Besondere amtliche Verwahrung

Wird ein Erbvertrag in besondere amtliche Verwahrung genommen, so soll jedem der Vertragschließenden ein Hinterlegungsschein erteilt werden.

1 Jedem Vertragschließenden, nicht nur dem Erblasser (vgl § 2258b III 1), soll ein Hinterlegungsschein erteilt werden. Wird seine Erteilung verweigert, ist Beschwerde nach § 11 RPflG zulässig. Bei Rücknahme aus der amtlichen Verwahrung sind die Hinterlegungsscheine zurückzugeben (vgl § 27 VI AktO). Nach hM haben die Vertragschließenden bei Aufhebung des Vertrags keinen Anspruch auf Rückgabe der Urkunde (Köln NJW-RR 89, 45; LG Aachen Rpfleger 88, 266; aA *Fassbender* MittRhNotK 89, 125), sondern wird sie in der Urkundensammlung des beurkundenden und übergebenden Notars verwahrt (§ 45 BeurkG). Anderes gilt nunmehr nach § 2300 II (vgl D/R/B/*Mayer* § 2300 Rn 7, 28 ff).

§ 2278 Zulässige vertragsmäßige Verfügungen

(1) In einem Erbvertrag kann jeder der Vertragschließenden vertragsmäßige Verfügungen von Todes wegen treffen.
(2) Andere Verfügungen als Erbeinsetzungen, Vermächtnisse und Auflagen können vertragsmäßig nicht getroffen werden.

1 **A. Vertragsmäßige Verfügung von Todes wegen.** Der Erbvertrag setzt **mindestens eine** vertragsmäßige Verfügung vTw voraus (Vor § 2274 Rn 1; zum Vorbehalt § 2289 Rn 6 ff). Sie kann nur eine Erbeinsetzung (§§ 2087 ff), ein Vermächtnis (§§ 2147 ff) oder eine Auflage (§§ 2192 ff) sein (§§ 1941 I, 2278 II). Ob eine solche Verfügung einseitig oder vertragsmäßig, dh durch gegenseitige Bindung die freie Widerruflichkeit ausgeschlossen (Vor § 2274 Rn 1) ist, ist mangels ausdrücklichen Wortlauts der Erklärung ggf im Wege der Auslegung (§§ 137, 157; dazu Vor § 2274 Rn 9; *Schumann* Rn 43 ff) nach dem Willen der Parteien zu ermitteln (BayObLG FamRZ 94, 190, 191; 98, 1262; Saarbr NJW-RR 94, 844, 846). Auf Vertragscharakter deutet hin, wenn die Verfügung eine Zuwendung an den Vertragspartner darstellt (BGH NJW 58, 498; 89, 2885), zB sich Ehegatten gegenseitig zu Erben einsetzen, oder der Begünstigte in dem Vertrag zugleich einen Erbverzicht erklärt (BGH NJW 89, 2885). Bei Verfügungen zugunsten Dritter gilt als Indiz für den Willen der Parteien, ob der Begünstigte in einem besonderen Näheverhältnis zum Verfügenden steht (BGH NJW 61, 120; BayObLG FamRZ 97, 911). Der Willen zur vertraglichen Bindung liegt nahe, setzten Ehegatten gemeinsame Kinder zu Erben ein (BGH WM 70, 483; Saarbr aaO).

2 **B. Einseitige Verfügungen von Todes wegen.** Andere als die zulässigen erbvertraglichen Verfügungen (II) kann jeder der Vertragschließenden einseitig treffen, soweit sie durch Testament getroffen werden können (§ 2299 I). Sie haben an der vertraglichen Bindung nicht teil, da für sie das Gleiche gilt, als wenn sie durch Testament getroffen worden wären (§ 2299 II 1); sie sind wie Testamente frei widerrufbar (§ 2299 I, II). Zur Umdeutung bei einem Verstoß gegen Abs II s Vor § 2274 Rn 10; zu mit dem Erbvertrag verbundenen Vereinbarungen unter Lebenden § 2276 Rn 3.

§ 2279 Vertragsmäßige Zuwendungen und Auflagen; Anwendung von § 2077

(1) Auf vertragsmäßige Zuwendungen und Auflagen finden die für letztwillige Zuwendungen und Auflagen geltenden Vorschriften entsprechende Anwendung.
(2) Die Vorschrift des § 2077 gilt für einen Erbvertrag zwischen Ehegatten, Lebenspartnern oder Verlobten (auch im Sinne des Lebenspartnerschaftsgesetzes) auch insoweit, als ein Dritter bedacht ist.

A. Anwendbare Vorschriften (I). Während für einseitige Verfügungen Testamentsrecht gilt (§ 2299 II 1), 1 gelten für vertragsmäßige Verfügungen (§§ 1941, 2278 II) die Testamentsvorschriften bezüglich Anfall und Erwerb und der Auflageverpflichtung, Inhalt, Bestimmtheit, Auslegung (s aber Vor § 2274 Rn 9) entspr (§§ 1923, 1937–1959, 2064–2077, 2084, 2086–2193), soweit nicht für den Erbvertrag nach §§ 2274 ff oder seinem Wesen Abweichendes folgt (so § 2298 zu § 2085; vgl *Schumann* Rn 3). Auch wenn der Bedachte als annehmender Teil mitwirkt, gelten die §§ 1942 ff, 2180 zur Annahme und Ausschlagung entspr (Palandt/*Edenhofer* Rn 1). Nicht anwendbar sind die §§ 2265–2268.

B. Geltung des § 2077 (II). Bei einseitigen Verfügungen ist § 2077 über § 2299 II 1 anwendbar. Vertragsmäßige Verfügungen des Erblassers zugunsten seines Ehegatten, Verlobten oder Lebenspartners (§ 10 V LPartG; zum Versprechenden vgl § 1 III LPartG) in einem Erbvertrag werden gem I iVm § 2077 I, II im Zweifel (§ 2077 III) unwirksam, wenn es zur Scheidung bzw Auflösung kommt. Bei vertragsmäßigen wechselseitigen Verfügungen folgt die Unwirksamkeit aller Verfügungen, auch der zugunsten Dritter, aus § 2298 I. Bei einem einseitigen Erbvertrag werden vertragsmäßige Verfügungen des Vorversterbenden zugunsten Dritter im Zweifel gem II iVm § 2077 unwirksam. Anderes gilt, wollte der Erblasser die Verfügung in bindender Form auch für den Fall der Scheidung treffen. 2

Nach hM gilt die Regel des § 2077 I 2, 3 nur, wenn während des Verfahrens der Verfügende vorverstirbt, der 3 berechtigt den Antrag auf Scheidung oder Aufhebung (vgl §§ 1313, 1564 BGB, § 15 LPartG) gestellt hatte (BayObLG NJW-RR 90, 200, 201; Hamm FamRZ 65, 78), nach aA auch beim Antrag des Überlebenden (MüKo/*Musielak* § 2279 Rn 7).

§ 2280 Anwendung von § 2269

Haben Ehegatten oder Lebenspartner in einem Erbvertrag, durch den sie sich gegenseitig als Erben einsetzen, bestimmt, dass nach dem Tode des Überlebenden der beiderseitige Nachlass an einen Dritten fallen soll, oder ein Vermächtnis angeordnet, das nach dem Tode des Überlebenden zu erfüllen ist, so findet die Vorschrift des § 2269 entsprechende Anwendung.

A. Einheitslösung. § 2269 sieht für Ehegatten, die sich in einem gemeinschaftlichen Testament gegenseitig 1 zu Erben einsetzen, im Zweifel die sog Einheitslösung (vgl § 2269 Rn 1 ff) vor. Diese findet wegen vergleichbarer Interessenlage entsprechende Anwendung für Ehegatten und Lebenspartner iSv § 1 I LPartG, die sich **durch Erbvertrag** gegenseitig zu Erben einsetzen: Im Zweifel setzen die Ehegatten bzw Lebenspartner sich gegenseitig zum Vollerben und den Dritten zum Ersatzerben ein. Nach dem Tod des Erstversterbenden bleibt das Vermögen als Einheit in der Hand des Überlebenden. Der Erbvertrag hindert den überlebenden Ehegatten nicht, über das gemeinsame Vermögen durch Rechtsgeschäft unter Lebenden zu verfügen (§ 2286). Nach dessen Tod erhält der Dritte dieses gemeinschaftliche Vermögen als Schlusserbe. In Erbverträgen angeordnete Vermächtnisse fallen dem Dritten erst mit dem Tod des Überlebenden an, vgl § 2269 II.

B. Vertragschließende. § 2280 setzt voraus, dass sich **Ehegatten** oder **Lebenspartner** iSv § 1 I LPartG gegen- 2 seitig als Erben einsetzen. Für andere Vertragschließende kann die Auslegungsregel des § 2280 Anwendung finden, wenn zwischen ihnen das spezifische besondere Vertrauensverhältnis besteht, welches zwischen Ehegatten bzw Lebenspartnern angenommen werden kann (BGH NJW-RR 98, 577, 578; Köln FamRZ 74, 387; aA Damrau/*Krüger* Rn 2).

C. Dritter. Dritter ist, wer durch die Ehegatten bzw Lebenspartner durch deren **vertragsmäßige Verfügun-** 3 **gen** als Erbe des Überlebenden eingesetzt ist. Unschädlich ist, dass er als zusätzlicher Vertragschließender an dem Vertrag mitwirkt, zB als Abkömmling der Ehegatten auf seinen Pflichtteil nach dem Tod des erstverstebenden Ehegatten verzichtet (MüKo/*Musielak* Rn 7). Die Einsetzung eines Dritten kann sich, wenn sie nicht ausdrücklich getroffen ist, durch Auslegung ergeben (Bremen ZEV 94, 365), zB die eines **Abkömmlings** als Schlusserben aus Pflichtteils- und Wiederverheiratungsklauseln (Saarbr NJW-RR 94, 844, 845). Ihre Einbeziehung als Schlusserbe kann als Verzicht (§§ 2346, 2348) auf den Pflichtteil nach dem Tod des erstversterbenden Elternteils auszulegen sein (BGH NJW 57, 422, 423). Der Dritte kann gegen den überlebenden Gatten auf Feststellung seiner Erbeinsetzung klagen (str, BGHZ 37, 331).

D. Wiederverheiratung. Heiratet der überlebende Ehegatte bzw Lebenspartner wieder, kann er den Erbver- 4 trag anfechten (vgl §§ 2281, 2285, 2079). Ficht er nicht an, erhält der neue Ehegatte bzw Lebenspartner beim Tod des Überlebenden den Pflichtteil aus dem gesamten Nachlass. Bei Zugewinngemeinschaft geht dessen Anspruch auf den kleinen Pflichtteil zuzüglich des Ausgleichs des Zugewinns aus der neuen Ehe (§ 1371 II). Ein Wahlrecht mit dem großen Pflichtteil besteht nicht (hM, § 2303 Rn 10). Wiederverheiratungsklauseln gewähren dem Überlebenden idR ein Rücktrittsrecht.

§ 2281 Anfechtung durch den Erblasser

(1) Der Erbvertrag kann auf Grund der §§ 2078, 2079 auch von dem Erblasser angefochten werden; zur Anfechtung auf Grund des § 2079 ist erforderlich, dass der Pflichtteilsberechtigte zur Zeit der Anfechtung vorhanden ist.
(2) ¹Soll nach dem Tode des anderen Vertragschließenden eine zugunsten eines Dritten getroffene Verfügung von dem Erblasser angefochten werden, so ist die Anfechtung dem Nachlassgericht gegenüber zu erklären. ²Das Nachlassgericht soll die Erklärung dem Dritten mitteilen.

1   **A. Zweck/Anfechtungsrecht.** Einseitige Verfügungen und Testamente können vom Erblasser widerrufen werden (§§ 2299 II 1, 2253 ff). Für den Widerruf wechselseitiger Verfügungen in einem gemeinschaftlichen Testament zu Lebzeiten der Ehegatten verweist § 2271 I auf den Rücktritt vom Erbvertrag (§ 2296); nach dem Tod eines Ehegatten gelten die §§ 2281–2285 analog (RGZ 87, 95; BGH NJW 62, 1913). Bezüglich vertragsmäßiger Verfügungen in einem **Erbvertrag** kann der Erblasser seine Testierfreiheit durch Anfechtung **seiner** Verfügung wieder erlangen (s *Veit* NJW 93, 1553), indem § 2281 ihm das Anfechtungsrecht einräumt, welches bei Testamenten wegen ihrer Widerruflichkeit nur Dritten (vgl § 2080) zuzuerkennen war. Der **Vertragsgegner** kann seine Willenserklärung vor und nach dem Erbfall nach §§ 119, 123 anfechten, insoweit er nicht selbst vertragsmäßig verfügt hat. Als Nächstberufener iSv § 2080 kann er nach §§ 2078 ff die Erklärung des verfügenden Erblassers anfechten. **Ausgeschlossen** ist eine Anfechtung, soweit der Erblasser ihre Voraussetzungen rechtsmissbräuchlich herbeigeführt oder auf das Recht nach §§ 2078 I, 2079 S 2 erbvertraglich verzichtet hat (BGH NJW 83, 2247, 2249; BayObLG FamRZ 00, 1331, 1332). Zum Anfechtungsrecht **Dritter** s § 2285.

2   **B. Anfechtungsgründe.** § 2281 verweist auf §§ 2078, 2079. Zur Anfechtung wegen **Erklärungs-** oder **Inhaltsirrtums** und **Drohung** s § 2079 Rn 1 f, 7. Anders als bei Rechtsgeschäften unter Lebenden ist der **Motivirrtum** ein Grund, die vertragsmäßige Verfügung als Verfügung vTw anzufechten (§ 2078 II Alt 1). Daher kann der Verfügende, dessen Erwartung sich nicht erfüllt hat, anfechten. Maßgeblich ist seine wirkliche reale, nicht nur hypothetische Vorstellung und Erwartung (BGH NJW-RR 87, 1412, 1413). Unbewusste Umstände, die dem Verfügenden so selbstverständlich sind, dass er sie jederzeit in sein Bewusstsein holen kann, genügen. Ein **Irrtum** kann darin liegen, dass der Erblasser die Bindungswirkung (Vor § 2274 Rn 1) nicht kannte (Hamm OLGZ 66, 497; Frankf ZEV 97, 422), über den erbvertraglichen Ausschluss des Anfechtungsrechts (BayObLG NJW-RR 97, 1030), über eine bestimmte Art der Unterhaltsgewährung oder Betreuung (BayObLG NJW 52, 419; FamRZ 73, 539), die Erfüllung einer vereinbarten Gegenleistung (Hamm DNotZ 77, 756), in der Erwartung des Abbaus persönlicher Unstimmigkeiten mit der Vertragspartei (BGH WM 73, 974), oder über den Fortbestand einer Ehe (Hamm OLGR 05, 205 f) oder unter besonderen Umständen über ihren einträchtigen Fortgang (BayObLG FamRZ 83, 1275; 98, 1625; 00, 1053, 1054) irrte. Beruht der Irrtum auf arglistiger Täuschung, kommt es anders als bei § 123 II nicht darauf an, ob der Vertragspartner oder ein Dritter sie verübte.

3   **C. Pflichtteilsberechtigter.** Für die Anfechtung wegen Übergehens eines Pflichtteilsberechtigten (**§ 2079**;s dort Rn 8) verlangt § 2281 I Hs 2, dass dieser **zur Zeit der Anfechtung** lebt (BGH NJW 70, 279), und weicht insoweit von § 2079, der auf den Erbfall abstellt, ab. Damit kann der Erblasser den neu hinzutretenden Pflichtteilsberechtigten bei der Verteilung seines Nachlasses berücksichtigen und der Gefahr, dass dieser nach § 2079 anficht, begegnen (BGH aaO). Dass der Erblasser das Hinzutreten selbst veranlasst hat (zB durch Wiederverheiratung oder Adoption), ist in den Grenzen der §§ 138, 226 unerheblich.

4   Die **Entziehung** des Pflichtteils kann als einseitige Verfügung frei widerrufen werden. Eine vertragsmäßig getroffene Verfügung, die der Erblasser im Zusammenhang mit der Entziehung getroffen hat, kann uU wegen Motivirrtums (§§ 2078 II, 2281 I) angefochten werden, wenn der Entziehungsgrund nachträglich wegfällt (vgl §§ 2336 IV, 2333 Nr 5).

5   Die **Verzeihung** (§ 2337) berechtigt dagegen nicht zur Anfechtung. Ansonsten stünde der Bestand des Erbvertrags im Belieben des Erblassers (Prot V, 412 f; Staud/*Kanzleiter* Rn 17; aA Damrau/*Krüger* Rn 7; D/R/B/ *Mayer* Rn 18; MüKo/*Musielak* Rn 14). Der Erblasser kann sich den Rücktritt für den Fall der Verzeihung vorbehalten.

6   **D. Kausalität.** § 2078 II setzt voraus, dass der Erblasser durch den Motivirrtum oder die widerrechtliche Drohung zu seiner Verfügung bestimmt worden ist. Er müsste sie bei Kenntnis der Sachlage unterlassen haben.

7   **E. Anfechtungsgegner.** Zu Lebzeiten des Vertragspartners ist ihm in der Form des § 2282 III ggü anzufechten (§ 143 II). § 2281 II gilt insoweit nicht. Bei mehrseitigen Erbverträgen (Vor § 2274 Rn 2) müssen wechselseitige vertragsmäßige Verfügungen ggü allen Vertragspartnern angefochten werden, die sie berühren (str, Palandt/*Edenhofer* Rn 7). Nach II 1 ist die Anfechtung bezüglich zugunsten Dritter getroffener Verfügungen nach dem Tod des Vertragspartners ggü dem Nachlassgericht zu erklären. Das ist das Amtsgericht des letzten Wohnsitzes des verstorbenen Vertragspartners (§§ 72, 73 FGG), in BaWü das örtlich zuständige Notariat.

F. Wirkung der Anfechtung. Die *ex tunc*-Nichtigkeit (§ 142 I) der eigenen Erklärung durch form- und fristgemäße (§§ 2282, 2283) Anfechtung bewirkt im Zweifel (§ 2298 III) die Unwirksamkeit der vertragsmäßigen Verfügung des Anderen nach § 2298 I. Ficht der Pflichtteilsberechtigte nach dem Tod des Erblassers an, ist § 2079 S 2 zu beachten. Für einseitige Verfügungen gilt § 2085. Die Nichtigkeit des Erbvertrags kann nach § 139 zur Unwirksamkeit weiterer Rechtsgeschäfte führen. Ficht nur der Vertragsgegner an, kommt Umdeutung (§ 140) in ein Testament des Erblassers in Betracht.

G. Schadensersatz. Der Erbvertrag begründet keine Anwartschaft (Vor § 2274 Rn 1). Bei Anfechtung durch den Erblasser bleibt daher Ersatz des Vertrauensschadens ausgeschlossen, als dass er sich auf den Inhalt des Erbvertrags bezieht. Relevant sind vor allem Beurkundungskosten. Insoweit haftet der Erblasser nach § 122, da der Haftungsausschluss des § 2078 III nur für Dritte gilt, die nicht für die Anfechtung aufgrund Irrtums des Erblassers haften sollen (Erman/*Schmidt* Rn 7; Palandt/*Edenhofer* Rn 10; Soergel/*Wolf* Rn 6; *Mankowski* ZEV 98, 46, 49). Nach aA (München NJW 97, 2331; AnwK/*Kornexl* Rn 64; D/R/B/*Mayer* Rn 49; DErbK/ *Burandt* Rn 15; Hk-BGB/*Hoeren* Rn 11; MüKo/*Musielak* Rn 21) haftet der Anfechtende ggf wegen Verschuldens bei Vertragsverhandlungen.

H. Prozessuales. Die Wirksamkeit bzw Unwirksamkeit des Erbvertrags kann mittels **Feststellungsklage** geltend gemacht werden (Vor § 2274 Rn 13). Die **Beweislast** für den Anfechtungsgrund und bei § 2078 für die Ursächlichkeit des Irrtums für die Verfügung hat, wer sich darauf beruft. Bei § 2079 vermutet S 2 die Ursächlichkeit. Zum Ablauf der Anfechtungsfrist siehe § 2283 Rn 2.

§ 2282 Vertretung, Form der Anfechtung

(1) Die Anfechtung kann nicht durch einen Vertreter des Erblassers erfolgen. ²Ist der Erblasser in der Geschäftsfähigkeit beschränkt, so bedarf er zur Anfechtung nicht der Zustimmung seines gesetzlichen Vertreters.
(2) Für einen geschäftsunfähigen Erblasser kann sein gesetzlicher Vertreter mit Genehmigung des Vormundschaftsgerichts den Erbvertrag anfechten.
(3) Die Anfechtungserklärung bedarf der notariellen Beurkundung.

Der Erblasser, auch der in der Geschäftsfähigkeit beschränkte, muss **persönlich** handeln und die Anfechtung erklären (I). Der Gedanke des § 107 gilt nicht. Bei Betreuung (§ 1896) unterfällt die Anfechtung nicht dem Betreuungsvorbehalt (§ 1903 II). Für **Geschäftsunfähige** (§ 104) verlangt II für die Anfechtung durch den gesetzlichen Vertreter, dem die Vermögensverwaltung zusteht, die Genehmigung des VormGs (vgl § 3 Nr 2 a RPflG).

Der **Formzwang** (III) umfasst nur die Anfechtungserklärung des Erblassers bzw seines Vertreters nach II ggü dem Vertragsgegner oder Nachlassgericht (§ 2281 II), nicht die anderer Personen (BayObLG FamRZ 83, 1275, 1277). Sie muss in Urschrift oder in Ausfertigung zugehen (§ 130). Eine beglaubigte Abschrift genügt nicht (BGH NJW 60, 33; 81, 2299; 95, 2217; aA Soergel/*Wolf* Rn 4). Zur Geltung beim gemeinschaftlichen Testament s § 2271 Rn 3.

§ 2283 Anfechtungsfrist

(1) Die Anfechtung durch den Erblasser kann nur binnen Jahresfrist erfolgen.
(2) ¹Die Frist beginnt im Falle der Anfechtbarkeit wegen Drohung mit dem Zeitpunkt, in welchem die Zwangslage aufhört, in den übrigen Fällen mit dem Zeitpunkt, in welchem der Erblasser von dem Anfechtungsgrund Kenntnis erlangt. ²Auf den Lauf der Frist finden die für die Verjährung geltenden Vorschriften der §§ 206, 210 entsprechende Anwendung.
(3) Hat im Falle des § 2282 Abs. 2 der gesetzliche Vertreter den Erbvertrag nicht rechtzeitig angefochten, so kann nach dem Wegfall der Geschäftsunfähigkeit der Erblasser selbst den Erbvertrag in gleicher Weise anfechten, wie wenn er ohne gesetzlichen Vertreter gewesen wäre.

A. Anfechtungsfrist. Der Erblasser kann nur innerhalb der **einjährigen** Ausschlussfrist (I), der Vertragspartner seine Annahmeerklärung gem §§ 119, 123 innerhalb der Frist der §§ 121, 124 anfechten. Für Anfechtungsberechtigte gem § 2080 gilt § 2082.

B. Fristbeginn (II). Die Frist beginnt bei Anfechtung des Erblassers wegen Drohung (§ 2078 II Alt 2) mit Beendigung der Zwangslage (§ 124 Rn 4), ansonsten ab Kenntnis vom Anfechtungsgrund. Kenntnis meint, dass der Erblasser über alle wesentlichen Tatsachen informiert ist, um die Sachlage richtig beurteilen zu können. Eine bestimmte Überzeugung des Erblassers als innere Tatsache wird idR auf äußeren Vorfällen aufbauen (BGH WM 73, 974, 975). Ein Rechtsirrtum ist nur beachtlich, wenn er die Unkenntnis einer die Anfechtung begründenden Tatsache zur Folge hat (BayObLG NJW-RR 97, 1027). Demnach beginnt die Frist nicht, glaubt der Erblasser irrtümlich, der Erbvertrag sei unwirksam, zB bereits angefochten worden (BayObLG FamRZ 92, 1102). Der Irrtum ist unbeachtlich, wird über die rechtliche Beurteilung eines Anfechtungstatbestandes selbst (BGH FamRZ 70, 79 ff) oder über die rechtlichen Voraussetzungen des Anfechtungsrechts geirrt. Für die **Hemmung** gelten §§ 206, 210 entspr (II 2).

3 Der Anfechtungsgegner hat den Ausschluss des Anfechtungsrechts durch Fristablauf zu **beweisen** (hM; BayObLGZ 63, 264; FamRZ 95, 1024).

§ 2284 Bestätigung

¹**Die Bestätigung eines anfechtbaren Erbvertrags kann nur durch den Erblasser persönlich erfolgen.** ²**Ist der Erblasser in der Geschäftsfähigkeit beschränkt, so ist die Bestätigung ausgeschlossen.**

1 **A. Bestätigung.** Die Bestätigung ist eine einseitige, nicht empfangsbedürftige, formlose Erklärung (§ 144 II; BayObLG NJW 54, 1039), auf das Anfechtungsrecht zu verzichten. Sie ermöglicht es dem Erblasser zu verhindern, dass nach seinem Tode wegen des Anfechtungsgrundes angefochten wird (vgl § 144 I; s dort Rn 1, 4). Nur die ihm bekannten Anfechtungsgründe werden von seiner Bestätigung erfasst.

2 **B. Berechtigter.** Vertragsmäßige Verfügungen kann zu seinen Lebzeiten **nur der Erblasser selbst** bestätigen. Einseitige Verfügungen kann er widerrufen, nicht anfechten, also nicht bestätigen. Grds kann nur der voll geschäftsfähige Erblasser bestätigen. S 2 ist aber entspr § 2275 II, III einzuschränken. Der Schutz des beschränkt Geschäftsfähigen vor den Folgen einer Bestätigung sollte nicht weiter reichen als vor den Folgen des Abschlusses des Erbvertrags (MüKo/*Musielak* Rn 6; Soergel/*Wolf* Rn 3; aA Palandt/*Edenhofer* Rn 1).

§ 2285 Anfechtung durch Dritte

Die in § 2080 bezeichneten Personen können den Erbvertrag auf Grund der §§ 2078, 2079 nicht mehr anfechten, wenn das Anfechtungsrecht des Erblassers zur Zeit des Erbfalls erloschen ist.

1 **A. Anfechtungsrecht Dritter.** Dritte, denen die Aufhebung unmittelbar zustatten kommt (2279 I, 2080 I), können den Erbvertrag gem §§ 2078, 2079 nach dem Tod des Erblassers in der Frist des § 2082 aufgrund **eigenen Rechts** anfechten. Die Anfechtung der Erbeinsetzung oder von Auflagen ist ggü dem Nachlassgericht zu erklären (§ 2081 I, III), die Anfechtung von Vermächtnissen ggü dem Bedachten (RGZ 143, 350, 353). Die Erklärung ist nicht an eine Form gebunden. Auf wechselbezügliche gemeinschaftliche Testamente (§ 2270) ist § 2285 entspr anwendbar (KG FamRZ 68, 219), gilt aber **nicht** für einseitige Verfügungen des Erblassers, die widerrufen werden können, oder für einseitige Verfügungen Dritter, die unmittelbar nach §§ 2078 ff anfechtbar sind.

2 **B. Ausschluss des Rechts.** Das Anfechtungsrecht der Nächstberufenen ist nach § 2285 von dem des Erblassers **abhängig**. Bestätigt dieser in Kenntnis des Anfechtungsgrundes seine vertragsmäßige Verfügung (§ 2284), lässt er die Anfechtungsfrist verstreichen (§ 2283) oder verzichtet er vertraglich auf sein Anfechtungsrecht, entsteht das eigene Anfechtungsrecht Dritter nicht. Sie können insoweit nicht anfechten. Auch die Anfechtbarkeitseinrede des § 2083 besteht dann nicht.

3 **C. Prozessuales.** Der Dritte ist nicht durch § 2285 gehindert, seine Anfechtung ganz oder zT auf Gründe zu stützen, die der Erblasser erfolglos vorgetragen hat, so dass gegen diesen rechtskräftig festgestellt wurde, dass sein geltend gemachtes Anfechtungsrecht nicht besteht. Durch das Urteil erlischt dieses Recht nicht materiellrechtlich (BGH NJW 52, 419). Die Rechtskraft des Urteils wirkt nicht gegen den Dritten gem § 325 ZPO, da dieser ein eigenes Recht geltend macht. Eine entsprechende Anwendung des § 2285 scheidet aus, da die Anfechtung durch den Dritten im Einklang mit der Handlung des Erblassers steht (AK/*Finger* Rn 5; Erman/*Schmidt* Rn 2; MüKo/*Musielak* Rn 6; aA Palandt/*Edenhofer* Rn 2).

4 Die **Beweislast** dafür, dass das Anfechtungsrecht des Erblassers beim Erbfall erloschen war, trägt, wer behauptet, das Recht nach § 2285 sei nicht entstanden (Stuttg FamRZ 82, 1137, 1138). Der Anfechtungsgegner hat Fristablauf oder Bestätigung bezüglich des Rechts des Dritten zu beweisen (BayObLG ZEV 95, 105, 106; aA MüKo/*Musielak* Rn 8).

§ 2286 Verfügungen unter Lebenden

Durch den Erbvertrag wird das Recht des Erblassers, über sein Vermögen durch Rechtsgeschäft unter Lebenden zu verfügen, nicht beschränkt.

1 **A. Verfügungsmöglichkeiten.** Durch den Erbvertrag hat der Erblasser sich nur in seiner Testierfreiheit, nicht in seiner Möglichkeit, über sein Vermögen ganz oder teilweise durch **Rechtsgeschäft unter Lebenden** zu verfügen, beschränkt (Vor § 2284 Rn 1, 7). Auch kann er sich wirksam verpflichten. Er kann sich – grds

formfrei – schuldrechtlich verpflichten, solche Verfügungen zu unterlassen („Verfügungsunterlassungsvertrag", vgl § 137; s.a. BGH NJW 54, 633, 634; 59, 2252, 2253; Köln ZEV 96, 23, 24). Dieser Vertrag kann wie auch andere ergänzende Vereinbarungen unter Lebenden mit dem Erbvertrag in derselben Urkunde verbunden werden (§ 34 II Hs 2 BeurkG; zum Ehevertrag § 2276 II). Er kann nach dem Willen der Parteien mit dem Erbvertrag ein einheitliches Rechtsgeschäft iSd § 139 darstellen (BGHZ 50, 72; *Kipp/Coing*, § 36 IV 1), muss dann aber selbst die Form des § 2276 erfüllen (BGH NJW 62, 249, 250; weitergehend *Kanzleiter* DNotZ 94, 275, 280).

Die Verpflichtung, lebzeitig Verfügungen zu unterlassen, kann nicht durch Vormerkung (vgl § 883), aber durch Vertragsstrafen und Bürgschaften gesichert werden. Pflichtwidrigkeiten können dann Schadensersatzansprüche begründen (FA-ErbR/*Krause* Kap 3 Rn 159), die eine Nachlassverbindlichkeit sind (BGH FamRZ 67, 470). Der Unterlassungsanspruch kann zu Lebzeiten des Erblassers Gegenstand einer eV sein (BGH DNotZ 62, 497; Damrau/*Krüger* Rn 6).

Neben Rechtsgeschäften unter Lebenden kann der Erblasser durch **tatsächliche Handlungen** sowie durch **familienrechtliche Akte**, zB Eheschließung, Adoption oder Vaterschaftsanerkenntnis, auf sein Vermögen einwirken. 2
Auf wechselseitige Verfügungen in einem **gemeinschaftlichen Testament** ist § 2286 entspr anwendbar. 3

B. Grenzen. §§ 2287, 2288 wirken missbräuchlichen Verfügungen entgegen. Solche sind grds wirksam, auch 4 wenn Beeinträchtigungsabsicht vorlag und sie unentgeltlich erfolgten. Es entstehen dann aber Ersatzansprüche gegen den Begünstigten. Unter besonderen Umständen gelten §§ 138, 826: Hohe Geldzuwendungen können wegen des verfolgten Zwecks und der Art und Weise des Vorgehens sittenwidrig sein (BGH FamRZ 90, 1343). Auch kann § 138 durch eine Schenkung, die bewusst einem Verfügungsunterlassungsvertrag zuwider läuft, erfüllt sein (BGH NJW 91, 1952). Zur Nichtigkeit gem § 134 wegen Aushöhlung des Erbvertrags vgl BGH NJW 68, 2052, 2053 f.

§ 2287 Den Vertragserben beeinträchtigende Schenkungen

(1) Hat der Erblasser in der Absicht, den Vertragserben zu beeinträchtigen, eine Schenkung gemacht, so kann der Vertragserbe, nachdem ihm die Erbschaft angefallen ist, von dem Beschenkten die Herausgabe des Geschenks nach den Vorschriften über die Herausgabe einer ungerechtfertigten Bereicherung fordern.
(2) Der Anspruch verjährt in drei Jahren von dem Anfall der Erbschaft an.

A. Zweck/Anwendungsbereich. Die Norm dient dem Schutz des Vertragserben, da dem Erblasser Rechtsgeschäfte unter Lebenden möglich bleiben (§ 2286) und er sein Vermögen beliebig mindern kann. Als Sonderregelung für Schenkungen regelt § 2287 diesen Fall abschließend. § 826 ist insoweit ausgeschlossen (BGH NJW 89, 2389). Für **rechtsgrundlose** Zuwendungen wird die Anwendung des § 2287 neben den §§ 812 ff erwogen (MüKo/*Musielak* Rn 7). Beim pflichtteilsberechtigten Vertragserben kommt ein Anspruch nach § 2329 gegen den Beschenkten in Betracht. Zu § 138 vgl § 2286 Rn 4; BGH NJW 81, 1952. Der Anspruch aus § 2287 gehört nicht zum Nachlass, dh er muss von jedem Miterben in Höhe seiner Quote geltend gemacht werden. Im Erbvertrag kann der Anspruch uneingeschränkt **ausgeschlossen** werden (Köln ZEV 03, 76; München ZEV 05, 61, 63). Der Vertragserbe kann auf den Herausgabeanspruch **verzichten** (OHGE 2, 169) oder, entspr dem Erbverzicht in notarieller Form (§ 2348; vgl BGH NJW 89, 2618; aA RGZ 134, 325), in Schenkungen des Erblassers **einwilligen**. 1

Bei **gemeinschaftlichen Testamenten** ist § 2287 (auch § 2288) auf bindend gewordene wechselbezügliche Verfügungen entspr anwendbar (BGH NJW 82, 43), nicht jedoch, wenn der Ehegatte des Schenkers zur Zeit der Schenkung noch lebte, weil dann die wechselseitige Verfügung des Erblassers noch nicht bindend geworden war (BGH NJW 83, 1487; krit *v Dickhuth-Harrach* FamRZ 05, 322, 324 ff mwN). 2

B. Anspruchsberechtigter. Berechtigt ist der einzelne Vertragserbe. Er erwirbt den Anspruch mit **Anfall der Erbschaft**, mithin mit dem Tod des Erblassers (§§ 1922 I, 1942 I). Ein vertraglicher Miterbe kann den nicht in die gesamthänderische Bindung fallenden Anspruch bei Teilbarkeit (sonst: § 432) des Gegenstandes nur zu einem seiner Erbquote entsprechenden Bruchteil, nicht insgesamt geltend machen (§§ 741 ff, 420; vgl BGH NJW 89, 2389, 2391). 3

C. Anspruchsgegner. Der Anspruch richtet sich grds nur gegen den Beschenkten. Gegen den Erblasser bestehen grds keine Ansprüche (Vor § 2274 Rn 1). Ein Anspruch aus §§ 812 I 2, 818 f ist denkbar, zB, macht der Vertragserbe Aufwendungen auf ein Grundstück des Erblassers, das dieser vertragswidrig an Dritte veräußert. 4

D. Schenkung. Sie ist iSd §§ 516 ff zu verstehen (BGH NJW 82, 43). Die Schenkung ist trotz Beeinträchtigungsabsicht wirksam (BGH NJW 73, 240, 242). Sie muss nach dem Abschluss des Erbvertrags erfolgt sein. Sonst wäre kein Vertragserbe beeinträchtigt. Ob eine Schenkung vorliegt, beurteilt sich nach dem Zeitpunkt der Vornahme des Rechtsgeschäfts (BGH FamRZ 64, 431). Sie wird vermutet, wenn ein auffälliges Missverhältnis zwischen Leistung und Gegenleistung besteht (BGH NJW 72, 1709 f; 82, 43; 92, 558). Die Zuwendung kann aus dem Vermögensstamm, -erträgen oder Einkommen entstammen. 5

6 § 2287 unterfallen auch die **gemischte Schenkung** (BGH NJW 73, 240, 241), verschleierte Schenkung (BGH FamRZ 61, 72, 73), bei der die Gegenleistung nur vorgespiegelt wird, Ausstattungsschenkung (§ 1624 I), vollzogene (sonst: § 2289 I) Schenkung auf den Todesfall (§ 2301 II), Schenkungsversprechen (§ 518; Celle MDR 48, 142, 144; Soergel/*Wolf* Rn 4; aA MüKo/*Musielak* Rn 3), und unbenannte Zuwendungen an Ehegatten (hM, BGH NJW 92, 564; NJW-RR 96, 133). Diese sind entgeltlich, wenn sie unterhaltsrechtlich geschuldet sind oder ihnen konkrete Gegenleistungen gegenüberstehen (BGH NJW 92, 564). Erfasst ist auch die Schenkung unter Nießbrauchsvorbehalt, da dieser keine Gegenleistung ist (BGH NJW 84, 121, 122). Der Wert von Renten als Gegenleistung wird nach den Tabellen der Anlage 9 zum BewG bestimmt (BGH NJW 89, 259). Die Übernahme einer Pflicht zur Hege und Pflege kann Unentgeltlichkeit ausschließen (Schlesw SchlHA 05, 373, 374).

7 **E. Objektive Beeinträchtigung.** Die Schenkung muss den Vertragserben objektiv beeinträchtigen, dh seinen potenziellen Anspruch aus dem Erbvertrag schmälern, indem sie den Nachlass vermindert. Nur insoweit die erbvertragliche Bindung reicht, will § 2287 den Vertragserben vor beeinträchtigenden Schenkungen schützen (BGH NJW 82, 43). Daran fehlt es, wenn Nachlassverbindlichkeiten bestanden haben, die einen verschenkten Gegenstand aufgezehrt hätten (BGH NJW 89, 2389, 2391), oder wenn der Vertragserbe durch die Schenkung einen gleichwertigen Ausgleichungsanspruch erlangt, zB gegen Miterben (§§ 2050, 2052), und der Ausgleich aus dem auseinander gesetzten Nachlass erfüllt werden kann (BGH FamRZ 89, 175). Insoweit ein Pflichtteilsanspruch in Höhe des Geschenks besteht und durch es gedeckt wird, besteht keine Beeinträchtigung (BGH NJW 84, 121), wegen der Möglichkeit der Aufhebung des Erbverzichts selbst dann nicht, wenn auf den Pflichtteil verzichtet wurde (hM, BGH NJW 80, 2307; LG Aachen FamRZ 96, 61, 62). Der Anspruch aus § 2287 geht dann nur auf das, was den Pflichtteil übersteigt (BGH NJW 84, 121).

8 **F. Beeinträchtigungsabsicht.** Diese subjektive Voraussetzung verlangt, dass der Erblasser dem Vertragserben den Vorteil aus der Erbeinsetzung ganz oder teilweise entziehen will. Insoweit ist die vom Gesetz in § 2287 missbilligte Beeinträchtigung von dem Willen, in nach § 2286 zulässiger Weise zu verfügen, abzugrenzen (BGH NJW 92, 564, 565). Nicht entscheidend ist, ob die Beeinträchtigung das Hauptmotiv der Schenkung ist (Kobl NJW-RR 05, 883 f; aA noch BGH NJW 59, 2252, 2253). Es kommt im Rahmen einer Interessenabwägung auf das objektive Kriterium eines lebzeitigen **Eigeninteresses** des Erblassers an der Schenkung an (BGH NJW 73, 240, 241 f; 76, 749, 751; 80, 2307; 84, 121). Liegt es vor, fehlt es an der missbilligten Beeinträchtigungsabsicht (BGH NJW 82, 43; 92, 564, 566; Kobl NJW-RR 05, 883), so zB, wenn die Schenkung bei objektiver Betrachtung (BGH ZEV 05, 478, 480) trotz erbvertraglicher Bindung auch vom Vertragserben anzuerkennen und seine aus der Schenkung folgende Benachteiligung hinzunehmen ist (BGH NJW 80, 2307; 82, 1100). Erforderlich ist eine sittliche Verpflichtung ggü dem Beschenkten, zB eine von diesem oder ihm nahe stehenden Personen erbrachte besondere Leistung, Opfer oder Vermögenszusage (Köln FamRZ 92, 607; München ZEV 05, 61, 62).

Das Eigeninteresse besteht, wenn die Schenkung der Altersversorgung des Erblassers (BGH NJW 76, 749; 80, 2307; Köln ZEV 00, 317), wenn hier nicht Entgeltlichkeit gegeben ist, der Sicherung seiner Pflege und Versorgung (BGH NJW 76, 749; 82, 1100), oder der Bindung seiner (jüngeren) Ehefrau an ihn zur Pflege im Alter (BGH NJW 92, 2630, 2631) dient. Zu billigen sind Schenkungen an Pflichtteilsberechtigte, die auf ihr Erbrecht verzichtet hatten, insoweit Verzichtsaufhebung nach § 2351 möglich gewesen wäre (BGH NJW 80, 2307; Rn 7). Bei einer Zweitehe sind übliche Schenkungen an den neuen Ehepartner anzuerkennen. Eine **Grenze** besteht, macht die Schenkung den Großteil des Nachlasses aus und ficht der Erblasser den Erbvertrag nicht nach §§ 2281, 2079 an (Kobl OLGZ 91, 235).

9 Bei unbenannten Zuwendungen unter Ehegatten genügt für § 2287 objektive Unentgeltlichkeit. Auf die Absicht kommt es hier nicht an (BGH NJW 92, 564). Anstands- und Pflichtschenkungen (§§ 534, 1624) **ermangelt** es des Eigeninteresses, wenn sie im Verhältnis zur wirtschaftlichen Lage des Schenkers jedes vernünftige Maß überschreiten (vgl BGH NJW 76, 749 ff; WM 80, 1366). **Kein** Eigeninteresse besteht, bezweckt die Schenkung lediglich eine Korrektur des Erbvertrags (BGH NJW 84, 121), zB wenn der Erblasser nach Vertragsschluss lediglich seine Vorstellungen ändert und einer anderen Person durch die Schenkung sein Vermögen zukommen lassen will (BGH NJW 80, 2307), auch, wenn er zu dem Beschenkten nunmehr enge persönliche Beziehungen entwickelt hat (Köln FamRZ 92, 607), oder er die Gegenleistung des Vertragserben nicht mehr wünscht (Kobl NJW-RR 05, 883) oder durch die Schenkung eine Gleichbehandlung der Erben bezweckt (BGH ZEV 05, 478, 479; Celle FamRZ 03, 1971; vgl auch BGH NJW 80, 2307). Schwere Verfehlungen des Vertragserben begründen idR kein Eigeninteresse (Damrau/*Krüger* Rn 10; aA LG Gießen MDR 81, 582; München ZEV 05, 61, 62; Palandt/*Edenhofer* Rn 7); ggf ist dann nach § 2294 zurückzutreten.

10 **G. Herausgabe des Geschenks.** Die Herausgabe des Geschenks erfolgt aufgrund der Rechtsfolgenverweisung (RGZ 139, 22) nach Bereicherungsrecht (§§ 818–822). Der Herausgabeanspruch ist ein eigener Anspruch des Vertragserben bzw Schlusserben. Er entsteht mit dem Anfall der Erbschaft (Rn 3) und kann nicht in die Auseinandersetzung einbezogen werden (BGH FamRZ 92, 655). Er geht grds auf Herausgabe des Geschenks (§ 818 I), bei Unmöglichkeit auf Wertersatz (818 II), also bei noch nicht erfüllten Schenkungsversprechen auf Befreiung, bei teilweiser Unentgeltlichkeit auf Herausgabe des Geschenks gegen Erstattung der Gegenleistung, wenn

der unentgeltliche Teil überwiegt (BGH FamRZ 61, 73; 64, 430), sonst auf die Wertdifferenz (BGH NJW 59, 1363; FamRZ 61, 73). Über die durch die Schenkung bewirkte Beeinträchtigung kann er seinem Umfang nach nicht hinausgehen. Der Beschenkte, der nicht verschärft haftet, kann sich auf den Wegfall der Bereicherung berufen (§ 818 III; vgl Prot V, 390–393). Verschärft ist die Haftung bei Kenntnis (§ 819) des Beschenkten, dh wenn er Tatsachen kennt, aus denen nach der Lebenserfahrung auf Bereicherungsabsicht zu schließen ist, oder bei Rechtshängigkeit (vgl § 818 IV iVm §§ 261, 253 ZPO). Über entsprechende Anwendung des § 822 ist ein Dritter ggf zur Herausgabe verpflichtet, da sein Interesse weniger schutzwürdig erscheint als das des Vertragserben (MüKo/*Musielak* Rn 21; aA Staud/*Kanzleiter* Rn 23). Ein Pflichtteilsberechtigter als Beschenkter kann Zahlung des Pflichtteils Zug um Zug gegen Herausgabe des Geschenks verlangen (BGH NJW 84, 121).

H. Auskunft. Behauptet der Vertragserbe schlüssig und substantiiert, nicht zur Ausforschung, die Voraussetzungen des § 2287, kann er vom Beschenkten nach Treu und Glauben (§ 242) Auskunft über den Umfang der Schenkung verlangen, soweit er auf sie angewiesen ist und sie den Beschenkten nicht unbillig belastet (BGH NJW 73, 1876; 86, 1755). Auskunft über mögliche Gegenansprüche des Beschenkten kann er nicht verlangen (Zweibr FamRZ 05, 379). 11

I. Nachlassgläubiger. Der Anspruch aus § 2287 ist ein eigener des Vertragserben, der ihn originär erwirbt. Der Anspruch gehört nicht zum Nachlass (BGH NJW 89, 2389, 2391). Er kann nicht vom Testamentsvollstrecker kraft Amtes geltend gemacht werden (BGH NJW 80, 2461). Vom beschränkt (§§ 1945 ff) haftenden Vertragserben können Nachlassgläubiger nicht die Befriedigung aus dem Rückforderungsanspruch oder dem zurückgeforderten Geschenk verlangen; es gehört beim Erbfall nicht mehr zum haftenden Vermögen des Erblassers. Ihnen bleiben nur, die Schenkung nach §§ 129 ff InsO, §§ 3 ff AnfG anzufechten. Stehen Nachlassverbindlichkeiten offen, die ohne Aufzehrung des Geschenks nicht erfüllt werden könnten, fehlt es schon an einer objektiven Beeinträchtigung (Rn 7). 12

J. Verjährung (II). Es gilt eine Dreijahresfrist ab Anfall (Rn 3). Sie geht § 197 I Nr 2 vor. Konkurrierende Ansprüche, zB aus § 826, verjähren nach den Fristen der §§ 195, 199. Daher ist der Fristbeginn ggf unterschiedlich. 13

K. Prozessuales/Steuer. Die **Beweislast** für die Voraussetzungen des § 2287, insbes die Unentgeltlichkeit der Zuwendung und die Beeinträchtigungsabsicht, trägt der Vertragserbe (BGH NJW 76, 249; 80, 2307; 82, 43). Behauptet er, der Erblasser habe bei Schenkung kein Eigeninteresse gehabt, muss der Beschenkte schlüssig Tatsachen für das Eigeninteresse darlegen (BGH NJW 86, 1755; Köln ZEV 00, 106, 107), die der Vertragserbe dann zu widerlegen hat (Köln FamRZ 92, 607). Indiziert eine Urkunde des Erblassers den Schenkungscharakter oder die Unentgeltlichkeit, kann das zu einer Beweislast des Empfängers führen (Kobl FamRZ 05, 1280, 1281 f). Die Darlegungspflicht des Vertragserben steigt, je substantiierter die Behauptungen des Beschenkten sind. Wie der Anspruch des Vertragserben aus Erbvertrag (Vor § 2274 Rn 1) kann auch der potenzielle künftige Herausgabeanspruch nicht nach erfolgter Schenkung noch zu Lebzeiten des Erblassers durch Arrest oder einstweilige Verfügung gesichert werden (Kobl MDR 87, 935 f). Kann dem Vertragserben sein Erbrecht nicht mehr einseitig entzogen werden, ist bei Vorliegen der allgemeinen Voraussetzungen Klage auf **Feststellung** (§ 256 ZPO) des Bestehens eines Herausgabeanspruchs gegen den Beschenkten zulässig (Kobl aaO; München NJW-RR 96, 328 [in „seltenen Ausnahmefällen"]; *Hohmann* ZEV 94, 133, 135 f; aA Schlesw OLGR 03, 89; Erman/*Schmidt* Rn 6; MüKo/*Musielak* Rn 20; Staud/*Kanzleiter* Rn 18). 14

Das vom Vertragserben gem § 2287 vom Beschenkten Erlangte ist gem § 3 II Nr 7 ErbStG **erbschaftsteuerpflichtig** (BFH BStBl II 00, 587). 15

§ 2288 Beeinträchtigung des Vermächtnisnehmers

(1) Hat der Erblasser den Gegenstand eines vertragsmäßig angeordneten Vermächtnisses in der Absicht, den Bedachten zu beeinträchtigen, zerstört, beiseite geschafft oder beschädigt, so tritt, soweit der Erbe dadurch außerstande gesetzt ist, die Leistung zu bewirken, an die Stelle des Gegenstands der Wert.
(2) ¹Hat der Erblasser den Gegenstand in der Absicht, den Bedachten zu beeinträchtigen, veräußert oder belastet, so ist der Erbe verpflichtet, dem Bedachten den Gegenstand zu verschaffen oder die Belastung zu beseitigen; auf diese Verpflichtung findet die Vorschrift des § 2170 Abs. 2 entsprechende Anwendung. ²Ist die Veräußerung oder die Belastung schenkweise erfolgt, so steht dem Bedachten, soweit er Ersatz nicht von dem Erben erlangen kann, der im § 2287 bestimmte Anspruch gegen den Beschenkten zu.

A. Zweck. I schützt den vertraglich bindend bedachten Vermächtnisnehmer vor tatsächlichen Beeinträchtigungen des Erblassers, indem er gegen den Erben Verschaffungs- bzw Wertersatzansprüche gewährt: Ein Vermächtnis, das kein Verschaffungsvermächtnis (§ 2170) ist, wird wegen I nicht unwirksam, wenn der vermachte Gegenstand aus dem Nachlass ausscheidet (s § 2169 I, s §§ 2265, 2171). Die erbvertragliche Bindung wird nicht beseitigt (Prot V, 404); zum Wertersatz beim Forderungsvermächtnis vgl 2173. II schützt vor Beeinträchtigungen durch grds wirksame (BGH NJW 58, 547) Veräußerungen oder Belastungen des ver- 1

machten Gegenstandes. Bei schenkweiser Veräußerung oder Belastung kommt nachrangig ein Herausgabeanspruch gegen den Beschenkten gem §§ 2288 II 2, 2287 in Betracht.
§ 2288 kann im Erbvertrag ausgeschlossen werden. Dieses ist ggf durch Auslegung festzustellen (Köln ZEV 03, 76).

2 Auf **gemeinschaftliche Testamente** ist § 2288 entspr anwendbar.

3 **B. Vertragsmäßig angeordnetes Vermächtnis.** Das Vermächtnis berechtigt den vertragsmäßig wirksam Bedachten, vom Erben die Leistung des vermachten Gegenstandes zu fordern (§ 2174). Diese Forderung fällt ihm mit dem Erbfall (§§ 1922 I), dem Tod des Erblassers, an (§ 2177). § 2288 ist nicht auf Stückvermächtnisse beschränkt, sondern erfasst auch Geld- oder Verschaffungsvermächtnisse (BGH NJW 90, 2063).

4 **C. Beeinträchtigungshandlungen.** Neben den vom Gesetz in I genannten tatsächlichen Handlungen, die das Vermögen des Erblassers mindern, sind auch Verbrauch, Verarbeitung, Verbindung oder Vermischung durch Handlungen des Erblassers eingeschlossen (BGH NJW 94, 317). Zur ordnungsgemäßen Verwaltung oder zum Erhalt des Gegenstandes ist er aber nicht verpflichtet (BGH aaO). In der Lit wird eine Beschädigung durch Unterlassen für möglich erachtet (MüKo/*Musielak* Rn 2; *Siegmann* ZEV 94, 38, 39; aA AnwK/*Seiler* Rn 10). II erfasst die entgeltliche oder schenkweise Veräußerung oder Belastung des Gegenstandes (Kobl FamRZ 05, 1280, 1281). Verpflichtet sich der Erblasser in Beeinträchtigungsabsicht zur Veräußerung des Gegenstandes, bleibt das Vermächtnis entgegen § 2169 IV wirksam (BGH NJW 59, 2252, 2253 f).

5 **D. Beeinträchtigungsabsicht.** Vgl § 2287 Rn 8 f. Sie wird vermutet, verfügt der Erblasser in dem Bewusstsein, dem Vermächtnis die Grundlage zu nehmen (BGH NJW-RR 98, 731, 732). Lebzeitiges Eigeninteresse des Erblassers kann § 2288 aber entgegenstehen (BGH aaO; BGH NJW-RR 98, 577, 578). Es liegt vor, wenn es sich gerade auf Veräußerung des vermachten Gegenstandes richtet und der anerkennenswerte Zweck nicht anders erreichbar ist (BGH NJW 84, 731).

6 **E. Rechtsfolge.** Der Anspruch geht gegen den Erben bzw die Erbengemeinschaft (BGH NJW 58, 547), und zwar auf Wiederherstellung oder -beschaffung (I), ist sie unmöglich, auf Ersatz des Verkehrswerts bei Vermächtnisanfall (§ 2176). Nach II ist dem Vermächtnisnehmer unabhängig davon, ob er beschwert ist, der Gegenstand zu verschaffen oder die Belastung zu beseitigen. Ist dies unmöglich, ist Wertersatz (§ 2170 II 1) zu leisten. Bei schenkweiser Verfügung oder Belastung steht dem Bedachten nach II 2 subsidiär gegen den Beschenkten über § 2287 I ein Herausgabeanspruch nach §§ 818–822 zu (vgl BGH NJW 90, 2063).

§ 2289 Wirkung des Erbvertrags auf letztwillige Verfügungen; Anwendung von § 2338

(1) ¹Durch den Erbvertrag wird eine frühere letztwillige Verfügung des Erblassers aufgehoben, soweit sie das Recht des vertragsmäßig Bedachten beeinträchtigen würde. ²In dem gleichen Umfang ist eine spätere Verfügung von Todes wegen unwirksam, unbeschadet der Vorschrift des § 2297.
(2) Ist der Bedachte ein pflichtteilsberechtigter Abkömmling des Erblassers, so kann der Erblasser durch eine spätere letztwillige Verfügung die nach § 2338 zulässigen Anordnungen treffen.

1 **A. Zweck.** I 1 schützt den Vertragspartner in Parallele zu § 2258 I davor, dass seine Rechte durch frühere letztwillige Verfügungen des Erblassers ausgehöhlt werden. I 2 ist Ausdruck der erbvertraglichen Bindung (BGH NJW 58, 498; Köln NJW-RR 94, 651, 652), die spätere, beeinträchtigende Verfügungen vTw der vertragsmäßigen Verfügung vTw ausschließt. Der Erbvertrag verschafft dem Bedachten zwar nur eine tatsächliche Erwerbsaussicht. Der Erblasser kann weiterhin über Nachlassgegenstände verfügen (§ 2286; vgl BGH NJW 68, 2052, 2053). Insbes vollzogene Schenkungen vTw fallen nicht unter § 2289 (§ 2287 Rn 4 f). Auch familienrechtliche Geschäfte wie die Eingehung einer Ehe bleiben möglich (§ 2286 Rn 2). Der Erblasser hat aber durch den Erbvertrag seine Testierfreiheit im Rahmen der getroffenen **vertraglichen** Verfügungen vTw beschränkt (Vor § 2274 Rn 1). II 2 ermöglicht bei pflichtteilsberechtigten Abkömmlingen im Interesse der Familie Beschränkungen in guter Absicht gem § 2338 (Rn 12).

2 **B. Erbvertrag.** Die Wirkung des § 2289 setzt eine **vertragliche** Verfügung (§ 2278 Rn 1) – für einseitige gelten §§ 2258, 2299 – in einem **wirksamen** Erbvertrag voraus. Sie tritt nicht ein, wird der Erbvertrag mit Wirkung *ex tunc* angefochten (§§ 2281 ff). Wird er aufgehoben (§§ 2290 ff) oder durch Rücktritt beseitigt (§ 2293), wird eine nach § 2289 I 1 durch den Erbvertrag aufgehobene letztwillige Verfügung entspr §§ 2257, 2258 II iVm § 2279 I wieder wirksam, es sei denn, sie ist im Erbvertrag widerrufen worden (§§ 2253 ff iVm § 2299 II; BGH NJW 04, 3558, 3559). Ist im Einzelfall nicht ein anderer Wille des Erblassers festzustellen, wird auch seine letztwillige Verfügung wieder wirksam, wenn der Erbvertrag, der sie aufhob, danach gegenstandslos wird, zB durch Vorversterben des Bedachten, Ausschlagung oder Verzicht (KG JFG 5, 181, 183; Zweibr ZEV 99, 439; Jauernig/*Stürner* Rn 4; Palandt/*Edenhofer* Rn 4, 6; Schlüter ErbR Rn 274; aA BaRoth/*Litzenburger* Rn 3; *Keim* ZEV 99, 413, 414 f; *Kummer* ZEV 99, 440 f).

C. Wirkung. Die **vertragliche** Verfügung hebt eine **frühere** letztwillige Verfügung des Erblassers auf, soweit 3
diese das Recht des Bedachten beeinträchtigt, also die vertragsmäßige Zuwendung an ihn mindert,
beschränkt, belastet oder gegenstandslos macht (Hamm OLGZ 74, 378). Im Ergebnis macht es keinen Unterschied, wenn dabei statt auf eine rechtliche (*Ebenroth* Rn 256; D/R/B/*Mayer* Rn 13; MüKo/*Musielak* Rn 10;
Staud/*Kanzleiter* Rn 5) auf eine wirtschaftliche Sicht (Palandt/*Edenhofer* Rn 2; Soergel/*Wolf* Rn 3) abgestellt
wird. Ein Widerspruch zwischen der vertraglichen und einer anderen Verfügung bedeutet immer eine Beeinträchtigung (Palandt/*Edenhofer* Rn 2). Im Unterschied zu § 2258 I kann eine vorausgehende Verfügung auch
beeinträchtigen, wenn sie dem Erbvertrag nicht widerspricht (BGH NJW 58, 498; MüKo/*Musielak* Rn 11).
Eine Beeinträchtigung liegt zB vor, ordnete der Erblasser zuvor Vermächtnisse, Auflagen (*Lange/Kuchinke* § 25
VI 2c Fn 209), Testamentsvollstreckung (BGH NJW 62, 912), wertverschiebende Teilungsanordnungen (BGH
NJW 62, 912; Braunschw ZEV 96, 69, 70) oder Einsetzung eines Schiedsrichters (Hamm NJW-RR 91, 455,
456) an. **Nicht** beeinträchtigt die bloße Auswechselung der Person des Testamentsvollstreckers (str, Ddorf
ZEV 94, 302).

§ 2289 I 1 wirkt **nicht** auf Verfügungen, die der Erblasser nicht einseitig aufheben kann. Die Wirkung tritt 4
nicht ein, wenn die frühere, zeitlich vor dem Erbvertrag getroffene Verfügung ein wechselbezügliches
gemeinschaftliches Testament (vgl § 2271) oder ein Erbvertrag ist. Dann bewirkt diese Verfügung die Unwirksamkeit des zeitlich nachfolgenden Erbvertrags (§§ 2271, 2289 I 2; Rn 5), soweit die Beeinträchtigung reicht.
Das gilt nicht, wollten die Vertragspartner mit dem späteren Erbvertrag die frühere Verfügung ersetzen, also
aufheben (§ 2290). Wollten sie sie aufrechterhalten und kommt dieses im Erbvertrag zum Ausdruck, ist die
spätere erbvertragliche Verfügung insoweit eingeschränkt. Auch wenn in der Erbvertragsurkunde zugleich
einseitig Anordnungen getroffen werden (§ 2299), die die vertragsmäßigen Verfügungen einschränken, sind
diese von vornherein eingeschränkt, da sie der andere Vertragspartner kennt und ggf widersprochen hätte
(Ddorf FamRZ 95, 123; MüKo/*Musielak* Rn 5).

Zeitlich **nachfolgende**, beeinträchtigende Verfügungen vTw (Testament oder Erbvertrag) sind nach I 2 5
unwirksam, wenn sie nicht vorbehalten sind (Rn 6 ff). Das Zeitverhältnis wird sich aus dem Datum der
Errichtung (vgl § 9 II BeurkG) ergeben. Verfügungen vTw, die die Rechtsstellung des Bedachten verbessern,
bleiben möglich. Ein Hofübergabevertrag steht hinsichtlich der Auswahl des Hofnachfolgers einer Verfügung
vTw (vgl § 7 I 1, 17 HöfeO) gleich (Celle RdL 05, 78, 79; Schlesw SchlHA 05, 373, 374). Die Hofeigenschaft
kann aber durch eine Erklärung nach § 1 IV HöfeO beseitigt und so die Unwirksamkeitsfolge des I 2 vermieden werden (aaO).

D. Änderungsvorbehalt. I. Gestaltungsmöglichkeiten. Durch Vorbehalt kann der Erblasser dem Umfang 6
der bindenden Wirkung seiner vertragsmäßigen Verfügung Grenzen setzen und sich teilweise seine Freiheit,
abweichend einseitig zu testieren, bewahren (BGH NJW 82, 441; Stuttg ZEV 03, 79; *Weiler* DNotZ 94, 427;
zur Gestaltung *Keim* ZEV 05, 365 ff). Der Gesetzgeber (Mot V, 332) hat vertragsmäßigen Vorbehalten grds
keine Schranken gesetzt und so einem praktischen Bedürfnis entsprochen (D/R/B/*Mayer* § 2278 Rn 13, 15).

II. Grenzen. Ein Vorbehalt, der dem Erblasser die Beseitigung sämtlicher vertragsmäßigen Verfügungen 7
eröffnet, widerspricht als Totalvorbehalt dem Wesen des Erbvertrags, der ohne Bindungswirkung (Vor § 2274
Rn 1) inhaltslos wäre. Der Erbvertrag muss im Rahmen einer ganzheitlichen Betrachtung wenigstens eine
den Erblasser bindende Verfügung iSv § 2278 II enthalten (BGH NJW 82, 441, 442; BayObLG FamRZ 97,
1430; Köln NJW-RR 94, 651, 652; Stuttg FamRZ 04, 407; aA *v Lübtow* I, 426 f). Die Bindungswirkung unterscheidet ihn vom Testament. Soll sie vermieden werden, bietet sich ein Rücktrittsvorbehalt (§ 2293) an (s
Rn 8; FA-ErbR/*Krause*, Kap 2 Rn 194 ff). Nach der sog Lehre vom spezifischen Änderungsvorbehalt (vgl D/R/
B/*Mayer* § 2278 Rn 26; *Mayer* DNotZ 90, 757, 774; *Weiler* DNotZ 94, 427, 436 ff) sei der Vorbehalt zulässig,
wenn seine Ausübung nur unter genau bestimmten Voraussetzungen möglich ist, so dass Willkür des Erblassers ausgeschlossen und er insoweit in seiner Testierfreiheit beschnitten ist. Die weitergehende Einschränkung, die vorbehaltslose, bindende Anordnung müsse zum Inhalt einer vertragsmäßigen Verfügung iSv
§ 2278 II gemacht werden können (MüKo/*Musielak* § 2278 Rn 18, 20), hat die Rspr nicht aufgenommen.
Neben Abgrenzungsproblemen im Einzelfall (D/R/B/*Mayer* § 2278 Rn 25; *Herlitz* MittRhNotK 96, 153, 157)
wird eingewandt, § 2278 II bestimme nur die Art möglicher Verfügungen, nicht ihren Umfang (*Mayer* DNotZ
90, 755, 765 Fn 62).

Der Totalvorbehalt, der die erbvertragliche Bindung unzulässig einschränkt, lasse nach Einigen die erb- 8
vertragliche Bindung bestehen und könne in einen Rücktrittsvorbehalt **umgedeutet** werden (BayObLG FamRZ
89, 1353, 1354; *Lange/Kuchinke*, § 25 IV 4). Es wird aber idR eine falsch bezeichnete einseitige, testamentarische Verfügung iSv § 2299 vorliegen (D/R/B/*Mayer* § 2278 Rn 34; DErbK/*Burandt* § 2278, Rn 11). Für einen
sonstigen Änderungsvorbehalt richtet sich nach §§ 2085 iVm 2279 I, ob die Verfügung, auf die er sich
bezieht, wirksam bleibt. Bei nichtigen vertragsmäßigen Verfügungen ist § 2298 zu beachten (MüKo/*Musielak*
§ 2278 Rn 24).

III. Form. Der Vorbehalt bedarf der Form des Erbvertrags (§ 2276), da er die vereinbarte Bindung der Ver- 9
fügung vTw bestimmt (BGH NJW 58, 498, 499; Köln NJW-RR 94, 661, 663; Hamm FamRZ 96, 636, 637).
Ausnahmsweise kann die Auslegung (§§ 133, 157) des Erbvertrags einen stillschweigend vereinbarten Vorbe-

halt ergeben (BGH NJW 58, 498, 499; 89, 2618; BayObLGZ 99, 46, 52 f), wenn dieser im Wortlaut des Vertrags angedeutet ist (BayObLG FamRZ 95, 889; Hamm FamRZ 96, 636, 637). Die Ausübung ist formlos möglich (BayObLG aaO; s a *Keim* ZEV 05, 365, 369).

10 **IV. Einzelfälle.** Vorbehalten kann werden bei einem Ehegattenvertrag in Form des Berliner Testaments (vgl § 2280) die Änderung der Schlusserbeneinsetzung, wenn die gegenseitige Einsetzung der Ehegatten unbedingt ist (BGH WM 86, 1221 f; BayObLG FamRZ 00, 1252, 1253), ansonsten, dass ein überlebender Ehegatte das Vermögen zwischen gemeinsamen Kindern, auch unter Änderung der Erbquote, umverteilen kann (BayObLG FamRZ 89, 666; 92, 724; 96, 898; Kobl FamRZ 97, 1247), dass ein Erblasser zu einer bestimmten Quote noch weitere Erben berufen (BGH NJW 58, 498 f), dass er trotz Einsetzung einer Person als Erbe über einzelne Gegenstände durch Anordnung von Vermächtnissen verfügen darf (Ddorf OLGZ 66, 68, 70), soweit die Erbeinsetzung dadurch nicht ausgehöhlt wird (vgl Stuttg FamRZ 04, 407), dass er Testamentsvollstreckung anordnen (Stuttg OLGZ 79, 49, 51) oder beim Eintritt genau bestimmter, gerichtlich nachprüfbarer sachlicher Voraussetzungen Änderungen vornehmen kann (Kobl DNotZ 98, 218, 219), dass der Überlebende den bindend eingesetzten Schlusserben mit einem Wohnungs- oder Nießbrauchsvermächtnis zugunsten eines neuen Ehegatten belasten (D/R/B/*Mayer* § 2278 Rn 32) oder bestimmte Personen nicht bedenken darf (BGH WM 86, 1222; D/R/B/*Mayer* aaO; aA MüKo/*Musielak* § 2278 Rn 18).

11 **E. Einverständnis des Vertragspartners.** Das Einverständnis des anderen Vertragschließenden schließt nur dann die Unwirksamkeitsfolge des § 2289 I 2 aus, wenn erbrechtliche Formen eingehalten wurden, also die der Vertragsaufhebung (§§ 2290 IV, 2276; BayObLGZ 74, 401, 404). Die formlose Zustimmung eines Bedachten, der nicht Vertragspartner ist, ändert daran nichts (BGH NJW 89, 2618; Köln NJW-RR 94, 651, 652; *Ivo* ZEV 03, 58; aA *Brox* ErbR Rn 163). Bei Ehegatten reicht die Form des gemeinschaftlichen Testaments (§ 2292), bei Vermächtnissen die einseitige notariell beurkundete Erklärung (§ 2291 II). Vor dem Erbfall kann ein Erbverzicht (§ 2348) erklärt werden oder der Bedachte mit dem Erblasser einen Zuwendungsverzichtsvertrag (§ 2352) schließen. Die unwirksame Zustimmung kann nach dem Erbfall eine Teilausschlagung darstellen, wenn sie die Form der §§ 1944 f erfüllt (Soergel/*Wolf* Rn 14), oder in Ausnahmefällen gegen den Bedachten die Einrede der Arglist begründen (BGH NJW 89, 2618 f). Ansonsten kann der Bedachte ausschlagen (§§ 1944 ff, 2180).

12 **F. Gesetzlicher Vorbehalt (II).** II behält dem Erblasser die Möglichkeit vor, spätere beeinträchtigende letztwillige Verfügungen, die Anordnungen nach § 2338 enthalten, zu treffen. Dazu muss der Bedachte ein pflichtteilsberechtigter Abkömmling und sein späterer Erwerb wegen Verschwendung oder Überschuldung erheblich gefährdet (§ 2338 I) sein. Der Familie soll in guter Absicht das Vermögen erhalten werden können. Gegenstand der Anordnung ist die ganze vertragsmäßige Zuwendung, nicht nur der Pflichtteilsanspruch. Zustimmung oder Wissen des Vertragspartners sind nicht nötig. Das Einverständnis des bedachten Abkömmlings wird quasi unwiderleglich unterstellt (KGJ 48, 144, 150).
Ein vorheriger Verzicht des Erblassers auf das Recht aus § 2289 II ist wegen Sittenwidrigkeit nichtig (Damrau/*Krüger* Rn 5). Seine einseitige Verpflichtung, § 2289 II nicht anzuwenden, verstößt gegen § 2302.

§ 2290 Aufhebung durch Vertrag

(1) ¹Ein Erbvertrag sowie eine einzelne vertragsmäßige Verfügung kann durch Vertrag von den Personen aufgehoben werden, die den Erbvertrag geschlossen haben. ²Nach dem Tode einer dieser Personen kann die Aufhebung nicht mehr erfolgen.
(2) ¹Der Erblasser kann den Vertrag nur persönlich schließen. ²Ist er in der Geschäftsfähigkeit beschränkt, so bedarf er nicht der Zustimmung seines gesetzlichen Vertreters.
(3) ¹Steht der andere Teil unter Vormundschaft oder wird die Aufhebung vom Aufgabenkreis eines Betreuers erfasst, so ist die Genehmigung des Vormundschaftsgerichts erforderlich. ²Das Gleiche gilt, wenn er unter elterlicher Sorge steht, es sei denn, dass der Vertrag unter Ehegatten oder unter Verlobten, auch im Sinne des Lebenspartnerschaftsgesetzes, geschlossen wird.
(4) Der Vertrag bedarf der in § 2276 für den Erbvertrag vorgeschriebenen Form.

1 **A. Aufhebungsvertrag.** Der Erbvertrag oder einzelne vertragsmäßige Verfügungen (§ 2278 II) können wie grds jeder Vertrag durch Vertrag als *actus contrarius* aufgehoben (oder abgeändert oder ergänzt) werden. Für einseitige Verfügungen vgl § 2299 I, II 2. Eine vertragsmäßige Verfügung, durch die ein Vermächtnis oder eine Auflage angeordnet ist, kann der Erblasser durch Testament aufheben (§ 2291 I 1). Ehegatten können einen Erbvertrag durch gemeinschaftliches Testament aufheben (§ 2292). Ansonsten kann ein neuer, abweichender Erbvertrag der Parteien eine Aufhebung des älteren entspr § 2258 (BayObLG FamRZ 94, 190) oder § 2290 (*Kipp/Coing* § 39 I 1) bedeuten. Zur Aufhebung durch Rücknahme aus der amtlichen Verwahrung s § 2300 II iVm § 2256. Einen Zuwendungsverzicht (§ 2352) kann der Erblasser nur mit dem bedachten Dritten, nicht mit dem (bloßen) Vertragspartner vereinbaren, da hier § 2290 mit strengeren Formerfordernissen gilt. Er kann nicht auf das Recht aus § 2290 verzichten (§ 2302).

Der Aufhebungsvertrag kann **seinerseits** durch Vertrag aufgehoben werden. Dadurch werden die aufgehobenen erbvertraglichen Verfügungen wieder in Kraft gesetzt (Staud/*Kanzleiter* Rn 19). Daher gelten die §§ 2274–2276, nicht § 2290 (RGRK/*Kregel* Rn 10). Für die **Anfechtung** des Aufhebungsvertrags durch den Erblasser gelten die §§ 2078, 2281 ff als Regeln über Verfügung vTw (BaRoth/*Litzenburger* Rn 8; Erman/*Schmidt* Rn 5; Palandt/*Edenhofer* Rn 4; aA Soergel/*Wolf* Rn 10), die allgemeinen Anfechtungsregeln der §§ 119 ff, 142 ff nur, soweit die erbrechtlichen Normen Lücken lassen (MüKo/*Musielak* Rn 9). Die Anfechtung durch den nicht vTw Verfügenden richtet sich nach §§ 119 ff. Mit wirksamer Anfechtung ist der Erbvertrag wieder hergestellt (§§ 2257, 2279 I). 2

B. Vertragschließende. Nach dem Tod einer Partei ist Aufhebung nicht mehr möglich. Nur die Personen, die den Erbvertrag als höchstpersönliches Geschäft geschlossen haben, können ihn aufheben (I 2). Der **Erblasser**, auch der beschränkt geschäftsfähige, muss den Aufhebungsvertrag persönlich schließen (II, vgl 2274 Rn 1). Weder bedarf er der Zustimmung des gesetzlichen Vertreters noch der Einwilligung des VormGs bzw des Betreuers bei Betreuung mit Anordnung des EV (vgl § 1903 II). Der Erblasser, der durch den Erbvertrag von einer Verbindlichkeit befreit wird, soll insoweit nicht von seinem gesetzlichen Vertreter abhängig sein. Wird der Erblasser nach Abschluss des Erbvertrags geschäftsunfähig, kann dieser nicht mehr aufgehoben werden. Der **andere Vertragspartner**, der nicht auch selbst als Erblasser Verfügungen vTw trifft, kann sich vertreten lassen. Als beschränkt Geschäftsfähiger bedarf er wegen der Bedeutung des Aufhebungsvertrags nach III 1 der Zustimmung des gesetzlichen Vertreters (§§ 107, 108) bzw des Betreuers, wenn die Aufhebung zu dessen Aufgabenkreis gehört (§§ 1896 II, 1903 II). III 2 schränkt das Erfordernis der Genehmigung des VormGs ein, wenn die Vertragspartner unter elterlicher Sorge stehen und der Vertrag unter Ehegatten oder Verlobten (bzw Lebenspartnern oder Versprechenden, § 1 I, III LPartG) geschlossen wird. Bei mehrseitigen Erbverträgen müssen alle Vertragspartner, ggü denen er bindend ist, mitwirken. Der Bedachte, der nicht Vertragspartner ist, muss nicht zustimmen, da er nur eine tatsächliche Erwerbsaussicht hat (Vor §§ 2274 Rn 1, 3). 3

C. Form. Der Aufhebungsvertrag bedarf der Form des Erbvertrags (IV iVm § 2276). Die Form gilt auch für Abänderungsverträge, die ein älteres Recht eines vertragsmäßig Bedachten beeinträchtigen (*Keller* ZEV 04, 94). Formlose Zustimmung genügt nicht (BGH NJW 89, 2618). Wenn der Bedachte die Aufhebung arglistig verhindert, wird sie als vereinbart angenommen (RGZ 134, 325). Der Vertrag kann mit einer neuen Verfügung vTw oder einem Ehevertrag (§ 2276 II) verbunden werden. § 2277 und § 34 BeurkG gelten nicht. 4

D. Wirkung. Umfasst der Aufhebungsvertrag den ganzen Erbvertrag, treten mit ihm auch in ihm aufgenommene einseitige Verfügungen außer Kraft, sofern nicht ein anderer Wille des Erblassers anzunehmen ist (§ 2299 III). Die Aufhebung kann auch nur einzelne vertragsmäßige Verfügungen erfassen. Auch kann sie nur ihre Bindung beseitigen. Dann bleiben die ursprünglich vertragsmäßigen Verfügungen als einseitige bestehen. Die Urschrift des aufgehobenen Erbvertrags verwahrt der Notar und liefert sie beim Erbfall beim Nachlassgericht ab (§ 34 III 2 BeurkG; Ausnahme: § 45 II BeurkG). Anders als der zurückgenommene Erbvertrag (§ 2300 II) wird der aufgehobene eröffnet (§ 2300 a). 5

§ 2291 Aufhebung durch Testament

(1) ¹Eine vertragsmäßige Verfügung, durch die ein Vermächtnis oder eine Auflage angeordnet ist, kann von dem Erblasser durch Testament aufgehoben werden. ²Zur Wirksamkeit der Aufhebung ist die Zustimmung des anderen Vertragschließenden erforderlich; die Vorschrift des § 2290 Abs. 3 findet Anwendung.
(2) Die Zustimmungserklärung bedarf der notariellen Beurkundung; die Zustimmung ist unwiderruflich.

A. Zweck. Für Vermächtnisse und Auflagen, nicht für Erbeinsetzungen, als vertragsmäßige Verfügungen vTw (§ 2278 II) eröffnet I einen einfacheren und kostengünstigeren Weg zur Aufhebung als § 2290. Das Aufhebungstestament des Erblassers kann in jeder für Testamente zulässigen Form errichtet werden, also zB eigenhändig (§ 2247). Der Vertragspartner muss nicht anwesend sein. Er wird durch I 2 geschützt. Seine erforderliche Mitwirkung spricht für den Vertragscharakter des Aufhebungstestaments (AnwK/*Seiler* Rn 2; *Keller* ZEV 04, 93, 94; aA MüKo/*Musielak* Rn 2). 1

B. Gegenstand. Gegenstand der Aufhebung durch Testament sind die genannten vertragsmäßigen Verfügungen (*Schumann* Rn 3); einseitige können ohne Zustimmung widerrufen werden (§§ 2299 II, 2253 I). 2

C. Zustimmung (I 2). Die Zustimmungserklärung ist eine einseitige, empfangsbedürftige Willenserklärung. Nach dem Tod des Erblassers kann sie nicht mehr erteilt werden (Hamm NJW 74, 1774, 1775). Das Zustimmungsrecht ist nicht vererblich. Vertretung des anderen ist möglich; § 2290 III ist zu beachten. Die Zustimmung kann analog §§ 182 ff vor Errichtung des Aufhebungstestaments oder nachfolgend erteilt werden. Ist sie im Erbvertrag bezüglich aller vertragsmäßigen Verfügungen erteilt, fehlt es an der dem Erbvertrag wesentlichen Bindung. Dann liegt eine einseitige Verfügung vor (§ 2278 Rn 1). 3

4 Die **Form** (II) dient Beweiszwecken und gewährleistet die Information der Parteien (vgl § 17 BeurkG).

5 **D. Widerruf.** Der Erblasser kann bis zur Zustimmung des anderen die testamentarische Aufhebung nach §§ 2253 ff widerrufen (§ 2279 I iVm §§ 2257, 2258 II). Die vertragsmäßige Verfügung bleibt dann wirksam. Nach Zustimmung kann die Aufhebung mit Zustimmung des anderen Vertragspartners widerrufen werden (Palandt/*Edenhofer* Rn 3; aA MüKo/*Musielak* Rn 6); es gilt die Form des II. Die vertragsmäßige Verfügung wird dann wieder wirksam.

§ 2292 Aufhebung durch gemeinschaftliches Testament

Ein zwischen Ehegatten oder Lebenspartnern geschlossener Erbvertrag kann auch durch ein gemeinschaftliches Testament der Ehegatten oder Lebenspartner aufgehoben werden; die Vorschrift des § 2290 Abs. 3 findet Anwendung.

1 **A. Erbvertrag.** Er muss bei Aufhebung zwischen Ehegatten oder Lebenspartnern (§ 1 I LPartG) bestehen. Ist er einseitig oder wollen die Parteien nur die vertragsmäßigen Verfügungen eines Teils aufheben, muss der andere nur zustimmen.

2 **B. Gemeinschaftliches Testament.** Statt durch Aufhebungsvertrag (§ 2290) oder -verfügung mit Zustimmung (§ 2291 I) können die Parteien des Erbvertrags, die zum Aufhebungszeitpunkt Ehegatten (§ 2265) oder Lebenspartner (§§ 1, 10 IV LPartG) sind (BayObLG NJW-RR 96, 457, 458), den zwischen ihnen geschlossenen Erbvertrag durch gemeinschaftliches Testament aufheben. Es kann in jeder dafür zulässigen **Form** errichtet werden, also zB durch nicht Minderjährige (§ 2247 IV) eigenhändig (§ 2267). Einzeltestamente genügen mangels Errichtungszusammenhangs nicht (BayObLGZ 20, A 117, 118). Ehegatten oder Lebenspartner, die ihre vertragsmäßige Verfügung aufheben, müssen testierfähig sein (vgl § 2229). Verfügen sie nicht, ist wegen der Verweisung auf § 2290 III bei beschränkt Geschäftsfähigen oder Betreuten Zustimmung des gesetzlichen Vertreters und ggf Genehmigung des VormGs erforderlich (D/B/R/*Mayer* Rn 10). Nachträgliche Genehmigung des Ehegatten nach erlangter Geschäftsfähigkeit ist analog § 108 III möglich, solange der andere Ehegatte lebt und nicht widerrufen hat (MüKo/*Musielak* Rn 4). Ein eigenhändiges Testament kann wegen § 2247 IV nicht durch Genehmigung wirksam werden (D/R/B/*Mayer* Rn 13).

3 **C. Wirkung.** Durch gemeinschaftliches Testament können der Erbvertrag insgesamt oder nur einzelne Verfügungen iSv § 2278 II (BayObLGZ 60, 192, 195 f) aufgehoben, geändert oder auch neue Verfügungen (BayObLG FamRZ 03, 1509, 1510) getroffen werden. Der übereinstimmende Wille kann ggf durch Auslegung festgestellt werden (BayObLG NJW-RR 96, 457, 458). Das gemeinschaftliche Testament kann den Erbvertrag auch zu einer einheitlichen Gesamterbregelung ergänzen (BGH NJW 87, 901; BayObLG FamRZ 03, 1509, 1510) oder zu ihm in ein wechselbezügliches Abhängigkeitsverhältnis treten (BayObLG FamRZ 85, 839, 841). Der Erbvertrag ist dann nur insoweit aufgehoben, als dass das spätere gemeinschaftliche Testament ihm widerspricht (BayObLGZ 87, 23).

4 **D. Beseitigung.** Die durch das gemeinschaftliche Testament aufgehobene vertragsmäßige Verfügung des Erbvertrags kann durch einseitigen Widerruf des Testaments nicht wieder in Kraft gesetzt werden (hM, D/M/B/*Mayer* Rn 17).

§ 2293 Rücktritt bei Vorbehalt

Der Erblasser kann von dem Erbvertrag zurücktreten, wenn er sich den Rücktritt im Vertrag vorbehalten hat.

1 **A. Zweck.** Entspr historischen Vorbildern erlaubt das BGB dem Erblasser, sich den Rücktritt vom Erbvertrag vorzubehalten. Der Vorbehalt macht den Erbvertrag nicht zu einem Testament (*v Venrooy* JZ 87, 10, 11 f). Ähnliche Wirkungen können durch eine auflösende Bedingung (§ 158 II) erreicht werden (FA-ErbR/*Krause*, Kap 2 Rn 199 ff).

2 **B. Vertraglicher Rücktrittsvorbehalt.** Im Vertrag muss der Rücktritt vorbehalten sein. Die Parteien können ihn aber auch in einem Nachvertrag vereinbaren. Enthält dieser nur einen Rücktrittsvorbehalt, gilt § 2290 II, nicht § 2275 I (MüKo/*Musielak* Rn 4). Das Rücktrittsrecht aus § 2293 kann mit anderen Worten bezeichnet werden („widerrufen", „aufheben"). Der Vorbehalt, abweichende letztwillige Verfügungen errichten zu können, wird idR einen Änderungsvorbehalt (§ 2389 Rn 6), nicht den Vorbehalt, vom ganzen Vertrag zurückzutreten, meinen (BayObLG FamRZ 89, 1353, 1354). Eine Wiederverheiratungsklausel in einem Ehegattenerbvertrag enthält idR einen (stillschweigenden) Rücktrittsvorbehalt des Überlebenden.

3 **C. Rücktrittsvorbehalt.** Er ist ein höchstpersönliches (§ 2296 I), nicht vererbliches Recht. Es erlischt mit dem Tod des Berechtigten (§§ 2065, 2279 I). Auch beim Tod des anderen Vertragspartners erlischt es im Zweifel beim gegenseitigen Erbvertrag bei Nichtausschlagung (§ 2298 II 2, III). Beim einseitigen Erbvertrag

berührt der Tod nur die Form der Ausübung (§ 2297). Der Vorbehalt kann sich auf den ganzen Erbvertrag oder auf einzelne vertragsmäßige Verfügungen beziehen und auf bestimmte Fälle bezogen, bedingt oder befristet ausgestaltet sein (FA-ErbR/*Krause*, Kap 2 Rn 195).

D. Ausübung. Der Rücktritt wird durch einseitige Erklärung ausgeübt. Die Form des § 2296 II oder § 2297 muss erfüllt werden. Der Erblasser kann den Rücktrittsvorbehalt nach seinem Ermessen und auch nur teilweise ausüben. Die Ausübung bedarf nicht der Zustimmung des anderen Vertragschließenden. Dieser kann ausschlagen. Ihm kann schuldrechtlich ein Rücktrittsrecht, zB bezüglich seiner Verpflichtung zur Unterhaltsleistung (vgl § 2295), eingeräumt werden. Dieses richtet sich nach §§ 346 ff (RGRK/*Kregel* Rn 2). Für den Erblasser gelten die §§ 346 ff grds nicht. 4

E. Einschränkungen. Bei Rücktritt des Erblassers wegen nicht ordnungsgemäßer Pflichterfüllung kann nach Treu und Glauben eine vorherige Abmahnung erforderlich sein (Hamm DNotZ 99, 142 f), zB wenn der Vertragserbe den Erblasser nicht pflichtgemäß pflegt (BGH MDR 67, 993; Ddorf ZEV 94, 171, 172). Duldet der Erblasser (stillschweigend) das pflichtwidrige Verhalten und tritt nicht zurück, wird der Rücktritt unzulässig (Oldbg NdsRpfl 55, 191). Bei eindeutigen Pflichtwidrigkeiten ist keine Abmahnung nötig (BGH NJW 81, 2299). 5

F. Wirkung. Die vertragsmäßigen Verfügungen, auf die sich der vorbehaltene Rücktritt bezieht, werden mit Ausübung unwirksam. Andere im Vertrag enthaltene vertragsmäßige Verfügungen bleiben im Zweifel wirksam (§ 2279 I iVm § 2085). Werden alle vertragsmäßigen Verfügungen aufgehoben, gilt für die einseitigen § 2299 III. S noch für zweiseitige Erbverträge § 2298 II 1. Die Wirksamkeit mit dem Erbvertrag rechtlich zu einer Einheit verbundener Verträge nach Rücktritt richtet sich nach § 139; zur Weitergeltung eines verbundenen Ehevertrags (§ 2276 II) s BGH NJW 59, 625. 6

§ 2294 Rücktritt bei Verfehlungen des Bedachten

Der Erblasser kann von einer vertragsmäßigen Verfügung zurücktreten, wenn sich der Bedachte einer Verfehlung schuldig macht, die den Erblasser zur Entziehung des Pflichtteils berechtigt oder, falls der Bedachte nicht zu den Pflichtteilsberechtigten gehört, zu der Entziehung berechtigen würde, wenn der Bedachte ein Abkömmling des Erblassers wäre.

A. Zweck. Ist eine Bindung an den Erbvertrag nicht mehr zumutbar, ermöglich das Gesetz einen Rücktritt zu Lebzeiten des anderen Vertragschließenden; zum Rücktritt nach dessen Tod vgl § 2297 mit Verweis in Satz 2 auf § 2336 II–IV. 1

B. Verfehlung des Bedachten. Es muss eine Verfehlung iSd Pflichtteilsrechts des Bedachten sein, also als Abkömmling des Erblassers oder ein ihm nach § 2294 Gleichgestellter eine Verfehlung nach § 2333, als Elternteil nach § 2334 oder als Ehegatte nach § 2335. Verfehlungen des bloß Annehmenden reichen nicht. Sie müssen nach Abschluss des Erbvertrags begangen worden sein; wegen früherer kommt Anfechtung nach § 2281 iVm § 2078 in Betracht. Ein demnach unbegründeter Rücktritt kann in eine Anfechtung umzudeuten (§ 140) sein (Palandt/*Edenhofer* Rn 1). Das Rücktrittsrecht entfällt, wenn Besserung eingetreten ist (§ 2336 IV) oder der Erblasser verziehen (§ 2337 S 1) hat (MüKo/*Musielak* Rn 3). Es besteht nur ggü demjenigen, der die Verfehlung begangen hat. 2

C. Ausübung. Nur der Erblasser persönlich (vgl § 2296), nicht seine Erben oder der Vertragspartner können zurücktreten. 3

D. Form. §§ 2296, 2297 müssen beachtet werden. Die Angabe des Rücktrittsgrundes ist mangels Verweises auf § 2336 II unnötig. 4

E. Wirkung. Die erfassten vertragsmäßigen Verfügungen werden unwirksam. Der Rücktritt ist grds unwiderruflich. 5

F. Prozessuales. Die Wirksamkeit des Rücktritts kann mit Feststellungsklage geltend gemacht werden (str, BGH FamRZ 85, 919; zur Widerklage Ddorf FamRZ 95, 58; einschränkend München FamRZ 96, 253). Die Darlegungs- und Beweislast für die Gründe der Pflichtteilsentziehung, zB ein Verbrechen oder schweres vorsätzliches Vergehen iSv § 2333 Nr 3, trägt der widerrufende Erblasser, die Feststellungslast für Rechtfertigungs- oder Entschuldigungsgründe trägt zu Lebzeiten der Bedachte (BGH NJW 52, 700; 81, 745; FamRZ 85, 919; MüKo/*Musielak* Rn 6). 6

§ 2295 Rücktritt bei Aufhebung der Gegenverpflichtung

Der Erblasser kann von einer vertragsmäßigen Verfügung zurücktreten, wenn die Verfügung mit Rücksicht auf eine rechtsgeschäftliche Verpflichtung des Bedachten, dem Erblasser für dessen Lebenszeit wiederkehrende Leistungen zu entrichten, insbesondere Unterhalt zu gewähren, getroffen ist und die Verpflichtung vor dem Tode des Erblassers aufgehoben wird.

1 **A. Zweck.** Das Gesetz räumt dem Erblasser, der sich im Zusammenhang mit seiner vertragsmäßigen Verfügung (§ 2278 II) eine rechtsgeschäftliche Verpflichtungen, zB Unterhaltsleistungen, versprechen ließ, ein Rücktrittsrecht ein. Da zwischen den Zuwendungen kein Verhältnis von Leistung und Gegenleistung besteht, sind die §§ 320 ff nicht anwendbar (Vor § 2274 Rn 2). Der Erblasser kann bei Nichterfüllung nicht nach den §§ 323, 324 zurücktreten. § 2295 gibt ihm deshalb ein gesetzliches Rücktrittsrecht, wenn zu seinen Lebzeiten die Verpflichtung des Bedachten aufgehoben wird.

2 **B. Rechtsgeschäftliche Verpflichtung.** Der Bedachte muss sich durch Rechtsgeschäft zu wiederkehrenden Leistungen, die bis zum Tod des Erblassers fortlaufen, verpflichtet haben. Nicht erforderlich ist, dass dieses in einer mit dem Erbvertrag verbundenen Urkunde geschieht oder dass die Verträge eine rechtliche Einheit bilden (MüKo/*Musielak* Rn 2). Ist der Bestand oder die Erfüllung der rechtsgeschäftlichen Verpflichtung des Bedachten (ggf stillschweigend, vgl Hamm DNotZ 77, 751) Bedingung (dazu Vor § 2274 Rn 2) für die Geltung des Erbvertrags, ist dieser nach § 158 II unwirksam, wenn die rechtsgeschäftliche Verpflichtung entfällt (BayObLG Rpfleger 76, 290). **Zusammenhang.** Die vertragsmäßige Verfügung muss mit Rücksicht auf die rechtsgeschäftliche Verpflichtung getroffen sein (Hambg MDR 50, 615). Dabei kommt es auf den vom Erblasser verfolgten und dem Bedachten bekannten Zweck an. Der Erblasser muss subjektiv einen inneren Zusammenhang annehmen (MüKo/*Musielak* Rn 3).

3 **C. Lebzeitige Aufhebung der Gegenverpflichtung.** Die Aufhebung der Verpflichtung oder ihr Wegfall muss zu **Lebzeiten** des Erblassers erfolgen. Der Rechtsgrund ist gleichgültig. Er kann im Rücktritt (KG FamRZ 05, 1573), Bedingungseintritt, in Kündigung (Karls FamRZ 97, 1180), nachträglicher Unmöglichkeit oder vertraglicher Vereinbarung mit dem Erblasser (MüKo/*Musielak* Rn 4) liegen. Auch wenn die Verpflichtung, ggf rückwirkend durch Anfechtung (§ 142 I), nichtig ist, ist § 2295 direkt oder analog anwendbar (D/R/B/*Mayer* Rn 10; Palandt/*Edenhofer* Rn 4; *Brox* ErbR Rn 155; *Ebenroth* Rn 264). Nach aA sei dann die vertragsmäßige Verfügung des Erblassers idR gem § 139 unwirksam (Erman/*Schmidt* Rn 5; MüKo/*Musielak* Rn 6).

4 **D. Ausschluss.** Bei **Nicht-, Schlechterfüllung oder Verzug** gelten nicht § 2295 oder § 326 (aA *Stöcker* WM 80, 482; vgl LG Köln DNotZ 78, 685; *Schumann* Rn 2). Soweit kein Bedingungszusammenhang (BayObLG Rpfleger 76, 290; Vor § 2274 Rn 2) oder ein einheitliches Geschäft iSv § 139 (vgl Hambg MDR 50, 615) besteht, kommt Anfechtung (§ 2078 iVm § 2281) in Betracht (hM, Karlsr NJW-RR 97, 708, 709; Palandt/*Edenhofer* Rn 5). Manche halten bei Unzumutbarkeit eine Kündigung des Erblassers gem § 314 für möglich (D/R/B/*Mayer* Rn 14) oder gewähren einen Aufhebungsanspruch nach § 812 I 2 Alt 2 (RGRK/*Kregel* Rn 3; Staud/*Kanzleiter* Rn 8).

5 **E. Ausübung des Rücktrittsrechts.** Ausüben kann das Rücktrittsrecht nur der Erblasser. Die Form der §§ 2296, 2297 ist zu beachten. Ein formnichtiges Angebot, den Erbvertrag aufzuheben, kann in eine Rücktrittserklärung umgedeutet (§ 140) sein (Hamm DNotZ 77, 752).

6 **F. Wirkung.** Der Rücktritt ist bezüglich der mit der Verpflichtung zusammenhängenden vertragsmäßigen Verfügungen möglich. Die Wirksamkeit weiterer vertragsmäßiger Verfügungen richtet sich nach §§ 2279 I, 2085, beim zweiseitigen Erbvertrag s § 2298 II 1. Der Bedachte kann von ihm erbrachte Leistungen vom Erblasser nach § 812 I 2 Alt 2 zurückfordern, insoweit die zugrunde liegende rechtsgeschäftliche Verpflichtung aufgehoben wird.

§ 2296 Vertretung, Form des Rücktritts

(1) ¹Der Rücktritt kann nicht durch einen Vertreter erfolgen. ²Ist der Erblasser in der Geschäftsfähigkeit beschränkt, so bedarf er nicht der Zustimmung seines gesetzlichen Vertreters.
(2) ¹Der Rücktritt erfolgt durch Erklärung gegenüber dem anderen Vertragschließenden. ²Die Erklärung bedarf der notariellen Beurkundung.

1 **A. Zweck.** § 2296 regelt den Rücktritt vom Erbvertrag (§§ 2293–2295) zu Lebzeiten des anderen Vertragschließenden. Nach dessen Tod ist § 2297 einschlägig. Das Formerfordernis (II 1) dient Schutz- und Beweiszwecken. Das Rücktrittsrecht ist ein höchstpersönliches Recht des Erblassers und nicht vererbbar. Vertretung ist ausgeschlossen (I 1). Ist der Erblasser beschränkt geschäftsfähig, bedarf er nicht der Zustimmung seines gesetzlichen Vertreters (I 2). Ist er geschäftsunfähig, ist Rücktritt ausgeschlossen. Bei Betreuung (§ 1896) unterliegt der Rücktritt nicht dem EV (§ 1903 II). Der Rücktritt ist grds unwiderruflich und bedingungsfeindlich (Stuttg DNotZ 79, 107, 109).

2 **B. Rücktrittserklärung (II).** Die Rücktrittserklärung (II 1) ist eine einseitige, empfangsbedürftige Willenserklärung. Sie kann sich durch Auslegung einer notariellen Erklärung ergeben (BGH FamRZ 85, 919). Sie muss jedem der anderen Vertragspartner zugehen (BGH aaO) und notariell beurkundet sein (II 2). Zustellung durch den GV (§§ 191 ff ZPO) nach § 132 ist nicht erforderlich, kann aber dem Beweis dienen. § 170 I 2 ZPO gilt nicht. Eine beglaubigte Abschrift genügt nicht (hM, BGH NJW 60, 33; 95, 2217; Zweibr ZEV 05, 483).

Eine abweichende Form kann nicht vereinbart werden (Hamm DNotZ 99, 142, 145). Ist der andere Vertragschließende abwesend (§ 130), muss die Erklärung ihm oder seinem gesetzlichen Vertreter (§ 131) in Urschrift oder Ausfertigung der notariellen Urkunde zugehen (FA-ErbR/*Krause* Kap 2 Rn 219). Ein abweichendes Testament ist mangels Zugangs kein Rücktritt. Der Zugang der Rücktrittserklärung darf nicht geplant und bewusst für einen Zeitpunkt nach dem Tod des Erblassers veranlasst werden (BGHZ 9, 233, 235; Celle NJW 64, 53, 54; *Schumann* Rn 6). § 130 II ist aber grds anwendbar (BGH NJW 89, 2885). Eine zeitliche Grenze besteht, wenn der andere Vertragschließende nicht mehr mit einem Rücktritt rechnen muss (BGH NJW 68, 496; Hamm NJW-RR 91, 1480, 1481). Nach dem Tod des Vertragserben kann eine unwirksame Rücktrittserklärung nicht geheilt werden (Ddorf OLGZ 66, 68). Dann kommt ein Aufhebungstestament nach § 2297 in Betracht. **Kosten** der Beurkundung: § 46 II KostO.

C. Wirkung. Vertragsmäßige Verfügungen des Zurücktretenden werden unwirksam, soweit der Rücktritt reicht. Für andere vertragsmäßige Verfügungen s §§ 2279, 2085, zu zweiseitigen § 2298 II 1. Seine einseitigen Verfügungen treten nach § 2299 III im Zweifel außer Kraft. Vertragsmäßige Verfügungen des anderen Vertragschließenden werden nur bei vorbehaltenem Rücktritt unwirksam, § 2298 II, III, nicht zB bei Rücktritt wegen Verfehlung des Bedachten gem § 2294. 3

§ 2297 Rücktritt durch Testament

¹Soweit der Erblasser zum Rücktritt berechtigt ist, kann er nach dem Tode des anderen Vertragschließenden die vertragsmäßige Verfügung durch Testament aufheben. ²In den Fällen des § 2294 findet die Vorschrift des § 2336 Abs. 2 bis 4 entsprechende Anwendung.

A. Zweck. Der Rücktrittsberechtigte kann beim einseitigen Erbvertrag auch nach dem Tod des anderen Vertragschließenden zurücktreten (S 1; zum gegenseitigen Erbvertrag s § 2298 II 2, 3), doch ändert sich die Form: An die Stelle des § 2296 tritt die Aufhebung durch Testament nach § 2297. Die entsprechende Anwendung des § 2336 II–IV in Fällen des § 2294 dient der Angabe und dem Beweis des Rücktrittsgrundes (BGH NJW 52, 700). 1

B. Rücktrittsberechtigung. Der Erblasser muss bei Errichtung des Testaments zum Rücktritt berechtigt sein (§§ 2293–2295). Unerheblich ist, ob der Rücktrittsgrund schon zu Lebzeiten des anderen Vertragschließenden entstand. Der Vertragspartner muss tot sein. Gibt es mehrere, setzt § 2297 voraus, dass sie alle nicht mehr leben; sonst gilt § 2296 II (*Reithmann* DNotZ 57, 527, 530). Verzeihung vor Rücktritt beseitigt das Recht zur Aufhebung (*Schumann* Rn 5). 2

C. Ausübung/Widerruf. Die Aufhebung kann ausdrücklich, aber auch dadurch erfolgen, dass der Erblasser neue widersprechende Verfügungen trifft (Soergel/*Wolf* Rn 2) oder Regelungen in einem neuen Testament bewusst nicht mit aufnimmt (Köln FamRZ 93, 242). Die Aufhebung nach § 2297 setzt Testierfähigkeit des Erblassers voraus. Der Rücktritt nach § 2297 ist wie jedes Testament **widerruflich**. Mit Widerruf treten aufgehobene Verfügungen wieder in Kraft. 3

D. Verfehlung des Bedachten (§ 2294). In Fällen des § 2294 findet § 2336 II–IV entspr Anwendung (§ 2297 S 2). Der Grund der Entziehung muss bei Errichtung des Testaments bestehen und darin angegeben werden; er ist ggf vom Erblasser zu beweisen. Bei Besserung zur Zeit des Erbfalls wird die Entziehung unwirksam (§ 2336 IV), nicht aber bei nachträglicher Verzeihung, da § 2297 nicht auch auf § 2337 verweist (hM). Hier kommt eine neue Zuwendung durch Verfügung vTw oder ein Widerruf des Aufhebungstestaments (Rn 3) in Betracht. 4

§ 2298 Gegenseitiger Erbvertrag

(1) Sind in einem Erbvertrag von beiden Teilen vertragsmäßige Verfügungen getroffen, so hat die Nichtigkeit einer dieser Verfügungen die Unwirksamkeit des ganzen Vertrags zur Folge.
(2) ¹Ist in einem solchen Vertrag der Rücktritt vorbehalten, so wird durch den Rücktritt eines der Vertragschließenden der ganze Vertrag aufgehoben. ²Das Rücktrittsrecht erlischt mit dem Tode des anderen Vertragschließenden. ³Der Überlebende kann jedoch, wenn er das ihm durch den Vertrag Zugewendete ausschlägt, seine Verfügung durch Testament aufheben.
(3) Die Vorschriften des Absatzes 1 und des Absatzes 2 Sätze 1 und 2 finden keine Anwendung, wenn ein anderer Wille der Vertragschließenden anzunehmen ist.

A. Zweck. Die Norm berücksichtigt, dass bei einem zweiseitigen Erbvertrag (Vor § 2274 Rn 2) idR (III) der Bestand des Erbvertrags davon abhängig sein soll, dass sämtliche enthaltenen vertragsmäßigen Verfügungen wirksam sind. § 2298 findet auch Anwendung, wenn die Vertragsparteien sich nicht gegenseitig, sondern einen Dritter bedenken. 1

2 **B. Nichtigkeit.** Eine vertragsmäßige Verfügung im zweiseitigen Erbvertrag muss für I nichtig sein. Die Nichtigkeit kann anfänglich bestehen, zB wegen Geschäftsunfähigkeit, Formmangels, Sittenwidrigkeit, oder rückwirkend eintreten, zB durch Anfechtung (§ 142). Gleichzustellen ist anfängliche Unwirksamkeit gem § 2289 I 2, nicht aber, wenn eine vertragsmäßige Verfügung nur gegenstandslos wird, zB beim vorzeitigen Tod des Bedachten (§§ 1923 I, 2160), Ausschlagung (§§ 1944 ff, 2180 III), Erb- oder Vermächtnisunwürdigkeit (§§ 2339 ff) oder Zuwendungsverzicht (§ 2352). Die Wirksamkeit der übrigen Verfügungen des Erblassers beurteilt sich dann nach §§ 2085, 2279, nicht nach § 2298 I (hM, BayObLG NJW-RR 03, 293, 295; Palandt/*Edenhofer* Rn 1; aA *Brox* ErbR Rn 154).

3 **C. Vertragsunwirksamkeit.** Die Nichtigkeit iSv I bewirkt, dass, wenn nach III kein anderer Wille anzunehmen ist, der ganze Vertrag unwirksam ist. Die Wirkung auf einseitige Verfügungen richtet sich nach § 2085. Ist der gesamte Erbvertrag nichtig, sind auch sie unwirksam. Ggf ist Umdeutung in ein Testament möglich (§ 140).

4 **D. Rücktritt (II).** Nur die Ausübung eines vorbehaltenen Rücktrittsrechts (§ 2293) bewirkt im Zweifel (III) die Aufhebung des ganzen Erbvertrags. Für die gesetzlichen Rücktrittsrechte (§§ 2294, 2295) gilt die Auslegungsregel des § 2085 (BaRoth/*Litzenburger* Rn 2; D/R/B/*Mayer* Rn 14; MüKo/*Musielak* Rn 4). Ist der Vorbehalt auf einzelne Verfügungen beschränkt, ist durch diese Eingrenzung nahe gelegt, dass die anderen Verfügungen bei Ausübung wirksam bleiben sollen (Damrau/*Krüger* Rn 3; *Schumann* Rn 5); zT wird mit idR gleichem Ergebnis § 2085 angewandt.

5 Mit dem **Tod des anderen Vertragschließenden** erlischt das vorbehaltene Rücktrittsrecht (II 2), wenn die Parteien nichts anderes wollten (Abs III; Rn 7; BayObLG FamRZ 94, 196). Die erbvertragliche Anordnung des Verstorbenen ist wirksam geworden und kann durch Aufhebung des Vertrags nicht beseitigt werden. Da die vertraglichen Verfügungen idR von einander abhängen sollen, erlischt mit dem Tod des anderen Vertragspartners auch das Rücktrittsrecht des Überlebenden. Das gilt auch, wenn sich der Vorbehalt nur auf einzelne vertragsmäßige Verfügungen bezieht (MüKo/*Musielak* Rn 5, aA B/R/D/*Mayer* Rn 18).

6 **E. Ausschlagung des Zugewendeten (II 3).** Die Ausschlagung des durch den Erbvertrag Zugewendeten eröffnet dem bedachten Überlebenden die Möglichkeit, seine Verfügung durch Aufhebungstestament (§ 2297) oder neue, abweichende Verfügung (§ 2258) aufzuheben. Dazu muss er alles „durch den Vertrag Zugewendete" ausschlagen, nicht auch Zuwendungen in einseitigen Verfügungen (D/R/B/*Mayer* Rn 21; MüKo/*Musielak* Rn 6; RGRK/*Kregel* Rn 5; aA Palandt/*Edenhofer* Rn 4). Eine Ausschlagung scheidet aus, wenn dem Überlebenden nichts zugewandt wurde und nur ein bedachter Dritter ausschlägt. Dessen Ausschlagung ist bedeutungslos, egal, ob er mit dem überlebenden Vertragspartner oder allein bedacht ist (Damrau/*Krüger* Rn 5; D/R/B/*Mayer* Rn 21; MüKo/*Musielak* Rn 6; aA Soergel/*Wolf* Rn 5).

7 **F. Parteiwille.** Die Wirkung, dass der Erbvertrag nach Abs I unwirksam oder nach Abs II 1 aufgehoben wird und das Rücktrittsrecht erlischt, tritt nur ein, wenn kein anderer Wille der Vertragschließenden anzunehmen ist (Abs III). Diese Auslegungsregel gilt auch für II 3 (Erman/*Schmidt* Rn 1; MüKo/*Musielak* Rn 7). Die **Darlegungs-** und **Beweislast** für einen abweichenden Parteiwillen trägt, wer sich darauf beruft (BayObLG ZEV 95, 413, 414; Hamm ZEV 94, 367).

§ 2299 Einseitige Verfügungen

(1) Jeder der Vertragschließenden kann in dem Erbvertrag einseitig jede Verfügung treffen, die durch Testament getroffen werden kann.
(2) ¹Für eine Verfügung dieser Art gilt das Gleiche, wie wenn sie durch Testament getroffen worden wäre. ²Die Verfügung kann auch in einem Vertrag aufgehoben werden, durch den eine vertragsmäßige Verfügung aufgehoben wird.
(3) Wird der Erbvertrag durch Ausübung des Rücktrittsrechts oder durch Vertrag aufgehoben, so tritt die Verfügung außer Kraft, sofern nicht ein anderer Wille des Erblassers anzunehmen ist.

1 **A. Regelungsgehalt.** § 2299 gilt nur für einseitige Verfügungen. I stellt klar, dass jeder Vertragschließende in einem wirksamen Erbvertrag auch einseitige testamentarische Verfügungen treffen kann. Der Erbvertrag dient umfassender erbrechtlicher Planung. Also sollen ergänzend zu §§ 2278, 1941 auch einseitige Verfügungen möglich sein. Für sie gilt Testamentsrecht (II 1). An der Bindungswirkung (Vor § 2274 Rn 1) haben sie nicht teil, die Erleichterungen des § 2275 II, III gelten für sie nicht (Erman/*Schmidt* Rn 2; Soergel/*Wolf* Rn 4; Palandt/*Edenhofer* Rn 1; aA D/R/B/*Mayer* Rn 11; MüKo/*Musielak* Rn 9). Einseitige Verfügungen sind zB die Enterbung (§ 1938), Pflichtteilsentziehung (§ 2336) oder -beschränkung in guter Absicht (§ 2338), Widerruf und Aufhebung letztwilliger Verfügungen nach §§ 2254, 2258, Testaments- (§ 2197 ff) oder Teilungsanordnung (§ 2048). Die Abgrenzung der Verfügungen, die auch vertragsmäßig getroffen werden können (vgl § 2278 II), zu einseitigen Verfügungen erfolgt im Zweifel durch Auslegung (§ 2278 Rn 1).

B. Aufhebungsvertrag. Aufhebung (II 2) der einseitigen Verfügung ist auch durch Aufhebungsvertrag, der 2
auch mindestens eine erbvertragsmäßige Verfügung aufheben muss, nach § 2290 möglich (*Schumann* Rn 11).
Ferner können einseitige Erklärungen im Erbvertrag wie ein Testament nach §§ 2253, 2254, 2258 widerrufen
werden.

C. Wirkung der Aufhebung des Erbvertrags (III). Aufhebung durch Rücktritt (§§ 2293 ff) vom gesamten 3
Erbvertrag oder durch Vertrag von allen vertragsmäßigen Verfügungen (§ 2290) bewirkt, dass auch die einseitigen Verfügungen des Erblassers, nicht auch die des anderen Teils (AnwK/*Seiler* Rn 9), außer Kraft treten,
wenn sein **Wille** nicht entgegensteht. Gleiches gilt bei Aufhebung der vertragsmäßigen Verfügungen durch
gemeinschaftliches Testament (§ 2292). Wird nur eine von mehreren vertragsmäßigen Verfügungen aufgehoben, richtet sich die Wirksamkeit der einseitigen nach §§ 2085, 2279.

D. Prozessuales. Die Feststellungs- und Beweislast für einen abweichenden Erblasserwillen trägt, wer sich 4
darauf beruft.

§ 2300 Amtliche Verwahrung; Eröffnung

(1) Die für die amtliche Verwahrung und die Eröffnung eines Testaments geltenden Vorschriften der
§§ 2258 a bis 2263, 2273 sind auf den Erbvertrag entsprechend anzuwenden, die Vorschrift des § 2273
Abs. 2, 3 jedoch nur dann, wenn sich der Erbvertrag in besonderer amtlicher Verwahrung befindet.
(2) ¹Ein Erbvertrag, der nur Verfügungen von Todes wegen enthält, kann aus der amtlichen oder notariellen Verwahrung zurückgenommen und den Vertragsschließenden zurückgegeben werden. ²Die Rückgabe
kann nur an alle Vertragsschließenden gemeinschaftlich erfolgen; die Vorschrift des § 2290 Abs. 1 Satz 2,
Abs. 2 und 3 findet Anwendung. ³Wird ein Erbvertrag nach den Sätzen 1 und 2 zurückgenommen, gilt
§ 2256 Abs. 1 entsprechend.

A. Amtliche Verwahrung. Erbverträge sind idR unverzüglich in die besondere amtliche Verwahrung des 1
Nachlassgerichts (BaWü: Notariat) zu geben. Der Notar soll dieses veranlassen (§ 34 II iVm I 4 BeurkG). Bei
besonderer amtlicher Verwahrung eines Erbvertrags gelten §§ 2300, 2258 a, 2258 b; § 34 BeurkG. Auf Wunsch
erhalten die Vertragschließenden eine beglaubigte Abschrift (§ 20 I 3, 5 DONot) des dem Amtsgericht abgelieferten Erbvertrags. Ist Ablieferung ausgeschlossen (Rn 2), bleibt die Urkunde beim Notar (§ 34 III BeurkG;
vgl FA-ErbR/*Krause*, Kap 2 Rn 174), der dieses idR verzeichnet (§ 9 I DONot). Nach Eintritt des Erbfalls wird
die Urkunde unverzüglich von jedem Besitzer, der Kenntnis vom Tod des Erblassers erlangt hat, dem Nachlassgericht übergeben (§§ 34 III 2 BeurkG; §§ 2259, 2300 BGB; § 20 III, IV, 9 III DONot). Das gilt auch für
unwirksame oder aufgehobene Erbverträge (LG Aachen MDR 88, 506; D/R/B/*Mayer* Rn 6). Zuständigkeit
und Verfahren bei besonderer amtlicher Verwahrung richten sich nach §§ 2258 a und 2258 b (I 1). Zum
Hinterlegungsschein s § 2277. Es existieren bundeseinheitliche **Anordnungen** über die Benachrichtigung in
Nachlasssachen (vgl JMBl NRW 2005, 265), die gewährleisten sollen, dass Stellen, bei denen sich ua Erbverträge in amtlicher Verwahrung befinden, rechtzeitig vom Eintritt des Erbfalls benachrichtigt werden (s dort
insbes Nr 1.2., 1.4., 2.1, 2.2 und 3.2).
In der Urkundensammlung des Notars bleibt der Erbvertrag verwahrt, wenn die besondere amtliche Verwah- 2
rung durch alle Vertragschließenden ausgeschlossen wird (§ 34 III 1 BeurkG; dann Ersparnis ¼ der Hinterlegungsgebühr, § 101 KostO). Ist der Erbvertrag mit anderen Verträgen verbunden, wird der Ausschluss vermutet (§ 34 II Hs 2 BeurkG), da idR ggü dem Geheimhaltungsinteresse das Interesse an Benutzung überwiegt
(Palandt/*Edenhofer* Rn 2). Bleibt der Erbvertrag in der Verwahrung des Notars (§ 34 II, III BeurkG; §§ 9, 18
I, IV DONot) und enthält seine Urkunde Erklärungen, nach deren Inhalt die Erbfolge geändert wird
(zB Aufhebungsverträge, Rücktritts- und Anfechtungserklärungen, Erbverzichtsverträge, Eheverträge mit
erbrechtlichen Auswirkungen), hat er das Standesamt oder die Hauptkartei für Testamente zu benachrichtigen (§ 20 II 1 DONot).

B. Eröffnung und Verkündung. Für die Eröffnung und Verkündung des Erbvertrags gelten die §§ 2260– 3
2263 entsprechend. Demnach ist jeder Erbvertrag, auch ein aufgehobener (hM, RGZ 150, 315, 320; BayObLG
FamRZ 90, 215), zu eröffnen (MüKo/*Musielak* Rn 3) und alle, auch gegenstandslos gewordene, Verfügungen
zu verkünden (BGH NJW 84, 2098). Das Recht zur Einsichtnahme in den eröffneten Erbvertrag sowie auf
Erteilung einer Abschrift derer, die ein berechtigtes Interesse glaubhaft machen, folgt aus § 34 FGG. Verfügungen des überlebenden Vertragspartners sind jedoch, soweit sie sich sondern lassen, weder zu verkünden
noch sonst zur Kenntnis zu bringen (§ 2300 I iVm § 2273 I). Befand sich der Erbvertrag vor Eröffnung in
besonderer amtlicher Verwahrung, ist § 2273 vollständig entspr anzuwenden (I Hs 2). Ansonsten bleibt er
nach Eröffnung in der gewöhnlichen amtlichen Verwahrung (MüKo/*Musielak* Rn 5).

C. Rücknahme. II bezweckt, die Rechtslage beim Erbvertrag der beim gemeinschaftlichen Testament anzu- 4
gleichen (vgl §§ 2272 f). Die Rücknahme aus der besonderen amtlichen oder notariellen Verwahrung ermöglicht es dem Erblasser zu verhindern, dass seinen Erben der Inhalt des aufgehobenen Erbvertrags bekannt

wird. Voraussetzung ist, dass der Erbvertrag **nur Verfügungen vTw** enthält (§ 2300 II 1). Zusätzliche Rechtsgeschäfte unter Lebenden, zB ein Ehevertrag, Erbverzichtsvertrag, Verpfründungsvertrag oder Verfügungsunterlassungsvertrag, schließen Rückgabe an die Vertragschließenden aus. Wird der Erbvertrag gleichwohl zurückgegeben, bleibt er wirksam (FA-ErbR/*Krause*, Kap 2 Rn 212 b; *Keim* ZEV 03, 55). Die Vertragschließenden können Rückgabe in die Verwahrung des Notars verlangen, wenn der Erbvertrag nicht nur Verfügungen vTw enthält. S auch § 2277.

5 **D. Wirkung.** Mit Rückgabe nach § 2300 II 1, 2 gelten die vertragsmäßigen oder einseitigen Verfügungen als aufgehoben (§§ 2300 II 3, 2256 I). Die Rückgabe setzt bei mehreren Vertragschließenden voraus, dass diese Rückgabe bei gleichzeitigem Erscheinen gegen Vorlage der Hinterlegungsscheine verlangen (*Keim* ZEV 03, 55, 56) und die Rückgabe an alle Vertragschließenden, jeweils höchstpersönlich (MüKo/*Musielak* Rn 7), gemeinschaftlich erfolgt (II 2 Hs1). Nach dem Tod eines Vertragschließenden kann Rückgabe nicht mehr verlangt werden (§ 2290 I 2). Die Rücknahme kann generell nicht widerrufen bzw ihre Wirkung durch erneute Hinterlegung beseitigt werden. Ein früherer Erbvertrag wird im Zweifel wieder wirksam, ältere zunächst widerrufene Verfügungen leben wieder auf (D/R/B/*Mayer* Rn 38).

6 **E. Sonstiges.** Zum Erfordernis einer Genehmigung des VormGs s § 2290 III; zur Pflicht, zu belehren, dies auf der Urkunde festzuhalten und aktenkundig zu machen s § 2256 I 2. Funktionell zuständig ist für die Rückgabe der Rechtspfleger (§ 3 Nr 2 c RPflG), werden Erbverträge bei den Nachlassgerichten verwahrt, bei notariell verwahrten Erbverträgen der Notar selbst. Die Rückgabe ist gebührenfrei.

§ 2300 a Eröffnungsfrist

Befindet sich ein Erbvertrag seit mehr als 50 Jahren in amtlicher Verwahrung, so ist § 2263 a entspr anzuwenden.

1 **A. Zweck.** Über die Verweisung auf § 2263 a soll die Eröffnung der Erbverträge Verstorbener gewährleistet (BGH NJW 92, 1884, 1886) und die Verwahrung gegenstandslos gewordener Verträge verhindert werden (*Kipp/Coing* § 123 VI).

2 **B. Frist.** Statt der für Testamente geltenden Frist von 30 Jahren besteht für Erbverträge die Nachforschungs- und Eröffnungspflicht erst nach 50 Jahren (vgl § 20 V 1 DONot). Sie beginnt mit Ablauf des Tages, an dem der Erbvertrag beurkundet bzw in die amtliche Verwahrung gegeben worden ist. Das Fristende bemisst sich nach § 188.

3 **C. Gegenstand.** Die Norm gilt für alle Erbverträge, auch für aufgehobene und mit anderen Verträgen verbundene. Sie gilt nicht für nicht mit einem Erbvertrag verbundene Erbverzichtsverträge (BayObLGZ 83, 149, 151 ff).

4 **D. Nachforschungspflicht.** Die Nachforschungspflicht des Notars bzw des Amtsgerichts (§§ 2260 f), das den Erbvertrag in besonderer amtlicher Verwahrung hat, geht darauf festzustellen, ob der Erblasser noch lebt. Ist dieses der Fall, unterbleibt die Eröffnung des Erbvertrags. Erneute Ermittlungen sind dann spätestens alle 5 Jahre anzustellen (§ 20 V 3 DONot). Ist der Erblasser verstorben oder lässt sich sein Fortleben nicht feststellen, hat der Notar den Erbvertrag zur Eröffnung dem Nachlassgericht abzuliefern (Zweibr Rpfleger 82, 69). Bei Ungewissheit ist das AG am Amtssitz des Notars zuständig. Lehnt das Nachlassgericht die Annahme ab, ist Beschwerde des Notars zulässig (§ 19 FGG, § 11 RPflG) und berechtigt (§ 20 I FGG, vgl BayObLGZ 83, 149, 150). Lebt der Erblasser bei Eröffnung noch, bleibt der Erbvertrag wirksam (*Schlüter* ErbR Rn 385).

§ 2301 Schenkungsversprechen von Todes wegen

(1) ¹Auf ein Schenkungsversprechen, welches unter der Bedingung erteilt wird, dass der Beschenkte den Schenker überlebt, finden die Vorschriften über Verfügungen von Todes wegen Anwendung. ²Das Gleiche gilt für ein schenkweise unter dieser Bedingung erteiltes Schuldversprechen oder Schuldanerkenntnis der in den §§ 780, 781 bezeichneten Art.
(2) Vollzieht der Schenker die Schenkung durch Leistung des zugewendeten Gegenstands, so finden die Vorschriften über Schenkungen unter Lebenden Anwendung.

1 **A. Zweck.** Die Norm soll berechtigte lebzeitige Interessen des Erblassers an einer Schenkung auf den Todesfall (vgl BGH NJW 53, 182, 183) mit der Gefahr der Umgehung erbrechtlicher Vorschriften, insbes Formerfordernissen und Ansprüchen von Nachlassgläubigern und Pflichtteilsberechtigten, in Einklang bringen (Staud/*Marotzke* § 1922 Rn 56). Denn die Schenkung vTw gleicht in ihrer wirtschaftlichen Wirkung letztwilligen Zuwendungen, indem jeweils das Zugewendete erst im Todesfall in das Vermögen des Beschenkten übergeht, also Rechtsverhältnisse für die Zeit nach dem Tod des Erblassers geordnet werden (*Brox* ErbR Rn 740). § 2301 unterwirft deshalb Schenkungen vTw den Vorschriften über Verfügungen vTw (I 1). Das Rechtsgeschäft unter Lebenden wird in eine erbrechtliche Verfügung vTw umgedeutet (*Harder* 95 ff). Anderes gilt, wenn der Schenker die Schenkung **vollzogen** hat. Dann gelten die Vorschriften über die Schenkungen unter

Lebenden (II). Der Anspruch aus einem Schenkungsversprechen vTw ist zu Lebzeiten des Erblassers nicht vormerkbar (BayObLG ZEV 02, 514).

B. Schenkungsversprechen (I). Vielfach wird für § 2301 I vorausgesetzt, dass die Schenkungserklärung 2 wirksam angenommen worden ist (Hamm FamRZ 89, 669, 673; Palandt/*Edenhofer* Rn 5; Staud/*Kanzleiter* Rn 5, 9). Das Schenkungsversprechen ist dann Teil eines einseitig verpflichtenden Vertrags, durch den der Schenker einem anderen unentgeltlich eine Leistung verspricht. Fehlt es an der Annahme, könne das Angebot bei Einhaltung der Testamentsform in ein Testament umgedeutet (§ 140) werden. Da § 2301 nicht nur auf die Normen zum Erbvertrag, sondern auch auf das Testamentsrecht verweist (Rn 8), ist als Schenkungsversprechen auch das nur einseitige, empfangsbedürftige Schenkungsangebot zu verstehen (AnwK/*Seif* Rn 12; MüKo/*Musielak* Rn 5; *Harder*, 106 f, 110 f). S.a. Rn 8.

§ 2301 gilt **nicht** für **entgeltliche** Verträge (BGH NJW 53, 182, 183). Unentgeltlich ist eine versprochene 3 Zuwendung, wenn ihr nach dem Inhalt des Rechtsgeschäfts keine Gegenleistung gegenübersteht (BGH NJW 82, 436; DNotZ 93, 521, 522). IdR wird ein Zuwendungsversprechen an einen langjährigen Lebenspartner keine vereinbarte Gegenleistung für Dienste darstellen (Ddorf OLGZ 78, 323, 324). Die Zuwendung ist nicht unentgeltlich, wenn für Dienstleistungen bis zum Tod des Empfängers eine Geldsumme versprochen wird (RG JW 20, 139; D/R/B/*Reimann* Rn 11), wenn gemeinsam ein Oder-Konto eingerichtet wird, da die Ausgleichspflicht nach § 430 ggü den Erben besteht (BGH NJW 76, 807; D/R/B/*Reimann* Rn 12), idR wenn gesellschaftliche Nachfolgeklauseln den Abfindungsanspruch der Erben wechselseitig ausschließen, da sie im Zusammenhang mit allen anderen Gegebenheiten des Gesellschaftsvertrags gesehen werden müssen (BGH NJW 57, 180; 77, 1339; D/R/B/*Reimann* Rn 13, 74; aA MüKo/*Ulmer* § 738 Rn 41; sa § 2325 Rn 17 f; Damrau/*Riedel/Lenz* § 2311 Rn 88 ff, § 2325 Rn 39 ff); zur Steuerbarkeit s § 3 I Nr 2 S 2, 3 ErbStG.

Gemischte Schenkungen (§ 516 Rn 25) unterfallen § 2301, wenn die Unentgeltlichkeit und damit der Schenkungscharakter überwiegt (BGH NJW 72, 247, 248; 81, 1956; Soergel/*Wolf* Rn 2; aA *Olzen* 96 ff: stets analoge Anwendung).

Die sofort vollzogene Schenkung (§ 516 Rn 1, „Handschenkung") ist kein Schenkungsversprechen. 4

C. Schuldversprechen oder -anerkenntnis (I 2). Schenkweise erteilte selbstständige Schuldversprechen oder 5 -anerkenntnisse iSv §§ 780 f sind gleichgestellt.

D. Überlebensbedingung. Die auf den Erbfall aufschiebend befristete (§§ 163, 158 I) Schenkung oder ihr 6 Versprechen, nicht die Erfüllung, muss unter der Bedingung stehen, dass der Beschenkte den Schenker überlebt. Die Bedingung kann durch das Überleben des Bedachten aufschiebend oder durch seinen Tod zu Lebzeiten des Verpflichteten auflösend gefasst sein (DErbK/*Große-Wilde* Rn 6; Staud/*Kanzleiter* Rn 10 b; Soergel/*Wolf* Rn 3; aA AnwK/*Seif* Rn 18; MüKo/*Musielak* Rn 9). Sie kann auf bestimmte Fälle des Vorversterbens beschränkt werden (RGRK/*Kregel* Rn 5). Ausdrückliche Formulierung ist nicht nötig. Es genügt, wenn sich die Bedingung im Einzelfall nach dem individuellen, ggf durch Auslegung (§ 133) ermittelten Willen bei nicht zu engherziger Prüfung ergibt (BGH NJW 87, 840). Gerade bei Zuwendungen an eine bestimmte Person aus in ihr liegenden Gründen für die Zeit nach dem Tod liegt sie nahe (BGH aaO). Der BGH wählt im Zweifel Auslegung analog § 2084 (FamRZ 85, 693, 695; NJW 88, 2731, 2732; abl Erman/*Schmidt* Rn 5; *Bork* JZ 88, 1059, 1061 ff).

Die Überlebensbedingung **fehlt**, wenn das Schenkungsversprechen erst nach dem Tod des Schenkers, aber 7 auch beim Vorversterben des Versprechensempfängers von dessen Erben angenommen werden darf (OHG MDR 49, 282), wenn die Bedingung darauf lautet, dass Schenker und Beschenkter gleichzeitig sterben (hM; Soergel/*Wolf* Rn 4), wenn die Schenkung nicht durch das Überleben des Bedachten bedingt, sondern nur ihre Erfüllung auf diesen Zeitpunkt hinausgeschoben wird (betagte Schenkung), denn hier handelt es sich um ein Geschäft unter Lebenden (BGH NJW 53, 182, 183; 59, 2252, 2254; 85, 1553, 1554; MüKo/*Musielak* Rn 4, 12; aA *Olzen* Jura 87, 16, 22; *Otte* AcP 186 [1986] 313, 314), oder wenn die Einschätzung, bald zu sterben, nur Motiv der Schenkung ist (D/R/B/*Reimann* Rn 21).

E. Form. I 1 verweist auf die Verfügungen vTw, also auch auf das Testamentsrecht (Rn 2; RGZ 53, 294, 296; 8 83, 223, 227; AnwK/*Seif* Rn 65; MüKo/*Musielak* Rn 13; aA KG NJW 71, 1808; D/R/B/*Reimann* Rn 5; Staud/*Kanzleiter* Rn 3). Daher genügen für die Form des Schenkungsversprechens die Erfordernisse des eigenhändigen Testaments (§ 2247), während die aA die Form des § 2276 fordert, bei Formunwirksamkeit aber Umdeutung (§ 140) in ein Testament erwägt (Palandt/*Edenhofer* Rn 6). Erbvertragliche Bindung setzt jedenfalls die Form des § 2276 voraus. Genügt das Schenkungsversprechen auf den Todesfall nicht den erbrechtlichen Formvorschriften, ist es nichtig (§ 125 S 1). Es kann, anders als die lebzeitige Schenkung (§ 518 II), nach dem Tod des Schenkers nicht geheilt werden (BGH NJW 86, 2107, 2108; 88, 2731, 2732; AnwK/*Seif* Rn 33). Der Tod des Erblassers als Schenker begründet eine Zäsur. Nach seinem Tod untersteht die Leistung den Normen des Erbrechts (BGH NJW 87, 840). Wird der mit einem Grundstück Beschenkte erst nach dem Tod des Schenkers Eigentümer, wird durch die Eigentumsumschreibung der Formmangel des § 311 b I 1 gem § 311 b I 2, nicht aber der nach §§ 2301 II, 518 II geheilt.

9 F. **Folgen.** Da im Rahmen einer Verfügung vTw die Überlebensbedingung Rechtsbedingung ist, gelten die §§ 158 ff nicht. Das Überleben des Beschenkten ist Voraussetzung für die erbrechtliche Wirkung. Der Versprechensempfänger erwirbt deshalb zu Lebzeiten des Schenkers keine gesicherte Rechtsposition, hat also kein (vormerkungsfähiges) Anwartschaftsrecht (DErbK/*Große-Wilde* Rn 7). Das formgerechte Schenkungsversprechen wirkt beim Erbfall wie ein Vermächtnis oder, wenn es sich auf das Vermögen oder einen Bruchteil bezieht, wie eine Erbeinsetzung (§ 2087; MüKo/*Musielak* Rn 14). Widerspricht es einem früher abgeschlossenen Erbvertrag, ist es nach § 2289 I 2 unwirksam; zu wechselseitigen Verfügungen in einem früheren gemeinschaftlichen Testament vgl § 2271. Von dem in Erbvertragsform abgegebenen Schenkungsversprechen vTw kann sich der Schenker wie von jedem Erbvertrag lösen, also ggf durch Anfechtung, Aufhebung oder Rücktritt. Ist es in Testamentsform abgegeben, kann er es frei widerrufen (Soergel/*Wolf* Rn 8). Grober Undank kann einen Anfechtungsgrund darstellen (§ 2078); die §§ 530 sind nicht anwendbar.

10 G. **Vollzogene Schenkung.** II bezieht sich auf die unter der Überlebensbedingung stehenden Schenkung iSv I. IdR werden Verpflichtungs- und Erfüllungsgeschäft, ohne dass dies zwingend ist, unter derselben Bedingung stehen. Regelmäßig steht die vollzogene Schenkung unter einer auflösenden Bedingung (§ 158 II). Überlebt der Beschenkte den Schenker nicht, soll das Geschenk zurückfallen (RGRK/*Kregel* Rn 13). Ist die Schenkung durch das Überleben des Beschenkten aufschiebend bedingt, ist sie vollzogen, wenn alle Voraussetzungen für den Rechtserwerb erfüllt sind (BGH NJW 53, 182 f; Ddorf FamRZ 97, 61). Ob eine Schenkung trotz bedingter Erfüllung durch den Schenker vollzogen ist, entscheidet über das anzuwendende Normenprogramm (MüKo/*Musielak* Rn 16). Denn „Vollzug" ist die Weichenstellung, die die Vorschriften über Schenkungen unter Lebenden anwendbar macht (**II**). Dabei stellt der Gesetzgeber darauf ab, ob der Schenker trotz der Überlebensbedingung (I) „sein Vermögen sofort und unmittelbar" mindert (Mot V, 352), das Opfer also bereits ihn und nicht erst seinen Erben trifft (*Brox* ErbR Rn 744). II greift sowohl bei Handschenkungen, bei denen die Schenkung ohne vorheriges Versprechen unmittelbar vollzogen wird (§ 516 Rn 1), als auch bei Leistungen auf ein Schenkungsversprechen iSv I (hM, RG WarnR 13, Nr 249; MüKo/*Musielak* Rn 16, aA *Harder* 112 ff). Das formnichtige Schenkungsversprechen wird durch die Leistung des zugewendeten Gegenstandes wirksam (II iVm § 518 II), wobei beim Versprechen unter Überlebensbedingung für § 2301 Voraussetzung ist, dass die Zuwendung noch zu Lebzeiten vollzogen wird (Rn 8).

11 Die Leistung **ist** demnach vollzogen, wenn der Schenker dem Beschenkten den Gegenstand (ggf auflösend bedingt) dinglich **überträgt** (zB nach §§ 929 ff, § 398) und somit den Leistungserfolg herbeigeführt hat. Dabei schadet nicht, dass sich der Schenker den jederzeitigen Widerruf (D/R/B/*Reimann*, Rn 42; Staud/*Kanzleiter* Rn 22; *Ebenroth* Rn 522; einschränkend Erman/*Schmidt* Rn 11) oder das Recht, von einem schenkweise übertragenen Sparbuch noch Beträge abheben zu dürfen (BGH NJW-RR 89, 1282; MüKo/*Musielak* Rn 22; aA Erman/*Schmidt* Rn 11), vorbehalten hat.

12 Bei zur Zeit des Erbfalls noch **ausstehender Erfüllung** setzt Vollzug voraus, dass der Schenker zu Lebzeiten alles von seiner Seite objektiv Erforderliche getan hat, damit das Zugewendete ohne sein weiteres Zutun in das Vermögen des Beschenkten gelangt (BGH NJW 70, 1638, 1639; 83, 1487; 94, 931, 932). So genügt, dass der Beschenkte ein Erwerbs- oder Anwartschaftsrecht (BGH NJW 71, 1338, 1339) erlangt, das ohne weitere Handlung des Schenkers mit Eintritt einer (aufschiebenden) Bedingung zwangsläufig zum Vollrecht erstarkt (BGH NJW-RR 86, 1133, 1134; MüKo/*Musielak* Rn 19).

13 Stirbt der Schenker, bevor seine Willenserklärung dem Beschenkten zugeht, ist nach dem Zweck der §§ 130 II, 158 Vollzug nicht dadurch ausgeschlossen, dass dessen Rechtserwerb nicht mehr zu Lebzeiten des Schenkers eintrat, wenn dieser den Zugang nicht bewusst (s aber BGH NJW 75, 382, 383) verzögerte (Ddorf FamRZ 97, 61; AnwK/*Seif* Rn 46 ff; D/R/B/*Reimann* Rn 38; aA Erman/*Schmidt* Rn 8; Staud/*Kanzleiter* Rn 23). Gleiches gilt bei Einschaltung eines Erklärungsboten (Soergel/*Wolf* Rn 18; *Brox* ErbR Rn 749; *Leipold* Rn 575). Die Erben des Schenkers können den Vollzug durch Widerruf der dinglichen Erklärung vor ihrem Zugang gem § 130 I 2 verhindern.

14 Kein Vollzug zB liegt vor, wenn Handlungen nur vorbereiten oder sichern sollen, zB die bloße Ermächtigung, beim Todesfall vorhandene Forderungen abheben zu dürfen (Palandt/*Edenhofer* Rn 9).

15 Vollzug ist auch **nicht** erfolgt, wenn der Erblasser eine (transmortale oder postmortale) Vollmacht unwiderruflich erteilt, dass Erfüllungsgeschäft aber erst nach seinem Tod durchgeführt werden darf, oder wenn der Schenker nur zufällig stirbt, bevor sein Vertreter (vgl §§ 168 S 1, 672 S 1) für den Leistungserfolg erforderliche Handlungen tätigte und die Erben nicht zuvor den Auftrag oder die Vollmacht widerriefen (aA MüKo/*Musielak* Rn 24). Die bloße unwiderrufliche Bevollmächtigung bewirkt keinen Vollzug. Der Schenker kann weiter über das Geschenk verfügen. Mit seinem Tod fällt es in den Nachlass (BGH NJW 83, 1487; 87, 840; 95, 953; Damrau/*Krüger* Rn 7; aA BaRoth/*Litzenburger* Rn 15; *Schlüter* ErbR Rn 1252). Nach dem Tod des Schenkers vertritt der Vertreter die Erben. Seine Handlungen sind ihre Leistungen (BGH NJW 88, 2731, 2732; aA MüKo/*Musielak* Rn 28; Palandt/*Edenhofer* Rn 10, 14). Wegen § 2065 ist die Einschaltung des Vertreters nicht mit der des Boten vergleichbar (AnwK/*Seif* Rn 53).

Einzelfälle 16
Bei **Forderungen** ist die Schenkung durch (ggf aufschiebend bedingte oder befristete) Abtretung (§ 398) vollzogen (BGH FamRZ 85, 693, ZEV 97, 416), auch bei Forderungen gegen Banken aus Guthaben. Mit Gutschrift auf fremdem Konto ist die Schenkung vollzogen (BGH NJW 94, 931). Vollzug kann vorliegen, wenn der Schenker dem Beschenkten erklärt, nach dem Tod des Schenkers gehöre Geld auf einem Bankkonto dem Beschenkten, und diesem eine über den Tod hinausgehende Bankvollmacht erteilt (Hburg NJW 63, 449). Allein die Bevollmächtigung genügt nicht (BGH NJW 83, 1487; KG WM 69, 1047). Die Übergabe des Sparbuchs (Frankf MDR 66, 503) oder seine Umschreibung ist nicht zwingend nötig, ist aber Indiz für die Abtretung (Zweibr NJW 89, 2546; MüKo/*Musielak* Rn 27). Denn wer das auf fremden Namen anlegte Sparbuch behält, will sich idR die Verfügung über das Sparguthaben bis zu seinem Tode vorbehalten (BGH NJW 67, 101; 76, 749; 05, 980).

Beim **Oder-Konto** ist die Schenkung des Gesamtguthabens vollzogen, wenn der Erblasser seinem Mitinhaber 17 zu Lebzeiten die Mitverfügungsbefugnis über es einräumt (BGH FamRZ 86, 982).

Bei der Schenkung eines **Holzeinschlagrechts** kommt es auf die Einräumung des Rechts, das Holz zu schla- 18 gen und sich anzueignen, an (BGH ZEV 06, 36).

Eine **Lebensversicherung** ist idR ein Vertrag zugunsten Dritter (§§ 330, 331; Rn 25 ff; FA-ErbR/*Krause* Kap 3 19 Rn 257 ff); s auch § 167 II VVG. Die Schenkung einer Bezugsberechtigung bei Versicherungsverträgen ist vollzogen, wenn sie abgetreten oder das Bezugsrecht unwiderruflich eingeräumt (vgl § 330) ist (BGH NJW 75, 1360, 1361; 92, 2154; 96, 2731; VersR 03, 1021). Die Zahlung der Versicherungssumme ist bei widerruflicher Bezugsberechtigung (vgl § 166 II VVG) grds keine Schenkung, sondern Gegenstand der Zuwendung sind die geleisteten Prämien (hM, BGH NJW 52, 1173, 1174 f; 87, 3131, 3132; FamRZ 76, 616 f).

Der **Erlass** wird mit Abschluss eines Erlassvertrags (§ 397) vollzogen (RGZ 53, 294, 296), auch zB beim 20 Vorbehalt des Zinsgenusses zu Lebzeiten oder bei einer Forderung in ihrer zum Todeszeitpunkt bestehenden Höhe (Hburg NJW 61, 76), wobei sich der Schenker Rückzahlung zu Lebzeiten vorbehalten kann (Karlsr FamRZ 89, 322).

Scheck. Vollzug tritt nicht schon mit Hingabe, sondern erst mit Einlösung des Schecks ein (BGH NJW 78, 21 2027). Da nach dem Tod des Erblassers seine Weisung an die Bank weiterhin wirksam ist (§ 130 II BGB; Art 33 ScheckG), kann die Einlösung auch nach seinem Tod erfolgen, wenn die Erben nicht zuvor widersprechen (BGH NJW 75, 382; 78, 2027).

Bewegliche Sachen. Vollzug ist mit Einigung und Übergabe (§§ 929 ff) gegeben. 22

Grundstücke. Wegen der Bedingungsfeindlichkeit der Auflassung (§ 925 II) stellt sich die Frage bei Übereig- 23 nungen nicht. Die Praxis greift auf eine unbedingte Schenkung mit Rücktrittsvorbehalt zurück (FA-ErbR/ *Krause* Kap 3, Rn 239). Die Erfüllung kann gestundet und der Anspruch des Beschenkten durch Auflassungsvormerkung gesichert werden. Kein Vollzug liegt mangels unentziehbarer Rechtsposition bei bloßer Eintragung einer Auflassungsvormerkung im Grundbuch vor, da das Schenkungsversprechen vTw keinen Anspruch erzeugt (BayObLG FGPrax 02, 151, 152), der gesichert werden könnte (BGH NJW 54, 633, 634; Hamm NJW-RR 00, 1389 f; AnwK/*Seif* Rn 7). Die Schenkung von Grundstücksrechten ist vollzogen, wenn nach Einigung der Schenker die Eintragungsbewilligung erteilt, der Beschenkte den Eintragungsantrag gestellt hat und ihm ggf vom Schenker die Eintragungs- oder Löschungsbewilligung ausgehändigt worden ist (D/R/B/ *Reimann* Rn 36).

H. Folgen des Vollzugs. Die lebzeitig vollzogene Schenkung vTw wird als Schenkung unter Lebenden 24 behandelt (II). Es gelten §§ 516 ff, insbes § 518 II. Ein Mangel der von I 1 geforderten erbrechtlichen Form ist geheilt. Das Geschenkte fällt nicht in den Nachlass. Pflichtteilsansprüche und Erbteile werden reduziert. Ggf kommen Rechte des Vertragserben aus § 2287, des Pflichtteilsberechtigten aus §§ 2325, 2329 und der Nachlassgläubiger aus §§ 3 ff AnfG, §§ 130–134 InsO in Betracht.

I. Vertrag zugunsten Dritter auf den Todesfall (§ 331). Die Konstellation, dass ein Versprechensempfänger 25 mit einem Versprechenden (Deckungsverhältnis) vereinbart, dass mit seinem Tod ein Dritter **schenkweise** das Recht erwirbt, unmittelbar vom Versprechenden eine Leistung zu fordern, ist durch §§ 328, 331 nur unzureichend geregelt. Wirtschaftlich gleicht der Erwerb des Beschenkten einem erbrechtlichen, so dass sich das Problem der Aushöhlung erbrechtlicher Formen stellt. Denn § 331 verlangt sie, anders als I 1, nicht. Die Lösung ist in allen Einzelheiten umstritten. Praxisrelevant sind entspr ausgestaltete Lebensversicherungen (BGH NJW 75, 1361), für die § 330 gilt und sich das Formgebot vorrangig aus §§ 159 ff VVG ergibt, Bauspar- (BGH NJW 65, 1913) oder Sparverträge (BGH NJW 75, 382; 76, 479, 481; Hamm WM 98, 2236, 2238) mit Drittbegünstigung auf den Todesfall.

Nach hM unterliegen die Rechtsbeziehungen im Deckungsverhältnis, der Vertrag zugunsten des Dritten, durch den dieser einen Anspruch ggü dem Versprechenden nach dem Tod des Versprechensempfängers erwirbt (§§ 328, 331 BGB), nicht dem Erbrecht, sondern dem Schuldrecht. § 2301 findet keine Anwendung, selbst wenn im Valutaverhältnis eine Schenkung vorliegt (BGH NJW 84, 480, 481, 04, 767, 768). Das Valutaverhältnis, das Verhältnis zwischen Versprechensempfänger und Drittem, regelt, ob der begünstigte Dritte nach dem Tod des Versprechensempfängers einen Anspruch gegen den Versprechenden hat bzw ob er bewirkte Leistungen behalten darf (Rn 26; BGH NJW 75, 1360; 95, 1082, 1084). Wenn eine Schenkung vorliegt, wäre denkbar, das Valutaverhältnis § 2301 zu unterstellen. Denn der Begünstigte erwirbt mit dem Tod des Versprechensempfängers durch Von-selbst-Erwerb (§ 331) sein Recht gegen den Versprechensgeber. Nach hM wird aber auch die Frage nach dem rechtlichen Grund im Valutaverhältnis nicht nach Erbrecht, sondern nach Schuldrecht beurteilt (BGH NJW 84, 480, 481; 04, 767, 768). Das Valutaverhältnis ist ein Rechtsgeschäft unter Lebenden, dessen Formbedürftigkeit sich nach dem Deckungsverhältnis richtet (BGH NJW 70, 2157; Köln NJW-RR 95, 1224; Staud/*Jagmann* § 328 Rn 52 f, 54). Bei einer Schenkung an den Begünstigten gelten daher §§ 516 ff, nicht § 2301 (BGH NJW 64, 1124; 76, 749; 84, 480, 481; 93, 2171; 04, 767, 768; DErbK/ *Große-Wilde* Rn 22; Staud/*Kanzleiter* Rn 43; aA AnwK/*Seif* Rn 72 ff; *Kipp/Coing* § 81 V 1/2c; *Medicus* BR Rn 396). Für die hM spricht, dass die systematische Stellung der §§ 330, 331 andeutet, dass solche Zuwendungen nicht dem Erbrecht unterworfen sein sollen (*Leipold* Rn 578). Zudem richtet sich die Forderung, die der Begünstigte schenkweise erlangt, von vornherein gegen den Versprechenden, stammt also nicht aus dem Nachlass (RGZ 153, 220, 227; BGH NJW 75, 382, 383; 1360; 95, 3113; 04, 214; *Jagmann* aaO Rn 54).

26 **Folge**
Hat der Versprechensempfänger dem Begünstigten die Zuwendung formlos versprochen, ist das Versprechen nichtig (§§ 518 I, 125 S 1). Der Mangel wird durch Leistungsbewirkung geheilt (§ 518 II), wenn der Begünstigte mit dem Tod des Versprechensempfängers von selbst einen Anspruch gegen den Versprechenden erwirbt (§§ 328 I, 331; BGH NJW 64, 1124; 84, 2156). Hat er das Schenkungsangebot noch nicht angenommen, kennt es ggf zunächst gar nicht, besteht kein Rechtsgrund im Valutaverhältnis. Ihm kann das Angebot, zB im Zusammenhang mit einer Drittbegünstigungserklärung, aber noch nach dem Tod des Versprechensempfängers durch einen Beauftragten, zB einer Bank (vgl § 672 S 1), zugehen (BGH NJW 76, 749; 84, 480, 481). Er kann es dann gem §§ 130 II, 151, 153, zB durch ein Auszahlungsverlangen, annehmen (BGH NJW 84, 480, 481; 2156; Zweibr WM 98, 1776, 1777). Anderes gilt, wenn zuvor die Erben des Versprechensempfängers ggü dem Begünstigten das zu überbringende Schenkungsangebot (§ 130 I 2) bzw ggü dem Beauftragten dessen Weisung (BGH NJW 75, 382, 383) widerrufen (§ 331 Rn 7). Eine Warte- oder Rückfragepflicht des Versprechenden aus § 242 oder § 666 besteht nicht (BGH NJW 95, 250). Der Versprechensempfänger kann das Widerrufsrecht seiner Erben nicht ausschließen, wenn er es selbst behält (BGH WM 76, 1130, 1132; vgl auch Celle WM 93, 591, 592 f; 96, 851).
Ein wirksamer Schenkungsvertrag ist dann **Rechtsgrund** im Valutaverhältnis (§ 331 Rn 6). Der Beschenkte muss das Zugewendete nicht nach Bereicherungsrecht den Erben herausgeben (RGZ 128, 187, BGH NJW 64, 1124; 67, 101; 04, 767, 768; zur Kritik s MüKo/*Musielak* Rn 34 f). Statt Schenkung kann auch ein anderer Rechtsgrund, zB eine ehebedingte Zuwendung (s BGHZ 128, 125, 132 ff) oder ein Dienstvertrag (BGH NJW 75, 1360), vorliegen. Die Rechtsbeziehung im Valutaverhältnis kann gem §§ 119 ff, nicht nach § 2078, angefochten werden (BGH NJW 04, 767, 768 f).

27 Als Rechtsgeschäft unter Lebenden (vgl § 2286) stellt der Vertrag zugunsten Dritter auf den Todesfall keinen Verstoß gegen § 2289 I 2 dar (BGH NJW 76, 749). Der Begünstigte kann dem Erben nur nach § 2287 haften. S auch Rn 24. Als erbrechtliche Auslegungsregel ist § 2069 ist nicht anwendbar, sondern §§ 133, 157 (BGH NJW 93, 2171, 2172; 04, 767, 768).

28 **J. Steuer.** Nach § 1 I Nr 1, 3 I Nr 2 S 1 ErbStG gilt als Erwerb vTw der Erwerb durch Schenkung auf den Todesfall (§ 2301; BFH BStBl II 91, 181). Der Erwerb vTw (§ 3 ErbStG) hat als Spezialregelung Vorrang ggü einer Schenkung unter Lebenden gem § 7 ErbStG (*Meincke* ErbStG, § 3 Rn 57), wenn die Erfüllungswirkung der Schenkung unter Überlebensbedingung mit dem Tode des Schenkers unmittelbar eintritt. Dagegen ist § 7 ErbStG einschlägig, wenn der Vollzug der Leistung noch zu Lebzeiten des Erblassers erfolgte (*Moench* § 3 ErbStG Rn 129). Zur Schenkung von Gesellschaftsanteilen vgl § 3 I Nr 2 S 2 ErbStG. Bei einer Zuwendung an einen Dritten kommt es auf das Verhältnis zum ursprünglichen Schenker an, aus dessen Vermögen die Zuwendung stammt (BFHE 171, 316, BStBl II 93, 523). Nach § 3 I Nr 4 ErbStG gilt jeder Vermögensvorteil, der auf Grund eines vom Erblasser geschlossenen Vertrags bei dessen Tode von einem Dritten unmittelbar erworben wird, als Erwerb vTw. Unter § 3 I Nr 4 ErbStG fallen echte Verträge zugunsten Dritter auf den Todesfall, wenn im Valutaverhältnis zwischen Erblasser und Drittem eine freigebige Zuwendung vorliegt (BFH/NV 00, 190; 02, 648; HFR 99, 185; *Moench* § 3 ErbStG Rn 149), zB der Erwerb der Versicherungssumme aus einer Lebensversicherung als bezugsberechtigter Dritter nach §§ 330, 331 (*Moench* aaO Rn 159; Fa-ErbR/*Walpert* Kap 12 Rn 62 ff; s a Rn 25).

§ 2302 Unbeschränkbare Testierfreiheit

Ein Vertrag, durch den sich jemand verpflichtet, eine Verfügung von Todes wegen zu errichten oder nicht zu errichten, aufzuheben oder nicht aufzuheben, ist nichtig.

1 **A. Zweck/Anwendungsbereich.** Anders als durch gemeinschaftliches Testament (§ 2271 II) oder Erbvertrag (§ 2289 I 2) soll die Testierfreiheit nicht vertraglich ausgeschlossen werden können. Darauf gerichtete Ver-

träge sind insgesamt nichtig (BGH NJW 59, 625). Prozessvergleiche mit entsprechendem Inhalt können nicht gem § 888 ZPO erzwungen werden (Frankf Rpfleger 80, 117). Eine zur Sicherung eines solchen nichtigen Vertrags vereinbarte **Vertragsstrafe** (§ 344) ist nichtig (BGH NJW 77, 950). Auf die nichtige Zusage können grds keine **Schadensersatzansprüche** gestützt werden (BGH aaO).

Über den Inhalt des § 2302 hinaus sind auch Verpflichtungen nichtig, eine Verfügung vTw in einer bestimmten Form zu errichten (BayObLG NJWE-FER 01, 126, 128), zu ändern (Stuttg NJW 89, 2700) oder einen bestimmten Inhalt zu geben (MüKo/*Musielak* Rn 2). Im Erbvertrag kann nicht auf das Recht zur Aufhebung oder zum Rücktritt verzichtet werden (BGH NJW 59, 625). Für **einseitige Verpflichtungen**, vTw zu verfügen (BayObLG aaO), oder für testamentarische Auflagen des Erblassers, die die Testierfreiheit anderer beschränken soll (Hamm NJW 74, 60), gilt § 2302 entspr. 2

Ggf kann eine nichtige Vereinbarung **umgedeutet** werden (§ 140; BayObLG ZEV 95, 71, 72; MüKo/*Musielak* Rn 6).

B. Zulässige Vereinbarungen. Zulässig ist die schuldrechtliche Verpflichtung, eine Erbschaft auszuschlagen (Staud/*Kanzleiter* Rn 5), die als Vertrag mit dem Erblasser formbedürftiger Erbverzicht (§ 2348) sein kann (Damrau/*Krüger* Rn 2), und in den Grenzen der §§ 134, 138 eine Verfügung vTw an die Bedingung zu knüpfen, dass der Empfänger einen Dritten letztwillig bedenkt (sog „kaptatorische Zuwendungen"; s a BGH WM 71, 1509, 1510; NJW 77, 950; AnwK/*Seif* Rn 5; *Schumann* Rn 3). 3

Abschnitt 5   Pflichtteil

Vorbemerkungen vor §§ 2303 ff

A. Verfassungsrechtliche Gewährleistung. Die grundsätzlich unentziehbare und bedarfsunabhängige **wirtschaftliche Mindestbeteiligung** der Kinder des Erblassers an dessen Nachlass wird durch die Erbrechtsgarantie des Art 14 I iVm Art 6 GG gewährleistet (BVerfG NJW 05, 1561, 1562 f; 2691; s a BGH NJW 87, 122; 90, 911). Die durch Art 14 GG geschützte Mindestbeteiligung ist tragendes Strukturelement des Pflichtteilsrechts, wobei dieses zugleich im engen Sinnzusammenhang mit dem durch Art 6 I GG gewährleisteten Schutz des Verhältnisses zwischen dem Erblasser und seinen Kindern steht (BVerfG NJW 05, 1561, 1563 mit Anm *Stüber* aaO, 2122; *Mayer* FamRZ 05, 1441; *Kleensang* ZEV 05, 277; *Schöpflin* FamRZ 05, 2025). Das Pflichtteilsrecht dient auch dazu, den ideellen und wirtschaftlichen Zusammenhang von Vermögen und Familie bedarfsunabhängig über den Tod des Vermögensinhabers zu ermöglichen (BVerfG aaO, 1564). Wegen familienrechtlicher Verbundenheit auch ggü den Eltern und dem Ehegatte des Erblassers besteht ein sog „Verwandtenerbrecht", dh Recht (nächster) Angehörige als Erben, kraft Erbfolge zu erwerben (BVerfGE 93, 165, 174; NJW 95, 2977; 99, 1853; 01, 141; 05, 1561, 1563; MüKo/*Leipold*, Einl Erbrecht Rn 28, 32; Maunz/Dürig/*Papier* Art 14 Rn 300 f; abl Dreier/*Wieland* Art 14 Rn 67: das Familieneigentum sei dem BGB fremd). Auch das gesetzliche Pflichtteilsrecht des Lebenspartners (§§ 1 I, 10 I, II, VI LPartG) ist mit dem GG vereinbar. Die Verpflichtung der Lebenspartner zu gegenseitiger umfassender Sorge rechtfertigt es ebenso wie bei Ehegatten, dem Lebenspartner mit dem Pflichtteilsrecht auch über den Tod hinaus eine ökonomische Basis aus dem Vermögen des verstorbenen Lebenspartners zu sichern (BVerfGE 105, 313, 355 f; zur Kritik MüKo/*Wacke*, Einl LPartG Rn 3). 1

Die **Testierfreiheit des Erblassers** unterliegt grds diesen durch die Abstammung (§ 1589) bzw Annahme (§§ 1754, 1770) oder Partnerschaft begründeten familienrechtlichen Bindungen. Die Testierfreiheit als bestimmendes Element der Erbrechtsgarantie und Kernbereich des Erbrechts (BVerfGE 67, 329, 341; NJW 99, 1853; BGHZ 111, 36, 39; 118, 361, 365; *Papier* aaO Rn 302 f) umfasst die Befugnis des Erblassers, zu Lebzeiten durch Verfügung vTw nach seinem Willen einen von der gesetzlichen Erbfolge abweichenden Vermögensübergang anzuordnen, insbes gesetzliche Erben von der Nachlassbeteiligung auszuschließen und wertmäßig auf den gesetzlichen Pflichtteil festzusetzen (BVerfGE 58, 377, 398; NJW 04, 2008, 2010; 05, 1561, 1563). Sie wird durch die Erbrechtsgarantie (Art 14 GG) gewährleistet (*Papier* aaO Rn 297; *Leipold* aaO Rn 25; Staud/*Otte*, Einl §§ 1922 ff Rn 63; zur Historie *Kleensang* ZEV 05, 277; DNotZ 05, 509). 2

Den verfassungsrechtlichen Anforderungen, den Interessenkonflikt zwischen den rechtlich gleichgeordneten Rechtssubjekten zu lösen, genügt das Pflichtteilsrecht in seiner in § 2303 I getroffenen Ausgestaltung (BVerfG NJW 05, 1561, 1564; s a BVerfG NJW 95, 2977; 01, 141, 142). Bei verfassungskonformer Auslegung dürfte auch die übrige Ausgestaltung des Ausgleichs zwischen Testierfreiheit und Verwandtenerbrecht eine verfassungsmäße Ausübung des Gestaltungsspielraums des Gesetzgebers (dazu BVerfGE 67, 329, 340 f) sein (vgl BVerfG NJW 95, 2977; 01, 141, 142), insbes die Höhe des Pflichtteilsrechts (*Papier* aaO Rn 302; v Münch/Kunig/*Bryde* Art 14 Rn 48; MüKo/*Lange* § 2303 Rn 4; Staud/*Otte*, Einl §§ 1922 ff Rn 72). Zur aktuellen rechtspolitischen Diskussion vgl zB BTDrs 15/3899; *Klingelhöffer* ZEV 02, 293; *Lange* AcP 204 (2004), 804; *Leisner* NJW 01, 126; *Lipp* NJW 02, 2201; *Otte* AcP 202 (2002), 317; *Strätz* FamRZ 98, 1553. 3

4 **B. Pflichtteilsrecht und Pflichtteilsanspruch.** Das **Pflichtteilsrecht** ist ein Rechtsverhältnis, das zwischen dem Pflichtteilsberechtigten und Erblasser bereits zu dessen Lebzeiten besteht, dessen Tod überdauert und sich mit seinen Erben fortsetzt. Es zeitigt schon zu Lebzeiten des Erblassers Rechtswirkungen (vgl §§ 311b V, 1643, 1822 Nr 1, 2281 I Hs 2, 2346 II; BGH NJW 58, 1964) und kann Gegenstand der Feststellungsklage (§ 256 I ZPO) sein (BGH FamRZ 74, 303; NJW 90, 911; 04, 1874); nach dem Tod des Erblassers fehlt das Feststellungsinteresse (BGH NJW-RR 90, 130; 93, 391; MüKo/*Lange* Rn 9). Aus dem Pflichtteilsrecht kann sich mit dem Erbfall (§ 2317 I) der vererbliche und übertragbare (§ 2317 II) **Pflichtteilsanspruch** herleiten. Der Pflichtteilsberechtigte ist nur mit einer Forderung am Nachlass beteiligt. Der Anspruch richtet sich auf Geld, nämlich auf die Hälfte des Werts des entzogenen Erbteils (§ 2303 I 2), und ist grds sofort fällig. Er entfällt durch Pflichtteilsentziehung (§§ 2333 ff), Erklärung der Erbunwürdigkeit (§ 2345 II) oder durch Verzicht (§ 2346 I 2).

§ 2303 Pflichtteilsberechtigte; Höhe des Pflichtteils

(1) ¹Ist ein Abkömmling des Erblassers durch Verfügung von Todes wegen von der Erbfolge ausgeschlossen, so kann er von den Erben den Pflichtteil verlangen. ²Der Pflichtteil besteht in der Hälfte des Wertes des gesetzlichen Erbteils.
(2) ¹Das gleiche Recht steht den Eltern und dem Ehegatten des Erblassers zu, wenn sie durch Verfügung von Todes wegen von der Erbfolge ausgeschlossen sind. ²Die Vorschrift des § 1371 bleibt unberührt.

1 **A. Pflichtteilsberechtigter.** Pflichtteilsberechtigt sind (nur) Abkömmlinge (I 1), Eltern und Ehegatten (II 1) sowie Lebenspartner (§ 10 VI LPartG), die wie Ehegatten zu behandeln sind. Zum Ausschluss entfernterer Abkömmlinge oder der Eltern vgl § 2309.

2 **Abkömmling** ist, wer mit dem Erblasser in grader Linie (§ 1589 I 1) absteigend verwandt ist (Kinder, Enkel; nicht: Geschwister), auch angenommene Kinder (§§ 1754 f, 1764 II, 1770). Bei Annahme eines Minderjährigen erlöschen seit dem 1.1.1977 grds dessen Verwandtschaftsverhältnisse zu seinen bisherigen Verwandten (§ 1755 I 1). Dagegen werden bei der Volljährigenadoption die Rechte und Pflichten aus dem Verwandtschaftsverhältnis des Angenommenen zu seinen Verwandten grds nicht berührt (§ 1770 II). Daher ist der als Volljähriger Angenommene grds sowohl nach seinen leiblichen als auch nach seinen Adoptiveltern erb- und unterhaltsberechtigt. Zur Übergangsregel des § 12 AdoptG vgl MüKo/*Lange* Rn 21. Auch nichteheliche Kinder sind pflichtteilsberechtigt; nach dem Vater, sofern die Vaterschaft anerkannt oder rechtskräftig festgestellt ist (§§ 1582 Nr 2, 3, 1594, 1600 d) und das Kind nicht vor dem 1.7.49 geboren wurde (Art 227 I Nr 1 EGBGB; Ausnahme: Art 235 § 1 II EGBGB); zur Rechtslage vor dem am 1.4.98 in Kraft getretenen Erbrechtsgleichstellungsgesetz bzw vor dem 1.7.1998 sowie zur Übergangsregelung in Art 227 EGBGB vgl MüKo/*Lange* Rn 15–17. Zu Komplikationen bei der Verwandten- oder Stiefkindadoption (§ 1756) vgl MüKo/*Lange* Rn 19.

3 **Eltern** (§§ 1591 ff) sind nur pflichtteilsberechtigt (II 1), wenn sie ohne die Ausschließung des Erblassers als gesetzliche Erben berufen (vgl § 1930) und nicht nach § 2309 ausgeschlossen wären (DErbK/*Gemmer* Rn11). Grds nur bei der Volladoption sind auch Adoptiveltern (§§ 1925, 1754, 1767 II) eingeschlossen. Pflichtteilsberechtigt ist seit dem Inkrafttreten des NEhelG am 1.7.1970 grds auch der Vater des nicht vor dem 1.7.1949 geborenen nichtehelichen Kindes (Art 12 § 10 NEhelG), wenn die Vaterschaft anerkannt ist oder feststeht (§ 1592 Nr 2, 3). Durch bis zum 1.4.1998 wirksam gewordenen vorzeitigen Erbausgleich verlor der Vater sein Recht (§§ 1934 d, e aF; Art 227 I Nr 2 EGBGB).

4 Der **Ehegatte** ist pflichtteilsberechtigt, wenn zum Zeitpunkt des Todes die Ehe rechtsgültig bestand, also nicht bei Nichtehe, geschiedener Ehe (§ 1564; s aber § 1586 b), oder aufhebbarer Ehe, wenn der Ehegatte bei Eheschließung die Aufhebbarkeit kannte (§ 1318). Ein Ausschluss besteht auch, wenn der Erblasser berechtigt Scheidung (Köln ZEV 03, 326) oder Aufhebungen (§ 1313) verlangen konnte und entspr beantragt bzw zugestimmt (§ 1933) hat. Zur Ausschlagung bei Zugewinngemeinschaft beachte § 1371 III (dazu Rn 11), ferner § 2306 I 2. Allein jahrzehntelanges Getrenntleben schließt die Pflichtteilsberechtigung nicht aus (Schlesw OLGR 00, 241). Der **Lebenspartner** (§ 1 LPartG) ist pflichtteilsberechtigt und insoweit dem Ehegatten gleichgestellt (§ 10 VI 1, 2 LPartG). Sein Recht ist entspr dem des Ehegatten nach §§ 10 III, 15 I, II Nr 1–3 LPartG uU ausgeschlossen. Bei Zugewinngemeinschaft, die mangels abweichender Vereinbarung gilt (§§ 6 S 1, 7 LPartG), gelten § 1362 II und §§ 1364–1390, mithin auch § 1371 II, III, entspr (§ 6 S 2 LPartG).

5 **B. Ausschluss.** Der Pflichtteilsberechtigte muss durch Enterbung (§ 1938) durch **Verfügung vTw** (Testament oder Erbvertrag) von der **Erbfolge ausgeschlossen** worden sein (I 1). Daran fehlt es, wenn jemand auch ohne die ausschließende Verfügung vTw nicht zum Erben berufen wäre (Damrau/*Riedel/Lenz* Rn 22 f), zB bei Rechtshandlungen, die das gesetzliche Erbrecht beseitigen. Daher liegt **kein** Ausschluss iSv Abs I vor beim Erb- oder Pflichtteilsverzicht (§§ 2346, 2349), bei Pflichtteilsentziehung (§§ 2333 ff) oder der Erklärung der Erbunwürdigkeit (§§ 2344, 2345). Auch durch Ausschlagung entfällt das Pflichtteilsrecht (Ausnahmen: § 1371 III und § 2306 I 2 Hs 1). Kein Ausschluss besteht beim auflösend bedingten oder befristeten Erben (Damrau/ *Riedel/Lenz* Rn 16) oder beim aufschiebend bedingt oder befristet eingesetzten Erben, der Nacherbe ist

(BaRoth/*Mayer* Rn 12). Beim gleichzeitigen Versterben kommt es nicht zum gesetzlichen Erbrecht (§ 1923 I), das somit nicht ausgeschlossen sein kann.

Die Begünstigung durch Auflage, Bestellung zum Testamentsvollstrecker, Einsetzung zum Ersatzerben (der 6 nicht zur Erbfolge gelangt) oder grds die Zuwendung durch Vermächtnis schließt Ausschluss nicht aus; bei Vermächtnissen gilt jedoch § 2307. Beim Berliner Testament (vgl § 2269) sind die Abkömmlinge durch die gegenseitige Erbeinsetzung der Ehegatten bezüglich des Erstverstorbenen enterbt, auch wenn sie nach dem Tod des überlebenden Ehegatten Schlusserben sind (BGH NJW 57, 422 f). Beim Erben mit zu geringem Erbteil gewährt § 2305 einen Zusatzpflichtteil.

C. Pflichtteilsschuldner. Pflichtteilsschuldner des mit dem Erbfall entstandenen Anspruchs (§ 2317 I) ist 7 der Erbe oder Miterbe (I 1), bei Anordnung der Vor- und Nacherbschaft während der Vorerbschaft nur der Vorerbe (RGZ 113, 45, 50), nie der Testamentsvollstrecker (§ 2213 I 3; BGH NJW 81, 1446; Köln ZEV 05, 307, 309). Will der Pflichtteilsberechtigte seinen Anspruch durch Zwangsvollstreckung in den der Verwaltung des Testamentsvollstreckers unterliegenden Nachlass befriedigen, bedarf es eines Zahlungstitels gegen den Erben und zusätzlich eines Titels auf Duldung der Zwangsvollstreckung in den Nachlass gegen den Testamentsvollstrecker (§ 748 I, III ZPO; Köln ZEV 05, 307, 309 m Anm *Marotzke*; LG Heidelberg NJW-RR 1991, 969; MüKo/*Zimmermann* § 2213 Rn 10, 13). Der Erbe kann die Erfüllung des Pflichtteilsanspruchs nicht davon abhängig machen, dass der Pflichtteilsberechtigte auf die ‚Anfechtung' des Testaments verzichtet (LG Heidelberg aaO).

D. Höhe des Pflichtteils. Der Pflichtteil besteht nach I 2 in der Hälfte des Wertes des gesetzlichen Erbteils, 8 also in einem Bruchteil des Nachlasswertes zur Zeit des Erbfalls (§ 2311); zum Lebenspartner s § 10 I, VI LPartG. Er ist für jeden Erben gesondert und unabhängig davon, ob andere Erben ihren Anspruch geltend machen, zu bestimmen. Maßgeblich ist die gesetzliche Erbfolge (§§ 1924 ff), die durch §§ 2309, 2310 modifiziert wird (AnwK/*Bock* Rn 26). Kommt § 2309 zur Anwendung, wird bei Ermittlung ihrer Quote der weggefallene Näherberechtigte trotz § 2310 nicht mitgezählt, wenn durch seine Ausschlagung der andere erst pflichtteilsberechtigt wird (Palandt/*Edenhofer* Rn 7).

E. Besonderheiten bei Ehegatten. Hier ist der Güterstand zu berücksichtigen, von dem das Ehegattenerbrecht abhängt: 9

Bei **Zugewinngemeinschaft** ist zwischen der erb- und güterrechtlichen Lösung (§ 2303 II 2) zu unterscheiden.

Bei der **güterrechtlichen** Lösung (sog kleiner Pflichtteil) ist der überlebende Ehegatte weder Erbe noch Vermächtnisnehmer. Ihm steht als Nachlassverbindlichkeit der rechnerisch genau ermittelte Zugewinnausgleich 10 (§§ 1373 ff) sowie als Pflichtteil die Hälfte des nicht erhöhten gesetzlichen Erbteils des Ehegatten (§ 1931 I, II) zu (§ 1371 II Hs 2; vgl Damrau/*Riedel/Lenz* Rn 26). Neben Abkömmlingen beträgt der Pflichtteil des Ehegatten 1/8, neben Verwandten der zweiten Ordnung ¼. Der Pflichtteil eines Kindes eines beim Erbfall noch verheirateten Erblassers geht auf 3/8, bei zwei Kindern auf jeweils 3/16. Ein Wahlrecht, den großen Pflichtteil zu fordern, hat der überlebende, von der Erbfolge ausgeschlossene Ehegatte nicht (hM, BGH NJW 64, 2404; 76, 2131; 82, 2497; Oldbg FamRZ 64, 299).

Bei der **erbrechtlichen** Lösung steht dem überlebenden Ehegatten, der Erbe oder Vermächtnisnehmer mit 11 Pflichtteils- oder Ergänzungsansprüchen geworden ist, der große Pflichtteil als nach § 1371 I erhöhter gesetzlicher Erbteil zu (BGH NJW 62, 1719). Der Zugewinnausgleich verwirklicht sich, indem der gesetzliche Erbteil unabhängig von einem Zugewinn im Einzelnen pauschal um ¼ und damit der Pflichtteil um 1/8 erhöht wird (BGH NJW 62, 1719, 1721; 88, 388, 389; zum Lebenspartner s MüKo/*Wacke* § 10 LPartG Rn 1). Der Ehegatte ist neben Verwandten 1. Ordnung zu ½, neben Verwandten 2. Ordnung oder Großeltern zu ¾ der Erbschaft zum gesetzlichen Erben berufen (§§ 1931 I, III, 1371 I; MüKo/*Lange* Rn 25); die Pflichtteilsquote geht jeweils auf die Hälfte (I 2); nach § 1931 I 2 ggf noch höher. Der Anspruch auf den kleinen Pflichtteil bleibt auch bei Ausschlagung bestehen (§ 1371 III Hs 1), was für den überlebenden Ehegatten wirtschaftlich günstiger als der große Pflichtteil sein kann, wenn der Nachlass überwiegend aus dem Zugewinn des Verstorbenen besteht. Der große Pflichtteil hat für den Ehegatten weitere Auswirkungen, zB auf Pflichtteilsansprüche (§§ 2305–2307) oder Pflichtteilsergänzungsansprüche (§§ 2325, 2329) sowie in den Fällen der §§ 2318 f, 2328. Auch auf die Quote dritter Erb- und Pflichtteilsberechtigter wirkt sich der Anspruch des Ehegatten aus (§ 1371 II Hs 2): Der Pflichtteil eines Kindes geht auf ¼, bei zwei Kindern jeweils auf 1/8.

Bei **Gütertrennung** (§ 1414) erhöht § 1931 IV den gesetzlichen Erbteil des Ehegatten neben einem Kind auf 12 ½, neben zwei Kindern auf 1/3 und neben 3 oder mehr Kindern auf 1/8. Der Pflichtteil des überlebenden Ehegatten beträgt davon je die Hälfte. Ein Kind ist zu ¼, zwei Kinder sind zu jeweils 1/6 pflichtteilsberechtigt, wenn der Erblasser im Erbfall noch verheiratet war.

Bei **Gütergemeinschaft** (§§ 1415 ff) sind die Ehegatten am Gesamtgut (§ 1416) wirtschaftlich je zur Hälfte, 13 am Sonder- und Vorbehaltsgut (§§ 1417, 1418) jeder allein beteiligt. Es beträgt der Ehegattenpflichtteil neben Abkömmlingen 1/8 (§ 1931 I 1) und neben Abkömmlingen der 2. Ordnung oder Großeltern ¼. Der Pflichtteil eines Kindes geht, wenn der Erblasser im Erbfall noch verheiratet war, auf 3/8 und bei zwei Kindern auf je 3/16.

14 **F. Weitere Hinweise.** Für den Pflichtteilsanspruch ist das allgemeine Zivilgericht, für den Zugewinnausgleich das Familiengericht **zuständig** (BGH NJW 83, 388, 389). Der Pflichtteilsanspruch **verjährt** (§ 2332) wie der Anspruch auf Zugewinnausgleich (§ 1378 IV) in drei Jahren. Die Klage auf Zahlung des großen Pflichtteils hemmt nicht die Verjährung des Anspruchs auf Zugewinnausgleich nach § 1371 II (BGH aaO 389 f). Im **Höferecht** sind §§ 12 II, III und 16 HöfeO sowie die Zuständigkeit des LwG (§ 1 Nr 5 LwVG) zu beachten.

15 **Steuer.** Der ggü dem Erben geltend gemachte Pflichtteilsanspruch gilt als Erwerb vTw und unterliegt der Steuerpflicht (§ 3 I Nr 1 iVm § 1 I Nr 1 ErbStG). Werden zur Erfüllung des geltend gemachten Anspruchs Grundstücke übertragen, fällt Grunderwerbsteuer an (BFH ZEV 02, 425); ggf greift § 3 Nr 6 GrEStG. Der Anspruch wird nach dem Zeitpunkt der Geltendmachung (vgl § 9 I Nr 1 b, § 11 ErbStG) mit dem Nennwert bewertet (§ 12 ErbStG I iVm § 12 BewG). Die Erben können ihn als Nachlassverbindlichkeit mit Geltendmachung abziehen (§ 10 V Nr 2 ErbStG). Zum Verzicht s § 2346 Rn 16.

§ 2304 Auslegungsregel

Die Zuwendung des Pflichtteils ist im Zweifel nicht als Erbeinsetzung anzusehen.

1 **A. Zweck.** Die negative Auslegungsregel stellt als Ausnahme zu § 2087 I klar, dass bei der mehrdeutigen Anordnung, jemand solle einen Pflichtteil erhalten (vgl *Ferid* NJW 60, 121 ff), im Zweifel eine Erbeinsetzung nicht angenommen werden kann (Mot V, 391). In Betracht kommen eine Vermächtnisanordnung in Höhe des Pflichtteils oder Enterbung (§ 1938) durch Verweis auf das gesetzliche Pflichtteilsrecht. Die Regel greift nur bei Zweifeln, nicht, wenn ein anderer Wille des Erblassers ausdrücklich erklärt oder durch Auslegung ermittelbar ist (MüKo/*Lange* Rn 1).

2 **B. Praktische Bedeutung.** Praktisch relevant ist die Abgrenzung u a für die Verjährung, die beim Pflichtteil 3 Jahre (§ 2332), beim Vermächtnis 30 Jahre (§§ 197 I Nr 2, 200) beträgt, für die einseitige Ausschlagung nach dem Erbfall, die nur beim Vermächtnis (§§ 2176, 2180) möglich ist, während beim Pflichtteil insoweit nur Erlass, vor dem Erbfall aber Verzicht (§ 2346; zum Vermächtnis s § 2352) möglich ist, bei der Pfändung, die beim Pflichtteil nach § 852 ZPO erfolgt (AnwK/*Bock* Rn 5), für die Insolvenz (§ 327 I InsO), für die Entstehung der Steuerpflicht (Vermächtnis: Anfall; Pflichtteil: Geltendmachung), ferner wegen § 2307 sowie bei Zugewinngemeinschaft wegen § 1371 (MüKo/*Lange* Rn 3; Staud/*Haas* Rn 15 ff).

3 **C. Auslegung.** Nach allgemeinen Auslegungsgrundsätzen kommt der sprachlichen Fassung, also Worten wie „Erbe" etc, für eine Erbeinsetzung Indizwirkung zu, insbesondere, wenn der Verfügung eine rechtliche Beratung vorausging (AnwK/*Bock* Rn 2). Für eine Pflichtteilszuwendung als Erbeinsetzung, die mangels Enterbung iSv § 2303 einen Pflichtteilsanspruch ausschließt, spricht, dass der Erblasser dem Pflichtteilsberechtigten Mitverwaltungsrechte und eine Sachwertteilhabe am Nachlass einräumen wollte (Damrau/*Riedel/Lenz* Rn 8; MüKo/*Lange* Rn 2). Scheidet eine Erbeinsetzung aus, ist zwischen einer Enterbung und einer Vermächtnisanordnung (Rn 1) danach zu unterscheiden, ob der Erblasser beschränken oder gewähren, dh den Pflichtteilsberechtigten von allem ausschließen oder ihm etwas zuwenden wollte (RGZ 129, 239, 241; BGH NJW 04, 3558, 3559; Soergel/*Dieckmann* Rn 3; Staud/*Haas* Rn 17). Manche verlangen für eine Vermächtnisanordnung, dass der Erblasser erkennbar die Anwendung pflichtteilsrechtlicher Grundsätze ganz oder teilweise vermeiden wollte (Nürnbg FamRZ 03, 1229), und gehen ansonsten von Verweisung auf das gesetzliche Pflichtteilsrecht aus (Palandt/*Edenhofer* Rn 2). Bei Zweifeln ist die Verweisung auf den Pflichtteil als Enterbung, nicht als Vermächtnisanordnung anzusehen (AnwK/*Bock* Rn 7; BaRoth/*Mayer* Rn 5; Jauernig/*Stürner* Rn 1).

4 **D. Pflichtteilszuwendung an Ehegatten.** Bei Zugewinngemeinschaft erlangt der überlebende Ehegatte mit Enterbung einen Anspruch auf den kleinen Pflichtteil und güterrechtlichen Zugewinnausgleich (§ 1371 II; § 2303 Rn 10). Bei Zuwendung des Pflichtteils als Erbeinsetzung oder Vermächtnis bleibt offen, ob für die Berechnung der große oder kleine Pflichtteil gemeint ist. Für Verfügungen nach Inkrafttreten des GleichberG am 1.7.1958 gibt es keine Regelvermutung. Praktisch ist die Frage ohne Bedeutung: Bei Zuwendung des kleinen Pflichtteils als Erbeinsetzung oder Vermächtnisanordnung kann der Ehegatte den Wertunterschied zum großen Pflichtteil verlangen (§§ 2305, 2307 I 2; Damrau/*Riedel/Lenz* Rn 4; MüKo/*Lange* Rn 8). Ansonsten kann er ausschlagen und damit den kleinen Pflichtteil sowie güterrechtlichen Zugewinnausgleich erlangen (§ 1371 III). Soll der große Pflichtteil zugewandt sein, kann es sich nur um eine Vermächtnisanordnung, ausnahmsweise auch um eine Erbeinsetzung handeln (MüKo/*Lange* Rn 8).

§ 2305 Zusatzpflichtteil

Ist einem Pflichtteilsberechtigten ein Erbteil hinterlassen, der geringer ist als die Hälfte des gesetzlichen Erbteils, so kann der Pflichtteilsberechtigte von den Miterben als Pflichtteil den Wert des an der Hälfte fehlenden Teiles verlangen.

1 **A. Zweck.** Die §§ 2305–2307 sichern dem mit einem Erbteil bzw Vermächtnis bedachten Pflichtteilsberechtigten eine Mindestbeteiligung am Nachlass. Dazu gewährt § 2305 einen Pflichtteilsrestanspruch als in der

Höhe begrenzten Pflichtteilsanspruch (RGZ 93, 3, 9), der als Geldanspruch in der Auseinandersetzung geltend zumachen ist (§ 2046).

B. Pflichtteilsberechtigter Erbe. Der Pflichtteilsberechtigte muss (Mit-)**Erbe**, darf also nicht (enterbter) Ersatzerbe sein. Der ihm hinterlassene Erbteil muss **geringer** als die Hälfte des gesetzlichen Erbteils sein. Der Vergleich erfolgt primär anhand der Erbquote, also ob dem Pflichtteilsberechtigten eine Quote zugedacht wurde, die geringer ist als die halbe gesetzliche Erbquote (Celle ZEV 96, 307; 308; Köln ZEV 97, 298). Anrechnungs- oder Ausgleichungspflichten (§§ 2315, 2316) sind zu berücksichtigen (BGH NJW 93, 1197; Celle ZEV 96, 307, 308; Damrau/*Riedel*/*Lenz* Rn 3; aA Staud/*Haas* Rn 9). Beschränkungen und Beschwerungen sind hier irrelevant, da sie nach § 2306 I 1 entfallen. Ist keine Quote zuerkannt, ist sie für den Berechtigten nach dem Verhältnis des ihm zufallenden Wertes zum Gesamtnachlass zu ermitteln (BGH NJW 93, 1005). 2

C. Höhe des Zusatzpflichtteils. Die Differenz bis zur Höhe des vollen Pflichtteils wird wertmäßig ausgeglichen, wobei die Werthaltigkeit des hinterlassenen Erbteils ggf durch § 2306 I 1 gesichert wird. Bei Zugewinngemeinschaft kann der überlebende Ehegatte Ausgleich bis zur Höhe des großen Pflichtteils verlangen, da er als Erbe keinen Anspruch auf Zugewinnausgleich hat (§ 1371 I). Nach hM ist eine Verwirkungsklausel zulässig, nach der der überlebende Ehegatte einen Erbteil zwischen kleinem und großem Pflichtteil unter der Bedingung erhält, dass er keinen Pflichtteilsrestanspruch geltend macht (MüKo/*Lange* Rn 7; Palandt/*Edenhofer* Rn 2; Soergel/*Dieckmann* Rn 5; aA Staud/*Haas* Rn 15; BaRoth/*Mayer* Rn 6; siehe auch § 2307 Rn 14). 3

D. Ausschlagung. Der Pflichtteilsberechtigte kann im Fall des § 2305 **nicht** den unzureichenden Erbteil ausschlagen und stattdessen den vollen Pflichtteil verlangen (Prot V, 503; MüKo/*Lange* Rn 4; RGRK/*Johannsen* Rn 5). Trotz Ausschlagung kann er den Pflichtteilsrestanspruch beanspruchen (RGZ 113, 34, 38; BGH NJW 73, 995, 996; Hamm OLGZ 82, 41, 47). Nur der Ehegatte oder Lebenspartner in Zugewinngemeinschaft (vgl § 6 S 1 LPartG) hat noch nach Ausschlagung einen Anspruch auf den kleinen Pflichtteil sowie auf Zugewinnausgleich (§ 1371 III; § 2303 Rn 11). Die Ausschlagungserklärung ist nicht nach § 119 anfechtbar (BaRoth/*Mayer* Rn 7; Erman/*Schlüter* Rn 1; Soergel/*Dieckmann* Rn 3; aA Hamm aaO 46 ff). S auch § 2306 Rn 11 und zur Ausschlagung unter Vorbehalt dort Rn 10. 4

E. Sonstiges. Der Anspruch ist eine Nachlassverbindlichkeit, für die die Erben nur beschränkt haften (§ 2063 II). **Verjährung:** § 2332. 5

§ 2306 Beschränkungen und Beschwerungen

(1) ¹Ist ein als Erbe berufener Pflichtteilsberechtigter durch die Einsetzung eines Nacherben, die Ernennung eines Testamentsvollstreckers oder eine Teilungsanordnung beschränkt oder ist er mit einem Vermächtnis oder einer Auflage beschwert, so gilt die Beschränkung oder die Beschwerung als nicht angeordnet, wenn der ihm hinterlassene Erbteil die Hälfte des gesetzlichen Erbteils nicht übersteigt. ²Ist der hinterlassene Erbteil größer, so kann der Pflichtteilsberechtigte den Pflichtteil verlangen, wenn er den Erbteil ausschlägt; die Ausschlagungsfrist beginnt erst, wenn der Pflichtteilsberechtigte von der Beschränkung oder der Beschwerung Kenntnis erlangt.
(2) Einer Beschränkung der Erbeinsetzung steht es gleich, wenn der Pflichtteilsberechtigte als Nacherbe eingesetzt ist.

A. Zweck. Wer Erbe ist, hat keinen Pflichtteilsanspruch (§ 2303 I). Der **Pflichtteilsberechtigte** muss aber davor geschützt sein, als **Erbe** schlechter zu stehen, als wenn er enterbt wäre und einen (dann auf Geld gerichteten) Pflichtteilsanspruch hätte. Ist er nur bis zur Hälfte des gesetzlichen Erbteils zum Erben berufen, gelten deshalb Beschränkungen oder Belastungen in I 1 genannter Art als nicht angeordnet. Es wird der Erbteil dadurch von Gesetz von Belastungen freigestellt (RG JW 17, 370). Übersteigt der Erbteil den halben gesetzlichen Erbteil, ist dem Erben, auch dem testamentarisch eingesetzten Alleinerben, ein **Wahlrecht** eingeräumt, ob er das Erbe trotz Beschränkung oder Beschwerung annimmt oder es ausschlägt. Ausnahmsweise kann er dann trotz Ausschlagung den (vollen) Pflichtteil verlangen (I 2). Er darf die ihm günstigere Alternative wählen (taktische Ausschlagung). Auf die Sondererbfolge bei einer (qualifizierten) Nachfolgeklausel bei Personengesellschaften ist die Norm nicht anwendbar (str, Hamm NJW-RR 91, 837; *Ebenroth* Rn 967; *Keller* ZEV 01, 297; aA BaRoth/*Mayer* Rn 15). 1

B. Beschränkung, Beschwerung, Nacherbschaft. Die **Beschränkungen** und Vermächtnisse und Auflagen als **Beschwerungen** (I 1) sind abschließend aufgezählt (BGH NJW 91, 169). Eine Analogie ist nicht möglich (RGRK/*Johannsen* Rn 7). Sie müssen tatsächlich zur Zeit des Erbfalls bestehen (Staud/*Haas* Rn 15), brauchen sich aber nicht konkret zum Nachteil des Pflichtteilsberechtigten auszuwirken (BGH NJW 81, 1837, 1838). **Beispiele** für Beschränkungen sind die Berufung (nur) zum Vorerben (KG OLGE 11, 258, 261), wegen der Verwaltungs- und Verfügungsbefugnis (§§ 2205, 2211) die Anordnung der Testamentsvollstreckung (Damrau/*Riedel*/*Lenz* Rn 6) und Schiedsgerichtsklauseln (BaRoth/*Mayer* Rn 14; *Kohler* DNotZ 62, 125, 126 f; aA Damrau/*Riedel*/*Lenz* Rn 9; FA-ErbR/*Krause* Kap 2 Rn 534). Nach hM (Palandt/*Edenhofer* Rn 7; Soergel/*Dieck-* 2 3 *mann* Rn 9) beschränkt eine Teilungsanordnung nur, wenn sie den Pflichtteilsberechtigten benachteiligt (zB Übernahmepflicht), nicht, wenn sie ihn nicht berührt oder ihn begünstigt (zB Übernahmerecht). Da eine begünstigende Teilungsanordnung ein Vorausvermächtnis ist (BGH ZEV 95, 144, 145), erübrigt sich die Differenzierung (BaRoth/*Mayer* Rn 14; MüKo/*Lange* Rn 11). Ist die Zuwendung bestimmter Gegenstände entgegen § 2087 II eine Erbeinsetzung zu Erbquoten, entfällt eine mit enthaltene Teilungsanordnung bei einem hinterlassenen Erbteil, der nicht den halben gesetzlich Erbteil übersteigt, zwar nach I 1, doch bleibt sie für die Bestimmung der Erbquoten maßgeblich (BGH NJW-RR 90, 391, 393; BaRoth/*Mayer* Rn 14; aA MüKo/*Lange* Rn 11; RGRK/*Johannsen* Rn 6; Soergel/*Dieckmann* Rn 9).

4 **Keine** Belastungen iSv I 1 sind Anordnungen nach § 1418 II Nr 2, § 1486, § 1638 I oder im Rahmen der Vermögensverwaltung nach §§ 1638, 1639 (*Damrau* ZEV 98, 90), die ersatzweise Erbeinsetzung eines Dritten, Pflichtteilsbeschränkungen in guter Absicht (§ 2338) sowie Beschränkungen und Beschwerungen, sofern der Erblasser (form)wirksam den Pflichtteil entzogen hat (zum Ganzen MüKo/*Lange* Rn 6).

5 Die Einsetzung als **Nacherbe** wird in II einer Beschränkung gleichgestellt, denn der Nacherbe kommt erst nach dem Vorerben zum Zuge. Ergibt der Vergleich (Rn 6), dass zum Zeitpunkt des Erbfalls der Erbteil nicht die Hälfte des gesetzlichen Erbteils übersteigt, entfällt nach I 1 die Nacherbfolge und wird der Pflichtteilsberechtigte in Höhe der Nacherbenquote Vollerbe (ggf mit Anspruch nach § 2305). Dieses ist vom Nachlassgericht vAw zu beachten. Ist der hinterlassene Nacherbteil größer, kann der Nacherbe nach I 2 die Nacherbschaft annehmen oder wahlweise nach ihrer Ausschlagung den Pflichtteil fordern (BayObLGZ 66, 232). Die Frist auszuschlagen beginnt nicht vor Eintritt der Nacherbfolge, doch kann der Pflichtteilsberechtigte bereits nach dem Erbfall ausschlagen (§ 2142 I) und den Pflichtteil geltend machen (MüKo/*Lange* Rn 8). Zu beachten ist, dass die **Verjährungsfrist** für den Pflichtteilsanspruch (§ 2332 I) mit Kenntnis vom Erbfall, nicht erst mit Ausschlagung beginnt (§ 2332 I, III). Allein die Geltendmachung des Pflichtteils stellt keine Ausschlagung der Nacherbschaft dar, die nach § 1945 I gü dem Nachlassgericht zu erklären wäre. Erlangt der Pflichtteilsberechtigte den Pflichtteil, obwohl er nicht ausgeschlagen hat, muss er sich bei Eintritt des Nacherbfalls den rechtsgrundlos erlangten Vorausempfang anrechnen lassen (BayObLGZ 73, 272, 275).

6 **C. Vergleich.** Primär maßgeblich ist die **Erbquote**. Der hinterlassene quotenmäßige Erbteil wird mit der halben gesetzlichen Erbquote, die der Quote beim Pflichtteilsanspruch entspricht (§ 2303 I 2), ins Verhältnis gesetzt (BGH NJW 83, 2378; WM 68, 543; Köln ZEV 97, 298). Beim überlebenden Ehegatten oder Lebenspartner in Zugewinngemeinschaft ist die als Vergleich heranzuziehende halbe gesetzliche Quote aus dem um ¼ erhöhten gesetzlichen Erbteil (§ 1371 I) zu berechnen, es sei denn, der Gatte schlägt aus. Beschränkungen und Beschwerungen iSv I 1 bleiben bei der Berechnung außer Betracht. Ein zusätzlich zugewendetes Vermächtnis ist aber hinzuzurechnen (BGH NJW 81, 1837). Daher kann es für den Erben günstiger sein, das Vermächtnis auszuschlagen, wenn er dann im Vergleich nicht mehr als den halben gesetzlichen Erbteil, der somit nach I 1 befreit ist, erlangt (BGH NJW aaO). Ist keine Quote zuerkannt, sondern zB Geld oder Einzelgegenstände, ist sie für den Pflichtteilsberechtigten nach dem Verhältnis des ihm zufallenden Wertes zum Gesamtnachlass zu ermitteln (BGH NJW-RR 90, 391, 392).

7 Ein **Wertvergleich** ist nur dann anzustellen, wenn der konkrete Pflichtteil wertmäßig nicht dem halben gesetzlichen Erbteil entspricht, weil Vorempfänge nach § 2315 oder Ausgleichungspflichten nach § 2316 anzurechnen sind (RGZ 93, 3, 5 ff; BayObLG NJW-RR 88, 387, 389; Köln ZEV 97, 298; BaRoth/*Mayer* Rn 12; zu Unrecht einschränkend auf Anrechnungs- oder Ausgleichungspflichten des Berechtigten Celle ZEV 96, 307, 308). Denn § 2306 bezweckt nur den Schutz des durch diese Pflichten konkretisierten Pflichtteils. Aushöhlende Vermächtnisse (AnwK/*Bock* Rn 32; BaRoth/*Mayer* Rn 13; aA Köln ZEV 97, 298 m abl Anm *Klingelhöffer*) oder lebzeitige Zuwendungen, die nicht anrechnungs- oder ausgleichungspflichtig sind (Damrau/*Riedel*/*Lenz* Rn 16; *Weidlich* ZEV 01, 94, 96; aA *Natter* JZ 55, 138, 139), sind nicht erfasst.

8 **D. Wahlrecht (I 2).** Der Berechtigte kann den belasteten Erbteil annehmen, und zwar schon vor Beginn der Frist nach I 2 Hs 2 (Hamm FamRZ 05, 306, 307). Die angenommene Erbschaft kann dann auch innerhalb der Frist des I 2 nicht mehr ausgeschlagen, sondern nur die Annahme angefochten (§ 1954) werden (BGH NJW 89, 2885; Hamm aaO). Durch seine Annahme bleibt der Berechtigte Erbe und hat die angeordneten Beschwerungen und Beschränkungen zu erfüllen, auch wenn sie seinen Erbteil wirtschaftlich aufzehren (*Mayer* DNotZ 96, 422, 424). Ordentliche Pflichtteilsansprüche und den Pflichtteilsrestanspruch (§ 2305) kann er nicht mehr geltend machen.

9 **Ausschlagung.** Die Ausschlagung ist ein vererbliches (§ 1952), im Übrigen höchstpersönliches, nicht selbstständig übertragbares (Wahl)Recht. Es geht bei Überleitung des Pflichtteilsanspruchs nicht gem § 90 I 1 BSHG auf den Sozialhilfeträger über (hM, AnwK/*Ivo* § 1942 Rn 20; BaRoth/*Mayer* Rn 22; Palandt/*Edenhofer* Rn 9). Nach Ausschlagung den **Pflichtteil** verlangen zu können, ist nur im Fall des I 2 möglich, **nicht** nach I 1, dh wenn der hinterlassene Erbteil nicht höher als der halbe gesetzliche ist (ggf aber Anspruch auf den kleinen Pflichtteil sowie güterrechtlichen Zugewinnausgleich bei Zugewinngemeinschaft wegen § 1371 III). Denn durch die Ausschlagung schließt sich der Pflichtteilsberechtigte selbst von der Erbfolge aus. Es bleibt dann nur der Pflichtteilsrestanspruch nach § 2305 (vgl Hamm NJW 81, 2585; § 2305 Rn 4).

Vorbehalt. Die Ausschlagung kann wegen § 1950 nicht unter den Vorbehalt des Pflichtteils idS gestellt werden, dass ein dem Pflichtteil entsprechender Erbteil ausgenommen sein soll (Soergel/*Stein* § 1950 Rn 1). Auch die idR gewollte uneingeschränkte Ausschlagung unter dem Vorbehalt, dass ein Geldanspruch gegen den Erben entstehe, wird von der hM als unzulässige Bedingung iSv § 1947 abgelehnt (BaRoth/*Mayer* Rn 18; MüKo/*Lange* Rn 14; Soergel/*Dieckmann* Rn 14, § 2305 Rn 3; Staud/*Otte* § 1950 Rn 7 f). § 1947 bezwecke, einen Schwebezustand eindeutig und schnell zu beenden (Mot V, 505; Hamm OLGZ 82, 41, 46; AnwK/*Bock* Rn 45). Da es insbes wegen Anrechnungs- und Ausgleichungspflichten schwer zu bewerten sein kann, ob der hinterlassene Erbteil die Hälfte des gesetzlichen Erbteils übersteigt, ist es interessengerecht, den Vorbehalt zuzulassen. Rechtskonstruktiv lässt sich vertreten, er sei eine zulässige Gegenwartsbedingung. Bei Abgabe der Erklärung stehe objektiv fest, ob für den Ausschlagenden ein Pflichtteilsanspruch entsteht (str, MüKo/*Leipold* § 1950 Rn 5; MüKo/*Lange* § 2305 Rn 4; Palandt/*Edenhofer* § 2305 Rn 3; *Frohn* Rpfleger 82, 56, 57; s a Soergel/*Stein* § 1950 Rn 1; BayObLG FamRZ 05, 1127).

10

E. Anfechtung. Aufgrund der weit gefassten Interpretation eines Rechtsfolgenirrtums als Inhaltsirrtum durch die Rspr (RGZ 88, 278, 284; BGHZ 134, 152, 156) wird eine Ausschlagungserklärung als wegen Inhaltsirrtums (§ 119 I Alt 1) anfechtbar erachtet, wenn ein Fall des I 1 vorlag, der Ausschlagende aber meint, er müsse die Erbschaft wegen der irrigen Annahme der Voraussetzungen des I 2 ausschlagen, um sich selbst oder einem Dritten den Pflichtteilsanspruch zu verschaffen (LG München I FamRZ 04, 1326; Hamm OLGZ 82, 41, 47: beachtlicher Rechtsirrtum; s auch Ddorf ZEV 01, 109; AnwK/*Bock* Rn 46; Palandt/*Edenhofer* § 2308 Rn 1; Staud/*Singer* § 119 Rn 73). Nach Vorlagebeschluss des OLG Hamm (FGPrax 06, 24, 26) müssten die rechtlichen Wirkungen der Ausschlagung bzw umgekehrt der Annahme der Erbschaft den Hauptwirkungen des Rechtsgeschäfts zugeordnet werden. Wenn dem Erben unbekannt ist, durch die Annahme der Erbschaft sein Pflichtteilsrecht zu verlieren, unterliege er einem beachtlichen Irrtum iSd § 119 im Hinblick auf diese spezifische Verknüpfung, die § 2306 I 2 zwischen der Ausschlagung und dem Pflichtteilsrecht herstellt. Er sei zur Anfechtung berechtigt. Demgegenüber beziehe sich diese Fehlvorstellung nach aA nicht darauf, dass der Annehmende die unmittelbar beabsichtigte Wirkung seiner Erklärung falsch eingeschätzt hat, sondern nur auf die mittelbaren Rechtsfolgen dieser Erklärung (Möglichkeit der Verweigerung der Vermächtniserfüllung bis zur Pflichtteilsgrenze; Verlust des Wahlrechts gem § 2306 I 2). Daher handele es sich um einen unbeachtlichen Motivirrtum über Nebenwirkungen (BayObLG NJW 88, 1270; NJW-RR 95, 904, 906; NJWE-FER 98, 178, 179); bei diesem Irrtum über eine *ex lege* eintretende Rechtsfolge greife § 119 nicht (BaRoth/*Mayer* Rn 18; MüKo/*Lange* Rn 14; MüKo/*Kramer* § 119 Rn 82). Zur Anfechtung der **Annahme** oder **Ausschlagung** s auch § 2308 Rn 1 ff, 5.

11

Der Beginn der **Frist** für die Ausschlagung nach I 2 setzt neben den Voraussetzungen des § 1944 voraus, dass der Pflichtteilsberechtigte das Testament des Erblassers für wirksam hält (BGH WM 68, 542, 544; ZEV 00, 401) und Kenntnis über den zugedachten Erbteil sowie eine feste Vorstellung über die tatsächlich bestehenden (BGH NJW 91, 169, 171) Beschränkungen und Belastungen gewonnen hat (**I 2 Hs 2**), dh zuverlässig die Umstände erfahren hat, aufgrund derer sein Handeln erwartet werden kann (Hamm FamRZ 05, 306, 308; FGPrax 06, 24, 25). Ist das Ergebnis des Vergleichs (Rn 6 f) wegen einer ungewissen Anrechnungspflicht unsicher, beginnt die Frist noch nicht (RGZ 113, 45, 49; BayObLGZ 59, 77, 80).

12

F. Folge der Ausschlagung. Folge der Ausschlagung nach I 2 ist, dass der Pflichtteilsberechtigte seine Erbenstellung verliert und den vollen Pflichtteilsanspruch erhält. Bei I 2 findet § 2305 keine Anwendung (Celle ZEV 03, 365; *Keim* ZEV 03, 358). Die Erbschaft fällt durch Ausschlagung dem Nächstberufenen an. Dieser hat, schlägt er sie nicht aus, den Pflichtteilsanspruch zu erfüllen. Angeordnete Beschränkungen und Beschwerungen bleiben bestehen, wenn sie nicht nur den Zunächstberufenen persönlich treffen sollten; zum Kürzungsrecht im Innenverhältnis vgl § 2322.

13

G. Gestaltungsmöglichkeiten. Eine sog modifizierte *cautela Socini*, nach der der Erblasser dem Pflichtteilsberechtigten die Wahl lässt, den dem Pflichtteil (der Quote nach) entsprechenden belasteten Erbteil anzunehmen oder ihn auszuschlagen und den Pflichtteil zu verlangen, ist unzulässig (BGH NJW 93, 1005; MüKo/*Lange* Rn 15). Ein solches Wahlrecht verstieße gegen I 1 als zwingendes Recht und beeinträchtigte die durch die Norm geschützten Interessen des Pflichtteilsberechtigten. Zulässig sollte eine *cautela* sein, wonach dem Pflichtteilsberechtigten ein unbelasteter Erbteil in Höhe seiner Pflichtteilsquote zugewandt wird, wenn er angeordnete Belastungen nicht ausdrücklich übernimmt (BaRoth/*Mayer* Rn 19; aA BGH aaO: Erbeinsetzungen unter Bedingungen seien unzulässig); jedenfalls, wenn der hinterlassene Erbteil den Pflichtteil übersteigt (*Worm* RNotZ 03, 535, 549; zum Ganzen *Schumann* § 2278 Rn 60 ff). In der Praxis wird eine aufschiebend bedingte Zuwendung eines Vermächtnisses unter die Potestativbedingung gestellt, dass der Pflichtteilsberechtigte auf den Pflichtteilsrestanspruch verzichtet. Dieses ist zulässig, denn dem Pflichtteilsberechtigten wird dadurch nicht die Möglichkeit genommen, den vollen Pflichtteil anstelle des Vermächtnisses zu verlangen (BayObLG FamRZ 04, 1606, 1608; Staud/*Haas* § 2307 Rn 22).

14

§ 2307 Zuwendung eines Vermächtnisses

(1) ¹Ist ein Pflichtteilsberechtigter mit einem Vermächtnis bedacht, so kann er den Pflichtteil verlangen, wenn er das Vermächtnis ausschlägt. ²Schlägt er nicht aus, so steht ihm ein Recht auf den Pflichtteil nicht zu, soweit der Wert des Vermächtnisses reicht; bei der Berechnung des Wertes bleiben Beschränkungen und Beschwerungen der in § 2306 bezeichneten Art außer Betracht.
(2) ¹Der mit dem Vermächtnis beschwerte Erbe kann den Pflichtteilsberechtigten unter Bestimmung einer angemessenen Frist zur Erklärung über die Annahme des Vermächtnisses auffordern. ²Mit dem Ablauf der Frist gilt das Vermächtnis als ausgeschlagen, wenn nicht vorher die Annahme erklärt wird.

1 **A. Zweck.** Die Norm räumt dem Pflichtteilsberechtigten, der nicht zum Erben berufen, aber mit einem Vermächtnis bedacht wurde, ein **Wahlrecht** ein. Er kann das Vermächtnis unter voller Anrechnung auf den Pflichtteil annehmen (I 2) und daneben ggf einen Pflichtteilsrestanspruch (§ 2305) geltend machen. Oder er schlägt aus (§ 2180). Dann kann er den vollen Pflichtteil verlangen (I 1). Der Erblasser soll nicht dem Berechtigten unabhängig von dessen Willen statt dem Pflichtteilsanspruch ein Vermächtnis aufdrängen können (Mot V, 393). Damit der Berechtigte die ihm günstigere Möglichkeit einschätzen kann, steht ihm ein Auskunfts- und Wertermittlungsanspruch (§ 2314) zu. Zu den Konsequenzen der Ausschlagung für die Erben und Vermächtnisnehmer s § 2321.

2 **B. Erfasste Vermächtnisse.** § 2307 gilt für alle, auch für belastete, befristete oder bedingte Vermächtnisse, selbst, wenn sie aufschiebend befristet oder bedingt sind (hM, BayObLG NJW-RR 04, 1085; Oldbg NJW 91, 988; Damrau/*Riedel/Lenz* Rn 5; MüKo/*Lange* Rn 6; Staud/*Haas* Rn 5 f; aA Karls Justiz 62, 152; BaRoth/*Mayer* Rn 7; offen gelassen bei BGH NJW 01, 520), nicht aber für Auflagen (RG JW 28, 907; Ddorf FamRZ 91, 1107, 1109). Auch für Vermächtnisse, die neben dem Pflichtteil zusätzlich zugewandt werden, gilt § 2307 seiner Zielrichtung (Rn 1) nach nicht (RGZ 129, 239, 241). Dem Ersatzvermächtnisnehmer ist zunächst nichts hinterlassen, so dass er ohne Ausschlagung den Pflichtteil verlangen kann. Erhält er das Vermächtnis dann und schlägt nicht aus, muss er, soweit der Pflichtteil durch den Wert des Vermächtnisses gedeckt ist, das Empfangene zurückgewähren (MüKo/*Lange* Rn 7; Staud/*Haas* Rn 7).

3 **C. Ausschlagung des Vermächtnisses.** Die Ausschlagung (I 1) kann nach dem Erbfall formlos, auch konkludent (BGH NJW 01, 520, 521), ggü dem Beschwerten (§ 2180 II 1) erfolgen. Der Anfall des Vermächtnisses an den Pflichtteilsberechtigten gilt dann als nicht erfolgt (§§ 2180 III, 1953 I). Der Berechtigte erlangt den vollen Pflichtteilsanspruch. Der Ehegatte in Zugewinngemeinschaft kann nur den kleinen, nach § 1931 berechneten Pflichtteil nebst rechnerischem Zugewinnausgleich verlangen (§ 1371 II). Er hat kein Wahlrecht zum großen Pflichtteil. Entsprechendes gilt zum Lebenspartner (s § 6 LPartG). Zur Pflichtteilslast im Innenverhältnis s § 2321.

4 **D. Annahme des Vermächtnisses.** Bei (ggf konkludenter; vgl BGH ZEV 98, 24) Annahme des Vermächtnisses, die nicht bedingt sein kann, erfolgt Anrechnung des Wertes des Vermächtnisses zur Zeit des Erbfalls auf den Pflichtteil. Der Erblasser kann für die Annahme (nicht: bei Ausschlagung) die Anrechnung zu einem bestimmten Wert anordnen. Ggf verbleibt ein Pflichtteilsrestanspruch (I 2 Hs 1; s § 2305). Beschränkungen (zB Anordnung eines Nachlassvermächtnisses: § 2191) und Beschwerungen (Untervermächtnis: § 2147, Auflage: § 2192) der in § 2306 bezeichneten Art werden nicht mitberechnet (I 2 Hs 2). Der Pflichtteilsrestanspruch wird um den vollen Wert des Vermächtnisses, auch des aufschiebend bedingten (Rn 2), an sich gemindert, auch wenn dieses wegen einer Beschränkung bzw Beschwerung wirtschaftlich wertlos ist. Maßstab beim Ehegatten in Zugewinngemeinschaft ist der große Pflichtteil (§ 2303 Rn 11; BGH NJW 79, 917). Für die Vermächtnisforderung greift § 852 ZPO nicht (BayObLG OLGE 16, 41 f). In der Insolvenz steht das Vermächtnis bis zur Höhe des Pflichtteils im Rang den Pflichtteilsrechten gleich (§ 327 II 1 InsO). Für die **Verjährung** gilt § 197 I Nr 2, nicht § 2332 (MüKo/*Lange* Rn 11).

5 **E. Frist (II).** An sich besteht für die Annahme oder Ausschlagung eines Vermächtnisses keine Frist (vgl § 2180). Damit der beschwerte Erbe Klarheit hat, kann er dem Pflichtteilsberechtigten eine angemessene Annahmefrist setzen (II 1). Mit ihrem Ablauf gilt das Vermächtnis als ausgeschlagen (II 2). Es kann dann der Pflichtteilsanspruch geltend gemacht werden (I 1). Mit demselben Vermächtnis beschwerte Miterben können das Fristsetzungsrecht nur gemeinsam ausüben.

6 **F. Zuwendung von Erbteil und Vermächtnis an den Pflichtteilsberechtigten. I. Unbelasteter Erbteil.** Ist das Vermächtnis **neben** einem unbelasteten Erbteil zugewendet, der **geringer** ist als die Hälfte des gesetzlichen Erbteils, bleibt bei jeweiliger Annahme ein Restpflichtteil (§ 2305), auf den aber der Wert des Vermächtnisses nach I 2 anzurechnen ist. Schlägt der Berechtigte das Vermächtnis aus, hat er den vollen Pflichtteilsrestanspruch. Nur wenn dieser den Wert des Vermächtnisses übersteigt, macht dessen Ausschlagung Sinn. Die Ausschlagung des Erbteils führt hier nur zum Verlust desselben, nicht zum vollen Pflichtteilsanspruch, da § 2306 I 2 nicht gegeben ist (§ 2306 Rn 9). Ist der unbelastete Erbteil allein **nicht geringer** als der Pflichtteil, besteht kein Pflichtteilsanspruch. Auch durch die Ausschlagung des Erbteils entsteht er nicht, da kein Fall des § 2306 I 2 vorliegt (Staud/*Haas* Rn 31). Ebenso ist die Ausschlagung des Vermächtnisses hier idR nicht sinnvoll.

II. Belasteter Erbteil. Ist der Erbteil belastet und **größer** als der halbe gesetzliche, erlangt der Berechtigte 7
den vollen Pflichtteilsanspruch, wenn er Erbe und Vermächtnis ausschlägt (§§ 2306 I 2, 2307 I 2; Soergel/
Dieckmann Rn 15). Schlägt er nur die Erbschaft aus, wird das Vermächtnis auf den Pflichtteil voll angerechnet (I 2). Schlägt er nur das Vermächtnis aus, verliert er dieses, gewinnt aber nichts, da er in Höhe des Pflichtteils bedacht ist (BaRoth/*Mayer* Rn 10).

Ist der hinterlassene belastete Erbteil **nicht größer** als der halbe gesetzliche, ist danach zu unterscheiden, ob 8
dieser bei Anrechnung des Wertes des Vermächtnisses **überschritten** wird. **Ist dies der Fall**, gilt § 2306 I 2 (BGH NJW 81, 1837; Ddorf FamRZ 96, 444). Der Berechtigte, der nur den Erbteil ausschlägt, muss sich auf den Pflichtteil den Wert des Vermächtnisses anrechnen lassen (I 2; AG Neustadt NJW 57, 1523). Hier kann es günstiger sein, nur das (begünstigende) Vermächtnis auszuschlagen, so dass der halbe gesetzliche Erbteil nicht überschritten wird und die Fiktion des § 2306 I 1 greift. Angeordnete Belastungen des Erbteils fallen dann weg (BGH aaO). In Höhe der Differenz zum halben gesetzlichen Erbteil entsteht ein Pflichtteilsrestanspruch (§ 2305; *Gottwald* Rn 18; Staud/*Haas* Rn 32). Schlägt der Berechtigte erst den Erbteil und dann das Vermächtnis aus, kann er nach I 1 den vollen Pflichtteil fordern. Schlägt er erst das Vermächtnis und dann den Erbteil aus, hat er allenfalls einen Pflichtteilsrestanspruch, wenn dieser schon immer bestand (BGH NJW 81, 1837).

Übersteigen addierter hinterlassener belasteter Erbteil und Vermächtnis **nicht** den halben gesetzlichen Erb- 9
teil, fallen die Belastungen und Beschränkungen nach § 2306 I 1 weg (*Schlitt* ZEV 98, 216, 218). Der Berechtigte hat ggf einen Pflichtteilsrestanspruch (§ 2305), auf den ein Vermächtnis anzurechnen ist (I 2), es sei denn, es wird ausgeschlagen. Schlägt er nur die Erbschaft aus, bleibt ein um den Wert des Vermächtnisses gekürzter Pflichtteilsrestanspruch (*Grothe* MittRhNotK 98, 193, 208).

G. Zugewinngemeinschaft. Hier muss der Ehegatte oder Lebenspartner (§§ 6 S 2, 7 LPartG) Erbschaft und 10
Vermächtnis ausschlagen, will er den kleinen Pflichtteil nebst rechnerischem Zugewinn erlangen (§ 1371 III). Nimmt er beides an, berechnet sich sein Pflichtteilsrestanspruch nach dem großen Pflichtteil. Schlägt er nur Erbteil oder Vermächtnis aus, kann er Ergänzung bis zum großen Pflichtteil verlangen (§§ 2305, 2307 I 2).

§ 2308 Anfechtung der Ausschlagung

(1) Hat ein Pflichtteilsberechtigter, der als Erbe oder als Vermächtnisnehmer in der in § 2306 bezeichneten Art beschränkt oder beschwert ist, die Erbschaft oder das Vermächtnis ausgeschlagen, so kann er die Ausschlagung anfechten, wenn die Beschränkung oder die Beschwerung zur Zeit der Ausschlagung weggefallen und der Wegfall ihm nicht bekannt war.
(2) ¹Auf die Anfechtung der Ausschlagung eines Vermächtnisses finden die für die Anfechtung der Ausschlagung einer Erbschaft geltenden Vorschriften entsprechende Anwendung. ²Die Anfechtung erfolgt durch Erklärung gegenüber dem Beschwerten.

A. Zweck. Die Norm ermöglicht dem Pflichtteilsberechtigten aus Billigkeitsgründen, seine Ausschlagung 1
nach §§ 2306, 2307 rückwirkend durch Anfechtung (§ 1957) zu vernichten, wenn ihm unbekannt war, dass Belastungen iSv § 2306 zur Zeit der Ausschlagung weggefallen waren. Dieser Schutz ist insbes nötig, wenn der Berechtigte in Unkenntnis des Wegfalls einen Erbteil ausgeschlagen hat, der die Hälfte des gesetzlichen Erbteils übersteigt. Er verliert neben der in Wirklichkeit unbelasteten Erbschaft auch den Pflichtteilsanspruch, den er über § 2306 I 2 erlangen wollte (*Gottwald* Rn 1). Die dort angeordnete Rechtsfolge setzt eine tatsächlich bestehende Belastung iSv § 2306 I 1 voraus (Ausnahme: Ehegatte in Zugewinngemeinschaft). Zum Berechnungsirrtum s auch § 2306 Rn 11 f.

B. Anfechtung. I. Anfechtungsgrund. Eine der Beschränkungen oder Beschwerungen iSv § 2306 I 1 muss 2
im Erbfall objektiv bestanden haben und bis zur Zeit der Ausschlagung **weggefallen** sein. Es genügt ein Wegfall nach der Ausschlagung, wenn er *ex tunc* (§ 142) auf den Zeitpunkt des Erbfalls zurückwirkt. Es soll dem Pflichtteilsberechtigten über den Pflichtteil hinaus die unbelastete Erbschaft erhalten werden (BGH NJW 91, 169, 171 zur Testamentsanfechtung; aA h Lit, MüKo/*Lange* Rn 4). Kein Anfechtungsgrund ist der Irrtum über die Tragweite bekannter Belastungen oder den wirtschaftlichen Wert der Zuwendung (BaRoth/*Mayer* Rn 4).

Der Wegfall darf dem Berechtigten zur Zeit der Ausschlagung nicht **bekannt** gewesen sein; grobe Fahrlässig- 3
keit schadet nicht (Mot V, 511; Staud/*Haas* Rn 13). Der Irrtum muss **kausal** für die Anfechtung sein (Stuttg MDR 83, 751; MüKo/*Lange* Rn 5; Soergel/*Dieckmann* Rn 5; aA RGRK/*Johannsen* Rn 1).

II. Wirkung. Die Anfechtung der Ausschlagung gilt als Annahme (§ 1957 I). Vormundschaftliche Genehmi- 4
gung nach § 1822 Nr 2 ist nicht erforderlich, da kein rechtsgeschäftlicher Pflichtteilsverzicht vorliegt (Staud/*Haas* Rn 11).

C. Annahme. In § 2308 ist nicht der Fall geregelt, dass der Pflichtteilsberechtigte in Unkenntnis einer 5
Beschränkung oder Beschwerung eine Erbschaft oder ein Vermächtnis angenommen hat. Hier ist eine

Anfechtung der Annahme nach § 119 II möglich, da solche Belastungen verkehrswesentliche Eigenschaften sind (BGH NJW 89, 2885; BayObLG NJW-RR 95, 904, 906; 97, 72, 73; Hamm FamRZ 05, 306, 307 zu angeordneter Nacherbschaft). Kein Anfechtungsgrund ist der Irrtum über die Tragweite einer bekannten Belastung oder über das zukünftige Verhalten Dritter (MüKo/*Lange* Rn 11). Die Anfechtung der Annahme führt zur Ausschlagung der Erbschaft (§ 1957 I). S zur Anfechtung auch § 2306 Rn 11.

6 **D. Form/Frist.** Die Form der Ausschlagung, auch bezüglich des Vermächtnisses (II), richtet sich nach §§ 1955, 1945, die Frist nach § 1954.

§ 2309 Pflichtteilsrecht der Eltern und entfernteren Abkömmlinge

Entferntere Abkömmlinge und die Eltern des Erblassers sind insoweit nicht pflichtteilsberechtigt, als ein Abkömmling, der sie im Falle der gesetzlichen Erbfolge ausschließen würde, den Pflichtteil verlangen kann oder das ihm Hinterlassene annimmt.

1 **A. Zweck.** Es soll eine Vervielfältigung der Pflichtteilslasten durch Einschränkung der an sich nach § 2303 gegebenen Pflichtteilsberechtigung entgegengewirkt werden, indem einem Stamm nicht zweimal ein Pflichtteil gewährt wird.

2 **B. Pflichtteilsberechtigung.** Der entfernte Berechtigte müsste bei Eintritt der **gesetzlichen Erbfolge** als Erbe berufen sein. Lebt ein näher Berechtigter, ist das nur möglich, wenn dieser die Erbschaft ausgeschlagen (§§ 1942 I, 1953 I) oder auf sein Erbrecht verzichtet (§ 2346 I) hat oder für erbunwürdig erklärt (§§ 2339 f, 2344) oder enterbt wurde (*Gottwald* Rn 3–8; Damrau/*Riedel/Lenz* Rn 5–8, 11). Ferner müsste der entferntere Berechtigte nach §§ 2303 ff **an sich** pflichtteilsberechtigt sein, er also durch Verfügung vTw von der gesetzlichen Erbfolge ausgeschlossen (§ 2303) oder ihm ein zu geringer Erbteil oder Vermächtnis zugewendet (§§ 2305, 2307 I 2) sein, oder er den hinterlassenen größeren, aber beschwerten oder beschränkten Erbteil oder Vermächtnis ausgeschlagen haben (§§ 2306 I 2, 2307 I 1).

3 **C. Ausschluss.** Die an sich bestehende Pflichtteilsberechtigung ist nach § 2309 ausgeschlossen, **insoweit** ein näher Berechtigter den Pflichtteil verlangen kann (**Alt 1**). Bsp.: Der verwitwete G hat einen Sohn S und einen Enkel E. G enterbt S und E. S ist vor seinem Kind E pflichtteilsberechtigt. E ist wegen des Rangverhältnisses ausgeschlossen.
Ob der näher Berechtigte den Pflichtteil tatsächlich verlangt, ist unerheblich (RGZ 91, 193, 195), auch wenn der Pflichtteil verjährt ist. Auch im Erlass des Pflichtteils ggü dem Erblasser zu dessen Lebzeiten liegt ein Verlangen (Celle OLGR 04, 93). Der Ausschluss greift ferner, soweit der Berechtigte das ihm Hinterlassene, dh das durch Verfügung vTw Zugewandte (Staud/*Haas* Rn 22), tatsächlich annimmt (**Alt 2**), zB ein Vermächtnis, das an Stelle des Pflichtteilsanspruchs zugewandt wird, sowie anrechnungs- und ausgleichungspflichtige Zuwendungen unter Lebenden, die den Pflichtteil des unmittelbar Bedachten gemindert hätten, wäre er pflichtteilsberechtigt geworden (Celle NJW 99, 1874), sowie das auf Grund entgeltlichen Erb- oder Pflichtteilsverzichts Erlangte (Celle aaO m abl Anm *Pentz* NJW 99, 1835 ff; Staud/*Haas* Rn 23), **nicht** aber bei Auflagen (Soergel/*Dieckmann* Rn 21).

§ 2310 Feststellung des Erbteils für die Berechnung des Pflichtteils

[1]Bei der Feststellung des für die Berechnung des Pflichtteils maßgebenden Erbteils werden diejenigen mitgezählt, welche durch letztwillige Verfügung von der Erbfolge ausgeschlossen sind oder die Erbschaft ausgeschlagen haben oder für erbunwürdig erklärt sind. [2]**Wer durch Erbverzicht von der gesetzlichen Erbfolge ausgeschlossen ist, wird nicht mitgezählt.**

1 **A. Zweck.** S 1 durchbricht die Akzessorietät der Pflichtteils- von der Erbquote (§ 2303 I 2). Denn für jene kommt es nicht auf die konkrete, sondern auf die abstrakte Erbfolge an (BGH NJW 02, 672, 673; MüKo/*Lange* 1). Indem die genannten Erben mitgezählt werden, ist die Pflichtteilsquote dritter Berechtigter der Disposition des Erblassers und anderer Erben entzogen. Zudem kann der Erblasser nur so die quotenabhängige Höhe der Pflichtteilsansprüche überschauen. Die Folgen des Erbverzichts (S 2) sind dagegen schon zu seinen Lebzeiten erkennbar. Er wird zudem idR nur gegen Abfindung geleistet, die später im Nachlass fehlt (Prot V, 611 ff; Hamm NJW 99, 3643, 3644).

2 **B. Erbteilsbestimmung.** Mitgezählt werden bei für jeden Berechtigten gesondert anzustellender abstrakter Berechnung alle Personen, die zum Zeitpunkt des Erbfalls als gesetzliche Erben berufen wären, selbst wenn sie enterbt oder für erbunwürdig erklärt wurden oder die Erbschaft ausschlugen (S 1). Ihr Wegfall kommt dem Erben zu Gute. Die Pflichtteilsquote anderer Berechtigter bleibt gleich. Die Grundsätze der Verwandtenerbfolge (§§ 1924 II, 1930, 1935) bleiben aber unberührt. Der Weggefallene wird nicht zulasten des entfernteren Berechtigten iSv § 2309 mitgezählt.

Der auf das gesetzliche **Erbrecht** Verzichtende (§ 2346 I) wird unabhängig von einer geleisteten Abfindung **nicht** 3
mitgezählt (S 2). Der Verzicht kommt daher den anderen Pflichtteilsberechtigten zu Gute. Ihre Quote erhöht sich.
Der Verzicht eignet sich also nicht, deren Pflichtteilsansprüche zu minimieren. Dies gilt **nicht** bei einem Pflichtteilsverzicht (§ 2346 II), denn hier soll die Verfügungsfreiheit des Erben erweitert werden (BGH NJW 82, 2497).
Ebenso ist der unter Pflichtteilsvorbehalt Verzichtende mitzuzählen. Erstreckt sich der Erbverzicht entgegen der
Vermutung des § 2349 nicht auf die Abkömmlinge, sind diese entspr ihrem Eintrittsalter (§ 1924 III) mitzuzählen.

§ 2311 Wert des Nachlasses

(1) ¹Der Berechnung des Pflichtteils wird der Bestand und der Wert des Nachlasses zur Zeit des Erbfalls zugrunde gelegt. ²Bei der Berechnung des Pflichtteils eines Abkömmlings und der Eltern des Erblassers bleibt der dem überlebenden Ehegatten gebührende Voraus außer Ansatz.
(2) ¹Der Wert ist, soweit erforderlich, durch Schätzung zu ermitteln. ²Eine vom Erblasser getroffene Wertbestimmung ist nicht maßgebend.

A. Zweck. Die Norm ordnet an, dass der Wert des Nachlasses, der für den Pflichtteilsanspruch maßgeblich 1
ist (§ 2303 I 2), nach dem Stichtagsprinzip (I 1) unabhängig von Vorgaben des Erblassers (II 2) zu ermitteln
ist. Ist der Nachlass überschuldet, besteht überhaupt kein Pflichtteilsanspruch (Stuttg NJW 89, 1283).

B. Nachlassbestand. Der Wert des Nachlassbestandes ist die **Differenz** zwischen sämtlichen **Aktiva** und **Passiva**, die zur **Zeit des Erbfalls** bestanden (*Gottwald* Rn 2; bilanzartige Übersicht bei Damrau/*Riedel/Lenz* Rn 11). 2

I. Aktiva. Aktiva sind grds alle vererblichen Vermögensgegenstände sowie Surrogate (zB Lastenausgleichsansprüche für vor dem Erbfall entstandene Schäden, auch wenn sie erst in der Person des Erben entstanden, s BGH 3
FamRZ 77, 128, 129; Rückgewähr- oder Entschädigungsansprüche für Grundstücke in der früheren DDR nach
dem Vermögensgesetz, wenn der Erbfall nach dem 29. 9. 90 eingetreten ist, BGHZ 123, 76, 79 f), sowie alle Vermögenswerte, die der Erblasser noch zu Lebzeiten eingeleitet hat, aber erst nach seinem Tod endgültige Rechtswirkungen entwickelten (BGHZ 32, 367, 369; Ddorf FamRZ 96, 1440), auch den Anspruch aus einem Meistgebot
(§ 81 ZVG; Ddorf aaO). Ferner sind zu berücksichtigen Steuerrückerstattungen für die Vorjahre und das laufende
Rumpfjahr bis zum Erbfall, steuerliche Verlustvorträge, soweit der Erbe hieraus einen Vorteil hat, und wiederkehrende (zu kapitalisierende) Forderungen (BaRoth/*Mayer* Rn 5). Infolge des Erbfalls durch Konfusion oder Konsolidation erloschene Rechtsverhältnisse gelten für die Berechnung der Pflichtteilshöhe als nicht erloschen, da diese
unabhängig davon ist, wer insoweit zufällig Erbe wird (BGH NJW 87, 1260, 1262).
Nicht in den Nachlass fällt der Anspruch des Erben nach § 2287 (BGH NJW 89, 2389, 2391), der des Erblassers 4
selbst nach § 528 (Stuttg BNotZ 85, 70), seine Wohnrechte (§ 1093), persönlichen Dienstbarkeiten (§ 1090) oder
höchstpersönlichen Nießbrauchsrechte (§ 1061 S 1; München Rpfleger 87, 109, 110). Die **Ausschlagung** einer
zum Nachlass gehörigen Erbschaft oder eines Vermächtnisses führt zu einer Minderung des Nachlassbestandes, die
auch gegen die Pflichtteilsberechtigten wirkt (Soergel/*Dieckmann* Rn 8).
Lebensversicherungen fallen in den Nachlass, wenn kein Bezugsberechtigter wirksam bestimmt ist (BGHZ 32, 44, 5
46 f) oder soweit sie zur Kreditsicherung unter teilweisem Widerruf des Bezugsberechtigten an einen Darlehensgeber abgetreten worden sind (BGH NJW 96, 2230; *Gottwald* Rn 10), **nicht**, wenn der Bezugsberechtigte im Versicherungsvertrag genannt ist (Ddorf OLGR 97, 167; Frankf NJW-RR 98, 795; Schlesw ZEV 99, 107). Das gilt auch,
wenn der Erbe Bezugsberechtigter (BayObLG ZEV 95, 193) oder Versicherungsfall der Todesfall ist (§§ 330 f; § 167
II VVG; *Klingelhöffer* Rn 243). Ihre Abtretung zur Sicherung reduziert die Nachlassverbindlichkeiten.

II. Passiva. Wegen der Abhängigkeit des Pflichtteilsanspruchs vom gesetzlichen Erbteil (§ 2303 I 2) sind Passiva lediglich Nachlassverbindlichkeiten und Lasten, die vorlägen, legte man allein die gesetzliche Erbfolge zu 6
Grunde (MüKo/*Lange* Rn 10). Zu berücksichtigen sind grds Erblasserschulden und Erbfallschulden iSv
§ 1967 II (Damrau/*Riedel/Lenz* Rn 8), zB als Erblasserschulden vererbliche und zur Zeit des Erbfalls noch
nicht verjährte Verbindlichkeiten wie Ansprüche aus einem mit dem Erbfall fälligen Nachlassvermächtnis
(§ 2191), Ansprüche Dritter nach § 612, Grundstückslasten, zulasten des Erben befristet oder unbefristet entstandene Steuerverbindlichkeiten (BGH NJW-RR 93, 131, 132) zuzüglich der damit zusammenhängenden
Beratungskosten (BFH NJW 93, 350), wobei bei Zusammenveranlagung des Erblassers mit seinem Ehegatten
(§ 26 b EStG) darauf abzustellen ist, wer im Innenverhältnis die Steuerschuld zu tragen hat, da er das Einkommen erzielte (BGH NJW 79, 546). Abzuziehende Erbfallschulden sind zB Kosten der standesgemäßen
Beerdigung nach § 1968, Nachlasssicherungs-, Nachlassverwaltungs- (RG JW 1906, 114), Nachlassprozess-
und Inventarkosten (§§ 1993, 2314 II), Kosten der Auskunftserteilung nach § 2314 (BGH FamRZ 89, 856),
des Rechtsanwalts im Erbscheinverfahren beim Erbprätendentenstreit jedenfalls dann, wenn er vom Pflichtteilsberechtigten veranlasst war (BGH MDR 80, 831). Ferner ist abzugsfähig der Anspruch auf Zugewinnausgleich nach § 1371 II und III (BGH NJW 62, 1719, 1721; 88, 136, 137), der Rückforderungsanspruch nach
§ 92 c BSHG, und Kosten der Testamentsvollstreckung, wenn diese für den Pflichtteilsberechtigten von Vorteil
ist (BGH NJW 85, 2828, 2830).

7 **Auszuscheiden** sind der Pflichtteilsanspruch selbst, der Erbersatzanspruch, Vermächtnisse und Auflagen (BGH NJW 88, 136, 137), der Anspruch auf den Dreißigsten (§ 1969), der erst mit dem Erbfall entstehende Unterhaltsanspruch der werdenden Mutter (§ 1963) und des Stiefkindes nach § 1371 IV, latente Steuerlasten wie zB nach § 16 EStG (BGH NJW 72, 1269), die aber idR bei der Bewertung des Gegenstandes zu berücksichtigen sind (BGH NJW 82, 2497, 2498; FamRZ 86, 776), den Erben selbst treffende Erbschaftsteuerschulden und Beratungskosten (Hamm OLGZ 90, 1520; Ddorf FamRZ 99, 1465; aA BFH NJW 93, 130), Grabpflegekosten, grds Verbindlichkeiten, die auf einer Verfügung vTw des Erblassers beruhen, Kosten der Testamentseröffnung, der Erstellung des Erbscheins oder einer Auseinandersetzung unter Miterben (Stuttg JABl BW 78, 76), sowie solche, die im Nachlassinsolvenzverfahren erst nach dem Pflichtteilsanspruch zu befriedigen wären (§ 327 InsO), Bürgschaftsverbindlichkeiten, solange das Ob und die Höhe der Inanspruchnahme offen ist (Köln ZEV 04, 155). Nach I 2 bleibt für den Pflichtteil der Eltern und der Abkömmlinge im Rahmen des § 1932 I 2 auch der Voraus des überlebenden Ehegatten bei gesetzlicher Erbfolge (§ 1932) außer Betracht, außer, er gebührte dem Ehegatten als testamentarischem Allein- oder Miterben nicht (BGH NJW 79, 546; Naumbg OLGR 00, 433), oder wenn der Erblasser dem Ehegatten den Pflichtteil oder Voraus entzogen hatte bzw der Ehegatte für erbunwürdig erklärt wurde, nicht aber, weil der Voraus ausgeschlagen wurde (Staud/*Haas* Rn 43). Der Pflichtteil des Ehegatten errechnet sich immer aus dem Gesamtnachlass ohne Abzug des Voraus (BaRoth/*Mayer* Rn 11).

8 **III. Wertermittlung.** Bestimmungen des Erblassers dürfen dem Pflichtteilsberechtigten nur vorteilhaft, nicht nachteilig sein (II 2). In einer Wertbestimmung kann eine zulässige teilweise Pflichtteilsentziehung (§§ 2333 ff), bei der § 2336 zu beachten ist, oder eine Teilungsanordnung, soweit sie den Pflichtteil nicht verkürzt, liegen (§ 2048).

9 **IV. Bewertungsziel.** Durch Ermittlung des Wertes des Nachlasses als Bezugsgröße des Pflichtteilsanspruchs soll der Pflichtteilsberechtigte wertmäßig so gestellt werden können, als sei er mit dem halben gesetzlichen Erbteil (§ 2303 I 2) am Nachlass beteiligt (BVerfG NJW 52, 1173, 1174; 88, 2723, 2724; BGH NJW-RR 91, 900, 901; 93, 131; Ddorf ZEV 95, 306). Maßgeblich ist der (objektive) **gemeine Wert**, dh der unter normalen Marktbedingungen im gewöhnlichen Geschäftsverkehr anzusetzende Verkehrs- oder Normalwert als Verkaufswert (§ 9 II BewG; vgl BGH NJW 54, 1764, 1765; Ddorf BB 88, 1001; ZEV 94, 361; Stuttg NJW 67, 2410, 2411; beim Zugewinnausgleich einschränkend bei Immobilien, die nicht verkauft werden sollen, aber BGH NJW-RR 86, 226, 228; FamRZ 92, 918). Nach den GoB ermittelte Buchwerte, steuerliche Einheitswerte (BVerfG aaO) oder von Affektionsinteresse beeinflusste Liebhaberwerte, die nicht in einem größeren Personenkreis objektiviert sind, scheiden als Bewertungsgrundlage aus (MüKo/*Lange* Rn 19).

10 Nur wenn unter Ausnahmebedingungen ganz außergewöhnliche Preisverhältnisse bestehen, ist auf den **inneren** oder **wahren Wert** abzustellen (BGH NJW 54, 1037; 65, 1589, 1590; 73, 995; FamRZ 92, 918: zum Zugewinn), um zugunsten (nicht: zulasten) des Pflichtteilsberechtigten unangemessenen Ergebnissen entgegenwirken (BGH NJW-RR 91, 990, 991; kritisch BaRoth/*Mayer* Rn 15; Staud/*Haas* Rn 55; *Klingelhöffer* Rn 176 f).

11 **V. Stichtagsprinzip.** Maßgeblich ist der Zeitpunkt des Erbfalls, dh des Todes des Erblassers bzw der nach § 9 VerschG festzustellende Todeszeitpunkt (BGH NJW 01, 2713, 2714). Wertveränderungen nach diesem Zeitpunkt sind grds unbeachtlich (BGH NJW 52, 1173, 1174; 65, 1589, 1590). Ausnahmen kennen §§ 2315, 2316 und §§ 2325 ff (MüKo/*Lange* Rn 17). Die stichtagsbezogene Bewertung erlaubt es, Entwicklungen zu berücksichtigen, die zu diesem Zeitpunkt nahe liegen und in ihrem Kern, wirtschaftlich fassbar, angelegt sind (BGH NJW 73, 509; BaRoth/*Mayer* Rn 16).

12 Wichtigstes Indiz für die Bewertung und einer Schätzung vorzuziehen (BGH NJW-RR 93, 131; vgl II 1) ist ein tatsächlich erzielter **Verkaufspreis** (ggf abzüglich verkaufsbedingter Kosten, BGH NJW 82, 2497, 2498), selbst wenn er von individuellen Umständen beeinflusst wurde (BGH NJW-RR 91, 900 f; 93, 131 f; 834). Das gilt für zeitnah nach dem Erbfall erfolgte Veräußerungen, wenn keine besonderen Umstände vorliegen, und bei einem im Wesentlichen unveränderten Markt selbst 5 Jahre nach dem Erbfall (BGH NJW-RR 93, 131; zT aA Ddorf FamRZ 95, 1236, 1237 f). Ansonsten ist entspr der Preisentwicklung zu korrigieren (BGH NJW-RR 93, 834). Ist nach diesen Kriterien keine Bewertung möglich, ist eine **Schätzung** erforderlich (II 1), uU durch Sachverständigen.

13 Eine bestimmte Methode zur Wertermittlung ist nicht vorgegeben (BGH NJW-RR 93, 131). Möglich sind, einzeln oder kombiniert, das **Vergleichswertverfahren**, das auf im Markt vorhandene Preise für vergleichbare Objekte abstellt (vgl BGH FamRZ 89, 1276, 1278; Ddorf BB 88, 1001), das **Ertragswertverfahren**, das sich bei ihrer Art nach grds ertragsfähigen Gegenständen anbietet und den Barwert der zukünftig erzielbaren Einnahmeüberschüsse errechnet (BGH NJW 77, 949; Ddorf DB 84, 817, 818), sowie das **Substanz- oder Sachwertverfahren**, das den Wert eines Gegenstandes nach den Kosten der Wiederherstellung- oder Beschaffung (Reproduktionswert) bewertet (vgl BGH NJW 77, 949).

14 **VI. Einzelfälle. 1. Grundstücke.** Grundstücke sind grds unter Beachtung der WertVO zu bewerten (Soergel/*Dieckmann* Rn 33). Unbebaute Grundstücke sind idR nach dem Vergleichswertverfahren (anhand direkten Vergleichs oder mittels der Bodenrichtwerte, § 196 BauGB; vgl BGH NJW-RR 90, 68; *Mayer* ZEV 94, 331,

333) zu bewerten, da vergleichbare Kaufpreise vorhanden sein werden. Bauerwartungsland ist mit dem Verkehrswert anzusetzen (vgl auch Stuttg NJW 67, 2410, 2411), aber bei der Vergleichswertmethode (BGH aaO), anders als bei der Ertragswertmethode (BaRoth/*Mayer* Rn 22), darauf ruhende latente Steuerlasten zu berücksichtigen, wenn der Wert nur durch Verkauf realisiert werden kann (BGH NJW 87, 1260, 1262). Der Wert bebauter Grundstücke lässt sich idR nur schätzen. Bei selbst genutzten Eigenheimen bietet sich die Substanzwertmethode an, weil hier idR für potenzielle Käufer die Herstellungskosten vorrangig sind (BGH NJW 70, 2018 f; Köln ZEV 06, 77, 78; *Gottwald* Rn 26). Auf- bzw Abschläge nach §§ 23 f WertVO sind zu beachten (s a Staud/*Haas* Rn 78 ff). Kommt es potenziellen Käufern auf die Kapitalrendite an, wie zB bei Mietshäusern, ist das Ertragswertverfahren anzuwenden (BGH aaO; Ddorf BB 88, 1001, 1002; Frankf FamRZ 80, 576), ggf kann der Substanzwert mit zu einem Mischwert herangezogen werden (BGH NJW-RR 86, 226, 227; Köln NJW 61, 785 f).

2. Bargeld, Forderungen, Wertpapiere etc. Bargeld und Forderungen (aber: § 2313) sind nach dem Nennwert zum Zeitpunkt des Erbfalls (BGH FamRZ 91, 43, 45; *Gottwald* Rn 44), börsengängige Wertpapiere nach ihrem mittleren Kurswert am Todestag, selbst wenn er an diesem Tag ungewöhnlich hoch oder niedrig lag (str, Soergel/*Dieckmann*, Rn 18; Staud/*Haas* Rn 111), zu bewerten. Bei Wertpapieren sind aber außergewöhnliche Umstände, die sich im Kurswert nicht widerspiegeln (zB Paketzuschlag), zu berücksichtigen (*Nirk* NJW 62, 2185). Manche vertreten Korrekturen nach § 242 (*Dieckmann* aaO; *Veith* NJW 63, 1521, 1524). **Verbindlichkeiten**, die auf wiederkehrende Leistungen gerichtet sind, werden mit dem Kapitalwert bewertet (RGZ 72, 379, 382; BGH NJW 54, 1764, 1765; s a Damrau/*Riedel/Lenz* Rn 34). 15

3. Unternehmen(sbeteiligungen). Bei Handelsunternehmen ist ihr wirklicher Wert als wirtschaftliche Einheit unter Berücksichtigung der stillen Reserven und des Firmenwerts, nicht der bloße Buchwert anzusetzen (BGH NJW 73, 509; 77, 949; 82, 575). Im Einzelfall hat der Tatrichter die betriebswirtschaftlich angemessene Methode zu wählen (BGH FamRZ 91, 43, 44; 99, 361; 05, 99). Die Bewertung kann sich bei einer zeitnahen Veräußerung nach dem Preis richten (BGH NJW 82, 2497, 2498; Rn 12). Sonst kommen als Faktoren neben dem Ertrags- und Substanzwert (Rn 13) dem Firmen- und dem **Liquidationswert** (Barwert der Nettoerlöse aus der Veräußerung aller Vermögenswerte abzüglich Schulden und Kosten) Bedeutung zu (vgl FA-ErbR/ *Hannes* Kap 9 Rn 362 ff; *Frieser* Rn 203 ff). IdR wird die Ertragswertmethode angewandt, da der Ertrag der entscheidende Faktor für potenzielle Käufer ist (MüKo/*Lange* Rn 25; zur Berechnung BGH NJW 82, 2441; BaRoth/*Mayer* Rn 26). Der Liquidationswert stellt bei liquidierten (BGH NJW 73, 509, 510) sowie Unternehmen, die am Bewertungsstichtag auch unter Berücksichtigung der Zukunftsaussichten keinen positiven Ertragswert hatten (BGH NJW 82, 2497, 2498), die Wertuntergrenze dar. Teils wird allgemein der Liquidationserlös als Mindesterlös angesehen, wenn der Erbe nicht zur Unternehmensfortführung verpflichtet war (Soergel/*Dieckmann* Rn 21 mwN). 16

Bei **Personen- oder Partnergesellschaften** fällt, wächst der Gesellschaftsanteil den übrigen Gesellschaftern an und wird die Gesellschaft fortgesetzt, ein Abfindungsanspruch (§ 105 II HGB, § 738 I 2 BGB) gegen die Gesellschaft in den Nachlass und ist ein Aktiva iSv I 1 (BGH NJW-RR 87, 989). Relevant ist grds der wirkliche Wert der Erblasserbeteiligung. Bei Liquidation richtet er sich nach dem Liquidationserlös (*Mayer* ZEV 94, 331, 335). Wird die Gesellschaft aufgrund einer Nachfolgeklausel mit Erben fortgesetzt, gehören deren Beteiligungen in den Nachlass (BGH NJW 57, 180; 77; 1339; DNotZ 02, 801). Sie sind mit ihrem vollen Wert zu bewerten (Staud/*Haas* Rn 89). Der Anteilswert richtet sich grds nach dem anhand der Ertragsmethode ermittelten Wert des Unternehmens (*Michalski/Zeidler* FamRZ 97, 397, 399 ff). Problematisch ist die vom BGH noch nicht entschiedene Bewertung, wenn der Gesellschaftsvertrag beim Ausscheiden eines Gesellschafters einen ggü dem Vollwert niedrigeren Klauselwert (zB Buchwertklausel) vorsieht (s MüKo/*Lange* Rn 33). Entspr dem Stichtagsprinzip berechnen einige den Pflichtteilsanspruch nach dem Vollwert der Mitgliedschaft (Jauernig/*Stürner* Rn 7), obwohl der Erbe ggf nur den Klauselwert realisieren kann. Dabei werden zT Einschränkungen ua dahin gemacht, der Vollwert sei auf den Abfindungsfall auflösend bedingt (*Sudhoff* NJW 61, 801, 803 f), oder der Erbe habe ein über § 2331 hinausgehendes Leistungsverweigerungsrecht (*Siebert* NJW 60, 1033, 1036 ff). Andere gehen vom Klauselwert jedenfalls dann aus, wenn der Erbe nach § 139 HGB innerhalb der Frist des § 139 III HGB ausscheidet (BaRoth/*Mayer* Rn 38; *Eiselt* NJW 81, 2447, 2448 ff), oder gewähren dann ein Anfechtungsrecht nach § 134 InsO, § 4 AnfG (Soergel/*Dieckmann* Rn 30; *Heckelmann* 199 ff, 209 ff). Vorzugswürdig scheint es, auf einen Zwischenwert abzustellen, der das Risiko eines Abfindungsausfalls mit einbezieht (*Reimann* ZEV 94, 7, 10; zu § 1376 BGH NJW 80, 229, 231; 87, 321, 322). 17

GmbH-Anteile, die nach § 15 GmbHG zulässig sind, sind nach dem gemeinen Wert zu bewerten (MüKo/ *Lange* Rn 27), der von dem Wert des Unternehmens abhängt, das die GmbH betreibt (Soergel/*Dieckmann* Rn 19). Werden aufgrund von Einziehungsklauseln oder Abtretungsverpflichtungen zulässige Abfindungen gezahlt, sind diese für die Bewertung des Pflichtteilsanspruchs maßgebend (MüKo/*Lange* Rn 27). 18

Bei **freiberuflichen Praxen** kann wegen der persönlichen Bindungen nicht vom Ertragswert ausgegangen werden. Es bietet sich hier eine umsatzorientierte Bewertung an. Neben dem Sachwert ist der „good-will" zu berücksichtigen (RGZ 153, 280; BGH NJW 91, 1547, 1551; Ddorf FamRZ 04, 1108 m Anm *Schröder*). 19

20 **C. Prozessuales.** Der Pflichtteilsberechtigte kann den Erben ohne bezifferten Leistungsantrag durch eine Stufenklage in Verzug setzen (BGH NJW 81, 1729, 1731; s auch § 2317 Rn 3 und § 2332 Rn 11). Er trägt die Beweislast für den Nachlasswert, aus dem er seinen Anspruch bezieht (BGHZ 7, 364), auch dafür, dass behauptete Nachlassverbindlichkeiten nicht bestehen (Frankf ZEV 03, 364).

§ 2312 Wert eines Landguts

(1) ¹Hat der Erblasser angeordnet oder ist nach § 2049 anzunehmen, dass einer von mehreren Erben das Recht haben soll, ein zum Nachlass gehörendes Landgut zu dem Ertragswert zu übernehmen, so ist, wenn von dem Recht Gebrauch gemacht wird, der Ertragswert auch für die Berechnung des Pflichtteils maßgebend. ²Hat der Erblasser einen anderen Übernahmepreis bestimmt, so ist dieser maßgebend, wenn er den Ertragswert erreicht und den Schätzungswert nicht übersteigt.
(2) Hinterlässt der Erblasser nur einen Erben, so kann er anordnen, dass der Berechnung des Pflichtteils der Ertragswert oder ein nach Absatz 1 Satz 2 bestimmter Wert zugrunde gelegt werden soll.
(3) Diese Vorschriften finden nur Anwendung, wenn der Erbe, der das Landgut erwirbt, zu den in § 2303 bezeichneten pflichtteilsberechtigten Personen gehört.

1 **A. Zweck.** Die (agrarpolitische) Schutznorm erleichtert dem pflichtteilsberechtigten Übernehmer eines Landguts die Fortführung, indem er dessen Ertragswert, der idR deutlich niedriger als der Verkehrswert ist, für gegen ihn gerichtete Pflichtteilsansprüche ansetzen kann. Der Liquidationswert ist hier nicht die Untergrenze (§ 2311 Rn 16). Ziel der Privilegierung ist es, leistungsfähige überkommene bäuerliche Familienbetriebe zu erhalten (BVerfG NJW 95, 2979).

2 **B. Voraussetzungen.** Anwendungsbereich des I ist, dass der Erblasser anordnet, nur **einer** von **mehreren** Erben (Damrau/*Riedel/Lenz* Rn 4) sei berechtigt, das Gut zum Ertragswert zu übernehmen. Dann ist im Zweifel oder bei ausdrücklicher Anordnung bei der Erbteilung das Landgut zum Ertragswert anzusetzen (I 1 iVm § 2049 II). Zur Bestimmung des Begriffs **Landgut** § 1376 Rn 25 und § 2049 Rn 3, Damrau/*Riedel/Lenz* Rn 5; *Gottwald* Rn 7; zum **Ertragswert** § 2049 Rn 4 Macht der Erbe von dem Recht Gebrauch und ist er Pflichtteilsberechtigter (Rn 4), ist der Ertragswert für den Pflichtteil maßgebend.

3 Hinterlässt der Erbe nur einen Erben, kann er Maßgeblichkeit des Ertragswerts statt des Schätzwerts (§ 2311 II 1) anordnen (II). Eine solche Anordnung muss sich aus dem Testament ergeben (BGH NJW 75, 1831, 1832). Ihre Feststellung durch ergänzende Auslegung setzt Anhaltspunkte dafür voraus, dass der Erblasser bei Testamentserrichtung eine erhebliche Differenz zwischen Ertrags- und Verkehrswert vorausgesehen hat (BGH NJW 87, 951; *Gottwald* Rn 6).

4 Der Erbe muss (abstrakt; BGH NJW 64, 1414, 1415) **pflichtteilsberechtigt** sein (III; s § 2303 Rn 1–4). Ausreichend ist, dass ein pflichtteilsberechtigter Familienangehöriger des Erben das Gut fortführt (BayObLGZ 88, 385; Oldbg NJW-RR 92, 464). § 2312 gilt **auch**, wenn das Gut zu Lebzeiten des Erblassers übergeben wurde und gegen den Übernehmer Pflichtteilsergänzungsansprüche (§§ 2325 ff) geltend gemacht werden und die Voraussetzungen des § 2312 beim Erbfall vorlagen, insbes das Gut nicht vor dem Erbfall aufgegeben wurde (BGH NJW 95, 1352), oder wenn zum Nachlass der gütergemeinschaftliche Anteil des Erblassers an einem Landgut gehört (BGH FamRZ 83, 1220 f).

5 **C. Einschränkungen.** In Hinblick auf mögliche, auch verfassungsrechtlich bedenkliche Härten für den weichenden Hoferben und im Einklang mit dem Zweck der Norm (Rn 1; BGH NJW 95, 1395) sind Einschränkungen der Vergünstigung geboten, wenn der Übernehmer das Landgut veräußern will oder muss (BGH FamRZ 89, 1276, 1278; NJW-RR 92, 770), es nicht als Einheit fortführen kann oder es nicht überlebensfähig ist (BGH NJW 87, 951; FamRZ 92, 172) oder einzelne, besonders wertvolle Vermögenswerte ohne Gefahr für die Überlebensfähigkeit des Gutes herausgelöst werden können (BGH NJW 87, 1260: zur Herauslösung baureifer Grundstücke; FamRZ 92, 172).

6 Keine Anwendung findet § 2312 ferner, wenn das Gut auf mehrere Erben zu Bruchteilseigentum übergeht (BGH FamRZ 77, 195) oder ein Erbe nur einen Bruchteil des Eigentums an einem Landgut übernommen hat (BGH NJW 73, 995). Fehlt es bei objektivierender Prognose (BGH NJW-RR 92, 770; NJW 95, 1352) an einer Fortführungsabsicht, die der auf den Pflichtteil in Anspruch genommene Erbe beweisen muss (BGH FamRZ 89, 1276), liegt keine Übernahme iSd Norm vor (MüKo/*Lange* Rn 5).

7 **D. Reinertrag.** Die Berechnung erfolgt nach Art 137 EGBGB ergangenen landesrechtlichen Ausführungsgesetzen, die idR nur den Kapitalisierungsfaktor regeln (*Pabsch* DGAR AgrarR 94, 5; *Müller/Feldhammer* ZEV 95, 161).

8 **E. Nachabfindung.** Trotz erheblicher Bedenken (MüKo/*Lange* Rn 7) besteht ein solcher Anspruch bei einer späteren Veräußerung des Landguts nach dem BGB, anders als nach § 13 HöfeO, nicht (BGH NJW 87, 1260, 1262).

§ 2313 Ansatz bedingter, ungewisser oder unsicherer Rechte; Feststellungspflicht des Erben

(1) ¹Bei der Feststellung des Wertes des Nachlasses bleiben Rechte und Verbindlichkeiten, die von einer aufschiebenden Bedingung abhängig sind, außer Ansatz. ²Rechte und Verbindlichkeiten, die von einer auflösenden Bedingung abhängig sind, kommen als unbedingte in Ansatz. ³Tritt die Bedingung ein, so hat die der veränderten Rechtslage entsprechende Ausgleichung zu erfolgen.

(2) ¹Für ungewisse oder unsichere Rechte sowie für zweifelhafte Verbindlichkeiten gilt das Gleiche wie für Rechte und Verbindlichkeiten, die von einer aufschiebenden Bedingung abhängig sind. ²Der Erbe ist dem Pflichtteilsberechtigten gegenüber verpflichtet, für die Feststellung eines ungewissen und für die Verfolgung eines unsicheren Rechts zu sorgen, soweit es einer ordnungsmäßigen Verwaltung entspricht.

A. Zweck. Die erbrechtliche Sonderreglung, die nicht bei Berechnung des Zugewinns (BGH NJW 92, 2154, 2156) gilt, ermöglicht als Ausnahme zum Stichtagsprinzip (§ 2311 Rn 11) einen vorläufigen Wertansatz mit ggf späterer Korrektur (I 3), wenn der Bestand des Nachlasses von künftigen ungewissen Ereignissen abhängt (I 1, II 1). Die Bewertung wird zeitlich verschoben, erfolgt aber für den Zeitpunkt des Erbfalls (BGH NJW 93, 2176, 2177; Köln NJW 98, 240, 241). 1

B. Abs 1 S 1, Abs 2 S 1. Aufschiebend bedingte, ungewisse und unsichere Rechte und Verbindlichkeiten bleiben vorläufig außer Ansatz. Bedingungen sind solche rechtsgeschäftlicher Art und echte Rechtsbedingungen (*Gottwald* Rn 5; aA RGZ 83, 253, 254). Der Grad der Wahrscheinlichkeit des Bedingungseintritts ist unerheblich (MüKo/*Lange* Rn 4). Zur analogen Anwendung des § 2314 II 1 iVm I 3, wenn der Erbe auf Grund des VermögensG vor dem Erbfall (München DtZ 93, 153, 154) in der ehemaligen DDR enteignete Grundstücke zurückerhält (§ 3 I 1 VermG) oder Entschädigung (§ 9 VermG) erhält, vgl BGH NJW 93, 2176; FamRZ 04, 1284; Kobl DtZ 93, 254; BaRoth/*Mayer* Rn 9. Zur Anwendung des ZGB (Art 235 § 1 EGBGB) vgl BGH aaO; LG Hburg NJW 98, 2608; *Dieckmann* ZEV 94, 198, 199. 2

C. Auflösende Bedingungen (I 2). Auflösend bedingte Rechte und Verbindlichkeiten kommen zunächst als unbedingt in Ansatz (vgl auch § 42 InsO). Bestehen im Rahmen einer einheitlichen Geschäftsbeziehung zwischen Personen beidseitig Forderungen und Verbindlichkeiten, die gegenseitig verrechnet werden, und sind diese nur teilweise sicher und unzweifelhaft, dürfen die zweifellos bestehenden Ansprüche nicht als solche behandelt werden und haben die ungewissen außer Ansatz zu bleiben (BGH NJW 52, 1173). Keine Anwendung findet I 2 u 3 bei befristeten Rechten oder Verbindlichkeiten; hier ist gem § 2311 II 1; §§ 41 II, 46 InsO zu schätzen (BGH FamRZ 79, 787, 788). 3

D. Ausgleichung (I 3). Mit Bedingungseintritt hat zwischen Erben und Pflichtteilsberechtigten eine Ausgleichung zu erfolgen. Der Pflichtteilsberechtigte ist so zu stellen, als ob die Bedingung bereits zur Zeit des Erbfalls eingetreten wäre bzw die Unsicherheit etc nicht bestanden hätte (BGH NJW 93, 2176; Köln NJW 98, 240). Bei aufschiebend bedingten Rechten und auflösend bedingten Verbindlichkeiten erhöht der Bedingungseintritt den Pflichtteil, bei auflösend bedingten Rechten oder aufschiebend bedingten Verbindlichkeiten vermindert er ihn. Der im letzten Fall mögliche Anspruch des Erben gegen den Pflichtteilsberechtigten auf Rückzahlung wird als Bereicherungsanspruch (Erman/*Schlüter* Rn 16; Soergel/*Dieckmann* Rn 3), ua zur Vermeidung des § 818 III als pflichtteilsrechtlicher Ausgleichsanspruch eigener Art (BaRoth/*Mayer* Rn 7; Lange/*Kuchinke* § 37 VIII 5) oder nach § 159 (MüKo/*Lange* Rn 5) behandelt. Eine Sicherheitsleistung für die eventuelle Nach- oder Rückzahlung kann außerhalb der Insolvenz nicht verlangt werden (Damrau/*Riedel/Lenz* Rn 11; *Gottwald* Rn 13); es gilt § 916 II ZPO (Staud/*Haas* Rn 18). Ein Ausgleich braucht nicht im Urteil über den Pflichtteilsanspruch vorbehalten zu werden (Kiel OLGZ 7, 143). 4

E. Abs 2. **Ungewiss** ist ein Recht, wenn sein rechtlicher Bestand oder die Person des Berechtigten zweifelhaft ist (BGH NJW 52, 138, 139). **Unsicher** ist es, wenn nur seine wirtschaftliche oder tatsächliche Verwertung zweifelhaft ist (BGH aaO). Entsprechendes gilt für Verbindlichkeiten. Einzelfälle (vgl MüKo/*Lange* Rn 7): **Unsicher** ist grds ein Nacherbenanwartschaftsrecht (RGZ 83, 253), eine Darlehensforderung nach erfolgloser Pfändung (Dresden JW 18, 188), grds **nicht** der Geschäftswert (Staud/*Haas* Rn 9; aA Nürnbg FamRZ 66, 512, 513) oder ein mit einer Abfindungsklausel belasteter Gesellschaftsanteil (Soergel/*Dieckmann* Rn 7). **Ungewiss** ist ein anfechtbares oder schwebend unwirksames Recht (Damrau/*Riedel/Lenz* Rn 5; Staud/*Haas* Rn 9). Verbindlichkeiten wie Bürgschaften (Köln ZEV 04, 155), Garantieversprechen, Grundpfandrechte und Verpfändungen für fremde Schuld sind **zweifelhaft** iSv II, wenn ungewiss ist, ob sie rechtlich bestehen oder tatsächlich verwirklicht werden können (BGH NJW 52, 138, 139; WM 77, 1410, 1411; *Gottwald* Rn 8; MüKo/*Lange* Rn 6). **Entfällt** die Ungewissheit, Unsicherheit oder Zweifelhaftigkeit, hat **Ausgleichung** entspr I 3 zu erfolgen (Rn 4). Die Pflicht des Erben zur **Feststellung** ungewisser und **Durchsetzung** unsicherer Rechte im Rahmen ordnungsgemäßer Verwaltung benennt II 2. 5

F. Verjährung. Die Verjährung der auf Leistungen nach dem Vermögensgesetz bezogenen Ausgleichsansprüche entspr II 1, I 3 beginnt mit In-Kraft-Treten des Vermögensgesetzes (§ 2332 Rn 8; *Gottwald* Rn 15 f). 6

§ 2314 Auskunftspflicht des Erben

(1) ¹Ist der Pflichtteilsberechtigte nicht Erbe, so hat ihm der Erbe auf Verlangen über den Bestand des Nachlasses Auskunft zu erteilen. ²Der Pflichtteilsberechtigte kann verlangen, dass er bei der Aufnahme des ihm nach § 260 vorzulegenden Verzeichnisses der Nachlassgegenstände zugezogen und dass der Wert der Nachlassgegenstände ermittelt wird. ³Er kann auch verlangen, dass das Verzeichnis durch die zuständige Behörde oder durch einen zuständigen Beamten oder Notar aufgenommen wird.
(2) Die Kosten fallen dem Nachlass zur Last.

1 **A. Zweck.** Damit der Pflichtteilsberechtigte einen möglichen Pflichtteilsanspruch verwirklichen kann, gewährt ihm die Norm als Hilfsansprüche Auskunfts- und Wertermittlungsansprüche bezüglich des Umfangs des Nachlasses.

2 **B. Auskunftsanspruch. I. Anspruchsberechtigter.** Pflichtteilsberechtigung, nicht das Bestehen eines Pflichtteilsanspruchs, ist Voraussetzung, denn zu dessen Beurteilung soll die Auskunft gerade dienen (BGH NJW 58, 1964; 81, 2051; 02, 2469 f). Berechtigt ist jeder pflichtteilsberechtigte Nichterbe nach §§ 2303, 2309 (BGH NJW 81, 2051, 2052), also auch der Berechtigte, der enterbt ist oder ausschlägt und gleichwohl einen Pflichtteilsanspruch behält (§§ 2306 I 2, 2305, 1371 III) oder ein Vermächtnis erhält (§ 2307), ohne dass es auf die Höhe oder Ausschlagung des Vermächtnisses ankommt (BGH NJW 58, 1964; Ddorf FamRZ 95, 1236, 1237; Oldbg NJW-RR 93, 782, 783; Köln NJW-RR 92, 8; zum Ganzen MüKo/*Lange* Rn 15; *Edenfeld* ZErb 05, 346). Bei mehreren Berechtigten kann jeder Einzelne den Anspruch geltend machen (Staud/*Haas* Rn 21). Wird der Pflichtteilsanspruch vererbt (§ 2317 II), geht das Auskunftsrecht mit über. Bei Abtretung (§§ 2317 II, 398) geht es als unselbständiges Nebenrecht iSv § 401 auf den Forderungserwerber über (Soergel/*Dieckmann* Rn 38), nach Karlsr NJW-RR 04, 729 bestehe bei Überleitung auf Träger der Sozialhilfe (§ 90 BSHG) aber nur ein Auskunftsrecht nach § 242 (insoweit offen gelassen bei BGH FamRZ 05, 441). Obwohl der Erbe bzw Miterbe grds kein Auskunftsrecht nach § 2314 hat, wird ihm als Pflichtteilsberechtigten bezüglich Pflichtteilsergänzungsansprüchen (§§ 2325 f) ein Informationsrecht eingeräumt, da er insoweit in seiner Stellung als Erbe (vgl zB § 2038 sowie §§ 2027 f, 2057) schlechter stehen kann als ein Nichterbe. Einige vertreten direkte oder analoge Anwendung des § 2314 (*Coing* NJW 70, 729, 733 ff; *Gottwald* Rn 10). Die hM gibt einen allgemeinen Auskunftsanspruch aus § 242 (BGH NJW 73, 1876, 1878; 90, 180; 93, 2737; Köln ZEV 05, 398); der Anspruchsbegehrende hat danach die Kosten selbst zu tragen (BGH NJW 81, 2051, 2052; 90, 180) und sein besonderes Informationsbedürfnis darzulegen (Soergel/*Dieckmann* Rn 26).

3 Kein Auskunftsrecht nach § 2314 hat der Nacherbe gegen den Vorerben, auch wenn er unter einer auflösenden Bedingung eingesetzt ist (BGH NJW 81, 2051, 2052; s aber §§ 2121 f, 2117). Entspr dem Zweck der Norm besteht auch kein Auskunftsanspruch, wenn feststeht, dass kein Pflichtteilsanspruch besteht (BGH NJW 58, 1964; LG Bonn NJOZ 05, 1085, 1086 f – LS: ZEV 05, 313 -; Staud/*Haas* Rn 19), zB der Pflichtteil wirksam entzogen wurde (Hamm NJW 83, 1067), der Berechtigte auf ihn verzichtet hat (BGH WM 85, 1346, 1348; BaRoth/*Mayer* Rn 4; *Gottwald* Rn 2), er statt des Pflichtteils ein Vermächtnis angenommen hat (Braunschw OLGRspr 21, 343, 344; LG Bonn aaO), er Leistungen aus dem Nachlass empfangen hat, die seinen Pflichtteilsanspruch und Ergänzungsanspruch sicher übersteigen (Kobl FamRZ 03, 193; *Klinghöffer* Rn 143), oder der Anspruch sicher verjährt ist (MüKo/*Lange* Rn 15, aA Köln NJW-RR 92, 8).

4 **II. Auskunftspflichtiger.** Grds, auch bei Nachlassinsolvenz (RG BayZ 20, 78) oder -verwaltung (Celle JZ 60, 402; s auch § 2012 II), sind die **Erben** bzw Erbeserben (BGH NJW 89, 2887) als Gesamtschuldner (§§ 421, 431) zur Auskunft verpflichtet. Miterben müssen sich Mängel bei der Erteilung gegenseitig zurechnen lassen (RGZ 129, 239, 246). Eine vom Erblasser zu Lebzeiten ausgestattete und zur Alleinerbin eingesetzte **Stiftung** kann zur Auskunft und Wertermittlung analog § 2314 verpflichtet sein (Karlsr ZEV 04, 470, 471).

5 Daneben ist der vom Erblasser zu Lebzeiten **beschenkte Dritte** einem enterbten Pflichtteilsberechtigten verpflichtet, muss aber nicht nach I 2 die Kosten tragen (BGH NJW 81, 2051; 84, 487, 488; 89, 2887, 2888).

6 Der Auskunftspflichtige kann sich eines Erfüllungsgehilfen bedienen, insbes wenn er keine andere Auskunft als dieser geben kann (Karlsr NJW-RR 02, 220). Reicht sein Wissen nicht aus, muss er sich im Rahmen des Zumutbaren die zur Auskunft nötigen Kenntnisse verschaffen (BGH NJW 89, 1601 f; Brandbg FamRZ 98, 180, 181) und ggf ihm selbst zustehende Auskunftsansprüche (zB §§ 666, 675) nutzen oder an den Auskunftsberechtigten abtreten (BGH aaO). Letzteres gilt nicht, wenn er vollständig Auskunft erteilt hat (Bremen OLGR 01, 201).

7 **Nicht** auskunftspflichtig ist ein Testamentsvollstrecker (§ 2213 I 3; KG FamRZ 05, 1595), der die Erben aber zu unterstützen hat (RGZ 50, 224, 225), und bis zum Nacherbfall der Nacherbe.

8 **Ausschluss**
Der Erblasser kann den Erben nicht einseitig von der Verpflichtung aus § 2314 befreien, aber mit dem Pflichtteilsberechtigten einen Verzicht (in Form des § 2348) vereinbaren (MüKo/*Lange* Rn 2). Ggü dem Erben kann der Berechtigte nach dem Erbfall formlos verzichten.

III. Umfang. Anspruchsziel ist die Vermittlung von Informationen, die der Verpflichtete hat oder sich auch 9
erst beschaffen muss (BGH NJW 84, 487). Zur Realisierung des Pflichtteilsanspruchs sind alle Berechnungsfaktoren offen zu legen (BGH NJW 61, 602). Der Anspruch umfasst auch Auskunft über beim Erbfall vorhandene einzelne Nachlassgegenstände (Damrau/*Riedel*/*Lenz* Rn 10), -werte (BGH NJW 84, 487) und -verbindlichkeiten (BGH LM Nr 5, 11), zB Grundbesitz, Unternehmensbeteiligungen, Bargeld, Bankguthaben, Wertpapiere, Forderungen, Fahrzeuge, Schmuck, Hauhaltsgegenstände (die nicht zum Voraus gehören), Münzen, Briefmarken (vgl Ddorf OLGR 93, 277). Auskunft ist auch zu geben über anrechnungs- und ausgleichungspflichtige Zuwendungen (§§ 2315, 2316, 2052, 2055; BGH NJW 61, 602, 603; 84, 487; FamRZ 65, 135) sowie über pflichtteilsergänzungspflichtige Schenkungen (§ 2325; BGH FamRZ 65, 135; NJW 81, 2051, 2052), es sei denn, es wird nur ein ordentlicher Pflichtteilsanspruch verfolgt (Celle NJW-RR 05, 1374). Dabei ist auch über die Person des Zuwendungsempfängers und bei Verträgen zugunsten Dritter über das Zuwendungsverhältnis Auskunft zu geben (Karlsr FamRZ 00, 917, 918; BaRoth/*Mayer* Rn 9). Sie ist auch über unbenannte Zuwendungen (*Gottwald* Rn 5; vgl BGH NJW 92, 564), Pflicht- und Anstandsschenkungen (BGH NJW 62, 245; *Gottwald* Rn 4) und Ausstattungsversprechen eines Stifters (LG Baden-Baden ZEV 99, 152) zu erteilen. Eine solche Schenkung muss nicht feststehen. Es müssen nur gewisse Anhaltspunkte für sie bestehen (Ddorf ZEV 95, 410, 413; FamRZ 99, 1546). Ist die Einordnung einer Zuwendung zweifelhaft, müssen alle zur Beurteilung, ob ein Pflichtteilsanspruch besteht, bedeutsamen Umstände mitgeteilt werden (BGH NJW 62, 245, 246; 84, 487, 488). Ist beim verheirateten Erblasser der Güterstand für den Pflichtteil relevant, muss insoweit Auskunft gegeben werden (Ddorf NJW 96, 3156). War der Erblasser im **Grundbuch** eingetragen, kann der Pflichtteilsberechtigte Einsicht in es und die Grundakten verlangen (§§ 12, 12a GBO; KG ZEV 04, 338; LG Stuttg ZEV 05, 313 m Anm *Dieckmann*). Auskunft über Gegenansprüche kann nicht verlangt werden (Zweibr FamRZ 05, 1189).

IV. Form der Auskunftserteilung. Der (einheitliche) Auskunftsanspruch ist in verschiedene Grade abgestuft 10
(Ddorf FamRZ 95, 1236, 1239). Er geht auf Vorlage eines vom Erben erstellten Bestandsverzeichnisses (I 1), wobei der Berechtigte, wie auch bei Erstellung des amtlichen Verzeichnisses (KG FamRZ 96, 767), seine Hinzuziehung verlangen kann (I 2), in den Grenzen der §§ 226, 242 auch, wenn das Zuziehungsverlangen erst nachträglich gestellt wird (Palandt/*Edenhofer* Rn 11; enger MüKo/*Lange* Rn 14). Er kann Besichtigung der Nachlassgegenstände (§ 809), aber nicht Erstellung des Verzeichnisses in der Wohnung des Erblassers, in der ggf der Erbe wohnt, verlangen (*Klingelhöffer* Rn 160). Solange der Auskunftsanspruch nicht verjährt ist (Oldbg FamRZ 00, 62), kann er auch Erstellung durch eine besondere Amtsperson verlangen (I 3), selbst, wenn er sich zunächst mit einem privaten Verzeichnis begnügte (Bremen FamRZ 97, 1437; Ddorf aaO; Oldbg FamRZ 93, 857, 858). Er braucht sich nicht auf das Verfahren auf Abgabe einer eidesstattlichen Versicherung verweisen zu lassen (BGH NJW 61, 602, 603; Ddorf aaO). Rechtsmissbräuchlich ist es, ein privates Verzeichnis zu verlangen, wenn bereits ein amtliches vorliegt (BGH NJW 61, 602, 604).

V. Bestandsverzeichnis. Der Berechtigte kann ein Bestandsverzeichnis (§ 260) verlangen. Dieses ist trotz 11
weitgehender inhaltlicher Übereinstimmung (BGH NJW 61, 602, 603) kein Nachlassinventar (§§ 1993 ff), welches Gläubiger über Vollstreckungsmöglichkeiten aufklären soll, sondern soll Auskunft über die Höhe eines möglichen Pflichtteilsanspruchs geben (Frankf NJW-RR 94, 9). Insbes braucht im Bestandsverzeichnis nicht der Wert einzelner Nachlassgegenstände angegeben werden (Staud/*Haas* Rn 38) oder es unterschrieben sein (Hburg OLGE 11, 264; München OLGR 98, 82; Nürnbg ZEV 05, 312 – RAschriftsatz –; Zweibr FamRZ 01, 763, 764; MüKo/*Lange* Rn 10; aA Braunschw ZErb 04, 132; Köln FamRZ 03, 235; München FamRZ 96, 737). Notwendig ist, dass der gesamte, tatsächliche und fiktive, Nachlass (Rn 9) einzeln und übersichtlich erfasst wird und alle Umstände angegeben sind (Brandbg FamRZ 98, 179, 180; Bremen FamRZ 97, 1437), die zur Anspruchsdurchsetzung nötig sind. Das Verzeichnis kann aus Teilverzeichnissen bestehen, wenn diese in ihrer Gesamtheit der Auskunftspflicht genügen (BGH NJW 62, 1499). Zu einzelnen Nachlassverbindlichkeiten muss ein Hinweis zu ihrem Rechtsgrund angegeben sein (Brandbg aaO; Frankf NJW-RR 94, 9). Der Auskunftsanspruch besteht grds fort, solange die Auskunftspflicht nicht erfüllt wurde (Brandbg aaO).

Ein Anspruch auf **Ergänzungen** besteht grds nicht (BGH JZ 52, 492). Bei Zweifeln an der Vollständigkeit 12
oder Richtigkeit muss Klärung über § 260 II oder im Prozess erfolgen (MüKo/*Lange* Rn 11). Nur wenn trotz Aufwendung der erforderlichen Sorgfalt das Verzeichnis unrichtig ist, in ihm aufgrund eines Rechtsirrtums ein Gegenstand nicht aufgeführt ist oder erkennbar Angaben über fiktive Nachlasswerte und Schenkungen fehlen, kann ausnahmsweise Ergänzung verlangt werden (Nürnbg FamRZ 05, 1595; Hburg NJW-RR 89, 1285; Oldbg NJW-RR 92, 777 f).

Eine Pflicht zur Rechenschaftslegung oder **Vorlage von Belegen** besteht grds nicht (AnwK/*Bock* Rn 20; 13
BaRoth/*Mayer* Rn 13; Damrau/*Riedel*/*Lenz* Rn 15; aA *Mayer*/*Bittler*, Hdb Pflichtteilsrecht § 9 Rn 24; Soergel/*Dieckmann* Rn 29). Die Rspr hat einen Anspruch auf Vorlage solcher Unterlagen (Bilanzen, Gewinn- und Verlustrechnungen) insbes anerkannt, wenn ein Unternehmen zum Nachlass gehört und die Beurteilung seines Wertes zur Berechnung des Pflichtteils notwendig ist (BGH NJW 61, 602, 603; Ddorf NJW-RR 97, 454; Zweibr FamRZ 01, 763, 764), ggf auf eigene Kosten durch Gutachten (Köln ZEV 99, 111). Zur Vorlagepflicht bei unklaren Grundstückswerten BGH aaO; zu Kunstgegenständen, Urheberrechten, Schmuck und Patenten *Bartsch* ZEV 04, 176.

14 **VI. Amtliche Aufnahme des Verzeichnisses (I 3).** S Rn 10. Zuständig ist nach Bundesrecht der Notar (§ 20 I BNotO), nach Landesrecht zT auch das AG. Zur eigenen Ermittlungspflicht des Notars bzw seiner Verantwortlichkeit für den Inhalt Celle OLGR 97, 160; DNotZ 03, 62; Köln NJW-RR 92, 8, 9; *Nieder* ZErb 04, 60; einschränkend *Zimmer* NotBZ 05, 208.

15 **C. Eidesstattliche Versicherung.** Die eidesstattliche Versicherung kann unter den Voraussetzungen des § 260 II, insbesondere, dass Grund zur Annahme besteht, dass das Verzeichnis nicht mit der erforderlichen Sorgfalt (Frankf NJW-RR 93, 1483 ff; Oldbg NJW-RR 92, 777, 778; Zweibr FamRZ 69, 230, 231) erstellt worden ist, verlangt werden. So muss sie **nicht** bezüglich Umfang und Wert beeinträchtigender Schenkungen geleistet werden, wenn keine Anhaltspunkte für (weitere) Schenkungen und mangelnde Sorgfalt des Erben bei der Auskunftserteilung (Kobl FamRZ 03, 193), oder Meinungsstreitigkeiten allein über Wertansätze eines Sachverständigen bestehen (Oldbg NJW 99, 1974). Anhaltspunkte können gegeben sein, wenn der Verpflichtete auch vorprozessual das Bestreben zeigt, die Auskunftserteilung mit allen Mitteln zu verhindern oder zu verzögern (Frankf aaO). Auch die Versicherung an Eides Statt kann in mehreren Teilakten über jeweils einen anderen Auskunftsgegenstand abgegeben werden, wenn die Summe der Teilauskünfte im geschuldeten Gesamtumfang Auskunft gibt (BGH NJW 62, 245, 246). Die Verweigerung der Versicherung an Eides Statt führt nicht zum Verlust der Beschränkbarkeit der Erbenhaftung gem § 2006 III (Staud/*Haas* Rn 47). Für das Verfahren gelten die §§ 163, 79 FGG.

16 **D. Wertermittlungsanspruch (I 2 Hs 2).** Er ist vom Auskunftsanspruch streng zu unterscheiden (BGH NJW 84, 487, 488; *Coing* NJW 83, 1298, 1299 ff) und ggü diesem selbstständig (Frankf NJW-RR 94, 8, 9). Vom Wissen und den Vorstellungen des Verpflichteten über den Wert ist er unabhängig (BGH NJW 90, 180). Er zielt idR gerade darauf, dass der Verpflichtete die Wertermittlung veranlasst und duldet (Soergel/*Dieckmann* Rn 28). Ermittelt wird der Nachlasswert auf Kosten des Nachlasses (II) idR durch Gutachten eines unparteiischen, nicht notwendig öffentlich vereidigten (Ddorf NJW-RR 97, 454) **Sachverständigen** (BGH NJW 75, 258 f; 89, 2887). Sein Gutachten hilft, die Erfolgsaussichten eines Rechtsstreits einzuschätzen (BGH NJW 61, 602, 604; Karls ZEV 04, 468). In einem späteren Pflichtteilsprozess stellt es substantiiertes Parteivorbringen dar (BGH NJW 89, 2787, 2888; s a Karlsr aaO). Da der Wert methodenabhängig (§ 2311 Rn 12) ist, hat ihn der Sachverständige unter Beachtung aller sinnvollen Bewertungsmethoden unter Berücksichtigung des Verkehrswerts und des Stichtagsprinzips zu ermitteln (München NJW-RR 88, 390) und dabei die von ihm für vorzugswürdig erachtete Methode zu benennen (vgl KG-Rp 99, 90, 91). Der Wertermittlungsanspruch setzt voraus, dass der Gegenstand, dessen Wert ermittelt werden soll, unstreitig zum realen oder fiktiven Nachlass gehört. Dafür trägt der Pflichtteilsberechtigte die Darlegungs- und Beweislast (BGH NJW 84, 487, 488; 86, 1755, 1756). Problematisch ist dieser Nachweis bei **gemischten Schenkungen**, wenn dem Berechtigten genaue Kenntnis des Werts von Zuwendung und Gegenleistung fehlt (*Baumgärtel* JR 84, 199, 202). Denn nach der Rspr reicht der Wertermittlungsanspruch des pflichtteilsberechtigten Nichterben nicht so weit, dass der begründete Verdacht einer unter § 2325 fallenden Schenkung genügen würde, um eine Wertermittlung durch einen Sachverständigen auf Kosten des Nachlasses zu erreichen. Es müsse der Pflichtteilsberechtigte darlegen und beweisen, dass unter Berücksichtigung von Leistung und Gegenleistung eine zumindest gemischte Schenkung vorliegt (BGH NJW 84, 487; 86, 127; 02, 2469, 2470). Wenn der Pflichtteilsberechtigte die Kosten selbst übernehme, genügten für den Anspruch auf Wertermittlung greifbare Anhaltspunkte für eine unentgeltliche Verfügung (BGH NJW 93, 2737; 02, 2469, 2470). Eine Beweiserleichterung besteht bei einem groben Missverhältnis zwischen Leistung und Gegenleistung (§ 2325 Rn 10). Nach aA solle der Nachweis der Schenkung durch eine grobe Überschlagsrechnung möglich sein (BaRoth/*Mayer* Rn 19; MüKo/*Lange* Rn 8; *Dieckmann* FamRZ 84, 880).

17 **I. Anspruchsberechtigter.** Anspruchsberechtigt ist grds der pflichtteilsberechtigte Nichterbe (BGH NJW 90, 180; 93, 2737) und, wie beim Auskunftsanspruch, ausnahmsweise nach § 242 der pflichtteilsberechtigte Erbe gegen den Beschenkten (Rn 2; Damrau/*Riedel/Lenz* Rn 34), wobei es hierzu bezüglich des Pflichtteilsergänzungsanspruchs anders als nach § 2314 I 2 genügt, dass für ihn greifbare Anhaltspunkte vorliegen (Rn 16; BGH NJW 86, 127, 128; 93, 2737). Der Beschenkte ist aber erst dann zur Wertermittlung verpflichtet, wenn die vorrangige Pflicht des Erben nicht zum gewünschten Erfolg geführt hat (*Dieckmann* NJW 88, 1809, 1816, 1819). Die Kosten der Wertermittlung (I 2) dürfen dem Beschenkten nicht auferlegt werden, da er nur bis zur Höhe des Fehlbetrags iSv § 2329 II haftet (BGH NJW 89, 2787; s auch BGH NJW 93, 273).

18 **II. Umfang.** Dem Berechtigten sind alle Informationen zu verschaffen, die er benötigt, seinen Pflichtteilsanspruch zu berechnen, also die dazu erforderlichen Unterlagen (Staud/*Haas* Rn 59) wie Kaufvertragsurkunden bei zeitnaher Veräußerung von Nachlassgegenständen (Rn 13). Für die Unternehmensbewertung sind insbes für die auf die Zukunft ausgerichtete Ertragswertmethode umfangreiche Informationen wie ua die Bilanzen der letzten fünf Jahre vorzulegen (Ddorf NJW-RR 97, 454; Köln ZEV 99, 100). Ist dadurch eine angemessene Bewertung durch den Berechtigten nicht möglich, muss der Verpflichtete selbst auf Kosten des Nachlasses ein Wertgutachten einholen (BGH NJW 75, 258; 89, 856; Ddorf ZEV 95, 410, 412; Köln ZEV 06, 77, 78). Die Auswahl des Sachverständigen obliegt allein ihm; der Berechtigte darf das Gutachten nicht eigenmächtig auf Kosten des Nachlasses in Auftrag geben (Karlsr NJW-RR 90, 393, 394).

III. Kosten. Die Kosten (II) der Verzeichnisse, die Kosten aufgrund der Hinzuziehung des Auskunftsberechtigten sowie die Kosten der Wertermittlung treffen den Nachlass. Weil sie vorrangig abgezogen werden können, mindern sie den Pflichtteil. Die Kosten der Auskunft und Wertermittlung für den pflichtteilsberechtigten Erben muss dieser aber selbst tragen (Rn 2, 17). Die Kosten für die Abnahme der eidesstattlichen Versicherung trägt der Auskunftsberechtigte selbst (§ 261 III). 19

F. Verjährung. Der Auskunftsanspruch verjährt nach 30 Jahren (§ 197 I Nr 2). Er kann aber nicht weiter verfolgt werden, wenn der Pflichtteils- oder Pflichtteilsergänzungsanspruch nach § 2332 verjährt und die Verjährungseinrede erhoben ist und der Auskunftsberechtigte kein objektives Informationsbedürfnis nachweisen kann (BGH NJW 85, 384; 90, 180, 181; Köln NJW-RR 92, 8). Erst nach Erhebung der Einrede trägt der Berechtigte insoweit die Darlegungs- und Beweislast (BaRoth/*Mayer* Rn 27; *Dieckmann* FamRZ 85, 589). Gleiches gilt für den Wertermittlungsanspruch (Soergel/*Dieckmann* Rn 34). 20

G. Prozessuales. Die Ansprüche können einzeln im Wege der Leistungsklage geltend gemacht werden (Zweibr FamRZ 69, 230, 231). Die Klage auf Auskunftserteilung macht **nicht** den Pflichtteilsanspruch rechtshängig. Sie hemmt nicht dessen Verjährung (BGH NJW 75, 1409, 1410; BayObLG NJW-RR 91, 394, 395). Anders verhält es sich bei der zulässigen (vgl Zweibr aaO), auf Auskunft, Vorlage der für die Wertermittlung relevanten Informationen und Zahlung (mit noch nicht genau beziffertem Leistungsantrag) gerichteten **Stufenklage** (§ 254 ZPO; vgl BGH NJW 81, 1729, 1731; NJW-RR 95, 513; *Gottwald* Rn 32 u Teil II Rn 172), bei der, idR durch Teilurteil (§ 301 ZPO), sukzessive über die Ansprüche entschieden wird (*Klingelhöffer* Rn 403). Hemmung endet dann, wenn nach Erledigung der Vorstufe der Zahlungsanspruch nicht weiterverfolgt wird (BGH NJW 81, 1729, 1731; vgl § 204 II 2). Gibt der Erbe die verlangte Auskunft, kann ohne Erledigungserklärung zum Anspruch auf Zahlung übergegangen werden (Ddorf NJW-RR 96, 839). Zeigt er durch sein Verhalten eindeutig, dass er sich des Bestehens des Pflichtteilsanspruchs bewusst ist, liegt Anerkenntnis (§ 212 I Nr 1) vor (zu § 208 aF BGH NJW 85, 2945; WM 87, 1108). Die Klage auf Abgabe der eidesstattlichen Versicherung (§ 260 II), über die der Richter der streitigen Gerichtsbarkeit entscheidet (RGZ 129, 239, 241), kann als bedingter Anspruch mit der Klage auf Auskunft verbunden werden. Dann kann über jenen Anspruch nach § 260 II erst nach entsprechender Vorverurteilung (Köln FamRZ 01, 423) und Erstellung des Verzeichnisses nach § 260 I entschieden werden (*Kuchinke* NJW 57, 1175, 1176). 21

Die **Zwangsvollstreckung** wegen Auskunft und Wertermittlung erfolgt nach § 888 ZPO (BGH NJW 75, 1174; Brandbg FamRZ 98, 179), auch bezüglich der Hinzuziehung eines Sachverständigen (Frankf NJW-RR 94, 8, 9), wegen des Anspruchs nach § 260 II nach § 889 II ZPO (*Gottwald* Rn 35). Enthält der Auskunftstitel gem § 2314 keine näheren Angaben über die Art und Weise der Erteilung, hat der Pflichtteilsberechtigte im Vollstreckungsverfahren seinen Antrag entspr zu konkretisieren (Hamm NJW-RR 87, 766). 22

§ 2315 Anrechnung von Zuwendungen auf den Pflichtteil

(1) Der Pflichtteilsberechtigte hat sich auf den Pflichtteil anrechnen zu lassen, was ihm von dem Erblasser durch Rechtsgeschäft unter Lebenden mit der Bestimmung zugewendet worden ist, dass es auf den Pflichtteil angerechnet werden soll.
(2) ¹Der Wert der Zuwendung wird bei der Bestimmung des Pflichtteils dem Nachlass hinzugerechnet. ²Der Wert bestimmt sich nach der Zeit, zu welcher die Zuwendung erfolgt ist.
(3) Ist der Pflichtteilsberechtigte ein Abkömmling des Erblassers, so findet die Vorschrift des § 2051 Abs. 1 entsprechende Anwendung.

A. Zweck. Als Ausnahme vom Stichtagsprinzip (§ 2311 Rn 11) werden nach I bei entsprechender Bestimmung lebzeitige Zuwendungen angerechnet und so der Pflichtteil des anrechnungspflichtigen Erwerbers um den Vorausempfang (nur) zugunsten des Erben vermindert, um doppelten Begünstigungen entgegenzuwirken. Anders als die Ausgleichung, (vgl §§ 2050 ff, 2316) wirkt sich die Anrechnung nicht auf die Pflichtteilsansprüche anderer Pflichtteilsberechtigter aus (Damrau/*Riedel/Lenz* Rn 2; MüKo/*Lange* Rn 2). 1

B. Anrechnungsvoraussetzungen (I). Der Erblasser muss dem Pflichtteilsberechtigten (§ 2303 Rn 1) **unmittelbar lebzeitig freigiebig** etwas **zugewendet** haben, dh ihm unter Minderung des eigenen Vermögens freiwillig einen Vorteil verschafft haben (Ddorf FamRZ 94, 1491; *Gottwald* Rn 4; *Thubauville* MittRhNotK 92, 289, 292 ff). Bsp: Bezahlung von dessen Schulden, vollzogene Schenkungen, Schenkungsversprechen oder Ausstattungen nach § 1624 (MüKo/*Lange* Rn 5). Auszuscheiden sind mittelbare Zuwendungen (Staud/*Haas* Rn 15) und Leistungen, zu denen der Erblasser verpflichtet war (RGZ 67, 306, 308); zB unterhaltsrechtlich geschuldete Pflegeleistungen (AG Mettmann DAVorm 84, 712, 713). 2

Der Erblasser muss eine **Anrechnungsbestimmung**, die sich auf den **Pflichtteil** bezieht, getroffen haben. Sie muss als einseitige empfangsbedürftige Willenserklärung (Ddorf FamRZ 94, 1491) dem Empfänger spätestens mit der Zuwendung zugehen. Sie kann formlos, sogar stillschweigend (RGZ 67, 306, 307), erfolgen, es sei denn, das Kausalgeschäft ist formbedürftig (BaRoth/*Mayer* Rn 6). Sie muss zum **Bewusstsein** des Empfängers gelangen (Ddorf aaO; Karlsr NJW-RR 90, 393; aA MüKo/*Lange* Rn 7). 3

4 Nachträgliche Anrechnungsbestimmungen sind ausgeschlossen, wenn sie sich der Erblasser nicht vorbehalten hat (*Mayer* ZEV 96, 441, 447) und nicht die Voraussetzungen der Pflichtteilsentziehung (§ 2333 ff) vorliegen (MüKo/*Lange* Rn 6). Nachträglich kann mit dem Empfänger in Form des § 2348 ein Pflichtteilsverzichtsvertrag vereinbart werden (RGZ 71, 133, 136 f).

5 **C. Bewertung (II). I. Formel.** Sind **mehrere** Pflichtteilsberechtigte zu berücksichtigen, ist für jeden Anrechnungspflichtigen getrennt sein Pflichtteilsanspruch unter Berücksichtigung nur seines Vorausempfangs zu errechnen (*Gottwald* Rn 8; Staud/*Haas* Rn 35). Bei Zugewinngemeinschaft ist nach der erb- oder güterrechtlichen Lösung (§ 2303 Rn 10 f) zu unterscheiden (Rn 7). Die **Methode**, den effektiven Pflichtteilsanspruch des Zuwendungsempfängers zu errechnen, wird durch II 1 vorgegeben: Der Wert der jeweiligen anrechnungspflichtigen Zuwendung (Z) ist dem Realnachlass (N) hinzuzurechnen. Das Ergebnis ist der fiktive Nachlass (Z+N). Dieser wird unter Berücksichtigung von § 2310 mit der Pflichtteilsquote, die auf die Hälfte der gesetzlichen Erbquote (Q) geht (vgl § 2303 I 2), multipliziert: (Z+N)/2Q. Von diesem Ergebnis ist der Vorausempfang (Z) abzuziehen. Übersteigt der Vorausempfang den nach II berechneten Pflichtteilsanspruch des Anrechnungspflichtigen, braucht er aber nichts zurückzuzahlen; ggf besteht gegen ihn dann ein Pflichtteilsergänzungsanspruch (DErbK/*Gemmer* Rn 4; Damrau/*Riedel*/Lenz Rn 8; MüKo/*Lange* Rn 13).

6 **II. Beispiele.** 1. Pflichtteilsberechtigter des Erblassers (E) ist nur sein Sohn A, der einen Vorausempfang von 100 empfangen hat. Erbe (Nachlasswert: 500) ist der familienfremde Y. Der fiktive Nachlass beträgt 100+500=600. Unter Berücksichtigung der Pflichtteilsquote (½) ergibt sich ein Pflichtteil von 300, von dem der Vorausempfang (100) abzuziehen ist. A erhält 200. 2. Hinterlässt E neben A noch B und C, wobei C sich seinerseits 40 als Vorausempfang anrechnen lassen muss, beträgt der fiktive Nachlass für A 600 und für C 500+40=540. Die Pflichtteilsquote beträgt jeweils 1/6. A erhält nichts, da auf seinen Pflichtteil von 100 sein Vorausempfang angerechnet wird. C erhält 540/6−40= 50 und B, der keinen Vorausempfang hatte, 500/6=83, 33.

7 3. E hinterlässt aus einer Ehe in **Zugewinngemeinschaft** die Witwe W und die Kinder A, B und C. W hatte einen Vorausempfang von 600, A von 240, B von 160 und C von 80 erhalten. Die Zugewinnausgleichsforderung der W beträgt 1000, der Nachlass 5000. Erbe ist der familienfremde Y. W steht neben dem kleinen Pflichtteil (§ 1371 II, III) Zugewinnausgleich zu. Daher kommt auch eine Anrechnung auf die Ausgleichsforderung nach § 1380 I in Betracht. Fehlt eine Anordnung des Erblassers, auf welche Forderung anzurechnen ist, sollte sie entspr § 366 II auf die für den Ehegatten unsicherere Forderung erfolgen (Soergel/*Dieckmann* Rn 21). Das ist idR wegen des schlechteren Rangs in der Insolvenz und der Erbschaftsteuerpflicht der Pflichtteilsanspruch (MüKo/*Lange* Rn 21). Für die Berechnung ist dann der Nachlass um die Zugewinnausgleichsforderung zu bereinigen. Er beträgt demnach 5000-1000=4000. Nunmehr ist jeweils für jeden Pflichtteilsberechtigten der fiktive Nachlass zu ermitteln. Er beträgt für W 4000+600=4600, für A 4240, für B 4160 und für C 4080. Mit diesem Wert ist die Pflichtteilsquote von 1/8 zu multiplizieren und von dem jeweiligen Ergebnis der individuelle Vorausempfang abzuziehen. Für W ergibt sich 4600/8−600= −25. Sie erhält nichts, A 290, B 360 und C 430. Bei Gütertrennung bzw -gemeinschaft ist die dann jeweils maßgebliche Quote (§ 1931) anzulegen.

8 **III. Bewertungszeitpunkt.** Die Bewertung der Zuwendung erfolgt nach dem **Zeitpunkt** ihrer Vornahme (II 2), bei gestreckten Erwerbstatbeständen nach dem Zeitpunkt der Vollendung des dinglichen Erwerbs (BGH NJW 75, 1831). Nachträgliche Wertveränderungen bleiben unberücksichtigt, Inflation wird aber bereinigt (BGH NJW 74, 137; 75, 1831). Der Wert (W) berechnet sich, indem der Wert am Zuwendungszeitpunkt (Z) mit der Preisindexzahl für die Lebenshaltungskosten des Todesjahres (LE) multipliziert und durch die Preisindexzahl für das Zuwendungsjahr (LZ) dividiert wird (BGH NJW 92, 2888; WM 97, 860, 861): W= Z*LE/LZ. Der Erblasser kann auch eine Anrechnung mit einem niedrigeren, außer beim Pflichtteilsverzicht (s.a. BVerfG 1 BvR 181/06 v 27.03.06), aber nicht mit einem höheren Wert anordnen (AnwK/*Bock* Rn 18; zT aA *Ebenroth*/Bacher/Lorz JZ 91, 277, 282).

9 **D. Pflichtteilsberechtigter Abkömmling des Erblassers (III).** III ordnet iVm § 2051 I ausnahmsweise die Anrechnung fremder Vorausempfänge an. Der pflichtteilsberechtigte Abkömmling muss sich eine anrechnungspflichtige Zuwendung an einen vor oder nach dem Erbfall weggefallenen Abkömmling, an dessen Stelle er getreten ist, seinerseits auf den Pflichtteil anrechnen lassen. Das gilt nicht, wenn er beweisen kann, dass die Anrechnungspflicht nur für den weggefallenen Empfänger der Zuwendung bestehen sollte. III greift auch, wenn der Nachrückende der einzige Pflichtteilsberechtigte ist oder, wenn keine Abkömmlinge des Weggefallenen vorhanden sind, bei seinen Seitenverwandten (BaRoth/*Mayer* Rn 18), **nicht** aber bei Ehegatten, Lebenspartnern und Eltern, bei denen ggf § 2309 zu beachten ist (*Gottwald* Rn 24; MüKo/*Lange* Rn 18).

10 **E. Prozessuales.** Die Beweislast für die Zuwendung und eine Anrechnungsbestimmung spätestens zum Zeitpunkt der Zuwendung trägt der, der sich darauf beruft, also idR der Erbe. Auch bei größeren Zuwendungen gilt kein Beweis des ersten Anscheins für eine konkludent erklärte Anrechnungsbestimmung (aA Soergel/ *Dieckmann* Rn 6).

§ 2316 Ausgleichungspflicht

(1) ¹Der Pflichtteil eines Abkömmlings bestimmt sich, wenn mehrere Abkömmlinge vorhanden sind und unter ihnen im Falle der gesetzlichen Erbfolge eine Zuwendung des Erblassers oder Leistungen der in § 2057a bezeichneten Art zur Ausgleichung zu bringen sein würden, nach demjenigen, was auf den gesetzlichen Erbteil unter Berücksichtigung der Ausgleichungspflichten bei der Teilung entfallen würde. ²Ein Abkömmling, der durch Erbverzicht von der gesetzlichen Erbfolge ausgeschlossen ist, bleibt bei der Berechnung außer Betracht.
(2) Ist der Pflichtteilsberechtigte Erbe und beträgt der Pflichtteil nach Absatz 1 mehr als der Wert des hinterlassenen Erbteils, so kann der Pflichtteilsberechtigte von den Miterben den Mehrbetrag als Pflichtteil verlangen, auch wenn der hinterlassene Erbteil die Hälfte des gesetzlichen Erbteils erreicht oder übersteigt.
(3) Eine Zuwendung der in § 2050 Abs. 1 bezeichneten Art kann der Erblasser nicht zum Nachteil eines Pflichtteilsberechtigten von der Berücksichtigung ausschließen.
(4) Ist eine nach Absatz 1 zu berücksichtigende Zuwendung zugleich nach § 2315 auf den Pflichtteil anzurechnen, so kommt sie auf diesen nur mit der Hälfte des Wertes zur Anrechnung.

A. Zweck. Die Norm knüpft an die §§ 2050 ff an, die die Ausgleichung von Zuwendungen und Leistungen zwischen Abkömmlingen bei einer Erbauseinandersetzung regeln. § 2316 bestimmt die Auswirkungen der Ausgleichung, die die Erbquoten (§ 1924 ff) verändert, auf den Pflichtteilsanspruch (BGH NJW 93, 1197). Anders als die Anrechnung (§ 2315) verringert die Ausgleichung idR nicht die Pflichtteilslast, sondern verschiebt ggf die Pflichtteile. Anderes gilt, wenn von den vorhandenen Abkömmlingen einer sein Pflichtteilsrecht durch Ausschlagung, Entziehung oder Erbunwürdigkeitserklärung verloren hat. Dann erfolgt wie bei § 2310 nur hypothetisch eine Ausgleichung. Entsprechendes gilt umgekehrt beim ausgleichungsberechtigten Pflichtteilsgläubiger. Die (hypothetische) Ausgleichung wirkt sich nur ent- oder belastend auf den Erben als Pflichtteilsschuldner aus (*Gottwald* Rn 2; *Staud/Haas* Rn 1). 1

Die Ausgleichung findet nur unter Abkömmlingen statt und beschränkt sich auf den Teil des Nachlasses, der den Abkömmlingen bei gesetzlicher Erbfolge zustünde (MüKo/*Lange* Rn 1). § 2316 gilt – anders als § 2315 – auch zugunsten und zulasten des pflichtteilsberechtigten (enterbten) Abkömmlings sowie des in Anspruch genommenen alleinerbenden, aber pflichtteilsberechtigten Abkömmlings (BGH aaO; Nürnbg NJW 92, 2303; *Cornelius* ZEV 05, 286).

B. Ausgleichungspflicht. Es müssen beim Tod des Erblassers **mehrere Abkömmlinge** vorhanden sein, dh neben dem Pflichtteilsberechtigten mindestens ein weiterer Abkömmling des Erblassers diesen überlebt haben. Gleichgültig ist, ob der weitere Abkömmling Erbe (BGH NJW 93, 1197f) oder Pflichtteilsberechtigter geworden ist, ob die Erbschaft ausschlug, auf den Pflichtteil verzichtete oder dieser ihm entzogen wurde, oder ob er für erbunwürdig erklärt wurde (MüKo/*Lange* Rn 2f). Durch Erbverzicht von der gesetzlichen Erbfolge ausgeschlossene Abkömmlinge sowie ggf deren Abkömmlinge (vgl § 2349) werden nicht berücksichtigt (I 2; vgl § 2310 S 2). Gleiches gilt, wenn ein Abkömmling einen vor dem 1.4.98 wirksam gewordenen vorzeitigen Erbausgleich vereinbarte (§ 1934 d, f aF; vgl Art 227 I Nr 2 EGBGB). 2

Ferner muss im (ggf hypothetischen) Fall einer gesetzlichen Erbfolge eine **Zuwendung** (§ 2050) oder **Leistung** iSv § 2057a des Erblassers auszugleichen sein. **Ausstattungen** iSv 1624 als nach § 2050 I zwingende Ausgleichungspflichten kann der Erblasser zum Nachteil eines Pflichtteilsberechtigten ebenso wenig wie Zuwendungen iSv § 2050 II (hM, Erman/*Schlüter* Rn 6; Staud/*Haas* Rn 9) ausschließen (III). Sonstige Zuwendungen sind nur bei einer Ausgleichungsanordnung des Erblassers, die grds spätestens bis zur Zuwendung deren Empfänger zugehen muss (vgl § 2315 Rn 3f), ausgleichungspflichtig (*Gottwald* Rn 6). 3

C. Berechnung. Zur Ermittlung des Ausgleichungspflichtteils (P) ist ein fiktiver Ausgleichungserbteil zu errechnen (Damrau/*Riedel/Lenz* Rn 14). Dazu ist (nur) der auf die ausgleichungspflichtigen Abkömmlinge entfallende Nachlasswert (N) mit sämtlichen ausgleichungspflichtigen Zuwendungen an diese Abkömmlinge (Z) mit ihrem Wert zur Leistungszeit (§ 2055 II) unter Berücksichtigung des Kaufkraftschwundes bis zum Erbfall zu addieren (§ 2055 I 2, II). Der Nachlassteil, der auf den überlebenden Ehegatten entfiele, wird insoweit nicht mitberechnet. Gleiches gilt bezüglich Abkömmlingen, die wegen § 2056 außer Betracht bleiben. Die ermittelte Summe (N+Z) ist durch die Anzahl der mitgezählten Abkömmlinge (Q) zu dividieren (vgl § 1924 IV): (N+Z)/Q. Von diesem Ergebnis ist der Wert der von dem jeweiligen Abkömmling auszugleichenden Zuwendungen (T) abzuziehen (§ 2055 I 1). Der individuelle Ausgleichungspflichtteil ist die Hälfte des so ermittelten Ausgleichungserbteils (§ 2303 I 2): ½ ([N+Z]/Q-T). Bei der Berechnung ist ggf der Güterstand des Erblassers zu berücksichtigen und bei Zugewinngemeinschaft, ob es zur erb- oder güterrechtlichen Lösung kommt (Rn 6f). 4

Beispiele:

I. Grundfall. Witwer E hinterlässt seine Kinder A, B und C. Der Nachlasswert beträgt 2400, die Vorempfänge des A 1800, des B 600 und des C 0. Zur Berechnung des Ausgleichungserbteils ist der Nachlass (N) mit sämtlichen Vorempfängen (Z) zu addieren (2400+1800+600+0=4800), die Summe durch die Anzahl der mit- 5 zuzählenden Abkömmlinge (Q) zu dividieren (4800/3=1600), und vom Ergebnis der individuelle Vorempfang zu subtrahieren. Die Hälfte ergibt den Ausgleichungspflichtteil. Für A ergibt sich hierbei ein negatives Ergebnis ([1600–1800]/2= –100). Ggf verbleibt ihm ein Pflichtteilsergänzungsanspruch. Nach § 1 iVm § 2056 S 1 muss er nichts zurückzahlen (RGZ 77, 282; BGH NJW 65, 1526). Er bleibt nach § 2056 S 2 bei der Berechnung für die übrigen Abkömmlinge außer Ansatz (*Brox* ErbR Rn 561). Zum Nachlass ist nur der Vorempfang von B zu addieren (2400+600=3000), die Summe durch die Anzahl der nun zu berücksichtigenden 2 Abkömmlinge zu dividieren (3000/2=1500) und vom Ergebnis der individuelle Vorempfang zu subtrahieren. Das ergibt für B: 1500–600=900 und für C: 1500–0=1500. Die Hälfte ist der Ausgleichungspflichtteil.

6 **II. Zugewinngemeinschaft.** Der in Zugewinngemeinschaft lebende Erblasser E hinterlässt die Witwe W und die Kinder A, B und C, wobei A 40 und B 20 an ausgleichungspflichtigen Vorempfängen erhalten hatten. Der Nachlasswert beträgt 400. Bei der güterrechtlichen Lösung (W schlägt den gesetzlichen Erbteil aus oder ist enterbt) und unter der Annahme, dass kein Anspruch auf Zugewinnausgleich besteht, beträgt der ausgleichungspflichtige Restnachlass den Betrag, den der Nachlass um den gesetzlichen Erbteil des Ehegatten W (hier: ¼) gemindert ist: 400–400=300. Der Pflichtteil der W beträgt 50. Zu dem Restnachlass (N) sind die Zuwendungen an die Abkömmlinge hinzuzurechnen (N+Z): 300+40+20+0=360. Die Summe ist durch die Anzahl der Abkömmlinge zu dividieren: 360/3=120. Für jeden Abkömmling ist der Wert seines Vorempfangs abzuziehen, so dass sich für A 120–40=80, B 120–20=100 und für C 120–0=120 ergibt. Die Hälfte des jeweiligen Ausgleichungserbteils ist der individuelle Ausgleichungspflichtteil (§ 2316 I); also für A 40, B 50 und C 60. Bei der erbrechtlichen Lösung, wenn W Erbin oder Vermächtnisnehmerin wird, beträgt der ausgleichungspflichtige Restnachlass nur 200, da der auszuscheidende gesetzliche Erbteil der W 200 beträgt. Dieser Wert ist mit den Vorausempfängen der Abkömmlinge zu addieren (200+40+20+0=260), durch ihre Anzahl zu dividieren (260/3=86,67), individuell um den jeweiligen Vorausempfang zu mindern und dann jeweils durch die Hälfte zu dividieren. Es ergibt sich für A: 86,67-40=46,47, wovon 23,33 die Hälfte ist. B erhält ½ (86,67–20)=33,33 und C ½ 86,67=43,33.

7 **III. Gütertrennung.** Hinterlässt E (Nachlasswert: 2000) bei **Gütertrennung** (vgl § 1931 IV) eine Witwe W und die Kinder A, B und C mit Vorempfängen von 200, 400 und 600, ist vom ausgleichungspflichtigen Restnachlass der gesetzliche Erbteil der W (2000/4=500; Pflichtteil: 250) zu subtrahieren und sämtliche Vorempfänge (200, 400 und 600) zu addieren (1500+1200=2700). Das Ergebnis ist durch die Anzahl der Abkömmlinge zu dividieren (2700/3=900). Individuell ist der jeweilige Vorempfang zu subtrahieren. Der Ausgleichungspflichtteil besteht in der Hälfte des jeweils ermittelten Wertes, dh für A (900–200)/2=350, für B (900–400)/2=250 und für C (900–600)/2=150 (vgl Soergel/*Dieckmann* Rn 13).

8 **IV. Anrechnung von Leistungen iSv § 2057 a.** Sind Leistungen eines Abkömmlings an den Erblasser iSv § 2057 a (zB Mitarbeit im Haushalt oder Erwerbsgeschäft, Pflegedienste, erhebliche Geldleistungen) zu berücksichtigen, ist der Ausgleichungserbteil nach § 2057 a IV iVm § 2316 zu berechnen (BGH NJW 93, 1195, 1197). Das gilt auch zugunsten eines zum Alleinerben eingesetzten Abkömmlings (BGH aaO). Zur Ermittlung des fiktiven Nachlasses wird der Ausgleichungsbetrag vom Nachlasswert abgezogen und dann anhand dieses Wertes der Ausgleichungserbteil gebildet. Dem leistenden Abkömmling wird der Wert seiner Leistung hinzugerechnet. Die Hälfte des so errechneten Werts ist der Ausgleichungspflichtteil. Bsp: E hinterlässt die Kinder A, B und C, wobei zugunsten von A 60 auszugleichen sind. Der Nachlasswert beträgt 300. Der Ausgleichungsnachlass ist 240=300–60. Der Betrag ist durch die Zahl der Abkömmlinge zu dividieren (240/3=80). Zur Ermittlung des Ausgleichungserbteils des A ist die auszugleichende Leistung zu addieren (80+60=140), so dass sein Pflichtteil auf 70 geht. B und C haben einen Pflichtteilsanspruch auf jeweils 40.

9 **D. Pflichtteilsrestanspruch (II).** Die Ausgleichungspflicht unter Abkömmlingen gilt für den Fall gesetzlicher Erbfolge. Auch dem bei gewillkürter Erbfolge eingesetzten Erben soll die Ausgleichung zu Gute kommen können. Ihm wird ein Restanspruch eingeräumt, wenn seine Quote zwar nicht kleiner ist als die Hälfte seines gesetzlichen Erbteils (sonst: § 2305), aber sein nach I, unter Berücksichtigung ausgleichungsbedingter Erhöhungen berechneter Pflichtteil mehr beträgt als der Wert des hinterlassenen Erbteils. Er hat einen Pflichtteilsrestanspruch auf die Differenz zwischen dem nach I berechneten Ausgleichungspflichtteil und dem auf Grundlage des nicht erhöhten Nachlasses berechneten hinterlassenen Erbteil (vgl a § 2305). Die **Verjährung** richtet sich nach § 2332.

10 **E. Ausgleichungs- und zugleich anrechnungspflichtige Zuwendungen (IV).** Die Regelung will die doppelte Anrechnung verhindern, wenn eine Zuwendung ausgleichungspflichtig nach § 2316 I **und** zugleich anrechnungspflichtig nach § 2315 I ist: Es sind erst die Ausgleichungspflichtteile nach §§ 2316, 2050 ff zu berechnen und dann die Zuwendung mit der Hälfte ihres Wertes beim Ausgleichungspflichtteil des Zuwendungsempfängers zu subtrahieren (BayObLGZ 68, 112; Staud/*Haas* Rn 49 f). Das Verfahren gilt auch, wenn neben dem Abkömmling der Ehegatte des Erblassers pflichtteilsberechtigt ist (hM; Damrau/*Riedel/Lenz* Rn 20; mit Gestaltungshinw *Tanck* ZErb 03, 41).
Bsp (*Brox* ErbR Rn 561): E setzt den familienfremden F als Alleinerben ein. Er hinterlässt seine Frau und die Kinder A, B und C. Sein Nachlass hat einen Wert von 800. A hat 500 und B 100 auszugleichen. C muss sich

100 anrechnen lassen und zugleich 100 ausgleichen. Der Pflichtteil der F geht auf 1/8 von 800. Bei gesetzlicher Erbfolge entfiele auf die Kinder ein Nachlass von 600. Für A ist dieser Nachlasswert mit seinem auszugleichenden Betrag (500) und den von B und C auszugleichenden Beträgen (je 100) zu addieren (600+500+100+100=1300; vgl Rn 4). Die Summe ist durch die Anzahl der mitgezählten Abkömmlinge zu dividieren (1300/3=433) und davon die von A auszugleichenden 500 zu subtrahieren (433–500 = –77). A erhält nichts. Zurückzahlen muss er aber auch nichts. Bei der weiteren Berechnung scheidet er aus. Für B ergibt sich ein fiktiver Nachlas von 600+100+100. A wird nicht mehr mitgezählt. Die Summe wird durch die Anzahl der noch mitzuzählenden Abkömmlinge (2) dividiert und die auszugleichenden 100 davon subtrahiert: 800/2–100=300. B's Ausgleichungspflichtteil beträgt davon die Hälfte (150). Für C ist von diesem Wert die Hälfte der anzurechnen 100 zu subtrahieren (§ 2316 IV): 150–½×100=100.

F. Verhältnis des § 2316 zu § 2325. Schenkungen an Abkömmlinge, die in die Erbausgleichung einbezogen werden, sind nicht nochmals nach §§ 2325 ff zu berücksichtigen, wenn sie nach § 2316 hinzugerechnet wurden. Anderes gilt, wenn eine ausgleichungspflichtige Zuwendung beim Ausgleichungspflichtigen nach § 2056 S 2 nicht berücksichtigt wird: Es kann der Ausgleichungsberechtigte eine Ergänzung seines verkürzten Ausgleichungsanspruchs nach § 2325 verlangen, soweit die Mehrzuwendung eine Schenkung ist (hM, BGH NJW 65, 1526; 88, 821 f; BaRoth/*Mayer* Rn 21; MüKo/*Lange* Rn 15). 11

G. Auskunftsanspruch. Neben dem Auskunftsanspruch des pflichtteilsberechtigten Nichterben auch hinsichtlich des fiktiven Nachlasses nach § 2314 hat der Ausgleichungsberechtigte gegen den -pflichtigen einen Anspruch auf Auskunft über auszugleichende Zuwendungen aus § 2316 I iVm § 2057 entspr (BGH NJW 61, 602, 603). 12

§ 2317 Entstehung und Übertragbarkeit des Pflichtteilsanspruchs

(1) Der Anspruch auf den Pflichtteil entsteht mit dem Erbfall.
(2) Der Anspruch ist vererblich und übertragbar.

A. Zweck. Die Norm regelt den Entstehungszeitpunkt (I), die Vererblichkeit und Übertragbarkeit (II) des **Pflichtteilsanspruchs**, der von seiner Quelle, dem abstrakten Pflichtteilsrecht (BGH NJW 58, 1964), zu unterscheiden ist (Vor § 2303 Rn 4). Er geht auf die Hälfte des Werts des gesetzlichen Erbteils (§ 2303 I 2) und ist auf Zahlung von Geld gerichtet (BGH aaO). Nachlassgegenstände können nicht verlangt, umgekehrt aber auch nicht zur Abgeltung aufgedrängt werden. Die Erfüllung kann daher für den Erben wirtschaftlich schwierig sein, wenn nicht ausreichend liquide Mittel vorhanden sind. Die Parteien können vereinbaren, dass Gegenstände an Erfüllungs Statt geleistet werden (§ 364 I; FA-ErbR/*Sarres* Kap 8 Rn 32 ff). Ansonsten kommt ggf Stundung in Betracht (§ 2331 a). Der Erblasser kann sie nicht vorsorglich letztwillig wirksam anordnen (s § 2306 I 1; *Klingelhöffer* ZEV 98, 121 ff), aber versuchen, mit dem Pflichtteilsberechtigten einen Verzicht zu vereinbaren (§ 2346 II). Zum Gläubiger und Schuldner des Anspruchs s § 2303 Rn 1, 7; zur Berechnung § 2311. § 2317 gilt auch für den Pflichtteilsergänzungsanspruch (§§ 2325 ff; Staud/*Haas* Rn 1) einschließlich des Anspruchs gegen den Beschenkten (§ 2329). 1

B. Entstehung. Der Anspruch entsteht kraft Gesetzes mit dem Erbfall (I), dh mit dem Tod des Erblassers (§ 1922). Das gilt auch, wenn der Anspruch davon abhängt, dass der Pflichtteilsberechtigte oder an anderer das ihm Zugewendete ausschlägt (§§ 2306 I 2, 2307, 1371 III und ggf bei § 2309), vgl § 2332 III. Die nicht durchgeführte Ausschlagung stellt sich dann als Einwendung dar (RG JW 31, 1354; BaRoth/*Mayer* Rn 2). Nach aA entstehe der Anspruch mit Ausschlagung, sei aber als mit dem Erbfall entstanden zu behandeln (Palandt/*Edenhofer* Rn 1). Auswirkungen hat der Streit auch beim Berliner Testament (§ 2269) nicht, da die mit den zwei Erbfällen jeweils entstandenen Pflichtteilsansprüche strikt zu trennen sind (BGH NJW 83, 2875). Der Anspruch **entsteht nicht** bei Erb- oder Pflichtteilsverzicht (§ 2346), Pflichtteilsentziehung (§§ 2333 ff) oder einem vor dem 1. 4. 1998 zustande gekommenen vorzeitigen Erbausgleich (Art 227 I 2 EGBGB, § 1934 d, e aF). Bei Anfechtung wegen Erb- oder Pflichtteilsunwürdigkeit (§§ 2339 ff, 2345 II, 142 I) entfällt er rückwirkend. 2

Der Anspruch ist idR sofort fällig (§ 271). **Verzug** (vgl *Rißmann* ZErb 02, 181 ff) tritt mit Mahnung oder Rechtshängigkeit ein (§§ 280 II, 286, 288, 291). Eine fehlende Bezifferung des Pflichtteils (zB bei Stufenklage nach § 254 ZPO) ist unschädlich, da sie im Verantwortungsbereich des Erben liegt (§ 2314; BGH NJW 81, 1729, 1732). Allerdings kann es ggf am erforderlichen Verschulden des Erben (§ 286 IV) fehlen (MüKo/*Lange* Rn 4). 3

C. Erlass. Der entstandene Pflichtteilsanspruch kann nicht (wie Erbschaft oder Vermächtnis) ausgeschlagen, sondern nur (formlos) erlassen (§ 397) werden (*Gottwald* Rn 11). Dazu bedürfen für ihre minderjährige Kinder handelnde Eltern der Genehmigung des Familiengerichts (§ 1643 II), Vormünder der des VormG (§ 1822 Nr 2), nicht aber Ehegatten die des anderen Teils (MüKo/*Lange* Rn 7). 4

5 **D. Geltendmachung.** Mit dem Erbfall gehört der Anspruch zum **pfändbaren** oder in der Insolvenz (vgl §§ 35, 36 I InsO) beschlagsfähigen Vermögen des Berechtigten (BGH NJW 97, 2384; Brandbg FamRZ 99, 1436). Es bleibt aber in sein Belieben gestellt, den aus dem familiären Umfeld entspringenden Anspruch geltend zu machen (BGH NJW 82, 2771, 2772; 93, 2876; 97, 2384). Vor (formloser) Anerkennung oder Rechtshängigkeit ist der Anspruch in seiner zwangsweisen Verwertbarkeit aufschiebend bedingt (vgl § 852 I ZPO, der § 400 BGB, §§ 851, 829 ZPO vorgeht; *Gottwald* Rn 35 ff; MüKo/*Lange* Rn 16 f; *Kuchinke* NJW 94, 1769). Mit Eintritt der Verwertungsvoraussetzungen entsteht ein vollwertiges Pfandrecht, dessen Rang sich nach dem Zeitpunkt der Pfändung bestimmt (BGH NJW 93, 2876, 2877). Gläubiger des Berechtigten können die Geltendmachung nicht durch Gläubigeranfechtung (§§ 3, 7 AnfG) erzwingen (BGH NJW 97, 2384). Eine Obliegenheit zur Geltendmachung kann bestehen, wenn die Verwertung des Pflichtteilsanspruchs zur Befriedigung von Unterhaltsbedürfnissen zumutbar ist (BGH NJW 82, 2771; 93, 1920), also nicht, wenn das Prozessrisiko zu einem relativ geringen Anspruch außer Verhältnis steht (Hamm FamRZ 97, 1537).

6 Der Erblasser kann die Geltendmachung durch sog **Verwirkungs-** oder Pflichtteilsstrafklauseln sanktionieren (*Klingelhöffer* Rn 69 f). Gemeinschaftliche Testamente sehen häufig vor, dass die Stellung des Pflichtteilsberechtigten als Schlusserbe verwirkt sei, wenn er nach dem Tod des Erstversterbenden seinen Pflichtteil verlangt (dazu *Radke* ZEV 01, 136). Die wirtschaftliche Sanktion hat aber nur begrenzte Wirkung. Haben die in Zugewinngemeinschaft lebenden Ehegatten je ein Vermögen von 1000 und zwei Kinder, geht, macht eines seinen Pflichtteil geltend, sein Anspruch nach dem ersten Erbfall auf 125 und nach dem zweiten Erbfall auf 468,75. Es erhält also (ohne Zinsen) 593,75. Ist der Pflichtteil wegen einer Ausschlussklausel verwirkt, kann die Schlusserbenstellung nicht durch Rückzahlung des Verlangten wieder erreicht werden (BayObLG NJW-RR 04, 654). In der Praxis ist die Klausel verbreitet, dass der Abkömmling, der seinen Pflichtteil nach dem ersten Erbfall nicht fordert, Geldvermächtnisse auf Ableben des Erstversterbenden erhält, wie wenn dieser beim Tod des Längstlebenden verstorben wäre, wobei die Vermächtnisse nach dem zweiten Erbfall fällig werden (s aber § 6 IV Alt 2 ErbStG) und nur zu diesem Zeitpunkt noch lebenden Bedachten anfallen (*Mayer* ZEV 95, 16 ff; s a FA-ErbR/*Hannes* Kap 9 Rn 409 u *Walpert* Kap 11 Rn 531). Als Gestaltungsmittel bietet sich auch ein Abänderungsvorbehalt an (§ 2289 Rn 6 ff).

7 Ein als Alleinerbe eingesetzter überlebender Ehegatte kann als gesetzlicher Vertreter seiner Kinder nicht mit sich einen Erlassvertrag schließen (§§ 1629 II, 1795 II, 181). Interessenkonflikte können entstehen, da er aber entscheiden kann, ob er Ansprüche des Kindes geltend macht (BayObLGZ 63, 132, 134). Gefährdet der überlebende Elternteil den Anspruch des Kindes konkret, kann ihm die Vertretungsmacht entzogen (§§ 1629 II 3, 1796) und zur Sicherung Pflegschaft (§ 1909) angeordnet werden (BayObLGZ 88, 385, 389; MüKo/*Lange* Rn 9). Zur **Verjährung** vgl § 207 I 2.

8 Bei Ansprüchen des Berechtigten gegen seinen Betreuer ist ein Ergänzungsbetreuer zu bestellen (BayObLG FamRZ 04, 906; *Ivo* ZErb 04, 174); zum möglichen Interessenkonflikt des Betreuers Zweibr ZEV 04, 161.

9 **E. Übertragung (II).** Die Übertragung des Anspruchs erfolgt durch Abtretung (§ 398 ff). Der Sozialhilfeträger kann nach § 90 BSHG (auch noch nicht pfändbare) Pflichtteilsansprüche auf sich überleiten. Das gilt auch, wenn in einem sog Behindertentestament (dazu *Ruby* ZEV 06, 66) Pflichtteilsstrafklauseln (vgl Rn 6) vorgesehen sind, aber der Träger der Sozialhilfe nach dem Tod des Erstversterbenden den Pflichtteilsanspruch eines Behinderten auf sich überleiten will und die Auslegung ergibt, dass die Klausel bei Geltendmachung durch den Sozialhilfeträger nicht greifen solle (BGH FamRZ 05, 448 ff m abl Anm *Muscheler* ZEV 05, 119 f). Für die Geltendmachung kommt es dann auf eine Entscheidung des Pflichtteilsberechtigten selbst nicht an (BGH aaO; vgl § 90 I 4 BSHG). Der Auskunfts- und Wertermittlungsanspruch (§ 2314) geht gem § 401 mit auf den Zessionar über (MüKo/*Lange* Rn 10). In Fällen des § 2306 I 2 und II kann der Miterbenanteil (§ 2033 I), aber nicht das an das Erbrecht geknüpfte Ausschlagungsrecht übertragen (Staud/*Haas* Rn 24) oder auf den Träger der Sozialhilfe übergeleitet werden (hM, Frankf ZEV 04, 24, 25; Stuttg ZEV 02, 367, 369). Anderes gilt für das Recht zur Ausschlagung des Vermächtnisnehmers im Fall des § 2307 (RGRK/*Johannsen* Rn 16; aA MüKo/*Lange* Rn 10).

10 **F. Vererbung (II).** Der Anspruch ist vererblich. Gleiches gilt für das Recht zur Ausschlagung (§§ 1952 I, 2180 III), verstirbt der Pflichtteilsberechtigte, der iSv § 2306 I 2, II und § 2307 I bedacht wurde, ohne ausgeschlagen zu haben.

11 **G. Prozessuales/Insolvenz/Steuer.** Die Geltendmachung streitiger Ansprüche erfolgt beim Prozessgericht. Gerichtsstand ist wahlweise der des Beklagten (§ 12 ff ZPO) oder der der Erbschaft (§ 27 ZPO). Es kann kein Prozesskostenvorschuss vom anderen Ehegatten nach §§ 1360 a IV, 1361 IV gefordert werden (hM, Köln NJW-RR 89, 967, 968; Staud/*Haas* Rn 49). Der Pflichtteilsanspruch kann vor dem Erbfall weder durch Arrest noch durch eV gesichert werden. Zur Feststellungsklage s Vor § 2303 Rn 4. Der Pflichtteilsberechtigte hat die Tatsachen, von denen Grund und Höhe des Anspruchs abhängen, zu beweisen (BGH NJW 52, 1173; NJW-RR 96, 705, 706), zB Ausschluss von der gesetzlichen Erbfolge, die Nachlasszugehörigkeit einzelner Gegenstände. Die Verletzung der Auskunftspflicht (§ 2314) durch die Erben ist bei der Beweiswürdigung zu berücksichtigen. **Stufenklage** (§ 254 ZPO): S § 2314 Rn 21.

In der **Insolvenz** geht der Pflichtteilsanspruch als Erbschaftsschuld iSv § 1967 II den Vermächtnissen und 12
Auflagen vor (§ 327 I Nr 1 InsO), ist sonstigen Erbschaftsschulden aber nachgeordnet (§§ 327 I, 39 InsO).
Die **Erbschaftsteuerpflicht** entsteht mit Geltendmachung des Pflichtteilsanspruchs (§§ 3 I Nr 1 iVm 9 I 13
Nr 1 b ErbStG). Ihr unterliegt auch die Abfindung für einen Verzicht auf den entstandenen Anspruch (§ 3 II
Nr 4 ErbStG; § 2346 Rn 16; AnwK/*Pohl/Hartl* Anh § 2303 Rn 9 f).

§ 2318 Pflichtteilslast bei Vermächtnissen und Auflagen

(1) ¹Der Erbe kann die Erfüllung eines ihm auferlegten Vermächtnisses soweit verweigern, dass die Pflichtteilslast von ihm und dem Vermächtnisnehmer verhältnismäßig getragen wird. ²Das Gleiche gilt von einer Auflage.
(2) Einem pflichtteilsberechtigten Vermächtnisnehmer ggü ist die Kürzung nur soweit zulässig, dass ihm der Pflichtteil verbleibt.
(3) Ist der Erbe selbst pflichtteilsberechtigt, so kann er wegen der Pflichtteilslast das Vermächtnis und die Auflage soweit kürzen, dass ihm sein eigener Pflichtteil verbleibt.

A. Zweck. Im Außenverhältnis ist alleine der Erbe Schuldner des Pflichtteilsanspruchs (RG JW 14, 593; 1
Gottwald Rn 1); mehrere Erben sind Gesamtschuldner (§ 2058). Hat der Erbe zudem Vermächtnisse und Auflagen zu erfüllen, die den Pflichtteil nie verringern (§ 2311 Rn 7), kann er diese insoweit mittels peremptorischer Einrede verhältnismäßig kürzen, so dass im Innenverhältnis die Pflichtteilslast gemeinsam getragen wird. Die Norm entspricht dem mutmaßlichen Erblasserwillen. Folglich kann nicht gekürzt werden, wenn der Pflichtteilsanspruch nicht gegen den Erben geltend gemacht und dieser nicht wirtschaftlich belastet wird (Frankf FamRZ 91, 238, 240). Späterer schenkweiser Erlass lässt das Kürzungsrecht aber nicht entfallen (LG München II NJW-RR 89, 8). § 2318 I ist abdingbar (§ 2324, vgl Stuttg BWNotZ 85, 88). Zahlungen in Unkenntnis des Kürzungsrechts können nach § 813 I 1 zurückgefordert werden (KG FamRZ 77, 267; *Tanck* ZEV 98, 132, 133). Vermächtnisnehmer können ggf ihrerseits nach den §§ 2188 f kürzen.

B. Kürzungsbefugnis (I). Hat der Erblasser keine abweichende Regelung getroffen und liegt kein Ausnah- 2
metatbestand nach §§ 2321 f vor, trägt der Erbe im Verhältnis zum Vermächtnisnehmer (I 1) bzw Auflagenbegünstigten (I 2) die Pflichtteilslast nur anteilig. Sind mehrere Vermächtnisnehmer oder Auflagenbegünstigte vorhanden, kein Vorrang angeordnet (§ 2189) und II nicht einschlägig, besteht gegen jeden von ihnen das verhältnismäßige Kürzungsrecht. Dem Kürzungsrecht unterliegen grds alle gesetzlichen Vermächtnisse (hM), zB der Dreißigste (§ 1969), **nicht** jedoch der nach § 2311 I 2 abzugsfähige Voraus (§ 1932) oder der Unterhaltsanspruch der Mutter nach § 1963 sowie der Ausbildungsanspruch des Stiefkinds nach § 1371 IV (Damrau/*Riedel/Lenz* Rn 5; MüKo/*Lange* Rn 4). Ist die Kürzung (zT) nach II eingeschränkt, ist der dadurch entstehende Ausfall nach der Grundregel des I vom Erben und den anderen, nicht pflichtteilsberechtigten Vermächtnisnehmern sowie den Auflagenbegünstigten zu tragen (hM; Soergel/*Dieckmann* Rn 8). Die Kürzung richtet sich dann nach dem jeweiligen Beteiligungsverhältnis am um den Pflichtteil bereinigten Nachlass. Der Anspruch auf Beteiligung des Vermächtnisnehmers an der Pflichtteilslast ist (auch in seiner Ausgestaltung als Bereicherungsanspruch nach Vermächtniserfüllung) nicht abtretbar (Frankf FamRZ 91, 238).

C. Berechnung. Der Kürzungsbetrag (K) berechnet sich nach der *Martin'schen* Formel (ZBlFG 14, 789 ff; 3
vgl KG FamRZ 77, 267, 269): Die Pflichtteilslast (P) wird mit dem Vermächtnis (V) multipliziert und das Ergebnis durch den (nicht um Vermächtnis oder Auflage gekürzten) Nachlass (N) dividiert: $K = P \times V/N$. IdR kann der Erbe das Vermächtnis bzw die Auflage um den Prozentsatz kürzen, der der Pflichtteilsquote des Pflichtteilsberechtigten am Nachlass entspricht, es sei denn, es bestehen Anrechnungs- und Ausgleichungspflichten (§§ 2315 f), da sich hier eine abweichende Pflichtteilsbeteiligung ergibt (BaRoth/*Mayer* Rn 4).

Beispiel:
Der Nachlasswert (N) beträgt 3000, einziger Pflichtteilsberechtigter ist der Sohn S, Alleinerbe ist der familienfremde Y, und für A ist ein Vermächtnis (V) im Wert von 100 ausgesetzt. Die Pflichtteilslast (P) beträgt hier die Hälfte des Nachlasswerts (1500). Sie ist mit dem Vermächtnis (V) zu multiplizieren (1500×100=150000) und die Summe durch den Nachlasswert zu dividieren (150000/3000 = 50). Der Kürzungsbetrag (K) ist 50.

D. Unteilbare Leistung. Richtet sich der Anspruch aus dem Vermächtnis auf eine unteilbare Leistung, kann 4
der belastete Erbe von dem Vermächtnisnehmer nur fordern, dass ihm gegen Erfüllung des Vermächtnisses der Unterschiedsbetrag zwischen dem geschätzten Wert des Vermächtnisses zuzüglich des Pflichtteilsanspruchs und dem Wert des ihm hinterlassenen Nachlasses gezahlt wird. Verweigert der Vermächtnisnehmer die Zahlung, ist der Betrag zu zahlen, der dem Wert des Vermächtnisses abzüglich des sonst vom Vermächtnisnehmer zu erstattenden Betrags entspricht (BGH NJW 56, 507).

5 **E. Einschränkung des Kürzungsrechts (II).** Eine Einschränkung des Kürzungsrechts des Erben besteht, wenn der Vermächtnisnehmer selbst pflichtteilsberechtigt ist. Nach der zwingenden Bestimmung des II (vgl § 2324) darf das Vermächtnis nur bis zur Höhe des Pflichtteils gekürzt werden (sog Kürzungsgrenze), dh (in voller Höhe) um den Mehrbetrag (Soergel/*Dieckmann* Rn 8). Bei der Berechnung des Vermächtnisses bleiben dessen Beschwerungen außer Ansatz (arg § 2307 I 2, vgl MüKo/*Lange* Rn 7; aA Palandt/*Edenhofer* Rn 4). Ist das Vermächtnis dem überlebenden, in Zugewinngemeinschaft lebenden Ehegatten zugewendet worden, errechnet sich die Kürzungsgrenze aus dem großen Pflichtteil (§§ 1371 I, 1931).

6 **F. Kürzungsrecht des pflichtteilsberechtigten Erben (III).** Das **Pflichtteilsrecht** des Erben berücksichtigt III, indem ihm ein über I hinausgehendes Kürzungsrecht eingeräumt wird. Dabei bestimmt § 2306 I 1, dass Auflagen und Vermächtnisse entfallen, wenn der Erbe quotenmäßig nicht mehr als den Pflichtteil erhält. Übersteigt der hinterlassene Erbteil die Hälfte des gesetzlichen Erbteils, kann der Erbe ausschlagen und den Pflichtteil verlangen (§ 2306 I 2). Versäumt er die Ausschlagung, treffen ihn die Vermächtnisse und Auflagen, selbst wenn sie den Pflichtteil völlig aufzehren (BGH WM 81, 335; NJW 85, 2828, 2829). Damit ist zugleich die Grenze der Belastungen erreicht, die dem pflichtteilsberechtigten Erben in § 2306 I 2 auf Kosten seines Pflichtteils zugemutet werden. Er kann, wenn neben Beschränkungen und Beschwerungen iSv § 2306 auch noch Pflichtteilslasten auftreten, infolgedessen drohende Eingriffe in seinen eigenen Pflichtteil abwenden. Er muss zwar die betreffenden Pflichtteilsansprüche erfüllen, kann aber gem III die Vermächtnisse und Auflagen entspr kürzen, und zwar um den Betrag, um den die Pflichtteilslasten seinen eigenen Pflichtteil andernfalls (zusätzlich) beeinträchtigen würden (BGH NJW 85, 2828, 2829). III, der nicht der Disposition des Erblassers (vgl § 2324) unterliegt, wirkt nicht nur zugunsten des pflichtteilsberechtigten Alleinerben, sondern kann auch bei einer Erbenmehrheit eingreifen (BGH aaO; MüKo/*Lange* Rn 15). Das Vermächtniskürzungsrecht des § 2318 III kann nicht deshalb versagt werden, weil es sich um den Pflichtteil eines nichtehelichen Kindes handelt (BGH NJW 88, 136).

7 **G. Vorrang des Erben.** Treffen II und III zusammen, weil sowohl Vermächtnisnehmer (II) und Erbe (III) je pflichtteilsberechtigt sind, wird dem Erben der Vorrang eingeräumt, da er auch anderweitig ggü dem Vermächtnisnehmer privilegiert ist.

8 **H. Prozessuales.** Die Darlegungs- und Beweislast für die Voraussetzungen des Kürzungsrechts trägt der Erbe als der, der sich darauf beruft. Für diesen empfiehlt sich ggf Streitverkündung (§§ 72 ff ZPO) ggü dem Vermächtnisnehmer bzw Auflagenbegünstigten, damit sein Prozess mit dem Pflichtteilsberechtigten Interventionswirkung (§ 68 ZPO) hat.

§ 2319 Pflichtteilsberechtigter Miterbe

¹Ist einer von mehreren Erben selbst pflichtteilsberechtigt, so kann er nach der Teilung die Befriedigung eines anderen Pflichtteilsberechtigten soweit verweigern, dass ihm sein eigener Pflichtteil verbleibt. ²Für den Ausfall haften die übrigen Erben.

1 **A. Zweck.** Der pflichtteilsberechtigte Miterbe soll nicht dadurch seines Pflichtteils verlustig gehen, dass er nach Nachlassteilung fremde Pflichtteilsansprüche erfüllen muss. Zum Pflichtteilsergänzungsanspruch vgl § 2328.

2 **B. Voraussetzungen.** Es müssen mehrere Erben vorhanden und der Nachlass bereits geteilt sein. Bis zur Teilung kann die Haftung gem § 2059 I 1 auf den ungeteilten Nachlass beschränkt werden, nachher haftet der Miterbe als Gesamtschuldner noch nicht befriedigten Pflichtteilsgläubigern idR mit seinem gesamten Eigenvermögen (vgl § 2058; *Klingelhöffer* Rn 93). Deshalb gewährt § 2319 S 1 ein nicht disponibles (vgl § 2324) Leistungsverweigerungsrecht bis zur Höhe des eigenen Pflichtteils, selbst, wenn der Erbe das Recht auf Beschränkung der Erbenhaftung verloren hat (Staud/*Haas* Rn 12). Es wirkt bis zur Höhe des eigenen Pflichtteils schuldbefreiend (MüKo/*Lange* Rn 3). Das Recht wirkt auch ggü Regressansprüchen anderer Miterben nach § 426 (Erman/*Schlüter* Rn 2). Ist der Erbteil des Pflichtteilsberechtigten mit zu erfüllenden Auflagen und Vermächtnissen beschwert (vgl § 2306 I 2), sind diese mindernd bei der Bemessung der Höhe des Leistungsverweigerungsrechts zu berücksichtigen (hM, MüKo/*Lange* Rn 3; *v Olshausen* FamRZ 86, 524, 527 f; aA RGRK/*Johannsen* Rn 2). Lebte der Miterbe mit dem Erblasser in Zugewinngemeinschaft, berechnet sich sein (geschützter) Pflichtteil nach dem um ¼ erhöhten gesetzlichen Erbteil (§ 1371 I; Damrau/*Riedel*/*Lenz* Rn 4), so dass sich der Pflichtteil der Abkömmlinge und Eltern entspr mindert. Anderes gilt, wenn die Voraussetzungen des § 1371 II, III vorliegen. Zum überlebenden Lebenspartner vgl §§ 6, 7, 10 I, VI LPartG.

3 **C. Folgen (S 2).** Für den Ausfall haften die übrigen Erben dem Pflichtteilsberechtigten grds gesamtschuldnerisch (§§ 421, 2058, 426), nur ausnahmsweise nach §§ 2060 f anteilsmäßig (*Gottwald* Rn 2).

4 **D. Prozessuales.** Die Beweislast für die Voraussetzungen des Leistungsverweigerungsrechts trägt der Miterbe.

§ 2320 Pflichtteilslast des an die Stelle des Pflichtteilsberechtigten getretenen Erben

(1) Wer anstelle des Pflichtteilsberechtigten gesetzlicher Erbe wird, hat im Verhältnis zu Miterben die Pflichtteilslast und, wenn der Pflichtteilsberechtigte ein ihm zugewendetes Vermächtnis annimmt, das Vermächtnis in Höhe des erlangten Vorteils zu tragen.
(2) Das Gleiche gilt im Zweifel von demjenigen, welchem der Erblasser den Erbteil des Pflichtteilsberechtigten durch Verfügung von Todes wegen zugewendet hat.

A. Zweck. Nach der dispositiven (vgl § 2324) Norm muss, wer an Stelle eines Pflichtteilsberechtigten gesetzlicher Erbe wird, im **Innenverhältnis** die Pflichtteilslast nur bis zur Höhe des erlangten Vorteils, also nicht nach dem Verhältnis seines Anteils (vgl §§ 2038 II, 748, 2047 I, 2148) tragen (I). Die Bestimmung wirkt im Verhältnis der Erben untereinander (*v Olshausen* MDR 86, 89, 91), nicht im Außenverhältnis. Insoweit richtet sich die gesamtschuldnerische Haftung der Miterben nach §§ 2058 ff. Die Auslegungsregel des II erweitert die Anordnung des I (Rn 5). 1

B. Gesetzlicher Erbe als Eintretender. Ein Dritter muss an Stelle des Pflichtteilsberechtigten gesetzlicher Miterbe geworden sein, weil jener durch Testament iSv § 1938 enterbt worden ist, im Fall des § 2306 I 2 ausgeschlagen hat, unter Vorbehalt des Pflichtteils auf den Erbteil verzichtet (MüKo/*Lange* Rn 4) oder wegen eines dieser Umstände einen höheren gesetzlichen Erbteil (§ 1935) erlangt hat (Staud/*Haas* Rn 5). Für I ist ohne Bedeutung, wenn wegen des Ausfalls des Pflichtteilsberechtigten derjenige, dem die Erbschaft anfällt, überhaupt erst Erbe wird oder sich die Erbquoten der anderen Miterben erhöhen (§§ 1935, 2094, 2096; vgl MüKo/*Lange* Rn 5). 2

C. Verteilung der Pflichtteilslast. Die Pflichtteilslast ist vom gesetzlichen Erben bis zur Grenze des erlangten Vorteils zu tragen (I Alt 1). Dieser deckt sich idR mit dem Wert des erlangten oder erhöhten Erbteils, doch gehört auch eine Erhöhung des Voraus (§ 1932 I) dazu (BaRoth/*Mayer* Rn 6; *Gottwald* Rn 10). Beschränkungen und Beschwerungen mindern den Wert, wenn keine Abwälzung der entsprechenden Pflichtteilslast möglich ist (MüKo/*Lange* Rn 7). Maßgebender Bewertungszeitpunkt ist der Erbfall (BGH NJW 83, 2378, 2379). 3

D. Verteilung der Vermächtnislast. I Alt 2 macht von dem Grds des § 2148 eine Ausnahme. Die Vermächtnislast ist im Verhältnis zu den Miterben von demjenigen zu tragen, der an Stelle eines mit einem Vermächtnis bedachten Pflichtteilsberechtigten gesetzlicher Erbe geworden ist. Gleichgültig ist, ob das Vermächtnis die Höhe des Pflichtteils übersteigt (Soergel/*Dieckmann* Rn 5). Ist es kleiner als der Pflichtteil, hat der Ersatzmann im Innenverhältnis einen Pflichtteilsrestanspruch (§ 2307 I 2) zu tragen (Staud/*Haas* Rn 9). Das gilt auch für ein Vermächtnis, das der Erblasser dem Pflichtteilsberechtigten, dem er den Pflichtteil entzogen hat (§§ 2333 ff), zugewandt hat (RGRK/*Johannsen* Rn 6). 4

E. Lastenverteilung bei gewillkürter Erbfolge (II). Nach der Auslegungsregel gilt die Lastenverteilung nach I im Zweifel auch für den Fall, dass der (gesetzliche, RG DR 41, 441, 442) Erbteil des Pflichtteilsberechtigten durch Verfügung vTw zugewendet ist: Zunächst ist die gesetzliche Erbquote zu ermitteln. Bei Zugewinngemeinschaft ist zwischen erb- und güterrechtlicher Lösung zu differenzieren (*Mauch* BWNotZ 92, 146 m Bsp). Dann ist zu fragen, wem dieser Erbteil zugewandt werden sollte (BGH NJW 83, 2378). Der Erblasser muss bewusst und gewollt den Pflichtteilsberechtigten durch einen Ersatzmann ersetzen wollen, so dass zwischen Enterbung und Begünstigung ein Zusammenhang besteht; einer ausdrücklichen Bestimmung dieser Art bedarf es aber nicht (MüKo/*Lange* Rn 9; BaRoth/*Mayer* Rn 4: Vermutung in Fallgruppen mit typischer Interessenlage; zT aA *Pentz* MDR 98, 1391, 1393). Ist ein solcher Erblasserwille nicht ermittelbar, haben die Miterben im Innenverhältnis nach den allgemeinen Regeln die Pflichtteilslast entspr ihren Erbteilen zu tragen. Der BGH (NJW 83, 2378, 2379) erachtete es als fragwürdig, die Auslegungsregel schon dann nicht anzuwenden, wenn sich ein abweichender Erblasserwille nur im Wege ergänzender Auslegung aufgrund des hypothetischen Willens ermitteln lässt (weitergehend Palandt/*Edenhofer* Rn 3). 5

§ 2321 Pflichtteilslast bei Vermächtnisausschlagung

Schlägt der Pflichtteilsberechtigte ein ihm zugewendetes Vermächtnis aus, so hat im Verhältnis der Erben und der Vermächtnisnehmer zueinander derjenige, welchem die Ausschlagung zustatten kommt, die Pflichtteilslast in Höhe des erlangten Vorteils zu tragen.

A. Zweck. Nach § 2307 I 1 kann der mit einem Vermächtnis bedachte Pflichtteilsberechtigte das Vermächtnis ausschlagen, um den vollen Pflichtteil zu erlangen. Der abänderbare § 2321 regelt für das Innenverhältnis, dass dann derjenige die Pflichtteilslast in Höhe des durch die Ausschlagung des Vermächtnisses erlangten Vorteils zu tragen hat, dem diese zustatten kommt. Im Außenverhältnis bleibt der Erbe bzw die Erbenge- 1 meinschaft Pflichtteilsschuldner. Bei Zugewinngemeinschaft kann der überlebende Ehegatte nur den kleinen Pflichtteil geltend machen; ebenso der Lebenspartner in Zugewinngemeinschaft (vgl §§ 6 S 2, 10 VI 2 LPartG). Bei Annahme des Vermächtnisses gilt § 2320.

2 **B. Begünstigte.** Die Ausschlagung kommt dem **Erben** (bei Erbengemeinschaft den Miterben) zustatten, der mit dem Vermächtnis beschwert war. Gem § 2321 kann der Alleinerbe (bzw die gemeinsam belasteten Miterben) in Höhe des erlangten Vorteils andere Vermächtnisse oder Auflagen nicht wegen der Pflichtteilslast nach § 2318 kürzen (RG JW 14, 593, 594). War nur ein Miterbe belastet, hat er im Verhältnis zu den übrigen Miterben, Vermächtnisnehmern und Auflagenbegünstigten die Pflichtteilslast bis zur Höhe des erlangten Vorteils allein zu tragen (MüKo/*Lange* Rn 2).

3 Dem **Vermächtnisnehmer** kommt die Ausschlagung zustatten, wenn das ausgeschlagene Vermächtnis ein Untervermächtnis (§ 2147) war. Es bleibt zwar der Erbe (bzw die Erbengemeinschaft) Pflichtteilsschuldner, doch steht ihm gegen den Vermächtnisnehmer ein Befreiungs- bzw Erstattungsanspruch nach § 2321 zu (MüKo/*Lange* Rn 3). Gleiches gilt, wenn die Ausschlagung einem Ersatzvermächtnisnehmer (§ 2190) oder bei einer Anwachsung (§ 2158) einem anderen Mitvermächtnisnehmer zustatten kommt (BaRoth/*Mayer* Rn 2; Damrau/*Riedel*/*Lenz* Rn 3).

4 **C. Grenze.** Die Pflichtteilslast geht idR bis zur Höhe des erlangten Vorteils über. Das ist grds das ausgeschlagene Vermächtnis. Ist dieses weniger wert als der Pflichtteilsanspruch, ist der Vorteil durch einen Wertvergleich vor und nach der Ausschlagung zu ermitteln. Zeitpunkt für die Wertberechnung ist der Erbfall (RG JW 38, 2143 f).

§ 2322 Kürzung von Vermächtnissen und Auflagen

Ist eine von dem Pflichtteilsberechtigten ausgeschlagene Erbschaft oder ein von ihm ausgeschlagenes Vermächtnis mit einem Vermächtnis oder einer Auflage beschwert, so kann derjenige, welchem die Ausschlagung zustatten kommt, das Vermächtnis oder die Auflage soweit kürzen, dass ihm der zur Deckung der Pflichtteilslast erforderliche Betrag verbleibt.

1 **A. Zweck/Regelungsgehalt.** Die Norm ergänzt die §§ 2320, 2321. Sie regelt das Rangverhältnis zwischen dem begünstigten Ersatzmann, der von der Ausschlagung des Pflichtteilsberechtigten profitiert, und dem Vermächtnisnehmer oder Auflagenbegünstigten. Denn dieser Ersatzmann muss nach den §§ 2320, 2321 die Pflichtteilslast in Höhe des erlangten Vorteils tragen und zudem das Vermächtnis bzw die Auflage erfüllen (vgl §§ 2161, 2192), wenn diese die ausgeschlagene Erbschaft oder das ausgeschlagene Vermächtnis beschweren. § 2322 will hier eine Doppelbelastung vermeiden. Der Begünstigte hat zwar den ihm zukommenden Vorteil iSv §§ 2220, 2221 für den Pflichtteil einzusetzen. Er kann aber die Vermächtnisse oder Auflagen kürzen, insoweit diese zusammen mit der Pflichtteilslast den Wert des ihm zufallenden Vorteils übersteigen (BaRoth/*Mayer* Rn 1). Er soll nicht aus seinem eigenen Vermögen den Pflichtteilsanspruch oder den Anspruch aus dem Vermächtnis erfüllen müssen, sondern allenfalls den gesamten Nachlass zur Befriedigung verwenden (BGH NJW 56, 507). Da ein solcher Erbschaftserwerb dem Nachberufenen idR keine Vorteile bringt, sollte auch er besser ausschlagen. Der Erblasser kann das Kürzungsrecht nach § 2322 ausschließen (§ 2324; vgl BGH WM 81, 335).

2 **B. Unteilbare Leistung.** Zum Fall, dass sich der Anspruch aus dem Vermächtnis auf eine **unteilbare** Leistung richtet, vgl § 2318 Rn 4. Kürzungsfähig ist auch der Dreißigste (§ 1969), nicht aber der Voraus des Ehegatten (§ 1932). Bei einem Nießbrauch hat der Nachberufene nicht die Rechte aus §§ 1089, 1087 zur Deckung der Pflichtteilslast (BGH NJW 56, 507).

3 **C. Verhältnis zu § 2318.** Da das Kürzungsrecht des Erben in § 2322 BGB für den Fall der Ausschlagung einer Erbschaft durch den Pflichtteilsberechtigten besonders geregelt ist, muss die weitergehende allgemeine Kürzungsmöglichkeit des § 2318 I zurücktreten (BGH NJW 83, 2378, 2379).

§ 2323 Nicht pflichtteilsbelasteter Erbe

Der Erbe kann die Erfüllung eines Vermächtnisses oder einer Auflage auf Grund des § 2318 Abs. 1 insoweit nicht verweigern, als er die Pflichtteilslast nach den §§ 2320 bis 2322 nicht zu tragen hat.

1 Die disponible Norm stellt klar, dass ein Kürzungsrecht ggü dem Vermächtnisnehmer oder Auflagenbegünstigten nach § 2318 I nicht besteht, wenn der Erbe nach den §§ 2320 bis 2322 die Pflichtteilslast im Innenverhältnis abwälzen kann. Ob er diese Möglichkeit tatsächlich nutzt, ist unerheblich (MüKo/*Lange* Rn 1). Trotz fehlender Verweisung gilt das auch für das erweiterte Kürzungsrecht des pflichtteilsberechtigten Erben gem § 2318 III (hM, Staud/*Haas* Rn 3).

§ 2324 Abweichende Anordnungen des Erblassers hinsichtlich der Pflichtteilslast

Der Erblasser kann durch Verfügung von Todes wegen die Pflichtteilslast im Verhältnis der Erben zueinander einzelnen Erben auferlegen und von den Vorschriften des § 2318 Abs. 1 und der §§ 2320 bis 2323 abweichende Anordnungen treffen.

A. Abweichende Anordnung. Die Norm räumt bestimmte **Abänderungsmöglichkeiten** ein. Der Erblasser kann zB die Pflichtteilslast oder die Ausfallhaftung (vgl § 2319 S 2) im **Innenverhältnis** abweichend von § 2318 I einzelnen Erben auferlegen (§§ 2046 II, 2189), das Recht zu kürzen nach § 2318 I erweitern, beschränken oder ganz ausschließen (vgl BGH WM 81, 335). Der Vorrang des Pflichtteilsanspruchs ggü dem durch Ausschluss des Kürzungsrechts erweiterten Vermächtnis im Außenverhältnis nach § 1991 IV iVm § 327 I Nr 1, 2 InsO wird dadurch nicht berührt (BGH aaO). **Nicht** abdingbar sind § 2318 II, III und § 2319 S 1 (MüKo/*Lange* Rn 2), der Pflichtteilsergänzungsanspruch (§§ 2325 ff; vgl *Gottwald* Rn 3) und die Haftung ggü den Pflichtteilsberechtigten nach §§ 2058 ff (Soergel/*Dieckmann* Rn 1). 1

B. Form. Die abweichende Anordnung des Erblassers muss durch **Testament** oder **Erbvertrag** (vgl §§ 2278 II, 2299) erfolgen. Sie muss nicht ausdrücklich getroffen werden. Es genügt, wenn sie sich aus dem Zusammenhang der Verfügung vTw ergibt (BGH WM 81, 335; Stuttg BWNotZ 85, 88). Ist in einem notariellen Testament die Anwendbarkeit des § 2324 unklar, kann dieses eine Haftung des Notars begründen (RG WarnR 39 Nr 63; MüKo/*Lange* Rn 4). 2

§ 2325 Pflichtteilsergänzungsanspruch bei Schenkungen

(1) Hat der Erblasser einem Dritten eine Schenkung gemacht, so kann der Pflichtteilsberechtigte als Ergänzung des Pflichtteils den Betrag verlangen, um den sich der Pflichtteil erhöht, wenn der verschenkte Gegenstand dem Nachlass hinzugerechnet wird.
(2) ¹Eine verbrauchbare Sache kommt mit dem Werte in Ansatz, den sie zur Zeit der Schenkung hatte. ²Ein anderer Gegenstand kommt mit dem Werte in Ansatz, den er zur Zeit des Erbfalls hat; hatte er zur Zeit der Schenkung einen geringeren Wert, so wird nur dieser in Ansatz gebracht.
(3) Die Schenkung bleibt unberücksichtigt, wenn zur Zeit des Erbfalls zehn Jahre seit der Leistung des verschenkten Gegenstands verstrichen sind; ist die Schenkung an den Ehegatten des Erblassers erfolgt, so beginnt die Frist nicht vor der Auflösung der Ehe.

A. Zweck. Der Pflichtteilsberechtigte soll davor geschützt werden, dass sein Pflichtteilsanspruch durch lebzeitige Schenkungen des Erblassers ausgehöhlt wird (BVerfG NJW 91, 217). Daher sieht § 2325 einen grds gegen den Erben und § 2329 einen ausnahmsweise gegen den Beschenkten gerichteten Ergänzungsanspruch vor. Dieser ist eine reine Geldforderung. Er ist nicht auf eine wertmäßige Beteiligung am Nachlass gerichtet (BGH NJW 96, 1743). Er geht auf den Betrag, um den der Pflichtteil sich erhöht, wenn der verschenkte Gegenstand zum Nachlass gerechnet wird (I). Der Pflichtteilsberechtigte wird insoweit in den Stand vor der Schenkung gesetzt (BGH NJW 73, 40; 97, 2676, 2677). Nur ganz ausnahmsweise kommt daneben ein Schutz des Pflichtteilsberechtigten gegen lebzeitige Zuwendungen nach §§ 138, 826 in Betracht (BGH FamRZ 72, 255, 257 f). 1

Nach § 1586 b I gehen Unterhaltsverpflichtungen des Geschiedenen mit dessen Tod auf den Erben über, wobei dessen fiktiver Pflichtteil betragsmäßig eine Haftungsgrenze darstellt. Dieser fiktive Pflichtteil ist ein ergänzter Pflichtteil (BGH ZEV 01, 113; NJW 03, 1796, 1801), so dass für die Haftung auch auf Ergänzungsansprüche abzustellen ist. Insoweit ist aber § 2329 nicht anwendbar (§ 2329 Rn 1). 2

B. Rechtsnatur und anwendbare Normen. Der Pflichtteilsergänzungsanspruch (§§ 2325 ff) ist ggü dem Pflichtteilsanspruch (§ 2303) ein selbstständiger Anspruch (BGH NJW 73, 2876; 96, 1743). Vom Bestand dieses Anspruchs ist er unabhängig und setzt, anders als dieser, einen Ausschluss von der Erbfolge durch Verfügung vTw nicht voraus (BGH NJW 73, 995; ZEV 00, 274). Die Ausschlagung der Erbschaft durch den Pflichtteilsberechtigten berührt seinen Ergänzungsanspruch nicht, auch wenn §§ 2306 I 2, 1371 III nicht vorlagen (BGH NJW 73, 995; Ddorf FamRZ 06, 512). Als außerordentlicher Pflichtteilsanspruch wird der Ergänzungsanspruch rechtlich grds wie der ordentliche behandelt (BaRoth/*Mayer* Rn 2): Seine Entstehung, Geltendmachung, Vererblichkeit, Übertragbarkeit, Pfändbarkeit und der Insolvenzbeschlag richten sich nach § 2317; § 852 ZPO, §§ 35, 36 InsO (BGH NJW 93, 2876; *Gottwald* Rn 4). Für Schenkungen besteht idR ein Auskunftsanspruch nach § 2314 (AnwK/*Bock* Rn 45). Die Entziehung des Pflichtteils (§ 2333) und der Pflichtteilsverzicht (§ 2346 II) umfassen auch den Ergänzungsanspruch, wenn nichts anderes bestimmt bzw vereinbart ist (MüKo/*Lange* Rn 4). 3

C. Anspruchsinhaber. Gläubiger des Anspruchs ist der nach § 2303 (abstrakt) Pflichtteilsberechtigte (Abkömmling, Eltern, Ehegatte), sofern sein Recht nicht durch § 2309 oder auf andere Weise ausgeschlossen ist. Ferner besteht der Anspruch für gesetzliche oder gewillkürte Erben, wenn der Wert des Hinterlassenen geringer als die Hälfte des Werts des gesetzlichen Erbteils zuzüglich des Werts des verschenkten Gegenstandes (§ 2326) ist (RGZ 58, 124, 126; 80, 135, 137). Anspruchsberechtigt ist auch der Vermächtnisnehmer, der 4 einen Pflichtteilsrestanspruch (§ 2307) hat, oder wenn der Vermächtniswert geringer als der Wert des ordentlichen Pflichtteils zuzüglich Ergänzungspflichtteil ist (Soergel/*Dieckmann* Rn 1). Nach der Rechtsprechung setzt der Anspruch gem § 2325 I voraus, dass der Gläubiger bereits im Zeitpunkt der die Pflichtteilsergänzung voraussetzenden Schenkung Pflichtteilsberechtigter war (BGH NJW 73, 40; 97, 2676); der Pflichtteilsanspruch selbst muss nicht bereits bestanden haben (Palandt/*Edenhofer* Rn 4; aA LG Dortmund FamRZ 99, 1467 m Anm *Bestelmeyer* und *Otte* ZEV 99, 31). Der Schutzzweck der §§ 2325 ff bestehe darin, den Pflichtteilsberechtigten Bestandsschutz zu gewähren (BGH NJW 97, 2676). Dazu werde das vom Erblasser früher Weggeschenkte zur Berechnung der Pflichtteilsergänzung dem noch vorhandenen Nachlass wieder hinzugerechnet und somit auf die Verhältnisse zum Zeitpunkt der Schenkung abgestellt (BGH aaO). Nicht schutzbedürftig sei, wer erst nach der Schenkung Pflichtteilsberechtigter wird (BGH aaO). Der Ergänzungsanspruch setzt demnach voraus, dass der Ehegatte zur Zeit der Schenkung mit dem Erblasser verheiratet, der Lebenspartner die Lebenspartnerschaft eingegangen oder das uneheliche Kind gezeugt (so mH auf § 1923 II MüKo/*Lange* Rn 6; auf Geburt stellt ab Palandt/*Edenhofer* Rn 4) war. Anderes gelte nach Köln ZEV 05, 398, 399, wenn Rechtswirkungen rückwirkend eintreten: Das Adoptivkind sei für Schenkungen pflichtteilsergänzungsberechtigt, die der Erblasser vor der Vaterschaftsanerkennung (§ 1594) vorgenommen hat (dazu *Reimann* ZEV 05, 400). Die hL lehnt das Erfordernis der sog Doppelberechtigung ab (MüKo/*Lange* Rn 7; Staud/*Olshausen* Rn 66; Soergel/*Dieckmann* Rn 3).

5 **D. Anspruchsgegner.** Schuldner der auf Geld gerichteten Nachlassverbindlichkeit (§ 1967) ist grds der Erbe (bzw die Erben als Gesamtschuldner, §§ 2058, 1967). Er kann sich die beschränkte Haftung vorbehalten (§ 780 ZPO). Nach § 2328 kann der selbst pflichtteilsberechtigte Erbe die Ergänzung zum Schutz des eigenen Pflichtteils verweigern. Ist er zur Ergänzung nicht verpflichtet, kann der Pflichtteilsberechtigte vom Beschenkten nach § 2329 I Herausgabe des Geschenks nach §§ 812 ff verlangen.

6 **E. Aktivnachlass.** Zwar setzt der Anspruch gegen den Erben begrifflich keinen Aktivnachlass voraus (RGZ 58, 124, 127; 80, 135, 136). Gerade bei nicht aktivem Nachlass wird der Ergänzungsanspruch relevant. Maßgeblich ist, ob mit Hinzurechnung des Werts des verschenkten Gegenstands ein Aktivnachlass als rechnerische Grundlage für einen Ergänzungsanspruch besteht (MüKo/*Lange* Rn 10). Fehlt es auch nach Hinzurechnung des Geschenks an einem Aktivnachlass, besteht gegen sowohl den Erben also auch den Beschenkten kein Ergänzungsanspruch. Der Pflichtteilsberechtigte hätte dann auch ohne die Schenkung nichts erhalten (RG JR 27 Nr 1655; Staud/*Olshausen* Rn 61). Fehlt es völlig an einem Nachlass von wirtschaftlichem Wert und ist die Erbenhaftung noch unbeschränkt (vgl § 1990), fehlt es an einem Haftungsgegenstand. Der auf § 2325 gestützte Anspruch gegen den Erben ist durch die Unzulänglichkeit des Nachlasses materiell entkräftet; eine Zahlungsklage ist dann als unbegründet abzuweisen (BGH ZEV 00, 274). Hier kommt praktisch nur ein Anspruch nach § 2329 in Betracht (MüKo/*Lange* Rn 10).

7 **F. Schenkung.** Relevant sind nur Schenkungen des Erblassers **selbst**. § 2052 gilt hier nicht (Damrau/*Riedel/Lenz* Rn 10). Beim Berliner Testament (§ 2269) kann bei der Einheitslösung nach dem Tod des länger lebenden Ehegatten gegen dessen Erben kein Pflichtteilsergänzungsanspruch auf Schenkungen des erstverstorbenen Gatten gestützt werden. **Erfasst** werden alle Schenkungen mit Ausnahme der Anstandsschenkung (§ 2330; vgl BGH WM 77, 1410; 78, 905; Frankf ZErb 00, 91; zur übermäßigen Anstandsschenkung BGH NJW 81, 2458). Die Schenkung muss also nicht übermäßig oder aus dem Stamm des Erblasservermögens sein (MüKo/*Lange* Rn 1). Der Begriff der Schenkung iSv § 2325 ist mit demjenigen der §§ 516 f grds identisch (BGH NJW 72, 1709, 1710; 81, 1956; 82, 2497; 92, 558, 559): Es muss eine Zuwendung vorliegen, die den Empfänger aus dem Vermögen des Gebers objektiv bereichert und bei der beide Teile darüber einig sind, dass sie unentgeltlich erfolgt (BGH NJW 72, 1709; 04, 1382, 1383; Ddorf NJW-RR 97, 1497). Eine dahin gehende Einigung der Parteien ist unentbehrlich (BGH NJW 92, 558; 02, 2469, 2470), wobei eine entsprechende Parallelwertung in der Laiensphäre ausreicht (BFH BStBl II 94, 266, 269; BaRoth/*Mayer* Rn 5). Auf eine Benachteiligungsabsicht kommt es, anders als bei §§ 2287 f, bei § 2325 nicht an.

8 **Erfasst** ist auch die vollzogene Schenkung auf den Todesfall (§ 2301 II) sowie ein nicht erfülltes Schenkungsversprechen, da diese Verbindlichkeit den Wert des Nachlasses mindert (BGH NJW 83, 1485, 1486).

9 Bei einer Schenkung unter **Vorbehalt eines Nutzungsrechts** (zB Nießbrauch, ggf als Teilnutzungsrecht das Wohnrecht) erlangt der Empfänger zunächst nur die Substanz und erst mit dem Erbfall die Nutzungsbefugnis (vgl § 1061). Daher ist die Schenkung eines Grundstücks unter Nießbrauchsvorbehalt nur insoweit ergänzungspflichtig, als dass der Wert des Grundstücks den der dem Erblasser überlassenen Nutzung übersteigt (Rn 28). Irrelevant ist dabei, ob die Nutzung als Gegenleistung oder in Gestalt einer Auflage dem Beschenkten auferlegt wird (BGH NJW-RR 90, 1158; 96, 705).

10 **Gemischte Schenkung.** Hier ist nur der Wert des Gegenstands des Rechtsgeschäfts anzurechnen, der unentgeltlich zugewendet wurde (BGH NJW 72, 1709; Staud/*Olshausen* Rn 16). Eine gemischte Schenkung liegt vor, wenn bei einem einheitlichen Vertrag der Wert der Leistung dem der Gegenleistung nur teilweise entspricht, die Parteien dies wissen und übereinstimmend wollen, dass der Überschuss unentgeltlich zugewendet wird (BGH NJW-RR 93, 773, 774; Kobl FamRZ 02, 1029; NJOZ 05, 935, 938). Von der subjektiven Vorstellung der Parteien hängt es zunächst ab, ob Leistung und Gegenleistung miteinander verknüpft sind;

die Verknüpfung kann synallagmatisch, konditional wegen einer bereits erbrachten Leistung oder kausal in Hinblick auf eine spätere Entlohnung (Oldbg NJW-RR 97, 263, 264) ausgestaltet sein (BaRoth/*Mayer* Rn 6). Ferner können die Parteien im Rahmen der Vertragsfreiheit den Wert der auszutauschenden Leistungen und damit auch die Größe eines eventuellen Leistungsüberschusses grds frei bestimmen (BGH NJW 64, 1323; 72, 1709, 1710; Oldbg NJW-RR 92, 778). Der Vergleich des Werts des überlassenen Gegenstandes mit dem Wert der Gegenleistung, aber auch die Erklärungen der Parteien beim Vertragsschluss oder in anderem Zusammenhang können einen Anhaltspunkt für den Willen der Parteien geben. Sie können nachträglich die vertraglich vereinbarte Vergütung erhöhen (BGH NJW-RR 89, 706 [zu Ehegatten]; RGZ 94, 187) oder dem Schenker vertraglich das Recht einräumen, durch Verfügung vTw das zunächst unentgeltliche Geschäft durch einseitige Erklärung nachträglich in ein voll entgeltliches umzugestalten (BGH NJW-RR 86, 164). Ihre Bewertung ist aber nicht maßgebend, wenn sie willkürlich und ohne jede sachliche Grundlage ist (BGH NJW 61, 604, 605; 72, 1709, 1710; 81, 2458, 2459). Die privatautonome Bewertung ist eingeschränkt, wo schutzwürdige Interessen Dritter, zB potenzieller (Mit-)Erben, berührt werden. Insoweit besteht eine tatsächliche Vermutung für den Schenkungscharakter von Leistungen, wenn und soweit zwischen Leistung und Gegenleistung ein objektives, über ein geringes Maß deutlich hinausgehendes Missverhältnis besteht (BGH NJW 61, 604; 72, 1709, 1710; 81, 1956; 92, 558; 95, 1349; Ddorf OLGR 01, 313, 314; Frankf MittBayNot 05, 495; Kobl FamRZ 02, 772); vgl Rn 34. Bei Leistungen unter Verwandten ist zu berücksichtigen, dass sie den nur abzuschätzenden Wert ihrer Leistungen kaum je exakt kalkulieren. Deshalb ist für die einzelnen Leistungen von Werten auszugehen, die bei verständiger, die konkreten Umstände berücksichtigender Beurteilung noch als vertretbar gelten können (BGH NJW 81, 2458; 95, 1349; 02, 2469, 2470; NJW-RR 89, 706).

Die Grundsätze zur gemischten Schenkung gelten auch zur Schenkung unter **Auflage** (AnwK/*Bock* Rn 15; BaRoth/*Mayer* Rn 8; s a BGH ZEV 96, 186, 187). 11

Typische, gegen Leibgedingungsleistungen erfolgende **Hofübergaben** seien nur dann als gemischte Schenkungen anzusehen, wenn das Merkmal der Unentgeltlichkeit überwiege (so zu § 530 BayObLGZ 95, 186; 96, 20). 12

Die **unbenannte Zuwendung** unter Ehegatten dient der Verwirklichung der ehelichen Lebensgemeinschaft. Sie ist ein ehebezogenes Rechtsgeschäft eigener Art und ein Institut des Familienrechts (BGHZ 142, 137, 148; München FamRZ 04, 1874). Als solches geht es grds dem allgemeinen Schenkungsrecht vor. Der Schenkungstatbestand wird durch einverständlich vorgenommene unentgeltliche Zuwendungen nicht erfüllt, wenn diese mit Rücksicht auf Rechtsbeziehungen erfolgen, die die Zuwendungen im Sinne dieses Sonderbereichs prägen (BGH FamRZ 88, 482, 485; NJW 99, 2962; Ddorf NJW-RR 97, 1497, 1498). **Anderes** gilt im **Erbrecht**, um den gebotenen Schutz von Pflichtteilsberechtigten, Vertrags- und Nacherben zu verwirklichen. Hier wird die unbenannte Zuwendung grds wie eine Schenkung behandelt, wenn sie objektiv unentgeltlich ist. Auf die subjektive Vorstellung der Ehegatten kommt es nicht an (BGH NJW 92, 564; Frankf OLGR 94, 129; Köln FamRZ 92, 480; Kobl ZEV 02, 460, 461). Eine entgeltliche Zuwendung ist denkbar, wenn sie der angemessenen Altersversorgung des Empfängers (BGH NJW 72, 580; MüKo/*Lange* Rn 15) oder der nachträglichen Vergütung langjähriger Dienste (Oldbg FamRZ 00, 638) dient, unterhaltsrechtlich geschuldet oder sonstwie eine adäquate Gegenleistung (BGH NJW 92, 564) vorhanden ist (BaRoth/*Mayer* Rn 10). Ggf ist darauf abzustellen, ob eine nachträglich vereinbarte ‚Zusatzvergütung' nach den konkreten Verhältnissen aus der Sicht der Beteiligten angemessen erscheinen konnte und ob der Wert der nicht (voll) vergüteten Leistungen deutlich über das hinausging, was der betreffende Ehegatte nach § 1360 zur gemeinsamen Lebensführung beizusteuern hatte (BGH NJW-RR 89, 706; vgl § 1360 b; zur Beweiserleichterung Rn 10, 34). Zur unbenannten Zuwendung innerhalb einer **nichtehelichen Lebensgemeinschaft** gilt Entsprechendes (Karlsr FamRZ 86, 1095, 1096 mN; Köln MittRhNotK 97, 89); zu Leistungen nach Auflösung der Lebensgemeinschaft und Vorgängen, die nicht der Verwirklichung der nichtehelichen Lebensgemeinschaft dienen vgl Ddorf NJW-RR 97, 1497, 1498. In der Lit werden zur Vermeidung unbillig erscheinender Ergebnisse andere Lösungen vertreten (Nachw bei BaRoth/*Mayer* Rn 10; MüKo/*Lange* Rn 16). 13

Eheverträge. Die Vereinbarung einer Gütergemeinschaft (§§ 1415 ff) stellt hinsichtlich des entstehenden Gesamtgutes keine Schenkung für denjenigen dar, der hierfür weniger einbringt (BGH NJW 75, 1774; 92, 558). Wird von der Zugewinngemeinschaft zur Gütergemeinschaft gewechselt, ist der Ehegattenerbteil zwar geringer, doch verkürzt sich der Pflichtteil, wenn das Vermögen des Ehegatten, bei dem die Reduzierung gewollt ist, drei mal so hoch ist wie das des anderen (BaRoth/*Mayer* Rn 11; s auch *Wegmann* ZEV 96, 201, 202, 206 f). Eine Schenkung setzt insoweit voraus, dass sich die Ehegatten einigen, die Zuwendung solle unentgeltlich erfolgen und dass die güterrechtliche *causa* für die Bereicherung durch den schuldrechtlichen Schenkungsvertrag verdrängt wird, dass also die Ehegatten nicht zur Verwirklichung der Ehe eine Ordnung der beiderseitigen Vermögen, sondern ein ehefremdes Ziel bezwecken (BGH NJW 92, 558). Das ist gegeben, wenn nach einem einheitlichen Plan („Paketlösung") erst Gütergemeinschaft und dann ein anderer Güterstand vereinbart wird (RGZ 87, 301, 303; MüKo/*Lange* Rn 26; *Brambring* ZEV 96, 248, 252; *Gottwald* Rn 19). In einer nachfolgenden Auseinandersetzung des Gesamtguts kann eine verdeckte Schenkung liegen, wenn von den gesetzlichen Bestimmungen (§§ 1476 ff) abgewichen wird (BGH NJW 92, 558). 14

15 **Weitere Einzelfälle.** Bei **Lebensversicherungen** erfolgt die Auszahlung an den Bezugsberechtigten außerhalb des Nachlasses aufgrund eines Vertrags zugunsten Dritter unter Lebenden (§§ 328, 331; § 167 VVG; vgl § 2301 Rn 19, 25 ff; § 2311 Rn 5). Die Zuwendung im Valutaverhältnis kann eine Schenkung sein. Nach der Rspr (RGZ 128, 187, 190; BGH NJW 52, 1173, 1174 f; 87, 3131, 3132; FamRZ 76, 616; zum Bausparvertrag NJW 65, 913; anders nun zum Insolvenzrecht NJW 04, 214 f) unterliegen dann nur die vom Erblasser geleisteten Prämien und nicht die Versicherungssumme oder der Rückkaufswert dem Ergänzungsanspruch, da der Erblasser nur um sie sein Vermögen gemindert habe (s auch *Klepsch/Klepsch* NotBZ 04, 365, 371; aA Palandt/*Edenhofer* Rn 12; *Harder* FamRZ 76, 617 ff; *Elfring* ZEV 04, 305; NJW 04, 483, 485). Kein Schenkungscharakter liegt zB vor, wenn die Leistung zwischen Ehegatten unterhaltsrechtlich geschuldet ist (s auch Rn 13) oder ihr eine konkrete Gegenleistung gegenüberstand (BGH NJW 92, 564, 565).

16 Die **Aufnahme** eines persönlich haftenden **Gesellschafters** in eine **Personengesellschaft** (OHG, KG) ist grds keine ergänzungspflichtige Schenkung, auch nicht, wenn die Bedingungen für den Aufnehmenden besonders günstig sind. Die mit der Aufnahme verbundene Übernahme der persönlichen Haftung, mögliche Verlustbeteiligungen und die geschuldete Arbeitskraft stellen Gegenleistungen dar (BGH NJW 59, 1433; 81, 1956; WM 65, 359; 77, 862, 864; kritisch *Kohlhosser* AcP 194 [1994], 231, 246 ff). Unter besonderen Umständen kann eine Gesamtbetrachtung eine gemischte Schenkung ergeben, zB wenn eine Einlage fehlt oder nur unwesentlich ist, einem Gesellschafter nach dem Tod des anderen ein Übernahmerecht unter Ausschluss aller Abfindungsansprüche eingeräumt ist und der aufnehmende Gesellschafter nur noch eine geringe Lebenserwartung hat (BGH NJW 81, 1956; *Wegmann* ZEV 88, 135). Auch liegt eine ergänzungspflichtige Zuwendung bei der Aufnahme als Kommanditist ohne die Erbringung einer eigenen Kapitalleistung nahe, selbst, wenn die Gesellschaft erst durch den Eintritt entsteht (BGH NJW 90, 2616; MüKo/*Lange* Rn 18; s a BFH ZEV 05, 315, 318).

17 Scheidet ein Gesellschafter durch Tod aus der Gesellschaft aus (§ 131 III Nr 1 HGB) und wird für alle Gesellschafter der Anspruch auf das **Abfindungsguthaben** gegen die Gesellschaft (§ 738 I 2) zulässigerweise ganz oder zT **ausgeschlossen**, liegt keine Schenkung, sondern ein entgeltliches aleatorisches Geschäft vor (BGH NJW 57, 180, 181; 81, 1956, 1957; aA BaRoth/*Mayer* Rn 15; MüKo/*Ulmer* § 738 Rn 41; zur ErbSt s §§ 3 I Nr 2 S 2, 12 ErbStG), da jeder Gesellschafter die Chance hat, dass sich sein Anteil durch den Tod eines anderen Gesellschafters erhöht. Folglich ist eine Schenkung anzunehmen, wenn der Abfindungsanspruch nur bezüglich des Todes eines bestimmten Gesellschafters ausgeschlossen ist (*Lange/Kuchinke* § 37 X 2 Fn 477) oder die Risiken und Chancen unverhältnismäßig verteilt sind, zB aufgrund großen Altersunterschieds oder schwerer Erkrankung (BGH NJW 81, 1956; Ddorf MDR 77, 932; KG DNotZ 78, 109, 111 f). Die Frist des § 2325 III beginnt dabei nicht vor dem Tod des Erblassers (BGH NJW 87, 122; 93; 2737, 2738; MüKo/*Lange* Rn 21).

18 Ob die **Abfindung** für einen **Erbverzicht** entgeltlich (*Kipp/Coing* § 82 VI; *Lange/Kuchinke* § 37 X 2 f) ist oder nicht (Damrau/*Riedel/Lenz* Rn 14, 32 ff; Staud/*Schotten* § 2346 Rn 124 ff; *Kollhosser*, AcP 194 [1994], 231, 258 ff; *Speckmann* NJW 70, 117 ff), ist str (differenzierend AK/*Däubler* Rn 13; Palandt/*Edenhofer* Rn 14; *Mauch* BWNotZ 95, 88; offen lassend BGH NJW 86, 127, 129). ISd EStG ist ein Erb- oder Pflichtteilsverzicht ein unentgeltliches Rechtsgeschäft (BFHE 167, 515; ZEV 01, 449 f; zum ErbStG s § 2346 Rn 16). Da beim reinen Erbverzicht die Vermögensweggabe durch die Erhöhung der Erb- und Pflichtteilsquote (§ 2310 S 2) kompensiert wird, sollte die Abfindung nicht zusätzlich bei § 2325 berücksichtigt werden (Hamm ZEV 00, 277, 278 m ablehnender Anm *Rheinbay*; Staud/*Schotten* § 2346 Rn 136).

19 Beim reinen **Pflichtteilsverzicht** legt es der Schutzzweck des § 2325 nahe darauf abzustellen, wie die Rechtslage wäre, wenn die Abfindung als Vorwegnahme der Erbfolgeregelung nicht erfolgt wäre. Dann unterläge sie dem Pflichtteil, so dass sie auch der Ergänzung unterliegen sollte (BaRoth/*Mayer* Rn 13). Nach BGH NJW 91, 1610, 1611 macke der Verzicht auf den Pflichtteil eine für ihn geleistete Verfügung nicht zu einer entgeltlichen iSd § 4 AnfG, da er keine Gegenleistung für sie sei. Palandt/*Edenhofer* Rn 14 sieht eine gemischte Schenkung insoweit, als dass die Abfindung über die Erberwartung des Verzichtenden hinausgeht. Andere vertreten eine Entscheidung im Einzelfall (Soergel/*Dieckmann* Rn 18; a MüKo/*Lange* Rn 17: Entgeltlichkeit, wenn Abfindung nach den Parteien eine vollwertige Gegenleistung ist).

20 Lebzeitige **Stiftung**serrichtungen können Ergänzungsansprüche begründen (RGZ 54, 399, 400; Karls ZEV 04, 470). Endgültige unentgeltliche Zuwendungen an bereits existierende Stiftungen in Form von Zustiftungen oder freien oder gebundenen Spenden sind pflichtteilsergänzungspflichtige Schenkungen iSv §§ 2325, 2329 (BGH NJW 04, 1382 gegen Dresden NJW 02, 3181; zum Auskunftsanspruch ggü einer Stiftung Kobl ZEV 04, 470). Unabhängig davon, ob es sich um eine stiftungskapitalerhöhende Zustiftung oder eine zum zeitnahen Einsatz für die Stiftungszwecke gedachte freie oder gebundene Spende handelt, werden diese Zuwendungen dem Schenkungsrecht, bei gebundenen Spenden unter entsprechender Bindungsauflage, unterworfen (BGH aaO; LG Baden-Baden ZEV 99, 152; *Muscheler* ZEV 02, 417; *Rawert* ZEV 96, 161, 163).

21 Nimmt die als **Vorerbin** eingesetzte Ehefrau des Erblassers ihr Pflichtteilsrecht nicht in Anspruch (§ 2306 I 2 BGB), liegt darin keine Schenkung zugunsten des Nacherben, die Pflichtteilsergänzungsansprüche nach der Ehefrau begründen könnte (BGH NJW 02, 672, 673).

G. DDR-Recht. §§ 2325, 2329 sind auch auf Schenkungen anzuwenden, die ein nach der Einigung Deutschlands verstorbener Erblasser in der ehemaligen DDR unter der Geltung des DDR-ZGB vorgenommen hatte (BGH NJW 01, 2398, 2399). Soweit Pflichtteilsergänzungsansprüche die Erberwartungen des eingesetzten Erben schmälern, überwiegt ggü dem Vertrauen auf den uneingeschränkten Bestand letztwilliger Verfügungen das Anliegen des Gesetzgebers an der Einheit der Rechtsordnung nach der Einigung Deutschlands (BGH aaO; Dresden NJW 99, 3345). Die Folge der Schwäche des unentgeltlichen Erwerbs, der Anspruch aus § 2329, gilt auch bezüglich des Beschenkten, der unter dem DDR-ZGB unangreifbar Eigentum erworben hatte. Hier kann die Belastung durch das Recht nach § 2329 II gemildert werden, wobei es für die Berechnung gem § 2325 II 2 auf den Wert im Zeitpunkt des Vollzugs der Schenkung ankommt (BGH NJW 75, 1831), wenn der Wert in diesem Zeitpunkt geringer ist als im Zeitpunkt des Erbfalls (BGH NJW 01, 2398, 2399); zu nachträglichen Wertsteigerungen vgl BGH NJW 02, 2469.

H. Berechnung (II). I. Grundsatz. Der Ergänzungswert wird ermittelt, indem zunächst durch Hinzurechnung des geschätzten Werts des Geschenks (S) zum nach § 2311 maßgebenden Nachlassbestand (N) und unter Berücksichtigung des halben gesetzlichen Erbteils des Ergänzungsberechtigten (½Q) ein fiktiver Nachlass ermittelt wird (N+S)/2Q. Die Differenz dieser Summe zum ordentlichen Pflichtteil (N/2Q) stellt die Ergänzung (EP) dar.

II. Bewertung. Maßgebend ist grds der Verkehrswert (s § 2311 Rn 9). Bezüglich eines **Landgutes** ist § 2312 zu beachten (BGH NJW 64, 1323; 65, 1526), wenn dessen Voraussetzungen noch beim Erbfall bestehen (BGH NJW 95, 1352).

Für den **Bewertungsstichtag** ist zu differenzieren: Verbrauchbare Sachen (§ 92) wie Geld und Wertpapiere kommen mit ihrem Wert zur Zeit der Schenkung zum Ansatz (II 1), wobei eine Inflationsbereinigung auf den Erbfall vorzunehmen ist (vgl § 2315 Rn 8; BGH NJW 83, 1485; BaRoth/*Mayer* Rn 18; Staud/*Olshausen* Rn 93; aA RGRK/*Johannsen* Rn 20). Das gilt auch beim Erlass (§ 397) einer Geldforderung (BGH NJW 87, 122). Beim schenkweisen Erlass einer Rentenforderung ist der auf den Erlasszeitpunkt kapitalisierte Wert maßgeblich (BGH NJW 87, 122; aA MüKo/*Lange* Rn 30).

Nicht verbrauchbare Sachen kommen mit ihrem Wert zur Zeit des Erbfalls zum Ansatz, es sei denn, sie hatten zur Zeit der Schenkung (dh: Schenkungsvollzug, zB bei Schenkung eines Grundstücks die Eintragung im Grundbuch, BGH NJW 75, 1831; Brandbg FamRZ 98, 1265, 1266) einen geringeren Wert. Dann gilt dieser (II 2). Es ist also eine Vergleichsberechnung anzustellen (BGH NJW 83, 1485). Der Wert des verschenkten Gegenstandes zur Zeit des Erbfalls ist mit dem zu vergleichen, den er bei Vollzug der Schenkung hatte, wobei der Wert bei Schenkung zur Berücksichtigung des Kaufkraftschwundes auf den Tag des Erbfalls umzurechnen ist (BGH NJW 75, 1831; 83, 1485, 1486; ZEV 96, 186, 187; *Rauscher* II, 350; aA *Pentz*, ZEV 99, 167, 169). Nach dem in II 2 bestimmten Niederstwertprinzip gehen nach der Schenkung eingetretene echte Wertverluste zulasten des Pflichtteilsberechtigten, kommen ihm aber Wertsteigerungen nicht zu Gute. Solange der verschenkte Gegenstand, egal in wessen Hand, bis zum Erbfall vorhanden ist, kommt es nur auf seinen Wert an. Der Erlös für eine zwischenzeitige Veräußerung ist irrelevant (Soergel/*Dieckmann* Rn 49). Ist der Gegenstand vor dem Erbfall untergegangen, kann er nicht in Ansatz gebracht werden. Es besteht kein Ergänzungsanspruch. Aus Billigkeitsgründen sind eventuelle Ersatzansprüche zugunsten des Pflichtteilsberechtigten einzubeziehen. Umgekehrt sind Belastungen auf die Sache für Erhaltungsaufwendungen zu berücksichtigen (BaRoth/*Mayer* Rn 19; Staud/*Olshausen* Rn 99). Zu **Eigengeschenken** vgl § 2327.

III. Einzelfälle. Verlangt bei **Zugewinngemeinschaft** der überlebende Ehegatte neben dem Pflichtteil den güterrechtlichen Zugewinnausgleich (§ 1371 II, III), werden Schenkungen des Erblassers zwar bereits bei § 1375 II Nr 1 berücksichtigt, aber auch in voller Höhe bei Berechnung des Pflichtteilsergänzungsanspruchs eingesetzt (MüKo/*Lange* Rn 9). Bei **gemischten** Schenkungen (Rn 10) und solchen unter Auflagen (Rn 11) ist nur der unentgeltliche Teil in Ansatz zu bringen. **Widerrufsvorbehalte** mindern den Wert des Übertragenen (Ddorf OLGR 99, 349; Kobl ZEV 02, 460).

Wertmindernd kann für den für Pflichtteilsergänzungsansprüche bedeutsamen Wert eines schenkweise übertragenen **Grundstücks** auch ein vom Erblasser vorbehaltenes **Nutzungsrecht**, zB Wohnrecht oder Nießbrauch, wirken (BGH NJW 92, 2887; 94, 1791; WM 90, 1637 f; *Reiff* ZEV 98, 241). Insoweit ist eine mehrstufige Berechnung vorzunehmen, denn Gegenstand der Schenkung ist nur die Differenz zwischen Sach- und kapitalisiertem Nutzungswert (BGH NJW-RR 90, 1158; 96, 705, 706; NJW 92, 2887, 2889; 94, 1791; ZEV 03, 416; Kobl ZEV 02, 460, 461; Celle ZEV 03, 83, 84 f). Also ist der kapitalisierte Jahreswert des Nutzungsrechts (zB Nießbrauch), der sich aus der Multiplikation des jährlichen Reinertrags aus der Nutzung mit der statistischen Lebenserwartung (s amtliche Sterbetabellen) des Berechtigten zum Zeitpunkt des Schenkungsvollzugs ergibt (BGH NJW-RR 90, 1158, 1159; ZEV 96, 186, 187), vom Wert des verschenkten Gegenstandes (zB Grundstück) abzuziehen. Dazu ist durch Gegenüberstellung des (inflationsbereinigten) Werts bei Vollzug der Schenkung (ohne Berücksichtigung des Nutzungsrechts; BGH NJW 92, 2887; 94, 1791) und dem Wert beim Erbfall der niedrigere als maßgeblich zu ermitteln (BGH ZEV 96, 186). Kommt es demnach auf den Zeitpunkt des Schenkungsvollzugs an, ist der hierfür festgestellte Betrag aufzuteilen in den kapitalisierten Wert des Nutzungsrechts und den Restwert des verbleibenden Gegenstandes (BGH ZEV 94, 233; 96, 186; zum

Nießbrauch NJW 92, 2887; zum Wohnrecht Celle ZEV 03, 83, 84). Nur den Restwert hat der Erblasser aus seinem Vermögen ausgegliedert. Dieser Wert ist unter Berücksichtigung des Kaufkraftschwundes auf den Todestag des Erblassers umzurechnen und nach II 2 anzusetzen (BGH ZEV 96, 186; Celle ZEV 03, 83, 84). Vom Erblasser vorbehaltene Nutzungen sind ganz außer Acht zu lassen, wenn nach dem Wertvergleich der Zeitpunkt des Erbfalls zu Grunde zu legen ist; sie sind dann erloschen (BGH NJW 94, 1791; ZEV 03, 416, 417). Daneben werden andere Berechnungsmöglichkeiten vertreten (s *Link* ZEV 05, 283 ff mN), zB uU den Wert des Nutzungsrechts nicht abzuziehen (Hburg FamRZ 92, 228 – aufgehoben durch BGH NJW 92, 2887, 2888 –; Oldbg FamRZ 99, 1315 – keine Minderung wegen eines lebenslangen Wohnrechts bei kurzem Zeitraum zwischen Schenkung und Erbfall –; *Reiff* ZEV 98, 241, 244 f), den Wert immer abzuziehen (*Mayer* ZEV 94, 325, 326; *Pentz* FamRZ 97, 724, 728), und bzw oder den Wert nicht abstrakt, sondern im Nachhinein konkret nach der Nutzungsdauer zu berechnen (*Schopp* Rpfleger 56, 119, 120 f; *Mayer* FamRZ 94, 739, 744, *Pentz* aaO; ablehnend *Reiff* ZEV 98, 241, 247).

29 Beim **nicht** vor dem Erbfall **vollzogenen Schenkungsversprechen** liege nach der Rspr eine Schenkung iSv §§ 2325, 2329 vor. Gegenstand der Schenkung sei der schenkweise zugewendete Anspruch. Sein Wert ist maßgebend, wobei der nach dem Niederstwertprinzip (unter Berücksichtigung des Kaufkraftschwunds) ermittelte Wert gilt (BGH NJW 83, 1485, 1486; Brandbg FamRZ 98, 1265, 1266). Überzeugender ist es, auf den Wert im Erbfall abzustellen (BaRoth/*Mayer* Rn 21; Palandt/*Edenhofer* Rn 21; Soergel/*Dieckmann* Rn 50).

30 **Pflegeleistungen** als Gegenleistungen sind uU berücksichtigungsfähig (Köln FamRZ 97, 1113; Braunschw FamRZ 95, 443, 445). Fehlt eine Preisvereinbarung, richtet sich, soweit möglich, die Bewertung von Sachleistungen unter Berücksichtigung des konkreten Gesundheitszustands nach dem Pflegeversicherungsgesetz (§ 36 SGB XI; vgl BaRoth/*Mayer* Rn 27).

31 **J. Zeitliche Grenze (III Hs 1).** Schenkungen bleiben nach der Ausschlussfrist grds unberücksichtigt, wenn seit der Leistung bis zum Erbfall 10 Jahre vergangen sind. Maßgeblicher Zeitpunkt ist der Eintritt des **Leistungserfolgs** (BGH NJW 88, 821, 822; BaRoth/*Mayer* Rn 28; MüKo/*Lange* Rn 37; m Bsp *Schindler* ZEV 05, 290 ff). Die Frist beginnt, wenn der Erblasser einen Zustand geschaffen hat, dessen Folgen er noch 10 Jahre zu tragen hat und die ihn von böslichen Schenkungen abhalten (BGH NJW 87, 122). Bei beweglichen Gegenständen beginnt sie mit Vollendung des Eigentumsübergangs. Bei Grundstücken kommt es auf die Umschreibung (§ 873 I) an (BGH NJW 88, 821; Ddorf FamRZ 97, 1114; aA *Behmer* FamRZ 99, 1254). Der Erblasser muss darauf verzichtet haben, einen Gegenstand (zB Grundstück) im Wesentlichen weiter zu nutzen. Daran fehlt es, wenn er sich uneingeschränkt den Nießbrauch an ihm vorbehält. Denn in einem solchen Fall muss er den Genuss des verschenkten Gegenstands nicht tatsächlich entbehren (BGH NJW 94, 1791; Schlesw SchlHA 97, 11; aA BaRoth/*Mayer* Rn 30). Der Vorbehalt eines ausschließlichen Wohnrechts an 2 Zimmern im Obergeschoss eines Hauses sowie eines Mitbenutzungsrechts an einigen weiteren Räumen hindert Fristbeginn nicht (Bremen NJW 05, 1726; Celle NotBZ 03, 475; s auch Oldbg ZEV 06, 80); dagegen wohl der Vorbehalt des freien Widerrufs der Schenkung (Palandt/*Edenhofer* Rn 22; *Mayer* FamRZ 94, 739; aA Staud/*Olshausen* Rn 59).

32 Bei Schenkungen an den **Ehegatten** des Schenkers beginnt nach dem verfassungsgemäßen (BVerfG NJW 91, 217) **III Hs 2** die Frist nicht vor Auflösung der Ehe, also bei Scheidung (§ 1564) mit Rechtskraft des Urteils. Bei Auflösung durch Tod beginnt die Ausschlussfrist gar nicht. III 2 ist auf Partner einer Lebenspartnerschaft entspr anwendbar (§ 10 VI 2 LPartG; vgl MüKo/*Lange* Rn 39; *Leipold* ZEV 01, 218), nicht aber auf Verlobte (Ddorf NJW 96, 3156; Damrau/*Riedel*/*Lenz* Rn 81; Palandt/*Edenhofer* Rn 23; aA Zweibr FamRZ 94, 1492; Celle ORGR 98, 361) oder nichteheliche Lebensgemeinschaften (BaRoth/*Mayer* Rn 34; MüKo/*Lange* Rn 39).

33 **K. Verjährung.** Hat der Erblasser den pflichtteilsberechtigten Erben durch verschiedene Schenkungen benachteiligt und erfährt dieser von ihnen nacheinander, können sich daraus verschiedene Ergänzungsansprüche mit unterschiedlich laufenden Verjährungsfristen (§ 2332 I BGB) ergeben (BGH NJW 88, 1667; 96, 1743).

34 **L. Prozessuales.** Der Pflichtteilsberechtigte trägt grds die **Darlegungs-** und **Beweislast** für eine der Pflichtteilsergänzung unterliegende Schenkung (BGH NJW 84, 487, 488) und den Wert des verschenkten Gegenstandes (BGH NJW 81, 2458, 2459; Kobl FamRZ 03, 193; Oldbg FamRZ 00, 638, 639). Wegen der Gefahr, dass der Erblasser und sein Vertragspartner unentgeltlich gewährte Leistungen im Rahmen des für den Anspruch aus § 2325 maßgeblichen Vertrages nachträglich zu „Gegenleistungen" erklären (vgl BGH NJW-RR 89, 706), sowie wegen Beweisschwierigkeiten für den Pflichtteilsberechtigten ist es zunächst Sache des über die erforderlichen Kenntnisse verfügenden Anspruchsgegners, die für die Begründung der Gegenleistung maßgeblichen Tatsachen im Wege des substantiierten Bestreitens der Unentgeltlichkeit vorzutragen (BGH NJW 83, 687; 87, 2008; NJW-RR 89, 706; ZEV 96, 186, 187). Als an dem Rechtsgeschäft unmittelbar Beteiligter hat zunächst er die seinerzeit für die Bewertung maßgebenden Vorstellungen der Beteiligten vorzutragen (BGH ZEV 96, 186; NJW 02, 2469, 2470). Vgl zur Beweiserleichterung bei grobem Missverhältnis der beiderseitigen Leistungen Rn 10. Der Erbe hat die Voraussetzungen des Fristbeginns (**III**) darzulegen und zu beweisen (str, vgl BaRoth/*Mayer* Rn 40; MüKo/*Lange* Rn 37).

Gegenstand einer **Feststellungsklage** kann der Pflichtteilsergänzungsanspruch anders als das Pflichtteilsrecht 35
(Vor § 2303 Rn 4) zu Lebzeiten des Erblassers nicht sein, da vom Recht auf Ergänzung keine Wirkungen zu
Lebzeiten des Erblassers ausgehen (MüKo/*Lange* Rn 4; Staud/*Olshausen* Vor § 2325 Rn 20; *Klingelhöffer*
Rn 407; aA Erman/*Schlüter* Vor § 2325 Rn 4).

§ 2326 Ergänzung über die Hälfte des gesetzlichen Erbteils

¹Der Pflichtteilsberechtigte kann die Ergänzung des Pflichtteils auch dann verlangen, wenn ihm die Hälfte
des gesetzlichen Erbteils hinterlassen ist. ²Ist dem Pflichtteilsberechtigten mehr als die Hälfte hinterlassen,
so ist der Anspruch ausgeschlossen, soweit der Wert des mehr Hinterlassenen reicht.

A. Zweck. Der (abstrakt) Pflichtteilsberechtigte hat keinen ordentlichen Pflichtteilsanspruch nach §§ 2303, 1
2305, wenn ihm wenigstens die Hälfte seines gesetzlichen Erbteils durch Erbeinsetzung oder Vermächtnis
hinterlassen wurde. Sein selbstständiger Pflichtteilsergänzungsanspruch (§ 2325 Rn 3) besteht uU gleichwohl
(BGH NJW 73, 995), um den bezweckten Schutz des Berechtigten (§ 2325 Rn 1) vor lebzeitigen Schenkungen
des Erblassers mit der Folge eines ggf entleerten Nachlasses zu ergänzen. Ob der Pflichtteilsberechtigte gewillkürter oder gesetzlicher Erbe ist, ist gleichgültig.

B. Ergänzungsanspruch (S 1). Ist das dem Berechtigten Hinterlassene (Erbe und Vermächtnis) geringer als 2
der halbe gesetzliche Erbteil, hat er den Pflichtteilsrestanspruch nach § 2305 (bzw § 2307 I 2) und ggf den
Ergänzungsanspruch (§ 2325). Entspricht das Hinterlassene dem halben gesetzlichen Erbteil, entfallen nach
§ 2306 I 1 Beschränkungen und Beschwerungen, so dass der Pflichtteil erreicht ist. Es kommt nur der Ergänzungsanspruch in Betracht (S 1). Übersteigt das beschwerte oder beschränkte Hinterlassene den halben gesetzlichen Erbteil, kann der Erbe es **ausschlagen** und den ordentlichen (unbeschwerten) Pflichtteil (§ 2306 I 2)
und Ergänzungspflichtteil (§ 2325) verlangen. Es ist dann entgegen dem Wortlaut des § 2326 S 2 das ausgeschlagene Hinterlassene nicht anzurechnen (Staud/*Olshausen* Rn 11). Demgegenüber vermindert ein ausgeschlagenes unbelastetes und unbeschränktes Vermächtnis nicht den Anrechnungsbetrag nach S 2, so dass der
Ergänzungspflichtteil nicht erhöht wird (MK- *Lange* Rn 5; Soergel/*Dieckmann* Rn 5; aA AK/*Däubler* Rn 6).
Schlägt der Erbe nicht aus, bleiben Beschränkungen oder Beschwerungen des Hinterlassenen unberücksichtigt
(Erman/*Schlüter* Rn 3; Staud/*Olshausen* Rn 13). Hat er die Erbschaft angenommen, weil er ergänzungspflichtige Schenkungen nicht kannte, kann er nach § 119 die Annahme **anfechten**, da er über die Zusammensetzung
des fiktiven Nachlasses irrte (BaRoth/*Mayer* Rn 4; MüKo/*Lange* Rn 3, 4). Der Beginn der Ausschlagungsfrist ist
aber nicht bis zur Kenntnis von der ergänzungspflichtigen Schenkung hinausgeschoben (MüKo/*Lange* Rn 3;
aA Erman/*Schlüter* Rn 5).
Der Maßstab des „halben gesetzlichen Erbteils" ist grds wie bei § 2316 II als Erbquote zu verstehen (AnwK/ 3
Bock Rn 2; Staud/*Olshausen* Rn 10). Bei vorausgegangener Ausgleichung oder Anrechnung sollte aber der
Wert maßgeblich sein (str, BaRoth/*Mayer* Rn 3; Palandt/*Edenhofer* Rn 2).

C. Kürzungen (S 2). Der vAw zu berücksichtigende S 2 will Doppelbegünstigungen vermeiden. Er ordnet 4
an, dass dem Pflichtteilsberechtigten ein Ergänzungsanspruch nur insoweit zusteht, als dass der hinterlassene
Erbteil den ordentlichen Pflichtteil zuzüglich Ergänzungspflicht unterschreitet (vgl BGH FamRZ 89, 273).
Berechnung: Ist das Hinterlassene im Fall des S 2 unbelastet, wird der Ergänzungspflichtteil errechnet, indem 5
zum Nachlass im Zeitpunkt des Erbfalls alle Schenkungen addiert, die Summe durch den halben gesetzlichen
Erbteil des Berechtigten dividiert und vom Ergebnis der Wert des jeweils hinterlassenen Erbteils subtrahiert
werden. Ist das Hinterlassene beschränkt oder beschwert, bleibt das unberücksichtigt (Rn 2). **Bsp:** Der Nachlass beträgt 20. Zu Erben zu je ½ sind das allein pflichtteilsberechtigte Kind (K1) und ein Familienfremder
(F) eingesetzt. An einen Dritten (D) erfolgte eine lebzeitige Schenkung in Höhe von 40. K1 hat einen
Anspruch gegen D auf 20: Nachlass und Geschenk betragen zusammen 60. Dividiert durch die Pflichtteilsquote ½ ergibt dieses 30. Hiervon ist der erlangte Erbteil von 10 (20×½) abzuziehen.
Abwandlung (vgl *Schindler* ZEV 05, 513, 514): Statt F existiert ein weiteres Kind (K2), das pflichtteilsberech- 6
tigt ist. K2 hat einen ausgleichungspflichtigen Vorempfang von 4 erhalten. Sein Pflichtteilsergänzungsanspruch gegen D ist die Differenz zwischen Ausgleichungserbteil und dem Gesamtpflichtteil. Zur Berechnung
des Ausgleichungserbteils werden Nachlass (20) und alle Vorempfänge (4) addiert (24), durch die Anzahl der
Abkömmlinge (24/2=12) dividiert und davon die jeweils ausgleichungspflichtige Zuwendung (4) subtrahiert
(12–4=8; vgl § 2316 Rn 4). Der Gesamtpflichtteil ist der Ausgleichungspflichtteil (4) als halber Ausgleichungserbteil zuzüglich des Ergänzungspflichtteils (10). Dieser errechnet sich durch Multiplikation der
Pflichtteilsquote (¼) mit dem Wert des Geschenks (40). Die Differenz zwischen Ausgleichungserbteil (8) und
Gesamtpflichtteil (14) beträgt 6. K1 steht schlechter: Sein Ausgleichungspflichtteil ist 6 ([24/2–0]/2), sein
Ergänzungspflichtteil 10, so dass der Gesamtpflichtteil 16 beträgt. Bei einem Ausgleichungserbteil von 12
bleibt ein Pflichtteilsergänzungsanspruch von 4. Anders *Kerscher/Kerscher* (ZEV 05, 295 ff), die ihre Berechnung auf die Kritik *Schindlers* aber modifiziert haben (aaO 514).

7 Im Fall der Ausschlagung nach § 2306 I 2 berechnet sich der Ergänzungsanspruch aus der Differenz zwischen dem Wert des ordentlichen Pflichtteils zuzüglich des Ergänzungspflichtteils und dem Wert des Hinterlassenen (RGRK/*Johannsen* Rn 3).

§ 2327 Beschenkter Pflichtteilsberechtigter

(1) ¹Hat der Pflichtteilsberechtigte selbst ein Geschenk von dem Erblasser erhalten, so ist das Geschenk in gleicher Weise wie das dem Dritten gemachte Geschenk dem Nachlass hinzuzurechnen und zugleich dem Pflichtteilsberechtigten auf die Ergänzung anzurechnen. ²Ein nach § 2315 anzurechnendes Geschenk ist auf den Gesamtbetrag des Pflichtteils und der Ergänzung anzurechnen.
(2) Ist der Pflichtteilsberechtigte ein Abkömmling des Erblassers, so findet die Vorschrift des § 2051 Abs. 1 entsprechende Anwendung.

1 **A. Zweck.** Angemessener Weise müssen auch Geschenke des Erblassers an den Pflichtteilsberechtigten selbst bei Berechnung des Ergänzungsanspruchs (§ 2325) berücksichtigt werden, da dieser sonst mehr als den Pflichtteil erlangte. Sie sind vAw, wenn sie nach § 2315 auf den Pflichtteil anzurechnen sind, auf den Gesamtbetrag von ordentlichem Pflichtteil und Ergänzung (I 2), ansonsten auf die Ergänzungsforderung anzurechnen (I 1).

2 **B. Eigengeschenk.** Der Erblasser muss einen Dritten (MüKo/*Lange* Rn 3) und daneben grds auch den Pflichtteilsberechtigten selbst beschenkt haben (Ausnahme: II). Mehrere Geschenke an den gleichen Berechtigten werden insgesamt dem Nachlass hinzugerechnet (Staud/*Olshausen* Rn 6). Beim Berliner Testament (§ 2269) ist zwischen den Erbfällen zu unterscheiden (vgl BGH NJW 83, 2875; MüKo/*Lange* Rn 4). Bei mittelbaren Zuwendungen über eine Familienstiftung ist § 2327 analog anwendbar (RGZ 54, 399, 400 ff).

3 Nicht berücksichtigt werden Pflicht- und Anstandsschenkungen (§ 530, § 2330; vgl BGH FamRZ 82, 165) sowie Schenkungen an den Ehegatten des Berechtigten, es sei denn, es liegt eine versteckte Schenkung an den Pflichtteilsberechtigten vor (BGH DNotZ 63, 113; Staud/*Olshausen* Rn 13, aA KG NJW 74, 2131).

4 **C. Berechnung.** Im Fall des I 1 sind alle Eigengeschenke und sonstige ergänzungspflichtigen Geschenke nach den Wertansätzen des § 2325 II zum Nachlass zu addieren, diese Summe (S) durch die halbe gesetzliche Erbquote des Pflichtteilsberechtigten (½Q) zu dividieren und davon das Eigengeschenk des Ergänzungsberechtigten (G) zu subtrahieren. Das Ergebnis ist der Ergänzungspflichtteil (EP): EP= S/2Q-G (mit Beispielen Staud/*Olshausen* Rn 18). Ist der Wert des Eigengeschenks mindestens so groß wie der fiktive Ergänzungsanspruch, hat der Pflichtteilsberechtigte keinen Pflichtteilsergänzungsanspruch, muss aber auch nichts in den Nachlass zurückleisten, es sei denn, andere Ergänzungsberechtigte haben gegen ihn einen Anspruch gem § 2329 (MüKo/*Lange* Rn 1).

5 Im Fall des I 2, wenn der Erblasser nach § 2315 I ein Geschenk für anrechnungspflichtig erklärte, ist dieses auf den Gesamtbetrag von ordentlichem Pflichtteil und Ergänzung anzurechnen: Der Ergänzungspflichtteil besteht aus dem Unterschied zwischen dem nach § 2327 I 1 bereinigten Gesamtpflichtteil und dem nach §§ 2303, 2311 ermittelten (verkürzten) Pflichtteil. Bsp (vgl Soergel/*Dieckmann* Rn 9): Der Nachlass beträgt 1000. Erbe ist der familienfremde Y, der ein Geschenk von 400 erhalten hat. Einziger Pflichtteilsberechtigter ist der enterbte Sohn S, der anrechnungspflichtig 600 geschenkt erhielt. S Gesamtpflichtteil beträgt (1000+600+400):2 = 1000. Sein bereinigter Gesamtpflichtteil beträgt 1000–600 = 400. S ordentlicher Pflichtteil unter Beachtung der Anrechnung ist 1600/2–600 = 200. Sein Ergänzungspflichtteil beträgt 400–200 = 200. Die Anrechnung des Geschenks erfolgt nach hM nach § 2315 II 2 (Palandt/*Edenhofer* Rn 2; RGRK/*Johannsen* Rn 5), nach aA nach § 2325 II (Staud/*Olshausen* Rn 25).

6 **D. Abkömmling (II iVm § 2051 I).** Fällt ein pflichtteilsberechtigter Abkömmling des Erblassers, der von diesem ein Geschenk erlangt hat, weg, wird der für ihn eintretende Abkömmling so behandelt, als habe er es selbst erhalten.

7 **E. Verhältnis zu § 2316.** Ausgleichungspflichtige Zuwendungen bleiben außer Ansatz, insoweit sie bereits bei der Berechnung des ordentlichen Pflichtteils eines Abkömmlings berücksichtigt (§ 2316) wurden. Macht ein Abkömmling, der eine ausgleichungspflichtige Ausstattung, die keine Schenkung iSv § 1624 I ist, erhalten hat, gegen einen Dritten einen Ergänzungsanspruch geltend, ist zunächst nach § 2316 der ordentliche Pflichtteil unter Berücksichtigung der Ausgleichung zu ermitteln. Der Differenzbetrag zum Gesamtpflichtteil, also mit allen ergänzungspflichtigen Geschenken und ausgleichungspflichtigen Zuwendungen, ist der Ergänzungsanspruch (BGH NJW 65, 1526; MüKo/*Lange* Rn 9). Zur Vermeidung einer Doppelanrechnung ist eine bereits zur Hälfte berücksichtigte Eigenschenkung nur noch mit ihrer anderen Hälfte entspr § 2327 I anzurechnen (Oldbg ZEV 98, 143; BaRoth/*Mayer* Rn 11; Soergel/*Dieckmann* Rn 14, 19; aA Staud/*Olshausen* Rn 22). Bei einem hohen Vorempfang ergibt sich wegen § 2056 uU auch bei Hinzurechnung des Geschenks zum Nachlass kein Pflichtteilsanspruch und keine Ergänzung (BGH NJW 65, 1526; s auch NJW 88, 821).

F. Frist. Die Zehnjahresfrist gem § 2325 III ist auf Eigengeschenke an den Pflichtteilsberechtigten **nicht** 8 anwendbar (BGH NJW 64, 1414; 90, 180, 181; Kobl NJOZ 05, 935, 936); sie sind ohne zeitliche Schranke zu berücksichtigen (BGH NJW 97, 2676). Soweit § 2327 I 1 bestimmt, dass Eigengeschenke in gleicher Weise wie das Geschenk an den Gegner des Pflichtteilsergänzungsanspruchs anzurechnen sind, bezieht sich dies nur auf § 2325 II, nicht auf die Zehnjahresfrist des § 2325 III (KG NJW 74, 2132). Eigengeschenke sind selbst dann zu berücksichtigen, wenn feststeht, dass anderen Pflichtteilsberechtigten ein Ergänzungsanspruch versagt bleibt, weil sie zum Zeitpunkt der Schenkung noch nicht abstrakt pflichtteilsberechtigt waren (Soergel/*Dieckmann* Rn 5; vgl § 2325 Rn 4).

G. Prozessuales. Beweispflichtig für die nach § 2327 zu berücksichtigende Schenkung ist der Erbe, bei 9 § 2329 der Beschenkte. Der Ergänzungsberechtigte muss die Schenkung beweisen, aus der er seinen Anspruch herleitet.

§ 2328 Selbst pflichtteilsberechtigter Erbe

Ist der Erbe selbst pflichtteilsberechtigt, so kann er die Ergänzung des Pflichtteils soweit verweigern, dass ihm sein eigener Pflichtteil mit Einschluss dessen verbleibt, was ihm zur Ergänzung des Pflichtteils gebühren würde.

Dem in erster Linie ergänzungspflichtigen Erben soll zumindest sein eigener Pflichtteil einschließlich ihm 1 gebührender Ergänzungen verbleiben (BGH NJW 83, 1485). Er kann insoweit ggü Ergänzungsansprüchen (gegenüber Pflichtteilsansprüchen gilt § 2319 S 1) anderer Pflichtteilsberechtigter die Leistung verweigern. Da er den ergänzten Pflichtteil vorweg aus dem Nachlass erhält, ist er ggü anderen Pflichtteilsberechtigten bevorzugt. Daneben steht ihm die Dürftigkeitseinrede (§ 1990) zu. Selbst wenn sich der Wert des Nachlasses erst nach dem Erbfall mindert und der Erbe deshalb nicht mehr in der Lage ist, Pflichtteilsergänzungsansprüche ohne Gefährdung seines eigenen (ergänzten) Pflichtteils zu erfüllen, bestehe das Leistungsverweigerungsrecht (BGH NJW 83, 1485, 1487; dazu wegen des Stichtagsprinzips nach § 2311 I zu Recht kritisch BaRoth/*Mayer* Rn 3; MüKo/*Lange* Rn 5). Ggü Vermächtnissen kann sich der Erbe durch das Kürzungsrecht nach § 2318 I verteidigen.

Geschützt ist der konkrete Gesamtpflichtteil, dh der ordentliche Pflichtteil zuzüglich Ergänzungspflichtteil 2 unter Berücksichtigung von Anrechnungs- und Ausgleichungspflichten (Damrau/*Riedel/Lenz* Rn 3). Bei Zugewinngemeinschaft wird bei der erbrechtlichen Lösung der große Pflichtteil angesetzt; zum Lebenspartner vgl §§ 6 S 2, 10 VI 2 LPartG.

§ 2329 Anspruch gegen den Beschenkten

(1) ¹Soweit der Erbe zur Ergänzung des Pflichtteils nicht verpflichtet ist, kann der Pflichtteilsberechtigte von dem Beschenkten die Herausgabe des Geschenkes zum Zwecke der Befriedigung wegen des fehlenden Betrags nach den Vorschriften über die Herausgabe einer ungerechtfertigten Bereicherung fordern. ²Ist der Pflichtteilsberechtigte der alleinige Erbe, so steht ihm das gleiche Recht zu.
(2) Der Beschenkte kann die Herausgabe durch Zahlung des fehlenden Betrags abwenden.
(3) Unter mehreren Beschenkten haftet der früher Beschenkte nur insoweit, als der später Beschenkte nicht verpflichtet ist.

A. Zweck. § 2329 setzt einen Erbfall und einen Anspruch eines Pflichtteilsberechtigten gegen den Erben 1 nach § 2325 voraus. Die §§ 2325, 2329 sind dem Grunde nach gleich (BGH NJW 74, 1327). In Ergänzung zu § 2325 haftet nach § 2329 subsidiär der Beschenkte mit dem erlangten Geschenk, wenn der Erbe zur Ergänzung nicht verpflichtet ist. Anders als der Anspruch gegen den Erben ist der gegen den Beschenkten keine Nachlassverbindlichkeit. Eine Haftungsbeschränkung nach §§ 305, 780 ZPO kann sich nur der Erbe, nicht der Beschenkte vorbehalten lassen. Diesem steht auch keine Stundungsmöglichkeit nach § 2331 a zu (MüKo/ *Lange* Rn 1). Auf den Anspruch aus § 1586 b ist § 2329 nicht, auch nicht entsprechend, anwendbar (str, Kobl NJW 03, 439, 441 f). Ist der Vertragserbe pflichtteilsberechtigt, geht bei ihn beeinträchtigenden Schenkungen sein Anspruch aus § 2287 dem aus § 2329 vor (BGH NJW 90, 2063). Der Beschenkte hat dem Berechtigten, der nicht Erbe ist, analog § 2314 **Auskunft** zu geben, wenn dieser sie nicht vom Erben erhalten hat (§ 2314 Rn 5; BGH NJW 85, 384). Kein Anspruch besteht auf Wertermittlung gegen den Beschenkten auf dessen Kosten entspr § 2314 I 2 (§ 2314 Rn 19; BGH NJW 89, 2887).

B. Anspruchsinhaber. Gläubiger kann nur ein abstrakt Pflichtteilsberechtigter (vgl § 2303 Rn 2–4) sein; 2 mehrere sind Gesamtgläubiger (§ 428). Bei wertlosem oder zur Befriedigung von Pflichtteilsergänzungsansprüchen nicht ausreichendem Nachlass kann auch der pflichtteilsberechtigte **Miterbe** in entsprechender Anwendung von § 2329 I 2 direkt gegen den Beschenkten vorgehen (BGH NJW 81, 1446, 1447; *Pentz* MDR

98, 132, 134). Da der Ergänzungsanspruch pflichtteilsberechtigter Miterben primär eine Nachlassverbindlichkeit darstellt und sie nach I 1 den Beschenkten in Anspruch nehmen können, verneinen andere das Analogiebedürfnis (MüKo/*Lange* Rn 6; Staud/*Olshausen* Rn 19). Der eventuelle Ergänzungsanspruch des pflichtteilsberechtigten **Alleinerben** (2326) richtet sich nach I 2 von Anfang an gegen den Beschenkten.

3 **C. Anspruchsgegner.** Schuldner kann nur sein, wer eine Schenkung iSv § 2325, die nicht unter § 2330 fällt, vom Erblasser erhalten hat. Grds haftet von mehreren Beschenkten nur der, dessen Schenkung später vollzogen wurde (BGH NJW 83, 1485, 1486); auf den Zeitpunkt des Schenkungsversprechens kommt es nicht an (Hamm NJW 69, 2148). Für das beim Erbfall noch nicht vollzogene Schenkungsversprechen entscheidet der Zeitpunkt des Erbfalls (MüKo/*Lange* Rn 14). Der früher Beschenkte haftet nur insoweit, als dass der später Beschenkte nicht verpflichtet ist (III). Dabei kommt es nicht auf tatsächliche Zahlungsunfähigkeit, sondern eine fehlende rechtliche Zahlungsverpflichtung, zB wegen Wegfalls der Bereicherung (§ 818 III), an (BGH NJW 55, 1185; MüKo/*Lange* Rn 15; aA Staud/*Olshausen* Rn 57). Maßgeblicher Zeitpunkt ist die Rechtshängigkeit des Ergänzungsanspruchs gegen den später Beschenkten (§ 818 IV) oder dessen Kenntniserlangung von der Verpflichtung (§ 819 I; vgl BGH aaO; BaRoth/*Mayer* Rn 5). Das gilt nicht nur, wenn der Anspruch auf Geld, sondern auch, wenn er auf Duldung der Zwangsvollstreckung gerichtet ist (BGH aaO; aA MüKo/*Lange* Rn 15); auf das Ergebnis der Vollstreckung kommt es nicht an (str, differenzierend Soergel/*Dieckmann* Rn 25). Ist der Beschenkte vor dem Erbfall gestorben, richtet sich der Pflichtteilsergänzungsanspruch gegen seine Erben (BGH NJW 81, 1446, 1447). Ist der Erbe der Beschenkte, kann er gem § 2325 auf Zahlung in Anspruch genommen werden und sich insoweit die Haftung nach § 750 ZPO vorbehalten (RGZ 80, 135, 136). Soweit deshalb die Haftung entfällt, muss er nach § 2329 als Beschenker ggf die Zwangsvollstreckung dulden; auf die ggf notwendige Klageumstellung, die keine unzulässige Klageänderung ist (BGH NJW 61, 870; 74, 1327), hat das Gericht gem § 139 ZPO hinzuweisen (BaRoth/*Mayer* Rn 3).

4 **D. Subsidiarität.** Der Beschenkte haftet nur nachrangig (I: „soweit"; vgl Ddorf FamRZ 96, 445). Der Erbe muss aus Rechtsgründen, nicht nur tatsächlich zB wegen Zahlungsunfähigkeit (Schlesw OLGR 99, 369; BaRoth/*Mayer* Rn 8; MüKo/*Lange* Rn 3; aA AK/*Däubler* Rn 3; Staud/*Olshausen* Rn 11), zur Ergänzung des Pflichtteils nicht verpflichtet sein. Das ist der Fall, wenn er seine Haftung beschränkt hat und der Nachlass zur Erfüllung der Ergänzungsansprüche nicht ausreicht (§§ 1975 ff, 1990, 1990 IV, 2060; § 327 InsO; vgl RGZ 58, 124, 127; 80, 135, 136; BGH NJW 61, 870), ihm die Dürftigkeitseinrede nach § 1990 zusteht oder er die Leistung nach § 2328 (BGH NJW 74, 1327; 81, 1446, 1447) verweigern kann, wobei die (durch Verweigerung konkludent mögliche) Geltendmachung nicht entbehrlich erscheint (Zweibr NJW 77, 1825; MüKo/*Lange* Rn 4; *Klingelhöffer* Rn 104; aA Palandt/*Edenhofer* Rn 2; *Pentz* MDR 98, 132, 133).

5 **E. Anspruchsinhalt.** Der Anspruch ist zunächst auf das Geschenk beschränkt. Er geht bei Geldgeschenken auf Zahlung, wenn das Geld noch vorhanden ist oder der Beschenkte verschärft haftet (§§ 818 IV, 819 I), ansonsten auf Duldung der Zwangsvollstreckung (BGH NJW 83, 1485, 1486; 90, 2064). Einer Herausgabe bedarf es nicht. Zahlungsklagen sind unbegründet, wenn der Nachlass unzulänglich ist (§ 1990, vgl § 2325 Rn 6).

6 Die **Höhe** des Anspruchs ergibt sich analog §§ 1973 II 1, 1990 I 2 aus der Differenz zwischen der vom Berechtigten nach § 2325 zu beanspruchenden Ergänzung und demjenigen, zu dessen Leistung der Erbe nach § 2329 verpflichtet ist (BGH NJW 89, 2887; Kobl FamRZ 02, 772; MüKo/*Lange* Rn 9). Im Übrigen richtet sich die Haftung aufgrund der Rechtsfolgenverweisung nach den §§ 818–822. Insoweit der Beschenkte dem Erblasser Herausgabe des Geschenks gem § 518 I 1 schuldete, steht ihm der Entreicherungseinwand (§ 818 III) zu, wenn der Anspruch in der Hand eines Dritten fortbesteht (vgl BGH NJW 86, 1606; 95, 2287). Der Beschenkte schuldet dem Vertragserben Herausgabe nach § 2287 insoweit er durch die Schenkung beeinträchtigt ist. Wäre sie unterblieben, hätte das Geschenk zum Nachlass gehört und Pflichtteilsansprüche in der Höhe gegen den Vertragserben begründet, wie sie der Pflichtteilsergänzungsberechtigte nunmehr ggü dem Beschenkten geltend machen kann. Der Vertragserbe kann daher Herausgabe des Geschenks nur gegen Zahlung dieses Betrags verlangen. Bezüglich des Beschenkten greift § 818 III deshalb nicht, insoweit der Herausgabeanspruch gekürzt ist, weil wegen des beeinträchtigenden Geschenks Pflichtteilsansprüche bestehen (str, MüKo/*Lange* Rn 14 und § 2325 Rn 12; *Muscheler* FamRZ 94, 1361, 1366). Die Bereicherung entfällt durch Anfechtung der Schenkung gem § 134 InsO, § 4 AnfG. Gegen einen beschenkten **Dritten** kann sich der Anspruch gem § 822 richten.

7 II räumt dem Beschenkten eine **Ersetzungsbefugnis** ein. Für die zur Vollstreckungsabwendung zu leistende Zahlung gelten die Wertansätze nach § 2325 II. Zahlungen des Beschenkten gem II zur Abwendung des Herausgabeanspruchs führen nicht gem § 29 I Nr 2 ErbStG zum Erlöschen der Erbschaftsteuer, sind jedoch gem § 10 V Nr 2 ErbStG iVm § 1 II ErbStG bei der Besteuerung der Schenkung erwerbsmindernd zu berücksichtigen (BFH NJW 04, 1198; ZEV 05, 446).

8 **F. Frist/Verjährung.** Die Zeitgrenze des § 2325 III gilt auch für den Anspruch aus § 2329 (BGH NJW 74, 2319). Die Frist läuft bei mehreren Schenkungen jeweils gesondert. **Verjährung** wird durch eine auf § 2325 gestützte Klage gegen den beschenkten Miterben gem § 204 I Nr 1 gehemmt (vgl § 2332 Rn 10; BGH NJW 89, 2887; MüKo/*Lange* Rn 5).

G. Prozessuales. Der Ergänzungsberechtigte ist darlegungs- und beweislastpflichtig für die fehlende Verpflichtung des Erben (RGZ 80, 135, 136; BGH FamRZ 61, 272; Ddorf FamRZ 96, 445). Kann der pflichtteilsberechtigte Erbe entspr § 2328 die Leistung verweigern, ist im Urteil auszusprechen, dass ihm bei der Zwangsvollstreckung in bestimmte Gegenstände sein eigener, genau bezifferter Pflichtteilsanspruch verbleibt (BGH NJW 83, 1485, 1487). 9

§ 2330 Anstandsschenkungen

Die Vorschriften der §§ 2325 bis 2329 finden keine Anwendung auf Schenkungen, durch die einer sittlichen Pflicht oder einer auf den Anstand zu nehmenden Rücksicht entsprochen wird.

Anstandsschenkungen sind insbes kleinere Zuwendungen wie übliche Gelegenheitsgaben zu besonderen Tagen oder Anlässen (Weihnachten, Geburtstag) oder wie das Trinkgeld. Zur Einordnung, die nach objektiven Kriterien zu erfolgen hat, spielt die örtliche oder gesellschaftliche Verkehrssitte eine große Rolle (BGH NJW 81, 111; 84, 2939, 2940). 1

Auch Schenkungen von großem Wert (zB eine den Nachlass im Wesentlichen erschöpfende Schenkung) stehen der Anwendung des § 2330 nicht grds entgegen, wenn sie einer **sittlichen** oder moralischen **Pflicht** entsprechen (BGH WM 78, 905; NJW 81, 2458, 2459). Zur Auslegung des Rechtsbegriffs „sittliche Pflicht" ist entscheidend, ob die Vornahme der Schenkung in einer solchen Weise geboten war, dass das Unterlassen der Schenkung dem Erblasser als Verletzung der für ihn bestehenden sittlichen Pflicht zur Last zu legen wäre (BGH NJW 84, 2939, 2940; 00, 3488; ZEV 96, 186, 188). Es kommt darauf an, ob es der Anstand gebot, gerade so und nicht anders zu handeln (BGH NJW 81, 111; Kobl ZEV 02, 460, 462 f; Naumbg OLGR 00, 433). Einer sittlichen Pflicht kann entsprechen die Unterhaltszahlung für nahe Verwandte oder die Sicherung des Lebensunterhalts für den Partner einer nichtehelichen Lebensgemeinschaft (vgl RG LZ 1923, 448, 449; BGH NJW 83, 674), uU auch die Zuwendung eines Grundstücks oder eines Nießbrauchs aus Dankbarkeit für unbezahlte langjährige Dienste im Haushalt oder für unentgeltliche Pflege und Versorgung (BGH NJW 78, 905; 84, 2939, 2940; WM 77, 1410, 1411), unter besonderen Umständen belohnende Zuwendungen für Pflegeleistungen (BGH NJW 86, 1926). Trotz des Grundsatzes der Testierfreiheit (Vor § 2303 Rn 2) besteht auch dem pflichtteilsberechtigten Kind ggü eine sittliche Pflicht, den Pflichtteil nicht durch rechtlich noch im Rahmen des Zulässigen bleibende Maßnahmen zu entwerten (BGH NJW 83, 2875). Schenkungen, die das gebotene Maß übersteigen, sind hinsichtlich des Übermaßes ergänzungspflichtig (BGH NJW 81, 2459; WM 78, 905; BB 67, 312). 2

Die **Auskunftspflicht** (§ 2314) gilt auch hier (BGH NJW 62, 245). Wer Ergänzung verlangt, hat die Schenkung zu **beweisen**. Der Beschenkte muss beweisen, dass eine Anstands- oder Pflichtschenkung vorliegt (RG LZ 1918, 1076). 3

§ 2331 Zuwendungen aus dem Gesamtgut

(1) ¹Eine Zuwendung, die aus dem Gesamtgut der Gütergemeinschaft erfolgt, gilt als von jedem der Ehegatten zur Hälfte gemacht. ²Die Zuwendung gilt jedoch, wenn sie an einen Abkömmling, der nur von einem der Ehegatten abstammt, oder an eine Person, von der nur einer der Ehegatten abstammt, erfolgt, oder wenn einer der Ehegatten wegen der Zuwendung zu dem Gesamtgut Ersatz zu leisten hat, als von diesem Ehegatten gemacht.
(2) Diese Vorschriften sind auf eine Zuwendung aus dem Gesamtgut der fortgesetzten Gütergemeinschaft entspr anzuwenden.

Die Norm ist § 2054 nachgebildet (s dort). Sie gilt für den ordentlichen und außerordentlichen Pflichtteil und für Zuwendungen aller Art im Pflichtteilsrecht, also für §§ 2304 ff, 2315 f, 2325 ff (Damrau/*Riedel/Lenz* Rn 2). 1

§ 2331 a Stundung

(1) ¹Ist der Erbe selbst pflichtteilsberechtigt, so kann er Stundung des Pflichtteilsanspruchs verlangen, wenn die sofortige Erfüllung des gesamten Anspruchs den Erben wegen der Art der Nachlassgegenstände ungewöhnlich hart treffen würde, insbesondere wenn sie ihn zur Aufgabe seiner Familienwohnung oder zur Veräußerung eines Wirtschaftsguts zwingen würde, das für den Erben und seine Familie die wirtschaftliche Lebensgrundlage bildet. ²Stundung kann nur verlangt werden, soweit sie dem Pflichtteilsberechtigten bei Abwägung der Interessen beider Teile zugemutet werden kann.
(2) ¹Für die Entscheidung über eine Stundung ist, wenn der Anspruch nicht bestritten wird, das Nachlassgericht zuständig. ²§ 1382 Abs. 2 bis 6 gilt entsprechend; an die Stelle des Familiengerichts tritt das Nachlassgericht.

1 **A. Zweck.** Der Erbe soll durch die Möglichkeit gerichtlicher Stundung vor außerordentlichen Härten durch Zerschlagung zum Nachlass gehörender Werte geschützt werden, die ihm dadurch droht, dass der Pflichtteilsanspruch sofort mit dem Erbfall fällig und ggf im Wege der Zwangsvollstreckung durchsetzbar ist (§ 2317 Rn 3, 5). Die Möglichkeit der Stundung kann die Verhandlungs- und Vergleichsbereitschaft der Parteien stärken. Die Parteien können eine Stundung auch frei vereinbaren, und zwar vor dem Erbfall durch einen beschränkten Pflichtteilsverzicht (§ 2346 Rn 7) oder durch eine (der notariellen Beurkundung bedürfenden) Vereinbarung unter den künftigen Pflichtteilsberechtigten gem § 311 b V (*Klingelhöffer* ZEV 98, 121, 122).

2 **B. Pflichtteilsberechtigter Erbe.** Berechtigter ist der pflichtteilsberechtigte Erbe bzw für diesen der Nachlasspfleger (§§ 1960, 1961), Nachlassverwalter (§ 1984) und Nachlassinsolvenzverwalter (§ 1980; 80 InsO), nicht aber der Testamentsvollstrecker (vgl § 2213 II 3; MüKo/*Lange* Rn 2). Bei mehreren Miterben kann Stundung nur verlangen, wer pflichtteilsberechtigt ist. Bis zur Nachlassteilung haftet bei beschränkter Erbenhaftung nach § 2059 I keiner der Erben mit seinem Eigenvermögen und kommt der Stundungsantrag eines Berechtigten auch den anderen Miterben zu Gute (str).

3 **Stundungsfähiger Anspruch** ist der ordentliche Pflichtteilsanspruch mit dem Pflichtteilsrestanspruch (§§ 2305, 2307) sowie der Pflichtteilsergänzungsanspruch gem § 2325, nicht der Anspruch gegen den Beschenkten nach § 2329.

4 **C. Doppelte Billigkeitsentscheidung.** Die Stundung kommt nur ausnahmsweise unter zwei Voraussetzungen in Betracht. Die sofortige Zahlungspflicht muss den Erben wegen der Art der Nachlassgegenstände **ungewöhnlich hart treffen** (I 1). Das Gesetz nennt als Beispiele, dass die Aufgabe einer Familienwohnung oder Veräußerung von Wirtschaftsgütern, die die wirtschaftliche Lebensgrundlage bilden, erzwungen wird. Es muss dem Erben ohne die Aufgabe bzw Veräußerung der beschriebenen Existenzgrundlage die Erfüllung der Ansprüche nicht (zB aus dem Eigenvermögen oder durch zumutbare Kreditaufnahme) möglich sein (BaRoth/*Mayer* Rn 6, 7). **Wirtschaftsgüter** zu diesem Zweck können gewerbliche Unternehmen, Miethäuser, landwirtschaftliche Güter, Beteiligungen an Handelsgesellschaften und auch Immaterialgüter (Staud/*Olshausen* Rn 14), idR **nicht** Kunstgegenstände, Antiquitäten oder Familienstücke sein. Es genügt nicht, dass die Erfüllung schwierig ist, den Erben besonders hart trifft (so § 1382) oder zwingt, einen Nachlassgegenstand zur Unzeit zu veräußern (MüKo/*Lange* Rn 5).

5 Daneben ist erforderlich, dass die Stundung nach **Abwägung der Interessen beider Teile** dem Pflichtteilsberechtigten **zugemutet** werden kann (I 2). Die Abwägung erfolgt nach den Umständen des Einzelfalls. ZB sind die Einkommens- und Vermögensverhältnisse und Unterhaltspflichten des Anspruchsberechtigten oder ein böswilliges Verhalten des Erben, der eine Entscheidung über Gebühr herauszögert, zu berücksichtigen. Im Einzelfall kann eine teilweise Stundung oder eine Ratenzahlung angemessen sein (Staud/*Olshausen* Rn 19). Die Rspr handhabt die Anforderungen eher streng, vgl Dresden NJWE-FER 99, 326; Hburg OLGR 98, 294.

6 **D. Verfahren.** Über die Stundung eines unstreitigen Pflichtteilsanspruchs entscheidet das **Nachlassgericht** (II 1), über die eines streitigen oder rechtshängigen Anspruchs das **Prozessgericht** (II 2 iVm § 1382 V). Der Antrag an das Nachlassgericht wird unzulässig, sobald der Pflichtteilsberechtigte seinen Anspruch einklagt (Karlsr FamRZ 04, 661). Die örtliche Zuständigkeit des **Nachlassgerichts** ergibt sich aus § 73 FGG, funktionell ist idR der Rechtspfleger zuständig (§ 3 Nr 2 c RPflG). Ein entsprechender Antrag des Erben ist notwendig. Über § 83 a FGG ist § 53 a FGG im Verfahren analog anwendbar. Das Gericht soll mündlich verhandeln und auf eine gütliche Einigung über die Stundung hinwirken (§ 53 a I 1 FGG). Einstweilige Anordnungen sind möglich (§ 53 a III 1 FGG). Es ist vAw zu ermitteln und Beweis zu erheben (§§ 12, 15 FGG), wenn kein Vergleich protokolliert wird (§ 53 a I 2 FGG; §§ 169 ff ZPO). Zur Vollstreckbarkeit eines gerichtlichen Vergleichs s § 53 a IV FGG. Mit der durch Verfügung ergehenden Entscheidung, die erst mit Rechtskraft wirksam wird (§§ 83, 53 a I 2 FGG), kann Stundung bis zu einem bestimmten Zeitpunkt oder Ratenzahlung (ggf mit Verfallsklausel) bewilligt werden. Es ist nach billigem Ermessen die Verzinsung mit Fälligkeit und Höhe festzulegen und über eine ggf beantragte Sicherheitsleistung zu entscheiden (II 2 iVm § 1382 II-IV). Auf Antrag kann das Gericht der Verpflichtung des Erben zur Zahlung des unstreitigen Pflichtteilsanspruchs aussprechen; damit schafft es einen Vollstreckungstitel (§ 53 a II 2, IV FGG).

7 **Rechtsmittel** ist die sofortige Beschwerde (§ 60 I Nr 6 FGG; Frist: § 22 I 1 FGG), bei Entscheidungen des Rechtspflegers ist Erinnerung statthaft (§ 11 I 2 RPflG). Gerichtsgebühren: § 106 a I KostO; Geschäftswert: § 30 KostO. Über Anträge auf **nachträgliche Aufhebung** und **Änderung**, die nur bei wesentlicher Änderung der Verhältnisse seit der Entscheidung zulässig sind, entscheidet das Nachlassgericht (II 2 iVm § 1382 VI). Das **Prozessgericht** entscheidet im streitigen Verfahren nach denselben Grundsätzen durch Urteil.

§ 2332 Verjährung

(1) Der Pflichtteilsanspruch verjährt in drei Jahren von dem Zeitpunkt an, in welchem der Pflichtteilsberechtigte von dem Eintritt des Erbfalls und von der ihn beeinträchtigenden Verfügung Kenntnis erlangt, ohne Rücksicht auf diese Kenntnis in 30 Jahren von dem Eintritt des Erbfalls an.

(2) Der nach § 2329 dem Pflichtteilsberechtigten gegen den Beschenkten zustehende Anspruch verjährt in drei Jahren von dem Eintritt des Erbfalls an.
(3) Die Verjährung wird nicht dadurch gehemmt, dass die Ansprüche erst nach der Ausschlagung der Erbschaft oder eines Vermächtnisses geltend gemacht werden können.

A. Normzweck/Wirkung und Verjährung. Die kurze Verjährungsfrist soll helfen schnell Klarheit zu schaffen, ob durch die Geltendmachung von Pflichtteilsansprüchen noch eine Verschiebung der Nachlassverteilung zu erwarten ist. Zudem wird nach längerer Zeit die Feststellung des Nachlasses schwieriger (RGZ 135, 231, 235). **Fristverlängerung** durch Vereinbarung zwischen Erben und Pflichtteilsberechtigten nach § 202 II ist möglich (Palandt/*Edenhofer* Rn 1; *Amann* DNotZ 02, 94, 125 f; *Brambing* ZEV 02, 137, 138; aA *Lange* ZEV 03, 433). § 2332 führt zu einem einredeweise geltend zu machenden Leistungsverweigerungsrecht (§ 214 I) und geht als Sonderregelung § 197 I Nr 2 vor (MüKo/*Lange* Rn 1). Die Undurchsetzbarkeit des verjährten Anspruchs führt nicht dazu, dass nicht verjährte Pflichtteilsansprüche erhöht werden. Ist bei gesamtschuldnerischer Haftung der Pflichtteilsanspruch nur gegen einen Teil der Schuldner verjährt, gilt § 425 II. Unbeachtlich ist die Einrede der Erben, wenn sie den Berechtigten durch schuldhafte Täuschung von der rechtzeitigen Leistungsklage abhielten (Kobl ZEV 02, 501, 502) 1

B. Erfasste Ansprüche. Pflichtteilsansprüche verjähren nach § 2332, also der ordentliche Pflichtteilsanspruch (§ 2303), der Pflichtteilsrestanspruch (§§ 2305, 2307 I 2), der Vervollständigungsanspruch (§ 2316 II) und der Pflichtteilsergänzungsanspruch gegen den Erben (§§ 2325 f). Bei Zugewinngemeinschaft ist der Anspruch auf Zugewinnausgleich nach dem Tod des einen Ehegatten (§ 1378 IV 3) erfasst. Die Verjährung des Anspruchs gegen den Beschenkten nach § 2329 ist in II gesondert geregelt. § 2332 gilt **nicht** für den Erbauseinandersetzungs- oder Vermächtnisanspruch des Pflichtteilsberechtigten, der in Höhe des Pflichtteils als Miterbe oder Vermächtnisnehmer berufen wurde (RGZ 113, 234, 237), oder für Mängelansprüche bezüglich einer zur Abgeltung der Pflichtteilsansprüche erhaltenen Sache (BGH NJW 74, 363). Zum Auskunftsanspruch nach § 2314 s dort Rn 20. 2

C. Beginn der Verjährung. Für den Verjährungsbeginn kommt es gem I auf die Kenntnis des Erbfalls **und** der den Pflichtteilsberechtigten beeinträchtigenden Verfügung an. **Kenntnis vom Erbfall** hat der Berechtigte, wenn er vom Tod des Erblassers erfährt; das gilt auch bei Nacherbschaft (BaRoth/*Mayer* Rn 6). 3
Eine **beeinträchtigende Verfügung** vTw liegt vor, wenn sie nach §§ 2303, 2305–2307 einen Pflichtteilsanspruch begründet oder der Berechtigte zwar mindestens die Hälfte seines gesetzlichen Erbteils, aber weniger als die Hälfte dessen erhält, was auf seinen gesetzlichen Erbteil unter Einbeziehung der Ausgleichungspflicht nach § 2050 ff entfallen würde (RGZ 135, 231, 232; MüKo/*Lange* Rn 5). Eine beeinträchtigende Verfügung (auch) zu Lebzeiten des Erblassers kann eine solche sein, die Ergänzungsansprüche gegen den Erben nach §§ 2325, 2326 begründet (BGH NJW 72, 760; 88, 1667). 4
Kenntnis von einer beeinträchtigenden Verfügung setzt voraus, dass der Berechtigte nicht nur von ihr erfährt, sondern auch ihren wesentlichen Inhalt und ihre beeinträchtigende Wirkung erkennt (RGZ 70, 360, 362). Daran fehlt es, wenn er eine letztwillige Verfügung aufgrund berechtigter Zweifel an der Gültigkeit für unwirksam erachtet (RGZ 115, 27; 140, 75, 76; BGH NJW 64, 297; 84, 2935, 2936; 93, 2439; 00, 288; Rpfleger 68, 183) oder glaubt, eine ihn enterbende Verfügung sei später aufgehoben worden; hier ist der bereits abgelaufene Teil der Verjährungsfrist als nicht abgelaufen anzusehen (BGH NJW 85, 2945). Solange noch nicht klar ist, wer Erbe und damit Anspruchsgegner ist, beginnt die Frist nicht (Ddorf FamRZ 98, 1267). Eine falsche Auslegung des Ausmaßes der Beeinträchtigung hindert den Fristbeginn aber nicht (BGH NJW 95, 1157, 1158). Gleiches gelte bei einem Irrtum über den vermeintlich wirksamen Verzicht auf Pflichtteilsansprüche (Kobl OLGR 04, 662). Auch ist nicht erforderlich, dass der Berechtigte alle Einzelheiten oder den Inhalt der Verfügung rechtsfehlerfrei erfasst (BGH NJW 95, 1157), sie im Detail prüft oder den Stand des Nachlasses kennt (BGH FamRZ 77, 128, 129 f; NJW 95, 1157; Kobl ZEV 02, 501). § 1944 II 2 ist nicht zu seinen Gunsten analog anwendbar (RGZ 66, 30). Die irrige Einschätzung, eine unwirksame Verfügung sei wirksam, kann den Fristlauf nicht in Gang setzen (Oldbg MDR 99, 41). 5
Wird der Berechtigte **nur** durch eine **Schenkung** des Erblassers beeinträchtigt (Fälle der §§ 2316 II, 2326), beginnt die Verjährungsfrist mit deren Kenntnis, frühestens aber mit dem Erbfall (BGH NJW 64, 297; 88, 1667). 6
Verschiedene Schenkungen können zu verschiedenen Ergänzungsansprüchen mit unterschiedlich laufenden Verjährungsfristen führen. Beeinträchtigen eine Schenkung unter Lebenden und zugleich eine Verfügung vTw und erfährt der Berechtigte zuerst nur von der Schenkung, beginnt die Verjährung des Pflichtteilsergänzungsanspruchs (§ 2325) nicht vor der des ordentlichen Pflichtteilsanspruchs (BGH NJW 72, 760). Erfährt er zuerst nur von der beeinträchtigenden Verfügung vTw, laufen selbständige Verjährungsfristen (MüKo/*Lange* Rn 8): Für den ordentlichen Pflichtteil beginnt sie mit der Kenntnis der Verfügung vTw, für den Ergänzungsanspruch mit Kenntnis der Schenkung (BGH NJW 88, 1667; Ddorf FamRZ 92, 1223). 7
Sonderfälle: Wurden dem Nachlass nach § 2313 zuzurechnende Vermögenswerte erst durch eine (spätere) gesetzliche **Neuregelung** geschaffen, kommt es zusätzlich auf die Entstehung dieser neuen Ansprüche an 8

(BGH FamRZ 77, 128; NJW 93, 2176). Bei den auf Leistungen nach dem Vermögensgesetz bezogenen Ausgleichsansprüchen ist für die Verjährung maßgeblicher Zeitpunkt der des In-Kraft-Tretens dieses Gesetzes (29. 09. 90; vgl Oldbg ZEV 96, 116). Unerheblich ist, wann ein solcher Anspruch verbindlich, wie etwa durch bestandskräftige Verwaltungsbescheide, festgestellt wird (BGH ZEV 96, 117). Daher spielt es keine Rolle, ab wann der Erbe selbst im Verwaltungsverfahren Gewissheit über seinen Vermögenszuwachs erlangt hat (BGH FamRZ 04, 1284). Bei **Verwirkungsklauseln** oder **Bedingungen** beginnt die Verjährung des Pflichtteilsanspruchs mit Kenntnis der beeinträchtigenden Verfügung (Soergel/*Dieckmann* Rn 19). Ist der in Zugewinngemeinschaft lebende Ehegatte vom anderen als Erbe eingesetzt oder mit einem Vermächtnis bedacht, beginnt Verjährung des Anspruchs eines Pflichtteilsberechtigten erst, wenn dieser weiß, ob der Ehegatte die Erbschaft annimmt oder ausschlägt (MüKo/*Lange* Rn 9; RGRK/*Johannsen* Rn 9). Im Fall des § 2309 beginnt Verjährung erst, wenn der Pflichtteilsberechtigte vom Wegfall des Vorberufenen Kenntnis erlangt (RG JW 12, 70; AnwK/*Bock* Rn 17).

9 Ist die **Ausschlagung** eine Voraussetzung, Pflichtteilsansprüche geltend machen zu können (§§ 2306 I 2, 2307 I, 1371 III), beginnt Verjährung mit den in I und II benannten Zeitpunkten (III). Die Verjährung des **Pflichtteilsanspruchs** gegen den Beschenkten (§ 2329) beginnt unabhängig von der Kenntnis des Berechtigten von der Schenkung (BGH FamRZ 68, 150) erst mit dem Erbfall (II); auch, wenn der Beschenkte Miterbe ist (BGH NJW 86, 1610).

10 D. **Hemmung.** Hemmung der Verjährung (§ 209) tritt nach §§ 203 ff ein. Im Umfang des Streitgegenstandes hemmt die Leistungsklage die Verjährung (§ 204 I Nr 1). Durch die Erhebung einer **Feststellungsklage** (§ 256 ZPO) kann die Hemmung der Verjährung herbeigeführt werden, wenn der Pflichtteilsberechtigte die Höhe seines Anspruchs noch nicht beziffern kann (BGH FamRZ 77, 128, 130; 95, 1157; Damrau/*Riedel/Lenz* Rn 22). Klagt der Berechtigte den ordentlichen Pflichtteil (§§ 2303, 2305, 2307) ein, wird trotz der grds Selbstständigkeit der Ansprüche in geltend gemachter Höhe auch die Verjährung des Ergänzungsanspruchs gegen den Erben gehemmt; Entspr gilt umgekehrt (MüKo/*Lange* Rn 10; Soergel/*Dieckmann* Rn 22; Staud/*Olshausen* Rn 27; zT aA Palandt/*Edenhofer* Rn 8). Die auf § 2325 gestützte Zahlungsklage gegen den Erben (oder Erbeserben) hemmt die Verjährung des gegen diesen gerichteten Anspruchs gem § 2329 (BGH NJW 74, 1327; 86, 110; 89, 2887). Die Klage gegen den Vorerben hemmt auch die Verjährung des Pflichtteilsanspruchs gegen den Nacherben (Soergel/*Dieckmann* Rn 24); doch wirkt ein gegen den Vorerben ergangenes Urteil nicht gegen den Nacherben (§ 326 ZPO). Der Berechtigte kann gegen den Nacherben Feststellungsklage erheben und sich so die Frist nach § 197 I Nr 3 sichern (BaRoth/*Mayer* Rn 20). Eine zur Ausschlagung der Nacherbschaft befugte Erbin kann schon wirksam mit verjährungsunterbrechender Wirkung Klage auf ihren Pflichtteil erheben, da sie bereits vor Abgabe ihrer den Pflichtteilsanspruch voraussetzenden Ausschlagungserklärung Berechtigte iSd § 209 ist (Schlesw FamRZ 03, 1696). Auf eine gerichtliche Stundung (§ 2331 a) sollte § 205 analog angewendet werden (vgl BaRoth/*Mayer* Rn 22; MüKo/*Lange* Rn 10; aA Palandt/*Edenhofer* Rn 9).

11 **Nicht** hemmt die Klage gegen den Testamentsvollstrecker (BGHZ 51, 125) oder die auf Feststellung der Pflichtteilsberechtigung die Verjährung des Ergänzungsanspruchs (§ 2325), wenn zur Schenkung nichts vorgetragen wurde (BGH NJW 95, 1614; 96, 1743), oder die Klage gegen den vorrangigen Erben nach § 2325 die Verjährung des Anspruchs gegen den Beschenkten nach § 2329; zur Streitverkündung vgl § 204 I Nr 6. Die Klage auf Auskunft (§ 2314) hemmt **nicht** die Verjährung des Pflichtteilsanspruchs (BGH NJW 75, 1409, 1410; Kobl ZEV 02, 501; Damrau/*Riedel/Lenz* Rn 21), selbst wenn in ihr angekündigt wird, nach Auskunftserteilung auf Zahlung klagen zu wollen (Ddorf FamRZ 99, 1097). Anders verhält es sich bei einer auf Auskunft und Zahlung gerichteten **Stufenklage** (§ 254 ZPO), insoweit der Zahlungsanspruch nach Erfüllung der seiner Vorbereitung dienenden Hilfsansprüche beziffert wird; die Hemmung endet hier, wenn nach Erledigung der Vorstufen der Zahlungsanspruch nicht weiterbetrieben wird (§ 202 II 2, vgl BGH NJW 75, 1409 f; 92, 2563; BAG NJW 86, 2527; Hamm ZEV 98, 187, 188). Zur Hemmung der Ansprüche minderjähriger Kinder gegen ein Elternteil vgl § 207 I Nr 2, auch §§ 210, 211.

12 E. **Neubeginn.** Neubeginn der Verjährung (§ 212) kann durch Anerkenntnis eintreten, wenn zB der Verpflichtete sich zur Auskunft über den Nachlassbestand bereit erklärt (§ 2314) und erkennen lässt, sich bewusst zu sein, dass gegen ihn ein Pflichtteilsanspruch besteht (BGH NJW 85, 2945; NJW-RR 87, 1411; Ddorf FamRZ 99, 1097, 1098 f), oder er ein Inventar (§ 1994) errichtet (Zweibr FamRZ 69, 231) oder sich bereit erklärt, ein solches zu errichten (BGH NJW 75, 1409), ferner wenn er die eidesstattliche Versicherung (§§ 261, 2006) abgibt (RGZ 113, 234, 239). Das Anerkenntnis des Vorerben wirkt gegen den Nacherben (BGH NJW 73, 1690). Der Testamentsvollstrecker kann ohne Willen der Erben keine Pflichtteilsforderung rechtsgeschäftlich anerkennen (§ 2213 I 3, vgl BGH NJW 69, 424).

§ 2333 Entziehung des Pflichtteils eines Abkömmlings

Der Erblasser kann einem Abkömmling den Pflichtteil entziehen:
1. wenn der Abkömmling dem Erblasser, dem Ehegatten oder einem anderen Abkömmling des Erblassers nach dem Leben trachtet,

2. wenn der Abkömmling sich einer vorsätzlichen körperlichen Misshandlung des Erblassers oder des Ehegatten des Erblassers schuldig macht, im Falle der Misshandlung des Ehegatten jedoch nur, wenn der Abkömmling von diesem abstammt,
3. wenn der Abkömmling sich eines Verbrechens oder eines schweren vorsätzlichen Vergehens gegen den Erblasser oder dessen Ehegatten schuldig macht,
4. wenn der Abkömmling die ihm dem Erblasser gegenüber gesetzlich obliegende Unterhaltspflicht böswillig verletzt,
5. wenn der Abkömmling einen ehrlosen oder unsittlichen Lebenswandel wider den Willen des Erblassers führt.

A. Zweck. §§ 2333–2335 ermöglichen es dem Erblasser, ausnahmsweise einem enterbten Pflichtteilsberechtigten (§ 2303 Rn 1) auch die Mindestbeteiligung am Nachlass (Vor § 2303 Rn 1) zu entziehen. Als Rechtfertigung wird der Straf- oder Verwirkungsgedanke, der Erziehungszweck und Zumutbarkeitsgesichtspunkte angeführt. Die Gründe des § 2333 Nr 1 und 2 sind bei entspr Auslegung verfassungsgemäß (BVerfG NJW 05, 1561, 1564 f). Die Entziehungsgründe (dazu *Lange* AcP 204 [2004], 804, 817 ff) sind abschließend geregelt und nicht ausdehnungs- oder analogiefähig (BGH NJW 74, 1084; 77, 339, 340; München ZEV 03, 367). Lebenspartner sind gem § 10 VI 2 LPartG Ehegatten gleichgestellt. §§ 2333 ff kommen auch auf Erbfälle nach dem 3. 10. 90 zur Anwendung, wenn das maßgebliche Testament zur Zeit der Geltung des **DDR-ZGB** errichtet wurde (Dresden ZEV 99, 274). Die Pflichtteilsentziehung bewirkt nicht, dass die Quote anderer Pflichtteilsberechtigter erhöht wird (§ 2310 Rn 3). 1

B. Voraussetzungen. § 2333 regelt die Entziehung des Pflichtteils der **Abkömmlinge** (§ 2303 Rn 2). Deren **schuldhaftes** Verhalten ist in allen Fällen Voraussetzung der Entziehung (Ddorf NJW 68, 944; billigend BVerfG NJW 05, 1561, 1565). Der BGH stellt in Hinblick auf das Übermaßverbot auf eine schwere Verfehlung ab und fordert eine konkrete Abwägung mit den Vorwürfen ggü dem Berechtigten (BGH NJW 90, 911; kritisch BaRoth/*Mayer* Rn 2). 2

Nr 1: Erforderlich ist nicht planvolles Handeln, aber die ernsthafte Betätigung des Willens, den Tod herbeizuführen (RGZ 100, 114, 115). Mittäterschaft oder Teilnahme iSd §§ 25–27 StGB genügt. Auch durch eine straflose Vorbereitungshandlung oder einen Versuch mit untauglichen Mitteln und, wenn eine Rechtspflicht zu handeln besteht (s zB § 13 StGB), durch Unterlassen kann nach dem Leben getrachtet werden (MüKo/*Lange* Rn 7). Der Rücktritt nach § 24 StGB beseitigt nicht den entstandenen Entziehungsgrund (Staud/*Olshausen* Rn 3). Das erforderliche Verschulden ist nicht strikt im strafrechtlichen Sinne zu verstehen. Im Einzelfall genügt es, wenn der iSd Strafrechts schuldunfähige Pflichtteilsberechtigte den objektiven Unrechtstatbestand wissentlich und willentlich verwirklichte (BVerfG NJW 05, 1561, 1566). 3

Nr 2: Die ‚vorsätzliche körperliche Misshandlung' ist begrifflich iSv § 223 StGB zu verstehen (Mot V, 431; AnwK/*Herzog* Rn 4). Sie muss kein besonders schwerer Angriff sein, doch reicht nicht jede Körperverletzung aus (Ddorf NJW-RR 96, 520). Nötig ist eine schwere Verletzung der Achtung, die Kinder ihren Eltern schulden (RG WarnR 1913 Nr 102), also eine schwere Pietätsverletzung (BGH NJW 90, 911; Köln ZEV 03, 464, 466). Seelische Misshandlungen erfüllen den Entziehungsgrund, wenn durch sie zumindest bedingt vorsätzlich die körperliche Gesundheit geschädigt wird (BGH FamRZ 77, 47). Mangels Verschuldens liegt kein Grund vor bei Notwehr (§ 32 StGB), Putativnotwehr oder unverschuldeter Notwehrüberschreitung iSv § 33 StGB (Damrau/*Riedel/Lenz* Rn 10). 4

Nr 3: Der Begriff ‚Verbrechen' bestimmt sich nach § 12 I StGB (*Gottwald* Rn 7). Ob ein vorsätzliches Vergehen schwer ist, richtet sich nach dem Einzelfall und wird bei Eigentums- und Vermögensdelikten bejaht, wenn sie nach ihrer Natur und Begehungsweise eine grobe Missachtung des Eltern-Kind-Verhältnisses ausdrücken und den Erblasser deshalb besonders kränken (BGH NJW 74, 1084; NJW-RR 86, 371, 372). Keine schweren Vergehen sind idR eine einzelne (grobe) Beleidigung (Celle Rpfleger 92, 523) oder die Ablichtung des Testaments des Erblassers ohne dessen Einwilligung. Das Verbrechen oder Vergehen muss in die (nicht notwendig strafrechtlich geschützte) Rechtssphäre des Erblassers oder dessen Ehegatten bzw Lebenspartners eingreifen; strafrechtliche Verurteilung ist nicht erforderlich. 5

Nr 4: Der unterhaltsbedürftige Erblasser (vgl § 1606) hat keinen größeren Nachlass. Der daher nicht praxisrelevante Grund setzt eine Verweigerung des in Geld geschuldeten Unterhalts (§ 1612 I 1) aus verwerflicher Gesinnung voraus. 6

Nr 5: Der Lebenswandel, dh ein dauerndes, auf Neigung beruhendes Verhalten, muss gegen den Willen des Erblassers noch bis zum Erbfall (§ 2336 IV) geführt werden. Verschulden ist erforderlich. Da der Grund die Familienehre schützen soll (RG JW 14, 1081; BGH NJW 80, 936; Hburg NJW 88, 977, 978), ist er nur gegeben, wenn der Lebenswandel konkret schutzwürdige Interessen des Erblassers verletzt (BGH NJW 80, 936, 938; abl MüKo/*Lange* Rn 14; *Tiedtke* JZ 80, 717, 718), wobei die sittlichen Maßstäbe des Erblassers anhand der allgemeinen Wertanschauung zu objektivieren sind (Hburg aaO; AK/*Däubler* Rn 22; Palandt/*Edenhofer* Rn 7; anders noch Hburg NJW 83, 1067). In einer wertepluralen Gesellschaft sollte sich der Maßstab nicht mehr primär anhand des Ehr- und Sittenverständnisses des Erblassers sowie seiner Lebensführung ausrichten. Möglicherweise kann 7 sich eine Konkretisierung an den Grundsätzen zum nach § 138 sittenwidrigen Testament ausrichten (so *Gotthard* FamRZ 87, 757, 762). Zuhälterei, gewerbsmäßiges Glücksspiel, dauerhaftes Begehen von Straftaten und im Einzelfall dauernder Ehebruch (Hamm NJW 83, 1067) können den Grund erfüllen. Bezüglich Rausch- und Trunksucht wird auf das Verschulden abgestellt (Ddorf NJW 68, 944, 945; KG OLGRspr 21, 344, 345). Weder das Zusammenleben Nichtverheirateter (MüKo/*Lange*, Rn 16; aA noch BGHSt 6, 46) noch – nach dem LPartG – die gleichgeschlechtliche Beziehung rechtfertigt eine Pflichtteilsentziehung. Ob Prostitution heute noch generell Entziehung rechtfertigt, wie es bisher hM (zB Staud/*Olshausen* Rn 22) ist, ist zweifelhaft (vgl ProstG mit BTDrs 14/5958 und 7174; AK/*Däubler* Rn 25; AnwK/*Herzog* Rn 23).

§ 2334 Entziehung des Elternpflichtteils

¹Der Erblasser kann dem Vater den Pflichtteil entziehen, wenn dieser sich einer der in § 2333 Nr. 1, 3, 4 bezeichneten Verfehlungen schuldig macht. ²Das gleiche Recht steht dem Erblasser der Mutter gegenüber zu, wenn diese sich einer solchen Verfehlung schuldig macht.

1   Die Norm verweist abschließend auf § 2333 Nr 1, 3, und 4. Persönliche Straffreiheit (vgl §§ 247 II, 289 IV StGB) schadet nicht. Nr 4 kann bei Verweigerung oder schwerer Vernachlässigung der Erziehung oder der Berufsfortbildung (§ 1610 II) gegeben sein. Der (grobe) Missbrauch der elterlichen Sorge allein genügt nicht zur Pflichtteilsentziehung.

§ 2335 Entziehung des Ehegattenpflichtteils

Der Erblasser kann dem Ehegatten den Pflichtteil entziehen:
1. wenn der Ehegatte dem Erblasser oder einem Abkömmling des Erblassers nach dem Leben trachtet,
2. wenn der Ehegatte sich einer vorsätzlichen körperlichen Misshandlung des Erblassers schuldig macht,
3. wenn der Ehegatte sich eines Verbrechens oder eines schweren vorsätzlichen Vergehens gegen den Erblasser schuldig macht,
4. wenn der Ehegatte die ihm dem Erblasser gegenüber gesetzlich obliegende Unterhaltspflicht böswillig verletzt.

1   Die verfassungsmäßige Norm (BGH NJW 89, 2054; aA *Bowitz* JZ 80, 304 ff) ist mit Aufgabe des Verschuldensprinzips im Scheidungsrecht zum 1.1.1977 neu gefasst worden. Auf § 2333 Nr 5 ist nicht verwiesen, weil sie mit dem Zerrüttungsprinzip unvereinbar ist. Die Entziehung berührt den Anspruch auf Zugewinnausgleich nach § 1371 II grds nicht (s aber § 1381). Auch der nacheheliche Unterhaltsanspruch des überlebenden Ehegatten (bzw Lebenspartners, § 16 I LPartG) nach § 1386 b wird nicht beseitigt; § 1579 verlangt auch in den Härtefällen der dortigen Nr 1–7 eine Abwägung (MüKo/*Lange* Rn 2). Unter den Voraussetzungen des § 1933 S 1, 2 hat der überlebende Ehegatte sein gesamtes Erbrecht (§ 1931) verloren. Wegen § 1933 S 3 iVm mit § 1586 b I 3 kann die Pflichtteilsentziehung trotzdem sinnvoll sein. Lebenspartner sind Ehegatten gleichgestellt (§ 10 VI 2 LPartG).

2   Einzelheiten: Siehe zunächst § 2333 Rn 3 ff. Zu ergänzen ist: Nr 1: Abkömmlinge sind auch nichteheliche Kinder; im Verhältnis zum Vater, wenn die Vaterschaft förmlich feststeht oder anerkannt ist (§ 1592 Nr 2, 3), ferner Adoptivkinder, wobei bei minderjährigen das Verwandtschaftsverhältnis zu leiblichen Verwandten erlischt (§ 1755 I), bei volljährigen s §§ 1772, 1770 II (s § 2303 Rn 2). Nr 3: Strafbarkeit ist nicht erforderlich, aber Vorsatz und Schuld. Maßgebend sind die Umstände des einzelnen Falls. Nr 4: Erforderlich ist eine schuldhafte, nach Dauer und Ausmaß erhebliche Vernachlässigung der Unterhaltspflicht des Ehegatten (vgl §§ 1360, 1360 a, 1361). Der Pflichtige muss die tatsächlichen Voraussetzungen der Unterhaltspflicht kennen (BaRoth/*Mayer* Rn 2: zudem auch Rechtskenntnis) und diese erfüllen können (Palandt/*Edenhofer* Rn 5).

§ 2336 Form, Beweislast, Unwirksamwerden

(1) Die Entziehung des Pflichtteils erfolgt durch letztwillige Verfügung.
(2) Der Grund der Entziehung muss zur Zeit der Errichtung bestehen und in der Verfügung angegeben werden.
(3) Der Beweis des Grundes liegt demjenigen ob, welcher die Entziehung geltend macht.
(4) Im Falle des § 2333 Nr. 5 ist die Entziehung unwirksam, wenn sich der Abkömmling zur Zeit des Erbfalls von dem ehrlosen oder unsittlichen Lebenswandel dauernd abgewendet hat.

1   **A. Inhalt und Wirkung.** Der Pflichtteil kann ganz oder teilweise entzogen werden. Die Entziehung erfasst auch den Pflichtteilsrest- (§ 2305, 2307) und den Pflichtteilsergänzungsanspruch (§ 2325 ff). Sie ist idR, wenn

kein anderer Erblasserwille ermittelbar ist, mit einer Enterbung (§ 1938) verbunden (BayObLG FamRZ 96, 826, 828; 00, 1459). Insoweit ist der Erblasserwille ggf unter Beachtung der Andeutungstheorie durch Auslegung zu ermitteln (Hamm FamRZ 72, 660, 661; Köln ZEV 96, 430). Die Enterbung bleibt idR bestehen, wenn die Pflichtteilsentziehung unwirksam wird (Hamm FamRZ 72, 660, 662); ggf ist Anfechtung (§ 2078 II) möglich. Die Entziehung kann in ansonsten nach § 2306 I 1 unwirksamen Beschränkungen oder Beschwerungen bestehen. Bis zum Erbfall ist Verzeihung möglich (§ 2337). Die Entziehung wirkt erst mit dem Erbfall (BGH NJW 89, 2054).

B. Ausübung (I). Die Pflichtteilsentziehung hat persönlich in Form einer letztwilligen Verfügung (§ 1937) zu erfolgen. Es sind alle Testamentsformen (§§ 2249 ff) zulässig. Sie kann in einem gemeinschaftlichen Testament oder Erbvertrag (§ 2299 I) erklärt werden, hat aber nie Bindungswirkung (§§ 2270 I, III, 2278 II). 2

C. Entziehungsgrund (II). Er muss zur Zeit der Errichtung der letztwilligen Verfügung bestehen, darf bis dahin also nicht verziehen sein. Im Fall des § 2333 Nr 5 muss der Grund darüber hinaus bis zum Erbfall angedauert haben (**IV**). In der Verfügung, nicht nur in Anlagen (BGH NJW 85, 1554), muss eine hinreichend substanzielle, gerichtlich überprüfbare Tatsachengrundlage angegeben sein. Der Erblasser muss sich auf bestimmte konkrete Vorgänge unverwechselbar festlegen und den Kreis der in Betracht kommenden Vorfälle praktisch brauchbar eingrenzen (BGH aaO). Es muss ein Kernsachverhalt (BGH aaO), eine sachverhaltsmäßige Konkretisierung des Entziehungsgrundes im Testament angegeben sein (Köln ZEV 96, 430; 98, 144). Seine Ermittlung durch unsichere Auslegung genügt nicht. Wegen des außerordentlichen Gewichts und des demütigenden Charakters der Entziehung ist der Erblasser auch in förmlicher Hinsicht zu verantwortlichem Testieren angehalten (Frankf ZFE 05, 295). Die Wiederholung des Gesetzeswortlauts reicht, und zwar auch für § 2333 Nr 5 (Nürnbg NJW 76, 2020; Köln ZEV 98, 144, 145; aA RGZ 95, 24, 26 f; Palandt/*Edenhofer* Rn 2), nicht aus. Die Anforderungen an die Konkretisierung des Pflichtteilsentziehungsgrundes sind verfassungsgemäß. Sie schützen das Pflichtteilsrecht der Kinder hinreichend und sind dem Erblasser zumutbar (BVerfG NJW 05, 2691). 3

D. Prozessuales. Die Beweislast (**III**) auch dafür, dass Rechtfertigungs- und Entschuldigungsgründe nicht vorliegen, trägt der Erbe, bei § 2329 der Beschenkte (BGH NJW-RR 86, 371, 372) und bei § 2318 uU auch der Vermächtnisnehmer oder Auflagenbegünstigte (Ddorf FamRZ 99, 1469). Auch bei § 2333 Nr 5 ist neben dem äußeren Tatbestand das Verschulden zu beweisen (BGH WM 73, 543; Ddorf NJW 68, 944). Bezüglich der Schuldunfähigkeit wird eine Beweislast des Pflichtteilsberechtigten analog § 827 vertreten (AnwK/*Herzog* Rn 10 f). Die dauernde Besserung iSv IV oder Verzeihung (§ 2337) muss der Pflichtteilsberechtigte beweisen (RGZ 77, 162, 163; MüKo/*Lange* Rn 8). Über die Beweislast hat der Urkundennotar aufzuklären (Köln ZEV 03, 464). Zum Beweis der Entziehungsgründe mag es seinvoll sein, dass der Erblasser bereits zu Lebzeiten ein selbstständiges Beweisverfahren (§§ 485 ff ZPO) einleitet (so *Klingelhöffer* Rn 49). 4

Mit der **Feststellungsklage** (§ 256 I ZPO) kann die Feststellung des Rechts, den Pflichtteil zu entziehen sowie die Feststellung des Nichtbestehens eines Pflichtteilsentziehungsrechts (BGH NJW 58, 1964; 74, 1085; 86, 1182; 90, 911; NJW-RR 93, 391) verlangt werden. Einer Klage des Pflichtteilsberechtigten gegen den Erblasser schon zu dessen Lebzeiten auf Feststellung, dass die in einer letztwilligen Verfügung des Erblassers unter Bezug auf bestimmte Vorfälle angeordnete Entziehung des Pflichtteils unwirksam sei, fehlt nicht das rechtliche Interesse an alsbaldiger Feststellung (BGH NJW 90, 911; 04, 1874, 1875 f). Mit dem Tod des Erblassers aber entfällt das (isolierte) Feststellungsinteresse für eine Klage auf Feststellung des Nichtbestehens eines Pflichtteilentziehungsrechts (Frankf OLGR 05, 300), denn nunmehr geht es um das umfassendere Rechtsverhältnis, ob trotz der Entziehung ein Pflichtteilsrecht besteht (BGH FamRZ 93, 689). 5

§ 2337 Verzeihung

¹Das Recht zur Entziehung des Pflichtteils erlischt durch Verzeihung. ²Eine Verfügung, durch die der Erblasser die Entziehung angeordnet hat, wird durch die Verzeihung unwirksam.

A. Begriff der „Verzeihung". Er ist der gleiche wie in §§ 532 S 1, 2343 (Staud/*Olshausen* Rn 1). Verzeihung ist anzunehmen, wenn der Erblasser zeigte, er betrachte das Verletzende der Kränkung als nicht mehr existent (BGH NJW 84, 2089, 2090; Köln ZEV 98, 144) und dass er nichts mehr daraus herleiten, sondern über sie hinweggehen will (BGH NJW 74, 1084). Versöhnung ist zur Verzeihung nicht notwendig („vergeben, aber nicht vergessen"), doch reicht ein bloßer Versöhnungsversuch oder In-Aussicht-Stellen nicht (BGH NJW 99, 1626). Sie kann formlos, auch durch schlüssige Handlungen erfolgen (Köln aaO), setzt aber grds Kenntnis der konkreten Verfehlung voraus. Die Verzeihung ist ein rein tatsächlicher Vorgang, keine rechtsgeschäftliche Erklärung: Der nicht voll geschäftsfähige Erblasser kann verzeihen, wenn er die Bedeutung der Verzeihung erkennt. Es gelten nicht die §§ 119 ff (MüKo/*Lange* Rn 4) und Stellvertretung ist grds nicht möglich. Die Verzeihung ist unwiderruflich, kann aber unter Bedingung erklärt werden. 1

2 **B. Wirkung.** Die ausgesprochene Entziehung wird unwirksam (S 2). Auf den verziehenen Grund kann eine künftige Entziehung nicht mehr gestützt werden (S 1). IdR berührt die Verzeihung eine mit der Entziehung verbundene Enterbung nicht, es sei denn, es steht ein entsprechender Erblasserwille fest (§ 2085; s § 2336 Rn 1). Das gilt auch, wenn die Entziehungsgründe von Anfang an nicht gegeben waren (BayObLG DNotZ 96, 319, 322). Verzeiht beim gemeinschaftlichen Testament, in dem die Ehegatten einem Kind den Pflichtteil entzogen haben, nur der überlebende Ehegatte, wirkt sich die Verzeihung zwar nur auf seinen Nachlass aus, zu dem aber bei der Einheitslösung die Vermögensgegenstände des vorverstorbenen Gatten gehören (Hamm MDR 97, 844).

§ 2338 Pflichtteilsbeschränkung

(1) ¹Hat sich ein Abkömmling in solchem Maße der Verschwendung ergeben oder ist er in solchem Maße überschuldet, dass sein späterer Erwerb erheblich gefährdet wird, so kann der Erblasser das Pflichtteilsrecht des Abkömmlings durch die Anordnung beschränken, dass nach dem Tode des Abkömmlings dessen gesetzliche Erben das ihm Hinterlassene oder den ihm gebührenden Pflichtteil als Nacherben oder als Nachvermächtnisnehmer nach dem Verhältnis ihrer gesetzlichen Erbteile erhalten sollen. ²Der Erblasser kann auch für die Lebenszeit des Abkömmlings die Verwaltung einem Testamentsvollstrecker übertragen; der Abkömmling hat in einem solchen Falle Anspruch auf den jährlichen Reinertrag.
(2) ¹Auf Anordnungen dieser Art findet die Vorschrift des § 2336 Abs. 1 bis 3 entsprechende Anwendung. ²Die Anordnungen sind unwirksam, wenn zur Zeit des Erbfalls der Abkömmling sich dauernd von dem verschwenderischen Leben abgewendet hat oder die den Grund der Anordnung bildende Überschuldung nicht mehr besteht.

1 **A. Zweck.** Im wohlverstandenen Interesse des Pflichtteilsberechtigten (und seiner Abkömmlinge) soll dessen erbrechtlicher Erwerb und darüber hinaus das Familienvermögen vor Verschwendung und Überschuldung geschützt werden.

2 **B. Voraussetzungen.** Die Beschränkung kann nur **Abkömmlingen** auferlegt werden. Eltern oder Ehegatten müssen sich Beschränkungen jeder Art, auch gem § 2338, gefallen lassen, wenn ihr Pflichtteil entzogen werden kann (MüKo/*Lange* Rn 3). Der Abkömmling muss der **Verschwendung** erlegen sein, dh eine Lebensweise mit einem Hang zu zweck- und nutzlosen Vermögensverwendungen pflegen (*Baumann* ZEV 96, 121, 122), oder **überschuldet** sein, dh seine Verbindlichkeiten sein Aktivvermögen überschreiten (§§ 11, 19, 320, 322 InsO). Da insoweit bloße Zahlungsunfähigkeit nicht genügt, reicht bei natürlichen Personen die Eröffnung eines Insolvenzverfahrens allein nicht (vgl § 17 InsO). Diese Gründe sind abschließend (MüKo/*Lange* Rn 2). Durch die Verschwendung oder Überschuldung muss der spätere Erwerb, und zwar der des Erb- oder Pflichtteils (BaRoth/*Mayer* Rn 2; MüKo/*Lange* Rn 5; aA Staud/*Olshausen* Rn 9; *Baumann* ZEV 96, 121, 122 f), **erheblich gefährdet** sein. Der Beschränkungsgrund muss bei **Errichtung** der Verfügung vTw (II 1 iVm § 2336 II) und beim **Erbfall** vorliegen (II 2). Sein späteres Entfallen ist bedeutungslos (*Gottwald* Rn 8).

3 **C. Mögliche Maßnahmen (I 1, 2).** Die Beschränkungsmöglichkeiten sind abschließend aufgezählt. Sie können nicht kombiniert werden. Es können die **gesetzlichen** Erben (§§ 1924 ff) des Abkömmlings als **Nacherben** (§§ 2100 ff) oder **Nachvermächtnisnehmer** eingesetzt werden. Ihre individuelle Bezeichnung führt zur Unwirksamkeit der Beschränkung, wenn die Genannten sich zum Todeszeitpunkt des Abkömmlings von dessen gesetzlichen Erben unterscheiden (KG OLGE 6, 332; DErbK/*Stöckel* Rn 12). Die gesetzlichen Erben, deren Pflichtteil der Erblasser entziehen kann, kann er ausschließen. Er kann auch nur bestimmte Ordnungen der Erben einsetzen. Gesetzliche Erben iSd § 2338 sind auch adoptierte und nichteheliche Kinder sowie der Ehegatte des Pflichtteilsberechtigten, nicht der Fiskus. Die Nacherbfolge oder der Vermächtnisanfall muss an den Tod des Abkömmlings geknüpft sein. Nacherbenanordnung ist nur möglich, wenn der pflichtteilsberechtigte Abkömmling **Vorerbe** ist. Die Höhe der Erbeinsetzung ist egal.

4 Ist der dem Abkömmling hinterlassene Erbteil **größer** als sein halber gesetzlicher und schlägt er nicht aus (vgl § 2306 I 2), ist er an auferlegte Beschränkungen gebunden (RGZ 85, 347, 350). § 2338 ist insoweit bedeutungslos (KG RJA 15, 194, 197). Schlägt er aus und bestehen nicht nur Beschränkungen nach § 2338, erwirbt er einen Pflichtteilsanspruch (Staud/*Olshausen* Rn 33; MüKo/*Lange* Rn 10). Die nach § 2338 zulässigen Beschränkungen gehen als Nachvermächtnis auf diesen Anspruch über, wenn der Erblasser nichts anderes gewollt hat (RG Recht 07 Nr 903; BaRoth *Mayer* Rn 14). Bestehen nur die nach § 2338 zulässigen Beschränkungen, hat der Abkömmling nach der Ausschlagung keinen Pflichtteilsanspruch (Staud/*Olshausen* Rn 34; aA Soergel/*Dieckmann* Rn 9). Erhält er **nicht** mehr als die Hälfte seines gesetzlichen Erbteils, entfallen nicht die nach § 2338 zulässigen Beschränkungen gem § 2306 I 1. Schlägt der Abkömmling die belastete Erbschaft aus, erhält er keinen Pflichtteilsanspruch (§ 2306 Rn 9). Die Beschränkungen werden sich idR in Gestalt eines Nachlassvermächtnisses auf einen Pflichtteilsrestanspruch (§§ 2305, 2307) erstrecken, wenn die Auslegung nichts anderes ergibt (BaRoth/*Mayer* Rn 8, 13). Bei lebzeitigen Verfügungen des Abkömmlings als Vorerbe gelten die §§ 2112 ff, bei befreiter Vorerbschaft § 2136. Ggü Eigengläubigern schützt § 2115 (§ 773 ZPO, § 83

II InsO) bzw vor Pfändung der Nutzungen durch persönliche Gläubiger § 863 I ZPO (AnwK/*Herzog* Rn 9; *Gottwald* Rn 12).

Nimmt der Abkömmling ein **Vermächtnis** an (§ 2191), gilt unabhängig von § 2338 § 2307 I. Da § 2191 II nicht auf §§ 2113–2115 verweist, bleiben ihm Verfügungen möglich. Auch greift § 863 I ZPO nicht, so dass Eigengläubiger in den Gegenstand des Vermächtnisses und dessen Nutzungen vollstrecken können. Es empfiehlt sich daher die zusätzliche Anordnung einer Testamentsvollstreckung.

Bei Anordnung der **lebzeitigen Verwaltungstestamentsvollstreckung** (I 2; vgl § 2209 S 1 Alt 1) kann der Abkömmling nicht unter Lebenden verfügen (§§ 2205, 2211). Eigengläubiger sind von der Pfändung (auch der Nutzung, § 863 I 2 ZPO) ausgeschlossen (§ 2114). Dem Abkömmling verbleibt der jährliche Reinertrag (I 2), der dem Zugriff der Gläubiger entzogen werden kann, wenn auch insoweit Testamentsvollstreckung angeordnet wird und der Abkömmling, dem mehr hinterlassen ist als die Hälfte seines gesetzlichen Erbteils (§ 2306 I 2), nicht ausschlägt und sich der Anordnung unterwirft (Bremen FamRZ 84, 213; MüKo/*Lange* Rn 15; aA AK/*Däubler* Rn 16; *Gottwald* Rn 16).

D. Prozessuales. Die Beweislast trägt der Nacherbe, Nachvermächtnisnehmer oder Testamentsvollstrecker (II 1 iVm § 2336 III).

Abschnitt 6 Erbunwürdigkeit

§ 2339 Gründe für Erbunwürdigkeit

(1) Erbunwürdig ist:
1. wer den Erblasser vorsätzlich und widerrechtlich getötet oder zu töten versucht oder in einen Zustand versetzt hat, infolge dessen der Erblasser bis zu seinem Tode unfähig war, eine Verfügung von Todes wegen zu errichten oder aufzuheben,
2. wer den Erblasser vorsätzlich und widerrechtlich verhindert hat, eine Verfügung von Todes wegen zu errichten oder aufzuheben,
3. wer den Erblasser durch arglistige Täuschung oder widerrechtlich durch Drohung bestimmt hat, eine Verfügung von Todes wegen zu errichten oder aufzuheben,
4. wer sich in Ansehung einer Verfügung des Erblassers von Todes wegen einer Straftat nach den §§ 267, 271 bis 274 des Strafgesetzbuches schuldig gemacht hat.

(2) Die Erbunwürdigkeit tritt in den Fällen des Absatzes 1 Nr. 3, 4 nicht ein, wenn vor dem Eintritt des Erbfalls die Verfügung, zu deren Errichtung der Erblasser bestimmt oder in Ansehung deren die Straftat begangen worden ist, unwirksam geworden ist, oder die Verfügung, zu deren Aufhebung er bestimmt worden ist, unwirksam geworden sein würde.

A. Zweck. Bei den genannten Erbunwürdigkeitsgründen besteht ein mutmaßlicher Wille des Erblassers, dass der Verwirklichende von der Partizipation an seinem Nachlass ausgeschlossen sein soll (MüKo/*Helms* Rn 2 f; Staud/*Olshausen* Rn 6). Zudem sollen sie präventiv verhüten, dass ein potenzieller Erbe den Erbfall herbeiführt oder ihm ungünstige Anordnungen des Erblassers verhindert (Erman/*Schlüter* Vor § 2339 Rn 1). Nach aA ist eine zivilrechtliche Strafe für (idR strafrechtlich relevante) Handlungen zum Nachteil des Erblassers vorgesehen (RGRK/*Kregel* Rn 1). Die Gründe sind enumerativ genannt, wobei in engen Grenzen im Rahmen der einzelnen Gründe eine Analogie nicht ausgeschlossen ist (MüKo/*Helms* Rn 7; Staud/*Olshausen* Rn 21; aA AnwK/*Kroiß* Rn 2; Hk-BGB/*Hoeren* Rn 1).

B. Herbeiführung der Erbunwürdigkeit. Im Fall des § 2345 führt die Erklärung der Anfechtung, ansonsten das nach dem Erbfall durch Anfechtung des Erbfalls mittels Klage (§§ 2340, 2341) eines dazu Berechtigten (§ 2341) zu erwirkende rechtskräftige Urteil zur Erbunwürdigkeit (Palandt/*Edenhofer* Rn 1). Der entscheidende Zivilrichter ist nicht an strafgerichtliche Urteile gebunden (BGH ZEV 05, 307), hat sich aber ggf mit den Feststellungen bei seiner Beweiswürdigung auseinander zu setzen. Nach § 2345 können auch ein Vermächtnisnehmer und ein Pflichtteilsberechtigter ausgeschlossen werden. Nach Verzeihung (§ 2343) oder Verfristung (§ 2340) ist Erbunwürdigkeit ausgeschlossen.

C. Einzelne Voraussetzungen. Die verfassungsgemäße (BVerfG NJW 05, 1561, 1565) **Nr 1** erfasst §§ 211, 212 StGB in allen Beteiligungsformen, auch versuchten (§§ 22, 23 StGB) Mord oder Totschlag (AnwK/*Kroiß* Rn 4), wobei strafbefreiender Rücktritt (§ 24 StGB) auch Erbunwürdigkeit entfallen lässt (DErbK/*Stiewe* Rn 5). Erforderlich ist vorsätzliches, rechtswidriges und grds (vgl § 2333 Rn 2) schuldhaftes Handeln. **Nicht** erfasst ist die Tötung auf Verlangen (§ 216 StGB) oder die fahrlässige Herbeiführung der Todesfolge (§ 222, uU §§ 227, 251 StGB). Bei Tötung des Vorerben durch den Nacherben gilt § 162 II analog (BGH NJW 68, 2051 f) oder direkt (MüKo/*Helms* Rn 9). Die Testierunfähigkeit hat der Erbe herbeigeführt, wenn er bewirkte, dass der Erblasser dauerhaft aus tatsächlichen oder rechtlichen Gründen nicht mehr testieren kann, ihn zB in

Siechtum oder Geisteskrankheit versetzte oder körperlich verstümmelte (vgl § 226 I Nr 3 StGB). Subjektiv genügt die vorsätzliche Herbeiführung dieses Zustandes (AnwK/*Kroiß* Rn 7); Absicht ist nicht erforderlich.

4 Nr 2 setzt voraus, dass der Erblasser die Errichtung oder Aufhebung einer bestimmten letztwilligen Verfügung konkret beabsichtigte, diese Absicht aber nicht umsetzte. Dafür muss der Erbe kausal geworden sein. Sein bloßer Versuch genügt nicht. Seine Verhinderungshandlung kann zB in Gewalt, Drohung oder arglistiger Täuschung, zB über Formvorschriften (BGH NJW 65, 496) oder eine angebliche Vernichtung des Testaments, so dass Widerruf nach § 2255 unterbleibt (BGH NJW-RR 90, 515, 516), oder Ausnutzung einer Zwangslage des Erblassers bestehen. Unterlassen genügt nur, wenn der Erbe zum Handeln verpflicht war. Vorsatz und Widerrechtlichkeit sind so wie bei § 123 zu verstehen (BGH aaO).

5 Nr 3 unterscheidet sich von Nr 2, indem sie verlangt, dass der Erblasser wirksam eine Verfügung vTw trifft. Versuch genügt auch hier nicht. Handelt der Erbe mit Gewalt in Form von *vis absoluta*, ist die Verfügung unwirksam, so dass kein Bedürfnis zur analogen Anwendung besteht (Staud/*Olshausen* Rn 40; MüKo/*Helms* Rn 23; aA RGRK/*Kregel* Rn 5). Die Täuschung kann wie bei § 123 auch durch Unterlassen erfolgen, wenn eine Handlungspflicht besteht. Inwieweit eine Aufklärungspflicht bei ehelicher Untreue besteht, ist heute im Einzelnen streitig. Sie sollte nur bejaht werden, wenn gravierende Umstände vorliegen, damit kein neuer Erbunwürdigkeitsgrund geschaffen wird (MüKo/*Helms* Rn 25), zudem Ehebruch kein Pflichtteilsentziehungsgrund mehr ist. Sie wurde bejaht, wenn ein Ehegatte im Vertrauen auf die eheliche Treue des anderen, der sein fortdauerndes ehewidriges Verhältnis verschweigt, diesen testamentarisch begünstigt (BGH NJW 68, 642, 643; Staud/*Olshausen* Rn 39). Bei Irrtum, Täuschung oder Drohung ist auch Anfechtung (§§ 2078 II, 2080 I) möglich; die Stellung als gesetzlicher Erbe beseitigt diese aber nicht (*Brox* ErbR Rn 279).

6 Nr 4 nimmt auf die Urkundsdelikte Bezug; auch auf § 267 I Alt 1 u 3 StGB (Herstellen und Gebrauchen einer unechten Urkunde). Fälschung genügt, wenn er geeignet ist, den Erblasserwillen zu verdunkeln (MüKo/*Helms* Rn 27; aA Soergel/*Damrau* Rn 8). Auch eine Fälschung, die dem wirklichen Willen des Erblassers entspricht, ist erfasst (BGH NJW 70, 197 f; Stuttg ZEV 99, 187, 188; Staud/*Olshausen* Rn 51; aA RGZ 72, 235, 238; MüKo/*Helms* Rn 13; *Brox* ErbR Rn 279).

7 **D. Ausschluss.** II sieht für die Nr 3 und 4 eine Ausnahme vor, weil hier die Handlung des Erben für die Erbfolge nicht kausal geworden ist (Prot V, 642). Dabei sind Unwirksamkeitsgründe das Vorversterben des Bedachten, die Aufhebung der Verfügung durch den Erblasser, ein Bedingungseintritt oder -ausfall oder der Zeitablauf (§ 2252) bei Nottestamenten (MüKo/*Helms* Rn 30). Bei Nr 4 ist die von Anfang an unwirksame Urkunde nicht gleichgestellt (Stuttg ZEV 99, 178, 188; MüKo/*Helms* Rn 32; Staud/*Olshausen* Rn 56; aA Palandt/*Edenhofer* Rn 7, 8; Soergel/*Damrau* Rn 9).

8 **E. Prozessuales.** Beweisen muss den Erbunwürdigkeitsgrund, wer sich auf ihn beruft (BGH NJW-RR 90, 515, 516). Seine Unzurechnungsfähigkeit muss der Erbe analog § 827 beweisen (BGH NJW 88, 822; Ddorf OLGR 00, 181, 182).

§ 2340 Geltendmachung der Erbunwürdigkeit durch Anfechtung

(1) Die Erbunwürdigkeit wird durch Anfechtung des Erbschaftserwerbs geltend gemacht.
(2) ¹Die Anfechtung ist erst nach dem Anfall der Erbschaft zulässig. ² Nacherben gegenüber kann die Anfechtung erfolgen, sobald die Erbschaft dem Vorerben angefallen ist.
(3) Die Anfechtung kann nur innerhalb der in § 2082 bestimmten Fristen erfolgen.

1 **A. Geltendmachung.** Die Erbunwürdigkeit kann nach Anfall der Erbschaft (§ 1942 I) an den Unwürdigen (II 1) bzw seine Erben durch **Anfechtung** geltend gemacht werden; dann auch ggü den Nacherben (II 2). Dies erfolgt ggü dem Erben durch Klage (§ 2342), ggü Vermächtnisnehmern und Pflichtteilsberechtigten durch Anfechtungserklärung (§ 2345 I, II). Die Anfechtungsklage kann auch ggü mehrere nacheinander berufene unwürdige Erben gerichtet werden (MüKo/*Helms* Rn 2; aA Staud/*Olshausen* Rn 8), gegen den Nacherben schon, wenn die Erbschaft dem Vorerben angefallen ist. Zu Lebzeiten des Erblassers ist eine Klage auf Feststellung der Erbunwürdigkeit unzulässig (Staud/*Olshausen* Rn 7).

2 **B. Frist.** Die Anfechtungsfrist beträgt 1 Jahr (III iVm § 2082 I). Sie beginnt, wenn der Berechtigte den Anfechtungsgrund zuverlässig kennt (III iVm § 2082 II 1), so dass ihm Klageerhebung zumutbar ist (BayObLGR 02, 286), zB wenn er bei einer Testamentsfälschung die Tatsache der Fälschung und die Person des Fälschers aus einem Gutachten eines gerichtlich vereidigten Sachverständigen kennt (BGH NJW 89, 3214, 3215). Weil der Anfechtende sich in einer Lage wie der Geschädigte iSv § 852 befindet, kann bei der Frage nach seiner Kenntnis der Erbunwürdigkeit die Rspr zu § 852 herangezogen werden (BGH aaO). Vielfach wird darauf abgestellt, dass der Anfechtungsgrund beweisbar ist (München MDR 57, 612; MüKo/*Helms* Rn 5; Staud/*Olshausen* Rn 16). Im Fall des § 2339 I Nr 1 beginnt die Frist mit Verkündung des erstinstanzlichen Strafurteils (Kobl FamRZ 05, 1206). Es finden §§ 206, 210, 211 Anwendung (AnwK/*Kroiß* Rn 6).

§ 2341 Anfechtungsberechtigte

Anfechtungsberechtigt ist jeder, dem der Wegfall des Erbunwürdigen, sei es auch nur bei dem Wegfall eines anderen, zustatten kommt.

Anders als bei § 2080 I genügt, dass der Näherrückende nur ein mittelbares Interesse am Wegfall eines Erben 1 und der Verbesserung der Rangfolge hat (BGH NJW 89, 3214). Der erstrebte Vorteil muss sich auf die Erbenstellung beziehen, so dass Vermächtnisnehmer (aber: Celle NdsRpfl 72, 238), Auflagenbegünstigte, Testamentsvollstrecker oder Gläubiger des Nächstberufenen kein Anfechtungsrecht haben (Staud/*Olshausen* Rn 5). Der Fiskus ist immer anfechtungsberechtigt (§ 1936). Das Anfechtungsrecht ist nicht rechtsgeschäftlich übertragbar oder pfändbar, aber vererbbar, wobei die begonnene Frist (§ 2340 III) weiterläuft. Der Berechtigte kann ggü einem Beteiligten auf sein Anfechtungsrecht verzichten. Auch der selbst Erbunwürdige kann anfechten, solange er nicht rechtskräftig für erbunwürdig erklärt ist (Staud/*Olshausen* Rn 4). Das Recht kann jeder Berechtigte selbstständig ausüben. Im Prozess sind mehrere Berechtigte, die gemeinsam klagen, notwendige Streitgenossen iSv § 62 ZPO (*Brox* ErbR Rn 284).

§ 2342 Anfechtungsklage

(1) ¹Die Anfechtung erfolgt durch Erhebung der Anfechtungsklage. ²Die Klage ist darauf zu richten, dass der Erbe für erbunwürdig erklärt wird.
(2) Die Wirkung der Anfechtung tritt erst mit der Rechtskraft des Urteils ein.

A. Anfechtungsklage (I). Die Anfechtung erfolgt durch Gestaltungsklage (auch Widerklage) gegen den Erb- 1 unwürdigen, nicht durch Einrede oder Geltendmachung im Erbscheinverfahren (BayObLG FamRZ 01, 319, 320 MüKo/*Helms* Rn 1). Der Antrag muss erkennen lassen, dass die Anfechtung wegen Erbunwürdigkeit erfolgt (RG JW 1910, 23). Klagegegner ist der Erbe bzw dessen Gesamtrechtsnachfolger, nicht der Erbschaftskäufer (§§ 2371, 2385) oder Erwerber eines Miterbenanteils (§ 2033). Die Klage kann mit der Erbschaftsklage nach §§ 2018 ff verbunden werden (hM), wobei diese auf Herausgabe der Erbschaft nach Rechtskraft des Urteils zu richten ist. Ist der Erbe auch Vermächtnisnehmer oder Pflichtteilsberechtigter, beinhaltet die gegen ihn gerichtete Klage idR zugleich eine Anfechtungserklärung nach § 2345 (MüKo/*Helms* Rn 1). Die Klageerhebung bedeutet nicht zwingend, dass die Erbschaft angenommen wird. Der obsiegende Kläger kann ausschlagen (BaRoth/*Müller-Christmann* Rn 1). Die Erbunwürdigkeitsklage ist nicht deshalb ausgeschlossen, weil der Erbunwürdige die Erbschaft bereits ausgeschlagen hat (KG FamRZ 89, 675).

B. Verfahren. Sachlich zuständig ist streitwertabhängig das Amts- oder Landgericht (§§ 71, 23 Nr 1 GVG). 2 Maßgeblich ist der Wert der Beteilung des Beklagten am Nachlass (BGH NJW 70, 197; Kobl ZEV 97, 252; abl MüKo/*Helms* Rn 6). Die örtliche Zuständigkeit richtet sich nach dem allgemeinen Gerichtsstand des Beklagten oder dem der Erbschaft (§ 27 ZPO; Staud/*Olshausen* Rn 5). Das nach II erforderliche Urteil kann nicht durch einen Prozessvergleich oder ein außergerichtliches öffentlich beurkundetes Anerkenntnis (§ 794 I Nr 5 ZPO) ersetzt werden (MüKo/*Helms* Rn 8). Aus der Verhandlungsmaxime folgt, dass der Beklagte gem § 307 ZPO anerkennen oder ein Versäumnisurteil jedenfalls dann ergehen kann, wenn die Benachteiligung Dritter ausgeschlossen ist (KG FamRZ 89, 675; Soergel/*Damrau* Rn 1). Nach aA sei der Untersuchungsgrundsatz maßgeblich und der Streitgegenstand der Verfügungsbefugnis der Parteien entzogen (MüKo/*Helms* Rn 8; *Blomeyer* MDR 77, 674, 675). Während der Prozessdauer können nachlassgerichtliche Sicherungsmaßnahmen angeordnet, insbes ein Nachlasspfleger bestellt werden (BayObLG ZEV 02, 410).

C. Wirkung (II). Das der Klage stattgebende rechtskräftige Urteil verändert die materielle Rechtslage und 3 wirkt für und gegen jedermann. Das die Klage abweisende Urteil wirkt nur zwischen den Parteien (MüKo/*Helms* Rn 9).

§ 2343 Verzeihung

Die Anfechtung ist ausgeschlossen, wenn der Erblasser dem Erbunwürdigen verziehen hat.

Zum Begriff § 2337 Rn 1. Der Verzeihende muss den Erbunwürdigkeitsgrund, nicht auch das Institut der 1 Erbunwürdigkeit und die Rechtsfolgen einer Verzeihung kennen (MüKo/*Helms* Rn 1). Diese ist selbst beim Mordversuch möglich. Wer auf sein Anfechtungsrecht verzichtet hat, kann insoweit kein Sachurteil mehr über die Erbunwürdigkeit erstreiten (MüKo/*Helms* Rn 2; aA Soergel/*Damrau* Rn 2). Eine Klage verstieße gegen § 242 (hM).

Die **Beweislast**, dass der Erblasser verziehen hat, trägt der Erbunwürdige. Eine mutmaßliche Verzeihung reicht nicht.

§ 2344 Wirkung der Erbunwürdigerklärung

(1) Ist ein Erbe für erbunwürdig erklärt, so gilt der Anfall an ihn als nicht erfolgt.
(2) Die Erbschaft fällt demjenigen an, welcher berufen sein würde, wenn der Erbunwürdige zur Zeit des Erbfalls nicht gelebt hätte; der Anfall gilt als mit dem Eintritt des Erbfalls erfolgt.

1 **A. Rückwirkung.** Die Erbunwürdigkeitserklärung hat **rückwirkende** Kraft (I). An die Stelle des Unwürdigen tritt, wer berufen wäre, wenn der Erbunwürdige beim Erbfall nicht gelebt hätte (II 1), also der gesetzliche Erbe, Anwachsungsberechtigte oder Ersatzerbe. Das können ggf auch die Abkömmlinge des Unwürdigen sein (Frankf NJW-RR 96, 261). Ist der Nacherbe erbunwürdig, verbleibt idR die Erbschaft beim Vorerben. Das Nacherbenrecht wird dann nicht nach § 2108 II vererbt.

2 **B. Folgen.** Wegen der Rückwirkung (I) leben infolge des Erbfalls durch Konfusion erloschene Rechte und Pflichten wieder auf. Der Erbunwürdige **haftet** den an seiner Stelle berufenen Erben nach §§ 2018 ff, 819. Als bösgläubiger Erbschaftsbesitzer schuldet er analog § 142 II Schadensersatz gem §§ 2023, 2024 und bei Besitzerlangung durch eine Straftat gem §§ 2025, 823 ff (MüKo/*Helms* Rn 2). Er selbst haftet ausgenommen für Nachlasseigenschulden nicht mehr für Nachlassverbindlichkeiten. Notwendige Verwendungen kann er ersetzt verlangen (§§ 2023 II, 994 II, 683). Über § 2022 III hat er Ansprüche nach den allgemeinen Vorschriften (zB § 812, § 1968), soweit seine Aufwendungen nicht einzelnen Sachen galten. Da der Unwürdige wegen der Rückwirkung (I) als Nichtberechtigter verfügte, bedürfen **gutgläubige Dritte** ggf des Schutzes nach §§ 932 ff, 892 f, 2366 f; die §§ 857, 935 stehen einem gutgläubigen Erwerb nicht entgegen. Ein Schuldner wird durch Leistungen an den Erbunwürdigen nur nach § 2367 frei. § 407 gilt nicht analog (BaRoth/*Müller-Christmann* Rn 4; MüKo/*Helms* Rn 4; aA Staud/*Olshausen* Rn 21; Soergel/*Damrau* Rn 3). Der Erbunwürdige haftet dem Schuldner, der nicht frei wird, gem §§ 812, 819 I, 142 II. Bei Erbunwürdigkeit werden Dritte nicht analog § 1959 II, III geschützt (Staud/*Olshausen* Rn 22). Den Anspruch auf **Zugewinnausgleich** (§ 1371 II) verliert der Erbunwürdige nicht zwingend (AnwK/*Kroiß* Rn 3), uU kann die Erfüllung aber eine grobe Unbilligkeit bedeuten (§ 1381 I).

§ 2345 Vermächtnisunwürdigkeit; Pflichtteilsunwürdigkeit

(1) ¹Hat sich ein Vermächtnisnehmer einer der in § 2339 Abs. 1 bezeichneten Verfehlungen schuldig gemacht, so ist der Anspruch aus dem Vermächtnis anfechtbar. ²Die Vorschriften der §§ 2082, 2083, 2339 Abs. 2 und der §§ 2341, 2343 finden Anwendung.
(2) Das Gleiche gilt für einen Pflichtteilsanspruch, wenn der Pflichtteilsberechtigte sich einer solchen Verfehlung schuldig gemacht hat.

1 **A. Geltendmachung.** Wie der Erbe kann auch der Vermächtnisnehmer oder Pflichtteilsberechtigte als nur schuldrechtlich Berechtigter erbunwürdig sein. Die Geltendmachung erfolgt durch formlose **Anfechtungserklärung** des Berechtigten (§ 2341) ggü dem Unwürdigen (§ 143 I, IV 1). Sie ist in einer Klageerhebung idR enthalten, wenn der Vermächtnisnehmer oder Pflichtteilsberechtigte zugleich Erbe ist (MüKo/*Helms* Rn 5). Die Erklärung hat in der Frist des § 2082 zu erfolgen. Für ihren Beginn kommt es nicht auf Beweisbarkeit, sondern lediglich auf zuverlässige Kenntnis vom Anfechtungsgrund an (MüKo/*Helms* Rn 4). Nach Ablauf der Frist kann die Unwürdigkeit noch einredeweise geltend gemacht werden (I 2 iVm § 2083). § 2345 gilt nicht für eine Tat des Vermächtnisnehmers gegen den Erben (BGH FamRZ 62, 256, 257). Ggü einem Auflagenbegünstigten (§§ 2192 ff), der sich einer Verfehlung iSv § 2339 Nr 1–4 schuldig gemacht hat, bleibt nur Anfechtung nach §§ 2078, 2083.

2 **Anfechtbare Ansprüche** sind auch die gesetzlichen Vermächtnisse (Voraus, § 1932; Dreißigster, § 1969) und nicht vollzogene Schenkungen vTw (§ 2301 I). Beim Pflichtteilsberechtigten (II) sind neben dem Pflichtteilsanspruch auch der Pflichtteilsrestanspruch (§§ 2305, 2307) und der Pflichtteilsergänzungsanspruch gegen den Erben oder Beschenkten (§ 2325 ff) anfechtbar (Staud/*Olshausen* Rn 4, 5, 7).

3 **B. Wirkung.** Die Wirkung der Anfechtung folgt aus § 142 I. Der Anspruch des Unwürdigen wird rückwirkend beseitigt. Ein Ersatzvermächtnisnehmer (§ 2190), wenn er bestimmt ist, erwirbt das Vermächtnis. Einem bestimmten Mitvermächtnisnehmer wächst es an (§§ 2158 f). Fehlt es an beiden, erlischt es. Eine Pflichtteilsunwürdigkeit hat nur eigene Bedeutung, wenn der Unwürdige enterbt, ihm aber nicht der Pflichtteil entzogen wurde. Eine Folge ist, dass die in § 2309 benannten entfernteren Pflichtteilsberechtigten ihren Pflichtteil verlangen können (AnwK/*Kroiß* Rn 8). Das sollte auch gelten, wenn die Unwürdigkeit nach Fristablauf nur einredeweise geltend gemacht wird (RGRK/*Kregel* Rn 2; Brox ErbR Rn 290; aA MüKo/*Helms* Rn 8; Staud/*Olshausen* Rn 18).

Abschnitt 7 Erbverzicht

§ 2346 Wirkung des Erbverzichts, Beschränkungsmöglichkeit

(1) ¹Verwandte sowie der Ehegatte des Erblassers können durch Vertrag mit dem Erblasser auf ihr gesetzliches Erbrecht verzichten. ²Der Verzichtende ist von der gesetzlichen Erbfolge ausgeschlossen, wie wenn er zur Zeit des Erbfalls nicht mehr lebte; er hat kein Pflichtteilsrecht.
(2) Der Verzicht kann auf das Pflichtteilsrecht beschränkt werden.

A. Zweck. Der Erb- und insbes der Pflichtteilsverzicht eröffnen dem Erblasser ein Stück weiterer Testierfreiheit (BGH NJW-RR 91, 1610; vgl § 2303 Rn 2) und die Möglichkeit, zu Lebzeiten durch Vertrag mit dem Verzichtenden die Erbfolge und Nachlassverteilung an die individuellen Verhältnisse anzupassen. Praktisch relevant sind insbes Regelungen der Vermögensnachfolge zu Lebzeiten, der Ausschluss des Ehegatten bzw Lebenspartners iSv § 1 LPartG von der Erbfolge, die Abfindung nichtehelicher oder erstehelicher Kinder sowie Regelungen zur Sicherung des Unternehmensfortbestands (Staud/*Schotten* Einl zu §§ 2346 ff Rn 3). Der Verzicht ist zudem bedeutend, wenn der Erblasser eine Enterbung oder einen Widerruf einer letztwilligen Zuwendung (zB wegen Geschäftsunfähigkeit, vgl § 2347 II 2) nicht aussprechen kann. Der Verzicht lässt sich auf den Pflichtteil (II) oder ein Vermächtnis bzw eine letztwillige Zuwendung (§ 2352) beschränken. Zur schuldrechtlichen Verpflichtung ggü dem Erben auszuschlagen s § 2302. **Grenzen:** Der Verzicht unterliegt einer Inhaltskontrolle. Dabei sind in einer Gesamtschau alle objektiven und subjektiven individuellen Verhältnisse zu berücksichtigen. Die Wirksamkeit eines Verzichts ist insbes nach dem Maßstab der §§ 134, 138, seine Geltendmachung am Maßstab des § 242 zu beurteilen. Zur **Form** s § 2348. 1

B. Rechtsnatur. Der Erb- und Pflichtteilsverzicht ist ein abstrakter erbrechtlicher Verfügungsvertrag (BGH NJW 57, 1187, 1188; Staud/*Schotten* Einl Zu §§ 2346 ff Rn 15). Damit der künftige Erblasser über die Verteilung seines Vermögens mitentscheiden kann, ist der Verzicht als Vertrag und nicht als einseitige Willenserklärung konzipiert. Der Erbverzicht ist erbrechtlich (BayObLG FamRZ 95, 964, 965), denn in ihm verfügt der Verzichtende mit unmittelbarer Wirkung über seine Rechtsposition in der Weise, dass er nicht Erbe, Vermächtnisnehmer oder Zuwendungsempfänger wird (MüKo/*Strobel* Rn 2). Er wird behandelt, als hätte er zur Zeit des Erbfalls nicht gelebt (I 2). Die Wirkungen des Erbverzichts als abstraktes Rechtsgeschäft (BGH NJW 62, 1910, 1912) treten unabhängig von einem ihm zu Grunde liegenden Kausalverhältnis (Rn 12 ff) ein (BaRoth/*Mayer* Rn 2; Soergel/*Damrau* Rn 1). Er ist kein gegenseitiger Vertrag iSd §§ 320 ff (BayObLG FamRZ 95, 964, 965). Er ist, wenn er unentgeltlich erfolgt, eine Schenkung iSd BGB, so dass Anfechtung nach § 129 ff InsO ausscheidet (MüKo/*Strobel* Rn 5). Der Erbverzicht ist ferner ein Rechtsgeschäft unter Lebenden auf den Todesfall, keine Verfügung vTw (BayObLGZ 81, 30, 34), so dass grds die Vorschriften des Allgemeinen Teils gelten. Daher erfolgt die Auslegung nach §§ 133, 151 (BayObLG Rpfleger 84, 191; Sonderbestimmung: § 2350), die Behandlung von Willensmängeln gem §§ 116 ff, die Anfechtung gem §§ 119 ff (Rn 15) und wird die Teilnichtigkeit nach § 139 beurteilt (MüKo/*Strobel* Rn 4). Nach dem Eintritt des Erbfalls kann ein Erbverzicht nicht mehr erfolgen (Kobl FamRZ 93, 1498; Schlesw NJW-RR 97, 1092, 1093). 2

C. Persönliche Voraussetzungen. Nur Verwandte des Erblassers oder sein Ehegatte (bzw Lebenspartner, § 10 VII LPartG) können auf ihr gesetzliches Erb- und/oder Pflichtteilsrecht verzichten. Nicht erforderlich ist, dass der Verzichtende schon bei Vertragsschluss pflichtteilsberechtigt oder nächstberufener Erbe ist; er kann schon vor einer Eheschließung (zum Verlobten bzw zum Versprechenden iSd § 1 III LPartG vgl § 2347 I 1) oder Adoption auf das erst entstehende Erbrecht verzichten (Hamm Rpfleger 52, 89). Beschränkungen güterrechtlicher Art (vgl § 1365) sowie die Eröffnung eines Insolvenzverfahrens stehen einem Verzicht nicht entgegen. Insoweit ist auch keine Zustimmung des Ehegatten bzw Insolvenzverwalters nötig (Staud/*Schotten* Rn 8). 3

D. Vertragspartner. Vertragspartner des Verzichtenden muss der künftige Erblasser sein (I 1; s a § 2347 II). Er muss **noch leben**, wenn der Verzicht geschlossen (BGH NJW 62, 1910, 1913) und wirksam (Staud/*Schotten* Rn 19) wird. Das gilt auch für den Pflichtteilsverzicht (BGH NJW 97, 521, 522; *Pentz* MDR 98, 88; krit AnwK/*Ullrich* Rn 5; BaRoth/*Mayer* Rn 2; *Muscheler* JZ 97, 853, 855). Ein nachträglicher Erbverzicht kann als Ausschlagung, Übertragung des Erbteils (§ 2033) oder der Erbschaft auf den Vertragsgegner umzudeuten (§ 140) sein (MüKo/*Strobel* Rn 10). Ein nachträglicher Verzicht auf den entstandenen Pflichtteil ist ein (formlos möglicher) Erlass (§ 397). 4

Der Verzicht kann nicht ggü einem begünstigten Dritten erklärt werden (Staud/*Schotten* Rn 10); zu schuldrechtlichen Verträgen zwischen künftigen Erben vgl § 311 b V. Nur auf den Erbfall, der durch den Tod derjenigen Person eintritt, mit welcher der Verzichtende den Vertrag geschlossen hat, kann sich der Verzicht beziehen (Frankf FamRZ 95, 1450, 1451). Ein Verzichtsvertrag mit dem Inhalt, dass der Verzichtende auch in allen weiteren Erbfällen, die in Bezug zu dem Vertragspartner stehen, ausgeschlossen sein soll, ist nicht möglich (BayObLG Rpfleger 05, 431). 5

6   **E. Gegenstand.** Gegenstand des **Erb**verzichts ist das gesetzliche Erbrecht. Er kann aber **eingeschränkt** werden, zB auf das Pflichtteilsrecht beschränkt (**II**) oder umgekehrt beim Verzicht auf das gesetzliche Erbrecht der Pflichtteil vorbehalten werden (BayObLGZ 81, 30, 33). Zulässig ist es auch, nur auf einen ideellen Bruchteil des gesetzlichen Erbrechts (Staud/*Schotten* Rn 41) zu verzichten, den Verzicht befristet (Staud/*Schotten* Rn 55) oder (aufschiebend oder auflösend) bedingt zu vereinbaren (vgl § 2350; BayObLG NJW 95, 22), oder als Unterwerfung unter eine Beschränkung (zB Nacherbeneinsetzung, Anordnung einer Testamentsvollstreckung) oder Beschwerung (Vermächtnis, Auflage) des Erb- oder Pflichtteils auszugestalten (Staud/*Schotten* Rn 52).

7   Auch der **Pflichtteils**anspruch als Geldforderung lässt sich beschränken, zB auf einen bestimmten Fest- oder Höchstbetrag, durch Anordnung einer bestimmten Berechnungsmethode oder bestimmter (Buch)Werte, durch Stundung oder Ausklammerung einzelner oder einen Inbegriff von Nachlassgegenständen, auf Auszahlung in Raten, durch Anrechnung an sich nicht anrechnungspflichtiger Zuwendungen oder auch einen auf einen ideellen Bruchteil oder den Ergänzungs- oder Restpflichtteil (§§ 2325, 2305) beschränkten Verzicht (MüKo/*Strobel* Rn 20; Staud/*Schotten* Rn 49–53). Der Hoferbe kann isoliert auf sein Hofrecht (analog § 11 HöfeO) verzichten oder umgekehrt den Verzicht auf das hoffreie Vermögen beschränken (Oldbg FamRZ 98, 645, 646).

8   **Nicht zulässig** ist der **Erb**verzicht nur auf einzelne oder einen Inbegriff von Nachlassgegenständen (MüKo/*Strobel* Rn 14), ferner auf den Voraus (§ 1932) oder den Dreißigsten sowie den Ausbildungsanspruch nach § 1371 IV (§ 1969; vgl BaRoth/*Mayer* Rn 13; MüKo/*Strobel* Rn 17; aA Staud/*Schotten* Rn 43–45). Ferner kann der Erbverzicht nicht unter den Vorbehalt des Widerrufs oder Rücktritts gestellt werden (BayObLG NJW 58, 344).

9   **F. Wirkung.** Durch den **Erb**verzicht fällt der Berufungsgrund zur Erbschaft weg (vgl **I 2**; Ddorf FamRZ 00, 856). Der Verzichtende wird nicht Erbe, es sei denn, der Erblasser trifft anderweitige letztwillige Anordnungen, zB in Form der Erbeinsetzung (vgl BGHZ 30, 261, 267) oder des Vermächtnisses. Ein Pflichtteilsberechtigter, der verzichtet, hat idR auch kein Pflichtteilsrecht (I 2 Hs 2). Er wird iSd § 2310 nicht mitgezählt und bleibt bei § 2316 I 2 außer Betracht.

Der Erbverzicht ändert unmittelbar die gesetzliche Erbfolge. Er umfasst alle Ansprüche aus der gesetzlichen Erbfolge, also auch einen durch den Verzicht erhöhten Teil (vgl § 1935). Damit erhöht sich der Erbteil von Miterben (§ 1935) bzw die Pflichtteilsquote anderer Berechtigter (§ 2310 S 2, s auch § 2316 I 2), die durch den Verzicht auch erst entstehen kann (vgl Celle FamRZ 98, 774). Diese Folgen sind in der Praxis oft nicht gewollt. Im Fall des § 2349 erstreckt sich der Verzicht auf den ganzen Stamm. Der Erbverzicht eines Ehegatten ggü dem anderen lässt den Anspruch auf den Voraus aus § 1932 entfallen. Der verzichtende Ehegatte, der in Zugewinngemeinschaft lebt, kann aber güterrechtlichen Zugewinnausgleich nach § 1371 II verlangen, wenn er weder als Erbe berufen noch ihm ein Vermächtnis hinterlassen ist, nicht aber den erhöhten Erbteil (§ 1371 I). Hat er sich den **Pflichtteil vorbehalten**, hat er daneben Anspruch auf den kleinen Pflichtteil (§ 1371 II) und ggf Ansprüche nach §§ 2305, 2307 (Soergel/*Damrau* Rn 16). Durch Verzicht eines zur gesetzlichen Erbfolge berufenen Hausangehörigen entfällt der Anspruch aus § 1969 (MüKo/*Strobel* Rn 31; aA Staud/*Schotten* Rn 25). Nach hM erfasst ein vorbehaltloser Erb- oder Pflichtteilsverzicht auch den nachehelichen Unterhaltsanspruch nach §§ 1586 b, 1933 S 3, wenn beim Erbverzicht der Pflichtteil nicht vorbehalten ist (Palandt/*Edenhofer* § 1933 Rn 9; *Dieckmann* FamRZ 99, 1929; aA BaRoth/*Mayer* Rn 21; Staud/*Schotten* Rn 66 f, 76).

10 Wird **nur** auf den **Pflichtteil** (II) verzichtet, entsteht kein Pflichtteilsanspruch oder Ansprüche nach §§ 2305, 2325. Daher besteht bei der güterrechtlichen Lösung kein Anspruch auf den Pflichtteil (MüKo/*Strobel* Rn 33). Entsprechendes gilt für den in Zugewinngemeinschaft lebenden Lebenspartner (§§ 6 S 2, 10 VI LPartG). Das gesetzliche Erbrecht bleibt jedoch bestehen (Staud/*Schotten* Rn 74). Da der Erblasser insoweit frei verfügen kann, erlangt er durch den Pflichtteilsverzicht in Bezug auf den Verzichtenden volle Testierfreiheit. Der Verzichtende wird bei den §§ 2310, 2316 mitgezählt (Staud/*Schotten* Rn 77). Daher verringert der bloße Pflichtteilsverzicht die Pflichtteilslast des Erben.

11 Stirbt der Verzichtende vor dem Erblasser, hat der Verzicht keine Wirkungen, es sei denn, der Verzicht erstreckt sich auch auf die Abkömmlinge des Verzichtenden (§ 2349). Auch ein solcher Verzicht kann nach dem Tod des Erblassers nicht mehr aufgehoben werden (BGH NJW 98, 3117; Soergel/*Damrau* § 2351 Rn 5; aA Staud/*Schotten* Rn 97 d).

12 **G. Kausalgeschäft.** Der Erbverzicht als abstraktes Rechtsgeschäft (Rn 2) bedarf eines Verpflichtungsgeschäfts als Rechtsgrund, um kondiktionsfest zu sein (BGH NJW 97, 653; Staud/*Schotten* Rn 115). Die Rechtsgeschäfte sind in ihrem Bestand jedoch voneinander unabhängig (AnwK/*Ullrich* Rn 23). Analog § 2348 bedarf auch das Kausalgeschäft der notariellen Beurkundung (Staud/*Schotten* Rn 119). Nur selten wird der Erbverzicht **ohne Gegenleistung** für den Verzichtenden erklärt werden. Der unentgeltliche Erbverzicht ist ein unentgeltliches Rechtsgeschäft eigener Art, weil der Anwärter weder dem künftigen Erblasser noch einem Dritten als Begünstigten etwas iSd § 516 ff schenkt, da diese durch den Verzicht nicht bereichert werden (Staud/*Schotten* Rn 120 f). IdR wird eine **Abfindung** als Entgelt für den Erbverzicht des Anwärters vereinbart. Weil sie als Surrogat für einen unentgeltlichen Erwerb vTw gezahlt wird, ist sie eine unentgeltliche Zuwendung (BGH

NJW 91, 1610; Staud/*Schotten* Rn 124; aA Soergel/*Damrau* Rn 3: entgeltlicher Vertrag) und idR Schenkung iSd BGB (str; Staud/*Schotten* Rn 128; vgl § 2325 Rn 17 ff). Die Abfindung kann eine Zuwendung vTw, zB ein mit erbvertraglicher Bindung ausgesetztes Vermächtnis, sein (BayObLG FamRZ 95, 964, 965). Das Versprechen einer letztwilligen Zuwendung als Gegenleistung ist nach § 2302 nichtig, wird die Verfügung vTw nicht zeitgleich errichtet (Staud/*Schotten* Rn 142).

Meistens wird als Abfindung eine Zuwendung unter Lebenden versprochen und liegt ihr und dem Erbverzicht ein **gegenseitiger Vertrag** iSd § 320 ff zu Grunde, der durch selbstständige Vollzugsgeschäfte erfüllt wird (BGH NJW 97, 653; Staud/*Schotten* Rn 122). Der Erblasser hat die Gegenleistung, also ggf die Abfindung, zu leisten. Ansonsten kann zu seinen Lebzeiten der Verzichtende nach § 323 zurücktreten und daneben (§ 325) bei Vorsatz oder grober Fahrlässigkeit (§ 521) Schadensersatz geltend machen. Der Erblasser, der nicht vorleistungspflichtig ist, kann gem § 320 I die Leistung verweigern und, gerichtlich nach § 894 ZPO durchsetzbar, Erfüllung durch Erklärung des Verzichts verlangen (BGH NJW 62, 1910, 1913). Durch den formwirksam (§ 2348) geschlossenen Erbverzichtsvertrag wird ein ggf formunwirksames Grundgeschäft geheilt (analog § 311 b I 2). Stirbt der Erblasser oder Anwärter vor Abschluss des Verzichtsvertrags, wird der andere Vertragspartner von seiner Verpflichtung gem § 275 frei und verliert seinen Anspruch auf die Gegenleistung gem § 326 I 1. Ist dem Anwärter schon die Abfindung geleistet worden, kann von ihm bzw seinen Erben Rückzahlung nach §§ 326 IV, 346 ff verlangt werden. Im Fall des § 324 besteht ein Recht zum Rücktritt vom Kausalgeschäft. Ein solches Recht kann vertraglich vereinbart, aber nur zu Lebzeiten des Erblassers ausgeübt werden (MüKo/*Strobel* Rn 23; Staud/*Schotten* Rn 156; aA BayObLG NJW 58, 344, 345; Palandt/*Edenhofer* Überbl v § 2346 Rn 12). Bei Rücktritt hat der Erblasser an der Aufhebung eines geschlossenen Verzichtsvertrags (§ 2351) mitzuwirken. Nach dem Tod des Erblassers oder des Verzichtenden ist ein Aufhebungsvertrag ausgeschlossen (BGH NJW 98, 3117), so dass Wertersatz nach § 346 II 1 Nr 1 geschuldet wird (Staud/*Schotten* Rn 159 f; s a Kobl FamRZ 93, 1498, 1499).

Ist das Kausalgeschäft **nichtig** und erfasst die Nichtigkeit aufgrund Fehleridentität auch das Verfügungsgeschäft, ist auch der Verzicht nichtig. Ist nur das Kausalverhältnis nichtig, sind die gegenseitig erbrachten Leistungen (zB die Abfindung) nach §§ 812 I 1, 818 ff zurückzugewähren. Der Erblasser hat an der Aufhebung eines vereinbarten Erb- oder Pflichtteilsverzichts (§ 2351) mitzuwirken. Nach Tod eines Vertragspartners kann der Verzicht nicht mehr aufgehoben werden, so dass für die erlangte vorteilhafte Rechtsstellung Wertersatz gem § 818 II zu leisten ist (MüKo/*Strobel* Rn 24; Staud/*Schotten* Rn 183 f; aA Soergel/*Damrau* Rn 4; Palandt/*Edenhofer* Überbl v § 2346 Rn 11). Eine **Anfechtung** des **Kausal**geschäfts ist nach den allgemeinen Vorschriften (§§ 119, 123) möglich; zB gem § 119 II, wenn ein Irrtum über wesentliche wertbildende Faktoren des gegenwärtigen Erblasservermögens vorlag und eine Berechnungsgrundlage war (Staud/*Schotten* Rn 177 f). Ist eine Aufhebung des Verzichts dann nicht mehr möglich (Rn 15), kommt ein schuldrechtlicher Ersatzanspruch in Betracht (Kobl FamRZ 93, 1498, 1499). In krassen Fällen (Staud/*Schotten* Rn 191) ist noch nach dem Erbfall Anpassung (nicht: Rücktritt) des schuldrechtlichen Abfindungsvertrags in Folge **Wegfalls der Geschäftsgrundlage** (§ 313) möglich (str, BGH NJW 97, 653, 654; 99, 789, 790; Hamm ZEV 00, 509; BaRoth/*Mayer* Rn 33; Palandt/*Edenhofer* Überbl v § 2346 Rn 8, 11; zum isolierten Pflichtteilsverzicht s § 2351 Rn 2). Allein, dass sich die Vermögensverhältnisse der Vertragspartner zwischen Vertragsschluss und Erbfall geändert haben, genügt nicht (BGH ZEV 97, 69, 70). Auch kann eine Abfindung nicht zurückgefordert werden, weil der Verzichtende vor dem Tod des Erblassers als Erbe wegfällt. Es ist stets der Risikocharakter des Geschäfts zu berücksichtigen. Verfügungs- und Kausalgeschäft können in einen **Bedingungszusammenhang** (§ 158) gestellt werden (BGH NJW 62, 1910, 1912). Eine solche Bedingung wird selbst dann nicht vermutet, wenn Verzicht und Abfindung in einer Urkunde erklärt werden (BayObLG FamRZ 95, 964, 965; Staud/*Schotten* Rn 154; aA Erman/*Schlüter* Vor § 2346 Rn 3), sondern es bedarf dazu Anhaltspunkte im Wortlaut der Urkunde. Auch kann die Leistung der Abfindung als (aufschiebende oder auflösende) Bedingung für die Wirksamkeit des Verzichts vereinbart werden (Staud/*Schotten* Rn 153). Die Parteien können den Verzicht als Verfügungsgeschäft auch mit dem Kausalgeschäft zu einem **einheitlichen Geschäft** verbinden, so dass analog § 139 die Unwirksamkeit des einen Teils auch den anderen Teil erfasst (MüKo/*Strobel* Rn 27; aA Staud/*Schotten* Rn 151). Für die Einheitlichkeit der Rechtsgeschäfte besteht eine tatsächliche Vermutung, wenn sie in einer Urkunde aufgenommen sind (Bambg OLGR 98, 169; MüKo/*Strobel* Rn 27).

H. Anfechtung. Die Anfechtung des Erbverzichts richtet sich nach §§ 119, 123 (BGH WPM 80, 876; Kobl FamRZ 93, 1498, 1499). Daher ist ein Motivirrtum anders als nach § 2078 II unbeachtlich (Dresden OLGE 34, 315). Als Verfügungsgeschäft ist er nur zu Lebzeiten des Erblassers anfechtbar (Ddorf FamRZ 98, 704, 705; Schlesw ZEV 98, 28, 30; Celle ZEV 04, 156; aA *Damrau* ZEV 04, 157; *Mankowski* ZEV 98, 33).

I. Steuer. Beim unentgeltlichen Verzicht ggü dem Erblasser (§ 2346 II) fällt keine Erbschaftsteuer an. Abfindungen für einen Pflichtteilsverzicht sind als Schenkungen unter Lebenden gem § 7 I Nr 5 ErbStG steuerpflichtig, wobei es auf das Verhältnis zwischen Verzichtendem und dem Erblasser ankommt. Schenkungsteuer fällt dann bereits mit dem Erwerb der Abfindung an (*Moench* § 7 ErbStG Rn 214). Für die Abfindung für den Verzicht auf einen entstandenen Pflichtteilsanspruch gilt § 3 II Nr 4 ErbStG. Als sonstige Nachlassverbindlichkeit kann die Abfindung gem § 10 V Nr 3 ErbStG vom Erwerb des Zugewendeten abgezogen werden

(FA-ErbR/*Walpert* Kap 11 Rn 76, 244). Der Verzicht nach dem Erbfall, aber vor Geltendmachung des Pflichtteilsanspruchs führt nach § 13 I Nr 11 ErbStG zur Steuerfreiheit, nach Geltendmachung nicht mehr. Dann ist der schenkweise Verzicht eine nach § 7 I Nr 1 ErbStG steuerpflichtige Zuwendung (Moench/*Kein-Hümbert* § 13 ErbStG Rn 68).

§ 2347 Persönliche Anforderungen, Vertretung

(1) ¹Zu dem Erbverzicht ist, wenn der Verzichtende unter Vormundschaft steht, die Genehmigung des Vormundschaftsgerichts erforderlich; steht er unter elterlicher Sorge, so gilt das Gleiche, sofern nicht der Vertrag unter Ehegatten oder unter Verlobten geschlossen wird. ²Die Genehmigung des Vormundschaftsgerichts ist auch für den Verzicht durch den Betreuer erforderlich.
(2) ¹Der Erblasser kann den Vertrag nur persönlich schließen; ist er in der Geschäftsfähigkeit beschränkt, so bedarf er nicht der Zustimmung seines gesetzlichen Vertreters. ²Ist der Erblasser geschäftsunfähig, so kann der Vertrag durch den gesetzlichen Vertreter geschlossen werden; die Genehmigung des Vormundschaftsgerichts ist in gleichem Umfang wie nach Absatz 1 erforderlich.

1 **A. Zweck.** Die Norm regelt Anforderungen an die Geschäftsfähigkeit der Vertragsparteien, die Möglichkeit der Stellvertretung beim (teilweisen) Erbverzicht sowie inwieweit vormundschaftliche Genehmigung erforderlich ist. Sie gilt für alle Arten von Erbverzichtsverträgen, II 1 aber nicht darüber hinaus für schuldrechtliche Verträge (Staud/*Schotten* Rn 3 f). § 2347 I gilt analog für Verträge, die eine Verpflichtung zum Abschluss eines Erb- oder Zuwendungsverzichts beinhalten, nicht aber bei einer Vereinbarung zwischen einem Erblasser und seinem minderjährigen Abkömmling, die sich nur wirtschaftlich nachteilig auf dessen späteren Pflichtteilsanspruch auswirken kann (BGH NJW 57, 1187).

2 **B. Rechtslage beim Verzichtenden (I).** Er kann nach allgemeinen Regeln vertreten werden. Er muss den Verzichtsvertrag nicht persönlich schließen. Die Vollmacht bedarf nicht der Form des § 2348, vgl § 167 II. Ist er geschäftsunfähig (§ 104), muss der gesetzliche Vertreter (zB Eltern, Vormund, im Fall der §§ 1896 II, 1902 Betreuer) handeln. Ist er beschränkt geschäftsfähig (§ 106), kann er selbst mit Einwilligung des gesetzlichen Vertreters oder dieser als Vertreter den Verzichtsvertrag schließen. Bei fehlender Einwilligung kann seine Verzichtserklärung nur bis zum Tod des Erblassers bzw bis zum Tod des Verzichtenden genehmigt werden (Staud/*Schotten* Rn 11); s a § 108 III. Handlungen eines Vertreters ohne Vertretungsmacht kann er genehmigen, wobei seine Genehmigungserklärung dem Erblasser noch zu Lebzeiten zugehen muss (§ 130 I 1) muss (BGH NJW 78, 1159); § 130 II Alt 1 gilt nicht (Staud/*Schotten* Rn 9). Verzichtsverträge iSd §§ 2346, 2352 bedürfen der Genehmigung des VormGs, wenn ein bestellter Betreuer den Verzicht erklärt hat (I 2), für den Verzichtenden Vormundschaft (§ 1773) oder Ergänzungspflegschaft angeordnet (§ 1909) ist oder er unter elterlicher Sorge steht und der Verzichtsvertrag nicht unter Ehegatten oder Verlobten geschlossen wird (I 1). Die Genehmigung muss im Zeitpunkt des Erbfalls wirksam sein (BGH aaO).

3 **C. Rechtslage beim Erblasser (II).** Er muss grds persönlich handeln. Vertretung im Willen oder in der Erklärung ist ausgeschlossen; auch beim Erbverzicht im Rahmen eines gerichtlichen Vergleichs (RGZ 48, 183, 190 f; BGH FamRZ 60, 28, 30). Im Anwaltprozess müssen die Erklärungen des Erblassers und des Anwalts vorliegen (BayObLG NJW 65, 1276). Der beschränkt geschäftsfähige Erblasser (§ 106) bedarf nicht der Zustimmung seines gesetzlichen Vertreters (II 1 Hs 2) oder des VormGs, da er durch den Verzicht nur einen Vorteil erlangt. Für den Geschäftsunfähigen (§ 104) handelt sein gesetzlicher Vertreter. Für die erforderliche vormundschaftliche Genehmigung verweist II 2 Hs 2 auf I. Bei Betreuung (§ 1896) kann ein EV nicht angeordnet werden (§ 1903 II). Ist die Geschäftsfähigkeit des Erblassers zweifelhaft, sollte der Verzicht von ihm und seinem Betreuer abgeschlossen werden.

4 **D. Wirkung.** Ist der Erbverzichtsvertrag entgegen II nicht persönlich abgeschlossen worden, ist er nichtig (§ 125 S 1).

§ 2348 Form

Der Erbverzichtsvertrag bedarf der notariellen Beurkundung.

1 **Notarielle Beurkundung** (§ 128) ist zum Schutz (vgl § 17 BeurkG) und zur Warnung der Beteiligten sowie zur Sicherung der Beweisbarkeit angeordnet. Ein Prozessvergleich ersetzt gem § 127a die Beurkundungsform; das Erfordernis persönlicher Anwesenheit (§ 2347 II 1) besteht aber auch hier. Die Parteien müssen bei der notariellen Beurkundung nicht gleichzeitig anwesend sein. Es kann zunächst die eine Partei den Antrag, dann die andere ihre (idR nicht empfangsbedürftige) Annahme beurkunden lassen (§ 128; Staud/*Schotten* Rn 12, 14); § 152 gilt. Das Formerfordernis gilt für Erbverzichtsverträge aller Art, zB beim (teilweisen) Verzicht auf das gesetzliche Erbrecht, den Pflichtteil, letztwillige Zuwendungen (§ 2352) und entsprechende Aufhebungs-

verträge (§ 2351). Der Erbverzicht kann mit anderen Verträgen, insbes einem Erbvertrag (vgl § 34 II Hs 2 BeurkG), verbunden werden. Das Formerfordernis gilt aber auch, wenn in der Urkunde zugleich andere, nicht formbedürftige Rechtsgeschäfte mitbeurkundet werden. Analog gilt es für schuldrechtliche Rechtsgeschäfte, die zum Abschluss eines Erbverzichts verpflichten oder für einen schuldrechtlichen Verzicht, das Pflichtteilsrecht geltend zu machen (KG OLGZ 74, 263). Ferner ist eine Vereinbarung formbedürftig, in der der Erbverzicht an eine Bedingung geknüpft wird (BGH NJW 62, 1910). Verstöße gegen das Formgebot führen zur **Nichtigkeit** (§ 125). Ein danach nichtiges Grundgeschäft wird durch den nachfolgend abgeschlossenen Erbverzicht geheilt (analog §§ 311 b I 2, 518 II, 766 S 2, 15 IV GmbHG). Der abstrakte Verzichtsvertrag wird nicht nach § 311 b I 2 geheilt (Ddorf FamRZ 02, 1147, 1148). Ggf ist Umdeutung (§ 140) in eine letztwillige Verfügung möglich. Die Form der Beurkundung richtet sich nach §§ 8 ff **BeurkG**.

Der Erbverzicht muss **ausdrücklich** erklärt werden oder sich zuverlässig aus dem Inhalt des Vertrags ergeben (Hamm FamRZ 96, 1176; Staud/*Schotten* Rn 7). Der BGH ist hiervon im Einzelfall weit abgerückt, indem er einen **stillschweigenden Verzicht** eines Kindes auf sein Pflichtteilsrecht nach dem erstverstorbenen Elternteil mangels entgegenstehender Umstände annahm, als sich die Eltern als Ehegatten in einem Erbvertrag als Alleinerben einsetzten und das gemeinsame Kind, das Vertragspartner des Erbvertrags war, zum Schlusserben bestimmten (NJW 57, 422). Auch könne in einem notariell beurkundeten gemeinschaftlichen Testament ein stillschweigender Erb- oder Pflichtteilsverzicht eines Ehegatten enthalten sein. Darauf deute hin, dass Ehegatten ihre Vermögen auch für die Zeit nach ihrem Tod getrennt halten wollten (BGH NJW 77, 1782; s a Ddorf MittBayNot 99, 574, 576). Eine solche Auslegung setzt voraus, dass die Grundsätze der Andeutungstheorie und der ergänzenden Auslegung beachtet werden (BaRoth/*Mayer* § 2346 Rn 8; krit MüKo/*Strobel* Rn 8; Staud/*Schotten* § 2346 Rn 13 ff). Zur Gewährleistung der Rechtssicherheit und wegen der Formstrenge im Erbrecht kann ein Verzicht allenfalls in äußersten Ausnahmefällen auf § 242 gestützt werden. 2

§ 2349 Erstreckung auf Abkömmlinge

Verzichtet ein Abkömmling oder ein Seitenverwandter des Erblassers auf das gesetzliche Erbrecht, so erstreckt sich die Wirkung des Verzichts auf seine Abkömmlinge, sofern nicht ein anderes bestimmt wird.

Die Ausschlusswirkung (§ 2346 I 2) erstreckt sich beim Verzicht durch Abkömmlinge (auch nichteheliche Kinder und Adoptivkinder) oder Seitenverwandte des Erblassers idR auch auf deren Abkömmlinge. Der Verzichtende verfügt wegen der von Gesetzes wegen angeordneten Wirkung über das selbstständige künftige Erbrecht seiner Abkömmlinge, ohne dass es auf deren Zustimmung oder darauf, ob sie minderjährig oder überhaupt schon geboren sind, ankommt. Sie sind auch ausgeschlossen, wenn der Verzichtende vor dem Erbfall stirbt (Staud/*Schotten* Rn 1). Der Ausschluss des ganzen Stamms von der Erbfolge korrespondiert mit dem Vorteil einer Abfindung, die idR dem ganzen Stamm zu Gute kommt. Die Erstreckung gilt aber auch, wenn im Einzelfall keine Abfindung gezahlt wird. Sie tritt auch beim reinen Pflichtteilsverzicht ein. Durch Aufhebung des Erbverzichts (§ 2351) lebt das Erbrecht der Abkömmlinge wieder auf. 1

Die Wirkung tritt **nicht** ein, wenn der Verzichtende kein Abkömmling oder Seitenverwandter ist, zB beim Verzicht des Ehegatten oder des Vorfahren, oder wenn etwas (ggf nur bezüglich einzelner Abkömmlinge) anderes vereinbart oder ein Abkömmling vom Erblaser letztwillig bedacht wurde (BGH NJW 98, 3117), und beim Zuwendungsverzicht (§ 2352). 2

§ 2350 Verzicht zugunsten eines anderen

(1) Verzichtet jemand zugunsten eines anderen auf das gesetzliche Erbrecht, so ist im Zweifel anzunehmen, dass der Verzicht nur für den Fall gelten soll, dass der andere Erbe wird.
(2) Verzichtet ein Abkömmling des Erblassers auf das gesetzliche Erbrecht, so ist im Zweifel anzunehmen, dass der Verzicht nur zugunsten der anderen Abkömmlinge und des Ehegatten des Erblassers gelten soll.

A. Geltungsbereich. Die Auslegungsregel gilt für einen Erbverzicht, der nicht ohne jede Bedingung, sondern zugunsten bestimmter Personen erklärt wird (relativer Erbverzicht). Sie ist nicht anwendbar auf den bloßen Pflichtteilsverzicht (§ 2346 II) oder auf den Zuwendungsverzicht (§ 2352; MüKo/*Strobel* Rn 3; aA für I Staud/*Schotten* § 2352 Rn 17). 1

B. Relativer Erbverzicht (I). I behandelt den erklärten relativen Erbverzicht und bestimmt, dass im Zweifel der Verzicht nur anzunehmen ist, wenn als Rechtsfolge derjenige, zugunsten dessen verzichtet wurde, Erbe wird. Der Verzicht ist aufschiebend bedingt und soll nur wirksam werden, wenn der mit ihm beabsichtigte Zweck eintritt. Tritt die Bedingung nicht ein, ist der Verzicht unwirksam. Ist er zugunsten mehrerer Begünstigter erklärt, ist er im Zweifel erst dann unwirksam, wenn sie alle weggefallen sind. Der Begünstigte kann kraft Gesetzes oder auf Grund letztwilliger Verfügung Erbe oder Miterbe werden. Er muss den ansonsten bei gesetzlicher Erbfolge dem Verzichtenden zufallenden Erbteil in voller Höhe erlangen (Staud/*Schotten* Rn 13). 2

Es genügt, ist aber nicht notwendig, dass er an die Stelle des Verzichtenden zum Ersatzerben berufen wird. Berufung zum Vorerben, nicht aber die nur zum Nacherben oder die Zuwendung eines Vermächtnisses, genügt. Auch muss der Begünstigte nicht schon ein eigenes Erbrecht haben. Die Absicht des Verzichtenden, eine bestimmte Person zu begünstigen, muss sich aus dem Verzichtsvertrag (ggf durch Auslegung) ergeben. Bestimmbarkeit des Begünstigten zur Zeit des Erbfalls genügt. Dem Willen des Verzichtenden entspricht es, dem Begünstigten den kompletten Erbteil des Verzichtenden bei gesetzlicher Erbfolge zu Gute kommen zu lassen, dh der Verzichtserklärung in Fällen des I eine übertragende Wirkung beizumessen (KG DNotZ 42, 148; RGRK/*Johannsen* Rn 6). Nach aA erlangt er nur den durch den Verzicht erhöhten Anteil, da der Erbverzicht nur eine negative Wirkung habe (MüKo/*Strobel* Rn 9; Staud/*Schotten* Rn 14). Der Begünstigte erhält demnach den vollen Erbteil nur, wenn er als Erbe eingesetzt wird. Die Rechtsstellung eines nichtbegünstigten Dritten wird durch den Verzicht nicht verändert (Oldbg FamRZ 92, 1226 f). Die **Beweislast**, dass ein relativer Erbverzicht vorliegt und der Begünstigte nicht Erbe wurde, trägt der Verzichtende.

3 **C. Verzicht des Abkömmlings.** II vermutet für die Tatbestandsseite, wann mangels Vereinbarung ein relativer Verzicht anzunehmen ist. Demnach steht der Verzicht eines Abkömmlings des Erblassers unter der aufschiebenden Bedingung, dass sein gesetzlicher Erbteil wenigstens einem (Staud/*Schotten* Rn 27) anderen Abkömmling (§ 1924), worunter auch nichteheliche Kinder oder Adoptivkinder des Erblassers fallen, oder dem Ehepartner des Erblassers zu Gute kommt. Ehegatte iSd II ist auch ein Stiefelternteil (DErbK/*Güse* Rn 4). Der Lebenspartner ist einem Ehepartner gleichgestellt (§ 10 VII LPartG). **Beweisen** muss einen von der Auslegungsregel abweichenden Willen der, der sich darauf beruft (RG LZ 1926, 1006).

§ 2351 Aufhebung des Erbverzichts

Auf einen Vertrag, durch den ein Erbverzicht aufgehoben wird, findet die Vorschrift des § 2348 und in Ansehung des Erblassers auch die Vorschrift des § 2347 Abs. 2 Satz 1 erster Halbsatz, Satz 2 Anwendung.

1 **A. Aufhebungsvertrag.** Durch einen in der Form des § 2348 geschlossenen Vertrag kann jederzeit ein zwischen den Parteien vereinbarter Erbverzicht ganz oder teilweise aufgehoben werden (BGH NJW 80, 2307, 2308). Der Aufhebungsvertrag ist wie der Erbverzicht ein abstraktes erbrechtliches Verfügungsgeschäft unter Lebenden (Staud/*Schotten* § 2346 Rn 93). Er ist auf alle Arten von Erbverzichtsverträgen einschließlich des Zuwendungsverzichts (LG Kempten MittBayNot 78, 63; MüKo/*Strobel* Rn 1; aA *Kipp/Coing* § 82 V 2) anwendbar. Ein ihm zu Grunde liegendes Kausalgeschäft bedarf der notariellen Beurkundung analog § 2348 (Staud/*Schotten* Rn 24). Solange das Kausalgeschäft zum Erbverzicht (§ 2346 Rn 12 ff) nicht erfüllt wurde, kann es formlos aufgehoben werden, danach bedarf seine Aufhebung notarieller Beurkundung.

2 **B. Parteivereinbarung.** Die Aufhebung muss durch die **Parteien** des **Erbverzichts** vereinbart werden. Der Erbverzicht kann deshalb nur zu Lebzeiten des Erblassers (§ 2347 II 1; BGH NJW 99, 798 f) und des Verzichtenden (str, BGH NJW 98, 3117) aufgehoben werden. Auch eine auf § 242 oder § 313 gestützte Rückabwicklung scheidet nach dem Erbfall aus, da das Erbrecht auf einer festen Grundlage stehen muss. Grds gilt das gleiche für den (isolierten) **Pflichtteils**verzicht (Staud/*Schotten* § 2346 Rn 96). Hier ist aber eine Rückabwicklung bzw Anpassung ausnahmsweise möglich, da es insoweit nur um einen schuldrechtlichen Anspruch geht, der die Erbfolge unberührt lässt und die Pflichtteilsrechte anderer Pflichtteilsberechtigter nicht erhöht (Nürnbg FamRZ 03, 634, 636 m krit Anm *Grziwotz* aaO 637 u Anm *Wendt* ZNotP 06, 2, 6 ff; aA Hamm ZEV 00, 57; Staud/*Schotten* § 2346 Rn 191; zum Kausalgeschäft s § 2346 Rn 14).

3 Eine Mitwirkung der Abkömmlinge, auf die sich der Verzicht gem § 2349 erstreckt, ist ebenso wenig erforderlich wie die Zustimmung des durch den Erbverzicht Begünstigten. Der beschränkt geschäftsfähige Erblasser (§ 106) hat mit Zustimmung seines gesetzlichen Vertreters persönlich zu handeln (Staud/*Schotten* Rn 9). Nur der für einen geschäftsunfähigen Erblasser (§ 104) handelnde gesetzliche Vertreter bedarf gerichtlicher Genehmigung (§ 2347 II 2; Staud/*Schotten* Rn 12). Der Verzichtende kann sich vertreten lassen (Staud/*Schotten* Rn 17). Er erlangt durch die Aufhebung nur einen rechtlichen Vorteil, so dass bei Minderjährigkeit § 107 gilt. Für den geschäftsunfähigen Verzichtenden handelt sein gesetzlicher Vertreter. Nicht möglich ist ein einseitiger **Widerruf** des Erbverzichts. Eine derartige Erklärung des Erblassers kann ggf eine letztwillige Verfügung sein, durch die dem Verzichtenden das zugewendet werden soll, auf das er verzichtet hat, (BGHZ 30, 261, 267). Das gesetzliche Erbrecht oder Pflichtteilsrecht wird dadurch aber nicht wieder hergestellt.

4 **C. Wirkung.** Der Vertrag hebt den Erb- oder Zuwendungsverzicht auf, so dass dieser keinerlei Wirkung entfaltet (BGH NJW 80, 2307). Der Verzichtende erlangt die Rechtsstellung, die er vor seinem Verzicht innehatte. Hat er auf sein gesetzliches Erbrecht verzichtet, tritt mit Aufhebung wieder gesetzliche Erbfolge ein. Er wird wieder pflichtteilsberechtigt. Ist in einem Kausalgeschäft eine Abfindung für den Verzicht vereinbart worden (§ 2346 Rn 12 ff), wird es idR zusammen mit dem Verfügungsgeschäft aufgehoben (MüKo/*Strobel* Rn 5; aA Soergel/*Damrau* Rn 6). Die Abfindung kann dann gem § 812 I 2 Alt 1 zurückgefordert werden. Ist sie bedingt (§ 2346 Rn 14), gilt § 812 I 2 Alt 2.

§ 2352 Verzicht auf Zuwendungen

¹Wer durch Testament als Erbe eingesetzt oder mit einem Vermächtnis bedacht ist, kann durch Vertrag mit dem Erblasser auf die Zuwendung verzichten. ²Das Gleiche gilt für eine Zuwendung, die in einem Erbvertrag einem Dritten gemacht ist. ³Die Vorschriften der §§ 2347, 2348 finden Anwendung.

A. Zweck/Form. Der Zuwendungsverzicht ist ein Unterfall des Erbverzichts. Wie dieser ist er ein vertragliches abstraktes Verfügungsgeschäft unter Lebenden auf den Todesfall (Staud/*Schotten* Rn 2 a). § 2352 regelt den Verzicht auf letztwillige Zuwendungen, die auf einem Testament beruhen (S 1), und auf vertragsmäßige Zuwendungen aus einem Erbvertrag, die einem Dritten gemacht wurden (S 2). Da ein Testament oder einseitige Verfügungen in einem Erbvertrag frei widerruflich (§§ 2253 I, 2299 II 1) und ein Erbvertrag durch die Parteien aufhebbar (§ 2290) ist, ist der Zuwendungsverzicht praktisch relevant, wenn der Widerruf bzw die Aufhebung der letztwilligen Verfügung ansonsten unzweckmäßig oder nicht möglich ist. Bedeutsam ist zB, dass ein überlebender Ehegatte aufgrund wechselbezüglicher Verfügungen in einem gemeinschaftlichen Testament (§ 2271 II) nach dem Tod des Erstversterbenden gebunden ist. Durch einen Zuwendungsverzicht kann der Überlebende die Testierfreiheit wiedererlangen. Oder es kann für einen geschäftsunfähig gewordenen Erblasser sein gesetzlicher Vertreter einen Zuwendungsverzicht mit dem Bedachten vereinbaren. Denn für die **Geschäftsfähigkeit** und **Stellvertretung** gilt über S 3 § 2347. 1

Der Verzichtsvertrag bedarf der **notariellen Beurkundung** (S 3 iVm § 2348). Der Zuwendungsverzicht kann aus Gründen der Rechtssicherheit wie der Erbverzicht nur zu Lebzeiten des Erblassers vereinbart und auch aufgehoben werden (vgl § 2351). Einem Zuwendungsverzicht kann nach Eintritt des Erbfalls auch nicht mehr entgegengehalten werden, die Geschäftsgrundlage fehle oder der mit ihm bezweckte Erfolg sei nicht eingetreten (BGH NJW 99, 789; § 2351 Rn 2). Eine Vertragsanpassung des zugrunde liegenden Kausalgeschäfts bleibt aber möglich (BGH aaO). Der Erblasser kann einen Verzichtenden in einer späteren Verfügung vTw erneut bedenken. 2

B. Zuwendung. Zuwendung iSd § 2352 sind eine **Erbeinsetzung** oder ein **Vermächtnis**, die auf einer **Verfügung vTw** beruhen. Gesetzliche Vermächtnisse wie der Voraus (§ 1932) oder Dreißigster (§ 1969) sind ausgeschlossen (BaRoth/*Mayer* Rn 2; aA Soergel/*Damrau* § 2346 Rn 11). Analog sollte auf die Begünstigung aus einer Auflage verzichtet werden können (Staud/*Schotten* Rn 3; aA BaRoth/*Mayer* Rn 2; MüKo/*Strobel* Rn 4). Die letztwillige Verfügung, auf der die Zuwendung beruht, muss zur Zeit des Verzichts wirksam sein. Auf künftige Zuwendungen kann nicht verzichtet werden (BayObLG Rpfleger 87, 374). Auf die Zuwendung kann auch nur **teilweise**, zB auf einen ideellen Bruchteil der Erbschaft oder Teil des Vermächtnisses beschränkt, verzichtet werden (Staud/*Schotten* Rn 11 f). Der Verzicht kann auch (aufschiebend bedingt) zugunsten bestimmter Personen, die an die Stelle des Erben oder Vermächtnisnehmers treten sollen, vereinbart werden. Da § 2350 hier nicht gilt, bedarf es dazu ausdrücklicher Anordnung (MüKo/*Strobel* Rn 5; aA Staud/*Schotten* Rn 17 f). Weil der Begünstigte durch den Verzicht nicht den kompletten Erbteil des Verzichtenden erlangt (Hamm OLGZ 72, 275), bedarf dieses Ziel einer entsprechenden Anordnung des Erblassers. 3

C. Bedachter. Grds kann jeder Bedachte, auch der Fiskus, auf eine Zuwendung verzichten. Der **testamentarisch** Bedachte (S 1) kann durch Vertrag mit dem Erblasser auf die Zuwendung verzichten. Praktisch relevant ist der Verzicht, wenn korrespondierende Verfügungen in einem gemeinschaftlichen Testament getroffen wurden und ein Ehegatte stirbt. Der als Schlusserbe eingesetzte Abkömmling kann dann mit dem überlebenden Ehegatten einen Verzichtsvertrag schließen (vgl BayObLG FamRZ 01, 319, 320). S 2 nimmt jedoch die **Parteien** eines **Erbvertrags** aus, damit sie an die zT strengeren Vorschriften des § 2290 gebunden bleiben. Ein Zuwendungsverzicht zwischen den Parteien eines Erbvertrags, durch den keinem Dritten etwas zugewendet ist, ist unzulässig (Hamm DNotZ 77, 751; Stuttg DNotZ 79, 107). Damit beim mehrseitigen Erbvertrag (Vor § 2274 Rn 2) auf die einem einzelnen Vertragspartner gemachte Zuwendung ohne Mitwirkung der anderen verzichtet werden kann, gilt insoweit auch der als Dritter, der bei einem mehrseitigen Erbvertrag Vertragspartner ist (BayObLG NJW 65, 1552; MüKo/*Strobel* Rn 8; *Mayer* ZEV 96, 127, 129; im Ergebnis auch Staud/*Schotten* Rn 25 f). Nach aA könne die bedachte Person nur verzichten, wenn sie nur formal am Erbvertrag beteiligt ist (Celle NJW 59, 1923; Palandt/*Edenhofer* Rn 3). Eine Zustimmung der anderen Partei des Erbvertrags ist nicht notwendig. Noch nach ihrem Tod kann der Verzicht vereinbart werden (Staud/*Schotten* Rn 24). S 2 betrifft nur vertragsmäßige Zuwendungen iSd § 2278. Beim einseitigen Erbvertrag ist der bedachte Vertragspartner nicht Dritter iSd S 2 (Hamm DNotZ 77, 751). Für einseitige Verfügungen gilt gem § 2299 II 1 Testamentsrecht, so dass der Bedachte auf sie verzichten kann, auch wenn er Vertragspartner ist (S 1; vgl MüKo/*Strobel* Rn 10). 4

D. Wirkung. Es wird nicht die letztwillige Verfügung, die die Zuwendung enthält, durch den Verzicht aufgehoben. Er bewirkt nur, dass die Zuwendung an den Verzichtenden so nicht anfällt, als ob dieser beim Erbfall nicht gelebt hätte; sie wird gegenstandslos. § 2346 I 2 gilt analog (Staud/*Schotten* Rn 28). Andere Verfügungen vTw werden nicht berührt (BayObLG FamRZ 01, 319, 320). Beim Erbvertrag bleiben andere vertragliche und beim gemeinschaftlichen Testament andere korrespondierende Verfügungen bestehen. Der Zuwendungsver- 5 zicht bietet sich also an, wenn eine letztwillige Zuwendung beseitigt, aber weitergehende Konsequenzen vermieden werden sollen (MüKo/*Strobel* Rn 12). § 2352 verweist nicht auf § 2349. Die dort angeordnete Erstreckungswirkung auf das Erbrecht der Abkömmlinge findet auf den Zuwendungsverzicht keine Anwendung (BGH NJW 99, 789; Frankf ZEV 97, 454; RGRK/*Johannsen*; aA Staud/*Schotten* Rn 38–51). Abkömmlinge des Verzichtenden treten an seine Stelle, wenn sie als Ersatzerben (§ 2096) oder -vermächtnisnehmer (§ 2190) berufen sind (Soergel/*Damrau* Rn 2). Da die Auslegungsregel des § 2069 durch den Zuwendungsverzicht nicht berührt wird (Hamm MDR 82, 320; Stuttg OLGR 98, 111, 112), treten an die Stelle eines Abkömmlings des Erblassers, der vom Erblasser durch Testament oder Erbvertrag bedacht, nachträglich aber durch Zuwendungsverzicht weggefallen ist, die Abkömmlinge des Weggefallenen. Das gilt auch, wenn der Verzichtende zugleich auf sein gesetzliches Erbrecht verzichtet und insoweit die Erstreckungswirkung des § 2349 greift (MüKo/*Strobel* Rn 14; RGRK/*Johannsen* Rn 7; aA *Faßbender* MittRhNotK 62, 602, 615). Die ergänzende Auslegung des Erblasserwillens wird idR aber zu einem Ausschluss der Abkömmlinge des Verzichtenden führen, wenn der Verzichtende vollständig bzw vollwertig **abgefunden** wurde (BGH NJW 74, 43, 44; Hamm aaO; Stuttg aaO). Ansonsten bestünde bei mehreren zur Erbfolge berufenen Kindern (vgl Frankf ZEV 97, 454, 455) die Gefahr einer doppelten Begünstigung des Stammes des Verzichtenden (BaRoth/*Mayer* Rn 22). Eine tatsächliche Vermutung, dass bei einer Abfindung die Abkömmlinge des Verzichtenden ausgeschlossen sein sollen, besteht aber nur, wenn sie nur wegen der Regel des § 2069 zu Ersatzerben berufen sind und der Erblasser keine ausdrückliche Ersatzerbenberufung vorgenommen hat (BGH aaO; Ddorf DNotZ 74, 367, 368 f; Stuttg aaO; AK/*Teubner* Rn 16; aA Köln FamRZ 90, 99 ff; BayObLG ZEV 97, 377, 381; Erman/*Schlüter* Rn 3). Möglich bleibt ggf eine Umdeutung in einen Widerruf der Verfügung vTw, wenn der Erblasser nicht erbrechtlich gebunden ist.

6 Das **gesetzliche Erb- und Pflichtteilsrecht** bleibt durch den Zuwendungsverzicht unberührt, außer der Bedachte hat auch hierauf verzichtet. Der Wille der Parteien ist ggf durch Auslegung zu ermitteln (Staud/*Schotten* Rn 53). Haben sich Eltern durch Erbvertrag gegenseitig zu Alleinerben und ihre Kinder zu Schlusserben eingesetzt, liegt nahe, dass sich ein Erbverzichtsvertrag, den sie später mit einem Kind auf Grund einer Abfindung geschlossen haben, auf die Einsetzung als Schlusserbe erstreckt (Frankf FamRZ 94, 197; s auch § 2348 Rn 2). Eine Formulierung, für jetzt und alle Zukunft auf Erb- und Pflichtteilsansprüche gegen den Nachlass des Erblassers zu verzichten, ist dahin auszulegen, dass die künftige Erbenstellung vollständig entfällt und sowohl auf das gesetzliche Erb- und Pflichtteilsrecht als auch auf eine letztwillige Zuwendung verzichtet wird (BGH DNotZ 72, 500; s a Karlsr FamRZ 02, 1519). Bleibt das Erb- und Pflichtteilsrecht unberührt, wirkt sich der Zuwendungsverzicht nicht auf die Höhe gesetzlicher Erb- und Pflichtteilsrechte **Dritter** aus.

Abschnitt 8 Erbschein

§ 2353 Zuständigkeit des Nachlassgerichts, Antrag

Das Nachlassgericht hat dem Erben auf Antrag ein Zeugnis über sein Erbrecht und, wenn er nur zu einem Teil der Erbschaft berufen ist, über die Größe des Erbteils zu erteilen (Erbschein).

1 **A. Funktion.** Der Erbschein ist ein auf Antrag vom Nachlassgericht erteiltes amtliches Zeugnis über das Erbrecht nach deutschem Recht und, bei mehreren Erben, über die Größe des Erbteils. Er dient dazu, den Übergang der Erbschaft mit dem Erbfall auf die Erben (vgl § 1922 I) diesem selbst, öffentlichen Stellen sowie Dritten, die im Rechtverkehr auf die Rechtsstellung des Erben vertrauen, zu bezeugen. Der Inhalt des Erbscheins gilt für gutgläubige Dritte als richtig (§§ 2366, 2367). Er begründet die gesetzliche Vermutung, dass dem in ihm bezeichneten Erben das angegebene Erbrecht zustehe und dieser nicht durch andere als die angegebenen Anordnungen beschränkt sei. Wegen der beschränkten Wirkung des Erbscheins (Rn 4) liegt die Einleitung eines streitigen Zivilprozesses (zB auf Feststellung der Erbfolge) nahe, wenn abzusehen ist, dass das Erbscheinverfahren den Streit nicht abschließen wird und eine rasche Entscheidung mit materieller Rechtskraft erstrebt wird. Das Erbscheinverfahren als FGG- Verfahren bietet andernfalls Vorteile bezüglich der Kosten und ggf durch die Amtsermittlungspflicht des Nachlassgerichts (§ 2358). Zu **DDR**- Erbscheinen s MüKo/ *Mayer* Rn 143 ff; Staud/*Schilken* Einl § 2353 ff Rn 33 ff; Palandt/*Edenhofer* Rn 8.

2 **B. Inhalt.** Der Erbschein muss von sich heraus und ohne Bezugnahme auf andere Urkunden verständlich sein. Er enthält die Person des Erblassers und die des Erben mit vollem Namen, wobei zur Individualisierung der jeweilige Geburtstag und Wohnsitz sowie der Todeszeitpunkt des Erblassers angegeben werden sollte, ferner zwingend die Feststellung, dass der Erbe Erbe geworden ist, grds die Erbquote und ggf Beschränkungen des Erben durch angeordnete Testamentsvollstreckung (§ 2364), Nacherbfolge (§ 2363; praxisrelevant sind insbes Wiederverheiratungsklauseln beim Berliner Testament, vgl Staud/*Schilken* Rn 82), Hoferbfolge oder sonstige Anerbenrechte (MüKo/*Mayer* Rn 35). Die Erbeinsetzung unter auflösender Bedingung ist anzuge-

ben. Fallen anzugebende Verfügungsbeschränkungen weg, ist ein unrichtig gewordener Erbschein einzuziehen und sind sie in einem neuen Erbschein nicht mehr aufzunehmen (KGJ 48, 143, 148; Staud/*Schilken* Rn 80). Änderungen der Rechtszuständigkeit, die auf den ursprünglichen Anfall zurückwirken (Erbverzicht, Erbschaftsausschlagung, Erbunwürdigkeitserklärung, wirksame Testamentsanfechtung), sind zu berücksichtigen (MüKo/*Mayer* Rn 36).

Anders als im Erbscheinsantrag (Rn 12; §§ 2354 f) wird im Erbschein selbst der Berufungsgrund grds **nicht** 3 aufgenommen (MüKo/*Mayer* Rn 25, 44), es sei denn, die Angabe ist bei mehrfachem Berufungsgrunde (§§ 1951, 2088) zur Bezeichnung des Umfangs des Erbrechts erforderlich (Staud/*Schilken* Rn 70). Nicht wird aufgenommen der Tod des Erben nach Annahme, die Übertragung des Nachlasses durch den Alleinerben oder die Übertragung eines Erbteils durch einen Miterben (§ 2033; vgl BayObLG NJW-RR 01, 1521), eine zwischen Erbfall und Nacherbfall erfolgte Übertragung des Nacherben-Anwartschaftsrechts (Ddorf MDR 91, 252; BayObLG FamRZ 02, 350; Braunschw ZErb 04, 297), Belastungen mit (erbrechtlichen) schuldrechtlichen Verpflichtungen (zB Auflagen, Teilungsanordnungen, Voraus, Dreißigsten, Pflichtteilsanspruch, Vermächtnis – s BayObLG FamRZ 97, 126), eine Begründung, oder nach dem Erbfall eingetretene Verfügungsbeschränkungen (zB Erbteilsveräußerung oder -verpfändung, Nachlassinsolvenzverfahren).

C. Wirkung. Das AG entscheidet im Erbscheinverfahren über das Erbrecht nur als Vorfrage (BayObLG 4 FamRZ 01, 873, 874). Der Erbschein bezeugt die Erbenstellung zur Zeit des Erbfalls nur. Er hat keine Gestaltungswirkung (BGHZ 47, 58, 66), erwächst nicht in materielle Rechtskraft (BayObLG FamRZ 86, 1151) und ändert an der Erbfolge materiell nichts (BayObLG FamRZ 04, 313, 314; KG Rpfleger 04, 101, 102). Er bezeugt nur die Zuordnung der Erbschaft als solche, nicht ihre einzelnen Bestandteile (Erman/*Schlüter* Rn 11). Die Aufnahme einzelner Gegenstände ist, auch im Fall des § 2363, grds unzulässig (BayObLG FamRZ 98, 1262; Damrau/*Uricher* Rn 1). Ausnahmen gelten für den Fremdenrechtserbschein (§ 2369), das Höferecht und bei Heimstättenfolge (*Zimmermann* Rn 329). Der Erbschein bzw dessen Ausfertigung ist eine öffentliche Urkunde iSd §§ 271 f StGB (BGH NJW 64, 558) und iSd § 417 ZPO (MüKo/*Mayer* Rn 6, zu § 415 ZPO Staud/*Schilken* Rn 6; aA Palandt/*Edenhofer* Rn 2). Er hat im Rechtsstreit die Vermutung der Echtheit gem § 437 ZPO für sich, bezeugt aber keine Tatsachen iSd § 418 ZPO (AnwK/*Kroiß* Rn 4), sondern bescheinigt nur die Erbfolge. Er ist auch keine für die Restitutionsklage beachtliche Urkunde iSd § 580 Nr 7 b ZPO (BVerwG NJW 65, 1292 f).

D. Formen. Der Alleinerbschein (§ 2353 Alt 1) weist den Alleinerben, der als Universalerbe bezeichnet wird, 5 der Teilerbschein (§ 2353 Alt 2) das (Teil)Erbrecht eines von mehreren Miterben aus. Der gemeinschaftliche Erbschein bezeugt das Erbrecht sämtlicher Miterben unter Angabe der jeweiligen Erbteile (§ 2357). Ist deren Größe noch unklar, kann er als vorläufiger gemeinschaftlicher Erbschein erteilt werden, wobei die Ungewissheit anzugeben ist (Köln NJW-RR 92, 1471). Werden bei mehreren Miterben nur einige Teilrechtserbscheine in einer Urkunde zusammengefasst, handelt es sich um einen Gruppenerbschein oder einen gemeinschaftlichen Teilerbschein. Jener setzt voraus, dass die Miterben jeweils für sich einen Einzelrechtserbschein und deren Zusammenfassung in einer einheitlichen Urkunde beantragen, während dieser schon auf Antrag eines Miterben ausgestellt werden kann. Der Sammelerbschein bezeugt äußerlich zusammengefasst das Erbrecht nach mehreren Erblassern. In ihm sind die tatsächlich erfolgten Erbfolgen klar darzustellen. Er ist nur zulässig, wenn durchgehend dasselbe Nachlassgericht örtlich zuständig ist. Der Doppelerbschein ist die äußerliche Zusammenfassung von Erbfolgen, wenn in Folge einer Nachlassspaltung verschiedene Erbrechtsstatute gelten bzw Gesetze anzuwenden sind (MüKo/*Mayer* Rn 13). Erbscheine mit gegenständlich beschränkter Wirkung sind Ausnahmefälle. Willkürliche Beschränkungen sind unzulässig (BGH NJW 51, 151) und unbeachtlich (Staud/*Schilken* Rn 78). Gesetzliche Fälle sind der Fremdenrechtserbschein (§ 2369) und bestimmte Erbscheine auf Grund von Wiedergutmachungsgesetzen (vgl §§ 180 f BEG), ferner das **Hoffolgezeugnis** gem § 18 II HöfeO bei Nachlässen, in denen sich ein Hof befindet, der in der ehemaligen britischen Besatzungszone liegt (BGH NJW 53, 943). Sachlich zuständig ist das LwG (§ 18 II HöfeO, § 12 II LwVG), auch für einen Erbschein über den gesamten Nachlass oder nur über das hofesfreie Vermögen (BGH NJW 88, 2739; Staud/*Schilken* Einl §§ 2353 ff Rn 11 mwN).

E. Andere Nachweismöglichkeiten. Statt durch Erbschein oder zusätzlich können Erbprätendenten ihr 6 Erbrecht im Wege des Zivilprozesses durch Urteil feststellen lassen (vgl § 256 ZPO). Der Erbe ist grds nicht verpflichtet, sein Erbrecht durch einen Erbschein nachzuweisen. Er kann diesen Nachweis in anderer Form erbringen (BGH FamRZ 05, 515, 516; NJW 05, 2779, 2780). Ein Schuldner darf seine Zahlung nicht generell, ohne berechtigte Zweifel an der Erbfolge, von der Vorlage eines Erbscheins abhängig machen, um der Gefahr doppelter Inanspruchnahme (vgl § 2367) zu begegnen (BGH aaO; s aber Rn 9). Ein eröffnetes öffentliches Testament stellt idR einen ausreichenden Nachweis für das Erbrecht des Erben dar (BGH NJW 05, 2779, 2780). Ein **gesetzlicher** Fall, in dem die Rechtsnachfolge grds durch Erbschein (in Urschrift oder Ausfertigung) nach- 7 zuweisen ist, ist der Nachweis der Erbfolge ggü dem **GBA** gem § 35 I 1 GBO (Staud/*Schilken* § 2365 Rn 17). Entsprechendes gilt für mit dem Erbrecht verbundene Verfügungsbeschränkungen, zB Anordnung der Nacherbfolge (BayObLG NotZ 84, 502). Grds hat das GBA auf die Richtigkeit des erteilten und noch in Kraft befindlichen Erbscheins zu vertrauen (KG JFG 18, 42; BayObLG FamRZ 90, 669; 97, 710). Es ist grds an die

Beurteilung der Formgültigkeit und der Auslegung einer Verfügung vTw des Nachlassgerichts gebunden. Nur wenn neue, bisher nicht berücksichtigte Tatsachen bekannt werden, die die Unrichtigkeit des Erbscheins erweisen, so dass er einzuziehen wäre, hat es den Erbschein zu beanstanden (KGJ 45 A 252; Frankf Rpfleger 79, 106, 107; § 2359 Rn 4). Rechtsfragen auf der Grundlage einer ihm vorgelegten Urkunde hat es in eigener Zuständigkeit zu beantworten (BayObLG FamRZ 00, 456; Köln Rpfleger 00, 157; Schlesw Rpfleger 99, 533). Liegen keine Zweifel tatsächlicher Art bezüglich des behaupteten Erbrechts vor, die nur durch weitere Ermittlungen geklärt werden können (vgl Frankf NJW-RR 05, 380; Köln FGPrax 00, 89; Hamm FamRZ 01, 581), genügt als Nachweis, dass die der Erbfolge zugrunde liegende öffentlich beurkundete Verfügung vTw und das Eröffnungsprotokoll des Nachlassgerichts vorgelegt werden (§ 35 I 2 GBO). Die Vorlegung kann durch die Verweisung auf die die Urkunden enthaltenden Akten desselben Amtsgerichts ersetzt werden. Ist ein Grundstück(steil) weniger als 3000 Euro wert, sieht § 35 III Beweiserleichterungen vor (Rostock NotBZ 06, 104: §§ 36 f GBO iVm § 99 II ermöglichen einen Nachweis durch ein kostengünstiges Überweisungszeugnis (dazu *Kersten* ZNotP 04, 93), welches aber keinen öffentlichen Glauben genießt. Gesetzliche Fälle, die die Vorlage eines Erbscheins verlangen, sind ferner § 41 I 1 SchiffsregO und § 86 LuftfzRG (MüKo/*Mayer* Rn 172).

8   Für die Eintragung ins **Handelsregister** ist die Rechtsnachfolge soweit tunlich nachzuweisen (§ 12 II 2 HGB); die Rechtsnachfolge nach einem verstorbenen Kommanditisten idR durch Erbschein (Köln FGPrax 05, 41 f).

9   Vertragliche Vereinbarungen können den Erbnachweis regeln, vgl ggü **Banken** Nr 5 AGB-Banken (NJW 92, 3278), ggü **Lebensversicherungen**, die nur in den Nachlass fallen, wenn kein Bezugsberechtigter benannt ist (§ 2311 Rn 5), vgl §§ 9, 11 ALB; §§ 10, 12 KLV.

10 **F. Erteilungsverfahren. I. Zuständigkeit.** Sachlich zuständig ist grds das Nachlassgericht als Abteilung des Amtsgerichts (§ 2353; § 72 FGG, BaWü: staatliches Notariat gem §§ 1, 37 f LFGG; Art 147 EGBGB), funktionell grds der Rechtspfleger (§ 3 Nr 2 c RPflG), es sei denn, der Richtervorbehalt greift, weil eine Verfügung vTw vorliegen könnte oder ein gegenständlich beschränkter Erbschein (§ 2369) zu erteilen ist (§ 16 I Nr 6 RPflG). Auch das Vorverfahren (zB Beweisaufnahme) obliegt dem Richter (str, MüKo/*Mayer* Rn 48). Zur Rückübertragung s § 16 II RPflG. Ein Verstoß gegen diese Zuständigkeit macht den Erbschein nicht nichtig (vgl § 7 FGG), selbst wenn ohne Übertragungsmöglichkeit (vgl § 8 IV RPflG) statt des Richters der Rechtspfleger handelte; der Erbschein ist dann gem § 2361 einzuziehen (str, vgl BayObLG FamRZ 97, 1370; KG FamRZ 04, 1903; MüKo/*Mayer* Rn 57). Die örtliche Zuständigkeit richtet sich nach § 73 FGG. Maßgebend ist der inländische Wohnsitz (§§ 7 ff) des Erblassers zur Zeit seines Todes (§ 73 I Hs 1 FGG; bei mehreren Wohnsitzen s § 4 FGG), ansonsten der Aufenthalt (§ 73 I Hs 2 FGG). Hat ein Deutscher keinen Wohnsitz oder Aufenthalt im Inland, ist das AG Berlin-Schöneberg zuständig, beim Ausländer oder Staatenlosen jedes Nachlassgericht, in dessen Bezirk sich Nachlassgegenstände befinden (§ 73 II, III FGG). Die internationale Zuständigkeit richtet sich nach der Gleichlauftheorie (§ 2369 Rn 1).

11 **II. Antrag.** Der Erbschein wird nur auf Antrag erteilt (BayObLG ZEV 01, 489). Der Inhalt des Erbscheins kann nicht ins Ermessen des Gerichts gestellt werden (BGH NJW 62, 42). Das Nachlassgericht ist an den Antrag gebunden. Es darf den Erbschein nicht mit einem anderen als dem beantragten Inhalt erteilen (BayObLG aaO; Hamm Rpfleger 03, 504, 505). Selbst ein inhaltlich richtiger Erbschein wird vAw eingezogen oder für kraftlos erklärt, wenn er durch keinen Antrag eines Berechtigten gedeckt ist (BayObLG aaO; Damrau/*Uricher* Rn 21, 23). Nur bei wirtschaftlich geringfügigen Abweichungen in der Erbquote soll anderes gelten (LG München I FamRZ 99, 959). Der Antrag ist formlos möglich (s aber § 2356 II). Wird der Erbschein ohne Antrag durch (schlüssige) ‚Genehmigung, geheilt werden (BayObLG NJW-RR 94, 1032), zB wenn der Berechtigte sich den Erbschein zu Eigen macht (BayObLG FamRZ 99, 1388; ZEV 01, 489). Der Antrag ist beim Gericht des ersten Rechtszugs, also dem Nachlassgericht, nicht beim Beschwerdegericht zu stellen (Brandenbg FamRZ 99, 188; Frankf Rpfleger 97, 262). Er kann bis zur Erteilung noch im Rechtsbeschwerdeverfahren (BayObLG FamRZ 99, 62, 64), auch in einem gerichtlichen Vergleich (BayObLG ZEV 97, 461; KG Rpfleger 04, 101, 102; Stuttg MDR 84, 403), zurückgenommen werden. Insoweit ist zu beachten, dass der im Erbscheinverfahren geschlossene Vergleich kein Vollstreckungstitel iSd § 794 I Nr 1 ZPO ist (BayObLG ZEV 97, 461). Der Antrag ist bedingungsfeindlich (BayObLG FamRZ 99, 814). In der Antragstellung zeigt sich idR konkludent die Annahme der Erbschaft, so dass nachfolgend ihre Ausschlagung ausscheidet.

12 Der notwendige **Inhalt** des Antrags richtet sich nach §§ 2354–2357 (Staud/*Schilken* Rn 55). Er muss einen bestimmten Vorschlag enthalten (BayObLG ZEV 01, 489, 490; Hamm ZEV 97, 502, 504), entspr dem das Nachlassgericht den Erbschein ohne Ergänzungen oder Einschränkungen erteilen kann (s Rn 2, 11). Dazu hat der Antrag das zu bezeugende Erbrecht und dieses berührende Verfügungsbeschränkungen durch Anordnung der Nacherbfolge oder Testamentsvollstreckung, eine etwaige besondere Art des Erbscheins und grds die Erbquote, notfalls unter Angabe der Berechnungsgrundlage (Frankf FamRZ 98, 1394), zu bezeichnen (MüKo/*Mayer* Rn 70; Staud/*Schilken* Rn 56). Ist die Angabe der Größe des Erbteils nicht möglich, kann von ihr zunächst abgesehen werden (Ddorf NotZ 78, 683, 684; BayObLG FamRZ 00, 916). Auch der Berufungsgrund (gesetzliche Erbfolge, Verfügung vTw) ist anzugeben. Beschränkt sich der Antrag auf einen Berufungsgrund, das das Erbrecht nicht begründet, ist der Antrag abzulehnen, selbst wenn ein im Antrag nicht aufgenommener

Berufungsgrund vorliegt (BayObLG FamRZ 96, 1438). Alternativ darf der Berufungsgrund nur angegeben werden, wenn die Gültigkeit eines Testaments zweifelhaft ist, der Erbe aber durch Gesetz oder eine andere Verfügung vTw im gleichen Umfang berufen erscheint (BayObLGZ 73, 28, 29; MüKo/*Mayer* Rn 71). Die Verbindung von **Haupt- und Hilfsanträgen** für denselben Nachlass mit unterschiedlichem Inhalt ist in der ersten Instanz (vgl Köln FamRZ 94, 591) zulässig, wenn jeder für sich das mit ihm begehrte Erbrecht genau bezeichnet und die Reihenfolge ihrer Verbescheidung festgelegt ist (RGZ 156, 172, 180; BayObLG FamRZ 99, 814, 815). Bei verschiedenen Rechtsnachfolgen vTw ist sie unzulässig (BayObLG FamRZ 99, 814 ff).

Antragsberechtigt sind der (Allein- oder Mit)Erbe (§ 2353) nach Annahme der Erbschaft, die idR in der Stellung des Antrags zu sehen ist. Verfügungsbeschränkungen des Erben aufgrund seines Güterstandes oder durch die Durchführung eines Nachlassinsolvenzverfahrens, -pflegschaft oder -verwaltung berühren sein Antragsrecht nicht. Der Miterbe ist für den gemeinschaftlichen Erbschein (auch: Teilerbschein) antragsberechtigt (§ 2353 Alt 2). Er kann auch die Erteilung nur über das Erbrecht eines anderen Miterben verlangen (München JFG 23, 334). Berechtigt sind ferner der Vorerbe bis zum Nacherbfall (Hamm NJW 74, 1827, 1828), der Nacherbe nur danach (BGH FamRZ 80, 563; BayObLG NJW-RR 99, 805; FamRZ 04, 1407), der Fiskus nach Feststellung gem § 1964, der Erbe des Erben als Rechtsnachfolger, aber nur auf den Namen seines Erblassers (BayObLG FamRZ 95, 1089; ZEV 03, 288), der dingliche Erbteilserwerber, der nach § 2033 einen Anteil am Nachlass übertragen bekommen hat, aber nur auf den Namen des veräußernden Erben (RGZ 64, 173, 177 f; Staud/*Schilken* Rn 44), sowie der Erwerber eines Nacherbenanwartschaftsrechts (vgl BGH NJW 83, 2244) nach dem Nacherbfall, wobei der Erbschein nur auf den Namen des Nacherben lautet (BayObLG Rpfleger 85, 183). Hat ein Gläubiger einen vollstreckbaren Titel gegen den Erblasser oder Erben, kann er ggf nach §§ 792, 896 ZPO **an Stelle** des Schuldners einen Erbschein beantragen (*Sprau* ZAP 97, 1093); er selbst hat dann die Versicherung an Eides statt abzugeben (Staud/*Schilken* Rn 46). Auch besteht im Antragsrecht des Vollstreckungsgläubigers, der einen Miterbenanteil pfänden und sich überweisen lassen will (BayObLGZ 73, 224). Bei Gütergemeinschaft ist der das Gesamtgut verwaltende Ehegatte (§ 1421) **neben** dem erbenden Ehegatten antragsberechtigt (BayObLGZ 58, 365). Neben dem Erben ist antragsberechtigt der Nachlassverwalter oder -insolvenzverwalter (Staud/*Schilken* Rn 48) sowie der Auseinandersetzungs- und Abwesenheitspfleger (§ 1911), der Testamentsvollstrecker (RGZ 164, 235, 238; BayObLG FamRZ 99, 70, 73), nicht aber der Nacherbentestaments- oder Vermächtnisvollstrecker (§§ 2222, 2223).

Als **gesetzliche Vertreter** sind antragsberechtigt der Vormund für das Mündel, der Pfleger, zB Abwesenheitspfleger, der Betreuer mit dem Aufgabenbereich der Vermögensfürsorge (§§ 1896, 1902), sowie die Eltern für ihre Kinder, auch wenn sie selbst Miterben sind (vgl BayObLG FamRZ 99, 117), es sei denn, ihnen ist nach § 1638 durch den Erblasser (Frankf FamRZ 97, 1115, 1116) oder nach § 1796 durch das Familiengericht (Köln FamRZ 01, 430) die Befugnis entzogen. Dabei gehört der Erbschein zur Vermögensfürsorge (§ 1626 I 2 Alt 2).

Nicht antragsberechtigt ist der Erbschaftskäufer (§§ 2371 ff; vgl MüKo/*Mayer* Rn 84; Staud/*Schilken* Rn 45; aA AnwK/*Kroiß* Rn 35; Soergel/*Zimmermann* Rn 32), doch kann ihm der Verkäufer verpflichtet sein, einen Erbschein zu beantragen, der Erwerber eines einzelnen Nachlassgegenstandes (LG München I DNotZ 50, 33), der Inhaber eines Nießbrauchs oder Pfandrechts an einem Erbteil (BayObLG FamRZ 00, 1231; MüKo/*Mayer* Rn 83) sowie der Nachlasspfleger (Brandenbg FamRZ 02, 1663, 1664), es sei denn, er handelt zur Nachlasssicherung als gesetzlicher Vertreter der noch nicht ermittelten Erbeserben bezüglich des Erbrechts der jeweiligen Vorgänger (KGJ 41, 93, 96; Brandenbg aaO). Ferner ist nicht antragsberechtigt der Nachlassgläubiger aufgrund seiner Forderung (BayObLGZ 98, 314, 316), zB das Finanzamt als Erbschaftsteuerstelle (BayObLG NJW-RR 02, 440), solange kein vollstreckbarer Steuerbescheid (LG München I FamRZ 98, 1067) vorliegt, der Auflagen- (*Schlüter* ErbR Rn 569) oder Pflichtteilsberechtigte (Köln ZEV 94, 376), der Vermächtnisnehmer (BayObLG FamRZ 00, 1231) oder der Gläubiger eines Erbersatzanspruchs (Stuttg FamRZ 94, 1270). Ein Gläubiger ohne Titel (vgl Rn 13) hat seinen Anspruch gegen den Erben geltend zu machen und ggf dessen Annahme der Erbschaft zu beweisen (BayObLG NJW-RR 02, 440). Nachlassgläubiger haben, wenn ein Erbschein bereits erteilt wurde, einen Anspruch auf eine Ausfertigung (§ 85 FGG) sowie Abschrift und Einsicht (§ 78 FGG; vgl BayObLGZ 99, 70, 73); es besteht dann kein Antragsrecht aus § 792 ZPO.

Der Antrag kann durch einen gewillkürten (vgl § 13 S 2 FGG) oder gesetzlichen **Stellvertreter** gestellt oder zurückgenommen werden. Der Anwalt kann ihn in Vertretung seines Mandanten stellen und als Anwaltsnotar zugleich die eidesstattliche Versicherung beurkunden (§ 2356). Eine Vollmacht kann formlos, auch schlüssig, erteilt werden. Ggf ist die Bevollmächtigung dem Gericht durch öffentlich beglaubigte Vollmacht nachzuweisen (§ 13 S 3 FGG), doch kann das Gericht die Versicherung erlassen (§ 2356 II 2). Auch der Notar, der die Erklärung des Antragstellers beurkundet, bedarf einer besonderen Vollmacht zur Antragstellung (KG OLGE 12, 398).

III. Entscheidungsmöglichkeiten des Nachlassgerichts. 1. Zwischenverfügung/Aussetzung. Enthält der Antrag behebbare Mängel, ist analog § 18 I 1 GBO der Erlass einer **Zwischenverfügung** geboten (BayObLG FamRZ 90, 101; 01, 35; NJW-RR 03, 297; KG DNotZ 55, 408, 411; MüKo/*Mayer* Rn 61, 73, 108; Staud/*Schilken* Rn 55, 59). Denn das Nachlassgericht hat dem Antragsteller analog § 139 I 2 ZPO und in Umsetzung des Amtsermittlungsgrundsatzes Gelegenheit zu geben, innerhalb einer bestimmten Frist einen Mangel zu beseitigen, zB den Antrag so zu ergänzen, wie es die Erbfolge voraussichtlich beurteilen wird (vgl RGZ 156, 172, 183). Dabei hat es auf die Folgen bei Fristversäumung hinzuweisen.

18 Bis zur rechtskräftigen Entscheidung eines anhängigen Prozesses zwischen den materiell Beteiligten kann das Gericht das Erbscheinverfahren entspr § 148 ZPO **aussetzen** (BayObLG FamRZ 69, 676; 99, 334; München NJW-RR 95, 779, 780). Eine Verpflichtung dazu besteht nicht. Die Ermittlungen des Streitgerichts sind nach § 2359 verwertbar.

19 **2. Vorbescheid.** In Ausnahmefällen, bei wegen zweifelhafter Rechtslage unabweislichem Bedürfnis (vgl BayObLG ZErb 01, 220), ist nach pflichtgemäßem Ermessen des Nachlassgerichts ein Vorbescheid als Zwischenentscheidung möglich, wenn zwei Beteiligte (wirksame) sich widersprechende Anträge stellen (BGH NJW 56, 987; BayObLGZ 65, 86; FamRZ 94, 593; 99, 117) oder solche Anträge zu erwarten sind (BayObLGZ 63, 19, 24; 95, 79, 87; FamRZ 94, 723, 725; 96, 443; FGPrax 04, 35; Karls Rpfleger 88, 315) und Entscheidungsreife vorliegt (BayObLGZ 93, 389, 392; 94, 73, 76; Köln FamRZ 91, 1356, 1357). Dabei handelt es sich um eine in Beschlussform gekleidete begründete Ankündigung, einen Erbschein beantragten Inhalts zu erteilen, falls nicht innerhalb einer Frist (str, Staud/*Schilken* Rn 89) gegen den Beschluss Beschwerde eingelegt wird (BayObLGZ 80, 42, 45; FamRZ 94, 1068, 1069). Damit können die Gefahren verringert werden, die von der Publizitätswirkung eines unrichtigen Erbscheins, die auch durch Aussetzung der Vollziehung (§ 24 II, III FGG) nicht rückwirkend beseitigt werden können (MüKo/*Mayer* Rn 109 f), ausgehen.

20 **Unzulässig** ist ein Vorbescheid, der den späteren Erbschein nicht genau angibt, sich auf bloße Vorfragen beschränkt oder mit dem einstweilen über eine Einzelfrage entschieden wird (Köln FamRZ 91, 1356), mit dem die Einziehung eines Erbscheins (Brandbg FamRZ 99, 188, 189) oder eine Antragszurückweisung (Hamm NJW 74, 1827; Köln aaO; Ddorf FamRZ 94, 1556) angekündigt wird, in dem die Ernennung einer bestimmten Person zum Testamentsvollstrecker angekündigt (BayObLG ZEV 94, 106) oder ein Testamentsvollstreckerzeugnis zurückgewiesen wird (Ddorf aaO), oder wenn nur ein Antrag vorliegt und kein weiterer zu erwarten ist (Ddorf aaO).

21 **Wirkung:** Der Vorbescheid ist keine die Instanz abschließende Entscheidung und bindet das Nachlassgericht nicht (hM, vgl § 18 FGG; § 2361; aA Damrau/*Uricher* Rn 30). Sobald ein Erbschein erteilt wird, wird der Vorbescheid gegenstandslos (Hamm Rpfleger 03, 504, 505).

22 Ein zulässiger Vorbescheid unterliegt der einfachen **Beschwerde** nach § 19 I FGG (BGH NJW 56, 987; BayObLG FamRZ 85, 426; 90, 301), aus Gründen des Vertrauensschutzes auch der unzulässige (BayObLGZ 93, 389, 392; 94, 73, 75; 97, 340, 343; Brandbg FamRZ 99, 188, 189; MüKo/*Mayer* Rn 128; *Zimmermann* Rn 603; aA Hamm ZEV 95, 418, Staud/*Schilken* Rn 89). Die in Beschlussform gekleidete Ankündigung der Ablehnung eines Antrags ist mangels Publizitätswirkung nicht gerichtlich überprüfbar (Stuttg FGPrax 05, 221). Die Beschwerde gegen einen gegenstandslos gewordenen Vorbescheid (Rn 21) kann mit dem Ziel der Einziehung des Erbscheins fortgeführt werden (BGH NJW 02, 1126; BayObLG FamRZ 91, 818; Stuttg FGPrax 05, 221, 222). Die Einziehung kann mit der weiteren Beschwerde gegen die zum Vorbescheid des Amtsgerichts ergangene Beschwerdeentscheidung verfolgt werden, wenn der Erbschein entspr dem Vorbescheid und der Beschwerdeentscheidung erteilt worden ist. Neuer Tatsachenvortrag ist dann aber ausgeschlossen (KG Rpfleger 05, 669). Die Versäumung der im Vorbescheid angegebenen Frist ist keine Rechtsmittelfrist. Sie bindet nur das Nachlassgericht selbst und macht eine spätere Beschwerde nicht unzulässig (BayObLG FamRZ 02, 200; *Zimmermann* Rn 606).

23 **Beschwerdeberechtigt** (§ 20 I, II FGG) gegen den Vorbescheid ist, wer gegen die Erteilung des beantragten Erbscheins beschwerdeberechtigt gewesen wäre (BayObLG FamRZ 92, 1205; 95, 1089), zB nicht der Erbersatzanspruchsberechtigte (Stuttg FamRZ 94, 1270). Wird ein Vorbescheid durch das Beschwerdegericht aufgehoben, kann derjenige weitere Beschwerde einlegen, der den Vorbescheid beantragt hat oder hätte beantragen können (BayObLG FamRZ 99, 117; 00, 1231; 03, 1503).

24 **3. Erbscheinserteilung (vgl § 2359).** Die Erteilung ist allein dem Nachlassgericht vorbehalten. Das Beschwerdegericht kann nicht selbst erteilen, sondern das Nachlassgericht nur bindend zur Erteilung eines bestimmten Erbscheins anweisen. Das grds erforderliche Rechtsschutzbedürfnis kann nur in Ausnahmefällen verneint werden, zB wenn der Erbschein im konkreten Fall offensichtlich keinem Zweck dienen kann. Es fehlt nicht, weil andere Nachweise verfügbar wären (MüKo/*Mayer* Rn 62). Ist der Erbscheinsantrag zulässig und begründet, ist er zu erteilen. Dazu trifft das Gericht eine Erteilungsverfügung, die, wenn einem Antrag widersprochen wird, zu begründen ist. Erteilt ist der Erbschein, wenn das vom Gericht beschlossene Zeugnis ausgehändigt wird. Dazu genügt nicht, dass der Beschluss des Gerichts über die Erteilung dem Antragsteller zugegangen ist (hM, BayObLG NJW 60, 1723; Hamm OLGZ 94, 257, 258). Vielmehr muss das Zeugnis in Urschrift oder Ausfertigung, also die mit Ausfertigungsvermerk versehene wörtliche Abschrift der Urschrift, die diese im Verkehr ersetzen soll, dem Antragsteller oder einem von ihm bestimmten Dritten (auch: Behörde, zB GBA) körperlich übergeben worden sein (MüKo/*Mayer* Rn 104 f). Es wird wirksam, wenn es mit Willen des Gerichts (ggf auch ohne Antrag) und Antragstellers in den Verkehr kommt (Staud/*Schilken* Rn 63). Nicht ist es erforderlich, dass es nach § 16 FGG allen Beteiligten bekannt wird (str, MüKo/*Mayer* Rn 105). Die Erbscheinserteilung wird dem FA (§ 34 II Nr 2 ErbStG) und dem GBA (§ 83 S 1 GBO) mitgeteilt.

4. Antragszurückweisung. Die Zurückweisung (Abweisung) des unzulässigen oder unbegründeten Antrags 25
durch entsprechenden Beschluss ist zu begründen.

G. Korrekturmöglichkeiten. Die erlassene Anordnung, den Erbschein abzulehnen oder zu erteilen, kann 26
(nur) bis zur Erteilung vom Gericht gem § 18 FGG geändert werden (Frankf Rpfleger 78, 310, 311; MüKo/
Mayer Rn 121), auch wenn es schon die Beschwerde vorgelegt hat (Hamm JMBl NRW 59, 176). Schreibfehler, offensichtliche Unrichtigkeiten oder unbeachtliche Zusätze können entspr § 319 ZPO berichtigt werden
(BayObLG FamRZ 89, 1348; KG Rpfleger 68, 412; BaRoth/*Seidl* Rn 27); dazu sind Ausfertigungen zurückzufordern.

H. Kosten. Das Nachlassgericht erhebt für die Erbscheinserteilung, nicht für einen Vorbescheid, eine 10/10 27
Gebühr (§ 32 KostO), ggf zusätzlich für die eidesstattliche Versicherung eine weitere volle Gebühr (§ 107 I 1,
2, § 49 KostO). Die Einziehung oder Kraftloserklärung des Erbscheins kostet eine ½ Gebühr, wenn nicht in
demselben Verfahren ein neuer Erbschein erteilt wird (§ 108 S 1, 3 KostO). Bei Zurückweisung des Antrags
fällt eine ½ volle Gebühr, höchstens 35 Euro (§ 130 I KostO), bei Antragsrücknahme vor Entscheidung eine
¼ volle Gebühr, höchstens aber 20 Euro, an (§ 130 II KostO). Nacherben- oder Testamentsvollstreckervermerke lösen keine weitere Gebühr aus. Für die Beurkundung des Antrags ggü dem Nachlassgericht durch den
Notar wird eine ¼ Gebühr erhoben (§ 38 III KostO), an deren Stelle die volle Gebühr tritt, wenn zugleich
eine Versicherung an Eides Statt (vgl § 2356 II) abgenommen wird (§ 49 I, III KostO). Die Kosten des Erbscheins (§ 107 KostO) trägt der Antragsteller (§ 2 Nr 1 KostO). Nichtantragstellende Miterben haften nicht
für sie mit; § 6 KostO ist nicht anwendbar. Wird Übersendung der Ausfertigung des Erbscheins an das **GBA**
beantragt, kann eine Gebührenermäßigung geltend gemacht werden (§ 107 III KostO). Die Kosten sind keine
Nachlassverbindlichkeiten (Staud/*Schilken* Rn 103). Der **Geschäftswert** (s *Zimmermann* Rn 658 ff) bestimmt
sich nach § 107 II KostO nach dem Wert des Nachlasses im Erbfall (BayObLG FamRZ 01, 696), dh unter
Abzug der Nachlassverbindlichkeiten iSd §§ 1967–1969 (zB Vermächtnisse, Beerdigungskosten, Pflichtteilsrechte oder -ergänzungsansprüche, valutierte Grundstücksbelastungen, Auflagen; str sind vom Erben zu tragende Erbschaftsteuern, s Köln ZEV 01, 406; aA BayObLG ZEV 03, 94) von den Aktiva (BVerfG ZEV 97, 250;
MüKo/*Mayer* Rn 140). Beantragt ein Miterbe einen Teilerbschein, errechnet sich der Geschäftswert unter
Zugrundelegung seines Anteils am Nettonachlass; zur Maßgeblichkeit des wirtschaftlichen Interesses bei der
Beschwerde s BayObLG FamRZ 05, 822. Für die Bewertung von Grundstücken gilt § 19 KostO. Zum
Beschwerdeverfahren s §§ 131 II, 30 KostO. **Anwaltsgebühr.** In erster Instanz fällt die Verfahrensgebühr von
1,3 und ggf eine Terminsgebühr von 1,2 an (Nr 3100, 3104 VV-RVG). Für FFG-Beschwerdesachen wird
eine Verfahrens- und Terminsgebühr von 0,5 gewährt (Nr 3500, 3513 VV-RVG). Es wird erwogen, für die
Beschwerdeverfahren die Nr 3200 ff analog anzuwenden (*Bonefeld* 679). Sind an der Angelegenheit mehrere
Personen beteiligt, trägt, anders als im Zivilprozess, idR in der 1. Instanz jede ihre Kosten selbst (§ 13 a FGG).

I. Rechtsmittel. Statthaft ist die einfache **Beschwerde** zum LG (§ 19 FGG, § 11 I RPflG) und gegen die Ent- 28
scheidung des LG die **weitere Beschwerde** zum OLG (§ 27 FGG; in Rheinland-Pfalz zum OLG Zweibr, § 4 II
Nr 2 RhPfGerichtsOrgG). Die einfache Beschwerde kann beim AG oder übergeordneten LG eingelegt werden
(§ 21 I FGG, zur weiteren s § 29 I 1 FGG), und zwar durch Einreichung einer Beschwerdeschrift (ggf als elektronisches Dokument, § 21 II 2 FGG) oder durch Erklärung zu Protokoll des Gerichts, dessen Verfügung
angefochten wird, oder der Geschäftsstelle des Beschwerdegerichts (§ 21 II 1 FGG). Sie bedarf keiner Begründung und ist idR nicht fristgebunden (Ausnahme: bei Erbscheinen nach HöfeO und isolierter Anfechtung
der Kostenentscheidung gem § 20 a II KostO). Es besteht grds keine Mindestwertgrenze und kein Anwaltszwang (bei weiterer Beschwerde s § 29 I 2, 3 FGG). Vertretung ist zulässig (§ 13 FGG). Die Beschwerde kann
auf selbstständige Verfahrensteile beschränkt und auf neue Tatsachen und Beweise gestützt werden (§ 23
FGG). Antragsänderungen oder hilfsweise gestellte Neuanträge sind aber unzulässig (BayObLG ZEV 98, 472;
Köln FamRZ 94, 591). Da eine Rechtsfrage in Rede steht, hat das Beschwerdegericht selbst über den konkreten Inhalt des Erbscheins zu befinden und das Nachlassgericht zur entsprechenden Erteilung anzuweisen.
Dieses ist an die Rechtsauffassung des Beschwerdegerichts gebunden (Karlsr Rpfleger 88, 315; KG NJW 00,
442). Das Beschwerdegericht darf aber weder den Erbschein selbst erteilen, noch über einen neuen Antrag
befinden (BayObLG Rpfleger 98, 473; Hamm FamRZ 03, 1503) oder sich darauf beschränken, Grundsätze
vorzugeben (BayObLGZ 54, 71; 84, 208, 211). Es hat einen beanstandeten Erbschein umfassend auf seine
Unrichtigkeit zu überprüfen, auch wenn der Beschwerdeführer von ihr nicht mehr beschwert sein kann (BayObLG FamRZ 96, 1304; 00, 1610; Staud/*Schilken* Rn 94; aA Brandbg FamRZ 99, 1619; Hamm OLGR 00, 66).
Das Beschwerderecht ist vererblich, auch bei Tod während des Erbscheinverfahrens (BayObLG FamRZ 00,
991). Besteht aus einem Vergleich die Verpflichtung, gegen einen Erbschein nicht vorzugehen, ist eine
Beschwerde gegen ihn unzulässig (KG FamRZ 04, 836). **Kosten:** S § 13 a I 2 FGG.
Materiell **beschwerdeberechtigt** ist, wer in seinen Rechten durch die Verfügung des Gerichts beeinträchtigt ist 29
(§ 20 I FGG), also geltend machen kann, seine erbrechtliche Stellung werde im Erbschein nach dessen notwendigem Inhalt nicht richtig ausgewiesen (*Zimmermann* Rn 566). Die nur mittelbare Beeinträchtigung oder
die Beeinträchtigung schutzwürdiger wirtschaftlicher Interessen reicht nicht (BayObLGZ 73, 224). Die Beeinträchtigung eines eigenen Rechts muss nachgewiesen sein (BayObLG NJW-RR 02, 873; KG NJW-RR 00,

1608). Für die Beschwerdebefugnis wird die Unrichtigkeit der angefochtenen Entscheidung iSd Beschwerdeführers unterstellt (KG FamRZ 95, 837). Feststehen müssen Tatsachen, auf denen die Befugnis beruht, wenn sie für die Begründetheit der Beschwerde keine Rolle spielen (KG aaO; MüKo/*Mayer* Rn 126). Nur doppelrelevante Tatsachen, die für die Zulässigkeit Voraussetzung sind und von denen zugleich die Begründetheit abhängt, bedürfen als verfahrensrechtliche Voraussetzung keines Nachweises, soweit sie mit den Voraussetzungen der Sachprüfung übereinstimmen (KG FamRZ 05, 1573). Hier genügt die schlüssige (str) Rechtsbehauptung und die Möglichkeit, dass das Recht besteht (BGH MDR 63, 39; BayObLGZ 96, 52, 54).

30 Bei **Ablehnung** der Erteilung ist Ziel die Aufhebung des Zurückweisungsbeschlusses. Formell beschwerdebefugt ist der Antragsberechtigte, dessen Antrag abgewiesen wurde (§ 20 II FGG) oder der potenziell einen Antrag hätte stellen können (BGH NJW 93, 662; FamRZ 74, 645; BayObLGZ 63, 58, 64; FamRZ 00, 1231; Brandenbg FamRZ 99, 55; KG NJW-RR 90 1292), wenn dessen Recht durch die Entscheidung beeinträchtigt wird (§ 20 I FGG; Rn 29), dh der geltend macht, es werde in seine erbrechtliche Stellung eingegriffen (BayObLGZ 73, 224; Staud/*Schilken* Rn 93).

31 Ist die Erteilung **angeordnet**, aber noch nicht vollzogen (Rn 24), kann Beschwerde mit dem Ziel der Aufhebung der Anordnung erhoben werden (RGZ 137, 222). Die Beschwerdebefugnis richtet sich nach § 20 I FGG. Es muss ein eigenes Recht durch den angeordneten Erbschein beeinträchtigt sein (Rn 29; Jena FamRZ 98, 705; mit Beispielen MüKo/*Mayer* Rn 125). Die weitere Beschwerde ist zulässig, solange das Nachlassgericht, das durch das Beschwerdegericht zur Ausfertigung des Erbscheins angewiesen wurde, diesen noch nicht erteilt hat (Staud/*Schilken* Rn 91).

32 Nach **Erteilung** des Erbscheins mit der Folge, dass die Wirkungen nach §§ 2365–2367 eingetreten sind, kann die Erteilung selbst nicht mehr mit der Beschwerde angegriffen werden (BayObLG FamRZ 96, 1113). Eine Beschwerde kann nur noch darauf gerichtet sein, den Erbschein einzuziehen oder für kraftlos zu erklären (§ 2361); ggf ist zu prüfen, ob sie auf dieses Ziel hin umgedeutet werden kann (BayObLG aaO; Staud/*Schilken* Rn 92). Sie kann wahlweise mit dem Antrag, das AG entspr anzuweisen, beim LG erhoben werden. Ein vorheriger Beharrungsbeschluss des Nachlassgerichts ist nicht erforderlich (BGH NJW 59, 1729; BayObLG FamRZ 90, 301; 1404; 96, 1113). Ein Hilfsantrag ist noch rechtzeitig in das Verfahren eingeführt, wenn er unmittelbar mit der Erstbeschwerde gestellt wird, so dass das Nachlassgericht im Rahmen des Abhilfeverfahrens über diesen eine Entscheidung trifft (Hamm ZEV 05, 436, 438). Über einen neuen Antrag darf das Beschwerdegericht aber nicht vor jenem befinden (BayObLG FamRZ 00, 1231). Billigt das LG die Erbscheinserteilung oder weist das Nachlassgericht zur Ausstellung an und wird er erteilt, ist weitere Beschwerde mit dem Ziel der Einziehung zulässig (Karlsr FamRZ 70, 255). Die Beschwerde gegen den Vorbescheid bleibt, wenn, bevor das LG über sie entscheidet, der angekündigte Erbschein erteilt wird, zulässig, wenn sie nur auf Einziehung gerichtet wird (Rn 22). Wird entspr der Beschwerdeentscheidung ein Erbschein erteilt, ist die weitere Beschwerde mit dem Ziel der Einziehung zulässig (BayObLG FamRZ 92, 862; KG Rpfleger 05, 669; Staud/*Schilken* Rn 92). Beschwerdebefugt ist der, dessen erbrechtliche Stellung nicht richtig ausgewiesen und er dadurch in seinen Rechten beeinträchtigt wird (Rn 29; MüKo/*Mayer* Rn 127), also zB ein Erbprätendent (Hamm Rpfleger 86, 138), dessen Quote falsch ausgewiesen ist (BayObLGZ 91, 1), der Miterbe, auch nach Veräußerung seines Erbanteils (BayObLG NJW-RR 01, 1521), der Erbeserbe, der Gläubiger mit Titel (Rn 13; vgl BayObLG FamRZ 99, 817), der Nacherbe, falls der Nacherbenvermerk nicht aufgenommen ist (BayObLG FamRZ 96, 1304), der Testamentsvollstrecker gegen die Erteilung insgesamt oder wegen eines fehlenden Vermerks (Hamm NJW-RR 93, 461), und auch, wer ein Erbrecht überhaupt nicht oder zu einem geringeren als dem ausgewiesenen Bruchteil in Anspruch nimmt, also bei einem Erfolg seiner Beschwerde eine ungünstigere Rechtsstellung erlangt (BGHZ 30, 261; BayObLGZ 90, 294, 296 f; KG FamRZ 04, 1903). Die Berechtigung entfällt nicht, weil der Beteiligte den angegriffenen Erbschein ursprünglich selbst beantragt hatte (BGH aaO; BayObLGZ 63, 19, 26; FGPrax 05, 217 f; KG aaO).

33 **Nicht** beschwerdeberechtigt ist der Vermächtnisnehmer wegen der Erteilung eines unrichtigen Zeugnisses über das Erbrecht eines anderen (BayObLG Rpfleger 99, 182), der Pflichtteilsberechtigte, der kein eigenes Erbrecht beansprucht (Hamm Rpfleger 84, 273), der Nachlasspfleger, wenn sich der Erbschein auf den Erbfall bezieht, in Ansehung dessen die Nachlasspflegschaft angeordnet ist (Celle Rpfleger 91, 21; BayObLG FamRZ 91, 230), der Nachlassgläubiger ohne Titel, die Erbschaftsteuerbehörde (Staud/*Schilken* Rn 93).

§ 2354 Angaben des gesetzlichen Erben im Antrag

(1) Wer die Erteilung des Erbscheins als gesetzlicher Erbe beantragt, hat anzugeben:
1. die Zeit des Todes des Erblassers,
2. das Verhältnis, auf dem sein Erbrecht beruht,
3. ob und welche Personen vorhanden sind oder vorhanden waren, durch die er von der Erbfolge ausgeschlossen oder sein Erbteil gemindert werden würde,
4. ob und welche Verfügungen des Erblassers von Todes wegen vorhanden sind,
5. ob ein Rechtsstreit über sein Erbrecht anhängig ist.

(2) Ist eine Person weggefallen, durch die der Antragsteller von der Erbfolge ausgeschlossen oder sein Erbteil gemindert werden würde, so hat der Antragsteller anzugeben, in welcher Weise die Person weggefallen ist.

Ohne die vom gesetzlichen Erben geforderten Angaben ist ein Antrag unzulässig. Sie können aber, ggf auf eine Zwischenverfügung (§ 2353 Rn 17) hin, nachgeholt werden. Ein trotz fehlender Angaben erteilter Erbschein unterliegt jedoch nicht deswegen der Einziehung (Staud/*Schilken* Rn 1). Denn die Angaben betreffen nicht den Sachverhaltskern (§ 2353 Rn 2, 12), sondern dienen dazu, das Verfahren zu fördern (MüKo/*Mayer* Rn 2). Sie obliegen dem Antragsteller nur, soweit er sie machen kann. Das Nachlassgericht hat vAw zu versuchen, fehlende Angaben zu ermitteln (§ 2358). 1

Bei mehreren Erben ist § 2357 III, IV zu beachten. Der Nachweis der Richtigkeit erfolgt gem § 2356. I Nr 1 meint den Kalendertag. Der Nacherbe, der einen Erbschein beantragt, hat auch den Tag des Nacherbfalls anzugeben (BayObLG Rpfleger 90, 165). I Nr 2 meint die Stellung zum Erblasser, zB Verwandtschaft, Kindesannahme (§§ 1754 ff), Vaterschaftsfeststellung (§ 1592 Nr 2, 3), bei Ehegatten auch den Güterstand (vgl § 2356 II 1). Nach I Nr 3, II ist der Wegfall anderer Personen (gesetzliche oder testamentarische Erben) vor oder nach dem Erbfall (Köln MDR 59, 585) durch Tod oder gem §§ 1933, 1938, 1953, 2344, 2346 anzugeben (MüKo/*Mayer* Rn 16 f). I Nr 5 betrifft nur zwischen Erbprätendenten vor den ordentlichen Gerichten anhängige Rechtsstreite. Kann ein Nachlassgläubiger die Angaben nach I 3, II nicht machen, kann er Antrag auf Nachlasspflegschaft (§ 1961) stellen. Zur Amtsermittlung s LG Flensburg Jur Büro 68, 558. 2

§ 2355 Angaben des gewillkürten Erben im Antrag

Wer die Erteilung des Erbscheins auf Grund einer Verfügung von Todes wegen beantragt, hat die Verfügung zu bezeichnen, auf der sein Erbrecht beruht, anzugeben, ob und welche sonstigen Verfügungen des Erblassers von Todes wegen vorhanden sind, und die in § 2354 Abs. 1 Nr. 1, 5, Abs. 2 vorgeschriebenen Angaben zu machen.

Bei gewillkürter Erbfolge, bei durch Testament oder Erbvertrag berufenem Erben, verlangt die Parallelvorschrift zu § 2354 zusätzliche Angaben. Zu nennen ist die Verfügung, auf der der Erbe sein Erbrecht gründet, wobei durch Datumsangabe oder sonstige Kennzeichnung eine Verwechslung auszuschließen ist, und ob und welche sonstigen Verfügungen vTw vorhanden sind, unabhängig von ihrem Inhalt oder ihrer Gültigkeit. S zur Vorlagepflicht § 2356. 1

Die (mögliche) Vorlage und Eröffnung der Verfügung vTw (§ 2260) sind Voraussetzung für die Erteilung des Erbscheins (§ 2356 Rn 4; MüKo/*Mayer* Rn 4).

§ 2356 Nachweis der Richtigkeit der Angaben

(1) ¹Der Antragsteller hat die Richtigkeit der in Gemäßheit des § 2354 Abs. 1 Nr. 1 und 2, Abs. 2 gemachten Angaben durch öffentliche Urkunden nachzuweisen und im Falle des § 2355 die Urkunde vorzulegen, auf der sein Erbrecht beruht. ²Sind die Urkunden nicht oder nur mit unverhältnismäßigen Schwierigkeiten zu beschaffen, so genügt die Angabe anderer Beweismittel.
(2) ¹Zum Nachweis, dass der Erblasser zur Zeit seines Todes im Güterstand der Zugewinngemeinschaft gelebt hat, und in Ansehung der übrigen nach den §§ 2354, 2355 erforderlichen Angaben hat der Antragsteller vor Gericht oder vor einem Notar an Eides Statt zu versichern, dass ihm nichts bekannt sei, was der Richtigkeit seiner Angaben entgegenstehe. ²Das Nachlassgericht kann die Versicherung erlassen, wenn es sie für nicht erforderlich erachtet.
(3) Diese Vorschriften finden keine Anwendung, soweit die Tatsachen bei dem Nachlassgericht offenkundig sind.

A. Zweck. Die Norm ergänzt die Mitwirkungspflicht des Antragstellers nach §§ 2354, 2355 durch eine förmliche Nachweispflicht. Das Nachlassgericht kann ihre Erfüllung, ist sie möglich, vom Antragsteller durch Zwischenverfügung verlangen. Dessen schuldhafte Nichterfüllung macht seinen Antrag unzulässig (str, KG OLGE 6, 174; Frankf FamRZ 96, 1441). Genügt er seiner Pflicht und bleiben Lücken, hat das Nachlassgericht von Amts wegen zu ermitteln (§ 2358; § 12 FGG). 1

B. Umfang der förmlichen Nachweispflicht. Förmlich nachzuweisen sind der Todeszeitpunkt des Erblassers (§ 2354 I Nr 1; zB durch das Sterbebuch, Sterbeurkunde, Eintragung des Sterbefalls im Familienbuch, Todesschein), das dem Erbrecht zugrunde liegende Verhältnis (§ 2354 I Nr 2; zB durch das Familien- oder Geburtenbuch, Abstammungs- oder Geburtsurkunde, Urteil über die Feststellung der Vaterschaft), sowie der Wegfall von Erbanwärtern (§ 2354 II), zB der Tod einer Person, Erbverzichtsvertrag, Urteil über Erbunwürdigkeit, Ausschlusserklärung, vorzeitigen Erbausgleich oder Scheidung oder Aufhebung der Ehe (MüKo/*Mayer* Rn 37–40). Im Fall des § 2355 ist die Urkunde vorzulegen, auf der das Erbrecht beruht (I 1 Hs 2). Für demselben Amtsgericht **offenkundige** Tatsachen (dazu *Deppenkemper* S 299 f) besteht keine Nachweispflicht (III). Offen- 2 kundigkeit umfasst wie in § 291 ZPO neben den allgemeinkundigen auch solche Tatsachen, von denen das Gericht vermöge seiner sonstigen amtlichen Tätigkeit Kenntnis hat, zB Anfechtung ggü dem Gericht, Erbschaftsausschlagung, Entscheidungen des AG mit personenstandsrechtlicher Wirkung wie Kindesannahme, Vaterschaftsfeststellung oder Scheidung (BaRoth/*Seidl* Rn 2). Das Gericht muss von ihnen überzeugt sein (vgl § 286 ZPO). Eine nur hohe Wahrscheinlichkeit genügt nicht (Schlesw FamRZ 01, 583, 584). Die Bezugnahme auf eine öffentliche Urkunde des gleichen Gerichts genügt. Nicht dazu gehören Tatsachen, die das Gericht erst durch Einsichtnahme in gerichtliche Akten eines anderen Verfahrens zur Kenntnis gelangen (str). Auf Akten anderer Gerichte kann Bezug genommen werden, wenn diese beigezogen werden (Köln MDR 59, 585). Bei gesetzlichen Vermutungen hat der Antragsteller ihre Voraussetzungen zu beweisen. Der Gegner kann widerlegen (Staud/*Schilken* Rn 4).

3   **C. Öffentliche Urkunde.** Der Begriff entspricht § 415 ZPO. Eingeschlossen sind bewirkende Urkunden, die einen Vorgang belegen, der in ihnen selbst niedergelegt ist (zB Ehescheidung), und Zeugnisurkunden, in denen die dafür autorisierte Person öffentlichen Glaubens einen Sachverhalt bezeugt (zB Personenstandsurkunden wie Geburts-, Heirats-, Sterbe-, Abstammungsurkunden, vgl *Firsching/Graf* Rn 4.176 ff). Öffentliche Urkunden aus der ehemaligen DDR als inländische Urkunden genügen. Ausländische öffentliche Urkunden sind vorzulegen und gelten bei Legalisation nach § 438 II ZPO als echt. Es schadet grds nicht, dass sie nicht in deutsch verfasst sind, doch kann das Gericht nach § 142 III ZPO eine Übersetzung verlangen. Für die Vertragsstaaten des Haager Übereinkommens (BGBl 1965 II, 875) genügt die im Errichtungsstaat beigefügte Apostille (Damrau/*Uricher* Rn 3). Ferner kennen bilaterale Abkommen Befreiungen. Die **Beweiskraft** richtet sich nach §§ 415, 417, 418, 435 ZPO. Personenstandsurkunden (§ 61 a PStG: beglaubigte Abschriften aufgrund der Personenstandsbücher, Geburtsschein, Geburts-, Heirats- und Sterbe- und Abstammungsurkunden sowie Auszüge aus dem Familienbuch) und idR Auszüge aus Standesregistern (vgl § 61 Nr 1 PStG) haben dieselbe Beweiskraft (§§ 60 I, 66 PStG) wie Personenstandsbücher (Heirats-, Familien-, Geburten- und Sterbebuch, § 1 II PStG). Ihre Unrichtigkeit kann nach § 60 II 1 PStG bewiesen werden. Hat das Gericht Zweifel an ihrer Richtigkeit, darf es sich über diese nicht hinweg setzen (aA Hburg NJW 52, 147). Es kann auf das Berichtigungsverfahren (§§ 47 ff PStG) verweisen oder nach Amts wegen den Sachverhalt klären (str, BayObLGZ 81, 38; 173, 176; MüKo/*Mayer* Rn 22; Staud/*Schilken* Rn 17). Beglaubigte Abschriften von Personenstandsurkunden haben nicht die Beweiskraft nach § 66 PStG. Das Gericht entscheidet über ihre Richtigkeit nach freier Überzeugung und kann Vorlage der Urschrift verlangen.

4   **D. Verfügung vTw.** Die Eröffnung der Verfügung vTw ist, wenn sie möglich ist, Voraussetzung für die Erteilung eines Erbscheins (I 1 Hs 2). Zum Nachweis eines testamentarischen Erbrechts ist grds die Urschrift der Urkunde vorzulegen, auf die das Erbrecht gestützt wird (BayObLG FamRZ 03, 1786; 05, 138, 139), sofern dem Nachlassgericht die Urkunde nicht schon vorliegt. Ist diese Urkunde nicht auffindbar, kommt der Grundsatz zum Tragen, dass es die Wirksamkeit eines Testaments nicht berührt, wenn die Urkunde ohne Willen und Zutun des Erblassers vernichtet worden, verloren gegangen oder sonst nicht auffindbar ist (BayObLG FamRZ 86, 1043, 1044; 90, 1162, 1163). Es können dann Errichtung des Testaments und sein Inhalt mit allen zulässigen Beweismitteln bewiesen werden (BayObLG FamRZ 86, 1043; 05, 138, 139), wobei wegen der geltenden Formstrenge an den Nachweis strenge Anforderungen zu stellen sind (BayObLG FamRZ 90, 1162, 1163; 01, 771, 772; Zweibr FamRZ 01, 1313, 1314). Möglich ist es, die Errichtung und den Inhalt eines Testaments auch durch Vorlage einer Kopie darzutun (BayObLGZ 93, 240 f; NJWE-FER 01, 128). Ist nach Durchführung der gebotenen Ermittlungen die Existenz eines Testaments nicht sicher festzustellen, trägt derjenige die Feststellungslast, welcher seinen Antrag auf das nicht vorhandene Testament stützt (BayObLG FamRZ 01, 945, 946; 05, 138). Vor Erteilung des Erbscheins hat das Gericht die Gültigkeit der Verfügung vTw nach Form und Inhalt zu prüfen (Staud/*Schilken* Rn 30).

5   **E. Eidesstattliche Versicherung.** Für die übrigen erforderlichen Angaben (s § 2354 I Nr 3, 4, 5, § 2355, § 2356 II 1) hat der Antragsteller den Beweis durch Versicherung an Eides statt zu erbringen und zu versichern, dass ihm nichts bekannt sei, was der Richtigkeit seiner Angaben entgegensteht (II 1). Das Nachlassgericht kann sie auch verlangen, wenn für die behaupteten Tatsachen ein hoher Grad von Wahrscheinlichkeit spricht (Schlesw FamRZ 01, 583). Ohne konkreten Anlass muss nicht ausdrücklich angegeben werden, dass Ausschlussgründe für das beantragte Erbrecht nicht bestehen (Hamm MDR 92, 972; MüKo/*Mayer* Rn 51; aA Braunschw DNotZ 91, 550). Über die strafrechtliche Sanktion der §§ 156, 163 StGB soll verhindert werden, dass mit Hilfe falscher Angaben ein Erbschein erlangt wird (LG Hannover, DAVorm 80, 860). Es erfordert die Abgabe einer eidesstattlichen Versicherung nach § 2356 II 1, dass der, der die Versicherung abzugeben hat, vor einem Notar oder einem Amtsgericht (funktionell: Rechtspfleger, § 3 Nr 1 f, 2 c RPflG), auch vor dem Rechtshilfegericht (str, Celle MDR 70, 930; Palandt/*Edenhofer* Rn 12, aA Soergel/*Zimmermann* Rn 15: nur bei Rechtshilfeersuchen), das Beurkundungsverfahren richtet sich insoweit (§§ 1 II, 56 III 2 BeurkG) nach den §§ 38, 6 ff BeurkG. Eine in privatschriftlicher Form abgegebene eidesstattliche Versicherung genügt nicht (Frankf FGPrax 96, 190; KG OLGE 18, 372). Die Bezugnahme auf Anlagen ist zulässig, wenn diese der Niederschrift beigefügt sind. Im Ausland ist der Konsularbeamte zuständig (§ 12 Nr 2 KonsularG). Bei gesetzlicher Stellvertretung gibt der Stellvertreter eine eigene Erklärung ab. Der 16 Jahre alte Erbe kann gem § 455

II ZPO selbst zur Abgabe zugelassen werden. Testamentsvollstrecker, Nachlass- und Insolvenzverwalter haben als Parteien kraft Amtes die Erklärung selbst abzugeben, ebenso Gläubiger des Erblassers nach §§ 792, 896 ZPO (Staud/*Schilken* Rn 40). Beim gemeinschaftlichen Erbschein ist die Versicherung aller Miterben gefordert (§ 2357 IV). Gewillkürte Stellvertretung ist nicht zulässig.

Nach II 2 kann das Nachlassgericht die eidesstattliche Versicherung ganz oder für einzelne Punkte **erlassen**, wenn es sie für nicht erforderlich erachtet, zB dem Nacherben, wenn für den Vorerben ein Erbschein erteilt war oder bei Wegfall der Testamentsvollstreckung für den neuen Erbschein. Insoweit entscheiden das Nachlassgericht und das auf Grund einer Beschwerde an seine Stelle tretende LG nach pflichtgemäßem Ermessen (KG OLGZ 67, 247; München FGPrax 06, 27). Die Entscheidung, die Versicherung zu erlassen, kann mit der **Beschwerde** angegriffen werden, übt das Gericht sein Ermessen nicht (Köln MDR 59, 585; Frankf FGPrax 96, 190, 191) oder nicht pflichtgemäß (Frankf aaO; Schlesw FamRZ 01, 583) aus. 6

F. Andere Beweismittel (I 2). Sie sind nur zulässig, wenn öffentliche Urkunden für den Antragsteller nicht oder nur mit unverhältnismäßigen Schwierigkeiten zu beschaffen sind. Dabei gilt ein strenger Maßstab (LG Rostock FamRZ 04, 1518). Die Verhältnismäßigkeit ist ein überprüfbarer Rechtsbegriff; sie eröffnet dem Gericht nicht etwa einen Ermessensspielraum (Staud/*Schilken* Rn 32). Unverhältnismäßig können hohe Kosten, Risiken und Mühen der Beschaffung ggü dem formellen Nachweis sein, wenn sich aus anderen Beweismitteln die volle Überzeugung des Gerichts ergibt (MüKo/*Mayer* Rn 42). Solche Beweismittel können Tatsachen jeder Art sein (BayObLG FamRZ 03, 1786, 1787), zB ältere Familienstammbücher, gekürzte Urkunden, Ausfertigungen, beglaubigte Abschriften, Kopie (Rn 4), Ahnenpässe und Taufscheine, Zeugenbeweis, eidesstattliche Versicherungen Dritter, die nicht als Zeugen vernommen werden können (Ddorf MDR 61, 242). Erforderlich ist aber, dass die Beweismittel ähnlich klare und verlässliche Folgerungen ermöglichen wie öffentliche Urkunden (KG FGPrax 95, 120). 7

§ 2357 Gemeinschaftlicher Erbschein

(1) ¹Sind mehrere Erben vorhanden, so ist auf Antrag ein gemeinschaftlicher Erbschein zu erteilen. ²Der Antrag kann von jedem der Erben gestellt werden.
(2) In dem Antrag sind die Erben und ihre Erbteile anzugeben.
(3) ¹Wird der Antrag nicht von allen Erben gestellt, so hat er die Angabe zu enthalten, dass die übrigen Erben die Erbschaft angenommen haben. ²Die Vorschrift des § 2356 gilt auch für die sich auf die übrigen Erben beziehenden Angaben des Antragstellers.
(4) Die Versicherung an Eides Statt ist von allen Erben abzugeben, sofern nicht das Nachlassgericht die Versicherung eines oder einiger von ihnen für ausreichend erachtet.

A. Zweck. Bei einer Erbengemeinschaft (nicht: Vor- und Nacherbschaft, vgl Staud/*Schilken* Rn 3) kann durch den gemeinschaftlichen Erbschein (§ 2353 Rn 5) das Erbrecht aller Miterben gemeinsam ausgewiesen werden. 1

B. Antrag. Der Antrag ist formfrei. Für sich **antragsberechtigt** ist jeder Miterbe, unabhängig davon, ob auch andere Miterben Erbscheinsanträge gestellt haben (I 2; BayObLG ZEV 05, 166, 168). Das gilt auch für gemeinschaftliche Teilerbscheine, so dass dieser von einem Miterben auch (nur) über das Erbrecht anderer Miterben beantragt werden kann (§ 2353 Rn 5). Im Antrag sind sämtliche Erben und ihre Erbteile anzugeben (II). Haupt- und Hilfsantrag sind zulässig. Kennt der Antragsteller nicht alle Erben, ist ihm über § 2358 II zu helfen (RGRK/*Kregel* Rn 5). Steht die Erbquote eines Miterben nicht fest (zB §§ 1935, 2094: ungeborener Erbe; §§ 1592, 1600 d: ausstehende Vaterschaftsfeststellung) ist der Antrag eines (Teil)Erbscheins über eine Mindestquote zulässig (Hamm Rpfleger 69, 299; BaRoth/*Seidl* Rn 4, Staud/*Schilken* § 2353 Rn 76). Auch ist ein vorläufiger gemeinschaftlicher Erbschein zulässig, wenn zwar die Erben feststehen, aber ihre Erbquote noch zweifelhaft ist. So werden Verfügungen über den Nachlass möglich (MüKo/*Mayer* Rn 16). Steht die wahre Erbquote fest, ist ein vorläufiger gemeinschaftlicher Erbschein bzw Mindestteilerbschein einzuziehen. **Beschwerde** (§§ 19, 20 FGG) gegen Antragsablehnung steht dem Antragsteller und den anderen Miterben zu. 2

C. Erbschaftsannahme. In der Antragstellung eines Miterben liegt idR seine schlüssige Annahme. Die Annahme der übrigen Miterben einschließlich der Tatsachen, aus denen sich diese Schlussfolgerung ergibt, hat er darzulegen (III 1) und durch die in § 2356 vorgesehenen Mittel zu beweisen. Entsprechendes gilt für antragsberechtigte Dritte (zB Testamentsvollstrecker), die den Erbschein beantragen. Zum verschollenen Miterben s MüKo/*Mayer* Rn 10. Die **eidesstattliche Versicherung** ist von allen Erben abzugeben, es sei denn, sie ist nicht von allen erforderlich (IV). In der Praxis reicht idR die Versicherung des Antragstellers (MüKo/*Mayer* Rn 13). Insoweit steht dem Gericht, anders als bei § 2356 II 2, kein Ermessen zu (hM). Der einzelne Miterbe, der einen gemeinschaftlichen Erbschein beantragt, kann von den übrigen im Erbschein auszuweisenden Erben ihre Abgabe der Versicherung verlangen (§ 2038 I 2; Erman/*Schlüter* Rn 4). Die eidesstattliche Versicherung erstreckt sich nicht auf die Erbquoten (Staud/*Schilken* Rn 12). 3

§ 2358 Ermittlungen des Nachlassgerichts

(1) Das Nachlassgericht hat unter Benutzung der von dem Antragsteller angegebenen Beweismittel von Amts wegen die zur Feststellung der Tatsachen erforderlichen Ermittlungen zu veranstalten und die geeignet erscheinenden Beweise aufzunehmen.
(2) Das Nachlassgericht kann eine öffentliche Aufforderung zur Anmeldung der anderen Personen zustehenden Erbrechte erlassen; die Art der Bekanntmachung und die Dauer der Anmeldungsfrist bestimmen sich nach den für das Aufgebotsverfahren geltenden Vorschriften.

1 **A. Zweck.** Wegen der weitreichenden Publizitätswirkung (§§ 2365–2367) des Erbscheins ist das Gericht zur **Amtsermittlung** (vgl § 12 FGG) verpflichtet, um eine höhere Gewähr für eine materiell richtige Entscheidung zu bieten. Die Amtsermittlungspflicht gilt nicht nur vor dem Nachlassgericht, sondern auch im Beschwerdeverfahren. Eine Verweisung auf den ordentlichen Rechtsweg ist unzulässig (KG NJW 63, 767). Zur Aussetzung s § 2353 Rn 18.

2 **B. Antrag.** Die Ermittlungstätigkeit des Gerichts setzt die Stellung eines Antrags nebst Bezeichnung von Beweismitteln voraus. Landesrechtlich ist zT den Nachlassgerichten die Pflicht auferlegt, den Erben vAw zu ermitteln (vgl Art 37 BayAG GVG, § 47 BaWü FGG). Was für ein Antrag gestellt sein muss, ergibt sich aus §§ 2354 bis 2357, in denen die gesetzlichen Erfordernisse des Antrags auf Erteilung eines Erbscheins enthalten sind (KG OLGE 6, 174). Der Antragsteller hat sich zunächst selbst im Rahmen des ihm Möglichen zu bemühen, sein behauptetes Erbrecht, so wie er es im Erbschein bezeugt haben will, nachzuweisen (BayObLGZ 51, 690, 695; FamRZ 93, 366, 367; 98, 1242, 1243; Hamm FamRZ 97, 1026; Köln FamRZ 91, 117, 118), zB eine der Formvorschrift des § 2356 II 1 genügende eidesstattliche Versicherung abzugeben (Frankf FamRZ 96, 1441). Gerade für Vorgänge aus dem höchstpersönlichen Bereich obliegt ihm eine zumutbare Mitwirkung (BayObLG FamRZ 98, 1242, 1243; Köln aaO). Eine allgemeine Ermittlungspflicht trifft ihn nicht, doch hat er ihm mögliche Angaben vollständig und wahrheitsgemäß zu machen (KG FamRZ 06, 151, 152). Entspricht der Antragsteller seinen Pflichten schuldhaft nicht, ist sein Antrag zurückzuweisen (*Firsching/Graf* Rn 4.191; *MüKo/Mayer* Rn 14 f).

3 **C. Umfang der Ermittlungen.** Die Ermittlungspflicht gilt bezüglich der Zulässigkeit (sachlich, örtlich und international) und bei Anlass den Voraussetzungen des Antragsrechts (str, *MüKo/Mayer* Rn 17). Weiter ist bei Anlass zu ermitteln die Staatsangehörigkeit des Erblassers oder sonstige Voraussetzungen für das maßgebliche Erbstatut (vgl Art 5, 25 I EGBGB), sein Todeszeitpunkt und, war er verheiratet, sein Güterstand, das Vorhandensein oder der Wegfall weiterer Erben, ggf durch Ausschlagung, seine Scheidung oder Aufhebung seiner Ehe bzw Partnerschaft oder ein nicht beendetes Verfahren (§§ 1933, 2077; §§ 10 III, 15 LPartG), wobei ein Aufrechterhaltungswille zu berücksichtigen ist (§§ 2077 III, 2268 II, 2279), die Annahme eines Kindes (§§ 1741 ff), das Vorhandensein nichtehelicher Abkömmlinge bezüglich des Erbrechts des Vaters, die Feststellung oder Anerkennung der Vaterschaft (§ 1592 Nr 2, 3) oder die Beseitigung durch vorzeitigen Erbausgleich (§§ 1934 d, e aF; Art 227 I Nr 2 EGBGB). Liegt eine Verfügung vTw vor, können Ermittlungen insbes bezüglich ihrer Echtheit, Wirksamkeit und Auslegung, bei Anlass auch bezüglich der Testierfähigkeit des Erblassers (BayObLG FamRZ 98, 1242, 1243; 05, 308, 309), ferner zur Anfechtung der Annahme, des Testaments oder der Ausschlagung jeweils in Hinblick auf den geltend gemachten Grund (BayObLG NJW 62, 1060; FamRZ 94, 848), einer Bindung durch gemeinschaftliches Testament (§ 2271; vgl BayObLGZ 91, 10, 14) oder Erbvertrag (§ 2289) geboten sein.

4 Die Ermittlungspflicht ist auf die für den beantragten Erbschein erforderlichen Tatsachenfeststellungen und Aufnahme geeigneter Beweise beschränkt. Das Gericht entscheidet über Art und Umfang nach pflichtgemäßem Ermessen nach Lage des Einzelfalls (vgl BayObLG FamRZ 91, 117, 118; 94, 1137). Es darf seine Ermittlungen erst abschließen, wenn von einer weiteren Beweisaufnahme ein sachkundiges, die Entscheidung beeinflussendes Ergebnis nicht mehr zu erwarten ist (BayObLG FamRZ 97, 123; 01, 203, 207; 454, 455). Der Sachverhalt darf bei sorgfältiger Überlegung keinen Anlass zu weiteren Ermittlungen bieten, dh keine konkreten Anhaltspunkte auf das Vorliegen eines fraglichen Umstandes hindeuten (BGH WM 91, 116; BayObLG FamRZ 03, 711, 713; 1594, 1595). Über **Ausnahmetatbestände** (zB Testierfähigkeit des Erblassers, seine deutsche Staatsangehörigkeit, Nichtanhängigkeit von Scheidungsverfahren) ist nur zu ermitteln, wenn für sie nicht ganz entfernt liegende Anhaltspunkte vorhanden sind (Köln FamRZ 91, 117, 118; *MüKo/Mayer* Rn 8). Dagegen hat es wegen des Amtsermittlungsgrundsatzes auch **unstreitige Tatsachen** auf ihre Richtigkeit zu überprüfen (BayObLG FamRZ 92, 1353) und ist an einen Vergleich (BayObLGZ 66, 233, 236; 97, 217, 219; KG FamRZ 04, 836) oder Auslegungsvertrag (str, BayObLGZ 29, 208, 209; 91, 1, 5 f; aA *Dressler* ZEV 99, 289, 291) der Beteiligten über die Erbenstellung nicht gebunden (*MüKo/Mayer* Rn 9; s a § 2385 Rn 1). Die Einigung aller Beteiligten hat aber indizielle Bedeutung (BGH NJW 86, 1812, 1813). Möglich ist es, einen Vertrag zu schließen, sich schuldrechtlich so zu stellen als sei eine vereinbarte Auslegung zulässig; eine dingliche Annäherung kann über § 2033 erfolgen (BGH aaO). Vereinbarungen über disponible Gegenstände sind zulässig, zB über die Rücknahme eines Erbscheinsantrags, die Ausschlagung einer Erbschaft oder die Anfechtung einer letztwilligen Verfügung. **Schiedsklauseln** (§ 1066 ZPO) sind im Fürsorgeverfahren des FGG unzulässig (str, BayObLG FamRZ 01, 873; Stuttg FamRZ 02, 1365, 1366).

D. Hinweis. Ggf hat das Gericht die Beteiligten zur Mitwirkung zu veranlassen und auf eine Ergänzung des 5
tatsächlichen Vorbringens hinzuwirken (BayObLGZ 88, 422, 424). Ein **Hinweis** des Gerichts ist veranlasst,
wenn es einen im bisherigen Verfahren nicht erörterten Gesichtspunkt zur Grundlage seiner Entscheidung
machen will, damit dem Verfahren eine für die Beteiligten unerwartete Wendung gibt und zu erwarten ist,
dass die Beteiligten zur Aufklärung des Sachverhalts sachdienlich beitragen können (BGH FamRZ 05, 700,
701; BayObLG NJWE-FER 01, 126, 127). Ihnen ist Gelegenheit zu geben, auf den Hinweis zu reagieren und
ihren Tatsachenvortrag zu ergänzen (BGH aaO).

E. Beweiserhebung. Das Gericht ist nicht an Beweisanträge oder angebotene Beweise gebunden. Ob es sich 6
mit formlosen Ermittlungen (§ 12 FGG) begnügt oder Strengbeweis (§ 15 FGG) anordnet, steht in seinem
pflichtgemäßen Ermessen. Für entscheidungserhebliche Tatsachen ist letzteres Verfahren als bei der Wahrheitsfindung überlegen vorzugswürdig. Im Wesentlichen gelten dann die entsprechenden Bestimmungen der ZPO
(§ 15 I 1 FGG), wenn sich nicht aus den Grundsätzen des Verfahrens der freiwilligen Gerichtsbarkeit Abweichendes ergibt. Das Verfahren ist nichtöffentlich (MüKo/*Mayer* Rn 24). Obwohl § 15 FGG § 357 ZPO nicht
erwähnt, besteht bei einer förmlichen Beweisaufnahme Beteiligtenöffentlichkeit (BayObLGZ 67, 137, 147; KG
FamRZ 68, 605). Der Grundsatz des rechtlichen Gehörs ist immer zu wahren (Staud/*Schilken* Rn 21).
In Betracht kommen zB der **Zeugenbeweis** (§§ 373 ff ZPO), wenn Zeugen den Willen eines Erblassers darle- 7
gen können (BayObLG NJW-RR 03, 366, 367). Ein beratender Notar (vgl §§ 17 I, 28 BeurkG) kann zu
berücksichtigen sein, wenn er noch Erinnerung an den Beurkundungsvorgang hat (BayObLG FamRZ 99,
1386), aus seiner Gestaltung der Urkunde Rückschlüsse gezogen werden sollen (BayObLG FamRZ 97, 123),
oder wenn ein gemeinschaftliches Testament auszulegen und der Wille der Testierenden zu ermitteln ist (BayObLG FGPrax 05, 162, 163 f); zum beratenden Rechtsanwalt BayObLG FamRZ 03, 1227, 1228. Bezüglich der
oft streitigen Geschäfts- und Testierfähigkeit des Erblassers bietet sich der behandelnde Arzt als sachverständiger Zeuge iSd § 15 I FGG, § 414 ZPO an. Ggf können aber Zeugnisverweigerungsrechte bestehen (§ 383 I
Nr 4, 6 ZPO). Nur für Tatsachen aus dem vermögensrechtlichen Bereich geht die Befreiungsbefugnis (§ 385
II ZPO) auf die Erben über (§ 1922). Doch dürfte es idR im wohlverstandenen Interesse des Erblassers liegen,
dass der Geheimnisträger an der Aufklärung der Testierfähigkeit mitwirkt (BGH NJW 84, 2893, 2894 f; BayObLG NJW 87, 1492, 1493; Frankf FamRZ 97, 1306). Ebenso entspricht es seinem mutmaßlichen Willen,
dass Tatsachen zur Ermittlung seines wirklichen Willens kundgetan werden (BayObLG FamRZ 91, 231). Ggf
kann das Nachlassgericht Zwischenurteil erlassen (§ 15 I FGG, § 387 ZPO). Der Verstoß gegen eine Schweigepflicht (BayObLG aaO) oder eine fehlende Aussagegenehmigung (KG FGPrax 04, 78) begründet kein Verwertungsverbot. Der **Beteiligte** oder sein gesetzlicher Vertreter ist kein Zeuge, kann aber als Auskunftsperson
analog §§ 415 ff ZPO angehört werden, ohne dass es eines Anfangsbeweises (vgl § 448 ZPO) bedürfte (BayObLGZ 70, 173, 176; 91, 10, 14; Zweibr MDR 98, 1244; aA BayObLG FamRZ 86, 1043).
Die Einschaltung eines (Schrift)**Sachverständigen** (§§ 402 ff ZPO) kann geboten sein (BayObLG FGPrax 03, 8
34, 35; Köln NJW-RR 04, 1015, 1016, zB wenn die Echtheit von Textveränderungen in Frage steht. Die
eidesstattliche Versicherung eines Beteiligten dient der Glaubhaftmachung (§ 15 II ZPO). Als die eines Dritten ist sie im Freibeweisverfahren zulässig (BGH WM 91, 162), aber kritisch zu würdigen (MüKo/*Mayer*
Rn 23). Für **Urkunden** gelten insbes §§ 415, 417, 419, 437, 438 ZPO, nicht §§ 420 ff ZPO. Amtliche Auskünfte
sind vorzulegen. Ferner gelten für den **Beweis durch Augenschein** §§ 371 ff ZPO. Die Entscheidung über den
geeigneten Beweis ist durch **Beschwerde** überprüfbar (BayObLG ZEV 94, 303).

F. Feststellungslast. Eine subjektive Beweislast (Beweisführungslast) kennt das Erbscheinverfahren als ein 9
Verfahren der freiwilligen Gerichtsbarkeit wegen des hier geltenden Untersuchungsgrundsatzes nicht (BayObLG FamRZ 97, 1428, 1429; KG OLGZ 91, 144, 147). Die objektive Beweislast (Feststellungslast) richtet sich
nach dem materiellen Recht (BayObLGZ 73, 145, 149; FamRZ 85, 837, 838; 97, 1428, 1429). Geht es um die
Feststellungslast für die Echtheit eines Testaments, so trägt sie im Zweifel derjenige, der aus dem Testament ein
Erbrecht herleitet (BayObLG FamRZ 85, 837, 838; Köln NJW-RR 04, 1015, 1016). Für erbrechtsvernichtende
Tatsachen (zB Ausschlagung, wirksame Anfechtung, Erb- oder Zuwendungsverzicht, Testierunfähigkeit) trägt
sie der dadurch Begünstigte (KG OLGZ 91, 144). Es gelten die Grundsätze des Anscheinsbeweises und zur
Beweisvereitelung (BayObLG FamRZ 99, 817; Frankf NJW-RR 98, 870).

G. Öffentliche Aufforderung (II). Vgl § 1965 I; §§ 948 ff ZPO. Liegt ein den gesetzlichen Erfordernissen ent- 10
sprechender Erbscheinsantrag vor, kann das Nachlassgericht nach seinem Ermessen von der öffentlichen Aufforderung Gebrauch machen (vgl Hamm FamRZ 00, 124, 125), wenn möglicherweise in den Erbschein aufzunehmende erbberechtigte Personen vorhanden sind, deren Ermittlung aber praktisch dauernd unmöglich
oder wirtschaftlich nicht vertretbar ist (Staud/*Schilken* Rn 24). Bei Verschollenheit ist aber ein zumutbares
Todeserklärungsverfahren durchzuführen (hM). Die Aufforderung hat keine Aufgebotswirkung und bewirkt
keinen Ausschluss (Soergel/*Zimmermann* Rn 12), sondern es bleiben nur die nicht angemeldeten Rechte vorläufig nicht berücksichtigt. Die Ablehnung der Aufforderung kann mit der **Beschwerde** (§ 19 FGG) angefochten werden, nicht aber ihre Anordnung (str, Hamm aaO; MüKo/*Mayer* Rn 42).

§ 2359 Voraussetzungen für die Erteilung des Erbscheins

Der Erbschein ist nur zu erteilen, wenn das Nachlassgericht die zur Begründung des Antrags erforderlichen Tatsachen für festgestellt erachtet.

1 **A. Feststellung des Erbrechts.** Das Gericht entscheidet nach seiner freien Überzeugung (vgl § 286 ZPO), dh nach seiner persönlichen Gewissheit (zu § 286 ZPO BGHZ 56, 245, 256; zu neueren Objektivierungstendenzen kritisch *Deppenkemper* 370 ff, 422 f, 425 ff). Es ist grds nicht an gesetzliche Beweisregeln (aaO 281 ff) oder -mittel und nicht an Vergleiche, Anerkenntnisse oder Rechtsansichten der Beteiligten gebunden (§ 2358 Rn 4; Staud/*Schilken* Rn 6). Es hat vielmehr die Sache vollständig zu prüfen und selbstständig zu entscheiden, zB über eine zweifelhafte Auslegung, die Gültigkeit einer Verfügung vTw oder ihre Anfechtung, die Wirksamkeit einer Adoption oder Ausschlagung. Es darf den Antragsteller nicht auf einen erst anhängig zu machenden Prozess verweisen (BayObLG FamRZ 01, 873, 874). Erbunwürdigkeit oder Anfechtbarkeit der Verfügung vTw stehen der Erteilung nicht entgegen; sie schließen erst mit Anfechtungs- oder rechtskräftiger Erbunwürdigkeitserklärung das Erbrecht aus. Ist ein Erbrechtsstreit anhängig, kommt Aussetzung in Betracht (§ 2353 Rn 18; MüKo/*Mayer* Rn 36). Die Vollziehung des Erbscheins kann nicht gem § 24 III FGG ausgesetzt werden. Möglich ist eine einstweilige Anordnung auf Rückgabe zu den Akten (Köln OLGZ 90, 303).

2 **B. Bindung.** Das **Nachlassgericht** ist im Erbscheinerteilungsverfahren an ein rechtskräftiges Urteil (s § 256 ZPO; § 2342 II) des Prozessgerichts über das Erbrecht gebunden, soweit sich zwischen den Parteien nach §§ 325 ff ZPO die Rechtskraft erstreckt (BayObLG FamRZ 99, 334, 335; Erman/*Schlüter* Rn 5; MüKo/*Mayer* Rn 40 ff; aA KG FamRZ 96, 1575; Jauernig- *Stürner* Rn 2). Keine Bindung besteht bei einer auf § 2018 gestützten Klage (MüKo/*Mayer* Rn 43). Ggü dritten Erbrechtsprätendenten besteht generell keine Bindung (Staud/*Schilken* § 2360 Rn 11). Zum Schiedsspruch s § 1055 ZPO.

3 Das **Prozessgericht** kann durch einstweilige Verfügung nicht dem Nachlassgericht die Aushändigung des Erbscheins verbieten (Staud/*Schilken* § 2360 Rn 8), aber dem Besitzer aufgeben, vom Erbschein keinen Gebrauch zu machen oder ihn an sicherer Stelle abzuliefern (BGHZ 30, 317; 40, 54, 59; Köln OLGZ 90, 303). Die Vermutung des § 2365 und der öffentliche Glaube (§§ 2366 f) berührt das nicht. Es ist nicht an die Entscheidung des Nachlassgerichts gebunden (BGH NJW 83, 277, 278; 93, 2171, 2172; § 2353 Rn 4).

4 **Finanzbehörden** und FG haben idR vom Erbrecht auszugehen, wie es im Erbschein bezeugt ist (BFH NV 05, 2218). Der Gegenbeweis ist zulässig (BFH NJW 96, 2119). Sind gewichtige Gründe erkennbar, die gegen die Richtigkeit des Erbscheins sprechen, sind sie berechtigt und verpflichtet, das Erbrecht und ggf die Erbanteile selbst zu ermitteln (§ 88 AO; § 76 FGO; BFH aaO; NV 05, 557; Nds FG EFG 04, 1231). Entsprechendes gilt im Grundbuchverfahren (§ 2353 Rn 7) und im Wesentlichen für das Handelsregister (MüKo/*Mayer* Rn 27 f). Zur **Beschwerde** s § 2353 Rn 28 ff.

§ 2360 Anhörung von Betroffenen

(1) Ist ein Rechtsstreit über das Erbrecht anhängig, so soll vor der Erteilung des Erbscheins der Gegner des Antragstellers gehört werden.
(2) Ist die Verfügung, auf der das Erbrecht beruht, nicht in einer dem Nachlassgericht vorliegenden öffentlichen Urkunde enthalten, so soll vor der Erteilung des Erbscheins derjenige über die Gültigkeit der Verfügung gehört werden, welcher im Falle der Unwirksamkeit der Verfügung Erbe sein würde.
(3) Die Anhörung ist nicht erforderlich, wenn sie untunlich ist.

1 **A. Anhörung.** Art 103 I GG als Grundrecht des gerichtlichen Verfahrens und der Grds des fairen Verfahrens (BVerfGE 101, 397, 408 ff: vor dem Rpfl gelte nicht Art 103 I GG, aber der Grds des fairen Verfahrens; dazu ablehnend die hL) gilt auch in der freiwilligen Gerichtsbarkeit (BVerfG FamRZ 87, 786; NJW 94, 1053; 95, 2095). Daher kommt § 2360 allenfalls begrenzte Bedeutung zu (vgl Staud/*Schilken* Rn 17; aA MüKo/*Mayer* Rn 31 ff). Denn Art 103 GG verlangt, dass alle formell oder materiell Beteiligten vom Verfahren in zumutbarer Form in Kenntnis gesetzt, über den relevanten Verfahrensstoff vollständig informiert werden (ggf durch Akteneinsicht, vgl BayObLG FamRZ 98, 1625) und sich zu für sie nachteiligen Tatsachen oder Beweisergebnissen in tatsächlicher und rechtlicher Hinsicht äußern (zB durch Anträge, vgl BVerfG NJW 03, 1924) können (BVerfG NJW 82, 1759; 83, 2762). Das Gericht darf nicht ohne Hinweis Anforderungen an den Sachvortrag stellen oder auf rechtliche Gesichtspunkte abstellen, mit denen auch ein gewissenhafter und kundiger Prozessbeteiligter nach dem Prozessverlauf nicht zu rechnen brauchte (BVerfG NJW 03, 2524; BGH FamRZ 05, 700, 701). Die Beteiligten werden dadurch vor überraschenden Entscheidungen geschützt (§ 2358 Rn 5; MüKo/*Mayer* Rn 13). Ihre Ausführungen hat das Gericht vor seiner Entscheidung zur Kenntnis zu nehmen und, sind sie zulässig und erheblich, in Erwägung zu ziehen (BVerfG NJW 00, 1480, 1483; BayObLG FamRZ 00, 1458).

2 Dabei ist **formell** beteiligt, wer den Antrag gestellt hat, hätte stellen können oder gegen den beantragten Erbschein beschwerdeberechtigt wäre (MüKo/*Mayer* Rn 6). **Materiell** ist berechtigt, wer von der zu treffenden

Entscheidung unmittelbar in seinem Erbrecht getroffen sein kann (*Firsching/Graf* Rn 4.211), zB bei gewillkürter Erbfolge die ausgeschlossenen gesetzlichen Erben, die übrigen Miterben bei Antrag eines Miterben, Nacherben und Testamentsvollstrecker nur hinsichtlich der Ausweisung ihrer Rechtsstellung (§§ 2363, 2364). Nicht beteiligt sind die Erbschaft ausschlagende Erben, ferner Nachlassgläubiger, Vermächtnisnehmer (str), Erbteilserwerber und der Nachlasspfleger bezüglich des Nachlasses, den er pflegt (MüKo/*Mayer* Rn 6).

B. Untunlichkeit. Untunlichkeit der Anhörung (III) kann allenfalls in Betracht kommen, wenn die Anhörung unmöglich erscheint (Staud/*Schilken* Rn 16) oder ganz unverhältnismäßig ist (str, *Firsching/Graf* Rn 4.220; MüKo/*Mayer* Rn 35; aA Keidel/*Schmidt* § 12 Rn 184: verfassungswidrig). Dass Personen, die als Erbe in Betracht kommen, weit entfernt wohnen oder schwierig zu ermitteln sind, macht ihre Anhörung noch nicht untunlich (BayObLG FamRZ 99, 1471, 1472). Nicht verpflichtet ist das Gericht zu einem sog Rechtsgespräch (BVerfG NJW 96, 3202) oder zur Mitteilung, wie es die Sache rechtlich würdigen wolle (BayObLG FamRZ 89, 425; MüKo/*Mayer* Rn 12). Die Verletzung der Anhörungspflicht allein rechtfertigt nicht die Einziehung (§ 2361) des Erbscheins (BGH NJW 63, 1972). Die Gewähr des Gehörs kann in Rechtsfragen im Beschwerdeverfahren nachgeholt werden, im Bereich des Tatsächlichen aber nicht mehr in der Rechtsbeschwerdeinstanz. 3

C. Anhängiger Rechtsstreit. Ist ein Rechtsstreit zwischen den Beteiligten anhängig (I), wird es sich idR um eine Feststellungsklage (§ 256 ZPO) handeln (RGRK/*Kregel* Rn 1). Möglich sind auch zB Klage aus § 2018 oder eine Anfechtungsklage nach § 2342 (MüKo/*Mayer* Rn 26). Es kann dann Aussetzung (vgl § 148 ZPO) zweckmäßig sein (BayObLG FamRZ 99, 334, 335; KG FamRZ 68, 219; § 2353 Rn 18), ggf auch, wenn der Rechtsstreit nur eine für das Erbrecht maßgebliche Vorfrage betrifft (BayObLGZ 28, 614). Der Grundsatz des rechtlichen Gehörs der gesetzlichen Erben gilt bei öffentlichen Testamenten (str, KG FamRZ 06, 151; Erman/*Schlüter* Rn 2; Palandt/*Edenhofer* Rn 2), Erbverträgen und ausdrücklich, beruht das Erbrecht auf einem Privattestament (II; vgl zB §§ 2231 Nr 2, 2247, 2250, 2251) oder einer dem Nachlassgericht nicht vorlegbaren öffentlichen Urkunde. Über den Wortlaut des II hinaus sind dabei alle potenziell betroffenen Beteiligten anzuhören (BVerfGE 19, 49; 21, 144, 145; BayObLG FamRZ 99, 1470, 1472). Das gilt auch für I (Staud/*Schilken* Rn 15). 4

§ 2361 Einziehung oder Kraftloserklärung des unrichtigen Erbscheins

(1) ¹Ergibt sich, dass der erteilte Erbschein unrichtig ist, so hat ihn das Nachlassgericht einzuziehen. ²Mit der Einziehung wird der Erbschein kraftlos.
(2) ¹Kann der Erbschein nicht sofort erlangt werden, so hat ihn das Nachlassgericht durch Beschluss für kraftlos zu erklären. ²Der Beschluss ist nach den für die öffentliche Zustellung einer Ladung geltenden Vorschriften der Zivilprozessordnung bekannt zu machen. ³Mit dem Ablauf eines Monats nach der letzten Einrückung des Beschlusses in die öffentlichen Blätter wird die Kraftloserklärung wirksam.
(3) Das Nachlassgericht kann von Amts wegen über die Richtigkeit eines erteilten Erbscheins Ermittlungen veranstalten.

A. Zweck. Durch die Einziehung des unrichtigen, aber wirksam erteilten Erbscheins (I 1) oder seine Kraftloserklärung (II 1) vAw wird die Wirkung der §§ 2365–2367 beseitigt und somit der aus ihnen folgenden Gefahren begegnet. Die Norm ist auf Überweisungszeugnisse der §§ 36, 37 GBO (KG JGF 14, 137; s § 84 S 2 FGG), Hoffolgezeugnisse und gem § 1507 S 2 auf Zeugnisse über die Fortsetzung der Gütergemeinschaft entspr anwendbar (Staud/*Schilken* Rn 6). 1

B. Unrichtigkeit (I). Unrichtig ist ein Erbschein, wenn seine Erteilungsvoraussetzungen schon ursprünglich nicht vorlagen oder nachträglich weggefallen sind (BGHZ 40, 54, 56; BayObLG FamRZ 05, 1782). Er ist einzuziehen, wenn er nunmehr aus tatsächlichen oder rechtlichen Gründen nicht mehr erteilt werden dürfte (Staud/*Schilken* Rn 15). Bloße Zweifel genügen nicht. Das Gericht darf nach den gebotenen Ermittlungen (§ 2358) nicht von seiner Richtigkeit überzeugt (§ 2359) sein (BGH aaO; BayObLGZ 66, 223, 236; 97, 59, 63; Köln FamRZ 03, 1784). Die Richtigkeitsvermutung des § 2365 gilt insoweit nicht. 2

Formelle Unrichtigkeit des Erbscheins liegt vor, wenn der Erbschein unter Verletzung verfahrensrechtlicher Vorschriften erteilt worden ist, die Bedingungen für die Zulässigkeit des Verfahrens sind. Einziehung erfolgt, selbst wenn der Erbschein inhaltlich richtig ist (BGH NJW 63, 1972), wenn gegen wesentliche Verfahrensvorschriften verstoßen worden ist (BayObLG FamRZ 97, 126), zB wenn der Erbschein ohne Antrag eines Antragsberechtigten bzw abweichend vom Antrag (BayObLG ZEV 01, 489, 491) ohne Genehmigung (§ 2353 Rn 11), vom Beschwerdegericht (KG Rpfleger 66, 208), vom international (Zweibr FamRZ 02, 1146) oder örtlich (Hamm OLGZ 72, 352, 353) unzuständigen Gericht, vom gem § 16 I Nr 6 RPflG funktionell unzuständigen Rechtspfleger ohne Übertragbarkeit nach § 16 II 1 RPflG (BayObLG FamRZ 97, 1370) oder ohne Rechtsschutzbedürfnis (BayObLG Rpfleger 99, 76) erteilt worden ist. Die Erteilung durch den funktionell unzuständigen Richter berührt nie die Wirksamkeit des Erbscheins (§ 8 I RPflG). Auch ist der Erbschein nicht einzuziehen, den 3 der Rechtspfleger aufgrund gesetzlicher Erbfolge nach deutschem Recht erteilte, so dass eine Übertragungsmöglichkeit nach § 16 II RPflG bestand. Denn dann ist der Erbschein nicht unrichtig (§ 8 II RPflG; vgl BayObLG FamRZ 97, 1370). Der durch den Rechtspfleger erteilte Erbschein wird aber als unrichtig eingezogen, wenn er ihn aufgrund gesetzlicher Erbfolge erteilte, sich die Erbfolge aber aus einem später aufgefundenen Testament ergibt, selbst wenn diese mit der gesetzlichen Erbfolge übereinstimmt (KG FamRZ 04, 1903). Einzuziehen ist auch der von einem Justizbeamten ohne Rechtspflegereigenschaft erteilte Erbschein (Frankf NJW 68, 1289). Verfahrensfehler, die nur die Durchführung des Verfahrens betreffen, zB Nichtgewähr des nachholbaren rechtlichen Gehörs (BayObLG Rpfleger 84, 141; § 2360 Rn 3) oder eine falsche eidesstattliche Versicherung (Hamm OLGZ 67, 74, 77), führen allein nicht zur Einziehung (MüKo/*Mayer* Rn 18).

4 **Materiell** ist der Erbschein unrichtig, wenn er die Erbfolge falsch und nicht so wiedergibt, wie sie wiederzugeben wäre. Mögliche Fehler können bestehen zB in inhaltlicher Widersprüchlichkeit (KG RJA 17, 56), bezüglich des Erbfalls, der Person des Erben, zB wegen nachträglich auftauchenden Testaments oder anderer Auslegung einer Verfügung vTw (BayObLG FamRZ 89, 99, 100), der Erbteilsgröße (BayObLGZ 91, 1, 4), wegen Übersehens von Erbberechtigten oder der Annahme eines falschen Güterstandes, bezüglich des Erbstatuts, einer Nachlassspaltung (BGH ZEV 95, 448, 451), fehlender oder falsch aufgeführter Beschränkungen (§§ 2363, 2364; BayObLG FamRZ 93, 459; 1370) wie ein Nacherbenvermerk (BayObLG FamRZ 01, 873), Befreiungen (§ 2136). Der Erbschein kann (ggf nachträglich) unrichtig werden, zB *ex tunc* durch Anfechtung (BayObLG FamRZ 90,1037) einer Verfügung vTw, Erbschaftsannahme oder- ausschlagung, Feststellung der Erbunwürdigkeit, durch Eintritt der Nacherbfolge (§ 2363 Rn 8) oder Wechsel in der Person des Nacherben (aA *Zimmermann* Rn 480: nur auf Antrag), durch Entfall der Testamentsvollstreckung (MüKo/*Mayer* Rn 6). Der Erbschein wird **nicht** unrichtig, insoweit sein Inhalt (§ 2353 Rn 2) nicht berührt wird, zB bei Erbteilsveräußerung (§ 2033), Nachlassinsolvenz, gleicher Erbfolge aufgrund anderem Berufungsgrundes (Hamm OLGZ 67, 74), Änderung in der Person des Testamentsvollstreckers (Staud/*Schilken* Rn 22).

5 **C. Zeitlich** ist die Einziehung erst ab Erteilung des Erbscheins möglich. Ab dann ist eine Korrektur nach § 18 FGG jedenfalls der Angaben, die an der Richtigkeitsvermutung und dem guten Glauben (§§ 2365-2367) teilhaben, nicht mehr möglich (hM). Nur Überflüssiges oder offenbar Unrichtiges (zB Schreib- oder Rechenfehler) darf entspr § 319 ZPO noch korrigiert werden; s zum Ganzen § 2353 Rn 26.

6 **D. Verfahren.** Es handelt sich um ein reines Amtsverfahren (III; § 12 FGG). Ein Antrag ist nicht erforderlich. Das Nachlassgericht hat vAw zu ermitteln, hat es Zweifel an der Richtigkeit des Erbscheins. Es darf nicht auf den ordentlichen Rechtsweg (vgl § 2362) verweisen oder das Verfahren bis zur Entscheidung im Zivilprozess aussetzen. Ist die Einziehung in einem früheren Verfahren abgelehnt worden, hindert dieses mangels formeller Rechtskraft ein neues Verfahren selbst bei unveränderter Sachlage nicht (KG JFG 14, 286, 287f; BayObLG FamRZ 04, 313). Der Einziehung steht nicht entgegen, dass seit der Erbscheinserteilung ein langer Zeitraum (zB 45 Jahre) verstrichen ist (BGHZ 47, 58, 64; BayObLGZ 96, 69, 72; FamRZ 03, 1047).

7 **Zuständig** ist das Gericht, das den Erbschein erteilt hat, selbst wenn es zur Erteilung nicht zuständig war (BayObLGZ 64, 292; 77, 59; Frankf Rpfleger 81, 21; Hamm OLGZ 72, 352, 353); in der früheren DDR das für den Sitz des früheren Staatlichen Notariats errichtete Gericht. Funktionell ist der Richter unter den Voraussetzungen des § 16 I Nr 7 RPflG zuständig. Dabei ordnet das Nachlassgericht die Einziehung durch eine Verfügung mit Gründen an (BayObLG ZEV 01, 489, 490), die allen Erbscheinserben zuzustellen ist. IdR ergeht nach § 16 FGG bekannt zu machender Beschluss.

8 Die Einziehungsanordnung ist **wirksam**, wenn der in ihr enthaltenen Aufforderung zur körperlichen Rückgabe des Erbscheins (Urschrift und alle Ausfertigungen) an das Nachlassgericht entsprochen ist (BayObLGZ 66, 233, 235; 80, 72, 73). Schlichte Rückgabe genügt nicht, wenn sie nicht in Erfüllung des § 2362 erfolgt. Sind Urschrift und Ausfertigungen bereits in der Verfügungsgewalt des Gerichts, tritt die Einziehungswirkung mit dem Beschluss und der Bekanntgabe ein (BayObLG ZEV 01, 489, 490). Zwangsmittel sind nach § 33 FGG möglich.

9 Die **Kraftloserklärung** (II 1; vgl § 176 I; § 185 ZPO) ist zu erklären, wenn ein unrichtiger Erbschein (Urschrift oder wenigstens eine Ausfertigung) nicht sofort erlangt werden kann. Steht dies fest, ist sie sofort herbeizuführen (BayObLG NJW-RR 97, 1368). Ein erst nach ihr erreichbarer Erbschein ist einzuziehen (MüKo/*Mayer* Rn 32; aA Palandt/*Edenhofer* Rn 13: Erledigung).

10 **Einstweiliger Rechtsschutz** kann auch das Nachlassgericht selbst durch Verfügung der einstweiligen Rückgabe des Erbscheins zu den Akten analog § 24 III FGG gewähren (BayObLG FamRZ 93, 116; Köln OLGZ 90, 303; aA BGHZ 40, 54, 59). Der öffentliche Glaube des Erbscheins wird dadurch nicht berührt (str, MüKo/*Mayer* Rn 44). Vorläufige Einziehung ist unzulässig (str, BGH NJW 63, 1972; Staud/*Schilken* Rn 15).

11 **E. Rechtsmittel.** Gegen die Anordnung der Einziehung oder deren Ablehnung ist **Beschwerde** (§ 19 FGG, § 11 RPflG) und weitere Beschwerde (§ 27 FGG) statthaft. Da die Einziehung oder Kraftloserklärung unumkehrbar ist (§ 84 S 1 FGG; BGHZ 40, 54), ist eine Beschwerde gegen eine Einziehungsanordnung nur zulässig, solange die Einziehung noch nicht vollzogen ist. Danach kann die Einziehungsanordnung nur mit dem Ziel der Neuerteilung eines gleichlautenden Erbscheins angefochten werden (BGH aaO; BayObLG FamRZ 89, 550; 04, 1407). Wurde bereits ein anderslautender Erbschein erteilt, ist zugleich Beschwerde gegen diesen zu

erheben (Köln ZEV 94, 376). Die Beschwerde ist als unzulässig zu verwerfen, steht aufgrund einer Sachprüfung fest, dass die Einziehung eines den Beschwerdeführer als Berechtigten ausweisenden Erbscheins zu Recht erfolgt ist, weil er nicht Erbe ist (KG FamRZ 05, 1573). Die Beschwerde ist zulässig, solange die Kraftloserklärung nicht öffentlich bekannt (II 2) gemacht wurde (hM, MüKo/*Mayer* Rn 47; Staud/*Schilken* Rn 40). **Beschwerdeberechtigt** (§ 20 I FGG) gegen die Anordnung der Einziehung sind alle (potenziell) Antragsberechtigten (§ 2353 Rn 13 f, 29), gegen die Ablehnung der Einziehung jeder, der das bescheinigte Erbrecht selbst in Anspruch nimmt. Das **Beschwerdegericht** kann den Erbschein nicht ändern oder einziehen, sondern nur das Nachlassgericht dazu anweisen (BayObLGZ 00, 279, 290; FGPrax 05, 217, 218; Frankf Rpfleger 73, 95). Zum einstweiligen Rechtsschutz s § 24 III FGG und Rn 10.

F. Kosten. Für Einziehung oder Kraftloserklärung fällt eine 5/10 Gebühr an (§ 108 KostO). Bei unsachgemäßer Behandlung durch das Nachlassgericht besteht Niederschlagungsmöglichkeit gem § 16 KostO (Staud/*Schilken* Rn 43). 12

§ 2362 Herausgabe- und Auskunftsanspruch des wirklichen Erben

(1) Der wirkliche Erbe kann von dem Besitzer eines unrichtigen Erbscheins die Herausgabe an das Nachlassgericht verlangen.
(2) Derjenige, welchem ein unrichtiger Erbschein erteilt worden ist, hat dem wirklichen Erben über den Bestand der Erbschaft und über den Verbleib der Erbschaftsgegenstände Auskunft zu erteilen.

A. Herausgabe. Dem wirklichen Erben wird ein materiell-rechtlicher Anspruch auf **Herausgabe** an das Nachlassgericht gegen den (ggf mittelbaren) Besitzer eines unrichtigen Erbscheins (Urschrift oder Ausfertigung) eingeräumt (I). Er soll nicht auf Einziehung gem § 2361 warten müssen. Er hat sein Erbrecht zu beweisen, doch gilt hier die Vermutung des § 2365 nicht (München NJW-RR 95, 779, 780). Die Herausgabe hat Einziehungswirkung (§ 2362 I 2, str). Sie kann gem § 883 ZPO erzwungen werden. Zum Nacherben s § 2363 II, zum Testamentsvollstrecker s § 2364 II, zur Todeserklärung s § 2370 II. 1

B. Auskunft. Der Auskunftsanspruch (II, § 260) des wahren Erben setzt nicht voraus, dass der Scheinerbe den Erbschein im Besitz hat (Staud/*Schilken* Rn 6; aA Erman/*Schlüter* Rn 4) oder Erbschaftsbesitzer (§ 2027) ist. Anspruchsgegner kann auch der Miterbe mit unrichtig ausgewiesener Erbquote (Staud/*Schilken* Rn 6; aA *Zimmermann* Rn 534) oder ein Gläubiger (§ 792 ZPO; MüKo/*Mayer* Rn 13) sein. Der Anspruch beinhaltet Auskunft über Erbschaftsgegenstände und den Bestand der Erbschaft, dh Vorlage eines Bestandsverzeichnisses (§ 260) und uU eidesstattliche Versicherung (§ 261). 2

C. Prozessuales. Die Ansprüche werden durch gewöhnliche Klage im zivilprozessualen Streitverfahren geltend gemacht. Ihre Verbindung, eine Zwischenfeststellungsklage (§ 256 II ZPO) über das Erbrecht (BaRoth/*Seidl* Rn 8) und Anerkenntnis-, Versäumnis- oder Verzichtsurteil sowie Vergleich sind möglich. Im Wege einstweiliger Verfügung gem § 935 ZPO kann vorläufige Herausgabe zu den Akten des Nachlassgerichts beantragt werden (AnwK/*Kroiß* Rn 5). § 27 ZPO gilt außer bei idR zweckmäßiger Verbindung mit der Erbschaftsklage (§§ 2018 ff) nicht (MüKo/*Mayer* Rn 6). 3

§ 2363 Inhalt des Erbscheins für den Vorerben

(1) ¹In dem Erbscheine, der einem Vorerben erteilt wird, ist anzugeben, dass eine Nacherbfolge angeordnet ist, unter welchen Voraussetzungen sie eintritt und wer der Nacherbe ist. ²Hat der Erblasser den Nacherben auf dasjenige eingesetzt, was von der Erbschaft bei dem Eintritt der Nacherbfolge übrig sein wird, oder hat er bestimmt, dass der Vorerbe zur freien Verfügung über die Erbschaft berechtigt sein soll, so ist auch dies anzugeben.
(2) Dem Nacherben steht das in § 2362 Abs. 1 bestimmte Recht zu.

A. Zweck. Zwischen Vor- und Nacherbe (§§ 2100 ff) entsteht keine Erbengemeinschaft, sondern sie sind zeitlich versetzte Erben des gleichen Erblassers. Mit Eintritt des Erbfalls kommt zunächst nur ein Erbschein für den **Vorerben** (I iVm § 2353) in Betracht, der ihn legitimiert. In Hinblick auf seine auflösend befristete Erbeinsetzung und zum Schutz des aufschiebend befristet eingesetzten Nacherben bedarf es eines Nacherbenvermerks (vgl auch § 51 GBO). Dieser bezeugt die Beschränkung der Rechtstellung des Vorerben, über den Nachlass zu verfügen (MüKo/*Mayer* Rn 1 f). 1

Er bezeugt **nicht**, dass der Vorerbe noch Vorerbe und der Nacherbfall nicht eingetreten ist (Frankf NJW 57, 266; KG Rpfleger 96, 247 f). Er bescheinigt auch nicht das Nacherbrecht (BayObLG FamRZ 04, 1407) und nimmt insoweit nicht an der Vermutung des § 2365 teil (BGH NJW 82, 2499; BayObLGZ 99, 805; FamRZ 00, 1231). Es kommt daher auf die Annahme der Erbschaft durch den Nacherben nicht an (BaRoth/*Seidl* Rn 1). Im Rechtsverkehr dient der Erbschein des Vorerben auch der Legitimation des Nacherben, wenn jener dessen Zustimmung bedarf (s § 2113; MüKo/*Mayer* Rn 9). Parallelvorschriften bezüglich des Nacherbenvermerks sind insbs § 51 GBO, §§ 54, 74 SchiffsregO und § 86 LuftfzRG. 2

3 **B. Erbschein des Vorerben.** **Notwendige** Angaben sind zunächst die, die auch der gewöhnliche Erbschein enthalten muss (§ 2353 Rn 2). Daneben sind nach I die Angaben erforderlich über die (ausdrückliche oder in sonstiger Weise erklärte) Anordnung der **Nacherbfolge**, auch, dass sie nur für einen Bruchteil (Quote) des Nachlasses oder nur nach einem Miterben angeordnet ist, sowie auch in Fällen der §§ 2101 (Köln DNotZ 93, 814), 2104 (BayObLG FamRZ 91, 114), 2105, unter welchen **Voraussetzungen** und zu welchem **Zeitpunkt** (BayObLGZ 65, 77, 86) sie eintritt, also idR der Nacherbfall (§ 2139), zB der Tod des Vorerben (s § 2106 I 1), wobei auch die Anordnung der Vor- und Nacherbfolge an sich bedingt sein kann, zB durch die Wiederverheiratung des überlebenden Ehegatten, sonstige Verwirkungsklauseln oder die Geburt einer Person (Köln Rpfleger 92, 391; MüKo/*Mayer* Rn 8), und die **Person** des Nacherben zur Zeit der Ausstellung des Erbscheins (KG OLGE 4, 433; JFG 18, 233), und zwar aller Nacherben und Ersatznacherben (BayObLG FamRZ 91, 1116; Hamm OLGZ 75, 156; Köln NJW-RR 92, 1417; MüKo/*Mayer* Rn 9, 13, 19; Staud/*Schilken* Rn 9, 11), letztere selbst, wenn ihre Berufung erst durch gesetzliche Auslegungs- oder Ergänzungsregelungen erfolgte (Köln MittRhNotK 90, 223). Dabei ist genaue, namentliche Bezeichnung zur Individualisierung geboten. Ist der Nacherbe noch unbekannt, sind für ihn maßgebliche Bestimmungsmerkmale anzugeben (Staud/*Schilken* Rn 10). Die Ermittlung der Nacherben obliegt dem Nachlassgericht von Amts wegen (§ 2358; Frankf NJW 53, 507; MüKo/*Mayer* Rn 14).

4 **Ferner** sind anzugeben mehrfache Nacherbfolge (BayObLG FamRZ 90, 320) mit Zeitpunkt des Eintritts des weiteren Nacherbfalls, bedingt eingesetzte Nacherben (RGZ 156, 172; 181; MüKo/*Mayer* Rn 12), Nichtvererblichkeit des Nacherbenanwartschaftsrechts entgegen § 2108 II 1 (RGZ 154, 330, 333; Köln NJW 55, 635), sowie Nacherbenvollstrecker (§ 2222; KGJ 43, 92, 95). Im dem dem Vorerben erteilten Erbschein ist im Fall befreiter Vorerbschaft ausdrücklich die **Befreiung** von einzelnen (§§ 2113 I, 2114) oder allen (I 2; §§ 2136 f) Beschränkungen, soweit diese gesetzlich zulässig sind, anzugeben (Bremen ZEV 05, 26). Da ein unbeschränktes **Vorausvermächtnis** (vgl § 2110 II) für den alleinigen Vorerben (§ 2150) aus der Vorerbmasse ausscheidet, ist anzugeben, dass der Vorerbe insoweit nicht in seinen Verfügungen beschränkt ist (BayObLG 65, 457, 465; FamRZ 05, 480, 481; KG HRR 40 Nr 539; RGRK/*Kregel* Rn 10; aA Erman/*Schlüter* Rn 5).

5 **Nicht anzugeben** ist die Nacherbschaft, wenn sie gegenstandslos ist, spätere Erbanteile, wenn mehrere Personen zum Nacherben berufen sind (KG OLGE 32, 81; KG RJA 16, 61), ein bloßes Nießbrauchsvermächtnis (BayObLG Rpfleger 96, 455), eine zwischen Erbfall und Nacherbfall erfolgte Übertragung des Nacherben-Anwartschaftsrechts (BayObLG FamRZ 92, 1476; 02, 350, 351; Ddorf MDR 81, 143; 91, 252), ferner die Befreiung von einzelnen Verpflichtungen (KG JFG 12, 122).

6 **Antragsberechtigt** ist nur der Vorerbe selbst.

7 **C. Korrekturmöglichkeiten.** S § 2353 Rn 26. Der erteilte Erbschein kann berichtigt werden, wenn zunächst nur abstrakt, nicht namentlich bekannte Nacherben später der Person nach feststehen (Firsching/*Graf* Rn 4.295; aA *Köster* Rpfleger 00, 133, 139). Ansonsten ist ein erteilter Erbschein, der aufgrund späterer Veränderungen unrichtig wird, einzuziehen.

8 **D. Einziehung.** S § 2361 Rn 4. **Fehlen** Angaben nach I 1 oder sind sie unbestimmt, ist der Erbschein als unrichtig einzuziehen (BayObLG FamRZ 01, 873, 876); auch, wenn die Unrichtigkeit den Beschwerdeführer nicht beschwert (BayObLGZ 00, 76, 80). Da mit dem Nacherbfall (§ 2139), zB dem Tod des Vorerben (oder auch nur eines von mehreren), die Beschränkung nicht mehr besteht und nicht mehr eingetragen werden könnte (BayObLG FamRZ 00, 1231, 1232), wird der dem Vorerben erteilte Erbschein unrichtig und muss eingezogen werden (hM, Jena FamRZ 94, 1208; KGJ 48, 112, 114; Köln FamRZ 03, 1784), ferner, wenn der Nacherbe vor Eintritt des Nacherbfalls wegfällt, zB stirbt und das Nacherbenrecht auf seine Erben übergeht (§ 2108 II 1; BayObLG FamRZ 88, 542; 99, 816), oder bei Nichterwähnung einzelner Nacherben oder falscher Bezeichnung der Nacherbfolge (BayObLGZ 60, 407).

9 **F. Erbschein für den Nacherben.** Er kann nach Eintritt des Nacherbfalls (§ 2139), aber schon vor Einziehung bzw Kraftloserklärung des Erbscheins des Vorerben erteilt werden (MüKo/*Mayer* Rn 25). Aufzunehmen ist der Zeitpunkt des Nacherbfalls (BayObLG FamRZ 90, 320, 322; 98, 1332, 1333) und die Person des Nacherben, bei dessen Wegfall vor Eintritt des Nacherbfalls der Ersatzerbe. Ist der Nacherbfall hinsichtlich eines von mehreren Vorerben eingetreten, ist der Nacherbe insoweit quotenmäßig Erbe und bleibt im Übrigen Nacherbe (Hamm NJW 74, 1827). **Antragsberechtigt** ist nach dem Nacherbfall allein der Nacherbe. Vorher kann er nicht Erteilung für den Vorerben (BayObLG FamRZ 99, 70, 74) oder sich (BGH FamRZ 80, 563, 564) verlangen. Er kann aber verlangen, dass im Erbschein des Vorerben die Angaben nach I 1 richtig aufgenommen werden und ansonsten Einziehung (§ 2361) und Schadensersatz (RGZ 139, 343) begehren; zur Amtspflicht des Notars s BGH NJW 88, 63. Der Nacherbe ist **nicht beschwerdeberechtigt** (vgl § 2353 Rn 29 ff), wenn ein dem Vorerben erteilter Erbschein eingezogen wird (Oldbg DNotZ 58, 263) oder der von ihm gestellte Antrag auf Erteilung eines Erbscheins an den Vorerben (mit Nacherbenvermerk) abgelehnt wurde (BayObLG FamRZ 04, 1407).

10 **G. Herausgabeanspruch (II).** Der Nacherbe hat bereits vor dem Nacherbfall einen Herausgabeanspruch nach § 2362 I neben den Rechten aus § 2361, den **Auskunftsanspruch** nach § 2362 II aber erst ab Eintritt des Nacherbfalls (BaRoth/*Seidl* Rn 18).

§ 2364 Angabe des Testamentsvollstreckers im Erbschein, Herausgabeanspruch des Testamentsvollstreckers

(1) Hat der Erblasser einen Testamentsvollstrecker ernannt, so ist die Ernennung in dem Erbschein anzugeben.
(2) Dem Testamentsvollstrecker steht das in § 2362 Abs. 1 bestimmte Recht zu.

A. Zweck. Die bei Testamentsvollstreckung (Nacherbenvollstreckung: § 2222) bestehenden Verfügungsbeschränkungen des Erben sollen Dritten (s § 52 GBO) ggü kenntlich sein, damit sie nicht vereitelt werden (s §§ 2366 f). Die Angabe erfolgt auch, wenn der Testamentsvollstecker in den Fällen der §§ 2198, 2200 noch nicht ernannt ist, **nicht** aber, wenn er sie abgelehnt hat und kein Ersatzmann ernannt war, oder sie den Erben nicht beschwert. Eine wirksam gewordene Ernennung gem § 2200 bindet das Nachlassgericht, wenn dieselben Personen in beiden Verfahren beteiligt sind (Hburg NJW 65, 1968; Karlsr FamRZ 96, 565). Gegenständliche Beschränkungen des Amtes sind im Testamentsvollstreckerzeugnis (§ 2368) und im Erbschein anzugeben (BayObLG FGPrax 05, 217, 218). Bei aufschiebender Bedingung wird die Testamentsvollstreckung erst mit Bedingungseintritt angegeben (KG JFG 10, 73). Die Angabe beinhaltet nicht die Person des Vollstreckers. 1

Als unrichtig **einzuziehen** ist der Erbschein, wenn die Angabe der Testamentsvollstreckung fehlt (BayObLG FamRZ 77, 347, 349), und auf Antrag (str, MüKo/*Mayer* Rn 17; aA: von Amts wegen), wenn der Vermerk gegenstandslos oder überholt ist (KGJ 50, 103; Köln FamRZ 93, 1124). Zur Kostenersparnis wird für zulässig erachtet, dass sich das Gericht statt einzuziehen mit einem Vermerk auf dem Erbschein begnügt (Staud/*Schilken* Rn 13, *Zimmermann* Rn 391; aA MüKo/*Mayer* Rn 17; Palandt/*Edenhofer* Rn 2). Keine Einziehung erfolgt beim Wechsel der Person des Vollstreckers. Zum **Antragsrecht** des Vollstreckers s § 2353 Rn 13. 2

B. Herausgabeanspruch (II). II eröffnet den Herausgabeanspruch bezüglich des unrichtigen Erbscheins nach § 2362 I, zB wenn die Testamentsvollstreckung nicht angegeben ist. **Auskunftsansprüche** bestehen nach §§ 2205, 2209. 3

§ 2365 Vermutung der Richtigkeit des Erbscheins

Es wird vermutet, dass demjenigen, welcher in dem Erbschein als Erbe bezeichnet ist, das in dem Erbschein angegebene Erbrecht zustehe und dass er nicht durch andere als die angegebenen Anordnungen beschränkt sei.

A. Zweck. Der Erbschein ist regelmäßig als eine mit öffentlichem Glauben versehene Urkunde (§§ 2365, 2366, 2369) zum Nachweis der Rechtsnachfolge geeignet (s § 2353 Rn 1), auch zB zum Nachweis eines erbrechtlichen Rechtsübergangs, solange noch der Erblasser im Grundbuch (vgl § 35 GBO) eingetragen ist (Frankf DNotZ 05, 384 f). Nachlassschuldner dürfen aber ihre Erfüllung nicht von seiner Vorlage abhängig machen, es sei denn, anderes ist vereinbart (§ 2353 Rn 6). 1

B. Umfang der Richtigkeitsvermutung. Der Erbschein bezeugt positiv das ausgewiesene Erbrecht und bei Miterben die Größe der Erbteile. In negativer Hinsicht wird aufgrund der Vollständigkeitsvermutung vermutet, dass keine nichtbezeugten Verfügungsbeschränkungen, dh Anordnung der Nacherbfolge (§ 2363) oder Testamentsvollstreckung (§ 2364) bestehen; Sonderfälle sind Hoffolge- und Fremdenrechtserbschein (§ 2369). 2

Nicht wird vermutet, dass diese Beschränkungen tatsächlich (Frankf NJW 57, 265, 266; WM 93, 803, 805; KG DNotZ 56, 195, 198; aA RGRK/*Kregel* Rn 7) oder keine anderen, mit dem Erbrecht nicht selbst verbundene Beschränkungen bestehen, zB aufgrund Nachlassinsolvenz oder -verwaltung, Übertragung oder Verpfändung des Erbteils oder Bestellung eines Nießbrauchs an ihm, Begründung der Gütergemeinschaft (*Firsching/Graf* Rn 4.273). Es besteht keine Vermutung bezüglich solcher Angaben, die nicht zum notwendigen Inhalt des Erbscheins (§ 2353 Rn 2) gehören (zB idR Berufungsgrund, Vermächtnis, Nachlasszugehörigkeit einzelner Nachlassgegenstände, Nichteintritt des Nacherbfalls). 3

C. Wirkung. Der Erbschein muss erteilt und in Kraft sein. Eine Bindung des Prozessgerichts an ihn besteht nicht (s § 2353 Rn 4, § 2359 Rn 3). Es bleiben hier auch die Beweise zulässig, die schon im Erbscheinverfahren berücksichtigt wurden (Nürnbg WM 63, 1200). Die **Rechtsvermutung** setzt nicht voraus, dass der Erbschein vorgelegt oder dem Rechtsverkehr bekannt ist (BGH NJW 61, 605; 63, 1972; WM 71, 54). Sie wirkt für und wider den Erbscheinserben und ist im Prozess mit Dritten analog § 292 ZPO zu widerlegen (MüKo/*Mayer* Rn 8). 4

Sie **gilt nicht** im Zivilverfahren zwischen Erbprätendenten (zB im Verfahren nach § 2362), und zwar unabhängig von den Parteirollen (AnwK/*Kroiß* Rn 12; MüKo/*Mayer* Rn 23; Staud/*Schilken* Rn 25), nach aA wohl für den Kläger (RG DR 44, 339; München ZEV 95, 459, 460). Die Vermutung gilt ferner nicht, insoweit sich Erbscheine widersprechen (BGHZ 33, 314; FamRZ 90, 1111; § 2368 Rn 7) oder der Testamentsvollstrecker das Erbrecht des Erbscheinserben bestreitet (BGH WM 87, 565). 5

§ 2366 Öffentlicher Glaube des Erbscheins

Erwirbt jemand von demjenigen, welcher in einem Erbschein als Erbe bezeichnet ist, durch Rechtsgeschäft einen Erbschaftsgegenstand, ein Recht an einem solchen Gegenstand oder die Befreiung von einem zur Erbschaft gehörenden Recht, so gilt zu seinen Gunsten der Inhalt des Erbscheins, soweit die Vermutung des § 2365 reicht, als richtig, es sei denn, dass er die Unrichtigkeit kennt oder weiß, dass das Nachlassgericht die Rückgabe des Erbscheins wegen Unrichtigkeit verlangt hat.

1 **A. Zweck.** Entsprechend §§ 891, 892 ermöglicht § 2366 den gutgläubigen Erwerb vom Erbscheinserben im Umfang der Vermutungswirkung des § 2365. Die Richtigkeitsfiktion des § 2366 dient der Verkehrssicherheit (s KG RJA 12, 118). § 2366 gilt entspr für das Testamentsvollstreckerzeugnis (§ 2368) und das über Fortsetzung der Gütergemeinschaft.

2 **B. Voraussetzungen.** Ein **Erbschein** muss erteilt sein (s § 2353 Rn 24). Der Anordnungsbeschluss genügt nicht. Der Erbschein muss noch in Kraft sein. Seine vorläufige Rückgabe aufgrund einstweiliger Verfügung (§ 2361 Rn 10) schadet nicht (BGH NJW 61, 605; 72, 582). Es muss ein Erwerb durch **dingliches Rechtsgeschäft** vorliegen. Der Erwerb unmittelbar kraft Gesetzes (zB Erbgang nach § 1922, Verbindung, Vermischung, Ersitzung) oder kraft Hoheitsakt (Zwangsvollstreckung oder Arrestvollziehung, vgl §§ 803 f, 817, 930 ZPO) ist **nicht** durch § 2366 geschützt. Anders verhält es sich bei der Vollstreckung nach §§ 894, 897 ZPO, auf die § 2366 wegen § 898 ZPO Anwendung findet (MüKo/*Mayer* Rn 10). Auch das dinglich nicht erfüllte schuldrechtliche Geschäft ist nicht geschützt (BaRoth/*Seidl* Rn 3). Der Erbschein gilt nur für **Verkehrsgeschäfte**, also nicht zB beim Erwerb aufgrund Erbauseinandersetzung (Hamm FamRZ 75, 510, 513). Leistungen an den Erbscheinerben schützt § 2367. Durch dingliches Einzelgeschäft muss ein **Nachlassgegenstand** erworben sein, zB Grundstücke, dingliche Rechte an Sachen wie (Grund-)Pfandrechte oder Nießbrauch, Forderungen, Einzelsachen, Surrogate nach §§ 2019, 2041, 2111, Rechte, selbst wenn diese außerhalb von § 2366 nicht erworben werden können (zB GmbH-Anteil), Rechte an Rechten, oder die Befreiung von einem zur Erbschaft gehörenden Recht dinglicher oder schuldrechtlicher Natur (zB Erlassvertrag, Befreiung von einer Bürgschaft). **Nicht** eingeschlossen sind der Erbteilserwerb, da der Erbteil kein Nachlassgegenstand ist, sowie der Erbschaftskauf (§ 2371) und ähnliche Geschäfte (§ 2385) wegen § 2030. Ein Urteil zwischen Erbscheinserben und Dritten wirkt nicht nach §§ 2366, 2367 gegen den wirklichen Erben, da Rechtskrafterstreckung (§ 325 I, II ZPO) eine hier nicht vorliegende Rechtsnachfolge voraussetzt. Es ist nicht nötig, dass der Erwerber weiß, dass ein Erbschein erteilt ist (§ 2365 Rn 4). Da sein guter Glaube an das ausgewiesene Erbrecht geschützt wird, muss er sich aber **bewusst** sein, einen Erbschaftsgegenstand zu erwerben (hM, Staud/*Schilken* Rn 2; nach MüKo/*Mayer* Rn 24 genüge die entsprechende Vorstellung des Scheinerben). Glaubt er, der Berechtigte verkaufe ihm einen anderweitig erworbenen Gegenstand, kommt gutgläubiger Erwerb nach den allgemeinen Vorschriften in Betracht (*Brox* ErbR Rn 618). Der Erwerber muss **redlich** sein. Sein guter Glaube ist ausgeschlossen, kennt er positiv die Unrichtigkeit des Erbscheins oder weiß er, dass das Nachlassgericht seine Rückgabe wegen Unrichtigkeit (vgl § 2361 I 1) verlangt hat. Auch schadet die Kenntnis eines rechtskräftigen Herausgabeurteils (§ 2362 I) sowie der Anfechtbarkeit (vgl § 142 II) des Testaments, der Erbschaftsannahme oder des Erbschaftserwerbs wegen Unwürdigkeit (MüKo/*Mayer* Rn 29). Grob fahrlässige Nichtkenntnis steht nicht gleich (Staud/*Schilken* Rn 4), auch nicht allein die Kenntnis der Tatsachen, die den Erbschein unrichtig machen. Solche Kenntnis wird das Gericht bei seiner Beweiswürdigung berücksichtigen (Staud/*Schilken* Rn 5; enger MüKo/*Mayer* Rn 28; weiter *Brox* aaO: Anscheinsbeweis). Maßgeblicher **Zeitpunkt** ist die Vollendung des rechtsgeschäftlichen Erwerbs (s Rn 4).

3 **C. Grundstücke.** Nach Eintragung des Erben im Grundbuch – die zweckmäßige Grundbuchberichtigung innerhalb zweier Jahre nach dem Erbfall ist kostenfrei, § 60 IV KostO – richtet sich die Wirksamkeit des gutgläubigen Erwerbs nach §§ 891 ff (Staud/*Schilken* Rn 27), nicht nach § 2366. Ist dann ein Widerspruch (§§ 892 I, 899) eingetragen, ist der öffentliche Glaube zerstört. Solange noch der Erblasser eingetragen ist (vgl § 40 GBO), gelten auch § 2365 f (Frankf DNotZ 05, 384 f). Ist das Grundbuch hinsichtlich des Rechts des Erblassers und der Erbschein unrichtig (Doppelfehler), ist ein Zusammenwirken der §§ 892, 2366 möglich (MüKo/*Mayer* Rn 38). Ist im Grundbuch nicht der Erblasser oder Erbscheinserbe, sondern ein Dritter eingetragen, geht die Vermutung der Richtigkeit des Grundbuchs vor; es ist nur § 892 anwendbar. Insoweit richtet sich der maßgebliche Zeitpunkt für den guten Glauben nach § 892 II.

4 **Unterschiede** zwischen §§ 892, 893 und § 2366 bestehen insbes darin, dass dieser nur Verfügungen des Erbscheinserben aufgrund, nicht über das bezeugte Recht als solches schützt, und auch nur insoweit, als dass das Recht dem wahren Erben zustand. Über §§ 892 f oder § 932 hinaus erfasst § 2366 nicht nur Nachlassgrundstücke oder -mobilien, sondern alle dinglichen Verfügungen über zur Erbschaft gehörende Rechte, soweit es sich um erbschaftliche Angelegenheiten handelt (Staud/*Schilken* Rn 21 ff). Bezüglich des Zeitpunkts des guten Glaubens findet die Sonderregelung des § 892 II bei § 2366 keine Entsprechung und ist nicht analog anwendbar (RGZ 123, 19, 21; BGH FamRZ 71, 641, 642; MüKo/*Mayer* Rn 17; Staud/*Schilken* Rn 8, 28; aA BGH NJW 72, 434; *Leipold* ErbR Rn 659). Bei einem Rechtsgeschäft, das des **Vollzugs im Grundbuch** bedarf, kommt es auf die Zeit der Eintragung an. Ein gutgläubiger Auflassungsempfänger erwirbt aber mit Eingang seines Eintragungsantrags

beim GBA über § 2366 ein Anwartschaftsrecht. Sein guter Glaube ist dann auch für den späteren Erwerb des dinglichen Rechts maßgebend (BGH NJW 72, 434, 435). Wurde für den Erwerber eine Vormerkung eingetragen, ist diese nach § 2367 gutgläubig erworben und der Rechtserwerb gesichert (BGH aaO).

D. Bewegliche Sachen. Neben § 2366 gelten selbstständig §§ 932 ff, 1032 S 2, 1207. Die Veräußerung einer beweglichen Nachlasssache durch den Erbscheinsscheinerben verschafft dem Erwerber gem §§ 929 ff, 2366 Eigentum; auf § 935 kommt es nicht an (*Wiegand* JuS 75, 283, 285). Ist dabei die vom Erbscheinsscheinerben veräußerte Sache fremd, aber nicht abhanden gekommen, können §§ 932, 2366 zusammenwirken (*Hofmann* JuS 68, 228, 229; *Medicus* Jura 01, 294, 299). Auch wenn sie dem Erben wegen § 857 iSd § 935 abhanden gekommen ist, wird dieses über § 2366 überbrückt.

§ 2367 Leistung an Erbscheinserben

Die Vorschrift des § 2366 findet entsprechende Anwendung, wenn an denjenigen, welcher in einem Erbschein als Erbe bezeichnet ist, auf Grund eines zur Erbschaft gehörenden Rechts eine Leistung bewirkt oder wenn zwischen ihm und einem anderen in Ansehung eines solchen Rechts ein nicht unter die Vorschrift des § 2366 fallendes Rechtsgeschäft vorgenommen wird, das eine Verfügung über das Recht enthält.

A. Zweck. Der Gutglaubensschutz (§ 2366) wird auf Verfügungs- und Leistungsgeschäfte an den Erbscheinserben bzw an den wahren Erben, dessen Verfügungsbeschränkungen nicht im Erbschein ausgewiesen sind (vgl § 893), erstreckt.

B. Schutzwirkung. Leistet der redliche Schuldner oder berechtigte Dritte (§ 267 I) an den im Erbschein ausgewiesenen Erben, wird er geschützt, wenn der (erteilte und in Kraft befindliche) Erbschein unrichtig ist oder der Erbscheinserbe aufgrund angeordneter Verfügungsbeschränkungen (Nacherbschaft, § 2363; Testamentsvollstreckung, § 2364) zur Annahme nicht befugt war. Er wird ggü den wirklichen Erben frei (§ 362 I), auch bei berechtigter Hinterlegung (§§ 372, 382). Mit der Leistung wird als mittelbare Folge der Übergang von Rechten kraft Gesetzes ermöglicht (§§ 268, 426 II, §§ 774, 1143, 1163, 1177, 1225), obwohl der Erwerb kraft Gesetzes nicht geschützt ist (MüKo/*Mayer* Rn 4; § 2366 Rn 2). § 2367 erfasst auch Erfüllung solcher Ansprüche, die durch Surrogation (§§ 2019, 2041, 2111) in den Nachlass gelangten.

C. Erfasste Leistungen. Umfasst sind **Verfügungsgeschäfte jeder Art**, auch einseitige (MüKo/*Mayer* Rn 5), zwischen dem Erbscheinserben und einem Dritten (auch: Behörden, zB GBO), die eine Verfügung über ein zum Nachlass gehörendes Recht enthalten. Die Leistungsrichtung ist unerheblich (Staud/*Schilken* Rn 7). Auch einseitige Gestaltungsrechte des Erbscheinserben oder gegen ihn, die ein mit dem Nachlass verbundenes Rechtsverhältnis unmittelbar beeinflussen, sind erfasst. Verfügungsgeschäfte iSd § 2367 sind demnach zB die Zustimmung zur Vorrangseinräumung, Rangänderung (§ 880 II) oder Aufhebung der Hypothek (§ 1183), ferner Kündigung, Anfechtung, Aufrechnung, Mahnung, Einwilligung, Genehmigung, Annahmeverzug begründendes Leistungsangebot, Stundung durch den Erbscheinserben (BaRoth/*Seidl* Rn 3). § 2367 ermöglicht den gutgläubigen Erwerb einer **Vormerkung**. Der Erwerb des dinglichen Vollrechts bleibt aufgrund ihrer auch möglich, wenn der Erbschein nach Eintragung der Vormerkung eingezogen wurde (§ 2366 Rn 4). Die Akzessorietät der Vormerkung verlangt dabei, dass der gesicherte Anspruch besteht. Im Gesellschaftsrecht fallen Verfügungsgeschäfte und Leistungen an die Gesellschafter und seine Mitwirkung an Beschlüssen der Gesellschaft unter § 2367, auch wenn diese keine Verfügungswirkung haben (Staud/*Schilken* Rn 5; aA *Ebenroth* Rn 1066). **Nicht** erfasst sind den Nachlass betreffende Prozesse und Verpflichtungsgeschäfte, zB Miet- oder Pachtverträge bezüglich Nachlassgegenstände (MüKo/*Mayer* Rn 6), sowie Leistungen auf Grund eines nicht zur Erbschaft gehörenden Rechts.

D. Ausgleichsansprüche. Ausgleich kann der wahre Erbe gem § 816 II, idR auch nach § 816 I verlangen. Ggf hat er Ansprüche nach §§ 2018, 2019. Gegenleistungen an den Erbscheinserben fallen durch dingliche Ersetzung (§ 2019) in den Nachlass.

§ 2368 Testamentsvollstreckerzeugnis

(1) ¹Einem Testamentsvollstrecker hat das Nachlassgericht auf Antrag ein Zeugnis über die Ernennung zu erteilen. ²Ist der Testamentsvollstrecker in der Verwaltung des Nachlasses beschränkt oder hat der Erblasser angeordnet, dass der Testamentsvollstrecker in der Eingehung von Verbindlichkeiten für den Nachlass nicht beschränkt sein soll, so ist dies in dem Zeugnis anzugeben.
(2) Ist die Ernennung nicht in einer dem Nachlassgericht vorliegenden öffentlichen Urkunde enthalten, so soll vor der Erteilung des Zeugnisses der Erbe wenn tunlich über die Gültigkeit der Ernennung gehört werden.
(3) Die Vorschriften über den Erbschein finden auf das Zeugnis entsprechende Anwendung; mit der Beendigung des Amts des Testamentsvollstreckers wird das Zeugnis kraftlos.

1 **A. Zweck.** Das Zeugnis dient dem Testamentsvollstrecker zum Nachweis seiner wirksamen Ernennung sowie des Umfangs seiner Befugnisse über den Nachlass (BGH NJW 72, 582). Nicht bezeugt es, dass seine Rechtsstellung fortbesteht (str, RGRK/*Kregel* Rn 11) oder die Person des Erben (KG ZEV 01, 72, 73). Über die Verweisung in III Hs 1 wird der Rechtsverkehr in seinem guten Glauben bezüglich der Ernennung des Genannten und darin, dass keine anderen als die angegebenen Beschränkungen oder Erweiterungen seiner Befugnisse bestehen, geschützt (vgl § 2365).
Das Zeugnis bezeugt das Verwaltungsrecht eines einzigen Testamentsvollstreckers, bei mehreren Vollstreckern als gemeinschaftliches das Recht aller Vollstrecker (§ 2357) oder als Teiltestamentsvollstreckerzeugnis als Sonderzeugnis das Recht eines einzelnen Mitvollstreckers entspr § 2353 Alt 2. In dem Teilzeugnis ist die Beschränkung seiner Rechte durch die Anordnung der Mitvollstreckung oder ggf abweichende Anordnungen des Erblassers einzutragen (MüKo/*Mayer* Rn 25). Bei einheitlicher Testamentsvollstreckung ggü Vor- und Nacherben (BayObLG NJW 59, 1920; FamRZ 91, 984, 985) oder ggü allen Miterben ist ein einheitliches gewöhnliches Zeugnis zu erteilen.

2 **B. Verfahren.** Es gelten die entsprechenden Bestimmungen des Erbscheinverfahrens (Hamm FamRZ 00, 487). Der Sachverhalt ist von Amts wegen zu ermitteln (§§ 2358 f, 2368 III). Streng- und Freibeweis sind zulässig. Der Grds der Gewähr rechtlichen Gehörs des Testamentserben und ggf der gesetzlichen Erben folgt schon aus Art 103 GG (BGH NJW 63, 1972, 1973). **Zuständig**, auch wenn ein Hof zum Nachlass gehört (BGH NJW 72, 582; aA Hamm NJW 53, 224), ist das Nachlassgericht (§§ 72, 73 FGG), funktionell der Richter (§ 16 I Nr 6, 7 RPflG). Voraussetzung der Erteilung ist ein formloser **Antrag**, der auf die Erteilung eines bestimmten Testamentsvollstreckerzeugnisses gerichtet ist. Ihm muss ohne Ergänzungen und Einschränkungen entsprochen werden können. Das Gericht ist an den Antrag gebunden. Hilfsanträge sind zulässig. **Antragsberechtigt** ist nach Annahme des Amtes (§ 2202) der Testamentsvollstrecker (Hamm FamRZ 05, 70). Die Beantragung des Zeugnisses ist idR eine Annahme. Im Fall der Ernennung mehrerer Testamentsvollstrecker kann jeder einzeln analog § 2357 I 2 ein gemeinschaftliches Zeugnis beantragen. Sind bei einer Erbengemeinschaft für die einzelnen Miterben verschiedene Testamentsvollstrecker bestimmt, kann bis zur Auseinandersetzung jeder von diesen für die weiteren ein Zeugnis beantragen (AnwK/*Kroiß* Rn 2). Nachlassgläubiger können gem §§ 792, 896 ZPO den Antrag stellen. **Nicht** antragsberechtigt ist der Erbe (Hamm NJW 74, 505; FamRZ 00, 487, 488; BayObLG FamRZ 95, 124, aA MüKo/*Mayer* Rn 6; *Brox* Erb Rn 626). **Notwendige Angaben** richten sich sinngemäß nach § 2354, wobei statt auf das Erbrecht des Erben bzw die Erbfolge auf die Benennung bzw das Amt als Testamentsvollstrecker abzustellen ist (Staud/*Schilken* Rn 5). Auch Abweichungen vom Regeltyp der Abwicklungsvollstreckung (vgl §§ 2203–2206, 2208 f, 2222 f) im Aufgabenbereich und in der Verfügungsbefugnis sind anzugeben (**I 2**; vgl BayObLG FamRZ 90, 474, 475; 913; NJW-RR 99, 1463, 1464; Hamm FamRZ 05, 70); zB wenn Dauervollstreckung (§ 2209 S 1 Hs 2) angeordnet ist (BGH Rpfleger 96, 289; BayObLG FamRZ 92, 1354; Zweibr FamRZ 98, 581). Der **Nachweis** der Angaben entspr § 2354 Nr 1 und 2 und ggf die Staatsangehörigkeit des Erblassers ist durch öffentliche Urkunden (§ 2356), der der übrigen Angaben durch Versicherung an Eides Statt (§ 2356 II, 2357 IV) zu erbringen.

3 **C. Entscheidungsmöglichkeiten.** Vgl § 2353 Rn 17-25. Das Gericht, erachtet die erforderlichen Tatsachen für festgestellt (§ 2359), ordnet durch Beschluss oder Verfügung die Testamentsvollstreckerzeugniserteilung an. Andernfalls weist es mit Begründung den Antrag als unzulässig oder unbegründet zurück. Bei behebbaren Mängeln des Antrags gibt es dem Antragsteller Gelegenheit, innerhalb einer Frist die Mängel zu beseitigen (MüKo/*Mayer* Rn 15). Bei einer schwierigen Sach- oder Rechtslage oder widersprechenden Anträgen kann es einen Vorbescheid (Hamm FamRZ 00, 487; s § 2353 Rn 19) erlassen, nicht aber ankündigen, einen Testamentsvollstrecker zu ernennen oder ein beantragtes Zeugnis abzulehnen (Staud/*Schilken* Rn 8).

4 **D. Inhalt.** Aufzunehmen ist die wirksame namentliche Ernennung des Betreffenden (KG NJW 64, 1905) zum Testamentsvollstrecker, der Name des Erblassers, nicht der der Erben (KG ZEV 03, 204, 205), sowie alle Abweichungen vom typischen Aufgabenbereich (zB Dauer-, Verwaltungs- oder reine Beaufsichtigungsvollstreckung nach § 2208 II; vgl BayObLG FamRZ 91, 612) einschließlich eines besonderen Endzeitpunkts (§ 2210 S 2; vgl BayObLG FamRZ 91, 984) bzw einer verlängerten Dauer, ferner Abweichungen von gesetzlichen Verfügungsbefugnissen und Beschränkungen (I 2 Hs 1), nicht aber bloße Verwaltungsanordnungen (§ 2216 II; vgl Staud/*Schilken* Rn 20 f). Danach sind zB anzugeben die Freistellung nach §§ 2306, 2307, Übertragung der Verwaltung als selbstständige Aufgabe (§ 2209), Nacherben- (§ 2222) und Vermächtnistestamentsvollstreckung (§ 2223; vgl BayObLG FamRZ 86, 613), Abweichungen der Befugnisse nach § 2224 (Staud/*Schilken* Rn 21), negative Teilungsanordnungen, die Anordnung von Verfügungsverboten bezüglich einzelner Nachlassgegenstände, sowie dass sich eine Vollstreckung nur auf einzelne Nachlassgegenstände erstreckt (BayObLG FGPrax 05, 217, 218; BaRoth/*Seidl* Rn 14 f; MüKo/*Mayer* Rn 35).

5 **Nicht** anzugeben sind Verfügungsbeschränkungen aufgrund Gesellschaftsverträgen (BGH NJW 96, 1284). Der missverständliche Zusatz, die Vollstreckung sei beschränkt auf die Nachlassabwicklung, begründet die Unrichtigkeit des erteilten Zeugnisses iSd § 2361 I; es muss eingezogen werden (Hamm FamRZ 05, 70). In der Benennung eines Miterben als Vollstrecker liegt idR dessen Befreiung von den Beschränkungen des § 181, soweit solche In-sich-Geschäfte im Rahmen der ordnungsgemäßen Verwaltung liegen (BGH NJW 59, 1429;

dazu *v Lübtow* JZ 60, 151). Seine durch Auslegung festgestellte Befreiung kann nicht als Erweiterung seiner Verfügungsbefugnis in das Testamentsvollstreckerzeugnis aufgenommen werden (Hamm FamRZ 05, 70, 71).

E. Fremdenrechtszeugnis. Bei Anwendung ausländischen Rechts auf den Erbfall kann, wenn keine allgemeine internationale Zuständigkeit des deutschen Nachlassgerichts gegeben ist, ein Fremdrechtstestamentsvollstreckerzeugnis erteilt werden, das auf den inländischen Nachlass beschränkt ist (BGH ZfRV 77, 153; vgl § 2369). Inhalt und Rechtswirkungen der Testamentsvollstreckung richten sich nach dem anzuwendenden Erbstatut (BayObLG NJW-RR 90, 906). Ist zB das Gesamtstatut nach Art 25 I EGBGB durch das Einzelstatut des Art 3 III EGBGB verdrängt, weil der Belegenheitsstaat dort befindliche Nachlassgegenstände besonderen Vorschriften unterwirft, unterliegt seinem Erbstatut hinsichtlich des dort belegenen Nachlassteils nicht nur die Erbfolge, sondern auch die Zulässigkeit der Testamentsvollstreckung und die Rechtsstellung des Testamentsvollstreckers (BayObLG ZEV 65, 377, 382; 99, 485; 05, 168). Bei Anwendung des ausländischen Rechts durch das Nachlassgericht setzt die Ernennung zum Testamentsvollstrecker und Zeugniserteilung voraus, dass dieser eine dem deutschen Recht vergleichbare Stellung hat (MüKo/*Mayer* Rn 27) und der Erblasser ihn in seiner Verfügung vTw selbst ernannt hat (Staud/*Schilken* Rn 38 f). 6

F. Vermutung; öffentlicher Glaube. Es gilt über III Hs 1 die Richtigkeitsvermutung des § 2365 analog, also dass der im wirksamen Zeugnis (beachte III Hs 2) Genannte Testamentsvollstrecker geworden ist und keine weiteren außer den im Zeugnis angegebenen Verfügungsbeschränkungen bestehen (KG NJW 64, 1905). **Nicht** erfasst ist, dass ein Gegenstand zum Nachlass gehört (KG NJW 64, 1905), eine angegebene Verfügungsbeschränkung tatsächlich besteht (KG OLGZ 91, 261, 267), oder das Amt fortbesteht (RGZ 83, 348, 352); nach eA könne letzteres vom Nachlassgericht aber bescheinigt werden (*Haegele/Winkler* Rn 708; aA MüKo/*Mayer* Rn 39, 58; *Bestelmeyer* ZEV 97, 316, 318 ff). Vermutungen sich widersprechender Zeugnisse oder solche mit widersprüchlichem Inhalt heben einander auf (BGH NJW 72, 582). Auch im Rechtsstreit zwischen zwei Anwärtern auf das Amt oder wegen bestimmter Befugnisse oder zwischen wirklichem oder angeblichem Erben und Vollstrecker um konkurrierende Rechtszuständigkeiten kommt dem Zeugnis keine besondere Wirkung zu (BGH NJW-RR 87, 1090, 1091; MüKo/*Mayer* Rn 41). 7

Der **öffentliche Glaube** (§§ 2366, 2367) reicht soweit wie die Richtigkeitsvermutung. Bei fehlender oder im Zeugnis nicht angegebener nur beschränkter Rechtsmacht werden gutgläubige Dritte ggf geschützt, indem sie so behandelt werden, als ob sie mit dem wirklichen (unbeschränkten) Testamentsvollstrecker Geschäfte geschlossen hätten. Es kann nichts wirksam werden, was auch der echte Testamentsvollstrecker nicht könnte (MüKo/*Mayer* Rn 43). Der öffentliche Glaube gilt für Verpflichtungsgeschäfte (Soergel/*Zimmermann* Rn 12), die der Scheinvollstrecker nach §§ 2206, 2207 eingehen kann, und die in § 2366 f bezeichneten Verfügungsgeschäfte, wobei keine Fiktionswirkung dahin besteht, dass der Gegenstand (noch) zum Nachlass gehört. Kenntnis des Erwerbers vom Zeugnis ist für gutgläubigen Erwerb nicht erforderlich (str, MüKo/*Mayer* Rn 46). Der öffentliche Glaube schützt nur den Dritten, nicht den Erben (BGH NJW 64, 1316, 1319). Ist in dem Zeugnis der in einem Testament festgelegte Beendigungszeitpunkt des Amtes nicht vermerkt, besteht trotz III 2 ein Schutz des guten Glaubens dahingehend, dass eine entsprechende Beschränkung nicht besteht (MüKo/*Mayer* Rn 38, 44; aA *Bestelmeyer* ZEV 97, 316, 319 f). 8

G. Grundbuchamt. Vgl § 2353 Rn 7. IdR ist das Zeugnis nach § 35 II GBO vorzulegen. Der Nachweis über die Verfügungsbefugnis kann auch gem § 35 II Hs 2 iVm I 2 GBO durch öffentliche letztwillige Verfügung nebst Eröffnungsverhandlung und Zeugnis des Nachlassgerichts über die Amtsannahme oder Ausfertigung der zur Niederschrift des Nachlassrichters erklärten Annahme erbracht werden (Staud/*Schilken* Rn 34). Bezugnahme auf den Nachlassakt ist zulässig, wenn sich in ihm öffentliche Urkunden über die Anordnung und Amtsannahme befinden und der Akt beim selben Nachlassgericht geführt wird (BayObLG WM 83, 1092; BaRoth/*Seidl* Rn 2). Mangels der Möglichkeit eigener Nachprüfbarkeit ist das Zeugnis für das GBA bindend (§ 2353 Rn 7); ebenso die Auslegung des Testaments durch das Nachlassgericht (BayObLG NJW-RR 90, 844). Das GBA darf nur abweichen, wenn neue, dem Nachlassgericht noch nicht bekannte Tatsachen bekannt werden, die die Einziehung des Testamentsvollstreckerzeugnisses erwarten lassen (KGJ 42, 219, 222). Eine Pflichtverletzung des Vollstreckers genügt nicht, solange diese nicht zu seiner Entlassung geführt hat (BayObLG 04, 371). Die dargelegten Grds gelten für das Handelsregister entspr (vgl § 12 II 2 HGB; KG NJW-RR 91, 835). 9

H. Beendigung. Mit Beendigung des Amtes, nicht schon durch Untätigkeit (BGH NJW 62, 912), des Testamentsvollstreckers wird das ihm erteilte Zeugnis kraftlos (**III Hs 2**), zB mit seiner Entlassung aus wichtigem Grund (BayObLG NJW-RR 99, 1463, 1464), bei Eintritt einer Befristung oder auflösenden Bedingung oder Bestellung eines Betreuers in Vermögensangelegenheiten (BayObLG FamRZ 95, 962; zum Ganzen Staud/*Schilken* Rn 24). Es gibt kein förmliches Einziehungsverfahren. Um keinen falschen Rechtsschein entstehen zu lassen, hat das Nachlassgericht die Beendigung auf der Zeugnisurkunde zu vermerken (KG NJW 64, 1905, 1906; BayObLGZ 88, 42, 51) oder Rücklieferung anzuordnen (BayObLGZ 53, 357; FamRZ 91, 985; Köln Rpfleger 86, 261). Es findet keine Kraftloserklärung statt, sondern entspr § 2361 II wird die eingetretene Kraftlosigkeit bekannt gemacht. Hebt das Beschwerdegericht einen Entlassungsbeschluss des Nachlassgerichts auf, gilt das Zeugnis als nicht kraftlos geworden (hM, BayObLG NJW 59, 1920; FamRZ 91, 615, 617; Staud/ 10

Schilken Rn 24). Nach Beendigung kann das Zeugnis mit Vermerk über die Beendigung und ihren Zeitpunkt erteilt werden (KG NJW 64, 1905; Stuttg DNotZ 81, 294, 295).

11 **I. Rechtsmittel.** Beschwerde ist statthaft gegen die Inaussichtstellung und Erteilung des Zeugnisses (BayObLG FamRZ 92, 1354). Wahlweise kann Einziehung des erteilten Zeugnisses beantragt werden (BayObLGZ 42, 175). Beschwerdebefugt (§ 20 I FGG) ist auch der Testamentsvollstrecker (Hamm Rpfleger 04, 493); ggf der Erbe bzw Miterbe in Hinblick auf Verfügungsbeschränkungen nach § 2211 (BayObLG NJW-RR 02, 873, 876 f), ferner der Mitgesellschafter einer Personengesellschaft (Hburg OLGZ 91, 388). **Nicht** beschwerdebefugt ist der Erbe gegen die Nichterteilung bzw Einziehung des Zeugnisses (BayObLG FamRZ 95, 124) oder der nur Pflichtteilsberechtigte gegen einen Vorbescheid (Celle FamRZ 04, 908). Gegen die Ablehnung des Antrags auf Zeugniserteilung hat der Testamentsvollstrecker die gewöhnliche Beschwerde; dem Erben steht insoweit kein Beschwerderecht zu (§ 20 II FGG; BayObLG MDR 78, 142).

12 **J. Akteneinsicht/Steuer.** Zur Akteneinsicht bei berechtigtem Interesse und zur Ausfertigung vgl §§ 78, 85 FGG. Es fällt eine volle **Gebühr** an, §§ 109 I Nr 2 iVm 107 I 1 KostO. Kostenschuldner ist der Antragsteller (§ 2 Nr 1 KostO) sowie ferner die Erben (§ 3 Nr 3 KostO). Der Geschäftswert bestimmt sich nach § 107 II KostO unter Beachtung des § 30 II KostO (Staud/*Schilken* Rn 48). Nach § 7 I 1 Nr 3 ErbStDV wird dem Erbschaftsteuerfinanzamt die Erteilung des Zeugnisses mitgeteilt.

§ 2369 Gegenständlich beschränkter Erbschein

(1) Gehören zu einer Erbschaft, für die es an einem zur Erteilung des Erbscheins zuständigen deutschen Nachlassgericht fehlt, Gegenstände, die sich im Inland befinden, so kann die Erteilung eines Erbscheins für diese Gegenstände verlangt werden.
(2) ¹Ein Gegenstand, für den von einer deutschen Behörde ein zur Eintragung des Berechtigten bestimmtes Buch oder Register geführt wird, gilt als im Inland befindlich. ²Ein Anspruch gilt als im Inland befindlich, wenn für die Klage ein deutsches Gericht zuständig ist.

1 **A. Zweck.** § 2369 ist notwendig, weil sich die internationale Zuständigkeit grds nach der **Gleichlauftheorie** (aA hL, s Staud/*Dörner* Art 25 EGBGB Rn 811 ff) bestimmt. Deutsche Gerichte sind grds nur zuständig, wenn auf die Erbfolge deutsches Erbrecht (Statuszugehörigkeit) Anwendung findet, also gem Art 25 EGBGB materiell-rechtlich deutsches Erbrecht mindestens teilweise anzuwenden ist (hM, BayObLGZ 86, 466, 469; Rpfleger 94, 25; ZEV 01, 487, 488; Brandbg FamRZ 98, 985; KGR 00, 363; Köln DNotZ 93, 171; Hamm ZEV 05, 436, 437; Zweibr FamRZ 98, 263; NJW-RR 02, 154; *v Bar* IPR II Rn 389) oder ein internationales Abkommen die deutsche Zuständigkeit begründet. § 2369 I eröffnet darüber hinaus eine internationale Zuständigkeit, wenn das Nachlassgericht die Erteilung des Erbscheins bei Anwendung ausländischen Rechts auf das inländische Nachlassvermögen beschränkt.

2 Die **Wirkung** des **Fremdenrechtserbscheins** nach materiell ausländischem Recht ist territorial begrenzt auf den in Deutschland befindlichen Nachlass eines Ausländers (Staud/*Schilken* Rn 3; *Zimmermann* Rn 404). Ein von einem international und damit zugleich örtlich unzuständigen Gericht erteilter Erbschein ist unrichtig und beschwert den Erben selbst dann, wenn er inhaltlich der Erbrechtslage entspricht. Er ist auf die Beschwerde hin durch das Nachlassgericht, welches ihn erteilt hat, einzuziehen (Zweibr ZEV 01, 488, 489).

3 **B. Ausländisches Erbrecht.** Nach internationalem Privatrecht muss **ausländisches Erbrecht** (vgl Art 25 EGBGB) anwendbar, dh der Erblasser nicht deutsch iSv § 3 StAG oder Art 116 GG (Art 5 I 2, II EGBGB) und nach dem Gleichlaufgrundsatz (Rn 1) keine internationale Zuständigkeit des deutschen Nachlassgerichts gegeben sein (MüKo/*Mayer* Rn 7 ff). Ausnahmsweise kann auf einen ausländischen Erblasser deutsches Recht anwendbar und damit ein Eigenrechtserbschein zu erteilen sein, zB aufgrund seiner Flüchtlingseigenschaft oder Staatenlosigkeit (Art 5 II EGBGB), zulässiger Rechtswahl (zB gem Art 25 II EGBGB), völkerrechtlichen Vereinbarung (Art 3 II 1 EGBGB) oder umfassenden oder teilweisen Rückverweisung („renvoi") des Heimatlandes nach Art 4 I 2 EGBGB. War der Erblasser (auch) Deutscher und deutsches Erbrecht anwendbar, ist unabhängig vom Wohnsitz oder Aufenthalt des Erblassers stets ein gewöhnlicher Eigenrechtserbschein nach § 2353 zu erteilen (BayObLG NJW-RR 01, 297; Staud/*Schilken* Rn 4). Ist deutsches Recht nur bezüglich eines Nachlassteils anwendbar, ist nur für diese Nachlassmasse ein Erbschein nach § 2353 zu erteilen (s noch Rn 6).

4 **C. Inländische Nachlassgegenstände.** Inländische Nachlassgegenstände müssen bei Antragstellung (Staud/*Schilken* Rn 18; aA MüKo/*Mayer* Rn 14: bei Erbscheinserteilung) vorhanden sein, wobei verfahrensrechtlich die konkrete Angabe (einschließlich ihrer gegenständlichen Beschränkung; BayObLG NJW-RR 98, 798; Hamm ZEV 05, 436, 438) im Antrag (ggf Hilfsantrag, vgl BayObLG Rpfleger 96, 199) genügt (BayObLGZ 95, 47, 50; KG OLGZ 75, 293; AnwK/*Kroiß* Rn 28; aA MüKo/*Mayer* Rn 13). Die Angabe ihres Wertes oder ihrer Art ist nicht notwendig, da der Erbschein ihr Vorhandensein nicht bezeugt. Welche Gegenstände zum Nachlass gehören, bestimmt sich nach dem zu Grunde zu legendem Erbstatut (MüKo/*Mayer* Rn 15), nach aA nach der *lex rei sitae* (KG OLGZ 77, 457). Nach der zwingenden Vorschrift des II 1 sind solche Nachlassge-

genstände eingeschlossen, für die von einer deutschen Behörde ein zur Eintragung des Berechtigten bestimmtes Buch oder Register (zB Patentrollen oder ähnliche Schutzregister, Schuldbücher, Handelsregister oder Grundbuch) geführt wird. Ansprüche befinden sich nach der Fiktion des II 2 im Inland, wenn für die Klage ein deutsches Gericht zuständig ist (§§ 13 ff ZPO), wobei sich die Zuständigkeit auch aus einer Gerichtsstandvereinbarung oder dem Vermögensgerichtsstand (§ 23 ZPO) ergeben kann (*Fetsch* ZEV 05, 425 ff). Inhaberpapiere sind am Verwahrungsort und am Sitz des Ausstellers belegen (Frankf NJW 55, 1564). Ist der Anspruch aufgrund eines Schadensereignisses nach dem Erbfall in der Person des Erben entstanden, ist § 2369 nicht anwendbar (BGH NJW 72, 945, 946; BayObLGZ 74, 460, 463; Staud/*Schilken* Rn 20; aA Palandt/*Edenhofer* Rn 7). Zu Lastenausgleichs-, Rückerstattungs- und Entschädigungsansprüchen vgl MüKo/*Mayer* Rn 18, 20; *Zimmermann* Rn 411.

D. Inhalt. Im Fremdrechtserbschein muss dessen territoriale und gegenständliche Beschränkung herausgestellt werden (BayObLG Rpfleger 97, 68, 69; Zweibr ZEV 01, 488, 489; Staud/*Schilken* Rn 31). Eine Einzelbezeichnung der Gegenstände sollte unterbleiben, denn ihre Zugehörigkeit zum Nachlass wird nicht bezeugt. Ferner ist die Erbfolge nach ausländischem Recht (Erbstatut; vgl BayObLGZ 61, 4, 7) und der Berufungsgrund anzugeben sowie die Stellung als Erbe iSd deutschen Rechts zu bezeichnen. Verfügungsbeschränkungen des ausländischen Rechts, soweit sie den inländischen entsprechen, sind zu vermerken (zur Testamentsvollstreckung vgl BGH NJW 63, 46 ff; BayObLG 90, 51, 53 f; LG München I FamRZ 98, 1067, 1068; MüKo/*Mayer* Rn 38). Abweichende erbrechtliche Verhältnisse, Begriffe oder Institutionen des ausländischen Rechts, die im deutschen Recht kein Gegenstück haben, müssen nicht als solche (so Palandt/*Edenhofer* Rn 8; *Zimmermann* Rn 431), sondern angeglichen in entsprechenden, gleichwertigen Begriffen des deutschen Rechts im Erbschein aufgeführt werden (Staud/*Schilken* Rn 31; *v Bar* IPR II Rn 387 f). Die Einschaltung eines personal representative im anglo-amerikanischen Recht (executor oder administrator), der unmittelbar am Nachlass berechtigt ist, hindert es idR nicht, die Letztbedachten als Erben anzusehen (MüKo/*Mayer* Rn 33 f; *v Bar* IPR II Rn 388). Zur Frage, ob die representatives selbst im Erbschein aufzunehmen sind, Brandb FGPrax 01, 206; MüKo/*Mayer* Rn 39–42 mwN. Anstelle eines Pflichtteilsrechts bestehende Noterbrechte (Zwangserbrechte; dazu *v Bar* IPR II Rn 377) mit dinglicher Nachlassbeteiligung sind aufzunehmen, wenn der Noterbe bereits eine materielle Stellung als Miterbe erlangt hat (Ddorf NJW 63, 2230; MüKo/*Mayer* Rn 31; Staud/*Schilken* Rn 32 mwN). Ein Vindikationslegat (BGH NJW 95, 58; BayObLGZ 61, 4, 19 f; 74, 460; 95, 366, 378; Köln NJW 83, 525) oder Legalnießbrauch (str, BayObLGZ 95, 366, 376 f; Hamm NJW 54, 1733) kann nicht Inhalt eines Erbscheins sein.

E. Nachlassspaltung. Grds unterliegt der Nachlass als Einheit dem Recht nur eines Staates (vgl Art 25 I EGBGB; DErbK/*Vökl* Art 25 EGBGB Rn 17; FA-ErbR/*Rohlfing* Kap 11 Rn 170 ff). Bisweilen kommt es aber zu einer kollisionsrechtlichen Nachlassspaltung in einem dem Erbrecht eines anderen Staates und in dem deutschen Erbrecht unterliegenden Nachlassteil, zB wenn gem Art 3 III EGBGB besondere Vorschriften in anderen Staaten für die Erbfolge in das dort belegene unbewegliche Vermögen gelten (Belegenheitsstatut), die Vorrang vor dem an die Staatsangehörigkeit des Erblassers anknüpfenden Erbstatut nach Art 25 I EGBGB haben (BGH NJW 66, 2270; 93, 1920; BayObLG ZEV 05, 168 f). Weitere Fälle können sich durch gespaltene staatsvertragliche Anknüpfungen des Erbstatuts, durch nur teilweise Rück- oder Weiterverweisungen des Heimatrechts des Erblassers (vgl Palandt/*Heldrich* Art 25 EGBGB Rn 2) oder durch eine beschränkte Rechtswahl (zB gem Art 25 II, 4 II EGBGB; vgl BayObLGZ 99, 296, 302) ergeben (MüKo/*Mayer* Rn 44). Dann ist an sich jede Nachlassmasse grds nach dem jeweils für sie maßgebenden Erbstatut zu beurteilen (Art 25 EGBGB Rn 32; BGHZ 24, 352, 355; ZEV 04, 374, 376; BayObLG NJW 00, 440, 441). Sie sind getrennt zu behandeln (Celle ZEV 03, 509, 511 zur Bemessungsgrundlage eines Pflichtteilsanspruchs) und für die erbrechtlich gesonderten Rechten unterfallenden Nachlassmassen gesonderte selbstständige Erbscheine (Fremden- und Eigenrechtserbschein) auszustellen (*Edenfeld* ZEV 00, 482, 483). Diese können in einer Urkunde zusammengefasst werden (BayObLG DNotZ 84, 47; NJW-RR 01, 950, 952). Die Nachlassspaltung ist als Zuständigkeitsbegrenzung des deutschen Rechts und als Begrenzung dessen Wirkung im Eigenrechtserbschein zu vermerken (str; BayObLG FamRZ 71, 258; 97, 318; Köln NJW-RR 92, 1480). Zur Nachlassspaltung wegen § 25 II DDR-RAG vgl BGH NJW 94, 582; 01, 2396; BayObLGZ 02, 189; 03, 1; KG VIZ 01, 392; 04, 92; Palandt/*Heldrich* Art 25 EGBGB Rn 23; *Zimmermann* Rn 396–403.

F. Verfahren. Abgesehen von der gegenständlichen Beschränkung des Fremdenrechtserbscheins gelten die §§ 2353–2367 als *lex fori*. Auch bei Anwendung materiellen fremden Rechts gilt für das Verfahren deutsches Recht (BayObLGZ 65, 382; Hamm NJW 64, 554). Die internationale Zuständigkeit folgt aus § 2369, die örtliche aus § 73 I, III FGG. Die Entscheidung trifft der Richter (§ 16 I Nr 6 RPflG). Das Nachlassgericht hat vAw die Staatsangehörigkeit des Erblassers festzustellen und sich gem § 12 FGG die Kenntnis ausländischen Rechts zu verschaffen. § 293 ZPO ist insoweit nicht anwendbar (KG JFG 7, 255; JW 32, 2815; München WM 67, 812, 814; Köln Rpfleger 89, 66). Es besteht keine Bindung an einen ausländischen Erbschein oder eine Feststellung einer ausländischen Behörde, wenn nicht staatsvertraglich eine Anerkennung vereinbart ist (BayObLG FamRZ 91, 1237). Dagegen sind formelle Rechtsakte nach ausländischem materiellen Recht zu beachten, so nach hM die Einantwortungsurkunde (vgl §§ 797, 819 ABGB) des **österreichischen** Rechts (s BayObLGZ 71, 34, 44; 95, 47, 52; Staud/*Schilken* Rn 13). Für Österreicher mit letztem Wohnsitz in Deutschland ist für unbewegliches Vermögen aufgrund des österreichischen Kollisionsrechts (§§ 32, 31 I IPRG) deutsches Recht anwendbar und kein Einantwortungsverfahren nötig. Es richtet sich der Eigentumserwerb im Erbgang (*modus*) nach der *lex rei sitae*, während die Berufung zum Erben (*titulus*) dem allgemeinen Erbstatut unterliegt. Bis zum 1.1.05 war für bewegliches Vermögen österreichisches Recht anwendbar. Nach bisheriger Praxis konnte das deutsche Gericht zwar die Einantwort, die vom Verlassenschaftsgericht beschlossen wird, nicht ersetzen (BayObLGZ 71, 34, 44; MüKo/*Mayer* Rn 36), doch konnte auf die Einantwortung verzichtet und sich mit der unbedingten Erbschaftsannahme begnügt werden (BayObLGZ 65, 432; 67, 197, 201; 95, 47, 52), wenn die gerichtliche Handlung im Einzelfall vom ausländischen (österreichischen) Gericht nicht zu erlangen war. Seit dem 1.1.05 ist die internationale Zuständigkeit des österreichischen Nachlassgerichts geändert. Nach § 28 II IPRG ist deutsches Recht auf bewegliches Vermögen anwendbar (*Ludwig* ZEV 05, 419, 424).

8 **G. Kosten.** S § 107 II KostO. § 107 II 3 KostO sieht beim Fremdrechtserbschein keinen Schuldenabzug vor. Nach § 18 III KostO sind bei der Festsetzung des Geschäftswertes Verbindlichkeiten nicht abzuziehen (Ddorf JurBüro 86, 86; BayObLGZ 84, 34, 37). Maßgebend ist der Bruttowert des nach ausländischem Recht vererbten Inlandsvermögens. Da § 107 III KostO für den Fremdenrechtserbschein gilt, sind dingliche Belastungen abzugsfähig (BayObLG aaO).

§ 2370 Öffentlicher Glaube bei Todeserklärung

(1) Hat eine Person, die für tot erklärt oder deren Todeszeit nach den Vorschriften des Verschollenheitsgesetzes festgestellt ist, den Zeitpunkt überlebt, der als Zeitpunkt ihres Todes gilt, oder ist sie vor diesem Zeitpunkt gestorben, so gilt derjenige, welcher auf Grund der Todeserklärung oder der Feststellung der Todeszeit Erbe sein würde, in Ansehung der in den §§ 2366, 2367 bezeichneten Rechtsgeschäfte zugunsten des Dritten auch ohne Erteilung eines Erbscheins als Erbe, es sei denn, dass der Dritte die Unrichtigkeit der Todeserklärung oder der Feststellung der Todeszeit kennt oder weiß, dass sie aufgehoben worden sind.
(2) ¹Ist ein Erbschein erteilt worden, so stehen demjenigen, der für tot erklärt oder dessen Todeszeit nach den Vorschriften des Verschollenheitsgesetzes festgestellt ist, wenn er noch lebt, die in § 2362 bestimmten Rechte zu. ²Die gleichen Rechte hat eine Person, deren Tod ohne Todeserklärung oder Feststellung der Todeszeit mit Unrecht angenommen worden ist.

1 I erstreckt in Anknüpfung an die Vermutungswirkung der §§ 9 I, 44 II VerschG den öffentlichen Glauben des Erbscheins – ohne das ein solcher erteilt worden wäre – nach § 2366 f auf die Todeserklärung (§ 29 VerschG) und die Todeszeitfeststellung (§ 40 VerschG). Wer auf Grund rechtskräftigen Todeserklärungsbeschlusses zum angenommenen Todestag Erbe wäre, gilt für die in §§ 2366 f genannten Rechtsgeschäfte zugunsten Dritter so als Erbe, wie er im Fall der Erbscheinserteilung als solcher gelte. Kenntnis der Unrichtigkeit steht der Wirkung des öffentlichen Glaubens entgegen. Auch durch gerichtliche Aufhebung entfällt sie. Die Fiktion des I betrifft nur den Tod, nicht die Erbfolge.

2 II räumt dem zu Unrecht für tot Erklärten oder Gehaltenen die in § 2362 bestimmten Rechte ein. Er kann Herausgabe eines falschen Erbscheins an das Nachlassgericht und von dem, der diesen hat, Auskunft über den Bestand der Erbschaft und Verbleib von Erbschaftsgegenständen verlangen (Staud/*Schilken* Rn 4). Ist er später gestorben, stehen die Ansprüche dem Erben, Nacherben (§ 2363 II) oder Testamentsvollstrecker (§ 2364 II) zu (MüKo/*Mayer* Rn 7).

Abschnitt 9 Erbschaftskauf

Vorbemerkungen vor §§ 2371 ff

1 **A. Zweck.** Die §§ 2371 ff regeln den Verkauf einer Erbschaft, von Erbteilen (vgl § 1922 II), von jeweiligen Bruchteilen oder von Vor- oder Nacherbschaften. Der praxisrelevante § 2385 erweitert ihre Anwendbarkeit auf ähnliche Verträge, die auf die Veräußerung einer Erbschaft gerichtet sind. Sie eröffnen dem Erben einen ggü der Einzelverwertung einfacheren Weg, den Wert des Nachlasses zu realisieren. Kennzeichnend ist, dass für das ererbte Vermögen ein Gesamtpreis vereinbart wird und der Käufer die Abwicklung der Erbschaft übernehmen soll. Der Miterbe kann seinen Erbteil verwerten, ohne die Auseinandersetzung abwarten zu müssen. Auch kann ein Vorerbe die Nacherbschaft erwerben, um unbeschränkt über die Erbschaft verfügen zu können, oder ein Nacherbe den Vorerben auskaufen, um vor dem Nacherbfall die Erbschaft zu erlangen (Staud/*Olshausen* Einl zu §§ 2371 ff Rn 1–10).

2 **Rechtsnatur**
Der Erbschaftskauf ist ein schuldrechtlicher Kaufvertrag über die angefallene Erbschaft bzw den Miterbenanteil. Er ist ein gegenseitiger Vertrag. Die §§ 320 ff sind anwendbar und Ansprüche aus §§ 280, 281 oder Rück-

tritt (§ 323) möglich. Es gelten §§ 433 ff, soweit die §§ 2371 ff keine Sonderregelungen wegen der auch erbrechtlichen Natur des Erbkaufs enthalten, zB zum Gegenstand des Rechtsgeschäfts oder der Erbenhaftung des Käufers. Dabei sind die §§ 2371, 2382, 2383 **zwingend**, die §§ 2372–2381 in der Form des § 2371 abdingbar.

Gegenstand 3
Nicht das durch Rechtsgeschäft unter Lebenden nicht übertragbare Erbrecht des **Alleinerben** als solches ist Gegenstand des Erbschaftskaufs, sondern der Inbegriff des Nachlasses, wozu neben den durch die Erbschaft angefallenen Sachen, Werten und Rechten auch die Nachlassverbindlichkeiten gehören. Der Kauf lediglich der Aktiva ist kein Erbschaftskauf. Die Erfüllung erfolgt durch Einzelübertragung der verkauften Sachen und Rechte (§ 2374). Auch durch das vom Kauf zu trennende einzelne Erfüllungsgeschäft wird der Käufer nicht Erbe oder sonstiger Gesamtrechtsnachfolger des Verkäufers. Er wird aber weitgehend wirtschaftlich so gestellt, als ob er ab dem Erbfall Erbe gewesen wäre. Beim **Miterben** ist Kaufgegenstand dessen vor Auseinandersetzung nach § 2033 übertragbarer quotenmäßiger Anteil. Der Erbteilserwerber tritt an die Stelle des verfügenden Miterben im Wege der Gesamtrechtsnachfolge in dessen vermögensrechtliche Stellung am Nachlass ein. Beim **Nacherben** ist Gegenstand des Erbschaftskaufs dessen Anwartschaftsrecht (§ 2100 Rn 28), das er analog § 2033 auf den Käufer zu übertragen hat.

Die **Verjährung** des Kaufpreisanspruchs richtet sich nach § 194, der Gewährleistungsansprüche nach §§ 197 4 I Nr 2, 200 (*Löhnig* ZEV 04, 267).

B. Genehmigungspflicht. Genehmigungspflichtig ist die Veräußerung eines Erbteils an einen anderen als 5 einen Miterben, wenn der Nachlass im Wesentlichen aus einem land- oder forstwirtschaftlichen Betrieb besteht (§ 2 II Nr 2 GrdstVG; zur Heilung Köln OLGR 92, 282). Bei **Minderjährigen** bedürfen Veräußerungen, nicht der Erwerb einer Erbschaft oder von Erbschaftsteilen nach §§ 1643 I, 1822 Nr 1, vormundschaftsgerichtlicher Genehmigung. Gehört zum Nachlass ein Grundstück, kann § 1822 Nr 5 einschlägig sein (so Köln Rpfleger 96, 446). Beim **Ehegatten** fallen die Veräußerung der Erbschaft bzw eines Bruchteils unter § 1365, wenn sie sein ganzes Vermögen iSd § 1365 ausmachen.

C. Steuern. Nach § 20 I ErbStG ist beim Erwerb vTw Schuldner der Erbschaftsteuer der **Erbe** bezüglich sei- 6 nes Erwerbs (Moench/*Kien-Hümbert* § 20 Rn 5). Allerdings haftet der Nachlass bis zur Auseinandersetzung (§ 2042) für die Steuer der am Erbfall Beteiligten (§ 20 III ErbStG; §§ 2382, 2283 BGB; Staud/*Olshausen* Rn 106), wozu neben den Miterben auch Vermächtnisnehmer, Pflichtteils- und Erbersatzanspruchsberechtigte zählen (Moench/*Kien-Hümbert* § 20 Rn 14; T/G/J/*Gebel* § 20 Rn 52; aA *Meincke* § 20 Rn 11). Verschenkt der Erbe seine Erbschaft, ist der Beschenkte nicht nur Steuerschuldner für seinen Erwerb (§ 7 I Nr 1 ErbStG), sondern haftet in voller Höhe auch für die Steuer des Erstempfängers (§ 20 V ErbStG).

Gehören zur verkauften Erbschaft **Grundstücke**, unterliegt ihr Verkauf der Grunderwerbsteuer (§ 1 I Nr 1 7 GrEStG). Entsprechendes gilt nach § 1 I Nr 3 S 1 GrEStG für die Erbteilsübertragung, soweit zum Nachlass Grundstücke gehören (BFHE 117, 270, 274 ff; Boruttau/*Fischer* § 1 Rn 617 ff). Ausgenommen ist analog § 3 Nr 3 GrEStG der Erwerb eines zum Nachlass gehörenden Grundstücks durch Miterben oder ihre Ehegatten (Boruttau/*Sack* § 3 Rn 331); uU steht der mit dem Erblasser in Gütergemeinschaft lebende Ehegatte gleich. Einem außenstehenden Dritten als Erwerber kann die Befreiungsvorschrift nicht zugute kommen. Ihm bleibt ggf anteilige Befreiung nach § 6 GrEStG (Pahlke/*Franz*, § 3 Rn 139; *Hofmann*, § 3 Rn 27).

Im **Einkommensteuerrecht** regelt § 6 III 1 EStG, der auf die vorweggenommene Erbfolge in betriebliche Einhei- 8 ten zielt, dass die unentgeltliche Übertragung – unter Lebenden oder vTw (*Blümich* § 6 EStG Rn 154 ff, 1223) – bestimmter wirtschaftlicher Einheiten (dazu *Schmidt/Glanegger* § 6 Rn 477), deren sämtliche wesentliche Betriebsgrundlagen unentgeltlich auf einen Erwerber übertragen worden sind, zum Ansatz der Buchwerte führt, so dass beim Übertragenden kein Veräußerungsgewinn entsteht. Die unentgeltliche Übertragung eines Teilanteils ist selbst dann begünstigt, wenn wesentliches Sonderbetriebsvermögen nicht mit übertragen wird, aber der Rechtsnachfolger die Haltefrist des § 6 III 2 EStG erfüllt. Anders als die Übertragung eines Mitunternehmeranteils ist die eines Teilmitunternehmeranteils nur begünstigt, wenn sie auf eine natürliche Person erfolgt. Eine (ggf teilweise) entgeltliche Übertragung führt zu Aufdeckung der stillen Reserven mit steuerpflichtigen Veräußerungsgewinnen. Auch kommt es zu begünstigten (§ 34 EStG) Aufgabegewinn, wenn wesentliches Sonderbetriebsvermögen bei einer unentgeltlichen Anteilsübertragung nicht mitübertragen, sondern in das Privatvermögen überführt wird. Die Übertragung eines Erbteils, der Betriebsvermögen enthält, kann als entgeltliche Veräußerung eines Mitunternehmeranteils (dazu *Blümich* § 16 EStG Rn 142 ff; *Schmidt/Wacker* § 16 Rn 404 ff) nach § 16 I, III EStG zu steuerpflichtigen Veräußerungsgewinnen (§ 16 II EStG) führen.

§ 2371 Form

Ein Vertrag, durch den der Erbe die ihm angefallene Erbschaft verkauft, bedarf der notariellen Beurkundung.

A. Zweck. Die Norm stellt die Beratung der Parteien durch einen Notar sicher, schützt und warnt sie vor 1 Übereilungen und gewährleistet – auch im Interesse der Nachlassgläubiger (§ 2382) – die Klarheit und Beweisbarkeit der vereinbarten Rechtsverhältnisse. **Gegenstand** des Erbschaftskaufs (Vor § 2371 Rn 3) können nicht einzelne Erbschaftsgegenstände sein, es sei denn, diese stellen nahezu den ganzen Nachlass dar und der Käufer kennt die Umstände, aus denen sich dieses ergibt (BGH NJW 65, 910). **Käufer kann jeder, Verkäufer** kann der Allein- oder Miterbe, auch der Vor-, Nach- oder Ersatzerbe und selbst ein Nichterbe sein. Dieser haftet wegen Nichterfüllung nach den allgemeinen Vorschriften, steht seine Leistungspflicht nicht unter der Bedingung, Erbe zu sein (MüKo/*Musielak* Rn 3).

2 **B. Form.** Notarielle Beurkundung (§ 128) ist erforderlich. Eine bloß privatschriftliche Erklärung genügt nicht (Köln ZEV 00, 240). Der Form kann auch durch formgültigen Prozessvergleich (§ 127 a) genügt werden. Wie bei § 311 b I erfasst das Formerfordernis alle Abreden, aus denen sich das schuldrechtliche Veräußerungsgeschäft zusammensetzt. Auch die Abänderung des Vertrags (Celle OLGRp 96, 31) und die Aufhebung des noch nicht erfüllten Erbschaftskaufs bedürfen der Form (hM, Schlesw SchlHA 57, 181; RGRK/*Kregel* Rn 10). Auch ein Vorvertrag und eine unwiderrufliche oder eine solche Vollmacht zum Erbschaftskauf, die eine ähnliche Rechtslage wie beim Veräußerungsvertrag schafft, sind formbedürftig (Staud/*Olshausen* Rn 8). Sind Verpflichtungs- und Erfüllungsgeschäft zusammengefasst, müssen die jeweiligen Formerfordernisse beachtet werden, zB beim Erbteilskauf § 2371 und § 2033 I 2 (vgl RGZ 137, 171, 174). Der **Mangel der Form** führt zur Nichtigkeit (§ 125 S 1) des Kaufvertrags. Gem § 139 bewirkt die Nichtbeurkundung einer Nebenabrede die Nichtigkeit auch der dinglichen Erbteilsübertragung, mit der die Nebenabrede inhaltlich eng verknüpft war (BGH NJW 67, 1129, 1130; WM 70, 1319, 1320).

3 Durch die gleichzeitige oder nachträgliche Erfüllung, dh die Übertragung aller zum Nachlass gehörenden Gegenstände, wird ein Formmangel **nicht** analog § 311 b I 2 **geheilt** (RGZ 129, 122, 123; BGH NJW 67, 1128, 1131; DNotZ 71, 37; Köln ZEV 00, 240; MüKo/*Musielak* Rn 7). Nach aA sei eine Heilung bei der Übertragung des Miterbenanteils gem § 2033 I 2 zuzulassen (Erman/*Schlüter* Rn 5; Staud/*Olshausen* Rn 27; Keller ZEV 95, 427, 431; abl AnwK/*Ullrich* Rn 11; BaRoth/*Mayer* Rn 3). In einer formgültigen Übertragung des Erbteils kann ggf eine formwirksame Wiederholung der Vereinbarung liegen (Soergel/*Zimmermann* Rn 24). Andernfalls bleibt zu prüfen, ob der formnichtige Kauf gem § 140 in ein anderes Rechtsgeschäft umgedeutet werden kann (MüKo/*Musielak* Rn 8), zB der Verkauf eines Erbteils in eine Erbauseinandersetzung (RGZ 129, 122, 123). Im Einzelfall kann es eine nach § 242 unzulässige Rechtsausübung sein, beruft sich eine Partei auf die Formnichtigkeit, die schuldhaft iSv § 276 (aA Palandt/*Heinrichs* § 125 Rn 22 mwN) den Irrtum der anderen verursachte, dass eine Form nicht nötig sei (Staud/*Olshausen* Rn 29).

§ 2372 Dem Käufer zustehende Vorteile

Die Vorteile, welche sich aus dem Wegfall eines Vermächtnisses oder einer Auflage oder aus der Ausgleichungspflicht eines Miterben ergeben, gebühren dem Käufer.

1 Der Vorteil aus dem Wegfall eines Vermächtnisses (§§ 2160 ff), einer Auflage (§ 2196) oder einer Ausgleichungspflicht eines anderen Miterben (§§ 2055 ff) kommt dem Käufer zu Gute, der wirtschaftlich und schuldrechtlich so wie der Erbe stehen soll. Entsprechendes gilt bei Wegfall von Pflichtteilslasten, Nacherbrechten, Testamentsvollstreckung oder einer Teilungsanordnung nach Vertragsabschluss. Der Wegfall eines Vermächtnisses oder Auflage vor Vertragsabschluss kann zur Anfechtung gem § 119 II berechtigen. Abweichende Parteivereinbarungen sind möglich.

§ 2373 Dem Verkäufer verbleibende Teile

¹Ein Erbteil, der dem Verkäufer nach dem Abschluss des Kaufes durch Nacherbfolge oder infolge des Wegfalls eines Miterben anfällt, sowie ein dem Verkäufer zugewendetes Vorausvermächtnis ist im Zweifel nicht als mitverkauft anzusehen. ²Das Gleiche gilt von Familienpapieren und Familienbildern.

1 Im Zweifel ist ein zusätzlicher Anfall eines Erbteils aus den genannten Gründen nach Kaufabschluss nicht mitverkauft. Gleiches gilt für ein dem Verkäufer zugewandtes Vorausvermächtnis (§ 2150). Der gesetzliche Voraus (§ 1932) ist gleichzustellen (Staud/*Olshausen* Rn 3), nicht aber eine Teilungsanordnung (BaRoth/*Mayer* Rn 1). Der Anwendbarkeit auf Familienpapiere und -bilder (S 2) steht nicht ihr hoher Vermögenswert entgegen (Staud/*Olshausen* Rn 4).

§ 2374 Herausgabepflicht

Der Verkäufer ist verpflichtet, dem Käufer die zur Zeit des Verkaufs vorhandenen Erbschaftsgegenstände mit Einschluss dessen herauszugeben, was er vor dem Verkauf auf Grund eines zur Erbschaft gehörenden Rechts oder als Ersatz für die Zerstörung, Beschädigung oder Entziehung eines Erbschaftsgegenstands oder durch ein Rechtsgeschäft erlangt hat, das sich auf die Erbschaft bezog.

Gem § 433 I hat der Alleinerbe als Verkäufer verkaufte Sache zu übergeben und das Eigentum an ihnen zu verschaffen (§§ 929 ff, §§ 873, 925 ff) bzw verkaufte Rechte (§§ 398 ff) zu überragen. Der Miterbe hat bis zur Auseinandersetzung (§§ 2042 ff) seine mitgliedschaftliche Berechtigung gem § 2033 zu übertragen (Vor § 2371 Rn 3). Daneben tritt gem dem abdingbaren § 2374 ergänzend die Pflicht, vor dem Verkauf erlangte und noch beim Verkauf vorhandene **Surrogate** herauszugeben. Diese Herausgabepflicht reicht so weit wie die Surrogation gem § 2041 S 1. Herauszugeben sind auch Gegenstände, die der Verkäufer auf Grund seiner Erbenstellung erworben hat, zB Ansprüche gegen Nachlasspfleger, Testamentsvollstrecker, Erbschaftsbesitzer, Vor- oder Miterben (MüKo/*Musielak* Rn 9). Auch eine vorteilige Rechtsstellung bezüglich verkaufter Nachlassgegenstände ist herauszugeben (Kobl OLGR 05, 440, 441).

Verkauft der überlebende Ehegatte, der in **Zugewinngemeinschaft** gelebt hat, nach dem Tod des anderen die ihm angefallene Erbschaft, gilt § 1371 I. Sein gesetzlicher Erbteil erhöht sich zum Ausgleich des Zugewinns. Ein Anspruch auf Ausgleich gem §§ 1372–1390, auf den sich ein Verkauf erstrecken könnte, entsteht nicht (Staud/*Olshausen* Rn 10).

Bezüglich einzelner Gegenstände, die nicht dem Verkäufer gehören, können für den **gutgläubigen Käufer** die §§ 892 f, 932 ff greifen. Ist der Verkäufer einer Erbschaft oder eines Erbteils aber überhaupt nicht Erbe, findet wegen § 2030 kein gutgläubiger Erwerb statt, selbst wenn der Verkäufer durch einen Erbschein ausgewiesen ist (MüKo/*Musielak* Rn 12). Vor dem Verkauf gezogene Nutzungen kann der Verkäufer behalten (§ 2379 S 1).

§ 2375 Ersatzpflicht

(1) ¹Hat der Verkäufer vor dem Verkauf einen Erbschaftsgegenstand verbraucht, unentgeltlich veräußert oder unentgeltlich belastet, so ist er verpflichtet, dem Käufer den Wert des verbrauchten oder veräußerten Gegenstands, im Falle der Belastung die Wertminderung zu ersetzen. ²Die Ersatzpflicht tritt nicht ein, wenn der Käufer den Verbrauch oder die unentgeltliche Verfügung bei dem Abschluss des Kaufes kennt.
(2) Im Übrigen kann der Käufer wegen Verschlechterung, Unterganges oder einer aus einem anderen Grunde eingetretenen Unmöglichkeit der Herausgabe eines Erbschaftsgegenstands nicht Ersatz verlangen.

Die abdingbare Norm ergänzt § 2374, wenn für den Verbrauch, die Belastung oder die unentgeltliche Veräußerung eines Erbschaftsgegenstandes kein Surrogat in den Nachlass gelangt ist. Der Verkäufer hat dann den objektiven Wert zur Zeit des Verbrauchs bzw der Veräußerung zu ersetzen (I 1), wenn er ohne positive Kenntnis des Käufers handelte (I 2). Nach Vertragsschluss gelten §§ 433 ff. II, der sich auf die Zeit vor Vertragsschluss bezieht, sieht unabhängig von einem Verschulden des Verkäufers seine Haftungsfreistellung in sonstigen Fällen der Unmöglichkeit der Herausgabe vor.

§ 2376 Haftung des Verkäufers

(1) Die Verpflichtung des Verkäufers zur Gewährleistung wegen eines Mangels im Recht beschränkt sich auf die Haftung dafür, dass ihm das Erbrecht zusteht, dass es nicht durch das Recht eines Nacherben oder durch die Ernennung eines Testamentsvollstreckers beschränkt ist, dass nicht Vermächtnisse, Auflagen, Pflichtteilslasten, Ausgleichungspflichten oder Teilungsanordnungen bestehen und dass nicht unbeschränkte Haftung gegenüber den Nachlassgläubigern oder einzelnen von ihnen eingetreten ist.
(2) Sachmängel einer zur Erbschaft gehörenden Sache hat der Verkäufer nicht zu vertreten.

Die Norm beschränkt die Gewährleistungspflichten des Verkäufers. Die Parteien können sie aber erweitern (Vor § 2371 Rn 2). Für **Rechtsmängel** (§ 435) haftet der Verkäufer in den genannten Fällen (I) und für sonstige Belastungen erbrechtlichen Ursprungs, also für die Freiheit vom Voraus (§ 1932), Dreißigsten (§ 1969) sowie bei Erbfällen bis zum 1. 4. 1998 für Erbersatzansprüche nichtehelicher Kinder. Der Anspruch aus § 1963 (RGRK/*Kregel* Rn 5) und auch Zugewinnausgleichsansprüche (§ 1371 II, III) sind als reine Erblasserschulden **nicht** erfasst (MüKo/*Musielak* Rn 5; Staud/*Olshausen* Rn 12; aA BaRoth/*Mayer* Rn 2; Palandt/*Edenhofer* Rn 1; Soergel/*Zimmermann* Rn 1). Beim Erbteilskauf umfasst die Gewährleistungspflicht, dass keine Teilungsanordnungen (§ 2048) oder Ausgleichungspflichten (§§ 2050 ff) bestehen. Die Rechtsfolgen bei Pflichtverletzungen richten sich nach §§ 433 I 2, 437–441. Kenntnis des Käufers schließt die Haftung aus (§ 442 I 1).

Für **Sachmängel** (II) haftet der Verkäufer verschuldensunabhängig grds nicht, es sei denn, es wird anderes vereinbart, eine Beschaffenheitsgarantie übernommen (§ 443) oder der Verkäufer verschweigt arglistig einen Fehler (§ 442 I 2; MüKo/*Musielak* Rn 9). In der Praxis sind vertragliche Garantiezusagen verbreitet.

§ 2377 Wiederaufleben erloschener Rechtsverhältnisse

¹Die infolge des Erbfalls durch Vereinigung von Recht und Verbindlichkeit oder von Recht und Belastung erloschenen Rechtsverhältnisse gelten im Verhältnis zwischen dem Käufer und dem Verkäufer als nicht erloschen. ²Erforderlichenfalls ist ein solches Rechtsverhältnis wiederherzustellen.

1 Die durch Konfusion oder Konsolidation erloschenen Rechte werden als im Verhältnis zwischen Käufer und Verkäufer fortbestehend fingiert, um Benachteiligungen einer Partei zu vermeiden. Die Fiktion wirkt nur schuldrechtlich (S 2). Die Parteien müssen sich gewähren, was sie beim Fortbestehen des Rechtsverhältnisses beanspruchen könnten. Die Fiktion wirkt nicht gegen **Dritte**. Frei gewordene Bürgen oder Verpfänder sind nicht durch § 2377 zur Neubestellung verpflichtet (MüKo/*Musielak* Rn 5). Aus den Vertragsverhältnissen kann sich eine solche Pflicht ergeben. Auf Miterbenanteile findet § 2377 wegen des Gesamthandprinzips, das ein Erlöschen verhindert, keine Anwendung.

§ 2378 Nachlassverbindlichkeiten

(1) Der Käufer ist dem Verkäufer gegenüber verpflichtet, die Nachlassverbindlichkeiten zu erfüllen, soweit nicht der Verkäufer nach § 2376 dafür haftet, dass sie nicht bestehen.
(2) Hat der Verkäufer vor dem Verkauf eine Nachlassverbindlichkeit erfüllt, so kann er von dem Käufer Ersatz verlangen.

1 Die dispositive Norm regelt das Innenverhältnis. I statuiert eine Erfüllungsübernahme iSd § 415 III. Der Käufer hat Nachlassverbindlichkeiten (§§ 1967 ff), die wegen seiner unabdingbaren Schuldenhaftung (§ 2382) den Kaufpreis beeinflusst haben werden, zu erfüllen. Die Erfüllungspflicht ist durch § 2376 beschränkt, es sei denn, der Käufer kannte die Verbindlichkeiten beim Abschluss des Kaufvertrags.
2 Der Erfüllung iSd II stehen die Erfüllungssurrogate Leistung an Erfüllung Statt (§ 364), Hinterlegung (§ 378) und Aufrechnung (§ 389) gleich. Auch die Ersatzpflicht ist durch § 2376 eingeschränkt. Für zwischen Erbfall und Erbschaftskauf entstandene Lasten s § 2379.

§ 2379 Nutzungen und Lasten vor Verkauf

¹Dem Verkäufer verbleiben die auf die Zeit vor dem Verkauf fallenden Nutzungen. ²Er trägt für diese Zeit die Lasten, mit Einschluss der Zinsen der Nachlassverbindlichkeiten. ³Den Käufer treffen jedoch die von der Erbschaft zu entrichtenden Abgaben sowie die außerordentlichen Lasten, welche als auf den Stammwert der Erbschaftsgegenstände gelegt anzusehen sind.

1 Die dispositive Norm knüpft an den **Gefahrübergang** an, der gem § 2080 S 1 mit Abschluss des Kaufs erfolgt. Ab dann stehen dem Käufer Nutzungen und Lasten zu (§ 2080 S 2). **Vorher** gezogene Nutzungen (§ 100) verbleiben dem Verkäufer (S 1), der bis zum Gefahrübergang grds auch die Lasten (vgl § 103) einschließlich der Zinszahlungen zu tragen hat (S 2). Jedoch muss der Käufer schon für die Zeit vor Gefahrübergang die von der Erbschaft zu entrichtenden Abgaben (zB Erbschaftsteuer) und die beschriebenen außerordentlichen Lasten (vgl § 2126) tragen (S 3).
2 Für den Verkauf eines **Erbteils** gilt, dass der Verkäufer nicht Rückgabe von Nutzungen aus der Zeit vor Vertragsschluss verlangen kann, wenn die Teilung der Früchte nach § 2038 II 2 erst bei der Auseinandersetzung nach Abschluss des Vertrags erfolgt. Ein bereits verteilter Reinertrag oder Auszahlungsanspruch gem § 2038 II 3 steht aber ihm zu.

§ 2380 Gefahrübergang, Nutzungen und Lasten nach Verkauf

¹Der Käufer trägt von dem Abschluss des Kaufes an die Gefahr des zufälligen Unterganges und einer zufälligen Verschlechterung der Erbschaftsgegenstände. ²Von diesem Zeitpunkt an gebühren ihm die Nutzungen und trägt er die Lasten.

1 Schon mit Kaufabschluss geht die Preisgefahr über und verteilen sich Nutzungen und Lasten neu. Bis dahin gilt § 2379.

§ 2381 Ersatz von Verwendungen und Aufwendungen

(1) Der Käufer hat dem Verkäufer die notwendigen Verwendungen zu ersetzen, die der Verkäufer vor dem Verkauf auf die Erbschaft gemacht hat.
(2) Für andere vor dem Verkauf gemachte Aufwendungen hat der Käufer insoweit Ersatz zu leisten, als durch sie der Wert der Erbschaft zur Zeit des Verkaufs erhöht ist.

1 Der Käufer soll wirtschaftlich so stehen, als sei er Erbe geworden. Daher hat er dem Verkäufer **vor** Kaufabschluss getätigte **notwendige Verwendungen** (vgl § 994) und abweichend von § 994 I 2 auch die gewöhnlichen Erhaltungskosten (hM, MüKo/*Musielak* Rn 2; aA *Lange/Kuchinke* § 45 III 3) zu ersetzen. **Nach** Kaufabschluss kann, wenn vertragliche Vereinbarungen fehlen, ein Anspruch aus GoA bestehen (MüKo/*Musielak* Rn 5).

Andere Aufwendungen als freiwillig erbrachte Vermögensopfer sind unter den Voraussetzungen des II zu ersetzen. Beim Erbteilskauf gilt vor Auseinandersetzung § 2038, danach § 2381. § 2381 ist in der Form des § 2371 abdingbar.

§ 2382 Haftung des Käufers gegenüber Nachlassgläubigern

(1) ¹Der Käufer haftet von dem Abschluss des Kaufes an den Nachlassgläubigern, unbeschadet der Fortdauer der Haftung des Verkäufers. ²Dies gilt auch von den Verbindlichkeiten, zu deren Erfüllung der Käufer dem Verkäufer gegenüber nach den §§ 2378, 2379 nicht verpflichtet ist.
(2) Die Haftung des Käufers den Gläubigern gegenüber kann nicht durch Vereinbarung zwischen dem Käufer und dem Verkäufer ausgeschlossen oder beschränkt werden.

A. Haftung. Der Käufer haftet im Außenverhältnis **den Nachlassgläubigern** ab wirksamem Abschluss eines Erbschaftskaufs mit dem wirklichen Erben (BGH NJW 63, 345; 67, 1128, 1131) neben diesem als Gesamtschuldner (§§ 421 ff). Dieses gilt unbeschadet der Regel des § 2378 (I 2). Es liegt ein gesetzlicher Schuldbeitritt vor, der durch die Vertragsparteien nicht abdingbar ist (II). Die Haftung auf den erworbenen Nachlass zu beschränken ermöglicht § 2383. Der Verkäufer kann durch eine Schuldübernahme (§ 414, 415) frei werden (BGHZ 26, 91, 97). Die Haftung des Käufers erlischt durch Vertragsaufhebung vor (teilweiser) Erfüllung und Anzeige an das Nachlassgericht.

B. Voraussetzungen. Die Haftung des Käufers setzt nicht voraus, dass er die Nachlassverbindlichkeiten kannte; bei Unkenntnis kommt Anfechtung gem § 119 II in Betracht. Er muss aber wissen, es handele sich um die ganze oder nahezu die ganze Erbschaft (bzw Erbanteil) des Veräußerers, oder zumindest die Verhältnisse kennen, aus denen sich dies ergibt (BGH NJW 65, 909). Die Haftung umfasst Erblasserschulden, Erbfallschulden und Nachlasseigenschulden (vgl § 1967), mithin auch Verbindlichkeiten aus Pflichtteilsrechten, Vermächtnissen und Auflagen sowie aus ordnungsgemäßer Verwaltung des Nachlasses. Dass der Käufer im Innenverhältnis für sie nicht einzustehen hat (§§ 2378 I iVm 2376 I), ist unerheblich.
Der Käufer des Erbteils eines **Miterben** haftet gem I wie ein Miterbe (§§ 2058–2063). Er hat für Ansprüche eines anderen Miterben gegen die Erbengemeinschaft aus einem zwischen den Miterben vor dem Erbteilskauf geschlossenen Erbauseinandersetzungsvertrag einzustehen (BGH NJW 63, 345, 347). Bei der Ausübung eines Vorkaufsrechts durch einen Miterben (§§ 2034, 2035) erlischt die Haftung des Käufers ab Anteilsübertragung an die Miterben gem § 2036.
Beim Verkauf des Anwartschaftsrechts des **Nacherben** haftet der Käufer erst mit Eintritt des Nacherbfalls, weil auch der Verkäufer nicht vorher gehaftet hätte (LG Heilbronn NJW 56, 513, 514).

C. Prozessuales. Ein Urteil auf Zahlung einer Nachlassverbindlichkeit gegen den Verkäufer wirkt nicht gegen den Käufer. Auf ihn finden die §§ 325, 727 ZPO keine Anwendung, wohl aber § 729 ZPO analog (Staud/*Olshausen* Rn 3).

§ 2383 Umfang der Haftung des Käufers

(1) ¹Für die Haftung des Käufers gelten die Vorschriften über die Beschränkung der Haftung des Erben. ²Er haftet unbeschränkt, soweit der Verkäufer zur Zeit des Verkaufs unbeschränkt haftet. ³Beschränkt sich die Haftung des Käufers auf die Erbschaft, so gelten seine Ansprüche aus dem Kauf als zur Erbschaft gehörend.
(2) Die Errichtung des Inventars durch den Verkäufer oder den Käufer kommt auch dem anderen Teil zustatten, es sei denn, dass dieser unbeschränkt haftet.

Nach Vertragsabschluss bestehen selbstständige Haftungslagen (Staud/*Olshausen* Rn 1, 13). Bis dahin nicht verlorene Haftungsbeschränkungen können Käufer und Verkäufer je für sich herbeiführen. Der **Käufer** kann die Schoneinrede geltend machen (§§ 2015, 2016; 782 ZPO), ein Aufgebotsverfahren nach §§ 1970 ff (§ 1000 ZPO), Nachlassverwaltung (§ 1981) und ein Nachlassinsolvenzverfahren (§ 330 InsO) beantragen sowie die Dürftigkeitseinrede gem §§ 1990–1992 erheben. Beim Erbteilskauf eröffnen ihm §§ 2058–2063 besondere Haftungsbeschränkungen. Der **Verkäufer** kann analog § 330 InsO die Nachlassverwaltung (§ 1981 II) beantragen.
Im **Nachlassinsolvenzverfahren** gehören neben den Nachlass auch sonstige Ansprüche aus dem Kaufvertrag zur Masse, zB auf Übertragung von Erbschaftsgegenständen, Wertvergütungen oder Schadensersatz (Palandt/*Edenhofer* Rn 1).
Inventarerrichtungsfristen können selbstständig gesetzt werden. Die Errichtung (§§ 1993 ff) durch den einen Vertragspartner erhält auch dem anderen die Möglichkeit der Haftungsbeschränkung, wenn er nicht bereits unbeschränkt haftet (II; MüKo/*Musielak* Rn 6).

§ 2384 Anzeigepflicht des Verkäufers gegenüber Nachlassgläubigern, Einsichtsrecht

(1) Der Verkäufer ist den Nachlassgläubigern gegenüber verpflichtet, den Verkauf der Erbschaft und den Namen des Käufers unverzüglich dem Nachlassgericht anzuzeigen. Die Anzeige des Verkäufers wird durch die Anzeige des Käufers ersetzt.
(2) Das Nachlassgericht hat die Einsicht der Anzeige jedem zu gestatten, der ein rechtliches Interesse glaubhaft macht.

1 Der schuldrechtliche Erbschaftskauf und das dingliche Vollzugsgeschäft sind unverzüglich (§ 121 I 1) anzuzeigen (I), auch der Erbteilskauf und analog die Vertragsaufhebung vor Erfüllung. Schuldhafte Pflichtverletzung kann Schadensersatzansprüche gem § 823 II iVm § 2384 begründen, wenn nicht I 2 greift. Zum Nachlassgericht vgl § 1962; §§ 72 ff FGG; es erhält ¼ der vollen Gebühr (§§ 112 I Nr 7, 115 KostO). Das berechtigte Interesse (II) erfordert ein auf Rechtsnormen beruhendes oder durch sie geregeltes gegenwärtig bestehendes Verhältnis, zB aus §§ 1953 III 2, 2010, 2081, 2228 (Staud/*Olshausen* Rn 8).

§ 2385 Anwendung auf ähnliche Verträge

(1) Die Vorschriften über den Erbschaftskauf finden entsprechende Anwendung auf den Kauf einer von dem Verkäufer durch Vertrag erworbenen Erbschaft sowie auf andere Verträge, die auf die Veräußerung einer dem Veräußerer angefallenen oder anderweit von ihm erworbenen Erbschaft gerichtet sind.
(2) ¹Im Falle einer Schenkung ist der Schenker nicht verpflichtet, für die vor der Schenkung verbrauchten oder unentgeltlich veräußerten Erbschaftsgegenstände oder für eine vor der Schenkung unentgeltlich vorgenommene Belastung dieser Gegenstände Ersatz zu leisten. ²Die in § 2376 bestimmte Verpflichtung zur Gewährleistung wegen eines Mangels im Recht trifft den Schenker nicht; hat der Schenker den Mangel arglistig verschwiegen, so ist er verpflichtet, dem Beschenkten den daraus entstehenden Schaden zu ersetzen.

1 **A. Ähnliche Verträge (I).** Unter ‚ähnliche Verträge' (vgl auch § 1000 II ZPO und § 330 III InsO) fallen Rückkauf, Weiterverkauf, Tausch zweier Erbschaften, Schenkung (s II), Hingabe einer Erbschaft an Zahlungs Statt (§ 364), die Verpflichtung, auf ein Nacherbenanwartschaftsrecht zu verzichten, der Vergleich zwischen Erbprätendenten, unabhängig vom gesetzlichen Erbrecht eine Erbschaft nach bestimmten Anteilen aufzuteilen, der Auslegungs- und Feststellungsvertrag, wonach die Partien so zu stellen sind, als sei eine bestimmte vereinfachte Auslegung der letztwilligen Verfügung zutreffend (BGH NJW 86, 1812, 1813).
2 **Nicht** unter § 2385 fallen die Bestellung eines Nießbrauchs (Staud/*Olshausen* Vor § 2371 Rn 92; aA MüKo/*Musielak* Rn 2), Erbauseinandersetzungsverträge (§ 2042), zur Sicherung verpflichtende Verträge, die Verpflichtung zur Erbausschlagung, der vertragliche Verzicht auf ein Anfechtungsrecht (§§ 2078 f) sowie die Vereinbarung, dass ein unwiderruflich Bevollmächtigter unter Freistellung von den Beschränkungen des § 181 berechtigt sein soll, Erbteile an sich selbst zu übertragen (BGH WM 60, 551; Staud/*Olshausen* Rn 15). Der BGH erachtete auch eine Abschichtung als Möglichkeit der persönlichen Teilerbauseinandersetzung, durch die ein Miterbe gegen Abfindung aus dem Nachlass oder dem Vermögen eines anderen Miterben aus einer Erbengemeinschaft ausscheidet, als formfrei möglich (NJW 98, 1557; krit *Reimann* MittBayNot 98, 190).
3 **Rechtsfolge** ist, dass die §§ 2371–2384 und dabei insbes das Formerfordernis des § 2371 sowie die Haftungsregelungen der §§ 2382, 2383 gelten.
4 **B. Schenkungen.** II sieht für die Schenkung als Sonderregelung vor, dass der Schenker keine Ersatzpflicht nach § 2375 hat (Staud/*Olshausen* Rn 26) und von der Rechtsmängelhaftung gem § 2376 befreit ist, wenn er einen Mangel nicht arglistig verschwieg (II 2). Im Innenverhältnis hat der Beschenkte grds alle Nachlassverbindlichkeiten zu tragen (§ 2378; Staud/*Olshausen* Rn 27); im Übrigen gelten die allgemeinen Schenkungsvorschriften (MüKo/*Musielak* Rn 5).

Einführungsgesetz zum Bürgerlichen Gesetzbuche (EGBGB)

vom 18.08.1896,
in der Fassung der Bekanntmachung vom 21. September 1994 (BGBl I S 2494, ber BGBl 1997 I S 1061),
zuletzt geändert durch das Gesetz zur Neuorganisation der Bundesfinanzverwaltung und zur Schaffung
eines Refinanzierungsregisters vom 22.08.2005 (BGBl I S 2809

Art. 1 Inkrafttreten des BGB; Vorbehalt für Landesrecht

(1) Das Bürgerliche Gesetzbuch tritt am 1. Januar 1900 gleichzeitig mit einem Gesetz, betreffend Änderungen des Gerichtsverfassungsgesetzes, der Zivilprozessordnung und der Konkursordnung, einem Gesetz über die Zwangsversteigerung und die Zwangsverwaltung, einer Grundbuchordnung und einem Gesetz über die Angelegenheiten der freiwilligen Gerichtsbarkeit in Kraft.
(2) Soweit in dem Bürgerlichen Gesetzbuch oder in diesem Gesetz die Regelung den Landesgesetzen vorbehalten oder bestimmt ist, dass landesgesetzliche Vorschriften unberührt bleiben oder erlassen werden können, bleiben die bestehenden landesgesetzlichen Vorschriften in Kraft und können neue landesgesetzliche Vorschriften erlassen werden.

I legt den **zeitlichen Geltungsbereich** des BGB und (analog) des EGBGB fest, zu dem die Überleitungsnormen in den Art 181 ff Ausnahmen bestimmen (vgl *Kegel/Schurig* § 1 VII2b). Überleitungsvorschriften für jüngere Änderungen des BGB und EGBGB finden sich in den Art 219 ff, für das Privat- und Kollisionsrecht der DDR in den Art 230 ff. 1

II bestimmt, dass Vorbehalte zugunsten von **Landesgesetzen** stets als dynamische Verweisung zu verstehen sind. Für andere, nach dem 1.1.1900 in Kraft getretene Vorbehalte gilt dies entspr (vgl BVerfGE 7, 124 zu § 88 BetrVerfG), soweit der Vorbehalt keine ausdrückliche Beschränkung vorsieht (zB § 61 III BeurkG). 2

Art. 2 Begriff des Gesetzes

Gesetz im Sinne des Bürgerlichen Gesetzbuchs und dieses Gesetzes ist jede Rechtsnorm.

Die **Legaldefinition** des Gesetzesbegriffes in Art 2 ist wortgleich mit derjenigen in Art 12 EGZPO und derjenigen in Art 7 EGStPO. Rechtsnormen sind Gesetze im formellen Sinne, umgesetzte oder nicht der Umsetzung bedürftige Staatsverträge, EG-Recht, soweit es unmittelbar Rechte und Pflichten für den Einzelnen setzt, Rechtsverordnungen, autonome Satzungen und Tarifverträge sowie Gewohnheitsrecht, nicht aber Handelsbräuche, Verkehrssitten, Vereinssatzungen und AGB. 1

Zweites Kapitel Internationales Privatrecht

Art. 3 Allgemeine Verweisungsvorschriften

(1) ¹Bei Sachverhalten mit einer Verbindung zum Recht eines ausländischen Staates bestimmen die folgenden Vorschriften, welche Rechtsordnungen anzuwenden sind (Internationales Privatrecht). ²Verweisungen auf Sachvorschriften beziehen sich auf die Rechtsnormen der maßgebenden Rechtsordnung unter Ausschluß derjenigen des Internationalen Privatrechts.
(2) ¹Regelungen in völkerrechtlichen Vereinbarungen gehen, soweit sie unmittelbar anwendbares innerstaatliches Recht geworden sind, den Vorschriften dieses Gesetzes vor. ²Regelungen in Rechtsakten der Europäischen Gemeinschaften bleiben unberührt.
(3) Soweit Verweisungen im Dritten und Vierten Abschnitt das Vermögen einer Person dem Recht eines Staates unterstellen, beziehen sie sich nicht auf Gegenstände, die sich nicht in diesem Staat befinden und nach dem Recht des Staates, in dem sie sich befinden, besonderen Vorschriften unterliegen.

A. **Bedeutung der Vorschrift. I. Einleitung der gesetzlichen Regelung des deutschen IPR.** Art 3 leitet das zweite Kapitel des EGBGB ein und stellt eine gesetzgeberische Einführung in das deutsche IPR dar. Dieses ist hauptsächlich, wenn auch nicht ausschließlich, in den Art 3–46 EGBGB kodifiziert. Art 3 I enthält zwei Legaldefinitionen: In S 1 wird in einer sog Klammerdefinition das IPR selbst definiert und in S 2 die Sachnormverweisung (dazu unten Rn 43 und Art 4 Rn 1, 9 ff). Art 3 II legt die Normenhierarchie im deutschen IPR fest (s.u. Rn 21). Art 3 III betrifft den Umfang der Verweisung, der für das Internationale Familien- und Erbrecht durch Anordnung einer bedingten Sonderanknüpfung modifiziert wird (s.u. Rn 44 ff). 1

II. **Bedeutung des IPR. 1. Verweisungsvorschriften für Fälle mit Auslandsbezug. a) Rechtsanwendungsrecht.** Die Bezeichnung „allgemeine Verweisungsvorschriften" in der Überschrift zu Art 3 trifft eine erste Aussage zur Natur des IPR, das nicht die materielle Lösung des Falles liefert, sondern ausschließlich auf ein Recht „verweist", nach dessen Vorschriften die materielle Lösung zu erfolgen hat. Das IPR lässt sich als Meta-Recht auffassen, das gleichsam über den eigentlichen Regeln des Privatrechts schwebt und zwischen mehreren in Betracht kommenden Rechtsordnungen eine Auswahl trifft. Unterschiedliche Rechtsordnungen kom- 2 men von vornherein nur in Betracht bei Fällen, die überhaupt Beziehungen zum Recht eines ausländischen Staates aufweisen (I 1). Deutlich wird diese übergeordnete Funktion des IPR insbesondere durch seine in I 2 niedergelegte Abgrenzung von den sog **Sachnormen**, die die Rechtfrage selbst inhaltlich beantworten, also zum Ergebnis „in der Sache" und nicht zur anwendbaren Rechtsordnung insgesamt führen. Das IPR wird auch als „**Kollisionsrecht**" bezeichnet. Mag dies für manche (zB *v Bar/Mankowski* § 1 Rn 16) rechtstheoretisch zweifelhafte Assoziationen mit einem Konflikt wecken, so ist die Vorstellung des Aufeinandertreffens verschiedener Rechtsordnungen doch jedenfalls anschaulich.

3 **b) Kein Prozessrecht.** Keine Aussage trifft das IPR zur **internationalen Zuständigkeit** deutscher Gerichte und Behörden. Regeln zur internationalen Zuständigkeit finden sich ua vorrangig in der EheVO und der EuGVO, im Verhältnis zu Dänemark bisher im EuGVÜ (Erstreckung der EuGVO geplant, KOM (2005) 145 endg, vgl *Jayme/Kohler* IPRax 05, 485/486), im Verhältnis zu Norwegen, der Schweiz und Island im Luganer Übereinkommen (LugÜ – BGBl 94 II 2660, 95 II 221, 96 II 223) sowie sonst den §§ 606 a ZPO, 35 b, 43 b FGG bzw. den subsidiär analog heranzuziehenden Regeln zur örtlichen Zuständigkeit, insbes §§ 12 ff ZPO. In der Berufungsinstanz sind bei Fällen mit Auslandsbezug auch hinsichtlich der **sachlichen Zuständigkeit** Besonderheiten zu beachten (§ 119 I Nr 1 b, c GVG).

4 Das in Fällen mit Auslandsbezug anzuwendende **Verfahrensrecht** wird nicht durch das IPR bestimmt, sondern ist grds das am Gerichtsort geltende Prozessrecht (BGH NJW-RR 93, 130; BayObLG FamRZ 95, 1210), wobei das vom IPR bestimmte materiell anwendbare Recht ausnahmsweise Modifikationen bedingen kann, wenn es materielle Rechtsfolgen an die Durchführung eines hier unbekannten Verfahrens knüpft (BGH NJW 1967, 2109, 2113; Hburg FamRZ 01, 1008) und die betreffenden ausländischen Verfahrensvorschriften daher materiellrechtlich zu qualifizieren sind (prozessrechtlich qualifiziert Frankf FamRZ 01, 293). Beweis- und Darlegungslast werden grds materiellrechtlich qualifiziert (BGH NJW 1992, 3106; BGHZ 3, 342; Kobl RIW 1993, 502). Grenzüberschreitende Rechtshilfe bei der Durchführung von Zivilverfahren regeln im Hinblick auf die Mitwirkung bei der Zustellung und der Beweisaufnahme EuZVO (Vorschlag für Abk über Erstreckung auf Dänemark KOM (2005) 146 endg) und EuBVO, das HZÜ und HBÜ sowie zahlreiche bilaterale Staatsverträge (die wichtigsten sind abgedruckt bei *Jayme/Hausmann*, Internationales Privat- und Verfahrensrecht, 12. Aufl 2004).

5 Prozessrechtliche und daher nicht dem IPR unterliegende Fragen stellen sich schließlich auch bei Anhängigkeit eines Verfahrens im Ausland oder bei Vorliegen einer ausländischen Entscheidung. Der Einwand der ausländischen **Rechtshängigkeit** ist geregelt in EheVO, EuGVO, EuGVÜ, LugÜ, ZPO und FGG.

6 Die Wirkung ausländischer Urteile und Entscheidungen hängt von deren **Anerkennung** ab, für die EuGVO, EheVO, §§ 328, 606 a II ZPO und 16 a FGG Voraussetzungen nennen, aber auch bilaterale Staatsverträge über die gegenseitige Anerkennung und Vollstreckung von gerichtlichen Entscheidungen, wie sie mit der Schweiz, Israel und Tunesien bestehen (vgl zB *Jayme/Hausmann*, aaO, Ordnungsnr 185). Eines besonderen Ausspruchs bedarf die Anerkennung nur im Ausnahmefall (Art 7 § 1 FamRÄndG, insbes. Scheidung durch Gericht außerhalb der EG). Die Vollstreckung aus ausländischen Titeln in Deutschland setzt außerhalb des Anwendungsbereichs der EuVTVO, die für unbestrittene Forderungen die Ausstellung eines Europäischen Vollstreckungstitels ermöglicht, stets ein deutsches Vollstreckungsurteil (Exequatur) voraus, dessen Voraussetzungen insbes EuGVO, EuGVÜ, LugÜ, § 722 ZPO und bilaterale Abkommen regeln.

7 **2. Nachrang gegenüber Einheitsrecht.** Wo Rechtsvereinheitlichung übereinstimmendes Sachrecht geschaffen hat, ist IPR gegenstandslos (BGH NJW 76, 1583). Wann Einheitsrecht Anwendung findet, ergibt sich nicht aus dem (allgemeinen) IPR, sondern aus den besonderen Anwendungsvoraussetzungen des Staatsvertrages, auf dem es beruht. Ob der Vorrang vor dem IPR (BGHZ 96, 313, 318) auf Art 3 II zu stützen ist (so ausf *v Bar/Mankowski* § 2 Rn 55 ff) oder sich bereits aus der Natur von Einheitsrecht ergibt, bzw, insofern Regelungsgegenstand nur grenzüberschreitende Sachverhalte sind, aus dessen Spezialität, kann dahinstehen. Wichtige Bspe für Internationales Einheitsrecht sind das UN-Üb über den internationalen Warenkauf CISG (BGBl 89 II 586), das Warschauer (RGBl 33 II 1039; BGBl 58 II 291, 312; 64 II 1295) und Montrealer (BGBl 04 II 459) Abk zum Flugverkehr, die CMR zum Beförderungsvertrag im internationalen Straßengüterverkehr (BGBl 61 II 1119; 62 II 12; 80 II 721, 733, 1443) sowie die COTIF zum Eisenbahnverkehr (BGBl 85 II 130 und 666; BGBl 92 II 1182; 96 II 2655), die Genfer Abk zu Wechsel (RGBl 33 II 377) und Scheck (RGBl 33 II 537) und das Abk zur Gastwirtshaftung (BGBl 96 II 269, 1565; 67 II 1210). Bei der Anwendung von Einheitsrecht ist eine besondere rechtsvergleichende Auslegungsmethodik zu beachten und es sind die Entscheidungen der Gerichte anderer Abkommensstaaten zu berücksichtigen (BGHZ 88, 157, 160 f; dazu *Gruber*, Methoden des internationalen Einheitsrechts, 2004; *Linhart*, Internationales Einheitsrecht und einheitliche Auslegung, 2005). Dennoch kann es bei Fehlen eines mit autoritativer Auslegung betrauten Gerichts (zB EuGH) zu **Auslegungsdifferenzen** in den verschiedenen Vertragsstaaten kommen; in diesem Fall besteht die Vereinheitlichung nur auf dem Papier und es ist letztlich doch eine kollisionsrechtliche Entscheidung über die anwendbare Version des vermeintlichen Einheitsrechts erforderlich, die sich in dem Abk selbst und sonst im allgemeinen Kollisionsrecht des Forumstaates zu suchen hat *(v Bar/Mankowski* § 2 Rn 70). Das gleiche gilt für sog externe **Lücken** des Einheitsrechts, dh für Fragen die außerhalb der Regelungsmaterie liegen, während zum staatsvertraglichen Regelungsgegenstand zu zählende sog interne Lücken aus dem Kon-

text des Abk heraus zu füllen sind (MüKo/*Sonnenberger* Einl IPR Rn 384; zum CISG MüKo/*Martiny* Art 28 Anh Rn 86). Da auch Einheitsrecht nur Geltungskraft hat, wenn es staatlich gesetztes Recht ist (s.u. Rn 12), lassen sich die 8 häufig als „**lex mercatoria**" bezeichneten verdichteten einheitlichen Handelsgewohnheiten nicht dazu zählen (*Kegel/Schurig* § 1 IX).

3. Modell für weitere Kollisionsrechte. Als einziges ausführlich geregeltes und dogmatisch weitgehend 9 durchdrungenes Kollisionsrecht dient das IPR anderen Kollisionsrechten (dazu *Kegel/Schurig* § 1 VII; *Lüderitz* Rn 13) als Referenzsystem. Am unmittelbarsten wird das deutsche **Interlokale Privatrecht**, das seit der Wiedervereinigung nur noch für Altfälle Bedeutung hat, aus dem IPR abgeleitet, indem die Vorschriften des EGBGB analog angewandt werden (dazu zB *Looschelders* Rn 6 ff) und an die Stelle der Staatsangehörigkeit der gewöhnliche Aufenthalt tritt (BGHZ 91, 186, 194 ff; 85, 16, 22; s auch Rn 21). Soweit „Übergangsrecht" sich zu **Intertemporalem Privatrecht** emanzipiert hat, greift auch dieses inzwischen explizit auf Analogien zum IPR zurück (*Hess*, Intertemporales Privatrecht, 1998; *Vonkilch*, Das Intertemporale Privatrecht, 1999).

B. Legaldefinition des IPR (Abs 1 S 1). I. Auslandsbezug. Erforderlich ist nach der Beschreibung des 10 Regelungsgegenstandes des IPR in I 1 eine Auslandsbeziehung, deren Art und Intensität aber nicht näher umrissen wird. Daher lässt sich in der Forderung einer „Verbindung zum Recht eines ausländischen Staates" ein verengendes **Tatbestandsmerkmal** für die Anwendung des IPR nicht sehen (*Kegel/Schurig* § 1 III; MüKo/*Sonnenberger* Rn 2; *vHoffman/Thorn* § 1 Rn 21 ff; aA Palandt/*Heldrich* Rn 2 f; *Looschelders* Rn 3). Letztlich weisen die besondere Kollisionsnorm ohnehin jeweils nur einem einzigen bestimmten Merkmal, nämlich dem Anknüpfungspunkt (dazu s.u. Rn 35 ff), eine kollisionsrechtliche Bedeutung zu, so dass an dieser Stelle bei der Vorprüfung großzügig verfahren werden kann (Hamm FamRZ 99, 1426; FG Prax 99, 55; Ddorf RIW 95, 1025), auch wenn die Rechtsanwendung in reinen Inlandsfällen sicherlich keiner kollisionsrechtlichen Begründung bedarf (*Lüderitz* Rn 6).

II. „Die folgenden Vorschriften". Der Hinweis auf den Regelungsort des IPR in den „folgenden Vorschrif- 11 ten" ist zu eng gefasst, denn zahlreiche internationalprivatrechtliche Regelungen finden sich auch an anderen Regelungsorten (s.u. Rn 14 ff). Die gesetzliche Definition lässt durch diesen Hinweis immerhin erkennen, dass es sich bei IPR nicht um internationales, sondern um **nationales Recht** handelt.

III. Anwendbare Rechtsordnung. 1. Staatliche Rechtsordnung. I 1 spricht nur davon, dass eine „Rechtsord- 12 nung" anzuwenden sei, und sagt damit streng genommen nicht, dass es sich dabei um die Rechtsordnung eines Staates handeln muss (aA MüKo/*Sonnenberger* Rn 5; *Looschelders* Rn 5). Hiervon wird aber einhellig ausgegangen. Auf den Gesetzestext kann man sich dabei immerhin insofern stützen, als eine „Verbindung zum Recht eines ausländischen **Staates**" gefordert wird. Die völkerrechtliche Anerkennung eines Staates, einer Regierung oder eines Gebietserwerbs spielt dabei keine Rolle (*Kegel/Schurig* § 1 IV; BaRoth/*Lorenz* Einl IPR Rn 1), sondern nur das Vorliegen der Staatsmerkmale und die faktische Durchsetzung eines Rechts, wie es inzwischen etwa bei den palästinensischen Autonomiegebieten bejaht werden kann (MüKo/*Sonnenberger* Einl IPR Rn 140 mwN). Sitten und Gebräuche bestimmter **Volksgruppen** können über das IPR ebenso wenig berufen werden (OLG Köln NJW-RR 94, 1026 zur Sitte der Roma; Palandt/*Heldrich* Einl v Art 3 Rn 1; aA Hamm StAZ 95, 238 bzgl Kurden) wie – soweit kein staatlicher Anwendungsbefehl vorliegt, wie dies zB bei interreligiöser Rechtsspaltung der Fall ist – die Regeln einer **Religionsgemeinschaft** (Köln FamRZ 02, 1481) oder **Handelsgewohnheiten**.

2. Privatrecht. Grundsätzlich beruft IPR Privatrecht. Die internationalprivatrechtliche Gerechtigkeit blickt 13 nicht in erster Linie auf Staats- sondern auf Parteiinteressen. Dennoch sollen Vorschriften des **öffentlichen Rechts** nicht von vornherein von der Anwendung ausgeschlossen sein (Palandt/*Heldrich* Rn 4). Berufen sein können sie aber nur, wenn sie aus unserer Sicht Privatrecht funktional vertreten (*Lüderitz* Rn 75); im übrigen bestimmt internationales öffentliches Recht, welches Staates öffentliches Recht anzuwenden ist (*Kegel/Schurig* § 2 IV 1; § 1 VII 1b). Bei der internationalprivatrechtlichen Beurteilung kommt öffentliches Recht im Rahmen der Beantwortung öffentlichrechtlicher Vorfragen zur Anwendung, etwa bei der Bestimmung einer ausländischen Staatsangehörigkeit (s Art 5 Rn 5) oder bei der Heranziehung ausländischer Straßenverkehrsvorschriften zur Beurteilung des Verhaltsmaßstabs im Rahmen deliktischer Ansprüche (s Art 40 Rn 4) oder auch bei der Beurteilung der Qualifikation und Stellung einer ausländischen Urkundsperson zur Beantwortung der Substituierbarkeit der deutschen Formvorschriften (s Art 11 Rn 20). In keinem dieser Fälle ist es allerdings die IPR-Norm, die über ihren Anknüpfungspunkt in das ausländische öffentliche Recht verweisen würde, sondern es handelt sich um **datumsähnliche** (dazu Rn 57) Einzelaspekte auf dem Weg zu oder bei der Anwendung des kollisionsrechtlich berufenen (Privat)rechts.

C. Rechtsquellen des deutschen IPR. I. Überblick. 1. Autonomes IPR. Das deutsche Kollisionsrecht um- 14 fasst zum einen das autonome IPR, das grds unabhängig von der Rechtsetzung durch andere Staaten erlassen worden ist. Es besteht neben dem zweiten Kapitel des ersten Teils des EGBGB (Art 3–46) aus richterrechtlichem Gewohnheitsrecht (etwa das Kollisionsrecht der rechtsgeschäftlichen Stellvertretung, s vor Art 7 Rn 6 ff, oder des Gesellschaftsrechts, s vor Art 27 Rn 42) und einzelnen, in verschiedenen Gesetzen nach Sachzusammenhängen **verstreuten** Einzelnormen (zB Art 91 ff WG, 60 ff ScheckG, 61 BörsenG, §§ 130 II GWB, 335 ff InsO).

15 Die **Gliederung** des Kollisionsrechts im zweiten Kapitel des ersten Teils des EGBGB folgt mit den – gegenüber dem BGB, aus Gründen der Entstehungsgeschichte des EGBGB (s.u. Rn 26), in ihrer Reihenfolge veränderten – Blöcken „Recht der natürlichen Personen und Rechtsgeschäfte", „Familienrecht", „Erbrecht", Schuldrecht" und „Sachenrecht" der deutschen sachrechtlichen Systematik, was im Hinblick auf den nationalen Charakter der Materie und den Horizont des Rechtsanwenders sinnvoll ist, der entweder deutsch ist oder der nach einer Gesamtverweisung die Perspektive deutscher Gerichte oder Behörden einnimmt. Die **Überschriften** sind amtlich.

16 **2. IPR in EG-Normen. a) im Kontext von Sachrechtsvereinheitlichung.** Eine weitere Kategorie des Kollisionsrechts bilden – ebenfalls nach Sachzusammenhängen geordnet – vereinzelte europarechtliche Kollisionsnormen, die an das sachrechtsvereinheitlichende **Verordnungs**recht angehängt sind, wie zB Art 2 I EWIV-VO (VO 2137/85/EWG, dazu *Basedow* NJW 96, 1926), Art 1 VO 295/91/EWG (vgl LG Frankfurt aM NJW-RR 98, 1589) und Art 93 VO 1408/71/EWG idF von Anh I der VO 2001/83/EWG (vgl BGH NJW 04, 3111).

17 Auch soweit Sachrechtsvereinheitlichung durch europäische **Richtlinien** erfolgt, finden sich teilweise kollisionsrechtliche Vorgaben. Diese bedürfen der Umsetzung durch die Mitgliedstaaten. Die kollisionsrechtlichen Vorgaben von vier Verbraucherschutzrichtlinien sind in Deutschland in Art 29 a IV umgesetzt und in den Regelungszusammenhang des autonomen IPR eingestellt worden (s Art 29 a Rn 1). Kollisionsrechtliche Rechtsangleichung fordern außerdem ua (Nennung weiterer Richtlinien bei MüKo/*Sonnenberg* Einl Rn 202) Art 10 Insiderrichtlinie nF (2003/6/EG); Art 2 I Fernsehrichtlinie (89/552/EWG; 97/36/EG; Änderungsvorschlag KOM (2005) 646 endg), Art 12 II Finanzdienstleistungsrichtlinie (2002/65/EG), Art 1 Entsenderichtlinie (96/71/EG) sowie möglicherweise Art 3 I der e-commerce-Richtlinie (2000/31/EG), umgesetzt in § 4 TDG, dessen kollisionsrechtlicher Gehalt wegen Art 1 IV der VO/§ 2 VI TDG allerdings umstritten ist (dafür BaRoth/*Spickhoff* Art 40 Rn 46; Palandt/*Heldrich* Art 40 Rn 11; dagegen *Looschelders* Art 40 Rn 99; *Sack* WRP 02, 271; *Halfmeier* ZEuP 01, 863). Da hier nur die umgesetzten Regelungen unmittelbare Geltung entfalten, handelt es sich letztlich um autonomes Recht, bei dem Besonderheiten allenfalls im Hinblick auf ihre richtliniennkonforme Auslegung bestehen, die auch Veranlassung zu einer Vorlage an den EuGH bieten kann (die MüKo/*Sonnenberger* Einl IPR Rn 207 im Hinblick auf die e-commerce-Richtlinie zu Recht dringend empfiehlt). Im Einzelfall hat der EuGH aus dem Umstand punktueller europäischer Rechtsharmonisierung auf Grundlage einer Richtlinie, ohne dass diese eine kollisionsrechtliche Bestimmung enthielt, dennoch eine unmittelbar anwendbare kollisionsrechtliche Aussage (nämlich die Durchsetzung des von der Richtlinie vorgeschriebenen Ausgleichsanspruchs des Handelsvertreters als Eingriffsnorm, dazu s.u. Rn 29) entwickelt (EuGH C-381/98 – *Ingmar* NJW 01, 2007).

18 **b) Eigenständige Kollisionsrechtsvereinheitlichung.** Seitdem die EG – letztlich außer im Verhältnis zu Dänemark, das nicht wie das Vereinigte Königreich und Irland vom opt-in Gebrauch macht – in Art 65 Buchst b EGV eine (beschränkte) kollisionsrechtliche Rechtsetzungskompetenz erhalten hat, ist auch mit dem Erlass ganze Anknüpfungsgegenstände erfassender, unmittelbar anwendbarer europäischer Kollisionsnormen zu rechnen. Vor allem auf dem Gebiet des Internationalen Schuldrechts ist ein Abschluss des europäischen Rechtsetzungsverfahrens in Sicht; die vertraglichen Schuldverhältnisse betrifft die sog Rom-I-VO (Kommissionsentwurf KOM (2005) 650 endg v 15.12.05, abgedr IPRax 06, 193, dazu *Mankowski* IPRax 06, 101, Inkrafttreten nicht vor 2008 erwartet, vgl Neueste Informationen IPRax 2/06 s ergänzend vor Art 27 Rn 15 f) und die außervertraglichen Schuldverhältnisse die sog Rom-II-VO (Kommissionsentwurf KOM (2003) 427 endg, abgedr IPRax 05, 174; Stellungnahme des Parlaments v. 6.7.05 sowie der überarbeitete Kommissionsentwurf v 21.2.06 auffindbar unter www.europa.eu.int/eur-lex) deren Verfahren bereits am weitesten fortgeschritten ist (vgl zuletzt *Kreuzer* RabelsZ 06, 1; s ergänzend vor Art 38 Rn 2). Diese Vereinheitlichung des Internationalen Schuldrechts ist als loi uniforme geplant, wird also nicht nur im Verhältnis der EG-Staaten zueinander, sondern auch gegenüber Drittstaaten Anwendung finden und damit die Art 27–42 EGBGB insgesamt ersetzen, was im Verhältnis zu Dänemark Probleme im Hinblick auf die Fortgeltung des EVÜ schaffen könnte, deren Lösung sich auch aus der Nachrangklausel des Art 20 EVÜ nicht ohne weiteres ergibt, dort aber ansetzen kann. Außerdem ist eine EG-Verordnung zum internationalen Unterhaltsrecht mit internationalprozessrechtlichen und kollisionsrechtlichen Bestimmungen in Vorbereitung (Grünbuch, Kom (2004) 254 endg; Aufforderung an den Rat, KOM (2005) 648; s auch *Wagner* NJW 05, 1756). Weniger fortgeschritten sind Vereinheitlichungsvorhaben zum Internationalen Scheidungsrecht (sog Rom III, auch zur intl Zuständigkeit, Grünbuch KOM (2005) 82 endg) und zum Internationalen Erbrecht (sog Rom IV, Grünbuch KOM (2005) 65 endg), dazu *Lehmann* IPRax 06, 204, zu beidem *Bauer* IPRax 06, 202; *Wagner* NJW 04, 1836. Der Europäische Rat **plant** die stufenweise **Gesamtvereinheitlichung des IPR** (sog Haager Programm, ABl EU C 53/1, 13 v 3.3.05) und hat mit der Kommission 2005 einen Aktionsplan zu deren Umsetzung beschlossen (ABl EU C 198 v 12.8.05, dazu *Wagner* IPRax 05, 494; NJW 05, 1754–1757).

19 Die bereits in Kraft befindlichen internationalrechtlichen EG-Verordnungen sind auf Grundlage des Art 65 Buchst a EGV ergangen und betreffen nicht das anwendbare Recht, sondern die internationale **Zuständigkeit** und die **Anerkennung und Vollstreckung** ausländischer Entscheidungen, nämlich EheVO, EuGVO und EuInsVO sowie EuVTVO (dazu s.o. Rn 3 ff).

Der **EG-Vertrag** selbst enthält zwar keine Kollisionsnormen, ist aber nicht frei von Vorgaben für die nationalen Kollisionsrechte. Insofern kann eine offene oder versteckte Privilegierung von Inländern, wie sie etwa im unabdingbaren Vorrang der Inländerstellung in Normen wie Art 5 I 2 gesehen werden kann, gegen das Verbot der Diskriminierung von Unionsbürgern aus Gründen der Staatsangehörigkeit (Art 12 EGV) verstoßen (EuGH IPRax 04, 339 m Aufs *Mörsdorf-Schulte* 315). Die Verwendung der Staatsangehörigkeit als Anknüpfungsmerkmal ist hierdurch aber gerade nicht ausgeschlossen (s auch EuGH FamRZ 00, 83; *Sonnenberger* ZVglRWiss 96, 15). Wenn der Eingriff gemeinschaftsrechtlich nicht gerechtfertigt ist, ist auch eine Verletzung einer der fünf Grundfreiheiten des EGV dadurch denkbar, dass Anknüpfungen mit Grenzübertritt zum Statutenwechsel zwingen (*Roth* RabelsZ 91, 645; *Röthel* JZ 03, 1027). Aus der Niederlassungsfreiheit nach Art 43 und 48 EGV folgen Vorgaben für die Anknüpfung des Gesellschaftsstatuts (BGH NJW 05, 1648; EuGH C-167/01 Inspire Art NJW 03, 3331 C-208/00 Überseering NJW 02, 3614; ausf vor Art 27 Rn 26 ff, 30 ff).

3. IPR in Staatsverträgen. Ferner gibt es eine unübersichtliche Vielzahl multi- und bilateraler **Staatsverträge** (Abdruck der gebräuchlichsten bei *Jayme/Hausmann*, aaO), die kollisionsrechtliche Regelungen enthalten. Teilweise handelt es sich um Konventionen zur Kollisionsrechtsvereinheitlichung wie die von der Haager Konferenz für IPR vorbereiteten Üb (www.hcch.net), teilweise um Freundschaftsverträge wie zB das deutsch-iranische Niederlassungsabk (RGBl 30 II 1006; 31 II 9; 55 II 829) oder der deutsch-amerikanische Freundschafts-, Handels- und Schiffahrtsvertrag (RGBl 56 II 488, 763), die mehr oder weniger ausdrücklich das anwendbare Recht regeln (BGH BB 03, 810; ZIP 04, 1549; JZ 05, 298 zum internationalen Gesellschaftsrecht im Verhältnis zu den USA). Auch dem EFTA entnimmt der BGH inzwischen eine kollisionsrechtliche Aussage (BGH NJW 05, 3351 zum internationalen Gesellschaftsrecht im Verhältnis der EFTA-Staaten zueinander; ausf s vor Art 27 Rn 29 ff). Staatsvertragliche Kollisionsnormen können auch **in das EGBGB inkorporiert** sein, wie das bei Art 18 (Haager Unterhaltsüb v 2. 10. 73), 26 (Haager Testamentsformüb v 5. 10. 61) oder 27 ff (EVÜ) (s jew dort) der Fall ist (s.u. Rn 24). Auch bei Inkorporierung in das EGBGB sind das Gebot **einheitlicher, staatsvertragsautonomer Auslegung** und somit insbesondere auch die Rechtspraxis in den übrigen Vertragsstaaten zu beachten, für Art 27 ff ausdr angeordnet in Art 36. Nach den einzelnen Sachgebieten gegliederte tabellarische Übersichten über die jeweils einschlägigen autonomen, europäischen und staatsvertraglichen Kollisonsnormen finden sich bei MüKo/*Sonnenberger* Einl IPR Rn 333 (auch mit geplanten Rechtsakten) und BaRoth/*Lorenz* Einl IPR Rn 96.

II. Hierarchie (Abs 2). 1. Völkerrechtliche Vereinbarungen (S 1). Staatsvertragliche Regelungen, die nicht nur, wie zB das EVÜ, die Staaten zur Schaffung einer mehr oder weniger genau vorgegebenen Regelung verpflichten, sondern nach Transformation selbst Rechte und Pflichten für die Privatrechtssubjekte erzeugen, schaffen **unmittelbar anwendbares** innerstaatliches Recht. Dieses hat nach II 1 Vorrang vor dem EGBGB. Da es sich nicht um allgemeine Normen des Völkerrechts handelt, ergibt sich der Vorrang nicht etwa schon aus Art 25 S 2 GG. Ob der Vorrang nach II 1 auch gegenüber anderem autonomen Kollisionsrecht gilt, ist umstritten (dafür Erman/*Hohloch* Rn 9, dagegen unter Hinweis auf den Wortlaut des Art. 3 Abs. 2 EGBGB Palandt/*Heldrich* Rn 7).

Die **Konkurrenz mehrerer Staatsverträge** kann in diesen selbst geregelt sein (zB Art 21 EVÜ). Sonst richtet sie sich nach allgemeinen Prinzipien: Es geht das speziellere Vertragswerk dem allgemeineren und sodann das jüngere dem älteren vor. Sind bei nur einem der in Betracht kommenden Staatsverträge mehrere Staaten, deren Recht vom Fall betroffen ist, Vertragspartei, so hat dieser Vorrang (Palandt/*Heldrich* Rn 9).

Die Aufnahme einer staatsvertraglichen Regelung in das autonome Recht (**Inkorporierung**, Bspe s.o. Rn 21) ändert nichts an ihrem Vorrang.

2. Rechtsakte der EG (S 2). II 2 hat wegen des schon aus europarechtlichen Gründen bestehenden Anwendungsvorrangs (BVerfGE 73, 339; 52, 187) von Gemeinschaftsrecht vor autonomem Recht lediglich Hinweisfunktion (Palandt/*Heldrich* Rn 10). Erfasst wird nur unmittelbar anwendbares Europarecht, nicht aber EG-Richtlinien oder die zu ihrer Umsetzung ergangenen nationalen Vorschriften. Die Auslegung solcher nationaler Vorschriften ist jedoch an Wortlaut und Zweck der umgesetzten Richtlinie auszurichten und unterliegt insoweit ebenfalls dem Auslegungsvorrang des EuGH (Vorabentscheidung nach Art 234 EGV mit Modifikation in Art 68 I EGV).

III. Intertemporales. Bei **Altfällen** ist zusätzlich eine intertemporale Prüfung erforderlich. Denn bis zur Erreichung der heutigen Fassung des EGBGB durch die grundlegende IPR-Reform von 1986 (BGBl I 1142) und die partiellen Reformen von 1997 (BGBl I 2942) und 1999 (BGBl I 1026) war die gesetzliche Regelung des deutschen internationalen Privatrechts äußerst lückenhaft und selbst grundlegende Fragen waren der Rechtsprechung selbst überlassen. Ob altes oder neues IPR gilt, ist in Art 220 EGBGB geregelt. Für das Gebiet der ehemaligen Deutschen Demokratischen Republik hat sich mit dessen Beitritt zum Jahr 1990 eine umfassende Rechtsänderung ergeben, die auch das IPR betraf. Die diesbezügliche Überleitungsvorschrift findet sich in Art 236 EGBGB. Auch das deutsch-deutsche interlokale Kollisionsrecht hat nach der Wiedervereinigung nur noch für Altfälle Bedeutung (dazu oben Rn 9; ausf Palandt/*Heldrich* Anh zu Art 3; *ders* 64. Aufl 2005 Art 236 Rn 4 f (in der 65. Aufl nur noch über www.palandt.beck.de im Palandt/Archiv, Teil II einsehbar).

27 **D. Funktionsweise, Terminologie, Verweisungstechnik des IPR. I. Anwendung von IPR.** Die Regeln des IPR sind **von Amts wegen** anzuwenden, nicht nur, wenn eine Partei sich darauf beruft (BGH NJW 03, 2605, RIW 99, 537, NJW 96, 54). Offen bleiben kann die kollisionsrechtliche Entscheidung, wenn alle in Betracht kommenden Kollisionsnormen auf dasselbe Recht verweisen (BGH FamRZ 1987, 463) oder wenn sämtliche möglicherweise anwendbaren Rechte zum selben Ergebnis führen, solange nicht eines der in Betracht kommenden Rechte das deutsche Recht ist (BGH NJW 1996, 54 IPRspr 1991 Nr 3, WM 1980, 1085; RGZ 71, 8, 10; Frankf RIW 1985, 46.AA zu Recht - denn Wahlfeststellung steht der Revisibilität tatsächlich nicht entgegen - MüKo/*Sonnenberger* Einl IPR Rn 634; *Kegel/Schurig*, § 15 I; *Schack*, Internationales Zivilverfahrensrecht, 3. Aufl 2002, Rn 948; Wahlfeststellung der Vorinstanz nicht gerügt durch BGH NJW-RR 05, 1071).

28 **II. Verdrängung des IPR.** Von vornherein verdrängt wird das IPR, soweit **Einheitsprivatrecht** anwendbar ist (s.o. Rn 7)

29 Ebenso unabhängig von den Regeln des IPR kommen **Eingriffsnormen** zur Anwendung (s Art 34 Rn 2). Dabei handelt es sich um Sachnormen mit „unbedingtem Anwendungswillen", die einen öffentlichrechtlichen Einschlag haben, als „*international* zwingend" bezeichnet werden und damit durchsetzungskräftiger sind als einfach (intern) zwingende Normen in dem Sinne, dass sie sich nicht nur gegenüber privatautonomen Regelungen der Parteien in Verträgen, sondern auch gegenüber Regelungen des Gesetzgebers in den Normen des IPR durchsetzen. Diese Eigenschaft kommt nur wenigen Normen von äußerster sozial- und wirtschaftspolitischer Bedeutung zu. Eingriffsnormen sind Regelungen des Wirtschaftsrechts, die nach ihrem Geltungswillen – vornehmlich als Veräußerungsverbote und Verfügungsbeschränkungen – in den Bereich des Vertragsstatuts hineinwirken (BGH NJW 1998, 2452, 2453). Eingriffsnormen der lex fori setzen sich stets durch. Das ist nicht auf den Bereich des Vertragsrechts beschränkt (BGH NJW 06, 230, 233), für diesen aber in Art 34 ausdrücklich normiert. Ob und inwieweit **ausländische** Eingriffsnormen über ihre faktische Berücksichtigung hinaus unmittelbar als Recht zur Anwendung kommen, ist umstritten und wird, mit Ausn des Abk über den Internationalen Währungsfonds (BGBl 52 II 637; dazu BGH NJW 94, 390 und Art 34 Rn 23), wohl überwiegend verneint (s Art 34 Rn 18 ff).

30 **III. Struktur von Kollisionsnormen.** Die Kollisionsnormen des Besonderen Teils des IPR (insbes Art 7–46 EGBGB), die auch als Verweisungsnormen bezeichnet werden, weisen eine besondere Struktur auf, die idealtypisch verwirklicht ist bei den sog **allseitigen** Kollisionsnormen: Die verschiedenen Kollisionsnormen (zB Art 13, 25, 27, 40) ordnen einer abstrakt beschriebenen Klasse von Rechtsfragen, dem sog Anknüpfungsgegenstand (zB Form der Eheschließung, Erbschaft, Vertrag, Delikt) mittels Benennung eines abstrakt beschriebenen Anknüpfungspunktes oder Anknüpfungsmomentes (zB Eheschließungsort/Staatsangehörigkeit, Rechtswahl, Tatort) ergebnisoffen eine bestimmte Rechtsordnung zu. Nach dem betreffenden Rechtsgebiet wird der entspr Ausschnitt aus der berufenen Rechtsordnung dann als Form- oder Erb, Vertrags- oder Delikts**statut** bezeichnet.

31 Abweichend von diesem Idealtypus der sog. allseitigen Kollisionsnorm gibt es auch **einseitige** Kollisionsnormen die nur regeln, wann deutsches Recht Anwendung findet (zB Art 16 oder Art 17 a). Derartige unvollkommenen Kollisionsnormen können – wie dies bei Art 16 (*Kegel/Schurig* § 12 III: bedingte Verweisung; MüKo/*Seehs* Art 16 Rn 43 f), nicht aber etwa bei Art 17 a der Fall ist – von der Rechtsprechung durch analoge Anwendung zu allseitigen Kollisionsnormen ausgebaut werden, was aber seit der IPR-Reform von 1986 nur noch ausnahmsweise zulässig ist. Keinesfalls analogiefähig sind demgegenüber sog. **Exklusivnormen.** (*Kegel/Schurig* § 6 I 3; *Lüderitz* Rn 64) Dabei handelt es sich um Ausnahmevorschriften von allseitigen Kollisionsnormen zugunsten des eigenen Rechts: Ein Bsp ist Art 13 III 1, der das Prinzip der obligatorischen Zivilehe unabhängig von dem sonst maßgeblichen Recht gewährleisten soll (*Looschelders* Vorbem zu Art 3–6 Rn 5).

32 **IV. Anknüpfungsgegenstand. 1. Depeçage.** Die Kollisionsnormen überantworten nicht einen Fall als ganzen einer bestimmten Rechtsordnung, sondern weisen jeweils einer bestimmten Rechtsfrage (Anknüpfungsgegenstand) eine bestimmte Rechtsordnung zu. Unterschiedliche Rechtsfragen eines einheitlichen Falles können mit unterschiedlichen Rechtsordnungen eng verbunden sein, was dazu führt, dass verschiedene Rechtsordnungen nebeneinander anwendbar sein können („depeçage", zu der daraus folgenden Anpassungsproblematik s.u. Rn 68). Je nach Zuschnitt des Anknüpfungsgegenstandes spricht man von Haupt- und **Teilfrage** bzw von Sonderanknüpfung. So ist die Geschäftsfähigkeit eine Teilfrage zur Hauptfrage der Wirksamkeit eines Schuldvertrages; denn gäbe es nicht die gesonderte Anknüpfung in Art 7 so würde auch diese Frage mit unter Art 27 mit seinem breiten Anknüpfungsgegenstand fallen; ähnlich regeln auch Art 11 und 26 Teilfragen. Das für die Hauptfrage berufene Recht wird auch als Wirkungs- oder Geschäftsstatut oder lex causae bezeichnet.

33 **2. Qualifikation.** Das Auffinden der anwendbaren Kollisionsnorm erfolgt durch Qualifikation der betreffenden Rechtsfrage. Mit der Qualifikation wird diese einem **Anknüpfungsgegenstand** zugeordnet, es wird unter die passende Kollisionsnorm subsumiert. In einem ersten Schritt ist hierzu die Kollisionsnorm auszulegen, d. h. das von dem genannten Systembegriff (z. B. Geschäftsfähigkeit, Eheschließung, Unterhalt, Adoption, Erbrecht, Vertrag, Delikt) umfasste Bündel an Rechtsverhältnissen näher zu bestimmen. Da die Systembe-

griffe dem deutschen Sachrecht entlehnt sind (s. auch oben Rn 15), ist hierfür zunächst die lex fori maßgeblich (BGH FamRZ 96, 604; BGHZ 29, 139). Schon Institute des deutschen Rechts können bei der Einordnung Schwierigkeiten bereiten, zB § 1371 I BGB, der sich ebenso gut dem Ehegüterrecht und damit Art. 15 (so BGHZ 40, 32, 34 f.; Hamm IPRspr. 95, Nr. 119; Karlsr NJW 90, 1421; LG Mosbach ZEV 98, 489) wie dem Erbrecht und damit Art. 25 (*Raape*, IPR, S 336) zuordnen lässt; Ddorf IPRspr. 87 Nr. 105 wendet § 1371 Abs. 1 BGB nur an, wenn sowohl Güterrechts- als auch Erbstatut deutsches Recht sind. Sind hierzulande **unbekannte Rechtsinstitute** (z. B. Morgengabe, Legitimation des islamischen Rechts, Trust) einzuordnen, so ist zunächst eine Funktionsanalyse des ausländischen Rechtsinstituts im Kontext der fremden Rechtsordnung vorzunehmen. Vermittels der hierdurch möglichen Abstraktion lässt sich die ausländische Norm aus ihrem heimischen System herauslösen und fiktiv in unser System einfügen. Es sind also auslandsrechtliche Vorarbeiten um sich darauf stützender funktionaler Rechtsvergleich erforderlich. Maßgeblich bleibt die deutsche Systematik; die ausländische systematische Zuordnung ist (im Gegensatz zum sachlichen Gehalt der ausländischen Norm) irrelevant (BGH NJW 60, 1720; RGZ 145, 126). Da jedes fremde Institut des Zivilrechts erfasst werden muss, sind die Kollisionsnormen weit auszulegen (BGHZ 47, 336) oder es ist eine Analogie zu entwickeln. Soweit mehrere in Betracht kommende Kollisionsnormen im Einzelfall zum selben Recht führen, kann die Qualifikationsfrage offen bleiben (s.o. Rn 27).

Stellt sich die Qualifikationsfrage in Bezug auf staatsvertragliches Kollisionsrecht, so ist sie – bei ebenfalls grundsätzlicher Maßgeblichkeit der lex fori – im Interesse der einheitlichen Anwendung aufgrund von Entstehungsgeschichte und Zweck des Abk unter vergleichender Heranziehung der Rechtsordnungen der Vertragsstaaten zu beantworten (**autonome Qualifikation**, als Fall der autonomen Auslegung, dazu s.o. Rn 21) (Palandt/*Heldrich* Einl v Art 3 Rn 28). Das gilt auch für die in das EGBGB inkorporierten staatsvertraglichen Normen, Art 18, 26, 27 ff (BaRoth/*Lorenz* Einl IPR Rn 62). 34

V. Anknüpfungspunkte/-momente. 1. Abweichung von Anknüpfungspunkten. Die von den einzelnen Kollisionsnormen zum Anknüpfungspunkt erhobenen Umstände (Staatsangehörigkeit, gewöhnlicher Aufenthalt, Handlungsort, Belegenheitsort etc) konkretisieren in einer typisierenden Weise die engste Verbindung der im Anknüpfungsgegenstand zusammengefassten Rechtsfragen zu einer Rechtsordnung. Falls im Einzelfall aufgrund atypischer Umstände zu einem anderen als dem durch den Anknüpfungspunkt bezeichneten Recht eine wesentlich engere Verbindung besteht, lässt sich dies nur berücksichtigen, wenn eine **Ausweichklausel** vorliegt, nämlich in den Fällen der Art 28 V, 30 II, 41 und 46. Ausweichklauseln ähneln teleologischen Reduktionen und sind daher und im Hinblick auf die Rechtssicherheit eng auszulegen (*Looschelders* Vorbem zu Art 3–6 Rn 6). 35

Die gesetzlich festgelegten Anknüpfungspunkte sind grds nicht abdingbar. Anders als das private Sachrecht kennt das Kollisionsrecht keine umfassende Privatautonomie, sondern nur eine auf die ausdrücklich zugelassenen Rechtswahlmöglichkeiten beschränkte **Parteiautonomie**. Freie Rechtswahl ist möglich nach Art 27 und 42; unter mehreren durch Anknüpfungspunkte vorgegebenen Rechten auswählen können die Betroffenen nach Art 10 II, III, 14 II, III, 15 II, 25 II; eine einseitige Optionsmöglichkeit zugunsten eines sonst nicht anwendbaren Rechts bietet Art 40 I 2, 3. 36

2. Mehrzahl von Anknüpfungspunkten. Nennt eine Kollisionsnorm mehrere Anknüpfungspunkte, so stehen sie zueinander im Verhältnis der Subsidiarität (zB Art 14 I, „Kegelsche Leiter"), der Kumulativität (zB 17 III 1 Hs 2, 18 III, 23 I sowie letztlich durch Koppelung zweier Statute bei zweiseitigen Eheverbindernissen auch Art 13 I) oder der Alternativität, bei der die Auswahl zwischen den verschiedenen Rechten idR wegen kollisionsrechtlich intendierter Begünstigung eines bestimmten Rechtserfolges nach dem Günstigkeitsprinzip erfolgt (zB Art 11 I, 19 I, 26), was Probleme aufwirft, wenn das begünstigte Ziel nur abstrakt beschrieben ist (Feststellung eines Vaters bei Art 19) und mehrere der in Betracht kommenden Rechtsordnungen dieses auf unterschiedliche Weise erreichen (unterschiedliche Personen als Vater, hierzu Art 19 Rn 11 f). Eine Lösung lässt sich mit Mitteln der Anpassung (s.u. Rn 68) finden (*Looschelders* Vorbem zu Art 3–6 Rn 22). 37

3. Wandelbarkeit/Statutenwechsel. Der Anknüpfungspunkt kann mittels Anknüpfungsperson, -grund und -zeitpunkt spezifiziert sein. So ist zB für die Adoption nach Art 22 I anzuknüpfen an die Staatsangehörigkeit (Anknüpfungsgrund) des Annehmenden (Anknüpfungsperson) bei Annahme (Anknüpfungszeitpunkt). Ist der Anknüpfungszeitpunkt nicht ausdrücklich fixiert, so ist grds von dessen „Wandelbarkeit" auszugehen, dh es gilt der Anknüpfungsgrund zu dem Zeitpunkt, zu dem die Rechtsfrage sich stellt bzw die maßgeblichen Tatsachen sich ereignen (zB Art 10, 14 I Nr 1, 18 I, 43). Ob beim Schweigen der Kollisionsnorm zur Frage des Zeitpunktes ausnahmsweise Unwandelbarkeit angenommen werden kann (so zB zu Art 19 I 1 Hamm IPRax 05, 454 aA Palandt/*Hedrich* Art 19 Rn 4), ist eine Frage der Auslegung der betreffenden Kollisionsnorm (s.a. Art 19 Rn 5 ff). Im Falle der Wandelbarkeit ändert sich mit tatsächlicher Änderung des Anknüpfungspunktes ex nunc das anwendbare Recht (Statutenwechsel). 38

Unter dem ehemaligen Recht entstandene Rechtsverhältnisse werden von dem Statutenwechsel grundsätzlich nicht beeinträchtigt (**wohlerworbene Rechte**), sondern bereits eingetretene Rechtsfolgen werden zunächst in das neue Statut übernommen (für das Sachenrecht vorausgesetzt in Art 43 II; einschränkend Palandt/*Heldrich* Art 19 Rn 4, wonach das neue Statut auch darüber entscheide), das Wirkungsbeschränkungen vorsehen 39

40 bzw eine **Transposition** (Übersetzung) ihrer Wirkungen erforderlich machen kann, falls ihm die unter dem alten Recht entstandene Rechtsfolge unbekannt ist. Die Transponibilität hängt davon ab, inwieweit das betreffende neue Recht funktionsäquivalente Rechtsinstitute aufweist bzw die Ergebnisse der Transposition sachrechtlich dulden kann (ausländisches Mobiliarregisterpfandrecht in deutsches Sicherungseigentum ggf mit Verwertungsweise des Faustpfands BGH NJW 91, 1415; BGHZ 39, 173; einschr Art 43 Rn 17 (*Brinkmann*)). Ist sie nicht möglich, kann das Recht nicht ausgeübt werden, sich aber nach einem weiteren Statutenwechsel ggf wieder entfalten, weil dann ausschließlich das nunmehr geltende Recht über die Notwendigkeit und Möglichkeit einer Transposition befindet (ähnl *Looschelders* Vorbem zu Art 3–6 Rn 26; *Pfeiffer* IPRax 00, 273; aA *Kegel/Schurig* § 19 III). Zur Transposition bei Handeln unter falschem Recht s.u. Rn 57; erfolgt im Anschluss an Handeln unter falschem Recht ein Statutenwechsel, kommt ggf Heilung in Betracht (Kropholler § 7 II 3c; s auch Art 43 III Rn 20 zum Strickmaschinenfall BGHZ 45, 95).

41 **4. Auslegung.** Auslegungsfragen in Bezug auf den Anknüpfungspunkt richten sich ebenso wie zum Anknüpfungsgegenstand primär nach deutschem Recht (zum gewöhnlichen Aufenthalt vgl Art 5 Rn 29 ff). Eine Sonderstellung nehmen Vorfragen (dazu Rn 54) ein, hier insbes diejenige nach der Staatsangehörigkeit (dazu Rn 56). Für den Fall mehrfacher oder nicht festzustellender Staatsangehörigkeit sieht Art 5 Regelungen vor (s Art 5 Rn 9 ff). Anders als etwa das Internationale Zivilprozessrecht kennt das IPR keine Exterritorialität; für ortsbezogene Anknüpfungen (zB Abschlussort, Tatort, Lageort) sind etwa auch Botschaften Staatsgebiet des Aufnahmestaates (BGHZ 82, 34, 44; BaRoth/*Lorenz* Einl IPR Rn 1). Probleme bereiten staatsfreie Orte wie die Hohe See oder eine Staatsgrenze. Hier wird idR auf Ersatzanknüpfungen zurückgegriffen, die sich nach der jeweiligen Kollisionsnorm richten, etwa für den Tatort auf das Recht der Flagge (Hamb HRGZ 35 B 584) oder für den Belegenheitsort von Transportgut auf dessen Bestimmungsort oder den gewöhnlichen Aufenthalt des Veräußerers (vgl *Kegel/Schurig* § 1 IV 2a).

42 **5. Manipulation von Anknüpfungspunkten (Gesetzesumgehung, fraus legis).** Unter den Anknüpfungsmomenten, auf die das IPR zur Festlegung der anwendbaren Rechtsordnung zurückgreift, befinden sich ua leicht veränderliche Umstände wie der Vornahmeort eines Rechtsgeschäfts, der Lageort einer Sache oder der gewöhnliche Aufenthalt einer Person. Durch gezielte Veränderung dieser Umstände sind Parteien in der Lage, Einfluss darauf zu nehmen, welches Recht anwendbar ist. Auch wenn eine solche Manipulation letztlich nicht im Sinne des Gesetzgebers liegt, der in diesen Fällen gerade keine Rechtswahl eröffnet hat, hat er deren Möglichkeit bei Verwendung instabiler Anknüpfungskriterien idR hingenommen, so dass sie für sich genommen keine Einwendung der Gesetzesumgehung begründet. Selbst der zweckorientierte Wechsel der Staatsangehörigkeit ist kollisionsrechtlich beachtlich (BGH NJW 71, 2124). Wo Manipulationen der Anknüpfungsmomente ausgeschlossen werden sollen, ist dies positivrechtlich geregelt, etwa durch das Haager Üb über die zivilrechtlichen Aspekte internationaler Kindesentführung (BGBl 90 II 206; s.u. Art 21 Rn 6, 8, 10, 15), wonach die Wiederherstellung des gewöhnlichen Aufenthalts des Kindes verlangt werden kann.

43 **VI. Umfang der Verweisung. 1. Gesamt- und Sachnormverweisungen (Abs 1 S 2).** Grundsätzlich sind die Verweisungen des deutschen IPR als Gesamtverweisungen zu verstehen (Art 4 I 1, dort auch zum Begriff und zu weiteren im Hinblick auf die Zielrechtsordnung zu beachtenden Besonderheiten), dh anzuwenden ist zunächst das IPR der berufenen Rechtsordnung, so dass es zur Weiter- oder Rückverweisung (Renvoi) kommen kann. Die berufene Rechtsordnung ist in Bezug auf die betreffende Rechtsfrage auch ansonsten umfassend anzuwenden: Im Falle einer Rechtsänderung entscheiden ihre intertemporalen Normen, ob altes oder neues ausländisches Recht anwendbar ist (Palandt/*Heldrich* Einl IPR Rn 24), bei Mehrrechtsstaaten entscheidet nach Maßgabe des Art 4 III ihr eigenes etwa vorhandenes nationales interlokales Recht, welches Partikularrecht anwendbar ist (s Art 4 Rn 21). Sachnormverweisungen gibt es nur als Ausnahmen zum Prinzip der Gesamtverweisung: Es kommen dann ohne Befragung des fremden IPR gleich die fremden Sachnormen zur Anwendung (s Art 4 Rn 1 ff, 9 ff). Der Gesetzgeber hat die Definition der Sachnormverweisung an den Anfang des Regelungskomplexes zum IPR gestellt, weil sie sich zur Verdeutlichung des Wesens des IPR eignet (vgl BTDrs 10/504 und oben Rn 3). Aus diesem Grunde wurde sie aus ihrem eigentlichen Regelungszusammenhang des Umfangs der Verweisung in Art 4 herausgenommen (krit MüKo/*Sonnenberger* Rn 9; Soergel/*Kegel* Rn 4).

44 **2. „Einzelstatut bricht Gesamtstatut" (Abs 3).** Art 3 III, der 1986 den Art 28 aF ablöste, ordnet eine bedingte Sonderanknüpfung für bestimmte Fragen des Internationalen Familien- und Erbrechts an. Trotz rechtpolitischer Kritik ist sie geltendes Recht.

45 **a) Gesamtstatut.** In diesen Rechtsgebieten werden regelmäßig ganze Vermögensmassen einem Recht unterstellt, zB das gesamte Vermögen der Eheleute dem Güterrechtsstatut des Art 15 (BGH NJW 69, 369) oder des Art 17 b I; die Verwaltung des gesamten Vermögens von Kindern dem Eltern-Kind-Statut des Art 21 oder der gesamte Nachlass dem Erbstatut des Art 25. Auf die Belegenheit der zu der Vermögensmasse gehörenden Gegenstände nimmt ein solches „Gesamtstatut" keine Rücksicht.

46 Gesamtstatute in diesem Sinne gibt es zwar auch in anderen Rechtsgebieten, doch beschränkt III seinen Anwendungsbereich ausdrücklich auf Verweisungen des Familien- und Erbrechts. Er findet daher keine Anwendung auf das **Gesellschaftsstatut** – auch nicht in Fällen, in denen dieses letztlich das Erbrecht beein-

flusst, weil es etwa Fragen wie die Besonderheiten der Erbfolge in Anteile um Personengesellschaften regelt (MüKo/*Sonnenberger*, Rn 36; Kegel/*Schurig* § 12 II 2b aa bbb; *Dörner* IPRax 04, 520; BaRoth/*Lorenz* Rn 12; *Lüderitz* Rn 168 Fn 38; aA MüKo/*Birk* Art 25 Rn 102, 198; Erman/*Hohloch* Rn 16). – Hinsichtlich des Ausgleichs von **Versorgungsanwartschaften** wird Art 3 III durch den spezielleren Art 17 II 2 Nr 2 verdrängt (MüKo/*Sonnenberger* Rn 37; Palandt/*Heldrich* Rn 17; BaRoth/*Lorenz* Rn 12).

b) Einzelstatut. Eine Anwendung von Art 3 III kommt in Betracht, soweit die Gesamtverweisung nicht zum Recht des Belegenheitsstaates führt (MüKo/*Sonnenberger* Rn 28). Art 3 III macht dann im Wege einer „bedingten Verweisung" gewisse Zugeständnisse an das Recht des Belegenheitsstaates, weil nur in diesem die Herrschaft über den Vermögensgegenstand ausgeübt werden kann und **internationaler Entscheidungseinklang** daher von besonderer Bedeutung ist (BTDrs 10/504 36; BGHZ 131, 22, 29). Unter der Bedingung, dass das Belegenheitsrecht für die betreffenden Gegenstände **besondere** familien- oder erbrechtliche (MüKo/*Sonnenberger* Rn 27) **Vorschriften** vorsieht, sind statt des Gesamtstatuts diese Vorschriften als sog „Einzelstatut" anzuwenden. 47

c) Besondere Vorschriften. Um „besondere" Vorschriften im Sinne eines solchen Einzelstatuts handelt es sich aber nur dann, wenn der Belegenheitsstaat des betreffenden Vermögensgegenstandes gerade die Zusammenfassung der Vermögensgegenstände zu einer Einheit nicht anerkennt (Staud/*Dörner* Art 25 Rn 522; *Junker* Rn 212), gewisse Vermögensgegenstände also aussondert und einem gegenüber dem sonst anwendbaren Familien- oder Erbrecht **besonderen Regime** unterwirft. Als besondere Vorschriften kommen zunächst sachrechtliche Vorschriften in Frage, die einzelne Vermögensgegenstände dem allgemeinen privaten Vermögensrecht entziehen und einer besonderen Ordnung unterwerfen. Nach einer Ansicht ist zusätzlich zu fordern, dass der Sonderbehandlung wirtschafts- oder gesellschaftspolitische Erwägungen zugrunde liegen (BGHZ 50, 63, 64; MüKo/*Sonnenberger* Rn 21; Kegel/*Schurig* § 12 II 2b), während nach zutreffender Ansicht ausreicht, wenn hinter der besonderen Ordnung zugleich oder ausschließlich Nachlassregulierung im Privatinteresse steht, etwa die Zusammenhaltung von Familiengut, wie dies im common law gelegentlich noch der Fall ist (MüKo/*Sonnenberger* Rn 22 f). 48

In Deutschland wird mit Art 3 III vor allem die Sonderbehandlung von Vermögen in Gestalt der – in den Gebieten der ehemaligen britischen Zone als partielles Bundesrecht geltenden (*Looschelders* Rn 27) – **Höfeordnung** gegen ein ausländisches Gesamtstatut durchgesetzt (BRDrs 222/83 S 37; BTDrs 10/504 S 37; BGH IPRspr 64/65 Nr 171). Entsprechendes gilt für die landesrechtlichen **Anerbengesetze**, für die man sich zwar nicht auf den bundeskollisionsrechtlichen Art 3 III stützen kann (Soergel/*Kegel* Rn 14 f), zumal sie ihre jeweiligen Anwendungsbereiche selbst definieren (MüKo/*Sonnenberger* Rn 32), wohl aber auf eine ungeschriebene landesrechtliche einseitige Kollisionsnorm (*Looschelders* Rn 27; Staud/*Dörner* Art 25 Rn 548). Ebenfalls Art 3 III unterliegen, dürfte die **Sondererbfolge in bestehende Mietverhältnisse** gem §§ 563 ff BGB oder entspr ausländischen Vorschriften (MüKo/*Birk* Art 25 Rn 198; aA *Looschelders* Rn 29; Staud/*Dörner* Art 25 Rn 550); denn der Wortlaut des Art 3 III bietet keinen Anhaltspunkt dafür, dass es sich bei den besonderen Vorschriften zwingend um dingliche Regelungen handeln müsse. 49

Unter „Vorschriften" versteht die herrschende Meinung nicht nur Sach-, sondern auch Kollisionsnormen, so dass etwa die ua in Frankreich, England und den USA vorkommende **kollisionsrechtliche Vermögensspaltung** erfasst ist (BRDrs 222/83 S 3 f; BTDrs 10/504 S 3 f; BGH FamRZ 93, 1065; BayObLG FamRZ 97, 287; Celle IPRspr 02, 287; MüKo/*Sonnenberger* Rn 24; *Lüderitz* Rn 168; aA Kegel/*Schurig* § 12 II 2 b cc). Wenn das ausländische Internationale Erbrecht einen anderen Anknüpfungspunkt wählt als das deutsche, etwa das dänische IPR generell an den letzten Wohnsitz anknüpft, ist damit noch keine „besondere Vorschrift" gegeben (MüKo/*Sonnenberger* Rn 25; *Looschelders* Rn 32; *Firsching* IPRax 93, 169; aA BayObLG IPRax 83, 187 ff), auch nicht, wenn ein Teil des Nachlasses ohne **Rücksicht auf seine Belegenheit** einem eigenen Erbstatut unterstellt wird, etwa alle Mobilien dem letzten Wohnortrecht unterstehen (MüKo/*Sonnenberger* Rn 35; *Lüderitz* Rn 168; *Ebenroth/Eyles* IPRax 98, 4), wohl aber wenn sie dem Recht des Belegenheitsortes unterstellt werden (MüKo/*Sonnenberger* Rn 35; Staud/*Dörner* Art 25 Rn 538). Es reicht für das Eingreifen des Art 3 III aus, wenn die „besondere" Anordnung der Anwendung des Belegenheitsrechts sich nur auf bestimmte Teilfragen beziehen, etwa auf den Eigentumsübergang und die Haftung im Erbfall oder die Behandlung erbenloser Nachlässe, wie das österreichische Recht dies für in Österreich liegende Nachlassgegenstände vorsieht (BayObLG IPRax 83, 187 ff; MüKo/*Sonnenberger* Rn 25; Staud/*Hausmann* Rn 67; *Firsching* IPRax 93, 187 ff; *Rauscher* IPRax 03, 271 f). 50

d) Gegenstände. Unter „Gegenständen" iSd Art 3 III sind bewegliche und unbewegliche Sachen sowie **unkörperliche Vermögensgüter** wie Forderungen, Immaterialgüterrechte und Miterbenanteile zu verstehen (BayObLG IPRax 00, 309 m zust Aufs *Andrae* 300 f; München WM 87, 809; LG Traunstein IPR 86 Nr 111; MüKo/*Sonnenberger* Rn 35; *Looschelders* Rn 24). Wo diese Gegenstände belegen sind, ist nach deutschem Recht zu entscheiden (BayObLG IPRax 00, 309 m zust Aufs *Andrae* 300 f; KG IPRspr 35–44 Nr 227; MüKo/*Sonnenberger* Rn 35). 51

e) Einschränkungen bzgl der Rechtsfolge. Art 3 III bestimmt zur Rechtsfolge nur, welche Kollisionsnormen *nicht* anzuwenden sind (MüKo/*Sonnenberger* Rn 29). Welches Recht positiv auf die dem Gesamtstatut entzogenen Gegenstände anzuwenden sein soll, bleibt offen. Ausgehend vom Zweck des Entscheidungseinklangs (s.o. Rn 44) kann das nur das Recht sein, das Gerichte des Belegenheitsortes anwenden würden (*vHoffmann/Thorn* § 4 Rn 19; Kegel/*Schurig* § 12 II 2b; *Lüderitz* Rn 168). Aus diesem Grund kommen am Belegenheitsort geltende Sachnormen, auch wenn es sich um besondere Vorschriften iSd III handelt, **nur zur** 52

Anwendung, wenn das am Belegenheitsort geltende IPR sie im gegebenen Fall überhaupt zur Anwendung ruft, wobei die betreffende IPR-Vorschrift in diesem Fall aber nicht ihrerseits eine „besondere Vorschrift" in diesem Sinne sein muss; wegen des besonderen Anwendungswillens der betreffenden Sachnorm wird es sich idR aber auch um eine Sonderanknüpfung handeln (vgl MüKo/*Sonnenberger* Rn 23 aE). IE kann es so über Art 3 III im Einzelfall zur Anwendung fremden Eingriffsrechts (dazu s.o. Rn 29 und Art 34) kommen, wobei das besondere fremde Eingriffsinteresse ungeprüft bleiben kann, weil Art 3 III nicht dieses sondern nur überhaupt eine besondere Regelung voraussetzt.

53 Da die besonderen Vorschriften des Belegenheitsstatuts nur den Zweck haben, die eigenen Regeln durchzusetzen, ist ein **Renvoi** (s.o. Rn 43) ausgeschlossen (*Looschelders* Rn 34), was auch bei bloß kollisionsrechtlicher Rechtsspaltung überzeugt, bei der die Teilverweisung zwar so auszuführen ist, wie das betreffende Recht sie versteht, es sich aber praktisch immer um eine Verweisung auf das Belegenheitsrecht handelt, die nur als Sachnormverweisung (dazu allg Art 4 Rn 9 ff) denkbar ist. Wenn es über Art 3 III zur kollisionsrechtlichen Nachlassspaltung kommt, kann wegen mangelnder Harmonie der anzuwendenden Rechte **Anpassung** (s.u. Rn 68) nötig sein (dazu auch Art 25 Rn 31, 11).

54 **VII. Besonderheiten bei der Auslegung von Normen bei Auslandsbezug. 1. Vorfragen.** Nicht vom Umfang der Verweisung erfasst sind Vorfragen. Vorfragen iwS tauchen immer dann auf, wenn eine Norm die Rechtsfolge einer anderen Norm als Voraussetzung verwendet. Es handelt sich um Rechtsverhältnisse, zu denen inzidenter Feststellungen zu treffen sind, zB die Frage der wirksamen Ehe im Rahmen der Beurteilung des Ehegattenerbrechts nach § 1931 BGB oder iRd der Anknüpfung des Kindschaftsstatuts nach Art 19 I 3. Vorfragen gibt es sowohl im heimischen und fremden IPR als auch im heimischen und fremden Sachrecht. In ersten dieser vier Fälle sprechen manche auch von „**Erstfragen**" (v*Hoffmann/Thorn* § 6 Rn 47 ff; *Lüderitz* Rn 137; dagegen zB MüKo/*Sonnenberger* Einl IPR Rn 550; Palandt/*Heldrich* Einl v Art 3 Rn 31 fasst auch den zweiten Fall unter „Erstfrage"). Stellen sich die Vorfragen im ausländischen Recht, so ist zu entscheiden, ob dessen IPR die Kollisionsnorm für die Anknüpfung der Vorfrage liefert (unselbständige Vorfragenanknüpfung) oder ob die Anknüpfung der Vorfrage nach dem Kollisionsrecht des Forumstaates zu beurteilen ist (selbständige Vorfragenanknüpfung). Stellt sich die Vorfrage im heimischen Recht, läuft beides auf dasselbe hinaus: Auf die Erstfragen ist in jedem Fall das IPR des Forums anzuwenden.

55 Die **selbständige** Anknüpfung führt dazu, dass das betreffende Rechtsverhältnis vor deutschen Gerichten unabhängig davon, in welchem Zusammenhang es relevant wird, und ob es als Haupt- oder Vorfrage auftaucht, stets gleich beurteilt wird; sie fördert daher den internen Entscheidungseinklang und wird idR bevorzugt (BGH NJW 97, 2114; 81, 1900; BGHZ 43, 213, 218; BayObLG FamRZ 97, 959; Frankf ZV 01, 493). Die **unselbständige** Anknüpfung fördert umgekehrt den internationalen Entscheidungseinklang zwischen den deutschen Gerichten und denjenigen des Staates des berufenen Rechts. Sie wird daher insbesondere dann bevorzugt, wenn es um Vorfragen **staatsvertraglicher** Kollisionsnormen geht (Karslr FamRZ 03, 956), aber auch dann, wenn international **hinkende** Statusverhältnisse (Rechtsverhältnisse wie zB Ehe, Verwandtschaft oder Name, die in einem Staat als als wirksam und in einem anderen Staat als unwirksambehandelt werden) vermieden werden sollen und wenn der Durchsetzbarkeit im Ausland im Einzelfall besondere Bedeutung zukommt (BaRoth/*Lorenz* Einl IPR Rn 71). Nach einer Ansicht soll die unselbständige Anknüpfung bei Vorfragen im ausländischen IPR die Regel sein (Palandt/*Heldrich* Einl v Art 3 Rn 31). Insgesamt gilt für die Entscheidung zwischen selbständiger und unselbständiger Anknüpfung, dass Leitschnur die **Auslegung der Norm zur Hauptfrage** sein muss (Einzelfälle daher kommentiert unter den einzelnen Kollisionsnormen, Art 7 ff), da es sich bei der Beurteilung von inzidenter sich stellenden Rechtsfragen letztlich um eine Auslegungsfrage handelt (MüKo/*Sonnenberger* Einl IPR Rn 553); dies kann sogar dazu führen, im Einzelfall von dem Vorliegen des in der Hauptnorm dem Begriff nach geforderten Rechtsinstituts ganz abzusehen und einen analogen Sachverhalt ausreichen zu lassen (so ließ zB SozG Ddorf InfAuslR 96, 127, 128 Doppelehe marokkanischen Rechts ausreichen für § 34 I SGB).

56 Kommt es auf die **Staatsangehörigkeit** einer Person an, so ist diese Vorfrage stets nach dem Recht des Staates, dessen Staatsangehörigkeit in Anspruch genommen wird, zu beurteilen (s Art 5 Rn 5). Dass familienrechtlich Vorfragen bei der Beurteilung einer fremden Staatsangehörigkeit nach dortigem IPR angeknüpft werden, ist weniger eine Frage unselbständiger Anknüpfung (so zB BaRoth/*Lorenz* Einl IPR Rn 71) als eine Auswirkung dessen, dass es sich bei Staatsangehörigkeitsrecht um öffentliches Recht handelt, das ohnehin territorial angeknüpft wird und daher hier letztlich nicht wegen kollisionsrechtlicher Berufung, sondern als Datum berücksichtigt wird.

57 **2. Auslandssachverhalt.** Auch bei der Subsumtion tatsächlicher Voraussetzungen der anzuwendenden Normen sind bei Fällen mit Auslandsberührung Besonderheiten zu beachten. Zwar spielt es, wenn das anwendbare Recht einmal gefunden ist, für dessen Anwendung grds keine Rolle, in welchem Land sich die hierunter zu subsumierenden Umstände ereignen. Jedoch sind die Sachnormen einer jeden Rechtsordnung primär auf reine Inlandsfälle zugeschnitten (*Looschelders* Vorbem zu Art 3–6 Rn 53), so dass die Subsumtion ausländischer Vorgänge ggf eine nicht vorgesehe Deutung erforderlich machen kann. Insbesondere im Zuge der Auslegung von Generalklauseln kann auch eine **faktische Berücksichtigung ausländischer Vorschriften** bei der Anwendung inländischen Rechts erforderlich sein. So kann zB bei der Ausfüllung der Begriffe „gute Sitten",

oder „Treu und Glauben" eine entspr tatsächliche Beziehung zu einem – kollisionsrechtlich nicht anwendbaren – Recht dessen Heranziehung oder Berücksichtigung gleichsam als „local data" nach der sog. **Datumstheorie** erforderlich machen (*vHoffmann/Thorn* § 1 Rn 129; Palandt/*Heldrich* Einl v Art 3, Rn 1).

Als besonderer Fall des Auslandssachverhalts lässt sich das **Handeln unter falschem Recht** auffassen, bei dem Rechtsgeschäfte unter kollisionsrechtlichem Irrtum in der Vorstellung getätigt werden, ein Recht sei anwendbar, das tatsächlich nicht anwendbar ist. Das tatsächlich anwendbare Recht entscheidet in diesen Fällen darüber, ob durch Auslegung oder Umdeutung dem rechtsgeschäftlichen Willen zur Wirkung verholfen werden kann (*Lüderitz* Rn 149). Hier können ähnliche Transpositionserwägungen anzustellen sein wie beim Statutenwechsel (s.o. Rn 40). Erfolgt der Abschluss des Rechtsgeschäfts in der Vorstellung, nicht mit rechtlicher Bedeutung zu handeln, sondern etwa nur an Brauchtum teilzunehmen, so ist dies bei der Feststellung des Rechtsbindungswillens zu würdigen (*Mörsdorf-Schulte* FamRBInt 05, 72). 58

3. Substitution. Einen besonderen Fall des Auslandssachverhalts betrifft auch die Frage der Substitution. Hier geht es nicht um schlichte, sondern um rechtlich angereicherte Tatsachen: Im Tatbestand der anzuwendenden Norm wird die Beachtung von Förmlichkeiten vorgeschrieben, etwa ein unter Mitwirkung öffentlicher Stellen (insbes Notar) ablaufendes rechtlich geregeltes Verfahren. Bei der Frage, inwieweit dieses Verfahren auch im Ausland unter Beteiligung ausländischer Einrichtungen stattfinden kann, kommt es entscheidend auf die Gleichwertigkeit des ausländischen Rechtsvorgangs und der beteiligten Stellen an, die ihrerseits ein Aspekt der Auslegung der anzuwendenden Norm ist und sich damit insbes nach Sinn und Zweck der Anordnung der betreffenden Förmlichkeit richtet. Daher kann bei Beglaubigungen großzügiger verfahren werden als bei **Beurkundungen**. Ähnlich wie bei der Transposition (s.o. Rn 40) spielt auch hier die funktionale Rechtsvergleichung eines wichtige Rolle. Allerdings werden nicht zivilrechtliche Institutionen, sondern eher dem öffentlichen Recht zuzuordnende Verfahrensvorschriften und Verfahrenspraxen verglichen. Hauptanwendungsfälle sind Auflassung und notarielle Beurkundung (dazu Art 11 Rn 20). 59

VIII. Ausländisches Recht. 1. Ermittlung fremden Rechts. a) Ermittlungspflicht. Nicht nur das IPR (s.o. Rn 27), sondern auch ein dadurch zur Anwendung berufenes ausländisches Recht ist von Amts wegen anzuwenden. Da der deutsche Richter ausländisches Recht nicht kennen muss, mus er dessen Inhalt zunächst von Amts wegen ermitteln (§ 293 ZPO). Die Parteien trifft dabei eine Mitwirkungsobliegenheit (*Kindl* ZZP 111 (98) 177, 192 mwN). Es handelt sich aber nicht um eine (prozessuale) Beweisführungslast (BGH NJW-RR 05, 1071; BGHZ 120, 334, 342). Der Inhalt ausländischen Rechts ist nicht geständnisfähig und im Versäumnisverfahren nicht von § 331 I ZPO erfasst (Kblz IPRspr 02 Nr 1; Baumbach/Lauterbach/Albers/*Hartmann* § 293 ZPO Rn 13; BaRoth/*Lorenz* Einl IPR Rn 79). Übereinstimmenden **Parteivortrag** zum Inhalt ausländischen Rechts darf das Gericht nicht ohne weiteres als richtig zugrunde legen (BAG JZ 79, 647; BaRoth/*Lorenz* Einl IPR Rn 79; *Schack*, Internationales Zivilverfahrensrecht, 3. Aufl 2002, Rn 626; aA BAG AWD 75, 521; Celle RIW 93, 587), jedoch kann der Umfang der Ermittlungspflicht durch den Vortrag beeinflusst, insbesondere durch Unterlassung zumutbaren Vortrags gemindert werden (BGH NJW-RR 05, 1071; BGHZ 118, 151, 164). Neben den von den Parteien beigebrachten Nachweisen können nach § 293 S 2 ZPO sämtliche dem Gericht zugängliche Erkenntnisquellen (Freibeweis) benutzt werden (BGH NJW 66, 296, 298); das Gericht ist zu ihrer Ausschöpfung verpflichtet (BGH NJW 91, 1418). Als bekannt darf ausländisches Recht gelten, wenn eine Partei eine Auskunft des obersten Gerichts des betreffenden Staates vorlegt (BGH IPRspr 94 Nr 2). 60

Die Ausübung des richterlichen Ermessens hinsichtlich der Beweisaufnahme über das fremde Recht ist – anders als dessen Inhalt (s.u. Rn 66) – **revisionsgerichtlich überprüfbar** (BGH IPRspr 98 Nr 3; NJW 92, 2029). 61

b) Erkenntnisquellen. Die wichtigsten deutschsprachigen Hilfsmittel bei der Ermittlung fremden Kollisions- und Sachrechts sind die beiden vielbändigen **Quellensammlungen** *Bergmann/Ferid*, Internationales Ehe- und Kindschaftsrecht und *Ferid/Firsching/Dörner/Hausmann*, Internationales Erbrecht, je Losebl, sowie *Riek* Ausländisches Familienrecht, 2006; *v Bar* Deliktsrecht in Europa, 1993, 1994; *v Bar* Sachenrecht in Europa, 1999, 2000; *Kropholler/Krüger/Riering/Samtleben/Siehr*, Außereuropäische IPR-Gesetze, 1999; die fortlaufend erscheinenden Sammlungen „Die deutsche Rechtsprechung auf dem Gebiet des IPR" (IPRspr) und „Gutachten zum Internationalen Privatrecht" (IPG) sowie zahlr auslandsrechtliche Informationen passim insbes in den Großkomm *Staudinger*, Einzelbd zum EGBGB, 13./14. Bearb 2000 ff und *Soergel*, 12. Aufl 1996 Bd 10. Eine umfassende Bibliographie (Schrifttum, Rspr und Gutachten) bietet *v Bar* Ausländisches Privat- und Privatverfahrensrecht in deutscher Sprache, jährl als CD-ROM, alle fünf Jahre als Buch, und eine ausführliche „Auswahl wichtiger Erkenntnismittel des ausländischen IPR" MüKo/*Sonnenberger* Einl IPR Rn 334. Ergiebig sind auch Internetrecherchen ausgehend von *www.jura.uni-sb.de/internet/*, weitere Internetadressen nennt IPRax 98, 231 ff. 62

Nach dem Europäischen Abk v 7.6.68 betreffend **Auskünfte** über ausländisches Recht (BGBl 74 II 938; 75 II 300; 87 II 58; AusfG BGBl 74 I 1433; 90 I 2847) werden gerichtliche Ersuchen um Auskunft über das Recht eines fremden Staates nach Einreichung bei der deutschen Vermittlungsstelle von einer zentralen Stelle jenes Staates beantwortet. Bevorzugt greifen deutsche Gerichte aber auf **Sachverständigengutachten** zurück, die Universitätsinstitute für Internationales und Ausländisches Privatrecht sowie das Max-Planck-Institut für 63

Ausländisches und Internationales Privatrecht in Hamb und weitere Sachverständige (Übersicht bei *Hetger* DNotZ 94, 88), für Notare auch das Deutsche Notarinstitut, erstatten.

64 **c) Nichtermittelbarkeit.** Da bei Nichtfeststellbarkeit des ausländischen Rechts ein non liquet ausscheidet, ist ein **Ersatzrecht** heranzuziehen: Die Rechtsprechung greift grds auf die deutsche lex fori zurück, insbes, wenn starke Inlandsbeziehungen bestehen und die Beteiligten einer Anwendung deutschen Rechts nicht widersprechen (BGHZ 89, 387). Nur wenn die Anwendung deutschen Rechts äußerst unbefriedigend wäre, wird das nächstverwandte oder wahrscheinlich geltende Recht herangezogen (BGH NJW 1982, 1215; BGHZ 69, 387; KG FamRZ 02, 166). Umgekehrt versucht das Schrifttum ganz überwiegend eine größtmögliche Annäherung an den unbekannten tatsächlichen Rechtszustand und greift auf deutsches Recht nur hilfsweise zurück (Palandt/*Heldrich* Einl v EGBGB 3, Rn 36; *Kegel/Schurig* IPR § 15 V 2; Zöller/*Geimer* § 293 ZPO Rn 24 jeweils mwN). Hilfestellung bei der Ermittlung dieses **wahrscheinlichen Rechts** bieten verwandte Rechtsordnungen aus dem gleichen Rechtskreis. Mutterrechte liefern ohnehin Indizien für den Inhalt der Tochterrechte. Alternativ wird, insbes für familienrechtliche Ansprüche, vorgeschlagen, auf die gesetzlich vorgesehene **Hilfsanknüpfung** im eigenen Kollisionsrecht zurückzugreifen bzw. eine solche zu entwickeln, da die Verbindung zu der so bezeichneten Rechtsordnung nach den Wertungen unseres Kollisionsrechts enger sei als diejenige zur lex fori (*v Hoffmann/Thorn* § 3 Rn 145 m Nachw; aA MüKo/*Sonnenberger* Einl IPR Rn 752; BaRoth/*Lorenz* Einl IPR Rn 84). Praktische Bedeutung kommt dem Ersatzrecht, mit Blick auf die zeitliche Begrenztheit der Ermittlungsmöglichkeiten, vor allem im Verfahren des **einstweiligen Rechtsschutzes** zu (KG IPRax 91, 60; Ddorf FamRZ 74, 456).

65 **2. Anwendung fremden Rechts.** Wenn ein deutsches Gericht ausländisches Recht anwendet, muss es so entscheiden wie ein zum selben Zeitpunkt entscheidendes Gericht des fremden Landes (authentische Anwendung). Es hat sich dabei an die **ausländische Praxis und Lehre** zu halten (BGH NJW-RR 2002, 1359, NJW 1991, 1419, RIW 1982, 199 und 435, NJW 1976, 1581) und die ausländischen Rechtsquellen-, Rechtsanzeichen- und Auslegungsgrundsätze zu beachten; bei Verweisung in ein fremdes Recht muss das Gericht die vertraute Methodik der Rechtsfindung im eigenen Recht ggf. hinter sich lassen. Bei Fallgestaltungen, die die Gerichte des Staates, dessen Gericht anwendbar ist, bisher nicht entschieden haben, ist das ausländische Recht aus *dessen* Geist und System heraus fortzuentwickeln (zB AG Charlottenburg, IPRax 1983, 128). Die Vereinbarkeit ausländischer Normen mit der Verfassung des betreffenden Staates darf das deutsche Gericht nur prüfen, wenn auch dem ausländischen Gericht eine solche Prüfung gestattet ist (*Kegel/Schurig* § 15 III); ansonsten ist es von der Gültigkeit der zweifelhaften Norm auszugehen (Bay ObLG IPRspr 68/69 Nr 106; BaRoth/*Lorenz* Einl IPR Rn 85).

66 Der Inhalt des ausländischen Rechts ist nach §§ 545 I, 560 ZPO **nicht revisibel**, was de lege ferenda beachtlicher Kritik ausgesetzt ist (*Jansen/Michaels* ZZP 03, 3). Im arbeitsgerichtlichen Verfahren (§ 73 I ArbGG; BAG RIW 75, 521) und in der FGG (Köln WM 1988, 1749; LG Frankenthal Rpfleger 81, 324) wird die Revisibilität demgegenüber bejaht. Revisionsgerichtlich überprüfbar ist aber stets die Ausübung des richterlichen Ermessens hinsichtlich der Beweisaufnahme über das fremde Recht (s.o. Rn 61).

67 **IX. Ergebniskorrekturen.** Die unbesehene Anwendung ausländischen Rechts, gleicht einem „Sprung ins Dunkle" (*Raape/Sturm* IPR I S 199). Dieser kann im Einzelfall nicht nur dazu führen, dass das Ergebnis eines Falles mit Auslandsbezug nach Abschluss der kollisionsrechtlichen Prüfung so sehr von den privatrechtlichen Gerechtigkeitsvorstellungen der lex fori abweicht, dass es so letztlich doch nicht hingenommen werden kann (ordre public – dazu s.u. Rn 69; Art 6 Rn 1 ff.), sondern auch dazu, dass mehrere Rechtsordnungen, die in einem Fall nach- oder nebeneinander anzuwenden sind, einander letztlich inhaltlich widersprechen und eine Anpassung erforderlich ist (*Looschelders* Vorbem zu Art 3–6 Rn 22, 58; BaRoth/*Lorenz* Einl IPR Rn 90; s.u. Rn 68. Die Ergebniskorrektur im Wege der Anpassung hat gegenüber derjenigen des ordre-public-Vorbehalts Vorrang (s Art 6 Rn 1).

68 **1. Anpassung (Angleichung).** Zu solchen korrekturbedürftigen Verwerfungen kann es kommen, (a) wenn ein Fall mehrere Rechtsfragen aufwirft, die unterschiedlich zu qualifizieren sind und unterschiedlichen Rechtsordnungen unterliegen (Depeçage ieS, s.o. Rn 32), (b) wenn Vor- und Hauptfrage unterschiedlichen Rechten unterliegen (s.o. Rn 55) oder (c) wenn ein Statutenwechsel zu einem Nacheinander verschiedener Rechtsordnungen führt (s.o. Rn 38). Die Disharmonie der in diesen Situationen aufeinander treffenden Normen kann mehr oder weniger deutlich sein: Ein offener Widerspruch liegt etwa bei einander widersprechenden Kommorientenvermutungen in den Personalstatuten mehrerer Verstorbener vor (s Art 9 Rn 10). Die meisten Wertungswidersprüche sind aber auf den ersten Blick bei fremden Rechten weniger gut erkennbar; bereits ihre Feststellung setzt eine ansonsten bei der Fallbearbeitung ungewohnt weite Sicht auf die in Rede stehenden Rechtsordnungen insgesamt, jedenfalls über ihren kollisionsrechtlich berufenen Ausschnitt (dazu s.o. Rn 32) hinaus, voraus: Klassisches Bsp ist die fehlende Abstimmung von Güter- und Erbstatut (s Art 25 Rn 10), die dazu führt, dass der überlebende Ehegatten weniger („Normenmangel") oder mehr („Normenhäufung") erhält als *jede* der beteiligten Rechtsordnungen für sich betrachtet ihm im Ganzen zubilligen würde. Zu beachten ist dabei, dass dies nicht zu einer Überspielung der einzelnen, durchaus bewusst nur auf

einen bestimmten Anknüpfungsgegenstand beschränkten Anknüpfungsentscheidungen führen darf (vgl MüKo/*Sonnenberger* Einl IPR Rn 605 f). Nur eine durch die Anknüpfungsmechanismen des IPR *zweckwidrig* erzeugte Schieflage kann mit der Anpassung (Angleichung) zurechtgerückt werden. Hierfür stehen die **kollisionsrechtliche und die sachrechtliche Methode** zur Verfügung (BGH DtZ 93, 278; FamRZ 86, 345, 347; BGHZ 56, 193, 196; BayObLG StAZ 96, 41; Köln FamRZ 95, 1200, 1201; *Looschelders*, Die Anpassung im IPR, 1995, S 164 ff). Bei der ersteren wird der Verweisungsumfang einer der Kollisionsnormen zu Gunsten einer anderen teleologisch reduziert, bei der zweiten wird zwischen den zur Wahl stehenden Sachnormen interpoliert und eine an die grenzüberschreitende Situation angepasste neue Sachnorm geschaffen (Beispiel s Art 10 Rn 17), was man im Ansatz mit dem Vorgehen beim „Auslandssachverhalt" (s.o. Rn 57) vergleichen können wird (*Looschelders* Vorbem zu Art 3–6 Rn 60). Die Entscheidung zwischen beiden Methoden muss aufgrund einer Interessenabwägung im Einzelfall getroffen werden, wobei die hM die kollisionsrechtliche Methode bevorzugt (Erman/*Hohloch* Einl Art 3 Rn 46; *vHoffmann/Thorn* § 6 Rn 36 f; *Kropholler* § 34 IV 2d; *Lüderitz* Rn 198), während vermehrt die Auffassung vertreten wird, dass überwiegend (*Looschelders* Vorbem zu Art 3–6 Rn 60 f) oder ausschließlich (MüKo/*Sonnenberger* Einl IPR Rn 605 ff; *Raape/Sturm* S 262) die sachrechtliche Methode anzuwenden sei, weil es sich bei der kollisionsrechtlichen Methode letztlich um eine Korrektur der Qualifikation (s.o. Rn 33) handeln würde, die mit der Bestimmung der anwendbaren Rechte auch wertungsmäßig abgeschlossen sein sollte.

2. Ordre public. Führt im Einzelfall die Anwendung der vom IPR berufenen ausländischen Rechtsnormen zu einem Ergebnis, das mit wesentlichen Grundsätzen des deutschen Rechts, namentlich den Grundrechten, nicht vereinbar ist, so greift der Vorbehalt des ordre public ein, der in Art 6 gesetzlich geregelt ist und in solchen Fällen eine Korrektur des Ergebnisses erforderlich macht (s Art 6 Rn 1 ff). 69

Art. 4 Rück- und Weiterverweisung; Rechtsspaltung

(1) ¹Wird auf das Recht eines anderen Staates verwiesen, so ist auch dessen Internationales Privatrecht anzuwenden, sofern dies nicht dem Sinn der Verweisung widerspricht. ²Verweist das Recht des anderen Staates auf deutsches Recht zurück, so sind die deutschen Sachvorschriften anzuwenden.
(2) Soweit die Parteien das Recht eines Staates wählen können, können sie nur auf die Sachvorschriften verweisen.
(3) ¹Wird auf das Recht eines Staates mit mehreren Teilrechtsordnungen verwiesen, ohne die maßgebende zu bezeichnen, so bestimmt das Recht dieses Staates, welche Teilrechtsordnung anzuwenden ist. ²Fehlt eine solche Regelung, so ist die Teilrechtsordnung anzuwenden, mit welcher der Sachverhalt am engsten verbunden ist.

A. Einführung. Art 4 ist eine Hilfsnorm. Sie regelt Einzelheiten zum **Ziel der Verweisung**: Steht aufgrund der 1 anwendbaren Kollisionsnorm fest, welchen Staates Recht anzuwenden ist, so stellt sich die Frage, ob für die Beantwortung der betreffenden Rechtsfrage auf das berufene Recht in seiner Gesamtheit oder nur auf einen bestimmten Ausschnitt zurückzugreifen ist. Zwar kommt von vornherein nur das Zivilrecht in Betracht (s.o. Art 3 Rn 13). In Fällen mit Auslandsbezug hängt die materiellrechtliche Beantwortung einer zivilrechtlichen Frage aber außer von den die Rechtsfrage selbst inhaltlich beantwortenden Sachnormen (zur Legaldefinition in Art 3 I 2, die systematisch besser in Art 4 gepasst hätte, s Art 3 Rn 43) stets auch von kollisionsrechtlichen Regelungen ab. Daher ist auch innerhalb der Rechtsordnung, auf die verwiesen worden ist, das dortige IPR zu beachten, zumal, da ja ausländisches Recht von deutschen Gerichten ebenso angewandt werden soll, wie von Gerichten in dem betreffenden Lande (s.o. Art 3 Rn 65), die bei Fällen mit Auslandsbezug vom eigenen IPR ausgingen. Diesem Anliegen des sog. internationalen Entscheidungseinklangs entsprechend, ordnet I als Grundsatz die sog Gesamtverweisung an. I 1 Hs 2 und II formulieren Ausnahmen, sog Sachnormverweisungen. III behandelt eine weitere mögliche kollisionsrechtliche Fragestellung in der Zielrechtsordnung: Besteht dort räumliche oder personale Rechtsspaltung, so stellt sich die Frage, nach welchen interlokalen oder interpersonalen Regeln zu entscheiden ist, welche Teilrechtsordnung anzuwenden ist (sog Unteranknüpfung). Eine gegenüber III vorrangige spezielle Regelung für das internationale Vertragsrecht enthält Art 35 II.

B. Gesamtverweisung. I. Als Grundsatz. Verweist eine deutsche Kollisionsnorm auf ausländisches Recht, 2 so liegt darin nach I 1 stets eine auch das fremde IPR umfassende Gesamtverweisung, es sei denn, dass eine der von Art 4 selbst genannten oder außerhalb der Norm vorzufindenden Ausnahmen (s.u. Rn 9 ff) vorliegt. Als Grund hierfür wird herkömmlich das Streben nach internationalem Entscheidungseinklang genannt, selbst wenn dieser sich ohnehin letztlich kaum erreichen lässt, weil die meisten ausländischen Rechtsordnungen ihrerseits vom Grundsatz der Gesamtverweisung ausgehen und die Rechtsanwendung durch in- und ausländische Gerichte sich damit im Ergebnis häufig gerade nicht entspricht, sondern spiegelverkehrt zueinander verhält (s.u. Rn 4). Tragfähiger erscheint die Begründung, wonach es aus Sicht des deutschen Kollisionsrechts inkonsequent wäre, eine bestimmte Rechtsordnung zu berufen und damit den Schwerpunkt des Sachverhalts dort anzusiedeln, ohne zugleich dieser Rechtsordnung aufgrund deren größerer Sachnähe auch selbst eine

Mitsprache bei der Bestimmung des räumlichen Schwerpunkts des Falles einzuräumen. Die dem IPR zugrunde liegende räumliche „Relativität der Gerechtigkeit" schlägt sich in der „Relativität der Anknüpfungsentscheidung" des eigenen IPR nieder (*Looschelders* Rn 5; *Lurger* ZfRV 95, 178, 184).

3 **II. Konsequenzen. 1. Überblick.** Eine Gesamtverweisung hat drei denkbare Konsequenzen: Entweder kommen die Kollisionsnormen der Zielrechtsordnung zu demselben Ergebnis wie diejenigen der Ausgangsrechtsordnung, dass nämlich dieses Zielrecht anwendbar sei (sog. **Annahme der Verweisung**), oder zu dem Ergebnis, dass die Ausgangsrechtsordnung (lex fori) selbst anwendbar sei (**Rückverweisung**/Renvoi), oder zu dem Ergebnis, dass eine bestimmte dritte Rechtsordnung anwendbar sei (**Weiterverweisung**). Teilweise wird „Renvoi" auch als Oberbegriff für Rück- und Weiterverweisung verwandt. Ob im Rahmen der Anwendung ausländischen Kollisionsrechts auch **ausländische ordre-public-Klauseln** anzuwenden sind, ist umstritten (s Art 6 Rn 3).

4 **2. Verweisungsketten.** Dem Grundsatz der authentischen Anwendung fremden Rechts (Art 3 Rn 65) entspr bleibt dem berufenen Recht überlassen, ob eine **Weiterverweisung** ihrerseits Gesamtverweisung ist (BayObLG IPRspr 72, Nr 128; LG Augsburg IPRspr 72 Nr 89; LG Bochum IPRspr 58/59 Nr 147; *vHoffmann/Thorn* § 6 Rn 104; *Kegel/Schurig* § 10IV3; *Looschelders* Rn 12; *v Bar/Mankowski* I § 7 Rn 222 ff; Soergel/*Kegel* Rn 19; Staud/*Hausmann* Rn 55; aA RGZ 64, 389 ff, 94; AG Kaufbeuren IPRax 84, 221; *Kropholler* § 24 II 4; Staud/*Dörner* Art 25 Rn 641: stets Sachnormverweisung). So kann es zu einer Kette mehrerer anzuwendender Rechtsordnungen kommen. Für die **Rückverweisung** gilt im Prinzip nichts anderes, doch würde die ausländische Gesamtverweisung hier zu einem Zirkelschluss führen. Dieser wird durch I S 2 im Interesse zügiger und richtiger Rechtsanwendung pragmatisch so unterbrochen, dass deutsches Recht zur Anwendung kommt, in dem der deutsche Richter ja geschult ist (BTDrs 10/504, 37; *Kegel/Schurig* § 10 III 3). Eine ähnliche Situation kann bei der Weiterverweisung entstehen, wenn die Kette der anzuwendenden Rechte in eine Schlaufe mündet, in der ein Recht auf das andere und dieses wiederum auf das eine verweist. Wo hier abzubrechen ist, ist umstritten. Handelt es sich bei dem Recht am Ausgangspunkt der Schlaufe um das deutsche Recht, ist wiederum I S 2 anzuwenden (MüKo/*Sonnenberger* Rn 36: direkte Anwendung; *Looschelders* Rn 13: Analogie). Erscheint ein anderes Recht zum zweiten Mal in der Kette, ist nach hM ebenfalls ein Abbruch geboten und dessen Sachrecht anzuwenden (Palandt/*Heldrich* Rn 3; Erman/*Hohloch* Rn 9; *Looschelders* Rn 13; BaRoth/*Lorenz* Rn 15; vorsichtig auch MüKo/*Sonnenberger* Rn 36; aA *v Bar/Mankowski* I § 7 Rn 224).

5 **3. Abweichende Qualifikation im Ausland.** Da das fremde Recht so anzuwenden ist, wie der ausländische Richter es anwenden würde, wenn er zu entscheiden hätte, ist bei einer Gesamtverweisung darauf zu achten, dass Unterschiede in der Qualifikation bestehen können. So werden etwa Ansprüche wegen Verlöbnisbruchs in Frankreich deliktsrechtlich und in Deutschland familienrechtlich (BGH IPRax 05, 545) qualifiziert. Leben verlobte Franzosen in Deutschland und kommt es hier zu einem Verlöbnisbruch, so liegt aufgrund der deliktsrechtlichen Qualifikation eine Rückverweisung vor (Staud/*v Bar/Mankowski* Anh Art 13 Rn 35 ff). Man spricht auch von „Renvoi kraft anderer Qualifikation". Kein Fall der abweichenden Qualifikation liegt nach einer Ansicht vor, wenn das berufene Recht die Frage von vornherein völlig anders regelt, zB prozessual einstuft, wie anglo-amerikanische Jurisdiktionen dies mit Aufrechnung und Verjährung handhaben; denn dann sei der dortige Normenkomplex einschließlich seiner Kollisionsnormen wegen Fehlens funktioneller Kongruenz erst gar nicht von der deutschen Kollisionsnorm berufen (MüKo/*Sonnenberger* Rn 39 f; *Looschelders* Rn 10; Soergel/*Lüderitz* Anh Art 10 Rn 124). Die überwiegende Meinung unterscheidet aber nicht und lässt auch in diesen Fällen eine Rückverweisung zu (*Kegel/Schurig* § 10VI; *Kropholler* § 24II1a; Soergel/*Kegel* Rn 13; Staud/*Hausmann* Rn 63). Wird der aus deutscher Sicht einheitliche Anknüpfungsgegenstand im Ausland aufgespalten (zumeist weil im Erbfall bewegliches und unbewegliches Vermögen unterschiedlich angeknüpft werden) und unterschiedlichen Rechten unterworfen, so kann diese Abweichung in der Qualifikation zu einer **Teilrückverweisung** führen (MüKo/*Sonnenberger* Rn 65).

6 Vom Renvoi kraft anderer Qualifikation zu unterscheiden ist die in den zuletzt genannten Fällen der kollisionsrechtlichen Vermögensspaltung manchmal außerdem anzutreffende sog. **Qualifikations(rück)verweisung**: Hier wird die Entscheidung darüber, ob es sich um bewegliches oder um unbewegliches Vermögen handelt, einem anderen Staat – idR dem Belegenheitsstaat – überlassen, also nur für den Qualifikationsvorgang selbst auf dieses andere Recht verwiesen. Für die Frage der Einordnung des Vermögens in die eine oder andere Kategorie kann es dann je nach Belegenheit des Grundstücks zu einer Qualifikationsrück- oder -weiterverweisung kommen, (BGHZ 144, 251; 24, 352; LG Wiesbaden FamRZ 73, 657 f; MüKo/*Sonnenberger* Rn 59 ff; *vHoffmann/Thorn* § 6 Rn 17 a; *Schurig* IPRax 90, 389).

7 **4. Fehlen ausländischer Kollisionsnorm.** Es gibt Rechtsordnungen, die nicht für alle Fragen über Kollisionsnormen verfügen, sondern Rechtsanwendungsfragen letztlich nach dem Territorialitätsprinzip in der Weise lösen, dass bei internationaler Zuständigkeit der eigenen Gerichte stets eigenes Recht angewandt wird (zB verschiedene US-Bundesstaaten für das Scheidungsrecht). Eine Gesamtverweisung lässt sich hier nur durchführen, wenn sich dem Recht dennoch Ansätze zu einer kollisionsrechtlichen Wertung für die zu beantwortende Sachfrage entnehmen lassen. Einzigen Ansatzpunkt hierfür bietet die Zuständigkeitsordnung.

Abstrahiert man in der Weise, dass ein zuständiges Gericht, bei dem der Fall anhängig gemacht wird, sein eigenes Recht anzuwenden hat, lässt sich dies zu einer – wenn auch nur mit einem beschränkten Anwendungsbereich versehen, aber doch auf im Forumstaat anhängige Fälle übertragbaren – Kollisionsnorm ausbauen. Da die aus einer Zuständigkeitsnorm entwickelte Kollisionsnorm nur auf das Recht am Ort des Gerichts, bei dem die Sache anhängig gemacht worden ist, verweisen kann, kann man so zwar nicht zu einer Weiterverweisung kommen, wohl aber zu einer Rückverweisung, die dann als **„versteckte" Rückverweisung** bezeichnet wird (Hamb FamRZ 01, 916, 917; Staud/*Hausmann* Rn 72; Soergel/*Kegel* Rn 16; krit, zusätzlich auf die Anerkennungsfähigkeit abstellend MüKo/*Sonnenberger* Rn 50 ff). Diese ist jedenfalls dann zu bejahen, wenn die deutschen Gerichte nach der Zuständigkeitsnorm des betreffenden US-Staates für die Entscheidung der betreffenden, idR familienrechtlichen, Frage ausschließlich zuständig wären (KG NJW 80, 535, 536; Bambg FamRZ 79, 930) und nach hM auch bei konkurrierender Zuständigkeit (Kegel/*Schurig* § 10 VI; *Kropholler* § 25 III; *Rauscher* S 82 f; *Hay* IPRax 88, 265, 268; aA MüKo/*Sonnenberger* Rn 52: das ausländische Recht desavouiere in diesem Fall die deutsche Verweisung nicht). Die hM überzeugt; denn implizite Voraussetzung der versteckten Rückverweisung ist die Anhängigkeit und diese ist in diesen Fällen nur im Forumstaat gegeben, so dass die konkurrierende Zuständigkeit des Staates des nicht angerufenen Gerichts nur theoretisch bleibt und die internationale Zuständigkeit des Staates des tatsächlich angerufenen Gerichts daher nicht zu schwächen vermag (ähnl *Looschelders* Rn 8 aE).

Lässt sich aus dem ausländischen Recht auch mit Hilfe solcher Erwägungen **keine kollisionsrechtliche Aussage** gewinnen, so erfolgt anstelle der Gesamt- eine Sachnormverweisung, weil dann jedenfalls zwischen lex fori und lex causae keine Anknüpfungsdifferenz festzustellen ist (MüKo/*Sonnenberger* Rn 71). 8

C. Sachnormverweisung. Im Falle einer Sachnormverweisung wird das IPR der Zielrechtsordnung von der 9 Verweisung ausgenommen. Es gelangen nur deren Sachnormen zur Anwendung, dh die Internationalität des Falles wird insoweit bei seiner Behandlung durch das anwendbare Recht ausgeblendet. Hiervon ist nach Art 4 I und II nur ausnahmsweise auszugehen. Ausdrückliche Ausnahmen finden sich im Besonderen Teil des IPR, zwei Ausnahmen werden in Art 4 genannt, eine weitere Ausnahme ist allgemein anerkannt.

Verweist deutsches IPR **einseitig nur auf deutsches Recht** (zB Art 9 S 2; 10 II S 1 Nr 2, III Nr 2; 13 II, III 10 S 1; 16; 17 III S2; 18 II, V; 23 S 2; 24 I S 2; 25 II), so ist von vornherein nur eine Sachnormverweisung denkbar (Palandt/*Heldrich* Rn 5).

I. Ausdrückliche Sachnormverweisungen. Wann eine Sachnormverweisung anzunehmen ist, teilen manche 11 Normen des Besonderen Teils **ausdrücklich** mit, zB Art 12 S 1; 17 b I S 1; 18 I; 35 I (letzteres unstr für das obj, aber str für das subj Vertragsstatut, s.u. Rn 16).

II. Sinn der Verweisung (Abs. 1 S 1 Hs 2). Eine Sachnormverweisung findet aber auch statt, wenn eine 12 Gesamtverweisung dem Sinn der betreffenden Verweisung, dh der anwendbaren Kollisionsnorm des Besonderen Teils des IPR widerspricht (I 1 Hs 2). Dies ist durch Auslegung zu ermitteln, bei der der Ausnahmecharakter der Sachnormverweisung zu beachten ist (BGH NJW 87, 679, 681; Palandt/*Heldrich* Rn 6; Erman/*Hohloch* Rn 17; Soergel/*Kegel* Rn 21). Dass es in diesem Sinne jeweils um **sachliche Erfordernisse** des maßgebenden Rechts gehe, nimmt die hM etwa bei Art 11, Art 23 S 1 und Art 26 an (Begr RegE BTDrs 10/504, 35 und 38; *v Hoffmann/Thorn* § 6 Rn 112; *Kropholler* § 24Ic; *Looschelders* Rn 15; aA zu Art 11 und 23 *Kegel/Schurig* § 10 V).

Art 11 und Art 19 sind Bspe für Normen, die auf **Begünstigung** bestimmter rechtlicher Erfolge (Formwirk- 13 samkeit, Feststellung einer Vaterschaft) abzielen und bei denen man daher gestützt auf I 1 Hs 2 die Entscheidung über den Umfang der Verweisung von einem Vergleich der unterschiedlichen, mittels Gesamt- oder Sachnormverweisung berufbaren Sachrechte abhängig machen kann (BTDrs 10/5632, 39; Nürnbg FamRZ 05, 1697; Stuttg FamRZ 01, 246); MüKo/*Sonnenberger* Rn 27; Erman/*Hohloch* Rn 17, 19; *Kegel/Schurig* § 10 V, s auch Art 11 Rn 17; Art 19 Rn 10). Bei Art 40 dient die Alternativität bei Art 40 I 2 noch der Begünstigung, so dass dieser Fall aufgrund der Sinnklausel als Sachnormverweisung anzusehen ist (MüKo/*Sonnenberger* Rn 27; ähnl *v Hein* ZVglRWiss99 (2000) 251, 264), während Art 40 I 1 und 40 II heute der Grundregel des Art 4 I 1 Hs 1 folgen und Gesamtverweisungen aussprechen (s. auch Rn 16 aE; MüKo/*Junker* Art 40 Rn 236 ff; *v Bar/Mankowski* I § 7 Rn 230 f; *v Hein* ZVglRWiss99 (2000) 251, 260 ff; *Looschelders* VersR 99, 1316, 1324; aA *Huber* JA 00, 67, 73; *vHoffmann* IPRax 96, 1, 7).

Weiter würde es dem Sinn der Verweisung widersprechen, bei akzessorischen Anknüpfungen von einer 14 Gesamtverweisung auszugehen, wenn die **Akzessorietät** gewährleisten soll, dass verschiedene Fragen nach derselben Rechtsordnung zu beurteilen sind (Gleichlauf); dieses Ergebnis wäre gefährdet, wenn das Zielrecht über die seinerseits ggf. unterschiedlichen Anknüpfungsnormen für die verschiedenen Fragen letztlich doch zu unterschiedlichen Rechtsordnungen führen würde (MüKo/*Sonnenberger* Rn 28; Palandt/*Heldrich* Rn 9; *Kropholler* § 24II2d; *Looschelders* Rn 24; *vHoffmann/Thorn* § 6 Rn 114). Bspe sind Art 41 II 2 I, insbes der dort angeordnete Gleichlauf von Vertrags- und Deliktsstatut (Palandt/*Heldrich* Art 41 Rn 2; *v Hein* ZVglRWiss 99 (2000) 251, 274, *Looschelders* VersR 99, 1316, 1324), sowie Art 38 I, 39 II, 40 IV, 44 und 45 II. Nicht um einen eine Sachnormverweisung auslösenden Gleichlauf geht es bei den familienrechtlichen Verweisungen, die vielfach auf das sog Familienstatut des Art 14 zurückgreifen (Palandt/*Heldrich* Rn 9).

15 Eine letzte Fallgruppe der Sinnklausel bilden nach einer beachtlichen Literaturansicht diejenigen Kollisionsnormen, die nicht schematisch nach festen Anknüpfungspunkten verweisen, sondern unmittelbar auf die **engste Verbindung** abstellen und damit einen optimierten kollisionsrechtlichen Gerechtigkeitsgehalt aufweisen, der nicht durch die Rücksicht auf fremde kollisionsrechtliche Wertungen konterkariert werden solle (Palandt/*Heldrich* Rn 8; Erman/*Hohloch* Rn 18; *Rauscher* S 77; *v Hein* ZVglRWiss 99 (2000) 251, 275; Staud/ *Hausmann* Rn 97; *Rauscher* NJW 88, 2151, 2154). Dies sei bei den Ausweichklauseln der Art 41 und 46 („wesentlich engere Verbindung") der Fall – Art 28 V ist ohnehin von Art 35 I erfasst – sowie bei Normen wie zB Art 14 I Nr 3, die eine Hilfsanknüpfungen an die gemeinsame engste Verbindung vorsehen (Palandt/ *Heldrich* Rn 8; Erman/*Hohloch* Rn 18). Gegen letzteres wird aber zutreffend eingewandt, dass es sich bei der Hilfsanknüpfung von vornherein schon nicht um eine optimale kollisionsrechtliche Beurteilung handeln kann (MüKo/*Sonnenberger* Rn 29; BaRoth/*Lorenz* Rn 8; *Kropholler* § 24 II 2 a; *v Bar/Mankowski* I § 7 Rn 227). Im Übrigen berührt ohnehin der Aspekt des kollisionsrechtlichen Optimums in keiner Weise den dem Prinzip der Gesamtverweisung zugrunde liegenden Gedanken der Einholung einer Stellungnahme des berufenen Rechts (s.o. Rn 2); gerade wenn es sich aufgrund der besonderen kollisionsrechtlichen Einzelfallgerechtigkeit, die etwa die Ausweichklauseln ermöglichen, um das optimal passende Recht handelt, ist es sinnvoll, dieses auch nach den allgemeinen Grundsätzen in die kollisionsrechtliche Gesamtbeurteilung einzubeziehen (iE ebenso AG Leverkusen FamRZ 03, 1484; AG Hannover FamRZ 00, 1576, ähnl *Looschelders* Rn 27, 21).

16 **III. Rechtswahl.** Eine weitere Fallgruppe der Sachnormverweisung nennt Art 4 II: Eine Rechtswahl wird unmittelbar auf das Sachrecht der gewählten Rechtsordnung bezogen. Das wird sich idR bereits aus der Auslegung der Rechtswahlerklärungen ergeben; Bedeutung hat die Vorschrift dennoch, weil sie den Parteien darüber hinaus die Möglichkeit nimmt, freiwillig eine Gesamtverweisung zu vereinbaren (MüKo/*Sonnenberger* Rn 72; Palandt/*Heldrich* Rn 11; *Kegel/Schurig* § 10 V). Diese Beschränkung muss angesichts der Klarheit der Regelung sowohl dann gelten, wenn nur ein begrenzter Kreis an Rechten zur Wahl steht (zB Art 10, 14 oder 15), als auch dann, wenn, wie im Falle der Art 27 oder 42 völlig unbeschränkte Rechtswahl möglich ist (MüKo/*Sonnenberger* Rn 72 f; Palandt/*Heldrich* Rn 11 f; *v Hein* ZVglRWiss 99 (2000) 101, 140; aA Erman/ *Hohloch* Art 42 Rn 4; *Freitag/Leible* ZVglRWiss 99 (2000) 101, 140 f). Was das Vertragsrecht angeht, so nimmt dies den Parteien zwar ohne eine Not Gestaltungsspielraum, doch normiert Art 35 I keine Ausnahme zu Art 4 II (MüKo/*Sonnenberger* Rn 72; Palandt/*Heldrich* Rn 11; aA Art 35 Rn 3 (*Brödermann/Wegen*) mwN); dies selbst dann nicht, wenn man, was bereits zweifelhaft ist (hiergegen MüKo/*Sonnenberger* Rn 72), von einer Reduktion des Art 35 I ausginge, nach der dieser nur auf das objektive Vertragsstatut zu beziehen sei und im übrigen nur als Auslegungsregel diene; denn angesichts der klaren Diktion des Art 4 II wäre zu verlangen, dass Art 35 I die Kollisionsrechtswahl für das Vertragsrecht positiv gestattet, was rechtspolitisch im Interesse der Parteiautonomie zu begrüßen wäre, aber nicht der Fall ist. Der Zulassung der **Wahl eines Kollisionsrechts** unter Art VII des Genfer Übereinkommens über die Handelsschiedsgerichtsbarkeit von 1961 steht Art 4 II indessen schon im Hinblick auf den Vorrang nach Art 3 II 1 nicht entgegen, zumal Schiedsgerichte von vornherein weniger auf ein bestimmtes Kollisionsrecht festgelegt sind. Das Bestimmungsrecht des Geschädigten nach Art 40 I 2 stellt keine Rechtswahl iSd Art 4 II dar (aA *v Hoffmann/Thorn* § 11 Rn 61; *Freitag/Leible* ZVglRWiss 99 (2000) 101, 140 f); denn dass es unter dem Vorbehalt der wesentlich engeren Verbindung nach Art 41 I 2 Nr 1 steht, zeigt, dass auch die damit bewirkte Anknüpfung an den Erfolgsort als objektive Anknüpfung zu qualifizieren (MüKo/*Junker* Art 40 Rn 34); Art 40 I 2 spricht aber aus einem anderen Grunde eine Sachnormverweisung aus (s.o. Rn 13).

17 **IV. Staatsvertragliche Grundlage.** Bei der dritten Fallgruppe von Sachnormverweisungen handelt es sich um staatsvertragliche Kollisionsnormen und solche, die eine staatsvertragliche Grundlage haben (MüKo/*Sonnenberger* Rn 66 ff; Palandt/*Heldrich* Rn 13; *Looschelders* Rn 30; BaRoth/*Lorenz* Rn 7). Denn Staatsverträge versuchen, das Problem der Unterschiedlichkeit der anwendbaren Normen durch Schaffung einheitlicher Anknüpfungselemente zu lösen. Die erreichte Harmonie würde durch Weiterverweisung wieder beseitigt. Dass diese Ausnahme vom Prinzip der Gesamtverweisung in Art 4 nicht erwähnt ist, steht dem nicht entgegen; denn wegen ihres Vorrangs vor dem EGBGB (Art 3 II S 1) unterliegen Staatsverträge diesem ohnehin nicht.

18 Ein besonderes Augenmerk ist hier auf in das EGBGB **inkorporierte Normen** zu legen, die nicht mehr ohne weiteres als staatsvertragliche Normen (Art 18 und 26) oder Normen staatsvertraglichen Ursprungs (Art 27 ff, teilw Art 11) zu erkennen sind, aber dennoch Sachnormverweisungen aussprechen.

19 **D. Unteranknüpfung.** III beschäftigt sich mit Zielrechtsordnungen, die **Mehrrechtsstaaten** sind. Staaten wie die USA, das Vereinigte Königreich, Kanada, Australien oder Spanien haben insgesamt oder auf bestimmte Rechtsgebiete bezogen mehrere örtlich gegeneinander abgegrenzte Zivilrechte. Indien, Pakistan, Israel sowie einige arabische und afrikanische Staaten kennen interpersonale Rechtsspaltung, bei der auf bestimmte Personengruppen je nach Religions- oder Stammeszugehörigkeit unterschiedliches Recht angewandt wird.

20 **I. Bei Anknüpfung an einen Ort.** Welche Teilrechtsordnung des Zielrechts anzuwenden ist, regelt für das **internationale Vertragsrecht** der den Art 4 III verdrängende Art 35 II. Danach sind die örtlichen Verweisungsnormen des deutschen Internationalen Vertragsrechts doppelfunktional in dem Sinne, dass sie nicht

nur den Staat bezeichnen, dessen Recht anzuwenden ist, sondern zugleich auch bei räumlicher Rechtsspaltung die anwendbare Teilrechtsordnung festlegen.

Nach einer Ansicht soll Art 4 III ebenso zu verstehen sein. Dem Wortlaut lässt sich das nicht ohne weiteres 21 entnehmen. Doch wird die Passage **„ohne die maßgebende zu bezeichnen"** dahingehend ausgelegt, dass mit der Anknüpfung an einen örtlichen Anknüpfungspunkt bei interlokaler Rechtsspaltung die maßgebende Teilrechtsordnung in der Zielrechtsordnung gleich mit festgelegt, also iSd III „bezeichnet" ist (BTDrs 10/504, 40; Palandt/*Heldrich* Rn 14; Erman/*Hohloch* Rn 22; *Kegel/Schurig* § 11II; *Looschelders* Rn 33; *Kropholler* § 29II2). Das fremde Interlokale Privatrecht würde damit bei örtlichen Anknüpfungen prinzipiell übergangen. Da dies ohne Not dem Prinzip der authentischen Anwendung ausländischen Rechts (s.o. Art 3 Rn 65) widerspricht und nicht vom Wortlaut der Vorschrift her erzwungen wird, ist dieses Vorgehen trotz des subjektiven Gesetzgeberwillens und seiner größeren Praktikabilität abzulehnen, (MüKo/*Sonnenberger* Rn 99; *v Bar/Mankowski* I § 4 Rn 154; *Spickhoff* JZ 93, 336, 337; Staud/*Hausmann* Rn 324; *Rauscher* 87 f und IPRax, 87, 206, 209), solange ein Staat über ein nationales Interlokales Privatrecht verfügt und dieses nicht, wie in den USA mit ihren 50 interlokalen Privatrechten, selbst gespalten ist.

Für den Fall einer **Gesamtverweisung auf das Recht eines Mehrrechtsstaates** ist der Meinungsstreit ent- 22 schärft, weil über die Gesamtverweisung des I 1 fremdes Kollisionsrecht jeglicher Art berufen sein soll, sei es internationales, interlokales oder interpersonales usw. (*Kegel/Schurig* § 11II; *Looschelders* Rn 34).

II. Bei Anknüpfung an die Staatsangehörigkeit. Knüpft das deutsche Kollisionsrecht an die Staatsange- 23 hörigkeit an, so ist die vorrangige Heranziehung des ausländischen Interlokalen bzw Interpersonalen Privatrechts einhellige Ansicht.

III. Bei Fehlen ausländischen Interlokalen Rechts. Fehlt der Zielrechtsordnung, wie etwa den USA, ein ein- 24 heitliches Interlokales oder Interpersonales Kollisionsrecht, was auch anhand der ausländischen Gerichtspraxis und ggf. ergänzender Auslegung zu ermitteln ist (MüKo/*Sonnenberger* Rn 100; zur Ableitung eines US-amerikanischen interlokalen Kollisionsrechts aus den Zuständigkeitsregelungen Staud/*Hausmann* Rn 326), so ist stattdessen nach III 2 die **engste Verbindung** maßgeblich. Diese bestimmt sich nach den Wertungen des deutschen Kollisionsrechts (MüKo/*Sonnenberger* Rn 100; Palandt/*Heldrich* Rn 14, Erman/*Hohloch* Rn 24; aA *v Hoffmann/ Thorn* § 6 Rn 10: wegen internationalen Entscheidungseinklangs primär Anknüpfungsgrundsätze des ausländischen Rechtskreises). Bei Rechtsspaltung nach Religionszugehörigkeit oder ethnischer Zugehörigkeit kann der entspr deutschen Kollisionsnorm immerhin entnommen werden, auf welche Anknüpfungsperson dafür abzustellen ist (MüKo/*Sonnenberger* Rn 110). Soweit sich dem deutschen IPR keine Wertung entnehmen lässt, muss hilfsweise auf die Kriterien des fremden Rechts zurückgegriffen werden (*Looschelders* Rn37).

IV. Vorrangige staatsvertragliche Regelung. Für die Form letztwilliger Verfügungen wird Art 4 III durch 25 die vorrangige staatsvertragliche Regelung in Art 1 II Haager Üb über das auf die Form letztwilliger Verfügungen anzuwendende Recht vom 5.10.61 verdrängt, die nicht auf die engste Verbindung des Sachverhalts, sondern des Erblassers zu einer der Teilrechtsordnungen abstellt.

Art. 5 Personalstatut

(1) ¹Wird auf das Recht des Staates verwiesen, dem eine Person angehört, und gehört sie mehreren Staaten an, so ist das Recht desjenigen dieser Staaten anzuwenden, mit dem die Person am engsten verbunden ist, insbesondere durch ihren gewöhnlichen Aufenthalt oder durch den Verlauf ihres Lebens. ²Person auch Deutscher, so geht diese Rechtsstellung vor.
(2) Ist eine Person staatenlos oder kann ihre Staatsangehörigkeit nicht festgestellt werden, so ist das Recht des Staates anzuwenden, in dem sie ihren gewöhnlichen Aufenthalt oder, mangels eines solchen, ihren Aufenthalt hat.
(3) Wird auf das Recht des Staates verwiesen, in dem eine Person ihren Aufenthalt oder ihren gewöhnlichen Aufenthalt hat, und ändert eine nicht voll geschäftsfähige Person den Aufenthalt ohne den Willen des gesetzlichen Vertreters, so führt diese Änderung allein nicht zur Anwendung eines anderen Rechts.

A. Einführung. I. Regelungsmaterie. Art 5 ist eine Hilfsnorm für personenbezogene Anknüpfungen. Sie 1 regelt Fragen, die im Zusammenhang mit zwei Anknüpfungsmomenten auftreten können: In I und II geht es um Einzelheiten zu einem der wichtigsten Anknüpfungspunkte des deutschen IPR, der **Staatsangehörigkeit**. I behandelt die Fälle mehrfacher Staatsangehörigkeit und II die Fälle fehlender oder nicht feststellbarer Staatsangehörigkeit:

III regelt Einzelheiten zu einem weiteren Anknüpfungspunkt, dem **gewöhnlichen Aufenthalt**. Dieser ist nach 2 II generell als Hilfsanknüpfung für die Staatsangehörigkeit vorgesehen. Daneben hat er auch eine eigenständige Bedeutung, da Vorschriften des Besonderen Teils auf ihn als Hilfs- (zB 14 I Nr 2) oder auch als Primäranknüpfung (Art 19 ff; 40 II) zurückgreifen. Hilfsanknüpfung für den gewöhnlichen ist der schlichte Aufenthalt (II Alt 2).

3 **II. Begriffe.** Zusammengefasst wird all dies unter der amtlichen Überschrift „Personalstatut". Mit diesem Oberbegriff wird auf die Ratio des Abstellens auf die personenbezogenen Anknüpfungsmomente hingewiesen: Es wird davon ausgegangen, dass die von dem Rechtsverhältnis betroffene Person primär mit dem Recht ihrer Staatsangehörigkeit und sekundär dem ihres gewöhnlichen Aufenthalts am engsten verbunden ist (*Looschelders* Rn 2). Art 5 stellt aber keine vor die Klammer gezogene Legaldefinition des Begriffs „Personalstatut" dar, da die betreffenden Normen des Besonderen Teils den Begriff nicht aufgreifen, sondern nur von „Staatsangehörigkeit" sprechen, auch wenn der dann gebotene Rückgriff auf Art 5 dazu führen kann, dass letztlich gar nicht auf die Staatsangehörigkeit, sondern etwa auf den gewöhnlichen oder schlichten Aufenthalt abzustellen ist.

4 Das durch die Anknüpfung an die Staatsangehörigkeit berufene Recht wird auch kurz „**Heimatrecht**" genannt, was nicht bedeutet, dass eine über die formale Staatsbürgerschaft hinausgehende Beziehung kultureller oder seelischer Art bestehen müsste.

5 **B. Staatsangehörigkeit. I. Bestimmung der Staatsangehörigkeit. 1. Recht des betreffenden Staates.** Da die Staatsangehörigkeit eine öffentlichrechtliche Zugehörigkeitsbeziehung zwischen Person und Staat schafft (*Kegel/Schurig* § 9 II2a) richtet sich ihre Bestimmung – auch aus völkerrechtlichen Gründen (Staud/*Blumenwitz* Rn 45 ff; BaRoth/*Lorenz* Rn 2 zu Art 1 I Staatenlosenkonvention, zu dieser s.u. Rn 13, 15) – nach dem Recht des Staates, dessen Staatsangehörigkeit in Anspruch genommen wird, für Deutschland daher stets – etwa auch als Vorfrage einer nach Gesamtverweisung anzuwendenden ausländischen Kollisionsnorm – nach den in Rn 6 dargestellten Grundsätzen. Entzieht oder verleiht ein Staat einer Person die Staatsangehörigkeit völkerrechtswidrig aus politischen, religiösen oder rassischen Gründen, so ist dies für die kollisionsrechtliche Anknüpfung unbeachtlich, es sei denn, das Festhalten an der entzogenen Staatsangehörigkeit läge nicht im Interesse des Betroffenen (*Looschelders* Rn 4).

6 **2. Deutschland.** Die Erwerbs- und Verlusttatbestände der deutschen Staatsangehörigkeit finden sich im StAG. Im gesamten Bürgerlichen Recht und damit auch im IPR stehen deutschen Staatsangehörigen aber die sog. **Statusdeutschen** gleich (Art 116 I GG; Art 9 Abschn 2 Nr 5 S 1 FamRÄndG), so dass auch diese als „Deutsche" iSd Kollisionsnormen, die an die Staatsangehörigkeit anknüpfen, anzusehen sind (BGHZ 121, 305; Hamm FamRZ 01, 918, 919; Erman/*Hohloch* Rn 41). Statusdeutsche sind Flüchtlinge und Vertriebene deutscher Volkszugehörigkeit sowie deren Ehegatten und Abkömmlinge, die in dieser Eigenschaft im Gebiet des Deutschen Reiches nach dem Stand vom 31. 12. 37 Aufnahme gefunden haben, ohne die deutsche Staatsangehörigkeit zu besitzen (Art 116 I GG). Die Gleichstellung tritt aber erst mit der Aufnahme der betreffenden Personen in das heutige Gebiet der Bundesrepublik Deutschland einschließlich der ehemaligen DDR ein. Bis zu diesem Zeitpunkt gilt das bisherige Personalstatut. Art 116 hat insoweit keine Rückwirkung (BGHZ 121, 305, 311 ff). Nach § 40 a StAG haben die meisten Statusdeutschen zum 1. 8. 99 ohnehin kraft Überleitung die deutsche Staatsangehörigkeit erworben; Spätaussiedler und deren nichtdeutsche Ehegatten und Abkömmlinge, die vor diesem Zeitpunkt keine Bescheinigung nach dem Bundesvertriebenengesetz erhalten haben, fallen zwar nach § 40 S 2 StAG nicht unter die Überleitungsregelung, doch können sie bei Nachholung der Bescheinigung nach § 7 StAG die deutsche Staatsangehörigkeit noch erwerben (*Fuchs* NJW 00, 489, 490).

7 **3. Völkerrechtlich nicht anerkannte Staaten.** Da nach hM allein die faktischen Verhältnisse maßgeblich sind, spielt es keine Rolle, ob der Staat völkerrechtlich anerkannt ist oder nicht, solange nur mit Staatsgewalt, Staatsvolk und Staatsgebiet die konstitutiven Elemente eines Staates gegeben sind und dieser eine Rechtsordnung hat (MüKo/*Sonnenberger* Einl IPR Rn 718; *Lüderitz* Rn 108). Ob insofern angesichts der von Israel und der PLO vereinbarten Aufenthaltsberechtigung in den Autonomiegebieten von einer eigenen palästinensischen Staatsangehörigkeit ausgegangen werden kann, ist umstritten (dafür *Looschelders* Rn 6; *Börner* IPRax 97, 47, 51 f; dagegen Staud/*Sturm/Sturm* Einl IPR Rn 673 und wohl MüKo/*Sonnenberger* Einl IPR Rn 718; s.a. Art 3 Rn 12). Lehnt man dies ab, so ist auf die ägyptische, israelische, jordanische oder syrische Staatsangehörigkeit des betreffenden Palästinensers abzustellen bzw. bei Staatenlosigkeit nach II zu verfahren.

8 **4. Anknüpfung von Vorfragen.** Da es sich bei Fragen der Staatsangehörigkeit um öffentliches Recht handelt und im Hinblick auf das Passwesen dem internationalen Entscheidungseinklang eine besondere Bedeutung zukommt, sind Vorfragen wie Eheschließung, Kindschaft und Adoption nach dem IPR des betreffenden Staates zu beurteilen (Palandt/*Heldrich* Einl Art 3 Rn 30; *Kegel/Schurig* § 9 II2a; Soergel/*Kegel* Rn 3, s.o. Art 3 Rn 56).

9 **II. Nichtfeststellbarkeit der Staatsangehörigkeit.** Ob die Staatsangehörigkeit feststellbar ist oder nicht, hängt auch vom Umfang der Ermittlungspflicht ab. Wo der Untersuchungsgrundsatz gilt (zB §§ 616, 640 ZPO, 12 FGG), ist das Gericht nicht an die Feststellungen ausländischer Behörden gebunden (BGH IPRspr 77 Nr 110; Palandt/*Heldrich* Rn 2). Zweifel lassen sich dann nicht durch ein **Wahrscheinlichkeitsurteil** (aA bei deutlich überwiegender Wahrscheinlichkeit *Kegel/Schurig* § 15 V 1b) oder ein Abstellen auf die frühere oder letzte feststellbare Staatsangehörigkeit überwinden (MüKo/*Sonnenberger* Rn 31), sondern der Betreffende ist nach II wie ein Staatenloser zu behandeln. Sind auch die hierfür von II genannten Anknüpfungspunkte (gewöhnlicher oder schlichter Aufenthalt) nicht ermittelbar, lässt sich wiederum hilfsweise eine wahrscheinliche Staatsangehörigkeit heranziehen.

Umstritten ist, ob II zu reduzieren ist in der Weise, dass er auf einseitige Kollisionsnormen keine Anwendung 10
findet, wenn es sich um **Exklusivnormen** (s.o. Art 3 Rn 31) handelt. Die hM fordert eine Unterscheidung
danach, ob Deutsche gerade wegen ihrer Staatsangehörigkeit begünstigt werden sollen oder ob es um „normale" kollisionsrechtliche Erwägungen geht (BGH IPRax 85, 292 zu Art 12 Flüchtlingskonvention – zu dieser
su Rn 13 f; Palandt/*Heldrich* Rn 9; Soergel/*Schurig* Art 17 Rn 27), nimmt aber überwiegend, zB für Art 17 I
2 und 18 V, das letztere an (Köln FamRZ 96, 946, 947; Palandt/*Heldrich* Art 17 Rn 9; Erman/*Hohloch* Art 18
Rn 24) und verwehrt in Deutschland lebenden Staatenlosen nicht die Gleichstellung mit Deutschen (in diesem Sinne Großzügigkeit fordert MüKo/*Sonnenberger* Rn 29).

III. Staatenlose und Flüchtlinge. 1. Autonome Regelungen. Wie allgemein bei **Staatenlosen** zu verfahren 11
ist, wenn die anwendbare Kollisionsnorm an die Staatsangehörigkeit anknüpft, regelt II, wonach ersatzweise
an den gewöhnlichen, sonst den schlichten Aufenthalt anzuknüpfen ist (dazu s.u. Rn 28 ff, 33; KG FamRZ 96,
545, 546). Umstritten ist, was für den Fall gelten soll, dass eine staatenlose Person in dem maßgeblichen Zeitpunkt keinen gewöhnlichen oder schlichten Aufenthalt besitzt, weil sie sich etwa auf der Durchreise befindet:
Hier könnte auf vergangene Aufenthalte abgestellt werden (Staud/*Blumenwitz* Rn 471); eher überzeugen wegen
der Willkürlichkeit der zeitlichen Verschiebung des Anknüpfungspunktes die Anwendung der lex fori (*Looschelders* Rn 31; Raape/*Sturm* S 131), die immerhin eine gewisse gesicherte Beziehung zum Fall hat und leicht
feststellbar ist.
Da die Ersatzanknüpfung bei Staatenlosigkeit aber auch in einem internationalen Üb geregelt ist (s.u.
Rn 13 ff), kommt nach Art 3 II die autonome Regelung des II nur außerhalb dessen Anwendungsbereichs
zum Zuge, was in der Praxis selten ist.
Für **Flüchtlinge** gibt es zwar keine allgemeine Vorschrift wie II, aber einzelne deutsche Regelungen, die aller- 12
dings nur selten zur Anwendung kommen: Wenn sie ihren Aufenthalt in der Bundesrepublik Deutschland
haben (Art 10 Buchst a) gilt das AHK-Gesetz 23 über die Rechtsverhältnisse verschleppter Personen und
Flüchtlinge v 17.3.50 (AHKABl 140) idF des Änderungsgesetzes vom 1.3.51 (AHKABl 808). Anknüpfungspunkt ist danach ebenfalls der gewöhnliche, sonst der schlichte Aufenthalt (Art 1). Das Internationale
Erbrecht ist vom Anwendungsbereich ausgenommen (Art 2), so dass es insoweit beim Heimatrecht bleibt
(*Raape/Sturm* S 147). Eine Regelung zum Schutz wohlerworbener Rechte bei Statutenwechsel enthält § 8 des
Gesetzes über die Rechtsstellung heimatloser Ausländer im Bundesgebiet vom 25.4.51 (BGBl I 269). Auch
diese Regelungen werden durch die folgenden staatsvertraglichen Regelungen verdrängt, soweit diese zeitlich
und sachlich anwendbar sind (MüKo/*Sonnenberger* Anh II Art 5 Rn 54).

2. Vorrangige staatsvertragliche Regelungen. a) Die Staatsverträge und ihr Anwendungsbereich. Die 13
wichtigsten staatsvertraglichen Regelungen sind zum einen die Genfer **Flüchtlingskonvention** (Genfer UN-Üb über die Rechtsstellung der Flüchtlinge v 28.7.51, BGBl 53 II 560, mit Zusatzprotokoll v 31.1.67,
BGBl 69 II 1294) und zum anderen die UN-**Staatenlosenkonvention** (UN-Üb über die Rechtsstellung der
Staatenlosen v 28.9.54, BGBl 76 II 474). Während bei den Staatenlosen eine andere Anknüpfung unausweichlich ist, besitzen Flüchtlinge idR noch eine Staatsangehörigkeit; doch haben sie sich von dem betreffenden Staat so entfremdet, dass eine Anknüpfung materiell nicht mehr gerechtfertigt erscheint und daher auch
hier eine Ersatzanknüpfung stattfinden muss.
Beide Abkommen knüpfen anstelle der Staatsangehörigkeit an den **Wohnsitz** an, bei den Flüchtlingen deshalb, weil sie an diesem mutmaßlich auch rechtlich nach einer neuen Heimat suchen. Die Definition des
Wohnsitzbegriffes überlassen beide Konventionen dem jeweiligen Mitgliedstaat und in Deutschland wird
darunter übereinstimmend der gewöhnliche Aufenthalt einschließlich der Hilfsanknüpfung an den schlichten
Aufenthalt (*Looschelders* Rn 13) verstanden (BTDrs 10/504 S 41; Palandt/*Heldrich* Rn 7 und 27; Erman/*Hohloch* Rn 58 und 84; *Looschelders* Rn 20 und 36). Beide Konventionen sehen im Falle eines Statutenwechsels
durch Aufenthaltswechsel auch einen Schutz wohlerworbener Rechte vor (Art 12 II Flüchtlingskonvention;
Art 12 II Staatenlosenkonvention), was insbesondere bei Eheschließungen relevant wird. Obwohl es sich um
Staatsverträge handelt, ist nach umstrittener Ansicht grds von einer Gesamtverweisung auszugehen, weil die
Konventionen keine eigenständigen Kollisionsnormen enthalten, sondern die Art 12 I nur Hilfsnormen darstellen, denen nur die Funktion zukommt, den Anknüpfungspunkt Staatsangehörigkeit in den einzelnen
Kollisionsnormen des Besonderen Teils der nationalen Kollisionsrechte einheitlich durch andere Anknüpfungspunkte zu ersetzen (MüKo/*Sonnenberger* Anh I Art 5 Rn 11; *Looschelders* Rn 15; BaRoth/*Lorenz* Rn 54;
Soergel/*Kegel* Rn 32; aA Palandt/*Heldrich* Rn 2 iVm Rn 28; Erman/*Hohloch* Rn 16; Staud/*Blumenwitz*
Rn 494). Bei der Flüchtlingskonvention sind Rück- und Weiterverweisung jedenfalls einhellig dann nach
Art 4 I 1 Hs 2 nicht zu beachten, wenn das IPR des Aufenthaltsstaats auf die Staatsangehörigkeit abstellt;
denn dies würde dem Zweck widersprechen, den Flüchtlingen die Lösung vom Heimatstaat zu ermöglichen
(Hamm IPRspr 92 Nr 144; 91 Nr 74; *Looschelders* Rn 21; BaRoth/*Lorenz* Rn 33). Entspr ist der Ausschluss des
Renvoi jedenfalls auch bei Staatenlosen geboten, wenn das IPR des Aufenthaltsstaates an die frühere Staatsangehörigkeit des Betroffenen anknüpfen würde (*Looschelders* Rn 15).

Eine Abgrenzung zwischen den beiden Staatsverträgen ist wegen dieser Übereinstimmungen entbehrlich (*Looschelders* Rn 11; BaRoth/*Lorenz* Rn 53; Staud/*Blumenwitz* Rn 485). Im Hinblick auf den nachrangigen Art 5 II ist jedoch der jeweilige Anwendungsbereich zu bestimmen:

14 Die **Flüchtlingskonvention** ist für die Bundesrepublik Deutschland am 24. 12. 53 in Kraft getreten. Eine ausführliche Definition des Flüchtlingsbegriffs findet sich in Art 1, wonach es insbesondere um Menschen geht, die ihr Land aus Furcht vor Verfolgung verlassen haben oder jedenfalls nicht zurückkehren können. Das Üb ist anwendbar auf alle internationalen Flüchtlinge, mit Ausnahme derjenigen, die sich freiwillig wieder dem Schutz ihres Heimatstaates unterstellt oder eine neue Staatsangehörigkeit erworben haben, mit Ausnahme der palästinensischen Flüchtlinge, die unter der Obhut der UN-Relief and Works Agency for Palestine Refugees in the Near East stehen, mit Ausnahme der unter Art 116 I GG fallenden volksdeutschen Flüchtlinge (s.o. Rn 6) und mit Ausnahme von Personen, gegen die der schwerwiegende Verdacht der Begehung bestimmter Verbrechen besteht (Art 1 C–F).

15 Die **Staatenlosenkonvention** ist für die Bundesrepublik Deutschland am 24. 1. 77 in Kraft getreten (BGBl 77 II 235). Als loi uniforme setzt die Konvention nicht voraus, dass der Wohnsitz des Betroffenen in einem Vertragsstaat liegt (MüKo/*Sonnenberger* Anh I Art 5 Rn 8).Von ihrem Anwendungsbereich ausgenommen sind nach Art 1 II, ebenso wie bei der Flüchtlingskonvention, die von der speziellen UN-Behörde betreute staatenlose Palästina-Flüchtlinge, staatenlose Volksdeutsche (Erman/*Hohloch* Rn 61; *Looschelders* Rn 12) und staatenlose Personen, die im schwerwiegenden Verdacht der Begehung eines Verbrechens stehen (Parallele s.o. Rn 13 f)

16 **b) Erweiterung des Anwendungsbereichs.** Über diesen autonomen Anwendungsbereich der Flüchtlingskonvention hinaus erklären nationale Regelungen sie auch auf weitere Personengruppen für anwendbar, die zwar häufig, aber nicht immer auch die Flüchtlingsvoraussetzungen der Konvention erfüllen. So ist die Konvention nach § 2 I AsylVfG anwendbar auf **Asylberechtigte**, deren Asylantrag bereits stattgegeben worden ist (BGH FamRZ 93, 47; Palandt/*Heldrich* Anh Art 5 Rn 31) und

17 nach § 3 AsylVfG auf sonstige **politisch Verfolgte**, die aufgrund einer unanfechtbaren Feststellung des Bundesamts oder eines Gerichts nach § 51 I AuslG nicht abgeschoben werden dürfen (*Looschelders* Rn 25). Während die hM für diese beiden Personengruppen, wie auch sonst bei der Flüchtlingskonvention, einen Rückgriff auf das Heimatrecht für ausgeschlossen hält (MüKo/*Sonnenberger* Art 5 Anh II Rn 94; Erman/*Hohloch* Rn 94; *Looschelders* Rn 26; Soergel/*Kegel* Rn 97) gehen andere von der Geltung eines Günstigkeitsprinzips aus (Ddorf StAZ 89, 281, 282; Palandt/*Heldrich* Anh Art 5 Rn 32; *Jayme* IPRax 84, 114, 115).

18 Eine dritte Erweiterung des personellen Anwendungsbereichs der Flüchtlingskonvention erfolgt durch § 1 I des Gesetzes über Maßnahmen für die im Rahmen **humanitärer Hilfsaktionen** aufgenommenen Flüchtlinge vom 22. 7. 80 (BGBl I 1057). Erlischt die betreffende Rechtsstellung (für die aus humanitären Gründen Aufgenommenen etwa nach § 2 a des genannten Gesetzes), so kommt es zu einem Statutenwechsel, wobei aber die nach dem Recht am „Wohnsitz" iSd gewöhnlichen Aufenthalts erworbenen Rechte nach allgemeinen kollisionsrechtlichen Grundsätzen ebenso wie bei einem Staatsangehörigkeitswechsel bestehen bleiben (*Looschelders* Rn 28; allg: Staud/*Blumenwitz* Rn 493).

19 **IV. Mehrstaater.** Mehrstaatigkeit entsteht durch das Zusammentreffen von ius-soli- und ius-sanguinis-Prinzip, durch die Ableitung der Staatsangehörigkeit von Eltern unterschiedlicher Staatsangehörigkeit usw. Um hier eine eindeutige Anknüpfung zu ermöglichen, ist zu entscheiden, welche der mehreren Staatsangehörigkeiten die für das Kollisionsrecht maßgebliche ist.

20 **1. Deutsch-Ausländer. a) Regel.** Ist eine der Staatsangehörigkeiten die **deutsche**, so ist grds nur auf diese abzuheben (Abs 1 S 2; BGH FamRZ 97, 1070, 1071), wobei auch hier der Deutschenbegriff des Art 116 I GG gilt, Statusdeutsche (s.o. Rn 6) also mit umfasst sind (*Looschelders* Rn 23; Staud/*Blumenwitz* Rn 429). Hinter diesem starren, vielfach kritisierten (vgl nur v*Hoffmann/Thorn* § 5 Rn 22) Auswahlmechanismus stehen Interessen der Rechtssicherheit und der Erleichterung der standesamtlichen Praxis; geopfert werden hierfür Erwägungen der engsten Verbindung des Sachverhalts und der internationale Entscheidungseinklang. Die praktische Bedeutung der Vorschrift hat mit der wachsenden Anzahl deutscher Doppelstaater infolge der Reform des Staatsangehörigkeitsrechts von 1999 zugenommen.

21 **b) Ausnahmen.** Ausnahmen von der Regel des Vorrangs der Deutschenstellung normieren Art 10 II und III für das **Namensstatut** und Art 14 II für das **Ehewirkungsstatut.** Wo ohnehin gewählt wird, kann auch die Auswahl unter den mehreren Staatsangehörigkeiten dem oder den Betroffenen überlassen bleiben.

22 Soweit das **Güterrechtsstatut** wählbar ist (Art 15 II), ist dementsprechend nach richtiger Ansicht auch ohne ausdrückliche Erwähnung im Gesetzestext ebenfalls von der Unabhängigkeit der Wahlmöglichkeiten von I 2 auszugehen (MüKo/*Siehr* Art 15 Rn 28; Palandt/*Heldrich* Art 15 Rn 22; Erman/*Hohloch* Art 15 Rn 26; BaRoth/*Otte* Art 15 Rn 21; Soergel/*Schurig* Rn 18; aA v*Hoffmann/Thorn* § 8 Rn 40 *Looschelders* Art 15 Rn 35; Staud/v *Bar/Mankowski* Art 15 Rn 133 ff). Dasselbe muss für die Bestimmung des **Namensstatuts** nach dem Heimatrecht des Namensträgers (Art 10 I) gelten, das zwar nicht positiv gewählt werden muss, aber durch Wahl eines Heimatrechts der Eltern letztlich abgewählt werden kann, insbesondere im EG-Kontext, wenn andernfalls durch die starre Anknüpfung europäischer Entscheidungseinklang unter Verletzung der Freizü-

gigkeit verhindert würde; Angehörigen mehrerer EG-Staaten dürfte darüber hinaus auch hinsichtlich anderer **Statusfragen** eine Wahl zwischen ihren Staatsangehörigkeiten zu überlassen sein, so dass Art 5 I 2 insoweit als abdingbar gelten muss (*Mörsdorf-Schulte* IPRax 04, 323 zu EuGH ebenda 339 – Garcia Avello).
Aber auch, wo keine Wahlmöglichkeit eröffnet ist, wird angesichts der o.g. Kritik (s Rn 20) eine **teleologische** 23 **Reduktion** des I 2 in Betracht gezogen, und zwar generell dann, wenn der Betroffene wesentlich engere Beziehungen zu seinem ausländischen Heimatstaat hat (*Benicke* IPRax 00, 171, 179; aA *Looschelders* Rn 25) oder jedenfalls wenn jegliche **Verbindung zu Deutschland fehlt** (*Looschelders* Rn 25; *Mansel* Rn 272; aA Hamm IPRspr 93 Nr 77; Erman/*Hohloch* Rn 6; vHoffmann/*Thorn* § 5 Rn 22 *Kegel/Schurig* § 13 II 5) oder generell bei **Alternativanknüpfungen**, um dem Begünstigungseffekt zur größtmöglichen Wirkung zu verhelfen (MüKo/*Sonnenberger* Rn 14; Palandt/*Heldrich* Rn 4; aA Erman/*Hohloch* Rn 7; *Looschelders* Rn 28; *Dethloff* JZ 64, 70) oder wenn, wie bei in Deutschland geborenen Kindern ausländischer Eltern nach §§ 4 III, 29 StAG, eine bloße „Staatsangehörigkeit auf Zeit" (immerhin für die prägenden ersten 23 Lebensjahre!) vorliegt (Palandt/*Heldrich* Rn 3; BaRoth/*Lorenz* Rn 8; dagegen zu Recht LG Karlsruhe StAZ 01, 111; MüKo/*Sonnenberger* Rn 14; *Looschelders* Rn 26).

2. Mehrere ausländische Staatsangehörigkeiten. Die Auswahl zwischen mehreren ausländischen Staatsan- 24 gehörigkeiten ist nach I 1 nach der sog **Effektivität** zu treffen: Es kommt darauf an, mit welchem Staat die Person am engsten verbunden ist, wobei der Gesetzestext unter der zu berücksichtigenden Gesamtheit der **Umstände des Einzelfalles** (BaRoth/*Lorenz* Rn 6) als Indizien den gewöhnlichen Aufenthalt und den Verlauf ihres Lebens hervorhebt. Liegt der gewöhnliche Aufenthalt in einem der Heimatstaaten so wird dies idR den Ausschlag geben (BGHZ 75, 33, 39), nicht aber immer, etwa dann nicht, wenn der gewöhnliche Aufenthalt auf berufliche Gründe gestützt wird, die Familienbindung aber zum anderen Heimatstaat enger ist (MüKo/*Sonnenberger* Rn 5). Ob mit dem Verlauf des Lebens nur der bisherige Verlauf oder auch ein künftig geplanter Verlauf (so BRDrs 222/83 41; BTDrs 10/504 41; Palandt/*Heldrich* Rn 2; *Looschelders* Rn 21; aA *Dörner* StaAZ 90, 1, 2) gemeint ist, ist umstritten. Jedenfalls muss die Entscheidung nach objektiven Kriterien erfolgen, um dem Betroffenen auf diesem Wege nicht letztlich eine von I 1 nicht vorgesehene Rechtswahlmöglichkeit einzuräumen (MüKo/*Sonnenberger* Rn 6; *Mansel* Rn 180 ff; *Lüderitz* Rn 114). Subjektive Momente wie Heimatgefühl oder Rückkehrabsichten können aber zur Verstärkung der objektiven Momente herangezogen werden (*Mansel* IPRax 85, 209, 211 f; *ders* Rn 218). Wichtige Indizien sind kulturelle Prägung und Sprache, berufliche und private Verbindungen einschl Beziehung zu einem Elternteil, Ausübung und Erfüllung staatsbürgerlicher Rechte wie des Wahlrechts und Pflichten wie der Wehrpflicht und der Steuerpflicht sowie ggf die Gründe für den jeweiligen Erwerb der Staatsangehörigkeit (München FamRZ 94, 634; MüKo/*Sonnenberger* Rn 5; Erman/*Hohloch* Rn 4; *Looschelders* Rn 21; BaRoth/*Lorenz* Rn 6; *Dörner* StAZ 90, 1, 2; *ders* HK Rn 5; *Mansel* IPRax 85, 209, 211).
Lässt sich **nicht feststellen**, welche Staatsangehörigkeit die effektive ist, so ist analog II auf den gewöhnlichen 25 Aufenthalt zurückzugreifen (Frankf FamRZ 94, 715, 716; MüKo/*Sonnenberger* Rn 6; *Looschelders* Rn 22; Erman/*Hohloch* Rn 5).
EG-Mehrstaater können hinsichtlich des Namens und anderer **Statusfragen** zwischen ihren Staatsangehörig- 26 keiten wählen, so dass Art 5 I 1 insoweit als abdingbar gelten muss (*Mörsdorf-Schulte* IPRax 04, 323 zu EuGH ebenda 339 – Garcia Avello).

3. Mehrstaatigkeit bei Staatsverträgen und im Verfahrensrecht. Als Regel des autonomen IPR findet Art 5 27 I keine Anwendung in Bezug auf **staatsvertragliche Kollisionsnormen**, im Hinblick auf die geringe rechtspolitische Zustimmung zu S 2, dessen Begünstigung der lex fori iÜ dem staatsvertraglichen Vereinheitlichungszweck zuwiderlaufen würde (*Mansel* Rn 271, 482 ff), auch nicht analog (MüKo/*Sonnenberger* Rn 12; BaRoth/*Lorenz* Rn 10; v Bar/*Mankowski* § 7 Rn 120; aA Palandt/*Heldrich* Anh Art 24 Rn 19; Erman/*Hohloch* Rn 8). I gilt grds nur für das Kollisionsrecht nicht für das Internationale Verfahrensrecht (BTDrs 10/504 41; 28 BGHZ 118, 312, 328; Palandt/*Heldrich* Rn 5; Erman/*Hohloch* Rn 9). Knüpft die **internationale Zuständigkeit** an die Staatsangehörigkeit an, so stellt sich bei Mehrstaatigkeit das Auswahlproblem der maßgeblichen Staatsangehörigkeit deshalb nicht in der beim Kollisionsrecht vorgefundenen Weise, weil konkurrierende Zuständigkeiten nicht von vornherein ausgeschlossen sind. Vielmehr ist Zuständigkeit wegen des grundsätzlichen Gleichrangs aller Staatsangehörigkeiten im Internationalen Verfahrensrecht (*Looschelders* Rn 29) bereits dann gegeben, wenn eine der Staatsangehörigkeiten die deutsche ist (BGH FamRZ 97, 1070, 1071; BayObLG FamRZ 97, 959, 960 *Rauscher* S 51; aA KG FamRZ 98, 440: keine Zuständigkeit, wenn die ausländische Staatsangehörigkeit die effektive ist). Eine Anwendung des I 2 lässt sich in der Anknüpfung an die nicht effektive deutsche Staatsangehörigkeit nicht sehen, zumal der BGH ausdrücklich auf verfassungsrechtliche Erwägungen abgestellt hat.

C. Aufenthalt. I. Gewöhnlicher Aufenthalt. 1. Definition. a) Objektive Festlegung. Der gewöhnliche Auf- 29 enthalt setzt wie das im anglo-amerikanischen Rechtskreis beliebte Anknüpfungsmoment des „**domicile**" eine dauerhafte heimatliche Verbundenheit (Hamm FamRZ 92, 551, 552; Erman/*Hohloch* Rn 59; *Looschelders* Rn 15) mit dem betreffenden Ort voraus. Gewöhnlicher Aufenthalt ist vielmehr der Ort, an dem eine Person ihren **tatsächlichen** Daseinsmittelpunkt hat (BGH NJW 93, 2047, 2048; 75, 1068; Z 78, 293, 295; Palandt/*Heldrich* Rn 10; Erman/*Hohloch* Rn 47). Das Dasein wird insbesondere durch die Einbindung in Familie und Beruf bestimmt. Bei Auseinanderfallen von Wohnort und Arbeitsort gibt bei täglichen oder wöchentlichen Pendlern der Wohnort den Ausschlag, bei selteneren Heimaturlauben der Arbeitsort (*Looschelders* Rn 8; *Spickhoff* IPRax 95, 185). Gewöhnlich ist ein Aufenthalt ab ca 6–12 Monaten (Erman/*Hohloch* Rn 48).

30 **b) Subjektive Erwägungen.** Auch wenn ein rechtsgeschäftlicher Wille zur Begründung oder Beibehaltung des gewöhnlichen Aufenthalts nicht erforderlich ist (BGH NJW 93, 2047, 2048), sind **subjektive** Elemente nicht ohne Bedeutung: So ist etwa sofort ein neuer gewöhnlicher Aufenthalt begründet, wenn ein Aufenthaltswechsel auf einen längeren Zeitraum angelegt ist (BGHZ 78, 293, 295). Auch lässt die zeitweilige Entfernung den gewöhnlichen Aufenthalt unberührt, wenn Rückkehrwille besteht (BGH NJW 93, 2047, 2048; 75, 1068). Ist der Aufenthalt durch Inhaftierung, Kriegsgefangenschaft oder Verschleppung erzwungen worden, so handelt es sich idR nicht um einen gewöhnlichen Aufenthalt iSd Art 5 (Koblenz FamRZ 98, 756; Köln FamRZ 96, 946, 947; Palandt/*Heldrich* Rn 10; Staud/*Blumenwitz* Rn 466; aA *Raape/Sturm* S 130).

31 **c) Eindeutigkeit.** Um als Anknüpfungspunkt für die kollisionsrechtliche Beurteilung brauchbar zu sein, muss der gewöhnliche Aufenthalt **eindeutig** sein (*Looschelders* Rn 8). Die Annahme eines doppelten gewöhnlichen Aufenthalts (so Soergel/*Kegel* Rn 49; *Spickhoff* IPRax 95, 185, 189) ist daher nicht sachdienlich; der Schwerpunkt ist vielmehr eindeutig auszuermitteln. Selbst für ein Kind, das bei Trennung der Eltern einen Doppelwohnsitz erwirbt, soll ein eindeutiger Schwerpunkt der persönlichen Bindungen ermittelbar sein (Bremen FamRZ 92, 962, 963), was nicht für alle Fälle überzeugt.

32 **2. Einzelfälle.** Auch **Asylbewerber** haben bei entspr Dauer des Aufenthalts ihren gewöhnlichen Aufenthalt in Deutschland, solange eine Abschiebung nicht konkret absehbar ist (Koblenz FamRZ 98, 536; Bremen FamRZ 92, 962, 963; Nürnberg FamRZ 89, 1304; *Spickhoff* IPRax 90, 225), was aber nicht schon aufgrund einer Ablehnung des Asylantrags der Fall ist (*Looschelders* Rn 10). Der gewöhnliche Aufenthalt von **Kindern** leitet sich – anders als der Wohnsitz nach § 11 BGB – nicht von demjenigen der Eltern ab, sondern ist selbstständig zu bestimmen (BGH NJW 81, 520; Ddorf FamRZ 99, 112; KG FamRZ 98, 440, 441; Bremen FamRZ 92, 963; Palandt/*Heldrich* Rn 10). III schließt allerdings für den Sonderfall der Verlegung des gewöhnlichen Aufenthalts ohne den Willen des gesetzlichen Vertreters (s Rn 33) die Wandelbarkeit aus, so dass grds nur der konsentierte gewöhnliche Aufenthalt relevant ist.

33 **3. Wandelbarkeit.** Mit dem Ausschluss der Wandelbarkeit bei Aufenthaltswechsel ohne den Willen des gesetzlichen Vertreters zielt III nicht auf eigensinnige Kinder oder Volljährige unter Betreuung ab sondern auf die internationale **Kindesentführung** durch den anderen Elternteil (BTDrs 10/504 42), der durch Begründung eines anderen gewöhnlichen Aufenthalts auch eine veränderte zuständigkeits- und kollisionsrechtliche Lage anstreben mag. Bei gemeinsamem Sorge- oder Aufenthaltsbestimmungsrecht ist III schon dann anwendbar, wenn der Aufenthalt des Kindes ohne den Willen auch nur eines Elternteils verändert wird (BTDrs 10/504 S 42; Palandt/*Heldrich* Rn 11; *Looschelders* Rn 41). III flankiert die mit Hilfe des Haager Üb über die zivilrechtlichen Aspekte internationaler Kindesentführung (dazu Art 21 Rn 8) erzwingbare Rückführung des Kinders. Als Vorschrift des autonomen IPR findet III zwar nicht im Rahmen der praktisch besonders wichtigen Vorschriften der Art 1 und 2 MSA und Art 3 und 4 EheVO nF Anwendung, doch gelten dort richterrechtlich die gleichen Grundsätze (MüKo/*Sonnenberger* Rn 39). III schließt nicht völlig aus, dass sich an dem Ort, an dem sich die nicht vollgeschäftsfähige Person befindet, überhaupt ein kollisionsrechtlich relevanter Aufenthalt begründen ließe; nur soll die Aufenthaltsveränderung *allein* entgegen I (s.o. Rn 29) nicht ausreichen, sondern es muss darüber hinaus tatsächlich bereits eine feste und dauerhafte Bindung an die neue soziale Umwelt entstanden sein (MüKo/*Sonnenberger* Rn 40; BaRoth/*Lorenz* Rn 15), wovon man in Anlehnung an das Kindesentführungsüb nach einer Zeit von 6 Monaten bis zu 1 Jahr ausgehen kann (*Looschelders* Rn 43; Staud/*Blumenwitz* Rn 502). Geschäftsfähigkeit und gesetzliche Vertretungsmacht sind selbständig anzuknüpfende Vorfragen (BRDrs 222/83 S 42; BTDrs 10/504 S 42).

34 **II. Schlichter Aufenthalt.** Der schlichte Aufenthalt hat weder ein zeitliches Moment noch setzt er besondere Beziehungen zu dem Ort voraus, doch reichen ganze flüchtige Kontakte, wie etwa die bloße Durchreise, nach hM nicht aus (Erman/*Hohloch* Rn 57; *Looschelders* Rn 13; Staud/*Blumenwitz* Rn 468; Soergel/*Kegel* Rn 60; aA v Bar/*Mankowski* § 7 Rn 30). Ob der Fundort einer Leiche einen sicheren Schluss auf den letzten Aufenthalt des Verstorbenen zulässt, ist umstritten (dafür KG FamRZ 68, 489; Soergel/*Kegel* Rn 60; dagegen Erman/*Hohloch* Rn 57; *Looschelders* Rn 13) und dürfte richtigerweise von den Einzelfallumständen abhängen.

Art. 6 Öffentliche Ordnung (ordre public)

[1]Eine Rechtsnorm eines anderen Staates ist nicht anzuwenden, wenn ihre Anwendung zu einem Ergebnis führt, das mit wesentlichen Grundsätzen des deutschen Rechts offensichtlich unvereinbar ist. [2]Sie ist insbesondere nicht anzuwenden, wenn die Anwendung mit den Grundrechten unvereinbar ist.

1 **A. Einführung. I. Allgemeine und spezielle Vorbehaltsklauseln.** Art 6 schreibt vor, dass die Ergebnisse von Auslandsrechtsanwendungen generell noch einer letzten Überprüfung bedürfen. Diese Überprüfung

Öffentliche Ordnung (ordre public)　　　　　　　　　　　　　　　　　　　　　　　　　　　　Art 6

erfolgt anhand des deutschen ordre public und findet erst nach Abschluss der kollisions- und sachrechtlichen Rechtsanwendung statt, die insbesondere etwaige Notwendigkeiten einer Anpassung (dazu s.o. Art 3 Rn 67 f) bereits einschließt (Saarbr OLGZ 65, 366; Palandt/*Heldrich* Rn 5; *Looschelders* Rn 12 – Vorrang der Anpassung). Maßstab sind die **wesentlichen Grundsätze** des deutschen Rechts, die sich insbesondere in den Grundrechten niederschlagen. Die zunächst unbesehene Anwendung ausländischer Rechtsnormen erfolgt unter dem **Vorbehalt** der Vereinbarkeit des Verweisungsergebnisses mit der nicht nur intern, sondern international unverzichtbaren inländischen öffentlichen Ordnung, die als ordre public bezeichnet wird (*Niemeyer*, Das internationale Privatrecht des BGB, 1901, S 96; *Savigny*, System des heutigen Römischen Rechts Bd I–VIII, 1814–49, 2. Neudruck 1981, S 32). Art 6 wird daher auch als „allgemeine Vorbehaltsklausel" bezeichnet. Er bildet das Korrektiv zu den internationalprivatrechtlichen Kollisionsnormen, die selbst nicht auf den materiellrechtlichen Inhalt des ausländischen Rechts blicken (MüKo/*Sonnenberger* Rn 2). Art 6 soll verhindern, dass der deutsche Rechtsanwender aus deutscher Sicht völlig unannehmbare Vorstellungen eines ausländischen Gesetzgebers im Wege ihrer Durchsetzung in Deutschland in soziale Realität umsetzen muss (*v Bar/Mankowski* § 7 Rn 265 mwN). Diese Umsetzung ist umso untragbarer, je intensiver die **Inlandsbeziehung** des Falles ist (BGHZ 118, 312, 349; 28, 375, 385; MüKo/*Sonnenberger* 82 ff; Palandt/*Heldrich* Rn 6; Soergel/*Kegel* Rn 7; v*Hoffmann/Thorn* § 6 Rn 152; *Kegel/Schurig* § 16III2b), was neben der Abweichung des Ergebnisses von deutschen Rechtsgrundsätzen die zweite wichtige Voraussetzung der ordre-public-Prüfung darstellt, wenn auch der Gesetzgeber versäumt hat, dies ausdrücklich in den Tatbestand aufzunehmen. Die Wesentlichkeit der Grundsätze, die Erheblichkeit der Abweichung und das Ausmaß der Inlandsbeziehung stehen gleichsam in einem beweglichen System zueinander. Damit durch ein überstarkes **Korrektiv** nicht die, auf dem Axiom der Gleichwertigkeit aller Rechtsordnungen beruhende Idee des IPR ausgehöhlt wird, darf von der Verwerfung nach Art 6 nur zurückhaltend Gebrauch gemacht werden; darauf weist der Gesetzestext mit der Forderung „**offensichtlicher**" Unvereinbarkeit hin (Palandt/*Heldrich* Rn 4; *Looschelders* Rn 10, 17). Ein offensichtlicher Verstoß liegt vor, „wenn das Ergebnis der Anwendung in einer besonders schwerwiegenden Weise dem Sinn und Zweck der deutschen Regelung widerspricht" (BGHZ 50, 370, 375; 75, 32, 43, ähnl 104, 240, 243).

Das EGBGB kennt daneben eine Reihe **spezieller Vorbehaltsklauseln**, die gewisse Verstöße gegen den ordre 2 public typisieren, indem sie idR zum einen den wesentlichen Grundsatz benennen und festlegen und zum anderen konkretisieren, wann eine ausreichende Inlandsbeziehung gegeben ist. Einen Rückgriff auf die allgemeine Vorbehaltsklausel des Art 6 für ähnlich gelagerte Fälle schließen sie nicht aus (Palandt/*Heldrich* Rn 10, Erman/*Hohloch* Rn 10). Bspe sind Art 13 II, III S 1, 17 I 2, II, III 2, 17b IV und 40 III.

Ausländische Vorbehaltsklauseln werden im Rahmen einer Gesamtverweisung überwiegend für anwendbar 3 gehalten (Frankf IPRax 91, 403; Karlsr FamRZ 70, 251, 253; LG Hannover FamRZ 69, 668, 669 f; Palandt/*Heldrich* Rn 6; *Kegel/Schurig* § 10 VI; *Looschelders* Rn 14, *Raape/Sturm* S 220 f; aA BaRoth/*Lorenz* Rn 18; *K Müller* RabelsZ 36 (1972) 60, 68). Dies erscheint zwar im Hinblick auf den Gedanken des Vorbehalts und des internationalen Entscheidungseinklangs konsequent. Im Hinblick auf die Nähe des Eingreifens des Vorbehalts zur Tätigkeit des Gerichts als Staatsorgan, die ja nur bei dem tatsächlichen Forum, nicht aber dem hypothetisch mit dem Fall befassten ausländischen, ohnehin möglicherweise gar nicht zuständigen Gericht vorliegt, ist die Anwendung ausländischer Vorbehaltsklauseln indes entbehrlich und widerspricht auch dem Umstand, dass nach dem Gesetzestext nur das Ergebnis Gegenstand der Überprüfung ist, nicht aber die zu seiner Erzielung angewandten einzelnen Normen. Die genannte Ansicht korrigiert sich denn auch jedenfalls bei aus Sicht des berufenen Rechts ordre-public-widriger Rückverweisung, die sie idR dennoch annimmt (MüKo/*Sonnenberger* Rn 74; *Looschelders* Rn 14), und indem sie weitere Reduktionen für erforderlich hält (s MüKo/*Sonnenberger* Rn 75 f).

Abzugrenzen sind Vorbehaltsklauseln insbesondere von sog **Eingriffsnormen**, dh zwingenden Vorschriften 4 iSd Art 34 (dazu Art 3 Rn 29; Art 34 Rn 1 f). Während letztere einzelne, besonders wichtige deutsche Regelungen entgegen der regulären kollisionsrechtlichen Wertung positiv zur Anwendung bringen, wehren die ordre-public-Klauseln negativ ausländische Regelungen ab, die zu einem nach den Grundsätzen des deutschen Rechts schlechthin untragbaren Ergebnis führen.

II. Anwendungsbereich. Art 6 gilt im Prinzip ebenso für das autonome (Begriff oben Art 3 Rn 14) wie für 5 das **staatsvertragliche IPR**, wobei Staatsverträge häufig eigene Regelungen zum ordre public enthalten, die dem Art 6 vorgehen. IÜ muss durch Auslegung des betreffenden Staatsvertrages festgestellt werden, ob die Vertragsstaaten den Rückgriff auf die jeweiligen nationalen Vorbehaltsklauseln zulassen oder diese generell ausschließen wollten (Staud/*Blumenwitz* Rn 52 f). Auch im letzteren Falle dürfen allerdings die Grundrechte nicht verletzt werden (*Raape/Sturm* S 222).

Für die **Anerkennung ausländischer Entscheidungen** gilt nicht Art 6, sondern die verfahrensrechtlichen 6 Parallelvorschriften in den §§ 328 I Nr 4 ZPO, 16a Nr 4 FGG, 1059 II Nr 2 b iVm 1060 S 1 ZPO, Art 34 Nr 1 EuGVO, Art 23 Buchst a EheVO nF, 27 Nr 1 EuGVÜ und LugÜ, 102 I Nr 2 EuInsVO sowie Art V II UN-Üb über die Anerkennung und Vollstreckung ausländischer Schiedssprüche. Der anerkennungsrechtliche ordre public umfasst neben materiellrechtlichen Fragen, deren Beurteilung sich an denselben Kriterien wie Art 6 orientiert (BGHZ 140, 395, 397; 118, 313, 330), auch prozessrechtliche Normen, auf deren Grundlage die in Rede stehende Entscheidung zustandegekommen ist (BGH RIW 00, 797; NJW 90, 2201; Z 53, 357, 359; 48, 327, 332; *Looschelders* Rn 8 f; Staud/*Blumenwitz* Rn 83; *Kegel/Schurig* § 16 III 3), ist andererseits aber

gegenüber dem materiellrechtlichen ordre public des Art 6 insgesamt abgeschwächt (ordre public atténué).
7 Im Zusammenhang mit Art 13 I HZÜ, wonach die Erledigung eines Zustellungsantrags abgelehnt werden kann, wenn der ersuchte Staat sie für geeignet hält, seine Hoheitsrechte oder seine Sicherheit zu gefährden, ist gelegentlich auch vom **zustellungsrechtlichen** ordre public die Rede (Kobl IPRax 06, 25, 35/36). Die Prüfung ist hier aber noch weiter abgeschwächt (München NJW 89, 3102, 3102 f): Es soll nicht der gesamte unverzichtbare Teil der eigenen Rechtsordnung, sondern nur deren innerster, politischer Kern geschützt werden (BVerfG NJW 95, 649), ohne dass bisher eine klare Definition vorläge (Frankf NJW-RR 02, 357). Wegen der Grundrechtsbindung der um Zustellung ersuchten Zentralen Behörde gehören dazu jedenfalls die Grundrechte (Kobl IPRax 06, 25, 35), der Verstoß gegen Völkerrecht (BVerfG 63, 343, 371 f) und ggf auch die missbräuchliche Inanspruchnahme staatlicher Gerichte, um mit publizistischem Druck und dem Prozessrisiko einen Marktteilnehmer gefügig zu machen (BVerfGE 108, 238, 248, krit *Huber* Jayme-FS 04, Bd I S 561, 568). Entsprechendes gilt für den Vorbehalt bei Rechtshilfe für Beweiserhebungen im Ausland nach Art 12 I b HBÜ (Kobl IPRax 06, 25, 37).
8 Gegenüber den Rechten anderer **EU-Staaten** ist die ordre-public-Klausel ebenso anzuwenden wie gegenüber Drittstaaten; denn eine allgemeine Parallelität der Rechtspolitik ist nicht angestrebt (MüKo/*Sonnenberger* Rn 28 und 79; *Spickhoff* S 90). Umgekehrt kann der ordre public nicht als Vehikel genutzt werden, um in mit der Umsetzung in Verzug befindlichen Mitgliedstaaten dem EG-Recht zur Geltung zu verhelfen, das im Übrigen über eigenständige Durchsetzungsmechanismen verfügt (MüKo/*Sonnenberger* Rn 79; Einl IPR Rn 222; zu EG-Recht als Bestandteil des deutschen ordre public aber s.u. Rn 10 f).

9 **B. Prüfungsmaßstab. I. Wesentliche Grundsätze des deutschen Rechts. 1. Umfang.** Bei den „wesentlichen Grundsätzen des deutschen Rechts" handelt es sich um grundlegende Gerechtigkeitsvorstellungen, die den „Kernbestand" des inländischen Rechts bilden (BTDrs 10/40504, 42; Erman/*Hohloch* Rn 11; *Looschelders* Rn 13). Dieser Kernbestand umfasst Grundsätze, die sich aus staatlicher Rechtssetzung ergeben (herkömmlich bezeichnet als „Zweck eines deutschen Gesetzes") oder aus gesellschaftlichen Wertungen (herkömmlich bezeichnet als „gute Sitten") (BTDrs 10/504 S 43; BRDrs 222/83 S 43 jeweils iVm Art 30 aF; MüKo/*Sonnenberger* Rn 49, 64 ff). Letztere sind außerhalb des Rechts vorgefundene Wertmaßstäbe, wie sie auch von sachrechtlichen Generalklauseln wie § 138 BGB in Bezug genommen werden (MüKo/*Sonnenberger* Rn 49); als Abwehrgrundsätze gegen ausländisches Recht haben sie angesichts fortgeschrittener Verrechtlichung nur noch geringe praktische Bedeutung und unterliegen im Vergleich mit der sachrechtlichen Sittenwidrigkeit Einschränkungen durch das Erfordernis des Inlandsbezuges und der Erheblichkeit des Verstoßes, während subjektive Momente hier jedenfalls irrelevant sind (MüKo/*Sonnenberger* Rn 65, 81). Eine hohe „Grundwertehaltigkeit" haben im allgemeinen Normen, die Ausdruck der Menschenwürde oder der Umsetzung der in den Grundrechten zum Ausdruck kommenden objektiven Wertungen oder von Zielen wie Kindeswohl (vgl Hamm v 13.7.00, berichtet von *Thorn* IPRax 02, 352), Minderjährigenschutz (VG Berlin IPRspr 02 Nr 69) oder allgemeinem Persönlichkeitsschutz (Stuttg IPRax 02, 128 m Aufs *Henrich* 118 f) dienen (MüKo/*Sonnenberger* Rn 62).
10 Ob die als unverzichtbar angesehenen Wertentscheidungen **nationalem, europäischem oder internationalem** Rechtsdenken entstammen, ist grds gleichgültig (MüKo/*Sonnenberger* Rn 58). Um Bestandteil des ordre public zu sein, müssen völkerrechtliche Grundprinzipien oder Wertungen aber – sei es über Art 25, sei es kraft Transformation eines Staatsvertrages – als innerstaatliches Recht gelten; einen darüber hinausgehenden „internationalen" ordre public kennt das deutsche IPR nicht (*Looschelders* Rn 16).
11 Umstritten ist, ob EG-Richtlinien bereits vor ihrer Umsetzung zum ordre public gezählt werden können (dafür *Kropholler* § 36 IIIc, IV; dagegen zu Recht Palandt/*Heldrich* Rn 8; Erman/*Hohloch* Rn 23, *Looschelders* Rn 15). Verstieße die Durchsetzung der Wertung des deutschen Rechts gegen **Prinzipien des EG-Rechts,** so kann das nationale Recht insoweit nicht zum ordre public gezählt werden (BGHZ 123, 268, 279 zu Art 27 EuGVÜ). Denkbar ist eine Anreicherung des deutschen ordre public aufgrund des EG-rechtlichen Kontextes bestimmter Grundsätze in dem Sinne, dass diese an Wesentlichkeit (s.o. Rn 9) gewinnen dadurch, dass sie gemeinschaftsrechtlich vorgegeben sind und ihre Beachtung damit eine zusätzliche, integrationsbezogene Dimension erhält.

12 **2. Zeitpunkt.** Die wesentlichen Grundsätze des deutschen Rechts sind wandelbar und können sich auch bei unveränderter Gesetzeslage durch Veränderung der Gewichtung ändern. Für Art 6 sind die zum **Zeitpunkt der Entscheidung** maßgebenden Grundsätze heranzuziehen (BGH IPRax 90, 55; 92, 380; Hamb IPRspr 92 Nr 153, jeweils zum anerkennungsrechtlichen ordre public, s.o. Rn 6; MüKo/*Sonnenberger* Rn 57; Erman/*Hohloch* Rn 15; *Looschelders* Rn 20; *Kegel/Schurig* § 16 V; aA BGH NJW-RR 05, 1071: Vertragsabschlusszeitpunkt).

13 **II. insbesondere die Grundrechte.** Bei den Grundrechten handelt es sich um besonders hervorgehobene Wertentscheidungen der Verfassung (MüKo/*Sonnenberger* Rn 49). Jeder Verstoß gegen sie tangiert den ordre public (BGHZ 120, 29, 34; BTDrs. 10/504 44), weshalb der Gesetzgeber in S 2 auf das Merkmal der „Offensichtlichkeit" verzichtet hat. Ob unter S 2 auch völkerrechtliche Normen fallen, deren Grundwertegehalt sich Deutschland durch Ratifizierung zueigen gemacht hat, zB die EMRK, ist umstritten (so MüKo/*Sonnenberger* Rn 50; Erman/*Hohloch* Rn 21; *Looschelders* Rn 32; aA Palandt/*Heldrich* Rn 7), für die Praxis aber ohne besondere Relevanz. Im Rahmen des Art 6 sind bisher vor allem Art 3 und 6 GG angewandt worden.

Öffentliche Ordnung (ordre public) Art 6

C. Verstoß. I. Ergebnis als Prüfungsgegenstand. Der so ermittelte Prüfungsmaßstab ist sodann anzuwenden auf das **Ergebnis** der Rechtsanwendung (BTDrs 10/504, 43; Palandt/*Heldrich* Rn 5; *Looschelders* Rn 11; Staud/*Blumenwitz* Rn 86). Dieses ist im Lichte der Wertungen des anwendbaren Rechts zu betrachten (*Dörner* IPRax 94, 33, 35), die aber nur insoweit interessieren, als sie sich im Einzelfallergebnis niederschlagen (*Looschelders* Rn 12). So mag die abstrakte Norm ordre-public-widrig erscheinen, das konkrete Subsumtionsergebnis aber hinnehmbar sein, zB im Falle des einseitigen gegenüber der Frau ausgesprochenen Talaq, wenn die Frau einwilligt und/oder ein Scheidungsgrund nach deutschem Recht vorliegt (Hamm IPRspr 94 Nr 83; Koblenz IPRspr 92, 236; Justizministerium NW IPRspr 91 Nr 216; MüKo/*Sonnenberger* Rn 47) oder im Falle einer Sorgerechtsverteilung nach iranischem Recht, die in casu dem Kindeswohl entspricht (BGH IPRspr 93, Nr 6 aE). Auch eine polygame Ehe ist nicht als solche zu verwerfen, sondern die Bewertung muss sich auf die konkreten Rechtswirkungen im Einzelfall beziehen: Steht einer Heirat im Inland unter Mitwirkung des Standesbeamten der ordre public entgegenstehen (MüKo/*Coester* Art 13 Rn 70), so gilt dies idR nicht auch für die Herleitung vermögensrechtlicher Wirkungen aus einer wirksam geschlossenen polygamen Ehe (MüKo/*Birk* Art 25 Rn 115). An der Maßgeblichkeit nur des Ergebnisses liegt es auch, dass die ordre-public-Widrigkeit bei der Beurteilung einer Vorfrage für Art 6 letztlich weniger Bedeutung hat als diejenige der Hauptfrage (MüKo/*Sonnenberger* Rn 88).

II. Inlandsbezug. Weist der Sachverhalt im Entscheidungszeitpunkt (Hamm IPRspr 60–61 Nr 115; LG Regensburg IPRspr 54–55 Nr 120; MüKo/*Sonnenberger* Rn 86) keine über den deutschen Gerichtsstand hinaus gehende Beziehung zum Inland auf, so ist S 1 unanwendbar (Hamm IPRax 82, 194, 197; Palandt/*Heldrich* Rn 6; *Kegel/Schurig* § 16III2b; *Looschelders* Rn 18; Soergel/*Kegel* Rn 27). Denn ob ein Verstoß vorliegt, kann nicht absolut, sondern nur relativ, dh bezogen auf alle Umstände des zu entscheidenden Falles beurteilt werden (BGH NJW 65, 1664; Z 22, 162, 163; RGZ 119, 259, 263; BayObLGZ 69, 70, 79 ff; Erman/*Hohloch* Rn 14; Soergel/*Kegel* Rn 26): Der Sachverhalt muss in räumlicher, sachlicher und zeitlicher Hinsicht so enge Beziehungen zur gegenwärtigen deutschen Rechtsordnung und damit zu deren ordre public aufweisen, dass die Hinnahme der Rechtsfolge unerträglich erscheint (MüKo/*Sonnenberger* Rn 78). Man spricht auch von „Relativität des ordre public".

Die Inlandsbeziehung ist nach hM auch dann nicht entbehrlich, wenn es um die Verletzung von Grundrechten geht (BGHZ 120, 29, 34; MüKo/*Sonnenberger* Rn 85; aA wegen Art 1 III GG *Looschelders* Rn 18 und RabelsZ 65 (2001) 476; *Spickhoff* S 125; *Raape/Sturm* S 217), wobei aber die Bedeutung der deutschen Entscheidung für den Grundrechtsverstoß in die Beurteilung der **im Einzelfall** bestehenden Inlandsbeziehung einfließen kann und andererseits auch zu berücksichtigen ist, dass möglicherweise Grundrechten bei starkem Auslandsbezug schon verfassungsrechtlich eine andere Wirkung zukommt (BGHZ 63, 219, 226; *Looschelders* Rn 26; *Dörner* Sandrock-FS 2000, 205, 208; Deutungsansatz von BVerfGE 31, 86 und NJW 91, 1600 durch MüKo/*Sonnenberger* Rn 85). Bei der Verletzung von Normen mit völkerrechtlicher Grundlage, etwa der EMRK, kann als Inlandsbezug ausreichen, wenn Deutschland sich bei Anwendung einer ausländischen Vorschrift völkerrechtlichen Sanktionen aussetzt (MüKo/*Sonnenberger* Rn 85). Entspr erscheinen bei auf EG-Recht beruhenden Anteilen des ordre public hinsichtlich der Inlandsbeziehung Modifikationen angebracht, wenn der Fall eine intensive Beziehung zu einem anderen EG-Staat hat; eine abzulehnende (MüKo/*Sonnenberger* Rn 87; Einl IPR Rn 224) Gleichsetzung des EG-Auslandes mit dem Inland liegt hierin nicht.

Eklatante Verletzungen der **Menschenrechte** sind nach allgemeiner Ansicht niemals hinnehmbar (*Looschelders* Rn 26; Staud/*Blumenwitz* Rn 119).

D. Sanktion: Ergebniskorrektur. Art 6 schreibt als Rechtsfolge die Nichtanwendung einer ausländischen Rechtsnorm vor. Wie die hierdurch entstandene Lücke zu füllen ist, bleibt offen. Nach hM ist hierfür auf das ausländische Recht selbst zurückzugreifen, hilfsweise auf deutsches Recht (BGHZ 120, 29, 37; RGZ 106, 82, 85 f; Hamm FamRZ 93, 111, 116), nach aA von vornherein auf deutsches Recht unter weitmöglicher Berücksichtigung der ausländischen Wertungen (*Kegel/Schurig* § 16 IV, vBar/*Mankowski* § 7 Rn 285 f; *Lüderitz* Rn 214; vermittelnd mit Fallgruppenbildung MüKo/*Sonnenberger* Rn 93 ff; ähnl *Looschelders* Rn 32). Der Streit ist aber letztlich ausschließlich dogmatischer Natur; denn bei Rechtsfragen, die nur bejahend oder verneinend beantwortet werden können, ist die Lückenfüllung bei Ablehnung des ausländischen Ergebnisses denknotwendig anhand des deutschen Rechts vorzunehmen (*Looschelders* Rn 32; BaRoth/*Lorenz* Rn 17). Kann hingegen die durch Nichtanwendung des ausländischen Rechts entstandene Lücke auf unterschiedliche Weise gefüllt werden, so ist nach dem Prinzip des geringsten Eingriffs, letztlich dem Verhältnismäßigkeitsprinzip, den ausländischen Vorstellungen jedenfalls so weit wie möglich Rechnung zu tragen, wobei dahinstehen kann, ob das ausgehend von einer Anwendung deutschen Rechts geschieht, die dann zu korrigieren ist, oder ob von vornherein die **ausländischen Vorstellungen im Rahmen des nach deutschem Recht zumutbaren** berücksichtigt werden (*Looschelders* Rn 33; BaRoth/*Lorenz* Rn 17).

E. Beispiele. I. Kein Verstoß. Kein Verstoß gegen den ordre public liegt vor, wenn das Ergebnis der ausländischen Norm in Deutschland durch eine entspr AGB-Klausel herbeigeführt werden könnte (LG Frankfurt aM IPRspr 02 Nr 51, MüKo/*Sonnenberger* Rn 78); wenn der **Vorname** das Geschlecht nicht erkennen lässt (Ddorf NJW-RR 89, 1033, 1034); wenn das Geburtsdatum eines Kindes zur Absicherung des Adoptionsgeheimnisses um 6 Monate verändert wird (Karlsr IPRax 05, 39 zum anerkennungsrechtliche ordre public, m abl Aufs *Looschelders* 28); wenn Heilung des bei der Eheschließung bestehenden Ehehindernisses durch Zeitablauf, Bestätigung und gemeinsame Kinder möglich ist (AG Hamm FamRZ 02, 1116, 1117); wenn Deutscher mit gebundener Stellvertretung oder Boten im Ausland heiratet (BGHZ 29, 137, 143; KG FamRZ 73, 313, 315); wenn eine polygame **Ehe** im Inland vor einer ausländischen Trauungsperson (vgl Art 13 III 2) (LG Frankf FamRZ 76, 217) oder im Ausland geschlossen wird (BFH NJW 86, 2209, 2210; BVerwGE 71, 228, 230; VG Gelsenkirchen FamRZ 75, 338, 340); wenn die Ehe in Anwendung des nach syrischem Recht interpersonal anwendbaren kanonischen Rechts unscheidbar ist (Karlsr IPRax 06, 181 m abl Aufs *Rauscher* 140; s.a. Rn 20 zur Unscheidbarkeit); wenn die **Ehelichkeits**anfechtungsfrist nur 1 Monat beträgt (AG Spandau FamRZ 98, 1132); wenn das Institut der **Adoption** fehlt, soweit es ein Ersatzinstitut wie die islamische Kafala gibt, das eine angemessene Betreuung des Kindes im Einzelfall ermöglicht (Karlsr FamRZ 98, 56, 57); wenn eine Adoption bereits durch Vertrag möglich ist (*Looschelders* Rn 54); wenn ein Ausländer in Deutschland nach seinem Heimatrecht unter Hinzuziehung eines nach deutschem Recht bestellten (Art 24 I 2) Betreuers entmündigt wird (*Looschelders* Art 24 Rn 8; Soergel/*Kegel* Art 24 Rn 4); wenn **letztwillige** Verfügungen zulässig sind, in denen nach Geschlecht oder Religion diskriminiert wird (*Looschelders* Art 25 Rn 33); wenn Angehörige des **Erblassers** von Gesetzes wegen wegen ihres Geschlechts unterschiedlich behandelt werden (Hamm IPRax 94, 49; LG Hamburg IPRspr 91, 142; Palandt/*Heldrich* Rn 30; aA Erman/*Hohloch* Art 25 Rn 8; BaRoth/*Lorenz* Art 25 Rn 58); wenn nichtehelichem Lebensgefährten (BayObLG NJW 76, 2076; AG München IPRspr 74 Nr 130) oder mehreren Ehefrauen einer polygamen Ehe (MüKo/*Birk* Art 25 Rn 115) gesetzliches Erbrecht zusteht; wenn nahen Angehörigen kein Pflichtteils- oder Noterbenrecht zusteht (BGH NJW 93, 1920, 1921); wenn der numerus clausus der **Sachenrechte** verletzt ist (Erman/*Hohloch* Art 43 Rn 5 – Art 43 statt Art 6).

20 **II. Verstoß.** Verstöße gegen den ordre public wurden bisher gesehen in folgenden Fällen: Entziehung der Rechtsfähigkeit oder wegen Art 3 II GG auch Beschränkung der **Geschäftsfähigkeit** von Ehefrauen (*Looschelders* Rn 35; Staud/*Hausmann* Art 7 Rn 57 ff); Eintritt der unbeschränkten Geschäftsfähigkeit mit 10 Jahren (Köln FamRZ 97, 240); Wahl eines anstößigen oder lächerlichen **Namens** (Bremen NJW-RR 96, 1029, 1030); Ehemündigkeit von Kindern unter 14 (Erman/*Hohloch* Art 13 Rn 24) bzw 15 (Staud/*v Bar/Mankowski* Art 13 Rn 203) oder 16 Jahren (MüKo/*Coester* Art 13 Rn 38); Zulassung der **Eheschließung** unter Blutsverwandten über § 1307 BGB hinaus (*Looschelders* Rn 44); Ehehindernis das mit Eheschließungsfreiheit des Art 6 GG unvereinbar ist oder auf rassischen, religiösen oder politischen Gründen beruht und damit auch die Grundrechte aus den Art 1 bis 4 GG verletzt (vorrangig nach Art 13 II) (MüKo/*Coester* Art 13 Rn 34); Eheschließung durch Vertreter im Willen wie etwa die Eltern (MüKo/*Coester* Art 13 Rn 44); Schließung einer polygamen Ehe vor dem deutschen Standesbeamten (*Looschelders* Rn 46); alleinige Entscheidungsbefugnis des Ehemannes über Fragen des ehelichen Zusammenlebens wie Wohnsitz, Haushaltsführung oder Erwerbstätigkeit (*Looschelders* Rn 47); wenn Ehefrau sich bei Streitigkeiten bezüglich ihres Vermögens vor einem deutschen Gericht von ihrem Ehemann vertreten lassen müsste (LG Berlin FamRZ 93, 198); Unmöglichkeit oder übermäßige Erschwerung der **Scheidung** (Vorrang hat aber Anwendung deutschen Rechts zugunsten deutschem Scheidungswilligen nach Art 17 I 2) (BVerfGE 31, 58, 82 f; BGHZ 97, 304, 307; Soergel/*Schurig* Art 17 Rn 168); Privilegierung des Mannes hinsichtlich der Scheidungsmöglichkeit durch Verstoßung (talaq), es sei denn die Frau willigt ein (Frankf IPRax 85, 48; BayObLG IPRax 82, 104, 105; Staud/*vonBar/Mankowski* Art 17 Rn 124; aA AG Frankfurt aM IPRax 89, 237, 238) oder die Ehe könnte auch nach deutschem Recht geschieden werden (Köln FamR 96, 1147; München IPRax 89, 238, 241; *Beitzke* IPRax 93, 231, 234; *Jayme* IPRax 89, 223; aA Ddorf FamRZ 98, 1113, 1114; Stuttg FamRZ 97, 882; Staud/*vBar/Mankowski* Art 17 Rn 209 ff); über die des deutschen Rechts hinaus gehende Wirkungen einer eingetragenen gleichgeschlechtlichen **Lebenspartnerschaft** (bereits nach Art 17b IV – s Art 17b Rn 6, 12, 28); untragbare unterhaltsrechtliche Abweichungen nach Art 18 VII, iÜ Fehlen eines **Unterhalts**anspruchs für den geschiedenen, wegen der Betreuung gemeinsamer Kinder an der Aufnahme einer Erwerbstätigkeit gehinderten Ehegatten (BGH FamRZ 91, 925, 927; Hamm FamRZ 99, 1142, 1143; Zweibrücken FamRZ 97, 93, 94 f); keine Anfechtungsmöglichkeit für ohne ausreichende Bedenkzeit abgegebenes Vaterschaftsanerkenntnis (Stuttg FamRZ 01, 246); **elterliche Sorge** eines anderen als des Elternteils, bei dem das Kind vermutlich die beste Unterstützung und Förderung erhält (BGHZ 120, 29, 35); mit dem Wohl des Kindes unvereinbare Minderjährigenadoption (MüKo/*Klinkhardt* Art 22 Rn 60; *Lüderitz* Rn 388); Kinderlosigkeit als unabdingbare Voraussetzung der **Adoption**, auch wenn es sonst dem Kinderwohl entspräche (Schleswig FamRZ 02, 698 f; Zweibrücken NJW-RR 01, 1372; AG Heidenheim IPRspr 96 Nr 11; AG Siegen IPRax 93, 184, 185; AG Recklinghausen IPRax 82, 205; *Looschelders* Rn 54 und Art 22 Rn 15; aA AG Weilheim IPRax 82, 161; MüKo/*Klinkhardt* Art 22 Rn58; Staud/*Henrich* Art 22 Rn 71); Diskriminierung von Angehörigen des **Erblassers** von Gesetzes wegen wegen deren Religionszugehörigkeit (LG Hamb IPRspr 91 Nr 142; BaRoth/*Lorenz* Rn 58); Versagung jeglichen Erbrechts gegenüber nichtehelichen Kindern (LG Stuttgart FamRZ 98, 1627); Ausschluss des Pflichtteilsrechts zu Lasten eines minderjährigen Abkömmlings, der nicht durch Unterhaltsansprüche o. ä. abgesichert ist (MüKo/*Birk* Art 25 Rn 113; BaRoth/*Lorenz* Art 25 Rn 59; *Lüderitz* Rn 208); zu hohe oder nicht nur der Entschädigung dienende **Schadensersatz**ansprüche nach Art 40 III (s Art 40 Rn 30)

III. Sensible Bereiche. Sensible Bereiche sind das Institut der Entmündigung (*Looschelders* Rn 35, dazu 21
Art 7 Rn 15), das alleinige Namensbestimmungsrecht des Vaters oder die Maßgeblichkeit ausschließlich dessen Namens für den Ehenamen (*Looschelders* Rn 36). Im Deliktsrecht kommt ein Rückgriff auf Art 6 in Betracht, wenn das anwendbare Recht bei gravierenden Verletzungen von Persönlichkeitsgütern keine oder nur ganz geringfügige Schadensersatzansprüche zubilligt (*Looschelders* Art 40 Rn 21).

Abschnitt 2   Recht der natürlichen Personen und der Rechtsgeschäfte

Vorbemerkungen vor Art 7 bis 12

A. Überblick. Die Gliederung des Kollisionsrechts im zweiten Kapitel des EGBGB folgt der sachrechtlichen 1
Systematik (dazu o Art 3 Rn 15). Regelungsgegenstand des zweiten Abschnitts sind Rechtsanwendungsfragen des **Allgemeinen Teils** des Bürgerlichen Rechts. Die Regelung ist allerdings lückenhaft. Schon die Überschrift erwähnt nur das Recht der natürlichen Personen (§§ 1–20 BGB) und der Rechtsgeschäfte (§§ 104–185 BGB). Das Kollisionsrecht der **juristischen Personen** hat der Gesetzgeber bewusst der Entwicklung durch die Rechtsprechung überlassen (s Art 37 Rn 10) und in Art 37 Nrn 2 und 3 klargestellt, dass hierfür nicht das internationale Vertragsrecht gilt. Die Rspr knüpft hierfür an das Gesellschaftsstatut des tatsächlichen Sitzes und in 2
jüngerer Zeit im Kontext EG-rechtlich oder staatsvertraglich vereinbarter Niederlassungsfreiheit des Gründungsortes an (ausf s vor Art 27 Rn 26 ff, 36 ff).
Weitere ungeregelte Fragen des Allgemeinen Teils sind idR kollisionsrechtlich von dem Recht erfasst, das auf 3
die Hauptfrage anwendbar ist, in deren Kontext sie auftauchen. Für im Rahmen von Verträgen sich stellende Fragen der **Verjährung** ist dies in Art 32 Nr 4 ausdrücklich festgeschrieben.
Natürliche Personen betreffend sind kollisionsrechtlich Rechts- und Geschäftsfähigkeit (Art 7 und 12), Tod 4
(Art 9) und Name (Art 10) geregelt, sowie, was **Rechtsgeschäfte** angeht, nur deren Form (Art 11). Während andere der im BGB im Abschnitt „Rechtsgeschäfte" eingestellte Fragen, wie zB Einigung, Wirksamkeit und Auslegung, insofern einer Regelung zugeführt worden sind, als sie durch Art 31 und 32 ausdrücklich dem Vertragsstatut zugeschlagen werden, bleiben insbesondere „Vertretung und Vollmacht" kollisionsrechtlich ungeregelt. Art 37 Nr 3 legt lediglich fest, dass Fragen der Vollmacht und der organschaftlichen Vertretung von Gesellschaften und juristischen Personen nicht ohne weiteres unter die allgemeinen Regeln des Internationalen Vertragsrechts fallen.
B. Stellvertretung. I. Gesetzliche Stellvertretung. Die gesetzliche Stellvertretung wird kollisionsrechtlich 5
dem jeweiligen **Grund der Vertretung** zugeordnet, unterliegt mithin für den gesetzlichen oder bestellten Vormund, Betreuer oder Pfleger dem Vormundschaftsstatut des Art 24 (Staatsangehörigkeit des Mündels, Betreuten, Pfleglings bzw anordnender Staat), für die Eltern dem Eltern-Kind-Statut des Art 21 (gewöhnlicher Aufenthalt des Kindes) bzw bei Anordnung als Schutzmaßnahme iSd Minderjährigenschutzabkommens diesem (dazu s Art 21 Rn 2, 5), für den Testamentsvollstrecker dem Erbstatut des Art 25 (Heimatrecht des Erblassers) oder für die Organe der Gesellschaft dem gesetzlich nicht geregelten Gesellschaftsstatut (BGH NJW 03, 3270; 01, 305; BGHZ 128, 41, 44; 32, 256, 258)(Sitz- oder Gründungsort, s vor Art 27 Rn 25 unter III 26 ff, 36 ff). Bei Verkehrsgeschäften ist zu beachten, dass die Vertretungsmacht uU nach Art 12 erweitert sein kann. (s Art 12 Rn 8, 5)

II. Gewillkürte Stellvertretung. Für die gewillkürte Stellvertretung ist hingegen, wie man dem in Art 37 6
Nr 3 angeordneten Ausschluss aus dem Vertragsstatut entnehmen kann, eine **Sonderanknüpfung** erforderlich (BGHZ 128, 41, 47; 64, 183, 192; Köln NJW-RR 96, 411; aA MüKo/*Spellenberg* vor Art 11 Rn 193, 272 ff).

1. Anknüpfungsgegenstand. Der Anknüpfungsgegenstand umfasst neben der ausdrücklichen Vollmacht 7
auch die Duldungs- oder Anscheinsvollmacht (BGHZ 43, 21; Köln NJW-RR 96, 411; AG Alsfeld NJW-RR 96, 120) und die generelle **Einziehungsermächtigung** (*Kegel/Schurig* § 17 V 2a). Einzelermächtigungen werden demgegenüber kollisionsrechtlich wie Abtretungen behandelt (BGHZ 125, 196; NJW-RR 90, 248, 250), dazu Art 33.
Das Vollmachtstatut bestimmt über Voraussetzungen und Wirkungen einer Vollmacht (BGH NJW 82, 2733; 8
München WM 69, 731, Palandt/*Heldrich* Anh Art 32 Rn 3). Im einzelnen geht es um die Erlaubnis zum Selbstkontrahieren (§ 181 BGB) (BGH NJW 92, 618; Ddorf IPRax 96, 423, 425 m Aufs *Kronke*), um die Haftung des Vertreters ohne Vertretungsmacht (Hamb VersR 87, 1216; Palandt/*Heldrich* Anh Art 32 Rn 3; *Kegel/Schurig* § 17V2c; *Looschelders* Anh Art 12 Rn 14; Staud/*Magnus* Einl Art 27–37Rn A 54; Soergel/*Lüderitz* Anh Art 10 Rn 105; aA *v Bar* II Rn 593: Geschäftsstatut) nicht aber darum, ob, wie und unter welchen Voraussetzungen das vom Vertreter ohne Vertretungsmacht geschlossene Geschäft genehmigungsfähig ist; insoweit gilt das Geschäftsstatut (BGHZ 128, 41, 48; NJW 92, 618, 619; Palandt/*Heldrich* Anh Art 32 Rn 3; Erman/*Hohloch* Anh I zu Art 37 Rn 19; Soergel/*Lüderitz* Anh Art 10 Rn 103; aA *Looschelders* Rn 14; Staud/*Magnus* Einl Art 27–37 Rn 57; *Kropholler* § 41I3). Abzugrenzen ist ferner gegenüber dem Innenverhältnis zwischen Vertre-

ter und Vertretenem, das dem Statut des zugrunde liegenden Rechtsgeschäfts (Auftrag, Arbeitsvertrag) unterliegt (*Kegel/Schurig* § 17V2d). Die kollisionsrechtliche **Trennung von Vertretergeschäft, Innenverhältnis und Vollmacht**, die jeweils unabhängig voneinander angeknüpft werden, ist etwa auch in Bezug auf die Anknüpfung der Form des betreffenden Rechtsgeschäfts zu beachten; das führt zB dazu, dass Art 11 IV und V niemals auf die Stellvertretung anwendbar sind (BaRoth/*Mäsch* Anh Art 10 Rn 44).

9   **2. Anknüpfungspunkt.** Das Vollmachtstatut ist nach hM zunächst ein hierfür gewähltes Recht. Zulässig ist die **Rechtswahl**, wenn auch das vom Vertreter abgeschlossene Geschäft der Rechtswahl zugänglich ist (MüKo/*Spellenberg* vor Art 11 Rn 225; BaRoth/*Mäsch* Anh Art 10 Rn 23; Soergel/*Lüderitz* Anh Art 10 Rn 101; *Kropholler* § 41I2e). Wahlberechtigt ist der Vertretene, doch müssen Vertreter und Dritter zustimmen, was konkludent geschieht, wenn sie in Kenntnis der Wahl den Vertrag schließen (*Looschelders* Anh Art 12 Rn 12; BaRoth/*Mäsch* Anh Art 10 Rn 23; Staud/*Magnus* Einl Art 27–37 Rn A 12). Die Wirksamkeit der Rechtswahl richtet sich entspr Art 27 IV, 31 nach dem gewählten Recht (BaRoth/*Mäsch* Anh Art 10 Rn 25).

10 Bei Fehlen einer Rechtswahl wird aus Gründen des Verkehrsschutzes herrschend an den Ort angeknüpft, an dem von der Vollmacht bestimmungsgemäß Gebrauch gemacht werden soll (BGHZ 128, 41, 47; 64, 184, 192; NJW 90, 3088; Palandt/*Heldrich* Anh Art 32 Rn 1). **Bestimmungsgemäßer Gebrauchsort** ist der Ort, an dem der Vertreter seine Willenserklärung gegenüber dem Dritten abgeben bzw. dessen Willenserklärung empfangen soll (Saarbrücken IPRspr 68/69 Nr 19 a; BaRoth/*Mäsch* Anh Art 10, Rn 30; Staud/*Magnus* Einl 27–37 Rn A 20). Dadurch ist auch der Vertretene hinreichend geschützt, so dass eine Anknüpfung an dessen gewöhnlichen Aufenthalt nicht erforderlich ist (so aber *Kegel/Schurig* § 17 V 2a; *Dorsel* MittRhNotK 97, 6, 9). Hält der Vertreter sich ohne Wissen des Dritten (*Kegel/Schurig* § 17 V 2a; *Looschelders* Anh Art 12 Rn 6; BaRoth/*Mäsch* Anh Art 10 Rn 29) nicht an die Bestimmung oder geht es um eine Rechtsscheinvollmacht, so ist stattdessen an den Ort des **tatsächlichen Gebrauchs** anzuknüpfen (BGH MDR 68, 486; Z 43, 21, 27; Frankf IPRspr 68/69 Nr 21; *Kegel/Schurig* § 17 V 2a). Im Falle der Rechtsscheinvollmachten dürfte der Schutz des Vertretenen aber eine Analogie zu Art 31 II nahelegen, wonach er sich darauf berufen kann, dass nach dem am Ort seines gewöhnlichen Aufenthalts geltenden Recht die Voraussetzungen einer Rechtsscheinvollmacht fehlen (so Palandt/*Heldrich* Anh Art 32 Rn 3; BaRoth/*Mäsch* Anh Art 10 Rn 41; Soergel/*Lüderitz* Anh Art 10 Rn 107; *Fischer* IPRax 89, 215, 216; aA *Looschelders* Anh Art 12 Rn 8; Erman/*Hohloch* Anh I zu Art 37 Rn 19; Staud/*Magnus* Einl zu Art 27–37 Rn A 36).

11 Für drei Fälle gelten hiervon uU abweichende Anknüpfungen: Bei Vertretern mit eigener geschäftlicher **Niederlassung** wird an deren Ort angeknüpft, es sei denn, dieser war für den Dritten nicht als Handlungsort erkennbar (BGH NJW 90, 3088), bei Schiffskapitänen an die **Flagge**, selbst wenn es sich um eine sog Billigflagge handelt (Palandt/*Heldrich* Anh Art 32 Rn 2; *Kegel/Schurig* § 17 V 2b), für dingliche (nicht schuldrechtliche, BGH NJW-RR 90, 248, 250) Rechtsgeschäfte über unbewegliche Sachen an deren **Belegenheitsort** (BGH NJW 63, 46, 47; RGZ 149, 93, 94; München IPRax 90, 320 m Aufs *Spellenberg* 295).

12 **3. Geltung der allgemeinen Regeln.** Da eine Gesamtverweisung dem in erster Linie dem Verkehrsschutz verpflichteten Sinn der Verweisung widerspricht, ist nach Art 4 I 1 Hs 2 eine **Sachnormverweisung** gegeben (Palandt/*Heldrich* Anh Art 32 Rn 1; Erman/*Hohloch* Art 37 Rn 18; *Looschelders* Anh Art 12 Rn 17; BaRoth/*Mäsch* Anh Art 10 Rn 4 mit abw Begr: Art 4 sei für ungeschriebenes Kollisionsrecht erst gar nicht anwendbar; Staud/*Magnus* Einl Art 27–37 Rn A 61; *Kropholler* § 41 I 4).

13 Wenn ausländisches Recht Selbstkontrahieren in größerem Umfang als das deutsche erlaubt, stellt dies noch keinen Verstoß gegen den **ordre public** (Art 6) dar (RG IPRspr 28 Nr 13).

Art. 7 Rechtsfähigkeit und Geschäftsfähigkeit

(1) ¹Die Rechtsfähigkeit und die Geschäftsfähigkeit einer Person unterliegen dem Recht des Staates, dem die Person angehört. ²Dies gilt auch, soweit die Geschäftsfähigkeit durch Eheschließung erweitert wird.
(2) Eine einmal erlangte Rechtsfähigkeit oder Geschäftsfähigkeit wird durch Erwerb oder Verlust der Rechtsstellung als Deutscher nicht beeinträchtigt.

1   **A. Einführung.** Für die Rechts- und Geschäftsfähigkeit, die stets Teilfragen eines anderweitig angeknüpften (zB Art 27 ff, sog Wirkungsstatut) rechtlichen Verhältnisses sind, schreibt Art 7 eine **Sonderanknüpfung** vor. Damit ist gewährleistet, dass auf die Rechts- und Geschäftsfähigkeit ein und derselben Person in verschiedenen Situationen nicht unterschiedliche Rechtsordnungen anzuwenden sind und auch beide Teilfragen nach derselben Rechtsordnung beurteilt werden. Übereinstimmender Anknüpfungspunkt ist die Staatsangehörigkeit.

2   Im Zusammenhang mit Art 7 sind zwei weitere Sonderanknüpfungen zu beachten: diejenige zum Umgang mit faktischer Ungewissheit hinsichtlich des **Todes** oder seines Zeitpunktes in Art 9 und die Einschränkung der Geltendmachung einer nach Art 7 fehlenden Rechts- oder Geschäftsfähigkeit aus Gründen des **Schutzes des Rechtsverkehrs** in Art 12.

3   Abs 2 hat nur Bedeutung bei Wechsel der Staatsangehörigkeit. Da I einen Anknüpfungszeitpunkt nicht nennt, ist die Anknüpfung wandelbar. II statuiert hierzu eine Ausnahme (s.u. Rn 12).

B. Anknüpfungsgegenstand. I. Subjektiver Anwendungsbereich. Art 7 regelt nur die Rechts- und 4
Geschäftsfähigkeit von **natürlichen Personen**. Das ergibt sich aus der systematischen Stellung im zweiten
Abschnitt iVm dessen amtlicher Überschrift. Rechts- und Geschäftsfähigkeit der juristischen Personen unterstehen deren Personalstatut, dem gesetzlich nicht geregelten Gesellschaftsstatut (s vor Art 27 Rn 25 unter II u III).

II. Objektiver Anwendungsbereich. 1. Umfang. Regelungsgegenstand ist die **allgemeine Rechts- und** 5
Geschäftsfähigkeit. Rechtsfähigkeit ist die Fähigkeit einer Person, Träger von Rechten und Pflichten zu sein,
Geschäftsfähigkeit die Fähigkeit, durch eigene Rechtshandlungen wirksam Rechtsgeschäfte zu tätigen.
Außerdem wird auch die **Geschlechtszugehörigkeit** im Zusammenhang mit Transsexualität nach Art 7 ange- 6
knüpft (BayObLG 04, 346, 350; Karlsr StAZ 03, 139; Präs KG StAZ 02, 307; LG Stuttgart StAZ 99, 15; AG
Hamb StAZ 84, 42).
Besondere Rechts- und Geschäftsfähigkeiten fallen nicht in den Anwendungsbereich des Art 7, sondern fol- 7
gen idR dem Wirkungsstatut. Die Ehemündigkeit unterliegt dem Eheschließungsstatut (Art 13), güterrechtliche Verfügungsbeschränkungen dem Güterrechtstatut (Art 15), die Erb- und die Testierfähigkeit dem Erbstatut (Art 25), die Deliktsfähigkeit dem Deliktsstatut (Art 40 ff), die Fähigkeit zum Erwerb von Grundstücken
der lex rei sitae (Art 43), die Kaufmannseigenschaft dem am Ort der gewerblichen Niederlassung geltenden
Recht (LG Hamb IPRspr 58/59 Nr 22) bzw nach der Lit, die eine Sonderanknüpfung ablehnt, dem jeweiligen
Wirkungsstatut (MüKo/*Birk* Rn 45; BaRoth/*Mäsch* Rn 40; Erman/*Hohloch* Rn 11; Staud/*Hausmann* Rn 60;
Looschelders Rn 19; aA Palandt/*Heldrich* Rn 7) und die Partei- und Prozessfähigkeit als verfahrensrechtliche
Fragen der lex fori (in Deutschland §§ 50 ff ZPO; gem § 55 ZPO reicht nach deutschem Sachrecht bestehende
Prozessfähigkeit aus). Auch, ob die Eheschließung zu Beschränkungen der Geschäftsfähigkeit führt, beurteilt
sich nicht nach Art 7, sondern nach Art 14 oder 15 (BaRoth/*Mäsch* Rn 26); denn es handelt sich um spezifisch ehebezogene Beschränkungen. Für die Wechsel- und Scheckfähigkeit und für die Fähigkeit zu Börsentermingeschäften bestehen gesetzliche Sonderregelungen (Art 91 I WG; Art 60 I ScheckG; § 53 BörsG). Nur
soweit diese besonderen Fähigkeiten nach dem anzuwendenden Recht ihrerseits von der allgemeinen Rechtsoder Geschäftsfähigkeit abhängen, kommt Art 7 zur Anwendung. Dabei setzt § 52 ZPO nach hM entgegen
dem Wortlaut ausländische Prozess- und nicht nur Geschäftsfähigkeit voraus (*v Bar/Mankowski* § 5 Rn 92;
Looschelders Rn 18).

2. Einzelheiten zur Rechtsfähigkeit. Erfasst sind Beginn (Vollendung der Geburt, 24 Stunden nach der 8
Geburt oä) und Ende der **Rechtsfähigkeit** (Hirntod oa), einschließlich der Bestimmung des Todeszeitpunktes
im Rechtssinne (Art 9 bezieht sich auf Ungewissheiten im tatsächlichen). Ob für die Nachwirkung der an sich
beendeten allgemeinen Rechtsfähigkeit eine analoge Anwendung von Art 7 in Betracht kommt (so MüKo/
Birk Rn 15; *Looschelders* Rn 9; Staud/*Dörner* Art 25 Rn 24), etwa im Hinblick auf den **postmortalen** Schutz
der Persönlichkeitsrechte (Frage übersehen in BGHZ 143, 214), ist umstritten (so MüKo/Birk Rn 15; aA
Erman/*Hohloch* Art 7 Rn 5 und BaRoth/*Mäsch* Rn 15, die auf eine Sonderanknüpfung verzichten und die
Frage der postmortalen Rechtsstellung mit unter das Deliktsstatut ziehen). Entsprechendes gilt für die
Rechtsstellung des Ungeborenen, wobei die Frage, ob **pränatale** Schädigungen auch ein Delikt gegenüber
dem später geschädigt geborenen Kind darstellen, dem Deliktsstatut überlassen bleiben muss (BaRoth/*Mäsch*
Rn 16; *v Bar* § 1 Rn 5 ff).

3. Einzelheiten zur Geschäftsfähigkeit. Im Hinblick auf die **Geschäftsfähigkeit** fallen unter Art 7 deren 9
Erlangung (Altersgrenze, Emanzipationstatbestände wie in manchen Rechten zB die Eheschließung, Volljährigkeitserklärung etc), Beschränkung (aber nicht durch Eheschließung, s.o. Rn 7) und Beseitigung sowie
deren von Alter, Einsichtsfähigkeit, Geisteszustand usw abhängigen Stufen (volle, beschränkte, Teilgeschäftsfähigkeiten wie § 113 BGB) und die Möglichkeiten einer Beschränkung durch Staatsakt (*Looschelders* Rn 13);
soweit dabei behördliche oder gerichtliche Mitwirkung erforderlich ist, s.u. Rn 16 f. Das gilt auch für **Teilgeschäftsfähigkeiten**, etwa bei Minderjährigen für das Arbeitsleben (BaRoth/*Mäsch* Rn 25) und für die Folgen
des Fehlens oder von Mängeln der Geschäftsfähigkeit (KG IPRspr 29 Nr 88; *Looschelders* Rn 15; Palandt/*Heldrich* Rn 5; Erman/*Hohloch* Rn 14; Sorgel/*Kegel* Rn 7; *Baetge* IPRax 96, 185, 187 ff), die nicht unter das Wirkungsstatut fallen (so aber Ddorf IPRax 96, 199; MüKo/*Birk* Rn 36); denn die große Variationsbreite der an
das Fehlen der Geschäftsfähigkeit geknüpften Rechtsfolgen (Nichtigkeit, schwebende Unwirksamkeit,
Anfechtbarkeit) und vor allem der verschiedenen Möglichkeiten einer Heilung (Genehmigung durch gesetzlichen Vertreter, Vormundschaftsgericht oder andere Behörde) zeigt, dass es hier eher um Relativierungen der
Geschäftsfähigkeit geht, als dass das Geschäft als solches betroffen wäre. Ob Geschäftsfähigkeit für die Vornahme einer Rechtshandlung überhaupt erforderlich ist, ist hingegen Sache des Wirkungsstatuts, ebenso wie
die Frage, wie ein – etwa aus Gründen fehlender Geschäftsfähigkeit – nicht wirksames Rechtsgeschäft rückabzuwickeln ist (Art 32 I Nr 5).

C. Anknüpfungspunkt. Die Behandlung von Mehrstaatern, Staatenlosen, Vertriebenen und Flüchtlingen 10
ergibt sich aus Art 5 bzw vorrangigen Staatsverträgen (s Art 5 Rn 9 ff).
Obwohl die Anknüpfung **wandelbar** ist, konserviert II die einmal erlangte Rechts- oder Geschäftsfähigkeit im 11
Sinne eines intertemporalen Günstigkeitsprinzips, ähnlich dem Schutz wohlerworbener Rechte. Der einseitig

gefasste II wird zu einer allseitigen Kollisionsnorm ausgebaut und direkt oder analog bei jeglichem Statutenwechsel, nicht nur dem Wechsel zum deutschen Recht, angewandt (MüKo/*Birk* Rn 79; Palandt/*Heldrich* Rn 8; *Kegel/Schurig* § 17 I 2 c; *Looschelders* Rn 26; differenzierend Erman/*Hohloch* Rn 22). II geht aber nicht so weit, dass etwa bei Statutenwechsel aufgrund Staatsangehörigkeitswechsels durch Eheschließung ein im ehemaligen Heimatrecht vorgesehener Emanzipationstatbestand „Heirat macht mündig" Anwendung fände (MüKo/*Birk* Rn 77; *Looschelders* Rn 27).

12 **D. Geltung der allgemeinen Regeln.** Vorrangig zu beachtender (Art 3 II) **Staatsvertrag** ist vor allem das deutsch-iranische Niederlassungsabkommen vom 17. 2. 29 (RGBl 30 II 1006), das in Art 8 III iVm dem Schlussprotokoll auch für Fragen der Geschäftsfähigkeit, Volljährigkeit und Entmündigung an die Staatsangehörigkeit anknüpft. Nach Art 8 III 2 hindert dies die Anwendung der Art 7 II und Art 12 nicht, weil es Abweichungen vom Staatsvertrag sind, die alle fremden Staatsangehörigen gleichermaßen treffen (Soergel/*Kegel* Rn 25; BaRoth/*Mäsch* Rn 6).

13 Art 7 spricht eine **Gesamtverweisung** aus (Art 4 I).

14 Einem Menschen die Rechtsfähigkeit zu versagen (zB infolge gewisser strafrechtlicher Verurteilungen), verstößt gegen den deutschen **ordre public**, so dass Art 6 eingreift (*Kegel/Schurig* § 17 I 1b; *Looschelders* Rn 6; Staud/*Hausmann* Rn 29). Eine ausländische Entmündigung kann wegen des schweren Eingriffs in das Persönlichkeitsrecht (Art 1, 2 I GG) gegen den ordre public verstoßen, insbesondere, wenn ein Deutscher entmündigt worden ist; da es sich um eine ausländische Entscheidung handelt, wirkt sich dies nicht bei Art 6, sondern im Rahmen der Anerkennung nach § 16 a Nr 4 FGG aus; ggf. ist als geringerer Eingriff Betreuung nach deutschem Recht in deren weitreichendstem Umfang (Palandt/*Heldrich* Rn 9) anzuordnen (*Looschelders* Rn 21, Art 24 Rn 8, 17). Fälle des Art 6 können vorliegen, wenn ein zehnjähriges Mädchen als volljährig angesehen wird, weil dies nicht mit dem Gedanken des Minderjährigenschutzes vereinbar ist (Köln FamRZ 97, 1240).

15 **E. Verfahrensrechtliches.** Erfordert die Erlangung oder Beschränkung der Geschäftsfähigkeit einen behördlichen oder gerichtlichen Rechtsakt, so hängt sein Erlass von Regelungen der **internationalen Zuständigkeit** ab. Nach §§ 35 b, 36, 43 FGG (Art 1 MSA ist nicht anwendbar, da es sich gerade nicht um eine Schutzmaßnahme handelt) können bei gewöhnlichem Aufenthalt eines Minderjährigen in Deutschland deutsche Gerichte über dessen Emanzipation oder Volljährigkeitserklärung entscheiden (BaRoth/*Mäsch* Rn 47). Eine Entmündigung (ausf s Art 24) kann ein deutsches Gericht auch dann nicht aussprechen, wenn ein Ausländer betroffen ist, dessen Heimatrecht eine Entmündigung vorsieht (allg Ansicht, vgl BaRoth/*Mäsch* Rn 50).

16 Liegt eine ausländische Entscheidung (Emanzipation, Anordnung eines Einwilligungsvorbehalts, Entmündigung o. ä., zu letzterem s auch Rn 14) vor, so stellt sich die Frage ihrer **Anerkennung** nach § 16 a FGG. Die internationale Zuständigkeit des ausländischen Gerichts ist spiegelbildlich nach § 35 b FGG zu prüfen (Palandt/*Heldrich* Rn 9; *Looschelders* Rn 21; vHoffmann/*Thorn* § 7 Rn 11 a; aA *Lüderitz* Rn 234: § 65 FGG).

Art. 8

– *weggefallen* –

Art. 9 Todeserklärung

¹Die Todeserklärung, die Feststellung des Todes und des Todeszeitpunktes sowie Lebens- und Todesvermutungen unterliegen dem Recht des Staates, dem der Verschollene in dem letzten Zeitpunkt angehörte, in dem er nach den vorhandenen Nachrichten noch gelebt hat. ²War der Verschollene in diesem Zeitpunkt Angehöriger eines fremden Staates, so kann er nach deutschem Recht für tot erklärt werden, wenn hierfür ein berechtigtes Interesse besteht.

1 **A. Einführung.** Der Tod und sein Zeitpunkt haben zivilrechtlich mannigfaltige Konsequenzen, etwa im Hinblick auf die Rechtsfähigkeit, das Familien- und das Erbrecht. Verbleiben Zweifel in tatsächlicher Hinsicht, so behelfen sich die verschiedenen Rechtsordnungen mit sehr unterschiedlichen Vermutungen, die teilweise kraft Gesetzes eingreifen, teilweise aber auch behördliche Maßnahmen der in Art 9 beispielhaft aufgezählten Art voraussetzen. Um dennoch sämtliche Rechtsverhältnisse der betreffenden Person einheitlich beurteilen zu können, entzieht Art 9 die Frage, wovon bei tatsächlicher Ungewissheit des Todes auszugehen ist und welche Wirkung etwaigen behördlichen Maßnahmen zukommt, den verschiedenen Wirkungsstatuten (zB Art 7, 13, 17, 25 usw) und unterstellt sie im Wege der **Sonderanknüpfung** dem Heimatrecht (Staatsangehörigkeit). Die ergänzende Sonderregelung des Art 2 § 1 IV VerschÄndG hat nur noch geringe praktische Bedeutung (s.u. Rn 7).

2 **B. Anknüpfungsgegenstand.** Der Anknüpfungsgegenstand des Art 9 entspricht im Wesentlichen der Regelungsmaterie des Verschollenheitsgesetzes. Sie erfasst über die in Art 9 ausdrücklich genannten Bspe hinaus

auch alle anderen Funktionsäquivalente der – für nahezu sämtliche Rechtsverhältnisse des Verschollenen einheitliche Rechtsfolgen herbeiführenden – gerichtlichen Todeserklärung deutschen Musters, etwa auch die mit schwächerer Wirkung ausgestatteten Verschollenheits- oder Abwesenheitserklärungen des romanischen Rechtskreises oder die einfachen **Lebens- oder Todesvermutungen** des common law. Gilt die Verschollenheitsregelung allerdings nur für ein bestimmtes Rechtsgebiet, wie dies etwa in Deutschland im öffentlichrechtlichen Versorgung- oder Sozialversicherungsrecht der Fall ist, so gilt nicht Art 9, sondern das betreffende Wirkungsstatut (*Looschelders* Rn 5). Außerdem sind Vermutungen und andere Regelungen zur anzunehmenden Reihenfolge des Versterbens mehrerer nach Art 9 anzuknüpfen (Kommorientenvermutung, unterschiedliche Überlebensvermutungen) (Palandt/*Heldrich* Rn 2; Erman/*Hohloch* Rn 14; Staud/*Wiek* Rn 61; *Looschelders* Rn 7; *Dörner* IPRax 94, 362, 365).

C. Anknüpfungspunkt. I. Regelanknüpfung. Die Anknüpfung ist nicht wandelbar: Als **Anknüpfungszeitpunkt** ist der letzte Zeitpunkt festgelegt, in dem der Verschollene nach den vorhandenen Nachrichten noch gelebt hat. 3

Welche von mehreren Staatsangehörigkeiten oder welche Ersatzanknüpfung bei Staatenlosen, Vertriebenen und Flüchtlingen maßgeblich ist, ergibt sich aus Art 5 bzw vorrangigen Staatsverträgen. 4

II. Vorbehalte zugunsten deutschen Rechts. Ist nach S 1 ausländisches Recht anwendbar, so darf stattdessen nach S 2 ausnahmsweise auf deutsches Recht zurückgegriffen werden, wenn ein „berechtigtes Interesse" gegeben ist. Das ist wegen des Ausnahmecharakters des S 2 eng auszulegen und hängt von einer Gesamtbetrachtung aller Umstände des Einzelfalles ab; dabei kommt dem Inlandsbezug des Sachverhaltes große Bedeutung zu, der sich ausdrücken kann im letzten gewöhnlichen Aufenthalt, in der Belegenheit von Vermögen, in der Staatsangehörigkeit oder dem gewöhnlichen Aufenthalt naher Angehöriger (Palandt/*Heldrich* Rn 3; *Looschelders* Rn 13; Erman/*Hohloch* Rn 9; etwas enger MüKo/*Birk* Rn 26); es kann auch zu berücksichtigen sein, ob deutsches Recht Wirkungsstatut ist und ob das nach S 1 anwendbare Recht keine Todeserklärung oä kennt (Palandt/*Heldrich* Rn 3; Erman/*Hohloch* Rn 9; *Looschelders* Rn 13), doch kann dies alleine nicht ausreichen, weil es letztlich darauf ankommt, inwieweit die **Funktionsfähigkeit des inländischen Rechtsverkehrs** oder die Betätigungsfreiheit eines betroffenen Einzelnen beeinträchtigt ist (MüKo/*Birk* Rn 26). 5

Der ausdrücklich nur für die Todeserklärung vorgesehene Vorbehalt zugunsten deutschen Rechts gilt analog auch für den Rest des Anknüpfungsgegenstandes des Art 9, also auch für die Feststellung des **Zeitpunktes** des Todes (Soergel/*Kegel* Rn 10; *Looschelders* Rn 14). 6

Eine weitere Möglichkeit der Todeserklärung eines Ausländers nach deutschem Recht ergibt sich aus Art 2 § 1 IV VerschÄndG, der Verschollene und Gefangene des **Zweiten Weltkriegs** betrifft. 7

D. Geltung der allgemeinen Regeln. Vorrangig zu beachtender (Art 3 II) **Staatsvertrag** ist vor allem das deutsch-iranische Niederlassungsabkommen vom 17. 2. 29 (RGBl 1930 II 1006), das in Art 8 III aber ebenfalls an die Staatsangehörigkeit anknüpft. Nach Art 8 III 2 steht der Anwendung des Art 9 S 2 auch gegenüber Iranern nichts entgegen, weil diese Abweichung vom Staatsvertrag alle fremden Staatsangehörigen gleichermaßen trifft (*Looschelders* Rn 25; *v Bar* § 1 Rn 14). 8

Art 9 spricht eine **Gesamtverweisung** aus (Art 4 I). 9

Eine **Anpassung** erfordernde Normwidersprüche können sich ergeben, wenn es um die zeitliche Reihenfolge des Versterbens von Personen mit unterschiedlichen Nationalitäten in demselben Ereignis ankommt. So wäre für den Todeszeitpunkt einer Deutschen die Kommorientenvermutung heranzuziehen, während für den Todeszeitpunkt eines Franzosen die eine der Vermutungen des französischen Rechts anzuwenden wäre, wonach die eine Person die andere überlebt hat. Die hM löst den durch Depeçage entstandenen Widerspruch im Wege einer sachrechtlichen Anpassung (dazu Art 3 Rn 68) iSe gleichzeitigen Versterbens auf (*v Hoffmann/Thorn* § 7 Rn 4; *Kegel/Schurig* § 8 III; *Looschelders* Rn 8; Staud/*Dörner* Art 25, Rn 95; *Looschelders*, Die Anpassung im Internationalen Privatrecht, S 382 f; *Dörner* IPRax 94, 365 f; hilfsweise auch MüKo/*Birk* Art 25 Rn 196; Erman/*Hohloch* Rn 14), andere wollen auf die Rechtsordnung, der die familienrechtlichen Beziehungen unterliegen oder zu der sonst die gemeinsame engste Beziehung besteht, zurückgreifen (Palandt/*Heldrich* Rn 2; *v Bar/Mankowski* § 7 Rn 255; *v Bar* II Rn 20; *Jayme/Haak* ZVglRWiss 85, 81) und nehmen damit eine Ersatzanknüpfung vor, die nicht zum anerkannten Kanon der Methoden zur Lösung eines Anpassungsproblems gehört. 10

E. Verfahrensrechtliches. I. Tätigkeit deutscher Gerichte. Die **Internationale Zuständigkeit** deutscher Gerichte für die Todeserklärung ist geregelt in § 12 Verschollenheitsgesetz, wonach es auf die Staatsangehörigkeit oder den letzten Wohnsitz des Betreffenden oder ein berechtigtes Interesse ankommt. Das führt wegen Art 9 S 2 idR zu einem Gleichlauf mit dem anwendbaren Recht. Ausländisches Recht müssten deutsche Gerichte aber dann anwenden, wenn eine Todeserklärung im Heimatstaat zwar materiellrechtlich unproblematisch wäre, aber von den verfahrensmäßigen Gegebenheiten her unvertretbar lange Zeit brauchen würde und daher nur iSd § 12 Verschollenheitsgesetzes (und nicht iSd Art 9 S 2) ein berechtigtes Interesse vorliegt (*Looschelders* Rn 15). Bei der **Tenorierung** ist zu beachten, dass statt der deutschen Todeserklärung uU eine weniger weitgehende Erklärung auszusprechen sein kann, etwa die Verschollenheits- oder Abwesenheitserklärung nach französischem Recht. 11

12 **II. Umgang mit ausländischen Entscheidungen.** Rechtsakte ausländischer Behörden oder Gerichte im Anwendungsbereich des Art 9 bedürfen der **Anerkennung**, die sich nach § 328 ZPO oder § 16a FGG richtet. Bei der Abgrenzung kommt es weniger auf die Form der ausländischen Entscheidung als auf Funktion und Wesen des ausländischen Verfahrens an (*Looschelders* Rn 17 mwN). Bei der Prüfung der Anerkennungszuständigkeit ist § 12 Verschollenheitsgesetz spiegelbildlich anzuwenden, so dass bei Vorliegen eines berechtigten Interesses auch die Todeserklärung eines Deutschen durch ein ausländisches Gericht anerkannt werden kann (BGH FamRZ 94, 498). Haben mehrere konkurrierend international zuständige Gerichte Todeserklärungen ausgesprochen, so gilt nach § 16a Nr 3 FGG nur die Entscheidung des inländischen Gerichts, sonst nur die zuerst ergangene Entscheidung (MüKo/*Birk* Rn 40; Staud/*Weick* Rn 83). Die Wirkungen einer anerkennungsfähigen ausländischen Entscheidung richten sich nach dem Recht des Entscheidungsstaates (BGH FamRZ 94, 498). Stellt sich heraus, dass der im Ausland für tot Erklärte lebt, so ist **Aufhebung oder Änderung** durch inländische Gerichte möglich (MüKo/*Birk* Rn 41).

Art. 10 Name

(1) Der Name einer Person unterliegt dem Recht des Staates, dem die Person angehört.
(2) ¹Ehegatten können bei oder nach der Eheschließung gegenüber dem Standesbeamten ihren künftig zu führenden Namen wählen
1. nach dem Recht eines Staates, dem einer der Ehegatten angehört, ungeachtet des Artikels 5 Abs. 1, oder
2. nach deutschem Recht, wenn einer von ihnen seinen gewöhnlichen Aufenthalt im Inland hat.
²Nach der Eheschließung abgegebene Erklärungen müssen öffentlich beglaubigt werden. ³Für die Auswirkungen der Wahl auf den Namen eines Kindes ist § 1617c des Bürgerlichen Gesetzbuchs sinngemäß anzuwenden.
(3) ¹Der Inhaber der Sorge kann gegenüber dem Standesbeamten bestimmen, daß ein Kind den Familiennamen erhalten soll
1. nach dem Recht eines Staates, dem ein Elternteil angehört, ungeachtet des Artikels 5 Abs. 1,
2. nach deutschem Recht, wenn ein Elternteil seinen gewöhnlichen Aufenthalt im Inland hat, oder
3. nach dem Recht des Staates, dem ein den Namen Erteilender angehört.
²Nach der Beurkundung der Geburt abgegebene Erklärungen müssen öffentlich beglaubigt werden.

1 **A. Einführung.** Der Name wurde kollisionsrechtlich ursprünglich vielfach als bloße Rechtsfolge des jeweiligen Erwerbstatbestandes verstanden, so dass etwa der Ehename dem Ehewirkungs- und der Kindesname dem Kindschaftsstatut unterfiel. Die nunmehrige **eigenständige Regelung** stammt von 1986 (Gesetz zur Neuregelung des IPR vom 25.7.86, BGBl I 1142) und geht zurück auf die zuvor herausgebildete Rechtspraxis (BGHZ 73, 370). Der zunächst sechs Absätze umfassende Art 10 hat nach Änderungen 1993 (FamNamRG BGBl I 2054) und 1997 (KindRG BGBl I 2942) den heutigen überschaubaren Umfang erhalten. Innerhalb der EG sind europarechtliche Vorgaben zu beachten (EuGH IPRax 04, 339 – Garcia Avello; Votum des GA Jacobs am EuGH vom 30.6.05 in Sachen C-96/04 – Grunkin Paul, IPRax 05, 440m Aufs Henrich 422 zu Art 12 und 18 EGV).

2 Ein Name ist einerseits Attribut der Persönlichkeit (höchstpersönliches Erkennungszeichen, *Hepting* StAZ 96, 1 ff), andererseits Gegenstand staatlicher Ordnungsinteressen. Die Regelanknüpfung des Art 10 an das Heimatrecht führt zu einem, im Interesse eindeutiger Identifizierung, sowohl aus Sicht des Namensträgers als auch des Staates wünschenswerten **Gleichlauf** bei der Beurteilung privat- und öffentlichrechtlicher Namensfragen, obliegt doch die Ausstellung von Ausweispapieren, Reisepass und sonstigen Identitätspapieren dem Heimatstaat, der hierfür dem Territorialitätsgrundsatz folgend eigenes Recht anwendet. Die möglicherweise zu einer abweichenden Anknüpfung führenden beschränkten Rechtswahlmöglichkeiten der II und III tragen einem etwaigen Wunsch nach einheitlicher Anknüpfung innerhalb von Ehe und Familie Rechnung.

3 **B. Anknüpfungsgegenstand. I. Unterschiedliche Anknüpfung von Vor- und Nachname.** Unter Name iSd Art 10 fällt uneingeschränkt der Familienname sowie der Adelstitel. Die Berechtigung zur Führung akademischer Grade ist hingegen eine Angelegenheit des öffentlichen Rechts und in Deutschland Ländersache. Für den Vornamen soll wegen seiner fehlenden sozialen Zuordnungsfunktion nur die Anknüpfung des I, nicht aber die Rechtswahlmöglichkeit des III gelten, so dass etwa der Vorname des Kindes stets dessen Heimatrecht unterliegt (KG StAZ 99, 172, zweifelnd Frankf StAZ 00, 238). Qualifikationsprobleme ergeben sich insofern im Hinblick auf dem deutschen Sachrecht unbekannte Namensbestandteile wie russischer Vatersname oder arabischer Zwischenname, sowie im Hinblick auf Rechtsordnungen, die ausschließlich Individualnamen verwenden, die nicht auf die nächste Generation übergehen. Bisher stellt die Rechtsprechung darauf ab, ob er Name von Generation zu Generation weitergegeben wird (BayObLG IPRspr 87 Nr 5; AG München IPRspr 92 Nr 15), was bei alledem nicht der Fall ist. Jedoch ist die Weitergabe an die nächste Generation als zwingendes Kriterium durch BGH FamRZ 99, 570 in Frage gestellt worden. Ebenfalls wie Vornamen werden die in einigen amerikanischen Rechtsordnungen bekannten Mittelnamen (Name eines Elternteils oder anderen Vorfahrens) behandelt (KG FamRZ 00, 53; Hamm StAZ 83, 71; Frankf StAZ 76, 363); gleiches gilt für Zusätze wie „junior" oder „senior", soweit sie überhaupt Namensbestandteile sind (AG Coburg StAZ 90, 106).

II. Namensträger. Art 10 ist nur auf **natürliche Personen** anwendbar, wie seine systematische Stellung im 4
Abschnitt „Recht der natürlichen Personen und Rechtsgeschäfte" zeigt. Bei juristischen Personen richtet sich
auch der Name nach dem nach der Sitz- oder Gründungstheorie gebildeten Gesellschaftsstatut (s.u. vor Art 27,
Rn 25 unter I 3, 26 ff, 36 ff), was als Personalstatut aufgefasst und als Analogie zu Art 10 verstanden werden
kann. Fragen einer Firma richten sich nach dem Recht des Sitzes des Unternehmens bzw der Zweigniederlassung (Palandt/*Heldrich* Rn 5). Für den Schutz der Firma wird teilweise deliktisch angeknüpft (LG Berlin IPRspr 97 Nr 136, Karlsr AfP 99, 378), teilweise an den Staat, in dessen Gebiet der Schutz beansprucht wird (Stuttg RIW 91, 954, Palandt/*Heldrich* Rn 5). Bei dauernder Geschäftstätigkeit in Deutschland gewährt die Rechtsprechung Schutz nach deutschem Recht (BGHZ 75, 172, Ddorf RIW 90, 404).

III. Erfasste Tatbestände. Unter das Namensstatut fällt zunächst die **Bildung** des Namens, ua ob etwaige 5
Namenszusätze, auch religiöse Zusätze wie die aus Indien und Pakistan bekannten „Singh" und „Kaur" in
den Individualnamen aufgenommen werden, weibliche Sonderformen u.ä. (Hamm OLGZ 82, 34; StAZ 86,
10), sowie die Schreibweise (zur Transliteration s.u. Rn 15). Unter das Namensstatut fallen ferner **Erwerb,
Verlust und Führung** des Namens, auch nach Auflösung der Ehe (MüKo/*Winkler vMohrenfels* Art 17 Rn 200;
Staud/*v Bar/Mankowski* Art 17 Rn 260; *Lüderitz* IPRax 87, 74, 77), wobei aber anstelle eines für den Ehenamen gewählten Rechts auch wieder auf das eigene Heimatrecht (*Henrich* IPRax 86, 333, 336; *Kropholler* § 43
II 3; *Looschelders* Rn 51) oder das Recht des gewöhnlichen Aufenthalts (MüKo/*Birk* Rn 96) zurückgegriffen
werden darf oder eine erneute Rechtswahl nach II analog zugelassen wird (Ffm FGPrax 05, 25; Dresden StAZ
04, 70). Ferner fällt unter das Namensstatut die Frage, wem das **Namensbestimmungsrecht** zusteht (Ddorf
IPRspr 89 Nr 11; Hamm IPRax 83, 296; AG Essen IPRax 98, 213; aA AG Duisburg IPRspr 87, Nr. 80: Eltern-Kind-Statut, heute Art 21). Gelangt im Fall einer **Namenserteilung** – zB einer Einbenennung iSd § 1618
BGB – im Wege der Rechtswahl gemäß III Nr 3 ein anderes Recht als das Heimatrecht des Kindes zur
Anwendung, so ist dieses (oder deutsches Recht) dennoch gem Art 23 für die Notwendigkeit und Erteilung
der Zustimmung des Kindes und seiner Verwandten zur Namenserteilung zusätzlich heranzuziehen. Schließlich fällt unter Art 10 auch die private **Namensänderung** (BayObLG FamRZ 00, 55; Hamb IPRspr 80 Nr 184
zur im anglo-amerikanischen Rechtskreis möglichen Änderung ohne besonderen Grund).
Behördliche Namensänderungen ergehen hingegen in Anwendung öffentlichen Rechts (zB auf Antrag nach 6
dem Namensänderungsgesetz oder § 1 Transsexuellengesetz), das dem Territorialitätsprinzip folgt; für die
dabei sich stellenden Vorfragen zum privaten Namensrecht richtet sich die Anknüpfung freilich nach Art 10.
Das Istanbuler CIEC-Üb über die Änderung von Namen und Vornamen vom 4. 9. 58 (BGBl 61 II 1955, 1076;
62 II 45) regelt die internationale Zuständigkeit sowie die Anerkennung ausländischer behördlicher Namensänderungen. Es hat aber nur geringe praktische Bedeutung. Außerhalb seines Anwendungsbereichs ist davon
auszugehen, dass zuständig die Heimatbehörden sind und deren Entscheidungen auch anerkannt werden
(Bremen IPRspr 85 Nr 7 b). Änderungen des Namens eines Deutschen durch ausländische Behörden sind
daher mangels Zuständigkeit unwirksam (Stuttg FamRZ 05, 982; BayObLG IPRspr 93 Nr 13), es sei denn,
der Deutsche ist Doppelstaater (vgl Art 2 und 5 des Abk; außerhalb des Abk Bremen StAZ 86, 9, 10; BaRoth/
Mäsch Rn 28; aA Hamm StAZ 99, 40; BayObLG StAZ 00, 148, 150); denn anders als im Kollisionsrecht, wo
mit Hilfe des Art 5 I eine eindeutige Anknüpfung gefunden werden muss, sind konkurrierende internationale
Zuständigkeiten ohne weiteres möglich (s.o. Art 5 Rn 28).
Für den **Schutz** des Namens gilt hingegen das Deliktsstatut (BVerfG DtZ 91, 2; Stuttg IPRspr 88 Nr 14; 7
MüKo/*Birk* Rn 44; MüKo/*Junker* Art 40 Rn 165), Art 40 ff, bzw unter bereicherungsrechtlichen Aspekten das
Bereicherungsstatut, Art 38 (*Wagner* RIW 94, 195).

C. Anknüpfungspunkt. I. Anknüpfungspersonen. Anknüpfungspunkt für das Namensrecht ist die Staats- 8
angehörigkeit. Nach I ist auf diejenige des Namensträgers abzustellen. Nach II und III können bei entspr
Erklärung stattdessen diejenigen von Ehegatten, Lebenspartnern (Art 17 b II 1) oder Namenserteilenden zum
Zuge kommen. Der irreführenden Formulierung der II ist ohne weiteres anzusehen, dass gerade nicht
die Wahl eines Namens, sondern nur des anwendbaren Rechts ermöglicht wird (MüKo/*Birk* Rn 71). Zugunsten deutschen Namensrechts besteht noch eine weitere Wahlmöglichkeit: Leben Ehegatte, Lebenspartner oder
Elternteil in Deutschland, so ermöglichen die Exklusivnormen (zum Begriff s Art 3 Rn 31) der Nrn 2 die
Wahl deren Aufenthaltsrechts.

II. Maßgebliche Staatsangehörigkeit. Tritt mit dem namensrechtlich relevanten Vorgang wie Heirat, Vater- 9
schaftsanerkennung oder Adoption, zugleich ein **Wechsel der Staatsangehörigkeit** ein, knüpft die Rechtsprechung für das Kind an die neue (BGH FamRZ 83, 878, 881), für den Ehenamen aber an die bisherige Staatsangehörigkeit an (BGHZ 72, 163; BayObLG IPRax 87, 242); die Gegenansicht zu letzterem wendet überzeugend
ein, dass es doch gerade um den nach der Eheschließung und damit während der neuen Staatsangehörigkeit
zu führenden Namen gehe (Sorgel/*Schurig* Rn 27 Fn 1 a; Hepting/Gaaz Rn III-807; BaRoth/*Mäsch* Rn 33) und
schlägt für die Entscheidung zwischen alter und neuer Staatsangehörigkeit die Anwendung des Art 5 I vor, so
dass, wenn es sich um die deutsche oder die effektive handelt, die neue Staatsangehörigkeit maßgeblich ist. Im
Hinblick auf die Behandlung von **Mehrstaatern** ist zu unterscheiden, ob nach I oder II oder III angeknüpft
wird. Bei I richtet sich die Frage, auf welche Staatsangehörigkeit abzustellen ist, nach Art 5 I, (zumindest bei

EG-Mehrstaatern) allerdings mit der Maßgabe eines Wahlrechts zwischen ihren Staatsangehörigkeiten (*Mörsdorf-Schulte* IPRax 04, 323 zu EuGH ebenda 339 – Garcia Avello, s Art 5 Rn 22, 26). Im Falle einer nach II oder III getroffenen Wahl des Namensrechts suspendieren die Nrn 1 ausdrücklich von dem Auswahlmechanismus des Art 5 I; für die Rechtswahl nach Nr 3 muss dasselbe gelten (Palandt/*Heldrich* Rn 22). Für Staatenlose, Vertriebene und Flüchtlinge gelten die betreffenden Staatsverträge, sonst Art 5 (s dort Rn 11 ff).

10 **III. Rechtswahl.** Die Rechtswahl muss gegenüber dem Standesbeamten erklärt werden; nach den Regeln der Substitution ggf auch gegenüber einem ausländischen Funktionsäquivalent (Palandt/*Heldrich* Rn 21; Erman/*Hohloch* Rn 33; *Looschelders* Rn 58; BaRoth/*Mäsch* Rn 46), wobei in diesem Fall die Erklärung zur Wirksamkeit im Inland zusätzlich gemäß § 15 c II PStG dem das Familienbuch führenden Standesbeamten, hilfsweise dem Standesamt I in Berlin zugehen muss (Staud/*Hepting* Rn 180; BaRoth/*Mäsch* Rn 44). Dies kann entweder bei Eheschließung, Registrierung der Lebenspartnerschaft oder Beurkundung der Geburt oder zu einem späteren Zeitpunkt. Nur im letzteren Fall (AA *Hepting*, StAZ 98, 133, 138: auch bei Geburt) ist eine öffentliche Beglaubigung erforderlich (§ 129 BGB, durch Notar oder durch Standesbeamten nach § 15 c I Nr 4 PStG). Die Rechtswahl für den Ehenamen und den Kindesnamen kann unabhängig voneinander erfolgen; auch für verschiedene Kinder können unterschiedliche Rechte gewählt werden; eine für ein Kind getroffene Wahl wirkt nicht entspr § 1617 I 3 BGB für die Geschwister (*Looschelders* Rn 64). Das Wahlrecht darf nur ein Mal ausgeübt werden (*Looschelders* Rn 57), wirkt **ex nunc** und ist dann **bindend**. Anfechtbarkeit und Widerrufbarkeit der Erklärung, die einseitiges Rechtsgeschäft ist, richten sich nach deutschem Sachrecht (MüKo/*Birk* Rn 78; Staud/*Hepting* Rn 163; Erman/*Hohloch* Rn 23; *Looschelders* Rn 44, 59). Die kollisionsrechtliche Wahl des anzuwendenden Rechts ist zu unterscheiden von der sachrechtlichen Wahl eines zu erteilenden Namens, kann aber nach allgemeinen Grundsätzen uU stillschweigend in der letzteren enthalten sein.

11 **IV. Wandelbarkeit/Statutenwechsel.** Die Anknüpfung an die Staatsangehörigkeit ist wandelbar. Es kommt deshalb auf die Staatsangehörigkeit oder den deutschen gewöhnlichen Aufenthalt im Zeitpunkt der Beurteilung an, etwa der Eintragung in Personenstandsbücher, der behaupteten Verletzung des Namensrechts oder der zu überprüfenden sachrechtlichen Namenswahlerklärung (BaRoth/*Mäsch* Rn 32). Dass es dennoch nicht bei jedem Statutenwechsel ohne weiteres auch zum Namenswechsel kommt, liegt am Grundsatz der **Namenskontinuität**, der das deutsche Verständnis vom Namen bis in das Kollisionsrecht hinein beherrscht. Der Name wird bei einem Statutenwechsel grds in der Prägung übernommen, die er unter dem alten Namensstatut erhalten hat (Grundsatz des wohlerworbenen Rechts – BGHZ 63, 107; Hamm FamRZ 95, 1602, 1603). Für die Anknüpfung eines in der Vergangenheit (etwa durch Geburt, Adoption, Heirat o. ä.) abgeschlossenen Namenserwerbs bleibt daher trotz Wandelbarkeit die zum damaligen Zeitpunkt gegebene Staatsangehörigkeit oder der damalige gewöhnliche Aufenthalt maßgeblich. Zur ähnlichen Lage im internationalen Sachenrecht s Art 43 II Rn 17; wie dort kann auch hier das neue Statut mit Regeln zur Namens*führung* die Wirkungen des unter einem früheren Statut *erworbenen* Namens modifizieren (ähnl wohl MüKo/*Birk* Rn 28), etwa hinsichtlich der Schreibweise (dazu KG StAZ 96, 301; Palandt/*Heldrich* Rn 10). Für statusdeutsche Aussiedler gilt kollisionsrechtlich nichts anderes (BGHZ 121, 305, 313 ff; NJW 93, 2244). Dass das nach dem Statutenwechsel anwendbare deutsche Sachrecht ihnen die Möglichkeit einer Neubestimmung des Ehenamens nach § 1355 BGB auch dann noch gibt, wenn sie bereits unter ihrem früheren Statut wirksam einen Ehenamen gewählt haben (so BGHZ 147, 159, 165 ff; Stuttg FGPrax 99, 57; Frankf StAZ 00, 209 (Vorlagebeschluss) BayObLG StAZ 99, 270 (Vorlagebeschluss)), überzeugt insoweit nicht, als sie dadurch eine zweifache Wahlmöglichkeit erhalten, die keines der beiden aufeinander folgenden Statuten für sich genommen anerkennt, also aufgrund der Zufälligkeit des Statutenwechsels privilegiert wären. Überzeugender ist daher die Ansicht, wonach das Namensbestimmungsrecht in diesem Fall verbraucht ist (Hamm FamRZ 99, 1426 ff; BaRoth/*Mäsch* Rn 53). Unabhängig von alledem haben Spätaussiedler nach Aufnahme auf dem Gebiet der Bundesrepublik Deutschland nach § 94 BVFG die Möglichkeit, durch Erklärung gegenüber dem Bundesverwaltungsamt im Verteilungsverfahren oder gegenüber dem Standesbeamten eine deutschsprachige Form ihrer Vor- und Familiennamen oder sogar einen neuen Vornamen anzunehmen (BayObLGZ 99, 153).

12 Ist eine Rechtswahl nach II oder III getroffen worden, so ist die Anknüpfung **wegen deren Bindung nicht mehr wandelbar** und ein Statutenwechsel ist auch bei Wechsel der Staatsangehörigkeit ausgeschlossen (BaRoth/*Mäsch* Rn 16; Hepting/*Gaaz* Rn III-841).

13 **D. Geltung der allgemeinen Regeln. I. Umfang der Verweisung.** Abs 1 spricht eine **Gesamtverweisung** aus, die trotz der öffentlichrechtlichen Bezüge des Namensrechts (Palandt/*Heldrich* Rn 3) nicht dem Sinn der Verweisung widerspricht, Art 4 I (BGH FamRZ 99, 570; Frankf StAZ 04, 198; Köln FamRZ 03, 1773; BayObLGZ 96, 6, 10). II und III sprechen **Sachnormverweisungen** aus (Art 4 II).

14 **II. Vorfragen.** Vorfragen werden **selbständig** angeknüpft. Wer etwa der für die Ausübung des nach III gegebenen Wahlrechts zuständige Sorgerechtsinhaber ist, richtet sich nach Art 21. (Diese Frage ist zu unterscheiden von derjenigen, wem sachrechtlich das Namensbestimmungsrecht zusteht, dazu oben Rn 5). Wirft das ausländische Recht die Frage auf, ob die Abstammung ehelich oder nichtehelich ist, so ist auch nach Abschaffung der entspr Kollisionsvorschriften im deutschen IPR weiterhin selbständig anzuknüpfen (Ddorf FamRZ 99, 328), und zwar nach den Art 19 und 20 in der bis zum KindRG 1997 geltenden Fassung; danach galten

für die eheliche Abstammung im wesentlichen das allgemeine Ehewirkungsstatut oder nach dem Günstigkeitsprinzip die Heimatrechte der Eheleute und für die nichteheliche Abstammung alternativ das Heimatrecht der Mutter oder des Vaters bei Geburt oder das amgewöhnlichen Aufenthalt des Kindes geltende Recht. Tendenzen, andere Vorfragen, wie Bestehen der Ehe, Wirksamkeit einer Adoption oder Legitimation usw unselbständig anzuknüpfen, also dem Namensstatut selbst zu unterstellen, werden insbesondere im Hinblick auf einen Einklang mit dem öffentlich-rechtlichen Namensrecht und dem Passwesen vertreten (BGHZ 90, 129, 140; BayObLGZ 02, 299), erscheinen aber überholt (BGH FamRZ 86, 984; Hamm StAZ 04, 171; Ddorf FamRZ 99, 328; Palandt/*Heldrich* Rn 2; aA MüKo/*Birk* Rn 24; MüKo/*Sonnenberger* Einl IPR Rn 566). Dies gilt nicht für die Vorfrage der Wirksamkeit einer Scheidung, wenn ein rechtskräftiges deutsches Scheidungsurteil vorliegt, an das deutsche Behörden allgemein gebunden sind. Auch sonst leuchtet nicht ein, den internen Entscheidungseinklang zugunsten ungewisser Erfolge im Hinblick auf den internationalen Entscheidungseinklang zu opfern. Wenn von den Wahlrechten der II und III Gebrauch gemacht wurde, ist dieser ohnehin nicht gesichert, da eine Rechtswahl nicht überall anerkannt ist.

III. Auslandssachverhalte. In Anwendung deutschen Sachrechts kann unter Berücksichtigung ausländischer Vorstellungen und Gebräuche einem Deutsch-Ausländer, der zudem noch einen ausländischen Nachnamen trägt, ein nach deutschem Recht an sich unzulässiger Vorname erteilt werden (Frankf StAZ 00, 238 und 267 zu türkischer Gewohnheit; Hamm StAZ 83, 71; Frankf StAZ 76, 363 zu amerikanischem Mittelnamen als weiterer Vorname, nach KG StAZ 00, 53 nicht aber, wenn es sich bei dem Mittelnamen um den aktuellen Familiennamen der Mutter handelt). Zu besonderem Sachrecht für statusdeutsche Aussiedler s.o. Rn 11 aE. Die **Transliteration** anderer Schriftarten in die lateinische Schrift ist geregelt im Berner CIEC-Üb über die Angabe von Familiennamen und Vornamen in den Personenstandsbüchern vom 13.9.73 (BGBl 76 II 473), das aber im EG-Binnenverhältnis zur Vermeidung einer Diskriminierung dann nicht angewandt werden darf, wenn sich die danach vorgenommene Transliteration zu stark von der ursprünglichen Aussprache und Bedeutung entfernt (EuGH IPRax 94, 113; AG Tübingen FamRZ 91, 1430). Bei statusdeutschen Aussiedlern, die ihren Namen ursprünglich einmal in deutscher Form geführt haben, ist er in dieser Form einzutragen (BayObLGZ 94, 290).

Ehename iSd deutschen Sachrechts kann auch der **Doppelname des spanischen Rechtskreises** sein (BGH FamRZ 99, 570). Dass nach spanischem Recht nur sein erster Teil („apellido") auf die nächste Generation übergeht, stehe seiner funktionalen Gleichwertigkeit nicht entgegen, weil dieser Gedanke nach BVerfG FamRZ 91, 535 auch im deutschen Namensrecht nicht mehr entscheidend sei. Für die Namensgebung des Kindes gilt der Doppelname in seiner Gesamtheit als Familienname iSd deutschen Rechts (Ddorf StAZ 95, 41).

IV. Anpassung. Anpassung kommt in Betracht, wenn ein anwendbares Recht nicht zwischen Vor- und Familienname unterscheidet oder Eigen- und Zwischennamen verwendet (Frankf StAZ 03, 301; BayObLG 98, 292; Hamm FamRZ 95, 1602; AG Tübingen StAZ 04, 137). Mit Hilfe der sachrechtlichen Anpassung lassen sich durch Beugung des flexibleren Rechts gegenüber dem starreren Normwidersprüche in gemischtnationalen Ehen auflösen: Haben die Ehegatten keine Rechtswahl nach II getroffen und richtet sich der Ehename daher nach I für den einen Ehegatten nach deutschem und dem anderen nach einem ausländischen Recht, nach dem die Ehegatten gezwungen sind, ihre bisherigen Namen fortzuführen, so werden dem deutschen Ehegatten im Wege der Anpassung die Wahlmöglichkeiten der § 1355 I 1, IV BGB entzogen und er ist auf § 1355 I 3 BGB festgelegt (BaRoth/*Mäsch* Rn 34 mwN; aA *Hepting* StAZ 94, 1, 4).

V. Ordre public. Eine ohne besonderen Grund zulässige private Namensänderung kann bei hinreichendem Inlandsbezug gegen den ordre public verstoßen (Art 6), wenn die Identifikationsfunktion des Namens gefährdet ist (Erman/*Hohloch* Rn 13, vorsichtig MüKo/*Birk* Rn 42). Der Entzug von Adelstiteln verstößt in der Regel nicht gegen den ordre public (BVerwG IPRspr 80 Nr 8), kann aber zur Namensänderung nach § 3a NÄG berechtigen, wenn er gegen eine deutsche Minderheit gerichtet war. Wenn für die Bildung des Ehenamens zwingend einseitig auf den Namen des Mannes abgestellt wird, kann dies im Hinblick auf das Selbstbestimmungsrecht der Ehegatten (BGH FamRZ 99, 570) jedenfalls dann einen ordre public-Verstoß darstellen, wenn, etwa durch gemeinsamen gewöhnlichen Aufenthalt im Inland, hinreichender Inlandsbezug gegeben ist (MüKo/*Birk* Rn 29; *Looschelders* Rn 8; aA Soergel/*Schurig* Art 6 Rn 92; Staud/*Hepting* Rn 93). Auch für die Frage, ob es mit dem ordre public vereinbar ist, wenn allein dem Vater das Namensbestimmungsrecht hinsichtlich des Vornamens des Kindes zukommt, hängt besonders von der Intensität des Inlandsbezuges ab und kann bejaht werden, wenn alle Beteiligten Ausländer sind (LG Essen IPRspr 98 Nr 11b; AG Essen IPRax 98, 213), oder verneint werden bei gewöhnlichem Aufenthalt im Inland (*Looschelders* Rn 7; Erman/*Hohloch* Rn 29). Ein Verstoß gegen Art 6 liegt wegen Unvereinbarkeit mit den Grundrechten des Kindes jedenfalls dann vor, wenn der zulässige Name anstößig oder lächerlich wirkt (Bremen NJW-RR 96, 1029, 1030; MüKo/*Birk* Rn 30; Staud/*Hepting* Rn 311), nicht aber schon dann, wenn er das Geschlecht des Kindes nicht erkennen lässt (Ddorf NJW-RR 89, 1033, 1034 f).

E. Übergangshinweise. Übergangsregelungen finden sich für die Einführung der Vorschrift im Jahr 1986 in Art 220 I, für die Änderungen durch das FamNamRG vom 16.12.93 (BGBl I 2054) ebenda in Art 7 § 5 und für die Änderungen durch das KindRG vom 16.12.97 (BGBl I 2942) in Art 224 § 3 (ausf MüKo/*Birk* Art 10 Rn 45 ff).

Art. 11 Form von Rechtsgeschäften

(1) Ein Rechtsgeschäft ist formgültig, wenn es die Formerfordernisse des Rechts, das auf das seinen Gegenstand bildende Rechtsverhältnis anzuwenden ist, oder des Rechts des Staates erfüllt, in dem es vorgenommen wird.
(2) Wird ein Vertrag zwischen Personen geschlossen, die sich in verschiedenen Staaten befinden, so ist er formgültig, wenn er die Formerfordernisse des Rechts, das auf das seinen Gegenstand bildende Rechtsverhältnis anzuwenden ist, oder des Rechts eines dieser Staaten erfüllt.
(3) Wird der Vertrag durch einen Vertreter geschlossen, so ist bei Anwendung der Absätze 1 und 2 der Staat maßgebend, in dem sich der Vertreter befindet.
(4) Verträge, die ein dingliches Recht an einem Grundstück oder ein Recht zur Nutzung eines Grundstücks zum Gegenstand haben, unterliegen den zwingenden Formvorschriften des Staates, in dem das Grundstück belegen ist, sofern diese nach dem Recht dieses Staates ohne Rücksicht auf den Ort des Abschlusses des Vertrages und auf das Recht, dem er unterliegt, anzuwenden sind.
(5) Ein Rechtsgeschäft, durch das ein Recht an einer Sache begründet oder über ein solches Recht verfügt wird, ist nur formgültig, wenn es die Formerfordernisse des Rechts erfüllt, das auf das seinen Gegenstand bildende Rechtsverhältnis anzuwenden ist.

1 **A. Einführung. I. Einordnung und Auslegung.** Art 11 ordnet für die Frage der Form, die stets als Teilfrage eines anderweitig angeknüpften (zB Art 27 ff, sog Geschäfts- oder Wirkungsstatut) rechtlichen Verhältnisses auftaucht, eine **Sonderanknüpfung** an. Anliegen ist es, die Formwirksamkeit von Rechtsgeschäften zu fördern (favor negotii). Zu diesem Zwecke erfolgt eine Alternativanknüpfung nach dem Günstigkeitsprinzip: Es reicht aus, wenn entweder die Formvorschriften des Ortsrechts oder des auf die Hauptfrage der Wirksamkeit des Rechtsgeschäfts anwendbaren Geschäftsstatuts eingehalten worden sind (I). II und III klären, von welchem Ort bei Vertragsschlüssen über die Grenze (Distanzgeschäften) und unter Einschaltung von Stellvertretern auszugehen ist. IV und V formulieren für schuldrechtliche Grundstücksverträge und Verfügungsgeschäfte Ausnahmen zu den Erleichterungen des Art 11.

2 Bei der Auslegung ist zu beachten, dass Art 11 I-IV auf Art 9 EVÜ zurückgeht, dessen international einheitliche **Auslegung** und Anwendung anzustreben ist (Art 18 EVÜ), was für das internationale Schuldvertragsrecht in Art 36 auch ausdrücklich festgelegt ist. Das ist mindestens insoweit zu berücksichtigen, als Art 11 Schuldverträge betrifft (*Looschelders* Rn 2). V hat keinen staatsvertraglichen Ursprung, ist also auf Grundlage des deutschen Rechts auszulegen.

3 **II. Ähnliche Vorschriften.** Für eine Reihe von Rechtsgeschäften mit Auslandsbezug finden sich im EGBGB, anderen Gesetzen und Staatsverträgen **vorrangige Sonderregelungen** der einzuhaltenden Form: für die Eheschließung im Inland Art 13 III, für die Ehescheidung im Inland Art 17 II, für Rechtswahlverträge Art 14 IV, 15 III, 27 IV, für letztwillige Verfügungen Art 26, für Verbraucherverträge Art 29 III; Art 92 I, 97 WG, Art 62 I, 66 ScheckG, für ausnahmsweise zulässige Preisbindungen § 130 II iVm 15 II GWB, für Frachtbriefe Art 4 CMR (Genfer Üb über den Beförderungsvertrag im internationalen Straßengüterverkehr v 19.5.56, BGBl 61 II 1120) und Art 6 CIM (Internationales Üb über den Eisenbahnfrachtverkehr v 7.2.70, BGBl 74 II 381) und für Schiedsklauseln Art 2 II des New Yorker UN-Üb über die Anerkennung und Vollstreckung ausländischer Schiedssprüche (BGBl 61 II 1229).

4 **B. Anknüpfungsgegenstand. I. Form. 1. Qualifikation.** Anknüpfungsgegenstand des Art 11 ist die Form, dh die Art und Weise der Äußerung einer Willenserklärung (Erman/*Hohloch* Rn 13; Staud/*Winkler v Mohrenfels* Rn 49). Abzugrenzen ist einerseits von den sachlichen Voraussetzungen, die der lex causae unterliegen, und andererseits von prozessualen Fragen, die der lex fori unterliegen. Testfrage für die Qualifikation kann sein, ob die fremde Norm typischen Formzwecken, wie dem Schutz vor Übereilung oder der Beweissicherung dient (Palandt/*Heldrich* Rn 3; Erman/*Hohloch* Rn 13; *Looschelders* Rn 9; s auch Art 25 Rn 20 zur unterschiedlichen Zielrichtung des Verbots des gemeinschaftlichen Testaments oder des Erbvertrages in Frankreich und Italien), wobei bei Schuldverträgen wegen des insoweit staatsvertraglichen Ursprungs des Art 11 der Blick auf die anderen Vertragsstaaten nicht vergessen werden darf, die Qualifikation also rechtsvergleichend autonom zu erfolgen hat.

5 **2. Beispiele.** Zum Formstatut gehört, ob eine Form überhaupt erforderlich ist (*Lorenz* IPRax 94, 193, 196), wer sich ihrer bedienen muss oder darf (Volljährigkeit für eigenhändiges Testament, vgl *Kropholler* § 41 III 3b), die Folgen von Formverstößen (*Looschelders* Rn 15) und die einzelnen Anforderungen, zB das Erfordernis einer Verkörperung (mündlich, schriftlich, elektronisch, per Telefax, handschriftlich, eigenhändig, Verwendung einer festen sprachlichen Formel), die Höchstpersönlichkeit (BGHZ 29, 137 zur Zulässigkeit der sog Handschuhehe durch Boten oder Stellvertreter), die Mitwirkung von Amts- oder anderen Personen (öffentliche Beglaubigung, Beurkundung, Anwesenheit von Zeugen, der anderen Partei, religiöse Eheschließung) einschließlich deren Zuständigkeit und des von diesen zu beachtenden Verfahrens (BGH FamRZ 03, 675; RGZ 133, 161, 165; Stuttg FamRZ 90, 559; Zweibr 79, 242) oder das Hinzutreten eines realen Elements wie etwa eines Handschlags (*Looschelders* Rn 8). Regelungen zur Vertragssprache werden teilweise im Hin-

blick auf ihren Schutzzweck undifferenziert dem Vertragsstatut zugeordnet (Palandt/*Heldrich* Rn 3), teilweise pauschal dem Formstatut (*Reinhart* RIW 77, 19); differenzierende Lösungen unterscheiden danach, ob, wie zB mit § 483 I BGB (BTDrs 13/4185), typische Formzwecke verfolgt werden und wenden nur dann das Formstatut an (*Looschelders* Rn 10; Staud/*Winkler v Mohrenfels* Rn 149; *Jayme* IPRax 97, 235 f), nicht aber bei nur kultureller Bedeutung der Sprachregelung (ausf *Freitag* IPRax 99, 142). Anscheinende verfahrensrechtliche Vorschriften können als Formvorschriften zu qualifizieren sein, wenn die prozessuale Sanktion letztlich nur die Einhaltung einer bestimmten Form gewährleisten soll, was etwa der Fall ist bei in den USA vorgesehener Unklagbarkeit eines Kaufvertrages über mehr als 500 $, wenn keine Beurkundung oder Teilleistung erfolgt ist (Palandt/*Heldrich* Rn 4; ähnl *Kegel/Schurig* § 17 V 3d; aA *Donath* IPrax 94, 333; offen gelassen Oldenburg RIW 96, 66), bei Ausschluss des Zeugenbeweises bei Geschäften von mehr als 800 € nach Art 1341 französischen CC iVm Dekret vom 15.7.80 (MüKo/*Spellenberg* Rn 17 f; Palandt/*Heldrich* Rn 4; *Kegel/Schurig* § 17 V 3d; aA für den ähnlichen Art 1985 CC, der die Vollmacht betrifft BGH JZ 55, 702; aA iü *Marschall v Bieberstein* FS Beitzke 79, 625; *Frey* NJW 72, 1602) oder bei bestimmten Vorschriften des italienischen Rechts zum Urkunden- und Zeugenbeweis (LG Mannheim NJW 71, 2129), solange es nicht um die Untauglichkeit von Zeugen aus persönlichen Gründen geht (KG IPRspr 77 Nr 19).

II. Von Rechtsgeschäften. Grundsatz. Erfasst ist die Form von Verträgen, einseitigen Rechtsgeschäften und geschäftsähnlichen Handlungen (Erman/*Hohloch* Rn 11; *Looschelders* Rn 113), also zB auch von Mahnungen, Vaterschaftsanerkenntnissen (BGH NJW 75, 1069; AG Karlsruhe DAVorm 90, 391) und Einwilligungen, zB zur Adoption (KG FamRZ 93, 1363) oder zur heterologen Insemination (BaRoth/*Mäsch* Art 11 Rn 17; aA österr OGH JBl 96, 717). Rechtswahlverträge sollen nach einer Ansicht (BaRoth/*Mäsch* Anh Art 11 Rn 18) – wegen Art 27 IV außer bei Wahl des Schuldvertragsstatuts – nicht unter Art 11 fallen; das kann auf sich beruhen, soweit das Kollisionsrecht selbst Angaben zur Form macht (Art 10 II 2, III 2, 14 IV, 15 III).
Ausnahmen. Bestimmte Rechtsgeschäfte sind letztlich dem Anwendungsbereich des Art 11 entzogen. So sind **dingliche** Verfügungen nach V von der Anknüpfung an den Vornahmeort ausgenommen, werden also ausschließlich vom Geschäftsstatut erfasst. V betrifft bewegliches und unbewegliches Vermögen, umfasst aber nicht die Erteilung einer diesbezüglichen Abschlussvollmacht (München IPRax 90, 320, 322; Stuttg MDR 81, 495; Palandt/*Heldrich* Rn 22) und auch nicht analog die Übertragung eines Erbteils (Palandt/*Heldrich* Rn 6; Erman/*Hohloch* Rn 35; aA *Ludwig* NJW 83, 495). Da das internationale **Gesellschaftsrecht** im EGBGB nicht geregelt ist, ist umstritten, ob und inwieweit V analog gilt. Die in der Rspr überwiegende Ansicht unterstellt auch gesellschaftsrechtliche Vorgänge uneingeschränkt dem Art 11 (München RIW 98, 147; Köln RIW 89, 565; Ddorf RIW 89, 223; Frankf WM 81, 946; Stuttg IPRspr 81 Nr 10 a; BayObLG IPRspr 77 Nr 7 b), ein Teil der Rechtsprechung und die Literatur lehnen die Ortsform und damit die Sonderanknüpfung des Art 11 überhaupt ab (Karlsr RIW 79, 567; Hamm IPRspr 74 Nr 11; LG Kiel BB 98, 120; Staud/*Großfeld* IntGesR Rn 67, 492 ff; *Ebenroth/Wilken* JZ 91, 1064 f; *Geimer* DNotZ 81, 406, 407 f), eine vermittelnde Ansicht versagt die Ortsform nur bei denjenigen Geschäften, die, wie etwa Gründung, Satzungsänderung oder Umwandlung, die Verfassung und den Status der Gesellschaft betreffen und daher mit dem Gesellschaftsstatut besonders eng verzahnt sind (*Kropholler* § 41 III 7; *Kröll* ZGR 00, 121 f; *Goette* Boujong -FS, 96, 131, 135 ff; *Schervier* NJW 92, 593 ff; Hachenburg/*Behrens*, GmbHG I Einl Rn 162). Von Art 11 erfasst, aber zusätzlich den Eingriffsnormen des Belegenheitsstatuts unterworfen, sind schuldrechtliche Verträge über **Grundstücke** (Abs 4, s.u. Rn 16).

C. Anknüpfungspunkte. I. Überblick. Art 11 schreibt eine alternative Anknüpfung vor, entweder an den **Vornahmeort** des Geschäftes oder an den Anknüpfungspunkt des **Geschäftsstatuts**, dem das Rechtsgeschäft, um dessen Form es geht, selbst unterliegt. Die Anknüpfung an den Vornahmeort unterliegt Einschränkungen nach IV und V. Für Schuldverträge, die Grundstücke betreffen, tritt zu der Alternative Ortsstatut oder Geschäftsstatut kumulativ eine Anknüpfung an den **Belegenheitsort** hinzu, die freilich auf die dortigen Eingriffsnormen beschränkt ist (IV, s.u. Rn 16). Darüber hinaus besteht für das Formstatut nach hM immer die Möglichkeit einer **Rechtswahl**, wenn auch das Geschäftsstatut diese vorsieht.

II. Günstigkeitsprinzip. Zieht der Formverstoß nach den alternativ berufenen Rechtsordnungen unterschiedliche Folgen nach sich, so ist die **mildeste Sanktion** anzuwenden (RGZ 133, 161 ff).
Nach der hM ist die **Alternativität abdingbar**, so dass aufgrund Parteivereinbarung die Formwirksamkeit im Wege der Rechtswahl auch nur dem Geschäfts- oder nur dem Ortsstatut unterstellt werden kann (BGHZ 57, 337; Karlsr RIW 93, 505; MüKo/*Spellenberg* Rn 32; Palandt/*Heldrich* Rn 2; aA unter Berufung auf den favor negotii Soergel/*Kegel* Rn 2 f; *Jayme* NJW 72, 1618); Dritte, die durch den Verzicht auf die Alternativanknüpfung benachteiligt sein könnten, seien auf den kollisionsrechtlichen Verbraucher- und Arbeitnehmerschutz der Art 29 III und 30 I zu verweisen (Palandt/*Heldrich* Rn 2). Umstritten ist, ob die Parteien statt des Orts- oder Geschäftsstatuts auch eine dritte Rechtsordnung zum Formstatut bestimmen können (so MüKo/*Spellenberg* Rn 32; *Looschelders* Rn 23; v Bar II § 4 Rn 597; aA Staud/*Winkler v Mohrenfels* Rn 207).
Ob die **Rechtswahl** ihrerseits formbedürftig ist, soll sich nach Art 27 IV analog richten (*Looschelders* Rn 25; Staud/*Winkler v Mohrenfels* Rn 212). Ist dies nicht der Fall, so kann zu prüfen sein, ob die Wahl eines bestimmten Geschäftsstatuts eine konkludente Abwahl des Ortsrechts enthält (vgl BGH NJW 72, 385; BGHZ 57, 337, 340; MüKo/*Spellenberg* Rn 34 ff; Erman/*Hohloch* Rn 9; Staud/*Winkler v Mohrenfels* Rn 211).

12 **III. Vornahmeort.** Vornahmeort ist der Ort, an dem die Parteien, die für den Abschluss des Rechtsgeschäfts erforderlichen **Willenserklärungen abgeben** (AG Berlin-Schöneberg StAZ 02, 81; MüKo/*Spellenberg* Rn 63). Auf den Ort des Zugangs kommt es daher nicht an (KG IPrax 94, 217; Stuttg OLGZ 81, 164; Palandt/*Heldrich* Rn 15). Auch ist es unerheblich, ob der Ort nur vorübergehend oder ausschließlich zum Zwecke des Geschäftsabschlusses, etwa mit der Absicht der Kosteneinsparung, aufgesucht wird (RGZ 62, 379, 381 f; Ddorf RIW 89, 225; Stuttg RPfl 82, 137; Frankf WM 81, 946, 948; LG München I FamRZ 99, 1307; Palandt/ *Heldrich* Rn 16; Soergel/*Kegel* Rn 43; aA *Geimer* DNotZ 81, 410; *Winkler* NJW 72, 981). Ist aufgrund des Geschäftsstatuts **sachrechtlich** eine Vornahme im Ausland untersagt, wie dies teilweise für Vorgänge unter dem Gesellschaftsstatut angenommen wird (nach Hburg NJW-RR 93, 1317 für Hauptversammlung deutscher Aktiengesellschaft; aA *Biehler* NJW 00, 1244 f; *Bungert* AG 95, 26; *v Bar/Grothe* IPRax 94, 269; Gesellschafterversammlung einer GmbH ist dagegen inzwischen unstr zulässig, Ddorf RIW 89, 225; *Schervier* NJW 92, 597, vgl auch vor Art 27 Rn 25 unter I 2), so kann es ohnehin nicht zum wirksamen Vertragsschluss und der Relevanz der Ortstatuts kommen. Hält das Ortsrecht keine Formvorschriften bereit, weil es das vorzunehmende Rechtsgeschäft nicht kennt (zB Erbvertrag in Frankreich und Italien), so ist die Heranziehung von Formvorschriften eines in Funktion und Ausgestaltung vergleichbaren Rechtsinstituts zu versuchen; ist auch auf diesem Wege keine Regelung zu ermitteln, so geht die Verweisung auf das Ortsrecht ins Leere und es verbleibt beim Geschäftsrecht (RGZ 160, 224, 229 f.; KG FamRZ 93, 1363 f.; MüKo/*Spellenberg* Rn 102; Soergel/ *Kegel* Rn 19, 23; *Lorenz* IPRax 94, 193, 196).

13 Bei **Distanzgeschäften** (Vertragsschlüsse über die Grenze hinweg) reicht nach II schon, dass eines der beiden Ortsstatute den Vertrag für formwirksam hält (BGHZ 121, 224, 235 zur Gültigkeit einer formlosen Bürgschaftserklärung). Bei einseitigen Rechtsgeschäften kann II nicht eingreifen, weil hier nicht die Abgabeorte mehrerer Erklärungen divergieren, sondern allenfalls Abgabe und Zugangsort der einen Erklärung.

14 Bei **Stellvertretergeschäften** ist Vornahmeort nach III ausschließlich der Aufenthaltsort des Vertreters (vgl BGHZ 121, 224, 235). Auf den Boten ist dies nicht analog anzuwenden, sondern hier kommt es an auf die Übergabe der Erklärung durch den Geschäftsherrn an den Erklärungsboten bzw. auf die Entgegennahme der Erklärung vom Empfangsboten (*Looschelders* Rn 29). Auf einseitige Rechtsgeschäfte ist III analog anzuwenden (Erman/*Hohloch* Rn 31).

15 **D. Geltung der allgemeinen Regeln. I. Staatsverträge.** Drei vorrangig zu beachtende (Art 3 II) staatsvertragliche Regelungen über das auf die Form anwendbare Recht gelten nur noch im Verhältnis zu Italien, nämlich Art 5 und 7 Haager Abk über die Eheschließung v 12. 6. 02 (RGBl 04, 221) sowie für vor dem 23. 8. 87 geschlossene Eheverträge Art 6 Haager Ehewirkungsabk v 17. 7. 05 (RGBl 12, 453). Das CIEC-Üb zur Erleichterung der Eheschließung vom 10. 9. 64 (BGBl 69 II 2054) regelt Formfragen in Art 4 und 5 und dasjenige über die Erweiterung der Zuständigkeit der Behörden, vor denen nichteheliche Kinder anerkannt werden können v 14. 9. 61 (BGBl 65 II 19) regelt die Form der Anerkennung in Art 4. Welches Recht auf die Form letztwilliger Verfügungen anzuwenden ist, ergibt sich aus dem entspr Haager Üb v 5. 10. 61 (BGBl 65 II 11); zwar ist dieses 1986 in Gestalt des Art 26 in das System des deutschen Rechts inkorporiert worden, doch hat diese Vorschrift bloß die Funktion eines Merkzettels; Rechtsgrundlage ist nach wie vor das Abk selbst, dessen Vorschriften innerstaatlich unmittelbar anwendbar sind (s.a. Art 26 Rn 2).

16 **II. Eingriffsnormen.** Neben den Eingriffsnormen des Forumstaates sind nach IV für Formfragen schuldrechtlicher Grundstücksgeschäfte wie zB Kauf, Miete, Pacht zusätzlich die Eingriffsnormen (dazu Art 34 Rn 1 f) des **Belegenheitsstaates** anzuwenden. Ob es sich um eine Eingriffsnorm handelt, beurteilt sich nach dem Recht des Belegenheitsstaates selbst (Palandt/*Heldrich* Rn 20; Erman/*Hohloch* Rn 32). IV gilt nur für Verträge, nicht für einseitige Rechtsgeschäfte (*Looschelders* Rn 32; aA Staud/*Winkler v. Mohrenfels* Rn 229). Da § 311 b I BGB nicht als Eingriffsnorm anzusehen ist (BTDrs 10/504, 49; Braunschw IPRspr 71 Nr 13; Palandt/*Heldrich* Rn 20; aA *Lichtenberger* Hagen-FS 91, 145, 153), kann ein deutsches Grundstück formlos verkauft werden, wenn Geschäfts- oder Ortsstatut das zulassen.

17 **III. Umfang der Verweisung.** Inwieweit Art 11 eine **Gesamt- oder Sachnormverweisung** ausspricht (Art 4 I), ist umstritten. Eine Ansicht lässt generell das Günstigkeitsprinzip auf die Frage des Verweisungsumfangs durchschlagen und geht flexibel immer dann von einer Gesamtverweisung aus, wenn eine Sachnormverweisung im konkreten Falle nicht zur Bejahung der Formwirksamkeit führen würde (MüKo/*Spellenberg* Rn 41; *Kegel/Schurig* § 17 V 3b; *Looschelders*, Rn 5; Soergel/*Kegel* Rn 7). Diese alternative Prüfung von Sachnorm- und Gesamtverweisung entspricht Art 4 I 1 2. Hs, weil sie auf den Sinn der Verweisung (favor negotii) Rücksicht nimmt. Für Schuldverträge soll jedoch auch hinsichtlich der Form stets nur eine Sachnormverweisung in Betracht kommen, weil Art 11 insofern eine staatsvertragliche Grundlage hat und insofern Art 35 I zu beachten ist (BTDrs 10/504, 48; Soergel/*Kegel* Rn 7). Andere unterscheiden danach, ob das Ortsstatut oder das Geschäftsstatut berufen ist: bei ersterem sei wegen des Sinns der Verweisung zwingend eine Sachnormverweisung gegeben, bei letzterem komme es darauf an, ob das Geschäftsstatut selbst eine Sachnorm oder, was außerhalb des Schuldvertragsrechts möglich sei, eine Gesamtnormverweisung ausspreche (Palandt/*Heldrich* Rn 1; Erman/*Hohloch* Rn 5; Staud/*Winkler v Mohrenfels* Rn 45 ff; *Ebenroth/Eylers* IPRax 89, 10).

IV. Vorfragenanknüpfung. Ist bei Veräußerung eines ausländischen Grundstücks Vertragsstatut und Ortsstatut deutsches Recht, so besteht bei Nichtbeachtung der von § 311 b I 1 BGB geforderten notariellen Beurkundung die Möglichkeit der Heilung durch Erfüllung nach § 311 b I S 2 BGB. Diese ist **selbstständig** nach Art 43 an den Belegenheitsort anzuknüpfen, so dass es auf eine Grundbucheintragung nach deutschem Recht nicht ankommt (BGHZ 73, 391; Ddorf NJW 81, 529 f; Erman/*Hohloch* Rn 17). 18

V. Auslandssachverhalt und Substitution. Ob § 15 III und IV GmbHG auch Anwendung auf Gesellschaften mit Sitz im Ausland finden, ist problematisch (vgl *Merkt*, ZIP 94, 1417). 19

Die Auflassung nach § 925 BGB kann nach der Rechtsprechung nur vor einem deutschen Notar oder einer sonst zuständigen Stelle wie etwa dem Konsularbeamten (§ 12 Nr 1 KonsG) erfolgen, nicht aber vor einer ausländischen Urkundsperson (BGH WM 68, 1170; KG OLGZ 86, 319; Köln OLGZ 72, 321; LG Ellwangen BWNotZ 00, 45; aA *Heinz* RIW 01, 928; *Spellenberg* Schütze-FS, 99, 897; *Mann* NJW 55, 1177). Da die Tätigkeit eines deutschen Notars auf das Inland beschränkt ist (BGH IPRax 00, 29 m Aufs *Riering* 17), können daher wegen V deutsche Grundstücke, außer im Konsulat, nur im Inland übertragen werden. 20

Nach einer Mindermeinung kann auch die notarielle Form der § 15 III, IV GmbHG wegen des Interesses an einer ordnungsgemäßen Durchführung solcher Akte mit Öffentlichkeitsbezug niemals durch eine ausländische Urkundsperson erfüllt werden (*Geimer* DNotZ 81, 408). Eine differenzierende Ansicht hält den deutschen Notar bei Geschäften, die wie Gründung und Satzungsänderung die Verfassung der Gesellschaft betreffen, für nicht substituierbar, bei Anteilsübertragungen oder Beurkundung einer Hauptversammlung aber schon (Goette Boujong-FS 141 ff; ähnl Staud/*Großfeld* IntGesR Rn 481, 492 ff). Die hM stellt demgegenüber ausschließlich auf die Gleichwertigkeit der ausländischen Urkundsperson (Ausbildung, Sachkunde, Stellung im Rechtsleben, nach *Schervier* NJW 92, 595 ff auch Haftungsregime) und des betreffenden Verfahrens (Beurkundung, Beglaubigung) mit dem Tätigwerden eines inländischen Notars im konkreten Fall ab (BGHZ 80, 76 und Stuttg IPRspr 81 Nr 10 a Satzungsänderungen; Stuttg DB 00, 218 ff Übertragung von GmbH-Anteilen; München RIW 98, 147 Unternehmenskauf; LG Kiel BB 98, 120 und LG Köln RIW 89, 990 Verschmelzungsvertrag, Palandt/*Heldrich* Rn 8). Einigkeit besteht darin, dass in der Wahl eines ausländischen Notars idR ein zulässiger Verzicht auf eine ordnungsgemäße Belehrung iSd § 17 BeurkG liegt (BGHZ 80, 76, 79; Palandt/*Heldrich* Rn 8; *Kegel/Schurig* § 17 V 3e; *v Bar/Grothe* IPRax 94, 270; *Geimer* DNotZ 81, 408). 21

Für gleichwertig sind gehalten worden die „lateinischen Notariate" (*Kropholler* § 33 II 2; *Basedow* RabelsZ 55 (1991) 409, 428; *Bockelmann* NJW 75, 1625 f), das Zürcher (BGHZ 80, 76; Frankf WM 81, 946; LG Köln RIW 89, 990; *v Bar/Grothe* IPRax 94, 269, 270; aA LG Augsburg NJW-RR 97, 420 zu Verschmelzungsvertrag) und das Basler (München NJW-RR 98, 758) Notariat, der österreichische (Hachenburg/*Hüffer* § 48 Rn 12; offen gelassen BayObLG NJW 78, 500), niederländische (*Looschelders* Rn 54; tendenziell befürwortet, letztlich aber offen gelassen Ddorf RIW 89, 225) und englische Notar (*Mann* NJW 55, 1177 ff), der amerikanische „notary public" nur für die Beglaubigung (Stuttg DB 00, 1218).

Art. 12 Schutz des anderen Vertragsteils

¹Wird ein Vertrag zwischen Personen geschlossen, die sich in demselben Staat befinden, so kann sich eine natürliche Person, die nach den Sachvorschriften des Rechts dieses Staates rechts-, geschäfts- und handlungsfähig wäre, nur dann auf ihre aus den Sachvorschriften des Rechts eines anderen Staates abgeleitete Rechts-, Geschäfts- und Handlungsunfähigkeit berufen, wenn der andere Vertragsteil bei Vertragsabschluß diese Rechts-, Geschäfts- und Handlungsunfähigkeit kannte oder kennen musste. ²Dies gilt nicht für familienrechtliche und erbrechtliche Rechtsgeschäfte sowie für Verfügungen über ein in einem anderen Staat belegenes Grundstück.

A. Einführung. I. Einordnung und Auslegung. Bei Art 12 handelt es sich um eine **Ausnahme zu Art 7**, die kollisionsrechtlichem Verkehrsschutz Rechnung tragen soll. Der Schutz nicht (voll) geschäftsfähiger Personen wird dem Geschäftsinteresse gutgläubiger Vertragspartner untergeordnet, wenn die Kontrahierenden sich in demselben Staat aufhalten. Mit dem Recht des Abschlussortes wird nicht – wie etwa in Art 31 II – ein einer Partei vertrautes, sondern ein neutrales Recht zur Grundlage des Vertrauensschutzes gemacht, auf das sich beide Parteien durch ihre Anwesenheit und die dadurch möglichen Erkundigungen gleichermaßen einstellen können. Ebenso wie im internationalen Verbraucherschutzrecht sinkt hier das kollisionsrechtliche Schutzniveau auch hier, wenn das Gebiet des vertrauten Umweltrechts körperlich verlassen wird. Die Regelung als missglückt anzusehen und auf dieser Grundlage durchgängig restriktiv auszulegen und nach Möglichkeit zu reduzieren (Nachw bei BaRoth/*Mäsch* Rn 2), ist daher nicht gerechtfertigt; Missbräuchen lässt sich mit Hilfe des Merkmals der Gutgläubigkeit entgegenwirken. Immobilien-, familien- und erbrechtliche Geschäfte sind ausgenommen, weil ihnen für die betroffene Person besondere und dem Verkehrsschutz geringe Bedeutung zukommt. 1

Bei der Auslegung ist zu beachten, dass Art 12 S 1 auf Art 11 EVÜ zurückgeht, dessen international einheitliche **Auslegung** und Anwendung anzustreben ist (Art 18 EVÜ); das ist (wie in Art 36 für das internationale 2

Vertragsrecht ausdrücklich festlegt, auch hier) zu berücksichtigen, obwohl der Anwendungsbereich des Art 12 über das im EVÜ geregelte Schuldvertragsrecht hinausgeht. S 2 hat demgegenüber keinen staatsvertraglichen Ursprung und ist auf Grundlage des deutschen Rechts auszulegen.

3   **II. Ähnliche Vorschriften. Parallelnormen** zu Art 12 sind Art 16 und 17b II 2: Art 12 hebt zugunsten des Verkehrsschutzes Beschränkungen der allgemeinen Rechts- und Geschäftsfähigkeit nach Art 7 auf, Art 16 und 17b II 2 heben zugunsten des Verkehrsschutzes die für Ehegatten und eingetragene Lebenspartner nach Art 14, 15 oder 17b I bestehenden Beschränkungen der Verpflichtungs- und Verfügungsmacht auf. Allerdings ist Art 12 **allseitig** ausgestaltet, während Art 16 und 17b II 2 in erster Linie bzw nur den inländischen Rechtsverkehr schützen (zur beschränkten Analogiefähigkeit s Art 3 Rn 21).

4   Art 91 II WG, 60 II ScheckG und 19 KSÜ (dazu unten Rn 16) enthalten verkehrsschützende **Sonderregelungen**, die vorgehen.

5   **B. Anknüpfungsgegenstand. I. Subjektiver Anwendungsbereich.** Art 12 ist angesichts seiner systematischen Stellung im Zweiten Abschnitt auf **natürliche Personen** beschränkt. Auf juristische Personen ist er analog anzuwenden (MüKo/*Spellenberg* Rn 19; Palandt/*Heldrich* Anh z Art 12 Rn 11; *Looschelders* Rn 11; BaRoth/*Mäsch* Rn 37; *Bausback* DNotZ 96, 259 zum Erwerb inländischer Grundstücke; offen gelassen in BGH NJW 98, 2452), was insbesondere bei fehlender Rechtsfähigkeit oder Teilrechtsfähigkeit nach dem englischen ultra vires Grundsatz relevant wird.

6   **II. Objektiver Anwendungsbereich. 1. Art der Geschäfte.** Art 12 hilft nur insofern über Mängel der Rechts- und Geschäftsfähigkeit hinweg, als hieran die Wirksamkeit eines Vertrages scheitern würde. Der Begriff „Vertrag" ist unbesehen von dem ohnehin nur Schuldverträge betreffenden zunächst nicht auf deutsch abgefassten Art 11 EVÜ übernommen worden, so dass ihm nicht ohne weiteres eine Einschränkung auf Verträge iSd BGB entnommen werden kann. Auf **einseitige Rechtsgeschäfte** ist Art 12 daher nach hM analog anzuwenden (MüKo/*Spellenberg* Rn 22; Erman/*Hohloch* Rn 8; *Kegel/Schurig* § 17 I 1d; Staud/*Hausmann* Rn 25; Soergel/*Kegel* Rn 20; *Schotten* DNotZ 94, 671; aA Palandt/*Heldrich* Rn 2).

7   In S 2 findet sich allerdings eine Begrenzung des Anwendungsbereichs auf bestimmte Wirkungsstatute, nämlich **Verkehrsgeschäfte**: Es darf sich nicht um ein familien- oder erbrechtliches Geschäft handeln (zB Verlobung, Ehevertrag, Adoption, Erbvertrag, Erbverzicht) und nicht um eine Verfügung über ein im Ausland belegenes Grundstück. Mangels staatsvertraglichen Hintergrunds des S 2 ist „Verfügung" iSd deutschen Sachrechts zu verstehen. Bei Rechtsordnungen, die nicht zwischen dinglichem und obligatorischem Rechtsgeschäft unterscheiden, ist nach Möglichkeit eine Aufspaltung vorzunehmen; gelingt dies nicht, so ist insgesamt S 1 anzuwenden (*Looschelders* Rn 27; Staud/*Hausmann* Rn 48). Inländische Grundstücke unterstehen nach dem klaren Wortlaut dem S 1. Für Schenkungen wird eine analoge Anwendung des S 2 vertreten (*Fischer* S 42; aA *Looschelders* Rn 26).

8   **2. Fehlende Fähigkeiten.** Anknüpfungsgegenstand des Art 12 sind Rechts-, Geschäfts- (Definition s Art 7 Rn 5ff) und Handlungsfähigkeit. Das deutsche Sachrecht kennt eine „Handlungsfähigkeit" als Rechtsbegriff nicht; die Deutung ist daher unklar. Teilweise werden darunter familienrechtliche **Grenzen gesetzlicher Vertretungsmacht** für natürliche Personen verstanden, zB von Eltern, Betreuern o. ä. (Palandt/*Heldrich* Rn 5; Erman/*Hohloch* Rn 11) teilweise auch Beschränkungen von Ehegatten bei der Eingehung bestimmter Rechtsgeschäfte (Palandt/*Heldrich* Rn 5), was beides als Überspannung des auf ein Übersetzungsproblem aus dem EVÜ zurückgehenden Begriffes kritisiert wird (MüKo/*Spellenberg* Rn 29; BaRoth/*Mäsch* Rn 22). Das kann jedoch insoweit dahinstehen, als auch von der Gegenansicht – unter Rückgriff auf eine Analogie – die Grenzen der gesetzlichen Vertretungsmacht entspr Art 12 behandelt werden (MüKo/*Spellenberg* Rn 29; *Looschelders* Rn 15; BaRoth/*Mäsch* Rn 39; Soergel/*Kegel* Rn 14f); in Bezug auf die **ehebedingten Verpflichtungs- und Verfügungsbeschränkungen** wird die Analogie überwiegend aber abgelehnt und stattdessen direkt oder analog auf Art 16 zurückgegriffen (HK/*Staudinger* Rn 7; Erman/*Hohloch* Rn 11; *Looschelders* Rn 16; BaRoth/*Mäsch* Rn 41; Staud/*Hausmann* Rn 35; aA LG Aurich FamRZ 90, 776f; *Fischer* S 171; *Liessem* NJW 89, 497, 500; *Hanisch* IPRax 87, 47, 50f). Das Vertrauen auf Bestand und Umfang einer rechtsgeschäftlichen Vertretungsmacht wird nicht durch Art 12 geschützt, auch nicht analog (MüKo/*Spellenberg* Rn 25; *Looschelders* Rn 15; BaRoth/*Mäsch* Rn 39; Staud/*Hausmann* Rn 33); soweit für das Vollmachtstatut an den Gebrauchsort angeknüpft wird (s vor Art 7 Rn 10) ist dem Verkehrsschutz auch bereits dadurch Rechnung getragen.

9   Die Verwendung des Begriffes „berufen" ist nicht rechtstechnisch zu verstehen; ausgeschlossen werden nicht nur Einreden, sondern **Einwendungen** jeglicher Art (*Looschelders* Rn 22; *Kropholler* § 42 I 3a).

10   Da Art 12 keinen allgemeinen Vertrauensschutz in Bezug auf die Gültigkeit von internationalen Rechtsgeschäften gewährt, ist er **nicht** analog auf **Willensmängel** oder die **Partei- und Prozessfähigkeit** einer Person anzuwenden (*Looschelders* Rn 17; BaRoth/*Mäsch* Rn 17, 20; Soergel/*Kegel* Rn 17ff; für Parteifähigkeit ausländischer juristischer Personen aber Staud/*Hausmann* Rn 38). Der BGH behilft sich in diesen Fällen mit analoger Anwendung von § 50 II ZPO (NJW 86, 2194).

11   **C. Voraussetzungen des Verkehrschutzes. I. Anwesenheit im selben Staat.** Die Parteien müssen sich bei Abgabe (MüKo/*Spellenberg* Rn 50; *Looschelders* Rn 8; Staud/*Hausmann* Rn 55) ihrer Willenserklärungen im

Anwendungsbereich derselben Rechtsordnung aufhalten; ein Rechtsgeschäft unter Anwesenden ist nicht erforderlich (Soergel/*Kegel* Rn 4).

Bei **Stellvertretung** auf Seiten des vertrauenden Vertragsteils, reicht es mit Blick auf § 166 I BGB und vielleicht auch Art 11 III aus, wenn sich nur der Vertreter an diesem Ort befindet (*Looschelders* Rn 9; Palandt/*Heldrich* Rn 2; BaRoth/*Mäsch* Rn 27; *Lipp* RabelsZ 63 [1999] 107, 136; *Liessem* NJW 89, 497, 501; aA MüKo/*Spellenberg* Rn 53 f; *Schotten* DNotZ 94, 671); bei Stellvertretung auf Seiten des in der Geschäftsfähigkeit beschränkten, muss sich dieser aber auch selbst dort aufhalten, denn auf dessen Seite geht es nicht um Kenntnis und Kennenmüssen iSd § 166 BGB, sondern um die Anwesenheit als Grundlage für das Vertrauen auf das Bestehen einer Geschäftsfähigkeit, von der man am Geschäftsort ausgehen darf (MüKo/*Spellenberg* Rn 53; *Looschelders* Rn 9; BaRoth/*Mäsch* Rn 26; *Schotten* DNotZ 94, 671; aA Palandt/*Heldrich* Rn 2; Erman/*Hohloch* Rn 9; Staud/*Hausmann* Rn 52; *Lipp* RabelsZ 63 [1999] 107, 136; *Liessem* NJW 89, 497, 501). 12

II. Guter Glaube. Zusätzliche Voraussetzung ist der bei Vertragsschluss bestehende gute Glaube des Vertragspartners an das Bestehen der Rechts-, Geschäfts- und Handlungsfähigkeit. Was die fahrlässige Unkenntnis angeht, darf der Vertragspartner von der Geltung der für ihn leicht ermittelbaren, am Geschäftsort geltenden Regeln zu Rechts-, Geschäfts- und Handlungsfähigkeit ausgehen, solange er keine Anhaltspunkte dafür hat, dass ein strengeres Recht Anwendung findet. Der Umfang zumutbarer Nachforschungen hängt einerseits von der Bedeutung des Geschäftes, andererseits von der Deutlichkeit der auf mangelnde Geschäftsfähigkeit hinweisenden Umstände bzw dem Aufwand bei der Rechtsermittlung ab: Bei Geschäften des täglichen Lebens werden die Anforderungen geringer angesetzt als bei größeren Kreditgeschäften, einem Grundstückskauf oder sonst beurkundungspflichtigen Geschäften, bei denen auch ohne Auslandsbezug der Notar nach § 11 BeurkG die Geschäftsfähigkeit überprüfen müsste (BaRoth/*Mäsch* Rn 32); auch spielt es eine Rolle, ob Kaufleute beteiligt sind und ob es sich um eine Grenzregion handelt (*Looschelders* Rn 19). Die bloße Kenntnis, dass die andere Vertragspartei **Ausländer** ist, soll noch keine Bösgläubigkeit begründen (Palandt/*Heldrich* Rn 2; Erman/*Hohloch* Rn 12; *Looschelders* Rn 19; Staud/*Hausmann* Rn 66; *Liessem* NJW 89, 497, 501). Denn auch, wenn in diesem Fall der Vertragspartner wissen muss, dass nach Art 7 gerade nicht das Ortsrecht Anwendung findet, darf die daran anknüpfende Aufklärungsobliegenheit nicht unverhältnismäßig schärfer sein als bei Binnengeschäften, so dass es auf Verdachtsmomente und Aufklärungsmöglichkeiten im Einzelfall ankommt. Besitzen beide Vertragsparteien dieselbe Staatsangehörigkeit, so fehlt der gute Glaube idR (Hamm NJW-RR 96, 1144), es sei denn, dass die vertrauende Partei nicht wissen kann, dass die andere Partei dasselbe Personalstatut besitzt (vgl MüKo/*Spellenberg* Rn 21); denn die Kenntnis des dann nach Art 7 auch für sein Gegenüber geltenden eigenen Heimatrechts kann ohne weiteres erwartet werden. Das gleiche ist hinsichtlich des an seinem gewöhnlichen Aufenthalt geltenden Rechts als seines Umweltrechts anzunehmen (BaRoth/*Mäsch* Rn 32). Zum selben Ergebnis kommen diejenigen, die Art 12 bei Geschäften unter Landsleuten für nicht anwendbar halten, da Ursache des Irrtums über die Geschäftsfähigkeit nicht der Auslandsbezug des Sachverhalts sei (MüKo/*Spellenberg* Rn 21; *v Bar* Rn 59). Aus diesem Grunde greift Art 12 auch dann nicht ein, wenn die unzutreffende Annahme der Geschäftsfähigkeit auf einem Irrtum über **tatsächliche Umstände** wie Alter (MüKo/*Spellenberg* Rn 68), Entmündigung (BaRoth/*Mäsch* Rn 33) oder Staatsangehörigkeit der anderen Vertragspartei beruht (vorsichtig auch *Looschelders* Rn 20; zur Staatsangehörigkeit zutreffend differenzierend MüKo/*Spellenberg* Rn 69). Im Falle einer Entmündigung bewirkt Art 12, dass von ihr nur auszugehen ist, falls und soweit sie am Vertragsabschlussort anerkannt wird (ausländische Entmündigung wirkt in Deutschland allenfalls wie Betreuung mit weitreichendsten Wirkungen, s Art 7 Rn 15, Art 24 Rn 39) (Palandt/*Heldrich* Rn 4; *Looschelders* Rn 24; *Fischer* S 126). 13

D. Anknüpfungspunkt. I. Zufälliger Aufenthaltsort. Art 12 ersetzt die personenbezogene Anknüpfung des Art 7 im Falle deren Ungünstigkeit für das Zustandekommen des Vertrages durch eine **ortsbezogene** Anknüpfung. Anzuwenden ist das Recht des Staates, in dem sich die Parteien des Vertrages bzw ihre Vertreter bei Abgabe ihrer auf den Vertragsschluss gerichteten Erklärungen gemeinsam aufhalten (s.o. Rn 11 f). Hiervon abzusehen, wenn der Ort des Vertragsschlusses, wie bei Geschäften auf Messen, an der Börse oder bei Mitgliedern einer Reisegruppe, rein zufällig sei (*Lipp* RabelsZ 63 [1999] 107, 134 f; *Fischer* S 63 ff), überzeugt nicht, weil Grund für die Geltung des Ortsrechts ohnehin nicht ein innerer Bezug des Rechtsgeschäfts oder der Personen zu diesem ist, sondern die körperliche Anwesenheit der Parteien nach Sinn und Zweck der Regelung für die Nähebeziehung genügt (s.o. Rn 1) (MüKo/*Spellenberg* Rn 56, *Looschelders* Rn 10). 14

II. Abdingbarkeit des Günstigkeitsprinzips. Wenn die Voraussetzungen des S 1 erfüllt sind, wird teilweise ein **Wahlrecht des gutgläubigen Vertragspartners** zwischen der Wirksamkeit des Vertrages gemäß Art 12 und der Geltendmachung des Fehlens der Geschäftsfähigkeit seines Vertragspartners angenommen (*Fischer* S 115 ff mit vorsichtiger Zustimmung von MüKo/*Spellenberg* Rn 76; *Schotten* DNotZ 94, 672; aA Staud/*Hausmann* Rn 70; Soergel/*Kegel* Rn 3; BaRoth/*Mäsch* Rn 37). Für die Abwählbarkeit des Verkehrsschutzes spricht, dass Art 12 vorwiegend dem Schutz des konkreten Vertragspartners dient, weshalb auch vertreten wird, Dritte könnten sich nicht auf Art 12 berufen (MüKo/*Spellenberg* Rn 20; *Looschelders* Rn 12; Staud/*Hausmann* Rn 15;). Auf einen solchen Schutz kann grds verzichtet werden (*Looschelders* Rn 25). Anhaltspunkte im Gesetzeswortlaut sind allerdings kaum vorhanden. Zwar spricht dessen amtliche Überschrift vom „Schutz des 15 anderen Vertragsteils" und das Wort „berufen" könnte implizieren, dass es sich um eine aktive Abwehr gegen einen Vorstoß des anderen Vertragsteils handelt. Die Annahme eines – dann jederzeit ausübbaren – Wahlrechts brächte jedoch zu viel Unsicherheit in den Bestand des Vertrages. Zutreffend ist daher von einem Günstigkeitsvergleich von Amts wegen (BaRoth/*Mäsch* Rn 37) auszugehen.

16 **E. Geltung der allgemeinen Regeln. I. Staatsverträge.** Das Haager **Kinderschutzabkommen (KSÜ)**, dessen Ratifizierung kurz bevorsteht und das das Minderjährigenschutzabkommen (MSA) ablösen wird (s Art 24 Rn 14, zum MSA auch Art 21 Rn 1 ff), sieht in Art 19 eine spezielle Verkehrsschutzvorschrift für den Fall der fehlenden gesetzlichen Vertretungsbefugnis von Kindern vor, die inhaltlich weitgehend mit Art 12 S 1 übereinstimmt, diesem aber vorgeht.

17 Vorrangig zu beachtender (Art 3 II) Staatsvertrag ist außerdem das **deutsch-iranische Niederlassungsabkommen** vom 17. 2. 29 (RGBl 30 II 1006), das in Art 8 III iVm dem Schlussprotkoll auch für Fragen der Geschäftsfähigkeit, Volljährigkeit und Entmündigung ausnahmslos an die Staatsangehörigkeit anknüpft. Nach Art 8 III 2 ist die Anwendung des Art 12 gegenüber Iranern aber möglich, weil diese Abweichung vom Staatsvertrag alle fremden Staatsangehörigen gleichermaßen trifft (*Looschelders* Rn 29; Soergel/*Kegel* Rn 29).

18 **II. Umfang der Verweisung.** Es handelt sich ausdrücklich um eine **Sachnormverweisung** (dazu vgl Art 4 Rn 11). Es kommt daher auch nicht darauf an, ob das berufene Recht des Vertragsabschlussortes selbst einen ähnlichen Verkehrsschutztatbestand kennt (*Looschelders* Rn 4; Staud/*Hausmann* Rn 20; aA Sorgel/*Kegel* Rn 5).

19 **III Ordre public.** Fragen des **ordre public** sind wie bei Art 7 zu beurteilen (s Art 7 Rn 15).

20 **F. Verfahrensrechtliches.** Die Beweislast für die Bösgläubigkeit des Vertragspartners trägt die nicht (voll) geschäftsfähige Partei (MüKo/*Spellenberg* Rn 74; HK/*Staudinger* Rn 9; BaRoth/*Mäsch* Rn 34; *Fischer* S 52).

Abschnitt 3 Familienrecht

Art. 13 Eheschließung

(1) Die Voraussetzungen der Eheschließung unterliegen für jeden Verlobten dem Recht des Staates, dem er angehört.
(2) Fehlt danach eine Voraussetzung, so ist insoweit deutsches Recht anzuwenden, wenn
1. ein Verlobter seinen gewöhnlichen Aufenthalt im Inland hat oder Deutscher ist,
2. die Verlobten die zumutbaren Schritte zur Erfüllung der Voraussetzung unternommen haben und
3. es mit der Eheschließungsfreiheit unvereinbar ist, die Eheschließung zu versagen; insbesondere steht die frühere Ehe eines Verlobten nicht entgegen, wenn ihr Bestand durch eine hier erlassene oder anerkannte Entscheidung beseitigt oder der Ehegatte des Verlobten für tot erklärt ist.
(3) ¹Eine Ehe kann im Inland nur in der hier vorgeschriebenen Form geschlossen werden. ²Eine Ehe zwischen Verlobten, von denen keiner Deutscher ist, kann jedoch vor einer von der Regierung des Staates, dem einer der Verlobten angehört, ordnungsgemäß ermächtigten Person in der nach dem Recht dieses Staates vorgeschriebenen Form geschlossen werden; eine beglaubigte Abschrift der Eintragung der so geschlossenen Ehe in das Standesregister, das von der dazu ordnungsgemäß ermächtigten Person geführt wird, erbringt vollen Beweis der Eheschließung.

1 **A. Geltungsbereich.** Die Vorschrift umfasst zwei Regelungsbereiche. In I und II findet sich die Regelung zu den **materiell-rechtlichen Voraussetzungen** der Eheschließung unter Einschluss der Wirksamkeitsfrage bei materiell-rechtlich fehlerhafter Eheschließung. Davon zu unterscheiden ist das Statut zur Form für die Eingehung der Ehe, welches selbstständig anzuknüpfen ist; das **Formstatut** umfasst auch die Anknüpfung zur Wirksamkeitsfrage bei Verletzung von Formvorschriften. Die Regelung findet sich in III, allerdings nur für den Fall der Eheschließung im Inland. Bei Eheschließung im Ausland ergibt sich das Formstatut aus Art 11 I EGBGB. Art 13 I ist entspr anzuwenden auf das gesetzlich nicht geregelte Verlöbnisstatut (BGH FamRZ 96, 601).

2 Im Verhältnis zu **Italien** ist ggü Art 13 vorrangig das Haager Abkommen zur Regelung des Geltungsbereichs der Gesetze auf dem Gebiete der Eheschließung vom 12. 6. 02 (RGBl 1904 S 221). Sein Anwendungsbereich ist beschränkt auf Ehen zwischen Deutschen und/oder Italienern, wenn sie in Deutschland oder Italien geschlossen werden oder worden sind; für in Drittstaaten oder unter Beteiligung anderer Staatsangehöriger geschlossene Ehen ist es nicht einschlägig (BGH FamRZ 97, 542). Die praktische Bedeutung des Abkommens ist gering, da seine Regelungen inhaltlich deckungsgleich sind mit denjenigen in Art 13 und 11 I EGBGB. Im Verhältnis zum **Iran** ist vorrangig das Niederlassungsabkommen vom 17. 2. 29 (RGBl 1930 II S 1006; BGBl 1955 II S 829). Es ist jedoch nur anwendbar, wenn beide Ehegatten ausschl iranische Staatsangehörige sind; Art 8 III des Abkommens verweist dann ins iranische Recht.

3 Da Art 13 in seiner heutigen Fassung erst mit der am 1. 9. 86 in Kraft getretenen Reform des internationalen Privatrechts eingeführt worden ist, die Eheschließung jedoch als einaktiger, sogleich Rechtsfolgen auslösender

Vorgang grds unwandelbar angeknüpft wird, gilt die Vorschrift gem Art 220 I EGBGB nur für ab dem 1.9.86 geschlossene Ehen (BGH FamRZ 97, 542). Das davor geltende Recht ist für vor dem 1.9.86 eingegangene Ehen nach wie vor maßgeblich. Inhaltlich ist es jedoch mit den Regelungen in Art 13 heutiger Fassung deckungsgleich (BGH FamRZ 91, 300).

B. Materielle Eheschließungsvoraussetzungen. I. Eheschließung. I umfasst in seinem Anwendungsbereich **alle Eheschließungsvoraussetzungen und Ehehindernisse.** Dazu gehören insbes die Ehemündigkeit sowie das Ehehindernis der Doppelehe. Die für Letzteres relevante Vorfrage, ob zum Zeitpunkt der Eheschließung einer der Verlobten mit einem Dritten in gültiger Ehe lebte, ist ebenfalls über I anzuknüpfen (BGH FamRZ 97, 542). Zur weiteren Vorfrage, ob eine frühere Ehe durch Scheidung aufgelöst ist, muss unterschieden werden zwischen im Inland erfolgter und im Ausland ergangener Scheidung. Eine Inlandsscheidung ist bei Rechtskraft ausnahmslos zu beachten (II Nr 3 Hs 2 Alt 1), eine Auslandsscheidung, wenn sie im Inland anerkannt ist (II Nr 3 Hs 2 Alt 2). 4

Bei Anknüpfung nach I ergeben sich die materiellen Voraussetzungen der Eheschließung – unabhängig vom Ort der Eheschließung – für jeden Verlobten aus dem Recht des Staates, dem er unmittelbar vor der Eheschließung angehörte (BGH NJW 66, 1811). Anknüpfungspunkt ist daher die **jeweilige Staatsangehörigkeit.** Zu deren Besitz und den Besonderheiten bei Staatenlosen, Flüchtlingen, Asylberechtigten, Volksdeutschen sowie Doppelstaatern/ Mehrstaatern s KKFamR/*Rausch* Art 5 EGBGB Rn 1 bis 4. Die Verweisung auf das Heimatrecht der Verlobten ist **Gesamtverweisung** iS von Art 4 I EGBGB (BGH aaO). Da auf das jeweilige Heimatrecht beider Verlobter verwiesen wird, darf die Ehe nur dann geschlossen werden, wenn alle Voraussetzungen nach den aufgrund der doppelten Verweisung berufenen Rechtsordnungen vorliegen. Liegt nach nur einer Rechtsordnung ein Ehehindernis vor, nach der anderen jedoch nicht, steht dies der Eheschließung entgegen. Gleiches gilt für sog zweiseitige Ehehindernisse, bei welchen das Heimatrecht eines Verlobten nicht nur ihn selbst betreffende Ehehindernisse aufstellt, sondern auch in der Person des anderen liegende Gründe, die möglicherweise nach dessen Heimatrecht unschädlich sind, als Ehehindernis ansieht – zB Eheschließung einer unverheirateten Deutschen mit einem verheirateten Ausländer, dessen Heimatrecht die Mehrfachehe erlaubt (vgl Zweibr FamRZ 04, 950). 5

II. Eheschließungsfreiheit. Die doppelte Verweisung nach I kann bei im Inland beabsichtigter Eheschließung zu einem Ehehindernis führen, wenn das Heimatrecht des ausländischen Verlobten eine der **Eheschließungsfreiheit entgegenstehende Regelung** (Hauptfälle: Absolute Unauflöslichkeit einer früheren – geschiedenen – Ehe, Verbot der Eheschließung bei unterschiedlicher Religionszugehörigkeit) kennt. Da die Eheschließungsfreiheit grundrechtlich gewährleistet ist (BVerfG FamRZ 04, 765), kommt ein Verstoß gegen den inländischen **ordre public** in Betracht. Die deshalb an sich nach Art 6 EGBGB gebotene Prüfung zur Ergebniskorrektur ist für ab dem 1.9.86 geschlossene Ehen spezialgesetzlich in Art 13 II geregelt. Soweit die Ehe vor diesem Zeitpunkt geschlossen worden ist, kommt Art 6 EGBGB direkt zur Anwendung (BGH FamRZ 97, 542). 6

Nach II sind die materiellen Voraussetzungen entgegen I allein nach deutschem Recht zu beurteilen, wenn einer der Verlobten Deutscher ist oder seinen gewöhnlichen Aufenthalt in Deutschland hat, ein mit der Eheschließungsfreiheit nicht zu vereinbarendes Ehehindernis vorliegt und die Verlobten alle zumutbaren Schritte zur Beseitigung dieses Hindernisses unternommen haben. Welche Schritte zu deren Beseitigung **zumutbar** sind, ist in gleicher Weise an den Grundrechtsgarantien zu messen. Ein Religionswechsel kann daher auf keinen Fall verlangt werden. Versuche zur Aufhebung der Unauflöslichkeit der früheren Ehe sind nicht zumutbar, wenn sie von vornherein aussichtslos sind (vgl BGH FamRZ 97, 542). Zu verlangen ist allerdings das Betreiben der Anerkennung einer Auslandsscheidung, soweit diese ein Verfahren nach Art 7 § 1 FamRÄndG voraussetzt (s KKFamR/*Rausch* vor § 606 a ZPO Rn 49). Nach der in II Nr 3 Hs 2 normierten unwiderleglichen Vermutung ihrer ordre-public-Widrigkeit ist die Unauflöslichkeit einer früheren Ehe dann stets unbeachtlich, wenn sie im Inland rechtskräftig geschieden worden ist oder ihre im Ausland erfolgte Scheidung hier anerkannt wird oder der frühere Ehegatte des Verlobten für tot erklärt worden ist. 7

Weitere mit der Eheschließungsfreiheit nicht zu vereinbarende Ehehindernisse iSv II sind Eheverbote wegen fremder Staatsangehörigkeit, aus rassischen Gründen oder bei ausnahmsweise vorgeschriebener Genehmigung der Eheschließung von Volljährigen. Das in Deutschland erst seit dem 1.7.98 abgeschaffte Eheverbot der Schwägerschaft in gerader Linie dürfte allerdings mit der Eheschließungsfreiheit noch vereinbar sein (Stuttg FamRZ 00, 821). 8

III. Wirksamkeit der Ehe. Der Verstoß gegen materiell-rechtliche Eheschließungsvoraussetzungen (**fehlerhafte Eheschließung**) führt nicht zwingend zur Unwirksamkeit der dennoch geschlossenen Ehe. Die Folgen für den rechtlichen Bestand der Ehe sind je nach Art des Verstoßes und in verschiedenen Rechtsordnungen unterschiedlich geregelt. Sie reichen von absoluter Nichtigkeit (Nichtehe) über gerichtliche Vernichtbarkeit (Nichtigerklärung) mit Rückwirkung oder Aufhebbarkeit mit Wirkung für die Zukunft bis zur Folgenlosigkeit. Das **Statut zur Wirksamkeit der Ehe** bei materiell-rechtlich fehlerhafter Eheschließung **bestimmt sich ebenfalls nach I**, dh nach dem Heimatrecht beider Ehegatten. Divergieren diese in der Rechtsfolge, kommt für die Folgen des Fehlers bei der Eheschließung das „ärgere" Recht zum Zuge (BGH FamRZ 91, 300; Frankf FamRZ 02, 705). Ist beispielsweise einer der in Betracht kommenden Ehegatten Deutscher, der andere Brite, so wäre bei bigamischer Eheschließung nach dem Heimatrecht des deutschen Partners an sich lediglich Aufhebbarkeit und damit Wirksamkeit der Ehe gegeben (§§ 1306, 1313, 1314 I). Nach dem britischen Heimat- 9 recht des anderen Partners ist die Doppelehe jedoch absolut nichtig (void), was als ärgeres Recht durchschlägt und die Ehe auch für den deutschen Partner unwirksam sein lässt.

10 Die Anwendung des ärgeren Rechts kann allerdings uU gegen den deutschen **ordre public** (Art 6 EGBGB) verstoßen und damit der Wirksamkeit der Ehe doch nicht entgegenstehen. Auch hierfür gilt die spezialgesetzliche Regelung in II. Dies kommt insbes dann in Betracht, wenn die in Deutschland erfolgte Scheidung einer früheren Ehe des ausländischen Partners in dessen Heimatland nicht anerkannt wird oder das dortige Recht die Unwirksamkeitsfolge wegen eines sonstigen mit der Eheschließungsfreiheit unvereinbaren Eheverbots statuiert (BGH FamRZ 97, 542).

11 **C. Form der Eheschließung. I. Formstatut.** Bei Eheschließung im Inland richtet sich die Form kollisionsrechtlich nach III. Als Grundsatz normiert S 1 die direkte Verweisung ins deutsche Sachrecht, dh die persönlich und gleichzeitig vor dem Standesbeamten abgegebene Erklärung, die Ehe miteinander eingehen zu wollen (§§ 1310, 1311). Hierbei sind die Heilungsmöglichkeiten nach § 1311 III BGB zu beachten.

12 Einzige Ausnahme für den Fall einer Eheschließung im Inland ist die Regelung in III 2. Danach kann eine Ehe zwischen zwei Verlobten, von denen keiner deutscher Staatsangehöriger ist, mit Inlandswirksamkeit unter bestimmten Voraussetzungen vor einem anderen Trauungsorgan geschlossen werden. Hierbei muss es sich um eine Person handeln, welche von der Regierung des Staates, dem einer der Verlobten angehört, ordnungsgemäß ermächtigt worden ist. Dazu ist zumindest bei nichtstaatlichen (religiösen) Funktionsträgern erforderlich, dass die Ermächtigung von der Regierung des Heimatstaats dem Auswärtigen Amt durch Verbalnote mitgeteilt worden ist (BGH FamRZ 65, 311; AG Hamburg FamRZ 00, 821). Eine Liste der ermächtigten Trauungspersonen wird beim Bundesverwaltungsamt geführt. Liegen diese Voraussetzungen vor, verweist III 2 zum Formstatut in das Recht desjenigen Staates, von dem das Trauungsorgan ermächtigt worden ist.

13 Bei **Eheschließung im Ausland** ergibt sich die Anknüpfung des Formstatuts aus **Art 11 I EGBGB**. Danach ist für das Formstatut **alternativ** an das Geschäftsstatut – hier: das **Eheschließungsstatut** nach Art 13 I – anzuknüpfen **oder** an den Ort der Eheschließung (**Ortsform**). Hierbei gilt das Günstigkeitsprinzip, dh, für die Formwirksamkeit der Ehe reicht die Einhaltung der Formvorschriften einer derjenigen Rechtsordnungen, die sich aus den Alternativen in Art 11 I EGBGB ableiten. Für die Praxis ist durchweg die Ortsform von Bedeutung. Deutsche können daher im Ausland auch die Ehe formwirksam schließen, wenn dabei die dort geltenden Formvorschriften (zB religiöse Trauung, notarielle Beurkundung, behördliche Registrierung) eingehalten werden; dass danach ggf ein Standesbeamter nicht mitwirkt, ist unschädlich. Die im Ausland vor dem deutschen Konsularbeamten vorgenommene Eheschließung fällt ebenfalls hierunter. Voraussetzung ist, dass der deutsche Konsularbeamte vom Auswärtigen Amt im Einvernehmen mit dem Empfangsstaat ermächtigt ist, dort Eheschließungen vorzunehmen, und dass mindestens einer der Verlobten Deutscher und keiner Angehöriger des Empfangsstaats ist (§ 8 I 1 KonsG).

14 **II. Wirksamkeit der Ehe.** Die Verletzung von Formvorschriften hat nicht zwingend zur Folge, dass die dennoch geschlossene Ehe unwirksam wäre. So sind die im deutschen Sachrecht normierten Sollvorschriften (§ 1312) keine essenzielle Voraussetzung für das Zustandekommen der Ehe; ihre Verletzung steht der Wirksamkeit der Ehe nicht entgegen. Werden bei einer Eheschließung im Ausland sowohl Vorschriften der Ortsform als auch des nach dem Geschäftsstatut berufenen Rechts verletzt, gilt auch hier das Günstigkeitsprinzip: Die **Frage der Formwirksamkeit richtet sich nach dem milderen Recht** – im Gegensatz zur materiell-rechtlichen Wirksamkeit, für welche das ärgere Recht maßgebend ist (s.o. Rn 9).

15 **D. Eheaufhebung, Nichtigerklärung, Feststellung des Nichtbestehens.** Das Statut zu gerichtlichen Eheaufhebung, Nichtigerklärung oder Feststellung des Nichtbestehens der Ehe ist ausdrücklich nicht geregelt. Als nahe liegende Kollisionsnormen kommen in Betracht das Scheidungsstatut nach Art 17 I EGBGB sowie das Eheschließungsstatut nach Art 13 I EGBGB. Dieses Qualifikationsproblem ist nach hM dahin zu lösen, dass für die Rechtsfolgen einer materiell-rechtlich fehlerhaften Eheschließung und damit auch für Aufhebung, Nichtigerklärung und das Feststellen des Nichtbestehens der Ehe **Art 13 I EGBGB** maßgeblich ist (BGH FamRZ 97, 542; Palandt/*Heldrich* Art 17 EGBGB Rn 13). Hiernach ist für die Frage, ob ein Mangel bei der Eheschließung die Wirksamkeit berührt und ob Aufhebbarkeit (Anfechtbarkeit), Vernichtbarkeit oder absolute Nichtigkeit Folge des Mangels ist, für jeden Ehegatten das Recht des Staates maßgeblich, dem er unmittelbar vor der Eheschließung angehörte; divergieren diese Rechte, kommt für die Folgen des Fehlers das „ärgere" Recht zum Zuge (s.o. Rn 9).

16 In gleicher Weise wie zur Eheschließung gilt Art 13 I EGBGB nur bei Verletzung materiell-rechtlicher Eheschließungsvoraussetzungen. Soll die Feststellung des Nichtbestehens oder die Auflösung der Ehe auf die **Verletzung der Eheschließungsform** gegründet werden, ist das besonders geregelte Formstatut maßgebend. Hierfür ist zu unterscheiden danach, ob die Eheschließung in Deutschland oder im Ausland stattgefunden hat. Bei **Eheschließung im Inland** richtet sich die Anknüpfung nach Art 13 III EGBGB; diese verweist, soweit nicht die Besonderheiten von S 2 vorliegen, ins deutsche Recht. Bei **Eheschließung im Ausland** ist maßgebend die allgemeine Norm zum Formstatut in **Art 11 I EGBGB** (s dazu o. Rn 11–14).

17 Die **internationale Zuständigkeit** deutscher Gerichte für Verfahren zur Aufhebung, Nichtigerklärung oder Feststellung des Nichtbestehens der Ehe mit Auslandsberührung ist in gleicher Weise wie die Zuständigkeit

für Scheidungsverfahren geregelt. Hier gilt vorrangig die **VO (EG) Nr. 2201/2003** („Brüssel IIa"). Soweit Art 6, 7 VO (EG) Nr. 2201/2003 dies zulassen, ist nachrangig § 606a I ZPO maßgebend (s dazu KKFamR/ *Rausch* vor § 606a ZPO Rn 5–8, 14 ff, 26 ff). Zur **Urteilsanerkennung** s Art 17 Rn 17.

Art. 14 Allgemeine Ehewirkungen

(1) Die allgemeinen Wirkungen der Ehe unterliegen
1. dem Recht des Staates, dem beide Ehegatten angehören oder während der Ehe zuletzt angehörten, wenn einer von ihnen diesem Staat noch angehört, sonst
2. dem Recht des Staates, in dem beide Ehegatten ihren gewöhnlichen Aufenthalt haben oder während der Ehe zuletzt hatten, wenn einer von ihnen dort noch seinen gewöhnlichen Aufenthalt hat, hilfsweise
3. dem Recht des Staates, mit dem die Ehegatten auf andere Weise gemeinsam am engsten verbunden sind.

(2) Gehört ein Ehegatte mehreren Staaten an, so können die Ehegatten ungeachtet des Artikels 5 Abs. 1 das Recht eines dieser Staaten wählen, falls ihm auch der andere Ehegatte angehört.
(3) Ehegatten können das Recht des Staates wählen, dem ein Ehegatte angehört, wenn die Voraussetzungen des Absatzes 1 Nr 1 nicht vorliegen und
1. kein Ehegatte dem Staat angehört, in dem beide Ehegatten ihren gewöhnlichen Aufenthalt haben, oder
2. die Ehegatten ihren gewöhnlichen Aufenthalt nicht in demselben Staat haben.

Die Wirkungen der Rechtswahl enden, wenn die Ehegatten eine gemeinsame Staatsangehörigkeit erlangen.
(4) ¹Die Rechtswahl muss notariell beurkundet werden. ²Wird sie nicht im Inland vorgenommen, so genügt es, wenn sie den Formerfordernissen für einen Ehevertrag nach dem gewählten Recht oder am Ort der Rechtswahl entspricht.

A. Geltungsbereich. Im Gegensatz zu den in Art 13 kollisionsrechtlich geregelten Voraussetzungen zur Eingehung einer Ehe und ihrer Wirksamkeit (Eheschließungs- und Ehewirksamkeitsstatut) behandelt Art 14 die kollisionsrechtlichen Fragen zur Anknüpfung der rechtlichen Wirkungen einer wirksam zustande gekommenen Ehe (Ehewirkungsstatut). Anknüpfungsgegenstand sind die **persönlichen Rechtsbeziehungen der Ehegatten zueinander**. 1

Einzige ggü Art 14 vorrangige Norm supranationalen Rechts ist Art 8 III des deutsch-persischen Niederlassungsabkommens vom 17.2.29 (RGBl 1930 II S 1006; BGBl 1955 II S 829), welches nur im Verhältnis zum **Iran** gilt. Danach ist alleiniger Anknüpfungspunkt die Staatsangehörigkeit der Ehegatten. Beim Ehewirkungsstatut ist dies allerdings nur umsetzbar, wenn beide Ehegatten dieselbe Staatsangehörigkeit besitzen. Für Ehegatten, von denen nur einer Iraner ist, stellt das Abkommen daher keine taugliche Anknüpfung zur Verfügung, so dass in einem solchen Fall auf Art 14 zurückzugreifen ist. 2

Fraglich ist, ob Art 14 auch auf **Partnerschaften von Nichteheleuten** anwendbar ist. Für die Eingetragene Lebenspartnerschaft trifft dies jedenfalls nicht zu: Der mit Wirkung vom 1.8.2001 eingefügte Art 17a enthält in seinem I 1 eine ggü Art 14 spezielle Regelung zu den allgemeinen Wirkungen der Eingetragenen Lebenspartnerschaft. Die Qualifikation der nicht eingetragenen nichtehelichen Lebensgemeinschaft ist umstritten. Richtiger Ansicht nach unterfällt sie nicht Art 14, da diese Norm speziell auf die Ehe als gesetzlich geregelte Lebensgemeinschaft mit konkret normierten Rechten und Pflichten abgestellt ist. Die freie Verbindung ohne gesetzliche Vorgaben ist am ehesten dem an der Vertragsfreiheit orientierten Vertragsstatut (Art 27, 28) zuzuordnen (im Ergebnis ebenso Palandt/*Heldrich* Rn 1 mwN). Auch die Sonderregelung für Eingetragene Lebenspartnerschaften in Art 17a zeigt, dass eine Gleichbehandlung von Ehe und nichtehelichen Lebensformen vom Gesetzgeber nicht gewollt ist. 3

Der unmittelbare Anwendungsbereich der Vorschrift wird durch spezielle Regelungen für besondere Ehewirkungen erheblich eingeengt, und zwar zum Namensstatut (Art 10 I und II), zum Güterrechtsstatut (Art 15, 220 III), zum Scheidungsstatut (Art 17 I und II), zum Unterhaltsstatut (Art 18) sowie zum Statut für die Zuweisung im Inland befindlichen Hausrats und hier belegener Ehewohnung (Art 17a). Angesichts dieser die wichtigsten Ehewirkungen erfassenden **Sonderstatute** verbleibt für die direkte Anwendbarkeit von Art 14 nur der Bereich der Rechtsbeziehungen, die im deutschen Sachrecht in §§ 1353, 1356–1359, 1362 geregelt sind. Die Vorschrift ist auch anwendbar, wenn es um ähnliche Rechtsinstitute ausländischen Rechts oder um dementspr Nachwirkungen der Ehe geht (BGH FamRZ 84, 465). 4

Soweit es um die Zuweisung im Ausland befindlichen Hausrats oder dort belegener Ehewohnung geht, welche von Art 17a nicht erfasst wird, ist str, ob diese Rechtsverhältnisse als allgemeine Wirkungen iSd Art 14 zu qualifizieren sind. Richtigerweise ist insoweit bei Zuweisung von Wohnung und Hausrat während des Getrenntlebens Art 14 maßgebend, bei Scheidung Art 17 I (dazu näher Art 17a Rn 4). 5

Von praktischer Bedeutung ist die Vorschrift in ihrer Funktion als Anknüpfungsinstrument zur Ausfüllung bestimmter anderer Kollisionsnormen. Im Wege gesetzestechnischer Verweisung ist sie **mittelbar anwendbar** beim Güterrechtsstatut (Art 15), Scheidungsstatut (Art 17 I 1), Abstammungsstatut (Art 19 I 3) und Adopti- 6 onsstatut (Art 22 S 2). Nach Maßgabe der in diesen Spezialtatbeständen vorgeschriebenen Besonderheiten ist Art 14 Grundnorm zur Anknüpfung der spezifischen Ehewirkungen. Bei der in diesem Sinne mittelbaren Anwendung der Vorschrift ist darauf zu achten, inwieweit die verweisende Spezialnorm die Anknüpfungspunkte in Art 14 generell übernimmt oder in Einzelheiten veränderter Handhabung unterwirft. Dies gilt für zwei Fragenkreise: Zum einen betrifft es die Frage des für die Anknüpfung maßgeblichen **Zeitpunkts**. Während das wandelbare allgemeine Ehewirkungsstatut in Art 14 auf den für die jeweilige Rechtsfrage relevanten Zeitpunkt abstellt, knüpfen Art 15, 17 I, 19 I 3 und 22 S 2 unwandelbar an den Zeitpunkt der Eheschließung/Zeitpunkt der Rechtshängigkeit des Scheidungsantrags/Zeitpunkt der Geburt des Kindes/Zeitpunkt der Vornahme der Adoption an. Zum anderen ist der **Umfang** der Verweisung in den Sondertatbeständen unterschiedlich geregelt; verwiesen wird entweder nur auf I (gesetzliches Ehewirkungsstatut) oder auch auf II–IV (Rechtswahl): in Art 19 I 3 und 22 S 2 wird nur auf Art 14 I verwiesen, während Art 15 und 17 I umfassend verweisen. Art 14 ist mithin iRd genannten Sonderstatute **modifiziert** anzuwenden.

7 **B. Anknüpfung. I. Rechtswahl.** II–IV gestatten den Ehegatten in engen Grenzen, vertraglich die Rechtsordnung zu bestimmen, welcher die allgemeinen Wirkungen ihrer Ehe unterliegen. Zur Wirksamkeit einer solchen Rechtswahl normiert das Gesetz besondere Voraussetzungen; liegen diese nicht vor, ist die dennoch vorgenommene Rechtswahl nichtig (§ 134). Voraussetzung ist stets, wie sich aus III 1 ergibt, dass **keine gemeinsame Staatsangehörigkeit** vorliegt; bei gemeinsamer Staatsangehörigkeit richtet sich die Anknüpfung zwingend nach I Nr 1. Dem Verbot der Rechtswahl bei gemeinsamer Staatsangehörigkeit entspricht die Regelung in III 2, wonach eine zunächst wirksam vorgenommene Rechtswahl ihre Wirkung verliert, wenn die Ehegatten eine gemeinsame Staatsangehörigkeit erwerben. Allerdings kann gem II das gemeinsame Heimatrecht gewählt werden, wenn tatsächlich eine gemeinsame Staatsangehörigkeit vorliegt, diese aber wegen Doppelstaatigkeit/Mehrstaatigkeit in der Person eines oder beider Ehegatten nach Art 5 I an sich unbeachtlich ist und daher der Anknüpfung nach I Nr 1 entgegensteht.

8 Steht I Nr 1 nicht entgegen, kann bei Vorliegen der weiteren in III vorgeschriebenen Voraussetzungen **nur eines der unterschiedlichen Heimatrechte** der Ehegatten gewählt werden (III 1 1. Hs). Dabei kann ungeachtet der Vorrangregelung in Art 5 I jedes der beteiligten Heimatrechte bestimmt werden, falls ein Ehegatte (oder beide) Doppelstaater/Mehrstaater ist, jedoch beide keine gemeinsame Staatsangehörigkeit haben (str – wie hier Palandt/*Heldrich* Rn 13 mwN). Beim Vorliegen einer gemeinsamen Staatsangehörigkeit ergibt sich dies bereits aus II.

9 III 1 Nr 1 und 2 normieren darüber hinaus **weitere Voraussetzungen**, wobei Nr 1 und Nr 2 als echte **Alternativen** zu verstehen sind. II 1 **Nr 1** ist einschlägig, wenn die Ehegatten beide ihren gewöhnlichen Aufenthalt in einem Staat haben, dem keiner von ihnen angehört. Beispiel: Spanisch-italienisches Ehepaar mit gemeinsamem gewöhnlichen Aufenthalt in Deutschland: Rechtswahl ist möglich ins spanische oder italienische Recht, aber nicht in eine andere Rechtsordnung. III **Nr 2** setzt voraus, dass die Ehegatten keinen gemeinsamen gewöhnlichen Aufenthalt in einem Staat haben. Beispiel: Deutsch-französisches Ehepaar, der Mann wohnt in Deutschland, die Frau in Frankreich: Rechtswahl ist möglich ins deutsche oder französische Recht, aber nicht in eine andere Rechtsordnung.

10 Als zwar formgebundenes (IV), ansonsten jedoch §§ 133, 157 unterliegendes Rechtsgeschäft erfordert die Vereinbarung des allgemeinen Ehewirkungsstatuts nicht zwingend eine ausdrückliche Erklärung; **konkludente Rechtswahl** ist – bei Einhaltung der Form – möglich. Eine solche kommt zB in Betracht, wenn die Eheschließung in Staaten mit islamisch geprägter Rechtsordnung vorgenommen wurde. Bei Anwendung islamischen Rechts werden durchweg in einer Heiratsurkunde besondere Vereinbarungen zur Morgengabe und/oder zum künftigen Aufenthaltsort der Frau oder Ähnlichem getroffen. Ob dies stillschweigend eine Rechtswahl zu den Ehewirkungen in das dementspr Recht beinhaltet, ist als Auslegungsfrage einzelfallbezogen zu entscheiden (BayObLG FamRZ 98, 1594; Frankf FamRZ 96, 1478; JM Baden-Württemberg FamRZ 01, 1018).

11 Rechtswahl ist **jederzeit möglich**, also auch während der Ehe und bei Getrenntleben: das Wirkungsstatut nach Art 14 ist wandelbar.

12 Die Rechtswahl setzt die Einhaltung der in IV vorgeschriebenen **Form** voraus. Bei Vornahme der Rechtswahl im **Inland** ist nach IV 1 **notarielle Beurkundung** erforderlich. Bei im **Ausland** vorgenommener Rechtswahl **reicht** – neben notarieller Beurkundung – auch die Einhaltung der **für einen Ehevertrag vorgeschriebenen Form** aus (IV 2). Dafür steht alternativ die nach dem gewählten Recht wie auch die nach dem Recht des Vornahmeorts für den Abschluss eines Ehevertrages normierte Form zur Verfügung. Der Begriff „Ehevertrag" ist hier nicht zwingend iS des deutschen Sachrechts (§ 1408) zu qualifizieren. Vielmehr ist entscheidend, ob die in Betracht kommende Vereinbarung ausländischen Rechts dem Verweisungsbegriff in IV 2 funktionell adäquat ist. Deshalb kann zB ein im syrischen Recht vorgesehener Heiratsvertrag, der eine Regelung zur Morgengabe enthalten muss und strenge Formalitäten für sein Zustandekommen vorsieht, als „Ehevertrag" im hier relevanten Sinne qualifiziert werden, so dass die Einhaltung der dort vorgeschriebenen Förmlichkeiten ausreicht (BayObLG FamRZ 98, 1594).

13 **II. Gesetzliches Ehewirkungsstatut.** Liegt keine wirksame Rechtswahl vor, ergibt sich das allgemeine Wirkungsstatut aus I. Dieses Statut ist **wandelbar**. Zur Anknüpfung der einzelnen Tatbestandsmerkmale ist daher

jeweils auf den Zeitpunkt abzustellen, der für die im Einzelfall konkrete Rechtsfrage relevant ist – Beispiel: Geht es um die Wirksamkeit eines im Wege fraglicher Schlüsselgewalt getätigten Rechtsgeschäfts, sind die zum Zeitpunkt der Vornahme dieses Rechtsgeschäfts gegebenen tatsächlichen Verhältnisse zur Anknüpfung heranzuziehen.

Die Ermittlung des gesetzlichen Wirkungsstatuts erfolgt über die in I normierte Stufenleiter: 14
Nr 1 enthält als Alternativen einerseits die aktuelle **gemeinsame Staatsangehörigkeit** und andererseits die letzte gemeinsame Staatsangehörigkeit, falls einer der Ehegatten diese noch besitzt. Diese Alternativen stehen zueinander im Verhältnis der Subsidiarität. Primär ist an eine bestehende gemeinsame Staatsangehörigkeit anzuknüpfen; nur wenn eine solche fehlt, ist zu prüfen, ob ein Ehegatte noch eine frühere gemeinsame Staatsangehörigkeit besitzt (BGH FamRZ 94, 435). Bei Anknüpfung an die Staatsangehörigkeit sind die Besonderheiten zu beachten, welche sich für Staatenlose, Flüchtlinge, anerkannte Asylberechtigte, Volksdeutsche, Aussiedler und Spätaussiedler ergeben (dazu KKFamR/*Rausch* Art 5 EGBGB Rn 2–4). Sind beide Eheleute anerkannte Asylberechtigte, hat sich jedoch einer von ihnen wieder zu seiner Heimatstaatsangehörigkeit bekannt, fehlt es an einem aktuellen gemeinsamen Personalstatut iSv Nr 1 1. Alt, so dass nach der 2. Alternative auf die letzte gemeinsame Staatsangehörigkeit abzustellen ist (Karlsr FamRZ 96, 1146).

Haben die Ehegatten eine gemeinsame Staatsangehörigkeit, besitzt jedoch einer von ihnen (oder beide) eine 15 weitere Staatsangehörigkeit, ist die Vorrangregelung des Art 5 I S 1 und 2 zu beachten. Das bedeutet, dass in diesem Fall nicht an die gemeinsame – in der Person eines Ehegatten verdrängte – ausländische Staatsangehörigkeit angeknüpft werden kann (BGH FamRZ 94, 435).

Nr 2 enthält als Anknüpfungspunkt den **gemeinsamen gewöhnlichen Aufenthalt** der Ehegatten in einem 16 Staat. Alternativen dabei sind vorrangig der noch aktuelle gemeinsame gewöhnliche Aufenthalt und nachrangig der letzte gemeinsame gewöhnliche Aufenthalt. „Gemeinsamer" gewöhnlicher Aufenthalt in einem Staat ist auch dann gegeben, wenn die Ehegatten an verschiedenen Orten, jedoch im selben Staat getrennt leben. Zum Vorliegen der 2. Alternative ist zusätzlich erforderlich, dass einer der Ehegatten im Staat des letzten gewöhnlichen Aufenthalts noch immer seinen gewöhnlichen Aufenthalt hat. Hat er ihn zwischenzeitlich aufgegeben und erst später wieder dort begründet, kann nicht nach Nr 2 angeknüpft werden. Vielmehr ist Voraussetzung, dass der Ehegatte seinen gewöhnlichen Aufenthalt im Staat des beiderseits letzten gemeinsamen gewöhnlichen Aufenthalts ununterbrochen beibehalten hat (BGH FamRZ 93, 798).

Nr 3 ist heranzuziehen, wenn weder eine gemeinsame Staatsangehörigkeit (Nr 1) noch ein gemeinsamer 17 gewöhnlicher Aufenthalt (iSv Nr 2) vorliegt. Dann ist das Recht des Staates berufen, mit dem die Ehegatten auf andere Weise **am engsten verbunden** sind. Die Feststellung ist individuell und auf die konkrete Umstände bezogen zu treffen. Die engste Verbundenheit nur eines der Ehegatten reicht nicht, die Beziehung muss **für beide Ehegatten** aus dem Verlauf ihrer Ehe zu entnehmen sein. Anhaltspunkte sind Ort der Eheschließung, früherer gemeinsamer gewöhnlicher Aufenthalt, gemeinsame soziale Bindung an einen Staat durch berufliche Tätigkeit, Geburtsort der Kinder, gemeinsamer Vermögenserwerb in einem Staat, gemeinsam benutzte Sprache, gemeinsame kulturelle Verbundenheit (vgl BGH FamRZ 93, 788). Da Art 14 keine weitere Ersatzanknüpfung zur Verfügung stellt, muss in jedem Falle beim Versagen von Nr 1 und 2 die engste Verbundenheit festgestellt werden; Nr 3 ist **Auffangtatbestand**.

Die Anknüpfungen in **Nr 1 und 2** sind **Gesamtverweisungen** iSv Art 4 I EGBGB. **Nr 3** (engste Verbunden- 18 heit) ist **Sachnormverweisung** und führten daher unmittelbar in das Sachrecht der verwiesenen Rechtsordnung (Palandt/*Heldrich* Rn 3).

Art. 15 Güterstand

(1) Die güterrechtlichen Wirkungen der Ehe unterliegen dem bei der Eheschließung für die allgemeinen Wirkungen der Ehe maßgebenden Recht.
(2) Die Ehegatten können für die güterrechtlichen Wirkungen ihrer Ehe wählen
1. das Recht des Staates, dem einer von ihnen angehört,
2. das Recht des Staates, in dem einer von ihnen seinen gewöhnlichen Aufenthalt hat, oder
3. für unbewegliches Vermögen das Recht des Lageorts.
(3) Artikel 14 Abs. 4 gilt entsprechend.
(4) Die Vorschriften des Gesetzes über den ehelichen Güterstand von Vertriebenen und Flüchtlingen bleiben unberührt.

A. Geltungsbereich. Ggü Art 15 vorrangige völkerrechtliche Vereinbarung ist das deutsch-persische Nieder- 1 lassungsabkommen vom 17. 2. 29 (RGBl 1930 II S 1006; BGBl 1955 II S 829), welches im Verhältnis zum **Iran** zu beachten ist. Nach dessen Art 8 III erfolgt die Anknüpfung des Güterrechtsstatuts, soweit beide Eheleute iranische Staatsangehörige sind, an die gemeinsame iranische Staatsangehörigkeit. Weitere für die Bundesrepublik Deutschland in Kraft befindliche supranationale Regelungen, die die Vorschrift verdrängen würden, gibt es nicht.

2 Gegenständlich betrifft Art 15 die **güterrechtlichen Wirkungen** der Ehe. Die Vorfrage, ob eine wirksame Ehe vorliegt, ist nach Art 13 EGBGB (ggf iVm Art 11 I EGBGB) selbstständig anzuknüpfen. Der Begriff „güterrechtlich" ist iS des deutschen Rechts zu qualifizieren. Bei nicht deckungsgleichen Anknüpfungsgegenständen ausländischen Rechts ist darauf abzustellen, ob das fremde Rechtsinstitut dem inländischen, die Vermögensbeziehungen der Ehegatten erfassenden Güterrechtsstatut funktionsadäquat erscheint. Die Vorschrift gilt daher für alle Fragen des alleinigen oder gemeinsamen Vermögenserwerbs, der Unterscheidung und Zuordnung von Vermögensmassen, der Verwaltung und Nutznießung bezüglich aller oder einzelner Vermögensgegenstände, für Verfügungsbeschränkungen auf Grund des Güterstands, die Haftung für vermögensrechtliche Maßnahmen des anderen Ehegatten sowie Auseinandersetzung und Ausgleich, insbes bei Trennung und Scheidung. Sie umfasst auch damit zusammenhängende Ansprüche auf Auskunft und Rechnungslegung (Köln NJW-RR 01, 865). Nicht hierunter fällt die Morgengabe islamischen Rechts (dazu Art 18 Rn 6), ebenso wenig die Zuweisung von Ehewohnung und Hausrat (dazu Art 17a Rn 1 ff).

3 Für das Güterrechtsstatut gilt, wie sich aus der Bezugnahme auf den Zeitpunkt der Eheschließung in I ergibt, **der Grundsatz der Unwandelbarkeit.** Später eintretende Änderungen in den persönlichen Verhältnissen der Ehegatten berühren das mit der Eheschließung begründete Güterrechtsstatut grds nicht, die einmal berufene Rechtsordnung bleibt maßgebend. Ggü diesem Grundsatz gibt es allerdings bestimmte **Ausnahmen.** Eine nach Art 14 II, III EGBGB mögliche Rechtswahl des Ehewirkungsstatuts, die nach Art 15 I mittelbar zur Bestimmung auch des Güterrechtsstatuts führt, sowie eine nach Art 15 II zulässige unmittelbare Rechtswahl des Güterrechtsstatuts führen bei Vornahme nach Eheschließung zum Statutenwechsel. Ein solcher trat kraft Gesetzes ein in den Fällen des IV (Vertriebene und „Sowjetzonenflüchtlinge") – dazu u. Rn 15 ff –, des Art 220 III 2, 3 („Altehen") – dazu u. Rn 24 ff – und des Art 234 IV (DDR-Ehen) – dazu u. Rn 19.

4 Das unwandelbar auf den Zeitpunkt der Eheschließung bezogene Güterrechtsstatut bestimmt den konkreten materiell-rechtlichen Güterstand so, wie er sich zu diesem Zeitpunkt aus der verwiesenen Rechtsordnung ergibt. Problematisch ist, inwieweit später eintretende Rechtsänderungen, welche der ausländische Staat vornimmt und die den Güterstand betreffen, auch den bei Eheschließung bestimmten Güterstand beeinflussen. Solange in den persönlichen Verhältnissen, welche für die Anknüpfung des Güterrechtsstatuts maßgeblich waren, keine Änderungen eintreten, unterliegt der konkrete Güterstand unzweifelhaft auch Rechtsänderungen des berufenen Sachrechts. Beim Wechsel der Staatsangehörigkeit oder sonstigem Abbruch der Beziehungen zum Staat der bisher maßgeblichen Rechtsordnung (Auswanderung, Flucht, Vertreibung) hingegen wird die Hinnahme späterer Rechtsänderungen des Herkunftsstaats fraglich. Nach hM findet in diesen Fällen eine Änderung des Güterstands nicht mehr statt, maßgebend ist das berufene Recht in der Form, in welcher es zur Zeit des Staatsangehörigkeitswechsels oder ähnlichen Tatbestands bestand. Etwaige Gesetzesänderungen nach diesem Zeitpunkt bleiben unberücksichtigt – sog „Versteinerung" des Güterstands (BGH FamRZ 63, 512; Hamm NJW 77, 1590; *v. Bar,* Internationales Privatrecht 2. Bd München 1991 Rn 216). Trotz dazu geäußerter Kritik (Palandt/*Heldrich* Rn 3 mwN) ist an dieser Meinung festzuhalten: Wohlerworbene und mitgenommene Rechtsverhältnisse können beim Abbruch der Beziehungen zum Herkunftstaat billigerweise von dort aus keine Änderung mehr erfahren. Von nachträglichen Rechtsänderungen im Herkunftstaat haben die Eheleute in der Regel keine Kenntnis und können diese nur schwer oder gar nicht erlangen. Die Ehegatten haben unbeschadet dessen die Möglichkeit, durch Rechtswahl (II Nr 1 oder 2) eine Änderung herbeizuführen.

5 **B. Anknüpfung. I. Rechtswahl.** Das Gesetz gibt den Ehegatten **in bestimmten Grenzen** die Möglichkeit, durch Vertrag die für ihre güterrechtlichen Verhältnisse maßgebende Rechtsordnung zu bestimmen. Dies kann mittelbar geschehen durch Vornahme einer Rechtswahl zum allgemeinen Ehewirkungsstatut nach Art 14 II-IV EGBGB unter Beachtung der dort vorgeschriebenen Voraussetzungen. Eine solche Rechtswahl hat nach Art 15 I wegen dessen umfassender Bezugnahme auf Art 14 zwangsläufig zur Folge, dass das gewählte Ehewirkungsstatut zugleich das Güterrechtsstatut bestimmt. Unabhängig davon besteht die Möglichkeit der unmittelbaren Rechtswahl zum Güterrechtsstatut nach Art 15 II, III.

6 Die **Voraussetzungen** für die unmittelbare Wahl des Güterrechtsstatuts sind nicht deckungsgleich mit denjenigen zur Wahl des allgemeinen Wirkungsstatuts und weniger eng als diese. Sie ergeben sich aus **II Nr. 1–3,** wobei diese als echte **Alternativen** zu verstehen sind.

7 II Nr 1 lässt ohne weitere Begrenzungen die Wahl **eines der ggf unterschiedlichen Heimatrechte** der Ehegatten zu. Hier ist bei Doppelstaatigkeit/Mehrstaatigkeit irrelevant, ob das gewählte Recht für den betreffenden Ehegatten seiner effektiven Staatsangehörigkeit entspricht oder er auch Deutscher ist; im Hinblick auf die weit gefasste Formulierung in II Nr 1 steht Art 5 I EGBGB hier nicht entgegen (str – wie hier Palandt/*Heldrich* Rn 22 mwN).

8 II Nr 2 lässt ohne weitere Begrenzungen die Wahl in das Recht des Staates zu, in welchem **einer der Ehegatten seinen gewöhnlichen Aufenthalt** hat. Haben die Eheleute ihren gewöhnlichen Aufenthalt nicht im selben Staat, kann jedes der Aufenthaltsrechte gewählt werden.

9 II Nr 3 ermöglicht eine gewillkürte Spaltung des Güterrechtsstatuts. Abweichend von dem für die güterrechtlichen Verhältnisse der Ehegatten ansonsten maßgeblichen Statut kann **für unbewegliches Vermögen das Recht des Lageorts** gewählt werden. Bei wirksamer Vornahme einer solchen gegenständlich beschränkten Rechtswahl verbleibt es für das übrige Vermögen bei dem bisherigen, in der Regel aus Art 15 I, 14 EGBGB

abzuleitenden Statut. Fraglich ist, ob die Rechtswahl auf einzelne Grundstücke beschränkt werden kann, so dass hinsichtlich des übrigen Grundbesitzes das für die Ehegatten sonst geltende Statut maßgeblich bleibt. Im Hinblick auf die in Art 15 II Nr 3 für Immobiliarvermögen unter Inkaufnahme gespaltener Anknüpfung gewährte Privatautonomie ist die Möglichkeit der auf einzelne Grundstücke beschränkten Rechtswahl zu bejahen (hM: LG Mainz Rpfleger 93, 280; Palandt/*Heldrich* Rn 22 mwN).

Rechtswahl ist **jederzeit möglich**, also auch nach der Eheschließung, während der Ehe und bei Getrenntleben. Wenn sie nicht schon bei der Eheschließung vorgenommen wird, führt sie in Ausnahme vom Grundsatz der Unwandelbarkeit des Güterrechtsstatuts zum Statutenwechsel. **10**

Nach III bedarf es zur Wirksamkeit der Rechtswahl der Einhaltung der in Art 14 IV EGBGB vorgeschriebenen **Form** (dazu näher Art 14 EGBGB Rn 11). **11**

II. Gesetzliches Güterrechtsstatut. Wenn keine Rechtswahl gem II, III und keine Rechtswahl zu den allgemeinen Ehewirkungen (Art 14 II–IV EGBGB) vorliegt, ergibt sich das Güterrechtsstatut aus **I iVm Art 14 EGBGB**. Art 14 I ist dabei modifiziert zu lesen, da die Anknüpfung unwandelbar auf den **Zeitpunkt der Eheschließung** zu beziehen ist. Für die in der Stufenleiter von Art 14 I Nr 1–3 bereitgestellten Anknüpfungspunkte bedeutet das eine teilweise eingeschränkte Anwendbarkeit. So ist Art 14 I **Nr 1** nur dann maßgebend, wenn bei Eingehung der Ehe beide Verlobte dieselbe Staatsangehörigkeit besitzen. Hierbei sind die Besonderheiten zu beachten, welche sich für Staatenlose, Flüchtlinge, anerkannte Asylberechtigte, Volksdeutsche, Aussiedler und Spätaussiedler ergeben (s dazu KKFamR/*Rausch* Art 5 EGBGB Rn 2–4). Eine erst durch die Eheschließung erworbene Staatsangehörigkeit ist nicht relevant. Haben die Ehegatten eine gemeinsame Staatsangehörigkeit, besitzt jedoch einer von ihnen (oder beide) eine weitere Staatsangehörigkeit, ist die Vorrangregelung des Art 5 I 1 und 2 zu beachten. Bei Art 14 I **Nr 2** kann deren zweite Alternative nicht herangezogen werden, maßgebend ist alleine – wenn gegeben – der gemeinsame gewöhnliche Aufenthalt zum Zeitpunkt der Eheschließung. Ansonsten ist nach **Nr 3** unter Würdigung der bei Eingehung der Ehe gegebenen Umstände auf die engste Verbindung beider Verlobten zu einem Staat abzustellen (s dazu Art 14 Rn 16). **12**

Die über Art 15 I heranzuziehenden Anknüpfungen in Art 14 I **Nr 1 und 2** sind **Gesamtverweisung** iS von Art 4 I **Nr 3** (engste Verbundenheit) ist **Sachnormverweisung** und führten unmittelbar in das Sachrecht der verwiesenen Rechtsordnung (Palandt/*Heldrich* Art 14 Rn 3). **13**

III. Altehen. Art 15 gilt in seiner heutigen Fassung erst seit dem 1.9.86 und somit unmittelbar nur für seitdem geschlossene Ehen. Im Hinblick auf den Grundsatz der Unwandelbarkeit des Güterrechtsstatuts und die in Art 220 I EGBGB für unwandelbare Statute festgeschriebene grds Anwendbarkeit des bis dahin geltenden Rechts müsste für **vor dem 1.9.86 geschlossene Ehen** („Altehen") auf das alte Recht zurückgegriffen werden. Dies ist problematisch, denn Art 15 aF hatte für das Güterrecht lediglich an die Staatsangehörigkeit des Ehemannes angeknüpft. Das BVerfG hat diese Anknüpfung in Art 15 aF mit Beschl. v. 22.2.83 (FamRZ 83, 562), bekannt gemacht am 8.4.83 (BGBl 1983 I S 525), für verfassungswidrig erklärt. Nach Art 117 I GG ist gleichheitswidriges vorkonstitutionelles Recht mit dem 1.3.53 außer Kraft getreten. Zu dieser Rechtslage haben sich in der Vergangenheit erhebliche Meinungsverschiedenheiten und Unklarheiten ergeben, die Rspr war uneinheitlich. Mit der am 1.9.86 in Kraft getretenen IPR-Reform hat der Gesetzgeber zur Beseitigung dieser Rechtsunsicherheit für vor dem 1.9.86 geschlossene Ehen eine **mit Rückwirkung anzuwendende Kollisionsnorm** für nunmehr vorzunehmende Anknüpfungen zum Güterrechtsstatut geschaffen. Diese Regelung findet sich in Art **220 III** (s.u. Rn 24 ff). **14**

IV. Gesetz über den ehelichen Güterstand von Vertriebenen und Flüchtlingen. Bei volksdeutschen Eheleuten, die die deutsche Staatsangehörigkeit erst nach der Eheschließung erworben haben (zB Volksdeutsche, welche bereits vor der Übersiedlung etwa von Rumänien, Jugoslawien, der Sowjetunion oder einer der Nachfolgestaaten nach Deutschland im Herkunftsstaat geheiratet hatten), sowie für „Sowjetzonenflüchtlinge" (die aus der DDR, wo sie geheiratet hatten, vor der Wiedervereinigung nach Westdeutschland zugezogen sind) müsste nach dem Grundsatz der Unwandelbarkeit das aus Art 220 III oder 15 folgende, auf den Zeitpunkt der Eheschließung bezogene Güterrechtsstatut auch nach dem Zuzug in die Bundesrepublik Deutschland weiter maßgebend sein. Die daraus resultierende – unerwünschte – Weitergeltung fremden Güterstands ist in Durchbrechung des Unwandelbarkeitsgrundsatzes durch das Gesetz über den ehelichen Güterstand von Vertriebenen und Flüchtlingen vom 4.8.69 (BGBl I S 1067) – bestätigt durch Art 15 **IV** – anderweitig wie folgt geregelt worden: **15**

Erfolgte der Zuzug in die Bundesrepublik Deutschland vor dem 1.10.69, hat sich mit diesem Tag der fremde gesetzliche Güterstand **kraft Gesetzes** in den gesetzlichen Güterstand des BGB **umgewandelt**. Erfolgt der Zuzug später, tritt die gleiche Umwandlung vier Monate nach dem Zuzug ein. Nach zutreffender hM fallen auch **Spätaussiedler**, die ihre Heimat erst nach dem 31.12.92 verlassen haben, in den Anwendungsbereich des Gesetzes (Staud/*Mankowski* (2003) Rn 437 ff; Erman/*Hohloch* Rn 51; *Scheugenpflug* MittRhNotK 1999, 372; a.A. Palandt/*Heldrich* Anh zu Art 15 Rn 2). Die Umwandlung entfällt rückwirkend, falls zumindest einer der Ehegatten in notarieller Urkunde ggü einem Amtsgericht das Fortgelten des bisherigen gesetzlichen Güterstandes erklärt hat; diese Erklärung muss binnen Jahresfrist nach dem Zeitpunkt der Überleitung erfolgen. **16**

17 Für **Sudetendeutsche** gilt nach der Rspr des BGH (FamRZ 76, 612) die Besonderheit, dass deren ursprünglicher gesetzlicher Güterstand des österreichischen ABGB durch Art 3 II, 117 I GG vom 1.4.53 an in den Güterstand der Gütertrennung umgewandelt wurde.

18 Diese kraft Gesetzes eingetretenen Umwandlungen haben jeweils einen **Statutenwechsel** ins bundesdeutsche Sachrecht bewirkt. Mit Art 15 IV ist dessen Fortgeltung festgestellt worden.

19 **V. Übergangsregelung zum gesetzlichen Güterstand der DDR.** In der DDR war am 1.4.66 das Familiengesetzbuch (FGB) der DDR in Kraft getreten, welches das 4. Buch des BGB völlig abgelöst und als **gesetzlichen Güterstand die Eigentums- und Vermögensgemeinschaft** eingeführt hat. Gem dem aus bundesdeutscher Sicht an das internationale Privatrecht angelehnten interlokalen Privatrecht und dem dabei anstelle der Staatsangehörigkeit als Ersatzanknüpfungspunkt maßgebenden gewöhnlichen Aufenthalt (BGH NJW 63, 1975) war entspr Art 220 III S 1 Nr 1/Art 15 I, 14 I Nr 1 für in der DDR lebende Deutsche das DDR-Recht als Güterrechtsstatut berufen. Nach dem Grundsatz der Unwandelbarkeit müsste dies den Beitritt der DDR zur Bundesrepublik Deutschland, also den 3.10.90, überdauert haben. In Durchbrechung dessen hat der Gesetzgeber mit der Übergangsregelung des Art 234 § 4 für im gesetzlichen Güterstand lebende Eheleute einen **Statutenwechsel ins bundesdeutsche Recht** normiert. Dieser führte zugleich mit Wirkung vom 3.10.90 zur sachrechtlichen Überleitung in den Güterstand der Zugewinngemeinschaft (Art 234 § 4 I). Dies gilt rückwirkend nicht, falls zumindest einer der Ehegatten in notarieller Urkunde ggü dem Kreisgericht das Fortgelten des bisherigen gesetzlichen Güterstands erklärt hat; diese Erklärung musste bis zum 2.10.92 erfolgt sein (Art 234 § 4 II, III).

20 **VI. Güterrechtsspaltung.** Bestimmte Kollisionsnormen ausländischen, aber auch des deutschen Rechts knüpfen zur Ermittlung des Güterrechtsstatuts nicht für das gesamte Vermögen der Eheleute einheitlich an, sondern für einzelne Vermögensgegenstände anhand unterschiedlicher Anknüpfungspunkte. Dies kommt in Betracht bei Rechtswahl nach Art 15 II Nr 3, bei Gesamtverweisung in eine Rechtsordnung mit gespaltener Anknüpfung zum Güterrechtsstatut sowie beim Vorliegen der Voraussetzungen des Art 3 III (Einzelstatut). Die Folge einer solchen gespaltenen Anknüpfung ist, dass einzelne Teile des Vermögens der Ehegatten (etwa der Grundbesitz in einem anderen Staat) einem anderen Güterrechtsstatut unterfallen als das sonstige Vermögen. Für die Auseinandersetzung gemeinschaftlichen Vermögens wie auch für Ausgleichsansprüche bedeutet das die **getrennte Abwicklung anhand unterschiedlicher Rechtsordnungen**.

21 Beispiel: Deutsch-belgisches Ehepaar, für welches wegen des gemeinsamen gewöhnlichen Aufenthalts bei Eingehung der Ehe in Deutschland nach Art 15 I, 14 I Nr 2 generell deutsches Güterrecht gilt, dessen Grundbesitz in England jedoch im Hinblick auf Art 3 III dem englischen Güterrecht unterliegt und deshalb nicht dem Zugewinnausgleich unterfällt. Hier darf zur Berechnung des Zugewinnausgleichs (§§ 1372 ff) der Grundbesitz in England nicht in die Ausgleichsbilanz – weder beim Anfangs- noch beim Endvermögen – eingestellt werden. Die güterrechtliche Auseinandersetzung bzgl des Grundbesitzes hat nach englischem Sachrecht zu erfolgen.

22 **C. Verfahrensfragen.** Zur internationalen Zuständigkeit für Güterrechtsverfahren gibt es keine supranationalen Regelungen: Die VO (EG) Nr. 2201/2003 hat nur Ehesachen und Verfahren zur Regelung von Sorge und Umgang zum Gegenstand, alle anderen Familiensachen – insbes auch Güterrechtsverfahren – werden von ihr nicht erfasst. Die VO (EG) Nr. 44/2001, das EuGVÜ und das LugÜ nehmen im jeweiligen Art 1 II Nr 1 die „ehelichen Güterstände" ausdrücklich von ihrer Anwendbarkeit aus. Im somit anwendbaren autonomen Recht gilt der gewohnheitsrechtliche Satz, dass die internationale Zuständigkeit den Regeln über die örtliche Zuständigkeit folgt (BGH FamRZ 96, 601; Karlsr FamRZ 01, 1012).

23 Zur **Anerkennung** im Ausland ergangener Entscheidungen zum ehelichen Güterrecht gibt es keine multilateralen Regelungen. Mit etlichen Staaten bestehen bilaterale Abkommen (Auflistung in Thomas/Putzo/*Hüßtege* ZPO § 328 Rn 38 ff, Abdruck in Böhmer/Finger IntFamR 8.5.1 ff). Diese enthalten übereinstimmend die grdse Anerkennungspflicht mit jeweils unterschiedlichen Einschränkungen. Soweit solche Einschränkungen weiter gehen als das autonome Anerkennungsrecht, kann auf Letzteres zurückgegriffen werden, wenn dieses sich im Vergleich zum Abkommensrecht aus Lage des Falles als anerkennungsfreudiger erweist (BGH FamRZ 87, 580). Innerstaatliche Norm zur Anerkennung ist § 328 ZPO.

D. Anhang

24 **Übergangsvorschrift zum Gesetz vom 25. Juli 1986 zur Neuregelung des Internationalen Privatrechts**

Art. 220 EGBGB

(1) Auf vor dem 1. September 1986 abgeschlossene Vorgänge bleibt das bisherige Internationale Privatrecht anwendbar.

(2) Die Wirkungen familienrechtlicher Rechtsverhältnisse unterliegen von dem in Absatz 1 genannten Tag an den Vorschriften des Zweiten Kapitels des Ersten Teils.

(3) ¹Die güterrechtlichen Wirkungen von Ehen, die nach dem 31. März 1953 und vor dem 9. April 1983 geschlossen worden sind, unterliegen bis zum 8. April 1983

1. dem Recht des Staates, dem beide Ehegatten bei der Eheschließung angehörten, sonst
2. dem Recht, dem die Ehegatten sich unterstellt haben oder von dessen Anwendung sie ausgegangen sind, insbesondere nachdem sie einen Ehevertrag geschlossen haben, hilfsweise
3. dem Recht des Staates, dem der Ehemann bei der Eheschließung angehörte.

²Für die Zeit nach dem 8. April 1983 ist Artikel 15 anzuwenden. ³Dabei tritt für Ehen, auf die vorher Satz 1 Nr 3 anzuwenden war, an die Stelle des Zeitpunkts der Eheschließung der 9. April 1983. ⁴Soweit sich allein aus einem Wechsel des anzuwendenden Rechts zum Ablauf des 8. April 1983 Ansprüche wegen der Beendigung des früheren Güterstands ergeben würden, gelten sie bis zu dem in Absatz 1 genannten Tag als gestundet. ⁵Auf die güterrechtlichen Wirkungen von Ehen, die nach dem 8. April 1983 geschlossen worden sind, ist Artikel 15 anzuwenden. ⁶Die güterrechtlichen Wirkungen von Ehen, die vor dem 1. April 1953 geschlossen worden sind, bleiben unberührt; die Ehegatten können jedoch eine Rechtswahl nach Artikel 15 Abs 2 und 3 treffen.

I. Allgemeine Übergangsregelung. Durch das am 1.9.86 in Kraft getretene Gesetz zur Neuregelung des Internationalen Privatrechts vom 25.7.86 wurden ua die bis dahin für das internationale Familienrecht einschlägigen Vorschriften des EGBGB aufgehoben und durch eine Neukodifizierung ersetzt, die nicht nur einen größeren Umfang, sondern zum Teil auch sachliche Änderungen gebracht hat. Art 220 I enthält die grdse Übergangsregelung für unwandelbare Anknüpfungen. Stichtag ist der 1.9.86.

II. Güterrechtsstatut für Altehen. Im Hinblick auf den Grundsatz der Unwandelbarkeit des Güterrechtsstatuts und wegen der in I normierten grdsen Anwendbarkeit des bis dahin geltenden Rechts müsste für **vor dem 1.9.86 geschlossene Ehen** („Altehen") zur Anknüpfung der güterrechtlichen Verhältnisse eigentlich auf das alte Recht zurückgegriffen werden. Dies ist jedoch problematisch, weil Art 15 aF für das Güterrecht lediglich an die Staatsangehörigkeit des Ehemannes angeknüpft hatte. Das BVerfG hat diese Anknüpfung mit Beschluss vom 22.2.83 (FamRZ 83, 562), bekannt gemacht am 8.4.83 (BGBl 1983 I S 525), für verfassungswidrig erklärt. Nach Art 117 I GG war gleichheitswidriges vorkonstitutionelles Recht jedoch schon am 1.3.53 außer Kraft getreten. Bis zur Entscheidung des BVerfG hatten sich mangels gesetzgeberischer Tätigkeit erhebliche Meinungsverschiedenheiten und Unklarheiten ergeben; die Rspr war uneinheitlich. Nach der Entscheidung des BVerfG war die Rechtslage offen. Zur Beseitigung dieser Rechtsunsicherheit hat der Gesetzgeber mit der am 1.9.86 in Kraft getretenen IPR-Reform für vor diesem Zeitpunkt geschlossene Ehen in III eine **mit Rückwirkung anzuwendende Kollisionsnorm** für nunmehr vorzunehmende Anknüpfungen zum Güterrechtsstatut geschaffen. Daraus ergibt sich eine **nach unterschiedlichen Eheschließungszeitpunkten differenzierende Regelung:**

1. Eheschließung vor dem 1.4.53. Für vor dem 1.4.53 geschlossene Ehen verbleibt es nach III 6 zur Anknüpfung des Güterrechtsstatuts bei **Art 15 aF**. Alleiniger Anknüpfungspunkt ist die Staatsangehörigkeit des Mannes zum Zeitpunkt der Eheschließung. Nachträgliche Rechtswahl unter Einhaltung der in Art. 15 II und III nF normierten Voraussetzungen ist möglich.

2. Eheschließung im Zeitraum 1.4.53 – 8.4.83. Für Ehen, die zwischen dem 1.4.53 und dem 8.4.83 geschlossen worden sind, gilt die **besondere Anknüpfungsleiter** des III 1:
Nr 1 der Anknüpfungsleiter stellt auf eine gemeinsame Staatsangehörigkeit zum Zeitpunkt der Eheschließung ab.
Nr 2 enthält mit der Anknüpfung an das Recht, „dem die Ehegatten sich unterstellt haben oder von dessen Anwendung sie ausgegangen sind", der Sache nach eine **formfreie und konkludent mögliche Rechtswahl**. Mit dieser Regelung wollte der Gesetzgeber Vermögensdispositionen, welche die Ehegatten im Vertrauen auf ihre Gültigkeit getätigt haben, unter Gesichtspunkten des Vertrauensschutzes in verfassungskonformer Weise legalisieren. Die Vorschrift ist daher großzügig auszulegen, um den Rückgriff auf Nr 3 mit der dort verbliebenen gleichheitswidrigen Anknüpfung so weit wie möglich zu vermeiden.
Anhaltspunkte zur Annahme einer Rechtswahl nach der Tatbestandsalternative des sich „**Unterstellens**" sind Vermögenserwerb in den Rechtsformen einer bestimmten Rechtsordnung, dauernder Aufenthalt und Erwerbstätigkeit in einem Staat, Ort der Eheschließung, Inanspruchnahme von Behörden und Gerichten eines Staats. Entscheidend ist, ob die Ehegatten ihre Vermögensverhältnisse bewusst (*Henrich* FamRZ 03, 362) einer bestimmten Rechtsordnung zugeordnet haben (vgl BGH FamRZ 93, 289; Karlsr IPrax 90, 122; Dldorf FamRZ 95, 1587; Köln FamRZ 96, 1479). Die Tatbestandsalternative des „**Ausgehens** von der Anwendung eines Rechts" liegt vor, wenn die Ehegatten schlicht das Heimatrecht des Ehemannes als kollisionsrechtlich berufen angesehen haben, ohne dass für sie weitere Gesichtspunkte zur Maßgeblichkeit dieser Rechtsordnung bestimmend waren (vgl BVerfG FamRZ 03, 361).
Nr 3 steht als Hilfstatbestand zur Verfügung, wenn über Nr 1 oder Nr 2 keine Anknüpfung möglich ist. Dann ist die **Staatsangehörigkeit des Mannes** zum Zeitpunkt der Eheschließung maßgeblich. Für den Zeitraum bis zur Gesetzeskraft der Entscheidung des BVerfG, mit welcher die Verfassungswidrigkeit einer solchen Anknüpfung festgestellt wurde (8.4.1983), muss das hingenommen werden. Für den Zeitraum nach dem 8.4.1983 gelten III 2–4.
III 2 schreibt für Ehen, die zwischen dem 1.4.1953 und dem 8.4.1983 geschlossen wurden, für die Zeit nach dem 8.4.1983 eine **Neuanknüpfung** unter Anwendung von Art 15 nF vor. Dies führt ggf zu einem Statutenwechsel. Bei der Neuanknüpfung ist, wenn bisher die Staatsangehörigkeit des Ehemannes maßge-

bend war, auf die Verhältnisse am 9.4.1953 abzustellen (S 3). Ist eine Rechtswahl der Eheleute iS von III 1 Nr 2 festzustellen (s.o. Rn 30 f), bleibt nach BGH FamRZ 93, 289 die Wirkung der Rechtswahl auch über den 8.4.1983 hinaus bestehen, so dass dann nicht mehr über III S 2 erneut anzuknüpfen wäre. Das BVerfG hat dies hinsichtlich der Alternative des „Ausgehens" und die aus ihr folgende Berufung des Heimatrechts des Ehemannes für unvereinbar mit Art 3 II GG angesehen (BVerfG FamRZ 03, 361). Dies bedeutet für die letztgenannte Konstellation, dass es für den Zeitraum ab dem 9.4.1983 gem III 2 bei der Neuanknüpfung nach Art 15 nF verbleibt. Hinsichtlich der Alternative des sich „Unterstellens" gilt das Verdikt des BVerfG nicht; insoweit bleibt die Rspr des BGH zum Bestehen bleiben der Rechtswahl über den 8.4.83 hinaus weiterhin maßgeblich.

34 **3. Eheschließung im Zeitraum 9.4.83 – 31.8.86.** Für Ehen, die nach dem 8.4.83 geschlossen worden sind, gilt rückwirkend Art 15 nF (III 5).

Art. 16 Schutz Dritter

(1) Unterliegen die güterrechtlichen Wirkungen einer Ehe dem Recht eines anderen Staates und hat einer der Ehegatten seinen gewöhnlichen Aufenthalt im Inland oder betreibt er hier ein Gewerbe, so ist § 1412 des Bürgerlichen Gesetzbuchs entsprechend anzuwenden; der fremde gesetzliche Güterstand steht einem vertragsmäßigen gleich.
(2) Auf im Inland vorgenommene Rechtsgeschäfte ist § 1357, auf hier befindliche bewegliche Sachen § 1362, auf ein hier betriebenes Erwerbsgeschäft sind die §§ 1431 und 1456 des Bürgerlichen Gesetzbuchs sinngemäß anzuwenden, soweit diese Vorschriften für gutgläubige Dritte günstiger sind als das fremde Recht.

1 Das deutsche Sachrecht kennt Vorschriften, welche den **Schutz gutgläubiger Dritter vor güterrechtlichen Haftungsbegrenzungen** bei rechtsgeschäftlichem Handeln eines Ehegatten ohne Mitwirkung des anderen oder bei Zwangsvollstreckung in sein Vermögen zum Gegenstand haben. Leben die Eheleute in einem Güterstand fremden Rechts, kann sich aus diesem ein solcher Schutz ggf gar nicht oder in nur geringerem Umfang ergeben. Dies ist zB der Fall, wenn der fremde Güterstand keine „Schlüsselgewalt" kennt oder Rechtsgeschäfte eines Ehegatten von der Zustimmung des anderen abhängig macht oder der Vollstreckung in das eheliche Vermögen entgegensteht. Art 16 erstreckt die Wirkung bestimmter drittschützender Vorschriften des deutschen Gütersachrechts auf **inlandsbezogene Rechtsbeziehungen zu Dritten**, wenn Eheleute beteiligt sind, für die **ausländisches Güterrecht** gilt.
2 Art 16 setzt zunächst voraus, dass die güterrechtlichen Verhältnisse der in Betracht kommenden Ehegatten ausländischem Recht unterliegen. Im Einzelnen enthält die Norm folgende Verweisungen:
3 I verweist auf die Regelung zur drittschützenden Funktion des **Güterrechtsregisters** in § 1412 BGB. Hier muss als weitere Voraussetzung hinzukommen, dass mindestens ein Ehegatte seinen gewöhnlichen Aufenthalt im Inland hat oder hier ein Gewerbe betreibt.
4 II 1. Alt verweist auf die Regelung zur „**Schlüsselgewalt**" in § 1357 BGB. Hierzu ist zusätzlich Voraussetzung, dass das fragliche Rechtsgeschäft im Inland vorgenommen wurde.
5 II 2. Alt verweist auf die Regelung in § 1362 BGB zu den **Eigentumsvermutungen** bei Zwangsvollstreckung in Ehegatten gehörende bewegliche Sachen. Hier ist zusätzlich Voraussetzung, dass sich die betreffenden Sachen im Inland befinden.
6 II 3. Alt verweist auf die Regelung in §§ 1431, 1456 BGB zur **Zustimmungsfreiheit** bei Rechtsgeschäften, die ein Ehegatte iRe von ihm allein betriebenen Erwerbsgeschäfts vornimmt. Hier ist weitere Voraussetzung, dass das Erwerbsgeschäft im Inland betrieben wird.

Art. 17 Scheidung

(1) ¹Die Scheidung unterliegt dem Recht, das im Zeitpunkt des Eintritts der Rechtshängigkeit des Scheidungsantrags für die allgemeinen Wirkungen der Ehe maßgebend ist. ²Kann die Ehe hiernach nicht geschieden werden, so unterliegt die Scheidung dem deutschen Recht, wenn der die Scheidung begehrende Ehegatte in diesem Zeitpunkt Deutscher ist oder dies bei der Eheschließung war.
(2) Eine Ehe kann im Inland nur durch ein Gericht geschieden werden.
(3) ¹Der Versorgungsausgleich unterliegt dem nach Absatz 1 Satz 1 anzuwendenden Recht; er ist nur durchzuführen, wenn ihn das Recht eines der Staaten kennt, denen die Ehegatten im Zeitpunkt des Eintritts der Rechtshängigkeit des Scheidungsantrags angehören. ²Kann ein Versorgungsausgleich danach nicht stattfinden, so ist er auf Antrag eines Ehegatten nach deutschem Recht durchzuführen,
1. wenn der andere Ehegatte in der Ehezeit eine inländische Versorgungsanwartschaft erworben hat oder
2. wenn die allgemeinen Wirkungen der Ehe während eines Teils der Ehezeit einem Recht unterlagen, das den Versorgungsausgleich kennt,

soweit seine Durchführung im Hinblick auf die beiderseitigen wirtschaftlichen Verhältnisse auch während der nicht im Inland verbrachten Zeit der Billigkeit nicht widerspricht.

A. Geltungsbereich. Die Vorschrift beinhaltet zwei unterschiedliche Kollisionstatbestände. I und II normieren das **Scheidungsstatut**, während III die Anknüpfung zum **Versorgungsausgleichsstatut** regelt. Je nach Anknüpfungsgegenstand – Scheidung oder Versorgungsausgleich – ist daher auf den jeweils einschlägigen Abs abzustellen. Im Einzelfall kann dies zu unterschiedlichen Verweisungen führen; Scheidungsstatut und Versorgungsausgleichsstatut sind nicht stets deckungsgleich. 1

Ggü I vorrangige völkerrechtliche Vereinbarung ist das deutsch-persische Niederlassungsabkommen vom 17. 2. 29 (RGBl 1930 II S 1006; BGBl 1955 II S 829), welches im Verhältnis zum **Iran** zu beachten ist. Nach dessen Art 8 III erfolgt die Anknüpfung des Scheidungsstatuts, soweit beide Eheleute iranische Staatsangehörige sind, an die gemeinsame iranische Staatsangehörigkeit. Ebenso wird die Regelung zum Versorgungsausgleichsstatut in Art 17 III durch das deutsch-persische Niederlassungsabkommen verdrängt; zwischen iranischen Eheleuten findet ein Versorgungsausgleich auch dann nicht statt, wenn ein Ehegatte im Inland Versorgungsanrechte erworben hat (BGH FamRZ 05, 1666). Ansonsten gibt es keine weiteren supranationale Regelungen, die Art 17 vorgingen. 2

B. Scheidung. I. Umfang des Scheidungsstatuts. Gegenständlich betrifft I die bei Auslandsbezug zu beantwortende Frage, welche Rechtsordnung auf die **Scheidung** einer Ehe anzuwenden ist. Der Begriff „Scheidung" ist dabei abzugrenzen von der gerichtlichen Auflösung einer fehlerhaft geschlossenen Ehe sowie der Feststellung des Nichtbestehens einer Ehe. Das Statut für solche auf Aufhebung, Anfechtung, Nichtigerklärung oder Feststellung des Nichtbestehens der Ehe gerichteten Begehren ist ausdrücklich nicht normiert. Als nahe liegende Kollisionsnorm käme zwar das mit vergleichbarer Rechtsfolge verbundene Scheidungsstatut des Art 17 I in Betracht, genauso aber auch das in Art 13 I geregelte Eheschließungsstatut. Nach hM ist diese Qualifikationsfrage mit Recht dahin zu lösen, dass für die Rechtsfolgen einer materiell-rechtlich fehlerhaften Eheschließung und damit für die Aufhebung, Anfechtung, Nichtigerklärung und das Feststellen des Nichtbestehens der Ehe Art 13 I maßgebliche Kollisionsnorm ist (BGH FamRZ 97, 542; Palandt/*Heldrich* Rn 13), Art 17 I mithin hierauf nicht zur Anwendung kommt. 3

Scheidung iSv I und II umfasst hingegen nicht nur das im deutschen Sachrecht (§§ 1564 ff) als einzige Möglichkeit der Auflösung einer gescheiterten Ehe bereitgestellte Rechtsinstitut. Auch Eheauflösungen ausländischen Rechts, die auf Vertrag, Verstoßung, Verschulden, Krankheit oder andere Gründe gestützt werden, fallen hierunter. Das Gleiche gilt für schwächere Formen der Ehetrennung, insbes die in etlichen Rechtsordnungen vorgesehene gerichtliche **Trennung ohne Auflösung des Ehebandes** (BGH FamRZ 87, 793). 4

Die nach I 1 als Scheidungsstatut berufene Rechtsordnung ist maßgebend nicht nur für die **Voraussetzungen der Scheidung**, sondern auch für die Frage, ob eine **Scheidung überhaupt möglich** ist. Verbietet das gem I 1 berufene Recht die Scheidung, kann sie im Inland grds nicht ausgesprochen werden. In solchen Fällen kann allerdings nach I 2 unter der zusätzlichen Voraussetzung, dass ein Ehegatte bei der Eheschließung Deutscher war oder dies beim Eintritt der Rechtshängigkeit der Scheidung ist, auf deutsches Recht zurückgegriffen werden. Das Scheidungsstatut bestimmt des Weiteren, ob mit dem Scheidungsurteil ein Schuldausspruch zu verbinden ist (BGH FamRZ 87, 793). 5

Grds umfasst das Scheidungsstatut auch die **Wirkungen einer Ehescheidung**. Angesichts spezieller Kollisionsnormen für bestimmte mit der Scheidung verbundene Auswirkungen (Güterrechtsstatut – Art 15 –, Namensstatut – Art 10 I, II –, Versorgungssausgleichsstatut – Art 17 III –, Sorgestatut – Art 21 –) ist der Anwendungsbereich von Art 17 I jedoch insoweit **eingeschränkt**. Das Scheidungsstatut wirkt sich mittelbar aus auf den nachehelichen Unterhalt (Art 18 IV [Art 8 HUA]), in gewissem Umfang auch auf den Versorgungsausgleich (s.u. Rn 19). Die Zuweisung im Ausland gelegener Ehewohnung und im Ausland befindlichen Hausrats nach Scheidung ist richtigerweise dem Scheidungsstatut zuzuordnen (str – s näher Art 18 Rn 9; Art 17 a Rn 4, 5); für die Zuweisung im Inland befindlichen Hausrats und hier gelegener Ehewohnung gilt als Spezialnorm Art 17 a. Der Anspruch auf Ersatz des immateriellen Schadens nach Scheidung nach türkischem Recht unterfällt dem Scheidungsstatut (Karlsr NJW-RR 03, 725). 6

Keine Anwendung findet Art 17 I auf die Auflösung **sonstiger Partnerschaften**. Für die Eingetragene Lebenspartnerschaft gilt Art 17 a I 4. Alt. Auf das Verlöbnis ist Art 13 I entspr anzuwenden (BGH FamRZ 96, 601). 7

Die für jede Scheidung relevante **Vorfrage**, ob überhaupt eine wirksame Ehe vorliegt, ist selbstständig nach Art 13 – ggf iVm Art 11 I – anzuknüpfen (s dazu Art 13 Rn 9 f, 15). Ist ausländisches Recht als Scheidungsstatut berufen, so muss zunächst innerhalb der fremden Rechtsordnung als Vorfrage geprüft werden, ob auch nach diesem Recht eine wirksame Ehe besteht. Ist dies – zB bei einer islamischen Rechtsordnung wegen Religionsverschiedenheit – zu verneinen („hinkende Ehe"), wäre danach mangels bestehender Ehe eine Scheidung gar nicht möglich. Für diese Fälle ist bei Wirksamkeit der Ehe für das Inland Scheidungsstatut deutsches Recht (Kobl FamRZ 94, 1262). 8

II. Anknüpfung. Soweit das deutsch-persische Niederlassungsabkommen vom 17. 2. 29 nicht eingreift, ergibt sich das Scheidungsstatut aus **I iVm Art 14**. Wegen der umfassenden Verweisung auf Art 14 ist zunächst das Vorliegen einer Rechtswahl zu den allgemeinen Ehewirkungen (Art 14 II-IV) zu prüfen; liegt eine solche vor, bestimmt diese zugleich das Scheidungsstatut. Ist eine derartige Rechtswahl – wie in der Regel der Fall – nicht gegeben, erfolgt die Ermittlung des Scheidungsstatuts über Art 14 I als Anknüpfungsinstrument. Diese Vor- 9 schrift ist dabei so zu lesen, dass sie **unwandelbar auf den Zeitpunkt der Rechtshängigkeit des Scheidungsantrags** bezogen wird. Für die in der Stufenleiter von Art 14 I Nr. 1–3 bereitgestellten Anknüpfungspunkte bedeutet dies das Verbot, nach Rechtshängigkeit eintretende Änderungen in den persönlichen Verhältnissen der Ehegatten (zB späterer Erwerb der deutschen Staatsangehörigkeit) zu berücksichtigen.

10 I iVm Art 14 I Nr 1 1. **Alt** ist maßgebend, wenn bei Rechtshängigkeit der Scheidung beide Ehegatten **dieselbe Staatsangehörigkeit** besitzen. Hierbei sind die Besonderheiten zu beachten, welche sich für Staatenlose, Flüchtlinge, anerkannte Asylberechtigte, Volksdeutsche, Aussiedler und Spätaussiedler ergeben (s dazu KKFamR/*Rausch* Art 5 EGBGB Rn 2–4). Haben die Ehegatten eine gemeinsame Staatsangehörigkeit, besitzt jedoch einer von ihnen (oder beide) eine weitere Staatsangehörigkeit, ist die Vorrangregelung des **Art 5 I 1 und 2 zu beachten**.

11 I iVm Art 14 I Nr 1 2. **Alt** knüpft an die **letzte gemeinsame Staatsangehörigkeit** an, falls einer der Ehegatten diese noch besitzt. Die 2. Alt ist subsidiär zur 1. Primär ist an eine bestehende gemeinsame Staatsangehörigkeit anzuknüpfen; nur wenn eine solche fehlt, ist zu prüfen, ob ein Ehegatte noch eine frühere gemeinsame Staatsangehörigkeit besitzt (BGH FamRZ 94, 435).

12 I iVm Art 14 I Nr 2 enthält als Anknüpfungspunkt den **gemeinsamen gewöhnlichen Aufenthalt** der Ehegatten. Alternativen dabei sind – vorrangig – der bei Rechtshängigkeit der Scheidung noch aktuelle gemeinsame gewöhnliche Aufenthalt und – nachrangig – der letzte gemeinsame gewöhnliche Aufenthalt. „Gemeinsamer" gewöhnlicher Aufenthalt in einem Staat ist auch dann gegeben, wenn die Ehegatten an verschiedenen Orten, jedoch im selben Staat getrennt leben. Zum Vorliegen der 2. Alt ist zusätzlich erforderlich, dass einer der Ehegatten zum Zeitpunkt der Rechtshängigkeit des Scheidungsantrags seinen gewöhnlichen Aufenthalt noch im Staat des letzten gemeinsamen gewöhnlichen Aufenthalts hat. Hat er ihn zwischenzeitlich aufgegeben und erst später wieder dort begründet, kann nach Nr 2 nicht angeknüpft werden. Vielmehr ist Voraussetzung, dass der Ehegatte seinen gewöhnlichen Aufenthalt im Staat des beiderseits letzten gemeinsamen gewöhnlichen Aufenthalts ununterbrochen beibehalten hat (BGH FamRZ 93, 798).

13 I iVm Art 14 I **Nr 3** ist heranzuziehen, wenn weder eine gemeinsame Staatsangehörigkeit (Nr 1) noch ein gemeinsamer gewöhnlicher Aufenthalt (iS der Nr 2) vorliegt. Dann ist das Recht des Staates berufen, mit dem die Ehegatten bei Rechtshängigkeit der Scheidung auf andere Weise **am engsten verbunden** sind. Die Feststellung ist individuell und auf die konkreten Umstände bezogen zu treffen. Die engste Verbundenheit nur eines der Ehegatten reicht nicht, die Beziehung muss **für beide Ehegatten** aus dem Verlauf ihrer Ehe zu entnehmen sein. Anhaltspunkte sind ua Ort der Eheschließung (Ddorf FamRZ 03, 381), früherer gemeinsamer gewöhnlicher Aufenthalt, gemeinsame soziale Bindung an einen Staat durch berufliche Tätigkeit, Geburtsort der Kinder, gemeinsamer Vermögenserwerb in einem Staat, gemeinsam benutzte Sprache, gemeinsame kulturelle Verbundenheit (vgl BGH FamRZ 93, 788; Köln FamRZ 98, 1590). Da Art 14 keine weitere Ersatzanknüpfung zur Verfügung stellt, muss beim Versagen von I Nr 1 und 2 in jedem Falle die engste Verbundenheit festgestellt werden; Nr 3 ist Auffangtatbestand.

14 Die Anknüpfungen in I iVm Art 14 I **Nr 1 und 2** sind **Gesamtverweisung** iS von Art 4 I. Die Verweisung erfolgt unmittelbar in die dortige Regelung zum Scheidungsstatut, nicht zum Ehewirkungsstatut (Palandt/*Heldrich* Art 14 Rn 3; aA AG Leverkusen FamRZ 02, 1484). **Nr 3** (engste Verbundenheit) ist **Sachnormverweisung** und führt daher unmittelbar in das Sachrecht der verwiesenen Rechtsordnung (Palandt/*Heldrich* aaO).

15 **III. Scheidungsmonopol der Gerichte im Inland.** In Überlagerung evtl anderer Regelungen des nach I berufenen Sachrechts schreibt II für das Inland ausnahmslos die **Scheidung durch ein staatliches Gericht** vor. Auch wenn das verwiesene Recht, welches im Übrigen für die Voraussetzungen der Scheidung anwendbar bleibt, eine andere Scheidungsmöglichkeit (durch eine Religionsinstanz, durch Vertrag oder auf anderem Wege) vorsieht, ist diese im Inland nicht möglich und, wenn trotzdem durchgeführt, unwirksam.

16 **IV. Verfahrensfragen.** Zur **internationalen Zuständigkeit** deutscher Gerichte für Scheidungs- und Trennungsverfahren gilt vorrangig die **VO (EG) Nr. 2201/2003** („Brüssel II a"). Soweit Art 6, 7 VO (EG) Nr. 2201/2003 dies zulassen, ist nachrangig § 606 a I ZPO maßgebend (s dazu KKFamR/*Rausch* vor § 606 a ZPO Rn 5–8, 14 ff, 26 ff).

17 Zur **Anerkennung** im Ausland ergangener Scheidungsurteile, die seit dem 1. 3. 2005 in einem Mitgliedstaat der VO (EG) Nr. 2201/2003 („Brüssel II a") – vom 1. 3. 2001 bis zum 28. 2. 2005 einem Mitgliedstaat der VO (EG) Nr. 1347/2000 („Brüssel II") – ergangen und rechtskräftig geworden sind, gilt Art 21 VO (EG) Nr. 2201/2003. Danach werden diese Urteile in allen Mitgliedstaaten grds ohne weitere Nachprüfung anerkannt. Dies gilt ebenso für Entscheidungen, welche die Aufhebung oder Feststellung des Nichtbestehens der Ehe (Ungültigerklärung) aussprechen, und für Entscheidungen zur Trennung ohne Auflösung des Ehebandes. Dadurch wird für in einem Mitgliedstaat ergangene Entscheidungen in Ehesachen das Verfahren nach Art 7 § 1 FamRÄndG insoweit verdrängt, als nunmehr für deren innerstaatliche Maßgeblichkeit eine Entscheidung der Landesjustizverwaltung nicht Voraussetzung ist und auch behördlicherseits, insbes von den Standesämtern, nicht verlangt werden darf (Art 21 II VO (EG) Nr. 2201/2003).

Für andere Scheidungsurteile verbleibt es bei der Regelung in Art 7 § 1 FamRÄndG.

Zu Einzelheiten s KKFamR/*Rausch* vor § 606 a ZPO Rn 43 ff.

C. Versorgungsausgleich. I. Anknüpfung des Statuts. III ist Grundlage für das Statut zur Durchführung 18 des Versorgungsausgleichs. Hierbei ist genau zu unterscheiden zwischen S 1 und S 2 der Vorschrift: Bei Anwendbarkeit von III S 1 ergibt sich ein von Amts wegen durchzuführender Versorgungsausgleich. Hingegen ist der sich aus S 2 ergebende „regelwidrige" Versorgungsausgleich nur auf Antrag eines Ehegatten durchzuführen. S 1 ist vorrangig ggü S 2.

Zur Durchführung des Versorgungsausgleichs **von Amts wegen** nach S 1 kommt es über eine **Anknüpfung an** 19 **das im konkreten Fall nach Art 17 I 1 berufene**, dh anzuwendende, nicht tatsächlich angewendete (Zweibr FuR 00, 425), **Scheidungsstatut**. Sollte deutsches Recht über die Ersatzanknüpfung in Art 17 I 2 berufen sein, verbleibt es für den Versorgungsausgleich dennoch bei der Maßgeblichkeit der Grundsatzanknüpfung in Art 17 I 1. Das aus Art 17 I 1 abzuleitende Scheidungsstatut bestimmt somit grds zugleich das Versorgungsausgleichsstatut.

Wäre nach dem im Gleichlauf zum Scheidungsstatut berufenen Recht ein Versorgungsausgleich durchzuführen, ist er gem Art 17 III 1 2. Hs dennoch **ausgeschlossen, wenn das Heimatrecht nicht mindestens einer der** 20 **Ehegatten den Versorgungsausgleich kennt**. Diese Ausnahme kommt naturgemäß nicht in Betracht, soweit deutsches Recht Scheidungsstatut und einer der Ehegatten Deutscher ist; der Versorgungsausgleich ist dann immer von Amts wegen durchzuführen. Erhebliche Probleme bereitet die Vorschrift jedoch bei Ehen mit lediglich nichtdeutschen Partnern oder bei nichtdeutschem Scheidungsstatut. Hierbei ergibt sich die Frage, inwieweit das in Betracht kommende ausländische Statut oder Heimatrecht der Ehegatten den Versorgungsausgleich kennt. Bei dieser Frage ist es wichtig, den Begriff des Versorgungsausgleichs richtig zu qualifizieren, und zwar so, wie er sich seinem Gehalt nach aus dem deutschen Recht ergibt (*Finger* FF 02, 154). Nur ähnliche ausländische Rechtsinstitute (Geschiedenenrenten, Volksrenten o.Ä.) reichen nicht aus. Ein dem deutschen Versorgungsausgleich wirklich adäquates Institut kennen möglicherweise einige Gliedstaaten der USA und Kanada (vgl *Hohloch*, Internationales Scheidungs- und Scheidungsfolgenrecht S 82/83 Rn 247 ff mwN; Rahm/Künkel/*Paetzold*, Handbuch des Familiengerichtsverfahrens VIII Rn 987 f; München FamRZ 00, 165). Auch ist in der Schweiz seit dem 1.1.2000 ein mit dem deutschen Recht zwar nicht kompatibler, jedoch in der Struktur durchaus vergleichbarer Versorgungsausgleich eingeführt worden (*Reusser* FamRZ 01, 595). Ansonsten ist nach derzeitigem Kenntnisstand wohl davon auszugehen, dass keine weitere ausländische Rechtsordnung den Versorgungsausgleich kennt. Aus der Rspr ist bisher kein Fall bekannt, wo Gleichwertigkeit mit dem Ergebnis der Durchführbarkeit eines Versorgungsausgleichs in Deutschland bejaht worden wäre.

Bei Nichtanwendbarkeit von III 1 kommt der regelwidrige, **nur auf Antrag** eines Ehegatten **durchzuführende** 21 Versorgungsausgleich nach III S 2 in Betracht. Ein Versorgungsausgleich in Anwendung deutschen Rechts ist dann durchzuführen, wenn eine der in S 2 **Nr 1 oder Nr 2** normierten **Zusatzvoraussetzungen** vorliegt. In diesem Fall sind auch Vereinbarungen nach § 1587 o I möglich (Bambg FamRZ 02, 1120).

Ein regelwidriger Versorgungsausgleich kann allerdings nur dann erfolgen, wenn seine Durchführung unter 22 Berücksichtigung der beiderseitigen wirtschaftlichen Verhältnisse auch während der nicht im Inland verbrachten Zeit der Billigkeit nicht widerspricht (Art 17 III S 2 2. Hs). Diese **Billigkeitsklausel** ist eine eng gefasste Ausnahmeregelung und nicht deckungsgleich mit derjenigen in § 1587 c BGB. Sie ist vielmehr im Kontext mit dem gegebenen Auslandsbezug zu sehen, so dass die hier geregelte Frage der Unbilligkeit auch nur aus besonderen **auslandsbezogenen Umständen** abzuleiten ist. Hauptsächlicher Anlass zur Prüfung ist wirtschaftliches Gefälle zwischen Deutschland und dem Staat, in welchem der ausgleichsberechtigte Ehegatte lebt. Geboten ist eine differenzierte Gegenüberstellung der finanziellen Verhältnisse der in verschiedenen Ländern lebenden Ehegatten (BGH FamRZ 00, 418; Karlsr FamRZ 89, 399; Frankf FamRZ 90, 417 und FamRZ 00, 163; Celle FamRZ 91, 204; Ddorf NJW-RR 93, 1414). Von Bedeutung ist beispielsweise die Tatsache, dass gem § 113 III SGB VI die Rente an den nicht deutschen Berechtigten im Ausland nur in Höhe von 70 % ausgezahlt wird. Zu berücksichtigen sind vor allem – aber nicht nur – die unterschiedlichen Lebenshaltungskosten in den beiden Ländern. Unter Umständen kann ins Gewicht fallen, dass dem im Ausland lebenden geschiedenen Ehepartner ggf eine gesetzliche Krankenversicherung fehlt (BGH aaO).

Ist eine Ehe im Ausland geschieden worden, ohne dass dort der Versorgungsausgleich durchgeführt wurde, 23 wäre dieser jedoch nach deutschem Recht von Amts wegen vorzunehmen gewesen, ist er in einem **selbständigen Verfahren** nachträglich durchzuführen. Maßgebend ist hierbei nicht, welches Scheidungsstatut im ausländischen Urteil angewandt wurde, sondern nach welchem Recht die Ehe aus deutscher Sicht hätte geschieden werden müssen (BGH FamRZ 93, 798).

Auch bei **Eheaufhebung** kommt, wie sich sachrechtlich aus § 1318 III BGB ergibt, ggf ein Versorgungsaus- 24 gleich in Betracht. Kollisionsnorm hierzu ist ebenfalls Art 17 III mit der grdsen Anknüpfung an das – in diesem Falle hypothetische – Scheidungsstatut (I 1). Zwar enthält das EGBGB insoweit keine ausdrückliche Verweisung, sie ist jedoch dem Kontext mit § 1318 BGB zu entnehmen (ebenso Böhmer/Finger IntFamR/*Finger* Art 17 Rn 126).

II. Internationale Zuständigkeit. Zur internationalen Zuständigkeit für Versorgungsausgleichsverfahren 25 gibt es weder supranationale noch innerstaatlich kodifizierte Rechtsgrundlagen; insbes sind hier weder die VO (EG) Nr. 2201/2003 noch § 606 a ZPO anwendbar. Nach der Rspr ist aus den Vorschriften über den Verbund in §§ 623 ff ZPO abzuleiten, dass sich die **internationale Zuständigkeit für das Scheidungsverfahren auch auf das damit im Verbund stehende Versorgungsausgleichsverfahren erstreckt**. Dies gilt wegen des sachlichen Bezugs zwischen Scheidung und Versorgungsausgleich auch für selbstständige Versorgungsausgleichsverfahren (BGH FamRZ 93, 176).

26 Für Eheaufhebungsverfahren gilt § 623 ZPO nicht (BGH FamRZ 89, 153). Die Rspr zur Zuständigkeit für Versorgungsausgleichsverfahren im Zusammenhang mit Scheidung ist daher bei Eheaufhebung nicht direkt anwendbar. Aus der materiell-rechtlichen Regelung in § 1318 III BGB, welche die grundsätzliche Anwendbarkeit der Scheidungsfolge Versorgungsausgleich auch für die Eheaufhebung normiert, ist allerdings dasselbe Ergebnis abzuleiten: Die internationale Zuständigkeit für das Eheaufhebungsverfahren erstreckt sich auch auf ein daraus folgendes Versorgungsausgleichsverfahren.

Art. 17a Ehewohnung und Hausrat

Die Nutzungsbefugnis für die im Inland belegene Ehewohnung und den im Inland befindlichen Hausrat sowie damit zusammenhängende Betretungs-, Näherungs- und Kontaktverbote unterliegen den deutschen Sachvorschriften.

1 **A. Geltungsbereich und Anknüpfung.** Die mit Wirkung vom 1.1.2002 ins EGBGB eingefügte Vorschrift regelt als einseitige Kollisionsnorm die **Zuweisung von Ehewohnung und Hausrat nur, soweit diese sich im Inland befinden**. Sie ist über Art 17b II 1 2. Alt bei eingetragener Lebenspartnerschaft entspr anzuwenden. Darüber hinaus erfasst sie **Betretungs-, Näherungs- und Kontaktverbote** iS des GewSchG.

2 Ggü Art 17a vorrangige völkerrechtliche Vereinbarung ist das deutsch-persische Niederlassungsabkommen vom 17.2.29 (RGBl 1930 II S 1006; BGBl 1955 II S 829), welches im Verhältnis zum **Iran** zu beachten ist. Nach dessen Art 8 III erfolgt die Anknüpfung des Zuweisungsstatuts, soweit beide Eheleute iranische Staatsangehörige sind, an die gemeinsame iranische Staatsangehörigkeit. In diesem Falle ist das iranische Sachrecht berufen, welches Vorschriften zur Wohnung enthält (Celle FamRZ 90, 656). Weitere supranationale Regelungen, die Art 17a vorgingen, gibt es nicht.

3 Soweit Art 17a anwendbar ist, erfolgt die **Verweisung unmittelbar ins deutsche Sachrecht**. Insoweit ist seit dem 1.1.2002 der bisherige Streit zum Zuweisungsstatut gegenstandslos geworden.

4 **B. Zuweisung im Ausland befindlicher Gegenstände.** Ist die Wohnung **im Ausland** belegen oder der Hausrat dort befindlich, ist Art 17a nicht anwendbar. Insoweit gibt es weder auf staatsvertraglicher Ebene noch im innerstaatlich kodifizierten Recht spezielle Kollisionsnormen zur Zuweisung von Hausrat und Wohnung. Eine allseits anerkannte Zuordnung zu einem bestimmten Statut hat sich bislang nicht gebildet; die Frage ist vielmehr **äußerst strittig**. Es gibt Tendenzen sowohl zur Anwendung der lex rei sitae, als auch zur Heranziehung der lex fori, zur Zuordnung beim Unterhaltsstatut und zur Subsumtion unter das Ehewirkungsstatut (Art 14), ggf nach Scheidung in Verbindung mit Art 17 I. Vertreten wird auch, dass im Hinblick auf den ordre public (Art 6) deutsches Recht gelten müsse, wenn das Heimatrecht der Ehegatten keine Regelungen über die Hausratsteilung kennt. Richtig dürfte sein: Hausrats- und Wohnungszuteilung sind nicht unterhaltsrechtlich zu qualifizieren (ebenso Stuttg FamRZ 90, 1354; Frankf FamRZ 91, 1190), da es dabei nicht nur um die Sicherstellung des Lebensbedarfs, sondern auch um ganz andere Gesichtspunkte geht: Eigentumsverhältnisse, Kindeswohl, persönliche und berufliche Bedürfnisse. **Während des Getrenntlebens** sind daher das in Art 14 geregelte **Ehewirkungsstatut** (Hamm FamRZ 90, 54), **bei Scheidung** das in Art 17 I geregelte **Scheidungsstatut** als die für die allgemeinen Folgen von Ehe bzw Ehescheidung normierten Anknüpfungen maßgebend. Soweit die nach Art 14 bzw 17 I berufene Rechtsordnung die Verweisung annimmt und eine funktionsadäquate Regelung kennt, ist Letztere anzuwenden.

5 Soweit im Einzelfall das Ehewirkungsstatut bzw Scheidungsstatut zu einer Rechtsordnung führt, die keine der HausrVO entspr oder ähnliche Regelung kennt, kann uU nach Art 6 zu prüfen sein, ob die Nichtdurchführung von Hausratsteilung und Wohnungszuweisung gegen den deutschen ordre public verstößt. Dies dürfte allerdings auf seltene Ausnahmefälle beschränkt sein. Denn bei im Ausland belegener Wohnung und dort befindlichem Hausrat wird kaum die erforderliche Inlandsbeziehung (vgl BGH FamRZ 93, 316) anzunehmen sein; zudem kann eine Zuweisung mit sachrechtlicher Wirkung ohnehin nicht nach deutschem Recht erfolgen (Art 43).

6 **C. Internationale Zuständigkeit.** Die internationale Zuständigkeit für Verfahren zur Hausratsteilung oder Wohnungszuweisung ist weder supranational geregelt noch innerstaatlich kodifiziert. Hier gilt der gewohnheitsrechtliche Grundsatz, dass die internationale Zuständigkeit den Regeln über die örtliche Zuständigkeit folgt (BGH FamRZ 96, 601; Karlsr FamRZ 01, 1012).

Art. 17b Eingetragene Lebenspartnerschaft

(1) ¹Die Begründung, die allgemeinen und die güterrechtlichen Wirkungen sowie die Auflösung einer eingetragenen Lebenspartnerschaft unterliegen den Sachvorschriften des Register führenden Staates. ²Auf die unterhaltsrechtlichen und die erbrechtlichen Folgen der Lebenspartnerschaft ist das nach den allgemeinen Vorschriften maßgebende Recht anzuwenden; begründet die Lebenspartnerschaft danach keine gesetzliche Unterhaltsberechtigung oder kein gesetzliches Erbrecht, so findet insoweit Satz 1 entsprechende Anwendung. ³Der Versorgungsausgleich unterliegt dem nach Satz 1 anzuwendenden Recht; er ist nur durchzuführen, wenn das Recht eines der Staaten, denen die Lebenspartner im Zeitpunkt der Rechtshängigkeit des Antrags auf Aufhebung der Lebenspartnerschaft angehören, einen Versorgungsausgleich zwischen Lebenspartnern kennt. ⁴Kann ein Versorgungsausgleich hiernach nicht stattfinden, so ist er auf Antrag eines Lebenspartners nach deutschem Recht durchzuführen, wenn der andere Lebenspartner während der Lebenspartnerschaftszeit eine inländische Versorgungsanwartschaft erworben hat, soweit die Durchführung des Versorgungsausgleichs im Hinblick auf die beiderseitigen wirtschaftlichen Verhältnisse auch während der nicht im Inland verbrachten Zeit der Billigkeit nicht widerspricht.

(2) ¹Artikel 10 Abs. 2 und Artikel 17a gelten entsprechend. ²Unterliegen die allgemeinen Wirkungen der Lebenspartnerschaft dem Recht eines anderen Staates, so ist auf im Inland befindliche bewegliche Sachen § 8 Abs. 1 des Lebenspartnerschaftsgesetzes und auf im Inland vorgenommene Rechtsgeschäfte § 8 Abs. 2 des Lebenspartnerschaftsgesetzes in Verbindung mit § 1357 des Bürgerlichen Gesetzbuchs anzuwenden, soweit diese Vorschriften für gutgläubige Dritte günstiger sind als das fremde Recht.

(3) Bestehen zwischen denselben Personen eingetragene Lebenspartnerschaften in verschiedenen Staaten, so ist die zuletzt begründete Lebenspartnerschaft vom Zeitpunkt ihrer Begründung an für die in Absatz 1 umschriebenen Wirkungen und Folgen maßgebend.

(4) Die Wirkungen einer im Ausland eingetragenen Lebenspartnerschaft gehen nicht weiter als nach den Vorschriften des Bürgerlichen Gesetzbuchs und des Lebenspartnerschaftsgesetzes vorgesehen.

A. Allgemeines. Die Vorschrift wurde am 1.8.2001 durch das LPartG ins EGBGB eingefügt und zuletzt mit Wirkung vom 1.1.2005 durch Einfügung von I S 3 und 4 aktualisiert. Für **registrierte** Lebensgemeinschaften von **gleichgeschlechtlichen** Partnern wurden mit Art 17b die meisten hier einschlägigen materiell-rechtlichen Anknüpfungsgegenstände normiert. Verfahrensrechtliche Regelungen finden sich im neu eingeführten § 661 III ZPO (s.u. Rn 16). Demgegenüber vorrangige supranationale Regelungen gibt es nicht. Als Sonderregelung für registrierte Lebensgemeinschaften gleichgeschlechtlicher Partner ist Art 17b **auf andere nichteheliche Lebensformen nicht anwendbar.** Für diese verbleibt es bei der bisherigen – umstrittenen – Rechtslage (s dazu Art 14 Rn 3). Hingegen ist der Anwendungsbereich der Norm nicht auf die Eingetragene Lebenspartnerschaft iS des deutschen Sachrechts (§ 1 LPartG) beschränkt; Art 17b erfasst als allseitige Kollisionsnorm auch mit der Eingetragenen Lebenspartnerschaft vergleichbare Rechtsinstitute ausländischen Rechts (*Wagner* IPRax 01, 281).

Der **sachliche Anwendungsbereich** umfasst neben dem Erbrecht (I 2 2. Alt) die familienrechtlichen Anknüpfungsgegenstände Begründungsstatut (I 1 1. Alt), allgemeines Wirkungsstatut (I 1 2. Alt), Güterrechtsstatut (I 1 3. Alt), Auflösungsstatut (I 4. Alt), Unterhaltsstatut (I 2 1. Alt), Namensstatut (II 1 1. Alt) sowie Statut zu Wohnungszuweisung und Hausratsteilung (II 1 2. Alt). Das Statut zum Versorgungsausgleich ist geregelt in I 3 und 4.

B. Begründung der Lebenspartnerschaft. Nach I 1 1. Alt bestimmen sich die **materiell-rechtlichen Voraussetzungen** der Begründung einer eingetragenen Lebenspartnerschaft nach dem **Recht des Register führenden Staats.** In Durchbrechung des sonst geltenden Grundsatzes der selbstständigen Anknüpfung von Formfragen ist darüber hinaus auch das Statut zur **Form** der Begründung in gleicher Weise geregelt (BTDrs 14/3751 S 60). Diese Verweisung zu Voraussetzungen und Form der Partnerschaftsbegründung führt aufgrund ausdrücklicher Bestimmung im Normtext (I 1 aE) **unmittelbar in die Sachvorschriften** des Rechts des Registrierungsstaats – keine Gesamtverweisung iSv Art 4 I 1. **Vorfragen**, zB Bestehen einer Ehe oder anderen Lebenspartnerschaft (vgl § 1 II Nr 1 LPartG), Minderjährigkeit (vgl § 1 II Nr 1 LPartG), Verwandtschaft (vgl § 1 II Nr 2 und 3 LPartG), sind an Hand der für diese Gegenstände maßgeblichen Kollisionsnormen **selbstständig anzuknüpfen.** Das Begründungsstatut in I 1 1. Alt. ist auch maßgeblich für die Frage der **Wirksamkeit** einer ggf fehlerhaft begründeten Lebenspartnerschaft.

C. Allgemeine Wirkungen der Lebenspartnerschaft. I 1 2. Alt regelt die Anknüpfung der rechtlichen **Wirkungen** einer wirksam begründeten Lebenspartnerschaft. Anknüpfungsgegenstand sind die persönlichen Rechtsbeziehungen der Lebenspartner zueinander und die Auswirkungen der Lebenspartnerschaft im Rechtsverkehr (zB die Zugehörigkeit zur Familie des anderen Partners – vgl § 11 LPartG). Für die meisten besonderen Wirkungen gibt es Spezialnormen, die in ihrem Anwendungsbereich der Vorschrift vorgehen: Namensstatut (II 1 mit Art 10 II), Versorgungsausgleichsstatut (I 3 und 4), Unterhaltsstatut (I 2 1. Alt mit Art 18) sowie das Statut zu Wohnungszuweisung und Hausratsteilung (II 1 2. Alt mit Art 17a) sind besonders normiert. Güterrechtsstatut (I 1 3. Alt) und Auflösungsstatut (I 1 4. Alt) sind in der Vorschrift gesondert benannt, jedoch inhaltlich gleichartig geregelt.

5 Die **Anknüpfung** zum Wirkungsstatut führt wie beim Begründungsstatut in das **Recht des Register führenden Staats**. Diese Verweisung erfolgt aufgrund ausdrücklicher Bestimmung im Normtext (I 1 aE) **unmittelbar in die Sachvorschriften** des Rechts des Registrierungsstaats – keine Gesamtverweisung iSv Art 4 I 1. Haben die Lebenspartner nachträglich ihre Lebenspartnerschaft in einem weiteren Staat registrieren lassen, endet der Gleichlauf zum Begründungsstatut: Nach III sind bei **Mehrfachregistrierung** der Lebenspartnerschaft in verschiedenen Staaten nur die **Sachvorschriften des Staats der letzten Registrierung** maßgebend. Für die allgemeinen Wirkungen der Lebenspartnerschaft bedeutet dies einen Statutenwechsel.

6 Ist Wirkungsstatut eine fremde Rechtsordnung, kann sich daraus ein weiterer Umfang der Wirkungen einer nach diesem Recht registrierten Lebenspartnerschaft ergeben als im deutschen Recht vorgesehen. Nach IV gehen dann die Wirkungen im Inland nur so weit, wie es dem deutschen Sachrecht entspricht (Wagner IPRax 01, 281: „**Kappungsregelung**").

7 **D. Versorgungsausgleich.** Mit Wirkung vom 1. 1. 2005 ist der Versorgungsausgleich für die Eingetragene Lebenspartnerschaft eingeführt worden (§§ 20, 21 IV LPartG). Gleichzeitig wurden in Art 17 b I die Sätze 3 und 4 als Kollisionsnorm zum lebenspartnerschaftlichen Versorgungsausgleich eingefügt. Die Regelung entspricht weitgehend derjenigen zum Versorgungsausgleichsstatut bei Scheidung einer Ehe, kennt insbes auch die Unterscheidung zwischen amtswegigem (S 3) und regelwidrigem (S 4) Versorgungsausgleich (vgl Art 17 Rn 18 ff), weist aber auch Besonderheiten auf:

8 Zur Durchführung des Versorgungsausgleichs **von Amts wegen** kommt es nach I 1. Hs iVm 1 über eine **Anknüpfung an das Recht des Register führenden Staats**. Hierbei ist im Falle einer Mehrfachregistrierung III zu beachten (s.o. Rn 5). Wäre nach dem dadurch berufenen Recht ein Versorgungsausgleich durchzuführen, ist er gem I 2. Hs dennoch ausgeschlossen, wenn das Heimatrecht nicht mindestens einer der Lebenspartner **den Versorgungsausgleich zwischen Lebenspartnern kennt**. Diese Ausnahme kommt nicht in Betracht, soweit die Lebenspartnerschaft – zuletzt – in Deutschland eingetragen worden ist und einer der Lebenspartner Deutscher ist; der Versorgungsausgleich ist dann immer von Amts wegen durchzuführen. Erhebliche Probleme bereitet die Vorschrift jedoch bei Lebenspartnerschaften mit lediglich nichtdeutschen Partnern oder wenn die Lebenspartnerschaft nicht im Inland eingetragen worden ist. Hierbei ergibt sich die Frage, inwieweit das in Betracht kommende ausländische Statut oder Heimatrecht der Lebenspartner den Versorgungsausgleich **zwischen Lebenspartnern** kennt. Bei dieser Frage ist es wichtig, den Begriff des Versorgungsausgleichs richtig zu qualifizieren, und zwar so, wie er sich seinem Gehalt nach aus dem deutschen Recht ergibt (vgl die vergleichbare Problematik zum Versorgungsausgleich bei Scheidung der Ehe – Art 17 Rn 20).

9 Bei Nichtanwendbarkeit von I 3 kommt der regelwidrige, **nur auf Antrag** eines Lebenspartners **durchzuführende** Versorgungsausgleich nach I 4 in Betracht. Ein Versorgungsausgleich in Anwendung deutschen Rechts ist dann durchzuführen, wenn die in 4 1. Hs normierte Zusatzvoraussetzung vorliegt. Danach ist **erforderlich, dass der andere Lebenspartner während der Lebenspartnerschaftszeit (§ 20 II LPartG) eine inländische Versorgungsanwartschaft erworben hat**; eine weitere, Art 17 III 2 Nr 2 entspr Alternative gibt es hierzu nicht.

10 Ein regelwidriger Versorgungsausgleich kann allerdings nur dann erfolgen, wenn seine Durchführung unter Berücksichtigung der beiderseitigen wirtschaftlichen Verhältnisse auch während der nicht im Inland verbrachten Zeit der Billigkeit nicht widerspricht (I 4 2. Hs). Diese **Billigkeitsklausel** ist eine eng gefasste Ausnahmeregelung und nicht deckungsgleich mit derjenigen in §§ 20 IV LPartG, 1587c BGB. Sie ist vielmehr im Kontext mit dem gegebenen Auslandsbezug zu sehen, so dass die hier geregelte Frage der Unbilligkeit auch nur aus besonderen **auslandsbezogenen Umständen** abzuleiten ist – s dazu Art 17 Rn 22.

11 **E. Güterrecht.** Das **Güterrechtsstatut** bestimmt sich gem I 1 3. Alt im Gleichlauf zum Begründungsstatut nach dem **Recht des Register führenden Staats**. Diese Verweisung erfolgt aufgrund ausdrücklicher Bestimmung im Normtext (I 1 aE) **unmittelbar in die Sachvorschriften** des Rechts des Registrierungsstaats. Da somit keine Gesamtverweisung iSv Art 4 I 1 erfolgt, kann an sich kein späterer Statutenwechsel eintreten. Das Güterrechtsstatut ist grds unwandelbar, bezogen auf den Zeitpunkt der Begründung der Lebenspartnerschaft. Eine Rechtswahl im eigentlichen Sinne ist zu keinem Zeitpunkt möglich. Dennoch kann es zum Statutenwechsel kommen, wenn nämlich die Lebenspartner nachträglich ihre Lebenspartnerschaft in einem weiteren Staat registrieren lassen: Nach III sind bei **Mehrfachregistrierung** der Lebenspartnerschaft in verschiedenen Staaten nur die **Sachvorschriften des Staats der letzten Registrierung** maßgebend. Eine solche weitere Registrierung kommt faktisch einer Rechtswahl gleich.

12 Ist Güterrechtsstatut eine fremde Rechtsordnung, kann sich daraus ggf ein weiterer Umfang der güterrechtlichen Wirkungen einer nach diesem Recht registrierten Lebenspartnerschaft ergeben als im deutschen Recht vorgesehen. Nach IV gehen dann die Wirkungen im Inland nur so weit, wie es dem deutschen Sachrecht entspricht („Kappungsregelung"),

13 Die Wirkung bestimmter **drittschützender Vorschriften** des deutschen Gütersachrechts erstreckt sich gem II 2 auf inlandsbezogene Rechtsbeziehungen zu Dritten, wenn Lebenspartner beteiligt sind, für die ausländisches Güterrecht gilt. Die Vorschrift verweist auf:

- die Regelung in §§ 8 I LPartG, 1362 BGB zu den **Eigentumsvermutungen** bei Zwangsvollstreckung in Lebenspartnern gehörende bewegliche Sachen (II 2 1. Alt). Hier ist zusätzlich Voraussetzung, dass sich die betreffenden Sachen im Inland befinden;
- die Regelung zur „**Schlüsselgewalt**" in §§ 8 II LPartG, 1357 BGB (II 2 2. Alt). Hierzu ist zusätzlich Voraussetzung, dass das fragliche Rechtsgeschäft im Inland vorgenommen wurde.

Zur **internationalen Zuständigkeit** für Güterrechtsverfahren von Lebenspartnern gibt es keine supranationalen Regelungen: Die VO (EG) Nr. 2201/2003 hat nur Ehesachen und Verfahren zur Regelung von Sorge und Umgang zum Gegenstand, alle anderen Familiensachen sowie Lebenspartnerschaftssachen werden von ihr nicht erfasst. Die VO (EG) Nr. 44/2001, das EuGVÜ und das LugÜ nehmen familienrechtliche Rechtsinstitute – mit Ausnahme der Unterhaltsansprüche – von ihrem Anwendungsbereich aus. Das somit anwendbare autonome Recht enthält zur Zuständigkeit keine kodifizierte Regelung. Vielmehr gilt der gewohnheitsrechtliche Grundsatz, dass die internationale Zuständigkeit den Regeln über die örtliche Zuständigkeit folgt (BGH FamRZ 96, 601; Karlsr FamRZ 01, 1012). 14

F. Auflösung der Lebenspartnerschaft. Das Statut zur **Auflösung** der Lebenspartnerschaft bestimmt sich gem I 4. Alt wie beim Begründungsstatut nach dem **Recht des Register führenden Staats**. Diese Verweisung erfolgt aufgrund ausdrücklicher Bestimmung im Normtext (I 1 aE) unmittelbar in die **Sachvorschriften** des Rechts des Registrierungsstaats – keine Gesamtverweisung iSv Art 4 I 1. Haben die Lebenspartner nachträglich ihre Lebenspartnerschaft in einem weiteren Staat registrieren lassen, endet der Gleichlauf zum Begründungsstatut, da nach III bei **Mehrfachregistrierung** der Lebenspartnerschaft in verschiedenen Staaten nur die **Sachvorschriften des Staats der letzten Registrierung** maßgebend sind. Für die Auflösung der Lebenspartnerschaft ist in solchen Fällen das letztgenannte Recht berufen. 15

Zur **internationalen Zuständigkeit** für Verfahren auf Aufhebung (Auflösung) der Lebenspartnerschaft gibt es keine supranationale Regelung. Weder die VO (EG) Nr. 2201/2003 noch die VO (EG) Nr. 44/2001, das EuGVÜ oder das LugÜ sind einschlägig (vgl *Wagner* IPRax 01, 281; *Helms* FamRZ 02, 1593 mwN). Autonome Rechtsgrundlage ist § 661 III ZPO, zum Teil iVm § 606a ZPO (s dazu KKFamR/*Rausch* Art 17b EGBGB Rn 11). Die **Anerkennung** einer im Ausland erfolgten Auflösung (Aufhebung) der registrierten Lebenspartnerschaft richtet sich, soweit eine gerichtliche oder behördliche Entscheidung vorliegt, nach § 328 ZPO, wie sich aus dessen II aE ergibt. Ein besonderes Verfahren zur Feststellung der Anerkennung ist nicht vorgeschrieben. Art 7 § 1 FamRÄndG gilt hier nicht. Stellt sich in einem Verfahren die Vorfrage der Anerkennungsfähigkeit, ist darüber inzidenter zu entscheiden. Für die Anerkennung einer Auflösung durch Rechtsgeschäft gilt Art 17b I 1 4. Alt (*Wagner* IPRax 01, 281). 16

G. Unterhalt. Zum **Unterhaltsstatut** verweist I 2 1. Alt auf die allgemeinen Vorschriften, dh **Art 18**. Das Haager Übereinkommen über das auf Unterhaltspflichten anzuwendende Recht vom 2.10.73 geht hier nicht vor, da Unterhaltsansprüche aus nichtehelichen Lebensgemeinschaften von dieser völkerrechtlichen Vereinbarung nicht erfasst werden und die innerstaatliche Verweisungsnorm in Art 17b I 2 nur innerstaatliches Recht in seiner Anwendbarkeit erweitern kann. Eine Rechtswahl der Lebenspartner zum Unterhaltsstatut ist nicht möglich und daher, wenn vorgenommen, unwirksam (Eschenbruch/*Dörner* Rn 6059 mwN). Die Möglichkeit von Vereinbarungen zum Unterhalt auf der Grundlage des nach Art 18 berufenen Rechts bleibt davon unberührt. 17

Die entspr Anwendung von Art 18 ist wie dort **Sachnormverweisung** und bedeutet: 18
- In jedem Falle ist **zunächst von Art 18 V auszugehen**, wonach deutsches Recht immer anzuwenden ist, wenn sowohl der Berechtigte als auch der Verpflichtete Deutsche sind und der Verpflichtete seinen gewöhnlichen Aufenthalt im Inland hat. Diese Regelung geht allen anderen Anknüpfungen in Art 18, insbes auch derjenigen zum Unterhalt nach Auflösung der Lebenspartnerschaft in Art 18 IV vor (so für den Fall der Scheidung BGH FamRZ 91, 925).
- Für Unterhalt **bei Getrenntleben** ist, wenn die Voraussetzungen von Art 18 V nicht gegeben sind, nach Art 18 I und II vorzugehen. Grundsätzlicher **Anknüpfungspunkt** ist somit der **gewöhnliche Aufenthalt des Anspruch stellenden Lebenspartners**. Kennt das Aufenthaltsrecht keine registrierte Lebenspartnerschaft oder gibt es danach keinen gesetzlichen Unterhaltsanspruch des Lebenspartners, schreibt Art 17b I 2 aE die **ersatzweise Anwendbarkeit des Rechts des Registrierungsstaats** vor, bei Mehrfachregistrierung in verschiedenen Staaten des Staats der letzten Registrierung (III). 19
- Auch für den Unterhalt **nach Aufhebung der Lebenspartnerschaft** ist zunächst nach Art 18 V anzuknüpfen. Bei beiderseits deutschen Lebenspartnern und gewöhnlichem Aufenthalt des Verpflichteten in Deutschland ist also stets deutsches Recht berufen. In allen anderen Fällen kommt die entspr Anwendung der Regelung in Art 18 IV in Betracht. Bei dieser erfolgt die **Anknüpfung einzig danach, welche Rechtsordnung im konkreten Fall auf die Auflösung angewandt worden ist oder für die noch ausstehende Auflösung gem Art 17b I 4. Alt anzuwenden wäre**. Ob diese scheidungsspezifische Regelung solcherart auch auf die eingetragene Lebenspartnerschaft zu übertragen ist, kann dem Gesetzestext in Art 17b allerdings nicht eindeutig entnommen werden. Die Gerichte werden dies zu entscheiden haben (so auch *Wagner* IPRax 01, 281). Richtigerweise ist Art 18 IV auch hier maßge- 20

bend. Eine solche Handhabung führt eher als eine Verweisung ins Aufenthaltsrecht zum Recht des Registrierungsstaats, welches nach der Systematik der Regelungen in Art 17 b diese wie ein roter Faden durchzieht und für die Rechtsbeziehungen der Lebenspartner tendenziell das sachnächste ist. Soweit eine ausländische Auflösungsentscheidung im Einzelfall aufgrund anders gelagerter Anknüpfung eine Rechtsordnung beruft, die Unterhalt nach Auflösung der Lebenspartnerschaft versagt, führt ohnehin Art 17 b I 2 aE ersatzweise wieder ins **Recht des Registrierungsstaats**. Falls auch danach kein Unterhaltsanspruch gegeben ist, kann allenfalls an eine Korrektur über Art 6 nachgedacht werden. Dies ist allerdings nur beim Vorliegen außergewöhnlicher Härten zu erwägen, was in Betracht kommen kann, wenn der anspruchstellende Lebenspartner wegen schwerer Erkrankung nicht mehr in der Lage ist, selbst seinen Lebensunterhalt sicherzustellen (vgl zum nachehelichen Unterhalt BGH FamRZ 91, 925; Hamm FamRZ 99, 1162; Zweibr NJW-RR FamRZ 00, 32).

21 – Zur **Höhe** des Unterhalts sind Art **18 VI Nr 1 und VII** entspr anzuwenden. s dazu Art 18 Rn 17–19.

22 Die **internationale Zuständigkeit** für Unterhaltsverfahren, welche Verpflichtungen aus einer Lebenspartnerschaft zum Gegenstand haben, ergibt sich in gleicher Weise wie für andere Unterhaltspflichten aus einem gestuften System supranationaler Rechtsquellen und nachrangig aus dem autonomen Recht. Einschlägige Rechtsgrundlagen sind in dieser Reihenfolge: VO (EG) Nr. 44/2001 (Art 2 und 5), EuGVÜ (Art 2 und 5), LugÜ (Art 2 und 5), Autonomes Recht (dazu KKFamR/Rausch Art 18 EGBGB Rn 25 ff). Für die **Anerkennung von ausländischen Unterhaltstiteln** gelten die auch sonst maßgeblichen Vorschriften (dazu KKFamR/Rausch Art 18 EGBGB Rn 31).

23 **H. Lebenspartnerschaftsname.** Zum **Statut** für die Anknüpfung eines **gemeinsamen Namens** der Lebenspartner (§ 3 LPartG) verweist II 1 1. Alt auf die entspr Anwendung der für den Ehenamen maßgeblichen Kollisionsnorm in Art 10 II (dazu KKFamR/*Rausch* Art 10 EGBGB Rn 7 ff). Soweit danach ein Lebenspartnerschaftsname nicht zulässig ist oder nicht gewählt wird, richtet sich die Namensführung der Lebenspartner in unmittelbarer Anwendung von Art 10 I nach dem jeweiligen Heimatrecht.

24 **J. Wohnungszuweisung und Hausratsteilung.** Zum **Statut** für Hausratsteilung und Wohnungszuweisung verweist II 1 2. Alt auf die entspr Anwendung von Art **17 a** (s dazu Art 17 a Rn 1–3).

25 Die **internationale Zuständigkeit** für Verfahren zur Hausratsteilung oder Wohnungszuweisung ist weder supranational geregelt noch innerstaatlich kodifiziert; § 661 III ZPO gilt nur für Verfahren zur Auflösung der Lebenspartnerschaft. Daher folgt die internationale Zuständigkeit den Regeln über die örtliche Zuständigkeit (BGH FamRZ 96, 601; Karlsr FamRZ 01, 1012).

26 **K. Erbrecht.** Zum **Erbstatut** verweist I 2 2. Alt auf die allgemeinen Vorschriften, dh grds auf **Art 25**, wonach an die Staatsangehörigkeit des verstorbenen Lebenspartners anzuknüpfen ist. Führt die Verweisung gem. Art 25 I wegen fremder Staatsangehörigkeit des Erblassers in ausländisches Recht, ist dies Gesamtverweisung iSv Art 4 I. Art 3 III (Einzelstatut) ist zu beachten.

27 Gem Art 3 II gehen Art 17 b I 2 2. Alt, 25 folgende **bilaterale Staatsverträge** vor:
– Im Verhältnis zum **Iran** gilt Art 8 III des deutsch-persischen Niederlassungsabkommens vom 17. 2. 29 (RGBl 1930 II S 1006; BGBl 1955 II S 829). Inhaltlich ergibt sich hieraus allerdings kein Unterschied zu Art 25 I, da auch hier an die Staatsangehörigkeit anzuknüpfen ist; es erübrigt sich lediglich die Gesamtverweisung und daher die Prüfung des iranischen Kollisionsrechts.
– Im Verhältnis zur **Türkei** ist § 14 der Anlage zu Art 20 des Konsularvertrages zwischen dem Deutschen Reich und der Türkischen Republik vom 28. 5. 29 (BGBl 1952 II, S 608) zu beachten. Diese Norm führt zur Nachlassspaltung: für unbeweglichen Nachlass gilt nach § 14 II das Recht des Lageortes. Für beweglichen Nachlass wird nach § 14 I an die Staatsangehörigkeit des Erblassers angeknüpft.
– Im Verhältnis zu **Russland, Kirgisistan, Kasachstan, Georgien, Armenien, Ukraine, Usbekistan, Weißrussland, Tadschikistan, Moldavien und Aserbeidschan** gilt Folgendes: Art 28 III des Konsularvertrages zwischen der Bundesrepublik Deutschland und der UdSSR vom 25. 4. 58 (BGBl 1959 II, S 233) knüpfte im Verhältnis der Vertragsstaaten zueinander für unbeweglichen Nachlass an den Lageort an. Dieser Konsularvertrag gilt im Verhältnis zu den genannten Nachfolgestaaten der UdSSR weiter. Für beweglichen Nachlass enthält der Konsularvertrag keine Regelung, so dass es insoweit bei Art 17 b I 2, 25 I verbleibt.

28 Kennt das nach Art 17 b I 2, 25 I berufene Heimatrecht des verstorbenen Lebenspartners keine registrierte Lebenspartnerschaft oder gibt es danach kein gesetzliches Erbrecht des Lebenspartners, schreibt Art 17 b I 2 aE die **ersatzweise Anwendbarkeit des Rechts des Registrierungsstaats** vor, bei Mehrfachregistrierung in verschiedenen Staaten des Staats der letzten Registrierung (III). Kennt das so berufene Recht des Registrierungsstaats ein gesetzliches Erbrecht des überlebenden Lebenspartners, geht dies insoweit dem im Übrigen weiter anwendbaren Heimatrecht vor; dabei ist die Kappungsregelung in IV zu beachten.

Art. 18 Unterhalt

(1) ¹Auf Unterhaltspflichten sind die Sachvorschriften des am jeweiligen gewöhnlichen Aufenthalt des Unterhaltsberechtigten geltenden Rechts anzuwenden. ²Kann der Berechtigte nach diesem Recht vom Verpflichteten keinen Unterhalt erhalten, so sind die Sachvorschriften des Rechts des Staates anzuwenden, dem sie gemeinsam angehören.
(2) Kann der Berechtigte nach dem gemäß Absatz 1 Satz 1 oder 2 anzuwendenden Recht vom Verpflichteten keinen Unterhalt erhalten, so ist deutsches Recht anzuwenden.
(3) Bei Unterhaltspflichten zwischen Verwandten in der Seitenlinie oder Verschwägerten kann der Verpflichtete dem Anspruch des Berechtigten entgegenhalten, daß nach den Sachvorschriften des Rechts des Staates, dem sie gemeinsam angehören, oder, mangels einer gemeinsamen Staatsangehörigkeit, des am gewöhnlichen Aufenthalt des Verpflichteten geltenden Rechts eine solche Pflicht nicht besteht.
(4) ¹Wenn eine Ehescheidung hier ausgesprochen oder anerkannt worden ist, so ist für die Unterhaltspflichten zwischen den geschiedenen Ehegatten und die Änderung von Entscheidungen über diese Pflichten das auf die Ehescheidung angewandte Recht maßgebend. ²Dies gilt auch im Fall einer Trennung ohne Auflösung des Ehebandes und im Fall einer für nichtig oder als ungültig erklärten Ehe.
(5) Deutsches Recht ist anzuwenden, wenn sowohl der Berechtigte als auch der Verpflichtete Deutsche sind und der Verpflichtete seinen gewöhnlichen Aufenthalt im Inland hat.
(6) Das auf eine Unterhaltspflicht anzuwendende Recht bestimmt insbesondere,
1. ob, in welchem Ausmaß und von wem der Berechtigte Unterhalt verlangen kann,
2. wer zur Einleitung des Unterhaltsverfahrens berechtigt ist und welche Fristen für die Einleitung gelten,
3. das Ausmaß der Erstattungspflicht des Unterhaltsverpflichteten, wenn eine öffentliche Aufgaben wahrnehmende Einrichtung den ihr nach dem Recht, dem sie untersteht, zustehenden Erstattungsanspruch für die Leistungen geltend macht, die sie dem Berechtigten erbracht hat.
(7) Bei der Bemessung des Unterhaltsbetrags sind die Bedürfnisse des Berechtigten und die wirtschaftlichen Verhältnisse des Unterhaltsverpflichteten zu berücksichtigen, selbst wenn das anzuwendende Recht etwas anderes bestimmt.

A. Unterhaltsstatut. I. Rechtsgrundlagen. 1. Kollisionsnormen. Der Vorschrift gehen gem Art 3 II 1 folgende völkerrechtliche Vereinbarungen vor: 1
– Im Verhältnis zum **Iran** ist für die Anknüpfung des Unterhaltsstatuts maßgeblich das deutsch-persische Niederlassungsabkommen vom 17. 2. 29 (RGBl 1930 II S 1006; BGBl 1955 II S 829), nach welchem bei gleicher Staatsangehörigkeit von Unterhaltsberechtigtem und Unterhaltsverpflichtetem allein an deren Staatsangehörigkeit angeknüpft wird (Art 8 III).
– Im Verhältnis zu **Belgien, Liechtenstein und Österreich** gilt, was Unterhalt für noch nicht 21-jährige Kinder betrifft, das Haager Übereinkommen über das auf Unterhaltsverpflichtungen ggü Kindern anzuwendende Recht vom 24. 10. 56 (BGBl 1961 II S 1013 – HKUA –). S dazu u. Rn 10.
– Mit einer größeren Zahl von Staaten ist für Deutschland am 1. 4. 87 in Kraft getreten das **Haager Über-** 2 **einkommen über das auf Unterhaltspflichten anzuwendende Recht** vom 2. 10. 73 (BGBl 1986 II S 837 – HUA –). Die in diesem Abkommen geregelten Anknüpfungspunkte sind inhaltlich identisch mit der innerstaatlichen Regelung, die am 1. 9. 86 mit der Neufassung von Art 18 in Kraft getreten war. Das HUA war zugleich mit dem Gesetz zur Neuregelung des internationalen Privatrechts, welches die Neufassung des EGBGB brachte, durch die Bundesrepublik ratifiziert worden; Art 18 ist inhaltsgleich mit dem HUA und hat daher staatsvertraglichen Charakter. Das HUA ist **loi uniforme**, dh es gilt für die Rechtsanwendung in Deutschland bei jedem Auslandsbezug unabhängig davon, ob Berührung zu einem Vertragsstaat oder einem Nichtvertragsstaat vorliegt (BGH FuR 01, 265). Es bedarf also nicht der Mühe zu prüfen, ob ein Vertragsstaat des HUA vorliegt oder nicht. Daher ist es trotz des an sich nach Art 3 II gegebenen Vorrangs des HUA für die Praxis zulässig, lediglich den Text des Art 18 heranzuziehen (Palandt/*Heldrich* Rn 2 mwN; aA Eschenbruch/*Dörner* Rn 6017 mwN). Bei Fragen zur Interpretation von Art 18 allerdings ist es geboten, die Vorschrift iS des HUA auszulegen. Im Folgenden werden die jeweils einschlägigen Regelungen nach ihrer Fundstelle in Art 18 zitiert und die entspr Norm des HUA in Klammern beigefügt.
Im Hinblick auf den staatsvertraglichen Charakter von Art 18 sind die dort geregelten Anknüpfungen **Sach-** 3 **normverweisungen**, nicht also Gesamtverweisungen iS von Art 4 I 1 EGBGB.
Bei Anwendung von Art 18 ist bezüglich aller Unterhaltsarten **ausnahmslos zunächst von V auszugehen**, 4 wonach deutsches Recht immer anzuwenden ist, wenn sowohl der Berechtigte als auch der Verpflichtete Deutsche sind und der Verpflichtete seinen gewöhnlichen Aufenthalt im Inland hat. Diese Regelung geht allen anderen Anknüpfungen in Art 18, insbes auch derjenigen zum Geschiedenenunterhalt in IV, vor (BGH FamRZ 91, 925). Sie beruht auf einem von der Bundesrepublik Deutschland gem Art 15 und 24 HUA erklärten Vorbehalt.

5 **2. Rechtswahl.** Zur Zulässigkeit einer von der gesetzlichen Anknüpfung abweichenden vertraglichen Vereinbarung einer bestimmten Rechtsordnung, die für die Vertragsparteien maßgeblich sein soll, enthält das HUA keine Regelung. Das Schweigen des Übereinkommens hierzu sowie der kollisionsrechtliche Grundsatz, dass Rechtswahl nur bei besonderer gesetzlicher Gestattung zulässig ist, zwingen zu dem Schluss, dass eine Rechtswahl zum Unterhaltsstatut nicht möglich und daher, wenn vorgenommen, **unwirksam** ist (Eschenbruch/*Dörner* Rn 6059 mwN). Die Möglichkeit von Vereinbarungen zum Unterhalt auf der Grundlage des nach Art 18 berufenen Rechts bleibt davon unberührt.

6 **II. Reichweite des Unterhaltsstatuts.** Der sachliche Anwendungsbereich umfasst **gesetzliche** Unterhaltspflichten, wobei es auf die Art der Unterhaltsgewährung (Barunterhalt, Betreuungsunterhalt, Sonderbedarf) nicht ankommt. Andersartige Unterhaltsersatzansprüche ausländischen Rechts fallen ebenfalls hierunter, so zB der Entschädigungsanspruch des geschiedenen Ehegatten nach Art 174 türkZGB (Stuttg FamRZ 93, 975). Auch die Morgengabe islamischen Rechts ist als Vereinbarung über die finanzielle Absicherung der Frau nach Scheidung unterhaltsrechtlich zu qualifizieren (KG FamRZ 88, 296 – str), ebenso die Ketubbah-Vereinbarung jüdischen Rechts (Ddorf FamRZ 02, 1118). Die gesetzliche Unterhaltspflicht muss sich aus Beziehungen der Familie, Verwandtschaft, Ehe oder Schwägerschaft ergeben einschl der Unterhaltspflicht ggü einem nichtehelichen Kind (Art 1 HUA) und der Verpflichtungen des Vaters ggü der Mutter eines außerhalb der Ehe geborenen Kindes. Nicht hierzu gehören evtl Unterhaltsansprüche aus nichtehelicher Lebensgemeinschaft (Palandt/ *Heldrich* Rn 15 mwN – str) oder aus deliktischem Handeln. Für die Eingetragene Lebenspartnerschaft gelten nach Art 17 a I 2 die allgemeinen Vorschriften – also Art 18 – entspr. Als Bestandteil der gesetzlichen Unterhaltspflicht bestimmen sich auch deren Geltendmachung vorbereitende Ansprüche und Gestaltungsrechte nach dem Unterhaltsstatut. Dies gilt insbes für Auskunftsansprüche (Eschenbruch/*Dörner* Rn 6039 mwN) und die Unterhaltsbestimmung nach § 1612 II BGB.

7 **Vertraglich** oder im Wege eines Schuldanerkenntnisses vereinbarte Verpflichtungen zur Leistung von Unterhalt, ohne dass ein gesetzlicher Unterhaltstatbestand zugrunde liegt, werden vom Unterhaltsstatut nicht erfasst. Beispiel: Vereinbarung der Pflege und Unterhaltsgewährung durch einen jüngeren Nichtverwandten ggü einem älteren Menschen iRe Erb- und Pflegevertrags; das Statut für die darin enthaltene schuldrechtliche Unterhaltsverpflichtung bestimmt sich aus Art 27 ff EGBGB (Vertragsstatut). Hiervon zu unterscheiden sind Vereinbarungen – auch der Unterhaltsverzicht –, welche lediglich die gesetzliche Unterhaltspflicht konkretisieren oder modifizieren. Diese unterfallen dem Unterhaltsstatut. Dasselbe gilt für gerichtliche Vergleiche solchen Inhalts (Eschenbruch/*Dörner* Rn 6024 f. mwN) sowie die Gläubigeranfechtung von Unterhaltsvereinbarungen (Schlesw OLGR 04, 226).

8 Der Anwendungsbereich des Unterhaltsstatuts umfasst auch die Frage der Verpflichtung zur Zahlung eines **Prozesskostenvorschusses**. Diese Qualifikation ist inzwischen hM (Palandt/*Heldrich* Rn 17 mwN). Besteht also im Einzelfall nach dem maßgebenden ausländischen Unterhaltsstatut keine Prozesskostenvorschusspflicht, kann diese auch nicht hilfsweise aus dem deutschen Recht hergeleitet werden.

9 Fraglich ist, ob die Zuweisung von **Ehewohnung und Hausrat** dem Unterhaltsstatut zuzuordnen ist. Im Verhältnis zum **Iran** ist auch insoweit vorrangig Art 8 III des deutsch-persischen Niederlassungsabkommens vom 17. 2. 29 (s dazu Art 17 a Rn 2). Ansonsten gab es bis zum 31. 12. 2001 weder auf staatsvertraglicher Ebene noch im innerstaatlich kodifizierten Recht spezielle Kollisionsnormen zur Wohnungszuweisung und Hausratsteilung. Eine allseits anerkannte Zuordnung zu einem bestimmten Statut hatte sich bislang nicht gebildet; die Frage war vielmehr äußerst str (s Art 17 a Rn 4). Seit dem 1. 1. 2002 ist **Art 17 a** spezielle Kollisionsnorm zum Zuweisungsstatut, **wenn Hausrat und Ehewohnung im Inland** belegen sind. Soweit sie sich im Ausland befinden, bleibt es bei der umstrittenen Rechtslage.

10 **III. Verwandtenunterhalt. 1. Kindesunterhalt.** Das lediglich im Verhältnis zu Belgien, Liechtenstein und Österreich noch geltende und nur auf noch nicht 21 Jahre alte Kinder anwendbare **HKUA** enthält inhaltlich dieselben Anknüpfungspunkte wie das HUA und Art 18 – mit einer einzigen Ausnahme: Art 18 I 2 (Art 5 HUA) – s.u. Rn 12 – findet dort keine entspr Regelung. Im Verhältnis zu Belgien, Liechtenstein und Österreich kommt daher bis auf die letztgenannte Ausnahme ebenfalls inhaltlich die Regelung in Art 18 zur Anwendung. Für „Kinder", die das 21. Lebensjahr vollendet haben oder zwar jünger, aber verheiratet sind, gilt die genannte Einschränkung nicht, da das HKUA auf diesen Personenkreis nicht anwendbar ist (Art 1 IV HKUA).

11 Bei der Anwendung von Art 18 ist stets zunächst von V auszugehen (s.o. Rn 4). Liegen dessen Voraussetzungen nicht vor, ist nach I 1 (Art 4 I HUA) anzuknüpfen: Maßgebend ist der **gewöhnliche Aufenthalt des Unterhaltsberechtigten**, hier also des Kindes. Auf den möglicherweise abweichenden Aufenthalt des gesetzlichen Vertreters kommt es nicht an. Bei Wechsel des gewöhnlichen Aufenthalts des Kindes tritt auch ein Statutenwechsel ein, die Anknüpfung in Art 18 I 1 (Art 4 I HUA) ist wandelbar (Art 4 II HUA).

12 Ergibt sich aus dem nach I 1 (Art 4 I HUA) berufenen Recht kein Unterhaltsanspruch, kann über **I 2** (Art 5 HUA), hilfsweise über II (Art 6 HUA) angeknüpft werden. Danach ist das **gemeinsame Heimatrecht** – dh Anknüpfung an die gemeinsame Staatsangehörigkeit – von Kind und Unterhaltsverpflichtetem berufen, wenn nach dem Aufenthaltsrecht kein Unterhalt verlangt werden kann (I 2 = Art 5 HUA). Ist auch nach dem

gemeinsamen Heimatrecht kein Unterhaltsanspruch gegeben, ist **deutsches Recht** anzuwenden (II = Art 6 HUA). Diese Normen sind allerdings nicht als Meistbegünstigungsklausel in dem Sinne zu verstehen, dass das deutsche Recht immer schon dann anzuwenden wäre, wenn das nach I 1 (Art 4 I HUA) berufene Sachrecht den Unterhaltsanspruch zwar der Sache nach kennt, wegen besonderer Umstände des konkreten Falles (zB eingeschränkte oder fehlende Leistungsfähigkeit des Verpflichteten) aber kein oder nur geringerer Unterhalt verlangt werden kann. I 2 (Art 5 HUA) und II (Art 6 HUA) sind nur dann anzuwenden, wenn das an sich berufene fremde Recht dem Anspruchsteller („Berechtigten") einen Unterhaltsanspruch überhaupt versagt; es muss also feststehen, dass nach dem fremden Recht aus der konkreten familienrechtlichen Beziehung zum Anspruchsgegner überhaupt keine Unterhaltsleistung verlangt werden kann (Oldbg NJW-RR 96, 1220; Hamm FamRZ 98, 25).

2. Sonstige Angehörige. Wie sich aus Art 1 HUA ergibt, ist das Abkommen – und damit **Art 18** – auf alle **13** Unterhaltspflichten anzuwenden, die sich aus Beziehungen der Familie, Verwandtschaft, Ehe oder Schwägerschaft ergeben, einschl der Unterhaltspflicht ggü einem nichtehelichen Kind. Es umfasst demnach iRe weiten Familienbegriffs alle denkbaren gesetzlichen Unterhaltspflichten auch zwischen Nichtverwandten, insbes auch die des Vaters eines außerhalb der Ehe geborenen Kindes ggü dessen Mutter. Kollisionsrechtlich problematisch ist das Aufeinandertreffen von Rechtsordnungen, die in dieser Hinsicht unterschiedlich die Verpflichtung zur Unterhaltsleistung regeln. So kennt das deutsche Recht keine Unterhaltspflicht zwischen Verschwägerten, Verwandten in der Seitenlinie und ggü Pflegekindern. Beinhaltet eine andere Rechtsordnung im Gegensatz dazu eine solche Unterhaltsverpflichtung, ist im Kollisionsfall zunächst das nach I 1 (Art 4 I HUA) berufene Recht zu ermitteln. Gewährt dieses dem Anspruchsteller als **Verwandten in der Seitenlinie oder Verschwägerten** einen Anspruch auf Unterhalt, kann der Antragsgegner nach III (Art 7 HUA) entgegenhalten, dass das gemeinsame Heimatrecht einen solchen Anspruch nicht kennt. Bei fehlender gemeinsamer Staatsangehörigkeit ist hierfür das Recht am Ort des gewöhnlichen Aufenthalts des Anspruchsgegners maßgebend. Dies ist im Weg der **Einrede** geltend zu machen, eine Prüfung von Amts wegen findet nicht statt (Eschenbruch/*Dörner* Rn 6099).

IV. Ehegattenunterhalt. 1. Getrenntlebensunterhalt. Das Haager Übereinkommen vom 24. 10. 56 **14** (HKUA) betrifft nur Kindesunterhalt, so dass zum Ehegattenunterhalt auch im Verhältnis zu Belgien, Liechtenstein und Österreich dasselbe gilt wie zu den übrigen Staaten. Demzufolge ist Art 18 (das HUA) uneingeschränkt entspr den o. Rn 10 ff zum Kindesunterhalt dargestellten Grundsätzen anzuwenden. Hier wie dort ist ausnahmslos zunächst V zu prüfen und nur, wenn dessen Voraussetzungen nicht gegeben sind, nach I und II (Art 4, 5, 6 HUA) vorzugehen. Grundsätzlicher **Anknüpfungspunkt** ist somit der **gewöhnliche Aufenthalt des anspruchstellenden Ehegatten**. Zur Vorfrage des Bestehens einer Ehe s.u. Rn 22.

2. Geschiedenenunterhalt. Auch für den Unterhalt nach Scheidung ist zunächst nach V anzuknüpfen. Bei **15** beiderseits deutschen Eheleuten und gewöhnlichem Aufenthalt des Verpflichteten in Deutschland ist also stets deutsches Recht berufen. In allen anderen Fällen erfolgt die Anknüpfung nur nach IV (Art 8 HUA); I und II (Art 4–6 HUA) gelten für den Unterhalt nach Scheidung nicht (BGH FamRZ 91, 925). Die **Anknüpfung erfolgt einzig danach, welche Rechtsordnung im konkreten Fall auf die Ehescheidung angewandt worden ist oder für die noch ausstehende Scheidung in Anwendung von Art 17 I anzuwenden wäre.**

Ein **Rückgriff auf deutsches Recht** ist auch dann **nicht möglich**, wenn die als Scheidungsstatut berufene **16** Rechtsordnung einen Geschiedenenunterhalt überhaupt nicht kennt. Ob dies im Einzelfall über den **ordre public** (Art 11 HUA, Art 6) korrigiert werden kann, ist beim Vorliegen außergewöhnlicher Härten zu erwägen. Dazu reicht allerdings nicht, dass das nach dem Scheidungsstatut maßgebliche Recht einem geschiedenen Ehegatten Unterhalt in weiteren Fällen versagt oder in geringerem Ausmaß zubilligt, als dies nach deutschem Recht der Fall ist. Vielmehr muss das an sich anzuwendende Recht auch für besondere Härtefälle keine dem deutschen Recht vergleichbare Anspruchsgrundlage bereithalten (BGH FamRZ 91, 925). Dies kommt vor allem dann in Betracht, wenn der anspruchstellende Ehegatte gemeinsame minderjährige Kinder betreut oder wegen schwerer Erkrankung nicht mehr in der Lage ist, selbst seinen Lebensunterhalt sicherzustellen (BGH aaO; Hamm FamRZ 99, 1162; Zweibr FamRZ 00, 32). Ob allerdings, wie das OLG Zweibrücken (aaO) meint, auch das ausländerrechtliche Verbot einer Erwerbstätigkeit in Deutschland zur Annahme eines solchen besonderen Härtefalls führen kann, ist zumindest dann fraglich, wenn der geschiedene Ehegatte durch Ausreise seine Erwerbsverhinderung beenden kann.

Bei Aufenthalt der geschiedenen Ehegatten in unterschiedlichen Ländern ist ggf eine Anpassung des nach **17** Art 18 V oder IV (Art 8 HUA) und dem daraus folgenden Unterhaltsstatut geschuldeten Euro-Unterhaltsbetrages erforderlich, wenn der Unterhaltsberechtigte durch Übersiedlung in ein billigeres Land seinen Bedarf mit geringerem Aufwand decken kann (BGH FamRZ 87, 682) – s dazu u Rn 21.

V. Höhe des Unterhalts. Wie sich aus VI Nr 1 (Art 10 Nr 1 HUA) ergibt, umfasst das nach I bis V berufene **18** Recht auch dessen „Ausmaß", also die **Höhe** des geschuldeten Unterhalts. Dies gilt zunächst unabhängig davon, ob die Parteien sich im selben oder in verschiedenen Staaten aufhalten. Soweit das berufene Sachrecht einen solchen Sachverhalt bei der Unterhaltsbemessung berücksichtigt, bleibt es auch insoweit bei der Maßgeblichkeit dieses Rechts. Dies gilt uneingeschränkt, wenn **deutsches Recht** berufen ist, da nach diesem die Höhe des Unterhalts sich grds nach den Umständen des Einzelfalls richtet, nicht an starre gesetzliche Vorgaben gebunden ist und Bedürftigkeit einerseits und Leistungsfähigkeit andererseits zwingende Maßstäbe sind.

19 Ist **ausländisches Recht** berufen, kann dort uU eine starre Regelung der Unterhaltshöhe anzutreffen sein. Für diesen Fall normiert VII (Art 11 II HUA) die zwingende **Berücksichtigung der Bedürfnisse des Berechtigten und der wirtschaftlichen Verhältnisse des Verpflichteten**, selbst wenn das berufene Recht etwas anderes bestimmt. Die Norm verdrängt – auf völkerrechtsvertraglicher Grundlage – die starre Regelung des an sich berufenen Rechts und ist selbst unmittelbar anzuwendende Sachnorm. Inhaltlich entspricht sie den Grundsätzen des deutschen Rechts zur Maßgeblichkeit von Bedürftigkeit und Leistungsfähigkeit, so dass diese dann in der Sache herangezogen werden können. Enthält das berufene ausländische Sachrecht keine starre Regelung zur Unterhaltshöhe, sondern lässt – was in den meisten Rechtsordnungen der Fall ist – ohne nähere Bestimmung den Umfang des Unterhalts abhängen von den Bedürfnissen des Berechtigten und den Erwerbs- und Vermögensmöglichkeiten des Verpflichteten, entspricht dies der ebenso allgemein gefassten Bestimmung in VII (Art 11 II HUA). Letztere hat dann keine besondere Bedeutung. Auch hier sind in diesen Fällen letztlich die Grundsätze des deutschen Rechts zur Maßgeblichkeit von Bedürftigkeit und Leistungsfähigkeit heranzuziehen.

20 Eine besondere Problematik ergibt sich in diesem Zusammenhang bei Aufenthalt des Verpflichteten in Deutschland und Aufenthalt des Unterhaltsberechtigten im Ausland, wenn zwischen Deutschland und dem Aufenthaltsland des Berechtigten ein **erhebliches wirtschaftliches Gefälle** besteht. Nach den voranstehend dargestellten Grundsätzen ist abzustellen auf die Bedürfnisse des Berechtigten und die Erwerbs- und Vermögensmöglichkeiten des Verpflichteten. Dies bedeutet bei im Vergleich zum Aufenthaltsstaat des Berechtigten höheren Einkommensverhältnissen des in Deutschland lebenden Verpflichteten zum einen den Anspruch des Berechtigten auf angemessene Teilhabe an dem gehobenen Lebensstandard des Verpflichteten (BGH FamRZ 87, 682), zum anderen aber auch die Notwendigkeit der Berücksichtigung von geringeren Lebenshaltungskosten, geringerem Lohnniveau und niedrigerem sozialen Gefüge im Aufenthaltsstaat des Berechtigten. Zur Ermittlung des hiernach angemessenen Bedarfs des Berechtigten ist nach der von der Rspr inzwischen überwiegend angewandten Methode (KG FamRZ 02, 1057; Kobl FamRZ 95, 1439; Nürnbg FamRZ 97, 1355) beim Kindesunterhalt wie folgt vorzugehen: Zunächst ist nach den Einkommensverhältnissen des Vaters der Unterhalt für ein in Deutschland lebendes gleichaltriges Kind aus der Unterhaltstabelle zu ermitteln. Hiervon ist sodann ein Abschlag vorzunehmen, dessen Höhe aus einem Vergleich der sog Verbrauchergeldparität mit dem Devisenkurs sowie der Berücksichtigung der allgemeinen wirtschaftlichen Verhältnisse im Aufenthaltsstaat als pauschaler Prozentsatz oder Bruchteil zu bestimmen ist. „Verbrauchergeldparität" bedeutet den vom statistischen Bundesamt veröffentlichten (Statistisches Bundesamt, Preise, Fachserie 17, Reihe 10, Int. Vergleich der Preise für die Lebensführung) Euro-Betrag, der erforderlich ist, um in Deutschland die gleiche Warenmenge zu kaufen, welche im Ausland für eine bestimmte dortige Geldeinheit aufzuwenden ist. Beim Ehegattenunterhalt ist dementspr zu verfahren. Neuere Rspr dazu: – zu **Russland** Kobl FamRZ 02, 56; Hamm FamRZ 03, 1855; Zweibr FamRZ 04, 729; – zur **Türkei** Zweibr FamRZ 04, 729; – zu **Polen** AG Leverkusen FamRZ 04, 727.

21 **VI. Vorfragen.** Für den Unterhaltsanspruch relevante Statusfragen sind vor allem die **Abstammung** und die **Wirksamkeit einer Ehe**. Nach allgemeinen kollisionsrechtlichen Grundsätzen sind solche Vorfragen, die vom eigentlichen Statut – hier dem Unterhaltsstatut – als Anknüpfungsgegenstand nicht abgedeckt werden, in der Regel selbstständig anzuknüpfen, was bedeutet, dass insoweit eine eigenständige kollisionsrechtliche Prüfung stattfinden muss (BGH FamRZ 81, 651). Von diesem Grundsatz gibt es jedoch Ausnahmen, wonach die Beurteilung der Vorfrage nach demselben Statut erfolgt, welches für den eigentlichen Anknüpfungsgegenstand gefunden wurde (unselbstständige Anknüpfung). Solche Ausnahmen sind abzuleiten aus dem Sinn bestimmter Kollisionsnormen, was insbes für Art 18 gilt. Für die Vorfragen des Bestehens einer gültigen Ehe und der Rechtsverbindlichkeit einer Abstammung ist nach inzwischen überwiegender Meinung unselbstständig, also nicht nach Art 13 bzw Art 19, 20, sondern nach dem aus Art 18 abzuleitenden Unterhaltsstatut anzuknüpfen (Eschenbruch/*Dörner* Rn 6054). Allerdings ist die Frage, ob die Ehe zwischenzeitlich aufgelöst wurde, selbstständig anzuknüpfen (*Hohloch* Internationales Scheidungs- und Scheidungsfolgenrecht Kap 1 Rn 145 mwN).

22 VI 6 Nr 2 (Art 10 Nr 2 HUA) regelt ausdrücklich die Anknüpfung der Vorfrage, wer „zur Einleitung des Unterhaltsverfahrens berechtigt" ist. Danach folgt dies unmittelbar dem Unterhaltsstatut, ist also nicht selbstständig anzuknüpfen. Hiervon umfasst ist die gesetzlichen **Vertretung des Kindes im Prozess** wie auch die Prozessstandschaft nach § 1629 II 2, III 1 BGB (BGH FamRZ 92, 426).

23 **VII. Unterhaltsrückgriff.** Leistet anstelle des eigentlichen Unterhaltsschuldners ein Dritter den Unterhalt, fragt sich, inwieweit dieser Dritte im Wege eines **Erstattungsanspruchs** auf den Unterhaltsverpflichteten zurückgreifen kann. Für den Fall, dass eine „**öffentliche Aufgaben** wahrnehmende **Einrichtung**" Unterhalt geleistet hat, differenziert VI Nr 3 (Art 9 und 10 Nr 3 HUA) zwischen der Grundlage für den Erstattungsanspruch oder den Forderungsübergang und dem Ausmaß, dh Grund und Höhe der Erstattungspflicht des

Unterhaltsschuldners. Als öffentliche Aufgaben wahrnehmende Einrichtungen iS dieser Regelung sind zu verstehen Unterhaltsersatz gewährende Behörden (Sozialamt, Jugendamt, Unterhaltsvorschusskasse) und privatrechtlich organisierte gemeinnützige öffentliche Einrichtungen (Krankenhaus, Suchtbetreuungseinrichtung). Nach VI Nr 3 ist für die **Grundlage** des Erstattungsanspruchs oder Forderungsübergangs das Recht maßgebend, dem die Einrichtung untersteht (Art 9 HUA). Hingegen folgt das für das **Ausmaß** der Erstattungspflicht maßgebliche Recht dem aus I bis V (Art 4 bis 8 HUA) abzuleitenden Unterhaltsstatut. Bei Bezug von Sozialhilfe durch eine in Deutschland lebende geschiedene Ehefrau richtet sich also der Forderungsübergang nach deutschem Sachrecht (§ 94 SGB XII), hingegen die Frage, ob und inwieweit der vormalige Ehemann Unterhalt zu zahlen hat, nach dem gem V bzw IV zu bestimmenden Recht.

VI Nr 3 (Art 9, 10 Nr 3 HUA) enthalten keine spezifische Regelung für den Fall, dass eine **Privatperson** an Stelle des Unterhaltsschuldners geleistet hat. Hier bestimmt sich auch die evtl Ersatzverpflichtung des Unterhaltsschuldners nach dem Unterhaltsstatut (Eschenbruch/*Dörner* Rn 6033 mwN). 24

VIII. Unterhaltsabänderung. Das sich aus I 1 (Art 4 I HUA) ergebende materielle Unterhaltsstatut ist **wandelbar**: Wenn der Unterhaltsberechtigte seinen gewöhnlichen Aufenthalt in ein anderes Land verlegt, ist vom Zeitpunkt des Aufenthaltswechsels an das innerstaatliche Recht des gewöhnlichen Aufenthalts anzuwenden (Art 4 II HUA). Dies gilt wegen der starren Anknüpfung in IV (Art 8 HUA) nicht für den Geschiedenenunterhalt. Die **Abänderung** eines bestehenden Unterhaltstitels erfolgt, auch wenn es sich um ein anzuerkennendes ausländisches Unterhaltsurteil handelt, **nach § 323 ZPO** (BGH FamRZ 83, 806). Das **Abänderungsstatut** – also die Frage, welche Rechtsordnung den Maßstab für die Abänderung ergibt – entspricht dem Unterhaltsstatut (vgl Art 18 IV/Art 8 I HUA: „und die Änderungen"). Demnach richtet sich nach einem Statutenwechsel die Abänderung nach dem aktuellen Unterhaltsstatut (Köln FamRZ 05, 534). 25

B. Verfahrensrecht. Die Regelung zur **internationalen Zuständigkeit für Unterhaltsverfahren** – unabhängig davon, ob das Verfahren als Folgesache oder isoliert betrieben wird –, einschl von Verfahren zur einstweiligen Anordnung (§§ 620, 644 ZPO) sowie des Vereinfachten Verfahrens nach §§ 645 ff ZPO ergibt sich aus einem **gestuften System supranationaler Rechtsquellen** und nachrangig aus dem autonomen Recht. Einschlägige Rechtsgrundlagen sind in dieser Reihenfolge:
VO (EG) Nr 44/2001 („Brüssel I") – Art 2 und 5, – EuGVÜ – Art 2 und 5, – LugÜ – Art 2 und 5, – Autonomes Recht.
Dieses gestufte System erfordert für jedes Unterhaltsverfahren die vorrangige Prüfung, ob das konkrete Verfahren in den Anwendungsbereich der VO (EG) Nr. 44/2001 fällt. Ist dies nicht der Fall, ist der Anwendungsbereich des EuGVÜ zu prüfen. Trifft auch dieser nicht zu, kommt das LugÜ in Betracht. Nur wenn auch dessen Anwendungsbereich nicht greift, ist auf das autonome Recht zurückzugreifen. S dazu im Einzelnen KKFamR/*Rausch* Art 18 EGBGB Rn 26 ff. 26

Zur Frage der **Anerkennung von ausländischen Unterhaltstiteln** ist vorrangig das HUVollstrÜ 1973 (BGBl 1986 II S 826) heranzuziehen. Danach ist unter den Vertragsstaaten grds jede Unterhaltsentscheidung aus einem anderen Vertragsstaat anzuerkennen. Als weitere supranationale Regelwerke kommen die VO (EG) Nr. 44/2001 („Brüssel I"), das EuGVÜ und das LugÜ, welche auch für die Anerkennung von Unterhaltsentscheidungen gelten, sowie weitere völkerrechtliche Vereinbarungen in Betracht. S dazu im Einzelnen KKFamR/*Rausch* Art 18 EGBGB Rn 31 ff. 27

Art. 19 Abstammung

(1) ¹Die Abstammung eines Kindes unterliegt dem Recht des Staates, in dem das Kind seinen gewöhnlichen Aufenthalt hat. ²Sie kann im Verhältnis zu jedem Elternteil auch nach dem Recht des Staates bestimmt werden, dem dieser Elternteil angehört. ³Ist die Mutter verheiratet, so kann die Abstammung ferner nach dem Recht bestimmt werden, dem die allgemeinen Wirkungen ihrer Ehe bei der Geburt nach Artikel 14 Abs. 1 unterliegen; ist die Ehe vorher durch Tod aufgelöst worden, so ist der Zeitpunkt der Auflösung maßgebend.
(2) Sind die Eltern nicht miteinander verheiratet, so unterliegen Verpflichtungen des Vaters gegenüber der Mutter auf Grund der Schwangerschaft dem Recht des Staates, in dem die Mutter ihren gewöhnlichen Aufenthalt hat.

A. Geltungsbereich. Die Vorschrift ist mit der Kindschaftsrechtsreform am 1. 7. 98 in Kraft getreten. Sie regelt die kollisionsrechtliche Frage des rechtlichen Feststehens der **Abstammung von Mutter und Vater** und gilt dabei – in Abkehr von der früheren Rechtslage – **einheitlich für innerhalb wie für außerhalb einer Ehe geborene Kinder.** In Übereinstimmung mit dem reformierten Sachrecht kennt sie den Begriff der „Ehelichkeit" nicht, sondern betrifft ausschl die Frage, wer Mutter und Vater eines Kindes sind. Soweit fremdes Recht in Betracht kommt und dieses noch den Unterschied zwischen ehelichen und nichtehelichen Kindern kennt, ist bei der Anwendung von Art 19 „Ehelichkeit" iS eines solchen Rechts als Abstammung von dem in Betracht kommenden Mann zu verstehen. Art 19 hat die Feststellung des Bestehens von Abstammung im Rechtssinne zum Gegenstand, während Art 20 deren Beseitigung durch Anfechtung regelt. 1

2   Ggü I vorrangige völkerrechtliche Vereinbarung ist das deutsch-persische Niederlassungsabkommen vom 17. 2. 29 (RGBl 1930 II S 1006; BGBl 1955 II S 829), welches im Verhältnis zum **Iran** zu beachten ist. Nach dessen Art 8 III erfolgt die Anknüpfung des Abstammungsstatuts an die iranische Staatsangehörigkeit des Kindes, falls dieses nicht auch Deutscher ist. Weitere supranationale Regelungen gibt es lediglich zu begrenzten Teilbereichen: Das Römische CIEC-Übereinkommen über die Erweiterung der Zuständigkeit der Behörden, vor denen nichteheliche Kinder anerkannt werden können, vom 14. 9. 61 (BGBl 1965 II S 19) betrifft Adressat und Form der Erklärung von Vaterschaftsanerkenntnissen. Das Brüsseler CIEC-Übereinkommen über die Feststellung der mütterlichen Abstammung nichtehelicher Kinder vom 12. 9. 62 (BGBl 1965 II S 23) enthält Erleichterungen zum Nachweis und zur Anerkennung der Mutterschaft. Beide Übereinkommen betreffen nur außerhalb einer Ehe geborene Kinder.

3   Art 19 II wird weitgehend verdrängt durch die vorrangigen Regelungen zum Unterhaltsstatut in Art 18, die staatsvertraglichen Charakter haben (vgl Art 18 Rn 2). Das Unterhaltsstatut geht insoweit vor, als es um Verpflichtungen des Vaters zur Leistung von **Unterhalt** an die Mutter eines außerhalb einer Ehe geborenen Kindes geht (Staud/*Henrich* (2002) Rn 101 mwN), iSd deutschen Rechts also Ansprüche aus § 1615 l I 1, II und III EGBGB. Nicht unterhaltsrechtlich zu qualifizieren und damit Art 19 II zuzuordnen sind Ansprüche aus Tot- und Fehlgeburt sowie bei Tod der Mutter infolge der Schwangerschaft oder der Entbindung – im deutschen Recht §§ 1615 m und 1615 n BGB – sowie die Verpflichtung zur Erstattung der Kosten, die infolge der Schwangerschaft oder der Entbindung entstehen – im deutschen Recht § 1615 l I 2 BGB. Im insoweit verbleibenden Anwendungsbereich von II ist Anknüpfungspunkt der gewöhnliche Aufenthalt der Kindesmutter.

4   **B. Geburt des Kindes seit dem 1. 7. 98. I. Anknüpfung.** Da für die Beurteilung der Abstammung eines Kindes grds auf den Zeitpunkt der Geburt abzustellen ist (BGH FamRZ 87, 583), kommt Art 19 in seiner heutigen Fassung uneingeschränkt nur für seit dessen Inkrafttreten (1. 7. 98) geborene Kinder zur Anwendung. Für davor Geborene ergibt sich aus Art 224 § 1 I nicht nur in sachrechtlicher, sondern auch in kollisionsrechtlicher Hinsicht (Hamm FamRZ 05, 291 mwN) die grundsätzliche Anwendbarkeit des früheren Rechts – dazu u. Rn 18 ff.

5   Art 19 I enthält insgesamt vier untereinander **gleichwertige Alternativen** zur Bestimmung des Abstammungsstatuts. **Grundsatzanknüpfung** ist I 1: Danach ist allein abzustellen auf den **gewöhnlichen Aufenthalt des Kindes**. Diese Anknüpfung ist **wandelbar**, dh maßgebend ist der jeweilige Zeitpunkt, in welchem die Abstammung festgestellt werden soll. Der Zeitpunkt der Geburt kommt zwar in Betracht, bei späterem Aufenthaltswechsel des Kindes und danach erst erfolgender Klärung der Abstammung wird jedoch in die Rechtsordnung des neuen Aufenthalts verwiesen.

6   Weitere Anknüpfungen ergeben sich aus I 2 und 3. Nach **I 2** kann die Abstammung von der Mutter nach deren Heimatrecht, die Abstammung vom Vater nach dessen Heimatrecht bestimmt werden; Anknüpfungspunkt ist die **Staatsangehörigkeit des jeweiligen Elternteils**. Hierbei sind die Besonderheiten zu beachten, welche sich für Staatenlose, Flüchtlinge, anerkannte Asylberechtigte, Volksdeutsche, Aussiedler und Spätaussiedler ergeben (s dazu KKFamR/*Rausch* Art 5 EGBGB Rn 2–4). Besitzt der Elternteil mehrere Staatsangehörigkeiten, ist die Vorrangregelung des Art 5 I 1 und 2 zu beachten. Das Statut nach 2 ist **wandelbar**, dh nach einem Staatsangehörigkeitswechsel des Elternteils ist bei danach erfolgender Abstammungsfeststellung an die neue Staatsangehörigkeit anzuknüpfen.

7   Daneben ist nach I 3 die Feststellung der Abstammung eines von einer verheirateten Frau geborenen Kindes sowohl im Verhältnis zur Mutter als auch im Verhältnis zum Vater zusätzlich über das **gesetzliche Ehewirkungsstatut** des Art 14 I als Anknüpfungsinstrument möglich. Diese Vorschrift ist dabei modifiziert zu lesen, da sie **unwandelbar** auf den **Zeitpunkt der Geburt des Kindes** zu beziehen ist. War der Ehemann vorher verstorben, ist der Zeitpunkt seines Todes maßgebend (S 3 2. Hs). Für die in der Stufenleiter des Art 14 I Nr 1–3 bereitgestellten Anknüpfungspunkte bedeutet das eine teilweise eingeschränkte Anwendbarkeit: Art 14 I Nr 1 ist nur dann maßgebend, wenn bei der Geburt des Kindes (Tod des Ehemannes) beide Ehegatten dieselbe Staatsangehörigkeit besitzen. Auch hierbei sind die Besonderheiten zu beachten, welche sich für Staatenlose, Flüchtlinge, anerkannte Asylberechtigte, Volksdeutsche, Aussiedler und Spätaussiedler ergeben. Haben die Ehegatten eine gemeinsame Staatsangehörigkeit, besitzt jedoch einer von ihnen (oder beide) eine weitere Staatsangehörigkeit, ist ebenfalls die Vorrangregelung des Art 5 I 1 und 2 zu beachten. Bei Art 14 I Nr 2 ist für deren zweite Alternative zu beachten, dass „zuletzt" der Zeitpunkt der Geburt des Kindes (Zeitpunkt des Todes des Ehemanns) ist. Ansonsten ist nach Art 14 I Nr 3 unter Würdigung der zum Zeitpunkt der Geburt gegebenen Umstände auf die engste Verbindung beider Ehegatten zu einem Staat abzustellen (s Art 14 Rn 17).

8   IRd Anknüpfung über das gesetzliche Ehewirkungsstatut nach I 3 iVm 14 I kann sich die Frage der **Wirksamkeit der mütterlichen Ehe** ergeben. Diese Vorfrage ist **selbstständig anzuknüpfen** (vgl BGH FamRZ 81, 651), dh zur materiellen Wirksamkeit nach Art 13 I, zur Formwirksamkeit nach Art 13 III und II I.

9   Zur Konkurrenz der alternativen Anknüpfungen gilt das **Günstigkeitsprinzip**. Im Interesse weitestgehender Verhinderung ungeklärter Abstammung ist im Einzelfall die beliebige Heranziehung derjenigen Alternative möglich, die zur positiven Feststellung einer Abstammung führt. Grundsatz- und Zusatzanknüpfungen sind insoweit **gleichwertige** Alternativen (BayObLG FamRZ 02, 686 mwN; Frankf FamRZ 02, 688; Schlesw FamRZ 03, 781).

Das dem Günstigkeitsprinzip zugrunde liegende Ziel, dem Kind nach Möglichkeit zur Feststellung einer Abstammung zu verhelfen, hat einen weiteren Aspekt: Bei Anwendung der Anknüpfungen in I 1, 2 und 3 ist bei Verweis in fremdes Recht dieser zwar grds als Gesamtverweisung iS von Art 4 I 1 anzusehen, jedoch mit Hinblick auf dessen 2. Hs **im Einzelfall zu prüfen, ob die** im verwiesenen Kollisionsrecht anzutreffende **Annahme, Rück- oder Weiterverweisung zu einer positiven Feststellung der Abstammung führt** (MüKo/ *Klinkhardt* Rn 20). Dies erfordert in jedem solchen Falle auch die Ermittlung und Prüfung des Sachrechts der nach Art 19 I 2 oder 3 verwiesenen Rechtsordnung. Ist danach die Abstammung zu klären, ist eine evtl Rück- oder Weiterverweisung durch das Kollisionsrecht des betreffenden Staats nicht zu beachten (Nürnbg FuR 05, 470). 10

Da die Abstammung nach jeder der Alternativen in I 1 bis 3 positiv festgestellt werden kann, ist es im Einzelfall möglich, dass in konsequenter Anwendung des Günstigkeitsprinzips auf der Grundlage unterschiedlicher Sachrechte **zwei (oder mehrere) Väter** festzustellen wären. Zur Vermeidung dieses widersinnigen Ergebnisses ist zunächst zu prüfen, ob bereits eine positive Feststellung der Vaterschaft durch gerichtliche Entscheidung erfolgt ist. Zutreffendenfalls verdrängt diese das sonst zusätzlich in Betracht kommende Recht (Palandt/*Heldrich* Rn 6). Liegt eine gerichtliche Feststellung der Vaterschaft nicht vor, muss diese aber nunmehr im Wege der Anerkennung, im Kindschaftsprozess oder iR anderer Zusammenhänge geklärt werden, ist auch für die Frage, welcher der mehreren in Betracht kommenden Väter den Vorrang hat und somit alleine Vater ist, vom Günstigkeitsprinzip auszugehen: 11

Hierzu wird überwiegend vertreten, dass der früher eintretenden Vaterschaft ggü der späteren der Vorzug zu geben ist (BayObLG FamRZ 02, 686; Frankf FamRZ 02, 688; Erman/*Hohloch* Rn 17; MüKo/*Klinkhardt* Rn 14) – **Prioritätsprinzip**. Das Prioritätsprinzip versagt jedoch dann, wenn sich bereits bei der Geburt mehrere Väter aus alternativen Anknüpfungen ergeben. Dies ist beispielsweise der Fall, wenn nach einer Alternative der (bisherige) Ehemann als Vater feststeht, hingegen nach einer anderen ein Dritter, der das Kind bereits vor der Geburt anerkannt hat (vgl § 1594 IV BGB). Hier kann nur die wahrscheinlichere Vaterschaft die für das Kind günstigere sein (**Vaterschaftswahrheit**). Das BayObLG scheint der Auffassung zu sein, dass die Vaterschaft des vor der Geburt Anerkennenden die wahrscheinlichere ist (BayObLG FamRZ 02, 686). Ob dies als generelle Vermutung überzeugt, ist fraglich und daher nicht geeignet, als hinreichend objektiver Maßstab zu gelten. Bei solcher Fallkonstellation kann daher nur einzelfallbezogen entschieden werden. Richtigerweise dürfte in Konsequenz des Günstigkeitsprinzips dem die Feststellung betreibenden Kind – bei Minderjährigkeit dem gesetzlichen Vertreter – das Recht zur Wahl der maßgebenden Rechtsordnung überlassen bleiben (ähnlich Palandt/*Heldrich* Rn 6). Sofern das Abstammungsstatut in anderen Zusammenhängen (zB bei erbrechtlichen Fragestellungen) relevant ist, dürfte bei bislang nicht betriebener Klärung darauf abzustellen sein, welche Vaterschaft aus Sicht der **Interessenlage des Kindes** Vorrang hat. 12

II. Mutterschaft. Die kollisionsrechtliche Regelung zur Feststellung der Mutterschaft ergibt sich uneingeschränkt aus Art 19 I mit den oben aufgezeigten Alternativen und Prinzipien. Das Brüsseler CIEC-Übereinkommen vom 12. 9. 62 (BGBl 1965 II 23) enthält zwar Regelungen zum Nachweis und zur Anerkennung der Mutterschaft. Bei diesen handelt es sich jedoch nicht um Kollisionsrecht, sondern lediglich um materielles und formelles Sachrecht. Für die Rechtsanwendung in der Bundesrepublik Deutschland ist das Übereinkommen letztlich ohne praktische Bedeutung: Die im Übereinkommen vorgesehene Möglichkeit, die Anerkennung der Mutterschaft bei auf fremdem Recht beruhender Notwendigkeit vor der zuständigen Behörde jedes Vertragsstaats erklären zu können, ist durch § 29 b PStG innerstaatlich umgesetzt. 13

III. Vaterschaft. Für die Anknüpfung der ex-lege-Vaterschaft des Ehemannes der Mutter gelten die oben dargestellten Grundsätze. Die Vaterschaft hinsichtlich des **von einer nicht verheirateten Mutter geborenen Kindes** sowie des Kindes einer verheirateten Mutter, bezüglich dessen die Nichtabstammung vom Ehemann der Mutter festgestellt ist, kann sich aus gerichtlicher Feststellung oder aus Anerkennung ergeben. Bei **gerichtlicher Feststellung** bestimmt sich das anwendbare materielle Recht nach den vorstehend dargelegten Anknüpfungen in Art 19 I. Die **internationale Zuständigkeit** richtet sich mangels vorgehender supranationaler Regelungen nach § 640 a II ZPO iVm § 640 II Nr 1 ZPO. Danach reicht es aus, wenn eine der Parteien Deutscher ist (Nr 1) oder ihren gewöhnlichen Aufenthalt im Inland hat (Nr 2). Für Verfahren nach dem Tode des Kindes oder des Vaters (§ 1600 e III BGB) gilt § 35 b iVm § 64 III 2 FGG. 14

Zur **Anerkennung einer ausländischen Feststellungsentscheidung** bestehen bilaterale Abkommen mit Belgien, Griechenland, Italien, der Schweiz und Spanien (Böhmer/Finger IntFamR 8.5.1, 8.5.2, 8.5.3, 8.5.6, 8.5.11). Diese enthalten übereinstimmend die grundsätzliche Anerkennungspflicht mit jeweils unterschiedlichen Einschränkungen. Soweit solche Einschränkungen weiter gehen als das autonome Anerkennungsrecht, kann auf Letzteres zurückgegriffen werden, wenn dieses sich im Vergleich zum Abkommensrecht nach Lage des Falles als anerkennungsfreudiger erweist (BGH FamRZ 87, 580). Im Übrigen gilt für die Anerkennung § 328 I Nr 1 bis 4 ZPO, wenn eine im kontradiktorischen Verfahren ergangene Entscheidung vorliegt; auf eine im Verfahren der freiwilligen Gerichtsbarkeit ergangene Entscheidung ist § 16 a Nr 1 bis 4 FGG anzuwenden. Beide Normen sind hierzu inhaltsgleich: Soweit § 328 I Nr 5 ZPO als zusätzliche Voraussetzung Verbürgung der Gegenseitigkeit vorschreibt, ist dies auf Kindschaftssachen nicht anwendbar (§ 328 II ZPO). 15

16 Auch die Zulässigkeit sowie die sonstigen materiellen Wirksamkeitsvoraussetzungen einer **Vaterschaftsanerkennung** bestimmen sich nach den in I geregelten Alternativen. Kollisionsnorm zum selbstständig anzuknüpfenden **Formstatut** ist in seinem Anwendungsbereich vorrangig Art 4 des Römischen CIEC-Übereinkommens über die Erweiterung der Zuständigkeit der Behörden, vor denen nichteheliche Kinder anerkannt werden können, vom 14. 9. 61 (BGBl 1965 II S 19). Danach kann jeder Staatsangehörige eines Vertragsstaats in jedem beliebigen Vertragsstaat die Anerkennungserklärung in der Form öffentlich beurkunden lassen, die das **Ortsrecht** vorschreibt. Dies ist in allen anderen Vertragsstaaten anzuerkennen. Nach Art 5 des Übereinkommens bedürfen Ausfertigungen oder Auszüge aus behördlichen Urkunden über Anerkennungserklärungen im Verhältnis der Vertragsstaaten untereinander keiner Legalisation. Bei Beurkundung in einem nicht zu den Vertragsstaaten des Römischen CIEC-Übereinkommens gehörenden Staat sowie für die Anerkennungserklärung des Angehörigen eines Drittstaats gilt **Art 11 I EGBGB**. Hierbei stellt sich die Frage, ob bei Anwendbarkeit deutschen materiellen Sachrechts die in § 1597 I BGB vorgeschriebene öffentliche Beurkundung als reine Formvorschrift zu qualifizieren oder wegen der Tragweite der Anerkennungserklärung auch materiell-rechtliche Voraussetzung ist. Wäre Letzteres der Fall, würde die im Ausland erfolgte Beurkundung nur bei Gleichwertigkeit der Urkundsperson anzuerkennen sein, was zB für den US-amerikanischen „notary public" zu verneinen ist. Nach überwiegender Meinung (Stuttg FamRZ 90, 559; Hamm StAZ 1991, 193; Staud/*Kropholler* Art 20 nF Rn 56) ist mit Recht anzunehmen, dass die Vorschrift lediglich Formcharakter hat – ansonsten werden der kollisionsrechtliche Grundsatz der selbstständigen Anknüpfung zur Form sowie das dem Kindesinteresse dienende Günstigkeitsprinzip durch unnötige Formstrenge konterkariert. Die Wahrung der nach Art 11 I EGBGB alternativ zulässigen **Ortsform** ist daher ausreichend.

17 Bei Anerkennung auf der Grundlage einer anderen Rechtsordnung als dem Heimatrecht des Kindes ist zusätzlich **Art 23** zu beachten. Danach unterliegen die Notwendigkeit und die Erteilung einer Zustimmungserklärung des Kindes sowie einer Person, zu der das Kind in einem familienrechtlichen Verhältnis steht, kumulativ dem Heimatrecht des Kindes (Zusatzanknüpfung). Falls es zum Wohle des Kindes aus besonderen Gründen erforderlich ist, bestimmt sich dies gem Art 23 S. 2 EGBGB nach deutschem Sachrecht (dazu Frankf FamRZ 97, 241).

18 **C. Geburt des Kindes im Zeitraum 1. 9. 86 bis 30. 6. 98.** Bis zum Inkrafttreten der Kindschaftsrechtsreform (1. 7. 98) war auch kollisionsrechtlich zwischen ehelichen und nichtehelichen Kindern zu unterscheiden: Art 19 I idF des Gesetzes zur Neuregelung des Internationalen Privatrechts vom 25. 7. 86 regelte die eheliche Kindschaft, Art 20 I dieser Fassung die nichteheliche Kindschaft. Diese Normen sind inhaltlich nicht deckungsgleich mit der heutigen Regelung in Art 19 I; sie galten seit dem 1. 9. 86. Bis zum 31. 8. 86 fand sich – davon wieder abweichend – die Normierung des Abstammungsstatuts in Art 18 aF. Da für die Beurteilung der Abstammung eines Kindes grds auf den Zeitpunkt der Geburt abzustellen ist (BGH FamRZ 87, 583), muss für vor dem 1. 7. 98 geborene Kinder in jedem Einzelfall **intertemporal** geprüft werden, inwieweit neues oder altes Recht zur Anwendung kommt. Übergangsregelung dazu ist sowohl in sachrechtlicher als auch in kollisionsrechtlicher Hinsicht (Hamm FamRZ 05, 291 mwN) **Art 224 § 1 I**. Soweit die Geburt des Kindes vor dem 1. 9. 86 liegt, ist darüber hinaus Art 220 I heranzuziehen – s dazu u. Rn 22 f.

19 Nach Art 224 § 1 I richtet sich die Abstammung eines vor dem 1. 7. 98 geborenen Kindes nach den bisherigen Vorschriften, kollisionsrechtlich also nach Art 19 I und 20 I in der vom 1. 9. 86 bis zum 30. 6. 98 maßgeblichen Fassung. Dies gilt allerdings nur für bis zum 30. 6. 98 geklärte Abstammungsverhältnisse. Wenn die Vaterschaft für ein vor dem 1. 7. 98 außerhalb einer Ehe geborenes Kind bis dahin nicht anerkannt oder festgestellt war, ist neues Recht – dh Art 19 I heutiger Fassung – anzuwenden (BayObLG FamRZ 00, 699).

20 Das vom 1. 9. 86 bis zum 30. 6. 98 geltende Kollisionsrecht knüpfte die eheliche Kindschaft grds über das gesetzliche Ehewirkungsstatut – Art 14 I – der Mutter an (Art 19 I 1 damaliger Fassung). Alternativ möglich war bei gemischt-nationaler Ehe die Anknüpfung an die jeweilige Staatsangehörigkeit der Ehegatten (S 2, 3). Hierbei galt das Günstigkeitsprinzip. Die nichteheliche Kindschaft wurde grds an die Staatsangehörigkeit der Mutter angeknüpft (Art 20 I 1 damaliger Fassung). Alternativ möglich waren Anknüpfungen an die Staatsangehörigkeit des Vaters wie auch an den gewöhnlichen Aufenthalt des Kindes (S 3). Auch hier galt das Günstigkeitsprinzip.

21 Für Kinder, die vor dem 3. 10. 90 im Gebiet der ehemaligen **DDR** geboren wurden, gilt übergangsrechtlich **Art 234 § 7**. Danach haben vor dem Beitritt getroffene Regelungen zur Ehelichkeitsanfechtung und Vaterschaftsanerkennung Fortgeltung. Für nach dem Beitritt betriebene Verfahren oder Maßnahmen dieser Art gilt jedoch das bundesdeutsche Recht (BGH FamRZ 97, 876).

22 **D. Geburt des Kindes vor dem 1. 9. 86.** Bis zum 1. 9. 86 wurde zur Anknüpfung des Abstammungsstatuts unwandelbar auf den Zeitpunkt der Geburt abgestellt. Nach der mit dem Gesetz zur Neuregelung des internationalen Privatrechts vom 25. 7. 86 normierten Übergangsregelung in Art 220 I bleibt das alte Recht für vor dem 1. 9. 86 abgeschlossene Vorgänge weiterhin maßgeblich. Deshalb **beurteilt sich die Abstammung vor dem 1. 9. 86 geborener Kinder nach altem Recht** (BGH FamRZ 94, 1027).

23 Das **vor dem 1. 9. 86 geltende Recht** zum Abstammungsstatut war nur zum Teil kodifiziert und unterschied zwischen ehelicher und nichtehelicher Abstammung:

- Zur ehelichen Abstammung war gem Art 18 I aF an die Staatsangehörigkeit des Ehemannes der Mutter anzuknüpfen. Dies wurde für verfassungsrechtlich unbedenklich erachtet (BGH FamRZ 86, 984).
- Die nichteheliche Abstammung von der Mutter wurde an deren Staatsangehörigkeit angeknüpft (BayObLG FamRZ 83, 948). Die Abstammung vom Vater folgte dem Unterhaltsstatut, wenn das danach maßgebliche Recht eine mit Statuswirkung verbundene Feststellung der Vaterschaft als Voraussetzung für die Unterhaltspflicht vorsah (BGH FamRZ 79, 793). Ansonsten war – wandelbar – an die Staatsangehörigkeit des Vaters anzuknüpfen (BGH FamRZ 86, 665).

Art. 20 Anfechtung der Abstammung

¹Die Abstammung kann nach jedem Recht angefochten werden, aus dem sich ihre Voraussetzungen ergeben. ²Das Kind kann die Abstammung in jedem Fall nach dem Recht des Staates anfechten, in dem es seinen gewöhnlichen Aufenthalt hat.

A. Anfechtungsstatut. Die Vorschrift ist mit der Kindschaftsrechtsreform am 1.7.98 in Kraft getreten. Sie regelt die kollisionsrechtliche Frage des auf die Anfechtung der Abstammung anwendbaren Rechts. Dies umfasst die **Anfechtung der Abstammung von Mutter und Vater**, die Art der Geltendmachung, die Anfechtungsberechtigung, die Anfechtungsgründe und die Anfechtungsfrist. Entspr dem reformierten Sachrecht wird dabei **nicht zwischen „ehelicher" und „nichtehelicher" Abstammung unterschieden**. Soweit allerdings das auf die Anfechtung anwendbare Recht eine solche Unterscheidung noch kennt, ist dem zu folgen und die Vorfrage der Ehelichkeit nach diesem Recht festzustellen. 1

Die Norm enthält mehrere **Alternativen** zur Anknüpfung, die untereinander **gleichwertig** sind. Dem Anfechtungsberechtigten, insbes dem Kind, sollen im Interesse der Abstammungswahrheit alle Anfechtungsmöglichkeiten zur Verfügung stehen, die sich aus den in Betracht kommenden Rechtsordnungen ergeben. Ein die Anfechtung einschränkendes Statut hat daher keinen Vorrang ggü anderen alternativ berufenen Statuten, die die Anfechtung erleichtert zulassen (Karlsr FamRZ 00, 107). Zum evtl ordre-public-Verstoß bei Ausschluss der Anfechtung durch das berufene Recht s KKFamR/*Rausch* Art 6 EGBGB Rn 9, 10. 2

Anzuknüpfen ist nach S 1 im Gleichlauf zu den in Art 19 I 1 bis 3 für die Bestimmung des **Abstammungsstatuts** zur Verfügung stehenden Anknüpfungen. Hier kann jede Alternative gewählt werden, ohne dass es darauf ankommt, nach welcher im konkreten Fall die Abstammung tatsächlich festgestellt worden ist. Nach S 2 kann zusätzlich und ohne weitere Voraussetzungen an den **gewöhnlichen Aufenthalt des Kindes** angeknüpft werden. Dies gilt gerade auch dann, wenn sich aus dem nach Art 19 I 1 für die Abstammung berufenen Recht des Aufenthaltsstaats keine Abstammung ergibt (*Henrich* FamRZ 98, 1401). Die Anknüpfung ist **wandelbar**, dh, nach einem Aufenthaltswechsel des Kindes ist bei danach erfolgender Anfechtung an den neuen Aufenthalt anzuknüpfen. 3

Die in S 1 und 2 zur Verfügung gestellten Anknüpfungen sind grds **Gesamtverweisungen** iS von Art 4 I 1. Jedoch ist im Hinblick auf das gesetzgeberische Ziel, die Anfechtung iRd in Betracht kommenden Rechtsordnungen weitgehend zu ermöglichen, im Einzelfall gem Art 4 I 1 2. Hs **zu prüfen, ob die** im verwiesenen Kollisionsrecht anzutreffende **Annahme, Rück- oder Weiterverweisung zur Ermöglichung der Anfechtung führt**. Dies erfordert in jedem solchen Falle auch die Ermittlung und Prüfung des Sachrechts der nach S 1 oder 2 verwiesenen Rechtsordnung. Ist danach die Anfechtung möglich, ist eine evtl Rück- oder Weiterverweisung durch das Kollisionsrecht des betreffenden Staats nicht zu beachten (vgl Nürnbg FuR 05, 470; Erman/*Hohloch* Rn 4). 4

Die Anfechtung der Abstammung – früher: Anfechtung der Ehelichkeit bzw Anfechtung der Anerkennung der Vaterschaft – war bis zum Inkrafttreten der Kindschaftsrechtsreform am 1.7.98 inhaltlich anders als nunmehr in Art 20 geregelt. Dies ist jedoch für nach der Reform betriebene Anfechtungsverfahren auch hinsichtlich **vor dem 1.7.98 geborener Kinder** ohne Bedeutung, da sich die Anfechtung aus bezüglich dieser Kinder gem Art 224 § 1 II–IV nach den neuen Vorschriften richtet (Stuttg FamRZ 01, 246), dh nach Art 20 nF. 5

Für Kinder, die vor dem 3.10.90 im Gebiet der ehemaligen **DDR** geboren wurden, gilt übergangsrechtlich Art 234 § 7. Danach haben vor dem Beitritt getroffene Regelungen zu Ehelichkeitsanfechtungen und Vaterschaftsanerkennungen Fortgeltung. Für nach dem Beitritt betriebene Verfahren gilt das bundesdeutsche Recht (BGH FamRZ 99, 778). 6

B. Verfahrensrecht. Die internationale **Zuständigkeit** richtet sich mangels vorgehender supranationaler Regelungen nach § 640a II ZPO iVm § 640 II Nr 2 ZPO (BGH FamRZ 94, 1027). Danach reicht es aus, wenn eine der Parteien Deutscher ist (Nr 1) oder ihren gewöhnlichen Aufenthalt im Inland hat (Nr 2). Für die Anfechtung nach dem Tode des Kindes oder des Vaters (§ 1600 e II BGB) gilt § 35 b iVm § 64 III 2 FGG. 7

Im Verfahren bestimmt sich die Frage der **gesetzlichen Vertretung** des minderjährigen Kindes in selbstständiger Anknüpfung nach Art 21. 8

Hinsichtlich der **Anerkennung** einer ausländischen Anfechtungsentscheidung gilt dasselbe wie zur Anerkennung einer Feststellungsentscheidung – s dazu Art 19 Rn 15. 9

Art. 21 Wirkungen des Eltern-Kind-Verhältnisses

Das Rechtsverhältnis zwischen einem Kind und seinen Eltern unterliegt dem Recht des Staates, in dem das Kind seinen gewöhnlichen Aufenthalt hat.

1 **A. Geltungsbereich.** Die Norm gilt gleichermaßen für in einer Ehe wie auch für außerhalb einer Ehe geborene Kinder. Die frühere, auch kollisionsrechtliche Differenzierung zwischen ehelichen und nichtehelichen Kindern ist mit der Kindschaftsrechtsreform 1998 entfallen. Auch für Kinder, deren Heimatrecht noch zwischen ehelichen und nichtehelichen Kindern unterscheidet, ist unterschiedslos von Art 21 auszugehen.

2 Die Vorschrift regelt zum einen das Statut für die sich **ex lege ergebenden Rechtsverhältnisse** hinsichtlich der Personen- und Vermögenssorge (Sorgeinhaber? Umfang der Sorge? Gesetzliche Vertretung?) **zwischen Eltern und Kind**; für die Rechtsverhältnisse zu einem Vormund oder Pfleger gilt Art 24. Zum anderen ist Art 21 – soweit anwendbar – autonome Kollisionsnorm zur Frage des auf die **gerichtliche** oder behördliche **Regelung der elterlichen Sorge** anwendbaren materiellen Rechts. In diesem Bereich wird die Norm allerdings uU verdrängt durch gem Art 3 II **vorrangige völkerrechtliche Verträge**, welche zwar in erster Linie die internationale Zuständigkeit für solche Maßnahmen betreffen, zum Teil aber auch auf das Statut zur materiellen Sorgeregelung übergreifen. Hierbei handelt es sich um das MSA (KKFamR/*Rausch* Anh I zu Art 21 EGBGB) und das HKiEntÜ (KKFamR/*Rausch* Anh II zu Art 21 EGBGB). Die evtl Anwendbarkeit dieser supranationalen Regelungen ist in jedem Falle gerichtlicher Regelung der elterlichen Sorge vor Art 21 zu prüfen. Die VO (EG) Nr 2201/2003 geht nicht vor, da sie nur Verfahrensrecht regelt, nicht aber die Frage des anzuwendenden materiellen Rechts (s aber u. Rn 6).

3 Art 21 gilt für alle zur elterlichen Sorge in Betracht kommenden Regelungsgegenstände. Erfasst werden damit sämtliche Formen umfassender oder teilweiser Sorgezuweisung, -beschränkung oder -entziehung (iS von §§ 1628, 1629 II 3 iVm 1796, 1632 IV, 1666–1667, 1671, 1672, 1674, 1678 II, 1680 II und III, 1684 III und IV, 1687 II, 1687a, 1687b III, 1688 III und IV BGB, 9 III LPartG). Auch die Regelung des Umgangs der Eltern mit dem Kinde (§ 1632 III) als Teil des Kindeswohls und der Personensorge – vgl § 1626 III – gehört zum Geltungsbereich von Art 21. Im Hinblick auf den so verstandenen personensorgebezogenen Charakter des Umgangsrechts gilt dies ebenfalls für das durch die Kindschaftsrechtsreform 1998 eingeführte Umgangsrecht Dritter (§ 1685 BGB). Die Unterhaltsbestimmung nach § 1612 II BGB unterfällt im Hinblick auf ihren unterhaltsrechtlichen Schwerpunkt (BGH FamRZ 80, 29) nicht dem Statut des Art 21, sondern dem Unterhaltsstatut (Art 18), die Ersetzung der Zustimmung zur Einbenennung nach § 1618 S 4 BGB wegen ihrer vorwiegend namensrechtlichen Bedeutung dem Namensstatut (Art 10). Die Ergänzungspflegschaft (§ 1909 BGB) richtet sich nach Art 24 I 1 (hM zB Soergel/*Kegel* BGB Band 10 Art 24 Rn 11; Staud/*Henrich* Rn 81).

4 Die **Anerkennung** von im Ausland ergangenen Entscheidungen zur Sorgeregelung wird von Art 21 nicht erfasst. Zur Anerkennung s.u. Rn 12.

5 **B. Ex-lege-Rechtsverhältnis Eltern-Kind.** In diesen Anwendungsbereich der Norm fallen alle familienrechtlichen Verhältnisse zwischen Eltern und Kind, **welche sich unmittelbar aus dem Gesetz ergeben**, ohne dass dazu eine vorangehende gerichtliche Regelung erforderlich ist. Hierunter fällt vor allem die Frage, wer kraft Gesetzes Inhaber der elterlichen Sorge ist und welchen Umfang dieses Sorgerecht hat. Dies schließt die Frage ein, inwieweit die Inhaberschaft Sorgeerklärungen (§ 1626a I Nr 1 BGB) voraussetzt. Zum Umfang des Sorgerechts gehören das Recht zur Aufenthaltsbestimmung, das Recht zur Umgangsbestimmung und das Ruhen der elterlichen Sorge. Die Vorschrift gilt insbes für das Recht der gesetzlichen Vertretung sowie dessen evtl Beschränkung durch Vertretungsausschlüsse (im deutschen Sachrecht: §§ 1629 II 1, 1795, 181 BGB) oder die Notwendigkeit gerichtlicher Genehmigungen von Rechtsgeschäften (im deutschen Sachrecht: §§ 1643, 1821, 1822 ua BGB); hierzu ist allerdings umstritten, ob solche Genehmigungen evtl unter den Begriff „Schutzmaßnahme" iS des MSA fallen (dazu KKFamR/*Rausch* Anh I zu Art 21 EGBGB [MSA] Rn 6).

6 Zur Anknüpfung dieses ex-lege-Rechtsverhältnisses gibt es nur in geringem Umfang vorrangige supranationale Regelungen. So geht im Verhältnis zum **Iran** bilateral das deutsch-persische Niederlassungsabkommen vom 17. 2. 29 (RGBl 1930 II S 1006; BGBl 1955 II S 829) vor, nach dessen Art 8 III für iranische Kinder an deren Staatsangehörigkeit anzuknüpfen ist. Dies gilt allerdings nicht für Kinder, die außer der iranischen Staatsangehörigkeit auch die deutsche besitzen; für diese verbleibt es bei Art 21 (BGH FamRZ 86, 345). Im Übrigen wird Art 21 lediglich partiell durch das HKiEntÜ und die VO (EG) Nr. 2201/2003 verdrängt: Bei internationaler Kindesentführung ist zum Vorliegen eines Entführungsfalls erforderlich, dass das Verbringen oder Zurückhalten des Kindes „widerrechtlich" ist. Nach Art 3 I lit a HKiEntÜ und Art 2 Nr 11 VO (EG) Nr 2201/2003 bestimmt sich das für die Widerrechtlichkeit maßgebliche Sorgestatut ausschl nach dem Recht des Landes, in dem das Kind unmittelbar vor der als Entführung in Betracht kommenden Handlung seinen gewöhnlichen Aufenthalt hatte. Im Hinblick auf den Vorrang des HKiEntÜ und der VO (EG) Nr 2201/2003 ist insoweit eine anderweitige Anknüpfung über Art 21 – oder das MSA – nicht zulässig.

7 Nicht unter Art 21 fallen im Hinblick auf spezialgesetzliche Regelungen das Unterhaltsstatut (Art 18), die Abstammung und deren Anfechtung (Art 19, 20), der Name (Art 10) sowie die Adoption (Art 22). Für die auf Antrag kraft Gesetzes eintretende Beistandschaft gilt als Spezialnorm § 1717 BGB, wonach es lediglich auf den gewöhnlichen Aufenthalt im Inland ankommt (BGH FamRZ 90, 1103 zur Amtspflegschaft alten Rechts).

Einziger **Anknüpfungspunkt** in Art 21 ist der **gewöhnliche Aufenthalt des Kindes**. Auf die Staatsangehörigkeit darf nicht abgestellt werden, auch nicht bei einem im Ausland lebenden deutschen Kind. Dies gilt auch für einstweilige Maßnahmen. Nur wenn die Anwendung des Aufenthaltsrechts zu einem nach deutschem Rechtsverständnis völlig untragbaren Ergebnis führt, kann beim Vorliegen der engen Voraussetzungen des Art 6 auf das deutsche Recht zurückgegriffen werden. Die ausschl Anknüpfung an den gewöhnlichen Aufenthalt des Kindes gilt völlig unabhängig davon, ob das Kind aus einer Ehe stammt oder nicht. Dies gilt auch, wenn das Heimatrecht des Kindes noch zwischen ehelichen und nichtehelichen Kindern unterscheidet. Der gewöhnliche Aufenthalt eines Minderjährigen leitet sich nicht automatisch vom Wohnsitz oder Aufenthalt des Sorgeinhabers ab; er ist vielmehr selbstständig zu ermitteln (BGH FamRZ 97, 1070). Auszugehen ist dabei zunächst vom Willen des Sorgeinhabers, denn dieser bestimmt grds den Aufenthalt des Minderjährigen (Art 5 III). Wird der Minderjährige ohne oder gegen den Willen des Allein- oder Mitinhabers der Sorge ins Ausland verbracht (Kindesentführung), kann der neue Aufenthalt nicht von vornherein als auf Dauer angelegt angesehen werden, so dass ein Wechsel des gewöhnlichen Aufenthalts nicht sofort eintritt. Dies gilt auf jeden Fall, solange die Möglichkeit besteht, dass der (Mit-)Sorgeinhaber die Rückführung des Minderjährigen durchsetzt. Kommt es allerdings zu einer gefestigten sozialen Einbindung in die Lebensverhältnisse am neuen Aufenthaltsort, ist von nun an dort der gewöhnliche Aufenthalt gegeben (BGH FamRZ 81, 135; Hamm NJW-RR 97, 5; Ddorf FamRZ 99, 112; Karlsr NJW-RR 99, 1383). Davon dürfte in der Regel nicht vor Ablauf eines Jahres auszugehen sein. 8

Die Anknüpfung an den gewöhnlichen Aufenthalt ist **Gesamtverweisung** iSv Art 4 I. 9

C. Gerichtliche Regelung der elterlichen Sorge. I. Internationale Zuständigkeit. Die Regelung zur internationalen Zuständigkeit für Verfahren, die die umfassende oder teilweise Sorgezuweisung, -beschränkung oder -entziehung oder die Umgangsregelung zum Gegenstand haben, ergibt sich nicht aus einer einheitlichen Norm, sondern aus einem **gestuften System supranationaler Rechtsquellen** und nachrangig aus dem autonomen Recht. Einschlägige Rechtsgrundlagen sind in dieser Reihenfolge: – Haager Übereinkommen über die zivilrechtlichen Aspekte internationaler Kindesentführung – **HKiEntÜ** – (Art 12 und 16), – Verordnung (EG) Nr 2201/2003 („Brüssel II a") – **VO (EG) Nr. 2201/2003** – (Art 8 ff), – Haager Übereinkommen über die Zuständigkeit der Behörden und das anzuwendende Recht auf dem Gebiet des Schutzes von Minderjährigen – **MSA** – (Art 1, 4, 8 und 9), – Autonomes Recht (§ 35 b FGG). Dieses gestufte System erfordert für jedes Sorge- oder Umgangsregelungsverfahren die vorrangige Prüfung, ob der konkrete Verfahrensgegenstand in den Anwendungsbereich des HKiEntÜ fällt. Ist dies nicht der Fall, ist der Anwendungsbereich der VO (EG) Nr. 2201/2003 zu prüfen. Trifft auch dieser nicht zu, kommt das MSA in Betracht. Nur wenn auch dessen Anwendungsbereich nicht greift, ist die autonome Regelung in §§ 621 a I 1 ZPO, 64 III 2, 35b FGG einschlägig. Zum Ganzen KKFamR/*Rausch* Art 21 EGBGB Rn 8 ff. 10

Auch im Verhältnis zu **Iran** gelten für die internationale Zuständigkeit zur Sorgeregelung nur die vorgenannten Rechtsgrundlagen. Das deutsch-persische Niederlassungsabkommen vom 17. 2. 29 enthält in Art 8 III lediglich materiell-rechtliches Kollisionsrecht (BGH FamRZ 93, 316). 11

II. Anerkennung. Eine im Ausland ergangene Entscheidung zur elterlichen Sorge, zu Teilbereichen der elterlichen Sorge oder zum Umgang ist im Inland mit gleicher Wirkung wie eine entspr inländische Entscheidung anzuerkennen, sofern die Voraussetzungen des nachfolgend dargestellten **gestuften Systems supranationaler und autonomer Rechtsgrundlagen** vorliegen. Einschlägig sind in dieser Reihenfolge: – **VO (EG) Nr 2201/2003** (Art 21 ff), – Luxemburger europäisches Übereinkommen über die Anerkennung und Vollstreckung von Entscheidungen über das Sorgerecht für Kinder und die Wiederherstellung des Sorgerechtsverhältnisses vom – **ESÜ** – (Art 7, 9, 10, 13–16), – **Autonomes Recht** (§ 16 a FGG). Dies bedeutet im Einzelfall die vorrangige Feststellung, ob der Staat, dessen Gericht/Behörde die Entscheidung erlassen hat, Mitgliedstaat der VO (EG) Nr 2201/2003 ist. Ist dies nicht der Fall, kommt es darauf an, ob der Ursprungsstaat zu den Vertragsstaaten des ESÜ gehört. Für alle anderen Ursprungsstaaten ist § 16 a FGG einschlägig. Zum Ganzen KKFamR/*Rausch* Art 21 EGBGB Rn 21 ff. 12

III. Statut zur Regelung der elterlichen Sorge. Autonome Kollisionsnorm zur Frage des auf die familiengerichtliche Regelung der elterlichen Sorge anwendbaren Rechts ist Art 21. Die Vorschrift ist jedoch nur anwendbar, soweit nicht supranationale Regelungen vorgehen. 13

Vorrangig ggü Art 21 sind, was das materiell-rechtliche Statut zur gerichtlichen Sorgeregelung betrifft, im jeweiligen Anwendungsbereich das HKiEntÜ, nachrangig dazu das MSA sowie das deutsch-persische Niederlassungsabkommen vom 17. 2. 29. Die VO (EG) Nr 2201/2003 geht nicht vor, da sie kein materielles Kollisionsrecht enthält. Fraglich ist allerdings, ob in Verfahren, für welche sich die internationale Zuständigkeit aus der VO (EG) Nr 2201/2003 ergibt, das Sorgerechtsstatut nach dem – an sich vorrangigen – MSA oder unmittelbar über Art 21 anzuknüpfen ist. Beide Lösungen sind vertretbar (Jayme-*Kohler* IPrax 00, 454). Richtig dürfte sein, Art 21 direkt anzuwenden. Das MSA regelt in erster Linie die internationale Zuständigkeit für Schutzmaßnahmen und nur für den Fall der danach gegebenen Zuständigkeit auch die Frage des dann anwendbaren materiellen Rechts. Richtet sich die internationale Zuständigkeit nicht nach dem MSA, 14 kommt dieser Regelungszusammenhang nicht zum Tragen. Dies führt zur Anwendbarkeit des autonomen Rechts, also zu Art 21 (im Ergebnis ebenso Jayme-*Kohler* IPrax 00, 454; *Puszkajler* IPrax 01, 81; Palandt/*Heldrich* Anh zu EGBGB Art 24 Rn 16; *Schulz* FPR 04, 299; aA AG Leverkusen FamRZ 02, 1636).

15 Das **HKiEntÜ** geht iRs Anwendungsbereichs dem MSA vor (Art 34 HKiEntÜ). In Art 12, 13 und 20 normiert es die materiellen Voraussetzungen zur **Entscheidung über die Rückgabe des Kindes**, so dass insoweit nationales Sachrecht nicht zur Anwendung kommen kann. Das HKiEntÜ beinhaltet damit nicht nur die Kollisionsnorm hinsichtlich der Voraussetzungen für die Rückgabeentscheidung, indem es für diesen Bereich die Anwendbarkeit des nationalen Rechts ausschließt; es enthält zugleich die einschlägigen Sachnormen.

16 Soweit das HKiEntÜ nicht eingreift, also kein Kindesentführungsfall vorliegt, jedoch der Anwendungsbereich des **MSA** (KKFamR/*Rausch* Anh I zu Art 21 EGBGB [MSA] Rn 1–3) gegeben ist, ergibt sich das Sorgeregelungsstatut über Art 2 u 4 MSA aus der Anknüpfung an die internationale Zuständigkeit: Das nach dem MSA international zuständige Gericht wendet sein eigenes Sachrecht an. Mittelbar bedeutet dies die Anknüpfung an den gewöhnlichen Aufenthalt des Minderjährigen, da im MSA grds der Aufenthalt für die internationale Zuständigkeit maßgeblich ist. Lediglich im Falle des Art 4 MSA (Eingreifen der Heimatbehörden) führt dies zur – indirekten – Anknüpfung an die Staatsangehörigkeit des Minderjährigen. Als völkerrechtsvertragliche Regelungen verweisen Art 2 u 4 MSA unmittelbar in die Sachnormen des danach berufenen Rechts.

17 Kommt eine Sorgeregelung für einen **iranischen** Minderjährigen in Betracht, geht als bilaterales Abkommen das deutsch-persische Niederlassungsabkommen vom 17.2.29 vor. Nach dessen Art 8 III ist Anknüpfungspunkt die iranische Staatsangehörigkeit des Kindes. Dies gilt allerdings nicht für Kinder, die außer der iranischen Staatsangehörigkeit auch die deutsche besitzen; für diese verbleibt es – je nach gewöhnlichem Aufenthalt des Kindes – bei Art 2 MSA oder Art 21 (BGH FamRZ 97, 1070). Bei Anwendung der iranischen Sachnormen ergibt sich eine besondere Problematik im Hinblick darauf, dass die einschlägigen Vorschriften entspr islamischem Rechtsverständnis ungleiche Regelungen zur Sorge für Jungen und Mädchen enthalten, welche zudem die Mutter in erheblichem Maße ggü dem Vater benachteiligen. Hierzu ist im Einzelfall zu prüfen, ob das deutsche Gericht davon in Anwendung von Art 6 wegen Verstoßes gegen den inländischen ordre public abweichen kann (vgl dazu BGH FamRZ 93, 316; Ddorf FamRZ 03, 379; Bremen NJW-RR 00, 3).

18 Wenn keines der genannten völkerrechtlichen Übereinkommen eingreift, erfolgt die Anknüpfung über die autonome Kollisionsnorm in **Art 21**. Einziger Anknüpfungspunkt ist hier der **gewöhnliche Aufenthalt des Minderjährigen** (s.o. Rn 8). Die Anknüpfung an den gewöhnlichen Aufenthalt ist Gesamtverweisung iSv Art 4 I.

Art. 22 Annahme als Kind

(1) ¹Die Annahme als Kind unterliegt dem Recht des Staates, dem der Annehmende bei der Annahme angehört. ²Die Annahme durch einen oder beide Ehegatten unterliegt dem Recht, das nach Artikel 14 Abs. 1 für die allgemeinen Wirkungen der Ehe maßgebend ist.
(2) Die Folgen der Annahme in Bezug auf das Verwandtschaftsverhältnis zwischen dem Kind und dem Annehmenden sowie den Personen, zu denen das Kind in einem familienrechtlichen Verhältnis steht, unterliegen dem nach Absatz 1 anzuwendenden Recht.
(3) ¹In Ansehung der Rechtsnachfolge von Todes wegen nach dem Annehmenden, dessen Ehegatten oder Verwandten steht der Angenommene ungeachtet des nach den Absätzen 1 und 2 anzuwendenden Rechts einem nach den deutschen Sachvorschriften angenommenen Kind gleich, wenn der Erblasser dies in der Form einer Verfügung von Todes wegen angeordnet hat und die Rechtsnachfolge deutschem Recht unterliegt. ²Satz 1 gilt entsprechend, wenn die Annahme auf einer ausländischen Entscheidung beruht. ³Die Sätze 1 und 2 finden keine Anwendung, wenn der Angenommene im Zeitpunkt der Annahme das achtzehnte Lebensjahr vollendet hatte.

1 **A. Geltungsbereich.** Die Vorschrift regelt die Anknüpfung des auf die Durchführung einer Adoption anwendbaren materiellen Rechts. Sie gilt sowohl für die Annahme Minderjähriger als auch für die Adoption Volljähriger. Umfasst werden die **Voraussetzungen** der Annahme und der **Umfang** des Annahmeverhältnisses (I). Auch die **Wirkungen** der Annahme richten sich nach dem Adoptionsstatut (II). Im Erbrecht allerdings gilt nach III die Besonderheit, dass die Wirkungen einer Minderjährigenadoption hinsichtlich der Erbfolge nach dem Annehmenden, seinem Ehegatten oder einem mit ihm Verwandten auch bei fremdem Adoptionsstatut deutschem Sachrecht unterliegen, wenn der Erblasser dies von Todes wegen verfügt hat.

2 Für die **namensrechtlichen Wirkungen** gilt Art 22 nicht, da insoweit **Art 10** als spezielle Kollisionsnorm vorrangig ist. Zur Anknüpfung des Namensstatuts ist nach Art 10 I einzig auf die Staatsangehörigkeit der betreffenden Person abzustellen: Wenn die Adoption einen Staatsangehörigkeitserwerb zur Folge hat, richtet sich die Namensführung nach der neu erworbenen Staatsangehörigkeit, ansonsten ist die unverändert gebliebene Staatsangehörigkeit hierfür maßgeblich. Dies bedeutet bei einer im Inland ausgesprochenen oder hier anzuerkennenden Adoption eines Ausländers die Maßgeblichkeit des einschlägigen deutschen Sachrechts (§ 1757) nur dann, wenn der Angenommene zum Zeitpunkt des Annahmeantrags das 18. Lebensjahr noch nicht voll-

endet hat, da bei Annahme durch einen Deutschen gem § 6 StAG nur dann ein automatischer Erwerb der deutschen Staatsangehörigkeit stattfindet. Ansonsten ist § 1757 selbst dann nicht anwendbar, wenn im Übrigen deutsches Recht Adoptionsstatut ist.

Ggü Art 22 vorrangige völkerrechtliche Vereinbarung ist das deutsch-persische Niederlassungsabkommen vom 17. 2. 29 (RGBl 1930 II S 1006; BGBl 1955 II S 829), welches im Verhältnis zum Iran zu beachten ist. Nach dessen Art 8 III erfolgt die Anknüpfung des Adoptionsstatuts, soweit Annehmender und Angenommener iranische Staatsangehörige sind, an die gemeinsame iranische Staatsangehörigkeit. 3

Mit Wirkung vom 27. 10. 2001 ist das Haager Übereinkommen vom 29. 5. 93 über den Schutz von Kindern und die Zusammenarbeit auf dem Gebiet der internationalen Adoption (HIntAdÜ) für die Bundesrepublik Deutschland in Kraft getreten (BGBl 2001 II S 1034). Diese Übereinkunft gilt, wie sich aus Art 3 HIntAdÜ ergibt, grds nur für die Annahme Minderjähriger und greift nur partiell in das autonome Kollisionsrecht ein. Sie enthält kein generell vereinheitlichtes IPR zur Adoption, sondern überlässt die Bestimmung der für die Voraussetzungen der Adoption berufenen Rechtsordnung grds dem innerstaatlichen Kollisionsrecht, verdrängt also Art 22 insoweit nicht. Allerdings richtet sich die Beurteilung der Adoptionsfähigkeit des Kindes und der Gültigkeit benötigter Zustimmungen nach dem Sachrecht, welches durch die Kollisionsnormen des Heimatstaats – dessen Behörden hierfür gem Art 4 HIntAdÜ primär verantwortlich sind – berufen wird. Das für die Prüfung der Adoptionsfähigkeit des Annehmenden maßgebliche Recht bestimmt sich hingegen nach dem Kollisionsrecht des Aufnahmestaats, dessen Behörden diese Beurteilung gem Art 5 HIntAdÜ obliegt. **Anerkennung** und **Wirkungen** einer in einem anderen Vertragsstaat durchgeführten Adoption indes sind durch **Art 23–27 HIntAdÜ** vorrangig geregelt (s.u. Rn 12). Daneben enthält das HIntAdÜ vereinheitlichte Sachvorschriften zur grenzüberschreitenden Adoptionsvermittlung, zur Zusammenarbeit der beteiligten Vertragsstaaten und zu einem abgestimmten Vorschaltverfahren, welches der Entscheidung über die Adoption vorauszugehen hat. 4

Ergänzend zum HIntAdÜ gelten für die Bundesrepublik Deutschland das Adoptionsübereinkommens-Ausführungsgesetz (AdÜbAG) und das Adoptionswirkungsgesetz (AdWirkG). Das **AdÜbAG** enthält Regelungen über die Zentralen Behörden, die internationale Adoptionsvermittlung und die im HIntAdÜ (Art 23 u 27 II) vorgesehenen Bescheinigungen über das Zustandekommen einer Adoption oder einer Umwandlungsentscheidung. Das AdWirkG normiert das Anerkennungs- und Wirkungsfeststellungsverfahren hinsichtlich im Ausland ergangener oder auf ausländischem Recht beruhender Adoptionsentscheidungen. Es gilt nur für Minderjährigenadoptionen, ist aber nicht auf in einem Vertragsstaat des HIntAdÜ durchgeführte Adoptionen beschränkt (s.u. Rn 14). 5

B. Anknüpfung. Zur Anknüpfung ist auf die **Person des/der Annehmenden** abzustellen; das Personalstatut sowie der Aufenthalt des Angenommenen sind ohne Bedeutung. Hierbei kommt es **unwandelbar** auf den **Zeitpunkt der Adoption** an. 6

I 1 u 2 regeln die Anknüpfung unterschiedlich für verheiratete und für unverheiratete Annehmende; sie schließen sich gegenseitig aus. Ist der **Annehmende unverheiratet (S 1)**, ist einzig an seine Staatsangehörigkeit anzuknüpfen. Dabei sind die Besonderheiten zu beachten, welche sich für Staatenlose, Flüchtlinge, anerkannte Asylberechtigte, Volksdeutsche, Aussiedler und Spätaussiedler ergeben (dazu KKFamR/*Rausch* Art 5 EGBGB Rn 2-4). Besitzt der Annehmende mehrere Staatsangehörigkeiten, gilt die Vorrangregelung in Art 5 I 1 u 2. 7

Bei **Annahme durch Ehegatten (S 2)** erfolgt die Anknüpfung über das gesetzliche Ehewirkungsstatut des Art 14 I. Diese Vorschrift ist dabei so zu lesen, dass sie unwandelbar auf den Zeitpunkt der Adoption bezogen wird: 8

- I 2 iVm Art 14 I Nr 1 1. **Alt** ist maßgebend, wenn bei der Annahme beide Ehegatten dieselbe Staatsangehörigkeit besitzen. Haben die Ehegatten eine gemeinsame Staatsangehörigkeit, besitzt jedoch einer von ihnen (oder beide) eine weitere Staatsangehörigkeit, ist die Vorrangregelung des Art 5 I 1 u 2 zu beachten. 9
- I 2 iVm Art 14 I Nr 1 2. **Alt** knüpft an die letzte gemeinsame Staatsangehörigkeit an, falls einer der Ehegatten diese noch besitzt. Die 2. Alt ist subsidiär zur 1. Alt. Primär ist an eine bestehende gemeinsame Staatsangehörigkeit anzuknüpfen; nur wenn eine solche fehlt, ist zu prüfen, ob ein Ehegatte noch eine frühere gemeinsame Staatsangehörigkeit besitzt (BGH FamRN 94, 435).
- I 2 iVm Art 14 I 1 **Nr 2** enthält als Anknüpfungspunkt den gemeinsamen gewöhnlichen Aufenthalt der Ehegatten. Alternativen dabei sind vorrangig der bei Annahme noch aktuelle gemeinsame gewöhnliche Aufenthalt und nachrangig der letzte gemeinsame gewöhnliche Aufenthalt. „Gemeinsamer" gewöhnlicher Aufenthalt in einem Staat ist auch dann gegeben, wenn die Ehegatten an verschiedenen Orten, jedoch im selben Staat getrennt leben. Zum Vorliegen der zweiten Alt ist zusätzlich erforderlich, dass einer der Ehegatten zum Zeitpunkt der Adoption seinen gewöhnlichen Aufenthalt noch im Staat des letzten gemeinsamen gewöhnlichen Aufenthalts hat. Hat er ihn zwischenzeitlich aufgegeben und erst später wieder dort begründet, kann nach Nr 2 nicht angeknüpft werden. Vielmehr ist Voraussetzung, dass der Ehegatte seinen gewöhnlichen Aufenthalt im Staat des beiderseits letzten gemeinsamen gewöhnlichen Aufenthalts ununterbrochen beibehalten hat (BGH Fam Rn 93, 798).

- I 2 iVm Art 14 I Nr 3 ist heranzuziehen, wenn weder eine gemeinsame Staatsangehörigkeit (Nr 1) noch ein gemeinsamer gewöhnlicher Aufenthalt (iS der Nr 2) vorliegt. Dann ist das Recht des Staates berufen, mit dem die Ehegatten zum Zeitpunkt der Annahme auf andere Weise am engsten verbunden sind (dazu Art 14 Rn 17).

10 Die Anknüpfungen in I 1 sowie in I 2 iVm Art 14 I Nr 1 und 2 sind **Gesamtverweisung** iS von Art 4 I. Die Verweisung erfolgt unmittelbar in die dortige Regelung zum Adoptionsstatut (nicht zum Ehewirkungsstatut). Hingegen führt I 2 iVm Art 14 I Nr 3 (engste Verbundenheit) unmittelbar in das Sachrecht der verwiesenen Rechtsordnung (Palandt/*Heldrich* Art 14 Rn 3). Ist gem Art 22 ausländisches Recht berufen, kann dem uU Art 6 entgegenstehen. Bei hinreichendem Inlandsbezug kommt ein **ordre-public-Verstoß** vor allem dann in Betracht, wenn das berufene Recht ein nicht am Kindeswohl orientiertes Adoptionsverbot vorsieht, zB wegen eigener ehelicher Abkömmlinge der Annehmenden (Schlesw NJW-RR 01, 1372).

11 **C. Verfahrensrecht. I. Internationale Zuständigkeit.** Zur internationalen Zuständigkeit für Adoptionsverfahren existieren keine supranationalen Regelungen; auch das HIntAdÜ enthält hierzu keine Kollisionsnorm. Maßgeblich ist § **43 b** I FGG. Danach sind die deutschen Gerichte zuständig, wenn der Annehmende, ein annehmender Ehegatte oder das anzunehmende Kind Deutscher ist oder seinen gewöhnlichen Aufenthalt im Inland hat. Die deutsche Staatsangehörigkeit reicht bei Mehrstaatigkeit auch dann, wenn sie nicht die effektive ist (Keidel/Kuntze/Winkler/*Engelhardt* FGG § 43 b Rn 4).

12 **II. Anerkennung.** Soweit die Adoption in einem **Vertragsstaat des HIntAdÜ** (Auflistung: http://www.hcch.net) ergangen ist, ergibt sich nach dessen Art 23 ihre **automatische Anerkennung** im Inland, wenn der Entscheidungsstaat eine Bescheinigung über ihr Zustandekommen in Übereinstimmung mit dem Übereinkommen erteilt hat. Nach § 9 AdÜbkAG kann zum Nachweis der Echtheit der Bescheinigung deren Bestätigung beim Generalbundesanwalt als Bundeszentralstelle für Auslandsadoptionen beantragt werden. Einziger Grund zur Nichtanerkennung ist, dass die Adoption dem inländischen ordre public offensichtlich widerspricht, wobei das Wohl des Kindes zu berücksichtigen ist (Art 24 HIntAdÜ, Art 6). Nach Art 26 HIntAdÜ umfasst die Anerkennung die Wirkungen der Adoption im gleichen Umfang, wie sie sich aus dem vom Entscheidungsstaat angewandten Recht ergeben. Sofern sich nach inländischem Recht für das Kind günstigere Bestimmungen ergeben, bleiben diese unberührt (Art 26 III HIntAdÜ).

13 Ist die Adoption in einem **Nichtvertragsstaat** des HIntAdÜ ergangen, richtet sich die Anerkennung im Inland nach § 16 a FGG.

14 Seit dem 1. 1. 2002 stellt das AdWirkG ein **Anerkennungsverfahren** zur Verfügung, um die möglicherweise zweifelhafte Anerkennungsfähigkeit einer im Ausland ergangenen Adoption positiv oder negativ feststellen zu lassen. Dieses Verfahren gilt sowohl für nach Art 23 HIntAdÜ als auch für nach § 16 a FGG anzuerkennende Adoptionen, allerdings nicht, wenn der Angenommene zur Zeit der Annahme das 18. Lebensjahr vollendet hatte (§ 1 S 2 AdWirkG), also nur für die Minderjährigenadoption. Zur Statthaftigkeit des Anerkennungsverfahrens ist es unerheblich, ob die fragliche Annahme in einem Vertragsstaat oder einem Nichtvertragsstaat des HIntAdÜ erfolgt ist. Das Verfahren setzt einen Antrag voraus (§ 2 AdWirkG); antragsbefugt sind die Annehmenden, das angenommene Kind, jeder bisherige Elternteil sowie der Standesbeamte und bei Geburt des Kindes im Ausland die nach § 41 II PStG zuständige Berliner Verwaltungsbehörde (§ 4 AdWirkG). Zuständig ist das Vormundschaftsgericht am Sitz des Oberlandesgerichts, in Berlin das AG Schöneberg (§ 5 I AdWirkG).

15 Sind die Wirkungen der anzuerkennenden Auslandsadoption schwächer als diejenigen des deutschen Sachrechts, kann nach § 3 AdWirkG ein **Umwandlungsausspruch** durch das nach § 5 I AdWirkG zuständige Vormundschaftsgericht erwirkt werden. Hierdurch erhält das Kind die Rechtsstellung eines nach deutschem Sachrecht angenommenen Kindes.

Art. 23 Zustimmung

¹Die Erforderlichkeit und die Erteilung der Zustimmung des Kindes und einer Person, zu der das Kind in einem familienrechtlichen Verhältnis steht, zu einer Abstammungserklärung, Namenserteilung oder Annahme als Kind unterliegen zusätzlich dem Recht des Staates, dem das Kind angehört. ²Soweit es zum Wohl des Kindes erforderlich ist, ist statt dessen das deutsche Recht anzuwenden.

1 Für bestimmte den **personenstandsrechtlichen Status betreffende Rechtsgeschäfte** normiert das deutsche Sachrecht spezielle **Zustimmungserfordernisse**. Im internationalen Rechtsvergleich finden sich hierzu keine einheitlichen Standards. Zur Wahrung der bei statusrelevanten Vorgängen (Abstammung, Namenserteilung, Adoption) typischen Interessen der Beteiligten unterwirft Art 23 die Notwendigkeit und die Erteilung einer Zustimmungserklärung des Kindes sowie einer Person, zu der das Kind in einem familienrechtlichen Verhältnis steht, kumulativ dem Heimatrecht des Kindes (**Zusatzanknüpfung an die Staatsangehörigkeit des Kindes**).

Dabei sind die Besonderheiten zu beachten, welche sich für Staatenlose, Flüchtlinge, anerkannte Asylberechtigte, Volksdeutsche, Aussiedler und Spätaussiedler ergeben (dazu KKFamR/*Rausch* Art 5 EGBGB Rn 2–4). Besitzt das Kind mehrere Staatsangehörigkeiten, gilt die Vorrangregelung in Art 5 I 1 u 2.

Nach dem Sinn der Zusatzanknüpfung handelt es sich um einen unmittelbaren Verweis in die Sachnormen des Heimatrechts (BayObLG FamRZ 88, 868; Palandt/*Heldrich* Rn 2 mwN auch zur Gegenmeinung). Falls es zum Wohle des nichtdeutschen Kindes aus besonderen Gründen erforderlich ist, bestimmen sich die Zustimmungserfordernisse gem S 2 nach deutschem Sachrecht. 2

A. Abstammung. Nach dem BGB bedarf die von einem beschränkt geschäftsfähigen minderjährigen Mann erklärte **Vaterschaftsanerkennung** der Zustimmung seines gesetzlichen Vertreters (§ 1596 I 2 iVm S 1). Darüber hinaus ist stets die Zustimmung der Mutter des Kindes erforderlich (§ 1595 I), bei beschränkter Geschäftsfähigkeit der Mutter auch die Zustimmung ihres gesetzlichen Vertreters (§ 1596 I 4 iVm S 1 u 2). Bei fehlender Sorge der Mutter bedarf es zudem der Zustimmung des Kindes (§ 1595 II). Ist das Kind geschäftsunfähig oder noch nicht 14 Jahre alt, bedarf es stattdessen der Zustimmung seines gesetzlichen Vertreters (§ 1596 II 1). Hat das beschränkt geschäftsfähige Kind das 14. Lebensjahr vollendet, muss es persönlich zustimmen und bedarf dazu der Zustimmung seines gesetzlichen Vertreters (§ 1596 II 2 Hs 2). 3

Diese Zustimmungserfordernisse gelten immer dann, wenn – unabhängig von der Staatsangehörigkeit des Kindes – deutsches Recht gem Art 19 als Abstammungsstatut berufen ist. In diesem Falle ist Art 23 nur dann von Bedeutung, falls das Heimatrecht des nichtdeutschen Kindes weitergehende Zustimmungserfordernisse kennt. Führt die Anknüpfung über Art 19 zur Berufung fremden Rechts, ist **Art 23 in zweierlei Hinsicht zu beachten**: Sind Abstammungsstatut und Heimatrecht des Kindes nicht identisch, bestimmen sich zusätzliche Zustimmungserfordernisse grds nach Letzterem. Im Hinblick auf Art 23 S 2 ist jedoch zu prüfen, ob das Wohl des Kindes statt des ggf nichtdeutschen Heimatrechts die Anwendung der deutschen Sachnormen hinsichtlich der Zustimmungserfordernisse gebietet (dazu Frankf FamRZ 97, 241). 4

B. Namenserteilung. Das deutsche Sachrecht kennt die Namenserteilung durch einen Elternteil (§ 1617 a II) sowie durch den Ehegatten eines Elternteils (§ 1618). Sie bedürfen der Zustimmung des anderen Elternteils (§§ 1617 a II Hs 1, 1618 S 3 Hs 1) sowie unter bestimmten Voraussetzungen auch der Zustimmung des Kindes (§§ 1617 a II Hs 2, 1618 S 3 Hs 2). Das Namensstatut bestimmt sich über Art 10 – zur Zusatzanknüpfung nach Art 23 vgl o. Rn 3. 5

C. Adoption. Nach dem BGB bedarf die Annahme Minderjähriger der Einwilligung des zu adoptierenden Kindes (vgl im Einzelnen § 1746) sowie der Einwilligungen der Eltern des Kindes (vgl im Einzelnen §§ 1747, 1748). Zur Adoption eines verheirateten Minderjährigen oder Volljährigen ist die Einwilligung seines Ehegatten erforderlich (§§ 1749 II, 1767 II 1). Das Adoptionsstatut bestimmt sich über Art 22 – zur Zusatzanknüpfung nach Art 23 vgl o. Rn 3. Die Anwendung deutschen Rechts anstelle des Heimatrechts des Kindes nach S 2 kommt insbes dann in Betracht, wenn das Heimatrecht des Kindes anders als § 1748 BGB keine Möglichkeit vorsieht, die verweigerte Einwilligung seines Vaters zu ersetzen, und das Kind sich auf Dauer in der Obhut seiner mit einem deutschen Staatsangehörigen wiederverheirateten Mutter in Deutschland aufhält (BayObLG FamRZ 02, 1282). 6

Art. 24 Vormundschaft, Betreuung und Pflegschaft

(1) Die Entstehung, die Änderung und das Ende der Vormundschaft, Betreuung und Pflegschaft sowie der Inhalt der gesetzlichen Vormundschaft und Pflegschaft unterliegen dem Recht des Staates, dem der Mündel, Betreute oder Pflegling angehört. Für einen Angehörigen eines fremden Staates, der seinen gewöhnlichen Aufenthalt oder, mangels eines solchen, seinen Aufenthalt im Inland hat, kann ein Betreuer nach deutschem Recht bestellt werden.
(2) Ist eine Pflegschaft erforderlich, weil nicht feststeht, wer an einer Angelegenheit beteiligt ist, oder weil ein Beteiligter sich in einem anderen Staat befindet, so ist das Recht anzuwenden, das für die Angelegenheit maßgebend ist.
(3) Vorläufige Maßregeln sowie der Inhalt der Betreuung und der angeordneten Vormundschaft und Pflegschaft unterliegen dem Recht des anordnenden Staates.

A. Geltungsbereich. Der gegenständliche Anwendungsbereich der Norm erfasst die Vormundschaft über Minderjährige, die rechtliche Betreuung Volljähriger sowie die Pflegschaft für Minderjährige, Volljährige und unbekannte Beteiligte. Die in manchen Rechtsordnungen anzutreffende „Vormundschaft" von Eltern oder Elternteilen entspricht funktional der elterlichen Sorge iSd deutschen Rechts. Sie fällt daher nicht in den Anwendungsbereich von Art 24, sondern unter das Sorgestatut (Art 21). Auch auf die Beistandschaft des Jugendamts (§ 1712 ff BGB) ist Art 24 nicht anwendbar; für sie gilt als spezielle einseitige Kollisionsnorm § 1717 BGB. Zu Prozesspflegschaft (§ 57 ZPO) und Verfahrenspflegschaft (§§ 50, 67, 70 b FGG) s.u. Rn 22, 23, 26. 1

2   Der **sachliche** Anwendungsbereich betrifft Entstehung, Änderung, Ende und Inhalt der vorgenannten Rechtsinstitute sowie diesen vorausgehende vorläufige Maßregeln. Art 24 normiert die Anknüpfung dieser Anwendungsfelder nicht durchgehend einheitlich, sondern zT differenziert. Sie sind daher begrifflich genau zu unterscheiden: **Entstehung** begreift die materiell-rechtlichen Voraussetzungen sowohl für die gerichtliche oder behördliche Anordnung der genannten Maßnahmen als auch für einen ex-lege-Eintritt von (Amts-)Vormundschaft oder Pflegschaft. **Änderung** – im Gegensatz zum „Inhalt" (s.u. Rn 4) – umfasst alle Vorgänge, die die Veränderung der rechtlichen Qualität einer bereits bestehenden und weiter bestehen bleibenden Vormundschaft, Betreuung oder Pflegschaft zum Gegenstand haben, insbes die Erweiterung der Aufgabenkreise des Vormunds/Betreuers/Pflegers und die spätere Anordnung oder Erweiterung eines Einwilligungsvorbehalts. **Ende** bedeutet die gerichtliche oder behördliche Aufhebung wie auch das ex-lege-Erlöschen einer bisher bestehenden Vormundschaft, Betreuung oder Pflegschaft. Entlassung oder sonstiges Ausscheiden des Vormunds/Betreuers/Pflegers aus seinem Amt bei weiter bestehender Vormundschaft, Betreuung oder Pflegschaft ist nicht deren „Ende", vielmehr ein Fall ihres „Inhalts". Die zu Entstehung, Änderung und Ende übereinstimmend geregelte Anknüpfung richtet sich für Vormundschaft, Betreuung und Pflegschaft grds nach I 1. Zur Betreuung ergibt sich eine Alternativanknüpfung aus I 2, bestimmte Fälle der Pflegschaft unterliegen spezieller Regelung in II.

3   **Inhalt** von Vormundschaft, Betreuung oder Pflegschaft bedeutet die Gesamtheit der Normen, welche die Auswahl, Bestellung und Entlassung des Vormunds/Betreuers/Pflegers sowie die Rechtsbeziehungen zwischen ihm und dem Betroffenen zum Gegenstand haben. Letzteres betrifft insbes die Vertretungsmacht des Vormunds/Betreuers/Pflegers, seine Amtspflichten, seine Überwachung durch das Vormundschaftsgericht und die Frage seiner Haftung ggü dem Betroffenen. Die Anknüpfung hierzu ist differenziert geregelt für einerseits gesetzliche Vormundschaft und Pflegschaft in I 1 und andererseits angeordnete Vormundschaft und Pflegschaft sowie Betreuung in III.

4   **Vorläufige Maßregeln** sind Maßnahmen, die vor dem Eintritt von Vormundschaft, Betreuung oder Pflegschaft zum Schutz des Betroffenen oder unbekannter Beteiligter erforderlich werden, insbes vorläufige Pflegschaft nach § 1909 III BGB, Bestellung eines vorläufigen Betreuers nach § 69 f FGG, vorläufige Unterbringung nach § 70 h FGG u Nachlasspflegschaft nach § 1960 II BGB. Die Anknüpfung hierzu findet sich in III.

5   Fraglich ist, inwieweit **vormundschaftsgerichtliche Genehmigungen** in den Anwendungsbereich der Vorschrift fallen. Hier ist zu unterscheiden zwischen einerseits der Erforderlichkeit solcher Genehmigung (Genehmigungsbedürftigkeit) und andererseits der einzelfallbezogenen Prüfung von Wohl und Wille des Mündels/Betreuten/Pfleglings (Genehmigungsfähigkeit). Umstritten ist, welchem Statut die **Genehmigungsbedürftigkeit** zuzuordnen ist. Art 24 ist hierfür unmittelbar nichts zu entnehmen, insbes umfasst der Begriff „Inhalt" der gesetzlichen Vormundschaft (I 1), der Betreuung oder der angeordneten Vormundschaft und Pflegschaft (III) nicht zwingend die Genehmigungsbedürftigkeit von Rechtsgeschäften und Rechtshandlungen. In der Literatur wird dazu vereinzelt vertreten, für die Genehmigungsbedürftigkeit gelte das auf das Rechtsgeschäft selbst anwendbare Recht (Staud/*Hausmann* Art 7 Rn 45) oder das Geschäftsfähigkeitsstatut (*v. Bar* Internationales Privatrecht 2. Band Rn 42). Die hM begreift Genehmigungsbedürftigkeit zu Recht als Beschränkung der gesetzlichen Vertretungsmacht (BayObLG FamRZ 90, 1132; Palandt/*Diederichsen* § 1828 BGB Rn 3; *Klüsener* Rpfleger 81, 461) und ordnet sie daher dem Vertretungsstatut, dh dem für die gesetzliche Vertretung berufenen Recht zu (BGH DNotZ 04, 152; Stuttg NJW-RR 96, 1288). Da die gesetzliche Vertretung durch den Vormund/Betreuer/Pfleger zum Inhalt des Rechtsinstituts gehört, fällt die Erforderlichkeit vormundschaftsgerichtlicher Genehmigung in den Anwendungsbereich von Art 24.

6   Die materiell-rechtlichen Voraussetzungen der **Genehmigungsfähigkeit** dagegen, da sie die gerichtliche Aufsicht über den Vormund/Betreuer/Pfleger betreffen, zum Inhalt von Vormundschaft/Betreuung/Pflegschaft und unterfallen daher Art 24. Hingegen ist die **Vorfrage** der Wirksamkeit des betreffenden Rechtsgeschäfts selbstständig anhand des jeweiligen Geschäftsstatuts anzuknüpfen.

7   **B. Verhältnis zu supranationalen Rechtsinstrumenten.** Zur Anknüpfung von Vormundschaft, Betreuung und Pflegschaft existieren mehrere ggü dem autonomen Recht vorrangige supranationale Rechtsquellen. Deren Anwendungsbereiche sind unterschiedlich kongruent zu Art 24, so dass dieser nicht umfassend, sondern lediglich teilweise und mit unterschiedlichem Geltungsbereich verdrängt wird. Zu differenzieren ist zwischen bilateral weitgehender Verdrängung im Verhältnis zum Iran (u. Rn 8), partiellem Vorrang von als loi uniforme konzipierten Rechtsinstrumenten für Vormundschaft und Pflegschaft über Minderjährige (u. Rn 9 ff) und dem Fehlen vorrangigen supranationalen Rechts für Betreuung und Pflegschaft über Volljährige oder unbekannte Beteiligte (u. Rn 15).

8   **I. Bilaterale Regelung im Verhältnis zum Iran.** Im Verhältnis zum Iran ist als vorrangige völkerrechtliche Vereinbarung das deutsch-persische Niederlassungsabkommen vom 17. 2. 29 (RGBl 1930 II S 1006; BGBl 1955 II S 829) zu beachten. Nach dessen Art 8 III bleiben die Angehörigen jedes der vertragschließenden Staaten im Gebiet des anderen Staates den Vorschriften ihrer heimischen Gesetze unterworfen. Nach Nr 2 des Schlussprotokolls werden vom Geltungsbereich des Abkommens ua „Vormundschaft und Pflegschaft sowie Entmündigung" umfasst, wobei an die Stelle der inzwischen aufgehobenen Entmündigung die

Betreuung getreten ist. Bezüglich iranischer Staatsangehöriger führt somit jede dahingehende Anknüpfung zur Verweisung grds ins iranische Sachrecht. Dies gilt indes nicht für Personen, die außer der iranischen Staatsangehörigkeit auch die deutsche oder eine andere besitzen oder bezüglich derer zum Personalstatut aufgrund besonderer Regelungen an ihren gewöhnlichen Aufenthalt anzuknüpfen ist (BGH FamRZ 86, 345). Für diese verbleibt es bei Art 24, soweit diesem nicht – für Vormundschaft und Pflegschaft über Minderjährige – andere supranationale Rechtsinstrumente vorgehen. Zur **Betreuung** ist jedoch die spezielle Regelung in Art 24 2 – dh alternative Berufung des deutschen Rechts bei Inlandsaufenthalt – auch auf einen iranischen Staatsangehörigen, der sich im Inland aufhält, anwendbar. Art 8 III 2 des deutsch-persischen Abkommens gestattet den Vertragsstaaten eine solche Ausnahmeregelung. Der verbleibende Vorrang des Abkommens ggü der Grundsatzanknüpfung in Art 24 I 1 gilt somit uneingeschränkt nur bezüglich im Ausland lebender Iraner, für die im Inland ein Betreuer bestellt werden soll. Dies ist für die Praxis bedeutungslos, da die Anknüpfung an die iranische Staatsangehörigkeit, die sich aus beiden Rechtsgrundlagen ergibt, inhaltlich deckungsgleich ist. Das Abkommen hat daher für Betreuungen keine praktische Bedeutung. **Maßgeblich bleibt das deutsch-persische Niederlassungsabkommen** hingegen für **Vormundschaft** sowie **Pflegschaft über Minderjährige mit lediglich iranischer Staatsangehörigkeit**.

II. Vormundschaft und Pflegschaft über Minderjährige. Das Haager Abkommen zur Regelung der Vormundschaft über Minderjährige vom 12.6.02 (RGBl 1904 S 240) ist nur noch im Verhältnis zu **Belgien** anwendbar. Danach ist die Vormundschaft über belgische Kinder mit gewöhnlichem Aufenthalt in Deutschland an deren Staatsangehörigkeit anzuknüpfen (Art 1 des Abkommens). Für vorläufige Maßregeln, insbes die Ersatzpflegschaft nach § 1909 III BGB, ist das Aufenthaltsrecht, also deutsches Recht maßgeblich (Art 7 des Abkommens). 9

Das Vormundschaftsabkommen zwischen dem Deutschen Reich und der Republik Österreich vom 5.2.27 ist von der Bundesrepublik Deutschland im Einvernehmen mit Österreich mit Wirkung vom 1.7.2003 gekündigt worden und daher nicht mehr zu beachten. 10

Das Haager Übereinkommen über die Zuständigkeit der Behörden und das anzuwendende Recht auf dem Gebiet des Schutzes von Minderjährigen (**MSA**) war am 17.9.71 für die Bundesrepublik Deutschland in Kraft getreten. Seitdem war Art 24 auf Vormundschaft und Pflegschaft über Minderjährige im Wesentlichen nicht mehr anwendbar. Der Anwendungsbereich des MSA umfasst alle gerichtlichen oder behördlichen Maßnahmen, die im Interesse eines Minderjährigen erforderlich sind (Schutzmaßnahmen: BGH NJW 73, 417). Dieser Begriff ist weit zu fassen und beinhaltet insbes die Anordnung von Vormundschaft/Pflegschaft samt deren Inhalt sowie die Bestellung und Entlassung des Vormunds/Pflegers. Das MSA regelt hierzu nicht nur die internationale Zuständigkeit, sondern – im Gleichlauf zu dieser – auch die Anknüpfung des materiellrechtlichen Statuts in Betracht kommender Schutzmaßnahmen. Das MSA ist auf alle Minderjährigen anzuwenden, die ihren gewöhnlichen Aufenthalt in einem Vertragsstaat des Abkommens haben (Art 13 I MSA). Die Staatsangehörigkeit des Minderjährigen spielt keine Rolle; das MSA ist auch dann anwendbar, wenn der Minderjährige Angehöriger eines Nichtvertragsstaats ist, jedoch seinen gewöhnlichen Aufenthalt in einem Vertragsstaat hat (BGH FamRZ 81, 135). Dies gilt allerdings nicht für Kinder mit nur iranischer oder belgischer Staatsangehörigkeit (s.o. Rn 8 u 9). Im Hinblick auf den solcherart umfassenden Anwendungsbereich des MSA blieb seit dem 17.9.71 zur Anwendbarkeit von Art 24 lediglich die Anordnung von Vormundschaft über Minderjährige, die ihren gewöhnlichen Aufenthalt in einem Land haben, das nicht Mitgliedstaat des MSA ist. Ansonsten war Art 24 nur noch anwendbar auf die gesetzliche Vormundschaft einer Behörde oder anderer Personen als der Eltern über Kinder mit gewöhnlichem Aufenthalt im Ausland. Bei Kindesaufenthalt im Inland indes richtet sich die gesetzliche Amtsvormundschaft des Jugendamts unabhängig von der Staatsangehörigkeit des Kindes nach §§ 1791 c, 1751 I BGB, die als Spezialnormen Art 24 vorgehen. Art 24 ging somit, soweit Vormundschaft und Pflegschaft über Minderjährige betroffen ist, seit dem Inkrafttreten des MSA weitgehend ins Leere. 11

Seit dem 1.3.05 ist die VO (EG) Nr 2201/2003 („Brüssel II a") für alle Mitgliedstaaten anwendbar. Mitgliedstaaten iS dieser Verordnung sind alle Mitgliedstaaten der EU mit Ausnahme von Dänemark (Art 2 Nr 3 der VO). Wie sich aus Art 1 I lit b, II VO (EG) Nr 2201/2003 ergibt, erfasst sie unter dem Oberbegriff „Elterliche Verantwortung" alle Schutzmaßnahmen iSd MSA und ist mit diesem umfassenden Anwendungsbereich im Verhältnis ihrer Mitgliedstaaten vorrangig ggü dem MSA (Art 60 lit a der VO). Dies gilt insbes auch für die Vormundschaft, die Pflegschaft und entspr Rechtsinstitute (so ausdrücklich Art 1 II lit b der VO). Da der Vorrang der VO ggü dem MSA lediglich im Verhältnis der oa Mitgliedstaaten gilt, besteht er allerdings nicht im Verhältnis zu den Vertragsstaaten des MSA, die keine Mitgliedstaaten der VO sind – dies sind **nur noch die Schweiz und die Türkei**. 12

Der sachliche Anwendungsbereich der VO (EG) Nr 2201/2003 betrifft die internationale Zuständigkeit für Verfahren zur elterlichen Verantwortung, die Frage des Vorrangs anderweitiger Anhängigkeit von Verfahren dieser Art sowie die Anerkennung und Vollstreckung von in diesen Verfahren ergangenen Entscheidungen. Hingegen ist die Frage des anzuwendenden materiellen Rechts in der VO nicht geregelt. Zu dieser Frage geht somit die VO weder dem MSA noch Art 24 vor. Fraglich ist daher, ob in Verfahren, für welche sich die internationale Zuständigkeit aus der VO (EG) Nr 2201/2003 ergibt, das Statut für Vormundschaft und Pflegschaft 13 über Minderjährige nach dem – an sich vorrangigen – MSA oder unmittelbar über Art 24 anzuknüpfen ist. Beide Lösungen sind vertretbar. Richtig dürfte sein, Art 24 direkt anzuwenden (s Art 21 Rn 14): **Beruht die internationale Zuständigkeit für eine Vormundschaft oder Pflegschaft über einen Minderjährigen auf der VO (EG) Nr 2201/2003, bleibt es bei der Anwendbarkeit von Art 24**, das MSA ist dann nicht anwendbar.

14 Das Haager Übereinkommen über die Zuständigkeit, das anzuwendende Recht, die Anerkennung, Vollstreckung und Zusammenarbeit auf dem Gebiet der elterlichen Verantwortung und Maßnahmen zum Schutz von Kindern vom 19. 10. 96 (**KSÜ**) ist bisher nur für wenige Staaten in Kraft getreten. Insbes die Bundesrepublik Deutschland – wie die meisten anderen Mitgliedstaaten der Europäischen Union – hat es bisher nicht ratifiziert. Inhaltlich stimmt das KSÜ, was die internationale Zuständigkeit für die Anordnung von Vormundschaft und Pflegschaft über Minderjährige sowie deren gegenseitige Anerkennung anbetrifft, weitestgehend mit der VO (EG) Nr 2201/2003 überein. Darüber hinaus regelt es auch die Frage des anzuwendenden materiellen Rechts, und zwar grds im Gleichlauf zur internationalen Zuständigkeit, die ihrerseits in der Regel an den gewöhnlichen Aufenthalt des Kindes anknüpft (Art 15 ff iVm 5 ff KSÜ). Ein Zeitpunkt für das Inkrafttreten des KSÜ ist noch nicht abzusehen.

15 **III. Betreuung und Pflegschaft über Volljährige oder unbekannte Beteiligte.** Das Haager Abkommen über die Entmündigung und gleichartige Fürsorgemaßregeln vom 17. 7. 05 ist am 23. 8. 92 außer Kraft getreten. Das Haager Übereinkommen über den internationalen Schutz von Erwachsenen vom 13. 1. 00 (HErwSÜ) soll den grenzüberschreitenden Schutz von Erwachsenen, die aufgrund einer Beeinträchtigung oder Unzulänglichkeit ihrer persönlichen Fähigkeiten nicht in der Lage sind, ihre Interessen zu schützen, sicherstellen. Es normiert dazu die internationale Zuständigkeit für Schutzmaßnahmen, das hierauf und auf die Vertretung des Erwachsenen anzuwendende Recht, die Anerkennung und Vollstreckung von Schutzmaßnahmen sowie die Zusammenarbeit zwischen den Vertragsstaaten. Das Abkommen liegt jedoch erst zur Zeichnung auf; sein Inkrafttreten für die Bundesrepublik Deutschland ist z Zt nicht abzusehen. Ansonsten existiert lediglich das deutsch-persische Abkommen, welches für Betreuungen keine praktische Bedeutung hat (s.o. Rn 8). Sonstige supranationale Rechtsinstrumente gibt es weder zur Betreuung noch zur Pflegschaft über Volljährige oder unbekannte Beteiligte.

16 **C. Anknüpfung. I. Vormundschaft. 1. Entstehung, Änderung, Ende.** Soweit nicht supranationale Rechtsinstrumente (deutsch-persisches Abkommen im Verhältnis zum Iran, Haager Abkommen vom 12. 6. 02 im Verhältnis zu Belgien oder das MSA) vorgehen (s.o.), bestimmt sich die Anknüpfung zu Entstehung, Änderung und Ende von Vormundschaft über Minderjährige nach I 1. Anknüpfungspunkt ist die **Staatsangehörigkeit des Minderjährigen**. Dabei sind die Besonderheiten zu beachten, welche sich für Staatenlose, Flüchtlinge, anerkannte Asylberechtigte, Volksdeutsche, Aussiedler und Spätaussiedler ergeben (dazu KKFamR/ *Rausch* Art 5 EGBGB Rn 2–4). Besitzt der Minderjährige mehrere Staatsangehörigkeiten, gilt die Vorrangregelung in Art 5 I 1 u 2.

17 Die Anknüpfung nach I 1 ist bei Verweis in fremdes Recht **Gesamtverweisung** iSv Art 4 I 1. Rück- und Weiterverweisung sind daher zu beachten. Bei Verweis ins deutsche Recht kommt ggf hinsichtlich im Ausland befindlichen Vermögens des Minderjährigen Vermögensspaltung (**Einzelstatut**) in Betracht. Art 3 III respektiert Regelungen ausländischen Kollisionsrechts, welches bestimmte Gegenstände, die sich im dortigen Hoheitsgebiet befinden, zwingend den Sachnormen des eigenen Rechts unterwerfen und bezüglich dieser Gegenstände die Anwendung fremden Rechts nicht zulassen. Dies gilt für eine nicht geringe Zahl von Ländern bezüglich auf ihrem Territorium belegener Immobilien. Art 3 III schreibt in diesem Fall für den betroffenen Vermögensgegenstand die vom Belegenheitsstaat beanspruchte ausschl Anwendbarkeit des dortigen Sachrechts vor, was auch für das Vormundschaftsstatut gilt (Palandt/*Heldrich* Rn 1). Für die sonstigen Bestandteile des Mündelvermögens verbleibt es bei der Anwendbarkeit des deutschen Sachrechts.

18 **2. Inhalt.** In Art 24 ist die Anknüpfung zum Inhalt für kraft Gesetzes eingetretene Vormundschaft und für angeordnete Vormundschaft unterschiedlich normiert: **Gesetzliche Vormundschaft** für Kinder mit gewöhnlichem Aufenthalt im Ausland sowie für ausländische Kinder miteinander verheirateter Eltern mit gewöhnlichem Aufenthalt im Inland findet ihre Regelung in I 1. Das auf ihren Inhalt anzuwendende Recht bestimmt sich wie das Entstehen dieser Vormundschaft nach der Staatsangehörigkeit des Minderjährigen. Für die **gesetzliche Amtsvormundschaft** über Kinder nicht miteinander verheirateter Eltern mit gewöhnlichem Aufenthalt im Inland gilt als spezielle einseitige Kollisionsnorm § 1791 c BGB.

19 Ist **Vormundschaft angeordnet worden**, unterliegt ihr Inhalt gem III dem Recht des Staates, dessen Gericht/ Behörde die Vormundschaft angeordnet hat. Ist also ein Anordnungsbeschluss im Inland ergangen, richtet sich das Weitere nach deutschem Recht (§§ 1775 ff), unabhängig davon, ob die Anordnung aufgrund deutschen oder fremden Rechts erfolgte. Lediglich für Beendigung und Aufhebung der Vormundschaft (§§ 1882, 1884) verbleibt es bei der Anknüpfung nach I, was für diesen begrenzten Bereich nur dann zur Verweisung in fremdes Recht führt, wenn der Minderjährige Nichtdeutscher ist. Abgesehen von dieser Ausnahme ist also bei in Deutschland angeordneter Vormundschaft stets deutsches Recht für deren Umfang und Wirkungen sowie das weitere Verfahren maßgeblich.

3. Vorläufige Maßregeln. Nach III 1. Alt unterliegen vorläufige Maßregeln dem Recht des anordnenden 20
Staates, unabhängig davon welches Recht nach I zur Anordnung der Vormundschaft berufen ist. „Vorläufige
Maßregeln" sind Entscheidungen, die erforderlichenfalls schon vor der Bestellung eines Vormunds oder bei
dessen Verhinderung zu treffen sind. Hierunter fallen die Bestellung eines Ersatzpflegers nach § 1909 III
sowie das selbstständige Eingreifen des Vormundschaftsgerichts nach § 1846. Steht ein deutsches Gericht vor
der Notwendigkeit einer solchen Entscheidung und ist seine internationale Zuständigkeit gegeben, richtet
sich die Entscheidung über eine solche vorläufige Maßregel nach deutschem Recht. Gleiches gilt für die vormundschaftsgerichtliche Genehmigung einer vorläufigen Unterbringungsmaßnahme bezüglich eines Minderjährigen (§§ 70 I 2 Nr 1 a, 70 h FGG). Zur endgültigen Unterbringungsentscheidung (§ 70 f FGG) s.u. Rn 32.

II. Pflegschaft. 1. Pflegschaft für Minderjährige. Hier kommen in Betracht die **Ergänzungspflegschaft** iSv 21
§ 1909 I, II BGB (BayObLG FamRZ 68, 105; LG Berlin FamRZ 71, 320), die **Ersatzpflegschaft** iSv § 1909 III
BGB und die **Pflegschaft für eine Leibesfrucht**. Für die Anknüpfung des Statuts dieser Pflegschaften gelten
dieselben kollisionsrechtlichen Vorschriften wie für das Vormundschaftsstatut – s.o. Rn 17 ff.
Hingegen erfolgt die Bestellung eines Prozesspflegers als Notvertreter für einen nicht prozessfähigen, gesetz- 22
lich nicht vertretenen Beklagten durch das Prozessgericht (§ 57 ZPO) lediglich im Interesse des Klägers. Sie
ist keine Fürsorgemaßnahme für den prozessunfähigen Beklagten und daher weder als Pflegschaft iSv Art 24
noch als Schutzmaßnahme iSd MSA zu qualifizieren. Für sie gilt die lex fori.
Fraglich ist, ob die Bestellung eines Pflegers für das Verfahren (§§ 50, 70 b FGG) als Pflegschaft iSv Art 24 23
anzusehen ist. Im Gegensatz zu der dem Klägerinteresse dienenden Prozesspflegschaft für den prozessunfähigen Beklagten nach § 57 ZPO erfolgt die im FGG geregelte Bestellung eines Verfahrenspflegers für den Minderjährigen gerade in dessen Interesse. Der Verfahrenspfleger indes ist nicht selbst gesetzlicher Vertreter und
schließt die Eltern von ihrer durch seine Bestellung nicht tangierten gesetzlichen Vertretung nicht aus. Die
materiell-rechtlichen Vorschriften über die Pflegschaft (§§ 1915, 1793 ff) sind auf die Verfahrenspflegschaft
nicht anzuwenden (Keidel/Kuntze/Winkler/*Engelhardt* FGG § 50 Rn 10 mwN). Hieraus ergibt sich, dass sie in
erster Linie der Gewährleistung eines dem betroffenen Minderjährigen ggü fairen Verfahrens dient und deshalb ihrem Gepräge nach verfahrensrechtlicher Natur ist. Sie ist daher nicht als materiell-rechtliche Pflegschaft iSv Art 24 zu qualifizieren. Für sie gilt die lex fori.

2. Pflegschaft für Volljährige. Zur Pflegschaft über Volljährige ergeben sich aus Art 24 unterschiedliche 24
Anknüpfungen zu den verschiedenen Pflegschaftsarten. II 1. Alt regelt die **Pflegschaft für unbekannte Beteiligte** (§ 1913) dahingehend, dass deren Statut der Anknüpfung der Angelegenheit folgt. Dasselbe gilt nach II 2. Alt für die
Abwesenheitspflegschaft bei bekanntem Aufenthalt (§ 1911 II), sofern sich der Abwesende im Ausland befindet. Bei bekanntem Aufenthalt im Inland ist sie zu Entstehung, Änderung und Ende gem I 1 an die Staatsangehörigkeit des Betroffenen anzuknüpfen. Ihr Inhalt unterliegt gem III 2. Alt dem Recht des anordnenden
Staates.
Für **Nachlasspflegschaft** gilt im Hinblick auf ihren Charakter als vorläufige Maßnahme gem III 1. Alt in jeder 25
Hinsicht das Recht des anordnenden Staates (Staud/*Kropholler* Rn 17).
Prozesspflegschaft (§ 57 ZPO) und Verfahrenspflegschaft (§§ 67, 70 b FGG) sind verfahrensrechtlich zu quali- 26
fizieren und unterfallen nicht Art 24 (s.o. Rn 22, 23). Für sie gilt die lex fori.

III. Betreuung. 1. Begriff. Das in Deutschland seit dem 1. 1. 92 geltende Rechtsinstitut Betreuung – 27
„Rechtliche Betreuung" seit dem 1. 1. 99 –, welches Vormundschaft und Gebrechlichkeitspflegschaft über
Volljährige abgelöst hat, findet begrifflich und inhaltlich nur wenig deckungsgleiche Entsprechung im Ausland. Der Betreuung am Nächsten kommen die „Sachwalterschaft" des österreichischen Rechts, die „sauvegarde de justice" des französischen Rechts sowie „bewind" (betr. Vermögenssorge) und „mentorschap" (betr.
Personensorge) des niederländischen Rechts. Etliche Staaten hingegen kennen nach wie vor Vormundschaft
über – entmündigte – Volljährige. Gemeinsam ist diesen Rechtsinstituten die hoheitliche Fürsorge für Volljährige, die ihre eigenen Angelegenheiten selbst nicht erledigen können, mit Regelungen zur gesetzlichen Vertretung solcher Personen. Alle diese Rechtsformen unterfallen dem kollisionsrechtlichen Begriff „Betreuung"
in Art 24.

2. Anordnung, Änderung, Ende. Aus I ergeben sich **zwei alternative Anknüpfungen** zum Statut von 28
Anordnung, Änderung und Beendigung der Betreuung. Nach S 1 ist Anknüpfungspunkt die **Staatsangehörigkeit** des Betroffenen. Besitzt der Betroffene mehrere Staatsangehörigkeiten, greift die Vorrangregelung des
Art 5 I 1 u 2. Ist also für einen im Ausland lebenden Deutschen im Inland Betreuung anzuordnen, ist deutsches Recht anzuwenden. Kommt hingegen Betreuung für einen im Inland lebenden Ausländer ist Betracht,
führt diese Anknüpfungsalternative in das Heimatrecht des Betroffenen. Der Verweis ist Gesamtverweisung
iSv Art 4 I.
Die aus der Anknüpfung an die Staatsangehörigkeit folgende Notwendigkeit der Ermittlung und Anwendung 29
fremden Rechts und die damit verbundenen praktischen Schwierigkeiten lassen sich vermeiden, wenn die
zusätzlichen Voraussetzungen der weiteren Anknüpfungsalternative in I 2 vorliegen: diese führt zur unmittelbaren Anwendung des deutschen Rechts, wenn der Betroffene zwar kein Deutscher ist, jedoch seinen

gewöhnlichen **Aufenthalt im Inland** hat. Hat der Betroffene weder im In- noch im Ausland einen gewöhnlichen Aufenthalt, reicht sein schlichter Aufenthalt im Inland. Verlässt der ausländische Betroffene, für den gem I S 2 Betreuung in Anwendung deutschen Rechts angeordnet worden ist, die Bundesrepublik, wird die angeordnete Betreuung nicht gegenstandslos; sie entfällt erst mit der Aufhebung der Betreuerbestellung (BayObLGZ 01, 324).

30 **3. Inhalt.** Ist Betreuung angeordnet worden, unterliegen ihr Umfang und ihre Wirkungen gem III 2. Alt dem **Recht des Staates, dessen Gericht/Behörde die Betreuung angeordnet hat.** Dies gilt insbes für die Geschäftsfähigkeit, die gesetzliche Vertretung, den angeordneten Einwilligungsvorbehalt, die Fürsorge und Aufsicht des Vormundschaftsgerichts, die Vergütung, Haftung und Entlassung des Betreuers. Lediglich für Aufhebung und Änderung der Betreuung verbleibt es bei der Anknüpfung nach I, was für diesen begrenzten Bereich nur dann zur Anwendbarkeit fremden Rechts führt, wenn der Betroffene Nichtdeutscher ist und keinen Aufenthalt in Deutschland hat.

31 **4. Vorläufige Maßregeln, Unterbringung.** Nach III 1. Alt unterliegen vorläufige Maßregeln dem **Recht des anordnenden Staates**, unabhängig davon, welches Recht nach I zur Anordnung der Betreuung berufen ist. **Vorläufige Maßregeln** sind Entscheidungen, die ggf vor der eigentlichen Betreuerbestellung zu treffen sind. Hierunter fallen Maßnahmen nach § 69 f FGG, dh die Bestellung eines vorläufigen Betreuers und die Anordnung eines vorläufigen Einwilligungsvorbehalts, sowie einstweilige Maßnahmen bei Fehlen eines Betreuers oder Verhinderung des Betreuers (§§ 1908 i I, 1846). Gleiches gilt für die vormundschaftsgerichtliche Genehmigung einer **vorläufigen Unterbringungsmaßnahme** (§ 70 h FGG). Ob auch die endgültige Unterbringungsentscheidung (§ 70 f FGG) von III 1. Alt erfasst wird (so wohl MüKo/*Klinkhardt* Rn 8), ist fraglich und zu verneinen sein, da es sich dabei um keine „vorläufige" Maßnahme handelt. Hierfür ist vielmehr III 2. Alt („Inhalt" der Betreuung) maßgeblich, so dass das Recht des Staates berufen ist, der die Betreuung angeordnet hat. Im praktischen Ergebnis macht dies allerdings in aller Regel keinen Unterschied: Ist die Betreuung in Deutschland angeordnet worden, gilt – wie für die vorläufige – auch für die endgültige Unterbringung deutsches Recht.

32 **IV. Vorfragen.** Zur Anordnung von **Vormundschaft** ist Voraussetzung, dass der Minderjährige nicht unter elterlicher Sorge steht (§ 1773 BGB). Die dahingehenden Vorfragen sind selbstständig anzuknüpfen, dh zur Minderjährigkeit nach Art 7, zur elterlichen Sorge nach Art 21. Hierbei ist ggf eine im Ausland ergangene Entscheidung zur elterlichen Sorge anzuerkennen – s dazu Art 21 Rn 12.

33 Zur Anordnung von **Betreuung** ist ua die Volljährigkeit des Betroffenen erforderlich. Die Vorfrage ist selbstständig anzuknüpfen, also nach Art 7. Dies gilt auch, soweit evtl Geschäftsunfähigkeit des volljährigen Betroffenen – etwa bei der sog Zwangsbetreuung – als Vorfrage von Bedeutung sein sollte.

34 **V. Verfahrensrecht. 1. Internationale Zuständigkeit.** Die kollisionsrechtliche Regelung zur internationalen Zuständigkeit für die Anordnung und Durchführung von **Vormundschaft und Pflegschaft über Minderjährige** ergibt sich nicht aus einer einheitlichen Norm, sondern aus supranationalen Rechtsinstrumenten und nachrangig aus dem autonomen Recht. Einschlägige Rechtsgrundlagen sind in dieser Reihenfolge - Art 8 ff VO (EG) Nr 2201/2003 („Brüssel II a"), – Art 1, 4, 8 und 9 MSA, – § 35 b FGG. S dazu KKFamR/*Rausch* vor Art 21 EGBGB Rn 11 ff.

35 Zur internationalen Zuständigkeit für **Betreuungsverfahren** gibt es – im Gegensatz zu Vormundschaftsverfahren über Minderjährige – keine supranationale Regelungen. Das deutsch-persische Niederlassungsabkommen enthält zwar eine materiell-rechtliche Kollisionsnorm (s.o. Rn 8), jedoch keine Regelung zur internationalen Zuständigkeit (BGH FamRZ 93, 316). Die VO (EG) N. 2201/2003 und das MSA gelten nur für Minderjährige. Maßgebliche Norm ist **§ 35 b FGG**, der über § 69 e S 1 FGG auf Betreuungsverfahren entspr anwendbar ist. Dies gilt sowohl für das Verfahren zur Anordnung von Betreuung als auch das weitere Verfahren nach Anordnung, insbes die Erteilung vormundschaftsgerichtlicher Genehmigungen, ebenso für vorläufige Maßregeln. Nach § 35 b I FGG sind alternative Anknüpfungspunkte die Staatsangehörigkeit sowie der gewöhnliche Aufenthalt des Betroffenen. Bei Doppelstaatern/Mehrstaatern reicht die deutsche Staatsangehörigkeit zur inländischen Zuständigkeit, auf die effektive Staatsangehörigkeit kommt es nicht an (BGH FamRZ 97, 1070). Darüber hinaus sind die deutschen Gerichte nach § 35 b II FGG zuständig, soweit die Betroffene der Fürsorge durch ein deutsches Gericht bedarf. Dies hat ein konkretes Fürsorgebedürfnis zur Voraussetzung.

36 **2. Anerkennung.** Eine im Ausland zur **Vormundschaft** oder Pflegschaft über einen Minderjährigen ergangene Entscheidung ist im Inland mit gleicher Wirkung wie eine entspr inländische Entscheidung anzuerkennen, wenn die Voraussetzungen eines gestuften Systems supranationaler und autonomer Rechtsgrundlagen vorliegen. Einschlägig sind in dieser Reihenfolge:
– VO (EG) Nr 2201/2003 („Brüssel II a"), – Luxemburger europäisches Übereinkommen über die Anerkennung und Vollstreckung von Entscheidungen über das Sorgerecht für Kinder und die Wiederherstellung des Sorgerechtsverhältnisses (ESÜ), – Haager Minderjährigenschutzabkommen (MSA), – Autonomes Recht (§ 16 a FGG). S dazu KKFamR/*Rausch* Art 21 EGBGB Rn 21 ff.

sungen (u. Rn 29). Da das deutsch-türkische und das deutsch-sowjetische Übereinkommen die Erbfolge in Immobilien bzw Rechte an diesen nach dem Recht der Belegenheit beurteilen, kommt es hier häufig zur Nachlassspaltung (u. Rn 31 ff).

4 Gem § 14 I des **deutsch-türkischen Nachlassabkommens** v 17. 2. 29, das als Anhang zu Art 20 des deutsch-türkischen Konsularvertrages vom 28. 5. 29 (RGBl 1930 II 748) abgeschlossen wurde (Abdruck und Kommentierung Staud/*Dörner* vor Art 25 Rn 158 ff; MüKo/*Birk* Rn 299 ff), unterliegt der bewegliche Nachlass eines Deutschen oder Türken dem Recht des Staates, dessen Nationalität der Erblasser bei seinem Tode besaß. Für unbewegliches Vermögen gilt gem § 14 II das Recht der Belegenheit. Gem § 16 sind Verfügungen von Todes wegen formwirksam, wenn sie den Formanforderungen des Heimatstaates des Erblassers oder aber denjenigen des Staates, in dem die Verfügung getroffen wurde, entsprechen. Nach § 15 1 sind für Klagen über die Feststellung des Erbrechts, Erbschaftsansprüche und Ansprüche aus Vermächtnissen und Pflichtteilen, soweit sie sich auf den beweglichen Nachlass beziehen, die Gerichte des Heimatstaates des Erblassers, soweit sie den unbeweglichen Nachlass betreffen, die Gerichte der Belegenheit der Immobilie zuständig.

5 Nach Art 28 III des **deutsch-sowjetischen Konsularvertrages** vom 25. 4. 58 (BGBl 1959 II 233, Abdruck und Kommentierung Staud/*Dörner* vor Art 25 Rn 191 ff; MüKo/*Birk* Rn 302 ff) wird unbeweglicher Nachlass eines Staatsangehörigen eines Mitgliedstaates nach dem Recht der Belegenheit vererbt. Für beweglichen Nachlass enthält der Vertrag keine Regelung, so dass es aus deutscher Sicht bei Art 25 I bewendet (Staud/*Dörner* vor Art 25 Rn 196). Für die Form letztwilliger Verfügungen finden Art 26 I-IV bzw das HTÜ Anwendung (dazu Art 26 Rn 1 ff). Der Vertrag gilt heute im Verhältnis zu Armenien, Aserbeidschan, Georgien, Kasachstan, Kirgistan, Moldawien, der Russischen Föderation, Tadschikistan, der Ukraine, Usbekistan und Weißrussland. Im Verhältnis zu Estland, Lettland, Litauen und Turkmenistan wurde die Fortgeltung nicht vereinbart, so dass Art 25, 26 anzuwenden sind (MüKo/*Birk* Rn 303, aA evtl Staud/*Dörner* vor Art 25 Rn 193).

6 Art 8 III 1 des **deutsch-iranischen Niederlassungsabkommens** vom 17. 2. 29 (RGBl 1931 II 9, Abdruck und Kommentierung Staud/*Dörner* vor Art 25 Rn 147 ff; MüKo/*Birk* Rn 293 ff) unterstellt den Nachlass umfassend dem Heimatrecht des Erblassers.

7 **C. Intertemporaler Anwendungsbereich. Innerdeutsches Kollisionsrecht.** Die Art 25, 26 wurden durch das Gesetz zur Neuregelung des Internationalen Privatrechts vom 25. 7. 86 eingefügt und sind mit diesem **am 1.9.86 in Kraft getreten**. Gem Art 220 I gelten die Art 25, 26 nF nur für solche Vorgänge, die am 1. 9. 86 noch nicht „abgeschlossen" waren. Art 25 I nF ist danach anwendbar auf sämtliche Erbfälle aus der Zeit nach dem 31. 8. 86. Dagegen gilt altes Recht, wenn der Erbfall vor dem 1. 9. 1986 eingetreten ist. In Bezug auf die Form letztwilliger Verfügungen (HTÜ bzw Art 26 I-IV) und eine Rechtswahl (Art 25 II) kommt es darauf an, ob die Verfügung vor oder nach dem 1. 9. 86 errichtet wurde. Eine nach altem Recht **formunwirksame Verfügung bzw Rechtswahl** iSd Art 25 II, die nach neuem Recht wirksam bzw zulässig wäre, wird durch den am 1. 9. 86 eingetretenen Statutenwechsel im Interesse der Beachtung des Erblasserwillens, der auf den Zeitpunkt des Erbfalls gerichtet ist, **validiert**, falls der Erbfall nach dem 1. 9. 86 eintritt (Hburg IPRspr 92 Nr 162; *Lange* DNotZ 00, 332, 342 f; Erman/*Hohloch* Rn 12; Palandt/*Heldrich* Art 26 Rn 8; aA Staud/*Dörner* Rn 14; MüKo/*Birk* Rn 5).

Von abnehmender Bedeutung sind Erbfälle mit **Bezug zum Gebiet der ehemaligen DDR**. Insoweit enthalten Art 235 §§ 1, 2 sowie Art 236 § 1 spezielle intertemporale und interlokale Kollisionsnormen (dazu MüKo/*Birk* Rn 373 ff; Staud/*Dörner* Rn 879 ff).

D. Geltungsbereich des Erbstatuts (Art 25 I, 26 V). I. Gesetzliche Erbfolge (Art 25 I). Allgemeine Qua-
8 **lifkationsfragen.** Das nach Art 25 I und dem ausländischen IPR (zum renvoi u. Rn 29) berufene Sachrecht (Erbstatut) regelt **umfassend** alle mit der gesetzlichen Erbfolge zusammenhängenden Rechtsfragen. Es gilt insbes für den Kreis der gesetzlichen Erben und den Umfang ihrer Erbrechte, Reichweite und Umfang von Pflichtteilsrechten (BGHZ 9, 151, 154; BGHZ 147, 95, 96 ff), den Zeitpunkt des Erbfalls, den Anfall der Erbschaft, etwa ob diese kraft Gesetzes auf die Erben übergeht oder wie in vielen anglo-amerikanischen Rechten oder in Österreich durch gerichtliche Verfügung auf diese übertragen wird, das Recht zur Ausschlagung, das Verhältnis der Erben zu Dritten einschließlich der Erbenhaftung (BGHZ 9, 151, 154) wie auch die Rechtsbeziehungen zwischen den Erben und die Erbauseinandersetzung (BGH NJW 97, 1150, 1151; MüKo/*Birk* Rn 247; BaRoth/*Lorenz* Rn 37). Auch die Erbfähigkeit unterliegt dem Erbstatut (BaRoth/*Lorenz* Rn 24, aA Palandt/*Heldrich* Rn 16: selbständige Anknüpfung nach Art 7), ebenso die Erb(un)würdigkeit.

9 Dagegen bestimmt sich der **Umfang des Nachlasses** nach dem bzw den Recht(en), die als Einzelstatut (insbes Forderungs-, Sach-, oder Gesellschaftsstatut) jeweils darüber entscheiden, ob der Erblasser Inhaber des betreffenden Nachlassgegenstandes war (BGH NJW 59, 1317, 1318; Ddorf FamRZ 01, 1102, 1103 f mwN; Soergel/*Kegel* Rn 17); zur Schmälerung des Nachlasses durch **Rechtsgeschäfte auf den Todesfall** unten Rn 22 f.

10 Da die Art 25 und 15 für die Bestimmung des **Erb- und Ehegüterstatuts** unterschiedliche Anknüpfungspunkte verwenden, können für die erb- und ehegüterrechtlichen Folgen eines Erbfalls unterschiedliche Sachrechte berufen werden und der überlebende Ehegatte aufgrund von Normkonflikten weniger oder mehr erhalten, als er nach jeder der beteiligten Rechtsordnungen erhielte, wäre diese sowohl als Erb- wie als Ehegü-

Neben ausländischen Gerichtsentscheidungen zu **Betreuung** und Pflegschaft über Volljährige können auch 37
Entscheidungen ausländischer Behörden anerkennungsfähig sein, wenn die Behörde aufgrund ihrer Stellung
und Zuständigkeit einem deutschen Gericht entspricht (BTDrs 10/504 S 93). Gerade für Betreuungssachen
ist dies von Bedeutung, da etliche ausländische Staaten die Kompetenz für Maßnahmen, welche betreuungsrechtlichen Charakter haben, nicht ihrer Gerichtsbarkeit, sondern bestimmten Behörden zuweisen. Ein spezielles Verfahren zur Feststellung der Anerkennungsfähigkeit ausländischer Entscheidungen zu Betreuung und
Pflegschaft über Volljährige gibt es nicht; eine förmliche Anerkennung ist nicht möglich (BGH FamRZ 89,
378; Bambg FamRZ 00, 1098). Die Vorfrage der Anerkennungsfähigkeit hat das mit der Sache befasste
Gericht selbstständig zu prüfen.

Bilaterale Vereinbarungen, die die gegenseitige Anerkennung von Entscheidungen betreuungsrechtlichen Cha- 38
rakters zum Gegenstand haben, gibt es mit Belgien, Griechenland, der Schweiz und Spanien. Sie enthalten übereinstimmend die grundsätzliche Anerkennungspflicht mit jeweils unterschiedlichen Einschränkungen. Soweit
solche Einschränkungen weiter gehen als das autonome Anerkennungsrecht (§ 16 a FGG), kann auf Letzteres
zurückgegriffen werden, wenn dieses sich im Vergleich zum Abkommensrecht nach Lage des Falles als anerkennungsfreudiger erweist (BGH FamRZ 87, 580). Davon ist in der Regel auszugehen, so dass für die Praxis eine Prüfung dieser Abkommen nicht erforderlich ist. Sonstige einschlägige supranationale Regelungen gibt es nicht.

Autonome Rechtsgrundlage zur Anerkennungsfähigkeit ausländischer Entscheidungen zu Betreuung sowie 39
Pflegschaft über Volljährige ist § 16 a FGG. Neben bestimmten Formalverstößen (Nr 1–3) kann ein ordre-
public-Verstoß der Anerkennung entgegenstehen (Nr 4). Dies kommt bei Betreuungsentscheidungen insbes
dann in Betracht, wenn der Betroffene im Verfahren nicht angehört worden war. Hat das ausländische
Gericht Erwachsenenvormundschaft mit Entmündigung angeordnet, steht dies nicht von vornherein der
Anerkennung entgegen – jedoch hat der Vormund lediglich die Stellung eines Betreuers für alle Angelegenheiten und mit Einwilligungsvorbehalt (MüKo/*Klinkhardt* Rn 41 mwN). Ein ordre-public-Verstoß ist dann
anzunehmen, wenn das Wohl oder der Wille des Betreuten grob missachtet worden ist. Maßstab ist hier vor
allem Art 2 I GG (vgl BGH NJW 93, 848).

Abschnitt 4   Erbrecht

Art. 25 Rechtsnachfolge von Todes wegen

(1) Die Rechtsnachfolge von Todes wegen unterliegt dem Recht des Staates, dem der Erblasser im Zeitpunkt seines Todes angehörte.
(2) Der Erblasser kann für im Inland belegenes unbewegliches Vermögen in der Form einer Verfügung von
Todes wegen deutsches Recht wählen.

A. Grundzüge der Art. 25, 26. Art 25 I beruft für alle Rechtsfragen in Zusammenhang mit einem Erbfall 1
mit Auslandsbezug grds umfassend das Recht des Staates, dessen **Staatsangehörigkeit** iSd Art 5 der Erblasser
bei seinem Tode besaß. Die Anknüpfung an das Heimatrecht wurde vom Gesetzgeber des IPR-Gesetzes von
1986 mit ihrer Klarheit, der Übereinstimmung mit den personenrechtlichen Anknüpfungen und der Beibehaltung eines bewährten Prinzips begründet (BTDrs 10/504, 74). Viele ausländische Kollisionsrechte stellen
dagegen auf das Recht am letzten gewöhnlichen Aufenthalt bzw Wohnsitz des Erblassers bzw dessen domicile
ab oder sehen differenzierte Regeln vor (umfassende rechtsvergleichende Nachw nach Ländern bei *Ferid/Fir-
sching/Hausmann/Dörner*, Internationales Erbrecht, Loseblatt; Überblick bei BaRoth/*Lorenz* Rn 83). Die Erbfolge nach ausländischen Erblassern, die im Inland versterben, richtet sich daher vielfach nach deutschem
Sachrecht, wenn das ausländische Heimatrecht des Erblassers seinerseits an den letzten gewöhnlichen Aufenthalt bzw Wohnsitz bzw das letzte domicile anknüpft und auf deutsches Recht zurückverweist (zum renvoi u.
Rn 29). Eine **Rechtswahl** ist nur sehr eingeschränkt möglich (u Rn 25 ff). Sonderregelungen für **Verfügungen
von Todes wegen** enthalten in Bezug auf deren Form Art 26 I-IV bzw das Haager Übereinkommen über das
auf die Form letztwilliger Verfügungen anwendbare Recht vom 5.10.61 – HTÜ (BGBl II 1145, abgedruckt
Palandt/*Heldrich* Anh Art 26, näher Art 26 Rn 1 ff), in Bezug auf ihre Gültigkeit sowie Bindungswirkung gilt
Art 26 V 1 (u Rn 15 f). Art 25, 26 gehen ebenso wie das inländische materielle Erbrecht vom **Grundsatz der
Nachlasseinheit** aus (BTDrs 10/504, 75), dh der gesamte Nachlass unterliegt dem nach Art 25 I ermittelten
Recht unabhängig davon, in welchem Staat die einzelnen Nachlassgegenstände belegen sind. Aus unterschied-
lichen Gründen kommt es jedoch häufig zu Nachlassspaltungen, dh dazu, dass Teile des Nachlasses einem
anderen materiellen Recht unterliegen als andere (u Rn 31 ff).

B. Vorrangige Staatsverträge. Von den auf dem Gebiet des Internationalen Erbrechts bestehenden **multila-** 2
teralen Übereinkommen, die gem Art 3 II 2 den Art 25, 26 vorgehen, gilt für die Bundesrepublik nur das
HTÜ (o Rn 1, näher Art 26 Rn 1 ff). Dagegen hat die Bundesrepublik insbes das Haager Übereinkommen
über das auf die Rechtsnachfolge von Todes wegen anwendbare Recht vom 1.8.89 nicht ratifiziert.

Bilaterale Übereinkommen bestehen insbes im Verhältnis zum **Iran,** der **Sowjetunion** bzw ihren Nachfolge- 3
staaten und der **Türkei.** Die Kollisionsnormen dieser Übereinkommen enthalten durchweg Sachnormverwei-

terstatut berufen. Hinzunehmen sind derartige Normkonflikte, wenn das erzielte Ergebnis zwar keiner der beteiligten Rechtsordnungen entspricht, der Ehegatte aber weder besser als er nach dem ihm günstigeren noch schlechter als nach dem ihm ungünstigeren Recht steht. Stellt die kumulative Anwendung der Art 25, 15 den überlebenden Ehegatten schlechter, als er bei alleiniger Maßgeblichkeit einer der beteiligten Rechtsordnung stünde, ist er durch Anpassung zumindest so zu stellen, wie er nach der für ihn ungünstigeren Rechtsordnung stünde (Staud/*Dörner* Rn 717; Palandt/*Heldrich* Rn 26; aA MüKo/*Siehr* Art 15 Rn 118: Anwendung des dem Ehegatten günstigeren Rechts). Erhält der Ehegatte nach Art 25, 15 mehr als nach jeder der beteiligten Rechtsordnungen, ist er auf dasjenige zu beschränken, was er nach dem ihm günstigeren Recht erhielte. § 1371 I BGB ist nach ganz hM güterrechtlich zu qualifizieren, obwohl er den Zugewinnausgleich gerade im Hinblick auf den Tod eines Ehegatten regelt (Stuttg NJW-RR 05, 740; Karlsr NJW 90, 1420; MüKo/*Birk* Rn 158; MüKo/*Siehr* Art 15 Rn 117; Staud/*Mankowski* Art 15 Rn 343 ff; Erman/*Hohloch* Art 15 Rn 37; Palandt/*Heldrich* Art 15 Rn 26), so dass sich die Erbquote des überlebenden Ehegatten grds auch um ein Viertel erhöht, wenn ausländisches Recht Erbstatut ist. Ggf ist auch hier anzupassen.

Bei Normkonflikten zwischen **Erb- und Unterhaltsstatut** ist die ungerechtfertigte Besserstellung des Erben durch Normenhäufung im Wege der Qualifikation erbrechtsersetzender Unterhaltsansprüche als erbrechtlich zu vermeiden (Staud/*Dörner* Rn 719), notfalls ist anzupassen. 11

Entspr den Grundsätzen des deutschen Sachrechts bestimmt das Gesellschaftsstatut über die Art und Weise der **Nachfolge in Personengesellschaften**, das Erbstatut darüber, wer Erbe geworden ist und damit nach gesellschaftsrechtlichen Grundsätzen in die Gesellschaft eintritt (MüKo/*Birk* Rn 180 ff; BaRoth/*Lorenz* Rn 32). Anteile an **Kapitalgesellschaften** werden wie sonstiger Nachlass nach Art 25 I behandelt. 12

Die vermögensrechtliche Zuordnung des Nachlasses durch das Erbstatut wird von dem auf den jeweiligen Nachlassgegenstand anwendbaren Einzelstatut (insbes Sach- oder Forderungsstatut) idR anerkannt (zur Nachfolge in Personengesellschaften Rn 12). Doch bestimmt insbes das **Sachstatut iSd Art 43** darüber, ob es ihm unbekannte dingliche Folgen des Erbfalles akzeptiert. Kennt das ausländische Erbstatut dem deutschen Belegenheitsrecht fremde Formen sachenrechtlicher (Mit-)Berechtigung am Nachlass (joint tenancy, trust, dinglich wirkender Ehegattennießbrauch), so sind diese in Bezug auf im Inland befindliche Sachen durch Anpassung oder Substitution (Art 3 Rn 67 ff) in den deutschen numerus clausus der Sachenrechte einzupassen. Nach hM ist ein nach fremdem Erbstatut zulässiges **Vindikationslegat**, das zur Singularsukzession in einzelne Nachlassgegenstände führt, in Bezug auf im Inland belegene Nachlassgegenstände in ein bloß schuldrechtlich wirkendes Vermächtnis (§§ 2147 ff) umzudeuten, weil die Singularsukzession dem deutschen Sachenrecht fremd sei (BGH NJW 95, 58, 59; AnwK/*Kroiß*, § 2369 BGB Rn 37; MüKo/*Birk* Rn 170; Staud/*Dörner* Rn 720). Das überzeugt nicht, da weder dem deutschen Erb- noch Sachenrecht der unmittelbare Übergang einzelner Nachlassgegenstände gänzlich unbekannt ist, vgl §§ 2150, 2110 II BGB (wie hier *van Venrooy* ZvglRWiss 85 (1986), 205, 212 ff). 13

Viele Rechte kennen anders als § 1936 BGB beim Fehlen gesetzlicher Erben kein **gesetzliches Erbrecht des Fiskus**, sondern räumen diesem ein **Recht zur Aneignung** herrenloser Gegenstände ein. Richtiger Auffassung nach sind sowohl gesetzliche Fiskalerbrechte als auch Aneignungsrechte aufgrund ihrer funktionalen Vergleichbarkeit erbrechtlich zu qualifizieren (Soergel/*Schurig* Rn 30; MüKo/*Birk* Rn 173). Gesetzliche Fiskalerbrechte erfassen stets auch im Ausland befindliche Nachlassgegenstände, während Aneignungsrechte dem Fiskus des betreffenden Staates in aller Regel nur den Zugriff auf den in seinem Staatsgebiet belegenen Nachlass erlauben. Zur Vermeidung herrenloser Auslandsnachlässe tritt in diesen Fällen in allen anderen Staaten der Nachlassbelegenheit je nach nationalem Recht ein auf das jeweilige Territorium beschränktes gesetzliches Erb- oder Aneignungsrecht des jeweiligen Fiskus (MüKo/*Birk* Rn 175 f). 14

II. Gewillkürte Erbfolge, letztwillige Verfügungen (Art 25 I, 26 V). 1. Allgemeines. Das Erbstatut iSd Art 25 I gilt grds auch für **letztwillige Verfügungen**. Allerdings bestimmt sich deren **Form** ausschließlich nach dem HTÜ bzw Art 26 I-IV (s dort). Gem Art 26 V 1 entscheidet über die **Gültigkeit** einer letztwilligen Verfügung sowie deren **Bindungswirkung** dagegen das Sachrecht des Staates, das im Zeitpunkt der Errichtung der Verfügung iSd Art 25 I (hypothetisches) Erbstatut gewesen wäre (**Errichtungsstatut**). Bedeutung erlangt Art 26 V bei **Statutenwechseln**, dh wenn Errichtungsstatut und Erbstatut nicht identisch sind. Hierzu kann es zum einen bei einem Wechsel der Staatsangehörigkeit des Erblassers kommen, wenn das von Art 25 I berufene IPR seines Heimatstaates ebenfalls an die Nationalität im Zeitpunkt des Erbfalls anknüpft. Ein Statutenwechsel tritt zum anderen bei einem Wechsel des gewöhnlichen Aufenthaltes bzw Wohnsitzes bzw Domizils des Erblassers ein, falls das von Art 25 I berufene IPR des Heimatstaates des Erblassers an dessen gewöhnlichen Aufenthalt bzw Wohnsitz bzw domicile anknüpft. 15

Zur Gültigkeit einer Verfügung iSd Art 26 V 1 zählt nach hM nur ihre äußere, nicht ihre inhaltliche Wirksamkeit (*KG* FamRZ 98, 124, 125; MüKo/*Birk* Art 26 Rn 28; Staud/*Dörner* Art 26 Rn 288). Zur Gültigkeit gehören insbes Regelungen darüber, **wer gemeinschaftlich verfügen** darf (zum Erbvertrag und gemeinschaftlichen Testament Rn 20 ff). Auch die **Bindung an die Verfügung** unterliegt dem Errichtungsstatut, dh ihre Widerruflich- und Aufhebbarkeit sowie die Anfechtbarkeit wegen anfänglicher Mängel (Erman/*Hohloch* Art 26 Rn 28), aber auch und gerade der Umfang der Bindung bei wechselbezüglichen Verfügungen in gemeinschaftlichen Testamenten und Erbverträgen (KG FamRZ 1998, 124, 125). 16

17 Auch die **Testierfähigkeit** ist grds nach dem Errichtungsstatut zu beurteilen (Gegenschluss aus Art 26 V 2); kennt dieses keine von der allgemeinen Geschäfts- abweichende Testierfähigkeit, ergibt sich Letztere aus den Vorschriften des Errichtungsstatuts über die Geschäftsfähigkeit (MüKo/*Birk* Art 26 Rn 13; Staud/*Dörner* Art 26 Rn 69 ff; aA *BayObLG* FamRZ 03, 1594; AnwK/*Kroiß* Rn 68, *van Venroy*, JR 88, 485: Testierfähigkeit selbständig nach Art 7 anzuknüpfen; differenzierend Palandt/*Heldrich* Rn 16; Erman/*Hohloch* Rn 29). Gem Art 26 V 2 verliert ein Erblasser, der nach seinem früheren Heimatrecht testierfähig war, diese Fähigkeit nicht durch einen Wechsel zur deutschen Nationalität und ist daher nach dem Statutenwechsel nach seinem alten Heimatrecht als testierfähig anzusehen, auch wenn das deutsche Recht ihm diese Fähigkeit abspricht. Die Regelung ist auf Fälle des Erwerbs anderer Staatsangehörigkeiten entspr anzuwenden (Staud/*Dörner* Art 26 Rn 85; MüKo/*Birk* Art 26 Rn 16; BaRoth/*Lorenz* Art 26 Rn 12; Palandt/*Heldrich* Art 26 Rn 9). Zur **Abgrenzung** der Testierfähigkeit **von der Form** (Art 5 HTÜ bzw Art 26 III) s Art 26 Rn 6.

18 **Im Übrigen** unterliegen letztwillige Verfügungen nach hM dem tatsächlichen Erbstatut iSd Art 25 I, das insbes über ihre **Auslegung** sowie darüber bestimme, mittels welcher materiell-rechtlichen Institute einer nach dem Errichtungsstatut „gültigen" Verfügung zur Durchsetzung zu verhelfen und ob ihr **Inhalt** zulässig sei (Palandt/*Heldrich* Rn 11; Staud/*Dörner* Rn 288; MüKo/*Birk* Art 26 Rn 28 ff). Da sich der Erblasser bei der Verfügung idR am Errichtungsstatut orientiert hat, sollen bei der Auslegung die Grundsätze des Handelns unter falschem Recht (Art 3 Rn 58) anzuwenden sein (BGH NJW 04, 3558, 3561; BaRoth/*Lorenz* Art 26 Rn 12 f; MüKo/*Birk* Art 26 Rn 28; Palandt/*Heldrich* Rn 12). Überzeugender ist es, den Begriff der Gültigkeit iSd Art 26 V 1 weit auszulegen und auch Auslegung und Inhalt der Verfügung unter ihn zu fassen, da sich die „Gültigkeit" einer Verfügung nur nach ihrer vorherigen Auslegung und in Bezug auf dasjenige Recht beurteilen lässt, an dem sich die Verfügung orientiert (ähnlich Erman/*Hohloch* Art 26 Rn 27: Maßgeblichkeit des Errichtungsstatuts bzgl inhaltlicher Anforderungen an die Wirksamkeit der Verfügung). Zur Qualifikation von Vorschriften, die die **Stellvertretung** bei der Testamtenserrichtung untersagen, s Art 26 Rn 7.

19 Die Zulässigkeit der Einsetzung von **Testamentsvollstreckern** und deren Befugnisse unterstehen ebenfalls dem Erbstatut (BGH NJW 63, 46; WM 69, 72; BayObLGZ 99, 296, 302; NJW-RR 05, 594; Staud/*Dörner* Rn 274 ff).

20 **2. Gemeinschaftliches Testament. Erbvertrag.** Manche Rechtsordnungen insbes des romanischen und südamerikanischen Rechtskreises lehnen gemeinschaftliche Testamente und Erbverträge ab. Die hM (Staud/*Dörner* Rn 312; Erman/*Hohloch* Art 26 Rn 27; MüKo/*Birk* Art 26 Rn 100) **qualifiziert** derartige Verbote als Formvorschriften, wenn sie primär der Klarheit über den Inhalt der Verfügungen der Erblasser dienen (so das Verbot gemeinschaftlicher Testamente im französischen, niederländischen, schweizerischen oder spanischen Recht), als inhaltliche Verbotsnormen, wenn sie auf inhaltlichen Bedenken gegen lebzeitige Bindung beruhen (so die Verbote von Erbverträgen sowie von gemeinschaftlichen Testamenten im italienischen, portugiesischen und kroatischen Recht, Nachw bei AnwK/*Kroiß* Art 26 Rn 32 f). Im Grundsatz unbestritten ist, dass die Zulässigkeit der **Errichtung** von gemeinschaftlichen Testamenten und Erbverträgen gem Art 26 V 1 **für jede Partei getrennt** nach ihrem jeweils eigenen Errichtungsstatut zu beurteilen ist (BGHZ 19, 315, 316; BGH WM 78, 171, 173 jew implicite).

21 Verneint auch nur ein Errichtungsstatut eine lebzeitige Bindung aus **inhaltlichen** Gründen, ist die Verfügung insgesamt ungültig. Sehen beide Rechte eine unterschiedlich weit gehende Bindung vor, sind die Parteien durch kumulative Anwendung der Errichtungsstatute nur so weit gebunden, wie dies das bindungsfeindlichere der beiden Rechte gestattet (*Pfeiffer* FamRZ 93, 1266, 1276 f; MüKo/*Birk* Art 26 Rn 102; Erman/*Hohloch* Rn 31; aA Staud/*Dörner* Rn 324; Palandt/*Heldrich* Rn 13: Umfang der Bindung für jede Partei isoliert zu betrachten, der nach ihrem Recht stärker gebundenen Partei ist durch Auslegung oder Anpassung zu helfen). Handelt es sich bei dem Verbot gemeinschaftlicher Testamente um eine bloße **Formvorschrift**, kann die Verfügung zwar nicht nach dem Errichtungsstatut, aber gem Art 4 HTÜ bzw Art 26 IV wirksam in einem Staat errichtet werden, dessen Recht wie das deutsche eine Bindung gestattet. Bei **Erbverträgen** mit erbrechtlicher Bindung nur einer Partei kommt es allein auf das Errichtungsstatut der betreffenden Partei an, während bei zweiseitigen Erbverträgen beide Errichtungsstatute kumuliert anzuwenden sind (ebenso MüKo/*Birk* Art 26 Rn 133 f; Erman/*Hohloch* Rn 32).

22 **3. Rechtsgeschäfte unter Lebenden auf den Todesfall. Erbschaftskauf. Erbverzicht. Testiervertäge.** Rechtsgeschäfte unter Lebenden auf den Todesfall, **insbes Schenkungen von Todes wegen** nach § 2301 BGB, sind nach hM erbrechtlich zu qualifizieren, wenn sie bei Erbfall noch nicht vollzogen waren, sonst unterliegen sie den Art 27 ff bzw dem maßgeblichen Sachstatut. Ob Vollzug vorliegt, soll aus dem jeweiligen Einzel-, nicht dem Erbstatut folgen (BGH NJW 59, 1317, 1318; Ddorf FamRZ 01, 1102, 1103 f mwN; Erman/*Hohloch* Rn 34; BaRoth/*Lorenz* Rn 39; aA zu Recht *Henrich*, FS Firsching (85), 111, 118; *ders*, ZEV 01, 486 f, ähnlich MüKo/*Siehr* Art 26 Rn 155: auch insoweit Erbstatut.

23 Der **Erbschaftskauf** hat sowohl schuldrechtliche wie erbrechtliche Wirkungen, ist jedoch zur Vermeidung von Normwidersprüchen umfassend erbrechtlich zu qualifizieren (MüKo/*Siehr* Art 26 Rn 162; Palandt/*Heldrich* Rn 10 aE; aA BaRoth/*Lorenz* Rn 41; Staud/*Doerner* Rn 416: Differenzierung zwischen schuld- und erbrechtlichen Aspekten). Als erbrechtliches Rechtsgeschäft untersteht der **Erbverzicht** dem Erbstatut (BGH NJW 97,

521; Staud/*Dörner* Rn 373; Erman/*Hohloch* Rn 33; MüKo/*Birk* Art 26 Rn 145), während der ihm zugrunde liegende schuldrechtliche Vertrag den Art 27 ff unterliegt. Auf die insbes im anglo-amerikanischen Recht vorkommenden **Testierverträge**, in denen sich der Erblasser schuldrechtlich zur Errichtung bestimmter Verfügungen verpflichtet (contract to make will), sind nicht die Art 27 ff, sondern die Art 25 I, 26 I–IV, V analog anzuwenden (BaRoth/*Lorenz* Rn 42; MüKo/*Birk* Art 26 Rn 152; Staud/*Dörner* Rn 387).

III. Vorfragen der Ehe und Kindschaft. Die sich iRd Anwendung des Erbstatuts stellende Vorfrage der Wirksamkeit einer Ehe ist entspr der Grundregel (Art 3 Rn 54 ff) **selbständig** nach Art 13 **anzuknüpfen** (BGH NJW 81, 1900, 1901; Zweibr FamRZ 03, 1697, 1699; Frankf FamRZ 02, 705, 706; Erman/*Hohloch* Rn 9; BaRoth/*Lorenz* Rn 45 f). Unterscheidet das ausländische Erbstatut zwischen ehelichen und **nichtehelichen Kindern**, so ist die Frage der Ehelichkeit bzw Nichtehelichkeit des Kindes, da sie im deutschen IPR keine Bedeutung mehr hat und eine unselbständige Anknüpfung daher die Einheit der deutschen Rechtsordnung nicht berührt, nach der lex causae zu beurteilen (BayObLG FamRZ 03, 1595, 1597). Äußerst problematisch und umstritten ist die erbrechtliche Stellung **angenommener (adoptierter) Kinder**. Im Ausgangspunkt besteht im Hinblick auf die durch Adoption vermittelte **Verwandtschaft** Einigkeit darüber, dass das Erbstatut entscheidet, welches Verwandtschaftsverhältnis zwischen dem Erblasser und dem potentiellen Erben bestehen muss, während dem (selbständig anzuknüpfenden) Adoptionsstatut iSd Art 22 zu entnehmen ist, ob diese Verwandtschaft besteht (BGH FamRZ 89, 378, 381; BayObLG ZEV 03, 503, 504; Erman/*Hohloch* Rn 9; Staud/*Dörner* Rn 165 ff; AnwK/*Benicke* Art 22 Rn 40, 42 mwN). Fraglich ist, wie zu verfahren ist, wenn dem angenommenen Kind aufgrund besonderer erbrechtlicher Wertungen entweder nach dem Erb- oder dem Adoptionsstatut kein **Erb- bzw Pflichtteilsrecht** zusteht, weil insoweit zwischen allein erbberechtigten leiblichen und von der Erbfolge ausgeschlossenen angenommenen Kindern unterschieden wird. Soweit lediglich das Adoptionsstatut das Erbrecht versagt, schadet dies bei der Anerkennung eines Erbrechts durch das Erbstatut nicht. Im umgekehrten Fall, in dem das Erbstatut angenommene Kinder von der Erbfolge ausschließt, erhält das Adoptivkind dagegen das ihm fehlende Erbrecht auch nicht deswegen, weil es ein solches nach dem Adoptionsstatut besäße (str, Nachw bei AnwK/*Benicke*, Art 22 Rn 40 ff). Bei der Auslegung letztwilliger Verfügungen ist ggf zu beachten, dass der Erblasser ein angenommenes Kind eventuell nur deswegen nicht oder nicht hinreichend bedacht hat, weil er irrig davon ausging, dessen erbrechtliche Stellung ergebe sich aus dem vom Erbstatut insoweit abweichenden Adoptionsstatut; ggf ist anzupassen.

D. Rechtswahl, Art 25 II. Trotz grds Unzulässigkeit der Rechtswahl iRd Art 25, 26 (BTDrs. 10/504, 74) ist diese **in zwei Fällen** möglich. Zum einen kann der Erblasser gem Art 25 II durch Verfügung von Todes wegen für inländisches Immobiliarvermögen die Geltung deutschen Erbrechts anordnen. Zum anderen ist eine Rechtswahl insoweit zulässig, wie sie vom IPR des Heimatstaates des Erblassers gestattet wird, da Art 25 I eine Gesamtverweisung auf dieses Recht ausspricht (u. Rn 29 f).

Über die **Wirksamkeit** der Rechtswahl entscheidet im Fall des Art 25 II analog Art. 27 IV, 31 das deutsche, im Fall der Rechtswahlmöglichkeit nach dem IPR des Heimatstaates des Erblassers das ausländische Recht (Zweibr FamRZ 03, 1697, 1698; *Tiedemann* RabelsZ 55 (1991), 17, 26 f; Staud/*Dörner* Rn 492; MüKo/*Birk* Rn 32). Die **Abgrenzung** von beweglichem und unbeweglichem Vermögen iSd Art 25 II entspricht derjenigen des BGB. Zum unbeweglichen Vermögen iSd Art 25 II zählen daher Grundstücke und grundstücksgleiche Rechte (Wohnungseigentum und Erbbaurechte) nebst Zubehör und die beschränkt dinglichen Rechte. Die Rechtswahl nach Art 25 II muss in einer letztwilligen Verfügung enthalten sein (auch isoliertes Rechtswahltestament ist zulässig), setzt Testierfähigkeit voraus und hat die Formvorgaben der Art 26 I–IV bzw des HTÜ zu beachten und kann sich auf sämtliche oder auch nur einzelne inländische Immobilien beziehen. Auch eine **konkludente (Teil-)Rechtswahl** kommt nach § 2084 BGB in Betracht, wenn die Verfügung den Willen des Erblassers hinreichend deutlich erkennen lässt, die inländische(n) Immobilie(n) deutschem Recht zu unterstellen, wofür insbes die inhaltliche Ausrichtung der Verfügung am deutschem Recht sprechen kann (BayObLG FamRZ 96, 694, 696; Zweibr FamRZ 03, 1697, 1698; Soergel/*Schurig* Rn 10); bei der Annahme einer Teilrechtswahl ist allerdings große Zurückhaltung geboten (*Süß*, ZEV 03, 164 f; *Schack*, GS Lüderitz (2000), 659, 668; Staud/*Dörner* Rn 501).

Wählt der Erblasser entgegen Art 25 II auch für ausländische Immobilien und/oder inländische Mobilien deutsches Recht, so ist nach deutschem Sachrecht (BaRoth/*Lorenz* Rn 21) zu prüfen, ob die **Teilunwirksamkeit der Rechtswahl** diese insgesamt hinfällig werden lässt. Maßgeblich ist der Erblasserwille, dh die Frage, ob der Erblasser eine Teilrechtswahl und eine aus ihr folgende Nachlassspaltung mit ihren nicht vorhergesehenen sachrechtlichen Folgen gewollt hätte, wovon nur ausnahmsweise ausgegangen werden kann. Bei einer **insgesamt unwirksamen Rechtswahl** ist dem Erblasserwillen iRd objektiv ermittelten Erbstatuts nach Möglichkeit im Wege der Auslegung und Substitution zur Durchsetzung zu verhelfen.

Der **Widerruf der Rechtswahl** ist jederzeit durch Verfügung von Todes wegen möglich. War die Rechtswahl Bestandteil eines gemeinschaftlichen Testaments oder Erbvertrages, kann der Widerruf jedoch eine nach dem damaligen Errichtungsstatut gültige Verfügung und die Bindung an sie nicht mehr beseitigen (hM Staud/*Dörner* Rn 514; Palandt/*Heldrich* Rn 8; aA MüKo/*Birk* Rn 58: nur gemeinschaftlicher Widerruf möglich).

29 **E. Allgemeine Fragen. I. Renvoi, Unteranknüpfung.** Art 25 I enthält einen **Gesamtverweis** auf das Heimatrecht des Erblassers (Art 4 I 1 Hs 1). Knüpft dessen IPR anders als Art 25 I an den letzten gewöhnlichen Aufenthalt bzw Wohnsitz oder das domicile des Erblassers an, ist eine sich daraus ergebende Rück- bzw Weiterverweisung zu befolgen. Knüpft das ausländische IPR die Rechtsnachfolge in den beweglichen anders an als diejenigen in den unbeweglichen Nachlass, ist dies zu beachten, auch wenn daraus **Nachlassspaltung** resultiert (näher Rn 31 f). Dabei entscheidet grds das ausländische IPR über die Qualifikation von Gegenständen als beweglich oder unbeweglich, kann diese Qualifikation aber auch dem Recht der Belegenheit der Immobilie überlassen (BGHZ 144, 251, 253 ff – Qualifikationsrenvoi). Der Begriff des unbeweglichen Vermögens iSd des deutschen Rechts ist eng auszulegen (BGHZ 131, 22, 28 f); der gesamt händerische Anteil des Erblassers an einer Personengesellschaft zählt selbst dann nicht zum unbeweglichen Vermögen, wenn Immobilien zum Gesellschaftsvermögen zählen (BGHZ 24, 253, 367 f), ebenso wenig Ansprüche aus einer Miterbengesellschaft mit Immobilienbesitz (BGHZ 146, 310, 315 f) oder Ansprüche auf Rückübertragung von Immobilien nach dem Vermögensgesetz (BGHZ 144, 251, 253 ff).

30 Eine **Sachnormverweisung** liegt vor, wenn das anwendbare Recht auf einer wirksamen Rechtswahl (Art 25 II) bzw zulässigen Rechtswahl nach einem ausländischem Recht beruht (Art 4 II). Gleiches gilt nach dem Sinn der Verweisung gem Art 4 I 1 Hs 2 bei den Anknüpfungen nach den o. Rn 3 ff genannten Konsularverträgen sowie iRd Formanknüpfung gem Art 26 I–IV bzw dem HTÜ.

31 **II. Nachlassspaltung.** Nachlassspaltung tritt ein, wenn **unterschiedliche Teile des Nachlasses unterschiedlichen Sachrechten** unterliegen, insbes der bewegliche Nachlass einem anderen Recht untersteht als der unbewegliche. Hierzu kann es iRd deutsch-türkischen und deutsch-sowjetischen Konsularverträge, der Wahl deutschen Rechts für inländische Immobilien gem Art 25 II wie auch gem Art 4 I 1 kommen, wenn das IPR des Heimatstaates des Erblassers zwischen beweglichem und unbeweglichem Vermögen unterscheidet und auf unterschiedliche Rechte rück- bzw weiter verweist. Schließlich kann **Art 3 III** eine Nachlassspaltung bewirken, wenn das Recht der Belegenheit von Nachlassimmobilien diese aus zwingenden sachrechtlichen Gründen oder aber nach seinem Kollisionsrecht der lex rei sitae unterstellt (BGH NJW 93, 1920, 1921; BGH NJW 04, 3558, 3560; näher AnwK/*Freitag* Art 3 Rn 68 f). Über den **Umfang der Sonderanknüpfung** aus den besondere Erbstatut bestimmt grds dieses (BayObLG FamRZ 03, 1327, 1330; AnwK/*Freitag* Art 3 Rn 67).

32 Im Fall der Nachlassspaltung ist zunächst **jeder Teilnachlass selbständig** so zu behandeln, als sei er (etwa in Bezug auf Auslegung, Wirksamkeit und Inhalt letztwilliger Verfügungen, Erbberechtigung, Pflichtteilsrechte, Ausschlagung, Erbenhaftung etc.) infolge eines eigenständigen Erbganges angefallen (BGHZ 24, 352, 355 f; BayObLG NJW 03, 216, 217; BaRoth/*Lorenz* Rn 50). Der Erblasser kann die **Erbfolge** in einzelne Spaltnachlässe auch **unterschiedlich regeln** (BayObLG FamRZ 95, 1089, 1091; FamRZ 03, 1327, 1331; Staud/*Dörner* Rn 730 ff). Entsprechen die Folgen der Nachlassspaltung jedoch nicht den Vorstellungen des Erblassers, ist iRd anwendbaren Sachrechte durch **Auslegung** letztwilliger Verfügungen zu helfen, um unbeabsichtigte Ungleichbehandlungen im Einklang mit dem Erblasserwillen zu vermeiden (BGHZ 134, 60, 63; NJW 04, 3558 ff; BayObLG NJW 00, 440 f; Hamm FamRZ 98, 121 f), ggf ist **anzupassen**, insbes um andernfalls fehlende oder zu geringe Pflichtteilsansprüche zu vermeiden (Staud/*Dörner* Rn 750; BaRoth/*Lorenz* Rn 51).

33 **III. Ordre public (Art 6).** Bei der Anwendung des ordre public iSd Art 6 ist zwischen gesetzlicher und testamentarischer Erbfolge zu unterscheiden. **Letztwillige Verfügungen**, die bestimmte Personen wegen ihres Geschlechts, Glaubens oder ihrer Herkunft diskriminieren, sind allenfalls sittenwidrig, wenn eine vergleichbare Verfügung nach deutschem Sachrecht nach § 138 BGB verboten wäre, was nur selten der Fall sein wird (MüKo/*Birk* Rn 114; Erman/*Hohloch* Rn 8).

34 Die Anwendung einer Rechtsordnung iRd **gesetzlichen Erbfolge**, die selbst enge Verwandte bzw Ehegatten vom Erbrecht insgesamt ausschließt und auch kein Noterbrecht (Pflichtteil) und Ehegatten auch keinen güterrechtlichen Ausgleich gewährt, verstößt jedenfalls dann gegen Art 14 I GG iVm Art 6, falls die iSd deutschen Rechts erbberechtigte Person hierdurch im Inland sozialhilfebedürftig wird (Staud/*Dörner* Rn 695; Soergel/*Schurig* Rn 104; MüKo/*Birk* Rn 113). Die Diskriminierung von Personen allein wegen ihres Geschlechts, der Staatsangehörigkeit oder ihres Glaubens iRd gesetzlichen Erbfolge verstößt jedenfalls dann gegen Art 3, 4, 14 GG, wenn der Erblasser eine Verfügung gleichen Inhalts nach deutschem Recht nicht wirksam hätte treffen können (Hamm FamRZ 05, 1705, 1707 f).

35 **F. Nachlassverfahren mit internationalen Bezügen.** Die Internationale Zuständigkeit (IZ) der deutschen Gerichte in Nachlasssachen ist nicht ausdrücklich gesetzlich geregelt. Die Rspr geht iSd sog **Gleichlauftheorie** davon aus, die IZ deutscher Gerichte für die Erteilung von Erbscheinen und Testamentsvollstreckerzeugnissen bestehe nur, wenn der Nachlass deutschem Recht unterliege (BayObLG FamRZ 05, 310, 311; Hamm FamRZ 05, 1705; Zweibr FamRZ 03, 1697, 1700; KG FamRZ 01, 794, 795; Brandbg FamRZ 98, 985, 986; Palandt/*Heldrich* Rn 18; aA die hL, wonach die IZ aus der örtlichen Zuständigkeit der Nachlassgerichte gem § 73 FGG folge und daher auch fremdes Erbrecht anzuwenden sei, etwa Staud/*Dörner* Rn 810 ff; MüKo/*Birk* Rn 315 ff; BaRoth/*Lorenz* Rn 63). Eine IZ deutscher Gerichte trotz fremdem Erbstatuts kommt nur in Betracht für die Erteilung von **Fremdrechtserbscheinen** gem § 2369 BGB (ausf dazu § 2369 BGB Rn 1 ff) bzw **Fremdrechtszeugnis** für den Testamtensvollstrecker gem § 2368 III iVm 2369 BGB in Bezug auf inländischen

Nachlass (§ 2328 BGB Rn 1 ff), für Maßnahmen zur **Sicherung inländischen Nachlasses** gem § 1960 BGB sowie ausnahmsweise als **Notzuständigkeit**, falls wegen Unzuständigkeit oder Untätigkeit ausländischer Gerichte andernfalls Rechtsverweigerung droht (BayObLG NJW-RR 00, 298, 299 f; Hamm OLGZ 73, 289, 293; Zweibr IPRax 87, 108, 109; BaRoth/*Lorenz* Rn 64; Palandt/*Heldrich* Rn 18 f).

Bei IZ der deutschen Gerichte wegen Anwendbarkeit deutschen Erbrechts wird gem § 2353 BGB ein **Eigenrechtserbschein** ausgestellt. Ist deutsches Erbrecht infolge Nachlassspaltung (Rn 31 f) nur für inländischen Nachlass berufen, besteht IZ nur in Bezug auf diesen, ausgestellt wird ein **gegenständlich beschränkter Erbschein**, dessen territorial bzw gegenständlich begrenzte Wirkung ebenso deutlich zu machen ist wie die grds Maßgeblichkeit fremden Erbrechts (BayObLGZ 61, 4, 21 f; KG RPfleger 77, 307; Staud/*Dörner* Rn 840; BaRoth/*Lorenz* Rn 65). 36

Ausländischen Erbrechtsbescheinigungen (Einantwortungsurkunden, Rotsiegelbeschlüssen nach österreichischem Recht) und Testamentsvollstreckerzeugnissen kommt nach ihrem Heimatrecht regelmäßig keine ähnlich weitgehende Wirkung zu wie das deutsche Recht für inländische Erbscheine und Zeugnisse vorsieht. Weithin unbestritten ist, dass nur Erbscheine und Zeugnisse, die von deutschen Behörden ausgestellt wurden, die **materiell-rechtliche Gutglaubenswirkung** der §§ 2365 ff BGB entfalten können (Staud/*Dörner* Rn 875; BaRoth/*Lorenz* Rn 73; aA evtl Erman/*Hohloch* Rn 55, MüKo/*Birk* Rn 359 ff, die bei ausländischen Akten auf deren Anerkennungsfähigkeit iSd § 16 a FGG abstellen und dabei verkennen, dass es sich um ein Problem der Substitution handelt). Eine Ausnahme gilt im deutsch-türkischen Rechtsverkehr gem § 17 des deutsch-türkischen Nachlassabkommens (o. Rn 2), wonach ein Zeugnis eines Mitgliedsstaates über die Erbfolge in den beweglichen Nachlass auch im anderen Mitgliedstaat dem Nachweis der Erbfolge dient. Ist eine ausländische Entscheidung in Nachlasssachen iSd § 16 a FGG anerkennungsfähig, so können ihre verfahrensrechtlichen Wirkungen auf das Inland erstreckt werden, insbes ist der im Ausland eingesetzte Testamentsvollstrecker dann auch im Inland grds als iSd ausländischen Rechts verfügungsbefugt zu betrachten. 37

Art. 26 Verfügungen von Todes wegen

(1) ¹Eine letztwillige Verfügung ist, auch wenn sie von mehreren Personen in derselben Urkunde errichtet wird, hinsichtlich ihrer Form gültig, wenn diese den Formerfordernissen entspricht
1. des Rechts eines Staates, dem der Erblasser ungeachtet des Artikels 5 Abs 1 im Zeitpunkt, in dem er letztwillig verfügt hat, oder im Zeitpunkt seines Todes angehörte,
2. des Rechts des Ortes, an dem der Erblasser letztwillig verfügt hat,
3. des Rechts eines Ortes, an dem der Erblasser im Zeitpunkt, in dem er letztwillig verfügt hat, oder im Zeitpunkt seines Todes seinen Wohnsitz oder gewöhnlichen Aufenthalt hatte,
4. des Rechts des Ortes, an dem sich unbewegliches Vermögen befindet, soweit es sich um dieses handelt, oder
5. des Rechts, das auf die Rechtsnachfolge von Todes wegen anzuwenden ist oder im Zeitpunkt der Verfügung anzuwenden wäre.

²Ob der Erblasser an einem bestimmten Ort einen Wohnsitz hatte, regelt das an diesem Ort geltende Recht.
(2) ¹Absatz 1 ist auch auf letztwillige Verfügungen anzuwenden, durch die eine frühere letztwillige Verfügung widerrufen wird. ²Der Widerruf ist hinsichtlich seiner Form auch dann gültig, wenn diese einer der Rechtsordnungen entspricht, nach denen die widerrufene letztwillige Verfügung gemäß Absatz 1 gültig war.
(3) ¹Die Vorschriften, welche die für letztwillige Verfügungen zugelassenen Formen mit Beziehung auf das Alter, die Staatsangehörigkeit oder andere persönliche Eigenschaften des Erblassers beschränken, werden als zur Form gehörend angesehen. ²Das gleiche gilt für Eigenschaften, welche die für die Gültigkeit einer letztwilligen Verfügung erforderlichen Zeugen besitzen müssen.
(4) Die Absätze 1 bis 3 gelten für andere Verfügungen von Todes wegen entsprechend.
(5) ¹Im übrigen unterliegen die Gültigkeit der Errichtung einer Verfügung von Todes wegen und die Bindung an sie dem Recht, das im Zeitpunkt der Verfügung auf die Rechtsnachfolge von Todes wegen anzuwenden wäre. ²Die einmal erlangte Testierfähigkeit wird durch Erwerb oder Verlust der Rechtsstellung als Deutscher nicht beeinträchtigt.

A. Einleitung. Art 26 I–IV normieren das auf die **Form** letztwilliger Verfügungen anwendbare Recht. Dagegen enthält **Art 26 V**, der die Maßgeblichkeit des Errichtungsstatuts für Fragen der Gültigkeit letztwilliger Verfügungen und der Bindung an sie anordnet, eine materielle Sonderregelung zu Art 25 I, die im Zusammenhang mit Art 25 zu kommentieren ist (s dort Rn 20 ff). 1

Art 26 I–III übernehmen inhaltlich die Anknüpfungsregeln des für Deutschland geltenden **Haager Testamentsübereinkommens** von 1961 (HTÜ, Nachw Art 25 Rn 1) in das EGBGB. Umstritten, aufgrund der inhaltlichen Übereinstimmung von Art 26 I–III und HTÜ aber weitgehend ohne praktische Relevanz ist, ob Art 26 wegen Vorrangs (vgl Art 3 II) des HTÜ insoweit rein deklaratorischen Charakter hat, als er mit dem HTÜ übereinstimmt (zu den Abweichungen Rn 3 f) und daher ausschließlich dieses anzuwenden ist (so BGH 2

NJW 04, 3558 ff; NJW 95, 58), oder ob umgekehrt das HTÜ hinter die nationale lex posterior des Art 26 I–III zurücktritt oder ob die Anwendung des Art 26 zumindest völkerrechtlich zulässig ist (Nachw bei MüKo/*Birk* Rn 2; BaRoth/*Lorenz* Rn 2; Staud/*Dörner* Rn 12 ff). In jedem Fall ist beim Rückgriff auf Art 26 I–III deren völkervertraglichem Ursprung Rechnung zu tragen, insbes durch **Auslegung** des Art 26 am Maßstab des HTÜ und der grds Annahme von **Sachnormverweisungen** (Rn 4).

3 **Autonomes IPR** ohne Entsprechung im HTÜ enthalten Art 26 I Nr 5, II, IV. Die Formanknüpfungen der **Art 26 I Nr 5** und **Art 26 II** sind zwar in Art 1 lit a-d HTÜ nicht enthalten, mit dem HTÜ aber vereinbar, da Art 3 HTÜ den Mitgliedstaaten gestattet, zusätzliche Formerleichterungen einzuführen. Auch die Erstreckung der nur für einseitige letztwillige Verfügungen und gemeinschaftliche Testamente geltenden Formanknüpfungen des HTÜ auf „sonstige" Verfügungen von Todes wegen, insbes auf Erbverträge, durch **Art 26 IV** ist rein deutsch-rechtlichen Ursprungs.

4 Das HTÜ ist gem seinem Art 6 als **loi uniforme** ausgestaltet und daher auch anzuwenden, wenn es auf das Recht eines Staates verweist, der seinerseits nicht dem HTÜ angehöre und die Form letztwilliger Verfügungen abweichend anknüpft (BGH NJW 04, 3558 ff). Die Verweise des HTÜ und damit auch des Art 26 I-III stellen aufgrund des Wortlauts des Art 1 HTÜ („innerstaatliches Recht") wie auch ihrer völkervertraglichen Natur **Sachnormverweise** dar (MüKo/*Birk* Rn 48; Staud/*Doerner* Rn 32; Palandt/*Heldrich* Rn 2; Erman/*Hohloch* Rn 6; aA BaRoth/*Lorenz* Rn 7; Soergel/*Schurig* Rn 14: Weiterverweisung zu Gunsten der Gültigkeit der Verfügung zu beachten). Eine **mittelbare Gesamtverweisung** enthält Art 26 I Nr 5, wonach auch die Einhaltung der Form des tatsächlichen Erbstatuts iSd Art 25 bzw des Errichtungsstatuts iSd Art 26 V genügt, das ggf erst aufgrund Rück- oder Weiterverweisung durch das IPR des Heimatrechts des Erblassers ermittelt werden kann (Palandt/*Heldrich* Rn 2).

5 **B. Anwendungsbereich. I. Formfragen.** Für die Frage, welche Materien zur Form zählen, sind zunächst **Art 26 III** (Art 5 HTÜ) maßgeblich. Danach sind solche Vorschriften als zur Form gehörig anzusehen, die die für letztwillige Verfügungen zugelassenen Formen mit Beziehung auf das Alter, die Staatsangehörigkeit oder andere persönliche Eigenschaften des Erblassers beschränken. Gleiches gilt für Eigenschaften, welche die für die Gültigkeit einer letztwilligen Verfügung erforderlichen Zeugen besitzen müssen. Art 26 III (Art 5 HTÜ) enthalten indes keine umfassende Definition der Form. Soweit Art 5 HTÜ keine Vorgaben macht, müsste die Qualifikationsfrage zwar autonom iSd HTÜ geklärt werden (MüKo/*Birk* Rn 46; BaRoth/*Lorenz* Rn 5), was mangels aussagekräftiger Anhaltspunkte im HTÜ indes unmöglich ist. Ersatzweise ist daher auf die Vorstellungen der **lex fori** zurückzugreifen (Staud/*Dörner* vor Art 25 Rn 84; BaRoth/*Lorenz* Rn 5; aA Palandt/*Heldrich* Rn 6: Qualifikation lege causae).

6 Die nach dem Errichtungsstatut zu beurteilende **Testierfähigkeit** (Art 25 Rn 17) ist abzugrenzen von Vorschriften, die die für letztwillige Verfügungen zugelassenen Formen mit Beziehung auf das **Alter** beschränken (Art 5 1 HTÜ, Art 26 III 1). Zwar hängt die Testierfähigkeit wohl nach den meisten Rechtsordnungen ua vom Alter des Testators ab (vgl § 2229 I BGB), doch sind nach dem Wortlaut der Art 5 HTÜ, Art 26 III nur solche Vorschriften als Formregelungen zu qualifizieren, die dem Erblasser bei auch in Bezug auf sein Alter grds gegebener Testierfähigkeit die Errichtung der Verfügung in einer bestimmten Form untersagen bzw der Art und Weise der Errichtung besonders regeln, wie insbes die §§ 2233 I, 2247 IV, 2275 BGB (Soergel/*Schurig* Rn 19; BaRoth/*Lorenz* Rn 5; Staud/*Dörner* vor Art 25 Rn 90).

7 Vorschriften über die (Un-)Zulässigkeit der Errichtung der Verfügung durch **Stellvertreter** sind als Formanforderungen zu qualifizieren, wenn sie nicht wie die §§ 2064, 2274, 2347 BGB den Schutz der Willensentschließungsfreiheit des Erblassers, sondern allein die Wahrung der Übereinstimmung des Inhalts des niedergelegten Testamentsinhalts mit dem unbeeinflusst gebildeten Willen des Erblassers bezwecken (Staud/*Dörner* vor Art 25 Rn 310; BaRoth/*Lorenz* Rn 5). Zur **Abgrenzung** zwischen Anforderungen an die **Form** und **an die materielle Wirksamkeit** bei gemeinschaftlichen Testamten und Erbverträgen s Art 25 Rn 15 ff.

8 **II. Letztwillige Verfügungen (Art 26 I) sowie sonstige Verfügungen von Todes wegen (Art 26 IV).** Art 26 I sowie das HTÜ gelten originär nur für **letztwillige Verfügungen** sowie **gemeinschaftliche Testamente** (Art 4 HTÜ). Das HTÜ enthält keine Definition der letztwilligen Verfügung. Aus Art 4 HTÜ, wonach auch letztwillige Verfügungen, die zwei oder mehr Personen in derselben Urkunde errichtet haben, in den Anwendungsbereich des HTÜ fallen, folgt jedoch im Gegenschluss, dass **nur einseitige Verfügungen** von Todes wegen erfasst sind (Staud/*Dörner* vor Art 25 Rn 76). Art 26 IV erweitert den Anwendungsbereich des Art 26 I als Regelung des autonomen deutschen Rechts auch auf **Erbverträge** und **Erbverzichte**.

9 **C. Formanknüpfung, Folgen von Verstößen.** Grds genügt iRd HTÜ bzw Art 26 im Interesse der **Formwirksamkeit** der Verfügung die Wahrung einer der alternativ anwendbaren Formen. Bei **einseitigen** letztwilligen Verfügungen genügt es daher, wenn der Testator die Formanforderungen des ihm günstigsten der im HTÜ bzw Art 26 I genannten Rechte einhält. Für den eher theoretischen Fall, dass **mehrere Personen** an verschiedenen Orten letztwillige Verfügungen getroffen haben, die in einer Urkunde dokumentiert sind (gemeinschaftliches Testament, Erbvertrag), sind jedoch in Bezug auf jede Verfügung die Formanforderungen des HTÜ bzw des Art 26 getrennt zu prüfen (Staud/*Dörner* vor Art 25 Rn 78; Soergel/*Schurig* Rn 7; MüKo/*Birk* Rn 69; aA Erman/*Hohloch* Rn 19: analoge Anwendung von Art 11).

Internationales Schuldvertragsrecht   Vor Art 27 ff

Die alternativen Formanknüpfungen des Art 1 HTÜ bzw Art 26 I bedürfen keiner detaillierten Kommentierung. IRd Anwendung der berufenen Sachrechte kann sich die allgemeine Frage stellen, ob die vom anwendbaren Formstatut vorgeschriebene Form durch eine Handlung im Ausland **substituiert** werden kann; insoweit gelten die gleichen Grundsätze wie iRd Art 11 (s Art 11 Rn 18 ff). Bei der Anknüpfung der Form an die Staatsangehörigkeit des Erblassers gem **Art 26 I Nr 1** (Art 1 lit b HTÜ) folgt aus der Formulierung des Art 26 I Nr 1, dass es bei Mehrstaatern entgegen Art 5 I genügt, wenn die Form irgendeines der Heimatrechte eingehalten ist. In Bezug auf **Art 26 I Nr 2** (Art 1 lit a HTÜ) ergibt sich aus dem Gegenschluss zu Art 1 lit c, d HTÜ, dass es genügt, wenn der Testator ausschließlich zur Errichtung der Verfügung in einen Staat gereist ist, nach dessen Recht die Verfügung wirksam ist; eine weitere Beziehung zum Errichtungsstaat ist nicht erforderlich. 10

Ist eine einseitige Verfügung **formunwirksam**, so entscheidet das mildeste der anwendbaren Rechte über die Folgen des Verstoßes, insbes ob die Verfügung unwirksam oder bloß vernichtbar ist (BaRoth/*Lorenz* Rn 6). Bei zwei- bzw mehrseitigen Verfügungen führt die Formunwirksamkeit auch nur einer (Teil-)Verfügung dazu, dass die Verfügung insgesamt hinfällig wird (Art 25 Rn 21). 11

Vorbemerkungen vor Art 27 ff Internationales Schuldvertrags- und Gesellschaftsrecht

A. Einführung zu Art 27-37 EGBGB (Internationales Schuldvertragsrecht). I. Funktion und Bedeutung der Art 27 ff. Soweit nicht Gemeinschaftsrecht, Staatsverträge oder Spezialgesetze vorgehen (s Rn 2 ff, 15), regeln Art 27–37 das (allgemeine, deutsche) Internationale Schuldvertragsrecht: Das sind die (nationalen) internationalprivatrechtlichen Regelungen (im engeren Sinne), mit denen das anwendbare Schuldvertragsrecht – das Vertragsstatut – für Sachverhalte mit einer Verbindung zum Recht (irgend-)eines anderen Staates (vgl Art 2 EVÜ; MüKo/*Martiny* Vor Art 27 Rn 25) bestimmt bzw „berufen" wird. Dabei beginnt jeder Richter die Fallprüfung mit „seinem" IPR als Teil des lex fori, so dass Art 27 ff grds nur bei einem Rechtsstreit in Deutschland zum Zuge kommen (wegen ihres einheitsrechtlichen Charakters – s.u. Rn 13 f – gelten die gleichen Regeln aber im Wesentlichen nach Abschluss von Ratifikationsverfahren in den neuen Mitgliedstaaten (s.u. Rn 13) in allen Mitgliedstaaten der EU). Die grundlegenden schuldvertragsrechtlichen Anknüpfungsnormen enthalten Art 27 (**freie Rechtswahl**) und Art 28 (**objektive Anknüpfung**). Art 29-31, 33 enthalten besondere IPR-Normen für Verträge mit Verbrauchern (Art 29) und Arbeitnehmern (Art 30) sowie für das Zustandekommen von Verträgen (Art 31) und den Forderungsübergang (Art 33). Art 32, 34–37 sehen **Grundregeln zur Anwendung** – so den Ausschluss des Renvoi in Art 35 und das Gebot einheitlicher Auslegung in Art 36 – **und Grenzen** des Internationalen Schuldrechts (Art 32, 34, 37) vor. Die Regeln des Internationalen Vertragsrechts sind von **großer praktischer Bedeutung**, da der internationale Rechts- und Wirtschaftsverkehr im Zeichen der Globalisierung zunimmt und die Rechtsvereinheitlichung nur punktuell möglich ist (Staud/*Magnus* Vorbem zu Art 27-37 Rn 3). Nach Art 32 I Nr 5 regeln Art 27 ff auch die Anknüpfung im **Bereicherungsrecht** (MüKo/*Spellenberg* Art 32 Rn 129). Schließlich ist das Vertragsstatut durch akzessorische Anknüpfung auch für das Deliktsrecht von Bedeutung (Art 40 Rn 19, 26; Art 41 Rn 5). 1

1. Vorrangiges Sachrecht mit eigenen Rechtsanwendungsnormen (Kauf- u Transportrecht). Das Internationale Schuldvertragsrecht ist als Verweisungsrecht nur anwendbar, soweit der Fall nicht bereits durch **vorrangig anwendbares Sachrecht** als Entscheidungsrecht gelöst wird (s Art 3 Rn 2; *Kropholler*, IPR § 12 S 95; *Brödermann/Rosengarten* Rn 247 ff): (i) durch gemeinschaftsrechtliches Sachrecht (zB das Kartellverbot in Art 81 EGV; EG-Verordnungsrecht), das kraft eigenen (europäischen) Anwendungsgebots zur Anwendung kommt (EuGH Urt v 15.7.64 – 6/64 Slg 64, 1251 – Costa/ENEL; Schlussantrag *Lagrange* EuGH Slg 64, 1281, 1284 ff); oder (ii) durch staatsvertraglich vereinheitlichtes Sachrecht mit eigenen Rechtsanwendungsnormen, die internationalprivatrechtliche Regelungen (im weiteren Sinne) darstellen (zB Art 1 I CMR-Übereinkommen, Art 1 I a des UN-Kaufrechtsübereinkommens (**CISG**); Staud/*Magnus* Vorbem zu Art 27-37 Rn 2). Soweit vorrangiges Sachrecht keine Regelung trifft – zB Art 78 CISG keine Regelung zur Zinshöhe (Staud/*Magnus* Art 78 CISG Rn 12 f) – ist das Vertragsstatut nach Art 27 ff zu bestimmen. 2

2. Vorrangiges IPR gemeinschaftsrechtlichen Ursprungs. Vorrangig vor Art 27 ff anwendbar sind ferner **gemeinschaftsrechtliches IPR** in EG-Verordnungen (s Rn 15) und (in Umsetzung von IPR-Regelungen in EG-Richtlinien geschaffenes nationales) **harmonisiertes IPR** (zur Begriffsbildung s Brödermann/Iversen/*Brödermann* Rn 62 ff). Für gemeinschaftsrechtliches IPR folgt dies aus dem allgemeinen Vorrang des Gemeinschaftsrechts (Einl Rn 33; Brödermann/Iversen/*Brödermann* Rn 7 ff, 419 ff u *Iversen* Rn 553; s auch deklaratorisch Art 3 II S 2). Für harmonisiertes IPR ergibt sich der Vorrang aus Art 20 EVÜ iVm Art 3 II S 2 (so MüKo/*Martiny* Vor Art 27 Rn 26; Staud/*Magnus* Vorbem zu Art 27–37 Rn 10), der – insoweit er die Regelung in Art 20 EVÜ übernimmt (BTDrs 10/5632 S 39) – nach Art 36 aus Art 20 EVÜ heraus in einer den effet utile suchenden Weise auszulegen ist (vgl Art 36 Rn 2): Art 20 nennt ausdrücklich auch den Vorrang von in Ausführung von Richtlinien harmonisiertem, innerstaatlichen Recht. Dies schließt den Vorrang von harmonisiertem vor autonomem internationalen Schuldrecht ein. 3

4   **3. Weitere Anwendungsgrenzen: Speziellere IPR-Normen (ua zwingendes Recht), Art 37, Art 32.** Spezielle Kollisionsnormen enthalten: (i) **Art 27 ff** für Verbraucherverträge (Art 29, 29 a), Arbeitsverträge (Art 30), die Abtretung (Art 33 I, II), den gesetzlichen Forderungsübergang (Art 33 III) und zum Vorrang zwingender Vorschriften des deutschen Rechts (Art 34): s dazu sogleich Rn 10; (ii) später geschaffene **spezialgesetzliche Regelungen,** zB für Frachtverträge (§ 449 III HGB), Finanztermingeschäfte (§ 37 d VI WpHG), die Nutzungsvergütung (§ 32 b UrhG) und Umzugsverträge (§ 451 h III HGB) sowie die harmonisierte IPR-Regelung für Teledienstleistungen in § 4 TDG (str; so auch zB *Mankowski*, IPRax 02, 257 ff; aA zB *Kropholler*, IPR, § 52 III 3 h; eingehend MüKo/*Martiny* Art 34 Anh III); sowie (iii) im Einzelfall anwendbare, nach Art 3 II vorrangige **staatsvertragliche Kollisionsnormen** (s MüKo/*Martiny* Vor Art 27 Rn 27 ff, 123: zB der Grundsatz der Parteiautonomie aus Art VII Abs 1 des Europäischen Übereinkommens über die Handelsschiedsgerichtsbarkeit v 21. 4. 61, BGBl 64 II 426; dazu MüKo/*Martiny* Vor Art 27 Rn 114 ff; s auch die tabellarische Übersicht von MüKo/*Sonnenberger*, Einl IPR Rn 333 unter „IV. Schuldrecht"); oder (iv) versteckte Kollisionsnormen (s §§ 244/245 Rn 15).

5   Ferner werden bestimmte Bereiche des Schuldrechts (im weiteren Sinne) **durch Art 37** vom Anwendungsbereich des Internationalen Schuldvertragsrechts iSv Art 27 ff (außer dem anwendbar bleibenden Art 29 a) **ausgeschlossen:** Wertpapierrecht, Versicherungsvertragsrecht, Gesellschaftsrecht. Wegen der außerordentlichen praktischen Bedeutung von Gesellschaften als Teilnehmern am Wirtschafts- und Rechtsverkehr wird das Internationale Gesellschaftsrecht in **Abschnitt B** als eigenständig zu behandelnder Zweig des internationalen Vertragsrechts dargestellt (Rn 17 ff, s dort auch in Rn 21 zu den **Grenzen der Ausnahme** aus **Art 37,** zB für **BGB-Innengesellschaften:** Insoweit bleiben Art 27 ff anwendbar).

6   Soweit das Internationale Schuldrecht in Art 27-30 und 33 danach zur Anwendung kommt, bestimmt es das **Vertragsstatut:** Wieweit dies im Einzelnen reicht, ergibt sich aus **Art 32** (s Art 32 Rn 4 ff).

7   **4. Anwendbarkeit von Art 27 ff auf prozessuale Verträge und einseitige Leistungsversprechen.** Art 27 ff gelten – trotz Art 1 II EVÜ (s Art 37 Rn 3, 4) – mittelbar auch für das Zustandekommen von **Gerichtsstandsvereinbarungen,** die als materiell-rechtliche Verträge über prozessrechtliche Beziehungen (BGHZ 49, 384, 386; NJW 89, 1431, 1432) dem Hauptvertragsstatut unterliegen (BGH NJW 71, 323, 324; BGHZ 99, 207, 210); ergänzend gelten prozessuale Bestimmungen über die Form (zB Art 23 EuGVO; Art 17 LugÜ; § 38 I, II S 2, III ZPO) und zu den prozessualen Wirkungen einer Gerichtsstandsvereinbarung (s MüKo/*Martiny* Vor Art 27 Rn 79, 98 iVm 69, 86 ff, 102 ff; Staud/*Hausmann* Anhang II zu Art 27–37 Rn 186 ff). Entsprechendes gilt für **Schiedsvereinbarungen** (s BGHZ 23, 198, 200; 40, 320, 322; 49, 384, 386; MüKo/*Martiny,* Vor Art 27 Rn 109 ff; kritisch Staud/*Hausmann* Anhang II zu Art 27-37 Rn 255 ff; s auch MüKo/*Spellenberg* Art 32 Rn 14: Eine Schiedsvereinbarung schließe die Kompetenz staatlicher Gerichte nur aus, wenn sie auch nach deren Recht wirksam ist).

8   Für **einseitige Leistungsversprechen** kann Art 27 ff entsprechend angewendet werden (str; differenzierend mwN MüKo/*Martiny* Vor Art 27 Rn 20). So zB auf die **Gewinnzusage** iSv § 661 a (implizit BGH NJW 04, 1652, 1653; *Lorenz* IPRax 02, 192, 195), die **Auslobung** (Staud/*Magnus* Art 28 Rn 598) oder die **Patronatserklärung** (Palandt/*Heldrich* Vorb v EGBGB 27 Rn 2 mwN).

9   **II. Prüfungsaufbau.** Soweit das (allgemeine) Internationale Schuldvertragsrecht in Art 27 ff (insbes Art 27-30, 33) grds anwendbar ist (und nicht verdrängt wird, s.o. Rn 2–6), erfasst es alle Fragen, die durch entspr **Qualifikation** (s Art 3 Rn 21 ff) einer schuldvertragsrechtlichen IPR-Norm zugeordnet wurden; dabei ist iSv Art 36 rechtsvergleichend zu qualifizieren (Staud/*Magnus* Vorbem zu Art 27–37 EGBGB Rn 41 f). Dies schließt die Qualifikation von in einer Sachnorm vorausgesetzten Vorfragen (s Art 3 Rn 54 ff) und in einer Kollisionsnorm vorausgesetzten Erstfragen (s Art 3 Rn 54) – etwa nach dem Bestehen eines Schuldverhältnisses – ein. Art 35 schließt die Beachtung einer **Rück- oder Weiterverweisung** für das Schuldvertragsrecht aus.

10 Das durch Anwendung von Art 27 ff zunächst ermittelte Ergebnis (Bestimmung eines Vertragsstatuts) kann der **Korrektur** bedürfen: (i) weil die **Sonderanknüpfung** eines anderen Rechts als des Vertragsstatuts angeordnet wird durch: (a) Art 27-37 selbst: Art 27 III, 29 I, 29a I u III, 30 I oder 34; (b) **internationale Übereinkommen** (Art 3 II S 1; zB Art VIII Abschn 2 b S 1 des Übereinkommens von Bretton Woods für bestimmte Devisenkontrakte, s Art 34 Rn 23; *Mayer/Heuzé* Rn 746) oder (c) vorrangige Regelungen in **Rechtsakten der Europäischen Gemeinschaft** (s Art 3 II S 2 und Rn 3); (ii) weil die **Berücksichtigung fremden Rechts** nach Art 32 II erforderlich ist; (iii) weil das materielle Ergebnis der Anwendung des Vertragsstatuts mit wesentlichen Grundsätzen des deutschen Rechts unvereinbar ist (**ordre public-Prüfung** nach Art 6, s Art 6 Rn 18; selten: Staud/*Magnus* Vorbem zu Art 27-37 EGBGB Rn 44); (iv) weil im Einzelfall eine **Angleichung** des Ergebnisses geboten ist (s Art 3 Rn 41 ff). Ist deutsches Recht Vertragsstatut, kann ausländisches zwingendes Recht ferner über § 138 zu berücksichtigen sein (s Art 34 Rn 18).

11 Das Vertragsstatut beherrscht im Grundsatz das **gesamte Vertragsverhältnis** (MüKo/*Martiny* Vor Art 27 Rn 9; MüKo/*Spellenberg* Art 32 Rn 5): Zustandekommen und Wirksamkeit (Art 31), Inhalt der Ansprüche, Erlöschen und Folgen der Nichtigkeit (Art 32), s Art 32 Rn 11 ff für Einzelheiten. Das Internationale Schuldvertragsrecht bestimmt ferner das Statut des **kollisionsrechtlichen Verweisungsvertrages** (Rechtswahlvertrag) in einer Rechtswahlklausel (Art 27 IV; s Art 32 Rn 10).

Ausnahmen: Gesondert anzuknüpfen sind die Teilfragen (s Art 3 Rn 32) und Vorfragen (s Art 3 Rn 54), zB 12 nach der **Rechts- und Geschäftsfähigkeit** (Art 7, 12), der **Form** (Art 11) oder der – schon nach Art 37 S 1 von Art 27 ff (außer 29a) ausgenommen – **Vertretungsmacht** (BGH NZG 03, 922, 923; für die Stellvertretung s Vor Art 7–12 Rn 5 ff; für die organschaftliche Vertretungsmacht s.u. Rn 25 unter III.1).

III. Bedeutung des Europarechts: Auslegung, Rom I VO–V, Gemeinsamer Referenzrahmen. Die 1986 in 13 Kraft getretenen Regelungen in Art 27-37 – und einige weitere Normen des EGBGB (Art 3 I S 2, 6 S 1, 11 I–IV, 12 S 1) – **beruhen** im wesentlichen **auf dem EVÜ** (dem erst am 1. 4. 91 in Kraft getretenen, in Rom vereinbarten EG-Übereinkommen über das auf vertragliche Schuldverhältnisse anzuwendende Recht v 19. 6. 80, Abl 80 L 266 S 1; BGBl 86 II 810; 91 II 871; s nur zB MüKo/*Martiny* Vor Art 27 Rn 13 ff mwN), an dessen Entstehungsprozess die EG-Kommission über Jahre beteiligt war (*EG-Kommission* Stellungnahme v 17. 3. 80, ABl 80 Nr L 94 S 39 u 40). Das EVÜ war der (erste) Teilschritt zur Vereinheitlichung des Internationalen Privatrechts in der EU (*EG-Kommission*, Empfehlung v 15. 1. 1985, ABl 85 Nr L 44 S 42; *Dicey/Morris* Rn 32-009 ff). Es gilt heute jedenfalls in den Mitgliedstaaten der EU vor der Osterweiterung von 2004 (BGBl Fundstellenverzeichnis B 05, 674; MüKo/*Martiny* Vor Art 27 Rn 17). Die **zehn 2004 der EU beigetretenen Mitgliedstaaten** haben am 14. 4. 05 ein Beitrittsübereinkommen zum EVÜ unterzeichnet, das sich zur Zeit im Ratifikationsprozess befindet (*Wagner* NJW 05, 1754, 1755); in 2006 wird jeweils fallbezogen zu prüfen sein, ob es mittlerweile im Verhältnis zu einem neuen Mitgliedstaat gilt. Ferner hat **Bulgarien** das EVÜ am 17. 5. 05 in Art 93 ff IPRG v 17. 5. 05 übernommen (MüKo/*Martiny* Vor Art 27 Rn 17). Nach Art 22 I EVÜ können die Mitgliedstaaten völkerrechtliche **Vorbehalte** gegenüber Art 7 I EVÜ (drittstaatliche zwingende Normen) und Art 10 I e EVÜ (Folgen der Nichtigkeit) erklären (MüKo/*Martiny* Vor Art 27 Rn 33). Die BRepD hat einen Vorbehalt gegen Art 7 I erklärt, s Art 34 Rn 181.

Aus der Inkorporation des EVÜ in das EGBGB ergeben sich **besondere Anforderungen an die Auslegung:** 14 Denn die auf dem EVÜ beruhenden Regelungen in Art 27-37 sind **aus dem EVÜ** selbst heraus und unter Beachtung besonderer (europäischer) Auslegungsgrundsätze (Art 36 Rn 3 ff) auszulegen. In der Rechtsmittelinstanz können Auslegungsfragen (seit 1. 8. 2004) dem **EuGH** vorgelegt werden (Art 36 Rn 7). Dadurch wird Art 1 II des ZustG zum EVÜ (BGBl 86 II 809), das die unmittelbare Anwendbarkeit des EVÜ ausschließt, der Sache nach entkräftet.

Der nächste Teilschritt zur IPR-Vereinheitlichung steht bevor: Am 15. 12. 05 hat die Kommission den **Vor-** 15 **schlag für eine Verordnung des Europäischen Parlaments und des Rates über das auf vertragliche Schuldverhältnisse anzuwendende Recht (Rom I)** vorgelegt, KOM(2005) 650 endg. Er ist ua Teil des Haager Programms zur Stärkung von Freiheit, Sicherheit und Recht in der Europäischen Union – KOM(2005) 184 endg, Anhang, Ziff 4.3 –, das auch die Verabschiedung des Gemeinsamen Referenzrahmens bis 2009 vorsieht. Wegen seiner hohen Priorität ist eine Annahme des Rom I VO-V schon im Jahr 2007 oder 2008 realistisch. Die Verordnung wird aber erst ein Jahr nach ihrem Inkrafttreten anwendbar (Art 24 II, III Rom I VO-V). Die Rom I VO soll auch dann anwendbar sein, wenn das Recht eines Drittstaates betroffen ist (Art 2 Rom I VO-V). Sie wird daher als nach Art 249 II EGV **unmittelbar geltendes Recht** die auf dem EVÜ beruhenden Regelungen (einschließlich **Art 27–37**) **verdrängen**. Sie wird indes nicht für Dänemark und uU nicht für das Vereinigte Königreich gelten (Erwägung 18 f): Beide Staaten sind Mitgliedstaaten des EVÜ (vgl Rn 13), der als älterer staatsvertrag insoweit fortgelten wird (arg Art 23 Rom I VO-V).

Der Rom I VO-V sieht **inhaltlich** einige wesentliche Änderungen gegenüber dem EVÜ bzw Art 27 ff vor. Zum 16 Beispiel: (i) Zulässigkeit der Rechtswahl internationaler oder auf Gemeinschaftsebene anerkannter **Grundsätze und Regeln des materiellen Vertragsrechts** in Art 3 II: (a) **UNIDROIT Prinzipien des internationalen Handelsrechts:** s www.unilex.info; (b) **Principles of European Contract Law:** http://frontpage.cbs.dk/law/commission_on_european_contract_law/, oder ggf (c) den in Entstehung begriffenen **Gemeinsamen Referenzrahmen** (s *Kommission*, Haager Programm, 2.3(9), S 11); für nicht ausdrücklich geregelte Fragen sollen ergänzend die ihnen zugrunde liegenden allgemeinen Rechtsgrundsätze und, falls solche fehlen, das mangels Rechtswahl nach Maßgabe der Verordnung anwendbare Recht gelten; (ii) feste objektive Anknüpfungsregeln anstelle von Vermutungen (Art 4) sowie Abschaffung der Ausweichklausel in Art 4 V S 2 EVÜ bzw Art 28 V (Art 4), was in der Sache mehr Rechtssicherheit zu Lasten des Näheprinzips und damit (vgl *Brödermann/Rosengarten* Rn 40) von Einzelfallgerechtigkeit bedeutet; (iii) weitere Intensivierung des Verbraucherschutzes (Art 5); (iv) Regelung der Stellvertretung (Art 7); (v) Möglichkeit der Berücksichtigung von Eingriffsnormen aus Drittstaaten, mit denen der Sachverhalt eine enge Verbindung aufweist (Art 8).

B. Internationales Gesellschaftsrecht. I. Überblick: Bedeutung, Grenzen und Spaltung des Internationa- **len Gesellschaftsrechts. 1. Einführung.** Das Internationale Gesellschaftsrecht ist für die Lösung von Fällen 17 mit Auslandsbezug von **zentraler Bedeutung:** An internationalen wirtschaftsrechtlichen Transaktionen und Prozessen sind häufig (meist) Gesellschaften aus unterschiedlichen Staaten beteiligt. Selbst wenn der Schwerpunkt eines Falles nicht im Gesellschaftsrecht sondern zB im Schuldrecht liegt, sind wesentliche gesellschaftsrechtlich zu qualifizierende **Vorfragen** zu lösen, zB nach der Rechtsfähigkeit oder der Vertretungsmacht der Organe (**Anknüpfungsgegenstand**; s Art 3 Rn 33). Zur Lösung dieser Fragen bestimmt das Internationale Gesellschaftsrecht das anwendbare Recht. Dabei gilt grds ein Recht für alle gesellschaftsrechtlichen Fragen (**Einheitslehre,** s Rn 24 f).

18 Das deutsche Internationale Gesellschaftsrecht – das nach Art 37 S 1 Nr 2 vom Anwendungsbereich der Art 27 ff ausgeschlossen ist (s Art 37 Rn 10 f) –, arbeitet mit **zwei Anknüpfungspunkten**. Entweder knüpft es (i) an das **Recht der Gründung** an: vorbehaltlich einer meist ausgeschlossenen Rück- oder Weiterverweisung (s Rn 31, 40) wird das Recht der Gründung als Gesellschaftsstatut bestimmt (**Gründungstheorie**, s Rn 30, 36 f); oder es knüpft (ii) an den **Verwaltungssitz** an: vorbehaltlich einer Rück- oder Weiterverweisung wird dann das am Verwaltungssitz geltende Recht Gesellschaftsstatut (**Sitztheorie**, s Rn 42). Dabei ist derzeit zwischen europäischen Fällen (EU, EWR) und außereuropäischen – teils staatsvertraglich, teils gesetzlich nicht geregelten – Fällen zu unterscheiden: Aus dem europäischen Gemeinschaftsrecht und zahlreichen Staatsverträgen (zB Investitionsschutzabkommen) ergeben sich Vorgaben, die nur innerhalb des Anwendungsbereichs des Gemeinschaftsrechts oder der jeweiligen Staatsverträge bindend sind. Das Internationale Gesellschaftsrecht unterliegt insgesamt (noch) einer **gespaltenen Anknüpfung** (*Brödermann/Rosengarten* Rn 419; *Reithmann/Martiny/Hausmann* Rn 2284): s Rn 26 ff für die europäischen Fälle (im Anwendungsbereich des EU- und des EWR-Vertrages) und Rn 36 ff für die außereuropäischen Fälle.

19 Nach deutschem IPR-Verständnis lässt sich mit Hilfe des Internationalen Gesellschaftsrechts in Verbindung mit dem berufenen Gesellschaftsstatut insbes die **Rechtsfähigkeit** einer Gesellschaft und ihre Fähigkeit feststellen, als Vertragspartner am Wirtschaftsverkehr teilzunehmen oder Prozesse zu führen (s.u. Rn 20). Ist das anwendbare Gesellschaftsrecht deutsch, spricht man von einer deutschen Gesellschaft; ist es ein ausländisches Recht, spricht man von einer ausländischen Gesellschaft (Ulmer/Habersack/Winter/*Behrens* Rn B 1).

20 In einigen ausländischen, insbes den romanischen Staaten bedarf es zusätzlich noch einer **Anerkennung** der Gesellschaft (Brödermann/Iversen/*Brödermann* Rn 133 ff; *Mayer/Heuzé* Rn 1028, 1053 f: wobei nach Art 6, 14 EMRK in Frankreich die Durchsetzung von Forderungen auch durch nicht anerkannte ausländische Gesellschaften zugelassen wird). Nach deutschem Verständnis stellt sich durch die Frage der Anerkennung regelmäßig nicht: Wurde die Gesellschaft nach dem mit Hilfe des IPR berufenen Gesellschaftsrecht wirksam errichtet, ist sie grds existent und handlungsberechtigt; sie bedarf keiner besonderen Anerkennung (BGHZ 25, 134, 144; 154, 185; Ulmer/Habersack/Winter/*Behrens* Rn 108; Brödermann/Iversen/*Brödermann* Rn 130: Anerkennung von Gesellschaften als Substitutionsproblem). Die Anerkennung von Gesellschaften wird aber häufig in bilateralen Staatsverträgen geregelt: Aus solchen Verträgen ergeben sich dann oft Vorgaben für die Bestimmung des Gesellschaftsstatuts (s.u. Rn 37 f).

21 **2. Erfasste Gesellschaftsarten.** Internationales Gesellschaftsrecht bestimmt das anwendbare nationale Gesellschaftsrecht für **Kapitalgesellschaften** und **Personengesellschaften**, soweit sie mit eigener Organisationsstruktur nach außen hervortreten: zB KG, OHG und BGB-Außengesellschaften (Staud/*Großfeld* IntGesR Rn 777). Für Gesellschaften ohne (bzw noch ohne) nach außen hervortretende Organisation ist das Vertragsstatut hingegen nach Art 27 ff zu bestimmen (Staud/*Magnus* Art 37 Rn 56). Dies gilt außerhalb des Ehegüterrechts (Art 37 Rn 4) für (i) BGB-**Innengesellschaften** (BGH NZG 98, 500; Staud/*Großfeld* IntGesR Rn 772; MüKo/*Kindler* Rn 267; Spahlinger/Wegen/*Spahlinger* Rn 112, 115; MüKo/*Martiny* Art 37 Rn 52 mwN: engste Verbindung iSv Art 28 I mit dem Ort, an dem der gemeinsame Zweck hauptsächlich verfolgt wird); einschließlich (a) **Kapitalgesellschaften in der Vorgründungsphase** (s.u. Rn 25 unter I.1); (b) die **Stille Gesellschaft** iSv § 230 HGB (Spahlinger/Wegen/*Spahlinger* Rn 126); (ii) für **Gelegenheitsgesellschaften** (Staud/*Magnus* Art 37 Rn 56; differenzierend MüKo/*Martiny* Art 37 Rn 51) und **Kreditkonsortien** (MüKo/*Martiny* Art 28 Rn 180; MüKo/*Kindler* IntGesR Rn 272).

22 Bei **Joint Venture Gesellschaften (Gemeinschaftsunternehmen)** ist das Vertragsstatut für den vorbereitenden Grundlagenvertrag nach Art 27 ff zu ermitteln (Staud/*Magnus* Art 28 Rn 634, sa Art 28 Rn 57), im übrigen ist aber das Internationale Gesellschaftsrecht anwendbar, wenn das Joint Venture durch eine eigene Struktur – zB einen Sprecher – nach außen auftritt (Staud/*Großfeld* IntGesR Rn 774 f; Spahlinger/Wegen/*Spahlinger* Rn 117; differenzierend mwN Staud/*Magnus* Art 28 Rn 634).

23 Auf **Grundstücksgesellschaften** ist nach Art 28 III die lex rei sitae anzuwenden (Staud/*Großfeld* IntGesR Rn 772).

24 **3. Reichweite des Gesellschaftsstatuts (Übersicht).** Das mit Hilfe des Internationalen Gesellschaftsrechts ermittelte Gesellschaftsstatut betrifft im Grundsatz **alle gesellschaftsrechtlichen Fragen** vom Beginn bis zum Ende der Gesellschaft (**Einheitslehre**; s BGHZ 25, 134, 144; IPRax 00, 423, 424 – Überseering I; Staud/*Großfeld* IntGesR Rn 17; Ulmer/Habersack/Winter/*Behrens* Rn B 58; Spahlinger/Wegen Rn 21, 261 ff). Bestimmte Einzelfragen sind **gesondert anzuknüpfen** (s die Übersicht in Rn 25). Darüber hinaus ist auf ausländische Gesellschaften ergänzend zT **Fremdenrecht** – im Gegensatz zum Internationalen Gesellschaftsrecht – anzuwenden (zB §§ 13d–g HGB; eingehend Ulmer/Habersack/Winter/*Behrens* Rn B 156 ff; Staud/*Großfeld* IntGesR Rn 2, 961 ff: unter Hinweis auf fließende Grenzen; Spahlinger/Wegen Rn 619 ff). Im Einzelfall ist aufgrund von Qualifikation, Abgrenzung von Vorfragen und/oder Sonderanknüpfungen zu differenzieren:

Gesellschaftsrechtliches Thema	Anwendbares Recht	Vertiefende Literatur	25
		(Abgekürzt: *Spahlinger/Wegen*: Spa/We; Ulmer/Habersack/Winter/*Behrens*: UHW/Be; Staud/*Großfeld* IntGesR: Staud/Gro; MüKo/*Kindler* IntGesR: MüKo/Ki; Reithmann/Martiny/*Hausmann*,/*Martiny* oder/*Merkt*: RM/Hau,/Mar oder/Merkt)	
I. Gründung			
1. Vorgründungsphase	Vertragsstatut: Art 27 ff	BGH WM 75, 387; BTDrs 10/503/ Giuliano S 44; MüKo/*Martiny* Art 37 Rn 50; *Spa/We* Rn 264 f, Rn 257; Erman/*Hohloch* Art 37 Rn 5; Soergel/ *vHoffmann* Art 37 Rn 47; s auch oben Rn 21	
2. Errichtungsphase: Anforderungen an die Errichtung; fehlerhafte Gesellschaft; Vorgesellschaft: Verfassung, Vertretungsbefugnis, Haftung, insbes Handelndenhaftung, Übergang bzw Übernahme der Verbindlichkeiten der Vorgesellschaft	Gesellschaftsstatut; aber gesonderte Anknüpfung: (i) Formfragen: Formstatut, außer bei organisationsrechtlichen Rechtsgeschäften; (ii) Geschäftsfähigkeit der Gründer: Personalstatut; (iii) uU Sonderanknüpfung des inländischen Verkehrsschutzes bzgl Vertretung: Analogie zu Art 12 I (vgl Art 37 Rn 11); (iv) Haftung im Zusammenhang mit der Einbringung von Betrieben (§§ 25, 28 HGB): lex rei sitae des eingebrachten Betriebs; (v) Übertragungsakt bei Sacheinlagen: lex rei sitae	implizit KG Gmb-Rdsch 94, 121; LG München ZIP 99, 1680 (zu Art 12 I); *Spa/We* Rn 266 ff, 271; zu Formfragen: UHW/*Be* Rn B 132 ff; MüKo/*Ki* Rn 531 ff	
3. Firma: a) Firmenbildung	Firmenbildung: Gesellschaftsstatut; aber gesonderte Anknüpfung: Recht der Niederlassung für registerrechtliche Firmenpublizität (Ordnungsrecht);	UHW/*Be* Rn B 74; *Spa/We* Rn 554 ff	
b) Firmenschutz	Firmenschutz nach Wettbewerbsrecht bzw nach Handels- und Privatrecht (zB § 37 II HGB; §§ 12, 823, 1004 BGB)		
II. Rechtsfähigkeit			
1. Allgemeine Rechtsfähigkeit	Gesellschaftsstatut; uU Sonderanknüpfung des inländischen Verkehrsschutzes (Analogie zu Art 12 I; vgl Art 37 Rn 11) zB zur Abwehr der ultra-vires-Lehre des Common Law (= Nichtigkeit für Geschäftsabschlüsse außerhalb der satzungsmäßigen Bestimmung des Geschäftsgegenstandes)	BGHZ 97, 269, 271; 128, 41, 44; NJW 98, 2452; *Spa/We* Rn 270; MüKo/*Ki* Rn 540; RM/*Hau* Rn 2238 f; s auch oben Rn 19 f; zur ultra-vires-Thematik: UHW/*Be* Einl B 69 (Ausformulierung der Sonderanknüpfung) u 70 (zur Gemeinschaftsrechtskonformität der Sonderanknüpfung); MüKo/*Ki* Rn 542 f; *Spa/We* Rn 271; RM/*Hau* Rn 2241	
2. Besondere Rechtsfähigkeiten			
a) Erwerb von Geschäftsanteilen an anderen Gesellschaften;	Gesellschaftsstatute beider Gesellschaften	RM/*Hau* Rn 2244; *Spa/We* Rn 274; Staud/*Gro* Rn 303 ff; MüKo/*Ki* Rn 548;	
b) Beteiligung einer ausländischen Kapitalgesellschaft als einzige Komplementärin einer deutschen KG		Zulässig. So auch: *Spa/We* Rn 276 ff mwN; RM/*Hau* Rn 2245 (jedenfalls für den europäischen Rechtsraum; iü kritisch); aA: Staud/*Gro* Rn 536-555; MüKo/*Ki* Rn 552	

Gesellschaftsrechtliches Thema	Anwendbares Recht	Vertiefende Literatur
c) Organfähigkeit (Fähigkeit als Organ einer anderen Gesellschaft zu fungieren)	Gesellschaftsstatute beider Gesellschaften	*Spa/We* Rn 282; *MüKo/Ki* Rn 556; *Staud/Gro* Rn 310
d) Wechsel- und Scheckfähigkeit	Gesellschaftsstatut (vgl Art 91 I WG und Art 60 ScheckG); zT Art 7 für aktive Scheck- und Wechselfähigkeit; uU Art 12 S 1 für Gutglaubensschutz (vgl Art 37 Rn 11)	*Staud/Gro* Rn 312; RM/*Hau* Rn 2245; *MüKo/Ki* Rn 554; *Spa/We* Rn 283 f
e) Anleihefähigkeit: Fähigkeit, Inhaberschuldverschreibungen zu begeben	Doppelanknüpfung: Gesellschaftsstatut und Recht des Staates, in dem und nach dessen Recht die Papiere ausgestellt und in den Verkehr gebracht werden	BGH NJW 1996, 2795, 2796; *Staud/Gro* Rn 313; *Spa/We* Rn 285
3. Existenznachweis: Nachweis der Rechts- und Parteifähigkeit	Gesellschaftsstatut iVm lex fori für Zulässigkeit und Beweiskraft von Beweismitteln; ggf Apostille nach dem Haager Übereinkommen zur Befreiung ausländische öffentlicher Urkunden von der Legalisation v 1961 (BGBl 1965 II, 875)	*Spa/We* Rn 686 ff mwN und Übersicht über Vertragstaaten des Haager Übereinkommens in Rn 699; *Staud/Gro* Rn 263
III. Geschäftsfähigkeit und Vertretung der Gesellschaft		
1. Organschaftliche Vertretung: Beginn der Vertretungsmacht; eventuelle Beschränkungen (zB durch Gesamtvertretung, Verbot des Selbstkontrahierens gem § 181 BGB in BRepD, ultra-vires-Lehre in GB); Regelung zur Vertretung durch Gesellschafter; Abänderung oder Aufhebung der Vertretungsmacht, registerrechtlicher Schutz von Vertragspartnern der Gesellschaft; Notorgane	Gesellschaftsstatut; ggf Sonderanknüpfung des Verkehrsschutzes (Art 12 I; vgl Art 37 Rn 11)	*Spa/We* Rn 288 f; RM/*Hau* Rn 2246; *MüKo/Ki* Rn 557; *Staud/Gro* Rn 279 ff; für Bestellung eines Notorgans s *Staud/Gro* Rn 286
2. Nachweis der Vertretungsmacht und Rechtsfolgen der Vertretung ohne Vertretungsmacht	Gesellschaftsstatut; ggf iVm lex fori (zB bei Eintragungsverfahren); uU Sonderanknüpfung einer Genehmigung des Handelns ohne Vertretungsmacht an das Wirkungsstatut	*Spa/We* Rn 291 ff; *Staud/Gro* IntGesR Rn 263, 280 (zur Sonderanknüpfung einer Genehmigung an das Wirkungsstatut); RM/*Hau* Rn 2302 ff (Übersicht für 17 Staaten)
3. Vollmacht	Vollmachtsstatut, auch für Anscheins- und Duldungsvollmacht (s Vor Art 7–12 Rn 7 ff): idR Ort, an dem von der Vollmacht Gebrauch gemacht worden ist	*Spa/We* Rn 290; *Staud/Gro* Rn 285, 287; *MüKo/Ki* Rn 560; *UHW/Be* Einl B 68; RM/*Hau* Rn 2460 ff, 2477 ff
IV. Partei- und Prozessfähigkeit		
1. Parteifähigkeit	Lex fori; aber Vorfrage der Rechtsfähigkeit: Gesellschaftsstatut (s auch § 50 ZPO)	*Spa/We* Rn 294 f; *Staud/Gro* Rn 290 ff; *MüKo/Ki* Rn 562; RM/*Hau* Rn 2250
2. Prozessfähigkeit	Lex fori: aber Vorfrage der Rechtsfähigkeit: Gesellschaftsstatut (s auch § 55 ZPO)	*Spa/We* Rn 296; *Staud/Gro* Rn 295; *MüKo/Ki* Rn 563; RM/*Hau* Rn 2255
V. Organisationsverfassung		
1. Bestellung, Rechte und Pflichten der Gesellschaftsorgane, Satzung, Satzungsänderungen	Gesellschaftsstatut; gesonderte Anknüpfung: Geschäftsleiterdienstverträge: Vertragsstatut (Art 27 ff)	*Spa/We* Rn 297 ff; *Staud/Gro* Rn 335; s auch RM/*Merkt* Rn 887, 917;

Gesellschaftsrechtliches Thema	Anwendbares Recht	Vertiefende Literatur
2. Schuldrechtliche Nebenabreden der Gesellschafter: Ausgleichsansprüche; Wettbewerbsverbote; Schiedsverträge; Vereinbarungen über Veräußerungsbeschränkungen/Vorkaufsrechte; Poolverträge/Stimmbindungsverträge	Vertragsstatut (Art 27 ff), aber uU Gesellschaftsstatut für auf die Willensbildung in der Gesellschafterversammlung gerichtete Erklärungen (Stimmbindungsverträge)	BGH NJW 96, 54, 55: Vertragsstatut für alle schuldrechtlichen Vereinbarungen, die nicht in die Struktur der Gesellschaft eingreifen. Beispiel: Stimmrechtpools unterliegen als (eigene) Innengesellschaft dem Vertragsstatut (vgl Rn 21; Spa/We/*Spa* Rn 127). Aus Sicht der Gesellschaft, bei der abgestimmt werden soll, unterliegen hingegen alle Stimmbindungsverträge dem Gesellschaftsstatut (MüKo/*Ki* Rn 589; Staud/*Gro* Rn 345 f). Dieses entscheidet auch über die Zulässigkeit von Stimmrechtspools (Staud/*Gro* Rn 346; UHW/*Be* B 79). S daher den Hinweis von Spa/We 318, 319, den Stimmbindungsvertrag durch Rechtswahl umfassend dem Gesellschaftsstatut zu unterstellen.
VI. Mitbestimmung (in den Gesellschaftsorganen)	Gesellschaftsstatut; Gesonderte Anknüpfung der betrieblichen Mitbestimmung: Belegeinheitsrecht des Betriebes	zur betrieblichen Mitbestimmung: Spa/We Rn 299, 305 ff; UHW/*Be* B 98; MüKo/*Ki* Rn 581 f; s auch RM/*Merkt* Rn 888
VII. Mitgliedschaft	Gesellschaftsstatut	
1. Begründung/Beendigung der Gesellschafterstellung; Rechte und Pflichten der Gesellschafter innerhalb der Gesellschaft inkl Informationsrechte und Teilnahmerechte; Minderheitenschutz; Rechtsverhältnis der Gesellschafter untereinander		UHW/*Be* B 79, Spa/We Rn 297 f
2. Übertragung und Belastung von Geschäftsanteilen: a) Übertragbarkeit/Belastbarkeit/Vererbbarkeit von Gesellschaftsanteilen bzw von darin enthaltenen Rechten b) Abtretung/Belastung/Erbgang	Gesellschaftsstatut; gesonderte Anknüpfung: (i) schuldrechtlicher Vertrag der Übertragung/Belastung eines Gesellschaftsanteils: Vertragsstatut; (ii) dingliches Rechtsgeschäft zur Übertragung der Anteile (Wertpapiere: lex rei sitae; aber lex libri siti, wenn sie nach § 17a DepotG mit rechtsbegründender Wirkung in ein Register eingetragen oder auf einem Konto verbucht werden); (iii) Erbgang nach Erbstatut	MüKo/*Ki* Rn 586 f; UHW/*Be* B 79 (auch zum Erbgang); Spa/We Rn 320 ff (insbes zu Wertpapieren)
3. Pfändbarkeit von Gesellschaftsanteilen	Recht des Vollstreckungsstaates	Spa/We Rn 323
VIII. Finanzverfassung		
1. Kapitalausstattung: Satzungskapital, Mindestkapital	Gesellschaftsstatut; Sonderanknüpfung der deutschen Bestimmungen über Kapitalausstattung bei tatsächlichem Verwaltungssitz in Deutschland problematisch (für EU-Gesellschaften gemeinschaftswidrig)	Str, vgl Sp/We Rn 317 a E u UHW/*Be* B 80 ff
2. Kapitalersatz	Gesellschaftsstatut bzgl der Qualifikation als Kapitalersatz; Insolvenzstatut bzgl Rangfrage	UHW/*Be* B 80 ff; Spa/We Rn 313 f; zur Sonderanknüpfung in der Insolvenz: MüKo/*Ki* Rn 593; Spa/We Rn 315
IX. Haftung (insbesondere Durchgriffshaftung)		

Gesellschaftsrechtliches Thema	Anwendbares Recht	Vertiefende Literatur
1. Gesellschaftsrechtliche Haftungstatbestände	Gesellschaftsstatut	MüKo/*Ki* Rn 605; Staud/*Gro* Rn 348
2. Vertragliche bzw. deliktische Haftungstatbestände	Vertrags- bzw Deliktsstatut	
3. Deliktsfähigkeit der Gesellschaft	Deliktsstatut; Sonderanknüpfung gesellschaftsrechtlicher Vorfragen, zB: (i) Verfügt die ausländische Gesellschaft über eine ausreichende körperschaftliche Verfassung im Sinne von § 31 BGB? (ii) Begründet Rechtsstellung der Person, die die unerlaubte Handlung begangen hat, eine Organstellung iSv § 31 BGB?	BGH IPRax 92, 45; *Spa/We* Rn 354 (u 315 f zu den gesellschaftsrechtlichen Vorfragen); Staud/*Gro* Rn 314
4. Durchgriffshaftung der Gesellschafter für Gesellschaftsschulden		
a) Grundsatz (Rechtsumgehungstatbestände)	Gesellschaftsstatut	BGHZ 78, 318, 334; *Spa/We* Rn 327 ff, 332 ff; Staud/*Gro* Rn 354; MüKo/*Ki* Rn 605, 610 und Rn 348 ff (zu „Scheingesellschaften"); UHW/*Be* B 91 (für akzessorische Anknüpfung der Durchgriffshaftung an das Gesellschaftsstatut)
b) Doppelter Haftungsdurchgriff	Jeweils Gesellschaftsstatut der Gesellschaft, deren Gesellschafterin in die Haftung genommen werden soll	*Spa/We* Rn 335; MüKo/*Ki* Rn 620
5. Ausgewählte Haftungstatbestände		
a) Materielle Unterkapitalisierung (in Deutschland § 826)	Gesellschaftsstatut bzgl Pflicht zur Kapitalausstattung, zT deliktsrechtliche Qualifikation (dann aber zT akzessorische Anknüpfung an das Gesellschaftsstatut)	*Spa/We* Rn 336; MüKo/*Ki* Rn 615; UHW/*Be* B 90 ff
b) Vermögensvermischung: Pflicht zur Vermögenstrennung, Anforderung an Buchführung	Gesellschafsstatut	*Spa/We* Rn 338; UHW/*Be* B 90 ff
c) Existenzvernichtender Eingriff	Ungeklärt: Gesellschaftsstatut, Deliktsstatut oder Insolvenzstatut (uU Sonderanknüpfung)	*Spa/We* Rn 340 ff; MüKo/*Ki* Rn 617; UHW/*Be* B 93 (Sonderanknüpfung nicht zu rechtfertigen)
d) Rechtsscheinhaftung (ein nicht rechtsfähiges Gebilde tritt wie eine juristische Person auf: zB als ausländische „AG")	Anknüpfung an Ort des Auftretens	Staud/*Gro* Rn 271; RM/*Hau* Rn 2265
X. Rechnungslegung:		
Inhalt, Bewertung, Prüfung und Veröffentlichung des Jahres- und Konzernabschlusses	Gesellschaftsstatut; Evtl Sonderanknüpfung an das Marktstatut für kapitalmarktrechtliche Publizitätspflichten	Staud/*Gro* Rn 362-369; UHW/*Be* B 95; zum Marktstatut: Staud/*Gro* Rn 364
XI. Änderung/Erweiterung der Unternehmensstruktur:		
1. Konzernierung, Eingliederung	Gesellschaftsstatute der beteiligten Gesellschaften	Staud/*Gro* Rn 368
2. Umwandlung (Verschmelzung, Spaltung, Vermögensübertragung, Formwechsel)	Beachte: Internationale Fusionsrichtlinie der EG	Staud/*Gro* Rn 368; RM/*Hau* Rn 686; UHW/*Be* B 78, 97, 124 Vgl EuGH Urt v 13.12.05 – C-411/03 ZIP 05, 2311 – Sevic

Gesellschaftsrechtliches Thema	Anwendbares Recht	Vertiefende Literatur
XII. Gründung von Tochtergesellschaften	Inländische Tochtergesellschaften ausländischer Unternehmen: deutsches Recht, Fremdenrecht ohne Bedeutung außer Ausländerrecht für Einreise/Aufenthalt ausländischer Staatsangehörige, die die Tochtergesellschaft leiten	Staud/*Gro* Rn 971 ff; UHW/*Be* B 163
XIII. Errichtung von Zweigniederlassungen	Keine selbstständige Anknüpfung: Maßgeblichkeit des Statuts der Hauptniederlassung; aber uU Sonderanknüpfungen:	MüKo/*Ki* Rn 194 ff; Spa/*We* Rn 546-650; Staud/*Gro* Rn 975 ff; UHW/*Be* B164–168; RM/*Hau* Rn 2266; s die Checklisten zur Errichtung einer Zweigniederlassung bei Spa/*We* Rn 649 f für Sonderanknüpfungen: Registerpublizität: RM/*Hau* Rn 2266;
	(i) Registerpublizität (§ 15 HGB) bei nicht gem §§ 13 d ff HGB in das Handelsregister eingetragenen Beschränkungen;	
	(ii) Vollmacht des Prokuristen für Betrieb inländischer Zweigniederlassungen: Vollmachtsstatut;	Vollmacht des Prokuristen: MüKo/*Ki* Rn 205;
	(iii) Beurteilung der Kaufmannseigenschaft: Wirkungsstatut;	Kaufmannseigenschaft: MüKo/*Ki* Rn 205;
	(iv) Firma: Recht des Orts der Zweigniederlassung für Nutzung der Firmierung im Inland;	Kaufmannseigenschaft: MüKo/*Ki* Rn 225;
	(v) Buchführungs- und Rechnungslegungspflicht (s auch § 325 a HGB);	Buchführung: MüKo/*Ki* Rn 206;
	(vi) uU Mitbestimmung (str);	zur Mitbestimmung; Staud/*Gro* Rn 515 ff;
	(vii) für Einreise/Aufenthalt bei Tätigkeit ausländischer Staatsangehöriger in inl Zweigniederlassungen ausl Gesellschaften: Ausländerrecht	zum Ausländerrecht: UHW/*Be* B 168
XIV. Auflösung, Abwicklung, Beendigung: Stellung der Abwicklungsgesellschaft, Vertretungsmacht der Organe/Verwalter	Gesellschaftsstatut Bei Vertretungsmacht der Liquidatoren: § 12 S 1 zu beachten (vgl Art 37 Rn 11)	Staud/*Gro* Rn 370 ff; UHW/*Be* B 99

Für die Fragen, für die das Gesellschaftsstatut maßgeblich ist, ist es nach den nachfolgenden Regeln zu bestimmen.

II. Europäische Fälle (Gesellschaften mit Bezug zu Mitgliedstaaten der EU oder des EWR). 1. Ausgangspunkt: Gemeinschaftsrechtliche Vorgaben und Vorgaben des EWRA. Das Europäische Gemeinschaftsrecht enthält in Art 48 EGV (**Niederlassungsfreiheit**) und 55 EGV (**Dienstleistungsfreiheit**) Vorgaben, die sich auf das Internationale Gesellschaftsrecht auswirken. Die Anwendung des Internationalen Gesellschaftsrechts darf nicht zu einer ungerechtfertigten Beschränkung der Niederlassungs- oder Dienstleistungsfreiheit führen (eingehend Ulmer/Habersack/Winter/*Behrens* Rn B 7 ff, B 39). Das gleiche gilt für die **Warenverkehrsfreiheit** (Art 28 EGV), auf die die zur Niederlassungs- und Dienstleistungsfreiheit entwickelten Grundsätze übertragbar sind (*Brödermann* ZZPInt 99, 267 f). Die in einem Mitgliedstaat der EU gegründeten Gesellschaften müssen innerhalb der EU wie Unionsbürger frei wirtschaftlich handeln dürfen; auf den Ort der Geschäftsführung innerhalb der EU darf es grds nicht ankommen. **Beschränkungen** der Grundfreiheiten sind nur zulässig, wenn sie ein legitimes mit dem EG-Vertrag vereinbares Ziel verfolgen und gemeinschaftsrechtlich, insbes **durch zwingende Gründe des Gemeinwohls, gerechtfertigt** sind (so zB EuGH Urt v 13. 12. 05 – C-411/03 ZIP 05, 2311 – Sevic Rn 23; Urt v 13. 12. 05 – C-446/03 – EuZW 06, 85 – Marks & Spencer Rn 35; umfassend Ulmer/Habersack/Winter/*Behrens* Rn B 10 ff).

So muss ein englische Briefkastengesellschaft mit effektivem Verwaltungssitz in Dänemark bei der Eintragung einer Zweigniederlassung als eine einem Unionsbürger gleichgestellte existente Gesellschaft behandelt werden (EuGH Urt v 9. 3. 99 – C-212/97 Slg 99, I-1459 – Centros Rn 30; s zB *Brödermann* ZZPInt 99, 259; Ulmer/Habersack/Winter/*Behrens* Rn B 111; Reithmann/Martiny/*Hausmann* 2274 ff). Eine in den Niederlanden gegründete, von Deutschland aus geführte Gesellschaft muss in Deutschland als rechts- und parteifähig behandelt werden (EuGH Urt v 5. 11. 02 C-208/00 Slg 02, I-9919 – **Überseering** Rn 82; s zB Ulmer/Habersack/Winter/*Behrens* Rn B 112; Reithmann/Martiny/*Hausmann* Rn 2278 ff). Eine englische limited company mit einer einzigen Niederlassung in den Niederlanden kann dort nicht niederländischen Kapitalaufbringungsvorschriften unterworfen werden (EuGH Urt v 30.9.03 – C-167/01 Slg 03, I-10155 – **Inspireart** Rn 143; s zB Ulmer/Habersack/Winter/*Behrens* Rn B 33; Reithmann/Martiny/*Hausmann* Rn 2280 ff).

28 In allen drei Fällen lässt sich die Beschränkung von Grundfreiheiten durch Anknüpfung an das Gründungsrecht und damit einhergehender Anerkennung der Gesellschaft vermeiden. Nach Inspire Art ist nicht nur die Rechts- und Parteifähigkeit einer zugezogenen ausländischen Gesellschaft anzuerkennen, sondern ihr gesamtes Gründungsstatut; eine Angleichung an das Gesellschaftsrecht des Zuzugsstaates kann nicht durch nationale Gesetzgebung vorgeschrieben werden (s *Spahlinger/Wegen* Rn 466).

29 Das EWRA enthält in Art 34, 39 den Art 48, 55 EGV entspr Regelungen zur Niederlassungs- und Dienstleistungsfreiheit. Es enthält damit die gleichen Vorgaben für das Internationale Gesellschaftsrecht (s näher Brödermann/Iversen/*Brödermann* Rn 301 ff; Ulmer/Habersack/Winter/*Behrens* Rn B 6 ff, B 39). Im Verhältnis zu **Island, Liechtenstein** und **Norwegen** gelten damit die gleichen Grundsätze wie im Verhältnis zu den Mitgliedstaaten der EU.

30 **2. Folge: Anknüpfung an das Gründungsrecht, kein Renvoi.** Dementsprechend ist es heute einhellige Meinung, dass für Gesellschaften, die nach dem Recht (irgend-)eines **der 25 Mitgliedstaaten der EU** – oder der **3 Staaten des EWR** (BGH ZIP 05, 1869, 1870; Frankf IPRax 04, 56, 57 f; Palandt/*Heldrich* Anh zu Art 12 Rn 6) – gegründet sind und (irgendwo) in der EU ihren tatsächlichen Sitz haben, das Gesellschaftsstatut (auch: Personalstatut) nach der **Gründungstheorie** zu bestimmen ist (BGHZ 154, 185, 190; NJW 05, 1648, 1649; MüKo/*Kindler* IntGesR Rn 124 f; Spahlinger/Wegen/*Spahlinger* Rn 73; Palandt/*Heldrich* Anh zu Art 12 Rn 1, 6). Danach ist das Recht anzuwenden, nach dessen Vorschriften bereits **die Gründung der Gesellschaft vollzogen** wurde (von untergeordneter Bedeutung wird damit die Frage, ob Art 48 EGV als gemeinschaftsrechtliche IPR-Norm selbst die Anknüpfung an das Gründungsrecht gebietet: so Brödermann/Iversen/*Brödermann* Rn 96 ff, 271; Ulmer/Habersack/Winter/*Behrens* Rn B 3, B 39; aA zB Spahlinger/Wegen/*Spahlinger* Rn 198).

31 Aus der gemeinschaftsrechtlichen Begründung (Quelle) für die Anwendung der Gründungstheorie folgt, dass die Verweisung auf das Gründungsrecht als Sachnormverweisung zu verstehen ist und ein **Renvoi** ausgeschlossen ist (arg Art 4 I S 1 „Sinn der Verweisung"; Brödermann/Iversen/*Brödermann* Rn 286; str, aA MüKo/*Kindler* IntGesR Rn 407). Praktisch ist eine Rückverweisung des Gründungsrechts nicht denkbar, weil das IPR der anderen Mitgliedstaaten auch den Beschränkungen der Grundfreiheiten unterliegt (s zB Mayer/Heuzé Rn 1038 Fn 16).

32 **3. Offene Restfälle. a) Wegzug aus Deutschland (innerhalb der EU).** Die der BRepD aufgezwungene Anknüpfung an das Gründungsrecht (vgl die kritischen Töne in BGH IPRax 00, 423, 424 – Überseering I) ist nur im Anwendungsbereich der Grundfreiheiten bindend. Noch gestattet eine ältere – seinerzeit nach dem „gegenwärtigen Stand des Gemeinschaftsrechts" getroffene – EuGH-Entscheidung den Mitgliedstaaten, den Wegzug in einen anderen Mitgliedstaat zu beschränken (EuGH Urt v 27.9.88 – 81/87 Slg 88, 5483 – **Daily Mail**: zu einem Zustimmungserfordernis des Finanzministeriums in England; s zB Brödermann/Iversen/*Brödermann* Rn 207-259; Spahlinger/Wegen/*Spahlinger* Rn 144 ff; Ulmer/Habersack/Winter/*Behrens* Rn B 66: zur derzeitigen Fortgeltung von Daily Mail). Deshalb **kann** das deutsche **materielle Gesellschaftsrecht** die Verlegung des Hauptverwaltungssitzes von Deutschland ins europäische Ausland noch als Liquidationsbeschluss werten (BayObLG EuZW 92, 548, 549 mit Anm *Behrens*; MüKo/*Kindler* IntGesR Rn 511 iVm 503 ff); nach Daily Mail kann auch der Anknüpfungspunkt im Internationalen Gesellschaftsrecht insoweit noch frei bestimmt werden (vgl Rn 41 f; kritisch Brödermann/*Rosengarten* Rn 427 aE: Wertungswiderspruch). Die Gesellschaft bestünde danach zunächst zumindest als Liquidationsgesellschaft fort; dieser Themenkomplex sollte dem EuGH erneut vorgelegt werden. Für die Aufgabe der Kontrolle durch das deutsche Recht über eine in Deutschland ordnungsgemäß gegründete Gesellschaft, die sich den strengen deutschen Kapitalerhaltungs-, Ordnungs-, Bilanzierungs-, Gläubigerschutz-, Minderheitengesellschafterschutz- und Arbeitnehmerschutzvorschriften stellt, besteht indes kein sachlicher Grund (eingehend *Wenckstern* FS Drobnig 465, 476 ff): Es ist in diesen Fällen an das deutsche Gründungsrecht anzuknüpfen.

33 **b) Umzug in einen Drittstaat.** Zieht eine nach dem Recht eines Mitgliedstaates gegründete Gesellschaft in einen Drittstaat außerhalb der EU durch Verlegung der Hauptverwaltung um, kann der Schutz der Grundfreiheiten entfallen (vgl zB Palandt/*Heldrich* Anh zu Art 12 Rn 6 aE ohne Einschränkung). Da die Gesellschaft in diesem Fall aber die Voraussetzungen von Art 48 EGV oft nicht erfüllen wird (Gründung nach dem Recht eines Mitgliedstaates und – so eines der alternativen Tatbestandsmerkmale von Art 48 I – fortbestehender satzungsmäßiger Sitz in der EU, meist im Gründungsstaat), entfällt der Schutz der Grundfreiheiten (vgl Rn 26) nur, wenn die Gesellschaft mit dem Umzug ihre tatsächliche und dauerhafte Verbindung mit der Wirtschaft der EU aufgibt: Solch eine Verbindung (**Ansässigkeit** iSv Art 43 I) wird aus gemeinschaftsrechtlicher Sicht zusätzlich vorausgesetzt, damit eine Gesellschaft wie ein Unionsbürger an der Niederlassungs- oder Dienstleistungsfreiheit teilhaben kann (vgl *Rat der EG*, Allgemeines Programm zur Aufhebung der Beschränkungen der Niederlassungsfreiheit v 18.12.61, ABl 62, 36 unter I, und Allgemeines Programm zur Aufhe-

bung der Beschränkungen des freien Dienstleistungsverkehrs v 18. 12. 61, ABl 62, 32 unter I; Brödermann/ Iversen/*Brödermann* Rn 187 ff). Nur soweit der Schutz der Gesellschaft durch das Gemeinschaftsrecht entfällt, ist die BRepD frei, den Anknüpfungspunkt zu bestimmen und die Sitztheorie anzuwenden (s.u. Rn 42 f). Soweit es danach bei der Anknüpfung an das Gründungsrecht bleibt, können Beschränkungen der primären Niederlassungsfreiheit nach Daily Mail durch das materielle Gesellschaftsstatut erfolgen (vgl Rn 32 und MüKo/*Kindler* IntGesR Rn 512).

4. Rechtsangleichung in der EU. Für wenige europäische Gesellschaftsformen (**EWIV, SE**) macht **einheitliches gemeinschaftsrechtliches Sachrecht** (vgl Rn 2) die Anwendung von Internationalem Gesellschaftsrecht zT entbehrlich (s jeweils mwN die Darstellungen bei Ulmer/Habersack/Winter/*Behrens* Rn B 231 f, 233 ff mwN; Spahlinger/Wegen/*Wendt* Rn 878 ff zur EWIV und Rn 799 ff, 920 ff zur SE). Das einheitliche Sachrecht regelt aber meist nicht alle erheblichen Fragen, so dass eine IPR-Prüfung erforderlich wird. Die EWIV- und die SE-Verordnungen (Abl 85 L 199, 1; 01 L 294, 1) enthalten beide ergänzend zu den sachrechtlichen Regelungen **gemeinschaftsrechtliches IPR** zur horizontalen Abgrenzung zwischen den Mitgliedstaaten der EU, s zB Art 19 I, Unterabs II EWIV-VO (s *Brödermann/Rosengarten* Rn 43 ff, 428; Spahlinger/Wegen/*Wendt* Rn 881; eingehend zur EWIV Brödermann/Iversen/*Brödermann* Rn 308–329) oder Art 47 II (a) SE-VO. 34

Überwiegend hat die gesellschaftsrechtliche Sachrechtsvereinheitlichung über **Richtlinien** stattgefunden (s die Übersichten bei Dauses/*Behrens* E.III. Rn 27 ff; Spahlinger/Wegen/*Wendt* Rn 815 ff; Ulmer/Habersack/Winter/ *Behrens* Rn B 179 ff). Die Angleichung des Gesellschaftsrechts stellt eines der wesentlichen Instrumente zur Verwirklichung der wirtschaftlichen Ziele der Gemeinschaft (Art 2 EGV) dar (s Art 3 lit h EGV und die Rechtsgrundlagen in Art 44 II g, 94, 96-97 u 308 EGV; s Ulmer/Habersack/Winter/*Behrens* Rn B 171 ff). Das **Programm für ein „Europäisches Gesellschaftsrecht"** (Dauses/*Behrens* E.III. Rn 17 ff; Ulmer/Habersack/Winter/*Behrens* Rn B 174 ff) umfasst: (I) weitere materielle Angleichungsmaßnahmen (s **Kommission**, Mitteilung v 21. 5. 03 zur „Modernisierung des Gesellschaftsrechts und Verbesserung der Corporate Governance in der Europäischen Union – Aktionsplan", KOM(2003) 284 endg), (II) weitere Schaffung von supranationalen Rechtsformen (Europäische Privatgesellschaft – eine europäische, funktional der GmbH entspr „kleine" supranationale Kapitalgesellschaft –, Europäische Genossenschaft, Europäischer Verein, Europäische Gegenseitigkeitsgesellschaft, s **Kommission**, aaO Ziff 3.5 f; Ulmer/Habersack/Winter/*Behrens* Rn B 239 ff mwN) und (III) **kollisionsrechtliche Angleichungsmaßnahmen** (zB Vorschlagsentwürfe für eine 10. Richtlinie über grenzübergreifende Verschmelzungen – dazu zB Ulmer/Habersack/Winter/*Behrens* Rn B 215 ff – und für eine 14. Richtlinie über die grenzüberschreitende Sitzverlegung einer Gesellschaft). Das umgesetzte Richtlinienrecht ist in der Fassung des Staates anzuwenden, dessen materielles Recht durch das Internationale Gesellschaftsrecht als anwendbar bestimmt wurde. 35

III. Gesellschaften mit Bezug zu Staaten außerhalb der EU oder des EWR. 1. Staatsverträge: Anknüpfung an die Gründung. Zahlreiche, nach Art 3 II S 1 **vorrangig zu beachtende Staatsverträge** gebieten die Anknüpfung an das Gründungsrecht: Prominentes Beispiel ist Art XXV Abs 5 des Deutsch-Amerikanischen Freundschafts-, Handels- und Schiffahrtsvertrages vom 29. 10. 54 (BGBl 56 II 487, 500, Jayme/Haussmann, Nr 22), das im Verhältnis zu den **50 US-amerikanischen Einzelstaaten** auf die Gründungstheorie abstellt (BGHZ 153, 353, 355 f; ZIP 04, 2230, 2231; Ulmer/Habersack/Winter/*Behrens* Rn B 40 u Fn 165; Spahlinger/ Wegen/*Spahlinger* Rn 232 ff; s auch *Ebenroth/Bippus* NJW 88, 2137 ff): Es gilt das Gründungsrecht. 36

Für die Frage der Anerkennung der ausländischen Gesellschaften haben die Staatsverträge – häufig Investitionsschutzabkommen – zwar nur deklaratorische Bedeutung (s.o. Rn 20; Ulmer/Habersack/Winter/*Behrens* Rn B 108). Aus der Sicht des Internationalen Gesellschaftsrechts ist aber zu unterscheiden: (i) **Ca 40 Staatsverträge** mit asiatischen, afrikanischen und latein-amerikanischen Staaten – ua **China, Hongkong, Indien, Israel, Malaysia, Singapur** – haben kollisionsrechtlich **konstitutive Bedeutung** (vgl arg BGHZ 153, 353, 355; MüKo/*Kindler* IntGesR Rn 306, 309; Ulmer/Habersack/Winter/*Behrens* Rn B 40; differenzierend Spahlinger/ Wegen/*Spahlinger* Rn 259). Nach Art 3 II 1 verdrängen sie als **lex specialis** das autonome Internationale Gesellschaftsrecht und **kombinieren dabei zT die beiden üblichen Anknüpfungspunkte** (s Rn 18): (i) Die Staatsverträge definieren als „deutsche Gesellschaften" zB solche, die in der BRepD ihren Sitz haben und nach deutschem Recht bestehen (Sitztheorie: ein Scheinsitz in Deutschland ist nicht ausreichend; eine Sitzverlegung wird gesellschaftsrechtlich klassifiziert als Liquidationsbeschluss gesehen, s.o. Rn 32) – so gilt jeweils Art 1 Nr 4 a der Investitionsschutzabkommen mit **Israel** (BGBl 78 II, 209, 211; vgl Spahlinger/Wegen/*Spahlinger* Rn 260, aA MüKo/*Kindler* IntGesR Rn 240); **Malaysia** (BGBl 62 II, 1064, 1067) und **Singapur**, BGBl 75 II, 49, 51; (ii) für die Gesellschaften des Vertragspartners ist es hingegen idR ausreichend, wenn sie nach den dort geltenden Gesetzen gegründet und errichtet, und/oder eventuell auch eingetragen wurden (Gründungstheorie, MüKo/*Kindler* IntGesR Rn 309); – siehe jeweils Art 1 Nr 4 b der genannten Verträge mit Nuancen (zB Israel: zusätzlich wird Eigentum oder Kontrolle durch eine Person mit ständigem Aufenthalt in Israel vorausgesetzt). Ähnlich zB die Abkommen mit **China** (BGBl 85 II 30, 31: Art 1 Nr 3) und **Indien** (BGBl 98 II 619, 620: Art 1 a); für Fundstellen für weitere Staaten s insbes Spahlinger/Wegen/*Spahlinger* Rn 259; MüKo/*Kindler* IntGesR Rn 306, 309: nur deklaratorische Bedeutung). Zumindest wenn diese Staaten der Gründungstheorie folgen (Übersicht für 41 Staaten bei Spahlinger/Wegen/*Spahlinger* Rn 260; MüKo/*Kindler* IntGesR Rn 309), 37 ist das Statut einer solchen ausländischen Gesellschaft **nach dem Gründungsrecht** zu bestimmen, – unabhängig davon, wo sie ihren Verwaltungssitz hat (differenzierend Spahlinger/Wegen/*Spahlinger* Rn 260: Ausnahme, wenn der Verwaltungssitz nach Deutschland gelegt wurde).

38 Der **Anwendungsbereich** der Abkommen reicht zT **sehr weit**: ZB definiert das deutsch-indische Abkommen als „Kapitalanlagen" ua Eigentum an Sachen sowie sonstige Rechte wie Hypotheken und Pfandrechte, jegliche Art von Beteiligungen an Gesellschaften, Ansprüche auf Geld oder vertragliche Leistungen, die einen wirtschaftlichen Wert haben, und geistiges Eigentum (Art 1 b, verkürzt).

39 (II) Zum Teil kommt den Staatsverträgen auch internationalprivatrechtlich nur **deklaratorische Bedeutung** zu: Dies ist idR der Fall, wenn der Staatsvertrag zB abstellt auf eine „… Gesellschaft, die ihren Sitz im Hoheitsgebiet einer Vertragspartei hat und nach dessen Gesetzen zu Recht besteht" (s zB jeweils Art 8 IV der Verträge mit **Ägypten**, BGBl 77 II, 1146, 1148; **Griechenland**, BGBl 63 II, 217, 219; **Thailand**, BGBl 64 II, 687, 693). Diese Formulierung erfasst sowohl Gesellschaften, die im ausländischen Vertragsstaat ihren Sitz haben und dort gegründet wurden als auch solche, die nach einem dritten Recht gegründet wurden, von dem Vertragsstaat aber – etwa durch internationalprivatrechtliche Weiterverweisung – anerkannt werden (MüKo/*Kindler* IntGesR Rn 306, 310; Staud/*Großfeld* IntGesR Rn 208).

40 Die Staatsverträge sprechen Sachnormverweisungen aus. Ein **Renvoi** (s Vor Art 3 Rn 53) findet nicht statt (vgl zB *Brödermann/Rosengarten* Rn 68; vgl *v Bar/Mankowski* IPR I Rn 115 f).

41 **2. Sonst: Sitz- oder Gründungstheorie nach deutschem autonomen Internationalen Gesellschaftsrecht?** Wo weder das EU- oder EWR-Recht noch Staatsverträge die Anknüpfung an die Gründung gebieten (s Rn 24 ff, 30 f), ist das deutsche autonome Internationale Gesellschaftsrecht **in seiner Entscheidung frei**. Im Hinblick auf die Vielzahl der Staaten, deren Gesellschaften kraft staatsvertraglicher Regelung mittlerweile nach der Gründungstheorie zu beurteilen sind, wird von vielen in der Literatur die Anknüpfung an die **Gründung** auch für diese Gesellschaften gefordert (zB *Eidenmüller* ZIP 02, 2231, 2244; Ulmer/Habersack/Winter/*Behrens* Rn B 231; *Leible/Hoffmann*, ZIP 03, 923, 930). Dies entspricht dem Grundgedanken der WTO, dem viele der verbleibenden Staaten angehören: Er streitet für einen globalen Wettbewerb (*Brödermann/Rosengarten* Rn 425). Missbrauch, der Gläubiger gefährdet, kann auf sachrechtlicher Ebene begegnet werden.

42 Herrschend in Deutschland ist aber traditionell die **Sitztheorie** (s zB BGHZ 97, 269, 271). Die Anknüpfung an den Sitz ist außerhalb der Geltung europäischer oder staatsvertraglicher Grenzen zulässig. Sie knüpft an den tatsächlichen Verwaltungssitz an (s Rn 18). Der BGH hat seine Nähe zur Sitztheorie erst kürzlich bekräftigt (IPRax 00, 423, 424 – Überseering I; ebenso zB BayObLG DB 03, 819). Daher muss für Gesellschaften, für die die Gründungstheorie nicht kraft staatsvertraglicher Grundlage gilt, von der **Geltung der Sitztheorie** ausgegangen werden (so auch Spahlinger/Wegen/*Spahlinger* Rn 199; aA Ulmer/Habersack/Winter/*Behrens* Rn B 40).

43 Der **tatsächliche Verwaltungssitz** muss im Einzelfall sorgfältig ermittelt werden. Dabei sind zahlreiche **Indizien** zu bewerten und zT unterschiedlich zu gewichten (Liste nach Spahlinger/Wegen/*Spahlinger* Rn 80 ff, 84 ff mwN): zB Adressangabe auf Kontoeröffnungunterlagen, ausländischer Geschäftsführer, Erreichbarkeit der Gesellschaft unter der angegebenen Adresse und Telefonnummer, Ort der Ausübung der Geschäftsführung, Geschäftszweck, zeitgleiche Gründung einer Zweigniederlassung im Ausland, Personal- und Sachausstattung, Wohnsitz der Gesellschafter und Geschäftsführer.

44 Die Verweisung auf das Recht am Verwaltungssitz ist eine Gesamtverweisung (Art 4 I S 1). **Rück- und Weiterverweisungen** sind zu beachten (MüKo/*Kindler* IntGesR Rn 407). Sie können sich zB aus einer Anknüpfung des durch das deutsche Internationale Gesellschaftsrecht berufenen Rechts an das Gründungsrecht ergeben (implizit BGH RIW 04, 857 iVm dem zu Grunde liegenden Urteil Hburg 10 U 13/0 – 418 O 81/00, Urteil v 7. 8. 03: Weiterverweisung des philippinischen Sitzrechts auf das anguillanische Gründungsrecht, das die Verweisung annimmt).

45 **IV. Rechtsvergleichung: Ausblick auf ausländisches Gesellschaftsrecht.** Soweit die Prüfung eines Renvoi (überhaupt noch) erforderlich ist (s Rn 44), ist **ausländisches Internationales Gesellschaftsrecht** anzuwenden: Siehe dazu die Übersichten bei *Spahlinger/Wegen* Rn 1104 ff (für 10 Staaten jeweils im Abschnitt Kollisionsregel).

46 Führt die Prüfung zur Anwendbarkeit **ausländischen materiellen Gesellschaftsrechts**, finden sich hilfreiche Darstellungen bei: *Spahlinger/Wegen* Rn 1104 ff (10 Staaten), Rn 1296 ff (ausführliche Länderberichte für USA, England, Niederlande, Frankreich); *Behrens* GmbH (1997): Darstellung von 13 europäischen Rechtsordnungen inkl Türkei mit Gesetzestexten.

Abschnitt 5   Schuldrecht

Unterabschnitt 1   Recht der natürlichen Personen und der Rechtsgeschäfte

Art. 27   Freie Rechtswahl

(1) ¹Der Vertrag unterliegt dem von den Parteien gewählten Recht. ²Die Rechtswahl muss ausdrücklich sein oder sich mit hinreichender Sicherheit aus den Bestimmungen des Vertrages oder aus den Umständen des Falles ergeben. ³Die Parteien können die Rechtswahl für den ganzen Vertrag oder nur für einen Teil treffen.
(2) ¹Die Parteien können jederzeit vereinbaren, dass der Vertrag einem anderen Recht unterliegen soll als dem, das zuvor auf Grund einer früheren Rechtswahl oder auf Grund anderer Vorschriften dieses Unterabschnitts für ihn maßgebend war. ²Die Formgültigkeit des Vertrages nach Artikel 11 und Rechte Dritter werden durch eine Änderung der Bestimmung des anzuwendenden Rechts nach Vertragsabschluss nicht berührt.
(3) Ist der sonstige Sachverhalt im Zeitpunkt der Rechtswahl nur mit einem Staat verbunden, so kann die Wahl des Rechts eines anderen Staates – auch wenn sie durch die Vereinbarung der Zuständigkeit eines Gerichts eines anderen Staates ergänzt ist – die Bestimmungen nicht berühren, von denen nach dem Recht jenes Staates durch Vertrag nicht abgewichen werden kann (zwingende Bestimmungen).
(4) Auf das Zustandekommen und die Wirksamkeit der Einigung der Parteien über das anzuwendende Recht sind die Artikel 11, 12 und 29 Abs. 3 und Artikel 31 anzuwenden.

A. Funktion und Anwendungsbereich. Art 27 entspricht, und zwar auch in den einzelnen Absätzen, dem 1
Art 3 EVÜ (s Vor Art 27 Rn 13). Der bereits früher im deutschen Recht geltende Grundsatz der Parteiautonomie (RGZ 120, 70; BGHZ 52, 239; 73, 391) wird ausdrücklich festgeschrieben und ist inzwischen weltweit anerkannt (s Staud/*Magnus* Art 27 Rn 22 mwN): Die Parteien können das für einen Schuldvertrag maßgebende Recht (Vertragsstatut) selbst bestimmen. Die Rechtswahl erfolgt durch einen **Verweisungsvertrag**, der gewöhnlich **kollisionsrechtliche Wirkung** hat (s Überblick bei *v Bar* IPR II Rn 412, 413). Damit wird eine Rechtsordnung, also das **einheitliche Vertragsstatut** insgesamt, unter Einschluss ihrer zwingenden Normen durch die Parteien für anwendbar erklärt, jedoch ohne Einbeziehung des Kollisionsrechts dieser Rechtsordnung. Dem gegenüber steht die (seltene) **materiellrechtliche Verweisung**, nämlich die Einbeziehung von Vorschriften einer fremden Rechtsordnung im Rahmen des dispositiven Rechts der bereits – kollisionsrechtlich – vereinbarten maßgebenden Rechtsordnung (dazu MüKo/*Martiny* Art 27 Rn 15). In beiden Fällen gilt, dass sich eine Rechtswahl nach Art 4 II idR nur auf die sachrechtlichen Vorschriften des gewählten Rechts bezieht (s aber Art 35 Rn 4) und eine Rück- bzw Weiterverweisung gem Art 35 I ausgeschlossen ist (s Art 35 Rn 3).
Die Vorschrift des Art 27 ist die schuldvertragsrechtliche „Königsnorm" (AnwK/*Leible* Art 27 Rn 16): Ist sie 2
anwendbar, ist für Art 28 kein Raum. Art 27 wird ergänzt durch Regelungen für besondere Vertragstypen, wie die Art 29; 29 a (Verbraucherverträge); Art 30 (Arbeitsverträge); Art 7 ff EGVVG (Versicherungsverträge); vgl auch Art 42 Rn 2 zur Rechtswahl im Deliktsrecht. Eine ausweitende, analoge Anwendung dieser Vorschriften auf weitere Fallgruppen ist nicht zulässig (Hamm NJW-RR 89, 496). Es gibt eine Reformdiskussion, die im Rom I VO-V (s Vor Art 27 Rn 15 f) ihren Niederschlag gefunden hat.

B. Grundlagen der Rechtswahl (I). I. Grundsätze. Die **Rechtswahlfreiheit** entspricht den Bedürfnissen des 3
internationalen Rechtsverkehrs (so *Schmeding* RabelsZ 41 (1977) 299, 304 f; auch *Leible* FS Jayme Bd I, 489), erlaubt die flexible Lösung verschiedener Fragen der vertraglichen Beziehungen (so Soergel/*vHoffmann* Art 27 Rn 5) und ist angesichts des weitgehend dispositiven Charakters des Vertragsrechts in fast allen Rechtsordnungen der Welt unbedenklich (so MüKo/*Martiny* Art 27 Rn 8). Grenzen ergeben sich aus der Sonderanknüpfung zwingender Normen nach Art 34. Davon zu unterscheiden sind Schutzvorschriften bei bestimmten Vertragsarten, wie mit Verbrauchern in Art 29 und 29 a sowie Arbeitnehmern in Art 30, oder aber bei eindeutig ortsbezogenen Verträgen (dazu unter Rn 18 ff). Im Übrigen können die Parteien den Vertrag auch einem neutralen Recht unterstellen, zu dem sonst keine Beziehung besteht (dazu Reithmann/Martiny/*Martiny* Rn 63 mwN; *Sandrock* RIW 94, 385). Ein typischer Fall ist die Vereinbarung schweizerischen Rechts bei deutschen und türkischen Vertragsparteien (München IPRax 86, 178; vgl LG Düsseldorf RIW 95, 415, obwohl das schweizerische Recht wegen der Nähe des türkischen Rechts zum schweizerischen Recht nicht wirklich neutral ist). Ein ausdrückliches berechtigtes Parteiinteresse wird nicht gefordert (vgl BGHZ 135, 124; Hbg IPRspr 64/65 Nr 46 S 155). Für die Auslandsberührung lässt die hM schlicht die Wahl eines ausländischen Rechts genügen (dazu BaRoth/*Spickhoff* Art 27 Rn 7; MüKo/*Martiny* Art 27 Rn 20 mwN).
Die Rechtswahl ist dynamisch, sie umfasst auch die jeweiligen **intertemporalen Regeln** des Vertragsstatuts, so 4
dass in deren Rahmen Rechtsänderungen nach dem Zeitpunkt der Rechtswahl Anwendung finden (MüKo/*Martiny* Art 27 Rn 23). Allerdings können die Parteien vereinbaren, das jeweilige Recht zu einem bestimmten Zeitpunkt bestandsmäßig festzuschreiben, soweit das Vertragsstatut eine solche „**Versteinerung**", oder, bei Verträgen Privater mit Staaten, „**Stabilisierung**" zulässt (BaRoth/*Spickhoff* Art 27 Rn 9; Soergel/*vHoffmann*

Art 27 Rn 23; zur streitigen Qualifizierung der Versteinerungsklauseln s MüKo/*Martiny* Art 27 Rn 26, dort auch zu Stabilisierungsklauseln Rn 25; AnwK/*Leible* Art 27 Rn 24 ff).

5 **II. Wahl außerstaatlichen Rechts.** Die Rechtswahl kann sich nach hM nur auf **staatliches Recht** beziehen (vgl v Bar/*Mankowski* Bd I § 2 Rn 86; BaRoth/*Spickhoff* Art 27 Rn 6; s grundlegend *Lagarde* Rev. crit. dr. int. pr. 80 (1991), 300; anders *Kappus* IPRax 93, 137; *Wichard* RabelsZ 60 (1996) 269, 282; *Grundmann* Europäisches Schuldvertragsrecht S 73 ff; s aber Jena IPRspr 99 Nr 25 S 59). Hierfür wird mit dem Wortlaut des EVÜ argumentiert, welches in Art 2 „das Recht eines Nichtvertragsstaates" erwähnt; auch die Formulierungen in Art 3 III, 5 II, 6 II und 7 I werden ebenfalls als Beleg angeführt.

6 Mit der **Rom I VO** wird sich die Rechtslage voraussichtlich ändern: In Art 3 II Rom I VO-V ist die Rechtswahl internationaler oder auf Gemeinschaftsebene anerkannter Grundsätze und Regeln des materiellen Vertragsrechts vorgesehen, wie die der **UNIDROIT-Prinzipien** für internationale Handelsverträge (dazu *Brödermann* RIW 04, 721; *Zimmermann* ZEuP 05, 264; *Bonell* S 190), der Prinzipien des europäischen Vertragsrechts sowie auch die Rechtswahl des in Entstehung begriffenen Gemeinsamen Referenzrahmens (dazu s Vor Art 27 Rn 16). Schon jetzt gilt bei Verträgen zwischen Staaten und privaten Parteien wegen der Beteiligung eines Recht setzenden Staates eine weniger enge Auffassung (Variationen zu Rechtswahlklauseln bei *Böckstiegel* AWD 73, 117). Die Geltung von Einheitsrecht, so zB aus dem CISG, kann durch die Parteien vereinbart werden, auch wenn der Anwendungsbereich des Einheitsrechts nach seinen eigenen Regeln nicht eröffnet ist (dafür insbes Jena IPRspr 99 Nr 25 S 59; AnwK/*Leible* Art 27 Rn 35; *Roth* FS Jayme 04, 757). Nach hM ist die Abwahl aller nationalen Rechtsordnungen nicht möglich. Bisher wird eine solche Rechtswahl überwiegend als materiellrechtliche Verweisung behandelt (dazu MüKo/*Martiny* Art 27 Rn 40 mwN).

7 Bei den **allgemeinen Rechtsgrundsätzen** wie den UNIDROIT-Prinzipien für internationale Handelsverträge und den Prinzipien des europäischen Vertragsrechts wird meist danach differenziert, dass eine materiellrechtliche Verweisung möglich sei, jedoch keine gesamtkollisionsrechtliche (dazu insgesamt MüKo/*Sonnenberger* Einl IPR Rn 266 ff; AnwK/*Leible* Art 27 Rn 30 ff; s aber Bonell S 188). Zum Teil wird differenziert zwischen staatlichen Gerichten, die jeweils am Maßstab eines nationalen Rechts zu entscheiden hätten und zB allgemeine Rechtsgrundsätze nur begrenzt heranziehen können sollen (so MüKo/*Martiny* Art 27 Rn 33), und der Schiedsgerichtsbarkeit (s dazu Rn 8).

8 Überdies ist streitig, ob es eine „**lex mercatoria**" im Sinne eines transnationalen Handelsgewohnheitsrechts gibt, welches als Rechtsordnung anzusehen wäre (dafür *Blaurock* ZEuP 93, 247, 262; dagegen besonders *Mankowski* RIW 03, 13 und *Spickhoff* RabelsZ 56 (1992) 116, 126; zum Inhalt s *Berger* ZVglRWiss 94 (1995) 217). Allerdings bleiben Rechtsnatur, Inhalt, Quellen und Reichweite ebenso unklar wie der Geltungsgrund und das Verhältnis zum staatlichen Recht (so zutreffend MüKo/*Martiny* Art 27 Rn 35). Für die Praxis ist daher de lege lata weiterhin davon auszugehen, dass Art 27 nur das staatliche Recht meint (vgl nur *Lagarde* Rev. crit. dr. int. pr. 80 (1991) 300; so auch AnwK/*Leible* Art 27 Rn 29). In der internationalen Schiedsgerichtsbarkeit wird die Entscheidung am Maßstab der lex mercatoria möglich sein, da auch Entscheidungen am Maßstab der Billigkeit zulässig sind, soweit ausdrücklich vereinbart oder nach der anwendbaren Schiedsgerichtsordnung zulässig ist (Soergel/*vHoffmann* Art 27 Rn 17; AnwK/*Leible* Art 27 Rn 32; vgl auch nunmehr § 1051 ZPO). Die Wahl von „Cyber Law" ist nicht möglich (vgl *Pfeiffer* JuS 04, 282).

9 **C. Die Rechtswahl (I S 2). I. Ausdrückliche Rechtswahl.** Die ausdrückliche Rechtswahl kann in einer individuell formulierten **Vertragsklausel**, in einem **Formular** bzw in **AGB** enthalten sein (dazu grds Art 31 Rn 4) und positiv oder negativ formuliert sein (AnwK/*Leible* Art 27 Rn 44). Die Verweisung auf einen anderen Vertrag mit einer Rechtswahl ist ebenfalls zulässig (Soergel/*vHoffmann* Art 27 Rn 46). Wird das anwendbare Recht nicht eindeutig bezeichnet, so ist die Rechtswahlvereinbarung auslegungsbedürftig (dazu Art 32 Rn 10). Die Auslegung sollte nicht der lex fori überlassen bleiben (so aber MüKo/*Martiny* Art 27 Rn 44), sondern gem Art 36 aus dem EVÜ heraus anhand einheitlicher Auslegungsmaßstäbe erfolgen (so auch AnwK/*Leible* Art 27 Rn 10) Das erfordert auch das Prinzip der einheitlichen Anknüpfung und der internationale gemeinschaftsrechtsnahe Ursprung von Art 27 (dazu Vor Art 27 Rn 14).

10 **II. Stillschweigende Rechtswahl. 1. Grundlagen.** Nach I S 2 ist eine **stillschweigende Rechtswahl** zulässig, die sich aus den Bestimmungen des Vertrages oder aus den Umständen ergibt. Es wird nicht der hypothetische oder vermutete Parteiwille, sondern der **tatsächliche Wille** der Parteien ermittelt (BGH NJW-RR 05, 206). Lässt sich der tatsächliche Wille der Parteien nicht ermitteln, so wird objektiv angeknüpft nach Art 28 (vgl KG NJW 57, 347 mwN). Der Inhalt des Vertrages, die einzelnen Klauseln und die Umstände des Abschlusses sind hierbei zu berücksichtigen. Das EVÜ hat darauf verzichtet, einzelne Faktoren für die stillschweigende Rechtswahl zu nennen; das deutsche Recht enthält keinen Katalog solcher Anhaltspunkte (vgl BGH NJW-RR 97, 686; 99, 813; NJW 01, 1936; BGHZ 53, 189). Der reale Parteiwille ist als Tatsachenfrage auf den Zeitpunkt der Einigung zu ermitteln und ist (wenn die Rechtswahl fehlerfrei ermittelt ist) für die Revision bindend (BGH NJW-RR 97, 686; 00, 1002).

11 **2. Einzelfälle.** Ob eine entspr stillschweigende Rechtswahl vorliegt, ist unter Berücksichtigung aller Umstände des Einzelfalls zu entscheiden (vgl BGH NJW 92, 618; NJW-RR 97, 686; 99, 813; NJW 01, 1936).

Nach I S 2 reicht es aus, wenn sich die Rechtswahl mit hinreichender Sicherheit aus den Bestimmungen des Vertrages oder aus den Umständen des Falles ergibt. Für eine nachträgliche Änderung der einmal getroffenen Rechtswahl stellt II keine höheren Anforderungen (BGH NJW-RR 00, 1002).

a) Gerichtsstandsvereinbarung. Eine ausschließliche Gerichtsstandsvereinbarung ist ein gewichtiges Indiz 12 für die stillschweigende Wahl des Rechts am Gerichtsort (*„qui eligit iudicem, eligit ius"*) (BGHZ 104, 268; NJW 91, 1420; 96, 2569; NJW-RR 90, 183). Dies gilt jedoch nur dann, wenn die Gerichtsstandsvereinbarung wirksam ist (BGH DB 69, 1053; s aber auch Celle IPRspr 99 Nr 31 S 76; differenzierend nach dem Grund der Unwirksamkeit AnwK/*Leible* Art 27 Rn 48). Es handelt sich jedoch nur um ein Indiz. Sprechen weitere Bestimmungen des Vertrages oder die Gesamtheit der Umstände dagegen, so kann die Gerichtsstandsvereinbarung als Indiz dahinter zurücktreten (KG IPRspr 94 Nr 21 b S 57). An einer Indizwirkung soll es nach wohl hM fehlen, wenn eine nicht ausschließliche Gerichtsstandsvereinbarung getroffen wurde (s MüKo/*Martiny* Art 27 Rn 50 und Staud/*Magnus* Art 27 Rn 66; sa BGH NJW-RR 86, 456) oder wenn bestimmt ist, dass das Gericht am Sitz des jeweiligen Beklagten anzurufen ist (Kobl RIW 93, 934).

b) Schiedsklausel. Auch hier gilt, dass die Vereinbarung der Zuständigkeit eines Schiedsgerichts eines 13 bestimmten Landes bzw eines ständigen Schiedsgerichts auf eine stillschweigende Wahl des Rechts am Sitz des Schiedsgerichts schließen lassen kann (BGH IPRspr 96 Nr 121 S 265; NJW-RR 05, 206; Hburg IPRspr 82 Nr 38 S 82; Ddorf TranspR 92, 415): *„qui eligit arbitrum, eligit ius"*. Die Vereinbarung der Schiedsgerichtsbarkeit der International Chamber of Commerce (ICC) in Paris stellt jedoch keinen Hinweis auf das anzuwendende Recht dar, da eine Entscheidung regelmäßig nicht nach dem Recht am Sitz der ICC ergeht (MüKo/*Martiny* Art 27 Rn 52 und Staud/*Magnus* Art 27 Rn 69 jeweils mwN; s Stuttg AWD 60, 246).

c) Prozessverhalten. Gehen die Parteien während eines Rechtsstreits im deutschen Prozess übereinstim- 14 mend von einem bestimmten Recht aus, so wird daraus zumeist auf die stillschweigende Wahl eines Rechts geschlossen (BGH NJW-RR 90, 249); so auch, wenn eine Partei der behaupteten Anwendbarkeit eines Rechts nicht entgegentritt (BGH NJW 70, 999; anders aber wohl BGHZ 121, 224). Behandeln beide Parteien ihren Fall nach der gleichen ausländischen Rechtsordnung, liegt idR eine Rechtswahl vor (vgl BGH NJW-RR 90, 248); deshalb kommt in der Praxis der Klage und der Klageerwiderung besondere Bedeutung für die Rechtswahl zu. Jedoch reicht die übereinstimmend geäußerte irrige Auffassung, eine bestimmte Rechtsordnung sei maßgeblich, nicht aus (BGH NJW-RR 00, 1002), auch wenn in der Rspr eine Tendenz besteht, die Wahl deutschen Rechts anzunehmen, wenn auf seiner Grundlage im Prozess plädiert wurde (BGH NJW 91, 1293; BGHZ 116, 184).

d) Bezugnahme auf ein Recht. Wird die Interpretation eines Vertrages einem bestimmten Recht unterstellt 15 („construction clause"), wird dies als ausdrückliche Rechtswahl verstanden (München IPRax 89, 42), jedenfalls kann man von einer stillschweigenden Rechtswahl ausgehen (Staud/*Magnus* Art 27 Rn 76; AnwK/*Leible* Art 27 Rn 43). Baut der Vertrag auf einer bestimmten Rechtsordnung auf oder wäre er ohne sie nicht verständlich, ist eine stillschweigende Rechtswahl anzunehmen (vgl Köln RIW 93, 415). Dies gilt auch bei der Verwendung von AGB, Lieferbedingungen oder anderen Formularen; der Gebrauch deutet auf das Recht hin, im Hinblick auf das es entworfen wurde (BGHZ 134, 127, 397; s auch Hamm NJW-RR 95, 188). Sofern die Parteien juristische Vorschriften einer bestimmten Rechtsordnung zitieren oder spezielle Begriffe dieses Rechts verwenden, kann darin eine stillschweigende Rechtswahl liegen (BGH NJW-RR 96, 1034; 97, 686; 99, 813; Köln RIW 93, 415). Können die Begriffe jedoch analoger sprachlicher Ausdruck für auch dem deutschen Recht geläufige Rechtsinstitute sein, so kommt ihnen keine Bedeutung zu (BGH NJW 56, 377; vgl Ddorf NJW-RR 95, 1396). Bei Vereinbarung von VOB/B liegt eine stillschweigende Wahl deutschen Rechts vor (BGH NJW-RR 99, 813), ebenso bei Bezugnahme auf gesetzliche Vorschriften, wie das WEG (BGH NJW-RR 96, 1034). In der Vereinbarung deutscher Tarifverträge oder Kündigungsvorschriften kann eine stillschweigende Vereinbarung deutschen Rechts liegen (BAG NJW 96, 741), ebenso wie in der Bezugnahme auf ein bestimmtes Urlaubsrecht (so jedenfalls bei weiteren Indizien BAG NZA 03, 339). Wird bei einem Bauvertrag auf deutsche baurechtliche Regelungen und DIN-Normen Bezug genommen, liegt darin eine stillschweigende Wahl deutschen Rechts (jedenfalls bei weiteren Indizien: BGH NJW-RR 99, 813).

e) Sprache, Währung, Staatsangehörigkeit und Wohnsitz. Auch wenn Gerichte die Vertragssprache häufig 16 unterstützend anführen (BGH NJW 98, 1321; NJW-RR 00, 1002; Nürnbg NJW-RR 97, 1484), gibt sie nur einen schwachen Hinweis (Staud/*Magnus* Art 27 Rn 85) oder ist gar bedeutungslos (LG Baden-Baden IPRspr 97 Nr 31 S 57; LG Hamburg IPRspr 99 Nr 30 S 71). Die Währung, in welcher zu zahlen ist, gibt an sich noch keinen sicheren Hinweis auf eine stillschweigende Rechtswahl (vgl BGH NJW-RR 90, 183), zutreten müssen weitere Umstände (vgl Hamm RIW 93, 940; ausdrücklich Köln RIW 93, 970). Die gemeinsame Staatsangehörigkeit der Parteien kann Indiz sein, jedenfalls zusammen mit anderen Faktoren (Nürnbg NJW-RR 97, 1484), sollte jedoch nicht überbewertet werden (s dazu Reithmann/Martiny/*Martiny* Rn 145). Der gemeinsame Wohnsitz der Parteien kann Indiz für eine Rechtswahl sein (Nürnbg NJW-RR 97, 1484). Das Zusammentreffen mehrerer schwacher Indizien, die zum selben Recht führen, genügt jedoch nicht (vgl LG Hamburg RIW 93, 144). Häufen sich jedoch diese untergeordneten Anhaltspunkte, dann spricht dies für eine stillschweigende Rechtswahl (vgl BGH NJW-RR 97, 686). Verweisen Indizien etwa gleichen Gewichts auf unterschiedliche Rechte, lässt sich daraus kein sicherer Anhalt für eine stillschweigende Rechtswahl entnehmen (Staud/*Magnus* Art 27 Rn 87).

17 **f) Beurkundung vor einem Notar.** Die Beurkundung vor einem Notar kann ein Hinweis auf die Wahl eines bestimmten Rechts sein, jedenfalls als eines unter mehreren Indizien (BGH NJW-RR 05, 206).

18 **g) Gemeinsamer Erfüllungsort.** Ein einheitlicher Erfüllungsort wird als ein Indiz für eine Rechtswahl gesehen (Köln RIW 94, 970). Nach der IPR-Reform wird dem Erfüllungsort jedoch erheblich weniger Bedeutung zugemessen als zuvor (Staud/*Magnus* Art 27 Rn 83; MüKo/*Martiny* Art 27 Rn 65). Der gesetzlich angeordnete prozessuale einheitliche Erfüllungsort nach Art 5 Nr 1 b EuGVO bietet kein Indiz für eine Rechtswahl.

19 **h) Kette von Verträgen.** Nimmt ein Vertrag auf einen anderen, früher geschlossenen Vertrag, der eine Rechtswahl enthält, Bezug, kann dies eine stillschweigende Rechtswahl indizieren (vgl BGH NJW 97, 1150; 01, 1936), jedenfalls sofern die Umstände keinen geänderten Willen der Parteien erkennen lassen (MüKo/*Martiny* Art 27 Rn 66; vgl LG Karlsruhe NJW-RR 99, 1284).

20 **D. Teilweise Rechtswahl (I S 3). I. Zulässigkeit und Umfang.** I S 3 lässt die **Spaltung des Vertragsstatuts** zu, indem die Rechtswahl auf einen Teil des Vertrages beschränkt wird oder auf verschiedene Teile eines Vertrages unterschiedliche Rechtsordnungen zur Anwendung kommen (vgl BGH NZG 05, 41; dazu auch NJW-RR 90, 248). Bei kollisionsrechtlicher Teilverweisung wird für einen Teil der Parteibeziehungen eine Rechtswahl insgesamt getroffen, während bei einer materiellrechtlichen Teilverweisung ein Vertragsstatut gewählt wird, aber in einer Einzelfrage ein anderes Recht zur Anwendung kommen soll (Praxisbeispiel: Wahl englischen Rechts, aber Teilrechtswahl deutschen Rechts für die Klausel über die Pflicht zur loyalen Vertragsdurchführung nach dem dem englischen Recht unbekannten (s Art 32 Rn 14) Prinzip von Treu und Glauben). Beschränkungen der Teilbarkeit gibt es grds nicht, jedoch setzt eine Teilverweisung eine gewisse Selbstständigkeit voraus, wie zB bei den in Art 32 erwähnten Aspekten (dazu *Jayme* FS Kegel, 263). Die Unterwerfung unter verschiedene Rechtsordnungen setzt voraus, dass es nicht zu widersprüchlichen Ergebnissen kommt (dazu BTDrs 10/503/*Giuliano* S 49). In diesem Umfang können auch selbst Vertragspflichten der jeweiligen Parteien unterschiedlichen Rechtsordnungen unterworfen werden (dazu BaRoth/*Spickhoff* Art 27 Rn 27; Staud/*Magnus* Art 27 Rn 94 und *Bälz* IPRax 2005, 44; aA Palandt/*Heldrich* Art. 27 Rn 9).

21 **II. Beispiele. Teilverweisungen** können zu Aspekten wie in Art 32 vorkommen, auch bei Rechtswahlklauseln, Währungsklauseln, Haftungsfolgen, insbes auch beim Erfüllungsort (dazu BGH IPRax 81, 93; zur Kündigung eines Arbeitsverhältnisses s BAG NZA 98, 813). Rechtsfolgen von Vertragsstörungen können der teilweisen Rechtswahl unterliegen (Frankf IPRax 92, 314). Die Formvorschriften einer an sich anwendbaren Rechtsordnung können ausgeschlossen werden (s Hamm NJW-RR 96, 1145). Häufig ist die Trennung von Gerichtsstands- und Rechtswahlvereinbarung (Hbg MDR 73, 1025), ebenso wie von Haupt- und Schiedsvertrag (BGHZ 40, 320). Die Wahl ausländischen Rechts ist auch dann zulässig, wenn formuliert wird „soweit nicht deutsches Recht zwingend vorgeschrieben ist" (so BGH IPRspr 80 Nr 3 S 4; sa München IPRspr 81 Nr 13 S 35; zustimmend MüKo/*Martiny* Art 27 Rn 77).

22 Davon zu trennen sind Rechtswahlklauseln unter **aufschiebenden** oder **auflösenden** Bedingungen, weil auch eine **nachträgliche** Rechtswahl zulässig ist, ebenso wie die **alternative** Rechtswahl (dazu Staud/*Magnus* Art 27 Rn 44). Denkbar ist auch die Bestimmung der Rechtswahl zu einem bestimmten Zeitpunkt durch einen Dritten (dazu BGHZ 21, 365). Bei einer **„in terrorem"-Klausel** wird bei Klage oder Schiedsklageerhebung durch eine Partei jeweils das materielle Recht am Sitz der anderen Partei als anwendbar bestimmt, um den jeweiligen Kläger mit dem „Rechtsnachteil" der Anwendung eines fremden Rechts zu belasten (in der Praxis häufig vereinbart, dazu Soergel/*vHoffmann* Art 27 Rn 21). Bis zu einer Ausübung der Rechtswahl ist das Vertragsstatut gem Art 28 zu bestimmen. Danach gelten die Grundsätze der nachträglichen Rechtswahl (so zutr MüKo/*Martiny* Art 27 Rn 17).

23 **E. Zeitpunkt der Rechtswahl (II).** Die Rechtswahl kann nach II zu einem **späteren als dem Vertragsschlusszeitpunkt** vorgenommen werden. Eine spätere Rechtswahl kann eine frühere jederzeit ersetzen (BGH NJW 91, 1293; Hamm RIW 93, 940). Dabei gelten die gleichen Grundsätze wie bei der ersten Rechtswahl, so auch bei stillschweigender Rechtswahl, zB in einem Gerichtsverfahren (BGH NJW-RR 00, 1002; Dorf IPRspr 92 Nr 35 S 78). Die spätere Rechtswahl kann mit Wirkung ex tunc oder ex nunc erfolgen (BaRoth/*Spickhoff* Art 27 Rn 19; so zB BGH NJW 91, 1292; Frankf RIW 91, 865). Im Zweifel wirkt die nachträgliche Rechtswahl auf den Zeitpunkt des Vertragsschlusses zurück, sofern nicht die Parteien tatsächlich etwas anderes vereinbart haben (vgl BGH WM 97, 1713; BAG NJW 65, 319; anders Frankf IPRax 92, 317; so Bremen VersR 78, 277; Erman/*Hohloch* Art 27 Rn 23; Soergel/*vHoffmann* Art 27 Rn 73). Der Statutenwechsel ist relevant für die Frage der Wirksamkeit des Vertrages (dazu LG Heidelberg IPRax 05, 42; Soergel/*vHoffmann* Art 27 Rn 74; MüKo/*Martiny* Art 27 Rn 81).

24 Allerdings wird die **Formgültigkeit** des Vertrages gem Art 11 durch eine Änderung des Vertragsstatuts nicht berührt. Der Vertrag wird jedoch rückwirkend wirksam, wenn das später vereinbarte Recht geringere Anfor-

derungen stellt (dazu AnwK/*Leible* Art 27 Rn 63; Soergel/*vHoffmann* Art 27 Rn 76; vgl Frankf IPRax 92, 314). Die spätere Rechtswahl wirkt gem Art 27 II S 2 kollisionsrechtlich **nur gegenüber den Parteien des Hauptvertrages** (MüKo/*Martiny* Art 27 Rn 83). Im Einzelnen ist ungeklärt, welche Rechtspositionen Dritter geschützt sind (zum echten Vertrag zugunsten Dritter (s dazu Soergel/*vHoffmann* Art 27 Rn 78 ff); möglicherweise gilt dies auch für Bürgen und (Pfändungs-)Pfandgläubiger. II S 2 soll Dritte nur vor einem Rechtsverlust durch Statutenwechsel bewahren, nicht aber eine Rechtsverbesserung verhindern (so AnwK/*Leible* Art 27 Rn 64). 25

F. Zwingende Inlandsvorschriften (III). I. Grundsatz. Ist der einem Vertrag zu Grunde liegender Sachverhalt nur mit einer Rechtsordnung verbunden und wird so eindeutig lokalisiert, so ist die Wahl eines fremden Rechts möglich, jedoch bleiben die zwingenden Rechtsnormen des **„Einbettungsstatuts"** anwendbar (BaRoth/*Spickhoff* Art 27 Rn 32; Erman/*Hohloch* Art 27 Rn 25, 26; Staud/*Magnus* Art 27 Rn 115, 131). III definiert als zwingend diejenigen Bestimmungen, von denen nach dem Recht des Staates des Einbettungsstatuts nicht durch Vertrag abgewichen werden kann. III erfasst somit zwingende Vorschriften jeglicher Art, seien sie privatrechtlicher oder öffentlich-rechtlicher Natur (so zB Frankf NJW-RR 89, 1018 zum früheren AGBG; Hamm NJW-RR 89, 496 zu den Vorschriften über Haustürgeschäfte). III gilt für inländische und ausländische Normen: Ist das Einbettungsstatut eine fremde Rechtsordnung, dann müssen auch die sich aus dieser Rechtswahl ergebenden zwingenden Vorschriften durchgesetzt werden (vgl BGHZ 123, 380; BGH NJW-RR 05, 929; auch LG Hamburg RIW 90, 1020). Ergibt sich durch Auslegung, dass mehrere Einbettungsstatuten in Betracht kommen, ist III nicht anwendbar (überzeugend *Wagner* IPRax 00, 249: Das gilt auch dann, wenn alle Einbettungsstatuten im EU-Inland liegen, weil III auf die jeweilige Rechtsordnung abstellt; dazu MüKo/*Martiny* Art 27 Rn 92 f). 26

II. Auslandsberührung. Wann eine Lokalisierung oder Belegenheit ohne Berührung zu einer ausländischen Rechtsordnung vorliegt, ist durch Auslegung zu ermitteln, insbes unter Rückgriff auf Art 28 (Soergel/*vHoffmann* Art 27 Rn 87). So kommen in Betracht der gewöhnliche Aufenthalt (BaRoth/*Spickhoff* Art 27 Rn 33), die Niederlassung einer Partei (BGHZ 123, 380), der ausländische Erfüllungsort (BaRoth/*Spickhoff* Art 27 Rn 33); ob die Staatsangehörigkeit als Anknüpfung dienen kann, ist strittig (vgl BGH NJW-RR 05, 929); zum Abschlussort s BGHZ 135, 124; Frankf NJW-RR 89, 1019; aber auch Celle RIW 91, 421. In der Sache wird die Rechtswahlfreiheit eingeschränkt; das von den Parteien gewählte Vertragsstatut im Sinne einer kollisionsrechtlichen Rechtsnorm bleibt wirksam, soweit nicht zwingend Normen des Einbettungsstatuts entgegenstehen. 27

Während Art 34 international zwingende Normen umfasst (dazu Art 34 Rn 1 ff), erfasst III die einfachen zwingenden Bestimmungen, die im nationalen Recht unabdingbar, international aber abdingbar sind (dazu insgesamt Reithmann/Martiny/*Freitag* Rn 396). 28

G. Rechtswahl (IV). Das Zustandekommen und die Wirksamkeit der Rechtswahlvereinbarung unterliegen dem von den Parteien gewählten Recht, IV iVm Art 31 I, also nicht der lex fori. Damit statuiert IV den Vorgriff auf das gewählte Recht (auch MüKo/*Martiny* Art 27 Rn 101), der auch für die materielle Wirksamkeit gem Art 3 I 1 gilt. Formfragen bemessen sich nach Art 11 und Art 29 III; die Formfrage ist selbstständig anzuknüpfen (BGH WM 97, 1713). Die Rechtswahl bedarf nicht der Form des abgeschlossenen Hauptvertrages (BGHZ 53, 189; 57, 337; 73, 391); so kann die Partei ein Recht wählen, demzufolge der Hauptvertrag nichtig ist (dazu BGHZ 52, 239; 73, 391; auch München NJW-RR 89, 663). Im Übrigen gilt Art 11; Art 12 findet ebenfalls auf die Rechtswahlvereinbarung Anwendung. 29

Art. 28 Mangels Rechtswahl anzuwendendes Recht

(1) ¹Soweit das auf den Vertrag anzuwendende Recht nicht nach Artikel 27 vereinbart worden ist, unterliegt der Vertrag dem Recht des Staates, mit dem er die engsten Verbindungen aufweist. ²Lässt sich jedoch ein Teil des Vertrages von dem Rest des Vertrages trennen und weist dieser Teil eine engere Verbindung mit einem anderen Staat auf, so kann auf ihn ausnahmsweise das Recht dieses anderen Staates angewandt werden.
(2) ¹Es wird vermutet, dass der Vertrag die engsten Verbindungen mit dem Staat aufweist, in dem die Partei, welche die charakteristische Leistung zu erbringen hat, im Zeitpunkt des Vertragsabschlusses ihren gewöhnlichen Aufenthalt oder, wenn es sich um eine Gesellschaft, einen Verein oder eine juristische Person handelt, ihre Hauptverwaltung hat. ²Ist der Vertrag jedoch in Ausübung einer beruflichen oder gewerblichen Tätigkeit dieser Partei geschlossen worden, so wird vermutet, dass er die engsten Verbindungen zu dem Staat aufweist, in dem sich deren Hauptniederlassung befindet oder in dem, wenn die Leistung nach dem Vertrag von einer anderen als der Hauptniederlassung zu erbringen ist, sich die andere Niederlassung befindet. ³Dieser Absatz ist nicht anzuwenden, wenn sich die charakteristische Leistung nicht bestimmen lässt.
(3) Soweit der Vertrag ein dingliches Recht an einem Grundstück oder ein Recht zur Nutzung eines Grundstücks zum Gegenstand hat, wird vermutet, dass er die engsten Verbindungen zu dem Staat aufweist, in dem das Grundstück belegen ist.
(4) ¹Bei Güterbeförderungsverträgen wird vermutet, dass sie mit dem Staat die engsten Verbindungen aufweisen, in dem der Beförderer im Zeitpunkt des Vertragsabschlusses seine Hauptniederlassung hat, sofern sich in diesem Staat auch der Verladeort oder der Entladeort oder die Hauptniederlassung des Absenders

befindet. ²Als Güterbeförderungsverträge gelten für die Anwendung dieses Absatzes auch Charterverträge für eine einzige Reise und andere Verträge, die in der Hauptsache der Güterbeförderung dienen.
(5) Die Vermutungen nach den Absätzen 2, 3 und 4 gelten nicht, wenn sich aus der Gesamtheit der Umstände ergibt, dass der Vertrag engere Verbindungen mit einem anderen Staat aufweist.

1 **A. Einführung.** Art 28 setzt im Wesentlichen Art 4 EVÜ um (vgl Vor Art 27 Rn 13) und bestimmt als das anwendbare Recht für alle Schuldverhältnisse grds das Recht des Staates, zu dem der Vertrag die **engsten Verbindungen** aufweist, soweit keine ausdrückliche oder stillschweigende Rechtswahl iSd Art 27 vorliegt. Im Verhältnis zur „Königsnorm" des Art 27 ist Art 28 die ihr untergeordnete „Auffangnorm", so AnwK/*Leible* Art 28 Rn 12. Das bedeutet für das deutsche Recht die Abkehr von der Ermittlung des „hypothetischen" Parteiwillens zur Ermittlung des mangels Rechtswahl anwendbaren Rechts (s nur BGHZ 7, 231; 9, 221; 17, 89; 19, 110; 44, 183; 61, 221; auch RGZ 68, 203 und in jüngerer Zeit noch BGH NJW 87, 1141). Das EVÜ wie Art 28 verzichten auf eine Katalogisierung von Merkmalen und überlassen es dem Richter, aus der Typik des Vertrages eine entspr Anknüpfung abzuleiten (BTDrs 10/503/*Giuliano* S 52). Der Rom I VO-V schlägt nunmehr aber eine solche Katalogisierung vor: die Ersetzung der Vermutungen der II bis IV durch objektive Anknüpfungsregeln und die Abschaffung des V (dazu Vor Art 27 Rn 16).

2 Der Grundsatz der engsten Verbindung des I gilt auch dann, wenn eine der **Vermutungen** des II (charakteristische Leistung), III (Grundstücksverträge) oder IV (Güterbeförderungsverträge) zur Anwendung kommen oder widerlegt werden, weil es engere Verbindungen zu einem Drittstaat gibt (V). Art 28 wird ergänzt durch wenige Sonderregelungen, die für besondere Vertragstypen gelten, so Art 29 II für Verbraucherverträge, Art 30 II für Arbeitsverträge (vgl auch Art 8 EGVVG für den Versicherungsvertrag). Für den Umfang des Vertragsstatuts gelten die Art 31 und 32, eine Rückverweisung kommt nach Art 35 I nicht in Betracht. Auch Staatsverträge können Sonderregelungen schaffen (so MüKo/*Martiny* Art 28 Rn 4). Dies gilt insbes (I) für das in der Praxis bedeutende Übereinkommen über den Beförderungsvertrag im **Straßengüterverkehr** (CMR) (BGBl 61 II 1119; dazu Oldbg IPRspr 00 Nr 112 S 241), dessen Einheitsrecht im Rahmen seines Geltungsbereichs dem IPR gem Art 3 II vorgeht (dazu insgesamt Reithmann/Martiny/*Mankowski* Rn 1385 f) und (II) für das internationale **Kaufrecht**: s Art 32 Rn 1 zum CISG).

3 II S 1 und IV stellen für die anknüpfungsrelevanten Umstände ausdrücklich auf den **Zeitpunkt des Vertragsabschlusses** ab (so BaRoth/*Spickhoff* Art 28 Rn 8). Daraus wird grds geschlossen, dass ein Statutenwechsel nach Vertragsschluss insoweit ausgeschlossen ist (dazu BGH IPRspr 58/59 Nr 37 S 143; KG NJW 57, 347); ob für Dauerschuldverhältnisse anderes gilt, ist streitig (so MüKo/*Martiny* Art 28 Rn 27; dazu weiter Rn 8); eine nachträgliche Rechtswahl gem Art 27 bleibt möglich (dazu Art 27 Rn 23).

4 **B. Engste Verbindung als Grundsatz (I). I. Prüfungsaufbau.** Art 28 I gilt für alle Verträge, für die in Art 27 ff keine besondere gesetzliche Regelung enthalten ist, also insbes wo keine Sonderregelungen gem Art 29, 30 gelten und die Vermutungen von II bis IV für die engste Verbindung nicht greifen. Damit ist auch die Prüfungsfolge festgelegt (BTDrs 10/503/*Giuliano* S 53). Ist der Vertragstyp qualifiziert, ist die Existenz von Sonderregelungen für den Vertragstyp festzustellen, dann wird die engste Verbindung anhand der Vermutungen von II bis IV ermittelt, zugleich wird parallel mitgeprüft, ob es engere Verbindungen gem V gibt, die zur Widerlegung der Vermutung führen können. Für die Qualifikation des jeweiligen Vertragstypus ist gem Art 36 auf die einheitsrechtliche Herkunft von Art 28 Rücksicht zu nehmen, so dass die Qualifikation nicht nach der lex fori, sondern autonom erfolgt (aA MüKo/*Martiny* Art 28 Rn 21).

5 **II. Anwendbares Recht.** I S 1 verweist ausdrücklich auf das Recht eines Staates, so dass für die objektive Anknüpfung des Art 28 geschlossen wird, dass auf nichtstaatliches Recht nicht verwiesen werden kann (dazu insgesamt Art 27 Rn 5 ff; BaRoth/*Spickhoff* Art 28 Rn 5; ausführlich Wichard RabelsZ 60 (1996) 269, 294 zu den UNIDROIT-Prinzipien).

6 **III. Ermittlung der engsten Verbindung.** Die objektive Anknüpfung des Art 28 führt stets zur Ermittlung einer engsten Verbindung und eines dann anwendbaren Rechts, weil rechtsordnungslose Verträge nicht bestehen (dazu Art 27 Rn 6). Welche Umstände bei der Ermittlung der engsten Verbindung einbezogen werden, ist Auslegungsfrage und bedeutet eine Gesamtschau der Berührungspunkte mit einer Rechtsordnung (dazu MüKo/*Martiny* Art 28 Rn 11). Allerdings sind die Parteiinteressen zu berücksichtigen (dazu BGH NJW 76, 1581), die im Einzelfall ermittelt und gegeneinander abgewogen werden (vgl BGHZ 19, 110).

7 **IV. Einzelfragen.** Greift keine der Vermutungen der II bis IV, dann ist die Ermittlung der engsten Verbindung nach I vorzunehmen, zu der dann eine Reihe von Anhaltspunkten einbezogen werden, die auf eine Rechtsordnung verweisen (dazu ausführlich Reithmann/Martiny/*Martiny* Rn 112 ff). Dies sind Faktoren, die auch bei der Prüfung einer stillschweigenden Rechtswahl gem Art 27 I S 2 von Bedeutung sind (dazu Art 27 Rn 10 ff), ebenso wie bei Art 28 V. In Abgrenzung zu Art 27 kann es sich jedoch nur um objektive Gegebenheiten handeln, so AnwK/*Leible* Art 28 Rn 1, dies können sein: Gerichtsstandsklausel (BGH NJW 61, 25), Schiedsklausel (Frankf AWD 61, 126), gewöhnlicher Aufenthalt der Vertragsparteien (Staud/*Magnus* Art 28 Rn 40). Auch der Erfüllungsort kann unter Umständen Bedeutung haben, wenn er auch nach neuem Recht

keinen Anknüpfungspunkt mehr darstellt (BAG IPRax 91, 407; MüKo/*Martiny* Art 28 Rn 95); der Belegenheitsort bei Mobilien (für Immobilien gilt III) spielt regelmäßig keine erhebliche Rolle (s Staud/*Magnus* Art 28 Rn 41). Die Staatsangehörigkeit ist regelmäßig nur ein schwaches Indiz (MüKo/*Martiny* Art 28 Rn 98; so auch AnwK/*Leible* Art 28 Rn 26: an ihre Stelle ist vielfach der gewöhnliche Aufenthalt getreten), noch weniger der Abschlussort (vgl BGH NJW 76, 1581), die Vertragssprache oder die Währung (BAG IPRax 91, 407). Der Ort der Vertragsverhandlungen dürfte regelmäßig geringe Indizwirkung haben, jedenfalls nur in Verbindung mit anderen Indizien (vgl München NJW-RR 89, 663). Bei Verträgen mit Staaten beginnt sich die Auffassung durchzusetzen, dass die engste Verbindung nicht zum Recht des beteiligten Staates besteht (KG IPRspr 96 Nr 25 S 57 für engste Verbindung nach V).

V. Trennung eines Vertragsteils (I S 2). I S 2 entspricht funktionell Art 27 I S 3 (vgl Art 27 Rn 20 f). Allerdings wird der Ausnahmecharakter dieser Vertragsspaltung im Wortlaut selbst von I S 2 betont (für Versicherungsverträge vgl Art 11 I S 2 EGVVG). Eine Spaltung sollte deshalb möglichst unterbleiben (dazu BTDrs 10/503/*Giuliano* S 55), auch wenn das Trennen der synallagmatischen Leistungen eines gegenseitigen Vertrages möglich ist (so Soergel/*vHoffmann* Art 28 Rn 135). Zum Prinzip der Einheitlichkeit des Vertragsstatuts gehört, dass im Regelfall nur eine Rechtsordnung angewendet wird (schon BGH AWD 65, 455; DB 69, 1053; s auch Ddorf AWD 61, 295 und Frankf RIW 98, 807). Lässt sich tatsächlich ein Teilbereich eines Vertrages gesondert anknüpfen, so findet dafür wiederum die Prüfungsfolge des Art 28 mit seinen Vermutungen und deren Widerlegbarkeit gem V Anwendung (Soergel/*vHoffmann* Art 28 Rn 133). Fehlt für die engste Verbindung die ausdrückliche Festlegung des maßgeblichen Zeitpunktes, wie in II S 1 und IV, sollen für die Ermittlung der engsten Verbindung auch Umstände nach Vertragsschluss maßgeblich werden können (so BTDrs 10/503/*Giuliano* S 52). Allerdings bleibt es bei dem oben (s Rn 3) erwähnten Grundsatz, dass ein Statutenwechsel nach Vertragsschluss die Ausnahme bleiben muss (auch dazu Erman/*Hohloch* Art 28 Rn 7, wie bei langjähriger Geschäftsbeziehung BGH GRUR Int 80, 230). 8

VI. Revisibilität. In der Revision kann das Gericht überprüfen, ob die Vorinstanzen alle Umstände einbezogen haben, die für die objektive Anknüpfung des Vertragsstatuts von Bedeutung sein können (BGH NJW 87, 1114; die ältere Rspr differenzierte zum Teil: BGH NJW 61, 25; AWD 65, 455; BGHZ 44, 183). Die Konkretisierung der objektiven Anknüpfung des Art 28 wird heute eindeutig als Rechtsfrage qualifiziert (so BGH NJW-RR 05, 206; dazu MüKo/*Martiny* Art 28 Rn 28). 9

C. Die Vermutungen der engsten Verbindung (II bis IV). Soweit keine ausdrückliche oder stillschweigende Rechtswahl vorliegt und Sonderregelungen nicht greifen, erfolgt die Anknüpfung nach Art 28 I, wobei zunächst vorrangig das Vorliegen der gesetzlichen Vermutungen (II bis IV) zu prüfen ist. Zugleich mit zu prüfen ist, ob gem V die Gesamtheit der Umstände auf eine engere Verbindung mit einem anderen als dem sich aus einer der Vermutungen ergebenden Staat hinweist. 10

I. Charakteristische Leistung (II). 1. Begriff. Als Begriff weder im EVÜ noch im EGBGB definiert, wird hier die Lehre von der charakteristischen Leistung eines Vertrages zugrunde gelegt (dazu BTDrs 10/503/*Giuliano* S 52 ff; zur frühen Rspr BGHZ 61, 221; NJW 81, 1905; Hburg RIW 78, 615; Köln RIW 80, 877). Als charakteristisch gilt die Leistung unter einem Vertrag, die ihn dann von anderen Vertragstypen unterscheidet (Soergel/*vHoffmann* Art 28 Rn 23). Dies ist regelmäßig nicht die Zahlungspflicht; es wird auf die Hauptpflicht abgestellt. In der Regel steht nicht die unentgeltliche Leistung vertragstypisch im Vordergrund, auch wenn eine Leistung entgeltlich oder unentgeltlich erbracht werden kann. Bei unentgeltlichen Verträgen gibt es meist nur eine Hauptleistung (dazu insgesamt MüKo/*Martiny* Art 28 Rn 30 ff). 11

2. Vertragstyp. Verschiedene Vertragstypen können anhand ihrer charakteristischen Leistung ermittelt werden. Die Ermittlung des Vertragstyps erfolgt in der Praxis – zunächst – anhand der lex fori (vgl ohne weitere Begründung Palandt/*Heldrich* Art 28 Rn 3 bei der Aufzählung der typischen Leistung). Allerdings ist eine weite Fassung des Vertragstyps geboten, um möglicherweise abweichenden ausländischen Gestaltungen (so zutreffend MüKo/*Martiny* Art 28 Rn 34) Rechnung zu tragen. Erforderlich ist bei der Einordnung des Vertragstyps eine einheitliche Auslegung aus dem EVÜ heraus (dazu bereits Vor Art 27 Rn 14; Art 36 Rn 3; Staud/*Magnus* Art 28 Rn 68). So lassen sich sichere Fallgruppen bilden wie Veräußerungsverträge, bei denen eine Veräußerung typisch ist, Gebrauchsüberlassungen, bei denen die Miete, Pacht und Leihe typisch sind, Verträge, bei denen Dienstleistungen oder Tätigkeiten im Vordergrund stehen, Verträge, bei denen Risiken zugeordnet werden, etc (dazu MüKo/*Martiny* Art 28 Rn 35). Es gibt verschiedene Rechtsordnungen, die Vertragstypen im Einzelnen aufzählen (auch dazu mwN MüKo/*Martiny* Art 28 Rn 35 Fn 102). Korrekturen werden insbes wegen Verbrauchern (dazu Art 29 Rn 3 ff) und Arbeitnehmern (dazu Art 30 Rn 8 ff) vorgenommen. Erst die Zuordnung der charakteristischen Leistung zu einer bestimmten Partei fixiert die engste Beziehung zu einer bestimmten Rechtsordnung. Damit wird der gewöhnliche Aufenthalt bzw die (Haupt-)-Niederlassung des Leistungserbringers ein wesentliches Kriterium für die objektive Anknüpfung. II unterscheidet zwischen der – rein privaten – Leistungserbringung nach II 1 und der beruflichen oder gewerblichen Tätigkeit iSd II 2. 12

13 **a) Private Tätigkeit (II S 1).** II S 1 regelt die Leistungserbringung von Privatpersonen an deren gewöhnlichem Aufenthalt. Der gewöhnliche Aufenthalt ist aus dem EVÜ heraus autonom auszulegen (dazu Soergel/ *vHoffmann* Art 28 Rn 61; vgl Art 5 Rn 28; Art 36 Rn 3). Er ist auf bestimmte Dauer angelegt und soll aus den tatsächlichen Verhältnissen ersichtlich sein (dazu MüKo/*Sonnenberger* Einl IPR 730 ff). Bei Gesellschaft, Verein oder juristischer Person (dazu Erman/*Hohloch* Art 28 Rn 22; Soergel/*vHoffmann* Art 28 Rn 63: keine abschließende Aufzählung) wird auf die tatsächliche Verwaltung abgestellt (Soergel/*vHoffmann* Art 28 Rn 62; insbes MüKo/*Martiny* Art 28 Rn 45: keine gesellschaftsrechtliche Bestimmung, sondern Ermittlung der engsten Verbindung des Vertragsverhältnisses, deshalb Abstellen auf die tatsächliche geschäftliche Leitung, so auch AnwK/*Leible* Art 28 Rn 41 soweit Art 28 anwendbar ist; s Vor Art 27 Rn 21).

14 **b) Berufliche bzw gewerbliche Tätigkeit (II S 2).** Die Anknüpfung erfolgt nach dem Mittelpunkt der beruflichen oder gewerblichen Tätigkeit (vgl auch Art 15 I EuGVO bzw früher Art 13 I EuGVÜ). Dazu gehören alle auf Einkommenserzielung abstellenden Tätigkeiten, also gewerbliche Tätigkeit, aber auch freiberufliche Tätigkeit (dazu Soergel/*vHoffmann* Art 28 Rn 59). Der Begriff der Niederlassung (dazu auch Art 5 Nr 5 EuGVO und auch Art 5 Nr 5 EuGVÜ) wird weder im EGBGB noch im EVÜ definiert. Jede nach außen gerichtete geschäftliche Tätigkeit (so MüKo/*Martiny* Art 28 Rn 50) muss von gewisser Dauer sein. Eine solche Niederlassung muss eine Geschäftsleitung erkennen lassen sowie die Möglichkeit, Geschäfte abschließen zu können (dazu BGH NJW 87, 3081). Auch die „andere Niederlassung" (vgl Art 5 Nr 5 EuGVO) wird nicht definiert. Es wird sich im Wesentlichen um abhängige oder tatsächliche Zweigniederlassungen handeln, für die im Prinzip die gleichen Ausführungen wie zur Hauptniederlassung gelten (dazu EuGH Urt v 22.11.78 – 33/78 Slg 78, 2183 – Somafer SA/Saar-Ferngas AG; ebenso EuGH Urt v 9.12.87 – 218/86 Slg 87, 4905 – Schotte/Parfums Rothschild). Wichtig ist in diesem Zusammenhang, dass derjenige, der Geschäfte mit einer inländischen Niederlassung führt, nicht damit rechnen muss, dass das ausländische Recht der Hauptniederlassung zur Anwendung kommt (vgl dazu BGHZ 51, 290; vgl auch 9, 34; 17, 74 sowie NJW 79, 1785; zu Agenturen MüKo/*Martiny* Art 28 Rn 55 und zur faktischen Außenstelle BGH NJW 87, 3081).

15 **3. Mangelnde Bestimmbarkeit (II S 3).** Eine charakteristische Leistung lässt sich insbes bei nicht typisierten Verträgen nicht ohne weiteres bestimmen. Ist dies der Fall, dann gilt die Vermutung des II nicht und es bleibt bei der objektiven Anknüpfung gem der engsten Verbindung nach I S 1 (dazu BTDrs 10/503/*Giuliano* S 54; BaRoth/*Spickhoff* Art 28 Rn 4; Soergel/*vHoffmann* Art 28 Rn 51). Dies gilt auch, wenn die charakteristische Leistung von zwei oder mehr Parteien des Vertrages erbracht wird und keine einheitliche charakteristische Leistung bestimmt werden kann (BGH JR 87, 198 mit Anmerkung *Dörner*).

16 **II. Grundstücksbezogene Verträge (III).** III vermutet mangels Rechtswahl die engste Verbindung der schuldrechtlichen Verträge über Grundstücke oder Grundstücksrechte zum Recht des Belegenheitsortes (vgl BGH NJW-RR 96, 1034; Ddorf NJW-RR 98, 1159; Celle IPRspr 99 Nr 31 S 76; Frankf NJW-RR 93, 182) und geht als Sonderregelung dem II vor (BGH NJW-RR 05, 206). Die lex rei sitae-Vermutung kann jedoch nach V widerlegt werden (BGHZ 109, 29). III ist autonom auszulegen, um eine einheitliche Anwendung iSd Art 36 aus dem EVÜ selbst heraus (Art 36 Rn 3) zu erreichen. Die Vermutung in III gilt für Verträge über die Übertragung des Eigentums an Grundstücken ebenso wie für Nutzungsverträge (Ddorf NJW-RR 98, 1159). Sie erfasst auch Wohnungen und einzelne Räume. Sie gilt für alle Rechte beim Grundstückskauf, Erbbaurechte und Grunddienstbarkeiten (Nutzung, Miete, Pacht für Dauerwohnrechte; BGH NJW-RR 96, 1034). Die Vermutung gilt hingegen nicht für: (I) Verträge, die Werkleistungen, insbes Bauverträge, zu Grundstücken betreffen (BGH NJW 99, 2442); (II) obligatorische Rechte (zum Erwerb einer dinglich gesicherten Forderung: BGH NJW-RR 05, 206) oder (III) Verpflichtungen zur Bestellung dinglicher Sicherungsrechte (dazu Köln IPRax 85, 161). Für dingliche Rechtsgeschäfte in Erfüllung schuldrechtlicher Verträge gilt dagegen stets lex rei sitae (vgl Art 43 Rn 5, 9 ff).

17 **III. Güterbeförderungsverträge (IV).** Die Vermutung des IV gilt nur für Güterbeförderungsverträge, dh nicht für die Personenbeförderung (dazu allgemein *Basedow* Transportvertrag S 78 ff). Auch Art 29 gilt nicht (dazu Art 29 Rn 13), vielmehr gelten die allgemeinen Vorschriften der Art 27 ff, so dass für **Personenbeförderungsverträge** – vorbehaltlich von V – bei objektiver Anknüpfung II gilt und dann wiederum das Recht der Niederlassung des Beförderers (dazu Frankf IPRax 98, 35); insgesamt zu Personenbeförderungsverträgen Reithmann/Martiny/*Mankowski* Rn 1697 ff.

18 Art 28 IV knüpft objektiv an, wenn kein Einheitsrecht vorliegt (im Zuge der Transportrechtsreform 1998 wurden zahlreiche Vorschriften dem HGB zugefügt; dazu *Staudinger* IPRax 01, 183); Staatsverträge und Gemeinschaftsrecht enthalten zahlreiche vorrangige einheitsrechtliche Regelungen, die den Rückgriff auf eine Rechtswahl oder gar die objektive Anknüpfung ausschließen (dazu Vor Art 27 Rn 2 bis 6). Greift die Vermutung des IV nicht, ist ein Rückgriff auf die Vermutung der engsten Verbindung iSd II ausgeschlossen (München TranspR 91, 61; anders Frankf NJW-RR 93, 809, s aber insbes auch die amtliche Begründung, S 79; insgesamt Reithmann/Martiny/*Mankowski* Rn 1429 ff). Allerdings ist die Widerlegung der Vermutung nach V möglich (vgl Celle TranspR 03, 253).

Nach IV ist die Sonderanknüpfung nach dem Recht der Hauptniederlassung des Beförderers entscheidend, 19
wobei alternativ hinzukommen muss, dass sich entweder der Verladeort, der Entladeort oder die Hauptniederlassung des Absenders im gleichen Staat der anwendbaren Rechtsordnung befinden (dazu BGH RIW 95, 410; Nürnbg IPRspr 98, Nr 150 S 278; Köln VersR 99, 639; BTDrs 10/503/*Giuliano* S 54, auch Reithmann/Martiny/*Mankowski* Rn 1430, MüKo/*Martiny* Art 28 Rn 65 ff).

IV setzt einen Transportvertrag voraus, gleich welche Beförderungsart gewählt wird (dazu Soergel/*vHoffmann* 20
Art 28 Rn 83 f: auch zur Abgrenzung zu Geschäftsbesorgungen oder Speditionsverträgen), entscheidend ist die Beförderungsverpflichtung (dazu Hburg IPRspr 89 Nr 62 S 125; Hamm IPRspr 98 Nr 49 a S 87). Zur Abgrenzung von Charterverträgen und zur Differenzierung der zur Verfügungstellung der Transportmittel im Gegensatz zur Beförderung und der Einmalcharter s MüKo/*Martiny* Art 28 Rn 71. Zu den anderen Verträgen gem IV S 2 gehören Verträge, die maßgeblich der Güterbeförderung dienen, so zB Umzugsverträge (dazu insgesamt Reithmann/Martiny/*Mankowski* Rn 1623). Im Grundsatz genügt es, dass die Beförderungsverpflichtung in dem Vertrag enthalten ist, so dass auch die nicht unter IV S 1 fallenden Speditionsverträge erfasst sind (vgl Hburg IPRspr 89 Nr 62 S 125; Hamm IPRspr 98 Nr 49 a S 87).

Für IV allein maßgebend ist die Hauptniederlassung des Beförderers, der entweder selbst befördert oder 21
befördern lässt (dazu Reithmann/Martiny/*Mankowski* Rn 1550). Dabei kommt es nach S 1 auf den Zeitpunkt des Vertragsabschlusses an. Bei Verlade- und Entladeort kommt es auf eine tatsächliche Betrachtung an (dazu Soergel/*vHoffmann* Art 28 Rn 92, Staud/*Magnus* Art 28 Rn 122 f). IV stellt auch auf den Absender, nämlich die Gegenpartei des Beförderungsvertrages (dazu Soergel/*vHoffmann* Art 28 Rn 93 f), und dessen Hauptniederlassung ab; zur Kabotage gelten die entspr Sonderregelungen (Reithmann/Martiny/*Mankowski* Rn 1432 ff; zu Einzelheiten vgl unten Rn 31 ff).

D. Engere Verbindung (V). V widerlegt nach dem Grundsatz der engsten Verbindungen iSd I S 1 die Ver- 22
mutungen der II, III und IV, wenn engere Verbindungen mit einer durch die Vermutung nicht identifizierten dritten Rechtsordnung bestehen. Aufgrund einer Wertung der Gesamtumstände setzt sich der Grundsatz der engsten Verbindung durch, und zwar auf der Basis der Anwendung der in I S 1 verwandten Kriterien (dazu BGH NJW-RR 05, 206; zum ganzen MüKo/*Martiny* Art 28 Rn 108-114). Der nach Art 36 bei der Auslegung von Art 28 zu berücksichtigende Wortlaut von Art 4 II EVÜ (s Art 36 Rn 5) stellt die Regelvermutung in II unter die Voraussetzung der Prüfung einer engeren Verbindung iSd V („Subject to the provisions of paragraph 5 of this Article"). Deshalb dürfte die Auffassung, V als Ausnahmeregel zu II bis IV eng auszulegen (BaRoth/*Spickhoff* Art 28 Rn 22; differenzierend AnwK/*Leible* Art 28 Rn 76; offen gelassen BGH NJW-RR 05, 206), jedenfalls für II nicht zutreffen. V nennt keinen Zeitpunkt, auf den abgestellt wird, anders als in II und IV können nachträgliche Veränderungen berücksichtigt werden (Staud/*Magnus* Art 28 Rn 136).

In der Praxis spielen miteinander verknüpfte Verträge unter den gleichen Parteien oder mit Dritten eine 23
große Rolle. Dann stellt sich die Frage, ob die Verträge so miteinander verbunden sind, dass sie untereinander in einem inhaltlichen Zusammenhang stehen und letztlich ein Ganzes bilden, so dass die Einheitlichkeit der Anknüpfung sinnvoll und interessengerecht ist (vgl MüKo/*Martiny* Art 28 Rn 116/117; zur Systematisierung insgesamt MüKo/*Martiny* Art 28 Rn 115-130). Dabei soll eine akzessorische Anknüpfung nur bei Parteiidentität möglich sein, AnwK/*Leible* Art 28 Rn 81. Die rein äußerliche Verbindung (zB in einer Urkunde) führt nicht zur einheitlichen Behandlung. Andererseits ist es denkbar, einen einheitlichen wirtschaftlichen Vorgang in mehrere Teilverträge zu spalten. Dem gegenüber stehen Verträge, die einen Hauptvertrag notwendigerweise ergänzen oder abändern. Soweit nicht Dritte beteiligt sind, sind Sicherungsverträge vorzugsweise demselben Recht wie der zu sichernde Hauptvertrag zu unterstellen (dazu Soergel/*vHoffmann* Art 28 Rn 120). Praxisrelevant ist V für Einzelverträge, die unter einem Rahmenvertrag geschlossen werden. Es ist wünschenswert, auch den Einzelvertrag dem Recht des Rahmenvertrages zu unterwerfen (so Staud/*Magnus* Art 28 Rn 134; aA Ddorf NJW-RR 97, 822); wegen des eigenständigen Charakters der Vertragshändlerbeziehung passt diese Wertung nicht für den Rahmenvertrag eines **Vertragshändlers** mit den darunter abgeschlossenen Kaufverträgen. So genannte **Vorfeldverträge** zur Vorbereitung eines Hauptvertrages (etwa Vorverträge, Exklusivitätsvereinbarung, Stand-Still-Agreements, Letters of Intent bei Unternehmenskaufverträgen) sollten ebenso wie der intendierte Hauptvertrag angeknüpft werden.

E. Ausgewählte Vertragstypen. Als Grundsatz ist bei einer Beurteilung nach Art 28 II die vertragstypische 24
Leistung entscheidend, wobei dies regelmäßig nicht die Geldzahlung ist. Vorrangig sind Einheitsrecht, Rechtswahl und die Vermutungen nach III und IV zu prüfen, bevor nach II auf den gewöhnlichen Aufenthalt bzw die Niederlassung abgestellt wird. Auch Art 29 kann zu berücksichtigen sein. Im Einzelfall können die Umstände nach V eine andere Anknüpfung gebieten. Im Folgenden werden wesentliche Vertragstypen behandelt.

1. Abstraktes Schuldversprechen. Beim abstrakten Schuldversprechen gilt bei objektiver Anknüpfung das 25
Recht dessen, der ein solches abstraktes Schuldanerkenntnis abgibt (Soergel/*vHoffmann* Art 28 Rn 314).

2. Abtretungsvertrag. Für den Abtretungsvertrag gilt Art 33 (s dort), für das Kausalgeschäft erfolgt die 26
Anknüpfung dagegen nach den Art 27 ff. Je nach Vertragstyp gelten im Rahmen des Art 28 unterschiedliche Vermutungen.

27 **3. Anlagenvertrag.** Auf Anlagenverträge, also auf Verträge, die die schlüsselfertige Herstellung einer Anlage (**turn-key contract**) zum Gegenstand haben, findet häufig das CISG Anwendung, ansonsten gilt die objektive Anknüpfung an das Recht am Sitz des Unternehmers, der die Anlage zu erstellen hat (Hamm OLGR 93, 161).

28 **4. Auftrag und Geschäftsbesorgung.** Es gilt das Recht am Sitz des Beauftragten oder Geschäftsbesorgers (BGH DtZ 96, 51; Hamm IPRax 96, 33; NJW-RR 97, 1007).

29 **5. Bankgeschäfte.** Verträge mit deutschen Banken unterliegen wegen Nr 6 I AGB-Banken regelmäßig deutschem Recht. Bei objektiver Anknüpfung gilt das Recht des Staates, in dem die leistende Niederlassung der Bank liegt (Köln RIW 93, 1023; München RIW 96, 330; Ddorf RIW 96, 155; LG Aachen RIW 99, 304). Art 29 ist zu beachten. Das Diskontgeschäft unterliegt dem Sitzrecht der ankaufenden Bank (Hamm WM 90, 538), ebenso wie auch das Einlagengeschäft dem Recht der annehmenden Bank unterliegt (BGH IPRspr 83 Nr 36 S 100; Ddorf IPRspr 94 Nr 41 S 93; 96, 155). Für das echte und unechte Factoring gilt das UNIDROIT-Übereinkommen von Ottawa über das internationale Factoring (BGBl 98 II 172); Vertragsstaaten sind ua Deutschland, Frankreich, Italien, Lettland und Ungarn. Ansonsten gilt bei objektiver Anknüpfung das Recht am Sitz des Factors, also der Bank (Staud/*Magnus* Art 28 Rn 536 mwN). Bei der Forfaitierung kommt das Recht am Sitz des Forfaiteurs zur Anwendung (Staud/*Magnus* Art 28 Rn 540 mwN; MüKo/*Martiny* Art 28 Rn 369; aA Palandt/*Heldrich* Art 28 Rn 22).

30 **6. Bauvertrag.** Bauverträge unterstehen dem Recht am Sitz des Bauunternehmers (Hamm NJW-RR 96, 1144; BGH NJW 99, 2442), auf den Ort der Bauleistung kommt es nicht an.

31 **7. Beförderungsverträge.** Außerhalb des Gemeinschaftsrechts wird das internationale Transportrecht in starkem Maße durch internationales Einheitsrecht geprägt. Fehlt eine Rechtswahl, ist grds zwischen Gütertransportverträgen und Personenbeförderungsverträgen zu unterscheiden. Für die ersten gilt die Vermutung des IV, für die zweiten die des II (vgl Frankf IPRax 98, 35; AG Frankf NJW-RR 96, 1336). Personen- und Güterbeförderungsverträge fallen nicht unter Art 29 (Art 29 IV), nur Pauschalreiseverträge (Art 29 IV S 2).

32 a) **Binnenschifffahrt.** Bei objektiver Anknüpfung findet IV Anwendung (Nürnbg NJW-RR 95, 1437), es kommt also auf das Recht der Niederlassung des Beförderers an.

33 b) **Eisenbahntransport.** Das Übereinkommen über den internationalen Eisenbahnverkehr (COTIF) v 9.5.80 (BGBl 85 II 132) ist für Deutschland am 1.5.85 in Kraft getreten und gilt zwischen den meisten europäischen Staaten. Das Protokoll von Vilnius von 1999 ist (Stand: März 06) noch nicht in Kraft getreten. Es gelten die Anhänge IV (Beförderung von Personen und Gepäck) und CIM (Beförderung von Gütern). Außerhalb des Anwendungsbereichs des COTIF gilt IV für die Güterbeförderung, so dass es auf die Hauptniederlassung bzw den Entladeort ankommt (Braunschw TranspR 96, 385). Für die Personenbeförderung gilt die Vermutung des II (Staud/*Magnus* Art 28 Rn 435).

34 c) **Luftbeförderung.** Es galt vorrangig das Warschauer Abkommen zur Vereinheitlichung von Regeln über die Beförderung im internationalen Luftverkehr v 12.10.29 (RGBl 33 II 1039), modifiziert durch das Haager Protokoll v 28.9.55 (BGBl 58 II 291), ergänzt durch das Zusatzabkommen von Guadalajara zur Vereinheitlichung von Regeln über die von einem anderen als dem vertraglichen Luftfrachtführer ausgeführte Beförderung v 18.9.61 (BGBl 63 II 1159). Deutschland hat alle diese Abkommen ratifiziert. Das Montrealer Übereinkommen zur Vereinheitlichung bestimmter Vorschriften für die Beförderung im internationalen Luftverkehr v 28.5.99 (BGBl 04 II S 458) ersetzt für Deutschland das Warschauer Abkommen. Unter den Staaten, die das Montrealer Übereinkommen noch nicht ratifiziert haben, gilt ggf das Warschauer Abkommen weiter. Im Bereich der EU gelten die Verordnung (EG) Nr. 889/2002 (ABlEG Nr L 140 v 30.5.02, S 2) und die Verordnung (EG) Nr 261/2004 (ABlEG Nr L 46 v 17.2.04, S 1) über Ausgleichs- und Unterstützungsleistungen für Fluggäste. Ist das Montrealer Abkommen nicht anwendbar, ist bei der Güterbeförderung die Vermutung des IV zu beachten, bei Personenbeförderung ist nach II das Recht der gewerblichen Hauptniederlassung des Luftfrachtführers maßgeblich, da die Transportleistung das Vertragsverhältnis charakterisiert (Frankf IPRax 98, 35; LG München IPRspr 77 Nr 31 a S 86; AG Köln IPRspr 80 Nr 48 S 145). Ansonsten gilt I.

35 d) **Multimodaler Transport.** Bei objektiver Anknüpfung gilt die Vermutung des IV (Staud/*Magnus* Art 28 Rn 475 mwN). Für den durchgehenden Transport von Gütern unter Verwendung unterschiedlicher Verkehrsmittel (Schiff, Schiene, Fahrzeug) können für die Haftung das CMR für Landstrecken und das HGB für Seestrecken gelten (BGHZ 101, 172; 123, 303).

36 e) **Seetransport.** Das Athener Übereinkommen über die Beförderung von Reisenden und ihrem Gepäck auf See v 13.12.74 hat Deutschland nicht ratifiziert, jedoch die meisten Regeln als Anlage zu § 664 HGB in das deutsche Recht aufgenommen. Für das Vertragsstatut gilt damit bei Personenbeförderung die Vermutung des II, also für das Recht am Sitz des Beförderers. Bei Güterbeförderung gilt das Übereinkommen zur Vereinheitlichung von Regeln über Konnossemente (Haager Regeln) v 25.8.24 (RGBl 39 II 1049), Deutschland ist Vertragsstaat. Die Haager Regeln wurden durch Protokoll, die sog Visby-Regeln, modernisiert; in Deutschland sind sie inhaltlich in das Seehandelsrecht im HGB integriert, auch wenn Deutschland nicht Vertragsstaat ist. Ansonsten gilt die Vermutung des IV.

f) **Straßentransport.** Bei der Personenbeförderung gelten die dargestellten Grundsätze (s Rn 17, 31). Bei 37
Güterbeförderung gilt als materielles Einheitsrecht vorrangig das Übereinkommen über den Beförderungsvertrag im internationalen Straßengüterverkehr (CMR) v 19.5.56 (BGBl 61 II 1119), das inzwischen von fast allen europäischen Staaten ratifiziert ist (insbesondere allen EU-Mitgliedsstaaten außer Malta und Zypern). Die Regeln des CMR sind zwingend (Art 41 CMR) und gehen dem nationalen Kollisionsrecht und dem zwingenden innerstaatlichen Recht vor (BGHZ 123, 200; NJW 92, 621). Ist der Anwendungsbereich des CMR nicht eröffnet, greift die Vermutung des IV.

8. Beherbergungsvertrag. Bei der Haftung von Gastwirten gilt das Europaratsübereinkommen über die Haftung der Gastwirte für die von ihren Gästen eingebrachten Sachen v 17.12.62 (BGBl 66 I 181), das ua in Belgien, Frankreich, Italien, dem Vereinigten Königreich und Zypern gilt und in Deutschland in die §§ 701 ff BGB aufgenommen wurde. Es gilt in Deutschland damit als deutsches Recht nur indirekt, wenn deutsches Recht Vertragsstatut ist. Beherbergungsverträge unterliegen dem Recht am Sitz des Gastwirts (LG Hburg IPRspr 91 Nr 33 S 69; AG Bernkastel-Kues IPRspr 93 Nr 28 S 74), also idR dem Recht am Unterkunftsort, selbst wenn die Niederlassung nur unselbstständiger Teil der Hotelkette ist (vgl MüKo/*Martiny* Art 28 Rn 199 mwN). 38

9. Beratungsvertrag. Der Beratungsvertrag beurteilt sich nach dem Recht am Sitz des Beratenden (BGHZ 128, 41). 39

10. Börsen- und Börsentermingeschäfte. Bei Börseninnengeschäften, also Geschäften zwischen Brokern (Börsenmaklern), gilt das Recht des Börsenortes (MüKo/*Martiny* Art 28 Rn 377), während bei Geschäften zwischen Brokern und Auftraggebern, regelmäßig einem Kommissions- oder Geschäftsbesorgungsverhältnis, das Recht am Sitz des Maklers gilt (Staud/*Magnus* Art 28 Rn 582). Mangels Rechtswahl unterliegt ein mit einem Finanzdienstleistungsunternehmen geschlossener Vertrag dem Recht am Niederlassungsort des Unternehmens (MüKo/*Martiny* Art 28 Rn 380). Bei Finanztermingeschäften, also Geschäften, die an einer Börse oder einem Terminmarkt oder auch außerhalb zu einem bestimmten Tageskurs abgeschlossen werden, jedoch erst später zu erfüllen sind, ist § 37 d WpHG zu berücksichtigen: Bei objektiver Anknüpfung gilt das Recht am Niederlassungsort des Unternehmens (MüKo/*Martiny* Art 28 Rn 381). 40

11. Bürgschaften. Bei Bürgschaften gilt bei objektiver Anknüpfung das Recht am gewöhnlichen Aufenthaltsort des Bürgen bzw seiner gewerblichen Niederlassung (BGHZ 121, 224; s Vor § 765 Rn 69, 71, 72). 41

12. Consultingvertrag. S Beratungsvertrag (Rn 39). 42

13. Darlehen. Da der Darlehens- bzw Kreditgeber die Partei ist, die die charakteristische Leistung erbringt, ist der Sitz des Darlehens- oder Kreditgebers maßgebend (vgl Ddorf NJW-RR 95, 756; LG Hbg NJW-RR 95, 183; München RIW 96, 329; Ddorf NJW-RR 98, 1146; Hamm RIW 99, 540; Celle IPRax 99, 456). Art 29 kann anwendbar sein. 43

14. Dienstvertrag. Soweit Arbeitsverträge betroffen sind, kommt Art 30 zur Anwendung (s Art 30). Für Verträge mit Vertretern freier Berufe und Gewerbetreibenden ist nach II S 2 grds das Recht ihrer Niederlassung bzw ihres gewöhnlichen Aufenthalts maßgeblich (BGHZ 128, 41, 48). Der Anwaltsvertrag unterliegt dem Recht der charakteristischen Leistung und damit dem Recht am Niederlassungsort (Hburg IPRspr 89 Nr 233 a und b S 518; BGH NJW 91, 3095; KG IPRspr 99 Nr 177 S 423). Für den Arztvertrag ist das Recht der Arztniederlassung maßgeblich (München SeuffA 75 Nr 179). 44

15. Franchisevertrag. Bei der Verwendung des Know-hows und der Rechte des Franchisegebers für ein Entgelt wird bei objektiver Anknüpfung entweder auf den Sitz des Franchisegebers (so MüKo/*Martiny* Art 28 Rn 230 mwN) oder den Sitz des Franchisenehmers (so Staud/*Magnus* Art 28 Rn 297 mwN) abgestellt. Richtig ist wohl, auf den Sitz des Franchisegebers abzustellen, da der Franchisenehmer zumeist die Entgeltzahlung und damit nicht die wesentliche Leistung erbringt. 45

16. Garantien. Bei objektiver Anknüpfung untersteht der Garantievertrag – auch der Bankgarantievertrag – dem Recht der Niederlassung oder des gewöhnlichen Aufenthalts des Garanten, da er die charakteristische Leistung erbringt, so dass er den Umfang dieser Leistung der ihm vertrauten Rechtsordnung entnehmen können muss (BGH NJW 1996, 54; 96, 2569). Nur bei besonderen Umständen kommt nach V eine andere Anknüpfung in Betracht (s BGH NJW 96, 2569: das Recht am Aufenthaltsort des Begünstigten). 46

17. Geschäftsbesorgung. Siehe oben Rn 28 (Auftrag und Geschäftsbesorgung). 47

18. Geschäftsführung ohne Auftrag (GoA). Die Anknüpfung erfolgt nach Art 39; es gilt das Recht des Staates, in dem das Geschäft vorgenommen worden ist bzw bei der Tilgung fremder Verbindlichkeiten das auf die Verbindlichkeit anzuwendende Recht (s Art 39 Rn 11). 48

19. Gesellschaftsvertrag. Zu Gesellschaftsverträgen s Vor Art 27 Rn 17 ff und Art 37 Rn 10 ff. 49

20. Grundstücke. Nach III wird die engste Verbindung zu dem Staat vermutet, in dem das Grundstück belegen ist (s BGH IPRspr 66/67 Nr 28 S 87 bei Vorvertrag; Frankf NJW-RR 93, 182 bei Kaufvertrag über 50

Grundstück; BGH NJW-RR 96, 1034 bei Dauerwohnrecht an einer deutschen Ferienanlage). Der Eigentumsübergang unterliegt jedoch stets der lex rei sitae, vgl Art 43 I.

51 **21. Handelsvertretervertrag, Vertriebsvertrag.** Das Haager Übereinkommen über das auf Vertreterverträge und die Stellvertretung anzuwendende Recht v 14.03.78 (RabelsZ 43 (1979) S 176 ff) hat Deutschland nicht ratifiziert, es gilt aber ua in Frankreich, Portugal und den Niederlanden und ist auch gegenüber Nichtvertragsstaaten anzuwenden. Bei objektiver Anknüpfung gilt das Recht am Sitz des Handelsvertreters, da er die vertragscharakteristische Leistung erbringt (BGH NJW-RR 93, 741; 93, 2753; BGHZ 127, 368; Kobl DB 95, 2472); das Recht des Unternehmers steht zurück (BTDrs 10/503/*Giuliano* S 53). Daher unterliegen Verträge ausländischer Unternehmen mit Handelsvertretern mit deutscher Niederlassung – bei einem Rechtsstreit in Deutschland (s Vor Art 27 Rn 1 – grds deutschem Recht (BGH NJW 93, 2753; Kobl IPRspr 92 Nr 72 S 166; vgl Ddorf IPRspr 97 Nr 145 S 283), während bei ausländischer Niederlassung des Vertreters ausländisches Recht gilt (BGHZ 127, 368). § 89 b HGB ist zwingende Vorschrift iSd Art 34 (EuGH Urt v 9.11.00 – C-381/98 Slg 00, I-9305). Der Vertrag mit dem Vertragshändler, der im eigenen Namen und auf eigene Rechnung Waren des Unternehmers verkauft, unterliegt bei objektiver Anknüpfung dem Recht am Sitz des Vertragshändlers (Hamm NJW 83, 523; Ddorf RIW 93, 761; Stuttg RIW 99, 782).

52 **22. Hinterlegung.** Bei der Hinterlegung ist nach II das Recht der Hinterlegungsstelle maßgeblich (Soergel/ *vHoffmann* Art 28 Rn 223).

53 **23. Immaterialgüterrechte.** Das Immaterialgüterrecht, also das Urheber-, Patent-, Erfindungs- und Markenrecht ist weitgehend durch internationales Einheitsrecht geregelt. Für die zu schützenden Rechte gilt grds das Recht des Schutzlandes (BGHZ 126, 252; 136, 380). Für urhebervertragsrechtliche Verfügungen wird das Vertragsstatut angewandt (München GRUR 53, 302). Das für die schuldrechtliche Verpflichtung geltende Recht ist jedoch nach den Regeln des internationalen Privatrechts zu bestimmen (BGH AWD 65, 455), wobei die Anknüpfung nach II oder V befürwortet wird (MüKo/*Martiny* Art 28 Rn 389). Die zwingenden Vorschriften des § 32 b UrhG sind zu beachten. Bei Verlagsverträgen erfolgt die objektive Anknüpfung nach II, also dem Recht des Niederlassungsortes des Verlages (BGHZ 147, 178; LG München I IPRspr 00 Nr 24 S 59). Zu Filmproduktionsverträgen und Filmverwertungsverträgen erfolgt die objektive Anknüpfung an das Recht des Produzenten bzw an das Recht der Niederlassung der Partei, die ihre urheberrechtliche Position überträgt (vgl MüKo/*Martiny* Art 28 Rn 397 ff).

54 **24. Internetvertrag.** Verträge, die über das Internet abgeschlossen werden, und auch Verträge, die spezifische Dienstleistungen im Zusammenhang mit dem Internet betreffen, werden unter dem Begriff der Internetverträge zusammengefasst. Sofern es nicht zu einer Rechtswahl kommt, unterliegen Verträge, die über das Internet abgeschlossen werden, der objektiven Anknüpfung nach Art 28. Dabei können die Vermutungen der II bis IV zur Anwendung kommen. Anzuknüpfen ist damit ggf nach II an den gewöhnlichen Aufenthalt bzw die Niederlassung (MüKo/*Martiny* Art 28 Rn 417). Zum Vertragsschluss im Internet allgemein: *Mankowski*, RabelsZ 63 (1999) 203. Art 29, 29a und 34 sind zu beachten, ebenso wie ggf das TeledensteG. Bei Verträgen über spezifische Internetleistungen kommt es idR auf das Recht am Niederlassungsort des Providers an, der die charakteristische Leistung erbringt (Staud/*Magnus* Art 28 Rn 662; AnwK/*Leible* Art 28 Rn 105).

55 **25. Kauf.** Beim Fahrniskauf ist vorrangig der Anwendungsbereich des **CISG** zu prüfen (Vor Art 27 Rn 2). Sofern dieser nicht eröffnet ist, ist beim Fahrniskauf regelmäßig die Leistung des Verkäufers die charakteristische Leistung iSd II (s BGH NJW 97, 2322; Frankf NJW 91, 3102; Karlsr NJW-RR 93, 567; Köln NJW-RR 97, 182; LG München NJW 96, 401). Auch beim Rechtskauf ist das Recht am gewöhnlichen Aufenthalt bzw an der Niederlassung des Verkäufers entscheidend (BGH NJW-RR 05, 206). Dies gilt auch für den Kauf von Wertpapieren (BGH NJW 87, 1141). Bei einem **Unternehmenskauf** ist zwischen Share Deal und Asset Deal zu unterscheiden: Kommt es bei einem Share Deal zu einem Kauf der Anteile am Zielunternehmen, so ist das CISG mangels „Ware" regelmäßig nicht anwendbar, die charakteristische Leistung erbringt der Verkäufer der Anteile (BGH NJW 87, 1141). Bei dem Verkauf der Gesamtheit oder von Teilen der Unternehmensgüter (Asset Deal) würde für Grundstücke III, für Fahrnis II gelten, ebenso wie für Rechte, falls nicht nach V eine einzige Rechtsordnung insgesamt gilt (für Anknüpfung an das Recht am Sitz des Verkäufers auch bei Asset Deal: AnwK/*Leible* Art 28 Rn 86), wobei dies zumeist den Interessen der Parteien entsprechen wird. Zu Grundstücken s.o. Rn 50.

56 **26. Kommissionsvertrag.** Es gilt idR das Recht der gewerblichen Niederlassung des Kommissionärs, weil seine Tätigkeit die vertragstypische Leistung bildet (BGH NJW-RR 03, 1582).

57 **27. Kooperationsvertrag.** Bei Verträgen über gemeinsames Wirken zur Erreichung eines gemeinsamen Zwecks ohne Bildung einer Gesellschaft fehlt es idR an einer charakteristischen Leistung, so dass auf das Recht des Ortes abgestellt wird, an dem die Kooperation stattfinden soll, unter Würdigung aller Anknüpfungsmerkmale (Staud/*Magnus* Art 28 Rn 632; aA MüKo/*Martiny* Art 28 Rn 427: engste Verbindung). Bei Gründung eines **Gemeinschaftsunternehmens** erfolgt die Anknüpfung nach I, da in der Regel nicht die Leistung einer Seite den Vertrag charakterisiert (Staud/*Magnus* Art 28 Rn 634; MüKo/*Martiny* Art 28 Rn 428).

28. Lagervertrag. Das Lagergeschäft richtet sich bei objektiver Anknüpfung nach dem Recht am Niederlassungsort des Lagerhalters, da seine Leistung den Vertrag charakterisiert (Hburg IPRspr 71 Nr 23 S 71). 58

29. Leasing. Zu beachten ist beim Finanzierungsleasing, also bei der Beteiligung einer Bank, das Übereinkommen von Ottawa über das internationale Finanzierungsleasing v 28. 5. 88 (RabelsZ 51 (1987) 730), das vereinheitlichtes Sachrecht enthält. Auch wenn Deutschland nicht Vertragsstaat ist, kann es über eine Verweisung auf das Recht eines Vertragsstaates (ua Frankreich, Italien, Russland, Lettland und Ungarn) zur Anwendung kommen. Ansonsten kommt das Recht am Sitz des Leasinggebers zur Anwendung. Dies gilt auch für das Operating Leasing, also den einfachen Leasingvertrag über Mobilien (hierzu insgesamt MüKo/*Martiny* Art 28 Rn 172ff mwN). 59

30. Leihe. Für die Leihe von Grundstücken gilt das Recht am Belegenheitsort, bei beweglichen Sachen das Recht am Sitz des Verleihers (Staud/*Magnus* Art 28 Rn 219). 60

31. Lizenzvertrag. Bei Lizenzverträgen, die gegen Zahlung einer Lizenzgebühr die Ausnutzung eines gewerblichen Schutzrechts des Lizenzgebers ermöglichen, erfolgt die objektive Anknüpfung an das Recht am Sitz des Lizenzgebers (BGHZ 129, 236; vgl zu weiteren Ansichten MüKo/*Martiny* Art 28 Rn 407ff). 61

32. Lotterie- und Ausspielvertrag. Lotterie- und Ausspielverträge unterliegen bei objektiver Anknüpfung nach II dem Recht am Sitz des Veranstalters (Soergel/*vHoffmann* Art 28 Rn 529 mwN; vgl RGZ 58, 277; s § 763 Rn 4). 62

33. Maklervertrag. Da der Makler die vertragscharakteristische Leistung erbringt, ist die Niederlassung oder der gewöhnliche Aufenthalt des Maklers entscheidend (LG Frankf RIW 94, 778). 63

34. Managementvertrag. Beim Managementvertrag, bei dem regelmäßig ein unabhängiger Dritter die Kontrolle und eigene Verantwortlichkeit für ein fremdes Unternehmen übernimmt (MüKo/*Spellenberg* Art 31 Rn 198), kommt eine Anknüpfung nach dem Recht des betreuten Unternehmens in Betracht (vgl Staud/*Magnus* Art 31 Rn 349). 64

35. Miete. Das Recht des Belegenheitsortes gilt nach III für die Miete von Grundstücken (bei Kauf: Frankf NJW-RR 93, 183), Grundstücksteilen (Campingplatz: Frankf NJW-RR 86, 108), Geschäftsräumen, Parkplätzen (AG Mannheim IPRspr 94 Nr 36 S 85; AG Delmenhorst IPRspr 94 Nr 45 S 96), Wohnungen, Ferienwohnungen oder Ferienhäusern (Staud/*Magnus* Art 28 Rn 213). V findet jedoch Anwendung, wenn ein Inländer im Inland mit einer Partei mit Sitz im Inland einen Mietvertrag über ein ausländisches Grundstück bzw eine Ferienwohnung abschließt (BGHZ 109, 29). Auch Art 29 ist zu beachten. Bei der Miete von beweglichen Sachen ist das Recht am Niederlassungsort des Vermieters entscheidend (Staud/*Magnus* Art 28 Rn 215), da er die charakteristische Leistung erbringt. 65

36. Patronatserklärung. Bei Patronatserklärungen gilt das Recht am Sitz der erklärenden Muttergesellschaft (Staud/*Magnus* Art 28 Rn 510; vgl Frankf IPRspr 79 Nr 10b S 47; LG Berlin IPRax 00, 526). 66

37. Reisevertrag. Eine materielle Rechtsangleichung ist aufgrund der europäischen Pauschalreise-Richtlinie (RL 90/314 Abl EG 1990 Nr L 158 S 59) erfolgt, sie ist in den §§ 651a ff BGB umgesetzt. Die objektive Anknüpfung erfolgt nach dem Recht am Sitz des Veranstalters (KG IPRspr 94 Nr 21b S 57). Bei Pauschalreisen ist zumeist Art 29 zu beachten (s § 651a Rn 1). 67

38. Schenkung. Die charakteristische Leistung erbringt der Schenker (Köln NJW-RR 94, 1026), seine Leistung charakterisiert dieses unentgeltliche Rechtsgeschäft (Frankf IPRspr 64/65 Nr 37 S 133; Ddorf IPRax 84, 270; Frankf GRUR 98, 142). Bei Schenkungen über Grundstücke ist nach III das Recht des Belegenheitsortes anwendbar (Staud/*Magnus* Art 28 Rn 204). 68

39. Speditionsvertrag. Nach der Rspr können über die Verweisung in §§ 458 bis 460 HGB auch Speditionsverträge dem CMR (s.u.) unterliegen (BGHZ 65, 340, NJW 82, 1944). Da die Leistung des Spediteurs vertragscharakteristisch ist, unterliegt der Vertrag ansonsten bei objektiver Anknüpfung dem Recht am Niederlassungsort des Spediteurs (MüKo/*Martiny* Art 28 Rn 233 mwN), wobei streitig ist, ob Speditionsverträge generell Art 28 IV unterstellt werden (so Hbg IPRspr 89 Nr 62 S 125; Ddorf NJW-RR 95, 96; Hamm IPRspr 98 Nr 49a S 87 oder ob dies nur gelten soll, wenn der Spediteur selbst als Beförderer anzusehen ist (so wohl Brem VersR 96, 868). 69

40. Spiel. S § 762 Rn 9f; § 763 Rn 4 70

41. Tausch/Kompensation. Die Anknüpfung ist, da Leistung und Gegenleistung regelmäßig gleichwertig sind, nicht nach II, sondern nach I für den Gesamtvertrag vorzunehmen (Staud/*Magnus* Art 28 Rn 202). Beim Grundstückstausch kann der Ort der Beurkundung zu berücksichtigen sein (LG Amberg IPRax 82, 29). 71

42. Teledienste. Bei Teledienstien ist das TeledienstG zu beachten. Dabei ist die Wirkung seines in § 4 I bestimmten Herkunftslandsprinzips umstritten. Die Anknüpfung soll dennoch nach den allgemeinen Regeln des Kollisionsrechts erfolgen (MüKo/*Martiny* Art 34 Anh III Rn 37), da das TeledienstG die allgemeinen 72

Regeln des Kollisionsrechts nicht verdrängt. Damit wäre das Recht des Niederlassungsstaates des Diensteanwenders anwendbar (s aber Vor Art 27 Rn 4).

73 **43. Time-Sharing.** Für Time-Sharing-Verträge, die ein zeitweiliges Nutzungs- bzw Wohnrecht an einer Immobilie einräumen, sieht die Time-Sharing-Richtlinie 94/47/EG v 26. 10. 94 (Abl EG 1994 Nr L 280/83) einen EU-weiten Schutzstandard vor; in Deutschland ist die Umsetzung in Art 29 a III enthalten (s Art 29 a Rn 8). Art 29 a III begrenzt die Wirkungen einer Rechtswahl, wenn das Objekt des Time-Sharing im Hoheitsgebiet eines Mitgliedstaates der EU oder des EWR liegt und der Vertrag dem Recht eines Drittstaates unterliegt. Mangels Rechtswahl unterliegen Verträge über Rechte an Ferienwohnungen idR dem am Ort der Immobilie geltenden Recht (MüKo/*Martiny* Art 28 Rn 163). Die Einräumung dinglicher Rechte richtet sich ebenfalls nach der lex rei sitae. Wird die Nutzung über eine Mitgliedschaft in Gesellschaften oder Vereinen vermittelt, untersteht das schuldrechtliche Geschäft zum Erwerb des Gesellschaftsanteils mangels Rechtswahl dem allgemeinen Vertragsstatut, regelmäßig also dem Recht am Sitz des Verkäufers (Staud/*Magnus* Art 28 Rn 228).

74 **44. Versicherungsverträge.** Für den Versicherungsvertrag erfolgt die Anknüpfung nach den Art 7 ff EGVVG, sa Art 37 Nr 4. Die hiervon nicht erfassten Verträge fallen jedoch unter die Art 27 ff (Staud/*Magnus* Art 28 Rn 483). Für solche Verträge gilt, dass der Versicherer die vertragscharakteristische Leistung erbringt, so dass das Recht am Ort seiner Hauptniederlassung bzw derjenigen Zweigniederlassung maßgeblich ist, die die Versicherungsleistung zu erbringen hat (Karlsr WM 93, 893; Staud/*Magnus* Art 28 Rn 485 mwN).

75 **45. Vertriebsvertrag.** S Rn 51 (Handelsvertretervertrag, Vertriebsvertrag).

76 **46. Werklieferungsvertrag.** Werklieferungsverträge sind wie ein Kauf anzuknüpfen, maßgeblich ist der Sitz des Werkunternehmers (Frankf NJW 92, 633).

77 **47. Werkvertrag.** Maßgeblich ist das Recht am Ort der Niederlassung oder des gewöhnlichen Aufenthalts des Werkunternehmers (Schlesw NJW-RR 93, 314; Nürnbg IPRspr 93 Nr 31 S 379; Köln 95, 245; Hamm IPRax 95, 106; Stuttg NJW-RR 01, 858; LG Berlin IPRax 96, 416).

78 **48. Wette.** S Rn 70 (Spiel).

Art. 29 Verbraucherverträge

(1) Bei Verträgen über die Lieferung beweglicher Sachen oder die Erbringung von Dienstleistungen zu einem Zweck, der nicht der beruflichen oder gewerblichen Tätigkeit des Berechtigten (Verbrauchers) zugerechnet werden kann, sowie bei Verträgen zur Finanzierung eines solchen Geschäfts darf eine Rechtswahl der Parteien nicht dazu führen, daß dem Verbraucher der durch die zwingenden Bestimmungen des Rechts des Staates, in dem er seinen gewöhnlichen Aufenthalt hat, gewährte Schutz entzogen wird,
1. wenn dem Vertragsabschluß ein ausdrückliches Angebot oder eine Werbung in diesem Staat vorausgegangen ist und wenn der Verbraucher in diesem Staat die zum Abschluss des Vertrages erforderlichen Rechtshandlungen vorgenommen hat,
2. wenn der Vertragspartner des Verbrauchers oder sein Vertreter die Bestellung des Verbrauchers in diesem Staat entgegengenommen hat oder
3. wenn der Vertrag den Verkauf von Waren betrifft und der Verbraucher von diesem Staat in einen anderen Staat gereist ist und dort seine Bestellung aufgegeben hat, sofern diese Reise vom Verkäufer mit dem Ziel herbeigeführt worden ist, den Verbraucher zum Vertragsabschluß zu veranlassen.

(2) Mangels einer Rechtswahl unterliegen Verbraucherverträge, die unter den in Absatz 1 bezeichneten Umständen zustande gekommen sind, dem Recht des Staates, in dem der Verbraucher seinen gewöhnlichen Aufenthalt hat.

(3) ¹Auf Verbraucherverträge, die unter den in Absatz 1 bezeichneten Umständen geschlossen worden sind, ist Artikel 11 Abs. 1 bis 3 nicht anzuwenden. ²Die Form dieser Verträge unterliegt dem Recht des Staates, in dem der Verbraucher seinen gewöhnlichen Aufenthalt hat.

(4) Die vorstehenden Absätze gelten nicht für
1. Beförderungsverträge,
2. Verträge über die Erbringung von Dienstleistungen, wenn die dem Verbraucher geschuldeten Dienstleistungen ausschließlich in einem anderen als dem Staat erbracht werden müssen, in dem der Verbraucher seinen gewöhnlichen Aufenthalt hat.

³Sie gelten jedoch für Reiseverträge, die für einen Pauschalpreis kombinierte Beförderungs- und Unterbringungsleistungen vorsehen.

1 **A. Ursprung und Überblick.** Verbraucherverträge werden heute materiellrechtlich vielfach besonders geregelt und dementsprechend enthält Art 29 eine kollisionsrechtliche Sonderregel für Verbraucherverträge; sie

entspr dem schon früh zukunftsweisenden, aber bislang wenig kohärenten (vgl schon Czernich/*Heiss* Art 5 Rn 4) Art 5 EVÜ(Vor Art 27 Rn 13). Art 29 baut auf Art 27 und 28 auf. Art 29 I regelt die Anwendungsvoraussetzungen und knüpft an die Situation der Rechtswahl nach Art 27 EGBGB an, gebietet aber die **Gewährung des Schutzes der zwingenden Normen des Verbraucherstaates**. II enthält für die Situation des Fehlens einer Rechtswahl eine eigene, von Art 28 abweichende Anknüpfung an das Recht des Staates des gewöhnlichen Aufenthalts des Verbrauchers. III enthält eine Art 11 EGBGB derogierende Sonderregel zur Form. IV schränkt den Anwendungsbereich der gesamten I – III des Artikels ein. Eine Rückverweisung ist gem Art 35 unbeachtlich. Der dem Art 29 zugrunde liegende Art 5 EVÜ ist bisher insbes in der deutschen Rspr praktisch geworden (*Basedow* FS Jayme 3, 5), die aber nicht notwendigerweise alleuropäisch überzeugt. Art 36 und die Vorlagemöglichkeit zum EuGH sind zu beherzigen (s Art 36 Rn 7). **Art 29a** beruht auf besonderen Richtlinienkollisionsnormen. Österreich hat eine Revision des dem Art 29 zugrunde liegenden Art 5 EVÜ verlangt (KOM 2002, 654 endg S 19f). Rom I VO-V (Vor Art 27 Rn 13) will Art 5 wesentlich ändern (ebd S 6–7).

B. Anwendungsbereich. I. Eingrenzungen. Der Anwendungsbereich des Art 29 wird in I näher umschrieben und eingeschränkt, und zwar **in dreifacher Weise**: nach dem für Verbraucherverträge konstitutiven Verwendungszweck des Vertragspartners, der Vertragsart und der Anbahnungssituation. Man kann insoweit von persönlichem, sachlichem und räumlichem Anwendungsbereich sprechen. Soweit Art 29 nicht eingreift, stellt sich die problematische Frage, ob auf Art 34 zurückgegriffen werden kann (dazu u Art 34 Rn 3).   2

II. Verbrauchervertrag: Verwendungszweck und Vertragspartner. Art 29 greift nur ein, wenn die Sachen   3
oder Dienstleistungen dem Berechtigten zu einem nicht seiner beruflichen oder gewerblichen Tätigkeit zuzurechnenden Zweck dienen, dieser also Verbraucher ist. Eine Beschränkung auf natürliche Personen enthält der Wortlaut anders als bei § 13 BGB nicht, doch wird die Vorschrift vielfach so verstanden (etwa MüKo/*Martiny* Art 29 Rn 7; wohl auch Czernich/*Heiss* Art 5 Rn 7, 11 Fn 55). Der Rom I VO-V (s.o. Rn 1) sieht ausdrücklich nur die natürliche Person als Verbraucher. Beruflich oder gewerblich bedeutet im Rahmen der Tätigkeit als Freiberufler oder jeder selbständigen geschäftlichen Tätigkeit (MüKo/*Martiny* Art 29 Rn 8). Auch die private Vermögensanlage ist von Art 29 erfasst (BGHZ 123, 480). Anders als bei §§ 13, 14 BGB fehlt hier im Gesetzestext die Einschränkung „selbständig" vor beruflich. Zweckentsprechend scheint es jedoch, auch dem zu Zwecken abhängiger beruflicher Tätigkeit handelnden den Schutz zukommen zu lassen. Eine Ausdehnung auf schutzbedürftige Gewerbetreibende hat der EuGH zum materiellen Recht in di Pinto abgelehnt (EuGH C-361/89, Slg 1991, I-1189 – di Pinto); wegen des Bedürfnisses nach kollisionsrechtlicher Sicherheit dürfte dem mindestens nicht zu folgen sein. Existenzgründer lässt der EuGH in Benincasa nicht unter Art 13 EuGVÜ fallen (EuGH C-296/95, Slg. 1997, I-3767 – Benincasa) und für Art 29 EGBGB/5 EVÜ wird entspr zu entscheiden sein (ebenso Czernich/*Heiss* Art 5 Rn 10).

Wie im materiellen Recht kann sich die Frage des **doppelten Verwendungszwecks (dual use)** stellen, die   4
umstritten ist. Ausschlaggebend sollte der überwiegende Zweck sein (so auch MüKo/*Martiny* Art 29 Rn 10). So hebt schon der Bericht Giuliano/Lagarde darauf ab, dass die Person "im wesentlichen außerhalb des Rahmens ihrer beruflichen oder gewerblichen Tätigkeit handelt" (BTDrs 10/503/*Giuliano* 55). Der EuGH hat in Gruber ./. BayWa zu Art 13 EuGVÜ in einer dual use-Situation die Berufung auf den Verbrauchergerichtsstand ausgeschlossen, „es sei denn, der beruflich-gewerbliche Zweck ist derart nebensächlich, dass er im Gesamtzusammenhang des betreffenden Geschäftes nur eine ganz untergeordnete Rolle spielt, wobei die Tatsache, dass der nicht beruflich-gewerbliche Zweck überwiegt, ohne Bedeutung ist" (EuGH C-464/01, Slg 2005, I-439).

Angemessen scheint es, auf die **Verwendungsabsicht** bei Vertragsschluss abzustellen. Die Abtretung an einen   5
Dritten ändert – anders als beim Verbrauchergerichtsstand – wohl nichts (eingehend MüKo/*Martiny* Art 29 Rn 12). Die Beweislast trägt nach allgemeinen Grundsätzen der, der sich auf Art 29 beruft (zum EuGVÜ EuGH C-464/01 Erw. 46); Beweiserleichterungen scheinen unter Umständen aber nicht ausgeschlossen (vgl im materiellen Recht zum „Powerseller" Kobl WM 06, 303). Auf die Kenntnis des Leistungserbringers vom Verwendungszweck kommt es zwar nach dem Wortlaut von Art 29 EGBGB nicht an. Zu recht wird aber auf die Sicht des Leistenden abgestellt (MüKo/*Martiny* Art 29 Rn 11). Hat sich der Besteller als beruflich/gewerblich handelnd geriert, so greift die Bestimmung schon nach dem Bericht Giuliano/Lagarde nicht ein (BTDrs 10/503/*Giuliano* 55; zum EuGVÜ auch EuGH C-464/01 Erw 51ff; zum BGB BGH NJW 05, 1945). Es liegt ein venire contra factum proprium vor, das die Berufung auf die Verbrauchereigenschaft ausschließt; der EuGH hat in anderem Zusammenhang das Institut des Rechtsmissbrauchs anerkannt (EuGH C-373/97, Slg 2000, I-1705 – Diamantis).

Der **Leistungserbringer** wird im Wortlaut des Art 29 EGBGB anders als im materiellen Recht bei den Ver-   6
braucherverträgen, etwa §§ 474, 491 usw, und § 14 BGB nicht besonders qualifiziert. Nach dem Text wird daher nicht ein Verbraucher-Unternehmer-Geschäft vorausgesetzt, sondern auch der Leistungserbringer kann zu privaten Zwecken handeln. Dann sind auch Privatgeschäfte unter Nichtgewerbetreibenden erfasst (so etwa Palandt/*Heldrich* Art 29 Rn 3; Staud/*Magnus* Art 29 Rn 42, Denkschrift BTDrs 10/503/26). In der Literatur wird aber vielfach vertreten, dass ein Erfordernis der Unternehmereigenschaft des Leistungserbringers in Art 29 EGBGB hineinzulesen sei (ausf Czernich/*Heiss* Art 5 Rn 11 ff; *Rudisch* in Internationales Verbraucher-

schutzrecht, 95, 219 ff; *Joustra* de internationale consumentenovereenkomst, 97, 87; *Leible* in Leible 132, 138; *Looschelders* Art 29 Rn 21; so neuerdings auch MüKo/*Martiny* Art 29 Rn 13). Der Rom I VO-V der Kommission sieht dies ausdrücklich vor. Auch wenn man dem de lege lata nicht folgt, kann doch der kollisionsrechtliche Schutz leer laufen, wenn dann mangels Unternehmereigenschaft des Leistenden das materielle Recht Schutznormen nicht eingreifen lässt.

7 **Liefert ein Verbraucher** einem Unternehmer bewegliche Sachen oder sollte er ihm gar außerhalb eines Arbeitsverhältnisses Dienste leisten, so passt Art 29 seinem Wortlaut nach nicht (keinen Zweifel an dieser Lösung hat Czernich/*Heiss* Art 5 Rn 13), da danach der „Berechtigte" Verbraucher sein muss. Wer privat antike, antiquarische oder sonst gebrauchte Sachen einem Unternehmer liefert, kann jedoch schutzbedürftig sein, etwa nach den §§ 305 ff BGB bzw der RiL 93/13 und sollte ggf auch kollisionsrechtlich geschützt werden. Wahrscheinlich haben solche Verträge grenzüberschreitend bisher keine große Bedeutung. Die Formulierung des VO-Vorschlags scheint wohl unbewusst auch diese Situation zu erfassen. Nach KGR 05, 470 sollen jedoch nur „Abnehmer", nicht auch Anbieter geschützt werden.

8 **III. Vertragsart. 1. Allgemeines.** Art 29 I nennt Verträge über die **Lieferung beweglicher Sachen oder die Erbringung von Dienstleistungen sowie Verträge zur Finanzierung eines solchen Geschäfts**. Immobiliarverträge sind damit ausgeschlossen. Der Begriff der beweglichen bzw unbeweglichen Sache wird wohl grds autonom zu bestimmen sein. Keine beweglichen Sachen sind Wertpapiere (BGHZ 123, 380). Die Lieferung beweglicher Sachen fällt unter Art 29. Für den Online-Erwerb von Software ist dies str, aber zu bejahen (*Lurger* in Leible 33, 44; MüKo/*Martiny* Art 29 Rn 15; aA wohl *Heiss* in Czernich/Heiss Art 5 Rn 16).

9 Für **Gewinnzusagen** (vgl § 661a BGB) hat der BGH neuestens eine vertragliche Qualifikation ausgeschlossen, da die Haftung nicht an ein Versprechen anschließe (BGH NJW 2006, 231, 232, 233; zu Bedenken schon MüKo/*Martiny* Art 29 Rn 16 mwN). Hinsichtlich des EuGVÜ hält der EuGH vertragsrechtliche Zuständigkeiten für gegeben (C-27/02, Slg 2005, I-481 – Engler; C-96/00, Slg 2002, I-6367 – Gabriel). In der Instanzrechtsprechung wurden Gewinnzusagen bisher vielfach als unter Art 29 fallend angesehen (Brandbg OLG-NL 04, 199; Hamm RIW 03, 305; Hamm NJW-RR 03, 717; Nürnbg NJW 02, 3637; LG Bielefeld NJOZ 03, 581, 583; LG Braunschweig 17.9.04 juris; über cic LG Braunschweig IPRax 02, 213; aA Bambg OLGR 03, 164; St. Lorenz IPRax 05, 219, 223 entgegen IPRax 02, 192, 195; zu Art 34, 40, 41 Naumbg OLG-NL 04, 55, 56), jedenfalls wenn iVm einer unverbindlichen Bestellung von Waren zum Test (KG KGR 04, 218). Der BGH gewährt den Schutz über Art 34 (u Art 34 Rn 13).

10 „**Dienstleistung**" ist autonom zu bestimmen (BGHZ 123, 380, 384) und wie im eigentlichen Europarecht weit zu verstehen (ebd), auch Werkverträge u a m fallen darunter. Es geht um eine tätigkeitsbezogene Leistung an den Verbraucher (BGHZ 123, 380). Darunter fallen etwa Geschäftsbesorgungsverträge für den Erwerb von Investmentanteilen und „Hausanteilsscheinen" (BGHZ 123, 380 m abl Anm *Dörner*, JR 95, 18, 19; OGH ZfR vgl 96, 26 m Anm IPRax 97, 435), Rechtsanwaltsmandat (BGH NJW 03, 3486; Frankf RIW 01, 374), Reiseverträge (LG Konstanz NJW-RR 93, 638), Ferienhausmietverträge (vgl dazu BGHZ 119, 152). **Timesharingverträge** dagegen haben nach Ansicht des BGH nicht Dienstleistungen zum Gegenstand, und zwar auch dann nicht, wenn sie auch Bewirtschaftung und Verwaltung umfassen (BGHZ 135, 124; ferner Celle RIW 96, 963; LG Düsseldorf IPRspr. 94, 77; LG Bielefeld, NZM 99, 72; LG Weiden NJW-RR 96, 438; anders LG Hamburg VuR 98, 346; Art 31 II anwenden will LG Gießen NJW 95, 406). Der EuGH hat im Fall Travel Vac allerdings Timesharing in Verbindung mit den Wert des Teilzeitnutzungsrechts noch übersteigenden Dienstleistungen als Dienstleistung im Sinne der Haustürwiderrufs-RiL betrachtet (EuGH C-423/97 Slg 1999, I-2195); dies spricht für eine großzügigere Handhabung auch bei Art 29 EGBGB (anders *Klauer* 166). Normale **Mietverträge** an Immobilien werden nicht erfasst (s aber Art 34 Rn 11), auch die Miete von beweglichen Sachen soll unter keine der Alternativen passen (MüKo/*Martiny* Art 29 Rn 15; Czernich/*Heiss* Art 5 Rn 15 und 18). Evtl kann sich aber, wenn nicht IV 1 Nr 2 eingreift, die Frage der Abgrenzung zur Dienstleistung stellen.

11 Warentermin- und Optionsgeschäfte betreffen Dienstleistungen (BGH NJW 05, 1071, 1073; Fonds für Börsentermingeschäfte Ddorf 19.12.01 juris; für Börsentermingeschäfte Ddorf RIW 96, 681; 95, 769; RIW 94, 420).

12 Verträge zur **Finanzierung** eines Warenlieferungs- oder Dienstleistungsvertrages fallen unter Art 29, auch der Vertrag zur Finanzierung des Kaufs von Hausanteilsscheinen (OGH IPRax 97, 435). Freie Kreditverträge ohne spezifizierten Verwendungszweck sollen nach ganz hM jedoch ausgeschlossen sein (so wohl BGH, WM 06, 373; klar *Felke* RIW 01, 30; AnwKomm/*Leible* Art 29 Rn 33f; *Leible* in Leible, Grünbuch 132, 139; *Looschelders* Art 29 Rn 33; anders wohl *Reich* NJW 94, 2128, 2130; für Analogie Soergel/*von Hoffmann* Art 34 Rn 61; fragend *Lagarde* Rec crit d i p 00, 29, 33). Entgegen landläufiger deutscher Ansicht ist dies aber problematisch. Für eine solche kollisionsrechtliche Bevorzugung der freien Kreditgeber fehlt eine sachliche Begründung (krit auch Czernich/*Heiss* Art 5 Rn 19). Auch wäre bei einer solchen Ausnahme wichtig, welchen Zusammenhang zwischen finanziertem und Finanzierungsgeschäft die Wendung „zur Finanzierung" genau meint (eher großzügig Staud/*Magnus* Art 29 Rn 55). Mit der Entwicklung grenzüberschreitender Verbraucherkreditdienstleistungen sollten diese mE entgegen der ganz hM auch kollisionsrechtlich ebenso behandelt werden wie andere Dienstleistungen und gebundene Kredite (vgl auch *Franck*, Anm zu TGI Strassburg, Dal-

loz 02 Sommaires 2935 mit Bezugnahme auf CA Colmar Rev crit d i p 01, 135 Anm *Gaudemet-Tallon* = IPRax 01, 251 Aufs *Neumann/Rosch* 257 zum EuGVÜ; Gedanke auch bei *Klauer* 169, Analogie erwägend Staud/*Magnus* Art 34 Rn 90, strenger Art 29 Rn 56; ablehnend AnwK/*Leible Art* 29 Rn 36), alles andere wäre willkürlich (schon *W-H Roth* in Internationales Verbraucherschutzrecht 35, 48 – allerdings zug Art 34) und inkonsequent. Jeder Verbraucherkredit, der nicht Immobiliarkredit ist, dient praktisch dem Erwerb von Waren oder Dienstleistungen. Materielle Verbraucherschutzakte schützen auch den Kreditnehmer schlechthin. Der Rom I VO-V lässt wie schon Art 15 EuGVVO die angebliche Restriktion fallen, wie verschiedentlich gefordert (*Lurger* in Leible, Bedeutung 33, 45; Staud/*Magnus* Art 29 Rn 56, Art 34 Rn 90; *Basedow* FS Jayme, 3, 7; AnwK/*Leible Art* 29 Rn 35; *Leible* in Leible, Grünbuch 132, 139 f). Solange die Neuregelung keine Anwendung findet, ist dringend die **Vorlage an den EuGH** durch ein Rechtsmittelgericht geboten (dazu u Art 36 Rn 7), damit der EuGH die Frage klären kann (anders leider BGH WM 06, 373, 375ff; für Vorlage schon *Lagarde*, Rev crit d i p 00, 29, 33). Ein Darlehen, um seinerseits im Rahmen eines Steuersparmodells einem Dritten ein Darlehen zu gewähren, soll nicht unter Art 29 fallen (BGH WM 06, 373; KGR 05, 470, Ls VuR 05, 276), doch ist dies ebenfalls zweifelhaft. Immobiliarkredite fallen nicht unter Art 29 EGBGB/5 EVÜ (vgl TGI Strassburg, Dalloz 02 Sommaires 2933; TGI Strassburg, Dalloz 02 Sommaires 2935 m abl Anm *Franck*); zwar sind sie gemeinschaftsrechtlich Finanzdienstleistungen, doch regelt Art 29 Finanzierungsverträge gesondert (anders *Franck* ebd unter Bezugnahme auf der CA Colmar aaO zum EuGVÜ).

2. Besondere Ausnahmen. Besondere Ausnahmen vom Anwendungsbereich enthält IV 1. Nach Nr 1 sind **13** **Beförderungsverträge** ausgeschlossen (krit *Klauer* 170ff). Die Ausnahme gilt sowohl für Güter- als auch Personenbeförderung (MüKo/*Martiny* Art 29 Rn 26; wohl übersehen von AG Frankfurt/M NJW-RR 03, 641 – Flug). Im Wege einer Unterausnahme findet Art 29 nach IV 2 bei Pauschalreisen aber doch Anwendung. Die EG-VO 261/2004 über Nichtbeförderung, Anullierung oder große Verspätung bei Flügen enthält eine eigene Kollisionsnorm in Art 3 I.

Nach IV 1 Nr 2 sind Verträge über **Dienstleistungen, die ausschl in einem anderen als dem Verbraucherauf- 14 enthaltsstaat erbracht** werden, ausgeschlossen. Zu denken ist an Auslandssprachkurs, Ski- oder Segelkurs, auch Buchung eines Zimmers in einer italienischen Pension (AG Bernkastel-Kues IPRax 94, 141), Parkraumnutzung (AG Delmenhorst IPRspr. 94 Nr 45 – unter Verkennung des öffentlichrechtlichen Gegenstandes) oder Internatsvertrag (*Siehr* 147). Auch örtliche Bank- und Brokerdienstleistungen können von Nr 2 erfasst werden, doch ist dies nicht der Fall, wenn Warentermin- und Optionsgeschäfte an Börsen verschiedener Staaten getätigt werden dürfen (BGH NJW-RR 2005, 1071; vielleicht anders München OLGR 03, 330; auf die Inlandstätigkeit der Agentur abstellend Ddorf RIW 95, 769). Die Ausnahme wird zum Teil kritisiert (so *Leible* in Leible 132, 141), hat recht verstanden aber ihre Berechtigung (vgl auch *Looschelders* Art 29 Rn 38). Verträge über die Finanzierung von Dienstleistungen sollen von der Ausnahme nicht erfasst werden (BGHZ 123, 480).

IV. Anbahnungssituation: passiver Verbraucher. Art 29 schützt **nur den passiven, nicht den aktiven Ver- 15 braucher**. Auf diesen Nenner lassen sich die in I Nr 1–3 beschriebenen Anbahnungssituationen bringen. Sind deren Voraussetzungen nicht erfüllt, so findet Art 29 keine Anwendung. Ein Verbraucher, der im Ausland Waren einkauft, kann nicht erwarten, dass ihm das Heimatrecht ins Ausland folgt und ihn dort schützt (Denkschrift BTDrs 10/503/26; Ddorf MDR 00, 575).

Nr 1 betrifft Fälle, in denen der **Unternehmer Schritte unternommen** hat, seine Leistungen im Verbraucher- **16** land zu verkaufen (BGHZ 123, 480). Nr 1 erfordert zweierlei: ausdrückliches Angebot oder Werbung im Verbraucherstaat und Rechtshandlungen des Verbrauchers in seinem Staat. Ein Angebot ist nicht erforderlich, die invitatio ad offerendum reicht (ebd). Auf welchem Wege geworben wird, ist gleichgültig (Czernich/*Heiss* Art 5 Rn 31). Erörtert wird, inwieweit die Werbung auf den Verbraucherstaat abzielen muss (Czernich/*Heiss* Art 5 Rn 32). Die Rechtshandlung des Verbrauchers in seinem Staat kann Angebot oder Annahme sein (Czernich/*Heiss* Art 5 Rn 34). Vielbehandelt werden **Internetfälle** (*Mankowski* RabelsZ 99, 203, 231ff; *Pfeiffer* in Gounalakis, Rechtshandbuch Electronic Business, 03, § 12 Rn 71 ff). Während einige ein Sichbeziehen der Internetseite auf das Verbraucherland verlangen, reicht nach anderen die – technisch fast stets gegebene – Abrufbarkeit dort. Angemessen ist es wohl, bei Internetseiten Werbung im Verbraucherland anzunehmen, es sei denn dass der Anbieter sein Angebot räumlich begrenzt (MüKo/*Martiny* Art 29 Rn 36). Es wird auch die Unterscheidung zwischen aktiven, eine online-Bestellung ermöglichenden, und passiven Internetseiten vorgeschlagen (*Pfeiffer* § 12 Rn 75); die technische Art der Fernbestellung allein sollte jedoch keinen Unterschied machen (*Lurger* in Leible, Bedeutung 33, 41; *Kropholler* Europäisches Zivilprozessrecht, 8. Aufl 05, Art 15 Rn 24). Die EuGVVO verwendet nun in ihrem Art 15 I lit c) das Kriterium des „Ausrichtens" einer beruflichen oder gewerblichen Tätigkeit auf den Verbraucherstaat (dazu *Kropholler* Art 15 Rn 23 ff mwN). Nach einer dazu abgegebenen Gemeinsamen Erklärung von Kommission und Rat reicht die Zugänglichkeit einer Website allein nicht aus, sondern es ist erforderlich, „dass diese Website auch zum Vertragsabschluss im Fernabsatz auffordert, und dass tatsächlich ein Vertragsabschluss im Fernabsatz erfolgt ist, mit welchem Mittel auch immer"; auf der Website benutzte Sprache oder Währung seien nicht von Bedeutung (2314. Tagung des Rates, 30.11./1.12. 00, PRES/00/457, Anlage; dazu *Kropholler* Art 15 Rn 25). Art 29 kann schon heute im Lichte des Art 15 I lit c) EuGVVO ausgelegt werden (*Lurger* ebd 43).

17 Nach Nr 2 reicht auch die **Entgegennahme der Bestellung** im Verbraucherstaat. Mit Entgegennahme ist der Erhalt oder Zugang gemeint, nicht die Annahme des Angebots (BGHZ 135, 124 gegen die aA). Man kann an einen Messestand oder Briefkasten denken (Czernich/*Heiss* Art 5 Rn 35 mN).

18 Nr 3 betrifft **Kaffeefahrten**, allerdings nur bei Warenkäufen. Nach dem Bericht Giuliano/Lagarde genügt es, dass der Verkäufer die Reise im Wege einer Vereinbarung mit einem Beförderungsunternehmen organisiert hat (BTDrs 10/503/*Giuliano* 56). Enge Verflechtungen und Geschäftsbeziehungen bis hin zu Gewinnabsprachen zwischen Verkäufer und Pauschalreiseveranstalter können unter Umständen ausreichen (LG Tübingen NJW 05, 1513). Einreise von einem Schiff, das nicht unter deutscher Flagge fährt (Ddorf NJW-RR 95, 1396), oder aus einem Drittstaat (Naumbg OLGR 99, 172), reicht hingegen nicht. Auch eine Terminabsprache zwischen einem Reiseleiter einer Pauschalreise, deren Veranstalter keine Beziehung zum Verkäufer hat, und dem Verkäufer führt nicht zu einer Verkaufsreise iSd Nr 3 (LG Hamburg RIW 99, 391). Grds muss man sich auf dem ausländischen Markt mit dem Schutzstandard des ausländischen Marktes zufrieden geben (Ddorf MDR 00, 575; LG Düsseldorf, NJW 91, 2220).

19 Probleme haben die sog **Gran Canaria-Fälle** bereitet: Werbeveranstaltung für deutsche Touristen im Ausland, Vertragsschluss mit ausländischem Unternehmen unter Wahl ausländischen Rechts, aber Lieferung und Gewährleistung durch deutsches Unternehmen, dem der Kaufpreisanspruch abgetreten wird. Da Nr 3 nicht unmittelbar greift, haben Rspr und Lit diverse, teils sehr gekünstelte Wege zum Schutz des Verbrauchers erwogen: Vertragsschluss erst in Deutschland (AG Bremen VuR 91, 32), Art 27 III (LG Hamburg NJW-RR 90, 495; Frankf IPRax 90, 236, 237, 238), Art 31 II (LG Aachen NJW 91, 2221; s.a. LG Stuttgart RIW 96, 424; LG Koblenz NJW-RR 95, 1335), unmittelbare Richtlinienwirkung (Celle IPRax 91, 334; LG Hildesheim IPRax 93, 173; LG Wiesbaden MDR 91, 156; AG Bremerhaven NJW-RR 90, 1083), ordre public des Art 6 (Celle IPRax 91, 334; LG Bamberg NJW-RR 90, 694; AG Lichtenfels IPRax 90, 235), Gesetzesumgehung (vorsichtig *Coester-Waltjen*, FS W Lorenz 297ff – zu allem eingehend MüKo/*Martiny* Art 29 Rn 45; 53; *Coester-Waltjen* aaO; *Brödermann/Iversen* Europäisches Gemeinschaftsrecht und IPR, 94, passim; offen lassend BGHZ 112, 204). Methodisch am saubersten erscheint die Analogie (dafür auch Erman/*Hohloch* Art 29 Rn 10; MüKo/*Martiny* Art 29 Rn 52 f; *Mäsch* Rechtswahlfreiheit und Verbraucherschutz, 93, 166ff; Stuttg NJW-RR 90, 1081; offen lassend AG Bremerhaven NJW-RR 90, 1083; dagegen Celle IPRax 91, 334; LG Hildesheim IPRax 93, 173; LG Koblenz IPRspr 89 Nr 43), deren strenge Voraussetzungen aber zu beachten sind (zu weitgehend LG Limburg/Lahn NJW 90, 2206; in casu wohl zu recht ablehnend Ddorf MDR 00, 575, ferner Naumbg OLGR 99, 172; LG Hamburg RIW 99, 391). Art 36 steht dem nicht entgegen: man kann der Vorschrift nicht das Gebot der Ermittlung der mangels einschlägiger Rspr unbekannten rechtspolitischen Wertung in anderen Mitgliedstaaten und so ein faktisches Analogieverbot entnehmen (so aber *Mankowski* IPRax 91, 305, 312; RIW 93, 453, 360 mit reinen Literaturzitaten in Fn 100, – ihm bei anderem Problem folgend BGHZ 135, 124, 133 f -; RIW 98, 287, 288; *Looschelders* Art 29 Rn 58 und im Ergebnis *Leible* in AnwK 59) – zumal offenbar mehr als 90 % der veröffentlichten Entscheidungen zu Art 5 EVÜ deutsche sind (vgl *Basedow* FS Jayme 3, 5). Mittlerweile besteht die Möglichkeit der Vorlage an den EuGH durch ein Rechtsmittelgericht (s Art 36 Rn 7). Greift Art 29 nicht, so kommt es auf das fremde Verbraucherschutzrecht an (zur Türkei Ddorf ebd; LG Hamburg ebd).

20 Vom Herkunftslandprinzip gehen die RiL 00/31 über den elektronischen Handel und § 4 TDG aus. Wie auch immer man das Verhältnis zum IPR beurteilt, es ist doch das Verbrauchervertragsrecht ausgenommen, Art 3 III iVm Anh RiL, § 4 III Nr 2 TDG (dazu *Spindler* in Gounalakis, Rechtshandbuch Electronic Business, 03, § 9 Rn 48 ff). Gleiches galt auch schon für den Vorschlag einer RiL über Dienstleistungen im Binnenmarkt, Art 17 Nr 21.

21 **C. Rechtsfolge nach I: Günstigkeitsvergleich.** Die Rechtswahl nach Art 27 wird von Art 29 I nicht geändert, doch darf sie nicht zum Entzug des Schutzes der zwingenden Bestimmungen des Verbraucherstaates führen. Es gilt also das **Günstigkeitsprinzip** (MüKo/*Martiny* Art 29 Rn 59 f; *Kropholler* § 52 V 3), ein favor consumatoris (*Siehr* 150). Es ist ggf ein Günstigkeitsvergleich (BGH NJW 05, 1071, 1072) durchzuführen. Zugunsten des Verbrauchers gilt die „Rosinentheorie" (*Siehr* 150). Sollte das gewählte Recht günstiger sein, so gilt dieses (MüKo/*Martiny* Art 29 Rn 59).

22 Zu den **zwingenden Bestimmungen** zählen etwa die AGB-Kontrolle (Ddorf RIW 96, 681; RIW 94, 420), § 312 (MüKo/*Martiny* Art 29 Rn 57 mwN), das Verbot der quota litis durch BRAO (BGH NJW 03, 3486). Auch richterrechtliche Regeln, so Grundsätze über Aufklärungs-, Hinweis- und Warnpflichten, sind einbezogen (BGH NJW 05, 1071). Die zwingenden Bestimmungen brauchen sich nicht nur auf Verbraucher zu beziehen, sondern können allgemeiner Natur sein (Müko/*Martiny* Art 29 Rn 56), auch § 138 wird erfasst (MüKo/*Martiny* Art 29 Rn 56; HK/*A Staudinger* Art 29 Rn 11).

23 **D. Objektive Anknüpfung.** Fehlt es an einer Rechtswahl nach Art 27 EGBGB, so sieht Art **29 II** abweichend von Art 28 eine Anknüpfung an das Recht des Staates des gewöhnlichen Aufenthalts des Verbrauchers vor. Es handelt sich hier nicht um eine Überlagerung des anwendbaren Rechts durch die Schutznormen, sondern um eine eigene Anknüpfung. Die in I umschriebenen Anwendungsvoraussetzungen des Art 29 müssen erfüllt sein. Es gilt dann das Recht des Verbraucherlandes, obgleich der Anbieter aus dem Ausland kommt. Ein

Günstigkeitsvergleich ist nicht vorgesehen (Czernich/*Heiss* Art 5 Rn 6). Widersinnigerweise ist es durchaus denkbar, dass die verbraucherschützend gedachte europäische objektive Anknüpfung an das Verbraucherstaatenrecht bei dort geringem Verbraucherschutzniveau dem Verbraucher ungünstigere Resultate zufolge hat, als eine Anknüpfung an das europäische Lieferantenstaatenrecht – dann klagt der Verbraucher zumindest theoretisch besser außerhalb der EG (*Siehr* 151f).

E. Form. Für die Form des Verbrauchervertrages nach I enthält III 2 eine **besondere Kollisionsnorm**, die 24 nach III 1 den Art 11 verdrängt. Sie gilt bei objektiver Anknüpfung ebenso wie bei Rechtswahl. Es gilt das Aufenthaltsrecht des Verbrauchers, ohne dass ein Günstigkeitsvergleich stattfände (MüKo/*Martiny* Art 29 Rn 74). Es soll auch für die Formgültigkeit der Rechtswahl gelten (MüKo/*Martiny* Art 29 Rn 74). Ob auch Sprachvorschriften für Vertrag oder Prospekt unter Art 29 III oder aber das Vertragsstatut fallen, ist umstritten (vgl MüKo/*Martiny* Art 29 Rn 75).

F. Grundfreiheiten im Binnenmarkt. Obgleich im europäischen Binnenmarkt große Teile des materiellen 25 Verbraucherrechts bereits harmonisiert sind, können innereuropäisch einige kollisionsrechtliche Fragen entstehen. Die Anknüpfungen des Art 29 verstoßen grds nicht gegen die Grundfreiheiten (*W-H Roth* RabelsZ 91, 623, 652; *Basedow* RabelsZ 95, 1, 29f; *Remien* 191; *Körber* 498 ff), müssen aber konsequenter gehandhabt werden (s.o. Rn 12). Dies schließt indes nicht aus, die berufene Norm an den Grundfreiheiten zu überprüfen (*Remien* 191 f; auch *Körber* 441). Vertragsrecht ist aber meist Verkaufsmodalität (*Remien*, str, anders *Tassikas* Dispositives Recht und Rechtswahlfreiheit, 04), kann unter Umständen aber den Marktzutritt hindern (EuGH C-442/02, Slg 04, I-8961 – CaixaBank).

Art. 29 a Verbraucherschutz für besondere Gebiete

(1) Unterliegt ein Vertrag auf Grund einer Rechtswahl nicht dem Recht eines Mitgliedstaats der Europäischen Union oder eines anderen Vertragsstaats des Abkommens über den Europäischen Wirtschaftsraum, weist der Vertrag jedoch einen engen Zusammenhang mit dem Gebiet eines dieser Staaten auf, so sind die im Gebiet dieses Staats geltenden Bestimmungen zur Umsetzung der Verbraucherschutzrichtlinien gleichwohl anzuwenden.
(2) Ein enger Zusammenhang ist insbesondere anzunehmen, wenn
1. der Vertrag auf Grund eines öffentlichen Angebots, einer öffentlichen Werbung oder einer ähnlichen geschäftlichen Tätigkeit zustande kommt, die in einem Mitgliedstaat der Europäischen Union oder einem anderen Vertragsstaat des Abkommens über den Europäischen Wirtschaftsraum entfaltet wird, und
2. der andere Teil bei Abgabe seiner auf den Vertragsschluss gerichteten Erklärung seinen gewöhnlichen Aufenthalt in einem Mitgliedstaat der Europäischen Union oder einem anderen Vertragsstaat des Abkommens über den Europäischen Wirtschaftsraum hat.

(3) Die Vorschriften des Bürgerlichen Gesetzbuchs über Teilzeit-Wohnrechteverträge sind auf einen Vertrag, der nicht dem Recht eines Mitgliedstaats der Europäischen Union oder eines anderen Vertragsstaats des Abkommens über den Europäischen Wirtschaftsraum unterliegt, auch anzuwenden, wenn das Wohngebäude im Hoheitsgebiet eines dieser Staaten liegt.
(4) Verbraucherschutzrichtlinien im Sinne dieser Vorschrift sind in ihrer jeweils geltenden Fassung:
1. die Richtlinie 93/13/EWG des Rates vom 5. April 1993 über missbräuchliche Klauseln in Verbraucherverträgen (ABl. EG Nr L 95 S. 29);
2. die Richtlinie 94/47/EG des Europäischen Parlaments und des Rates vom 26. Oktober 1994 zum Schutz der Erwerber im Hinblick auf bestimmte Aspekte von Verträgen über den Erwerb von Teilzeitnutzungsrechten an Immobilien (ABl. EG Nr L 280 S. 83);
3. die Richtlinie 97/7/EG des Europäischen Parlaments und des Rates vom 20. Mai 1997 über den Verbraucherschutz bei Vertragsabschlüssen im Fernabsatz (ABl. EG Nr L 144 S. 19);
4. die Richtlinie 99/44/EG des Europäischen Parlaments und des Rates vom 25. Mai 1999 zu bestimmten Aspekten des Verbrauchsgüterkaufs und der Garantien für Verbrauchsgüter (ABl. EG Nr L 171 S. 12);
5. die Richtlinie 2002/65/EG des Europäischen Parlaments und des Rates vom 23. September 2002 über den Fernabsatz von Finanzdienstleistungen an Verbraucher und zur Änderung der Richtlinie 90/619/EWG des Rates und der Richtlinien 97/7/EG und 98/27/EG (ABl. EG Nr L 271 S. 16).

A. Ursprung. Unabhängig und zunächst vielleicht in Unkenntnis von Art 5 EVÜ (oben Art 29) enthalten 1 seit der RiL 93/13 neue europäische Verbraucherrichtlinien **besondere Normen, die den Schutz bei internationalen Sachverhalten gewährleisten sollen**. Der durch das Fernabsatzgesetz (Art 2 II Nr 1, BGBl 00 I 897, 1139) eingeführte Art 29a EGBGB setzt diese Kollisionsnormen der in IV einzeln genannten RiLen umfassend um, hinsichtlich älterer RiLen fehlt eine ausdrückliche Regelung (s.u. Rn 10). Leider bleibt bei den RiL-

Kollisionsnormen und Art 29 a vieles unklar. Die Richtlinienkollisionsnorm für Teilzeitwohnrechteverträge weicht von den anderen Normen ab und hat daher in Abs. 3 eine ergänzende besondere Regelung gefunden. Auch sonst zeigen sich gewisse Unterschiede (MPI, RabelsZ 04, 1, 12 f). Art 29 a ist also das EVÜ ergänzende Umsetzung von RiL-Kollisionsnormen und beruht selbst nicht auf dem EVÜ. Daher sind bei Art 29 a – anders als sonst im EGBGB – die mit dem Rechtsangleichungsinstrument Richtlinie verbundenen Fragen, insbes die richtlinienkonforme Auslegung, zu beachten (Überblick bei Schulze/Zuleeg/*Remien*, EuR § 14; s.a. u Art 36 Rn 9). Art 234 EGV gilt unmittelbar. Im Vertragsverletzungsverfahren hat der EuGH bereits über Richtlinienkollisionsnormen entschieden (EuGH C-70/03 Slg 04, I-7999 – Kommission ./. Spanien).

2 **B. Drittstaatenrechtswahl und Verbraucherschutz.** Art 29 a I knüpft an die **Rechtswahl zugunsten eines Nicht-EG/EWR-Mitgliedstaates** an. Der europäische Verbraucherschutz soll bei engem Zusammenhang nach den RiL-Kollisionsnormen auch dann gelten. Findet infolge Rechtswahl oder objektiver Anknüpfung ein mitgliedstaatliches Recht Anwendung, so gilt automatisch dessen europäischer Verbraucherschutz. Führt die objektive Anknüpfung zur Anwendbarkeit eines Nicht-EG/EWR-Mitgliedstaates, so greift Art 29 a I also nicht ein, doch gilt für Teilzeitwohnrechtverträge nach III unter Umständen anderes (unten Rn 8).

3 Da Art 29 a von Verbraucherschutzrichtlinien, nicht vom Verbraucher spricht, wird gestritten, ob die Verbrauchereigenschaft der einen und die Unternehmereigenschaft der anderen Partei Voraussetzung der Anwendung der Kollisionsnorm ist (Reithmann/Martiny/*Martiny* Rn 835; *Freitag/Leible* EWS 00, 342, 344; HK/*A Staudinger* Art 29 a Rn 7; *A Staudinger* RIW 00, 416, 419 und ZGS 02, 63; verkürzend *Bitterich* JR 04, 485, 489f; abl Staud/*Magnus* Art 29 a Rn 35; *Looschelders* Art 29 a Rn 17). Dies könnte von Bedeutung sein für den **Unternehmerregress** nach § 478/Art 4 RiL 99/44. Entscheidend dürfte sein, ob die in Art 29 a umgesetzte Kollisionsnorm des Art 7 II der RiL auch den Regress des Art 4 umfasst. Da Art 4 rudimentär ist und nach Erwägungsgrund 9 S 4 nicht zwingend sein soll, ist dies wohl zu verneinen (vgl a *A Staudinger* NJW 01, 1974, 1977; *St Lorenz* FS Jayme 545; HK/*A Staudinger* Art 29 a Rn 7; aA *Looschelders* Art 29 a Rn 17). Eine Anlehnung an *Ingmar* (s.u. Rn 10) scheidet damit aus. Das Hineininterpretieren persönlicher Anwendungsvoraussetzungen in Art 29 a ist also unschädlich und unerheblich.

4 **C. Enger Zusammenhang.** Voraussetzung ist nach Art 29 a I ein „enger Zusammenhang mit dem Gebiet" eines Mitgliedstaates; II ergänzt, dieser liege „insbes" bei den Nr 1 und 2 vor. II gibt nur Regelbeispiele und schränkt daher den Richtlinienbegriff enger Zusammenhang nicht richtlinienwidrig ein (MüKo/*Martiny* Art 29 a Rn 3; Staud/*Magnus* Art 29 a Rn 42; BR/*Spickhoff* Art 29 a Rn 10). II stellt auf das öffentliche Tätigwerden ab, also ein Verhalten gegenüber einer Vielzahl von Personen. Angebot, invitatio ad offerendum, Werbung, Internetauftritt, individualisierte Zusendung, Vertreterbesuch oder Telefonanruf reichen. Die Wendung „auf Grund" fordert wohl eine gewisse, aber keine strikte Kausalität (HK/*A Staudinger* Art 29 Rn 10). Nr 2 verlangt zudem, also kumulativ den gewöhnlichen Aufenthalt des Verbrauchers in EG/EWR bei Abgabe seiner auf den Vertragsschluss gerichteten Erklärung. Auf die Staatsangehörigkeit kommt es nicht an. Wo die Erklärung abgegeben wird, ist unerheblich.

5 Wann über II hinaus ein „enger Zusammenhang" nach Art 29 a I und RiLen anzunehmen ist, ist wenig klar – der europäisch autonom auszulegende (schon *Krebber* ZVglRWiss 98, 124, 145) Begriff ist „absichtlich unscharf" (EuGH C-70/03, Slg 04, I-7999 zu Art 6 II RiL 93/13): „Zweck dieser allgemeinen Formulierung ist es, je nach den Umständen des Einzelfalls die Berücksichtigung verschiedener Anknüpfungspunkte zu ermöglichen." (EuGH ebd), eine Einschränkung durch die kumulativen Voraussetzungen des Aufenthalts und Vertragsschlusses im Mitgliedstaat sei unzulässig (EuGH ebd zu Spanien). Nach einigen Stimmen soll dann, wenn die objektive Anknüpfung nach Art 27, 28 zu einem mitgliedstaatlichen Recht führte, ein enger Zusammenhang anzunehmen sein (*Freitag/Leible* EWS 2000, 342, 345 unter mE fehlgehender Berufung auf *Krebber* aaO; AnwK/*Leible* Art 29 a Rn 31; zuerst *Jayme/Kohler* Rev crit d i p 95, 1, 20). Das würde im Hinblick auf Art 28 II jedoch europäische Unternehmen auf Drittstaatenmärkten benachteiligen und würde auch den Schutzzielen nicht gerecht (*Krebber* ZVglRWiss 98, 124, 146). Die nach Art 28 I maßgebenden Kriterien mag man heranziehen (*Looschelders* Art 29 a Rn 23, 33; BR/*Spickhoff* Art 29 a Rn 10). Maßgebend ist eine Gesamtbetrachtung, ob auch auf die Staatsangehörigkeit des Verbrauchers abgestellt werden kann, ist str (bejahend BR/*Spickhoff* Art 29 a Rn 10; abl MüKo/*Martiny* Art 29 a Rn 40). Für verschiedene RiLen werden zum Teil unterschiedliche Kriterien in den Vordergrund gerückt (eingehend MüKo/*Martiny* Art 29 a Rn 40 ff mwN). Auch ein enger Zusammenhang zu mehreren EG/EWR-Staaten reicht, dann ist auf den engsten Zusammenhang abzustellen (*Freitag/Leible* EWS 00, 342, 345; HK/*A Staudinger* Art 29 a Rn 10). Ein enger Zusammenhang kann auch gegeben sein, wenn der Verbraucher aus einem anderen Mitgliedstaat als dem Zielstaat der unternehmerischen Aktivität kommt (MPI RabelsZ 04, 1, 14 f). Manche Stimmen der Lit wollen Verbraucher mit gewöhnlichem Aufenthalt in Drittstaaten nicht schützen (HK/*A Staudinger* Art 29 a Rn 9, 11; Staud/*Magnus* Art 29 a Rn 50), doch ist dies fraglich und unsicher.

6 **D. Rechtsfolge.** Rechtsfolge ist nach dem Wortlaut des Art 29 a die Anwendung der Umsetzungsbestimmungen des **Rechts des Staates des engen Zusammenhangs**, nicht des Forumstaates oder der RiL selbst. Die Richtlinienkollisionsnormen hingegen stellen auf den Schutz der RiL ab. Bei dieser Sachnormenverweisung ergeben sich drei Probleme: (I) Bei **unzureichender Umsetzung** der RiL im anderen MS gilt an sich diese

Umsetzung (dazu *A Staudinger* RIW 00, 416), die RiL ist auch grenzüberschreitend nicht horizontal unmittelbar anwendbar (vgl zu den Gran Canaria-Fällen oben Art 29 Rn 19). Man kann allerdings daran denken, Art 29 a richtlinienkonform so auszulegen, dass in Drittstaatenfällen der Schutz der RiL selbst oder des Rechts eines anderen Mitgliedstaats mit sehr engem Zusammenhang gilt; allerdings steht dann der Verbraucher besser als nach dem richtlinienwidrigen Landesrecht. Andere wollen nur zu dem schwachen Instrument der Staatshaftung greifen (HK/*A Staudinger* Art 29 a Rn 14; *Looschelders* Art 29 a Rn 38; *Bitterich* 415 ff). (II) Bei infolge einer **Mindestklausel über die RiL hinausgehendem Verbraucherschutz** des MS greift an sich Art 29 a (s. a. MüKo/*Martiny* Art 29 a Rn 75; Staud/*Magnus* Art 29 a Rn 53; *Freitag/Leible* EWS 2000, 342, 346), doch fragt sich, ob es sich noch um „Bestimmungen zur Umsetzung" handelt. Dies wird vielfach, aber mE nicht immer zu bejahen sein (vgl auch *Looschelders* Art 29 a Rn 36; weitergehend wohl *Bitterich* 399 ff, der 422 ff dann auch noch Grundfreiheitenprobleme sieht). Die Richtlinienkollisionsnormen selbst fordern nur den Schutz der RiL. (III) Besteht ein enger Zusammenhang zu **mehreren MS mit unterschiedlichen Umsetzungsnormen**, so entscheidet wohl der engste Zusammenhang (BTDrs 14-2658 S 50; HK/*A Staudinger* Art 29 a Rn 10; für Mitgliedstaat, in dem der Kontakt zustande gekommen ist, aber *v Hoffmann/Thorn* § 8 Rn 73 d).

Nach dem Wortlaut des Art 29 a mag es scheinen, dass die Umsetzungsnormen des Mitgliedstaates auch dann (allein) anzuwenden sind, wenn das gewählte Drittstaatenrecht dem Verbraucher günstiger ist. Anders als bisher in Art 29 ist ein **Günstigkeitsvergleich** nicht ausdrücklich vorgesehen. Er folgt **jedoch** aus dem Zweck der Richtlinienkollisionsnormen (richtig *Wagner* IPRax 00, 249, 254; *Bitterich* 407 ff) und ergibt sich damit aus richtlinienkonformer Auslegung des Art 29 a; diese ist unschwer möglich, da Art 29 a nur zugunsten des Verbrauchers anordnet, aber nichts zu seinen Lasten ausschließt (richtig *Bitterich* 409 ff). Dies verkennt die zu engherzig an den Wortlaut des Art 29 a haftende aA (etwa *Freitag/Leible* EWS 00, 342, 347; AnwK/*Leible* Art 29 a Rn 42; HK/*A Staudinger* Art 29 a Rn 13; *v Hoffmann/Thorn* § 10 Rn 73 d; *Looschelders* Art 29 a Rn 41). 7

E. Teilzeitwohnrechte. Teilzeitwohnrechteverträge fallen **auch unter Art 29 a I und II**, unterliegen nach III bei Wohngebäuden im Hoheitsgebiet eines EG/EWR-Staates jedoch, wenn nicht dem Recht eines EG/EWR-Staates, so den §§ 481 ff BGB. III soll bei Rechtswahl wie objektiver Anknüpfung gelten (MüKo/*Martiny* Art 29 a Rn 86 und 87; aA nur bei objektiver Anknüpfung *Freitag/Leible* EWS 2000, 342, 345), doch gehen die I und II jedenfalls vor (Staud/*Magnus* Art 29 a Rn 61; Palandt/*Heldrich* Art 29 a Rn 6; *Freitag/Leible* EWS 2000, 342, 348). Wird für ein spanisches Teilzeitwohnrecht das Recht der Isle of Man gewählt, so führt Art 29 a zur Anwendung deutschen (oder nach I spanischen) Rechts (zu § TzWrG, der noch nicht anwendbar war, BGHZ 135, 124). Auf den gewöhnlichen Aufenthalt des Erwerbers kommt es nicht an (MüKo/*Martiny* Art 29 a Rn 89). Krit wird gesehen, dass Art 29 a III zur Anwendung deutschen Rechts und nicht des europäischen Belegenheitsstaates führt (MüKo/*Martiny* Art 29 a Rn 90), doch schadet dies bei Vorrang der I und II kaum und entspricht der engen Orientierung der deutschen §§ 481 ff an der RiL. Teilzeitwohnrechteverträge unterliegen darüberhinaus den allgemeinen Beschränkungen des Art 29 a (MüKo/*Martiny* Art 29 a Rn 83 mN). Liegt die Immobilie außerhalb der EG, so kann I eingreifen (MüKo/*Martiny* Art 29 a Rn 91, 99). 8

F. (Un)Genannte Verbraucherschutzrichtlinien und -normen. Art 29 a gilt für die Umsetzungsnormen der in Abs. 4 genannten RiLen 93/13, 94/47, 97/7, 99/44 und 02/65 – also Klausel-, Timesharing-, Fernabsatz-, Verbrauchsgüterkauf-, Fernabsatz Finanzdienstleistungen-RiL. 9

Erörtert wird, ob für andere als die in IV genannten RiL kraft Gemeinschaftsrecht oder Analogie zu Art 29 a dasselbe gilt (*Nemeth/Rudisch* ZfRvgl 01, 179, 182; *Bitterich* Die Neuregelung des Internationalen Verbrauchervertragsrechts in Art 29 a EGBGB, 03, 463 ff; *Bitterich* VuR 02, 155; *Fetsch* Eingriffsnormen und EG-Vertrag, 02, 245 ff, der 247 einen kollisionsrechtlichen „ungeschriebene(n) Begleitauftrag einer jeden RiL" annimmt; *Lehmann* FS Heldrich 831, 838 f; *Krebber* ZVglRWiss 98, 124, 152; in der Sache schon *Dörner* JR 95, 18, 20; *Michaels/Kamann* JZ 97, 601, 605; über Art 34 gehen will *A Staudinger* NJW 01, 1974, 1977; HK/*A Staudinger* Art 29 a Rn 12, Art 34 Rn 5; gegen Analogie *Looschelders* Art 29 a Rn 43). Nach der EuGH-Entscheidung Ingmar (EuGH C-381/98, Slg. 00, I-9305) fordert der Zweck der Art 17 und 18 der Handelsvertreter-RiL 86/653, dass diese unabhängig davon, welchem Recht der Vertrag nach der Wahl der Parteien unterliegt, anwendbar sind, wenn der Sachverhalt einen starken Gemeinschaftsbezug aufweist, etwa weil der Handelsvertreter seine Tätigkeit im Gebiet eines Mitgliedstaats ausübt. Dies wird man zwar nicht automatisch auf jegliche Schutzbestimmung einer RiL übertragen können. Allerdings ist das Drittstaatenproblem vom Richtliniengeber erst in der RiL 93/13 „entdeckt" worden (vgl *Remien* ZEuP 94, 34, 64; *Kohler* FS Jayme 445-459 (447 f)) und wird seither einigermaßen systematisch in dieser Weise geregelt. Daher, um dem Binnenmarktziel der RiLen gerecht zu werden und um Diskriminierungen von EU-Bürgern aus anderen Mitgliedstaaten zu vermeiden, liegt es nahe, in den alten RiLen eine durch Analogie zu den späteren Richtlinienkollisionsnormen zu füllende planwidrige Regelungslücke zu sehen, in sie also eine Richtlinienkollisionsnorm hineinzulesen und dementsprechend sodann Art 29 a IV richtlinienkonform auszulegen, also praktisch per Analogie auszudehnen (vgl auch *Bitterich* 472 f; *Bitterich* VuR 2002, 155, 159 ff; *Paefgen* ZEuP 03, 266, 291 f; ähnlich *Pfeiffer*, FS Geimer 821, 831 f; über Art 34 HK/*A Staudinger* Art 34 Rn 5; anders MüKo/*Martiny* Art 29 a Rn 111; Palandt/*Heldrich* Art 29 a Rn 2). Die Pauschalreise-RiL 90/314 gibt auch in ihrem Art 1 einen Hinweis (dazu *Fetsch* 286 ff). Die nicht auf Ver- 10 braucher beschränkte Überweisungs-RiL 97/5 will auf Überweisungen von einem Mitgliedstaat in einen anderen Mitgliedstaat angewandt werden, Art 1, 2 lit f). Insofern bedarf sie keiner Drittstaatenklausel (*Siehr* 163).

11 Es ist denkbar, dass mehrere europäische Rechtsordnungen für Verbraucherverträge eine **gleich lautende Wertung** enthalten, die nicht auf einer RiL beruht, aber von dem gewählten Drittstaatenrecht nicht geteilt wird. Hierfür ist auch bei engem Zusammenhang zu EG/EWR bisher – wenn man nicht Art 27 III eingreifen lässt – keine ausdrückliche Vorsorge getroffen. Der Idee des europäischen Raums der Freiheit, der Sicherheit und des Rechts sowie des Binnenmarktes mit Verbraucherschutz entspräche es, dann auch mangels Gemeinschaftsrechtsaktes der gemeineuropäischen Wertung zum Durchbruch zu verhelfen. Man könnte daran denken, dies auf die Grundfreiheiten als Nachfragerfreiheiten oder die Freizügigkeit der Unionsbürger nach Art 18 EGV zu stützen.

Art. 30 Arbeitsverträge und Arbeitsverhältnisse von Einzelpersonen

(1) Bei Arbeitsverträgen und Arbeitsverhältnissen darf die Rechtswahl der Parteien nicht dazu führen, dass dem Arbeitnehmer der Schutz entzogen wird, der ihm durch die zwingenden Bestimmungen des Rechts gewährt wird, das nach Absatz 2 mangels einer Rechtswahl anzuwenden wäre.

(2) Mangels einer Rechtswahl unterliegen Arbeitsverträge und Arbeitsverhältnisse dem Recht des Staates,
1. in dem der Arbeitnehmer in Erfüllung des Vertrages gewöhnlich seine Arbeit verrichtet, selbst wenn er vorübergehend in einen anderen Staat entsandt ist, oder
2. in dem sich die Niederlassung befindet, die den Arbeitnehmer eingestellt hat, sofern dieser seine Arbeit gewöhnlich nicht in ein und demselben Staat verrichtet,

es sei denn, dass sich aus der Gesamtheit der Umstände ergibt, dass der Arbeitsvertrag oder das Arbeitsverhältnis engere Verbindungen zu einem anderen Staat aufweist; in diesem Fall ist das Recht dieses anderen Staates anzuwenden.

1 **A. Einordnung und Zweck der Regelung. I. Einordnung.** Art 30 ist die Umsetzung von Art 6 des Europäischen Schuldvertragsübereinkommens vom 19. 6. 80 (BTDrs 10/503, S 6). Das individuelle Arbeitskollisionsrecht der am Übereinkommen beteiligten Staaten (Belgien, Dänemark, Frankreich, Italien, Irland, Luxemburg, Niederlande, Vereinigtes Königreich, Griechenland, Spanien, Portugal, Finnland, Österreich, Schweden) stimmt überein. Es regelt die Frage, welches nationale Recht Anwendung findet, wenn ein Sachverhalt mit Auslandsberührung vorliegt. Die Bedeutung der Regelungen steigt mit zunehmender Entsendung von Arbeitnehmern. Zu beachten ist Art 35 I, wonach eine Rück- oder Weiterverweisung ausgeschlossen ist.

2 **II. Zweck der Regelung.** Die Vorschrift verfolgt einen doppelten Zweck. Über **I beschränkt** sie den gem Art 27 EGBGB geltenden **Grundsatz der freien Rechtswahl**. Prinzipiell können die Arbeitsvertragsparteien selbst entscheiden, welche Rechtsordnung Anwendung findet. Gem I ist aber ein Günstigkeitsvergleich mit der Rechtsordnung durchzuführen, die nach II bei objektiver Anknüpfung anzuwenden wäre. Die Vorschrift soll insofern davor schützen, dass dem Arbeitnehmer durch eine Rechtswahl der Schutz entzogen wird, der ihm ansonsten durch die zwingenden Normen gewährt würde (BAG AP Nr 6 zu Art 27 EGBGB nF).

Liegt keine oder keine wirksame Rechtswahl vor, richtet sich das anzuwendende Recht nach den in II genannten Kriterien (**objektive Rechtswahl**).

3 **B. Reichweite des Vertragsstatuts. I. Individualarbeitsrecht.** Abgesehen von vorgehenden zwingenden Bestimmungen regelt das einschlägige Arbeitsvertragsstatut grds **alle mit dem Arbeitsverhältnis zusammenhängenden Fragen**. Beispiele sind: Vergütungsanspruch (Staud/*Magnus*, Art 30, Rn 221), Urlaubsanspruch (MünchArbR/*Birk* § 20, Rn 151; schon früher BAG AP Nr 9 IPR), Urlaubsvergütung (BAGE 80, 84), Erstattung von Umzugskosten (BAG NZA 96, 30), Arbeitnehmererfindungen (MüKoBGB/*Martiny* Art 30 EGBGB, Rn 97), Gewährung von Aktienoptionen (*Lingemann/Diller/Mengel* NZA 00, 1191, 1199), Fürsorgepflichten des Arbeitgebers (*Schliemann* BB 01, 1302), Arbeitnehmerhaftung (MünchArbR/*Birk* § 20, Rn 144), betriebliche Altersversorgung (BAGE 110, 182, 184 f), grds die Kündigung von Arbeitsverträgen (BAGE 63, 17), Fortbestehen eines Arbeitsverhältnisses bei Betriebsübergang (BAGE 71, 297), Ruhen des Arbeitsverhältnisses (*Birk* RdA 84, 134) und nachvertragliche Wettbewerbsverbote (Hess LAG 14. 8. 00, 10 Sa 982/99).

4 **II. Kollektivarbeitsrecht.** Art 30 gilt im kollektiven Arbeitsrecht nicht. Eine Rechtswahl ist folglich für **Tarifverträge** zulässig (BAGE 68, 261; aA MünchArbR/*Birk* § 21 Rn 28). Ist keine Rechtswahl erfolgt, gilt gem Art 28 I 1 das Recht, zu dem die engste Verbindung besteht. Dies ist nach dem räumlichen Schwerpunkt der Tätigkeit zu bestimmen (*Thüsing* NZA 03, 1303, 1311). Davon zu trennen ist die Frage, ob ein Arbeitsverhältnis überhaupt einem Tarifvertrag unterfällt; dies hängt wiederum von dem einschlägigen Arbeitsvertragsstatut ab (BAGE 29, 138, 147; *Mankowski* RIW 04, 481, 491). Mit Umsetzung der EG-Entsenderichtlinie 96/71/EG vom 16. 12. 96 findet gem § 7 I Arbeitnehmer-Entsendegesetz (AEntG) auf bestimmten Gebieten (zB Höchstarbeitszeiten, Arbeitsschutz) deutsches Recht Anwendung. Im **Betriebsverfassungsrecht** gilt das Terri-

torialitätsprinzip, nach dem unabhängig von der Staatsangehörigkeit der Arbeitsvertragsparteien sowie unabhängig von der für einzelne Arbeitsverhältnisse maßgeblichen Rechtsordnung für alle (auch ausländische) Betriebe mit Sitz in Deutschland das deutsche BetrVG gilt (st Rspr des BAG, BAGE 30, 266, 268; 94, 144, 150; vgl auch zum BPersVG BAGE 84, 371, 373). Das Territorialitätsprinzip hilft nicht bei der Beantwortung der Frage, inwieweit das BetrVG auf Mitarbeiter deutscher Betriebe Anwendung findet, die im Ausland tätig sind. Das BetrVG findet aber Anwendung, soweit sich die Auslandstätigkeit als „Ausstrahlung" des Inlandsbetriebes darstellt. Eine solche Ausstrahlungswirkung richtet sich in erster Linie nach der Dauer der Auslandstätigkeit (BAG AP Nr 27 Internationales Privatrecht), setzt aber auch eine besondere Beziehung zum Inlandsbetrieb voraus, wozu es einer persönlichen, tatigkeitsbezogenen und rechtlichen Bindung zum Inlandsbetrieb bedarf (BAG AP Nr 17 IPR).

C. Einschränkung der Rechtswahl (I). I. Arbeitsverträge und Arbeitsverhältnisse. Arbeitsverträge iSd Art 30 sind Vereinbarungen zwischen Arbeitgeber und Arbeitnehmer über eine abhängige, weisungsgebundene und entgeltliche Tätigkeit, **Arbeitsverhältnisse** idS sind zum einen nichtige, in Vollzug gesetzte Arbeitsverträge, zum anderen faktische Arbeitsverhältnisse ohne Vertragsgrundlage (Palandt/*Heldrich* Art 30 EGBGB Rn 2). Erfasst ist – in analoger Anwendung des Art 30 – auch der Anstellungsvertrag eines GmbH-Fremdgeschäftsführers (Ddorf RiW 04, 230). Trotz der missverständlichen Überschrift gilt Art 30 auch für Gruppenarbeitsverträge (Staud/*Magnus* Art 30 EGBGB Rn 34). 5

II. Zwingende Vorschriften deutschen Rechts. Eine Norm ist zwingend iSd Art 30 I EGBGB, wenn sie dem Schutz des Arbeitnehmers dient. Es geht also um **Bestimmungen des Arbeitnehmerschutzes** (*Schaub* § 6, Rn 17). Eine solche Norm kann auch öffentlich-rechtlich sein oder dem Richterrecht entspringen (ArbR-Komm/*Strick* Art 27, 30, 34 EGBGB Rn 29). Von Bedeutung sind insbesondere die §§ 1 ff. KSchG, die Kündigungsfristen, § 613a BGB, das EFZG, der Gleichbehandlungsgrundsatz, der Jugendarbeitsschutz, der Mutterschutz sowie Regelungen betreffend die Arbeitszeit; vgl dazu auch die Mindeststandards gem § 7 I AEntG. Auch Tarifverträge können zwingend sein (BAG AP TVG § 1 Tarifverträge: Bau Nr 261). 6

III. Günstigkeitsprinzip. Die **Rechtswahl** kann ausdrücklich oder stillschweigend erfolgen (MüKoBGB/ *Martiny* Art 30 EGBGB Rn 27). Auch nachträglich kann sie getroffen werden (BAG NJW-RR 88, 482, 483). Ebenso ist eine teilweise Rechtswahl möglich, wenn Teile der Vereinbarung abgetrennt werden können (BAG NZA 87, 21, 22); zulässig erachtet etwa für Kündigungsschutz (BAG NZA 98, 813, 814) sowie für die Altersversorgung (BAGE 110, 182, 185). Auch bedarf die Rechtswahl keiner besonderen Form (Staud/*Magnus* Art 30 Rn 65), sie kann selbst formularmäßig erfolgen (MüKoBGB/*Martiny* Art 30 EGBGB Rn 30). Das Prinzip der freien Rechtswahl erlaubt sogar, „neutrales" Recht zu vereinbaren (Staud/*Magnus* Art 30 Rn 52). Die Rechtswahl kann auch durch Bezugnahme auf Tarifverträge (BAG SAE 02, 253, 255) oder auf Rechtsnormen (BAG NZA 03, 339, 340) vorgenommen werden. Sie muss sich aber einem Günstigkeitsvergleich mit der Rechtsordnung stellen, die gem II bei objektiver Anknüpfung anzuwenden wäre. Es darf durch die Rechtswahl zu keinem für den Arbeitnehmer ungünstigeren Ergebnis kommen. Ist das Ergebnis der Vereinbarung günstiger als das ansonsten nach II geltende Recht, gilt die Vereinbarung (*Hickl* Beilage zu NZA 1/87, 10, 13). Unklar und bisher ohne richterliche Entscheidung ist der **Maßstab** des Günstigkeitsvergleichs. Im Schrifttum hat sich jedoch eine herrschende Meinung herauskristallisiert, nach welcher der Günstigkeitsvergleich weder zwischen den Gesamtrechtsordnungen (Globalvergleich) noch zwischen nur Einzelvorschriften („Rosinentheorie") vorzunehmen ist. Vielmehr sind als Maßstab Gruppen sachlich zusammenhängender Vorschriften, also Regelungskomplexe (**Gruppenvergleich**), zu wählen (vgl etwa MüKoBGB/*Martiny* Art 30 EGBGB Rn 40; ErfK/*Schlachter* Art 27, 30, 34 EGBGB Rn 14; *Thüsing* BB 03, 898). 7

D. Objektive Rechtswahl (II). Es ist den Parteien zu empfehlen, keine Rechtswahl zu treffen. Denn soweit sich das gewählte Recht im Günstigkeitsvergleich als weniger günstig herausstellt, kommen die dem Arbeitnehmer günstigeren zwingenden Vorschriften der nach II geltenden Rechtsordnung zur Anwendung. Daraus kann ein im Einzelfall schwer zu durchschauendes Geflecht verschiedener Arbeitnehmerschutzvorschriften resultieren (vgl auch Palandt/*Heldrich* Art 30 EGBGB Rn 5). Haben die Parteien keine Rechtswahl getroffen oder ist die von ihnen getroffene Rechtswahl unwirksam, kommt es auf die objektive Anknüpfung gem II an. 8

I. Gewöhnlicher Arbeitsort (Nr 1). Arbeitsverträge und -verhältnisse unterliegen dem Recht des Staates, in welchem der Arbeitnehmer in Erfüllung seines Vertrages gewöhnlich seine Arbeit verrichtet, selbst wenn er vorübergehend in einen anderen Staat entsandt ist (sog. „Ausstrahlung", Soergel/*von Hoffmann* Art 30 EGBGB Rn 38). Ohne (wirksame) Rechtswahl wäre zB gem Art 30 II Nr 1 Hs 2 EGBGB bei vorübergehender Entsendung deutsches Recht anwendbar, hat aber nur vorübergehend der Entsendung wohl gem Art 30 II Nr 1 Hs 1 EGBGB das Recht des Gastlandes (*Bauer/Lingemann/Diller/Haußmann* Kap 11). Der **gewöhnliche Arbeitsort** ist der tatsächliche Mittelpunkt der Berufstätigkeit, der sich nicht durch häufige Auslandsreisen ändert, wenn der Arbeitnehmer immer wieder zum Mittelpunkt seiner Tätigkeit zurückkehrt (EuGH NZA 97, 225, 226). Er muss in einem Staat liegen; das Staatsgebiet ist auch gewöhnlicher Arbeitsort bei Tätigkeiten an verschiedenen Orten innerhalb des Staates (BAG SAE 02, 253, 255). Problematisch ist dies bei hoheitsfreien Räumen, also zB in Flugzeugen oder Schiffen. Dann bedarf es einer Ersatzanknüpfung, nämlich 9 einer Zurechnung zu einem Hoheitsbereich (BAGE 71, 297). Im Hinblick auf die **vorübergehende Entsendung** ergibt sich keine zeitliche Höchstgrenze aus der Vorschrift; es kommt auf die Umstände des Einzelfalls an (in der Literatur werden verschiedene Höchstgrenzen befürwortet, vgl Überblick bei MüKoBGB/*Martiny* Art 30 EGBGB Rn 57). Der gelegentliche Einsatz von Flugpersonal für Anschlussflüge im Ausland ist vorübergehend (BAGE 71, 297, 312). Es bedarf einer vorherigen inländischen Beschäftigung sowie einer beabsichtigten Weiterbeschäftigung, der Arbeitnehmer darf nicht ausschließlich für die Auslandstätigkeit eingestellt werden (Soergel/*v Hoffmann* Art 30 EGBGB Rn 39). Ist die Versetzung nicht nur vorübergehender Art, ändert sich das Vertragsstatut; dies gilt selbst dann, wenn es wiederum zu einem nur vorübergehenden Einsatz des Arbeitnehmers im Heimatbetrieb kommt (Soergel/*v Hoffmann* Art 30 EGBGB Rn 41). Über den Wortlaut der Vorschrift hinaus wird auch die Entsendung in staatsfreies Gebiet (zB Bohrinsel) erfasst (MünchArbR/*Birk* § 20, Rn 35).

10 **II. Sitz der Niederlassung (Nr 2).** Ist die Nr 1 nicht einschlägig, ist gem Nr 2 die Niederlassung entscheidend, welche den Arbeitnehmer eingestellt hat. Eine solche **Niederlassung** ist eine auf Dauer bestimmte sachliche Einrichtung des Unternehmens, die nach außen im Wirtschaftsverkehr tätig ist und dafür über mit Vertretungsmacht ausgestattete Personen verfügt, es bedarf außerdem einer Weisungsunterworfenheit gegenüber dem Stammhaus, eine Zweigniederlassung kann insofern genügen (Soergel/*v Hoffmann* Art 30 EGBGB Rn 43). Unter **Einstellung** wird zT nicht der Ort des tatsächlichen Vertragsschlusses, sondern der Ort der organisatorischen Eingliederung in den Betrieb verstanden (Soergel/*v Hoffmann* Art 30 EGBGB Rn 44; MüKoBGB/*Martiny* Art 30 EGBGB Rn 65; für den Ort des Vertragsschlusses dagegen MünchArbR/*Birk* § 20 Rn 49). Das BAG hat diese Frage bislang offen gelassen (BAG NZA 02, 734). Die Regelung gilt auch für Flugpersonal (BAG SAE 02, 253) und Personal von Hochseeschiffen (str, dafür Erman/*Hohloch* Art 30 Rn 19; offengelassen BAGE 63, 17, 25 f; jedenfalls gegen eine Anwendung von Nr 1 bei Zweitregisterschiffen BVerfGE 92, 26, 39; zustimmend *Lagoni* JZ 95, 499, 502; jedenfalls im Anwendungsbereich des Flaggenrechtsgesetzes (FlaggenrechtsG) schließt § 21 IV FlaggenrechtsG die Anknüpfung an Nr 1 aus).

11 **III. Ausnahme: Engere Verbindung (Hs 2).** Die Regelanknüpfungen der Nr 1 und 2 scheiden aus, wenn die **Ausnahmeklausel** einschlägig ist, das Arbeitsverhältnis also nach der Gesamtheit der Umstände engere Verbindungen zu einem anderen Staat aufweist. Es bedarf dazu einer Mehrzahl von Einzelumständen, die zusammengenommen das Gewicht einer ansonsten anzuwendenden Regelanknüpfung deutlich übersteigen (BAGE 71, 297, 310). Als solche **Umstände** kommen etwa in Betracht der Erfüllungsort, die Staatsangehörigkeit der Parteien, der Sitz des Arbeitgebers, die Vertragssprache, die Währung für das Arbeitsentgelt, der Ort des Vertragsschlusses, der Arbeitsort, der Wohnsitz der Parteien und die Registrierung von Schiff oder Flugzeug (BAGE 63, 16, 28 mwN; *Reiserer* NZA 94, 673, 675). Demnach gilt deutsches Individualarbeitsrecht für Mitarbeiter deutscher Auslandsvertretungen (BAGE 84, 370, 374). Andersherum gilt für US-amerikanisches Flugpersonal das Recht der Vereinigten Staaten (BAGE 71, 297, 304; dagegen nicht ausländisches Recht bei ausländischer Lohnpfändung, vgl BAG NZA 97, 334, 335). Die Ausnahmeklausel gilt im gesamten Bereich von II (vgl etwa Staud/*Magnus* Art 30 Rn 128). Anders als die Formulierung der Ausnahmeklausel vermuten lässt, handelt es sich nicht um eine Beweisvorschrift, sondern das Gericht hat die Ermittlung des anwendbaren Rechts **von Amts wegen** vorzunehmen (Soergel/*v Hoffmann* Art 30 EGBGB Rn 46).

Art. 31 Einigung und materielle Wirksamkeit

(1) Das Zustandekommen und die Wirksamkeit des Vertrages oder einer seiner Bestimmungen beurteilen sich nach dem Recht, das anzuwenden wäre, wenn der Vertrag oder die Bestimmung wirksam wäre.
(2) Ergibt sich jedoch aus den Umständen, dass es nicht gerechtfertigt wäre, die Wirkung des Verhaltens einer Partei nach dem in Absatz 1 bezeichneten Recht zu bestimmen, so kann sich diese Partei für die Behauptung, sie habe dem Vertrag nicht zugestimmt, auf das Recht des Staates ihres gewöhnlichen Aufenthaltsorts berufen.

1 **A. Einführung.** Art 31, der auf Art 8 des EVÜ beruht (vgl Vor Art 27 Rn 13), regelt das Zustandekommen, die Wirksamkeit und die Wirkungen des Schuldvertrages oder einer seiner Bestimmungen. Art 31 I, in Zusammenschau mit Art 32, enthält ein seit der Reform des deutschen internationalen Schuldvertragsrechts bestehendes **Bekenntnis zum Einheitsstatut** (MüKo/*Spellenberg* Art 31 Rn 1; s Art 32 Rn 4), gleich ob das Vertragsstatut durch ausdrückliche Rechtswahl oder durch objektive Anknüpfung bestimmt ist. Möglichst das gesamte Vertragsverhältnis soll einer einzigen Rechtsordnung unterstehen. Dies gilt gem Art 27 IV auch für die Rechtswahlvereinbarung (vgl Art 27 Rn 29). Art 31 II enthält als Korrektiv eine (kollisionsrechtliche) Ausnahme vom Vertragsstatut, wenn aus Billigkeitsgründen die Geltung des Vertragsstatuts wegen der Wertung des Verhaltens einer Partei nicht gerechtfertigt wäre (dazu schon BGHZ 57, 72, 77; insgesamt *Linke* ZVglRWiss 79 (1980) 1).

B. Grundsatz des einheitlichen Vertragsstatuts (I). I. Anwendungsbereich. Das nach Art 27 ff zu bestimmende **einheitliche Vertragsstatut** regelt gem Art 31 I auch das **Zustandekommen** und die materielle **Wirksamkeit** des Vertrages, soweit nicht (i) gemeinschaftsrechtliche Regelungen (s Vor Art 27 Rn 2 f) oder (ii) staatsvertraglich geregelte Vereinheitlichung im Vertragsrecht greifen: insbesondere Art 14 bis 24 des CISG, dazu Staud/*Hausmann* Art 31 Rn 7 f; sie gelten auch für (a) die Einbeziehung von AGB in internationale Kaufverträge, aA Kobl IPRax 94, 46 ohne weitere Begründung (zu EK-AbschlussG) und (b) das Schweigen auf ein kaufmännisches Bestätigungsschreiben; andererseits jedoch nach Art 4 a des CISG nicht für Fragen der materiellen Gültigkeit des Vertrages oder einzelner Vertragsbestimmungen (einschließlich Inhaltskontrolle von AGB); oder soweit nicht (iii) gem Art 34 zwingende Vorschriften des deutschen Rechts greifen. Eine Weiterverweisung im Rahmen von Art 31 ist nach Art 35 I ausgeschlossen (Staud/*Hausmann* Art 31 Rn 9). Das Vertragsstatut findet grundsätzlich auf die Einbeziehung von AGB Anwendung (BGHZ 123, 380; implizit: Hbg RIW 86, 462; für Rechtswahlklausel in AGB: München IPRax 91, 46, 48), abgesehen von den Ausnahmen in Art 29, 29 a, 30 I und dem bereits erwähnten CISG (dazu MüKo/*Spellenberg* Art 31 Rn 10 ff); s auch Art 29 Rn 22. 2

II. Einzelfragen. Das **Zustandekommen** betrifft den äußeren Vertragsabschlusstatbestand, nämlich das zum Vertragsschluss führende Handeln der Parteien (Arg „Verhalten" in II; AnwK/*Leible* Art 31 Rn 10), während die **Wirksamkeit** den inneren Vertragsabschlusstatbestand meint, also alle Fragen des gültigen Vertragsschlusses, die nicht dem Zustandekommen oder der Formgültigkeit zuzurechnen sind (so Staud/*Hausmann* Art 31 Rn 13). 3

1. Zum **Zustandekommen des Vertrages** gehören alle Fragen von Angebot und Annahme: Zugang des Angebotes; Auslegung des Angebotes (zur Auslegung als Angebot oder Vertrag: Frankf NJW-RR 89, 1018); Annahme des Angebotes (Köln NJW-RR 97, 182, 183); auch verspätete Annahme oder Annahme unter Abänderungen, widerspruchslose Entgegennahme eines Bestätigungsschreibens (BGHZ 135, 124, 137; zu Besonderheiten des internationalen Vertragsschlusses per Internet *Mankowski* RabelsZ 63 (1999) 203); auch die Frage der Consideration als Gegenleistung als Teil des Zustandekommens des Vertrages (so AnwK/*Leible* Art 31 Rn 12; MüKo/*Spellenberg* Vor Art 11 Rn 51; Staud/*Hausmann* Art 31 Rn 17; aA Staud/*Firsching* Art 11 Rn 85 (12. Aufl 84); Soergel/*Kegel* Art 11 Rn 29; AnwK/*Leible* Art 31 Rn 13). **Schweigen** (Schleswig IPRspr 89, Nr 48, S 103) und auch Wertung des Schweigens, ist Teil des Zustandekommens des Vertrages (BGHZ 135, 124, 137). Die Einbeziehung von AGB wird dem Zustandekommen des Vertrages zugeordnet (BGHZ 135, 124, 137), während die Inhaltskontrolle zur Wirksamkeit des Vertrages gehört (dazu Erman/*Hohloch* Art 31 Rn 6). Über das „ob" und „wie" der Einbeziehung von AGB entscheidet das Vertragsstatut (vgl BGHZ 123, 380). Die Inhaltskontrolle erfolgt ebenfalls nach dem Vertragsstatut (Staud/*Hausmann* Art 31 Rn 81 mwN). Fragen der Einbeziehung fremdsprachlicher AGB und des Verständnisses von AGB gehören zum Zustandekommen (dazu MüKo/*Spellenberg* Art 31 Rn 13 ff). 4

2. Zur materiellen **Wirksamkeit des Vertrages** gehören die Willensmängel, insbesondere Irrtum, arglistige Täuschung und Drohung, Mentalreservation, mangelnde Ernstlichkeit, Scheingeschäfte, ebenso wie offener oder versteckter Dissens, Widerrufsrechte nach Verbraucherschutzgesetzen (BGHZ 135, 124, 138; aA Aachen NJW-RR 91, 885, 886; LG Gießen NJW 95, 406; dazu Soergel/*vHoffmann* Art 31 Rn 18 ff). Die Rechtsfolgen solcher Willensmängel regelt ebenfalls das Vertragsstatut. Nach Art 32 I Nr 5 sind auch Schadensersatzfragen nach dem Vertragsstatut zu bemessen (Art 32 Rn 35). I gilt auch vorbehaltlich zwingender Normen iSd Art 27 III und IV hinsichtlich der Wirksamkeit des sonstigen Vertragsinhalts, bei Verstoß gegen ein gesetzliches Verbot, bei Nichtigkeit wegen Sittenwidrigkeit, wie Vorschriften des zwingenden Schuldrechts. Hinsichtlich der Nichtigkeitsfolgen gilt wiederum nach Art 32 I Nr 5 das Vertragsstatut, ebenso für die Frage, ob Teilnichtigkeit zu Gesamtnichtigkeit führt (dazu insgesamt Art 32 Rn 50 sowie für die Umdeutung eines nichtigen in ein gültiges Geschäft, Erman/*Hohloch* Art 31 Rn 7). I gilt schließlich auch für die Aufhebung und Änderung eines Vertrages als actus contrarius, nicht jedoch wenn ein neuer Vertrag den bisherigen ersetzt, und dieser möglicherweise eine abweichende Rechtswahl enthält (dazu Staud/*Hausmann* Art 31 Rn 29). Wichtig ist, dass das gewählte Recht auch bei Nichtigkeit des Vertrages anwendbar bleibt, und zwar unabhängig davon, ob die Rechtswahl separat oder Klausel des dann nichtigen Vertrages ist (dazu BGH JZ 63, 167). 5

Sonderanknüpfungen gibt es für die Form (Art 11 I bis IV bzw Art 29 II; dazu BTDrs 10/503/*Giuliano* S 60), für die Geschäftsfähigkeit, die sich nach Art 7 bemisst sowie für die wirksame Stellvertretung bei Vertragsschluss, die wie Auswirkungen mangelnder Vertretungsmacht selbstständig angeknüpft werden (Staud/*Hausmann* Art 31 Rn 38). 6

C. Sonderanknüpfung nach II. II schützt den Beklagten: Das Verhalten einer Person – insbesondere Schweigen (BTDrs 10/503/*Giuliano* S 28) – kann in verschiedenen Rechtsordnungen unterschiedliche Wirkungen haben. Dem trägt II durch die eine Einrede begründende Sonderanknüpfung an das Recht des gewöhnlichen Aufenthalts des jeweils Beklagten Rechnung (vgl Ddorf RIW 97, 780; dazu MüKo/*Spellenberg* Art 31 Rn 80). Art 31 II betrifft nur das **Zustandekommen** des Vertrages, nicht seine **Wirksamkeit**, umfasst also nur einen eingeschränkten Teilbereich des I. 7

8 **I. Anwendungsvoraussetzungen.** Zunächst muss (I) das Recht des gewöhnlichen Aufenthalts ein anderes Recht als das nach Art 27 bis 30 bestimmte Vertragsstatut sein, nach dem (II) der streitige Vertrag wirksam abgeschlossen wurde, und es darf zudem (III) nicht gerechtfertigt sein, eine durch ein fremdes Vertragsstatut bereits gebundene Partei am Vertragsschluss festzuhalten (vgl Köln NJW-RR 97, 182, 183), wenn das Recht am gewöhnlichen Aufenthalt dieser Partei das Zustandekommen des Vertrages verneint. Allerdings ist die Anwendbarkeit des II begrenzt auf den rechtsgeschäftlichen Erklärungswert des Verhaltens einer Partei beim Zustandekommen des Vertrages (so Staud/*Hausmann* Art 31 Rn 41) und kann nicht einen nach dem Vertragsstatut mangelnden Vertragsschluss ersetzen (dazu BTDrs 10/503/*Giuliano* S 60). Besondere Bedeutung hat die Abwägung, ob das Festhalten am Vertragsstatut unzumutbar ist. Bei dieser Abwägung kann auf Wertungen des internationalen Einheitsrechts zurückgegriffen werden (Art 9 CISG; Art 23 I 3 b und c EuGVO; vgl Staud/*Hausmann* Art 31 Rn 56 mwN); zur Frage der subjektiven Merkmale, auch Irrtum und Fahrlässigkeit und Bewertung der Umstände des Einzelfalles insgesamt MüKo/*Spellenberg* Art 31 Rn 101 ff.

9 Nach Hbg SchiedsVZ 03, 284, 287 ist Voraussetzung für die Anwendung eine **Interessenabwägung**, die es geboten sein lässt, der Partei ausnahmsweise das vertraute Recht zukommen zu lassen. Dabei sind Umstände der Vertragsanbahnung, eventuell bestehende Geschäftsbeziehungen, Kaufmannseigenschaft, Kennen und Kennenmüssen von Handelsbräuchen zu berücksichtigen (ähnlich *Mayer/Heuzé* Rn 715: die Anwendung des nach Art 8 I EVÜ bestimmten Statuts wäre unter Berücksichtigung der Umstände nicht „vernünftig"). Solche Fälle werden meist bejaht bei internationalen Distanzgeschäften, deren Vertragsstatut die sich auf Art 31 II berufende Partei weder kannte noch kennen musste (Beispiel *Mayer/Heuzé* Rn 715, 736: Deutscher Verkäufer schickt kaufmännisches Bestätigungsschreiben mit Rechtswahlklausel für deutsches Recht an schweigenden französischen Kaufmann, mit dem bisher keine laufende, nach deutschem Recht geführte Geschäftsbeziehung besteht); zum Vertragsschluss im Inland: BGH WM 70, 1050, 1051 f; zum Vertragsschluss im Drittstaat: LG Koblenz NJW-RR 95, 1335; aA LG Düsseldorf RIW 95, 415; zu Einzelheiten des Vertragsstatuts München NJW 73, 1560.

10 Weiter muss sich (IV) die ihre Zustimmung bestreitende Partei aufgrund des Einredecharakters des II dagegen wenden, dass der Vertrag für sie gilt; ein ausdrückliches Berufen auf das Aufenthaltsrecht ist hingegen nicht erforderlich (Ddorf RIW 97, 780).

11 **II. Einzelfälle.** Ein Großteil der Rechtsprechungspraxis bezieht sich auf die Bewertung des Schweigens als Erklärungstatbestand (vgl BGHZ 57, 72, 77; Staud/*Hausmann* Art 31 Rn 42 ff mwN); insbesondere das Schweigen einer Partei bei Bezugnahmen auf AGB der anderen Partei und dessen Wertung als Zustimmung (BGHZ 135, 124, 137; Karlsr RIW 94, 1046). II gilt auch für sonstiges „aktives" Verhalten einer Partei, wie die Bewertung von Realakten (zB konkludente Annahmeerklärung: Köln NJW-RR 97, 182, 183). Betont werden muss, dass II sich nur auf einen begrenzten Ausschnitt aus dem Regelungsbereich des I, nämlich die Frage des Zustandekommens der Einigung, bezieht. II erfasst hingegen nicht die Wirksamkeit der Einigung (BGHZ 135, 124, 137) und damit nicht das Bestehen eines Widerrufs-, Rücktritts- oder Kündigungsrechts (Staud/*Hausmann* Art 31 Rn 14), und auch nicht Fragen von Willensmängeln, da diese die Wirksamkeit, nicht die Zustimmung zum Vertragsschluss selbst betreffen (vgl Erman/*Hohloch* Art 31 Rn 15; aA wohl Palandt/*Heldrich* Art 31 Rn 5).

Art. 32 Geltungsbereich des auf den Vertrag anzuwendenden Rechts

(1) Das nach den Artikeln 27 bis 30 und nach Artikel 33 Abs. 1 und 2 auf einen Vertrag anzuwendende Recht ist insbesondere maßgebend für

1. seine Auslegung,
2. die Erfüllung der durch ihn begründeten Verpflichtungen,
3. die Folgen der vollständigen oder teilweisen Nichterfüllung dieser Verpflichtungen einschließlich der Schadensbemessung, soweit sie nach Rechtsvorschriften erfolgt, innerhalb der durch das deutsche Verfahrensrecht gezogenen Grenzen,
4. die verschiedenen Arten des Erlöschens der Verpflichtungen sowie die Verjährung und die Rechtsverluste, die sich aus dem Ablauf einer Frist ergeben,
5. die Folgen der Nichtigkeit des Vertrages.

(2) In Bezug auf die Art und Weise der Erfüllung und die vom Gläubiger im Fall mangelhafter Erfüllung zu treffenden Maßnahmen ist das Recht des Staates, in dem die Erfüllung erfolgt, zu berücksichtigen.

(3) ¹Das für den Vertrag maßgebende Recht ist insoweit anzuwenden, als es für vertragliche Schuldverhältnisse gesetzliche Vermutungen aufstellt oder die Beweislast verteilt. ²Zum Beweis eines Rechtsgeschäfts sind alle Beweismittel des deutschen Verfahrensrechts und, sofern dieses nicht entgegensteht, eines nach Artikel 11 und 29 Abs. 3 maßgeblichen Rechte, nach denen das Rechtsgeschäft formgültig ist, zulässig.

Geltungsbereich des auf den Vertrag anzuwendenden Rechts   Art 32

A. Übersicht: Funktion und Anwendungsbereich. Art 32 (der auf Art 10 und 14 EVÜ beruht, vgl Vor 1
Art 27 Rn 13) bestimmt den **Anwendungsbereich des Vertragsstatuts** (Soergel/*vHoffmann* Art 32 Rn 1), (i)
wenn dieses durch die im Einzelfall anwendbaren Sachnormverweisungen in Art 27 ff, 33 I, II (iVm Art 35:
keine Rück- oder Weiterverweisung) bestimmt wurde (**Anwendungsbereich von Art 32**), und (ii) soweit
Art 32 nicht etwa durch Art 37 oder anderweitig, zB durch vorrangig kraft eigenen Geltungswillens anwendbares Sachrecht oder gemeinschaftsrechtliches IPR (s Vor Art 27 Rn 2–5) ausgeschlossen wird. Führen die
Art 27 ff zur Anwendung des CISG (Art 1 I b CISG), übernimmt dieses selbst die Bestimmung seines Anwendungsbereiches: Art 32 ist insoweit ausgeschlossen, arg Art 3 II 1; 21 EVÜ (Staud/*Magnus* Art 32 Rn 9;
MüKo/*Spellenberg* Art 32 Rn 151); das durch Art 27 ff bestimmte Vertragsstatut gilt jedoch ergänzend: Siehe
Rn 35 (Zinsen), 36 (Hinterlegung), 37 (Aufrechnung).
Art 32 II, III bestimmt Abgrenzungen gegenüber dem Recht am **Erfüllungsort** und dem **Verfahrensrecht**. Bei 2
der Anwendung von Art 32 ist das Gebot der **einheitlichen Auslegung** des EVÜ aus Art 36 zu beachten (s
Art 36 Rn 3 ff).
Art 32 gilt danach nicht für die Bestimmung der Anwendungsgrenzen von: (i) **gemeinschaftsrechtlichen ver-** 3
tragsrechtlichen Regelungen (s Vor Art 27 Rn 2 f), dessen Reichweite mit gemeinschaftsrechtlichen Auslegungsmethoden zu ermitteln ist (vgl Art 36 Rn 9); (ii) sachrechtlichen Regelungen im EWR-Vertrag oder in
bilateralen Abkommen, zB der Schweiz, mit der EU; (iii) **staatsvertraglich vereinheitlichtem Vertragsrecht**
(vgl zB Art 1 CISG; Art 1 I CMR; *Brödermann*/*Rosengarten* Rn 259 ff; *v Bar*/*Mankowski* IPR I Rn 69) und
dessen Reichweite mit völkerrechtlichen Auslegungsmethoden (s Art 31 des Wiener Vertragsrechtsübereinkommens v 1969; *Brödermann*/*Rosengarten* Rn 15) zu ermitteln ist; (iv) **zwingenden Rechtsvorschriften**
(MüKo/*Spellenberg* Art 32 Rn 5; anders Palandt/*Heldrich* Art 32 Rn 1: „nicht generell ausgenommen"), die
im Wege der Sonderanknüpfung über Art 27 III, 29 I, 29a I, 30 I oder über Art 34 (BGHZ 154, 110, 114 f)
zur Anwendung kommen; (v) **nach anderen Normen als Art 27–30, 33 I, II berufenem Recht**: zB der
Geschäftsfähigkeit (Art 7; BGH NJW-RR 95, 755, 756; Staud/*Magnus* Art 32 Rn 11), Form (Art 11), so auch
Palandt/*Heldrich* Art 32 Rn 1 unter 1b); für den Vertragsabschluss s Rn 9 u Art 31 Rn 6; (vi) von vertragsrechtlichen Normen außerhalb des Anwendungsbereichs des Internationalen Schuldvertragsrechts iSv **Art 37**
(zB Vollmacht, Gesellschaftsrecht).

B. Anwendungsbereich des Vertragsstatuts (I und II). Ausgangspunkt von Art 32 ist das **einheitliche Ver-** 4
tragsstatut (Vor Art 27 Rn 11). Ausnahmen können sich aus einer gewillkürten (Art 27 I 2; s Art 27 Rn 20-
22) oder einer objektiven (Art 28 I 2; s Art 28 Rn 8) **Vertragsspaltung** ergeben: Es herrscht dann das jeweilige
Teilstatut nach Maßgabe von Art 32 (Staud/*Magnus* Art 32 Rn 15 f). Häufiger führt eine Sonderanknüpfung
zwingender Vorschriften (s.o. Rn 3; Vor Art 27 Rn 4) zu Abweichungen vom Einheitsstatut. Vorfragen, zB
zur Form, Geschäftsfähigkeit oder Stellvertretung, sind gesondert anzuknüpfen (s Vor Art 27 Rn 12).
Für den Anwendungsbereich von Art 32 (s.o. Rn 1 f) enthält Art 32 I (der Art 10 I EVÜ entspricht) fünf bei- 5
spielhafte („insbesondere") Konkretisierungen, deren Anwendungsbereich nicht immer scharf zu trennen ist.
Soweit die Parteien keine **vorrangigen anderen Festlegungen (Vertragsfreiheit)** getroffen haben – zB Ausschluss des CISG nach Art 6 CISG; Versteinerungsklausel zur Festschreibung der bei Vertragsabschluss geltenden Fassung des Vertragsstatuts (s zB Reithmann/Martiny/*Martiny* Rn 77; Ba/Ro/*Spickhoff* Art 27 Rn 9) –,
berufen Art 27 ff das **Vertragsrecht in seiner jeweiligen Gestalt** (so treffend Palandt/*Heldrich* Art 32 Rn 1,
1 c): Das Vertragsstatut entscheidet über intertemporale Fragen (s zB Einl Rn 22 zur Änderung des deutschen
Schuldrechts).

I. Auslegung (I Nr 1). Das Vertragsstatut ist maßgebend für die Auslegung (BGH NJW-RR 90, 248, 249 I 3; 6
München NJWE-WettbR 96, 180, 181; Staud/*Magnus* Art 32 Rn 24). Das umfasst (i) die **Auslegungsmethode**: bei dt Statut zB die Frage, ob und inwieweit europäische Vorgaben und Auslegungsmethoden zu
beachten sind (Einl Rn 35 f; Art 36 Rn 9); und (ii) die **Auslegungsregeln**: bei deutschem Statut §§ 133, 157
(s BGH aaO: ggf gilt ausländisches Auslegungsrecht). Insbesondere in **internationalen Schiedsverfahren** sind
ergänzend uU internationale Prinzipien des Handelsrechts zur Vertragsauslegung heranzuziehen (*Brödermann* RIW 04, 721, 727 ff).
Danach ist zB **nach dem Vertragsstatut** zu entscheiden: (i) ob und inwieweit **Rechtsvorstellungen aus einer** 7
fremden, im Vertrag verwendeten Sprache zu berücksichtigen sind (s BGH NJW 87, 591: Auslegung einer
englischen Vertragsklausel nach Wortsinn und Bedeutung; BGH NJW-RR 92, 423, 425: Auslegung einer
Indemnity-Klausel nach englischem Rechtsverständnis bei deutschem Vertragsstatut; Hburg VersR 96, 229,
230; *Triebel*/*Balthasar* NJW 04, 2189, 2193; zur Ermittlung des Wortsinns fremdsprachlicher Vertragsbestimmungen: Soergel/*vHoffmann*, Art 32 Rn 12; MüKo/*Spellenberg* Vor Art 11 Rn 110: generell – auch bei
AGB – kommt es auf den dem anderen Teil **erkennbaren Parteiwillen** (im Gegensatz zum objektiven Sinn für
Dritte) an; Sonderfall: Bei für den internationalen Rechtsverkehr mit einheitlichem Inhalt geschaffenen Klauselwerken wie den **Incoterms** ist ihre internationale Ausrichtung zu berücksichtigen (MüKo/*Spellenberg* Vor
Art 11 Rn 80, 87; Staud/*Magnus* Art 32 Rn 31).
(ii) Wer das **Sprachrisiko** trägt: Wer die deutsche Sprache wählt, übernimmt das Vertragsrisiko (BGHZ 87, 8
112, 113 f); (iii) wie ein irrtümlich in der Annahme der Geltung eines anderen Rechts ausgehandelter Vertrag

auszulegen ist: **Handeln unter falschem Recht** (MüKo/*Spellenberg* Vor Art 11 Rn 83 f, 85 ff); (iv) ob und inwieweit Verkehrssitten zu berücksichtigen sind: (a) **Erklärungssitten** (zB „freibleibend", „fob", BGHZ 60, 5, 8; MüKo/*Spellenberg* Art 32 Rn 11) und (b) **echte Verkehrssitten** (aaO Rn 12 f).

9 Wegen der Verweisung in Art 31 entscheidet praktisch stets auch das (hypothetische) Vertragsstatut, ob **Dissens oder Konsens** vorliegt (Art 31 Rn 5); BGHZ 154, 110, 114: Art 32 umfasse auch den „Abschluss" des Vertrages; MüKo/*Spellenberg* Art 32 Rn 7: Unterscheidung zum Vertragsstatut nicht sinnvoll.

10 Diese Grundsätze gelten auch für (i) den **Rechtswahlvertrag** (Vor Art 27 Rn 11; BGH NJW-RR 90, 248, 249): Dabei setzt eine konkludente Rechtswahl konkrete Anhaltspunkte voraus, die die Feststellung eines beiderseitigen Gestaltungswillens voraussetzen (BGH NJW-RR 00, 1002, 1004; MüKo/*Spellenberg* Art 32 Rn 8). Siehe auch Art 35 Rn 6 zur unklaren Rechtswahl („amerikanisches" Recht); (ii) **Gerichtsstand- und Schiedsvereinbarungen** (Vor Art 27 Rn 7): zB die Frage, ob eine ausschließliche Zuständigkeit wirklich gewollt ist (München IPRax 89, 42, 44; MüKo/*Spellenberg* Art 32 Rn 14).

11 **II. Erfüllung (I Nr 2 und II).** 1. Ausgangspunkt: Geltung des einheitlichen Vertragsstatut (Synopse). Das Vertragsstatut bestimmt über die durch den Vertrag begründeten Verpflichtungen: Hauptpflichten, Nebenpflichten, Obliegenheiten. Es regelt, wer, was, wann, wie viel und wo leisten muss (vgl MüKo/*Spellenberg* Art 32 Rn 138; Staud/*Magnus* Art 32 Rn 33: Gesamtheit der vertraglichen Pflichten; Soergel/*vHoffmann* Art 32 Rn 14: Rechte und Pflichten aus dem Schuldverhältnis. Dies schließt insbesondere **folgende Themenkomplexe** ein (Synopse in Rn 12-23 nach MüKo/*Spellenberg* Art 32: „MüKo/*Spe*"; Staud/*Magnus*: „Staud/*Mag*"; Soergel/*v Hoffmann*: „Soergel/*vHoff*" sowie BTDrs 10/503/*Giuliano* S 64 ff: „BTDrs/*Giu*"; alte Rspr aus der Zeit vor 1986 – vgl Vor Art 27 Rn 13 – wird zitiert, soweit sie auf die heutige Rechtslage übertragen werden kann):

12 (i) Einordnung des **Vertragstyps**, zB Kauf oder Kommission (MüKo/*Spellenberg* Art 32 Rn 18; BGH WM 69, 1140; s auch WM 77, 793, 794), ggf damit einhergehende Abgrenzung zwischen **Kaufmann und Verbraucher** (MüKo/*Spellenberg* Art 32 Rn 20 mwN) sowie daraus abgeleitete – s §§ 346, 359 HGB – Geltung von **Handelsbräuchen** (s auch Rn 8); bei Eintragung in ein ausländisches Handelsregister entscheidet das Vertragsstatut, ob eine Eintragung im Ausland funktional äquivalent ist (**Substitution**, s Art 3 Rn 58);

13 (ii) **Einbeziehung Dritter** (*Mankowski*, IPRax 96, 428 f; MüKo/*Spellenberg* Art 32 Rn 24; vgl auch § 311 III), Geltendmachung von Rechten Dritter (MüKo/*Spellenberg* Art 32 Rn 24: implizit Frankf WM 72, 1474, 1475) und Möglichkeiten der Drittschadensliquidation (MüKo/*Spellenberg* Art 32 Rn 24: in Abgrenzung zur Abtretung und Schuldübernahme nach Art 33, s Art 33 Rn 2 ff) sowie Fragen der Erfüllung durch Dritte einschließlich der **Haftung für Erfüllungsgehilfen** (MüKo/*Spellenberg* Art 32 Rn 25: implizit BGHZ 50, 32, 35);

14 (iii) Anwendbarkeit und **Reichweite von nationalen** oder national unterschiedlich ausgestalteten **Rechtskonzepten**: zB (a) dem Abstraktionsprinzip in Deutschland oder dem Konsensprinzip in romanischen Staaten, das zB selbst mündliche Grundstückskaufverträge zulässt (arg Art 1582 frz C civ; Cass civ JCP 1992 II 21808); (b) dem (unterschiedlich ausgestalteten) Prinzip von **Treu und Glauben** in kontinentaleuropäischen Staaten (Staud/*Magnus* Art 32 Rn 40; MüKo/*Spellenberg* Art 32 Rn 16), das angelsächsischen Staaten fremd ist (s den Hinweis aaO Fn 49 auf die deutsche Flucht aus dem Delikt in den Vertrag, wo andere Staaten mit dem – dort weniger eng ausgestaltetem – Deliktsrecht arbeiten); (c) der Ausgestaltung der **Inhaltskontrolle von AGB** (s § 307 BGB), oder (d) dem **Wegfall der Geschäftsgrundlage** (MüKo/*Spellenberg* Art 32 Rn 33), der zB in Frankreich in dieser Form nicht existiert (Ferid/*Sonnenberger* 1 F 754ff);

15 (iv) Wirksamkeit von **deklaratorischen Schuldversprechen**, sofern nicht – arg Art 27 I 3 – ausdrücklich ein anderes Recht gewählt ist (Hamm RIW 99, 785, 786; Ddorf VersR 03, 1324, 1325; s auch LG Hburg NJW-RR 95, 183, 184; MüKo/*Spellenberg* Art 32 Rn 17: in Abgrenzung zum abstrakten Schuldversprechen);

16 (v) Zulässigkeit und Tilgungswirkung von **Teilleistungen** (BTDrs 10/503/*Giuliano* S 65; MüKo/*Spellenberg* Art 32 Rn 33; Staud/*Magnus* Art 32 Rn 39), insbesondere auf verzinste Forderungen; MüKo/*Spellenberg* Art 32 Rn 17, 21) sowie (vi) die **Verzinsung** (aaO);

17 (vii) die Frage, **ob** die Erfüllung die **Geschäftsfähigkeit** des Gläubigers voraussetzt (MüKo/*Spellenberg* Art 32 Rn 17, 34: in Abgrenzung zu dem ggf nach Art 7 zu bestimmenden Geschäftsstatut und dem Gutglaubensschutz nach Art 12, s Vor Art 27 Rn 12);

18 (viii) **Einzelheiten** der Vertragspflichten: **Wahlrecht** (BTDrs 10/503/*Giuliano* S 65; MüKo/*Spellenberg* Art 32 Rn 21); **Zahlung** und die den Wert der Leistung bestimmenden **geschuldete Währung** (zB MüKo/*Spellenberg* Art 32 Rn 33; Staud/*Magnus* Art 32 Rn 125; Soergel/*vHoffmann* Art 32 Rn 17; *Mayer/Heuzé* Rn 742): im Gegensatz zur Zahlungswährung, s.u. Rn 26; (ix) **Nebenpflichten**: Auskunft (MüKo/*Spellenberg* Art 32 Rn 22; BGH WM 64, 83, 84 über Bereicherungsanspruch), Rechnungslegung, Quittung (BTDrs/*Giuliano* S 65; Soergel/*vHoffmann* Art 32 Rn 24), Schutzpflichten, Einweisung, Gebrauchsanweisung, Mitwirkungspflichten (MüKo/*Spellenberg* Art 32 Rn 22 mwN); **ob** Rügepflichten bestehen (*v* Bar IPR II Rn 540; MüKo/*Spellenberg* Art 32 Rn 143, 145); (x) **Haftungsbeschränkungsvereinbarungen** (Staud/*Magnus* Art 32 Rn 55; MüKo/*Spellenberg* Art 32 Rn 23) und **Vertragsstrafeversprechen** (Staud/*Magnus* Art 32 Rn 53; MüKo/*Spellenberg* Art 32 Rn 23);

19 (xi) **Abänderung** von Vertragspflichten (MüKo/*Spellenberg* Art 32 Rn 134), **Novation** (MüKo/*Spellenberg* Art 32 Rn 135) und **Vergleich** (MüKo/*Spellenberg* Art 32 Rn 136), soweit jeweils nichts anderes vereinbart wird, arg Art 27 II 1, 3 (MüKo/*Spellenberg* Art 32 Rn 134 ff; BGH NJW-RR 00, 1002, 1004; München NJW-

RR 89, 663, 664: für Vergleich) oder – bei fehlender Rechtswahl, arg Art 28 I 2, V – keine engere Verbindung zu einem anderen Staat besteht (MüKo/*Spellenberg* Art 32 Rn 136).
(xii) **Gefahrtragung**: Sach- und Preisgefahr (Staud/*Magnus* Art 32 Rn 36; MüKo/*Spellenberg* Art 32 Rn 29) 20 inkl Transportgefahr (Soergel/*vHoffmann* Art 32 Rn 33; MüKo/*Spellenberg* Art 32 Rn 29);
(xiii) **vorbehaltlich** der ergänzenden Geltung des Erfüllungsortsrechts nach II (s Rn 24 f) sowie der ggf (zB 21 nach dem BGB) von der vertraglichen Erfüllungswirkung zu trennenden Verfügungsgeschäften, die gesondert anzuknüpfen sind (MüKo/*Spellenberg* Art 32 Rn 35), gilt das Vertragsstatut für: (a) **Erfüllungsort** (BGH NJW 81, 1905, 1905; EuGH Urt v 17. 1. 80 – 56/79 Slg 80, 89 – Zelges/Salinitri; MüKo/*Spellenberg* Art 32 Rn 27) und die Einordnung als Hol-, Schick- oder Bringschuld (MüKo/*Spellenberg* Art 32 Rn 30); dabei ist zwischen Erfüllungsorten für unterschiedliche Pflichten zu unterscheiden, MüKo/*Spellenberg* Art 32 Rn 30 f: Es gilt zB für **Geldschulden**: teils **Gläubigerwohnsitz** (so England, Italien, Niederlande), teils **Schuldnerwohnsitz** (Belgien, Deutschland: § 269, 270 IV BGB, Frankreich, Luxemburg). Im Anwendungsbereich des **CISG** ist auch im deutschen Recht nach Art 57 I a CISG grundsätzlich der Gläubigerwohnsitz maßgeblich (eine Ausnahme gilt bei Zahlung gegen Ware oder Dokumente: dann ist nach Art 57 I b CISG der Ort der Übergabe maßgeblich). Bei Bestimmung eines Gerichtsstands im Anwendungsbereich der **EuGVO** gilt ein abweichender (prozessrechtlich autonomer) einheitlicher Erfüllungsortbegriff für Dienstleistungen sowie Kaufverträge über bewegliche Sachen in Art 5 Ziff 1 b EuGVO (*Brödermann/Rosengarten* Rn 470);
(b) **Erfüllungszeit**: Fälligkeit; **Stundung** (Staud/*Magnus* Art 32 Rn 35; MüKo/*Spellenberg* Art 32 Rn 27; 22 Bambg RIW 89, 221, 225; *Mayer/Heuzé* Rn 745); Rechtsfolge, wenn der Endzeitpunkt einer Frist auf einen **Feiertag** fällt (MüKo/*Spellenberg* Art 32 Rn 28); Anzeige der Leistungsbehinderung durch den Schuldner (MüKo/*Spellenberg* Art 32 Rn 27); (c) Fragen der **Annahmeberechtigung** (MüKo/*Spellenberg* Art 32 Rn 34) und -**fähigkeit** (s.o. Rn 17).
(d) **Obliegenheiten des Gläubigers** zur Meidung von Rechtsverlusten: Mahnung, Nachfristsetzung, Rügeob- 23 liegenheiten, Art und Weise der Geltendmachung von Schadensersatzansprüchen (Androhung, Klage), Zeitpunkt der Ausübung von Wahlrechten (MüKo/*Spellenberg* Art 32 Rn 26).

2. Ausnahme nach Abs 2: Berücksichtigung fremden Rechts für Erfüllungsmodalitäten. Art 32 II (der 24 Art 10 II EVÜ entspricht) sieht für einen Kernbereich des Vertrages – die Art und Weise der Erfüllung: das „wie" der Leistung (MüKo/*Spellenberg* Art 32 Rn 138) – und für das Verhalten des Gläubigers bei mangelhafter Erfüllung eine **Ergänzung des Vertragsstatuts** (Palandt/*Heldrich* Art 32 Rn 4) um das Recht des Staates vor, in dem die Erfüllung tatsächlich (*vBar* IPR II Rn 540; MüKo/*Spellenberg* Art 32 Rn 137; Staud/*Magnus* Art 32 Rn 79, 82) erfolgt. Dies meidet Konflikte zwischen dem Vertragsstatut und dem Recht des Erfüllungsortes (BTDrs 10/503/*Giuliano* S 65) und entspricht meist dem Willen der Parteien zu vertraglich nicht geregelten (Detail-)Fragen der Erfüllung (*Mayer/Heuzé* Rn 744). Die Ergänzung des Vertragsstatuts nach Art 32 II entfällt, wenn zwingendes örtliches Recht bereits nach Art 34 anzuwenden ist (s Art 34).
Aus dem Recht des Erfüllungsortes sind somit insbesondere Regelungen zu berücksichtigen: (i) die **Auf-** 25 **bewahrung** nicht abgenommener Lieferungen (AmtlBegr BTDrs 10/504 S 82); (ii) **Be- und Entladen** (*Mayer/ Heuzé* Rn 744); (iii) **Feiertage** (AmtlBegr BTDrs 10/504 S 82; MüKo/*Spellenberg* Art 32 Rn 28, 140; *Mayer/ Heuzé* Rn 744); (iv) **Genehmigungen** (Staud/Magnus Art 32 Rn 87; MüKo/*Spellenberg* Art 32 Rn 140); (v) **Geschäftszeiten** (MüKo/*Spellenberg* Art 32 Rn 28; Staud/*Magnus* Art 32 Rn 84): s aber Rn 22; (vi) Regelungen zum Ausmaß kaufmännischer **Untersuchungs- und Rügepflichten** (AmtlBegr BTDrs 10/504 S 82; *vBar* IPR II Rn 540; *Mayer/Heuzé* Rn 744): Ob zu rügen ist, bestimmt hingegen das Vertragsstatut: s.o. Rn 18; (viii) Modalitäten der **Versteigerung**, wenn diese nach dem Vertragsstatut geboten oder zulässig ist (MüKo/ *Spellenberg* Art 32 Rn 141);
(vii) die **Zahlungswährung** (s die Ersetzungsbefugnis nach § 244 BGB; MüKo/*Spellenberg* Art 32 Rn 140; Staud/ 26 *Magnus* Art 32 Rn 124 f: im Gegensatz zur Schuldwährung, die den Wert der Zahlung bestimmt; ebenso *Mayer/ Heuzé* Rn 742, 746 aE für Frankreich: monnaie de règlement im Gegensatz zum monnaie de compte). Für örtliche Vorschriften, die zwingend die Zahlung in einer Währung gebieten, gilt hingegen Art 34 (s.o. Rn 26; Art 34 Rn 6); (viii) **Zollformalitäten** (MüKo/*Spellenberg* Art 32 Rn 140; Staud/*Magnus* Art 32 Rn 87).
Das Gesetz spricht von „berücksichtigen", was in der Praxis meist einer Sonderanknüpfung der genannten 27 Detailregelungen gleichkommt (str, s *vBar* IPR II Rn 540: Sonderanknüpfung; MüKo/*Spellenberg* Art 32 Rn 3: keine eigene Anknüpfung, aber diese nicht schlechthin ausgeschlossen). Unter Umständen ist eine **Anpassung** (Angleichung, s Vor Art 27 Rn 10) zwischen Vertragsstatut und Erfüllungsortsstatut erforderlich, MüKo/*Spellenberg* Art 32 Rn 147.
Ist eine im Vertrag vorgesehene Handlung am Erfüllungsort nicht möglich, kann sie durch eine **funktional** 28 **äquivalente Handlung** nach dem Ortsrecht ersetzt werden (Substitution; MüKo/*Spellenberg* Art 32 Rn 139 f). Das kann eine Vielzahl von Modalitäten betreffen, zB Dokumente, Transportmittel (MüKo/*Spellenberg* Art 32 Rn 140), personelle Ressourcen (zB nach dem Vertrag heranzuziehender Hafenkommissar: MüKo/*Spellenberg* Art 32 Rn 144).
Soweit Erfüllungsmodalitäten nicht im Vertrag geregelt sind, wird man den Parteien die Beachtung der Orts- 29 form gestatten müssen, solange keine der Parteien dadurch einen Schaden erleidet (Müko/*Spellenberg* Art 32 Rn 149).

30 **III. Nichterfüllung, Leistungsstörungen, Nebenpflichtverletzungen, Schadensbemessung (I Nr 3).** Das Vertragsstatut bestimmt die **Folgen** einer Vertragsverletzung (BGHZ 153, 244, 248), ist aber – arg „insbesondere" in Art 32 I 3 und Art 10 I c EVÜ – auch auf die **Voraussetzungen** anzuwenden (soweit man das Vertragsstatut nicht bereits insoweit nach Art 32 I Nr 2 bzw Art 10 I b EVÜ heranzieht): zB den Verschuldensmaßstab, Anforderungen an Kausalität, Haftung für Erfüllungsgehilfen (s.o. Rn 13), Mitverschulden des Gläubigers und seiner Gehilfen (MüKo/*Spellenberg* Art 32 Rn 36, 43). Für die **Beweisführung** gilt teils die lex fori, teils das nach Art 32 III berufene Recht: s.u. Rn 57 ff. Die in Art 32 verwendeten Begriffe sind nach Art 36 **einheitlich auszulegen** (s.o. Rn 2).

31 **Nichterfüllung** umfasst jede Abweichung der erbrachten von der geschuldeten Leistung (MüKo/*Spellenberg* Art 32 Rn 37): dauernde Unmöglichkeit (implizit BGHZ 83, 197, 201 f); Schlechterfüllung/Sachmängel (implizit BGH NJW 96, 3001, 3002; auch versteckte Mängel: *Mayer/Heuzé* Rn 747), Verzug (Frankf RIW 94, 778, 780; Köln RIW 93, 414, 415 f: zB ob Mahnung erforderlich).

32 Bei der Verletzung von **Nebenpflichten**, zB Mitwirkungspflichten des Gläubigers – s Rn 23 – ist zu unterscheiden: Das Vertragsstatut regiert enttäuschte **Leistungserwartungen** (BGHZ 123, 201, 207: falsche Auskunft; Ddorf RIW 84, 234, 235: fehlerhaftes Transportgut; s auch Hamm RIW 03, 305, 306), das Internationale Deliktsrecht (Art 40) verletztes **Integritätsinteresse** (s Art 38 oder 40 Rn 2; MüKo/*Spellenberg* Art 32 Rn 38).

33 Die **Folgen** vollständiger oder teilweiser Nichterfüllung, über die das Vertragsstatut entscheidet, sind vielfältig. Sie umfassen zB: (i) das Recht, **Einreden** zu erheben (MüKo/*Spellenberg* Art 32 Rn 55) und **Zurückbehaltungsrechte** geltend zu machen (MüKo/*Spellenberg* Art 32 Rn 56 f; Reithmann/Martiny/*Martiny* Rn 280), wobei zivilprozessual die Zuständigkeit des deutschen Gerichts Voraussetzung für deren Berücksichtigung in einem deutschen Prozess ist (BGH NJW 79, 2477, 2478; zweifelhaft für den Anwendungsbereich der EuGVO, vgl Rn 42 zum Parallelfall der Aufrechnung); (ii) Zulässigkeit einer Vertragsanpassung wegen **Wegfalls der Geschäftsgrundlage** (§ 313; BGH WM 69, 1140, 1141; MüKo/*Spellenberg* Art 32 Rn 39; Reithmann/Martiny/ *Martiny* Rn 267), soweit das Vertragsstatut dieses Rechtsinstitut kennt (s.o. Rn 14); (iii) ggf **Leistungsbefreiung** wegen höherer Gewalt (aaO);

34 (iv) **Rücktritt**; (v) ggf zuvor zu erfüllende Gläubigerpflichten (zB **Nachfristsetzung**, MüKo/*Spellenberg* Art 32 Rn 41); (vi) **gerichtliche Vertragsauflösung** (zB bei französischem Vertragsstatut nach Art 1184 C civ auch durch den deutschen Richter, MüKo/*Spellenberg* Art 32 Rn 42);

35 (vii) **Schadensersatz** (BGH NJW 76, 1581, 1581; JR 77, 19, 19 f; s ferner Rn 57 ff zur Beweisführung und Pauschalierung); (viii) **Zinsen** (BGH WM 64, 879, 881; Hamm FamRZ 91, 1319, 1322; Rostock IPRax 00, 230, 231; zT str, s mwN MüKo/*Spellenberg* Art 32 Rn 48 ff; Staud/*Magnus* Art 32 Rn 57) und **Inflationsausgleich** (MüKo/*Spellenberg* Art 32 Rn 52). Gilt das CISG (vgl Vor Art 27 Rn 2), bestimmt das nach Art 27 ff bestimmte Vertragsstatut die Zinshöhe (Staud/*Magnus* Art 78 CISG Rn 12 f).

36 **IV. Erlöschen des Schuldverhältnisses, Verjährung (I Nr 4). 1. Erfüllung und Erfüllungssurrogate, insbesondere Aufrechnung (Art 32 I Nr 4, Alt 1).** Das in Art 32 I Nr 4 genannte Erlöschen unterliegt zT bereits nach Nr 2 dem Vertragsstatut (zB Tilgung, Rn 16; Rücktritt, Rn 34). Nr 4 stellt klar, dass – vorbehaltlich der Sonderanknüpfung zwingender Bestimmungen (s Vor Art 27 Rn 10), zB im Arbeits- oder Mietrecht – alle Formen des Erlöschens der Schuld vom Vertragsstatut beherrscht werden. So zB: (i) **Kündigung** (BGH NJW 97, 1150, 1151; München IPRax 83, 120, 123; *Dicey/Morris* Rn 32-198); (ii) **Erlass** (Bambg RIW 89, 221, 225; Karlsr IPRax 91, 259, 260); (iii) **Verzicht** und **Vertragsaufhebung** (MüKo/*Spellenberg* Art 32 Rn 83); s auch Rn 19: zB zum **Vergleich**; (iv) **Hinterlegung** (Stettin JW 26, 385, 385; MüKo/*Spellenberg* Art 32 Rn 82);

37 (v) **Aufrechnung** (BGHZ 38, 254, 256; NJW 94, 1413, 1416; einschränkend *Jud* IPRax 05, 104, 105: Art 32 I Nr 4 allenfalls anwendbar, wenn die Forderung und die Gegenforderung demselben Recht unterliegen; implizit ebenso *Mayer/Heuzé* Rn 749): Das nach Art 27 ff bestimmte Vertragsstatut gilt nach Art 32 I Nr 4 auch dann für die Aufrechnung, wenn sonst das CISG anwendbar ist, welches die Aufrechnung nicht regelt (Staud/ *Magnus* Art 4 CISG Rn 46; MüKo/*Spellenberg* Art 32 Rn 81).

38 Das Vertragsstatut gilt danach für **Aufrechnungsverbote** (MüKo/*Spellenberg* Art 32 Rn 67; Staud/*Magnus* Art 32 Rn 61) und **Aufrechnungsvoraussetzungen**, die zT sehr unterschiedlich sind, s zB *Jud* IPRax 05, 104 f: In Österreich, Griechenland und den Niederlanden gelten zT mit kleinen Unterschieden §§ 387 ff BGB entsprechende Regelungen für eine ex tunc wirkende Aufrechnungserklärung. In **England** gibt es die ex nunc wirkende Prozessaufrechnung. In **Frankreich** und **Italien** kommt es kraft Gesetzes zur Aufrechnung (MüKo/ *Spellenberg* Art 32 Rn 72: unter der Bedingung der Einwendung im Prozess).

39 Streitig ist, ob Gleichartigkeit iSv § 387 bei verschiedenen Währungen gegeben ist: Übersicht MüKo/*Spellenberg* Art 32 Rn 68; *Vorpeil* RIW 93, 529, 529 ff. Zu Recht für **Gleichartigkeit** jedenfalls bei Ersatzbefugnis nach § 244 BGB: implizit BGH IPRax 94, 366 (zu dem Kurs bei Zugang der Aufrechnungserklärung); Hburg VersR 79, 833, 834; Reithmann/Martiny/*Martiny* Rn 313; und wohl auch zu recht Gleichartigkeit bei freier Konvertibilität: Kobl RIW 92, 59, 61; gegen Gleichartigkeit: KG NJW 88, 2181, 2181.

40 Es gilt das **Statut der Hauptforderung** (Passivforderung), die durch die Aufrechnung mit der Gegenforderung (Aufrechnungsforderung) **erfüllt** werden soll (BGHZ 38, 254, 256; NJW 94, 1413, 1416; BSG – 5 RJ/12/

94 – Urt v 12.4.95 Rn 15; München RIW 98, 559, 560; AnwK/*Leible* Art 32 Rn 30; Reithmann/Martiny/*Martiny* Rn 310; so auch Art 16 Rom I VO-V (vgl Vor Art 27 Rn 15). Das Statut der Gegenforderung beurteilt nur, ob diese besteht und ggf andere Aufrechnungsvoraussetzungen wie zB die liquide Beweisbarkeit erfüllt sind (MüKo/*Spellenberg* Art 32 Rn 70). Anders der aus französischer Sicht (einer Rechtsordnung, in der Aufrechnung ipso iure erfolgt, s.o. Rn 38) konsequenter Ansatz der **Kumulationstheorie**: Kumulative Anwendung beider Rechtsordnungen; *Mayer/Heuzé* Rn 749 (so auch EuGH Urt v 10.7.03 – C-87/01 Slg 03, I – 7654 für ein letztlich rangkollisionsrechtliches Problem der Aufrechnung einer gemeinschaftsrechtlich begründeten Forderung gegenüber einer belgischem Recht unterliegenden Hauptforderung; krit dazu MüKo/*Spellenberg* Art 32 Rn 66). Rechtsvergleichend und vermittelnd die abgeschwächte Kumulationstheorie: Wertung aus Sicht dessen, der aufrechnen will: *Jud* IPRax 05, 104, 108. Durch Vereinbarung einer echten Fremdwährungsschuld (vgl § 244 I) kann die Aufrechnungsmöglichkeit ggf ausgeschlossen werden.

41 Das Vertragsstatut entscheidet auch über den **Vollzug der Aufrechnung** (s MüKo/*Spellenberg* Art 32 Rn 72 ff: **ex lege** wie in Frankreich oder Italien; **durch Erklärung** wie in Deutschland oder **durch Richterspruch** wie in England).

42 Das **Verfahrensrecht** entscheidet über die prozessuale **Zulässigkeit** der Aufrechnung (BGHZ 38, 254, 257 f); jedenfalls im Anwendungsbereich der EuGVO ist es entgegen älterer deutscher Rechtsprechung (BGHZ 60, 85, 88; NJW 93, 2753, 2755) **keine** Voraussetzung, dass ein deutsches Gericht für die Entscheidung über den Aufrechnungsanspruch international zuständig ist (MüKo/*Spellenberg* Art 32 Rn 78 mwN; offen gelassen: BGHZ 149, 120, 127). Durch **pactum de non petendo** – uU auch durch eine ausschließliche Gerichtsstands- oder Schiedsvereinbarung über die Gegenforderung (Auslegungsfrage; s MüKo/*Spellenberg* Art 32 Rn 79 mwN) – kann die Zulässigkeit der Aufrechnung aber ausgeschlossen werden; dann ist ggf durch Vorbehaltsurteil (§ 302 ZPO) zu entscheiden (aaO Rn 76), wenn sich der Kläger nicht rügelos auf den Streit über die Aufrechnungsforderung einlässt (arg Art 24 EuGVO, BGH NJW 81, 2644; MüKo/*Spellenberg* Art 32 Rn 80).

43 Da alle diese Formen des Erlöschens zugleich auch der Erfüllung der durch den Vertrag begründeten Verpflichtungen dienen (Nr 2), gilt ergänzend das **Ortsrecht** nach **Art 32 II** (s.o. Rn 24) für die **Modalitäten** (zB der Hinterlegung bei einem deutschen Amtsgericht, MüKo/*Spellenberg* Art 32 Rn 82).

2. Folgen des Zeitablaufs: Verjährung und Verwirkung (Art 32 I Nr 4 Alt 2). Art 32 I Nr 4 Alt 2 stellt klar, 44 dass das Vertragsstatut die **Verjährung** (BGHZ 153, 244, 248; Brandbg BauR 01, 820, 821; Köln ZIP 92, 1482, 1484; Karlsr IHR 04, 246, 250) und **alle Folgen** von Zeitablauf erfasst: zB in England estoppel (MüKo/*Spellenberg* Art 32 Rn 85); in Deutschland die **Verwirkung** (Ddorf JahrbItalR 89, 125, 127; Frankf RIW 82, 914; MüKo/*Spellenberg* Art 32 Rn 125 f: mit Mahnung zur Vorsicht, wenn der Gläubiger erkennbar auf der Grundlage einer verwirkungsfeindlichen Rechtsordnung handelte).

45 Vorrangiges **einheitliches Sachrecht** (s.o. Rn 1 zum CISG) regelt die Verjährung uU nur teilweise (so Art 39 CISG iVm Art 3 des ZustG zum CISG für Gewährleistungsansprüche), so dass Art 32 I Nr 4 Alt 2 auch die Verjährung von **CISG-Kaufpreisansprüchen** erfasst (Zweibr IHR 02, 67, 69; MüKo/*Spellenberg* Art 32 Rn 86).

46 Art 32 I Nr 4 Alt 2 qualifiziert die Verjährung **materiellrechtlich**: Ist ausländisches Recht Vertragsstatut, sind dessen Verjährungsregeln auch anzuwenden, wenn sie im fremden Prozess- und nicht im fremden Schuldrecht zu finden sind (so in den US-Rechtsordnungen, RGZ 145, 121, 126 ff; BGH NJW 60, 1720, 1721; Hburg AWD 74, 561, 561 f MüKo/*Spellenberg* Art 32 Rn 90; Staud/*Magnus* Art 32 Rn 71; *Kegel/Schurig* S 141 f). Der daraus ggf einhergehende Renvoi (eines amerikanischen Rechts) auf deutsches Prozessrecht ist nach Art 35 unbeachtlich (s Art 35 Rn 3). Beim Prozess im Ausland (USA) gelten indes aus Sicht der meisten US-Bundesstaaten auch bei deutschem Vertragsstatut die jeweiligen amerikanischen, dort prozessual qualifizierten (**anderen**) Fristen (s *Hay* IPRax 89, 197 ff: unter Hinweis auf fallrechtliche und gesetzliche Einschränkungen).

47 Das Vertragsstatut entscheidet nach Art 32 über **alle Fragen** im Zusammenhang mit der Verjährung: sowie der **Hemmung der Verjährung** und des **Neubeginns** oder der (Un-)Zulässigkeit der Verlängerung (§ 202). Dies schließt ggf ua die Entscheidung ein, ob eine (aus Sicht des Vertragsstatuts) ausländische Handlung (Anerkenntnis durch Teilzahlung; Mahnbescheid, Klage, Insolvenzanmeldung, Prozessaufrechnung, Streitverkündung, Beweissicherung) anstelle einer inländischen Handlung (**Substitution**) die Verjährung unterbricht oder zu einem Neubeginn führt (s im Einzelnen zB MüKo/*Spellenberg* Art 32 Rn 98 ff, 110 ff, 118 ff). Bei ausländischem Statut ist aus (fiktiver) ausländischer Sicht zu denken (MüKo/*Spellenberg* Art 32 Rn 99; Staud/*Peters* § 204 BGB Rn 41). Bei deutschem Vertragsstatut ist insbesondere streitig, ob das erstrebte Urteil in Deutschland nach Art 34 EuGVO bzw § 328 ZPO anerkennungsfähig sein muss (so zB RGZ 129, 385, 389; Ddorf NJW 78, 1752; eingehend mwN MüKo/*Spellenberg* Art 32 Rn 101 ff). Die Regelung in § 204 I BGB, die auch die unzulässige Klage genügen lässt (s § 204 Rn 12, 20), streitet für eine **materiellrechtliche Qualifikation** der Prozesshandlung des Gläubigers, die nur den Willen zur Forderungsdurchsetzung erkennen lassen muss: Das Ergebnis des ausländischen Prozesses kann abgewartet werden, ggf ist binnen sechs Monaten (§ 204 II 1) neu zu klagen (MüKo/*Spellenberg* Art 32 Rn 107; Ddorf RIW 89, 743, 743; *Looschelders* IPRax 98, 296, 300). Diese Wertung dürfte ihre Grenze beim Rechtsmissbrauch des Klägers finden (zB Beweissicherungsverfahren im Ausland trotz ausschließlicher inländischer internationaler Zuständigkeit (so iE – ohne Hinweis auf Rechtsmissbrauch – LG Hburg IPRax 01, 45, 46: Umgehung einer ausschließlichen Zuständigkeitsvereinbarung; s auch *Spickhoff* IPRax 01, 37, 40: Ein nur zur Verjährungsunterbrechung eingeleitetes Verfahren ist unzureichend).

48 Im Hinblick auf die umfassende Wirkung des Vertragstatuts auf die Verjährung ist bei einem (vorbehaltlich entstandener Rechte Dritter rückwirkenden) **Statutenwechsel** ggf sicherzustellen, dass bereits verjährte Ansprüche verjährt bleiben (s MüKo/*Spellenberg* Art 32 Rn 88). Dabei ist auch die mögliche Wirkung auf akzessorisch angeknüpfte deliktische Ansprüche zu bedenken (aaO Rn 89). Ähnliche Sensibilität ist bei der Teilrechtswahl erforderlich (s Art 27 Rn 20).

49 In Extremfällen (zB keine Verjährungshemmung während der Kriegs- und Nachkriegszeit, LG Bremen IPRspr 52/53 Nr 28 S 94; Verstoß von Art 134 III Schweizer OR gegen bilaterales Anerkennungs- und Vollstreckungsabkommen) kann eine Korrektur ausländischen Verjährungsrechts nach Art 6 (**ordre public**) geboten sein (s mwN MüKo/*Spellenberg* Art 32 Rn 95 ff).

50 **V. Folgen der Nichtigkeit (I Nr 5).** Das Vertragsstatut regiert über die Folgen der Nichtigkeit des Vertrages, dh insbesondere über die **Rückgewähr von Leistungen** (Staud/*Magnus* Art 32 Rn 76) oder die **Leistungskondiktion** (BGH WM 95, 124, 129; Köln NJW-RR 94, 1026; Hamm NJW-RR 95, 133, 134; Frankf WM 96, 2107, 2109; LG Aachen RIW 99, 304, 304). Unerheblich ist der Grund der Nichtigkeit (MüKo/*Spellenberg* Art 32 Rn 128, 131). Ergibt sich die Nichtigkeit nicht aus dem Vertragsstatut (zB fehlende Geschäftsfähigkeit, Vor Art 27 Rn 12; Verstoß gegen eine zwingende Bestimmung iSv Art 34), so gilt dass die Nichtigkeit bestimmende Recht uU auch für die Folgen oder die Heilung (MüKo/*Spellenberg* Art 32 Rn 131 f): So gilt bei Formmangel das mildere Recht für die Heilung (aaO); im Einzelnen ist die Schnittstelle der Normen sorgfältig zu prüfen. Das Nichtigkeitsstatut kann dem Vertragsstatut die Regelung der Folgen überlassen (Staud/*Magnus* Art 32 Rn 78; Reithmann/Martiny/*Freitag* Rn 407; MüKo/*Spellenberg* Art 32 Rn 132).

51 Art 32 I Nr 5 gilt entsprechend für **Folgen unwirksamer und fehlerhafter Verträge** (arg Art 31; *Kegel/Schurig* § 17 V 1 S 611; MüKo/*Spellenberg* Art 32 Rn 129). Die Regelung hat Vorrang gegenüber Art 38 I (s Art 38 Rn 2; MüKo/*Spellenberg* Art 32 Rn 130).

52 Aus deutscher Sicht ist es wegen des (den Renvoi ausschließenden) Grundsatzes der Sachnormverweisung im Schuldrecht (s Art 35 Rn 3) unerheblich, wenn ausländische Vertragsstaaten des EVÜ (Vereinigtes Königreich, Italien; Soergel/*vHoffmann* Art 32 Rn 66) einen Vorbehalt gegen die Art 32 I Nr 5 entsprechende Regelung in Art 10 I e EVÜ eingelegt haben (MüKo/*Spellenberg* Art 32 Rn 129).

53 **VI. Culpa in contrahendo, Sachwalterhaftung: Keine Analogie zu Art 31 I, 32 I Nr 3, 5.** Die Ansprüche aus **vorvertraglichen Pflichtverletzungen** (culpa in contrahendo) werden zT uneingeschränkt an das Vertragsstatut angeknüpft (BGH NJW 87, 114: Täuschung beim Aktienkauf; RIW 04, 857, 859; Braunschw IPRax 02, 213, 215; Palandt/*Heldrich* Art 32 Rn 8; Staud/*Magnus* Art 32 Rn 120: unter Hinweis auf ggf konkurrierende – uU vertragsakzessorisch anzuknüpfende – deliktische Ansprüche). Dies entspricht der vertragsrechtlichen Qualifikation der cic im materiellen deutschen Recht (§ 311 II BGB) und wird mit einer Analogie zu Art 31 I, 32 I Nr 3, 5 begründet (MüKo/*Spellenberg* Art 32 Rn 61; s auch Staud/*Magnus* Art 32 Rn 120). Zum Teil wird – ähnlich wie bei der Anknüpfung von Ansprüchen aus verletzten Nebenpflichten (s.o. Rn 32) – nach Fallgruppen unterschieden: die Verletzung **transaktionsbezogener Pflichten** (Aufklärung, Beratung, sonstige eine Vertragsleistung betreffende Pflichten) sei vertragsrechtlich, die Verletzung von **Obhutspflichten** sei deliktisch anzuknüpfen (*Bernstein* RabelsZ 41 (1977) 281, 288; *Mankowski* IPRax 03, 127 ff, 134 f; Erman/*Hohloch* Art 32 Rn 21; AnwK/*Leible* Art 32 Rn 25; Staud/*vHoffmann* Art 38 Rn 105: Unterscheidung zwischen allgemeinen und vorvertraglichen Obhutspflichten).

54 Die nach Art 36 gebotene **einheitliche Auslegung** von Art 32 aus Art 10 EVÜ heraus (Art 36 Rn 3) **verbietet** hingegen **die Analogie** zu Art 31 I, 32 I Nr 3, 5: (i) Rechtsvergleichend wird die cic in den meisten europäischen Staaten deliktisch qualifiziert (*v Bar* Gemeineuropäisches Deliktsrecht I Rn 472, 475; *Mankowski* IPRax 03, 127, 132; Rom I VO-V S 5); (ii) der EuGH hat die cic deliktisch qualifiziert (Urt v 17. 9. 02 – C-334/00 Slg 02, I-7357 – Tacconi Rn 21 ff: Subsumtion unter Art 5 Nr 3 und nicht 1 EuGVÜ); (iii) Art 1 II i Rom I VO-V (vgl Vor Art 27 Rn 15) nimmt Verpflichtungen aus einem vorvertraglichen Rechtsverhältnis unter Hinweis auf diese Rechtsprechung (aaO S 5) de lege ferenda ausdrücklich aus dem Anwendungsbereich des Internationalen Vertragsrechts aus; (iv) eine den effet utile suchende Auslegung (s Art 36 Rn 3) gebietet schon heute die (internationalprivatrechtliche) **deliktische Qualifikation** der cic, damit vorvertragliche Verpflichtungen in der EU einheitlich angeknüpft werden. Kommt deutsches Deliktsstatut zur Anwendung, ist materiell – ohne Rücksicht auf die andere Qualifikation im BGB – § 311 II anzuwenden.

55 Ab Vertragsabschluss – wenn es nicht mehr an einer eingegangenen Verpflichtung fehlt (EuGH aaO – Tacconi s.o. Rn 27) – kann hingegen das Vertragsstatut auch für vorvertragliche Pflichtverletzungen gelten (vgl auch Staud/*vHoffmann* Art 38 Rn 105; AnwK/*Leible* Art 32 Rn 26 S 1): Hier kommt es auf die Art der Nebenpflichtverletzung an, s.o. Rn 32.

56 Für die streitige Anknüpfung der **Sachwalterhaftung** (s zB MüKo/*Spellenberg* Art 32 Rn 60 mwN) muss dies entsprechend gelten und **deliktisch** angeknüpft werden: Auch hier fehlt es an einer freiwillig eingegangenen vertraglichen Verpflichtung, auf die es zur Anwendung des europäischen Vertragsbegriffs ankommt (EuGH – Tacconi s.o. Rn 27). So iE auch Frankf IPRax 86, 373, 378; *v Bar* IPR II Rn 559; Erman/*Hohloch* Art 32 Rn 21; Ba/Ro/*Spickhoff* Art 32 Rn 25; aA – alle vor Rom I VO-V –: Vertragsstatut (LG Düsseldorf WM 00, 1191, 1194; *Mansel* FS Schlosser 05, 545, 557 ff: jedenfalls bei transaktionsbezogener Pflichtverletzung des

Vertragsabschlußhelfers; MüKo/*Spellenberg* Art 32 Rn 60; Palandt/*Heldrich* Art 32 Rn 8) oder differenzierend nach Art der Pflichtverletzung (*Thorn* IPRax 02, 349, 36; MüKo/*Spellenberg* Art 32 Rn 60, 62).

C. Beweisfragen (III). Art 32 III (der Art 14 EVÜ entspricht) regelt wichtige Teilaspekte der Abgrenzung zwischen dem Schuld- und dem Verfahrensrecht, die generell schwierige Qualifikationsfragen an der Nahtstelle zwischen internationalem Verfahrensrecht und IPR beinhaltet (s zB Art 3 Rn 3 ff; MüKo/*Sonnenberger* Einl IPR Rn 445 f, 512 ff, 518 ff). Für das **Verfahrensrecht gilt grundsätzlich die lex fori** (BTDrs 10/503/*Lagarde* S 68; BGH NJW 92, 438, 439; *Geimer* Rn 20, 319 ff; Staud/*Magnus* Art 32 Rn 99; Soergel/*vHoffmann* Art 32 Rn 78): Dies beinhaltet ua insbesondere die **Beweiswürdigung** (MüKo/*Spellenberg* Art 32 Rn 156) und die Anwendung von §§ 286, 287 ZPO (Hburg IPRax 91, 400, 403; Staud/*Magnus* Art 32 Rn 56; *Geimer* Rn 2276, 2337; MüKo/*Spellenberg* Art 32 Rn 45 f: s aber unten Rn 58). 57

Zu diesem Grundsatz statuiert Art 32 III **drei Ausnahmen**, die alle für den **Anwendungsbereich von Art 32** gelten (s.o. Rn 1) und damit zB auch – s.o. Rn 50 – für die **Leistungskondiktion** (Reithmann/Martiny/*Martiny* Rn 286; MüKo/*Spellenberg* Art 32 Rn 154 Fn 394), nicht aber – s.o. Rn 1 – für den Beweis von dem CISG unterliegenden Kaufverträgen, den Art 11 CISG selbst regelt (Beweis auf jede Weise, auch durch Zeugen, der zB in Frankreich nach Art 1341 C civ sonst unzulässig wäre). 58

Ausnahme 1: Nach S 1 Alt 1 gilt das Vertragsstatut für **gesetzliche Vermutungen:** (i) Tatsachenvermutungen (§ 292 ZPO), wegen seiner Verflechtung mit dem materiellen Recht wohl auch der (dogmatisch zur Beweiswürdigung gehörende) **Anscheinsbeweis** (str.; so Staud/*Magnus* Art 32 Rn 106 f; Soergel/*vHoffmann* Art 32 Rn 77; *Geimer* Rn 2290 f; MüKo/*Spellenberg* Art 32 Rn 156 und differenzierend Rn 46: nur für die Zulässigkeit eines Anscheinsbeweises, während für die Feststellung der Anscheinsgrundlage §§ 286, 287 ZPO gelten; aA (Geltung des Verfahrensrechts): AnwK/*Leible* Art 32 Rn 53; Erman/*Hohloch* Art 32 Rn 17; *v Bar* IPR II Rn 552); (ii) Rechtszustandsvermutungen (wie § 443 II BGB; MüKo/*Spellenberg* Art 32 Rn 157); nicht aber prozessuale Vermutungen, die auf prozessualem Verhalten (zB Nichtbestreiten, § 138 III ZPO) beruhen und zum Verfahrensrecht gehören (BTDrs 10/503/*Lagarde* S 68; MüKo/*Spellenberg* Art 32 Rn 158). 59

Ausnahme 2: Nach S 1 Alt 2 verteilt das Vertragsstatut die (objektive) **Beweislast:** das Risiko der Nichtnachweisbarkeit (und wann eine Beweislastumkehr anzunehmen ist: Staud/*Magnus* Art 32 Rn 102). Das Vertragsstatut gilt sogar, wenn es selbst eine Frage (zB Verjährung, s.o. Rn 46) prozessual qualifiziert (MüKo/*Spellenberg* Art 32 Rn 160); bei New Yorker Vertragsstatut gilt New Yorker Recht auch für die Beweislast der Beweisthemen, die die Verjährung betreffen. Das Vertragsstatut gilt auch für die (subjektive) Beweisführungslast, gegenüber der sich aber die lex fori durchsetzen können soll: so *Geimer* Rn 2343; *Coester-Waltjen* Rn 389 ff; MüKo/*Spellenberg* Art 32 Rn 161. Zur Beweislast gehört auch ihr Ausmaß: die Entscheidung darüber, ob (i) Schadensersatz nach billigem oder freiem **Ermessen** gewährt werden kann, oder (ii) **Pauschalierungen** die Beweislast abmildern (so MüKo/*Spellenberg* Art 32 Rn 47 in Abgrenzung zur Schadensermittlung nach §§ 286, 287 ZPO: s.o. Rn 57). Sind Schadenspauschalierungen deutlich zu hoch, greift der ordre public-Vorbehalt aus Art 6 (s Vor Art 27 Rn 10; Art 6 Rn 18). 60

Ausnahme 3: S 2 lässt neben den Beweismitteln des deutschen Verfahrensrechts zusätzlich **das Beweisrecht der Rechtsordnungen** zu, die nach Art 11, 29 III auf **Formfragen** anwendbar sind, sofern (i) **das Rechtsgeschäft nach dem Formstatut** gültig wäre (BTDrs 10/503/*Lagarde* S 69; Soergel/*v Hoffmann* Art 32 Rn 79; s deutsch-französische Beispiele bei MüKo/*Spellenberg* Art 32 Rn 165), und (ii) das Verfahrensrecht – bei deutschem Prozess also das deutsche Recht (s.o. Rn 57) – nicht entgegensteht. Das lehnt sich an die französische Rechtstradition an (s *Mayer/Heuzé* Rn 503), entspricht einem **Prinzip größtmöglicher Liberalität**, kann zur Kumulation von bis zu vier Rechtsordnungen führen (lex fori, Vertragsstatut, zwei Formstatuten) und führt in der Praxis selten über §§ 371 ff ZPO hinaus (MüKo/*Spellenberg* Art 32 Rn 164, 169). 61

Der **Vorbehalt der lex fori** mildert die Wirkung von Art 32 III 2 ab. Beispiel: Ein allgemein zulässiges Beweismittel (zB Zeuge) bleibt unzulässig, wenn die Verfahrensart (zB Urkundsprozess) es nicht zulässt (MüKo/*Spellenberg* Art 32 Rn 168; Soergel/*vHoffmann* Art 32 Rn 79). Ggf ist eine Anpassung vorzunehmen: Eine Partei kann im deutschen Prozess trotz angelsächsischen Vertragsstatuts nicht als Zeuge geladen werden; sie ist im Wege der Anpassung nach §§ 445 ff ZPO als Partei zu nehmen (MüKo/*Spellenberg* Art 32 Rn 167). Ebenso ist auf das Angebot der Eideszuschiebung nach Art 2275 frz C civ durch Parteivernehmung zu reagieren. Die nationale Registerbehörde soll ihrem Recht unbekannte Beweise zurückweisen dürfen (BTDrs 10/503/*Lagarde* S 69). 62

Art. 33 Übertragung der Forderung. Gesetzlicher Forderungsübergang

(1) Bei Abtretung einer Forderung ist für die Verpflichtungen zwischen dem bisherigen und dem neuen Gläubiger das Recht maßgebend, dem der Vertrag zwischen ihnen unterliegt.
(2) Das Recht, dem die übertragene Forderung unterliegt, bestimmt ihre Übertragbarkeit, das Verhältnis zwischen neuem Gläubiger und Schuldner, die Voraussetzungen, unter denen die Übertragung dem Schuldner entgegengehalten werden kann, und die befreiende Wirkung einer Leistung durch den Schuldner.
(3) ¹Hat ein Dritter die Verpflichtung, den Gläubiger einer Forderung zu befriedigen, so bestimmt das für die Verpflichtung des Dritten maßgebende Recht, ob er die Forderung des Gläubigers gegen den Schuldner

gemäß dem für deren Beziehungen maßgebenden Recht ganz oder zu einem Teil geltend zu machen berechtigt ist. ²Dies gilt auch, wenn mehrere Personen dieselbe Forderung zu erfüllen haben und der Gläubiger von einer dieser Personen befriedigt worden ist.

1 **A. Bedeutung.** Die Vorschrift bestimmt das anwendbare Recht im Falle der Zession. Sie beruht auf Art 12, 13 EVÜ. I u II betreffen die rechtsgeschäftliche Übertragung, III den Forderungsübergang kraft Gesetzes.

2 **B. Forderungsabtretung (I u II). I. Verpflichtungsstatut.** Nach I unterliegt die der Abtretung zugrunde liegende kausale Vertragsbeziehung mit allen Rechten u Pflichten dem auf diesen Vertrag anwendbaren Recht, das wiederum nach Art 27 ff zu ermitteln ist (BGH NJW-RR 05, 206, 208). Damit ist auch eine Rechtswahl möglich (vgl zB Nr 6 AGB-Banken). Im Falle der Sicherungszession fallen die Sicherungsabrede u die aus ihr folgenden Befugnisse unter I (*Koziol* DZWiR 93, 353, 356; MüKo/*Martiny* Art 33 Rn 28). Die dingliche Übertragung richtet sich hingegen allein nach II (BGHZ 111, 376, 379; 125, 196, 204 f; NJW 91, 1414; 99, 940; AnwK/*Doehner* Art 33 Rn 2; BaRoth/*Spickhoff* Art 33 Rn 2; MüKo/*Martiny* Art 33 Rn 11; aA *Einsele* ZVglRwiss 90 (1991), 1 ff; Staud/*Hausmann* Art 33 Rn 26 ff).

3 **II. Forderungsstatut.** Die Abtretung ist nach II nach dem Recht zu beurteilen, dem die übertragene bzw zu übertragende Forderung unterliegt. Bei einer Forderung aus Vertrag entscheidet also das Vertragsstatut, bei deliktischen Forderungen das Deliktsstatut usw (BGHZ 104, 145, 149; 108, 353, 362; NJW 88, 3095, 3096; RIW 90, 670, 671). Der Schuldner wird so davor geschützt, dass Zedent u Zessionar über seine Rechtsstellung u das Schuldverhältnis, auf dem die Forderung beruht, disponieren (BGHZ 125, 196, 205; NJW 99, 940). Diese können insbesondere nicht die Abtretung einer Rechtsordnung unterwerfen, die von der abweicht, der die abgetretene Forderung unterliegt (Köln NJW 87, 1151). Eine nachträgliche Änderung des Forderungsstatuts durch Vereinbarung zwischen Schuldner u Zessionar ist aber nach Maßgabe von Art 27 II möglich. Gilt für die abzutretende Forderung internationales Einheitsrecht, das selbst keine Regelung der Abtretung enthält (zB CMR, UN-Kaufrecht), so ist das Forderungsstatut unter hypothetischer Ausblendung des Einheitsrechts zu ermitteln (vgl Ddorf VersR 04, 1479, 1480; Hamm RIW 97, 153, 154).

4 Über seinen Wortlaut hinaus erfasst II grds (vgl Rn 5) sämtliche **Voraussetzungen u Wirkungen der Abtretung**. Dazu gehören auch der Einfluss von Mängeln des Kausalgeschäfts (BGH NJW 91, 1414), die Auslegung der Abtretungsvereinbarung (Köln VersR 04, 131, 132), Publizitätserfordernisse wie Registereintragung u Benachrichtigung des Schuldners (BGHZ 95, 149, 151 f; Hamm RIW 97, 153, 154; Köln NJW 87, 1151; ZIP 94, 1791, 1792 f; AnwK/*Doehner* Art 33 Rn 8; Staud/*Hausmann* Art 33 Rn 43; aA *Koziol* DZWiR 93, 353, 356; *v Wilmowsky* Europäisches Kreditsicherungrecht 1996, S 431), das Rangverhältnis konkurrierender Abtretungen (BGHZ 111, 376 ff; NJW 99, 940 = JZ 99, 404 m kritischer Anm *Kieninger*) u die Folgen von Leistungen des Schuldners an den Altgläubiger. II ist auf Sicherungszession (BGHZ 111, 376, 381 f), Einziehungsermächtigung (BGHZ 125, 196, 205; NJW-RR 90, 248, 250) u Forderungsverpfändung anwendbar.

5 Für die Form der Abtretungserklärung gilt die **Sonderanknüpfung** des Art 11. Der Übergang von Nebenrechten iSd § 401 BGB richtet sich nach Art 33 I, bei dinglichen Sicherheiten ist gem Art 43 I die lex rei sitae einschlägig. Die prozessuale Wirkung der Forderungsabtretung bestimmt sich nach der lex fori (BGHZ 125, 196, 205; NJW 92, 3096, 3097). Hinsichtlich der Rechts- u Geschäftsfähigkeit der Parteien der Abtretungsvereinbarung sind Art 7, 12 vorrangig.

6 Für das internationale Factoring gilt die Unidroit-Konvention über internationales Factoring, der die Bundesrepublik Deutschland mit Wirkung zum 1. 12. 98 beigetreten ist (BGBl II 1998 S 172 ff u BGBl 1998 II S 2375 ff); noch nicht in Kraft getreten ist das UN-Abkommen über die Forderungen im internationalen Handel v 12. 12. 01 (dazu *Danielewsky/Lehmann* WM 03, 221 ff; *Stoll* FS Sonnenberger, 2004, S 695 ff; *Schmidt* IPrax 05, 93 ff).

7 **C. Gesetzlicher Forderungsübergang (III). I. Regress bei subsidiären Verpflichtungen.** Der gesetzliche Übergang der Forderung auf einen Dritten, der zur Befriedigung des Gläubigers **subsidiär** verpflichtet ist (Bürge, Versicherer), richtet sich gem III 1 nach dem Recht, auf dem die Verpflichtung beruht; nach dem sog **Zessionsgrundstatut** entscheidet sich auch der Umfang des Forderungsübergangs. Abweichend von Art 13 I EVÜ ist es ohne Belang, ob die übertragene Forderung gesetzlichen o vertraglichen Ursprungs ist (MüKo/*Martiny* Art 33 Rn 38). Auch kommt es nicht darauf an, ob die Verpflichtung gegenüber dem Schuldner o dem Gläubiger besteht (MüKo/*Martiny* Art 33 Rn 33). Beispiele sind Leistungen des Bürgen (§ 774 BGB), des Versicherers (§ 67 VVG), Sozialversicherungsträgers (§§ 115, 116 SGB X) sowie des Dienstherrn nach Beamtenrecht (§ 87a BBG). Geht die Forderung über, kann der Dritte diese nur nach dem Recht der Forderung (Forderungsstatut) geltend machen (*Wandt* ZVglRWiss 87, 272, 280 ff).

8 Keine Anwendung findet III auf die gesetzliche Eigentumsübertragung (BaRoth/*Spickhoff* Art 33 Rn 8; Palandt/*Heldrich* Art 33 Rn 3). Ebenfalls nicht erfasst werden **freiwillige Leistungen Dritter**. Kommt hier ausnahmsweise eine cessio legis in Betracht (vgl § 268 BGB), so ist darüber nach dem Forderungsstatut zu entscheiden (MüKo/*Martiny* Art 33 Rn 37, 57; einschränkend für den Fall des § 1142 BGB Staud/*Hausmann* Art 33 Rn 82). Im Übrigen können Ansprüche aus Geschäftsführung ohne Auftrag (Art 39 II) o Bereicherungsrecht (Art 38 III, 41) zum Zuge kommen (MüKo/*Martiny* Art 33 Rn 37).

Der Umfang der Erstattungspflicht des Unterhaltsschuldners bestimmt sich nach Art 18 VI Nr 3. Eine weitere 9
Sonderregelung enthält Art 93 der VO (EWG) Nr 1408/71 über die Anwendung der Systeme der sozialen
Sicherheit auf Arbeitnehmer, Selbstständige u deren Familienangehörige, die innerhalb der Gemeinschaft zu-
u abwandern (ABl EG 1997 Nr L 28/1).

II. Regress bei gleichrangigen Verpflichtungen. Nach III 2 gelten entsprechende Grundsätze bei der Befrie- 10
digung des Gläubigers durch einen von mehreren **gleichrangigen** Schuldnern. Das Rückgriffsrecht iSv § 426
II BGB richtet sich nach dem Schuldstatut des Leistenden im Verhältnis zum Gläubiger. Dies gilt auch dann,
wenn die Verpflichtungen der Schuldner unterschiedlichen Rechtsordnungen unterliegen (AnwK/*Doehner*
Art 33 Rn 16; BaRoth/*Spickhoff* Art 33 Rn 9; Staud/*Hausmann* Art 33 Rn 86 f; aA *Wandt* ZVglRWiss 87, 272,
290 ff; Palandt/*Heldrich* Art 33 Rn 3).

D. Schuld- u Vertragsübernahme, Schuldanerkenntnis u a. Die kollisionsrechtlichen Fragen bei Verände- 11
rungen auf der Schuldnerseite sind gesetzlich nicht eigens geregelt. Die Voraussetzungen einer **befreienden
Schuldübernahme** richten sich nach dem für die übernommene Schuld maßgeblichen Recht (RG JW 32,
3810, 3811; MüKo/*Martiny* Art 33 Rn 57). Die kausale Vereinbarung zwischen Übernehmer u Gläubiger bzw
Schuldner unterliegt dem nach Art 27 ff zu ermittelnden Vertragsstatut.

Da bei **kumulativer Schuldübernahme** die Interessen des Gläubigers nicht tangiert werden, richtet sich die 12
Verpflichtung des Beitretenden nach dem gewählten Recht (Art 27), ersatzweise gem Art 28 II nach dem
Recht seines gewöhnlichen Aufenthalts bzw der Niederlassung (Kobl RIW 92, 491; Rostock TranspR 97, 113,
115; *Fischer* IPRax 89, 215, 217; MüKo/*Martiny* Art 33 Rn 60; Staud/*Hausmann* Art 33 Rn 95 f). Als praktisch
wichtigsten Fall des gesetzlich begründeten Schuldbeitritts greift Art 40 IV den Direktanspruch des Geschädigten gegen den Haftpflichtversicherer auf.

Das **Schuldanerkenntnis** untersteht vorbehaltlich einer abweichenden Rechtswahl dem Statut, das die betrof- 13
fene Forderung beherrscht (Hamm RIW 99, 785, 786; München RIW 97, 507, 508). Bei einer rechtsgeschäftlichen **Vertragsübernahme** kann eine wirksame Rechtswahl nur einvernehmlich durch alle Beteiligten herbeigeführt werden. Kommt eine solche Abrede nicht zustande, unterliegt die Vertragsübernahme dem auf den
übernommenen Vertrag anwendbaren Recht (MüKo/*Martiny* Art 33 Rn 61; Staud/*Hausmann* Art 33
Rn 103 ff). Die letztgenannte Anknüpfung gilt auch bei einer gesetzlichen Vertragsübernahme (LAG Köln
RIW 92, 993; MüKo/*Martiny* Art 33 Rn 62; Staud/*Hausmann* Art 33 Rn 106 f). Hinsichtlich der Haftung bei
Vermögensübernahme können der Gläubiger des bisherigen Vermögensinhabers u der Übernehmer das
anwendbare Recht wählen (Kobl IPRax 89, 175). Ansonsten ist auf den Lageort des Vermögens abzustellen,
soweit dieses auf mehrere Länder verteilt ist, findet ggf eine Haftungsbeschränkung auf die im Gebiet des
anordnenden Staates vorhandenen Objekte statt (MüKo/*Martiny* Art 33 Rn 68; Staud/*Hausmann* Art 33
Rn 112 ff). Die Haftung aus **Unternehmensfortführung** bestimmt sich nach dem Recht am Sitz des Unternehmens (*Schnelle* RIW 97, 281, 284 f; MüKo/*Martiny* Art 33 Rn 69; Staud/*Hausmann* Art 33 Rn 111).

Art. 34 Zwingende Vorschriften

Dieser Unterabschnitt berührt nicht die Anwendung der Bestimmungen des deutschen Rechts, die ohne
Rücksicht auf das auf den Vertrag anzuwendende Recht den Sachverhalt zwingend regeln.

A. Ursprung. Wie schon Savigny „Gesetze von streng positiver, zwingender Natur" (System VIII 33) von der 1
Gleichbehandlung der Rechtsordnungen ausnahm, so regelt Art 34 in Übernahme von Art 7 II EVÜ (vgl Vor
Art 27 Rn 13) die Beachtung der meist als Eingriffsnormen (*Kropholler* §§ 3 II, 52 IX und X) bezeichneten
zwingenden ausländischen Vorschriften. Der ausländische zwingende Vorschriften betreffende Art 7 I EVÜ
wurde nicht übernommen, Deutschland hat wie einige andere Mitgliedstaaten von dem nach Art 22 I lit. a)
EVÜ möglichen Vorbehalt Gebrauch gemacht; dieser war eingeräumt worden, da die „neue Bestimmung"
„zu einer gewissen Rechtsunsicherheit führen könnte" (BTDrs 10/503/*Giuliano* 60). Art 34 ist also absichtlich
enger als Art 7 EVÜ, doch stellt sich die Frage der Berücksichtigung fremder Eingriffsnormen auch hier (s.u.
Rn 18 ff). Die geplante Rom I VO (Vgl Vor Art 27 Rn 13) wird wahrscheinlich zu einer Regelung auch der
fremden Eingriffsnormen führen. Die Wissenschaft diskutiert dies seit Jahrzehnten (*Wengler* ZVglRWiss. 54
(41) 168ff; *Zweigert* RabelsZ 14 (42) 283ff; *Francescakis* Rev crit d i p 66, 1ff; *Kreuzer*, Ausländisches Wirtschaftsrecht vor deutschen Gerichten, 1986; *Schnyder*, Wirtschaftskollisionsrecht, 1990). Zwingende Vorschriften des Verbraucherschutz- und Arbeitsrechts werden (auch) von Art 29, 29 a und 30 erfasst. Bei der
Beachtung von Eingriffsnormen darüber hinaus nach Art 34 handelt es sich eher um Ausnahmefälle (zutr
Staud/*Magnus* Art 34 Rn 1, 110).

B. Eingriffsnorm und Anwendungswille. Entscheidend, aber zweifelhaft ist der Art 34 zugrundeliegende 2
Begriff der **Eingriffsnormen**, zwingenden Vorschriften oder lois de police. Sie können dem öffentlichen Recht
oder dem Privatrecht zugehören. *Giuliano/Lagarde* nennen zu Art 7 II EVÜ Vorschriften „vor allem auf den
Gebieten des Kartell- und Wettbewerbsrechts, des Rechts zur Bekämpfung wettbewerbsbeschränkender Prak-

tiken, des Verbraucherschutzrechts und des Beförderungsrechts" (BTDrs 10/503/*Giuliano* 60). Der Rom I VO-V will eine Definition in Art 8 I bringen: „Eine Eingriffsnorm ist eine zwingende Vorschrift, deren Einhaltung als so entscheidend für die Wahrung der politischen, sozialen oder wirtschaftlichen Organisation eines Staates angesehen wird, dass ihre Anwendung auf alle Sachverhalte, die in ihren Anwendungsbereich fallen, vorgeschrieben ist, ungeachtet des nach Maßgabe dieser Verordnung auf den Vertrag anzuwendenden Rechts." Dies lehnt sich an die Ausführungen des EuGH im Arblade-Urteil zu Art 3 I Code civil an (EuGH C-369/96 und C-376/96, Slg 99, I-8453 Erw 30). In Deutschland stellt bisher das BAG (schon BAGE 63, 17, 31 f; 71, 297, 316 ff) darauf ab, dass die Norm „nicht nur auf den Schutz von Individualinteressen gerichtet ist, sondern mit ihr zumindest auch öffentliche Gemeinwohlinteressen verfolgt werden" (BAG RdA 04, 175; BAGE 100, 130, 139; MDR 02, 950). Dies scheint der BGH aufzugreifen (BGH WM 06, 373, 376); in einer früheren Entscheidung heißt es: „Regelungen der Erwerbs- und Berufstätigkeit sowie des Wettbewerbs, nicht dispositive Mieterschutzvorschriften und inländische Preisvorschriften zählen zu den typischen zwingenden Regelungen des Art 34" (BGH NJW 03, 2020, 2021).

3 Problematisch ist das **Verhältnis zu Art 29**, denn auch Verbraucherschutzvorschriften können unter Umständen unter Art 34 fallen (schon BTDrs 10/503/*Giuliano* 60; Palandt/*Heldrich* Art 34 Rn 3 a; *Looschelders* Art 34 Rn 19; *W-H Roth* in Internationales Verbraucherschutzrecht 35, 43 ff; einschränkend *Junker* IPRax 00, 65, 71; aA aber *v Bar/Mankowski* Rn 4/94 und regelmäßig *Kropholler* § 52 IX 3 a)). Davon ausgehend besteht doch nach Ansicht des BGH ein Vorrang des Art 29. Dieser gilt, wenn der Inlandsbezug der Anbahnungssituationen des Art 29 nicht erfüllt ist (BGHZ 123, 380, 390; Naumbg OLGR 99, 172; Ddorf MDR 00, 575; o Art 29 Rn 15 ff; *W-H Roth* aaO 35, 49). Eine Anwendung von Art 34 könne erwogen werden, wo sich die Regelung des Art 29 als lückenhaft erweist (BGHZ 123, 380, 391). Auch wenn kein unter Art 29 fallender Verbrauchervertragstyp vorliege, soll aber der Inlandsbezug der Anbahnungssituationen des Art 29 vorliegen müssen – sonst bestehe ein Wertungswiderspruch, weil dann außerhalb des Art 29 geringere Voraussetzungen für die Anwendung einer Verbraucherschutznorm bestünden (BGHZ 135, 124, 136). Diese Einschränkung wird auch in Deutschland zT abgelehnt (*Looschelders* Art 34 Rn 21; *W-H Roth* aaO, differenzierend *W-H Roth* RIW 94, 275, 278), der französische Kassationshof hat eine Äußerung zu der Problematik aus intertemporalen Gründen vermeiden können (Cass Clunet 00, 328 m Anm *Racine*, welcher für kombinierte Anwendung von Art 5 und 7 EVÜ plädiert). Wo sich Art 29 als lückenhaft erweist, kann nach verbreiteter Ansicht über Art 34 vorgegangen werden (Palandt/*Heldrich* Art 34 Rn 3 a; *v Hoffmann/Thorn* § 10 Rn 96). Wenn keine von Art 29 erfasste Vertragsart vorliege, sei Art 34 uneingeschränkt anzuwenden (Celle RIW 96, 963; LG Weiden NJW-RR 96, 438). Dies wird von einigen als ungereimt kritisiert (MüKo/*Martiny* Art 29 Rn 69). Einzelheiten sind umstr (eingehend MüKo/*Martiny* Art 29 Rn 67 ff). Es wird auch vertreten, dass Art 34 Vorrang vor Art 29 habe (*Junker* IPRax 00, 65, 71). Der Knoten lässt sich lösen, wenn man Art 29 nicht zu eng versteht (s.o. Art 29 Rn 12) und Verbraucherschutzvorschriften nur ganz ausnahmsweise als Eingriffsnorm anerkennt, nämlich wenn sie über Marktverhaltensregeln hinaus Sozialschutz bezwecken (ähnl vielleicht *Looschelders* Art 34 Rn 20; *Junker* IPRax 00, 65, 71; *Pfeiffer*, FS Geimer 821, 832 ff). Ist die Partei kein Verbraucher iSd Art 29, kommt sie nach nationalem Verbraucherschutzrecht aber – etwa als Existenzgründer – in dessen Schutzbereich, so kann man an Art 34 (bzw 7 EVÜ) denken (*Joustra* 313, wenn die Voraussetzungen von Art 5 EVÜ erfüllt sind, gegen *v Hoffmann*). Erst recht ist hier aber Vorsicht mit der Qualifikation als Eingriffsnorm angebracht.

4 Art 34 enthält selbst keine Anknüpfungsregelung, die Kollisionsnorm ist der zwingenden Norm zu entnehmen (BGH NJW 2003, 2020, 2021). Voraussetzung ist, dass die Norm **Anwendungswillen** hat (MüKo/*Martiny* Art 34 Rn 127 ff; Palandt/*Heldrich* Art 34 Rn 3), wofür wohl bei Inlandsbezug ein Inlandsbezug erforderlich ist (MüKo/*Martiny* Art 34 Rn 136; *Looschelders* Art 34 Rn 25 f; HK/A *Staudinger* Art 34 Rn 7). Dieser wird zum Teil gesetzlich definiert, so in § 32 b UrhG, § 130 II GWB, § 449 Abs. 3 HGB und im Außenwirtschaftsrecht (dazu *Remien* RabelsZ 90, 431).

5 **C. Zwingende Vorschriften des deutschen Rechts und Europarechts (lex fori). I. Allgemeines.** Art 34 spricht allein die Eingriffsnormen der deutschen lex fori an (vgl Art 7 II EVÜ). Für europarechtliche Normen gilt dasselbe, wobei belanglos ist, ob man dabei über Art 34 geht oder die Norm direkt (so Vor Art 27 Rn 2; HK/A *Staudinger* Art 34 Rn 5) wirken lassen will. Art 34 wird als „Öffnungsklausel" bezeichnet (*W-H Roth* aaO 35, 56), gibt also statt einer klaren Kollisionsnorm eher einen „Hinweis" auf Eingriffsnormen (*Dörner* JR 95, 18, 20). Ein weites Feld hingegen ist, welche Normen konkret über Art 34 durchgesetzt werden. Ohne Anspruch auf Vollständigkeit ist hier auf wichtige Beispiele einzugehen:

6 **II. Beispielsbereiche. Außenwirtschaftsrechtliche Verbote** in AWG und AWV sowie KWKG stellen Eingriffsnormen dar (*Remien* RabelsZ 90, 431 ff; MüKo/*Martiny* Art 34 Rn 84 ff; Erman/*Hohloch* Art 34 Rn 14); allerdings beschäftigen derartige Fälle eher die Straf- als die Zivilgerichte (zur Vermittlung eines Vertrags über außerhalb des Bundesgebiets befindliche Kriegswaffen BGH NStZ 94, 135). Auch die EG VO 1334/00 und 1504/04 über Technologien und Güter mit doppeltem Verwendungszweck sind zu nennen. Auch **Devisenrecht** hat klassischerweise Eingriffsnormencharakter (s BGH RIW 81, 194), ist heute aber weithin durch die Freiheit des Kapital- und Zahlungsverkehrs nach Art 56 ff EGV verdrängt. Der BGH hat die Bereitschaft zur Berücksichtigung des Devisenrechts der ehem DDR angedeutet (BGH ZEV 05, 170). Art VIII 2 b) Bret-

ton Woods-Abk (u Rn 23) hindert nicht an der Anwendung des eigenen Devisenrechts des Forums als Eingriffsnorm (OGH, ÖBA 94, 641 m Anm *Schurig* = ZRvgl 93, 124 f). Im **Währungsrecht** war früher § 3 S 1 WährG von erheblicher Bedeutung, der nun durch den liberalen § 2 PaPkG ersetzt ist.

Berufsrechtliche Regelungen sind zum Teil als Eingriffsnormen anerkannt worden (Soergel/*v Hoffmann* Art 34 Rn 41 ff), so das Verbot des Erfolgshonorars bzw quota litis durch § 49 b BRAO (Frankf RIW 01, 374; MüKo/*Martiny* Art 28 Rn 208; Palandt/*Heldrich* Art 34 Rn 3 a) und Vorschriften des RBerG (Staud/*Magnus* Art 34 Rn 91; Reithmann/Martiny/*Mankowski* Rn 2125 f). Die Mindestsatzregelung des § 4 HOAI beansprucht wegen ihrer ordnungspolitischen Ziele für einen grenzüberschreitenden Architekten- oder Ingenieurvertrag für ein inländisches Bauvorhaben Geltung (BGH NJW 03, 2020; aA etwa Staud/*Magnus* Art 34 Rn 94). 7

Die Sittenwidrigkeitsgeneralklausel des § **138 BGB** soll keine Eingriffsnorm sein (BGHZ 135, 124; auch LG Dortmund RIW 02, 69 -Verzugszinsen nach tschechischem Recht-; LG Bielefeld NZM 99, 721; *Mankowski* RIW 96, 8; Erman/*Hohloch* Art 34 Rn 13; *Looschelders* Art 34 Rn 24; *Sonnenberger* IPRax 03, 104, 110; wohl auch HK/*A Staudinger* Art 34 Rn 3; aA LG Berlin NJW-RR 95, 754; schwammig LG Detmold IPRax 95, 249; auch *Reich* NJW 94, 2128, 2130). Soweit aus § 138 in der Rspr konkrete quasi gewohnheitsrechtlich verfestigte Rechtssätze abgeleitet worden sind, wie zB der doppelte Zinssatz als Wucher bei Verbraucherdarlehen, sollte aber Art 34 eingreifen (anders *Mülbert/Bruinier* WM 05, 103, 109; zu gewerblichen Darlehen *Horn* BKR 06, 1, 6, 9; Art 6 spricht an Celle RIW 93, 587). Es handelt sich sozusagen um judizielle Eingriffsnormen, die nur historisch zufällig nicht wie in anderen Rechtsordnungen gesetzlich exakt fixiert sind. Das konkret gesetzlich fixierte französische Wucherverbot ist wohl als Eingriffsnorm behandelt worden (CA Pau, Dalloz 02 Sommaires 639 sowie 2939). 8

Auch im **Handels- und Transportrecht** können Eingriffsnormen auftreten. So werden im Frachtrecht Verbraucher nach § 449 III HGB geschützt, wenn der Ort der Übernahme und der Ort der Ablieferung im Inland liegen (Palandt/*Heldrich* Art 34 Rn 3 a; Staud/*Magnus* Art 34 Rn 97). Bei der Kabotage gilt also eine Sonderanknüpfung (Ebenroth/Boujong/Joost/*Gass*, HGB § 449 Rn 39; *Basedow*, TPR 98, 58, 62 f). Auch §§ 451 h III, 466 IV sowie §§ 449 II, 451k II, 466 II und III werden genannt (Staud/*Magnus* Art 34 Rn 97). Der **Ausgleichsanspruch des Handelsvertreters** nach der Handelsvertreter-RiL bzw § 89 b HGB ist nach dem EuGH (C-381/98, Slg 00, I-9305 – Ingmar) – anders als nach meist früheren Gerichtsentscheidungen (vgl MPI RabelsZ 04, 1, 73; *S Schwarz* ZVglRWiss 02, 45, 52; Kritik andeutend *Sonnenberger* IPRax 03, 104, 109) – bei starkem Gemeinschaftsbezug, insbesondere Tätigkeit im Gemeinschaftsgebiet, international anzuwenden. Er findet also als Eingriffsnorm über Art 34 Anwendung (*Looschelders* Art 34 Rn 17). 9

Das **KulturgutschutzG** ist international zwingend (AnwK/*Doehner* Art 34 Rn 24; Reithmann/Martiny/*Freitag* Rn 431; allg *Siehr* 279f). 10

Für inländischen **Wohnraum** enthält das **Mietrecht** Eingriffsnormen (Denkschrift BTDrs 10/503/28; Kropholler § 52 IX 2c; Staud/*Magnus* Art 34 Rn 88; *v Hoffmann/Thorn* § 10 Rn 96; *Looschelders* Art 34 Rn 23; MK/*Sonnenberger* Einl IPR Rn 62; *Lurger* IPRax 01, 52, 55; für Österreich Czernich/*Heiss* Art 7 Rn 23 f; abl Reithmann/Martiny/*Mankowski* Rn 1060). **Bodenverkehrsvorschriften** sind international zwingend (Staud/*Magnus* Art 34 Rn 86). Die Formvorschrift des § 311 b I (ex 313) BGB soll keine Eingriffsnorm sein (Köln, MDR 93, 315; Staud/*Magnus* Art 34 Rn 87; Art 28 Rn 347). Vorschriften der MaBV werden als international zwingend genannt (Staud/*Magnus* Art 34 Rn 95, Art 28 Rn 347). 11

Im **Urheberrecht** sind §§ 32, 32 a, 32 b UrhG ausdrücklich international zwingend (dazu *v Welser* IPRax 02, 364-366; ders in Wandtke/Bullinger, Praxiskommentar UrhR, § 32 b Rn 1 ff mwN; *Pütz*, Parteiautonomie im internationalen Urhebervertragsrecht, 05). 12

Zweifelhaft ist der Bereich des **Verbraucher- und Anlegerschutzes** (zum Verhältnis zu Art 29 o Rn 3). Ob das Widerrufsrecht bei Haustürgeschäften nach § 312 BGB bzw der RiL Eingriffsnorm ist, hat der BGH offen gelassen (BGHZ 135, 124; verneinend LG Bielefeld NZM 99, 721; LG Koblenz IPRspr 89 Nr. 43; *Junker* IPRax 00, 65, 71; bejahend Celle RIW 96, 963; LG Weiden NJW-RR 96, 438; LG Berlin NJW-RR 95, 754; Erman/*Hohloch* Art 34 Rn 15; *Fetsch* 294; Palandt/*Heldrich* Art 34 Rn 3 a; Soergel/*v Hoffmann* Art 34 Rn 59). Hinsichtlich des Verbraucherkreditrechts ist die Sonderanknüpfung umstr, der BGH lehnt sie nun für das VerbrKredG, wenn die Richtlinie 87/102 nicht eingreift, ausdrücklich ab (BGH WM 06, 373, 376, generell ablehnend KG KGR 05, 470; *Felke* RIW 01, 30; bejahend aber Palandt/*Heldrich* Art 34 Rn 3 a; *Fetsch*, Einriffsnormen und EG-Vertrag, 02, 291). Bei den Verbraucherschutzrichtlinien sind Gemeinwohlinteressen kaum auszumachen (entschieden abl daher *Sonnenberger* IPRax 03, 104, 109, 110). Die Behandlung von § 490 II ist streitig (bejahend Soergel/*v Hoffmann* Art 34 Rn 62; Erman/*Hohloch* Art 34 Rn 15; abl MüKo/*Martiny* Art 34 Rn 112 mwN). Das FernUSG soll auch nach Aufhebung des § 11 FernUSG Eingriffsnorm sein (Staud/*Magnus* Art 34 Rn 92). Anlegerschutzvorschriften (dazu *Hopt* FS Lorenz 422) können Eingriffsnormen sein, insbesondere § 126 InvG (Staud/*Magnus* Art 34 Rn 101; MüKo/*Martiny* Art 34 Rn 101). Einzelne Stimmen wollen den Bürgerschutz über Art 34 durchsetzen (*Reich* NJW 94, 2128, 2130; dagegen Staud/*Magnus* Art 34 Rn 100). Die Behandlung von Spiel und Wette als Naturalobligation nach § 762 BGB wird teils dem ordre public, teils Art 34 zugeordnet (dazu MüKo/*Martiny* Art 28 Rn 376 mN; für Art 6 § 762 Rn 10 zur Urteilsanerkennung LG Mönchengladbach WM 94, 1374); im Hinblick auf die zugrunde liegenden Erwägungen (N bei *Remien* 371 ff, 381 ff) ist letzteres 13 nicht fern liegend. § 661 a BGB ist nach dem BGH Eingriffsnorm (BGH NJW 06, 231, 232f; auch Frankf 24.11.04 – 2 W 59/04 Westlaw; so schon *S Lorenz* IPRax 02, 192, 196; aA HK/ *A Staud* Art 34 Rn 6). Für das **Versicherungsvertragsrecht** erklärt Art 15 EGVVG Art 27 ff einschl Art 34 für entsprechend anwendbar. Welche Normen danach international durchzusetzen sind, wird als noch weitgehend ungeklärt bezeichnet (MüKo/ *Martiny* Art 37 Rn 179; auch *Kropholler* § 52 IX 2 d); näher Reithmann/Martiny/*Schnyder* Rn 1355 ff).

14 Im Recht der **Wettbewerbsbeschränkungen** ist § 130 II GWB eine besondere Kollisionsnorm (*Kegel/Schurig* 1126; MüKo/*Immenga*, BGB: IntWR, IntWettbR/IntKartR Rn 16 ff), es gilt das Auswirkungsprinzip. Danach wird deutsches Kartellrecht durchgesetzt (LG Düsseldorf WUW 02 DE-R 999 = IPRspr 02 Nr 31 – Franchising; LG Düsseldorf GRUR Int 99, 772 – Blutplasma).

15 Zwingende Vorschriften des **Arbeitsrechts** werden bereits als Schutzvorschriften des Rechts des Beschäftigungsortes über Art 30 (Art 6 EVÜ) berufen. Insbesondere bei zeitweiser Arbeitsausübung in einem anderen Staat kann bedeutsam sein, ob Arbeitsrechtsnormen von dessen Recht als Eingriffsnormen nach Art 34 anzusehen sind (eingehend *C Müller* International zwingende Normen des deutschen Arbeitsrechts, 05). Nach der hM ist dies möglich (MüKo/*Martiny* Art 30 Rn 106 mN; s.a. *Junker* in 50 Jahre BAG, 1197, 1210 ff). § 3 EFZG (BAGE 100, 130 – Flugbegleiterin; MüKo/*Martiny* Art 30 Rn 94) und § 14 I MuSchG werden als Eingriffsnormen angesehen (BAGE 100, 130; *Looschelders* Art 30 Rn 17, Art 34 Rn 23). Der allgemeine Kündigungsschutz nach §§ 1-14 KSchG ist keine Eingriffsnorm iSd Art 34 (*Looschelders* ebd; *C Müller* 414f), der nach §§ 17 ff KSchG hingegen durchaus (BAGE 63, 17, 23; *C Müller* 415f), ebenso weitere besondere Kündigungsschutzvorschriften (*C Müller* 417ff; MüKo/*Martiny* Art 30 Rn 123 ff). Die Regelung des Betriebsübergangs in § 613 a BGB soll nicht unter Art 34 fallen (BAGE 71, 297 – Berliner Pan Am Piloten –; Palandt/*Heldrich* Art 34 Rn 3b; MüKo/*Martiny* Art 30 Rn 94; s.a. schon *Drobnig/Becker/Remien* Verschmelzung, 91, 68ff; krit *C Müller* 396ff; *Pfeiffer*, FS Geimer 821, 830), auch nicht das SeemannsG (BAGE 80, 84, 92f). Insolvenzgeldbestimmungen werden als Eingriffsnormen angesehen (MüKo/*Martiny* Art 30 Rn 95). Das **AEntG** sieht im Bausektor Mindestbedingungen über Entgelt und Urlaub vor und wird durch die Entsende-RiL 96/71 gestützt. Nach § 1 AEntG finden Regelungen von für allgemein verbindlich erklärten Tarifverträgen über Mindestentgeltsätze und Urlaub zwingende Anwendung, setzen sich also nach Art 34 auch gegen ein fremdes Arbeitsvertragsstatut durch (MüKo/*Martiny* Art 30 Rn 152). Dies gilt also für § 1 AEntG iVm Bestimmungen allgemeinverbindlicher Tarifverträge (BAG DB 05, 1916; E 102, 1; 101, 357), aber nicht für Bestimmungen allgemeinverbindlicher Tarifverträge ohne derartige gesetzliche Regelung (BAG RdA 04, 175).

16 **III. Europarecht.** Art 34 spricht von zwingenden Bestimmungen des deutschen Rechts, doch gilt für zwingende Bestimmungen des europäischen Gemeinschaftsrechts dasselbe (s.o. Rn 5). Es sind also auch Eingriffsnormen des europäischen Gemeinschaftsrechts anzuwenden. Paradepferd ist das **Kartellverbot des Art 81 EGV.** Der EuGH hat in Ahlström den Ort für entscheidend erklärt, an dem das Kartell durchgeführt wird (EuGH 89/85, Slg 93, I-1307 Erw 16f), er zeigt also eine Tendenz zum Auswirkungsprinzip (Schulze/Zuleeg/ *Mäger*, EuR § 16 Rn 18 ff; MüKo/*Immenga*, BGB IntWR, IntWettbR/IntKartR Rn 3). GVOen sind zu beachten (grds etwa LG Düsseldorf WUW 02 DE-R 999 = IPRspr 02 Nr 31; ferner LG Düsseldorf GRUR Int 99, 772 – Blutplasma). Die FusionskontrollVO erfasst auch Auslandszusammenschlüsse, die sich im Binnenmarkt auswirken (*Löffler* Art 1 Rn 31; *Mestmäcker/Schweitzer*, Europäisches Wettbewerbsrecht, 2. Aufl 04 § 6 Rn 83 ff; EuG T-102/96, Slg 99, II-753 – Gencor); allerdings ist str ob das Vollzugsverbot nach Art 7 V FusionskontrollVO auch bei Drittstaatenzusammenschluss gilt (*Mestmäcker/Schweitzer* § 6 Rn 93). Theoretisch kommt auch die Beihilfekontrolle nach Art 87 ff EGV als Eingriffsnorm in Betracht. Im Handelsvertreterrecht ist die Ingmar-Entscheidung zu beachten (s.o. Rn 9). Der internationale Anwendungsbereich der EG-VO 261/2004 über Nichtbeförderung, Annullierung und große Verspätung bei Flügen wird in deren Art 3 I besonders und ohne Rücksicht auf das Vertragsstatut geregelt.

17 **D. Eingriffsnormen des Schuldstatuts (lex causae).** Höchst str ist die Behandlung von Eingriffsnormen der lex causae, also des Schuldstatuts. Der Bericht *Giuliano/Lagarde* geht von deren Anwendbarkeit aus (hM, vgl BTDrs 10/503/Giuliano 58; krit *Schubert* RIW 87, 729, 732 f). Diese Ansicht wird trotz vieler Diskussionen zum Wirtschaftskollisionsrecht auch heute noch vertreten (BR/*Spickhoff* Art 34 Rn 27; HK/*A Staudinger* Art 34 Rn 9, 10; Palandt/*Heldrich* Art 34 Rn 6; *Looschelders* Art 34 Rn 39). Die **Schuldstatutstheorie** ist jedoch **abzulehnen** (s.a. Staud/*Magnus* Art 34 Rn 21, 130, 138; *Kropholler* § 52 X 1 und 3 b); *Sonnenberger* IPRax 03, 104, 107; *v Bar/Mankowski* Rn 4/119 f). Zwar ist nicht auszuschließen, dass eine schuldrechtliche Norm dem Schuldstatut zugehört und zugleich Eingriffscharakter aufweist, etwa im Mietrecht. Aber etliche Eingriffsnormen passen überhaupt nicht zum Schuldstatut und können ihm nicht zugezählt werden, etwa das Außenwirtschaftsrecht. Die Schuldstatutstheorie führt dann zu gänzlich zufälligen Ergebnissen (*Remien* RabelsZ 90, 431, 462 f; *Schurig* RabelsZ 90, 27, 244 ff; *Schubert* RIW 87, 729, 737). Damit ist die kollisionsrechtliche oder materiellrechtliche Berücksichtigung drittstaatlicher Eingriffsnormen entscheidend.

18 **E. Drittstaatliche Eingriffsnormen. I. Allgemeines.** Eine Sonderanknüpfung drittstaatlicher Normen sieht Art 7 I EVÜ vor, gegen den Art 22 I lit a) aber einen Vorbehalt gestattet, den ua Deutschland erklärt hat. Der in Art 8 III VO-V modifizierend aufgegriffene Art 7 I lautet folgendermaßen (dazu im einzelnen Czernich/ *Heiss* Art 7 Rn 3 ff):

„Bei der Anwendung des Rechts eines bestimmten Staates auf Grund dieses Übereinkommens kann den zwingenden Bestimmungen des Rechts eines anderen Staates, mit dem der Sachverhalt eine enge Verbindung aufweist, Wirkung verliehen werden, soweit diese Bestimmungen nach dem Recht des letztgenannten Staates ohne Rücksicht darauf anzuwenden sind, welchem Recht der Vertrag unterliegt. Bei der Entscheidung, ob diesen zwingenden Bestimmungen Wirkung zu verleihen ist, sind ihre Natur und ihr Gegenstand sowie die Folgen zu berücksichtigen, die sich aus ihrer Anwendung oder ihrer Nichtanwendung ergeben würden." Infolge des Vorbehalts besteht insoweit in Art 34 EGBGB eine **Regelungslücke**, nur einzelne Stimmen der Literatur nehmen an, es liege eine bewusste Entscheidung des Gesetzgebers gegen eine Sonderanknüpfung vor (so aber BR/*Spickhoff* Art 34 Rn 24; anders schon *Martiny* IPRax 87, 277, 279; Erman/*Hohloch* Art 34 Rn 17, 24). Einige äußern sich distanziert zur Sonderanknüpfung und verweisen auf die Berücksichtigung als Tatsache (so Palandt/*Heldrich* Art 34 Rn 5; tendenziell *Looschelders* Art 34 Rn 38). Die Rechtsprechung hat ausländische Normen nicht nur über die Unmöglichkeit, sondern auch **über § 138** – nicht allerdings § 134 – berücksichtigt (BGHZ 34, 169 – Borax –; BGH NJW 62, 1436 – Borsäure –; BGHZ 59, 82 – Nigerianische Masken –). Letzteres kommt einer Sonderanknüpfung jedenfalls in der Wirkung nahe (vgl etwa *Hentzen* RIW 88, 508, 509; Soergel/*v Hoffmann* Art 34 Rn 81; *Schurig* RabelsZ 90, 217, 240 ff; *v Bar* I Rn 267; dagegen *v Bar/Mankowski* Rn 4/127 ff). In der Rspr finden sich auch Bekenntnisse zu der Nichtanwendung ausländischen öffentlichen Rechts, es sei denn, dieses habe sich effektiv durchgesetzt (etwa BGHZ 31, 367, 371 u.a. m; auch BGHZ 128, 41, 52, dazu *Drobnig* FS Neumayer 159, 168). Die Sonderanknüpfung drittstaatlichen Eingriffsrechts ist jedenfalls dann legitimiert, wenn zwischen Drittstaatenrecht und Forum **Interessenidentität** besteht (*Drobnig* FS Neumayer 159, 174; *Kegel/Schurig* 1096 f; *Remien* RabelsZ 90, 409, 466 ff; von „shared values" sprechen *Großfeld/Rogers* ICLQ 32 (83) 931, 943 f; *Berger* FS Horn 322, 330) – sie liegt dann im „Eigeninteresse" des Forumstaates (*Sonnenberger* IPRax 03, 104, 114; MüKo/*Sonnenberger* Einl IPR Rn 80; *Kreuzer* 87, 89, 90, 92 ff). Dies ist dann ganz klar, wenn das deutsche Recht selbst über eine entsprechende Norm verfügt, diese aber nach den maßgeblichen Anknüpfungskriterien keine Anwendung findet (vgl *Remien* RabelsZ 90, 409, 468 f m Bsp). Die Sonderanknüpfung ist damit anzuerkennen (*v Hoffmann/Thorn* § 10 Rn 97 ff), aber in sehr engen Grenzen (vgl auch Staud/*Magnus* Art 34 Rn 24). Vorsicht ist auch deshalb notwendig, weil die Sonderanknüpfung drittstaatlicher Normen zwar kooperativ ist, sie aber zugleich die Vertragsfreiheit einschränkt. Während der BGH in den Borax- und Borsäurefällen amerikanische Exportverbote im „Interesse des gesamten freiheitlichen Westens" durchsetzte, hat später das LG Krefeld ein amerikanisches Iran-Embargo nicht berücksichtigt (LG Krefeld 7 O 190/80, Auszug bei *Remien* RabelsZ 90, 409, 468 Fn 180). Zur Mitwirkung an der Bekämpfung des **Kokainhandels** in Indien hat sich schon das RG bereit gezeigt (RG JW 27, 2288). Auch bei einem Verstoß gegen **Schmuggel- und Bestechungsverbote** kommt eine Sonderanknüpfung in Betracht (so *Kegel/Schurig* 1143 ff; vgl auch RG JW 27, 2288; zum Schmiergeld BGHZ 94, 268; Hburg NJW 92, 635). Beim **Wohnraummietrecht** ist eine Sonderanknüpfung in Betracht zu ziehen (*Lurger* IPRax 01, 52, 55 f; MüKo/*Martiny* Art 28 Rn 158; abl Reithmann/*Martiny/Mankowski* Rn 1060). Auch an das Kartellrecht ist zu denken, wenngleich gegen einen Ausbau des § 130 II GWB zur allseitigen Kollisionsnorm Bedenken bestehen (MüKo/*Immenga* BGB IntWR, IntWettbR/IntKartR Rn 22 ff; *Sonnenberger* IPRax 03, 104, 115). Gefordert wird die Anwendung kapitalmarktrechtlicher Eingriffsnormen (*Göthel* IPRax 01, 411, 416 ff). Liegt ein Verstoß gegen eine unmittelbar anwendbare Regel des (allgemeinen) Völkerrechts vor, so kommt es auf die Voraussetzungen der Sonderanknüpfung nicht an (vgl MüKo/*Mayer-Maly/Armbrüster* § 134 Rn 39; *Remien* RabelsZ 90, 431, 464 N 167 m Bsp).

Soweit Deutschland oder die EG eine **Abwehrregelung** (siehe VO (EG) 2271/96; zu ausländischen „blocking statutes" *Kegel/Schurig* 1132; *v Bar/Mankowski* Rn 4/113) gegen die ausländische Eingriffsnorm erlassen haben, muss die Anwendung der drittstaatlichen Eingriffsnorm ausscheiden (vgl auch MüKo/*Martiny* Art 34 Rn 81, 88, 92). 19

II. EU/EWR-Mitgliedstaaten. Drittstaat kann ein EU/EWR-Mitgliedstaat sein; dann ist mE zu unterscheiden: (i) Handelt es sich um eine Norm zur **Umsetzung** einer EG-Richtlinie, greift aber nicht schon für Art 29 a ein, so liegt nur formell eine fremde, materiell infolge des europäischen Richtlinienhintergrundes aber eine eigene Eingriffsnorm vor. Sie ist also zu beachten. (ii) Bei **autonomen Eingriffsnormen** anderer EG-Mitgliedstaaten ist die Lage anders. In der Lit wird vertreten, hier bestehe nach EGV und EuGVVO eine Anwendungspflicht (*Fetsch* Eingriffsnormen und EG-Vertrag, 02, 319 ff; ablehnend *v Bar/Mankowski* Rn 4/117; zurückhaltend *Heinemann* JZ 02, 988). Jedenfalls in solcher Pauschalität scheint dies indes nicht richtig. Darüber hinaus ist es wie in Deutschland auch in anderen mitgliedstaatlichen Rechtsordnungen nicht stets leicht, den Eingriffscharakter einer Regelung festzustellen (bejahend für französische Formvorschrift für Schiffskauf etwa Cass Rev crit d i p 05, 55 m krit Anm *Lagarde*). 20

F. Materiellrechtliche Berücksichtigung. Ausländische Eingriffsnormen können eine tatsächliche Wirkung entfalten und daher als Tatsache zu berücksichtigen sein. Es geht dann um Berücksichtigung im Rahmen des anwendbaren Rechts statt um Anwendung der Norm. Schon das RG ist entsprechend vorgegangen und hat wegen des englischen Feindhandelsverbots **tatsächliche Unmöglichkeit** angenommen (RGZ 93, 182; vgl auch RG *Gruchot* 61, 460; eingehend *v Bar/Mankowski* Rn 4/122 ff). Der BGH hat zur **Geschäftsgrundlage** (BGH 21

NJW 84, 1746, dazu *Baum* RabelsZ 89, 146, 152) und zu § 826 gegriffen (BGH JZ 91, 719; dazu *Junker* JZ 91, 699). Im Rahmen des Wiener UN-Kaufrechts ist an Art **79 CISG** zu denken (zum Haager Sensorfall RabelsZ 47 (83) 141 m Anm *Basedow*, s.a. *Remien* RabelsZ 90, 409, 470f). Einige bezeichnen dies als „datum-Theorie" (etwa *Mülbert* IPRax 86, 140) und wollen nur so vorgehen (BR/*Spickhoff* Art 34 Rn 28), doch ist dieses Etikett überflüssig und die Sache als alleiniges allgemeines Konzept unbrauchbar (vgl auch Staud/*Magnus* Art 34 Rn 134). Die materiellrechtliche Berücksichtigung hat aber auch ihre Berechtigung. Sie ist etwas gänzlich anderes als Sonderanknüpfung, denn **auch eine inhaltlich missbilligte Norm** kann tatsächlich zu berücksichtigen sein, wie die alte deutsche Rspr zu englischen Feindhandelsverboten eindrucksvoll demonstriert. Die materiellrechtliche Berücksichtigung ist also möglich, auch wenn die Kriterien einer Sonderanknüpfung nicht erfüllt sind (richtig *Kropholler* § 52 X d); von einem Ergänzungsverhältnis spricht *Berger* FS Horn, 322, 336). Ihre Maßstäbe sind eine Frage der Vertragsgestaltung und des anwendbaren materiellen Rechts.

22 **G. Grundfreiheiten im Binnenmarkt.** Ist in einem grenzüberschreitenden Binnenmarktfall eine Eingriffsnorm infolge Sonderanknüpfung anwendbar, so kann wie auch sonst bei zwingendem Recht eine Verletzung einer Grundfreiheit des EGV in Betracht kommen (s.o. Art 29 Rn 25; ferner *Sonnenberger* IPRax 03, 104, 113; *Reich* NJW 94, 2128, 2131), denn eine Eingriffsnorm ist **nicht per se freigestellt** (EuGH C-369/96 und C-376/96, Slg 99, I-8453 – Arblade). Hierauf hat der BGH bereits für § 4 HOAI ausdrücklich hingewiesen (BGH NJW 03, 2020, 2022, dazu *Buhlmann/Wilms* LMK 03, 124).

23 **H. Sonderregelung Art VIII 2 b) Bretton Woods-Abkommen.** Es besteht die Sonderregelung des Art VIII 2 b) Bretton Woods-Übk IWF zur Beachtlichkeit der Devisenbestimmungen von IWF-Mitgliedstaaten. Leider werden ihre einzelnen Elemente **international sehr unterschiedlich ausgelegt** (MüKo/*Martiny* Art 34 Anh II Rn 12; *Ebke*, Internationales Devisenrecht, 91; *Mann/Proctor*, The Legal Aspect of Money, 6. Aufl 05, Kap 15; Staud/*Magnus* Anh zu Art 34; div Fälle und Nw bei *Kegel/Schurig*, IPR, 9. Aufl 04, 1116ff). **Devisenkontrakte/Exchange contracts** wird in Deutschland bisher weit (BGH "solche Verpflichtungen, die in Form grenzüberschreitender Zahlungsvorgänge den Devisenbestand eines Mitgliedes beeinflussen und sich damit auf dessen Zahlungsbilanz auswirken"), sonst eher eng verstanden (*Ebke* 240–246; fragend MüKo/*Martiny* Art 34 Anh II Rn 15). Jedoch werden nur Restriktionen des laufenden Zahlungsverkehrs, nicht auch von Kapitalverkehrsgeschäften wie Auslandsinvestitionen durch Beteiligung an einer ausländischen Gesellschaft erfasst (BGH NJW 1994, 390; *Mann/Proctor* no 15.19; eingehend Staud/*Magnus* Anh zu Art 34 Rn 23ff; aA *Ebke* 243ff; Seuß, Exterritoriale Geltung von Devisenkontrollen, 91, 37ff: für Kreditverträge *Unteregge*, Ausländisches Devisenrecht und internationale Kreditverträge, 91, 36ff). Die **Devisenbestimmungen** müssen **IWF-konform** sein (BGH NJW 94, 1868, 1869 verneinend zu österr DevG). Hinsichtlich der **Berührung der Währung eines Mitgliedes** kommt es auf die Zahlungsbilanz, nicht die Währungsbezeichnung an (MüKo/*Martiny* Art 34 Anh II Rn 23; *Mann/Proctor* no 15.23). Ob die Devisenbestimmung zur Zeit des Vertragsschlusses schon bestand, sollte unerheblich sein (MüKo/*Martiny* Art 24 Anh II Rn 23, aA *Mann/Proctor* no 15.28 (a) und 15.22; *Siehr* 333). Str ist auch, ob nur Devisenrecht oder auch Embargomaßnahmen und „blocking legislation" erfasst werden (vgl MüKo/*Martiny* Art 34 Anh II Rn 33, *Mann/Proctor* no 15.31; sehr weit *Ebke* 255). **Rechtsfolge** ist nach bisher ständiger Rspr. des BGH die Unklagbarkeit (offenlassend BGH NJW 93, 1070 1072), doch ist auch dies str, es werden auch Unwirksamkeit (*Mann/Proctor* no 15.34) oder in Annäherung an amerikanische Praxis Naturalobligation (*Ebke* 276ff; zust etwa Reithmann/Martiny/*Thode* Rn 531, 533; Staud/*Magnus* Anh zu Art 34 Rn 74; für Nichtvollstreckbarkeit wie bei § 32 I AWG *Seuß* 125ff) angenommen. Die Durchsetzbarkeit braucht nicht generell, sondern kann auf den gegen Devisenrecht verstoßenden Teil beschränkt versagt werden (BGH NJW 93, 1070, 1072). Eine ordre public-Kontrolle ist wohl vorzunehmen (MüKo/*Martiny* Art 34 Anh II Rn 36).

Art. 35 Rück- und Weiterverweisung, Rechtsspaltung

(1) Unter dem nach diesem Unterabschnitt anzuwendenden Recht eines Staates sind die in diesem Staat geltenden Sachvorschriften zu verstehen.
(2) Umfasst ein Staat mehrere Gebietseinheiten, von denen jede für vertragliche Schuldverhältnisse ihre eigenen Rechtsvorschriften hat, so gilt für die Bestimmung des nach diesem Unterabschnitt anzuwendenden Rechts jede Gebietseinheit als Staat.

1 **A. Funktion, Anwendungsbereich.** Art 35 bestimmt für das internationale Schuldrecht in Art 27–37 als **lex specialis** (MüKo/*Martiny* Art 35 Rn 3; Staud/*Hausmann*, Art 35 Rn 8) **zwei Ausnahmen** zu den Regeln des allgemeinen IPR in Art 4 (s Rn 3, 4).

2 Aufgrund des Gebots einheitlicher Auslegung des EVÜ (s Art 36 Rn 2ff, 6) gilt Art 35 **bei der Lösung schuldvertragsrechtlicher** (nicht: anderer) Fälle auch für die Anwendung von den ebenfalls auf dem EVÜ beruhenden Regelungen: (i) zur **Form** in Art 11 (zB Soergel/*vHoffmann* Art 35 Rn 4; Staud/*Hausmann*, Art 35 Rn 5; MüKo/*Martiny* Art 35 Rn 2, 17; BaRoth/*Spickhoff* Art 35 Rn 2; entgegen der formal-systematischen Argumentation in BGHZ 121, 224, 235 zur Nichtgeltung von Art 34 im Verhältnis zu Art 11); und (ii) zum

Schutz des anderen Vertragsteils in Art 12 S 1 (Soergel/*vHoffmann* Art 35 Rn 4; MüKo/*Martiny* Art 35 Rn 2, 17; BaRoth/*Spickhoff* Art 35 Rn 2). Dies entspricht einer den effet utile suchenden (s Art 36 Rn 3) Anwendung von Art 35 im Sinne der ihm zu Grunde liegenden Regelungen in Art 19 und 21 EVÜ. Der Rom I VO-V (s Vor Art 27 Rn 15f) wendet seine entspr Regelungen (zum Ausschluss der Rück- und Weiterverweisung in Art 19 und zu Mehrrechtsstaaten in Art 21) ebenfalls ohne Differenzierung auf die Form (Art 10 Rom I VO–V) und den Schutz des anderen Vertragsteils (Art 21 Rom I VO–V) an.

B. Grundsatz der Sachnormverweisung im Schuldrecht. Nach Art 35 I (der Art 15 EVÜ und 19 Rom I 3 VO-V entspricht) spricht das internationale Schuldrecht nicht nur bei Rechtswahl (vgl Art 4 II), sondern stets **Sachnormverweisungen** aus (BGH NJW 96, 54, 55; München RIW 96, 329, 330; *Mayer/Heuzé* Rn 706; *Dicey/Morris* Rn 32–042) und weicht damit vom Grundsatz der Gesamtverweisung aus Art 4 I ab (Ddorf RIW 93, 761, 762). Eine Rück- oder Weiterverweisung der berufenen Rechtsordnung ist unbeachtlich (BGH NJW 96, 54, 55; Hburg TranspR 89, 374, 375; Celle ZIP 01, 1724, 1725; MüKo/*Martiny* Art 35 Rn 1), auch wenn er durch andere – nicht schuldvertragsrechtliche – Qualifikation durch das berufene Recht erfolgt (Cass civ 1ère 11.3.97, JDI 1997, 789, 790 mit Anm *Santa-Croce*; MüKo/*Martiny* Art 33 Rn 173; MüKo/*Spellenberg* Art 32 Rn 93; Staud/*Magnus* Art 32 Rn 19, 71).

Sonderfall: Wenn die Vertragsparteien in der Rechtswahlklausel ausdrücklich die Durchführung einer IPR- 4 Prüfung nach einem bestimmten nationalen IPR vereinbaren (zB: „Es gilt das durch das schwedische IPR bestimmte Recht"), liegt darin eine **indirekte Sachnormverweisung** auf das durch das gewählte IPR bestimmte Recht: Hierfür streitet (i) zum einen das Primat der Vertrags- und Gestaltungsfreiheit (Parteiautonomie), – das in Anlehnung an Art 27ff (so Zöller/*Geimer* § 1051 ZPO Rn 2f) in § 1051 I 2 ZPO nF (1997) aufgegriffen wird: danach wird für Schiedsverfahren in Deutschland (§ 1025 I ZPO) ausdrücklich auch die ausdrückliche Wahl eines Kollisionsrechts zugelassen –, und (ii) der nach Art 36 zur Auslegung von Art 35 heranzuziehende Art 15 EVÜ, der kein Verbot einer ausdrücklichen Vereinbarung auf das IPR enthält (MüKo/*Martiny* Art 35 Rn 5; Staud/*Hausmann* Art 35 Rn 5; s auch Staud/*Magnus* Art 27 Rn 14, 36; Erman/ *Hohloch* Art 27 Rn 3; *v Bar/Mankowski* § 7 Rn 226; str, aA Art 4 Rn 16 (*Moersdorf-Schulte*); Palandt/*Heldrich* Art 4 Rn 11; BaRoth/*Spickhoff* Art 35 Rn 3).

C. Verweisungen auf das Recht von Mehrrechtsstaaten. Hat der Staat, auf dessen Recht verwiesen wird, 5 mehrere Gebietseinheiten mit eigenen Rechtsordnungen (zB Australien, Kanada, Mexico, USA, Vereinigtes Königreich), setzt sich Art 35 II (der Art 19 I EVÜ und 21 Rom I VO-V entspricht) – anders als Art 4 III – über dessen interlokales Recht hinweg und bestimmt direkt auch die Teilrechtsordnung der betroffenen Gebietseinheit (zB England, New York; s MüKo/*Martiny* Art 35 Rn 15; *Dicey/Morris* Rn 32-028). Was innerhalb des europäischen Rechtsraums aufgrund des gemeinschaftsrechtlichen Ursprungs von Art 35 (s Vor Art 27 Rn 13) geboten ist, ist im Verhältnis zu Nichtvertragsstaaten des EVÜ im Rechtsraum außerhalb der EU kritisch: Der Wille des ausländischen Gesetzgebers zur Rechtsanwendung, zur Rück- oder zur Weiterverweisung wird ignoriert.

Bei unklarer Rechtswahl (Frankf NJW-RR 00, 1367, 1368: „amerikanisches" Recht; Hburg IPRspr 98 Nr 34: 6 „europäisches" Recht) ist möglichst der Wille der Parteien durch Auslegung zu ermitteln, ggf mittels analoger Anwendung von Art 4 III (MüKo/*Martiny* Art 35 Rn 13; BaRoth/*Spickhoff* Art 35 Rn 3; MüKo/*Spellenberg* Art 32 Rn 8; ähnlich Staud/*Hausmann* Art 35 Rn 13).

Art. 36 Einheitliche Auslegung

Bei der Auslegung und Anwendung der für vertragliche Schuldverhältnisse geltenden Vorschriften dieses Kapitels mit Ausnahme von Artikel 29a ist zu berücksichtigen, dass die ihnen zugrunde liegenden Regelungen des Übereinkommens vom 19. Juni 1980 über das auf vertragliche Schuldverhältnisse anzuwendende Recht (BGBl. 1986 II S. 809) in den Vertragsstaaten einheitlich ausgelegt und angewandt werden sollen.

A. Funktion, Anwendungsbereich. Art 36 erinnert an den **gemeinschaftsrechtsnahen Ursprung** des Inter- 1 nationalen Schuldvertragsrechts im EVÜ (s Vor Art 27 Rn 13). Die Regelung in Art 36 selbst entspricht im Kern Art 18 EVÜ; die „Ausnahme von Art 29a" ist 2000 durch das auf einer EG-Richtlinie beruhende FernAG (s dort Art 2 II Nr 2) ergänzt worden. Aufgrund des unterschiedlichen Ursprungs der einzelnen Teile der Norm gelten unterschiedliche Auslegungsmethoden (kritisch zB Palandt/*Heldrich* Art 3 Rn 8), die aber im Ergebnis kaum spürbar sind (s Rn 9).

Der gemeinschaftsrechtsnahe Ursprung von Art 36 gebietet es, die Regelung bei der Lösung **schuldvertrags-** 2 **rechtlicher** (nicht: anderer; s MüKo/*Martiny* Art 36 Rn 12: keine entspr Anwendung auf sachen-, familien- und erbrechtliche Fälle) Fragen **entspr** für die Auslegung der Vorschriften heranzuziehen, die ebenso wie Art 27–37 auf dem EVÜ beruhen (Staud/*Magnus* Art 36 Rn 5 für alle folgenden Beispiele): **Art 3 II** zum Vorrang von Rechtsakten der Europäischen Gemeinschaften, Art 6 zum **ordre public** (Brödermann/Iversen/*Brödermann* Rn 494; MüKo/*Martiny* Art 36 Rn 12), Art 11 II–IV zur **Form** und Art 12 zum **Schutz des anderen Vertragsteils** (MüKo/*Martiny* Art 36 Rn 12; BaRoth/*Spickhoff* Art 36 Rn 3). Die entspr Anwendung wird der

Art 36 selbst zu Grunde liegenden Regelung in Art 18 EVÜ (und damit dessen einheitlicher Auslegung) gerecht: Art 18 EVÜ statuiert ein Auslegungsgebot ohne Unterscheidung nach den einzelnen Normen des EVÜ.

3 **B. Auslegung aus dem EVÜ, Vorlagerecht zum EuGH.** Art 36 schreibt das Ziel der einheitlichen Auslegung von Art 27–37 – außer Art 29 a – als Auslegungsgebot (BAGE 63, 17, 33 f) im Sinne einer **Rechtspflicht** fest (MüKo/*Sonnenberger* Einl IPR Rn 322 u MüKo/*Martiny* Art 36 Rn 9; Staud/*Magnus* Art 36 Rn 7; *Junker* RabelsZ 55 (1991) 674, 694, 695 f; aA *Jayme/Kohler* IPRax 89, 337, 343). Die angestrebte Einheitlichkeit setzt eine **Auslegung aus dem EVÜ** selbst voraus (BGHZ 123, 380, 384), durch die den im Internationalen Schuldvertragsrecht verwendeten Begriffen ein einheitlicher materieller, an der Gemeinschaftsrechtsordnung anknüpfender Gehalt gegeben wird (implizit aaO 384 f für den Begriff „Erbringung von Dienstleistungen" in Art 29). Der Sache nach bedeutet das eine Auslegung unter Beachtung des **effet utile**, s Rn 9 und Staud/*Magnus* Art 36 Rn 21.

4 Danach sind Art 27 ff und – in schuldvertragsrechtlichen Fällen – die auf dem EVÜ beruhenden weiteren Normen des Internationalen Schuldrechts (s Rn 2) wie folgt auszulegen: (i) durch **wörtliche Auslegung**, bei der die verschiedenen sprachlichen Fassungen des EVÜ zu berücksichtigen sind (Staud/*Magnus* Art 36 Rn 17; MüKo/*Martiny* Art 36 Rn 22, 36: trotz Art 1 II EVÜ-ZustimmungsG); (ii) durch **historische Auslegung**, bei der die Materialien zu dem EVÜ, insbes der in der BTDrs 10/503 S 33 ff abgedruckte Bericht *Giuliano/Lagarde*, zu berücksichtigen sind (BGHZ 123, 380, 385; MüKo/*Martiny* Art 36 Rn 24; Staud/*Magnus* Art 36 Rn 19; *Dicey/Morris* Rn 32-008, 014); (iii) durch **systematische Auslegung**, bei der die Entscheidungen des EuGH zur Auslegung von Begriffen in europäischen Verordnungen (zB Vertrag, Verbraucher), die auch im Internationalen Schuldrecht verwendet werden, zu berücksichtigen sind (MüKo/*Martiny* Art 36 Rn 20, 23; s auch *Dicey/Morris* Rn 32-018: „terms in the Convention should be given an autonomous meaning" und aaO 023);

5 (iv) Durch **teleologische** (den effet utile suchende) **Auslegung** in einer Weise, die der Verwirklichung der gemeinschaftsrechtlichen Ziele am besten dient (*Brödermann/Rosengarten* Rn 54, 284; MüKo/*Martiny* Art 36 Rn 25; s zB auch *Dicey/Morris* Rn 32-017: „purposive" approach). Ein Beispiel bietet implizit BAGE 63, 17, 33 f (zu Art 30 II): keine Beschränkung des Anwendungsbereichs einer Norm des Internationalen Schuldvertragsrechts durch ein älteres deutsches Gesetz. Die Auslegung mit Blick auf den effet utile gebietet zB die einheitliche Auslegung auch von Begriffen in Art 27–37, die auf nationales Recht verweisen (zB Art 27 III, 29 I, 30 I, 34: „zwingende Bestimmungen"; MüKo/*Martiny* Art 36 Rn 13 mwN; Palandt/*Heldrich* Art 36 Rn 1 mwN). Im Einzelfall kann auch die analoge Anwendung von Normen des EVÜ geboten sein, um dem dynamischen Charakter des Gemeinschaftsrechts gerecht zu werden (str; MüKo/*Martiny* Art 36 Rn 30 mwN); sowie

6 (v) durch eine Auslegung unter Einbeziehung **rechtsvergleichender Argumente** (auch wenn dies in der Praxis zT aufwendig ist): mit Berücksichtigung (a) von ausländischer Literatur (so zB LG Hburg ZIP 91, 1507, 1509) und (b) Rechtsprechung zur Anwendung des EVÜ in anderen Mitgliedstaaten (vgl http://www.rome-convention.org), s zB Staud/*Magnus* Art 36 Rn 22; Palandt/*Heldrich* Art 36 EG Rn 1; *Dicey/Morris* Rn 32-018); (c) von allgemeinen Rechtsgrundsätzen (MüKo/*Martiny* Art 36 Rn 28); ggf (d) von rechtspolitischen Wertungen in den anderen Vertragsstaaten des EVÜ (BGHZ 135, 125, 134: bei Prüfung der analogen Anwendung von Art 29 I).

7 Aufgrund zweier Protokolle zum EVÜ von 1988 (Abl 89 L 48 S 1 ff, 17 ff; BGBl 95 II, 916 ff, 923 ff; 05, 147, 148) haben die **obersten Gerichte** des Bundes und alle anderen Gerichte, die als **Rechtsmittelinstanz** entscheiden, seit 1. 8. 04 ein **fakultatives Vorlagerecht beim EuGH**, mit dessen Hilfe die deutschen Gerichte die Auslegung des dem deutschen Internationalen Schuldvertragsrecht zugrunde liegenden EVÜ klären können. Dazu ist die Auslegungsfrage für die der deutschen EGBGB-Norm zu Grunde liegenden EVÜ-Regelung darzulegen (MüKo/*Martiny* Art 36 Rn 35).

8 Das aus der Inkorporation des EVÜ in Art 27-37 (s Vor Art 27 Rn 13 f) folgende Auslegungsproblem wird sich für Fälle mit Bezug zu den meisten Mitgliedstaaten der EU (außer Dänemark und uU dem Vereinigten Königreich, s Vor Art 27 Rn 15) praktisch erledigen, sobald die **Rom I-Verordnung** in Kraft tritt (s Vor Art 27 Rn 15), die nach Art 249 S 2 EGV unmittelbar als gemeinschaftsrechtliches IPR gelten wird. Deren einheitliche Auslegung wird durch das allgemeine Vorabentscheidungsverfahren nach Art 68, 234 EGV sichergestellt werden.

9 **C. Sonderregelung für Art 29 a (Gemeinschaftsrechtskonforme Auslegung).** Art 29a beruht nicht auf dem EVÜ. Für ihn gilt zwar ausdrücklich nicht das Gebot der einheitlichen Auslegung aus Art 36, dafür aber das europarechtliche **Gebot der gemeinschaftskonformen** (hier: richtlinienkonformen) **Auslegung** (EuGH Urt v 4. 2. 88 – 157/86 Slg 88, 673 – Murphy Rn 11; vgl zB MüKo/*Sonnenberger* Einl IPR Rn 228), das für alles durch Richtlinien harmonisiertes IPR und anderes IPR gemeinschaftsrechtlichen Ursprungs gilt (*Brödermann/Rosengarten* Rn 54). Es gebietet insbes die Beachtung des **effet utile**: Im Zweifel ist Art 29 a als Norm gemeinschaftsrechtlichen Ursprungs in einer Weise auszulegen, die der Verwirklichung der gemeinschaftsrechtlichen Ziele am besten dient (aaO; Einl Rn 36; *Nicolaysen* Europarecht I, § 3 IV, insbes S 103; *Kropholler*

§ 10 III 2 e S 81; EuGH Urt v 19.6.90 – C – 213/89 Slg 90, I-2433 – Factortame). Der Instanzenrichter kann, der letztinstanzliche Richter muss eine Auslegungsfrage zu Art 29 a dem EuGH vorlegen (Art 234 EGV; vgl MüKo/*Sonnenberger* Einl IPR Rn 229).

Art. 37 Ausnahmen

¹Die Vorschriften dieses Unterabschnitts sind nicht anzuwenden auf
1. Verpflichtungen aus Wechseln, Schecks und anderen Inhaber- oder Orderpapieren, sofern die Verpflichtungen aus diesen anderen Wertpapieren aus deren Handelbarkeit entstehen;
2. Fragen betreffend das Gesellschaftsrecht, das Vereinsrecht und das Recht der juristischen Personen, wie zum Beispiel die Errichtung, die Rechts- und Handlungsfähigkeit, die innere Verfassung und die Auflösung von Gesellschaften, Vereinen und juristischen Personen sowie die persönliche gesetzliche Haftung der Gesellschafter und der Organe für die Schulden der Gesellschaft, des Vereins oder der juristischen Person;
3. die Frage, ob ein Vertreter die Person, für deren Rechnung er zu handeln vorgibt, Dritten gegenüber verpflichten kann, oder ob das Organ einer Gesellschaft, eines Vereins oder einer juristischen Person diese Gesellschaft, diesen Verein oder diese juristische Person gegenüber Dritten verpflichten kann;
4. Versicherungsverträge, die in dem Geltungsbereich des Vertrages zur Gründung der Europäischen Wirtschaftsgemeinschaft oder des Abkommens über den Europäischen Wirtschaftsraum belegene Risiken decken, mit Ausnahme von Rückversicherungsverträgen. Ist zu entscheiden, ob ein Risiko in diesem Gebiet belegen ist, so wendet das Gericht sein Recht an.
²Artikel 29 a findet auch in den Fällen des Satzes 1 Anwendung.

A. Überblick: Grenzen des Internationalen Vertragsrechts. Art 37 S 1 (der im Wesentlichen auf Art 1 II-IV 1
EVÜ beruht, vgl Vor Art 27 Rn 13) schließt einige Sachgebiete aus dem Anwendungsbereich des Internationalen Schuldrechts in Art 27 ff aus. Art 37 S 1 zeichnet damit die großen Grenzen des Internationalen Schuldrechts, während Art 32 die feineren Umrisse betrifft. Die durch Art 2 II Nr 3 FernAG ergänzte Regelung in Art 37 S 2 statuiert eine **Ausnahme zur Ausnahme:** Der nicht auf dem EVÜ beruhende **Art 29a** (s Art 29 Rn 1) gilt auch für die nach Art 37 S 1 ausgenommenen Rechtsgebiete des IPR: denkbar zB für (i) nach dem Gesellschaftsrecht eines Drittstaats gestaltete Fonds; (ii) gesellschaftsrechtliche Time-Sharing Verträge (*Freitag/Leible* EWS 00, 342, 349; *Staudinger* RIW 00, 416, 420; Palandt/*Heldrich* Art 37 Rn 2 oder (iii) Versicherungsverträge (str, so zB *Staudinger* RIW 00, aaO; MüKo/*Martiny* Art 174, Staud/*Magnus* Art 37 Rn 66; Palandt/*Heldrich* Art 37 Rn 2; aA zB Staud/*Armbrüster* Art 37 Anh I Rn 86).
Art 37 selbst unterliegt dem Gebot **einheitlicher Auslegung** aus Art 36 (Staud/*Magnus* Art 37 Rn 5; MüKo/ 2
Martiny Art 37 Rn 6). Es ist hinzunehmen und im Interesse der Kohärenz des Internationalen Schuldrechts auch geboten (Staud/*Magnus* Art 37 Rn 7: unabweisbar), wenn andere, ebenfalls **auf dem EVÜ beruhende Vorschriften außerhalb „dieses Unterabschnitts"** (Art 37 S 1) – Art 3 II S 2, 6, 11 II–IV, 12 – entgegen Art 1 II EVÜ auch auf Rechtsgebiete angewendet werden, die vom Geltungsbereich des EVÜ grds ausgenommen sind (BTDrs 10/503/*Giuliano*, S 45: für Versicherungsverträge; MüKo/*Martiny* Art 37 Rn 7).
Ebenso können **Art 27 ff selbst im Einzelfall auf ausgeschlossene Rechtsgebiete angewendet** werden: Die 3
Ausschlussnorm in Art 37 bzw Art 1 II, III EVÜ enthält keine Wertentscheidung gegen die Art 27 ff zu Grunde liegenden Prinzipien (so die zutreffende Lesart von MüKo/*Martiny* Art 37 Rn 8; von BGH NJW 94, 187: zum Grundsatz der Privatautonomie im Wechselrecht; s auch BGHZ 99, 207, 210: zur Anwendung von Art 31 im Wertpapierrecht). Art 37 S 1 soll für die genannten Gebiete lediglich die Reichweite der Kollisionsrechtsvereinheitlichung in Europa durch das EVÜ begrenzen (MüKo/*Martiny* aaO). Dementsprechend finden sich in allen nach Art 37 S 1 ausgeschlossenen Rechtsgebieten Beispiele für die analoge Anwendung von einzelnen Regelungen des Internationalen Schuldrechts (s Rn 7 ff).
Art 1 II EVÜ nennt einige **weitere** vom Anwendungsbereich des EVÜ **ausgenommene Rechtsgebiete,** deren 4
Abgrenzung gegenüber dem Internationalen Schuldrecht nach deutschem Qualifikationsdenken keiner ausdrücklichen Erwähnung bedurfte (s Staud/*Magnus* Art 37 Rn 3, 8 ff; MüKo/*Martiny* Art 37 Rn 10 ff): Recht des Personenstands sowie die Rechts-, Geschäfts- und Handlungsfähigkeit; Erb- und Familienrecht (Verträge, die eine gesetzliche Unterhaltspflicht oder das Sorgerecht zum Gegenstand haben, Staud/*Magnus* Art 37 Rn 12); Gerichtsstands- und Schiedsklauseln (s aber Vor Art 27 Rn 7); Trusts (nicht: reine Treuhandvereinbarungen, BTDrs 10/503/*Giuliano* S 45; Staud/*Magnus* Art 37 Rn 14); Beweis und Verfahren (s aber – als Ausnahme zur Ausnahme – Art 32 III; Art 14 EVÜ).

B. Die ausgenommenen Rechtsgebiete. I. Wertpapierrecht. Ausgeschlossen vom Anwendungsbereich der 5
Art 27 ff sind nach Art 37 S 1 Nr 1 **wertpapierrechtliche Verpflichtungen** aus Wechseln (bills of exchange) – auch Eigenwechseln (promissory notes, vgl Art 1 II c EVÜ; Staud/*Magnus* Art 37 Rn 16) – und Schecks (cheques) sowie **aus der Handelbarkeit** von anderen Inhaber- und Orderpapieren. Dabei ist Begriff der Han-

delbarkeit nach **Art 36 einheitlich** auslegbar (MüKo/*Martiny* Art 37 Rn 39 mwN; Soergel/*vHoffmann* Art 37 Rn 35). Er umfasst die im Interesse der Verkehrsfähigkeit besonders durch Abstraktheit und Formstrenge ausgestalteten Verpflichtungen (BTDrs 10/504 S 84). Ausgeschlossen von Art 27 ff sind deshalb die schuldrechtlichen Folgen aus der Übertragung durch Indossament oder durch Übergabe des Wertpapiers: gutgläubiger Erwerb des Anspruchs aus dem Papier, weitgehender Einwendungsausschluss (BTDrs 10/504 S 84; Staud/*Magnus* Art 37 Rn 47).

6 Hingegen ist **nach der lex fori** – dem am Gerichtsstand geltenden Recht – einschließlich des dort geltenden IPR zu entscheiden, **ob** ein Dokument als **handelbares Papier** einzuordnen ist (BTDrs 10/503/*Giuliano*, S 43; MüKo/*Martiny* Art 37 Rn 39; Staud/*Magnus* Art 37 Rn 45; Dicey/*Morris* Rn 33–323: s auch den Hinweis aaO 322 auf die unterschiedliche Qualifikation solcher Verträge durch die Mitgliedstaaten der EU). Nach deutschem Recht werden zB erfasst (Staud/*Magnus* Art 37 Rn 46): (i) **kaufmännische Orderpapiere** iSv § 363 **HGB**, zB Konnossement (BGHZ 99, 207, 209 f), Ladeschein, Lagerschein, soweit diese Papiere an Order ausgestellt sind; (ii) **Namensaktien** iSv § 68 I AktG; (iii) **Inhaberschuldverschreibungen und -aktien**.

7 Das IPR für wertpapierrechtliche Verpflichtungen ergibt sich **stattdessen zunächst** aus: (i) **Einheitskollisionsrecht** in (a) **Art 91 ff WG** (die Art 2 ff des Genfer Abkommens über Bestimmungen zum Einheitlichen Wechselrecht v 7. 6. 30 entsprechen – abgedruckt bei *Jayme/Hausmann* 2.Teil.K.III (derzeit Nr 123) – und zB kommentiert werden durch: MüKo/*Martiny* Art 37 Rn 16 ff; Staud/*Magnus* Art 37 Rn 17 ff; Soergel/*vHoffmann* Art 37 Rn 12 ff) und (b) in **Art 60 ff ScheckG** (die Art 2 ff des Genfer Abkommens über Bestimmungen auf dem Gebiet des internationalen Scheckprivatrechts v 19. 3. 31 entsprechen – abgedruckt bei *Jayme/Hausmann* 2.Teil.K.III (derzeit Nr 124) – und zB kommentiert werden durch: MüKo/*Martiny* Art 37 Rn 29 ff (auch zum **Eurocheck** in Rn 36); Staud/*Magnus* Art 37 Rn 33 ff; Soergel/*vHoffmann* Art 37 Rn 26 ff). Soweit das Einheitskollisionsrecht nicht abschließend regelt, ist **ergänzend** jeweils (bei a und b) auf **Art 27 ff** zurückzugreifen (BGHZ 99, 207, 210: **Zulässigkeit der Rechtswahl**; Staud/*Magnus* Art 37 Rn 19, 34, 49; Soergel/*v Hoffmann* Art 37 Rn 27; Baumbach/*Hefermehl* Vor Art 91 WG Rn 2; Baumbach/*Hefermehl* Vor Art 60 SchG; s auch oben Rn 3 zur Zulässigkeit des Rückgriffs auf Art 27 ff trotz des Ausschlusses in Art 37 Nr 1);

8 (ii) **Art 6 EGHGB** für Konossemente (Staud/*Magnus* Art 28 Rn 404 ff) sowie **Rechtsprechung und Lehre zu Inhaber- und Orderpapiere** (Staud/*Magnus* Art 37 Rn 48; MüKo/*Martiny* Art 37 Rn 42), wobei die Rechtsprechung zT Art 27 ff analog anwendet (zB BGHZ 99, 207, 210: Anwendung von Art 31 auf eine Rechtswahl- und Gerichtsstandsklausel in einem Orderkonnossement; s *Basedow* IPRax 88, 15, 16). Eine besondere kollisionsrechtliche Regelung für im **Effektengiro** übertragbare Wertpapiere enthält Art 9 der Finanzsicherheitenrichtlinie (MüKo/*Martiny* Art 37 Rn 39 mwN).

9 Das anwendbare Recht für **nicht in handelbarer Urkunde verkörperte Ansprüche** ist **nach Art 27 ff** (insbes Art 33) zu bestimmen (MüKo/*Martiny* Art 37 Rn 43): So insbes das Recht für Verträge über die Ausgabe oder den Verkauf von Wertpapieren (Dicey/*Morris* Rn 32–324; Staud/*Magnus* Art 37 Rn 51) und das auf Schadensersatzansprüche aus **fehlerhafter Wechsel- oder Scheckeinlösung** anwendbare Recht (aaO).

10 **II. Internationales Gesellschaftsrecht, Vertretungsmacht.** Das **Internationale Gesellschaftsrecht** einschließlich der Fragen der **organschaftlichen Vertretung** liegen außerhalb des Anwendungsbereichs des Internationalen Schuldrechts (Art 27 S 1 Nr 2 u Nr 3, 2. Teil; Staud/*Magnus* Art 37 Rn 55); dies soll auch nach dem Rom I VO-V (Art 1 II f) so bleiben. Es wird heute im Wesentlichen durch die unter Berücksichtigung der Grundfreiheiten entwickelte Rechtsprechung und Staatsverträge bestimmt (Vor Art 27 Rn 26 ff, 36 ff und, für die organschaftliche Vertretung, Vor Art 27 Rn 25 unter III.1). Ergänzend findet zT ein kollisionsrechtlicher Angleichungsprozess statt (s Vor Art 27 Rn 35).

11 Für einige Erscheinungsformen von „Gesellschaften" (Gelegenheitsgesellschaften, Innengesellschaften) ist das anwendbare Recht nach Art 27 ff zu ermitteln: s Vor Art 27 ff Rn 21 u 25 unter I 1. Ferner wird zT **Art 12 S 1** (der auch auf dem EVÜ beruht, vgl oben Rn 2) auch im sonst vom Internationalen Schuldvertragsrecht ausgeschlossenen Bereich des Internationalen Gesellschaftsrechts angewendet (s Vor Art 27 Rn 25); s.o. Rn 3 für die Möglichkeit der Anwendung des auf dem EVÜ beruhenden Internationalen Schuldrechts in einem nach Art 37 ausgeschlossenen Rechtsgebiet.

12 Das Internationale **Stellvertretungsrecht** (Art 27 S 1 Nr 3, 1. Teil) ist, soweit es die Fragen der **Vertretungsmacht** betrifft (Staud/*Magnus* Art 37 Rn 57 f), derzeit auch noch von der Anwendung von Art 27 ff ausgeschlossen: Es unterliegt den von der Rechtsprechung entwickelten Grundsätzen (s Vor Art 7–12 Rn 6 ff), soll aber nach dem Rom I VO-V (Art 7) künftig in das kodifizierte Internationale Schuldrecht aufgenommen werden (s Vor Art 27 Rn 16 unter (iv)). Vertragliche Fragen über aus Beziehungen zwischen Vertreter, Vertretenem und Dritten unterliegen im übrigen Art 27 ff (Staud/*Magnus* Art 37 Rn 57).

13 **III. Versicherungsverträge.** Das **Internationale Direktversicherungsrecht** für Risiken, die nach der lex fori (Art 37 Nr 4 S 2) **in der EU oder dem EWR** belegen sind (vgl Art 7 II EGVVG), ist nach Art 37 S 1 Ziff 4 S 1 – der auf Art 1 III, IV EVÜ und für die Ausdehnung der Ausnahme auf den EWR auf Art 4 des Dritten Durchführungsgesetzes/EWG zum VAG v 21. 7. 94 beruht – von der Anwendung von Art 27 ff ausgenommen. Insoweit gilt im Wesentlichen harmonisiertes IPR in **Art 7–15 EGVVG** (vgl BGH NJW 03, 1672, 1673), das auf mehreren Richtlinien beruht (s eingehende Kommentierung bei MüKo/*Martiny* Art 37 Rn 55 ff, 61–201;

Staud/*Armbrüster* Anh I zu Art 37 Rn 24 ff). Es verweist in Art 15 EGVVG ergänzend auf Art 27 ff, die insoweit entspr anwendbar sind (MüKo/*Martiny* Art 37 Rn 165 ff; Staud/*Armbrüster* Anh I zu Art 37 Rn 84 ff). Das Internationale Direktversicherungsrecht für **außerhalb der EU und des EWR** belegene Risiken (MüKo/ *Martiny* Art 37 Rn 187; Staud/*Armbrüster* Anh I zu Art 37 Rn 8 ff) und das **Internationale Rückversicherungsrecht** (ohne Unterscheidung nach der Risikobelegenheit) richtet sich nach Art 27 ff (Art 37 S 1 Nr 4 aE; Art 1 IV EVÜ); s zB *Mankowski* VersR 02, 1177, 1178; Staud/*Armbrüster* Anh I zu Art 37 Rn 13). Mangels Rechtswahl gilt nach Art 28 I das Recht des Versicherers bzw des Rückversicherers, für die Direktversicherung ggf nach Art 29 das Recht am gewöhnlichen Aufenthaltsort des Verbrauchers (Staud/*Magnus* Art 37 Rn 64 f).

14

Unterabschnitt 2   Außervertragliche Schuldverhältnisse

Vorbemerkungen vor Art 38 bis 42

A. Gesetzeslage. Das IPR der außervertraglichen Schuldverhältnisse (eingehend hierzu: MüKo/*Junker*, Vorb zu Art 38 Rn 1 ff mwN) war lange geprägt durch eine lediglich punktuelle Kodifizierung des Kollisionsrechts (hierzu iE: Art 3 Rn 2 ff), dessen Ausgestaltung und Anwendung im Wesentlichen **richterrechtlicher Rechtsfortbildung** oder sogar Rechtsschöpfung überlassen blieb. Spärliche Ausnahmen normierter Kollisionsregeln fanden sich lediglich in der Vorbehaltsklausel des **Art 38 des EGBGB idF v 25. 7. 86** (zuvor: Art 12) sowie in der Verordnung über die Rechtsanwendung bei Schädigungen deutscher Staatsangehöriger außerhalb des Reichsgebiets (**RAnwVO** – RGBl I S 706; BGBl III S 400-1-1), darüber hinaus in § 98 II GWB (jetzt § 130 II GWB) und seit der IPR-Reform v 25. 7. 86 (BGBl I S 1142) in **Art. 32 I Nr 5**.

1

Dieser – gewissermaßen gesetzeslose und teilweise (Art 38 EGBGB aF) im Hinblick auf Art 12 I EG-Vertrag auch problematische – Zustand ist durch das am 1. 6. 99 in Kraft getretene Gesetz zum Internationalen Privatrecht für außervertragliche Schuldverhältnisse und für Sachen v 21. 5. 99 (BGBl I S 1026) zugunsten einer die **außervertraglichen Schuldverhältnisse** regelnden Arrondierung des IPR beseitigt worden (zur Entstehungsgeschichte: Begr RegE BTDrs 14/343 S 6; vgl auch die Darstellungen bei *Wagner* IPRax 99, 210; *Pfeiffer* NJW 99, 3674, 3675–3677; *Spickhoff* NJW 99, 2209; *Staudinger* DB 99, 1589; *Kreuzer* RabelsZ 65, 383, 457–461). Art 4 des Gesetzes hebt die RAnwVO v 7. 12. 1942 mit Blick auf die nunmehr in Art 40 II niedergelegte Vorschrift auf (hierzu: Begr RegE BRDrs 759/98 S 50 = BTDrs 14/343 S 19); die Regelung in Art 38 aF ist in veränderter Form in die allgemeine Vorbehaltsklausel des Art 40 III eingeflossen. Allerdings ist abzusehen, dass die derzeitige Gesetzeslage nicht den Endpunkt der Entwicklung des IPR der außervertraglichen Schuldverhältnisse darstellen wird. 2004 hat die Europäische Kommission dem Europäischen Parlament nach ausführlichem Konsultationsverfahren einen Vorschlag für eine Verordnung des Europäischen Parlaments und des Rates über das auf außervertragliche Schuldverhältnisse anzuwendende Recht („ROM II" – KOM [03] 427 endg, abgedruckt zB in IPRax 05, 174; s.a.: *Benecke* RIW 03, 830; *Leible/Engel* EuZW 04, 7; *Siems* RIW 04, 662; *v Hein* ZVglRWiss 102, 528) zugeleitet. Der Vorschlag betrifft gem Art 1 I außervertragliche zivil- und handelsrechtliche Schuldverhältnisse, soll also als „komplementäres Instrument" zur geplanten „ROM I-Verordnung" alle Schuldverhältnisse erfassen, die keine freiwillig eingegangenen vertraglichen Verpflichtungen betreffen (Ausnahmen: Art 1 II). Vorgesehen sind allseitige Kollisionsregeln, die sich auch auf das Recht von Nicht-Mitgliedstaaten der EG erstrecken; es wird zwischen außervertraglichen Sachverhalten aus unerlaubter Handlung (Art 3–8) und solchen aus anderer als unerlaubter Handlung (Art 9) differenziert. Charakteristisch für die Regelungen sind die Möglichkeit einer Rechtswahl (Art 10), die Anknüpfung an eine engere Verbindung (zB Art 3 III, 9 V), insbes aufgrund eines bestehenden Rechtsverhältnisses (Art 9 I, 3 III), oder an den gemeinsamen gewöhnlichen Aufenthalt (Art 3 II, 9 II). Darüber hinaus finden sich zB Eingriffsnormen (Art 12) sowie ordre public-Vorbehalte (Art, 22, 24). Die Verweisungen sind gem Art 20 Sachnormverweisungen (was bei Verweisungen auf das Recht von Drittstaaten problematisch sein kann). Das Verhältnis zu anderen Gemeinschaftsrechtsakten ist in Art 23 geregelt, insbes bleibt nach Abs II Herkunftslandprinzip unberührt. Die Entschließung des Europäischen Parlaments vom 6. 7. 2005 zu diesem Entwurf (http://www.europarl.eu.int/omk/ sipade3?PUBREF=-//EP//TEXT+TA+P6-TA-2005-0284+0+DOC+XML+V0//DE&LEVEL=3&NAV=X&L=DE, Stand: 06. 02. 06) sieht erhebliche Modifikationen der geplanten Anknüpfungsregeln vor, insbes werden eine stärkere Verallgemeinerung der Kollisionsregeln und eine Reduzierung von Sonderregelungen für einzelne Sachbereiche angestrebt. Aufgrund dieser weit reichenden Änderungsvorschläge ist mit einer schnellen Umsetzung des Vorhabens nicht zu rechnen. Vgl jetzt auch den neuen Entwurf der Kommission (KOM [06] 83 endg vom 21. 2. 06, nach Drucklegung veröffentlicht).

2

B. Übergangsrecht. Das IPR-Gesetz v 21. 5. 1999 kodifiziert im Wesentlichen die schon bis dahin durch die Rechtsprechungspraxis angewendeten Anknüpfungsregeln. Vor diesem Hintergrund erschien eine besondere Übergangsregelung entbehrlich. Stattdessen sollen – so die Gesetzesbegründung (Begr RegE BR-Drucks. 759/

3

98 S 13) – **Art 220 I, 236 § 1** entsprechend auf das **intertemporale Kollisionsrecht** der IPR-Reform v 1999 angewendet werden. Demnach bleibt das ehemals richterrechtlich geprägte Kollisionsrecht auf vor dem 1. 6. 1999 **abgeschlossene Vorgänge** anwendbar. Für das Kriterium der Abgeschlossenheit kommt es nach wohl herrschendem **kollisionsrechtlichem Begriffsverständnis** darauf an, ob das maßgebliche Recht im konkreten Einzelfall bereits vor dem 1. 6. 99 **unwandelbar** feststand (so: Palandt/*Heldrich* Vorb v EGBGB 38 Rn 1 u Art 220 Rn 2; MüKo/*Junker* Vorb zu Art 38 Rn 13; Spickhoff NJW 99, 2209, 2210f), wohingegen die am **materiellen Recht** anknüpfende Gegenmeinung (bspw: Staud/*Dörner* Art 220, Rn 13) darauf abstellt, ob der kollisionsrechtlich relevante Vorgang bereits vor dem Inkrafttreten des neuen Statuts nach dem vom alten IPR berufenen Recht zu Rechtsfolgen geführt hat (iE zum Meinungsstand: Heß, Intertemporales Recht, S 243 ff). Große praktische Relevanz hat dieser Meinungsstreit nicht, weil die in Rede stehenden Tatbestände des Bereicherungsrechts (Art 38), der Geschäftsführung ohne Auftrag (Art 39) und des Deliktsrechts (Art 40) zumeist durch **punktuelle Ereignisse** (Leistung, Eingriff, Geschäftsbesorgung, Verletzungshandlung) verwirklicht werden, deren Rechtsfolgen mithin regelmäßig in dem Zeitpunkt eintreten, in dem auch die Unwandelbarkeit des maßgeblichen Rechts feststeht. Zu einem **Statutenwechsel** kann es demnach allenfalls bei **zeitlich gestreckten Sachverhalten** kommen, wie sie sich insbes bei **Dauerdelikten** (Staud/*v Hoffmann* Vor Art 40 Rn 74; Erman/*Hohloch* Art 40 Rn 19) sowie – iRd Art 38 II – bei **sukzessiven Eingriffen** in ein geschütztes Interesse (Palandt/*Heldrich* Vorb v EGBGB 38 Rn 1) ergeben.

4 **C. Grundlagen und Systematik.** Art 38 bis 42 sind – anders als Art 27 bis 37, die auf dem EVÜ beruhen – **autonomes deutsches Recht** (MüKo/Junker Vorb zu Art 38 Rn 5 mwN) und müssen als solches **völkerrechtlich** verankerten Kollisionsnormen weichen – Art 3 II 1, 2 (dazu i Zshg m den einzelnen Anknüpfungsregeln). Ihr Regelungsgehalt besteht aus einem dreigliedrigen Anknüpfungssystem mit **Grundregeln** zum Bereicherungsrecht (Art 38), zur Geschäftsführung ohne Auftrag (Art 39) und zum Deliktsrecht (Art 40), einer **offenen Ausweichklausel** (Art 41) sowie der Möglichkeit einer nachträglichen **Rechtswahl** (Art 42). Zu prüfen ist – entgegen der Regelungsabfolge – an erster Stelle, ob eine wirksame nachträgliche Rechtswahl iSd Art 42 vorliegt. Ist dies nicht der Fall, kommen in zweiter Linie die Regelanknüpfungen der Art 38–40 zum Zuge. Abschließend – mitunter aber vor der Ermittlung der Regelanknüpfung nicht klar zu trennen – ist darüber zu befinden, ob eine Anwendung der Ausweichklausel des Art 41 veranlasst ist – diese Prüfung kann in Einzelfällen allerdings mit der Ermittlung der Regelanknüpfung zusammenfallen (zur Systematik insbes MüKo/*Junker* Vorb zu Art 38 Rn 12; Staud/*v Hoffmann* Art 38 Rn 3 aE; *Spickhoff* NJW 99, 2209, 2213).

5 Die Anknüpfungen der Art 38ff verzichten bewusst auf ein ausdifferenziertes Anknüpfungssystem mit Detailregelungen und beschränken sich stattdessen auf wenige **Grundregeln,** die dem Prinzip der engsten Verbindung verpflichtet sind. Auch die in Art 38 I, 39 II, 40 IV Alt 2, 41 II Nr 1 enthaltenen **akzessorischen Anknüpfungen** an das IPR der vertraglichen Schuldverhältnisse, durch die ein kollisionsrechtlicher Gleichlauf zwischen außervertraglichen Ansprüchen und den ihnen zugrunde liegenden Rechtsverhältnissen gewährleistet werden soll, stellen auf die engste Verbindung ab. Aufgrund der Allgemeinheit der Formulierungen der Anknüpfungsregelungen besteht eine starke Tendenz zur Fallgruppenbildung; teilweise kann zur **Auslegung** auf die Rspr vor 1999 zurückgegriffen werden, sofern die neuen Vorschriften nicht bewusst von ihr abweichen. Bei Binnenmarktbezug sind die Regelungen ggf europarechtskonform auszulegen (dazu im Zusammenhang mit den einzelnen Vorschriften).

Art. 38 Ungerechtfertigte Bereicherung

(1) Bereicherungsansprüche wegen erbrachter Leistung unterliegen dem Recht, das auf das Rechtsverhältnis anzuwenden ist, auf das die Leistung bezogen ist.
(2) Ansprüche wegen Bereicherung durch Eingriff in ein geschütztes Interesse unterliegen dem Recht des Staates, in dem der Eingriff geschehen ist.
(3) In sonstigen Fällen unterliegen Ansprüche aus ungerechtfertigter Bereicherung dem Recht des Staates, in dem die Bereicherung eingetreten ist.

1 **A. Normzweck und Anwendungsbereich.** Art 38 enthält **Regelanknüpfungen** für Tatbestände der ungerechtfertigten Bereicherung, die typologisch nach den Erscheinungsformen des Bereicherungsausgleichs im deutschen materiellen Recht gegliedert sind. I betrifft die Fälle der **Leistungskondiktion** (Rn 3 ff), II die der **Eingriffskondiktion** (Rn 7 f) und III dient als Auffangtatbestand für **Kondiktionen in sonstiger Weise** (Rn 9). Schon aus dem knapp gefassten Wortlaut der Vorschrift erhellt sich, dass Art 38 anstelle eines detaillierten Anknüpfungssystems lediglich **Grundregeln** aufstellt, die im Zusammenspiel mit Art 41 (zur Bedeutung der Vorschrift für akzessorische Anknüpfungen s dort) die notwendige **Flexibilität** gewährleisten sollen, um für die kollisionsrechtliche Beurteilung der zT überaus komplexen Sachverhalte des Bereicherungsausgleichs insbes iRv Mehrpersonenverhältnissen eine ausreichend sichere und zugleich handhabbare Rechtsgrundlage zu schaffen (MüKo/*Junker* Art 38 Rn 1; zum Verhältnis zwischen Art 38, 41, 42 vgl Einf zu Art 38-42 Rn 4). Ziel des in Art 38 niedergelegten Regelungssystems ist es, einen kollisionsrechtlichen **Gleichlauf** zwischen

außervertraglichen Bereicherungsansprüchen und den ihnen zugrunde liegenden Rechtsverhältnissen sicherzustellen (Begr RegE BRDrs 759/98, S 15 = BTDrs 14/343, S 8; s auch: AnwK/*Huber* Art 38 Rn 3). Das ist für die Leistungskondiktion das **Vertragsstatut**, für die Eingriffskondiktion das **Deliktsstatut** (Palandt/*Heldrich* Art 38 Rn 1; *Hohloch/Jaeger* JuS 00, 1133, 1134; *Spickhoff* NJW 99, 2209, 2211). Die Anknüpfungsregeln des Art 38 sind also in diesem Sinne **akzessorisch** (vgl bspw für Leistungskondiktion: Saarbr EWiR 03, 707).
Aus Art 4 I folgt, dass **Rück- und Weiterverweisungen** nach Art 38 grds als **Gesamtverweisungen** zu befolgen sind. Das gilt allerdings nicht, soweit dies dem Sinn der Verweisung widersprechen würde (grds hierzu: BTDrs 10/5632 S 39; *Mäsch* RabelsZ 97, 307; vgl auch: MüKo/*Junker* Art 38 Rn 35). Die sich hieraus ergebenden Beschränkungen eines **Renvoi** reichen weit: So enthält zunächst **Art 32 I Nr 5** eine ausdrückliche Ausnahme vom Prinzip der Gesamtverweisung, weil die bereicherungsrechtliche Rückabwicklung eines nichtigen Schuldvertrages danach unmittelbar dem Vertragsstatut unterliegt (Staud/*v Hoffmann/Fuchs* Art 38 Rn 34; vgl Rn 3). Auch darüber hinaus ist die Verweisung in Art 38 I mit Rücksicht auf ihre akzessorische Bindung an das Vertragsstatut als **Sachnormverweisung** anzusehen (zur Unterscheidung: Art 4 Rn 2, 9 ff). Des Weiteren führt der erstrebte kollisionsrechtliche Gleichlauf zwischen den Tatbeständen der **Eingriffskondiktion** (Art 38 II) und deliktischen Ansprüchen jedenfalls immer dann zur Sachnormverweisung, wenn auch die deliktische Anknüpfungsnorm einer solchen unterliegt (Staud/*v Hoffmann/Fuchs* Art 38 Rn 36; AnwK/*Huber* Art 38 Rn 51; MüKo/*Junker* Art 38 Rn 35; *Fischer* IPrax 02, 1, 9; aA: Palandt/*Heldrich* Art 39 Rn 1 aE). Ebenfalls unbeachtlich ist der Renvoi bei nachträglicher Rechtswahl – Art 42 iVm Art 4 II (MüKo/*Junker* Art 38 Rn 36) und – nach hier vertretener Auffassung – iRd Ausweichklauseln gemäß Art 41 I, II Nr 1, nicht hingegen nach Art 41 II Nr 2 (iE hierzu: Art 41 Rn 2).
Das Bereicherungsstatut ist entscheidend für alle mit dem jeweiligen Bereicherungsanspruch in Zusammenhang stehenden Fragen. Es betrifft also nicht nur die Entstehung und den Umfang des Anspruchs, sondern auch seine Erstreckung auf Nutzungen und Surrogate, evt Wertersatzansprüche, den Einwand des Wegfalls der Bereicherung sowie die Folgen der Saldierung und der in § 818 IV normierten Haftungsverschärfung (allgM; statt aller: Palandt/*Heldrich* Art 38 Rn 5). Art 40 II (Kappungsgrenze) gilt nicht (MüKo/*Junker* Art 38 Rn 32; Erman/*Hohloch* Art 38 Rn 4). Keine Anwendung findet Art 38 auf die **Gläubigeranfechtung** außerhalb des Insolvenzverfahrens, für die das Statut des anzufechtenden Erwerbsvorganges gilt (§ 19 AnfG; BGH NJW 99, 1395; Ddorf IPrax 00, 534, 537).

B. Tatbestand. I. Leistungskondiktionen – Art 38 I. 1. Grundlagen. Die bereicherungsrechtliche Rückforderung rechtsgrundlos erbrachter **Leistungen** ist nach dem für die zugrunde liegenden Rechtsbeziehungen maßgeblichen **Schuldstatut** zu beurteilen (Palandt/*Heldrich* Art 39 Rn 2; keine Anwendung finden das Sachstatut und das sog Vernichtungsstatut – MüKo/*Junker* Vorb zu Art 38 Rn 10 f mwN). Das folgt für den weitaus wichtigsten Bereich der Leistungskondiktionen im Bereich der **Rückabwicklung nichtiger Schuldverträge** indes nicht aus Art 38 I, sondern unmittelbar aus dem in **Art 32 II Nr 5** auf staatsvertraglicher Grundlage niedergelegten Vertragsstatut, dem als solches Vorrang vor Art 38 I gebührt, der – ebenso wie die übrigen Regelungen in Art 38 – lediglich eine vom deutschen Gesetzgeber autonom erlassene (MüKo/*Junker* Vorb zu Art 38 Rn 5 mwN) und deshalb nachrangige Kollisionsnorm enthält – Art 3 II 1, 2 (s Einf zu Art 38–42 Rn 4). Damit reduziert sich der Anwendungsbereich des Art 38 I faktisch auf Verträge außerhalb des Geltungsbereichs der Art 27–37 (bspw: Erbverträge – Art 25, 26; Gesellschaftsverträge – Art 37 Nr 2), auf **überobligatorische Leistungen** auf eine bestehende Vertragsschuld (Frankf RIW 79, 204), **Vorleistungen** im Hinblick auf die tatsächlich enttäuschte Erwartung eines späteren Vertragsschlusses (BGHZ 73, 391, 393) sowie auf rechtsgrundlose mit Bezug auf ein **gesetzliches Schuldverhältnis** getätigte Zuwendungen (hierzu: *Wagner* IPRax 98, 429, 431; Staud/*v Hoffmann/Fuchs* Art 38 Rn 2; AnwK/*Huber* Art 38 Rn 11).

2. Mehrpersonenverhältnisse. Art 38 I verzichtet bewusst im Interesse einer möglichst flexiblen Regelung auf spezielle Vorgaben für die kollisionsrechtliche Erfassung des **Bereicherungsausgleichs in Mehrpersonenverhältnissen** (vgl: Begr RegE BRDrs 759/98 S 15 = BTDrs 14/343 S 8). In demnach gebotener Anwendung der obigen Grundsätze greift für die Rückabwicklung rechtsgrundloser Leistungen das Vertragsstatut des Rechtsverhältnisses, auf das sich die herausverlangte Leistung bezieht (MüKo/*Junker* Vorb zu Art 38 Rn 12; Palandt/*Heldrich* Art 39 Rn 2). Hieraus lassen sich folgende Erkenntnisse gewinnen: Materiell-rechtlich gilt auch für Mehrpersonenverhältnisse der Grundsatz, dass der Bereicherungsausgleich zwischen den Parteien des gestörten Vertragsverhältnisses zu erfolgen hat (iE hierzu: § 812 BGB Rn 76 ff). Das bedeutet für die insoweit exemplarischen **Anweisungslagen** (iE § 812 BGB Rn 85 ff), dass für Kondiktionsansprüche des Angewiesenen gegen den Anweisenden grds das Statut des fehlerhaften **Deckungsverhältnisses**, für Ansprüche des Anweisenden gegen den Zuwendungsempfänger das des **Valutaverhältnisses** maßgebend ist (Palandt/*Heldrich* Art 39 Rn 2), und zwar in aller Regel auch beim sog **Doppelmangel**, wenn der Bereicherungsausgleich „über Eck" stattzufinden hat (vgl: § 812 BGB Rn 90). Darf der Zuwendende indes ausnahmsweise außerhalb der bestehenden vertraglichen Beziehungen **direkt** beim Zuwendungsempfänger kondizieren, wie bspw der Angewiesene bei Zuwendungen infolge einer **anfänglich unwirksamen** oder vom Anweisenden erkennbar **widerrufenen Anweisung** (hierzu § 812 BGB Rn 93 ff; zur Direktkondiktion beim rechtsgeschäftlichen Erwerb vom Nichtberechtigten – § 812 BGB Rn 81 ff), so kommt für den dann aus dem Gesichtspunkt der **Nichtleistungs-**

kondiktion (§ 812 I 1 Alt 2 BGB) vorzunehmenden Bereicherungsausgleich eine Anknüpfung an das Vertragsstatut nach zutreffender Auffassung nicht in Betracht. Maßgeblich ist dann vielmehr Art 38 III und es gilt das **Recht am Ort des Bereicherungseintritts** (BGH NJW 04, 1315; Erman/*Hohloch* Art 39 Rn 8; MüKo/*Junker* Vorb zu Art 38 Rn 18 mwN; jetzt auch: Palandt/*Heldrich* Art 38 Rn 2; aA: *Fischer* IPRax 02, 7).

6 Besonderheiten ergeben sich allerdings insbes für Zahlungen auf **abgetretene Forderungen** sowie für Zahlungen des **Sicherungsgebers (Bürgen)**. Im erstgenannten Fall richten sich Bereicherungsansprüche des (vermeintlichen) Schuldners bei mangelhaftem Kausalverhältnis stets nach dem an die Kausalbeziehung zwischen Schuldner und Zedent anknüpfenden **Forderungsstatut**. Das folgt für die Kondiktion beim Zedenten aus Art 38 I, für evt Bereicherungsansprüche gegen den Zessionar aus Art 33 II iVm Art 38 I (MüKo/*Junker* Vorb zu Art 38 Rn 15 mwN). Für die Kondiktion des **Sicherungsgebers** (Bürgen) beim Sicherungsnehmer (Gläubiger) gilt ebenso wie für seinen Regress beim entlasteten Hauptschuldner das **Statut des Sicherungsvertrages** –Art 33 III 1 (*Schlechtriem* IPRax 95, 65; Staud/*v Hoffmann/Fuchs* Art 38 Rn 21), es sei denn bei fehlerhaftem Kausalverhältnis zwischen Bürgen und Hauptschuldner, welches dann im Wege der akzessorischen Anknüpfung nach Art 41 II Nr 1 als das Maßgebliche anzusehen ist (MüKo/*Junker* Art 38 Rn 14 mwN). Schließlich ist für die Fälle der **freiwilligen Tilgung fremder Schulden** auf Art 32 I Nr 2 hinzuweisen, wonach für Bereicherungsansprüche des Dritten das Statut der (vermeintlich) getilgten Schuld entscheidend ist, und zwar über Art 41 II Nr 1 auch dann, wenn es um den Rückgriff des Dritten gegen den (vermeintlichen) Schuldner geht (Staud/*v Hoffmann/Fuchs* Art 38 Rn 19; AnwK/*Huber* Art 38 Rn 42).

7 **II. Eingriffskondiktionen – Art 38 II.** Die Tatbestände der Eingriffskondiktion (§§ 812 I 1 Alt 2; 816 BGB) unterliegen gemäß Art 39 II der Rechtsordnung des Staates, in dem der Eingriff erfolgt ist. Maßgebend ist nicht die Belegenheit des Eingriffsobjekts, sondern der **Eingriffsort** (vgl: Begr RegE BRDrs 759/98 S 17 = BTDrs 14/343 S 8). Der solcherart geschaffene Gleichlauf mit dem **Deliktsstatut** (Art 40 I) wirkt sich bei Eingriffen in **nicht gegenständliche** Rechtsgüter aus, die von Art 38 II seinem Wortlaut nach („geschütztes Interesse") umfasst sind. Ansonsten gilt für Eingriffe in dingliche Rechte an Sachen – etwa durch Verfügung oder Verarbeitung des Nichtberechtigten (§ 816 I 1 BGB) – das Recht des Lagerortes zum maßgeblichen Zeitpunkt des Eingriffs (Düsseldorf VersR 00, 461). Soweit **Handlungsort** und **Erfolgsort** auseinanderfallen, dürfte entsprechend Art 40 I 2 der Weg über eine Rechtswahl eröffnet sein (Palandt/*Heldrich* Art 39 Rn 3; *Kreuzer* RabelsZ 65 (01) 383, 407; *Spickhoff* NJW 99, 2209, 2211).

8 In Einzelfällen kann sich vorbehaltlich einer auch insoweit möglichen **Rechtswahl** nach Art 42 für den Bereich der Eingriffskondiktionen über Art 41 das maßgebliche Rechtsstatut aus dem Kriterium der „**wesentlich engeren Verbindung**" ergeben. Denkbar beispielsweise, wenn die bereicherungsrechtlich relevanten Rechtsverhältnisse durch parallele Vertragsbeziehungen zwischen den Beteiligten überlagert sind (*Fischer* IPRax 02, 5) oder die Bestimmung des Eingriffsorts Schwierigkeiten bereitet und deshalb anderweitige Umstände zur Ermittlung der engsten Verbindung iSd Art 42 I heranzuziehen sind (Palandt/*Heldrich* Art 38 Rn 3 nwN).

9 **III. Sonstige Bereicherungsansprüche – Art 38 III.** Art 38 III enthält eine Auffangnorm für alle nicht von Abs. I und II erfassten Kondiktionstatbestände. Hiervon umfasst sind insbes die Fälle der **Direktkondiktion** bei Anweisungslagen (oben Rn 5) sowie die Tatbestände der **Aufwendungs-** (s § 812 BGB Rn 66 ff) und **Rückgriffskondiktion** (s § 812 BGB Rn 102 f). Dann gilt das Recht am **Ort des Bereicherungseintritts**, regelmäßig der Aufenthaltsort des Zuwendungsempfängers, iRd Aufwendungskondiktion ggf auch der Lagerort der bearbeiteten Sache.

Art 39 Geschäftsführung ohne Auftrag

(1) Gesetzliche Ansprüche aus der Besorgung eines fremden Geschäfts unterliegen dem Recht des Staates, in dem das Geschäft vorgenommen worden ist.
(2) Ansprüche aus der Tilgung einer fremden Verbindlichkeit unterliegen dem Recht, das auf die Verbindlichkeit anzuwenden ist.

1 **A. Überblick. I. Anknüpfung an den Vornahmeort.** Art 39 I regelt die **Grundanknüpfung** für Ansprüche des Geschäftsherrn gegen den Geschäftsführer, aber auch für Ansprüche des Geschäftsführers gegen den Geschäftsherrn aus einer Geschäftsführung ohne Auftrag (GoA). Maßgebend für die Bestimmung des anzuwendenden Rechts ist danach der Ort der Vornahme des Geschäfts (lex loci gestionis), zu dem regelmäßig die engste Beziehung des Sachverhalts besteht (MüKo/*Junker* Art 39 EGBGB Rn 1). Ferner stellt der Vornahmeort im Gegensatz zu personenbezogenen Kriterien ein neutrales Anknüpfungsmerkmal für die wechselseitigen Ansprüche dar und trägt auf diese Weise dem Ausgleich der Interessen der Beteiligten angemessen Rechnung (*Kreuzer* RabelsZ 65 (01) 383, 411, ähnlich *Fischer* IPRax 02, 1, 11). Darüber hinaus wird der Vornahmeort häufig dem Eingriffsort (Art 38 II) und dem Tatort (Art 40 I) entspr, sodass das Statut der GoA und das der Eingriffkondiktion sowie das Deliktsstatut vielfach übereinstimmen (Staud/*v Hoffmann/Thorn* Art 39 EGBGB Rn 9).

II. Ausnahme. In Art 39 II ist für die Fallgruppe der Tilgung fremder Verbindlichkeiten eine Ausnahme vorgesehen. Die Anknüpfung erfolgt insoweit **akzessorisch** an das Recht, das auf die getilgte Verbindlichkeit anzuwenden ist (Schuldstatut). Der Regressanspruch des Geschäftsführers und die mit der Tilgungswirkung verbundene Befreiung des Geschäftsherrn von der ursprünglichen Verbindlichkeit stehen in einem inneren Zusammenhang. Die Anknüpfung an das räumliche Kriterium des Vornahmeortes würde dagegen zu unangemessenen Ergebnissen führen, weil der Geschäftsführer das anwendbare Recht über die Bestimmung des Leistungs- bzw Zahlungsortes wählen könnte (Staud/*v Hoffmann/Thorn* Art 39 EGBGB Rn 9).

III. Vorrangige Regelungen. Die Regelung in Art 39 wird durch eine nachträgliche **Rechtswahl** (Art 42) verdrängt. Die Wahl kann ausdrücklich oder konkludent erfolgen, auch iRe Prozesses (Kobl NJW 92, 2367). Mangels Rechtswahl kann die (Grund-)Anknüpfung ferner auf der Grundlage der **Ausweichklausel** in Art 41 korrigiert werden. Danach werden außervertragliche Ansprüche an das Recht der „engsten Verbindung" angeknüpft. Eine solche engere Verbindung kann sich insbes aus einer bereits bestehenden rechtlichen oder tatsächlichen Beziehung zwischen den Beteiligten (Art 41 II Nr 1) oder aus einem gewöhnlichen Aufenthalt der Beteiligten in demselben Staat im Zeitpunkt der Besorgung des fremden Geschäfts (Art 41 II Nr 2) ergeben. Verdrängt wird Art 39 darüber hinaus durch staatsvertragliche Regelungen (Art 3 II). Für eine GoA, gerichtet auf Hilfeleistungen bei der Bergung in See- und Binnengewässern, ist das Internationale Übereinkommen über Bergung (**IÜB**) vorrangig (Übereinkommen v. 28.4.1989, abgedruckt bei Staud/*v Hoffmann/Thorn* Art 39 EGBGB Rn 25). Danach wird eine Vergütung für die Bergung bei Erfolg oder der Abwendung bzw Begrenzung drohender Umweltschäden gewährt. Auf hoher See ist regelmäßig das Heimatrecht des hilfsbedürftigen Schiffes berufen (MüKo/*Junker* Art 39 EGBGB Rn 18; Bestimmung durch den Heimathafen, ersatzweise durch die Flagge). Für den Erstattungsanspruch gegen einen Unterhaltsschuldner ist die gegenüber Art 39 II vorrangige Anknüpfung in Art 18 VI Nr 3 zu beachten.

B. Geschäftsführung ohne Auftrag. Das IPR der GoA spielt in der Rechtspraxis nur eine untergeordnete Rolle. Rechtsprechung ist verglichen mit anderen gesetzlichen Ausgleichsregeln in weit geringerem Umfang vorhanden (Staud/*v Hoffmann/Thorn* Art 39 EGBGB Rn 1). Die kollisionsrechtliche **Qualifikation der GoA** iSd Art 39 erfolgt im Einklang mit den allgemeinen Grundsätzen nach der lex fori (MüKo/*Junker* Art 39 EGBGB Rn 4). Dabei ist zu berücksichtigen, dass der kollisionsrechtliche und der materiell-rechtliche Begriff der GoA nicht identisch sind. Zwingende Voraussetzung für das kollisionsrechtliche Verständnis der GoA ist neben der Kenntnis von der Fremdheit des Geschäfts der Wille zur Fremdgeschäftsführung. Daher fallen die irrtümliche oder vermeintliche GoA (§ 687 I BGB) sowie die Geschäftsanmaßung (§ 687 II BGB) nicht in den Anwendungsbereich des Art 39 (Staud/*v Hoffmann/Thorn* Art 39 EGBGB Rn 2). Gleiches gilt für die Fallgruppen der öffentlich-rechtlichen GoA (dazu § 677 BGB Rn 26 ff).

I. Grundregel. Falls keine nachträgliche Rechtswahl getroffen wurde (Art 42) und andere vorrangige Regelungen ebenfalls nicht eingreifen (Rn 3), unterstellt Art 39 I die Ansprüche aus GoA dem Recht des Staates, in dem das Geschäft vorgenommen wurde. Die Anknüpfung gilt für die Ansprüche des Geschäftsführers und solche des Geschäftsherrn. Der Vornahmeort ist insoweit sachgerechtes Anknüpfungskriterium, weil schützenswerte Interessen der Beteiligten regelmäßig an diesem Ort aufeinander treffen (zB Nothilfe bei einem Bergunglück; Staud/*v Hoffmann/Thorn* Art 39 EGBGB Rn 9). Das berufene Recht entscheidet über die Berechtigung einer Geschäftsführung, Voraussetzungen (zB Haftungsmaßstab), Inhalt und Umfang der jeweiligen Ansprüche, aber auch über deren Bestand und Nichterfüllungsfolgen (Erman/*Hohloch* Art 39 EGBGB Rn 11).

Der Vornahmeort kann bei **sukzessiv vorgenommener Geschäftsführung** an mehreren Orten liegen und verschiedene Rechtsordnungen berühren (zB bei grenzüberschreitender Unfallrettung). In der Literatur besteht Einigkeit darüber, dass ein einzelnes, einheitliches Geschäft durch das Kollisionsrecht und die Berufung verschiedener Rechtsordnungen nicht aufgeteilt werden soll. Zur Vermeidung wird vorgeschlagen, eine einzelfallbezogene Schwerpunktbetrachtung vorzunehmen (BaRoth/*Spickhoff* Art 39 EGBGB Rn 3) oder – vorzugswürdig – den Ort des Tätigkeitsbeginns für die Bestimmung des anzuwendenden Rechts heranzuziehen (Staud/*v Hoffmann/Thorn* Art 39 EGBGB Rn 14; MüKo/*Junker* Art 39 EGBGB Rn 8). Werden sukzessiv mehrere Geschäftsführer tätig, ist jede GoA einzeln anzuknüpfen.

Der Vornahmeort kann gespalten sein, wenn **Handlungs- und Erfolgsort** voneinander abweichen (zB telefonische Beauftragung eines Handwerkers für Reparaturen im Ferienhaus des Nachbarn in Spanien). Eine alternative Anknüpfung entspr dem Deliktsrecht (Art 40 I) kommt für die GoA nicht in Betracht, da häufig wechselseitige Ansprüche aus einer Geschäftsführung entstehen. Um Gefahren der Manipulation vorzubeugen, sprechen die besseren Argumente dafür, generell auf den Erfolgsort abzustellen (Staud/*v Hoffmann/Thorn* Art 39 EGBGB Rn 12; MüKo/*Junker* Art 39 EGBGB Rn 9). Unter verschiedenen Erfolgsorten in mehreren Staaten ist der Schwerpunkt zu ermitteln (zB Verwaltung eines Vermögens mit Bestandteilen in zahlreichen Staaten; aA BaRoth/*Spickhoff* Art 39 EGBGB Rn 3: Handlungsort). Dabei ist allerdings zu berücksichtigen, dass die Ausweichklausel des Art 41 II Nr 1 in solchen Fällen eingreifen kann und Korrekturen ermöglicht.

8 II. Differenzierung nach Typen. Die GoA kann in unterschiedlichen Fallgruppen oder Typen auftreten. Dabei lassen sich die Nothilfe, die Einwirkung auf fremde Sachen oder Rechte und die Tilgung fremder Verbindlichkeiten unterscheiden. Nur für letzteren Typ hat der Gesetzgeber eine Sonderregelung vorgesehen (Art 39 II). In den anderen Fallgruppen geht es darum, für die Ansprüche aus GoA und parallele Ansprüche aus weiteren gesetzlichen Schuldverhältnissen (Bereicherung, Delikt, EBV) die gleiche Rechtsordnung zu berufen. Zur Auflockerung der Grundregel stellt die Ausweichklausel (Art 41) ein geeignetes Hilfsmittel dar.

9 1. Nothilfe. Bei der Nothilfe zur Abwehr von Gefahren für andere Personen oder fremde Sachen ist Vornahmeort der Ort der Hilfeleistung (Staud/*v Hoffmann/Thorn* Art 39 EGBGB Rn 18; MüKo/*Junker* Art 39 EGBGB Rn 12). Im Zusammenhang mit einem Behandlungsvertrag kommt eine akzessorische Anknüpfung an das Vertragsstatut in Betracht (Art 41 II Nr 1; Kobl, NJW 92, 2367). Bei Bergungsmaßnahmen in Seen und Gewässern ist das IÜB zu beachten (Rn 3). Außerhalb des Anwendungsbereichs des Abkommens gilt die Grundregel des Art 39 I mit der Maßgabe, dass der Vornahmeort auf hoher See grds – mangels geltender Rechtsordnung – das Heimatrecht des hilfsbedürftigen Schiffes beruft. Korrekturen können über Art 41 erreicht werden (akzessorisches Vertragsstatut; gemeinsames Heimatrecht der beteiligten Schiffe, siehe Rn 13).

10 2. Einwirkung auf fremde Güter. IRe GoA können Einwirkungen auf fremde Sachen und Rechte erfolgen. Typische Einwirkungen sind Nutzungen, bei Sachen auch die Veräußerung und Verwendungen. Ziel der Anknüpfung muss es sein, für die unterschiedlichen gesetzlichen Ansprüche zu einem einheitlichen Statut zu gelangen (Staud/*v Hoffmann/Thorn* Art 39 EGBGB Rn 35). Der Vornahmeort entspricht insoweit regelmäßig dem **Einwirkungsort**, was zum Gleichklang mit der lex rei sitae (Art 43) führt. Für Schutzrechte kommt es im Hinblick auf den Erfolgsbezug der Auswirkung an, danach ist die Rechtsordnung des Schutzlandes berufen (Staud/*v Hoffmann/Thorn* Art 39 EGBGB Rn 35). Die Anknüpfung für Ausgleichsansprüche aus der GoA ist bei Verbringen einer beweglichen Sache ins Ausland nicht wandelbar. Der Gleichklang der Statuten wird insoweit durch akzessorische Anknüpfung der anderen Ansprüche an das Statut der GoA erreicht (Staud/*v Hoffmann/Thorn* Art 39 EGBGB Rn 37).

11 3. Tilgung fremder Verbindlichkeiten. Der Ausgleichsanspruch bei der Geschäftsführung mit dem Ziel der Tilgung einer fremden Verbindlichkeit, die ohne Verpflichtung (zB Vertrag oder Gesetz) gegenüber dem Schuldner erfolgt – also freiwillig –, wird nach Art 39 II akzessorisch angeknüpft. Eine Verpflichtung des Geschäftsführers gegenüber dem Gläubiger oder Dritten steht der Anknüpfung des Ausgleichsanspruchs an das Schuldstatut nicht entgegen, soweit Raum für die Fremdnützigkeit des Geschäfts verbleibt. Das Schuldstatut hängt von der getilgten Verbindlichkeit ab. Für vertragliche Ansprüche ist das jeweilige Vertragsstatut maßgebend, für die Tilgung von Schadensersatzansprüchen aus unerlaubter Handlung das Deliktsstatut (Staud/*v Hoffmann/Thorn* Art 39 EGBGB Rn 40). Besteht eine Verpflichtung des Geschäftsführers gegenüber dem Gläubiger, bestimmt sich ein der GoA vorrangiger Übergang der Forderung auf den zahlenden Geschäftsführer nach Art 33 III (Zessionsgrundstatut).

12 Mit anderen Ersatzansprüchen, insbes der Rückgriffskondiktion (Art 38 III) ist ein **einheitliches Statut** über Art 41 II Nr 1 anzustreben. Im Übrigen ist bei einer Auflockerung über die Ausweichklausel (insbes über Art 41 II Nr 2) Zurückhaltung geboten. Vorrangig ggü Art 39 II ist bei Erstattungsansprüchen wegen der Tilgung von Unterhaltsverpflichtungen Art 18 VI Nr 3, wenn Einrichtungen, die öffentliche Aufgaben wahrnehmen, als Geschäftsführer auftreten. Die Erstattungsansprüche anderer Personen gegen einen unterhaltspflichtigen Geschäftsherrn werden nach Art 39 II akzessorisch angeknüpft (Unterhaltsstatut; MüKo/*Junker* Art 39 EGBGB Rn 23). Auf die auftragslose Bestellung einer Sicherheit für eine fremde Verbindlichkeit findet Art 39 II entspr Anwendung (*Wandt*, Die GoA im Internationalen Privatrecht, 1989, 189).

13 III. Ausweichklausel. Abweichend von Art 39 werden außervertragliche Ansprüche an das Recht der „engsten Verbindung" angeknüpft (Art 41). Bedeutung erlangt die Ausweichklausel in Bezug auf die GoA in erster Linie bei Maßgabe der örtlichen Anknüpfung der Ansprüche an den Vornahmeort (siehe Rn 5 ff). Dabei sind insbes die beiden Regelbeispiele: akzessorischen Anknüpfung an eine Sonderbeziehung (Art 41 II Nr 1) und gemeinsamer gewöhnlicher Aufenthaltsort der Beteiligten (Art 41 II Nr 2) geeignet, die Grundanknüpfung zu korrigieren. Als **Sonderbeziehungen** kommen neben vertraglichen Verbindungen auch Verwandtschafts- bzw Unterhaltsverhältnisse sowie das Verhältnis von Miteigentümern (BGH NJW 98, 1321) oder Treuhandverhältnisse in Betracht. Der erforderliche Zusammenhang der GoA besteht, wenn die Sonderbeziehung Auslöser bzw veranlassendes Element für die Geschäftsführung ist (Staud/*v Hoffmann/Thorn* Art 39 EGBGB Rn 56). Bei nichtigen Verträgen folgt die akzessorische Anknüpfung an das Vertragsstatut bereits aus Art 32 I Nr 5 (bei formnichtigen Verträgen hat der BGH die Vorschrift nur ergänzend herangezogen, BGH ZIP 04, 2324). Eine akzessorische Anknüpfung ist ferner bei konkurrierenden außervertraglichen Schuldverhältnissen vorzunehmen, um einen Gleichklang im Hinblick auf das Statut zu erzielen. Bestimmend für den Sachverhalt ist das jeweils speziellste Ausgleichsverhältnis (Staud/*v Hoffmann/Thorn* Art 39 EGBGB Rn 55). Geringere Bedeutung kommt dem gemeinsamen gewöhnlichen Aufenthalt zu (zB sukzessive Geschäftsführung in mehreren Staaten; Ddorf RIW 84, 481). Das gilt insbes für Korrekturen von Art 39 II (Erman/*Hohloch* Art 39 EGBGB Rn 10).

IV. Allgemeine Regeln. Mangels Sonderregelung handelt es sich bei Art 39 um eine **Gesamtnormverweisung** (Art 4 I). Eine **Sachnormverweisung** liegt bei einer nachträglichen Rechtswahl (Art 42), aber auch in den Fällen der akzessorischen Anknüpfung (Art 39 II und Art 41 II Nr 1) vor. Es würde dem Ziel der Verweisung widersprechen (Art 4 I 1), ein angestrebtes, einheitliches Statut über eine Gesamtnormverweisung zu zerreißen (Staud/*v Hoffmann/Thorn* Art 39 EGBGB Rn 64.). Gleiches sollte aufgrund der zu ermittelnden engsten Verbindung auch für die Fälle des Art 41 II Nr 2 gelten. Der allgemeine **ordre-public**-Vorbehalt (Art 6) wird nur ganz ausnahmsweise eingreifen (zB Verweigerung eines Ausgleichs bei Verpflichtung zum Handeln wegen Strafandrohung, so Staud/*v Hoffmann/Thorn* Art 39 EGBGB Rn 65). Art 40 III ist nicht (analog) anwendbar (BaRoth/*Spickhoff* Art 39 EGBGB Rn 5). Der zeitliche Anwendungsbereich von Art 39 ergibt sich aus Art 220 I analog (seit 1.6.99).

Art. 40 Unerlaubte Handlung

(1) ¹Ansprüche aus unerlaubter Handlung unterliegen dem Recht des Staates, in dem der Ersatzpflichtige gehandelt hat. ²Der Verletzte kann verlangen, dass anstelle dieses Rechts das Recht des Staates angewandt wird, in dem der Erfolg eingetreten ist. ³Das Bestimmungsrecht kann nur im ersten Rechtszug bis zum Ende des frühen ersten Termins oder dem Ende des schriftlichen Vorverfahrens ausgeübt werden.

(2) ¹Hatten der Ersatzpflichtige und der Verletzte zur Zeit des Haftungsereignisses ihren gewöhnlichen Aufenthalt in demselben Staate, so ist das Recht dieses Staates anzuwenden. ²Handelt es sich um Gesellschaften, Vereine oder juristische Personen, so steht dem gewöhnlichen Aufenthalt der Ort gleich, an dem sich die Hauptverwaltung oder, wenn eine Niederlassung beteiligt ist, an dem sich diese befindet.

(3) Ansprüche, die dem Recht eines anderen Staates unterliegen, können nicht geltend gemacht werden, soweit sie
1. wesentlich weiter gehen als zur angemessenen Entschädigung des Verletzten erforderlich,
2. offensichtlich anderen Zwecken als einer angemessenen Entschädigung des Verletzten dienen oder
3. haftungsrechtlichen Regelungen eines für die Bundesrepublik Deutschland verbindlichen Übereinkommens widersprechen.

(4) Der Verletzte kann seinen Anspruch unmittelbar gegen einen Versicherer des Ersatzpflichtigen geltend machen, wenn das auf die unerlaubte Handlung anzuwendende Recht oder das Recht, dem der Versicherungsvertrag unterliegt, dies vorsieht.

A. Allgemeines. I. Normstruktur. Mit dem am 1.6.99 in Kraft getretenen Gesetz zum Internationalen Privatrecht für außervertragliche Schuldverhältnisse und für Sachen (BGBl 99 I 1026 ff) wurde für das deutsche internationale Deliktsrecht erstmals eine umfassende gesetzliche Grundlage geschaffen. Art 40 I enthält die deliktsrechtliche Grundanknüpfung an das Recht des Tatortes. Sie wird in II durch das Recht des gemeinsamen gewöhnlichen Aufenthalts von Ersatzpflichtigem und Verletztem modifiziert. Weiterhin kommen für Fälle, in denen eine wesentlich engere Verbindung mit dem Recht eines anderen Staates besteht (Art 41), oder bei nachträglicher Rechtswahl (Art 42: an erster Stelle zu prüfen) Abweichungen vom Tatortprinzip in Betracht. **Regelungsprinzip** ist also die Aufstellung einer Grund-Anknüpfungsregel mit mehreren Modifikationen. Hinzu tritt eine spezielle ordre public-Regelung in Art 40 III, welche die problematische inländerschützende Vorgängerregelung (Art 38 aF) erheblich modifiziert und abgemildert hat. IV enthält eine besondere Anknüpfungsregel für Direktansprüche gegen einen Versicherer. Auf Abweichungen im Rom II-Entwurf (Vor Art 38 Rn 2) wird im Zusammenhang mit den einzelnen Regelungen eingegangen.

II. Anwendungsbereich des Deliktsstatuts. Die Qualifikation eines Verhaltens als unerlaubte Handlung erfolgt – entsprechend allgemeinen Regeln – nach der lex fori (MüKo/*Junker* Art 40 Rn 8 mwN). Art 40 erfasst die **gesamte außervertragliche Schadenshaftung** (BTDrs 14/343, 11) einschließlich verschuldensunabhängiger Haftung, zB Gefährdungshaftung (BTDrs 14/343, 11; BGHZ 23, 56, 57 mwN; 87, 95, 97), § 829 BGB (Staud/*Hoffmann* Vorbem zu Art 40 Rn 5 mwN), zivilrechtlicher Aufopferungshaftung (Staud/*v Hoffmann* Vorbem zu Art 40 Rn 4 mwN) oder § 945 ZPO (Ddorf VersR 61, 1144, 1145), gilt aber **nicht** für die **Staatshaftung** (hier gilt das Recht des Amtsstaates, BTDrs 14/343, 10; BGHZ 155, 279, 293; Köln NJW 05, 2860, 2861 f; zweifelh Celle VersR 05, 793: deutsches Recht für Amtspflichtverletzung eines Lehrers bei Skifreizeit in Italien gem Art 40 II). Str ist die Qualifikation von Schadensersatzansprüchen aus **Eigentümer-Besitzer-Verhältnis** (Staud/*v Hoffmann* Vorbem zu Art 40 Rn 3 mN). Bei Ansprüchen wegen **Verschuldens vor Vertragsschluss** ist danach zu differenzieren, ob sich die verletzte Pflicht auf das Erfüllungsinteresse (dann vertragsrechtliche Qualifikation) oder auf das Integritätsinteresse (dann deliktsrechtliche Qualifikation) bezieht (so iE auch Staud/*v Hoffmann* Vorbem zu Art 40 Rn 11; MüKo/*Spellenberg* Art 32 Rn 59; MüKo/*Junker* Art 40 Rn 11 mwN, auch zu aA). Ansprüche aus **Gewinnzusagen** (§ 661 a) hat der BGH jetzt als nicht deliktsrechtlich qualifiziert (NJW 06, 230 f: zwingende Regelung iSd Art 34; anders noch BGHZ 153, 82, 90 f). Für die Haftung aus **Immissionen** gilt Art 40 über die Verweisung in Art 44.

3 Das Deliktsstatut erfasst **Voraussetzungen und Rechtsfolgen unerlaubter Handlungen**, dh ein einheitliches Delikt ist idR anhand einer einzigen Rechtsordnung zu beurteilen (s nur Erman/*Hohloch* Art 40 Rn 60 mwN). Zu den Voraussetzungen zählen insbes Tatbestand (Celle VersR 67, 164) einschließlich haftungsbegründender Kausalität (BGHZ 8, 288, 293 f; Celle VersR 67, 164; München VersR 74, 443), Rechtswidrigkeit (BGHZ 14, 286, 291 f; NJW 64, 650, 651) und Verschulden (einschließlich Verschuldensfähigkeit), Verantwortlichkeit für Dritte (BAG NJW 64, 990, 991; BGHZ 71, 175, 176 f; 80, 1, 3) oder Organe (BGH WM 57, 1047, 1049; Köln NZG 98, 350), Bestimmung von Haftpflichtigem (BGH GRUR 82, 495, 497; Köln NJW-RR 88, 30 f) und Anspruchsberechtigtem (RG JW 06, 297, 298; Köln NJW-RR 88, 30 f) sowie Haftungsausschlüsse, wie zB Verjährung (BGHZ 71, 175, 176 f; NJW 83, 2771, 2772). Die Rechtsfolgen umfassen insbes haftungsausfüllende Kausalität, Art und Umfang des Schadensersatzes (s insbes BGHZ 29, 237, 239) einschließlich immateriellen Schadens (Kobl NJW-RR 02, 1030, 1031; MüKo/*Junker* Art 40 Rn 204 mwN; bei der Höhe sind die Richtsätze am gewöhnlichen Aufenthalt des Verletzten zu berücksichtigen, BGHZ 93, 214, 218; 119, 137, 142; Kobl NJW-RR 02, 1030, 1031; KG NJW-RR 02, 1031; Frankf ZfS 04, 452, 453), Beseitigungs- oder Unterlassungsansprüche (zB BGHZ 35, 329, 333; 131, 332, 335) und – bei materiellrechtlicher Qualifikaion – auch Auskunftsansprüche (Staud/*v Hoffmann* Vorbem zu Art 40 Rn 37; MüKo/*Junker* Art 40 Rn 204; BaRoth/*Spickhoff* Art 40 Rn 10, str).

4 Bei **ortsgebundenen Verhaltensnormen** ist – unabhängig vom Deliktsstatut – für die Rechtmäßigkeit des Verhaltens das Recht des Ortes, an dem es erfolgte, maßgeblich, insbes bei Verkehrsregeln (BTDrs 14/343, 11; BGHZ 57, 265, 267 f; 119, 137, 140; NJW-RR 96, 732 mwN zum Straßenverkehr; Hamm NJW-RR 01, 1537 ff; LG Bonn NJW 05, 1873 zum Skibetrieb; BGHZ 42, 385, 388; Hburg VersR 70, 538 zum Schiffsverkehr). Für **sonstige Verhaltensnormen** gilt das Deliktsstatut (zB Erman/*Hohloch* Art 40 Rn 43 mwN). Ähnlich Art 13 des Rom II-Entwurfs.

5 Selbständig anzuknüpfende **Vorfragen** können sich insbes im Zusammenhang mit der Anspruchsberechtigung ergeben, zB wer Erbe ist, wem Unterhaltsansprüche gegen den Getöteten zustanden (zB BGH NJW-RR 87, 147; Frankf ZfS 04, 452, 454) oder Bestehen und Inhalt eines evtl verletzten Namensrechts (BTDrs 14/343, 10).

6 **III. Vorrangige Regelungen.** Gem Art 3 II 1 gegenüber dem Deliktsstatut vorrangige **Staatsverträge** spielen bisher eine geringe Rolle. Das Haager Übereinkommen über das auf Straßenverkehrsunfälle anwendbare Recht vom 4. 5. 1971 (abgedr zB bei Staud/*v Hoffmann* Art 40 Rn 178) und die Haager Konvention über das auf die Produkthaftpflicht anwendbare Recht vom 2. 10. 1973 (abgedr zB bei Staud/*v Hoffmann* Art 40 Rn 80) wurden von der Bundesrepublik Deutschland nicht ratifiziert. Die geplante „Rom II"-Verordnung (Vor Art 38 Rn 2) dürfte im Fall ihres Inkrafttretens erheblichen Einfluss auf das deutsche internationale Deliktsrecht haben (Art 3 II 2). Zu relevantem **Einheitsrecht** siehe im Zusammenhang mit den einzelnen Verweisungen.

7 Spezielle **Anknüpfungsregeln** finden sich im Kartell- und Insolvenzrecht. § 130 II GWB enthält eine einseitige, gegenüber Art 40 I vorrangige Anknüpfungsregel zugunsten des deutschen Rechts für **Wettbewerbsbeschränkungen**, die sich im Inland auswirken, und erlaubt keine entgegenstehende Rechtswahl (Frankf WRP 92, 331, 332 f zu § 98 II 1 GWB aF; MüKo/*Immenga* IntWettbR/IntKartR Rn 26 f; Immenga/Mestmäcker/*Rehbinder*, § 130 GWB Rn 222 mwN; problematisch LG Dortmund IPRax 05, 542: geht ohne Erwähnung des § 130 II GWB von Art 40 EGBGB aus; kritisch auch *Bulst* EWS 04, 403, 407). Da bei Wettbewerbsbeschränkungen, die sich nicht im Inland auswirken, eine Anknüpfung an den Handlungsort nach Art 40 I zu einer § 130 II GWB entgegengesetzten Anknüpfung für spiegelbildliche Fälle führen würde, sollte hier zur Ausfüllung der insoweit bestehenden Regelungslücke über Art 41 ein vorsichtiger Ausbau des **Auswirkungsprinzips** zur allseitigen Kollisionsnorm unter besonderer Beachtung des ordre public angestrebt werden. Dabei ist zu berücksichtigen, dass deutsche Gerichte zwar ausländisches Privatrecht anwenden können, ausländisches öffentliches Recht aber nur in engen Grenzen (s insbes Immenga/Mestmäcker/*Rehbinder* § 130 GWB Rn 239 ff). – Da Verstöße gegen europäisches Kartellrecht nunmehr vom GWB (insbes von § 33 GWB) erfasst sind, gilt auch insoweit § 130 GWB (*Bulst* EWS 04, 403, 408); für das Verhältnis zwischen EG-Kartellrecht und dem Kartellrecht von Drittstaaten wird Art 81 EG als einseitige Kollisionsnorm im Sinne des Auswirkungsprinzips interpretiert (EuGH Slg 1988, 5193 Nr 11 ff). – Im **Insolvenzrecht** ist im Verhältnis zu Staaten der Europäischen Union mit Ausnahme Dänemarks in Bezug auf die Anfechtbarkeit von Rechtshandlungen gem Art 4 II lit m EuInsVO (VO 1346/2000, ABl EG 2000, L 160/1; 2005, L 100/1), im Übrigen gem § 339 InsO idR an das Recht des Staates der Verfahrenseröffnung anzuknüpfen (dazu insbes *Liersch* NZI 03, 302, 305); diese Regelungen gehen Art 40 vor.

8 **IV. Rück- und Weiterverweisungen.** Die Verweisungen in Art 40 sind gem Art 4 I 1 **grundsätzlich Gesamtverweisungen**, dh Rück- und Weiterverweisungen sind zu beachten (BTDrs 14/343, 8, 15). Das gilt auch bei Ausübung des Optionsrechts gem Art 40 I 2, 3 (str, wie hier zB BaRoth/*Spickhoff* Art 40 Rn 51; Palandt/*Heldrich* Art 40 Rn 1; *Schurig* GS Lüderitz, 699, 709; *Dörner* FS Stoll, 491, 495; iE auch *v Hein* ZVglRWiss 00, 251, 263 ff; aA zB MüKo/*Junker* Art 40 Rn 237; AnwK/*Wagner* Art 40 Rn 9) und für Art 40 II (so auch zB MüKo/*Junker* Art 40 Rn 238; *v Hein* ZVglRWiss 00, 251, 273; aA zB Staud/*v Hoffmann* Vorbem zu Art 40 Rn 70 aE). Die Anknüpfung des **Art 40 IV, 2. Alt** ist allerdings **Sachnormverweisung**, weil sonst der Gleich-

lauf zwischen Versicherungsvertrag und Direktanspruch nicht gewährleistet wäre (BTDrs 14/343, 8; AnwK/ *Wagner* Art 40 Rn 8).

B. Tatortregel. I. Grundregel. 1. Anknüpfungsgesichtspunkte und Anknüpfungshierarchie. Bei unerlaub- 9
ten Handlungen mit Auslandsberührung sind folgende Besonderheiten zu berücksichtigen: Häufig werden nicht alle Bestandteile des Haftungstatbestands am gleichen Ort verwirklicht, zB fallen bei **Distanzdelikten** Handlungs- und Erfolgsort auseinander (Bsp: Rechtsgutsverletzung durch ein fehlerhaftes Produkt in einem anderen Staat als dem Herstellungs- und Erwerbsstaat), bei **Streudelikten** treten an mehreren Orten Verletzungserfolge ein (Bsp: Umweltschädigungen, Ehrverletzungen unter Nutzung der Medien). Zudem spielen neben den Interessen der Beteiligten auch öffentliche Interessen, die sich insbes in Verhaltensregeln konkretisieren, eine wichtige Rolle, was zu einer Vielzahl denkbarer Anknüpfungspunkte führt. Der Reformgesetzgeber berücksichtigt mit einer kompromisshaften Kombination mehrerer Anknüpfungsregeln stärker als das früher geltende Günstigkeitsprinzip die Interessen des Schädigers. In erster Linie ist eine nachträgliche Rechtswahl der Beteiligten iSd Art 42 (dort Rn 2) zu prüfen, anschließend das Vorliegen einer sonstigen engeren Verbindung iSd Art 41 (was jedoch nur unter Berücksichtigung der Grundanknüpfung nach Art 40 I möglich ist, vgl insbes BaRoth/*Spickhoff* Art 40 Rn 14), danach der gemeinsame gewöhnliche Aufenthalt (bzw der Ort der Hauptverwaltung oder Niederlassung) gem Art 40 II und abschließend das Recht des Tatortes iSd Art 40 I.

2. Recht des Handlungsortes. Ausgangspunkt der Anknüpfung ist gem Art 40 I 1 das Recht des Ortes, an 10
dem der Ersatzpflichtige gehandelt hat (**Handlungsort**). Entscheidend ist die ganze oder teilweise Ausführung der unerlaubten Handlung, nicht lediglich ihre Vorbereitung (s insbes BGHZ 35, 329, 333 f; IPRspr 02 Nr 46). Bei **Unterlassen** kommt es auf den Ort an, an dem hätte gehandelt werden müssen (s zB RGZ 36, 27, 28; 150, 265, 270 f; Hburg VersR 55, 621). Dies ist nicht nach dem Recht des Ortes, an dem sich das Bezugsobjekt der Handlungspflicht befindet (so aber zB Staud/*v Hoffmann* Art 40 Rn 22; MüKo/*Junker* Art 40 Rn 26), sondern nach der lex fori zu entscheiden (so zB BaRoth/*Spickhoff* Art 40 Rn 17), um dem Verletzten nicht die Wahlmöglichkeit des Art 40 I 2 abzuschneiden. Bei Tatbeständen, die nicht an ein Verhalten des Schädigers anknüpfen, insbes **Gefährdungshaftung**, ist der Ort entscheidend, an dem die gefährliche Sache außer Kontrolle geraten ist (Saarbr NJW 58, 752, 753; Staud/*v Hoffmann* Art 40 Rn 32; MüKo/*Junker* Art 40 Rn 28 mwN). Kommen **mehrere Handlungsorte** in Betracht, ist zunächst zu klären, ob zu einem von ihnen eine besonders enge Verbindung iSd Art 41 besteht (so auch zB Staud/*v Hoffmann* Art 40 Rn 20; AnwK/*Wagner* Art 40 Rn 28; BaRoth/*Spickhoff* Art 40 Rn 19). Ist dies nicht der Fall, ist durch wertende Konkretisierung ein Ort als Schwerpunkt der Handlung zu ermitteln (so auch zB MüKo/*Junker* Art 40 Rn 28), denn ein Wahlrecht des Geschädigten (so zB BaRoth/*Spickhoff* Art 40 Rn 19) würde auf ein über Art 40 I 2 hinausgehendes Günstigkeitsprinzip iSd früheren Rechtslage hinauslaufen. Bei **mehreren Tätern** kommt es auf den jeweiligen Handlungsort an, sofern nicht eine gemeinsame, wesentlich engere Verbindung iSd Art 41 zu einer anderen Rechtsordnung besteht (s nur MüKo/*Junker* Art 40 Rn 48 f; Staud/*v Hoffmann* Art 40 Rn 40; Palandt/*Heldrich* Art 40 Rn 2). – Die Grundanknüpfung an den Handlungsort ist derjenigen im Rom II-Entwurf (Art 3 I geht vom Recht des Erfolgsortes aus) gerade entgegengesetzt.

3. Bestimmungsrecht des Verletzten. a) Erfolgsort. Fallen bei **Distanzdelikten** Handlungs- und Erfolgsort 11
auseinander kann der Geschädigte gem Art 40 I 2, 3 die Anwendung des Rechts des **Erfolgsortes** verlangen. Das ist der Ort, an dem das durch die Deliktsnorm geschützte Rechtsgut bzw Interesse verletzt worden ist (s insbes Staud/*v Hoffmann* Art 40 Rn 24; Erman/*Hohloch* Art 40 Rn 25). Abzugrenzen ist er vom Schadensort, an dem lediglich der aus der Rechtsguts- oder Interessenverletzung resultierende Schaden eintritt (s nur BaRoth/*Spickhoff* Art 40 Rn 20; MüKo/*Junker* Art 40 Rn 32 mwN). Ist der Schadenseintritt allerdings Tatbestandsvoraussetzung eines Delikts (wie insbes beim Ersatz primärer Vermögensschäden, zB gem § 826 BGB), fallen Erfolgs- und Schadensort ausnahmsweise zusammen. Treten bei einem **Streudelikt** Erfolge an mehreren Orten auf, geht die hM im Anschluss an die Rspr von Kodifizierung des internationalen Deliktsrechts davon aus, dass der Geschädigte das Recht jedes Erfolgsortes wählen kann („**Mosaikbetrachtung**", zB MüKo/*Junker* Art 40 Rn 33; Palandt/*Heldrich* Art 40 Rn 4; aA insbes Staud/*v Hoffmann* Art 40 Rn 26). Allerdings ist die Kognitionsbefugnis der Gerichte jedenfalls im Anwendungsbereich von EuGVVO, EuGVÜ und LugÜ auf die in ihrem Gebiet eingetretenen Rechtsgutsverletzungen beschränkt (EuGH, Slg 95, I-415 Nr 33); Entsprechendes sollte für § 32 ZPO angenommen werden (s nur AnwK/*Wagner* Art 40 Rn 31 mwN). Trotz europarechtlicher Bedenken (weil sie die Anbieter dazu zwingt, ihr Verhalten uU an einer Vielzahl von Rechtsordnungen auszurichten, *Schaub* RabelsZ 02, 18, 43 ff) ist die „Mosaikbetrachtung" mangels sinnvoller Alternative weiterhin anzuwenden. Liegt der Schwerpunkt des Erfolgs in einem bestimmten Staat, sollte aber Art 41 herangezogen werden (s zB BaRoth/*Spickhoff* Art 40 Rn 22). Im Rom II-Entwurf ist eine „Mosaikbetrachtung" mit bedacht (Kom [2003] 427 endg, S 12); er enthält aber keine einseitige Wahlmöglichkeit des Verletzten in Bezug auf das anwendbare Recht (dazu zB *v Hein* ZVglRWiss 03, 528, 545).

b) Bestimmungsrecht des Verletzten. aa) Rechtsnatur. Der Verletzte kann gem Art 40 I 2, 3 bis zum Ende 12
des frühen ersten Termins bzw des schriftlichen Vorverfahrens die Anwendung des Rechts des Erfolgsortes verlangen. Str ist, ob dieses **Bestimmungsrecht** kollisionsrechtlichen Charakter (zB Staud/*v Hoffmann* Art 40

Rn 11; MüKo/*Junker* Art 40 Rn 36; Palandt/*Heldrich* Art 40 Rn 4; *Looschelders* Art 40 Rn 33) oder prozessrechtlichen Charakter (zB BaRoth/*Spickhoff* Art 40 Rn 24; AnwK/*Wagner* Art 40 Rn 30; Erman/*Hohloch* Art 40 Rn 28) hat. Praktische Unterschiede ergeben sich insbes für die Frage, in welchem Kontext das Recht ausgeübt werden kann und für die Reichweite der Bindung durch die Bestimmung (s nur Staud/*v Hoffmann* Art 40 Rn 10). Auch wenn das Bestimmungsrecht der Prozessökonomie dient (s BTDrs 14/343, 11), würde es durch eine Begrenzung auf den Prozesszusammenhang und den konkreten Streitgegenstand ohne Not eingeschränkt, und die Bezugnahme auf die ZPO dient nur der zeitlichen Limitierung. Daher ist das Bestimmungsrecht als fristgebundenes Gestaltungsrecht des Verletzten mit **kollisionsrechtlichem Charakter** anzusehen (s auch MüKo/*Junker* Art 40 Rn 36; Staud/*v Hoffmann* Art 40 Rn 11; *Looschelders* Art 40 Rn 33).

13 **bb) Ausübung.** Das Bestimmungsrecht wird als Gestaltungsrecht durch einseitige Erklärung des Geschädigten ausgeübt. Die Wirksamkeit der Bestimmung sollte nach der lex fori, also idR nach deutschem Recht beurteilt werden (s nur *Freitag/Leible* ZVglRWiss 00, 101, 131). Die Ausübung kann auch konkludent erfolgen, zB durch Berufung auf das Recht des Erfolgsortes. Die ganz hM sieht zu Recht – unabhängig von der Beurteilung des Charakters des Bestimmungsrechts – ein **Bewusstwein der Wahlmöglichkeit** als erforderlich an (s zB BaRoth/*Spickhoff* Art 40 Rn 26; Staud/*v Hoffmann* Art 38 Rn 12; MüKo/*Junker* Art 40 Rn 37). Eine besondere **Hinweispflicht** des Richters hat der Gesetzgeber bewusst nicht vorgesehen (BTDrs 14/343, 11), da Art 40 I 2, 3 der Prozessökonomie dient und den Geschädigten nicht begünstigen soll. Ein Hinweis gem §§ 273 I, 139 ZPO kommt daher nur in Betracht, wenn deutliche Anhaltspunkte dafür sprechen, dass sich der Geschädigte der Ausübung seines Wahlrechts nicht bewusst war (also insbes wenn er sich bei Handlungsort im Ausland ausschließlich auf deutsches Recht als Recht des Erfolgsortes beruft). Hinweise sind auf die Wahlmöglichkeit als solche zu beschränken, sollten also insbes nicht auf Fragen des in Betracht kommenden ausländischen Rechts eingehen (s insbes Staud/*v Hoffmann* Art 40 Rn 16; BaRoth/*Spickhoff* Art 40 Rn 28; enger AnwK/*Wagner* Art 40 Rn 32). Aus der Einordnung des Bestimmungsrechts als Gestaltungsrecht folgt, dass der Geschädigte an seine Wahl **gebunden** ist (s.a. Staud/*v Hoffmann* Art 40 Rn 15; MüKo/*Junker* Art 40 Rn 41; *Looschelders* Art 40 Rn 36; aA *Freitag/Leible* ZVglRWiss 00, 101, 123 ff; *S Lorenz* NJW 99, 2215, 2217; differenzierend Hk/*Dörner* Art 40 Rn 6). Zulässig ist jedoch wegen der großen Bedeutung der Privatautonomie eine nachträgliche Rechtswahl der Beteiligten iSd Art 42 (zB MüKo/*Junker* Art 40 Rn 41; Palandt/*Heldrich* Art 40 Rn 4). Das Bestimmungsrecht kann **nur einheitlich** in Bezug auf das gesamte Schadensereignis ausgeübt werden; eine Teil-Rechtswahl für einzelne Schadensposten kommt nicht in Betracht (BaRoth/*Spickhoff* Art 40 Rn 25; Palandt/*Heldrich* Art 40 Rn 4; MüKo/*Junker* Art 40 Rn 39 mwN; *v Hein* NJW 99, 3174 f). Die **Ausübungsfrist** endet mit Ende eines frühen ersten Termins (§ 275 ZPO) bzw mit Ende der Schriftsatzfrist im schriftlichen Vorverfahren (§§ 276, 128 II, III ZPO; zu Einzelheiten insbes *Freitag/Leible* ZVglRWiss 00, 101, 131 ff); die verspätete Ausübung kann evtl in ein Angebot auf Abschluss eines Rechtswahlvertrags iSd Art 42 umgedeutet werden (s MüKo/*Junker* Art 40 Rn 43).

14 **II. Sonderanknüpfungen und Ausnahmen. 1. Gemeinsamer gewöhnlicher Aufenthalt, Art 40 II.** In Abweichung vom Tatortprinzip sieht Art 40 II eine **Sonderanknüpfung** an das Recht des gemeinsamen gewöhnlichen Aufenthalts von Ersatzpflichtigem und Verletztem (bzw einer gemeinsamen Hauptverwaltung oder Niederlassung) im Zeitpunkt des Haftungsereignisses vor, praktisch vor allem bei Verkehrsunfällen, Reiseunfällen (BGH NJW 00, 1188, 1190; Köln NJW 05, 3074, 3075) oder Wettbewerbshandlungen. Anknüpfungspunkt ist bei einer natürlichen Person der gewöhnliche Aufenthalt, dh der räumliche Bereich, in dem sie für eine gewisse Dauer (MüKo/*Junker* Art 40 Rn 57) ihren Daseinsmittelpunkt hat (BGH NJW 75, 1068); auf sonstige Bezugspunkte kommt es nicht an (Bsp: Gastarbeiter, BGHZ 119, 137, 146). Bei Gesellschaften, Vereinen oder juristischen Personen ist der Ort der Hauptverwaltung oder einer am Haftungsereignis beteiligten Niederlassung entscheidend; beide Begriffe sind wie bei Art 28 II 2 zu bestimmen (BTDrs 14/343, 12). – Die Regelung entspricht im Wesentlichen Art 3 II des Rom II-Entwurfs der Kommission; das Europäische Parlament will den Anwendungsbereich teilweise einschränken (Art 3 II, III lit a).

15 **2. Wesentlich engere Verbindung, Art 41.** Die Anknüpfungen nach Art 40 I, II werden weitgehend durch Art 41 (bis auf Art 41 II Nr 2, dem Art 40 II vorgeht) verdrängt, der als **Ausnahme** zu den Anknüpfungen des Art 40 I, II von Amts wegen zu beachten ist (MüKo/*Junker* Art 40 Rn 63). Insbes kommt bei sachlichem Zusammenhang der unerlaubten Handlung mit einem Vertrag oder einem vertragsähnlichen Verhältnis eine akzessorische Anknüpfung in Betracht (Art 41 II Nr 1).

16 **3. Nachträgliche Rechtswahl, Art 42.** Eine weitere **Ausnahme** zu Art 40 I, II kommt bei nachträglicher Rechtswahl gem Art 42 in Betracht.

17 **III. Fallgruppen. 1. Unfallrecht.** Bei Verkehrsunfällen ist idR an das Recht des Unfallortes (dieser ist idR Handlungs- und Erfolgsort iSd Art 40 I) anzuknüpfen, sofern dieses nicht durch das Recht des gemeinsamen gewöhnlichen Aufenthalts der Beteiligten (Art 40 II) verdrängt wird. Eine gegenüber beiden Anknüpfungen vorrangige wesentlich engere Verbindung iSd Art 41 kann sich insbes aus einem in einem anderen Staat als dem Unfallstaat begründeten Mitfahrverhältnis (s zB BaRoth/*Spickhoff* Art 40 Rn 32), einem Beförderungs- oder Transportvertrag ergeben, hingegen nach dem Willen des Gesetzgebers idR nicht aus einem übereinstimmenden Zulassungsort (BTDrs 14/343, 10 f, Ausnahme: Beteiligung von mehr als zwei Fahrzeugen und

Zulassung aller beteiligten Kfz in ein- und demselben Staat, aaO, S 12; zu einer weiteren Ausnahme LG Berlin NJW-RR 02, 1107) und auch nicht aus familienrechtlichen Beziehungen zwischen den Unfallbeteiligten (so schon BGHZ 119, 137, 144 ff zur früheren Rechtslage). Für **Verkehrsregeln** als ortsgebundene Verhaltensregeln gilt das Recht des Tatorts (s.o. Rn 4), für Direktansprüche des Geschädigten gegen den Haftpflichtversicherer des Schädigers Art 40 IV. Das Haager Übereinkommen über das auf Straßenverkehrsunfälle anwendbare Recht (s.o. Rn 6) kann bei Verweisung auf das Recht eines Vertragsstaates zur Anwendung kommen. Zu beachten sind ggf die materiellrechtlichen Haftungsbeschränkungen des Übereinkommens v 19. 5. 1956 über den Beförderungsvertrag im internationalen Straßengüterverkehr (**CMR**, BGBl 62 II 12 ff). – Während der Kommissionsentwurf der Rom II-Verordnung eine Sonderregelung für Verkehrsunfälle nicht vorsah, wird im Entwurf des Europäischen Parlaments in erster Linie auf die allgemeinen Kollisionsnormen, in zweiter Linie auf diejenigen des Haager Übereinkommens verwiesen.

Bei **Eisenbahnunfällen** ist insbes das Übereinkommen vom 9. 5. 80 über den Internationalen Eisenbahnverkehr (**COTIF**) mit seinen beiden Anhängen (BGBl 85 II 129 ff, 178 ff, 224 ff; s auch die konsolidierte, aber noch nicht in Kraft getretene Fassung in BGBl 02 II 2149) als vorrangiges Einheitsrecht zu beachten (s insbes Staud/*v Hoffmann* Art 40 Rn 197 ff); im Übrigen gelten für Deliktsansprüche die allgemeinen Regeln. 18

Bei **Schiffsunfällen** ist in erster Linie das Recht desjenigen Staates anzuwenden, in dessen **Hoheitsgewässer** sich der Unfall ereignet hat, Art 40 I (Köln TranspR 05, 213, 214); bei gemeinsamem Sitz der Reedereien in einem anderen Staat gilt Art 40 II (Staud/*v Hoffmann* Art 40 Rn 221). Bei Unfällen bzw Delikten an Bord von Schiffen **auf hoher See** ist idR das Heimatrecht des Schiffes anzuwenden (s schon RGZ 49, 182, 187 – noch zum Flaggenrecht, zur gewandelten Funktion der Flagge s Staud/*v Hoffmann* Art 40 Rn 226). Bei gemeinsamem Heimatrecht greift Art 40 II; bei unterschiedlichem Heimatrecht der beteiligten Schiffe sollte Art 40 I entsprechend angewandt werden, indem man auf das Heimatrecht des Schädigers abstellt, dem Geschädigten aber ein Wahlrecht in Bezug auf sein eigenes Heimatrecht einräumt (so zB Staud/*v Hoffmann* Art 40 Rn 225; Palandt/*Heldrich* Art 40 Rn 9; ähnlich wohl BaRoth/*Spickhoff* Art 40 Rn 35). Bei Unfällen im Zusammenhang mit einem Transportvertrag ist eine akzessorische Anknüpfung an das Vertragsstatut gem Art 41 I, II Nr 1 zu prüfen. Auch bei Schiffsunfällen (und ggf damit im Zusammenhang stehenden Umweltschädigungen) sowie Beförderungsschäden ist **vorrangiges Einheitsrecht** zu beachten, dazu insbes Staud/*v Hoffmann* Art 40 Rn 209 ff; MüKo/*Junker* Art 40 Rn 93 ff. 19

Bei **Flugzeugunfällen** über staatlichem Hoheitsgebiet ist Tatortrecht iSd Art 40 I nach hM das Recht des betreffenden Staates (zB Staud/*v Hoffmann* Art 40 Rn 257; MüKo/*Junker* Art 40 Rn 125; aA zB BaRoth/*Spickhoff* Art 40 Rn 37 mwN: wenn nur ein Flugzeug involviert ist, wegen der Zufälligkeit des Schädigungsortes Abstellung auf das Recht des Hoheitszeichens). Bei Unfällen in hoheitsfreiem Gebiet gilt das Recht des Hoheitszeichens, ggf ist Art 40 I 2 entsprechend anzuwenden. Bei Delikten im Zusammenhang mit einem Transportvertrag kommt eine akzessorische Anknüpfung an das auf diesen Vertrag anzuwendende Recht gem Art 41 I, II Nr 1 in Betracht. Zu **vorrangigem Einheitsrecht** insbes Staud/*v Hoffmann* Art 40 Rn 259 ff; MüKo/*Junker* Art 40 Rn 126 ff. 20

2. Umweltschädigungen. Bei grenzüberschreitenden Umweltdelikten als klassischen Distanzdelikten ist für privatrechtliche Ansprüche gem Art 40 I in erster Linie an das Recht des **Handlungsortes**, also des Entstehungsortes der umweltschädlichen Einwirkung, anzuknüpfen, selbst für die als sachenrechtlich zu qualifizierenden Aspekte (Art 44); eine Wahl des Erfolgsortrechts bleibt möglich. Zur Berücksichtigung der Zulässigkeit von Emissionen nach ausländischem Recht oder aufgrund völkerrechtlicher Verträge insbes Staud/*v Hoffmann* Art 40 Rn 164 ff; MüKo/*Junker* Art 40 Rn 191 f; zu völkerrechtlichen Verträgen allgemein insbes Staud/*v Hoffmann* Art 40 Rn 136 ff; MüKo/*Junker* Art 40 Rn 180 ff. – Nach Art 7 des Rom II-Entwurfs der Kommission kann der Geschädigte bei Umweltschädigungen – abweichend von der Grundanknüpfung an das Recht des Erfolgsortes (Art 3 I) – auch das Recht des Handlungsortes wählen (kritisch zB *Leible/Engel*, EuZW 04, 7, 13; zustimmend *v Hein*, ZVglRWiss 03, 528, 559); das Parlament schlägt eine Streichung dieser Sonderregelung vor. 21

3. Unlauterer Wettbewerb. Ansprüche wegen Verstößen gegen lauterkeitsrechtliche Vorschriften werden grds insgesamt dem Deliktsstatut unterstellt, und zwar auch Unterlassungs- oder Widerrufsansprüche (BGHZ 35, 329, 333; Palandt/*Heldrich* Art 40 Rn 11 aE; kritisch zB MüKo/*Drexl* IntUnlWettbR Rn 10). IdR wird auf den Ort abgestellt, an dem die wettbewerblichen Interessen aufeinander treffen (s nur BGHZ 35, 329, 333 f; GRUR 04, 1035, 136; KG GRUR Int 02, 448, 449; München NJOZ 03, 1097, 1100 f; GRUR-RR 05, 85). Als solcher wird teilweise der Marktort (zB Erman/*Hohloch* Art 40 Rn 51; AnwK/*Wagner* Art 40 Rn 71; Hk/*Dörner* Art 40 Rn 9; teilw abweichend MüKo/*Drexl* IntUnlWettbR Rn 112 ff: Marktort als Ort der Einwirkung auf die Marktgegenseite), teilweise der **Auswirkungsort** (zB Staud/*v Hoffmann* Art 40 Rn 314; BaRoth/*Spickhoff* Art 40 Rn 44; ähnlich Staud/*Fezer* IntWirtschR Rn 403 ff, 418 f) angesehen. Letzteres erscheint präziser, denn die wettbewerbsrechtlich entscheidende Auswirkung kann auch an einem anderen Ort als demjenigen der Vermarktung eintreten; zudem spricht die Parallele zum Kartellrecht (s.o. Rn 7) dafür. Die dogmatische Fundierung ist str; da die Wettbewerbs*handlung* meist dort erfolgt, wo über das Marketing entschieden wird, sollte die Anknüpfung auf Art 41 I gestützt werden (s auch BTDrs 14/343, 10; Staud/*v Hoffmann* Art 40 Rn 301; offen 22 gelassen: BGH GRUR 04, 1035, 1036; umfassende Nachw zum Meinungsstreit bei *Mankowski* RIW 05, 481, 498). Bei Streudelikten kommt auch hier die **Mosaikbetrachtung** (s.o. Rn 11) zum Tragen. Wegen der weit reichenden Wirkungen wird vielfach zu Recht eine Eingrenzung der Rechtsordnungen, an denen der Wettbewerbsverstoß zu messen ist, anhand eines **Spürbarkeitskriteriums** gefordert (s nur *Mankowski* RIW 99, 909, 915 ff mwN; *Sack* WRP 00, 269, 274 ff). Bei ausschließlich **betriebsbezogenen Wettbewerbshandlungen** ist Auswirkungsort und damit Anknüpfungspunkt der Sitz des Mitbewerbers (s nur *Sack* WRP 00, 269, 273). Die Anknüpfung an den Auswirkungsort ist europarechtlich nicht unbedenklich, dürfte aber häufig nach allgemeinen Grundsätzen über Beschränkungen der Grundfreiheiten zu rechtfertigen sein (*Schaub* RabelsZ 02, 18, 54 ff). Eine Beibehaltung der früheren Rspr, die gemeinsames Heimatrecht der Wettbewerber zur Anwendung brachte (s insbes BGH GRUR 68, 587, 589 f; 82, 495, 498), ist über Art 40 II möglich, kommt aber bei Bezug zum europäischen Binnenmarkt allenfalls in Betracht, wenn die Wirkung des Wettbewerbsverstoßes auf den von Art 40 II erfassten Personenkreis beschränkt (näher *Schaub* RabelsZ 02, 18, 46 ff; gegen eine Anwendung des Art 40 II MüKo/*Drexl* IntUnlWettbR Rn 91 ff). Auch eine Rechtswahl gem Art 42 ist nur denkbar, wenn durch den Wettbewerbsverstoß ausschließlich die Interessen der an der Rechtswahl Beteiligten betroffen sind (s auch BaRoth/*Spickhoff* Art 40 Rn 43). In der überwiegenden Zahl der Fälle wird es daher bei der Grundanknüpfung bleiben. Insgesamt ergibt sich eine **Spaltung der Anknüpfungen** für Wettbewerbsverstöße mit „Breitenwirkung" und betriebsbezogene Verstöße. Art 5 des Rom II-Entwurfs der Kommission stellt in erster Linie auf die Beeinträchtigung der Wettbewerbsbeziehungen bzw der kollektiven Interessen der Verbraucher ab; hiervon kann abgewichen werden, wenn ausschließlich die Interessen eines bestimmten Wettbewerbers beeinträchtigt sind (kritisch insg *Ahrens* FS Tilmann, 739 ff). Das Europäische Parlament möchte diese Sonderregelung zugunsten eines Rückgriffs auf die Grundanknüpfung streichen.

23 Bei Wettbewerbsverstößen innerhalb der **Europäischen Gemeinschaft** ist das in mehreren für das Wettbewerbsrecht relevanten Richtlinien normierte **Herkunftslandprinzip** zu beachten (s insbes Hburg GRUR 04, 880; dazu *Henning-Bodewig* GRUR 04, 822), s zB Art 3 der Richtl über den elektronischen Geschäftsverkehr im Binnenmarkt (ABl EG 2000 L 178/1, umgesetzt durch Art 4 I, II TDG), Art 2, 2a der Richtl über die Ausübung der Fernsehtätigkeit (ABl EG 1989 L 298/23; 1997 L 202/60, dazu § 1 RfStV), Art 1 II der Richtl zur Koordinierung bestimmter urheber- und leistungsschutzrechtlicher Vorschriften betreffend Satellitenrundfunk und Kabelweiterverbreitung (ABl EG 1993 L 248/15, umgesetzt in § 20 a UrhG) oder Art 4 der Richtl über unlautere Geschäftspraktiken im Binnenmarkt (ABl EG 2005 L 149/22). Die kollisionsrechtliche Relevanz des Herkunftslandsprinzips ist str (umfassend zum Meinungsstand MüKo/*Drexl* IntUnlWettbR Rn 53 ff), richtigerweise ist es als Sachnormverweisung zu verstehen. Außerhalb des Anwendungsbereichs der genannten Richtlinien gelten die allgemeinen Regeln.

24 **4. Verletzung von Immaterialgüterrechten.** Die Verletzung einzelstaatlicher Immaterialgüterrechte ist nach dem Recht des **Schutzlandes** zu beurteilen, dh Schadensersatzansprüche kommen nur bei Verletzung im Schutzland und Ersatzfähigkeit nach dem Recht des Schutzlandes in Betracht (zur früheren Rechtslage insbes BGHZ 118, 394, 397; 126, 252, 256; zur Beibehaltung des Prinzips nach der Reform BTDrs 14/343, 10; BGHZ 152, 317, 321; NJW 05, 1435, 1436 – auch zu Einschränkungen bei Kennzeichenbenutzung im Internet). Diese Anknüpfung folgt aus dem für solche Rechte geltenden Territorialitätsprinzip und lässt sich über Art 41 I erreichen (s auch Staud/*v Hoffmann* Art 40 Rn 371; Erman/*Hohloch* Art 40 Rn 55; *Looschelders* Art 40 Rn 101; speziell zum Urheberrecht *Spindler* IPRax 03, 412, 414 mwN). Eine Rechtswahl gem Art 42 kommt hier regelmäßig nicht in Betracht (s nur *Looschelders* Art 40 Rn 101 mwN; *Sack* WRP 00, 269, 284). Art 8 I des Rom II-Entwufs enthält eine entsprechende Anknüpfung.

25 Bei **gemeinschaftsweiten Immaterialgüterrechten**, wie Gemeinschaftsmarke (VO 40/94/EG, zuletzt geändert durch VO 422/2004/EG, ABl EG 1994 L 11/1; 1994 L 349/83; 2003 L 245/36; 2003 L 296/1; 2004 L 70/1), Gemeinschaftsgeschmacksmuster (VO 6/2002/EG, ABl EG 2002 L 3/1 ff), gemeinschaftsrechtlichem Schutz von geographischen Angaben und Ursprungsbezeichnungen für Agrarerzeugnisse und Lebensmittel (VO 2081/92/EWG, ABl EG 1992 L 208/1, geändert durch VO 535/97/EG, ABl EG 1997 L 83/3; VO 1428/97, ABl EG 97 L 196/39) oder gemeinschaftlichem Sortenschutz (VO 2100/94/EG, ABl EG 1994 L 227/1), ist Schutzland die gesamte Europäische Union. Im Verhältnis zu Drittstaaten gilt das Schutzlandprinzip (MüKo/*Drexl* IntImmGR Rn 102). Innerhalb der EU sind in erster Linie die Regelungen des jeweiligen Gemeinschaftsrechtsakts anzuwenden; ergänzend müssen die zuständigen mitgliedstaatlichen Gerichte idR anhand ihres einzelstaatlichen IPR, das für die Verletzung entsprechender nationaler Rechte gelten würde, das anwendbare Recht ermitteln (Art 97 II GemeinschaftsmarkenVO, 88 II GemeinschaftsgeschmacksmusterVO, 97 II SortenschutzVO). Allerdings ist hier die einzelstaatliche Schutzlandanknüpfung idR nicht zielführend, so dass letztlich das Sachrecht des Gerichtsstaates zur Anwendung kommen dürfte. – Nach Art 8 II des Rom II-Entwurfs ist zur Ergänzung des Gemeinschaftsrechts an das Recht des Mitgliedstaates anzuknüpfen, in dem die Verletzungshandlung begangen wurde; diese ausnahmsweise Sachnormverweisung (MüKo/*Drexl* IntImmGR Rn 112) auf das Recht des Handlungsortes erscheint sinnvoll, weil der Erfolgsort im gesamten Gemeinschaftsgebiet liegt.

5. Produkthaftung. Bei der Produkthaftung sind wegen der Vielzahl denkbarer Anknüpfungspunkte vor 26
allem etwaige Sonderanknüpfungen zu prüfen, insbes eine nachträgliche Rechtswahl iSd Art 42, eine akzessorische Anknüpfung an ein Vertragsstatut gem Art 41 I, II Nr 1 sowie eine Anknüpfung an einen gemeinsamen (Wohn-)Sitz gem Art 40 II. Als **Handlungsort** ist vorrangig der **Ort des Inverkehrbringens** anzusehen,
da hier der Schwerpunkt des deliktsrechtlich relevanten Tuns liegt (so auch insbes MüKo/*Junker* Art 40
Rn 155; AnwK/*Wagner* Art 40 Rn 64; Hk/*Dörner* Art 40 Rn 4; s auch Dorf RIW 00, 874, 875; zu Lösungsansätzen bei mehreren denkbaren Handlungsorten s.o. Rn 10; aA Palandt/*Heldrich* Art 40 Rn 10: Wahlrecht
zwischen Herstellungsort und Ort des Inverkehrbringens); diese Anknüpfung ist auch mit europäischem
Recht am besten in Einklang zu bringen (*Schaub* RabelsZ 02, 18, 41 f). Als **Erfolgsort** iSd Art 40 I 2 sieht die
hM zu Recht den **Ort der Rechtsgutsverletzung** an (s insbes Staud/*v Hoffmann* Art 40 Rn 95 f; MüKo/*Junker*
Art 40 Rn 156; Palandt/*Heldrich* Art 40 Rn 10; aA *Thorn* IPRax 01, 561, 565 f), denn diese Interpretation
stimmt mit den allgemeinen Regeln der Bestimmung des Erfolgsortes überein. Die Haager Konvention über
das auf die Produkthaftpflicht anwendbare Recht (s.o. Rn 6) ist ggf bei der Anwendung von ausländischem
IPR im Rahmen von Rück- oder Weiterverweisungen zu berücksichtigen. Zu beachten sind außerdem die
EG-Produkthaftungsrichtlinie und das darauf beruhende ProdHaftG (zur kollisionsrechtlichen Relevanz
insbes *Sack* VersR 88, 439 ff) sowie die Spezialregelung in § 84 AMG (dessen kollisionsrechtlicher Charakter
jedoch str ist, s insbes Staud/*v Hoffmann* Art 40 Rn 105; AnwK/*Wagner* Art 40 Rn 61). – Der Rom II-Entwurf
der Kommission vermeidet die Vielfalt möglicher Anknüpfungspunkte durch eine Grundanknüpfung an das
Recht des Staates des gewöhnlichen Aufenthalts des Geschädigten mit einer möglichen Ausnahme für den
Produzenten (Art 4; dazu zB *Heiderhoff* GPR 05, 92 ff); das Europäische Parlament fordert eine Streichung
der Vorschrift.

6. Haftung für Vermögensschäden. Auch bei der Deliktshaftung für Vermögensschäden, zB durch schuld- 27
haft falsche Auskünfte, sollten wegen der problematischen Ermittlung von Handlungs- und Erfolgsort mögliche Ausnahmen von der Grundanknüpfung, insbes eine nachträgliche Rechtswahl gem Art 42 und eine
akzessorische Anknüpfung gem Art 41 I, II Nr 1, besonders im Blick behalten werden. Der **Handlungsort** iSd
Art 40 I ist dort, wo die vermögensschädigende Handlung vorgenommen wurde, zB bei Falschauskünften am
Ort der Auskunftserteilung. Als **Erfolgsort** kommt bei sekundären Vermögensschäden, die auf der Verletzung
eines anderen Rechtsguts beruhen, der Ort der primären Rechtsgutsverletzung in Betracht, bei primären Vermögensschäden insbes der Ort einer vermögensschädigenden Verfügung des Geschädigten, ansonsten seine
Vermögenszentrale (BGH WM 89, 1047, 1049; teilw abweichend Palandt/*Heldrich* Art 40 Rn 4: Lageort des
Vermögens). In Zweifelsfällen sollte auf den Schwerpunkt der Schädigung abgestellt werden, um nicht zu
einem mehrfachen Wahlrecht des Geschädigten (und damit zu einer Wiederbelebung des Günstigkeitsprinzips) zu gelangen. In diesem Bereich zeigt sich der Vorteil einer vorrangigen Anknüpfung an das bei solchen
Delikten leichter zu ermittelnde Recht des Handlungsortes.

7. Haftung für Persönlichkeitsverletzungen. Ansprüche wegen Persönlichkeitsverletzungen werden idR als 28
deliktsrechtlich qualifiziert, und zwar auch Beseitigungs-, Widerrufs- und Unterlassungsansprüche (BTDrs
14/343, 10), nicht aber – wegen des engen Zusammenhangs mit der Pressefreiheit – Gegendarstellungsansprüche, für die das Recht am Sitz des Medienunternehmens maßgeblich sein sollte (s zB MüKo/*Junker*
Art 40 Rn 171; AnwK/*Wagner* Art 40 Rn 82; Staud/*v Hoffmann* Art 40 Rn 75 mwN; aA *Looschelders* Art 40
Rn 110; BaRoth/*Spickhoff* Art 40 Rn 47 mwN; offen gelassen in BGHZ 131, 332, 335). Als **Handlungsort** wird
idR derjenige Ort angesehen, an dem die tatbestandsmäßige Ausführungshandlung mit Außenwirkung vorgenommen wurde (zB BGH NJW 77, 1590 f mwN; BGHZ 131, 332, 335; München NJW 04, 224, 226), also
zB bei durch Presse oder Rundfunk verbreiteten Ehrverletzungen idR der Sitz des Verlags bzw der Sendean-
stalt (Staud/*v Hoffmann* Art 40 Rn 58; MüKo/*Junker* Art 40 Rn 162 mwN, auch zur aA). **Erfolgsort** ist jeder
Ort, an dem ein Erfolg der Handlung eintritt, bei Mediendelikten also jeder Verbreitungs- und Ausstrah-
lungsort (s nur BGHZ 131, 332, 335; MüKo/*Junker* Art 40 Rn 163 mwN). Insbes bei über die Medien verbreiteten Persönlichkeitsverletzungen (Streudelikten) kommt eine Vielzahl von Erfolgsorten in Betracht (s nur
München NJW 04, 224, 226); hier greift nach hM die **Mosaikbetrachtung** (s.o. Rn 11; zu europarechtlichen
Bedenken *Schaub* RabelsZ 02, 18, 43 ff). Teilweise wird statt dessen stärker auf den gewöhnlichen Aufenthaltsort des Verletzten abgestellt (zB Staud/*v Hoffmann* Art 40 Rn 61; Palandt/*Heldrich* Art 40 Rn 14 mwN);
dabei besteht jedoch die Gefahr, dass die Abgrenzung zum bloßen Schadensort verschwimmt (abl auch zB
BaRoth/*Spickhoff* Art 40 Rn 48). – Nach dem Rom II-Entwurf der Kommission ist bei Persönlichkeitsverlet-
zungen gem Art 3 I in erster Linie an das Recht des Erfolgsortes anzuknüpfen, aber Art 6 ermöglicht eine
Abweichung zugunsten der lex fori und unterstellt Gegendarstellungsansprüche dem Recht des Staates des
gewöhnlichen Aufenthalts (konkretisiert in Art 19) des Sendeunternehmens oder Zeitungsverlags. Der
Gegenentwurf des Europäischen Parlaments sieht eine Anknüpfung an das Recht des Staates, in dem der
Schaden im Wesentlichen eintritt oder einzutreten droht (mit Konkretisierungen), vor; die Sonderanknüp-
fung für Gegendarstellungsansprüche wird weitgehend übernommen.

8. Haftung für Delikte im Internet. Bei Delikten im Internet (zB Verbreitung von Viren, aber auch von 29
ehrverletzenden Äußerungen oÄ; zu Wettbewerbsverletzungen s.o. Rn 23) kommt als **Handlungsort** iSd

Art 40 I 1 der Ort der Konzeption des Internetangebots (so zB *Mankowski* RabelsZ 99, 203, 262 ff; ähnlich AnwK/*Wagner* Art 40 Rn 84), der Standort des Servers, auf dem die Informationen gespeichert werden (so zB BaRoth/*Spickhoff* Art 40 Rn 48; Erman/*Hohloch* Art 40 Rn 56) oder der Ort des Einspeisens der Information (so zB Staud/*v Hoffmann* Art 40 Rn 18; MüKo/*Junker* Art 40 Rn 174; Palandt/*Heldrich* Art 40 Rn 12) in Betracht. Bei Delikten des Autors ist idR der Ort des Einspeisens, bei solchen des Netzbetreibers idR der Serverstandort Handlungsort, bei Personeneinheit idR der Ort des Einspeisens als der spezifischeren Tathandlung. **Erfolgsorte** können überall dort liegen, wo das Angebot abgerufen wird (Frankf EWiR § 1 UWG 7/ 1999, 471; LG München I RIW 00, 466, 467; *Looschelders* Art 40 Rn 107; aA AnwK/*Wagner* Art 40 Rn 84: Gebiet bestimmungsgemäßer Abrufbarkeit der Information) oder der Virus eindringt; es handelt sich hier häufig um Streudelikte, bei denen wiederum die **Mosaikbetrachtung** (s.o. Rn 11) zum Tragen kommt. Auch hier kann bei Fällen mit Binnenmarktbezug das **Herkunftslandprinzip** (s.o. Rn 23) zu beachten sein. Zum Tatort bei Urheberrechtsverletzungen im Internet insbes *Spindler* IPRax 03, 412, 415 ff.

30 **C. Vorbehaltsklausel, Art 40 III.** Art 40 III enthält eine **spezielle ordre public-Regelung für Deliktsansprüche**, die gegenüber Art 6 vorrangig, aber wie dieser mit Zurückhaltung anzuwenden ist (s nur Palandt/*Heldrich* Art 40 Rn 19). Der von Amts wegen zu berücksichtigende **Art 40 III greift ein, wenn** ausländisches Recht Deliktsstatut ist, dessen Anwendung zu gravierenden Widersprüchen zu den Grundvorstellungen unseres Rechts führt (BTDrs 14/343, 12) und der Fall eine hinreichende Inlandsbeziehung aufweist (zB MüKo/*Junker* Art 40 Rn 213; BaRoth/*Spickhoff* Art 40 Rn 52; *Kropholler/v Hein* FS Stoll 553, 563 f). Die Abweichung von Grundvorstellungen des deutschen Rechts wird in Nr 1–3 konkretisiert. Nr 1 erfasst vor allem besonders hohe Schadensersatzsummen, zB bei Schmerzensgeld, „multiple damages" nach US-amerikanischem Recht, Schadensersatz unter Einbeziehung hoher Erfolgshonorare (BTDrs 14/343, 12; s auch BVerfG NJW 03, 2598, 2599). Nr 2, die sich mit Nr 1 überschneiden kann (s zB MüKo/*Junker* Art 40 Rn 214; BaRoth/*Spickhoff* Art 40 Rn 53), kommt insbes bei reinem Strafschadensersatz („punitive damages") nach US-amerikanischem Recht in Betracht; hier ist besonders auf den „gravierenden Widerspruch" zu Grundvorstellungen des deutschen Rechts zu achten, weil pönale Elemente über europäische Vorgaben künftig stärker in das deutsche Recht Eingang finden könnten (Vor § 823 Rn 5). Nr 3 betrifft Fälle, in denen das Recht eines Staates anwendbar ist, der ein für die Bundesrepublik Deutschland verbindliches haftungsrechtliches Übereinkommen, das Haftungsbegrenzungen oder -kanalisierungen enthält, nicht ratifiziert hat, denn in diesen Fällen greift Art 3 II wegen fehlender Gegenseitigkeit nicht (Bsp: Internationales Übereinkommen über die zivilrechtliche Haftung für Ölverschmutzungsschäden [BGBl 94 II 1150; 96 II 670]; Internationales Übereinkommen zur einheitlichen Feststellung von Regeln über den Zusammenstoß von Schiffen [RGBl 1913, 49, 89]; Pariser Übereinkommen über die Haftung gegenüber Dritten auf dem Gebiet der Kernenergie [BGBl 75 II 957; 76 II 308, 85 II 690, mit Zusatzprotokoll vom 28.1.64, BGBl 89 II 144]). Da Nr 3 keine Nr 1 und 2 vergleichbare Schwelle enthält, also seinem Wortlaut nach bei jedem Widerspruch zu einem solchen Übereinkommen eingreifen kann (s nur Palandt/*Heldrich* Art 40 Rn 19), wird teilweise eine Beschränkung auf Regelungen, die internationalem Regelungsstandard entsprechen und daher wesentliche (transformierte) deutsche Rechtsgrundsätze ausmachen, gefordert (insbes BaRoth/*Spickhoff* Art 40 Rn 55; *Looschelders* Art 40 Rn 73; de lege lata freilich problematisch). **Folge** der Anwendung des Art 40 III kann eine Reduzierung (insbes bei Nr 1), der gänzliche Ausschluss (insbes bei Nr 2) oder eine Begrenzung (in Fällen der Nr 3) des Schadensersatzanspruchs sein. – Art 24 des Rom II-Entwurfs enthält eine Regelung, die wohl eine Art gemeinschaftsrechtlichen ordre public für Schadensersatzansprüche etablieren soll (dazu *Schaub* JZ 05, 328, 333; *Mörsdorf-Schulte* ZVglRWiss 05, 192 ff); das Europäische Parlament lehnt die Aufnahme einer solchen Regelung ab.

31 **D. Direktanspruch gegen den Haftpflichtversicherer, Art 40 IV.** Art 40 IV lässt einen Direktanspruch gegen einen Haftpflichtversicherer zu, wenn entweder das (nach Art 40 I, II oder Art 41 zu bestimmende) Deliktsstatut oder das (nach Art 7 ff EGVVG bzw Art 27 ff EGBGB zu ermittelnde) Vertragsstatut einen solchen vorsieht (eine Rechtswahl nach Art 42 kann nicht zum Nachteil des Haftpflichtversicherers einen Direktanspruch begründen, s MüKo/*Junker* Art 42 Rn 3; AnwK/*Wagner* Art 40 Rn 54; BaRoth/*Spickhoff* Art 40 Rn 13; Erman/*Hohloch* Art 40 Rn 22). Auch wenn die Gesetzesbegründung (BTDrs 14/343, 13) für einen Vorrang des Deliktsstatuts zu sprechen scheint, ist die Regelung nach hM als **gleichrangige, alternative Anknüpfung** aufzufassen (zB BaRoth/*Spickhoff* Art 40 Rn 13; MüKo/*Junker* Art 40 Rn 221 mwN), denn ihr Zweck (Erleichterung und Beschleunigung der Schadensabwicklung) lässt sich nur so erreichen. Wegen der Akzessorietät der Anknüpfung kommen Rück- und Weiterverweisungen nicht in Betracht (s nur Palandt/ *Heldrich* Art 40 Rn 22). Allerdings ist die Regelung europarechtlich bedenklich (s *Schaub* RabelsZ 02, 18, 58 ff). – Problematisch könnte daher auch die in Art 14 des Rom II-Entwurfs vorgesehene Regelung sein. Bei der Kfz-Haftpflichtversicherung spielt Art 40 IV wegen des Systems der Grünen Karte und der 4. Kraftfahrzeughaftpflicht-Richtlinie (ABl EG 2000 L 181/65) praktisch eine geringe Rolle (s dazu nur MüKo/*Junker* Art 40 Rn 224 ff, 233 f).

Art. 41 Wesentlich engere Verbindung

(1) Besteht mit dem Recht eines Staates eine wesentlich engere Verbindung als mit dem Recht, das nach den Artikeln 38 bis 40 Abs. 2 maßgebend wäre, so ist jenes Recht anzuwenden.
(2) Eine wesentlich engere Verbindung kann sich insbesondere ergeben
1. aus einer besonderen rechtlichen oder tatsächlichen Beziehung zwischen den Beteiligten im Zusammenhang mit dem Schuldverhältnis oder
2. in den Fällen des Artikels 38 Abs. 2 und 3 und des Artikels 39 aus dem gewöhnlichen Aufenthalt der Beteiligten in demselben Staat im Zeitpunkt des rechtserheblichen Geschehens; Artikel 40 Abs. 2 Satz 2 gilt entsprechend.

A. Allgemeines. I. Anwendungsbereich. Art 41 enthält – in Parallele zu Art 28 V, 46 – eine **Ausweichklausel** für außervertragliche Schuldverhältnisse, die ausnahmsweise Abweichungen von den Grundanknüpfungen bei wesentlich engerer Verbindung mit einem anderen Recht erlaubt. Sie gilt für die Anknüpfungen nach Art 38, 39, 40 I u II, nicht hingegen für Art 40 IV (uU wirkt sich Art 41 jedoch über das Deliktsstatut indirekt auf den Direktanspruch gegen den Versicherer aus, BaRoth/*Spickhoff* Art 41 Rn 1) und Art 42 I enthält die Grundregel, in II finden sich Beispielsfälle. Art 41 unterliegt den ordre public-Vorbehalten (Art 40 III, 6), die jedoch hier selten durchgreifen dürften (Erman/*Hohloch* Art 41 Rn 5).

II. Rück- und Weiterverweisungen. Rück- und Weiterverweisungen sind zu beachten, sofern sie nicht dem Sinn der Verweisung widersprechen, Art 4 I 1. Für die Anknüpfung an eine besondere rechtliche Beziehung der Beteiligten im Zusammenhang mit dem Schuldverhältnis gem Art 41 II Nr 1 wird allgemein angenommen, dass der Grundgedanke der Anknüpfung einen Renvoi ausschließt (s nur MüKo/*Junker* Art 41 Rn 27 mwN), bei allen übrigen Anknüpfungen (einschließlich derjenigen an eine bloß tatsächliche Beziehung gem Art 41 II Nr 1) ist str, ob von Gesamt- oder Sachnormverweisungen auszugehen ist. Nach der Gesetzesbegründung (BTDrs 14/343, 8) ist Art 41 II Nr 1 (insgesamt) als Sachnormverweisung anzusehen; die übrigen Verweisungen als Gesamtverweisungen. Da Art 41 I dort nicht gesondert genannt ist und seine Anwendung eine eingehende Prüfung der „wesentlich engeren Verbindung" erfordert, spricht vieles dafür, auch hier von einer Sachnormverweisung auszugehen. Daher sollten die Verweisungen in Art 41 – bis auf diejenige in II Nr 2 – als **Sachnormverweisungen** angesehen werden (so auch zB MüKo/*Junker* Art 41 Rn 24 ff; Erman/*Hohloch* Art 41 Rn 4; Palandt/*Heldrich* Art 41 Rn 2; weitergehend AnwK/*Wagner* Art 41 Rn 5; enger BaRoth/*Spickhoff* Art 41 Rn 14; Hk/*Dörner* Art 41 Rn 5).

B. Wesentlich engere Verbindung. I. Vorgehensweise. Zunächst ist von der **Grundanknüpfung** auszugehen, also das nach Art 38–40 I, II anwendbare Recht zu ermitteln. Danach ist zu untersuchen, ob eine wesentlich engere Verbindung iSd Art 41 mit einem anderen Recht besteht; diese kann sich – je nachdem, von welcher Grundanknüpfung auszugehen ist – aus unterschiedlichen Gesichtspunkten ergeben (zu den Differenzierungen insbes BaRoth/*Spickhoff* Art 41 Rn 4 ff). Die **Beispiele** in Art 41 II liefern wichtige Anhaltspunkte und sollten daher vor einer isolierten Anwendung des Art 41 I geprüft werden, auch wenn I *inhaltlicher* Ausgangs- und Bezugspunkt ist. Sie sind dem Wortlaut nach zwar keine Regelbeispiele, kommen von der Funktion her diesen aber nahe, dh sie betreffen Fälle, in denen idR eine wesentlich engere Verbindung vorliegt, ohne abschließend zu sein (s insbes Erman/*Hohloch* Art 41 Rn 9; BaRoth/*Spickhoff* Art 41 Rn 7). Gelangt man zu einer Anknüpfung über Art 41, erfasst diese den gesamten Fall, dh die Grundanknüpfung wird vollständig verdrängt (Erman/*Hohloch* Art 41 Rn 7).

II. Grundregel, Art 41 I. Über Art 41 I kann das sachnächste Recht zur Anwendung gebracht werden, wenn es sich nicht bereits aus den einschlägigen Grundanknüpfungen ergibt. Unter Abwägung der beteiligten Interessen ist die Rechtsordnung zu ermitteln, in welcher der **Schwerpunkt** des konkreten Falles liegt (Palandt/*Heldrich* Art 41 Rn 3); dabei ist der Ausnahmecharakter der Anknüpfung nach Art 41 im Blick zu behalten. Eine isolierte Anwendung des I ohne Rückgriff auf die Beispiele in II dürfte nicht allzu häufig in Betracht kommen. Zu denken ist insbes an **Deliktsansprüche** bei Wettbewerbsverstößen oder Verletzung von Immaterialgüterrechten (s Art 40 Rn 22, 24; Erman/*Hohloch* Art 41 Rn 8). Nicht eingreifen soll Art 41 I nach dem Willen des Gesetzgebers idR bei Verkehrsunfällen für den gemeinsamen Zulassungsort von Kraftfahrzeugen (Art 40 Rn 17). Auch eine Abstellung auf die gemeinsame Staatsangehörigkeit der Beteiligten über Art 41 I ist nach der Neuregelung nicht angebracht (s BaRoth/*Spickhoff* Art 41 Rn 6); das gilt erst recht mit Blick auf Art 12 EG. – Art 3 III des Rom II-Entwurfs der Kommission (Vor Art 38 Rn 2) enthält für Schuldverhältnisse aus unerlaubter Handlung eine ähnliche Regelung. Für andere außervertragliche Schuldverhältnisse ist in Art 9 I eine akzessorische Anknüpfung sogar als Grundanknüpfung vorgesehen, eine subsidiäre Anknüpfung an eine offensichtlich engere Verbindung mit einem anderen Staat findet sich in Art 9 V. Im Entwurf des Europäischen Parlaments werden diese Regelungen der Sache nach, aber in teilweise veränderter Form beibehalten (Art 3 II, III, 9 a I, IV, 9 b I, IV). Insbes für unerlaubte Handlungen ist die Ausweichklausel hier stärker ausdifferenziert.

5 **III. Fallgruppen, Art 41 II. 1. Besondere rechtliche oder tatsächliche Beziehung, Art 41 II Nr 1.** Art 41 II Nr 1 regelt die akzessorische Anknüpfung von Ansprüchen aus gesetzlichen Schuldverhältnissen an eine besondere rechtliche oder tatsächliche Beziehung zwischen den Beteiligten. **Rechtliche Beziehungen** können vertragliche oder gesetzliche sein. In Betracht kommt insbes eine akzessorische Anknüpfung an das Vertragsstatut, zB bei Ansprüchen eines Arbeitnehmers aus GoA im Zusammenhang mit einem Arbeitsvertrag, bei Bereicherungsansprüchen aus Verwendungskondiktion (AnwK/*Wagner* Art 41 Rn 10; bei der Leistungskondiktion ergibt sich eine solche Anknüpfung idR schon über Art 38 I, s insbes MüKo/*Junker* Art 41 Rn 14; zu beachten ist weiterhin Art 32 I Nr 5) oder bei Deliktsansprüchen gegen einen Vertragspartner, wie zB Produkthaftungsansprüchen gegen den Verkäufer. Gesetzliche Beziehungen können familienrechtliche sein (Bsp: akzessorische Anknüpfung von Deliktsansprüchen an das Ehe- oder Verlöbnisstatut, Staud/*v Hoffmann* Art 41 Rn 20 f), aber auch andere außervertragliche Schuldverhältnisse (Bsp: Herstellung eines Gleichlaufs von Bereicherungs- und Deliktsstatut bei Bereicherungsansprüchen wegen Eingriffs in ein geschütztes Interesse). Eine akzessorische Anknüpfung an das Statut einer vorvertraglichen Haftung erscheint idR nicht erforderlich, wenn man bereits bei der Qualifikation zwischen vertrags- und deliktsrechtlichen Gestaltungen differenziert (Art 40 Rn 2; s.a. BaRoth/*Spickhoff* Art 41 Rn 10; Erman/*Hohloch* Art 41 Rn 11). **Tatsächliche Beziehungen** können sich zB aus sozialem Kontakt ergeben, etwa bei Mitfahrgemeinschaften, Reisegruppen oder bei der nichtehelichen Lebensgemeinschaft (kritisch dazu aber zu Recht MüKo/*Junker* Art 40 Rn 69 f, 41 Rn 19). Die Möglichkeit einer akzessorischen Anknüpfung an bestehende *Rechts*verhältnisse ist in Art 3 III 2, 9 I des Rom II-Entwurfs der Kommission (Vor Art 38 Rn 2) vorgesehen und wird vom Europäischen Parlament – mit Modifikationen – akzeptiert (Art 3 III lit b, 9 a I, 9 b I).

6 **2. Gewöhnlicher Aufenthalt in demselben Staat, Art 41 II Nr 2.** Nach Art 41 II Nr 2 kann auch der gemeinsame gewöhnliche Aufenthalt der Beteiligten in demselben Staat zu einer Abweichung von der Grundanknüpfung führen. Die Regelung betrifft **nur** die Grundanknüpfungen nach Art 38 II, III, 39, **nicht** die Anknüpfung der Leistungskondiktion nach Art 38 I (das ergibt sich hier bereits aus dem Wortlaut der Regelung, s ferner BTDrs 14/343, 13) und nicht die Anknüpfung nach Art 40, für die Art 40 II eine (iE entsprechende) Spezialregelung enthält. Der gemeinsame gewöhnliche Aufenthalt ist wie bei Art 40 II (dort Rn 14) zu bestimmen; für Gesellschaften, Vereine und juristische Personen gilt Art 40 II 2 entsprechend, Art 41 II Nr 2 letzter Hs. Der gemeinsame gewöhnliche Aufenthalt muss im Zeitpunkt des rechterheblichen Geschehens bestanden haben; seine nachträgliche Begründung reicht nicht aus. – Im Rom II-Entwurf der Kommission sind entsprechende Regelungen für unerlaubte Handlungen (Art 3 II) und sonstige außervertragliche Schuldverhältnisse (Art 9 II) vorgesehen; das Europäische Parlament will sie der Sache nach, aber teilweise in anderer Form und anderem Zusammenhang, beibehalten (Art 3 II, III lit a, 9 a II, 9 b II).

Art. 42 Rechtswahl

¹Nach Eintritt des Ereignisses, durch das ein außervertragliches Schuldverhältnis entstanden ist, können die Parteien das Recht wählen, dem es unterliegen soll. ²Rechte Dritter bleiben unberührt.

1 **A. Allgemeines.** Art 42 eröffnet – in Parallele zu Art 27 – für alle außervertraglichen Schuldverhältnisse die Möglichkeit einer nachträglichen Rechtswahl und räumt damit der **Parteiautonomie** wesentliche Bedeutung ein. Die Rechtswahl geht allen anderen Anknüpfungen der Art 38 ff vor, unterliegt also lediglich den Vorbehalten der Rechte Dritter (Art 42 S 2) sowie des ordre public (Art 6, 40 III). Nach hM ist eine Beziehung des Sachverhalts zur gewählten Rechtsordnung nicht erforderlich (zB Staud/*v Hoffmann* Art 42 Rn 6; MüKo/*Junker* Art 42 Rn 23, beide mwN); der Auslandsbezug kann also auch erst durch die Rechtswahl hergestellt werden (s zB Palandt/*Heldrich* Art 42 Rn 1; aA *Freitag/Leible* ZVglRWiss 00, 101, 106). Das ist die folgerichtige Konsequenz der Parteiautonomie, da die Beteiligten hier in Kenntnis sämtlicher relevanter Umstände des Falles entscheiden. Weitere Konsequenz dieses Grundgedankens ist es, Art 42 als **Sachnormverweisung** aufzufassen (s insbes MüKo/*Junker* Art 42 Rn 25, 29; Erman/*Hohloch* Art 42 Rn 4).

2 **B. Rechtswahl. I. Voraussetzungen.** Die Rechtswahl kann – anders als im internationalen Vertragsrecht – **nur nachträglich** erfolgen. Allerdings kann eine der Begründung des außervertraglichen Schuldverhältnisses vorangegangene Rechtswahl ggf über Art 38 I bzw Art 41 I, II Nr 1 auch für außervertragliche Ansprüche zum Zuge kommen. Str ist, ob sich die Wirksamkeit der Rechtswahl nach der lex fori (so zB MüKo/*Junker* Art 42 Rn 9; Palandt/*Heldrich* Art 42 Rn 1) oder der hypothetischen lex causae (so zB BaRoth/*Spickhoff* Art 42 Rn 6 mwN) richtet. Da Art 42 keine Regelung enthält, die Art 27 IV iVm 31 entspricht, ist die lex fori als maßgeblich anzusehen. Die Wahl kann **ausdrücklich oder stillschweigend** (BTDrs 14/343, 14; Kobl NJW-RR 05, 1048) ohne Einhaltung einer bestimmten Form (MüKo/*Junker* Art 42 Rn 10 mwN) oder Frist (Palandt/*Heldrich* Art 42 Rn 1) vorgenommen werden. Sie erfordert aber nach hM ein entsprechendes **Erklärungsbewusstsein** beider Parteien (s nur MüKo/*Junker* Art 42 Rn 13 mwN; aA Hk/*Dörner* Art 42 Rn 2; *Dörner* FS Stoll 491, 493). Insbes kann nicht ohne zusätzliche Anhaltspunkte eine Wahl der lex fori angenommen werden, wenn die Prozessbeteiligten trotz Auslandsbezugs nur diese ihren Erörterungen zu Grunde legen; ggf ist nachzufragen (§ 139 ZPO, s

auch BaRoth/*Spickhoff* Art 42 Rn 6). Auch aus der Vereinbarung eines deutschen Gerichtsstands lässt sich nicht ohne weiteres eine Wahl deutschen Rechts ableiten (Köln TranspR 05, 212, 213). **Gegenstand** der Rechtswahl ist in erster Linie staatliches Recht, aber auch die Wahl anderer Regelungssysteme sollte im Rahmen der Parteiautonomie möglich sein (so auch AnwK/*Wagner* Art 42 Rn 10). Da in Art 42 keine Art 27 I 3 vergleichbare Regelung aufgenommen wurde, ist eine Teilrechtswahl abzulehnen (so auch Palandt/*Heldrich* Art 42 Rn 1; aA aber die wohl hM, zB Staud/*v Hoffmann* Art 42 Rn 8; MüKo/*Junker* Art 42 Rn 14; AnwK/*Wagner* Art 42 Rn 11). Die Rechtswahl kann von den Beteiligten nachträglich (mit Wirkung ex tunc) geändert werden (zB MüKo/*Junker* Art 42 Rn 22; Palandt/*Heldrich* Art 42 Rn 2).– Art 10 des Rom II-Entwurfs der Kommission (Vor Art 38 Rn 2) sieht ebenfalls die Möglichkeit einer nachträglichen Rechtswahl vor, enthält aber Vorbehalte zugunsten zwingender Normen des Staates, in dem sich alle übrigen Sachverhaltselemente befinden sowie zugunsten des Gemeinschaftsrechts; das Europäische Parlament plädiert für eine Streichung dieser Norm.

II. Rechtsfolgen. Die gegenüber den anderen Anknüpfungen für außervertragliche Schuldverhältnisse vorrangige Rechtswahl führt ggf zu einem auf den Zeitpunkt der Entstehung des Schuldverhältnisses zurückwirkenden Statutenwechsel. Das aufgrund der Rechtswahl anzuwendende Statut ist für das gesamte außervertragliche Schuldverhältnis maßgebend (Ausnahme: ortsgebundene Verhaltensnormen, insbes Verkehrsregeln, Art 40 Rn 4; BaRoth/*Spickhoff* Art 42 Rn 4; Erman/*Hohloch* Art 42 Rn 10). Nach Art 42 S 2 bleiben Rechte Dritter unberührt; dies betrifft insbes Haftpflichtversicherer oder andere Regressberechtigte. 3

Abschnitt 6 Sachenrecht

Art. 43 Rechte an einer Sache

(1) Rechte an einer Sache unterliegen dem Recht des Staates, in dem sich die Sache befindet.
(2) Gelangt eine Sache, an der Rechte begründet sind, in einen anderen Staat, so können diese Rechte nicht im Widerspruch zu der Rechtsordnung dieses Staates ausgeübt werden.
(3) Ist ein Recht an einer Sache, die in das Inland gelangt, nicht schon vorher erworben worden, so sind für einen solchen Erwerb im Inland Vorgänge in einem anderen Staat wie inländische zu berücksichtigen.

A. Rechtsquellen. Die Art 43–46 wurden durch das Gesetz zum Internationalen Privatrecht für außervertragliche Schuldverhältnisse und für Sachen vom 21.05.99 (BGBl I 1026) als „Sechster Abschnitt" in das EGBGB eingefügt. Es handelt sich um autonomes deutsches Recht. Zur Gesetzesgeschichte *Kreuzer* RabelsZ 2001, 383 ff. Hierbei beließ es der Gesetzgeber im Wesentlichen bei einer Positivierung der schon vorher gewohnheitsrechtlich geltenden Grundsätze, so dass sich kaum Übergangsprobleme stellen; ggf ist Art 220 I analog anzuwenden (Erman/*Hohloch* Vor Art 43 Rn 8). Zur Kritik an der Neuregelung, MüKo/*Wendehorst* Vor Art 43 Rn 19. 1

Supranationales Internationales Sachenrecht existiert nur in Teilbereichen. So ist für das Insolvenzverfahren die EuInsVO vom 29.9.00 (Abl EG 00 Nr 160/1) zu beachten. Die **Rückgabe von unrechtmäßig aus dem Hoheitsgebiet eines Mitgliedstaates verbrachten Kulturgütern** wird vom Kulturrückgabegesetz geregelt, das in Umsetzung der Richtlinie 93/7/EWG erlassen wurde. Gemäß deren Art 12 bestimmt sich die Frage des Eigentums an dem Kulturgut nach erfolgter Rückgabe nach dem Recht des ersuchenden Mitgliedstaats (vgl §§ 4, 8 KulturrückgabeG). 2

B. Übersicht über die Art 43 bis 46. Die in Art 43 I enthaltene Grundregel beruft das **Recht des Lageorts** einer Sache zur Entscheidung über ihre sachenrechtlichen Verhältnisse. Dieser Grundsatz gilt auch in den meisten ausländischen Rechtsordnungen. Zur zu bejahenden Vereinbarkeit dieser Regel mit dem **Europarecht**, insbesondere mit der Warenverkehrs-, Dienstleistungs- und Kapitalverkehrsfreiheit *Röthel* JZ 03, 1027 ff; aA *v Wilmowsky*, Europäisches Kreditsicherungsrecht, 1996. Zur rechtspolitisch zu befürwortenden Vereinheitlichung vor allem des Rechts der Kreditsicherheiten auf europäischer Ebene, *Basedow* AcP 00, 445 ff; *Kieninger*, Security Rights in Movable Property in European Private Law, 04. 3

Die lex rei sitae Regel wird durch Art 43 II und III ergänzt für den Fall des Statutenwechsels infolge des Verbringens der Sache über die Grenze. Nach Artikel 44 findet auf **Immissionen**, die von einem Grundstück ausgehen, der für unerlaubte Handlungen geltende Art 40 I entsprechende Anwendung. Art 45 enthält Sondervorschriften für gewisse **Transportmittel** und Sicherungsrechte an ihnen. Zu Sachen auf dem Transport (res in transitu) s Rn 17 u Art 46 Rn 3. Art 46 schließlich beinhaltet eine mit Art 41 vergleichbare **Ausweichklausel**, die flexible Lösungen ermöglichen soll und deutlich macht, dass die Art 43–45 nicht abschließend sind. 4

Der nach diesen Vorschriften erhebliche **Zeitpunkt** ist derjenige, zu dem nach dem jeweiligen Sachstatut der sachenrechtliche Tatbestand vollendet ist (Staud/*Stoll* IntSachR Rn 161). Soweit nach diesen Normen auf ausländisches Recht verwiesen wird, handelt es sich nach Art 4 I um eine **Gesamtverweisung**, so dass eine Rück- oder Weiterverweisung des berufenen Rechts zu befolgen ist. Nur bei Art 45 II und Art 46 handelt es sich um Sachnormverweisungen (Art 45 Rn 7 u Art 46 Rn 1). 5

6 **C. Regelungsgehalt des Art 43. I. Geltung der lex rei sitae, I. 1. Normzweck und Allgemeines.** Der in Art 43 I niedergelegte Grundsatz der Verweisung auf die lex rei sitae ist Ausgangspunkt der Regelung. Danach findet zur Beurteilung der dinglichen Rechtslage grundsätzlich das Recht des Orts Anwendung, an dem sich die fragliche Sache zum Zeitpunkt der Vollendung des Rechtserwerbs befindet. Die lex rei sitae Regel bezweckt den Verkehrsschutz (BTDrs 14/343, 15). Eine abweichende **Rechtswahl** ist im Hinblick auf diesen Normzweck als solche unwirksam und allenfalls und nur sehr vorsichtig im Rahmen von Art 46 zu berücksichtigen (s Art 46 Rn 2).

7 Fallen bezüglich einer Sache Gesamt- (**Güter-, Erb-, Gesellschaftsrechtsstatut**) und Sachstatut auseinander, so setzt sich das Gesamtstatut durch, wobei Art 3 III zu beachten ist (s Art 3 Rn 44 ff). Zum Schutze des numerus clausus der Sachenrechte kann allerdings das Gesamtstatut nicht im Widerspruch zum Sachstatut geltend gemacht werden (Erman/*Hohloch* Rn 16), so dass ggf eine Angleichung vorgenommen werden muss (BGH NJW 95, 58 zur im Ergebnis nur schuldrechtlichen Wirkung entsprechend § 2174 ausländischer Vindikationslegate; s.a. *Stoll* IPrax 00, 260).

8 **2. Anwendungsbereich.** Die Vorschrift gilt für **bewegliche und unbewegliche Sachen**, wobei hierunter wie nach § 90 körperliche Gegenstände zu verstehen sind (Palandt/*Heldrich* Rn 1; für einen in Zweifelsfällen normativ erweiterten Sachbegriff MüKo/*Wendehorst* Rn 11). Allerdings ist dem berufenen Sachstatut zu entnehmen, ob eine Sache wesentlicher Bestandteil einer anderen Sache oder sonderrechtsfähig ist. Ebenso entscheidet das Sachstatut, ob sie Zubehör einer anderen Sache darstellt (Staud/*Stoll* IntSachR Rn 143).

9 Bei **Wertpapieren** ist zwischen dem Recht am Papier (Wertpapiersachstatut) und dem Recht aus dem Papier (Wertpapierrechtsstatut) zu unterscheiden. Für das Wertpapiersachstatut gilt Art 43 I, also der Grundsatz der lex cartae sitae (BGH NJW 90, 243; Ddorf IPR 03, 154). Nach der Sondervorschrift des § 17a DepotG unterliegen allerdings Verfügungen über Wertpapiere, die mit rechtsbegründender Wirkung in ein Register eingetragen werden oder auf einem Konto verbucht werden, dem Recht des Staates, unter dessen Aufsicht das Register geführt wird (BTDrs 14/1539, 16; *Haubold* RIW 05, 656; *Einsele* WM 01, 7, 15). Das Wertpapierrechtsstatut ergibt sich aus dem Recht, dem die verbriefte Forderung unterliegt (*Looschelders* IPR Rn 27). Nach diesem Recht ist auch zu beurteilen, ob es sich bei der Urkunde überhaupt um ein Wertpapier (im weiteren oder engeren Sinn) handelt (RGZ 119, 215, 216; Karlsr IPRspr 01, Nr 44). Zum noch nicht in Kraft befindlichen Haager Übereinkommen über das bei Wertpapieren in Zwischenverwahrung anwendbare Recht *Reuschle* RabelsZ 2004, 687 ff; *Bernasconi/Sigman* Unif L Rev 05, 117 ff.

10 **3. Reichweite des Sachstatuts. a) Rechte an einer Sache.** Das Recht des Lageorts gilt für sämtliche **sachenrechtlichen Fragen**; insbesondere entscheidet es, wem die Sache gehört (Eigentum), welche dinglichen Rechte an ihr bestehen können (numerus clausus der Sachenrechte) sowie, ob solche Rechte entstanden, übergegangen, geändert oder erloschen sind (BTDrs 14/343, 15). Auch für den Inhalt und die Durchsetzung dinglicher Rechte ist grds die lex rei sitae zu befragen (BGH NJW 98, 1321). Dies gilt außerhalb von Art 44 auch für den **Schutz** dinglicher Rechte. Soweit dieser durch Schadensersatz- oder Bereicherungsansprüche verwirklicht wird, kann entsprechend der deutschen Anspruchskonkurrenz eine Mehrfachqualifikation nach dem Sach- und dem Delikts- bzw Bereicherungsstatut in Frage kommen (MüKo/*Wendehorst* Rn 98).

11 Ob es sich bei einem bestimmten Rechtsinstitut um ein dingliches Recht iSv Art 43 handelt, ist durch funktionelle Qualifikation danach zu ermitteln, ob es wie das deutsche Eigentum und die beschränkt dinglichen Rechte absolute Wirkung in Bezug auf die Zuordnung einer Sache hat, also Befugnisse im Hinblick auf die Sache gegenüber jedermann vermittelt. Danach können auch einzelne Berechtigungen schuldrechtlichen Ursprungs als sachenrechtlich iSv Art 43 zu qualifizieren sein: § 566 (LG Hamburg IPRspr 91, Nr 40); englisches **lien at law** (LG München I WM 57, 1378), zur umstrittenen Einordnung von **Verfolgungs- und Anhalterechten** etwa nach Art 71 II CISG s Staud/*Stoll* IntSachR Rn 311; MüKo/*Wendehorst* Rn 62. Bei **Leasingverträgen** kann das UNIDROIT-Abkommen von Ottawa v 28. 5. 88 zu beachten sein, dass allerdings von Deutschland nicht ratifiziert wurde (s Art 28 Rn 59).

12 Auch der **Besitz** ist kollisionsrechtlich als Recht an einer Sache zu behandeln (LG München I WM 63, 1355), ein den Besitz begründendes Besitzmittlungsverhältnis unterliegt aber dem Vertragsstatut.

13 Auch die Arten der möglichen (Mit-)Berechtigung richten sich, soweit sie das Außenverhältnis betreffen, nach dem Sachstatut (MüKo/*Wendehorst* Rn 38). Nach diesem sind auch schuldrechtliche Ansprüche zu beurteilen, die aufgrund eines seinerseits als sachenrechtlich zu qualifizierenden Legalschuldverhältnisses entstehen, so etwa Ansprüche unter **Miteigentümern** oder Ansprüche aus **EBV** (BGH NJW 98, 1321).

14 Die lex rei sitae gilt sowohl für Änderungen der dinglichen Rechtslage durch Rechtsgeschäft als auch von Gesetzes wegen (zB Ersitzung, Verbindung, Vermischung, Verarbeitung). Bei rechtsgeschäftlichem Rechtsübergang sind dem Sachstatut insbesondere die Erwerbstatbestände und die **Möglichkeit sowie Voraussetzungen des Erwerbs vom Nichtberechtigten** zu entnehmen (BGH NJW 60, 775; *Looschelders/Bottek* VersR 01, 402 ff). Dies betrifft auch die Möglichkeit der Genehmigung der Verfügung eines Nichtberechtigten durch den Berechtigten (BGH NJW-RR 00, 1583), die Frage von Lösungsrechten wie etwa § 934 II schweizZGB, Art 2280 franzCodeCivil (BGH NJW 87, 3078) oder die Anwendbarkeit einer Eigentumsvermutung (BGH NJW 96, 2233). Auch der **Erwerb des Versicherers** eines gestohlenen KFZ gem § 13 VII AKB, unterliegt an sich der lex rei sitae zum Zeitpunkt des Bedingungseintritts (Palandt/*Heldrich* Rn 3; Erman/*Hohloch* Rn 12),

allerdings wird hier oft die Anwendung von Art 46 nahe liegen (s Art 46 Rn 3). Die **Anfechtbarkeit** eines Rechtserwerbs beurteilt sich außerhalb eines Insolvenzverfahrens nach dem für die angefochtene Rechtshandlung geltenden Recht, vgl § 19 AnfG. Für die **Insolvenzanfechtung** sind Art 4 II m) EuInsVO und § 339 InsO zu beachten, die die lex fori concursus berufen.

Bei **beschränkt dinglichen Rechten** bestimmt die lex rei sitae den Kreis der begründbaren Rechte sowie deren Entstehungs-, Erwerbs-, Übertragungs- und Erlöschensvoraussetzungen. So kommt es für die Entstehung von gesetzlichen Pfandrechten auf das Recht des Lageorts an. Bei **dinglichen Sicherungsrechten** entscheidet das Sachstatut über die Akzessorietät (MüKo/*Wendehorst* Rn 84). Soweit diese vorliegt, ist das Bestehen der gesicherten Forderung als Vorfrage selbstständig anzuknüpfen, insoweit gilt das nach Art 27 ff zu bestimmende Forderungsstatut (BGH NJW 51, 400; *Looschelders* IPR Rn 28). Ebenso gesondert anzuknüpfen ist die **Sicherungsabrede**, wobei bei Fehlen einer Rechtswahl ggf über Art 28 III, V ein Gleichlauf mit dem Sachstatut errricht werden kann. 15

b) **Vorfragen der Rechtsänderung.** Auch wenn das Sachstatut nicht vom Trennungs-, sondern vom Konsensprinzip ausgeht, ist für die kollisionsrechtliche Betrachtung das Geschäft in einen schuld- und einen sachenrechtlichen Teil aufzuspalten. Sofern das danach berufene Sachstatut ein wirksames Kausalgeschäft als Erwerbsvoraussetzung vorsieht, ist dessen Vorliegen nach dem Vertragsstatut zu überprüfen. Solche und andere **Vorfragen des rechtsgeschäftlichen Erwerbs** (Geschäftsfähigkeit (Art 7, 12 S 2), Stellvertretung, str) sind gesondert anzuknüpfen (MüKo/*Wendehorst* Rn 81); für Formfragen ergibt sich durch Art 11 V ein Gleichlauf mit Art 43. 16

II. Veränderungen des Lageorts. 1. Schlichter Statutenwechsel, II. Art 43 II regelt als allseitige Kollisionsnorm den Fall, dass eine (bewegliche) Sache vom Geltungsbereich einer Rechtsordnung in den einer anderen verbracht wird. Danach bestehen nach der alten lex rei sitae wirksam begründete Rechte an einer Sache grundsätzlich auch unter Geltung der neuen fort. Diese hat sie grds hinzunehmen (Schlesw NJW 89, 3105; Staud/*Stoll* IntSachR Rn 358 ff; Erman/*Hohloch* Rn 21; Palandt/*Heldrich* Rn 5; MüKo/*Wendehorst* Rn 152). Hier ist auch europarechtlich eine großzügige Vorgehensweise angezeigt. So ist nach Art 43 II beim **Versendungskauf** der Eigentumserwerb des Käufers als abgeschlossen anzunehmen, auch wenn das Recht des Empfangsstaates – im Gegensatz zu dem des Absendestaates – die Übergabe verlangt (Erman/*Hohloch* Rn 21). Ein nach ausländischem Recht wirksam begründetes **besitzloses Pfandrecht** bleibt nach Verbringen des Pfandes ins Inland als solches bestehen und ist hinsichtlich seiner Wirkungen ähnlich einer Sicherungsübereignung zu behandeln (BGH NJW 63, 1201, franz Registerpfandrecht; NJW 91, 1415 ital Autohypothek; KarlsR WM 03, 584 amerik security interest; zu publizitätslosen Schiffspfandrechten BGH NJW 91, 1418, 1420). Dies führt allerdings nicht dazu, dass etwa dem Gläubiger eines solchen Pfandrechts in Deutschland der Herausgabeanspruch des Sicherungseigentümers aus § 985 zusteht. Die früher herrschende Transpositionslehre (Soergel/*Lüderitz* Art 38 Anh II Rn 53) wertete in solchen Fällen das Recht ungerechtfertigter Weise auf (*Stoll* IPrax 00, 262). Sind bestimmte Wirkungen der neuen Rechtsordnung vollkommen unbekannt und fremd, so ruhen diese während der Dauer des Aufenthalts der Sache in dieser Rechtsordnung, es kommt aber nicht zu einem Erlöschen (Erman/*Hohloch* Rn 22). Ein Ruhen der sachenrechtlichen Wirkungen wird man jedenfalls für einen Teil der Wirkungen einer **floating charge** am Vermögen einer Limited mit Sitz in Deutschland annehmen müssen, soweit man diese nicht ohnehin insolvenzrechtlich qualifiziert (*Wenckstern* RabelsZ 1992, 624; aA AnwK/*v Plehwe* Rn 44). Auch die **deutschen publizitätslosen Sicherungsrechte** (Eigentumsvorbehalt und Sicherungsübereignung) werden bei Verbringung des Sicherungsguts ins Ausland dort wegen der fehlenden Publizität oft nicht anerkannt (Belgien, Italien, Schweiz vorbehaltlich Art 102 II schweizIPRG, Österreich OGH IPrax 85, 165 bestr; ausf *Graham-Siegenthaler*, Kreditsicherungsrechte im internationalen Rechtsverkehr, 108 ff; Staud/*Stoll* IntSachR Rn 318 ff). Wird die Sache in den Geltungsbereich einer dritten Rechtsordnung gebracht, so hat diese das entstandene Sachenrecht wiederum in seiner ursprünglichen Gestalt zu akzeptieren und ggf anzupassen.

Diese Regeln gelten auch für Sachen, die sich auf dem Transport befinden (**res in transitu**), Reisegepäck und Transportmittel, die nicht unter Art 45 fallen (**KFZ**); allerdings kann, vor allem wenn kein Bezug zum Lageort besteht, nach Art 46 das Recht des Absende- oder Empfängerstaates statt der Rechtsordnung des Durchganglandes zur Anwendung kommen (s Art 46 Rn 3; Palandt/*Heldrich* Rn 9; aA MüKo/*Wendehorst* Art 45 Rn 25). 18

2. Gestreckte Tatbestände und Statutenwechsel, III. Art 43 III sieht eine Sonderregelung für den Fall vor, dass sich der Statutenwechsel durch eine Verbringung einer beweglichen Sache ins Inland vollzieht, bevor der Erwerb des Rechts nach der alten lex rei sitae vollständig war. Nach Art 43 III sind dann im Ausland bereits verwirklichte Tatbestandsvoraussetzungen der inländischen Norm anzurechnen. Dies gilt insbesondere für die Fälle der Ersitzung oder für Teilakte bei mehraktigem Erwerbstatbestand (zB §§ 921 S 1, 932, Kobl NJW-RR 03, 1563). Insofern hat Art 43 III materiellrechtliche Wirkung (*Stoll* IPrax 00, 263). 19

Daher können auch die tatbestandlichen Voraussetzungen eines von den Parteien angestrebten **Eigentumsvorbehalts** nach deutschem Recht durch eine entsprechende Absprache im Ausland verwirklicht werden, selbst wenn diese dort nur zum Entstehen eines relativen Rechts führt. Sobald die Sache ins Inland gebracht 20 wird, wirkt er absolut (BGH NJW 66, 879 „Strickmaschinenfall"; *Wagner* IPRax 98, 435; Hamm NJW-RR 90, 489). Voraussetzung ist allerdings wegen Art 43 II, dass der Käufer nicht schon nach ausländischem Recht Eigentum erworben hat. Dann kommt nur die Deutung als antizipierte Rücküberteignung, die Sicherungsübereignung ist, in Betracht. Die Wirksamkeit einer Verarbeitungsklausel unterliegt ebenfalls dem Sachstatut (MüKo/*Wendehorst* Art 45 Rn 85). Die Vorausabtretung beim verlängerten Eigentumsvorbehalts richtet sich allerdings nach dem Forderungsstatut (BGHZ 111, 376, BaRoth/*Spickhoff* Rn 12).

21 **D. Internationales Enteignungsrecht.** Enteignungen durch einen ausländischen Staat werden vom deutschen Recht nach dem **Territorialitätsprinzip** anerkannt, soweit sie sich auf Vermögenswerte beziehen, die im Staatsgebiet des enteignenden Staates belegen sind (BVerfG NJW 91, 1600; BGH NJW 02, 2390). Bei Forderungen kommt es auf den Wohnort des Schuldners an (BGH NJW 60, 1052). In Bezug auf außerhalb des Staatsgebiets belegenes Vermögen ist die Enteignung vorbehaltlich völkerrechtlicher Abkommen wirkungslos. So bleibt das Vermögen einer Gesellschaft, das außerhalb des Staatsgebietes liegt, von der Enteignung unberührt, es kommt zur Entstehung einer Spaltgesellschaft (BGH IPrax 85, 342 m Anm *Großfeld/Lohmann* 324 f). Diese haftet grds für sämtliche Verbindlichkeiten der Gesellschaft (BGHZ 56, 66, 70). Zur Bedeutung von Art 6 im Internationalen Enteignungsrecht BGHZ 104, 240 ff.

Art. 44 Grundstücksimmissionen

Für Ansprüche aus beeinträchtigenden Einwirkungen, die von einem Grundstück ausgehen, gilt Artikel 40 Abs. 1 entsprechend.

1 **A. Normzweck und Anwendungsbereich.** Die Norm betrifft das **Internationale Nachbar- und Umweltrecht**. Als vorrangige internationale Regelung ist das Pariser Übereinkommen v 29. 7. 60 zur Haftung gegenüber Dritten auf dem Gebiet der Kernenergie zu berücksichtigen. Die noch nicht verabschiedete Rom II Verordnung (COM(2003) 427) sah ursprünglich eine Spezialregelung des Internationalen Umweltrechts vor, diese wurde jedoch vom EU Parlament aus dem Entwurf gestrichen, da die allgemeinen Vorschriften für ausreichend erachtet werden (Bericht des Rechtsausschuss A6–0211/2005; Stellungnahme des Rates 10812/05 v 13. 7. 05).

2 Indem Art 44 den Anspruch des gestörten Nachbarn der deliktsrechtlichen Kollisionsnorm des Art 40 I unterstellt, wird im Rahmen der Qualifikation die Abgrenzung zum Deliktsstatut obsolet, sofern im Gleichlauf besteht (BTDrs 14/343, 16; *Wagner* IPrax 98, 429, 435; *Stoll* IPrax 00, 265). Vgl auch *Stoll* RabelsZ 1973, 357, 374 ff. Erfasst sind **Abwehr-, Unterlassungs-, Schadensersatz- und Ausgleichsansprüche** auf eigentlich sachenrechtlicher Grundlage (Erman/*Hohloch* Rn 10; MüKo/*Wendehorst* Rn 23). Daher ist die Betroffenheit eines dinglichen Rechts iSv Art 43 an einer beweglichen oder unbeweglichen Sache durch die Immission Tatbestandsvoraussetzung. Im Anwendungsbereich liegen jedenfalls die Ansprüche aus §§ 1004, 861, 862 wegen Störung des Eigentums oder des Besitzes. Auch ein Mieter kann Beeinträchtigter iSv Art 44 sein (BTDrs 14/343, 16; zum Besitz als dinglichem Recht Art 43 Rn 11). Auch ein Anspruch wegen einer **Gesundheitsbeeinträchtigung** durch die Immission fällt unter Art 44, soweit er nicht deliktsrechtlich zu qualifizieren ist.

3 Das Tatbestandsmerkmal „beeinträchtigende Einwirkungen" ist weiter als bei § 906 zu verstehen. Auch **Grobimmssionen** sowie **negative Immissionen** und **ideelle Störungen** sind erfasst (Erman/*Hohloch* Rn 6; Palandt/*Heldrich* Rn 1). Quelle der Störung muss ein Grundstück sein.

4 **B. Verweisung.** Störende Immissionen unterliegen kraft der Verweisung auf Art 40 I in erster Linie dem Recht des **Handlungsorts** (Art 40 I S 1), also der lex rei sitae des störenden Grundstücks. Dem Beeinträchtigten steht es aber frei, nach Art 40 I S 2 das Recht des **Erfolgsorts** zu wählen. Eine solche Wahl betrifft gleichermaßen die delikts- und nachbarrechtlichen Ansprüche und kann nur einheitlich für beide erfolgen (*Pfeiffer* IPrax 00, 274). Im übrigen ist ein Auseinanderfallen von Delikts- und Immissionsstatut hinzunehmen (MüKo/*Wendehorst* Rn 36 ff; aA BaRoth/*Spickhoff* Rn 3).

5 Offen bleibt auch nach der Kodifikation, wie eine **behördliche Genehmigung** der Immission zu erfassen ist. Hierzu *G Hager* RabelsZ 1989, 293 ff; Staud/*Stoll* IntSachR Rn 236 ff; *Wandt* VersR 98, 529, 533. Wurde die Genehmigung durch Behörden der durch Art 44 berufenen Rechtsordnung erteilt, so entscheidet diese Rechtsordnung auch über ihre Wirkungen. Ausländische Genehmigungen können bei entsprechender gesetzlicher oder staatsvertraglicher Grundlage inländischen gleichgestellt werden (BGH IPRspr 78, Nr 40; BVerfG NJW 86, 2188 Flughafen Salzburg). Im übrigen sind ausländische Genehmigungen grds unbeachtlich, wenn nicht der Betroffene die Möglichkeit der Teilnahme am Genehmigungsverfahren hatte. Zur Anwendung des Art 46 bei **Massenschäden** durch Immissionen s Art 46 Rn 3.

Art. 45 Transportmittel

(1) Rechte an Luft-, Wasser- und Schienenfahrzeugen unterliegen dem Recht des Herkunftsstaats. Das ist
1. bei Luftfahrzeugen der Staat ihrer Staatszugehörigkeit,
2. bei Wasserfahrzeugen der Staat der Registereintragung, sonst des Heimathafens oder des Heimatorts,
3. bei Schienenfahrzeugen der Staat der Zulassung.

(2) ¹Die Entstehung gesetzlicher Sicherungsrechte an diesen Fahrzeugen unterliegt dem Recht, das auf die zu sichernde Forderung anzuwenden ist. ²Für die Rangfolge mehrerer Sicherungsrechte gilt Artikel 43 Abs. 1.

A. Normzweck und Anwendungsbereich. Die Vorschrift enthält eine kollisionsrechtliche Sonderregel für bestimmte Arten von Transportmitteln. Da bei diesen Transportmitteln durch die häufige Veränderung des Lageorts die Anknüpfung an die lex rei sitae nicht die erstrebte Rechtssicherheit brächte und insofern nicht den Verkehrsinteressen gerecht würde, knüpft Art 45 I an das **Herkunftsland** des Fahrzeugs an. Als vorrangiges Recht ist das Genfer Abkommen über die internationale Anerkennung von Rechten an Luftfahrzeugen v 19. 6. 48 zu berücksichtigen (BGBl II 59, 130 ff, umgesetzt durch das Gesetz über Rechte an Luftfahrzeugen, BGBl I 59, 57 ff). Das von UNIDROIT und ICAO initiierte Abkommen von Kapstadt über Sicherungsrechte an beweglichen Ausrüstungsgegenständen v 16. 11. 01 ist von Deutschland zwar gezeichnet worden, aber noch nicht in Kraft getreten. Die Kapstadt-Konvention schafft ein international einheitliches Sicherungsrecht an beweglichen Ausrüstungsgegenständen des Raufahrt-, Luftfahrt- und Eisenbahnverkehrs (*Henrichs* IPrax 03, 210). 1

Art 45 ist teleologisch so auszulegen, dass er solche Fahrzeuge erfasst, die **unter normalen Bedingungen dem Personen- oder Güterverkehr mit dem Ausland dienen können** (MüKo/*Wendehorst* Rn 16). Noch nicht in Gebrauch genommene Fahrzeuge, Bauwerke und Wracks fallen daher nicht unter die Norm (BTDrs 14/343, 17). Weitere Voraussetzung ist, dass es sich um ein Luft-, Wasser- oder Schienenfahrzeug handelt. **Luftfahrzeuge** sind entsprechend auch Zeppeline, Heißluftballons, Drohnen, aber auch Raumfahrzeuge und Satelliten (für Gegenstände der Weltraumfahrt ist allerdings der Weltraumvertrag, BGBl II 69, 1967 ff, zu berücksichtigen). **Wasserfahrzeuge** sind sowohl See- als auch Binnenschiffe, gleich ob sie registerpflichtig sind. Sport- und Vergnügungsboote sind ebenso erfasst wie U-Boote und Luftkissenboote, nicht aber Haus- und Hotelboote. Auch Bohrinseln auf hoher See und andere Off-Shore Ausrüstung fallen unter Art 45, soweit sie nicht primär stationär innerhalb von Hoheitsgewässern eingesetzt werden, dann gilt Art 43 (MüKo/*Wendehorst* Rn 22). **Schienenfahrzeuge** sind neben Eisenbahnlokomotiven, Güter- oder Personenwaggons auch andere schienenbasierte Verkehrsmittel wie etwa Magnetschwebebahnen. 2

Eine analoge Anwendung auf andere Transportmittel (**LKW** und **PKW**) ist ausgeschlossen, insoweit gilt Art 43, wenn nicht die Voraussetzungen des Art 46 vorliegen (s Art 43 Rn 18). 3

B. Verweisung nach Art 45 I. Nach Art 45 I gilt für die bezeichneten Fahrzeugtypen das **Herkunftslandprinzip**. Bei Flugzeugen ist dies gem I Nr. 1 iVm Art 17 des Chicagoer Abkommens v 07. 12. 44 über die internationale Zivilluftfahrt der Staat, in dem sie registriert sind. Auch Wasserfahrzeuge unterliegen, soweit sie registriert sind, dem Recht des Registerstaates, wobei es stets auf das Register ankommt, in dem etwaige dingliche Eintragungen (Eigentümer, Schiffshypotheken) vorzunehmen wären; das Flaggenregister ist unerheblich (BTDrs 14/343, 17). Im übrigen gilt das Recht des Heimathafens (§ 480 HGB, BGH NJW-RR 00, 1583) oder des Heimatorts (§ 6 BinSchG), von dem aus das Schiff eingesetzt wird, I Nr 2 (so auch schon BGH NJW 95, 2079). Bei Schienenfahrzeugen ist das Recht des Staates der Zulassung maßgeblich, so dass es in der Regel auf den Sitz der Hauptverwaltung des Eisenbahnunternehmens ankommt (BTDrs 14/343, 17), der auch Anknüpfungspunkt ist, sofern keine Zulassung erfolgt ist oder zu erfolgen hatte (MüKo/*Wendehorst* Rn 56). 4

Auch bei Art 45 I handelt es sich nach Art 4 I um eine Gesamtverweisung (*Looschelders* IPR Rn 3; AnwK/*v Plehwe* Rn 4; anders für Rechte an Luftfahrzeugen MüKo/*Wendehorst* Rn 61). 5

Sollte sich im Einzelfall ergeben, dass zu dem Recht eines anderen Staates als dem Herkunftsstaat eine wesentlich engere Verbindung besteht, so ist Art 46 anzuwenden. 6

C. Verweisungen nach Art 45 II. I. Gesetzliche Sicherungsrechte, S 1.. Nach Art 45 II 1 gilt für die Entstehung gesetzlicher Sicherungsrechte an den in Art 45 I genannten Fahrzeugen, aber auch für ihren Inhalt und ihre Ausübung (MüKo/*Wendehorst* Rn 72) das **Recht der gesicherten Forderung**, also die lex causae. Durch diese Anknüpfung, die der Rechtslage vor der Kodifizierung entspricht (Hambg IPrax 90, 400; Bremen IPRspr 94, Nr 60b), soll vor allem für die Behandlung der besitzlosen **Schiffsgläubigerrechte** (§ 755 HGB) bis zur Schaffung einer international einheitlichen Lösung Rechtssicherheit geschaffen werden (BTDrs 14/343, 18). Denn Flaggenwechsel oder eine Verlagerung des Registerorts sind hiernach unbeachtlich. Durch die Anknüpfung an das Statut der gesicherten Forderung wird der anerkannten Akzessorietät dieser Rechte Rechnung getragen. Nach hM ist Art 45 II 1 **Sachverweisung**, so dass ein renvoi nicht beachtet wird (*Stoll* IPax 00, 259, 267; Palandt/*Heldrich* Rn 1; Erman/*Hohloch* Rn 4; AnwK/*v Plehwe* Rn 4. Für Gesamtverweisung BaRoth/*Spickhoff* Rn 10). 7

8 **II. Rangfolge, S 2.** Die Rangfolge mehrerer unter Art 45 II 1 fallender Sicherungsrechte (vgl § 761 HGB) bestimmt sich gem S 2 wiederum nach der **lex rei sitae**. Bei Luftfahrzeugen sind allerdings die §§ 103, 104 des Gesetzes über Rechte an Luftfahrzeugen gem Art 3 II vorrangig. Vor der Normierung wendeten deutsche Gerichte hinsichtlich der Rangfolge die lex fori, also deutsches Recht an (BGH NJW 91, 1418, 1420), die freilich regelmäßig zugleich die lex rei sitae sein wird. Die lex fori kann auch über Art 46 berufen werden. In jedem Fall gilt sie bzgl der materiellrechtlichen Wirkungen von Vollstreckungsakten (BGH NJW 61, 1672).

Art. 46 Wesentlich engere Verbindung

Besteht mit dem Recht eines Staates eine wesentlich engere Verbindung als mit dem Recht, das nach den Artikeln 43 bis 45 maßgebend wäre, so ist jenes Recht anzuwenden.

1 **A. Normzweck und Anwendungsbereich.** Wie Art 41 für die außervertraglichen Schuldverhältnisse sieht Art 46 eine **Ausweichklausel** für die sachenrechtlichen Anknüpfungen nach Art 43–45 vor, die teleologische Abweichungen im Einzelfall und hierdurch die sukzessive Herausbildung von Sonderkollisionsnormen ermöglicht (*Mansel* FS Heldrich 899, 902). Wegen der verkehrsschützenden Funktion insbes der lex rei sitae aber auch der Anknüpfung nach Art 45 I ist bei der Abweichung von dieser Regel Zurückhaltung geboten (*Junker* RIW 00, 241, 245; MüKo/*Wendehorst* Rn 2), erst recht soweit es um eine abweichende Anknüpfung außerhalb der sich zu Art 46 entwickelnden Fallgruppen geht. Art 46 ist **Sachnormverweisung** (s Art 41 Rn 2).

2 Voraussetzung ist, dass durch die Regelanknüpfungen nach Art 43–45 eine **extrem sachferne Rechtsordnung** (BTDrs 14/343, 18) zur Anwendung käme. Dies kann der Fall sein, wenn eine Anknüpfung an den Lageort zufällig erscheint oder wenn nur relative Wirkungen zwischen zwei Parteien in Rede stehen, die mit der berufenen Rechtsordnung keinerlei Berührungspunkte haben. Verkehrsschutzgesichtspunkte treten dann in den Hintergrund. Ein nur geringfügig stärkerer Bezug zu einem anderen staatlichen Recht reicht aber nicht. Erforderlich ist, dass ein bestimmtes anderes Recht **erheblich sachnäher** ist (MüKo/*Wendehorst* Rn 16). Dies ist der Fall, wenn praktisch alle anderen Anknüpfungspunkte objektiv feststellbar auf eine andere Rechtsordnung verweisen. Insofern kann auch eine im übrigen unbeachtliche **Rechtswahl** der Parteien nur einer – wenn auch bedeutsamer – von mehreren Gesichtspunkten sein, der eine andere Rechtsordnung als wesentlich sachnäher erscheinen lässt (Palandt/*Heldrich* Rn 3; BaRoth/*Spickhoff* Rn 3; *Stoll* IPrax 00, 265). Die grds Entscheidung des Gesetzgebers gegen die Zulässigkeit einer Rechtswahl darf nicht über Art 46 umgangen werden (*Junker* RIW 00, 252). Auch die Ermöglichung gemeinschaftsrechtskonformer Anknüpfungen ist kein zu berücksichtigender Gesichtspunkt iR von Art 46, da Zweck der Regelung die Berufung des sachnächsten Rechts ist. Insofern ist der Gedanke der Europarechtskonformität eine tatbestandsfremde Erwägung (*Mansel* FS Heldrich 899, 903; aA MüKo/*Wendehorst* Rn 10).

3 **B. Abweichungen von Art 43 bis 45.** Zu befürworten ist eine Sonderanknüpfung nach Art 46 bezüglich des **Eigentumserwerbs des Versicherers am KFZ** nach § 13 AKB, wenn Versicherer und Versicherter aus derselben Rechtsordnung stammen, die zugleich auch das Statut des Versicherungsvertrages ist (*Looschelders/Bottek* VersR 01, 402; AnwK/*v Plehwe* Rn 8; *Benecke* ZVglRWiss 02, 362, 371; unklar *Brandbg* NJW-RR 01, 597; s Art 43 Rn 14). Dass das KFZ zum Zeitpunkt des Bedingungseintritts möglicherweise schon über die Grenze geschafft wurde, ist zufällig, so dass sich der Eigentumserwerb gem Art 46 nach dem Vertragsstatut als der wesentlich sachnäheren Rechtsordnung richtet. Über die Möglichkeit des gutgläubigen Erwerbs durch einen Dritten entscheidet aber auch dann die lex rei sitae. Diskutiert wird die Anwendung von Art 46 weiter bei Verfügungen über **Reisegegenstände** zwischen Reisegenossen mit gemeinsamem gewöhnlichen Aufenthaltsort (*Pfeiffer* IPrax 00, 275), bei res in transitu – soweit diese sich in einem Durchgangsstaat befinden – und bei **Transportmitteln**, die nicht unter Art 45 I fallen. Soweit Rechte Dritter in Rede stehen, kommt aber auch in diesen Fällen nur die Anwendung der lex rei sitae in Frage. Bei res in transitu kann statt des Rechts des Durchgangsstaates nach Art 46 das Bestimmungsstaates zur Anwendung gebracht werden, jedenfalls soweit nur die Beziehungen der Parteien des Transitgeschäfts berührt sind (BTDrs 14/343, 14; Palandt/*Heldrich* Art 43 Rn 9, Erman/*Hohloch* Art 45 Rn 13). Im Rahmen von Art 44 kann schließlich über Art 46 auch bei **Massenschäden** durch Immissionen ein Gleichlauf von Delikts- und Einwirkungsstatut erreicht werden (*Wagner* IPrax 99, 211; Erman/*Hohloch* Rn 7). Für **Grundstücke** wird eine Abweichung vom Recht des Lageorts kaum einmal in Frage kommen.

Stichwortverzeichnis

Paragraphen ohne Gesetzesbezeichnung sind solche des BGB.
Artikel ohne Gesetzesbezeichnung sind solche des EGBGB.

A

Abänderungsklage § 1575 6; § 1581 3
Abbedingung des Minderungsrechts § 536 d 1
– Wohnraummiete § 536 d 1
Abbitte § 249 20
Abbruchvertrag vor § 631 24
Abfallverwertung vor § 631 24
Abfindungen § 1376 9; vor § 1577 10; § 1577 13; § 2033 5; § 2042 11, 18
Abfindungsangebot
– § 1a KSchG § 620 90
Abfindungsanspruch § 738 8 – 10
Abfindungsbilanz § 738 9, 10
Abfindungsguthaben § 1976 8
Abfindungsrecht § 1992 4, 6
Abfindungsvereinbarung § 738 12; § 1585 3
Abfindungsvergleich s. Vergleich; § 1586 2
Abflussprinzip § 556 37
Abgabe einer Willenserklärung § 130 6
Abgaben §§ 2124, 2126 5; § 2125 5; § 2126 5
Abgeordnetenbezüge vor § 1577 7
Abgeschlossene Teile des Werkes § 632 a 8
Abgesonderte Befriedigung § 1975 14; § 2042 40
Abhandenkommen
– beim Besitzdiener § 855 10
– Geschäftsunfähigkeit § 935 4
– gutgläubiger Erwerb § 932 7; § 935 3
– Irrtum, Täuschung, Drohung § 935 5
Abhilfefrist § 543 11, 25; § 569 6
Abholungsanspruch § 867 2
Abholungsmöglichkeit § 985 24
Abkömmling § 2050 3; § 2107 1 ff; § 2136 9
– des Erblassers § 2069 1; § 2096 3
– eines Dritten § 2070 1; § 2084 20 ff
Ablaufhemmung § 210
– Nachlassfälle § 211
– nicht voll Geschäftsfähige § 210 2 ff
– Wirkung § 210 4
Ablaufstörungen § 620 87
Ablehnung § 1981 19
Ablehnungsandrohung § 250 1; § 281 8
Ablehnungsrecht § 563 ff 24
– des Verpächters § 594 d 4
Ableseprotokoll § 556 a 29
Ablieferung der Kaufsache § 438 22; § 439 17; § 479 5, 7 f
Ablieferungsort § 268 6
Ablösung
– Betriebsvereinbarungen § 613 a 19
– Tarifverträge § 613 a 19
– Versorgungszusage § 613 a 23
Ablösungsrecht § 268 1

Abmahnschreiben § 145 7
Abmahnung § 242 42; vor § 275 11; § 280 42; § 281 7; § 282 5; § 541 5; § 543 24, 25; § 620 57, 58, 60; § 623 2
– Dauerschuldverhältnisse § 281 7
– Folgen einer unberechtigten § 543 27
– Schutzpflichten § 281 7
– Unterlassungspflichten § 281 7
Abmahnungserfordernis § 242 61
Abmahnungsnotwendigkeit § 573 12
Abmahnungszugang § 543 6
Abnahme
– der Kaufsache § 433 43 ff; § 448 6
Abnahme des Werkes § 640 1 ff
– Abnahmefähigkeit, ~reife § 640 3 ff
– Begriff § 640 6 ff
– durch Dritte § 640 9
– Fiktion § 640 13
– förmliche Abnahme § 640 15
– konkludente ~ § 640 10 ff
– Teilabnahme § 640 5, 15
– unwesentliche Mängel § 640 4
– Verpflichtung zur ~ § 640 3 ff
– vorbehaltslose ~ § 640 14
– Wirkung § 640 2
Abnutzung von Nachlassgegenständen § 2132 1 ff
Abnutzungskosten § 994 3
Abrechnung § 556; § 781 14; § 782 1, 3 ff
Abrechnungsfrist § 535 110 f; § 551 17; § 556
Abrechnungsmaßstab § 556 a
Abrechnungspflicht § 556 1 ff
Abrechnungszeitraum § 556 36
Abrufarbeit § 611 104
Abschichtung § 2033 5; § 2042 11
Abschiebehaft
– Amtshaftung § 839 84
Abschlagszahlungen § 614 2
– Hauptpflichten im Werkvertrag § 632 a 1 ff
Abschleppunternehmer
– Amtshaftung § 839 82
Abschleppvertrag vor § 631 24
Abschlusserklärung
– wettbewerbsrechtliche ~ § 781 6
Abschlussfreiheit § 311 6 ff
Abschlussmangel § 2043 6
Abschlussverweigerung § 311 11
Abschreckungsvereinbarung § 577 15
Abschreibungen, degressive, lineare vor § 1577 15
Absolute Rechte § 823 56, 59; § 1958 6
Absolutes Verfügungsverbot § 135 3; § 136 3
Absolutheit vor § 854 13
Absonderung § 1976 6; § 1977 1; § 1978 6; § 1990 16

Absonderungs- und Aussonderungsberechtigte § 1971 2
Abspaltungsverbot § 717 1
Abstammung
- altes Recht vor § 1591 1
- gestärkte Rechtsstellung des biologischen Vaters vor § 1591 7
- KindRG vor § 1591 2
Abstammungsprozess § 1600 e 1 ff
Abstammungsrichtlinien § 1600 e 48
Abstammungsstatut Art 19; Art 23 3 f
Abstrakte Schadensberechnung § 252 8
Abstraktionsgrundsatz § 2033 11
Abstraktionsprinzip § 158 1; vor § 854 15; § 1113 6
- bei der Stellvertretung § 164 49, 67; § 167 4, 20
- bei der Zustimmung § 182 3
Abtreibungsurteil § 249 14
Abtrennungsrecht § 997 1
Abtretbarkeit
- Geldrenten, betragsmäßige Bestimmbarkeit § 759 7
- Leibrentenleistungen § 759 3
- Leibrentenstammrecht § 759 3
Abtretung § 398; § 2019 12; § 2040 6
- Abstraktheit § 398 5
- Anzeige § 409 1 ff
- Aufrechnung des Schuldners § 406 1 ff
- Auskunftspflicht § 402 1 ff
- Ausschluss § 399; § 400
- bedingte ~ § 398 9
- bei Gesamtschuldnern § 425 10
- Bestimmbarkeit § 398 15
- Beurkundungspflicht § 403
- Blankozession § 398 7
- Dienstbezüge § 411 1 ff
- Einwendungen/Einreden des Schuldners § 404 2
- Einziehungsermächtigung § 398 19
- Factoring § 398 21
- Forderungsmehrheit § 398 16
- Form § 398 8
- Gestaltungsrechte des Schuldners § 404 4
- Globalzession § 398 9
- Handelsgeschäft § 399 12
- Hypothekenforderung § 1155 1 ff
- im Wege von AGB § 398 4
- Inkassozession § 398 18
- internationales Privatrecht Art 33
- Kenntnis § 406 3; § 407 5
- konkludente ~ § 398 4
- künftiger Forderungen § 398 13
- Mehrfachabtretung § 398 10; § 405 5; § 406 7; § 408
- Nebenpflichten § 398 6
- Nebenrechte § 399 6; § 401 1
- öffentlich-rechtlicher Ansprüche § 398 3
- personenbezogener Ansprüche § 399 4
- Prozessstandschaft § 398 19
- Rechtsgrund § 398 5
- Rechtshängigkeit § 398 11; § 407 11
- Schuldnerschutz § 407 1
- Schweigepflicht § 399 10
- Sicherungsabtretung § 398 4
- stillschweigende ~ § 398 6
- Teilabtretung § 398 12
- und anwendbares Recht Art 29 5
- Unpfändbarkeit § 400 3
- Urheberrechte § 413 3
- Urkundenauslieferung/-vorlage § 402 3; § 405; § 409; § 410
- Verbot s. Ausschluss
- Verfügungsvertrag § 398 4
- Vertragsbeitritt § 398 28
- Vertragsübernahme § 398 24
- von Gestaltungsrechten § 413 6
- Vorzugsrecht § 401 7
- zu Gunsten Dritter § 398 7
- Zurückbehaltungsrecht § 404 6
Abtretung der Ersatzansprüche
- Gesamtschuld § 255 2
- Konkurrenzen § 255 2
- Verlust einer Sache § 255 3
- Verlust eines Rechts § 255 4
Abtretung von Lohn- oder Gehaltsansprüchen § 551 8
Abtretungsbestätigung § 781 12
Abtretungskette § 1155 3
Abwehranspruch § 1004 3
Abwendung des Pfandrechts durch Sicherheitsleistung § 562 c
Abwendung des Wegnahmerechts des Vermieters § 552 1 ff
Abwendungsbefugnis § 1973 10
Abwesenheitspfleger § 1960 7; § 2031 3
Abwicklung § 723 3; § 730 4, 5
Abwicklungsgesellschaft § 709 3
Abwicklungsinteresse § 823 72
Abwicklungsverhältnis
- Aufwendungsersatz § 503 10
- Nutzungsvergütung § 503 9
- Teilzahlungsgeschäfte § 503 8 ff
- Verbundene Verträge § 503 12
- Widerruf § 495 8 f
Abwicklungsvertrag § 623 3
Abzahlungshypothek § 1113 15
Abzugsposten vor § 1577 20
Accidentalia negotii § 155 1
actio pro socio § 705 28
Adäquanztheorie § 249 44 ff; § 823 7
Additionsmethode § 1573 14
Adoption Art 22 Art 23 6; § 1308; § 2053 6
- Anhörung der Kinder § 1760 9
- Aufhebung § 1760 27
- Ausland § 1760 6
- bei Volljährigen gemeinsamer Antrag § 1760 35
- Beurkundung § 1760 10
- biologischer Vater § 1760 12
- Einwilligung der Kinder § 1760 11

– FGG-Verfahren § 1760 6
– Inkognito § 1760 7
– Lebenspartnerschaft § 1760 6
– Name des Kindes § 1760 24
– Rechtsfolgen § 1760 20
– schwache und starke ~ § 1760 36
– Staatsangehörigkeit § 1760 23
– Übereinkommen § 1760 6
– Übergangsrecht bei Wiedervereinigung § 1760 30
– und Geschwister § 1760 23
– volljähriger Personen § 1760 34
– Wohl des Kindes § 1760 7
– Ziele § 1760 7
Adoptionspflege § 1760 9, 20
– Sozialleistungen § 1760 21
– Unterhaltspflicht § 1760 21
Adoptionsvermittlung § 1760 6
Adoptivkind § 2107 3, 7; § 2109 8
Affektionsinteresse § 253 4, 7
AGB § 311 31; § 315 14 ff
AGB-Kontrolle
– Sicherungsabrede vor § 1204 48 f
AGBRL § 242 2
Akkordvergütung § 611 70; § 614 2
Akkreditiv § 780 3; § 783 20 ff; § 790 2
Akquisition
– Abgrenzung zur unentgeltlichen Vorleistung § 632 3
Akteneinsicht § 1964 2
Aktenwissen § 311 a 17
Aktie § 799 3; § 2032 33
Aktienanleihe § 793 9
Aktienoption Art 30 3; § 611 70
Aktienoptionsplan § 613 a 28
Aktionsärsklage § 242 41
Aktivbestand § 1973 5
Aktive Prozessführung § 1959 8
Aktivprozess § 1958 9
Aktivvermögen § 1374 3; § 1375 4; § 1376 5
Akzessorietät vor § 854 18
– Vertragsstrafe vor § 339 2
Akzessorische Haftung § 714 7 – 14
Aliudlieferung s. Mängelrecht § 241 a 8
– Werkvertrag § 633 20
Alkoholmissbrauch § 616 4
Alleinbesitz § 866 1
Alleinsorgeberechtigter
– Namensänderung durch den ~ § 1617 a 4
– Namensgebung durch den ~ § 1617 a 2
– späterer Erwerb der Alleinsorge § 1617 7
Alleinverwaltung § 2008 3
Allgemeine Auskunftspflicht § 2028 3
Allgemeine Geschäftsbedingungen § 305; § 306; § 307; § 308; § 309; § 310; § 535 16
– Abwehrklausel § 150 6
– Änderungsvorbehalt § 308 31 – 36 § 309 5, 9
– Anwendbares Recht (IPR) Art 32 14

– Aushandeln vor § 305 1; § 305 10 – 16 § 307 34; § 310 9
– Auslegung § 305 c
– Ausübungskontrolle § 305 14
– Banken (objektive Anknüpfung) Art 28 26
– Begriff § 305 1 – 10
– Bereichsausnahmen § 310 13 – 21
– Beschränkung des Anwendungsbereichs § 310
– Einbeziehung Art 31 2, 4, 11
– Einbeziehung in besonderen Fällen § 305 a
– Einbeziehungsvereinbarung § 305 17 – 46
– Formularvertrag § 305 19
– Freizeichnungsklausel § 305 c 19; § 306 4; § 309 39
– gegenüber Unternehmer § 305 35 – 46 § 310 2, 3
– Geltung für Arbeitsverträge § 310 17 – 21
– Inhaltskontrolle § 307
– kollidierende ~ § 150 6; § 155 6
– Kollision von AGB § 305 45, 46
– mehrdeutige Klauseln § 305 c
– Nichteinbeziehungsfolge § 306
– Preiserhöhungsklausel § 305 c 23; § 309 5 – 9
– Rechtswahl Art 27 9, 15, 26
– salvatorische Klausel § 306 12
– teilunwirksame Klausel § 308 30
– Transparenzgebot § 305 28, 29, 34; § 307 14, 15, 16, 17, 18, 42; § 310 10
– überraschende Klausel § 305 c
– Umgehungsverbot § 306 a
– unangemessene Benachteiligung § 307
– unklare ~ § 155 7
– Unklarheitenregel § 305 c 11 – 23
– Unwirksamkeit § 307; § 308; § 309
– Verbot geltungserhaltender Reduktion § 306 4 – 10
– Verbraucherschutz vor § 305 3; § 305 7; § 310 5
– Verbraucherverträge § 310 5 – 12
– Vorrang der Individualabrede § 305 b
Allgemeine Zuständigkeitsregeln § 1963 10
Allgemeiner Gerichtsstand § 1980 1
Allgemeines Lebensrisiko § 249 52, 71
Allgemeines Persönlichkeitsrecht § 12 31 – 33 § 242 15; § 823 10, 22, 24, 103
– Entwicklung § 12 31
– Fallgruppen § 12 45
– Rechtsfolgen der Verletzung § 12 39
– Rechtsträger § 12 33
– Tatbestand § 12 33
– Verletzung § 12 35
Allgemeines Vollstreckungsverbot § 1975 4
Allgemeinverbindlicherklärung § 611 40
Altehen § 1582 7
Altenteil
– Reallast als Altenteil § 1105 20 ff
Altenteilsrente § 1967 9
Alter § 620 3, 83
Alternativverhalten
– rechtmäßiges § 839 61
Altersbedingte Erwerbsbehinderung § 1571 4

Altersbefristung § 620 17
Altersehe § 1571 1
Altersgrenze § 620 5, 28; § 1571 8; § 1760 8
Altersruhegeld § 1967 12
Alterssicherung vor § 1577 25
Altersteilzeit § 1571 8
Altersversorgung
– betriebliche ~ Art 30 7; § 611 47, 70; § 613 a 13
Altersvorsorge, zusätzlich private
  vor § 1577 21, 46
Altersvorsorgeunterhalt § 1361 16
Altmietverträge § 575 25
Ammenmutter § 1591 5
Amtliche Absonderung § 2059 3
Amtliche Aufnahme § 2002 6
Amtliche Mitwirkung § 2002 2
Amtliche Nachlassverwaltung § 1990 1, 12
Amtliche Vermittlung § 2042 28
Amtliche Vermögenssonderung § 1977 13
Amtliche Verwahrung § 1960 16
Amtsempfangsbedürftige Willenserklärung
  § 130 2, 22
Amtsermittlung
– Adoption § 1760 7
Amtsermittlungsprinzip im Abstammungsprozess
  § 1600 e 25
– Beweisanträge § 1600 e 28
– Grundsatz § 1600 e 26
– Konsequenzen § 1600 e 29
Amtsführung § 1960 39
Amtshaftung
– als Beistand § 1760 2
Amtshaftungsanspruch § 2002 7
Amtsniederlegung § 626 7
Amtspflegschaft § 1600 d 14
– Beistandschaft § 1760 1
Amtspflicht § 249 62; § 839 19 ff; § 846 2
Amtspflichtverletzung § 1960 4; § 2039 6; § 2041 5
Amtspflichtvermittlung § 1960 4
Amtstreuhänder § 1975 9
Amtsvormerkung § 888 13
Amtsvormund § 1760 9
– Anlegung von Mündelgeld § 1805 3; § 1806 2
– bestellter ~ § 1791 1 b
– Entlassung § 1889 2
– gesetzlicher ~ § 1791 1 c
Änderung der landwirtschaftlichen Bestimmung
  § 590
Änderung durch Verfügung von Todes wegen bei
  Vorbehalt § 332
Änderung eines Grundstücksrechts § 877
Änderung rechtskräftiger Feststellungsurteile
  § 1600 e 70
Änderung von Landpachtverträgen § 593
Änderungskündigung § 557 8; § 558 1; § 611 64,
  65; § 615 11; § 620 33 ff, 36, 77; § 622 1; § 623 2;
  § 625 1; § 626 5

– auflösend bedingte ~ § 625 1
– befrister ~ § 625 1
Änderungsvereinbarung § 557 1
– bei Gesamtschuldnern § 425 11
Änderungsvertrag § 550 4; § 623 3
Änderungsvorbehalt
– in AGB § 308 31 – 36 § 309 5, 9
Anderweitiger Erwerb
– Anrechnung § 615 15, 17
Andeutungstheorie § 311 b 13; § 2266 3; § 2270 2
Androhung der Zurücksetzung § 1970 13
Aneignung § 997 3
– von beweglichen herrenlosen Sachen § 958
– von Grundstücken § 928 6
Aneignungsberechtigung § 161 13
Aneignungsrecht § 258 3; § 823 64; § 997 1
Anerkenntnis § 1365 14; § 2026 3; § 2040 6, 7
Anerkennung
– einer Gesellschaft Art 27 20
Anfängliche Pflichtverletzung § 276 14
Anfängliche Störungen § 283 3
Anfängliche Unmöglichkeit § 311 a
– Abdingbarkeit § 311 a 26 f
– Aufwendungsersatz § 311 a 15, 21
– Beweislastverteilung § 311 a 4
– eigene Anspruchsgrundlage? § 311 a 8
– Hilfspersonen des Schuldners § 311 a 17
– Qualitätszusagen § 311 a 6
– Schadensersatz § 311 a 15 ff
– Schadensersatz statt der Leistung § 311 a 3, 20
– Schlechtleistung § 311 a 23
– Teilunmöglichkeit § 311 a 22
– Verjährung § 311 a 25
– Verträge, abergläubische oder sonstwie unseriöse
  § 311 a 11
– Wissenslage § 311 a 14
– Zeitpunkt des Vertragsschlusses § 311 a 13
Anfangsverdacht Abstammung
– bei zweiter Anfechtungsklage § 1600 e 88
– Privatgutachten § 1600 e 84
Anfangsvermögen § 1374 1 – 3 § 1376 4
– Überschuldung des ~ § 1374 14
– Verzeichnis des ~ § 1377 1 – 3
Anfechtbare Rechtshandlungen § 138 11
Anfechtbarkeitseinrede § 2083 1
Anfechtung §§ 119 ff; § 142 3; vor § 346 2; § 623 2,
  5; § 625 1, 2; § 1958 14; § 1959 7; § 2018 13;
  § 2026 4; § 2033 24; § 2040 6; § 2042 16; vor
  § 2064 4 ff; vor §§ 2078,
  2079 1 ff; § 2079 1 ff
– der rechtsgeschäftlichen Vollmacht § 167 15 ff
– der Rechtsscheinvollmacht § 164 45; § 171 2
– der Vertretererklärung bei der Stellvertretung
  § 164 75, 80 ff
– der Zustimmung § 182 7
– Dienst-/Arbeitsvertrag § 611 55; § 620 3
– Dissens, Abgrenzung § 155 2
– ergänzende Vertragsauslegung, Abgrenzung § 157 37
– Kauf s. Kauf

Anfechtung der Abstammung
– Auslandsbezug Art 20
Anfechtung der Bestimmung durch einen Dritten
§ 318
Anfechtung wechselbezüglicher Verfügungen
§ 2271 13
Anfechtungsberechtigter
– biologischer Vater § 1600 3
– Eltern des verstorbenen Vaters § 1600 14
– gesetzlicher Vater § 1600 2
– minderjähriges Kind § 1600 12
– Mutter § 1600 11
– volljähriges Kind § 1600 13
Anfechtungsberechtigung § 2080 1 ff
– Beschränkung § 2080 5 ff
Anfechtungserklärung § 143 2; § 2081 1 ff
– Anfechtungsberechtigter § 143 5
– Anfechtungsgegner § 143 6
– einseitige empfangsbedürftige Willenserklärung § 143 2
– Eventualanfechtung § 143 2
– Gestaltungsrecht § 143 1
– Teilanfechtung § 143 2
Anfechtungsfrist § 121 1; § 124 1; § 2082 1 ff
– Anfechtung durch das minderjährige Kind § 1600 b 13
– Anfechtung durch das volljährige Kind § 1600 b 14
– Anfechtung durch den biologischen Vater § 1600 b 11
– Anfechtung durch den rechtlichen Vater § 1600 b 3
– Anfechtung durch die Mutter § 1600 b 17
– Fristhemmung § 1600 b 19
– Fristversäumung § 1600 b 21
Anfechtungsgegner § 143 6; § 2081 1 ff
Anfechtungsgründe § 119 2
Anfechtungsklage
– Beweislastregeln § 1600 e 79
– IPR § 1600 15
Anfechtungsrecht § 1972 1
Angabe der Gründe im Kündigungsschreiben § 573 46 ff
Angebot § 145
– Arbeitnehmer § 615 9
– Bindung § 145 9
– Entbehrlichkeit § 296 1 ff
– Erlöschen § 146; § 150 9; § 153 5 f
– Insolvenz des Antragenden § 153 3
– ordnungsgemäßes ~ § 294 8 f
– tatsächliches ~ § 294 1 ff; § 615 5
– Tod des Antragenden § 153
– Widerruf § 146 3
– wörtliches ~ § 295 1 ff; § 615 6
Angebote
– kreuzende ~ vor § 145 31
Angebotskosten
– Werkvertrag § 632 4

Angebotsvertrag
– Kauf § 463 13
Angemaßtes Erbrecht § 2018 12
Angemessener Unterhalt § 1963 8
Angemessenes Verhältnis § 1577 20
Angemessenheit § 556; vor § 1577 47
Angemessenheitskontrolle § 1361 16
Angestellter § 611 29, 30; § 622 5
– leitender ~ § 611 30; § 620 50
Anhörung des Betriebsrates § 626 18
Anhörung des Kindes § 1760 9
Anhörung des Kündigungsgegners § 626 10, 13
Ankaufsrecht s. Optionsrecht
Anknüpfung
– objektive ~ Art 30 2 – 8
Anknüpfung, akzessorische Art 40 17 – 27 Art 41 5
– im Schuldrecht Art 27 1
Ankündigungspflicht des Vermieters § 554 11
Anlage der geleisteten Barkaution § 551 13
Anlage- und Verzinsungspflicht § 551 14 f
Anlageberatung § 280 60
Anlagefälle § 249 105
Anlagenstimmung § 249 51
Anlagenvertrag vor § 433 5; vor § 631 24
Anlagevermittler § 280 60, 61
Anlageverstoß des Vermieters § 551 14
Anlegen von Siegeln § 1960 13
Anlegerschutz Art 34 13
Anlegerschutzverbesserungsgesetz § 280 64
Anlegung von Geld § 2119 1 ff
Anleihe § 793 9
Anliegerbeiträge §§ 2124, 2126 13; § 2125 13; § 2126 13
Anmeldefrist § 1965 5
Anmeldung § 1971 3
Anmietrecht § 535 3
Anmietrechte (Vorhand) § 535 3
Annahme § 241 a 10; § 1001 5
– Abweichungen vom Angebot § 150 3
– als Erfüllung § 363 3
– bei Abwesenden §§ 147, 148 15; § 148 15
– bei Anwesenden §§ 147, 148 13; § 148 13
– Frist §§ 147, 148 10; § 148 10
– Insolvenz des Annehmenden § 153 8
– Rechtsmittel § 1760 22
– Schweigen §§ 147, 148 3; § 148 3; § 150 2; § 151 1
– Tod des Annehmenden § 153 7
– verspätete ~ § 149; § 150 1
– Versterben des Annehmenden § 1760 22
– Zugangsentbehrlichkeit § 151 2 ff; § 152
Annahme als Kind § 2043 8
Annahme an Erfüllungs statt § 364 1 ff
– Abgrenzung § 364 9 ff
– Abtretung § 364 12

- Akzeptantenwechselverfahren § 364 15
- Auslegung § 364 10
- Ersetzungsbefugnis § 364 1
- Gewährleistung § 364 1 ff
- Kreditkarte § 364 16
- Lastschrift § 364 13
- Novation § 364 11
- POS-Verfahren § 364 17
- POZ-Verfahren § 364 17
- Rechtsnatur § 364 2
- Rückabwicklung § 364 4; § 365 7
- Scheck § 364 14
- Wechsel § 364 15

Annahme erfüllungshalber § 364 5 ff
- Abgrenzung § 364 9 ff
- Abtretung § 364 12
- Akzeptantenwechselverfahren § 364 15
- Auslegung § 364 10
- Kosten der Befriedigung § 364 8
- Kreditkarte § 364 16
- Lastschrift § 364 13
- Novation § 364 11
- POS-Verfahren § 364 17
- POZ-Verfahren § 364 17
- Scheck § 364 14
- Wechsel § 364 15
- Wirkung § 364 6

Annahmebeschluss § 130 1
- notwendiger Inhalt § 1760 9

Annahmeverhinderung
- vorübergehende ~ § 299 1 ff

Annahmeverweigerung § 281 2

Annahmeverzug § 243 10; § 264 3; § 268 1; § 271 10; § 293 1 ff; § 298 3 ff; § 611 77; § 615 1 ff, 13; § 1959 7; § 2039 13
- Hinterlegungsrecht § 372 13
- vorübergehender ~ § 299 3

Annahmeverzugslohn § 615 14

Annahmewille § 1959 1

Annuität § 1113 15

Anordnungen § 1962 7; § 1981 18
- einstweilige ~ § 1760 8

Anordnungsbeschluss § 1983 1

Anordnungsfreiheit § 2050 24

Anpassung des Vertrags § 242 55

Anpassungsanspruch § 244; § 245 27

Anpassungsklauseln
- AGB § 307 40; § 309 5

Anrechnung § 2042 40; § 2048 15

Anrechnung von Vorausempfängen § 1380 1 – 10

Anrechnungsfreier Betrag § 1577 15

Anrechnungsmethode § 1573 14

Anrechnungszeitraum § 559 a 2

Anscheinsbeweis vor § 249 6; § 823 129, 130, 155, 164, 191, 194, 224; § 988 9

Anscheinsgefahr § 569 4

Anscheinsvollmacht s. Rechtsscheinvollmacht; § 1967 11

Anschluss- und Versorgungspflicht § 535 24

Anschlussunterhalt § 1570 9; § 1571 5; § 1572 7; § 1573 8

Ansparabschreibungen vor § 1577 15

Ansparkredit § 499 6

Anspruch
- auf Erlaubniserteilung § 553 3 ff
- auf Sicherheitsleistung § 563 b 11 ff
- Definition § 194 4
- dinglicher ~ vor § 854 7

Ansprüche des Untermieters § 540 16

Anspruchsentstehung
- Verjährung § 199 3

Anspruchsgrundlage § 1569 5, 6

Anspruchsgrundlage (keine) § 1574 1

Anspruchskonkurrenz vor § 823 21 ff; § 823 31, 37, 39, 42 ff; § 826 3 f; § 829 2
- Verjährung § 195 11

Anspruchsrest § 2030 5

Anspruchsübergang § 1585 b 5

Anstandsschenkungen § 1375 16

Anstellungsvertrag § 611 16, 31

Anstifter § 254 42

Anteilsbruchteil § 2033 14

Anteilsentwertung § 2033 14

Anteilskauf s. Rechtskauf; s. Unternehmenskauf § 453 15, 28

Anteilspfändung § 725 1

Anteilsübertragung § 2033 17, 29; § 2037 2

Anteilsverfügung § 2033 5

AntidiskriminierungsG § 311 18
- Beweislast § 311 23
- der Öffentlichkeit zur Verfügung stehen § 311 21
- derzeitige Rechtslage § 311 24
- ethnische Herkunft § 311 19
- haftungsbegründende Kausalität § 311 23
- personenrechtlich bestimmte Rechtsverhältnisse § 311 21
- Rasse § 311 19
- Sanktionen § 311 24
- Schadensersatzanspruch § 311 24
- Wohnraum § 311 22

Antiquitäten § 1361 a 9
- Verbrauchsgüterkauf § 475 10

Antrag s. Angebot; § 1760 28
- auf Eintragung § 1560 1
- auf Prozesskostenhilfe § 286 14
- auf Teilungsversteigerung § 2039 5
- des Nachlassgläubigers § 1981 10
- Heilung von Mängeln § 1760 28
- Rechtswirkungen § 1760 32
- Willensmängel § 1760 28

Antragsberechtigung § 1970 8

Antragserfordernisse § 1561 1

Antragspflicht § 1980 2, 12

Antragsrecht § 1975 10; § 1980 5; § 1981 5; § 2062 2

Antragsrücknahme § 2015 3
Antragstellung § 878 12; § 892 13; § 1992 1
Anwachsung § 738 5 – 7 § 2007 1, 5; § 2033 21; § 2052 3; § 2055 10; § 2094 1 ff; § 2095 1 ff; § 2099 1
– Gesellschaftsanteil § 1976 8
Anwachsungsgrundsätze § 2035 3
Anwaltsfehler § 249 44
Anwaltsgebühren § 1960 42
Anwaltssozietäten § 705 47
Anwaltsvergleich s. Vergleich
Anwaltsvertrag § 328 15; vor § 328 15
– Rechtsanwalt vor § 631 24
Anwartschaft § 2033 8
Anwartschaftsberechtigter § 985 4
Anwartschaftsrecht § 562 8; § 823 62 f; § 925 13; § 1365 12; § 1376 9; § 2033 9; § 2104 8
– an Grundstücken § 925 13
– Begriff § 929 21
– des Nacherben § 2100 48 ff
– Eigentumsvorbehalt § 449 15 ff
– Entstehen § 158 25; § 161 12
– Erlöschen bei gutgläubigem Erwerb § 936 5
– Kaufsache § 433 15
– Pfändung des ~ § 2100 57; § 2142 2
– Recht zum Besitz § 929 25
– Schutz § 929 24; § 936 5
– Übertragbarkeit des ~ § 2100 52 ff
– Übertragung § 929 22
– Vererbung des ~ § 2100 56; § 2108 3 ff
– Verletzung § 160 4
– Verpfändung des ~ § 929 23; § 2100 55
Anweisung § 781 5; § 783 1 ff
– Abgrenzung § 783 3
– Annahme § 784 1 ff
– Annahmeerklärung § 784 3 ff
– Anzeigepflicht des Anweisungsempfängers § 789 1 f
– auf Kredit § 787 1; § 791 2
– auf Schuld § 787 1 ff; § 791 2
– Aushändigung § 785 1 ff
– Begriff § 783 1
– Deckungsverhältnis § 783 4, 7, 15 f
– Einwendungen § 784 5 f
– Erlöschen § 790 4 ff
– Form § 783 9
– Geschäftsunfähigkeit eines Beteiligten § 791 1
– Inhalt § 783 10
– Insolvenz § 791 2 ff
– kaufmännische ~ § 783 17; § 792 1
– Leistungsgegenstand § 783 12
– Rechtsfolgen § 783 14
– Rechtsnatur § 783 2
– Sonderformen § 783 17 ff
– Tod eines Beteiligten § 791 1
– Übertragung § 792 1 ff
– und bereicherungsrechtlicher Ausgleich § 783 7, 8; § 790 4
– Valutaverhältnis § 783 4, 7, 14, 16; § 788 1 f

– Widerruf § 790 1 ff
– Zustandekommen § 783 9 ff
Anweisungen des Bestellers §§ 644, 645 5 f; § 645 5 f
Anweisungslagen § 812 85 ff
– angenommene Anweisung § 812 98
– Bankverkehr § 812 91 ff
– Durchlieferung § 812 87
– Empfängerhorizont § 812 96, 97
– fehlerhafte Anweisung § 812 93 – 95
– Gutgläubigkeit § 812 95, 96
– Kollisionsrecht EG Art 38 5
– Rechtsschein § 812 95, 96
– Scheckzahlung § 812 92, 97
– widerrufene Anweisung § 812 95 – 97
– Zahlstelle § 812 91
– Zurechenbarkeit § 812 94
Anwesenheit, gleichzeitige § 1410 2
Anzahlungsverbot § 486
Anzeige § 311 12
– von Abtretungen § 409
Anzeigenvertrag vor § 631 24
Äquivalenzinteresse § 823 39
Äquivalenztheorie § 823 7
Arbeiter § 611 29; § 622 5
Arbeitgeberdarlehen § 611 70
Arbeitnehmer
– als Verbraucher § 13 10
– Begriff § 611 16 ff
– kündigungsgeschützte ~ § 620 82
– Nichtleistung des ~s § 611 76, 77
– Verbraucher § 611 61
Arbeitnehmerähnliche Person § 611 28; § 612 a 1; § 630 1
Arbeitnehmerhaftung
– Beweislast § 616 a 1; § 619 a 1
Arbeitnehmerschutz Art 30 6
Arbeitnehmerüberlassung § 611 8, 99, 101
Arbeitsentgelt Art 30 11
Arbeitsentgeltrisiko § 615 2
Arbeitsfreistellung § 615 11
Arbeitsgemeinschaft § 705 40
Arbeitsgemeinschaft ARGE
– Werkvertrag § 631 15
Arbeitskampf § 278 9
Arbeitskampfrisiko § 615 24
Arbeitskollisionsrecht Art 30 1
Arbeitskraft § 1360 11
Arbeitsleistung
– Art § 611 63
– Nichtannahme der ~ § 615 11
– Ort § 611 64
– Umfang § 611 63, 65
– Verweigerung § 626 7
– Zeit § 611 65
Arbeitslose § 311 12
Arbeitslosengeld vor § 1577 18
Arbeitslosengeld II vor § 1577 18

Arbeitslosenunterhalt § 1571 11
Arbeitsmittel § 611 85
– Rückgabe § 620 7
Arbeitsort Art 30 11
– gewöhnlicher ~ Art 30 9
Arbeitspapiere § 620 7
Arbeitspflicht § 611 62
Arbeitsplatz § 611 18, 103; § 611 a 2; § 611 b 1; § 618 2; § 620 72
– Verlassen des~ § 626 7
Arbeitsplatzbezogene Merkmale § 620 79
Arbeitsplatzwegfall § 620 75
Arbeitsrecht Art 34 1, 15
– Arbeitnehmerentsendung Art 34 15
– Betriebsübergang Art 34 15
– Entgeltfortzahlung Art 34 15
– Insolvenzgeld Art 34 15
– Kündigungsschutz Art 34 15
– Mutterschutzgesetz Art 34 15
Arbeitsrechtsvertrag § 328 16
Arbeitsschutz § 611 39, 99; § 618 2, 5
Arbeitsschutzvorschriften § 611 85
Arbeitssicherheit § 626 8
Arbeitsstättengesetz § 618 1
Arbeitsstättenverordnung § 618 1
Arbeitsunfähigkeit s. Personenbedingte Kündigung; § 615 7
– Vortäuschen § 626 7
Arbeitsunfall § 611 96
Arbeitsverhältnis § 280 21, 69; § 1356 8
– Beendigung § 620 1; § 623 2
– Begriff § 611 16 ff
– beim Nacherbfall § 2135 6
– des Minderjährigen § 113
– faktisches ~ § 611 55
– IPR Art 30 1, 5
– Mankohaftung § 280 69
– mittelbares ~ § 611 100
– ruhendes ~ § 611 31; § 615 4
Arbeitsvermittlung vor § 652 18
Arbeitsvertrag § 242 45; § 278 2
– AGB § 310 17 – 21
– AGB-Kontrolle § 611 56
– Anbahnung § 611 49
– auflösend bedingter ~ § 620 8, 14
– befristeter ~ § 620 10
– Begriff § 611 43
– fehlerhafter ~ vor § 145 48
– Form § 611 51
– IPR Art 30 1, 5
– Kündigung Art 30 3
– Verfassungsstrafanspruch § 611 67
Arbeitsvertragstatut Art 30 4
Arbeitszeit Art 30 6; § 611 65; § 615 11
Arbeitszeugnis § 826 22
Architekten § 280 70
Architektenhonorar § 780 3

Architektenvertrag § 611 15; vor § 631 24
– AGB § 309 50
Architekturbüro § 1376 9
ARGE § 705 40
Arglist § 123 23
Arglisteinrede § 853 1; § 2043 5
Arglistige Täuschung § 123 4; § 125 29; § 138 4; § 611 55
– positives Tun § 123 5 – 7
– Täuschungshandlung § 123 4
– Unterlassen § 123 8 – 10
Arglistiges Verschweigen des Vermieters § 536 d 2
Arme § 2072 1
Arrest § 1958 6; § 1984 11; § 2039 19
Arresthypothek § 1113 11; § 1179 a; § 1179 b 2
Arrestvollstreckung § 2016 2
Arrestvollziehung § 1990 12
Arrestvollzug § 2115 1 ff
Art der Sicherheitsleistung § 1585 a 4
Art der Unterhaltsgewährung § 1585 1
Arten der Nacherfüllung
– Gattungsschuld § 243 2
– Stückschuld § 243 2
Arzt § 280 68
– Amtshaftung § 839 83
– grober Behandlungsfehler § 280 68
– Kausalität § 280 68
– Vertretenmüssen § 280 68
Arztbesuche § 616 2
Arzthaftung § 280 21, 23; § 823 195 ff
– Aufklärung § 823 200 ff
– Befunderhebung § 823 212 f
– Behandlungsfehler § 823 199
– Beweislast § 823 209 ff
– Dogmatische Herleitung § 823 197
– Dokumentationspflicht § 823 208
– Haftungsgrundlage § 823 195
– misslungene Sterilisation § 249 65
– Organisationspflicht § 823 207
– ungewollte Schwangerschaft § 249 65
Ärztliche Behandlung § 617 1
Ärztliche Heilbehandlung § 1963 8
Ärztlicher Heileingriff
– beim Kind § 1629 6
Arztpraxis § 1376 9
Arztvertrag § 328 4; vor § 328 16; § 328 17; § 611 13; § 615 1; § 627 1; vor § 631 24
Assessor § 611 22
Asymmetrische Kündigungsfrist § 573 c 1, 3
Atypischer Vertrag § 311 29
Auf Fahrlässigkeit beruhende Unkenntnis § 1980 14
Aufenthalt § 1559 1
– gewöhnlicher Art 40 14, 17; Art 41 6
Aufenthaltsermittlung § 1760 15
– Zweckbestimmung § 1760 16
Auffahrunfälle vor § 249 6

Aufforderung zur Beschaffung der Genehmigung § 1366 10 – 12
Aufführung vor § 631 24
Aufgabe des Eigentums s. Dereliktion; § 928
Aufgabenkreis
– des Nachlasspflegers § 1960 21
Aufgebot § 1969 3; § 1970 2, 6; § 1973 5; § 1985 18, 28; § 1986 3; § 1989 2; § 2013 8, 9; § 2015 1, 5; § 2016 1
– des Eigentümers § 927
– des Hypothekenbriefs § 1162 1 ff
– des Inhabers eines Grundstücksrechts § 927
– des Nachlassgläubigers § 1960 27
– des Vormerkungsgläubigers § 887
– unbekannter Gläubiger § 1170 1 ff; § 1171 1 ff
Aufgebotsantrag § 1970 11, 14; § 1973 2
Aufgebotseinrede § 2016 1
Aufgebotsfrist § 1970 5, 13
Aufgebotstermin § 1970 15
Aufgebotsverfahren § 799 5; § 802 1 f; § 808 6; § 887 2; § 927 3; § 1970 1, 3, 9, 13; § 1971 1, 3; § 1972 3; § 1973 1; § 1974 3, 5; § 1978 7; § 1979 6; § 1980 14; § 1986 3; § 1989 1; § 2015 3, 7; § 2040 7; § 2045 3; § 2060 5, 7, 9; § 2062 4
Aufgedrängte Bereicherung § 539 5; § 812 72, 73; § 818 13, 15; § 951 11
– Höhe des Ersatzanspruchs § 539 7
Aufhebung § 1760 27; § 1960 4; § 1981 20; § 1987 6; § 1989 5
– bei Minderjährigkeit von Amts wegen § 1760 31
– bei Täuschung § 1760 29
– bei Volljährigen § 1760 36
– der Betreuung § 1900 4; § 1908 d
– der Nachlassverwaltung § 1985 20
– der Pflegschaft § 1960 4; § 1961 11
– des Eröffnungsbeschlusses § 1989 2
– einer Pflegschaft § 1919
– einer Vormundschaft § 1882 2
– elterliche Sorge § 1760 32
Aufhebung der Ehe § 1313 ff
– Antragsberechtigung § 1316 1
– Antragsfrist § 1317 1 ff
– Ausschluss § 1315 1 ff
– Fortfall der Aufhebbarkeit § 1315
– Fristwahrung § 1317 2
– materielles Recht § 1313 2; vor § 1313 3
– Rechtsfolgen § 1318 1 ff
– Verfahrensrecht vor § 1313 4
Aufhebung eines Grundstücksrechts § 875
– Bindung an die Erklärung § 875
Aufhebungsanspruch § 749 2 – 8 § 752 1; § 758 1
Aufhebungsantrag § 1988 5
– Statthaftigkeit § 1760 30
Aufhebungsbeschluss § 1960 45; § 1986 4; § 1988 8
– Rechtskraft § 1760 29
Aufhebungsfälle § 1760 28
Aufhebungsfolgen § 1318 1 ff
– Erbrecht § 1318 18
– Güterrecht § 1318 7

– Namensrecht § 1318 14
– Unterhalt § 1318 3
– Versorgungsausgleich § 1318 7
– Wohnung und Hausrat § 1318 10
Aufhebungsgründe § 1314 1 ff; § 1988 3
– arglistige Täuschung § 1314 41
– Doppelehe § 1314 14
– Drohung § 1314 46
– Eheschließungsfehler § 1314 26
– Eheunmündigkeit § 1314 3
– Geschäftsunfähigkeit § 1314 7
– Irrtum § 1314 36
– Scheinehe § 1314 50
– Verwandtenehe § 1314 21
– Willensfehler § 1314 32
Aufhebungshindernisse § 1760 29
Aufhebungsklage § 1984 12
Aufhebungsverfahren § 1313 4 ff
– Beteilung der Behörde § 1316 5, 6
– Drittbeteiligte vor § 1313 8
– Urteil § 1313 1
– Vorteile gegenüber der Scheidung vor § 1313 10
Aufhebungsvertrag vor § 145 50; § 275 29; § 397 5; § 611 96; § 613 a 15; § 620 6
Aufklärungspflicht § 242 56 – 58 § 535 18; § 2011 4
– Abwägung § 242 57
– Auskunftsinteresse § 242 57
– des Käufers § 433 49
– des Verkäufers § 433 57
– Einsicht § 242 59
– Grenzen § 242 58
– im Maklervertrag § 652 27 ff
– im Reisevertrag § 651 a 22 ff
– Krankenakten § 242 59
– Sachmangel § 435 17 f
– Vertragsanbahnung § 242 58
– Vorlage § 242 59
Auflage § 158 12; § 1967 9; § 1968 8; § 1972 1; § 1975 15; § 1980 12; § 1991 11; § 1992 2; § 2007 5; § 2033 26; § 2044 4, 16; § 2046 6; § 2048 6, 10, 13; § 2058 4, 14; § 2270 3, 6; § 2271 2
Auflagenbegünstigte § 1973 4
Auflagenberechtigte § 1992 2
Auflassung § 925; § 2032 34; § 2033 12; § 2042 24
– Anwesenheit § 925 7
– Aufhebung § 925 14
– Bedingung § 158 15
– Bedingung und Befristung § 925 16
– Bindung § 925 12
– Erklärung § 925 8
– im Namen eines noch unbestimmten Vertragspartners § 164 44
– Inhalt § 925 10
– Urkunde über Grundgeschäft § 925 a
– Vertretung § 925 7
– Weiterveräußerungsermächtigung s. dort
– zuständige Stelle § 925 8

Auflassungsvormerkung § 1976 7
Auflösende Bedingung vor § 346 2; § 540 3; § 620 2, 28; § 1976 4
Auflösung § 726 1
– der Gesellschaft § 2032 17
– durch Tod § 727 1
– durch Urteil § 620 6
Auflösungsantrag § 613 a 34; § 620 102; § 626 6
Auflösungsgrund § 705 17; § 706 7
Auflösungsverschulden § 628 5, 6, 7, 9
Auflösungsvertrag § 620 40; § 623 1, 3, 5
Aufnahme von Angehörigen § 540 6
Aufnahme von Dritten und Familienangehörigen § 535 77 f
Aufopferung § 839 7
Aufrechnung s. auch Formen des Erlöschens; § 242 45; § 268 7; § 275 29; §§ 387 ff; § 556 b; § 1958 14, 15; § 1977 2, 3, 5, 7, 8, 11; § 1987 1; § 1990 18; § 1991 8; § 1992 8; § 2001 2; § 2013 6; § 2014 8; § 2018 19; § 2039 16; § 2040 6, 15
– Abgrenzung § 387 3 ff
– Amtshaftung § 839 75
– Aufrechnungsausschluss, gesetzlicher § 387 19
– Aufrechnungsausschluss, vertraglicher § 387 20
– Aufrechnungslage § 389 5
– Aufrechnungsvertrag § 387 5
– Auslegung § 388 4 ff
– Bankvertrag § 387 24
– Barzahlungsklausel § 387 20
– bei der Treuhand § 164 9
– Beschlagnahme § 392 1 ff
– Beweisbarkeit Forderung § 387 16
– durch den Mieter § 566 d
– Einreden § 390 1 ff
– Erfüllbarkeit Hauptforderung § 387 17
– Erklärung § 387 1 ff
– Fremdwährungsschuld § 244; § 245 14
– Gegenaufrechnung § 389 4
– Gegenseitigkeit § 387 10 ff
– gegenüber Neugläubiger § 406
– Geldstrafe § 393 6
– Gesamtschuld § 422 2
– Gleichartigkeit § 387 14
– Güterrecht, eheliches § 387 26
– Hilfsaufrechnung § 388 3
– im IPR Art 32 37 ff
– Insolvenz § 394 5
– Kontokorrent § 387 7
– Konzernverrechnungsvereinbarung § 387 6
– Leasing § 387 28
– Leistungsort, vereinbarter § 391 3
– Leistungsorte, verschiedene § 391 1 f
– Mehrheit von Forderungen § 396 1 ff
– Mietvertrag § 387 27
– mit Unterhalt § 1569 13
– Nebenforderung § 396 6
– öffentlich-rechtliche Körperschaften § 395 1 ff
– öffentliches Recht § 387 2; § 389 6
– Prozessaufrechnung § 388 6 ff

– Rechnungsposten § 387 3
– Sicherungsgeschäfte § 387 29
– Treuhandverhältnis § 387 10
– trotz Verjährung § 548 19
– unerlaubte Handlung § 393 1 ff
– Unpfändbarkeit § 394 1 ff
– Verrechnungsabrede § 387 4; § 394 4
– Versicherungsvertrag § 387 10
– Vollwirksamkeit § 387 15
– Voraussetzungen § 387 9 ff
– Vorschuss § 387 30
– Wirkung § 389 1 ff
– Zugewinnausgleich § 387 26
– Zurückbehaltungsrecht § 387 8
– Zwangsversteigerung § 387 32
– Zwangsvollstreckung § 394 3
– Zweck § 387 1
Aufrechnungsausschluss § 387 19 ff
– Beschlagnahme § 392 1 ff
– Beweislast § 393 7
– formularmäßiger ~ § 387 20
– Geldstrafe § 393 6
– gesetzlicher ~ § 387 19
– Schiedsabrede § 387 22
– Treu und Glauben § 387 23; § 394 7
– treuwidrige Berufung auf ~ § 387 21
– unerlaubte Handlung § 393 1 ff
– Unpfändbarkeit § 394 1 ff
– vertraglicher ~ § 387 20
– Wirkung, dingliche § 387 20
– Zuständigkeit, ausschließliche § 387 22
Aufrechnungserklärung § 1977 5, 13
Aufrechnungsrecht § 556 b
Aufrechnungsverbot § 1963 11; § 1969 3
Aufschiebende Einrede § 1958 3; § 2013 4; § 2015 1; § 2016 2
Aufschub § 2045 2
Aufschubgründe § 2043 5
Aufsicht § 1962 8
– über Betreuer § 1908 i 8
– über Pfleger § 1915 2
– über Vormund § 1837 4
Aufsichtspflicht
– Aufsichtspflichtiger § 832 4 ff
– Beweislast § 832 19
– Entlastungsbeweis § 832 8 ff
– Haftung bei § 832 1 ff
– Minderjährige § 832 3, 10 ff
– Umfang § 832 9 ff
– Volljährige § 832 3
Aufstockungsunterhalt § 1572 7
Aufteilung der Wohnung § 1361 b 32
Auftrag § 611 9; § 612 1; § 662
– Abgrenzung § 662 7
– Ablehnung § 663
– Anzeigepflicht § 663 1; § 665 5
– Aufwendungsersatz § 670
– Auskunftserteilung § 666 4
– Begriff § 662 1

- Benachrichtigung § 666 3
- Bestellung (öffentliche) § 663 2
- Erhaltene § 667 2
- Erlangte § 667 3
- Ersatz von Schäden § 670 6 f
- Form § 662 5
- Fortbestand (Fiktion) § 674
- Fremdnützigkeit § 662 8
- Gefälligkeit § 662 4
- Gehilfen § 664 5
- Geschäftsunfähigkeit des Auftraggebers § 672
- Haftung § 662 14; § 665 6 f
- Herausgabe § 667
- Informationspflichten § 666
- Inhalt § 662 6
- IPR § 662 1
- Kündigung § 671
- Notbesorgungspflichten § 672 3; § 673 3
- öffentlich-rechtlicher Auftrag § 662 17
- Pflichten Auftraggeber § 662 10
- Pflichten Beauftragter § 662 1 ff
- Rechenschaft § 666 5 f
- Rechtsbindung § 662 4
- Sich-Erbieten § 663 3
- Substitution § 664 2
- Tod des Auftraggebers § 672
- Tod des Beauftragten § 673
- Unentgeltlichkeit § 662 9
- Vertragsschluss § 662 3
- Verweisung § 662 16
- Verzinsung § 668
- Vollmacht § 662 15
- Vorschuss § 669
- Weisung § 665
- Widerruf § 671

Auftragsbestätigung § 148 8
Auftragsrückgang § 620 75
Aufwandsentschädigung vor § 1577 7; § 1960 35
Aufwendungen § 246 1; § 256 3; § 670 3; vor § 1577 16; § 1973 5; § 1978 5, 12; § 1991 4, 7; § 2020 3; § 2022 1, 4, 7; § 2035 4; § 2050 14; § 2057 a 15
- AGB bei Nacherfüllung § 309 64, 65
- AGB über Ersatz § 308 50
- Anrechnung ersparter ~ § 649 11, 22
- für Krankheit und Alter § 1581 11
- Maklervertrag § 652 76 f

Aufwendungen des Kindes
- für den Haushalt der Eltern § 1620

Aufwendungsersatz § 588 5; § 611 70; § 709 6, 7; § 1960 37, 42; § 1978 12; § 1987 7; § 1988 9; § 1991 5; § 2036 5
- Fund § 970

Aufwendungsersatzanspruch § 256 1; § 257 1; § 1990 7; § 1991 10; § 2038 13
- des Mieters § 539 1; § 554 19
- gem § 536 a II § 536 a

Aufwendungskondiktion § 812 66 – 68
- Bauen auf fremdem Grund § 812 47 – 70 § 818 15

- Exzessverwendungen § 818 71 – 73
- Kollisionsrecht EG Art 39 9
- Materialverlust § 812 66
- Nichtbesitzer/Fremdbesitzer/Eigenbesitzer § 812 66
- Verwendungen § 812 40; § 818 15

Auktion s. Versteigerung
Ausbildung § 252 10; § 620 20; § 1574 10; § 1575 3
Ausbildungsobliegenheit § 1574 10
Ausbildungsunterhalt § 1361 15; § 1371 27 – 29 § 1610 7 ff
Ausbildungsvergütung vor § 1577 7
Ausbildungsverhältnis § 611 97; § 612 1
Ausbildungsversicherung vor § 1577 11
Ausbildungszeit § 1575 6
Ausdruck der gemeinsamen Eigenverantwortung § 1570 1
Ausdruck familiärer Solidarität § 1360 a 12
Auseinandersetzung § 2032 2, 7, 36, 43; § 2033 25; § 2038 10; § 2043 3
- beim Ausscheiden § 738 1 – 3

Auseinandersetzungsanordnung § 2042 2
Auseinandersetzungsanspruch § 2042 2, 8, 29, 40; § 2047 4
Auseinandersetzungsguthaben § 717 5; § 718 3; § 725 5; § 728 9; § 730 8; § 734 4; § 1985 12; § 2033 4, 5; § 2038 28; § 2042 40; § 2050 5
Auseinandersetzungsklage § 2045 4
Auseinandersetzungsplan § 2042 42; § 2048 20
Auseinandersetzungsverbot § 2042 27
Auseinandersetzungsvereinbarung § 2042 15
Auseinandersetzungsvertrag § 2033 19; § 2042 23; § 2044 13
Ausfall- oder Ersatzhaftung § 1360 10
Ausfallhaftung § 735 3, 4; § 739 1; § 1584 1
Ausforschungsverbot § 1760 26
Ausgleich § 2048 12
- ehebedingter Ausbildungsnachteile § 1575 1, 4

Ausgleichsanspruch Art 29 a 10; Art 34 9, 16
- des Erben bei Mietvorauszahlungen § 563 b 8 ff
- familienrechtlicher ~ § 256 5
- zwischen Gesamtgläubigern § 430
- zwischen Gesamtschuldnern § 426 16

Ausgleichsforderung
- Begrenzung der ~ § 1378 4 – 6
- Entstehen der ~ § 1378 8 – 10
- Höhe der ~ § 1378 3
- Vereinbarungen über die ~ § 1378 11 – 13
- Verjährung der ~ § 1378 14

Ausgleichspflicht § 2038 27; § 2048 17; § 2050 1; § 2056 6
Ausgleichspflichtige Zuwendung § 2053 2
Ausgleichspflichtiger § 2051 3
Ausgleichsquittung § 623 3
Ausgleichsquote § 2055 11, 12
Ausgleichung § 2047 3; § 2054 2, 4; § 2055 17
Ausgleichungsanspruch § 2033 26

Ausgleichungspflicht § 2038 18; § 2046 5; § 2050 10, 21; § 2057 1; § 2057 a 8
Ausgleichungsrecht § 2057 a 5
Aushilfsarbeitsverhältnis § 611 98
Auskunft § 675 42 ff; § 1605 1 ff; § 1960 28; § 1978 3; § 1985 18; § 1990 20; § 1996 4; § 2003 7; § 2006 7; § 2018 25; § 2027 1; § 2028 9
– behördliche § 839 24
– Belegvorlage § 1605 7
– des Vormunds gegenüber dem Gegenvormund § 1799 3
– erneute § 1605 8
– Formerfordernis § 1605 8
– über persönliche Verhältnisse des Kindes § 1686
– ungefragte Information vor § 1601 16
Auskünfte Arbeitgeber/Dienstberechtigter § 615 22
Auskunfts- und Fortsetzungsanspruch § 575 16, 17
Auskunfts- und Informationsanspruch § 1574 11
Auskunftsanspruch § 987 6; § 1353 20; § 1360 a 10; § 1379 1 – 3 vor § 1577 5; § 1994 6; § 2012 4; § 2018 7, 23; § 2027 1; § 2028 5; § 2042 29
– Bestandsverzeichnis § 1379 6
– des Ausgleichungsberechtigten § 2316 12
– des Nacherben § 2100 8; § 2113 132; § 2127 1 ff; § 2130 10 f
– des Pflichtteilsberechtigten § 2314 2; § 2325 4; § 2329 1
– des pflichtteilsberechtigten Erben § 2314 2
– Durchsetzung § 1379 22
– Entfallen § 1379 4
– Entstehen § 1379 15
– Fälligkeit § 1379 15
– Inhalt des ~ § 1379 3
– Spezifizierung § 1379 6
– Unternehmen § 1379 9
– Zuziehung Dritter § 1379 16
Auskunftsanspruch auf Nennung des Vaters
– Auskunftsanspruch des Kindes § 1591 19
– Auskunftsanspruch des Scheinvaters § 1591 24
– Rechtsfolgen der Auskunftsverweigerung § 1591 25
Auskunftsberechtigter § 2027 11
Auskunftserteilung § 1967 6; § 1985 7; § 2011 4; § 2026 6; § 2028 9; § 2057 7
Auskunftshaftung § 249 66
Auskunftsklage § 2018 23; § 2027 12
Auskunftspflicht § 260 3; § 1960 33; § 1985 17; § 2005 7; § 2006 1; § 2011 4; § 2012 6; § 2027 2, 3; § 2028 1; § 2057 3
– Arbeitgeber/Dienstberechtigter § 611 96
– bei Abtretung § 402
Auskunftspflichtiger § 2028 4
Auskunftsrecht § 2057 1, 2
Auskunftsvertrag § 280 61; vor § 631 24
Auslagen § 1960 42
Ausland § 1760 6
Ausländerbehörden
– Amtshaftung § 839 84

Ausländisches Recht § 1409 5
Auslandsberührung Art 30 1
– Adoption § 1760 5
Auslandstätigkeit Art 30 1 ff, 4
Auslandsvertretung Art 30 11
Auslandszulagen vor § 1577 7
Auslauffrist § 626 11
Auslegung § 313 2; vor § 315 ff 3; § 339 8; § 626 20; vor § 2064 9; § 2084 5 ff
– ergänzende ~ § 2084 13 ff
– ergänzende Umstände § 2084 11 ff
– Richtlinienkonforme vor § 631 4
– von AGB § 305 c
– Wortlautanalyse § 2084 5 ff
Auslegung einer Vertragserklärung § 133; § 157
– bei der Botenschaft § 164 20
– bei der Stellvertretung § 166 3
– der Vollmacht § 167 8, 24
Auslegung einer Willenserklärung § 133 1
– Andeutungstheorie § 133 3, 9
– Auslegungsbedürftigkeit § 133 14
– Auslegungsfähigkeit § 133 15
– Auslegungsgrundsätze § 133 40
– Auslegungsmethoden § 133 31
– Auslegungsmittel § 133 13
– Auslegungsziel § 133 16
– Begleitumstände § 133 34
– Empfängerhorizont § 133 22
– empirische Auslegung § 133 16
– ergänzende Vertragsauslegung § 133 25
– Erklärungstatbestand § 133 13, 50
– falsa demonstratio non nocet § 133 21
– formbedürftige Willenserklärungen § 133 9
– gesetzeskonforme Auslegung § 133 40
– hypothetischer Parteiwille § 133 27, 28
– konkludentes Verhalten § 133 10, 37
– natürliche Auslegung § 133 16
– normative Auslegung § 133 16, 22
– Regelungslücke § 133 25, 26
– Sinndeutung § 133 51
– teleologische Auslegung § 133 38
– Treu und Glauben § 133 2, 29, 42
– übereinstimmender Wille § 133 20
– Verkehrssitte § 133 2, 29, 43
– wirklicher Wille § 133 2, 16
– Wortlaut § 133 31, 39
Auslegung eines Vertrags § 133 2
Auslegung, eigentliche § 157 3 ff
– contra proferentem § 157 7
Auslegung, ergänzende § 157 15 ff
– Anfechtung § 157 28
– beurkundeter Verträge § 157 16, 22
– Regelungslücke § 157 19 ff
Auslegungsregeln vor § 2066 1; § 2084 19
Auslegungsvertrag § 2084 3 f
Auslobung § 311 4; § 657 ff; § 1367 1
– Abgrenzung § 657 1
– mehrere Beteiligte, Vornahme §§ 659, 660 1 ff

– öffentliche Bekanntmachung § 657 5
– Preisausschreiben § 661 1 ff
– Voraussetzungen und Rechtsfolge § 657 2 ff
– Widerruf § 658 1, 2
Auslobung, kein Spiel § 762 16
Auslösungen vor § 1577 7
Ausnahmefälle § 1360 2
Ausräumung der Beweisvermutung
– offenbare Unmöglichkeit § 1600 e 109
– schwerwiegende Zweifel § 1600 e 109
Aussagekraft der Gutachten § 1600 e 49
– Kompaktgutachten § 1600 e 52
– Kurzgutachten § 1600 e 51
– Sonderfälle § 1600 e 53
Ausscheiden eines Gesellschafters § 723; § 736 1 – 3
Ausschlagung § 1961 7; § 1967 15; § 1980 8; § 2018 10; § 2033 24; § 2040 7; § 2051 2
– der Erbschaft § 1371 23 – 25
– durch den Nacherben § 2100 44; § 2139 2; § 2142 1 ff
– durch den Vorerben § 2100 42 f
Ausschlagungsfrist § 1975 13; § 1994 9; § 1998 2; § 2014 2
Ausschließlichkeitsprinzip § 1372 9
Ausschließungseinrede § 2013 4, 8
Ausschluss
– bestimmter mietrechtlicher Kündigungsrechte § 584 a
– der Änderungskündigung § 573 9
– der Aufhebung § 750 1, 3; § 751 1 – 3; § 753 2, 3
– der Sozialklausel § 576 a 4 ff
– des Kündigungsrechts § 575 4 – 6
– des Widerspruchsrechts § 562 a 7 ff
– eines Gesellschafters § 737 1 – 3
– im Reisevertrag § 651 g 1 ff
– von Bagatellunterhalt § 1573 1
Ausschlusseinrede § 1970 4
Ausschlussfrist § 121 2, 6; § 123 3; § 124 1 – 3 § 194 9; § 242 47, 49; § 556 35; § 562 b 14 ff; § 611 58, 75; § 1002 1; § 1970 11; § 1974 2; § 1981 11; § 2022 10; § 2034 31
– für Mängelanzeigen in AGB § 309 69, 70
– im Reisevertrag § 651 g 1 – 12
Ausschlussklausel § 611 75
Ausschlussurteil § 799 5; § 927 4; § 1970 4, 6, 15; § 1971 1; § 1973 2; § 1974 3; § 2015 4; § 2045 3; § 2060 6
Außen-GbR § 705 33 – 35 § 709 19; § 714 1 – 3 § 718 1; § 719 2; § 741 4
Außengesellschaft s. Außen-GbR
Außenhandel § 244; § 245 25
Außenverhältnis § 1362 1
Außenvollmacht § 620 47
Außenwirtschaftsrecht Art 34 4, 6, 18, 21
Außerbetriebliche Gründe § 620 89

Außerbetriebliche Ursachen
– betriebsbedingte Kündigung § 620 75
Außergerichtliche Mahnung § 2060 9
Außergewöhnliche Aufwendung § 994 4
Außerordentliche fristlose Kündigung § 594 e
Außerordentliche Kündigung § 542 22 ff; § 613 4; § 620 3, 33, 101; § 622 1; § 623 2; § 626 1 ff, 7, 11; § 628 1; § 723 10 – 12
Außerordentliche Kündigung mit gesetzlicher Frist § 573 d; § 575 a
Außerordentliche Lasten § 995 3
Aussonderung § 295 2; § 2019 10; § 2020 2
Aussonderungsberechtigter § 1989 5
Aussonderungsrecht § 551 20
Ausspähungsschutz § 12 49
Aussperrung § 611 91, 94; § 615 11, 24
Ausspielung § 763 5 f, 6 f
Ausstattung § 1374 23; § 1376 12; § 2050 8; § 2054 5
Ausstattung des Kindes
– aus dem Elternvermögen § 1624
– aus dem Kindesvermögen § 1625
Ausstrahlung Art 30 4, 9
Austauschgeschäft § 2041 6
Austauschvertrag § 2035 5
Ausübung des Kündigungsrechts § 542 9 ff
Ausübung des Vorkaufsrechts § 2037 4
Ausübung des Wegnahmerechts § 539 12
Ausübungsermächtigung s. Ermächtigung
Ausübungsfrist § 2035 1
Ausübungskontrolle § 1585 c 6
Auswahl § 1962 7
Auswahlvermächtnis § 2065 9
Auswechseln der Befristungsgründe § 575 15
Auswechslung der Vertragsparteien § 535 62 ff
Ausweichklausel Art 40 1
Auswirkungsprinzip Art 34 14, 16
Auszubildender § 611 97; § 620 94
Automatenaufstellvertrag § 535 8
– AGB § 307 21; § 309 38
Autowaschanlage
– AGB § 307 13
Autowäsche vor § 631 24

B
BAföG-Leistungen vor § 1577 18
Balkon § 566 26
Bank § 280 56, 63
Bankgeschäft § 248 3
Bankkontokorrent s. Kontokorrent; § 782 3
Banknoten § 798 2
Bankvertrag vor § 328 17; § 328 18
Bargeld § 244; § 245 2, 3
Bargeldloser Zahlungsverkehr § 676 a 3 ff
Barkaution § 551 5
Barrierefreiheit § 554 a

Barunterhalt § 1612 1 ff
- anderweitige Bestimmung § 1612 3 ff
- bei minderjährigen Kindern § 1612 a
- bei volljährigen Kindern § 1610 2
- beiderseitige Barunterhaltspflicht bei minderjährigen Kindern § 1606 10
- Beweislast § 1601 19
- Geldrente § 1612 1
- Haftungsanteile bei volljährigen Kindern § 1606 4 ff

Barunterhaltsleistungen vor § 1577 29
Barvermögen § 1960 39
Basiszinssatz § 246 5, 7; § 247 1 – 3 § 288 3; § 290 1; § 291 5
- Anpassung § 247 3
- Bezugsgröße § 247 3
- Diskontsatz § 247 1
- EZB-Zinssätze § 247 1
- Höhe § 247 3
- Prozesszinsen § 247 2
- Verzugszinsen § 247 2
- Zahlungsverzug § 247 1

Bauabzugssteuer § 632 14
Bauaufsicht
- Bauleitplanung § 839 88
Baubetreuung § 611 7
Baudispensvertrag § 798 6
Bauen auf fremdem Grund § 812 47 – 70 § 818 15
- aufgedrängte Bereicherung § 812 72, 73; § 818 15
- Konditionssperre aus §§ 994 ff § 812 71
- Materialverlust § 812 66
- normative Betrachtungsweise § 812 73
- und § 951 § 812 66 – 68
- Verkehrswertsteigerung § 812 75
- Zumutbarkeit § 812 73

Bauforderungsgesetz
- GSB § 648 13
Bauhandwerkersicherung § 648 a 1 ff
Bauherr § 559 4
Bauherrengemeinschaft § 705 33, 34, 35, 41; § 714 9; § 726 2
Bauherrenmodell
- AGB § 305 c 20
Baukosten § 559 b 5
Baukostenzuschuss § 535 8
Bauleistungen vor § 631 25
Baumangel
- anfänglicher § 536 a 4
Baumaterialien
- Sachmangel § 434 106; § 438 18; § 479 5
Baunebenkosten § 559 b 5
Bauträgervertrag vor § 433 21; § 434 68; § 436 3 f; vor § 631 25
- AGB § 307 31
Bauvertrag vor § 631 25
- AGB § 309 50, 72

Bauwerk § 438 17, 23; § 634 a 4 – 6
Beamtenhaftung
- Ausgleich bei § 841
Beamter § 611 10
- Amtshaftung § 839 11
Beaufsichtigung § 1962 7
Beauftragter § 1978 1, 7; § 1985 26; § 1991 1
Bedarf § 1577 3
Bedarfsklausel § 538 5
Bedarfspersonen § 577 0 11
Bedarfsprägend § 1577 15
Bedienungsanleitung für Werk § 631 26
Bedingtes Vorausvermächtnis § 2051 3
Bedingung § 242 42; vor § 2064 13; § 2065 6; §§ 2074, 2075 1 ff; § 2075 1 ff
- auflösende ~ § 158 2; §§ 2074, 2075 1, 4; § 2075 1, 4; § 2100 34, 36
- aufschiebende ~ § 158 2; §§ 2074, 2075 1, 3; § 2075 1, 3; § 2100 4, 34, 35, 37; § 2106 3; § 2108 8; § 2136 2, 9
- des Hauptvertrages, Maklervergütung § 652 53
- Fälligkeit § 158 21
- Haftung § 160
- Herbeiführung des Eintritts, treuwidrige § 162
- Insolvenz § 158 27
- Postestativbedingung § 158 6
- Prozessführungsbefugnis § 158 26
- Rechtsbedingung § 158 11
- Rückbeziehung § 159
- Vereitelung des Eintritts § 162
- Wollensbedingung § 158 7
- Zufallsbedingung § 158 5
- zum Vorteil eines Dritten vor § 2076 1
- Zwischenverfügung § 161

Bedingungszusammenhang § 139 12
Bedürfnislage § 1573 15
Bedürftigkeit § 1577 1; § 1963 7
- des Nachlasses § 2036 4
Beeinträchtigung § 1004 5
Beendigung
- der Fiktion § 1573 7; vor § 1577 34
- des Mietverhältnisses § 546
- des Mietverhältnisses durch Zeitablauf § 542 32 ff
- des Mietvertrages § 535 52 ff
- fristgerechte ~ § 620 33
- fristlose ~ § 620 33

Beendigungsfreiheit vor § 1297 36
Beendigungskündigung § 620 33
Beengte wirtschaftliche Verhältnisse § 1361 10; § 1577 12
Beerdigung § 1968 3, 6, 9; § 2001 2
Beerdigungskosten § 1615 5; § 1615 m; § 1959 7; § 1960 18; § 1967 9, 16; § 1968 1, 4
Beförderungsleistung vor § 631 25
Beförderungsvertrag s. auch Frachtvertrag; Art 29 13; § 280 71
Befreiter Vorerbe § 2131 3

Befreiung § 2100 7; § 2113 16; § 2121 1; § 2124; § 2125 2; § 2126 2; § 2130 12; § 2131 4; § 2132 3; § 2133 8; § 2136 1 ff; § 2137 1 ff; § 2138 1; § 2140 1
Befreiung von der Gegenleistung § 326
– Abweichungen durch AGB § 326 25
– Annahmeverzug des Gläubigers § 326 16 b
– Anrechnung von Vorteilen § 326 17
– Ausnahme für die Nacherfüllung § 326 21
– Beweislast § 326 26 f
– Gegenleistungsgefahr (Preisgefahr) § 326 7
– Gläubiger allein oder weit überwiegend verantwortlich § 326 13 a
– Klauseln § 326 25
– Surrogat § 326 19
– Teilunmöglichkeit § 326 10
– Vollunmöglichkeit § 326 7 ff
Befreiungsanspruch § 257 3 f
Befriedigungsrecht § 1971 5; § 2022 12
Befristete Erinnerung § 1987 3
Befristung § 163; § 2136 2
– Dienst-/Arbeitsvertrag § 620 2 ff, 8, 10, 40, 97
– einzelne vertragliche Bestimmungen § 620 27
– Elternzeit § 620 17
– gesetzliche Regelung § 620 15
– kalendermäßige ~ § 620 11
– Mutterschutzgesetz § 620 17
– sachlicher Grund § 620 13, 18
– Vertretung § 620 17
Befristungsgründe § 575 8 ff
Befruchtung
– heterologe ~ § 1592 6
– homologe ~ § 1592 6
– künstliche ~ § 1592 5
Begebungsvertrag § 793 3, 15; § 807 5
Beginn der Erwerbsobliegenheit § 1573 6
Beginn der Verjährung § 548 12 ff
Beginn einer Ausbildung § 252 10
Begleitschaden s. Mangelfolgeschaden
Begrenzung
– zeitliche ~ der Nacherbschaft § 2109 1 ff
Begriff der Wohnung § 573 a 3
Begründungsmittel § 558 a 18
Begünstigungswille § 2048 16
Begutachtungsmethoden
– Blutgruppengutachten § 1600 e 41
– erbbiologische Gutachten § 1600 e 46
– Genom (DNS-) Analyse § 1600 e 44
Beherbergungsvertrag § 280 71
Behinderte § 2229 8; § 2232 2; § 2233 2 – 5 § 2247 4
Behindertengerechter Umbau § 551 10
Behindertentestament vor § 2064 21; § 2100 24
Behördenbetreuer § 1900
– Entlassung § 1908 b 4
– Geldverwaltung § 1908 i 3
– kein Zwangsgeld § 1908 g 1

– Vergütung § 8 VBVG 16
Behördenbetreuung s. Behördenbetreuer
Behördentermine § 616 2
Behördliche Genehmigung § 615 23
Behördliches Verbot § 615 23
Beihilfekontrolle Art 34 16
Beiladung § 1600 e 31
Beirat § 709 4, 14
Beistand
– Feststellungsklage des Kindes § 1600 d 13
– in persönlichen Angelegenheiten § 1353 13
– in wirtschaftlichen Angelegenheiten § 1353 15
– pränataler Beistand § 1600 d 15
– und Rücksichtnahme § 1618 a
Beistandschaft § 1760 1
– Antrag § 1760 1
– Antragsbefugnis § 1760 3
– Aufenthaltsort § 1760 5
– Ausland § 1760 5
– Auslandsbezug Art 24 1
– Beendigung § 1760 4
– elterliche Sorge § 1760 4
– Haftung § 1760 2
– Jugendamt § 1760 1
– keine Kündigung durch JA § 1760 4
– keine Vergütung § 1760 5
– örtliche Zuständigkeit § 1760 3
– Passivprozess § 1760 2
– Vertretung § 1760 1
– Vertretungsverbot § 1760 3
– Voraussetzungen § 1760 2
– Weisungsrecht § 1760 2
Beiträge
– der Gesellschafter § 706 1 ff; § 733 6
– durch Dienstleistungen § 706 5 ff
– durch Übereignung § 706 3
Beiträge zur GbR
– Erhöhung § 707 1 ff; § 709 2 f, 18
– Schlechtleistung § 706 9; § 707 7
– Unmöglichkeit § 706 7
– Verzug § 706 8
Beitrittsgebiet § 1569 9; § 1581 24
Beiwohnung § 1600 e 104
Beiwohnungsvermutung § 1600 e 103
Bekanntgabe des Steuerbescheids § 1960 34
Bekanntmachung § 1981 1; § 1982 1; § 1983 1, 2; § 2017 2
Bekanntmachung, öffentliche § 1562 1
– Auslobung § 657 5
Bekenntnisfreiheit § 611 38
Belange
– der Kinder § 1382 12
– des Gläubigers § 1362 10
– des Schuldners § 1382 6
Belästigungsschutz § 12 48
Belastung
– des verpachteten Grundstücks § 593 b
– des Wohnraums § 567

– durch Erwerber § 567 b
– vor der Überlassung des Wohnraums § 567 a
Belastungsverbot § 707 1
Belege § 2027 4
Belegeinsicht § 556 40
Beliehene Personen § 839 15
Belohnende Schenkung § 516 20
Benachrichtigung § 2034 28; § 2037 3
Benachrichtigungspflicht § 2035 8
Benachteiligende Handlungen § 1375 18
Benachteiligung § 612 a 2
– geschlechtsbezogene ~ § 611 a 1
Benachteiligungsvorsatz § 2005 4; § 2131 3 f;
 § 2132 3; § 2133 8; § 2136 4; § 2138 7 f
Benötigen § 573 21 ff
Benutzungsrechte § 2033 26
Benutzungsregelung § 1010 1
Beratervertrag § 611 15; § 675 9 ff
Beratungspflicht § 280 60, 61
– des Verkäufers § 437 56
Berechnung § 1967 16
– der Kündigungsfristen § 573 c 2
Berechnungsbeispiel § 1577 16
Berechnungsmethode § 2050 2
Berechnungszeitpunkt bei vorzeitigem Ausgleich
 § 1387 1 – 3
Berechtigte Geschäftsführung ohne Auftrag
 § 539 4
Berechtigte Interessen § 573; § 1964 2; § 2010 3, 4;
 § 2012 5
– des Landverpächters § 595 5
– des Vermieters § 574 13
Berechtigter
– Begriff § 185 7
Bereicherung § 1974 7; § 1976 9; § 2018 21;
 § 2029 2, 3; § 2030 6
Bereicherungsanspruch § 1963 9; § 1967 8;
 § 1977 4, 5; § 1979 10; § 1991 3, 13; § 2022 2, 5;
 § 2023 4; § 2024 1, 3; § 2041 5; § 2055 4
– des Mieters § 539 8
– Fund § 977
– Verletzung des APR § 12 44
– Verletzung des Namensrechts § 12 23
Bereicherungsausgleich s. auch Eingriffs-, Leistungs-, Nichtleistungs- und Zweckverfehlungskondiktion
– Anweisungslagen § 812 85 – 87
– aufgedrängte Bereicherung § 812 72, 73;
 § 818 13, 15
– Beweislast § 812 109; § 813 7; § 814 9; § 815 6;
 § 816 23; § 817 17; § 818 40; § 819 11; § 820 6;
 § 822 7
– Eingriffskondiktion s. dort
– Empfängerhorizont § 812 95, 96, 105, 106, 107
– Gesetzes- und Sittenverstoß § 817
– gutgläubiger Erwerb § 812 81 – 83
– Herausgabe § 818 3, 4, 6
– Kollisionsrecht EG Art 38

– Kondiktionsausschluss § 813 5; § 814; § 815;
 § 817 7 – 9
– Konkurrenzen § 812 19 – 40 § 816 1
– Leistung auf einredebehaftete Forderung § 813
– Leistung in Kenntnis der Nichtschuld
 § 814 2 – 4
– Leistungsannahme durch Nichtberechtigten
 § 816 17 – 19
– Mehrpersonenverhältnisse § 812 76 – 78 § 813 4
– Nichtleistungskondiktion s. dort
– Schuldanerkenntnis § 812 52, 53
– unentgeltliche Zuwendung an Dritte § 812 83, 84;
 § 816 12, 13; § 822
– Unentgeltlichkeit § 812 83, 84
– Verarbeitungs- und Einbaufälle § 812 82
– Verfügung des Nichtberechtigten § 816 3 – 6
– Verjährung § 812 108; § 813 7; § 816 23; § 817 16;
 § 822 6
– verschärfte Haftung § 818 35 – 37 § 819 37;
 § 820 37
– Vorteilsabschöpfung § 812 3 – 5 § 818 1
– Wegfall der Bereicherung § 818 18, 19, 20, 38;
 § 820 90
– Wertersatz § 818 9 – 11
– Wertungskriterien § 812 23, 77, 78, 79, 84;
 § 816 2
– Zurechenbarkeit § 816 94
– Zweckverfehlungskondiktion s. dort
Bereicherungseinwand § 821
Bereicherungsgrundsätze § 1973 5; § 2019 11;
 § 2021 1
Bereicherungsrecht § 241 a 4; vor § 1297 50;
 § 1973 3; § 1989 1; § 2019 4
Bereicherungsrechtliche Ansprüche § 2022 13
Bereicherungsrechtliche Grundsätze § 2020 3
Bereicherungsrechtlicher Aufwendungsersatz
 § 1977 5
Bereicherungswegfall § 2021 3
Bergwerk § 2123 1
Berichtigung § 1985 18
– des Grundbuchs § 2022 9; § 2039 5
Berichtigungsanspruch § 2019 10
Berichtigungsantrag § 1984 5
Berliner Tabelle vor § 1601 11
Berliner Testament § 2052 4; § 2057 a 3; § 2100 14
Berufliche Fortbildung § 1575 8
Berufs- und Arbeitsplatzwechsel § 1581 10
Berufsausbildung § 1361 8; § 2050 8, 13
Berufsbedingte Aufwendungen § 1581 20
Berufsbedingter Fahrtkostenaufwand vor
 § 1577 47
Berufsbetreuer
– Abrechnungszeitraum für Vergütung § 9
 VBVG 17
– Ausschussfrist für Vergütung § 2 VBVG 4
– Bestellung § 1897 6
– Entlassung § 1908 b 3
– Feststellung der berufsmäßigen Betreuungsführung § 1 VBVG 2 f; § 1836 2

– Haftung der Staatskasse für Vergütung § 1 VBVG 3
– Mitteilungen an die Betreuungsbehörde § 10 VBVG 18
– Stundensatz § 4 VBVG; § 5 VBVG 10 ff
– Umsatzsteuer auf Vergütung § 4 VBVG 8
– Umschulung und Fortbildung § 11 VBVG 19
– Vergütung § 1836 1 ff
– Vergütung bei Wechsel zu ehrenamtlichem Betreuer § 5 VBVG 13
– Vergütungsbewilligung § 1 VBVG; § 4 VBVG 2 f
– Vergütungshöhe § 1 VBVG; § 4 VBVG 10 ff
Berufsbildungsvertrag § 611 97
Berufsgenossenschaft § 998 2
Berufshaftung § 823 109
– Archichtekten § 823 151
– Architekten § 823 166
– Besitz § 823 65 f, 74
– Sachverständige und Gutachter § 823 166
– Wirtschaftsprüfer § 823 166
Berufspflichten § 280 23
Berufsrecht Art 34 7
Berufssportler § 611 22, 23
Berufsvormund § 3 VBVG 5 ff
– Abschlag auf Vergütung § 3 VBVG 9
– Ausschlagungsfrist für Vergütung § 2 VBVG 4
– Ausschlussfrist für Vergütung § 2 VBVG 4
– Feststellung der berufsmäßigen Vormundschaftsführung § 1 VBVG 2 f; § 1836
– Haftung der Staatskasse für Vergütung § 1 VBVG 3
– Haftung des Vormunds § 1833 1 ff
– Stundensatz § 1 VBVG 5 ff; § 3 VBVG 5 ff
– Umsatzsteuer auf Vergütung § 3 VBVG 8
– Umschulung und Fortbildung § 11 VBVG 19
– Vergütung § 1 VBVG; § 1836
– Vergütungsbewilligung § 1 VBVG 3
– Vergütungshöhe § 1 VBVG; § 3 VBVG 5
Beschädigung § 2041 5
Beschaffenheit der Kaufsache § 434 7 ff, 14 ff
– Begriff § 434 20 ff
– Normalbeschaffenheit § 434 54, 56, 68
– öffentliche Äußerungen § 434 56 ff
– Sachmangel § 434 41, 69
– übliche ~ § 434 52 ff
– Verbrauchsgüterkauf § 434 68; § 475 6, 8; § 478 26
– Vereinbarung § 434 8, 18, 19, 29, 31 ff, 57, 68, 103
Beschaffenheitsvereinbarung
– beim Werkvertrag § 633 14 – 16
Beschaffungspflicht § 243 7
Beschaffungsrisiko § 243 1, 7, 9, 11; § 275 22; § 276 14 – 26 § 278 22; § 280 31; § 286 22
– Entlastung § 276 26
– Fehlerfreiheit der Kaufsache § 276 27
– Gattungsschulden § 276 24
– Integritätsverletzungen § 276 27
– Quelle § 276 25

– Schutzzweck § 276 27
– Selbstbelieferungsklausel § 276 26
– Stückschulden § 276 24
– Vereinbarung § 276 24
– Vorrat § 276 25
Beschäftigung
– inländische ~ Art 30 9
Beschäftigungschance § 1573 7; § 1574 9
Beschäftigungsmöglichkeit
– anderweitige ~ § 620 77, 89
Beschäftigungspflicht § 611 91
Beschäftigungsverbot § 611 54
Beschäftigungsverhältnis
– sozialversicherungsrechtliches ~ § 611 21
Beschlagnahme
– Aufrechnung § 392 1 ff
Beschluss § 744 1, 3; § 745 1 – 3
– gesellschaftsrechtlicher ~ vor § 145 6, 7
Beschlussgegenstände § 709 14, 17
Beschlussmängel § 709 19
Beschränkt Geschäftsfähiger § 131 1
– Ablaufhemmung § 210 2 ff
Beschränkte Erbenhaftung § 1978 1; § 1986 3
Beschränkte persönliche Dienstbarkeit § 1090 ff; § 2019 11
– Belastungsgegenstand § 1090 6
– Berechtigter § 1090 3 ff
– Entstehung § 1090 7 f
– Erlöschen § 1090 9
– Inhalt § 1090 2
– Rechtstyp § 1090 1
– Überlassung der Ausübung § 1092 11 f
– Übertragung § 1092 1 ff
– Umfang § 1091
– Unvererblichkeit § 1092 3
– Wohnungsrecht s. dort
Beschränkung der Erbenhaftung § 1960 28
Beschränkungen des Vorerben
– zusätzliche ~ § 2136 3
Beschränkungsrecht § 1970 15; § 2013 9; § 2063 4
Beschreibung der Pachtsache § 585 b 7 f
Beschreibung durch Sachverständigen § 585 b 5
Beschwerde § 1960 44; § 1961 3; § 1964 6; § 2008 5; § 2042 19; § 2045 3
Beschwerdeberechtigung § 1981 18
Beschwerdefrist § 1994 12
Beschwerderecht § 1960 15, 41, 48; § 1964 7
– des Kindes bei Adoption § 1760 10
Beschwerdewert § 1987 3
Beschwerung § 2007 5
Beseitigungsanspruch § 1004 6
– Verletzung des APR § 12 42
– Verletzung des Namensrechts § 12 19
Besichtigung § 535 45
– einer Sache § 809 1 ff
Besichtigungsanspruch § 809 10
Besitz § 823 65 f, 74; §§ 854 ff; § 985 29
– Arten § 854 6

– Aufgabe § 856 2
– Beendigung § 856
– Begriff § 854 3
– besondere Besitzergruppen § 845 14 – 16
– Erbenbesitz § 854 18; § 857
– Erbschaftsbesitz § 854 18; § 2018
– Erwerb § 854 7
– Erwerb per Rechtsgeschäft § 854 13
– fehlerhafter ~ § 858 7
– früherer ~ § 1006 2
– Funktion § 854 1
– im IPR Art 43 12
– Recht zum Besitz aus Anwartschaftsrecht § 929 25
– Überlassung durch Nichtberechtigten § 185 5
– unmittelbarer ~ § 854 1
– Verlust § 856 3
Besitzaufgabe § 303 1 ff
Besitzbegründungswille § 854 10; § 868 9
Besitzbrücke § 986 2
Besitzdiener
– Abhandenkommen § 855 10; § 935 8
– Selbsthilfe § 860 1
– Voraussetzungen § 855 2
– Wirkungen § 855 5
Besitzentziehung § 858 3; § 861
– Herausgabeanspruch § 861 2
– Widerklage § 861 7
Besitzer § 985 5
Besitzerlangung § 2024 2
Besitzkehr § 859 3 – 5
Besitzkondiktion § 985 21
Besitzkonstitut § 868 7
– als Übergabeersatz § 930
– gutgläubiger Erwerb § 933
Besitzmittler § 868 6; § 991 1
– Abhandenkommen § 935 9
– Besitzmittlungswille § 868 8
Besitzmittlungsverhältnis § 868 7; § 930 5; § 991 1
– Besitzschutz § 896 3
– Bestimmtheit § 930 7
Besitznachfolger § 999 1
Besitzschutz § 858 1; § 861; § 862; § 863
– Erlöschen der Ansprüche § 864
– mittelbarer Besitz § 869 2
Besitzschutzansprüche § 2018 7; § 2029 4
Besitzstörung § 858 3; § 859 2; § 862 2
– Rechtsfolgen § 862 2 – 4
Besitzübertragung § 2033 29
Besitzwechsel
– bei Übergabe § 929 10
Besitzwehr § 859 2
Besoldung vor § 1577 7
Besoldungsrechtliche Nachteile § 1585 3
Besondere amtliche Verwahrung
– Ablieferungspflicht § 2259 1
– erneute besondere amtliche Verwahrung § 2273 7

– Verfahren § 2258 b 1, 2
– Zuständigkeit § 2258 a 1 – 3
Besonderer Gerichtsstand § 2018 23; § 2029 6
Besonderheiten bei Begründung von Wohnungseigentum § 566 20 ff
Besonderheiten des Arbeitsrechts § 611 57
Besorgnis der Gefährdung der Ausgleichsforderung § 1389 10
Bestallungsurkunde § 1960 21, 47
Bestand des Nachlasses § 1960 28
Bestandsverzeichnis § 1379 6; § 2027 4; § 2028 6
– Aufnahme § 1379 17
Bestandteil
– Einbauküche § 93 9
– einfacher ~ § 93 4
– Gebäude § 94 5
– Grundstück § 94 2
– Heizungsanlage § 93 7
– Pflanzen § 94 4
– Recht § 96
– Scheinbestandteil § 95 1
– vorübergehender Zweck § 95
– wesentlicher ~ § 93; § 433 8
Bestandteil des Unterhaltsrechtsverhältnisses § 1361 5
Bestandteilszuschreibung § 890 9
Bestätigung eines anfechtbaren Rechtsgeschäfts § 144 1
Bestätigung eines nichtigen Rechtsgeschäfts § 138 38; § 141 1
Bestätigungsschreiben
– kaufmännisches ~ §§ 147, 148 5; vor § 148 5
Bestattung § 1959 5; § 1968 2
Bestattungsberechtigte § 1968 2
Bestattungskosten § 249 103; § 1968 4
Bestattungsvertrag
– als Werkvertrag § 631 25
Bestechung Art 34 18
Besteller
– Pflichten des ~ im Werkvertrag § 631 18 – 28
Bestellung § 1962 7
– eines Nachlasspflegers § 1966 7
Bestimmtheitsprinzip vor § 854 16
Bestimmtheitsgrundsatz § 398 15; § 709 17
Bestimmung der Gegenleistung § 316 14 ff
Bestimmung der Leistung durch eine Partei § 315
– AGB § 315
– Arbeitsrecht § 315 2
– Ausübungsberechtigter § 315 3
– Beweislast § 315 13
– billiges Ermessen § 315; § 315 6, 9 f
– Billigkeitsspielraum § 315 6
– Form § 315 4
– freies Belieben § 315 8
– freies Ermessen § 315 7
– gerichtliche Kontrolle § 315 9 ff
– gerichtliche Leistungsbestimmung § 315 12
– Monopolbetriebe der Daseinsvorsorge § 315 2

– Reihenfolge der Prüfung § 315 19 ff
– Verzögerung der Bestimmung § 315 11
– Zinsanpassungsklauseln § 315 2

Bestimmung der Leistung durch einen Dritten § 317
– der Dritte nach § 317 § 317 3
– Schiedsgutachter § 317 2
– Schiedsrichter § 317 1
– vertragliche Ermächtigung § 317 4

Bestimmungskauf vor § 315 ff 7

Bestimmungsrecht des Verletzten Art 40 12 f
– Ausübung Art 40 13

Besuche im Krankenhaus, Kostenersatz § 249 25

Besucher des Mieters § 540 7

Betagte Verbindlichkeit § 163 4

Beteiligtenfähigkeit § 1 6

Beteiligung mehrerer § 830 1 ff, 8
– Alternative Kausalität § 830 7 ff
– Anstifter § 830 5
– Anteilszweifel § 830 10
– Demonstration § 830 6
– Gehilfe § 830 5
– Kumulative Kausalität § 830 7 ff
– Mittäterschaft § 830 4 ff
– Umwelthaftung § 830 10
– Urheberzweifel § 830 10

Betretungsrecht § 535 44
– des Vermieters § 535 43

Betreuer § 286 3; § 535 17
– Aufgaben § 1896 20 ff
– Aufsicht des Vormundschaftsgerichts § 1908 i 8
– Behördenbetreuer § 1900 3
– Beratung und Aufsicht durch Vormundschaftsgericht § 1837 4
– Bereiterklärung § 1898 2
– berufsbezogene Dienste § 1835 8
– Bestellung § 1897 1 ff
– Eignung § 1897 3
– Entlassung § 1908 b 1 f
– Geltendmachung von Aufwendungen/Vergütung §§ 1835 ff; § 1908 i
– Haftpflichtversicherung § 1835 9
– Heimpersonal § 1897 3
– mehrere ~ § 1899 1 ff
– Pflichten § 1901 1 ff
– Übernahmepflicht § 1898 1 f
– Vorschlag des Betreuten § 1897 4

Betreuerkosten § 1967 6, 7

Betreuung § 1361 7; § 1896 – 1908 i
– Anordnung im Interesse Dritter § 1896 16
– ärztliche Maßnahmen § 1904 1 f
– auf Antrag oder von Amts wegen § 1896 16
– Aufgabenkreis § 1896 20 ff
– Aufhebung § 1908 d 3
– Aufwandsentschädigung § 1835 a 1 ff
– Aufwendungsersatz § 1835 1 ff
– Aufwendungsersatz für Verein § 7 VBVG 15

– Auslandsbezug Art 24
– Ausstattung aus dem Vermögen des Betreuten § 1908 1
– Berichterstattung § 1840 2
– Beschränkung auf Rechtsfürsorge § 1901 2
– Betreuungsverfügung § 1896 3
– Dauer § 1896 29
– des Vormundschaftsrichters §§ 1773 ff 4
– Einwilligungsvorbehalt § 1903 1 ff
– Einzelbetreuung § 1897 2
– entsprechend anwendbare Vorschriften § 1908 i 1 9
– Erforderlichkeitsprinzip § 1896 2
– Ergänzungsbetreuung § 1899 2
– Ersatzbetreuung § 1899 3
– Erweiterung § 1908 d 5
– Gegenbetreuung § 1908 i 6
– Geschenke § 1908 i 4
– Haftung der Betreuungsbehörde vor § 1773 4
– Haftung des Betreuers vor § 1773 4; § 1902 7; § 1908 i 5
– Haftung des Betreuungsvereins § 1773 4
– Haftung des Vormundschaftsrichters vor § 1773 4
– medizinische Voraussetzungen § 1896 10 ff
– Mietwohnung, Aufgabe § 1907 1 ff
– Rechnungslegung § 1840 3 ff
– Sachverständigengutachten § 1896 10
– schriftliche Wünsche des Betreuten § 1901 a 1 ff
– Sterilisation § 1899 4; § 1905 1
– Subsidiarität der ~ § 1896 19
– Totalbetreuung § 1896 20
– Überprüfung der Voraussetzungen durch das Vormundschaftsgericht § 1896 29
– Überschreitung § 1835 11; § 1901 2
– Unterbringung § 1906 1 ff
– unterbringungsähnliche Maßnahme § 1906 6 ff
– Verfahren § 1896 29
– Verfahrensfähigkeit § 1896 29
– Vergütung § 1 VBVG; § 4 VBVG; § 5 VBVG; §§ 1836 1 ff
– Verhältnis zur Geschäftsfähigkeit § 1896 1
– Vertretung des Betreuten § 1902 2
– Vollmachtsüberwachungsbetreuung § 1896 27
– vorsorgliche Anordnung der ~ bei Minderjährigen § 1908 a 1
– Wünsche des Betreuten § 1901 4 f
– Zuständigkeit, internationale § 1896 6
– Zwangsbetreuung § 1896 16

Betreuungsbehörde
– Anhörung bei Betreuerbestellung § 1897 6
– Mitteilungen an die ~ § 10 VBVG 18

Betreuungsbehördengesetz § 1900 3

Betreuungsgesetz § 1896 1

Betreuungspflicht § 311 46

Betreuungsunterbrechung § 1570 3

Betreuungsunterhalt § 1606 9

Betreuungsverein § 1900 1 ff
– Anerkennung als ~ § 1908 f 1 f
– Aufwendungsersatz/Vergütung § 7 VBVG 15

- Entlassung § 1908 b 1 ff
- Haftung § 1896 30
Betreuungsverfügung § 1896 3
Betrieb § 613 a 3, 50; § 620 77, 80; § 622 2, 6
- Begriff § 611 34
- Belegschaft § 613 a 4
- gemeinsamer ~ § 611 34
- Identität § 613 a 4, 21
- Unterbrechung des ~es § 613 a 7
Betrieb im Nachlass §§ 2124, 2126 6; § 2125 6; § 2126 6; § 2130 7; § 2135 6
Betriebe
- Zusammenlegung § 613 a 51
Betriebliche Altersversorgung Art 30 3; § 611 47; § 1372 7
Betriebliche Interessen
- Beeinträchtigung § 620 64, 67
- berechtigte ~ § 620 85
Betriebliche Tätigkeit
- Ähnlichkeit § 613 a 4
Betriebliche Übung § 611 44
- Widerruf § 611 48
Betrieblicher Bedarf an der Arbeitsleistung
- vorübergehender ~ § 620 19
Betriebsablaufstörung § 620 67
Betriebsänderung § 613 a 40; § 620 96
Betriebsausfall § 280 58, 59
- Schadensersatz statt der Leistung § 280 58
- Verzögerungsschäden § 280 58
- Verzugsvoraussetzungen § 280 59
Betriebsausfallschaden § 280 27
Betriebsbedarf
- bei Werkmietwohnungen § 575 12
- des Dienstberechtigten § 576 a 4
Betriebsbedingte Kündigung § 613 a 32, 47; § 615 20; § 620 74 ff
Betriebsbuße vor § 339 6
Betriebserwerber § 613 a 26
Betriebsgeheimnis § 611 82; § 626 7
Betriebsgruppe § 611 102
Betriebskosten § 535 103 f; § 556 2
Betriebskostenpauschale § 556 18; § 560 4 ff
Betriebskostenvorauszahlungen § 558 3
Betriebsmittel
- eigenwirtschaftliche Nutzung § 613 a 5
Betriebsmittelarme Betriebe § 613 a 4
Betriebsordnung § 611 84
Betriebspflicht § 535 38; § 581 0 8
Betriebsrat § 611 42, 99; § 626 15
- Amt bei Betriebsübergang § 613 a 49
- Anhörung, § 102 BetrVG § 620 49, 100
- Mitbestimmung § 611 42
- Mitbestimmung bei Einstellung § 620 29
- Mitglied § 620 95
- Zustimmung § 626 19
- Zustimmung, § 103 BetrVG § 626 49
Betriebsratsmitglieder
- Amtspflichtverletzung § 626 7

Betriebsrisiko § 276 21; § 611 54; § 615 1, 23
Betriebsspaltung § 613 a 51
Betriebsteil § 613 a 3, 50
Betriebsteilübergang
- Mitbestimmung Betriebsrat § 613 a 51
- übergehende Arbeitsverhältnisse § 613 a 10
Betriebsübergabe § 593 a
Betriebsübergang Art 30 3, Art 34 15; § 613 a 1
- Annahmeverzug § 615 13
- Begriff § 613 a 4
- Fortwirken einer Vollmacht § 168 9
- Grund § 613 a 38
- hinsichtlich der Arbeitnehmer in Aussicht genommenen Maßnahmen § 613 a 40
- Kündigungsfristen § 622 2
- Mitbestimmung Betriebsrat § 613 a 51
- rechtliche Folgen § 613 a 39
- soziale Folgen § 613 a 39
- Unterrichtung der Arbeitnehmer § 613 a 35 ff
- Wiedereinstellungsanspruch § 620 97
- wirtschaftliche Folgen § 613 a 39
- Zeitpunkt § 613 a 37
Betriebsübergreifende Versetzungsklausel § 620 80
Betriebsvereinbarung § 613 a 16, 21; § 614 2
- Begriff § 611 42
Betriebszugehörigkeit § 613 a 13; § 620 78, 83; § 626 3
Betrug § 626 7; § 992 3
Bettwäsche § 1361 a 6
Beurkundung § 1410 1
- Jugendamt § 1760 11
- notarielle ~ § 1760 18
Beurkundungstag § 2034 29
Bevollmächtigte § 2004 1
Bewässerung § 998 2
Bewegliche Sache § 985 26
Beweisbarkeit
- liquide ~ § 273 12
Beweiserleichterung § 780 2
Beweislast s. Bürge § 280 21; § 985; § 1585 b 7; § 2013 3; § 2050 26; § 2051 6; § 2052 5; § 2055 18; § 2061 5; § 2066 2
- Amtshaftung § 839 74, 76
- Arbeitsverhältnis § 280 21
- Arzthaftung § 280 21, 23
- außerordentliche Kündigung § 626 22
- Berufspflichten § 280 23
- Diskriminierung § 611 a 2
- Erfolgspflichten § 280 22
- force majeure § 280 22
- für den Mangel der Mietsache § 543 11
- Garantiehaftung § 280 22
- Gefahrenbereiche § 280 21, 22
- Hindernis § 280 22
- Pflichtverletzung § 280 21
- Ursächlichkeit der Pflichtverletzung § 280 23
- Vergütung bei Werkvertrag § 632 16, 20
- Verhaltenspflichten § 280 22

– Verschuldensfähigkeit § 280 22
– Vertretenmüssen § 280 21
Beweislastklausel
– AGB § 309 94 – 99
Beweislastumkehr § 1585 c 7
Beweislastvereitelung
– nach Gefahrenbereichen § 280 21
Beweismittel § 558 b 10
Beweispapiere § 807 1
Beweisurkunde § 780 18
Beweisvereitelung § 242 36
Beweisverfahren
– serologisches ~ § 1600 e 42
– serostatistisches ~ § 1600 e 43
Beweisverteilungsregeln
– Verzug § 536 a 7
Beweisverwertungsverbot
– bei Verletzung des APR § 12 44
Bewerber § 611 50
Bewertungsgrundsatz § 1376 1 – 9
Bewertungsstichtage § 1376 4 – 6
Bewilligung § 883 3
– Bezugnahme auf ~ § 874
Bewirken
– mit eigenen Mitteln § 110 2
– von Leistungen § 105 a 5
Bewirtungsvertrag § 611 15
Bewusstlosigkeit § 105 4
Bezeichnung des Erben
– mehrdeutige ~ § 2073 1
Bezug auf die ehelichen Lebensverhältnisse § 1574 3
Bezug zur Ehe § 1573 16
Bezugnahme
– Tarifverträge Art 30 7
Bezugnahme auf die Eintragungsbewilligung § 874
– Grenzen § 874 3
– Wirkung § 874 6
Bezugnahmeklausel
– AGB-Kontrolle § 611 59
– kleine dynamische ~ § 611 41
– statische ~ § 611 41
– Tarifvertrag § 611 41, 59; § 613 a 20
Bezugsberechtigter § 330 4
BGB-Gesellschaft § 611 102
BGB-InfoV § 312 c 17
– Informationspflichten § 312 e 6
Bibliotheken § 1376 9
Bienenschwarm
– Eigentumsverlust § 961
– Vereinigung § 963
– Verfolgungsrecht § 962
– Vermischung § 964
Bigamie § 1306; § 1314 14
Bilanz § 781 6; § 810 10; § 2121 3
Bilanzfeststellung § 781 6
Bildberichterstatter § 611 23

Bilder § 1361 a 6
Bildungsurlaubsgesetze § 611 73
Billige Entschädigung in Geld § 249 3
Billigkeit § 1360 a 24
Billigkeitsabwägung § 1576 3; vor § 1577; § 1577
Billigkeitsanspruch § 1572 7; § 1581 1
Billigkeitserfordernis § 1360 a 9
Billigkeitsgesichtspunkte § 1360 a 20
Billigkeitshaftung § 829 1 ff
Billigkeitsklausel § 1576 1; § 2057 a 18
Billigkeitskorrektur § 1582 6
Billigkeitsprüfung § 1569 6; § 1576 4; § 1581 17
Bindung
– an die Aufgabeerklärung § 875 8
– an die Einigung § 875 25
– an die Erklärung § 875 1
Bindungswille
– des Arbeitgebers § 611 45
Bindungswirkung § 2048 19
– EuGHMR § 1760 13
Binnenschiff
– Übereignung § 929 a 1
Biologischer Vater § 1626 4; § 1963 2
– Anfechtungsklage § 1600 3
– Feststellungsklage § 1600 d 7
Blankett § 119 15; § 126 10
– abredewidrige Ausfüllung eines ~ s. Rechtsscheinvollmacht
Blankoindossament § 1362 2
Blankounterschrift § 126 10; § 129 3; § 492 2
Blankozession § 398 7
Blindengeld vor § 1577 18
Blocking statute Art 34 19, 23
– an die Vertragsverhandlungen § 311 49
Bloße Tatsachenvermutung § 2009 4
Blutentnahme
– Minderjährige § 1600 e 62
– prozessuale Konsequenzen der erfolgreichen Weigerung § 1600 e 64
– Unzumutbarkeit § 1600 e 58
– Weigerung § 1600 e 60
– Zwangsmaßnahmen § 1600 e 60
– Zwischenverfahren § 1600 e 61
Blutgruppengutachten
– Anfangsverdacht § 1600 e 84
– Aussagekraft § 1600 e 50
– heimliches Gutachten § 1600 e 86
– Privatgutachten § 1600 e 85
– Sonderfälle § 1600 e 53
Bodenaushub vor § 631 25
Bodenverkehr Art 34 11
Bordellpacht § 817 14
BörsG § 280 42
Bösgläubigkeit § 2020 2, 3; § 2024 2, 3; § 2025 2
– Begriff § 932 10
– Zurechnung § 932 11
Böswilliges Unterlassen § 615 19

Bote § 331 7
Botenschaft § 164 17 ff; § 177 5
– Abgrenzung zur Stellvertretung § 164 17, 19
– analoge Anwendung von Vorschriften des Stellvertretungsrechts, insbesondere von Vertretungsverboten, § 174 und der §§ 177 ff § 164 20; § 174 2
– Auslegung von Willenserklärungen s. Auslegung
– Empfangsbote § 164 17 f
– Erklärungsbote § 164 17 f
– Kenntnis und Kennenmüssen § 164 20
– Willensmangel s. dort
Bremer Tabelle § 1361 16
Bretton Woods Art 34 6, 23
Brief § 130 11
Briefhypothek § 1116 1 ff; § 1140 1 ff
– Briefübergabe § 1117 1 f
– Briefvorlage § 1160 1
– Fälschungen auf dem Brief § 1155 2
– Umwandlung in Buchhypothek § 1116 5
Briefmarke § 807 4
Bringschuld § 243 10; § 268 2; § 300 6
Bruch von Dienstverträgen § 249 67
Bruchtei § 741 5
Bruchteil § 741 1; § 742 3; § 749 1; § 2088 1 ff; § 2092 1 ff
– Erhöhung § 2089 1 ff
– Minderung § 2090 1 ff
– unbestimmter ~ § 2091 1 ff
Bruchteilseigentum § 741 4; § 749 5; § 1008 2; § 2032 12, 34; § 2047 4
Bruchteilsgemeinschaft § 432 2; § 741 4 – 7 § 742 1; § 743 1, 2; § 744 1; § 746 2; § 747 1, 3; § 749 1, 4, 6; § 753 4; § 754 2; § 2033 30; § 2044 9
Bruchteilsübertragung § 2033 12
Bruttolohn § 252 12
Bruttomiete § 535 114
Bruttovergütung § 615 17
Bucheigentum
– Kauf § 433 24
Bücher § 1361 a 6
Buchersitzung § 900
Buchersitzungsfrist § 2026 3
Buchführung
– als Werkvertrag vor § 631 25
Buchgeld § 244; § 245 2, 3
Buchhypothek § 1116 1 ff; § 1139 1
– Umwandlung in Briefhypothek § 1116 5
Buchwertklausel § 738 14, 15
Bündelung von Reiseleistungen § 651 a 4 – 7
Bundesgesundheitsblatt § 1600 e 48
Bürge § 765 2
– Ausgleichspflicht unter Mitbürgen § 769 10
– Befreiungsanspruch gegen Hauptschuldner § 775
– Befriedigung des Gläubigers § 765 53
– Beweislast § 733 20; vor § 765 41; § 765 41; vor § 765 47; § 766 22 f; § 767 16; § 772 10; § 775 20; § 777 20

– Einrede s. Bürgschaft
– Einrede aus Bürgschaftsvertrag § 768
– Einrede aus Gestaltungsrecht des Hauptschuldners § 770
– Forderungsübergang s. Bürgschaft
– Haftung s. Bürgschaft
– Innenverhältnis Hauptschuldner/Bürge § 775 1 ff
– Mitbürgen § 769 1 ff; § 774 25 ff
– Nachbürge § 765 95
– Stellvertretung § 765 9
– Teilbürge vor § 765 51; § 765 107
– Verbürgungswille vor § 765 9; § 766 11
– Vorbürge § 765 96
Bürgenhaftung des Vermieters § 566 19
Bürgenschutz Art 34 13
Bürgschaft § 242 35; § 312 16; vor § 320 ff 6; § 551 5; vor § 1297 17; § 1976 6
– Abdingbarkeit § 776 3
– Abstraktheit § 765 2; vor § 765 6
– AGB § 305 13; § 305 c 10, 20, 23; § 306 10; § 307 13, 24
– Akzessorietät vor § 765 10; § 767 1
– Anlassbürgschaft § 765 20
– auf erstes Anfordern § 551 6
– Ausfallbürgschaft § 765 72 ff; § 777 13
– Bedeutung vor § 765 2
– bedingte ~ § 765 3
– befristete ~ vor § 765 41
– Bestimmtheitsgrundsatz § 765 13
– Bürgschaftsschuld § 767 1 ff
– cessio legis s. Forderungsübergang
– Common Frame of Reference vor § 765 77
– Deckungsverhältnis vor § 765 6
– Einlagenrückgewähr vor § 765 24
– Einwendungsverzicht beim Verbraucherdarlehen § 496 1
– Erlassvertrag § 397 14
– Forderungsübergang § 774
– Gesellschafterbürgschaft § 765 18 ff, 35 ff, 52, 66, 88; § 766 9, 21; § 767 9; § 768 10; § 771 6 f; § 774 26, 30; § 775 6, 10; § 777 6, 8
– Gläubiger § 765 2
– Gobalbürgschaft § 765 13, 16 ff; § 774 5
– Grundprinzipien vor § 765 4 ff
– Haftung vor § 765 7
– Hauptschuldner § 765 4, 7
– höherrangiges Sicherungsrecht § 776 2
– Internationales Privat- und Prozessrecht vor § 765 69 ff
– Interzedent vor § 765 1
– kein Spiel § 762 16
– Kreditauftrag § 778
– Kündigung § 765 66 ff
– Luganer Übereinkommen § 773 11
– Mietbürgschaft § 765 91 ff
– Nachbürgschaft § 765 94
– Odre public vor § 765 71
– Prozessbürgschaft § 765 97 ff
– Rechtsnatur vor § 765 1
– Rechtsvergleichung vor § 765 73

- Reduktion des Anspruchs § 776 10
- Restschuld § 765 26
- Rückbürgschaft § 765 104
- Rückgabe des Schuldscheins § 371 6
- Rückgriff vor § 765 51
- selbstschuldnerische ~ § 773 1 ff
- Sicherheiten § 776 1 ff
- Sicherheits-/Vorzugsrechte § 776 5
- Staatsbürgschaft § 765 106
- Subsidiarität vor § 765 12; § 770 1; § 771 1; § 772 5
- Surety vor § 765 75; § 773 5
- Teilbürgschaft § 765 107 ff
- Treu und Glauben § 765 17, 55, 66; § 776 3
- Übernahme Hauptschuld/Wechsel Schuldner § 765 63 ff; § 767 7 ff
- unbedingte ~ vor § 765 17
- unbefristete ~ vor § 765 17
- ungerechtfertigte Bereicherung § 776 13
- unwiderrufliche vor § 765 17
- Verbraucherschutz vor § 765 38
- Verjährung s. Einreden
- Vertragsfreiheit § 765 3
- Vertragsschluss § 150 4, 7
- Verzicht § 768 14 f; § 770 1 ff
- Vorzugsrechte § 776 1 ff
- Wechsel- und Scheckverbot § 496 5
- Wesen vor § 765 1
- Wirtschafts- und Bankenverkehr vor § 765 14 ff
- Zeitbürgschaft § 777
- Zustandkommen s. Bürgschaftsvertrag

Bürgschaftsforderungen § 1967 6
Bürgschaftskündigung § 551 5
Bürounkosten § 1960 42
Buße § 253 25

C
cessio legis § 268 8
Charakteristische Leistung
- bei engster Verbindung Art 32 11 ff
- im IPR Art 28 1 ff

Charter vor § 631 25
Chefarzt § 611 22
cic s. Kauf; § 280 1; § 311 33 ff
- Anschein des Vorliegens eines wirksamen Vertrages § 311 42 ff
- Anspruch auf Vertragsaufhebung § 311 56
- Aufhebung eines Vertrages § 311 33
- Belastung mit unerwünschtem Vertrag § 311 55 ff
- Beweislast § 311 72
- Dritthaftung § 311 63 ff
- Drittschutz § 311 38
- Eigeninteresse des Dritten § 311 68
- enttäuschtes Vertrauen § 311 48 ff
- Expertenhaftung § 311 66
- Fallgruppenbildung § 311 35
- Fehlen eines wirksamen Vertrages § 311 41
- Gefahrenbereich § 311 36

- Gefälligkeitsfahrten § 311 39
- Geschäft als eigenes behandelt § 311 69
- gesetzliche Formvorschriften § 311 51
- Minderung § 311 61
- Minderung der Gegenleistung § 311 33
- normales Verhandlungsvertrauen § 311 65
- öffentliche Ausschreibung § 311 54
- persönliche Verhältnisse einer Partei § 311 45
- Probefahrt § 311 39
- Sachwalterhaftung § 311 63
- Schäden unabhängig vom Vertragsschluss § 311 36 ff
- Schadensersatz § 311 40, 47
- Verdrängung durch den verbraucherschützenden Widerruf § 311 55
- Verhalten einer Partei § 311 46
- Verjährung § 311 71
- Vertragsanbahnung § 311 37
- Vertragsaufhebung § 311 61
- Vertrauen für sich selbst § 311 64
- Vertretenmüssen § 311 62
- Vorrang der Mängelhaftung § 311 58 ff
- vorsätzlich falsche Information § 311 59
- Zurechenbarkeit § 311 43

CISG Art 34 21; vor § 145 61; vor § 241 14; § 286 23
- Vertragsschluss vor § 145 46

CMR Art 28 2, 31 ff
Computerfax § 126 2
Computersoftware
- Hauptpflichten im Werkvertrag vor § 631 25

Croupier § 611 22
culpa in contrahendo § 280 64

D
Dachboden § 1361 b 4
Darlegungs- und Beweislast § 1361 5, 14, 22; § 1584 5
Darlegungslast
- Diskriminierung § 611 a 2
- sekundäre ~ § 1600 e 77

Darlehen Art 29 12; Art 34 8; § 288 4; § 780 8
- bei erlaubtem Spiel-/Wettvertrag § 763 12
- bei nicht erlaubtem/erlaubnispflichtigem Spiel-/Wettvertrag § 762 19, 29
- Verbraucherkredit Art 29 12; Art 34 13

Darlehensansprüche § 1376 9
Darlehensvermittlungsvertrag
- Anwendungsbereich § 655 a 2, 3
- Auslagen § 655 d 1, 2
- Form § 655 b 1, 2
- Nebenentgelte § 655 d 1, 2
- Rechtsnatur § 655 a 1
- Vergütung § 655 c 1 – 5
- Vertragsgegenstand § 655 a 1
- Vertragspartner § 655 a 1

Darlehensvertrag
- Abschnittsfinanzierung § 488 8
- Annuitätendarlehen § 488 8

– Anschaffungsdarlehen § 488 7
– Bereitstellungszinsen § 488 4
– Beweislast § 488 6
– Brauereidarlehen (Bierbezugsvertrag) § 488 1; § 505 7
– Dauerschuldverhältnis § 488 1
– Disagio (Damnum) § 488 3
– Festkredit § 488 10
– Forwarddarlehen § 488 4
– Gelddarlehen § 488 1
– Konsensualvertrag § 488 1
– Kontokorrentkredit § 488 9
– Krediteröffnungsvertrag § 488 9
– Kündigung § 488 5
– Nichtabnahmeentschädigung § 488 1; § 490 5
– Rahmenvertrag § 488 9; § 492 2; § 493 1 ff; § 494 4; § 495 4
– Ratenkredit § 488 7
– Realvertrag § 488 1
– Schuldnermehrheit § 488 1
– Verbundene Verträge § 488 7
– Vereinbarungsdarlehen § 488 1
– Wertsicherungsklauseln § 488 5
– Zinsbegriff § 488 3
– Zinscaps § 488 3
Datenschutz § 12 30, 54
DatenschutzRL § 242 2
Datum-Theorie Art 34 21
Dauer
– der Ehe § 1574 9
– der Schadensberechnung vor § 249 11 ff
– der Trennung § 1361 9
Dauernde Leistungsunfähigkeit
– krankheitsbedingte ~ § 620 70
Dauerschuldverhältnis § 241 29 – 31; § 242 45, 51; § 281 7; § 314 4 ff
– Beschränkung der Rückabwicklung § 241 31
– formularmäßige Laufzeitklausel, AGB § 309 75 – 86
– Kündigung § 241 31
– Rücktritt § 241 31
Dauerwohn- und Dauernutzungsrechte § 535 8
Dauerzustand § 626 13
DDR Art 15 19; Art 19 21; Art 20 6; § 1297 21; § 1589 7
– Eheschließung in der ~ vor § 1363 3
– Güterrecht der ~ § 1409 2
DDR-Recht § 2100 71 ff
Deckung des Bedarfs der Familie § 1360 8
Deckungsgeschäft § 280 29
– Vorteilsausgleichung § 249 83
Deklaratorische Bedeutung s. Internationales Gesellschaftsrecht
– Staatsverträge Art 27 39
Deliktische Haftung § 2025 4
Deliktische Verkehrspflichten § 280 14
Delikts- und Unterhaltsansprüche § 843 15, 16
Deliktsanspruch § 249 75

Deliktsfähigkeit s. Verschuldensfähigkeit; § 1 6; § 2 1
Delikthaftung vor § 823 9 ff
– Aufopferungshaftung vor § 823 12
– Gefährdungshaftung vor § 823 11
– Haftungsbeschränkungen vor § 823 16 f
– Verschuldenshaftung vor § 823 10
Deliktsrecht s. Kauf § 242 31; § 276 2
– Europäisches Deliktsrecht vor § 823 27 ff
– Funktionen des Deliktsrechts vor § 823 2 ff, 18
– Sonderdeliktsrecht vor § 823 26
– Verfahrensrecht vor § 823 30 ff
Deliktstatbestand § 823 4; vor § 823 6 ff
delivery order s. Lieferschein
Demonstrationen § 823 157
Dereliktion § 928; § 1367 1
– Aneignung § 928 6
– Eigenbesitz § 900 2; § 927 2
– Verzicht § 928 3
– Wirkung § 928 5
Detektiv § 611 15
Devisen
– Kaufpreis § 433 24
– Kaufsache § 433 10
Devisenrecht Art 34 6, 23; § 244; § 245 13
Dialer § 241 a 6
Diebstahl § 620 58; § 626 7; § 985 2; § 992 3
Dienstbarkeiten s. Grunddienstbarkeit, Nießbrauch
Dienstbezüge
– überzahlte ~ § 780 6
Dienste
– entgangene ~ § 845 0
– höherer Art § 627 1
Diensteanbieter § 120 3
Dienstleistung Art 29 10, 14; § 275 25; § 280 19; § 285 2; § 611 4
– Begriff § 612 2
– Verzicht § 615 10
Dienstleistungsfreiheit, Spiel § 762 10
Dienstleistungskredite § 499 2, 6
Dienstleistungspflicht des Kindes § 1619
Dienstverhältnis
– Beendigung § 620 1, 2
– dauerhaftes ~ § 627 1
– dauerndes ~ § 629 2; § 630 1
– des Minderjährigen § 113
– freies ~ § 611 17
– öffentlich-rechtliches ~ § 611 1, 10
Dienstverschaffungsvertrag § 611 8, 99
Dienstvertrag § 611 1 ff
– Abgrenzung Auftrag § 612 1
– Aufhebung § 625 1, 2
– Verlängerung § 625 1 ff
Dienstwagen § 611 70
Dienstwohnung § 611 70
Differenzhypothese § 249 4
Differenzierung § 1569 5

Differenzmethode § 325 3; § 1573 14
diligentia quam in suis § 708 1
Dingliche Ansprüche § 280 44
Dingliche Aufteilung § 2048 8
Dingliche Rechte
– beschränkte ~ § 823 60 ff
Dingliche Sicherung § 1990 12; § 2019 2
Dingliche Surrogation § 1978 8; § 2019 2; § 2041 2; § 2042 42
Dingliche Übertragung § 2059 7
Dinglicher Herausgabeanspruch § 2020 2; § 2023 1
Dinglicher Vollzug § 2042 31
Dingliches Nutzungsrecht § 1969 1
Dingliches Vollrecht § 985 3
Direktionsrecht
– Arbeitgeber § 611 66; § 620 72, 79
Direktionsrecht des Arbeitgebers § 275 26
Direktkondiktion § 812 82, 94, 99
Direktversicherung § 1372 7; vor § 1577 46
Direktversicherungsrecht
– internationales ~ Art 37 13 f
Disagio § 248 2; § 488 3; § 498 10
Diskontsatz § 247 1
Diskriminierung § 242 16; § 311 13
– Begriff § 611 a 1, 2
Diskriminierungsverbot vor § 145 22 ff; § 611 105; § 612 a 2 ff; § 1004 8
Dispositives Recht § 242 23
Dissens § 119 14
– falsa demonstratio § 155 3
– offener ~ § 154 2 ff
– Schadensersatz § 155 11
– über essentialia negotii
– versteckter ~ § 155
Distanzdelikt Art 40 9, 11
– bestimmungsgemäßer Gebrauch § 823 51 ff
– Nutzungs- und Ausschlussfunktion § 823 31
– Sachentzug § 823 54
– Software s. dort
– Stromversorgung s. dort
– Substanzverletzung § 823 35 ff
DNS (engl.: DNA)-Analyse § 1600 e 44
DNS-Polymorphismen § 1600 e 44
Dogma vom Gläubigerinteresse vor § 328 3
Dolmetscher § 286 3
dolo agit qui petit quod statim redditurus est § 242 40
Doppelberücksichtigung
– Verbot der ~ § 1372 20
Doppelehe § 1306
Doppelkondiktion Art 38 9; § 812 81, 90; § 816 16
Doppelmangel § 812 87, 90; § 816 16
Doppelname § 1355 5
– unechter ~ § 1355 4
Doppelrelevante Tatsachen § 626 7
Doppelte Bösgläubigkeit § 991 5
Doppelte Kausalität § 628 9

Doppelte Vaterschaft § 1600 d 31
Doppelverdienerehe § 1360 13
Doppelvermietung § 535 50 f
Dozent § 611 23
Draufgabe § 336; § 337; § 338
Drei-Jahres-Zeitraum vor § 1577 4
Drei-Monats-Akzept § 496 3
Dreimonatige Wartefrist § 1965 5
Dreimonatseinrede § 1963 3; § 2014 1, 5; § 2017 1, 2
Dreimonatsfrist § 1965 2; § 1970 3; § 2032 22
Dreißigster § 1972 1
– nach § 1969 § 1963 7; § 1969 1
Dringlichkeit § 1959 7
Drittansprüche § 705 31
Dritte
– Bestimmung durch ~ § 2100 41; § 2106 2
Drittmittel § 558 23 f; § 559 a 2 ff
Drittschaden § 249 90 ff
Drittschadensliquidation § 249 93
– bei der mittelbaren Stellvertretung § 164 3
– mittelbare Stellvertretung § 249 96
– Obhutsverhältnisse § 249 98
– obligatorische Gefahrentlastung § 249 99
– Rechtsfolgen § 249 101
– Treuhandverhältnisse § 249 97
– Vereinbarung § 249 94
Drittverhältnisse § 725 1; § 733 3
Drittwiderspruchsklage § 551 20; § 985 22; § 1365 13; § 1368 7; § 2020 2; § 2044 16
Drittwirkung § 2035 6
DRK-Schwester § 611 23
Drohende Zahlungsunfähigkeit § 1975 12
Drohende Zahlungsunfäigkeit § 1980 5
Drohung § 123 30
– widerrechtliche ~ §§ 2078, 2079 7; § 2079 7
Druckkündigung § 620 34; § 626 5, 10
Druckwerk
– Kaufsache § 433 10
Dual use Art 29 3; Art 34 6
Duldung
– der Abtrennung § 997 3
– der Zwangsvollstreckung § 1973 13 f
– von Erhaltungs- und Modernisierungsmaßnahmen § 554
Duldungs- und Anscheinsvollmacht s. Rechtsscheinvollmacht
Duldungspflicht § 554 4 ff; § 1004 8
Duldungsurteil § 2008 11
Düngung § 998 2
Durchführung der Ausgleichung § 2055 2
Durchgriff § 790 4
Durchgriffskondiktion § 358 15
Durchsetzungssperre § 730 6; § 733 4
Dürftiger Nachlass § 1990 2
Dürftigkeit § 1991 8, 12

Dürftigkeitseinrede § 1975 5; § 1978 11; § 1982 5; § 1990 2, 20; § 1991 5; § 2059 2
Düsseldorfer Tabelle vor § 1601 10
Dynamisierung von Unterhalt § 1612 a 3

E
E-Mailverkehr
– privat § 626 7
Ebay vor § 145 50 ff
EBV
– im IPR Art 43 13
ec-Karte § 676 h 4; § 807 1
EDV
– AGB für Vertrag § 309 82
– Software vor § 631 1
Effektiver Jahreszins § 492 8 f; § 494 10; § 502 3, 10
Effet utile
– im Internationalen Schuldvertragsrecht Art 35 2; Art 36 3, 9
EG-Richtlinien vor § 312 1
EG-Schuldvertragsrechtsübereinkommen s. EVÜ
Ehe
– Ausgleichsanspruch bei Gesamtschuld § 426 9
– Begriff der ~ § 1357 3; § 1564 1
– Besitz unter Ehegatten § 854 17
– räumlich gegenständlicher Bereich der ~ § 1353 22
– Scheitern der ~ § 1565 2 – 4
– Vermutung für das Scheitern der ~ § 1566 1 – 3
– von langer Dauer § 1582 4
Eheangemessener Bedarf § 1581 5
Eheangemessenheit § 1572 5
Eheaufhebungsstatut Art 13 15 ff
Eheauflösung s. Aufhebung
– Erbrecht § 2077
Ehebedingtheit § 1572 3
Ehebruchskinder § 1576 9
Ehedauer § 1573 22
Ehefähigkeit § 2 3; § 1304
Ehefähigkeitszeugnis § 1309
Ehegatten § 1566 3
– mit gemeinsamen Namen § 1355 3
– ohne gemeinsamen Namen § 1355 2
Ehegatten-GbR § 705 42, 43, 45
Ehegatteninnengesellschaft § 1356 8; vor § 1363 1
Ehegattenschutzklausel § 1568 6
Ehegattentestament § 2052 4; § 2069 3 f
Ehegattenunterhalt vor § 1577 2
Ehehindernis § 1308; § 1309 16
Eheliche Lebensgemeinschaft § 1353 1 – 3
– Nichtbestehen der ~ § 1565 2
– Verpflichtung zur ~ § 1353 4 – 6
– Wiederherstellung der ~ § 1565 7
Eheliche Lebensverhältnisse § 1361 11; § 1577 15
Eheliche Solidarität § 1569 1
Ehelichkeitserklärung § 2053 6
Ehemündigkeit § 1303; § 1314 3

Ehename § 1355; § 1355 1 – 3
– Eltern mit ~ § 1616
– Eltern ohne ~ § 1617
Ehenichtigkeit vor § 1313 2
Ehescheidung § 1564 1 – 3
Ehescheidung - Eheauflösung
– Unterschiede vor § 1313 3
Eheschließung § 1310; § 1311; § 1360 7; § 2053 6
– Adoption § 1760 8
Eheschließungsirrtum § 1314 36
Eheschließungsstatut Art 13
Eheverbot § 1306; § 1307
– Verstoß § 1314 14
Ehevermittlung § 656; § 780 14
– Anwendungsbereich § 656 1, 2
– Ehemaklerdienstvertrag § 656 2
– Ehemaklervertrag § 656 1
– Finanzierung von ~ § 656 5, 6
– Partnervermittlung § 656 7, 8
– Rechtsfolgen § 656 3, 4
Ehevertrag § 1408 1 – 3 § 1410 2
– beschränkt Geschäftsfähiger § 1411 2
– Form § 1410 1 – 3
– Genehmigung durch das Vormundschaftsgericht § 1411 5
– Geschäftsunfähiger § 1411 8
– Grenzen der Regelungsbefugnis § 1408 13
– Sittenwidrigkeit § 1408 14
Ehewirksamkeitsstatut Art 13 9 f, 14
Ehewirkungsstatut Art 14
Ehewohnung § 1361 b 4 – 6 § 1369 3
– Auslandsbezug Art 17 a
– bei Getrenntleben § 1361 b 1 – 3
Ehre § 12 28; § 626 7
Ehrenamt § 616 2
Ehrenschutz § 12 45
Ehrverletzung § 626 8
Eidesstattliche Versicherung § 1973 9; § 1978 3; § 1990 20; § 2006 1; § 2008 10; § 2009 4; § 2010 4; § 2011 4; § 2012 5; § 2027 14; § 2050 27; § 2063 2; § 2127 5; § 2130 10
Eigenart
– der Arbeitsleistung § 620 22
– der Tätigkeit § 611 18
Eigenbedarf § 242 41; § 573 17 ff
Eigenbesitz § 900 2; § 927 2
– Begriff § 871 2
Eigenes rechtsschutzwürdiges Interesse § 1981 14
Eigengenutztes Wohnhaus § 249 39
Eigengläubiger § 1970 6; § 1990 13
Eigengrenzüberbau § 912 33 f
Eigengruppe § 611 102
Eigenmächtige Änderung der Nutzung § 1361 b 44
Eigenmittel § 2022 4, 5
Eigennutzung § 987 5
Eigenschaft
– zugesicherte ~ im Reisevertrag § 651 c 7

Eigenschaftsirrtum § 119 33 – 35
Eigenschulden § 1967 10
Eigentum § 823 24, 31 ff; § 985 28; § 1004 5
– an getrennten Erzeugnissen § 953
– an Schuldurkunden § 952
– Aufgabe § 959
– Beeinträchtigung § 823 32 ff, 35 ff
– bestimmungsgemäßer Gebrauch § 823 51 ff
– Erwerb vom Nichtberechtigten § 932 1 – 3
– Nutzungs- und Ausschlussfunktion § 823 31
– Sachentzug § 823 54
– Software s. dort
– Stromversorgung s. dort
– Substanzverletzung § 823 35 ff
– Übertragung bei beweglichen Sachen § 929 1
Eigentümer § 987 6
Eigentümer-Besitzer-Verhältnis § 280 44; § 292 5; § 2020 2
– und Bereicherungsausgleich § 812 39, 71; § 816 2, 3; § 818 39
Eigentümerbefugnisse § 903 2
Eigentümergesamthypothek § 1172 1 f
Eigentümergrundschuld § 1163 1 ff; § 1177 1; § 1196 1 ff; § 1976 7; § 2113 22
– für Kosten § 1178 1
– Löschungsanspruch § 1196 5
– mehrere Eigentümer § 1197 4
– Zinsen § 1197 1 ff
Eigentümerhypothek § 1163 1 ff; § 1177 2
Eigentümerklage § 2022 14
Eigentümerteilhypothek § 1176 1
Eigentümerwechsel § 535 112
Eigentumsarten § 903 8 ff
Eigentumsbeschränkung § 903 20 ff
Eigentumserwerb
– der Gemeinde § 976
– durch Fund § 973; § 974
– durch Verarbeitung § 950
– durch Verbindung § 946; § 947
– durch Vermischung § 948
– Schatz § 984
Eigentumserwerb an Grundstücken § 900 2; § 925; § 927 5
– Erstreckung auf Zubehör § 926
Eigentumsinhalt § 903 2; §§ 906 1 ff
Eigentumsübertragung § 1973 13
Eigentumsumschreibung § 2032 34
Eigentumsverlust
– aufgedrängte Bereicherung § 951 11
– Bienenschwarm § 961
– Entschädigung § 951
– Insolvenz § 951 2
– Leistungsverhältnis § 951 4
– Mehrpersonenverhältnis § 951 4 – 7
– Schadensersatz § 951 12
– Vergütungsanspruch § 951 8 – 10
– Verwendungsersatz § 951 12
– Wegnahmerechte § 951 12

Eigentumsvermutung § 1011 4; § 1362 1 – 3 § 2018 22
Eigentumsvorbehalt § 449 29 ff
– AGB § 150 6; § 929 18
– AGB, Kollision § 449 12
– Anwartschaftsrecht
– Doppelpfändung § 929 33
– Drittvorbehalt s. Konzernvorbehalt
– einfacher ~ § 929 15, 26
– Einziehungsermächtigung beim verlängerten ~ s. Ermächtigung
– Erlassvertrag § 397 6
– Erlöschen § 449 34
– erweiterter ~ § 449 12, 32; § 929 28
– Factoring s. echtes Factoring s. unechtes Factoring
– Formen und Erweiterungen § 929 26 – 28
– gesetzliche Regelung § 929 16
– Globalzession § 449 27
– Insolvenz § 158 27; § 929 33
– Kontokorrentvorbehalt § 449 29 f
– Konzernvorbehalt § 449 29, 31
– nachgeschalteter ~ § 929 29
– Rechtsmangel § 449 6
– Rechtsstellung des Käufers § 929 21
– Rechtsstellung des Verkäufers § 929 20
– uneigentlicher ~ § 929 32
– Verarbeitungsklauseln § 449 28
– Vereinbarung § 449 7 ff
– Verjährung Kaufpreisforderung § 449 14
– verlängerter ~ § 449 12, 21 ff, 32; § 929 27
– vertragliche Vereinbarung § 929 17
– vertragsgemäßer ~ § 449 8, 11
– vertragswidriger ~ § 449 10
– Weitergabe an Dritte § 929 29
– weitergeleiteter ~ § 449 33; § 929 29
– Weiterveräußerungsermächtigung beim verlängerten ~ s. Weiterveräußerungsermächtigung
– Zwangsvollstreckung § 929 33
Eigentumswohnung § 535 95
Eigenübliche Sorgfalt § 276 19; § 277 1; § 346 18
– Anwendungsfälle § 277 1
– diligentia quam in suis § 277 2
– grobe Fahrlässigkeit § 276 19
– Rücktritt § 277 1
Eigenverantwortlichkeit § 1571 3
Eigenverbindlichkeit § 1958 6; § 1967 12; § 2036 1; § 2038 13; § 2061 8
Eigenvermögen § 1958 1, 4; § 1973 5; § 1975 1, 4; § 1976 1; § 1977 1, 4; § 1979 8; § 1981 4, 5; § 1984 9, 12; § 1985 27; § 1989 5, 7; § 1990 2, 16, 20; § 1991 1, 5, 12; § 2013 1; § 2032 43; § 2046 2; § 2058 5, 6; § 2059 3, 8; § 2060 1; § 2063 4
Einarbeitungszeit
– Angemessenheit § 620 79
Einbauküchen § 1361 a 8
Einbehalt § 641
– Mangel ~ § 641 9, 10, 11, 13
– Sicherungs~ § 641 15 f

Einbenennung § 1618
– additive ~ § 1618 29
– bei Alleinsorge des nicht Verheirateten § 1618 14
– bei gemeinsamer Sorge § 1618 35
– bei Stiefkindern § 1618 3
– bei Wiederheirat § 1618 5
– Verfahrensrecht § 1618 15
Einbenennungsvoraussetzungen § 1618 2
Einbeziehungsvereinbarung
– bei AGB § 305 17 – 46
Einbringung bei Gastwirten § 701
– Aufbewahrung § 702 5
– Beherbergungsgewerbe § 701 5
– Einbringen § 701 10
– eingebrachte Sachen § 701 7 ff
– Erlöschen § 703
– Fahrzeuge § 701 13
– Freizeichnungserklärung § 702 a 2
– Gast § 701 6
– Gastwirt § 701 4
– gesetzliches Schuldverhältnis § 701 1
– Haftungsausschluss § 701 12
– Haftungsfreizeichnung § 702 a
– Kostbarkeiten § 702 2
– Leute des Gastwirts § 701 11
– Pfandrecht § 704
– Schadensanzeige § 703
– Schank- und Speisewirtschaft § 701
– Sorgfaltsanforderungen § 702 4
– summenmäßige Haftungsbeschränkung § 702 2
– Tiere § 701 13
– unbeschränkte Haftung § 702 4 ff
– verschuldensabhängige Haftung § 701 2
– verschuldensunabhängige Haftung § 700 1
– Wertsachen § 702 2, 6
Einfache Beschwerde § 1981 9, 19; § 1982 6; § 1988 5; § 2006 10; § 2062 5
Einfache Nachfolgeklausel § 2032 20
Einfache Streitgenossen § 2032 37
Einfirmenhandelsvertreter § 611 28; § 630 1
Eingetragene Lebenspartner § 1969 2
Eingetragene Lebenspartnerschaft-GbR § 705 45
Eingliederung
– in Betriebsorganisation § 611 18
Eingriff
– enteignungsgleicher, enteignender § 839 6
Eingriffskondiktion s. auch Nichtleistungskondiktion § 812 56; § 812 57, 58
– Deliktstatut Art 38 7
– Eingriff § 812 58 – 60
– Immaterialgüterrechte § 812 62
– Kollisionsrecht Art 38 7, 8
– Mehrpersonenverhältnisse § 812 76 – 78 § 813 4
– Nutzungs- und Verwertungsmöglichkeit § 812 62
– ohne Rechtsgrund § 812 64, 65
– Rechtswidrigkeitstheorie § 812 60
– Subsidiarität § 812 24, 54, 80
– Zuweisungsgehalt § 812 61 – 63
– Zwangsvollstreckung § 812 65

Eingriffsnormen Art 34 1 ff
– Interessenidentität Art 34 18
Eingriffsort Art 38 7
Eingruppierungsklage § 291 4
Einheitlicher Anspruch § 1569 5
Einheitshypothek § 1113 19
Einheitspreisvertrag § 632 10
Einheitsstatut Art 31 1 ff
– Anwendungsbereich Art 31 2
– CISG Art 31 2
– kaufmännisches Bestätigungsschreiben Art 31 2
– Wirksamkeit Art 31 5
– Zustandekommen Art 31 4
Einheitstheorie § 812 14
Einigung § 873 11
– Bindung § 873 24
– Übereinstimmung mit Eintragung § 873 19
Einigung zur Übereignung beweglicher Sachen § 929 4 – 6
– Form § 929 5
– Mängel § 929 8
– Widerruf § 929 9
– Zeitpunkt § 929 7
Einigungsstelle § 620 96
Einkommen, laufendes § 1365 6
Einkommensbegriff vor § 1577 2
Einkommensdifferenzen § 1573 12
Einkommensquellen § 1581 4
Einkommensteuer vor § 1577 16
Einkommensteuerbescheid § 1984 2
Einkommensteuerforderungen § 1967 2
Einkommensverhältnisse § 1361 14; § 1381 14
Einkommenszeitraum vor § 1577 3
Einkünfte vor § 1577 13
– zu den zu rechnen § 1374 26
Einlagen § 705 17, 34; § 706 2; § 722 2; § 733 1 – 9 § 734 2, 4; § 735 1; § 738 2; § 739 1
Einleitung eines Verbraucherinsolvenzverfahrens vor § 1577 50
Einliegerwohnraum § 573 a 10
Einnahmen vor § 1577 21
Einrede § 273 18; § 275 24; § 1970 12; § 1978 7; § 2045 1; § 2058 7
– der Anfechtbarkeit § 2083 1
– der Arglist § 1991 5
– der Überschwerung § 1985 20
– der Verjährung § 1960 28; § 1977 13
Einrede des nicht erfüllten Vertrages § 320
– Arbeitsvertrag § 320 22
– Ausschluss von Schuldnerverzug § 320 14
– beständige und unbeständige ~ § 320 4
– Dauerlieferungsverträge § 320 19
– Dienstvertrag § 320 21
– Gegenseitigkeit der Forderungen § 320 2
– Geltendmachung § 320 12
– Gläubigerverzug § 320 11 b
– Kauf § 320 18
– Klauseln § 320 5

– Mehrheit von Gläubigern § 320 15 f
– Miete § 320 20
– nicht wieder gutzumachender Schaden § 320 10
– Sukzessivlieferungsverträge § 320 19
– Unverhältnismäßigkeit § 320 9
– Verjährung § 320 8
– Vorleistungspflicht § 320 4
– Wechsel oder Scheck § 320 17
– Werkvertrag § 320 23
– Wirksamkeit der Gegenforderung § 320 8
Einredeberechtigte § 1990 8
Einreden § 536 a 8
Einrichtung § 258 2; § 539 11
Einsatz des Vermögensstammes § 1581 10
Einsatzzeitpunkt § 1569 3; § 1570 1; § 1572 2; § 1573 15
Einschaltung § 254 30
Einschränkung des vertragsgemäßen Gebrauchs § 543 10
Einschreiben § 130 13, 28
Einseitige Rechtsgeschäfte § 1367 1
Einseitige, empfangsbedürftige Rechtsgeschäfte § 1959 10
Einsicht § 1960 17; § 2010 1
Einsichtsberechtigte § 2010 2
Einsichtsfähigkeit § 823 6
Einsichtsrecht in Urkunden § 810 1 ff
Einstellung des Insolvenzverfahrens § 1989 3
Einstellungsfragebogen § 611 50
Einstimmigkeitsprinzip § 709 9, 19; § 710 2
Einstweilige Anordnung § 286 14; § 1360 a 22; § 1361 b 40; § 1569 8; § 1585 b 3
Einstweilige Verfügung § 888 2; § 1958 6; § 1960 10; § 1969 4; § 1990 12; § 2016 3; § 2018 28; § 2039 19
– Beschäftigung § 611 93
– Betriebsänderung § 620 96
– Freistellung § 629 3
– Vergütungszahlung § 611 79
Einstweiliger Rechtsschutz § 1963 10; § 1971 4; § 2039 23
Eintragung § 873 15 ff
– einer Vormerkung s. dort
– eines Widerspruchs § 899 7; § 2022 9
Eintragungsantrag § 1560 1
Eintragungsbewilligung § 873 7; § 874
Eintragungsfähigkeit vor § 1558 3
Eintritt
– des Partners § 563 6 ff
– eines anderen (Zwischen-)Mieters § 565 9
– in den Güterstand § 1374 5
– von Haushaltsangehörigen § 563 12
Eintrittskarte § 807 4
Eintrittsklausel § 727 5, 10
Eintrittsrecht
– bei Tod des Mieters § 563
– Kauf § 463 15; § 469 2
Einverständliche Scheidung § 1566 3 – 5

Einwand mangelnder Leistungsfähigkeit vor § 1577 5
Einwendungen § 536 a 8; § 556 44; § 1361 5; § 1581 2; § 1973 6; § 2039 20
– bei Abtretung § 404 2
– des Schuldners § 334
– Schuldübernahme § 417
– und Einreden § 1569 7
Einwendungsausschluss § 556
Einwendungsdurchgriff § 358 2; § 359
– abschließende Regelung § 359 18
– arglistige Täuschung oder widerrechtliche Drohung § 359 11
– Aufrechnung § 359 8
– Ausnahmen § 359 12 ff
– Bagatellverträge § 359 12
– Belehrung § 359 19
– Identität von Darlehensgeber und Unternehmer § 359 14
– Leistungsverweigerungsrecht § 359 4 ff
– Mängelhaftung bei Kauf- und Werkvertrag § 359 5
– Nacherfüllung § 359 6
– nachträglich vereinbarte Änderung § 359 13
– Nicht- oder Schlechtleistung § 359 8
– Nichtzustandekommen des anderen Vertrages § 359 10
– Rechtsfolge § 359 17
– Wertpapiergeschäfte und Ähnliches § 359 15
Einwendungsverzicht
– Bürgschaft § 496 1
– Erklärung, einseitige § 496 2
– Schuldanerkenntnis § 496 1
Einwilligung § 107; § 131 6; § 182; § 183; § 1365 17 – 19 § 2046 8
– Anfechtung s. Anfechtung einer Zustimmung
– bei der Verfügung eines Nichtberechtigten § 185 6 ff
– bei zustimmungsbedürftigen Rechtsgeschäften § 182
– dingliche Belastungen § 107 10
– einseitige Rechtsgeschäfte § 111
– Erlöschen § 183
– Ersetzung § 1760 17
– Form der ~ § 1367 2
– generelle ~ § 107 3
– in ärztlichen Heileingriff beim Kind § 1629 6
– öffentliche Lasten § 107 9
– rechtlich neutrale Geschäfte § 107 8
– schuldrechtliche Belastungen § 107 11
– spezielle § 107 2
– Terminologie § 182 1
– unwiderrufliche ~, Ausnahme § 1760 19
– Widerruf s. Widerruf § 1760 11
– zur Adoption § 1760 14
– Zurückweisungsrecht bei einseitigen Rechtsgeschäften § 182 6
Einwirkung §§ 906 6 ff
– Beispiele §§ 906 6 ff
– Duldungspflicht §§ 906 11 ff

– ideelle ~ §§ 906 4
– negative ~ §§ 906 4
– ortsübliche ~ §§ 906 23 ff
– wesentliche ~ §§ 906 17 ff
Einzelfallbetrachtung § 1577 12
Einzelkaufmännisches Unternehmen § 2032 22; § 2112 7
Einzeltheorie § 1365 5
Einziehung § 2040 6; § 2042 39
– des Erbscheins § 2361 8
Einziehungsermächtigung s. Ermächtigung § 398 19
Eisenbahnunfälle
– Anknüpfung Art 40 18
– COTIF Art 40 18
Eispende
– Mutterschaft § 1591 2
Elektronische Form § 125 9; § 126 17; § 126 a 1 – 3 § 620 40; § 623 1, 4
– Zeugnis § 630 2
Elektronischer Geschäftsverkehr § 312 e
– Begriff § 312 e 3 f
– Bestätigung § 312 e 7
– individuelle Kommunikation § 312 e 10
– Informationspflichten § 312 e 6 ff
– Irrtumsanfechtung § 312 e 14
– Korrekturmöglichkeiten § 312 e 5
– Schadensersatzansprüche § 312 e 13
– Speicherung § 312 e 8
– Widerrufsfrist § 312 e 12
Elementarunterhalt § 1361 13
Elterliche Sorge
– Abänderung § 1696
– Absolutes Recht § 1626 5
– Alleinentscheidungsbefugnis § 1687 5 ff
– Alleinvertretungsrecht § 1629 7 f
– Alltagsangelegenheiten § 1687 5 ff
– Angelegenheiten von erheblicher Bedeutung § 1628; § 1687 3 ff
– Anordnung von Vormundschaft oder Pflegschaft § 1697
– Aufenthaltsbestimmungsrecht § 1666 35 ff
– Auskunftsrecht § 1686
– Ausübung § 1627
– Ausübung der gemeinsamen Sorge bei Getrenntleben § 1687
– Beendigung § 1626 9; § 1677; § 1680
– bei Familienpflege § 1630
– bei Getrenntleben § 1671
– bei Getrenntleben und elterlicher Sorge der Mutter § 1672
– bei Pflegerbestellung § 1630; § 1688
– Entscheidungsbefugnis des nicht Sorgeberechtigten § 1687 a
– Entziehung § 1666 35 ff; § 1680
– gerichtliche Entscheidung § 1628
– gesetzliche Prozessstandschaft § 1629 19 ff
– Inhalt § 1626 10 ff

– missbräuchliche Ausübung § 1666 6 f
– Notvertretungsrecht § 1629 9; § 1687 12
– Rechtsnatur § 1626 8
– Regelung bei Auslandsbezug Art 21 13 ff
– Regelungsvoraussetzungen und Möglichkeiten § 1671 1 ff
– Ruhen bei rechtlichem Hindernis § 1673
– Ruhen bei tatsächlichem Hindernis § 1674
– Ruhen, Folgen des § 1678
– Stiefelternteil § 1687 b
– Tod eines Elternteils § 1680
– Todeserklärung eines Elternteils § 1681
– Überprüfung gerichtlicher Maßnahmen § 1696
– Übertragung der Alleinsorge
– unverschuldetes Versagen der Eltern § 1666 9 f
– Verhinderung der Eltern § 1693
– Vernachlässigung des Kindes § 1666 8
– Vertretung in Unterhaltsachen § 1626 16 ff
Eltern-Kind-Verhältnis
– Auslandsbezug Art 21
Elternunterhalt
– Bedarf § 1610 4
– Bedürftigkeit § 1602 3
– Leistungsfähigkeit § 1603 2
– Verwirkung § 1611
Elternzeit § 620 93; § 626 17
Embargo s. Außenwirtschaftsrecht; § 275 8
Embryonenschutzgesetz § 1 18; § 1591 11
Embryonenspende
– Mutterschaft § 1591 3
Empfängerhorizont
– und Bereicherungsausgleich § 812 105, 106, 107
Empfängerirrtum § 119 18
Empfängnisverhütung vor § 145 15
Empfängniszeit § 1600 d 3
Empfangsbedürftige Willenserklärung § 130 1 – 3 § 131 2; § 133 3
– Abgabe § 130 1, 6
– Anwesender § 130 23 – 25
– Auslegung § 133 3
– Geschäftsunfähigkeit des Erklärenden § 130 21
– Kenntnisnahme § 130 8
– Möglichkeit der Kenntnisnahme § 130 10
– nicht verkörperte Erklärung § 130 25
– Tod des Erklärenden § 130 21
– Übermittlungsrisiko § 130 10; § 132 1
– verkörperte Erklärung § 130 24
– Versendungs- und Transportrisiko § 130 8
– Widerruf § 130 20
– Zugang § 130 1, 8
– Zugangsstörungen § 130 26 – 28
– Zustellung § 132 1
Empfangsbestätigung § 1993 3
Empfangsbote § 130 17, 27
Empfangseinrichtungen § 130 28
Empfangsermächtigung s. Ermächtigung; § 328 7
Empfangsvertreter § 130 16
Empfangsvollmacht § 558 a 5
Empfehlung § 675 42 ff

emptio spei § 433 12
Ende des gesetzlichen Güterstandes im Schwebezustand § 1366 3
Ende des Mietverhältnisses § 542
Endgültige Haftungsbeschränkung § 1989 5
Endrenovierungsklausel § 538 10
Endvermögen § 1375 1 – 3 § 1376 5
– überschuldetes ~ § 1375 11
Enger Zusammenhang Art 29 a 4 f
Engere Verbindung Art 40 15, 17; Art 41 3 ff
Engste Verbindung Art 28
– anwendbares Recht Art 28 5
– berufliche Tätigkeit Art 28 14
– charakteristische Leistung Art 28 2, 11 ff
– Einzelfragen Art 28 7
– engere Verbindung Art 28 22
– Ermittlung Art 28 6
– Güterbeförderungsverträge Art 28 17 ff
– Immobilien Art 28 16
– Korrekturen Art 28 12
– Parteiinteressen Art 28 6
– Personenbeförderungsverträge Art 28 17
– Private Tätigkeit Art 28 13
– Prüfungsaufbau Art 28 4
– Rahmenvertrag Art 28 23
– Revisiblität Art 28 9
– Sonderregelungen Art 28 4
– Trennung Art 28 8
– Vermutungen Art 28 10 ff
– Vorfeldverträge Art 28 23
Enkelkinder § 1576 8
Enkelunterhalt § 1607 4 ff
Entbehrlichkeit der Fristsetzung § 281 10 – 12 § 283 1
– Erfüllungsverweigerung § 281 11
– Fixgeschäft § 281 17
– Fixhandelskauf § 281 17
– Generalklausel § 281 16
– Gewicht der Vertragsstörung § 281 10
– Insolvenz § 281 16
– Just-in-time-Vertrag § 281 17
– Lebensgefahr § 281 16
– Risiko § 281 16
– Unmöglichkeit § 281 12
– Unzumutbarkeit § 281 12
– Vertragsstrafe § 281 14
Enteignung
– im IPR Art 43 21
Enterbung § 2051 2; § 2053 2
Entfaltungsschutz § 12 47
Entfristungsklage § 620 28
Entgangener Gewinn § 249 5, 18, 106; § 252
Entgegenstehender Wille § 545 7
Entgeltforderung § 288 4
Entgeltfortzahlung § 252 12
– im Krankheitsfall § 611 73; § 616 1
Entgeltlichkeit § 612 3
Enthaftung § 2032 27

Entlassung § 1960 43; § 1988 7
Entlassungsgeld vor § 1577 7, 11
Entlassungsverfügung § 1960 44
Entlassungsverlangen
– des Betriebsrats § 626 5
Entlastung
– Gesellschaftsorgan § 397 21
– Vereinsorgan § 397 21
Entlastungsbeweis § 831 16 ff; § 832 8 ff
– dezentralisierter § 831 20
Entleiher § 611 99
Entnahmen vor § 1577 13
Entpfändungserklärung § 1175 3
Entreicherung s. Wegfall der Bereicherung
Entschädigung § 611 a 2
– bei Rücktritt vom Reisevertrag § 651 i 5, 6
– bei unterlassener Mitwirkung § 642 7, 8
– des Vermieters bei verspäteter Rückgabe § 546 a
Entschuldbarer Irrtum § 280 17
Entsendegesetz Art 30 4
Entsenderichtlinie Art 30 4
Entsendung
– Arbeitnehmer Art 30 1
– vorübergehende ~ Art 30 9
Entwicklungsleistungen § 611 15
Entziehung § 2041 5
– der Geschäftsführung § 705 22; § 710 1; § 712 1 – 6 § 729 1
– der Vertretungsmacht § 712 4 – 6 § 715 1
Entziehungskur § 620 73
Entzug der elterlichen Sorge § 1666 35 ff
– Verhältnismäßigkeit § 1666 1 ff, 29 ff; § 1666 a
Entzug der Fahrerlaubnis § 626 7
Enumerationsprinzip § 1569 2
Erbauseinandersetzung § 2032 31; § 2057 a 2
Erbauseinandersetzungsvereinbarungen § 2042 4, 41
Erbausgleich § 1967 6
Erbbauberechtigte § 985 3
Erbbauberechtigung § 1963 7
Erbbaurecht § 244; § 245 25
Erbbauzins § 313 27
Erbberechtigung § 1960 1
Erbbiologische Gutachten § 1600 e 46
Erbe als Mieter § 564 3
Erbeinsetzung § 2048 5; § 2087 3 ff; § 2270 3
– auf Bruchteile § 2088 1 ff; § 2092 1 ff
Erben, gesetzliche § 2066 1 ff
Erbenaufgebot § 1965 3
Erbenbesitz § 854 18
– Abhandenkommen § 935 11
Erbenermittler § 1960 27
Erbenermittlung § 1965 1
Erbenfeststellungsklage § 2032 42
Erbengemeinschaft § 1960 29; § 1976 3; § 2032 1, 5
– Nacherben § 2100 32
– Vorerben § 2100 31

Erbenhaftung § 1967 16; § 1981 11; § 1989 1, 4
Erbenprinzip § 854 18
Erbenschulden § 1967 13
Erbensucherfälle § 241 a 9
Erbersatzanspruch § 1967 9; § 1972 1; § 1991 11; § 2014 4; § 2049 2; § 2052 2
Erbersatzanspruchsberechtigte § 1994 6
Erbeserbe § 1998 2; § 2034 5
Erbeserbengemeinschaft § 2032 3
Erbfähigkeit § 2043 4
Erbfallschuld § 1960 38; § 1967 9
Erbfolge
– Nachweis § 2353 1 – 9
Erblasser- und Erbfallschulden § 1958 4
Erblasserschulden § 1967 1, 5 ff, 6, 17; § 1992 7
Erblasserwille § 2051 6; § 2052 3
Erbquoten § 2047 3
Erbrechtliche Lösung § 1371 8 – 10
Erbrechtsfolge
– Adoption § 1760 16
Erbrechtsgleichstellungsgesetz § 1963 2
Erbschaft
– Ausschlagung der ~ § 1367 1 – 25
– Schenkung § 2385 4
– Verfrühungsvorteil § 249 76
– Vorteilsausgleichung § 249 76
Erbschaftsannahme § 1958 1, 12; § 1960 1; § 1978 6; § 1994 5, 9; § 2017 2; § 2033 24
Erbschaftsanspruch § 2031 5; § 2039 5
Erbschaftsbesitzer § 1959 3; § 2004 1; § 2009 2; § 2018 5
Erbschaftskauf § 1975 14; § 2371 ff
– ähnliche Verträge § 2385 1, 2
– Anzeigepflicht § 2384 1
– dem Käufer verbleibende Teile § 2373 1
– dem Käufer zustehende Vorteile § 2372 1
– Einkommensteuer vor § 2371 8
– Erbschaftsteuer vor § 2371 6
– erloschene Rechtsverhältnisse § 2377 1
– Ersatzpflicht des Verkäufers § 2375 1
– Form § 2371 2, 3
– Funktion vor § 2371 1
– Gegenstand vor § 2371 3
– Genehmigungspflicht vor § 2371 5
– Grundstücksteuer vor § 2371 7
– Haftung der Verkäufers § 2376 2
– Haftung des Käufers gegenüber Nachlassgläubigern § 2382 1
– Haftung des Verkäufers § 2376 1
– Herausgabepflicht § 2374 1 – 3
– Nachlassverbindlichkeiten § 2378 1, 2
– Nutzungen und Lasten § 2379 1, 2; § 2380 1
– Rechtsnatur vor § 2371 2
– Schenkungen § 2385 4
– Umfang der Käuferhaftung § 2382 1 – 3
– Verwendungs- und Aufwendungsersatz § 2381 1, 2

Erbschaftskäufer § 1960 41; § 1970 8; § 1981 6; § 2009 2; § 2018 3; § 2036 1
Erbschaftsklage § 2018 23, 27
Erbschaftsteuer § 1960 34; § 1967 9; § 1976 9; § 1986 2; § 2048 28; § 2058 5; § 2100 26; § 2269 11
Erbschaftsteuerlast § 2058 5
Erbschaftsvertrag § 311 b 28
Erbschein § 1960 6, 29, 45; § 1961 6; § 1964 4; § 1981 4; § 2018 20; § 2033 23; §§ 2074, 2075 10; § 2075 10; § 2139 6; § 2353 ff
– Alternativen § 2353 6
– Amtsermittlung § 2358 2
– Anhörung der Betroffenen § 2360 1 – 4
– Antrag § 2353 11
– Antragsberechtigte § 2353 13 – 16
– Antragsinhalt § 2353 12
– Antragszurückweisung § 2353 25
– Auskunftsanspruch des wirklichen Erben § 2362 2
– ausländisches Erbrecht § 2369 3
– Aussetzung § 2353 18
– Beschwerde § 2353 28
– Beschwerdebefugnis § 2353 29 – 33
– Beteiligte § 2360 2
– Beweiserhebung § 2358 6 – 8
– Beweismittel § 2356 3 – 7
– Bindung der Finanzbehörden § 2359 4
– Bindung des Grundbuchamts § 2353 7; § 2368 9
– Bindung des Nachlassgerichts § 2359 2
– Bindung des Prozessgerichts § 2359 3
– Eidesstattliche Versicherung § 2356 5, 6
– einstweiliger Rechtsschutz § 2361 10
– Einziehung § 2361; § 2364 2
– Einziehungsverfahren § 2361 6 – 8
– Erbscheinserteilung § 2353 24
– Ermittlungspflicht des Nachlassgerichts § 2358 3, 4
– Eröffnung einer Verfügung von Todes wegen § 2356 4
– Erteilungsvoraussetzungen § 2359 1
– Feststellung des Erbrechts § 2359 1
– Feststellungslast § 2358 9
– Formen § 2353 5
– Fremdenrechtserbschein § 2369 2
– Fremdenrechtzeugnis § 2368 6
– Funktion § 2353 1
– gegenständlich beschränkter ~ § 2369 1, 2
– gemeinschaftlicher ~ § 2357 2
– gesetzliche Fälle § 2353 7
– Gleichlauftheorie § 2369 1
– Herausgabe- und Auskunftsanspruch des Nacherben § 2363 10
– Herausgabe- und Auskunftsanspruch des Testamentsvollstreckers § 2364 3
– Herausgabeanspruch des wirklichen Erben § 2362 2
– Hinweispflicht § 2358 5; § 2360 1
– Inhalt § 2353 2, 3

– inländische Nachlassgegenstände § 2369 4
– Korrektur § 2353 26; § 2361 5
– Kosten § 2353 27
– Kraftloserklärung § 2361 1, 9
– Leistungen an Erbscheinserben § 2367 2, 3
– Nacherbe § 2363 9
– Nachlassspaltung § 2369 6
– Nachweis durch öffentliche Urkunden § 2356 3
– notwendige Angaben § 2354 1, 2; § 2355 1
– öffentliche Aufforderung § 2358 10
– öffentlicher Glaube § 2366 2 – 5 § 2368 8; § 2370 1
– Richtigkeitsnachweis § 2356 2
– Richtigkeitsvermutung § 2365 2, 3; § 2368 7
– Testamentsvollstrecker § 2364 1
– Testamentsvollstreckerzeugnis § 2368 1, 4
– Todeserklärung § 2370 1
– Umfang der Amtsermittlung § 2358 3, 4
– Unrichtigkeit § 2361 2 – 4
– Vorbescheid § 2353 19 – 23
– Vorerbe § 2363 1 – 8
– Wirkung § 2353 4
– zuständiges Gericht § 2353 10
– Zwischenverfügung § 2353 17

Erbscheinskosten § 2021 5

Erbscheinsverfahren § 1964 9; § 2025 2

Erbstatut § 1970 16; § 1975 10

Erbteil § 2055 10
– gemeinschaftlicher ~ § 2093 1 ff

Erbteilserhöhung § 2007 5; § 2055 10

Erbteilserwerber § 2018 3; § 2038 18; § 2040 8; § 2042 7; § 2050 4; § 2055 5; § 2057 a 8, 9; § 2060 3

Erbteilskauf § 2033 15; § 2035 1

Erbteilskäufer § 2033 21

Erbteilspflegschaft § 1961 2

Erbteilsübertragung § 2033 20; § 2034 35; § 2042 43

Erbteilsverkauf § 2042 15

Erbteilungsklage § 2042 29

Erbteilungsverfahren § 2033 16

Erbunwürdigkeit § 1371 17; § 1960 5; § 2051 2; § 2339 ff
– Anfechtungsberechtigte § 2341 1
– Anfechtungsklage § 2342 1
– Geltendmachung § 2339 2; § 2340 1; § 2342 2; § 2345 1
– Gründe § 2339 3 – 6
– Pflichtteilsunwürdigkeit § 2345 2
– Vermächtnisunwürdigkeit § 2345 1, 2
– Verzeihung § 2343 1
– Wirkung § 2344 1, 2

Erbunwürdigkeitserklärung § 2018 13

Erbvertrag § 2050 23; § 2069 3 f; § 2274 ff
– Abschluss § 2274 1, 2
– amtliche Verwahrung § 2300 1, 2
– Änderungsvorbehalt § 2289 6 – 10
– Anfechtung durch den Erblasser § 2281 1; § 2282 1; § 2283 1

– Anfechtung durch Dritte § 2285 1
– Anfechtungsgründe § 2281 2
– Anwendung von § 2069 § 2280 1
– Anwendung von § 2077 § 2279 2, 3
– Anwendung von § 2338 § 2289 12
– Aufhebung der Gegenverpflichtung § 2295 2, 3
– Aufhebung durch gemeinschaftliches Testament § 2292 1, 2
– Aufhebung durch Testament § 2291 1, 3
– Aufhebung durch Vertrag § 2290 1 – 5
– Auslegung vor § 2274 9
– Ausschlagung des durch Vertrag Zugewendeten § 2298 6
– beeinträchtigende Schenkungen § 2287 4, 5
– Beeinträchtigung des Vermächtnisnehmers § 2288 4
– Beeinträchtigung des Vertragserben § 2285; § 2287
– Beeinträchtigungsabsicht § 2287 8, 9; § 2288 5
– Begriff vor § 2274 1 f
– Beseitigung vor § 2274 4
– besondere amtliche Verwahrung § 2277 1
– Bestätigung § 2284 1, 2
– Beurkundungsverfahren § 2276 2
– Eigeninteresse bei Schenkungen § 2287 8, 9
– Einheitslösung § 2280 1
– einseitige Verfügungen vor § 2274 1; § 2275 6; § 2278 2; § 2299 1
– Eröffnung § 2300 3
– Eröffnungsfrist § 2300 a 2
– familienrechtliche Akte vor § 2274 7; § 2286 2
– Form § 2276 2, 3
– Form des Rücktritts § 2296 2
– gegenseitige Verfügungen von Ehegatten § 2276 3; § 2280 1, 2
– gegenseitiger Erbvertrag vor § 2274 2; § 2298 1
– Geschäftsfähigkeit § 2275 1, 2
– gesetzlicher Vorbehalt § 2289 12
– Herausgabe eines Geschenks § 2287 10
– keine Vertretung bei Rücktritt § 2296 1
– Nachforschungspflicht § 2300 a 4
– nichtige vertragsmäßige Verfügungen § 2298 2
– Nichtigkeit vor § 2274 8
– Rechtsnatur vor § 2274 1
– Rücknahme aus der Verwahrung § 2300 4
– Rücktritt bei Aufhebung der Gegenverpflichtung § 2295 2, 3
– Rücktritt bei Verfehlungen des Bedachten § 2294 2
– Rücktritt bei Vorbehalt § 2293 2 – 5
– Rücktritt durch Testament § 2293 2 – 4
– Rücktritt vom gegenseitigen ~ § 2298 4 – 6 § 2299 3
– Rücktrittsvorbehalt § 2293 3
– Schenkungen § 2287 5, 6
– Steuer vor § 2274 11
– Übergehen eines Pflichtteilsberechtigten § 2281 3
– Umdeutung § 2274 10
– Verbindung § 2276 3
– Verfehlungen des Bedachten § 2294 2
– Verfügung unter Lebenden § 2286 1 – 3

- Verfügungen unter Lebenden vor § 2274 7
- Verfügungen zugunsten Dritter vor § 2274 3; § 2279 2, 3
- Verkündung § 2300 3
- vertragsmäßige Auflagen § 2278 1; § 2279 1
- vertragsmäßige Verfügungen vor § 2274 1; § 2278 1
- vertragsmäßige Zuwendungen § 2278 1; § 2279 1
- Wirkung § 2289 3 – 5
- wirtschaftliche Bedeutung vor § 2274 7

Erbverzicht § 275 10; § 1371 18; § 2051 2; § 2346 ff
- Abfindung § 2346 12 – 14 § 2352 5
- Anfechtung § 2346 15
- Aufhebung § 2351 1, 2
- Auslegung § 2348 2
- Beschränkungsmöglichkeit § 2346 6 – 8
- Erstreckung auf Abkömmlinge § 2349 1, 2
- Form § 2348 1
- Gegenstand § 2346 6 – 8
- Kausalgeschäft § 2346 12 – 14
- persönliche Anforderungen an den Erblasser § 2347 3
- persönliche Anforderungen an den Verzichtenden § 2347 2
- persönliche Voraussetzungen § 2346 3
- Rechtsnatur § 2346 2
- relativer Erbverzicht § 2350 2
- Steuer § 2346 16
- Vertragspartner § 2346 4, 5
- Verzicht auf Zuwendungen § 2352 3, 5
- Verzicht zugunsten eines anderen § 2350 2, 3
- Wirkung § 2346 9 – 11

Ereignis § 2109 6 ff

Erfassungsmängel § 556 a 30

Erfolg
- der Tätigkeit § 611 5, 18
- Gegenstände der Pflicht § 241 11

Erfolgshonorar Art 29 22, Art 34 6

Erfolgsort § 268 2
- Abgrenzung zum Schadensort Art 40 11
- bei Streudelikten Art 40 11
- Mosaikbetrachtung Art 40 11 – 29

Erfolgspflicht § 280 21

Erfolgsunrecht § 276 4

Erforderlichkeit von Aufwendungen § 249 29

Erfüllbarkeit § 271 1

Erfüllung § 241 12; vor § 249 13; vor § 275 9, 29; § 362 1 ff; § 1586 3; § 1959 7
- Abtretung § 364 12
- Akzeptantenwechselverfahren § 364 15
- Annahme als ~ § 363 3
- Annahme an ~s statt § 364 1
- Annahme erfüllungshalber § 364 5
- Anrechnung der Leistung auf mehrere Forderungen § 366 1 ff
- bargeldlose Zahlung § 362 11
- Barzahlung § 362 11
- Beweislast § 363 2
- Empfangszuständigkeit § 362 9
- Gesamtschuld § 422 2; § 429 4
- Hinterlegung § 378 5
- Kosten § 367 1, 5
- Kreditkarte § 364 16
- Lastschrift § 364 13
- Leistung an Dritten § 362 10, 17
- Leistung durch Dritten § 362 8
- Leistung unter Vorbehalt § 362 13
- Leistungsbewirkung, reale § 362 6
- Leistungserfolg § 362 7
- Leistungsmodalitäten § 362 5
- POS-Verfahren § 364 17
- POZ-Verfahren § 364 17
- Quittung § 368 1 ff
- Scheck § 364 14
- Teilleistung § 367 7
- Tilgungsbestimmung § 366 12 ff
- Tilgungsreihenfolge § 366 21 ff
- Tilgungsverrechnung § 367 5
- Verbraucherdarlehen § 367 1
- Vorausleistung § 362 12
- Wechsel § 364 15
- Zinsen § 367 1, 5
- Zwangsvollstreckung § 362 14

Erfüllungsanspruch § 241 3 – 24 § 275 1, 2; vor § 275 2, 3, 10; § 283 2; § 286 1
- Erlöschen § 281 20
- Fristsetzungserfordernis vor § 275 10
- frustrierte Aufwendungen § 284 3
- Leistungspflicht § 275 2
- primärer Rechtsbehelf § 275 1
- Schadensersatz § 280 6; § 281 1
- Schutzpflichten § 241 24
- sonstige Ausschlüsse § 275 29
- Terminologie § 275 2
- Trennung von der Pflicht § 241 23
- Verhältnis zum Schadensersatzanspruch § 280 36
- Vorrang vor § 275 9

Erfüllungsgehilfe § 278 1 – 3 § 2038 17
- Abweichung von Weisungen § 278 15
- Anwendungsbereich § 278 5
- Arbeitnehmer § 278 12, 14
- Arbeitskampf § 278 9
- Begriff § 278 7
- Begründung von Pflichten § 278 4
- bei Gelegenheit § 278 15
- Freizeichnen § 278 6
- Haftungsausschluss durch AGB § 307 31; § 309 39 – 47
- Haftungsentlastung durch Delegation § 278 1, 13
- Haftungserleichterungen § 278 3
- Haftungsverschärfungen § 278 3
- Kardinalpflichten § 278 6
- Leistungsvorbereitung § 278 11
- Leutehaftung § 278 12
- Lieferanten des Werkunternehmers § 278 13
- Notar § 278 14
- Organe § 278 5
- Pauschalreisevertrag § 278 10

– Pflichtenkreis § 278 7
– rechtmäßiger Streik § 278 9
– rechtswidriger Streik § 278 9
– Schuldverhältnis § 278 8
– Schutzpflichten § 278 2
– Substitution § 278 7
– Subunternehmer § 278 14
– übertragene Aufgaben § 278 15
– Überweisung § 278 10
– unabhängiger Dritter § 278 14
– Untätigkeit § 278 8
– Vermittlung § 278 10
– Verschulden § 278 10
– Verschuldensfähigkeit § 278 3
– Vorbereitungsverhandlungen § 278 11
– Zulieferer eines Verkäufers § 278 13
Erfüllungsinteresse § 249 17; § 280 40
Erfüllungsort Art 30 11
– Geldschuld § 244; § 245 13, 14
Erfüllungssurrogate § 267 8
Erfüllungsübernahme § 328 13; § 329; §§ 414, 415 18; § 415 18
Erfüllungsverweigerung § 280 15; § 281 11; § 283 4; § 286 19
– Unmöglichkeit § 281 12
– Unzumutbarkeit § 281 12
Erfüllungswirkung § 267 7
Ergänzende Auslegung § 2084 13 ff
– AGB § 305 c 21 – 23
Ergänzende Vertragsauslegung § 133 25; § 138 6; § 139 20; § 140 2, 11; § 242 23; § 276 36
– hypothetischer Parteiwille § 133 27
– Lückenfüllung § 133 27
– Regelungslücke § 133 26
Ergänzungsansprüche § 1991 11; § 2046 5
Ergänzungspfleger
– Blutentnahme § 1600 e 62
– Feststellungsklage § 1600 d 11
Ergänzungspflegschaft § 1909 1 ff; § 1919 1
Ergänzungsvorbehalt des Erblassers § 2086 1
Ergebnis schwebender Geschäfte § 740 1, 3
Erhaltung § 2038 9
– des Inventars § 582
– des Nachlasses § 1978 6
Erhaltungsaufwendungen § 2038 13
Erhaltungskosten
– andere ~ §§ 2124, 2126 7 ff; § 2125 7 ff; § 2126 7 ff
– gewöhnliche ~ §§ 2124, 2126 1 ff, 5 f; § 2125 1 ff, 5 f; § 2126 1 ff, 5 f; § 2136 5; § 2145 5
Erhaltungsmaßnahme § 2038 11
Erhaltungsrecht § 744 4
Erhebliche Beeinträchtigung
– betrieblicher Interessen § 620 69
Erhebliche Geldleistungen § 2057 a 14
Erhöhung
– der Bruchteile § 2089 1 ff
– der gegenwärtigen Miete § 557 5 ff

– der Vorauszahlungen § 560 15 ff
– des Gebrauchswerts § 559 6
Erhöhungsbetrag § 559 a 2
Erhöhungsgrundsätze § 2035 3
Erhöhungsverlangen § 558 a 2 ff
Erinnerung § 1365 13
Erklärungsbewusstsein § 119 21; § 133 24
Erklärungsbote § 130 18
Erklärungshaftung § 311 42
Erklärungsirrtum § 119 22; §§ 2078, 2079 2; § 2079 2
Erkrankung § 617 1; § 626 7; § 1572 7
– lang anhaltende ~ § 620 69
Erlass § 275 29; § 2046 3
– Gesamtschuld § 423
Erlassfalle § 133 41; §§ 147, 148 2; § 148 2; § 150 8; § 397 15
Erlassvertrag § 257 3; § 397 1 ff; § 619 1
– Abgrenzung § 397 5
– Aufhebung dinglichen Rechts § 397 6
– Beteiligte § 397 9
– Beweislast § 397 4
– Bürgschaft § 397 14
– Deutlichkeitserfordernis § 397 12
– Eigentumsvorbehalt § 397 6
– Erlassfalle § 397 15
– Pactum de non petendo § 397 7
– Rechtsnatur § 397 2
– Teilklage, verdeckte § 397 13
– Verzicht § 397 16
– Verzicht, prozessualer § 397 8
– Zustandekommen § 397 10
Erlaubnis
– des Vermieters für Untervermietung § 540 9
– zur Gebrauchsüberlassung § 540 8
Erlöschen des Schuldverhältnisses § 362 1, 15
– Beweislast § 362 16; § 363 1
– Darlegungslast § 362 16
– Tilgungsverrechnungsklausel § 362 3
– Verrechnungsabrede § 362 2
– Vertragsfreiheit § 362 2
Erlöschen des Vermieterpfandrechts § 562 a
Erlöschen von Grundstücksrechten § 901
Ermächtigung § 185 13 ff
– Abgrenzung zur Stellvertretung § 164 4
– Ausübungsermächtigung § 185 14
– Einziehungsermächtigung § 185 15
– Empfangsermächtigung § 185 5
– Ermächtigungstreuhand s. Treuhand
– Erwerbsermächtigung § 185 16
– Gesamtvertreterermächtigung § 164 65
– Minderjährige § 112 2; § 113 2
– Verfügungsermächtigung § 164 4; § 185 6
– Verpflichtungsermächtigung § 185 17
– Weiterveräußerungsermächtigung s. dort
Ermessen § 1965 8
– des Gerichts § 1965 5
– unternehmerisches ~ § 705 26; § 709 10

Ermittlung der Quote § 538 19
Erneuerungsschein § 801 1; § 803 5; § 805 1 f
Erneute Verlängerung des einmal verlängerten Mietverhältnisses § 574 c 2
Ernte § 998 3
Eröffnung des Insolvenzverfahrens § 1980 8; § 1988 1; § 2015 3
Eröffnung des Nachlassinsolvenzverfahrens § 1960 27; § 1975 15; § 1977 3, 9; § 1978 7
Eröffnung des Testaments § 2260 1; § 2261 1; § 2262 3; § 2273 1
– Abschriftenerteilung von dem eröffneten Testament § 2264 1
– Einsichtnahme in das eröffnete Testament § 2264 1
– erste Eröffnung § 2273 1
– zweite Eröffnung § 2273 9
Eröffnung eines Nachlassinsolvenzverfahrens § 1960 45
Eröffnungsantrag § 1991 2
Eröffnungsfrist § 2263 a 1
Eröffnungsgrund § 1975 12; § 1980 5; § 2058 16
Eröffnungsverbot § 2260 1; § 2263 1, 2
Erpressung § 992 3
Erprobung § 620 23
Ersatz § 1978 9
– von Mehraufwendungen § 293 5
Ersatz neu für alt § 249 86 ff
– aufgedrängter Vermögenszuwachs § 249 89
– Werterhöhung § 249 88
Ersatzansprüche § 1960 38; § 1973 10; § 1977 4; § 1978 4, 6; § 1979 9; § 1980 12; § 1982 2; § 1985 15, 28; § 1990 7; § 1991 5; § 2022 14; § 2023 1
– des Mieters § 548 6
– des Vermieters § 548 5
Ersatzansprüche nach Anfechtung
– Scheinvater gegen Erzeuger § 1599 7
– Scheinvater gegen geschiedene Ehefrau § 1599 15
– Scheinvater gegen Kind § 1599 6
– Scheinvater gegen Sozialstaat § 1599 14
Ersatzberechtigte § 1973 4; § 1980 8
Ersatzbeschaffung § 249 6 f; § 1370 1, 2, 3, 6
Ersatzbeschaffungskosten § 249 8
Ersatzerbe § 2032 9; § 2051 4, 6; § 2053 3; § 2096 1 ff; § 2097 1; § 2098 1 ff; § 2100 20; § 2102 1 ff
Ersatzerben § 1960 49
Ersatzerbenbestellung § 1963 4
Ersatzerbschaft § 1961 7
Ersatzforderung § 1990 12; § 2039 6
Ersatzgut § 2019 5
Ersatzhaftung § 1584 1 – 5
– im Unterhalt § 1607 1 ff
Ersatzlieferung § 263 4
– beim Stückkauf § 263 4
Ersatzmieter § 535 64; § 537 8 ff
Ersatzmieterklausel § 537 10

Ersatzmutter
– Mutterschaft § 1591 4
Ersatzmuttervermittlung § 1591 10
Ersatznacherbe § 2100 28; § 2108 6; § 2120 7; § 2121 2; § 2127 1; § 2142 5
Ersatzpflicht § 1968 4; § 1979 11; § 1980 11; § 2054 5
– bei vorzeitigem Pachtende § 596 a
Ersatzraumbeschaffungspflicht § 574 0 8
Ersatzteile
– bei Kauf § 437 65
Ersatzverlangen § 1360 b 3
Ersatzvorerbe § 2106 5
Ersatzvornahme § 280 29
Ersatzwagen § 249 8 ff
Erschließungsbeiträge
– Kaufvertrag § 436 7
Erschließungskosten § 995 3
Erschöpfung § 1991 10
Erschöpfungseinrede § 1973 2, 7; § 1990 2; § 2013 4
Erschwerniszulage vor § 1577 7
Ersetzung
– Voraussetzungen § 1760 15
Ersetzung der Einwilligung in die Einbenennung § 1618 IV
– befristete Beschwerde § 1618 22
– Erforderlichkeit § 1618 23 ff
– Gegenstandswert § 1618 21
– persönliche Anhörung § 1618 16
– Prozesskostenhilfe § 1618 20
– Rechtsprechung § 1618 27
– Verfahrenspfleger § 1618 19
– Zuständigkeit § 1618 15
Ersetzung der Zustimmung § 1365 19 – 21
Ersetzungsantrag § 1760 17
Ersetzungsbefugnis § 244; § 245 14; § 262 7
Ersetzungsgrundsatz § 2025 1
Ersetzungsverfahren § 1365 24
– Zustimmung § 1760 15
Ersitzung § 1006 2; § 2026 1
– bewegliche Sachen, Eigentumserwerb § 937; § 938; § 939; § 940; § 941; § 942; § 943; § 944; § 945
– Erbschaftsbesitzer § 944 1
– Erlöschen von Drittrechten § 945 1
– Hemmung § 939 1, 2
– Kondiktionsfestigkeit § 937 6
– praktische Bedeutung § 937 1
– Rechtsnachfolge § 943 1
– Unterbrechung § 940 1; § 941 1; § 942 1
– Vermutung des Eigenbesitzes § 938 1
– Voraussetzungen § 937 2, 4
– Wirkungen § 937 5, 6
Ersitzungseinrede § 2029 1
Ersitzungszeit § 2026 2; § 2030 9
Ersparnis von Aufwendungen
– Vorteilsausgleichung § 249 81

Ersparte Aufwendungen § 537 6
Ersparte Kosten § 615 16
Erstattung
– Aufwendungen § 618 5
Erstattungsanspruch § 1577 4; § 1959 5; § 1978 12; § 2040 12; § 2058 7; § 2061 8
Erteilung der Untervermieterlaubnis § 540 11
Ertragswert § 1376 8, 16; § 2049 2, 4
Erwartung
– enttäuschte ~ §§ 2078, 2079 3 ff; § 2079 3 ff
Erwerb, anstößiger § 252 18
Erwerberhaftung § 2030 4
Erwerbsermächtigung
Erwerbsfähigkeit § 1581 10
Erwerbsgeschäft
– des Minderjährigen § 112 3
Erwerbstätigkeit § 1356 4 – 6 § 1577 6
Erwerbsunfähigkeitsrente vor § 1577 18
Erwerbsverbot § 888 12
Erzeugnisse § 94 4; § 953; § 954; § 955; § 956; § 957
– Gestattung § 956 2
– Gutgläubigkeit § 955
Erzieherin § 1969 2
Erziehungsgeld vor § 1577 18
Erziehungsgrundsätze § 1626 20
Essensgeldzuschuss vor § 1577 7
Essensmarke § 807 4
essentialia negotii vor § 145 29
Ethnische Herkunft § 311 19
EuGVO Art 27 18; Art 28 14; Art 31 8; Art 32 21
Euro
– Gemeinschaftsrecht § 244; § 245 5
– gesetzliches Zahlungsmittel § 244; § 245 6
– Kollisionsnorm § 244; § 245 7
– Umrechnung § 244; § 245 6
– Umrechnungskurs § 244; § 245 5, 6
– Vertragskontinuität § 244; § 245 7
– währungsrechtliche Basis § 244; § 245 5
– Wegfall der Geschäftsgrundlage § 244; § 245 7
Europäische Union
– Primärrecht § 611 37
– Sekundärrecht § 611 37
Europäisches Schuldvertragsübereinkommen Art 30 1
Europarecht Art 29 10; Art 34 5, 16
Eventualanfechtung § 143 2
EVÜ Art 27 1, 5, 9, 10, 13, 15 f; Art 28 1, 11 ff, 22; Art 31 1; Art 32 2, 52
exceptio doli § 245 26, 29
Existenzgründer Art 29 3; vor § 312 3
– Begriff § 507 2
– betragsmäßige Obergrenze § 507 5
– Beweislast § 507 1, 3
– Existenzgründungsphase § 507 2
– wiederholte Existenzgründung § 507 3
Existenzminimum § 1581 24

Exkulpation s. Entlastungsbeweis
Expertenhaftung § 311 66; vor § 328 21

F
Fachkenntnisse § 1987 4
Factoring § 134 56; § 398 21; § 499 4
Factoring, echtes
– Eigentumsvorbehalt § 449 24
Factoring, unechtes
– Eigentumsvorbehalt § 449 24
facultas alternativa § 257 5
Fahrlässigkeit § 275 22; § 276 9 – 11 § 287 1
– erforderliche Sorgfalt § 276 9
– gruppentypische Maßstäbe § 276 11
– höhere Fähigkeiten § 276 11
– Mindeststandard § 276 11
– objektiviert § 276 10
– Übernahmeverschulden § 276 10
– übliche Sorgfalt § 276 9
Fahrschein § 807 4; § 808 2
Fälligkeit § 271 1; § 286 1; § 547 5
– Bedingung § 158 10
– der Kaution § 551 11
– der Miete § 556 b
– der Pacht § 587
Fälligkeit der Miete § 579
falsa demonstratio § 120 5; § 133 3, 21; § 140 2; § 2084 9, 21
Falschberatung § 280 56
Falsche Übermittlung § 120 1 – 3
Falschlieferung s. Mängelrecht – aliud
Familiengericht § 1360 b 5
Familiengerichtliche Genehmigung § 2042 19
Familiennamen § 1760 25
Familienrechte § 823 69 ff
– elterliches Sorgerecht § 823 70
– Schutz der Ehe § 823 71 ff
Familienrechtlicher Unterhaltsanspruch § 1360 1
Familienzugehörigkeit § 2028 2
favor testamenti § 2247 1, 23
Fehlehe § 1565 2
Fehlerhafte Gesellschaft § 705 17; § 709 19; § 723 7
Fehleridentität § 142 4
– bei der Stellvertretung § 164 20
Fehlschlagen
– der Nacherfüllung § 636 12
Fehlverhalten
– im persönlichen Bereich § 1381 12
– des Gläubigers § 280 18
Feiertagsvergütung § 611 73
Feldbestellung § 998 1
Ferienwohnung § 1361 b 5
Fernabsatz
– Audio-, Videoaufzeichnungen oder Software § 312 d 10
– Ausschließlichkeit § 312 b 7, 9
– Ausschluss des Widerrufs- oder Rückgaberechts § 312 d 7 ff

- Automatenverträge § 312 b 18
- Beförderung § 312 b 17
- Begriff § 312 b 3
- culpa in contrahendo § 312 c 11 ff
- Fernkommunikationsmittel § 312 b 6
- Fernunterrichtsverträge § 312 b 12
- Finanzdienstleistung § 312 b 4; § 312 c 7
- Freizeitgestaltung § 312 b 17
- Fristbeginn für Widerruf § 312 c 10
- Fristen § 312 c 13
- Gastronomie § 312 b 17
- Gegenstände des täglichen Bedarfs § 312 b 16
- Grundstücke und Grundstücksrechte § 312 b 15
- haftungsbegründende Kausalität § 312 c 14
- Heizöl § 312 d 9
- Informationspflichten § 312 b 21
- Mehrheit von Vereinbarungen § 312 b 19 f
- Mitteilungspflicht § 312 c 5
- Notebook § 312 d 8
- persönlicher Kontakt § 312 b 8, 11
- Rückgaberecht § 312 b 21; § 312 d 2 ff
- Schadensersatzanspruch § 312 c 12
- Teilzeitnutzung von Wohngebäuden § 312 b 13
- und IPR Art 29 16, Art 29 a 4
- Unterbringung § 312 b 17
- Versicherung § 312 b 14
- Versteigerungen § 312 d 13
- Vertriebs- oder Dienstleistungssystem § 312 b 10
- Wertersatzpflicht § 312 d 6
- Wertpapiere § 312 d 14
- Wett- und Lotteriedienstleistungen § 312 d 12
- Widerrufsrecht § 312 b 21; § 312 d 2 ff
- Zeitungen, Zeitschriften oder Illustrierte § 312 d 11

FernabsatzFinDinRL § 241 a 2 – 12
Fernabsatzgeschäfte § 503 4 ff
FernabsatzRL § 241 a 2 – 12
Fernabsatzverträge § 312 b
Fernbleiben
- unentschuldigtes ~ § 626 7

Fernsehgerät § 1361 a 6
Fernsehmitarbeiter § 611 24
Fernunterricht Art 34 13
Fertighaus § 311 b 6; § 312 b 15
Fertighausvertrag vor § 631 26
Fertigstellungsbescheinigung, Werkvertrag § 641 a
- Gutachter § 641 a 8 – 11
- sichtbare, behauptete Mängel § 641 a 5, 6
- Verfahren § 641 a 15 – 17
- Wirkungen § 641 a 12

Festkredit § 488 10; § 492 5, 6; § 498 1
Festofferte vor § 145 36; § 158 7
Festpreisvertrag § 632 12
Festsetzung
- der Vergütung § 1962 7
- eines Zwangsmittels § 1962 8; § 2027 13
- von Zwangsgeld § 1960 47

Festsetzungsbeschluss § 1987 1, 3

Festsetzungsverfahren § 1960 40
Feststellung
- der Ausgleichspflicht § 2050 27
- des Zustandes der Nachlassgegenstände § 2100 8; § 2122 1 ff; § 2136 4

Feststellungsbeschluss § 1960 39; § 1964 4, 9; § 1965 2, 6; § 1966 2, 5; § 1974 4
Feststellungsinteresse § 2050 28
Feststellungsklage § 291 4; § 1960 31; § 1965 6; § 2018 11; § 2039 19, 23; § 2042 32; § 2050 27; § 2058 15
- Beweislast § 1600 e 89

Feststellungsklage des Kindes
- Beweislast § 1600 e 89
- Beweislastregeln § 1600 e 90
- Ergänzungspfleger § 1600 d 11

Feststellungsklage des Nacherben gegen den Vorerben § 2100 50; § 2113 13; § 2138 8; § 2143 2
Feststellungsurteile
- Änderung rechtskräftiger ~ § 1600 e 70

Feststellungsverfahren § 1965 7; § 1966 4
Festvergütung § 611 70
Feuerbestattung § 1968 6
Fiktion § 1583 1
Fiktion des Grundbuchinhalts § 892 15
Fiktive Einkünfte § 1577 6; § 1581 17
Fiktive Herstellungskosten § 249 26
Fiktives Einkommen § 1574 1
Filmpreisentwicklung vor § 631 26
Finanzamt § 839 93; § 1962 1
Finanzdienstleistungen § 280 60
Finanzgerichtsprozess § 1984 10
Finanzierung s. Darlehen
Finanzierungshilfe
- sonstige § 494 4; § 499 4; § 500 1

Finanzierungsleasing § 535 10
- Finanzierungshilfe, sonstige § 499 1; § 500 1
- Kreditfunktion § 500 1
- Kündigungsvoraussetzungen § 498 5
- Nullleasing § 500 2
- Pkw-Leasing (Kilometerabrechnung) § 500 2
- Restschuld, verminderte § 498 10
- richtlinienkonforme Auslegung § 500

Finanztermingeschäft § 280 62
Finanztermingeschäft,
- kein Spiel § 762 13

Finderlohn § 971; § 978
Firmentarifvertrag § 613 a 18
Fiskus
- als Nacherbe § 2104 9
- als Vorerbe § 2105 7
- Aneignungsrecht § 928

Fixgeschäft § 275 5; § 281 17
- relatives ~ § 281 17

Fixhandelskauf § 275 30; § 280 43; § 281 17
Fixierungsschutz § 12 50
Flaggenrechtsgesetz Art 30 10

Fliegerzulage vor § 1577 7
Floating Charge
– im IPR Art 43 17
Flüchtlinge Art 21 15 ff
Flugnichtbeförderung Art 29 13; Art 34 16
Flugpersonal Art 30 9 – 11
Flugschein § 807 4; § 808 2, 6
Flugzeuge
– im IPR Art 45 1 ff
Flugzeugunfälle
– Anknüpfung Art 40 20
Flurbereinigungsverfahren § 995 3
force majeure § 280 22
Forderung
– Abtretbarkeit § 399
– Forderungsgemeinschaft § 432 6
– Forderungsmehrheit § 398 16
– Forderungsstatut Art 33 3
– Pfändbarkeitsbeschränkungen § 400 3
Forderungseinzug § 2046 7
Forderungskauf s. Rechtskauf; § 453 12
Forderungsrecht des Versprechensempfängers § 335
Förderungsrechte § 823 58 f
Forderungssicherungsgesetz FoSiG, geplantes
– Auswirkungen im Werkvertrag vor § 631 6 f
Forderungsübergang s. cessio legis
– gesetzlicher ~ § 268 9; § 615 18
Forderungsverpfändung § 551 9
Forfaitierung § 499 4
Form Art 29 1, 24; § 2002 5; vor § 2064 7; § 2084 20 ff
– Darlehensvermittlungsvertrag § 655 b 1 – 3
– der Kündigung § 542 4
– der Modernisierungsmitteilung § 554 15
– der Vollmacht s. Vollmacht; § 167 II
– der Zustimmung s. Zustimmung; § 182 II
– des Landpachtvertrags § 585 a
– des Mietvertrages § 550
– eines Rechtsgeschäfts §§ 125 ff
– eines Schenkungsversprechens von Todes wegen § 2301 8
– Gewinnzusagen, Mitteilung an Verbraucher § 661 a 5, 6
– Hauptpflichten im Werkvertrag § 631 3
– im Reisevertrag § 651 a 13
– Maklervertrag § 652 13
– Preisausschreiben, öffentliche Bekanntmachung § 661 2
– Schriftformklausel in AGB § 305 b 4; § 307 13
Form und Frist des Widerspruchs § 574 b
Form- oder Genehmigungserfordernis § 2048 21
Formarten § 125 7
Formbedürftige Willenserklärung § 125 1
– Zugang § 130 19
Formbedürftigkeit
– vereinbarte ~ § 154 6
Formeller Beschluss § 1988 4

Formerfordernisse § 311 b
Formfreiheit § 125 1; § 311 32
Formmangel § 2042 15
Formmängel beim Verbraucherkreditvertrag
– fehlerhafte Pflichtangaben § 494 1
– Hauptpflichten im Werkvertrag § 631 3
– Heilungstatbestände § 494 4 ff
– Rechtsfolgen § 494 1
– Sanktionensystem § 494 6 ff
– Verhältnis zum Widerruf § 494 2; § 495 3
– Vollmacht § 494 3
Formnichtigkeit § 623 6; § 2033 17
Formprivileg
– gemeinschaftliches eigenhändiges Testament § 2267 1
– gemeinschaftliches Testament § 2265 1
Formstatut Art 13 11 ff
Formularmäßige Erleichterung § 543 3
Formverstoß § 2048 6
Formvorschrift § 125 1
Formwidrigkeit § 242 36
Formzwang § 125 1; § 126 a 3; § 143 2
– Aufhebung § 125 24
– gewillkürter ~ § 125 23; § 127 1
Formzwecke § 125 1
– Beratungsfunktion § 125 4; § 128 1
– Informationsfunktion § 125 5; § 126 b 1
– Klarstellungs- und Beweisfunktion § 125 2; § 128 1
– Kontrollfunktion § 125 6
– Warnfunktion § 125 3
Forschungsleistungen § 611 15
Forschungsvertrag vor § 631 26
Forstwirtschaftliche Betriebe § 1376 10 – 12
Forstwirtschaftliche Grundstücke § 585 6
Forstwirtschaftliches Grundstück § 998 1
Fortbildung § 611 97
Fortbildungsverhältnis § 611 97
Fortbildungsvertrag § 611 97
Fortführung
– eines Gewerbebetriebs § 2038 23
– eines Handelsgeschäfts § 2038 23
Fortführung Handwerksbetrieb § 1967 11
Fortgesetzte Gütergemeinschaft § 2052 2; § 2054 4, 5; § 2059 13
Fortkommen § 252 2
Fortkommensschaden § 249 25; § 842 1
– bei Sachschäden § 249 26
Fortsetzung
– des Mietverhältnisses mit dem Erben § 564
– des Mietverhältnisses nach Widerspruch § 574 a
– des Pachtverhältnisses § 595
Fortsetzung des vertragswidrigen Gebrauchs § 541 7
Fortsetzung mit überlebenden Mietern § 563 a
Fortsetzungsanspruch § 595 2 ff
– der Erben § 594 d 3
– des Mieters § 574 3

Fortsetzungsbegehren des Mieters § 574 a 3
Fortsetzungsklausel § 727 5, 10; § 736 1 – 6
 § 737 1 – 3
Fortsetzungsverlangen des Mieters § 574 13;
 § 575 19
Fortsetzungszusammenhang § 339 6
Fortzahlung des Entgelts § 252 12
Fotokopien § 556
Frachtführer § 276 11; § 611 24
Frachtrecht Art 34 9
Frachtvertrag § 249 93
Franchising Art 34 14
Freiberufler § 705 46, 47; § 737 5; § 1571 8
Freibetrag § 1967 16
Freie Berufe § 627 1
Freie Beweiswürdigung § 2009 2
Freie Mitarbeiter § 242 45
Freie Rechtswahl Art 30 2
Freigabeklausel
– bei revolvierenden Globalsicherheiten, AGB
 § 305 c 23
Freihändiger Verkauf § 1960 51
Freiheitsentziehung § 839 94
– Unterbringung Minderjähriger § 1631 b
Freiheitsstrafe § 626 7
Freistellung § 611 58, 73; § 615 4; § 626 5;
 § 2055 3
Freistellungsanspruch § 2039 5
Freistellungsklausel § 611 91; § 2271 9
Freistellungsvereinbarung § 157 43
Freiwillige Gerichtsbarkeit § 1958 5;
 § 2006 1
Freiwillige Leistungen Dritter vor § 1577 29;
 § 1581 10
Freiwilligkeitsvorbehalt § 611 48
Freizeichnungsklausel
– AGB § 305 c 19; § 306 4; § 309 39
Fremdbesitz § 872
Fremdgeschäftsführungswille § 2022 13
– des Mieters § 539 3 ff
Fremdgrundschuld § 1976 7
Fremdtilgungswille § 267 5
Fremdvergabe § 620 75
Fremdwährungsschuld § 244; § 245 1 – 14
– CISG § 244; § 245 17
– Devisenrecht § 244; § 245 13
– echte Valutaschuld § 244; § 245 13
– Erfüllungsort § 244; § 245 13
– Ersetzungsbefugnis § 244; § 245 14
– Euro-Zone § 244; § 245 16
– Geschäftsgrundlage § 244; § 245 13
– Inlandsbegriff § 244; § 245 16
– Kollisionsnorm § 244; § 245 15
– unechte Valutaschuld § 244; § 245 14
– Valutaschuld § 244; § 245 12
– Verspätungsschäden § 244; § 245 14
– Vertragsstatut § 244; § 245 15

Frist
– Anwendungsbereich § 186 2
– Auffangfunktion § 186 1
– Beginn § 187
– Definition § 186 3
– Ende § 188
– Hemmung § 2082 4
– Jahresbruchteil § 189 1
– Kündigung § 187 4
– Monatsbruchteil § 189 1
– Naturalkomputation § 187 1
– Probezeit § 187 4
– Stundenfrist § 187 1
– Tagesfrist § 187 1
– Verjährungshemmung § 187 4
– Verlängerung § 190 1
– Widerrufsbelehrung § 187 4
– Zinslauf § 187 4
– Zivilkomputation § 187 1
Frist des Widerspruchs § 574 b 5 – 7
Fristauflösendes Ereignis § 2082 2 f
Fristberechnung § 622 3
Fristbestimmung § 1994 9
Fristen der ordentlichen Kündigung § 573 c
Fristende § 187
– Geschäftsstunden § 188 1
– Monatslänge § 188 4
– Sonn- und Feiertag § 193 1
– Sonnabend § 193 1
– Tagesfrist § 188 2
– Willenserklärung § 188 1
– Wochenfrist § 188 3
Fristgerechte Beendigung § 620 33
Fristlose Beendigung § 620 33
Fristlose Kündigung § 723 6; § 755 5, 6
– Schadensersatz § 628 1
– Vertrauensstellung § 627 1
– wichtiger Grund § 626 1
Fristsetzung § 242 42; § 281 9; § 1997 3
– angemessene ~ § 281 6
– Entbehrlichkeit § 275 14; § 280 53, 54;
 § 281 3 – 12
– Erlöschen des Erfüllungsanspruchs § 280 40
– rechtzeitige Vornahme der Leistungshandlung
 § 281 9
– Schadensersatz statt der Leistung § 280 40
Fristsetzungsbeschluss § 2008 7
Fristsetzungserfordernis vor § 275 10; § 280 43;
 § 281 5
– Ablehnungsandrohung § 281 8
– Abmahnung § 281 7
– Androhung § 281 8
– Dauerschuldverhältnis § 281 7
– Nachfristmodell § 281 5
– Schutzpflichten § 281 7
– Unterlassungspflichten § 281 7
– vor Fälligkeit § 281 5
Fristverlängerung § 1994 13; § 1995 5; § 2008 5
Fristversäumung § 1994 2; § 1995 5

Fristwahrung § 2002 6
Früchte § 99; § 993 1; § 2020 3; § 2021 3, 4; § 2022 3, 4
– Begriff § 99 1
– Gewinnungskosten § 102
– mittelbare § 99 4, 6
– Recht § 99 5
– Sache § 99 2
– Verteilung § 101
Fruchtziehung § 743 2, 3
– ordnungswidrige oder übermäßige ~ § 2133 1 ff
Fruchtziehungskosten §§ 2124, 2126 4; § 2125 4; § 2126 4
Fruchtziehungsrechte § 2033 26
Frühere Erwerbstätigkeit § 1361 8
Frustrationsschaden § 249 18, 38; § 251 18
Frustrierte Aufwendungen § 284 1 – 3
– Anspruchsgrundlage § 284 2
– Anwendungsbereich § 284 1 – 3
– billigerweise § 284 7
– Erfüllungsanspruch § 284 3
– Finanzierung der Gegenleistung § 284 1
– immaterielle Zwecke § 284 1, 6
– immaterieller Schaden § 284 6
– Rentabilitätsvermutung § 284 4, 8
– Schadensberechnung § 284 2
– Schadensersatz statt der Leistung § 284 3
– Schadensposten § 284 4
– Verfehlung des Zwecks § 284 6
– Vertragskosten § 284 2
– Vertrauen auf Erhalt der Leistung § 284 5
– Voraussetzungen § 284 5 – 7
Fund §§ 965 ff
– Ablieferungspflicht § 967; § 978
– Anzeigepflicht § 965
– Aufwendungsersatz § 970
– Bekanntmachung § 980
– Bereicherungsanspruch § 977
– Eigentumserwerb § 973; § 974; § 976
– Finderlohn § 971
– Finderrechte § 975
– Gemeinde § 976
– Haftung § 968
– Herausgabe § 969
– öffentliche Behörde § 978
– Schatz § 984
– unanbringbare Sachen § 983
– Versteigerung § 979; § 982
– Versteigerungserlös § 981
– Verwahrungspflicht § 966
– Zurückbehaltungsrecht § 972
Fünfjahresfrist § 2060 8
Funktion der Einsatzzeitpunkte § 1572 7
Funktionsgebundene Werkmietwohnung § 576 2; § 576 a 4
Funktionsnachfolge
– öffentlich-rechtliche ~ § 613 a 12
Funktionsteilung § 1353 9

Für-Prinzip vor § 1577 16, 43
Fürsorgebedürfnis § 1962 3
Fürsorgemaßnahme § 1960 9
Fürsorgepflicht § 611 96; § 618 1; § 619 1; § 1960 25
– Arbeitgeber Art 30 3
– Unabdingbarkeit § 619 1
Fußballlizensspieler § 611 22

G
Garage § 535 7; § 1361 b 4
Garantie § 242 35; § 276 14; § 280 64; § 286 22; vor § 339 3; §§ 414, 415 17; § 415 17
– des Hauptmieters § 540 16
– Zusicherungshaftung § 276 28
Garantie des Verkäufers § 443
– historische Auslegung § 434 19
– Verbrauchsgüterkauf § 477
– Verjährung § 443 11 f
Garantiehaftung § 280 22
Garantievertrag § 780 2 f
Garderobenmarke § 793 5; § 807 1
Garten § 1361 b 4
Gartenbestellung § 998 1
Gas
– Kaufsache § 433 7
– Verbrauchsgüterkauf § 474 8
Gastaufnahmevertrag § 280 71
Gastregisseur § 611 23
Gastwirt s. Einbringung bei Gastwirten; § 701 1 ff
Gattungskauf s. Mängelrecht
Gattungsschuld § 243 1 – 3 § 262 5; § 275 22; § 276 24; § 280 31
– Anwendungsbereich § 243 3
– Arten der Nacherfüllung § 243 2
– Begriff § 243 4
– Beschaffungspflicht § 243 7
– Beschaffungsrisiko § 243 1, 7
– beschränkte ~ § 243 8
– bestimmte Quelle § 243 8
– Geldschuld § 243 5
– Gläubigerverzug § 243 8
– Inhalt § 243 6
– Konkretisierung s. dort
– Leistungsgefahr § 243 1
– mangelfreie ~ § 243 6
– marktbezogene ~ § 243 7
– Sachmangel § 243 1
– Schickschulden § 243 8
– Vertretbarkeit § 243 4
– Voraussetzungen § 243 4, 5
– Wahlschuld § 243 5
GbR § 705 1 – 51 § 706 3, 6; § 708 1, 3; § 2032 8, 17; § 2042 43
– Abgrenzung zu anderen Personengesellschaften § 705 5, 6, 18, 33, 34, 46; § 721 1; § 741 4
– Entstehung § 705 12, 13

Geänderte Leistungen
– Hauptpflichten im Werkvertrag § 631 1; § 632 5
Gebäude
– Baustellen § 823 151 ff
– Haftung für § 823 140 ff; § 836 1 f; § 838 1 f
– mit Publikumsverkehr § 823 143 f
– öffentliche § 823 145 ff
Gebäudeabschreibung vor § 1577 22
Gebäudebesitzer
– Haftung des ~ § 837 1 f
Gebäudeeinsturz § 908 9 ff
– Abwehranspruch § 908 4 ff, 18 ff
Gebäudefeuerversicherung § 538 24 f
Gebäudeunterhaltspflichtige
– Haftung des § 838 1 f
Gebäudeversicherung § 157 42
Gebrauch der Mietsache nach Ablauf der Mietzeit § 545
Gebrauchsanleitung für Werkvertrag § 631 26
Gebrauchsbeschränkende Rechte § 567 5
Gebrauchsentziehende Belastungen § 567 4
Gebrauchserhaltungspflicht § 535 84
– des Vermieters § 538 1
Gebrauchspflicht § 535 38
Gebrauchsrecht § 535 37; § 743 4, 5
Gebrauchstauglichkeit
– maßgeblicher Standard § 536 8
Gebrauchsüberlassung § 535 1, 2; § 706 3; § 732 1
– Abbedingung § 536 6
– an Dritte § 540 1 ff; § 543
Gebrauchsvorteil § 100 2; § 2021 3
Gebrauchswert § 1370 5
Gebrauchte Sachen s. Verbrauchsgüterkauf
Gebrauchtwagen
– Agenturgeschäft § 474 4
– Inzahlungnahme bei Neuwagenkauf § 474 4; § 480 5
– Sachmangel § 434 108
– Verbrauchsgüterkauf § 475 10; § 476 7, 8
Gebrechen § 1572 4
Gebühren § 612 5
Gebührenbeauftragter
– von Rundfunkanstalten § 611 24
Gefahr § 904 ff
Gefahrdrohende Anlagen § 907 7 ff
– Unterlassungs- und Beseitigungsanspruch § 907 16
Gefährdung § 1585 a 2
Gefährdung der Mietsache
– Mietermehrheit § 543 14
Gefährdung des Kindeswohls § 1666
– Vorrang der Elternabwehr § 1666 12 ff
Gefährdungshaftung § 823 120, 154, 163, 169; § 833 1
Gefährdungstatbestände § 1386 4
Gefahrenwehr, Pflicht zur § 1353 11

Gefahrgeneigte Arbeit § 276 21
Gefahrtragung
– beim Werkvertrag §§ 644, 645; § 645
– Hinterlegung § 379 3
Gefahrübergang, Kauf § 435 6; § 446; § 447 1, 13 f; § 454 13
– im Mängelrecht § 434 42
– Verbrauchsgüterkauf s. Verbrauchsgüterkauf; s. Versendungskauf; § 476
Gefälligkeitsverhältnis vor § 145 3, 4; § 241 32 – 34 § 598 6, 7; § 599 2; § 612 1
Gefälligkeitsvertrag § 662 1; § 688 3
Gegenbeweis § 2009 4
Gegendarstellung
– Anspruch auf ~ bei Verletzung des APR § 12 42
Gegenleistung § 275 14
Gegenleistungsgefahr (Preisgefahr) § 326 7
Gegenseitiger Vertrag § 320 ff; § 323 2
Gegenseitigkeit § 273 5
Gegenseitigkeitsprinzip § 1581 19
Gegenseitigkeitsverhältnisse § 1360 12; § 1977 2
Gegensprechanlagen § 556 10
Gegenstand
– Inbegriff § 260 2
– körperlicher ~ § 90 2
– nicht körperlicher ~ § 90 3
Gegenstände des ehelichen Haushalts § 1369 3 – 5
Gegenständliche Teilauseinandersetzung § 2042 10
Gegenvormund
– Amtsende § 1895 1
– Anhörung § 1826 1
– Aufgaben/Pflichten § 1792 1 ff; § 1799 1 ff
– Aufsicht über den ~ § 1837 1
– Aufwandsentschädigung § 1835 a 1
– Aufwendungsersatz § 1835 1
– Auskunftspflichten § 1839 1
– Ausschluss §§ 1852 ff 4
– bei Verein § 1791 a 3
– Bestellung § 1792 1 ff
– Genehmigung von Rechtsgeschäften des Vormunds § 1810 1 ff; § 1812 2; § 1832 1
– Haftung § 1833 1 ff
– Jugendamt als Vormund § 1792 1
– Rechnungslegung des Vormunds § 1891 1
– Verein als ~ § 1792 1 ff
– Vergütung § 1836 – 1836 d
– Vermögensverzeichnis § 1802 2
Geheimer Vorbehalt § 116 3
– bei der Vollmachtserteilung § 167 19
Geheimschrift § 2247 7
Geheißerwerb § 929 10, 30
Gehilfe § 254 42
Gehobener Lebensstandard § 1361 10
Geld § 985 17
– Annahmeverzug § 245 3
– Annahmezwang § 244
– Außenwert § 244; § 245 4

– Bargeld § 244; § 245 2, 3
– Binnenwert § 244; § 245 4
– Buchgeld § 244; § 245 2, 3
– Hinterlegung § 372 8
– institutioneller Geldbegriff § 244; § 245 2
– Nennwert § 244; § 245 4
– Wert § 244; § 245 4
– wirtschaftliche Funktion § 244; § 245 2
Geld- oder Inhaberpapier § 1006 2
Geldanspruch § 1992 6
Geldbußen § 1967 2
Geldentwertung § 280 26
– Geschäftsgrundlage § 244; § 245 10
Geldersatz § 249 21
– bei Personenschäden § 249 24
– erforderliche Kosten § 249
– Möglichkeit der Herstellung § 249 22
– Verwendungsfreiheit des Geschädigten § 249 23
Geldforderungen § 1376 9
Geldinteresse § 251 5
Geldkarte § 807 1
Geldrente § 1360 2; § 1361 20; § 1585 1
Geldschuld § 243 5; § 244; § 245 1 – 10 § 246 3; § 275 5; § 286 22; § 288 2
– Fremdwährungsschuld § 244; § 245 1
– Geldsortenschuld § 244; § 245 8
– Geldsummenschuld § 244; § 245 9
– Geldwertschuld § 244; § 245 11
– Risiko der Geldentwertung § 244; § 245 10
– schuldrechtlicher Nominalismus § 244; § 245 9
– unechte Geldsortenschuld § 244; § 245 1, 8
– Valorismus § 244; § 245 11
– Wertsicherung s. Wertsicherungsklausel
– Wertverschaffungsschuld § 244; § 245 8
Geldsortenschuld § 244; § 245 8
– unechte ~ § 244; § 245 1, 8
Geldstrafe § 1967 2
– Aufrechnung § 393 6
Geldsummenschuld § 244; § 245 9
Geldwerte Vorteile § 1577 7
Geldwertschuld § 244; § 245 11, 14
Gelegenheitsgeschenke § 1375 16
Gelegenheitsgesellschaft § 705 2, 10, 40; § 708 4; § 721 1; § 723 9; § 726 2; § 730 7; § 734 1
Geliebtentestament vor § 2064 18
Geltungserhaltende Reduktion § 134 27; § 138 44; § 139 18
GEMA § 251 15
Gemeinde § 558 13
– Amtshaftung § 839 100
Gemeinsame elterliche Sorge bei der Geburt (ohne Ehenamen)
– Betroffene § 1617 2
– gemeinsames Bestimmungsrecht binnen Monatsfrist § 1617 6
– Namenswahl § 1617 3

– spätere Geburten § 1617 4
– Uneinigkeit der Eltern § 1617 7
Gemeinsame Sorge
– Abänderung § 1696 14
– Aufhebung § 1671 18 ff
– Ausübung bei Getrenntleben § 1687
Gemeinsame Sorge (nachträglich)
– Namensänderung Kind bei späterer Heirat § 1617 b 4
– Namensänderung Kind durch Begründung § 1617 b 2
Gemeinsamer Referenzrahmen § 242 3
Gemeinsames gefährliches Tun § 249 52
Gemeinsamschaftsrechtkonforme Auslegung § 242 17
Gemeinschaft § 1 10; § 705 4, 18, 42, 44; § 708 3; § 727 1; § 731 1; § 741; § 741 1, 2, 4, 5, 7; § 742; § 743; § 743 1, 2; § 747 3; § 748 2; § 749 1, 3, 8; § 750 1; § 751 1; § 752 1; § 753 1; § 754 1, 2; § 756 1; § 757 1; § 758 1; § 2040 15
– häusliche ~ § 617 1; § 618 4
Gemeinschaftliche nacheheliche Kinder § 1576 8
Gemeinschaftliche Verwaltung § 744 1 – 3
Gemeinschaftlicher Antrag § 2062 3
Gemeinschaftlicher Erbschein § 2353 5; § 2357
Gemeinschaftlicher Erbteil § 2093 1 ff
Gemeinschaftliches Testament § 2050 24
Gemeinschaftlichkeit § 2040 9
Gemeinschaftseigentum § 535 57
Gemeinschaftseigentum bei WEG
– Mängelrechte § 634 12
Gemeinschaftspraxen § 705 26 – 29 § 709 2, 7, 13; § 716 1; § 717 1; § 718 2
Gemeinschaftsrecht
– Amtshaftung § 839 2
Gemeinschaftsrechtliches IPR Art 27 3, 34, Art 32 1
Gemeinschaftsschulden § 755 2
Gemeinschaftsverhältnis § 2032 14
Gemeinschaftsverwaltung § 2032 24
Gemischte Schenkung § 516 25, 31; § 518 6; § 525 6; § 528 11; § 530 2; § 531 5; § 2287 6; § 2325 10
Gemischter Vertrag § 311 29
Genehmigung § 108 2; § 131 6; § 182; § 184; § 684 3; § 687 6; § 1001 3; § 1958 14; § 2030 5; § 2034 28; § 2039 15; § 2043 9; vor § 2064 15
– Aufforderung § 108 4
– bei der Verfügung eines Nichtberechtigten § 185 9
– bei der Vertretung ohne Vertretungsmacht s. Vertretung ohne Vertretungsmacht
– bei zustimmungsbedürftigen Rechtsgeschäften § 184 2
– der Schuldübernahme §§ 414, 415 4; § 415 5
– des Nachlassgerichts § 1960 25; § 1985 23
– öffentlich-rechtliche ~ als Bedingung § 158 11; § 162 2

- Rückwirkung § 184
- Terminologie § 182 1
- Verweigerung § 108 3
- Zwischenverfügungen § 184 6

Genehmigung von Verträgen § 1366 2
- Verweigerung der ~ § 1366 4 – 6

Genehmigungserfordernis § 2033 18; § 2042 26

Genehmigungspflicht § 2042 24

Generalbevollmächtigter § 1996 3

Generalklausel § 823 3, 80; § 826 1

Generalplanervertrag § 631 17

Generalüber~, unternehmer § 631 16

Generalvollmacht § 1985 16

Genomanalyse § 1600 e 44

gentlemen's agreement vor § 145 3

Genugtuung § 253 24 ff

Genuss, mit Geld erkaufter § 252 6, 7

Genussschein § 793 9

Gepäckschein § 807 1

Gerichtliche Feststellung der Vaterschaft
- Beistand § 1600 d 13
- Ergänzungspfleger § 1600 d 11
- IPR § 1600 d 31
- Klageberechtigung § 1600 e 1
- positive Feststellung § 1600 e 3
- Vaterschaftsvermutung § 1600 d 3
- Wirksamwerden der ~ § 1600 d 20

Gerichtliche Fürsorge § 1960 9

Gerichtliche Genehmigung § 1985 19

Gerichtliche Rechtsverfolgung § 280 25

Gerichtlicher Vergleich § 127 a 1 – 3 § 129 4

Gerichtsgebühren § 1982 1

Gerichtsgutachten § 558 a 18

Gerichtskosten § 1967 19

Gerichtsstand § 7 11; § 268 13; § 2028 10
- AGB § 307 24
- der Erbschaft § 2057 a 21; § 2058 14

Gerichtstafel § 1965 5

Gerichtsverfahren § 1958 2

Gerichtsvollzieher § 132 2
- Einkommen vor § 1577 7

Gerüstbau vor § 631 26

Gesamtabwägung § 1571 10

Gesamtanspruch § 2018 1, 15, 24; § 2024 3; § 2031 1

Gesamtauflassung § 2058 9

Gesamtberechnungsprinzip § 615 17

Gesamtberechtigung § 2032 7

Gesamtbetriebsvereinbarung § 613 a 21

Gesamtforderung vor § 420

Gesamtgläubiger
- Ausgleich § 430 1
- Gesamtgläubigergemeinschaft vor § 420 8; § 428
- Verzug § 429 2
- Zusammenfallen von Forderung und Schuld § 428 3

Gesamtgut § 1416 1 – 3 § 1421 1 – 3 § 1970 10; § 1980 9; § 1981 7; § 1990 10; § 2008 1, 3, 5, 9; § 2042 23; § 2054 2, 5

Gesamtgutsverbindlichkeiten § 1438 1 – 3

Gesamthand § 705 26 – 29 § 709 2, 7, 13; § 716 1; § 717 2; § 2033 12; § 2113 6

Gesamthänder § 2034 16, 26; § 2035 3

Gesamthandsanteil § 2054 4

Gesamthandsbesitz § 2033 3

Gesamthandseigentum § 1008 1; § 2034 3; § 2047 4

Gesamthandsforderung § 432 1

Gesamthandsgemeinschaft § 2032 1; § 2033 30; § 2039 1; § 2042 43
- Forderungsberechtigung § 432 7
- Haftung vor § 420 4 f

Gesamthandsgläubiger vor § 420 5; § 432 2 f

Gesamthandsklage § 2032 37; § 2046 9, 11; § 2058 8; § 2059 14, 15

Gesamthandsprinzip § 2032 36; § 2040 1

Gesamthandsvermögen § 705 4, 27, 34; § 713 5; § 718 1, 2; § 719 1; § 731 2; § 732 1; § 2032 8; § 2038 27; § 2041 1; § 2047 2; § 2048 8; § 2054 1
- gegenwärtiges Vermögen § 311 b 25
- künftiges Vermögen § 311 b 21 ff
- Schenkung § 311 b 25

Gesamthypothek § 1113 13; § 1132 1 ff; § 1143 6
- als Eigentümerhypothek § 1172 1 f
- anfängliche ~ § 1132 3
- Befriedigung durch persönlichen Schuldner § 1174 1
- Erlöschen bei Befriedigung aus dem Grundstück § 1181 4
- nachträgliche ~ § 1132 6
- Verzicht § 1175 1

Gesamtinsolvenzverfahren § 1990 10

Gesamtklage § 2029 1

Gesamtnachlass § 2040 4; § 2055 6

Gesamtnichtigkeit § 134 26; § 138 100

Gesamtrechtsnachfolge § 2033 12; § 2051 3; § 2100 2 f; § 2139 1

Gesamtrechtsnachfolger § 2031 4

Gesamtschuld § 421 ff; § 755 2; § 2060 1, 14
- Abtretung § 425
- Anfechtung § 420 5
- Architekt, Sonderfachmann und Unternehmer § 634 13
- Aufrechnung § 422 2
- Ausgleichsanspruch § 426 16
- bei Mangel § 634 13
- Erfüllung § 422 2
- Erlass § 423; § 429 4; § 432 9
- Forderungsübergang § 426 21
- Gesamtwirkung von Tatsachen § 422 1; § 423 2 f
- gestörte ~ § 426 23
- Gläubigerverzug § 424 1 f; § 429 2
- Gleichstufigkeit § 421 7
- Haftungsfreistellung § 426 6 f
- Hinterlegung § 422 2

– in der Ehe § 426 9
– Innenverhältnis § 426 1
– Insolvenz § 425 13
– Kündigung § 425 2
– mehrere Unternehmer, Besteller § 631 12, 13, 14, 15, 17
– Rechtskraft § 425 9; § 432 9
– Rücktritt § 420 5; § 425 6
– Schuldnerverzug § 429 4; § 432 10
– unechte ~ § 421 9
– Unmöglichkeit § 425 6
– unteilbare Leistung § 431
– Urteil § 429 4
– Verjährung § 425 7
– Verschulden § 425 4 f
– Wohnungseigentümergemeinschaft § 423 4

Gesamtschulden vor § 1363 1
Gesamtschuldklage § 2058 8; § 2059 15
Gesamtschuldner § 1360 b 2; § 1978 10; § 1980 11; § 2008 1; § 2032 36, 37; § 2034 22; § 2035 3; § 2058 1, 3, 20; § 2059 2, 4; § 2061 5; § 2063 4
– Haftung als ~ § 823 122, 178; § 840 1 ff
– Haftungsprivilegierungen § 840 5

Gesamtschuldnerische Haftung § 2055 3, 12
Gesamtschuldnerklage § 2032 39
Gesamtvermögen § 2038 14
Gesamtvermögensgeschäft § 1386 9
Gesamtvermögensverträge § 311 b 19 ff
– gegenwärtiges Vermögen § 311 b 25
– künftiges Vermögen § 311 b 21 ff
– Schenkung § 311 b 25

Gesamtvertretung s. Stellvertretung, unmittelbare
Gesamtvertretungsbefugnis § 709 12; § 714 3
Gesamtwirkung § 2039 14
Gesamtwürdigung der Umstände § 1361 8
Gesamtzusage § 611 43
Geschäft
– für den, den es angeht (echtes, verdecktes) § 164 36 ff; § 177 3
– mit einem unbekannten oder unbestimmten Geschäftsherrn (unechtes oder offenes ~ für den, den es angeht) § 164 42 ff

Geschäft für den, den es angeht
– Übereignung § 929 6

Geschäfte des täglichen Lebens
– Begriff § 105 a 3
– Beweislast § 105 a 10
– geringwertige Mittel § 105 a 4

Geschäfte zur Deckung des Lebensbedarfs § 1357 6 – 8
Geschäfts- oder Dienstfahrzeug vor § 1577 12
Geschäftsähnliche Handlung § 286 11
– Gewinnzusage § 661 a 1, 5

Geschäftsbesorgung § 612 2; § 675
– Abbuchungsauftrag § 675 29
– Anwaltsvertrag § 675 9 ff
– Architekten § 675 38

– Aufsichtsrat § 675 41
– Bankverträge § 675 23 ff
– Baubetreuung § 675 35 ff
– Bauträger § 675 38
– Begriff § 675 2 ff
– Beispiele § 675 41
– Einzugsermächtigung § 675 30
– Entgelt § 675 7
– Geschäftsführer § 675 41
– Hausverwalter § 675 40
– Informationspflichten § 675 a
– IPR § 675 1
– Kreditinstitute § 675 a 6
– Lastschrift § 675 27 ff
– Pflichten § 675 8
– Rechtsberatung § 675 9 ff
– Scheckinkasso § 675 34
– Scheckverkehr § 675 32
– Selbständigkeit § 675 4
– Sozietät § 675 17
– Standardgeschäft § 675 a 3
– Steuerberatung § 675 19 ff
– Treuhand § 675 39
– Wahrung fremder Vermögensinteressen § 675 6
– wirtschaftlicher Art § 675 5
– Wirtschaftsprüfung § 675 22

Geschäftsbesorgungsvertrag § 611 9; § 614 2; § 620 4
– Begriff § 611 7

Geschäftseinheit § 125 17; § 138 42; § 139 8; § 142 4

Geschäftsfähigkeit § 1 6; § 2 1; §§ 104 ff
– Begriff § 104 1
– beschränkte ~ § 106
– des Stellvertreters § 165; § 168 6; § 179 5
– Eintritt § 108 6
– partielle ~ § 112 1; § 113 1

Geschäftsführer § 276 11
– außerordentliche Kündigung § 626 14
– IPR Art 30 5
– Kündigung § 620 47; § 626 6
– Sozialversicherung § 611 32
– Status § 611 22

Geschäftsführer ohne Auftrag § 1959 1
Geschäftsführung § 711 2
– Entziehung § 705 22; § 710 1; § 712 1 – 5 § 729 1
– gemeinschaftliche ~ § 709 9 – 12 § 725 2; § 730 4; § 731 2
– Kündigung § 712 1 – 7
– mehrheitliche ~ § 709 12
– übertragene ~ s. Übertragung der Geschäftsführung
– Unterrichtungspflicht § 711 2

Geschäftsführung ohne Auftrag s. Kauf § 241 a 4, 11; § 242 31; vor § 275 8; § 292 5; § 677; § 2018 10; § 2057 a 6; § 2061 8; §§ 2124, 2126 15 f; § 2125 15 f; § 2126 15 f
– angemaßte Eigengeschäftsführung § 687 3 a f
– Anzeigepflicht § 681 2

Stichwortverzeichnis

- auch fremdes Geschäft § 677 14
- Aufwendungsersatz § 683; § 684
- berechtigte ~ § 241 a 11
- berechtigte GoA § 677 5; § 683
- Berechtigung § 677 17
- dringende Gefahr § 680 2
- echte GoA § 677 4 ff
- Ersatz von Schäden § 683 9
- fehlende Geschäftsfähigkeit § 682
- Fremdgeschäftsführungswille § 677 11 ff
- Genehmigung § 684 3
- Geschäftsbesorgung § 677 9
- Geschäftsherr § 677 16; § 686
- gesetzliche Unterhaltspflicht § 679 6
- gesetzliches Schuldverhältnis § 677 1
- Gewinnherausgabe § 681 2; § 687 6
- Haftungsprivileg § 680
- Interesse § 683 3
- IPR § 677 4
- irrtümliche Eigengeschäftsführung § 687 2
- Konkurrenzen § 677 21 ff
- mutmaßlicher Wille § 683 6
- Nebenpflichten § 681
- nichtige Verträge § 677 18
- objektiv fremdes Geschäft § 677 12
- öffentlich-rechtliche GoA § 677 26 ff
- Pflicht im öffentlichen Interesse § 679 3 ff
- professionelle Nothelfer § 680 3
- Rechts- und Interessenkreis § 677 11
- Schadensersatz § 677 20; § 678
- Schenkungsabsicht § 685
- Schenkungsvermutung § 685 3
- Selbstmord § 679 7
- Sonderregelungen § 677 15
- subjektiv fremdes Geschäft § 677 13
- Übernahmeverschulden § 678 3
- unberechtigte GoA § 677 7; § 678; § 684
- unbestellte Leistung § 241 a 9
- und Bereicherungsausgleich § 812 38, 101; § 816 1, 2
- unechte GoA § 677 8; § 687
- Vergütung § 683 8
- Verpflichtung § 677 19
- Vertragspflichten § 677 4, 19
- Verwaltungsträger § 677 26 ff
- Verweisungen § 677 25
- Willenserklärung § 677 2
- wirklicher Wille § 683 5

Geschäftsgeheimnisse § 611 82

Geschäftsgrundlage Art 34 21; § 242 55; § 244; § 245 27; § 275 17; § 311 a 10; § 313; § 314 18; § 330 6
- Abgrenzung zur Auslegung § 157 42
- Anpassung des Vertrages § 313 19 ff
- Äquivalenzstörungen § 313 26 ff
- Begriff § 313 7
- Bereicherungsansprüche § 313 6
- Billigkeitsentscheidungen § 313 23
- Einschränkung auf bestimmte Gründe oder Beträge § 313 16

- Erfüllung § 313 18
- Fremdwährungsschuld § 245 13
- Geldentwertung § 244; § 245 10
- gemeinsame Grundlagenirrtümer § 313 33 ff
- im Reisevertrag § 651 j 1 ff
- Irrtum über Rechtslage § 313 36
- Kalkulationsirrtümer § 313 34
- Klageantrag § 313 24
- Mieterhöhungsverlangen § 536 4
- Risikoverteilung § 313 14 ff
- Rücktritt oder Kündigung § 313 25
- Scheitern einer Ehe § 313 30 ff
- Selbstwiderspruch § 313 17
- Spezialvorschriften § 313 4
- Störung § 313 12 f; § 536 4
- subjektive ~ § 155 4
- Vereinbarung § 313 5
- Vertragsauslegung § 313 8
- Vorhersehbarkeit § 313 13
- Zumutbarkeit § 313 12

Geschäftsgrundlage, Wegfall der § 1356 10

Geschäftsherrenhaftung § 831 1 ff

Geschäftsplanmäßige Erklärungen des Versicherers § 328 23

Geschäftsraummietverhältnis § 535 14

Geschäftsunfähiger § 131 1

Geschäftsunfähigkeit § 242 45
- altersbedingte ~ § 104 4
- Beweislast § 104 7
- generelle ~ § 104 5
- krankhafte Störung § 104 5, 6
- partielle ~ § 104 6

Gescheitertsein der Ehe § 1365 2

Geschlecht § 1 24

Geschlechtsbezogene Benachteiligung § 611 a 1

Geschlechtsbezogene Lohngleichheit § 612 6

Geschlechtsgemeinschaft, Pflicht zur § 1353 6

Geschlossene Immobilienfonds § 705 49

Geschwister
- Vormund für ~ § 1775 1 f

Gesellschaft s. GbR vor § 320 ff 8; § 741 2, 4
- auf Lebenszeit § 723 9; § 724 1
- auf unbestimmte Zeit § 723 4; § 724 1
- Entlastung von Organen § 397 21
- fehlerhafte ~ vor § 145 48; § 705 17; § 709 19; § 723 7

Gesellschaft bürgerlichen Rechts §§ 704 ff
- Arbeitsgemeinschaft arge § 631 15
- Vertretung § 165 54

Gesellschafter § 280 56; § 611 23
- Haftung § 705 5 – 49 § 708 1 – 3 § 709 5, 7; § 714 1 – 14 § 718 3; § 719 4; § 728 4; § 735 1; § 736 10; § 738 3, 4, 8; § 739 1

Gesellschafterbeschluss § 242 35; § 705 25; § 709 13 – 19

Gesellschafterwechsel § 613 a 12

Gesellschaftsanteil, Verfügung § 717 4; § 719 5; § 727 7; § 738 1, 5, 8

Gesellschaftsrechtliche Ansprüche vor § 1297 51
Gesellschaftsschulden § 1967 21
Gesellschaftsvermögen § 705 13, 19, 29, 50; § 706 3;
 § 709 7, 11; § 713 5, 6; § 716 1; § 718 1 – 3
 § 719 2, 3; § 720 1; § 723 2, 5; § 725 1; § 727 3;
 § 728 1, 4; § 730 1, 2, 10; § 731 2; § 733 1 – 10
 § 734 4; § 735 1; § 736 8; § 738 1, 5, 7, 11, 14;
 § 739 1; § 1967 6
Gesellschaftsverschulden § 733 1, 41
Gesellschaftsvertrag § 611 6; § 705 1, 2, 11, 12, 13,
 14, 15, 17, 21, 23, 25, 29, 39, 42, 48, 52;
 § 706 1 – 7 § 707 1, 2; § 708 6, 8; § 709 1 – 19
 § 710 1; § 711 1; § 712 1; § 713 3; § 714 1, 4;
 § 715 1; § 718 3; § 719 6; § 721 2, 3; § 722 2;
 § 723 1, 5, 8, 19; § 724 6; § 727 1 – 10 § 730 1, 4,
 6, 10; § 731 1; § 733 4, 7; § 734 4; § 736 1, 2, 3, 6;
 § 737 1 – 6 § 738 12, 14; § 1976 8; § 2032 30, 31
– Änderung § 705 7, 13, 14, 48; § 709 5, 9, 13, 14,
 19; § 717 4; § 722 2; § 738 14
– Formbedürftigkeit § 705 13
Gesellschaftszweck § 705 2, 6, 7, 16, 17, 18, 20;
 § 706 1, 7; § 707 1, 2; § 708 6; § 709 2, 8, 10;
 § 714 4; § 723 9, 13; § 730 2; § 741 4
Gesetzes- und Sittenverstoß
– beiderseitiger ~ § 817 3
– Bordellpacht § 817 4
– Eingehung einer Verbindlichkeit § 817 12
– einseitiger ~ des Leistenden § 817 7 – 12
– Endgültigkeit § 817 13, 14
– Kenntnis § 817 10
– Kondiktionssperre (§ 817 S 2) § 817 7 – 9
– Mietwucher § 817 14
– Schutzgelderpressung § 817 4
– Schutzwck § 817 14
– Schwarzarbeit § 817 4, 15
– Sicherheiten § 817 14
– und Bereicherungsausgleich § 817; § 819 8, 9
– Veranlassungsfälle § 817 4
– Wucherdarlehen § 817 13
– Zwangslage § 817 4
– zweckentsprechende Leistungsannahme
 § 817 3 – 5
Gesetzesumgehung Art 29 19
Gesetzliche Auseinandersetzungsregeln § 2042 3
Gesetzliche Ausschlussfrist § 2061 3
Gesetzliche Erbfolge § 1964 1; § 1966 2
Gesetzliche Form § 125 7, 16
Gesetzliche Formvorschriften § 311 51
Gesetzliche Unterhaltspflicht § 2050 14
Gesetzlicher Erbe § 2011 2; § 2057 a 2
– als Nacherbe § 2104 1 ff
– als Vorerbe § 2105 1 ff
Gesetzlicher Erbteil § 2052 1
Gesetzlicher Güterstand § 313 30
Gesetzlicher Vertreter § 131 3; § 278 1, 2, 3, 16;
 § 611 23; § 1975 9; § 1997 2; § 1999 2; § 2017 2;
 § 2024 3; § 2034 18; § 2042 19
– Haftungserleichterungen § 278 3
– Haftungsverschärfungen § 278 3
– Verschulden § 278 3
– Verschuldensfähigkeit § 278 3
Gesetzliches Schuldverhältnis § 2034 22; § 2035 3
Gesetzliches Verbot § 134 5 – 7 § 138 5;
 § 275 8, 9
– Abtretung von Honorarforderungen § 134 35,
 40, 58, 60
– Arbeitnehmerüberlassung § 134 36
– Arbeitsrecht § 134 37
– Auslegungskriterien § 134 19
– Auslegungsregel § 134 1, 11, 18
– beidseitiges Verbot § 134 20
– Beschränkung der Verfügungsmacht § 134 13
– einseitiges Verbot § 134 22
– europäisches Recht § 134 8
– genehmigungsbedürftige Rechtsgeschäfte
 § 134 25
– Gesetzeswortlaut § 134 12
– Gewerberecht § 134 44
– Nichtigkeitsfolge § 134 11
– Normzweckvorbehalt § 134 16, 25
– Rechtsberatung § 134 52
– Schwarzarbeit § 134 59
– Teilnichtigkeit § 134 26
– Umgehungsgeschäft § 134 30
– Verfassungsrecht § 134 7
– Verpflichtungs- und Erfüllungsgeschäft § 134 23
– Völkerrecht § 134 9
Gesetzliches Vorkaufsrecht § 2034 7
Gesetzliches Zahlungsmittel § 244; § 245 6
Gesicherte Ansprüche des Vermieters § 551 4
Gespaltene Auslegung vor § 312 2
Gestaffelte Nacherbschaft § 2100 29; § 2106 7;
 § 2109 2; § 2120 7
Gestaltung von Haushaltsführung und Erwerbs-
 tätigkeit § 1573 23
Gestaltungsdogma § 242 41
Gestaltungsklage vor § 1385 4
Gestaltungsrecht § 242 43, 51; § 262 2; § 315 1;
 § 335 4; vor § 346 1; § 349 1; § 714 12; § 723 5;
 § 747 2; § 749 2; § 2039 9; § 2048 24
– Ausübung durch Nichtberechtigten § 185 5
– Bedingbarkeit § 158 15
– Optionsausübung vor § 145 20
– Übertragung § 413 6
Gestaltungsurteil § 2048 27
Geständnisfunktion vor § 1577 5
Gestattung der Gebrauchsüberlassung an Dritte
 § 553
Gestellung der Sicherheit § 539 12
Gestufte Begutachtung § 1600 e 50
Gesundheit § 626 7
Gesundheitliche Maßnahmen § 1963 8
Gesundheitsförderndes Verhalten § 611 86;
 § 626 7
Gesundheitsgefährdung § 569 2 ff
Gesundheitsprognose
– negative ~ § 620 64, 65, 69, 70, 73

Gesundheitsverletzung § 823 22, 26 ff
– psychische Störung § 823 27
– Schockschaden § 823 27
Gesundheitszustand § 1361 8
Getrenntleben § 1357 4; § 1361 b 8; § 1385 1 – 3
§ 1565 4; § 1566 2; § 1567 1 – 3
vor § 1577 26, 31
Getrenntlebende Ehegatten § 1360 a 12
Getrenntlebende Lebenspartner § 1360 a 12
Gewährleistung
– bei Hingabe an Erfüllungs statt § 364 1 ff
Gewährleistung bei Zuteilung § 757 1 – 3 § 758 1
Gewährleistung, Mängelrechte
– Hauptpflichten im Werkvertrag § 633
– im Reisevertrag § 651 c
Gewährleistungsausschluss s. Haftungsausschluss
§ 157 44; § 651 h
– Reisevertrag § 651 h 1 ff
– Werkvertrag § 639 1 ff
Gewalt § 1361 b 9
Gewaltanwendungsrecht § 985 8
Gewaltmittel § 1960 14
Gewässer
– Unterhaltspflicht, Ausbau § 839 1467
Gewerbebetrieb § 1004 3
Gewerbesteuer vor § 1577 16
Gewerbliche Tätigkeit § 252 11
Gewerbliche Weitervermietung § 565
Gewillkürte Erbfolge § 2011 1; § 2050 3
Gewillkürte Prozessstandschaft § 1984 10; § 2042 8
Gewillkürter Formzwang § 125 23; § 127 1
Gewinn § 1374 12; vor § 1577 13
Gewinn- und Verlustverteilung § 721 1
Gewinnabschöpfung § 253 26
Gewinnanteil § 705 51; § 709 18; § 717 1, 4;
§ 725 1
Gewinnanteilschein § 798 2; § 799 3; § 803 5;
§ 804 1 ff; § 805 1 ff
Gewinnbeteiligung § 781 6
Gewinnschätzung vor § 1577 13
Gewinnungskosten § 102
Gewinnverteilung § 706 1, 4; § 709 6, 17;
§ 721 1 – 3 § 722 1; § 734 1
Gewinnzusage Art 29 9, Art 34 13
– Anknüpfung Art 40 2
– gegenüber Verbrauchern § 661 a 1 ff
Gewissensfreiheit § 611 38; § 615 10
Gewissenskonflikte § 275 7
Gewohnheitsrecht § 157 10
Gewöhnliche Erhaltungskosten § 994 3
Gewöhnlicher Aufenthalt § 1559 1
Gewöhnlicher Lauf der Dinge § 252 6 ff
Girokonto § 676 f 6; § 700 3; § 2111 7
Girosammelverwahrung § 1005 3
Girovertrag § 311 12; § 676 a 5; § 676 f
– Beendigung § 676 f 18
– Begünstigter § 676 f 13

– Disposition § 676 g 9
– Eingang von Überweisungsbeträgen § 676 f 10
– Einzelkonto § 676 f 7
– Entgelt § 676 f 17
– fristgerechte Gutschrift § 676 g 3
– Garantiebetrag § 676 g 6
– Gemeinschaftskonto § 676 f 7
– Gutschrift § 676 f 10
– Haftungsbegrenzung § 676 g 8
– Inhalt § 676 f 4
– Konto § 676 f 6
– Kontokorrent § 676 f 8
– Kontrahierungszwang § 676 f 3
– Kündigung § 676 f 18
– Mitteilungspflichten § 676 f 14
– Pflichten des Kreditinstituts § 676 f 5 ff
– Pflichten des Kunden § 676 f 17
– Stornorecht § 676 f 11
– ungekürzte Gutschrift § 676 g 5
– unregelmäßige Verwahrung § 676 f 9
– verschuldensabhänige Ansprüche § 676 g 7
– verschuldensunabhängige Haftung § 676 g 2 ff
– Vertragsschluss § 676 f 3
– Vertragstyp § 676 f 1
– Verzinsung § 676 g 3
– Wertstellung § 676 f 12; § 676 g 4
Glaubens- und Gewissensfreiheit § 242 14
Glaubensfreiheit § 611 38
Glaubhaftmachung § 1961 9; § 1963 6; § 1980 8;
§ 1981 13; § 2010 1; § 2058 16
– des Eröffnungsgrundes § 1975 16
– rechtliches Interesse § 1960 17
Gläubiger
– Begriff § 241 8
– Mehrheit vor § 420 6
Gläubigeranfechtung § 1981 9
Gläubigeraufgebot § 1984 2; § 2042 13
Gläubigeraufgebotsverfahren § 2013 4
Gläubigerausschließung § 1994 3
Gläubigerbefriedigung § 1981 6
Gläubigerbenachteiligung § 330 7
Gläubigerfehlverhalten § 276 23
Gläubigergemeinschaft § 432
– Ausgleich § 432 2
Gläubigermehrheit § 335 3
Gläubigerverzug § 242 28; § 286 5; § 293 1
– bei Gesamtschuld § 424
– Gattungsschuld § 243 8
– unterlassene Mitwirkung, Folgen § 642 6 – 8
§ 643 1 – 3
– Wirkungen § 300 1 ff
Gleichbehandlung beider Ehegatten § 1581 10
Gleichbehandlungsgebot § 242 16
Gleichbehandlungsgrundsatz Art 30 6; § 611 35,
38; § 613 a 13; § 705 25
Gleichberechtigungsgesetz vor § 1363 2
Gleichgestellter § 611 28
Gleichgültigkeit § 1760 15

Gleichheitsgrundsatz § 611 55
Gleichlauf zwischen Untermietvertrag und Hauptmietvertrag § 540 3
Gleichrang § 1582 2, 3
Gleichzeitiges Versterben beider Ehegatten § 2269 6
Gleit- und Spannungsklausel § 535 116
Gleitklauseln § 244; § 245 21
Gleitzeitmanipulation § 626 7
Globalvergleich Art 30 7
Globalzession s. Eigentumsvorbehalt
GmbH-Anteile § 2032 31; § 2042 26
GoA § 2023 6; § 2039 7
– öffentlich-rechtliche ~ § 839 8
Gobalzession § 398 9
Grabpflegekosten § 1968 8
Grabpflegevertrag § 1968 8
Gran Canaria-Fälle Art 29 19
Gratifikation § 611 47, 70
Grenzanlage § 921 2 f
– Benutzung § 921 8 f; § 922 1 ff
– Unterhaltung § 922 4 ff
Grenzbaum § 923 1
– Beseitigung § 923 5 ff
– Eigentumsverhältnisse § 923 2 ff
Grenze zumutbarer Tätigkeit § 1577 11
Grenzen
– der Vermögensverwertungsverpflichtung § 1577 19
– des Internationales Vertragsrechts Art 37 I EGBGB Art 37 1 ff
– des Zumutbaren § 1572 9
Grenzüberbau § 912
– durch Nichtberechtigten § 185 5
– Wissenszurechnung § 166 16
Grobe Fahrlässigkeit § 276 16 – 18 § 287 1
– Anwendungsfälle § 276 16
– Begriff § 276 17
– Grenze zur Fahrlässigkeit § 276 18
– Vorwerfbarkeit § 276 17
Grobe Unbilligkeit § 1381 5 – 7
Grober Undank § 530 4 – 7
Großer Schadensersatz s. Schadensersatz statt der ganzen Leistung
– Werkmangel § 636 8
Grundbuch § 873 4; § 2032 14; § 2139 7
– Eintragung § 873 15 ff
– Fiktion der Richtigkeit § 892 15
– Grundbuchberichtigung s. dort
– Grundbuchverfahren s. dort
– Inhalt § 872; § 892 2
– Löschung § 891 9
– öffentlicher Glaube § 892
– Unrichtigkeit § 892 14; § 899 2
– Vermutung der Richtigkeit § 891
Grundbuchberichtigung § 894; § 2059 15
– Anspruchsberechtigter § 894 6
– Anspruchsverpflichteter § 894 8

– Briefvorlegung § 896
– Gegenrechte § 894 11
– Kosten § 897
– Unverjährbarkeit § 898
– Voreintragung des Anspruchsverpflichteten § 895
Grundbuchberichtigungsanspruch § 1368 3; § 2029 5
Grundbuchberichtigungsbewilligungsanspruch § 2033 27
Grundbuchberichtigungsverfahren § 1985 12
Grundbucheintragung § 1964 9
Grundbuchfähigkeit § 705 37
Grundbuchverfahren § 873 5 ff; § 892 16
Grunddienstbarkeit § 1018
– aktives Handeln § 1018 11
– Ausschluss von Rechten § 1018 27
– Beeinträchtigung § 1027
– Belastungsgegenstand § 1018 5 ff
– Benutzungsdienstbarkeit § 1018 13 ff
– Berechtigter § 1018 8 f
– Besitzschutz § 1029
– Eigentümerdienstbarkeit § 1018 9
– Entstehen; Erlöschen § 1018 28 f
– Gesamtbelastung § 1018 7
– gesetzliches Schuldverhältnis § 1018 4
– Inhalt § 1018 10 ff
– Rechtstyp § 1018 1
– schonende Ausübung § 1020
– schuldrechtliche Beziehungen § 1018 2 ff
– Sicherung von Wettbewerbsbeschränkungen § 1018 23
– Sicherungsdienstbarkeit § 1018 3
– Teilung des dienenden Grundstücks § 1026
– Teilung des herrschenden Grundstücks § 1025
– Unterhaltspflichten § 1021 1
– Unterlassungsdienstbarkeit § 1018 19 ff
– Verjährung § 1028
– Verlegung des Ausübungsbereichs § 1023 1
– Vorteil für das herrschende Grundstück § 1019 1
– Zusammentreffen mehrerer Nutzungsrechte § 1024
Gründe
– haushaltsrechtliche ~ § 620 25
– innerbetriebliche ~ § 620 75, 84
Grunderwerbsteuer
– Verkäuferhaftung § 436 9
Grundfreiheiten Art 29 25, Art 29 a 6, 11, Art 34 22
Grundgesetz § 611 38
Grundlagengeschäfte § 705 24; § 709 2, 8, 14; § 714 4
Grundpfandrecht § 1976 7
– Löschungsbewilligung, AGB § 307 24
Grundrechte § 242 13 – 15 § 611 38
Grundsatz
– der Gegenseitigkeit § 1361 6
– der Vermögenstrennung § 1363 5

– der Vollausschüttung vor § 1577 14
– von Treu und Glauben § 2039 28
Grundschuld § 1365 12
– abstraktes Schuldversprechen § 1191 15 ff
– Befriedigung aus dem Grundstück § 1191 25
– Belastungsvollmacht des Grundstücksverkäufers § 1191 5
– Entstehung § 1191 4
– Gläubiger § 1191 6
– Kündigung § 1193 1
– Rückgewähransprüche § 1191 19
– Rückgewährungsansprüche § 196 2; § 1191 14
– Sicherung fremder Schuld § 1191 9
– Sicherungsabrede § 1191 1, 7 ff
– Sicherungsgrundschuld § 1191 3, 27
– Sicherungsvertrag s. dort
– sittenwidriges Darlehen § 1191 4
– Tilgung § 1191 20
– Übersicherung § 1191 13
– Umwandlung § 1191 1 ff
– Verhältnis zu anderen Sicherungsgebern § 1191 26
– Verhältnis zur Hypothek § 1191 1
– Zahlung auf die ~ § 1191 20 ff
– Zahlung auf die Forderung § 1191 23 f
– Zahlungsort § 1191 1 f
– Zweckerklärung s. dort
Grundschuldbrief § 798 2; § 799 3
Grundschuldzinsen § 1192 2
Grundstück § 873 2; § 925 5; § 2113 5 ff; § 2130 2; § 2136 4
– Aufgabe des Eigentums § 928 2
– Bestandteilszuschreibung § 890 9
– Eigenbesitz § 900 2; § 927 2
– Eigentumserwerb § 925 2
– Ersitzung § 900
– öffentliche Lasten § 436
– Rechtsmangel § 435 12, 16, 18, 20
– Sachmangel § 434 105; § 435 17 f
– Teilfläche § 926 5
– Teilung § 890 10
– Verbrauchsgüterkauf § 474 6
– Vereinigung § 890
– Verfügung über ~ § 2113 1 ff
– Zubehör § 926
Grundstücksbeeinträchtigung §§ 906 11 ff
Grundstücksbelastungen § 567 3
Grundstücksbesitzer
– Beweislast § 836 10
– Ersatzpflichtiger § 836 8
– Gebäude § 836 3
– Haftung des § 836 1 ff
– Kausalität § 836 6 f
Grundstückseigentum
– räumliche Grenzen § 905 3 f
Grundstücksgrenze
– Festlegung §§ 919, 920; § 920
Grundstücksinventar § 2111 16
Grundstückskauf vor § 145 38

Grundstücksrecht § 873 3; § 875 2
– Änderung § 877
– Aufhebung § 875; § 876
– Erlöschen § 901
– Ersitzung § 900
– Erwerb § 873 11
– gutgläubiger Erwerb § 892
– Inhalt § 874
– Inhaltsänderung § 877
– Rang § 879
– Unverjährbarkeit § 902
– Verfügung § 893 3
Grundstücksverträge § 311 b 1 ff
– Anwartschaftsrecht § 311 b 3, 12
– Bedingung § 311 b 4
– Begriff § 311 b 2 ff
– falsa demonstratio § 311 b 13 f
– mittelbarer Zwang § 311 b 5 f
– Schwarzkauf § 311 b 13 f
– spätere Vertragsänderungen § 311 b 10
– Umfang des Formerfordernisses § 311 b 7 ff
– Vertragsaufhebung § 311 b 12
– Vertragstypen § 311 b 8
– Vollmachten § 311 b 11
– Vorverträge § 311 b 4
– Wirksamwerden durch Erfüllung § 311 b 15 ff
Grundstückszubehör
– Übereignung § 929 3
Gründungstheorie s. auch Internationales Gesellschaftsrecht; Art 27 18, 30, 36 f, 41
Gruppenarbeitsverhältnis § 611 102
Gruppenvergleich Art 30 7
GSB, Bauforderungsgesetz § 648 13
Gültigkeit eines Testaments § 1960 5
Gültigkeitsdauer des Nottestaments § 2250 1; § 2252 1
Günstigkeitsprinzip Art 30 7; § 611 42; § 2084 17 f
Günstigkeitsvergleich Art 29 21, 23; Art 29 a 7; Art 30 2 – 8
Gutachten vor § 328 21; § 810 6
Gutachten Abstammung
– Aussagekraft § 1600 e 50
– ergänzende ~ § 1600 e 53
Gutachten bei substanzlosem Vortrag
– Anfechtungsklage § 1600 e 82
Gutachtenauftrag vor § 631 26
Gutachtenpraxis § 1600 e 50
Gutachter
– bei Fertigstellungsbescheinigung § 641 a
Guter Glaube § 1984 7
– Voraussetzungen § 932 8
– Zeitpunkt bei Übereignung beweglicher Sachen § 932 12
Gütergemeinschaft § 1361 20; vor § 1415 1 – 3 § 1583 1, 3; § 1604 1; § 1970 10; § 1975 16; § 1980 9; § 1981 7; § 1990 10; § 1993 5; § 2008 1, 5, 9; § 2014 3; § 2039 2; § 2042 23; § 2054 1
– Aufhebung § 1470 1 – 3

- Auseinandersetzung § 1482 6
- Beendigung § 1482 1 – 3
- Gesamtgut § 1416 1 – 3
- Gesamtgutsverbindlichkeiten § 1438 1 – 3
- Haftung des Gesamtguts § 1463 1
- Sondergut § 1417 1 – 3
- Unterhalt § 1420 1 – 3
- Vereinbarung durch Ehevertrag § 1415 1 – 3
- Verwalterbefugnisse § 1449 1 – 3
- Verwaltung des Gesamtguts § 1421 1 – 3
- Vorbehaltsgut § 1418 1 – 3

Güterrecht, eheliches
- Aufrechnungsschranken § 387 26

Güterrechtliche Besonderheiten § 1586 b 2
Güterrechtliche Lösung § 1371 14
Güterrechtliche Verhältnisse von Kaufleuten § 1558 4
Güterrechtsregister § 1412 2 – 7 vor § 1558 1 – 3
Güterrechtsspaltung Art 15 20 f
Güterrechtsstatut Art 15
- bei Altehen Art 15 14, 24 ff

Güterstand § 1360 6; § 2008 7
- Eintritt in den ~ § 1374 5

Gütertrennung § 1388 1 – 3 § 1414 1 – 3 § 2042 22
- Eintritt der ~ § 1414 3
- Wesen der ~ § 1414 5

Gutglaubensschutz § 2111 17; § 2113 31, 33 f; §§ 2128, 2129 8; § 2129 8; § 2140 4 f
Gutgläubig verklagter Erbschaftsbesitzer § 2023 2
Gutgläubiger Erbschaftsbesitzer § 2021 1
Gutgläubiger Erwerb § 1412 10; § 1959 9; § 2020 3; § 2026 2; § 2030 4, 7; § 2041 10
- im IPR Art 43 14
- Kauf § 433 24
- von Grundstücken und Grundstücksrechten § 892
- von Zubehör § 926 4

Gutgläubiger Erwerb beweglicher Sachen § 932 1
- Abtretung des Herausgabeanspruchs § 934
- Besitzkonstitut § 933
- Erlöschen von Rechten Dritter § 936 1 – 3
- Rechtsfolgen § 936; § 936 14
- Rückerwerb § 932 6
- Voraussetzungen § 932 3 – 5

Gutgläubigkeit § 892 12; § 2022 4; § 2025 2
Gutschein § 807 4
Gutschrift § 781 8
Gutschrift (Konto) § 676 f 10
- Begriff § 676 f 6 ff
- Garantie § 676 g 6
- Kontokorrent § 676 f 8
- Lastschriftverfahren § 675 27
- Scheckinkasso § 675 34
- Wertstellung § 676 f 12; § 676 g 4

H

Haftpflichtversicherer
- Direktanspruch Art 40 8, 31

Haftsumme § 1967 21
Haftung § 241 25; § 991 1; § 1569 8
- Arbeitnehmer Art 30 3; § 611 88
- Begriff § 241 25
- bei Eintritt oder Fortsetzung § 563 b
- Betriebserwerber § 613 a 26
- Betriebsveräußerer § 613 a 26
- der Eltern § 1626 6; § 1664
- der Gesellschafter § 705 5 – 49 § 708 1 – 3 § 714 1, 6, 11; § 728 4; § 735 1; § 736 10; § 739 1
- des Erwerbers auf Kautionsrückzahlung § 566 a 1 ff
- des Mieters für den Untermieter § 540 17
- für den Zufall § 2024 3
- Schuld § 241 25

Haftung der Gesellschafter
- akzessorische ~ § 705 41; § 714 7 – 14 § 718 3; § 719 4; § 728 4; § 738 3, 8
- für Fehlbetrag § 739

Haftungsausschluss
- und Ausgleichspflicht § 425 12

Haftungsausschluss, ~beschränkung § 157 18, 43; § 536 d 3
- Hauptpflichten im Werkvertrag § 639 1 ff
- im Reisevertrag § 651 h 1 ff
- Schuld § 276 36

Haftungsbegründende Kausalität § 311 52
Haftungsbeschränkende Einrede § 1990 18
Haftungsbeschränkung § 714 14; § 723 14; § 727 8; § 1967 19; § 1970 1, 4; § 1973 1, 2; § 1974 1; § 1975 1, 5; § 1976 10; § 1977 3, 4; § 1978 10; § 1981 6; § 1984 12; § 1985 2, 25; § 1986 3; § 1989 6; § 1990 1, 4; § 1991 1; § 1992 2, 7; § 2000 2; § 2001 1; § 2008 11; § 2011 2, 4; § 2012 3; § 2016 1; § 2032 41, 43; § 2058 2, 16; § 2060 5
- beim Minderjährigen § 1629 a
- der Eltern § 1664
- zu Gunsten des Mieters § 538 25

Haftungsbeschränkungsmöglichkeit § 1976 2; § 1990 9, 20; § 1993 4; § 2006 4; § 2013 5
Haftungseinheit § 254 45; § 426 19
Haftungserleichterung § 300 2 f; § 611 89; § 1359 7
Haftungskredite § 499 4
Haftungsmasse § 1990 2; § 2060 6
Haftungsmaßstab § 1359 8; § 2100 6; § 2119 2; § 2130 9; § 2131 1 ff; § 2138 6
Haftungsmilderung für Arbeitnehmer § 276 20 – 22
- Betriebsrisiko § 276 20, 21
- gefahrgeneigte Arbeit § 276 11
- Risikoprämie § 276 21

Haftungsminderung § 293 5
Haftungsprivilegierung
- § 104 SGB VII § 618 6

Haftungsschäden § 280 29
Haftungssonderung § 1967 10

Haftungsstandard § 275 6
Haftungsvereinbarung § 1359 8; § 2013 1
Haftungsvermögen § 2055 12
Haftungsverschärfung § 2023 2; § 2024 1; § 2025 4
Halbteilungsgrundsatz § 1582 7
Handeln auf eigene Gefahr § 254 39 f
Handelsbrauch § 157 9; § 242 9
– AGB als ~ § 305 44
Handelsgeschäft § 1967 21
– Abtretbarkeit Forderungen aus ~ § 399 12
Handelsgesellschaft § 705 7, 13, 16, 20, 32
Handelsgewerbe § 705 6, 7, 16, 20, 51
Handelsmakler vor § 652 1, 9
Handelsregister § 242 43; § 705 6, 7, 37, 38, 49; § 2032 23
Handelsvertreter s. auch Ausgleichsanspruch; § 278 10; § 630 1
– Status § 611 24
HandelsvertreterRL § 241 a 3; § 242 2
Händler
– Haftung als Verkäufer § 437 49 ff
Handlungen, benachteiligende § 1375 18
Handlungsort
– bei Gefährdungshaftung Art 40 10
– bei mehreren Tätern Art 40 10
– bei Unterlassen Art 40 10
– mehrere ~ Art 40 10
Handlungsstörer § 1004 4
Handschenkung § 241 a 3; § 516 1
Handzeichen § 126 15; § 129 1
Harmonsiertes IPR Art 27 3
Härte
– für den Mieter § 574 4 ff
– unbillige ~ § 1361 b 9
– unzumutbare ~ § 1565 13 – 15
Härtegründe auf Seiten des Landpächters § 595 4
Härteregelung für Ausnahmefälle § 1576 1
Härtklausel § 1568 1 – 3
Hartz-IV-Testament vor § 2064 22
Häufige Kurzerkrankungen § 620 65
Hauptgesellschaft § 705 51, 52
Hauptleistungspflichten § 708 6
Hauptmietverhältnis § 546 13
Hauptpflichten § 241 18 – 20
– Arbeitnehmer § 619 a 2
– Erlöschen § 620 7
Hauptsache § 97 3
Haus- und Gartenordnung § 538 2
Hausangestellte § 1969 2
Hausfrauen oder -männer, Verletzung § 252 17
Hausfrauenehe § 1356 2
Hausfrieden § 569 8
Hausgenossen § 2028 1, 12
Hausgewerbebetreibender
– Status § 611 28

Haushaltsführung § 1356 1 – 3 § 1360 a 3, 5
– Pflicht zur ~ § 1353 9
Haushaltsführungsehe § 1360 12
Haushaltsgegenstand § 1361 a 5; § 1369 3 – 5 § 1370 1 – 3
– Ersatz von ~ § 1370 3
Haushaltsgeräte § 535 76
Haushaltsrechtliche Gründe § 620 25
Hauslasten vor § 1577 25
Hauslehrer § 1969 2
Häusliche Gemeinschaft § 617 1; § 618 4; § 2028 1
– Nichtbestehen der ~ § 1567 2
– Pflicht zur ~ § 1353 4
Häusliche Pflege § 616 2
Hausmann § 1581 10
Hausmannrechtsprechung § 1353 10; vor § 1577 41; § 1603 18
Hausmannsehe § 1356 2
Hausordnung § 535 124 ff; § 550 12
Hausrat § 1361 a 5; § 1372 4; § 1376 9
– Auslandsbezug Art 17 a
– eigenmächtig entnommener ~ § 1361 a 29 – 31
– im Alleineigentum stehender ~ § 1361 a 14 – 16
– im Miteigentum stehender ~ § 1361 a 20 – 22
Hausratsverteilung bei Getrenntleben § 1361 a 1 – 3
Hausstand § 1969 2
Haustier § 833 13 f; § 1361 a 10
Haustürgeschäft § 280 63; § 312
– Arbeitsplatz § 312 10
– Bürgschaft § 312 16
– Ehegatten § 312 6
– entgeltliche Leistung § 312 15 f
– europarechtliche Grundlage § 312 1
– Freizeitveranstaltung § 312 12
– Heininger § 312 a 1
– notarielle Beurkundung § 312 21 f
– öffentlich zugängliche Verkehrsflächen § 312 14
– Partyverkäufer § 312 7
– Privatwohnung § 312 11
– Sammelbesteller § 312 7
– Schutzzweck § 312 2
– Stellvertretung § 312 4
– Verhältnis zu anderen Vorschriften § 312 a
– Verkehrsmittel § 312 14
– Versicherungsverträge § 312 18
– vollzogene Bargeschäfte § 312 20
– vorhergehende Bestellung § 312 19
– Widerrufsrecht § 312 23
Hausverbot § 615 11
Hehlerei § 626 7; § 992 3
Heilung § 242 43; § 2033 19
– bei der Verfügung eines Nichtberechtigten s. Verfügung
– des Formmangels § 125 21
Heilung (der Formnichtigkeit)
– Rechtsfolgen § 494 2
– Reichweite § 494 4

- Sanktionensystem § 494 6 ff
- Schuldbeitritt § 494 4
- Verhältnis zum Widerrufsrecht § 494 2; § 495 3
- Vertragsübernahme § 494 4
- Voraussetzungen § 494 5

Heimarbeiter § 611 28; § 630 1

Heimpflegevertrag § 280 71

Heimvertrag § 549 2
- AGB § 309 14

Heininger § 355 6

Heiratsvermittlung s. Ehevermittlung; § 656 1 ff

Heizenergie § 559 b 4

Heizkosten § 535 101 ff, 105

Helfer § 611 23

Hemmung § 242 47; § 1977 13; § 1997 2; § 2034 31; § 2039 15
- der Verjährung § 2014 8

Herabsetzung der Vorauszahlungen § 560 21

Herausforderung § 249 49

Herausgabe § 292 1; § 985 8; § 2029 2
- beim Fund § 969
- der Bereicherung § 547 8; § 2029 1
- des Erlangten § 1959 4
- Klageerhebung § 291 1
- Mindesthaftung § 291 1

Herausgabe des Erlangten § 818 3 – 5 § 822 4
- Besitz § 818 2, 5
- dingliche Rente § 818 3
- Ersatzvorteile § 818 8
- Ersterwerber § 822 5
- Forderungen § 818 3
- Gebrauchswert § 818 6
- Kapitalertrag § 818 7
- Nutzungen/Gebrauchsvorteile § 818 5 – 7 § 822 4
- rechtsgeschäftliche Surrogate § 818 8
- Sach- und Rechtsfrüchte § 818 5
- Surrogate § 818 8; § 822 11
- unentgeltliche Weitergabe § 822 3
- Zinsaufwendung § 818 7
- Zinsnutzungen § 818 7
- Zuwendungsgegenstand § 818 3

Herausgabeanordnung § 2103 1 ff

Herausgabeanspruch § 562 b 12 f; § 985 1, 10; § 1979 10; § 2018 15, 23; § 2022 3; § 2024 3; § 2030 5, 6; § 2031 2
- Abtretung zur Übereignung § 931 4; § 934 1 – 3
- bei Besitzentziehung § 861
- des Nacherben § 2100 9; § 2113 14, 35; § 2130 1 ff
- Frist § 197 2
- nach Eintritt der Verjährung § 852 1
- Verjährung § 194 6

Herausgabekosten § 985 15

Herausgabeort § 985 13

Herausgabepflicht § 260 3; § 1986 2; § 1990 15; § 2019 10; § 2056 2

Herausgabeprozess § 985 25

Herausgabezustand § 985 12

Herkunft des Vermögens vor § 1577 19

Herkunftslandprinzip Art 29 20; Art 40 23

Herrenlose Sache
- Aneignung § 958
- Bienenschwarm § 961
- Tiere § 960

Hersteller § 823 182 ff; § 950 5 – 7
- Haftung als Verkäufer § 437 48, 50 f

Herstellergarantie § 328 20

Herstellerklausel § 950 1 – 7

Herstellerleasing § 535 10

Herstellung § 249 2
- bei Nichtvermögensschäden § 249 20
- durch Geldzahlung § 249 12 ff
- Inhalt § 249 5
- Personenschäden § 249 11
- Sachschäden § 249 6 ff
- Unmöglichkeit der ~ § 251 2

Herstellungskosten § 556 4
- fiktive ~ § 249 26

Herstellungskosten, Ersatz
- Wahlrecht des Geschädigten § 249 20

Herstellungskosten, fiktive § 249 26

Herstellungspflicht § 1353 21
- des Unternehmers § 633 12

Heterologe Befruchtung § 1592 6

Hierarchieebene § 620 80

Hilfspersonen § 267 3

Hinderung angemessener wirtschaftlicher Verwertung § 573 1 ff

Hinterlegung § 268 7; § 275 29; § 372 1 ff; § 1959 8; § 1960 16; § 1986 5; § 2018 2; § 2046 5
- Annahmeverzug § 372 13
- Anzeigepflicht § 374 3 f
- Befugnis § 372 1, 12
- Eignung § 372 6
- Erfüllung § 372 3
- Erfüllungssurrogat § 372 1
- Erlöschen des Gläubigerrechts § 382 1 ff
- Gefahrtragung des Gläubigers § 379 3
- Gegenstand § 372 8 ff
- Geld § 372 8
- Gesamtschuld § 422 2
- Hinterlegungsordnung § 372 25 ff
- Kostbarkeiten § 372 11
- Kosten § 381 1 f
- Leistungsverweigerungsrecht § 379 2
- Nachweis der Gegenleistung § 373 5
- Nachweis Empfangsberechtigung § 380 1 ff
- Notar § 372 5
- Nutzungen § 379 4
- Ort § 374 1 f
- Postübersendung § 375 1
- Prätendentenstreit § 372 14 ff
- Rücknahmerecht § 376 1 ff; § 377 1 f; § 379 1; § 380 1 f
- Schadensersatz § 374 2, 4

- Sicherheit § 372 4
- Stelle § 372 5 ff
- Urkunden § 372 10
- Vereinbarung § 372 6, 21
- Versteigerung § 383 1 ff
- Verzinsung § 379 4
- Verzug § 379 4
- von Wertpapieren §§ 2116, 2117 1 ff; § 2117 1 ff
- Wertpapiere § 372 9
- Wirkung bei ausgeschlossener Rücknahme § 378 1 ff
- Zug-um-Zug-Leistung § 373 1 ff
- Zurückbehaltungsrecht § 373 2

Hinterlegungsordnung § 372 25 ff
Hinterlegungsort § 374 1 f
Hinweis
- nach §§ 2, 37 b SGB III § 620 99

Hinweispflicht
- Arbeitgeber/Dienstberechtigter § 611 96

Hinzuerwerb § 2007 3
Hinzurechnung § 1374 11 ff; § 1375 8 – 13
HOAI Art 34 7; § 632 21
- im Werkvertrag § 631 24 f, 31

Hochseeschiffpersonal Art 30 10
Höchstbetragshypothek § 1179 a 5; § 1190 1 ff
- verdeckte ~ § 1190 6

Höchstgrenze § 2051 5
Höchstpersönliche Rechte § 1960 29; § 1985 11; § 2019 3, 11; § 2033 31
Höchstpersönlichkeit
- formelle ~ § 2064 1
- materielle ~ § 2065 1

Höchstwert des Wertersatzes § 882
Höchstzinssatz § 1115 4
Höfeordnung § 1371 7
Hoferbe § 2057 a 1; § 2058 20
Höferecht § 2100 70
Höhe
- der Ersparnis vor § 1577 12
- der Sicherheitsleistung § 551 10
- des Ausbildungsunterhalts § 1575 7
- des Taschengeldes § 1360 a 8
- des Wirtschaftsgeldes § 1360 a 6

Höhe des Ersatuanspruchs § 539 7
Hoheitsakt
- Abhandenkommen § 935 7

Höhere Gewalt § 276 5 – 33 § 1997 2
- Begriff § 276 33
- CISG § 276 32, 33
- Vorhersehbarkeit § 276 33
- Zufall § 287 3

Holschuld § 243 10; § 268 2; § 296 2; § 447 1
Homologe Befruchtung § 1592 6
Hypnose § 1314 32
Hypothek § 1113 1 ff; § 1365 12; § 1976 7; § 1978 8; § 2111 10, 13; § 2114 1 ff; §§ 2124, 2126 13; § 2125 13; § 2126 13
- Ablösungsrecht Dritter § 1150 1
- Abtretung der Forderung § 1154 1, 4; § 1155 1 ff
- Abtretungskette § 1155 3
- Akzessorität § 1113 3; § 1153 1 ff; § 1156 1
- Anwartschaftsrecht § 1163 3
- Aufhebung § 1183 1 ff
- Aufrechnungsbeschränkung § 1125 1 ff
- Ausschluss des Löschungsanspruchs § 1179 a 10 f
- Ausschluss unbekannter Gläubiger § 1170 2
- bedingte Forderung § 1183 8
- Befriedigung aus dem Grundstück § 1181 1
- Befriedigungsabreden § 1148 1
- Befriedigungsrecht des Eigentümers § 1142 1 ff
- Begriff § 1113 3
- Belastungsgegenstand § 1113 14
- Benachrichtigung des Schuldners § 1166 1 ff
- Berichtigungsurkunden § 1167 1
- Beschlagnahme § 1121 2 ff; § 1123 3
- Bestandteilszuschreibung § 1131 1 ff
- Bezugnahme auf Eintragungsbewilligung § 1115 1, 6
- Duldung der Zwangsvollstreckung § 1147 1
- Duldungstitel § 1147 2
- Eigentumsfiktion § 1148 1
- Einreden § 1137 1 ff; § 1157 1 ff; § 1169 2
- Eintragung § 1115 1 ff
- Entstehung § 1113 5, 11
- Erlöschen durch Zwangsversteigerung § 1181 1 ff
- Feuerversicherung § 1128 2
- Flurbereinigung § 1114 4
- Forderungsauswechslung § 1180 1 ff; § 1190 1
- Forderungsübergang § 1143 1
- Gebäudeversicherung § 1129 1 ff
- Geltendmachung § 1160 2; § 1161 1
- Gesamthandseigentümer § 1143 5
- gesetzliche ~ § 1113 11
- Gläubiger § 1115 2
- gutgläubiger Erwerb § 1138 1 ff; § 1140 1 ff
- Haftung des Anwartschaftsrechts § 1120 8
- Haftung des Zubehörs § 1120 7, 9; § 1121 1 ff; § 1122 1
- Haftung für Nebenforderungen § 1118 1
- Haftung getrennter Bestandteile § 1120 4 ff
- Haftung von Miete und Pacht § 1123 1 ff
- Haftung wiederkehrender Leistungen § 1126 1 ff
- herrenloses Grundstück § 1168 3
- Hinterlegung des Forderungsbetrags § 1171 1 ff
- Kosten § 1113 12; § 1158 2
- Kündigung § 1141 1 ff
- Löschungsanspruch bei eigenem Recht § 1179 b 1 ff
- Löschungsanspruch bei fremdem Recht § 1179 a 1 ff
- Mahnung § 1146 1
- Miteigentumsanteil § 1114 1 ff
- Mithaftvermerk § 1132 3
- Nacherbenzustimmung zur Aufhebung § 1183 5
- Nebenleistung § 1158 2
- Nichtigkeit eines Verfügungsverbots § 1136 1 ff
- praktische Bedeutung § 1113 2
- Rang § 1113 16
- Rangänderung § 1151 1

– Rückstände von Nebenleistungen § 1159 1
– Schuldverschreibung auf den Inhaber § 1188 1 f
– Teilleistung § 1145 1
– Teilung § 1113 19
– Übergang auf den Schuldner § 1164 1 ff
– Übertragbarkeit § 1113 18
– Umlegungsverfahren § 1113 11; § 1114 4
– Umstellung auf Euro § 1113 4
– unbekannter Gläubiger § 1170 2
– Unterlassungsanspruch § 1134 1 ff
– Verbraucherschutz § 1144 1; § 1191 14 f
– Vereinigung von Grundstücken § 1131 1
– Verfallsvereinbarung § 1149 1
– Verjährung § 1113 19
– Verschlechterung des Pfandobjekts § 1113 2; § 1135 1
– Versicherungsforderung § 1127 1 ff
– Verteilung auf mehrere Grundstücke § 1132 12
– Verzicht des Gläubigers § 1165 1 f; § 1168 1 ff
– Verzugszinsen § 1146 1
– Widerspruch des Eigentümers § 1139 1 ff
– Wiederaufbau § 1130 4
– Wiederherstellungsklausel § 1130 1 ff
– Zubehör § 1120 7, 9; § 1121 1 ff; § 1122 1; § 1135 1
– Zwangsversteigerung s. auch Grundschuld; § 1147 1
Hypothekenbrief § 793 4; § 799 3; § 1116 1 f
– Aufgebot § 1162 1 ff
– Aushändigung an den Eigentümer § 1144 1
– Aushändigung durch das Grundbuchamt § 1117 4
– Ausschlussurteil § 1162 3
– Teilbrief § 1116 3; § 1152 1
– Übergabe an Zessionar § 1154 1
Hypothekenzinsen § 1113 19; § 1115 4; § 1118 2; § 1150 3
– Erhöhung des Zinssatzes § 1119 2
Hypothetischer Parteiwille § 133 27, 28; § 139 19; § 140 2, 10

I
Ideelle Bruchteile § 741 1, 5
Ideeller Erbteil § 2060 1
Identitätsirrtum § 119 25
Identitätsschutz § 12 46
Illoyale Vermögensverfügung § 1379 12
Immaterialgüterrechte § 823 20, 67, 80; § 826 39 f
– Anknüpfung bei Verletzung Art 40 24 f
– gemeinschaftsweite ~ Art 40 25
– Lizenzanalogie § 823 20
– Schutzlandprinzip Art 40 24
– Territorialitätsprinzip Art 40 24
Immaterieller Schaden § 280 53
– im internationalen Deliktsrecht Art 40 3
Immissionen
– im IPR Art 44

Immissionsschutz §§ 906
– Mietwohnung und Wohnungseigentum §§ 906 10
Immobiliardarlehensverträge § 492 5, 11 ff; § 495 1; § 497 1
Immobiliarkredit Art 29 12
Immobiliarverträge Art 29 8
Immobilien § 1376 9
Immobilienfonds § 705 49
Immobilienmakler § 316 2
In-Prinzip vor § 1577 16, 43
Inbesitznahme § 1960 13
INCOTERMS 2000 § 157 9; vor § 433 27
Indexierung § 1374 6 – 8
Indexmiete § 557 b 1
Individualvereinbarung
– keine AGB § 305 12 – 14
Individualvertragliche Änderungsvereinbarung § 538 20
Individuelle Gesichtspunkte § 1581 1
Individuelle Prüfung § 1581 6
Indiz für die Zumutbarkeit § 1577 12
Informationsfreiheit § 535 79
Informationspflichten § 242 56 – 58 § 280 60; § 535 27 ff
– Architekt § 631 25
– bei Geschäftsbesorgung § 675 a
– Reiseveranstalter § 651 a 22 – 25
– Werkunternehmer § 631 24
Ingenieurvertrag vor § 631 26
Inhaberaktie § 793 2; § 798 2; § 801 1; § 2042 26
Inhabergrundschuld § 1195 1 ff
Inhabergrundschuldbrief § 793 2, 9; § 800 1; § 801 1
Inhaberkarten § 807 1 ff
Inhaberlagerschein § 793 9, 11
Inhabermarken § 807 1 ff
Inhaberpapier § 398 8; § 793 2
– klein ~ § 803 1; § 807 1 ff
Inhaberrentenscheine § 803 5
Inhaberscheck § 793 2; § 990 7
Inhaberschuldverschreibung s. Schuldverschreibung auf den Inhaber
Inhaberzeichen § 793 2
Inhalt
– der Kündigungserklärung § 542 5 ff
– des Selbsthilferechts § 562 b 8 ff
Inhaltsänderung eines Grundstücksrechts § 877
Inhaltsfreiheit § 311 28
Inhaltsirrtum § 119 23; §§ 2078, 2079 1; § 2079 1
Inhaltskontrolle § 138 7, 8; § 242 25; § 244; § 245 7
– AGB § 307; § 308; § 309
– arbeitsrechtliche Kollektivvereinbarungen § 242 25

– Tarifverträge § 242 25
Inkassokosten § 280 25
Inkassozession § 398 18
Inklusivmiete § 535 114; § 551 10
Inkognito-Adoption § 1760 7
Inlandsbetrieb Art 30 4
Inlandsbezug Art 34 4
Innen-GbR § 705 33, 34, 51; § 712 2; § 713 5; § 714 1, 7; § 718 1; § 722 1; § 723 3; § 728 1, 7; § 730 2, 3; § 737 1; § 741 4
Innengesellschaft s. Innen-GbR
Innerbetriebliche Gründe § 620 75, 89
Innere Sorgfalt § 276 3, 10
Insassenunfallversicherung § 249 80
Insichgeschäft § 181
– bei amtsempfangsbedürftigen Willenserklärungen § 181 11
– bei der Ein-Mann-GmbH § 181 9
– bei der Erfüllung einer Verbindlichkeit § 181 17
– bei der Untervertretung § 181 10
– bei Gesellschafterbeschlüssen § 181 8
– bei Interessenkollisionen § 181 12
– bei Prozesshandlungen s. dort
– bei rechtlich vorteilhaften Rechtsgeschäften § 181 9
– Beweislast § 181 20
– Gestattung § 181 13 ff
Insolvenz § 158 27; § 535 53 f; § 614 1
– Aufrechnung § 394 5
– der Gesellschaft § 707 2; § 714 10; § 728 1 – 6 § 730 2
– des Gesellschafters s. Gesellschafterinsolvenz
– des Mieters § 562 34
– des Nacherben § 2100 65; § 2142 2
– des Nachlasses § 2100 66
– des Vorerben § 2100 64
– Selbsthilfe § 229 4
Insolvenz des Vermieters § 535 54
Insolvenzantrag § 1985 19; § 1992 1
Insolvenzeröffnung § 1963 3
Insolvenzgeld Art 34 15; vor § 1577 18
Insolvenzgericht § 1975 16; § 1980 1
Insolvenzmasse § 1959 10; § 1977 5; § 1984 14; § 2034 35; § 2044 3
Insolvenzplan § 1989 1, 5; § 2000 1
Insolvenzrecht
– Anknüpfung Art 40 7
Insolvenzverfahren § 620 4; § 728 1 – 8 § 730 2; § 736; § 1959 10; § 1968 1; § 1979 9; § 1980 17; § 1989 2, 4; § 1990 16; § 1991 9; § 2019 10; § 2042 40; § 2060 12
– Obliegenheit § 1603 9
Insolvenzverwalter § 286 3; § 613 a 12; § 1976 10; § 1987 2; § 1988 2; § 1989 2; § 2034 8; § 2038 4; § 2042 7
Instandhaltung § 556 4
Instandhaltungsmaßnahmen vor § 1577 25

Instandhaltungspflicht
– Abbedingung § 536 6
Instandhaltungsrücklage vor § 1577 23
Instandsetzung § 556 4
Instruktionspflichten
– des Verkäufers § 437 58
Integrationsamt § 620 91
Integritätsinteresse § 823 39, 41
Integritätsverletzungen § 276 37
Interesse
– negatives ~ § 179 II
– positives ~ § 179 I
Interessenabwägung § 620 56 – 70 § 626 3; § 1582 4; § 1585 2
Interessenausgleich § 613 a 11, 40; § 620 88, 96
Interessenwegfall § 628 3
Interessenwiderstreit § 1981 16
Internationale Zuständigkeit § 1962 2; § 1975 10; § 1981 9
Internationales Gesellschaftsrecht
– Centros-Entscheidung Art 27 27
– Costa/E.N.E.L.-Entscheidung Art 27 2
– Daily Mail-Entscheidung Art 27 32 f
– Einheitslehre Art 27 17, 24
– gemeinsamer Referenzrahmen Art 27 6, 16
– Gerichtsstandsvereinbarung Art 27 7
– Gründungstheorie Art 27 18, 30, 36 f, 41
– Inspire Art-Entscheidung Art 27 27
– Investitionsschutzabkommen Art 27 18
– Marks & Spencer-Entscheidung Art 27 26
– Parteiautonomie Art 27 4
– Personalstatut Art 27 25
– Sitztheorie Art 27 18, 33, 42 ff
– Staatsverträge Art 27 36 ff
– Überseering-Entscheidung Art 27 27
Internationales Privatrecht § 611 106
– Forderungsabtretung Art 33 2 ff
– Schuldübernahme Art 33 11
Internationales Sachenrecht
– Einleitung Art 43 1 ff
– Grenzübertritt Art 43 17 ff
– lex rei sita Art 43 6 ff
– Rechtswahl Art 43 6; Art 46 2
– Transpositionslehre Art 43 17
– Wertpapiere Art 43 9
Internationales Schuldrecht
– Auslegung Art 27 14; Art 32 6 ff
– Beweis Art 32 57 ff
– culpa in contrahendo (cic) Art 32 53 ff
– Dissens Art 31 5; Art 32 9
– Drittstaaten Art 27 33
– Einheitskollisionsrecht Art 37 7
– engste Verbindung, Vermutung der Art 28 4 ff
– Erfüllung Art 32 11 ff
– Erlöschen Art 32 36 ff
– Factortame-Entscheidung Art 36 9
– Fälligkeit s. Erfüllungszeit
– Feiertage s. Erfüllungsortrecht

– Gefahrtragung Art 32 20
– Gerichtsstandsvereinbarung Art 27 12; Art 32 10
– Haftungsbeschränkungsvereinbarungen Art 32 18
– Handeln unter falschem Recht Art 32 8
– Incoterms Art 32 7
– Integritätsinteresse Art 32 32
– Internationale Zuständigkeit Art 32 47
– Konsens Art 32 9
– Mehrrechtsstaaten Art 35 5
– Murphy-Entscheidung Art 36 9
– Niederlassung Art 28 14, 19
– Novation Art 32 19
– Parteiautonomie Art 27 1
– Rückverweisung Art 28 2
– Schadensersatz Art 32 35
– Stabilisierungsklausel Art 27 3
– Substitution Art 32 12, 28, 47
– teilweise Rechtswahl Art 27 20
– Treu und Glauben Art 32 14
– Vergleich Art 32 19, 36
– Versteigungsklausel Art 27 3; Art 32 5
– Vertragsabschluss Art 32 3, 9
– Vertragsfreiheit Art 32 5
– Vertragsstrafeversprechen Art 32 18
– Verwirkung Art 32 44
– Wahlrecht Art 32 18
– Wegfall der Geschäftsgrundlage Art 32 14, 33
– Wertpapierrecht Art 37 5 ff
– Zinsen Art 32 1, 35
Internet Art 29 16; Art 29 a 4
– Einbeziehung von AGB § 305 27
Internet, Wettveranstaltung § 762 9 f; § 763 14
Internetdomain § 12 7
Internetnutzung
– private ~ § 626 7
Inventar § 1960 27; § 1970 2; § 1984 2; § 1985 24; § 1993 1, 2; § 1994 12; § 1998 3; § 1999 2; § 2000 2; § 2002 1; § 2009 2; § 2011 3; § 2014 2; § 2027 4; § 2063 3
– gewerbliches ~ § 98 2
– landwirtschaftliches ~ § 98 3
– Zubehör § 98
Inventaraufnahme § 2003 3, 4; § 2004 1
Inventareröffnung § 2058 17
Inventarerrichtung § 1979 6; § 1980 15; § 1989 1; § 1990 5; § 1993 4; § 1998 1, 3; § 2001 2; § 2002 7; § 2005 7; § 2062 4; § 2063 2
Inventarfrist § 1960 27; § 1985 18; § 1994 5, 6; § 1995 1; § 1996 1, 2; § 1997 1; § 1999 1; § 2003 4; § 2005 5; § 2007 3; § 2008 2, 5; § 2011 3; § 2012 2, 6; § 2013 8; § 2014 2; § 2033 26; § 2039 7
Inventarpflicht s. Verzeichnis der Nachlassgegenstände
Inventarübernahme zum Schätzwert § 582 a
Inventaruntreue § 2000 2; § 2003 7; § 2004 3; § 2006 12; § 2008 8; § 2009 3; § 2013 8; § 2014 2; § 2063 3

Inventarverfehlung § 2008 2
Inventarversäumnis § 1993 4; § 2006 12; § 2008 8
Inverzugsetzung § 1360 16
Investitionsschutzabkommen s. Internationales Gesellschaftsrecht Art 27 18
Investmentanteilschein § 793 7
Investmentzertifikat § 798 2; § 799 3
InvG § 280 64
Invitatio ad offerendum Art 29 16, Art 29 a 4; § 145 6 ff
Irrtum § 119 1; § 158 14; § 2027 14
– Kalkulations~ § 433 38, 49
– über Rechtslage §§ 913, 914 36
Irrtum über Rechtslage § 313 36
Irrtumsanfechtung § 119 1 – 3 § 782 5

J
Jagdrecht § 249 38
Jahresbruchteil
– Fristberechung § 189 1
Jahresfrist § 556
Job-Sharing § 611 103
Jubiläumszuwendungen § 611 70; vor § 1577 11
Juristische Person § 626 14
– Abgrenzung vor § 21 4
– Abhandenkommen § 935 12
– als Nacherbe § 2101 9; § 2108 10; § 2109 10
– Arten vor § 21 3
– Begriff vor § 21 1
– Besitz § 854 14
– Durchgriffshaftung vor § 21 8, 9
– Entstehung vor § 21 1
– Existenzvernichtungshaftung vor § 21 9
– Haftung § 31; § 89
– Handlungs- und Deliktsfähigkeit vor § 21 7
– Insolvenz § 89 6
– öffentlich-rechtliche ~ vor § 21 3; vor § 89
– privatrechtliche ~ vor § 21 1, 3
– Ultra-vires-Lehre vor § 21 6
– Ultrakapitalisierung vor § 21 9
– Vermögensvermischung vor § 21 9
– Zweck vor § 21 2
Just-in-time Vertrag § 281 17

K
Kabelanschluss § 535 79
Kabotage Art 34 9
Kaffeefahrten Art 29 18
Kalendermäßige Befristung § 620 11
Kalkulationsirrtum § 119 30; § 313 34
– offener Kalkulationsirrtum § 119 32
– verdeckter Kalkulationsirrtum § 119 31
Kampfsportarten § 254 40
Kanonisches Recht vor § 2229 6
Kapital- und Zahlungsverkehr Art 34 6
Kapitalabfindung § 843; § 1585 2
– Abänderungsklage § 843 7
– wichtiger Grund § 843 6

Kapitalanlagen, Gewinne § 252 20
Kapitalgesellschaft § 1985 13
Kapitallebensversicherung § 1372 6
KAPOVAZ § 611 104
Kappungsgrenze § 557 1; § 558 17 ff; § 559 1
Kartellrecht Art 34 2, 14, 16
– Auswirkungsprinzip Art 34 14, 16
– Beihilfekontrolle Art 34 16
– Fusionskontrolle Art 34 16
– Gruppenfreistellungsverordnung Art 34 16
Kartellrechtliche Vereinbarungen vor § 145 7
Kasuistik unbilliger Vermögensverwertung § 1577 20
Katastrophenschutz § 839 103
Kauf § 328 20; §§ 433 ff
– Abgrenzung zum Werkvertrag vor § 433 1, 20 ff
– aliud s. unter Mängelrecht
– Anfechtung § 437 68 ff
– Ankaufsrecht s. unter Optionsrecht
– Aufbewahrungspflicht des Käufers § 433 52
– Culpa in Contrahendo § 437 72 ff; § 438 4
– Deliktsrecht § 437 79; § 438 9
– Gattungskauf s. unter Mängelrecht
– Geschäftsführung ohne Auftrag § 437 78
– Hauptleistungspflichten § 433 1, 5, 16, 35
– Käuferpflichten § 433 35 ff
– Kraftfahrzeug s. unter Gebrauchtwagen s. unter Neuwagen
– Mehrlieferung s. unter Mängelrecht
– Minderlieferung s. unter Mängelrecht
– Montage s. unter Mängelrecht
– Montageanleitung s. unter Mängelrecht
– nach Muster s. unter auf Probe
– Nachnahmelieferung § 433 42, 54
– Nachprobe s. unter Mängelrecht
– Sachkauf § 433 2, 7 ff
– Sachverbindungen § 453 23 ff
– sonstige Gegenstände § 453 16 ff
– Urkunden über Kaufsache § 433 26
– Verkäuferpflichten § 433 16 ff
– Verpackung § 437 62
Kauf auf Probe § 158 7; § 456 f
Kauf bricht nicht Miete § 566
Kaufkraftschwund § 2055 15
Kaufmann § 276 11
Kaufmännisches Unternehmen § 2032 19
Kaufmännisches Zurückbehaltungsrecht § 1971 2
Kaufpreis § 433 36 ff
– Bestimmtheit § 433 37
– Beweislast für Zahlung § 433 54
– Fälligkeit § 433 41 ff
KaufrechtsRL § 281 28
Kausale Verletzungshandlung vor § 1577 32

Kausalität § 249 43 – 45 § 346 14; § 823 2, 4, 7; § 1570 4; § 1572 5
– Adäquanztheorie s. Adäquanztheorie
– adäquate ~ § 249 44 – 46
– alternative Kausalität § 830 7 ff
– äquivalente ~ § 249 43 – 45
– Äquivalenztheorie s. Äquivalenztheorie
– extreme Empfindlichkeit § 249 68 – 70
– kumulative Kausalität § 830 7 ff
– psychisch vermittelte ~ § 249 48 – 50
– Reserveursachen § 249 102, 103, 104
– Schutzzweck der Norm s. Schutzzweck der Norm
– Verletzung der ärztlichen Aufklärungspflicht § 249 56
Kausalzusammenhang § 1575 8
Kaution
– abwohnen § 551 16
– als aufschiebende Bedingung § 158 6
Kautionsabrechnung § 551 18 f
Kautionskonto des Mieters § 551 7
Kein abschließender Katalog § 1574 4
Kenntnis § 276 14; § 1980 14
– der Überschuldung § 1979 4
– positive ~ § 626 13
Kenntnis des Mieters vom Mangel bei Vertragsschluss oder Annahme
– Anwendungsbereich § 536 b
– Grundsätzliches § 536 b
Kernbereich § 1585 c 6
– der Mitgliedschaft § 709 16, 18; § 717 2
Kette von Abtretungserklärungen § 1155 3
Kettenadoption
– Verbot § 1760 8
Kettenstundungen § 499 1; § 506 3
Kettensurrogation § 2019 9
Kettenvertrag § 249 100
KFZ
– im IPR Art 45 3
Kfz-Brief § 1006 1
Kfz-Diebstahl
– im IPR Art 46 3
Kiesgrube § 2123 1
Kind
– des Erblassers § 2068 1
– minderjährig, volljährig § 1360 a 12
– Wohnsitz § 11
Kindbezogene Leistungen § 1612 c
Kinderbetreuung § 1353 10; § 1572 7
Kinderbetreuungskosten vor § 1577 47
Kindergeld vor § 1577 18
Kindergeldanrechnung § 1612 b 1 ff
– alleinige Anspruchsberechtigung § 1612 b 10
– Anrechnung im Mangelfall § 1612 b 13
– Anrechnung nach V § 1612 b 11 f
– Auswirkungen auf den Bedarf § 1612 b 5 f
– steuerrechtliche Grundlagen § 1612 b 2 ff

Kinderhandel
– Adoptionsverbot § 1760 7
Kinderloser Vorerbe § 2107 1 ff
Kinderschutzklausel § 1568 3
Kindersunterhalt vor § 1577 2
Kinderzuschüsse vor § 1577 7
Kindesanhörung § 1671 75 f
Kindesbetreuung § 1577 12
Kindesherausgabe § 1632
– Anspruch § 1632 1 ff
– Verbleibensanordnung § 1632 IV 5 ff; § 1682
Kindesunterhalt vor § 1577 28
Kindeswille § 1671 74 ff; § 1684 53
Kindeswohl
– Abänderung § 1696 8 ff
– Auskunftsrecht § 1686 8 ff
– Gefährdung § 1666; § 1671 11
– Kindesherausgabe § 1632 3, 9
– Kriterien § 1671 29
– Prinzip § 1697 a
– Prüfung § 1671 10, 18 ff; § 1672 7 ff, 12 ff
– Umgang § 1684 1, 34
– Umgangsrecht § 1685 6 ff
– Unterbringung § 1631 b 3
– Verbleibensanordnung § 1632 IV 9 ff; § 1682 7
– Vorrang vor Elterninteressen § 1671 16
Kindeswohlprüfung § 1671 15 ff
– auf Antragsteller § 1671 34 ff
– Aufhebung der gemeinsamen Sorge § 1671 18 ff
– Bindungen des Kindes § 1671 61 ff
– Bindungstoleranz § 1671 54 ff
– Erziehungsgeeignetheit § 1671 28, 31
– Förderungsgrundsatz § 1671 36 ff
– Geschwisterbindung § 1671 68
– Kindesanhörung § 1671 75 f
– Kindeswille § 1671 74 ff
– Kontinuitätsgrundsatz § 1671 71 ff
– Kooperationsbereitschaft § 1671 24 f
– Kooperationsfähigkeit § 1671 24 f
– praktische Bedeutung § 1671 29
– Teilbereiche § 1671 32 f
– Weigerungshaltung § 1671 26
Kindschaftsreformgesetz § 2053 6
Kirche § 839 106
Klage
– auf Erfüllung der Mitwirkungspflicht § 2038 9
– auf Feststellung § 2018 26
– auf Verwendungsersatz § 2022 10
Klageabweisung § 1973 8
Klageänderung § 2059 16
Klageerhebung § 1965 6
Klagefrist § 626 21
Klagepflegschaft § 1961 1
Klagerücknahme § 2023 3
Klageverzicht § 1365 14
Klageweg § 2006 1, 3; § 2038 15

Klärungsversuch
– innerbetrieblicher ~ § 611 83
Klausel § 1958 8
Klauselumstellung § 1973 11
Klavier § 1361 a 6
Kleinbetriebsklausel § 620 52
Kleiner Schadensersatz s. Schadensersatz statt der ganzen Leistung
Kleingewerbetreibende Art 29 3
Kleinunternehmen § 622 6
Kollegialorgan § 626 14
Kollisionsnorm
– versteckte § 245 7
– versteckte ~ § 244
Kollisionsrecht vor § 2229 4 – 6
– Kollisionsnormen Art 27 4
– Pfandrecht vor § 1204 14
– spätere Rechtswahl Art 27 5
– Teilrechtswahl Art 27 20
Kollusion § 138 121
– beim Missbrauch der Vertretungsmacht § 164 69
Kommanditanteil § 1967 21
Kommanditist § 1967 21
Kommerzialisierung § 253 3 ff
Kommerzialisierungsschutz § 12 52
Kommission § 278 10
Kommissionär § 611 23
Kommissionsgeschäft vor § 433 24
Kommissionsvertrag vor § 631 26
Kommunalschuldverschreibung § 793 7
Kompaktgutachten § 1600 e 52
Kompensationsinteresse § 251 5
Komplementär § 1967 21
Kondiktionsausschluss § 813 5; § 814 5; § 815 5; § 817 7 – 9
Kondiktionssperre s. Kondiktionsausschluss; § 134 28; § 817 7 – 9
Konfusion § 241 9; § 275 29; § 362 2; § 1976 3, 4; § 1991 6; § 2001 2; § 2100 11; § 2143 1
Konkludenter Regressverzicht des Versicherers § 538 24
Konkludentes Verhalten § 133 10, 37
Konkretisierung § 262 5; § 268 1; § 293 7; § 300 6
– Absenkung des Haftungsstandards § 243 9
– Annahmeverzug § 243 10
– Beschaffungsrisiko § 243 9
– Bindung § 243 12
– Mangelfreiheit § 243 11
– Übergang der Leistungsgefahr § 243 9
– Verschlechterungsgefahr § 243 11
– Versendungskauf § 243 12
– Voraussetzung § 243 10
Konkurrenz
– elektive ~ § 262 8; § 264 4
Konkurrenzschutz § 535 35
Konnexität § 273 10

Konsolidation § 889; § 1976 3, 4; § 1991 6; § 2001 2; § 2100 11; § 2143 1
Konstitutive Bedeutung s. auch Internationales Gesellschaftsrecht, Staatsverträge; Art 27 37
Konstruktive Nacherbfolge § 2100 12
Konstruktive Vorerbschaft § 2100 12
Kontensperrung § 1960 18
Kontokorrent § 248 3; § 289 1; § 387 7; § 782 3, 6; § 1967 6
Kontokorrentkonto § 488 9; § 493 2
Kontokorrentverhältnis § 781 5
Kontokorrentvorbehalt § 929 28
Kontrahierungszwang vor § 145 17 ff, 28; § 311 7
– bei Vorvertrag und Option vor § 145 15 ff
– Kartellrecht vor § 145 20
– Presse vor § 145 21
– Rundfunk vor § 145 21
Kontroll- und Überwachungspflicht § 535 41
Kontrollfunktion § 1960 40
Kontrollrechnung vor § 1577 41
Kontrollrecht § 705 48; § 710 1; § 716 1 – 3 § 717 1; § 725 6; § 738 6; § 740 2
Konvaleszens s. Heilung § 1976 10
Konventionalscheidung § 1566 3
Konversion s. Umdeutung § 2042 15
Konzentration s. Konkretisierung; § 263 4; § 265 2 ff
Konzern § 611 36
Konzernverrechnungsvereinbarung § 387 6
Konzernversetzungsklausel § 620 77
Konzernvorbehalt § 929 28
Kooperation § 280 13
Kooperationspflichten § 242 60
Koppelungsverbot § 631 6
Körperliche- und geistige Schwächen § 1572 4
Körperteile
– Übereignung § 929 3
Körperverletzung § 823 22 ff
– abgetrennte Körperteile § 823 24
– ungewollte Schwangerschaft § 823 25
Korrektur der Einkünfte von Selbständigen § 1581 20
Kostbarkeiten
– Hinterlegung § 372 11
Kosten
– der Grundbuchberichtigung § 897
– der Rechtsverfolgung § 249 50
– der Todeserklärung § 1967 9
– ersparte ~ § 615 16
– für Kleinreparaturen § 535 90
Kostenanschlag
– AGB § 305 b 3
Kostendeckende Masse § 1981 2; § 1982 2
Kostenelementsklauseln § 244; § 245 24
Kostenersatz
– Besuche im Krankenhaus § 249 25

Kostenerstattungsanspruch § 256 5; § 2039 7
Kostenerstattungspflicht § 1968 2
Kostenfestsetzungsverfahren § 1360 a 24
Kostenschätzung
– Architekt § 631 25
Kostentragungspflicht § 1985 3
Kostenvoranschlag
– Anzeigepflicht des Unternehmers § 650 4, 5
– Kündigungsrecht bei wesentlicher Überschreitung § 650 2, 5
– Vergütung für ~ § 650 1
Kraftfahrzeug s. Gebrauchtwagen, Neuwagen; § 1361 a 7
– Brief § 433 26
– Miet-AGB § 307 18; § 309 29
Kraftfahrzeughändler § 311 69
Kraftloserklärung des Erbscheins § 2361 9
Kranken- und Pflegevorsorge § 1361 17
Krankenfürsorge § 617 1
Krankengeld vor § 1577 18
Krankenhaus
– AGB § 307 31, 32; § 308 40; § 309 45
Krankenhausaufnahmevertrag § 611 12
Krankenhausbehandlung vor § 145 22
Krankenhausvertrag § 611 14; vor § 631 26
Krankenpflege
– öffentliche ~ § 617 1
Krankenunterlagen § 810 7 f
Krankenversicherung § 616 5
Krankheit § 537 4
– Androhung § 626 7
– Kündigung s. Personenbedingte Kündigung
– und Behinderung § 1576 7
Krankheitsbedingte dauernde Leistungsunfähigkeit § 620 70
Krankheitsbedingte Kündigung § 620 97
Krankheitsunterhalt § 1571 11
Kredit § 280 34
Kreditanstalt § 248 3
Kreditaufnahme durch den Vorerben § 2120 4
Kreditbrief § 783 18
Kreditgebühren § 248 2
Kreditgefährdung § 824 1 ff
– berechtigtes Interesse § 824 13 ff
– Beweislast § 824 16
– Güter- und Interessenabwägung § 824 14
– Schädigungseignung § 824 9
– Tatsachen § 824 3 ff
– Unterlassungsanspruch, quasi-negatorischer § 824 12
– Vermögensschaden § 824 11
– Werturteile § 824 3 ff
Kreditinstitut § 280 60; § 493 1; § 497 3
Kreditkarte § 364 16; § 676 h 3; § 780 3; § 783 18; § 790 2
– AGB § 307 32, 38
Kreditkartenvertrag § 499 3

Kreditverpflichtung § 1577 5
Kriegswaffenkontrollgesetz Art 34 6
Kriterien, subjektiv und objektiv § 1574 9
Küchen § 1361 a 8
Küchengeräte § 1361 a 6
Kulturgüter
– im IPR Art 43 2
Kulturgutschutzgesetz Art 34 10
Kumulationstheorie s. Aufrechnung im IPR; Art 32 40
Kumulationsverbot § 551 10
Kundenberater § 611 22
Kundenliste § 611 82
Kündigung § 241 30; § 242 36, 41, 45; vor § 275 4, 9; § 275 29; § 286 1; vor § 346 2; § 542 3 ff; § 544 3; § 568 2; § 626 6; § 705 17, 22; § 706 7 – 9 § 709 3; § 712 1 – 7 § 723 2 – 18 § 724 1; § 725 1 – 6 § 726 1, 3; § 730 1; § 736 2; § 737 1, 3, 14; § 744 2 – 4 § 745 2; § 749 3; § 754 2; § 1958 14; § 1959 7; § 2032 17; § 2040 6, 7
– Anfechtung § 613 a 14
– Annahmeverzug § 615 7, 11
– Aufhebung § 623 1
– aus wichtigem Grund § 712 6; § 723 4 – 16 § 736 2; § 737 1
– Auslauffrist § 623 2
– Auslegung § 626 20
– außerordentliche ~ s. außerordentliche Kündigung
– außerordentliche ~, Beweislast § 626 22
– Ausspruch s. Kündigungserklärung § 626 6
– Bedingung § 620 35
– bei Berufsunfähigkeit des Pächters § 594 c
– bei Vertrag für die Lebenszeit § 544 4
– Berechtigung § 620 47
– Beschränkung § 620 37
– Beteiligung Dritter § 626 17 ff
– betriebsbedingte ~ s. dort
– Betriebsstilllegung § 613 a 33
– Betriebsübergang § 613 a 34
– dauerndes Dienstverhältnis § 627 1 ff
– der Geschäftsführung § 712 1 – 3
– des Mietverhältnisses § 1969 1
– des Pachtvertrages § 581 14 ff
– des Vermieters § 540 15
– des Vermieters ggü dem Erben des Mieters § 573 d 2
– Dienst-/Arbeitsvertrag § 620 31
– durch Gesellschafter § 723 1 – 3
– Entschluss § 620 75
– Erklärung § 620 38; § 623 1; § 626 11, 12
– Form § 620 40
– Frist Art 30 6; § 620 1, 42, 48; § 621 1; § 622 1, 2 ff; § 624 1
– Fristberechnung § 187 4
– fristlose ~ § 615 10; § 626 1 ff
– Gesamtschuld § 425 2
– Grund § 611 97; § 620 41, 54 ff; § 626 13, 16 ff, 16

– hilfsweise ~ § 620 35
– Krankheit § 620 64
– krankheitsbedingte ~ § 620 97
– leistungsbedingte ~ § 620 63 ff
– leistungsbedingte ~ s. dort
– ordentliche ~ s. dort
– personenbedingte ~ s. auch personenbedingte Kündigung; § 611 63; § 613 a 32; § 615 20; § 620 64 ff
– Schriftform § 623 5
– ultima ratio § 620 56
– Umdeutung § 626 20
– unberechtigte ~ § 296 3
– Unzeit § 620 44; § 627 2
– Urlaub § 620 46
– verhaltensbedingte ~ § 620 55 ff
– verhaltensbedingte ~ s. verhaltensbedingte Kündigung; § 620 55 ff
– Vertragsverlängerung § 625 1
– vorsorgliche ~ § 620 35
– wegen Betriebsbedarf § 576 0 9
– wichtiger Grund § 626 3 ff
– Zugang § 620 43; § 626 15
– zum nächstzulässigen Termin § 573 c 2
– zur Unzeit § 242 61; § 723 4, 15; § 736 2
– Zurücknahme § 620 45
Kündigung aus wichtigem Grund
– Hauptpflichten im Werkvertrag § 649 5 – 8
Kündigung von Dauerschuldverhältnissen aus wichtigem Grund § 314
Kündigung, ordentliche
– Werkvertrag § 649 1 – 4
Kündigungsarten § 542 16 ff
Kündigungsbeschränkung bei Wohnungsumwandlung § 577 a
Kündigungsbeschränkungen § 723 16 – 19
Kündigungserklärung § 314 14 ff; § 543 29
– Frist § 623 5
Kündigungserleichterung für Werkmietwohnungen § 576 0 3
Kündigungserschwerungen § 543 3
Kündigungsfrist § 580 a; § 594 a
– bei möbliertem Wohnraum § 573 c 8
– bei Wohnraum zum vorübergehenden Gebrauch § 573 c 7
Kündigungsgeschützte Arbeitnehmer § 620 82
Kündigungsgrund § 568 7 f
– für den Mieter § 543 7
– für den Vermieter § 543 6
– nach § 543 I § 543 4
– nach § 543 II § 543 8
Kündigungsprivileg § 573 a 12
Kündigungsrecht § 563 27 ff; § 563 a 11 ff
– Ausschluss § 543 28
Kündigungsrechte beim Darlehensvertrag
– Darlehensgeber § 488 5; § 490 2 f
– Darlehensnehmer § 488 5; § 489 1 ff; § 490 4 f
Kündigungsschaden § 280 42; § 281 26

Kündigungsschreiben § 569 6, 23
Kündigungsschutz Art 30 7; § 611 36; § 620 54 ff
Kündigungsschutzklage § 613 a 34; § 620 46, 100; § 623 3; § 626 21 ff
Kündigungssperre § 577 a 4
Kündigungstermine § 622 5, 7
Kündigungsverbot § 613 a 31
– Betriebsübergang § 613 a 31
Kündigungsverzicht § 557 a 8
Kündigungswiderruf § 542 29 ff
Kündigungswiderspruch § 568 9 f
Künftige Mietänderungen § 557 6
Kunstfehler § 280 56
Kunstgegenstände § 1361 a 9; § 1376 9
Künstler § 611 24, 28
Künstliche Befruchtung § 1592 5
Kunstwerke vor § 631 26
– Sachmangel § 434 112
– Verbrauchsgüterkauf § 475 10
Kurierdienstfahrer § 611 23
Kurzarbeit § 611 65; § 615 11, 23
Kurzarbeitergeld vor § 1577 18
Kurze Ehedauer § 1361 24
Kurzerkrankungen
– häufige ~ § 620 65
Kurzgutachten § 1600 e 51
Kurzschrift § 2232 3; § 2247 1; § 2250 8
Kurzzeitiger Sonderbedarf § 549 3
KWG § 280 63

L
Ladendieb § 251 15; § 781 7
Lampen § 1361 a 6
Landgut § 2048 26; § 2049 3
Landpachtvertrag § 585
Landwirtschaft § 585 2 – 4
Landwirtschaftliche Betriebe § 1376 10 – 12
Landwirtschaftliches Grundstück § 998 1
Lasten § 995 1
– außerordentliche ~ §§ 2124, 2126 12 ff; § 2125 12 ff; § 2126 12 ff
– des Nachlasses § 2100 10
– dingliche ~ § 107 10
– Kauf § 436 8 f; § 446 15; § 447 1
– öffentliche ~ § 103 3; § 107 9
– schuldrechtliche ~ § 107 11
– Verteilung § 103 2
Lastschriftinkasso § 675 27
Latente Unterhaltslast vor § 1577 50
Laufende Geschäftsverbindung § 280 1
Lauterkeitsrecht § 823 81, 91
Leasing § 535 9 f
– Aufrechnungsschranken § 387 28
Leasingvertrag § 535 9; § 1376 9
Lebendvermutung § 1960 7
Lebensalter § 187 2; § 620 78

Lebensbedarf § 1360 a 2
Lebensgefährte § 2028 2
Lebensgemeinschaft § 1360 5, 7
– eheliche ~ § 1353 1 – 3
– nichteheliche ~ Art 14 3
Lebenshaltungskosten § 1963 8
Lebenspartner § 1580 2; § 1582 7
Lebenspartnerschaft Art 17 b § 1586 a 1; § 1975 16
– Adoption § 1760 7
Lebensverhältnisse § 1574 9
Lebensversicherung § 249 79; § 330 3 ff; § 1372 6; § 1374 12; § 1376 9; § 2301 19 – 28 § 2311 5; vor § 2325 15
– Schenkung § 516 9; § 518
Lebensversicherungsschein § 808 2
Lebensversicherungsvertrag § 330
Lebenszeitehe § 1353 2
Lebenszeitvertrag § 624 1
Lebzeitige Zuwendungen § 2038 24
Leerstehende Räume § 556 a 4
Lehrbeauftragter § 611 23
Lehrkraft § 611 22
Leibgedinge § 1374 13
Leibrente vor § 1577 29
– Abgrenzung § 759 4, 7
– abstraktes Leibrentenversprechen § 759 2
– Anpassungsmöglichkeit § 759 8
– Bedeutung § 759 1
– Begriff § 759 1, 4
– Bestellungsvertrag § 759 2; § 761 4
– Bezugspunkt Lebenspunkt des Gläubigers § 759 6
– Bezugspunkt Lebenspunkt des Schuldners § 759 6
– Bezugspunkt Lebenspunkt eines Dritten § 759 6
– Dauer § 759 8
– Einheitstheorie § 759 2
– Ende Leistungsversprechen § 759 6
– Erbringung § 759 8
– Erfüllung Grundgeschäft § 759 9
– Grundgeschäft § 759 2 – 10 § 761 3
– Isolierungstheorie § 759 2
– Jahresleistungen, Zweifelsregelung § 759 4
– kausales Grundgeschäft § 759 2
– kein Rücktrittsrecht § 759 9
– kein Spiel § 762 16
– Laufzeit § 759 8
– Leistungsstörungen § 759 9, 10
– Rentenleistungen § 759 2
– Rücktrittsrecht § 759 9
– Stammrecht Zwischenschaltung § 759 2
– Stammrechtstheorie § 759 2; § 761 4
– Tod des Berechtigten § 759 6; § 760 2
– Tod des Gläubigers § 759 6
– Unwirksamkeit Grundgeschäft § 759 10; § 761 3, 6

– Verpfändung § 759 3
– Versprechen auf Lebenszeit § 759 6
– Vorauszahlung § 760 1 f
– Zweifelsregelung, Jahresleistungen § 759 4

Leibrentenleistungen
– Abtretbarkeit § 759 3
– an Dritte § 759 6
– Belastbarkeit § 759 3
– Bestimmbarkeit § 759 7
– Gegenstand § 759 7
– Geld § 759 7
– Kondiktion nach § 813 BGB § 759 10
– Nichtleistung § 759 9
– Pfändbarkeit § 759 3
– über den Tod hinaus § 759 6
– Verjährung § 759 3
– Verpfändbarkeit § 759 3
– vertretbare Sachen § 759 7
– Verzugsschaden § 759 9

Leibrentenstammrecht § 759 2, 3, 10; § 760 2; § 1585 c 4
– Abtretbarkeit § 759 3
– Belastbarkeit § 759 3
– Endtermin § 759 6; § 760 2
– Kondiktion erbrachter Gegenleistungen § 759 10
– Pfändbarkeit § 759 3
– Verpfändbarkeit § 759 3

Leibrentenversprechen
– abstraktes ~ § 759 2
– Änderung § 761 2
– Auslegung Schriftformerfordernis § 761 3
– Ehegattenunterhalt § 761 1
– elektronische Form § 761 1
– Erteilung § 761 1, 5
– Familienunterhalt § 761 1
– Form § 761 1 ff
– Formunwirksamkeit § 761 6
– Grundstückskaufpreis § 761 4
– Heilung Formunwirksamkeit § 761 6
– Kondiktion nach § 812 BGB § 759 10
– Nichtigkeit § 761 6
– Risiko § 761 1
– Schenkung § 761 4
– Urkunde § 761 5
– Verwandtenunterhalt § 761 1
– vollständige Verpflichtungserklärung § 761 5

Leibrentenvertrag § 330
Leiche § 1 22
Leichtfertigkeit § 276 15
Leiharbeitnehmer § 611 99
Leiharbeitsverhältnis § 611 99
Leihe §§ 598 ff
– Grundstück § 598 7; § 601 4; § 605 4
– Haftung § 599
– Kraftfahrzeug § 598 9; § 599 4, 5
– Kündigung § 605
– Rechtsmangel § 600
– Rückforderung § 598 7

– Rückgabe § 604
– Sachmangel § 600
– Tod des Entleihers § 605 6
– Verjährung § 606
– Verwendungen § 601; § 604 4
– Wohnung § 598 7

Leihhausschein § 808 2
Leihmutter § 1591 5
Leistung
– an Dritten § 362 17
– durch Dritte § 267 1 ff
– Gegenstände der Pflicht § 241 15 – 17
– höchstpersönliche ~ § 267 2
– Zweckbestimmung § 158 13

Leistung auf einredebehaftete Forderung § 813
– betagte Verbindlichkeit § 813 6
– dauernde Einrede § 813 3
– Mehrpersonenverhältnisse § 813 4
– Rückforderungsausschluss § 813 5
– Rückforderungsdurchgriff § 813 4

Leistung in Kenntnis der Nichtschuld § 814 2 – 4
– Kenntnis § 814 4
– Kondiktionsausschluss § 814 2, 3, 4, 8
– Leistung unter Vorbehalt/Druck § 814 6
– Nichtschuld § 814 3
– Sitten- und Anstandspflicht § 814 6
– Vertreter § 814 7

Leistung nach Todesfall § 331
– echter Vertrag zugunsten Dritter § 331 5
– Rangfolge der Nachlassverbindlichkeiten § 331 3

Leistung Zug-um-Zug § 322
– Annahmeverzug § 322 7
– Rechtskraft § 322 5
– Streitwert § 322 6
– uneingeschränkter Verurteilungsantrag § 322 3
– Zwangsvollstreckung § 322 8

Leistung zur Unzeit § 242 55
Leistung, Vertragspflichten
– bei Werkvertrag § 631 a 19 – 32
– beim Reisevertrag § 651 a 20 – 28

Leistungen
– an den Eingetragenen § 893 2
– öffentlich-rechtliche ~ § 615 18
– unter Vorbehalt § 1569 8

Leistungsannahme durch Nichtberechtigten § 816 18, 19
– Abtretung § 816 18, 20
– Genehmigung § 816 20
– Herausgabe des Erlangten § 816 21
– schuldbefreiende Leistung § 816 18 – 20
– verdeckte Globalzession und Eigentumsvorbehalt § 816 19

Leistungsbeschränkung § 1581 8
Leistungsbestimmung
– AGB § 307 18
– nach freiem Belieben § 319 4

Leistungsbestimmungsrecht
– einseitiges ~ § 611 58

Leistungserbringung
- Dritte § 613 1
- persönliche ~ § 611 18; § 613 1

Leistungsfähigkeit § 615 10; § 1360 9; § 1361 5
- finanzielle ~ § 242 46; § 275 21; § 276 29 – 31

Leistungsfrist
- AGB § 308 8 – 12

Leistungsgefahr § 243 1, 11; § 300 5
- Übergang § 243 9
- Werkvertrag §§ 644, 645 1 ff; § 645 1 ff

Leistungshindernis bei Vertragsschluss § 311 a

Leistungsklage § 286 14; § 558 b 8; § 1586 b 4; § 2039 19, 23; § 2057 a 21

Leistungskondiktion § 812 20 – 22
- aliud § 812 33
- Anfechtung § 812 34
- auf dessen Kosten § 812 31
- aufschiebend bedingtes Rechtsgeschäft § 812 34
- Bauen auf fremdem Grund § 812 68 – 70
- condictio indebiti § 812 20 – 22
- condictio ob causam finitam § 812 35 – 37
- condictio ob rem s. Zweckverfehlungskondiktion § 812 41 – 43
- condiction ob causam turpem vel iniustam (§ 817 S 1) § 817 2 – 4
- ehebedingte Zuwendungen § 812 37; § 816 15
- Ehegattenmitarbeit § 812 37, 51
- etwas erlangt § 812 28 – 30
- Kollisionsrecht Art 38 4
- Kollisionsrecht EG Art 38 5
- Leistung auf einredebehaftete Forderung § 813 2 – 6
- Leistung in Kenntnis der Nichtschuld § 814 2 – 4
- Leistungsbegriff § 812 22, 23, 24, 78
- Mehrpersonenverhältnisse § 812 76 – 78 § 813 4
- ohne rechtlichen Grund § 812 32 – 34
- Schuldstatut Art 38 4
- Wegfall des rechtlichen Grundes § 812 35 – 37 § 820 3
- Wertungskriterien § 812 23, 24, 54, 77, 78, 79, 80, 84; § 822 1
- Zuviellieferung § 812 33

Leistungsminderung
- dauernde ~ § 620 71

Leistungsort § 268 1

Leistungspflicht § 241 15 – 17 vor § 275 8

Leistungsprinzip § 556 37

Leistungsstörungen
- Abgrenzung zum Mängelrecht bei Werkvertrag § 633 5 – 10
- Abgrenzung zur Gewährleistung beim Reisevertrag § 651 c 2, 3

Leistungsstörungsrecht vor § 275 2; § 536
- Störungstypen vor § 275 2
- System vor § 275 2

Leistungsträger
- beim Reisevertrag § 651 a 16, 17
- Rechtsbeziehung zum Reisenden § 651 a 16, 17

Leistungstreuepflicht § 242 60

Leistungsunfähigkeit
- krankheitsbedingte dauernde ~ § 620 70

Leistungsverfügung § 2018 28

Leistungsvermögen § 286 22
- finanzielles ~ § 286 22

Leistungsverweigerungsrecht § 611 96; § 615 10, 22; § 1381 3; § 1966 1; § 1971 4; § 2007 3
- Hinterlegung § 379 2

Leistungsverzögerung § 2024 6

Leistungsverzug § 264 2

Leistungsvorbehalte § 535 116

Leistungsvorbehaltsklauseln § 244; § 245 22

Leistungszeit § 271 3; § 280 6
- Schutzzweck § 280 6

Leitbildfunktion
- von dispositivem Recht, AGB § 307 1

Leitlinien § 1361 7

Leseunfähige Personen § 2229 8; § 2233 2 – 4 § 2247 2; § 2249 4

letter of intent vor § 145 26, 40

Letzte mündliche Verhandlung § 1973 6

Letztwillige Verfügung § 1969 5; § 1981 4; § 2018 20; § 2052 1

lex fori Art 34 5

lex mercatoria § 157 9

Liebhaberwert § 253 4

Lieferschein § 783 12, 18

Liefersperren § 620 75

Lien at Law
- im IPR Art 43 11

Liquidation § 705 29; § 709 7; § 713 6; § 716 1; § 719 5; § 721 3; § 723 3; § 728 4 – 8 § 729 1; § 730 1 – 5 § 731 2; § 732 1; § 733 1; § 738 2, 11

Liquidationserlös § 709 18; § 725 1

Liquidationswert § 1376 8

Lohn
- AGB § 305 b 3; § 305 c 17; § 307 13, 40; § 309 5, 29

Lohnersatzleistungen § 288 2; vor § 1577 10; § 1577 13
- AGB § 305 b 3; § 305 c 17; § 307 13, 40; § 309 5, 29

Lohnfortzahlungen vor § 1577 7

Lohngleichheit
- geschlechtsbezogene ~ § 612 6

Lohnsteuerhaftung § 611 25

Lohnvorschuss § 614 2

Lohnwucher § 138 54

loi de police Art 34 2

Lombardkredit § 488 11

Los § 2042 37

Löschung § 1988 10

Löschungsbewilligung § 2040 6

Löschungsrechte
- im IPR Art 43 14

Löschungsvormerkungen
– bei der Hypothek § 1179 1 ff
Lossagung § 623 2
Lotterie § 763 5
– Definition § 763 5
Lotterielos § 793 9; § 799 2
Loyalität § 626 7
Lücke der letztwilligen Verfügung § 2084 13 ff
Luftfahrzeuge § 578 a 2
Luxusaufwendungen § 539 2
Luxusgüter § 249 40
Luxusverwendung § 996 2

M
MaBV Art 34 11; § 632 a 17
Mahnantrag § 291 4
Mahnbescheid § 286 14
Mahngebühren § 556 10
Mahnkosten § 280 25
Mahnung s. Mahnung; § 242 42; § 281 11; § 1958 14; § 2024 6; § 2039 14
– angekündigte Leistungsverspätung § 286 19
– Antrag auf Prozesskostenhilfe § 286 14
– Begriff § 286 11
– Betriebsausfall § 286 21
– Datum § 286 16
– Einstweilige Anordnung § 286 14
– Entbehrlichkeit § 275 14; § 286 16
– Entgeltforderung § 286 20
– Erfüllungsverweigerung § 286 19
– Fälligkeit § 286 20
– formlose ~ § 286 12
– formularmäßige Freistellung, AGB § 309 22 – 25
– Frist § 286 17
– Generalklausel § 286 20
– geschäftsähnliche Handlung § 286 11
– hinreichend bestimmte ~ § 286 12
– Leistungsklage § 286 14
– Mahnbescheid § 286 14
– Nullfrist § 286 18
– schlüssiges Verhalten § 286 12
– Verzicht § 286 15
– Zahlung bei Lieferung § 286 18
– ZahlungsverzugsRL § 286 18, 20
– Zuvielmahnung § 286 13
Makler § 311 b 5
– Aufklärungspflichten § 652 27 ff; § 654 3 – 7
– besondere Arten vor § 652 12 – 22
– Doppelmakler § 652 5, 16, 80, 85; § 654 3 – 7
– Handelsmakler vor § 652 1, 9
– mehrere ~ § 652 2 – 5
– treuwidrige Doppeltätigkeit § 654 2 – 7
– Untermakler § 652 3
– Verflechtung, wirtschaftliche Identität § 652 41 – 47
– Vertretungsmacht vor § 652 5
– Verwaltertätigkeit des Makler vor § 652 20
Maklercourtage und Vorkaufsrecht § 577 14

Mäklerlohn § 653
– Aufwendungen § 652 76
– Erfolgsunabhängigkeit vor § 652 80; § 652 81, 82
– Fälligkeit § 652 73, 87
– Hauptvertrag § 652 39 – 63
Maklervertrag § 652; § 653; § 654; § 655; § 656
– Abgrenzung vor § 652 6 – 9
– Abschluss § 652 6 – 13
– abweichende Vereinbarungen, Klauseln § 652 78 – 88
– Alleinauftrag vor § 652 12 – 15
– Arbeitsvermittler vor § 652 18
– Aufwendungsersatz § 652 76
– Beendigung § 652 24, 25
– Begriff vor § 652 4
– Darlehensvermittlung vor § 652 11; § 655 a; § 655 b; § 655 c; § 655 d; § 655 e
– Doppelauftrag § 652 5, 16, 80, 85; § 654 3 – 7
– Dritter § 652 41 – 47
– Informationspflicht des Maklers § 652 27 ff; § 654 3 – 7
– Kausalität der Maklertätigkeit § 652 64 – 69
– Maklerleistung § 652 19 – 32
– Nachweis § 652 20 – 22
– Pflichten § 652
– Schadensersatz § 652 32, 35
– Übereinstimmung beabsichtiger und abgeschlossener Hauptvertrag § 652 59 ff
– Vergütung § 652 36 ff, 71, 73
– Vermittlung § 652 23
– Versicherungsmakler vor § 652 17
– Vertragsdauer § 652 24, 25
– Vertrauensmakler vor § 652 16
– Vorkenntnisklausel § 652 83
– Wirksamkeit des ~ § 652 14 – 18
– Wohnungsvermittlung vor § 652 19 – 22
Mangel s. Mängelrecht
– bei Vertragsschluss § 536 b 4
– des Werkes § 633
– grob fahrlässige Unkenntnis § 536 b
– Kenntnis § 536 b 4
– nachträglicher ~ § 536 a 5
– Rechte des Reisenden § 651 c; § 651 d; § 651 e; vor § 651 f
– wesentliche Verschlechterung § 536 b 2
Mangel der Ernstlichkeit § 118 1
Mängelanzeige
– durch den Mieter § 536 c
– Reisevertrag § 651 d 2
Mängelanzeigepflicht § 536 c
Mängelbeseitigung
– an der Mietsache § 536 a 9
– Verzug § 536 a 6
Mangelfall § 1570 8; § 1572 10; vor § 1577 29; § 1581 14, 15; § 1582 2; § 1609 3 ff
– Berechnung § 1609 5
– Kindergeldanrechnung § 1612 b 13
– Rangfolge § 1609 2
Mangelfallberechnung § 1581 23

Mangelfallverteilung § 1581 26

Mangelfolgeschaden § 280 7, 53; § 437 34, 38
– Fristsetzung § 280 53
– immaterieller Schaden § 280 53

Mangelfreiheit § 243 11; § 276 27
– beim Kauf § 433 5, 27 ff

Mängelgewährleistung gem § 536 ff § 543 1

Mangelhaftigkeit § 280 13, 24

Mängelhaftung § 311 58; § 550 14

Mangelnde Masse § 1975 5; § 1988 3

Mängelrecht des Kaufs
– aliud § 434 13, 97 ff
– Arglist des Verkäufers § 437 71, 75; § 438 23; § 442 11
– Bedienungsanleitung § 434 54
– Funktion § 433 27
– Gattungskauf § 434 87, 91, 93; § 435 24
– Gefahrübergang s. Gefahrübergang
– Gewährleistungsrecht § 437 1
– Grundstück s. Rechtsmangel; Sachmangel
– Haftungsausschluss § 444
– Händler s. Haftung als Verkäufer
– Hersteller s. Haftung als Verkäufer
– Kraftfahrzeug s. Gebrauchtwagen; Neuwagen
– Mehrlieferung § 434 96, 100
– Minderlieferung § 434 13, 95 ff; § 476 8
– Montage § 434 12, 71 ff
– Montageanleitung § 434 12, 54, 77 ff
– nach Probe § 434 34
– Rechtskauf § 434 2; § 453 8 ff
– Rechtsmangel § 435; § 438 14
– Sachkauf § 434 2
– Schadensersatz neben der Leistung
– Stückkauf § 434 90, 92; § 439 25
– unbehebbare Mängel § 437 6
– unerhebliche Pflichtverletzung § 437 21 f; § 441 8
– Verjährung s. Verbrauchsgüterkauf § 438; § 439 17; § 453 35; § 454 13
– Verschulden § 437 45 ff
– Zurückweisungsrecht des Käufers § 437 22

Mängelrecht des Kaufs, Rechtsfolgen s. Nacherfüllung; § 437
– Minderung s. dort
– Mitverschulden s. dort
– Rücktritt § 437 19 ff; § 438 25 ff
– Rücktrittseinrede § 438 27
– Selbstvornahme § 437 8
– stellvertretendes Commodun § 437 9; § 446 3
– unbehebbare Mängel § 437 6, 43 f, 52
– Verzögerungsschaden § 437 7
– Zeitpunkt § 437 3 f

Mängelrecht des Kaufs, Sachmangel s. Beschaffenheit der Kaufsache; § 343
– Beispiele § 434 105 ff
– Erheblichkeit § 434 41
– gewöhnliche Verwendung § 434 51

– öffentliche Äußerungen s. Beschaffenheit der Kaufsache
– Verdacht § 434 41
– vorausgesetzte Verwendung § 434 43 ff
– Zeitpunkt § 434 42, 48, 70, 76, 83

Mangelschaden
– Kauf § 437 28 ff, 37

Manipulation der Bedingung § 242 26

Mankoabrede § 619 a 4

Mankohaftung § 280 69

Mankovergütung § 611 90

Mantelvertrag vor § 145 16

Marktbeherrschende Vermieter § 535 24

Marktmiete vor § 1577 25

Maschineneinsatz § 998 2

Massegläubiger § 1989 5

Massenentlassung § 620 84

Massenveranstaltungen § 823 157

Masseschulden § 1959 5; § 1968 1; § 1993 7

Masseverbindlichkeit § 1963 3

Maßnahme § 612 a 2; § 613 a 40

Maßnamen zur Erhaltung oder Verbesserung § 588 1 f

Maßregelung § 612 a 2

Maßregelungsverbot § 612 a 1

Maßstab § 1581 11

Materiell-rechtlicher Anspruch § 1585 a 1

Mehrarbeit § 611 65; vor § 1577 8

Mehraufwendungen § 304 1 f

Mehrbedarf § 1361 18, 19; § 1613 8

Mehrbetrag § 2056 1

Mehrdeutige Bezeichnung § 2073 1

Mehrere Personen auf Mieterseite § 538 16

Mehrheit von Mietern § 535 59 ff; § 546 a 10, 13

Mehrheit von Vermietern § 535 56

Mehrheitsbeschluss § 705 25; § 709 17, 18; § 743 4; § 744 2, 3; § 745 1, 4; § 2038 6, 9, 14, 22; § 2040 2, 5; § 2046 8; § 2062 3

Mehrlieferung s. Mängelrecht

Mehrpersonenverhältnisse
– Abtretung § 812 99
– Anweisungslagen § 812 85 – 87
– Bürgenschuld § 812 104
– Direktkondiktion / Durchgriff § 812 82, 94, 99; § 822 1
– Doppelkondiktion § 812 81
– Durchgriffsverbot § 812 77
– Durchlieferung § 812 87
– Empfängerhorizont § 812 95, 96, 105, 106, 107
– Insolvenzrisiko § 812 104
– Kondiktion der Kondiktion § 812 90
– Rückgriffskondiktion § 812 102
– Subsidiaritätsgrundsatz § 812 80
– Tilgung fremder Schuld § 812 101 ff, 104 ff
– Unentgeltlichkeit § 812 83
– Unmittelbarkeit § 812 79; § 820 1

– Verarbeitungs- und Einbaufälle § 812 82 ff
– Versionsklage § 812 77
– Vertrag zugunsten Dritter § 812 98 f
– Wertungskriterien § 812 24, 54, 77 ff, 84; § 822 1
– Zurechenbarkeit § 812 94
Mehrstufiges Besitzrecht § 986 8
Mehrverkehr der Kindesmutter § 1600 e 112
Mehrverkehrseinrede § 1600 e 112
Mehrverkehrszeuge § 1600 e 96
Mehrwert § 2048 2, 17
Mehrwertsteuer
– Kaufpreis § 433 38; § 437 61
– Werkvertrag § 632 14
Meinungsfreiheit § 823 84, 96
Meldung beim Arbeitsamt § 1573 6
Mensch
– nach dem Tod § 1 20
– Rechtsfähigkeit § 1 5
– vor Geburt § 1 13
– vor Zeugung § 1 17
Mentalreservation § 116 3; vor § 145 34, 49
Merkantiler Minderwert § 249 10
Mietausfallbürgschaft § 551 6
Mietausfallwagnis § 551 2
Mietbegründungsoptionsrechte § 535 3
Mietdatenbank § 558 a 14; § 558 e 1
Mietdauer § 550 11
Miete § 550 10; § 1967 9
– ergänzende Vertragsauslegung § 157 43, 47
Mieter
– Einreden § 546 5
– Einwendungen § 546 5
– mittelbarer Besitzer § 546 8
Mieter- und Vermieterwechsel § 540 18 ff
Mieterhöhung § 288 2; § 546 a 9; § 558 1
– Zustimmung § 288 2
Mieterhöhungsverlangen § 558 4; § 559 b 2 ff
Mieterinsolvenz § 535 53; § 551 21
Mieterinvestition § 539 9
Mietermehrheit § 543 25; § 546 14; § 564 4
Mietermodernisierungen § 539 3
Mieterseitiger Kündigungswiderspruch § 574 b 1
Mieterwechsel § 540 18 f
Mietfortsetzung mit überlebenden Mietern § 563 a 6 ff
Mietfreies Wohnen vor § 1577 25
Mietgegenstand § 550 9
Miethöhe § 535 116
Mietkauf § 499 4; § 535 11
Mietminderung § 536 24
– Grundsätzliches § 536
– Konkurrenzen § 536
– Minderungsbetrag § 536 2
Mietnacherbe § 2121 2; § 2127 1

Mietnachfolgeklausel § 537 12
Mietpreisänderungsklausel § 557 b 1
Mietsache § 535 71 ff
– Annahme § 536 b 7
– Gebrauchsbeeinträchtigung § 536 15
– Gebrauchstauglichkeit § 536 14
– grob fahrlässige Unkenntnis § 536 b
– Kenntnis des Mangels § 536 b 7
– öffentlich-rechtliche Beschränkungen § 536 12
– Überheblichkeitsbeweis § 536 15
– übervertragsgemäßer Verbrauch § 536 7
Mietsenkung § 558 4
Mietsicherheit § 566 a
Mietspiegel § 558 a 8, 10 ff; § 558 c 2 ff
Mietstruktur § 535 98; § 558 18
Mietverhältnis § 578
– auf bestimmte Zeit § 542 32 f
– Beendigung § 547 3
– beim Nacherbfall § 2135 1 ff
– stillschweigende Verlängerung § 545
– unter auflösender Bedingung § 572
Mietvertrag vor § 328 18
– AGB § 307 18, 24; § 309 29, 78
– Aufrechnungsschranken § 387 27
– über mehr als 30 Jahre § 544 2
Mietvertragsgebundene Erblasserschulden/Altverbindlichkeiten § 563 b 3 ff
Mietvorauszahlungen § 547 4
Mietvorvertrag § 535 3, 23
Mietwagen § 249 33
Mietwohnungen § 1376 9
Mietwucher § 535 118
Milchquote § 596 0 4
Minderheits- oder Mehrheitsgesellschafter vor § 1577 14
Minderjährige § 828 1 ff; § 2229 2; § 2232 3; § 2233 1; § 2247 2; § 2249 4; § 2250 5
– Beweislast § 828 10
– Verschuldensfähigkeit § 828 5 ff
Minderjährigenhaftungsbeschränkung § 1629 a
Minderjähriges Kind § 2032 28
Minderlieferung s. Mängelrecht
Minderung vor § 275 9; § 281 32; § 546 a 9
– bei Kauf § 438 25, 38; § 441
– bei Reisemangel § 651 d 1 ff
– bei Werkmangel § 638 1 ff
– der Bruchteile § 2090 1 ff
– der Leistungsfähigkeit § 620 71
Minderungsrecht aus § 536 § 536 20
Minderwert
– merkantiler (Werkvertrag) § 633 22
Mindestklausel Art 29 a 6
Minuslieferung
– Hauptpflichten im Werkvertrag § 633 20
Mischmietverhältnis § 557 3; § 557 a 2
Mischmietverträge § 535 14
Mischverhältnis § 549 2

Missbrauch der Vertretungsmacht § 164 67 ff
– Evidenztheorie § 164 70 f
– Kollusion s. dort
Missverhältnis vor § 1577 50
Mit Rücksicht auf das Erbrecht erworben
  § 1374 21
Mitarbeit § 1360 b 2; § 2057 a 11
– im Beruf des Ehegatten § 1356 5
Mitarbeitervertretung § 626 20
Mitbesitz § 866; § 2030 3; § 2032 42
– bei Ehegatten § 854 17
Mitbesitzeinräumung § 985 9
Mitbesitzer § 985 6
– Abhandenkommen § 935 10
Mitbestimmungsfragen § 576 0 5
Miteigentum vor § 1363 1; § 2019 7
– anteil § 1365 12
Miteigentümer § 1011 1
Miteigentumsanteile § 556 a 31
Miterbengemeinschaft § 2057 2
Miterbenvorkaufsrecht § 2033 25
Mitgläubigerschaft vor § 421 8; § 432 1
Mitgliederversammlung im Verein
– Abstimmung § 32 10
– Ausschluss vom Stimmrecht § 32 10
– Berufung § 32 3 – 6 § 36
– Berufung auf Verlangen der Minderheit § 37
– Beschluss § 32 8, 16
– Beschlussfähigkeit § 32 9
– Beschlussfassung § 32 7 – 12
– Beschlussmängel § 32 13 – 15
– Einberufung § 32 3 – 6 § 36; § 58 4
– Einberufungsermächtigung § 37 3, 4
– Einberufungsform § 32 4
– Einberufungsfrist § 32 5
– Einberufungsorgan § 32 3
– Leitung § 32 7
– Mängel von Beschlüssen § 32 13 – 15
– Minderheitenverlangen § 37
– Ort § 32 5
– schriftliche Beschlussfassung § 32 16
– Stimmabgabe § 32 8
– Stimmrechtsausschluss § 34
– Tagesordnung § 32 6
– Wahlen § 32 11; § 34 3
– Zeit § 32 5
Mitgliedsbeitrag § 611 11
Mitgliedschaft § 705 2, 16, 21, 29; § 706 2;
  § 709 3, 4, 6, 15, 16, 18; § 717 1, 2; § 719 1;
  § 723 14; § 725 1, 6; § 730 8; § 740 2; § 741 6
– im Verein § 38
Mitgliedschaftsrecht § 705 22, 24; § 717 2; § 719 2;
  § 828 68
Mithaftung § 1972 2
Mitnacherbe § 2100 32
Mittäter § 254 42
Mitteilung des Eigentumsübergangs § 566 e

Mitteilungspflichten § 626 7
Mittelbare Stellvertretung § 249 96
Mittelbarer Besitz § 868 1; § 934 3; § 2018 18
– Erwerb § 868 10
– mehrstufiger ~ § 871
– Rechtsfolgen § 868 13; § 869 1
– Übertragung § 869 11; § 870
– Verlust § 868 12
– Voraussetzungen § 868 6
Mittelsurrogation § 2041 7
Mittelwertmethode § 2048 26
Mitverantwortung § 1586 a 4
Mitverschulden § 254
– alleinige Schadenstragung § 254 37 f
– Aufsichtsverschulden von Eltern § 254 27
– Aufwendungsersatz § 254 3
– Bereicherungsansprüche § 254 4
– Berufswechsel § 254 17
– Betriebsgefahr § 254 23
– Betriebsgefahren § 254 32
– Beweislast § 254 47
– Deckungsgeschäft § 254 22
– Einwendung § 254 46
– Erfüllungsansprüche § 254 4
– Ersatzunterkunft § 254 22
– Gehilfe § 254 30
– Gesamtschuldner § 254 3
– Grundurteil § 254 48
– Haftungseinheit § 254 45
– Herausgabeansprüche § 254 4
– Kausalität § 254 9
– Mängelrecht Kauf § 441 25, 28; § 442 3
– Mehrheit von Schädigern § 254 41 ff
– Mietwagen § 254 20
– Mitwirkung bei der Schädigung § 254 6 ff
– Operation § 254 16
– Quoten § 254 36
– Rechtsfolgenverweisung § 254 28
– Rechtsgrundverweisung § 254 28
– Sachbewahrungsgehilfe § 254 31
– Sachschäden § 254 19
– Schadensabwendung § 254 16 ff
– Schadensminderung § 254 16 ff
– Schadensteilung § 254 33 ff
– Schutzzweck § 254 10
– Sonderverbindung § 254 270 ff
– Straßenverkehr § 254 23
– Umschulung § 254 18
– Verschulden § 254 11 f, 35
– Vorsatz § 254 37
– Wahrscheinlichkeit § 254 33
– Warnungsobliegenheit § 254 14 f
– zeitliche Reihenfolge § 254 11
Mitverschulden bei §§ 844, 845 § 846 1 ff
Mitvorerbe § 2100 31; § 2110 2
Mitvormund
– Bestellung § 1775 2
– Führung der Vormundschaft § 1797 1 ff
– neben Verein § 1791 b 2

Mitwirkungspflicht § 242 60; § 2003 7;
§ 2038 1, 2, 17; § 2042 5
– des Bestellers § 642 3 – 5
Möbel § 1361 a 6
Mobile Parabolantenne § 535 79
Mobilfunkunternehmen § 280 71
Mobilfunkvertrag vor § 631 27
Möblierter Wohnraum § 549 4
Modellbootfall § 251 8
Modernisierung § 559; § 559 3 ff; §§ 2124, 2126 8;
§ 2125 8; § 2126 8
Modernisierungsankündigungsverfahren
§ 554 11 ff
Modernisierungszwecke § 559 5 ff
Modifizierte Einkommensermittlung
vor § 1577 4
Möglichkeit
– der Fortführung § 613 a 6
Monatsbruchteil
– Fristberechnung § 189 1
Monokausalität § 1571 9
Monopolstellung § 311 10; § 535 24
Montage s. Mängelrecht
Montageanleitung s. Mängelrecht
Morgengabe § 780 3, 8; § 1409 6
Mosaikbetrachtung s. Erfolgsort
Motive des Erblassers §§ 2074, 2075 2; § 2075 2
Motive für die Nacherbschaft § 2100 21 ff
Motivirrtum § 119 41; §§ 2078, 2079 3 ff;
§ 2079 3 ff
Mündel
– Entlassung aus dem Staatsverband § 1821 1
– Genehmigung von Verträgen nach Volljährigkeit
§ 1829 4
– Haftung für Vormund § 1793 5
– Schadensersatzanspruch bei Ablehnung der Vormundschaft § 1787 1
– Todeserklärung § 1884 2
– Unterbringung § 1800 4
– Vertretung durch Vormund § 1793 1 ff
– Volljährigkeit § 1882 2
Mündelgeld §§ 1805 ff; § 1809 1 ff
– Abhebung § 1809 1, 4
– Anlegung §§ 1806 ff
– Hinterlegung von Inhaberpapieren § 1814 1 ff;
§ 1818 1
– Sparkasse § 1807 8
– Sperrvermerk § 1809 2
– Zinspflicht des Vormunds § 1834 1
Mündelsichere Anlage § 2119 3
Mündelsicherheit § 1807 3
Mündelvermögen
– Anordnung der Hinterlegung § 1818 1 f
– Hinterlegung § 1814 1 ff
– Hypothekenbrief § 1819 1
– Inhaberpapiere § 1814 2; § 1815 1 f; § 1819 1;
§ 1820 1

– Kostbarkeiten § 1818 1 f; § 1819 1
– Schuldbuchforderungen § 1816 1
– Sperrvermerk § 1809 2; § 1816 1; § 1820 1
– Umschreibung § 1815 1 f; § 1820 1
– Verwaltung § 1793 3
Mutmaßlicher Erblasserwille § 2053 1
Mutmaßlicher Parteiwille § 1585 c 7
Mutmaßlicher Wille § 1959 4
Mutter § 1591 12
– Feststellungsklage § 1591 15
– Statusklage § 1591 14
Mutterschaft
– Eispende § 1591 2
– Embryonenschutzgesetz § 1591 11
– Embryonenspende § 1591 3
– Ersatzmutter § 1591 4
– Ersatzmuttervermittlung § 1591 10
– Leihmutter („Ammenmutter") § 1591 5
– Rechtsfolgen der Ersatzmutterschaft § 1591 8
– übernommene Mutterschaft § 1591 6
Mutterschutz Art 30 6; § 626 17
Mutwilligkeit § 1961 5

N
Nachbarliches Gemeinschaftsverhältnis § 903 14 ff
Nachbarrecht §§ 906 ff
– im IPR Art 44
Nachbarrechtlicher Ausgleichsanspruch §§ 906 33
Nachbarwand § 921 10 ff
Nachbesserung § 275 10
– Anspruch § 278 13
– eigenmächtige ~ § 275 10
Nacheheliche Solidarität § 1586 a 1
Nachehelicher Unterhalt vor § 1577 31
Nacherbe § 1967 12; § 1968 3; § 1981 6, 11;
§ 1994 3; § 2001 4; § 2009 2; § 2019 2; § 2032 9;
§ 2033 9; § 2044 3; § 2050 28; § 2063 5; § 2262 1;
§ 2269 1, 5, 9; § 2273 4, 5
– als Gesamtrechtsnachfolger § 2100 2 f
– Rechtsstellung vor dem Nacherbfall § 2100 48 ff
Nacherbenrechte § 2033 26
Nacherbfall § 2018 2; § 2027 11; § 2033 9; § 2050
28; § 2100 33, 67 ff; § 2106 1 ff; § 2130 1 ff;
§ 2139 1 ff
Nacherbfolge § 2018 9; § 2033 8
Nacherbschaft § 2033 21; § 2069 5; §§ 2074, 2075 5;
§ 2075 5
Nacherfüllung § 285 2
– AGB § 309 59 – 68
– bei Werkmangel § 635
– Fehlschlagen der ~ § 636 12
– Verweigerung im Reisevertrag § 651 c
– Verweigerung im Werkvertrag § 636 10
Nacherfüllung bei Kauf § 437 15; § 439; § 440
– aliud bei Gattungskauf § 434 93
– aliud bei Stückkauf § 434 92
– Ersatzlieferung § 439 23 ff; § 440 12

- Fehlschlagen § 440 9 ff
- Fristsetzung § 437 23 f
- Haftung für Mängel § 437 36 ff
- Haftung für Verzögerung § 437 7, 36 ff
- Nachbesserung § 439 23; § 440 1, 9 ff
- Unternehmerregress § 478 18
- Verjährung § 439 17
- zweite Andienung § 437 8, 15; § 438 26; § 440 1

Nacherfüllungsanspruch § 283 2

Nacherfüllungsrecht
- des Werkunternehmers § 634 2, 3

Nachfolgeklausel § 535 23; § 727 6 – 10 § 2032 20, 32
- erbrechtliche ~ § 727 8
- qualifizierte ~ § 727 9
- rechtsgeschäftliche ~ § 727 6, 7

Nachfolgezusatz § 2032 23

Nachfristsetzung § 280 45, 53; § 2039 9

Nachhaftung § 736 7 – 9 § 738 3

Nachhaltige Einsparung von Energie oder Wasser § 559 8

Nachhaltigkeit der Unterhaltssicherung § 1577 21

Nachlass
- Ablaufhemmung § 211

Nachlassabsonderung § 1976 1, 4; § 1977 3 – 8 § 1978 1, 8

Nachlassarrest § 1988 8; § 1990 2

Nachlassauseinandersetzung § 1960 29; § 2018 2; § 2039 26

Nachlassbestandteil § 1978 8

Nachlasserbenschulden § 1958 4; § 1967 10, 12; § 1974 3; § 1993 7

Nachlasserhaltungspflicht § 1990 7

Nachlassfürsorge § 1959 1

Nachlassgericht § 1960 f 11; § 1964 1; § 1965 5, 6; § 2229 12; § 2247 26; § 2259 2; § 2261 1; § 2262 2, 3; § 2267 5; § 2273 4 – 8

Nachlassgläubiger § 2010 2

Nachlassinsolvenz § 1960 49; § 1973 2; § 1975 3; § 1978 3; § 1980 1; § 1990 16; § 1992 8; § 2011 2; § 2013 6; § 2036 4; § 2062 3; § 2100 66

Nachlassinsolvenzverfahren § 1958 13; § 1959 1, 5; § 1967 13; § 1970 2, 14, 17; § 1973 14; § 1975 1, 5, 8, 12; § 1976 10; § 1977 4; § 1978 13; § 1979 10; § 1981 4; § 1989 1; § 1990 1, 5; § 1991 2, 8, 11; § 1993 6; § 1994 1, 3; § 2000 1; § 2006 4; § 2008 12; § 2013 7; § 2058 16

Nachlassinsolvenzverwalter § 1972 1; § 2004 1; § 2006 2; § 2018 3; § 2027 9

Nachlassinventar § 2033 26

Nachlassmasse § 1965 8; § 1975 2

Nachlasspfleger § 1960 3; § 1961 8; § 1964 1; § 1969 4; § 1970 9 6; § 1974 2; § 1978 9; § 1980 4, 8, 16; § 1981 1; § 1983 1; § 1990 10; § 1992 3; § 2006 2; § 2012 2, 5; § 2014 3; § 2015 1; § 2022 8; § 2027 9, 11
- passivlegitimierter ~ § 1960 31
- prozessführungsbefugter ~ § 1960 31

Nachlasspflegschaft § 1958 11, 12; § 1960 6, 12, 19, 45, 54; § 1962 5; § 1964 8; § 1975 7; § 1980 3; § 1981 12; § 2012 1; § 2017 2; § 2101 10

Nachlassrest § 1986 1, 3; § 2042 10

Nachlassschulden § 2023 7

Nachlasssicherung § 1960 2, 17, 52; § 1961 10

Nachlasssicherungskosten § 1967 9

Nachlassspaltung § 1960 11

Nachlassteilung § 1975 8; § 2007 3; § 2032 12, 35; § 2042 36; § 2060 1; § 2062 6

Nachlassüberschuss § 1989 4

Nachlassverbindlichkeit § 1586 b 1; § 1958 4; § 1960 17, 33; § 1961 13; § 1963 3; § 1968 8; § 1979 4; § 1985 18; § 2058 5
- Haftung für ~ § 2139 6; § 2144 1 f; § 2145 1 ff

Nachlassverkürzung § 1977 11

Nachlassvermögen § 1975 1; § 1985 6

Nachlassverwalter § 286 3; § 1970 5; § 1974 2; § 1976 10; § 1978 10; § 1980 8; § 1984 1; § 1985 1; § 1987 3; § 1992 3; § 1993 5; § 2004 1; § 2010 2; § 2012 2, 5; § 2014 3; § 2015 1; § 2016 1; § 2017 1, 2; § 2018 3; § 2027 9, 11; § 2038 4; § 2057 2

Nachlassverwaltung § 1958 12; § 1960 45; § 1967 10; § 1970 2; § 1973 2; § 1975 1; § 1977 3, 9; § 1978 3, 11; § 1980 6; § 1981 1, 9; § 1982 3; § 1990 5, 16; § 1993 6; § 1994 3; § 2000 1; § 2008 12; § 2011 2; § 2012 1; § 2013 6; § 2059 2; § 2062 1

Nachlassverwaltungsverfahren § 1973 14

Nachlassverzeichnis § 1960 17; § 1985 18; § 2004 4; § 2009 3; § 2014 2; § 2027 16; § 2038 16, 25

Nachlasswert § 1960 52; § 2311 2 – 7

Nachmieter § 535 64 ff

Nachmieterklausel § 535 65

Nachnahmelieferung s. Kauf

Nachname Kind vor § 1616 1
- Adoption § 1618 30
- Alleinsorge bei der Geburt § 1617 a 2
- Änderung des Kindesnamens durch Begründung der gemeinsamen Sorge § 1617 b 2
- Änderung des Kindesnamens durch den Alleinsorgeberechtigten § 1617 a 4
- Anfechtung der Vaterschaft des Namensgebers § 1617 B 6
- bei Namensänderung der Eltern § 1617 c
- Einbenennung § 1618
- Namensänderungsgesetz (NÄG) § 1618 35

Nachschieben von Kündigungsgründen § 573 51

Nachschusspflicht § 705 29; § 709 7; § 723 3; § 735 1

Nachteile der Nacherbschaft § 2100 25 f

Nachteilsausgleichsanspruch § 620 96

Nachträglich entstandene Kündigungsgründe § 573 0 51 f

Nachträgliche Ersetzung
- unwirksame Schönheitsreparaturklausel § 538 20

Nachträgliche objektive Betrachtung § 1573 17
Nachtragsauseinandersetzung § 2043 7
Nachtragsverteilung § 1989 4
Nachunternehmer § 278 14
– Hauptpflichten im Werkvertrag § 631 14
Nachvermächtnis § 2110 6
Nachverpfändung § 1131 1; § 1132 8
– verdeckte ~ § 1132 9
Nachweis der Vaterschaft § 1963 6
Nachweisbeschaffung § 1961 6
Nachweisgesetz § 611 51
Nachweispflicht § 611 51; § 626 7
Nachwirkende Mitverantwortung § 1569 1
Nachwirkende Vertragspflichten
– culpa post contractum finitum § 242 66
– überlassene Gegenstände § 242 66
– Vorleistungen § 242 66
Nachzahlungen § 556
Name
– Adelsprädikate § 12 6
– Änderung § 12 13
– Anmaßung § 12 16
– Arten § 12 5
– einfacher ~ § 1355 3
– Leugnung § 12 15
– nach Verwitwung und Scheidung § 1355 6
– Schutz § 12 10, 11, 12, 53
– Titel § 12 6
– Wahlname § 12 5
– Zuordnungsfunktion § 12 3
– zusammengesetzter ~ § 1355 5
– Zwangsname § 12 5
Namensaktien § 2032 33
Namensänderung § 1760 25
– durch den Alleinsorgeberechtigten § 1617 a 4
Namensänderungsgesetz § 1618 35; § 1760 33
Namensgebung
– Adoption § 1618 30
Namensgebung bei der Geburt
– bei Eltern mit Ehenamen § 1616
– bei Eltern ohne Ehenamen mit gemeinsamer Sorge § 1617
– bei Eltern ohne Ehenamen und Alleinsorge § 1617 a
Namensliste § 620 88
Namenspapiere § 793 4
– mit Inhaberklausel § 808 1 ff
Namensrecht § 12 1, 2, 3, 8; § 1760 33
– Rechtsfolgen der Verletzung § 12 19 – 21
– Schutz § 12 10 – 12
– Übertragbarkeit § 12 12
– Verletzung § 12 14
Namensunterschrift § 126 11
Nasciturus § 1 13; § 328 14; § 1963 4; § 2043 1
Naturalherstellung § 258 5
Naturalkomputation § 187 1

Naturalobligation Art 34 23; vor § 145 4, 5; § 241 27
Naturalrestitution § 249 2
Naturalteilung § 2042 36; § 2046 7
Naturalunterhalt § 1360 a 4; vor § 1601 3
Naturkatastrophe § 615 23
Natürliches Elternrecht § 1626 2
Naturschutz
– Amtshaftung § 839 4
Nebenbesitz § 868 5; § 934 3
Nebenforderungen
– bei Bauhandwerkersicherung § 648 a 15
Nebenintervenient
– streitgenössischer ~ § 1600 e 35
Nebenkosten § 535 97 ff
Nebenleistungspflicht § 241 20
Nebenpflichten § 241 18 – 20 § 280 13; § 323 3; § 389 6; § 535 31 ff; § 619 a 2
– Arbeitgeber/Dienstberechtigter § 611 91
– Arbeitnehmer/Dienstpflichtiger § 611 80
– des Käufers § 433 48 ff
– des Verkäufers § 433 33 f; § 437 53 ff; § 438 3
– nachwirkende ~ § 611 80 ff; § 620 7
– Verjährung § 433 33
Nebenrechte § 399 6; § 401 1
Nebentäter § 254 43
Nebentätigkeit
– Arbeitnehmer § 611 81; § 626 7
Negative Publizität § 1412 2; vor § 1558 1
Negativer Vaterschaftsbeweis § 1600 e 42
Negatives Interesse § 121 5; § 125 29; § 138 49
– Obergrenze § 249 19
nemo auditur propriam turpitudinem allegans § 242 26, 34
Nennung des Vaters
– Anspruch des Kindes gegen die Mutter auf ~ § 1591 18
– Auskunftsanspruch des Scheinvaters § 1591 24
– Rechtsfolgen der Auskunftsverweigerung § 1591 25
– Schadensersatzpflicht bei Falschauskunft § 1599 16
Nennwert § 2055 14
Netto-Nachlass § 2055 6
Nettomiete § 535 114
Nettovermögen § 1375 1
Neubeginn § 242 47
Neue Betriebskosten § 556
Neue Bundesländer
– Hypotheken § 1170 5; § 1171 6
Neue entstandene Gesellschafterstellung einer Gesellschaft § 2019 2
Neue Partnerschaft § 1577 14
Neumutation § 1600 e 41, 97
Neuwagen
– Sachmangel § 434 107
– Verbrauchsgüterkauf § 475 10

Nicht empfangsbedürftige Willenserklärung
§ 130 1; § 131 2
– Abgabe § 130 6
– Auslegung § 133 3 – 19

Nicht erhebliche Zeit § 616 3

Nicht gezeugte Person als Nacherbe § 2101 1 ff;
§ 2108 2

Nicht mehr vertretbarer wirtschaftlicher Schaden
§ 1577 20

Nichtannahme der Arbeitsleistung § 615 11

Nichtberechtigter
– Begriff § 185 3
– Besitzüberlassung durch ~ s. Besitz
– Ersatzleistung an Nichtberechtigten § 851 1
– Gestaltungsrecht, Ausübung eines durch ~
  s. Gestaltungsrecht
– Grenzüberbau durch ~ s. Grenzüberbau
– Unterwerfung unter die sofortige Zwangsvollstreckung durch ~ § 185 5
– Verfügung durch ~ s. Verfügung

Nichtbestehen der häuslichen Gemeinschaft
§ 1567 2

Nichtehe § 1310 6 f

Nichteheliche Gemeinschaft § 535 61

Nichteheliche Kinder
– DDR § 1600 d 19
– einstweilige Verfügung § 1615 o
– Gleichstellung mit ehelichen § 1615 a
– Umgang § 1626 a 1
– Unterhaltspflicht der Eltern untereinander
  § 1615 l 1 ff

Nichteheliche Lebensgemeinschaft Art 14 3;
vor § 1297 1 – 3
– Auftrag vor § 1297 58
– Auseinandersetzung vor § 1297 37
– Auslandsbezug Art 18
– Beendigungsfreiheit vor § 1297 36
– Begriff der ~ vor § 1297 1
– Dienstvertrag vor § 1297 56
– Erbrecht vor § 1297 63
– gesellschaftsrechtliche Ansprüche
  vor § 1297 51 – 53
– Haftung vor § 1297 15 – 17
– Hausrat vor § 1297 46
– Kinder vor § 1297 22
– Kraftfahrzeug vor § 1297 46
– Miete vor § 1297 25 – 27
– Partnerschaftsverträge vor § 1297 6
– Prozesskostenhilfe vor § 1297 34
– Rückgewähr von Leistungen vor § 1297 49
– Schenkungswiderruf vor § 1297 59
– Schulden vor § 1297 62
– Unterhalt vor § 1297 11
– Unverbindlichkeit vor § 1297 7
– Verfügung des Todes wegen vor § 1297 6
– Vermögen vor § 1297 61
– Verrechnungsverbot vor § 1297 39
– Versicherung vor § 1297 14
– Wohnung vor § 1297 25, 41
– Zustellung vor § 1297 33

Nichteheliche Lebensgemeinschaft-GbR § 704 44

Nichteheliche Lebenspartner § 1969 2

Nichteintritt des bezweckten Leistungserfolges
§ 815
– anfängliche Unmöglichkeit § 815 4
– Dispositionsfreiheit § 815 6
– Kenntnis § 815 4
– Kondiktionsausschluss § 815
– Treueverstoß § 815 6
– Verhinderung des Erfolgseintritts § 815 5 – 7

Nichterbringung der Sicherheit § 551 12

Nichterfüllung wirtschaftlicher Verpflichtungen
§ 1381 10

Nichterwerbstätigenehe § 1360 15

Nichtgeltendmachung § 1585 c 5

Nichtgemeinschaftliche Kinder § 1361 7

Nichtgewährung des vertragsgemäßen Gebrauchs
gem § 543 II Nr 1 § 543 9

Nichtidentität § 1569 10

Nichtigkeit § 242 43; § 1760 27
– der Willenserklärung § 105 1
– einer Verfügung § 2065 3; §§ 2074, 2075 9;
  § 2075 9; vor §§ 2078, 2079 4; vor § 2079 4
– Formwidrigkeit § 623 5
– Vertrag § 611 55
– von AGB § 306 1

Nichtigkeitsklage § 2039 9, 23

Nichtleistung des Arbeitnehmers § 611 76, 77

Nichtleistungskondiktion s. auch Eingriffskondiktion; § 812 54 ff
– aufgedrängte Bereicherung § 812 72, 73
– Kondiktionssperre aus §§ 994ff § 812 71
– Mehrpersonenverhältnisse § 812 76 – 78 § 813 4
– Subsidiarität § 812 24, 54, 80

Nichtrechtsfähiger Verein § 54
– Abgrenzung § 54 5 – 7
– Ende § 54 21
– Erbfähigkeit § 54 14
– Grundbuchfähigkeit § 54 15
– Haftung § 54 17 – 20
– Handelndenhaftung § 54 18 – 20
– Markenrechtsfähigkeit § 54 15
– Mitgliederversammlung § 54 10
– Mitgliedschaft § 54 11
– Namensrecht § 54 14
– Organisationsrecht § 54 8, 9
– Parteifähigkeit § 54 16
– Rechtsfähigkeit § 54 12 – 15
– Rechtsgeschichte § 54 2, 3
– Rechtspolitik § 54 3
– Rechtszuständigkeit § 54 12 – 16
– Scheckfähigkeit § 54 14
– Vereinsvermögen § 54 14
– Vorgesellschaft § 54 7
– Vorstand § 54 9
– Vorverein § 54 7

– wirtschaftlicher ~ § 54 22, 23
– Zwangsvollstreckung § 54 16
Nichtselbständiger Beschäftigter vor § 1577 4
Nichtstörer § 1004 4
Nichtverlängerungsmitteilung § 620 39; § 623 2
Nichtvermögensschaden § 249 4
– im Reiserecht § 651 f 9 – 11
Nichtzustehen der Ausgleichsforderung § 1390 4
Niederlassung Art 30 1
– Sitz Art 30 10
Niederschrift § 128 3; § 1994 7
Nießbrauch § 535 87; § 1374 13; § 1376 9; § 1976 3; § 2019 11; § 2113 22
Nießbrauch an Rechten § 1068 ff
– Aktien, GmbH-Anteile § 1068 10
– Beendigung § 1072
– belastbare Rechte § 1068 4 ff
– Bestellung § 1069
– Einziehung § 1078
– Forderung § 1074
– Hinterlegung § 1082
– Inhaber- oder Orderpapiere § 1081
– Kündigung und Zahlung § 1077
– Leibrente § 1073
– Mahnung § 1077 4 f
– nicht übertragbare Rechte § 1069 4 ff
– Personengesellschaften § 1068 11 ff
– Recht auf Leistung § 1070
– Schuldnerschutz § 1070 2 ff
– Verfügungen über das belastete Recht § 1071 1 ff
– verzinsliche Forderung § 1076
– Wirkung der Leistung § 1075
Nießbrauch an Sachen § 1030 ff
– Abnutzung § 1050
– Anlagenerrichtung § 1037 2
– Anspruch auf Einräumung § 1059 e
– Anteil eines Miteigentümers § 1066
– Anzeigepflicht § 1042
– Aufhebung § 1064
– Ausbesserung oder Erneuerung § 1043
– Ausschluss von Nutzungen § 1030 12 f
– Ausübung § 1036
– Beeinträchtigung § 1065
– Belastungsgegenstand § 1030 2 ff
– Berechtigter § 1030 7 ff
– Besitzrecht § 1036
– Bestellung an beweglichen Sachen § 1032
– Bewirtschaftung § 1036 3
– Dispositionsnießbrauch § 1030 16
– Eigentümerrecht bei Immobilien § 1030 9
– Eigentümerrecht bei Mobilien § 1030 10
– Entgeltregelung § 1030 15
– Entstehen/ Erlöschen; Mobilien § 1030 17 f
– Entstehen/Erlöschen; Immobilien § 1030 19 f
– Erhaltung der Sache § 1041
– Erlöschen der Ausübung § 1059 10
– Ersatz von Verwendungen § 1049
– Ersitzung § 1033

– Feststellung des Zustands § 1034
– gerichtliche Verwaltung § 1052; § 1054
– Gesamtrecht § 1030 6
– Grundstück mit Inventar § 1048
– Inbegriff von Sachen § 1035
– Kündigungsrecht § 1056 9 ff
– Miet- und Pachtverhältnisse bei Beendigung § 1056
– Miet- und Pachtverhältnisse bei Übertragung § 1059 d
– nicht wesentliche Bestandteile § 1030 3
– öffentliche Lasten § 1047 2 ff
– Pfändbarkeit § 1059 2
– privatrechtliche Lasten § 1047 5 ff
– Quotennießbrauch § 1030 5
– Rechtsinhalt § 1030 11 ff
– Rechtstyp § 1030 1
– Rückgabepflicht § 1055
– Schatz § 1040
– Sicherheitsleistung § 1051
– Sicherungsnießbrauch § 1030 14
– Tod des Nießbrauchers § 1061
– Überlassung der Ausübung § 1059
– übermäßige Fruchtziehung § 1039
– Übertragbarkeit bei juristischer Person oder rechtsfähiger Personengesellschaft § 1059 a
– Umgestaltung § 1037
– Unpfändbarkeit § 1059 b
– Unterlassungsklage § 1053
– Unübertragbarkeit § 1059
– verbrauchbare Sachen § 1067
– Verjährung der Ersatzansprüche § 1057
– Versicherungsforderung § 1046
– Versicherungspflicht § 1045
– Vertragseintritt § 1056 4 ff
– wesentliche Bestandteile § 1030 4
– Wirtschaftsplan § 1038
– Zubehör § 1031; § 1062
– Zusammentreffen mit dem Eigentum § 1063
Nießbrauch an Vermögen § 1085 ff
– anzuwendende Vorschriften § 1085 4
– Bestellung § 1085
– Ertragsnießbrauch § 1085 5
– Haftung § 1085 8
– Haftung des Nießbrauchers § 1088 1
– Innenverhältnis Nießbraucher/Besteller § 1087 1
– Nießbrauch am Erbanteil § 1089 7 ff
– Nießbrauch an einer Erbschaft § 1089
– Rechte der Gläubiger § 1086
– Unternehmensnießbrauch § 1085 5 ff
– Vermögenszuordnung § 1085 7
– Verpflichtung § 1085 2 f
– Vollnießbrauch § 1085 5
Nießbraucher § 985 3
Nießbrauchsbestellung § 2033 14, 19
Nießbrauchsvermächtnis § 2100 16
Nominalismus
– schuldrechtlicher ~ § 244; § 245 9
Normative Auslegung § 133 16, 22, 42
Not des Vorerben § 2136 2

Notar § 128 1 – 3 § 278 14
Notarhaftpflicht § 839 107 ff
Notariat § 2006 6
Notarielle Beurkundung § 125 12; § 126 18; § 128 1; § 129 4; § 2033 15
Notarielle Form § 2033 19
Notarielle Verträge
– AGB § 310 9
Notbedarf § 519
Notfall, Hilfe im § 1353 11
Notgeschäftsführung § 709 9, 11; § 727 3; § 728 8; § 2038 11, 26
Nötigung § 992 3
Notstand § 228; § 904 1
– Abwehrwille § 228 4
– Defensivnotstand § 228 1
– drohende Gefahr § 228 2
– Notstandexzess § 228 1
– Putativnotstand § 228 1
– Rechtswidrigkeit § 228 6
– Sachgefahr § 228 3
– Tiere § 228 5
– Verhältnismäßigkeit § 228 5
Notstandshandlung § 904 7 f
– Rechtsfolgen § 904 13 ff
Notverwaltungsrecht § 2038 2; § 2039 2
Notweg § 917 6 ff
– Duldungspflicht § 917 16; § 918 1 ff
Notwegrecht § 917 4 f, 17 ff
Notwegrente § 917 27 ff
Notwehr § 227
– Amtshandlung § 227 5
– Angriff § 227 2
– Erfolgsunrecht § 227 5
– Erforderlichkeit § 227 8
– Flucht § 227 8
– Freiheit § 227 2
– gegenwärtiger Angriff § 227 4
– Gesundheit § 227 2
– Grenzen § 227 9
– Hausrecht § 227 2
– Juristische Person § 227 3
– Leben § 227 2
– Leib § 227 2
– Nothilfe § 227 10
– Notwehrexzess § 227 8
– Notwehrlage § 227 3 ff
– Notwehrprovokation § 227 7
– öffentliche Ordnung § 227 10
– Putativnotwehr § 227 6
– Rechtswidrigkeit § 227 5, 11
– Schutzgüter § 227 2
– Verteidigungswille § 227 7
Notwendige Streitgenossenschaft § 2032 37, 42; § 2039 10, 18; § 2058 8, 11; § 2059 14
Notwendige Verwendungen § 590 b; § 994 1; § 2023 6; § 2025 4
Notwendiger Selbstbehalt § 1581 6

Novation § 275 29; § 364 11; § 780 12; § 2012 3
– Vergleich § 779 18
Novationstheorie § 782 4
Nutzfläche § 556 a
Nützliche Kosten § 998 1
Nützliche Verwendung § 996 1; § 2025 4
Nutztier s. Haustier
Nutzung fremden Geldes § 246 1
Nutzungen § 100; § 302 1; § 1973 5; § 1978 6; § 2020 1, 2; § 2021 3; § 2023 2; § 2027 4; § 2029 1, 3; § 2030 6
– des Nachlasses § 2100 10; § 2111 8; § 2115 8; §§ 2124, 2126 11; § 2125 11; § 2126 11; §§ 2128, 2129 7; § 2129 7; § 2134 1
– formularmäßige Vergütungsklausel § 308 48
– Hinterlegung § 379 4
– Kauf § 439 34; § 446 15; § 447 1
Nutzungsausfall § 249 33 ff
Nutzungsausfälle § 280 28
Nutzungsentschädigung § 535 113
Nutzungsgewinnung § 2038 9
Nutzungsherausgabe § 293 5
Nutzungsrecht § 1969 1; § 2020 5
Nutzungsüberlassung an Dritte § 589
Nutzungsvergütung § 1361 a 23; § 1361 b 33

O
Obergrenze § 1586 a 3
Obhuts- und Sorgfaltspflichten § 535 40 ff
Obhutspflicht für die überlassene Mietsache § 536 c 1
Obhutspflichten
– aus Werkvertrag § 631 27
Obhutsverhältnisse § 249 98; § 1570 3
Objektive Anknüpfung Art 29 23, 24; Art 29 a 2, 5, 8
Objektive Kriterien § 1570 4
Objektive Marktmiete § 1577 9
Objektiver Maßstab § 1360 a 2
Objektiver Verkehrswert § 2048 26
Objektschaden § 249 106
Obliegenheit § 254 6 ff, 24; § 293 2
– Hauptpflichten im Werkvertrag § 642 3 – 5
– zur medizinischen Behandlung § 1572 9
Obliegenheiten § 241 28
Obligation vor § 241 1
obligations de moyens § 241 11; § 276 4
obligations de résultat § 241 11; § 276 4
Obligatorische Gefahrentlastung § 249 99
Oder-Depot § 428 2; § 430 4
Oder-Konto § 428 2; § 430 4
– Umfang der Verfügungsberechtigung § 164 25
Offenbare Unbilligkeit § 319 2
Offenbare Unmöglichkeit § 1600 e 107
Offenbarungsverbot § 1760 26
Offenkundigkeitsprinzip s. Stellvertretung, unmittelbare

Öffentlich-rechtliche Erstattungsansprüche § 1990 8
Öffentlich-rechtliches Nutzungsverhältnis § 535 8
Öffentlich-rechtliches Sondervermögen § 288 4
Öffentliche Aufforderung § 1964 1; § 1965 2
Öffentliche Beglaubigung § 125 11; § 127 a 1; § 129 1
Öffentliche Bekanntmachung § 1970 13; § 1984 14
Öffentliche Kassen § 1971 2
Öffentliche Krankenpflege § 617 1
Öffentliche Ordnung s. Ordre public
Öffentliche Versteigerung § 1990 17
Öffentlicher Dienst § 611 46
Öffentlicher Glaube des Grundbuchs § 982
Öffentlicher Personennahverkehr vor § 145 33
Öffentliches Recht
– Treu und Glauben § 242 6
Offerte s. Angebot
OHG § 2032 18
Ökonomisches Fehlverhalten § 1381 11; § 1386 3
Online-Auktion § 130 20; vor § 145 35 ff
– Anfechtung vor § 145 41
– Einbeziehung von AGB vor § 145 43 f
– Widerruf von Angebot oder Annahme vor § 145 40, 42
Operating-Leasing § 500 2; § 535 10
Opfergrenze § 535 88, 95
Optimaler Beobachter § 249 45, 68
Option vor § 145 20 ff, 34; § 158 7; § 311 8; § 311 b 4
– Ausübung vor § 145 24
– Einräumung vor § 145 21 ff
Optionsrecht
– Kauf § 463 12
Orchestermusiker § 611 22
Ordentliche Kündigung § 542 18 ff; § 543 1; § 723 4, 6, 9, 10, 17
– Befristung § 622 1
– Begriff § 620 3, 33
– des Vermieters § 573 0
– Schriftform § 623 2; § 626 11
Orderpapier § 398 8; § 793 3; § 1362 2
– kaufmännisches ~ § 799 3
Orderscheck § 990 7
Ordnungsgeld vor § 339 8
Ordnungsgemäße Verwaltung § 1978 6; § 2039 28
Ordre public Art 29 19; Art 34 23; Art 40 30; Art 41 1; Art 42 1; § 138 20
– im IPR Art 27 10; Art 32 49; Art 36 2
Organbesitz § 854 14
Organe § 278 5, 17
Organisationsentscheidung § 620 75
Organisationspflichten § 823 110, 125
Organisationsverschulden § 311 a 17; § 634 a 8
Organmitglied § 625 1
– Abgrenzung Arbeitnehmer § 611 30
– außerordentliche Kündigung § 626 6, 7

– Kündigungsfrist § 621 1; § 622 1
– Status § 615 8
– Vergütung § 612 5
– Zeugnis § 630 1
Organschaftliche Vertretung § 709 3; § 714 2
Organspende § 1 23
Organstellung
– Beendigung § 623 3
Orientierungshilfe § 1570 4; § 1581 6
Originalvollmacht § 626 15
Örtliche Zuständigkeit § 1600 e 23; § 1962 2
Ortsübliche Miete § 546 a 11
Ortsübliche Vergleichsmiete § 558 3, 7 ff
Ortsüblichkeit §§ 906 23 ff

P
Pacht und Leihe § 535 5
Pächterpfandrecht am Inventar § 583
Pachtkreditgesetz vor § 1204 10
Pachtverhältnis beim Nacherbfall § 2135 1 ff
Pachtvertrag
– Vorpachtrecht
Pactum de non petendo Art 32 42
– Erlassvertrag, Abgrenzung § 397 7
Parabolantennen § 535 79
Parkplatzbenutzung vor § 145 33
Partei kraft Amtes s. Verwaltung fremden Vermögens; § 1975 9; § 1984 10; § 2017 2
Parteifähigkeit § 1 6; § 705 29; § 709 19; § 718 3; § 741 4; § 2032 5
Partnerschaftsgesellschaft § 705 8; § 708 4; § 727 8
Partnerschaftsservice/-vermittlung
– als Maklervertrag vor § 652 11; § 656 7, 8
Partnerschaftsvermittlung § 627 1
– AGB § 307 21
Partnerschaftsverträge vor § 1297 6
Passivprozess § 1958 3, 9
Patronatserklärung vor § 145 2, 3
Pauschalabgeltung
– von Überstunden § 611 65
Pauschalen § 556 4 ff; § 560
Pauschalierter Schaden vor § 249 4
Pauschalierungsklauseln
– über Schadensersatz § 309 26 – 31
Pauschalpreisvertrag § 632 11
Pauschalreise Art 29 a 10
Pauschalreisevertrag § 278 10
Pauschalvergütung § 1987 8
Pensionen § 313 28
Perpetuum Mobile § 311 a 11
Perplexe Willenserklärung § 133 15
Person
– juristische ~ § 1 1
– natürliche ~ § 1 5
Person des Arbeitnehmers
– Befristungsgrund § 620 24

Person, juristische § 166 22
– Organtheorie § 164 53; § 166 22
– Vertretertheorie § 164 52
– Vertretung durch Organ s. Vertretungsmacht, organschaftliche
– Wissenszurechnung s. dort
Personalabteilungsleiter § 620 47
Personalrat § 626 15, 18
– Zustimmung § 626 19
Personalreduzierung § 620 75
Personalsachbearbeiter § 620 47
Personalstruktur
– ausgewogene ~ § 620 86
Personengesellschaft § 1985 12; § 2001 2; § 2059 11
Personengruppe § 2071 1
Personenhandelsgesellschaft § 2100 69
Personenidentität von Veräußerer und Vermieter § 566 4
Personensorge § 1626 12 ff; § 1631; § 1632; § 1633
– Entziehung § 1666 35 ff
Personenstandsbücher § 1760 26
Persönliche Angelegenheiten § 1360 a 16
Persönliche Bedürfnisse § 1360 a 3
Persönliche Leistungserbringung § 611 18
Persönliche Umstände § 1577 18
Persönliche und wirtschaftliche Verhältnisse § 1576 4
Persönliche Unzumutbarkeit § 275 4
Persönliche Verhinderung des Mieters § 537
Persönliches Gut § 1376 9
Persönlichkeitsrecht § 1004 3
– allgemeines ~
– besonderes ~ § 12 1, 26
Persönlichkeitsschutz
– postmortaler ~ § 12 33
Persönlichkeitsverletzung § 253 24 ff
– Anknüpfung Art 40 28
Pfändbarkeit
– Leibrentenleistungen § 759 3
– Leibrentenstammrecht § 759 3
Pfändbarkeit (bedingt pfändbar) § 1360 a 5, 9, 23
Pfändbarkeit (nicht) § 1569 12
Pfandbestellung vor § 1204 5; vor § 1205; vor § 1273 4; vor § 1274 1
– Einigung § 1205 6 ff; § 1274 3 ff
– Form § 1274 8
– Übergabe § 1205 9 ff
– Übergabeersatz § 1206 1 ff
Pfanderstreckung § 1132 8
Pfandfreigabeerklärung § 1175 3
Pfandgläubiger § 2050 4
Pfandhaftung §§ 1210 ff
– Einreden § 1211 2 ff; § 1254 1
– Erzeugnisse § 1212 1 f
– Nutzungspfand § 1213 1 ff; § 1214 1 f
– Surrogate § 1212 2

– Umfang § 1210 2 ff
– Zubehör § 1212 1
Pfandleihe vor § 1204 12
Pfandrecht § 1976 3, 6; § 1990 12; § 2033 26
– Mitübergang bei Abtretung § 401
Pfandrecht an beweglichen Sachen §§ 1204 ff
– Ablösungsrecht § 1249 1 ff
– Akzessorietät vor § 1204 1; vor § 1250 1 ff
– Arten vor § 1204 3
– Aufgabe § 1225 8
– Befriedigungsrecht § 1223 6 ff
– Flaschenpfand § 1204 10
– Forderungsübergang § 1225 1 ff; § 1250 1 ff
– Früchte vor § 1204 11
– Gegenstand § 1204 2 ff
– Gesamtpfandrecht § 1222 1
– gesetzliches Pfandrecht § 1257 1 ff
– gesicherte Forderung § 1204 4
– gutgläubiger Erwerb § 1204 1 ff; § 1208 1; § 1244 1 ff
– irreguläres ~ § 1204 8 ff
– Kaution § 1204 9
– Kollisionsrecht vor § 1204 14
– künftige Forderung § 1204 5
– Landesrecht vor § 1204 13
– landwirtschaftliches Inventar vor § 1204 10
– Luftfahrzeuge vor § 1204 9
– Miteigentumsanteil § 1258 2 ff
– Rang § 1209 1 f
– Rechtsnatur vor § 1204 1
– Rückgabepflicht § 1223 1 ff
– Schiffe vor § 1204 9
– Sicherungsabrede § 1205 2 ff
– Untergang vor § 1204 6; § 1242 II; § 1244; § 1250 II; § 1252; § 1253; § 1255; § 1256
– Verderb §§ 1218 ff 1 ff
– Verfallvereinbarung § 1229 1 ff
– Verwahrungspflicht § 1215 2 ff
– Verwendungen § 1216 1 f
– Verwertung vor § 1204 1; § 1228 1 f; § 1230 1 f; § 1233 1 ff; §§ 1234 ff; § 1245; § 1259
– Verwertungserlös § 1247
– Werkunternehmerpfandrecht § 647 1 ff
Pfandrecht an Rechten
– Anwartschaftsrecht § 1276 3
– Anzeige § 1280 1 ff
– Arten vor § 1273 2
– Einbeziehung der verpfändeten Forderung § 1281 2 ff
– Einziehung der verpfändeten Forderung § 1282 2 ff; § 1285 1 ff; § 1288 1 ff; § 1290 1
– Gegenstand § 1273 1 ff; § 1274 12 ff; § 1291; § 1292; § 1293
– Gegenstand s. Grundschuld
– Gegenstand s. Orderpapiere
– Rechtsnatur vor § 1273 1
– Surrogation § 1287 1 ff
– Untergang § 1278 1
– Verwertung vor § 1273 6; § 1277 1 ff

Pfandrechte § 242 35
Pfandrechtsgläubiger § 985 3
Pfändung § 2059 6
– des Herausgabeanspruchs § 985 11
– durch Dritte § 562 d
Pfändungsgläubiger § 2018 3
Pfändungspfandgläubiger § 725 1
Pfändungspfandrecht § 1257 9
Pfändungsschutz § 1963 11
Pfändungsverbot § 400 3
Pfandverkauf § 2042 38
Pfandverwertung § 562 36
Pflänzlinge § 998 2
Pflege
– häusliche ~ § 616 2
– oder Erziehung § 1570 3
– und Erziehung betreuungsbedürftiger nichtgemeinschaftlicher Kinder § 1576 8
Pflegefamilie
– Adoption § 1760 7
Pflegegeld vor § 1577 18
Pflegekinder § 1570 3; § 1969 2
Pflegeleistungen § 2057 a 15
Pflegepersonal § 2028 2
Pfleger § 1999 3
– Befreiung § 1917 1
– Benennung § 1917 1
– Berufung als Ergänzungspfleger § 1916 1
– Verfahrenspfleger für Betreuten § 1896 29
– Vertretungsmacht § 1909 1, 3
Pflegerbestellung § 1960 30
– Verhältnis zur elterlichen Sorge § 1630
Pflegeversicherung vor § 1577 18, 46
Pflegevertrag § 1968 8
Pflegezulagen vor § 1577 18
Pflegschaft §§ 1909 ff; § 1960 4; § 1975 7; § 1988 1
– Abwesenheitspflegschaft § 1911 1 ff; § 1921 1
– Anordnungen Dritter § 1917 1
– Anwendbarkeit des Vormundschaftsrechts § 1915 1 ff
– Arten § 1909 6 ff
– Aufhebung §§ 1919 ff
– Auslandsbezug Art 24
– Beendigung § 1918 1 f; § 1921 1
– Beistandschaft § 1760 5
– Beschränkung des Vormunds § 1794 1
– Ergänzungspflegschaft § 1909 1 ff; § 1918 1 f
– für Leibesfrucht § 1912 1 ff; § 1918 2
– für noch nicht erzeugte Nacherben § 1913 2
– für unbekannte/ungewisse Beteiligte § 1913 1 ff
– Sammelvermögen § 1914 1 ff
– Vergütung und Anwendungsersatz § 1915 3
Pflegschaftsgeschäfte § 1960 36
Pflicht
– Erfolg § 241 11
– Leistung § 241 15 – 17
– Schutz § 241 15 – 17
– Verhalten § 241 11

– zur Bewirtschaftung § 987 4
– zur Rechenschaft § 242 56
Pflicht- und Anstandsschenkungen § 530 2; § 534
Pflichtangaben
– Barzahlungspreis § 502 1, 9
– Disagio § 492 7, 8
– Effektiver Jahreszins § 492 8 f; § 494 10; § 502 3, 10
– Eigentumsvorbehalt § 502 3
– fehlerhafte § 494 1
– Gesamtbetrag § 492 5
– Heilung § 494 4 ff
– Konkurrenz der Angabenkataloge § 492 1
– Nettodarlehensbetrag § 492 4
– Nichtigkeit bei Verstoß § 494 1
– Regelung der Vertragsbeendigung § 492 6
– Restschuldversicherung § 492 7; § 502 3
– Rückzahlungsmodalitäten § 492 6
– Sanktionensystem § 494 6 ff
– Sicherheiten § 492 10; § 494 12; § 502 8
– Teilzahlungsrate § 502 3
– Vermittlungskosten § 492 7
– Vertragsbeendigung § 492 6
Pflichten § 242 54 – 56 § 280 19
– des Pächters § 581 0 3 ff
– des Verpächters § 581 0 1 f
– erfolgsbezogene ~ § 280 19
– im elektronischen Geschäftsverkehr § 312 e
– primäre ~ § 241 21
– sekundäre ~ § 241 21
– sorgfältige ~ § 280 19
Pflichtenkollisionen § 275 7, 25, 27
Pflichtgemäßes Ermessen § 1960 22; § 1981 15
Pflichtschenkungen § 2113 26
Pflichtteil § 1972 1; § 2303 ff
– Abgrenzung zur Erbeinsetzung § 2304 3
– Abkömmling § 2303 2
– Begriff vor § 2303 4
– Beschränkung § 2338 2 – 6
– Ehegatten § 2303 4 – 13
– Eltern § 2303 3
– Entziehung § 2333 2 – 7 § 2334 1; § 2335 2
– großer ~ § 1371 11
– Höhe § 2303 8
– Interessenkonflikt vor § 2303 3
– kleiner ~ § 1371 19
– Lebenspartner § 2303 4
– Testierfreiheit vor § 2303 3
– Unwürdigkeit § 2345 1, 3
– verfassungsgemäße Gewährleistung vor § 2303 1
– Verzicht § 2346; § 2351 2
– Zuständigkeit § 2303 14
Pflichtteils- oder Auflagenberechtigter § 2003 3
Pflichtteilsabwehrklausel § 2269 4, 8
Pflichtteilsanspruch § 1960 27; § 1963 4; § 1967 9; § 1975 15; § 1980 12; § 2018 17; § 2033 22, 26; § 2046 5; § 2303
– Abfindungen § 2325 17 – 19 § 2346 12, 13, 14, 16
– Aktivnachlass § 2325 6

- Anerkenntnis § 2314 21
- Anfechtung der Annahme § 2306 11
- Anfechtung der Ausschlagung § 2306 11, 12; § 2308
- Anrechnung fremder Vorausempfänge § 2315 9
- Anrechnung von Zuwendungen § 2315 2, 3
- Anstandsschenkungen § 2330 1, 2
- Ausgleichungspflicht § 2316 2, 3
- Auskunftsanspruch des Pflichtteilsberechtigten § 2314; § 2325; § 2329
- Auskunftspflicht des Beschenkten § 2314 5; § 2329 3
- Auskunftspflicht des Erben § 2314 4
- Ausschlagung § 2306 9, 12; § 2307 3
- bedingte Rechte § 2313 2, 3
- Begriff vor § 2303 4
- Belegvorlage § 2314 13, 18
- Berechnung der Pflichtteilsergänzung § 2325 23 – 30
- Berechnung einer Ausgleichungspflicht § 2316 4 – 8
- Beschenkter § 2327 2
- Beschränkungen und Beschwerungen § 2306 2 – 5
- Bestandsverzeichnis § 2314 11, 14
- Bewertung einer Anrechnung § 2315 5 – 8
- Bewertung von Grundstücken § 2311 14
- Bewertung von Handelsunternehmen § 2311 16
- Bewertung von Personen- oder Partnergesellschaften § 2311 17
- Bewertungsmethoden § 2311 13
- Bewertungsziel § 2311 9, 10
- Eheverträge als Schenkung § 2325 14
- Eidesstattliche Versicherung § 2314 15
- Eigengeschenke § 2327 2, 3
- Einsetzung als Nacherbe § 2306 5
- entferntere Abkömmlinge § 2309 2
- Entstehung § 2317 2, 3
- Ergänzung über die Hälte des gesetzlichen Erbteils § 2326 2
- Ergänzungsanspruch gegen den Beschenkten § 2329 3, 5
- ergänzungspflichtige Schenkungen des Erblassers § 2325 7 – 21
- Erlass § 2317 4, 7
- Fälligkeit § 2317 3
- Feststellung des Erbteils § 2310 2, 3
- Feststellungsinteresse vor § 2303 4; § 2325 35
- Geltendmachung § 2317 5
- gemischte Schenkungen § 2325 10
- Gestaltungsmöglichkeiten § 2306 14
- Haftung des Beschenkten § 2329 5 – 7
- Hemmung der Verjährung § 2332 10
- Informationsvermittlung § 2314 9, 18
- Kürzung von Vermächtnissen und Auflagen § 2322 1
- Kürzungsbefugnis des Erben § 2318 2, 6; § 2323
- Lebensversicherung § 2325 15
- Nachlasswert § 2311 2 – 13
- Neubeginn der Verjährung § 2332 12
- nicht berücksichtigungsfähige Schenkungen § 2325 31, 32; § 2330
- Pfändung § 2317 5
- pflichtteilsberechtigter Erbe § 2328 1
- pflichtteilsberechtigter Miterbe § 2319 2
- Pflichtteilsergänzungsanspruch § 2325 1; § 2329 1
- Pflichtteilslast aufgrund abweichender Anordnungen § 2324 1
- Pflichtteilslast bei Vermächtnisausschlagung § 2321 2, 3
- Pflichtteilslast des an die Stelle des Berechtigten getretenen Erben § 2320 2
- Pflichtteilszuwendung an Ehegatten § 2304 4
- Schenkungen des Erblassers § 2325 7 – 11
- Schenkungen unter DDR-Recht § 2325 22
- Sicherung § 2317 11
- Steuer § 2303 15; § 2317 13
- Stichtagsprinzip § 2311 11 – 13
- Stiftungserrichtung § 2325 20
- Stufenklage § 2314 21
- Stundung § 2331 a
- Übertragbarkeit § 2317 9
- unbenannte Zuwendungen § 2325 13
- ungewisse Rechte § 2313 2, 5
- unsichere Rechte § 2313 2, 5
- Unterhaltsverpflichtungen nach § 1586 b I § 2325 1; § 2329 1
- Vererbung § 2317 10
- Verjährung § 2332 2
- Verjährung des Auskunftsanspruchs § 2314 20
- Vermächtnis § 2307 2
- Verwirkung § 2317 6
- Vollstreckung § 2314 22
- Vorbehalt § 2306 10
- Vorbehalt eines Nutzungsrechts § 2325 9
- Wert eines Landguts § 2312 2
- Wertermittlungsanspruch § 2314 16, 17
- Zusatzpflichtteil § 2305 2, 3; § 2316 9
- Zuwendung von Erbteil und Vermächtnis § 2307 6 – 9
- Zuwendungen aus dem Gesamtgut § 2331 1

Pflichtteilsberechnung § 2049 5

Pflichtteilsberechtigter § 1371 10; § 1960 41; § 1973 4; § 1981 11; § 1994 6; § 2022 8; § 2044 3; § 2055 17; § 2056 2; § 2058 4; §§ 2078, 2079 8 ff; § 2079 8 ff; § 2303 1 – 4

Pflichtteilsbeschränkung § 2338 2 – 6

Pflichtteilsentziehung § 2333 ff
- Abkömmling § 2333 2
- Beweislast § 2336 4
- Ehegatte § 2335 1, 2
- Elternteil § 2334 1
- Form § 2336 3
- Verzeihung § 2337 1

Pflichtteilsergänzungsanspruch § 1967 9; § 1990 8; § 2018 19; § 2033 22; § 2050 20; § 2054 1; § 2056 2
- bei Schenkungen § 2325 1; § 2329 1, 4

Pflichtteilsklausel §§ 2074, 2075 4; § 2075 4
Pflichtteilslast
– bei Auflagen § 2318 2, 6
– bei Vermächtnissen § 2318 2, 6
Pflichtteilsrechte § 1972 1; § 1974 7; § 1976 3; § 1992 1; § 2058 14
Pflichtteilsschuldner § 2303 7
Pflichtteilsverzicht § 2346 7; § 2351 2
Pflichtverletzung vor § 275 1 – 7 § 280 10, 19, 21; § 281 4; § 283 2; § 286 1; § 1960 32; § 1985 25; § 2042 42
– Abgrenzung vom Sorgfaltsverstoß § 280 19
– Arbeitgeber § 619 a 2
– Arbeitnehmer § 620 55
– Begriff vor § 275 5; § 280 10
– Begründung der Pflicht vor § 275 8
– Nebenpflichten vor § 275 6
– Nichterfüllung vor § 275 6
– öffentlich-rechtliche ~ § 839 8
– Pflichteninhalte vor § 275 6
– Pflichtentypen vor § 275 6; § 280 10
– Schlechterfüllung vor § 275 6
– Sorgfaltsverstoß § 280 19
– Typologie der Leistungsstörungen vor § 275 7
– unberechtigte Abweichung vom Vertragsprogramm § 280 10
– Unmöglichkeit vor § 275 7
– Vertretenmüssen § 280 16 – 18
– vor Fälligkeit § 280 15
Pflichtverstöße § 535 48 f
– des Mieters § 535 49
– des Vermieters § 535 48
Pflichtwidrigkeit § 123 20; § 1962 8
Phasenmodell § 1570 4
Planungsschaden § 249 15
Policedarlehen § 488 10
Polizei
– Amtshaftung § 839 118
Positive Vaterschaftsfeststellung § 1600 d 1
Positive Vermutungswirkung § 2009 1
Positive Vertragsverletzung § 1973 2
Possessorischer Anspruch § 861
– Einwendungen § 863
Postestativbedingung § 2065 6
Postfach § 130 12
Postscheck § 496 4
Postsperre § 1960 51
Praktikant § 611 97
Prämien § 611 70
Prätendentenstreit
– Hinterlegungsrecht § 372 14 ff
Präventionsgedanke § 253 26
Praxen von Freiberuflern § 1376 9
Praxiskauf § 453 36
Praxisraum § 1361 b 6
Preisänderungsklausel
– AGB § 307 18

Preisausschreiben § 661 1 ff
Preisgefahr § 300 5
Preisindex § 557 b 1; § 1374 8 – 10
Preisrichter
– Auslobung einer Preisbewerbung § 661 4, 5
Primärrecht der Europäischen Uniun § 611 37
Privataufgebot § 1980 15; § 2061 1, 7
Privatautonomie vor § 145 12; § 242 16; § 311 3, 27
Privatgutachten § 1600 e 85
Privatinitiative § 1573 6
Privatsphäre § 12 29
Privatvermögen § 2007 3; § 2036 4
Privilegierte volljährige Kinder § 1613 13 ff
Privilegierter Personenkreis § 573 0 18 ff
Privilegierung § 1570 1
Probearbeitsverhältnis § 611 98; § 622 4
Probekauf s. Kauf auf Probe
Probezeit § 611 97; § 622 4
– Adoption § 1760 8
– Fristberechnung § 187 4
– Rückfrist § 187
– Wegfall § 1760 34
Produktbeobachtungspflicht
– Befundsicherungspflicht § 823 178 f, 193
Produkthaftung § 823 167 ff
– Anknüpfung Art 40 26
– Arzneimittel § 823 169
– Ausreißer § 823 176, 178
– Beweislast § 823 191 ff
– Fabrikationsfehler § 823 176
– Grundlagen § 823 167 ff
– Haftpflichtiger § 823 182 ff
– Haftungsvoraussetzungen § 823 174 ff
– Hersteller s. dort
– Instruktionsfehler § 823 177
– Konstruktionsfehler § 823 175
– Rückrufpflicht § 823 179
– Verkehrspflichten § 823 174 f
Produzentenhaftung s. Produkthaftung § 249 100
Prognose § 620 97; § 626 3
Prognosezeitpunkt § 620 65
Projektsteuerungsvertrag vor § 631 27
Prokura § 2032 25
Prokurist § 611 22; § 620 47
Proportionalitätsgrundsatz § 1360 11
Prospekthaftung § 280 64; § 675 59
Prospektpflicht § 482
Prospektsprache § 483
Prostitution § 252 19
protestatio facto contraria vor § 145 34, 49
Protokoll der Geschäftsstelle § 1961 5
Provision § 611 70
Prozentuale Grenze § 1573 12
Prozessaufrechnung § 387 6 ff
– Aufrechnungsverbot § 388 8
– Erledigung § 388 6

– Präklusionswirkung § 388 7
– Rechtskraft § 388 9
– Rechtsnatur § 388 6
– Rückwirkung § 389 7
– Teilklage § 388 10
Prozessbeschäftigung § 615 13, 20
Prozessbürgschaft § 242 41
Prozessfähigkeit § 2 3
Prozessführung § 1959 8; § 1960 30; § 1981 14
Prozessführungsbefugnis § 1958 1; § 1966 5; § 1984 9
Prozessführungsmängel § 2039 15
Prozessgericht § 1965 7; § 1987 8; § 1992 7; § 1994 2; § 2006 9, 12; § 2011 4; § 2028 12; § 2044 17; § 2057 6; § 2057 a 21
Prozesshandlung § 130 3; § 133 12, 40; § 138 14
– Anwendung des § 181 § 181 3
– Bedingbarkeit § 158 15
– durch Nichtberechtigten § 185 5
Prozesskosten § 1980 17; § 1990 17; § 2021 5
Prozesskostenhilfe § 1360 a 13, 18; § 1960 30; § 1993 7
Prozesskostenvorschuss § 1361 21
Prozessstandschaft § 705 28
– bei Abtretung § 398 19
– gewillkürte ~ § 1364 2
Prozessstandschafter § 1976 2; § 2039 17
Prozessvergleich s. Vergleich § 127 a 3; § 138 14; § 142 2; § 1365 11, 14; § 1569 8
Prozessvertrag vor § 145 9
Prozessvertretung § 611 7
Prozessverwirkung § 623 6
Prozessvollmacht § 568 4
Prozessvoraussetzung § 1958 1
Prozessweg § 1960 32
Prozesszinsen § 247 2; § 291 1 – 3
– Anspruchsgrundlage § 291 1
– Basiszinssatz § 291 5
– Durchsetzbarkeit § 291 3
– Eingruppierungsklage § 291 4
– Fälligkeit § 291 3
– Feststellungsklage § 291 2
– Geldschuld § 291 2
– Hilfsantrag § 291 4
– Leistungsklage § 291 4
– Mahnantrag § 291 4
– Rechtshängigkeit § 291 4
– Rechtsirrtum § 291 1
– Stufenklage § 291 4
– Verbraucherdarlehensverträge § 291 5
– Vertretenmüssen § 291 1
– Voraussetzungen § 291 2
– Zinseszinsverbot § 291 5
Prüfvermerk § 781 14
Publikums-GbR § 705 48; § 708 1; § 736 2
Publikumsgesellschaft § 705 24 – 49 § 709 3, 17; § 714 14

Publizitätsprinzip vor § 854 17
Punktation vor § 145 46; § 154 5

Q
Qualifikation
– als unerlaubte Handlung Art 40 2
Qualifizierte elektronische Signatur § 125 9; § 126 a 1, 5
Qualifizierte Nachfolgeklausel § 727 9; § 2032 20
Qualifizierter Mietspiegel § 558 a 19
Qualifizierter Zeitmietvertrag § 575 1, 7 ff
Qualifizierung § 558 d 5
Quantitative Grenze § 1361 14
Querschnittsbereich § 613 a 10
Quittung § 368 1 ff; § 810 10
– Adressat § 368 9
– Anfechtung § 370 7
– Beweismittel § 368 5
– Form § 368 13
– Formular § 368 15
– Inhalt § 368 7
– Kosten § 369 1 ff
– Leistung an Überbringer §§ 370 ff
– Löschungsbewilligung § 368 14
– Löschungsfähigkeit § 368 14; § 1144 3
– Rechnung § 368 8
– Rechtsnatur § 368 4
– Rechtsschein § 370 1, 5
– Voraus~ § 368 6
– Zusätze § 368 10
Quotalberechtigung § 2033 3
Quotenklausel § 538 17 ff
Quotenregelung § 611 a 1
Quotenunterhalt § 1360 a 19
Quotenvermächtnis § 1976 3

R
Rahmenkredit § 488 9; § 492 2; § 494 4; § 495 4
Rahmenvertrag vor § 145 16, 29
Rang § 2048 18
– Bestimmung des ~s § 879 12
– der Vormerkung § 883 20
– von Grundstücksrechten § 879
Rangänderung § 880
– Einigung § 880 2
– Eintragung § 880 3
– Rechtsfolge § 880 6
– Zustimmung des Eigentümers § 880 4
– Zwischenrecht § 880 8
Rangordnung § 1583 1; § 1991 12
– der Scheidungsfolgen § 1585 c 6
Rangverhältnisse beim Unterhalt § 1606 1 ff; § 1609 1 ff
– beim Berechtigten § 1609 2
– beim Pflichtigen § 1606 1 ff
Rangvorbehalt § 881
– Ausnutzung § 881 6
– Einigung § 881 2

- Eintragung § 881 3
- Erlöschen des vorbehaltenen Rechts § 881 9
- Veräußerung § 881 5
- Wirkung § 881 7
- Zwischenbelastung § 881 8

Rasse § 311 19

Rat § 675 42 ff

Ratenlieferungsverträge § 314 5
- Ausnahmetatbestände § 505 3
- Bausatzverträge § 505 4
- Begriff § 505 1
- Beweislast § 505 1
- Dienstverträge § 505 2
- Energielieferungsverträge § 505 7
- Existenzgründer § 505 3
- Franchiseverträge § 505 7, 9
- Getränkelieferungsverträge § 505 7, 9
- Rahmenverträge § 505 8, 9
- Rechtsfolgen § 505 8 f
- Sachgesamtheit § 505 4
- Sukzessivlieferungsverträge § 505 5
- Teillieferungsverträge § 505 5
- Voraussetzungen § 505 2, 4 ff
- Werkverträge § 505 2
- Zeitschriftenabonnements § 505 6

Raub § 992 3

Raubbau § 2133 2

Rauchverbot § 618 3

Raummietverhältnis § 535 15

Raumsicherheit § 929 5; § 930 2

Raumsicherungsverträge § 562 12

Räumung von Miethäumen und Grundstücken § 546 7

Räumungsauftrag § 562 19

Räumungsfrist § 242 41; § 570 5 f; § 1361 b 39
- gem § 721 ZPO § 574 9

Realakt § 1365 11

Reallast § 1105 ff
- Abtretung § 1107 6
- als Altenteil § 1105 20 ff
- Ausschluss unbekannter Berechtigter § 1112
- Belastungsgegenstand § 1105 10 f
- Berechtigter § 1105 12 ff
- dinglicher Anspruch § 1107 2 ff
- Duldung der Zwangsvollstreckung § 1107 2
- Eigentümerrecht § 1105 14
- Eigentumswechsel § 1108 4
- Einzelleistungen § 1107 1 ff
- Entstehung und Erlöschen § 1105 15 ff
- Haftung aus gesicherter Forderung § 1108 5
- Landesrecht § 1105 23
- persönliche Haftung § 1108 1 ff
- Pfändung § 1107 6
- Rechtsinhalt § 1105 3 ff
- Rechtstyp § 1105 1 f
- subjektiv-dingliche Reallast § 1110
- subjektiv-persönliche Reallast § 1111
- Teilbelastung § 1106

- Teilung des belasteten Grundstücks § 1108 6
- Teilung des herrschenden Grundstücks § 1109
- Unterwerfung gem § 800 ZPO § 1107 2
- Verfügungen § 1107 5 f
- Verpfändung § 1107 6
- Verzugs- und Prozesszinsen § 1107 3
- Wertsicherungsvereinbarungen § 1105 7 – 9
- wiederkehrende Leistungen § 1105 3 ff
- Zwangsvollstreckung § 1107 7 ff

Realofferte § 145 3; vor § 145 30

Realsplitting § 1353 17

Realteilung § 2042 21

Rechenschaft § 1978 3

Rechenschaftsanspruch § 2100 9; § 2130 10 f

Rechenschaftslegung § 259 1; § 2027 4

Rechenschaftspflicht § 259 1; § 713 4
- Inhalt § 259 3

Rechnung, prüffähige § 632 a 4, 15; vor § 641 3

Rechnungsabschluss § 721 2, 3; § 730 5

Rechnungslegung § 614 2; § 1962 7; § 1985 7; § 2039 5

Recht
- am eigenen Bild § 12 27
- am eingerichteten und ausgeübten Gewerbebetrieb s. Unternehmen
- dingliches ~ vor § 854 7
- subjektives ~ vor § 854 9
- zum Besitz § 273 17; § 2018 4
- zur Besitzaufgabe § 293 5
- zur Hinterlegung § 293 5

Recht zum Besitz § 986 2

Rechtfertigungsgründe § 823 13 ff
- Einwilligung § 823 16, 197, 200 ff
- Inanspruchnahme gesetzlicher Verfahren § 823 15, 34, 61, 83
- Wahrnehmung eines öffentlichen Amtes § 823 15

Rechtliche Betreuungsnotwendigkeit § 1571 5

Rechtliche Handlungseinheit § 339 6

Rechtliches Gehör § 1996 5

Rechtliches Interesse § 1980 10; § 1981 20; § 2010 3
- Glaubhaftmachung § 1960 17

Rechtmäßiges Alternativverhalten § 249 56 ff

Rechtsanwalt § 280 56, 64, 66; § 611 24; § 613 2; § 615 1; § 627 1
- AGB § 307 18
- Sekundärverjährung § 280 66
- Verjährung § 280 66
- Vertrag mit ~ vor § 631 27

Rechtsanwaltskanzlei § 1376 9

Rechtsanwaltsvertrag § 611 15

Rechtsausübung § 242 25

Rechtsbedingung § 620 35

Rechtsbehelfe vor § 275 1, 10
- Erfüllungsanspruch s. dort
- Gleichrangigkeit vor § 275 10

– Kündigung s. dort
– Minderung s. dort
– Rücktritt s. dort
– Schadensersatz s. dort
– System vor § 275 9

Rechtsberatung vor § 631 27
Rechtsbeugung § 1962 10
Rechtsbindungswille § 145 5
Rechtsfähige Gesamthand § 535 57
Rechtsfähigkeit § 1 1 – 3 § 705 1, 16, 33, 35, 36, 37, 47; § 714 2, 7; § 2032 1, 6
– Beginn § 1 9
– Begriff § 1 3
– Beweislast § 1 11
– Ende § 1 10

Rechtsfolge § 627 2
Rechtsfolgen der Ablehnung des Eintritts § 563 26
Rechtsfolgenirrtum § 119 27 – 29
Rechtsfolgenverweisung § 2021 1
Rechtsfrüchte
– mittelbare ~ § 99 5, 6

Rechtsgesamtheit § 90 4
Rechtsgeschäft § 138 13; § 139 5; § 613 a 12
– einseitiges ~ § 107 8; § 111; § 174; § 180; § 182 II; § 1366 1 – 3
– höchstpersönliches ~ s. Stellvertretung
– neutrales ~ § 107 8

Rechtsgeschäft, einseitiges § 1366 1 – 3
Rechtsgeschäftliches Verfügungsverbot § 137 2
Rechtsgeschäftsähnliche Erklärungen § 126 b 3; § 130 2; § 131 2; § 133 11; § 138 13; § 142 2
Rechtsgeschäftsähnliches Schuldverhältnis
– Gewinnzusage gegenüber Verbrauchern § 661 a 1, 5

Rechtsgrundverweisung § 2025 1
Rechtsgüter § 823 1, 3
– Allgemeines Persönlichkeitsrecht s. Allgemeines Persönlichkeitsrecht
– Eigentum s. Eigentum
– Freiheit § 823 29 f
– Gesundheit s. Gesundheitsverletzung
– Körper s. Körperverletzung
– Leben § 823 21
– Recht am eingerichteten und ausgeübten Gewerbebetrieb s. dort
– sonstige Rechte s. dort

Rechtsgutsverletzung
– mittelbare § 823 8, 26, 36

Rechtshandlungen in Benachteiligungsabsicht § 1390 9
Rechtshängigkeit § 246 7; § 291 4; § 705 28; § 987 1; § 1384 4; § 1389 6; § 1580 2; § 1585 b 4; § 2020 2; § 2022 4; § 2023 2, 3; § 2029 3
Rechtshängigkeitsvermerk § 899 13
Rechtsirrtum § 276 31; § 280 32; § 286 23; § 2060 8
– Geldforderungen § 280 32

Rechtskauf § 433 2, 4; § 453 3, 5 ff; § 474 8
Rechtskraft § 1959 8; § 2018 25; § 2039 20; § 2060 8
– der Ehescheidung § 1569 3
– des Urteils § 1967 2

Rechtskraftwirkung § 705 28; § 1965 7; § 2018 26
Rechtslage § 313 36
Rechtsmangel s. Mängelrecht; § 536; § 2030 5
– Hauptpflichten im Werkvertrag § 633 21

Rechtsmissbrauch s. auch unzulässige Rechtsausübung; § 357 6
– Außentheorie § 242 24
– Innentheorie § 242 24

Rechtsmittel § 1973 11
Rechtsmittelfristen § 2045 2
Rechtsmittelzug Kindschaftssache
– Berufung § 1600 e 68
– Familiensenat § 1600 e 67
– Revision § 1600 e 69

Rechtsnießbrauch § 2033 34
Rechtsnorm § 134 5
Rechtsobjekt vor § 854 6
Rechtspfleger § 1960 14; § 1962 4, 10; § 1964 5; § 1970 7; § 1981 1, 15; § 2006 6; § 2010 4, 5; § 2027 15; § 2042 19; § 2057 6
Rechtspflicht § 1968 5
Rechtsschein § 242 43
Rechtsscheinvollmacht § 167 34 ff; §§ 170 ff
– abredewidrige Ausfüllung eines Blanketts s. Blankett
– Anfechtung s. Anfechtung
– Anwendung der §§ 177 ff § 164 46; § 170 1; § 177 4
– bei der kundgegebenen Innenvollmacht § 171 f
– bei der nachträglich erloschenen Außenvollmacht § 167 47
– beim unternehmensbezogenen Rechtsgeschäft § 164 35
– Duldungs- und Anscheinsvollmacht § 164 34 ff
– Gutgläubigkeit des Geschäftsgegners § 173
– kraft Einräumung einer Stellung § 167 47
– Rechtsnatur § 170 1

Rechtsscheinwirkung § 1964 9
Rechtsschutzbedürfnis § 1586 b 4; § 1970 14; § 2048 27
Rechtsschutzinteresse § 1961 9
Rechtsstreit
– Fortsetzung des ~ § 1958 1

Rechtssubjekt § 1 1 – 3
Rechtsverfolgung § 1961 6
Rechtsverfolgungskosten § 280 25
Rechtsvergleich
– eigenhändiges Testament § 2247 27
– gemeinschaftliches Testament § 2265 6
– öffentliches Testament § 2232 10
– Testamentsregister § 2258 a 3
– Testierfähigkeit § 2229 14

Rechtsverlust
– Entschädigung § 951
Rechtswahl Art 14 7 ff; Art 15 5 ff; Art 18; Art 27 1 ff; Art 29 1, 23; Art 29 a 8; Art 30 1 – 8; Art 34 17
– fehlende ~ Art 28 1 ff
– Gegenstand Art 42 2
– im internationalen Deliktsrecht Art 40 16 – 27; Art 42 1 ff
– Rechtsfolgen Art 42 3
– Voraussetzungen Art 42 2
Rechtswidrigkeit § 276 4; § 823 9 ff
– Erfolgsunrecht § 276 4
– Handeln auf eigene Gefahr § 823 17
– Lehre vom Erfolgsunrecht § 823 10
– Lehre vom Handlungsunrecht § 823 11
– obligation de moyens § 276 4
– obligation de resultat § 276 4
– Rechtfertigungsgründe s. Rechtfertigungsgründe
– Verhaltensunrecht § 276 4
– verkehrsrichtiges Verhalten § 823 17
Rechtswidrigkeitstheorie § 812 60
Rechtswirksamkeit § 1361 3
Rechtzeitigkeitsklauseln § 556 b 3
Redlichkeitsphase § 988 4
Regel-Ausnahme-Prinzip § 1581 19
Regelanknüpfung Art 30 11
Regelkündigungsfrist § 573 c 4
Regelmäßiger Lebensbedarf § 1361 13
Regeln der Technik
– anerkannte ~ § 633 16
Regelung der güterrechtlichen Verhältnisse § 1410 3
Regelungsidentität § 613 a 19, 22
Regelungsverfügung § 1963 10
Registereinsicht § 1563 1
Registergericht § 1558 1 – 3
Registrierung
– Flugzeug Art 30 11
– Schiff Art 30 11
Regress des Gesellschafters § 709 7; § 714 13
Regressansprüche § 1967 7; § 2046 5
Regressionsmethode § 558 d 3
Reinertrag § 2049 4
Reinigung vor § 631 27
Reinnachlass § 2057 a 19
Reisebüro
– Ermächtigung zum Empfang des Reisepreises § 651 k 11, 12
– Rechtsstellung beim Reisevertrag § 651 a 2; § 651 k 9
Reiseveranstalter
– Begriff § 651 a 14
– Haftung § 651 f
– Schadensersatz § 651 f 1 ff
– Sicherung des Reisenden vor Insolvenz § 651 k 2 – 9

Reisevertrag vor § 631 18; § 651 a; § 651 b; § 651 c; § 651 d; § 651 e; § 651 f; § 651 g; § 651 h; § 651 i; § 651 j; § 651 k; § 651 l; § 651 m
– Abdingbarkeit § 651 m 1 ff
– Abgrenzung § 651 a
– Absage der Reise § 651 a 33
– Begriff § 651 a
– Ersatzreise § 651 a 37 f
– Frankfurter Tabelle § 651 d 8
– Gastschulaufenthalte § 651 l 1 ff
– Haftungsbeschränkungen § 651 h 1 ff
– höhere Gewalt § 651 j 1 ff
– Informationspflichten des Veranstalters § 651 a 22 – 25
– Insolvenz des Veranstalters § 651 k 1 ff
– Lebensrisiko, allgemeines § 651 c 13
– Leistungspflichten des Veranstalters § 651 a 20 – 26
– Leistungsträger § 651 a 16, 17
– mehrere Reisende, Gruppenreisen § 651 a 15
– Pflichten des Reisenden/Teilnehmers § 651 a
– Reisebestätigung § 651 a 22
– Reisebüro § 651 a
– Reiseveranstalter, Begriff § 651 a 14
– Reisevermittler § 651 a 10 – 12
– Rückbeförderung § 651 e 9; § 651 k 1 ff
– Rücktritt § 651 a 36; § 651 i 1 ff
– Schutzpflichten des ~ § 651 a 26
– Stornoklausel § 651 i 6
– Störung der Geschäftsgrundlage § 651 j 1 ff
– Tabelle zur Minderung § 651 d 8
– Teilnehmerwechsel § 651 b 1 ff
– Urlaubszeit, nutzlos aufgewendete § 651 f 9 – 12
– Verjährung der Gewährleistungsansprüche § 651 g 12 – 15
– Vertragsänderung, einseitige § 651 a
– Vertragsübertragung § 651 b
– Widerspruchsrecht des Veranstalters § 651 b 2
– Zahlung des Reisepreises § 651 k 10 f
Reiseverträge vor § 328 19
Rektapapier § 398 8; § 793 4
Relative Unwirksamkeit § 883 17
Relative Verfügungsbeschränkungen § 892 4
Relatives Verfügungsverbot § 135; § 136 2, 5
Rentabilitätsvermutung § 251 18; § 284 1, 4, 8
Rente § 843 8 ff; vor § 1577 18
– Einkommensteuer § 843 14
– Minderung der Erwerbsfähigkeit § 843 8
– mutmaßliche Lebensdauer § 844 0 10
– richterliche Bemessung § 843 18
– Sicherheitsleistung § 843 13
– Vermehrung der Bedürfnisse § 843 9 f
Renten-, Arbeitslosen- und Krankenversicherungsbeiträge vor § 1577 46
Rentenanspruch § 1572 9
Rentenform § 1963 8
Rentennachzahlungen § 1577 4

Rentenschein § 804 1 ff; § 805 1 f; § 807 4
Rentenschuld
– Ablösungsrecht § 1201 1 f
– Ablösungssumme § 1199 3
– Kündigung § 1202 1 ff
– praktische Bedeutung § 1199 1
– Umwandlung § 1203 1 ff
Rentenschuldbrief § 793 2; § 798 2; § 799 3
Rentenversicherung § 1372 6
Renvoi s. Rück- und Weiterverweisung im IPR
– im IPR Art 27 31; Art 35 3
Reparatur § 249 6 f; vor § 631 27
Reparaturkosten § 998 2
Reparaturschein § 807 1
Repräsentationsprinzip s. Stellvertretung, unmittelbare
res in transitu
– im IPR Art 43; Art 46 3
Reserveursache § 249 102 ff; § 287 5
– Anlagefälle § 249 105
– Beweislast § 249 107
– Objektschaden § 249 106
– zeitliche Grenze § 249 107
Restitutionsansprüche § 1374 18
Restitutionsklage § 1600 e 70
Restkaufpreishypothek § 1113 8
Resturlaub § 611 94
Restwert § 249 41
Rettungsdienst § 839 120
Rettungsfälle § 249 50
Reugeld § 338 4
Reverse Convertible Bonds § 793 9
Revokationsklage § 1365 2
Revokationsrecht § 1368 1, 3
Revokationsverfahren § 1368 7
Richter § 611 10
Richtigkeit § 2006 1
Richtlinie § 611 37
Richtlinienkonforme Auslegung Art 29 a 6, 7, 10; vor § 241 8; vor § 312 2; vor § 433 10 ff; § 437 23; § 439 29; § 441 4
Richtlinienkonforme Rechtsfortbildung § 242 17
Richtlinienumsetzung § 242 2
Richtschnur § 1571 8; vor § 1577 26
Risikoverteilung § 275 20
– nach Sphären beim Werkvertrag §§ 644, 645; § 645 10
Risikozuschlag § 249 9
Rohstoffmangel § 620 75
Rollenverteilung § 1360 11
Rollenwahl vor § 1577 40
Rollenwechsel § 1581 10
Rollenwidrigkeit § 358 10
ROM I Art 27 2; 15 f; Art 28 1; Art 29 1, 7, 12; Art 34 1, 2; Art 36 8
ROM II Art 38 2
– Entwurf Art 38 2; Art 40 4 – 31; Art 41 4

Rosinentheorie Art 30 7
Routinevorsprung § 620 79
Rückabwicklung nach Schadensersatzrecht vor § 346 2
Rückabwicklungsverhältnis § 275 29
Rückerstattung der Miete zuzüglich Zinsen § 547 6
Rückerstattungsanspruch § 547 7; § 1963 9
Rückforderungsausschluss § 813 5
Rückgabe
– der Pachtsache § 596
– der Sache § 1001 4
– des Pachtobjektes § 581 20
– von Arbeitsmitteln § 620 7
Rückgabeanspruch
– des Vermieters § 570
– gegen Dritte § 546 12
Rückgabepflicht des Mieters
– abweichende Vereinbarungen § 546 2
– Grundsätzliches § 546 1
– Konkurrenzen § 546 1
– Rückgabeanspruch gegen den Mieter gem § 546 I § 546
Rückgaberecht bei Teilzahlungsgeschäften § 503 1
Rückgaberecht bei Verbraucherverträgen § 356
– Anwendungsbereich § 356 2 ff
– Muster des BMJ § 356 7
– Rückgabe § 356 6
Rückgewähr
– durch den Pächter § 582 a 6
– von Zuwendungen § 1372 14
Rückgewähransprüche § 2042 42; § 2059 9
– Verjährung § 196 2
Rückgriffskondiktion Art 38 9
Rückgriffskondiktion EG § 812 101, 102
Rückkauf § 456 6
Rücklassungspflicht § 596 b
Rücknahme § 2040 7
– der Kündigung § 542 29 ff
Rücknahme des öffentlichen Testaments § 2256 2
– Rückgabe an den Erblasser § 2256 2
– Rückgabe anderer Testamente § 2256 6
– Widerrufswirkung § 2256 5
Rücknahmerecht bei Hinterlegung
– Ausschluss § 376 2 ff
– Insolvenz § 377 2
– Rechtsfolgen § 379 5
– Rechtsnatur § 376 1
– Rückwirkung § 379 5
– Unpfändbarkeit § 377 1 ff
– Urteil § 376 4
– Verzicht § 376 2
– Wirkung § 376 5
– Wirkung bei Ausschluss § 378 1 ff
Rücksichtnahme
– in persönlichen Angelegenheiten § 1353 14
– in wirtschaftlichen Angelegenheiten § 1353 15

Sachgründung § 2032 30
Sachliche Zuständigkeit
– Kindschaftssache § 1600 e 22
Sachmangel s. Mängelrecht § 243 1; § 2019 12
– 536 I § 536 7
– beim Werkvertrag § 633 13 ff
Sachnießbrauch § 2033 14
Sachnormverweisung s. Rückverweisung, Weiterverweisung
Sachurteilsvoraussetzungen § 558 b 7
Sachverbindungen s. Kauf
Sachversicherungen
– Ansprüche aus ~ § 1369 4
Sachverständigengutachten § 558 a 15
Sachverständiger § 280 71; § 286 3; § 839 a; § 1760 9
– Haftung § 839 121
– Vertrag mit ~ vor § 631 27
Sachwalter § 311 III
– Haftung des Vertreters § 164 79
Sachwalterhaftung § 311 63; § 675 57
Sachwert § 1376 8
Saldenbestätigung § 780 8; § 781 12
Saldoklage § 535 129
Saldotheorie/Saldierung § 818 29 – 31
Salvatorische Klausel § 125 19; § 139 4, 24; § 140 3
– in AGB § 306 12
Samenerguß
– Nachweis § 1600 e 105
Sammlungen § 1376 9
Satzung s. Stiftung; Vereinssatzung § 2032 33
Säumnis § 2012 1
Säumniszuschlag § 556 10; § 2039 7
Schaden § 626 3; § 823 20
– immaterieller ~ § 253; § 823 20, 24, 159
– Schockschaden § 823 27
– Vermögensschaden § 823 31, 41, 51, 59, 214
– vorgeburtlicher ~ § 823 28
Schadens- und Aufwedungsersatzanspruch des Mieters wegen eines Mangels
– Anwendungsbereich § 536 a 2
– Grundsätzliches § 536 a 1
– Konkurrenzen § 536 a 1
Schadensabwendungspflicht
– Arbeitgeber/Dienstberechtigter § 611 96
Schadensausgleich
– innerbetrieblicher ~ § 611 88
Schadensberechnung
– Dauer vor § 249 11 ff
– Zeitpunkt vor § 249 11 ff
Schadensersatz vor § 275 2, 3, 9; § 536 a 9; § 826 10; § 1980 2, 11; § 2019 4; § 2023 2; § 2029 2; § 2060 4
– Amtspflicht § 839 55
– Anwendungsbereich vor § 249 1, 2
– Arbeitnehmer § 619 a 1 ff

– Begrenzung des negativen Interesses durch das positive § 249 19
– bei mangelhafter Reiseleistung § 651 f
– Belastung mit Verbindlichkeit § 249 13
– Beweis vor § 249 5
– durch Geldzahlung § 249 12 – 14
– durch Rente § 843 4 – 6
– Erfüllung vor § 249 13
– Erfüllungsanspruch § 280 6; § 281 1
– Ersatzberechtigter § 823 19
– Ersatzverpflichteter § 823 19; § 826 11
– gegen Unternehmer im Werkvertrag § 636 7 f – 8
– Gesundheitsverletzung § 249 11; § 254 16 – 18 § 843
– Grundprinzipien § 249 2 – 4
– in Geld § 249 3; § 251
– Kausalität vor § 249 9
– Körperverletzung § 249 11; § 254 16 – 18 § 843
– Kostennachweis § 249 28
– Kraftfahrzeuge § 249 8 – 35 § 251 12 – 14 § 254 19 – 21
– Kündigung § 618 6; § 628 1
– nach Fristsetzung § 250
– negatives Interesse § 249 18
– Nichtvermögensschaden § 253 2, 3, 4, 10
– Nutzungsausfall § 249 33 – 35
– ökologische Interessen § 251 9
– pauschalierter ~ in AGB § 309 26
– pauschalierter in AGB § 309 27 – 31
– positives Interesse § 249 18
– positives und negatives Interesse § 249 17 – 19
– Prognoserisiko § 249 30
– Schutzzwecklehre § 249 16 – 61
– Umsatzsteuer § 249 26 – 32
– Verjährung vor § 249 10
– Verletzung des Namensrechts § 12 22
– Vorrang der Reparatur § 249 8
– Werkstattrisiko § 249 29
– Wirtschaftlichkeit § 249 7
– Zeitpunkt, maßgeblicher § 252 5

Schadensersatz neben der Leistung § 280 7
– Kauf § 437 27 f, 28 ff

Schadensersatz statt der ganzen Leistung § 280 2 – 48 § 281 21 – 23 § 282 1 – 3 § 286 1
– Abmahnung § 282 5
– Beendigung des Vertrages § 280 2
– Begriff § 280 46; § 281 21
– Beleidigung § 282 3
– Dauerschuldverhältnisse § 282 4, 6
– Differenzmethode § 280 48
– Ersatzfähigkeit § 281 31
– Gegenansprüche des Schuldners § 281 32
– Gegenleistungen § 281 31
– großer Schadensersatz § 280 47; § 281 21
– illoyales Verhalten § 282 3
– Interessenslage des Gläubigers § 281 25
– kleiner Schadensersatz § 280 49
– Kündigung § 281 30
– Kündigungsschaden § 281 26

Rücksichtnahmepflicht § 242 60

Rückspringen der Gefahr § 346 16

Rückstellungen vor § 1577 16

Rücktritt vor §§ 275 4, 9; § 275 29, 30; § 277 1; § 286 1; § 346; § 1958 14; § 2032 11; § 2040 6
- Abmahnung statt Fristsetzung § 323 26
- Abweichungen durch AGB § 323 45 f
- andere Rechtsbehelfe § 323 43 f
- Angemessenheit der Frist § 323 19 f
- antezipierter Vertragsbruch § 323 5
- aufgedrängte Bereicherung § 347 7
- Aufrechnung nach Nichterfüllung § 352
- Aufwendungen § 347 6
- Ausschluss des Wertersatzes § 346 12 ff
- beim Ausschluss der Leistungspflicht § 326
- eigenübliche Sorgfalt § 347 3
- Entbehrlichkeit der Fristsetzung § 323 27 ff
- Erklärung § 349
- Erlöschen nicht erfüllter Pflichten § 346 2
- Fälligkeit § 323 4 ff
- Fixgeschäft § 323 29 f
- formularmäßiger Vorbehalt, AGB § 308 20 – 30
- Fristsetzung § 323 16 ff; § 350
- fruchtloser Fristablauf § 323 23 ff
- Gebrauchsrecht des Schuldners § 346 27 ff
- Gebrauchsvorteil eines Darlehens § 346 10
- gegen Reugeld § 353
- Generalklausel § 323 31
- Haftung nach Bereicherungsrecht § 346 20
- Hauptpflichten im Werkvertrag § 636 1 ff
- Herausgabe von Nutzungen § 346 4
- just-in-time-Geschäft § 323 31
- Leistungsverweigerung § 323 27 f
- Mankolieferung § 323 36
- Nicht- oder Schlechtleistung § 323 12 ff
- notwendige Verwendung § 347 5
- Nutzungen und Verwendungen § 347
- Pflicht zu Nachforschungen § 346 26
- Prognoseentscheidung § 323 8
- Prozessuales § 323 47 f
- Rückgewähr der schon erbrachten Leistungen § 346 3 f
- Schadensersatzpflicht des Rückgewährschuldners § 346 21 ff
- Schlechtleistung § 323 35
- Teilleistungen § 323 33 ff
- unerhebliche Pflichtverletzung § 323 37
- Unmöglichwerden im Annahmeverzug § 323 41
- Unteilbarkeit § 351
- Verantwortlichkeit des Gläubigers § 323 39 f
- vereinbarte Gegenleistungen § 346 10
- Verjährung § 323 44
- Verwirkung § 350 3
- Verzicht § 350 3
- vom Verlöbnis § 1298; § 1299; § 1300; § 1301; § 1302
- wegen nicht oder nicht vertragsgemäß erbrachter Leistung § 323

- Wertersatz § 346 5 ff
- Zeitpunkt der Fristsetzung § 323 21 f
- Zug-um-Zug § 348
- Zuvielforderung § 323 17

Rücktrittsrecht § 572 3 f; § 620 3; § 626 1; § 2035 4

Rücktrittsvermutung bei Teilzahlungsgeschäften § 503 3 ff
- Einigung über gewöhnlichen Verkaufswert § 503 6
- Herausgabeklage § 503 5
- Zwangsvollstreckungsmaßnahmen § 503 5

Rückübereignungsanspruch § 2035 7

Rückübertragung § 2037 4

Rückverweisung s. auch Renvoi Art 27 18, 31, 40; Art 28 2; Art 30 1; Art 32 1; Art 40 8; Art 41 2; Art 42 1

Rückwirkungsklauseln § 556

Rückzahlung der Kaution § 551 16 ff

Rückzahlungsklausel § 611 38, 97; § 620 37

Ruhegelder § 313 28

Ruhestandsbezüge § 620 7

Rundfunkanstalt § 611 22

Rundfunkmitarbeiter § 611 24

Rundfunksprecher § 611 22

S

Saatgut § 998 2

Sach- und Rechtsmängel § 2042 41

Sachbezüge § 611 71

Sachdarlehen § 488 1; § 491 1; § 607; § 608; § 609
- Vermittlung von ~ § 655 a 2

Sache vor § 854 6; § 985 7; § 988 2
- Begriff § 90 1
- bewegliche ~ § 90 7
- Körper § 90 6
- nicht vertretbare ~ § 91 4
- selbständige ~ § 93 5
- Software § 90 5
- unbewegliche ~ § 90 7
- verbrauchbare ~ § 92
- vertretbare ~ § 91

Sache, bewegliche
- Übereignung § 929 3

Sachen zum persönlichen Gebrauch § 1362 2

Sachenrecht
- Begriffe vor § 854 6
- Prinzipien vor § 854 13
- Regelungsinstrumente vor § 854 9
- Systematik vor § 854 4

Sachfrüchte
- mittelbare ~ § 99 4
- unmittelbare ~ § 99 2

Sachgefahr § 346 15

Sachgesamtheit § 90 4; § 985 16
- Einbauküche § 91 4
- Übereignung § 929 5; § 930 2, 7
- Zubehör § 97 2

– Leistung nicht wie geschuldet § 280 50; § 281 27
– Minderung § 281 32
– nachträgliche Pflichtverletzung § 282 4
– Nebenansprüche § 281 31
– partielle Störung § 281 23
– Rechtsfolgen § 281 31; § 282 6
– Rücktritt § 280 46; § 281 30
– Schadensersatz statt der Leistung § 282 2
– Schutzpflicht § 281 29
– Sukzessivlieferungsvertrag § 281 26
– Surrogationsmethode § 280 48
– Teilbarkeit § 281 24
– Teilleistung § 281 23
– Teilstörungen § 281 50
– Unerheblichkeit § 281 27
– Unzumutbarkeit der weiteren Anbindung § 282 5
– Unzumutbarkeit der Annahme § 282 2
– Voraussetzungen § 280 50; § 281 22; § 282 3

Schadensersatz statt der Leistung § 275 30; § 280 6, 36, 37, 38, 45; § 281 3 – 5 § 282 2; § 286 1; § 287 3; § 437 35, 42
– abstrakte Schadensberechnung § 280 38
– Anspruchsgrundlage § 281 1
– anstelle des Erfüllungsanspruchs § 280 36
– Anwendungsbereich § 280 41; § 281 2
– Aufwendungen § 280 37
– Betriebsausfallschaden § 280 58
– Deckungsgeschäft § 280 37
– Deckungskauf § 280 37
– dingliche Ansprüche § 280 44
– Eigentümerbesitzverhältnis § 280 44
– Erfüllungsinteresse § 280 40
– Erlöschen des Erfüllungsanspruchs § 281 20
– Ersatzfähigkeit § 281 19
– Fälle § 280 37
– Fälligkeitszinsen § 281 20
– Fixhandelskauf § 280 43
– Fortbestand des Vertrages § 280 39
– Fristsetzung § 280 40; § 281 3
– Fristsetzungserfordernis § 281 5
– frustrierte Aufwendungen § 284 3
– Gegenleistung § 281 20
– Grundgedanke § 280 36 – 38
– Haftungsschaden § 280 37
– Kündigungsschaden § 280 42
– Nachbesserung § 280 37
– Nachfristmodell § 281 5
– Nachfristsetzung § 280 45
– Pflichtverletzung § 281 4
– Qualifikation § 280 37; § 281 3
– Recht zur zweiten Andienung § 280 36; § 281 3
– Rechtsfolgen § 281 19
– Rückgewähransprüche § 281 2
– Spezifikationskauf § 280 2
– Verhältnis zum Erfüllungsanspruch § 280 36, 37, 43
– Verhältnis zum Rücktrittsrecht § 280 39

– Verlangen § 281 20
– Vertretenmüssen § 281 4
– Voraussetzungen § 281 4 – 6
– widersprüchliches Verhalten § 281 19
– Zeitpunkt § 280 38

Schadensersatz statt der Rechtzeitigkeit der Leistung § 280 24

Schadensersatz und Rücktritt § 325
– andere Schadensposten § 325 6
– die Berechnung des Schadens nach Rücktritt § 325 3 ff

Schadensersatz wegen Nichterfüllung § 1586 3

Schadensersatz wegen Pflichtverletzung § 280 1, 5, 20
– anfängliche Leistungsstörungen § 280 4
– Anspruchsgrundlage § 280 1
– Arbeitsverhältnis § 280 21
– Art der Pflichtverletzung § 280 1
– Art des Schuldverhältnisses § 280 1
– Arzthaftung § 280 21
– Beendigung des Vertrages § 280 2
– Beweislast § 280 21
– Beweislast nach Gefahrenbereichen § 280 21
– Erfüllungsinteresse § 280 41
– Ersatzfähigkeit § 280 5
– Funktion § 280 5
– Inhalt § 280 8
– Kündigungsschaden § 280 42
– Neutralrestitution § 280 8
– Pflichtverletzung s. dort
– Qualifikation des Schadens § 280 5
– Rechtsfolgen § 280 20
– Regelungstechnik § 280 5
– Schadensersatz statt der ganzen Leistung s. dort
– Schadensersatz statt der Leistung s. dort
– Schadensersatz wegen Verzögerung der Leistung s. dort
– Schuldverhältnis § 280 9
– Umfang § 280 8
– Unterlassung § 280 20
– Verjährung § 280 21
– Vertretenmüssen § 280 4
– zentrale Norm § 280 1

Schadensersatz wegen Verzögerung der Leistung § 280 6

Schadensersatzanspruch § 536 a; § 1369 4; § 1970 11; § 1985 14; § 1990 10; § 1994 1; § 2037 4; § 2038 6; § 2039 6; § 2041 5; § 2044 12
– des Nacherben § 2100 9; § 2130 12; § 2138 7 f
– Verjährungsbeginn § 196 9
– wegen erlaubnisloser Untervermietung § 540 14

Schadensersatzpflicht § 122 2; § 1970 12; § 1979 1; § 1986 1
– des Vorerben § 2113 6, 13

Schadensersatzumfang § 536 a 9

Schadensfeststellung
– Kosten § 251 17

Schadensminderungspflicht § 537 5
Schadenspauschale vor § 249 4
Schadenspauschalierung vor § 339 4
Schadensrechtliches Bereicherungsverbot
  § 255 1
Schatzfund § 984
Schätzung § 2055 14
– gem § 287 II ZPO § 558 b 10
Schätzwert § 1973 10
Schätzwertklausel § 583 a 4
Scheck § 246 7; § 780 10; § 783 17; § 784 1; § 792 1;
  § 793 4
Scheckinkasso § 675 34
Scheckverbot
– Beweislast § 496 5
– Gesamtschuldner § 496 7
– Rechtsfolgen bei Verstoß § 496 5 ff
– Voraussetzungen § 496 1, 3 f
Scheidung der Ehe § 1564 3
– einverständliche ~ § 1566 3 – 5
– streitige ~ § 1566 10 ff
Scheidungsantrag
– Rechtshängigkeit des ~ § 1384 4
– vorzeitiger ~ § 1565 20
Scheidungshalbwaisen
– Namensgebung § 1618 12
Scheidungsstatut Art 17 1 ff
Scheinbestandteil § 95 1; § 539 2, 11
– Mieter § 95 4
– Pächter § 95 4
– Zweckbestimmung § 95 3
Scheinehe s. Bigamie § 1564 2
Scheinerblasser § 2031 6
Scheingeschäft § 117; § 117 1
– bei der Vollmachtserteilung § 164 19
Scheingesellschaft § 714 9
Scheingesellschafter § 714 9
Scheinselbständigkeit § 611 16 ff, 25
Scheitern der Ehe § 1566 1 – 3
Schenkung § 2033 19; § 2034 8; § 2050 11;
  § 2056 2
– Arbeitsleistungen § 516 7; § 531 4
– Auflage § 516 11, 14, 15, 26; § 525; § 526; § 527;
  § 528 12; § 531 4
– belohnende Schenkung § 516 20
– des Todes wegen § 1365 14
– durch ~ erworben § 1374 23
– Ehegatten § 516 22; § 528 9
– Forderungen § 518 10
– getarnte ~ § 1375 13
– grober Undank § 530 4 – 7
– Grundstück § 528 8; § 531 3
– Haftung § 521; § 523; § 524
– Lebensversicherung § 516 9; § 518 11
– nichteheliche Lebensgemeinschaft § 516 24
– Rechtsmangel § 523

– Rückforderung § 528; § 529
– Sachmangel § 524
– Schuldversprechen § 518 5
– Schwiegereltern § 516 18
– Sicherheit § 516 5, 7
– Stiftung § 516 11
– Tod des Beschenkten § 528 5; § 532 3
– Tod des Schenkers § 518 13; § 520 3; § 528 18
– Unentgeltlichkeit § 516 12 – 14
– Verzeihung § 530
– Verzug § 522
– Wechselakzept § 518 5, 10
– Widerruf § 530; § 531; § 532
– Wohnrecht § 516 26
– Wohnung § 516 7
– Zweckschenkung § 516 15; § 525 4
Schenkungsverbot § 1641
Schenkungsversprechen von Todes wegen
  § 2301 2 – 4
Schickschuld § 243 10; § 268 2; § 300 6; § 447 1
– Gattungsschuld § 243 8
– qualifizierte ~ § 270 1
Schiedsabrede
– Aufrechnungsausschluss § 387 22
Schiedseinrede § 242 46
Schiedsgericht § 242 46
Schiedsgerichtlicher Vergleich s. Vergleich
Schiedsgutachter § 244; § 245 22
Schiedsrichter § 2065 5
Schiedsrichtervertrag vor § 631 27
Schiedsvereinbarungen Art 27 7, 13
– im IPR Art 28 13, Art 32 10
– Teilverweisung Art 27 21
– Verbindung, engste Art 28 7
Schiedsverfahren § 242 46
– im IPR Art 32 6
Schienenfahrzeuge
– im IPR Art 45 1 ff
Schiffe § 578 a 1
Schiffskauf
– Verbrauchsgüterkauf § 452; § 474 7
Schiffspfandbrief § 793 7
Schiffsunfälle
– Anknüpfung Art 40 19
Schikaneverbot § 226; § 242 26
– Finale Verknüpfung § 226 2
– Rechtsfolgen § 226 3
Schlechtleistung § 312 d 4
– Arbeitnehmer § 611 76, 78
– Dienstverpflichteter § 611 5
Schleppvertrag vor § 631 27
Schlüsselgewalt § 1357 2
Schlusserbe § 2100 14; § 2247 9; § 2267 7; § 2269 1,
  2, 4, 7, 8, 11; § 2270 2 – 5 § 2271 7, 8, 13;
  § 2273 5
Schlussrechnung § 242 45; § 1960 47; § 1988 8
– beim Werkvertrag § 641 3, 14
Schlusszahlung beim Werkvertrag § 641 19

Schmerzensgeld § 249 20; § 253 1, 9; § 1374 12;
  § 1376 9
– Ausgleichsfunktion § 253 11
– Bemessung § 253 13
– Einmalbetrag § 253 19
– Genugtuung § 253 12
– geringfügige Beeinträchtigung § 253 15
– innerhalb einer Familie § 253 21
– Kriminalstrafe § 253 18
– Mindestbetrag § 253 22
– Mitverschulden § 253 20
– offene Schmerzensgeldteilklage § 253 23
– Rente § 253 19
– schwerste Verletzungen § 253 16
– Tod § 253 17
– Verjährung § 199 20
Schmerzensgeldtabellen § 253 14
Schmiergeldannahme § 611 80, 87; § 626 7
Schmuck § 1376 9
Schmuggel Art 34 18
Schneeballsystem, Spiel § 762 7
Schockschäden § 249 70; § 253 2; § 846 2
Schonfrist § 569 15; § 2014 2; § 2015 7
Schönheitsreparatur § 535 49, 94; § 538 1, 3
Schönheitsreparaturklauseln
– AGB § 307 18, 24; § 309 30
Schonvermögen § 1967 16
Schornsteinfeger vor § 631 27
Schreibfehler § 2247 17
Schriftform § 125 10; § 126 1 – 3 § 127 a 1;
  § 130 19; § 484; § 550 3; § 780 9
– Beendigung Arbeitsverhältnis § 623 1, 2, 4
– für die Ausübung des Vorkaufsrechts durch den Mieter § 577 6
– gesetzliche Schriftform § 126 1
– Kündigung Arbeitsverhältnis § 620 40;
  § 626 11
– Kündigungsschutzklage § 620 100
– Rechtsfolge § 623 5 ff
– vereinbarte Schriftform § 127 1
– Vereinbarung durch AGB § 305 b 4; § 307 13
– Zeugnis § 630 2
Schriftformklausel
– doppelte ~ § 611 45
Schriftsteller § 611 28
Schuld vor § 241 1; § 241 25
– Begriff § 241 25
– Haftung § 241 25
Schuldanerkenntnis s. Schuldversprechen § 780 1 ff;
  § 781 1 ff; § 2012 3
– abstraktes ~ § 496 1
– deklaratorisches ~ § 781 9 ff
– einseitiges ~ § 781 13
– Form § 781 4, 9; § 782 1 ff
– konstitutives ~ § 781 3
– negatives ~ § 781 1
– und Bereicherungsausgleich (§ 812 II)
  § 812 52, 53

– ungerechtfertigte Bereicherung § 781 3, 11
– Verjährung § 781 10, 14 ff
Schuldanerkenntnis, negatives
– Beweislast § 397 4
– Entlastung Vereinsorgan § 397 21
– Kondiktion § 397 20
– Rechtsnatur § 397 17 ff
– Zustandekommen, stillschweigend § 397 18
Schuldbefreiung § 2018 19
Schuldbeitritt §§ 414, 415 12; § 415 12; § 488 1;
  § 491 6; § 492 2; § 494 4; § 495 7
Schuldbestätigungsvertrag § 780 2, 10, 18;
  § 781 9 ff
Schuldbuchforderungen § 2118 1
Schuldenberichtigung § 733 2, 3; § 755 3
Schuldentilgung § 2038 9; § 2046 2; § 2048 20
Schuldhafte Pflichtverletzung § 573 10 ff;
  § 1990 16
Schuldner
– Begriff § 241 8
Schuldnermehrheit vor § 420 1 ff; § 421 2
Schuldnerverzug § 271 10; § 615 2, 14; § 1958 14
– Gesamtschuld § 429 4; § 432 10
Schuldrecht vor § 241 1 – 3 vor § 275 4
– allgemeiner Teil vor § 241 4
– Anwendungsbereich vor § 241 12, 13
– CISG vor § 241 14
– Entwicklung vor § 241 6
– Europäische Gemeinschaft vor § 241 8
– Funktionen vor § 241 3, 4
– Gleichordnung vor § 241 2
– Güterbewegung vor § 241 3
– Güterschutz vor § 241 3
– Internationales Privatrecht vor § 241 14
– Modernisierung des Schuldrechts vor § 241 9
– Personenschutz vor § 241 3
– Regelungsort vor § 241 10
– Regelungstechnik vor § 241 11
– richtlinienkonforme Auslegung vor § 241 8
– Verfassungsrecht vor § 241 7
– Vertragsrecht vor § 241 5
– Weisungsrechte vor § 241 2
Schuldrechtliche Verfügungen zugunsten Dritter
  § 328 10
Schuldrechtlicher Wertersatzanspruch § 2021 1
Schuldrechtsmodernisierung vor § 323 2 ff
Schuldrechtsreform
– Kauf vor § 433 6 ff
Schuldschein § 371 1 ff; § 781 8; § 810 10
– Anerkenntnisanspruch § 371 10
– Bürgschaft § 371 6
– Einheit des ~ § 371 3
– Grundschuld § 371 9
– Rückgabeanspruch § 371 5
– verhaltener Anspruch § 371 5
– vollstreckbare Ausfertigung eines Titels § 371 4
– Vollstreckungsabwehrklage § 371 4
– Wechsel § 371 9

– Zug-um-Zug-Herausgabe § 371 8
– Zwangsvollstreckung § 371 5
Schuldstatutstheorie Art 34 17
Schuldübernahme § 311 4; §§ 414, 415; § 415; § 2046 3
– Abstraktheit § 417 1
– befreiende ~ §§ 414, 415 1
– Einwendungen des Übernehmers § 417
– Einwilligung §§ 414, 415 9; § 415 9
– Genehmigung §§ 414, 415 5; § 415 5
– Hypothekenschuld § 416
– Mitteilung §§ 414, 415 4; § 415 4
– Sicherungsrechte § 418 2
– Übernahmevertrag §§ 414, 415 2; § 415 2
– Vorzugsrechte § 418 4
– Zustimmung §§ 414, 415 3; § 415 3
Schuldurkunde § 985 18
Schuldverhältnis vor § 241 1; § 278 8; § 280 9
– Begriff § 241 4 – 6
– gesetzliches ~ § 2100 5
– im engeren Sinn § 241 4, 5, 7
– im weiteren Sinn § 241 4 – 7
– vorvertragliches ~ vor § 145 14
Schuldverschreibung § 248 3
Schuldverschreibung auf den Inhaber
– Aussteller § 793 13
– Begriff § 793 8 ff
– Eigentumserwerb des Ausstellers § 797 3
– Einwendungen des Ausstellers § 796 1 ff
– Entstehung der Verpflichtung § 793 15
– Erlöschen § 801 1 ff
– Ersatzkunde § 798 1 ff
– fehlender Begebungsvertrag § 794 1
– Form § 793 14
– Haftung des Ausstellers § 794 1 f
– Inhaberklausel § 793 12
– Inhalt der Urkunde § 793 10 ff
– Kraftloserklärung § 799 1 ff
– Legitimationswirkung § 793 17
– Leistungspflicht nur gegen Aushändigung § 797 1 ff
– Liberationswirkung § 793 18 ff
– Rechtsfolgen § 794 16 ff
– Tod des Ausstellers § 806 2
– Umschreibung § 806 1
– Verjährung § 801 6
– Verjährungsfrist § 802 2
– Vorlegungsfrist § 801 2 ff
– Wegfall der Geschäftsfähigkeit § 794 2
– Zahlungssperre § 802 1 f
– Zurückbehaltungsrecht § 797 1
Schuldverschreibungen der Bundesrepublik § 793 7
Schuldversprechen § 780 1 ff; § 782 1 ff
– Abstraktionswille § 780 7
– AGBG § 780 13
– als Schenkung § 518
– Beweislast § 780 18
– Einwendungen § 780 13

– Form § 780 9
– Grundverpflichtung § 780 6
– Kaufmann § 780 10
– Tatbestand § 780 4 f
– und ungerechtfertigte Bereicherung § 780 11, 15 f, 18
– Verjährung § 780 1 ff, 12, 17
Schuldvertrag
– abstrakter ~ § 780 1 ff
Schuldvertragsrechtsübereinkommen s. EVÜ
Schule
– Amtspflicht § 839 122
Schutz
– Gegenstände der Pflicht § 241 15 – 17
Schutz des Unterhaltsberechtigten § 1577 10
Schutzbedürftigkeit
– soziale ~ § 620 83
Schutzbekleidung § 618 5
Schutzbereich
– der Norm § 249 59 ff
– von Sicherungspflichten § 249 64
Schutzgedanke § 1361 2
Schutzgesetz § 823 214 ff
– Definition § 823 216
– dogmatische Einordnung § 823 214 f
– Schutzzweck § 823 218 ff
– wichtige Schutzgesetze § 823 226 ff
Schutzmaßnahmen § 618 1
Schutznorm für den Unterhaltsgläubiger § 1361 6
Schutzpflicht § 241 15 – 17 § 242 62 – 64 vor § 275 8; § 278 2; § 280 7, 12, 14, 19; § 281 7; § 535 32 f
– bewegliche Gegenstände § 242 63
– Diensträume § 242 63
– Geschäftsräume § 242 63
– Hauptpflichten im Werkvertrag § 631 27
– Integritätsschutz § 242 62
– Miträume § 242 63
– Obhut § 242 64
– Personenschäden § 280 14
– Sachschäden § 280 14
– Vermögensschäden § 280 14
– Verschwiegenheit § 242 65
– Versicherungspflichten § 242 62
– Verwahrung § 280 14
Schutzpflichtverletzung § 280 54
Schutzrechtsverwarnung
– unberechtigte ~ § 823 85 ff
Schutzvorkehrungen § 535 32
Schutzzweck § 276 27
– der Norm § 823 7
Schwägerschaft § 1590
Schwangerschaft § 1585 c 6
– Frage nach ~ § 611 50
– Kündigungsschutz § 620 46
Schwangerschaftsabbruch § 275 26

Schwangerschaftsdauer § 1600 d 3
Schwarzarbeit § 252 18; § 817 4, 15
Schwarzkauf § 117 14
Schweigegebot § 1760 26
Schweigen § 119 20; § 133 8
Schwellenwerte
– Rechtsschutz unterhalb vor § 631 9
Schwerbehinderte Menschen § 620 72, 78, 83, 91; § 626 17
Schwerbehinderung
– Frage nach ~ § 611 50
Schwerstbeschädigtenzulagen vor § 1577 18
Schwerwiegende Zweifel § 1600 e 109
Schwiegereltern § 313 32
– Ansprüche gegen ~ § 1372 17
– Ansprüche von ~ § 1372 17
Scientology-Organisation § 1671 40
Sechsmonatsfrist § 2015 4
Seeschiff
– gutgläubiger Erwerb § 932 a
– Übereignung § 929 a
Segelyacht § 1361 a 6
Sekundäranspruch § 1569 5
Sekundärrecht der Europäischen Union § 611 37
Sekundärverjährung § 280 66
– Rechtsanwalt § 280 66
– Steuerberater § 280 67
Selbständiger § 611 16 ff; vor § 1577 4
Selbstbedienungsladen § 311 37
Selbstbehalt § 1603 2 ff
Selbstbehaltsätze § 1361 5
Selbstbelieferungsklausel § 276 26
– in AGB § 308 29
– Kauf § 433 30 ff
Selbstbezichtigung
– Pflicht § 611 85
Selbsthilfe vor § 275 12; § 299; § 858 1; § 859 1
– Anspruch § 299 2
– des Besitzdieners § 860
– Erforderlichkeit § 230 1
– Festnahme § 229 7
– Gewaltmonopol § 229 1
– Grenzen § 230 1 ff
– Identitätsfeststellung § 229 7
– Insolvenz § 229 4
– Irrtum § 231
– Legitimierung § 230 2
– Obrigkeitliche Hilfe § 229 3
– Sachgewalt § 229 6
– Selbsthilfewille § 229 5
– Taschenkontrolle § 229 2
– Vereitelungsgefahr § 229 4
– Widerstand § 229 8
– zulässige Maßnahmen § 229 5 ff
Selbsthilfe, -vornahme
– Hauptpflichten im Werkvertrag § 637 5 – 10
– im Reisevertrag § 651 c 24, 25

Selbsthilfekauf § 293 5
Selbsthilferecht § 562 b 3 ff; § 910 1 ff, 16 ff
Selbsthilfeverkauf § 275 29; § 383 4
Selbstkontrahierungsverbot § 1009 1; § 1410 2
Selbstorganschaft § 709 3, 4
Selbstvornahme s. auch unter Mängelrecht – Rechtsfolgen
Senkung der Miete § 573 b 9
Service-Kupons § 807 4
Sexuelle Belästigung § 611 84; § 626 8
Sexuelle Integrität § 626 7
Sexuelle Selbstbestimmung § 825 1 ff
– Allgemeines Persönlichkeitsrecht § 825 1
– immaterieller Schaden § 825 5
Sexueller Missbrauch § 1666 6; § 1671 44 ff; § 1684 53, 55
– Missbrauch mit dem Missbrauch § 1671 47
Sicherheiten
– im Werkvertrag § 631 28; § 648 a 1 ff
Sicherheitenpool § 929 30
Sicherheitsgurt vor § 249 6
– Nichtanlegen § 616 4
Sicherheitsleistung § 257 5; § 273 5, 19; § 1382 14; § 1389 1 – 15 § 1390 12; § 1981 10; § 1986 5; § 2100 8; § 2122 3; §§ 2128, 2129 1 ff; § 2129 1 ff
– Arten § 232
– bewegliche Sachen § 237
– Buchforderungen § 236
– Bürge § 239
– einstweiliger Rechtsschutz § 1389 20 – 22
– Ergänzungspflicht § 240
– Grundschulden § 238
– Hinterlegung § 233
– Hypothekenforderungen § 238
– Rentenschulden § 238
– Rückgewähr § 1389 16
– Umtauschrecht § 235
– Verwertung § 1389 16
– Wahlrecht § 232 2 f
– Wertpapiere § 234
– Wertverfall § 240
Sicherstellung der Versorgung § 1963 1
Sicherung § 2014 5; § 2038 9
– des Anspruchs § 1958 6
Sicherungsabrede § 551 3
– ergänzende Vertragsauslegung § 157 49
Sicherungsabtretung vor § 1273 7 ff; § 2034 8
– Bestimmbarkeit der Forderung vor § 1273 13 ff
– Einigung vor § 1273 12 ff
– Kollision mit verlängertem Eigentumsvorbehalt vor § 1273 21
– Verwertung vor § 1273 28 ff
– Verwertungsregelung vor § 1273 25 f
Sicherungsbedürfnis § 1960 3, 5, 10, 45
Sicherungseinbehalt
– ergänzende Vertragsauslegung § 157 148

Sicherungsgeschäfte § 387 29
– Aufrechnungsschranken § 387 29
Sicherungsgrundschuld § 1191 3
Sicherungsgut vor § 1204 159
– Insolvenz vor § 1204 76, 78
– Zwangsvollstreckung durch ~ vor § 1204 75, 77
Sicherungshypothek § 1184 1 ff; § 1990 12
– als Buchhypothek § 1185 1
– für Bauunternehmer § 648 1 ff
– für Inhaber- und Orderpapiere § 1187 1 f
– Umwandlung in Verkehrshypothek § 1116 6; § 1186 1
Sicherungsklauseln § 1585 c 7
Sicherungsmaßnahme § 1960 14; § 2017 3; § 2039 23
Sicherungsrechte § 1960 46; § 1971 3, 4; § 1990 12
– ausländische ~ im IPR Art 43 18
Sicherungsübereignung § 616 a 12; § 930 9; vor § 1204 15 ff
– AGB-Kontrolle vor § 1204 48 ff
– Besitzmittlungsverhältnis vor § 1204 27
– Bestimmtheitserfordernis vor § 1204 23 ff
– Einigung vor § 1204 22
– Freigabepflicht vor § 1204 53 ff
– gesicherte Forderung vor § 1204 33, 61
– Gläubigergefährdung vor § 1204 45 ff
– Raumsicherung vor § 1204 25, 30
– Rechtsnatur vor § 1204 15
– Reichweite vor § 1204 52
– Rückgewähranspruch vor § 1204 57 ff, 63
– Sicherungsabrede vor § 1204 36 ff
– Sicherungsgut vor § 1204 159
– sittenwidrige Knebelung § 1204 42 ff
– Treuhandverhältnis vor § 1204 16
– Übersicherung, anfängliche vor § 1204 44
– Übersicherung, nachträgliche vor § 1204 53 f
– Verfügungsberechtigung vor § 1204 30
– Verwertung vor § 1204 64 ff
– Verwertungsart vor § 1204 74
– Verwertungsreife vor § 1204 71
– Weiterübereignung vor § 1204 62
Sicherungsverfügung § 2018 28
Sicherungszession § 398 4
– Einziehungsermächtigung s. Ermächtigung
Siegelung § 1960 53
Singularsukzession § 2032 20, 32
Sittenwidrige Leistung § 611 54
Sittenwidrige vorsätzliche Schädigung § 826 1 ff
– falsche Auskünfte § 826 20 f
– Immaterialgüterrecht § 826 39 f
– Insolvenzverschleppung § 826 34
– Lauterkeitsrecht s. dort
– Missbrauch von Vollstreckungstiteln § 826 44 f
– Prospekthaftung § 826 21
– Sittenverstoß § 826 5 f
– Vertragsbruch § 826 18
– weitere Fallgruppen § 826 13 ff

Sittenwidrigkeit Art 29 22; Art 34 7, 18; § 123 41; § 138 15; vor § 2064 10, 16 ff; §§ 2074, 2075 6 ff; § 2075 6 ff
– Abtretung § 138 66
– Angehörigenbürgschaft § 138 81
– Animierlokal § 138 68
– auffälliges Missverhältnis § 138 50, 53, 124, 126
– außerehelicher Partner § 138 104
– Automatenaufstellvertrag § 138 72
– Begriff § 138 15
– Benachteiligung Dritter § 138 75
– Bereicherungsausgleich § 138 48
– Bestechung § 138 77
– Beurteilungszeitpunkt § 138 36
– Bierbezugsvertrag § 138 78
– Bürgschaft § 138 80
– Geliebtentestament § 138 107
– geltungserhaltende Reduktion § 134 44
– Gewinnspiele § 138 138
– Kollusion § 138 121
– Kreditvertrag § 138 122
– Kündigung eines Girokontos § 138 111
– Leasingvertrag § 138 129
– Leihmutterschaft § 138 102
– Mithaftung § 138 133
– Monopolstellung § 138 134
– ordre public § 138 20
– Scheidungsfolgenvereinbarung § 138 96
– Scheinehe § 138 94
– Schmiergeldzahlung § 138 77
– Sexualmoral § 138 22
– Sexualsphäre § 138 139
– Sicherungsabrede vor § 1204 36 ff
– Sicherungsgeschäfte § 138 141
– Sittenverstoß § 138 24
– Sozialhilfebedürftigkeit § 138 101
– subjektive Voraussetzungen § 138 33, 65
– Teilnichtigkeit § 138 45
– Übersicherung § 138 141
– Umdeutung § 138 44
– Verfügungen § 138 42
– Wertordnung des Grundgesetzes § 138 17
– Wucher § 138 3, 50
– wucherähnliches Geschäft § 138 50
– Zölibatsklausel § 138 26
Sittlicher Anstand § 1968 5
Sitztheorie s. auch Internationales Gesellschaftsrecht Art 27 18, 33, 42 ff
Skonto § 433 39, 53
Sofortige Beschwerde § 1981 18; § 1982 6; § 1987 3; § 1994 12, 15; § 1995 6; § 1996 6; § 2005 11; § 2015 6
– Adoption § 1760 11
Software Art 29 8; § 453 20
– Gefahrübergang § 446 3
– Installation § 434 74; § 453 17, 20
– Kaufsache § 433 10; § 453 20, 24
– Sachmangel § 434 20, 109
– Verbrauchsgüterkauf § 474 8

Softwareerstellung vor § 631 25, 28
Soldaten § 611 10
– Haftung § 839 125
Solidarität
– familiäre ~ vor § 2064 19 f
Sonder- oder Gemeinschaftseigentum § 535 45
Sonderanknüpfung Art 27 10; Art 31 7 ff
– im IPR Art 32 27
Sonderbedarf § 1360 a 10; § 1361 21; § 1585 b 1, 2; § 1613 8
Sondereigentum § 566 23
Sondereigentum bei WEG
– Mängelrechte § 634 12
Sondererbfolge § 1985 12; § 2032 18; § 2048 8
Sonderfachleute
– Vertrag mit ~ vor § 631 28
Sondergut § 1417 1 – 3 § 2042 23
Sonderkündigungsrecht § 573 a 3 ff
– des Mieters § 554 18
Sonderkündigungsschutz § 620 91 ff
– § 9 I MuSchG § 620 92
– Sozialauswahl § 620 82
Sondernachfolger § 746 1, 2; § 751 1, 4; § 1010 1
Sondernutzungsrechte § 566 24
Sonderrechtsnachfolge § 2001 2; § 2044 8
Sonderregelung für Dreifamilienhäuser § 573 a 1
Sonderstellung von Tieren § 251 9
Sondervermögen § 1975 9; § 2019 2; § 2032 3, 15, 36; § 2059 1, 3; § 2100 59 ff
Sonstige Begründungsmittel § 558 a 18
Sonstige Rechte § 823 56 ff
– absolute Rechte s. dort
– Aneignungsrechte s. dort
– Anwartschaftsrechte s. dort
– Besitz s. Besitz
– dingliche Rechte, beschränkte s. dort
– dogmatische Einordnung § 823 56
– Forderungsrechte s. Forderungsrechte
Sorge s. elterliche Sorge
Sorgeerklärung § 1626 a
– Form § 1626 d
– Unwirksamkeit § 1626 e
– Wirksamkeit § 1626 b
Sorgerecht
– Beistandschaft § 1760 4
Sorgerechtsverfahren
– Vorrang vor Adoption § 1760 13
Sorgfalt in eigenen Angelegenheiten s. eigenübliche Sorgfalt
Sorgfalt, eigenübliche § 708 1
Sorgfaltspflicht, Umfang der § 1359 1 – 3
Sorgfaltsverstoß § 280 19
– Pflichtverletzung § 280 19
Sowieso-Kosten
– bei Mängelbeseitigung § 635 5

Sozialansprüche § 705 27 – 32 § 714 4, 13; § 718 1; § 734 2; § 735 4
Sozialauswahl
– anderweitige Beschäftigung § 620 77
– Betriebsübergang § 613 a 33
– betriebsweite ~ § 611 34
– Beweislast § 620 89
– Kriterien § 620 78
– Widerspruch gegen Betriebsübergang § 613 a 46
Sozialbehörden
– Amtshaftung § 839 126
Soziale Arbeit § 611 24
Soziale Auslauffrist § 620 3, 33; § 622 1; § 626 7, 11
Sozialer Abstieg § 1574 9
Sozialer Wohnungsbau § 557 3
Soziales Mietrecht § 535 2
Sozialhilfe § 1963 1; § 1967 15; § 1990 8
Sozialhilfeleistungen § 1967 17
Sozialhilfeträger § 1960 38; § 1967 15; § 1968 4
Sozialklausel § 574 0 2
Sozialleistungen § 1610 a 1 ff; § 1963 1
– für Schenker § 528 4, 6, 13, 18, 22
Sozialplan
– Betriebsänderung § 620 96
– Betriebsübergang § 613 a 40
– Widerspruch gegen Betriebsübergang § 613 a 46
Sozialverpflichtungen § 705 29; § 717 1; § 718 3; § 733 3; § 734 4
Sozialversicherungsbeitrag § 252 15
Sozietät § 613 2
Sozietätsvertrag
– ergänzende Vertragsauslegung § 157 26
Spaltung § 613 a 11
Spanne § 558 7
Spannungsklauseln § 244; § 245 23
Sparbrief § 793 4
Sparbuch § 793 5; § 808 7 ff
Sparkasse § 248 3
Sparvertrag § 808 7 ff
Spätaussiedler Art 15 16
Spätere Abänderung § 1581 12
Spedition § 278 10
Spekulationsgeschäfte § 252 20
Spenden § 1375 12
Sperrfrist § 558 4; § 577 a 4
Spesenbetrug § 626 7
Spezialitätenprinzip vor § 854 16
Spezifikationskauf § 262 6; § 280 43
Sphärentheorie
– beim Werkvertrag §§ 644, 645 10; § 645 10
Spiegelbildlichkeit vor § 1577 32
Spiel § 158 5; § 657 1; § 780 14
– Abgrenzung zur Auslobung § 657 1
– Anwendungsbereich § 762 1 – 4

– Aufklärungspflichten § 762 23 f
– Definition § 762 11 f
– Dienstleistungsfreiheit § 762 10
– Finanztermingeschäfte, kein Spiel § 762 13
– Gesetzeszweck § 762 1
– IPR § 762 9 f; § 763 4
– Nebenverträge s. Hilfsverträge
– Nichtigkeit des Spiel-/Wettvertrages § 762 7 f, 19
– Schneeballsystem § 762 7
– Sicherungsabreden § 762 20 f
– Spielsperre § 763 11
– Sportwette § 762 12
– telefonische Teilnahme an Spiel oder Wette § 762 8
– und Dienstleistungsfreiheit § 762 10
– Unverbindlichkeit § 762 18 ff
– unvollkommene Verbindlichkeit § 762 2
– Vergleich § 762 31
– Wettveranstaltungen über das Internet § 762 9 f; § 763 14

Spielbank vor § 145 16, 22
Spieleinwand s. Spiel
Spielertransfer vor § 433 26
Spielsperre § 763 11
Splittingvorteil vor § 1577 29, 44; § 1581 10
Sportarten
– gefährliche ~ § 616 4
Sportveranstaltung vor § 631 28; § 823 158
Sportwette § 762 12
Sprache Art 29 24
Sprecherausschuss § 620 50; § 626 18
Spruchrichterprivileg § 839 46
Staatliche Fürsorgemaßnahmen § 1960 1
Staatliche Notariate § 1962 2
Staatliches Wächteramt § 1626 1, 3
Staatsangehörigkeit Art 30 11
Staatsanwaltschaft
– Amtshaftung § 839 127
Staatserbrecht § 1964 3
Staatsfreies Gebiet Art 30 9
Staatshaftung Art 29 a 6; § 839 1; § 1960 4
– Anknüpfung Art 40 2
Staatskasse § 1960 38
Staatsverträge
– im internationalen Deliktsrecht Art 40 6
Staffelerhöhung § 557 a 11
Staffelmiete § 557 7; § 557 a; § 557 a 1
Staffelmietvereinbarung § 535 116; § 557 a 2, 11
Stammrecht § 876 2, 4
Stammwert der Sache § 995 1, 4
Starrer Fristenplan § 538 11 ff
Statusklage § 611 26
Statutenwechsel
– im IPR Art 43 17 ff
Steinbruch § 2123 1

Stellungssuche
– Freistellung § 629 1 ff
Stellvertretendes Commodum s. Mängelrecht § 285 1 – 3
– Anspruchsgrundlage § 285 1
– Begriff § 285 4
– commodum ex negotiatione § 285 4
– Dienstleistungen § 285 2
– Entschädigungen § 285 4
– Ersatzeinkünfte § 285 6
– Gegenleistung § 285 9
– Kausalzusammenhang § 285 7
– Nacherfüllung § 285 2
– Rechtsfolgen § 275 13; § 285 8
– Schadensersatz statt der Leistung § 285 9
– Schadensersatzanspruch § 285 4
– schuldrechtliche Surrogation § 285 1
– Unmöglichkeit § 285 1, 3
– Unzumutbarkeit § 285 1, 3
– Versicherungsleistung § 285 4
– Versteigerungserlös § 285 4
– Verweigerungsrechte § 285 2
– Voraussetzungen § 285 3

Stellvertretung § 328 4; § 1410 2; vor § 2064 14
Stellvertretung, mittelbare (indirekte) § 164 2 f
– Abgrenzung zur unmittelbaren (direkten) Stellvertretung § 164 2
– analoge Anwendung der §§ 177 ff § 177 3
– Drittschadensliquidation s. Drittschadensliquidation

Stellvertretung, unmittelbare (direkte)
– Abgrenzung zur mittelbaren Stellvertretung, Ermächtigung, Treuhand, zum Strohmann, zur Verwaltung fremden Vermögens, Botenschaft, zum Abschlussvermittler und Verhandlungsgehilfen und zur Wissensvertretung §§ 164 ff 2 ff
– Abstraktionsprinzip s. dort
– Anfechtung der Vertretererklärung s. Anfechtung
– Anwendungsbereich der §§ 164 ff
– Auslegung des Vertretergeschäfts s. Auslegung
– Begriff § 164 1
– beim unternehmensbezogenen Rechtsgeschäft § 164 33 ff
– Beweislast § 164 85
– Formbedürftigkeit der Vertretererklärung § 167 29
– Gerichtsvollzieher, Stellung des § 164 25
– Gesamtvertretung § 164 60 ff; § 166 2
– Geschäft für den, den es angeht (echtes, verdecktes) s. Geschäft
– Geschäft mit unbekanntem oder unbestimmtem Geschäftsherrn (unechtes oder offenes Geschäft, für den, den es angeht) s. Geschäft
– Geschäftsfähigkeit des Vertreters s. Geschäftsfähigkeit
– Haftung des Vertretenen § 164 77; § 166 7; § 177 15 ff
– Haftung des Vertreters § 164 73, 79; § 167 46; § 179 1 ff

– Handeln unter fremden Namen § 164 45 ff
– höchstpersönliche Rechtsgeschäfte § 164 26
– im Zivilprozess § 164 25
– Insichgeschäft s. dort
– Irrtum über die Fremdbezüglichkeit der Erklärung § 164 80 ff
– Offenkundigkeitsprinzip (Handeln im fremden Namen) § 164 19, 30 ff
– Organschaft, organschaftliche Vertretung s. Vertretungsmacht
– passive ~ § 164 29, 83 f; § 177 3
– Rechtsfolgen § 164 74 ff
– Rechtsscheinvollmacht, -haftung s. Rechtsscheinvollmacht
– Repräsentationsprinzip § 164 1, 29, 74; § 166 1
– Stellvertretung in der Erklärung § 164 22
– Vertretung ohne Vertretungsmacht s. dort
– Vertretungsmacht s. dort
– Vertretungsverbote § 164 26 f
– Vollmacht s. dort
– Vollmachtstreuhand s. Treuhand
– Widerruf der Vertragserklärung des Vertreters s. Widerruf, verbraucherschützender
– Widerrufsrecht des anderen Teils s. Vertretung ohne Vertretungsmacht
– Willensmangel s. dort
– Wissenszurechnung s. dort
– Zugang der Willenserklärung s. Willenserklärung
– Zulässigkeit § 164 26 f; § 177 1
– Zurückweisungsrecht des Geschäftsgegners beim einseitigen Rechtsgeschäft § 174

Sterbeort § 1968 4
Sterbeurkunde § 1968 7; § 2031 3
Sterilisation
– Verbot bei Minderjährigen § 1631 c
Steuer §§ 2124, 2126 6, 13; § 2125 6, 13; § 2126 6, 13
Steuerbehörde § 2010 2
Steuerberater § 280 64, 67; § 627 1
– Sekundärverjährung § 280 67
– Verjährung § 280 67
Steuerberaterbüro § 1376 9
Steuerberatung, Steuererklärung § 675 19 ff
– Anfertigung vor § 631 28
Steuerberatungsvertrag § 611 15
Steuererstattung vor § 1363 1; vor § 1577 29
Steuerklauseln § 158 8
Steuerliche Mitwirkungspflichten § 1353 16
Steuerliche Nachteile § 1585 3
Steuern
– auf Einkommensersatzleistungen § 252 14
Steuernachzahlung vor § 1363 1
Steuerrechtliche Aspekte § 1585 c 5
Steuerschulden § 1376 9; § 1960 27; § 1967 6
Steuerungsfähigkeit § 828 6
Steuervorteil vor § 1577 29, 45

Stiefabkömmlinge § 1371 27 – 29
Stiefkindadoption § 1760 17
Stiefkinder § 1576 8
Stiftung § 80; § 81; § 82; § 83; § 84; § 85; § 86; § 87; § 88; § 1375 12; § 1960 5; § 2043 4; § 2101 10
– Anerkennungsverfahren § 80 3
– Anfall des Vermögens § 88
– Anwendung des Vereinsrechts § 86
– Aufhebung § 87
– Auflösung § 87
– Aufsicht § 80 3
– ausländische ~ § 86 1
– Destinatäre § 85 3
– Entstehung § 80
– Erlöschen § 87; § 88
– Gemeinwohlgefährdung § 80 4; § 87 1
– Insolvenz § 86 3
– kirchliche ~ § 80 2
– Landesrecht § 80 3
– Mindestvermögen § 80 1
– öffentlich-rechtliche ~ § 80 2
– Organisation § 80 1
– Sammelvermögen § 80 2
– Satzung § 85 1, 2
– Sitz § 81 1
– Stiftungsgeschäft § 80 3; § 81
– Tod des Stifters § 83; § 84
– Übertragungspflicht § 82
– Unmöglichkeit des Stiftungszwecks § 87 1
– unselbständige ~ § 80 2
– Verfassung § 85
– Vermögen § 80 1
– Vermögensanfall § 88 1
– Vertretung § 86 2
– Verweisung auf Vereinsrecht § 86
– von Todes wegen § 83
– Vorstand § 86 2
– Widerruf § 81 2
– Zweck § 80 1
– Zweckänderung § 80 1
Stiftungsgeschäft § 1367 1
Stiftungsvermögen § 1966 4
Stiftungsvorstand § 86 2
Stille Gesellschaft bürgerlichen Rechts § 705 50, 51; § 722 1
Stillhaltefrist § 557 b 7
Stilllegung
– des Betriebes § 615 11; § 620 75
Stillschweigende Bevollmächtigung § 2038 26
Stillschweigende Verlängerung
– Dienst-/Arbeitsvertrag § 625 1
Stimmenmehrheit § 2038 2, 18, 21
Stimmrecht § 705 48; § 709 15; § 717 1; § 742 1; § 744 4; § 2032 31
Stimmverbot § 709 16
Stornoklausel
– im Reisevertrag § 651 i 6
Störung der Geschäftsgrundlage
– und Bereicherungsausgleich § 812 49, 50

Strafbare Handlungen § 626 7
Strafbewehrung § 781 8
Straftat § 992 3
Straßenbäume § 839 140
Straßensperrung § 249 53
Straßenverkehr § 823 154 ff
Streckengeschäft
– Eigentumsvorbehalt § 929 30
– kaufrechtliche Übergabe § 433 19
– Übereignung § 433 25
Streik § 278 9; § 615 24; § 622 2; § 626 7
– rechtswidriger ~ § 823 100
Streitbeilegungsvereinbarung
– Vergleich § 779 1
Streitgegenstand § 1580 3; § 2039 24
Streitverkündung § 1600 e 38
Streitwert § 2039 24
Streu- und Räumpflicht § 823 136 ff
Streudelikt Art 40 9, 11
Streupflicht
– Straße § 839 141
Strohmann § 164 12 f
– Abgrenzung zur Stellvertretung § 164 13
– Begriff und typische Erscheinungsformen § 164 12
– Durchgriffshaftung des Hintermanns § 164 13
– Gläubigeranfechtung § 164 13
– Nichtigkeit des Strohmanngeschäfts gem. § 117 § 164 13
– Nichtigkeit des Strohmanngeschäfts wegen Gesetzesumgehung § 164 13
– Rechte des Hintermannes in der Zwangsvollstreckung und Insolvenz § 164 13
– Sittenwidrigkeit der Bürgschaft eines Strohmann-Gesellschafters § 164 13
Strohmanngeschäft § 117 8
Strom
– Kauf § 438 3; § 453 3, 18
– Mängelrecht § 453 17
– Verbrauchsgüterkauf § 474 8
Strombezug vor § 145 33
Stromboykott-Fälle § 275 26
Stromlieferung vor § 631 28
Stromversorgung § 823 36
Stückkauf s. Mängelrecht
Stückschuld § 243 1
– Arten der Nacherfüllung § 243 2
Studium § 620 20
Studium/Berufsausbildung § 1581 10
Stufenklage § 291 4; § 1580 4; § 2018 23; § 2026 5; § 2027 12; § 2050 27
Stufenmahnung § 1585 b 3
Stundenlohnarbeiten
– Vergütung für ~ § 632 28
Stundensatz § 1960 36

Stundung § 781 12
– des Pflichtteilsanspruchs § 2331 a 4, 5
Stundungsantrag § 1382 3
Stundungsvoraussetzungen § 1382 5
Subjektive Komponente § 626 4
Subsidiarität § 626 5; § 839 40
Substantiierter Vortrag § 1360 18
Substanzmangel
– bei Mieträumen § 536 9
– Bodenverseuchung § 536 11
– Umweltmangel § 536 10
Substitution § 278 7
Subunternehmer § 278 14; § 631 16
Suchtbehandlung § 1572 9
Suchterkrankung § 620 73
Sudetendeutsche Art 15 17
Sukzessivlieferungsvertrag § 281 26
Summeninteresse § 251 5
Summierungseffekt § 535 94; § 538 9
Surrogat s. Stellvertretendes Commodum; vor § 1577 27; § 1973 5; § 1978 6; § 2018 15; § 2021 3, 4; § 2027 4; § 2029 3
Surrogation § 1370 2; § 2020 4; § 2033 33; § 2111 1 ff; § 2121 4; § 2122 4; § 2127 3; § 2130 4, 7; § 2134 1; § 2136 4
Surrogations-Methode § 326 9
Surrogatrechtsprechung § 1573 9
Suspendierung
– Arbeitnehmer § 611 92; § 626 8
Symptomrechtsprechung
– Beweis für Werkmangel § 634 15
Synallagma vor § 320 ff 1
– Entstehung der Verpflichtungen § 320 ff
System des Leistungsstörungsrechts vor § 275 2
Systemrisiko vor § 645 5

T
Tabakrauch § 618 3
Tagespreisklauseln
– in AGB § 306 23; § 309 8, 9
Talon s. Erneuerungsschein
Tantieme § 611 70
Tarifliche Ausschlussfristen § 242 51
Tarifliche Unkündbarkeit § 622 1
Tariflohn § 612 5
Tarifvertrag Art 30 4, 6; § 611 42, 46; § 611; § 613 a 16, 18; § 622 5
Tarifvorbehalt § 611 42
Tarifwechselklausel § 611 41
Taschengeld vor § 1577 29
Taschenkontrolle § 229 2
Tatbestandselemente § 1576 2
Tatbestandskette § 1569 4; § 1586 a 1
Tatbestandsvarianten § 1962 10
Tatbestandsvoraussetzungen für eine wirksame Kündigung § 542 28

Tätigkeitsstörer § 1004 4
Tätlichkeiten § 626 8
Tätowierung vor § 631 28
Tatsachenverbreitung § 823 94 ff
Tatsächliche Herrschaft § 985 3
Tausch
– Begriff § 433 36; § 480 2
– Sachmangel § 434 110
– Verbrauchsgüterkauf § 474 8; § 475 10; § 476 8
Täuschung
– arglistige ~ §§ 2078, 2079 7; § 2079 7
– durch Dritte § 123 24 – 26
Taxe § 612 5
Taxifahrer § 611 23
Teilabnahme
– des Werkes § 640 5, 15
– und Vergütungspflicht beim Werkvertrag § 640 5; § 641 2
Teilabrechnungen § 556
Teilaufhebung § 1760 33; § 1960 45
Teilauseinandersetzung § 2032 22, 30; § 2033 5; § 2042 9, 43; § 2055 4
Teilbares Rechtsgeschäft § 138 45; § 139 15
Teilbarkeit der Kautionsklausel § 551 11
Teilbesitz § 865 16
Teilbetrieb § 620 80
Teilerwerbsunfähigkeit § 1572 11
Teilgläubigerschaft vor § 420 6
Teilhabe vor § 1577 10; § 1581 5
Teilhaberschuld § 749 3; § 756 1
Teilhaftung § 2061 6
Teilinklusivmiete § 558 2
Teilkündigung § 542 16 f; § 543 1; § 573 b 1; § 620 36; § 623 2
Teilleistung § 367 7; § 497 9
Teillieferungsverträge § 314 5
Teilnachlasspfleger § 1960 29; § 2042 7
Teilnichtigkeit § 133 5; § 134 26; § 138 45; § 139 1; § 140 6; §§ 2074, 2075 9; § 2075 9; § 2085 1
– Auslegungsregel § 139 1, 19
– Einheitlichkeitswille § 139 9, 54
– Gesamtnichtigkeit § 139 3 – 22
– Geschäftseinheit § 139 8
– hypothetischer Parteiwille § 139 19
– quantitative Teilbarkeit § 139 18
– Rechtsmissbrauch § 139 23
– salvatorische Klausel § 139 4
– Teilbarkeit § 139 15
Teilrechtsfähigkeit § 1 4
Teilrücktritt § 2042 41
Teilschuld vor § 420 2; § 420 3; § 2060 1, 6
Teilstreik § 611 91, 94; § 615 24
Teilung § 741 5; § 742 1; § 749 1, 2, 3, 5; § 752 1 – 4 § 753 2; § 754 2; § 755 1; § 758 1; § 2046 10; § 2059 10
– von Grundstücken § 890

Teilungsanordnung § 2032 35; § 2033 26; § 2042 3, 18, 33; § 2044 3; § 2047 3; § 2048 2; § 2050 3, 23
Teilungsmasse § 2042 36
Teilungsplan § 1973 14; § 2042 3, 27, 30; § 2048 27; § 2059 7
Teilungsquote § 2048 20; § 2055 2, 4
Teilungsstichtag § 2038 28
Teilungsverbot § 2044 16
Teilungsversteigerung § 1353 15; § 1365 13
Teilunterhaltsanspruch § 1569 5
Teilvergütung § 628 1 ff
Teilverzeichnis § 2027 4
Teilweise Erwerbsobliegenheit § 1577 15
Teilzahlungsdarlehen
– Begriff § 498 1
– Gesamtschuldner § 498 6, 9
– Gesprächsangebot § 498 3
– Kündigungsrechte, weitere § 498 2
– Nachfristsetzung § 498 6 f
– Rechtsfolgen der Kündigung § 498 8 f
– Restschuld, verminderte § 498 10
– Verzug, qualifizierter § 498 4 f
– Vorfälligkeitsklauseln § 498 2
Teilzahlungsgeschäft § 246 1
– Abwicklungsverhältnis § 503 8 ff, 12
– Begriff § 499 5
– Beweislast § 499 1, 5
– Heilung § 502 8
– Nichtigkeit § 502 8
– Pflichtangaben § 502 1 ff
– Restschuld, verminderte § 498 10
– Rückgaberecht § 503 1
– Rücktrittsvermutung § 503 3 ff
– Schriftform § 501 1
– vorzeitige Tilgung § 504 2
– Werkvertrag § 499 5, 6
Teilzeit- und Befristungsgesetz § 620 1
Teilzeit-Wohnrechtevertrag § 481
Teilzeitarbeitsverhältnis § 611 105
Teilzeitbeschäftigte § 611 105; § 620 81; § 622 6
Teilzeitbeschäftigung § 1570 5; § 1571 11
Teilzustimmung § 558 4
Telefax § 623 4
Telefonate
– private ~ § 626 7
Telefonkarte § 807 4
Telegramm § 623 4
Telekommunikationsdienst
– AGB § 305 a 3, 4
Telekommunikationsvertrag/-dienste vor § 631 28
Teleologische Auslegung § 133 38
Tendenzbetrieb § 626 19
Teppich § 1361 a 6
Termin
– Anwendungsbereich § 186 2
– Auffangfunktion § 186 1

– Definition § 186 3
– Monatsanfang § 192 1
– Monatsende § 192 1
Territorialitätsprinzip Art 30 4
Testament
– Auslegung § 157 16
– Beweisregelung § 2229 11 – 13 § 2232 9; § 2247 7 – 26
– Bindungswirkung des gemeinschaftlichen ~ § 2265 2
– Brieftestament § 2247 10, 20
– Bürgermeistertestament § 2230 3; § 2232 1; § 2249 1 – 11
– Dreizeugentestament § 2230 3; § 2232 2; § 2250 1 – 12
– eigenhändige Niederschrift § 2247 4
– eigenhändige Unterschrift § 2247 10
– eigenhändiges ~ § 2247 1 – 27
– eingetragener Lebenspartner § 2265 5
– Erklärung gegenüber dem Notar § 2232 2
– gegenseitige Einsetzung § 2269 1
– gemeinschaftliches ~ § 2255 10; § 2260 3; § 2265 1; § 2268 1
– gemeinschaftliches eigenhändiges ~ § 2267 1
– gemeinschaftliches Nottestament § 2266 1
– Konsulartestament vor § 2229 2; § 2230 3; § 2232 1
– Militärtestament vor § 2229 3
– Nachträge § 2247 17
– Niederschrift § 2232 6
– Oberschrift § 2247 11
– öffentliches ~ § 2230 2; § 2232 1 – 10
– ordentliches ~ § 2230 1 – 3
– Seetestament § 2230 3; § 2251 1, 2; § 2266 1
– Übergabe einer Schrift § 2232 3
– unitas actus § 2247 1
– Unterschrift auf Umschlag § 2247 14
– Vernichtung durch einen Dritten § 2255 9
Testamentsunwirksamkeit § 2077
Testamentsvollstrecker § 286 3; § 1960 10, 23, 41; § 1961 12; § 1970 5, 6; § 1974 2; § 1978 9; § 1979 6; § 1980 4, 8, 16; § 1981 12, 16; § 1983 1; § 1984 6; § 1986 2; § 1987 2; § 1992 3; § 1993 1, 5; § 2004 1; § 2010 2; § 2014 3; § 2016 1; § 2017 1, 2; § 2018 3; § 2027 9, 11; § 2033 24; § 2038 4; § 2039 1, 28; § 2041 2; § 2042 27; § 2044 17; § 2046 3; § 2048 9; § 2057 2, 3
– für den Nacherben § 2100 58; § 2104 8; § 2120 7; § 2121 2; § 2127 1; § 2142 2
– für den Vorerben § 2100 47
Testamentsvollstreckerzeugnis § 2368 1
Testamentsvollstreckung § 727 2; § 1958 11; § 1975 6; § 1976 3; § 2033 26; § 2044 12
testamentum correspectivum § 2270 1
testamentum mysticum § 2247 9
testamentum reciprocum § 2270 1

Testierfähigkeit § 2 3; § 2038 24; vor § 2064 3; § 2229 1 – 14 § 2255 1; § 2257 1
– Behinderte § 2229 8
– Betreuung § 2229 9
– Rechtsvergleich § 2229 14
Testierfreiheit § 2044 1; vor § 2064 16 ff; § 2253 1
Testiergebot § 2100 18; § 2103 3
Testierunfähigkeit § 2229 5, 6
Testierverbot § 2100 18; § 2103 3
Testierwille vor § 2064 2; § 2247 20
Textform § 125 8; § 126 b 1; § 312 c 5; § 355 3; § 492 1; § 493 4, 8; § 557 a 4; § 557 b 3; § 558 a 7
Theaterkarte § 807 4
Theaterkritiker § 311 12
Tieraufseher § 823 109, 118; § 831 23
Tiere § 95 a; § 251 9
– gezähmte ~ § 960 1
– Übereignung § 929 3
– wilde ~ § 960 1
– zahme ~ § 960 1
Tierhalter § 833 1 ff
– Beweislast § 833 12, 18; § 834 1 f
– Entlastung des Tierhalters § 833 16 f
– Gefährdungshaftung § 833 2 ff
– Haftung für vermutetes Verschulden § 833 13 ff
– Haftungseinschränkung § 833 10 ff
– Haustier § 833 13 f
– Tier § 833 2
– Tiergefahr § 833 4
Tierhaltung § 535 75
Tierzuchtvertrag vor § 631 28
Tilgungsbestimmmung § 366 12 ff
– Annahmeverzug § 366 14
– Gläubiger § 366 20
– Inhalt § 366 15
– Interessenlage § 366 12
– Leistungszweck § 366 12
– negative ~ § 366 16
– Rechtsnatur § 366 12
– stillschweigende ~ § 366 19
– unzureichende ~ § 366 17
– Vertragsfreiheit § 366 20
– Zeitpunkt § 366 18
Tilgungsfondshypothek § 1113 15; § 1163 4
Tilgungshypothek § 1113 15
Tilgungsleistungen vor § 1577 21
Tilgungsreihenfolge § 366 22 ff
– Alter § 366 26
– Beweislast § 366 27
– Fälligkeit § 366 23
– Insolvenz § 366 22
– Lästigkeit § 366 25
– Sicherheit, höhere § 366 24
– Sozialbeiträge § 366 22
– Spezialregeln § 366 22
– verhältnismäßige Befriedigung § 366 26
– Zwangshypothek § 366 22
Tilgungsverrechnung § 367 5
– AGB § 307 18

Timesharing Art 29 10; Art 29 a 1 f, 8
Titulierung § 1585 1
Tod § 537 4; § 1360 2
– des Beschenkten § 528 5; § 532 3
– des Dienstberechtigten § 620 3
– des Dienstverpflichteten § 620 3
– des Entleihers § 605 6
– des Mieters § 580
– des Pächters § 594 d
– des Schenkers § 518 13; § 520 3; § 528 18
Todeserklärung § 1960 27; § 2031 3; § 2252 3
Todeserklärung, falsche
– Aufhebung der bisherigen Ehe § 1319
– Aufhebung der neuen Ehe § 1320
Todesstrafe § 275 26
Todeszeitfeststellung § 2031 3
Todeszeitpunkt § 1371 4; § 2031 3
Toleranzgrenze § 1361 21
Totalersatz § 249 4, 5, 17; § 251 5; § 254 1
Totalsistierung § 2033 1
Totalunternehmer, -übernehmer § 631 16
Totenfürsorge § 1968 2; § 2038 10
Tötung
– Beerdigungskosten § 844 0 2 – 4
– Geldrente § 844 0 9 – 11
– Mehrzahl von Hinterbliebenen § 844 0 18
– nasciturus § 844 0 8
– Unterhaltsschaden § 844 0 6 – 8
– Vermögensbildung § 844 0 16
– Vorteilsanrechnung § 844 0 17
Traditionspapiere
– Übertragung § 931 7
Träger der Sozialversicherung § 1990 10
Tragezeitgutachten § 1600 d 47; § 1600 e 47
Transformation § 613 a 16
Transmortale Vollmachten § 1960 18; § 1984 5
Transparenzgebot § 538 8
– für AGB § 305 28, 29, 34; § 307 14, 15, 16, 17, 18, 42; § 310 10
Transplantation § 1 23
Transsexuellengesetz § 1 24
Trauung § 1312
Trennung § 93 2; § 1360 7; § 1975 1
– von weniger als 1 Jahr § 1565 12 – 14
Trennungsabsicht § 1567 5
Trennungsprinzip vor § 854 15
Trennungsrecht § 258 3
Trennungstheorie § 812 14
Trennungsunterhalt § 1581 2
Treu und Glauben § 242 1 – 3 vor § 275 8; § 611 19; § 705 22; § 706 8; § 709 10; § 738 15; § 1985 25
– allgemeines Persönlichkeitsrecht § 242 15
– Anpassung des Vertrages § 242 55
– Anwendungsbereich § 242 4 – 6
– Aufklärung § 242 56 – 58
– Aufrechnungsausschluss § 387 23

– Außentheorie § 242 24
– begrenzende Wirkung § 242 24 – 26
– CISG § 242 3
– Einheitsrecht § 242 3
– ergänzende richterrechtliche Normen § 242 54
– ergänzende Vertragsauslegung § 242 23, 54
– ergänzende Wirkung § 242 22 – 24
– Ergänzungs- und Schrankenfunktion § 242 3
– Ermächtigungsfunktion § 242 19, 21
– exceptio doli § 242 26
– Fairness im Rechtsverkehr § 242 12
– Funktionen § 242 19
– gemeinsamer Referenzrahmen § 242 3
– gemeinschaftsrechtskonforme Auslegung § 242 17
– Generalklausel § 242 7
– Geschäftsgrundlage § 242 55
– Glaubens- und Gewissensfreiheit § 242 14
– Gleichbehandlungsgebot § 242 16
– Grundrechte § 242 13 – 15
– Information § 242 56 – 58
– Inhalt von Rechtsverhältnissen § 242 22
– Inhaltskontrolle § 242 25
– Innentheorie § 242 24
– Konkretisierung § 242 1
– Kooperation § 242 60
– Korrekturfunktion § 242 19, 20
– Leistung zur Unzeit § 242 55
– Leistungstreuepflicht § 242 60, 61
– Manipulation der Bedingung § 242 26
– Mitwirkung § 242 60
– nachwirkende Vertragspflichten § 242 66
– nemo auditur propriam turpitudinem allegans § 242 26
– Obstruktionsverbot § 242 61
– öffentliches Recht § 242 6
– Pflichten § 242 54 – 56
– Prinzip § 242 1
– Rechtsausübung § 242 25
– rechtsethisches Prinzip § 242 12
– Rechtsfortbildungsfunktion § 242 3
– Rechtsgrundsatz § 242 7
– Rechtsmissbrauch § 242 2 – 29
– Rechtssicherheit § 242 20
– richterliche Befugnis § 242 19
– richtlinienkonforme Rechtsfortbildung § 242 17
– Rücksichtnahmepflicht § 242 60
– Schikaneverbot § 242 26
– Schrankenfunktion § 242 24
– Schutzpflichten § 242 62 – 64
– Sonderverbindungen § 242 8
– Treuepflicht § 242 61
– tu-quoque-Einwand § 242 26
– unerhebliche Abweichung § 242 55
– UNIDROIT-Übereinkommen zum internationalen Factoring § 242 3
– unzulässige Rechtsausübung § 242 26 – 29
– Verkehrssitte § 242 9
– Vertragsergänzung § 242 54 – 56
– Verwirkung § 242 25 – 49

– widersprüchliches Verhalten § 242 26
– Wirkungen § 242 22
Treuepflicht § 242 61; § 705 14, 21, 22, 23, 24, 31, 52; § 707 2, 3; § 709 17; § 712 3; § 719 6; § 721 3; § 725 5; § 730 1; § 737 6; § 738 6
– Arbeitnehmer/Dienstverpflichteter § 611 80
– gesellschaftsrechtliche ~ § 242 61
– Leistungstreuepflicht § 242 61
– Obstruktionsverbot § 242 61
Treuhand § 164 5 ff; § 675 39; § 717 3
– Abgrenzung zur Stellvertretung § 164 6
– analoge Anwendung von § 185 § 185 5
– ananloge Anwendung von Vorschriften des Stellvertretungsrechts, insbesondere der Regeln über den Missbrauch der Vertretungsmacht und der §§ 177 ff § 164 8, 11
– Aufrechnungsmöglichkeiten s. Aufrechnung
– Begriff § 164 5
– echte ~ § 164 8
– Ermächtigungstreuhand § 164 5, 8
– fiduziarische ~ § 164 9
– in der Zwangsvollstreckung und der Insolvenz § 165 10
– Sicherungstreuhand (eigennützige ~) § 164 5
– Sicherungstreuhand (eigennützige ~) in der Zwangsvollstreckung und Insolvenz § 165 8
– Unmittelbarkeitsgrundsatz § 164 6, 10
– Verwaltungstreuhand (fremdnützige ~) § 164 5
– Vollmachtstreuhand § 164 5, 7
– Vollrechtstreuhand (echte ~) § 164 5, 9 ff
Treuhandanstalt
– AGB § 307 40
Treuhänder § 1959 1
Treuhänderisch § 1360 a 5
Treuhandgeschäft § 117 7
Treuhandverhältnis § 249 97
– Abtretung § 387 10, 30
Trinkgelder § 1375 16
Trödelvertrag Art 29 7
Truck-Verbot § 611 71
Trunkenheit § 626 7
tu-quoque-Einwand § 242 26, 38
TÜV
– Abnahme vor § 631 28
– Haftung § 839 142
Typenfreiheit § 311 29
Typenzwang vor § 145 10, 25; vor § 854 14

U
Über-Kreuz-Ablösung § 613 a 24
Überbau s. Grenzüberbau § 912 8 ff
– Duldungspflicht § 912 18 f
– Eigentumsverhältnisse § 912 26 ff; § 915
– Gestattung § 912 30 ff
Überbaurente § 912 20 ff; §§ 913, 914; § 914
Übereignung beweglicher Sachen
– Abtretung des Herausgabeanspruchs § 931 1
– Besitzkonstitut § 930 3 – 5

– durch bloße Einigung § 929 12
– Grundtatbestand § 929 1
– Stellvertretung § 929 13
Übereinstimmung § 2038 26
Übergabe
– auf Anweisung § 929 10
– iR der Übereignung § 929 10
– Kaufsache § 433 16, 17 ff; § 446 12; § 448 5
Übergabeprotokoll § 546 10
Übergabevertrag § 2049 2
Übergang
– der Arbeitsverhältnisse § 613 a 9
– der Kundschaft § 613 a 5
– der Leistungsgefahr § 243 9
– des Betriebes § 613 a 4
– durch Erbfolge § 613 a 12
Übergangsbeihilfe vor § 1577 11
Übergangsfrist § 1573 24
Übergangsgebührnisse vor § 1577 11
Übergangsgeld vor § 1577 18
Übergangsrecht
– Abstammung vor § 1591 6
– Kindesnamen § 1618 37
Übergehen eines Pflichtteilsberechtigten §§ 2078, 2079 8 ff; § 2079 8 ff
Überhang § 910 7
– Selbsthilferecht § 910 1 ff, 16 ff
Überlastungseinrede § 2013 4
Überlebensbedingung eines Schenkungsversprechens § 2301 6, 7
Übermaß § 993 1; § 2050 17
Übermittlungseinrichtung § 120 3
Übermittlungsperson § 120 3
Übernahme § 2049 5
Übernahmehaftung § 834 1; § 838 1
Übernahmepreis § 2048 24
Übernahmerecht § 2048 24
Übernommene Mutterschaft § 1591 11
Überobligationsmäßig erzieltes Einkommen § 1577 15
Überobligationsmäßige Tätigkeit § 1581 24
Überplanung von Altlasten § 249 62
Überprüfungsfrist § 556 50
Überrest § 2103 3; § 2137 1 ff; § 2138 1 ff
Überrumpelung § 312 2
Überschuldung § 1975 12; § 1978 7; § 1979 6; § 1980 1, 2, 12; § 1985 19; § 1992 1
– des Anfangsvermögens § 1374 14
– des Nachlasses § 2005 6
Überschuss § 1973 5, 9, 14; § 1982 3; § 1984 13; § 2033 31; § 2046 6; § 2047 1
Überschussrechnung vor § 1577 28
Überschwerung § 1992 2
Überschwerungseinrede § 1990 3; § 1992 3
Übersetzer § 286 3
Überstunden § 611 65

Übertragung § 2032 32
Übertragung der Alleinsorge § 1671
– Voraussetzungen § 1671 8 ff
Übertragung der Geschäftsführung § 705 20; § 709 3; § 710 1 – 3
Übertragung von Vermögensgegenständen § 1383 1 – 3
Übertragungsvertrag § 676; § 2032 34
– Ansprüche § 676 3, 6
– Kündigung § 676 4
– Sammelverwahrung § 676 2
– Wertpapiergeschäft § 676 2
Überweisung s. Überweisungsvertrag Art 29 a 10; § 278 10; § 362 11; § 676 a 4, 9
Überweisungsauftrag § 783 19; § 1367 1
Überweisungsvertrag § 676 a
– Ausführungsfristen § 676 a 17 ff
– Ausführungsgeschäft § 676 a 1
– Auslandsüberweisung § 676 a 11
– Beendigung § 676 a 22 ff
– Bereicherungsrecht § 676 c 3
– Dauerauftrag § 676 a 13
– Direktansprüche § 676 b 6
– Disposition § 676 c 6
– Form § 676 a 15
– Fristbeginn § 676 a 19
– Garantiebetrag § 676 b 6
– gekürzter Überweisungsbetrag § 676 c 5
– Haftungsbeschränkung § 676 c 5
– Informationspflichten § 676 a 20
– Inlandsüberweisung § 676 a 11
– institutsfremd § 676 a 12
– institutsintern § 676 a 12
– Kündigung Kreditinstitut § 676 a 23; § 676 b 10
– Kündigung Überweisender § 676 a 24
– Nachfrist § 676 b 7
– Nichtausführung § 676 b 6
– Pflichten Kreditinstitut § 676 a 16 ff
– Pflichten Überweisender § 676 a 21
– Sammelauftrag § 676 a 13
– Sonderkündigungsrecht § 676 b 10
– Überweisung § 676 a 4, 9
– verschuldensabhängige Haftung § 676 c 2 ff
– verschuldensunabhängige Haftung § 676 b
– verspätete Überweisung § 676 b 3
– Vertragsschluss § 676 a 15
– Vertragstyp § 676 a 14
– zwischengeschaltete Kreditinstitute § 676 c 4
Überwuchs § 910 6
– Selbsthilferecht § 910 1 ff, 16 ff
Überzahlungen § 1569 8
Überziehungskredit
– Änderungsmitteilung § 493 8
– Bagatellprinzip § 493 8
– Bestätigung § 493 8
– Beweislast § 493 8
– eingeräumte Überziehung § 493 8
– geduldete Überziehung § 493 7

– Konto, laufendes § 493 8
– Kontoauszug § 493 8
– ungenehmigte Überziehung § 488 5; § 493 7
– Unterrichtungspflichten § 493 8
– Widerruflichkeit § 495 1
Überziehungszinsen § 493 8
Umdeutung § 543 29; § 2033 37
– Abgrenzung zur Auslegung § 157 41
– außerordentliche Kündigung § 626 20
– einer unwirksamen Kündigung § 623 5
Umdeutung eines nichtigen Rechtsgeschäfts § 133 6; § 140 1
– Auslegung § 140 2
– Ersatzgeschäft § 140 8
– hypthetischer Wille § 140 10
Umdeutung von Kündigungserklärungen § 542 14 f
Umfang
– der Haftung § 1584 3
– des Billigkeitsanspruchs § 1581 12
– des Nacherbenrechts § 2110 1 ff
Umfassende Interessenabwägung vor § 1577 49; § 1581 11
Umgang des Kindes
– Bedeutung § 1626 21
– begleiteter Umgang § 1684 54 ff
– Bestimmung § 1632 4
Umgangspflicht § 1684 1 ff
Umgangsrecht
– anderer Personen § 1685
– Anordnungen und Sanktionen § 1684 23 ff
– Ausschluss § 1684 IV 47
– der Eltern § 1684
– der Geschwister § 1685 2
– der Großeltern § 1685 2
– des biologischen Vaters § 1684 10; § 1685 1
– des Lebensgefährten § 1685 3
– Einschränkung § 1684 IV 47
– Erlöschen bei Adoption § 1760 23
– Regelungsbefugnis § 1684 29 ff
– Regelungsinhalt § 1684 36 ff
– Wohlverhaltenspflicht § 1684 19 ff
Umgehungsgeschäft § 117 9; § 134 30
Umgehungsverbot (beim Verbraucherkredit) § 506 2
Umlegungseinheit § 556 a
Umlegungsverfahren § 995 3
Umlegungszeitraum vor § 1577 10
Umsatzmiete § 535 38
Umsatzsteuer s. Mehrwertsteuer § 249 26, 31; vor § 1577 16; § 1960 42
– Aufwendungsersatz § 1835 7
– bei Betreuer-/Pfleger-/Vormundsvergütung § 3 VBVG; § 4 VBVG 8; § 1836 4
Umsatzsteueroption § 535 115
Umsatzsteuerpflicht § 249 32
Umschreibung
– des Titels § 1586 b 4
– eines Vollstreckungstitels § 1958 8

Umsetzungsbestimmungen Art 29 a 6, 9
Umstandsmoment § 1585 b 6
Umwandlung § 613 a; § 705 2 – 20 § 727 8; § 730 1; § 2032 30
– Grundschuld in Hypothek § 1198 1 ff
– Grundschuld in Rentenschuld § 1203 1
– Hypothek in Grundschuld § 1198 1 ff
– Hypothek in Rentenschuld § 1203 1
– in Wohnungseigentum § 577 2
– Rentenschuld in Grundschuld oder Hypothek § 1203 1
– Sicherungshypothek in Verkehrshypothek § 1116 6; § 1186 1
– Verkehrshypothek in Sicherungshypothek § 1186 2
Umwandlungsabsicht § 577 10
Umwandlungsfälle § 540 20
Umwandlungsrecht § 613 a 48
Umwelthaftung § 823 163 f
Umweltschädigung
– Anknüpfung Art 40 21
UN-Kaufrecht
– Verhältnis zu §§ 433-479 vor § 433 6; § 433 27
Unabdingbarkeit (verbraucherkreditrechtlicher Normen) § 506 3
Unanfechtbarkeit § 1960 39
Unaufschiebbare Verfügung § 1959 7
Unbefugte Gebrauchsüberlassung § 540 14
Unbefugter Gebrauch von Fahrzeugen § 992 3
Unbegründetheit § 1961 5
Unbenannte Zuwendung vor § 1297 9; § 2113 21; § 2287 6; § 2325 13
Unberechtigte Untervermietung § 540 14
Unbeschränkbare Haftung § 1970 8; § 1977 10
Unbeschränkbare Testierfähigkeit § 2302 1, 2
Unbeschränkte Erbenhaftung § 1975 13; § 2000 2; § 2013 3
Unbeschränkte Haftung § 1975 6; § 1977 3; § 2013 1; § 2017 1; § 2036 3
Unbestellte Leistungen § 241 a 1 – 3
– aliud-Lieferung § 241 a 8
– Annahme § 241 a 10
– berechtigte GoA § 241 a 9
– Dialer § 241 a 6
– Dritte § 241 a 5
– Handschenkung § 241 a 3
– höherer Preis § 241 a 8
– unbestellt § 241 a 7
Unbestellte Sache § 985 23
Unbestimmte Bruchteile § 2091 1 ff
Unbestimmtheit § 2043 2
Unbewegliche Sache § 985 27
Unbezifferter Antrag § 2057 a 21
Unbillige Härte § 1361 b 9
Unbilligkeit, grobe § 1381 5
unclean hands doctrine § 280 18

Und-Konto
– Umwandlung eines Oder-Kontos in ein ~ § 167 25
Unentgeltliche Verfügung § 2063 5
Unentgeltliche Zuwendung an Dritte § 812 83, 84; § 816 12, 13; § 822
Unentgeltlichkeit § 780 8; § 1374 22; § 2113 18 ff
– des Besitzerwerbs § 988 1
– teilweise ~ § 2113 29
Unentschuldigtes Fernbleiben § 626 7
Unerlaubte Handlung § 1960 33; § 2039 8
– Aufrechnung § 393 1 ff
Unfall § 781 16
Unfall- und Versorgungsrenten vor § 1577 18
Unfallabfindung § 1374 12
Unfallersatztarife § 249 33
Unfallverhütungsvorschriften § 611 39, 85
– Verstoß § 616 4
Unfallversicherung § 249 80; § 616 5
Unfallwagen § 249 10
Ungenügen der Herstellung § 251 3 f
Ungerechtfertigte Bereicherung § 2057 a 6
– und Schuldversprechen § 780 11, 15 f, 18
Ungleiche Verhandlungsposition § 1585 c 6
Unglücksfälle § 616 2
Universalsukzession § 2032 5
Unkenntnis § 276 14; § 892 12
Unklagbarkeit Art 34 23
Unklarheitenregel
– bei Auslegung von AGB § 305 c 17 – 20
Unlauterer Wettbewerb
– Anknüpfung Art 40 22 f
Unlustgefühle § 253 5
Unmittelbarkeitsgrundsatz
– bei der Treuhand
Unmöglichkeit Art 34 21; § 273 3 – 5 § 280 17; § 283 2, 3; § 285 8; § 326 1; § 425 6; § 615 13; § 988 5
– absolute ~ § 275 5
– als Auflösungsgrund § 706 7
– anfängliche ~ § 265 1 ff; § 275 6
– der Herausgabe § 2025 4
– der Herstellung § 251 2
– der Leistung § 293 4
– Erfüllungsverweigerung § 281 11
– faktische ~ § 275 6, 15
– Fallgruppen § 275 7 – 9
– Fristsetzung § 275 14
– Gegenleistung § 275 14
– Geldschulden § 275 5
– Geschäftsgrundlage § 275 17
– gesetzliches Verbot § 275 9
– nachträgliche ~ § 265 1 ff; § 275 6
– naturgesetzliche ~ § 275 7
– objektive ~ § 275 6
– persönliche Unzumutbarkeit § 275 4
– Pflichten § 275 4, 12

- physische ~ § 275 7
- praktische ~ § 275 15
- qualitative ~ § 275 5
- rechtliche ~ § 275 6, 8
- Rechtsfolgen § 275 12 – 14
- Reisevertrag § 651 i 1; § 651 j 1
- Rücktritt § 275 13
- Schadensersatz § 275 13
- stellvertretendes commodum § 275 13; § 285 1
- subjektive ~ § 275 6, 11
- Teilstörungen § 275 5
- Unvermögen § 275 11
- Unzumutbarkeit § 275 16
- Vertretenmüssen § 280 16
- vorrübergehende ~ § 275 5
- vorübergehende ~ § 297 1
- Wahlschuld § 265 1 ff
- Wegfall des Leistungssubstrats § 275 10
- Wirkungen § 275 4
- wirtschaftliche Unzumutbarkeit § 275 4
- zu vertretende ~ § 265 1 ff
- zufällige ~ § 265 1 ff
- Zweckverfehlung § 275 10

Unpfändbarkeit § 400 3; § 1985 12
Unpünktlichkeit § 626 7
Unregelmäßige Verwahrung § 700
- Abgrenzung § 700 1
- anwendbare Normen § 700 4
- Girokonto § 700 3
- Spareinlagen § 700 3
- Vertragsschluss § 700 2

Unrichtigkeit
- des Grundbuchs § 894 3

Unselbständiger Mitgebrauch § 540 5
Unsicherheitseinrede § 321
- erst nach dem Vertragsabschluss erkennbar § 321 4
- mangelnde Leistungsfähigkeit § 321 3
- Sicherheitsleistung § 321 6
- Vorleistungspflicht aus gegenseitigem Vertrag § 321 2

Untätigkeitsstörer § 1004 4
Untauglichkeitsgrund § 1960 43
Unteilbare Nachlassschuld § 2060 4
Unterbeteiligung § 705 15 – 52 § 712 2; § 717 3; § 722 1
Unterbrechung des Betriebes § 613 a 7
Unterbringung
- Minderjähriger § 1631 b

Untergang § 988 4; § 2025 4
Untergeordnete Modalitäten der Leistung vor § 315 ff 6
Unterhalt § 242 36, 51; § 286 19; vor § 1297 11; § 1969 1; § 1985 23
- Aufrechnung vor § 1601 18
- Bereicherung vor § 1601 17
- für die Vergangenheit § 1613 1 ff
- Schadensersatz vor § 1601 16

Unterhalt für nicht gewolltes Kind
- Umfang der Ersatzpflicht § 249 14

Unterhalt nicht miteinander verheirateter Eltern § 1615 l 1 ff

Unterhalts- und Rentenneurosen § 1572 4
Unterhaltsanspruch § 249 75; § 1963 1; § 2141 1
- der werdenden Mutter § 1967 9
- Verjährung § 197 6

Unterhaltsansprüche § 1569 14
Unterhaltsbedarf § 1610 1 ff
Unterhaltsbedürftigkeit § 1602 1 ff
Unterhaltsberechtigte vor § 1577 42
Unterhaltsberechtigter geschiedener Ehegatte § 1571 12; § 1584 5
Unterhaltsberechtigung § 1571 4
Unterhaltsbestimmung § 1612 4 ff
Unterhaltsgeld vor § 1577 18
Unterhaltsgläubiger § 1585 1; § 1963 2
Unterhaltskette § 1572 7
Unterhaltsleitlinien vor § 1601 12
Unterhaltspflicht § 620 78, 83; § 626 3; § 1581 11; § 1584 2; § 1967 5; § 2050 7; § 2057 a 10
- Erlöschen § 1615
- Leistungsfähigkeit § 1603 1 ff

Unterhaltspflichtiger geschiedener Ehegatte § 1584 5
Unterhaltsschulden § 244; § 245 14
Unterhaltsschuldner § 1581 31
Unterhaltsstatut Art 18
Unterhaltstabellen vor § 1601 10 f
Unterhaltsvereinbarungen § 1569 14; § 1586 b 1
Unterhaltsverpflichteter § 1360 3
Unterhaltsverpflichtung § 1577 5
Unterhaltsverträge vor § 1297 7
Unterhaltsverwirkung
- allgemein § 1613 12 f
- wegen Unzumutbarkeit § 1611 1 ff

Unterhaltsverzicht § 1361 21; § 1585 c 5; § 1614 1 ff
Unterhaltsvorauszahlung § 1614 4
Unterlagen
- Einsicht § 242 59
- Vorlage § 242 59

Unterlassen § 823 2, 5
- Gegenstand einer Pflicht § 241 17
- Pflicht § 241 17
- Verkehrspflichten § 823 2

Unterlassungsanspruch § 535 51; § 543 30; § 1004 7; § 2039 5; § 2044 6
- quasi-negatorischer vor § 823 15; § 823 214; § 824 12
- Verjährung § 199 7
- Verletzung des APR § 12 41
- Verletzung des Namensrechts § 12 20

Unterlassungsklage § 1004 2
Unterlassungspflichten § 281 7

Unterlassungsverpflichtung § 2044 14
- wettbewerbsrechtliche ~ § 781 8
Untermiete § 535 73; § 540 2 f; § 546 a 2; § 556 55
Untermieter § 2028 2
Untermietverhältnis § 549 2
Unternehmen § 288 4; § 611 35; § 622 2, 6; § 1376 9
- betriebsbezogener Eingriff § 823 83
- Fallgruppen § 823 85 ff
- Grundlagen § 823 79 f
- Güter- und Interessenabwägung § 823 93
- Recht am ~ § 823 79 ff
- Schutzrechtsverwarnung, unberechtigte s. dort
- Unmittelbarkeit der Verletzung § 823 83
Unternehmensberatung vor § 631 28
Unternehmensbeteiligung § 1376 9
Unternehmensbezogene Verträge § 540 18
Unternehmensbezogenes Rechtsgeschäft s. Stellvertretung
Unternehmenskauf § 438 20; § 446 3; § 453 26 ff
- asset deal § 453 27
- Kaufgegenstand § 453 26 ff
- Mängelrecht § 453 29 ff
- share deal § 453 28
Unternehmenszugehörigkeit § 620 78
Unternehmer § 491 3
- Arbeitnehmer als § 13 10
- Begriff § 13 2; § 14 1 - 3
- Europarecht § 13 3 - 5
- Hauptpflichten des ~ im Werkvertrag § 631 19 - 22
- Hauptpflichten im Werkvertrag § 631 19 - 22
- Nebenpflichten § 631 23 - 28
- Verbraucher § 13
- Verbraucherschutz § 13 1
- Verbrauchsgüterkauf § 474 4
- Voraussetzungen § 13 8; § 14 6
Unternehmereigenschaft Art 29 6
Unternehmerentscheidung § 620 75, 76
Unternehmerpfandrecht § 647 1 ff
- gutgläubiger Erwerb § 647 3
Unternehmerregress Art 29 a 3; § 476 1; § 478 f
- gebrauchte Sachen § 478 6
- Lagerware § 478 9
- Verjährung § 479
- Zulieferer § 476 10
Unternehmerrisiko § 611 18
Unterrichtung bei Fernabsatzverträgen § 312 c
Unterrichtung der Arbeitnehmer
- Betriebsübergang § 613 a 35 ff
Unterrichtungsanspruch § 1379 14
Unterrichtungspflicht § 1968 4
Unterschiedliche Beweislage bei Anfechtungs- und Feststellungsklage
- Anfechtungsklage § 1600 e 76

Unterschlagung § 985 2; § 992 3
Unterschrift § 126 8, 11; § 129 1
- Blankounterschrift § 126 10; § 129 3
- Eigenhändigkeit § 126 13
- Handzeichen § 126 15; § 129 1
- Oberschrift § 126 9
Untersuchungspflicht § 280 65
- des Käufers § 433 51; § 442 9
- des Verkäufers § 433 50
Untervermächtnis § 1992 1, 3
Untervermietung § 535 13; § 550 13; § 987 4
Untervermietverweigerung § 540 8
Untervertretung § 167 48 ff
- Haftung des Vertreters ohne Vertretungsmacht § 179 21 f
- mittelbare ~ § 164 48
- Offenkundigkeitsgrundsatz bei der ~ § 164 48 ff
- unmittelbare ~ § 164 48
- Vertretungsmacht des Untervertreters § 167 52 f
- Willensmängel und Wissenszurechnung § 166 2, 10
Untervollmacht s. Untervertretung
Untreue § 992 3
Unübertragbarkeit der Dienste § 613 4
Unverhältnismäßigkeit § 242 42
- der Herstellungskosten § 251 7 ff
Unverjährbarkeit
- der Berichtigungsansprüche § 898
- von Grundstücksrechten § 902
Unvermögen § 275 11; § 988 5; § 1977 11
- behebbar § 275 11
- des Schuldners § 293 4
- vorübergehendes ~ § 297 1
Unverzüglich § 121 3, 4
Unvollkommene Verbindlichkeit s. Naturalobligation § 241 27
Unwirksame Kündigung § 543 25
Unwirksame Schönheitsreparaturklausel
- nachträgliche Ersetzung § 538 20
Unwirksamkeit
- der Bestimmung durch einen Dritten § 319
- endgültige ~ § 108 7
- Geltendmachung der ~ § 1368 1
- schwebende ~ § 108 1
- von Verfügungen § 2113 3, 7, 25; § 2115 4 f; § 2136 4
Unwirksamkeit, schwebende
- bei der Vertretung ohne Vertretungsmacht § 177 1
- bei zustimmungsbdürftigen Rechtsgeschäften § 184 1
- bei zustimmungsbedürftigen Rechtsgeschäften § 182 1
Unwirtschaftlichkeit § 1577 18
Unzulänglichkeit § 1990 5; § 1993 7
- der Masse § 1982 5
Unzulänglichkeitseinrede § 1979 3; § 1990 2; § 1992 8

Unzulässige Rechtsausübung § 226; § 1990 9
- Außentheorie § 242 28
- dolo agit qui petit quod statim redditurus est § 242 40
- Drittwirkungen § 242 32
- Einzelrechtsnachfolger § 242 32
- Fallgruppen § 242 33 – 35
- Fehlen des schutzwürdigen Eigeninteresses § 242 40
- geringfügige Pflichtverletzungen § 242 42
- Gesamtrechtsnachfolger § 242 32
- Innentheorie § 242 28
- nemo auditur propriam turpitudinem allegans § 242 34
- Rechtsfolgenseite § 242 31
- subjektives Element § 242 29
- tu-quoque-Einwand § 242 38
- unredlicher Erwerb der eigenen Rechtsposition § 242 34 – 36
- Unverhältnismäßigkeit § 242 42
- venire contra factum proprium § 242 43 – 45
- Verletzung eigener Pflichten § 242 37 – 39
- Verschulden § 242 29
- Vertrag zugunsten Dritter § 242 32
- Verwirkung § 242 44 – 49
- Verwirkung durch Treueverstoß § 242 39
- Zeitpunkt § 242 28
- Zurechnung des Verhaltens Dritter § 242 30

Unzumutbare wirtschaftliche Belastungen § 620 67

Unzumutbarkeit § 275 5, 7; § 280 7, 17; § 283 2, 3; § 286 8
- absolute ~ § 275 5
- Anwendungsfälle § 275 23
- Aufwand § 275 15, 19
- Beispiele § 275 26
- Beschaffungsmöglichkeit § 275 28
- Beschaffungsrisiko s. Beschaffungsrisiko
- der Verhinderung von Einwirkungen §§ 906 30 ff
- Einrede § 275 15, 24
- Erfüllungsverweigerung § 281 11
- Garantie s. Garantie
- Gattungsschulden § 275 22
- Geschäftsgrundlage § 275 17
- Gläubigerfehlverhalten § 275 23
- Gläubigerinteresse § 275 15, 18
- grobes Missverhältnis § 275 15, 20
- immaterielles Interesse § 275 18
- Opfergrenze § 275 15
- persönliche ~ § 275 25
- Pflichtenkollision s. Pflichtenkollision
- Rechtsfolgen § 275 24
- Schadensersatz § 275 27
- stellvertretendes commodum § 285 1
- Teilstörungen § 275 5
- Vertretenmüssen § 275 20 – 22 § 280 17
- vorübergehende ~ § 275 5

Unzuständigkeit § 2002 4

Urheberrecht Art 34 4, 12; § 2042 25
- Übertragung § 413 3

Urkunde § 126 4; § 126 b 6, 7
- Einheitlichkeit der ~ § 126 6 f
- über Abtretung § 405; § 409; § 410
- über Grundgeschäft § 925 a
- Unterschrift § 126 8 – 10

Urkunden
- Hinterlegung § 372 10

Urkundenfälschung § 992 3

Urkundenprozess § 535 129

Urlaub Art 30 3; § 614 3
- Antritt § 626 7
- Entgelt § 611 73
- Gewährung § 615 4
- Schadensersatz für vertanen ~ § 651 f 9 – 12
- Überschreiten § 626 7

Urlaubsgeld § 611 70; vor § 1577 9

Urlaubsreise § 1968 9

Urteilsergänzung § 1973 11

Urteilsgläubiger § 1991 10

Urteilstenor § 1967 4

Urteilsverfügung § 2112 9

V

Valorismus § 244; § 245 11

Valutaschuld s. Fremdwährungsschuld

Vaterschaftsanerkennung § 1963 6
- Wirksamwerden der ~ § 1594 8
- Zustimmung der Mutter § 1595 1
- Zustimmung des Kindes § 1595 2

Vaterschaftsbeweis
- positiver ~ § 1600 e 90

Vaterschaftsfeststellung
- Verfahren § 1600 e 88
- Wirksamwerden § 1600 d 20

Vaterschaftsgutachten § 780 4; § 1600 e 41

Vaterschaftsvermutung
- einstweiliger Unterhalt § 1600 d 24
- Konsequenz bei schwerwiegenden Zweifeln § 1600 e 113
- Mehrverkehrseinrede § 1600 e 110
- praktische Bedeutung § 1600 e 102
- Zweck der ~ § 1600 e 106

Vaterschaftswahrscheinlichkeit § 1600 e 40, 94

venire contra factum proprium Art 29 5; § 242 43 – 45
- Ausübung des Vertrauens § 242 45
- Fallgruppen § 242 44 – 46
- vertrauensbegründendes Verhalten § 242 45

Veralteter Mietspiegel § 558 a 13

Veränderung des Bestandschutzes § 573 a 5

Veränderungen von Betriebskosten § 560

Veränderungssperre § 613 a 25

Veranlagung vor § 1577 16
- gemeinsame ~ § 1353 16

Verantwortlichkeit s. Verschuldensfähigkeit § 286 23
- Rechtsirrtum § 286 23

Verantwortungsgemeinschaft § 1353 11
Verarbeitung § 950; § 1006 2
– Assembler § 950 4
– Drittrechte § 950 8
– Eigentumserwerb § 950 1
– Entschädigung § 951
– Gläubigerstellung § 950 1
– Hersteller § 950 5 – 7
– Herstellerklausel § 950 1
– Voraussetzungen § 950 3
– Wertverhältnis § 950 4
– Wirkung § 950 4
– Zentralregulierung § 950 7
– Zwischenfabrikate § 950 3
Verarbeitungsklausel s. Eigentumsvorbehalt § 929 27
Veräußerung § 2033 19
– der Mietsache § 547 6
Veräußerungsverbot s. Verfügungsverbot § 888 11; § 1984 8; § 2034 24
Verbesserung der Wohnverhältnisse § 559 7
Verbesserungsmaßnahmen § 588 3
Verbindlichkeit § 1581 11
Verbindlichkeiten § 1376 6, 9
– Abzug von ~ § 1374 4, 5
– unvollkommene ~ vor § 145 4; § 241 27
Verbindung § 1006 2
– auf Zeit § 95
– feste § 94 2
– in Ausübung eines Rechts § 95 5
– von Grundstücken § 890
Verbindung mit beweglichen Sachen § 947
– Abgrenzung § 947 3
– Drittrechte § 949
– Entschädigung § 951
– Verbindungsklausel § 947 2
– Voraussetzungen § 947 1
– Wirkung § 947 2
Verbindung mit Grundstück § 946
– Drittrechte § 949
– Entschädigung § 951
– Insolvenz § 946 5, 6
– Verbindungsklausel in AGB § 946 4
– Voraussetzungen § 946 2
– Wirkung § 946 3
– Zusammentreffen mit Eigentumsvorbehalt § 946 4
Verbleibensanordnung § 1682; § 1682 IV 5 ff
– Entscheidungsbefugnis der Pflegeperson § 1688
Verbot der Doppelberücksichtigung § 1372 20
Verbot der Doppelverwertung vor § 1577 50
Verbot des Selbstwiderspruchs § 312 d 4
Verbot widersprüchlichen Verhaltens § 254 1
Verbotene Eigenmacht § 858 2; § 992 2; § 2025 3, 4
Verbraucher § 13; § 242 45; § 288 4
– Arbeitnehmer § 611 61
– Arbeitnehmer als ~ § 13 10

– arbeitnehmerähnliche Personen § 491 5
– Begriff § 13 2; § 491 4
– Beweislast § 491 4
– Bürge § 491 9
– Eheleute (§ 1357) § 491 7
– Europarecht § 29 3 ff
– GmbH-Gesellschafter § 491 5
– Mischnutzung § 491 4
– Organmitglieder § 491 5
– Scheinselbständige § 491 5
– Schuldbeitritt § 491 6
– Stellvertretung § 491 4
– Strohmann § 491 4
– Verbraucher-Gesellschafter § 491 8
– Verbraucherschutz § 13 1
– Verbrauchsgüterkauf § 474 5
– Vermögensverwaltung § 491 5
– Vertragsübernahme § 491 6
– Voraussetzungen § 13 8
Verbraucherdarlehen
– Kreditvermittlung § 652 11; § 655 a; § 655 b; § 655 c; § 655 d; § 655 e
Verbraucherdarlehensvertrag § 288 7; § 291 5
– Arbeitgeberdarlehen § 491 13
– Bagatelltatbestände § 491 10 ff
– Begriff § 491 2
– Beweislast § 491 1 – 12
– Bürgschaft § 491 9
– Förderdarlehen § 491 14
– gerichtliches Protokoll § 491 15
– Grundpfandrechte § 491 6
– Immobilienverträge § 288 7
– Mischnutzung § 491 4
– notarielle Beurkundung § 491 15
– öffentlich-rechtlicher Vertrag § 491 1
– Prozesszinsen § 291 5
– Risikogeschäfte § 491 16 f
– sachlicher Anwendungsbereich § 491 2
– Vergleich § 491 15
– Verzug § 288 7
– Zahlungsaufschub § 491 10
VerbrauchergüterkaufRL § 243 2; § 281 18
Verbraucherinsolvenzantrag § 1569 16
Verbraucherinsolvenzverfahren § 1581 20
Verbraucherkredit s. Darlehen § 248 3; § 289 1
Verbraucherschutz Art 29 1 ff; Art 34 1, 3, 13
– aktiver und passiver ~ Art 29 15 ff
– Verbraucherbegriff Art 29 3 ff; Art 29 a 3
Verbraucherverträge vor § 355 3
– AGB § 310 5 – 12
Verbrauchervollmacht § 492 3; § 501 1
Verbrauchserfassung § 556 a 29
Verbrauchsgüterkauf §§ 476 ff
– Abdingbarkeit des Sonderrechts § 434 5
– aliud § 434 88, 94
– Aufwendungsersatzansprüche § 475 11
– Begriff § 474 3 ff
– gebrauchte Sachen § 475 10; § 476 1, 7; § 478 6

- Mehrlieferung § 434 100
- Minderlieferung § 434 97
- Rechtsmangel § 435 4, 8
- Schadensersatzansprüche § 475 9, 11
- Tausch
- Unternehmer
- Unternehmerregress

Verbrauchsgüterkauf, Mängelrecht § 434 68
- Verjährung § 474 10; § 475 9 f

Verbreitungsschutz § 12 51

Verbund § 1585 b 3

Verbundene Verträge § 358
- aus cic § 358 24
- Begriff § 358
- Beitritt zu einer Gesellschaft § 358 16
- Einwendungsdurchgriff § 358 2
- Fehlen der Widerrufsbelehrung § 358 23
- Heininger § 358 7
- Kaufverträge über Immobilien § 358 23
- Kausalität § 358 24
- Risiko einer Falschbeurteilung § 358 21
- Rollenwidrigkeit § 358 10
- Rücktrittsvermutung § 503 11 f
- Schadensersatzanspruch § 358 24
- Schrottimmobilien § 358 23
- Sonderregeln für Immobiliengeschäfte § 358 7 ff
- Unanwendbarkeit von § 358 § 358 25
- Vertragseintritt § 358 15
- Widerruf des Beschaffungsvertrages § 358 13 ff
- Widerruf des Verbraucherdarlehens § 358 18 f
- Widerrufsbelehrung § 358 20 ff
- Widerrufsdurchgriff § 358 2
- wirtschaftliche Einheit § 358 5
- Zusammenwirken mit dem Unternehmer § 358 12
- Zweck des Darlehens § 358 4

Verbundurteil § 1360 a 13

Verdacht § 626 9

Verdachtskündigung § 620 62 ff, 97; § 626 5, 9 ff, 13

Verdienstausfall § 1968 7; § 2022 4

Verdorbene Freizeit § 253 5

Verein §§ 21 ff
- Abspaltung § 33 4
- Änderung von Mitgliederrechten und -pflichten § 38 10
- Anfall des Vereinsvermögens § 45; § 46
- Anmeldung zur Eintragung § 59; § 60; § 67
- Auflösung § 41; § 42 1; § 45; § 74
- Aufnahmepflicht § 25 10, 11
- ausländischer ~ § 23; § 24 4
- Ausschluss § 25 29, 30
- Austritt § 39
- Begriff vor § 21 10
- Beiträge § 38 8, 10; § 58 2
- Beitritt § 38 2; § 58 1
- Bekanntmachung durch Liquidatoren § 50
- Beschlüsse § 32 7 – 15
- besondere Vertreter § 31
- eingetragener ~ §§ 55 ff
- eingetragener ~ s. Idealverein
- Eintragung § 59; § 60; § 61; § 62; § 63; § 64; § 65; § 66; § 67
- Entlastung von Organen § 397 21
- Entziehung der Rechtsfähigkeit § 43; § 44; § 45
- Erlöschen § 41 5
- Fortsetzung § 42 2; § 43 3
- Geschäftsordnung § 25 6
- Gleichbehandlung § 38 7
- Großverein vor § 21 16
- Gründung § 21 13 – 15
- Haftung vor § 21 8; § 31
- Idealverein § 21 1 – 12
- Insolvenz § 42; § 75
- Konzession § 22
- Liquidation § 47; § 48; § 49; § 50; § 51; § 52; § 53; § 76
- Liquidatoren § 48; § 49; § 76
- Machtstellung § 25 8
- Mitgliederzahl § 72; § 73
- Mitgliedschaft § 38
- Mitgliedsfähigkeit § 38 1
- Mitverwaltungsrechte und -pflichten § 38 6, 8
- Monopol § 25 8
- Name § 57 3 – 6
- Nebenordnung § 25 6
- Nebenzweckprivileg § 21 10, 11
- nichtrechtsfähiger s. dort
- Notvorstand § 29
- Organisationsmangel § 31 7
- Parteien vor § 21 15
- Rechtsscheinhaftung § 65 1
- Rechtstatsächliches vor § 21 13
- Reform des Vereinsrechts vor § 21 18
- Repräsentantenhaftung § 13 3
- Satzung s. Vereinssatzung § 25
- Schiedsgericht § 25 31
- Sitz § 24
- Sonderrechte § 35
- Stimmrechtsausschluss § 34
- Strafen § 25 13 – 28
- Strafen s. Vereinsstrafen
- Subsidiaritätsprinzip beim wirtschaftlichen ~ § 22 1
- Treuepflicht § 38 7, 10
- Übertragbarkeit der Mitgliedschaft § 38 3
- Umlagen § 38 8; § 58 2
- Umwandlung § 41 6
- Vereinsautonomie vor § 21 11
- Vereinsgewohnheitsrecht vor § 25 7
- Vereinsübung § 25 7
- Vereinsverband vor § 25 17
- Vererbung der Mitgliedschaft § 38 3
- Verfassung des Vereins § 25 1
- Verfassungsrecht vor § 21 11
- Verleihung § 22
- Vermögensanfall § 45; § 46

- Vorstand s. Vereinsvorstand
- Vorteilsrechte § 38 5
- Vorverein § 21 14, 15; § 22 3
- Wegfall sämtlicher Mitglieder § 41 5
- Wertrechte § 38 5
- wirtschaftlicher ~ § 21; § 22
- Zweck § 33 3; § 57 2
- Zweckänderung § 33 3

Vereinbarte Form § 127 1 – 3

Vereinbarte Mietänderung § 557 4 ff

Vereinbarte Mietstruktur § 558 a 12

Vereinbartes Rücktrittsrecht § 572

Vereinbarung über die Miete § 566 c

Vereinbarungen § 1360 6; § 1360 a 10
- modifizierte ~ § 1585 c 3
- novierende ~ § 1585 c 3
- zum Nachteil des Wohnraummieters § 547 2

Vereinbarungsdarlehen § 488 1

Vereinigung
- von Grundstücken § 890

Vereinsautonomie vor § 21 11

Vereinsbetreuer
- Bestellung § 1897 5
- Geldverwaltung § 1908 i 4
- Vergütungs- und Aufwendungsersatz § 7 15

Vereinsbetreuung § 1900 1 ff
- Aufwendungsersatz/Vergütung § 7 VBVG 19
- Entlassung § 1908 b 4
- Geldverwaltung § 1908 i 4

Vereinsgesetz vor § 21 11

Vereinsmitgliedschaft § 611 11

Vereinsregister §§ 55 ff
- Änderung des Vorstands § 67
- Anmeldung § 59
- Auflösung des Vereins § 74
- Bekanntmachung der Eintragung § 66
- besondere Vertreter § 30 3
- Einsicht § 79 3
- eintragungsfähige Tatsachen § 64 2
- eintragungspflichtige Tatsachen § 64 1
- elektronisches ~ § 55 a
- Entziehung der Rechtsfähigkeit § 74
- Form der Anmeldungen § 77
- Inhalt der Eintragung § 64
- Insolvenzverfahren § 75
- Liquidatoren § 76
- Mitgliederzahl, Bescheinigung § 72
- Namenszusatz § 65
- negative Publizität § 68 1
- Rechtsmittel § 55 4
- Vertrauensschutz § 68
- Vertretungsmachtbeschränkung § 70
- Zurückweisung der Anmeldung § 60
- Zuständigkeit § 55
- Zwangsgeld § 78

Vereinssatzung
- Änderung § 33; § 71
- Auslegung § 25 5
- Begriff § 25 2
- Inhalt § 25 1; § 57; § 58
- Inhaltskontrolle § 25 10 – 12
- Mängel § 25 3
- Mussinhalt § 57 1, 2
- Nebenordnungen § 25 6
- Nichtigkeit § 25 3
- Rechtsnatur § 25 4
- Sollinhalt § 58
- Vereinsgewohnheitsrecht § 25 7
- Vereinsübung § 25 7
- Zweckänderung § 33 3

Vereinsstrafe § 25 13 – 28 vor § 339 6
- Ausschluss § 25 29, 30
- Gerichtliche Nachprüfung § 25 21 – 28
- Schiedsgerichtsbarkeit § 25 31
- Verfahren § 25 17
- Voraussetzungen § 25 14 – 16

Vereinsvermögen § 1966 4

Vereinsvormund § 1773 1; § 1791 a 1 ff
- Befreiung § 1857 a 1
- Einwilligung zur Bestellung § 1785 2; § 1791 a 2
- Entlassung § 1791 a 4; § 1887 1 ff; § 1889 1 f
- Führung der Vormundschaft § 1791 a 3
- Rechnungslegung § 1840 3

Vereinsvorstand § 26; § 27; § 28; § 29
- Änderung § 67
- Anmeldepflicht § 59 1
- Anstellungsverhältnis § 27 2
- Beschlussfassung § 28 1
- Beschränkung der Vertretungsmacht § 26 3; § 70
- Bestellung § 27 1, 2
- Eintragung § 59; § 64; § 67
- Ende des Amtes § 27 3, 4
- Entlastung § 27 8
- erweiterter ~ § 26 1
- Fremdorganschaft § 26 2
- Geschäftsführung § 27 5 – 8
- Haftung gegenüber Verein § 27 7
- Insolvenzantragspflicht, Haftung § 42 3
- Löschung § 67
- mehrgliedriger ~ § 26 5
- Minderjährige § 26 2
- Nachweis § 69
- Notvorstand § 29
- Organtheorie § 26 1
- Passivvertretung § 28 2
- Vereinsregister § 68; § 69; § 70
- Vertretertheorie § 26 1
- Vertretungsmacht § 26 3; § 70
- Widerruf der Bestellung § 27 3
- Wissenszurechnung § 28 2
- Zeugnis über die Eintragung § 69
- Zusammensetzung § 26 2; § 58 3
- Zwangsgeld § 78

Vererblichkeit § 2034 34
Verfahrensanordnung § 1977 11
Verfahrensdauer § 1966 7
Verfahrenseröffnung § 1976 10; § 1984 14
Verfahrensfehler
– keine Anhörung als ~ § 1760 10
Verfahrenskosten § 1967 2; § 1990 1
Verfahrensordnungen
– Vater § 1600 e 4
– Vater lebt nicht mehr § 1600 e 5
Verfahrenspfleger
– Beistandschaft § 1760 2
Verfallklausel § 311 b 5; § 612 5
– in AGB § 309 32
Verfolgungsfälle § 249 49
Verfolgungsrecht § 861 2; § 867; § 1005 1
Verfrühungsschaden § 249 67
Verfügung § 1365 9 – 11 § 1959 7; § 2113 7
– Begriff § 185 2
– des Insolvenzverwalters § 2115 1 ff
– des Nachlassverwalters § 2115 1 ff
– eines Nichtberechtigten § 185
– eines Vorerben unter Verstoß gegen die §§ 2113 ff § 185 5
– Einwilligung bei der ~ eines Nichtberechtigten s. Einwilligung
– freie ~ § 2136 6; § 2137 1 ff; § 2138 1
– Genehmigung der ~ eine Nichtberechtigten s. Genehmigung
– Heilung (Konvaleszenz) der Unwirksamkeit der ~ eines Nichtberechtigten durch nachträglichen Erwerb oder Erbfall § 185 10 f
– rechtsgrundlose ~ § 2113 23
– über Grundstücksrecht § 873 1; § 893 3; § 925 1
– über Haushaltsgegenstände § 1369 1 – 3
– unentgeltliche ~ § 2113 1 ff, 15 ff; § 2120 5; § 2134 1; § 2136 4, 5; § 2138 6
– von Todes wegen vor § 1297 6; § 1364 11; § 1365 14
– wirksame ~ des Vorerben § 2113 10 ff, 26 ff
Verfügung des Nichtberechtigten
– Durchgriff § 816 12
– entgeltliche ~ § 816 3, 4, 5, 11
– Genehmigung § 816 8, 9
– Gewinn § 816 22
– Herausgabe des Erlangten § 816 22
– Konkurrenzen § 816 1, 2
– objektiver Wert § 816 22
– rechtsgeschäftliche Verfügung § 816 4, 5
– rechtsgrundlose entgeltliche Verfügungen (§ 816 I 2) § 816 16
– Treuhänder § 816 6
– Unentgeltlichkeit § 816 12 – 17 § 822 3 – 5
– Unmittelbarkeitsgrundsatz § 816 3
Verfügung über Anteil § 746 1; § 747 1 – 3
Verfügung über gemeinschaftlichen Gegenstand § 747 4 – 6 § 757 1 – 3

Verfügung über Gesellschaftsanteil § 717 4; § 719 5; § 727 7; § 738 1, 5, 8
Verfügungen
– durch Bezugnahme auf andere Schriftstücke § 2247 8, 9
– unter Lebenden § 2271 12
Verfügungen zugunsten Dritter § 328 8 ff
Verfügungsbefugnis § 130 21; § 134 13; § 873 12; § 878; § 1960 23; § 1962 9; § 1975 5; § 1977 7; § 1984 7; § 2032 2; § 2044 6
– Entzug der ~ §§ 2128, 2129 1 ff; § 2129 1 ff
– Verbleib beim Vorerben § 2139 6; § 2140 1 ff
Verfügungsbefugnis des Pächters § 582 a 4
Verfügungsberechtigung
– guter Glaube § 932 15
Verfügungsbeschränkung § 135; § 136 4; § 873 13, 21; § 878; § 892 4; § 1983 4, 5; § 1984 4; § 2048 8; § 2100 7
– Abdingbarkeit § 1365 3
– bei Inventar § 583 a
– nachträgliche ~ § 158 23
Verfügungserklärung § 2040 9
Verfügungsermächtigung s. Ermächtigung
Verfügungsgeschäft § 1365 11; § 2033 11, 15; § 2042 37
Verfügungsmacht § 2042 27; § 2044 14
Verfügungsmacht des Vorerben § 2112 1 ff
– schuldrechtliche Beschränkung § 2112 4
Verfügungsverbot § 1984 8; § 2033 36
– absolutes ~ § 135; § 136 3
– analoge Anwendung des § 185 § 185 5
– behördliches ~ § 135; § 136 6
– gerichtliches ~ § 135; § 136 6
– gesetzliches ~ § 135; § 136 5
– rechtsgeschäftliches ~ § 137 2
– relative ~ § 135; § 136
– relative Unwirksamkeit § 135; § 136 7
– relatives ~ § 135; § 136 2
– unveräußerliche Rechte § 137 3
Vergabe, Vertrags- bzw. Verdingungsordnungen vor § 631
– VOB/B, Privilegierung vor § 631 8 – 12
– VOB/C vor § 631 12
Vergabeentscheidung § 613 a 12
Vergleich § 242 42; vor § 320 ff 7; § 619 1; § 779 1 ff; § 780 2, 9; § 781 9; § 782 1; § 2023 3
– Abfindungsvergleich § 779 17
– Abschluss § 779 13, 24
– Anwaltsvergleich § 779 28 – 38
– Anwendbarkeit § 779 1
– außergerichtlich geschlossener ~ § 779 19
– Dispositionsbefugnis über das Rechtsverhältnis § 779 5
– Form § 779 13
– gegenseitiges Nachgeben § 779 12
– gerichtlicher ~ § 620 26; § 779 13
– Legaldefinition § 779 1
– Novation § 779 18
– Prozessvergleich § 779 39 ff

- Rechtsnatur § 779 2
- Rechtsverhältnis zwischen den Parteien § 779 4
- Sachverhalt § 779 20
- schiedsgerichtlicher Vergleich § 779 47 f
- schuldrechtlicher Vertrag § 779 2
- Sittenwidrigkeit § 779 25
- spezialgesetzliche Regelungen § 779 1
- Streit § 779 10
- Teilwirksamkeit § 779 24
- Ungewissheit § 779 10
- Unwirksamkeit § 779 20 ff
- Unwirksamkeitsgrund § 779 1, 25 ff
- Unzulässigkeit § 779 5
- Verjährung § 779 18
- Vertrag zugunsten Dritter § 779 16
- Wirkung § 779 16 ff
- zu Lasten Dritter § 779 16
- Zulässigkeit § 779 5 ff
- Zustimmungserfordernisse § 779 13

Vergleichbarkeit § 620 79

Vergleichsmiete § 557 a 1; § 558 7; § 558 a 16

Vergleichswohnungen § 558 a 16 f

Vergütung § 612 1 ff; § 614 1 ff; § 1960 35; § 1961 13; § 1967 9; § 1987 2; § 1988 9
- Abrechnung § 611 69
- Abtretung § 611 74
- Anspruchsgrundlage § 611 69
- Aufrechnung § 611 75
- Ausgestaltung § 611 70
- erfolgsorientierte ~ § 611 54
- Fälligkeit § 614 1
- Hauptpflichten im Werkvertrag § 632 1 ff
- Höhe § 611 54, 60, 72; § 612 5
- IPR Art 30 3
- Nichtzahlung § 626 8
- ohne Arbeitsleistung § 611 73; § 614 3
- Sittenwidrigkeit § 611 72
- Verjährung § 611 75
- Verlust von Ansprüchen § 611 75
- Verwirkung § 611 75
- Verzicht § 611 75
- Vorauszahlung § 628 4
- Zeitabschnitte § 614 3

Vergütungsanspruch § 1978 14; § 1986 4; § 1987 2, 5; § 2022 1, 14
- bei Eigentumsverlust § 951 8 – 10
- des Geschäftsführers der GbR § 709 6, 7
- des Unternehmers bei Kündigung des Werkvertrages § 649 9 – 11
- von Nutzungen § 2023 1

Vergütungsbewilligung § 1960 37

Vergütungserwartung
- fehlgeschlagene ~ § 612 2

Vergütungsgefahr
- Hauptpflichten im Werkvertrag §§ 644, 645; § 645 2 – 10

Vergütungshöhe § 1960 36
- Angemessenheit § 611 60

Vergütungspflicht
- Dienstberechtigter/Arbeitgeber § 611 68; § 612 2

Vergütungsvereinbarung § 612 2; § 1960 40

Verhalten
- Gegenstände der Pflicht § 241 11

Verhaltensbedingte Kündigung § 613 a 32; § 615 20; § 620 55 ff; § 626 3

Verhaltensnormen
- Anknüpfung Art 40 4, 17

Verhaltenspflicht § 280 22

Verhaltensunrecht § 276 4

Verhältnismäßigkeitsprinzip § 626 5

Verhandlungsgehilfe
- Abgrenzung zur Stellvertretung § 164 23
- analoge Anwendung von Vorschriften des Stellvertretungsrechts § 164 23
- Wissenszurechnung § 166 16

Verhinderung
- krankheitsbedingte ~ § 616 3
- vorübergehende ~ § 616 1 ff

Verjährung § 242 43, 49; vor § 249 10; § 256 8; § 258 7; § 280 13, 60; § 547 5; § 556 10; § 852 1; § 985 26; § 1360 17; § 1378 14 – 16 § 1390 11; § 1980 17; § 2019 12; § 2023 5; § 2024 4; § 2026 4; § 2027 1, 12
- absolute Rechte § 194 6
- Amtshaftpflicht § 839 51
- Aufrechnung § 390 4
- Ausschlussfrist § 194 9
- Begriff § 194 2
- bei Gesamtschuld § 425 7
- der Ansprüche des Mieters § 548 16 ff
- der Ersatzansprüche § 548; § 591 b
- der Ersatzansprüche des Vermieters § 548 12 ff
- des Nacherfüllungsanspruchs § 350 2
- des Pflichtteilsanspruchs § 2332 2, 3
- dingliche Rechtsnachfolge § 198
- Einrede § 194 2
- Gegenstand § 194 4 ff
- Gestaltungsrechte § 194 6
- Hemmung § 242 47
- Herausgabeanspruch § 194 6; § 197 2
- Konzeption § 194 1
- nachbarrechtlicher Ansprüche § 924
- Nebenleistungen § 217
- Neubeginn § 242 47
- Rechtsanwalt § 280 66
- Rechtsbefriedung § 194 3
- rechtskräftige Ansprüche § 197 7
- Sekundärverjährung § 280 66
- Steuerberater § 280 67
- Unterhaltsanspruch § 197 6
- Unverjährbarkeit § 194 7 ff
- unzulässige Rechtsausübung § 194 11
- Verjährbarkeit § 194 5

– wiederkehrende Leistung § 197 6, 10
– Wirkung § 214
– Zweck § 194 3

Verjährungsbeginn § 199
– Amtshaftung § 199 16
– Anspruchsfälligkeit § 199 3
– festgestellte Ansprüche § 201 2
– grob fahrlässige Unkenntnis § 199 17
– höchstpersönliches Rechtsgut § 199 20
– Kenntnis § 199 11 ff
– Notarhaftung § 199 16
– Schadenseinheit § 199 9
– Schadensersatzanspruch § 199 9
– Schmerzensgeld § 199 20
– Tatsachenkenntnis § 199 13
– Ultimoverjährung § 199 18
– Unterlassungsansprüche § 199 7
– verhaltene Ansprüche § 199 5

Verjährungserleichterung § 202 5 ff

Verjährungserschwerung § 202 7

Verjährungsfrist § 1977 13; § 2025 1; § 2026 1, 4; § 2030 9; § 2031 7; § 2039 8
– Anspruchskonkurrenz § 195 11
– Ausnahmeregeln § 200 1
– Beginn § 199
– Beteiligtenwechsel § 195 10
– erbrechtliche Ansprüche § 197 5
– Familienrecht § 197 4
– Gegenleistungsansprüche § 196 6
– Geltungsbereiche § 195 7 ff
– Herausgabeanspruch § 197 2
– Hilfsansprüche § 195 9
– Höchstfristen § 199 19 ff
– im Reisevertrag § 651 13 ff; § 651 g 2
– im Werkvertrag, ohne Mängelrechte § 631 29, 32; § 632 8
– Insolvenzfeststellung § 197 8
– Mängelansprüche im Werkvertrag § 634 a
– Nebenleistungen § 195 9
– notarielle Kostenrechnung § 197 8
– Recht am Grundstück § 196
– rechtskräftige Ansprüche § 197 7
– regelmäßige Verjährung § 195
– Rückgewährungsansprüche § 196 2
– Schmerzensgeld § 199 20
– Sekundäransprüche § 195 9; § 196 3
– Unterhaltsanspruch § 197 6
– vollstreckbare Urkunde § 197 8
– vollstreckbarer Vergleich § 197 8

Verjährungshemmung
– Ablaufhemmung § 203
– Auskunftsklage § 204 2
– Auslandsklage § 204 2
– Beginn § 204 5
– Begriff § 203 1
– Begutachtungsverfahren § 204 15
– Betreuung § 207 4
– Ehe § 207 2
– einstweiliger Rechtsschutz § 204 16

– Feststellungsklage § 204 2
– Fristbeginn § 187 4
– Güteantrag § 204 11
– höhere Gewalt § 206 2
– Insolvenzverfahren § 204 1, 17
– Lebenspartner § 207 2
– Leistungsklage § 204 2
– Leistungsverweigerungsrecht § 205
– Mahnbescheid § 204 9
– Minderjährige § 207 3
– Pflegschaften § 207 4
– Prozessaufrechnung § 204 12
– Prozesskostenhilfeantrag § 204 20
– Rechtsverfolgung § 204
– Schiedsverfahren § 204 18
– selbständiges Beweisverfahren § 204 14
– sexuelle Selbstbestimmung § 208
– Streitverkündung § 204 13
– Teilklage § 204 6
– Umfang § 204 6
– vereinfachtes Unterhaltsverfahren § 204 8
– Verfahrensstillstand § 204 1, 21
– Verhandlungen § 203 2
– Verhandlungsende § 203 4
– Verhandlungsgegenstand § 203 3
– Vollstreckbarkeitserklärung § 204 2
– Vormundschaft § 207 4
– Vorverfahren § 204 19
– Wirkung § 209

Verjährungsneubeginn § 212; § 780 2
– Abschlagszahlung § 212 4
– Anerkenntnis § 212 2
– Sicherheitsleistung § 212 4
– Vollstreckungshandlung § 212 5, 8 ff
– Wirkung § 212 6
– Zinszahlung § 212 4

Verjährungsprivileg
– beim Verbraucherkredit § 497 11

Verjährungsvereinbarung § 202
– Einredeverzicht § 202 4
– einseitige Erklärung § 202 2
– Form § 202 3
– Parteiautonomie § 202 1
– Verjährungsablauf § 202 2
– Verjährungserleichterung § 202 5 ff
– Vertrag zugunsten Dritter § 202 2

Verjährungswirkung § 214
– akzessorische Sicherheiten § 216 2
– Aufrechnung § 215 1
– Eigentumsvorbehalt § 216 3
– gesicherte Ansprüche § 216
– Leistungsverweigerungsrecht § 214 1
– Rücktritt § 218
– Sicherungsgrundschuld § 216 3
– Sicherungsübereignung § 216
– Zurückbehaltungsrecht § 215 2

Verkäufer § 280 65
– Sachkunde § 280 65
– Untersuchungspflicht § 280 65

Verkaufsmodalitäten Art 29 25

Verkehrseröffnung § 823 135, 143
Verkehrserwartung § 823 120, 137
Verkehrsgeschäft § 892 9
– gutgläubiger Erwerb § 932 5
Verkehrshypothek § 1113 4
Verkehrspflicht § 535 34, 41; § 823 104
– Amtshaftung § 839 26, 129
– Definition § 823 2, 104
– Delegation § 823 123 f
– dogmatische Einordnung § 823 3
– Fallgruppen § 823 106 ff
– Sicherungspflichtiger § 823 112 ff, 122
Verkehrsschutz § 2041 11
– gutgläubiger Erwerb § 932 1
Verkehrssicherungspflichten s. Verkehrspflichten
Verkehrssitte § 157 8; § 242 9
Verkehrsunfälle
– Anknüpfung Art 40 17
– CMR Art 40 17
Verkehrsunfallrecht § 1359 5
Verkehrswert § 1376 7 – 9 § 1992 4; § 2049 2
Verkehrswesentliche Eigenschaft
– einer Person § 119 36, 37
– einer Sache § 119 38 – 40
Verknüpfungswille § 125 17
VerkProspG § 280 64
Verkürztes Blutgruppengutachten § 1600 e 51
Verlagsvertrag vor § 631 28
Verlängerte Kündigungsfrist § 573 a 13
Verlängerung
– befristeter Mietverträge § 542
– der Kündigungsfrist § 573 c 5
– des Pachtverhältnisses § 594
Verlängerung des Mietverhältnisses auf unbestimmte Zeit § 545 10
Verlängerungsanspruch
– auf bestimmte Zeit § 574 a 4 f, 5
– auf unbestimmte Zeit § 574 a 6
Verlautbarungsirrtum § 119 24
Verleiher § 611 99
Verletzung
– der sexuellen Selbstbestimmung § 253 9
– persönlicher Pflichten § 1386 1
Verletzung von Schutzpflichten § 324
– Teilrücktritt § 324 6
– Unzumutarkeit eines Festhaltens am Vertrag § 324 3
Verlöbnis § 1297; § 2077 4
Verlöbnisrecht vor § 1297 10
Verlöbnisstatut § 1297 20 f
Verlobten-GbR § 705 43
Verlust naher Angehöriger § 253 2
Verlustbeteiligung § 611 54
Verluste aus Vermietung und Verpachtung vor § 1577 24
Verlustgefahr § 270 8

Verlustgemeinschaft § 1375 1
Vermächtnis § 311 4; § 1969 5, 6; § 1972 1; § 1974 7; § 1975 15; § 1980 12; § 1991 11; § 1992 1, 2; § 2007 5; § 2018 7; § 2030 8; § 2044 4; § 2046 6; § 2048 6, 24; § 2050 2, 19; § 2057 a 4; § 2058 4, 14; § 2087 7 ff; § 2247 9, 19; § 2262 1, 3; § 2269 1, 8, 10, 12; § 2270 3, 6; § 2271 2, 7; § 2273 3, 4
Vermächtnisähnliches Forderungsrecht § 1969 1
Vermächtnisanspruch § 1967 9; § 1992 6, 8; § 2018 17
Vermächtnisnehmer § 1371 9; § 1963 4; § 1973 4; § 1980 8; § 1981 11; § 1992 2; § 1994 6; § 2003 3; § 2022 8; § 2044 3
Vermächtnisse zugunsten des Vorerben § 2136 5
Vermehrung § 2038 9
Vermeintliches Besitzrecht § 993 2
Vermessung vor § 631 28
Vermieter in Vermögensverfall § 551 16
Vermietererlaubnis § 540 8 ff
Vermieterinsolvenz § 551 20
Vermieterkündigung § 573 6 ff
Vermieterpfandrecht § 562; § 2115 3
– nach hoheitlicher Pfändung § 562 d 3 ff
Vermieterrechte
– erhebliche Verletzung § 543 13
Vermieterwechsel § 540 20
Vermietung § 1365 12
Vermischung § 948; § 1006 2
– Bienenschwarm § 964
– Drittrechte § 949
– Entschädigung § 951
– Voraussetzungen § 948 2
– Wirkung § 948 3
Vermittlerklausel
– im Reiseveranstaltungsvertrag § 651 a 11
Vermittlung § 278 10
Vermittlungsverfahren § 2042 29
Vermögen § 1360 11
– im Ganzen § 1365 1
Vermögen im Ganzen § 1365 5 – 7
Vermögensansprüche § 717 4
Vermögensbegriff § 1374 3 – 5
Vermögenserträge § 1577 8; § 1581 10
Vermögensgesetz § 1374 18
Vermögensminderung § 1386 10
Vermögensrecht § 717 1; § 725 1; § 727 10; § 741 5
Vermögensschaden
– Anknüpfung Art 40 27
Vermögenssonderung § 1977 13
Vermögenssorge § 1626 17 ff
– Anordnung des Erblassers oder Zuwendenden § 1639
– Beschränkung § 1638

- Entziehung § 1666 47 ff
- Ersatz von Aufwendungen § 1648
- Erwerb mit Kindesmitteln § 1646
- Fortführung der Geschäfte § 1696 b; § 1698 a
- Gefährdung des Kindesvermögens § 1666 22 ff; § 1667
- Geldanlage § 1642
- Genehmigungspflichten § 1643
- Herausgabe des Kindesvermögens § 1698
- Schenkungsverbot § 1641
- Überlassung von Vermögensgegenständen § 1644
- Verletzung der Unterhaltspflicht § 1666 22 f
- Verletzung der Vermögenssorgepflicht § 1666 24 ff
- Vermögensverzeichnis § 1640
- Verwendung der Kindeseinkünfte § 1649

Vermögenstrennung § 1363 5
Vermögensübertragung § 613 a 11
Vermögensverfügung
- illoyale ~ § 1379 12

Vermögensverhältnisse § 1381 14
Vermögensverwaltung § 611 7; § 1363 1 – 3
- durch den anderen Ehegatten § 1413 3

Vermögensverzeichnis § 1960 53; § 1993 2
Vermögensvorteil § 2048 16
Vermögenswert § 1370 5; § 1986 5
Vermutung § 311 27; § 1960 6; § 2009 4
- der Richtigkeit und Vollständigkeit der Urkunde § 125 26

Vermutung der Richtigkeit und Vollständigkeit der Urkunde § 133 50
Vermutungsreihenfolge § 1006 1
Vermutungswirkung § 1006 3
Verneinung der Erwerbsobliegenheit § 1570 5
Veröffentlichung § 311 12; § 1983 2; § 1984 3
- im Bundesanzeiger § 2061 2

Veröffentlichung im Bundesanzeiger § 1965 5; § 1970 13; § 1983 2
Veröffentlichungspflicht § 1983 3
Verordnung § 611 37
Verpächterpfandrecht § 581 13; § 592
Verpachtung § 1365 12
Verpfändung § 1365 7; § 2033 19; § 2034 8
Verpflegung § 617 1
Verpflichtungsbefugnis § 1357 17; § 1962 9
Verpflichtungsermächtigung s. Ermächtigung
- Zwangsverfügungen § 185 5

Verpflichtungsgeschäft § 1365 11; § 2030 3; § 2058 18
- des Vorerben § 2112 5 f

Verrechnung § 782 3
Verrechnungsabrede § 387 4; § 394 2
Verrechnungsverbot vor § 1297 39
Verrichtungsgehilfen
- Ausführung der Verrichtung § 831 13
- Beweislast § 831 24
- dogmatische Einordnung § 831 2
- Entlastungsbeweis s. dort
- Haftung für ~ § 831 1 ff

Versandhandel § 151 3; § 447 8; § 454 7
Versäumung § 2013 1
- der Inventarfrist § 2063 3

Versäumungseinrede § 1972 2
Verschaffungsvermächtnis § 1992 6
Verschärfte Bereicherungshaftung § 818 35 – 37 § 819 a; § 820
- Anfechtung § 819 4
- Eigentümer-Besitzer-Verhältnis § 818 39
- Entreicherungseinwand § 818 38
- Geschäftsfähigkeit § 819 6
- Gesetzes- und Sittenverstoß § 819 8, 9
- juristische Person § 819 6
- Kenntnis § 819 3, 7
- Leistung unter Vorbehalt § 819 4
- Nutzung § 818 39; § 820 5
- Rechtshängigkeit § 818 37
- Schuldnerverzug § 818 39
- ungewisser Erfolgseintritt § 820 2
- Vertreter § 819 6
- Wegfall des Rechtsgrundes § 820 3
- Zinsen § 818 39; § 820 5
- Zufallsschäden § 820 4

Verschärfte Haftung § 990 1; § 1973 3
Verschiebung der Einsatzzeitpunkte § 1572 7
Verschlechterung § 988 2; § 2025 4
Verschlossenes Inventar § 1993 5; § 2010 6
Verschmelzung § 613 a 1
Verschollenheit
- Beweislast § 1 12

Verschulden s. Mängelrecht § 242 47; § 276 5; § 616 4; § 823 4, 18
- Fahrlässigkeit § 823 18
- Gegenbegriffe § 276 5
- Verschuldensfähigkeit s. dort
- Vorsatz § 823 18; § 826 7 f

Verschulden vor Vertragsschluss
- Anknüpfung Art 40 2

Verschuldensfähigkeit § 276 3, 13; § 280 22; § 823 18; § 827 1 ff
- actio libera in causa § 827 4
- Ausschluss § 827 3
- Beweislast § 827 5; § 828 10
- des Minderjährigen § 828 1 ff
- Einsichtsfähigkeit s. dort
- Steuerungsfähigkeit s. dort
- Unzurechnungsfähigkeit § 827 3 f

Verschuldensgesichtspunkte § 1572 3; § 1573 23
Verschuldensmaßstab s. Haftungsmaßstab vor § 1577 32
Verschuldensprinzip § 276 3
Verschuldeter Eigenbedarf § 573 31
Verschweigungseinrede § 2013 4, 8
Verschwendung § 1375 9, 17

Verschwiegenheit § 242 65
Verschwiegenheitseinrede § 1974 1, 5, 7
Verschwiegenheitspflicht § 611 82; § 626 7
Versehentliche Falschangaben § 311 b 14
Versendung
– eines Werkes, Gefahrtragung §§ 644, 645; § 645 4
Versendungskauf § 268 2; § 447; § 448 5
– Verbrauchsgüterkauf § 474 10, 12; § 475 5, 7
Versetzung § 537 4
Versetzungsklausel § 611 58
Versicherung § 781 15; vor § 823 13 f; § 998 2; § 1959 6
– eidesstattliche ~ § 259 5 f; § 260 6; § 261 1 ff
Versicherungsleistungen
– Vorteilsausgleichung § 249 78
Versicherungsmarke § 807 4
Versicherungsprämie §§ 2124, 2126 5; § 2125 5; § 2126 5
Versicherungsschaden durch Rückstufung § 251 13
Versicherungsschein § 793 2; § 810 6
Versicherungsvertrag Art 34 13; § 328 21
Versicherungsvertreter § 611 24
Versiegelung § 1960 13
Versöhnungsversuche § 1567 9
Versorgungsanwartschaft § 613 a 27
Versorgungsausgleich § 1372 5; § 1967 6
– Auslandsbezug Art 17 18 ff
Versorgungsbezüge vor § 1577 18
Versorgungseinbuße § 611 96
Versorgungseinrichtungen § 823 36
– Stromversorgung s. dort
Versorgungsleistung § 311 10; § 1577 14
Versorgungsverträge vor § 145 33
Verspätete Rückgabe § 584 b
Verspätungsschäden § 280 6, 35
Versteigerung § 156
– Erlös § 981
– Fundsachen § 979; § 982
– Kauf § 445; § 450 f; § 471
– online vor § 145 50 ff; § 156 2
– Verbrauchsgüterkauf § 474 9 – 11 § 475 7
Versteigerung hinterlegungsunfähiger Sache
– Androhung § 384 1
– Benachrichtigung § 384 2
– Erlöschen der Verbindlichkeit § 383 5
– freihändiger Verkauf § 385 1
– öffentliche ~ § 383 7
– Ort § 383 3
– Rechtmäßigkeit § 383 4
– Rechtsfolgen § 383 4
Versteigerungen § 312 d 13
Verteilung der Masse § 1989 1, 4; § 2060 12
Vertiefung § 909 10 ff
– Abwehranspruch § 909 4 ff, 27 ff

Vertrag
– Aufhebungsvertrag vor § 145 65
– Auslegung
– Beendigung vor § 145 49 f
– Begriff vor § 145 1 ff
– Definition vor § 145 1
– dinglicher ~ vor § 854 8
– essentialia negotii § 145 4; vor § 145 43
– faktischer ~ vor § 145 33, 47
– fehlerhafter ~ vor § 145 47 ff, 62
– gemischter ~ § 611 12
– grenzüberschreitender ~ vor § 145 45, 60
– Notwendigkeit § 311 3 f
– öffentlich-rechtlicher ~ vor § 145 9, 10
– öffentlicher Personennahverkehr vor § 145 48
– Prozessvertrag vor § 145 9
– Schutzwirkung zugunsten Dritter § 157 18
– Strom-/Gas-/Wasserversorgung vor § 145 48 f
– Versteigerung § 156 3
– Vorstufen vor § 145 14 ff
– Widerruf des ~ § 1366 7 – 9
– zu Gunsten Dritter § 1375 13
– zur Regelung der güterrechtlichen Verhältnisse § 1408 7 – 9
Vertrag mit Schutzwirkung für Dritte vor § 328 2
– Anbahnung von Vertragsverhandlungen vor § 328 13
– Anwaltsvertrag vor § 328 15
– Arztvertrag vor § 328 16
– Bankvertrag vor § 328 17
– Einbeziehungsinteresse des Gläubigers vor § 328 6 f
– Erkennbarkeit für den Schuldner vor § 328 8
– Expertenhaftung vor § 328 21
– gegenläufige Interessen vor § 328 7
– Leistungsnähe des Dritten vor § 328 5
– Mietverträge vor § 328 18
– Nichterfüllungsschäden vor § 328 14
– Person des Dritten vor § 328 10
– Reiseverträge vor § 328 19
– Schadensersatzansprüche vor § 328 11
– Schutzbedürfnis des Dritten vor § 328 9
– Verjährung vor § 328 12
– Verträge über Gutachten vor § 328 21
– Werkverträge vor § 328 20
– Wohl und Wehe des Dritten vor § 328 6
Vertrag über Auskunft, Rat und Empfehlung § 675 46 ff
– Bankdienstleistungen § 675 49
– Prospekt § 675 59
– Sachverständige § 675 58
– Sachwalter § 675 57
– Schadensersatz § 675 53
– stillschweigender ~ § 675 47 ff
– Verträge mit Dritten § 675 50
– vertragsähnliches Verhältnis § 675 56 ff
Vertrag über mehr als 30 Jahre
– Anwendungsbereich § 544 1
– Grundsätzliches § 544 1

Vertrag zugunsten Dritter § 242 32; § 311 4; § 328; vor § 328 1; § 516 1, 3; § 518 11; § 2050 19
- Abgrenzung zur Stellvertretung § 164 16
- Abgrenzungen § 328 4 ff
- als Maklervertrag § 652 12
- Anwaltsvertrag § 328 15
- Arbeitsrechtsvertrag § 328 16
- Arztvertrag § 328 17
- Bankvertrag § 328 18
- echter ~ § 328 3, 12
- Kauf § 328 20
- Person des Dritten § 328 14
- Reisevertrag als ~ § 651 a 16
- Sicherung des Reisenden § 651 k 5
- unechter ~ § 328 12
- Versicherungsvertrag § 328 21

Vertrag zugunsten Dritter auf den Todesfall § 2301 25 – 27

Verträge
- abergläubische oder sonstwie unseriöse ~ § 311 a 11

Verträge über den Nachlass § 311 b 26 ff
- Erbschaftsvertrag § 311 b 28
- Gegenstand § 311 b 26
- Vollzugsgeschäfte § 311 b 27

Verträge zu Lasten Dritter § 328 11

Vertragliche Ansprüche § 1584 2

Vertragliche Begrenzung § 1570 9

Vertragliche Regelungen § 1570 8

Vertragsabschluss
- Ort Art 30 11

Vertragsanbahnung § 242 58; vor § 275 8; § 311 37

Vertragsannahme
- Fristbestimmung in AGB § 308 3

Vertragsaufhebung vor § 275 2, 3

Vertragsaufsage § 280 15

Vertragsauslegung § 328 13

Vertragsbeendigung § 280 57

Vertragsbeitritt § 398 28

Vertragsbindung
- Arbeitnehmer § 611 54

Vertragseintritt § 358 15

Vertragsergänzung § 242 54 – 56 § 280 10

Vertragserklärungen
- Abschriften der § 492 1; § 494 1; § 495 5

Vertragsfreiheit vor § 145 12 ff, 13; § 311 5; § 1569 14; § 1585 c 1
- Abschlussfreiheit vor § 145 14
- Beschränkung der ~ § 1409 1 – 3
- Inhaltsfreiheit vor § 145 25

Vertragsgemäßer Gebrauch § 535 74 ff; § 538 2

Vertragshandlungen vor § 145 14

Vertragsimmanenter Konkurrenzschutz § 535 35 f

Vertragspflichten
- nachlaufende ~ § 241 30

Vertragsprinzip § 333 1

Vertragsrecht vor § 241 5; vor § 275 4

Vertragsschluss § 127 3; vor § 145 27 ff, 41 ff
- Aushandeln § 145 46
- gewillkürte Form § 154 6
- im Internet vor § 145 35 ff, 50
- Ort und Zeitpunkt vor § 145 28

Vertragssprache Art 30 11; § 483

Vertragsstatut Art 30 3, 9

Vertragsstrafe § 242 36; § 248 2; § 275 30; § 280 27; § 281 14; vor § 339; § 555; § 611 57, 58
- abdingbare ~ § 341 8
- Abgrenzung zum Schadensersatz vor § 249 3
- Abgrenzungen vor § 339 3 ff
- AGB § 309 32 – 38
- Akzessorietät vor § 339 2
- andere als Geldstrafe § 342
- andere Hilfsmittel § 343 13 ff
- Anrechnung auf Schadensersatzansprüche § 341 13
- Ausschluss vor § 339 7 f
- bei Nichterfüllung § 340
- Beweislast § 345
- Fälligkeit § 341 5
- Fortsetzungszusammenhang ausschließen § 339 9
- für nicht gehörige Erfüllung § 341
- Gebühren vor § 339 10
- gegenseitige Verträge § 341 7
- gleichwertige Verstöße § 339 5
- Herabsetzung § 343
- Mehrheit von Verstößen § 339 6 ff
- Nichterfüllung § 340
- Ordnungsgeld vor § 339 8
- Schuldnerverzug § 339 3 ff
- selbständige Strafversprechen § 343
- selbständiges Strafversprechen § 343 16 f
- Treu und Glauben § 343 14
- und AGB § 343 15
- und Erfüllung § 341 4
- und Schadensersatz § 341 2
- Unmöglichkeit § 339 3
- Unterlassen § 339 1
- unverhältnismäßige Höhe § 343 7 ff
- Unwirksamkeit § 344
- Vereinbarung vor § 339 9 f
- Verfahren § 343 10 ff
- Verfall der Strafe § 343 3 ff
- Vertragsbruch § 339 4
- Vertretenmüssen § 339 1
- Verwirkung § 339
- Vorbehalt bei der Annahme § 341 9 ff

Vertragsstrafenversprechen des Mieters § 555 3

Vertragstreue § 280 12, 15; § 313 2

Vertragstypische Pflichten beim Landpachtvertrag § 586

Vertragsübernahme § 398 24; § 492 2; § 494 4
- Klauseln in AGB § 309 87 – 90

Vertragsverletzungen durch den Mieter gem § 543 II Nr 2 § 543 13
Vertragswidrige Nutzung § 541 3
Vertragswidriger Gebrauch § 538 21 f; § 541 3 f; § 590 a
Vertragswidrigkeit § 280 13
Vertrauen des Unterhaltsschuldners § 1577 21
Vertrauensbereich § 620 56, 58
Vertrauensinteresse § 249 17; § 311 53
Vertrauensschaden § 121 5; § 627 2
Vertrauenstatbestand § 242 42; § 1570 8
Vertrauensverhältnis § 627 1
Vertretenmüssen vor § 275 5, 20; § 275 20; § 276 1 – 3 § 278 17; § 280 6, 16, 17, 18, 21; § 281 4; § 286 22
– Abdingbarkeit § 276 36
– Abgrenzung zur Pflichtverletzung § 276 3
– Abnehmerhaftung § 276 15
– anfängliche Pflichtverletzung § 276 14
– anfängliche Störungen § 276 34
– Beschaffungsrisiko § 276 5
– Beweislastumkehr § 276 22
– Bezugspunkt § 276 1; § 280 17
– Deliktsrecht § 276 1
– eigenübliche Fahrlässigkeit s. eigenübliche Fahrlässigkeit
– Entlastungsbeweis § 280 16
– Fahrlässigkeit s. Fahrlässigkeit
– Fehlverhalten des Gläubigers § 280 18
– Garantie § 276 5
– Gefahr § 276 5
– Geldforderungen § 280 32
– Gläubigerfehlverhalten § 276 23
– grobe Fahrlässigkeit s. grobe Fahrlässigkeit
– Haftung nach Risikosphären oder Gefahrbereichen § 276 22
– Haftungsmilderungen § 276 15 – 17
– Haftungsverschärfungen § 276 22
– höhere Gewalt s. höhere Gewalt § 276 22
– Kenntnis § 276 14
– öffentlich-rechtliches Rechtsverhältnis § 276 2
– Organe § 278 17
– Pflichtverletzung § 276 1; § 280 16 – 18
– Rechtsirrtum § 280 31, 32
– Rechtswidrigkeit § 276 2
– unclean hands doctrine § 280 18
– Unkenntnis § 276 14
– Unmöglichkeit § 280 17
– Unzumutbarkeit § 280 17
– variable ~ § 276 1
– Verschuldensfähigkeit s. Verschuldensfähigkeit
– Verschuldensprinzip § 276 2
– vorangegange Pflichtverletzung § 276 35
– Vorsatz s. dort
– Zufall § 276 5
– Zusicherungshaftung § 276 28
Vertretung § 550 8; vor § 1297 15
– des Kindes § 1629

Vertretung ohne Vertretungsmacht §§ 177 ff; § 2038 26
– Aufforderung zur Erklärung über die Genehmigung § 177 12 f
– bei der Untervertretung s. dort
– beim einseitigen Rechtsgeschäft § 180
– Beweislast § 179 18; § 180 5
– Einwendungen und Einreden des Vertreters § 179 15
– Erfüllungswahl des Geschäftsgegners § 179 15
– Genehmigung des Vertretenen § 177 6 ff
– Genehmigungspflicht § 177 9 f
– Haftung des Vertretenen § 177 15 ff
– Haftung des Vertreters § 179
– negatives Interesse, Ersatz des § 179 17
– positives Interesse, Ersatz des § 179 14
– Regress des Vertreters gegen den Vertretenen § 179 20
– Verweigerung der Genehmigung § 177 8; § 179 3
– Verweigerungsfiktion § 177 13
– Widerrufsrecht des anderen Teils s. Widerruf
– Willensmangel und Wissenszurechnung § 166 2, 10 f
Vertretung, organschaftliche § 709 3; § 714 1, 2; § 715 1
Vertretungsbedarf
– vorübergehender ~ § 620 21
Vertretungsbefugnis § 1961 10
Vertretungsmacht § 164 48 ff; § 705 28, 33, 47; § 709 1; § 712 4; § 714 1 – 6 § 715 1; § 717 1; § 727 3; § 729 1; § 744 4
– Alleinvertretungsrecht § 1629 7 f
– Begriff und Rechtsnatur § 164 49
– der Eltern § 1629
– des Liquidators § 164 59
– Entziehung § 712 4; § 715 1
– gesetzliche ~ § 164 51, 57
– Missbrauch der ~ s. dort
– Notvertretungsrecht § 1629 9
– organschaftliche ~ § 164 53 ff, 59
– rechtsgeschäftliche (gewillkürte) ~ s. Vollmacht
– Schenkungsverbot § 1641
– Vertretung in Unterhaltsachen § 1626 16 ff
– Vertretung ohne ~ s. dort
Vertriebene Art 15 15 ff
Verursachungserfassung § 556 a 28
Verwahrer § 2039 12
Verwahrung § 242 64; § 535 6; § 688; § 2018 2
– Abgrenzung § 688 2
– Abstellen von Fahrzeugen § 688 6
– Art der Verwahrung § 692
– Aufwendungsersatz § 693
– Beschaffenheit der Sache § 694
– ergänzende Anwendung § 688 5
– Fälligkeit § 699
– Gehilfen § 691
– Haftung § 688 7; § 694
– Haftungsausschluss § 688 8
– Haftungsmilderung § 690

– Holschuld § 697
– Kündigung § 695 1; § 696 1
– Obhutspflicht § 688 2, 5
– öffentlich-rechtliche § 839 5
– öffentlich-rechtliche Verwahrung § 688 10
– Pflichten Hinterleger § 688 4
– Rückforderung § 695
– Rückgabeort § 697
– Rücknahmeanspruch § 696
– Sonderformen § 688 9
– Substitution § 691
– Teilvergütung § 689 2; § 699
– unentgeltliche Verwahrung § 690
– unregelmäßige Verwahrung § 700
– Vergütung § 689
– Vergütungshöhe § 689 2
– Vertragsschluss § 688 3
– Vertragstyp § 688 1
– Verwahrer § 688 4
– Verzinsung § 698
Verwahrung des eigenhändigen Testaments § 2248 1
Verwahrungsgericht § 2261 1
Verwaltender Testamentsvollstrecker § 1981 6, 10; § 1982 6; § 2042 7
Verwalter § 1975 3
– Einsetzung eines ~ § 2100 8
– Rechtsstellung des ~ § 1413 5
Verwalterhaftung § 1978 11; § 1991 1, 12
Verwaltervertrag § 1413 3 – 5
Verwaltung vor § 1363 2; § 1962 8; § 2038 9
– ordnungsgemäße ~ durch Vorerben § 2120 3 ff; §§ 2124, 2126 14; § 2125 14; § 2126 14; § 2127 2; §§ 2128, 2129 2; § 2129 2; § 2130 4; § 2145 5
– ordnungsgemäße durch Vorerben § 2112 4
Verwaltung fremden Vermögens § 164 14 f
– Abgrenzung zur Stellvertretung § 164 14
– Amtstheorie § 165 15
– analoge Anwendung des Stellvertretungsrechts, insbesondere der Regeln über den Missbrauch der Vertretungsmacht und der §§ 177 ff § 164 15
Verwaltungs- und Verfügungsbefugnis § 1976 1; § 1984 1; § 1985 3; § 1988 2
Verwaltungsbefugnis § 2017 3
Verwaltungsbefugter Testamentsvollstrecker § 2015 1
Verwaltungskosten § 556 4
Verwaltungsmaßnahme § 1978 3
Verwaltungspauschalen § 555 4
Verwaltungspflicht des Vorerben § 2100 6
Verwaltungsrecht § 705 29; § 717 1 – 4 § 725 3, 6; § 727 2; § 740 2; § 1985 8; § 2033 26
Verwaltungsrecht des Vorerben § 2100 6
– Entzug des ~ §§ 2128, 2129 1 ff; § 2129 1 ff
Verwaltungsregelung bei Grundstücken § 1010 1

Verwaltungsvereinbarung § 2038 7
Verwaltungsvollstreckung § 1976 5
Verwandte des Erblassers § 2067 1
Verwandtenunterhalt vor § 1577 28
– Dauer § 1601 2
– Identität § 1601 3
– Verwandtschaftsverhältnis § 1601 1
– vorrangige Haftung des Ehegatten § 1608
Verwandtschaft § 1589; § 1960 5
– Erlöschen bei Adoption § 1760 23
Verweigerung
– der Nacherfüllung § 636 10
– Fälligkeit bei ~ der Abnahme § 641 5
Verweigerungseinrede § 1972 2
Verweigerungserklärung § 620 3
Verweigerungsrecht § 2059 2, 12
Verweisung auf die Voraussetzungen § 1575 9
Verweisungen § 1361 21
Verwender
– von AGB § 305
Verwendung s. Aufwendungskondiktion § 256 3; § 812 40; § 818 15; § 1971 2; § 1986 4; § 2022 1, 4, 8, 11; § 2023 1; § 2030 6
– Kauf § 439 34; § 450; § 451
Verwendungsauslagen § 994 4
Verwendungseignung beim Werkvertrag
– gewöhnliche ~ § 633 19
– vertraglich vorausgesetzte ~ § 633 18
Verwendungsersatz § 850 1; § 2018 1; § 2022 10; § 2029 3
Verwendungsersatzanspruch § 1000 1; § 1002 1; § 2022 6; § 2025 4
– des Dritten § 2113 14
– des Vorerben §§ 2124, 2126 1 ff; § 2125 1 ff; § 2126 1 ff; § 2130 5; § 2136 4; § 2138 4
Verwendungskondiktion § 539 8
Verwendungsrisiko § 275 10; § 537 2
Verwertung § 747 3; § 753 1, 4
– von Nachlassgegenständen § 2038 9
Verwertungsmaßnahme § 1003 2
Verwirkung § 194 10; § 242 25 – 50 § 536 b 3; § 543 16, 29; § 556 35; § 557 a 10; § 1360 6; § 1361 24; § 2060 8
– Allgemein § 1613 12 ff
– Anwendungsbereich § 242 49
– Aufbewahrungsfristen § 242 51
– Ausschluss § 242 49
– Beweislast § 242 53
– Dauerschuldverhältnis § 242 51
– Erklärungswert des Verhaltens § 242 48
– Fallgruppen § 242 44 – 46
– Rechtsfolgen § 242 53
– schutzwürdiges Vertrauen § 242 52
– Sondervorschriften § 242 49
– tarifliche Ausschlussfristen § 242 51
– Umstandsmoment § 242 50, 52
– Undurchsetzbarkeit § 242 53

- Unzumutbarkeit § 1611 1 ff
- Verjährung § 242 49
- Verjährungs- oder Ausschlussfrist § 242 51
- Verlust von Beweismitteln § 242 52
- Vermögensdisposition § 242 52
- Verzicht § 242 48
- von Amts wegen § 242 53
- Voraussetzungen § 242 50
- Zeitmoment § 242 44, 50
- Zeitspanne § 242 51

Verwirkung (Ehegattenunterhalt) § 1579 1 – 3
- Darlegungs- und Beweislast § 1579 29
- grobe Unbilligkeit § 1579 24
- gröbliche Verletzung der Unterhaltspflicht § 1579 12 – 14
- Kindesinteressen § 1579 25, 26
- kurze Ehedauer § 1579 3 – 5
- mutwillige Herbeiführung der Bedürftigkeit § 1579 9 – 11
- mutwillige Verletzung von Vermögensinteressen § 1579 11 – 13
- schwere Straftat § 1579 5 – 7
- schwerwiegendes Fehlverhalten § 1579 13 – 15
- Wiederaufleben des Unterhalts § 1579 28
- Zusammenleben mit neuem Partner § 1579 14 – 16

Verwirkung durch Treueverstoß § 242 39
Verwirkungsgründe § 1586 b 3
Verwirkungsklausel vor § 339 5; § 354
Verzeichnis § 1970 12; § 1973 2; § 1978 3; § 1985 17; § 2018 25; § 2027 14
- der Nachlassgegenstände § 2100 8; § 2121 1 ff; § 2127 3; § 2136 4
- des Anfangsvermögens § 1377 1 – 3

Verzicht § 242 44, 48; § 1969 6; § 1975 6; § 2034 31
- des Bevollmächtigten auf die Vollmacht § 167 16

Verzicht auf Ersatzansprüche § 1360 b 1
Verzicht, prozessualer
- Erlassvertrag, Abgrenzung § 397 8

Verzichtserklärung § 2012 1
Verzichtsvertrag § 782 2
Verzichtswille § 1585 c 5
Verzinsung § 849 1; § 1382 13
- des Werklohnes § 641 17

Verzinsungspflicht § 256 7; § 293 5
- Wegfall § 301 1 f

Verzögerungsgefahr § 270 7
Verzögerungsschaden s. unter Mängelrecht – Rechtsfolgen § 614 3
Verzögerungsschäden § 280 7 – 26 § 286 8, 24; § 287 3
- Aufwendungen § 280 25
- Bankkredit § 288 6
- Begriff § 280 24 – 26
- Betriebsausfallschaden § 280 27, 58
- Deckungsgeschäft § 280 29
- Finanzierungskosten § 280 27
- Geldentwertung § 280 26
- gerichtliche Rechtsverfolgung § 280 25
- Haftungsschäden § 280 29
- immaterieller Schaden § 280 28
- Inhalt des Schadensersatzanspruchs § 280 33
- Inkassokosten § 280 25
- konkrete Berechnung § 280 34
- Kosten der Ersatzvornahme § 280 29
- Kredit § 280 34
- Kriterium § 280 24
- Mahnkosten § 280 25
- Mangelhaftigkeit § 280 24
- Mehrwertsteuer § 288 6
- Neutralrestitution § 280 33
- Nutzungsausfälle § 280 28
- Rechtsfolgen § 280 33 – 35
- Rechtsirrtum § 280 31
- Rechtsverfolgungskosten § 280 25
- Schadensersatz statt der Rechtzeitigkeit der Leistung § 280 24
- Überziehungszinsen § 288 6
- Vertragsstrafe § 288 26
- Verzögerung von Zinszahlungen § 289 2
- verzögerungsbedingte Vorteile § 280 33
- Verzugsschaden § 280 24, 30
- Voraussetzungen der Ersatzfähigkeit § 280 30 – 32
- Währungsschwankungen § 280 26
- Wert- und Kursverluste § 280 26
- ZahlungsverzugsRL § 280 24, 25
- Zinsen § 280 27
- Zinseszinsverbot § 289 1

Verzug § 246 7; § 280 6; § 286 1 – 3 § 287 1; § 1360 a 10
- abweichende Vereinbarungen § 286 24
- als Voraussetzung § 286 2
- Anwendungsbereich § 286 3
- bargeldloser Zahlungsverkehr § 286 10
- Bedeutungswert § 286 1
- Beschaffungsrisiko § 286 2
- des Wahlberechtigten § 264 1 ff
- Einrede § 286 6
- Einrede des nichterfüllten Vertrages § 286 7
- Entgeltforderung § 286 20
- Erfüllungsanspruch § 286 1
- Fälligkeit § 286 1, 5
- Garantie § 286 22
- Geldschuld § 286 22
- Gläubigerverzug § 286 5
- Hinterlegung § 379 4
- Kündigung § 286 1
- Nichtleistung § 286 9
- oder Rechtshängigkeit § 1585 b 1
- ohne Mahnung § 1585 b 3
- Pflichtverletzung § 286 1
- Rechtsirrtum § 286 23
- Rechtzeitigkeit § 286 9
- Rücktritt § 286 1
- Schadensersatz statt der ganzen Leistung § 286 1

– Schadensersatz statt der Leistung § 286 1
– Standards für Haftung § 287 1
– Überweisungsvertrag § 286 10
– unmittelbare Anwendung der Richtlinie § 286 3
– Unmöglichkeit § 286 8
– Unzumutbarkeit § 286 8
– Verspätungsschaden § 286 8
– Vertretenmüssen § 286 22
– Verzögerungsschaden § 286 8, 24
– Voraussetzungen § 286 4
– ZahlungsverzugsRL § 286 2, 3, 4, 7, 20, 23, 25
– Zurückbehaltungsrecht § 286 7

Verzugsschaden s. Verzögerungsschäden
– abstrakte Berechnung § 497 2 f, 5 f, 7
– Begrenzung § 497 8
– Betrag, geschuldeter § 497 10
– Gesamtschuldner § 497 4
– Immobiliendarlehensverträge § 497 1
– konkrete Berechnung § 497 5 f
– Kontokorrentverbot § 497 7
– Kosten der Rechtsverfolgung § 497 4, 10
– Kreditinstitute § 497 3
– Sonderkonto § 497 7
– Teilleistungen § 497 9
– Tilgungsreihenfolge § 497 10
– Verjährungsprivileg § 497 11
– Vollstreckungstitel § 497 12
– Zession § 497 4
– Zinsen, Verrechnung von § 497 10

Verzugszinsen § 247 2; § 288 1 – 3 § 556 10, 35
– Abschreckungscharakter § 288 1
– Bankkredit § 288 6
– Basiszinssatz § 288 3, 4
– Entgeltforderung § 288 4
– Geldschulden § 288 2
– Geschäftsverkehr § 288 4
– Individualabrede § 288 5
– Mehrwertsteuer § 288 6
– Mindestschaden § 288 1
– Überziehungszinsen § 288 6
– Verbraucherdarlehensverträge § 288 7
– Verzögerungsschaden § 288 6
– Voraussetzungen § 288 2
– weiterer Schaden § 288 6
– ZahlungsverzugsRL § 288 4
– Zinseszinsverbot § 289 1
– Zinshöhe § 288 3, 4

Videokamera § 611 84

Vier-Stufen-Prüfung vor § 1577 33

Vindikation § 241 a 4; § 985 17

Vindikationslage § 991 3

VOB, VOF, VOL vor § 631 8 – 12

Völkerrecht Art 34 18

Vollbeendigung § 723 3; § 726 1; § 727 1; § 730 1, 2

Vollbeweis § 1600 e 94

Vollendung
– des Werkes § 646 1 ff

Vollerbeneinsetzung § 2269 2

Volljährige
– Annahmeverbote § 1760 35

Volljährigenunterhalt
– Bedarf § 1610 2
– Bedürftigkeit § 1602 2 ff
– Haftungsanteile § 1606 4 ff
– Kindergeldanrechnung § 1612 b 13
– Leistungsfähigkeit § 1603 2 ff
– Privilegierung § 1603 13 ff
– Rangfragen § 1609 2
– Verwirkung § 1611

Volljährigkeit § 2 1 – 3

Volljährigkeit, Kündigung der GbR § 723 14

Vollmacht §§ 167 ff; § 168 8; § 2004 2; § 2040 7; § 2112 10 ff
– Abstraktionsprinzip s. dort
– Anfechtung s. Anfechtung
– Anscheinsvollmacht s. Rechtsscheinvollmacht
– Anwaltsvollmacht § 167 28
– Architektenvollmacht § 167 26
– Arztvollmacht § 167 28
– Auslegung s. Auslegung
– Begriff und Zweck § 164 52
– beim Verbraucherkredit § 492 3; § 494 3
– Beweislast § 164 85; § 168 17; § 170 5
– Duldungs- und Anscheinsvollmacht s. Rechtsscheinvollmacht
– Erlöschen § 168
– Erlöschensanzeige § 170 4
– Erteilung § 167 6 ff
– externe ~ (Außenvollmacht) § 167 7 f, 17, 24; § 170 1 ff; § 179 11
– Form § 167 9 ff
– Fortwirken einer Vollmacht s. Rechtsscheinvollmacht
– Fortwirkungsfiktion bei erloschenem Grundverhältnis § 169
– Gattungsvollmacht § 167 33
– geheimer Vorbehalt bei der Vollmachtserteilung s. geheimer Vorbehalt
– Generalvollmacht § 167 ff 31 f
– Geschäftsfähigkeit des Vertretenen § 164 29; § 167 19
– in AGB § 305 c 9
– in der Insolvenz § 168 5, 10
– interne ~ (Innenvollmacht) § 167 7 f, 16, 18, 19, 24; § 169 1; § 170 1; § 171 1 ff
– isolierte ~ § 167 4; § 168 3, 4, 7; § 169 1
– kausale ~ § 164 4
– konkludente ~ § 167 8
– Kontovollmacht § 167 25
– kundgegebene ~ § 164 7 f; § 167 24; § 170; § 171
– Mängel der ~ § 167 19
– Mängel des Grundgeschäfts § 167 20 ff
– originäre ~ § 167 26
– Pfändbarkeit § 167 3
– Postvollmacht § 167 29
– Prozessvollmacht § 164 25; § 167 22, 28, 35; § 168 1; § 174 2

– Rechtsscheinvollmacht s. dort
– Scheingeschäft bei der ~ verteilung s. Scheingeschäft
– schwebende Unwirksamkeit s. Unwirksamkeit, schwebende
– Spezialvollmacht § 167 33
– Steuerberatervollmacht § 164 28
– Trennung zwischen ~ und Vertretergeschäft § 164 5
– typische ~en im Zusammenhang mit einem Immobilienerwerb § 167 21 f
– Übertragbarkeit § 167 3
– Umfang § 164 58; § 167 23 ff
– Untervollmacht s. Untervertretung
– verdrängende ~ § 164 2
– Verzicht des Bevollmächtigten auf die ~ s. Verzicht
– Vollmachtskundgabe § 171 2 ff
– Vollmachtsurkunde § 172 2; § 175; § 176; § 179 11
– Vorlage der Vollmachtsurkunde § 172 2; § 174 3
– Widerruf der ~ s. dort
– Widerruf der Vollmachtskundgabe s. Widerruf
– Zurückweisungsrecht des anderen Teils bei einseitigen Rechtsgeschäften s. Stellvertretung, unmittelbare

Vollmachtsmissbrauch § 711 3; § 723 12
Vollmachtsurkunde
– Original § 620 47
Vollschichtige Erwerbstätigkeit § 1570 5
Vollständigkeit § 2006 1
Vollstreckung § 1981 4; § 2027 13
Vollstreckungsanträge § 1365 9
Vollstreckungsgegenklage § 1360 16; § 1586 1, 4; § 1973 12; § 1984 12, 13; § 1990 13, 20; § 1991 5; § 2027 13; § 2060 14
Vollstreckungsgericht § 1961 12; § 1992 7
Vollstreckungsklausel § 1973 11; § 1984 11; § 2059 16
Vollstreckungsmaßnahme § 1977 7; § 1984 11, 12; § 1990 12
Vollstreckungsmöglichkeit § 2058 8
Vollstreckungsschutz § 2032 4
Vollstreckungstitel § 1960 39; § 1985 15; § 1987 1
Vollzeitkraft § 620 81
Vollziehungsberechtigte § 1980 8
Vollzogene Schenkung von Todes wegen § 2301 10 – 23
Vom Vermieter selbst bewohntes Gebäude § 573 a 6
Von Todes wegen erworben § 1374 17
Vor- und Nacherbe § 1993 4
Vor- und Nacherbfolge § 1980 8
Vorauftteilungen § 556 a
Vorausabtretung
– bei Eigentumsvorbehalt § 449 24

Vorausabtretungsklausel § 929 27
Vorausempfang § 1360 b 1; § 1380 1 – 3
Vorausleistungen § 1361 21
Voraussetzung des Vorkaufsrechts § 577 4 ff
Voraussetzungen für die Zurechnung fiktiver Einkünfte vor § 1577 31
Vorausverfügung über die Miete § 566 b; § 1124 1 ff
Vorausverfügungen § 566 b 3 ff
Vorausvermächtnis § 2027 4; § 2033 21; § 2046 11; § 2048 14, 28; § 2050 3, 23; § 2052 3; § 2110 4
Vorauszahlung § 535 19; § 556 15 ff; § 560; § 628 4; § 1360 a 10; § 1585 1
Vorbehalt Art 34 1, 18; § 1973 11; § 1975 1; § 1989 7; § 1990 4; § 1993 4; § 2008 11; § 2014 2, 7; § 2015 7; § 2059 4; § 2060 13; § 2063 4
– der beschränkten Erbenhaftung § 1967 4; § 2059 15
Vorbehaltsgut § 1418 1 – 3 § 2008 12; § 2042 23
Vorbehaltsurteil § 2015 7
Vorbehaltszahlung § 556 54
Vorbemerkung § 314 3
Vorbescheid § 2042 19; § 2353 19 – 23
Voreintragung § 873 8; § 896
Vorempfänge § 2055 19; § 2057 7; § 2060 2
Vorempfänger § 2056 1
Vorenthaltung § 546 a 4
– Dauer § 546 a 6
– von Vorteilen § 612 a 2
Vorenthaltungsschaden § 990 5
Vorerbe § 1968 3; § 2027 11; § 2033 8; § 2063 5; § 2262 1; § 2269 1, 5, 9; § 2273 4
– Bestimmung durch ~ § 2100 38 ff; § 2104 5
– Rechtsstellung des ~ § 2100 45 ff
Vorfälligkeitsentschädigung § 490 5; § 504 2
Vorfälligkeitsklausel
– in AGB § 309 32
Vorformulierte Laufzeiten § 575 21
Vorfragen
– im internationalen Deliktsrecht Art 40 5
– öffentlich-rechtliche ~ § 839 70
Vorgetäuschter Eigenbedarf § 573 32 ff
Vorhaltekosten § 251 16
Vorhand vor § 145 25, 39
– Kauf § 463 13
Vorkaufsberechtigter § 242 45; § 2034 12
Vorkaufsrecht vor § 145 25, 39; § 242 41; § 311 9; §§ 463 ff; § 1094 ff; § 1365 12; § 2034 1, 6
– Ausschluss unbekannter Berechtigter § 1104
– Ausübung § 1098 2 ff
– Befreiung des Berechtigten § 1101
– Befreiung des Käufers § 1102
– Belastungsgegenstand § 1094 6 f
– der Berechtigte § 1094 5
– dingliches ~ § 463 10, 20

- Erlöschen § 463 31 ff; § 470 2; § 1094 8 f
- Genehmigungen § 1098 10
- Gesamtpreis § 467
- gesetzliches ~ § 463 6, 20, 30; § 464 3
- Mitteilungen § 1099
- Rechte des Käufers § 1100
- Rechtsentstehung § 1094 3 f
- Rechtstyp § 1094 1 f
- subjektiv-dingliches und subjektiv-persönliches Vorkaufsrecht § 1103
- Teilbelastung § 1095
- Übertragbarkeit § 1098 11 f
- Vereinbarung § 463 17
- Verhältnis Berechtigter/Dritter § 1098 7 f
- Verhältnis Berechtigter/Inhaber von Belastungen § 1098 9
- Verhältnis Eigentümer/Berechtigter § 1098 5 f
- Verkaufsfälle § 1097
- Vertragserfüllung § 1098 5 ff
- Wirkung § 1098
- Zubehör § 1096

Vorkaufsrecht, Ausübung § 464
- Frist § 469

Vorkaufsrecht, Vorkaufsfall § 463 19 ff
- Einbringung in Gesellschaft § 463 21
- Schenkung § 463 21
- Tausch § 463 21

Vorkenntnisklausel
- bei Maklervertrag § 652 83

Vorlage Art 29 1, 12, 19; Art 29 a 1

Vorläufige Erbe § 1958 12

Vorläufiger Erbe § 1958 1, 15; § 1959 1; § 1974 2; § 2018 10

Vorläufiger Rechtsschutz § 2046 1

Vorlegung
- des Grundpfandrechtsbriefs § 896
- von Sachen § 809 1 ff
- von Urkunden § 810 1 ff

Vorlegungsanspruch
- Anspruchsberechtigter § 809 8
- Anspruchsgegner § 809 9
- Beweislast § 809 13
- Durchsetzung § 809 14
- Inhalt und Grenzen § 809 10 ff
- Rechtsfolgen § 809 12
- Voraussetzungen § 809 4 ff

Vorlegungsort § 811 1

Vorleistungen § 242 66

Vormerkung § 883; § 1971 2; § 2016 3; § 2034 24
- Akzessorietät § 883 3
- Amtsvormerkung § 888 13
- Anspruch des Berechtigten § 888
- Aufgebot des Berechtigten § 887
- Beseitigungsanspruch § 886
- Bewilligung § 885 3
- Eintragung § 885 9
- gesicherter Anspruch § 883 5 ff
- gutgläubiger Erwerb § 885 10
- im Grundbuch § 1960 51
- künftiger und bedingter Anspruch § 883 11
- Rang § 883 20
- Übertragung § 883 4
- Untergang § 883 22
- Voraussetzung für Eintragung § 885
- vormerkungswidrige Verfügung § 888 2
- Wirkung § 883 15
- Wirkung gegenüber Erben § 884

Vormerkungswirkung des Löschungsanspruchs § 1179 a 7

Vormi#trecht § 463 7; § 464 4; § 466 1; § 467 1; § 469 2

Vormund § 286 3
- Amtsfortführung § 1893 1 ff
- Amtsvormundschaft s. dort
- Anlegung von Mündelgeld §§ 1809 ff
- Anstandsschenkungen § 1804 4
- Anzeige bei Tod § 1894 1
- Aufenthaltsbestimmung § 1800 3
- Aufsicht des Vormundschaftsgerichts § 1837 1 ff
- Aufwandsentschädigung § 1835 a 1 ff
- Aufwendungsersatz § 1835 1 ff
- aus Staatskasse § 1835 2
- Auskunftspflichten § 1839 1
- Ausschließung §§ 1780 ff
- Ausschließungsrecht der Eltern § 1782 1
- Auswahl § 1779 1 ff
- Beamter § 1784 1
- Beendigung des Amtes §§ 1886 ff
- Befreiungen § 1817 1 ff; §§ 1852 ff
- Befreiungen durch die Eltern § 1856 1
- Benennung durch die Eltern §§ 1776 ff
- Berufsvormund, Aufwendungsersatz § 1835 1 ff
- Berufsvormund, Vergütung §§ 1836 ff
- Berufswahl § 1800 7
- Bestallungsurkunde § 1791 1 ff
- Bestallungsurkunde, Rückgabe § 1893 4
- Bestellung § 1789 1 ff
- Bestellung unter Vorbehalt § 1790 1 f
- Bestellung vor der Geburt des Kindes § 1774 1
- durch Pflegschaft § 1794 1 f
- einseitige Rechtsgeschäfte § 1831 1 ff
- Entlassung auf eigenen Antrag § 1889 1 f
- Entlassungsgründe § 1886 2 ff
- Entlassungsverfahren § 1886 5
- Entlastung § 1843 1 f; § 1892 2
- Erklärungsfrist über Genehmigung des Vormundschaftsgerichts § 1829 2
- Ermächtigung durch Vormundschaftsgericht § 1825 1 f
- Erwerbsgeschäfte § 1825 1 f
- Erziehungsrecht § 1800 2
- Erziehungsstil § 1793 2
- für nichteheliches Kind § 1791 c 2
- Gefährdung des Mündelinteresses § 1886 2
- Gegenvormund s. dort
- genehmigungspflichtige Geschäfte § 1812 1 ff; §§ 1819 ff
- Geschwister Vormund § 1775 1 ff

- Grundstücksgeschäfte § 1821 1 ff
- Haftung § 1793 1 f, 6; § 1833 1 ff
- Haftung gegenüber Dritten § 1833 3
- Hinterlegung von Inhaberpapieren § 1814 1 ff
- Hinterlegungspflicht §§ 1818 ff
- Hinterlegungspflicht, Befreiung § 1817 1 ff
- Inhaberpapiere und Kostbarkeiten, Verwaltung §§ 1814 ff
- Interessengegensatz zum Mündel § 1795 1; § 1796 1 ff
- Lehrvertrag § 1822 17
- Leistungsannahme § 1812 2; § 1813 4
- mehrere Vormünder § 1775 1 ff; § 1797 2
- Meinungsverschiedenheiten mehrerer Vormünder § 1797 5; § 1798 1
- Mitteilung der Genehmigung § 1829 2
- Mitteilung der Genehmigung für nichteheliches Kind § 1791 c 2
- Mitwirkung des Gegenvormunds § 1891 1
- Mündelgeld, Anlegung §§ 1806 ff
- Mündelgeld, Genehmigung zum Abheben § 1809 4
- Mündelgeld, Sperrvermerk § 1809 1 ff
- Mündelsicherheit § 1807 1 ff
- Personensorge § 1793 2; § 1800 1 ff
- Pflichtverletzung § 1833 5; § 1837 5, 6
- Rechenschaftspflicht § 1890 1 ff
- Rechenschaftspflicht, Mitwirkung des Gegenvormunds § 1891 1
- Rechnungslegung § 1840 1 ff; § 1841 1
- Rechnungsprüfung § 1892 1 f
- religiöse Erziehung § 1801 1 f
- religiöses Bekenntnis § 1779 6
- Rückgabe der Bestallungsurkunde § 1893 4
- Schadensersatzpflicht bei Pflichtverletzung § 1833 1 ff
- Schadensersatzpflicht bei Verstoß gegen Anlegungspflichten § 1809 5
- Schenkungsverbot § 1793 5; § 1804 1 ff
- Schuldbuchforderung § 1816 1; § 1817 1 ff
- Selbständigkeit § 1793 1; § 1837 1
- Selbstkontrahieren § 1795 3 ff
- Sicherheiten, Aufhebung § 1822 23
- Sperrvermerk § 1809 1 ff
- Todeserklärung § 1884 1 f
- Übergehung des Benannten §§ 1776 ff 4
- Überlassung von Gegenständen an das Mündel § 1824 1
- Übernahmepflicht §§ 1785 ff
- Übertragbarkeit der Vormundschaft § 1793 6
- Umschreibung von Inhaber- in Namenspapiere § 1815 1 f
- unrichtige Behauptung der vormunschaftsgerichtlichen Genehmigung § 1830 1 f
- Untauglichkeit § 1781 1 f
- Unterbringung des Mündels § 1800 4
- Unterstützung durch Vormundschaftsgericht § 1837 2
- Vereinsvormund § 1791 a 1 ff
- Verfügung über Forderungen/Wertpapiere § 1812 1 ff
- Verfügung über Forderungen/Wertpapiere, genehmigungsfreie § 1813 1 ff
- Verfügung über Forderungen/Wertpapiere, Genehmigungspflicht § 1812 2
- Vergütung §§ 1836 ff
- Vergütung für eigene Dienste § 1835 8
- Vermögensherausgabe § 1890 2
- Vermögenssorge § 1793 3
- Vermögensverwaltung bei Erbschein/Schenkung § 1803 1 ff
- Vermögensverzeichnis § 1802 1 ff
- Verpflichtungsverhandlung § 1789 1 ff
- Versicherung § 1835 9; § 1837 7
- Vertretungsausschluss § 1795 1 ff
- Vertretungsmacht, Beschränkungen § 1793 4 f; § 1821 1 ff
- Vertretungsmacht, Beschränkungen durch Pflegschaft § 1794 1 f
- Vertretungsmacht, Entziehung § 1796 1 ff
- Verwendung des Mündelvermögens § 1805 1 ff
- Verzinsungspflicht § 1834 1
- vorläufige Maßregeln des Vormundschaftsgerichts § 1846 1 ff
- Vorschuss aus der Staatskasse § 1835 12
- Widerrufsrecht des Geschäftsgegners § 1830 1 f
- Wirkungskreis § 1793 1 ff
- Zwangsgeld gegen ~ § 1837 7
- Zwangsgeld gegen ~ bei Übernahmeablehnung s. Amtsvormund
- Zwangsgeld gegen ~ bei Übernahmeablehnung s. Gegenvormund
- Zwangsgeld gegen ~ bei Übernahmeablehnung s. Mitvormund
- Zwangsgeld gegen ~ bei Übernahmeablehnung s. Vereinsvormund

Vormünder- und Betreuervergütungsgesetz zu § 1836

Vormundschaft §§ 1773 ff; § 1960 20; § 1975 7
- Ablehnungsrecht § 1786 1 ff
- Amtsvormundschaft § 1791 b 1 ff; § 1791 c 1 ff
- Anordnung § 1773 1 ff; § 1774 1 ff
- Auslandsbezug Art 24
- Beendigung § 1882 ff
- Eheschließung des zum Vormund bestellten Elternteils § 1845 1
- Einzelvormundschaft, Vorrang vor § 1773 3
- nichteheliches Kind § 1791 c 1 ff
- Rechtsnatur § 1773 1
- Übernahme, Erzwingung § 1788 1
- Übernahmepflicht, Pflichten §§ 1785 ff
- Unentgeltlichkeit § 1836 1
- Unfähigkeit/Untauglichkeit §§ 1776 ff 4
- Vereinsvormundschaft § 1791 a 1 ff
- Vereinsvormundschaft bei Verschollenheit des Mündels § 1884 1
- verzögerte Übernahme §§ 1776 ff 4
- Volljährigkeit des Mündels § 1882 2
- Voraussetzungen § 1773 1 ff

Vormundschaft, befreite § 1852 – 1857 a
– Anordnung durch den Vater § 1852
– Aufhebung der Befreiung § 1857 1
– Ausschuss des Gegenvormunds §§ 1852 ff 4
– Befreiung durch die Mutter § 1855
– Befreiung von der Rechnungslegung § 1854
– Befreiung von Hinterlegung und Sperrung § 1853
– Begriff §§ 1852 ff 1
– Jugendamt als Vormund § 1857 a 1
– Vereinsvormund § 1857 a 1
– Voraussetzungen § 1856 1

Vormundschaftliche Genehmigung § 2040 9

Vormundschaftrecht § 1985 5

Vormundschafts-/Familiengericht
– Abweichung von Anordnungen des Gegenvormunds § 1826 1
– Abweichung von Anordnungen von Verwandten § 1779 8 ff; § 1847 1
– Abweichungen von Anordnungen Dritter § 1803 3
– Anlegung von Geld, Mitwirkung § 1810 3; § 1811 3
– Anordnung der Vormundschaft § 1774 3
– Aufsicht und Fürsorge §§ 1837 ff
– Auskunft § 1839 1
– Ermächtigung zu Rechtsgeschäften § 1825 1 f
– Gegenvormund, Bestellung § 1792 1
– Hinterlegung, erweiterte Anordnung § 1818 1
– Hinterlegungspflicht § 1814 1
– Jugendamt, Bestellung zum Vormund § 1791 b 1
– Meinungsverschiedenheiten zwischen Mitvormündern § 1797 3; § 1798 1
– Rechnungsprüfung § 1843 1 f; § 1892 1 f
– Sperrvermerk § 1809 3; § 1814 1 ff
– Unterbringung § 1800 1 ff
– Unterstützung § 1837 2
– vorläufige Maßregeln § 1846 1 ff
– Zwangsmittel § 1837 7

Vormundschafts-/familiengerichtliche Genehmigung § 1821 1 ff; § 1828 1 ff
– allgemeine Ermächtigung § 1825 1 f
– Anstaltsunterbringung des Betreuten § 1906 1 ff
– Anstaltsunterbringung des Mündels § 1800 4
– Aufforderung zur Mitteilung § 1829 2
– Aufgabe der Mietwohnung § 1907 1 ff
– Ausstattung § 1908 1
– Beendigung der Vormundschaft, Fortführung der Geschäfte § 1893 1 ff
– bei Testamentsvollstreckung, keine nach Tod des Mündels § 1829 4
– Darlehensaufnahme § 1822 18
– Erbschaft, Vertrag über angefallene § 1822 8
– Erbschaftsausschlagung § 1822 6
– Erklärung gegenüber Vormund § 1828 1 ff
– Ermächtigung des Vormunds § 1829 1 ff
– Gesellschaftsvertrag § 1822 12
– Gewerbebetrieb § 1822 14; § 1823 1 f
– Grundstücksgeschäfte § 1821 1 ff
– hoheitlicher Akt § 1828 1
– Inhaberschuldverschreibung § 1822 19
– Landgutpacht § 1822 14
– langdauernder Mietvertrag § 1822 15
– Lehrvertrag § 1822 17
– Mangel bei einseitigem Rechtsgeschäft § 1831 1 ff
– Mangel, Folgen § 1829 2 ff
– Mitteilung § 1829 3
– Mündelgeld § 1810 1 ff
– Mündelgeld, Abhebung § 1809 4
– Orderpapiere § 1822 19
– Pachtvertrag § 1822 15
– persönliche Angelegenheiten § 1821 2
– Pflegschaft § 1915 2
– Prokuraerteilung § 1822 21
– Rechnungsprüfung § 1843 1 f
– Rechtsnatur § 1821 4
– Schiedsvertrag § 1822 22
– Schuldübernahme § 1822 20
– selbständiges Erwerbsgeschäft § 1822 12
– Überlassung von Gegenständen § 1824 1
– Umschreibung § 1815 1
– Unterbringung § 1906 1 ff
– Verfügung nach Umschreibung oder Umwandlung § 1820 1
– Verfügung über Forderungen/Wertpapiere § 1812 1 ff
– Vermächtnisausschlagung § 1822 6
– Vermögen, Verfügung über ganzes § 1822 2
– Verweigerung § 1828 3; § 1829 5
– Volljährigkeit des Mündels § 1829 4
– wahrheitswidrig behauptete ~ § 1830 1 f
– wiederkehrende Leistungen § 1822 15
– Wirksamwerden § 1828 7; § 1829 3

Vormundschaftsgericht § 1962 1, 6; § 1999 2
– Adoption § 1760 7

Vormundschaftsgerichtliche Genehmigung § 2034 18; § 2042 19
– Auslandsbezug Art 24 5 f

Vorname vor § 1616 4 ff
– Änderung vor § 1616 8
– Grenzen des Bestimmungsrechts vor § 1616 7
– Grundsatz vor § 1616 4
– Meinungsverschiedenheiten vor § 1616 6

Vorpachtrecht s. Vormietrecht

Vorrang § 1582 1

Vorrang des Gemeinschaftsrechts
– im IPR Art 27 3

Vorranghaftung § 1584 1

Vorrangige Erbenhaftung § 563 b 6 f

Vorrangsregelung § 1582 6

Vorsatz § 276 6 – 8
– bedingter ~ § 276 6, 7
– Begriff § 276 6
– bewusste Fahrlässigkeit § 276 6, 7
– Bewusstsein der Pflichtverletzung § 276 8
– Vorsatztheorie § 276 8

Vorsatzdogma § 242 58
Vorschuss § 288 2; § 1961 13; § 2038 28
Vorschussanspruch § 637 1 – 14
Vorschusspflicht § 2038 22
Vorschusszahlungen § 614 2
Vorsorgekosten § 251 15 f; § 256 5
Vorsorgeunterhalt § 1585 1
Vorstand s. Stiftungsvorstand; Vereinsvorstand
§ 276 11
– Kündigungsberechtigung § 620 47
– Kündigungserklärungsfrist § 626 14
– Nachschieben von Kündigungsgründen
§ 626 6
– Status § 611 33
Vorstellungsgespräch § 611 49
Vorteil
– lediglich rechtlicher ~ § 107 6
Vorteilsabschöpfung § 812 3 – 5 § 818 1
Vorteilsanrechnung § 252 14
Vorteilsausgleichung § 249 72 ff; § 252 14
– aufgedrängte ~ § 249 89
– Deckungsgeschäft § 249 83
– Erbschaft § 249 76 f
– Ersparnis von Aufwendungen § 249 81
– ersparte Abnutzung des eigenen Wagens
§ 249 84
– ersparte Kosten der häuslichen Verpflegung
§ 249 84
– ersparte Kosten von Fahrten zur Arbeitsstelle
§ 249 84
– gesetzliche Verweigerung § 249 73
– Grundsätze § 249 85
– Kongruenzerfordernis § 249 74
– Verfrühungsvorteil § 249 76
– Versicherungsleistungen § 249 78 ff
Vorverkaufsrecht des Mieters § 577
Vorversterben § 2051 2
Vorvertrag vor § 145 15 ff, 28 ff
– Form vor § 145 30
– Formbedürftigkeit vor § 145 17
Vorvertragliche Aufklärungspflicht § 535 18
Vorvertragliche Pflichtverletzung s. Internationales
Schuldrecht, culpa in contrahendo
Vorvertragliches Schuldverhältnis § 145 8; vor
§ 145 27; § 146 1
Vorwegbefriedigung § 2046 12
Vorweggenommene Erbfolge § 2049 2
Vorwerfbarkeit § 276 10
Vorzeitige Kündigung von Landpachtverträgen
§ 595 a
Vorzeitiger Zugewinnausgleich
– bei Getrenntleben § 1385 1 – 3
– Berechnungszeitpunkt § 1387 1 – 3
– Gütertrennung § 1388 1 – 3
– in sonstigen Fällen § 1386 1 – 3
Vorzugsrecht
– bei Schuldübernahme § 418 4
– Mitübergang bei Abtretung § 401 7

W
Wahl der Anlagenform vor § 1577 38
Wahlrecht § 2 3; § 262 4
Wahlschuld § 243 5; § 244; § 245 14; § 262 1
Wahlvermächtnis § 262 3
Wahrscheinlichkeit und Schadensersatz
§ 249 44 – 46
Währung Art 30 11
Währungsrecht Art 34 6, 23; § 244; § 245 1, 2, 3, 5
– Annahmezwang § 244; § 245 3
– Gesetzgebungskompetenz § 244; § 245 1
Währungsschwankungen § 280 26
Wald § 2123 1
Waldbestellung § 998 1
Warenautomat § 145 4
Warenlager
– Übereignung § 929 5; § 930 2, 7
Warentermingeschäfte Art 29 11, 14
Warentest § 823 97 f
Wärme § 453 19
– Verbrauchsgüterkauf § 474 8
Wärmedurchgangskoeffizienten § 559 b 4
Wärmelieferung vor § 631 28
Wartefrist § 558 4
Wartung vor § 631 28
Wartungsvertrag § 556 10
– AGB § 309 14
Wasser
– Abwasser § 839 143
– Hochwasser § 839 143
– Kaufsache § 433 7
– Verbrauchsgüterkauf § 474 8
Wasserfahrzeuge
– im IPR Art 45 1 ff
Wasserschutzgebiet § 839 4
Wechsel § 246 7; § 780 10; § 783 17; § 793 4;
§ 799 3
– Aushändigungsanspruch § 371 9
Wechselbezügliche Verfügungen § 2253 2; § 2254 5;
§ 2255 10; § 2265 4; § 2266 2; § 2267 7; § 2268 3;
§ 2269 3, 9; § 2270 1 – 7 § 2271 1 – 14
Wechselseitige Substantiierungspflicht
vor § 1577 5
Wechselverbot
– Beweislast § 496 5
– Drei-Monats-Akzept § 496 3
– Gesamtschuldner § 496 7
– Prolongationswechsel § 496 3
– Rechtsfolgen bei Verstoß § 496 5 ff
– Voraussetzungen § 496 1, 3 f
Wegerisiko § 615 23
Wegfall der Bereicherung § 812 90; § 818 18, 19,
20, 38; § 1569 8
– Anfechtung § 818 35
– arglistige Täuschung § 818 35
– Aufwendungen § 818 24
– Befreiung von einer Verbindlichkeit § 818 22

- ersparte Aufwendungen § 818 21
- Erwerbskosten § 818 25
- Folgeschäden § 818 27
- gegenseitige Verträge § 818 28 – 30
- Geschäftsunfähige/beschränkt Geschäftsfähige § 818 34
- Luxusaufwendungen § 818 21
- Mangel § 818 35
- Saldierung (Grundlagen) § 818 19 – 21
- Saldotheorie (Einschränkungen) § 818 29 – 31
- unzureichendes Aktivvermögen § 818 23
- Vertrauensschutz § 818 18
- Vorleistungen § 818 33
- Wucher § 818 35
- Zurechnungskriterien § 818 18

Wegfall der Geschäftsgrundlage § 557 a 10; § 1356 8
- Kollisionsnorm § 244; § 245 7
- Prozessvergleich § 779 46
- Vergleich § 779 1, 24, 27

Wegfall eines Abkömmlings § 2069 1
Wegnahme von Einrichtungen § 591 a
Wegnahmepflicht § 258 5
Wegnahmerecht § 258 1 ff; § 292 5; § 539 10 ff; § 951 12; § 997 1; § 2022 12

Weigerung
- Auskunft zu erteilen § 1386 11

Weigerungsrecht § 2059 5
Weihnachtsgeld § 611 48, 70; vor § 1577 9
Weisung § 280 66; § 713 3
- des Vollmachtgebers bei der Stellvertretung § 166 8
- Nichtbefolgen § 626 7

Weisungsgebundenheit
- Arbeitnehmer § 611 18

Weisungsrecht
- Arbeitgeber § 611 66, 100

Weiterbeschäftigung § 620 85
Weiterbeschäftigungsangebot
- Betriebserwerber § 615 21

Weiterbeschäftigungsanspruch § 611 95; § 615 20; § 620 77
Weiterbeschäftigungsmöglichkeit § 620 77
Weitere Beschwerde
- Adoption § 1760 12

Weiterfresserschäden § 823 39 ff
Weitergehender Schadensersatz gem § 546 a II § 546 a 13
Weitergeltung § 613 a 17
Weiterveräußerung § 567 b 2 f
Weiterveräußerungsermächtigung
- bei der Auflassung eines Grundstücks § 185 8
- beim verlängerten Eigentumsvorbehalt § 185 8

Weitervermietung für dringenden Wohnbedarf § 549
Weiterverweisung Art 27 9, 18, 31, 40; Art 30 1; Art 31 2; Art 40 8; Art 41 2; Art 42 1
- im IPR Art 31 2; Art 32 1

Wellenstreik § 615 24
Werbungskosten vor § 1577 19
Werbungsvertrag vor § 631 28
Werkdienstwohnung § 576 0 2, 12; § 576 b
Werklieferungsvertrag § 651 1 ff
- Abgrenzung zum Werkvertrag § 651 2, 3
- nicht vertretbare Sachen § 651 4

Werklohn § 246 1
- Fälligkeit § 641 1 – 8
- Verzinsung § 641 17

Werkmietwohnungen § 576 0
Werksförderungsvertrag § 576 0 6
Werkstatt § 1361 b 6
Werkstudent § 611 22
Werktag § 535 45
Werkvertrag vor § 328 20; § 611 5, 99; § 631 ff
- Abgrenzung vor § 631 1 ff
- Abnahme § 640 1 ff
- Abschlagszahlungen § 632 a 1 ff
- als Teilzahlungsgeschäft § 499 5, 6
- Begriff § 631 1
- Beweislast § 632 16, 20
- Druckzuschlag § 641 11
- Gefahrtragung §§ 644, 645; § 645 1 ff
- Gegenstand vor § 631 1 ff
- Haftungsausschluss § 639 1 ff
- Kostenanschlag § 650 1
- Kostenschätzung § 631 25
- Kündigungsrecht des Bestellers § 649 1 ff
- Mängerechte § 634
- Mitwirkung des Bestellers, unterlassene § 642 3 ff
- Pflichten § 631 18 ff, 30 ff
- Sicherheiten § 631 28; § 647 1 ff; § 648 1 ff
- Vergütung § 632 1 ff
- Vollendung statt Abnahme § 646 1 ff

Werkwohnung § 576 0 1
Wert erhöhende Baumaßnahme § 994
Wertausgleich § 2048 17, 24
- in Geld durch den Verpächter § 582 a 7

Wertbestimmung § 996 4; § 2055 16
Wertbildende Merkmale § 311 60
Werterhöhung § 996 3
Wertermittlung § 1376 1 – 3 § 1993 1
Wertermittlungsanspruch § 1379 18 – 20
Wertersatz § 290 1; § 818 9 – 11 § 882; § 1973 10; § 1978 8; § 2019 11; § 2020 3
- aufgedrängte Bereicherung § 818 13, 15
- Bauen auf fremdem Grund § 818 10
- Dienst- und Werkleistungen § 818 16
- Gebrauchsvorteile § 818 17
- Immaterialgüterrechte § 818 17
- Nutzungen/Surrogate § 818 11, 17
- Unmöglichkeit/Unvermögen § 818 9, 10
- Verwendungen s. unter Aufwendungskondiktion § 818 15
- Verzinsung § 290 1

– Werterhöhung § 818 10
– Zeitpunkt § 818 14
Wertersatzanspruch des Nacherben § 2130 4; § 2134 1 f
Wertersatzfeststellung § 988 4
Wertminderung
– des überlassenen Inventars § 590 3
– kraft Gesetzes § 536 21
Wertpapierbegriff § 793 1
Wertpapierdienstleister § 280 60
Wertpapiere §§ 2116, 2117 1 ff; § 2117 1 ff; §§ 2128, 2129 4; § 2129 4
– Arten § 793 2 ff
– Hinterlegung § 372 9
– im IPR Art 43 9
– Sammelverwahrung § 931 7
– Übereignung § 929 3; § 931 7
Wertpapierhypothek § 1187 1
– Bestellung eines Grundbuchvertreters § 1189 1 ff
Wertpapierkauf § 453 21
Wertsicherungsklausel § 244; § 245 18 – 20 § 488 5; § 535 116
– Ausnahmevorbehalt § 244; § 245 19
– Außenhandel § 244; § 245 25
– automatische Preisanpassung § 244; § 245 21
– Bereichsausnahmen § 244; § 245 25
– ergänzende Vertragsauslegung § 157 51
– Geld- und Kapitalverkehr § 244; § 245 25
– Geldwertschulden § 244; § 245 21
– Gemeinschaftsrechtskonformität § 244; § 245 19
– genehmigungsbedürftige Wertsicherungsklauseln § 244; § 245 26
– genehmigungsfreie Wertsicherungsklauseln § 244; § 245 22 – 24
– Gleitklauseln § 244; § 245 21
– hinreichende Bestimmtheit § 244; § 245 26
– Indexierungsverbot § 244; § 245 19
– Kostenelementsklauseln § 244; § 245 24
– Leistungsvorbehaltsklauseln § 244; § 245 22
– Miet- und Pachtverträge über Immobilien § 244; § 245 25
– Preis- oder Indexklauseln § 244; § 245 19
– Preisangaben- und Preisklauselngesetz § 244; § 246 18
– Risiko der Geldentwertung § 244; § 245 19
– Schiedsgutachter § 244; § 245 22
– schuldrechtlicher Nominalismus § 244; § 245 19
– schwebende Unwirksamkeit § 244; § 245 27
– Spannungsklauseln § 244; § 245 23
– unangemessene Benachteiligung § 244; § 245 26
– Verbot § 244; § 245 19
– Währungsgesetz aF § 244; § 245 19
– Wettbewerb § 244; § 245 26
Wertsteigerungen §§ 2124, 2126 8; § 2125 8; § 2126 8
Wertungsspielraum § 620 84

Werturteile § 823 96
Wertverbessernde Verwendungen § 591
Wertzuwachs § 996 5
Wesentlichkeit §§ 906 17 ff
Wettbewerb
– Unterlassung § 611 81
Wettbewerbsbeschränkungen
– Anknüpfung Art 40 7
Wettbewerbsrecht Art 34 2, 14, 18
Wettbewerbsverbot § 157 51; § 535 43; § 611 38; § 626 7; § 705 23; § 738 6
– nachvertragliches ~ Art 30 3; § 611 82; § 620 7
Wette § 158 9; § 780 14
– Abgrenzung Spiel und Wette § 762 15
– Aufklärungspflichten § 762 23 f
– Definition § 762 14
– Definiton § 762 14
– Hilfsverträge s. Spiel
– Nebenverträge s. Spiel
– Sportwette § 762 12
Whistleblowing § 611 83; § 626 7
Wichtiger Grund § 314 7 ff; § 626 3, 7; § 627 2
– in der Person des Untermieters § 540 11, 12 f
– Pflichtverletzungen § 314 9
– Vertretenmüssen § 314 8
– Zerstörung des Vertrauensverhältnisses § 314 12
Widerklage § 1990 20; § 2029 8
Widerlegbare Vermutung § 1360 b 1, 3; § 1964 9
Widerrechtliche Drohung § 123 30; § 138 4
– Drohung § 123 30
– Übel § 123 31
– Widerrechtlichkeit § 123 34
Widerrechtlichkeit § 123 34
Widerruf § 249 20; § 355; § 2040 6, 7; § 2048 19
– Anwendungsbereich § 355 8
– bei Minderjährigen § 109
– Belehrung § 355
– Berechtigter § 355 4
– der Auslobung § 658 1 ff
– der Einwilligung § 183 1 ff
– der Vertragserklärung des anderen Teils bei der Vertretung ohne Vertretungsmacht § 178 1 ff
– der Vollmacht § 168 12 ff
– der Vollmachtskundgabe § 171 6
– deutliche Gestaltung § 355 11
– Form § 355 3, 12
– Frist § 355 5 ff
– Muster des BMJ § 355 13 f
– örtliche Gestaltung § 355
– verbraucherschützender ~ vor § 355 2
– Wirkung § 355 1 f
Widerruf des Testaments § 2253 1 – 3
– Aufhebungsabsicht § 2255 6 – 8
– durch Rücknahme aus der amtlichen Verwahrung § 2256 1 – 6
– durch Testament § 2254 1 – 5 § 2258 1, 2
– durch Vernichtung oder Veränderungen § 2255 1 – 10

– teilweiser Widerruf § 2255 5
– Unwirksamkeit und Unwirksamwerden § 2258 6
– Widerruf des Widerrufs § 2257 1 – 4
Widerruf des Vertrags § 1366 7 – 9
Widerruf einer Willenserklärung § 130 1, 5, 20
Widerruf wechselbezüglicher Verfügungen § 2271 1 – 14
– Form § 2271 2
– nach dem Tod eines Ehegatten § 2271 7
– zu Lebzeiten beider Ehegatten § 2271 2
Widerruf, Rechtsfolgen
– Haftungsmilderung § 357 13
– Haftungsverschärfung § 357 9
– Kosten der Rücksendung § 357 5
– Musterbelehrung § 357 12
– Rückgabepflicht des Verbrauchers § 357 4 ff
– Schrottimmobilien § 357 2
– Verweisung auf Rücktrittsrecht § 357 1 f
– Verzinsung von Geldschulden § 357 3
– weitergehende Ansprüche § 357 14 ff
– Wertersatzpflicht § 357 7 ff
Widerruf, verbraucherschützender § 355
– der durch einen Stellvertreter abgegebenen Vertragserkärung des Verbrauchers § 164 76
Widerrufsbelehrung
– Fristbeginn § 187 4
Widerrufsdurchgriff § 358 2
Widerrufsrecht § 145 9; vor § 145 57; § 312; § 454 16; § 485
– Arbeitnehmer § 611 61
Widerrufsrecht (beim Verbraucherkredit)
– Ausübung § 495 3
– Beweislast § 495 10
– Gesamtschuldnerschaft § 495 7
– Rechtsfolgen § 495 8 f
– Rechtsnatur § 495 2
– Stellvertretung § 495 6
– Verhältnis zu Formnichtigkeit und Heilung § 494 2; § 495 3
– Verzicht § 495 4
– Vollstreckungsgegenklage § 495 2
– Widerrufsbelehrung § 495 5
– Widerrufsfrist § 495 5
Widerrufsvorbehalt § 611 58, 70
Widerspruch § 892 11; § 2042 28
– des Schuldners § 267 6
– Eintragung § 899 7
– gegen Wechsel des Reisenden beim Reisevertrag § 651 b 2
– Löschung § 899 12
– Wirkung § 899 11
Widerspruch des Arbeitnehmers
– Betriebsübergang § 613 a 43 – 47 § 615 21
Widerspruch des Mieters § 574 a 2
Widersprüchliches Verhalten § 242 26
Widerspruchsrecht § 710 1; § 711 1, 2
– bei Werkmietwohnungen § 576 a

Widmung
– Zubehör § 97; § 97 5
Wiederaufnahmeverfahren § 2039 7
Wiederbeschaffungswert § 249 9, 27; § 251 6
Wiedereinräumung des unmittelbaren Besitzes § 546 6
Wiedereinsetzung in den vorigen Stand § 1996 2; § 1997 4
Wiedereinsetzungsgrund § 1996 4
Wiedereinstellung § 626 9
Wiedereinstellungsanspruch § 613 a 33; § 620 65, 97
Wiedererlangung § 1001 2
Wiederheirat § 1586 1, 2
– Einbenennung bei ~ § 1618 5
Wiederkauf §§ 456 ff; § 465 3
– Verwendungsersatz § 459
Wiederkaufsrecht vor § 346 2
Wiederkehrschuldverhältnis § 314 6
Wiederverheiratung § 1569 6; § 2044 1
Wiederverheiratungsklausel §§ 2074, 2075 4, 7; § 2075 4, 7; § 2100 16; § 2269 9; § 2270 4
Wiederverkauf § 456 5
Wille des Zuwendenden § 1581 18
Willenserklärung § 130 1
– Abgabe bei der Botenschaft § 164 29
– Abgabe bei der Stellvertretung § 164 29
– empfangsbedürftige Willenserklärung § 130 1 – 3
– Erklärungsbewusstsein § 133 10, 24
– gegenüber Geschäftsunfähigen § 131 3
– konkludente ~ vor § 145 44
– Kündigung § 620 31
– nicht empfangsbedürftige Willenserklärung § 130 1
– perplexe Willenserklärung § 133 15
– Schweigen als ~ §§ 147, 148 3 ff; § 148 3 ff
– Vollendung § 130 1
– Zugang bei Stellvertretung § 164 29
Willensmangel § 611 55; vor § 2064 4 ff; vor §§ 2078, 2079 1 ff; vor § 2079 1 ff
– bei der Botenschaft § 164 20; § 166 2
– bei der Stellvertretung § 164 29; § 166 4, 6, 7, 11
Willigkeit des Dienstverpflichteten § 615 10
Windbruch § 2133 2, 5
Wirksamkeitsklausel § 1585 c 6
Wirksamkeitskontrolle § 1585 c 6
Wirksamkeitsvoraussetzung § 1760 18
Wirkung
– der Ehenichtigkeit oder -auflösung § 2268 1
– der Säumnis § 1974 7
Wirkungskreise der Nachlasspfleger § 1960 21
Wirkungszeitpunkt § 557 b 7; § 559 b 8
Wirtschaftliche Eigenverantwortlichkeit § 1569 1; § 1573 1; § 1577 18
Wirtschaftliche Unmöglichkeit § 313 29
Wirtschaftliche Unzumutbarkeit § 275 4

Wirtschaftlicher Totalschaden § 249 7
Wirtschaftlichkeitsgrundsatz § 556
Wirtschaftsberater vor § 631 28
Wirtschaftsführung vor § 1577 10
Wirtschaftsgüter von allgemeiner, zentraler Bedeutung für die Lebenshaltung § 249 39
Wirtschaftsplan § 2123 1 ff
Wirtschaftsprüfer § 280 64, 71; vor § 631 28
Wirtschaftsprüfervertrag § 611 15
Wirtschaftsprüfung § 675 22
Wirtschaftsrisiko § 611 54; § 615 23
Wissenschaftliche Grundsätze § 558 d 3
Wissensvertretung
– Abgrenzung zur Stellvertretung § 164 24
– Begriff § 166 13
– Grundsätze der Wissenszurechnung kraft Aufgabenübertragung § 166 13 ff
Wissenszurechnung
– Auge- und Ohr-Rechtsprechung § 166 15
– bei dem Beginn der Verjährung deliktischer Regressforderungen des Staates § 166 15
– bei der Botenschaft § 164 20; § 166 2
– bei der Gesamtvertretung § 164 63; § 166 2
– bei der Stellvertretung § 166
– Chinese Walls § 166 21
– Einschränkung der ~ aufgrund von Datenschutz- und Geheimhaltungspflichten § 166 21
– Gleichstellungsargument § 166 18
– kraft Aufgabenübertragung s. Wissensvertretung
– kraft Organisationspflicht § 166 18 ff
– künstliches Speicherwissen § 166 12
– verhaltensakzessorische ~ § 166 23
– Zurechnung des Wissens selbstständiger Dritter § 166 17
– Zurechnung von Organwissen § 166 22 f
Witwenrente vor § 1577 28
Wochenendhaus § 1361 b 5
Wohl des Kindes s. Kindeswohl § 1361 b 14
Wohnfläche § 556 a
Wohnflächenberechnung § 556 a
Wohngeld vor § 1577 18
Wohngeldschulden § 1967 6
Wohngemeinschaft § 540 19
Wohnhaus
– eigengenutztes ~ § 249 39
Wohnraum in Studenten- oder Jugendwohnheim § 549 8
Wohnraummiete § 535 1; § 546 a 14; § 557 3
– Abbedingung des Minderungsrechts § 536 d 1
Wohnraummiete gem § 549 I § 549
Wohnraummietrecht Art 29 10, Art 34 11, 18
Wohnrecht § 1374 13; § 1376 9; § 2042 18
Wohnsitz § 268 11; § 270 3
– Aufhebung § 7 8
– Begriff § 7 2
– Begründung § 7 4

– Gerichtsstand § 7 11
– mehrfacher ~ § 7 7
– nicht voll Geschäftsfähiger § 8
– von Kindern § 11
– von Soldaten § 9
Wohnungsbelegungsrechte (werksfremder) Wohnungen § 576 6
Wohnungseigentum § 554 a 17; § 705 41; § 741 5; § 752 3
– Mängelrechte bei ~ § 634 12
Wohnungseigentümergemeinschaft § 432 4; § 535 57
– Vertretung durch Verwalter § 164 54; § 181 2
Wohnungsrecht
– Belastungsgegenstand § 1093 12 ff
– Berechtigter § 1093 19 ff
– Entstehen; Erlöschen § 1093 23 ff
– Inhalt § 1093 4 ff
– Rechtsnatur § 1093 1 ff
Wohnungstausch § 540 4
Wohnungsvermittlung vor § 652 8
Wohnungswechsel im selben Haus § 573 c 6
Wohnungszuweisung § 1361 b 30 – 32
Wohnvorteile § 1577 9
Wohnwert, negativer vor § 1577 27
Wohnwertbildende Merkmale § 558 8
Wortlautanalyse § 2084 5 ff
WpHG § 280 62, 64
Wucher Art 34 8; § 138 3, 50; § 246 8
– auffälliges Missverhältnis § 138 50, 53
– Ausbeutung einer Unterlegenheit § 138 62
– entgeltliches Austauschverhältnis § 138 52
– erhebliche Willensschwäche § 138 61
– grobes Missverhältnis § 138 54, 63
– Lohnwucher § 138 54
– mangelndes Urteilsvermögen § 138 60
– subjektive Voraussetzungen § 138 56
– Unerfahrenheit § 138 59
– Zwangslage § 138 57
Wucherähnliches Geschäft § 138 50, 123

Z
Zählkindervorteil bei Kindergeld § 1612 b 14
Zahlung
– bargeldlose ~ § 244; § 245 3
– unter Vorbehalt § 543 18
Zahlungs- und Herausgabepflicht § 2050 29
Zahlungsanweisung § 780 3
Zahlungsaufschub § 494 4; § 499 2 f
Zahlungskarten § 676 h
– abstraktes Schuldversprechen § 676 h 3
– Aufwendungsersatz § 676 h 3, 8
– Begriff § 676 h 2
– Beweislast § 676 h 9
– ec-Karte § 676 h 4
– Emissionsvertrag § 676 h 3
– Geldkarte § 676 h 6

– Kreditkarten § 676 h 3
– Kundenkarten § 676 h 6
– Missbrauch § 676 h 7
– POS-System § 676 h 5
– POZ-System § 676 h 5
– Schadensersatz § 676 h 9
Zahlungsort § 270 1, 3
Zahlungsunfähigkeit § 1975 12; § 1980 2, 12; § 1991 2
– des Untermieters § 540 13
Zahlungsvertrag § 676 a; § 676 d
– Ausführungsvertrag § 676 d 1
– Ausgleichsansprüche § 676 e
– Beendigung § 676 d 6
– Erstattung § 676 e 7
– Garantiebetrag § 676 e 7
– gekürzte Überweisung § 676 e 5
– gescheiterte Überweisung § 676 e 6
– Haftungsschaden § 676 e 2 ff
– Nachforschung § 676 e 8
– Pflichten des beauftragenden Kreditinstituts § 676 d 4, 5
– Rückleitungspflicht § 676 d 7
– verspätete Überweisung § 676 e 4
– Vertragstyp § 676 d 3
– Weiterleitungspflicht § 676 d 2
Zahlungsverzug § 247 3; § 569 13 ff
Zahlungsverzug des Mieters
– für zwei aufeinander folgende Termine § 543
– Heilung nach § 543 II 2 und 3 § 543 23
– in einem Zeitraum, der sich über mehr als zwei Termine erstreckt § 543 22
ZahlungsverzugsRL § 280 24, 25; § 286 2, 18, 20, 25; § 288 4
– Abschreckungscharakter § 288 1
– Anwendungsbereich § 288 3
– Entgeltforderung § 288 20
– Fälligkeit § 286 20
– Rechtsirrtum § 286 23
– Veranwortlichkeit § 286 23
Zahnarztpraxis § 1376 9
Zahnprothese
– Werkvertrag zur Anfertigung einer ~ vor § 631 28
Zeit
– nicht erhebliche ~ § 616 3
Zeit der ehebedingten Erwerbsbehinderung § 1361 9
Zeit- und Ortsangabe § 2247 15, 16
Zeit- und Umstandsmoment § 1569 12
Zeitaufwand § 1960 36; § 1987 4
Zeitbestimmung
– keine ~ bei Adoption § 1760 19
Zeitliche Begrenzung § 1572 10; § 1574 11
Zeitliche Hinsicht § 1573 6
Zeitliche Kongruenz vor § 1577 3; § 1577 4; § 1581 8
Zeitlicher Zusammenhang § 1572 6; § 1573 8

Zeitlicher, persönlicher und wirtschaftlicher Zusammenhang § 1569 3
Zeitmoment § 1585 b 6
Zeitpunkt
– der Schadensberechnung vor § 249 11 ff
– der Scheidung § 1572 7
– des Vermächtnisanfalls § 2269 12
– für die Bedarfsbemessung § 1361 12
Zeitraum
– Berechnung § 191 1
Zeitspanne § 1573 17
Zeitungsbote § 611 22
Zeitvergütung § 614 2
Zentralregulierung § 950 7
Zerobonds § 793 9
Zerrüttung des Mietverhältnisses § 573 a 8
Zerstörung § 2041 5
– Bestandteile § 93 3
Zessionsfälle § 249 73 f
Zeugnis § 630 1 ff
– Berichtigung § 630 2
– einfaches ~ § 630 2
– Erteilung § 630 7
– qualifiziertes ~ § 630 2
Zeugniserteilung
– Pflicht § 630 1
Zeugnisverweigerungsrecht vor § 1297 32
Zielvereinbarung § 611 70
Zimmernachbar § 2028 2
Zins § 246 2; § 248 2
– Änderungsklausel, AGB § 306 9
– Anwendungsfälle § 246 6
– Begriff § 246 5; § 248 2
– Bereicherung § 246 2
– Disagio § 248 2
– Funktion § 246 2
– Kreditgebühren § 248 2
– Schaden § 246 2
Zins- und tilgungsfreies Darlehen § 1577 4
Zinsänderungsklauseln § 157 52
Zinsanpassungsklauseln § 489 5
Zinsen § 280 27; §§ 2124, 2126 5; § 2125 5; § 2126 5
Zinseszins § 248 1 – 3
– Ausnahme vom Verbot § 248 3
– Disagio § 248 2
– Kreditgebühren § 248 2
– Verbot § 248 1 – 3
– Verzugszinsen § 248 1
Zinseszinsverbot § 246 9; § 289 1
– Prozesszinsen § 291 5
– Verzögerungsschäden § 289 2
– Verzugszinsen § 289 1
– Zinsbegriff § 289 1
Zinsflussabreden § 246 8
Zinsleistungen vor § 1577 25
Zinsschein § 799 3; § 803 1 ff; § 805 1 f; § 807 4

Zinsschuld § 246 1 – 3
– Abtretung § 246 4
– Akzessorietät § 246 4
– Anwendungsfälle § 246 1
– Begriff § 246 4
– Fälligkeit § 246 9
– Geldschuld § 246 3
– Inhalt § 246 1
– Nebenschuld § 246 4
– Pfändung § 246 4
– Selbständigkeit § 246 4
– Verjährung § 246 4
– Verpfändung § 246 4
– Zinseszinsverbot § 246 9
– zu verzinsende Schuld § 246 3
Zivildienst § 839 12
Zölibatsklauseln § 158 19
Zubehör § 97; § 98; § 311 c; § 926; § 2049 3
– Beweislast § 97 12
– Erwerb von ~ § 926 3
– gutgläubiger Erwerb § 926 4
– Hauptsache § 97 3
– Kaufsache § 433 9
– räumliches Verhältnis § 97 6
– Verbrauchsgüterkauf § 474 7
– Verkehrsanschauung § 97 7
– vorübergehende Nutzung § 97 8
– vorübergehende Trennung § 97 9
– Widmung § 97 5
– wirtschaftlicher Zweck § 97 4
Zuerwerb § 2007 5
Zufall § 287 3; § 2024 6
– Haftung § 287 5
– höhere Gewalt § 287 3
Zufallsgemeinschaft § 2042 1
Zufallshaftung § 848 1
Zufallsrisiko § 2025 4
Zuflussprinzip vor § 1577 6; § 1581 8
Zug-um-Zug § 298 1 f
Zug-um-Zug-Leistung § 373 1 ff
Zug-um-Zug-Verurteilung § 281 2
Zugang
– Vereitelung § 162 11
Zugang einer Willenserklärung § 130 1
– Annahmeverweigerung § 130 27
– Aushang § 130 15
– Brief § 130 11
– E-Mail § 130 14
– Einschreiben § 130 13
– Empfangsbote § 130 17
– Empfangsvertreter § 130 16
– Erklärungsbote § 130 18
– Fax § 130 14
– formbedürftige Willenserklärung § 130 5, 8, 19
– gegenüber nicht Geschäftsfähigen § 130 1 – 4
– Genehmigung des Zugangs der Annahmeerklärung § 131 6

– Nachsendeauftrag § 130 12, 28
– Postfach § 130 12
– Rechzeitigkeitsfiktion § 130 29
– Telegramm § 130 14
– Versendungs- und Transportrisiko § 130 8
– Verzögerungsrisiko § 130 4
– Wirksamkeit § 130 8; § 131 1
– Zugangsfiktion § 130 2, 26, 29
– Zugangshindernis § 130 29
Zugangsstörung § 130 26 – 28
Zugangsvereitelung § 130 26, 30; § 242 36
Zugesicherte Eigenschaft
– § 536 II § 536
– im Reisevertrag § 651 c 7
Zugewinn § 1373 1 – 3
Zugewinnausgleich § 1372 1 – 3 § 1967 6
– Abgrenzung zum Hausratsverfahren § 1372 1 – 3
– Abgrenzung zum Versorgusgleich § 1372 5
– Aufrechnungsschranken § 387 26
– im Todesfall § 1371 1 – 3
– und Anfangsvermögen § 1374 1 – 3
– und Anspruch gegen Dritte § 1390 1 – 3
– und Ausgleichsforderung § 1378 1 – 3
– und Auskunftanspruch § 1379 1 – 3
– und Berechnungszeitpunkt bei Scheidung § 1384 1 – 3
– und Endvermögen § 1375 1 – 3
– und Gesamtgläubigerschaft § 1372 10
– und Gesamtschuldnerausgleich § 1372 10
– und gesellschaftsrechtliche Ansprüche § 1372 13
– und Leistungsverweigerung § 1381 1 – 3
– und Miteigentum § 1372 12
– und Modifizierung § 1408 9
– und Schadensersatz § 1372 16
– und Sicherheitsleistung § 1389 1 – 3
– und Stundung § 1382 1 – 3
– und Übertragung von Vermögensgegenständen § 1383 1 – 3
– und Unterhalt § 1372 8
– und Wertermittlung § 1376 1 – 3
– vorzeitiger ~ vor § 1385 1 – 3
Zugewinnausgleichsanspruch § 2042 21
Zugewinngemeinschaft § 1363 1 – 3 § 2042 21; § 2049 5; § 2055 8
– Ende der ~ § 1363 3
– fehlerhafte Ehe § 1363 2
Zulage
– übertarifliche ~ § 611 70
Zulagen vor § 1577 9
Zulieferer eines Verkäufers § 278 13
Zuliefervertrag vor § 433 5; § 476 10
Zumutbarkeit von Mehrarbeit vor § 1577 8
Zumutbarkeitsabwägung § 1361 6
Zumutbarkeitsgrenzen § 1570 5, 6; § 1572 9
Zumutbarkeitskriterien § 1574 4; § 1581 10
Zumutbarkeitsprüfung vor § 1577 20
Zurechnung von Fremdverschulden § 538 23

Zurückbehaltungsrecht § 256 8; § 273 1 ff; § 404 6; § 535 70; § 548 3; § 551 12, 14; § 556 b; § 570 1; § 611 96; § 618 5; § 629 3; § 1000; § 1958 14; § 1960 46; § 1963 11; § 1969 3; § 1971 2; § 1978 13; § 1985 15; § 1988 9; § 2014 8; § 2018 1, 17; § 2022 7; § 2029 4; § 2035 5; § 2039 26; § 2040 16
– Ausschluss durch AGB § 306 15
– bei Mängeln im Werkvertrag § 641 9 ff – 11
– des Dritten § 2113 14
– des Vorerben § 2130 5
– Finder § 972
– Gesamtschuld § 420 5
– Wirkungen § 274 1 ff
Zurückbehaltungsrechte vor § 275 12
Zurückweisung des Rechts § 333
Zurückweisungsbeschluss § 1982 6; § 2015 3
Zusammenveranlagung § 1363 16
Zusätzliche Leistungen
– beim Werkvertrag § 631 1; § 632 5, 11, 27; § 648 a 12
Zusätzliche Mietsicherheit § 554 a 14
Zusatzpflichtteil § 2305 2, 3; § 2316 9
Zuschlag § 611 70; § 612 5
– Werkvertragsschluss durch ~ § 631 2
Zuschreibung
– von Grundstücken § 890 9
Zuschüsse § 2050 12
Zusendung unbestellter Waren § 145 3; vor § 145 30, 44
Zusicherungshaftung § 276 28
Zuständigkeit § 1585 c 5
– Amtshaftung § 839 62
Zuständigkeit, ausschließliche
– Aufrechnungsausschluss § 387 22
Zuständigkeitszuweisung § 1962 3
Zustandsstörer § 1004 4
Zustellung vor § 1297 33; § 1995 3; § 2008 4
– der Willenserklärung § 132 1
– Vereitelung § 162 10
Zustellungsvereitelung § 242 36
Zustimmung § 182; § 184; § 1970 10; § 1977 4; § 1980 9; § 2008 11; § 2032 24; § 2033 34; § 2038 7; § 2040 6, 12; § 2042 27, 29; § 2044 12; § 2046 8
– Abstraktionsprinzip s. dort
– Anfechtung s. dort
– Begriff, Arten und Abgrenzung § 182 1
– bei einseitigen Rechtsgeschäften § 182 III; § 184 1
– bei Schuldübernahme §§ 414, 415 3; § 415 3
– Beweislast § 182 10
– des Eigentümers § 875 6
– eines Dritten § 876 6
– Einwilligung s. dort
– Fehlen der ~ § 1369 8 – 10
– Form § 182 6
– Genehmigung s. dort

– Rechtsnatur § 182 3
– Rechtsscheinzustimmung § 182 4
– schwebende Unwirksamkeit zustimmungsbedürftiger Rechtsgeschäfte s. Unwirksamkeit, schwebende
– Verweigerung der ~ § 182 8 f
– zur Auflassung § 2042 31
– Zustimmungsadressat § 182 5
– Zustimmungserklärung § 182 3
Zustimmungsanspruch § 558 a 5
Zustimmungsbedürftigkeit § 1369 6
Zustimmungserfordernis § 2033 18
Zustimmungsfrist § 558 a 8; § 558 b 2
Zustimmungspflicht § 705 22
– des Nacherben § 2120 1 ff
Zuverdienstehe § 1360 14
Zuwendung § 2047 2; § 2050 1, 15; § 2054 1, 5; § 2055 2; § 2057 4
– Ehegatten § 516 22; § 528 9
– nichteheliche Lebensgemeinschaft § 516 24
– Schwiegereltern § 516 18
Zuwendungen § 1380 3; § 2050 5
– Rückgewähr von ~ § 1372 14
– unentgeltliche ~ § 1375 9
Zuwendungsverzicht § 2352 1, 5
Zuwendungswille vor § 1577 29
Zuwendungszeitpunkt § 2055 14
Zuweniglieferung
– beim Werkvertrag § 633 20
Zwang zum Vertragsabschluss § 535 23 ff
Zwangserbe § 2011 1
Zwangsgemeinschaft § 2042 1
Zwangshypothek § 1113 11; § 1114 8; § 1132 9; § 1163 5
Zwangsräumung § 562 3
Zwangsvergleich § 780 6
Zwangsverkauf § 546 a 14
Zwangsversteigerung § 1970 14; § 1971 2, 5; § 2042 6, 38
Zwangsverwalter § 1981 16
Zwangsverwaltung § 535 112; § 566 a 4
Zwangsvollstreckung § 1360 a 23; § 1362 4; § 1958 6; § 1960 52; § 1967 13; § 1973 9 – 13 § 1975 4, 14; § 1976 11; § 1989 6; § 1990 2, 12, 15, 17, 20; § 1991 9, 10; § 1994 1; § 2014 7; § 2016 2; § 2028 10; § 2032 43; § 2033 16, 32; § 2034 8; § 2039 19; § 2059 5, 16; § 2063 4; § 2115 1 ff
– Aufrechnung § 394 3
– Kauf § 450; § 451; § 471
Zwangsvollstreckungsunterwerfung
– bei der Grundschuld § 1191 15, 18; § 1197 5; § 1198 2
– bei der Hypothek § 1113 12; § 1131 1; § 1132 2; § 1147 2; § 1176 2; § 1180 3; § 1190 1, 5
Zweck
– gemeinsamer § 705 2, 3, 9
– vorübergehender ~ § 95 2

Zweckbefristung § 620 11, 12
Zweckbestimmung
– Änderung § 95 3
– Aufhebung § 97 9
– Dauerhaftigkeit § 97 8
– Wegfall § 95 3
Zweckbestimmungswidrige Nutzung § 540 12
Zweckehe § 1353 2; § 1564 2
Zweckerreichung § 620 2; § 705 2, 39, 41; § 726 2
Zweckmäßigkeit § 1960 26
Zweckmäßigkeitsüberlegungen § 1960 24
Zweckschenkung § 516 15; § 525 4
Zweckverfehlungskondiktion § 812 41 – 43
– Bauen auf fremdem Grund § 812 47
– Dienstleistungen § 812 51
– faktische Arbeitsverhältnisse § 812 52
– Konditionssperre – § 815 s. auch Nichteintritt des bezweckten Leistungserfolges § 815
– Schenkungen § 812 50
– Sicherheiten § 812 46
– Strafanzeige § 812 46
– Vorleistung und Veranlassung § 812 46
– Zweckabrede § 812 42, 45, 48
– Zweckstaffelung § 812 49
Zweifelsregeln vor § 2066 1; vor § 2087 1
Zweigniederlassung Art 30 10
Zweigrecht § 876 2
Zweikonditionenlehre § 818 28
Zweit- und Drittausbildung § 1575 6; § 1581 10
Zweithandzuschlag § 249 9
Zweitunfall § 249 54
Zwingende Vorschriften Art 29 1 ff; Art 34 1 ff
Zwingendes Recht § 311 30; § 312 f
Zwischenbelastung § 880 8; § 881 8
Zwischenfabrikate § 950 3
Zwischenmiete § 549 2
Zwischenzeugnis § 630 1
Zwischenzinsen § 272 1

Neues zum RVG

Rehberg/Xanke
Begr. von Göttlich/Mümmler
RVG – Rechtsanwaltsvergütungsgesetz
Kommentar in alphabetischer Zusammenstellung
2., überarbeitete Auflage 2006, ca. 1.600 Seiten, gebunden,
**Subskriptionspreis bis 3 Monate nach Erscheinen
ca. € 137,-**, danach ca. € 149,-
ISBN 3-472-06412-9
Erscheint voraussichtlich Mai 2006

„Dem Praktiker ist der Kommentar sowohl als fundiertes Nachschlagewerk als auch als „Einstieg in den Umstieg" zum neuen Recht uneingeschränkt zu empfehlen."
(RA Dr. P. Feldhahn, Hamburg, ZMR 10/04)

Bischof/Jungbauer/Bräuer/Curkovic/Mathias/Uher
Kompaktkommentar RVG
Kommentar mit Erläuterungen, Beispielen und Anwendungshinweisen
2., überarbeitete Auflage 2006, ca. 700 Seiten, gebunden,
Subskriptionspreis bis 3 Monate nach Erscheinen ca. € 59,-,
danach ca. € 69,- • ISBN 3-472-06136-7
Erscheint voraussichtlich Juni 2006

„Wer einen Kommentar mit Erläuterungen, Beispielen und Anwendungshinweisen, d. h. mit hoher Praxisorientierung sucht, dem kann der „RVG Kompaktkommentar" nur empfohlen werden."
(Dipl. Rechtspflegerin R. Baronin v. König, Berlin, Rpfleger 1/05)

Wolf
RVG für Einsteiger
2., überarbeitete Auflage 2006,
204 Seiten, kartoniert, € 26,-
ISBN 3-472-06413-7

„Ein Buch, das für Rechtsanwaltsfachangestellte geeignet ist."
(A. B., RVG Report 7/04)

Wolters Kluwer Deutschland GmbH
Niederlassung Neuwied
Postfach 2352 · 56513 Neuwied
Telefon 02631 801-2222 · Telefax 02631 801-2223
www.luchterhand-fachverlag.de
E-Mail info@wolterskluwer.de

Zu beziehen über Ihre Buchhandlung oder direkt beim Verlag.

Eine Marke von Wolters Kluwer Deutschland

– Luchterhand –

Der Fachanwaltsverlag

Wolters Kluwer Deutschland GmbH
Niederlassung Neuwied
Postfach 2352 · 56513 Neuwied
Telefon 02631 801-2222 · Telefax 02631 801-2223
www.luchterhand-fachverlag.de
E-Mail info@wolterskluwer.de

Zu beziehen über Ihre Buchhandlung oder direkt beim Verlag.

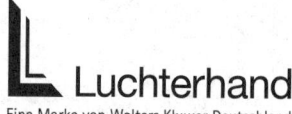

Eine Marke von Wolters Kluwer Deutschland

BGB online!

Prütting · Wegen · Weinreich

BGB
Kommentar

Als Käufer des BGB Kommentars profitieren Sie vom kostenlosen Newsletter!

Einfach anmelden unter www.jurion.de

(Anleitung siehe Rückseite)

Bei Rückfragen wenden Sie sich bitte an unsere Kundenbetreuung unter Telefon 0 18 05/9 53 43 57 bzw. 01805/WKDHELP (12 Cent/Min.) oder schreiben Sie eine E-Mail an supportcenter@wolterskluwer.de.

BGB online!

Und so melden Sie sich an:

1. Sie geben die Internet-Adresse **www.jurion.de** ein und
2. klicken auf den Menüpunkt »Aktionscode jetzt registrieren«.
3. Folgen Sie nun den Anweisungen und geben Sie den Aktivierungscode ein.

Aktivierungscode **PWW 132210**

4. Anschließend erhalten Sie eine Bestätigungs-E-Mail. Klicken Sie auf den darin enthaltenen Link.

Damit ist Ihre Registrierung abgeschlossen.

Melden Sie sich jetzt mit Ihrem Benutzernamen und dem Passwort auf der Homepage an.

Viel Erfolg bei Ihren Recherchen!